DICTIONARY OF
MEDIEVAL LATIN
FROM BRITISH SOURCES

FASCICULE V

I–J–K–L

DICTIONARY OF
MEDIEVAL LATIN
FROM BRITISH SOURCES

Fascicule V   I–J–K–L

PREPARED BY
D. R. HOWLETT, M.A., D.Phil., F.S.A.

With the assistance of
J. BLUNDELL, B.Phil., M.A., Ph.D.,
S. J. O'CONNOR, B.A., Ph.D.,
R. SHARPE, M.A., Ph.D., F.S.A., F.R.Hist.S.,
†P. R. STANIFORTH, B.A.
and C. WHITE, M.A., D.Phil.

UNDER THE DIRECTION OF A COMMITTEE
APPOINTED BY THE BRITISH ACADEMY

Published for THE BRITISH ACADEMY
by OXFORD UNIVERSITY PRESS

Oxford University Press, Walton Street, Oxford OX2 6DP

Oxford New York
Athens Auckland Bangkok Bombay
Calcutta Cape Town Dar es Salaam Delhi
Florence Hong Kong Istanbul Karachi
Kuala Lumpur Madras Madrid Melbourne
Mexico City Nairobi Paris Singapore
Taipei Tokyo Toronto

and associated companies in
Berlin Ibadan

© The British Academy, 1997

All rights reserved. No part of this publication may be reproduced,
stored in a retrieval system, or transmitted, in any form or by any means,
without the prior permission of the British Academy.

British Library Cataloguing in Publication Data
Data available
ISBN 0-19-726148-5

Typeset by Rob Hutchings
at the Oxford University Computing Service
Printed and bound in Great Britain by
Bookcraft (Bath) Ltd., Midsomer Norton, Somerset

MEMBERS OF THE COMMITTEE

PROFESSOR F. BARLOW, F.B.A.

PROFESSOR SIR JAMES HOLT, F.B.A.

DR D. R. HOWLETT (*Editor*)

DR R. F. HUNNISETT

SIR ANTHONY KENNY, F.B.A.

DR G. H. MARTIN

DR R. SHARPE

DR E. HALLAM-SMITH

PROFESSOR M. WINTERBOTTOM, F.B.A. (*Chairman*)

PREFACE TO FASCICULE V

With the present Fascicule V (I–J–K–L) the first half of the dictionary is complete. The interval which has elapsed since publication of Fascicule IV in 1989 reflects a difficult period of transition through which the Dictionary has been passing.

The first Editor, Ronald Latham, died on 27 September 1992. Within a year of the death of Mr Staniforth, the other Assistant Editor, Dr Sharpe, was elected to a Readership in Diplomatic in Oxford in 1990. They were succeeded by Dr John Blundell and Dr Stephen O'Connor. When Dr O'Connor's employment was terminated in 1995 the London base of the project was with much regret given up; it is hoped that the long connection with the Public Record Office, whose hospitality we so long enjoyed, will continue in a new form. Dr Blundell and Dr White have worked with Dr Howlett in the Clarendon Building in rooms owed to the generosity of the Bodleian Library. Mrs Lorna Lyons has continued to make an indispensable contribution to the work of the Dictionary.

The Members of the Committee whose names are printed on the preceding page tendered their collective resignation in 1995 so that a new and younger body under the chairmanship of Professor J. N. Adams, F.B.A., could take the project forward into a new century. It is not, I hope, invidious to mark out the service given over a long period by Dr Geoffrey Martin, whose enthusiasm and rigour were an inspiration to the Editors.

The retiring Committee acknowledges its gratitude for the continuing support of the British Academy. Dr Margaret Bent, F.B.A., and Dr Leofranc Holford-Strevens have given valuable help with some musical entries, and Professor J. D. Latham has generously continued to provide etymologies for words derived from Arabic. Many individual readers have supplied valuable quotations, and archivists and librarians from cathedrals and county record offices have verified quotations from documents in their collections.

Michael Winterbottom

BINDING INSTRUCTIONS
for Volume I

Fascicules I–V combine to form Volume I of the *Dictionary*, covering the letters A to L. When the Volume is bound, the dictionary entries on pages 1–1668 should be preceded by sixty-seven preliminary pages. These preliminary pages i–lxvii are printed at the back of Fascicule V. All other preliminary pages at the beginnings of Fascicules may be discarded.

I

I [CL]

1 I (letter of alphabet); **b** (*I vocalis* dist. from *I consonantalis*); **c** (treated as glide-vowel).

dolium per I scribendum, non doleum per E BEDE *Orth.* 20; Ælli duabus compositum est sillabis, quarum in priori cum E littera adsumitur et in sequenti pro I ponitur E, *all* [l. *alle*] vocatur, quod in nostra lingua omnes absolute indicat *V. Greg.* p. 87. **b** de ipsis vocalibus I et V plerumque in consonantium potestatem transeunt, cum aut ipsae inter se geminantur, ut jumentum, vinum, aut cum aliis vocalibus junguntur, ut janua, jecor, jocus, vanitas, veritas, volatus BEDE *AM* 83; I litera aut stabit vice consonantis aut vocalis BACON *Tert.* 247. **c** dictio Gallica dictata habens sillabam primam vel mediam in E stricto ore pronunciatam requirit hanc litteram I ante E pronunciari, verbi gracia *bien, Dieu* .. *Orth. Gall.* S1.

2 musical note, upper B.

ODINGTON *Mus.* 83 (v. H 2); has igitur litteras sic distinguunt primi ordinis. A usque ad G faciunt capitales, quas graves vocant, sic ABCDEFG. secundi ordinis faciunt simplices, quas acutas dicunt, sic abcdefg. tertii ordinis litteras faciunt duplices et ipsas superacutas vocant ... idemque exprimitur per a acutam quod per H, idemque per b acutam quod per I et sic de aliis *Ib.* 93.

3 numeral (= 1).

Latino more computando D notat quingentos, I unum .. BACON *Gram. Gk.* 82.

Ia v. Ja.

iabus [LL], one *uncia* less than *libra* or *as*, eleven twelfths.

deunx sive iabus [*later* MSS: †labus], xj unciae BEDE *TR* 4.

Iacchus [CL < Ἴακχος], a god identified with Bacchus.

Hiacchus, Bacchus, Bromius OSB. GLOUC. *Deriv.* 277; vina, merum, Bacchus, Bromus, vel Liber, Yacus, / istis Leneus conjungitur atque Lieus GARL. *Syn.* 1590A.

iambicare

1 to utter in iambic verse.

hanc Clio pingit, phaleris tyruncula pauper, / que stans firma prjus jambicat inde levis GARL. *Epith.* III 574.

2 to walk to iambic metre (with one short and one long step).

jambicat incedens, †crebrosque [l. crebrisque] ingressibus ejus / longa facit jambum tibia juncta brevi *Latin Stories* 199.

iambicus [CL < ἰαμβικός], composed of *iambi*, iambic (foot). **b** concerning iambic metre.

exameter ~us, qui et senarius, qui constat ex simplicibus sex idemque ex duplicibus trimeter ALDH. *Met.* 10 p. 82; de metro ~o hexameter ALDH. metrum ~um senarium recipit iambum locis omnibus BEDE *AM* 135; versus in iambicis BONIF. *Met.* 113 (v. dimeter); ABBO *QG* 7 (17) (v. iambus); GARL. *PP* 180 (v. decasyllabus); *Ib.* 190–2 (v. dispondeus). **b** ~is legibus ALDH. *PR* 114 (v. emax).

iambus [CL < ἴαμβος]

1 iambus, a quantitative metrical foot (˘¯); **b** (fig.).

ALDH. *PR* 114 (v. elicere 1b); ~us ex brevi et longa temporum trium, ut parens BEDE *AM* 108; ~um ¯ ¯ BONIF. *Met.* 109; quae versus trimetros est iambicis totus solis ~is compositus ABBO *QG* 7 (17); c1198 iambus efficitur / per inequales gressus (*Vers.*) *EHR* V 317. **b** *Latin Stories* 199 (v. iambicare 2).

2 a cadence in rhythmic prose, a proparoxytone followed by a tetrasyllabic paroxytone, *cursus velox*.

·~us constat ex gravi precedente et acuto subsequente, ut 'angelo nunciante' J. BRIGG. *AD* 97.

Iapyx [CL], WNW wind, which provides swift crossing from Italy to Greece.

iapix, felox [ventus] *GlC* I 5 (cf. ib. 9: †iaspix, ventus).

Iasconius [Ir. *iascón* = *great fish*], (name of whale in *Navigatio S. Brendani*).

prior est omnium natancium in occeano, cujus nomen est ~ius (*Brendan*) *NLA* I 142.

iaspis v. jaspis. **iaspix** v. Iapyx.

iastius [CL], (mus.) Ionic.

quindecim dicunt esse modos .. sc. hypodorius, hypoiastius, .. dorius, iastius .. ODINGTON *Mus.* 87 (v. hypoiastius).

iatricolabon [cf. ἰατρός + κολαπτήρ], medical forceps.

†dianicalabon [? l. iatricolabon], i. vertellum [v. l. vertebellum], ut in Alexandro de †tauro [v. l. aure] *Alph.* 50; †yatrolabro, i. vertibula, i. forceps medicinalis, yatron enim medicinale interpretatur, labros forceps *Ib.* 194.

ibanus v. hebenus.

ibertus [Gael. *iobairt*], offering (of land).

1532 unacum mansione ejusdem et tribus ~is terrarum eidem pertinentibus *Form. S. Andr.* II 14.

1 ibex [CL], ibex.

bubulorum et tragelaforum simulque ibicum ALDH. *PR* 114; hibices .. quae sunt parva quadrupedia nec nisi in petris manere et parere norunt, et si quando etiam de altis saxorum cacuminibus ruunt, in suis se cornibus illaesa suscipiunt BEDE *Sam.* (*I Sam.* xxiv 3) 675; ~ices, *firgengaet GlC* I 12; est animal quod dicitur ~ex, duo cornua habens, quorum tanta vis ut si ab alto montis ad ima demissus fuerit, corpus ejus totum his duobus cornibus sustentetur *Best.* 11; ibex ibicis, media correpta, dicitur genus quoddam esse cervorum BACON *Gram. Gk.* 74 (cf. ibis a).

2 ibex v. ibis. **3 ibex** v. ilex.

ibi [CL]

1 (of place) there, in that place; **b** (as correl. of *ubi*). **c** (w. motion) thither, to that place. **d** (indef.) at such a place.

in castris .. cum exercitu sedens ibique habente stipendio parvo, tamen .. habundanter vivens *V. Cuthb.* I 7; ecce ibi campus erat latissimus BEDE *HE* V 12 p. 307; Lundoniam adiit et ibi hyemavit ASSER *Alf.* 44; LANFR. *Const.* 146 (v. dormitorium 1a); cumque Deus sit et hic et ibi sit totus ubique / est et ubique potens L. DURH. *Dial.* III 271; sicut consuetudinis est ibi locorum W. CANT. *Mir. Thom.* II 82 (cf. ib. V 38); probatio: ponantur duo candele, una hic et alia ibi, et ponatur corpus medium DUNS *Metaph.* V 7 p. 232; WHITTLESEY 151 (v. de 16c). **b** ut, ubi nunc urbs aurea et gemmis aspersa litora dicuntur, ibi lapideam aut nullam urbem et scopulosa litora cerneret *Lib. Monstr. prol.*; ut, ubi aquarum munitio deerat, ibi praesidio valli fines suos ab hostium inruptione defenderent BEDE *HE* I 12 p. 26; **836** quia scriptum est peccatum ibi emenda ubi nascitur *CS* 416; GAS 549 (v. crimen 2a); GIR. *GE* II 37 (v. deinceps b); J. WALEYS *Commun.* f. 7 (v. deordinare 1a); amen est forma indivisibilis; igitur, ubicumque est, tota ibi est OCKHAM *Quodl.* 68. **c** quando missatici regis veniebant ibi, dabant pro caballo transducendo iij d. *DB (Kent)* I 1ra; **1207** abbas et conventus concesserunt ei et uxori sue .. capellam in curia sua et ibi audire divina cum ibi venerint *Kelso* 207; **1237** (v. defalta 3a); BRACTON 266b (v. divadiare 2); misit ibi forestarios suos GRAYSTANES 23 p. 76; **1375** cum .. servientes .. prioris .. fossatum et seweras predicta deobstupaverunt, ibi venerunt predicti Walterus .. et alii .. et .. separalia predicta reobstupaverunt (*AncIndict*) *Pub. Works* I 285. **d** testibus hiis ~i (*Forma brevis*) *Dial. Scac.* I 8 I; summone per bonos summonitores N. quod sit coram me vel justitiis meis ibi eo die GLANV. III 3.

2 (w. prep., *per ibi*) by that route, *cf.* OF *par là*.

1375 (v. ibidem 2b).

3 (w. ref. to text or context): **a** there, in that work. **b** at that point, in that instance.

a multa .. in scripturis veteribus intuens, convertebar etiam ad novas et ibi legebam clarius quae mihi .. antea obscura fuerunt GILDAS *EB* 1. **b** dico quod ibi sumitur "deus" pro substantiis separatis BACON XIII 125 (v. deacus); *Ib.* XV 187 (v. demonstrativus b); ad duodecimum responsum est supra quod ibi est locus a majori constructive, sicut hic .. R. MARSTON *QD* 305.

---

ibidem [CL]

1 in that very place (where one already is or to which one's attention is already drawn). **b** (*adtunc et ~dem*) then and there, at once. **c** to that very place, thither.

BEDE *CuthbP* 28 (v. debere 7a); **798** (12c) senioribus ex utralibet parte .. ad hoc ~dem congregatis *CS* 291; ~dem tenet Radulfus j solin'; .. ~dem tenet Alred j solin'; .. ~dem tenet Robertus niger j solin' [etc.] *DB* I 1va; **1259** (v. damnare 4a); **1292** (v. 2 dangerium 1a). **b** **1484** (v. adtunc); **1503** domum .. fregit et intravit, et Aliciam vergh Hoell .. adtunc et ~dem inventam felonice rapuit et ipsam tunc et ~dem contra voluntatem suam carnaliter cognovit *March. S. Wales* 126. **c** constructa domuncula cultiore recepti corporis ejusdem, .. ~dem digno cum honore translatum est BEDE *HE* III 19 p. 168; non habetur in usu ut aliquem secum ~dem ducat socium neque ut ulterius .. pergat *Cust. Westm.* 89; **1290** idem Rogerus venit ~dem et omnia averia predicta fugavit *State Tri. Ed. I* 52; **1301** (v. defensio 3c); W. GUISB. 349 (v. declinare 5); **s1312** ~dem accessit, et domum .. a suis circumfundi jussit *Flor. Hist.* III 151; **1335** in expensis Roberti D. et aliorum secum euntium Londonias .. pro predictis cc li. ~dem ducendis et solvendis *Comp. Swith.* 240.

2 (w. prep.): **a** (*de ~em*) therefrom, thence. **b** (*per ~em*) by that route, *cf.* OF *par là*.

a **1294** circa providenciam factam apud Portesmut pro .. passagio .. militum .. transfretancium de ~dem in Vasconiam (*KR Ac* 5/4) *RGasc* III cxlii *n.*; **1327** (v. copagium 4a); **1444** ad meum recessum de ~dem [OF: *a mon partement de par dela*] *Lit. Cant.* III 190. **b** **1397** pons .. ita continuata .. est quod nemo peribidem transire potest (*CoramR*) *Pub. Works* II 327 (cf. ib. I 292 [*AncIndict*, **1375**]; fossatum .. ad .. comodum omnium mercatorum peribi [sic] transeuncium); **1433** pro meliore cariagio per ~dem (v. 1 calceta).

3 (w. ref. to text or context) in the same work, at the same point.

illud quoque Salomonis in Proverbiis per contrarium, 'Ne moliaris ..' [*Prov.* iii 29], et illud ejusdem et ibidem .. 'Qui delicate ..' [*Prov.* xxix 21] GIR. *SD* 6; item ~dem idem BART. ANGL. VIII 2 p. 374; item [v. l. eodem libro] capitulo octavo decimo HIGD. II 1 p. 188; **1453** de quodam superplus' .. in compoto suo anni proxime precedentis habito prout patet in pede ~dem *Ac. H. Buckingham* 31.

4 *? f. l.*

alioquin solos diligeret se dilecturos, quam mercedem haberet, cum ibidem [? l. idem *or* identidem] ethnici faciant [cf. *Matth.* v 46–7]? PULL. *Sent.* 817C.

---

ibis [CL ibis, gen. ibis *or* ibidis < ἴβις], ibix [LL ibix, gen. ibīcis], ibis; **b** (identified w. snipe).

est avis quod dicitur ybis, rostro suo purgans alvum. .. in aqua ingredi timet .. set juxta litus .. obambulat *Best.* 56 f. 34v; de ibice. ibis serpentum pabulum ova gratissimamque ex his escam nidis suis defert, sic rarescunt proventus fetuum noxiorum. nec tamen aves iste tantum intra fines Egyptios prosunt (Solinus) NECKAM *NR* I 55; magna corruptio est de ibite [? l. ibice] et ibe, sed in uno sensu sunt idem, sc. avis ciconia. .. vocant Egiptii ibis suas pro ibe ibes quia quedam nomina dissillaba desinentia in -is, -es faciunt accusativum pluralem sicut et nominativum in -is vel in -es .. quapropter nominativus singularis erit ibis. in glosa etiam tricesimi quarti Isaie invenies accusativum singularem ibin, ergo secundum rectam formationem tertie declinationis erit nominativus in -is, et in antiquis glosatis est ibis in nominativo, sed hec eadem avis vocatur ibix, ibicis in glosa Exodi secundo, media producta genitivi. cum tamen ibex, ibicis, media correpta, dicitur genus quoddam esse cervorum BACON *Gram. Gk.* 74. **b** hic ibis, -dis, *a snype*; hic ibex, -cis, *a snype WW*; hec ibis, A. *a snyte Ib.*; *a snype*, ibis, -bis vel -dis *CathA*.

ibiscus v. hibiscus. **ibix** v. ibis a.

ibraia [OF *ivraie*, cf. AN *iveraï*], darnel.

1203 .. iij quar. ebraie, quos recepit de catallis ejusdem .. ad mensuram Cadomi ..; et ij boissellis fabarum et iij quar. ibraie *RScacNorm* II 569.

ic v. 2 hic.

†icarisma [cf. charisma < χάρισμα; *perh.* εὐχάρισμα, *gl.* corollarium], free gift, grant.

956 se obeunte cuicumque voluerit in incarisma [*conj. Kemble* in carisma] perenne impertiat *CS* 960 (cf. ib. 961 [**956**]: cui voluerit impendat in perpetuum karisma); **958** (14c) si quis vero hoc nostrum ~a .. infringere conatus fuerit *CS* 1033; **964** (14c) si quis vero hoc nostrum ikarisma .. infringere conatus fuerit *CS* 1138.

iccirco v. idcirco.

†icerdatel [Ar. *qarṣa'na(h) misr. as qarḍa'tah*], sea-holly. *Cf. eryngion.*

icerdatel [v. l. icerdatal], iringe idem, radices sunt herbe nascentes [v. l. nascentis] in losis [v. l. locis] saxosis, habentes [v. l. habentis] folia sicut cardus spinosa *Alph.* 85.

icere [CL], to strike; **b** (w. abstr. subj.).

[serpentem] acutis cuncti Romani circumdederunt jaculis, et tandem ballistis infixo molari lapide ictus in spinam crepuit qui prius cuncta squamis tela .. reppulit *Lib. Monstr.* III 9; fulmine ictus *GlH* F 961 (v. fulmen 1a); ictas, *geslægene GlP* 379; †icire, [MS: iccire] percutere, inde ictus, -a, -um, i. percussus .. et hec ictio, -nis, i. percussio, et hic ictus, -us, et ictuo, -as, verbum frequentativum, i. sepe percutere, unde ictuator, ictuatus, ictuatio Osb. Glouc. *Deriv.* 287; *CathA* (v. ictuare). **b** s**1088** livore ictus, a rege et ipse descivit W. Malm. *GR* IV 306 p. 360.

ichneumon [CL], ichneumon.

†cicidemon, *næderbita GlH* C 1016; **10..** hincneomon, *næderbita WW.*

ichor [LL < ἰχώρ], ichor, bodily fluid.

altera est cognitio cause humoralis in venis per ycorem in urinali positum qui nihil est aliud quam urina Gilb. II 80. 1; ycor quod in epate generatur *Ib.* VI 252v. 1; educit enim ycorem qui est causa indigestionis *Ib.* 253. 2; hicoris humani lib. i *Ib.* 281. 2.

ichthyocolla [CL < ἰχθυόκολλα], gelatin derived from fish, isinglass.

ictiocolla qui dicitur venter †techi [l. ceti] piscis, emplastris cephalicis necessariis miscetur confectionibus *Alph.* 85.

Ichthyophagus [CL < Ἰχθυόφαγος], member of legendary tribe of Fish-eaters.

in India .. quoddam genus hominum didicimus qui .. crudis cum aqua piscibus ita vivere dicuntur, quos Indi ~os appellant *Lib. Monstr.* I 15.

ichthys [ἰχθῦς], fish.

si primas litteras jungas erit ictis, id est piscis, in quo nomine mistice intelligitur Christus W. Worc. *Itin.* 248 (cf. Augustine *De Civ. Dei* XVIII 23).

icirco v. idcirco. **ico-** v. et. oeco-. **icocedrum** v. icosaëdrum.

icon [LL < εἰκών]

1 image, esp. likeness, portrait.

in tabulis .. parietis occidentalis scribo nomina sanctarum mulierum cum iconibus suis Ad. Scot *TT* 694B (cf. ib. 693C: sub eorum nominibus que sub imaginibus scripta sunt).

2 (religious) image, (in Eastern context) icon.

[Heraclius] interventu Dei Genitricis, cujus ~em secum habebat, omnia prospere agebat R. Niger *Chr. I* 7.

3 (rhet.) simile which compares person with person.

homoeosis est minus notae rei per similitudinem ejus quae magis nota est demonstratio. hujus species sunt tres: icon, parabole, paradigma. icon est personarum inter se vel eorum quae personis accidunt conparatio (Donatus) Bede *ST* 170; omyosis .. habet tres species: ycon, paradigma, comparatio. ycon secundum Donatum est collatio personarum adinvicem vel eorum que personis accident Gerv. Melkley *AV* 150; icon quasi ymago *Ps.-Gros. Gram.* 75 (v. homoeosis).

icona [LL < εἰκόνα]

1 image, esp. likeness, portrait; in quot., image in mirror.

dextera cernentis directe tendit in illam / partem cui dextram debet ĭcŏna suam Neckam *DS* IX 404.

2 (religious) image.

ymagines .. tres vel quatuor in veneratione sancte Dei genitricis Marie, auro et coloribus decenter ornate, Salvatoris in forma puerili yconas in gremio gestantes, in ecclesia .. disponuntur Ad. Eyns. *Visio* 47.

iconia [LL], **~ium**

1 image, esp. likeness, portrait. **b** effigy, statue. **c** (fig., w. ref. to mimicry or pretence).

s**1184** apparuit .. S. Maria cuidam fabro lignario .. et obtulit ei sigillum ~ie sue et Filii sui .. et jussit ei ut ferret illud sigillum ad episcopum Podiensem Torigni *Chr.* 309; s**1187** scedula .. de qua bulla plumbea cum ~ia episcopi nova valde dependebat Gerv. Cant. *Chr.* 296. **b** nisus apud nos dimissus ad predam aucupis evasit aspectum. .. juvenis .. a quo avolaverat .. in promissione ceree ~ie martyrem invocatum propitium invenit volucremque recepit W. Cant. *Mir. Thom.* V 20; s**1190** in memoriam beate Dei genitricis Marie yconiam quandam lapideam supra murum statuerunt R. Howd. III 46 (cf. ib. 47: recordati sunt yconie cujus caput et manus et pedes absciderant); ad beati viri tumulum, comitante eos ipso suo filio, properarunt, ubi .. ejus yconiam ex cera fabricatam cum devotis muneribus offerre curarunt *Mir. Hen. VI* III 108 p. 193. **c** reperitur ibi ligatus consimilis, .. contorquens os, nasum, et oculos, et fingens eis multimodas yconias [*sic* MS; *conj. Bradley*: pingens .. ciconias; cf. Persius 1. 58] Map *NC* IV 6 f. 49; prudencia veterum adinvenit remedium, quo lascivium humanum caperetur ingenium quodammodo pio dolo, dum sub voluptatis ~io delicata Minerva delitesceret in occulto R. Bury *Phil.* 13. 180.

2 (religious) image, (in Eastern context) icon; **b** (spec. of BVM).

nuntia .. eidem .. quatinus ~iam meam restaurari totam faciat, conducto pictore Gosc. *Mir. Aug.* 29 p. 558 (cf. ib.: imaginem Augustini dextro oculo ab australi exesam illuvie); veniens ad me, sicut visione videbam, sacratissimi Yvonis ~ia, illa viz. quam super altare illud stare conspicares, uno impetu arma mea dejecit *Id. Mir. Iv.* lxxxiii; cujus verbis plebs fidem commendans, confestim arcus .. erigit. ~ias ponit, administrat lucernas Alex. Cant. *Mir.* 35 (II) p. 230; barbarus .. ad ichoniam [S. Nicholai] veniet et ei res suas commendans dicet .. Hil. Ronce. 12 *pref.*; Turci ob scandalum crucifixi .. consueverunt ~ias et picturas Christiane relligionis representantes mysterium .. virgis cedere et .. flagellare *Itin. Ric.* I 57; de duabus ~iis Salvatoris, Uronica scilicet et Veronica, .. primo dicetur. .. alia autem imago Rome habetur, que dicitur Veronica, a Veronica matrona. .. dicunt autem quidam vocabulo alludentes Veronicam dici quasi veram ~iam, id est imaginem veram Gir. *Spec.* IV 6. **b** habens .. pre se beate Marie virginis ~iam W. Cant. *V. Thom.* II 41; in hac [sc. ecclesia B. Marie de Sardenax, *Syria*] est ~ia imaginem beate virginis representans, sub cujus mamilla carnea, divino miraculo facta, oleum vice lactis stillat Gerv. Tilb. III 46; **1220** ~ia beate Virginis debilis et deformis (*Invent.*) *Reg. S. Osm.* I 312; Satan .. pictorem ab alto, ubi depincxit yconiam B. Virginis, voluit precipitare O. Cheriton *Par.* 73; libris coram se positis in superiori parte, contra faciem habebat eburneam .. beate Virginis imaginem .. . de codice procedebat lectio; ad ~iam referebatur oratio *V. Edm. Rich P.* 1797 (= Knighton I 216: yconiam, *NLA* I 318: ychoniam [v. l. †ychononiam]); **1250** mandatum est .. quod in capella B. Stephani [Westminster] depingi faciat imagines apostolorum .. et ~iam B. Marie Virginis in quadam tabula similiter pingi faciat *Cl* 311; c**1250** vexillum rubeum cum yconia beate Virginis de auripelle *Vis. S. Paul.* 2; due magne iconee et sculpte de beata Virgine *Ib.* 3.

iconimus v. oeconomus.

iconisma [LL < εἰκόνισμα], image, form.

Aldh. *VirgP* 60 (v. despicabilis a); iconisma sic cherubin / ut et gestes cum seraphin Bonif. *Ep.* 9 p. 7; ~a, imago *GlC* I 13; Ælf. *Gl.* 164 (v. agalma).

iconium v. iconia. **iconomus** v. oeconomus.

iconophanus [? *εἰκονόφανος], appearing as an image.

sunt .. quedam naturalium et actualium phantasie renitentes in intellectum, de similitudine actualium, tamquam in speculo, native puritatis ipsius anime, quas Greci ennoyas [i. e. ἐννοίας] sive yconoyfanas [*gl. in marg.*: ycos, imago; nois, mens; phanos, apparens] appellant, hoc est rerum imagines in mente apparentes J. Sal. *Met.* 878B.

icos [LL < εἰκός], probable proposition, general probability.

quid instantia? quid ~s, quam propositionem probabilem dicit, etsi ejus possit esse instantia, id est, non perpetuo optineat, ut matres amare, novercas invidere? quid item signum et quomodo entimema constet ex ~tibus et signis? J. Sal. *Met.* 919C (cf. Arist. *Anal. Pri.* II 26–7. 69a36–70b6); signorum autem, ut dicit Philosophus 2 Priorum penultimo, quoddam est ~s, et quoddam prodigium: .. est et quarta species hujus signi, scilicet ~tis, respectu voluntatis create, scilicet permissio, .. Bradw. *CD* 566C–E.

icosaëdrum [LL < εἰκοσάεδρος], icosahedron, solid figure having twenty triangular faces.

tertia [figura] habet viginti superficies triangulares et vocatur ~um [MS: icocedrum] ab εἴκοσι [MS: eikosi] quod est viginti Bacon *Maj.* I 160; omne namque corpus hujusmodi est pyramis, cubus, octoedron, duodecaedron, ~on, vel sphera Bradw. *CD* 120C.

ictare v. ictuare. **icter** v. icterus.

ictericia [LL], jaundice; **b** (*~ia nigra*); **c** (*~ia viridis*).

†languorum [? l. languorem] ~ie morbi generaverat .. nam quasi croceus color totam exteriorem pellis superficiem obducendo contexerat et, tipo pulli nascentis et adhuc novelli rostri gingivas croceantis, omnem carnis pelliculam a vertice usque ad plantam depingendo vestierat R. Cold. *Cuthb.* 99 p. 221; s**1240** comitissa Glovernie .. ~ia usque ad mortem periclitans infirmabatur M. Par. *Maj.* IV 2; ingruente per Cambriam flava peste quam ~iam [Trevisa: *þe iaundys*] vocant Higd. I 52 p. 112 (cf. Gir. *IK* II 1: ictericiam .. passionem); candor nativus .. jam in fuscum et croceum est conversus, ut nemo medicus dubitet ~ia nos infectos R. Bury *Phil.* 4. 63; ~ia est cutis defedatio universalis in croceitatem vel nigredinem tendens absque putredine; et dicitur ~ia ab ictu et tero, -ris, quasi ictus cutem terens .. et sunt tres species ~ie, crocea, viridis et nigra Gad. 85. 2; ~ia, A. *the jawnes WW.* **b** cum non mundificatur sanguis a melancolica superfluitate, .. generatur ~ia nigra Gilb. I 53. 2; si [melancolia] est in toto [corpore], generat ~iam nigram, que vocatur melechion, que fit ex defeccione splenis sanguinis feces ab epate trahentis difficulter Gad. 15v. 2; melan, i. nigrum. inde .. melancolia et melanchiron, i. yctericia nigra *Alph.* 112. **c** Gad. 85. 2 (v. a supra).

ictericius, of jaundice.

ingruente per Kambriam .. peste quadam .. quam flavam pestem vocabant, quam et physici ~iam dicunt passionem Gir. *IK* II 1 p. 103 (cf. id. *JS* 1 p. 151); sanctus Samson qui, ingruente per Walliam ~ia clade, in Armoricam Gallie Brittaniam navigio se transtulit *Id. Invect.* II 1 p. 13.

ictericus [CL < ἰκτερικός], one suffering from jaundice.

ictericis confert stomachumque juvat lapis ille Neckam *DS* VI 245; squinaria quater, una vice fistula gutta / .. / et duo gibbosi, puer unus mortuus, unus / yctoricus, vir pleureticus, mulier sine partu H. Avr. *Hugh* 1250; dyarodon abbatis valet yctericis, empicis, ptisicis .. Gilb. IV 197v. 2.

icterites, rosemary (*Rosmarinus officinalis*).

~es, *feldmadre, rosemary MS Cambridge Univ. Libr. Dd 11. 45* f. 107ra.

icterus [CL], yellow bird, the sight of which was thought to cure jaundice.

hec icteris, *oriel Gl. AN Glasg.* f. 21vc; hic †ictio, *oriol Gl. AN Ox.* f. 151vb; hic icter, A. *a wodake WW.*

1 ictio v. icterus.

2 ictio [cf. CL icere], striking.

~o, -nis, i. percussio Osb. Glouc. *Deriv.* 287 (v. icere a); *a smythynge* [v. l. *smytyng*], ~o, percussio, ictus, tunsio *CathA.*

ictiocolla v. ichthyocolla. **ictis** v. ichthys.

ictuare, to strike, beat repeatedly.

~antibus pennis B. *V. Dunst.* 11 (v. fulmineus 3); Osb. Glouc. *Deriv.* 287 (v. icere a); *to smyte*, .. icere, ictare, ~uare .. *CathA.*

ictus [CL]

1 blow, stroke: **a** (of weapon, missile, or sim.); **b** (of fist, foot, or head); **c** (in phr. *mutui ~us*). **d** (*~us regis*) *coup de roy*, formal opening of duel.

a quis ex vobis gladii ~u .. capite plexus est? Gildas *EB* 73; interposuit corpus suum ante ~um pungentis Bede *HE* II 9 p. 99; cum jam ~ui immineret, vox de caelo insonuit, "Ne", inquit, "nocueris puero" *Eccl. & Synag.* 58; in ~u jaculi lancea invasorem suum transfodit *G. Herw.* 321b; s**991** ex ~u belli morti dispositus *Chr. Rams.* 117; in assultum virgeas crates ~ibus missilium lapidumque opposuerunt Ord. Vit. X 10 p. 61; sagittas mittentes solent aliquam pre aliis reservare per quam possint opportuno tempore certum ~um dare Hon. *Spec. Eccl.* 965C; [murus] nec arietis ictus / nec vim tormenti quamlibet ipse timet L. Durh. *Dial.* I 327; una tantum manu .. in securi percutiunt, pollice desuper manubrium in longum extenso ~umque regente, .. unde .. totam militis coxam .. uno securis ~u precisam fuisse Gir. *TH* III 10 p. 151; fratrem quendam .. levi ~u baculi sui in maximam mansuetudinem statim convertit *Canon. G. Sempr.* 58v. **b** proprium caput pavimento repetitis ~ibus hostiliter infligebat *V. Chris. Marky.* 24; fortem pugilem contemnere facit molestias ~uum spes corone P. Blois *Ep.* 36. 116A; **1221** uxor ejusdem Jacobi appellat .. Ketellum de W. quod .. ita eum [Jacobum] percussit cum pede suo quod .. obiit. .. comitatus recordatur quod ad secundum comitatum post factum fecit ipsa appellum suum sed nichil dixit de ~u cum pede *SelPlCrown* 104; c**1300** equus .. reject et talo percussit dictum W. unde obiit. .. J. dixit .. quod dictus W. non ex ~u sed ex morte sua naturali obiit. .. si W.

obiit ex ~u equi, equus esset deodandus *Year Bk. 30–31 Ed. I* app. 528. **c** instantes ergo cominus mutuos ~us ingeminant alter alterius neci insistentes G. MON. IX 11 p. 450; parrochiani truces mutuis ~ibus trucidabantur ORD. VIT. XII 24 p. 400. **d** **1293** Rogerus de M., campio, cognoscit quod ipse in quodam brevi de recto .. duellum facere tenetur, si duellum fuerit inde vadiatum. .. si idem R. aut armatus aut in tunica faciat ~us regis tantum nichil percipiet .. de predicta medietate pecunie . . . idem R. sumptibus suis propriis providebit sibi de magistro, tunica, et armatura, et quibuscumque aliis pro ~ibus regis jactantibus et duello percusciendo necessariis (*AssizeR* 1092 m. 3) *Arch. Soc. Yorks J.* XXIII 306.

2 (accidental) blow (from something falling). **b** strike (of lightning). **c** (fig.) onrush, force.

1225 Mabilia filia Derwin' lusit cum quodam lapide in G. et cecidit lapis super caput Walteri C. set nullum malum habuit per ictum illum, et obiit postea per infirmitatem post unum mensem et ipsa pre timore fugit in ecclesiam set precise dicunt quod non obiit de ~u *SelPlCrown* 119. **b** **s1287** ~us fulminis (v. domicellus 2); jam orta tempestate valida factus est terribilis ~us descendens super summitatem crucis .. et statim exivit ignis *Lib. Mem. Bernewelle* 220. **c** ut obstes ~ibus tam violenti torrentis GILDAS *EB* 1.

3 blow, wound: **a** (w. *cruentus*, also fig.); **b** (w. *caecus* or *orbus*).

a cruentis verborum ~ibus vapulare ALDH. *VirgP* 32; excipiunt ictus .. cruentos FRITH. 391; si .. alius alium verberet cecis ~ibus et non cruentis, .. witam emendabit domino (*Leg. Hen.* 94. 2c) *GAS* 611; *Ib.* (v. belidens); ethnicos de suis finibus cruentis ~ibus expulerunt ORD. VIT. XIII 4 p 5. **b** *GAS* 611 (*Leg. Hen.* 94. 2c) (v. 3a supra); **1221** in felonia eum assultavit et vulneravit eum et desilavit eum de equo et orbos ~us ei fecit *PlCrGlouc* 31; **1229** male tractaverunt predictum Abel servientem per pilos et verberaverunt orbis ~ibus *CurR* XIII 1419; BRACTON 122, 145 (v. brusura a); **1271** repercussit dictum Johannem in dextra parte capitis orbos ~us et multos de *plat* dicti ensis *SelCCoron* 22.

4 beat, stroke (of hammer or oar, without hostile intent). **b** (med.) pulse. **c** stroke (of clock). **d** (mus.) beat.

legitur in litteris eorum qui de lapidum natura scripserunt, adamantini lapidis duritiam nullo malleorum ~u frangi ALCUIN *Dogm.* (*Adv. Elipand.* III 2) 287B; alii curtis vel crebris remorum ~ibus cum unda pugnantes navim impellebant GOSC. *Lib. Confort.* 49; NECKAM *NR* I 59 (v. durare 1a); ~ibus malleorum *Chr. Rams.* 38 (v. 1 candere 1c). **b** [tunica vene] exterior mollis est ut receptio ~us sive pulsus sit tamquam in molli *Ps.*-RIC. *Anat.* 41 p. 25. **c** **s1382** circa quartum ~um orologii post mediam noctem factus est eciam terre motus *Chr. S. Edm.* 78; ad tercium ~um horologii vadunt in refectorium *Ord. Ebor.* II 281. **d** cum sonus intonat delicatissimus / et ferit organum ictus dulcissimus WALT. WIMB. *Carm.* 214.

5 (*~us oculi*) wink, (w. ref. to time) twinkling of an eye. **b** (ellipt.) moment. **c** (*in ~u pungentis*, *cf. punctum temporis*).

qui peregrinis et advenis in momento, in ~u oculi [cf. *I Cor.* xv 32] optatum consuesti largiri remedium GOSC. *Mir. Iv.* lxxxiii; acies exheredatorum que preibat percussit aciem regalem .. tanto impetu quod statim quasi in ~u oculi dissipata est H. HUNT. *HA* VIII 17 p. 273; nullus potuit foris prospicere quin in ~u oculi sagittam haberet in oculo DEVIZES 31; in momento et in ~u oculi tota sanitas et integra tocius corporis simul redintegratur *Canon. G. Sempr.* 157; **s1217** qui illico tela mortifera in dextrarios baronum dirigentes equos cum sessoribus suis prostraverunt in terram. ita quod quasi in ~u oculi peditum maximam militum ac magnatum multitudinem effecerunt WEND. II 216; bellua vero versus regem .. properans in ~u oculi regem devoravit *Eul. Hist.* II 245; omnia quam cicius oculi clauduntur in ictu GOWER *VC* VII 907. **b** cum tamen in ~u et atomo vivens in aeternum creaverit omnia simul ALDH. *Met.* 2 p. 63; nunquid omnia uno eodemque temporis ~u liquefient? PETRUS *Dial.* 28; oculi prope cerebrum faciles, potentes ad contemplandum, in ~u, sic aere spatiosum transvolant ut ad celi celsa sui visus acumen per fenestras transmittant J. SAL. *SS* 950B; momenta disponis in ictu lapsura J. HOWD. *Cant.* 178. **c** eandem / vexit et ad sancti tumulum pungentis in ictu WULF. *Swith.* II 117; qui vexit huc me pungentis in ictu *Ib.* 194.

icumen- v. oecumen-. **id** v. 1 is. **idachites** v. hydatis, hydatites.

idada [Heb. *jedediah*], friend of God.

Salamon ecclesiastes, conscionator, et idida omnia unum sunt et est dilectus Domini *GlC Int.* 301; te cum ~a Johanne volantem nubem jam Christus vocabit *Pass. Æthelb.* 3.

idalma [ἴνδαλμα; cf. *DuC.* s. v. idalma], form, image.

bis ternis .. lustris ab assumpto humanitatis ~ate terminatis tribusque annis jure additis LANTFR. *Swith. pref.* (cf. ib.: assumpta nostre infirmitatis idea).

idcirco [CL], for that reason, therefore; **b** (as antecedent to causal cl.); **c** (as antecedent to final cl.); **d** (w. condit. cl. in neg. sentence).

c770 appropinquantem mundi terminum .. per .. signa manifesta declaratur. .. iccirco ego Uhtredus .. de his tremendis causis mente revolvens optimum hoc fore excogitavi ut .. *CS* 205; **948** audivi .. quod bona voluntas .. pro bono opere reputabitur. ~o minime in oblivione habui quod .. *CS* 869; Ranulfo adveniente, defuit Radulfus; et ~o dijudicaverunt homines hundreti Ranulfum esse saisitum *DB* II 424; defunctus fuerat .. archiepiscopus nec affuit alter qui ipsum [sc. Constantem] inungere presumpsisset .. nec tamen iccirco postposuit diadema G. MON. VI 6; BACON VIII 203 (v. digestivus c); **1275** Thomas .. recognovit in curia quod tenetur Johanni .. in v s. argenti; .. icirco per consideracionem curie dictus T. satisfaciet dicto J. de pecunia supradicta *SelPlMan* 139; **1277** (v. emendare 6). **b** quia inclinati tanto pondere sunt pressi, ~o spatium respirandi non habent GILDAS *EB* 1; ~o, judices, quia veram causam habebam, breviter peroravi ALCUIN *Rhet.* 32; fortis et velox equus ~o bonus est quia utilis est ANSELM (*Mon.* 1) I 14; iccirco igitur stabilitatem pacis promittebat quia sciebat illum et ex genere imperatorum et ex origine Britonum jus .. habere G. MON. V 9 p. 342; in medio igitur palme atque digitorum pannus medius tenebatur, nec distrahi alicujus conamine poterat, eo quod digitorum procurvatura ad palme planitiem artissime constringeretur, nec dimitti quiverat, iccirco quod puella talis ultionis stimulo gravius cruciata perurgetur R. COLD. *Cuthb.* 108 p. 243. **c** †**704** (8c) ne quis forte posterum fraudulentam [*sic*] ignorantiae piaculum perperam incurrat, ~o scedulis .. pro ampliore firmitatis supplimento necessarium reor adnectere *CS* 111; successit Augustino .. Laurentius quem ipse ~o adhuc vivens ordinaverat ne, se defuncto, status ecclesiae .. vacillare inciperet BEDE *HE* II 4 p. 86; hec iccirco dixerimus quatinus indisciplinatorum illorum .. vitam et viam redarguerimus ORD. VIT. IX 14 p. 594; hoc iccirco fecit ut non sibi sed illorum meritis videretur prestita gracia sanitatis *V. Chris. Marky.* 47. **d** J. FORD *Wulf.* 19 (v. decredere).

idea [CL < ἰδέα]

1 (phil.) form, idea, archetype.

BEDE *TR* 13 (v. idus a); Platonis ~as, species *GlC* P 466; ille [Abaelardus] ~as ponit, Platonem emulatus et imitans Bernardum Carnotensem, et nihil preter eas genus dicit esse vel speciem. est autem ~a, sicut Seneca diffinit, eorum que natura fiunt exemplar eternum J. SAL. *Met.* 875A; immoteque manent idee *Id. Enth. Phil.* 1025; hec ~a, -e, i. forma vel exemplum, in quo erant omnia in mente Dei antequam fierent OSB. GLOUC. *Deriv.* 286; inter opinionem Platonis et Aristotelis hec erat convenientia, quod uterque voluit tria esse ab eterno; hec erat differentia, quod Plato dixit Deum esse operatum in ylem per ydeas, id est formas, Aristoteles vero dixit mundum esse formatum et ydeis distinctum ab eterno, sicut modo est S. LANGTON *Gl. Hist. Schol.* 44; uniuntur species seu formae vel ~ae intellectui nullo mediante *Ps.*-GROS. *Summa* 297; .. nec ydee stantes extra mentem divinam, ut posuit Plato, ad quas natura respicit in operando in modum artificis ..; impossibile enim est quod hujusmodi ydee sint extra mentem divinam, ut multipliciter patet ex Aristotele BACON II 74; vult [Augustinus, *De Trinitate* IV 15] quod philosophi vident veritatem in regulis eternis sine fide, et questione eadem [id. *De diversis quaestionibus* q. 46] vult quod nullus potest esse sapiens sine cognicione ~arum, eo modo quo Platonem concederent forsan sapientem esse .. DUNS *Ord.* III 167; relationes tercii modi fundantur in omni re cujuscunque generis et eciam super ~am in mente divina, que est mensura et perfeccio ideati *Id. Metaph.* V 13 p. 299; utrum racio Philosophi contra Platonem valeat quam ponit de ~a *Ib.* VII 11 *tit.*; per hoc quod materia ejus [lapidis] participiat ydeam lapidis, est lapis T. SUTTON *Gen. & Corrupt.* 177; ydee quas ponit Aristoteles semper sunt et semper eodem modo se habent *Ib.* 178; quarte [sc. virtutes] sunt que in ipsa divina mente consistunt que vocatur noys, a quarum exemplo omnes per ordinem defluunt, nam si omnium rerum aliarum, multo magis virtutis ~as esse in mente divina credendum est W. BURLEY *Vit. Phil.* 262; dicunt quidam [sc. Aquinas et al.] quod ~a est essencia divina ut imitabilis a creatura, et secundum diversum respectum imitabilitatis diversificatur et plurificatur ~a. .. sed contra: .. omnes concedunt quod ~a est forma exemplaris ad cujus imitacionem natum est aliquid produci in esse reali W. ALNWICK *QD* 427; quamvis eciam Deus intelligat singulas creaturas, cum tamen quelibet earum sit ydea in Deo, intelligendo quodcumque non intelligit aliud quam ydeas WYCL. *Ver.* II 118.

2 idea existing in the mind. **b** unrealised idea.

vivat amor in ydea, / ne divulgetur opere P. BLOIS *Carm.* 9. 5. **b** **1346** Francia, feminea, pharisea, vigoris idea (*In Franciam*) *Pol. Poems* I 26.

3 form, image, likeness.

~a, cum speciem rei future velut oculis efferente motum animi concitamus *Gl. Leid.* 28. 42; tunc oculos pulchris vanos illudit ideis, / aures et blandis demulget saepius arpis FRITH. 1347; Christus qui assumpta nostre infirmitatis idea nos liberavit LANTFR. *Swith. pref.* (cf. idalma); tertium hinc speculum auro depuratur, / meliori specie res hic figuratur, / hic idea nobilis deos decoratur, / mundi flens exsilio longe deviatur GARL. *Poems* 6. 7.

ideabilis, (phil.) that can be formed according to an idea or archetype.

queritur, posito quod ydea sit ab eterno, an ydeabile sit ab eterno *Quaest. Ox.* 296; cum dicitur quod ab eterno habuit exemplar in Deo etc., nego consequenciam; non enim exemplar et exemplatum referuntur ad invicem nec idea et ideatum, sed exemplar ad exemplabile et idea ad ~e dicuntur ad invicem relative, sicut creativum et creabile, creans et creatum, sic ideans et ideatum, exemplans et exemplatum W. ALNWICK *QD* 104.

idealis [LL]

1 (phil.): **a** having the nature of an idea or form. **b** conforming to an idea or form.

a quia racio ~is correspondet perfeccioni creature in quantum ea perficitur in esse quiditativo DUNS *Ord.* IV 240; [Plato] species ~es obicere dignus fuit, ut mundum archetypum demonstraret autori, quo de superno exemplo mundus sensibilis duceretur R. BURY *Phil.* 7. 104; multitudo omnium racionum ydealium in mente divina WYCL. *Quaest. Log.* 273 (v. formativus); credo enim quod per hujusmodi objecta immediata cognicionis divine intelligit ideas sive raciones ~es, quarum multitudinem in Deo non admitto; cum ipse Deus sit omnium una idea et perfecta similitudo, sibi ipsi plenissime representans omnia (KYN.) *Ziz.* 78. **b** formas omnium creatorum per modum ~em *Ps.*-GROS. *Summa* 391 (v. effigiare 3a); essencia divina ydealis omnis nature non solum est exemplar omnium set artifex primum BACON II 74; dicendum quod vere forme rerum in ipso non sunt, set similitudo earum sive ydea, et est una ydea respectu omnium rerum et est idem quod sua substantia que est ydealis *Id.* VII 128.

2 ideal, existing as an idea in the mind.

1488 vetustam ruinosam domum capitularem ex lapidibus politis renovare disposuit, ~eque propositum sue mentis sic exteriorem ducere curavit in actum *Reg. Whet.* I app. 472.

idealiter [ML], (phil.) ideally, in terms of idea or form.

fitque conveniens a convenienti ~iter simili *Ps.*-GROS. *Summa* 369; alie relaciones sunt in Deo, que terminantur ad intellecta ydealiter, distincta a Deo, ut quotlibet intelligencie, quibus Deus intelligit res ad extra WYCL. *Ente Praed.* 69.

ideare

1 (phil.) to produce (something) from idea or form. **b** (p. ppl. as sb. n.) copy produced from idea or form.

primum [i. e. *God*] non intelligit se per exemplar, set alia a se intelligit per exemplar, unde primum intelligit se per suam essentiam que est exemplar, set non prout est exemplar unde sicut non habet ydeari in sui productione, quia non producitur nec habet exemplar in sui cognitione, set ipse cognoscitur BACON VII 90; ipse enim raciones eterne, ex eo quod infinite sunt, habent ut possint res ~atas in omni varietate sua declarare. ista autem dignitas idee transcendit omnem modum creature, quia est super omnem arctacionem PECKHAM *QA* 94; quelibet essencia creata in quantum 'hec essencia', producta secundum talem ideam, non representat Deum sub racione trini, quia non causatur nec ~atur a Deo sub racione trini sed sub racione unius DUNS *Ord.* III 352; sic ~ans et ~atum W. ALNWICK *QD* 104 (v. ideabilis). **b** dico .. proprie loquendo quod ~atum ad ideam et similitudo ad rem etiam a qua est, nam similitudo et ~atum ab idea HALES *Qu.* 1463; ydea est una simpliciter in mente divina; quare et ydeatum erit unum secundum rem BACON XIII 19; quia divina essencia, inquantum est racio cognoscendi seipsam, non habet rationem idee, quia ~atum est res differens ab idea sua. sed inquantum est racio cognoscendi et operandi creaturam, habet racionem idee, et sic Deus se et alia cognoscit per idem secundum rem sub alia tamen et alia racione MIDDLETON *Sent.* I 312a; DUNS *Metaph.* V 13 (v. idea 1); relacio ~ati ad ideam est relacio mensurati ad mensuram *Id. Ord.* IV 187; talis analogia est inter Deum et quodcumque causatum, inter ydeam et ydeatum WYCL. *Ente Praed.* 18.

2 to conceive as an idea in the mind.

librariam, quam dudum in mente ydeatam habuit .. produxit foras ad actum; in secundoque anno .. perfecit eam *Reg. Whet.* I 423.

īdem, eadem, ĭdem [CL; *in addition to most CL forms are found*: *m. sg. nom.* isdem (*infl. by* is) FELIX *Guthl.* 36, *DB* I 1va, WHITTLESEY *app.* 142; *f. sg. dat.* eaedem *Reg. Brechin* II 174 (**1519**); *forms in* h- *show infl. of* hic]

1 (adj.) the same as that previously mentioned or still under discussion; **b** (w. words meaning 'aforesaid').

illa tollat alium virum sibi si unum ante habuerat. eadem sententia stat de servis transmarinis THEOD. *Pen.* II 12. 24; †**701** (12c) v manentes in loco qui dicitur I. et ubi rivulus qui vocatur C. xx et in alio loco

juxta eundem rivulum x *CS* 103; quia superius quantum isdem vir venerabilis Guthlac adversus veras apertasque diabolicas insidias valuit explicavimus FELIX *Guthl.* 36; iisdem [vv. ll. hisdem, isdem] fere temporibus *Ib.* 37; Osuald .. Nordanhymbrorum rex Christianissimus hisdem finibus regnum tenuit BEDE *HE* II 5 p. 89 (cf. H. HUNT. *HA* II 23: eisdem, *Chr. Holyrood* 9: hiisdem, CIREN. I 99: isdem); **966** ego Eadgar rex .. confirmavi. ego Dunstan Doronensis aecclesiae archiepiscopus eusdem [*sic* MS] regis donationem .. consignavi *CS* 1176; **974** (12c) spaciumque omne prefatis cenobiis contiguum dissipatis secularium domunculis .. isdem sanctis locis in Wentana civitate deifice locatis .. largitus sum *CS* 1302; **1239** legato, quem tunc ipso tempore .. se misisse dixit in Syriam, .. auctoritatem .. subsequenter ademit. eodemmetipso [? l. eodem et ipso] tempore .. (*Lit. Fred. Imp.*) M. PAR. *Maj.* III 632; erat isdem Werbodus idolatra WHITTLESEY *app.* 142; ad indumenta pauperum .. assignavit idem abbas annuum redditum xviij s. .. portario .. percipiendum, ita ut in communi lanaria nostra cum communibus pannis nostris iidem panni texerentur et cum eisdem pariter .. fullerentur *Meaux* II 65; **1519** unacum cauda et horto eedem petie terre adjacentibus *Reg. Brechin* II 174. **b** s**868** anno .. nativitatis Ælfredi regis vigesimo, idem ipse praefatus ac venerabilis A. rex .. ASSER *Alf.* 29; idem supradictus philosophus ADEL. *ED* 26.

2 the same as something in the same context: **a** (w. rel. cl., *cf.* 3b, 8b *infra*); **b** (w. correl. *cum*, *sicut*, *ut*, *etc.*); **c** (w. dat.); **d** (*unus idemque* w. rel. cl.; *cf.* 5b, 11c *infra*).

a dum eadem mortis ira, qua filii sunt, multatur GILDAS *EB* 69; quae a frequentatoribus ejus, Wilfrido et Cissan, audivi, eodem ordine, quo conperi, easdem res narrare curabo FELIX *Guthl.* 28; **875** concedo amico meo W. aliquam partem terre .. cum eadem libertate quam Ælfredus rex .. mihi .. donavit *CS* 539; archipresbyter .. quem quidam eundem putant quem et decanum GIR. *PI* I 19 p. 110. **b** festinus quaternionem promptum paravi .. ac in illa eadem die non minus quam tria alia sibi placabilia testimonia .. in eodem quaternione, ut praedixeram, scripsi ASSER *Alf.* 89 (cf. 3b infra); predestinatio predestinantis non est eadem cum predestinatione predestinati HALES *Qu.* 700; **1268** crucem portatilem .. ejusdem magnitudinis cum crucibus .. quas archiepiscopi coram se faciunt deportari *Cl* 15; c**1283** et [W. Schureue] de omnibus aliis consuetudinibus et operibus debet eodem modo sicut Walterus de D. *Cust. Battle* 9; tenendo animam sensitivam esse eamdem formam cum intellectiva OCKHAM *Quodl.* 83. **c** de ista oracione 'idem sibi' sciendum quod cum pronomen non construitur cum casu regendo ipsum, hec vox 'idem' uno modo est pronomen, alio modo est nomen, secundum quod nomen est sic exigit casum BACON XV 161; *GLA* III 289B (DUNS *Quaest. Anal. Pri.*) (v. discernere 2d); que uni et eidem sunt eadem, inter se sunt eadem: igitur, si veritas et falsitas sunt idem cum proposicione vera et falsa, .. OCKHAM *Quodl.* 574; Sortes est realiter idem sibi *Ib.* 685; possum dicere quod Sortes est idem Sorti et quod idem est eidem idem *Ib.* 687. **d** iter suum uno eodemque ordine, quo vir Dei ante narravit, confessi sunt FELIX *Guthl.* 33.

3 (w. ref. to person or thing previously mentioned or specified in context): **a** (w. proper names); **b** (w. *hic*, *ille*, or *ipse*).

a in Beusberg hund': . in eadem villa tenet W. filius Ogerii j solin'. .. isdem W. tenet j monast' in Dovere de episcopo *DB* I 1va; **1130** J. filius Alani debet c s. de firma preteriti anni. .. et idem Alanus r. c. de c s. de firma de C. *Pipe* 7; c**1160** convenit idem H. quod .. (v. 1 decimator a); **1286** hiidem G., R. [et al.] .. seu predicti abbas et conventus .. *Reg. Malm.* II 309 (= *Pat* 105 m. 23: iidem). **b** omnes ad quos haec eadem historia pervenire potuerit .. precor ut .. BEDE *HE pref.* p. 8; **858** ij molina ad illam eandem terram pertinencia *CS* 496; s**851** ipso eodem anno ASSER *Alf.* 3; in illa eadem die *Ib.* 89 (v. 2b supra); per diem integrum et noctem ad eandem illam horam, qua anteriori vespera accensae fuerant, candelae ardendo lucescere non poterant *Ib.* 104; **943** (13c) secundum illud quod apostoli Pauli .. predicacione dixit 'omnia nuda ..' [*Heb.* iv 13]. idem ipse agonista ait 'que videntur ..' [*II Cor.* iv 18] *CS* 784.

4 the same as before or in other circumstances; **b** (w. correl.). **c** (impl. continuity) the same, unchanged.

in quibusdam locis .., licet mutentur verba, eadem est tamen sententia PETRUS *Dial.* 4; ergo quando quidem vix ullus permanet idem, / qui vestem mutat *Epigr. Misc.* 3 p. 158; eadem inpudencia, non minus quam ante, contumaciter et discorditer recedentes GIR. *SD* 118; aqua quoque, per discontinuacionem corrupta, per recontinuacionem eadem numero generatur BRADW. *CD* 868A. **b** nec negas legem .. eandem per omnia sicut Moyses eam scripsit permanere? PETRUS *Dial.* 4. **c** si [luna] rotunda et semper ejusdem forme foret, propriam lucem haberet ADEL. *QN* 62; sol manens idem sine omni transmutatione BACON XIII 107.

5 the same in each case or w. ref. to each subject. **b** (*unus idemque* or sim.) one and the same; *cf.* 2d *supra*, 11c *infra*.

lunae autem status idem eademque sit pro variante solis digressu conversio BEDE *TR* 25; nobis omnibus restat exitus idem FELIX *Guthl.* 50; virtutem ignis eandem esse erga omnia nemo dubitat PETRUS *Dial.* 28; licet .. eis [sc. Sarracenis] eodem tempore quatuor legitimas habere uxores *Ib.* 63; si curamus īdem, duo non sumus, immo vir īdem SERLO WILT. 2. 49 (cf. 11a infra); arbor vero sit que pluribus solis periodis permanens de eodem stipite pluries fructificat GROS. *Hexaem.* IV 28. 2; quando plura verba isdem casibus efferuntur GARL. *PP* 116; fere heedem sunt recepciones et expense *Ac. Beaulieu* 51; verum est [quod] idem immediate subjicitur effectibus diversis, sicut eidem radii solares sunt causa immediate contrariorum BACON XIII 108; Aristoteles .. vult quod, in assignando extremum uni correlativo, utendum est eodem nomine in diversis casibus OCKHAM *Quodl.* 687; inveniuntur altere .. excepto quod pause semibrevium non sunt heedem *Fig.* 50. **b** una eademque sanguinis fundendi aviditate concordes GILDAS *EB* 19; unus atque idem spiritus operatur in omnibus *V. Greg.* 80; quinque gentium linguis unam eandemque summae veritatis .. scientiam scrutatur BEDE *HE* I 1 p. 11; legere et interpretari simul uno eodemque die primitus inchoavit ASSER *Alf.* 87; uno eodemque momento PETRUS *Dial.* 28 (cf. ib.: uno eodemque temporis ictu); s**1141** [rex et comes] unam eandemque sortem experti sunt W. MALM. *HN* 500 p. 61; predicti xij recognitores non fuerunt de uno et eodem assensu in suo veredicto *State Tri. Ed. I* 64.

6 (pron.) the same person or thing as previously mentioned or under discussion; **b** (w. correl.).

si ultra in peccato persistat, ij xl [jejunet], et si idem fecerit, abscidatur a corpore sicut membrum putredum GILDAS *Pen.* 17; Britannia .. vallata duorum ostiis nobilium fluminum, Tamesis ac Sabrinae, veluti brachiis, per quae eidem olim transmarinae deliciae ratibus vehebantur *Id. EB* 3; in ipsa Cantuariorum provincia vel etiam in contiguis eidem regionibus BEDE *HE pref.* p. 6; **822** in nomine Jhesu Christi, .. ita †iedem [*sic* MS] Dei gratia concedente, ego Ceolwulf rex Merciorum .. *CS* 370; idem [sc. R. Partes] eidem [sc. W., fratri suo] de virtutibus ejusdem [sc. amoris] R. PARTES 225 *tit.*; hic epilogus, .. i. superlocutio alicujus rei, et inde hoc epilogium, .. quod idem significat OSB. GLOUC. *Deriv.* 187; **1209** in aula, thalamo et ceteris domibus emendandis et cooperiendis ij s. viij d. in clavis emptis ad idem x d. *Pipe Wint.* 26; c**1290** c li. argenti solvendas eedem [sc. Agneti le Gra] (*Chanc. Recognizances of Debt*) C241/22/37 (*London*); hec ustrinatrix, *a kylme wyfe*; hec deciccatrix idem est *WW*. **b** †**604** (12c) hoc cum consilio L. episcopi et omnium principum meorum signo sancte crucis confirmavi eosque jussi ut mecum idem facerent *Ch. Roff.* 1; si et illi eadem cum illo sentire vellent BEDE *HE* II 13 p. 111; **10..** 'merulenti', *ða ahlytredan*, idem et †de peccati defruto *WW* (cf. ALDH. *VirgP* 30: merulenta defecati nectaris defruta); si veritas et falsitas sunt idem cum proposicione vera et falsa, .. OCKHAM *Quodl.* 574 (v. 2c supra).

7 (in a weakened sense, indicating that the same subject is involved). **b** (used as *ipse*, ? by infl. of OF *meismes* = same, [one]self) in person.

Aldui tenet Stoche. idem ipse tenebat TRE *DB* I 99ra; longanimus expectator Dominus idemque malorum .. gravissimus ultor sicut et bonorum omnium .. retributor GIR. *Ep.* 4 p. 178; marinas enim beluas easdemque immanissimas aut retibus involvit aut hamo †decepit [l. decipit] GROS. *Hexaem.* VIII 13. 7. **b** de rebus hereditatis sue interpellatus .. defensorem habeat vel idem respondeat (*Leg. Hen.* 59. 9a) *GAS* 578.

8 the same person or thing as specified in context: **a** (prec. rel. cl.); **b** (following rel. cl.).

a idem Latine Petrus quod Syriace Cephas .. est BEDE *Luke* 397; grammaticus non est idem quod homo, id est non habent eandem definitionem ANSELM (*Gram.* 5) I 149; c**1228** C. de G. .. de delatione mortuorum idem dicit quod W. decanus et adjicit quod .. *Feod. Durh.* 226; in omnibus regionibus que sunt inter circulum solsticialem et polum est una hujusmodi periodus idem quod annus GROS. *Hexaem.* IV 28. 3; Frea, ut volunt quidam, idem est quod Venus CIREN. I 11 (v. frodos). **b** quod enim proportiones ponderum faciunt in malleis vel cymbalis, idem eedem in fidibus ratione longitudinis brevitatisque, intensionis remissionisque, faciunt ADEL. *ED* 27.

9 (gen., or w. *de*, repr. place-name) (of) the same. **b** (Scot.) of that ilk.

1375 Ricardus de Repham de Lincoln', H. de Kirmyngton' de eadem, J. de Ievelay de eadem *SessPLincs* I 92; restitutio libertatis et franchesiarum Londoniarum civibus ejusdem *MGL* I 171; **1463** Johanni Nele de Springfeld, seniori, .. et J. N. de eadem, juniori *AncD* C 5646. **b** c**1370** etc. (v. de 16d); s**1402** hi etenim milites ibi ceciderunt: J. de Swynton ejusdem, A. de Gordon ejusdem, .. FORDUN *Cont.* XV 14.

10 (to emphasize inconsistency between two statements) yet this same.

957 dominus noster Jhesus Christus, Dei filius, idemque hominis filius *CS* 995.

11 (as sb. n.) the same thing (in each case or circumstance); **b** (phil.) essence, or essential, or constant, characteristic, such as is or forms the identity of a *genus*; **c** (*unum idemque* or sim.)

nec deitas in eo [sc. Deo], pietas ejusve potestas / sunt diversa sibi: nec tria sunt, sed īdem L. DURH. *Dial.* III 266 (cf. ib. 270: est etiam pietas hoc ipsius atque potestas / quam deitas: et īdem singula queque notant); est eis [sc. camerariis] idem velle et idem nolle ad honorem regis adeo ut quod ab uno factum fuerit a nullo eorum dicatur infectum *Dial. Scac.* I 5 F (cf. Sallust *Cat.* 20: idem velle atque idem nolle ea demum firma amicitia est); intellectus .. in effectu est quiddam conjunctum ex intellectu materiali et intellectu adepto et est idem subjecto intellectus materialis et intellectus in effectu J. BLUND *An.* 340; vastum et destructio fere idem sunt quia convertibiliter vastum idem est quod destructio et e converso BRACTON 316b; in gustu .. et olfactu non potest idem numero capi a diversis R. MARSTON *QD* 255; MIDDLETON *Sent.* I 251 (v. hypostasis 2b); DUNS *PW* 52 (v. dependentia 4b); causa totalis et causa precisa sunt idem OCKHAM *Quodl.* 8; non est inconveniens quod idem sit possibile et impossibile secundum diversam supposicionem *Ib.* 217; quando dicitur quod hec natura [sc. humana] et iste homo sunt idem .. et certum est quod non sunt idem, .. *Ib.* 335; *Ib.* 687 (v. 2c supra); ℨ j cum dimidio facit solidum, exagium et aureum, que tria idem sunt in pondere, licet nomina diversificentur J. MIRFIELD *Brev.* 92. **b** hanc autem epistolam 'de eodem et diverso' intitulavi, quoniam videlicet maximam orationis partem duabus personis, philosophie sc. atque philocosmie, attribui, una quarum eadem, altera vero diversa, a principe philosophorum appellatur ADEL. *ED* 3–4; si res consideres, eidem essentie et generis et speciei et individui nomina imposita sunt *Ib.* 11; J. SAL. *Pol.* 640C, P. BLOIS *Ep.* 101. 313A (v. dividuus a); habemus .. idem et diversum SICCAV. *PN* 101. **c** ratio enim et auctoritas divinorum scriptorum, quamvis dissonare videantur, unum idemque sunt W. MALM. *GR* IV 334; unum et idem etiam non haberet diversas rationes veri et boni nisi intelligere et velle illud unum et idem essent [*sic*] alicui subjecto actus realiter diversi et ad invicem ordinati DUNS *Ord.* IV 238.

12 (*eodem* adv.) to the same place as previously stated. *V. et.* 1 *is* 22 & 23.

s**1222** Johannes de S. Egidio .. cum suasisset paupertatem voluntariam, ut verba sua exemplo confirmaret, descendens de ambone, habitum fratrum recepit et eodem regressus ad clerum sermonem explevit TREVET *Ann.* 211.

idempn-, idempt- v. ident-.

identice [ML], (log. & phil.) in terms of identity.

intelleccio est aliqua forma absoluta sicut albedo. patet enim quod ipsa est causabilis a Deo immediate, ergo ab ipso solo non dependet essencialiter; quando eciam objectum causat, non dependet ~e, quia posset eadem aliunde causari DUNS *Ord.* III 287; *Id. Metaph.* IV 2 (v. identificare); bonitas includit omnem perfeccionem scilicet ydentice (P. BRIDL.) *Quaest. Ox.* 346; ydemptice, .. non tam formaliter *Ib.* 347 (v. formaliter 2a); non enim secundum predicacionem ydempticam vel ydemtice .. est ille panis corpus Domini WYCL. *Conf.* 508; **1382** quod Christus non sit in sacramento altaris ydemptice, vere, et realiter in propria presencia corporali (*Art. Wicliff*) *Conc.* III 157a; quoniam multi credunt et adorant hostiam, que de facto est panis in natura et corpus Christi in figura, acsi esset naturaliter et ~e corpus Christi et sic Deus NETTER *DAF* II 43v. 1.

identicus [ML], (log. & phil.) identical, same in quality, attributes, *etc.*

aliter posset distingui antecedens predictum, ut per implicacionem illam 'que est' intelligatur inherencia formalis vel tantum ~a DUNS *Ord.* II 373; relacio intellectus ut mobilis ad objectum ut ad movens pertinet ad secundum modum, ut relacio calefactibilis ad calefactivum. sed, preter istas relaciones secundi modi, est alia relacio intelleccionis ad objectum ut terminati ad terminans; non enim tantummodo intelleccio est ab objecto ut a causa efficiente .. sed est ad ipsum ut ad terminans. .. differencia istarum relacionum patet quia utraque est sine alia. .. prima est non ~a, quia idem absolutum posset fieri ab alia causa; secunda videtur ~a, quia nullus actus natus esse circa objectum, posset esse idem et non terminari ad idem objectum *Ib.* III 286; si sic, predicacio ydemptica utrobique (P. BRIDL.) *Quaest. Ox.* 347; predicacionem ydempticam WYCL. *Conf.* 508 (v. identice); in ista materia oportet signanter notare distinccionem inter predicacionem ydempticam et predicacionem tropicam. ydemptica est, quando predicatum ydemptice asseritur de subjecto, ut Christus est homo *Id. Euch.* 35.

identidem [CL], again and again, repeatedly. **b** yet again, once more. **c** likewise.

~em, iterum atque iterum *GlC* I 26; his duobus vitiosissimis principiis totam argumentationem ~em repetendo ad finem usque contexis LANFR. *Corp. & Sang.* 417C. **b** mox ~em in latebroso carceris fundo .. sanctae virgines includuntur ALDH. *VirgP* 51; fidei faculam ~em succenderet *Bened.* 39. **c** si quis morbo preoccupatus, licentia capituli, infirmitorium adierit, de quocumque hebdomadarius fuerit, cantor procurabit. ~em procurabit si quis quoquam cum benedictione ierit *Obed. Abingd.* 373.

identificare [ML], (log. & phil.) to identify, treat as identical.

perfecciones simpliciter, que presupponunt ubicumque naturam entis per se completam, in se non magis identice insunt enti per se quam enti in alio, nisi illud ens per se sit infinitum; tunc enim quidquid ei inest magis identice inest quam cuilibet alii. racio primi est quia tales perfecciones ex racione sui semper sunt accidencia sic quod ex se non habent plus ~ari substanciis quam ut accidencia. sed si sint alicui non accidencia, vel plus ~entur quam accidencia, hoc est propter illimitacionem substancie in qua sunt DUNS *Metaph.* IV 2 p. 170; sequitur quod unum tempus potest ~ari cuicunque alteri WYCL. *Act.* 69.

identificatio [ML], making or becoming identical.

in tali errore lapsi sunt plurimi ut quidam dicunt expresse quod hoc est impossibile quod Christus descendit ad inferos, cum nichil de Christo nisi spiritus suus descendit ad inferos et impossibile est illum spiritum esse Christum; et ultra innuunt quod iste articulus fidei sit valde hereticus, quia implicat quod ille spiritus est dominus Iesus Christus et sic, ut balbuciunt, Christus non foret tunc verus homo vel integer, sed foret ~o rerum, ex qua sequitur oppositum cujuslibet articuli fidei Cristiane WYCL. *Chr. & Antichr.* 664; transubstanciacio, ~o, et impanacio, quibus utuntur baptiste signorum in materia de eucharistia, non sunt fundabiles in scriptura *Id. Concl.* 105.

identificus, (n. as sb.) identical entity, or ? *f. l.*

ut rem inesse tali identifico [? l. identificato] apte demonstrem, panis habet esse vivum et participativum hominis secundum carnem NETTER *DAF* I 22.

identitas [LL]

1 (phil.) sameness of quality, attributes, *etc.*; **b** (dist. as *formalis* or *realis*); **c** (*~as numeralis*); **d** (theol., w. ref. to persons of the Trinity).

neque enim similitudinis adverbia ~atem seu aequalitatem ubique posita significant LANFR. *Corp. & Sang.* 439A; queritur utrum nomen lucis dicatur univoce de luce supercelestium, ut solis et stellarum, et de luce rerum naturalium, ut ignis et flamme. .. quia luce solis generatur lumen in aere, a luce ignis generatur idem effectus in aere, et idemptitas effectus ab idemptitate cause est J. BLUND *An.* 125; nec aliud secundum rem aut rationem convenit uni quod non alteri, et non est major ~as quam ista HALES *Qu.* 21; non intelligit solum ~atem secundum substantiam. .. relinquitur ergo quod intelligit ~atem secundum esse GROS. 95; nosse .. ydemptitatem et diversitatem causati ad causam precipue primam non est sciencie humane *Ps.*-GROS. *Gram.* 11; equalitas est ydemptitas in quantitate BACON XIII 367; cum sic dico 'video me' inter verbum et pronomen est ydemptitas persone *Ib.* XV 11; item intellectus est idem cum intelligibili veriori ~ate quam materia et forma faciant species, aut intelligibilis in mente eadem est cum forma que est in materia PECKHAM *QA* 39; cum dicis quod que sunt omnino idem re, plurificato uno plurificatur aliud etc., dico quod verum est si est ~as secundum rem et secundum modum se habendi; quamvis autem essencia et persona sint idem re, tamen essencia habet modum essendi absolutum, persona vero habet modum se habendi in relacione ad aliam MIDDLETON *Sent.* I 34b; quia, si ille proprietates re differrent ab essencia, essencia esset realiter causa earum; igitur sicut differunt racione, ita essencia de racione sua habet racionem incausati, alie autem licet propter ~atem cum essencia sint incausate, non tamen secundum racionem formalem primo includunt incausacionem sui DUNS *Ord.* I 107; 'homo est homo' et 'homo non est asinus': affirmativa non est vera nisi ex ~ate terminorum sive extremorum, nec negativa nisi ex diversitate *Ib.* p. 164; ~as, que est relacio ejusdem ad se, non est relacio realis T. SUTTON *Duns* 88; omnis proposicio affirmativa vera requirit ad suam veritatem ~atem predicati cum subjecto; aliter quelibet talis proposicio esset falsa, quia voces vel conceptus in subjecto et predicato non sunt idem OCKHAM *Quodl.* 249; si deesset nobis idemptitas specifica WYCL. *Ver.* I 306. **b** quod ~as realis non necessario concludit ~atem formalem DUNS *Ord.* II 358; antecedens .. notat ~atem realem per ly 'que est' *Ib.* 373; causa quare proposicio affirmativa est vera est ~as realis que est inter subjectum et predicatum T. SUTTON *Quodl.* 177; nihil reale potest distingui nec esse idem racione cum aliquo reali, ita quod, sicut distinccio racionis et ~as racionis se habent ad encia racionis, ita differencia realis et ~as realis se habent ad encia realia, et hoc forte non excludendo distinccionem formalem et ~atem, ubi debet poni OCKHAM *Sent.* II 75; esse im premissis denotat ydemptitatem realem LUTTERELL *Occam* 158. **c** **1286** ~atem .. numeralem corporis Christi mortui cum ejus corpore vivo (v. dimensio a); ~as numeralis .. est relacio realis sicut similitudo vel equalitas OCKHAM *Quodl.* 685; **s1286** item ~atem esse numeralem tantummodo propter ~atem materie ut dimensionum interminatarum (*Artic. contra Knapwell*) *Ann. Dunstable* 324. **d** propter essentialem ~atem Patris et Filii ANSELM II 19 (v. essentialis 1a); **1179** non enim .. fideles Christi sunt unum, id est una quedam res que communis sit omnibus, sed sunt unum in unione caritatis ..; pro personis vero divinis, ut attendatur, ~atis unitas in natura (*Lit. Papae*) WEND. I 123 (= M. PAR. *Min.* I 417: idemptitatis); **1300** ut .. divinorum idemptitas perseveret (*Lit. Papae*) *Reg. Carl.* I 125; revereantur Sabelliani ponentes in Patre et Filio et Spiritu Sancto unitatem et ~atem essencie et persone BRADW. *CD* 19C; quelibet persona in se plenam continet majestatem, equalitatem quidem et idemptitatem habens secundum deitatis substanciam ROLLE *IA* 162.

2 sameness, the fact of being the same. **b** (of document or sim.) exact verbal agreement; **c** (of name, but not person).

personalitas [monachorum] idemptitatem parit, singulis unam ipsamque omnibus similem W. DAN. *Ailred* 5 p. 12 (cf. *NLA* II 546: †parilitas [MS: personalitas] singulis unam parit ydemptitatem ..); sub ~ate signorum diversitatem rerum .. distinguit J. SAL. *Pol.* 430C; concrepantibus invicem trompis et alternos commiscentibus convenienter accentus, fit quedam tonorum discors concordia, dum congrua sonorum productiore ~ate, singule singularum quodam modo repeterent exceptiones mutuas .. *Itin. Ric.* II 13; tertiana continua et causon ~atem sumunt ex materia, diversitatem a loco et forma GILB. I 24v. 1; **1309** in litibus ac negotiis extra eandem curiam inchoatis .. si in ipsis idem statutum minime servaretur, possent eedem lites et negotia contra nostram intentionem nimium protelari propter similitudinem et idempnitatem expressam *Conc.* II 304a. **b** ob qualitatem verborum et testimonii, quorum tanta ~as est ut nec ad sillabam differant ut instructi magis .. quam veritatis conscii stare videantur *Lib. Eli.* III 108; **c1230** ordinationes .. in diversa disperse instrumenta propter ydempnitatem et similitudinem contentorum et quorundam contrarietatem .. confusionem inducebant (*Const.*) *Reg. Moray* 90. **c** **1253** Dionisia uxor ipsius J. asserit ipsum virum suum propter idemptitatem nominis falso fuisse utlagatus [*sic*] *IMisc* 8/31; **14..** pro eo quod predictus Johannes Clerk de N. habet idem nomen et cognomen sicut prefatus Johannes Clerk de A. .. inveneritis ipsum J. C. de A. commissionem nostram de officio illo habuisse .. et ipsum J. C. de N. hujusmodi commissionem nostram non habuisse .. et ipsum J. C. de N. propter idemptitatem nominis et cognominis et non alia de causa coram vobis impetitum fuisse *Reg. Brev. Orig.* 194v; ?**14..** licet idem H. C. junior non sit idem H. C. senior, qui sic utlagatus existit, idem tamen H. C. junior, occasione ~atis nominis et cognominis predicte multipliciter inquietatur *Entries* 407va.

3 identity, condition or fact that person or thing is itself and not something else. **b** (*altera ~as*) 'second self'.

natura incommutabilis naturae est unita passibili, ut .. Christus Jesus et mori possit ex uno et mori non possit ex altero. propter unius personae ~atem, communis Deo et homini dicitur ALCUIN *Dogm.* (*Trin.* 3. 15) 47D. **b** ne illam alteram ~atem, que amicorum animis inesse solet, hoc infortunio amittamus ADEL. *ED* 4.

4 (rhet.).

idemptitas est oratio sine omni transumptione vel contrarietate absolute prolata. idemptitas alia rudis, alia polita. .. rudis idemptitas ex simplici subjecto constat et predicato; quidquid adicitur vel deturpat clausulam vel decorat GERV. MELKLEY *AV* 6; nam presens ars non tantummodo in cadenciis seratur, sed pocius in diccionum egregia idemptitate, que sicut plumbum ad extra est corpus fuscum et coruptum, quod ad intra est aurum purissimum, verisimiliter et dictamen per ruralium diccionum transmutacionem cum prospicuo ingenio perscrutatam pollens idemptitas fore indagatur ut post interpretaciones membrorum et aliorum adminiculorum epistole pertinencium, cujus opus aggredior impresenti, eam apercius declarabo *Dictamen* 336.

5 (*~as animorum* or sim.) community of spirit, agreement.

floret concordia, .. nutritur ~as affectuum et unanimitas GIR. *Symb.* I 13 p. 238; sumus duo ex carne uno; quinimmo non duo jam sed idem, ~ate caritatis non carnis M. RIEVAULX (*Ep.*) 63 p. 175; ?**1237** unitatis et concordie nutrix et conservatrix est uniformitas ac ydimptitatis similitudo *Ann. Durh.* app. 100; **1319** quos animorum ~as diuturno tempore antiquata connexit *Reg. North.* 289; **1350** ut animorum †yndempnitas [MS: ydemptitas] persistaret *Lit. Cant.* II 302; **c1410** concordie unitas et amicorum ydemptitas *FormOx* 198; **1441** quasi una prorsus sit eis semper ~as animorum BEKYNTON I 139.

6 condition of being the same all over.

~as coloris purpurei (v. 1 designare 4b).

7 continual sameness, lack of variety, monotony; **b** (as characteristic of monastic life).

sunt quidam qui non habent nisi duo verba vel tria .. que ubicunque ponunt in translationibus suis, et ideo tediosi sunt et cito satiantur auditores. idemptitas enim mater est satietatis VINSAUF *AV* II 3. 8; nec sufficit gule ut variorum ferculorum materias, nisi variet et colores ut et idemptitas, mater sacietatis, improbe gulositatis non hebetet acerbitates acutas J. GODARD *Ep.* 223; ydemptitas generat fastidium et mater sacietatis ab omnibus comprobatur BACON *CSTheol.* 26; **a1441** cicius sicci montes Gelboe casum percipient roris et humectacionem pluvie, quam alter David Jonathan novellum abjiciet, aut, veluti ydemptitatem fastidiens, in effigie altera, veteri jam oblita, anchoram dileccionis sibi figet *Reg. Whet.* II 397. **b** ordinem .. Cisterciensem quanta devotione complexus sit .. consueta vestium asperitas, suo ex appetitu ciborum invariata communitas, retenta etiam in clero .. regularium idemptitas indicabant *Ep. Glasg.* 311; ad Redburnam aliquos fratres transmisit recreandos, ne ~as in claustro in eis qui pusillanimes erant accidiam parturiret *G. S. Alb.* I 211; **1281** nunquam religiose †y[n]demnitati [*Conc.*: identitati; MS: ydemptitati] convenit quod tam nuncupacione regulari, dum hic, viz. dominus, alius vero frater appellatur, quam in calciamentorum pompositate, dum equitant, acceptatur disparitas apud eos *Reg. Ebor.* 295 (= *Conc.* II 62); quod mutet aliquando servicium conventus, ne fastidium generet, quia dictum est, idemptitas parit fastidium *Cust. Cant.* 136; ne continuacio vel ~as dictarum oracionum, ut fieri solet, fastidium generaret, conventum suum .. per pitancias diversas .. recreavit *G. S. Alb.* III 409.

8 unification.

1292 ad conservacionem predicte terre [sc. Terre Sancte] credimus expedire quod fiet ydemptitas nominis, ordinis, et habitus Hospitelariorum et Templariorum *Conc. Syn.* 1108.

9 *f. l.*

1341 in factura xliiij libr. ferri Ispanie pro cruce ad *le parclos* j s. x d.; in ydemptitate x barr[arum] supra tumbam domini Johannis de Otham episcopi .. vij d. *Sacr. Ely* II 117.

identitudo, identity, sameness of quality.

sequitur .. quod panis est corpus Christi et quidlibet foret ipsum; et sequeretur magna confusio, ut argutum est in materia de ydemptitudine WYCL. *Apost.* 99.

ideo [CL]

1 (w. causal cl.) for the reason (that); **b** (w. reason expr. as purpose).

697 terminos vero hujus terrulae ~o non ponimus quoniam ab accolis undique certi sint *CS* 98; gentes .. quas ~o felices praedico quoniam mox .. susceperunt Christianitatem LANTFR. *Swith. pref.*; hanc terram ~o tenet abbas quod .. *DB* II 360; ~o viz. quod cane nihil est sagacius ALB. LOND. *DG* 9. 8; quod ~o imperium est a papa quia nullum verum dominium .. est vel fuit extra ecclesiam OCKHAM *Brev.* III 16; **s1424** ~o quia elata cervice contra suos dominos erexerunt calcaneum AMUND. I 190. **b** haec ~o nostrae historiae inserenda credidimus ut admoneremus lectorem operum Dei BEDE *HE* IV 23 p. 266; uxorem .. pater suus ~o ei dedit ut Turbrandum .. interficeret *Obsess. Durh.* 2.

2 for that reason, therefore.

fuit ipsa villa combusta et ~o precium ejus non potuit computari *DB* I 11a; fuerat .. nimie senectutis ~oque in hostes nihil virtutis facere poterat *Obsess. Durh.* 1; causales sunt ut 'quia', 'quamobrem', 'quapropter', 'enim'. dicunt enim hee comparacionem cause ad effectum, quedam ut 'quam', '~o' et consimilia comparacionem effectus ad causam, et has appellant quidam effectivas *Ps.*-GROS. *Gram.* 57; sciebam quod volebas eam hodie esse apertam et ~o nolui eam sero claudere *Latin Stories* 26.

ideoma v. idioma.

idestus [? ἥδιστος], most sweet.

†audititidestos [? l. auditu et idestos] FRITH. 1118 (cf. *ALMA* XXV 86–8).

idhe [Ar. *aydan misvocalized*], also.

augmentumque dupli AG in GB supra duplum AD in DB idhe muntak erit rationale ADEL. *Elem.* X 77.

idia [LL < Judaea < Ἰουδαία], (bot.) red dock (*Rumex aquaticus*) or red-veined dock (*Rumex sanguineus*) (*cf.* Ps.-Apul. *Herb.* interp. 33: Itali dicunt lapatium acutum, alii ~a vocant [φλόμος Ἰουδαία Diosc. II 114], Romani rumicem). **b** (*~a lupina*) ? black nightshade (*Solanum nigrum*).

~a, *reed dokke MS Cambridge Univ. Libr. Dd 11. 45* f. 107ra. **b** ~a lupina, A. *morel MS BL Additional 18752* f. 103v.

idimia v. induviae.

idiocrus [? cf. ἰδιόχροος], (*trochiscus ~us*) sort of peculiar-coloured lozenge.

trocisci croci magmatis et ydiocri GILB. VII 314v. 2; ocron, i. rubium, unde trocisci ydiocri ab ydia quod est forma et cron [v. l. ocron] quod est rubeum, qui [v. l. quia] formati inde trocisci ydiocri *Alph.* 127 (cf. ib. 195: ydea, i. forma; ceron, i. rubeum; inde ydeototeron, i. rubeum, et colirium ydroceron [ὑδρόγαρον]).

idioma [LL < ἰδίωμα]

1 peculiarity, special property. **b** (*communicatio ~atum*) interchange of properties (ἀντίδοσις ἰδιωμάτων).

quod .. strictis tamen semper habenis contra illius etatis naturam et supra vires .. continentie se semper freno coerceret. unde juveniles illi excessus .. etati potius quam

errori, etiam apud sapientes et qui illius etatis ~ate sunt experti, imputandi videbantur H. Bos. *Thom.* II 6 p. 168; nec spiritu adversus carnem nec carne concupiscente adversus spiritum, quale fuit hominis ante peccatum ~a *Id. LM* 1380D; idion enim Graece est proprium Latine, a quo ~a, hoc est proprietas Bacon *Gram. Gk.* 26. **b** plus est in ratione descensus quam in ratione nature, quia communicatio ~atum, id est proprietatum, sicut dicit Joannes Damascenus Hales *Qu.* 1476; Duns *Ord.* V 320 (v. communicatio 2b); multa attribuuntur uni rei propter aliam per communicacionem ~atum, que nec est materia nec forma nec pars ejus: sicut dicimus aliquid attribui alteri propter instrumentum .., quemadmodum dicimus istum hominem esse remigatorem a remo Ockham *Quodl.* 63.

2 idiom, phrase or expression peculiar to an individual or to a particular language.

~a, prop[r]ietas linguae *GlC* I 19; pharmacon secundum lingue illius ~a dicitur unguentum Osb. Glouc. *Deriv.* 432; antiquum illum durum .. scribendi morem .. respuens et refutans, .. presentis idioma sermonis et moderne modum eloquentie avide cupiens et amplectens Gir. *EH intr.* p. 208; Cornubia et Armorica Brittania lingua utuntur fere persimili, Kambris tamen propter originalem convenientiam in multis adhuc et fere cunctis intelligibili; que, quanto delicata minus et incomposita magis, tanto antiquo lingue Britannice ~ati magis ut arbitror appropriata *Id. DK* I 6 p. 177; hoc ei in audientia verbum emisit: "nollem revera pro placito centum solidorum" (~a namque Bononicum erat) "quin .." *Id. RG* I 2 p 48; interpretes barbaros sustinemus multociens et qui linguarum ~ata nesciunt nos de lingua ad linguam transferre presumunt R. Bury *Phil.* 4. 71; ab illo Belo idola originem assumpserunt et ab ejus nomine derivatur nomen generale idolorum secundum diversitatem ~atum: alii Baal, alii Bel, alii Baalym, alii Beelphegor, alii Belzebub dicentes *Eul. Hist.* I 30; **c1380** sic quod id quod sum vester sum et, secundum jura, quod meum est amplius quam meum esse fore non potest, sic quod oblacio persone mee vel rei quam facere possem esset inutilis similiter et inanis ydioma *FormOx* 389; centenaria que juxta lingue ~a *hundret* indigene vocitare consueverunt Ciren. I 369 (v. centenarius 4a); nomen putant Scoticae linguae interpretes Kynlusche, quasi diceres 'caput herbarum' .. sed .. ~atum corruptela per Anglicanas irruptiones introducta loci vocabulum invertit ac pro Kynlusche factum est nomen Kinloss Ferr. *Kinloss* 13.

3 spoken form of language, spoken idiom (dist. from reading, writing, and comprehension).

studiosi lectores in dictarum linguarum scriptura, lectura necnon etiam intellectu plurimum poterunt informari, licet proprietatem ~atis solus auditus aurium anime representet R. Bury *Phil.* 10. 167.

4 manner of speech of particular area or group of people or time, the vernacular; **b** (fig.).

qui, cum rusticanus esset et totius eloquii alterius quam Anglici nescius, mirabilem tenebat et amabilem de religionis summa proque ydioma [v. l. idiomate] suo luculenter proferebat sentenciam *V. Har.* 4 f. 8; **c1218** quod .. sacerdotes, prout eis Deus inspiraverit, parochianos suos instruant et eis illam expositionem frequenter domestico ydiomate sane inculcent *Conc. Syn.* 61; sicque quod Anglici vocant hundred', jam per variationem locorum et ~atis wapentakia appellantur *Fleta* 134; **1278** clericos .. per ipsum de ydeomate ipsorum examinandos admitteret *Reg. Wint. 1282–1304* II 648; **1288** excommunicatos esse .. communi ~ate .. publice nunciari .. faciatis *FormOx* 359; si quis vero Latinum non intellexerit, leccionem devotam Anglico vel Gallico, sive in suo ydiomate vulgari, frequentet *Spec. Incl.* 2. 3 p. 106; *aetheling* Anglice sive Saxonice secundum ~a antiquum Latine dicitur nobilis Ciren. II 199; **1427** me habuisse in mea possessione quemdam libellum vulgaris ~atis Amund. I 227; ea que michi a fide dignis sub ydeomate nostracio exhibita sunt exemplaria *Mir. Hen. VI* I prol. p. 11. **b** ~a vero suum [sc. diaboli] in provincia infernali est mendacium Holcot *Wisd.* 42.

5 dialect, one of several distinct forms belonging to same language.

~a est proprietas lingue determinata qua una gens utitur juxta suam consuetudinem, et alia gens ejusdem lingue utitur alio ~ate. .. in lingua enim Latina que una est sunt multa ~ata. substantia enim ipsius lingue consistit in hiis in quibus communicant clerici et literati omnes, ~ata vero sunt multa secundum multitudinem nacionum utencium hac lingua. quia aliter in multis pronunciant et scribunt Ytalici et aliter Hispani, et aliter Gallici, et aliter Teutonici et aliter Anglici et ceteri Bacon *Gram. Gk.* 26–7; Chaldeus et Hebreus habent eandem linguam sed diversum ~a, sicut Gallicus et Picardus; ~a enim est proprietas lingue apud aliquam nationem determinata *Id. Maj.* III 89; hoc videmus in ~atibus diversis ejusdem lingue; nam ~a est proprietas alicujus lingue distincta ab alia, ut Picardicum et Gallicum et Provinciale et omnia ~ata a finibus Apulie usque ad fines Hispanie. nam lingua Latina est in his omnibus una et eadem secundum substantiam, sed variata secundum ~ata diversa *Id. Tert.* 90; Chaldeus enim sermo et Hebreus differunt sicut ~ata unius lingue ut Picardicum et Normannicum, Burgundicum, Parisiense, et Gallicum; una enim lingua est omnium, scilicet Gallicana *Id. CSPhil.* 438.

6 language: **a** (unspec.); **b** (English); **c** (French); **d** (Scots); **e** (British, Welsh); **f** (Irish or Scots Gaelic); **g** (Latin); **h** (Greek); **i** (Hebrew).

a auctores simul cum ipsis verbis suo ~ate expressis placuit ex nomine designare: '*bien set chat ki barbe il leche*' [*etc.*] Gir. *Symb.* I 7 p. 218; **1291** quia ~a in eisdem libris [sc. *account books of a Luccan merchant*] scriptum ignotum fuit baronibus, .. venire fecerunt coram eis dictos mercatores juratos *Law Merch.* II 56; **a1330** reus per se suam afferat defensionem in ydiomate quo voluerint [*sic*] dum tamen intelligibili *StatCantab* 323; si ergo homo velit perpendere ad quod regnum pertineat, videat cui regno in ~ate concordet. narrant historie quod cum Vuilhelmus .. regnum Anglie conquesivisset, deliberavit quomodo linguam Saxonicam posset destruere et Angliam et Normanniam in ~ate concordare Holcot *Wisd.* 42; **a1350** quicumque litigare volentes .. grosso modo et ydiomate quocumque communiter intelligibili factum proponant *StatOx* 95 (cf. ib. 332 [**1516**]: ideomate); **1409** periculosa .. res est .. textum sacre scripture de uno in aliud ~a transferre (*Reg. Cant.*) *Conc.* III 317a; librorum possessio et lectura qui scribuntur in vulgari ydiomate nostro Amund. I 225. **b 995** qui [termini] continentur in originali codicello isto literis Saxonicis et Saxonico ~ate conscripti *CD* 689; ut ea [sc. relatu digna] de Anglico ~ate in Latinum sermonem transferrem (*Libellus Æthelwoldi*) *Lib. Eli.* app. p. 396; **1198** (1253) (v. flemenfremtha); Ethelbertus rex condidit leges Anglico ~ate Gerv. Cant. *GR* 27; Cornubie subdiaconus .. ~atis Anglici carens promptitudine Ad. Marsh *Ep.* 34; in .. scola, sicut nec alibi in claustro, debet Anglico ydiomate aliquid proferri; sed neque Latino, nisi prior aut idem magister .. docendi aut exortandi gracia Latine aliquid velit exprimere; sed Gallice jugiter, sicut et in capitulo ab omnibus .. in claustro est loquendum *Cust. Westm.* 164; **1270** in componendo et conscribendo quasdam cartas tam in Anglico quam in Gallico ydeomate confectas *IssueR* 1215 m. 2; **1430** secundum tenorem in dicto cirographo super ipsius abjuracione inscripto in ydeomate Anglicano conceptum *Heresy Tri. Norw.* 164. **c** respondit .. se tam literaturam in Anglia quam etiam ydioma Gallicum addidicisse Gir. *SD* 56; Francorum ydioma *Itin. Ric.* II 42; **1250** ad opus regine quendam librum magnum .. Gallico ydiomate scriptum in quo continentur gesta Antiochie et regum et aliorum *Cl* 283; persone diversorum regnorum et diversarum terrarum faciliter ab invicem discernuntur per diversitatem ~atum et linguarum, ut communiter, quia qui Gallicum loquitur Gallicus est vel estimatur et qui Anglicum Anglicus Holcot *Wisd.* 42; [ceperunt] Gallicum ~a omnes magnates .. loqui *Croyl.* 62; **s1406** Scoti misere per equora filium regis sui .. ut .. informaretur in Francia de facecia linguaque Gallica. .. rex vero resolutus in jocos dixit, "certe si grati fuissent Scoti, hunc misissent mihi juvenem instituendum, nam et ~a Francie ego novi" Wals. *HA* II 273; **1432** artes scribendi et dictandi loquendique Gallicanumque ~a in quibus nulle ordinarie sunt lecture *StatOx* 240. **d 1552** librum quemdam vulgari et Scotico idyomate conscriptum *Conc. Scot.* II 136. **e c1200** loco qui .. Britannico ~ate Lantteglin nuncupatur quod Latine fundus Tecle sonat (*MS Lambeth Palace 94* f. 153v) *Texte und Untersuchungen* XXII ii p. 169. **f 1235** dictum mandatum vestrum .. legi feci et in ydiomate Anglicano et Ybernicano populo exponi *Mon. Hib. & Scot.* 230b; **1359** homines de genere Anglicano .. ~a Hibernicum erudiunt *RB Ossory* 260; Hiberniali ydiomate J. Yonge *Vis. Purg. Pat.* 6 (v. Hibernialis a); propter ydeoma Hibernicum Myln *Dunkeld* 69. **g** cedulas .. que Anglice scripta fuerant in Latinum ydioma conversas *Chr. Rams.* 3; **s1242** episcopus Lincolnie Robertus, vir in Latino et Greco ~ate peritissimus *Flor. Hist.* II 259. **h** verba .. Greco ~ati valde conformia Gir. *IK* I 8 p. 77; **s1253** M. Par. *Maj.* V 401 (v. eligere 1g); de illo principatu .. qui vocabulo sumpto ex ~ate Greco vocatur despoticus Ockham *Pol.* I 204. **i** militem Laurencium .. laborum commendabilium experiencia Ebraici, Greci, et Latini ydeomatibus inter alia variis quoque scienciis .. decoravit J. Yonge *Vis. Purg. Pat.* 14.

7 (abstr.) organized system of expression, language.

quandocumque aliquis profert proposicionem vocalem, prius format interius unam proposicionem mentalem que nullius ~atis est, in tantum quod multi frequenter formant interius proposiciones quas tamen propter defectum ~atis exprimere nesciunt Ockham *Summa* I 12 p. 42.

idiomalis, idiomatalis, of a (spoken) language.

nemo discit litteram vel vocem idiomatalem nisi adhibendo fidem instruccioni docentis ex supposicione quod talis litera est A Wycl. *Trin.* 4; voces idiomales *Ib.* 47 (v. homilegium).

idiomatizare, to translate from one language into another.

11.. haec .. Latinorum auribus ~ando tradere praesumpsi Nen. *HB* 126.

idion [τὸ ἴδιον], characteristic property.

Bede *Acts* 953 (v. idiota 1b); †idicon, proprium *GlC* I 20; quid genus est distans species idionque colorans? *Altercatio* 70; Bacon *Gram. Gk.* 26 (v. idioma 1a).

idiosmus v. hedyosmus.

idiota [CL], **~us**

1 ordinary individual, common man, esp. layman (also attrib.); **b** (w. ref. to illiteracy); **c** (w. ref. to lack of higher education). **d** (w. ref. to false etym.) one who speaks only his native vernacular.

742 quia carnales homines ~ae .., si juxta Romanam urbem aliquid facere viderint ex his peccatis quae nos prohibemus, licitum et concessum a sacerdotibus esse putant Bonif. *Ep.* 50 p. 84; **796** quid inponendum est jugum cervicibus ~arum ..? Alcuin *Ep.* 107; tractatus .. exposuimus .. ad utilitatem ~arum istius gentis Ælf. *CH Praef. I* 1; precipimus .. ut omnis homo sciat quando habeat pecus suum, quando non habeat, .. quia credimus, quod multi ~e [AS: *mænige gimelease menn*] non curant quomodo peculium suum agat [v. l. agant], et superconfidunt in pace nostra (*Quad.*) *GAS* 180; erat iste Woden .. qui tante erat virtutis et gratie ut eum homines ydiote deum estimarent Gerv. Cant. *GR* 22; [presbyter] post tres annos reddita sibi communione ecclesie .. inter ~as sit usque ad expletos septem annos Rob. Flamb. *Pen.* 246; totus mundus et papa et ydiote noverunt mendacium Wycl. *Sim.* 89. **b** ~ae enim dicebantur qui propria tantum lingua naturalique scientia contenti litterarum studia nesciebant, siquidem Graeci proprium idion vocant Bede *Acts* 953; decantet psalmum quinquagesimum; si autem est ~a, ex intimo corde crebro dicat, 'Deus miserere mihi peccatori servo tuo' *Bened. Rob.* 57; presbytero .. collectas inchoanti vel complenti Amen vel alia respondendo vicem clerici, ne dixerimus ~e, adimplebat [cf. *I Cor.* xiv 16] Ad. Eyns. *Hug.* V 1 p. 77; omnes literatos vel eciam ~as Bradw. *CD* 218C (v. causa 4a). **c** 'sine litteris et ~ae' [*Act.* iv 13]. 'sine litteris' dicit non quod litteras nescirent sed quod grammaticae artis peritiam non haberent; namque in Graeco apertius pro hoc verbo agrammati [ἀγράμματοι], hoc est inlitterati habetur. ~ae autem proprie inperiti vocantur; denique in epistula ad Corinthios, ubi scriptum est 'etsi inperitus sermone sed non scientia' pro inperito in Graeco idiotes [ἰδιώτης] habetur Bede *Retract.* 1008; ?**974** (12c) ~is nempe clericis .. nullius regularis religionis disciplinae subjectis *CS* 1301; nos .. rogamus te .. ut doceas nos loqui Latialiter recte, quia ~e [AS: *ungelærede*] sumus et corrupte loquimur Ælf. *Coll.* 89; peregrinus simplex et ~a, animatus ad facinus Alex. Cant. *Mir.* (I) 22 p. 203; putabam eam tam ydiotam, tam omnium artium nesciam Map *NC* III 2 f. 35; sapientium et magnorum filii virorum quasi hereditariam habere videntur sapientiam, sicut econtra simplicium et ignobilium filii ~e et ne dicam insipientes, simplices et minus prudentes esse solent Andr. S. Vict. *Comm.* 281; utrum anima philosophi cujusdam sit sapientior separata a corpore quam anima alicujus ~e post separationem J. Blund *An.* 370; episcopi .. ~e Paul. Angl. *ASP* 1533 (v. exorbitare 1e). **d** omnes qui Latinam linguam lectionis usu didicerunt, etiam haec [sc. verba symboli] optime didicisse certissimum est; sed ~as, hoc est, eos qui propriae tantum linguae notitiam habent, haec ipsa sua lingua discere .. facito Bede *Egb.* 5; talis dicitur ab apostolo ~a qui nondum intelligit nisi idioma suum T. Chobham *Conf.* 115; ~a qui est contentus sua proprietate loquendi, nesciens proprietates sermonis aliorum Bacon *Gram. Gk.* 26.

2 idiot, imbecile (disqualified in law); **b** (facet.).

item tam ideotis quam discretis, item tam mente captis quam illis qui sunt sane mentis Bracton 375b; **1286** P. de S. manifestus freneticus est et ideota *IPM* 46/2; *Fleta* 6, *Reg. Whet.* I 258 (v. custodia 2c); excusatur .. si fuit infra etatem tempore quo finis fuit levatus, vel furiosus vel mente captus et non sane mentis vel ~us *Fleta* 444; **1279** tempore quo [finis] levatus fuit, fuit ipse Ricardus ydeotus *SelCKB* I 50; **1309** Agnes .., fatua et ~a, defuncta nichil de nobis tenuit *Cl* 126 m. 13; **1333** de terris .. ratione fatuitatis W. B. ~e consanguinei et heredis .. in manu regis existentibus *LTR Mem* 105 m. 117; monachos in monasterio reservatos in negotiis secularibus reputans quasi ideotas *Meaux* III 94. **b** psittacus ~a R. Bury *Phil.* 6. 96 (v. effigiare 2d).

3 fool, jester.

~a quem .. circa se .. nutriebat .. quia verbis vel operibus alienis risus excitabat W. Cant. *Mir. Thom.* II 47.

idiotia, idiocy, imbecillity (as legal disqualification).

1335 tenementa capta fuerunt in manum nostram racione fatuitatis et idiotrie predictarum *Cl* 156 m. 9; **1354** compos mentis sue fuit, nullam habens speciem ~ie *Pat* 242 m. 7; **1386** que quidem terre .. occasione ~ie prefati Johannis ad nos tamquam escaeta nostra de jure debent pertinere *Pat* 321 m. 13*d*; **1430** que quidem hida et terra .. racione fatuitatis et ~ie dicti Johannis filii ad manus .. regis Anglie .. devenerunt (*Breve*) Amund. II 175.

idiotice [LL], ignorantly.

eorum tam benigne, tam misericorditer apertus est sinus, tam simpliciter, tam ydiotice cuncta profusa, credas angelos esse non homines Map *NC* I 25 f. 20; unde melius fuisset illis, antequam in tales hereses ~e decidissent, studuisse quid sit illud sacramentum *Ziz.* 284 (= Wycl. *Trial.* 377: idiote).

idioticus [LL], uneducated, ignorant.

[Lollardi] jactant se sacris episcopis et viris catholicis peritiores, quos omnes in comparacione sui nuncupant idiotas, et secundum abstraccionem grammaticam Witcleff idiotitos NETTER *DAF* I f. 3v; et jam revolve argumentum tuum ideoticum *Ib.* p. 182. 1.

idiotria v. idiotia. **idipsum** v. ipse, 1 is.

idmeaticus [dub.], (*causa ~a*) one of three types of cause affecting movement of the heart.

de causis motus cordis. .. dicitur efficiens et primum et proximum et medium: primum hypatonicum, proximum proprium, medium ~um. atque hanc causarum seriem in omnibus fere naturalibus invenire contingit. .. [causa] ~a in mediis et occasionibus et instrumentis consistit ALF. ANGL. *Cor* 7. 2; ~a .. caloris est fomentum et instrumentum *Ib.* 7. 2; anima igitur hypatonica [*gl.*: efficiens intra] hujus est causa, calor et spiritus propria, instrumenta ~a [*gl.*: id est causa media] *Ib.* 7. 14; dicimus motum hunc [cordis] vitam non esse sed vite causam ~am *Ib.* 9. 7.

idolaticum v. idolothytum. **idolatra, idolatrare, idolatria** v. idololatra, idololatrare, idololatria.

idolium [LL < εἰδώλιον, εἰδωλεῖον], temple dedicated to idols, place of pagan worship; **b** (used of church).

pantheon .. quondam erat ~ium omnium deorum, immo demonum GREG. *Mir. Rom.* 21 (cf. HIGD. I 33 p. 214: apud templum pantheon quod fuit omnium deorum [TREVISA: *as Pantheon þe temple of all mawmetrie was*]); **1166** nisi onus duorum burdonum .. asportet in ~ium de terra sancta [cf. *II Reg.* v 17] J. SAL. *Ep.* 185 (184 p. 214); si thura ydolo delibassem aut in ydolio recubuissem ad manducandum ydolotita, quod est apostare a Deo et negatio coram Altissimo, .. M. RIEVAULX (*Ep.*) 56; *a mawment place*, ~ium *CathA*. **b** **1257** fratres .. nullatenus eliminari ultro volentes, accreta monachorum clientela, mox diruto solotenus idoleo in quo celebraverunt .., omnes insimul .. digrediuntur extorres *Mem. S. Edm.* II 265.

idololatra, ~es [LL < εἰδωλολάτρης], **idolatra** [LL, *? from 5c.*, cf. *TLL*]

1 worshipper of idols; **b** (fig., w. ref. to avarice; *cf. Coloss.* iii 5).

notandum .. quod dixit scelus idolatriae esse nolle Deo adquiescere [cf. *I Sam.* xv 23]. non sibi scelerati isti, dum non gentium diis perspicue litant, subplaudant, siquidem conculcantes porcorum more pretiosissimas Christi margaritas, idolatrae GILDAS *EB* 38; 'nos natura Judaei et non ex gentibus peccatores' [*Gal.* ii 15], i. generali vocabulo peccatores vocat idololatras LANFR. *Comment. Paul.* 266B; in hac Trinitatis confessione et nomine baptizatur et regeneratur rex Angligena; factus est de veteri idolatra novus christicola GOSC. *Aug. Maj.* 65B; inter idololatras constituit quia templum Dei violasti W. MALM. *GR* I 80 (cf. BONIF. *Ep.* 74 p. 148); **s616** rex .. defunctus tres filios paganos heredes regni reliquit, qui, cum essent idolatre, derisorie dicebant episcopo .. H. HUNT. *HA* III 20; hoc idolum, -i, unde hic idololatra [MS: idolatra], -e, i. idolorum cultor, et hec idololatria [MS: idolatria] OSB. GLOUC. *Deriv.* 286 (cf. ib. 290: idolatra, idolorum cultor); [Julianus imperator] idolatra fuit prius in occulto et postea in manifesto R. NIGER *Chr. I* 39; **a1237** avaricia .. est ydolorum servitus. ydolatra servit ydolo et ita servus est ydoli *Conc. Syn.* 217; **1239** arioli et idololatre aliis immolant diis quam Domino soli [cf. *Exod.* xxii 20]. cum igitur inobedientes peccato ariolandi et scelere idololatrie maculentur, mortis pena dignissimi videntur GROS. *Ep.* 127 p. 431; differunt etiam idololatre a paganis. nam idololatre manufacta colunt, pagani vero naturalia ut nemora, aquas et infinita talia BACON *Maj.* II 387; **1293** [Salomon, cf. *III Reg.* xi 4–8] excidit in tantam stulticiam ut fieret ydolatra, nec tamen ut coleret unum ydolum sed eciam multa ydola S. GAUNT *Serm.* 208; cum .. Marcellinus papa idolatriam notorie commisisset, et ideo .. non convictus sed suspectus de heresi haberetur, .. quem quia non invenerunt hereticum sed solummodo idolatram .., ipsum judicare nolebant OCKHAM *Pol.* I 60. **b** G. CRISPIN *Simon.* 26 (v. idololatria b); eris fit idolatra dux christicolarum [sc. Roma] *Poem S. Thom.* 89; dux regem vendit Anglie, / sed crimen hoc exaggerat / idolatra pecunie P. BLOIS *Contra clericos* 1132C; idolatra est dum formam nummi colit NECKAM *NR* II 187; **c1430** [avaritia] est viciorum vicium paganissimum quod omnem sui cultorem facit esse ydolatram *Reg. Whet.* II app. 461.

2 (as adj.) idolatrous.

praedicatio .. quae in gentes idolatras .. erat evangelizanda BEDE *Hom.* II 15. 176; ubi longa inediae tabe cor regis superbi et gentis idolatrae ad penitentiam vidit inflexum *Id. Ep. Cath.* 40; episcopum recipere noluerunt, idolatris magis pontificibus servire gaudentes *Id. HE* II 6; gentem .. idolatram, varioque errore delusam GIR. *TH* III 16; quoniam Deus promisit multitudinem Judeorum idolatrorum in illa valle filiorum Hennon occidi BACON *CSPhil.* 450; idololatre *Id. Maj.* II 370 (v. deus 1c); procurando sibi illud officium, ydolatra percutitur symonia WYCL. *Sim.* 20.

idololatrare [cf. LL idololatriare < εἰδωλολατρεῖν], **idolatrare,** to worship idols. **b** (pr. ppl. as sb.) idolater, pagan.

a1210 Achaz .. prophetas contempsit atque subjectos suos idolatrare coegit P. BLOIS *Ep. Sup.* 67. 4; beatus .. Marcellinus [papa] idololatravit OCKHAM *Dial.* 475 (cf. ib. 519: quod beatus Marcellinus sacrificasset idolis); quia omnis idolatra de quo nescitur an timore mortis vel sponte immolaverit idolis, de heresi est suspectus, et ita diffamare aliquem de idolatria antequam constet ipsum idolatrare solum timore mortis est ipsum infamare de heresi *Ib.* 519; non sequitur .. quod Deus facit hominem ydolatrare, luxuriari, perjurare vel aliter delinquere WYCL. *Ente* 275; primas Carthaginiensis ecclesie Cyprianus Christianos idololatrare coactos in ecclesia coram seipso penitere coegit NETTER *DAF* II 246. 2. **b** **a1209** juramentum institutum est contra .. sacrilegium idolatrantis P. BLOIS *Ep. Sup.* 53. 15; legitur quod Moyses [cf. *Exod.* xxxii 28] .. fecit .. viginti tria millia idolatrantium occidi *Ziz.* 491; et peregrinantes cunctos putat ydolotrantes (J. WHETHAMSTEDE *Vers.*) AMUND. I 230.

idololatratio, worship of idols.

1236 Ismael demeruit legitimationem et hereditatem quando lusit cum Isaac. .. lusus autem ille, sive ut ait apostolus, persecutio, teste Jeronimo, fuit idololatratio que alibi etiam in scriptura ludus vocatur GROS. *Ep.* 23 p. 82.

idololatria [LL < εἰδωλολατρεία], **idolatria** [LL], worship of idols, paganism; **b** (fig., esp. w. ref. to avarice).

significans idolatriae lapsum et simulacrorum caerimonias explodendas ALDH. *VirgP* 20; Romam fallacis idolatriae cultricem a funesto victimarum ritu .. correxit *Ib.* 25 p. 258; stans quoque princeps sacerdotum idolatriae coram paganis in tumulo excelso, sicut Balaam, maledicere populum Dei et suis magicis artibus manus eorum alligare nitebatur EDDI 13 (cf. EADMER *Wilf.* 13: idololatrie); Hieroboam quippe qui ad deceptionem subditorum sibi vitulos fabricavit aureos idolatriae auctores exprimit BEDE *Tob.* 923; provinciam Australium Saxonum ab idolatriae ritibus ad Christi fidem convertit *Id. HE* V 19 p. 327; 'ut abnegantes impietatem' [*Tit.* ii 4], id est idololatriam et culturam daemonum LANFR. *Comment. Paul.* 371A; confundebatur gentilitas, idolatria erubescit, exultat fides *V. Birini* 14; prepositos siquidem a Deo abjurare ipsius qui prepositos constituit injuria est. .. quod profecto vitium .. idolatrie par et simile est ut ait propheta: '.. quasi scelus idolatrie nolle adquiescere' [*I Reg.* xv 23] BECKET *Ep.* 636 p. 221; idololatrie cecitas pluralitatem deorum profano ore conatur astruere PULL. *Sent.* 675B; **1308** fratres ordinis dicte milicie Templi .. in apostasie nephandum, detestabile ydolatrie inicium, execrabile facinus Sodomorum, et hereses varias erant lapsi (*Lit. Papae*) *Reg. Carl.* II 3; **1311** de ydolatria deponunt duo fratres Templi recepti in Anglia: primus dicit quod adorabant quemdam vitulum .. (*Artic. Templar.*) *Ann. Lond.* 193; OCKHAM *Dial.* 519 (v. idololatrare a); **1428** docuisti quod reliquie sanctorum, sc. carnes et ossa hominis, non debent a populo venerari .. quia homines sic facientes non honorant Deum .. sed committunt idolatriam *Ziz.* 429. **b** si verum est avaritiam esse idolatriam, sicut ait apostolus [cf. *Coloss.* iii 5], quis avarus dicetur idolatra si idolatra non dicitur simoniacus, qui etiam Dei bonitatem pecunia venalem putat? G. CRISPIN *Simon.* 26; Matheus Bepset .. sepius tabernam dee Cereris quam tabernaculum Domini .. frequentare solebat .. unde, quia cultor maximus hujus fuerat ydolatrie, .. *Reg. Whet.* I 156.

idololatrice, idolatrously.

ne quid idolatrice, fornicarie, infideliter, et inquieter agant COLET *In I Cor.* 236.

idololatricus [LL], idolatrous.

nundinationes vero et auctiones missarum et circumgestationes atque adorationes panis et alias ~as et blasphemas ineptias .. non ferimus JEWEL *Apol.* B6v.

idolothytum [LL < εἰδωλόθυτον], offering (usu. of food) made to an idol.

spurcas ethnicorum culturas et profanae gentis idolothita repudiarunt ALDH. *Met.* 2 p. 64; idolaticis [*sic* MS *Vienna*; vv. ll. idolothitis, idolatriis] servientem, id est auspiciis et reliqua EGB. *Pen.* 1; 'de iis que idolis sacrificantur' [*I Cor.* viii 1], id est, omnes scimus quid debeat fieri de immolaticiis idolorum, .. non debetis comedere idolothyta LANFR. *Comment. Paul.* 182A; scilicet cum veneratione idoli idolotita comedere R. MELUN *Paul.* 205; cibos illorum [sc. excommunicatorum] velut idoliticum respuens DEVIZES 35 p. 42; ydolotita M. RIEVAULX (*Ep.*) 56 (v. idolium a); sunt idolothyta quasi idolis immolata T. CHOBHAM *Conf.* 569; idolothitum .. quod est sacrificatum idolo, et elicitur a thyo [θύω] quod est sacrifico BACON *CSPhil.* 476 (cf. ib. 444: idolaticum); de ydoleticis et aliis immundis cibis (*Lasren* 5) *VSH* II 132.

idolum [LL, cf. CL idolon < εἴδωλον]

1 image, effigy.

ad Rodam .. venimus, ubi fuisse dicitur unum ex septem miraculis mundi, †ipsorum [*ed.*: idolum] sc. colosen habens in longitudine cxxv pedes SÆWULF 835; **1314** quod eciam de ceteris interfectis effigies seu ~a vice corporum sint parata et fratrum habitu cooperta, quibus cibus et potus sicut egrotantibus sunt allati (*Instr.*) *Flor. Hist.* III 162.

2 (phil.) image formed in mind during process of visual perception.

dicunt alii ydolum non imprimi speculo .. . quid est igitur ydolum? dico, sola apparicio rei extra locum suum PECKHAM *Persp.* II 19; ydolum non videtur sed est medium videndi BACON VII 14; si volueris imaginari ~a perfecta cum quantitate, colore, figura, etc. .. DUNS *Metaph.* V 7 p. 245; est mihi probabile .. quod in intellectu .. est aliquid .. quod a multis vocatur quasi quoddam ~um, in aliquo modo quo ipsa res cognoscitur, quamvis rem singularem cognosci in illo non aliud sit quam ipsum [idolum] cognosci OCKHAM *Sent.* IV 206; in scothomia et vertigine est corrupcio visus et malicia creacionis ~orum in cruciacione nervi obtici et ideo male redditur sensui communi et per consequens est malum judicium in imaginativa GAD. 132v 2.

3 religious image or effigy, representing object of devotion.

1188 Salhadinus .. misit Constantinopolim ~um suum ut ibi publice adoretur (*Lit. nuntiorum*) *G. Hen. II* II 52; **s1236** ~a autem ex documento Machomati detestantur M. PAR. *Maj.* III 353; **1428** arbores crescentes in silva .. expressiorem gerunt similitudinem Dei et imaginem quam lapis vel lignum mortuum ad similitudinem hominis sculptum, et ideo .. magis sunt adorande .. quam aliquod ~um in ecclesia mortuum *Ziz.* 430.

4 idol worshipped by pagans, pagan deity; **b** (fig., w. ref. to avarice; *cf. Col.* iii 5).

post ~a proclive id temporis claudicare, relicto Deo GILDAS *EB* 69; **601** fana ~orum destrui .. minime debeant, sed ipsa quae in eis sunt ~a destruantur (*Lit. Papae*) BEDE *HE* I 30 p. 65; ad ~a distruenda infidelium paganorum *V. Greg.* p. 78; **c739** ut in quocumque metallo salutem vestram quaeratis adorantes ~a manu facta, aurea, argentea, aerea, lapidea (*Lit. Papae*) *Ep. Bonif.* 21; venit ad quandam villam .. in qua antiqui erroris ~um remansit, quod cum vir Dei .. confringeret, praesente ejusdem ~i custode qui nimio furore succensus quasi dei sui injuriam vindicaret .. caput sacerdotis Christi percussit ALCUIN *WillP* 14; gentilitas est, si quis ~a colat, id est gentilium deos, solem aut lunam, ignem vel fluctus, aquas fontium vel lapides vel alicujus generis ligna, vel *picceancreft* [*gl.* incantationis artem] diligat (*Quad.*) *GAS* 313; evidenti ratione ostendit ydola muta, figmenta hominum vana, igni potius quam numini aptiora J. FURNESS *Kentig.* 32 p. 216; **1311** secundus dicit quod quidam preceptor et fratres .. adorabant ~um. item quidam alius clericus deponit de adoracione vituli (*Artic. Templar.*) *Ann. Lond.* 193; **1426** ad instar ydoli quod os habet et non loquitur [cf. *Psalm.* cxiii 13] (*Ordin. Abbat.*) AMUND. I 217. **b** avarus perfidus, avarus impius, / cujus est ydolum ipse denarius WALT. WIMB. *Carm.* 358; non Deo, sed demoniis immolasti, .. coluistique illud ~um avaricie, quod docet .. pro centum quinquaginta in rotulis ratiocinii computare *Reg. Whet.* I 112.

5 (fig.): **a** object of devotion or obsession. **b** (w. ref. to person) favourite, darling.

a **1188** unum est .. quod toto conamine .. ut ~um archisynagogi [i. e. *the archbishop's wish to found a new college at Lambeth*] conteratur, quoniam in ejus constructione imminet nobis .. inestimabile dispendium *Ep. Cant.* 269. **b** **s1307** vulgus eum [P. de Gaveston] regis ydolum vocitabat *Ann. Paul.* 259; **s1381** ipsi Waltero, ~o rusticorum *G. S. Alb.* III 300; **s1381** finis Johannis Littestere, regis Northfolchie. episcopus itaque prefatum Johannem, ~um Northfolkorum, addixit traccioni et suspendio necnon decapitacioni WALS. *HA* II 8; **s1385** [Johannes de Wiclif] hostis ecclesie, confusio vulgi, hereticorum ~um *Ib.* 119.

idoneare [ML; cf. LL idoneus = *found innocent, cleared*], (leg.): **a** (refl.) to clear oneself (of charge). **b** ? to discharge (liability).

a si aufugerit .. were sue sit reus, nisi se possit ~eare secundum ipsius profugi weram, quod eum nesciebat *flyman* esse (*Quad.*) *GAS* 163; lingue sue reus venit, si accusatus se ~eare et accusationem falsare poterit, nisi se redimat wera sua (*Ib.*) *Ib.* 203; cum quis aliquem impetit super ullo crimine dicens forte quod ille ymaginatus est mortem principis, ut liceat illi qui accusatus est seipsum ydoneare et, si presens fuerit homo qui crimen mittit, liceat ei per pugnam crimen illud super se impositum si potuerit deicere UPTON 78; quando aliquis liber homo accusatur de furto, licet ei in prima vice per sacramentum se ydoneare secundum legem si possit *Ib.* 79. **b** si quis moriens debitor .. testamentum traditionis .. fecerit, .. omne debitum ejus juste restituat et omne factum ydoneare studeat vel culpam incurrat (*Leg. Hen.* 75. 11) *GAS* 593.

idonee [CL], in a satisfactory manner, suitably.

ALCUIN *Rhet.* 20 (v. exordium 4b); neque ~ee se excusasset W. FITZST. *Thom.* 40 (v. depulsio 1); R. NIGER *Mil.* IV 16 (v. immunitas 3b); **1241** capere faciatis .. c cuniculos .. ubi melius et idonieus .. capi possint *Liberate* 15 m. 10; ut ecclesia ~ee ornetur *Obed. Abingd.* 375 (v. deornare 1).

idoneitas [ML]

1 suitability, fitness. **b** usefulness.

captata temporis ~ate et tam aeris quam aure prosperitate, velo ventoque se committens GIR. *EH* I 30 (cf. id. *GE* II 12: captata quam citius ergo temporis ~ate et viri absentia); frater Laurentius .. insignitus est quam plurimis ad assistendum mee parvitatis ~atibus AD. MARSH *Ep.* 174; quia non decet ut aliquis peccatis deditus vestram frequentet sanctitatem, volo ideo nuntii ~atem in vita aperire. vere nihil sibi conscius est de peccato mortali .. BACON *Tert.* 62; **1296** ipsius B. meritis et idoneitate [sc. ad officium notarii publici] *RGasc* III 360; **1407** deponentes de ipsius ~ate in sciencia et moribus coram magistris *StatOx* 201; **1424** tutor prefate domus qui nunc est et successores sui tutores ibidem pauperes quoscunque idoneos modis et formis antedictis provisos et substitutos ad singula loca dicte domus cum vacaverint post certum tempus probacionis et examinacionis ydoneitatum et conversacionum .. admittere teneantur *MonA* VI 745b. **b** queritur quare lac caprinum .. est bonum, caseus autem malus. .. lac tale .. frigidum est et humidum, sed temperate. caseus vero nullius ~atis est quoniam fere omni caret humiditate *Quaest. Salern.* B 208; ad hec subjungit, unde ~as sillogizandi proveniat J. SAL. *Met.* 918D.

2 (leg.) legal qualification, esp. of witness.

1315 propter idonietatem [*sic* MS], bonam famam et laudabile testimonium *RGasc* IV 1354; conditio, puta servitus, famulacio, et consanguineitas, obviant ~ati testium et repugnant, quia servi et consanguinei .. accusantis ad testificandum contra accusatum admitti non debent OCKHAM *Dial.* 599.

3 (eccl., of priest) fitness, competence (of both personal life and education) to hold cure of souls.

1273 de dono sciencie et aliis que ad ydoneitatem persone ipsius decani juxta illam sufficienciam .. pertinent *Mon. Hib. & Scot.* 103a; **1293** considerans eciam ydoneitatem et merita probitatis persone electi sibi presentate *DCCant. Reg.* Q f. 18v; **1295** de aliis circumstanciis que circa ydoneitatem persone tue fuerint attendende ad dispensacionis graciam optinendam *Reg. Cant.* 15; **1316** de ~ate persone presentate ad beneficium ecclesiasticum pertinet examinacio ad judicem ecclesiasticum *Reg. North.* 258; **1322** examinati sunt plures testes super habilitate et ydoneitate ejusdem Rogeri ad beneficium ecclesiasticum optinendum *Lit. Cant.* I 86; **1426** certi testes ad probandum ydoneitatem et legitimitatem electi et eligencium *Reg. Cant.* I 100.

idoneus [CL]

1 having the right qualities, suitable, appropriate: **a** (of person); **b** (of other); **c** (w. *ad* & acc.); **d** (w. dat.); **e** (w. gen. of gd. or *ad* & gdv.); **f** (w. inf. or sup.).

a clavicularius ille caelorum regni ~eus GILDAS *EB* 73; **c1160** pro abbate eligendo dum modo ibi ~ea posset inveniri persona *Doc. Theob.* 1; nonne sum omnium rerum pulcherrimus? .. num peritorum sapientissimus? nonne hominum ydoneissimus? [ME: *nam ich monne hendest?*] *AncrR* 157; **1383** prior et capitulum eligent de toto capitulo tres ~eores et meliores in religione (*Stat. Canterbury Hall, Ox.*) *Lit. Cant.* II xxx (= (*Ib.*) *Ib.* xxix [**1359**]: tres personas habiliores); dixerunt patrem eorum preteritum, adhuc superstitem, .. habiliorem, utiliorem, ydonioremque esse omnibus aliis *Reg. Whet.* I 6. **b** fucata jam myrice ~ea vellera BEDE *Cant.* 1196; non ~ea manu EGB. *Pen.* 13. 9 (v. emendare 6); ~eorum verborum ALCUIN *Rhet.* 4 (v. elocutio c); relinquitur defensionis ~eus locus; saepe enim uno protegente scuto multa nocentis repelluntur spicula *Ib.* 26; episcopalem kathedram cum redditibus ~eis in nomine Domini devote renovarunt ORD. VIT. X 22 p. 137; **c1158** cum oportunitas ~ea hoc expetierit *Ch. Chester* 119; **1300** si forte pro ornamentis ecclesie reficiendis indigeat monasterium earum [sc. mulierum] ministerio, provideatur quod ydoneo loco .. reficienda seu reparanda .. mulieribus committantur *Vis. Ely* 11; **1378** dorsorium .. non ~eum (v. dorsarium 3a). **c** qui nondum ad integram fidem sunt .. ~ei GILDAS *EB* 66; omnes qui ad arma ~ei erant ORD. VIT. XIII 33 p. 93; ydoniorem ad ecclesie regimen .. invenire nequivimus BOSO *V. Pont.* 361; **1287** scire, qui clerici ad hujusmodi officium ydoniores [v. l. magis ydonei] existunt *Conc. Syn.* 1027; cum sustentacione .. sociorum ad opus evangelicum ydoneorum [ME: *þat ben able to performe þe office of þe gospel*] *Concl. Loll. XXXVII* 37. **d** portum .. applicantibus navibus ~eum G. MON. III 10; horam proditioni sue ~eam *Ib.* VI 15; per eum ~eam sibi pacem cum rege fecerunt ORD. VIT. XII 20 p. 371; si puer se movens debiles nervos quibus matrici conjungitur reperiat, frangit illos et nascitur vite ~eus *Quaest. Salern.* B 26. **e** qui nequaquam extrinsecus carnalis tantum pudicitiae immunitatem ad promerendas strenuae integritatis infulas ~eam fore ratus est ALDH. *VirgP* 27 p. 264; electis sociis strenuissimis et ad praedicandum verbum ~eis BEDE *HE* V 9 p. 296; **1189** Robertus de P. debet j m. pro habendis ydoneis militibus ad recognitionem suam faciendam *Pipe* 72; **1269** requisitus ab ipso rege quis esset ~eus ad dictam ballivam custodiendam, respondit .. *SelPlForest* 45; **1301** Stephanus molendinarius non est ydoneus remanendi in molendino *Rec. Elton* 104; **s1381** abbas non reputavit illam horam ~eam ad tractandum cum illis super re tam ardua WALS. *HA* II 28; **1439** canonici .. chori clericos in cantu .. periciores et ydoneores ad hujusmodi ministeria eis impendenda evocant et educunt *Stat. Linc* II 201. **f** si ~ea est ecclesia gentium .. perversorum contraire doctrinis BEDE *Cant.* 1216; si est nostri temporis quis ~eus universa ejusdem numeri [sc. septem] explanare mysteria ALCUIN *Ep.* 243; alterum pedem [sc. aurifrisii] unguibus armatum, .. alterum vero .. soli natatui ~eum GIR. *TH* I 16; nec potest quidem inmensitas glorie nostre enarrari, nec est humana fragilitas ~ea audire vel intelligere P. CORNW. *Rev.* I 205 p. 200; tunc eligatur unus ex assensu prioris et conventus .. qui per omnia sit ydoneus dictum principem .. informare *Lib. Regal.* 3v.

2 (of witness or sim.) having the qualifications required by law; in Roman Law, having the required property qualification. **b** acceptable in law, valid.

a dictantibus ~eis testibus FELIX *Guthl. prol.* (v. dictare 1); **738** (12c) testes quoque ~eos commites meos conformari et subscribere feci *CS* 159; ~eis et legalibus testibus ANSELM (*Ep.* 435) V 383; **s1101** ~ei testes verba puelle pure veritati subnixa protestantes EADMER *HN* 140; per viros ~eos, qui fidem etiam nobis super hiis facerent in presentia nostra jurati *Canon. G. Sempr.* 134v; **1301** citamus quod coram nobis compareatis .. per vos vel per procuratores ydoneos *DCWestm.* 72/12326. **b c1181** concessimus Roberto .. piscariam de P. .. tenendam de nobis .. reddendo annuatim .. ij m. argenti et quinque ~eos salmones *Reg. Malm.* I 458 (cf. ib.: [**c1215**] v autem salmones, quia in eodem termino competentes, sc. legales, exhibere non poterat, competentiores ad terminum S. Andree persolvet).

3 (eccl., of priest) competent to hold cure of souls.

quis regendae ecclesiae ~eus deberet pastor succedere OSB. *V. Elph.* 126; **1219** consideratum est quod ipsi habeant breve ad episcopum quod, non obstante reclamatione ipsius Ricardi, ~eam personam admittat *CurR* VIII 121; **1249** in loquela que est coram rege inter abbatem .. et ipsum episcopum quare non admisit ydoneam personam ad ecclesiam *Cl* 220; **1250** mandatum est episcopo Sar' quod .. ad predictam ecclesiam iodoneam personam admittat *CurR* XX 1576; **1328** quo electorum intencio purior et electa persona ~eior existere dignoscantur (*Lit. Regis*) *Conc.* II 541; **1335** unum capellanorum predictorum qui magis ~eus et sufficiens fuerit eciam ad regendum juxta eorum arbitrium *Eng. Clergy* 264; ad constituendum ydoneos prelatos et curatos et presbiteros simplices non curatos [ME: *to ordeyne able prelatis* ..] *Concl. Loll. XXXVII* 36; **1416** pastor ydoneus plebi eidem ecclesie subjecte *Reg. Cant.* I 32; **1476** personam ydoniam ad unam dictarum rectoriarum .. nominare (*Lit. abbatis*) *Reg. Whet.* II 163.

4 having admirable qualities; in quot., beautiful.

quamdam filiam ydoneam nomine Aliciam, furiosam per octo dies *Canon. S. Osm.* 41.

5 (f. as personal name).

1170 dilecte filie sue ~ee salutem BECKET *Ep.* 672; **s1170** H. de Boydel et Ydonea uxor ejus *Cart. Chester* 39 p. 91; **1286** ~ea que fuit uxor Ricardi atte Cruch *Eyre Hunts* 205.

idos [CL < εἶδος], form, idea, archetype (phil.).

J. SAL. *Met.* 875D (v. forma 11a); idos, forma, sed Grecum est OSB. GLOUC. *Deriv.* 286; quelibet .. creatura existens est ydos sive exemplum sui exemplaris quod est in Deo NECKAM *SS* II 54. 3; aliis quibusdam placet ydus esse Grecum vocabulum ab ydos quod est species sive forma, eo quod die yduum lunam plenam habet speciem BACON VI 104.

idra v. hydra. **idraicus** v. hydraulus d.

idraulia [? ἴδρις, αὐλή; cf. cliaulia], halls of knowledge.

latae penetrans ydraulia Romae FRITH. 217 (cf. ib., *first version in MS L*: gimnasia).

idrepia v. hydrops. **idria** v. hydria. **idriola** v. hydriola. **idroleon, idrolion** v. hydraeleum. **idromellum** v. hydromellum. **idrop-** v. hydrop-. **idrus** v. hydrus.

iduare [cf. *TLL*], (as etym. gl.).

porro idus vocari placuit diem qui dividit mensem; ~are enim Etrusca lingua dividere est, unde vidua quasi valde idua BEDE *TR* 13 p. 209 (cf. Macrobius *Sat.* I 15. 17); aliis .. placet ydus dici secundum linguam Etruscam ab yduare quod est dividere BACON VI 104.

iduma [Heb. *yadaim = hands*], hand. *Cf. Peritia* IX (1995) pp. 72–80.

binas ~as (LAIDCENN MAC BAÍTH *Lorica*) *Nunnam.* 92, *Cerne* 86 (v. 1 exugia); **930** regnante .. benignitate .. largissima Tonantis ~aque .. alta, media, infima .. gubernat et ea quae infra sunt .. rimatur *CS* 669 (cf. ib. 1343: largiflua Tonantis ~a); **990** ego Æðelredus .. per ejusdem Pantocratoris ~am totius Britannie solio sublimatus *Ch. S. Aug.* 30.

idus [CL], the Ides, *i. e.* 15th day of March, May, July, and October, and 13th day of other months; **b** (*pridie iduum*); **c** (in reckoning other dates before the Ides).

704 tertia decima die mensis Junii quod est idus Junii *CS* 111; nonnullis placet idus dictas vocabulo Graeco a specie, quae apud illos idea vocatur BEDE *TR* 13 p. 209; idus Julii sanctae ac venerabiles antistitis [Swithuni] reliquiae sublatae sunt LANTFR. *Swith.* 3; sub die iduum Decembrium GOSC. *Lib. Mild.* 2; **s1177** archiepiscopus celebravit divina idus Februarii DICETO *YH* 418; **s1247** idus Februarii, viz. in vigilia S. Valentini, factus est .. terremotus M. PAR. *Maj.* IV 603; idus et nonas et tempora fixa kalendis / pretereunt GARL. *Tri. Eccl.* 87; sex nonas Mayus, October, Julius, et Mars, / quatuor at reliqui; tenet ydus quilibet octo BACON VI 105; **s1338** die Jovis tunc sequente, viz. xvij kalendas Augusti, secundum alios die precedenti, viz. idus Julii AD. MUR. *Chr.* 83. **b** die sancto paschae pridie iduum Aprilium BEDE *HE* II 14 p. 114. **c 676** (12c) viij° idus Novembris *CS* 43; **739** (11c) die iiij iduum Aprilium *CS* 1331; Epiphanie die sequente, sc. vij idus Januarii *V. Neot. A* 11; **s1290** quinto ydus Octobris *Ann. Lond.* 97; **s1319** ij idus Septembres *Ib.* 287.

idyllium [CL < εἰδύλλιον], short poem.

poesis est opus multorum librorum, poema unius, idyllion paucorum versuum, distichon duorum versuum BONIF. *Met.* 112; edulion, paucorum versum *GlC Int.* 125.

idyoma v. idioma. **iems** v. hiems. **iena** v. hyaena. **ienuculum** v. geniculum. **iera-** v. hiera-, hiero-. **iera picra** v. hieros 2f. **ieralogodion** v. hieros 2d. **ierapigra** v. hieros 2f. **ierobotonon** v. hierabotanum. **iffungia** v. effungia.

ifus [AN *if*], yew, yew-wood.

1271 de ij balistis de cornu et ij balistis de yfo et j magna balista de ypho *Pipe Wint.* 159299 r. 2; arcus fuit de ivyo et corda de canabo *PlRCP* 123 m. 107; **1305** arcus fuit de yvo de longitudine sex pedum hominis *PlRChester* 17; **1306** j balista de *viz* de ifo cum ventre de *baleyne KR Ac* 3/23; **1306** baliste de ifo ij pedum de novo reparate *Ib.* 486/20.

igin [Ar. *misr. of 'aḥad*], the Arabic numeral 1.

prima figura est ~n THURKILL *Abac.* 55v. (v. integer 9c); ~n figura significat unitatem, andras binarium, hormis ternarium, arbas quaternarium, quimas quinarium, caletis senarium, zenis septenarium, temenias octonarium, celentis novenarium *Ib.*; ~nem ergo pro semel in eodem arcu in quo arbas jacet pone cum hac regula: singularis divisor quocumque fuerit translatus etc. *Ib.* 58; quociens ~n in ~ne, id est unitas in unitate? semel. et si vis eundem ~nem pro denominatione, .. *Ib.* 60.

igitur [CL]

1 in that case, then: **a** (as first word); **b** (as second word); **c** (postponed).

a ~r vitam sancti Cuthberti scribere exordiar *V. Cuthb.* I 2; ~r beati Wilfrithi pontificis .. vitam scribere exordiar EDDI 1; ~r accepit rex Aeduini .. fidem et lavacrum sanctae regenerationis BEDE *HE* II 4 p. 113; ~r anno ab incarnatione Domini m°xc°vj° ORD. VIT. IX 4 p. 477. **b** quid ~r? ALDH. *Met.* 10 p. 88; fuit ~r miraculum aliud, in quo .. *V. Cuthb.* II 2; hujus ~r antistitis doctrina rex Osuald .. regna caelorum sperare didicit BEDE *HE* III 6 p. 137. **c** ex precepto ~r Augusti boves festinanter adducti sunt ORD. VIT. IX 7 p. 504; **1253** (v. flemenfremtha)

2 (expressing inference or result) therefore, so.

si captivus erat, minime pugnabat; sed et pugnabat; quapropter et captivus erat, et pugnabat ~r legi mentis, cui lex, quae in membris est, repugnabat (*Libellus Resp.*) BEDE *HE* I 27 p. 61; nihil est difficile nisi cum desperes; spera igitur et facultatem invenies ADEL. *QN* 64; Odo episcopus [et al.] .. regressi sinodales coepiscopis sui detulerunt. Guillelmus ~r archiepiscopus concilium Rotomagi aggregavit ORD. VIT. IX 3 p. 470; ait corvus "scisne cantare?" et ait columba "scio, sed minus bene." et ait corvus "canta ~r!" cantavit ~r columba O. CHERITON *Fab.* 40; DUNS *Ord.* I 8 (v. distribuere 2a).

3 (resuming after parenthesis or digression) well then, then.

cumque ad mortem duceretur, pervenit ad flumen .. ubi feriendus erat. .. ~r sanctus Albanus .. accessit ad torrentem (*Pass. S. Albani*) BEDE *HE* I 7 p. 20; ossa intulerunt in thecam .. atque in ecclesia juxta honorem congruum posuerunt. .. ossa ~r illius translata et condita sunt in monasterio, quo diximus BEDE *HE* III 11 p. 148, 12 p. 151.

igma v. ignia.

ignarius [LL, cf. CL igniarium], kindling fire: **a** (as sb. n.) tinder. **b** (as sb. m. or f.) one who makes or tends fire.

a ~ium, *aalgewerc GlC* I 35. **b** hic focarius, *a fewyller*; hic ~ius idem est *WW*; hec ignaria, que facit i[gnem] *Ib.*

ignarus [CL]

1 unknowing, ignorant. **b** (w. gen.) having no knowledge (of); **c** (w. indir. qu.).

qui bis ignorantes baptizati sunt, non indigent pro eo penitere. .. qui autem non ~i iterum baptizati sunt, .. peniteant vij annos THEOD. *Pen.* I 10. 2; ne vel talibus utatur ~us vel talium ignorantia in demonstrandis impediatur BALSH. *AD rec.* 2 105; theologi moderni temporis canonistas tanquam non intelligentes, presumptuosos, .. et ~os in cordibus suis valde despiciunt OCKHAM *Dial.* 401. **b** divine .. religionis ~us BEDE *HE* I 34 p. 71; ~as divini mysterii mentes invadis LANFR. *Corp. & Sang.* 409A; obliti vel potius ~i sententie apostolice W. MALM. *HN* 453 p. 6; eventuum istorum ~us GIR. *EH* II 7; nonne tibi videtur insanus qui omnino navigationis ~us in discrimine tempestatis .. nautas contemneret? P. BLOIS *Ep.* 120. 353B; imperiti et juris ~i LYNDW. 79 m (v. decanus 8a). **c** 705 ~us fui quid .. (v. decrevere).

2 having no experience (of).

Britannia .. omnis belli usus ~a penitus GILDAS *EB* 14; de utriusque sexus homine. .. facie plus et pectore virilis quam muliebris apparuit et vir a nescientibus putabatur sed muliebria opera dilexit et ~os virorum more meretricis decipiebat *Lib. Monstr.* I 1.

ignatia [cf. *DuC*], sort of cake.

ingnacie GARL. *Dict.* 126 (v. flamicia); ~ia, *a chesekake WW*.

ignatus v. innasci.

ignave [CL], without spirit, feebly.

W. MALM. *GR* I 42 (v. immodeste 1); disputat ignave qui scripta revolvit et artes J. SAL. *Enth. Phil.* 93; ~e, ~ius, ~issime adv. OSB. GLOUC. *Deriv.* 259.

ignavia [CL]

1 neglect of one's proper duties, idleness, sloth.

torporem ~iae discutiunt BEDE *Cant.* 1157; ALCUIN *Rhet.* 20 (v. desidiosus b); a1089 de mea desperans ~ia vestram precor et exhortor strenuitatem ANSELM (*Ep.* 50) III 164; ut ~iam strenuitate dediscant GIR. *TH* I 12; c1211 potius ad studii labores .. compellendus quam ad turpes questus et quietis ~iam alliciendus *Id. Ep.* 6 p. 222; FORDUN *Cont.* XI 34 (v. effeminare b).

2 faint-heartedness, lack of (fighting) spirit.

ut quid ~ia te tantum occupavit ut Belino subjectionem teneas ..? G. MON. III 1; s1188 ad tam insigne certamen et nupte viros et matres incitabant filios, quibus dolor unicus erat propter sexus ~iam comproficisci non posse *Itin. Ric.* I 17 p. 33; majores exercitus mei non ~ia propria vel hostium oppugnantium virtute set potius .. justo Dei judicio interisse *V. II Off.* 7.

ignaviter [CL], without spirit, feebly.

rex Edwardus prescius mori in bello ad bellum cum Saul vadit et in bello cum Saul non gladio ~iter sed fato excedit J. LOND. *Commend. Ed. I* 18.

ignavus [CL]

1 lazy, slothful.

~us, piger, tardus *GlC* I 31; a1089 ut, quantumcumque dignitate et meritis strenuus episcopus et ~us monachus separentur, semper tamen Gondolfus et Anselmus familiari dilectione copulentur ANSELM (*Ep.* 91) III 218; quique fuerat ~us et iners, frequenti successu fit astutus et audax MAP *NC* IV 6 f. 49v; c1200 serviendi ~is (v. garcifer).

2 faint-hearted, spiritless.

~i propugnatores miserrime de muris tracti solo adlidebantur BEDE *HE* I 12 p. 28; in timore fueram ne Britones longa pace quietos otium .. ~os faceret G. MON. IX 15; tam animosis quam ~is GIR. *TH pref.* p. 21.

3 useless.

~us, inefficax *GlC* I 36; 802 non ~a, ut reor, opum pondera in ratione catholicae fidei vestrae excellentissimae auctoritati adtuli ALCUIN *Ep.* 257.

ignearium v. igniarium.

igneitas [ML], nature or quality of fire.

queritur quare quedam frondes sunt longe. .. si ignea humiditas commisceatur aeree et excedat in illa commixtione, generantur folia longa ex ~ate elongante *Quaest. Salern.* W 2; non est facilius ipsi creatori animam prius creatam infundere quam novam creare et illam infundere, sicut si lignum habilitetur per caliditatem et siccitatem sufficienter ut ipsum igniatur, nova confertur ei ~as et non transfertur in ipsum vetus ~as prius existens J. BLUND *An.* 364; in eo [sulphure] vis ~atis simpliciter non urentis congelat Mercurium in aurum purissimum *Correct. Alch.* 6; *Ps.*-GROS. *Summa* 336 (v. aqueitas); sicut per ~atem est ignis ignis *Ib.* 337; ~ati debetur caliditas et siccitas GILB. VI 245v. 1 (v. aeritas); sicut forma substancialis est in materia, ut .. igneytas in igne BACON XV 210; hoc individuum aeris est igni assimilatum in natura ~atis per speciem ignis presentem in eo *Id. MS* I 1 p. 16; ~as, que est essentialis date composicioni, est accidentalis date essencie; cum data essencia sit sibi accidentaliter ignis (WYCL.) *Ziz.* 470.

igneolus [LL], fiery.

~us, ~a, ~um, i. igneus OSB. GLOUC. *Deriv.* 282; antiquus faciem mutat igneolam WALT. WIMB. *Carm.* 36.

ignescere [CL]

1 to catch fire, burst into flames. **b** to be hot.

quocunque in loco inferior ~escat aer, [scintilla] a stella exire falso putatur ADEL. *QN* 73; [acies] velut flamma ~escens impetum fecit in hostes G. MON. X 9. **b** carcer ejus torrida plaga plus ignescit, / sol ubi solsticiis quatuor flammescit GARL. *Epith.* II *Summa* 5 (cf. ib. II 11: non sic ignescit plaga torrida ..).

2 (fig.) to become inflamed (with passion); **b** (of passion); **c** (of pain).

ignescunt populi limphatica corda furentis ALDH. *VirgV* 1814; tanta ira ob mortem ipsius [filii] ~escebat ut ipsum in fratrem vindicare affectaret G. MON. II 16; Arturus .. acri ~escens ira *Ib.* X 3 p. 472; [Narcissus] dum in rebus transitoriis pompam sui umbratilem admiratur obstupescens gloria, nimio sui amore infeliciter ~escit NECKAM *NR* I 20 p. 67; dilectus tuus .. rutilans demum atque ~escens in letitia resurrectionis pre participibus suis J. FORD *Serm.* 10. 7. **b** c798 ut flamma caritatis in corde abscondita aliquam fortasse scintillam elicere valeat, ne totum torpescat quod intus ~escit ALCUIN *Ep.* 139; acri ignessente furore G. CORNW. *Guy Warw.* 825. **c** dolor .. speciem ignis gerit, quia dum plus tegitur, plus ~escit P. BLOIS *Ep.* 49. 146A.

3 to be hot, burn (with fever or sim.).

saepe .. post cibum vultu toto valde rubescit et simul non solo vultu sed toto capite ~escit ANSELM (*Ep.* 39) III 150; statim velut febricitans totius coporis ardore ~escit *Ib.* 151.

4 to be red.

GlH E 344 (v. erubescere 1).

ignessere v. ignescere 2b. **ignetenus** v. ignis 4a.

igneus [CL]

1 consisting of or containing fire, burning.

~eum Sodomorum imbrem GILDAS *EB* 68; 716 ~eos puteos horrendam eructantes flammam BONIF. *Ep.* 10 (v. eructare 3a); Tartara Plutonis plangentes ignea regis *Id. Aen.* 73 (*Justitia*); quatuor modis equantur Moyses et Patricius, i. angelo sibi colloquente in rubo ~eo .. NEN. *HB* 198; per ~eas Elye rotas *AncrR* 138.

2 (phys.) composed of or containing the element fire, having the nature of fire.

~eum .. elementum AILR. *An.* II 56 (v. elementatus a); [grus] tam calidum, tam ~eum jecur habet ut .. GIR. *TH* I 14; calor multum resolvit terreas partes in aqueas, .. aereas vero in ~eas *Quaest. Salern.* B 121; partes aeree et ~ee *Ib.* P 83 (v. evaporatio 1a); in signo ~eo vel aereo M. SCOT *Intr.* 289 (v. diminutio 2a); puta quod hoc [*sic*] sit ~ea, illa .. terrea T. SUTTON *Gen. & Corrupt.* 85.

3 having characteristics of fire, fiery: **a** (w. ref. to appearance or light); **b** (w. ref. to heat). **c** (as sb. n.) the empyrean, highest heaven.

a ignea brumales dum condunt sidera nimbi ALDH. *Aen.* 92 (*Farus*) 10; viderat .. animam sanctam quasi in globo ~eo ad caelum efferri *V. Cuthb.* I 5; non sidera supra / ignea contemplans BONIF. *Aen.* 328 (*Ignorantia*); c795 dum ferventis Cancri ~eus sol sidus ascendit, ut nimio .. calore arida tellus imbres expectat, .. ALCUIN *Ep.* 86; horrenda fulmina et dracones ~eis jactibus per aera vibrantes .. videbantur S. DURH. *Durh.* II 5 p. 51; celum ~eum sive sidereum GERV. TILB. I 1 (v. empyrius a); ignea flamma NECKAM *DS* I 332 (v. flamma 5); lucem ~eam ex materia flammea radiantem .. apparere PECKHAM *Persp.* I 11 *tit.*; dubium est, si lux ~ea .. posset ad claritatem luminis solaris pertingere R. MARSTON *QD* 312; est .. hoc fulgur impressio ~ea subtilis WYCL. *Serm.* II 248. **b** pulvere sacratam postam timet igneus ardor / tangere, sed penitus flammis intacta remansit ALCUIN *SS Ebor* 350; igneus .. calor venas afflavit apertas *Id. WillV* 30. 10; dicimus enim quod calor est ~eus et non ignis OCKHAM *Summa* I 5 p. 17. **c** sunt qui non putant de hoc celo nobis cognito hic agi [sc. *Gen.* i 1] (quia de eo in secundo die agitur) sed de eo quod empirium vel intellectuale vel ~eum vocant. .. ~eum dicunt hoc celum non ab ardore sed a splendore appellari quod ob nimiam sui tenuitatem, cum sit corporeum, spirituale vel intellectuale dicitur ANDR. S. VICT. *Hept.* 7; septem esse celos dicunt quorum hec sunt nomina: aer, ether, olympus, spatium et ~eum, firmamentum, celum angelorum et trinitatis *Ib.* (cf. *Ps.*-Bede *In Pentateuchum* 1928).

4 red hot.

forcipibus .. ~eis .. minitabantur me comprehendere BEDE *HE* V 12 p. 306.

5 (med.) producing a fiery sensation.

febris nihil aliud est nisi calor naturalis mutatus in ~eum GAD. 3. 2; [Henricus V] quesivit a medicis qualitatem morbi ejus, qui sibi responderunt quod sancti Fiatri morbus erat, ex vindicta proveniens, que incurabiliter mortem ~eam adducit, et quod ipse [sc. Fiatrus] filius fuit regis Scocie *Plusc.* X 27 p. 358.

6 of red or fiery colour.

pyropus, quidam lapis ~ei coloris OSB. GLOUC. *Deriv.* 474; BART. ANGL. II 4 (v. coccineus); ocellum linceum / in vultum parvuli defigens igneum WALT. WIMB. *Carm.* 39; oculos .. ~eos UPTON 186 (v. Diomedea).

7 (*vis ~ea* or sim.) fiery power (as medium of seeing; *cf. ignis* 11c).

quiddam, quod vim ~eam vocant, in cerebro natum per nervos concavos primum, per oculos demum, ad videnda usque traduci ADEL. *QN* 23 p. 27; est igitur quam testamur talis sententia in cerebro quidem quendam aerem subtilissmum nasci, ~ee eundem nature . . . hic spiritus a philosopho vis ~ea nominatur *Ib.* p. 30; ~eus .. spiritus *Ib.* 29 (v. detergere 2b); de septem vero fenestris anime seu sensibus, qui vigent in capite, sciendum est, quanto vim suam potentius eorum exerit quisque, tanto majorem vim ~eam intra se probatur continere: de prima cerebri parte vis animalis ignis in ministerio per sensus diversos diffunditur, ad oculos per visum, ad aures per auditum [etc.] J. SAL. *SS* 950B.

8 (fig.): **a** fiery, passionate. **b** fiery, likely to cause harm.

a ignea sum fervens, turbo precordia bellis BONIF. *Aen.* 372 (*Iracundia*); rex autem statim ~eum amorem prius habitum .. tradidit oblivioni *Eul. Hist.* III 18. **b** doctrinas tam periculosas tam ~eas NETTER *DAF* I 2.

ignia [CL *n. pl.*], flaw in firing (of pot).

†tigma [MS: ignia], vitium vasorum fictilium OSB. GLOUC. *Deriv.* 292 (cf. Paulus Diaconus *Epitoma Festi* 105M).

igniarium [CL = *fire-stick*; cf. Jan.], fire-place, hearth.

[puer] cecidit tandem retrorsum in ignem. .. denique illo in focario sic jacente supino, caput ejus inter rubentes prunas ustulatum .. nam parvulus quidem jam ultimum trahens spiritum in ignieario jacebat vix palpitans *Mir. Hen. VI* III 90.

ignibilis [ML], combustible.

lignum ignitum .. plus habet claritatis et calliditatis quam aliquomodo posset habere non ignitum, et sicut tota materia ~is magis est clarificata in uno ligno ignito, licet alia ligna in seipsis non igniantur, quam posset aliquo alio modo sine ignitione clarificari, sic .. GROS. *Cess. Leg.* III 1 p. 122; fumus ejus [sc. sulphuris] indicat terrestrem substantiam in eo valde ~em et cremabilem *Ps.*-GROS. *Summa* 639.

ignibulum [cf. thuribulum], censer.

ignis, -is, inde hic igniculus, -li, i. turibulum [MS: hic igniculus, -li, diminutivum, et hoc ignibulum, -li, i. thuribulum] OSB. GLOUC. *Deriv.* 282; ~um, turibulum, thymiaterium, turicremulum *Ib.* 289; tu Christi thalamus, tu legis arcula, / .. / velum, ignibulum, acera, mensula WALT. WIMB. *Carm.* 70.

ignicipium, tinder.

tundyr, †incentinum [l. incentivum], araula, napta, receptaculum ignis, ignicippium *CathA*.

ignicolus v. igniculus.

ignicomus [LL], with fiery radiance.

angelus ignicomis nam scandit sanctus ab astris ALDH. *VirgV* 388; Aman super Mardocheum ~is mortiferae vexationis furcis stimulabatur, quibus ipse postmodum insperate vinctus suspenderetur [cf. *Esth.* iii–vii] BYRHT. *HR* 3 p. 6; 1000 (13c) si quis vero invidus ~is philargyriae flammis accensus *CD* 1294 (cf. ib. 746 [1032]); ave, fornax, in qua flagrat / et flagrando magis fragrat / caritas ignicoma WALT. WIMB. *Virgo* 46; subsellia cherubyn etherea ac seraphyn ~a *Miss. Westm.* II 962.

ignicremus, burnt with fire.

~us, igne crematus, quod et ustulatus dicitur OSB. GLOUC. *Deriv.* 289.

igniculus [CL]

1 small fire.

cumque ad ~um, quem sibi sub arbore quadam .. congesserat, .. lucubrasset, .. GIR. *TH* II 19; sopitos fomitis ignicolos suscitare P. BLOIS *Serm.* 763B.

2 (w. ref. to element or elemental quality) modest fire or heat. **b** heat (of fever).

modicus est in eis [sc. ciconiis] ille ~us ut potius indigeat fomento quam temperamento. unde sufficit eis aer tantum per poros subintrans *Quaest. Salern.* N 64C; WYCL. *Log.* III 67 (v. dislocatio b). **b** exilis species quam vincit flosculus, / .. / quam fugat febrium brevis igniculus WALT. WIMB. *Carm.* 333.

3 small torch; **b** (fig.).

s1263 cum facibus inflammatis, lanternis, et cericis lampadibus, ac aliis ignicolis de lino, canabo, pice et bitumine mixtis, navigium incenderunt *Plusc.* VII 24 (= FORDUN *Cont.* X 17 p. 100: ceperunt ignifera tela una cum pilis ac pilulis, stupis lini, pice ac bitumine, sepo necnon sulphure, compactis et compaginatis). **b** ita et iste humillimus gentis nostrae ~us [sc. Wilfrithus], excitante Deo, a finibus terrae audire sapientiam praesulum mundi Romam venit EDDI 5.

4 (fig.) small fire, spark (of affection or passion); **b** (of talent, merit, or sim.).

799 non parva caritate, quantum in pectore peccatoris ejus ~us scintillare valet ALCUIN *Ep.* 187; **1178** credo quod intra secretum pectoris vestri quidem adhuc vivat ~us ARNULF *Ep.* 120 p. 185; **1181** vivebat in animo vestro indeficiens quidem regie bonitatis ~us *Ib.* 139; tu, si amoris sacri penes te scintillulam habes, admove sedulus scintillule tue laudationis oleum, quo vivat et vegetetur ~us tuus J. FORD *Serm.* 3. 1; ut de magno illo incendio in celestibus omnia concremante scintillulam aliquam a Patre luminum impetremus, quam impositis lignis et .. admoto flatu .. suscitemus, donec de ~o ignis demum convalescat *Ib.* 13. 4; nec alius in extremis spiritum incipiens exalare sustinuit se a muliere etiam bona tangi, dicens quia adhuc modicus ~us in eo vigebat, de quo noluit admotam stipulam inflammari J. GODARD *Ep.* 236; **1284** timoris stimulo et amoris ~o stimulati PECKHAM *Ep.* 589 p. 812; quantumcumque homo in se flammas voluptatis extinxerit, semper tamen manet ~us non mortificatus HOLCOT *Wisd.* 19. **b** ~o Spiritus Sancti tuum ad veram sapientiam animum accendentis J. SAL. *Ep.* 196 (210); si ingenii nostri ~um lux divina splendore suo dignaretur ignire, .. *Mir. Wulfst.* I 43; **1283** ut .. excitare velitis illius sancti propositi ~um PECKHAM *Ep.* 419 p. 541.

ignifer [CL]

1 fire-bearing (also fig.).

~eras fulminum coruscationes ALDH. *VirgP* 47 (v. elicere 3b); igniferum rapuit dum cives sulphur ab ethra BONIF. *Aen.* 309 (*Luxoria*); vultibus caecis pietate motus / lumina clara dedit ipse sanctus, / lucida fecit tenebrosa corda / ignifer ille ALCUIN *Carm.* 89. 16; urticant corda virorum / igniferis facibus D. BEC. 1985; **s1263** ~era tela FORDUN *Cont.* X 17 (v. igniculus 3).

2 (as sb.) censer.

1508 pro j ~ero et j disco ferri pro sens' argenteo viij d. *Ac. Churchw. Bath* 100.

ignificativus, producing fire.

ad contraformatas autem contrarias substantias, vel nullum vel obscurum ~e operationis [τῆς ἐκπυρωτικῆς ἐνεργείας] vestigium manifestatur GROS. *Ps.-Dion.* 951.

ignifluus [LL], flowing or streaming with fire.

lustrant axis ignifluam / molem mundo minacibus / eminentem cum arcibus (ÆTHELWALD) *Carm. Aldh.* 4. 20; en tibi patulis hiatibus ~a Herebi hostia patescunt FELIX *Guthl.* 31 p. 106; ut eis [gigantibus] Ethne onus ~um imponatur J. SAL. *Pol.* 475D.

ignilignus, fit for firewood.

1587 quingenta corda fagorum et ignilignarum quercuum, Anglice dicta *fyve hundred cordes of beeche and firewood okes Pat* 1303 m. 17.

igninus [CL]

1 fond of the fire, fireside, domestic.

1303 m pellium catorum †ignium [*sic* MS; l. igninorum] ..; duodena catorum silvagiorum *EEC* 162 (= *MonA* I 143: igmorum, .. salvagiorum).

2 like fire, fiery.

quandoque ut candida forma aliqua .. lux celitus dispensata refulsit, .. multotiens instar pyramidis ~o more videbatur exsurgere, quandoque sicut ardens facula sublucere, quandoque in modum contunse nivis superius infundi R. COLD. *Osw.* 13.

ignipotens [CL], having power over fire.

omnipotens, ~ens, pinnipotens, armipotens ALDH. *PR* 130.

ignire [LL < CL ignitus]

1 to set on fire, (pass.) to catch fire; **b** (fig.). **c** (*carbo ~itus* or sim.) a live coal.

sit itaque unus ignis in quo diversi generis materies ponantur. omnes ~iuntur sed alia plus alia ALEX. CANT. *Dicta* 5 p. 139; an aer interclusus vi collisionum et silicis ~iatur NECKAM *NR* I 17 p. 59; cum [radii solis] exeunt ex alia parte crystalli, magis subtiliantur et a se invicem inculcantur et ~iuntur *Quaest. Salern.* B 142; sicut ex ventorum concursu contrario, aer interpositus colliditur et ~itur, ex collisione tonitrua, ex ignitione corruscationes *Ib.* 176; GROS. *Cess. Leg.* III 1 (v. ignibilis); de causis putredinis. .. [humores] calorem accidentalem concipiunt .. et ~iuntur, inde fumi resoluti petunt cor GILB. I 5v. 2; sicut carbo primo ~itur GAD. 29v. 1. **b** ingenii nostri igniculum .. ~ire *Mir. Wulfst.* I 43 (v. igniculus 4b). **c** carbonem ~itum ANSELM I 239 (v. 1 deserere 1b); GILB. V 221v. 2, HIGD. VII 52 (v. carbo 1b).

2 to set light to, light (lamp; in quot., fig.).

1281 vere caritatis incendio constat ~iri lampadas, quarum flammas ventus majestatis ardere non extinguit PECKHAM *Ep.* 192 p. 228.

3 to make red hot. **b** (p. ppl. *~itus*) red hot.

tum vero athleta Christi .. tenacula quibus ferrum tenebat fortiter ~ire OSB. *Dunst.* 14. **b** ~itum carbonibus ferrum LANTFR. *Swith.* 25 (v. ferrum 4a); **s1098** judicantur injectam calumniam examine ~iti ferri a se propulsare debere EADMER *HN* 116; ~itis forcipibus W. MALM. *GP* I 19; sagittam ~iti ferri in insulam arcu premiserunt GIR. *TH* II 12; *Quaest. Salern.* C 6 etc. (v. exstingere 1d); ferrum .. ~itum BACON *NM* 551 (v. inceratio); **s1327** cum ferro plumbarii .. ~ito BAKER 107b (v. ductilis 1b); quidam clericus Scotus, Gilbertus nomine, .. furia pene prolapsus, ~itum velut ferrum excandens FORDUN *Cont.* VIII 26; Robertus .. quem idem Henricus vinculaverat et ~ita pelvi obcecaverat CAPGR. *Hen.* 65.

4 (fig.) to fire, excite (w. emotion or sim.).

quae nos solet scientiae / lustrare flamma ac lampade / dilectionis intimae / ignire nostra pectora BEDE *Hymn.* 7. 7; dulce est majorum inherere gratie eorumque exemplis ~ire memoriam W. MALM. *GR* I 31; ad opus .. consummandum et desiderium ~ivit et illexit affectum AILR. *Ed. Conf.* 744C; concepte fidei spes successit, et cor pavidum charitas ~ivit *Ib.* 786D; si Veneris stimulis tua mentula sit stimulata, / levem tractatum digitorum nesciat illa, / nesciat ignita preputia ducere palma D. BEC. 1993; fervor igniat, ornet amor NECKAM *DS* I 6; [eruca] pruritus canis excitat, ignit, alit *Ib.* VII 190; ~itis compunctionibus P. BLOIS *Ep.* 142. 426D; adhuc non cessat incendere plures illius [sc. S. Pauli] ~ita locutio *Id. Opusc.* 898C (cf. *Id. Ep.* 102. 315A: ~itum eloquium); Gilbertus .. lucrandarum in Deo animarum zelo ~itus TREVET *Ann.* 21; **1437** pro .. pacis .. ecclesie conservacione .. Domini exercituum ~iri zelo BEKYNTON II 87.

5 (p. ppl. as adj.) fiery, assoc. w. or resembling fire; **b** (*serpentes ~iti*, w. ref. to *Num.* xxi 6); **c** (*jacula ~ita*, cf. *Eph.* vi 16: *ignea tela*); **d** (fig.).

717 splendidior auro, .. ~itior carbunculo BONIF. *Ep.* 9; putidum de naribus ignem / oreque spirantes ignitis ALCUIN *SS Ebor* 947; **801** ~itas doctrinae catholicae spargere scintillas ad illuminandum ecclesiarum faces *Id. Ep.* 234; ~itos .. globos *G. Steph.* 24 (v. densanter); sicut ~itum cor, ~ita et facies videbatur H. BOS. *Thom.* V 7 p. 479; igniti celi celestem linquimus ignem NECKAM *DS* II 37. **b** Dominus inmiserit in illum ~itos serpentes BEDE *Hom.* II 18. 201; **s1191** navem quandam .. inspexit .. ignis Greci, serpentium ignitorum plena vasa plurima continentem DICETO *YH* II 93 (= *Itin. Ric.* II 42 p. 206: ducentos serpentes perniciosissimos in exitium Christianorum procuratos); ab ~itis serpentibus temptacionis *Spec. Incl.* 3. 1. **c** ~ita jacula inimici EGB. *Pont.* 119; ~ita diaboli jacula ALCH. *Ep.* 299; diabolus, castitatis inimicus, .. ~ita jacula mittens *V. Chris. Marky.* 43 p. 114; cogitans quomodo tales infestaciones, talia jacula ~ita .. possem extinguere *Eul. Hist.* I 2. **d** divini nuntii fervorem virginis, ut oleo flamme affuso, adurebant ~ito eloquio Domini [cf. *Psalm* cxviii 140] GOSC. *Edith* (I) 58; **s1066** insilit ~ita collisio galearum et ensium H. HUNT. *HA* VI 30.

6 characterized by the element fire.

apostema factum de ~ita colera GILB. IV 204. 2 (v. erysipelatus); basilicus vel basilica .. virtutem habet calidam et proprie ~itam *Alph.* 18.

7 (med.) having a fiery sensation, inflamed.

per quod magna pars pedis predicti ad nervos et ossa ejusdem ~ita, corrosa, et mortificata fuit *Reg. Brev. Orig.* 112.

ignis [CL]

1 fire as a physical phenomenon, the process of combustion; **b** (giving out heat and light); **c** (fig.); **d** (alch.).

vestigia fumi quod ~em praecedit et sequitur *V. Cuthb.* II 6; quare fumus resolutus ab ~e minor est circa ~em quam longe ab ~e *Quaest. Salern.* N 42; WALT. WIMB. *Carm.* 87 (v. fumalis 1a); in speculis concavis ad solem positis ~em generari PECKHAM *Persp.* II 55; *AncrR* 112 (v. fovere 5b). **b** cum dicimus calorem aut splendorem gigni ab ~e ANSELM (*Mon.* 56) I 67; irrationalis actio, ut actio ~is qui calefacit ANSELM (*Ver.* 5) I 182; nitedula, animal quoddam ut ~is lucens OSB. GLOUC. *Deriv.* 383; ~is .. duo principales dicuntur esse effectus, luminare sc. et calefacere NECKAM *NR* I 17 p. 57; de luce rerum naturalium ut ~is et flamme J. BLUND *An.* 125; de calore qui potest esse ab ~e et a sole OCKHAM *Quodl.* 287. **c** divinus ignis illapsus eos .. illuminavit ad scientiam AILR. *Ed. Conf.* 748C; ardens carbo fuit Laurentius, ~is in ~e P. BLOIS *Euch.* 1151C. **d** BACON *NM* 9 p. 546 (v. aerius 2a); quinta essentia nostra, id est fumus albus, qui vocatur ~is contra naturam, qui si esset absens esset ignis noster naturalis RIPLEY 143 (v. fumus 2b).

2 one of the four elements, fire; **b** (w. ref. to its three *species*; *cf.* Arist. *Topica* V 5).

BEDE *TR* 35 etc. (v. elementum 1a); non dubito omnem hanc mundi molem .. constare ex terra et aqua et aere et ~e ANSELM (*Mon.* 7) I 21; *Correct. Alch.* 14 (v. elementaris 1a); ex ingne fit aer et ex aere fit ingnis BACON XV 35; quidam ponebant .. primum esse ~em, ut Eraclitus T. SUTTON *Gen. & Corrupt.* 46. **b** ut dicit Aristoteles in Topicis, tres sunt species ~is, lux, flamma, et carbo NECKAM *NR* I 17 p. 57; cum sint tres species ~is, lux, flamma, carbo, in tres partes facta est ejus divisio HALES *Sent.* IV 370; ~is .. est in sua sphera lux, sed flamma dicitur in materia aeris, carbo autem in substantia terrea sive in feculentia materie grossioris BART. ANGL. X 3 p. 476.

3 supernatural fire: **a** fires of hell. **b** fires of purgatory. **c** fire spewed by supernatural creature.

a arripientes immundi spiritus unum de eis quos in ~ibus torrebant (*Visio Fursei*) BEDE *HE* III 19 p. 166; **c763** (12c) discedite .. in ~em aeternum *CS* 194; ut qui ~em gehennae voluerit effugere, ignem concupiscentiae studeat extinguere OSB. *Dunst.* 12; aeternis ~ibus dignum ANSELM (*Medit.* 1) III 77; unus et idem gehenne ~is, etsi multos valet peccatores pariter detinere M. PAR. *Maj.* I 261; quod sine fine fiet alimentum ~is infernalis [ME: *wurðen buten ende helle fures fode*] *AncrR* 49; gehenne ~is exspectat incendium qui lesa consciencia tendit ad judicium *V. Ed. II* 199. **b** ~is quippe purgatorius, inter nostras et inferorum penas medius, tantum superat has [tribulationes] PULL. *Sent.* 826B; Uriel angelus, qui interpretatur ignis Dei, .. erat custos ~is purgatorii COGGESH. *Visio* 33; secundum [dubium] est: a quo causatur illa nolicio tam in spiritu in ~e purgatorio quam in igne infernali OCKHAM *Quodl.* 97. **c** Aegaeon .. habuit l capita, .. unoquoque ore ~em vomens *Lib. Monstr.* I 48; de ore ac naribus ~em putidum efflantes BEDE *HE* V 12 p. 306, HON. *Spec. Eccl.* 898A (v. efflare 1a).

4 fire intentionally lit (for heating, cooking, metal-working, cauterizing); **b** (for ritual purposes).

742 nullum de domo sua vel ~em vel ferramentum vel aliquid commodi vicino suo praestare velle BONIF. *Ep.* 50 p. 84; ferarii forcipibus ea lege utuntur, ne eorum digiti ignetenus concremantur B. *Ep.* 387; ad locum .. ubi sit optimus ~is a famulis camerarii praeparatus, baccilia quoque et manutergia et aqua calida LANFR. *Const.* 93; dolor ylicacus, ~is attactu magis exasperatus R. COLD. *Cuthb.* 119 p. 264; hoc rotabulum, .. i. furca illa unde ~is movetur in fornace OSB. GLOUC. *Deriv.* 505; **s1196** (v. fumus 1a); ad ~em lentum de carbonibus CUTCL. *CL* 3 (v. digerere 2a); RIPLEY 306 (v. 1 fumare 1a); *a banefyre*, ~is ossium *CathA*. **b** legebam .. filios sacerdotis alienum admovendo altari ~em cito exitu periisse GILDAS *EB* 1; **c742** illos sacrilegos ~es quos *niedfeor* vocant *Ep. Bonif.* 56 p. 100; **751** de ~e paschali (*Lit. Papae*) *Ib.* 87 p. 197; pro ~e celesti .. qui quotannis in vigilia Pasche lampadibus serenus infulget. quod miraculum quando incepit .. nullius historie cognitione discernitur W. MALM. *GR* IV 367; ~is Brigide quem inextinguibilem dicunt, non quod extingui non possit sed quia tam solicite .. moniales .. ~em suppetente materia fovent et nutriunt ut .. GIR. *TH* II 34; *Cust. Westm.* 34, **1315** (v. 1 hasta 2c); ~is similiter preparacionis qui deberet ardere continue in altari semper fuerat validus, et non necesse ut supponeret multa [v. l. plura] ligna BRADW. *CD* 53B.

5 domestic fire in fire-grate, the hearth; **b** (for social gathering at fireside).

c1140 nominatim volo quod de bosco meo habeant copiam ad omnia sua edeficia et ad ~em *Ch. Chester* 45 p. 60; factum est ut vir quidam .. †domus [l. domum] fessus vespere rediret, .. qui secus ~em festinus accubuit, quia frigoris intemperies ad hujusmodi levaminis subsidium invitum compulit. at conjux illius, que ad focum quippiam genus leguminis excoxerat, .. R. COLD. *Godr.* 275; **c1225** de quolibet homine domum tenente ubi ~is ardet ij d. *Ch. Chester* 417 p. 417; circa ~em in coquina ECCLESTON *Adv. Min.* 9 (v. collatio 5a); **12..** (v. ignitegium 1); **13..** (v. focagium 1); **13..** hostiarius .. faciet ~ēm in refectorio tempore nivis et habebit cineres *Cust. Swith.* 25; **1371** cum j tapeto pro camino ~is (v. 1 caminus 1a); LYNDW. 81 s (v. fovere 5c). **b** **s1430** accensis ~ibus jocunditatis *Plusc.* XI 5; **1485** eodem die celebratus est in aula alta ~is post ultimum biberium *Reg. Merton* 60; **1502** habitus est ~is regencium cum jocundissimis interludis

Ib. 260; **1513** senior regens convivavit in nocte omnes magistros per ~em splendide cum pluribus epulis cum vino *Ib.* 433.

6 (right to collect) fuel for (domestic) fire.

silva .. modo est in foresta. pasnagium vero et ~em et domorum emendationem inde accipit episcopus *DB* (*Worcs*) I 173rb; **a1169** confirmamus possessiones .. in quibus hec propriis duximus exprimenda vocabulis: .. in nemore de H. ~em et materiam ad omnia edificia sua *MonA* IV 647b (= *Cart. Boxgrove* p. 48: '*firing*'); **12..** dedi .. ad proprium ~em predicte abbatie .. de bosco meo ligna ad sufficientia[m] *Reg. S. Thom. Dublin* 90; infirmarius .. ignem claustralibus .. post prandium inveniet *Cust. Westm.* 244.

7 fire as refining agent. **b** the process of blanching (silver). **c** (fig., w. ref. to moral test).

meracissimo liquidi argenti metallo, quod per torridi ~is conflatorium, remota squalenti scoriarum rubigine, septuplo expiari perhibetur ALDH. *Met.* 3 p. 71; per hec duo fit purgatio, per aquam primo, consequenter per ~em HALES *Sent.* IV 454. **b** reddit cxl li. ad ~em et ad pensam *DB* (*Kent*) I 2vb; ut argentum ~e examinatum NECKAM *NR* I 6 p. 38; **1207** (v. casura 1b); **1248** (v. 1 decidere 4c); **1425** (v. denarius 10). **c** †**969** (13c) ante summum judicem, cum venerit judicare saeculum per ignem *CS* 1228; mentes electorum suorum ~e tribulationis examinat ANSELM (*Ep.* 312) V 239; nobis .. puro post incinerationem et ~em veritatis fonte inebriatis H. BOS. *LM* 1395C; Deus et Homo .. ascendit ad summa fastigia celi ubi .. residet .. judicans vivos et mortuos et seculum per ~em *Found. Waltham* 11.

8 (leg.) ordeal by fire.

1134 (v. aqua 2c); ?**11..** (14c) item burgenses de curia predicta habent duellum, ~em, et aquam ad judicium faciendum (*Preston*) *Borough Cust.* I 36 (cf. *EHR* XV 497, 501); vis ~e probari? *Babio* 265; **1195** Cristina mundet se per ~em *CurR PR* 83; **1271** si concedat eis ~em et aquam, non credimus quod sit ad ejus dampnum vel nocumentum, quia hujusmodi in comitatu Buck' non utuntur *IAQD* 3/26.

9 destructive fire, conflagration; **b** (leg., w. ref. to arson).

aedificia .. in proximo est ut ~is absumens in cinerem convertat BEDE *HE* IV 23 p. 264; duae domus sunt vastatae per ~em *DB* (*Devon*) I 101vb; GIR. *EH* II 22 (v. casualis 2b). **b** **1202** quod ipse .. posuit ~em in domo sua et illam combussit *SelPlCrown* 10; **1220** prostravit palliam super eum et ~em apposuit *CurR* IX 167; **1221** juratores dicunt quod domus combusta fuit de ~e proprio per filium suum *SelPlCrown* 108; **1221** apposuit ~em in domo, **1228** vidit ~em appositum ad hostia (v. 1 apponere 1a).

10 fire as a weapon; **b** (in phr. *~e et gladio* or *ferro*). **c** (*~is Graecus* or sim.) Greek fire.

nonne .. regem .. ense, hasta, ~i oppressisti? GILDAS *EB* 33; ALDH. *VirgV* 1822 (v. assare c). **b** ~e, ferro, et depraedatione hostili *V. Ed. Conf.* 55 (v. depraedatio a); amplius obtinebis pacis beneficio quam possis per ~em et gladium extorquere P. BLOIS *Ep.* 47. 140D; in ~e et gladio W. FITZST. *Thom.* 23 (v. depopulator), *Ib.* 116 (v. decoronare a); ferro .. et ~e J. HERD *Hist. IV Regum* 53 (v. devastare a). **c** Greco ~e atque calidarum aquarum aspergine hostes retrocedere cogebant G. MON. I 7; Turci de turribus .. ~em quoque, quem Grecum vocant, in machinam jacere .., Christiani e contra oleum, quod maxime ~em Graecum extinguit, effundere ORD. VIT. IX 13 p. 580; incendebantur ab hostibus quodam ~is genere, quem Grecum dicunt. denique hoc genus arte confectum mire esse potentie dicitur, nec contrario cedere elemento W. NEWB. *HA* IV 19; **s1191** (v. ignire 5b); sicut ~is Grecus aceto, sic et recordatione sanguinis Jesu Christi luxurie flamma extinguitur ALEX. BATH *Mor.* III 18 p. 182; ~em Pelasgum [*gl.*: *feu gregeys*] GARL. *Dict.* 130; possumus artificialiter componere ignem comburentem, scilicet ex sale petre et aliis. .. item ex oleo petroleo rubro et aliis. item ex malta et naphtha et consimilibus. .. his vicinus ~is Grecus BACON *NM* 536; *AncrR* 159 (v. Graecus 4a); in ~i Pelasgo crepitanti cuncta tacta consumenti sine mora vel misericordia in cineres frigidos et favillas STRECCHE *Hen. V* 150.

11 fire as light, torch, beacon. **b** (fig., w. ref. to the medium of seeing; cf. Chalcidius *Timaeus* 45D).

1324 unus ~is infra pontem super Puttokesdone, et debet ibidem vigilia fieri per quatuor homines *IMisc* 99/10 m. 2; **1371** ad aliquod signum commune per ~em super montes vel alio modo in com' predicto [*Sussex*] .. fieri faciendum, per quod homines patrie illius, si periculum aliquod ex hujusmodi hostium aggressibus imineat, poterunt congruo termino premuniri *Pat* 284 m. 18*d*; **1379** ad aliquod signum commune per ~em super montes .. fieri faciendum .. *Pat* 304 m. 31*d*. **b** aliquid a cerebro exit, sive illud visibilis dicatur spiritus, ut physicis placet, sive nostri corporis ~is, ut Platoni sedet ADEL. *QN* 24 p. 31; ignis [stellarum] .. ut Cleanthes arguit aut peremptorius dicendus est ut ignis exterior aut mulcebris et innoxius ut ~is corporis nostri interior *Ib.* 74; ~is ipse invisibilis cujus maxima vis et subtilissima in sensibus est AILR. *An.* II 56 f. 39; nempe [Plato] id de visu solito sibi involucro insinuat sciscitanti, dum interiorem refert ~em per oculos effluere, et exteriori adjunctum, ad oppositum usque corpus transvolare; unde repercussum per eosdem oculos ad animam recurrere et sic sensum efficere qui visus appellatur. quid hec sibi volunt? nisi quia visio hec interior ~is est: interior quia in anima habitat, ~is quia videndo dilucidat PULL. *Sent.* 736A.

12 sun, star, or other fiery phenomenon in sky. **b** lightning, wildfire.

cometae .. portabant facem ~is BEDE *HE* V 23 p. 349 (v. fax 1b); igniti celi celestem linquimus ignem, / lucet, non urit, igneus ille decor NECKAM *DS* II 37; **s1239** stella .. relinquens ~em et fumum post se (v. draco 5b). **b** inter flammas ~ium et micantia fulgura BEDE *Hom.* II 17. 194 (v. fulgur 1a); **s1047** ~is aereus, vulgo dictus silvaticus, .. villas et segetes multas ustulavit FL. WORC. I 201 (cf. *Eul. Hist.* III 294: ~is aereus, que dicitur *wildfire*, blada combussit); aiunt .. scintillas ~is in superioribus intercepti ex nubium collisione emicare NECKAM *NR* I 6 p. 38; ~is .. descendens ad nubes *Quaest. Salern.* C 6 (v. exstinguere 1d); **s1272** de vehemencia tempestatis ~is egrediens ecclesiam de Abirbrothoc et plures alias incendit FORDUN *Cont.* X 30 (cf. *Plusc.* VII 28 p. 105: flamma fulgoris diversa loca incendit).

13 something that is red hot; in quots., volcanic fires, molten lava.

tempore nam quodam fervescens ignibus Aetna / torrida flammivomis trudebat sulphura rivis ALDH. *VirgV* 1771; HUGEB. *Will.* 4 (v. 2 dilatare 1a); Etna mons frequenter ~es suos in immensum circumquaque diffundit P. BLOIS *Ep.* 46. 135A; *Quaest. Salern.* P 56 (v. fumigare 1a).

14 fiery sensation as symptom of disease. **b** (*~is sacer*, *S. Antonii*, *Graecus*, *Persicus*, *infernalis*) St. Anthony's fire, erysipelas.

ille putidas carnes devorans pestifer ~is, omnibus aquis inextinguibilis, omnibus artibus immedicabilis GOSC. *Aug. Maj.* 83D; tertiana successit acute, que post varias .. mutationes .. transiit in quartanam. quoniam igitur miseram corpus meum miserabiliter ~e et frigore febrili .. affligitur P. BLOIS *Ep.* 110. 333C. **b** nunquam in ea [Britannia] aliquos arripuit ~is sacer sed a Gallis allati ibi solent sanari H. HUNT. *HA* I 6; ~e infernali in membro percussus GIR. *TH* II 52 (v. exardescere 2a); pes enim ejus dexter .. ~e adverso, qui vulgo Grecus dicitur, miserabiliter accensus, jam consumptus erat usque ad talum *Found. Waltham* 27 (cf. ib. *tit.*: qualiter quidam percussus est ~e infernali et sanatus); **s1195** equus .. tibiam sedentis .. insanabiliter contrivit, nam tibia cum pede .. nigredine quadam intumescens nullo medicorum potuit cataplasmate sedari, quin ~i quem infernalem vocant tumori admixto intolerabiliter cruciaretur WEND. I 238; **s1249** percussus est morbo qui dicitur lupus vel sacer ~is M. PAR. *Maj.* V 78; formica deambulativa .. vocatur ~is Persicus vel infernalis Persicus, i. partem secans et dividens comburendo GAD. 25. 2; in impetigine et serpigine et sacro ~e *Ib.* 121v. 2; *SB* 23, *Alph.* 56 (v. erysipelas); sacro ~e dicti sancti Fiacri *Plusc.* X 14 (v. exterminare 3); cruciabatur infantile corpusculum eciam ardore illo inextinguibili quem vulgi viz. S. Antonii ~em appellat opinio *Mir. Hen. VI* II 42.

15 (fig.) consuming emotion, passion: **a** (in good sense); **b** (in bad sense).

a vir Dei ~e divinae caritatis fortiter ardebat BEDE *HE* II 7 p. 94; **796** ~e Sancti Spiritus (v. assare b); **c1070** ~e divini amoris succensus *Cart. Mont. S. Mich.* 1; fac ut ~e caritatis flagret frigida anima mea ANSELM (*Or.* 13) III 53; ~is caritatis [ME: *fur of chearite*] *AncrR* 38 (v. extinguere 1c). **b** **c597** ~is concupiscentiae (v. defervere 2c); ~em concupiscentiae OSB. *Dunst.* 12 (v. 3a supra); furoris ~e EADMER *Wilf.* 7 (v. daemoniacus 2); ~is cupiditatis et libidinis BALD. CANT. *Tract.* 2. 415C (v. depopulari d); MAP *NC* IV 9 (v. incalescere 2); innatum ~em inflammare GIR. *TH intr.* p. 5; A. MEAUX *Susanna* 71 (v. 1 ephebus); amoris ~e ROLLE *IA* 149 (v. excaecare 2b).

ignitabulum [CL], ? brazier.

1591 pro .. uno ~o magno ad xiij s. iiij d. et duobus malleis *KR Ac* 432/10 r. 2.

ignitegium [ML]

1 cover for damping down or extinguishing fire.

12.. quod sit in curia ~ium de terra, quod sit tante amplitudinis quod comprehendat totum ignem omnino tegendum *Cart. Glouc.* III 220.

2 curfew, time of evening, announced by the ringing of a bell, when fires are covered.

?**c1190** solet etiam ~ium qualibet nocte per annum pulsari set ante matutinas in estate in festis ix lectionum *Stat. Lich.* 16 (cf. *later version, MonA* VI 1256a: est autem ~ium qualibet nocte per annum pulsandum hora septima post meridiem, exceptis illis festis quibus matutine dicuntur post completorium, in quibus ~ium ex consuetudine non pulsatum); **12..** si Glastoniam post ignitagium venerint, debet ea [vina] custodire per totam noctem *Cust. Glast.* 177; ad sonitum qui post completorium fieri solet et ~ium vulgo nominatur *Cust. Westm.* 126; **1286** possumus .. in eodem clauso erigere portas et posticos eosdem predicti clausi de nocte post ~ii pulsacionem claudere *TR Bk* 57 f. 29; cur prohibitum est .. ne ludes post ignitegnium? S. GAUNT *Serm.* 210; **1344** ordinamus .. quod singulis diebus .. pro cubiculari hora et ~io sonora pulsatur campana ad cujus sonitum .. fratres .. valeant convenire ad intrandum dormitorium *Eng. Clergy* 288; **13..** pulsabunt ignitogium cum omnibus magnis campanis *Stat. Linc.* I 370; **1397** dicunt .. quod clericus .. non pulsat campanas, ut tenetur, viz. in aurora unam pulsacionem vocatam *daybelle*, et ~ium de nocte (*Vis.*) *EHR* XLV 451; pulsentur ad ignitergium [*sic*] tres de majoribus signis *Ord. Ebor.* II 183; **14..** ordinatum fuit tempore R. de Disceto, decani, quod omnes servientes ecclesie et garciones essent in ecclesia tempore yemali in prima pulsacione complectorii nec postea exirent de ecclesia, nisi esset major necessitas. item, in estivali tempore in pulsacione prima ~ii omnes, nec tunc postea, exire [*sic*] *Reg. S. Paul.* 109; **1429** sustinebimus .. lampadem .. continue ardentem a primo pulsu vesperum usque ad ~ium quod dicitur *curefew Reg. Brechin* II 27; **1470** clerico parochiali beate Marie pro pulsacione ~ii *Arch. Ox.* II 299.

ignitio [ML]

1 catching fire.

fulgura et tonitrua fiunt ex collisione duorum ventorum contrariorum, et in aere. aer contentus in medio .. fortiter colliditur. collisus igitur aer .. ex tali ~one in diversa solvitur. .. tria itaque ex ventorum compositorum concursu fiunt, coruscatio sc. et aeris illuminatio ex ~one, .. *Quaest. Salern.* N 4; dicitur .. putredo multa superaccensio et ex fumorum retentione ~o GILB. I 5v. 1; verbi gracia, quando ex aere fit ignis, motus ille dicitur ~o, non rarefaccio R. MARSTON *QD* 342.

2 becoming red hot (in quot., as property of metal).

plumbum est corpus immundum et imperfectum, .. et deficit ei puritas, fixatio, cum calore et ~one *Spec. Alch.* 379.

3 firing (of ore or sim.).

1445 in ~one cinerum plumbi et pro *le fyninge* ccxl petrarum plumbi operant[i] *Fabr. York* 60.

ignitivus, inducing fire.

sanguis enim talis valde est ~us dissolutivus [TREVISA: *able to hete & to lette a fyre*] BART. ANGL. IV 7.

ignivomus [LL]

1 spewing fire: **a** (of dragon, demon, or sim.; also as sb. m.); **b** (of other).

a hostis malignus .. larvali facie, ore ~us R. COLD. *Godr.* 75; ac si essent ~i dracones vel leones rugientes M. PAR. *Min.* I 125; decem et octo satrapas, cum innumeris aliis, truncatos gladiis ~o transmittunt Orco WALS. *YN* 28; *a fire spewer*, ~us *CathA*. **b** fluctuantium flammarum ~os gurgites FELIX *Guthl.* 31 p. 104; hoc opus, hoc crudum rapuit portator ab igne, / ignivomo coctum nec bene sub camino ALCUIN *Carm.* 76. 1. 28; ignivomis pix superacta rogis L. DURH. *Dial.* II 292; Ethna est mons ~us BERN. *Comm. Aen.* 22; videbatur sibi videre .. puteum ~um et usque ad inferni novissima profundissimum GIR. *GE* II 11 p. 223; ignivomus fluvius sic nos torquebat .. GOWER *VC* I 1713; ab oris ~i faucibus sulphureis diruptivi parietum evomuntur lapides *Ps.*-ELMH. *Hen. V* 42 p. 105.

2 burning, fiery. **b** resembling fire.

ventus .. scintillas ~as circumquaque torrentes dispergebat R. COLD. *Godr.* 157; [puer] ramum signavit et .. in eum insufflavit. ilico ignis celitus emissus ramum corripiens, acsi pro flatu flammam puer emisisset, ~os crines longius produxit J. FURNESS *Kentig.* 6 p. 172; **s1299** cometa quedam apparuit .. mittens radios lateraliter versus orientem velut ~os RISH. 190; cernens flammas ~as de turri ecclesie undique vaporantes *Croyl.* 97. **b** septimus est jaspis, procul a quo pellitur hostis; / Sardius octavus ignivomus rutilat G. AMIENS *Hast.* 770.

ignobilis [CL]

1 little known, inconspicuous, unimportant; **b** (as sb. n.).

798 quod unius figurae divisione magis quam verborum multiplicatione, quia sapienti pauca sufficiunt, ostendendum esse non ~e putavi ALCUIN *Ep.* 155 p. 251; Thomas Bajocensis canonichus, literarum scientia insignis, seculari prudentia non ~is W. MALM. *Wulfst.* II 1; Snotingaham .. vicus est famosus, quem Trenta non ~is fluvius ibidem transmeabilis alluit *Ib.* 21; substantia que est genus est in potentia ad suas differentias, set primo ad differentiam nobiliorem, et sic, ut dictum est, alio modo est genus in potentia ad innobiliorem differentiam BACON XIII 43. **b** nobilius non fit propter innobilius FISHACRE *Quaest.* 48.

2 of humble origin or status; **b** (as sb. m.) man of humble status.

nobili patre sed matre procreatus ~i nothus consuete vocatur BEDE *Sam.* 611; alios .. illi obsequentes de ~i stirpe illustravit, .. super consules .. exaltavit ORD. VIT. XI 2 p. 164; gregarius, congregabilis, ~is et plebeius OSB. GLOUC. *Deriv.* 262; **1283** nobilia feoda .. in manu ~i et

eciam mortua posita et alienata *RGasc* II 183; **1285** homagia baronum et hominum nostrorum nobilium et innobilium *Ib.* 245. **b** plures de gente Anglorum nobiles, ~es, laici, clerici BEDE *HE* V 7; rex et omnes primates et duces, nobiles et ~es convenerunt BYRHT. *V. Ecgwini* 379; **1308** nobiles quoque et innobiles et quosvis alios *Reg. Carl.* II 48.

3 without appropriate honour, unworthy (in quot., w. ref. to burial).

abbas .. ab incolis loci ~i traditus sepulturae .. donec animadvertentes vicini .. abstulerunt corpus et in Bononia civitate juxta honorem tanto viro congruum in ecclesia posuerunt BEDE *HE* I 33 p. 71.

4 deserving to be unknown or to be known for a bad reason, infamous, notorious.

rex Reduald natu nobilis quamlibet actu ~is BEDE *HE* II 15 p. 116; ABBO *Ep.* 11 (v. fabrateria 2); ~i tunc Britonum rege Keredicio in Kambriam expulso GIR. *TH* III 39; uxorem duxit nobilem genere sed moribus ~em NECKAM *NR* II 17; sexus sunt distincti in animalibus set natura plante fit solum propter produccionem, set natura et commixtio seminis animalium non solum propter produccionem sed propter operaciones suas distinctas nobiles et ~es BACON XI 209; 'domum nobilem Atrei': .. dicit nobilem yronice quia magis propter famosam impietatem ~is erat TREVET *Troades* 28.

ignobilitare [LL], to deprive of nobility, degrade.

s1252 maximam conceperunt indignationem eo quod presumeret papa tam nobilem tamque generosum adolescentem ~are M. PAR. *Maj.* V 275.

ignobilitas [CL]

1 lowliness of origin or status.

ut si neget [invidia] modernos esse antique nobilitatis, non concedat eos esse antique saltem ~atis MAP *NC* V 1 f. 59v; tantum vitabat excellentiam vel jactantiam de generosi sui sanguinis sublimitate quantum cavere solent superciliosi prelati procreati ex rusticis humi reptantibus .. a publicanda sui generis ~ate J. FURNESS *Walth.* 42; omne tale objectum est ignobilius objecto speculabili et ideo talis ordo ad praxim concludit ~atem practice respectu speculative DUNS *Ord.* I 231.

2 dishonourableness.

a dextris per gloriam incedens, fecit sibi sanctorum omnium ipse quoque exemplo a sinistris gradiendi ~atem *V. Greg.* p. 102; meas contumelias et improperia, quibus meam priorem ~atem et longam ac turpem sub vilissimis dominis servitutem redarguere non desinis, patienter perfero *Eccl. & Synag.* 53; eos .. specialiter redarguit quicunque sunt illi qui castitatem violant conjugalem. et circa hoc duo facit: quia primo ostendit impudice generationis ~atem, secundo honeste generationis nobilitatem HOLCOT *Wisd.* 147.

ignobiliter [LL]

1 without appropriate honour, unworthily, esp. w. ref. to burial.

quos olim sacerdotii gradu non ~iter potitos, fama jam vulgante, compererat BEDE *HE* III 19 p. 166; **s1226** inventus est mortuus, niger et fetens, intestatus et sine viatico salutari et omni honore, et subito ~iter est sepultus M. PAR. *Maj.* III 121; **s1217** comes Perticensis et duo alii nobiles ex regno Francorum sepulti sunt ~iter in quodam pomario hospitalis OXNEAD 141; tunc ipsi apud Warham per triennium ~iter sepulto [TREVISA: *iburied unworþiliche*] arriserunt divina miracula HIGD. VI 12 p. 34 (= W. MALM. *Dunst.* II 20: tunc quidem sine honore apud Werham sepeliri jusserunt, invidentes scilicet mortuo cespitem ecclesiasticum).

2 dishonourably.

positum in monasterio nobili, sed ipsum ~iter viventem BEDE *HE* V 14 p. 313; qui bellica morte magis elegerunt vitam finire quam ~iter vivere BYRHT. *V. Osw.* 456.

ignominia [CL]

1 degradation, loss of position, fortune, or sim.

videsne .. ~iam dejectionis meae? ornamentum gloriae meae .. abstulisti GOSC. *Wulfh.* 9; nec multa mora intercesserat quod ipse coepit a sua inopia relevari et in pristinum statum reformari. rediit ergo ad senem grates referens, eo quod ejus consilio a tanta ~ia suae paupertatis erutus esset ALEX. CANT. *Mir.* 32 (I) p. 224; Ixion .. regno, ut diximus, prius ditatus, deinde expulsus et pro gloria priori ~iam passus est ALB. LOND. *DG* 6. 5.

2 loss of good name, disgrace, shame.

debet eam [suggestionem peccati] repellere anima sponsa Christi, cogitans quia magna est ~ia illi ut in ejus conspectu appareat fedata delectatione tam turpi *Simil. Anselmi* 40; ad auctoris sui permanentem vel gloriam extant vel ~iam GIR. *EH intr.* p. 213; **1305** per inobedientiam, ignominiam, et rebellionem vicecomitum, clericorum et servientium *MGL* II 91.

ignominiabilis, deserving degradation or disgrace.

J. SAL. *Pol.* 466B (v. ignominiare); disposueram .. silere de mollibus qui, sicut ignominiosi, ita sunt et videntur ignominabiles *Ib.* 504D.

ignominiare [CL], to deprive of status or fortune, to disgrace.

duo viri cum eo, equidem ~iati et ignominiabiles, qui vel regem ad tantam perfidiam .. prosequi potuerunt J. SAL. *Pol.* 466B.

ignominicus, ? deserving degradation.

957 (12c) regna regnorum hujus presentis seculi transeant sicut ~a *CS* 992 (cf. ib. 1022, 1026).

ignominiose [CL], shamefully, disgracefully, with loss of face (to oneself). **b** ignominiously, causing loss of face (to another).

Guorthigirnus usque ad arcem Guorthigirni .. ~e abscessit NEN. *HB* 191; rex Scotie .. ab Anglia ~e effugatus *G. Steph.* 64; rex .. ~e diffugerat *Ib.* II 75; R. NIGER *Mil.* I 34 (v. exauctorare 1); vir olim victoriosus postmodum ~e victus occubuit GIR. *EH* II 31; pocius malens mori in bello quam ~e fugere a Normanno *Eul. Hist.* II 199. **b** **c1145** si prelatorum justis imperiis subditorum obedire contempnit audacia, non est dubium quin in prelatorum omnium redundet injuriam quod in unius contemptum fuerit ~e commissum G. FOLIOT *Ep.* 14; ad lupanar tracta multas sustenebis integritatis tue injurias .. et ~e corrupta sic tandem edoceberis sani capitis non esse regiam hujuscemodi repulsa fedare dignitatem *V. Fridesw. B* 8; **s1224** procuravit ut predictus Baldewinus ~e suspenderetur, nam hinc et inde fecit duos canes veteres, sc. mirgos, suspendi M. PAR. *Maj.* III 90; HIGD. VII 44 (v. disceptatio a).

ignominiositas, disgrace, shame.

Ælfintun .. suo filio Godrico dedit, quam ab eo diu possessam injuste Rauulfus de Beornaco .. sibi vi abstulit sed ejus possessor diu non extitit. pro re namque ~ate plena, ut ecclesiasticarum possessionum invasor, ipsius dominatum perdidit *Cart. Heming* I 255 (= *MonA* I 594).

ignominiosus [CL]

1 covered with ignominy, degraded or disgraced.

Dunstanus .. extraxit eum [sc. regem] de moechali genearum occubitu impositoque diademate duxit secum, licet vi a mulieribus raptum, ad regale consortium. tunc eadem Æthælgyvu—sic erat nomen ~ae mulieris— inanes orbes oculorum contra venerandum abbatem ferventi furore retorsit B. *V. Dunst.* 22; quum vero ad locum certaminis properaret, accepit astute ille ~us partem pulveris ex propria domo et misit instigante diabolo in calciamento BYRHT. *V. Ecgwini* 393; caveat sacerdos ne de hiis qui ei confitentur peccata sua alicui recitet quod ei confessus est, non propinquis, non extraneis; quod si fecerit, deponatur et omnibus diebus vite sue ~us peregrinando peniteat (*Leg. Hen.* 5. 17) *GAS* 550 (cf. ROB. FLAMB. *Pen.* 350: sacerdos ante omnia caveat ne eorum qui ei confitentur peccata alicui recitet, non propinquis, non extraneis, nec quod absit pro aliquo scandalo; nam si hoc fecerit, deponatur et omnibus diebus vite sue ~us peregrinando peniteat).

2 disgraceful, shameful.

pro ~a insaniae [v. l. insania], in qua horribiliter redactam et inpudenter confractam .. olim jam pudicam et castam *V. Cuthb.* II 8; valde ~um est Christianis .. ut hoc negligentia et duritia sua fieri patiantur in praesentia sua ANSELM (*Ep.* 380) V 323; ubi rusticus ille ad reliquias juraturus manum porrexit, ferreo falcastro quod in manu gestabat nescio quo casu in cerebro percussus, subito ad terram mortuus ruit et ~a, sed quali illum decebat, morte vitam .. amisit DOMINIC *V. Ecgwini* I 19; **1167** dampnosam et ~am cum civibus faciens pacem, adhuc cum clero exercet inimicitias J. SAL. *Ep.* 222 (223); quasi degeneres et imbelles, ubi fortius et fidelius principi suo adesse debuerant, in fugam ~issimam sunt conversi P. BLOIS *Ep.* 69. 217B; quod in forma servi quam [Dominus Jhesus] assumpserat aspiciebatur humanis oculis fuit res maxime ~e pene et inglorie GROS. *Cess. Leg.* II 4 p. 92; fuit passio Christi incurialis et ignominosa mirabiliter .. nam nullum genus supplicii magis ~um fuit quam crucis HOLCOT *Wisd.* 101.

ignorabilis [LL; CL = *unknown*], that cannot be known.

quis sit circa hujusmodi verborum usus †licentiosis [l. licentiosus], quis debitus, et quid ex ignotis loquendi modis et causis, quid autem ex ~i rerum natura, circa hec sit dubitabile BALSH. *AD rec.* 2 16.

ignoranter [LL], unwittingly, unawares.

in conspectu omnipotentis Dei ardenter veniam petens lacrymis absolvit quod ~er ab adolescentiae illecebris peccavit ALCUIN *Hag.* 684B; si qua [l. quae], Domine, hodie peccata ~er vel scienter admissimus, clementi miseratione repelle *Rit. Durh.* 149; scalam, cui inniti solebant qui superiora templi sarciebant, ~er et quasi per excessum mentis ascendit OSB. *V. Dunst.* 7; cognatam meam ~er dilexi, ideoque veritate cognita divortium inter nos .. celebratum est GIR. *GE* I 18 p. 55; **s1333** regina .. ignorans consuetudinem ecclesie Dunelmensis per portam abbathie ad cameram prioris descendebat .. et cum, cena facta, cubasset, intimatum est regi .. quomodo sanctus Cuthbertus mulierum presenciam non amabat. ad preceptum igitur regis surrexit regina, .. rogans sanctum ne quod ~er fecerat vindicaret GRAYSTANES 47; ille dicitur ~er sive nescienter pertinax in errore hereticali, qui assercionem suam nescit esse contrariam fidei Christiane OCKHAM *Dial.* 446.

ignorantia [CL], lack of knowledge, ignorance. **b** error or sin committed through ignorance.

quis .. ita ~iae caecitate possessus ut lux clarissimae lucernae .. scientiae simul et bonorum operum lampade luceat GILDAS *EB* 92; **689** (13c) ad cujus etiam confirmationem pro ~ia litterarum signum sanctae crucis expressi *CS* 73; imperator futurarum ~ia rerum acriter arctatur ALDH. *VirgP* 25 p. 259; quicquid in ea vitii sordidantis inter virtutes per ~iam vel incuriam resedisset BEDE *HE* IV 9 p. 222; laboriosam viri sancti per Wallie fines legationem sub ~ie tenebris perire non permisi GIR. *DK pref.* p. 155; **1220** melius credunt quod E. illam [sc. equam] cepisset per mesprisionem et ignorantiam quam dicto modo [sc. furto] *SelPlCrown* 192; DUNS *Ord.* VII 272 (v. elenchus a); manifestat quomodo, propter ~iam illius principii, antiqui erraverunt T. SUTTON *Gen. & Corrupt.* 92. **b** **1178** delicta juventutis et ~ias [cf. *Psalm.* xxiv 7] Dominus non attendit P. BLOIS *Ep.* 15. 56A.

ignorare [CL]

1 to have no knowledge of, be ignorant or unaware of; **b** (w. indir. statement); **c** (w. indir. qu.); **d** (intr., w. *de*); **e** (absol.). **f** (w. inf.) to know not how (to).

p675 aut veritatem ~ando aut falsitatem dissimulando obmutescunt ALDH. *Ep.* 4 p. 482; pascha non suo tempore observabat, .. canonicum ejus tempus ~ans BEDE *HE* III 17 p. 161; venit ad ignotam jam regionem .. cujus paene loquelam ritumque ~abat B. *V. Dunst.* 23; Arabes .. Deum ~antes in deserto manebant PETRUS *Dial.* 71; audite pauca que nec ego sine peccato possum silentio tenere nec vos sine periculo ~are P. BLOIS *Ep.* 95. 298B; **c1214** Walensibus linguam ejus ~antibus GIR. *Ep.* 8 p. 280; ignorantes Dominum velut excecati *Carm. Lew.* 943; isti antiqui .. ~averunt naturam forme T. SUTTON *Gen. & Corrupt.* 77. **b** nefandum prostitutae lupanar aggredi minime vereretur, ~ans quod ad vincula stolidus traheretur ALDH. *VirgP* 57; **738** (12c) ego Alduulfus episcopus in primis penitus ~avi quod a Dorovernensis ecclesiae praesuli et rege haec kartula confirmata esse debuisset, postea agnovi *CS* 159; qui ~at quod in sacra scriptura res nature et actuum populi Israelitici, et non solum verba, sunt signa dispensationis nostre salutis GROS. *Cess. Leg.* I 10. 5. **c** quod quam perversum sit nullus ~at catholicus ALCUIN (*Adv. Elipand.* I 20) *Dogm.* 255C; ~amus quid sit servituti obedire G. MON. IV 2; ~avi quid scriberem AD. MARSH *Ep.* 143 p. 270; **1373** prior de L. habet parcum juxta forestam domini regis non inclusum; utrum sit ad nocumentum vel non ~ant, quia fere domini regis intrare possunt et redire *SelPlForest* l. **d** **1290** clerici ~abant de ponendo rectam datam *State Tri. Ed. I* 35. **e** hoc me ~ante actum est ut sacri ordinis pondus acciperem *V. Greg.* 76; eo ~ante, facta est haec venditio *DB* I 5vb; cum .. familiam totam illuc translatam de grangia nostra, nobis ~antibus, sustentaret GIR. *SD* 78. **f** si Veneris stimulis tua mentula sit stimulata, / .. / femineos tactus ignoret virga virilis, / ignoret tenera puerorum tangere crura, / sic citius poterit stimulata libido domari D. BEC. 1995.

2 (pass.) to be unknown; **b** (impers.).

sciat autem scriptum esse quoniam ignorans ~abitur [cf. *I Cor.* xiv 38] et quoniam affectata ignorantia non excusat set condempnat GIR. *SD* 46; **1240** quia draparii sciebant quod deberent cognosci, miserunt .. garciones et homines suos qui ~abantur *CurR* XVI 1285; **1340** dictus R. inde arenatus fuit et dicit quod de omnibus istis sibi oppositis nichil scit, sed si aliquid scit, ignoratus fuit per subcustodes suos *CBaron* 105; nullius enunciacionis sentencia capitur cujus pars quantalibet ~atur R. BURY *Phil.* 12. 175; **1415** de bonis et catallis cujusdam hominis .. cujus nomen ignotatur [? l. ignoratur] infra istud dominium (*AssizeR*) *March. S. Wales* 55; **1457** nonnulla facta .. ~antur (v. defectio d). **b** utrum a Tritone Libyae palude an palus ab illo hoc nomen inditum possideat ~atur *Lib. Monstr.* I 52; ~atur .. quid satius inceptem quam .. B. *V. Dunst.* 1 p. 4; ~atur quantum tunc valuit *DB* (*Heref*) I 179va; **s1141** a quo autem id factum fuerit ~atur W. MALM. *HN* 489 p. 49; **1275** ignoratur utrum predictum starrum .. sit legale et laudabile *Cal. Pl. Jews* IV 178 p. 53.

3 (pr. ppl. as adj.) unknowing; **b** (w. obj. gen.).

in pueris ~antibus et lectulo urinantibus BART. ANGL. VII 54. **b** **1235** fuit juvenis et ~ans malicie *SelPlForest* 29.

ignoratio [CL], lack of knowledge, ignorance.

798 utcumque illa naturalium rerum ~o inculpabilis potuisset illis esse, si .. ALCUIN *Ep.* 148 p. 239.

ignoscere [CL], to forgive; **b** (w. dat. of offender); **c** (w. dat. of offence); **d** (absol.).

ignovit, veniam dedit *GlC* I 30; deprecatio est, cum et peccasse et consulto peccasse reus se confitetur, et tamen ut ~atur postulat, quod genus perraro potest accidere, in quo non defensio facti, sed ~endi postulatio continetur ALCUIN *Rhet.* 15; si qua sibi secundum eandem appellationem incomparabilia sint, ut ignotum dicitur tum quod ignoratum tum delinquenti remissum BALSH. *AD* 53. **b** ignosce nobis, Domine, / ignosce confitentibus *AS Hymns* 33; penitentibus et flentibus clementer ~ere WULF. *Æthelwold* 33; ~o tibi et parco et tibi veniam tribuo ÆLF. BATA 4. 7; ~at ei Deus THORNE 1864 (v. 1 cameraria 3a). **c** **796** non meae culpa est voluntatis sed obliviosus ignorantiae error, cui tamen fas est ~i ALCUIN *Ep.* 115; famulorum tuorum, Domine, delictis ~e *Rit. Durh.* 66; te, sancte Christe, poscimus: / ignosce [*gl.*: *gemiltsa*] tu criminibus *AS Hymns* 20; ~ebat vituperantium errori W. MALM. *Wulfst.* I 14; ~ens .. ruditati scripture mee atque hujus operis RIPLEY 173. **d** Deus qui juste irasceris et clementer ~is, afflicti populi lacrimas respice *Rit. Durh.* 40; nunc ~endo, nunc approbando, studia procedere sinant GIR. *TH* II *pref.*; o quam multus es ad ~endum, Domine! P. BLOIS *Serm.* 17. 610D; sapiens dicit, 'si scirem deos esse ignosciturus et homines †ignoturos, [*Maj.*: ignoraturos] †dedignanter peccarem' [*Maj.*: dedignarer peccare] BACON I 20, *Id. Maj.* II 263.

ignoscibiliter [cf. CL ignoscibilis = *pardonable*], (erron.) unpardonably.

peccavit homo humanumque genus ~iter; reliquum erat nihil homini misero nisi peccati stipendium mors COLET *Rom. Exp.* 254.

ignosticus [cf. γνωστικός], knowing.

†670 (?**937**) (10c) aliquam ruris particulam, id est unam mansam ubi ignostici vocitant Toppesham [*Devon*] *CS* 721.

ignotare v. ignorare 2a.

1 ignotus v. ignoscere.

2 ignotus [CL]

1 outside one's knowledge or experience, unknown, strange.

ut .. iter ~um trans Tamesis .. alveum .. aperiret GILDAS *EB* 11; belua nuncupari potest quicquid in terris aut in gurgite in horrendi corporis ~a et metuenda reperitur forma *Lib. Monstr.* II *pref.*; ~arum rerum investigationi ASSER *Alf.* 76; ut .. omnes .. loca innotissima [v. l. ignotissima] morte spreta petierint H. HUNT. VII 5; rerum usitatissimarum nomina ~issima esse vere dicebas BALSH. *Ut.* 45; facies terre cujusdam eis hactenus prorsus ~e GIR. *TH* III 26; quanto intellectui nostro .. ~ius, tanto noticia ejus .. preciosior *NLA* I 162 (v. commodifer); *G. Hen. V* 25 (v. discrimen 3a).

2 (w. ref. to person) outside one's acquaintance, unknown. **b** (as sb.) stranger.

hominem .. quem videns, ut ~um et inopinatum, non parum expavit BEDE *HE* II 12 p. 108; **1191** per manuum ~i episcopi impositionem (v. diaconatus 1b); **c1212** episcopis Anglie .. non ~i sumus nec causa nostra incognita GIR. *Ep.* 5 p. 204; **1266** malefactores ignoti venerunt .. et fregerunt domum *SelCCoron* 4; **1279** quedam mulier ignota, sortilega, intravit domum Johannis de K. *AssizeR Northumb* 343; **1256** ingnotus *Ib.* 80 (v. 2 infortunium 2). **b** multi extranei et ~i *Canon. G. Sempr.* 35; **1392** (v. effraiamentum).

3 lacking knowledge, ignorant.

Cantuariis pacem promittunt; illi e contra pecuniam parant ~i futuri. ast rumpunt Dani foedus ÆTHELW. IV 1.

igris, *f. l.*

c1346 clericus in studio, tu miles prelia nescis; / serpens in gremio, mus, †igris [vv. ll. ingnis, ignis ? l. tigris], glis, requiescis *Pol. Poems* I 33.

†igroscopi [*corrupt form, prob. for* αἰγῶν σπύραθοι], goat-dung.

†igroscopi [v. l. †igyoscopi], stercus caprinum idem *Alph.* 85 (cf. *SB* 20: †erascopos, i. caprarum fimus).

iha v. hyha, ya. **ihara** v. yara. **ikarisma** v. icarisma. **ilarescere** v. hilarescere.

ilda [AN *idle, ilde*, ME *ile, var. ilde*], island.

1291 de W. B. quia appropriavit sibi quandam ~am que debet esse communis *Leet Norw.* 37.

ile v. hyle, ilia.

ileum [cf. CL ileus < εἰλεός = *pain caused by obstruction in small intestine*; cf. εἰλεῖν = *to wind, coil round*], (anat.) ileum.

orbus est illud intestinum quod saccus et dicitur .. post quem sequitur ileon gracillimum et longissimum omnium et quod magis amfractuose reflectitur, et ideo ileon appellatur quasi propter revolutiones confusum et confundens RIC. MED. *Anat.* 224; secundum intestinum sub orbo sive sub sacco positum dicitur ileon et hoc a dextra in sinistram tendit, et dicitur ileon eo quod in eo intestino illiaca passio fieri consuevit BART. ANGL. V 42; huic [colice] passioni cognata est iliaca ab ilion intestino dicta. et est intestinum gracile et longum involvens circumquaque alia intestina, et est carne discoopertum, unde valde est sensibile *Id.* VII 48 p. 332; hoc inguen, hoc illium, *iller Gl. AN Glasg.* f. 19vb; contra dolorem ilii. ad dolorem ylii, scribe in anulo aureo .. (*Recipe*) *Reg. Glasg.* app. 610; yleon, i. diptongus et significat revolucionem intestinorum *Alph.* 195; ileon excipit caecum, intestinum in crebros intortum sinus, a qua figura et Graeci nomen illi fecerunt παρὰ τοῦ εἰλεῖσθαι, i. ab involvendo. cujus morbus et iliacus dicitur D. EDW. *Anat.* A4v.

1 ilex [CL], holm-oak, ilex; also other kinds of tree.

populus et taxus, viridi quoque fronde salicta / sunt invisa mihi, sed fagos glandibus uncas, / fructiferas itidem florenti vertice quercus / diligo; sic nemorosa simul non spernitur ilex ALDH. *Aen.* 84 (*Scrofa praegnans*) 9; ~x sub cujus tegmine Abraham stans tres pueros vidit per viam descendentes adhuc viret .. et frondet SÆWULF 849; sub ramos ilicis alte NIG. *SS* 2901; ~x frutex est quasi geneste vel savine sed mollior, flores facit albos *Alph.* 85 (cf. ib. 194: ylex frutex est quasi genesta vel savina sed mollior, albos facit flores); hec †ibex est juvenis quarcus *WW*; hec †ibex, -cis, *a sapplynge WW*; ~x grandis arbor est et patula, quanta pyrus, foliis plane agrifolii, mari aculeatis, foeminae sine aculeis; glandem fert, ut quercus, foemina .. *greine tre* verbo Germanico nomen invenit apud nos .. *grene tre* CAIUS *Anim.* 29b.

2 ilex v. 2 illex.

ilia [CL *n. pl.*, *gen.* ilium]

1 side of body between hip and groin. **b** (of animal) flank.

ilia, *midhridir, nioðanpeard hype GlC* I 44; ex utraque parte laterum ex confinio ilium et renum similiter ipsius alvi transiere per medium R. COLD. *Cuthb.* 128 p. 274; vix a pectore brachium separare nec ulterius quam ad ilia manum deducere prevalebat *Mir. Fridesw.* 32; medio .. in amplitudinem pectori versus ilia descendente GIR. *EH* II 11; qui [rami venarum] ad utraque latera procedentes membra .. que vel sunt occulta, ut vulva et vesica, vel manifesta, sicut venter [et] ylia, humectant *Ps.*-RIC. *Anat.* 44 p. 34; tergum / spondili, tergo pectora, venter eis / equa parte sua concordant ylia ventri GARL. *Epith.* VI 277; hec elia, A. *flank WW*. **b** decrescit spacium monitu calcaris, equosque / dum sidunt equites fronte juvare putant. / ibant suspensa gramen vestigia, tendunt / ylia, cum preter advolat alvus humum GARL. *Epith.* I 554; ilia fessus / tendit *Id. Tri. Eccl.* 63.

2 guts, inwards; **b** (as seat of emotion).

ilibus, visceribus *GlC* I 48; quod assueta jejuniis ilia vel torruerat vel impleverat GOSC. *Lib. Confort.* 68; motum sanguinis confusum et egritudinem ylium cum passione nimia interraneorum mixtim confusio ordine proturbavit R. COLD. *Cuthb.* 115. **b** suspiria imis praecordiorum ilibus [*gl.*: a visceribus, *on inlicum †inelmum*] prolata ALDH. *VirgP* 14; **c740** ex intimis praecordiorum iliis suppliciter flagitamus *Ep. Bonif.* 49.

iliacare, to suffer from *iliaca passio*; to vomit (as symptom thereof).

to wamylle, ~are, nausiare *CathA*.

1 Iliacus [CL], Trojan.

~is campis [Virgil *Aen.* I 97], Trojanis campis *GlC* I 51; ~us, Trojanus *Ib.* 53.

2 iliacus [LL]

1 (med.) affecting the ileum, esp. *~a passio*; **b** (as sb. f.).

yliaca passione diutino tempore laboraverat R. COLD. *Cuthb.* 119 (cf. ib.: dolor †ylicacus); ~o morbo laborantem W. CANT. *Mir. Thom.* V 16; BART. ANGL. V 42, VII 48 (v. ileum); si remaneret materia in stomacho vel intestinis, posset esse causa colice vel ~e passionis GILB. I 56v. 1; accepit eum ~a passio et dolor lateris ECCLESTON *Adv. Min.* 95; ~a est passio intestinorum gracilium cum constipacione ventris et frequenti vomitu et dolore vehementi GAD. 94. 1 (cf. *SB* 25); D. EDW. *Anat.* A4v (v. ileum). **b** convertuntur .. in putredinem et corruptionem, unde et generant quotidianas et colicam et yliacam GILB. III 162v. 1.

2 (as sb. m.) one suffering from *iliaca passio.*

GILB. IV 189. 2 (v. iliosus).

3 (*~a passio*) plant used to treat *iliaca passio.*

yliaca passio, i. passio ventris, sanguinaria, i. *staunche* vel bursa pastoris *MS BL Additional 15236* f. 12v.

ilicet [CL]

1 (as ritual word of dismissal) you may go, be off.

~et, quasi [i]re licet *GlC* I 49; quamdiu, consumto cadavere et collectis ossibus, novissimum verbum, id est ~et, quod ire licet significat, diceretur ALB. LOND. *DG* 6. 28.

2 at once, straight away.

ilicet Argolici preda Hesioneque potiti / incumbunt pelago J. EXON. *BT* I 459; cursiliter, cito, .. statim, citatim, cursim, ilico, ~et, ocius .. OSB. GLOUC. *Deriv.* 139.

iliceus [CL = *of holm-oak*], of oaks or made from oak.

portam turris ~eam GIR. *IK* I 4 p. 54; dictam silvam ~eam in terram triticeam, forestam .. in culturam arabilem .. artificiose redegit *Id. Spec.* III 12 p. 206.

ilico, illico [CL]

1 right there.

hoc autem quartum scelus est, ut ~o subdit, quia vendiderunt argento justum [cf. *Am.* ii 6], quem sc. justum Christum intelligi voluit PETRUS *Dial.* 43.

2 on the spot, there and then, at once.

profanis manibus contingere non metuens, ~o immaturae mortis vindictam exsolvit ALDH. *VirgP* 45; illico siccato alveo, vidit undam suis cessisse .. vestigiis (*Pass. S. Albani*) BEDE *HE* I 7 p. 20; opus illico aggressus sum, estimans illud levioris ad explicandum negotii fore quam postea senserim EADMER *Beat. prol.*; alia .. candela .. ylico illic illuminata emersit R. COLD. *Cuthb.* 137; DICETO *Chr.* 294 (v. defluere 2b); **s1340** (v. donum 2b).

ilidrus [? cf. CL chelydrus; ch > h, h *lost*], kind of venomous snake.

sit corde beata fides nec / rursus ylidrus agat veteri ut pectora retro ALCUIN *Carm.* 6. 32; ilider de rubo exiliens fratrem quendam momordit in unguine. quem extremum anhelitum jam trahentem sanctus Sanson serpentino morsu signum sancte crucis inposuit (*V. Samsonis*) *Lib. Landav.* 10.

iliosus [CL], (med.) affecting the ileum.

yliacis cum apozimate pigami, .. yliosis nefreticis et vesice causis cum mulsa, colicis specialiter medetur GILB. IV 189. 2.

1 ilium v. ileum.

2 Ilium [CL]

1 Ilium, the city of Troy.

Ilia, Troja *GlC* I 47.

2 ? tower, citadel.

locus in quo ilium quondam ejusdem castri [*Alcester, Worcs, which Ecgwine destroyed*] fuerat datus est ecclesie Eveshamensi *Chr. Evesham* 27.

illabatus v. illibatus.

illabi [CL]

1 to move smoothly, glide (into).

conspexit per parietem ~i clibanum prunis ardentibus plenum ALEX. CANT. *Mir.* 38 p. 235; ~ente veneno per poros G. MON. VIII 14; GIR. *TH* II 2 (v. dulcedo 1c); labia quoque ejus vidimus moveri .. ac si predulce quidlibet ori suo illapsum glutiendo insumeret AD. EYNS. *Visio* 4; grossitudo cibi in uno loco permanens expectat administrationem digestionis et tunc demum membris sensim confectus ~itur *Quaest. Salern.* P 20; GREG. *Mir. Rom.* 18 (v. fistula 1a); tumet de viribus .. / .. quem potest perdere / illapsa pocio per fauces temere WALT. WIMB. *Carm.* 327.

2 (of divine influence or sim.) to penetrate, enter.

tu ejus mentem benignus inlabere ut amore te timeat et timore diligat. amen EGB. *Pont.* 102; hoc te, Redemptor, quesumus: / illabere [*gl.*: *onaslid*] propitius / clarumque nostris sensibus / lumen prebe fidelibus *AS Hymns* 53; timor super Turcos divinitus illapsus eos exterruit ORD. VIT. IX 10 p. 561; tanta leticia animo meo illapsa est quantam nequeo in presentiarum exprimere G. MON. IX 18; divinus ignis illapsus eos et illuminavit ad scientiam AILR. *Ed. Conf.* 748C; perfecta notitia veritatis est quando due species exemplares concurrunt in mente, una inherens, sc. creata, alia illapsa, sc. non creata DUNS *Ord.* III 132 (cf. ib. 134: species creata inherens concurrit cum specie ~ente); non propter hoc diceretur angelus alteri angelo ~i vel anime R. MARSTON *QD* 304; quantum ad motum patet quod non est pertinens nisi excitacio potencie volitive ad

serviendum Deo voluntarie, quod est proprium Deo qui mentem humanam ~itur WYCL. *Chr. & Antichr.* 663.

3 (of day) to come down (to the earth), begin.

orbi illapsus dies illuxerat et rex ad regem properat *Pass. Æthelb.* 7; tandem ~ente terris die fatigationis nimitas soporis beneficium contulit *Mir. Fridesw.* 74.

4 to fall, drop.

tanquam illapsum de celo sidus MAP *NC* IV 9 f. 51v; quod de sursum ~itur GIR. *DK pref.* p. 156 (v. desursum 1b).

5 to lapse, fall into error.

contra motus libidinis et alterius ~entis fragilitatis R. NIGER *Mil.* I 6.

illabilis [ML], (of memory) unfailing.

adjutus triplici bono, sc. acri ingenio, ~i memoria, apto eloquio W. NEWB. *HA* I 24.

illaborate, effortlessly, without labour.

si librum historicum aliumve nosti condere, conde tuum, non facias de meo veteri et a me elaborato tuum ~e novum H. BOS. *Thom.* VII 2 p 534.

illaboratus [CL], produced without labour.

cavere nitatur ne facilis intelligentia fidentem, fidentia securum, securitas negligentem, negligentia imperitum reddat; sed ~ato judicio non contentus, superate difficultatis non solum effectum sed et effectivum debite circumspiciat BALSH. *AD rec.* 2 124.

illaboriosus, (of soil) not worked upon, untilled.

1126 dederunt .. terram laboriosam et inlaboriosam *Regesta* p. 353.

illac [CL]

1 by that way.

~c recessit: sequere velox eum ut revoces MAP *NC* V 5 f. 64v; fluvius .. qui ~c allabitur W. FITZST. *Thom. prol.* 5; transiens ~c miles peregrinus lugentes audivit W. CANT. *Mir. Thom.* VI 32; sunt quattuor responsiva loci, ut .. illic, illinc, ~c, illuc *Ps.*-GROS. *Gram.* 59; *Ps.*-ELMH. *Hen. V* 110 (v. empyrius a).

2 (*hac ~c*) this way and that; **b** (*~c istac* or sim.).

pagani ab aquilonali climate navali exercitu .. venientes hac ~cque .. discurrentes, praedantes BYRHT. *HR* 56; *Id. V. Ecgwini* 375 etc. (v. hac 2a); hac et ~c vergendo R. COLD. *Cuthb.* 33. **b** **s1349** (v. 2 flagellum 1b); **s1389** nuncii .. diu perhendinantes Calesie et nunc isthac nunc ~c trans mare discurrentes WALS. *HA* II 179 (cf. *V. Ric.* II 107).

illacrimare, ~ari [CL], to shed tears, to weep (at or over).

prior inlacrimans super corpus .. incumbens orationi .. erupit "heu mihi" ALCUIN *Vedast.* app. p. 425; tunc suspirans et ~ans, elatis vocibus, alto corde ingemuit R. COLD. *Godr.* 35; postmodum diutissime ~ans plura his dicere non prevaluit *Ib.* 118; certior effectus quod jam in Angliam applicuisset qui in ejus mortem conspiraverant, seu pro illorum nequitia delenda, seu pro pace ecclesie nondum adepta, vehementer illacrymatus est et ait .. BEN. PET. *Pass. Thom.* 10 p. 18; cum .. ei sua insinuatione casum esset ~atus et inopiam DEVIZES 27v p. 11; vulnus lateris lanceati oculis ~antibus respiciens E. FAVERSHAM~218; quidam de monachis ~are ceperunt, quasi de reditu desperantes *V. Edm. Rich C* 611; ~atus ei, episcopus consolatur eam J. GODARD *Ep.* 244; primum ad illius aspectum est illachrymatus BOECE 50.

illaese, without harm.

virum ~e secedere permisit *G. Steph.* 39; libere .. e castello et ~e secessit *Ib.* II 72; si eosdem [libros] nunc ~e tractemus R. BURY *Phil.* 17. 216.

1 illaesio [cf. illisio, *infl. by* illaesus], absence of harm or damage. **b** (*majestatis ~o*) absence of *lèse-majesté*.

pannus quo beati Cuthberti corpus involutum exstitit .. ignis lesionem sentire non potuit. .. pannum istum .. et nos ipsi vidimus .. cujus visionis et ~onis quam plures contrectatores et testes .. adhibuimus R. COLD. *Cuthb.* 47 p. 97. **b** **1220** ob observationem dignitatis vestre, et majestatis vestre †illusionem [MS: illesionem], maximum invimus certamen (*Lit. civium Dubliniae, AncC* III 68) *RL* I 111.

2 illaesio v. illisio.

illaesus [CL]

1 physically unharmed, uninjured. **b** (w. ref. to property) undiminished, not infringed.

in profunda maris flustra demersos sed angelico fultos suffragio effera fluctuum ferocitas contingere non audens ~os litoribus restituit ALDH. *VirgP* 34; frater .. aspexit favillas ipsius candelae per multas lineas jacentes et exsufflans eas invenit paginam inlesam WULF. *Æthelwold* 36; non parvo erat miraculo quod .. paganis vastantibus cetera monasteria istud semper ~um manserit GOSC. *Transl. Mild.* 6 p. 163; **s1141** comes Gloecestrie precepit regem vivum et ~um conservari W. MALM. *HN* 489 p. 49; fertur de niso quod .. aviculum rapiat, cui nocte tota ob calefactionis gratiam insidendo, tanquam nocturnum obsequium indemnitate remunerans, eandem mane remittit ~am GIR. *TH* I 12 p. 37; favente gracia ipsius transivimus per vallem ipsam incolumes et ~i [ME: *we pacede the Vale Perlious hol and fer and in good poynt*] *Itin. Mand.* p. 106. **b** **955** nostra donatio .. absque aliqua retractione inlesa jugiter permaneat sine fine *Ch. Roff.* 29; ?**1140** quanto persona tua per Romanam ecclesiam est amplius exaltata, .. tanto magis opportebat que sua sunt a te ~a servari (*Lit. Papae*) ELMH. *Cant.* 378; **a1254** omnes predictas libertates .. abbati .. secundum tenorem dicte carte integras et ~as imperpetuum concedit *Cart. Beauchamp* 58.

2 (of abstr.) unimpaired, inviolate.

~ae puritatis coronam ALDH. *VirgP* 27; ut inmaculatam vitam et inlesam conservet EGB. *Pont.* 4; rerum dispendia parvipendens dummodo equitatis ordo et jura ecclesiastica servarentur ~a *Canon. G. Sempr.* 41v; **1280** quatinus jurisdiccionem nostram de Gordor ~am pro viribus defendatis *Reg. Heref.* 281; juravit .. quod ipse ecclesie dignitates bona fide et sine malo ingenio servaret ~as *Feud. Man.* 94.

illaetus, unpleasing, unwelcome.

s1385 affuerunt et Boemi, patriote regine, qui gustata dulcedine terre .. inverecundi et ~i hospites repatriare nolebant WALS. *HA* II 119.

illamentatus [LL], unlamented. (*Cf. II Macc.* v 10).

dolor vehemens multiplicat lacrymas, nec quidquam plangendum ~atum reliquit AILR. *Serm.* 494D.

Illandicus v. Islandicus. **illanguere** v. elanguescere.

illapheos [dub.], (bot.) burdock (*Arctium lappa*).

mitridatum, i. mater omnium antidotorum vel a Mitridato rege dictum .. recipe .. acori, illafeos, i. sape [? l. lape], bracteos, i. ciclaminis [etc.] GILB. V 225v 1; **13..** lappa major, i. bardana, *clote*, semen ejus dicitur illafeos *Herb. Harl.* 3388 81v; illafeos, i. bardona sive lappa inversa quod idem est *SB* 25; jancia, illafeos, lappa major, lappa lappago, bardana, diaglitis idem, G. *gletonere*, A. *clote Alph.* 84; ~eos, sapa [v. l. lapa] idem *Ib.* 85; illafricos, bardana, lappa inversa idem *Ib.*

illapidatio, transformation into stone.

pro inlapidatione corporis Christi NETTER *DAF* II 113v. 1 (v. impanatio).

illapsio [cf. CL lapsio], (see quot.).

illabor, -is, unde illapsus et illapsio OSB. GLOUC. *Deriv.* 300.

illapsus [CL], flowing in, penetration (of divine influence).

de ~u essencie divine respectu creaturarum, ad quem ~um concurrunt simul immensitas nature divine et ejus manutenencia DUNS *Ord.* V 297; Deus post mortem, ymaginem suam que in anima existit in animabus sanctis reformans, intime menti nostre illabitur, in suo ~u lumine glorie mentem ipsam perficiens LUTTERELL *Vis. Beat.* 93; intelige ergo Deum opificem esse idem essencialiter cum sua arte, illabi in intima cujuslibet creature, pura voluntate creantem totam universitatem, quam induit secundum exemplaria sue artis, et non deserit, sed manet continue eis ~u WYCL. *Form.* 175; cognosco fidem meam per ~um primi magistri *Id. Ver.* I 216.

illaqueare [CL]

1 to take in a snare; **b** (fig.). **c** to catch (by other means).

inlaqueat, decipit, *gegrinap, gefehp GlP* 137; ut suis eum vinculis perpetuo ~eatum coartaret ORD. VIT. X 24 p. 141; [rinoceros, id est unicornis, *soothed to sleep by a virgin*] ita a venatoribus dormiens ~eatus postmodum dulci cautela capitur *Quaest. Salern.* B 161; tamquam aranea pausans in angulo orditur telas diaboli quibus ~eat fratres suos WYCL. *Blasph.* 246. **b** **c1240** vulgo dicitur, 'nunquid aquila capit muscas?' non est gloriosa aquile preda talis; gloriosa tamen et magna est aranee, quam tamen predam venari non posset nisi per retia invisibilia musce. hujusmodi retia dicto magistro .. contexta sunt et posita ad ipsum ~andum GROS. *Ep.* 90. **c** **s1180** concedo .. materiam ad faldas faciendas ob equas ~eandas *Cart. Rievaulx* 68.

2 to entangle (esp. in moral difficulties), trap (fig.).

odit Deus vestrarum nundinas falsitatum quibus ~eatis innocentes H. LOS. *Serm.* 3 p. 88; ut monachum in hoc genere tentationis ~eet ANSELM (*Ep.* 37) III 147; **a1180** quatinus omnes predicti ordinis personas in vestro decanatu constitutas que .. familiaritate tam illicita [sc. concubinarum] irretite noscuntur et adhuc ~eate .. a sacerdotali et a levitico suspendatis officio G. FOLIOT *Ep.* 264; **1240** dum nostri subditi nostra synodalia non observant, seipsos ~eant *Conc. Syn.* 359; **s1258** usure pestis .. furtim ignaros ~ans (v. Cahursinus); si papa hereticus sue perfidie plures satagat ~eare, .. OCKHAM *Dial.* 701; dum carnalis amor animum tenet illaqueatum GOWER *VC* V 235.

3 to put in a noose.

fune a campanis dependente se collo complexo ~eavit et .. se ipsum suspendendo suffocavit GIR. *GE* II 18 p. 254; cum ~earetur ut penderet, .. FAVENT 18; omnibus solus ille miser spectaculum factus, ocius applicatur ad laqueum. .. repente impulsus suo se pondere ~eare coactus est mortemque subire suspendio *Mir. Hen. VI* II 40 p. 110.

illaqueatio [LL], ensnarement (also fig.).

o pestifera diaboli ~o nefanda! R. COLD. *Cuthb.* 60; **s1296** suspenderant trabes, super quas crateres et lapides grandes super propugnacula muri ad ~onem Francorum *Flor. Hist.* III 289; sic igitur secundum Lincolniensem persona ecclesie est quidam homo, ex propria stulticia se ipsum precipitans in profundum puteum et obscurum nec ex se valens resurgere, sed ex vinculacione et luti ~one se per ipsum conterens et amore persone per foramen parietis vise quam solam scit posse et velle extrahere. .. illa, inquam, persona liberatrix est messias WYCL. *Ver.* III 129.

illaris, ~iter v. hilaris, ~iter.

illascivus, not wanton, serious.

illasciva sedet, quovis reverenda, corusco / imperiosa throno HANV. VIII 309.

illatēre, to lie hidden.

veste sed albenti mentes albescere cernam / in monachis, alias veste nitere nigra; / veste licet tali rabies aliquando lupina / illatĕat, lana propria velat oves GARL. *Epith.* III 414.

illaticus v. illativus.

illatio [CL]

1 the action of carrying in. **b** (spec.) carrying in of corpse (for burial), funeral.

corvus ante inlationem olivae per columbam egressus fuerat BEDE *Gen.* 101; **s1152** castellum obsessorium construxit, quod inclusis escarum ~onem et liberam progressionem prohibuit H. HUNT. *HA* VIII 32; ?**1277** secundum numerum bellatorum faciet gubernator Navarre sibi inferri victualia ad expensas eorum moderatas .. et eadem forma quo [MS: que] ad .. ~onem victualium servabitur per totum tempus treuge *TreatyR* I 67. **b** **s1275** die ~onis S. Benedicti que est ij nonas Decembris OXNEAD *S. Ben. Holme* 300.

2 bringing on, bearing down (on), onset.

praeter efficientis causae inexplicabilem ~onem ADEL. *QN* 74; quilibet potens, ut Juppiter, a persone sue dignitate in mores beluinos degenerat cum injuriam alicui machinatur. ex injurie vero ~one statim ovum [sc. a Leda partum], id est turpitudo infamie .., et polluta in ipsa conscientia oriuntur ALB. LOND. *DG* 3. 7; hoc quidem verum est quoad pene ~onem GIR. *GE* II 32; **c1210** sine calumpnia et ~one injurie vel molestie *Ch. Westm.* 335; **1225** per continuam mendaciorum ~onem procuraverunt ut .. (*Lit. Falcasii de Breaute*) W. COVENTR. II 271; [matrem] plus necat nati migratio / quam necaret mortis illatio J. HOWD. *Ph.* 422; caput quassans ictus illatio *Ib.* 483; quamvis .. omnis accio sit ~o passionis, tamen non significat omne verbum active vel passive *Ps.*-GROS. *Gram.* 47; debet homo uti .., si oportet, omni genere flagelli ex hostium veritatis ~one WYCL. *Ver.* III 171.

3 (log.) inference.

'quis enim' (a simili, quia spiritus hominis scit que hominis sunt) 'hominum scit que sunt hominis nisi spiritus hominis qui in ipso est? ita' (a simili ~o) 'et que Dei sunt nemo cognovit' (*II Cor.* ii 12) LANFR. *Comment. Paul.* 163–4; 'igitur perfecti sunt' [*Gen.* ii 1], et subdit causam ~onis duplicem, quarum altera est quia in senario factus est; mundus igitur perfectus, et non e converso S. LANGTON *Gl. Hist. Schol.* 42; significant 'ergo' et 'igitur' conjuncciones racionales sive illative quandam inclinacionem anime, que est decursus quidam ab inclinacionibus premissarum in conclusionem. 'alioquin' vero dicit contrarii ~onem *Ps.*-GROS. *Gram.* 57; signum .. quod representat signatum per ~onem seu consequenciam naturalem vel probabilem BACON *CSTheol.* 38; miro quodam argumento / cum extremis adinvento / virginali medio / minus infers de majori, / sed et majus de minori— / felix hec illatio! WALT. WIMB. *Virgo* 72; **1312** (v. disjunctive); ~o falsi ex falso OCKHAM *Dial.* 827.

illatitare [cf. CL latitare, ML illatere], to lie hidden.

si .. aut ~aret hereseos venenum aut pre facie cenolenta se referre populo non auderet GARL. *Epith. prol.* p. 252.

illative [ML], by inference.

notabis hanc conjunctionem 'si' trifariam accipi, ~e, promissive, et conditionate (GALBRAITH) *GLA* IV 259 n. 499.

illativus [LL]

1 that brings in or on.

[v]ena illatica [? l. illativa] aperitur pro inferiorum passionibus membrorum *Tab. Phlebotomiae* (*pointing to spot just below elbow on forearm*).

2 that induces.

hic gladius cladis est illativus HANV. VIII 362; infirmitas .. Lazari .. non fuit ~a mortis naturalis NECKAM *SS* II 50. 16; secure prosperitatis ~a .. decreta *Ps.*-ELMH. *Hen. V* 17 p. 32; regalis nobilitas competentem et honoris ~am assignavit custodiam *Ib.* 52 p. 129.

3 (log.) illative, that leads to inference.

Ps.-GROS. *Gram.* 57 (v. illatio 3); proposicio, in qua ponitur unus, est ~a proposicionis, in qua ponitur alter (STRODE) *GLA* IV 50 n. 182; si tamen respectu cujuscunque verbi tam a parte subjecti quam a parte predicati in recto, terminus inferens dicitur inferior et ~us superior *Ib.*

illator [LL], bringer in or on.

nunquam .. melius inlator mortis superatur quam cum superno amore toleratur BEDE *Sam.* (*I Reg.* xiv 3) 604; dicitur Salmoneus quasi 'salmoneos', i. e. ~or novitatis BERN. *Comm. Aen.* 109.

illatrare [CL], to bark at.

nos patiantur ~atos primum de vigesima littera inchoare tractatum OSB. GLOUC. *Deriv.* 595.

illatrix [LL], bringer in or on (f.).

s1135 hec igitur comestio [murenarum], pessimi humoris ~ix et consimilium vehemens excitatrix, senile corpus letaliter refrigidans, subitam et summam fecit perturbationem H. HUNT. *HA* VII 43.

illatus v. inferre.

illaudabilis [CL]

1 unpraiseworthy.

nec illam arbitramur ~em nec pietate in Deum carentem GOSC. *Transl. Aug.* II 31; amor studii non ~is GIR. *TH intr.* p. 8; quia ~is est scientia quam vita maculat impudica AD. EYNS. *Hug.* III 11 p. 121; quidam mundanarum legum peritissimus .. per diutinum tempus male vivendo .. longevam sed ~em vitam ~i morte terminavit COGGESH. *Visio* 23; **1220** quidam .. non que regis sed que sua sunt ~i aviditate captantes (*Lit. Papae*) *RL* I 535; **s1297** transit annus iste penuria frugum ~is RISH. 183; in omni accione laudabili vel ~i cujuscumque creature WYCL. *Blasph.* 43.

2 (med.) unwholesome, unhealthy.

signa vero crisis, si ante signa digestionis appareant, mala sunt et ~ia RIC. MED. *Signa* 35; sic medicina exhibit per vomitum contra sui naturam vel stabit propter regimen nature, et putrefiet vel exibit per secessum contra motum dominum ascendentis, quorum quodlibet est ~e et nature nocivum. insuper notandum est quod luna existente in Leone non est bonum dare medicinam †vomitinam [l. vomitivam] N. LYNN *Kal.* 215.

illaudabiliter, unpraiseworthily.

Edwi non ~iter regni infulam tenuit H. HUNT. *HA* V 24; quibus victoriam et belli finem consequentibus, victoriarum scripta, utpote nichiteria, punctis pupplicis non ~iter [*gl.*: immo cum laude] committuntur NECKAM *Ut.* 105; **s1324** transit annus iste ~iter fructus et fruges producens WALS. *HA* I 175; panis tuus ~iter dicitur corpus Christi, qui cum non est proprie et naturaliter illud corpus secundum te, inani appellatione et abusive est illud NETTER *DAF* II 146v. 1.

illaudatus [CL], unpraised.

vestra animositas .. stili nostri diligentia non transibit ~ata GIR. *EH* II 15; **c1212** tantus dignitatis ecclesie sue zelus .. transire non debet ~atus *Id. Ep.* 5 p. 202.

ille, illa, illud [CL]

1 (denoting person or thing in place spec. by the speaker) that. **b** (as def. article, without demonstrative force).

currente trans fluvium navi, aspectans contra merentes suo abscessu fratres, .. nullatenus valuit ipse a singultu et lacrimis temperare. hoc autem solum crebra voce repetiit: "Christe, miserere ~i caetui! Domine omnipotens, protege ~am cohortem! .. Christe Deus, defende illos!" *Hist. Abb. Jarrow* 27; pretento digito in prefatum propositum, "domine", inquit "uxor ~ius propositi nudius tercius venit ad me" *Latin Stories* 6; KNIGHTON I 146 (v. iste 1a). **b** **c765** de Caderapulle in Becha bryge, de hoc ad introitum Hypes mor, de ipsa *more* in Coforet broc, in ~am *hagan*, post illud ad tumulum vocitatum Kett [AS: *innon þone hagam, æfter þam hagan innon Kett*] *CS* 219; ex illo loco recta occidentis semita in ~am *dic Ib.*; **836** illut monasterium in Heanbyrg .. liberamus a modicis et a magnis causis *CS* 416; **c845** (10c) ego Cuðuulf .. Christi ecclesiae antestis necnon et ~a congregatio sanctae ecclesiae Herefordensis *CS* 429.

2 (indicating person or thing previously mentioned or implied); **b** (w. *ipse*); **c** (w. *idem*); **d** (w. word meaning 'aforesaid').

eum in celis Christo credimus conjunctum ~umque esse super familiam suam servum fidelem et prudentem *V. Greg.* 110; cui [sc. Bonifatio] .. successit in pontificatum Justus, qui erat Hrofensis ecclesiae episcopus. ~i autem ecclesiae Romanum pro se consecravit episcopum BEDE *HE* II 8 p. 95; vocatur locus ~e lingua Anglorum Hefenfelth *Ib.* III 2 p. 129; **c765** ex ~o loco (v. 1b supra); sed hoc in loco nescientibus intimandum est quod ~e locus certaminis belligerantibus inaequalis erat ASSER *Alf.* 39; castelli medium vacat ede; sed exhibet altum / ille locus puteum sufficientis aque L. DURH. *Dial.* I 412; ~ud unum et idem essent [*sic*] DUNS *Ord.* IV 238 (v. idem 1c). **b** plura voluminis illius, siqui scire delectat, vel in ipso ~o volumine vel in eo, quod de illo dudum strictim excerpsimus, epitomate requirat BEDE *HE* V 17 p. 319; si aliquam in illis judiciis iniquitatem intelligere posset, .. ~os ipsos judices .. interrogabat ASSER *Alf.* 106. **c** **858** (v. idem 3b). **d** dixerunt virum ~um prefatum ab eis per pecuniam inpetrasse ut .. *V. Greg.* 98; venit in mentem abbatissae pulvis ~e praefatus BEDE *HE* III 11 p. 150; **838** a regibus prenominatis Ecgberhto et Ætheluulfo ~is *CS* 421; **858** ~a prenominata terra *CS* 496 (cf. ib.: hanc terram supranominatam); praefatus ~e B. rex ASSER *Alf.* 14; **c1130** ~e prenotatus locus *Ch. Westm.* 249; **a1182** precipio quatinus predicti monachi ~am prenominatam elemosinam teneant ita libere .. sicut idem R. et uxor ejus eis dederunt (*AncD* B 12437) *Ch. Chester* 199.

3 the particular, that (defined by cl. *etc.*): **a** (w. *qui* & rel. cl.); **b** (w. other correlatives); **c** (w. ppl.); **d** (introd. dir. statement or quotation).

a GILDAS *EB* 1 (v. 4a infra); ensem in te vibrabit in brevi suum [cf. *Psalm.* vii 13] rex ~e, qui per prophetam 'ego' inquit 'occidam ..' [*Deut.* xxii 39] *Ib.* 31; ab ~o enim tempore quo apostolicae tonsurae indicium suscepit FELIX *Guthl.* 20; ~a destina cui incumbens obiit BEDE *HE* III 17 p. 160; tres ~e, quas [philosophi] dicunt, anime sunt: anima vegetabilis, anima bestialis, anima rationalis PETRUS *Dial.* 50; illa mee consumpsi tempora vite / in quibus ipse mihi sepe magister eram L. DURH. *Dial.* IV 125; ~ud bonum de quo loquitur .. est bonum in communi et per illud judicamus de occurrentibus hoc illo esse melius DUNS *Ord.* III 118. **b** de ~o loco .. ubi .. BEDE *HE* III 10 (v. 21 infra); **875** in ~o loco ubi .. (v. 2 dicere 3a); **1285** ab ~a hora quando .. (v. disjungere 1). **c** **1220** cum ~a chevicia prati ad illam acram pertinente *Fines Warw* 274 (v. chevicium b); **1299** pro taxacione ~arum vaccarum taxatarum (v. duodecimus 1c). **d** si consideretur ~a gentilis sententia 'dolus an virtus quis in hoste requirat' [Vergil *Aen.* II 389] W. MALM. *GR* I 18; cui et versus ~e Serlonicus adaptari potest: 'stet mola ..' [SERLO WILT. 76. 2] GIR. *SD* 122; per implicacionem ~am 'que est' DUNS *Ord.* II 373 (v. identicus); fundatur hec racio in ~o principio generali: quando proposicio verificatur pro rebus, si due res non sufficiunt ad verificandum proposicionem, oportet ponere terciam OCKHAM *Quodl.* 31; nec est ~e terminus 'genus generalissimum' distribuibilis, sicud nec ~e terminus 'Sor' WYCL. *Univ.* 87.

4 (indicating a person who, or thing that, is assumed to be known or known to be such): **a** that which you know; **b** (w. poss. adj.); **c** (impl. approval) the famous; **d** (impl. disapproval) the infamous; **e** (impl. contempt or doubt) the vaunted, so-called.

a cui praeter illa nefanda immaniaque peccata, quae communiter cum omnibus mundi sceleratis agit, accedit etiam ~ud veluti ingenitum quid et indelebile insipientiae pondus et levitatis ineluctabile GILDAS *EB* 1; Sidroc ~e senex comes et Sidroc junior comes ASSER *Alf.* 39; mare ~ud Normannicum .. transibat T. MON. *Will.* IV 10. **b** ~e Columba vester, immo et noster BEDE *HE* III 25 p. 188; dux erat ille meus veniens cum luce repente ALCUIN *SS Ebor* 955; dic qua parte manet quondam meus ille magister / Higlac? ÆTHELWULF *Abb.* 743; ex ~a tua quiete J. GODARD *Ep.* 242 (v. descandalizare 2). **c** clavicularius ~e regni caelorum idoneus GILDAS *EB* 73; Ine, ~e famosus Occidentalium rex Saxonum ASSER *Alf.* 1; ille pater, pater ille pius, quo presule magnus, / quo pastore placens, quo patre gratus eram, / et cujus tunc cantor eram, pater ille beatus, / presul Cuthbertus, qui cohiberet erat L. DURH. *Dial.* I 491, 493; Willelmus ~e de Ipra *G. Steph.* 55; optimus ~e Willelmus de Barri GIR. *SD* 52. **d** ferocissimi ~i nefandi nominis Saxones GILDAS *EB* 22; Lucifer ~e de caelo projectus *Ib.* 74; infaustus ~e annus et omnibus bonis exosus usque hodie permanet BEDE *HE* III 1 p. 128; hostis ~e antiquus H. BOS. *Thom.* IV 13 p. 361; ~e pseudopropheta et dampnate memorie, J. Wyclif *G. Hen. V* 1. **e** ut insatiabilem corporis ad curam liber ~e animus ex toto captivetur GIR. *EH pref.* p. 222.

5 (expressing in general what would be specified by a name or sim. in a particular instance) such and such; **b** (*ille vel ille*); **c** (*ille et ille*). **d** (*iste vel ille*).

do tibi ~am rem ALCUIN *Gram.* 868D (v. dativus 1a); at ille [sc. Edwinus] .. multos olim amicos procliviores in hostem quam in fidem expertus, quia, ut ~e dixit, 'cum fueris felix, multos numerabis amicos / ..' [Ovid *Tristia* IX 5] W. MALM. *GR* I 47; nuncupatim ~am et ~am, quecunque famosioris prostibuli esset, abbatissam vel priorem ceterasve officiales [se] instituturum cantitans *Ib.* V 439 p. 510; summone .. clericum illum N. personam ~ius ecclesie quod sit coram me .. ad ~um terminum, ostensurus quo advocato se tenet in ecclesia ~a, cujus advocacionem miles ille M. ad se clamat pertinere GLANV. IV 8; quod .. reddat R. tantam terram, vel terram ~am, in ~a villa, quam ei invadiavit *Ib.* X 9. **b** cumque ei medicus dicit ut ~am vel ~am potionem accipiat, .. *Simil. Anselmi* 77; *Dial. Scac.* II 4 B (v. brevis 4a); inflexiones vero vocales tales vel tales et prolationes ~e vel ~e non a natura sunt sed ab humana imposicione KILWARDBY *OS* 638. **c** [nos] vana spes .. delusit, .. a quibusdam dicentibus quia in ~o et ~o loco magnus liber est de gestis ejusdem *G. Herw.* 320. **d** ubicumque scribitur in lege 'omnes hii filii' istius vel ~ius S. LANGTON *Chron.* 102; nullus rei essencia importatur per istam definicionem nisi hominis singularis, .. nisi iste homo vel ~e OCKHAM *Quodl.* 558.

6 (*hic .. ille*): **a** the latter .. the former. **b** (w. ref. to time) this (present) .. that (future); *cf.* 1 *hic*.

a **858** concedo .. Wullafe aliquam partem terrae . . . huic eodem agellulo ~oque Wullafe *CS* 496; ut qui nausiaverint in ~is obsoniis, in his mendicantes respirent reliquiis W. MALM. *GR* I 47 p. 47; dic, sodes, ubi sella nitet, ubi nobile frenum. / cur manet hec macies? cur fugit ille nitor? WALT. ANGL. *Fab.* 42. 18; SICCAV. *PN* 128, DUNS *Ord.* III 118 (v. 1 hic 5). **b** qui in hoc saeculo quasi per tempus sex dierum salutem operari neglexerit, ~o perpetuae quietis tempore de finibus Hierusalem beatae excludetur, illud evangelicum contemnens 'orate ..' [*Matth.* xxiv 20] BEDE *Acts* 942.

7 (w. ref. to time) that (past), of that period. **b** (in indir. statement repr. *hic* of dir. statement).

ita ut merito patriae illud propheticum, quod veterno ~i populo denuntiatum est, potuerit aptari GILDAS *EB* 21; cum successisset aetas tempestatis ~ius nescia et praesentis tantum serenitatis experta *Ib.* 26; ~o tempore tanti viri fama ubique notabunda vagavit [v. l. vagabatur] FELIX *Guthl.* 44; **s867** non enim tunc adhuc illa civitas [sc. Eboracum] firmos et stabilitos muros ~is temporibus habebat ASSER *Alf.* 27. **b** Guthlac ~um locum monstrari sibi a narrante efflagitabat FELIX *Guthl.* 25; ille accedens salutavit eum et interrogavit quare ~a hora, ceteris quiescentibus et alto sopore pressis, solus ipse mestus in lapide pervigil sederet BEDE *HE* II 12 p. 108; **1420** juravit quod ab ~a hora in antea non tenebit [*sic*] .. opinionem (v. dogmatizare 1a).

8 of that kind or degree, such (w. *ut* & subj.).

sensus quicumque, quem colligunt ex scripturis divinis [episcopi], nisi alibi habeatur ex scripturis divinis, non est cum ~a reverentia suscipiendus, ut debeat allegari ad confirmandum aliquid in catholica fide OCKHAM *Dial.* 834.

9 (pron.) that person or thing (in a place spec. by the speaker); **b** (*illi de*, esp. w. place-name) the men of . . .

illos *Hist. Abb. Jarrow* 27 (v. 1a supra). **b** *DB* I 89v etc. (v. de 14); in Wermouth et Tunstall sunt xxj villani et unusquisque tenet, reddit, et operatur, sicut ~i de Boldona *Boldon Bk.* 5; **1251** ~i de familia domini Nicholai ipsum [Willelmum] odio habent et ipse nunquam associatus fuit eis *SelPlForest* 100; **1267** super injuriis et dampnis que per ~os de Quinque Portibus vestris mercatoribus illata dicuntur *Cl* 387; **1269** impeditus fuit per ~os de Insula de Ely *Cl* 72; **1290** homines de Appelby petunt .. quod rex concedat eis tolnetum in mercatis, sicut ~i de Karliolo habent *RParl* I 51b; **1295** omnes ~i de eadem flota *RGasc* III 322; ~i de majori Britannia OCKHAM *Pol.* I 88; sustinuit magnum certamen et laborem cum ~is de Ramesey *Chr. Rams.* app. 351; **1405** ~i de Prucia dederunt querelam *Lit. Cant.* III 89.

10 (indicating person or thing already specified or implied): **a** (m. or f.); **b** (n.); **c** (n. repr. previous statement or sim.); **d** (n. repr. m. or f.).

a haec diximus ut sciant summi sacerdotes quod, sicut non debent inferiores clerici eos despicere, ita et ~i nec clericos GILDAS *Ep.* 4; in quo etiam bello ante ~um [sc. Æduinum] unus filius ejus, Osfrid, juvenis bellicosus, cecidit BEDE *HE* II 20 p. 124; minister .. pulsans ad ostium nuntiavit abbatissae. at ~a aperiens januam monasterii exivit ipsa cum una sanctimonialium feminarum *Ib.* III 11 p. 149; quisquis vestrum discere citius istum codicem possit, dabo ~i ~um ASSER *Alf.* 23; probavi te habere bonos socios . . qui sunt ~i [AS: *ic ahsie þa*]? ÆLF.

Coll. 99; si inde aliquam auctoritatem habeas, michi, precor, ~am ostendas PETRUS *Dial.* 111; **s1180** H. rex Anglie fecit in Anglia novam monetam fieri et precepit quod .. non caperetur alia moneta in Anglia quam ~a nova *G. Hen. II* I 263; **1209** in j caretta ferrata et apparatu ad ~am *Pipe Wint.* 15; hec mathematica dicitur doctrinalis vel disciplinalis, quia omnes alie sciencie per hanc docentur et sine ~a non possunt doceri BACON V 3; quando quis vocat ad warantum foris rectam lineam, et etiam ubi illemet injuriatur non potest vocare warantum HENGHAM *Magna* 10 p. 37; **s1298** ut [rex] magnam cartam de libertatibus et ~am de foresta .. ratificaret *Flor. Hist.* III 297. **b** qui sarculum perfrangit et ante fracturam non habuit, aut ~ud extraordinario opere restituat aut superponat GILDAS *Pen.* 26; nec distulit ille, mox ut adpropiabat ad fanum, profanare ~ud, injecta in eo lancea quam tenebat BEDE *HE* II 13 p. 113; de hoc manerio scira attestatur quod E. .. deliberavit †illum [*sic*] filio suo .. ut ad firmam ~ud teneret *DB* I 59rb; sed da quod superest et satis illud erit L. DURH. *Dial.* I 460; quatuor ergo modis quibus ad celum properatur / nititur, insistens ut ad †illus [l. illud] perveniatur NIG. *Paul.* 46v. 139. **c** ecce beatus Bartholomaeus .. sese coram obtutibus obtulit illius; nec sopor ~ud erat, sed palam splendentis caelicolae cognovit vultum FELIX *Guthl.* 29 p. 96; tristis ais quod segnis amo; me sic et amicum / esse negas: nec enim segnis et illud ero L. DURH. *Dial.* I 150; "dic, Petre, mihi, pietasne solutum / corripit et flagris corrigit?" illud agit *Ib.* III 426. **d** **c765** in illam *hagan*, post ~ud (v. 1b supra); **1468** transmisit xiij bollas et farlotam versus Leith cum majori quantitate brasii in una cimba et ~ud destructum erat per influctuationes marinas *ExchScot* 579.

11 (used in indir. statement for the more usu. refl. pron.).

Abraham .. dicens Sarrai uxorem suam esse sororem ~ius *Eul. Hist.* I 32.

12 (defined by cl. or sim.): **a** (*ut ille qui* .. or sim.) (inasmuch) as (.. is) that which (*cf.* OF *come cil qui*, Prov. *com cel qui*; *cf.* L. Foulet *Petite syntaxe de l'ancien français* [Paris, 1930] pp. 171–2). **b** (w. ppl.).

a **1196** ipse coluit terram illam ut ~am que est crofta sua *CurR* I 27; **1219** petit septem libratas terre .. ut ~as unde .. fuit seisitus .. tempore regis Johannis *Ib.* VII p. x; ipse tenuit terram illam .. ut ~am que ei descendit de .. fratre suo *Ib.*; **1269** recognoverunt .. maneria .. esse jus Johannis ut ~a que idem J. habet de dono .. comitis *Cl* 145; **1294** vos, tanquam ~um qui nobis pluries bonum .. servicium impendit, requirimus .. quod .. *RGasc* III 229. **b** **1317** postquam exitus ducatus predicti a manibus ~orum dictos exitus nunc habencium ad manus nostras redierunt *Ib.* IV 1805.

13 (n.): **a** (w. rel. cl.); **b** (w. *quod* & indir. statement or sim., esp. prec. rel. pron.); **c** (w. indir. qu.); **d** (w. *ut* & subj.).

a preter ~a que superius notavi W. MALM. *GR* I 92. **b** **p675** ~ud vero quam .. ab evangelica traditione discordat quod ultra Sabrinae fluminis fretum Demetarum sacerdotes .. nostram communionem .. abominantur ALDH. *Ep.* 4 p. 484; ~ud scio ego, quod 'co' Hebraice Latine 'sic' reddat PETRUS *Dial.* 123; attende et ~ud, quod, si gens Anglorum .. per adulteria defluit, nascitura ex tali commixtione sit gens ignava W. MALM. *GR* I 80 p. 81 (cf. BONIF. *Ep.* 73 p. 151); ~ud vero percelebre magnificumque fuit quod .. *Id. HN* 500 p. 61; illud satis constat, quod .. *Ib.* 524. **c** neque ~ud nunc arguo cur [luna] eclipticam patiatur obscuritatem ADEL. *QN* 62; ~ud quoque animadvertere par est, quante antiquitatis sit ecclesia que tunc etiam dicebatur vetusta W. MALM. *GR* I 28. **d** licet parentibus debeam affectionem naturalem, ~ud tamen non debeo ut pro eis me perdam P. BLOIS *Ep.* 20. 73A.

14 (n. introd. dir. quotation) the following, this (esp. w. implication that the reader knows what is meant).

secundum ~ud 'fecerunt sibi reges ..' [*Os.* viii 4] GILDAS *EB* 109; ut est ~ud 'da partem his ..' [*Eccles.* xi 2] ALDH. *Met.* 2 p. 64; etsi approbamus affectum, improbamus exemplum, juxta ~ud 'qui offert sacrificium ..' [*Sirach* xxxiv 24] W. MALM. *GR* I 34 p. 33; S. LANGTON *Quaest.* f. 279v (v. deletio); debet enim elevari punctus post illud 'in patibulo' [*Gen.* xl 22] BACON *Tert.* 251.

15 (n. w. gen. of person or pers. adj. or sim.) the (well-known) saying (of); **b** (w. *quod* & indir. statement).

secundum ~ud Philonis GILDAS *EB* 20; ~ud propheticum *Ib.* 21 (v. 7a supra); ~ud evangelicum contemnens BEDE *Acts* 942 (v. 6b supra); **931** etc. (v. evangelicus 2c); juxta ~ud Dominicum 'filii hujus seculi ..' [*Luc.* xvi 8] W. MALM. *GR* I 59 p. 64; **1166** sane impletum est .. hodie propheticum ~ud 'quasi vulpes ..' [*Ezech.* xiii 4] J. SAL. *Ep.* 183 (175 p. 158); GIR. *SD* 6 (v. ibidem 3); **a1237** juxta ~ud poeticum, 'queritur Egistus ..' [Ovid *Remedium Amoris* 161] *Conc. Syn.* 212; ita ut de eo verissime preconizetur ~ud beati Job 'cum ab infancia crevit mecum miseracio ..' [*Job* xxxi 18] CAPGR. *Hen.* 1. **b** expositum est ~ud Prisciani quod .. BACON *CSTheol.* 46; juxta ~ud vulgare, quod quis magis amat magis laudat J. SHEPPEY *Fab.* 54.

16 (w. *hic* or *is*): **a** (*hic* .. *ille*) the latter .. the former; **b** (*hic aut ille* or sim.) this one or that one; **c** (*hic et ille* or sim.) this one and that one.

a hi jejunant .. illi caritatem .. perficiunt GILDAS *Ep.* 3 (v. 1 hic 9c); Bosa .. qui Derorum et Eata qui Berniciorum provincia gubernaret; hic in civitate Eburaci, ~e in Hagustaldensi BEDE *HE* IV 12 p. 229; quanto secunda captivitas major graviorque fuit quam prima, tanto majorem in hac quam in ~a Dei super vos liquet indignationem fuisse PETRUS *Dial.* 61; dum hi Hors fratrem Hengestii, ~i Catigis alterum regis filium magno justitio desiderarent W. MALM. *GR* I 8; est lupus, est agnus. sitit hic, sitit ille WALT. ANGL. *Fab.* 2. 1. **b** ergo, quod hic aut ille suis mea laudibus effert / carmina, me spectans, pondero lance levi L. DURH. *Dial.* IV 153; *Dial. Scac.* I 6 B (v. 1 hic 9a). **c** sumet pro meritis plus is et ille minus L. DURH. *Dial.* IV 496; tociens hoc et ~ud [ME: *þis* & *þis*] feci *AncrR* 122 (v. 1 hic 9a).

17 (w. *iste*): **a** the former (*i. e.* the first subj. or sim.). **b** some .. (others).

a una se angelicae castitatis comitem fore gratulatur, altera se maritalis lasciviae fomitem laetatur. ista collum lunulis .. ornari .. concupiscit, ~a .. pudicitiae cultu splendescere .. desiderat ALDH. *VirgP* 17; **p781** sepe melior est defensor quam accusator, quia ~e ad pacem defendit, iste ad discordiam accusat ALCUIN *Ep.* 58; "dic ergo, passer et alauda cur adeo sursum volando ascendunt, anser autem et gallina similiter facere non possunt?" quia et ~i parvi sunt corporis et ideo leviores et isti majoris et ideo ponderosiores PETRUS *Dial.* 121; **s1126** notabile .. fuit certamen inter Robertum et Stephanum, .. ~o privilegium filii, isto dignitatem nepotis spectante W. MALM. *HN* 452; mendax quam claudus plus claudicat, atque prehendi / quam tener iste pedes ocius ille potest L. DURH. *Dial.* I 218; GIR. *TH* I 15 p. 49 (v. imitatrix 1b); unus in edicula Christi, alter in basilica Petri, ~e decanus diu extitisse dinoscitur, iste devotus famulus apostoli scitur LUCIAN *Chester* 51. **b** ~isque vulneratis et istis occisis, omnibus autem reliquis captis *G. Steph.* 43.

18 **a** (w. *alter*) the one .. (the other). **b** (in enumeration) one, another.

a conperiens tanti viri potentia fuisse alteram [sc. manicam] sibi reddere sicut et ~am FELIX *Guthl.* 40; ANSELM I 56 (v. etenim c); dissecat illa genas, nudum ferit altera pectus J. HERD *Hist. IV Regum* 160. **b** proprias singulorum secum cohabitantium virtutes imitari studebat. ~ius enim oboedientiam, istius humilitatem, ipsius patientiam, alterius longanimitatem .. imitabatur FELIX *Guthl.* 23.

19 (in contrast w. pers. pron.).

Judas .. loculos compilabat; vos ecclesiae donaria .. vastatis. ~e adiit Judaeos ut Deum venderet; vos .. GILDAS *EB* 107; ~e [sc. Paulus] dixit fidelem et dignum [sc. sermonem; cf. *I Tim.* iii 1], vos ut infidelem et indignum sprevistis *Ib.* 108; aliquid .. illi quidem dispensatorium, nobis autem necessarium AD. SCOT *Serm.* 426B (v. disponere 2c).

20 (*ille quidem*) he indeed.

adeo in ejus [sc. Ethelfridi] et sequentium laudibus Bede vigilavit ingenium et ~ius quidem in confines sibi Northanhimbros, eo familiarius quo propinquius, prospiciebat intentio W. MALM. *GR* I 47 p. 46.

21 that of that kind or degree, such a one; (in quot., n. w. gen.) that piece (of), that amount (of).

devenit in ~ud loci ubi rex .. occubuit BEDE *HE* III 9 p. 146 (cf. ib. 10 p. 147: de ~o loco .. ubi regis .. sanguis fuerat effusus).

?illeceber [*form uncertain*; *perh. in origin* f. l. *for* illecebrosus; cf. TLL s. v. illecebrus], wanton, sinful.

hec .. illecebros tactus toti superficiei corporis subtexit ADEL. *ED* 9; ne [membra] terrenae faecis .. illecebri ingluvie affecta ipsam [animam] .. declinent *Id. QN* 38; hic loquitur qualiter rex a sue carnis voluptate illecebra specialiter se debet abstinere GOWER *VC* VI 853 *tit.* (cf. ib. 854: ne ceca voluptas / carnis ad illicebra provocet acta tua).

illecebra [CL], (usu. pl.) enticements, charms. **b** pleasures (of the flesh).

pompulentam mundi gloriam et lenocinantes vitae praesentis ~as [*gl.*: *forspennin3ce*] ALDH. *VirgP* 50; lupa dicta est quoniam pulcritudine sua et ~is suis homines in amorem suum rapiebat GREG. *Mir. Rom.* 32; cum nichil proficere se sentiret, pudore postposito virum puella super ~a compellavit *V. Edm. Rich C* 598; WYKES 224 (v. dotalicius 1b). **b** immunis ab omni spurcitia carnali et securus ab ~arum colludio pudicissimus extitisse liquido declaratur ALDH. *VirgP* 21; serviebat .. ebrietati et ceteris vitae remissioris inlecebris BEDE *HE* V 14 p. 314; proposueras omnes seculi pompas et ~as mundane conversationis abrumpere P. BLOIS *Ep.* 11 33A; variis carnis ~is .. deliniti GIR. *TH* I 12; loricam ferream ut carnis domaret ~as carni proximam deferebat pro Christo *V. Edm. Rich B* 615; **1434** illecebris (v. ebriatio); carnis etenim illicebre fomento non egent, egent vero frenis, quia irritamenta carnis lasciva et quasi infatigabilia sunt FORTESCUE *LLA* 39.

illecebrose [LL], wantonly.

moraliter exponendo, primum peccatum potest intelligi malum ~e et voluntarie cogitare BRADW. *CD* 22D.

illecebrosus [CL], enticing, seductive. **b** wanton.

nesciens conjugii ~a [v. l. inlecebrosa; *gl.*: i. voluptuosa, *forspennendlice*; *þa unalefdan*] consortia ALDH. *VirgP* 5; antequam fraudulentis Dalilae complexibus caperetur et perfidi pelicatus stupro enerviter deceptus ~is lenocinii nexibus nodaretur *Ib.* 53; carnem a lascivis motibus et cor ab ~is refrenemus cogitatibus BEDE *Tab.* 426; curemus omni vigilantia ne cogitationibus inlecebrosis contristemus spiritum sanctum Dei *Id. Hom.* II 11. 162; ubi cythare lireque melodiis ~a respondebant modulamina cantantium *V. Chris. Marky.* 8; nomen luxus non solum ad ~as carnis voluptates pertinet NECKAM *NR* II 192; omnem exclusit mundi vanitatem et metallorum ~am superfluitatem *Canon. G. Sempr.* f. 60. **b** nacta demum opportunitate voluptatis libidinose propositum actu ~o perficitur *Mir. Fridesw.* 46; operis ~i voluptatem languoris acerbitas subsecuta est *Ib.* 7.

illectare [CL], to entice.

~o, ~as, i. sepe illaqueare OSB. GLOUC. *Deriv.* 305; *to begyle*, .. illaqueare, ~are, illicere *CathA.*

illectio [LL], enticement.

lacio componitur illicio, -cis, illicii vel illexi, i. illaqueare; inde illectus, -a, -um, et hec ~o, -nis OSB. GLOUC. *Deriv.* 305.

illectivus [LL *gl.*], enticing, attractive (in quots., in letters of indulgence).

1246 desiderantes reddere Domino populum acceptabilem fideles Christi ad complacendum ei quasi quibusdam ~is muneribus, indulgentiis sc. et remissionibus, invitamus ut .. (*Lit. Papae*) *Dryburgh* 20 (cf. *Ch. Sal.* 329 [**1258**], *MunAcOx* 32 [**1266**]).

illector [LL], one who entices.

pellicator, deceptor, fraudator, decipulator, .. ~or, illex OSB. GLOUC. *Deriv.* 468.

illectrix [CL], one who entices (f.).

quid .. dulcius quidve tranquillius quam .. ad nullum illecebrosum moveri aspectum sed tepescentem rore pudicitie carnem spiritui habere substratam, non jam ad carnales voluptates ~icem sed ad spiritalia exercitia obedientissimam adjutricem AILR. *Spec. Car.* I 31. 535.

1 illectus [CL], act of enticing.

fortissima que potest esse temptatio est illa que allicit appetitum summe delectabili, adjecta huic ~ui persuasione maxime auctentici GROS. *Cess. Leg.* I 6. 2.

2 illectus v. illicere.

illegalis [LL *gl.*], obeying no laws, lawless.

anomalum [? *for* ἄνομος], inlegale *GlC* A 565; **1269** insultum feci in eundem A. verbis contumeliosis, vocando ipsum falsum perversum et ~em traditorem *CBaron* 83; in insulis his ~ibus moram trahere non expedit *Eul. Hist.* II 202.

illegalitas [ML], an unlawful act, unlawful dealing.

jurabunt quod nullam personam de illegat' [*Selden Soc.*: illegalitate] suspectam in familiam regis admitti procurabunt *Fleta* 19.

illegaliter [LL *gl.*], unlawfully.

cum illa sit lex simpliciter, penes cujus dampnacionem vel approbacionem debet attendi quodcunque aliud illegitimum vel legale, videtur quod omnis peccator, habens illam legem utrobique sibi adversariam, facit ~iter quidquid facit WYCL. *Civ. Dom.* I 33.

1 illegiare [cf. 1 in + lex], to make lawful, (refl.) to free oneself from outlawry.

si rex patiatur ut qui in ecclesia fecerit homicidium ad emendationem veniat, primo Christo et regi pretium nativitatis sue reddat et ita se inlegiet [*Downer*: '*and thereby obtain the right at law to pay compensation*'] (*Leg. Hen.* 11. 1a) *GAS* 556.

2 illegiare [cf. 2 in- + lex], to make unlawful; to outlaw.

disseisiatus vel inplegiatus vel ~iatus (*Leg. Hen.* 5. 3) *GAS* 548 (v. dissaisire 1a); nullus a domino suo inplegiatus vel inlegiatus vel injuste dissaisiatus ab eo implacitetur ante legittimam restitutionem (*Ib.* 53. 3) *Ib.* 574.

illegibilis, unlawful, (in quot., of person) without lawful recognition.

a**1255** qui .. contrarium fecerint, .. si clerici fuerint et dignitate prediti, .. locum dignitatis .. amittunt, et fiant ineligibiles [v. l. illegibiles] ipso facto *Conc Syn.* 494 (= *Conc.* II 285).

illegitimare

1 to act unlawfully.

nec alicui prejudicat ecclesia in suo jure sic ~ans J. BURGH *PO* VIII 8 D.

2 to deprive of lawfulness.

1414 si quis ea [sc. bona lege] legitime utatur, talium .. ministrorum laquei et abusus illegitimi pene totum a lege Domini ~ant Christianismum; placeat ergo remedium invenire (*Artic. Univ. Ox.*) *Conc.* III 362.

illegitimatio [ML], illegitimacy.

1236 quero an hujusmodi judicii judices decernant prolis legitimationem seu ~onem ex conceptu solo aut ex nativitate sola aut ex utrisque simul? GROS. *Ep.* 23 p. 87; **1343** frater H. de Suthcherche, domini Petri .. filius, non tamen de legitimo matrimonio procreatus, .. promotus erat ad omnes sacros ordines virtute privilegiorum religionis predicte, hujusmodi ~one non obstante (*DL Deeds*) *MonA* V 22 n.; nec sequitur ex parentum illegitimo matrimonio prolis ~o quoad Deum WYCL. *Mand. Div.* 359; **1406** Rogerus allegavit bastardiam sive ~onem *Reg. Heref.* 31.

illegitime [CL]

1 unlawfully.

de gente adultera, gente incesta, gente ~e nata et copulata, gente exlege GIR. *TH* III 35; c**1214** de E. clerico de S. sequestracionem ecclesie sue .. ~e factam per x marcas extortas redimente *Id. Ep.* 8 p. 264; s**1067** timuit hoc munus consecrationis a Stigando Cantuariensi archiepiscopo suscipere, eo quod ~e occupaverat illius excellentiam dignitatis M. PAR. *Maj.* II 1 (= W. MALM. *GR* III 307: quod esset is archiepiscopus non legitime); a**1300** quando magister William de Cramund' ~e dedit quoddam toftum *Reg. Dunferm.* 324 p. 220; in signum quod leges hujusmodi fuerant ~e introducte, considera quod .. WYCL. *Ver.* II 150; **1451** quod uxorem dicti Johannis .. ~e et contra bonum matrimonium injuste desideraret *MunAcOx* 616.

2 illegitimately, out of wedlock.

quid spuriis, queso, quid nothis et ~e natis cum hereditate commune? GIR. *JS sup.* 145; de ~e generatis qui, quando de suis parentibus interrogantur, fiunt testes nequicie parentum HOLCOT *Wisd.* 168.

illegitimitas [ML], illegitimacy, birth out of wedlock.

1236 si conceptus est fornicarius et nativitas legitima per matrimonium, proles nata nec erit legitima nec illegitima, aut simul legitima et illegitima; .. habebit enim ex parte conceptus fornicarii ~atem et ex parte nativitatis legitime per matrimonium legitimitatem GROS. *Ep.* 23 p. 88; donec constiterit de ~ate illarum, que illarum legitima fuerit et que non BRACTON 307b; **1306** ~atis macula non obstante, juris permissione licenter possunt ad omnes sacros ordines promoveri *Reg. Carl.* I 270; Robertus semper contrarius et adeo innaturalis extiterat baronibus regni Anglie quod plenario consensu et consilio tocius communitatis regni imposuerunt ei ~atem quod non fuerat procreatus de legitimo thoro Willelmi Conquestoris KNIGHTON I 112.

illegitimus [LL; cf. CL illegitime]

1 unlawful.

tamen relicto virginitatis statu Urias insons interimitur, Bersabee [*sic* MSS; l. Betsabee] inlegitimo jugalitatis vinculo foederatur ALDH. *VirgP* 53 p. 312; pluralitas capellarum peperit munera ~a .. et extraordinaria multa GIR. *GE* I 49 p. 138; **1188** si persona tunc temporis fuerit ~a cum impetravit, ideo rescriptum ~um censeri debet *Ep. Cant.* 555 p. 529; summonitio .. poterit ~a judicari nisi ob causam legitimam minus tempus statuatur BRACTON 334; s**1299** prohibita est moneta alienigenarum surrepticia et ~a RISH. 195.

2 illegitimate, born out of wedlock.

1236 hec .. lex qua proles nata ante matrimonium subsequens post contractum matrimonium velut ~a exheredatur lex est iniqua GROS. *Ep.* 23 p. 77; s**1235** ne scilicet ~i prelatias vel ecclesiastica beneficia, nisi adepta a sede Romana legitimationis dispensatione, optineant M. PAR. *Maj.* III 328; **1237** cum periculosum sit .. idiotas, illegittimos, irregulares, illiteratos .. ordinare *Conc. Syn.* 248 (cf. J. ACTON *Comment.* 16 m: ~os, sive propter servitutis jugum .. sive propter natalium defectum); qualiter illegittimi legittimantur; .. si quis naturales habuerit filios de aliqua et postea cum eadem contraxerit, filii jam nati per matrimonium subsequens legittimantur BRACTON 63; **1294** bastardus seu ~us et ex thoro illegitimo procreatus *SelCCant* 625; ad opus filii sui parvuli et ~i GRAYSTANES 31; papa racione papatus non potest ~os in temporalibus legitimare OCKHAM *Dial.* 515; rex Francie .. convocatis episcopis, allegans ipsum [Benedictum VII papam] ~um, deponi procuravit *Eul. Hist.* I 253; sub nomine spurii denotat Augustinus omnem fetum ~um FORTESCUE *LLA* 40.

3 (*aetas ~a*, leg.) minority, opp. to *aetas legitima* age of (legal) majority.

s**946** reliquit quoque duos filios heredes legittimos .. qui, repugnante illegittima etate, patri succedere non valebant M. PAR. *Maj.* I 456.

illepide [CL], without refinement or wit.

ut ea, que prisca simplicium ruditas ~e conscripsit, novorum eruditio elegantiori stilo illustraverit AD. EYNS. *Hug.* V 20 p. 227.

illepidus [CL], lacking refinement or wit.

lepidus componitur ~us, i. insuavis OSB. GLOUC. *Deriv.* 304 (cf. ib. 293: ~us vel inlepidus, insuavis); si quid autem ~um [*gl. in marg.*: i. insuavis, insipidus] processerit aut insulsum, discretionis vestre sale conditum saporetur J. FURNESS *Kentig. prol.* p. 161; ne sit leve verbum, / vile vel illepidum VINSAUF *PN* 837; s**1252** de ~o verbo commotus M. PAR. *Maj.* V 333.

illesio v. 1 illaesio, illisio.

illevabilis [cf. levare ?], (of money owed) that cannot be collected.

1425 in allocatis eidem pro amerciamentis ~ibus hoc anno vj d. (*Ac. Burcester*) *Ambrosden* II 252; **1442** notabilem summam .. que est ~is occasione paupertatis sue *Vis. Linc.* II 111; **1477** de iij s. iiij d. de angulari tenemento .. nichil quia ~e *Comp. Swith.* 455; **1530** in allocacione amerciament' illev' pa[u]perum nichill habencium unde etc. possunt *MinAc Hen. VIII* 4279; **1535** de amerciamentis .. illeviabilibus *MSS Rutland MinAc 24–27 Hen. VIII Norf etc.* 94.

1 illex [CL], one who entices; **b** (as adj.).

habuit malignitatis sue complices et .. ~ices W. MALM. *GR* V 397; lacrimas, pietatis ~ices, devotionis indices *Id. Mir. Mariae* 180; amor tuus est .. mutue, ad omnes desiderantes, ~ex dilectionis *Ib.* 235; OSB. GLOUC. *Deriv.* 468 (v. illector); oculus index et ~ex solet esse amoris BALD. CANT. *Tract.* 8. 481B. **b** muscipulas nostis quas obicit aemulus hostis, / illicibus quaerens animos vitiare figuris FRITH. 1345.

2 illex [CL], obeying no laws, lawless; in quot., outlaw.

et fuit exlex; et quia Aluuius fecit ~egem habet dim' terrae in feudo Rogeri Bigot *DB* (*Norf*) II 277v; ilex, A. *a traytour WW*.

†illibare, (def. as) **a** to pour in (*cf.* LL gl.: *inlabere* [? *cf.* Vergil *Aen.* III 89 (imp. pass.)], *infundere vel influere* and sim., *v.* Goetz, *Corp. Gl. Lat.* VI *s. v. illabor*); **b** ? not to cut, to leave whole (*cf.* LL gl.: *inlibat non cedit* [? = *caedit*], *v.* Goetz *ib. s. v. illibat*).

a inlibare, infundere *GlC* I 311 (cf. ib. 341: inlavare, infruere [? l. inlabare, influere]). **b** inlibat, non †cediat *Ib.* 362.

illibate [LL], without diminution or violation.

680 apostolicae fidei rectitudinem ~e servare (*Lit. Papae*) *Reg. Malm.* I 344; **1131** hanc itaque redditionem meam .. confirmo et ecclesie Salesberie inconcusse et ~e imperpetuum obtinendam statuo *Ch. Sal.* 6 (= *Regesta* 1715); a**1181** (1316) firmiter .. illi ecclesie .. inconcusse ~eque omnia predicta imperpetuum tenenda concedo *CalCh* III 320; **1232** que omnia presentis scripti patrocinio communimus et perpetuo usibus eorum .. integre et ~e profutura confirmamus *Dryburgh* 40; provulgatis itaque legibus, quas observari decreverat, .. firmiter et ~e eas teneri imperavit *Leg. Wall. D* 316.

illibatio [LL], wholeness, the condition of being undiminished or unimpaired.

corpus Pallantis filii Evandri .. Rome repertum est illibatum, ingenti stupore omnium quod tot secula ~one sui superavit *Eul. Hist.* I 403 (= W. MALM. *GR* II 206: incorruptione).

illibatus [CL]

1 kept or left entire, undiminished, whole; **b** (esp. w ref. to property, rights, agreement).

demones .. extremas catenas diruperunt; media, que operosius elaborata est, ~ata duravit [*gl.*: integra remansit] W. MALM. *GR* II 204 p. 255. **b** **878** nos .. sedis tuae privilegium .. ~um tibi volumus procul dubio conservare (*Lit. Papae*) *Conc. Syn.* 5; a**1151** volumus ut hec eadem actio omnibus venturis temporibus firmum robur optineat ~aque permaneat *Doc. Theob.* 54; ~a crumena MAP *NC* I 23 (v. exhibitio 6a); c**1180** ut nostra hec donatio rata et ~a infuturum perseveret *Ch. Westm.* 303; a**1200** hanc .. confirmationem ut stabilis et ~a perseveret .. communimus *AncD* A 2890; c**1211** integra et ~a jura GIR. *Ep.* 6 p. 216; ubi fortitudo et potestas civitatis concordiam inter se suosque ~am conservet N. DUNSTABLE *Rel.* f. 188; **1430** ad ea que ecclesiarum .. utilitates et commoda .. respiciunt diligenter intendimus et que pro hiis provide facta sint ut †illabata [l. illibata] persistant libenter .. apostolico munimine roboramus (*Lit. Papae*) *Reg. Brechin* II 28.

2 untainted, unimpaired. **b** (w. ref. to dead body) incorrupt.

GIR. *TH* II 2 (v. dulcedo 1c). **b** corpus Pallantis .. Rome repertum est ~um W. MALM. *GR* II 206, *Eul. Hist.* I 403 (v. illibatio); manus .. integra et ~a servatur ELMH. *Cant.* 179.

3 (of abstr.) inviolate, unimpaired; **b** (w. ref. to chastity).

cujus in nobis gratiam .. integram semper inlibatamque conservare curemus BEDE *Hom.* I 1. 26; in sui tamen relinquens memoriam ~e innocentie perseverantiam G. COLD. *Durh.* 1; si .. [libros] nunc locis idoneis redditos ~e custodie commendemus R. BURY *Phil.* 17. 216. **b** generatio stirpis Seth, quamdiu cum progenie Cain non est commixta, inlibatam suae castitatis normam servaverit BEDE *Gen.* (vi 1–2) 83; memento, salutis Auctor, / quod nostri quondam corporis, / ex inlibata [AS: *ungewæmmedu*] virgine, / nascendo formam sumpseris *AS Hymns* 39; o ~a virginitas quae talem possidet sponsum! GOSC. *Edith* 76; si violentia impudicorum claustra signaculi pudicitie vexaverit, voluntatis contradicente arbitrio, ab inspectore Deo ad integritatis sue premium mente ~a dupplicato reducetur meritu *V. Fridesw. B* 8; virgo .. tandem Apollinis oppressa fantasmate concepit, peperitque Platonem. ecce quam ~am servaverunt vigilie defloravit illusio per sompnium MAP *NC* IV 3 f. 46v; P. BLOIS *Ep.* 35. 113C (v. flos 8); in .. carne florida florem virginitatis ~um perpetuo permansurum *V. Edm. Rich P* 1776.

4 (in neutral sense) untouched, unused.

ex materia hactenus ~a Hybernicas et Walensicas .. historias juvenilibus annis tractare curavimus GIR. *Ep.* 3 p. 172 (cf. ib. 168: historice materie hactenus intacte noticia).

illibenter [ML], unwillingly.

donec .. interrogasset eum an esset filius Willelmi Rolle, at ille, satis ~er et cum difficultate .. *Offic. R. Rolle* xxvii.

illiber [LL *gl.*], unfree.

quomodo es tu deterioris, ~erioris, et illiberalioris condicionis misero homine BRADW. *CD* 633D; habet .. nunc novam accionem, .. sed unde? .. non a seipso tantummodo: cur enim pocius nunc quam prius, cum sit agens irracionale, inelective et ~ere accionis? *Ib.* 662E.

illiberabilis, that cannot be made free.

vere horum [sc. malorum] ~is servus ero, si liber a vobis prius non ero ANSELM (*Or.* 14) III 58.

illiberabiliter, without the possibility of being made free, beyond deliverance.

puto [eos] filo aranee eciam insolubiliter alligari et ~iter captivari BRADW. *CD* 854A.

illiberalis [CL]

1 not having the qualities or attributes of a free person.

~is, i. non liber OSB. GLOUC. *Deriv.* 307; BRADW. *CD* 633D (v. illiber).

2 free but not noble.

pena et forisfactio non una eademque erit liberalis, quem Dani *ealderman* vocant, et ~is, domini et servi, noti et ignoti (*Ps.-Cnut* 21) *GAS* 623; si liberalis aliquis feram foreste fugerit, .. x s. regi emendet; si ~is dupliciter emendet; si servus, careat corio (*Ib.* 22) *Ib.* 624; si vero [regalem feram] occiderit, amittat liberalis scutum liberalitatis; si sit ~is, careat libertate; si servus, vita (*Ib.* 25) *Ib.*

3 ungenerous.

semper in regia considentibus militibus palam convivabatur; indecens enim et ~e testabatur esse si clam obsonaretur W. MALM. *Wulfst.* III 2; **1226** (1227) quia dicti canonici neque ingrati neque ~es erga me patronum suum in necessitate mea inveniri voluerunt, dederunt mihi ccc m. *CalCh* I 49.

illiberaliter [CL], unfreely, without free will.

liberum .. arbitrium ~iter est depressum, non tamen extinctum PULL. *Sent.* 721A.

illibere [ML], unfreely, without free will.

si Deus prius natura [v. l. naturaliter] agat actum liberum voluntatis create quam ipsa, ipsa prius natura patitur quam agit; non ergo libere patitur. et si ~e patitur cum ipsam sic pati sit ipsam agere vel saltem ad ipsam sic pati, sequatur necessario ipsam agere liberum actum suum, ipsa ~e agit liberum actum suum, quod contradiccionem includit et arbitrii perimit libertatem BRADW. *CD* 597E; WYCL. *Quaest. Log.* 248 (v. illibertare b); coacte et ~e *Ib.* 250 (v. illibertatio).

illibertare [ML], to deprive of freedom; **b** (w. ref. to free will).

ubi Cristus libertavit suam ecclesiam, anticristus ipsam callide et ypocritice ~at Wycl. *Pol.* 262; ante dotacionem et assignacionem partis decime brachium seculare ecclesie fuit liberum a tali exaccione ecclesiastica, sed non licet ~are ecclesiam in tali pensione servili, ergo non debet propter statuta papalia a tali libertate excidere *Id. Sim.* 55. **b** utrum possit ~ari liberum arbitrium potencie volitive *Id. Quaest. Log.* 244; noto primo quo ad quid nominis voluntatem ~ari et ipsam a libertate destitui secundum Anselmum est ipsam aliene subici potestati sine suo assensu *Ib.*; quamvis homo potest impediri quoad actum imperatum a voluntate exteriore, non tamen voluntas ~ari probacione prime partis. .. et pro secunda parte arguitur quia non potest voluntas a libertate destitui cum, si potest velle voluntarie, et sic non coacte nec necessitative, et per consequens libere potest velle. igitur corollarium: licet homo potest invitus ligari, occidi, quia nolens, et non tamen potest et illibere velle *Ib.* 248.

illibertas [ML], lack of freedom.

1419 que quidem peticio, sic respiciens jus quod oriri poterat in futurum, omnino irracionabilis esse dinoscitur, eam continens ~atem, cuivis [? l. cui quivis] hominum dinoscitur subjacere *Foed.* IX 790; *a thraldom*, servitus, ~as *CathA.*

illibertatio [ML], absence or loss of freedom or free will.

non omnis necessitas est coaccionis et ~onis, cum Deus Pater et Filius necessario producunt Spiritum Sanctum, quia non possunt non producere; non tamen coacte et illibere, sed supreme libere Wycl. *Quaest. Log.* 250.

illibratus [? cf. librare]

1 unweighed; in quot., lacking due consideration.

insani capitis et precipitis animi femina ~a semper voluntate precipuum arbitratur quod vult, non quod expedit Map *NC* IV 3 f. 46v.

2 *f. l.*

sententie quas amoris impetus †inlibrate [l. in librate] deliberationis trutina non sinit perpensari J. Godard *Ep.* 220.

illic [CL]

1 at or in that place, there. **b** (contrasted w. 2 *hic*); **c** (w. ref. to Heaven in contrast to earth); **d** (in a text).

Romam veniens multa ~ic .. utilia didicit Bede *HE* V 20 p. 332; 'illice', quod per apocopen profertur 'illic' Alcuin *Gram.* 872A; **957** (12c) ~ic ubi Anglica dicitur æt Loceresleage *CS* 994; Wiltuni enim tunc temporis licet .. ibi competenter locata venerraretur .. sancta Ædgitha .., lignea tamen adhuc ~c ecclesia stabat *V. Ed. Conf.* 49v; implorans ut mane sequentis diei illuc properaret, sciturus pro certo quod omnes canonicos suos ~ic inveniret in obsequium illius .. paratos P. Cornw. *Rev.* I 6 f. 23vb. **b** eamus ut ~c invenias quod te credis hic vidisse Map *NC* IV 16 f. 59. **c** Alcuin *Ep.* 26 etc. (v. 2 hic 2b); hic non reveritus aspectus hominum, ~c occultum Dei equanimiter expectans arbitrium W. Malm. *GR* I 61 p. 65. **d** libellum .. de vita .. Guthlaci .. institui. ea tamen fiducia coram obtuli obsecrans ut si ullatenus .. ~c vitiosus sermo aures eruditi lectoris perculerit, .. Felix *Guthl. prol.* p. 60.

2 in that situation, under those circumstances.

c**693** in sedem .. Theodori .. subrogatus est .. primatumque .. sortitus, cum sacro usu pallii .. ~ic demandatus est (*Lit. Papae*) W. Malm. *GP* I 35 (v. demandare 2).

3 to that place, thither.

venit ~ic quidam hospes Bede *HE* III 11 p. 149; ~ic veniens Hugeb. *Will.* 5 (v. decanus 3).

illicentiabilis, not allowable.

1454 impermittibile et ~e [est] ut tu nobis de tuis taliter perquisitis centum libras .. accommodare valeas, et nos .. vix unicum .. denarium .. de bonis ecclesiae possideamus (*Processus*) *Reg. Whet.* I 132.

illicentiatus [ML], not having leave, without permission; **b** (royal); **c** (papal or episcopal); **d** (mon.).

1228 W. de Coigneres habuit diem per xv dies .. ad faciendum sacramentum et ad respondendum de proficuis et de arreragiis suis. venit, set ~us recessit *KR Mem* 9 m. 7; s**1271** quocumque vellent ~i vagantes Gerv. Cant. *GR cont.* 22; nec etiam presumat quis temere ~us currere in parco alieno *Fleta* 182; s**1295** cum [J. Balliol] ad parliamentum venisset regis Anglie, ~us clam discessit tanquam fugitivus Rish. 151; **13..** si .. a famulatu domini sui ~us discedere presumpserit, .. *MGL* I 37; si accomodem tibi equum meum sub certis condicionibus ad tantum limitem, et ~us excedis pactum et limites utrobique, nonne injuste occupas equum meum? Wycl. *Civ. Dom.* I 45. **b** **1254** ~us recessit a nobis, derelinquens nos .. in magno periculo *Cl* 295; **1272** a curia nostra ~us recessit emendas nobis inde nullatenus faciendo *Cl* 587; s**1304** ille .. ~us et contra prohibicionem regis mare transiit *Flor. Hist.* III 121. **c** **1276** non optenta diocesani sui licencia .. temere ministravit ~us *Reg. Linc.* 95; **1286** quamquam prefatus frater Malachias comparuisset personaliter episcopis .., idem tamen .. ~us de Curia Romana discessit *Mon. Hib. & Scot.* 135b; **1448** exquisita .. causa exeundi, similando se adstatim et incontinenti reversurum, ~us exivit *Eng. Clergy* 222; **1475** vicarii corales multociens se absentant a choro .. et saltem ~i recedunt hii qui magistros suos residenciarios habent presentes *Process. Sal.* 157. **d** s**1232** Milo et Johannes redierant ad ordinem pristinum, qui ~i ad ordinem pristinum, qui ~i ad ordinem Cisterciensem convolaverunt *Ann. Tewk.* 86; a claustro ~us egrediens *Cust. Westm.* 42, *Cust. Cant.* 100; nullus .. absque racionabili causa refectorium ~us ingredi debet *Cust. Cant.* 179; s**1330** monasterium ipsum latenter non absque vicio apostasie ~us exivi Thorne 2059; a**1335** licet obedienciarii .. possint ex permissione .. ad loca non multum distancia proficisci, licencia singulis vicibus non petita, .. tamen ~i in hujusmodi locis vicinis prandere aut pernoctare non possunt *G. S. Alb.* II 204; s**1399** pecuniis sic collectis, ad curiam Romanam .. ~us clanculo dicitur effugisse *Meaux* III 279.

illicere [CL], to entice, induce, attract (usu. into course of action). **b** (p. ppl. *illectus* as sb. m.) enticed person.

putida pecudum exta olidasque holocaustomatum fibras illexit Aldh. *Met.* 2 p. 68; solitariae conversationis amore inlectus *V. Cuthb.* IV 11; [cogitationes] quae naturali motu mentem percurrentes non tamen hanc ad patranda vitia inliciunt quam a bonis quae cogitare debuit impediunt Bede *Hom.* II 12. 168; inlicio plures stolidos me amare ferocem, / dulcius ut mulsum quaerant quam nectaris haustum Bonif. *Aen.* 237 (*De cupiditate*); **842** (14c) diabolica fraude deceptus et saeculari cupiditate inlectus *CS* 438; pulchritudine principalis litterae illius libri illectus Asser *Alf.* 23; **949** (11c) mentes humanas incentor fraudulentus .. deludit, nunc, inquam, promissis .. decipit, nunc rebus migrantibus pervicaciter quasi necessariis inlicit *CS* 880; cunctos in amorem ipsius illexerat G Mon. IX 12; tu .. uxorem ducis, admirans nobilitatem generis, affectans tutelam potestatis, nimia illectus pecunia Pull. *Sent.* 957A; memoria [S. Cuthberti] permultos .. ad celebranda tanta sollempnia accendendo illexit R. Cold. *Cuthb.* 137 p. 285; cujus animum ita largitionibus illexerat ut non solum neptem non proderet sed ad fugiendum expediret *V. Chris. Marky.* 32; ecce lucius trium pedum longitudinis aut amplius super sagene cordas jacebat extensus, nullo sagene vel macule ejus fili vel funiculi retinaculo coarctatus sed beati viri benedictione ab aquis quasi abstractus et illectus R. Bocking *Ric. Cic.* I 77; Salomon in hoc libro ut ad eam auditores ~iat sic procedit Holcot *Wisd.* 9. **b** vos ~um vestrum inducitis in timorem et confusionem, vos ab illo absciditis spem et consolationem Anselm (*Or.* 10) III 34.

illices [CL], gutter, drainage channel.

inlices, canales in quibus aqua elicitur Osb. Glouc. *Deriv.* 294 (cf. Paulus Diaconus *Epitoma Festi* 113M).

illicitare [cf. LL illicitatio], to entice.

inlicitans servare fidem donisque minisque Alcuin *SS Ebor* 218.

illicitatio [LL], enticement; (in quot., erron. deriv. from *illicitus*) doing what is improper or unlawful.

~o, inobedientia Osb. Glouc. *Deriv.* 293.

illicite [LL]

1 improperly, in a manner not allowed by custom, morality, religion, or sim.

illi .. maestam faciem umectare jugiter non desinunt, quo se quaedam vetita et legis austeritate interdicta ex mundi consortio ~e perpetrasse meminerunt Aldh. *VirgP* 10 p. 239; repudiantes uxores quas inlicite duxerant et alias accipientes Wulf. *Æthelwold* 16; ut in hoc permaneant quod ~e praesumpserunt Anselm (*Ep.* 389) V 334; non murmur sonet in templis .. / nec quisquam velit illicite crispare cachinnum D. Bec. 164; opera quecunque festis diebus ~e perpetrare consueverant Gir. *IK* I 2 p. 32; s**1226** ob amorem regine ejus, quam [comes] carnaliter ~e adamavit M. Par. *Maj.* III 116 (cf. Wend. II 313); s**1383** regina Portyngalie .. consensu militis, quem dilexit ~e, venenum regi ... propinavit Wals. *HA* II 137.

2 unlawfully, illegally.

1163 possessiones monasterii vestri .. ~e alienatas (*Lit. Papae*) *Reg. Malm.* I 368; **1188** omnia que .. absque juris ordine ~e abstulistis in exeniis, villis, possessionibus *Ep. Cant.* 291 p. 274; de crimine falsi, ut de falsariis sigilli regis vel monete sue ~e fabricantibus *Fleta* 24; **1325** libros magni precii de libraria .. et vasa argentea .. de refectorio nuper ~e alienavit *Lit. Cant.* I 151.

3 without proper authority.

c**1380** pena [medicorum] ~e practizancium *StatOx* 42 n.

illiciter [ML], improperly, unlawfully.

quidam proditores .. †alter [? l. taliter] eum accusantes super hujuscemodi pecunia quasi ~er adquisita *Chr. Abingd.* II 215.

illicitus [CL]

1 improper, not allowed by custom, morality, religion, or sim.

raucos et ad ~a infeliciter promptos Gildas *EB* 66; p**675** paschalis calculi terminum tradiderunt quem anticipare et transgredi contra jus et fas ~um fore censuerunt Aldh. *Ep.* 4; habuerat .. inlicitum conjugium, quod cum episcopus prohibere et corrigere non posset, excommunicavit eum Bede *HE* III 22 p. 173; ~is ardoribus W. Malm. *GR* V 404 (v. defaenerare); quem secretis et ~is adamaverat amplexibus Gir. *IK* I 2 p. 29; in maxima abstinentia quoad gulam, in magna modestia quoad linguam, in excellenti continentia quoad motus ~os *V. Edm. Rich B* 621; s**1314** accusati super ~a commixtione carnali (v. decoriare b); ~o amore captus fuerat Blakman *Hen. VI* 9.

2 not allowed by law, unlawful, illegal.

~um lege prohibente Balsh. *AD rec.* 2 133; **1201**, c**1210** ~o detentore (v. detentor 4a); **1234** cartas adulterinas et ~as (v. extorsio 1b); a**1312** collectas ~as ad pauperis populi .. depauperacionem *Bury St. Edm.* 176.

illico v. ilico.

illidere [CL], to dash, strike (on or against); **b** (fig.).

naves in anchoris stantes tempestate correptae vel conlisae inter se vel arenis inlisae ac dissolutae sunt (Orosius) Bede *HE* I 2 p. 14; adulta ulcera et illisa vulnera, putrescendo pejorata, .. trahunt ad mortem Anselm (*Or.* 9) III 31; [alapam] faciei muliercule .. tanto nisu infregit ut illise crepitus palme valvas etiam exiret ecclesie W. Malm. *Wulfst.* I 6; tandem inter manus eorum parietibus et saxis ut amens caput suum illisit et sic .. animam extorsit Ord. Vit. XII 39 p. 461; palis ferreis atque plumbatis .. subtus †annem [v. l. amnem] infixit, ut naves .. superventure ~erentur G. Mon. IV 6; vinculis affligi, fustibus ~i Osb. Bawdsey clxvi; si scuto illi lanceam ~ens frangat eam, .. W. Fitzst. *Thom. prol.* 15; illud diluvium undosis fluctibus / spumans illiditur arche lateribus Walt. Wimb. *Carm.* 177; eripiebant Britones ex tellure lapides et fustes atque sese defendere volentes proditores ~ebant *Eul. Hist. Annot.* II 280. **b** dum quis fidelis in rerum saecularium voluptates se ~it, .. W. Malm. *Mir. Mariae* 227; Amonita comprimens adversitate ~it vel prosperitate incumbente allicit ut cadat ratio et periculis exponatur R. Niger *Mil.* I 28; afflictiones abstinentie usque in horam convenientem prorogatas vigorose patiente leta joculatione ~o et eludo J. Godard *Ep.* 222.

illigabilis [2 in- + ligabilis], that cannot be bound or restrained.

serpens magna calliditate hominem seduxit. .. persuadendo insontem sontes perdidit ligatusque ab inculpabili et ~i presumptionis sue penas exsolvit Gosc. *Lib. Confort.* 54; o ~em verborum responsionem! Adel. *QN* 27.

illigamen [cf. LL illigamentum], tie, fastening.

illigo, -as, unde illigatus, illigatio, et hoc ~en Osb. Glouc. *Deriv.* 310.

illigare [CL]

1 to bind, tie up (thong or sim.).

de laqueis ~aturis lorice. non timeat, inquam, si tantum idonee lorica corpori coaptetur ligaturis suis ne effluat et nuda per totum operiat R. Niger *Mil.* I 5.

2 to enclose or attach by tying.

tulit de pulvere terrae illius secum inligans in linteo Bede *HE* III 10 p. 147; is qui muliebrum sexum a pueritia detestatus est .. nunc in foveam quam semper evitarat cecidit et .. sponte sua jugulum laqueis muliebribus ~avit P. Blois *Ep.* 79. 243B.

3 (fig.) to entangle, ensnare.

dum [mens] nil perenne cogitat / seseque culpis illigat [AS: *gewrith*] *AS Hymns* 14; licet te omni culpe ~averis Pull. *CM* 206; si faciendi vel non faciendi necessitas esset .. fatorum nexibus ~ata J. Sal. *Pol.* 452A; Ambrosius super Hegesippum: 'jam Antonius Cleopatre amori defeneratus serviebat'. dicitur quoque defenerare pro conjungere vel pro ~are Osb. Glouc. *Deriv.* 233.

illigatio [LL], (action of) tying, binding.

Osb. Glouc. *Deriv.* 310 (v. illigamen).

illimare [1 in- + CL limare]

1 to file until smooth or sharp.

inopinate inventum est quoddam horribile instrumentum ferreum, ad longitudinem dimidie virge, noviter fabricatum, stans directe instrumentum pede rotundo et tribus longis ~atisque aculeis cum quo rex occideretur cum ad lectum properaret. set per Dei gratiam illesus evasit *V. Ric. II* 176.

2 to remove blemishes from, polish. *Cf.* CL *limare* 2.

to clense, .. effecare, ellimare, eliquare, ~are, illuere, limare, liquare .. *CathA*.

illimis [CL = *without mud or slime*], clear, limpid.

gutturis illimi speculo contendit ad unguem / tersa superficies HANV. I 475; quum Thomam Thomas inclamat, abyssus abyssum / invocat, illimem turbida, lesa piam W. COMBE 19; ~is, purus, sine limo Ovidius [*Met.* III 407]: 'fons erat illimis, nitidis argenteus undis' OSB. GLOUC. *Deriv.* 294; defecatus, .. ~is, limpidus, effecatus *Ib.* 177; pulcra loco facies, illimi gratia rivo NIG. *Paul.* p. 49 l. 468; ubere fecundo juvenes fons nutrit alumpnos / flores illimis et glacialis aque GARL. *Epith.* II 276; ~e regum speculum [i. e. *Henry V*] *Ps.*-ELMH. *Hen. V* 85.

illimitare [cf. LL illimitatus], (phil.) to unlimit; **b** (p. ppl. *~atus*).

quarto modo veritas dicitur concomitanter ubique esse, racione sue cause ~antis ipsum ad situm parcialem, ut dictum est de negacionibus et aliis veritatibus WYCL. *Log.* III 163. **b** virtus infinita in non-tempore potest agere; item virtus ~ata non concernit temporis positionem BACON VII 36; multo magis essencia simpliciter ~ata potest simpliciter fundare relaciones oppositas ejusmodi magis repugnantes quales sunt relaciones producentis et producti. plus enim excedit infinitas divine essencie illimitacionem aliqualem cujuscumque creati quam repugnancia quarumcumque relacionum secundi modi excedat repugnanciam quarumcumque aliarum ejusdem modi DUNS *Ord.* II 273; unitas Dei est ~ata, quod est contra racionem partis numeri *Id. Metaph.* IV 2 p. 168; quoddam est indeterminatum quia est ~atum et commune OCKHAM *Sent.* III 129; sicut in naturalibus quedam sunt cause universales et quodammodo ~ate, ex quibus diversi et innumeri causantur effectus, .. *Id. Dial.* 592.

illimitatio [ML], (phil.) the property of being unlimited, limitlessness.

DUNS *Ord.* II 274 (v. illimitare b); propter ~onem aliqualem bene compaciuntur se ille relaciones opposite *Ib.* III 309; si esset indeterminatum ad hoc et ad aliud, ex tali ~one non tollitur perfeccio causalitatis ejus respectu talis effectus, sed tantum additur causalitas respectu alterius *Ib.* IV 114; voluntas est illimitacior ad actus quam habitus iste; ~o autem ad plures effectus videtur competere cause superiori *Ib.* V 207; *Id. Metaph.* IV 2 (v. identificare).

illimpiditas, lack of transparency, cloudiness.

[vinum] propter mixturam ad ~atem *Miss. Ebor.* II 223.

illinc [CL]

1 from that place, thence.

quam nimium pavidam rediens a morte maritus / coeperat hortari, reliquis fugientibus illinc ALCUIN *SS Ebor* 893; meditantes se nequaquam prius ~c abscedere antequam .. G. MON. I 15; ~c, ex illa parte OSB. GLOUC. *Deriv.* 295; sunt quattuor responsiva loci, ut hic, hinc, hac, huc; similiter illic, ~c, illac, illuc *Ps.*-GROS. *Gram.* 59.

2 from that time. **b** that time.

qua de re Morcant prelibatam donationem ratam habuit, atque scripto corroboravit super manum Sulien illam ~c fore liberam et quietam ab omni terreno servicio (*Cadoc* 62) *VSB* 130. **b 1543** inter ~c et festum Omnium Sanctorum extunc proxime .. sequens *Conc. Scot.* I cclv.

3 from that source or origin.

de ~c R. COLD. *Cuthb.* 38 (v. deillinc); GARL. *Syn.* 165 (v. dupondius).

4 (*hinc* .. *~c*): **a** (on this side) .. on that, (on the one hand) .. on the other. **b** (in the latter case) .. in the former.

a WULF. *Poems* 11 etc. (v. hinc 6a); contendunt hinc rex ~c regina contentione Deo grata, in invicem quoque non injocunda *V. Ed. Conf.* 49v; cum malorum tuorum caterva te velut exercitus immensus circumdet, hinc pravorum operum probra objiciens, ~c inutilium et, quod damnabilius est, perniciosorum verborum immensam congeriem proferens ELMER CANT. *Record.* 715B; hinc intuentium laudibus, ~c nimietate paulatim sumpta potus *V. Chris. Marky.* 9; GIR. *IK* I 7 (v. duellum 3f); utrinque .. utriusque terre promontoria hinc distinctius, ~c .. confusius .. prospici possunt *Id. TH* I 1 p. 22; clarissimas revelaciones .. adornant hinc discussio propriarum iniquitatum, ~c consideracio divinarum bonitatum AD. MARSH *Ep.* 77 p. 192. **b** G. FOLIOT *Ep.* 170, BALSH. *AD rec. 2* 136 (v. hinc 6b).

illinere, ~ire [CL]

1 to apply by smearing, to smear (on or over).

lino componitur ~o, ~is, unde illitus, -a, -um OSB. GLOUC. *Deriv.* 301; si serpens irrepsit, mulierem fortem inveniet, .. non inveniet in ea ubi dentem imprimat, ubi venenum ~at J. FORD *Serm.* 44. 6; scordam [i. e. σκόροδον], i. alium agreste .. serpentes et scorpiones et alias latentes bestias odore solo fugat, ictibus eorum medetur sive vulneribus illinitum [*sic*] sive in pocione sive in cibis sumptum *Alph.* 177.

2 to besmear, anoint, coat (with); **b** (fig.).

luto arrepto frontem proximi infantis ~iens W. MALM. *Wulfst.* II 14; ipse propriis manibus scriptoria pueris et indoctis fabricabat tabulasque cera illitas preparabat ORD. VIT. III 7 p. 94; nidore parietum nuper calce illitarum R. NIGER *Chr. II* 126; [cives] lacrimis genas illiti, singultibus guttura intercepti J. FURNESS *Pat.* 99; aceto vel alumine illitum ferrum fit eri simile NECKAM *NR* II 64; Jesus sic solus stabat coram pontifice, ubi a falsis testibus est accusatus, reus mortis condemnatur, sputis illitus, colaphis et alaphis cesus S. EASTON *Psalm.* 34; fenestre .. illinite [*sic*] GILB. I 6. 1 (v. deambulare 1d); accipe albumen ovorum et ~iantur juncture dislocate GAD. 128. 1; *Alph.* 22 (v. illuminare 7); illitus, A. *bydaubyd WW*. **b** si ampullosis dictionibus paginam ~issem, .. G. MON. I 1; verba .. blanditiis illita *Hist. Meriadoci* 391 (v. dulcorare 2b).

illinguis [LL *gl.*], speechless, tongue-tied.

illa tremebunda cum vellet nomen ejus percunctari, sed nimius pavor ili[n]guem [MSS: †iplignem, †inlignem] reddit (*Erkenwald*) *NLA* I 404.

illinitio [LL], (med.) preparation for smearing, ointment.

inunguatur igitur totum corpus muscillagine psillii et albumine ovi . . . sepe iteretur usus preterite ~onis GILB. IV 200. 1; linimentum .. dicitur quia fit cum panno lineo tenuiter applicatio [? l. applicato], quia ~o est inunctio, sed emplastrum est quando in substantia spissa apponitur .. de foliis salicis GAD. 9. 2; de opio et oleo ro[sarum] simul mixtis fiat ~o super dentes *Ib.* 119. 1.

illinitus v. illinere.

illiquare [1 in- + CL liquare], to make liquid.

quasi fel delectationis sub specie mellis ~atur, irrigans temptationem J. GODARD *Ep.* 229.

illisio [LL], dashing against, striking. *Cf.* 1 *illaesio*.

ALDH. *PR* 142 p. 203 (v. 1 alga a); gravi ad pavimentum ~oni W. MALM. *GP* I 54 (v. exaggerare 3); ulterius se refrenando ab illius illesione continere non potuit R. COLD. *Cuthb.* 87; locus .. erat petrosus valde saxis grandibus pro ~one navium aptis *G. Hen. V* 3 p. 24.

illiter- v. illitter-.

illitigiosus, not the subject of a law-suit, undisputed.

1322 ecclesiam meam predictam, quatenus aliam consimiliter curatam jam mihi provisam pacifice et absque ullo impedimento superveniente canonice ~am possidere valeam, .. in vestras manus dimitto *Reg. Carl.* II 214.

illitor [cf. illinere], one who smears or daubs.

allitor, perlitor, oblitor, ~or, cementarius OSB. GLOUC. *Deriv.* 53.

illitteratura (-liter-), lack of education; in quots., esp. ignorance of Latin.

littere super archidiaconi spoliatione et abbatis sancti Dogmaelis illiterature judicibus directe GIR. *Invect.* III 15 *tit.* (cf. ib. [*Lit. Papae*]: quoniam idem abbas .. esse dicitur quasi penitus ydiota, .. mandamus ut .. de literatura et ydoneitate ipsius inquiratis sollicite veritatem); quantum accidat in clero dedecus et scandalum ex ignorantie tenebris et illiterature *Id. GE* II 35 p. 343; de abbate qui .. accusatus a monachis suis super illiteratura *Ib.* 36 p. 346; preter illiteraturam nimiam et fere laicam ac popularem, preter linguarum omnium precipueque duarum, Latine scilicet et Gallice, que pre ceteris apud nos prestant, impericiam *Id. SD* 132.

illitteratus (-liter-) [CL]

1 unable to read and write, lacking elementary education (also as sb.); **b** (hyperb.). **c** unlearned, lacking higher education or scholarship.

oblitus gratiae Dei quae etiam inlitteratis et idiotis scripturarum archana revelavit BEDE *Cant.* 1067; inlitterati *Id. Retract.* 1008 (v. idiota 1c); ad duodecimum aetatis annum .. illiteratus permansit, sed Saxonica poemata .. solers auditor .. docibilis memoriter retinebat ASSER *Alf.* 22; de qua quaestione non solum litterati sed etiam ~i multi quaerunt ANSELM (*CurD* 1) II 48; non solum scribendi rudem aut, sicut vobis placuit, illiteratum AILR. *Spec. Car. pref.* 2. 503D; motum siquidem cordis exspirationemque et respirationem continua esse oportere, non solum mercenarii morborum curatores sed et illiterati quidam recte sapientes non ignorant ALF. ANGL. *Cor* 3. 3; si sit illiterata [ME: *ȝef ha ne con onboke*] per oracionem dominicam et salutacionem beate virginis dicat horas suas *AncrR* 175; **1443** quendam R. S. virum illiteratum et ad deserviendum in officio [coronatoris] omnino inhabilem *Cl* 293 m. 16. **b** Rannulfus Flambardus .. usque ad pontificale stemma, quamvis pene illiteratus esset, non merito religionis sed potentia seculari provectus est ORD. VIT. X 19 p. 107; episcopus ~us preco est mutus P. BLOIS *Ep.* 23. 83C; de episcopo qui fatuos et illiteratos atque idiotas nepotes suos .. promovebat GIR. *GE* II 27 p. 296. **c** princeps .. cotidie legit et diebus vite, quia qua die non legerit legem, ei non dies vite sed mortis est. hoc utique sine difficultate illiteratus non faciet. .. rex illiteratus est quasi asinus coronatus J. SAL. *Pol.* 524D; **1400** multi laici et illiterati puplice practizantes in dicta facultate / medicine *StatOx* 191.

2 not written down.

litterata [vox est] quae scribi potest; ~a, quae scribi non potest ALCUIN *Gram.* 854D.

illitus v. illinere.

illixus [2 in- + -lixus; cf. CL elixus], unboiled.

rawe, incoctus, ~us, crudus *CathA*.

illo [CL], to that place; **b** (contrasted w. *alio*). **c** in that direction.

saepe illo [sc. in Hiberniam] de Brittania adlati serpentes .. intereunt BEDE *HE* I 1 p. 12; ut plures illo sua lumina ferrent WULF. *Swith.* I 784; **10..** illo, *þyder Catal. MSS AS* 442; R. COLD. *Cuthb.* 27 (v. eremitare); iratus inde recessit et se nunquam illo venturum in servitium eorum firmiter asseruit P. CORNW. *Rev.* I 6 f. 23vb. **b** illo / devenisse dolet, alio festinat HANV. II 481. **c** Johannes frater regis, qui illo dudum aures habuerat, ut pro certo novit quod frater ad Angliam terga verterat DEVIZES f. 32v.

illocalis [LL], having no location in space, not occupying any space: **a** (of God; *cf.* Ps.-Eucherius, *PL* L 729D: *Deus .. ~is est, quia de loco ad locum nequaquam transiit, sed neque in loco quolibet retinetur*); **b** (of soul or sim.; *cf.* Claudianus Mamertus *De statu animae* 18: *stabilis motus Dei est, ~is animae, localis corporis*).

a Domine Deus noster, stabilis est et incomprehensibilis, immutabilis mutans omnia, .. ~is, interminus, incircumscriptus, nusquam finitus, ineffabilis, inaestimabilis, indicibilis, inscrutabilis, .. ALCUIN *Dub.* (*Conf. Fid.* I 6) 1032A; utrum Deus in omni loco sit, ut ejus immensitas exigere creditur, an in nullo, ut incorporeorum et ~ium natura exigere dicitur BALSH. *AD rec. 2* 133. **b** illa sanctae animae invisibilis et ~is praesentia ABBO *Edm.* 17; non valde admirandum si motionem anime licet incorpoream et ~em sequatur in colligato et sibi unito corpore motus corporalis et localis: cum in axe ostii hoc eveniat quod axis, ut ita dicam, immobiliter vel illocaliter motus totum ostium localiter commoveat GROS. 116; quod ipsa [forma] secundum se finita, simplex, insensibilis, ~is T. YORK *Sap.* II 29 *tit.*

illocaliter [LL], (of God or soul) without location in space. **b** (of movement) without changing position.

979 (11c) alma et individua ubique inlocaliter regnante Trinitate *CD* 623 (cf. ib. 646 [**984**]); animam esse in corpore non dubitas? non plane dubito, sed quomodo ~iter suo insit corpori non video AILR. *An.* I 5 f. 2. **b** GROS. 117 (v. illocalis b).

illocatus, not set in place.

†**1268** [recte **1267**] quod enim, inquid, omnino inquietum et ~um est, nec ens est, nec in existentibus esse potest (*Lit. O. Card.*) *Reg. Ebor.* 97 (cf. *Conc. Syn.* 737 n.).

illoculare [1 in- + CL loculus], to put in (one's) purse.

et Walganus ego, qui nil reminiscor avara / illoculasse manu HANV. VI 5.

illoricare [ML], to put a cuirass on (someone) (interp. by assoc. w. *lorum* as 'to ensnare').

allectare, allicere, illaqueare, pellicere, illicere, inectere, irretire, inloricare, tricare, propedare OSB. GLOUC. *Deriv.* 55.

illorsum [CL], towards that place.

horsum [MS: orsum] adverbium, i. ad hanc partem, et componitur ~m, i. ad illam partem, et istorsum, i. ad istam partem OSB. GLOUC. *Deriv.* 398; **1414** magistros theologie .. ~m destinare BEKYNTON II 123; ~m, A. *thydyrward WW*.

illotus [CL], unwashed, unclean, dirty. **b** (transf.) not brought to perfection, unpolished. **c** (fig.) morally unclean.

seminantur hinc per agros panes atque casei, / crude carnes et illote velud canis usui SERLO GRAM. *Bell. Stand.* 8; foliis [libri] singulis inter inlotos digitos contrectatis R. COLD. *Cuthb.* 91 p. 199; venit Walerannus .. hirtus et ~us MAP *NC* V 5 f. 64v; scutellas .. ~as AD. EYNS. *Hug.* IV 10 (v. eluere a); illotis manibus escas ne sumpseris unquam *Stans Puer* 30; de pannis inconsutis, complutis, ~is [ME: *claðes unseowet, bireinet, unwesschen*]

AncrR 133. **b** sermonis ~i pariter et inverecundi .. veniam peto Gir. *Symb.* I 1 p. 207. **c** sermonibus uti / illic [sc. in ecclesia] illotis creditur esse lepos L. Durh. *Dial.* II 504; materfamilias .. his et hujusmodi verbis ~a delirabat W. Cant. *Mir. Thom.* II 37 p. 196; manus et os mundat, intus autem ~us et immundus existens Gir. *GE* II 1 p. 169.

illuc [CL]

1 to that place, thither. **b** (*huc* .. *~c*) this way and that, hither and thither; **c** (contrasted). **d** (w. ref. to association) thereto.

venit ~c Bede *HE* II 20 p. 125; Felix *Guthl.* 41 (v. divertere 1c); *RegulC* 4 (v. charaxare); si rex ~c venisset *DB* I 1rb; ~c nequaquam ibo T. Mon. *Will.* V 13; *Ps.-*Gros. *Gram.* 59 (v. illinc 1); ~c, A. *thydur* vel *thydyrward* *WW*. **b** Bede *HE* V 12 etc. (v. huc 2a). **c** *Id. Prov.* 956 etc. (v. huc 2b). **d** **836** illut monasterium .. et omnia ~c pertinentia *CS* 416; **1353** (v. commissionare).

2 up to that point, to that extent.

sicut me rationabiliter deduxisti ad hoc, ut videam peccatorem hominem hoc debere Deo .., ita me volo perducas ~c, ut rationabili necessitate intelligam esse oportere omnia illa quae .. Anselm (*CurD* 25) II 96; ~c usque sua opera velut meritoria acceptare, ultra vero .. Bradw. *CD* 740D (v. consummatorius); illucusque non fuit nisi opus meritorium pietatis Wycl. *Ver.* III 183.

3 in that place, there.

es ~c intus? Diceto *Chr.* 14; ~c inmorando *Mir. Tecle* 7; **1221** juratores dicunt quod non fuerunt ~c nec aliquid inde sciverunt *PlCrGlouc* 30; **1255** ~c inventus fuit (v. deadvocare f).

4 (w. ref. to time) at that time.

~c abbatizante Uvio Herm. Arch. 17 (v. abbatizare).

illucescere, illucēre [CL]

1 (of day or morning) to begin to become light, to dawn. **b** (of sun or air after cloud) to shine out (also fig.). **c** (unspec.) to shine.

mane inlucescente Bede *HE* V 21 p. 336; illuxerat mundo celebris dies Dominice annuntiationis Gosc. *Edith* 291; ecce illuscescente aurora diluculi W. Malm. *Mir. Mariae* 156; summo mane, cum sol mundo illuxerit, .. *Found. Waltham* 1; illuscescente vero die *Mir. Wulfst.* II 10 p. 155; cum illuxisset dictus desideratus dies sabbati *G. Hen. V* 15 p. 102. **b** c**1211** cum locus affuerit et lux serenior illuxerit, longe diversa .. nobis incedendum est via Gir. *Ep.* 6 p. 226; mane facto, consumptis nubibus, aer illuxit purior *Id. PI* III 21 p. 277; nondum .. illuxit serenitas illa, sc. ecclesie tranquillitas et pax desiderata, set adhuc durat tempestas S. Langton *Serm.* 3. 8; mane in aurora nebilosa .. [*later*] cum solis claritas nebulam abduxisset et dies clara illuxisset Strecche *Hen. V* 159. **c** lumine .. nullum caput habente quod nunc de sole accipit, nusquam radii ardentiores inluxerant, nulla sub caute vel arbore quasi remotior umbra frigebat Bede *Gen.* (i 14) 22.

2 (fig.) to shine out. **b** (w. ref. to item in text) to show up, be (made) clear.

in scriptis suis tam praeclarum inluxit .. ingenium sicut .. *V. Greg.* p. 100; Dei gratia illuxit in corde ejus Eadmer *V. Anselm.* I 19 p. 30; Christo per predicationem apostolicam mundo ~escente J. Sal. *Pol.* 418C; in tenebris exterioribus verus lucifer cordi illius illuxit, et lux .. illum .. in lucem veritatis induxit J. Furness *Kentig.* 24 p. 203. **b** Ysidorus dicit quod astericus apponitur in his que omissa sunt, ut ~escant per eum nomina que abesse videntur S. Langton *Chron.* 67; de qua quidem pensione lxx solidorum, tempore domini Willelmi abbatis octavi decimi, x s. .. sunt retracti, ut in suo loco plenius illucebit [v. l. illucesset] *Meaux* II 207 (*directing the reader to* ib. III 198).

3 (transf.) to be bright, lit up.

omnis ecclesia illuxit lumine magno *Chr. Pont. Ebor. A* 328 (v. eradiare).

4 to shine with reflected light (in quot., of eye; *cf. illuminare* 4).

quatuor mendicos repperit quorum tres oculorum amissione gravati erant, quarto vero unum tantummodo sidus illuxit Osb. Clar. *V. Ed. Conf.* 17.

illucidare [LL], to throw light on, illuminate; (in quots., as equiv. to *elucidare*) to elucidate, make clear.

1461 ordinamus ut nobis facultas .. singula obscura et minus clara ~andi in premissis singulis .. reservetur *Midlothian* 69; cum de plana musica quidam philosophi .. tractaverunt, ipsam quoque nobis tam theorice quam practice efficaciter ~averunt Hauboys 180.

illucidatio, illumination (in quot., w. ref. to intellectual understanding).

sciendum est quod ex ea [abstinencia] procedit 1° intellectus ~o .., 2° sanitatis conservacio [etc.] *Spec. Laic.* 1.

illucide, (as equiv. to *elucide*) clearly, lucidly.

1433 ~ius michi scripsistis jam ultimo tempore elapso quam ante *Cant. Coll. Ox.* III 92.

illucusque v. illuc 2.

illudere [CL]

1 to make sport with, taunt, ridicule; **b** (intr. w. dat.).

qui inludetur fornicaria cogitatione, peniteat usque dum cogitatio superetur Theod. *Pen.* I 2. 21; vinctus itaque [Sanctus rex Eadmundus] multis modis ~itur ac tandem fustigatus Abbo *Edm.* 10; quod cum miles Christi facit, ipsum diabolum prudenter ~it *Simil. Anselmi* 193 p. 98; ex assistentibus ridebant nonnulli, alii a paupere illusum regem jocabantur Ailr. *Ed. Conf.* 755A; nostris accidit temporibus spiritus immundos cum hominibus non visibiliter sed sensibiliter conversatos. in domibus primo Stephani cujusdam W. et postea .. Willelmi N. jactu sordium et eorum quibus ~ere potius quam ledere videntur, sui presentiam ostendebant. .. illud autem hic notabile censui quod nec aque benedicte respersione .. ab illusionibus hujusmodi loca mundantur Gir. *IK* I 12 p. 93; [Dei filius] cesus illuditur, illusus spuitur, / pater id aspicit et non ulciscitur Walt. Wimb. *Carm.* 481; s**1295** bacillis .. fuscinulisque illusus (v. 2 bacillus). **b** totis noctibus psalmicinas protelans excubias, .. sompno penitus ~ens W. Malm. *Wulfst.* I 10; **1198** (v. illusor 1); hastam contra demones sibi obvios eique ~entes vibraverat Coggesh. *Visio* 23.

2 to deceive, practise deceit upon; **b** (intr. w. dat.).

inludentis [i. e. *the Devil*] fantas jam predicens, .. ait .. 'si aliqua temptatio .. extiterit, ..' *V. Cuthb.* II 6; saepius et vigiles illusit janua fallax Wulf. *Swith.* II 632; cumque senatum promissis suis illusisset, impetravit quod poposcerat G. Mon. V 3; a spiritibus malignis .. ~i consuevit R. Cold. *Cuthb.* 122 (v. deducere 1c); **1167** quo constet an dominus papa pactionibus .. instructus sit an illusus J. Sal. *Ep.* 216 (218); **1282** ponamus .. quod mulieri sub specie contractus intenderit ~ere et absque consensu in matrimonium suam in ea explere corporis voluptatem Peckham *Ep.* 264 p. 349; taliter nequam mulier virum suum referetur illusisse ut .. *Latin Stories* 92. **b** Kilwardby *OS* 668 (v. 2 illusio 3b); infidelissimus hominum, cur mihi taliter illusisti? *Latin Stories* 32; propter metum cujusdam malefici .. qui tunc temporis circuibat .. infestans juvenculas et illudens eis ejus incantationibus [ME: *thour his chauntement he begilede yonge wemen*] *Itin. Mand.* 68; demones, videntes homines talibus deditos divinacionibus, illis somniantibus sic ~unt et somnia illorum ordinant quod .. Bromyard II 370v. 2.

3 (pass., w. ref. to dreams) to be deluded (in quots., w. ref. to nocturnal emission of semen).

si post inlusionem, quae per somnium solet accedere, vel corpus Domini quislibet accipere valeat ..? respondit Gregorius: .. quasi per somnium inludetur qui temtatus immunditia veris imaginibus in cogitatione inquinatur (*Libellus Resp.*) Bede *HE* I 27 p. 59; in principalibus festis communicant monachi, licet sint illusi per sompnum *Cust. Cant. Abbr.* 268.

4 (as equiv. to *ludere*) to perform (play).

1422 artifices .. ad divisim ludendum duas paginas in ludo predicto .. assignati, .. intelligentes quod materie ambarum paginarum simul in una pagina possent inludi *Mem. York* II 102.

1 illuere [LL], to immerse.

to clense, .. diluere, effecare, ellimare, eliquare, illimare, ~ere, limare, liquare .. *CathA*.

2 †illuere [? *backformed from* CL illotus], to defile or ? *f. l. Cf. illudere* 3, 2 *illusio* 5.

to defoull, fedare, illuere [? l. illudere], inhonestare, .. *CathA*.

illugubris [? 1 in *or* 2 in- + CL lugubris], ? miserable, ? cheerful.

s**1399** ubi presencium compilator in tentorio domini de Powys noctem illam perduxit ~em, ubi plures in locis vicinis poculis veneno per Cestrenes infectis perierunt toxicati Ad. Usk 26.

illuminabilis [LL = (*lamp*) *that may be lit*], that may be illuminated or lit. **b** (fig.) that may be enlightened.

sicut aer mediante diaphaneitate est ~is T. Sutton *Quodl.* 403; ista est contra eos, quia accipio luminosum et ~e, si aliquod corpus opacum interponatur, certum est quod non agit; amoto autem illo sine omni adquisito luminoso vel ~i poterit illuminare Ockham *Sent.* IV 313; multa alia absurda .. sicut quod esse ~e aeris sit idem realiter cum Deo, esse calefactibile ligni sit idem realiter cum Deo *Ib.* IV 532; celum .. est quoque mutabile, alterabile, ~e, et obscurabile Bradw. *CD* 8C. **b** si [angeli] haberent visionem ultimi status, non essent illuminati vel ~es illuminatione nova Lutterell *Vis. Beat.* 94.

illuminantia source of light, illumination.

ex predictis patet quod carbunculus vel aliud luminosum objectum movetur a detegente ad illuminandum tamquam a removente prohibens; si enim ex illa illuminancia aliunde moveatur, sicut communiter visus, et alia corruptibilia spiritualiter immutancia membrum vel objectum repaciuntur ab eodem. verumtamen ad illam illuminanciam tamquam per se terminum non est motus proprie dictus Wycl. *Ente Praed.* 124.

1 illuminare [CL]

1 to give light to, illuminate; **b** (absol.).

semper quidem luminaria in firmamento caeli lucent .. sed temporibus opportunis inluminant terram Bede *Gen.* (i 15) 22; Paulus et Petrus qui ut duo luminaria caeli inluminant mundum *Id. HE* III 29 p. 197; [draco] qui splendore oculorum suorum patriam ~abat G. Mon. X 2; qualitatem sc. diei ~ate per illam lucem creatam S. Langton *Gl. Hist. Schol.* 41; in aere non ~ato luce extrinseca Gilb. III 127v. 2; de luna ~ata a sole Ockham *Sent.* IV 565; eodem modo est de candela, que eque primo ~at totum medium sibi adequatum et quamlibet ejus partem *Id. Quodl.* 27; innumerosis luminibus utebantur, ita ut nox sicut dies ~ari [cf. *Psalm.* cxxxviii 12] videretur Fordun *Cont.* IX 18. **b** in hoc sole tria advertimus, sc. quod est, quod fulget, quod ~at Gros. *Quaest. Theol.* 207; potencia calefaciendi sicut et ~andi R. Marston *QD* 351.

2 to light (candle or sim.); **b** (fig.). **c** to provide (artificial) light for, to light up. **d** (intr., eccl.) to maintain a light.

1006 inluminentur omnia luminaria et pulsentur omnia signa *Comp. Swith.* 189; **1237** cereos .. ~are et extinguere (v. deguttare 1b); a**1279** (v. illuminator 2); **1283** ~entur predicti iiij vel v cerei et ardeant continue *Reg. Malm.* II 246; s**1087** centum millia candelas illi ~abo *Flor. Hist.* II 16 (= W. Malm. *GR* III 281: ei libabo); **1344** quod .. cereos et lampadem ~at (*Stat. Cantar.*) *Eng. Clergy* 267; **1467** cerei in criptis erant ~ati *Invent. Ch. Ch.* 113. **b** Sixtus .. misit unum episcopum ad Galliam .. ad lucernam fere extinctam ~andum, qui postea .. martyrizatur, suo tempore seviente paganismo *Eul. Hist.* I 174. **c** ad emendum cereum paschalem et ad ~andam ecclesiam [*ed. PL*: ad ecclesie illuminationem] tum in oleo, tum in cera Beleth *RDO* 17. 30. **d** **1383** clamant quia diversa tenementa in villa Kilkennie de antiquo tempore onerantur tam ~are coram imagine virginis gloriose Marie ville predicte quam ad emendandam ecclesiam predictam *Lib. Kilken.* 79.

3 to set fire to. **b** to light (fire, in quot., fig.).

1222 pro bosco ad ~andum rogum *Ac. Build. Hen. III* 138; **1268** galline .. spargebant stramen in ingnem ita quod bercia ipsius Alicie †illuminibatur [*sic*] unde eadem A. exusta fuit *JustIt* 1051 m. 30; **1293** juratores .. dicunt quod quidam R. B. ~avit predictam domum *RParl* I 123a; s**1264** ~ata est ecclesia telis eorum, sed tamen post modicum ignis ille extinctus est W. Guisb. 195. **b** tu inluminasti omnem mundum, ut ab eo lumine accendamur, et inluminemur igne claritatis tuae; sicut ignem inluminasti Moyse, ita inluminabis cordibus et sensibus nostris, ut ad vitam aeternam pervenire mereamur (*Benedictio ignis*) Egb. *Pont.* 129 (v. et. 5c infra).

4 to give sight to (the blind). (*Cf. Psalm.* cxl 8).

inluminatur caecus Bede *HE* II 2 p. 82; **800** quis potest lumen dare caeco nisi Deus? et si Deus est qui ~avit caecum, utique Deus est filius David Alcuin *Ep.* 204; puellam a nativitate caecam a magno pontifice Dunstano ~atam Osb. *Mir. Dunst.* 6; de ceco ~ato per beatum Anselmum Alex. Cant. *Mir.* 44 *tit.*; hoc precipue munus curationum licet plenius per Dei Spiritum rex Christianissimus habuisset, in ~andis tamen cecis speciali gratia prefulgebat Ailr. *Ed. Conf.* 762B; quia sexdecim cecos per manus ejus ~averit Deus J. Ford *Wulf.* 73.

5 to enlighten (spiritually), endow with (spiritual) light; **b** (w. ref. to religious conversion); **c** (intr. w. dat.).

eum utique praeceptum Domini lucidum inluminans oculos [*Psalm.* xviii 9] sic inluminavit *V. Greg.* 84; quia Deus ignis est, consumens peccatores et ~ans justos Eddi 1; splendor virtutum et doctrinae Domini salvatoris credentes inluminabit Bede *Hab.* 1241; illustrante Deo qui illuminat omnia verbo Wulf. *Swith.* I 1545; ~ati, inquit, hominis fructus est omnis bonitas et justitia Lanfr. *Comment. Paul.* (*Eph.* v 3) 301A; quando ~abis oculos nostros Anselm (*Prosl.* 1) I 99 (cf. *Eph.* i 18 etc.); oriens splendor justitie qui ~at omnem hominem *Canon. G. Sempr.* 37v; ipse est qui ~at animas hominum in omni sapientia, et quia illud, quod ~at mentes nostras, vocatur nunc a theologis intellectus agens, quod est verbum Philosophi in tertio de Anima, ubi distinguit quod duo sunt intellectus, sc. agens et possibilis Bacon *Tert.* 74; accensus et ~atus ad laudandum Deum Rolle *IA*. **b** conjugem vestram .. aeternitatis praemio per sacri baptismatis regenerationem inluminatam Bede *HE* II 10 p. 102. **c** inluminabis cordibus et sensibus nostris Egb. *Pont.* 129 (v. 3b supra).

6 to enlighten (intellectually); **b** (intr. w. dat.); **c** (w. ref. to the soul, in Aristotelian theory of cognition). **d** (p. ppl. ~*atus* as adj.) enlightened.

quia me in cellaria arithmeticae disciplinae pridie sagaciter induxisti vel astrologiae splendore inluminasti ALCUIN *Rhet.* 1; cum scientia sit necessaria .. et manifestum sit nullum eam posse comprehendere qui minimas ejus partes neglegit colligere, nisi forte quis subito ~etur, sicut apostoli et prophete ALEX. CANT. *Dicta* 3 p. 120; errans .. contra fidem, si non venit ad lucem districti et clari examinis illorum, quorum interest ~are errantem, male agit OCKHAM *Dial.* 464. **b 1337** nostra communitas .. ambulantibus in ignorancie tenebris ~are non desinit *FormOx* 97. **c** prima causa ~at cognitionem intelligentiarum BACON VII 119 (v. illuminatio 5b); *Id. Tert.* 75, 76 (v. illuminatio 5b). **d** prophetis et ~atissimis viris omnique sapientia divina et humana peritis OCKHAM *Dial.* 833.

7 to brighten (colour; in quot., w. ref. to varnish).

bernix etiam dicitur quiddam quod conficitur de oleo se[minis] lini et classa, et inde ~antur et solidantur colores picturarum *SB* 12 (cf. *Alph.* 22: inde illinentur [v. l. illuminantur] et consolidantur colores picturarum).

8 to decorate, paint (also fig.). **b** to illuminate (manuscript), to decorate (with gold or colours).

797 quosdam stellarum ordine, ceu picto cujuslibet magnae domus culmine, inluminare gestio ALCUIN *Ep.* 121; celaturam navis .. colore niveo nitidissimo ~ari fecit *Chr. Pont. Ebor. C* 435 (v. caelatura 2a). **b** collectaneum auro ~atum W. MALM. *Glast.* 68; **1206** debet invenire precentor incaustum omnibus scriptoribus monasterii et colores ad ~andum et necessaria ad ligandos libros (*Cust.*) *Chr. Evesham* 210; **c1250** missale novum .. habens in capite kalendarium ~atum auro et duas primas literas ejusdem missalis ~atas auro *Vis. S. Paul.* 22; fratres qui raro in claustro resident suas carolas in claustro non habeant, sed neque alii fratres nisi in scribendo vel ~ando aut tantum notando communitati .. proficere sciant *Cust. Westm.* 165; Willelmus de Pontificibus libro ii. .. ita ut ipsemet episcopus [Osmundus] libros scribere ligare et ~are non fastidiret [TREVISA: *schonede not to write and lumine and bynde bookes*; *Harl. 2261*: *was not aschame to wryte books, to elumyn theym, and to bynde þeim*] HIGD. VII 3 p. 294 (= W. MALM. *GP* II 83: nec scribere nec scriptos ligare fastidiret); **1388** duo portiforia grossa nova non ligata nec in toto alumnata *IMisc* 240/14 (cf. *LTR AcEsch* 10 r. 15*d* [**1388**]: de precio duorum portofororum novorum et grossorum non ligatorum †et [l. nec] in toto ~atorum); **1413** unus [tractatus] fuit in quaternis non ligatis, .. qui fuit domini Johannis Oldcastell, militis, .. captus prius et repertus cum uno *lymnore* in Pater-noster Rowe, London, ad eluminand'. qui eluminator in ipsa capcione dixit cujus fuit liber (*Reg. Cant.*) *Conc.* III 352b; **1415** unum psalterium novum glossatum elumpnatum cum armis meis (*Test.*) *Foed.* IX 277; **1466** unum psalterium allomnatum *Test. Ebor.* III 157.

9 (alch.).

trita omnia simul nonies et impastina et exsicca cum urina ~ata M. SCOT *Lumen* 248; sicut [allumen Jammeni] ~at pannos, ita ~at Martem ut recipiat formam lune; ut enim lana ~atur, ita et metalla ~antur *Ib.* 254; sicut luna ~atur, ita metalla ~ari possunt *Ib.* 263.

2 illuminare [cf. 1 luminare], a light, lamp or candle.

c1300 Matilda .. dedit Deo et sancto Petro Gloucestrie ad ~ia ecclesie ecclesiam de Teynton *Cart. Glouc.* I 116 (cf. ib. II 137 [**11..**]: ad luminaria ecclesie de T.); liberabit custodi criptarum de cereo predicto xl lib. ad ~e beate Marie ibidem *Cust. Cant.* 104; potest insuper talis culpa pecunia emendari, sicut in elemosina pauperibus vel ad ~e alicujus sancti *Ib.* 125; **1391** pro ~e capelle et reparacione fenistrarum ubi tentum fuit scaccarium *ExchScot* 227.

illuminatio [LL]

1 the giving of light (as physical process).

coruscatio sc. et aeris ~o ex ignitione *Quaest. Salern.* N 4; ~o subito et non gradatim generatur et pereunt tenebre; tenebre enim nihil aliud sunt quam privacio lucis. nec illuminatur cicius pars propinquior quam remocior ex quo ~o subito est facta J. BLUND *An.* 101; lux diurna tunc [sc. primo creata] non fuit quantum nunc est clara sed illa lux corporalis talem prebuit terris ~onem qualis nunc ante solis ortum solet esse GROS. *Hexaem.* II 4. 1; sicut sol, si semper staret et ita unica ~one adequata illuminaret medium sibi presens, .. DUNS *Ord.* IV 149; quia ~o significat productionem luminis T. SUTTON *Quodl.* 118; principium formale ~onis est lumen et principium coloracionis est color *Ib.* 404.

2 lighting, the provision of (artificial) light. **b** the action of lighting (lamp).

ad ecclesie ~onem BELETH *RDO* 17. 30 (v. 1 illuminare 2c); **1351** Hugo Plomer cepit in excessu pro iluminacione ecclesiarum et aliarum domorum vj s. *Enf. Stat. Lab.* 200*; **1423** prohibemus ne illi .. a retro majoris altaris pro ~one torticiorum transeant AMUND. I 105. **b** accenduntur in hac nocte lumina xxiiij et exstinguuntur per singulas lectiones et responsoria, que fiunt lxxij ~ones et exstinctiones ALCUIN *Suppos.* 1203B; **1429** pro ~one crucibulorum in capitulo vj d. *Ac. Durh.* 60.

3 (the granting of) the power of sight.

'sanguinem et ignem et vaporem fumi' [*Joel* ii 30, *Act.* ii 19] .. potest etiam in igne fidelium inluminatio, in vapore vero fumi Judaeorum qui non credidere caecitas intellegi BEDE *Acts* 948; deprecans ut visum caeco quem amiserat restitueret et per inluminationem unius hominis corporalem .. spiritalis gratiam lucis accenderet *Id. HE* II 2 p. 82; de ceci nati ~one et de quatriduani Lazari scripsit resuscitatione *Chr. Evesham* 23; ceci nati miraculosa ~o WYCL. *Innoc.* 476.

4 (spiritual) enlightenment; **b** (w. ref. to religious conversion). **c** knowledge of God experienced by higher orders of angels.

viae ejus sunt ipsae ~ones per quas se et angelicis spiritibus et mentibus ostendit humanis BEDE *Prov.* 965; 'quoniam ascendens ..' [*Hab.* iii 9], i. ascendes in corda electorum tuorum per inluminationem gratiae *Id. Hab.* 1244; principales theophanias, i. ~ones divinas, recipit BART. ANGL. II 2; HALES *Qu.* 333 (v. 5b infra); in tam salvifico totius regni Dei negotio, quod ~ones superne tam magnifice virtuti celitus inspirarunt AD. MARSH *Ep.* 53 p. 161; inspiraciones tamen interne et ~ones homini facte non ab extra sed ab intra, ut prophecie KILWARDBY *OS* 339; Deus .. sub qua [racione] intellectui non omnia ex natura illius visionis de quibus fiunt ~ones manifestat sed sicut speculum voluntarium nunc hoc ostendit, nunc illa LUTTERELL *Vis. Beat.* 92v; invocat auxilium eucharistie ad nostri ~onem faciendam *Ziz.* 137; nobis apparuit [stella] ad ~onem fidei et adversario quasi ad percussionem in fulmine ulcionis *G. Hen. V* 1 p. 10. **b 722** huic Dei famulo ad inluminationem gentium ab hac apostolica .. ecclesia destinato (*Lit. Papae*) *Ep. Bonif.* 17; Augustinus coram omnibus ad ~onem gentis totius cecum illuminavit H. HUNT. *HA* III 15. **c** amor angelicus .. ad divine ~onis participationem [TREVISA: *to be partiners of þe illuminacioun and bischinynge of God*] revocat inferiores ordines BART. ANGL. II 8 p. 29; ~one nova LUTTERELL *Vis. Beat.* 94 (v. illuminabilis b).

5 (intellectual) enlightenment; **b** (of the soul, in Aristotelian theory of cognition).

si .. aliquid consilii per ~onem celice dignationis queat inveniri AD. MARSH *Ep.* 74; **c1266** quomodo sane Anglorum terre sol iste splenduerit .. indicat plenitudo fidei, sciencia veritatis, errorum eluminacio [i. e. illuminatio, *conj. ed.* eliminacio], cultusque sacrorum (*Lit. O. Card.*) *EHR* XV 114; **c1400** liber unus .. in quo tractatus Errorum ~o, Speculum Penitencie [etc.] (*Catal. Librorum*) *Meaux* III lxxxv. **b** duplex est ~o. una enim est a gratia gratum faciente, quando sc. aliquis illuminatur ad veritatem, que est secundum pietatem. .. alia autem est ~o que venit in intellectum quoad visionem corporalem vel imaginariam vel quoad intellectum per se HALES *Qu.* 333; quanto animus magis particeps est ~onis procedentis a pura veritate, que summe lucida et incommutabilis est, illa purificatione habet intellectum perspicaciorem J. BLUND *An.* 372; T. YORK *Sap.* I 30 (v. cognitio 1b); quod ipse primus ab intelligencia vel anima separata cognoscatur sex modis, .. tercio modo quantum ad sue cognicionis ~onem a sua causa, unde prima causa illuminat cognicionem intelligenciarum sicut oculus materialis lucem, que ipsum illuminat et cognoscere facit, non ignorat sed cognoscit BACON VII 119; quod ad effectum sciencie et intellectus duo requirantur, agens sc. quod est illuminans, et materia patiens seu recipiens ~onem *Id. Tert.* 75; oportet quod anima humana sit nata recipere ~ones ab agente, et quod aliquod agens in animam concedatur, qui [*sic*] illuminet eam per quoddam lumen spirituale, sicut lux solis visum *Ib.* 76 (cf. id. *Maj.* I 38–9); WYCL. *Dom. Div.* 86 (v. illustratio 4).

6 decoration. **b** illumination (of manuscript).

1342 pro divers' color' et alluminac' eorundem [penocellorum etc.] *KR Ac* 389/14 m. 2; **1435** pro .. scriptura unius tabule et ~one ejusdem *Ac. Durh.* 468. **b 1393** de xl s. solutis domino Ricardo de Styrton pro eluminacione dictorum duorum gradalium *Fabr. York* 130 (cf. ib. 132 [**1399**]: domino Ricardo de Styrton pro alumpnacione unius magni gradalis novi in choro xx s.; ib. [**1402**]: in expensis in alumpnacione magni gradalis in choro per dominum Ricardum de Stretton xx s.); in scriptura ejusdem legende lxxij s. et in ~one et ligatione ejusdem xxx s. *Comp. Swith.* 85; **1424** pro scriptura de 'Placebo' et pro parte de 'Dirige' et ~one ij s. *Ac. Durh.* 271.

7 (alch.).

~o metallorum M. SCOT *Lumen* 254.

illuminativus [ML],

1 giving light.

est autem seraphin mobile semper circa divina, et incessabile calidum, acutum, et superfervidum, intente et inflexibilis motionis, suppositorum reductivum, active exemplificatum, recalcificans ea et resuscitans in similem caliditatem, et igneum celitus et holocaustomatis purgativum, circumvelatum inextinguibile, habens luciformem et ~am proprietatem [φωτοειδῆ καὶ φωτιστικὴν ἰδιότητα; TREVISA: *and haþ liknes of liȝt and propirte to ȝeve liȝt*], omnis tenebrose obscurationis persecutricem et manifestatricem (ERIUG. *Ps.-Dion.*) BART. ANGL. II 8 p. 28; dicebat igitur qui hec dicit visionem quidem illam ostensam fuisse theologo per unum assistentium nobis sanctorum et bonorum angelorum, et ab ~a ipsius manuductione [πρὸ τῆς φωτιστικῆς αὐτοῦ χειραγωγίας] ad sacram illam contemplationem extensum esse GROS. *Ps.-Dion.* 961; splendor est accidens a corpore lucido vel mediante ejusdem perspicui potencia vel ~um suaque proprietate visus immutativum *Ps.-*GROS. *Summa* 542.

2 giving enlightenment.

cum sint quedam dona que specialiter appropriantur Filio, sicut dona ~a, et quedam que appropriantur Spiritui Sancto, sicut dona inflammativa MIDDLETON I 142a.

illuminator [LL]

1 giver of light.

sol ille creatus omnium ~or astrorum aeternam veramque lucem significat BEDE *TR* 6 p. 191.

2 one who lights (lamp, light, or candle).

a1279 candelarum ~or qui illuminabit omnes candelas circa magnum altare stantes *Stat. Linc.* I 364; sacrista laicus, candelarum ~or, pulsator, custodes tumbe beati Hugonis *Ib.* 389; **1371** pensiones ad terminum vite: .. ~ori cere v s. *Fabr. York* 124.

3 giver of enlightenment: **a** (spiritual); **b** (mental).

a Dominus ~or corda mundat BEDE *Tob.* 933; quod multarum esset animarum inluminator futurus a Deoque electus ALCUIN *WillP* 7; Deus inluminator omnium gentium *Rit. Durh.* 2; primi pontificis et ~oris Lundonie condignis meritis adscriptum legitur GOSC. *Transl. Aug.* 20C; cordium ~ori non immerito gratias ago, qui tante cecitatis tenebras ebisi sero a nostro depulit animo PETRUS *Dial.* 58; verbum Christi est verum . . . autor enim iste est triumphator in vincendis, ordinator in agendis, ~or in sciendis H. HARTLEPOOL 195. **b c1403** recommendantes paternitati vestre .. vestre universitatis ~orem splendidum et perlucide doctrine seminatorem indefessum *FormOx* 197.

4 limner, illuminator (of books); **b** (as surname).

precipuus scriptor et librorum ~or ORD. VIT. III 5 p. 77; ?**c1200** magister Augustus ~or Cestrie *Cart. Chester* 311 p. 210; **1276** item nomine scriptorum et aliorum officia ad usum scolarium tantum deputata exercencium, volumus intelligi de scriptoribus, ~oribus, et stacionariis, qui tantum deserviunt scolaribus, quod .. *Educ. Ch.* 204; **1355** quod .. cancellarius dicte universitatis [Oxonie] .. seu homines dicte ville dictos ministros et scolarium servientes, viz. familiares, scriptores, aluminatores, pergamentarios, .. assideant et taxent *CalCh* V 146; R. BURY *Phil.* 8. 143 (v. colligator a); **1413** cum uno *lymnore* .. qui eluminator dixit .. (v. illuminare 8b); ordinatio scriptorum littere curialis et ~orum *MGL* I 533 (cf. *Cal. LBLond.* G 88 [**1357**]); *lumynowre*, elucidator, .. ~or, .. miniographus, .. aurigraphus, .. miniator *PP*; *a luminere of bukes*, miniator, miniographus, ~or *CathA*. **b c1190** testibus .. Rogero ~ore .. *Cart. Osney* I 172; **c1210** notum sit .. quod ego Petrus ~or et ego Sara uxor ejus . . . testibus .. Petro nepote Rogeri ~oris, Johanne ~ore, Radulpho ~ore, Willelmo ~ore, Roberto filio Rogeri ~oris *Cart. Hosp. S. John* I 447; **1294** in vico Cattestrete xvj s.: de Symone ligatore librorum .. iiij s., de Radulpho ~ore iiij s. .. *Ib.* III 41; fratris Hugonis ~oris S. SIM. *Itin.* 64.

illuminatorius, (w. ref. to *Ps.*-Dionysian hierarchies) enlightening.

ut .. in illis sanctis nuptiis contineantur sacramentis purgatoriis, ~iis, et perfectoriis COLET *Sacr. Eccl.* 66.

illuminatrix [LL]

1 (as etym. gl. on *Maria*; *cf.* Jerome *Interp. Hebr. Nom. Matth.* i 10).

Maria, inluminatrix *GlC Int.*; dicit Hieronymus in Interpretationibus quod multi estimaverunt Mariam debere interpretari ~icem vel Smyrnam maris, quod ipse non recipit BACON *Maj.* III 116 (cf. ib. I 93)

2 (of BVM) (spiritually) enlightening.

esto mihi pia dominatrix et cordis mei inluminatrix et adjutrix aput deum patrem omnipotentem *Cerne* 155 (cf. *Nunnam.* 88); Christus autem Deus fuit ignis et Maria mater ejus ~ix in die purificacionis sue *G. Roman.* 319.

illunis [CL], moonless.

luna componitur ~is, i. sine luna, Sidonius [*Ep.* III 7. 4]: 'non nox ea ~is et turbida' OSB. GLOUC. *Deriv.* 305.

illus v. ille 10b. **illuscescere** v. illucescere.

illusibilis [cf. illudere 2], that can be deceived.

docet istam ficticiam processisse a patre mendacii, quia subtiliores et quo ad illuminacionem fidei clariores cicius novissent istum fidei articulum, quam posteriores ~es in penam peccati quod in signis perpetrant WYCL. *Apost.* 147.

1 illusio v. 1 illaesio.

2 illusio [CL]

1 action of making sport of, mockery, derision. **b** object of mockery (*cf. Psalm.* lxxviii 4).

ut omnino talis species inaequiparabilisque pulchritudo et, ut verius dicam, zabolica ~o GILDAS *EB* 67; **1262** vos .. ipsos [ballivos nostros] .. vinculo tenetis adhuc innodatos, ut dicitur quasi in ~onem et contemptum nostri *Cl* 106; quia alias possent mercatores .. totum lucrum tocius anni per talia parva dona ita distrahere, quod de maximo lucro suo nihil deberent penitus decimare, totum per modica distribuendo pauperibus, et ~o fieret juri communi RIC. ARMAGH *Def. Cur.* 1494 (*recte* 1294); Andreas nigromanticus .. quosdam circa eum congregatos arte demoniaca nudos ire fecit et tripudiare et cantare, "hic fuit Andreas ..". .. [alii] supervenientes simili ~one et tripudio et cantu eis jungebantur *Latin Stories* 126; in .. legis .. ~onem manifestam *Entries* 492vb. **b** si nostra auctoritate contemta illud respuerit, facti sumus obprobrium vicinis nostris, abominatio et ~o hiis qui in circuitu nostro sunt *V. Chris. Marky.* 15; non excidit a nobis quomodo, irruentibus in hereditatem nostram barbaris, facti sumus opprobrium vicinis nostris, subsannatio et ~o his qui in circuitu nostro sunt AILR. *Ed. Conf.* 750A.

2 sport; in quot., hunting.

canum et avium peritissimus et ~onis illius avidissimus MAP *NC* V 6 f. 68.

3 deception, act of deceit. **b** trick, (conjuror's) illusion.

infinitis modis accidit ~o medicorum, non solum qualitate rerum medicinalium, sed et pretio BACON IX 13; **s1296** rex autem, non immemor ~onis et improperii Scotorum, jussit fodi profundam fossam inter Scotos et Berwicum RISH. 375. **b** omnium joculatorum ~ones et ingenia BACON *Tert.* 47; prestigiatores sunt qui per fantasticas ~ones circa rerum immutationem sensibus humanis arte diabolica illudunt KILWARDBY *OS* 668; si Christus spontanee mendicasset, suo evangelio offendiculum posuisset, quod ipse miraculis confirmavit, quoniam audientes ejus doctrinam et videntes ejus miracula .. potuissent illa pocius dicere esse ~ones et magica, quam vera miracula RIC. ARMAGH *Def. Cur.* 1406 (*recte* 1306).

4 illusion, (false) apparition (sent by the Devil). **b** delusion of the mind.

orante jam eo pro illis per inlusionem Satane fallatos, veniam indulgentiae perpetraverunt, confitentes se multifariam fallacis astutie seductionem spiritalem per visibilia fantasia intelligere *V. Cuthb.* II 6; ad gentes .. etiamnunc compeditas nexibus zabuleis turificantesque demonum simulacris necne varias antique malignitatis ~ones pro Deo rerum auctore venerantes LANTFR. *Swith. pref.*; quod [sc. *sudden disappearance of beggar when offered alms with sign of Cross*] utrum ostensum sit favore divino .. a facie Dominici vexilli ab illo destructa sacrificio inimica evanuerit ~o, quocumque id pensetur judicio .. GOSC. *Edith* 76; si fluxerunt ex Te que in somnis didici, industriam tribue que †vise [l. visa] sunt referendi. quod si ~o est fanastica et Te mandante non prodiit .. OSB. CLAR. *V. Ed. Conf.* 21 p. 106; "Deus", inquit, "omnipotens, si non est fantastica ~o, sed verax visio quam vidi, .." W. MALM. *GR* II 226; GIR. *IK* I 12 (v. illudere 1a); demones .. nec creare ita nec naturas veraciter mutare posse cum Augustino sentimus, sed specie tenus que a vero Deo creata sunt ipso permittente commutant. .. sensibus hominum mira ~one captis et sopitis, quatinus res non videant sicut se habent *Id. TH* II 19 p. 106; aliquando fit visio a Deo, aliquando ab angelo bono, et a malo per phantasmatum turbationem fit ~o HALES *Sent.* II 106; sic fiunt ~ones a demonibus in quibus aliquid reale videtur, tamen homo decipitur circa illas ~ones, quia ex illis visis infert proposicionem non sequentem formaliter OCKHAM *Sent.* V 370; nescit utrum visione imaginaria post pocionem vel ~one diabolica post tentacionem (KYN.) *Ziz.* 51; decepcio ostenditur que fit per divinacionem et ~onem somniorum BROMYARD II 368v. 2. **b** velut fantasticam ~onem aut brute mentis errorem GOSC. *Transl. Mild.* 21 p. 183; licet non sit certitudo quod videam album extra positum vel in tali subjecto vel in tali distancia, quia potest fieri ~o in medio vel organo, .. DUNS *Ord.* III 145.

5 nocturnal emission of semen.

post ~onem que per somnium solet accidere (*Libellus Resp.*) BEDE *HE* I 27 p. 59; sin vero ex turpi cogitatione vigilantis oritur inlusio dormientis *Ib.* p. 60; de confessione publica ~onis nocturne. .. turbator solemnitatum et pacis invidiam habens inimicus viro Dei somnum incussit et per somnum de carnis lubrico triumphavit J. FORD *Wulf.* 23; qui ~onem nocturnam patri spirituali non patefecerit *Cust. Cant.* 253.

illusivus, deceptive, illusory.

per consequens fides Cristiana foret maxime ~a WYCL. *Ver.* II 66.

illusor [LL]

1 one who mocks or derides. **b** (*~or omnis boni*) the Devil.

Petrus [*II Petr.* iii 3] .. ~ores nuncupat eos qui adventum Domini et promissa tardare asseverant BEDE *Ep. Cath.* 80; 'omnis inlusor' [*Prov.* iii 32] .. quia ~or est qui vel verba Dei quae novit implere contemnit vel eadem perverse intellegendo .. corrumpit, .. ideo omnem hujusmodi ~orem merito divina abominatur justitia *Id. Prov.* 954; huc accessit .. ut illudat te, abducens inimicos tuos ob vilissimi ludi meritum, vel etiam quod infirma eorum manus virtute non valet deridendo astutus ~or ex illorum parte obtineat *G. Herw.* 323b; castellum cinxit et .. expugnans cepit, exitialibus flammis cremavit, ~ores suos manibus pedibusque privari jussit DICETO *Abbr. Norm.* 260 (cf. W. JUM. VII 18); **1198** illudentibus nobis potestatis adverse consiliariis, secundam se dicunt expectare jussionem; ~ores enim recte dicimus qui jam tribus illusis viris apostolicis, Urbano viz., Clemente .. tertioque .. Celestino *Ep. Cant.* 467; **1341** frivolis excusacionibus et fucatis verborum phaleris suam desidiam, ne dicamus fraudem seu maliciam, palliabant, similes ~oribus qui, ut ait Ysaias, deridendo ludificant, dicentes "manda, remanda .." [*Is.* xxviii 13] (*Cl*) *Foed.* V 226b; **1421** quod adhuc lusit et ludit indesinenter ad talos, perdendo ibidem bina vice erga suum collusorem sive ~orem x m. *Stat. Linc.* II 469. **b** orantes .. Deum ut ne ~or omnis boni in hoc aedificio gaudium victoriae haberet EDDI 23.

2 deceiver. **b** (attrib.) deceitful.

venerunt ex parte domini de Monte Ferrandi vani ~ores [cf. *II Petr.* iii 3], abbas sc. Clusinus et electus Iporiensis, postulantes .. J. SAL. *Ep.* 184 (174); frustrator, ~or OSB. GLOUC. *Deriv.* 246; bene fecerit rex si miserit ad cellam ~oris hujus ad accipiendas pecunias ejus, quia fieri non potest ut multa sibi non thesaurizaverit, ad quem tam multi conveniunt J. FORD *Wulf.* 46 p. 64; **1341** in ~oris baculo arundineo (*Cl*) *Foed.* V 226a; *a begyler*, .. seductor, sevocator, ~or, tergiversator *CathA*. **b** ostendit ei caput eneum habens spiritum inclusum. .. sic patuit cavillacio spiritus ~oris [TREVISA: *þe gileful spirit*; *Harl. 2261*: *the decepcion of the spiritte*] HIGD. VII 29 p. 136.

3 (w. ref. to apparition) source of delusion.

his et hujuscemodi armis larvalibus saepe seductor antiquus beatum patrem D. .. fatigavit. .. visum est illi .. quod hyspidus ursus, ingens et horribilis .. veniret. .. confestim, ut aiunt, in hoc resumpto psalmodio ille nebulosus ~or agnitus est velut umbra nigerrima in predicto scemate .. abscedere B. *V. Dunst.* 17.

illusorie [LL]

1 mockingly, derisively.

1438 responsum, ut videtur, ~ie fabricatum recepimus *EpAcOx* 168; dicentes ~ie, "Ave, rex, sine regimine .." *Reg. Whet.* I 382.

2 deceptively, delusively.

unum de sociis suis .. mortuum se simulantem in medio strate sub sago posuerunt. .. socium socii sago detexerunt et mortuum non imaginarie aut ~ie sed veraciter invenerunt J. FURNESS *Pat.* 153.

illusorius [LL]

1 deceptive, deceitful.

s1242 de proditione ~ia comitisse Biarde. .. comitissa .. adeo dominum regem falsis sermocinationibus fascinnavit ut .. M. PAR. *Min.* II 464.

2 (w. ref. to apparition) illusory, false.

praecepit fratri .. ne cuiquam haec alteri referret, ne forte inlusoria esset visio BEDE *HE* V 9 p. 297; species ~ias J. FURNESS *Walth.* 66 (v. evanuare).

3 delusive, imaginary.

sanctorum congeries excivit reverenciam loco ut vix ibi quis presumat .. excrescens flegma proicere, ~ie feditatis conscius toto cohorreat corpore W. MALM. *Glast.* 18 (cf. id. *GR* I 24).

illustramen [ML], (source of) light.

claritudo, claritas, .. coruscamen, †cradiamen [MS: radiamen], ~en OSB. GLOUC. *Deriv.* 145; ille spiritus illuminans non modo claro suo ~ine monstrat viam, sed praeterea .. COLET *Rom. Enarr.* 206; ab iis [sc. Seraphin] secundo loco sunt Cherubici spiritus, praeclarissima quaedam ~ina *Id. Cel. Hier.* 177.

illustrare [CL]

1 to shine upon, light up, illuminate; **b** (fig.).

Dei populum tunc columna ignis ~abat, Aegyptiae vero turmas .. obscurabant tenebrae BEDE *Cant.* 1093; dies est aer sole ~atus *Id. TR* 5 p. 186; ut sol illustrat totus praefulgidus orbem ALCUIN *Carm.* 95. 9; haec est illa domus .. / quam sol per vitreas illustrans candidus oras / limpida praenitido diffundit lumina templo ÆTHELWULF *Abb.* 621; jubar subito in altum emicuerit et regium thalamum clare ~averit GOSC. *Edith* 42; [Seraphin] tanto majori claritate ~antur [TREVISA: *þey bischine wiþ so moche þe more clerete*] quanto ardentiori motu dilectionis intime inflammantur BART. ANGL. II 8 p. 27; ?**1239** (v. incidentia 1); visa luce illa videntur que ab eadem ~antur KNAPWELL *Not.* 188 n. **b** vide quantum te ~averit virginalis aurora LUCIAN *Chester* 62; oriens splendor justitie .. orbis occidui partes occiduas novis lucis sue radiis tempore occiduo ~avit *Canon. G. Sempr.* 37v.

2 to give glory or lustre to. **b** to honour, ennoble.

c1083 locum quem sacri corporis .. praesentia ~at *Ch. Durh.* 3; natalicia festivitas S. Margarete .. que diem feriati transitus alme Mildrethe octavam ~at GOSC. *Transl. Mild.* 22 p. 186; *Id. Transl. Aug.* 35C (v. genealogia 3); [Gundulfus] diocesim Rotomagensem in territorio Vilcasino suo ~avit exortu *V. Gund.* 3; quos amat illustrat et facit esse deos. / sic super astra vehit quos gratia mater adoptat J. SAL. *Enth. Phil.* 720; nihil est quod adeo vitam hominis cito obtenebret aut ~et sicut pontificalis auctoritas P. BLOIS *Ep.* 15. 54B. **b** alios .. illi obsequentes de ignobili stirpe ~avit ORD. VIT. XI 2 p. 164.

3 to adorn, embellish (with).

ecclesiasticos .. gradus .. tyrannico ritu acceptos defendentes, nec tamen legitimis moribus ~antes GILDAS *EB* 66; [dux Ethelwinus] hoc monasterium .. cepit et perfecit, .. monachorumque contubernium instituit, martyrum quoque gemellorum Ethelredi atque Ethelbricti germanorum corporibus ~avit GOSC. *V. Iv.* 87B; matrona nobilis, .. artis purpurarie peritissima, que regum divitumque vestes ornare auro, ~are gemmis, picturis, et floribus opere polymito variare consueverat AILR. *Ed. Conf.* 783B; [anima vegetativa] quam ~avit .. Deus septem viribus BRADW. *CD* 138D (v. expulsivus 1b).

4 to enlighten (spiritually or mentally).

predicationis lumine ~avit ALDH. *VirgP* 3 (v. eous 2a); spiritum .. ~andis fidelium mentibus infuderit BEDE *Ep. Cath.* 45; lucifer ipse praeclarus intellectus noster est. ipse enim oritur in cordibus nostris, ipse ~abitur, ipse manifestabitur *Ib.* 73; quia illos caelestis sapientiae secretis ~at *Id. Prov.* 954; indoctos quos spiritu suo ~avit ut se sequerentur mentis cum devotione BYRHT. *V. Ecgwini* 352; perfudit .. eum [sc. hominem] et ~avit Deus sue celsitudinis sapientia per quam et cognosceret et discerneret omnia PETRUS *Dial.* 28; **a1259** ut Dominus cor illius ~et ad penitentiam *Conc. Syn.* 638; prout de luce tractantem lux omnium Dominus dignabitur ~are PECKHAM *Persp. proem.*; quia nullum malum erit impunitum, Deus cor regis ~avit, ut predictos rebelles quodammodo puniret *Dieul.* 143vb; patronum, quem ~at sciencie claritas *Dictamen* 48; **1440** [viri] qui .. sanctimonia vite gregem sibi commissum ~are queant et disseminacione verbi Dei fructum facere BEKYNTON I 16.

5 to throw light on, elucidate, explain.

libri .. quos decem oratorum sententiis sub imagine declamationum scolarium [Seneca] ~avit J. SAL. *Pol.* 764B; Paulinus pro Theodosio principe librum quendam .. composuit, habentem expressam et nitidam eloquentiam, crebrumque in sententiis cujus libri puritate Theodosii purpuras ~avit GROS. *Hexaem. proem.* 1.

6 (med.) to lighten, brighten.

administratio medicaminum spiritum visibilem subtiliantium et ~antium GAD. 112v. 1.

7 (as equiv. to CL *lustrare*): **a** to go about, look around (in quots., absol.). **b** to circle round, surround.

a ambire, circuire, circumdare, ~are OSB. GLOUC. *Deriv.* 49; qui victualia emerent misit, et ~antes nichil invenerunt (*Columbanus*) *NLA* I 213 (cf. Jonas *Vita S. Columbani*: lustrantes urbem). **b** hic armilustris, i. locus metuendus qui ab armatis sepius ~atur, vel ludus cum armatis factus OSB. GLOUC. *Deriv.* 26.

illustratio [CL]

1 the action of shining or illuminating; **b** (fig., w. ref. to light of life).

lux lune splendor fidei est; lux caritatis solis est ~o J. FORD *Serm.* 56. 9; lux corporalis intelligitur, cujus ~one fiebant primus et secundus et tertius dies GROS. *Hexaem.* II 4. 1; *Id. Ep.* 127 (v. incidentia 1). **b** tunc contexerant illum tenebre, et obumbrato jam tetra mortis caligine lucis hujus ~o prorsus defecerat *Mir. Hen. VI* III 106 p. 188.

2 (w. ref. to *II Thess.* ii 8) brightness, dazzling glory.

cumque foras ecclesiam jam esset ejiciendus, adveniens virgo reverentissima omne illud concilium malignantium solvit subita ~one adventus sui J. FORD *Wulf.* 21; quod ~o Dei et revelatio ordine pergit ab angelo ad angelum docet Zacharias propheta COLET *Cel. Hier.* 181.

3 (spiritual) enlightenment; **b** (w. ref. to religious conversion).

c693 donum gratiae spiritualis Sancti Spiritus ~one fidelium corda succendit (*Lit. Papae*) W. MALM. *GP* I 34; adventu et inlustratione Sancti Spiritus apti existimus BEDE *Hom.* II 17. 190; **998** (12c) quod suorum corda fidelium Sancti Spiritus ~one in amorem sui nominis inflammet *CD* 700; intelligens in ejus corde esse Sancti Spiritus donum, per cujus ~onem desiderium habuit divinum BYRHT. *V. Osw.* 412; mire est gratia Dei praeventus et ~one veri luminis et almi flaminis irradiatus *Id. V. Ecgwini* 353; haud Divini Spiritus ~one inflammati sed alieni spiritus suggestione inflati ÆLNOTH *Cnut* 24; Domine .. ~o spiritus mei *Found. Waltham* 8; at vero nox

veri luminis ~one clarescens ~o ejus erat in deliciis ejus in qua suam ipsius operabatur salutem, qui in die aliorum salutem operatus est in medio terre J. FORD *Wulf.* 31; Jhesu, summa refectio, / mentalis illustracio J. HOWD. *Cyth.* 50. 2; hec interior .. ~o sic illustrat animam ut .. *AncrR* 26. **b** in gloriosi filii nostri A. regis gentibusque ei suppositis inlustratione (*Lit. Papae*) BEDE *HE* II 10 p. 101; Christus .. multa per universum orbem diffudit apostolicorum luminaria doctorum, qui evangelicae fidei inlustratione perfusi cecas ignorantiae tenebras ab humanis cordibus effugarent WULF. *Æthelwold prol.*

4 (intellectual) enlightenment.

propter propositum meum .. quod a Deo est tota philosophorum ~o, ostendo quod hic intellectus agens est Deus principaliter BACON *Tert.* 74; quare studium derogat philosophie, quare ~o mentis non extollit scienciam *Id.* XI 174; intellectus agens .. quasi formaliter ipsum lumine suo perficiendo hujusmodi ~onem facit DUNS *Ord.* III 258; Deus potest sic illustrare mentem alicujus .. et ita ei vera hujusmodi revelabit quod sciet et intuebitur illa certe. sed si ~o illa fiat per aliquod lumen creatum .. aut per aliquam creaturam, talis revelacio potest esse erronea, delusoria, et falsa BRADW. *CD* 775D; Deus vocatur objectum equivocum respectu intellectus nostri, quia non cadit sub imaginacione et per consequens non cadit sub ~one intellectus agentis BACONTHORPE *Sent. Prol.* 9C; si alicubi sit lumen infusum quod sit ~o creature, constat quod non est spiritum creatum expergisci a Deo ad aliquid cognoscendum nisi de quanto illustraverit cognoscentem. ~o quidem vel illuminacio non est substancia, sed per lumen increatum manifestacio prius absconditi WYCL. *Dom. Div.* 86.

5 imagery, vivid representation.

per diacrisim, quam nos ~onem sive picturationem possumus appellare J. SAL. *Met.* 854B (v. diacrisis).

illustrator [LL]

1 giver of light.

ego, sc., supernorum ~or, terrenorum gubernator, infernorum depredator PECKHAM *Serm.* 279; si ostendatur lunam oppositam soli eclipsari quia absconditur ab ~ore KILWARDBY *OS* 498.

2 giver of (spiritual) enlightenment.

nobis mitte paraclitum, / illustrator cordium LEDREDE *Carm.* 36. 18.

illustratrix [ML], enlightener (f.).

nisi adsit gratia ~ix, creatrix, vivificatrixque virtutum, credat posse fieri hominem sapientem J. SAL. *Pol.* 857D.

illustris [CL]

1 famous, distinguished: **a** (of persons); **b** (of things).

a ~is ille qui dicebat 'primus ego in patriam mecum ..' [Vergil *Georg.* III 10] ALDH. *PR* 142 p. 202; noscendis priorum gestis .. et maxime nostrae gentis virorum inlustrium BEDE *HE pref.* p. 5; frater erat quidam sanctae sub regmine cellae, / ad saeculum illustris ÆTHELWULF *Abb.* 322; de ~ibus athletis qui .. contra ethnicos .. gloriose triumphantes ORD. VIT. X 20 p. 117. **b** in vico regis inlustri qui vocatur Ad Murum BEDE *HE* III 21 p. 170; [flumina] ~es insulam per partes .. disterminant GIR. *TH* I 7.

2 noble, illustrious: **a** (of persons); **b** (as royal or noble epithet); **c** (of things).

a 799 hanc donationem meam sub inlustrium testimonio vivorum [? l. virorum] .. sanctae crucis sigillo confirmo *CS* 293; viri multum militares, bone indolis et ~es ORD. VIT. IX 8 p. 511; VAC. *Lib. Paup.* 176 (v. dotalis); captivi, non attenta differencia personarum, exceptis ducibus Aurilianensis et Burbonii et ceteris aliis ~ibus, .. *G. Hen. V* 13 p. 90. **b 723** inluster vir Carlus major domus *Ep. Bonif.* 22; Henricus ~is rex Anglorum G. MON. I 1; **1330** Johannes episcopus .. carissimo in Christo filio David regi Scotorum ~i *ExchScot* I pref. p. 183; ejusdem principis ~issimi .. legacionibus crebris functi R. BURY *Phil.* 8. 124; **1347** inter serenissimos principes, dominos, P. regem Francie et dominum E. regem Anglie, ~es, qui .. (*Treugae*) *Foed.* V 588b; **1442** ~is principis .. Glowcestrie ducis (v. dominus 7b). **c 1171** o ~issima .. Anglie corona (v. exauratus).

illustrius [CL; *compar. & superl. only*], with greater distinction, more illustriously.

nec solum civitas illa [sc. sancta Sion] in se ~ius nitet sed et cives illustriores obtinet PULL. *Sent.* 744C.

1 illuvies [CL], unwashed condition, uncleanness; **b** (fig.).

inluvies, sordes *GlC* I 232; repente omnis ~ies extirpatur, parietes et laquearia sordentia purgantur GOSC. *Lib. Confort.* 102; non te movet .. quod indumenta mea hec ~ies fedat? *Id. Transl. Mild.* 21 p. 182; *a filthe*, .. ~ies *CathA*. **b** tota mente exardescit [abbas] hanc sideream gemmam de raptorum ~ie eruere et .. monasterio .. adjungere GOSC. *Transl. Mild.* 7; Maria, que .. mundi illecebras contempsit, carnis ~iem horruit AILR. *Serm.* 353D.

2 illuvies [LL; cf. LL illuvio]

1 inundation, flood.

alluvies, aquositas, madiditas, proluvies, colluvies, ~ies, eluvies OSB. GLOUC. *Deriv.* 55; unum diluvium accidebat in Thessalia in quo aquarum ~ies majorem populi partem absumpsit *Eul. Hist.* II 67 (= BART. ANGL. XV 159: aquarum ingluvies).

2 flux, dysentery.

de sorore dissenterica curata. .. mox effrenis ~ies refrenata et salus est redintegrata GOSC. *Edith* 277.

1 illuvio [LL; cf. LL diluvio]

1 inundation, flood.

s1153 cum nullus eorum flumen transgredi posset, nec rex tantas ~ones ultra perferre sufficeret H. HUNT. *HA* VIII 34 p. 287.

2 flux, dysentery.

serpit ~o feda et morbus cancerosus in omnes J. SAL. *Pol.* 485D.

2 illuvio [cf. 1 illuvies], unwashed condition, uncleanness (in quot., fig.).

jam .. haec siderea gemma ad sanctorum patriam rapietur ab ~one terrena GOSC. *Edith* 91 (cf. id. *Transl. Mild.* 7, v. 1 illuvies b); *a filthe* livio, luvio, lues *CathA*.

Illyricus [CL], of Illyria, Illyrian. **b** (*iris ~a*) kind of flower (*cf.* Jan.: *hec illirica, ~e, quedam herba que in Illiria abundat*).

sed rex Illiricus exclusus circuit illos / insidiis GARL. *Tri. Eccl.* 114. **b** *Leechdoms* I 60, etc. (v. iris 2b); iris illirica i. macidonea, que fuerit gravissimi ponderis *Gl. Laud.* 852.

1 ilum v. hyalus.

2 ilum [cf. *DuC*], pith (of feather).

scriptor .. habeat artavum, quo pennam informet, ut sit habilis et ydonea ad scribendum, ylo [*gl.*: i. medulla penne, *muel*] a penna extracto NECKAM *Ut.* 116; hec penna, *a penne*; hoc ~um, *the pyf of the penne*; .. hoc ~um, i. medulla penne *WW*.

imaga v. imago 1a.

imagicus [cf. CL magicus; i- *prob. by infl. of* imago], magic, magical (? involving pictures or sim.).

1331 se intromiserunt de artibus ymagicis et nigromancie, contra fidem agitantes *SelCKB* V 53 (cf. ib. 56: per artem ymagicam et karactas [*sic*]).

imaginabilis [LL]

1 imaginable, that can be apprehended or conceived of by imagination (esp. phil., also as sb. n.).

non .. sunt diverse vires secundum quas fit receptio formarum intelligibilium nec sunt diverse vires secundum quas est receptio impressionum a rebus ymaginabilibus: quia, cum unica sit cellula ymaginativa, in ea est unica vis ordinata secundum quam est receptio impressionum fluentium in ipsam .. a sensu communi J. BLUND *An.* 244; de .. eque credibilibus quedam sunt facilius ~ia et quedam difficilius. facillime vero ymaginabilia sunt species et forme hujus mundi sensibilis GROS. *Hexaem.* I 2. 2; agitur .. vita spiritus in effigiatione figurarum ~ium AD. MARSH *Ep.* 247 cap. 14 (v. effigiatio); extra celum non est nec tempus nec locus nec ymaginabile aliquid BACON VIII 166; intellectus cognoscit aliquid sub racione communiore quam sit racio ~is, quia cognoscit aliquid sub racione entis in communi DUNS *Ord.* III 73; non est ~e quod aliquod verum accidens informet aliquod subjectum OCKHAM *Quodl.* 623; **s1381** ut nullum genus dedecoris preteriret quin duci cuncta ~ia irrogarent WALS. *HA* I 457; 'imaginem principalem' [cf. *Conc. Syn. 1205–1313* 1388 (**c1300**)] sc. illius sancti ad cujus honorem ecclesia consecrata est; quod intellige ubi talis imago est ~is LYNDW. 253 b.

2 imaginary, existing only as a mental picture.

secundum apposicionem et extentionem intellectualem vel ymaginabilem contingit excellere omnem magnitudinem terminatam .. in mathematicis non tamen per apposicionem vel extentionem realem et veram nec in physicis BACON VIII 166; intelligendum est quod a nervo communi dirigatur linea recta ~is inter duos oculos usque ad rem visam *Id. Maj.* II 93; ibi [sc. apud intelligenciam] enim est circulus per quam judicatur de omni circulo majori et minori .., non ymaginabilis ut augeatur et minuatur, set omnino immutabiliter consistens KILWARDBY *SP* 20rb; necesse est igitur rem que in speculo videtur, si supra speculum est, sub eodem apparere in concursu ymaginabili radii cum catheto PECKHAM *Persp.* II 20.

3 (*s. act.*) that can imagine, imaginative (phil.).

J. BLUND *An.* 335 (v. aestimabilis c).

imaginabilitas [cf. imaginabilis 3], imaginative faculty.

potius rationalitas sit differentia perfectiva speciei anime quam intelligibilitas vel ymaginabilitas J. BLUND *An.* 42.

imaginabiliter [ML], by or in the imagination.

radius ~iter in continuum et directum protractus GROS. 74; dico circulum quem, dyametro AZ ymaginabiliter immota, describet G punctus orbiculariter motus PECKHAM *Persp.* II 44; imaginor insuper singulas animas et angelos in nova puncta conversos, manentibus punctis prioribus. .. nonne ergo tota multitudo imaginabilium angelorum ~iter adaugetur? BRADW. *CD* 186C.

imaginaliter [LL], in a manner apprehensible to the imagination.

ne illud non corpus sed spiritum esse arbitrarentur et sibi non solide sed ~iter apparere BEDE *Luke* (xxiv 41) 631B.

imaginari [CL], **~are** [LL]

1 to make (as) a likeness, to model (on) (also fig.). **b** to forge (doc. or sim.).

1004 unicus eterni patris verbigena substantiam dolens perisse que sue ymaginabitur [*sic*] similitudini *Ch. Burton* 28 (= *CD* 710: †imaginebatur, *MonA* III 39b: †ymaginebatur); pulchra scilicet filia solis, pulcherrimi soli placere et ~ari suo contendebat auctori GOSC. *Edith.* (II) 49. **b** [**1413** aucuns par faux conspiracie et couyne ymaginent et forgent de novell' divers faux faitz et minimentz [*sic*] et les fount pronuncier, pupplier et lisre pour enveogler et chaungier les coers des bons gentz du paiis *StRealm* II 170–1] **1434** jurisdiccio ecclesiastica per brevia regia et alias via exquisitas et ymaginata brevia .. perturbata extitit *Reg. Cant.* III 255; **1443** depono non per ficta et fantastice ymaginata sed per visa et audita *Paston Let.* 871; **1498** quandam indenturam .. falso, fraudulenter, et subtiliter ~avit, fecit, et fabricavit *Entries* 357vb.

2 to imagine, conceive, form mental picture of (something absent or not yet existent, unreal, or untrue); **b** (w. God as subj., w. ref. to Creation); **c** (w. indir. statement). **d** (p. ppl.) imaginary; **e** (absol.); **f** (inf. as sb.).

ymaginatum J. BLUND *An.* 248 (v. imago 8a); si autem nichil simile fuerit sensu conceptum, non continget illud ymaginari KILWARDBY *SP* 19va; viator, ignorans absenciam vini, ymaginetur vinum in taberna, et, vino ymaginato, licet falso, stat sibi circulus pro signo BACON *CSTheol.* 63; ymaginemur circulum in sole dictum triangulum non penitus circumscribentem PECKHAM *Persp.* I 5; BRADW. *CD* 186C (v. imaginabiliter); 'ymaginare' inquit 'unum architectorem' WYCL. *Ente Praed.* 149. **b** Deus .. ymaginavit, priusquam fierent, cunta, habens eorum notitiam arcano cordis M. SCOT *Alch.* 151; pura bonitas, summe desiderata et ab anima celi ymaginata, movet animam celi J. BLUND *An.* 13. **c** si enim ymaginemus solem in ortu alicujus diei, verbi gracia, Dominice, esse in puncto equalitatis vernalis BACON VI 43. **d** patet ultima conclusio quod omnes radii cadentes in circumferentiam cujuscunque circuli ymaginati in concavitate speculi sperici circa axem reflectuntur ad unum et idem punctum in axe BACON *MS* 152; magis expedit quod loca sint vera quam tantum ymaginata vel ficta BRADW. *AM* 19. **e** auditis verbis sapientis anima intenta ~atur, ratiocinatur, et audita memorie commendat *Quaest. Salern.* B 169; false ymagines .. mutantur, augentur et minuuntur ad placitum ymaginancium KILWARDBY *SP* 20va. **f** ymaginari, cum sit proprius actus virtutis ymaginative WYCL. *Ver.* II 125.

3 to imagine, fancy.

cum antiquorum regum .. miserabiles exitus .. contemplaretur, .. tunc sibi proprii obitus sui ~ata forma ostentatur FELIX *Guthl.* 18; depascebatur .. miserabiles artus edax incendium, et jecta [*sic*] sed continua tabe presentes ~abantur inferos W. MALM. *Mir. Mariae* 208; nullus tamen de partibus hoc recolit esse factum, sed ymaginatur tantum GRAYSTANES 44.

4 to devise, contrive; **b** (w. inf.); **c** (intr.).

philosophi subtiliter sunt ~ati quomodo ex istis corporibus perfectioribus sulphura illa elici possent *Correct. Alch.* 11; **s1192** quod sequitur dolose ~atus est. missis enim nunciis, .. W. GUISB. 118; magisterium autem est tales ~ari jactus per quos poteris ludum lucrari *Ludus Angl.* 165; **1377** predictum barganeum .. ~atum et factum fuit per predictum W. *MGL* I 398; **s1384** ferunt multi eum [J. de Northampton] non fuisse reum subjectorum criminum, set per Nicholaum B. hec omnia ymaginata fuisse *V. Ric. II* 52; dolum, quem ~averat, fatebatur WALS. *HA* I 373; **s1422** ymaginatum ingeniatumque est hinc inde ea qua valuit clandestina calliditate .. AMUND. I 90; **1434** tractando et ymaginando media diversa quibus possent premissa reformari *Reg. Cant.* III 256; ille ymaginatus est mortem principis UPTON 78 (v. idoneare a). **b 1446** (v. exinanire 3); **1567** (v. compassatio). **c s1042** Godwinus vero comes, cum esset callidus et proditor sevissimus, in mortem Alvredi ~abatur *Eul. Hist.* II 194.

5 to solve (problem) by use of imagination.

anima non valet ~ari utrum superbia illa sit talis vel talis, quia est in exaltatione solius cogitationis *Simil. Anselmi* 20.

6 (p. ppl.): **a** illustrated, depicted in pictures. **b** full of dreams.

a totam .. basilicam tam solaria quam parietes omnicolore pictura per manum artificiosi Benne decoravit, passionis Dominice monumenta, ut in corde depinxerat, ~ata exposuit GOSC. *Edith* 87. **b** quadam nocte, gallicinali tempore, .. cum velut ~ato sopore opprimeretur, visum est sibi tumultuantis turbae audisse clamores. tunc, dicto .. levi somno expergefactus .. FELIX *Guthl.* 34.

imaginarie [LL]

1 in the manner of an image: **a** by reflection (in mirror or sim.). **b** symbolically.

a demones .. aliquando apparent ymaginarie, ut in ungue pueri virginis carminati et in pelvibus et ensibus BACON V 6 (cf. ib.: pueri sic inspicientes res politas vident ymaginarie res furtive acceptas). **b** que tunc lacrimarum uberrima flumina per facies viduarum, virginum, necnon et continentium, ut ~ie offerrentur earum lacrime quibus dictum est 'filie Jerusalem, nolite flere' [*Luc.* xxiii 28] *Found. Waltham* 6; COLET *Sacr. Eccl.* 48 (v. exemplariter 3).

2 in or by imagination. **b** fictitiously.

sicut in somnis ex abundantia cordis ~ie, sic .. non somniando sed vigilando comitem .. convenit GIR. *RG* II 12; PECKHAM *QA* 85 (v. imaginarius 2a); **1457** quicquid ~ie cogitare poteris, totum antea previdimus (*Lit. Soldani*) *Reg. Whet.* I 27. **b** nulla ratio adeo fortis que refutari non possit vel vere vel ymaginarie GERV. MELKLEY *AV* 102; **1281** nunquam per se vel per alios, clam vel palam, vere vel ymaginarie, aliquid de hujusmodi ecclesiarum fructibus illicite recepturi *Conc. Syn.* 917; **1286** cum Lucas de Sancto Leonardo .. super consensu mortis .. precentoris ecclesie Exoniensis .. diffamatus fuisset et coram justiciariis vestris .. ~ie super hoc convictus PECKHAM *Ep.* 659.

3 in appearance or form (but not in reality).

perfunctorie, ~ie *GlC* P 335; **s1193** affinitate per duorum pseudo-episcoporum .. execrabile perjurium ~ie approbata, divortium celebrarunt W. NEWB. *HA* IV 26 p. 370; secundo .. domino serviet ymaginarie per substitutum, qui est ejus ymago, tamen nature veritatem non habet UPTON 42.

imaginarius [CL]

1 (in the form) of an image. **b** (as sb. m.) maker of an image, sculptor, painter, or sim. **c** idolater or user of images in magic. **d** (as sb. ? f., *cf.* OF *imagerie*) statue. **e** (as sb. n.) ? place for images; **f** place for funerary busts or sim.

~iam brachii dextri similitudinem ceream sinistra sua, quia dextram .. movere non poterat, super tumbam [sancti] apposuit GIR. *Hug.* III 2 p. 138. **b** **1226** appellavit R. filium T. ~ii *MGL* I 84. **c** ~ii sunt qui imagines .. quasi in possessionem presidentium spirituum mittunt ut ab eis de rebus dubiis doceantur J. SAL. *Pol.* 408B; **c1320** sunt .. qui etiam dicuntur ymaginarii et ydolatre, ydola colentes *Hist. Francisc. Eng.* 229. **d** **1371** de iij ymaginariis de alabaustro *Arch. Bridgw.* 191. **e** instauramenta ecclesie sunt hec: .. manutergium, facitergium, ymaginarium [*gl.*: locus ubi imagines stant, *imaginarie*], fiole, .. NECKAM *Ut.* 119 (cf. ib.: crucifixum et alie .. ymagines). **f** funus, ~ium, tumulus *GlC* F 424.

2 of the imagination; **b** (as sb. n.) the imagination. **c** (*vis ~ia*) faculty of imagination; **d** (attrib. to animals). **e** (*spiritus ~ius*). **f** (*visio ~ia*) sight of the mind's eye.

BALSH. *Ut.* 45 (v. evagatio 2); effluens intelligentiam perficit; derivata intellectus fit forma; relata rationi imprimitur, multorum ~ia resultatione in generis aut speciei essentiam distributa; generata motui ministrat et nature ALF. ANGL. *Cor* 15. 1; dilectio est .. que sic quadam angelica agilitate et ~io commeatu transvolat et recurrit P. BLOIS *Ep.* 10. 101A; velut in quibusdam tabulis vacuis habitum proprie sanctitatis .. in quasdam disposicionales ideas per quamdam impressionem ~iam studuit figurare *V. Edm. Rich P* 1777 (cf. *NLA* I 316: imaginativam); quod esse non potest nisi per similitudinem ipsum determinantem ad cognoscendum, secundum tamen quod quedam est species ~ia vel spiritualis, quedam intellectualis, dico ~iam, que imprimitur in sensu, deinde in spiritu, per quam res videtur presens et cogitatur absens. et re presente est racio cognoscendi sensibiliter, re absente per motum a sensu factum est racio cognoscendi spiritualiter vel imaginarie PECKHAM *QA* 85 (cf. ib. 214–5). **b** aut .. verum Christi corpus oculis corporeis ab ~io mentis ejusdem .. datum est ei tunc discernere .. aut potius interne visionis contemplatione id ei spiritualiter est revelatum GIR. *GE* I 9 p. 33. **c** in anima rationali vim sensualem, vim ymaginariam, vim rationalem AILR. *An.* 133; [anima] dividitur .. in vim ymaginariam S. LANGTON *Quaest.* f. 243vb. **d** animalia bruta .. vi quadam ~ia presepe cognoscunt et preteritorum recordantur GIR. *TH* I 13 p. 40. **e** cum spiritus ymaginarius convertit se ad aliquid ymaginandum KILWARDBY *SP* 31ra (cf. ib. 29vb: spiritui ymaginativo [v. 2f infra]). **f** ipsa [anima] est que, semota visione ~ia pariter et phantastica, visionem sensualem et spiritualem clarificat AD. SCOT *QEC* 18. 831D; quadam ~ia visione P. BLOIS *Ep.* 94. 296A (v. clipeus 2a); multa .. modum intromittendi .. species rerum sensibilium ipsi spiritui ymaginativo, cujus est visio ymaginaria, satis manifeste designant KILWARDBY *SP* 29vb.

3 imaginary, that exists or can exist in the imagination.

corporea, que Deo ascribitis, non nisi corporee substantie et rei ~ie congruunt PETRUS *Dial.* 18; **s1155** rex H. cepit revocare in jus proprium urbes .. que ad coronam regni pertinebant, .. deponendo ~ios et pseudocomites, quibus rex Stephanus omnia pene ad fiscum pertinentia .. distribuerat TORIGNI *Chr.* 183; in triduo videbitis lumen aliud, non in somnpis ymaginarium, sed oculis conspicuum *Mir. Wulfst.* I 5; [palpo] nunc plumam excutit ymaginariam WALT. WIMB. *Palpo* 72 (cf. ib. 69: invisibiles plumas decuciens); esse ejus ymaginarium est in anima, secundum suum esse verum est in rebus BACON XIII 317; ab hiis ergo intelligibilibus refunduntur quedam ymaginarie linee et figure et ymaginarii puncti et tactus et similia que utitur ymaginacione, sicut in speculum subtus positum KILWARDBY *SP* 20va; apparent enim ydola in concursu ymaginario radii cum catheto PECKHAM *Persp.* II 19.

4 figurative, symbolic.

'quis dabit capiti meo aquam' [cf. *Jer.* ix 1] .. ut plangam non ~iam civitatem Chaldea perituram flamma sed animam imagine Christi inclitam ALCUIN *Ep.* 295; tanquam imago in speculo, Deus in eloquio sacro: et ipsa sacra eloquia Scripture dicuntur ~ie in quibus resultat nobis velut quedam veritatis imago magis quam ipsa veritas H. BOS. *LM* 1362C; tam interioris hominis quam exterioris proprietatem eternitati depingere non indignum reputavi ut, qui insignia ejusdem gesta in posterum audire gestierunt, ~ium quoque vultum ejusdem pre oculis gerant GIR. *EH* I 46 p. 301; ~ia solucio BRACTON 101 (v. acceptilatio); post ~iam donacionem *Fleta* 291 (v. explectum a); error est quod persona ~ia et representata potest habere jus utendi sed non usum facti OCKHAM *Pol.* III 189; si instructior quispiam, velut lapis insignis de monte sciencie sublimioris abscisus, hanc ~iam reformando statuam [i. e. *the chronicle*] percutere .. velit in pedibus pro zelo correccionis *Croyl. Cont. B* 545.

5 deceptive, working on imagination.

naute fenum aut stramen formam humanam mentiens, lintheo candidissimo velatum, in mare projiciunt. nitorem considerans, piscis .. predam veram relinquit ~ia delusus NECKAM *NR* II 45 p. 157; vita .. ymaginaria WALT. WIMB. *Sim.* 121 (v. fimbria).

6 devised, contrived, fictitious; cf. *imaginari* 4.

1301 machinosa et ~ia figmenta (*Cl*) *Anglo-Scot. Rel.* 97; **c1380** in defensionem domus nostre penes ejusdem N. versucias et ymaginarias violaciones *FormOx* 387.

imaginatio [CL]

1 (faculty of) imagination; **b** (dist. from *ratio*); **c** (dist. as bodily); **d** (dist. as sinful or sim.).

[Christus] adoptivus dicitur non a veritate sed ab ~one volentis animi ALCUIN (*Adv. Elipand.* I 13) *Dogm.* 249C; sunt et alia delectationis anime genera, que nec sensus valent illi representare nec ipsa potest per ~onem cogitare *Simil. Anselmi* 20; ~o .. in somnis viget et in brutis, dormienti et vigilanti reducens memorie tam que sunt quam que non sunt, objectis anime utrorumque simulacris PULL. *Sent.* 740C; si .. corporum absentium prefatas proprietates inquiris, eas tibi, tracta similitudine ab his quas sensus agnovit, poterit ~o presentare J. SAL. *Pol.* 437A; quare aliquis spermatizat in somnpis propter ~onem et non in vigiliis? *Quaest. Salern.* Ba 96; sensus enim apprehendit rem presentem: ymaginatio rem absentem et prius sensatam J. BLUND *An.* 350; mania est infeccio anterioris cellule capitis cum diminucione ~onis GILB. II 102v. 2; ymaginacio .. est imitacio sensus et ideo ei similis KILWARDBY *SP* 20rb. **b** ubi .. abundat ratio, ibi succumbit ~o GIR. *TH* I 13 p. 40; nulla .. rationum potentia ducti sed ~one sua BACON *Tert.* 187 (v. 2 confricare c). **c** quamcumque .. rem mens seu per corporis ~onem seu per rationem cupit veraciter cogitare ANSELM (*Mon.* 33) I 52 (cf. ib. 285 [*Incarn. A* 4]: [omnia] in ~onibus corporeis obvoluta). **d** fides infirmi per pravam ymaginacionem debilitatur et minuitur J. MIRFIELD *Flor.* 124; preputium mentis est carnalis affectio, crassa ~o, et ratio vaga et incerta COLET *Rom. Exp.* 224.

2 (act of) imagination. **b** (dist. as bodily); **c** (dist. by object or direction). **d** (w. ref. to visualization). **e** ? hypothesis. **f** literary composition.

c798 spiritale est quod, remota corporali visione, in spiritu solo per ~onem quandam cernimus ALCUIN *Ep.* 135; de illis dialecticis modernis .. qui nihil esse credunt nisi quod ~onibus comprehendere possunt ANSELM (*Incarn. A* 9) I 289; evigilans .. vir ille et animo volvens quid vidisse per somnpium sibi contigerit, aliquando confortatus, quia visione delectatus, tandem quasi vana ~one illusum se putans, nichili pendit jussa complere *Found. Waltham* 2; quod autem Paulus a tertio celo, ubi scilicet non per ymaginationes sed nuda et perspicua conspicitur veritas, hoc proculdubio Ysaias nobis detulit a medio celo, ubi scilicet veritas non cernitur nuda et mera sed misticis imaginibus palliata W. NEWB. *Serm.* 852; vestram .. presentiam mihi ~onibus dies, visionibus noctes offerunt incessanter P. BLOIS *Ep.* 30. 101A; **1300** precaventes ab .. confabulacionibus mulierum, ex quibus proveniunt temptaciones, perverse cogitaciones, et ymaginaciones inhoneste *Vis. Ely* 11; regalis nobilitas ymaginacione multiplici toto corde deliberat et exquirit, quomodo antiqua jura recuperet *Ps.*-ELMH. *Hen. V* 36. **b** *Spec. Eccl.* 129 (v. 2c infra); ligantur .. mala consuetudine .. sine .. abjeccione corporalium ymaginacionum ROLLE *IA* 260. **c** ad cognicionem sui ipsius [anima] non potest venire quousque instructa fuerit refrenare quamlibet ymaginacionem corporalem, terrenam et celestem *Spec. Eccl.* 129 (cf. EDMUND *Spec. Relig.* 129: priusquam omnem ymaginacionem corporalem a se didicerit relegare .. tamquam rerum species dedignans intueri, tam corporum celestium .. quam terrestrium). **d** phantasma, in quo intelligitur universale, secundum totam virtutem suam representat objectum ut singulare virtuti phantastice, quia tunc est actualis ~o illius objecti in singulari DUNS *Ord.* III 215. **e** istud ex falsa ymaginacione procedit T. SUTTON *Gen. & Corrupt.* 129. **f** ~o Gervasii quasi contra monachos GERV. CANT. *Imag.* 29 *tit.*

3 the action of contriving, devising, plotting. **b** scheme, plot.

s1384 Carmelita accusavit ducem Lankastrie de ~one mortis regis WALS. *YN* 339 (cf. OTTERB. 158); **s1322** ~one fratrum mendicancium internunciorum perfidorum .. provocati *Meaux* II 340. **b** **1379** aliis statutis vel ordinacionibus sive ymaginacionibus in contrarium non obstantibus *Cart. Glam.* II 25; **1404** si contingat quod .. per aliquam ymaginacionem, collusionem, vel quamcumque aliam causam predictos Thomam et Elizabeth impedierit .. *Cl* 254 m. 33*d*; **1494** pardonavimus .. pro .. decepcionibus, incendiis, et falsis ~onibus (*Pat*) *Foed.* XII 556b.

4 forging (of doc. or sim.).

1496 ~onem, fabricacionem, pronunciacionem, et publicacionem falsi testamenti predicti et †minumenti predicti .. cognoverunt *Entries* 358vb (cf. *StRealm* II 170–1 [**1413**]).

5 ? imagery, symbolic significance.

sacram ~onem habentes lapides altioris et sacratioris virtutis sunt, qui vero mentium vanitati respondebant, quotidianis utentium commodis deserviebant GERV. TILB. III 28.

imaginativus [ML], of the imagination, imaginative. **b** (w. ref. to part of brain); **c** (as sb. n.). **d** (*virtus* or *vis ~a*) the faculty of imagination; **e** (as sb. f.). **f** (*spiritus ~us*).

NLA I 316 (v. imaginarius 2a); intentiones ~e .. se habent ad intellectum sicut sensibilia ad sensum BRADW. *CD* 82D. **b** cellula ymaginativa J. BLUND *An.* 244 (v. imaginabilis 1). **c** dolor capitis et frontis, precipue in ~o BACON IX 202. **d** simplicia .. extra vim sensitivam et ymaginativam cadunt J. BLUND *An.* 31; [vox] defertur .. ad virtutem ymaginativam BACON V 133; virtus ~a vel estimativa apprehendit racionem amicicie vel inimicicie in quocumque PECKHAM *QA* 78; actus virtutis ymaginative WYCL. *Ver.* II 125 (v. imaginari 2f). **e** species [rei] primo in sensu recipitur et defertur usque ad ~am BACON VII 128; ymaginativa est media inter sensum et intellectum sicut ejus visio est media inter visionem corporalem et intellectualem KILWARDBY *SP* 20va (cf. ib. 20ra: Augustinus .. vocat ibi [*De Genesi* XII 11] 'spiritum' quem philosophi vocant 'ymaginativam' vel 'fantasticam'); **c1301** utrum operacio ultime partis ymaginative sit in genere entis absoluti vel respectivi *Quaest. Ox.* 322; ~a enim potest uti speciebus diversorum sensibilium ad imaginandum compositum ex illis diversis, sicut apparet imaginando 'montem aureum' DUNS *Ord.* III 42; ymaginativa potest ultra sensum communem in actum componendi WYCL. *Ver.* II 125; pena eorum est major quam nostra ymaginativa potest capere *Ib.* III 220. **f** spiritui ymaginativo KILWARDBY *SP* 29vb (v. imaginarius 2f).

imaginator [ML]

1 maker of images or statues: **a** (in stone); **b** (in metal).

a **1293** A. ~ori, .. pro factura tumuli de marmore supra viscera regine *Manners* 125; **1293** W. de Hibernia, ~ori, .. pro factura v imaginum ad cruces regine *Ib.* 128 (cf. ib. 129: magistro W. de Hibernia, cementario); **1324** in solucione facta ymaginator' de Londonia pro imaginibus talliandis *Fabr. Exon.* 151. **b** **1292** magistro A. imaginatori [MS: imaginatore] pro pictura, ferro et opere [MS: operis] ejusdem ferri circa cor regine (*KR Ac* 353/1) *Manners* 129 (cf. ib. 114: A. *le Imagineur*).

2 forger (of doc. or sim.).

contra formam statuti contra ~ores, fabricatores, pronunciatores et lectores falsorum factorum *Entries* 359ra (cf. *StRealm* II 170 [**1413**]).

imaginosus [CL, *but recorded only in Catullus 41. 8, unknown in England at date of* ML *exx.*]

1 decorated with pictures.

1432 capa solennis cum campo rubeo de *cramosey* cum paraturis aureis ymaginosis (*Invent.*) *Reg. Glasg.* 332 (cf. ib. 333: capa de rubeo cramaceno plena ymag').

2 contriving, scheming.

s1308 episcopus Cestrie .. homo ~us et cautissimus W. GUISB. 382.

imaginula, small image, statuette.

cum scalpro parvas ~as diligentissime coaptans DOMINIC *V. Ecgwini* II 4.

imago [CL]

1 an artificial likeness representing the semblance of a person or object; **b** (spec., w. ref. to Classical antiquity) death-mask (of ancestor).

10.. imaga [*sic*] vel agalma, *anlycnyss WW*; diffinicio vel descripcio animalis picti est ymago inanimata insensibilis BACON XV 204; **13..** (v. 3c infra). **b** sicut antiquis majorum imagines et picture GIR. *TH pref.* p. 21.

2 pictorial representation, picture: **a** (drawn or painted); **b** (in coloured glass); **c** (in embroidery).

a ~inem Domini .. in tabula depictam BEDE *HE* I 25 (v. depingere 1b); aut ~ines pingite aliquas aut sculpite ÆLF. BATA 4. 17 (cf. 4a infra); **s1099** (v. effigiare 4); sic eciam est de tabula in qua pingitur ymago, quia et tota tabula cum pictura quandoque dicitur ymago, quandoque vero sola pictura KILWARDBY *SP* 28va; **1372** tractatus ymaginum secundum modum planetarum et operacionibus [*sic*] eorum; .. Hermes de ymaginibus .. *Invent. York* 54; proximo sequuntur ascendentes .. et .. tabula lune, et sub ea ponuntur quedam notule de ~ine signorum ELVEDEN *Cal.* 5; **1414** in pictura unius tabule et ymaginis S. Johannis Evangeliste *Ac. Durh.* 224. **b 1488** T[home] S. *glasyer* pro factura lij pedum vitri et .. pro j ymagine S. Crucis *Ib.* 650. **c 1245** casula .. tassellum habet breudatum ymaginibus Petri et Pauli *Invent. S. Paul.* 483 (= *Invent. Ch. Ch.* 14: †imaginis); **1295** in medio [frontalis] breudantur ymagines Crucifixi, Marie et Johannis *Vis. S. Paul.* 324; **1341** lego .. j zonam sericam ymaginibus consutam *RR K's Lynn* I 160; tunica intexta magnis ymaginibus *Lib. Regal.* 14v; **1368** lego .. summo pontifici j capam valde preciosam de violaceo velveto, braudatam cum ymaginibus (*Test. Episc.*) *Reg. Exon.* 1551; **1404** item j *celour* de nigro *bukram* cum ymagine Trinitatis pro uno *hers Ac. Durh.* 395; **a1414** duo alia [tapatia] cum ~inibus intextis in eisdem de opere antiquo . . . unus [pannus] de panno lineo .. cum laneis ~inibus consutis in eodem (*Invent.*) AMUND. II *app.* 336; **1444** lego .. j lectum blodium de *arras worke* cum ij ymaginibus et racionibus *moi foi Test. Ebor.* II 101.

3 representation carved, engraved, moulded or applied in relief; **b** (on coin); **c** (on seal-die or its impression); **d** (on precious stones w. spec. properties).

1208 aliud par bacinorum ad leopardos et ~ines in fundo *Invent. Exch.* 122; **1235** (v. elevare 1g); insculpitur .. in eodem [cadmeo] ~o pannosa, tenens in una manu hastam .. et in alia manu puerum .. et preterea, ante pedes ~inis, aquila insculpitur *G. S. Alb.* I 84; **1267** cum v ymaginibus stagneis ad idem lavatorium (*Pipe*) *Ac. Build. Hen. III* 422; **1295** morsus Galfridi de L. argenteus .. cum ymaginibus Salvatoris coronantis matrem suam, et Petri et Pauli lateralibus, et angeli superius et datoris morsus inferius *Vis. S. Paul.* 310; **1368** textum evangeliorum, prout leguntur per annum, coopertum argenteo [*sic*] cum ymaginibus protractis Crucifixi, Marie, et Johannis ex parte una, et cum nigra de *neel* coronacione ex parte alia (*Test. Episc.*) *Reg. Exon.* 1552; **1383** unus textus evangeliorum ornatus cum argento et auro, cum ymagine Trinitatis in una parte *Ac. Durh.* 426; **a1414** alius parvus textus cum lamine argenteo deaurato in quo sculpta habetur ~o crucifixi (*Invent.*) AMUND. II *app.* 323. **b** ita ut non Britannia sed Romania censeretur et quicquid habere potuisset aeris, argenti vel auri ~ine Caesaris notaretur GILDAS *EB* 7; numisma .. et es et commercii formam quisque apud se transmutavit .. et, quam voluit, inpressit ~inem *Lib. Eli.* III 73; *Dial. Scac.* I 3 F (v. falsarius 2a). **c** mollis cera est et quasi liquens nec ~inem sigilli quoquo modo recipiens EADMER *V. Anselm.* I 11 p. 21; **c1120** sigillo mee ymaginis hec consigno *E. Ch. Scot.* 36 p. 30; *Dial. Scac.* I 15 (v. deambulatorius 1b); **13..** est in medio ejusdem sigilli ymago dicti regis Edgari, .. et habet superscriptionem 'ymago Edgari Scottorum regis' *E. Ch. Scot.* 15 p. 13. **d** tanquam vir peritus astrorum duas ~ines sculpsit in gemmis ASHENDEN *AM* I. 1; nam secundum [v. l. sicut] dicit Thebyth, ymagines et sculpture fiunt in lapidibus ut virtutem Geminorum ex celi influencia recipiant N. LYNN *Kal.* 211.

4 figure carved, cast or moulded in the round, statue, model; **b** (as votive offering); **c** (used in witchcraft).

ut prius in strato truculentus imaginis altae / diversis vidit jam praesagata metallis ALDH. *VirgV* 336; toracidas, tuentibus / retorquentes luminibus / imagines auriferis / Christi matris capitibus (ÆTHELWALD) *Carm. Aldh.* 2. 175; ÆLF. BATA 4. 17 (v. 2a supra); GOSC. *Transl. Aug.* 46C (v. effigiare 1a); **1143** ~ines S. J. Evangeliste, Marci, Mathei, Luce et xij apostolorum, omnes argenteas (*Invent.*) *Cart. Rams.* II 274; **s1141** erat ibi [sc. in cenobio ad Hidam] ~o crucifixi Domini magna mole auri et argenti simulque gemmarum .. operosa devotione fabrefacta W. MALM. *HN* 499 p. 59; [Caduallonis] corpus Britones balsamo .. conditum in quadam enea ~ine ad stature sue mensuram fusa mira arte posuerunt G. MON. XII 13; **1259** quod v ymagines regum excisas in franca petra et quandam petram ad supponendum pedibus j ymaginis B. Marie faciatis habere (*DCWestm.*) *Ac. Build. Hen. III* 196; **1295** feretrum S. Laurencii portatile lingneum .. cum ymaginibus magnis levati operis argenteis deauratis *Vis. S. Paul.* 313; **1383** item ymago [S. Oswaldi] argentea et deaurata cum costa ejusdem inclusa in pectore imaginis *Ac. Durh.* 426; **1420** coram ymagine Beate Marie de alabastro *Reg. Cant.* II 213; **1427** lego .. duas ymagines, unam viz. de Trinitate compositam de *aumber* et aliam de BVM argenteam *Ib.* 351; **1444** lego c s. ad emendum ij cathenas aurias, unam viz. ad ponendum circa collum yemaginis B. Marie Virginis .. et alteram ad ponendum circa collum Filii yemaginis predicte *Test. Ebor.* II 92; **1496** cum iiij ymaginibus de corrella (v. 2 corallus a). **b** in signum sue sanitatis destinavit Evesham ymaginem cere *Mir. Montf.* 106 (v. albus 8a); **1286** C. falconario pro cera empta ad faciendam quamdam †ymaginam [MS: ymag'; l. ymaginem] ad similitudinem girfalconis sui infirmi .. que oblata fuit apud Cantuar' ad †feretram [MS: feret'm; i. feretrum] S. Thome *Rec. Wardr.* 368; nondum scilicet secura preditus sospitate, .. illuc in cera sue similitudinis premisit ymaginem *Mir. Hen. VI* II 37 p. 101. **c** hoc .. sacramentum quidam in artem magicam verterunt, celebrando missas super ~ines cereas ad imprecandum alicui GIR. *GE* I 49 p. 137; suggestione siquidem diaboli quedam mulieres cereas sive luteas formant ~ines ut sic hostes vel amasios torqueant vel incendant P. BLOIS *Ep.* 65. 192A; **1422** duas ymagines sereas fecit (v. incantamentum); **s1440** magister R. Bolyngbroke arrestatus fuit .. cum indumentis suis nigromanticis et ~inibus cereis et quam pluribus aliis instrumentis nigroma[n]ticis W. WORC. *Ann.* 763.

5 (pagan) idol, image worshipped as a god.

BEDE *Hom.* II 24. 248 (v. emundare 2b); quid est .. quod tanta haereticorum nomina meae imposuisti personae, quorum ~ines et potestates in civitate sua Dominus Deus olim ad nihilum redegit? ALCUIN (*Adv. Elipand.* I 6) *Dogm.* 246A.

6 reflected image: **a** (in mirror or polished surface, also fig.); **b** (in water).

a in mysticis scripturarum eloquiis, quasi ~inibus quibusdam in speculo, veritas nobis resultat H. BOS. *LM* 1362C; dum integrum est speculum, unica uno solo inspiciente resultat ~o NECKAM *NR* II 154 p. 239; verbum .. est .. imago de speculo semper ymaginem depromente GROS. *Hexaem.* II 3. 1; in speculis spericis ymagines in majori parte minores esse rebus visis PECKHAM *Persp.* II 33 *tit.* **b** in aqua turbida non resultat ~o sed in limpida NECKAM *NR* II 153 p. 236.

7 object of vision, (esp. phil.) phenomenon. **b** object of aural perception or ? echo.

BACON *Maj.* II 97 (v. disparere b); pupilla est medius punctus oculi ubi est vis videndi. in qua quia parve ymagines videntur pupilla appellatur *SB* 35. **b** cum due sunt aures et in utraqua aurium fiat passio que est ymago soni J. BLUND *An.* 182; cum ymago gravis soni sit in aure et ymago acuti soni existat in alia aure *Ib.* 186.

8 mental picture, idea; **b** (as product of memory); **c** (in dreams).

nulla ratione negari potest, cum mens rationalis seipsam cogitando intelligit, ~inem ipsius nasci in sua cogitatione; immo ipsam cogitationem sui esse suam imaginem ad ejus similitudinem tamquam ex ejus impressione formatam ANSELM (*Mon.* 33) I 52; eas quas auditus induxerat in corde versat ~ines AILR. *Inst. Inclus.* 2; pia et succensa mens omne corpus omnesque corporeas ~ines similitudinesque transcendens AD. SCOT *QEC* 18. 831D; propter vehementem similitudinem que est inter ymaginem et ymaginatum, non distinguit anima inter ea J. BLUND *An.* 248; oportet spiritum sensitivum, actu cognoscentem sensibilia, eorum apud se similitudines habere; et iste dicuntur ab Augustino et ab Aristotile 'ymagines' et 'species' et 'simulacra' sive 'phantasmata' KILWARDBY *SP* 18rb; quando ea que sensata [v. l. sensitiva] sunt extra ingerunt anime suas ~ines spirituales, per quas interius videntur etiam cum non sentiuntur *Id. OS* 223. **b** quanto sepius eumdem videris vultum, .. tanto expressius ejus ~o tue memorie imprimetur AILR. *Inst. Inclus.* 7; species permanens est in memoria, que est ymago illius forme que prius fuit forma in sensu audientis J. BLUND *An.* 169; *Ps.*-GROS. *Summa* 481 (v. ductivus a); ~o representat illud cujus est per actum recordandi OCKHAM *Quodl.* 310. **c** quiescenti fabro apparuit per somnium eadem ~o, torviori quidem vultu, plus solito increpans et quadam facilitate objurgans cur injuncto non obedisset mandato *Found. Waltham* 2; hiis dictis, alloquentis ymago cum ipso ablata est sopore AD. EYNS. *Visio* 9; FERR. *Kinloss* 16 (v. dormiturire).

9 that which resembles but is not a thing, a semblance, likeness, imitation; **b** (*sub ~ine* & gen. or sim.) in the guise or manner (of).

sic casta integritas, auri flaventis imago, / gignitur e spurca terreni carne parentis ALDH. *VirgV* 160; falsa .. felicitatis ~o AILR. *Spec. Car.* I 22 (v. deludere a); **1157** abbas .. quandam libertatis ~inem apprehendens ad episcopalis auctoritatis parilitatem assurgit J. SAL. *Ep.* 32 (43); [milites] preludium Martis serii colunt et in ~ine belli sese exercent ut in conflictu rei militaris idonei reperiantur NECKAM *NR* II 175 p. 312; **1237** invenitur .. aliquis forte simplex sacerdos qui nec jus habet nec etiam juris ymaginem in eadem [ecclesia] *Conc. Syn.* 250; color .. carbonum ardentium prefert ymaginem UPTON 197 (v. incida). **b** J. SAL. *Pol.* 764B (v. declamatio 1a); **c1198** vides ut folium / quod vento rapitur / in altum tollitur / et subito deprimitur; / tali sub ymagine / ludit [fortuna] in homine (*Fall of W. Longchamp*) *EHR* V 317; sub dilectionis ~ine aut devotionis obtentu aut alicujus simulatione officii se adulatio prodigiosa palliat ut gratius acceptetur P. BLOIS *Ep.* 70. 218C; ludus fortune mutatur ymagine lune: / omnes irridet lubrica ceca suos WALT. ANGL. *Fab.* 42. 35; **c1258** insuper Radulphum .. clericum, sub ymagine porcionis quam supra dictus Ricardus defunctus in ipsa ecclesia optinuerat, ad dictam ecclesiam dyocesano presentavit *Cart. Chester* 304.

10 a copy, duplicate; **b** (of text or sim.).

si posueris sigillum coram cera ita quod tangat eam .. et inpingendo in illud assimilet se illi et in se reflectendo videat in se ymaginem sigilli: sic .. KILWARDBY *SP* 25rb; quantumcumque duo ova sint similia, unum non est ~o alterius . . ideo requiritur quod ~o nata sit imitari ipsum cujus est ~o et exprimere illud DUNS *Ord.* III 341. **b** W. FITZST. *Thom.* 29 (v. echo).

11 embodiment (of abstr. in person), personification.

constantis fidei datur exemplaris imago / Eligius sanctus, mirus in arte fabri GARL. *Tri. Eccl.* 38.

12 outward appearance, esp. as giving recognizable likeness (of a reality, or sts. of abstr., in familiar form); **b** (*~o rerum, cf. Hebr.* x 1).

ALDH. *Met.* 2 p. 64 (v. edocere 1c); BEDE *HE* V 21 (v. imitari 2c); assiduus gelidae somnus est mortis imago ALCUIN *Carm.* 91. 3. 4; HWÆTBERHT *Aen.* 54. 1 (v. echenais); omnis materia ipso quod de ea factum est simplicior est nec habet in se formam vel ~inem sui compositi PETRUS *Dial.* 21; non hec fuit ejus ymago / olim dum nobis juvenilis floruit etas *V. Merl.* 1395; ~inem hominis non imitatur nisi alter homo ejusdem nature cujus imago est ELMER CANT. *Record.* 710B; J. SAL. *Met.* 854B (v. diacrisis); nihil in temporalibus invenio .. quod vite celestis ~inem representet P. BLOIS *Ep.* 30. 101A; homo .. in se totius mundi representat ~inem GERV. TILB. I 1 (v. discernere 3c); [avis] perducta ad episcopum, capite pendulo ac velud egris per omnia gestibus mestam pretendebat ymaginem AD. EYNS. *Hug.* II 7 p. 108; DUNS *Ord.* III 175 (v. distinguere 3a). **b** sed Dominum testor, cui rerum servit imago, / post David regem nescit habere parem G. AMIENS *Hast.* 733.

13 (*~o Dei* or sim.) the image or likeness of God (esp. w. ref. to *Gen.* i 26); **b** man; **c** Christ; **d** angel; **e** the soul.

in hoc maxime factus est homo ad ~inem Dei, in quo irrationabilibus antecellit BEDE *Gen.* 30A; ad ~inem et similitudinem suam ipse Creator omnium eum creavit, quod nulli alii ex creaturis donavit. quae ~o diligentius ex interioris hominis nobilitate est consideranda ALCUIN *Exeg.* 566B; attende .. quid sit ad ~inem et similitudinem Dei te esse creatam .. ELMER CANT. *Record.* 710B; AD. MARSH *Ep.* 92 (v. deiformis). **b** [homo] mira quidem magni solus imago Dei ALCUIN *Carm.* 85. 8; WULF. *Æthelwold* 39 (v. 1 decor 1a); H. BOS. *Thom.* IV 13 (v. effugare 4); recede, diabole, ab hac ymagine Dei .. et da locum Spiritui Sancto *Lib. Evesham* 18. **c** hac sedet arce Deus judex, Genitoris imago ALCUIN *Carm.* 103. 1. 1. **d** *Ps.*-GROS. *Summa* 422 (v. deiformitas). **e** alii arguunt .. sic: anima est ~o Dei, ergo capax ejus est et particeps esse potest DUNS *Ord.* II 8; WYCL. *Trin.* 62 (v. imitatorius 2).

imaguncula [CL], small image.

'posuerunt castra in Selmona' [*Num.* xxxiii 41] .. Selmon interpretatur ~a quia .. ibi est expressa imago Salvatoris (*Ps.*-BEDE) *PL* XCI 378A.

imbalsamare [ML; cf. AN *enbalsamer*], to make fragrant by use of aromatic herbs or sim.; **b** (fig.).

naris odorate redolet thymus, intimus extra / non celatur honos, gemino dulcescit aroma / thuribulo spirans, letum fragrantia pascit / aera vicineque lares imbalsamat aure, / et vacuos implent absentia cinnama tractus HANV. I 421. **b** tuum inbalsamavit animum moralitatis condimentum VINSAUF *AV* II 3; spiritus ethereus inbalsamat ejus odorem, / cor, cerebrum, renes celitus afflat odor GARL. *Epith.* VI 357; ipsa tempora pocius viciorum sordere scoria quam morum inbalsamari odore mellito *Ps.*-ELMH. *Hen. V* 7 p. 14.

imbaptizatus [LL], unbaptized.

cum spiritus talis inbaptizati dicit .. WYCL. *Ver.* III 292.

imbarellare [cf. 1 barellus], to put into a barrel.

1394 partem inde [sc. de allec] salire et ~are (*Cl*) *Foed.* VII 788a.

imbargiare [OF *embargier*], to put on board ship.

1417 eadem dolia vini in portu civitatis nostre Burdegal' .. libere ~iare et eskippare *RNorm* 154.

imbasio [cf. LL bassus], debasement (of currency).

1550 (v. alchimistria).

imbassatorius v. ambasciatorius.

imbatillare [cf. OF *embataillier*, ME *embataillen*]

1 to embattle, (refl.) to prepare oneself for combat.

1495 seipsos .. in plano campo vi et armis, viz. *Jakkes, Sallettes*, et aliis abiliamentis guerre enbatellaverunt et arraieverunt (*Tri. W. Stanley*) *EHR* XIV 534; **s1571** seipsos .. vi et armis .. modo guerrino imbatellaverunt et arraiaverunt *Entries* 643vb.

2 to embattle (walls *etc.*), provide with battlements.

1449 licenciam dedimus prefato priori quod ipse dictum manerium de A. imbatellare, kernellare et machicollare, et manerium illud sic imbatellatum, kernelatum et machecollatum tenere possit *ChartR* 190 m. 30; magnum murum inbatellatum .. erexit WYCH 280.

3 (*~atus*) embattled, decorated with edges resembling battlements; **b** (her.) embattled, divided by a line resembling battlements.

1390 unum par candelabrorum argent' cum swag' deaur' et desuper embatellat' *Ac. Foreign* 25 I. **b** arma inbatellata BAD. AUR. 128 (v. discernere 1c); *Ib.* (v. indentare 3).

imbatillatio [cf. batillatio], (fortification w.) battlement.

1547 perdonavimus .. omnes et omnimodas edificaciones turrium et imbatellacionum mascalcionum domorum, murorum et alicujus alterius edificacionis *Pat Sup.* 64 m. 1; **1550** omnes et omnimodas edificaciones turrium et imbattellacionum, †inascalcionum [l. mascalcionum] domorum, murorum [etc.] (*Pat*) *Foed.* XV 206b.

imbecellare v. imbesillare 1. **imbecilare** v. imbesillare 2. **imbecilitare** v. imbecillare. **imbecilitas** v. imbecillitas 2a.

imbecillare [cf. LL imbecillari = *to be weak*], **~itare,** to weaken, deprive of strength.

neque .. resistere diutius poterant dapibus subtractis ~ati *G. Steph.* 31; cum frequentissimo eum conflictu ~asset *Ib.* 38; nervi autem vestri vehemencia vestri laboriosi exercicii, saltus, et coitus modicum imbecilitantur, quod stupor et vestrorum nervorum in aliquibus locis fornicacio aperte demonstrant KYMER 3 p. 553; *to make wayke*, attenuare, bassare, debilitare, effeminare, inbecillare *CathA.*

imbecillia, weakness, or ? *f. l.*

wayknes, debilitas, imbecillitas, imbecillia [? l. imbellia], impotencia, fragilitas, invalitudo *CathA.*

imbecillis [CL]

1 weak, frail (by nature).

Simil. Anselmi 52 (v. imbecillitas 1); notavit .. septem genera degentium in prava vita: .. quinto inconstantes .. sexto pervicaces .. septimo ~es BERN. *Comm. Aen.* 113.

2 (w. ref. to person) physically infirm or incapacitated as result of illness, accident, or old age; **b** (w. ref. to part of body). **c** (as sb.) invalid.

inbecillis, †linguidus [l. languidus] *GlC* I 431; inbecillis, *wanhal* ÆLF. *Sup.* 172; ab ~i etate, ab adolescente delicato D. LOND. *Ep.* 12; quem .. ~em sanitati restituit GIR. *GE* I 23 (v. enervis a). **b** inbecilles [v. l. inbeciles] artus baculo sustentans intravit ecclesiam BEDE *HE* IV 29 p. 278. **c** ejusdem [sc. Erkenwoldi] lecticae attactu ~es multos curatos, auctor est Beda [cf. *HE* IV 6] W. MALM. *GP* II 73 p. 143; ~es .. appellantur qui vel senio confecti vel aliqua incommoditate gravati impediuntur ROB. BRIDL. *Dial.* 162; isti [sc. ebrius, senex, et infirmus] non generant vel ~es et morbidos generant GAD. 37v. 1.

imbecillitas [CL]

1 inherent weakness, frailty (esp. as characteristic of humanity).

consulens igitur ipse [sc. redemptor] inbecillitati quaerentium, primo venientibus ad monumentum et feminis suo amore ferventibus et viris .. linteamina .. monstravit BEDE *Hom.* II 9. 139 (cf. ib.: fragilia mortalium pectora); **930** (14c) omnem humanae ~atis sensum benignitate transcendente *CS* 669 (cf. *CS* 1343: inbecillitatis); homo imbecillia quedam superare valet nec omnino ~ati subjacet. itaque nec fortitudinem perfectam nec summam hic habet ~atem *Simil. Anselmi* 52; humane consuluit ~ati GIR. *TH* III 12 p. 156; ne forte expavescerem, sicut est humana inbecillitas, ad tam insolitum mortui colloquium si veniret P. CORNW. *Rev.* I 205 f. 125ra.

2 physical infirmity or incapacity: **a** (caused by illness); **b** (in old age).

a cum quislibet frater infirmatur, si senserit suam crevisse ~atem, indicetur hoc abbati ÆLF. *Regul. Mon.* 192; cibum .. inbescillitatis GROS. *Hexaem.* XI 4. 4 (v. dinoscentia); **1258** inbescillitatis proprie conscii, dum infirmati diatim nos perpendamus in negocio accionis (*Lit. prioris*) *Ann. Durh.* 13; si quisquam illorum fortasse ob aliquam inbescillitatem celebri voce legere non valeat *Cust. Cant.* 266; ex imbecilitate COLET *Rom. Enarr.* 191 (v. immodeste 3). **b c1073** ~as mearum virium morumque indignitas LANFR. *Ep.* 1; **1328** ~as corporis (v. destitutio 1b); **1421** antiqui servientes nostri qui propter inbecillitatem et invalitudinem de nostris obsequiis discesserunt (*Test. Hen. V*) *EHR* XCVI 96.

3 ailment, illness.

granum sinapis .. imminentium quoque ~atum facit pericula vitari BEDE *Luke* (xvii 6) 540B; diacameron facit .. omni ~ati stomachi GILB. IV 200v. 2.

4 inadequacy, feebleness (of intellect or sim.).

a1079 tutius igitur est lectori in difficillimis sanctorum patrum sententiis, quas ingenii sui ~as capere non potest, interrogato quod nescit, dicere se nescire quam .. LANFR. *Ep.* 50 (46 p. 146); invitus propter rei difficultatem et ingenii mei ~atem quod precabantur incepi ANSELM (*Mon. prol.*) I 7.

imbecilliter [LL], weakly.

inbecilliter, inbecillius, inbecillime OSB. GLOUC. *Deriv.* 66–7.

imbellia [CL], unfitness or disinclination for war, (unspec.) weakness.

inbellia, debilitas OSB. GLOUC. *Deriv.* 291; in vena Virginis brevi sed regia / portatur portator qui portat omnia, / ad bella properans cujus preludia / in ventre celebrat sed cum imbellia WALT. WIMB. *Carm.* 111.

imbellis [CL]

1 unfit or ineligible for war; **b** (on grounds of age, sex or membership of clergy; also as sb.); **c** (of an age when one is unfit or ineligible).

quid enim agat ~is unica [sc. cymba] ad universa bellorum jacula quam et impetebant aer et maria? GOSC. *Mir. Aug.* 9. **b** inbellis, *uncamprofes GlP* 826; rex Anglorum Ethelredus ~is quia imbecillis OSB. *V. Elph.* 131; nam ~is cantor vel tubicen, quamquam non pugnet, multum tamen pugnantibus confert GOSC. *Lib. Confort.* 36; ceterae quoque ferae ad benedictionem concurrebant domine, cujus benignitatem sensere. et mira Dei gratia, quibus forte armati dubitarent obviare, sola inbellis puella .. occursantes gaudet excipere *Id. Edith* (II) 67; ~ium debellator GIR. *EH* II 16 (v. debellator a); tanquam mulieres et parvuli ~es patrum nostrorum bella triumphosque laudamus P. BLOIS *Serm.* 647B; [Will. II] ecclesiarum persecutor, inmisericors circa ~es GERV. TILB. II 20 p. 945; Herodes interim bellum imbellibus / indicit parvulis et innocentibus WALT. WIMB. *Carm.* 243. **c** Josep .. sexcenta milia armatorum .. inbelli etate per mare rubum [*sic*] traduxit H. LOS. *Serm.* 402.

2 taking no part in war though qualified to do so.

ut videbatur moriendum ibi fuit omnibus, eligeretur a quolibet utrum inbellis an moreretur in bello DEVIZES f. 41.

3 unwarlike, (pejor.) cowardly or ? incapable of mil. organization.

~em populum sed infidelem .. subjugavit GILDAS *EB* 5; *Ib.* 18 (v. erraticus 1a); inbellem, *orwige GlC* I 460; prophetans et imprecans eos invictos fore et fortunatos si dictis facta compensarent, ~es vero et miseros eos redderet votorum prevaricatio J. FURNESS *Pat.* 99.

imbeneficiare [cf. ML beneficium], to invest with property or grant.

de hoc querelam facere potest [imperator] adversus inbeneficiatum [sc. papam] quod, cum ex Constantini beneficio immensam receperit .. dominacionem principi soli debitam, .. GERV. TILB. II 18 p. 941.

imber [CL]

1 rain; **b** (fig.).

insperatas tonitruorum voces nubiumque ~res concitans GILDAS *EB* 71; non ros, non imber sitientes inrigat agros ALCUIN *SS Ebor* 588; EADMER *Odo* 31 (v. fabrica 4b); OSB. GLOUC. *Deriv.* 287 (v. imbriculus); ave [Jhesu] quem terra germinat, / quem ymber non contaminat, / set ros celestis compluit J. HOWD. *Cyth.* 74. 2; ymber descendit furiosus, intermixtus grandine, cum tanta austeritate quod quasi omnia consumeret minabatur *G. Hen. V* 25 p. 176. **b** [mens] gurgite mundano perfusa tepescere nescit, / quamvis verborum rorarent imbre parentes, / sicut nimbosis stillabant aethera guttis ALDH. *VirgV* 1988; pluet sanguineus ymber (*Proph. Merlini*) G. MON. VII 3; pluebat super peccatores laqueos, super pios vero auditores salutaris doctrine ~rem W. NEWB. *Serm.* 821.

2 shower of rain. **b** (fig., w. ref. to projectiles) shower, hail.

ac si Loth ad montem igneum Sodomorum ~rem praepropere fugeritis GILDAS *EB* 68 (cf. *Gen.* xix 24); et segetum glumas nimbosis imbribus auges ALDH. *VirgV* 9; ~er, *færlic ren* ÆLF. *Sup.* 175; si opportunitatem navigationis, si tempus arandi, si estatis caniculam, si autumni †suspectas ~res inde [*from astronomy*] discamus, .. BACON *Maj.* I 180; tela, velut ymber, ignita fundentur J. HOWD. *Cant.* 133; ymber *CathA* (v. imberculus). **b** quasi .. muri propugnaculum ruituris ignium ~ribus opposuerunt ALDH. *VirgP* 41; densis .. lapidum ~ribus obruti crudele mortis spectaculum praebuerunt *Ib.* 44 p. 298 (cf. ib. 55 p. 314: saxorum ~ribus obrutus); *Carm. Aldh.* 3. 34 (v. afflare a); **s1099** sagittarum ~re (v. immissio 2); ferreo ~re sagittarum inundante perterriti W. MALM. *GR* IV 357; balistis ignem et lapidum ~res inter inclusos .. discutientibus *G. Steph.* 31; **s1415** Franci .. ~res sagittariorum non valentes sustinere *Chr. Northern* 286.

3 (fig., w. ref. to influence on growth or development); **b** (fig., w. ref. to tears) flood.

surculamen incredulitatis .. venenatis ~ribus irrigatum GILDAS *EB* 28; vij ecclesiarum novalia roscidis sacrorum dogmatum ~ribus ubertim perfudit ALDH. *Met.* 2 p. 66 (cf. id. *VirgP* 7 p. 234: septenas Asiae ecclesias inexhaustis dogmatum ~ribus irrigabat); populus Dei per Abraham, tanquam arida siciens ~rem doctrine, segregatus est; et hec arida, cultura divina et doctrina irrigata, .. GROS. *Hexaem.* VIII 30. 4. **b** lacrimarum ~ribus vultum rigare ALDH. *VirgP* 10; salsaque palpebris effundit flumina luctus: / tristia rorifluis umectant imbribus ora *Id. VirgV* 1907; habundantem lacrymarum ~rem ex oculorum fluentis .. deduxit B. *V. Dunst.* 23; o tota anima mea, .. opulentos lacrymarum ~res effunde, quarum inundatione et tui inenumerabiles cenosi reatus diluantur ELMER CANT. *Quer.* 812B; omnes audientes timor invasit, lacrimarum ~er irrigavit J. FURNESS *Kentig.* 26 p. 208; profluentibus lacrimarum ~ribus ab oculis *Chr. Witham* 503; luminum ~ribus irroratus CIREN. I 361 (= SAMSON *Mir. Edm.* I 5 p. 125: lacrymis perfusus).

imberbis [CL], beardless; **b** (as sign of youth, also as sb. m.); **c** (fig.) youthful, adolescent.

'in' praepositio corrumpit verba ut .. barbatus, ~is ALDH. *PR* 140 p. 196; ~es [TREVISA: *berdles*] pictor .. depingit eos [angelos] BART. ANGL. II 3; depinge .. formam leonis, super quem leonem equitet forma sive ymago inberbis hominis BACON V 163; *berdeles*, depubis, impubis, investis, inverbis *CathA.* **b** solent gentiles pingere vel facere simulacrum solis ut puerum ~em BEDE *Kings* 733; investiceps, cui barba nondum crescit, qui et ~is dicitur OSB. GLOUC. *Deriv.* 293; quandiu ~is est homo, puer estimatur; barbatus autem viri nomen sortitur AILR. *Serm.* 457B; adolescentes ~es .. sub habitu puellari dolum pallиantes GIR. *TH* III 40; scribo puerulis adhuc inberbibus / quos etas viridis vix armat dentibus WALT. WIMB. *Palpo* 191; impuberes et ~es R. BURY *Phil.* 9. 154 (v. balbuties); Apollo .. pingebatur in specie impuberis juvenis, nunc facie puerili, nunc juvenili, semper ~is *Deorum Imag.* 4. **c** imberbique senex animo HANV. IX 237.

imberculus, short shower. *Cf. imbriculus.*

a schowre, ymber, ymberculus *CathA.*

imbesillamentum [cf. OF *embesillement*], fraudulent withholding (of writ or sim.).

1417 de Roberto S., nuper vicecomite, amerciato pro imbesilamento cujusdam brevis *LTR Mem* 190 m. 12*d tit.* (cf. ib.: predictus vicecomes non retornavit breve sed illud .. detinuit contra debitum sacramentum suum ad dampnum regis).

imbesillare [cf. OF *embesillier*, ME *embesilen*]

1 to embezzle, misappropriate (money or goods).

1454 quod .. custumarii nec collectores nec eorum aliquis retrahat, concelet nec imbecellet aliquam partem vel parcellam dictorum xx s. a prefatis thesaurariis *Cl* 305 m. 2; **1486** pro defectu ponderacionis seu peisacionis multi legiorum nostrorum in mercandisis et mercimoniis suis dispendium non modicum paciuntur ac proficua hujusmodi

peisacionis nobis debita in hujusmodi defectu subtrahuntur et ~antur *Pat* 563 m. 22.

2 to withhold (writ or sim.) fraudulently, thereby failing to put it into effect.

1448 de .. vicecomite vij li. pro eo quod imbeselavit breve regis de exigi facias ad sectam Johannis W. versus Ricardum D. et alios de placito transgressionis *ReceiptR* 806 m. 6; **1555** aliquando vicecomites non retornaverunt brevia que habuerunt ad faciendum electiones militum ad veniendum ad parliamenta, sed brevia illa imbesilaverunt *Entries* 186a (cf. ib. 446va: brevia illa imbecilaverunt).

imbesillatio

1 embezzlement, misappropriation (of money or goods).

1508 perdonamus .. concelamenta custumarum .. et injustas intraciones mercandisarum .. ac ~ones earundem *Pat* 606 m. 10 (17).

2 fraudulent withholding (of writ or sim.) or ? misappropriation (of doc.) with intent to defraud.

1509 pro abracione, rasura, interliniacione, sive ~one aut subtraccione aliquorum rotulorum recordorum, recogniciorum sive aliorum memorandorum (*Pat*) *Chanc. Files* 65/1.

imbibere [CL], to drink in (partly fig.). **b** to absorb (moisture), soak up.

10.. inbibit, degluttivit *WW*; spiritus .., corpori .. infusus, et culpam contrahit et oblivionem ~it PULL. *Sent.* 732A; cilicium delicie sit et cinis, / et potus noster fletibus inbibatur [v. l. jubilatur] J. HOWD. *Cant.* 283. **b** [ligna] cum raros et apertos poros habeant, subintrantem inbibunt humiditatem, unde ea super [non] decurrit *Quaest. Salern.* Ba 3; corpus et fermentum .. debet esse pulvis subtilis solutus quia non facies omnino eorum mixtiones donec unumquodque solvatur separatim in aquam, eo quod qui desicat priusquam ~at non conjungit per minima nec omnino subtiliat DASTIN *Ros.* 20.

imbibitio, absorption (alch.).

aurum est totum minerale, quod patet ex ipsius pondere et ex ipsius mercurii ~one M. SCOT *Sol* 714; hic modus ~onis servandus est, quousque tota aqua exiccetur in corpus RIPLEY 161; quando aperitur vas in singulis ~onibus caveas ante omnia a subito odore hujus ignis adepti *Ib.* 332.

imbilium, ? *f. l.*

9.. imbilium [? l. jubilum], *leohtleap WW*; **10..** imbilium, *leohtleap Ib.*

imbillare [cf. ME *embillen*, 2 billa < AN, ME *bille* < bulla], to summon (to court or Parliament) or accuse by bill of complaint.

s1329 archiepiscopus .. inbullavit dominum I. predictum coram rege .. in pleno parliamento; cujus bulle summa est .. THORNE 2043; **1376** Ricardus M. inbillatus ad sectam batellariorum aque Thamisie *Pl. Mem. Lond.* A 21 m. 14v.

imbinare [cf. binare 2, rebinare], to replough.

item in tempore inbinandi [inveniet] j carucam *Lib. Mem. Bernewelle* 74.

imbis [? cf. CL ibis; ? *misinterp. of circumflex in* ἶβις], kind of plant.

~is, i. pes ciconie *Alph.* 86 (cf. ciconia 1b).

imbladamentum, ~iamentum [cf. AN, ME *emblaiment*], putting (land, esp. assart) under corn, bringing into cultivation. **b** emblement, (profits from) standing crop.

1199 r. c. de xx li. et xvij s. et ix d. de minutis particulis et imbladiamentis *Pipe* 33; **1221** quod demandam xxxvij s. et dim. quam [vicecomes] facit priori de M. pro imbladamento essartorum suorum .. ponat in respectum *Cl* 484b; **1223** solet reddere xviij d. de ~o trium acrarum avene in Tollesburi in itinere justiciariorum foreste *LTR Mem* 6 m. 1; **1246** rex perdonavit priori de F. cxj s. per quos finem fecit cum rege pro inbladamento quorundam assartorum factorum in foresta de Clive *Cl* 407. **b 1219** inquisicionem fieri facias de essartis .. et de valore inbladamentorum *Pat* 212; **1242** r. c. de xxj li. v s. ij d. ob. de inbladiamentis et misericordiis hominum et villarum *Pipe* 256.

imbladare, ~iare [cf. AN *emblaer*, ME *emblaien*], to put under corn, bring into cultivation: **a** (with cereals); **b** (with vegetables).

a c1191 xv acre inbladate *Ch. Sal.* 52; **1210** si aliquis .. aliquas dictarum terrarum coluerit aut inbladaverit *Couch. Kirkstall* 255; **1219** cum terram suam ~averit, ipse R. facit ponere equas suas .. in bladis suis *CurR* VIII 40; **1224** debet respondere de superplus bladi manerii de Chiltham quod recepit inbladiatum *KR Mem* 6 m. 13d; **1225** de vendicione bladi tam ybernagii quam *trameis* de essartis factis et inbladatis in Essex' *LTR Mem* 7 m. 3 (1); **1229** si [essarta] modo inbladata non fuerint, inquirendum quo blado inbladata fuerint *Pat* 286 (cf. *Fleta* 88: ~ata .. ~iata); **1230** inquirat .. quo genere bladi illud essartum inbladiaverant *LTR Mem* 11 m. 6; **1230** quod .. inquiri faciant utrum Radulfus G. recepisset manerium de M. inbladatum .. an nudum et vastum *Cl* 414; **c1240** concessi .. liberum introitum et exitum cum averiis suis per mediam terram meam .. cum non fuerit inbladata *Cart. Beaulieu* f. 103; **c1240** quod .. possint seminare et ~are mariscum *MonA* V 608a (cf. *Reg. Holm Cultram* 2); **1246** preter ij acras .. de frumento inbladatas *Ch. Sal.* 309 (cf. ib. 310: ij acras inbladatas unam sc. de ordeo et aliam de avena); **c1250** terram cultam et inbladatam et staurum suum *Cart. Beauchamp* 43. **b 1198** si [sarta] ~ata fuerint de avena vel hordeo vel fabis vel pisis vel alio legumine (*Assisa Forestae*) R. HOWD. IV 65.

imbladatio, ~iatio, putting (land) under corn, bringing into cultivation. **b** emblement, (profits from) standing crop.

1224 priorissa de S. est quieta de inbladacione assarti xxxiij acrarum per libertates carte sue *LTR Mem* 6 m. 7; **1227** infra quam [warennam] nullus warennarius vel forestarius .. de inbladacione se quicquam intromittat (*Ch. Regis*) *MGL* II 44 (cf. *CalCh* I 56); **1229** inbladacio ivernagii scribatur per se, et ~o tremisii per se *Pat* 286 (cf. *Fleta* 89); **a1236** averia utentur herbagium infra ipsas essartas usque ad aliam imbladiacionem *Cart. Lanercost.* 23; **1280** pro ~one dimidie acre .. imbladate (*TR Forest Proc.* 231) *SelPlForest* lxxxii (cf. ib., v. imbladatura a). **b 1265** si contingat predictum E. .. aliquid de dicto crofto seminare .., .. concedit quod predictus J. et heredes sui medietatem illius inbladacionis .. optineant *Cart. Boarstall* 289; si disseisitus super eum qui se gerit dominum rei recuperat, [recuperat] versus alios qui ingressi sunt per disseisitorem ad terminum .. cum imbladiacione BRACTON 176b.

imbladatura, ~iatura [cf. OF *embla(i)eure*], putting (land) under corn, bringing into cultivation. **b** emblement, (profits from) standing crops. *Cf. bladatura.*

1222 sunt quieti de vasto predicto et similiter de imbladitura de veteribus assartis *Dom. S. Paul.* 107; **1271** perdonavimus .. Johanni de E. x s. ad quos amerciatus fuit .. ad placita foreste .. pro inbladatura *Cl* 341; **1280** pro ~a x acrarum veteris purpresture de solo regis (*TR Forest Proc.* 231) *SelPlForest* lxxxii (cf. ib., v. imbladatio a). **b 1204** quod W. habeat seisinam suam et imbladiaturam *CurR* III 162; **a1235** salva †capella [l. capelle] S. Nicholai †subbladataria [MS: inblatatura] sive investitura quatuor acrarum *MonA* IV 493a; **1242** de instauro et inbladiatura in maneriis de B. *Pipe* 266; **1246** quod .. precium impositum super inbladaturam illius assarti eis .. remittant *Cl* 449; **1246** inbladatura (v. imbladura); **1275** asportavit inbladaturam, sc. dimidie acre frumenti, ij acrarum ordei, iij acrarum mixtilonis, ij acrarum avene vesc' et j acre et dim. feni falcati *Hund.* II 274; **1282** salva .. nobis inbladatura in .. terra existente *Reg. Malm.* II 227.

imbladum [cf. imbladamentum], emblement, (profits from) standing crops.

1242 vicecomes r. c. de xxvj s. de inbladis et misericordiis hominum quorum nominibus proponitur littera T littera D cum puncto supraposito in rotulo de eodem itinere *Pipe* 16; hospitale Jerusalem xlij s. vj d. pro essarto et inblado *Ib.* 30 (= *Chanc.* blado).

imbladura [cf. imbladatura], emblement, (profits from) standing crops.

1214 ipse nichil clamat in terra illa nisi inbladuram in terris predictis *CurR* VII 117; **1246** xiiij acras terre de assartis .. cum inbladura que est in eisdem assartis *Cl* 451 (cf. ib.: cum inbladatura); cum j ferdello terre .. cum inblaura DOMERH. *Glast.* 530.

imbocardare [cf. bocardo b], to imprison in the Bocardo (Oxford & Cambridge).

1434 fuerat inbocardatus pro lacione armorum *MunAc-Ox* 505.

imboiare [LL], to shackle esp. around neck.

†imbriatos [l. imboiatos] in arcto carcere, ut punirentur, servavit ORD. VIT. II 17 (*recte* 18) p. 42 (= *Liber Pontificalis* I 331: imboiatos).

imbossatus [cf. ME *emboced*, *embossed* < OF *embocer*; OF *boce* < botium], embossed, decorated with studs or relief.

1342 pro factura x unciarum auri in plat' in boss' rotund' pro uno hernasio .. pro dextrario .. fact' de panno velveto .. cum leopard' et flor' de lilio de auro in plat' ~is *KR Ac* 389/14 m. 3; **1388** duo vero alia [sc. pectoralia caparum] embossata et magnis lapidibus ornata (*Invent.*) *Arch.* LII 268; **1390** de ij pelvibus argenti albi rotundis enbossatis in bordura *Ac. Foreign* 25 G; **1448** unum ciphum deauratum enbossatum (*Invent.*) *Arch. J.* LI 120; **1510** cratera inbossata *Cant. Coll. Ox.* I 53 (cf. ib. 68 [**1524**]: cratera ~a).

imbraciamentum [cf. 1 imbraciare 3], subornation (of jurors or sim.).

1393 supponebat quod prefatus W. .. cepit .. de quodam Ricardo Palmer x li. .. pro ~o cujusdam assise *Pat* 338 m. 24.

1 imbraciare [cf. OF *embracier*, ME *embracen*; *sense 3 is recorded in* ME *but not in* OF *or* AN]

1 to put one's arms around.

1279 habebit eodem die quantum poterit inbraciare de furagio et de stipulis *Hund.* II 775a (cf. ib.: quantum poterit inbraciare de feno).

2 to engross, buy up or store (commodity) in order to corner market.

1370 ne quis blada aliqua in grangiis et tassis existencia in grosso nec aliqua blada antequam ad mercata et ferias venirent .. ~iaret, emeret vel forstalleret (*Cl*) *Foed.* (*RC*) III ii 901.

3 to suborn (jury or sim.) with intent to pervert the course of justice. **b** (p. ppl. as sb. f.) group of jurors so corrupted.

1440 nihil ceperunt de prefato H. S. ad inquisicionem predictam ducendam et procurandam nec eam ~averunt *Entries* 145va. **b 1400** supponendo ipsos cepisse .. viij li. sterlingorum ad faciendam quandam ~iatam in quadam jurata .. pro veredicto suo dicendo *Pat* 362 m. 6.

2 imbraciare [cf. braciare], to brew, make into ale.

1389 faciunt ~iare dimidium quarterium brasei, de qua servisia bibunt omnes fratres et sorores gilde predicte *Guild Cert.* 46/458; **s1316** quia frumentum inbrasiatum multum adauxit karistiam, [Londonienses] statuerunt ne frumentum de cetero in cervisiam verteretur WALS. *YN* 248 (cf. id. *HA* I 147).

imbraciaria [cf. ME *embracerie*], embracery, subornation of jurors or sim.

1446 pro .. cambiparciis, manutenenciis, ~iis et aliis transgressionibus (*Pat*) *MonA* III 357a; **1452** perdonavimus .. pro .. manutenenciis, et ~iis, ac aliis transgressionibus (*Pat*) *Reg. Whet.* I 88; **1494** pro .. conventiculis illicitis, ~iis, et aliis transgressionibus (*Pat*) *Foed.* XII 556b; **1508** confoederationes, impetitiones, deceptiones, extortiones, ~ias, indebitas prolationes verborum, .. (*Ib.*) *Ib.* XIII 233b.

imbraciatio [cf. 1 imbraciare 3], subornation (of jurors).

pro †exumbracione [l. ~one] assise predicte *Entries* 145vb (v. exumbratio).

imbraciator [cf. ME *embracer*, AN *embraceour*]

1 engrosser, one who corners a market.

1370 quod pena forisfacture et imprisonamenti .. versus communes ~ores, forstallatores et regratarios .. fiat (*Cl*) *Foed.* (*RC*) III ii 901.

2 one who suborns a jury.

1365 [*contrary to the statute against*] embraciatores *Cal. Pl. Mem. Lond.* II 44; **a1400** omnes ~ores ducendi vel procurandi tales inquisiciones .. pro lucro vel proficuo capiendo *Reg. Brev. Orig.* 188v (= *StRealm* I 385 [**1364**]: *touz les embraceours*); *Entries* 145b (v. exumbratio).

imbraellare [cf. OF *embraeler*], to secure (cover of wagon) by tying with ropes.

1242 eidem [rotario] xxiiij s. pro duabus duodenis cordarum ad predictas carectas inbraellandas et easdem ligandas *Liberate* 16 m. 6 (cf. ib.: pro xij bahudis ad predictas xij carectas).

imbratice v. umbratice. **imbraudatus** v. embroudatus b.

imbreviamentum [cf. AN *embrievement*], written record (of particulars).

1201 quod .. habeat .. ~um modo predicto ordinatum, viz. de summa pecunie et nominibus eorum qui eam dederint (*Lit. Justitiarii*) R. HOWD. IV 189; **1203** clericus vicecomitis .. venit et .. negavit quod nunquam per illum factum fuit illud inbreviamentum [sc. de terra] nec ipse aliquod breve super hoc tulit justiciariis *CurR* II 285; **1208** responsuri ~is factis de navibus ville per prefatam juratam *Pat* 85a.

imbreviare [cf. AN *embrever*, ME *embreven*], to record in writing (particulars of): **a** (land, esp. w. ref. to tenure or fiscal liability, or other property); **b** (sums of money or sim.); **c** (weights of metal); **d** (official business); **e** (leg. complaints or proceedings); **f** (jurors, officials,

or guarantors); **g** (person in spec. condition); **h** (library books); **i** (other, var.).

a plus terrae pertinet sed †in breviata in Norfolc *DB* (*Suff*) II 379b; **a1100** ista terra inbreviata fuit in meis brevibus ad opus ecclesie S. Benedicti .. et hoc testantur breves mei de c acris terre [etc.] *Regesta* p. 138; **1184** quod sua [sc. regis] essarta videantur .. et quod inbreviantur quelibet per se (*Assisa Forestae*) *Chr. Hen. II & Ric. I* II p. clxiii; **1201** (v. g infra); **1207** quodlibet .. hundr' in comitatu vestro ~ietur (*Breve de auxilio*) *Pat* 72b (cf. ib.: transcribere faciet a rotulis suis omnes particulas auxilii assisi); **1215** liceat vicecomiti vel ballivo nostro attachiare et inbreviare catalla defuncti inventa in laico feodo *Magna Carta* 26; **1237** ~iare fecit quantitates terrarum et nomina tenencium et servicia eorum . . . et magnam quantitatem illarum terrarum subticuerunt contra prefatam irrotulationem *CurR* XVI 149B (= *BNB* III 251: ~iari); BRACTON 72b (v. imbreviatio); **1282** mensurari faciatis omnes acras terre warectatas et rebinatas .. et illas ~iari faciatis *Reg. Wint.* II 394. **b** clericus thesaurarii .. taleas quoque de eadem recepta a camerariis factas ~iat *Dial. Scac.* I 3 A; **1194** inbreviari faciant quantum [pecunie] et a quibus receperint (*Breve Regis*) DICETO II p. lxxxi; **1195** summa secundi auxilii .. preter l sol. qui inbreviantur in hundredo de Chegelawe et ibi recipiuntur *CurR PR* I 84; **1198** quod .. mittat .. milites et clericos ad videndum et inbreviandum thesaurum ecclesie Cantuariensis .. et, singulis inbreviatis, reponatur in tuto et salvo loco *Ep. Cant.* 474; **1201** summam [sc. pecunie] .. de dominicis et de wardis et excaetis et redditibus domini regis faciant separatim ~iari (*Lit. Justitiarii*) R. HOWD. IV 189; **1229** ad exitus .. forgiarum recipiendos et colligendos et distincte et aperte inbreviandos *Cl* 261. **c** **1198** custodes secunde funture [stanni] et clericus diligenter et memoriter .. inbreviare faciant omnia miliaria et centurias et libras *BBExch* I 366. **d** retro quos [sc. barones scaccarii] sedet quidam clericus regis qui ad memoranda et recogniciones inbreviare [*ed. 1647*: †adimbreviare] assignatur *Fleta* 82 (cf. *Dial. Scac.* I 5 B–C). **e** ille [querele] .. que pertinent ad coronam domini regis debent ~iari [MSc.: *enrollyt*] et custodiri *Leg. IV Burg.* 6; **1203** ibi [sc. ad comitatum] fuit querela sua inbreviata *CurR* II 180; **c1300** hoc modo debent querele .. irrotulari vel ~iari *FormMan* 19; **1310** ad querelas .. ~iandas *Law Merch.* III 151; **s1189** dixerunt quod de his [combustione et extirpacione] noluerunt respondere, quia justiciarii domini regis habent [recordum] illorum †in breviatum [l. inbreviatum] *Croyl. Cont. B* 456. **f** **1181** justitie .. juratores et alios faciant inbreviari, .. qui, secundum valentiam catalli vel redditus, que arma habere debuerint (*Assisa de armis*) R. HOWD. II 262; nomina eorum [xij legalium hominum de visneto] ~iari facias (*Breve de morte antecessoris*) GLANV. XIII 3; **1229** nomina eorum [regardatorum] inbrevientur *Pat* 285; **1230** eorum [xij hominum qui eum manucapiant] nomina ~iari .. faciat *Cl* 360; **a1280** (v. brocarius b). **g** contradicit se nescisse usque †addue' [*sic* MS; l. ad diem] qua [liber homo] fuit inbreviatus *DB* II 276b.; **1166** omnes vicecomites faciant inbreviari omnes fugitivos, qui fugerint de suis comitatibus, et .. illorum nomina scripta portent ante justitias *Assize Clar.* 18; **1201** nomina singulorum et villarum, quantumcumque de singulis villis et quorum quelibet sit, ~iari faciant (*Lit. Justitiarii*) R. HOWD. IV 189; **1202** quod ipsum in rotulo scaccarii nostri quietum [de debito] ~iari faciatis *Pat* 18b; **1319** ad nomina eorum qui defensabiles fuerint et quantum terre vel †catalla [l. catallorum] quilibet eorum habeat irrotulandum et ~iandum *RScot* I 204a; **a1320** aldermanni .. nomina defunctorum distincte et aperte inbreviari faciant *MGL* I 53. **h** librorum custos in eodem capitulo inbreviet nomina librorum et eos recipientium LANFR. *Const.* 98. **i** **a1166** coronator autem vel vicecomes aut prepositus interfecti videbunt plagas, et per clericum suum inbreviari [? *add.* faciunt] et corpus interfecti sepelire debent (*Leg. Malc.* 15. 6) *RegiamM* I f. 6v; **s1213** facias diligenter inbreviare omnes naves ibi inventas (*Breve Regis*) WEND. II 6; **1238** aperte et distincte inbreviari facias in quodam rotulo quis, cui, coram quibus, quando, ubi, et quantum solverit singulis predictorum J. B., P. W. et R. vel eorum ballivis *LTR Mem* 12 m. 13; **c1300** interfectum videant et plagam simul inbreviari faciant .. *FormMan* 21; **1302** clerico supervisoris operis ~ianti defaltas operariorum *KR Ac* 482/20 r. 3; **1364** ad .. colorem singulorum equorum .. ~iandum (v. 2 equus 3e).

imbreviatio, written record (of particulars).

valorem omnium terrarum et tenementorum imbreviari faciatis et illam ~onem habeatis coram justiciariis nostris (*Forma brevis*) BRACTON 72b.

imbreviator, recorder, writer of record.

1184 in liberatione R. clerici de Bristow', ~oris de Bristow *Pipe* 111; **12..** testibus .. R. ~ore et multis aliis *Mem. Ripon* I 200.

imbreviatura [cf. OF *embrieveure*], written record (of particulars).

1549 inbreviature notariorum (v. 2 deliberare 3f).

imbrex [CL]

1 (semi-cylindrical) roof-tile (made of clay); **b** (fig.). **c** (wooden) shingle. **d** slate.

~ex, quod ab arcendis imbribus dicitur ALDH. *PR* 114 p. 156; dilubra paganorum .. rubris tegularum ~icibus tecta *Id. VirgP* 26 p. 262 (cf. id. *VirgV* 647: moenia murorum restaures imbrice rubra; *gl.*: ~icibus, *pece*, [*ge*]*brycum*, *hrofty*[*gelum*] vel *roftimbrum*); livida nudato suggrundia pariete passa / imbricibus nullis: pluviae quacumque vagantur, / pendula discissis fluitant laquearia tignis FRITH. 442; orientalem porticum ejusdem Uuintoniensis aecclesiae deauratis ~icibus adornare disposuit WULF. *Æthelwold* 10. **b** praeconium pudicitiae .. comere .. conabor et .. cum tegulis trochaicis et dactilicis metrorum ~icibus firmissimum culmen .. imponam ALDH. *VirgP* 60 p. 321. **c** **s1090** ferrum candens sagittarum atque pilorum in arida veterum lanugine ~icum .. figebant ORD. VIT. VIII 13 p. 341. **d** *sclat* .., latericia, -e, .. †umbrex *PP*.

2 gutter: **a** (under eaves or unspec.); **b** (set in ground).

a OSB. GLOUC. *Deriv.* 287, *CathA* (v. imbricium); hoc ~ex [*sic*], *lover Gl. AN Ox.* 111; hic ~ex, *lover Gl. AN Glasg.* f. 20ra. **b** **1460** limites .. progrediuntur per ymbricem vulgariter dictum *a chanell'* juxta murum gardini *Cart. Worc.* 548.

imbriare v. imboiare.

imbrica [cf. imbrex 2b], gutter.

imbricatio .. ~arum et canalium reddit similitudinem SPELMAN *Asp.* 105.

imbricamentum [cf. imbrex 1c], (wooden) shingle.

domum .. ~is etiam ligneis voluit contectam FERR. *Kinloss* 72.

imbricatio, (her.) engrailment.

SPELMAN *Asp.* 105 (v. imbrica).

imbricator [cf. LL imbricare], tiler.

~ori, quem etiam tegularium vocamus FERR. *Kinloss* 71.

imbricatus [CL = *looking like roof-tiles*], (her.) engrailed.

nec crediderim Peytonorum familiam celebrem et antiquam agro Suffolcienci symbolum suum Zebellinum cruce ~a aurea aliunde fabricatam quam ex Uffordorum clypeo regiunculae comitum SPELMAN *Asp.* 49; *Ib.* 108 (v. dentare 1e).

imbricium [cf. imbrex 2a], gutter.

hoc ~ium, i. lovarium per quod aqua elicitur, quod aliter dicitur imbrex OSB. GLOUC. *Deriv.* 287 (cf. ib. 290: ~ium, lovarium, impluvium); *a gutter*, .. ~ium, imbrex *CathA*.

imbriculus, short shower. *Cf. imberculus.*

imber, -ris, i. pluvia, inde hic ~us, -li, diminut', et imbricus, -a, -um, i. pluviosus OSB. GLOUC. *Deriv.* 287.

imbricus [CL], full of rain, rainy.

OSB. GLOUC. *Deriv.* 287 (v. imbriculus); ~us, pluviosus, nimbosus *Ib.* 290.

imbrifer [CL], bringing rain: **a** (of cloud or its source); **b** (of wind); **c** (of season).

a [stellae] / quas nubes rapiunt imbriferae subito ALCUIN *Carm.* 9. 20; ast tamen imbrifero perfundo gurgite mundum *Aen. Laur.* 3. 6; novimus imbriferis extingui nubibus ignem NECKAM *DS* III 109; [sol] attrahit sursum ex aquis marinis partes earum subtiliores et elevat in sublime ubi congregatur in nubes ymbriferos terram fecundantes GROS. *Hexaem.* V 21. 2; ut nubes ymbrifera stillas pluviales, pungencium sagittarum intollerabilem multitudinem emittentes *Ps.*-ELMH. *Hen. V* 27 p. 65. **b** imbriferos qui suscipit undique ventos WULF. *Swith. prol.* 197; parvula nubes ~eris concitata ventis visa est KETEL *J. Bev.* 270. **c** postrema Zodiaci signa Aquarius et Pisces ob ~eros menses sunt appellata ALB. LOND. *DG* 8. 13.

imbrificare [LL], to cause (clouds) to shed rain (in quot., fig.).

ad .. martyris translationem nostre mentis vertamus intentionem prout ~averit spiritus sancti gratia nostri meditatus interiora HERM. ARCH. 43.

imbrificatio, shedding of rain (by clouds).

terra polluitur adhuc †nepharia [? l. nephario]; / occurrit nubium imbrificacio WALT. WIMB. *Carm.* 513.

imbrigabilis, disputable, controversial.

illud plus concordat cum modo loquendi, quamvis videatur nimis inbrigabile sophistis WYCL. *Log.* I 230; Augustinus .. salvat textus scripture plus †imbrigibiles *Id. Incarn.* 113; cum ergo secundum sit cercius et minus ~e NETTER *DAF* II 217. 2.

imbrigabiliter, disputably, controversially.

moderniores autem doctores ~ius dicunt .. quod .. WYCL. *Univ.* 269.

imbrigare [ML], to involve in (esp. leg.) dispute; **b** (absol.).

1292 nec eligatur aliquis [procurator] qui diversis negociis propriis suis inbrigatur *Conc. Syn.* 1106 (= B. COTTON *HA* 209: ~atur); **1336** Gallici indagati quantum possunt quomodo rex eorum sic inbrigatur *Illust. Scot.* 59. **b** **1320** iniquitatis filii .. minas machinantur .. ad indictandum, vexandum, intractandum, et ~andum in curiis secularibus (LEDREDE *Const.*) *RB Ossory* (*HMC*) 231.

imbrigatio, dispute (esp. leg.). **b** embroiling in dispute.

c1350 appellaciones et inbrigaciones .. interponi *StatOx* 92. **b** ex inbrigacione monstruosa reipublice per monachos denegantes WYCL. *Civ. Dom.* II 57.

imbrochiare [cf. OF *embrochier*, ME *embrochen*], to broach (cask of wine).

1255 vina Oxonie communiter vendantur et indifferenter .. ex quo inbrochiata fuerint *BBC* (*Oxford*) 293 (cf. ib. 299 [**1268**, *Cambridge*]: ~iata; *DocCOx* 214 [**1285**]: inbrechiata).

imbroidatus v. embroudatus b.

imbrosus [cf. imber], rainy, affected by rain.

1302 seysona seminis ymbrosa et profunda (*Pipe Wint.*) *Econ. HR* 2nd S. XII 381.

imbuentum [cf. LL imbutamentum], teaching, doctrine.

theorica dogmata [*gl.*: inbuenta] ÆLF. BATA 5. 7.

imbuere [CL]

1 to steep, soak, wet; **b** (w. ref. to dyeing); **c** (fig.); **d** (alch.). **e** (p. ppl., fig., perh. infl. by OF *embeu* [< **imbibutus* (*cf.* It. *imbevuto*)], p. ppl. of *emboivre* [< *imbibere*]) 'soused', drunk.

hac [limpha] ubi cecus sibi oculos ~it, apertis repente luminibus insolitum diem hausit GOSC. *Edith* 272; [harundo] Herculeis imbuta vadis J. EXON. *BT* VI 233. **b** hic purpura, punico, murice, et Sidoniis conchiliis ~ta, coccusque bis tinctus auro intexitur GOSC. *Edith* 69. **c** ut non quemlibet judicem, immo talem qui septiformi rivo philosophie ~tus esset, intelligerem ADEL. *ED* 3; due anicule .. uno imbute maleficio W. MALM. *GR* II 171. **d** nisi es nostrum diruatur, ~atur et teratur .. donec a sua spissitudine extrahatur et in tenuem spiritum et impalpabilem vertatur DASTIN *Ros.* 7; ut quocies corpus ~itur tocies desiccetur *Ib.* 12; oportet es conterere, aqua vite pluries ~ere, et vice post vicem desiccare quousque suum biberit humorem *Ib.* 14. **e** Anglici caudati, qui sunt ad pocula nati, / cum sunt imbuti, tunc sunt de semine Bruti H. AVR. *Poems* 93. 6; **1280** ballivus multum inbutus dictum J. super manum dextram cum baculo graviter percussit *IMisc* 38/29; temptetis eum pluries jejunum, pastum, inbutum, et in vario statu repertum MILEMETE *Nob.* 78; **1351** dicit quod ipse fuit †nubutus [l. imbutus] et ad illud faciendum procuratus fuit *SelCKB* VI 78.

2 to permeate, fill, inspire (w. feeling, thought, or sim.). **b** (of sail) to fill out (w. wind).

divinae inspirationis inbuta subsidiis (*Lit. Papae*) BEDE *HE* II 11 p. 105; eodem spiritu ~tus tempestatem .. praevidit quo et Paulus apostolus .. navigantibus prophetavit *V. Cuthb.* II 4 (cf. ib. 8: a spiritu Dei inbutus); quos fidei donis primo sacer inbuit almis ALCUIN *WillV* 10. 3; isque quater ternos ignita luce clientes / imbuit FRITH. 20; fraudibus imbuto D. BEC. 2338 (v. dilapidator); hec .. sollempnia celebrantes velut altaris cornua sanguinis aspersione replentur, quia martirem venerantes passionis ejus memoria ~untur S. LANGTON *Serm.* 4. 30. **b** prospero vento velis ~tis a portibus avolant *Ps.*-ELMH. *Hen. V* 37.

3 to inspire, encourage.

cum vident domini sui animum in tentationibus vacillantem possentque eum verbo exhortationis ~ere, mellitis sermonibus spiritum in eo virtutis extinguunt P. BLOIS *Ep.* 15. 55B.

4 to teach, inform (sts. w. implication of elementary training): **a** (w. double acc., or acc. of person only); **b** (w. inf.); **c** (refl.); **d** (w. abl. defining matter taught); **e** (w. *in* & abl.); **f** (w. *ad* & ger. or sb.); **g** (w. dat. of person taught).

a ALDH. *VirgV* 1079 (v. doctrina 2b); aput quem [sc. Elphegum] praecipiente rege quo melius ~eretur aliquandiu commoratus est .. WULF. *Æthelwold* 9; **c1381** quam gravidam stulticiam / hec secta vulgus imbuit (*In Lollardos*) *Pol. Poems* I 235. **b** qui excubias gregis et caulas vallare bidentum / imbutus fuerat conscripto dogmate bibli ALDH. *VirgV* 1037 **c** disposuit ultramarinas partes adire, causa ~endi se sacris libris seu monasticis disciplinis perfectius ÆLF. *Æthelwold* 7. **d** instrumentis medicinalibus ~ti ALDH. *VirgP* 34 p. 275; prosapia .. transmarinis litterarum caracteribus ~ta *Ib.* 49 p. 304; filios .. eorum .. omnibus bonis moribus instituere et literis ~ere .. non desinebat ASSER *Alf.* 76 p. 60; malis

artibus ~tum OSB. *V. Dunst.* 11 (v. daemon 2d); monachilis vitae rudimentis .. ~itur *V. Gund.* 7. **e** **1415** juvencule .. in literatura ~ende *Lit. Cant.* III 134; G. cognomento Crispinus .. in scienciis trivialibus et quadrivialibus sufficienter ~tus, sancte et religiose fuerat educatus FLETE *Westm.* 85. **f** cum [Aeduini] cathecizaretur atque ad percipiendum baptisma inbueretur BEDE *HE* II 15 p. 114; in scola Aðelwoldi .. qui multos ad bonum ~it ÆLF. *Gram.* 1. **g** [Danihel] qui nobis normam sacratae virginitatis / imbuit ALDH. *VirgV* 326.

5 to instruct or direct, prompt.

adsumens quandam ventinulam, posuit in ea festucam. quod cum alites prospicerent, velut notato signo inbuti, illic nidificare coeperunt FELIX *Guthl.* 39.

6 to impart (information).

Eleutherius .. gloriosam populo Christiano ~it praedicationem ÆTHELW. I 1.

imbuimen, something that is drunk in (in quot., fig., perh. w. play on *imbuere* 1 and 4).

quatenus esurietis et sitis praenotatae pius potator vel fautor, sacro inbuimine adesse dignemini B. *Ep.* 387.

imbulis v. imbulus.

1 imbullare v. imbillare.

2 imbullare [cf. ME *embullen*], to seal with or confirm by papal bull. **b** to seal with imperial seal.

12.. nummus est janitor [sc. curie Romane] et servat ostia, / .. / inbullat cartulas, dat privilegia (*De Humana Miseria*) *EHR* XXXII 404; **1305** quoddam privilegium domini pape Bonifacii octavi cum serico inbullatum *Melrose* 349; **1305** litteras apostolicas filo canapis et vera bulla inbullatas .. recepimus *Reg. Carl.* I 254 (cf. ib. 260 [**1306**]: ~atas); **s1354** mittebatur ad curiam [sc. Romanam] .. ut pacta predicta ~arentur J. READING 164b (cf. AVESB. 123b: pro .. pacis forma per summum pontificem confirmanda; AD. MUR. *Cont. A* 184: ut dominus papa dictam concordiam confirmaret; HIGD. *Cont. A* 408: pro pactis ~andis); **s1303** nota [pape] .. placuit .. procuratori archiepiscopi, qui instanter egit quod inbullaretur THORNE 1991; **s1300** papa .. jubens ut .. regem adiret cum litteris inbullatis eique mandata papalia demonstraret WALS. *HA* I 82. **b** **s1193** afferens litteras domini imperatoris [Romanorum] aurea bulla ~atas R. HOWD. III 211 (cf. WEND. I 224).

imbultare [cf. buletare], to bolt or sift (flour or sim.) in (spec. container).

1311 in aula senescalli [r. c.] de ij alveis magnis, j alveo minori, j doleo ad inbultand[um] *Pipe* 156 r. 49*d*.

imbulus [? ἔμβολος *infl. by* ambulare; cf. *DuC*], portico, (covered) walkway or sim. **b** penthouse, roof or sim. projecting from building.

~us, porticus vel locus ad ambulandum aptus, quod et deambulatorium dicitur OSB. GLOUC. *Deriv.* 294; porticum .. spatio quintane forme imbulis [*gl.*: *wentes, halures, la vouysure*; v. l. nimbulis] comparandum BALSH. *Ut.* 47. **b** *pentyse off a hows eende*, .. †nubilus [v. l. ~us] *PP*.

imbursare [ML; cf. OF *emborser*]

1 to put in one's purse: **a** (lawfully); **b** (unlawfully).

a **s1349** aurum .. sibi promissum cupiens inbursare AVESB. 119b; **1361** antequam ego vel heredes mei .. de predicta baronia aliquid nobis ~emus vel appropriemus *Reg. Glasg.* 263; striccius hic nummos imbursat et auget avarus GOWER *VC* VII 97. **b** **c1220** si quo grandi munere bene pascas manum / frustra quis objiciet vel Justinianum / vel sanctorum canones, quia tanquam vanum / transferunt has paleas et imbursant granum (*Contra Avaritiam* 40) *Pol. Songs* 16; **1342** criminum conductores pecuniamque recipientes et ~antes .. eam in usus pauperum .. non convertunt (*Const. Cant.*) *Conc.* II 700b.

2 to reimburse, defray (another's expenses).

1225 ita .. quod unaquaque procuratio summam duarum m. .. non excedat. .. easdem procurationes nolo .. ~are *Reg. S. Osm.* I 372; si quicumque pro culpis subditorum aut penis pecuniariis inflictis fuissent subditi multati, eas noluit ~ari; quin potius religiosis, pauperibus, et in aliis piis oneribus erogari BIRCHINGTON *Arch. Cant.* 13.

imbursator [ML], one who pockets money (in quot., unlawfully).

1541 usurpator et indebitus ~ator *Melrose* 601.

imbuscare [cf. ME *embushen*], to place (men) in ambush.

1381 Robertus de B. .. una cum bonis .. suis per quosdam ligeos nostros .. positis pro eodem Roberto et insidiantibus ac etiam inbuscatis quibusdam fautoribus suis .. captus fuisset *RScot* II 37a.

imbutio [LL], instruction, influence, inspiration.

dum ore prophetico Sanctique Spiritus inbutione perplura praediceret B. *V. Dunst.* 33.

imbutor [cf. imbuere 4], teacher, instructor.

sacri regiminis et norme justitie ~ores B. *V. Dunst.* 15; ex divinis inbutoribus *Ib.* 31 (v. decibilis); ÆLF. *Gl.* (v. doctor 1a); hic ~or, *a mayster WW*.

ime [*adv. from* CL imus], low (w. ref. to position in space).

c1392 pons .. tam ime constructus .. quod nulla navis ibidem subtus pontem predictum transire potest (*AncIndict*) *Pub. Works* II 358; **s1457** dum transisset .. solstitium .. descendissetque sol ymius et ymius, quousque descripsisset omnes pene gradus signi leonis *Reg. Whet.* I 268.

imembrana, membrane (in quot., scrotum), or ? *f. l.*

a ballokecod, piga, imembrana [? l. i[d est] membrana] *CathA*.

imens v. 1 hymen. **imera** v. hemera. **imeron** v. merum.

imetta [cf. ME *imet*, *ȝemette* = '*measuring rod*'], measure of land, rod, rood.

c1290 dedi .. decem et quatuor ymettas terre mee .., quarum undecim ymette jacent .. versus partem orientalem .. et cetere tres ymette .. que vocantur Anglice Caltesteyles jacent versus partem occidentalem *MS E. Sussex RO Rye* 136/14 (cf. *HMC Rep.* V 505a).

imfra v. infra 11. **iminencia** v. imminentia. **iminere** v. imminere.

imitabilis [CL]

1 that can be imitated or reproduced; **b** (phil.).

excepit eos .. princeps more illo suo paucis ~i W. MALM. *Wulfst.* I 10 p. 17. **b** est essencia illa ab omnibus diversimode ~is DUNS *Ord.* IV 233; essencia divina .. ~is a creatura W. ALNWICK *QD* 427 (v. idea 1).

2 that should be imitated.

paschae observantiam .. quae universis Christi ecclesiis foret ~is ostendit BEDE *Mark* 133B; beatissima .. ejus avia regina Alfgyva .. illi ostendit qua pietate et fortitudine in thoro regis Edmundi et aureo cultu celo ~is extiterit GOSC. *Edith* (I) 54; o virum cunctis ~em ..! DOMINIC *V. Ecgwini* I 6; multorum mentibus ~i exemplo GIR. *TH pref.* p. 21; videat autem ille, si sapiat, quem finem illi duo de scelere suo sint in posterum assecuturi: et tunc vel ~es in hoc reputet ipsos vel aspernabiles *Id. SD* 98; quatinus exempla antiquorum patrum proposita jugiter exponantur ~ia R. NIGER *Mil.* I 60; quomodo sanctus jam regnans in patria adhuc in agone certantibus sit ~is *V. Edm. Rich B* 614.

3 tending to imitate, imitative.

alios sui sequaces bonitatis sue ~i emulatione inflammat R. COLD. *Osw.* 8; ~i accensus emulatione GIR. *EH* II 7 p. 321.

imitabilitas [ML], (phil.) capacity for being imitated or copied.

consequens est quod idea distinguatur ab aliis ideis per proprium respectum ~atis. alia enim est racio ~atis essencie divine qua est imitabilis ab homine et alia est racio ~atis ejus qua est imitabilis ab equo T. SUTTON *Quodl.* 534; W. ALNWICK *QD* 427 (v. idea 1); moralia mandata ad naturale jus spectant, atque nonnullam imitacionem recepisse monstrantur, mystica vero quantum ad superficiem et a naturali jure probantur aliena, sed quantum ad moralem intelleccionem inveniuntur sibi annexa, ac per hoc sunt et ad superficiem videntur esse imitata; tamen secundum moralem intelligenciam, ~atem nescire probantur OCKHAM *Dial.* 915.

imitacivus v. imitativus 2.

imitago [LL], (as etym. gl. on *imago*, showing deriv. from *imitari* or sim.).

cum .. dicitur quia homo est imago Dei propria est locutio; dicitur enim imago quasi ~o NECKAM *SS* I 7. 1.

imitari, ~are [CL]

1 to imitate or copy: **a** (another person's action or sim.); **b** (another writer or sim.).

a [Albanus] ~ans .. Christum animam pro ovibus ponentem GILDAS *EB* 11; *Ib.* 74 (v. exemplar 2b); hunc [sc. Cuthbertum] puerum pueri, juvenem juvenes imitari, / et laicum laici mente manuque velint L. DURH. *Hypog.* 69; pauper pauperem Christum ~are qui reliquit nobis exemplum ut sequamur vestigia ejus M. RIEVAULX (*Ep.*) 63. **b** quem [sc. Virgilium] Lucanus aemulans his verbis ~abatur, dicens: .. ALDH. *Met.* 10 p. 89; ~ari morem Sacre Scripture BEDE *HE* IV 20 p. 247; G. Pictavinus .. Crispi Salustii stilum ~atus ORD. VIT. IV 7 p. 217; Plinius .. recitans auctores quos ~abatur, nominat Architam inter auctores quos ~atus est GROS. *Hexaem. proem.* 13; WYCL. *Ver.* I 4 (v. discipulariter a).

2 to follow or take as a model: **a** (example); **b** (another's life); **c** (another's appearance); **d** (custom or established practice); **e** (inf. as sb.).

a [Ceolfridus] erat .. talis .. cujus fidei non fictae sit ~anda constantia *Hist. Abb. Jarrow* 1; si .. historia de bonis bona referat, ad ~andum bonum auditor sollicitus instigatur BEDE *HE pref.* p. 5; **p792** melius est .. sanctorum ~are exempla quam .. ALCUIN *Ep.* 290; **939** divinus sermo .. praemonet ut hujus saeculi caduca contempnentes spiritaliaque ~antes caelestia properemus ad regna *CS* 734; rex .. laudat admirandum et †inimitandum [l. imitandum] exemplum magnae humilitatis ejus EADMER *Odo* 23; **s1170** formam dominice ~ans passionis (v. dominicus 6c); malorum .. exempla ut non ~entur, sed ut pocius vitentur, describi *Flor. Hist.* I 1 *prol.*; divinam pulchritudinem ~antes COLET *Cel. Hier.* 184 (v. discolorare 1d). **b** coeperunt apostolicam primitivae ecclesiae vitam ~ari BEDE *HE* I 26 p. 46; sanctorum .. vitam ~are ALCUIN *WillP* 32; dicebat quod sic apostolicus est ut non apostolorum doctrinam ~etur aut vitam J. SAL. *Hist. Pont.* 31 p. 65. **c** si beati Petri consortium quaeris, cur ejus quem ille anathematizavit tonsurae imaginem ~aris? (*Ep. Ceolfridi*) BEDE *HE* V 21 p. 344; ELMER CANT. *Record.* 710B (v. imago 12a). **d** ea, quae in Gallis bene disposita vidit, ~ari cupiens, instituit scolam BEDE *HE* III 18 p. 162; in quam observantiam [sc. Paschae] ~andam .. omnis per orbem ecclesia conversa est *Ib.* 25 p. 186; Vitalis .. ritus Cluniacensium vel aliorum .. ~atus non est ORD. VIT. VIII 27 p. 449; R. COLD. *Cuthb.* 38 (v. discinere); quod .. cerimonialia Veteris Legis deberet ecclesia ~ari OCKHAM *Pol.* I 49 (v. 1 discretio 3a). **e** adquiruntur habitus per ~are et frequenter agere *Ps.*-GROS. *Gram.* 58.

3 to follow, adhere to: **a** (path, fig.); **b** (form of religion); **c** (plan, desire, or sim.).

a **1264** si qua eciam via pacis alia brevior nobis et regno nostro magis idonea possit inveniri, nos et barones nostri .. illam proponimus ~ari *Cl* 386; historicorum chronographorum .. vestigium ~ari mea modicitas non sufficeret, nisi .. *Eul. Hist.* I *proem.* p. 1. **b** **s870** pagani .. illum [sc. Edmundum] aggredientes ut Christianitatem relinqueret, et sectam illorum ~aret *Ib.* III 5. **c** noli tua desideria ~ari in comestione, potu, coitu, et diuturno sompno BACON V 51; **1290** nos priori opcioni nostre fieri nolentes inconformes, set pocius eam imitantes, .. (*Breve Regis*) *SelPlJews* p. xli.

4 to make an imitation or reproduction of: **a** (artefact); **b** (w. ref. to relationship between art and reality; *cf.* Arist. *Phys.* 194a).

a **s1265** memorandum quod .. quedam indentura .. sigillata fuit cum quodam sigillo .. quod quidem sigillum postmodum ~atum fuit certis de causis .. *Feod. Durh.* 167 n. **b** queritur utrum ars immitetur naturam . . . posterius debet ymitare prius, .. ergo natura ~atur artem BACON VIII 118; licet ars ~et naturam SICCAV. *PN* 170; corrupcio unius est generacio alterius tam in artificialibus quam in naturalibus. ars enim ~atur naturam et in quibusdam corrigit et superat eam, sicut mutatur natura infirma medicorum industria DASTIN *Ros.* 1.

5 to mimic (sounds); **b** (of birds).

cum fari pueriliter temtabat .. non puerorum lascivias, non garrula matronarum deliramenta, non vanas vulgi fabulas, non ruricolarum bardigiosos vagitus, non falsidicas parasitorum fribulas, non variorum volucrum diversos crocitus, ut adsolet illa aetas, ~abatur FELIX *Guthl.* 12; o miserrime Satana, manifestae sunt vires tuae: nonne nunc miserarum bestiarum hinnitus, grunnitus crocitusque ~aris, qui ante aeterno Deo te simulare [vv. ll. assimilari, assimilare] temptasti? *Ib.* 36 p. 116. **b** kalendris ~atur .. omnium voces UPTON 185 (v. calandra).

6 to resemble (by nature or chance); **b** (phil., w. ref. to communication of essence).

dulcia poma / nectaris et mellis mulsos imitantia gustus ALDH. *VirgV* 239; quandoque .. voluntas .. manum ~atur emunctoris WILLIB. *Bonif. pref.* p. 2 (v. emunctor 2b); crisoprassus purpureum / imitatur conchilium *Cives* 1. 2; nec mirum tamen si diaboli naturam .. diabolici generis .. germen non ~ari non possit GIR. *SD* 22. **b** nisi .. eum [sc. Deum] cujus est [homo] summa similitudo ~ari posset GROS. *Hexaem.* VIII 1. 2; creature .. ~antur illam essenciam sub racione generalis attributi DUNS *Ord.* III 39.

7 ? to simulate.

si mater cum filio suo parvulo fornicationem ~atur THEOD. *Pen.* I 2. 20.

imitatio [CL]

1 imitation, copying: **a** (of another person or sim.); **b** (gram., w. ref. to formation of verbs); **c** (of moral example or sim.); **d** (of phrase, idiom, or sim.).

a monasteria .. desideravit invisere ibique ad ~onem illorum pauperem vitam ducere S. DURH. *Durh.* III 21 p. 108 (= *MonA* I 235b: †junctationem); **c1241** significans

nos ad sui ~onem (v. dignificare 1b). **b** duo .. sunt consequencia motum ut firmetur: ~io et frequentatio *Ps.-*GROS. *Gram.* 51. **c** episcopatus gradum ad ~onem beatorum apostolorum virtutum ornabat operibus BEDE *HE* IV 26 p. 273; ut de ejus vita ~one digna ordo quisque sibi decerpat quod virum Dei sequendo sibi ad imitandum assumat *V. Gund.* 2; illi, qui Dei voluntatem faciunt, per ~onem boni operis corpus Christi efficiuntur ALEX. CANT. *Dicta* 20 p. 191; hunc libellum crebro coram vobis lectum et intellectum cum agnoveritis, habebitis in eo lucidissimum specular ~onis, admirationis, et exultationis. .. ~o proponitur vobis et ceteris in virtutum studiis et misericordie operibus exercendis J. FURNESS *Walth. prol.* 4; ad .. speciei divine ~onem PECKHAM *QA* 198 (v. deiformis); in quo .. opere sequenda et fugienda lector diligens dum invenerit ex eorum ~one et evitacione .. melioratus fructum afferat exoptabilem *Op. Chr. proem.* 4. **d** 'est' quoque pro 'licet' ad ~onem Grecorum simili figura videtur dictum, ut Vergil [*Aen.* VI 596] 'cernere erat' pro 'licebat' LINACRE *Emend. Lat.* lxxvi.

2 resemblance, likeness; **b** (phil., w. ref. to communication of essence; *cf. imitari* 6b).

alio modo accipitur imago pro tali formato, sive fiat ad ~onem alterius sive non OCKHAM *Sent.* II 553. **b** ut .. [homo] omnia haberet in ~one et quasi vestigii impressione que ille [sc. Deus] habet in substantiali possessione GROS. *Hexaem.* VIII 1. 2; intelligit 'per simile' de similitudine univocacionis aut ~onis DUNS *Ord.* III 38; *Ib.* 215 (v. exemplatio).

3 (*filius ~onis*) son by adoption.

1377 homo potest solum ministratorie dare tam naturali filio quam filio ~onis (WYCL.) *Ziz.* 247.

imitativus [LL]

1 imitating, modelled on.

cum igitur homo .. sit Dei Trinitatis summa similitudo ~a GROS. *Hexaem.* VIII 1. 2.

2 (gram.) expressing imitation or resemblance.

sumuntur hec [sc. patronomica] pro nominibus †imitacivis ut 'iste est Platonicus', id est 'imitator Platonis' *Ps.-*GROS. *Gram.* 38; [verba] ~a tam a propriis quam a comunibus nominibus veniunt ut 'patrizo', 'Neronizat' *Ib.* 53.

3 (med.) assimilative.

succus pedis columbini et gariofilate potatus si sine immutacione exit per vulnus in ea qualitate et quantitate qua potatur, morietur. deficit enim virtus digestiva et ~a GILB. II 87. 2.

imitator [CL], imitator, follower: **a** (of another person); **b** (of example or abstr.).

a sancti atque perfecti et apostolorum ~ores GILDAS *EB* 66; in loco, ubi praedicti abbates prius sepulti fuerant, ipse, qui eorum ~or fuerat, conderetur BEDE *HA* 20; **1075** ut filius tanti viri ~or patris existeret et omnis bonitatis et fidelitatis aliis exemplum preberet LANFR. *Ep.* 40 (32); Ulixis ~or eris, non Empedoclis MAP *NC* IV 3 f. 44v; Petri vicarius et ~or *Canon. G. Sempr.* 54v; homicida quoque specialis quidem est ~or diaboli, qui fuit 'homicida ab inicio' [*Joh.* viii 44], et per hanc specialem imitacionem fit diaboli filius GROS. *DM* V 5 p. 61; *Ps.-*GROS. *Gram.* 38 (v. imitativus 2). **b** bona .. ut laudentur, sequantur, .. sectatores .. eorum omni honore .. digni habeantur; mala vero [ut] vituperentur .. et .. effugiantur, ~ores .. eorum omni odio .. corripiantur ASSER *Alf.* 95; beatus Stephanus .. ante alios ~or [*gl.*: *gibisnere*] Dominice passionis *Rit. Durh.* 45; 'omnes hii filii Josaphat regis Juda ..' ymitatores sc. operum ejus S. LANGTON *Chron.* 174.

imitatorie, by imitation.

ut .. singulis que sunt in Deo invenirentur singula ~ie aptata in homine GROS. *Hexaem.* VIII 1. 2.

imitatorius [LL]

1 imitative, following (model or sim.).

hominibus factis ad imaginem Dei per ~iam validarum virtutum operacionem AD. MARSH *Ep.* 92; *folowynge*, .. ~ius *CathA* (v. deaemulus).

2 resulting from imitation.

dicitur .. forma cui materia formanda applicatur, et per applicationem ad illud recipit formam ipsius cui applicatur ~iam GROS. 109; homo in omnibus ejus [sc. Dei] propinquissima similitudo ~ia *Id. Hexaem.* VIII 1. 2; anima vel spiritus creatus est imago ~ia Dei WYCL. *Trin.* 62.

3 (*filius ~ius*) adoptive son (in quot., fig.).

1412 magnitudo spiritualis potestatis plus consequitur filium ~ium Christi in moribus, quam prelatum, qui per cardinales .. est electus *Conc.* III 340b.

imitatrix [CL]

1 imitator, follower (f.): **a** (of another person); **b** (of example or abstr.).

a emula, ~ix *GlC* E 158; sit in ea [muliere] jugum dilectionis et pacis, .. †imitatrisque [? l. imitatrix; *but treated as vb. by gl.*: *ðu sie giliced*] sanctarum permaneat feminarum *Rit. Durh.* 109; venerabilem quoque ejus genetricem, ewangelice Anne religiosam ~icem GOSC. *Edith* 58. **b** in juventute, que vitiorum facilis ~ix est ADEL. *ED* 32; abbatisse .. habuerunt .. multas et regiminis et religionis ~ices W. MALM. *GP* IV 183 p. 323; est .. equitas quodammodo immitatrix justitie in facienda dispensatione R. NIGER *Mil.* III 15; prima .. generatio ex limo; et hec ultima ex ligno. illa .., quoniam a Domino nature tantum semel, ideo semper obstupenda processit. istam vero, non minus admirabilem, ~ix natura ministrat GIR. *TH* I 15 p. 49; cum .. sit .. ~ix natura vitiorum *Ib.* III 24 (cf. id. *SD* 70); de generatione tali que est ~ix scelerum paternorum HOLCOT *Wisd.* 147.

2 (as adj.) given to mimicry.

ego quidem tunc puer turribuli ebdomadarius cum ceteris quandoque flebam, interdum ridebam, ~ix simia factus aliorum *Found. Waltham* 28.

1 imitatus v. imitari.

2 imitatus [LL], imitation, following (of model or sim.).

ad ~um ejus qui ait, "si occiderit me, sperabo in eum" AD. MARSH *Ep.* 194.

immaculare [LL], to contaminate, pollute; **b** (morally or spiritually).

1378 quod arrestari faciat omnes ponentes ferra carrucarum in fonte, ~ando predictum fontem *Hal. Durh.* 146. **b** objicietur non esse sacerdotis ut se cede cujuslibet ~et W. MALM. *GR* II 202 p. 252; **s1382** [heretici Wyclefenses] sua prava doctrina pene ~averant totum regnum *Chr. Angl.* 355.

immaculatio [LL], (leading of) life unstained by sin.

~o pertinet ad dilectionem Dei; visitatio fratrum ad dilectionem proximi HON. *GA* 608B (cf. ib. 608A: vite immaculate custodia).

immaculatus [CL]

1 unblemished, flawless (partly fig.); **b** (w. ref. to sacrificial victim, *cf. Lev.* xxiii 12, *Num.* vi 14, *etc.*); **c** (w. ref. to Christ, *cf. I Petr.* i 19); **d** (w. ref. to the Church).

s1130 ferunt .. mulieris manum intus et foris .. combustam. .. missa celebrata, .. unius post alterius ostensa manu, ~a penitus quelibet reperitur J. WORC. 3; angelus est .. speculum purum, splendissimum, ~um, incontaminatum [TREVISA: *wipoute wemme opir defouling*] (*Ps.-Dion.*) BART. ANGL. II 2. **b** [Agnes] roseo purpurei cruoris rubore perfusa, ~am virginitatis victimam Christo offerens martirizavit ALDH. *VirgP* 45; hostiam ~i cordis voluntarie Deo sacrificans *V. Edm. Rich B* 615. **c** in mysterium carnis et sanguinis agni ~i (*Ep. Ceolfridi*) BEDE *HE* V 21 p. 336; **s1218** ecclesia .. sanguine agni incontaminati et inmaculati Christi .. abluta *Conc. Syn.* 59. **d** in Sancti Petri coenobio veteri, / quod Deus omnipotens sic protegat inmaculatum WULF. *Swith. pref.* 107.

2 (theol.) immaculate, free from original sin; **b** (w. ref. to Christ); **c** (w. ref. to BVM).

ALCUIN *Ep.* 81 (v. 2c infra). **b** [Christus] justus et ~us sine peccato .. fuit LANFR. *Comment. Paul.* (*Rom.* v 24) 122; Parisius probat istud sancta corona, / quam Christi cervix immaculata tulit GARL. *Tri. Eccl.* 22. **c** **c795** sexta die creatus est homo de inmaculata terra: sexta aetate filius Dei de inmaculata virgine factus est homo ALCUIN *Ep.* 81; B. Virginis ~a viscera *Latin Stories* 66 (v. depravare 2).

3 (w. ref. to human behaviour) pure, without the stain of sin.

~a matrimonii contubernia et legitimum legalis tori conubium ALDH. *VirgP* 8; religiosa tamen atque ~a ad meliora proficiens *V. Cuthb.* II 1; per dalmaticam .. religio sancta et ~a designatur quia pupillorum et viduarum visitatio et vite immaculate custodia mandatur HON. *GA* 608A; vita ~a *Canon. G. Sempr.* 13; dileccionem fidemque inviolatam et ~am ab utraque parte infallibiliter observari *Plusc.* VII 16.

immadescere [CL], **immadēre** [LL]

1 to become wet or moist.

rursum vellus exponens, area rore immaduit et vellus humore caruit HON. *Spec. Eccl.* 904C.

2 to make wet or moist.

perfusam multo sapientum sanguine terram / hoc genus insipiens inmaduisse ferunt GOWER *VC* I 876.

immadidare [LL], to make wet.

in faciem sanctam ruitantes timpora nati / fletibus inmadidant ÆTHELWULF *Abb.* 358.

immadidus [LL = *thoroughly wet*], dry.

per .. aquas illa sicca pedes, ~a omnino vestes, transivit *G. Steph.* 72.

immanere [LL], (phil.) to indwell, be immanent; **b** (pr. ppl.).

materia est pars rei et ~et rei facte DUNS *Metaph.* I 4 p. 51. **b** **c1301** nota .. quod intelleccio termini ~entis non sit produccio *Quaest. Ox.* 328; actus nocionales fundantur super actus essenciales ~entes; sed tantum duo actus essenciales manentes infra, qui sunt intelligere et velle DUNS *Ord.* II 287; operacio autem motiva quedam est simpliciter ~ens, ut saltare, equitare; quedam autem transiens, nihil tamen relinquens, ut cantare in primo gradu et cytharizare in secundo; quedam aliquid relinquens, nec propriissime vocatur faccio *Id. Metaph.* I 7 p. 80; non sic de actibus anime, cum sint permanentes et ~entes WYCL. *Act.* 35; **1412** quelibet essencia habet unum suppositum, secundum quod producit aliud suppositum, par priori; et ista est accio ~ens, perfectissima, possibilis nature *Conc.* III 346a.

immanicare [cf. CL manicatus, OF *emmanchier*], to fit (gun) with a handle.

iiij colubrine cupree †immanitate [l. immanicate] . . . item cxviij trousse aliarum sagittarum, ferratarum et impennatarum *Collect. W. Worc.* 572.

immanifeste [LL], not clearly, obscurely.

videtur esse accipere ~ius concludendo DUNS *Ord.* II 340; unde non ~e consequitur hoc porisma BRADW. *CD* 162C.

immanifestus [LL], unclear, obscure.

per sermonem ~um HALES *Sent.* II 183 (v. detractio 4); differencia minor .. est ~a DUNS *Ord.* II 353; quam autem hec omnia sapienti maxime existunt non ~um BRADW. *CD* 104D.

immanis [CL]

1 savage, brutal: **a** (of animal); **b** (of human); **c** (w. ref. to Antichrist); **d** (of emotion, violence, or sim.); **e** (transf. to inanim.).

a vice ~is leaenae dentium ossa tua .. fracturae GILDAS *EB* 32; ~es quasi angues *Ib.* 66. **b** tacens vetustos ~ium tyrannorum annos *Ib.* 4; hostibus erat [Edgarus] ferox et ~is DOMINIC *V. Ecgwini* I 20; **s1139** Robertus quidam, filius Huberti, ~is ac barbarus W. MALM. *HN* 479; talis et tam ~is Edeldredus quia timidissimus erat .. insidiabatur omnibus MAP *NC* V 4 f. 61. **c** **1437** utinam .. non surrepat in ovile Christi lupus ille ferocissimus ~issimusque predonum Antichristus BEKYNTON II 41. **d** persecutio omnibus fere ante actis .. inmanior fuit BEDE *HE* I 6; [plaga] ~is H. HUNT. *HA* V *prol.* (v. crudelis c); immanes .. iras D. BEC. 653 (v. enodare 1d); **s1381** processit ulterius furor †inmanus [l. inmanis] .. proditorum ut civitatem Londoniarum intrarent *Chr. Kirkstall* 125. **e** sustinuit benignissimus ~ium clavorum acerbitatem in palmis et pedibus ABBO *Edm.* 11.

2 wild, untamed: **a** (of natural environment); **b** (of natural power).

a inmanissimas maris .. †aequoras HUGEB. *Will.* 3 (v. discriminare 1c). **b** naribus immanes ceu fundens torridus ignes FRITH. 918.

3 appalling, shocking: **a** (of sin or sim.); **b** (of condition, action, or sim.).

a nefanda ~iaque peccata GILDAS *EB* 1; contribulatis (inmane!) pauperem [cf. *Am.* viii 4] *Ib.* 53; ~is offense .. culpa W. MALM. *Mir. Mariae* 131 (v. decoquere 1c); ut .. inmania etiam peccata ipsius prebende privatione multarentur *Found. Waltham* 15; ex ~issime impietatis acceleracione *V. Fridesw. B* 11; WALT. WIMB. *Van.* 21 (v. excessus 5a). **b** audio .. sonitum inmanissimi fletus ac miserrimi BEDE *HE* V 12 p. 306; illos [miseros] ~is quedam et inestimabilis feditas .. merentes reddet EADMER *Beat.* 15.

4 enormous, huge.

in ~em silvam GILDAS *EB* 13 (v. erumpere 4a); **9..** inmane, *ungemetlic WW*; ~issimos .. lapides in fundamentis cepit jacere, quales octo paria boum vix unum traherent H. ALBUS 8.

immanitas [CL]

1 savageness, brutality: **a** (of person); **b** (w. ref. to pain, torment, or sim.).

a hostes itaque, omni ~ate tota Cantie provincia depopulata, ad Orientales Anglos devolvuntur GOSC. *Transl. Mild.* 5 p. 161; EADMER *Beat.* 8 (v. 1 donare 5); hunc affectum a piis visceribus patriarche David nec filii parricidalis abrasit ~as AILR. *Spec. Car.* III 14. 590A; **1166** quis unquam tanta ~ate distraxit copulam nuptiarum? J. SAL. *Ep.* 193 (187 p. 244); horridum est quod tanta ~as

in .. personis laicalibus debeat sic fulciri *Dictamen* 346. **b** **797** tormentorum inmanitate (v. exsecratio b); nec medulle nec intestina nec omnino quidquam in toto ipso cruciatus illius ~ate vacet EADMER *Beat.* 6; [propter] persecutionis ~atem *Chr. Pont. Ebor. A* 320 (cf. W. COVENTR. I 21: propter †immaniam persecucionem); **s1141** horrentibus inimicis incomparabilem ictuum ejus [sc. Stephani] ~atem H. HUNT. *HA* VIII 18 p. 274; mortis .. ~as *Chr. Battle* f. 34 (v. exhorrere 1b); erat hominum videre infinitam multitudinem, .. variis et inenarrabilibus expositam suppliciorum ~atibus AD. EYNS. *Visio* 15; in brachio .. scolaris .. senciens ~atem doloris intollerabilis *V. Edm. Rich C* 597.

2 enormity, atrocity (esp. of sin or crime). **b** an atrocity.

periculi inmanitate constantior, Christum invocat BEDE *HE* I 17 p. 34; **1073** tempora ejus obscurata sunt ~ate tantae nequitiae LANFR. *Ep.* 14 (16); ~as peccatorum meorum EADMER *Excell. B. M.* 558C; ministri scelerum ~atem nequitie vertentes in Albanum mox ei manus injecerunt W. S. ALB. *V. Alb. & Amphib.* 11; qui plus cruciantur ex inmanitate meriti plus affectant ex innata nequitia ledere MAP *NC* IV 6 f. 48; **s1179** pro scelerum ~ate (v. 2 deterrere 1a); quidam enim de ~ate peccatorum suorum desperant cum Juda et ei similibus R. NIGER *Mil.* III 35; livor quo tendat, invidia quo feratur, proditorie factionis hodie patefecit ~as P. BLOIS *Ep.* 89. 279A. **b** inter tanta tantarum ~atum turbamina AD. MARSH *Ep.* 82.

immanitatus v. immanicare.

immaniter [CL]

1 savagely, brutally.

s1135 si refragaretur, .. [comes Gloecestre] sibi certe ~iter nociturum intelligebat W. MALM. *HN* 463; ~iter, crudeliter OSB. GLOUC. *Deriv.* 295; ita sibi ~iter subtraxit alimenta quod facies speciosa pallescebat jejunio *V. Edm. Rich B* 621; grassatur impius rex immanissime WALT. WIMB. *Carm.* 234.

2 appallingly.

~iter deviaretur a justitia si .. W. MALM. *GP* V *prol.* p. 330; ut solus Eadmundus .. assisteret lecto matris ~iter egrotantis *V. Edm. Rich C* 594.

immanius v. immanitas 1b, immaniter.

immansuetudo [LL], wildness, indiscipline.

†talibus [l. tali] verborum ~ine preceptori suo obluctando renitebatur R. COLD. *Cuthb.* 107.

immansuetus [CL], untamed, without discipline.

GlH E 91 (v. efferus); inmansueta, inpia, *ungeþwære* *GlP* 957; colerici generaliter solent esse iracundi, animo ~i [TREVISA: *unmeke*], leves, instabiles, impetuosi BART. ANGL. IV 10.

immantare [cf. *MLLM*], to clothe in papal robe.

1160 Victorem .. sollempniter inmantatum et locatum esse in sede Petri J. SAL. *Ep.* 59 (124 p. 208).

immarcescens [cf. CL marcescere; CL immarcere = *to fade away*], unfading.

inmarcescens flosculus / Jesse prodit virgula P. BLOIS *Carm.* 19. 1.

immarcescibilis [LL]

1 (of flower) that cannot fade or wither; **b** (fig.); **c** (fig., w. *corona* or sim., *cf. I Petr.* v 4).

934 fortuna .. non lacteo inmarciscibilium liliorum candore amabilis *CS* 702 (= *Reg. Malm.* I 307: inmarcessibilium, *CS* 745: †inmiscibilium); ~ia germina paradisi GOSC. *Werb.* 3; justus iste, sicut inmarcessibile lilium, ante Dominum germinavit J. FURNESS *Kentig.* 14 p. 185; florum inmarcessibilis pulchritudo BART. ANGL. XV 112. **b** singularem virginitatis florem conservans ~em *V. Edm. Rich B* 616; **p1241** ~es justicie manipulos (*Conc. Dublin*) *Conc.* I 551b; virtutes .. ad immarcessibilem virorem vegetate GROS. *Hexaem.* XI 7. 1. **c** pro carnali corona corrupta in terris incorruptibilem et ~em sumens in celis GIR. *IK* II 14 p. 150; servorum Christi minimus, cum apparuerit princeps pastorum, ~em percipere glorie coronam W. NEWB. *HA pref.* p. 3; recipietis coronas immarcessibiles et eternas P. BLOIS *Serm.* 564D; [Becket] in corona corruptibili pro corona inmarcessibili .. cesus est G. COLD. *Durh.* 5; ut tandem deitas illa superbea / nos in dominica translatos horrea / immarcessibili coronet laurea WALT. WIMB. *Sim.* 208.

2 undying, everlasting: **a** (w. ref. to heaven or divinity); **b** (w. ref. to Earth or humanity).

a talis hereditas [cf. *I Petr.* i 4] .. non, sicut terrena, decidua, sed inmarcescibilis atque aeterna est GILDAS *EB* 106; ~em [*most* MSS: inmarcescibilem] sempiternae sospitatis salutem ALDH. *Met. pref.* p. 61; famam virtutum suarum ~em .. spargant per omnes patriae perennis accolas BEDE *Cant.* 1175; a Christo percipit inmarcescibilia victoriae dona BYRHT. *HR* 9; Jesus Christus, .. cui in Trinitate manenti immarcessibile floret imperium *Enc. Emmae* III 14; restabat ei in celis .. merces immarcessibilis gloriaque perhennis AD. EYNS. *Visio* 48; eterne Deus, qui es fons immarcessibilis lucis *Lib. Regal.* 27; **1458** ab .. Jesu Christo immarciscibile munus et gloriam cum eodem obtinere mereantur (*Ch. Episc. S. Andr.*) *Mon. Hib. & Scot.* 411b. **b** propter incorrupta et .. stellantia ~is [*gl.*: inputribilis, *ungewemmedlicere, unforrotenlices, unafuliendre*; vv. ll. immarciscibilis, inmarcescibilis] pudicitiae ALDH. *VirgP* 30; **c717** quem mihi .. famosa adfinitas .. inmarcescibilis catena caritatis .. copulavit BONIF. *Ep.* 9 p. 4; **s1141** gloriam immarcessibilem vobis et posteris vestris prefigite H. HUNT. *HA* VIII 15 p. 270.

immarcescibiliter, without fading or withering, everlastingly.

filii Floriacensis monasterii .. absque termino immarcessibiliter cum Deo florere valent BYRHT. *V. Osw.* 417; **†671** (12c) hanc libertatem .. firmiter atque inmarcessibiliter in aeternum fore constituo *CS* 26.

immarcidus

1 (of flower) that has not faded or cannot fade (in quot., fig.).

1435 paterni honoris gloria .. et flos ~us sue fame *EpAcOx* 120.

2 not decayed, uncorrupted.

lineamenta membrorum [leprosi] .. ita in suis manebant locis ~a ut .. etiam increduli non dubitarent (*Narratio*) *NLA* I 419.

immarciscibilis v. immarcescibilis 2b.

immaritatus, unmarried.

campus [cf. *Cant.* ii 1] est terra inarata et est virgo inmaritata HON. *Spec. Eccl.* 904D.

immarsuppiare, to put in one's pocket or purse.

rethoris est animus talis differre paratam / pacem, cum sitiat immarsupiare monetam D. BEC. 1551.

immassare [cf. AN *enmasser*, *var. of amasser*], to shape into a lump.

ultimi [dentes] sunt molares, qui concisa a prioribus vel confracta a sequentibus molunt et inmassant [vv. ll. †inmassantur, inde massant] (*Leg. Hen.* 93. 6) *GAS* 609.

immateriabilis, (phil.) incapable of materialization.

concluditur si primum illud est ineffectibile, ergo incausabile, quia non est finibile, nec materiabile, nec formabile. .. due alie consequencie, sc. quod si est ineffectibile, ergo est ~e et informabile, probantur simul DUNS *Ord.* II 163.

immaterialis [LL], (phil.) immaterial, not existing in or referring to material reality.

materia vero prima et omnis res ~is penitus, antequam crearetur, fuit in potentia GROS. 127; uniuscujusque .. creature est duplex intellectus species ~is *Id. Quaest. Theol.* 194; impossibile est animo nostro ad inmaterialem celestium ierarchiarum ascendere contemplacionem nisi .. BART. ANGL. *proem.*; virtus intelligencie que est ~is et spiritualis BACON VII 71; ~ior DUNS *Metaph. prol.* p. 2 (v. immaterialitas); in rebus ~ibus .. non est accio et passio T. SUTTON *Gen. & Corrupt.* 65; cum sit sine materia, forma est ~is; forma autem omnis ~is secundum Philosophum est actu intelligibilis KNAPWELL *Not.* 191.

immaterialitas [ML], (phil.) immateriality.

circa vere altissimum totalibus virtutibus inconcusse et stabiliter collocatum, et thearchici superadventus in impassibilitate omni et ~ate [ἀϋλίᾳ] susceptivum et Deiferum et famulanter ad divinas susceptiones aptum GROS. *Ps.-Dion.* 842; declinat .. alia [receptio] magis ad latus ~atis vel spiritualitatis *Ps.*-GROS. *Summa* 377; Deus plus transcendit intellectum creatum ~ate quam intellectus creatus lapidem PECKHAM *QA* 175; intellectus sive pars intellectiva, ex ~ate sua, se sola est activa respectu intelleccionis sicut receptiva DUNS *Ord.* III 247; certitudo provenit ex ~ate: quanto enim virtus cognoscitiva est immaterialior, tanto est in cognoscendo cercior *Id. Metaph. prol.* p. 2; intellectus agentis est denudare et abstrahere intenciones materiales ad ~atem BRADW. *CD* 80D.

immaterialiter [ML], (phil.) immaterially, in the abstract.

nullam rem posse cognosci nisi per ejus [sc. Dei] speciem ~iter genitam vel immaterialem GROS. *Quaest. Theol.* 194.

immatriculare, to enter in a list, register; **b** (fig.).

1378 sit eciam ejusdem gilde alius minister qui decanus vocabitur, ad cujus spectabit officium nomina fratrum ingrediencium inmatriculare *Gild Camb.* 111; requiritur quod [miles] ~etur in libris imperialibus inter alios milites UPTON 10. **b** *Ps.*-ELMH. *Hen. V* 64 (= ELMH. *Hen. V Cont.* 124) (v. circumsonus b).

immaturatio, *s. dub.*

cum urina non supra morbos sed in morbis supra humores et eorum maturaciones vel ~ones habeat significaciones GILB. II 91. 2

immaturatus, unripened.

GILB. V 222. 2 (v. arillus).

immature [CL], prematurely.

quocirca meritum tulit inmature periclum FRITH. 1275.

immaturitas [CL]

1 immaturity.

quod dictum Salamonis [*Eccles.* x 16] ego arbitror trahendum non ad numerum annorum sed ad ~atem morum CAPGR. *Hen.* 129.

2 the dead of night.

sic inmaturitas nocturnum tempus est, quod non est maturum, id est oportunum, ut agatur aliquid vigilando, quod etiam vulgo dici solet hora inportuna ALCUIN *Orth.* 2337.

immaturus [CL]

1 (of fruit or sim.) unripe.

BEDE *Cant.* 1111 (v. 1 grossus); *GlC* A 109 (v. 1 acerbus a); **13..** acasia est succus prunellarum ~arum *Herb. Harl. 3388* 75v; *Alph.* 1 (v. acacia).

2 (of person's death) untimely, premature.

GILDAS *EB* 19 (v. devitare a); priusquam ordinari posset, morte inmatura praereptus est BEDE *HE* IV 21 p. 255; **1024** ut inmature mortis occiduis casibus .. quamplurimi trahantur ad interitum *CD* 741; W. MALM. *GR* I 17 (v. 1 decedere 1b); **s1140** monachus Johannes .. quamvis ~a morte .. prereptus fuerit, .. *Id. HN* 482; ~a Henrici principis mors REDMAN *Hen. V* 59.

immeabilis [?LL (v. *TLL*), ML], impassable, that cannot be travelled over or through.

vides quam imperscrutabilis abyssus, .. quam ~e pelagus sit Pandecta in qua civile jus continetur P. BLOIS *Ep.* 140. 416C; **s1236** squalor aeris perturbati tam vias terre quam maris reddidit inmeabiles M. PAR. *Maj.* III 379; **s1240** Tartarorum .. exercitus infinitus a regione sua montibus circumvallata prorupit et saxorum ~ium soliditate penetrata exeuntes .. scatebant *Ib.* IV 76; mortis sunt nuncii que vides omnia, / tam volatilia quam natatilia, / que secant aliis inmeabilia, / hec pennis aerem, hec pinnis maria WALT. WIMB. *Sim.* 157; fluvius Sarce equis nisi natando ~is TREVET *Ann.* 61; **s1299** loca palustria, propter brumalem intemperiem, esse ~ia RISH. 193 (= WALS. *HA* I 79: †inmedibilia); **s1268** ex novali [*most* MSS: navali] bello et navium submersione introitus fluminis de Taya efficitur .. quasi navibus inmeabilis propter multitudinem navium que ibidem submerguntur *Plusc.* VII 24 (cf. BOWER X 17).

immeabiliter, impassably.

s1140 est .. Eli insula .. stagnis et paludibus ~iter undique circumcincta *G. Steph.* 47 (cf. *Lib. Eli. prol.* p. 2: stagnorum refusionibus et paludibus inaccessa).

immedeate v. immediate.

immediate [ML]

1 (phil., w. ref. to causation) directly, without intermediate agency; **b** (w. ref. to attributes).

non omnia movet ~e set celum ~e, †mediate [v. l. mediante] autem illo omnia alia BACON VII 27; quando fit excitacio ad aliquid agendum, inmediatius excitatur ad percipiendum vel audiendum *Ib.* XV 111; DUNS *Ord.* II 179 (v. evitabiliter); omnem effectum, quem potest Deus mediante causa secunda, potest ~e per se [sc. producere] OCKHAM *Quodl.* 605; Deus potest omnem effectum producere per se et ~e RIC. ARMAGH *Sent.* 417. **b** dicitur quantitas prior aliis accidentibus quia ~ius inest substancie quam aliquod aliud accidens DUNS *Metaph.* IV 2 p. 164.

2 (w. ref. to perception or knowledge) without obstacle or intervention (of thought or sim.).

virtus .. ab agente naturali .. aut veniet ~e a superficie agentis aut mediate GROS. 60; *Id. Quaest. Theol.* 205 (v. immediatus 2a); presens vero objective sive in racione cognoscendi dicitur illud quod clare cognoscitur et ~e, non cognicione abstractiva sed intuitiva (KYN.) *Ziz.* 11; ut dicitur quis videre hominem quando solum videt ~e vestes sub quibus est homo (WYNTERTON) *Ib.* 185; [catholici illi] quibus divine revelaciones ~e non elucescunt J. BURY *Glad. Sal.* 596.

3 (w. ref. to divine influence, gift, or sim.) directly, with no-one else in between.

nonnulli .. ~e ab ipso sapientie spiritu sacra eloquia edocti sunt H. BOS. *LM* 1362B; per inspirationem internam semper ~e ab ipso Deo non ab homine nec per hominem *Ib.*; licet gratia detur a Deo ~e GROS. *Quaest. Theol.* 198 (v. datio 1e); potestas laicalis suprema habet proprietatem sibi propriam ~e a Deo OCKHAM *Pol.*

I 78; BRADW. *CD* 162C (v. immediatio 1d); **1466** utrum pena inflicta in Purgatorio sit pena inflicta a Deo ~e *MunAcOx* 716.

4 (w. ref. to authority, jurisdiction, or sim.) directly, without intermediary.

se curie sequelas vel mediate vel ~e faciunt GIR. *Symb.* I 22 p. 260; c**1225** episcopo asserente collationem dictarum ecclesiarum .. vacantium ad ipsum ~e de jure debere pertinere *Ch. Sal.* 102; **1228** vacante archiepiscopatu Cantuariensi, ad vos ~e spectat ejusdem electi confirmatio (*ad Papam*) *Pat* 205; **1234** mandatum est justiciariis ad custodiam Judeorum assignatis quod Petro de R. .. in nullo .. sint intendentes aut respondentes set domino regi inmediate *Cl* 440; ?**1239** potest accidere quod aliquid possit illa potestas inferior quod non possit illa que sibi est ~e superior GROS. *Ep.* 127 p. 366; s**1247** cum [abbas et conventus S. Albani] ecclesie Romane ~e sint subjecti M. PAR. *Min.* III 19; c**1425** nullus .. aliquid .. conferat .. alicui magistro regenti .. per se vel per alium, mediate vel ~e *StatOx* 23; **1456** (v. directorie).

5 (feud.) directly, without mesne lord.

non tenetur ille principalis feoffator talibus warantizare ~e sed per medium, sc. quod quilibet vocet ad warantum suum feoffatorem, de gradu in gradum ascendendo BRACTON 37b; **1259** viris .. religiosis non liceat ingredi feodum alicujus sine licencia capitalis domini de quo scilicet res ipsa ~e tenetur *Cl* 149 (cf. *StRealm* I 51 [**1279**]); **1299** cum homines et burgenses ville de C. teneant terras et tenementa sua .. de ipso Otone [de Grandisono] et non de alio ~e *BBC* (*Clonmel*) 43; majorem potestatem administrandi habet electus in terris ~e subjectis imperio quam in aliis .. que regibus et aliis principibus ac dominis ~e sunt subjecte OCKHAM *Pol.* I 152; quod amodo locus ille sibi et successoribus .. ~e pertineret CAPGR. *Hen.* 137.

6 (w. ref. to spatial relations) directly; **b** (phil.); **c** (in text); **d** (in log. argument); **e** (in mus. notation).

tercium intestinum vocatur a Grecis colon et hoc ~e cum inferiori tocius corporis orificio est conjunctum BART. ANGL. V 42. **b** BRADW. *CD* 162C (v. immediatio 1d). **c** s**1223** excommunicacionem .. hujus sententie require post cartam de foresta ~e [*expunged*: in ultimo quaterno] B. COTTON *HA* 112; est predictum breve regis ~e superius irrotulatum *MGL* II 144; **1333** in dorso rotuli ~e precedentis *LTR Mem* 105 r. 114*d*; **1338** nomina tam militum quam armigerorum .. ~e subscribuntur, prout inferius patet .. *RScot* 527b; juxta modum quem ~e subjungimus, qui est talis .. R. BURY *Phil.* 19. 237; in chronicis .. apud Westmonasterium inveni quedam que ~e sequuntur per tres annos AD. MUR. *Chr. pref.* 4; prohibicio adulterii in decalogo ponitur ~e post prohibicionem homicidii HOLCOT *Wisd.* 149. **d** inmediate BACON XV 269 (v. distributive). **e** quelibet harum trium longarum est perfecta, et punctum perfectionis ~e postpositum habere tenetur HAUBOYS 224.

7 (w. ref. to time without interval) immediately; **b** (w. ref. to succession of persons to office or sim.).

postea, sed non ~e, abbas effectus est *G. S. Alb.* I 1; **1314** anni ~e sequentis *Reg. Newbattle* 47; die ~e precedente *Proc. A. Kyteler* 22; **1397** predictus N. se retraxit ~e post feloniam *SelCCoron* 101; ~e a tempore obitus nostri *Ps.*-ELMH. *Hen. V* 91 p. 255; ecclesia .. iterato combusta est. sed .. eandem denuo quasi ~e .. magnifice reedificavit *Croyl. Cont. B* 452; **1494** volo quod, ~e post hoc, .. *Scot. Grey Friars* II 19. **b** **1235** quod ~e post predictos firmarios .. et durante adhuc termino ipsorum usque ad iiij annos intravit ipse in seisinam *BNB* III 160; **1237** ut ecclesiarum prelati aliquos tales [sc. eos de nephario coitu procreatos] in beneficiis .. que patres eorum .. tenuerunt .. vel fraude instituere vel admittere utcumque inmediate .. non presumant *Conc. Syn.* 253 (= M. PAR. *Maj.* III 432; cf. id. *Min.* III 90: prohibitum est ne quis ecclesie rector patri suo, rectori ecclesie, succedat ~e); **1350** J. G. prepositus domini abbatis de Rames' .. recessit, cui immedeate successit ad idem officium J. C. *Rec. Elton* 386.

†immediater, *f. l.*

1358 quod .. scire faciat capitalibus dominis feodi illius †mediater et immediater [l. mediatis et immediatis] quod tunc sint hic audituri juratam illam (*Pat*) *Cart. York* 44 (= *PlRCP* 391 r. 37 [**1357**]: mediat' et immediat' [i. e. mediatis et immediatis]).

immediatio [ML]

1 (log. & phil.) absence of intervening agency or sim., directness of relationship: **a** (w. ref. to contraries); **b** (w. ref. to causation); **c** (w. ref. to perception or knowledge); **d** (w. ref. to spatial relations).

a non posset [sc. analogia] inesse speciei, nisi mediante suo genere, .. aliter enim eque immediate foret species specialissima genus generativum, sicut aliquod genus intermedium, quod est contra racionem ~onis esse WYCL. *Ente Praed.* III 25. **b** potencia, successio, ~o non dicunt aliquid positivum absolutum vel respectivum ultra partes forme, sed connotant affirmaciones et negaciones. quia potencia significat posse habere formam et connotat carenciam ejus; successio et ~o dicunt aliquid habere unam partem contradiccionis post aliam vel aliquid haberi quod prius non habebatur OCKHAM *Sent.* V 134; philosophus in talibus loquitur, sicut philosophus naturalis, sc. de ~one cause secunde, cause sc. naturalis; et hec est ~o secundum quid, quia tantum in genere creatorum; non autem de ~one que simpliciter omnem mediam causam privat BRADW. *CD* 174D. **c** Deus .. cognoscitur immediate per speciem propriam, vel sine specie per essenciam, que cognicio dicitur visio, propter sui claritatem et ~onem MIDDLETON *Sent. prol.* 2b; nec oportet quod in alio sit non practica, nisi accipiendo stricte practicam pro immediate applicabili ad opus quantum est ex identitate suppositi cognoscentis et operantis, qualem ~onem denotat infinitivus significans praxim constructus cum 'scire'; sic enim conceditur quod solus Deus scit se infinite diligere licet angelus sciat ipsum infinite a se diligendum DUNS *Ord.* I 221. **d** nulla res creata sufficit aliam conservare, et necesse est Deum per se et immediate servare quamlibet creaturam; immo et immediatius quacunque causa creata; immediate, inquam, nedum ~one loci aut situs, sed et nature ac cause, et immediatius eisdem modis vel saltem duobus ultimis modis dictis BRADW. *CD* 162C; WYCL. *Log.* III 30 (v. immediatus 6b).

2 condition of being directly subject or responsible to a superior authority.

1294 propter ~onem presertim, quia sancte Romane ecclesie .. nullo medio est subjecta [ecclesia Ebor'] *Reg. North* 108 (cf. *Reg. Ebor.* II 178).

immediatus [LL]

1 (phil., w. ref. to contraries) having nothing in common, diametrically opposed (also as sb. n.). (*Cf.* Boethius *De Interpretatione editio secunda* [VI 14], *PL* LXIV 623D).

in religione Christiana, ~a sunt bonum et malum. omnis enim homo .. aut bonus aut malus est LANFR. *Comment. Paul.* (*Rom.* vii 22) 128; ~a sunt esse Christi discipulum et ejus adversarium P. BLOIS *Serm.* 670C.

2 (of cause or effect) immediate, direct; **b** (as sb. n.); **c** (transf., of means to an end).

J. BLUND *An.* 291, BACON VII 84 (v. 1 effectus 4); sed agens ~issimum, sibi omnino sufficiens nulloque penitus egens, quomodo habebit coadjutorem? GROS. 201; ipsa causa prima ~issima est omnium causarum ad unumquodque causatum, sicut lux pertransiens vitrum coloratum colorat parietem objectum, et immediatius splendet in pariete quam color vitri *Id. Quaest. Theol.* 205; Plato ponit ydeas esse causas inmediatas generacionis T. SUTTON *Gen. & Corrupt.* 179; MIDDLETON *Sent.* I 401b (v. exsecutivus 1a); Deus est causa ~a omnium OCKHAM *Quodl.* 216; cum iste effectus proprius et ~us sacramentorum omne judicium racionis et philosophie transcendat J. BURY *Glad. Sal.* 598. **b** J. SAL. *Met.* 920C (v. demonstrativus d); terminus unitate essencie et unicionis solum per proximum et remotum, inmediatum et mediatum, differens BACON VIII 191. **c** animal sentit per quosdam nervos continentes spiritum quemdam corporalem subtilem valde, qui est ~um instrumentum anime KILWARDBY *SP* 31va; libri videntur esse felicitatis speculative ~issima instrumenta R. BURY *Phil.* 2. 36.

3 (w. ref. to perception or knowledge) immediate, occurring without intervention (of thought or sim.); **b** (~*a facie*) directly [*Cf. I Cor.* xiii 12]; **c** (of reasoning, proposition, or sim.) axiomatic.

potest cognosci quid Deus est .. non ~a [cognicione], que est per propriam speciem, sed mediata, que est per speciem creature MIDDLETON *Sent. prol.* 2b; quod intellectus noster per sua naturalia potest attingere ad cognoscendum essenciam prime cause hoc male sonat et est error, si intelligatur de cognicione ~a BACONTHORPE *Quaest. Sent.* I 9; cum ~a visione videtur hostia alba et rotunda, quam ponit realiter esse corpus Christi (WYNTERTON) *Ziz.* 185. **b** ut animus veritatem, nunc per figuras, nunc ~a facie, contempletur J. SAL. *Pol.* 428D. **c** DUNS *Ord.* IV 138 (v. effectivus 1b); aliqua [propositio] enim est necessaria et ~a, que tamen non potest cognosci evidenter nisi mediante experiencia OCKHAM *Quodl.* 123; illa negativa est ~a in qua negatur unum generalissimum ab alio *Ib.* 437.

4 (w. ref. to authority, jurisdiction, or sim.) direct, without intermediary.

?**1239** decanus .. curam ~am habet capituli GROS. *Ep.* 127 p. 376; **1281** ut pater sit prelatus ecclesie, mediatus vel ~us *Conc. Syn.* 902; non aspiro ad prioratum, sed episcopus jam, prioratu vacante, est ~um capud ecclesie et ideo non audeo ei non obedire GRAYSTANES 20 p. 71; **1324** ~am jurisdiccionem dicti loci (*RomR*) *Foed.* IV 76a; nostri monasterii pater abbas ac ~us visitator *Meaux* III 277; **1427** E., Exoniensi episcopo, capellano nostro ac libere capelle nostre de Boseham ordinario ~o *Cl* 278 m. 19; s**1397** quod nullus .. arma invasiva vel deffensiva gestaret in parliamento, ~a .. regis †retinecia [l. retinencia] excepta AD. USK 10 (= *V. Ric. II* 132: regis retinemento duntaxat excepto); **1572** in manibus domini sui superioris ~i *Scot. Grey Friars* II 61.

5 (feud.) immediate: **a** (of lord); **b** (of tenant); **c** (of tenure).

a **1279** si capitalis dominus ~us .. feodum hujusmodi ingredi noluerit, .. tunc liceat proximo capitali domino mediato feodi illius .. feodum illud ingredi *StRealm* I 51; c**1280** domini capitales mediati et inmediati (v. dominus 3a); **1281** salva tamen dominis ~is placiarum predictarum racionabili extenta cujuslibet acre *BBC* (*New Winchelsea*) 2; **1296** scire facias capitalibus dominis feodi illius, mediatis vel ~is, quod .. (*Breve Regis*) *Reg. Carl.* I 113; **1301** (v. dominus 3a); **1343** quod comes Flandrie, tanquam dominus ~us, non tamen tanquam superior, remaneat in Flandria (*Lit. Cardinalium*) AD. MUR. *Chr.* 131. **b** **1287** clamat tenere visum .. de omnibus tenentibus suis ~is *PQW* 8a. **c** **1279** in feodum ~um (v. emphyteusis); **1283** cum .. rex .. subvencionem recipiat in tota terra sua mediata vel inmediata *RGasc* II 206.

6 (w. ref. to spatial relations, freq. w. dat.) contiguous, immediately adjacent; **b** (phil.).

1446 per metas et bundas .. que sunt immediata [*sic*] alte nunc vie nostre ibidem *Pat* 463 m. 9; urbs [*Rouen*] .. lati fluminis Sequane .. ~a cinctura alveo precingitur fluvioso *Ps.*-ELMH. *Hen. V* 64 p. 177. **b** mobile pedale semper transit spacium pedale, quantum est de termino ad quem vadit ~um BACON *Tert.* 169; quia motus contrarii sunt in celo ipsi celo equaliter ~i, motus in celo diversi non proveniunt ex defectu sed ex efficiente causa, et ideo non possunt esse nisi ex diversis causis, effective loquendo PECKHAM *QA* 34; dividatur igitur lignum, et quero de punctis terminantibus aut prius fuerunt aut non. si sic, certum est quod non distabunt situ; punctus ergo fuit ~us puncto, quod falsum est .. secundum eos OCKHAM *Sacr. Alt.* 28; ille linee, cum sint a punctis ~is in una costa ad puncta ~a in alia, sunt eque distantes: et per consequens due linee duorum punctorum ~orum in costa tangent duo puncta ~a in diametro *Id. Quodl.* 51–2; similiter, de immediacione ubicacionum vel situum indivisibilium patet quod est dare tales ~as. nam est dare duo puncta ~a, ut patet de corporibus tangentibus se secundum puncta. sicut ergo talia puncta sunt ~a, sic ubicaciones vel situaciones eorum sunt ~e WYCL. *Log.* III 30.

7 (w. ref. to time) immediate; **b** (w. ref. to succession of persons to office or sim.).

1447 [cancellarii comissarius] decrevit .. dictos magistros .. ad solvendum summam vj m. .. universitati citra horam ~am sive in eadem hora ~a diei proxime sequentis *MunAcOx* 563. **b** erat .. episcopus [Dunelmensis] W. de Kirkeham [ob. **1260**], successor Nicolai ~us *G. S. Alb.* I 347; **1325** execucio testamenti .. domini Roberti predecessoris vestri ~i *Lit. Cant.* I 134; **1397** ad dominum M. dudum archiepiscopum Ardmachanum suum ~um et ultimum predecessorem .. pertinuit *Vis. Derry* 6; **1424** per fratrem T. W. ultimum et ~um vicarium ipsius vicarie *Reg. Cant.* I 320.

immedicabilis [CL], incurable; **b** (fig.).

soror .. jugi et ~i ad mortem periclitabatur dissenteria GOSC. *Edith* 277; ille putidas carnes devorans pestifer ignis, omnibus aquis inextinguibilis, omnibus artibus ~is *Id. Aug. Maj.* 83D; quoniam [sagitta] .. erat intoxicata veneno Hydre, .. vulnus fuit ~e *Natura Deorum* 12; vulneraverat illum Julius .. et plagam ~em intulerat G. MON. IV 4; talia et alia tanto tempore patientem dura corripuit morborum varietas, que de die in diem tantum invalescebat ut fieret etiam ~is *V. Chris. Marky.* 40; finem morbi mortem subitam pertimescens aut .. ~em languorem W. CANT. *Mir. Thom.* VI 81; attemptant medicare sed inmedicabile dampnum / absque manu medici curaque cessat ibi GOWER *VC* I 829. **b** specie sua et pulchritudine sua quasi gladio ancipiti dilectam sauciavit vulneribus plane magnis et ~ibus J. FORD *Serm.* 4. 19; furit inmedicabile vulnus [sc. amoris] GOWER *VC* V 209 (cf. ib. 193: per nullas amor est medicabilis herbas); **1437** utinam .. non hec dissencio religioni Christiane plagam pariat ~em BEKYNTON II 41.

immedicabiliter [LL], incurably (in quot., fig.).

1440 ad ejusdem [sc. ecclesie], que ~iter prope sauciata nunc est, curanda vulnera BEKYNTON I 97.

immedicandus, incurable.

noticiam habebant languoris et ~i doloris R. COLD. *Cuthb.* 98 p. 216.

immedietas [cf. immediatus 6], condition of having nothing in between, contiguousness, closeness.

aer propter sue substancie subtilitatem et ~atem, quam habet cum sphere ignea vicinitate, de facili ignitur et in materiam igneam commutatur BAD. AUR. 109.

immeditatus [CL = *unstudied*], unthinking.

s**1100** rex Anglie W. Rufus .. a Valtero Tirel, quodam milite transmarino, inscio et ~o, .. occiditur FORDUN *Chr.* V 27 (cf. W. MALM. *GR* IV 333 p. 378: inscius et impotens regium pectus .. lethali arundine trajecit).

immedullare [cf. *DuC*], to set into the marrow or innermost body (in quots., fig.).

nec posse quiescere in inquietis cordibus inveteratam, invisceratam, et ~atam invidiam J. Furness *Kentig.* 8 p. 175; nec magos illos velle deserere malitiam ~atam, etsi cucullis candidatam *Id. Pat.* 127.

immeliorare [ML], to improve, make better.

telluris sublimitas, .. quia ex nimio multatur contrariorum infortunio, se semper sperat inmeliorari tali subsidio Byrht. *HR* 2.

immemor [CL]

1 not remembering, forgetful (w. obj. gen.; freq. in double negative construction); **b** (w. implication of ingratitude); **c** (w. inf.); **d** (w. indir. qu.).

legio praeteriti mali ~or Gildas *EB* 15; professionis suae non inmemor Bede *HE* III 18 p. 163; **s1069** Exonie cives regi favebant, non ~ores pressurarum quas olim passi fuerant Ord. Vit. IV 5 p. 193; proprie fragilitatis ~ores *Ps.*-Rish. 491. **b** **1168** si de taciturnitatis merito presumatur me beneficiorum esse ~orem et vicem referendi in officiis amicitie deesse voluntatem J. Sal. *Ep.* 249 (273 p. 570); rex, non immemor divine bonitatis, iteravit laudes sibi in hympno 'Te Deum' decantato in capella sua *G. Hen. V* 25 p. 178. **c** immemor haud esto scandere mente polum Alcuin *Carm.* 95. 6; Balsh. *AD* 79 (v. dijudicare 1a). **d** **957** non inmemor fui quomodo et quam mirabiliter omnia supernus rector .. gubernat [*sic*] *CS* 994; Dunstanus autem non ~or quid sibi divinus olim citharedus precinuerit, immo Dominice memor promissionis, .. Osb. *V. Dunst.* 27.

2 (deliberately) giving no thought (to), ignoring.

qui, pugnae immemores, armis telisque relictis, / tuta fugae petiere loca Alcuin *SS Ebor* 544; future derogationis ~or Ord. Vit. XI 16 p. 218; Jeremias propheta deplorat animam peccatricem et sui finis ~orem [cf. *Thren.* i 9: nec recordata est finis sui] P. Blois *Ep.* 6. 19A; eram salutis mee neglector et ~or *Ib.* 31. 105C.

3 (leg., *~or sui* or sim.) not in one's right mind (and consequently of diminished responsibility).

1281 eo tempore, quando cepit .. dictum ciphum, non fuit inmemor sui *Gaol Del.* 35/2 m. 41; idem S. jam per xx annos et amplius quodam morbo vicissim gravatus et detentus et mentis inmemor extiterit *State Tri. Ed. I* 71 (cf. ib.: predictus S. freneticus erat et in tali statu quod de bonis suis disponere non potuit); **1354** multum de memoria sua amisit et quasi ~or sui fere per tres annos remansit, licet interdum lucidis gauderet intervallis *Pat* 242 m. 7.

immemorabilis [CL], forgettable, unremarkable.

ne .. discenti ~iorem tradat disciplinam Balsh. *AD rec. 2* 136; **s1326** transit annus iste .. Francis ~is, quia nihil relatu dignum actum fuit ibidem, Anglis notabilis propter regis fugam et capcionem Wals. *HA* I 185.

immemorans, not remembering (w. obj. gen.).

1423 degener censetur filius .. qui, paulisper in remotis agens, sui patris est ~s (J. Whet.) Amund. I 179.

immemoratus [CL], (*a tempore ~o*) since time immemorial.

c1500 ad observanciam antiquorum statutorum que a tempore jam ~o in desuetudinem abierunt (*Lit. Papae*) *Deeds Balliol* 309; **1508** ecclesia fuit sic appellata .. a tempore ~o *Reg. Heref.* 30.

immemorialis

1 forgetful.

qui sunt ~es sunt insipientes Bacon VIII 257.

2 forgettable.

Fastolf eis benefactor in donis †ampliale / et valde cito monachis †inmemoriale W. Worc. *Itin.* 2.

immemoriter [ML], forgetfully.

c1305 nec ~iter teneatis quod .. (R. Bury *Ep.*) *FormOx* I 10.

immenere v. imminere.

immense [LL], immensely, enormously.

noli immense [v. l. in immensum] gloriari Peckham *Kilw.* 125; delectacio cordis sic ~e [ME: *unmete*] jocunda quod omnis sapor mundanus ei comparatus est amarus *AncrR* 30.

immensibilis [LL], immeasurable.

[pediculi] de sanguine rubei ex melancolia agrias [*sic*] appellantur .. cognoscitur [*sic*] per ~em quantitatem Gilb. II 82. 1.

immensis [cf. CL immensus], unbounded, enormous.

ista rauci gutturis susurrio carptim submurmuravi, quem abyssalis horror opprimentium occupationum profundat ~ium Ad. Marsh *Ep.* 173 p. 314; fuerat enim ibi dolor ~is Favent 21.

immensitas [CL]

1 vastness, infinity in space (of God).

creantis .. ~atem Anselm III 234 (v. 1 exire 10); trium .. inter se parium una est gloria atque majestas, sicut una ~as Pull. *Sent.* 808D (cf. ib. 809A: non tres ~ates .. sed una); 'utrum Deus in omni loco sit', ut ejus ~as exigere creditur, 'an in nullo' ut incorporeorum et illocalium natura exigere dicitur Balsh. *AD rec. 2* 133; quero utrum Deum esse presentem ubique secundum potenciam necessario inferat ipsum esse ubique secundum essenciam, hoc est utrum omnipotencia necessario inferat ~atem Duns *Ord.* VI 299.

2 greatness, great amount or degree.

recordare .. frigoris inmensitatem Alcuin *Ep.* 295 p. 453; **1027** ~ate pecuniarum (v. 2 expetere 2a); pre frigoris ~ate Petrus *Dial.* 12; Unigenitus Patris .. reformabit ab ~ate glorie sue .. spiritum ecclesie J. Ford *Serm.* 56. 11; tribulationum ~as S. Langton *Serm.* 4. 38 (v. emunctorium b); sicut nec tua [Jhesu] bonitas, / sic nec laudis immensitas / verbi claudetur modio [v. l. medio] J. Howd. *Cyth.* 43. 5; **1289** juribus quibus cavetur donacionem .. propter inmensitatem revocari posse *RGasc* II 316; premii ~as [ME: *hu muchel is ðe mede*], viz. in gaudio celesti sine fine *AncrR* 47.

3 great stature or size; **b** (as honorific title).

gigas .. ad cujus inmensitatem expalluit tota corona Map *NC* III 2 f. 37v; **s1041** oportebat .. ut Gunnilda per duellum contra accusatorem, gigantee ~atis hominem, famam sue puritatis redimeret M. Par. *Maj.* I 515 (= W. Malm. *GR* II 188 p. 230: alumpnum .. delatori, gigantee molis homini, ad monomachiam apposuit). **b** **c1337** inmensitatis vestre benignitatem .. instanter pulsamus *FormOx* 90.

immensurabilis [CL]

1 immeasurable.

unitas Deitatis personarum pluralitate multiplex, numerabiliter ex innumerabilis, ac idcirco mensurabiliter ~is et ponderabiliter imponderabilis Alcuin *Dub.* 1040B; laus tua, Domine, supprema precedit, / .. / immensurabilis mensuras excedit J. Howd. *Cant.* 27.

2 (mus.) not mensurable.

habito de ipsa plana musica, que ~is dicitur, nunc est presens intencio de ipsa mensurabili Garl. *Mus. Mens.* 1 p. 35; pausa que finis punctorum dicitur inmensurabilis appellatur Will. 30; sexta et ultima nullius temporis sed potius ~is appellatur .. pausa que ~is dicitur, i. e. finis punctorum, omnes lineas et omnia spatia tangit Hauboys 336b.

immensurabiliter, immeasurably, beyond measuring.

c1381 humilitatis gracia de fonte pectoris vestri inmensurabiliter noscitur emanare *FormOx* 393.

immensuratio, condition beyond measure, lack of measure or order, excess.

peccatum secundum esse suum primum est extra omnem mensuram, modum et ordinem naturalem; ideo vere assumeretur quod peccatum pro aliqua inmensuracione est pro qua non est volitum a Deo, quod conceditur pro esse primo peccati Wycl. *Ente* 259.

immensuratus, (of customary work) additional, extraordinary, or ? not measured by the extent of one's holding; **b** (as sb. n.).

c1230 J. Hubert .. fodit, fossat, colliget [*sic*] stipulam, facit opera inmensurata sicut B. relicta Baldewini in Upmunster *Cust. Waltham* 197v; **c1230** W. Juvenis .. flagellat bladum, fossat, fodit, colligit stipulam sicut J. Hubert .., falcat dim. acram prati pro j operacione, disperget fimum, adjuvabit ad tegendum domos et in aliis operibus inmensuratis stabit usque ad ix^{m} [i. e. nonam] pro j operacione *Ib.* 201. **b** **c1230** inmensurata faciet sicut in Upmunstre [*added*: scilicet stabit usque ad nonam pro j operacione] *Ib.* 207v (cf. ib. 210v: inmensurata facit usque ad vj^{m} [i. e. sextam]).

immensus [CL]

1 measureless, (very) great in extent; **b** (w. ref. to measure).

Arbiter immensum primo dum pangeret orbem Aldh. *Aen.* 71 (*Piscis*) 2; immensis .. fluctibus *Ib.* 92 (*Farus*) 7 (v. 2 errare 1b); terra nimirum mari ~o .. exposita Gir. *TH* I 6 p. 27. **b** ~a profunditate B. *V. Dunst.* 14 (v. devexus 1a).

2 (very) great in size, huge: **a** (w. ref. to person or animal); **b** (of inanim.); **c** (w. ref. to size).

a [retinacula] ex quibus immensum trucidabam mole tirannum Aldh. *Aen.* 74 (*Fundibulum*) 4; inmensis corporibus *Lib. Monstr.* I 49 (v. dracontopes); [lupus] infernale aperit guttur, faucesque voraces / pandit, et inmensae reserat penetrale cavernae Alcuin *Carm.* 49. 21; ~is dentibus Gerv. Tilb. III 73 (v. equinocephalus). **b** inmensum montem scelerum exaggerantes Gildas *EB* 28; crescentes .. ignes .. in inmensam adunati sunt flammam Bede *HE* III 19 p. 165; inmensas solus retinebo liburnas Hwætberht *Aen.* 54 (v. echenais); extruit inmensam damnanda superbia turrem Alcuin *Carm.* 69. 49; ad vastissime arboris .. robur ~um Ad. Eyns. *Hug.* V 18; **s1298** ~am cathenam (v. discidium 3). **c** scribunt et geminos Alloidas tam inmensae corporum magnitudinis fuisse ut .. *Lib. Monstr.* I 55; parietes .. ~e longitudinis et altitudinis erexit Ric. Hex. *Hist. Hex.* I 3 p. 12.

3 immeasurable, (very) great: **a** (in weight); **b** (in number); **c** (in value).

a siquidem laboras et inmenso pondere curvaris [cf. *Matth.* xi 28] Gildas *EB* 29. **b** ex ~a [apum] multitudine Aldh. *VirgP* 6 (v. discursus 1b); cum inmenso ac forti exercitu Bede *HE* I 34 (v. 2 exercitus 1a); congregato ex omni parte [regni] sui ~o exercitu Asser *Alf.* 30. **c** inmensis opibus cognatam trado puellam Frith. 118.

4 (of abstr.) unquantifiable, immense: **a** (of emotion, mental faculty, or sim.); **b** (of sin or crime, or virtue); **c** (of effort or suffering); **d** (of natural power).

a cum inmenso cordis dolore Gildas *EB* 1; inmenso amore Bede *HE* IV 21 (v. diligere 1a); omnes .. timore inmenso perculsos in fugam convertit *Ib.* V 12 p. 304; ac timor inmensus quatiens vultusque minaces / per tenebras animam terrebant Æthelwulf *Abb.* 326; ~o repleti sunt gaudio Asser *Alf.* 55; **1425** elephans est .. ~e memorie (v. elephas a). **b** nec valet immensum perfecte forte pudorem / garrula raucisono complecti pagina versu Aldh. *VirgV* 2785; perpetratis .. enormibus ~is et infinitis Gir. *PI* I 17 (v. enormis 1c); **c1337** ~e probitatis et eximie domino *FormOx* 92. **c** subito et ~o atque omnibus medicis incognito .. correptus est dolore Asser *Alf.* 74; post .. ~a spiritualium operum exercitia Rolle *IA* 208 (v. exercitium 4b); **1408** pro ~o domigerio (v. 2 dangerium 3b). **d** [Agnes] corusco ~i luminis splendore vallata Aldh. *VirgP* 45; nuntiavit .. Hild abbatissam .. se aspectante cum luce inmensa .. ad aeternae limina lucis .. ascendisse Bede *HE* IV 21 p. 257; cum .. vim fervoris inmensi tolerare non possint, prosiliebant miserae in medium rigoris *Ib.* V 12 p. 305; sub ~o murmure Osb. *V. Dunst.* 45 (v. 2 dissecare 1c); lumen .. ~um *Canon. G. Sempr.* 111 (v. immissio 1b).

5 (w. ref. to God or his attributes) immeasurable, infinite (also sb.).

jam pietas immensa Dei cruce cuncta beavit (*Vers.*) Aldh. *Met.* 9 p. 88; omnipotens Deus pro sua ~a clementia Asser *Alf.* 74; sicut enim non tres dii sed unus est Deus, non tres ~i .. sed unus Pull. *Sent.* 808D; adjectiva nomina alia significant .. divinam essentiam .. privative, ut .. ~us, immortalis et hujusmodi. .. ~us principaliter significat divinam essentiam, et connotat abnegationem mensure localis Bart. Angl. I 10; Walt. Wimb. *Carm.* 110 (v. dolium 1b).

6 immoderate, excessive; **b** (as sb. n.).

ne in ~um modum opusculum hoc .. proteletur Gildas *EB* 94; inmensum *GlC* I 429 (v. 2 impensus). **b** peccatum .. labitur a mensura in ~um [ME: *from mesure into unimete*] *AncrR* 19.

7 (n. as adv.) very much, greatly.

nunc onus horrendum reportant corpora gippi / et premit immensum truculentae sarcina molis Aldh. *Aen.* 99 (*Camellus*) 4; gratulantur ~um Augustinum suum jam quasi de morte reductum Gosc. *Transl. Aug.* 18C.

8 (*in ~um*) very much, greatly, infinitely.

Rogerus, episcopus Salesberie, .. sedem suam mirificis ornamentis et edificiis, citra ullam expensarum parsimoniam, in ~um extulit W. Malm. *HN* 481 p. 38; qui fructu ejus [sc. arboris solis] vescitur .. vitam extendit in ~um Gir. *TH* II 4 p. 81; **1259** miramur igitur et movemur in ~um quod .. talia nobis .. imputari debeant *Cl* 479; **1313** quod nobis displicet in inmensum *RGasc* IV 804; **1344** vestre reverencie, de qua in inmensum confidimus, humiliter supplicamus quatinus .. *Lit. Cant.* II 272.

immerciare [cf. AN *enmercier*], to amerce, assess for fine at mercy of court. *Cf. admerciare, ponere in mercia* [*misericordia*].

est autem misericordia domini regis qua quis eatenus per juramentum legalium hominum de visneto ~iandus est ne aliquid de suo honorabili tenemento amittat Glanv. IX 11; **1194** (1290) si aliquis hominum predictorum fratrum sit inmerciatus erga nos vel erga ballivos nostros pro quacunque causa vel delicto vel forisfacto, mercie

et merciamenta pecunie predictis fratribus .. reddantur *CalCh* II 374; **1199** si aliquis hominum suorum sit inmerciatus erga nos pro quacumque causa vel delicto vel forisfacto, mercie et merciamenta pecunie predictis .. reddantur *RChart* 15b (cf. ib.: si aliquis .. sit in mercia erga nos vel ballivos nostros).

immerens [CL], undeserving.

1555 satagite .. ut [*supply* de] denario diurno, cujus me dispensatorem vobis, licet ~tem et indignum, inexhausta ejusdem patrisfamilias munificentia constituit, .. respondeatis *Stat. Coll. Ox.* (*St. John's*) III 11.

immergere [CL]

1 (trans.) to dip or plunge (into liquid), immerse; **b** (refl.); **c** (pass. in middle sense; also intr.); **d** (w. ref. to baptism; in quot., fig.).

mens Deo dedita .. nec scopulum collo conexum et marinis gurgitibus immersum pavescit nec .. ALDH. *VirgP* 47 p. 301; linum aquis ~itur. .. post aquas linum siccatur. .. deinde linum malleis tunditur .. AILR. *Inst. Inclus.* 26; si ergo aliquis ~at in quocumque alio liquore quam in aqua, non baptizat. item, si mutet verba et dicat 'ego ~o te' vel 'intingo', non baptizat ROB. FLAMB. *Pen.* 85; ad quoddam stagnum multa capacitate amplissimum in quo ~ebantur anime per ignem purgatorium transeuntes COGGESH. *Visio* 12 (cf. ib. 33: ad stagnum .. ubi anime expiande post purgantis incendii evasionem ~ebantur). **b** se in aquis congelantibus .. immersit ibique diutissime permanens et exorans noctem totam vel dimidiam tali opere expendit R. COLD. *Godr.* 74 p. 86 (cf. GIR. *GE* II 10 p. 215); **c1200** vestes exuunt seque celeriter undis ~unt (*Mir. Ed. Conf.*) *Anal. Boll.* XLI 124. **c** solebat .. saepius in eo [flumine] supermeantibus undis inmergi, .. ascendente aqua fluminis usque ad lumbos BEDE *HE* V 12 p. 310 (cf. ib.: quas [glacies] et ipse .. contriverat quo haberet locum standi sive inmergendi in fluvio); [ciconia] aquas petit et in eis ~itur et limo aque involvitur *Quaest. Salern.* N 64 p. 321. **d** flumine lateris me gratis [Christe] immerge J. HOWD. *Cant.* 349.

2 to drown (also fig.); **b** (refl.).

liquidus in quo mus vel mustela inmersa moritur THEOD. *Pen.* I 7. 9; PULL. *CM* 221 (v. Euripus 1a); rupto ponte quem transierunt gurgiti ~untur HON. *Spec. Eccl.* 984B; duas sanctas virgines pessimus quidam tirranus .., quia conjugium spreverant, ferro vinctas aquis ~i et prefocari precepit J. FURNESS *Pat.* 132; **c1295** intimamus quod .. gravamina .. nos conturbant ac in profundum dolorum †immergant *Reg. Cant.* II 515. **b** virgines .. quae se pro integritatis pudicitia conservanda rapaci gurgitis alveo .. immerserunt [*gl.*: i. absconderunt; *on beselta*] ALDH. *VirgP* 31.

3 to plunge, bury, sink (into non-liquid).

s1097 gladium ~it (v. eliquare 2b); nivali frigore gelatus, nihil aliud remedii comminisci potuit quam ut exinteratorum equorum adhuc spirantibus extis ~eret pedes W. MALM. *GP* I 17 p. 26; ecclesias, .. ostiis securibus immersis, violenter confregit *G. Steph.* 83; cur non vis lateri ferrum immergere? WALT. WIMB. *Carm.* 240; jecur in ignibus [anima] immergas amoris J. HOWD. *Cant.* 362.

4 (refl., ellipt., or pass. in middle sense) to plunge into (place), esp. to hide among, disappear into. **b** (of abstr.).

[turba nefanda] adcurrens, properat spinis inmergier hirtis ÆTHELWULF *Abb.* 164 (cf. ib. 161: spinisque inmiscuit hirtis); clarus militie gestis regressus, Normannie sine difficultate immersit W. MALM. *GR* III 274 (= *Eul. Hist.* III 41); **s1141** in quam [sc. Angliam] se sicut in quandam silvam frementium beluarum immersit W. MALM. *HN* 506 p. 65; ecce columbam unam nive candidiorem egressam de monasterio vidit ad se recto itinere modesto volatu venire et in dexteram manicam tunice qua erat induta junctis alis sese totam ~ere *V. Chris. Marky.* 1. **b** patet quia voluntas ibi numquam satiatur, quantumcumque firmiter se ~it in illud propter se amando DUNS *Ord.* II 116; illi impressioni sic intimate occurrit intellectus secundo, et in illo secundo occursu ~it se illi penetrando illam *Ib.* III 316.

5 (fig.) to plunge (into) or immerse (in activity); **b** (refl.).

ipsos .. tentavit in peccatis ~ere *NLA* II 71 (v. extraneare 3). **b** nemo se temere ~at in condensa divinarum questionum, nisi prius .. ANSELM (*Incarn. B* 1) II 9; **1168** non enim videtur grandis esse prudentie [v. l. prudentia] si homo sine querela se litigiis inmergat alienis J. SAL. *Ep.* 24 (241 p. 470); te mundi voluptatibus totum hactenus immersisti P. BLOIS *Ep.* 11. 33B; sic homines servientes mundo ~unt se vanitati mundane HOLCOT *Wisd.* 72.

6 (intr., by conf. w. *emergere*): **a** to emerge, arise, occur; **b** to appear.

a corpus rapitur et in secretiori quo libuit loco .. occulitur ut occulte, cum negotii exequendi †se immerseret [? l. sic immerserit] oportunitas, efferatur T. MON. *Will.* I 6 p. 26; inmergit dubitacio ut [primum] est cognoscibile, scibile vel intellegibile ab intellectu creato BACON VIII 118. **b** immerserunt super terram juvenes, viri iniqui et peccatores H. ALBUS 104.

immergium, drowning, sinking.

Igguar .. maris, ut dicunt, tempestate circumventus cum omni classe sua .. disparuit. estimant autem plures eum ~io illius tempestatis interisse *Chr. Wallingf.* 27.

immeribilis, incapable of redemptive change.

capiatur ergo A creatura rationalis secundum falsigraphum immutabiliter confirmata in bono vel in malo, et immutabilis atque ~is per naturam, et sit B alia hujusmodi creatura equalis in naturalibus, mutabilis et meribilis per premissa; B igitur de natura sua est mutabilis voluntatis atque meribilis et est per se, quia per naturam et essenciam suam talis; per se autem includit universitalitatem suppositorum et temporis .. omne ergo tale suppositum et semper, quantum est de se et de natura sua est mutabilis voluntatis atque meribilis bene vel male. si vero firmetur et immeribiliter in bono vel in malo, hoc non est de se sufficienter, nec de sui natura, sed ex alia causa firmante BRADW. *CD* 528A.

immeribiliter, in a manner that does not permit redemptive change.

BRADW. *CD* 528B (v. immeribilis).

immerito [CL], undeservedly, without recognition of desert, unjustly; **b** (w. *non* or sim. in double neg. construction) not without cause, with good reason.

tum miles Christi nodoso fuste flagella / sustinet immerito constrictus nexibus artis ALDH. *VirgV* 1311; cum stolidi proceres, qui mundi regna regebant, / martires immerito mulcata carne necarent *Ib.* 1780; quedam mulier conquesta est cuidam sortilege de viro suo quod eam molestabat et hoc inmerito *Latin Stories* 24. **b** ut non ~o intellectualis David .. carmen funebre et canticum lamentabile .. lugubriter componat ALDH. *VirgP* 13 p. 242; multi .. solent .. a signis sancta illorum [sanctorum] merita metiri et hoc nec inmerito *V. Greg.* 77; sacratiorem .. locum fecere; nec inmerito, quia .. BEDE *HE* III 2 p. 130; contigit .. quiddam mirabile dictu, quod et incredibile non ~o videatur MAP *NC* V 5 f. 63v; **1366** quam plures denarios sub colore denariorum nostrorum .. a diversis hominibus .. extorquendo in nostri scandalum .. et contra consuetudinem .., unde non ~o conturbamur et movemur (*Ch. Regis*) *Doc. Bev.* 6; **1546** ex quibusdam .. causis .. me .. non †immerite moventibus *FormA* 72.

immeritus [CL]

1 undeserving: **a** (of harm); **b** (of benefit *etc.*).

a quam ~us eadem convicia sim perpessus BEDE *Pleg.* 17 (v. dejudicare 1c); ledimur omnes, / ledimur inmeriti patimurque indigna priores J. EXON. *BT* I 153; **p1208** a nobis, licet inmeritis, tam corda quam corpora simul aversa sunt GIR. *Ep.* 1 p. 156. **b** Stigandus presertim, quem potius inmeritum quam emeritum Cantuariensis pallii fibula decorabat, .. OSB. CLAR. *V. Ed. Conf.* 22; **1404** inmeritum (v. devocare 1b).

2 undeserved, unmerited.

protinus immeritam sensit regina medelam FRITH. 927; pro ~is beneficiorum exhibicionibus AD. MARSH *Ep.* 78 (v. exhibitio 5a).

immersio [LL]

1 baptismal immersion; **b** (w. *trinus*).

1200 si .. in necessitate puer baptizetur a laico, .. sequentia ~onem, non precedencia, per sacerdotem expleantur *Conc. Syn.* I 1062; **1279** sola diebus baptismi supersit inmersio facienda *Ib.* II 836. **b** in baptismo, ut enim tribus diebus jacuit Christus in sepulchro, sic in baptismate trina sit ~o LANFR. *Comment. Paul.* (*Phil.* iii 20) 315; fonte salutis abluti estis ubi .. per trinam ~onem Christo consepulti estis ANSELM *Misc.* 312; **s1307** post trinam ~onem in sacro fonte WALS. *HA* I 11.

2 submerging, flooding.

cum .. aliquem oportebat ad evitandum ~onem Holandie, .. si aliqua invisa inundacio emergat, ripam marisci de G. abscindere, .. *Croyl. Cont. C* 569.

3 plunging (of solid object into non-liquid).

ipsius venerandi capitis videtur laterali plaga aditus cujusdam patere foraminis, quod gladius hostilis .. effecit, quod etiam ad trium digitorum ~onem .. in teste sacri capitis .. patescit R. COLD. *Osw.* 51 p. 380.

immicus v. inimicus.

immigrare [CL], to migrate to another place, move house.

1473 omni cum familia domus sue ad Harford ~abat *Lit. Cant.* III 261.

immilitare [cf. 1 in + militare], to do military service (in; in quot., fig.).

regia pompa dapum veniens immilitat auro VINSAUF *PN* 629.

immilitaris [2 in- + militaris], unmilitary, not like a soldier.

rex Scottorum David .. plures secum viros ~es, non armatos bellicis munitionibus sed seminudis natibus ad bella produxit R. COLD. *Godr.* 107.

imminentia [LL], overlooking, standing over: **a** (as protecting); **b** (as threatening).

a **1103** filium .. tuum .. tanta tecum ~ia confovebimus (*Lit. Papae*) EADMER *HN* p. 182 (= W. MALM. *GR* IV 414). **b** ingruentia, imminentia *GlC* I 238; **s1235** Robertus filius Walteri .. cum moriturus diu mortis iminencia et accessu torqueretur nec tamen moreretur penitus M. PAR. *Min.* II 385.

imminere [CL]

1 to rise up so as to overlook.

in ipsam .. villam Slepe [i. e. *St. Ives, Hunts*], octo leucis Anglicis a Ramesia, et tribus ab oppido Huntendun distantem, Ouse fluvio ~entem GOSC. *V. Iv.* 86A; Werham [*Dors*] .. ~et mari W. MALM. *GP* II 86 p. 187; mons altissimus [*Slieve Donard, Co. Down*] qui .. ~et mari GIR. *TH* III 2 p. 141; per quandam portam que ~ebat in orientali parte basilice COGGESH. *Visio* 13.

2 to stand over (fig.), oversee or be superior (to). **b** (pr. ppl. as sb., astr.) zenith.

p1152 quando hiis, qui sub habitu regulari divinis inminent famulatibus, jura sua illicite subtrahuntur *Doc. Theob.* 20. **b** idem ipsum interstitium medii celi hujus horoscopi et ~entis capitibus nostris erit .. ipsum idem interstitium lune et ~entis capitibus nostris ostendet ADEL. *Elk.* 34; si fuerit medium celum respectu nostri ~entis septemtrionalis *Ib.*

3 to follow closely, be almost on (also fig.). **b** to be ready to attack or threateningly close (to mil. target).

cum .. mortem sibi omnes inminere et jamjamque adesse viderent BEDE *HE* III 15 p. 158; spreta sessione festinus viator suorum vestigiis ~et SAMSON *Mir. Edm.* I 2 p. 113. **b** dummodo hostis inminens longius arceretur BEDE *HE* I 12 p. 26 (= GILDAS *EB* 15: si hostis longius arceretur); barbarus advena districto ense .. regni colonis ~et ABBO *Edm.* 8 (v. 2 distringere 1b).

4 to be a threat (to; also absol.). **b** to be a cause of urgent concern.

inminens oculo exitium BEDE *HE* IV 30 (v. exitium a); **1299** quod .. nullum .. regni libertatibus posset dispendium ~ere (v. exinde 2c); **1316** civibus .. periculum .. videbatur ~ere (v. duritia 4a); **1450** grave et damnosum ~ere periculum (v. damnosus a). **b** **a705** de causa nostrae necessitatis ~enti ALDH. *Ep.* 10 (13) p. 503; **1310** multa in presenciarum tempore .. ~ent reformanda *RGasc* IV 394; **1341** quod minutos defectus in vestimentis et ceteris ornamentis .. ~entes usque ad summam septem solidorum faciant reparari *Reg. Roff. Ep.* f. 192b; **1342** cum defectubus in domibus rectorie .. ~entibus (v. 1 domus 11a).

5 to be imminent, about to happen (esp. of unwelcome event).

fratrum pignorumque suorum miserandas ~entes poenas .. devitabant GILDAS *EB* 19; ~entium imbecillitatum .. pericula BEDE *Luke* 540B (v. imbecillitas 3); inminentibus sollemniis majoribus *Id. HE* IV 17 (v. epiphania 2b); ~entis pestis .. periculum ORD. VIT. VI 9 p. 77 (v. etsi a); qui .. comminetur hostibus exterminium ~ere R. NIGER *Mil.* II 19 (v. exuviae 4); nobis .. diversas interserendo questiones de vita presenti et de morte futura que nimirum omnibus mortalibus inevitabiliter inminet conferentibus P. CORNW. *Rev.* I 205; **s1234** ne in hoc certamine pereat ~enti .. genus meum M. PAR. *Maj.* III 277 (cf. WEND. III 84); **1251** quod .. monachi ei non licere asserebant, dampna ex hoc facto monasterio suo imminere proponentes *Cart. York* 21; **s1260** nisi hoc faceret, malum in proximo sentiret inminendum *Flor. Hist.* II 451; **s1300** regis .. mortem ~entem excogitantes (v. excogitare 3).

6 (of time) to be close at hand.

cum parturiendi tempus inmineret FELIX *Guthl.* 4; cum .. diem sibi mortis inminere sensisset BEDE *HE* IV 11 p. 226; inminente hora ipsius diei sexta *Ib.* 32 p. 280; ~ebat Pascha *Id. Hom.* II 4. 125 (v. esus 1c); totum vero tempus instans et ~ens nunc dare studetis prodicioni GIR. *SD* 32; cum .. ~eret patri etas senilis *V. II Off.* 1.

7 **a** (w. inf.) to be about to (do something). **b** (w. dat. of abstr.) to be on the brink (of).

a inebriari ~ent J. FORD *Serm.* 22. 8 (v. epotare b); **1318** sollempnia que nostra .. ecclesia .. iminet facere (R. BURY *Ep.*) *FormOx* 46. **b** **s1247** ~et civitas nostra discrimini M. PAR. *Maj.* IV 638 (= *Flor. Hist.* II 343: iminet).

8 (of responsibility or sim.) to be incumbent on (person), to attach to (office or sim.). **b** (impers. w. dat. and inf.) it behoves.

p1287 omne jus et clameum quod habui .. in terris et tenementis, domibus, esceatis et redditibus †immenentes

(*Lib. Alb. Ossor.*) *RIA Proc.* XXVII 121 (cf. ib.: jus aut clameum in predictis .. †imminentes [*sic*]); **1288** omnium .. quorum in spiritualibus cura nobis iminet *FormOx* 357; **c1350** quod [A. de B.] .. possit ad beneficium ecclesiasticum, cui animarum cura ~et, provideri *Ib.* 267; **1547** ad curam beneficiis .. ~entem sustinendam habiles (*Ch. Regis*) *Mem. Ripon* I 109. **b 1186** nos quibus ~et principaliter .. de conservatione illius terre sollicitudinem gerere (*Lit. Papae*) GIR. *PI* II 23 p. 202.

9 *f. l.*

multa .. solent ab ipso [rege] comoda provenire et que suis subditis displicent et moleste feruntur, cum tamen in eis maxima utilitas †immineatur [*sic* MS; ? l. inveniatur] BACON V 54.

immingere, to urinate in or on.

immergere, †immungere [MS: immingere] OSB. GLOUC. *Deriv.* 289; mingo componitur inmingo, -is, et emingo, -is *Ib.* 348.

imminiculum [cf. adminiculum], support, assistance.

10.. inminiculo, adjutorio *WW* (cf. *GlC* A 1: †abminiculum, adjutorium).

imministrare [cf. administrare], to administer (sacraments).

ipsum sui sanguinis sacramentum inministrandum nobis se effundere significat BEDE *Luke* 599B.

imminorabilis [ML], that cannot be reduced or diminished.

~em et intaminatum splendorem GROS. *Ps.-Dion.* 1022 (v. inconsumptibilis).

imminorare [ML], to make smaller, reduce.

generalis est exorta murmuratio eo quod frusta casei, ut eis visum fuerat, ab institutione .. Adelwoldi immutata †asserent [? l. assererent] et ~ata *Chr. Abingd.* II 147.

imminuere [CL]

1 to reduce in size or value; **b** (w. ref. to land or grant thereof).

ubi est cristallus violata? ubi ~ta? ubi adaucta? ANSELM *Misc.* 303; si montem aliquem de qualibet mundi parte ablatum dicamus, non ideo locus ille, in quo consistebat, est ~tus PETRUS *Dial.* 25; numisma et es et commercii formam quisque apud se transformavit, inminuit et adulteravit *Lib. Eli.* III 73; nec [in curia] .. aliquid de pretio putredo aut fetor ~it P. BLOIS *Ep.* 14. 48A. **b c710** quam donationem meam volo firmam esse .. ut nec ego seu heredes mei aliquid ~ere presumant *CS* 98 (cf. ib. 97 [**697**]: ut nec ego seu heredes mei aliquid minuere presumant); **c775** (12c) quisquis autem malivola mente de illa [donatione] immutare aut inminuere temptaverit *Ch. Roff.* 15; ibi [*Linton, Heref*] erant v hidae et reddebat quartam partem firmae unius noctis; modo est valde ~tum *DB* I 179va; prodigus dominium patrum suorum quotidie ~ebat ORD. VIT. VIII 1 p. 263.

2 to reduce (number).

non fuerunt homines facti tantum ad restaurandum numerum ~tum sed etiam ad perficiendum nondum perfectum ANSELM (*CurD* 1) II 76; bonus .. angelis etiam est ad auxilium, .. quo et angelorum restauratur numerus qui angelo primo cadente fuerat ~tus *Simil. Anselmi* 43–45; angeli .. etiam hominibus bone voluntatis pacem hylariter insonuerunt, de quibus numerum suum inminutum redintegrari cognoverunt HON. *Spec. Eccl.* 816A.

3 (w. ref. to abstr.) to reduce in degree; **b** (w. ref. to temperature; in quot., fig.); **c** (w. ref. to sin).

charitas autem, dum augmenta sumit, timorem ~it PULL. *Sent.* 815D; GIR. *IK* I 2 (v. diminutio 1b); de sollicitudine vestra importabili aliquid ~am P. BLOIS *Ep.* 16. 59D; gloriam Dei .. prohibere vel ~ere sanctitas vestra novit esse sacrilegum *Canon. G. Sempr.* 118; divinitatis plenam et totam substanciam, non multiplicatam nec divisam nec ~tam GROS. *Hexaem.* VIII 1. 1; nulla virtus finita agit in instanti quia sic infinita †imminuiri [? l. imminuitur] BACON VII 128. **b** estus quidem corporum relevatus est, sed fervor furentium animorum non est ~tus W. S. ALB. *V. Alb. & Amphib.* 21. **c** confessio .. peccati multipliciter intervertitur, quoniam interdum peccatum ~itur, quandoque augetur, ut de peccato quodammodo confessio glorietur. ~itur cum veritas ejus in parte supprimitur et tacetur ..; augetur quando peccati quantitas ultra fines suos porrigitur R. NIGER *Mil.* IV 19.

4 to reduce in severity, mitigate: **a** (religious observance); **b** (punishment).

a justas observationes .. non solum non ~it sed etiam .. augmentavit ORD. VIT. III 5 p. 69. **b s1327** si .. penam debitam †immuniant [l. imminuant] HIGD. VII 44 (v. avolatio b).

5 to reduce in status (in quot., w. ref. to scale of being).

hoc uno erat ~tus ab hominibus et piscibus unitus quod sine maris odore vel aqua vivere non potuit MAP *NC* IV 13 f. 54v.

imminutio [CL]

1 reduction in size or value.

terrarum ecclesiae irrestaurabilem ~onem ANSELM (*Ep.* 176) IV 60; ipsa in expectacione animi affliccio est boni expectati quedam empcio et preciositatis beneficii ~io GROS. *Cess. Leg.* I 3. 3.

2 (of abstr.) reduction in degree; **b** (as self-depreciating title).

quod tamen hec impotentia non illi esset ad ~onem laudis ANSELM (*Casus Diab.* 25) I 273; **1166** salutationem .. domino et patri debitam nequaquam suspendit defectus aut ~o caritatis J. SAL. *Ep.* 145 (168 p. 100); **1167** dolemus et ingemiscimus .. de ~one glorie vestre *Ib.* 198 (213 p. 346). **b** licet enim non equetur ad vestram magnificentiam, mittentis ampla devotio plurimum adicit ejus ~oni et quod maximos principes scriptura preterierit, ut sibi vos in dominum preeligeret R. NIGER *Mil.* II *prol.*

1 imminutus v. imminuere.

2 imminutus [CL], unimpaired, undiminished.

†1082 (12c) omnes dignitates et libertates que ad regis coronam pertinent ab omni servicio et inquietudine inperpetuum imminutas et quietas cum omnibus eisdem pertinentibus possideret *Ch. Durh.* 3a p. 16; ita vasculum permansit ~um ut mulieris Sareptene [cf. *III Reg.* xvii 12–14] OSB. *V. Dunst.* 15 p. 87.

immiscere [CL]

1 to mix, blend (one thing w. another); **b** (w. abstr. obj.). **c** (intr.) to merge into, hide in.

calici aquam tradit ecclesia ~endam quoniam sanguis cum aqua Dominico profluxit ex latere PULL. *Sent.* 963B; donec [brachium navis] se aquilonari oceano ~eat ad Orchades GIR. *TH* I 2; vino venenum ~ens J. FURNESS *Pat.* 45; **s1397** dominus W. Scroppe in una secta rubiarum togarum de cerico, rotulatarum et albo cerico, literis aureis immixtarum AD. USK 158. **b** homines tamen eandem voluntatem pre ceteris diligunt et eam ~ent omnibus pene que agunt *Simil. Anselmi* 38; ~uit in me Dominus spiritum vertiginis et errare me fecit [cf. *Is.* xix 14] P. BLOIS *Ep.* 102. 316B; PECKHAM *Persp.* I 56 (59) (v. imperceptibiliter a). **c** spinisque inmiscuit hirtis ÆTHELWULF *Abb.* 161 (v. immergere 4a).

2 (refl.) to merge into surroundings or sim. so as to be indistinguishable; **b** (of inanim. or abstr.).

tum volucres modulae inmiscent se nubibus altis ÆTHELWULF *Abb.* 265. **b** tristia se laetis inmiscent tempora nostris ALCUIN *Carm.* 48. 27; quintus vero dies est formacio fluitantis anime ex aquis baptismi et sapiencie salutaris in virtutem contemplativam ad superna volantem et virtutem activam in fluxum temporalium se inmiscentem GROS. *Hexaem.* I 3. 7.

3 to mingle with or join (group): **a** (refl.); **b** (pass.in middle sense).

a coetibus ingrediens almis se inmiscuit almus ÆTHELWULF *Abb.* 217; quidam enim, quorum ego me collegio ~eo W. MALM. *Mir. Mariae* 122. **b** nec minoris eum meriti choris immistum angelicis arbitrantur AILR. *Ed. Conf.* 777B.

4 (refl.) to involve oneself (one's senses, *etc.*) in, concern oneself with (esp. matters that one should not); **b** (ellipt.).

800 non necessariis se inmiscere quaestionibus ALCUIN *Ep.* 22 p. 336; neque presentiam archiepiscopi comitabatur .. neque regis et ejus distantie se ~ebat W. FITZST. *Thom.* 98; recolebam damnabile esse in clerico se curialibus aut secularibus negotiis ~ere P. BLOIS *Ep.* 14. 43B; **s1179** si se negotiis secularibus contra canonum instituta presules inmiscuerint DICETO *YH* I 435 (cf. *Decr. Greg.* 3. 50 *tit.*: ne clerici vel monachi secularibus negotiis se inmisceant); ecce qualiter actibus hujusmodi .. se noster hostis ille versutus ~et GIR. *GE* II 11 p. 226; **c1279** erat fornicator errabundus, de nocte rursus cediciosus, pluribusque aliis enormitatibus secularibus .. se immissens (*AncC* XVIII 66) *RGasc* III p. xxxvi n.; se sensus suos mundanis nolle inmiscere negociis .. aliis patefecit *Ps.*-ELMH. *Hen. V* 127 p. 333. **b** inmiscere rei vetite laudabile non est WALT. ANGL. *Fab.* 17. 17.

5 to mix together, confuse, jumble.

femora cum cruribus, suras cum poplite bino / abstulit immiscens crudelis verba virago ALDH. *Aen.* 95 (*Scilla*) 6.

1 immiscibilis v. immarcescibilis.

2 immiscibilis [LL], that cannot be mixed.

oleum naturam habet ~em P. BLOIS *Serm.* 636B.

immiserabilis [LL; CL = *unworthy of pity*], pitiless, ruthless.

latronum .. dampnator ~is *Flor. Hist.* II 14 (v. damnator).

immiserabiliter [ML], pitilessly.

miseros et ~er incantatos GIR. *Spec.* III 12 p. 199.

immiseranter, pitilessly.

pecuniosos .. vinculis et cruciatibus ~er [v. l. immisericorditer] exponere *G. Steph.* 37; in omnibus .. ecclesiis .. ~er deseviit *Ib.* 83.

immisericordia [LL], pitilessness.

in justitia illa meam ego deploro injustitiam, in misericordia illa ~iam propriam juste arguo J. FORD *Serm.* 35. 5; qui tantam in innocuos exercuere maliciam et ~iam GIR. *PI* I 20 p. 120; **s1305** ecce finis immisericordis hominis [sc. W. Waleys], quem ~ia sic finivit *Flor. Hist.* III 124; hoc enim pocius videretur crudelitatis, impietatis, et ~ie, quam summe bonitatis, pietatis, et misericordie BRADW. *CD* 25D.

immisericorditer [CL], mercilessly, without pity or quarter.

BYRHT. *V. Egwini* 393 (v. excruciare b); **s786** ille crudelis interemptor [sc. Kynheardus] ab Osredo duce .. ~iter interemptus est *Id. HR* 53; ceditur martyr [sc. Becket] a ministris presidis, plane inmisercordius quam cesus est olim [sc. Paulus; cf. *Act.* xvi 22–4] a Judeis, accipiens sc. quadragenas una minus W. NEWB. *Serm.* 891; turba seviencium, que nunc conturbatur, / inmisericorditer [monasterium] bonis spoliavit *Carm. Lew.* 57; torrida sua ferocitate sine strepitu judicii ~iter .. strictim occubuerunt FAVENT 5; opidi et castelli de Dreux opidani et custodes suis exaccionibus .. totas suas vicinias inmisericorditer vexabant *Ps.*-ELMH. *Hen. V* 117.

immisericors [CL], pitiless, heartless: **a** (of person); **b** (of abstr. or fig.).

a Domino scribae et Pharisaei tendebant laqueos insidiarum, putantes eum vel inmisericordem futurum in judicando vel injustum BEDE *Hom.* I 25. 107; in rebus .. diripiendis crudeliores semper et magis ~des extiterant *G. Steph.* 78 p. 156; heu! quam inmisericordem me comperi modo, cum viderem quam miserabilem eum .. fecerim MAP *NC* V 5 f. 64v; inmisericors circa imbelles GERV. TILB. II 20 (v. imbellis 1b); **s1305** (v. immisericordia). **b** ne mea negligentia pro reatu ~dis silentii puniretur ANSELM (*Ep.* 27) III 135; feminarum ira crudelis et ~s ulcio MAP *NC* III 2 f. 35v; cum demonialium nequiciarum malignitatibus ~dissimis AD. MARSH *Ep.* 83 p. 202; horrendo et inmisericordi impetu in prenobilem ducem .. irruit *Ps.*-ELMH. *Hen. V* 114; montem, unde nobis auxilium veniat [sc. Hen. V], inmisericors mare mortis absorbuit *Ib.* 128.

immissere v. immiscere 4.

immissio [CL]

1 putting in, insertion; **b** (of something abstract).

tunc lavetur manus de sapone, et fiat adjuratio urceoli sive caldarie ante inmissionem manus (*Jud. Dei*) *GAS* 422; licet [communa] statim vere non utatur per ~onem pecorum BRACTON 225; sequeretur enim ex hoc quod .. totum mare magnum Oceanum posset a sacerdote stulto volente conficere sanguinem Christi, propter ~onem unius gutte vini, converti in sanguinem Christi OCKHAM *Pol.* III 240. **b** quare ante ~onem anime humanum corpus nutriatur et non post separationem anime *Quaest. Salern.* Ba 44; viderunt .. globum igneum .. semel et secundo et tertio de celo descendere. .. lumen sc. immensum per vitrinam prope tumulum tertio intrare et tertia inmissione in fossam ubi sanctus jacuerat descendere *Canon. G. Sempr.* 111; hec est veritas circa accionem naturalem: per viam enim alteracionis fit et non per emissionem alicujus ab agente nec per ~onem alicujus in paciens BACON III 215.

2 throwing in (of missiles).

per tormenta que magnorum lapidum ~one machinas contuentur R. NIGER *Mil.* III 74; **s1099** cives viriliter resistentes, telorum jactu, sagittarum imbre, lapidum contorsione, ignium ~one, conamina impugnantium .. retorquebant M. PAR. *Min.* I 142.

3 introduction, instigation.

pura fides absque ulla inmissione malarum consuetudinum debet esse in populo Christiano ALCUIN *Ep.* 291; **825** quae .. ad illam apostolicam sedem per ejus jussionem et inmissionem adlata sunt (*Clovesho*) *CS* 384.

4 implanting (of idea), insinuation, suggestion (in quots., w. connotation of evil or falsehood, freq. w. ref. to *Psalm.* lxvii 49).

748 inmissiones faciens Otiloni duci Baiubariorum ut odium inter te et illum seminaret (*Lit. Papae*) *Ep. Bonif.* 80 p. 178; custodi cogitationes meas a malis inmissionibus immundorum spirituum ALCH. *Or.* 144; sciens utique satellitem Sathane ad subversionem hominum in angelum lucis transfigurari, et ~ones fieri per angelos malos J. SAL.

Pol. 434C; comedebat [sc. hostiam] itaque festinanter [cf. *Exod.* xii 11] propter ~ones per angelos malos, perniciosum sc. vanarum cogitationum superventum H. Bos. *Thom.* III 13 p. 211 (cf. ib. p. 215: sed revertamur ad pretactas malas mali angeli ~ones); cum enim humana racio .. habeat .. raciones ex lege proprie concupiscencie sibi impressas, quas nonnumquam juvant maligni spiritus per occultas ~ones sive per manifestas appariciones, ad auditum per factas voces, ad visum per assumptas corporales formas Kilwardby *OS* 1 (cf. ib.: malignorum spirituum suggestiones); **1340** ad veram illorum instruccionem qui de nobis per inmissiones malivolas sunt aliter forte informati (*TreatyR*) *Foed.* V 159b; usurpacio potestatis .. qua per occultas temptacionum ~ones mencium saltem corruptelas operari non desinunt [sc. spiritus maligni] *Mir. Hen. VI* II 58 p. 148.

immissor [LL]

1 sender or institutor.

qui auguriis vel divinationibus inserviunt, vel qui credit ut aliqui hominum sint ~ores tempestatum .. septem annos peniteat Rob. Flamb. *Pen.* 330.

2 prompter, suggester (esp. w. ref. to Satan).

diabolus .. non est inmissor cogitationum malarum sed incentor Neckam *SS* III 58 p. 325; suggessit igitur ei cogitationum malarum intentor [? l. incentor], non ~or, ut .. *Mir. J. Bev. C* 336.

immistum v. immiscere 3b. **immitari** v. imitari 4b. **immitatrix** v. imitatrix 1b.

immite, harshly, severely.

multa fecit inmisericorditer et ~e Map *NC* V 6 f. 67v; quomodo ~ius agitur apud ecclesiasticum Gir. *GE* II 33 p. 325.

immitis [CL]

1 cruel, harsh: **a** (of person or animal, also as sb.); **b** (of abstr.).

a sin autem inmitis ac superbus est, constat quia non est de Deo Bede *HE* II 2 p. 83; regem habens mansuetum quia non terrena inmitibus sed mansuetis caelestia regna dare consuevit *Id. Hom.* II 3. 122; vocorque inmitis scedra Latine Hwætberht *Aen.* 41 (*de chelidro serpente*) 2; **798** si inmites animos aliquid Flaccina valeat fistula mulcere Alcuin *Ep.* 149; ut sunt nonnulli dure cervicis et auditus inascensibilis, pusillis inmites, in oculis suis sapientes, sibi placentes, qui malunt ante prejudicare quam audire .. Gosc. *Transl. Mild.* 21 p. 182; alienigenis mansuetissimus exstitit; suis ~is sive crudelis esse non potuit R. Cold. *Godr.* 130; factus est pietate suorum impius et ~is regis Dacorum hostis Map *NC* V 4 f. 62v. **b** mors immitis Walt. Wimb. *Virgo* 84 (v. disunire).

2 *f. l.*

†immitis [l. initis] *Ps.-*Elmh. *Hen. V* 75 (v. dilatatio 1d); princeps .. circa ipsas municiones †immites [MS: inimic'; ? l. inimicas *or* inimicorum] obsidionem strictam .. stabilivit *Ib.* 81 p. 234.

immittere [CL]

1 to cause to go, send (into); **b** (w. abstr. obj.); **c** (refl.) to betake oneself (to).

1288 (v. exasper). **b** sopor .. quem Dominus .. immisit Bede *Sam.* 692 (v. expergefacere); de visionibus .. cujusmodi per angelos in somnis prophetis divinitus ~i solent Gir. *EH* I 42 p. 296; cujus [sc. splendoris justitie] jubare celitus inmisso, velut infusum sydus ethereum fulsit sub noctis nostre tenebris vir vite admirabilis .. *Canon. G. Sempr.* 37v. **c** **1434** quia .. tam in tabernis quam in aliis locis illicitis diei [sc. sabbato] .. ebricacionibus .. dediti ingurgitando se †immississent *Reg. Heref.* 177.

2 to send with hostile intent; **b** (refl.).

comes tandem v m armatorum .. de clivo montis ad ducem Excestrie .., ut eum cum suis interimeret, crudeliter inmisit Strecche *Hen. V* 157. **b** nec mora quin mediis se immiserat hostibus audax Alcuin *SS Ebor* 541.

3 to throw into, let fly into.

insecutores armigerum quemdam fecerunt in berfredum ascendere et a boreali plaga ignem ~ere Ord. Vit. VIII 16 p. 364; immensitate magnitudinis ejus devoratur, velut lapillus si magno mari ~atur Hon. *Spec. Eccl.* 1007A; immisso demum igne furenti per sagittam et eciam apposito *G. Hen. V* 7 p. 46; **1618** (v. exonerare 1b).

4 to send, loose (ills).

et quos inmittit somno vis nigra timores / conpescat clemens Domini, rogo, dextra potentis Alcuin *Carm.* 96. 4; Mars .. inter Lapithas et Centauros bellum immisit *Natura Deorum* 9; quod principibus terrores ~it P. Blois *Ep.* 66. 199A; nos autem peccatores et abundantes in seculo obtinuimus divitias, .. cum quibus ventilator impiorum rex sapiens mihi rotam malorum immisit *Ib.* 102. 317B.

5 to put in, insert. **b** to let (supporting beam or sim.) into (structure).

rasuram aquae inmissam Bede *HE* I 2 (v. dare 9a); tum benedixit aquam socius partemque sacrati / roboris inmittens aegro dedit atque bibendam Alcuin *SS Ebor* 493 (cf. Bede *HE* III 13 p. 153); Gilb. III 154. 1 (v. elargatio 1); agmen immittis [Domine] compede venenosum J. Howd. *Cant.* 174; *Alph.* 13 (v. caputpurgium a). **b** si necessitatem habeat ~endi *corbayles* in muris turris .. occasione camere sue predicte edificande absque contradictione ~ere poterit licite *Reg. Kilmainham* 68.

6 to implant, instil (idea or sim.); **b** (w. inf.); **c** (w. *ut* & subj.).

Alch. *Ep.* 299 (v. immundus 6b); [erroris spiritus] vagas has et vanas, fluxas et fluidas, fluentes et refluentes cogitationes ~ens H. Bos. *Thom.* III 13 p. 216; [antiquus inimicus] cogitacionibus suis crebrius ~ens seculi vanitates *Chr. Dale* 5. **b** [diabolus] creatoris obedienciam transire cordi ejus [sc. Adam] inmisit Petrus *Dial.* 109. **c** immisit in animo fratrum [sc. Dominus] ut tollerent ossa illius .. atque in levi arca recondita .. locarent Bede *CuthbP* 42 (= *Id. HE* IV 28; cf. M. Par. *Maj.* I 307: immisit Deus in cordibus fratrum ut .. ossa in levi locello reconderent); inmisit Deus in animum sororis ipsius ut fraternum corpus alio sepulchro reconderet Felix *Guthl.* 1.

7 to put in the way.

quandoque lapides vel alia que transitum eris ad spiritum audibilem impediunt ~untur Bart. Angl. III 18.

8 (*~ere sortem*) to cast lots.

Trevet *Troades* 69 (v. effundere 1c); **1461** Dominicam tunicam scindere, quinimmo .. super ejus vestem ~ere sortem [cf. *Matth.* xxvii 35 (= *Psalm.* xxi 19): super vestem meam miserunt sortem] *Reg. Whet.* I 398.

9 (*~ere manus in*) to lay (violent) hands on, against.

in christum Domini manus sacrilegas non veritus est immisisse Fordun *Cont.* XIII 18 p. 297.

immixte, without admixture.

non ut ab exsecratis maculis et inquinationibus liberatas, neque ut materialium utique receptivas phantasiarum, sed ut omni subjectione ~e [ἀμιγῶς] altiores et omni superfirmato sacro secundum supremam castitatem omnibus Deiformissimis virtutibus supercollocatas Gros. *Ps.-Dion.* 846.

immixticius, miscellaneous.

inmixticius Osb. Glouc. *Deriv.* 346 (v. immixtio).

immixtim, miscellaneously.

inmixtim Osb. Glouc. *Deriv.* 346 (v. immixtio).

immixtio [LL], mixing in.

immisceo .. unde inmixtus .. et inmixtio et inmixtim et inmixticius Osb. Glouc. *Deriv.* 346.

1 immixtus v. immiscere.

2 immixtus [CL], unmixed (in quots., phil.).

in participationem sanctam et traditionem purgationis ~e [ἀμιγοῦς] et divini luminis et perfecte scientie Gros. *Ps.-Dion.* 843; intellectus agens est separatus a possibili et ~us Bacon *Maj.* III 45; intellectus .. est ~us et immaterialis Baconthorpe *Quaest. Sent.* 2a.

3 immixtus, *f. l.*

1370 quod balatole omnes albe fuerant †immixte [MS: invente] (*DipDocE* 259) *Foed.* VI 674a.

immo [CL]

1 (impl. or forming complete denial of prec. statement) rather, on the contrary, whereas in fact; **b** (ellipt.).

quid te .. peccatorum gurgites, quos ut vinum optimum sorbes, ~o tu ab eis voraris, .. non satiant? Gildas *EB* 31; depulsio est: '~o nostra [est pecunia] ..' Alcuin *Rhet.* 11 (v. depulsio 1); jussus obedivi, tamen et claustri vice castrum, / et mihi sepe quidem curia norma fuit. / 'ordo novus.' non: immo vetus. 'quin, ut puto, nullus' L. Durh. *Dial.* I 515. **b** ac si diceret 'non est Deus ita rigidus sicut pretenditis.' et quasi respondens David dicit '~o!' [ME: *noa he seið David ȝeihe*] *AncrR* 128.

2 (correcting idea already denied in prec. statement).

sarcofagum non humo condidit, ~o etiam in memoriale quoddam posuit Felix *Guthl.* 51; non immemor .., ~o .. memor Osb. *V. Dunst.* 27 (v. immemor 1d); nequaquam consensit: ~o jurejurando se non venturum affirmabat *Itin. Ric.* IV 3 p. 242; frigidus est siccusque lepus, sed num gravis? immo / nomen sortitur a levitate pedum [cf. Isid. *Etym.* XII 1. 23] Neckam *DS* IV 764; sic iterum tonat ore lupus: 'michi dampna minaris?' / 'non minor' agnus ait. cui lupus: 'ymmō facis' Walt. Angl. *Fab.* 2. 10; **1219** dicit quod .. ecclesia non vacat, ~o quidam S. est inde persona *CurR* VIII 6; **1221** non malecredunt aliquem, ~o precise dicunt quod obiit infirmitate et non de plaga *PlCrGlouc* 15; **1254** in ista littera non fuit insertum nomen procuratoris, ~o spacium *RGasc* I 526; generacio activa non plus est in Patre quam in Filio; ~o plus est in Filio quam in Patre quia est in Filio per circumincessionem Ockham *Quodl.* 20.

3 (forming correction by alteration of one or more elements of orig. statement).

Map *NC* IV 16 f. 58v (v. diabolus 2); **1221** dedicit quod non appellat E. de facto, ~o T. de facto et E. de vi *PlCrGlouc* 21; **1245** dicit quod non debet tale heriettum .. quale .. Robertus .. exigit; ~o dicit quod tantum debet ij s. pro relevio suo *CurR* XVIII 1750; volucionem .. nollet effectuari, ~o vellet non effectuari Bradw. *CD* 568A (v. effectuare 1); dixit vir ejus: 'hoc pratum est bene falcatum.' '~o est tonsum' dixit ipsa. '~o falce sectum est' ait maritus 'et falcatum'. respondit uxor 'non est verum: sed forcipe tonsum' *Latin Stories* 13; decimas .. eidem ecclesie .. precedessores .. abbatis A. nunquam persolverunt. ~o pro bono pacis .. aliquam pecunie summam persolverunt, sed nunquam plus una marca argenti *Meaux* I 312.

4 (correcting statement or term by substitution of one more precise or more extreme) nay rather, moreover (freq. w. words of similar form or sound and sts. iron.); **b** (*~o potius*); **c** (*~o verius*); **d** (in formula *nostris, ~o verius apostolicis* used by papal legates).

adinvenientes tale praesidium, ~o excidium, patriae, ut .. Gildas *EB* 22; alimonia, ~o parsimonia Aldh. *VirgP* 38 (v. alimonia a); **a705** vale, decies dilectissima, ~o centies et milies *Id. Ep.* 6 p. 497; patienter hec pro Domino, ~o gaudenter, ferebat Bede *HE* I 7 p. 19; redierunt ad pristinas sordes: ~o sceleratiora fecerunt *Ib.* IV 23 p. 265; omni die et nocte, ~o horis omnibus Cuthb. *Ob. Baedae* clx; **948** (13c) congruum, ~o necessarium, michi visum est *CS* 860; A., ecclesie custos, manu propria ejicere volens sanguinem, ~o, ut verum dicam, saniem *Found. Waltham* 26; funiculus triplex .. nimirum difficile rumpitur, ~o penitus impossibile ut .. rumpatur Ad. Scot *QEC* 1. 805B; **1188** levita, imo archilevita ego sum P. Blois *Ep.* 20. 73A; egit, ~o exegit, .. ut .. Devizes 38v (v. exigere 6e); **1440** prefatum Ricardum [Wyche] heretice pravitatis fuisse omnino innocentem palam dicere non formidant, ~o inverecunde vanis figmentis ac inique conjecturatis machinacionibus ipsum justum et sanctum virum fuisse *Cl* 290 m. 3*d*; **1460** tunc .. non possent, ymmo nec auderent, nocere populo patrie *Paston Let.* 611. **b** ambitores istos ordinant, ~o potius humiliant Gildas *EB* 67; sermo vester, ~o Dei potius H. Bos. *Thom.* IV 13 (v. energia b); liberos ejus .. detruncarunt membratim, imo potius frustatim *V. II Off.* 8. **c** fratres .. fratrum defunctorum uxores non dico ducunt, sed traducunt, ~o verius seducunt Gir. *TH* III 19; quo, tamen, non ivit; set vos instructum ab eo, ~o destructum verius, .. transmisit *Id. SD* 82; **1516** pretensum matrimonium, ymmoverius contubernium *Offic. S. Andr.* 7. **d** **1398** mandatis nostris, ymoverius appostolicis, firmiter obedire *Cart. Holyrood* 110 p. 114; **1423** mandatis nostris hujusmodi, ymoverius apostolicis, firmiter obedire *Cart. Glam.* IV 327; **1484** nostris ymmoverius apostolicis firmiter obedire mandatis *Dign. Dec.* 69.

5 (introducing command or exhortation to do otherwise than suggested).

visne tacebo? / 'immō loquare, precor' L. Durh. *Dial.* I 534; **c1302** non, ~o legatis eas [calumpnias] .. secrete (v. exsumere); Pythagoras eum convenit .. sic exorsus: 'disce, stulte adolescens, utraque via quod peto mihi deberi. ..' at contra Euathlus: '~o disce, magister sapiens, utroque modo me non debere .. quod tu petis' Higd. III 11 p. 200 (cf. Aulus Gellius V 10: disce igitur tu quoque; J. Sal. *Pol.* 572A: disce ergo tu).

6 (*non solum .. ~o et* or sim.) not only .. but also; **b** (w. ellipse of *non solum*).

non solum in toto orbe Anglicano ~o et in ceteris nationibus Ad. Eyns. *Hug.* III 8 p. 110; non modo facto ~o et sermone dicere consueverat .. *Ib.* 12 p. 124; **1273** (v. corrositas). **b** **s1187** baliste petrarieque, ~o etiam clipeus, lorica, lancea, et galea (v. defensivus 1e); **c1211** credimus, ~o et scimus quod .. Gir. *Ep.* 6 p. 208; **1391** in prejudicium et dampnum, ymmo et exheredacionem, dicti nostri monasterii perpetuam *Pri. Cold.* 71.

immobilis [CL]

1 immovable, that cannot be moved; **b** (as sb. n.); **c** (phil.). **d** (geom.) fixed.

viderunt agnoscentes lapidem suum, ab illis inmobilem, in structura servi Dei apte compositum *V. Cuthb.* III 2; mansit in Cantia .. quasi columna inmobilis Wulf. *Æthelwold* 14; hic Dunstanus, juxta interpretationem nominis sui, .. ut mons ~is .. moveri non potuit Adel. Blandin. *Dunst.* 12; **1169** cum ecclesie columpnas adversus impetus malignantium .. videmus ~es J. Sal. *Ep.* 298 (296 p. 682); circumcingitur .. quelibet archa corrigia quadam ~i *Dial. Scac.* I 3 B; qualiter .. stetit plaustrum ~e *Found. Waltham* 9 *tit.* (cf. ib. 9: stetit carrum quasi fixum nec poterat moveri tractu boum vel impulsu hominum); **c1300** in aula ij mense mobiles et ij ~es (*Invent.*) *FormMan* 21. **b** si [attractio solis] potest in solidis et in ~ibus, quanto magis in liquidis mobilibus et fluidis?

Quaest. Salern. N 58. **c** primum omnium ~e est. ergo nec variatur nec corrumpitur. iterum nec crescit per se nec augetur aliunde PETRUS *Dial.* 24; postremo motus animati corporis, in eo quod animatum, anima ~e principium est ALF. ANGL. *Cor* 94; cum ergo creator ~is sit et similiter iste locus, creator verius magis et purius erit ~is quam iste locus BACON VIII 195; omne indivisibile [est] ~e *Ib.* 197; terra .. corpus ~e est, dico localiter KILWARDBY *OS* 91; in nullo quippe loco concurrunt virtutes omnium partium celi nisi in terra, eo quod ipsa est quasi ~e centrum totius sphere celestis SICCAV. *PN* 192; omnis volicio Dei .. est ~is WYCL. *Dom. Div.* 149 (v. ducibilis). **d** in spherico motu circa diametrum ~em GROS. 13; sic dicitur geometria esse de puncto ut de minimo suo; de magnitudine ~i ut de subjecto FISHACRE *Sent. Prol.* 92; in superficie ecliptice zodiaci ~is BACON *Maj.* I 192 (v. 1 eclipticus 2); non incongrue potest dici quod geometria sit de magnitudine ~i KILWARDBY *OS* 93.

2 motionless, that cannot or does not move spontaneously.

Apollonius .. gentilium turmas .. orationum vinculis quasi radicitus fixas sub divo et torrido solis caumate ~es manere fecit nec usquam aut aliorsum ulterius progredi valentes ALDH. *VirgP* 38 p. 288; ad virginale monumentum velut in extasi facie tenus proicitur ibique ~is ac si exanimis detinetur, tanquam qui pro se offerretur GOSC. *Transl. Mild.* 24 p. 192; glires .. hieme tota dormiunt et ~es quasi mortui jacent GIR. *TH* I 20; sepe solus in banco inmobilis tanquam magnus dominus .. sedere presumpsistis *Id. SD* 126; corpus viri insensibile et ~e quasi gravi sopore depressum jacuit COGGESH. *Visio* 6; quamdiu enim eundem habet situm ad aliud immotum, et ipsum ~e videtur PECKHAM *Persp.* I 78 (82); **s1415** [Galli] sic perstabant ~es in uno loco ne peditando per campum lutosum fatigarentur WALS. *HA* II 311.

3 (leg., of property) immovable; **b** (as sb. n. sg., collect.); **c** (as sb. n. pl.).

nemo aliquod emat supra iiij denariorum valens, mobile vel inmobile [AS: *licgende*] (*Quad.*) *GAS* 327 (cf. ib. [*Inst. Cnuti*]: rem vivam nec mortuam nec jacentem; [*Cons. Cnuti*]: tam vivum quam mortuum); omne autem furtum mobile vel inmobile, simplex aut multiplex, redimendum [vel] non est (*Leg. Hen.* 59. 21) *Ib.* 580; **1166** cum tamen possessor esset amplissime rei ~is J. SAL. *Ep.* 193 (187 p. 238); cum .. res ~is ponitur in vadium GLANV. X 8; **1231** catalla mobilia et ~ia (v. catallum 2a); **s1235** omnia bona nostra et ecclesie nostre, mobilia et ~a, ecclesiastica et mundana (*Forma obligationis*) M. PAR. *Maj.* III 330; corporales .. [sunt res] que tangi possunt, sicut terra, fundus, res ~es, vel res mobiles que se movere possunt sicut animalia et hujusmodi vel moveri BRACTON 7b; **1277** (v. bonus 7d); **1281** avaricia est immoderatus amor mobilis vel inmobilis affluencie *Conc. Syn.* 904; nonnulli pinguius dominium habent in rebus mobilibus, quas libere .. dare possunt, vendere et legare, et in rebus suis ~ibus habent minus dominium, quia res illas non possunt vendere, dare vel legare, cum heredes suos de rebus ~ibus exheredare non valeant OCKHAM *Pol.* I 308; **s1378** J. Wiclif .. disputavit contra possessiones ~es ecclesie *Eul. Hist. Cont.* 345; **1415** in nostra visitatione nobis extitit detectum .. quod .. bona .. hospitalis ~ia .. adeo esse augmentata quod .. *Lit. Cant.* III 134. **b s1207** ut omnis homo de cujuscunque feudo juraret precium catellorum suorum de ~i et mobili et de his daret decimam partem regi *Ann. Wav.* 258 (cf. *Ann. Cambr.* 66: terciam decimam partem regni tam de mobilibus quam ~ibus). **c** quisquis enim in regiam majestatem deliquisse deprehenditur, .. aut .. in universo mobili suo reus judicatur .. aut in omnibus ~ibus, fundis sc. et redditibus, ut eis exheredetur *Dial. Scac.* II 16; **1190** questiones de dote vel donatione propter nuptias, quando mobilia vel se moventia petentur, ad ecclesiam referentur. questio vero super eisdem de inmobilibus dominis nostris regi et archiepiscopo determinanda reservatur (*Const. Rouen*) DICETO *YH* II 87; **s1213** de caducis et aliis ~ibus (v. caducus 3); **1281** incurrimenta mobilium et inmobilium *RGasc* II 132; **1282** lego omnia mobilia et ~ia indistincte legata, quod vendantur *Cart. Osney* I 413.

4 unalterable: **a** (w. ref. to feast-days in calendar); **b** (w. ref. to order of events); **c** (w. ref. to persons appointed to permanent status); **d** (w. ref. to transfer of land); **e** (w. ref. to principle or sim.); **f** (w. ref. to destiny); **g** (w. ref. to law).

a *HBS* LIX 3 (*Ord. Gilb.*), BACON *Tert.* 280 (v. festus 4e). **b** juxta ordinem ~em *Mens. & Disc.* (*Anon. IV*) 54. **c 1232** postquam ab episcopo Lincolniensi fuerint instituti, tanquam priores ~es *Ch. Chester* 431; loquebatur de suscepcione illa ~i et perpetua, que fit tempore probacionis PECKHAM *Puer. Obl.* 415; decretum fuit .. aldermannos ~es .. permanere *MGL* I 36. **d 781** ut mea donatio inmobilis permaneat semper *Ch. Roff.* 11; **957** (11c) maneat igitur meum hoc ~e donum aeterna libertate jucundum *CS* 988. **e** ydee .. cum sint ~es non possunt causare diversitatem T. SUTTON *Gen. & Corrupt.* 179; quedam enim sunt principia per se nota, vel ex talibus principiis ~ibus per se notis sequuntur et sumuntur et circa talia jura nemo potest errare OCKHAM *Dial.* 884 (*recte* 882); circa supposicionem confusam et distributivam ~em *Id. Summa* I 74 (v. exceptivus 1b). **f** heu! fato miser inmôbili qui sto pede fixus TATWINE *Aen.* 28 (*Incus*) 3. **g** sepe ea que legis verba amplectuntur mens latoris non persensit quare tunc officium boni principis, que lex viva dicitur, supplet defectum legis scripte que ut mortua semper ~is perseverat FORTESCUE *NLN* I 24.

5 (gram.) indeclinable.

ex his octo [sc. partibus orationis] inclinabiles flexilesque sunt quatuor: nomen, pronomen, verbum, et participium. ~es inflexilesque reliquae: praepositio, adverbium, interjectio, conjunctio LINACRE *Emend. Lat.* 1.

immobilitare [ML]

1 (trans.) to put at rest, (pass.) to be at rest.

in somno namque sensus communis principaliter ~atur et per calorem freneticum .. solvitur *Ps.*-GROS. *Summa* 492.

2 (log.) to fix or define (term) invariably.

dicitur tamen communiter quod, cum universale signum ponitur a parte subjecti, stat terminus confuse tantum a parte predicati, ut 'omnis homo est animal'; et quando duo signa ponuntur in oracione, unum a parte subjecti, reliquum in parte predicati, dicitur quod primum inmobilitat secundum, ut 'omnis homo est omnis homo' BACON XV 277; ex illo oritur illud dubium: quidquid mobilitat ~atum ~at mobilitatum et e contra. .. in hac proposicione 'de necessitate omnis homo est animal' supponit 'homo' immobiliter, .. sed hoc est racione istius diccionis 'de necessitate', quia, ea dempta, supponit 'homo' mobiliter. .. illa diccio habet vim confundendi vel ~andi terminum .. virtute negacionis importate (RIC. FERIB.) *GLA* IV 58 n. 210; quantumcumque eciam naturaliter adaugetur fortitudo solummodo naturalis creature racionalis, tantum et ejus libertas contradiccionis ac mutabilitas coaugetur, sicut superius est argutum. tale ergo augmentum nequaquam confirmat aut ~at augmentatum BRADW. *CD* 528E; sic ex dictis potest colligi quod regulariter talia verba restricta confundunt et ~ant terminos tam distributivos quam non distributivos virtualiter subsequentes, ut non sequitur 'tu distincte scis omnem hominem esse; iste est homo; ergo scis istum hominem esse'. tamen distincte scis naturam esse, et nullam singularem naturam, sed communem sic scis esse WYCL. *Log.* I 189.

immobilitas [LL]

1 immobility, property of being immovable.

patientia et longanimitas .. columne sunt perpetua firmitate atque ~ate subnixe J. FORD *Serm.* 30. 4; in inferno .. erit omnimoda ~as; .. ligati immobiles sunt FISHACRE *Serm.* 2. 133; ipse [sc. Creator] .. nomen inmobilitatis .. in infinitum obtinet BACON VIII 195; difficultas .. equalis localitati et ~ati substanciarum spiritualium est de duracione earum *Id. Tert.* 189; ~as, cum sit privacio quedam, non requirit causam efficientem sed deficientem SICCAV. *PN* 123.

2 refusal to move, steadfastness, intransigence.

si quae in hac mortali hujus peregrinationis vita ad communem in hoc mundo infirmantium profectum ab spiritalibus medicinaliter sunt conperta auctoribus, .. magna sunt munitionis fortitudine a catholicis conservanda et praefixa mentis ~ate tenenda WILLIB. *Bonif.* 8 p. 43; **s1433** W. Alnewik, episcopus Norwicensis, .. ut alter gigas inexorabilis [volebat] instare semper audaciter incessanterque .. in annullacionem regie libertatis .. decertare. et, propterea ut ipsum .. inculpatum redderet, preter alia varia super ipsius inexorabilitate ~ateque elocuta, deflexit sermonem in personam ipsius AMUND. I 363.

3 immutability; **b** (gram.) indeclinability.

supersunt regis placita curie, que usus et consuetudines suas una semper ~ate servat (*Leg. Hen.* 9. 10a) *GAS* 555. **b** in omnibus casibus est consideranda natura partis et proprietas ejus, sicut et speciei partis ut .. si verbum pro nomine referendum est ad mobilitatem et [v. l. vel] ~atem, ut 'scire tuum nichil est', id est 'sciencia tua', que mobilis est *Ps.*-GROS. *Gram.* 71.

immobilitatio [ML], immobility, state of immobilization.

dicitur quies ~o quedam BACON VIII 213; ideo creditur finis universitatis, ultra quem non erit tempus amplius, sed quies vel ~o perpetua tocius mundi WYCL. *Ver.* III 229.

immobilitativus, tending to immobilize.

diffuse probat quod actus in omni motivo et ~o est prior potencia tribus modis .. BRADW. *CD* 202D.

immobiliter [LL]

1 immovably, without being moved: **a** (of person); **b** (of inanim., also fig.); **c** (of abstr.).

a gentem hic nostram in insula plantare et ~iter radicare proposuit GIR. *EH* I 9 p. 242. **b** videtur inspectantibus quod singule earum [sudium] ad modum humani femoris grossae et circumfusae plumbo ~iter erant in profundum fluminis infixae BEDE *HE* I 2 p. 14; ROB. ANGL. *Alch.* 517a (v. elixir); due .. ecclesiarum columne .. in superna Sion ~iter plantate sunt ORD. VIT. XI 39 p. 299; ista baculum tentat evellere quem illa .. silici facit ~iter inherere AILR. *Ed. Conf.* 780D; tabula .. firmiter .. et ~iter defixa GIR. *Rem.* 27 (v. dormire 5a); GROS. 117 (v. illocalis b); quod terra in medio omnium ~iter teneatur .. sic persuaderi videtur SACROB. *Sph.* 1 p. 84; aliquod autem corpus adheret centro ~iter et per se, sed non primo, quia adheret per gravitatem et adhesionem participatam a terra DUNS *Ord.* II 113; nonne per oracionem Josue dux populi solem stare fecit inmobiliter 'unius diei spacio' [cf. *Jos.* x 13] *Spec. Incl.* 2. 1; **1341** in .. soliditate [Patris] fixa est ~iter anchora spei nostrae (*Cl*) *Foed.* V 227a. **c** etsi [locus] .. utramque condicionem vel proprietatem retineat, non tamen ~iter et quiete, quod est natura loci et ratio proprie dicti .., set .. BACON VIII 196; ad hunc etiam modum nos hanc astrorum scienciam firmam et certam et in sua veritate ~iter persistentem, quantum possibilitas humani permittit ingenii, assequi studeamus *Id. Maj.* I 245.

2 without moving: **a** (as effect of volition); **b** (through inability or necessity).

a dabit ut sine clavorum confixione flammas ~iter perferam GILDAS *EB* 75; cardines .. ostiorum .. sensus et corda sunt eorundem angelorum sive sanctorum, quibus ~iter contemplationi ac dilectioni sui conditoris adhaerent BEDE *Templ.* 806; **s1415** Gallis ~iter primam servantibus stacionem WALS. *HA* II 311. **b** de necessitate nobis oportuit fixis anchoris ~iter permanere inter Calabriam et montem Gibellum *Itin. Ric.* II 27; *Latin Stories* 65 (v. extra 11).

3 unalterably, irrevocably; **b** (w. ref. to transfer of land or sim.).

1284 de duobus .. conversis, quos deliquisse comperimus, quod in capitulo ordinavimus ~iter observetur PECKHAM *Ep.* 510 p. 669; res ecclesie, possessiones et predia sunt inter omnia res divinissime, quia sunt Deo oblate et ~iter consecrate *Id. Paup.* 10 p. 33. **b †688** ita ergo firmiter et ~iter haec largitio in futuram progeniem permaneat ut nullus frangere hujus donationis privilegium presumat W. MALM. *GP* V 206 p. 353 (= *CS* 70); **812** cum universae libertatis praedictae discretionem per omnia ~iter .. haberet *CS* 341.

4 invariably, constantly, steadfastly. **b** ? in every case, universally.

velit homo suum delectum ~iter R. NIGER *Mil.* III 4; ad defensionem juris sui ~iter et animose permanendo *Plusc.* VI 39. **b** (RIC. FERIB.) *GLA* IV 58 (v. immobilitare 2).

immoderamen

1 lack of moderation or restraint, excess.

non autem excessum et ~en correptionis mee excusando .. in hunc modum allego .. GROS. *Ep.* 11 p. 51; ad objectum de habitu, quod ille habitus non est nisi originalis infeccio ad malum inclinans. si queras ejus causam, dico quod non dicit nisi desiderium vel appetitum anime sensitive secundum carnem, qui est appetitus quantum ad substanciam cum accidente, quantum vero ad ~en causam habet tantum deficientem, quoniam provenit ex subtraccione originalis justicie PECKHAM *QA* 35.

2 excessive greatness.

PECKHAM *Persp.* I 83 (v. immoderatio 2).

immoderans [cf. moderare], immoderate, unrestrained.

mentis et cordis ambitio ~atior et ardentior GIR. *JS* 7 p. 354.

immoderanter [LL], immoderately, excessively, too much.

Franci .. ~er angustiati vacillare, nec cibum nec sonum capere, quippe quibus nulla dabatur quies ORD. VIT. IX 10 p. 550; **1219** Lactorensis episcopus conqueritur ~er *RL* I 52; **1422** (v. 2 dilatare 2b).

immoderantia [LL]

1 lack of control: **a** (of oneself or one's body); **b** (of emotion or sim.).

a ne ullum inimicus in eo reperiret aditum unde totum dicioni sue vendicaret habitaculum per unum ~ie lapsum *V. Neot. A* 2; erat .. rex H. secundus .. vir .. moderata quadam ~ia, ventre preamplo GIR. *EH* I 46 p. 302; frequenter propter membrorum ~iam caput affligitur et propter iniquitatem plebis pena principibus irrogatur P. BLOIS *Ep.* 106. 329C. **b** castigatis passionum ~iis AD. MARSH *Ep.* 49 p. 155.

2 (w. ref. to eating or drinking) intemperance, over-indulgence.

~ia gule et ebrietas Anglicana nota est hominibus omnibus S. LANGTON *Serm.* 2. 16; **1240** ut [clerici] .. predictas scotales et alias potancium congregaciones .. inhibeant sicque se habeant .. ut qui fuerant per inmoderanciam sauciati medicinalis parsimonie studio reformentur *Conc. Syn.* 311; audio .. esse .. condemnatam profusam .. ~iam in epularum affluenciis AD. MARSH *Ep.* 37; si .. [per cibi] aut potus ~iam .. hanc debilitatem incurreris *Cust. Westm.* 23 (cf. *Cust. Cant.* 85); sicut frigidam facit cisterna aquam suam, sic frigidam fecit malicia animam suam; fetidam per luxuriam ..; putridam per gule ~iam ..; horrida[m] per iracundiam ..; terream per avaritiam .. HOLCOT *Wisd.* 44.

3 exorbitance (of exaction). **b** exceeding the bounds of one's authority.

c**1214** cum inposicionis [sc. tallagii] inmoderanciam communiter recusassent Gir. *Ep.* 8 p. 266; auxilium petiit et tunc adeo modestum quod nullius mentem exactionis ~ia molestavit *Id. JS sup.* 151; **1284** de annone ~ia, quam idem W. presens et absens recipit omni die Peckham *Ep.* 510 p. 668. **b 1380** cupientes .. omnem inmoderantiam [officiariorum et ministrorum nostrorum], quatenus honeste debuerimus, .. penitus extirpare *RParl* III 74a.

4 excessive quantity.

basiliscus nullam in se habet humiditatem .. que sufficiat caloris vehementiam reprimere et siccitatis ~iam obtundere *Quaest. Salern.* B 108; s**1277** pluvie ~iam tanta secuta est aquarum inundacio quod .. Oxnead *Chr.* 250.

5 excessive severity.

sitis ~iam ob estum et pulverulentam nebulam .. metuebant Ord. Vit. IX 17 p. 617.

immoderate [CL]

1 immoderately, in an uncontrolled way: **a** (of personal behaviour); **b** (of physical conditions).

a quid isti temporalem condicionem tam ~e lugent? Gosc. *Transl. Mild.* 28; qui fundit regni sui bona ~e .. Bacon V 43 (v. destructor); cum ipse sit ~e [ME *unimete*] largus nec aliquid plus affectet quam ut inveniat occasionem largiendi *AncrR* 127. **b** ex omni quidem [vento] modice, ex nullo ~e [brumescit] Gir. *TH* I 33 p. 66; J. Mirfield *Flor.* 140 (v. immoderatus 3b); intemperatius ardet et ~ius uret Colet *Rom. Enarr.* 191 (v. incastigatus).

2 intemperately, in excess.

a**1237** potus .. ~e sumptus *Conc. Syn.* 220; mala que facit vinum intemperate et ~e sumptum Bart. Angl. XVII 185 p. 959.

3 with excessive severity.

nonnulli vero modestia carentes ~e suos oppresserunt Ord. Vit. IV 1 p. 167.

immoderatio [CL]

1 lack of self-control.

1166 provideatis ne quid vestrum arrogantie aut ~onis pretendat imaginem J. Sal. *Ep.* 183 (175 p. 162).

2 excessive greatness.

cum enim spericitas vel eciam concavitas discerni non possit nisi ex comprehensa inequali distancia parcium rei vise, necesse est in hujus percepcione visum deficere pre ~one [v. l. immoderamine] distancie Peckham *Persp.* I 83.

immoderatus [CL]

1 uncontrolled, unbridled: **a** (of person, esp. w. ref. to self-control, or in gl.); **b** (of emotion or sim.); **c** (of lit. style); **d** (of natural force).

a *GlC* E 59 (v. effrenare a); inmoderatus, inpatiens *Ib.* I 280; quia ~us erat et ad omne opus .. toto nisu insurgebat Ord. Vit. III 9 p. 111. **b** in sanctum furias exercens immoderatas Frith. 1282; c**1211** quid de tam nequiter iniquis nisi nequicia proveniret inmensa et inmoderata? Gir. *Ep.* 6 p. 220; ~as delicias conquerendo *Dictamen* 372 (v. elugere a). **c** utroque respectu excusantur figure moderate, neutro vitia ~issima Gerv. Melkley *AV* 7. **d** cum Boree flatus Anglis foret immoderatus (Serlo Gram. *Bell. Stand.*) *Anecd. Poet.* 3. 71; ~us calor elementaris *Ps.-Gros. Summa* 522 (v. discursivus 1); s**1263** ignis ~us cameram regis .. consumpsit B. Cotton 139 (= Taxter *Chr. Bury* 26: succensus in furore).

2 (w. ref. to appetite) immoderate: **a** (for food or drink); **b** (for other things, partly fig.).

a effrenatam ventris ingluviem, viz. ~am mandendi et bibendi cupiditatem *Simil. Anselmi* app. p. 94; canes bolismum continuum, i. e. appetitum ~um, patiuntur Bart. Angl. XVIII 26. **b** a**1237** est .. avaricia ~us appetitus rerum temporalium *Conc. Syn.* 217 (cf. ib. 904 [**1281**], v. immobilis 3a).

3 (w. ref. to physical activity) immoderate, taken in excess: **a** (eating or drinking); **b** (exercise); **c** (sexual intercourse).

a ~us vini haustus Bede *Prov.* 1007. **b** si .. ~um fuerit exercicium, immoderate [corpora] calefacit et desiccat J. Mirfield *Flor.* 138–140. **c** ~i coitus incommodis Kymer 19 (v. discriminosus).

4 (w. ref. to bodily reflexes or discharges) uncontrollable (as result of med. condition).

ob humida .. nutrimenta ~um ventris fluxum vix .. ullus evadit Gir. *TH* I 33 p. 67; satyriasis est ~a virge erectio Gilb. VII 287v. 1 (v. extensio 1b); fluxus diaricus .. ~us vel magnus Gad. 32. 1 (v. diarricus); ~us fluxus vel exitus urine *Ib.* 99. 2 (v. diabetes); ~a urine effusio *SB* 17 (v. diabeticus a).

5 excessive, unreasonably large.

[fratres] post longam esuriem .. ad alienam precipue positi mensam, ~am appetunt refectionem Gir. *DK* II 5 p. 212; c**1212** nec elephas tam robustus aut camelus tam gibbosus, quem non valeat sarcina nimium gravis et inmoderata moles obruere Gir. *Ep.* 5 p. 202; **1232** honus ~um in hujusmodi per episcopum Lincolniensem censura ecclesiastica refrenabitur atque corrigetur *Ch. Chester* 431; c**1312** nullus .. ministrorum nostrorum .. subditos nostros per ~orum sumptuum elargicionem vel apposicionem .. gravare presumat *Conc.* II 417a; **1477** vanas aut ~as expensas (v. ebursare).

6 (of exaction or sim.) exorbitant.

c**1214** auxilium ab eis, quod tamen versum est in tallagium inmoderatum, postulastis Gir. *Ep.* 8 p. 266; **1294** per ~as misericordias (v. excoriare 4).

7 (w. ref. to practice) excessive, unreasonably severe.

ipse ~is adinventionibus studuit durumque jugum super cervices discipulorum aggravavit Ord. Vit. VIII 27 p. 451.

8 (of speech) intemperate.

ne ea quae recte atque utiliter scire potuit ~is sermonibus sibimet minus utilia reddat Bede *Prov.* 1015.

immodeste [CL]

1 without self-control.

Kinnulfus .. cum .. nec ignave nec ~e regnasset W. Malm. *GR* I 42 p. 41.

2 boastfully, arrogantly.

~e arguunt nec volunt sustinere correccionem Peckham *Paup.* 16 p. 65.

3 excessively.

totum corpus valet et viget, quamdiu firmiter a tota animante forma continetur, .. a qua si exilierit, egrotat et ex imbecilitate fervet et ardet ~ius Colet *Rom. Enarr.* 191.

immodice [CL]

1 immoderately, excessively.

[mediterranei Britones] contra eum [sc. Burgred] ~e reluctabantur Asser *Alf.* 7; habuit filium unigenitum, quem ~e diligebat Alb. Lond. *DG proem.*

2 with excessive severity.

s**1381** dominus [sc. rex] autem multum miratus super tanta audacia et commotus ~e propter contumeliam in hac parte sibimet irrogatam Wals. *HA* II 40 (cf. ib.: quamplurimum commovemur).

immodicus [CL]

1 (w. ref. to person) immoderate, intemperate.

quod esset animi inmodicus nec nisi festive et effusa dapsilitate convivari solitus W. Malm. *Mir. Mariae* 225; tum verbis tum rebus ~us *Id. GR* IV 314 p. 369; s**1135** Stephanus .. [fuit] vir .. ~i animi ad quelibet ardua inchoanda *Id. HN* 461; ~us, intemperatus Osb. Glouc. *Deriv.* 290.

2 (of abstr.) excessive in degree, extravagant.

Kedwalla .. ~e spei juvenis W. Malm. *GR* I 34 p. 32; laxat immodicis habenam laudibus Walt. Wimb. *Palpo* 35.

3 excessively great in size or quantity.

~a grossitudine nasus excrevit W. Cant. *Mir. Thom.* III 37 p. 293; pestis .. pariter thoracem et superiores partes ~a distendebat inflatura *Ib.* VI 81.

immodificatus [ML], not specific (phil.).

omnes loci sophistici deficiunt a syllogismo eo quod ~i sunt, et ibi habet translatio Greca: eo quod insyllogizati sunt S. Faversham *Elench.* 111.

immolare [CL]

1 to offer (a victim) in sacrifice (also absol.): **a** (w. ref. to Classical mythology); **b** (in Jewish ritual); **c** (in pagan ritual or witchcraft); **d** (fig.).

a Minos Jovi patri volens ~are rogavit dignam talibus sacris hostiam *Natura Deorum* 107; a servitute carnis, tauri sc. quem ~avit Jovi Neckam *NR* II 173 *gl.* p. 295 (v. dulcarnon); Plutoni nigre pecudes ~antur Alb. Lond. *DG* 6. 26; Achilles petens Polixenam ~ari ad tumulum ejus Trevet *Troades* 14. **b** hinc est enim quod Paulus .. hostias in templo ~avit [cf. *Act.* xxi 26] .. ad nihil viz. utile, nisi ad scandalum vitandum Judaeorum Bede *HE* III 25 p. 185; illi sacerdotes in lege Moyse numquam cantaverunt missam, sed mactaverunt oves et boves et ~averunt Deo arietes et hircos et tauros; quod modo non licet facere Ælf. *Ep.* 2. 97; W. Malm. *GR* II 202 (v. immolaticius a); Dei mandato, quum vellet .. Isaac in monte Moria ~are, ostenso sibi ariete, mutavit sacrificium R. Niger *Chr. I* 4; vitulus in Levitico ad ostium tabernaculi ~atur Ad. Dore *Pictor* 161; capra .. que pacifica hostia est in ipso ostio unde ovis elongata est ~atur [cf. *Lev.* iii 12] P. Blois *Ep.* 50. 150A. **c 601** nec diabolo jam animalia ~ent et ad laudem Dei in esu suo animalia occidant (*Lit. Papae*) Bede *HE* I 30 p. 65; qui ~ant †demonis [v. l. demonibus] in minimis, j annum penitent [*sic*] Theod. *Pen.* I 15. 1 (cf. Egb. *Pen.* 4. 12); qui cibum ~atum comederit *Ib.* 15. 5 (v. deinde 1a); **724** non adoretis idola nec ~etis carnes (*Lit. Papae*) *Ep. Bonif.* 25; c**1218** sortilegi et maxime qui demonibus ~averunt *Conc. Syn.* 60; **1239** arioli et idolatre aliis ~ant diis quam Domino soli (v. idololatra 1a). **d** nil Epicurus amat nisi quod ventri Venerique / immolat J. Sal. *Enth. Phil.* 584; ~abunt vitulum omnis superstitionis et supercilii coram tabernaculo testimonii ritu suo [cf. *Exod.* xxix 10] R. Niger *Mil.* I 71.

2 to offer (a victim) in sacrifice to (the Christian) God (also absol.); **b** (w. ref. to Christ, esp. his Crucifixion); **c** (w. ref. to martyrdom).

prolibor, ~or *GlC* P 815 (cf. *GlH* D 123: delibor [cf. *II Tim.* iv 6], ~or; cf. Bede *Hom.* II 22. 218 [*citing II Tim.* iv 6] ego enim jam ~or); eram quasi agnus, ductus sum ad ~andum *Eccl. & Synag.* 106 (cf. *Jer.* xi 19: ego quasi agnus mansuetus qui portatur ad victimam); s**1176** ad honorem Dei, ad obsequium matris Domini, ad solamen exulum propter justiciam, acceptabiles hostias ~arunt Diceto *YH* I 410. **b** [Christus] solus, remotis omnibus hostiis carnalibus, tollit ~atus omnium peccata *V. Greg.* 110; ipse qui Pascha nostrum ~aretur Christus (*Ep. Ceolfridi*) Bede *HE* V 21 p. 340; veniens agnus immaculatus dignatus est ~ari pro nobis *Id. Hom.* II 7. 138; Christus .. pro nobis ~atus est hostia Abbo *Edm.* 10; sicut enim super altare animalia sacrificabantur, ita et super crucem ~atus fuit Dei Agnus Petrus *Dial.* 142; immolandus vitulus, / agnus sine macula P. Blois *Carm.* 19. 11; hostiam, Agnus, immolas ereptricem J. Howd. *Cant.* 708; in ara Christi ubi Patri Filius ~atur pro salute populi sui *G. Hen. V* 21 p. 146; non enim leo aut cruenta bestia mitissimi Jesu, Deo Patri ~andi, typus fuerat Fortescue *NLN* II 66. **c 1171** ubi [Becket] ~atus sit advertite J. Sal. *Ep.* 304 (305 p. 728; = *Id. Thom.* 22); agnum Deo ~andum vulneravit in capite Grim *Thom.* 82; semet ipsum Altissimo ~ans H. Bos. *Thom.* VI 4 (v. immolatio 2c).

3 to give as a symbolic offering to God; **b** (w. ref. to the Eucharist).

Egb. *Pont.* 44 (v. holocaustum a); abbas Godwinus cum fratribus grates Deo ~at excelsis laudibus *V. Kenelm.* B 82va; hac potissimum die [sc. 11 *March*] uberioris letitie prerogativa reddamus vitulos labiorum nostrorum, pinguissimum sc. sacrificium laudis Domino ~emus Ailr. *SS Hex prol.* p. 174. **b** nocte hac redemptionis nostrae memores vigiliis Deo dignis instamus et .. corpus sacrosanctum et pretiosum Agni nostri sanguinem .. denuo Deo in profectum nostrae salutis ~amus Bede *Hom.* II 7. 139; ut ad sacrosancta mysteria ~ando sacrificia .. facias introire Egb. *Pont.* 25; vera Christi caro .. in mensa dominica ~atur Lanfr. *Corp. & Sang.* 435C (v. dominicus 6a); dum in mensa altaris hostiam ~at salutarem P. Blois *Ep.* 123. 359B; Gir. *GE* I 5 (v. immolatio 3); s**1192** fuso ibidem piarum profluvio lacrimarum et sacra hostia ~ata W. Newb. *HA* IV 29 p. 378.

4 to give (property) to church.

s**855** rex decimam totius regni sui partem .. uni et trino Deo ~avit Asser *Alf.* 11 (cf. *CS* 488 [**854**]); c**956** (12c) v mansas .. eidem .. aecclesiae denuo ~at *CS* 936; Idon rex .. unam de domibus suis .. ~avit cum omni sua libertate et cum refugio ecclesie S. Petri *Lib. Landav.* 121; Cors filius G. ~avit quattuor modios terre .. Deo et Sanctis Dubricio, Teliavo, et Oudoceo *Ib.* 204.

5 (transf.) to devote, dedicate.

residuum annorum meorum studiis ~abo et paci P. Blois *Ep.* 14. 51B.

6 *f. l.*

s**1172** quoad officium ecclesiasticum †immolandum *Meaux* I 198 (= Higd. VII 22 p. 46: modulandum [Trevisa: *rulynge*], Knighton I 145: modulandum).

immolaticius [LL], of sacrifice. **b** (as sb. n.) sacrificial offering.

ob sordes .. ~ii cruoris Bede *Luke* (xi 15) 476 (cf. id. *Mark* 163); **726** de immolaticiis [v. l. immolativis] autem escis consuluisti, si a fidelibus superductum fuerit vivifice crucis signum, edi liceret an non (*Lit. Papae*) *Ep. Bonif.* 26; alter [sc. Finees; cf. *Num.* xxv 7] venereos amplexus pugione confodit: alter [sc. Mathathias; cf. *I Macc.* ii 24–5] immolantem ~io cruori commiscuit W. Malm. *GR* II 202 p. 252; propter carnes ~ias, quas musce sequebantur, turris .. Turris Muscarum appellatur *Itin. Ric.* I 32. **b** omnes scimus quid debeat fieri de ~iis idolorum Lanfr. *Comment. Paul.* (*I Cor.* viii 2) 181.

immolatio [CL]

1 sacrifice of victim: **a** (Classical); **b** (Jewish); **c** (other non-Christian).

a obliquum etiam cultrum a fronte victime usque ad caudam ante ~onem ducere consueverant Alb. Lond. *DG* 6. 32. **b** Dominus .. jubens eum [sc. populum suum] hanc noctem in memoriam suae salvationis omnibus annis ~one agni paschalis agere sollemnem Bede *Hom.* II 7. 138; ~o Isaac *Cal. Willibr. Mar.* 25; nonne et illius agni ~o ..

ipsius Christi Domini passionem et mortem presignavit? *Eccl. & Synag.* 106; ~o Ysaac GROS. *Quaest. Theol.* 202. **c** *Blodmonath*, mensis ~onum, quod in eo pecora quae occisuri erant [Angli] diis suis voverunt BEDE *TR* 15.

2 sacrifice of victim to God; **b** (w. ref. to Christ, esp. his Crucifixion); **c** (w. ref. to martyrdom).

Jovinianus vero ~ones interdixit R. NIGER *Chr. I* 46. **b** tertia post ~onem suae passionis die resurgens a mortuis (*Ep. Ceolfridi*) BEDE *HE* V 21 p. 340. **c** **1171** nec licuit ministris Sathane in ~one discipuli et servi quod preambulis eorum in crucifixione Magistri et Domini J. SAL. *Ep.* 304 (305 p. 728; = *Id. Thom.* 23); sentiens itaque sacerdos ille Altissimi, semet ipsum Altissimo immolans, ~onem jam inchoatam, .. obtulit seipsum hostiam vivam Deo H. BOS. *Thom.* VI 4 p. 498.

3 symbolic offering to God (in quots., w. ref. to the Eucharist).

sacerdos .. ab ~one sacri mysterii abstinere .. humiliter debet (*Libellus Resp.*) BEDE *HE* I 27 p. 60 (cf. ib. p. 59: sacra mysteria celebrare); Leo .. Michaelem patriarcham Constantinopolitanum .. anathematizavit pro ~one fermenti R. NIGER *Chr. II* 153; cotidie Christus pro nobis mystice immolatur, id est, ~o representatur GIR. *GE* I 5 p. 17.

immolativus [LL *gl.*], sacrificial, votive.

726 (v. immolaticius a); votivum, ~um *GlC* U 262; Spiritus Sanctus figuravit .. Lucam per bovem, quod est animal ymolativum WYCL. *Ver.* I 247.

immolestus, not troublesome or vexatious.

cum igitur erario exhausto regios cultus vendidisset, eis qui reddere voluerunt postea pretia restituit; eis qui noluerunt ~us fuit H. HUNT. *HA* I 28.

immolliendus [2 in- + mollire], that cannot be softened (in quot., fig., w. ref. to hard-heartedness).

inde improbitatem ejus hereticam et ~am duriciem cordis magis admiror NETTER *DAF* II 91v. 1.

immollire [cf. AN *enmollir*, *var. of amollir*], to make soft, soften (in quot., fig.).

neque cor regis Francie dictam terram, pro cujus reddicione rex Anglie nuncios mittendo ultra mare xij m circiter libras expenderat, ad reddendum per hoc ~iri, sed durior effectus regi Anglie durius adversabatur *Hist. Roff.* 75v.

immoralitas, immorality.

corpora nascencium contrahunt infeccionem et ~atem quia sunt ex corpore primi parentis PECKHAM *QA* 4.

immorari [CL]

1 to stay or dwell (in a place); **b** (w. *in* & abl.); **c** (trans.) to stay or dwell in (a place).

inmoratur, *punat GlC* I 421; Æthelwulfo rege ultra mare tantillo tempore ~ante ASSER *Alf.* 12; **10..** inmoratur, *wunaþ WW*; **s1191** pretendens igitur rex Francorum eris inopiam et paupertatem dixit se ibi diutius ~ari non posse WEND. I 197. **b** **1300** ut .. in congruo et honesto loco .. licite valeas inmorari *Reg. Carl.* I 137; in arce ad fines Walliae ~abatur P. VERG. *Vat. Extr.* 207. **c** cum .. sol duodecim signa tricenis inmoretur diebus BYRHT. *Man.* 50.

2 (of condition) to continue. **b** to continue in spec. condition (w. abl. or dat.).

unde Galenus [ed. Kühn VIII 188]: 'si timor alicujus inmoretur [v. l. minoretur; TREVISA *endureþ*; Gk. διατελέῃ] sine causa, passio ejus est melancolia' BART. ANGL. IV 11. **b** diutius ejus servitiis ~atus R. COLD. *Cuthb.* 11 p. 261; **1315** volentes .. eundem Bonafocium eo libencius, quo nostris obsequiis jugiter ~atur, favore prosequi gracioso *RGasc* IV 1314 (cf. ib. 1315).

3 (in text or speech) to dwell (on a topic or sim.): **a** (w. abl. or dat.); **b** (w. *in* & abl.); **c** (w. *in* & acc.); **d** (w. *circa*); **e** (absol.).

a quid his neniis ~amur? GOSC. *Lib. Mild.* 3; ut .. nec his que minus ad hanc historiam pertinent prolixius ~ari videar W. MALM. *HN* 453; ut hujus consideratione paululum inmoremur *Chr. Battle* 33v; delectat me, fratres, prolixius loqui, sed modus adhibendus est, maxime quia ipsis divinis officiis necesse habemus diutius ~ari AILR. *Serm.* 264A. **b** GILDAS *EB* 73 (v. exemplum 1a); sed quid in Paulo et Petro tantum ~amur? *Tract. Ebor.* 671; paulo diutius et diligentius in his ~ari GIR. *TH* I 13 p. 40. **c** adhuc in laudem .. Ædelrede ~antes T. ELY *Etheldr. Mir.* 33 p. 266. **d** verum circa hoc ~ari non oportet H. BOS. *Ep.* 36. 1468A; breviter .. pertransivit aliorum generationes ut veniret ad Sem, quasi ad gemmam, circa cujus generationes texendas amplius ~abitur S. LANGTON *Chron.* 72; circa hoc queso hic nullatenus ~eris, quia forte de ista materia questionem habebo OCKHAM *Dial.* 401. **e** ad intellectum .. pleniorem volo uberius ~ari BACON *Tert.* 142.

4 to linger over (activity): **a** (w. *in* & abl.); **b** (w. *in* & acc.).

a nunc ergo quoniam universa bonorum actuum suorum exercitia, si die noctuque in summa meditationis sagacitate, somno naturali privatus, ~arer, nequeo explanare B. *V. Dunst.* 37; si suas ergo mundus pretendit illecebras, non ~emur in eis, quia 'mora trahit ad se periculum' [cf. *Digest* 45. 1. 88] R. NIGER *Mil.* III 39; in peccatis supra satis immorans immorior (*Vers.*) W. FITZST. *Thom.* 71 p. 79. **b** cogitatus in canticum convertitur et mens in mellifluum melos ~atur ROLLE *IA* 185.

5 *f. l.*

proporcio nempe caloris naturalis cum humido radicali per universum vestrum corpus bona est ad lumen vite diutine conservandum preter hoc quod oleum, lucis vitalis fomentum speciale, quod sperma existit, per actus venereos multiplices et ineptam dietam cito plurimum †immorabitur [MS *app.*: †immorabil'; ? l. minorabitur], si non festinanter per congruum regimen humidum restauretur KYMER 3 p. 554.

immoratio [LL]

1 delaying.

? c**701** absque aliqua ~one religiosum Dei famulum Bedam .. ad nostrae mediocritatis conspectum non moreris dirigere (*Lit. Papae*) W. MALM. *GR* I 58 (= *Conc. HS* III 249; = ib.: absque aliqua remoratione).

2 dwelling-place, abode.

in immoracionibus angelorum J. HOWD. *Cant.* 104.

immori [CL]

1 to die (in a particular place or condition): **a** (w. dat.); **b** (? absol.).

a mallem religioni ~i quam perjurio notari W. MALM. *Mir. Mariae* 198. **b** W. FITZST. *Thom.* 71 (v. immorari 4a).

2 (w. dat. of pers.) to die upon (someone).

Parium agnoscit mortuum et puerum immorientem ei videt MAP *NC* III 3 f. 40v.

immorigeratus [ML], not graced with good customs, unruly, unmanageable, ill-behaved.

1295 ne eam [sc. vineam Domini *sabaoth*] fraudulentarum vulpium demolliat ~a voluptas [cf. *Cant.* ii 15] *Reg. Wint.* I 218; insulana vero sive montana ferina gens est et indomita, rudis et ~a FORDUN *Chr.* II 9; **1541** morum censor in aula est precentor .. qui viros ~os arguet *Educ. Ch.* 460 (*Canterbury*).

immorigerus [cf. morigerus], who does not exhibit good customs, ill-behaved, disrespectful; **b** (as sb. m.).

c**1338** prior vel custos .. tenebitur domino priori et capitulo Dunelmensi denunciare indilate, si quem .. sibi ~um senserit vel rebellem *Conc.* II 614b; *mistaught*, ~us LEVINS *Manip.* 45. **b** **1576** opem et adjumentum .. laturum .. contra quemcumque rebellem, proditorem seu alios ~os ac inofficiosos erga suam regiam majestatem *Pat* 1170 m. 36.

immorose [cf. *DuC*], without delay.

1291 quod sancte crucis signaculum ~e suscipiant a nobis *Reg. North.* 93.

immorosus [cf. immorari], tarrying, lagging behind.

sepe cursus †celeritatem [? l. celeritate] retrahit ~orum passuum tarditatem J. GODARD *Ep.* 221.

immorsus [cf. CL immordere *used fig. = to stimulate*], hungry (misinterp. of Horace *Sat.* II 4. 61).

~us, jejunus OSB. GLOUC. *Deriv.* 290; inmorsus, i. jejunus, unde Horatius in Sermonibus *Ib.* 338.

immortalis [CL]

1 not subject to death, immortal; **b** (of pagan god); **c** (of God); **d** (w. ref. to Christ); **e** (of star).

799 inmortalis enim illa dicitur natura quae mori non potest, non tamen semper inmutabilis, id est quae inmutari non possit: sicut anima humana, quae inmortalis creata est sed inmutabilis .. non est. .. solus Deus est inmortalis et inmutabilis ALCUIN *Ep.* 163 p. 263; Athene autem .. interpretantur ~es, ab 'a', quod est 'sine', et 'thanatos', quod est 'mors', quia ibi viguit sapientia que est immortalis GROS. *Hexaem. proem.* 15; omne indefectibile est ~e PECKHAM *QA* 1 (v. defectibilis). **b** NIG. *Paul.* f. 48. 383 (v. divus 2a). **c** libera me, inmortalis Deus, ab omnibus malis ALCH. *Or.* 14; **799** (v. 1a supra); si solus Deus est natura ~is HALES *Qu.* 564; CHAUNDLER *Laud.* 111 (v. dedicare 1d). **d** inmortale decus, hujus lux aurea vitae ALCUIN *Carm.* 85. 1. 15; **800** (v. 2a infra); paciebatur itaque tunc impassibilis et moriebatur ~is, quod facere non potuit nisi Deus-homo GROS. *Cess. Leg.* III 6. 11. **e** Plato quoque in Thimeo ostendit stellas esse ~es *Ib.* I 2. 12.

2 (w. ref. to man): **a** (considered as fact or possibility); **b** (considered as fiction or impossibility); **c** (of the soul); **d** (applied to other mortal creatures; in quot., facet.).

a ita quippe ~is factus est ille [sc. Adam] ut posset non mori, si non peccaret; sin autem peccaret, moreretur. ita vero ~es erunt filii resurrectionis cum erunt aequales angelis Dei ut nec mori ultra nec peccare possint BEDE *Gen.* 32B; caro .. Adae ante peccatum ita est ~is creata ut .. mortis expers ac doloris existeret *Ib.* 32C; 'cur in paradiso lignum vitae et lignum scientiae boni et mali creatum est?' ut per illud potuisset homo ~is esse, per hoc vero mortalis ALCUIN *Exeg.* 517D; **800** sicut homo mortalis est carne, inmortalis anima, .. ita et Christus, licet sit carne mortalis et divinitate inmortalis *Id. Ep.* 205; homo est naturaliter ~is et potens non mori atque eciam post peccatum potuit vivere circiter mille annos BACON *NM* 540. **b** LANFR. *Comment. Paul.* (*Hebr.* vii 9) 391 (v. decimus 4h); si aliquis homo esset semper durans et ~is J. BLUND *An.* 293; homo erit in patria ~is per gratiam, et anima in presenti ~is HALES *Qu.* 562. **c** siquidem tam sceleratorum sint perpeti ~es igni animae quam sanctorum laetitiae GILDAS *EB* 32; **799** (v. 1a supra); an anima sit ~is et incorporea et localis et passibilis BALSH. *AD rec. 2* 166; anima mori non potest. ergo anima est ~is J. BLUND *An.* 320; an anima sit de se ~is vel tantum ex gratia HALES *Qu.* 560. **d** de bobus et ovibus et aliis jumentis que vulgus dicit ferrea vel ~ia, que dantur vel ad censum vel ad medietatem, et de aliis medietariis ROB. FLAMB. *Pen.* 220.

3 (of abstr.) imperishable, everlasting; **b** (of fame). **c** (*per ~ia saecula saeculorum*) for ever and ever, world without end.

GROS. *Hexaem. proem.* 15 (v. 1a supra); [justicia] culta profert sempiternum alimentum anime, quia ipsa ~is [ME: *undeaðlich*] est [cf. *Sap.* i 15] *AncrR* 20; veritas ~is est, immutabilis, et sempiterna HIGD. III 10 p. 182. **b** *Dial. Scac.* I 13 (v. emercari a); **1439** o vere beatum pontificem, omnibus ex nunc seculis ~i gloria laudeque donandum! (*Lit. Regis*) BEKYNTON II 50. **c** per ~ia saecula saeculorum LANTFR. *Swith.* 10 (v. doxa a); per ~ia secula seculorum ADEL. BLANDIN. *Dunst.* 12 p. 68.

4 living on in men's minds.

haec quidem de inmortali ejus [sc. Gregorii] sint dicta ingenio BEDE *HE* II 1 p. 77.

immortalitas [CL]

1 immunity from death, immortality (as state of man before the fall). **b** (of the soul).

alia est ~as carnis quam in prima conditione in Adam accepimus, alia quam nos in resurrectione per Christum accepturos esse speramus BEDE *Gen.* 32B; sic ergo immortalis et incorruptibilis est condita caro primorum hominum ut eamdem suam ~atem atque incorruptionem per observantiam mandatorum Dei custodirent *Ib.* 32C; J. WALEYS *V. Relig.* I 11. 224 (v. defectibilitas). **b** queritur de ~ate anime rationalis HALES *Qu.* 556; in Phedone enim suo quem transtulit Cicero validissimis argumentis animae ~atem asseruit W. BURLEY *Vit. Phil.* 232.

2 eternal life (esp. as reward of the blessed after mortal existence).

corpus nostrum illa inmortalitatis gloria sublimatum BEDE *HE* II 1 p. 76; [Osuiu] spe resurrectionis et futurae inmortalitatis libenter se Christianum fieri velle confessus est *Ib.* III 21 p. 170; perfecti hic [sc. *Gen.* vi 9] dicuntur non sicut perficiendi sunt sancti in illa ~ate, qua aequabuntur angelis Dei, sed .. ALCUIN *Exeg.* 527A; facias [nos] beata inmortalitate [AS: *unapoemmedlicum*] vestiri *Rit. Durh.* 33; unumquemque bonum ab omni corruptione mundatum Deus Pater honorabit, cum eum ~ate indutum assidere Filium suum fecerit *Simil. Anselmi* 65; illis qui reflorent per boni operis consummationem eterne vite datur ~as S. LANGTON *Serm.* 2. 22; in regno Patris .. gaudebunt omnes electi beata ~ate felices AD. EYNS. *Visio pref.*

immortaliter [CL], immortally, eternally.

ergo Christo in commune / adempti a discrimine / grates dicamus dulciter / manenti inmortaliter (ALDH.) *Carm. Aldh.* 1. 196; tibi salus per secula / sospes et absque macula / maneat inmortaliter / fine tenus feliciter (ÆTHELWALD) *Ib.* 4. 77; mortalis .. componitur immortalis, unde ~iter et immortalitas OSB. GLOUC. *Deriv.* 338; Christus .. in seipso ~iter .. vivens P. BLOIS *Ep.* 123. 358C.

immotus [CL]

1 unmoved, not having changed position: **a** (by not being moved); **b** (by not moving spontaneously).

a ast pater immotam querens servare carinam FRITH. 1054; sicut .. est conditus, eodem loco et eodem modo ~issimus est inventus GOSC. *Transl. Aug.* 18B; si aliqua pars ecclesiae destructa reficitur aut nova fit, altari ~o, aqua tantum ab episcopo benedicta aspergendam dicunt ANSELM *Misc.* 322; corpus .. mansit ~um EADMER *Wilf.*

57 (v. demutatio b); quasi pulvis ~us *Lib. Eli.* II 147 (v. exhaurire 3b); PECKHAM *Persp.* I 78 (v. immobilis 2). **b** herent immoti FRITH. 41; triduo integro obdormivimus ~i GOSC. *Edith* 290; [columba] immotis liquidum motibus explet iter L. DURH. *Dial.* III 126; ille ~us perstitit et, cervicem prebens, se Domino commendabat W. FITZST. *Thom.* 140; sedet ~us MAP *NC* III 2 f. 35v; illa igitur, que tamdiu jacuerat ~a, cepit movere brachia *Canon. G. Sempr.* 159.

2 resolute, intransigent: **a** (of person); **b** (of mind, manner, *etc.*).

a contemtis eorum precibus, in eo quod inceperat inmotus [*gl.*: i. e. stabilis] perstabat FELIX *Guthl.* 19. **b** vitae .. illius haec inmota ortonomia fuit *Ib.* 28 p. 94; cum .. illum inmota [v. l. inmutata] mente, robusta fide, in eo quod incoeperat, perstare viderent *Ib.* 31 p. 104.

immuabiliter v. immutabiliter b.

immugire [CL], to bellow or groan; **b** (fig.).

rogat nesciens quem precatur, precibus inmurmurat, voce inmugit, et quia se non attendit voce confunditur, clamore colliditur *V. Birini* 15; **1439** dum .. indefesse laboraverint cum omni caritate imugendoque sepe .. nullum umquam pietatis officium pretermiserint (*Lit. Papae*) *Reg. Heref.* 228. **b** terra dehyscet, infernus triste ~iet, reddens mortuos ad terribile judicium GOSC. *Lib. Conf.* 18.

immulgere [CL], to draw (milk into); **b** (fig.).

lac pregnantis immulsum palme manus M. SCOT *Phys.* 18. **b** o filioli, quorum sitibundis scientie mentibus †consumate [MS: consummate] doctrine lac sepius inmulsi OSB. GLOUC. *Deriv.* 82; parvulis dabat mamillam, dabat et animam, et, lacte misericordie plenus, non solum misericordiam Spiritus Sancti Filius desiderabat ~ere, sed se totum impendere P. BLOIS *Serm.* 648C; sed heu multo magis his qui nudare habent mammam et lac ~ere etiam recusantium †laboris [MS *corrected to*: labris] parvulorum J. FORD *Serm.* 54. 3.

1 immulsus v. immulgere.

2 immulsus [2 in- + CL mulgere], not milked.

vacce erunt ~e *V. Brig.* II 5.

immultiplicabilis, that cannot be multiplied (phil.).

licet enim in duabus personis sit indivisa et inmultiplicata divinitas propter sui summam simplicitatem, que omnino est inmultiplicabilis, tamen oportet in duabus personis humanitatem multiplicari GROS. *Cess. Leg.* III 5. 3.

immultiplicatus, not multiplied, simple (phil.).

summa igitur bonitas, id est divinitas, sic communicatur, viz. tota simul indivisa et ~a GROS. *Hexaem.* VIII 3. 5; inmultiplicata divinitas *Id. Cess. Leg.* III 5. 3 (v. immultiplicabilis).

immundanus, being in the world.

BRADW. *CD* 155A (v. circamundanus); lugubrem †leticium immundare [? l. leticiam immundane] amicicie ROLLE *IA* 247.

immundare v. immundanus.

immundatus [cf. mundare], not cleaned.

1353 non possunt dedicere quin fossatum predictum est ruinosum et inmundatum et quod ipsi fossatum illud facere et mundare tenentur (*CoramR*) *Pub. Works* II 184.

immunde [LL], uncleanly.

lacte equino abutentes pro potu, et cibos immundos et ~e soliti sunt percipere BACON *Maj.* II 368.

immundialis [cf. mundialis, *perh. assoc. w.* immundus], being in the world. *Cf. immundanus.*

illi vero qui sceleratis actibus famulantur et gaudium ~e carnaleque solacium velut magnum et amabile estimant ROLLE *IA* 165.

immunditia [CL]

1 uncleanness, dirtiness.

1249 ecclesia munda sit et ornamenta ecclesie ita munda ut accedens ad divine laudis sacrificium ~iam non abhorreat *Doc. Eng. Black Monks* I 43; **s1274** fecit idem major amoveri a foro omnes stallos carnificum et piscatorum . . . affirmavit quod hoc fecit ne aliqua ~ia remaneret in foro contra adventum domini regis *Leg. Ant. Lond.* 168; vocat eos [sc. Flandrenses] porcos propter eorum ~iam et bestialitatem (J. BRIDL. *gl.*) *Pol. Poems* I 205; nares sue speciosissime faciei olfaciebant salive inmundicias in ipsum derisorie projectas *Spec. Incl.* 2. 2.

2 an impurity, waste product; **b** (esp. pl.) excrement, ordure; *cf.* ME *filth.*

'fex vitri' vel 'vitri ~ia' ROB. ANGL. *Alch.* 518b (v. eudica); potest plumbi nigredo sive ~ia abstergi, verumtamen plumbum semper manet plumbum *Correct. Alch.* 8; per spiraculi aperturam spumosa vini ~ia [TREVISA: *fome and oþer unclennesse*] ad vasis superficiem vi caloris ejecta continue evaporat, donec purissimum vinum fiat BART. ANGL. XVII 186. **b** BEDE *Ezra* 890 (v. egerere a); **s1192** homines .. regionis illius .. inmundiciis feculescunt (v. faeculescere); bubo stercoribus et aliis inmundiciis pascitur BART. ANGL. XII 6; **1291** locus ipse, in quo nonnulla corpora progenitorum vestrorum et aliorum fidelium requiescunt, assidue porcinis et aliis ~iis †polluuntur PECKHAM *Ep.* 713 p. 979; sordes seu omnium ~iarum feces *Mir. Hen. VI* III 109 (v. faex 3b).

3 ritual impurity.

BEDE *HE* I 27 (v. immundus 6b); Deus, .. haec vascula .. emundare digneris ut, omni inmunditia depulsa, sint tuis fidelibus tempore pacis atque tranquillitatis utenda EGB. *Pont.* 125; ut .. quicquid eo [sc. sale] tactum vel respersum fuerit careat omni inmundicia [AS: *unclænnisse*] *Rit. Durh.* 121 (= EGB. *Pont.* 34); 'sanctificatus est vir' [cf. *I Cor.* vii 14], id est mundus; et nullam ex ejus conjunctione mulier ~iam patitur LANFR. *Comment. Paul.* 175.

4 (w. ref. to leprosy) uncleanness.

lepra est ~ia infectiva GROS. *Cess. Leg.* II 6. 6 (cf. *Lev.* xiii 46).

5 moral impurity, turpitude; **b** (esp. pl.) act expressing, or resulting in, turpitude.

?**801** neque enim inmunditia ejus [sc. peccatricis mulieris] polluit mundum, sed puritas mundi purificavit inmundam ALCUIN *Ep.* 245 p. 394 (cf. *Luc.* vii 36–50); si conspiciant aliquos .. qui liberalem paupertatem servilibus audeant †intermundiciis [? l. immunditiis] excusare, vitam illorum reputant insaniam (*Quad.*) *GAS* 531; [sompnia] .. nascuntur .. aliquando ex ~ia anime *Quaest. Salern.* B 29; ex injurie vero illatione statim ovum, id est turpitudo infamie et ~ia, et polluta in ipsa conscientia oriuntur ALB. LOND. *DG* 3. 7; **1236** originalis enim peccati ~ia, in qua omnes generaliter et equaliter communicant, ex viciosa lege propagacionis contrahitur GROS. *Ep.* 23 p. 88; florem pudicitie conservavit illibatum, carnem suam nulla cujuslibet generis umquam polluit ~ia, sed permansit in eo usque ad diem ultimum virginitas incorrupta *V. Edm. Rich P* 1782A; turpe verbum est de luxuria vel alia ~ia [ME: *oðre fulðen*] *AncrR* 21; ut lavaret pedes discipulorum, qui in terram sanguinem fudit, quo ~iam dilueret peccatorum WYCL. *Mand. Div.* 467. **b** admonitus est ut castum se haberet, nullas [? l. nec ullas] corporis sui ~ias contraheret OSB. *V. Dunst.* 19 p. 145; voluptas .. que, amica epulis, potationibus, conviviis, modulationibus et ludis, cultibus operosius exquisitis, stupris et variis ~iis, animos etiam graviores effeminat J. SAL. *Pol.* 397D; venite omnes qui computruistis in ~iis vestris P. BLOIS *Opusc.* 1098A; DUNS *Ord.* I 60 (v. immundus 6a).

6 the sin of lust.

non ita omnes episcopi vel presbyteri, .. quia non scismatis, non superbiae, non inmunditiae infamia maculantur, mali sunt GILDAS *EB* 69; quasi per somnium inluditur qui, temtatus inmunditia, veris imaginibus in cogitatione inquinatur (*Libellus Resp.*) BEDE *HE* I 27 p. 59; hircum ~ie, glirem somnolentie, equum et mulum luxurie .. *Simil. Anselmi* 94; quia vero per hoc animal [sc. suem] voluptas et inmunditia figuratur, inmundum propter hoc animal hoc esse designatur G. CRISPIN *Jud. & Chr.* 49 (cf. ib. 50: voluptas et inmunda voluptatis cujuslibet concupiscentia); quomodo a tanta ~ia, a tam nefario cogitatu, potero expurgari? ALEX. CANT. *Dicta* 165; refert B. Hieronymus de sene quodam qui juvenem vexatum spiritu fornicationis et penitentem in foveam desperationis dejecerat, sed ab alio sene confortatus est, ita ut spiritus ~ie, juvenem derelinquens, primum senem aggrediens eumdem anxie molestaret P. BLOIS *Opusc.* 1094D; saphirus est gemma armatrix castitatis et ideo ne ejus effectus per inmundiciam portantis aliquomodo impediatur oportet ut ille qui eam portat caste vivat UPTON 108.

7 guiltiness, culpability (for spec. crime).

jurent quod in cognato suo nullum furtum sciebant, pro quo vite sue reus esset, .. et superjurent eum in ~iam [v. l. contaminacionem] sicut ante dicitur [*sic*] (*Quad.*) *GAS* 157.

immundities [ML], moral impurity, turpitude.

c**795** ut mecum me ex meis plangeres iniquitatibus et pascentem in regione longinqua †omnis [v. l. omni] inmunditie porcos tuis [v. l. tuos] .. precibus sublevares ALCUIN *Ep.* 86 p. 130; qui .. in ~ie veluti suo volutabro volvitur, hanc saltem altari sacro et sacrificiis reverenciam sacerdos exhibeat ut tribus diebus et noctibus priusquam corpus Christi consecrare presumat mundum a coitu vas custodiat GIR. *GE* II 7 p. 195; numquam enim invenitur inmundicie[m] Deo placuisse, quamquam paupertas voluntaria et inornatus exterius sibi placuerint *AncrR* 174.

immundo, dishonourably, not decently, or ? *f. l.*

qui, si fidejussorem habere nequeat, [*supply* occidatur] et inmundo [? l. in loco inmundo] sepeliatur (*Cons. Cnuti*) *GAS* 337 (= ib. [*Inst. Cnuti*]: in loco latronum; [*Quad.*]: cum dampnatis).

immundus [CL]

1 unclean, dirty, filthy. **b** containing impurities. **c** unfit for use.

sedem Petri apostoli inmundis pedibus usurpantes GILDAS *EB* 66; si casu quis inmunda manu cibum tangit, vel canis, vel pilax musae [v. l. mus], aut animal immundum quod sanguinem edit, nihil nocet; et qui pro necessitate manducat animal quod inmundum videtur, vel avem, vel bestiam, non nocet THEOD. *Pen.* I 7. 7; **s1191** per viam lutosam, per loca ~a WEND. I 194; **s1193** (v. eliquare 2a); BART. ANGL. XII 11 (v. 2a infra). **b** ~um corpus est plumbum ..; corpus vero mundum est stannum ROB. ANGL. *Alch.* 518b; lampades oleo ~o et fetido infuse coram Christi corpore accendebantur *Chr. Battle* f. 122v. **c** **1312** de v s. de ij porcis inmundis venditis cuidam de Undele. et de xij s. viij d. de iij porcis venditis *Rec. Elton* 161.

2 (of animal) unclean, unfit to be eaten (usu. w. ref. to *Lev.* xi 1–47, *Deut.* xiv 3–21); **b** (of food).

THEOD. *Pen.* I 7. 7 (v. 1a supra); [animal] quod ~um dicitur in sua natura bonum est; ad comparationem vero alterius naturae melioris quasi ~um putatur ALCUIN *Exeg.* 531B; ascendo navem et pono retia mea in amne et hamum proicio et sportas, et quicquid ceperint sumo. 'quid si inmundi [AS: *unclæne*] fuerint pisces?' ego proiciam inmundos foras et sumo mihi mundos in escam ÆLF. *Coll.* 93–4; taxus .. animal mordax et ~um GIR. *TH* I 25; corvus .. est eciam inmunda avis, cadaveribus insidens et venenosis et rebus inmundis cibum querens BART. ANGL. XII 11 (cf. *Lev.* xi 15); [upupa] avis .. est spurcissima et inmunda, cristis a capite existentibus galeata, semper in sepulcris commorans vel in fimo *Ib.* 38 (cf. *Lev.* xi 19); UPTON 187 (v. erodius 2b). **b** BEDE *HE* I 27 (v. 6b infra); qui manducat carnem ~am aut morticinam delaceratam a bestiis xl dies peniteat THEOD. *Pen.* I 7. 6; PETRUS *Dial.* 139 (v. 3 infra); Moyses carnem suillam inmundam appellat, uti ea prohibet G. CRISPIN *Jud. & Chr.* 48; BACON *Maj.* II 368 (v. immunde).

3 ritually impure.

carnes ille inmunde fuerunt, ideo et a Moyse prohibite sunt, viz. ne inmundos facerent qui eas comederent PETRUS *Dial.* 139; illi, qui mortuum tangunt, inmundi sunt donec cineris conspersione mundi fuerint *Ib.*

4 (w. ref. to leprosy) unclean.

licet in locis pluribus sola lepre remansisset vestigia, in aliquibus tamen tubera prominentia fugata non fuerant. lavit itaque se mirifica martyris aqua .. et est mundus totus. ~us erat homo cum veniret ad martyrem, et mundus per ipsum factus est BEN. PET. *Mir. Thom.* V 4 p. 260.

5 (*spiritus ~us*) an unclean spirit, demon, or sim. (*cf. Zach.* xiii 2, *Matth.* xii 43, *etc.*); **b** (? w. ellipsis of *spiritus*).

spiritus inmundi invasione premebatur BEDE *HE* II 5 p. 91; quomodo inmensa quietudine ad sedes suas ab inmundis spiritibus reportatus est FELIX *Guthl.* 33 *cap.* p. 68; ALCH. *Or.* 144 (v. immissio 4); ALCUIN *Dub.* 1076D (v. exsufflatio 2); Meilerius .. cum spiritibus ~is magnam et mirandam familiaritatem habens GIR. *IK* I 5 p. 57. **b** Jhesus eicit demonium. angelus ligavit demonium: imperat inmundis Deus hic [ut] equis furibundis *Vers. Cant.* 5 p. 17.

6 morally impure, sinful, esp. unchaste: **a** (of person); **b** (of thought, emotion, *etc.*); **c** (of heresy); **d** (of the world, w. pun on *mundus*).

a inmundae leaenae Damnoniae tyrannicus catulus, Constantinus GILDAS *EB* 28; ?**801** (v. immunditia 5a); ~i etenim hominis immunda est oratio ANSELM (*Ep. Anselm.* 135) III 278; ~i et luxuriosi altaris ministri HON. *Eluc.* 1129A (v. egestio b); quicquid mali, Roma, vales / per inmundos cardinales / perque nugas decretales / [..] / quicquid cancellarii / peccant vel notarii P. BLOIS *Carm.* 26. 10; **1236** unde nominabitur proles spuria et illegitima distinctive ~a? filios namque spurios vocat apostolus [cf. *I Cor.* vii 14] ~os, unde spurios: igitur, si ex sola nativitate sunt spurii, ex sola nativitate sunt ~i, quod est inconveniens GROS. *Ep.* 23 p. 88; quando extendentur supercilia ad timpora, habens talia est ~us BACON V 168; Saraceni, quibus ~us Mahometus miscuit alias immunditias innumeras DUNS *Ord.* I 60. **b** si ergo ei cibus inmundus est cui mens inmunda non fuerit, cur quod munda mente mulier ex natura patitur ei in inmunditiam reputetur? (*Libellus Resp.*) BEDE *HE* I 27 p. 57; ille ~as cogitationes inmittit in cor tuum ALCH. *Ep.* 299; ~a .. oratio ANSELM III 278 (v. 6a supra); ut .. ~os et execrabiles cogitatus habeat ALEX. CANT. *Dicta* 14 (v. exsecrabilis a); amicicia, quam ~a cupiditas introducit, fraudulenta est P. BLOIS *Opusc.* 877B; de rebus .. inhonestis, sicut dicitur de amore hereos et carnali concupiscentia, et hec

apud animam non sunt acceptabilia quare provocantur tales ad proferendum inmunda verba GILB. I 63. 2; amicicia perversa, fetida et ~a ROLLE *IA* 263 (v. demeritorius). **c** Nicolaum in loco Stephani martyris statuunt, inmundae haereseos adinventorem GILDAS *EB* 68. **d** qui per te, castissima virgo Maria, venit in mundum inmundissimum et humanum genus suo sanguine salvavit ALCH. *Or.* 155; ut mundus a mundi sordibus mundaret ~os BEN. PET. *Mir. Thom.* V 4 p. 260.

7 guilty (of spec. charge).

ferrum proferatur .. . manus sigilletur, sub sigillo servetur, et post tres noctes aperiatur. et, si mundus [v. l. munda] est, Deo gratuletur: si autem insanies crudescens in vestigio ferri inveniatur, culpabilis et inmundus [v. l. inmunda] reputetur (*Jud. Dei*) *GAS* 407; nec inmundum [AS: *ful*] alicubi pacificent vel firment (*Quad.*) *Ib.* 143; quod inmundus sit et reus (*Ib.*) *Ib.* 181; (*Ib.*) *Ib.* 234 (v. cuneus 3c).

immungere v. immingere.

1 immunire v. imminuere 4b.

2 immunire [CL]

1 to strengthen, protect.

inmunit, valde munit *GlC* I 334.

2 to confirm (doc.) by application of seal; *cf. munire*.

1337 istud legatum et ejus admissionem per scriptum suum sigillo suo communi ~itum fateantur *Lit. Cant.* II 153.

3 to grant immunity to.

W. conquestor .. ordinavit quod predicta capella [sc. *St. Martin-le-Grand, London*] foret locus privilegiatus et ~itus pro quibuscumque transgressoribus, felonis et proditoribus, ita quod quicunque fugiens usque ad predictam liberam capellam .. haberet et gauderet immunitate et tuicione ejusdem loci *Entries* 683b.

immunis [CL]

1 exempt (from exaction, duty, or sim.): **a** (of person or community); **b** (of land or sim.).

a 1166 Deus tribum Leviticum a publicis functionibus .. ~em esse decrevit J. SAL. *Ep.* 193 (187 p. 236); sintque omnes .. ~es, liberi, et quieti ab omnibus provincialibus summonitionibus et popularibus placitis, que *hundredlaghe* Angli dicunt, et ab omnibus armorum oneribus (*Ps.-Cnut* 9) *GAS* 621; tanquam ~es aliena ad pabula fuci GIR. *SD* 126; **1276** quod habitatores dicte ville .. ab omni cavalgata et ab omni exercitu sint inmunes, et .. de omni querimonia quam fecerint coram bajulo .. sint inmunes. .. quod burgenses dicte ville sint liberi et inmunes de prohibicione vini vel salis et fornagii; et de omnibus que vendent vel ement .. de leuda et pedagio sint inmunes *RGasc* II 14; **1315** (v. 2 exercitus 3c); a prestacione decimarum .. fuimus ~es et quieti *Meaux* I 312; **1583** ab isto disputatorio munere imunes sint *StatOx* 428. **b** ne unus quidem [sc. locus] a tributis antistiti reddendis esse possit ~is BEDE *Egb.* 7; **739** (11c) (v. expeditionalis a); **858** ut [agellulus] omnium regalium †tributum et vi exactorum operum et penalium rerum principali dominatione furisque conprehensione et cuncta seculari gravidine .. secura et inmunis permaneat *CS* 496; **860** (15c) sit hec terra prefata secura et inmunis omnium rerum legalium et principalium †tributum *CS* 500; †**862** (12c) hec quoque terra secura et ~is permaneat ab omni regali servitio et omnium secularium servitute praeter .. *CS* 504; **c1150** quieta .. clamo .. feoda militum .. que sunt ~ia castri mei de C. .. nec in his nec in aliis Sarum ecclesie possessionibus quidcunque juris mihi aut heredi meo vindico *Ch. Sal.* 20; **c1156** hanc monasterio Radingensi .. confirmamus liberam immunitatem et ~em libertatem *Cart. Reading* 18; ad superiorem et super clericos potestatem habentem spectat statuere, ordinare, precipere et jubere quis numerus debeat esse clericorum in ecclesia; a quibus necessitatibus ~es debeant esse ecclesie, a quibus eciam libere esse non debeant OCKHAM *Pol.* I 54.

2 immune (from another's jurisdiction, penalty, or sim.): **a** (of person); **b** (of land or sim.).

a FRITH. 1092 (v. exsors); **c1040** quod .. vicini ejus adpropinqui transgressionis crimen domino *ðæs hundredes* aperiant, ipsique et suorum custodes armentorum inculpabiles et ~es maneat (*4 Edgar* 8. 1) *GAS* 213; **1171** ne cuiquam alii sive monacho sive clerico vel laico .. noceatis, sed sint ~es a pena sicut exstiterunt a causa J. SAL. *Ep.* 304 (305 p. 730; = *Id. Thom.* 24); **s1422** ~is a vindicta (v. immunitas 3a). **b 858, 860** (v. 1b supra); tituli quoque principalis privilegio Uticensem ecclesiam insignavit ut libera et ab omni extranea subjectione .. maneat ~is ORD. VIT. III 2 p. 39.

3 immune (to disease or ailment).

frequenter eum postea vidimus ab omni furoris molestia et capitis concussione liberum prorsus et ~em *Mir. Fridesw.* 25; febris ut immunis sis efficiet diaprunis GARL. *Mor. Schol.* 599.

4 having no part (in), free (from).

ecclesias Anglorum .. ab hujusmodi labe [sc. heresi Eutychetis] inmunes perdurare desiderans BEDE *HE* IV 15 p. 238; **s1131** ut nulla omnino totius regni villa, hujus miserie ~is [sc. luis pecorum], alterius incommoda ridere posset W. MALM. *HN* 456; [provinciales] videntur .. felle dupplicitatis ~es LUCIAN *Chester* 65; etherea [regio] lucida a variacione omni immutabili essencia ~is existens SACROB. *Sph.* 1 p. 79 (cf. ROB. ANGL. [II] 149: ~is, i. e. carens).

5 (physically) unharmed, (also absol.) unscathed: **a** (of person or sim.); **b** (of inanim.).

a 799 quis potest ~is esse in ecclesia Christi pastor si ille a malefactoribus deicitur qui caput est ecclesiarum Christi ALCUIN *Ep.* 179 p. 297; NIG. *SS* 1635 (v. compitum a); quatinus anime infra stagnum a cruciatu aque frigidissime et salsissime ob reverenciam Dominice diei usque ad exortum diei lune efficiantur ~es COGGESH. *Visio* 33; universos joculatores, quos omnes odivit, abire permisit ~es CAPGR. *Hen.* 26. **b** sepulchrum .. sancti .. a furore flamme ~e W. MALM. *GP* IV 149 (v. fuligo a).

6 (spiritually) whole, innocent, uncorrupted (by) (esp. w. ref. to chastity): **a** (of person); **b** (of soul); **c** (of abstr.).

a Daniel .. ~is [*gl.*: i. intactus, inlibatus, *unwemme*] tamen ab omni spurcitia carnali et securus ab illecebrarum colludio ALDH. *VirgP* 21 p. 251 (cf. ib. 10 p. 239); non tamen immunis vocitabor nomine virgo *Id. VirgV* 750; ecce Agnus Dei, ecce innocens et ab omni peccato inmunis BEDE *Hom.* I 15. 74; filiam habebat .. a carnali pollutione prorsus ~em *Mir. Frideswr.* 37; inmunis .. ab his quas ministrat mundus viciorum illecebris *Canon. G. Sempr.* 39. **b** de qua fetida impuritatis sentina animarum liburnas lugubriter summergente veraciter ~es [*gl.*: i. casti, *orcease, unwemme*] fore creduntur qui .. ALDH. *VirgP* 22 p. 253. **c** porcinus paganorum strepitus contra ~em [*gl.*: *ungewemmedde*] ecclesiae castitatem saeviens *Ib.* 45 p. 299; spiritus altithroni templum sibi vindicat almus, / taliter immunis flagrat si corde voluntas *Id. VirgV* 148.

7 innocent, not guilty: **a** (of blame, charge, or crime); **b** (of sin).

a de tali crimine ~is .. et inculpabilis (*Leis Will.*) *GAS* 503 (v. immunitas 3a); FL. WORC. II 12 (v. imponere 14a); de re de qua accusor ~is sum et quidem sententia de me prolata non revocabitur W. MALM. *GR* IV 319 p. 372; ipse tamen, ut nobis refert, totius prave actionis erga vos ~em se asserit, purgandum judicio vestrorum OSB. BAWDSEY clix; hoc .. tibi pacto mee te mortis inmunem concedo MAP *NC* II 21 f. 31; [Hen. II] legem .. de foresta inauditam dedit, in qua delicti alieni ~es perpetuo mulctabuntur quum decessores nulla linea sanguinis contigerit R. NIGER *Chr. II* 167; **c1210** a delacionis inmunes sunt culpa qui falsis omissis tantum veris insistunt GIR. *Ep.* 2 p. 164 (cf. ib.: ab infamantis est crimine prorsus inmunis); per que [sacramenta] tam a furtis et fraudibus cunctis quam sceleribus universis se purgare facillime posse putabat et tam a pecunia subtracta quam etiam infamia contracta .. se prorsus ~em efficere *Id. SD* 112; **1248** W. de Insula inmunis est a capcione illius cervi de quo inputabatur *SelPlForest* 88; **s1390** ij pandoxatores sine reatu et ~es [erant] suspensi *Chr. Hen. VI & Ed. IV* 148; *ongylty*, ~is *PP*. **b** 'non solum qui faciunt ea, sed etiam qui consentiunt facientibus' [*Rom.* i 32], nullo sc. hoc malo eorum exstante ~i GILDAS *EB* 98; sancimus eum cui crimen impingitur ut .. testetur .. sese ~em esse a peccato hujusmodi EGB. *Dial.* 3 p. 405; sese cum suis complicibus ~em esse ab hujuscemodi culpa [sc. simonia] constanter affirmabat ALEX. CANT. *Mir.* 28 (I) p. 215; si quis enim ex primi parentis .. femore comedisset, eum a carnium esu non ~em arbitrarer GIR. *TH* I 15 p. 48.

8 lacking experience or knowledge (of).

interim itaque id a lectore postulatum sit, ut si harum artium ~is accesserit, quicquid in his computationum lineis secundum regulas subscriptas inciderit, magis certum quam necessarium habeat ADEL. *Elk. pref.*

9 (infl. by *munus*) unrewarded (esp. when reward is expected), empty-handed; **b** (w. ref. to bribery).

qui piger et metam non quibit adire fugacem / inmunis redeat et titulis careat *De lib. arb.* 84; hypochrisis nanque sua jam multos decepit, et, spe vana delibutos, suis vacuos et ~es effecit EADMER *V. Anselmi* I 25. **b s1179** omnes [assessores] .. juraverunt .. se conservaturos inposterum .. suas manus ~es a munere DICETO *YH* I 437.

10 (n. as adv.) freely, without restriction, or ? *f. l.*

1448 ita quod clericus mercati hospicii nostri .. villas, hundredum seu libertatem predicta pro aliquibus ad hujusmodi officium pertinentibus †faciendum [l. faciendis] .. ~e [? l. impune] ingrediatur (*Lit. Regis*) *Reg. Whet.* I 43.

immunitas [CL]

1 exemption (from exaction, duty, or sim.): **a** (of person or community); **b** (of land or sim.).

a a1184 omnium episcopalium consuetudinum ~ate gaudentes (*Ch.*) BART. EXON. *app.* p. 148; que est hec injuriosa ~as ut exempti sitis a decimarum solutione quibus obnoxie terre erant antequam vestre essent et que solute sunt hactenus ecclesiis non personarum obtentu sed territorii ratione? P. BLOIS *Ep.* 82. 253B; data est ~as Sicambris ne pararent tributa R. NIGER *Chr. I* 42 (cf. id. *Chr. II* 127: tributa eis [Sicambris] decennio remisit); **1266** (v. exemptio 2a); **1354** habeant .. predicti prior et canonici .. curiam suam et justiciam cum soka et saka .. et cum omnibus aliis liberis consuetudinibus et ~atibus et libertatibus (*Ch. Regis*) *MonA* VI 980b. **b c1156** (v. immunis 1b); **c1190** decernimus ipsam capellam in perpetuum liberam esse a sinodalibus et gaudere omnibus ~atibus quibus gaudet monasterium de O. *Cart. Osney* II 435 (= *Act. Ep. Linc.* 147); damnat illa duo capitula de ~ate ecclesiarum .. quia statuunt quod domini temporales non exigant dominative tallagia vel decimas ab ecclesiasticis personis (PURVEY) *Ziz.* 394.

2 immunity (from prosecution, penalty, or sim.), security.

sicut enim multis ~atibus et eminentioribus privilegiis militia gaudet, ita acerbioribus penis subdenda est J. SAL. *Pol.* 602D; [Hen. II] avibus celi, piscibus fluminum, bestiis terre ~atem dedit; et sata pauperum loca pascue fecit R. NIGER *Chr. II* 168; **a1200** conquesti sunt nobis J. et W. scolares de Norhamtone quod J. de B. ejusdem ville prepositus hospicii eorum ~atem violare presumpserit et, quod gravius est, ipse et ejus malefactores manus †violentes [l. violentas] in eos injecerunt et res suas asportaverunt *EHR* LVI 596 (= *FormOx* 276: inmunitatem; *Act. Ep. Linc.* 135).

3 inviolability, sanctity (of hallowed ground), incl. protection from actual harm: **a** (of churches); **b** (of churchmen).

a potens est S. Martinus apud Deum defendere res suas .. . dimitte .. sic esse ecclesias Christi quae sunt in emunitate S. Martini et in parrochia vestra ALCUIN *Ep.* 298; de pace et emunitate ecclesie: pacem et ~atem ecclesie sancte concessimus. cujuscunque criminis reus ad ecclesiam confugerit, pacem habeat vite et membrorum. quodsi quis in eum manus injecerit violentas et ecclesie ~atem fregerit, inprimis restituat plenarie ablata et insuper de forisfacto (*Leis Will.*) *GAS* 493; si quis appellatur, quod aut ecclesie ~atem aut alicujus cameram infregerit, si hactenus de tali crimine immunis fuerit et inculpabilis, purget se juramento (*Ib.*) *Ib.* 503; **a1256** omnes .. qui ~atem [v. l. ~ates] ecclesie violaverint, denunciamus excommunicacionis sentenciam incurrere ipso facto *Conc. Syn.* 496; **1261** ab ecclesia vel cimiterio vel ab alio quocunque loco ecclesiasticam inmunitatem habente *Ib.* 679; **1277** quod denunciet .. excommunicatos omnes qui contra emunitatem ecclesie et libertatem Herefordie, depredaciones et sacrilegia commiserunt in bonis prioris de A. *Reg. Heref.* 132 (cf. ib. 134: contra libertatem et emunitatem ecclesie Herefordiensis); **1258,** LYNDW. 255r (v. 4a infra); ~atem ecclesiarum suarum et terrarum .. conservant sancti supradicti quod nullus ausus est in eorum territorio malificia enormia perpetrare *Plusc.* X 27 p. 358; **s1422** quia nil poterant, quod comedi posset, apprehendere, jussit ~atem S. Fergusii sive Feogri, quondam regis Scocie filii [sc. *St. Fiacre's, Meaux-en-Brie*], infringi et violari, quam nemo immunis a vindicta audet violenter attemptare FORDUN *Cont.* XV 34; **1453** (v. ecclesiola). **b** Thomas martyr Anglorum .. quem [rex] non posset excutere idonee pro emunitate sua R. NIGER *Mil.* IV 16; GIR. *TH* III 26 (v. ecclesiasticus 2a); **1316** petunt prelati et clerus tale remedium adhiberi ut ~as ecclesie et ecclesiasticarum personarum conservetur illesa *StRealm* I 173.

4 (right of) sanctuary, asylum, usu. temporary, for criminals; **b** (area so protected). **c** benefit of clergy.

neque enim raptor aut fur, qui possidet et non restituit raptum aut furtum, emunitatem assequitur per verbum apostolicum ulla peregrinatione nisi restituat ablatum R. NIGER *Mil.* IV 48; **1256** tunc ait illi "es tu ibi?" et ille respondit "sum hic in ~ate et defensione venerabilis sancti." et illo die rex Malginus pro restitucione anime et invencione luminis oculorum dedit illi sancto episcopo illius civitatis Llanelwy spacium ~atis et defensionis vij annorum et vij mensium et vij dierum et unius diei primum; et cum illo spacio postea immunicionem et defensionem in perpetuum *Arch. Cambr.* 1st S. XIV 337; **1258** quoniam ad ~atem ecclesie confugientibus tam arta ibidem apponitur custodia laycorum quod .. *Conc. Syn.* 580 (cf. LYNDW. 255 r: ~atem ecclesie, i. e. libertatem ecclesie .. vel dic quod ~as est privilegium quo gaudet ecclesia ut in ambitu suo non fiat pugna vel insultus vel rapina); **1261** (v. 4c infra); **1268** ad tutelam et confugium oppressorum ita inmunitatem ecclesiasticam cernimus constitutam ut eciam reos sanguinis ab hominum incursu defendat *Conc. Syn.* 763; **1308, 1477** (v. ecclesia 5b); **1411** licet omnes .. qui personas quantumcumque gravia maleficia perpetrantes ad ecclesiam pretextu emunitatis ecclesiastice obtinende .. fugientes ab ea violenter extrahunt .. sint, juxta sacrorum canonum constituciones .., velut violatores ecclesiastice libertatis, canonice puniendi *Reg. Durh.* I 162; **1464** predictus W., proprium suum reatum recognoscens, .. ~atem et libertatem S. Cuthberti et ecclesie sue .. peciit *Sanct. Durh.* 1; *Entries* 683b (v. 2 immunire 3). **b 1256** meta et limites terre ~atis sancte civitatis Llanelwy *Arch. Cambr.* 1st S. XIV 337; extra limites ~atis ecclesiastice *Form. S. Andr.* I 359. **c 1261** libertates quoque ecclesiasticas veluti ~ates ecclesiarum circa personas ad eas

confugientes et de personis ecclesiasticis ut non judicentur in foro seculari .. habet ecclesia *Conc. Syn.* 688.

5 (quality of) having no part (in), freedom (from).

~as a materia BACON VIII 31 (v. denudatio 1b).

6 innocence, sinlessness (esp. w. ref. to chastity). **b** lawfulness (in quot., of prospective marriage-partners).

quod sola carnalis pudicitiae ~as [*gl.*: *orceasnys*] caelestis regni claustra reserare nequeat ALDH. *VirgP* 16 p. 245; effrenatae jugalitatis libertas efficitur securae ~atis captiva paupertas *Ib.* p. 246; ~as, integritas OSB. GLOUC. *Deriv.* 295; ~atem a mendacio exprimit Abacuc [*Hab.* ii 3] .. et iterum ~atem ejus [sc. Altissimi] a peccato et a mendacio exprimit Isaias [*Is.* liii 9] GROS. *Cess. Leg.* II 3. 4; ~as a peccato BRADW. *CD* 455D (v. eligibilitas); ut .. secundus Adam cum beata virgine conparticipent in ~ate a peccato WYCL. *Ente* 36. **b** in matrimonio quoque contrahendo semper tribus diebus dominicis vel festivis a se distantibus, quasi tribus edictis, perquirant sacerdotes a populo de ~ate sponsi et sponse LYNDW. 271 (cf. ib. f: ~ate, i. e. libertate, hoc est, an sint liberi ad contrahendum; *deriv. from Conc. Syn.* 146 [c**1223**]: de legitimitate sponsi et sponse).

1 immunitio [ML]

1 fortification, defence (in quot., w. ref. to monastic buildings).

perprudens opilio primum scepta claustrorum monasticis aedificiis ceterisque ~onibus .. munivit B. *V. Dunst.* 15.

2 protection (in quot., w. ref. to sanctuary).

1256 (v. immunitas 4a).

2 immunitio [2 in- + munitio], lack of warning; (*per ~onem*) without prior warning.

1311 non erat provisum ne mercatores et operarii dictorum capellorum [sc. *flockes*] .. nunc subito, per ~onem, bona sua perdant *MGL* II 103.

1 immunitus v. immunire.

2 immunitus [CL], defenceless: **a** (of place); **b** (of person).

a cum pagani arcem imparatam atque omnino ~am, nisi quod moenia nostro more erecta solummodo haberet, cernerent ASSER *Alf.* 54; in hostium medio municipium tenebat ~issimum, virgis tenuiter et cespite clausum GIR. *EH* I 22 p. 266. **b** **1164** nos humiles, inopes, ~i, nunquid poterimus verba dare Romanis? J. SAL. *Ep.* 134 (136 p. 10); s**1254** irruerunt igitur cives ad unguem armati in eos impetu repentino ~os et inermes M. PAR. *Maj.* V 463.

immurare [ML; cf. OF *enmurer*]

1 to surround (land or sim.) with walls.

monachi se in S. Marie transtulerunt ecclesiam ut vicinius et opportunius necessitates suas sancti ~arent mausoleo W. MALM. *GP* V 232; **1266** quam [placiam] .. claudi et ~ari fecerunt *Dryburgh* 12.

2 to immure (person).

s**1238** ipsemet [sc. Robertus Bugre] judicio confratrum suorum, qui neminem ad mortem condempnant, ~atus est ut ibi de horribilibus commissis suis perpetuo penitenciam ageret M. PAR. *Abbr.* 278 (= *Id. Min.* II 415: perpetuo carceri mancipatur); s**1222** mulier quedam que se fecit S. Mariam et juvenis quidam qui se fecerat Christum .. ~ati sunt apud Bannebirr' *Ann. Dunstable* 76 (= COGGESH. *Chr.* 119v: jussi sunt inter duos muros incarcerari; W. COVENTR. II 252: hi duo, in muris lapideis inclusi, vitam terminarunt); s**1222** rusticus quidam laicus qui in tantam devenit insaniam ut .. se faceret crucifigi .. judicio concilii ~atus, totum vite sue residuum reclusus, duro pane et aqua refectus, in carcere terminavit WYKES 63 (= *Ann. Wav.* 296: ~atus est perpetuo, TREVET *Ann.* 211, WALS. *YN* 139: perpetuo ~atur); Titus quendam murum densissimum vidit ipsumque perforari precepit; factoque foramine quendam senem intus .. invenerunt, qui requisitus quis esset respondit se esse Joseph ab Arimathia .. seque a Judeis ibidem inclusum et ~atum fuisse eo quod sepelisset Jesum *Eul. Hist.* I 152.

immurmurare [CL]

1 (intr.) to murmur or mutter (at or into); **b** (w. hostile intent) to growl, grumble (at); **c** to make a noise.

s**1164** domini pape auribus ~abant de archiepiscopi depositione (v. denarius 5a). **b** ursa etiam catulis suis ~at P. BLOIS *Opusc.* 876A (cf. *II Reg.* xvii 8: veluti si ursa raptis catulis in saltu saeviat). **c** ecce sere clavis inmurmurat, hostia latrant WALT. ANGL. *Fab.* 12. 11.

2 (trans.) to utter in a murmur; **b** (absol.).

protenta ergo manu †benedictione, femina [*sic* MS; ? l. benedictionem femine *or* benedictione feminam] impertivit, nescio quid archane orationis ~ans W. MALM. *Wulfst.* II 4; leges alias decepte immurmurat auri HANV. V 135; cumque quiescentem dormitare putaremus, manus sub pallio cum oculis ad celum erectas vidimus, et divina verba secum inmurmurantem porrectis auribus deprehendimus *Canon. G. Sempr.* 72. **b** *V. Birini* 15 (v. immugire a); mirantibus illis et pre expensarum magnitudine intra se ~antibus R. COLD. *Godr.* 245; ecce nubes tonans et fulgurans, sed ecce columba pie ~ans ac suaviter gemens J. FORD *Serm.* 16. 14; post hec immu[r]murat murmur dulciculum / et murmur virginis inflammat cordulum WALT. WIMB. *Carm.* 28.

immus v. imus.

immusicus [LL], not informed by a muse, uncultivated (in quot., as sb. n.).

dicit Aristoteles j Physicorum quod, cum ex ~o fit musicum, corrumpitur ~um S. FAVERSHAM *Elench.* 97 (cf. Arist. *Phys.* 190a: τὸ ἄμουσον).

immutabilis [CL], immutable, that cannot be changed; **b** (as sb. n.). **c** (of decision or sim.) irrevocable.

sacramenti [B. Johannis] sanctitas inmutabilis esse .. omnibus sanctis sciendum est *V. Greg.* 87; nil manet aeternum, nihil immutabile vere est ALCUIN *Carm.* 23. 25; **799** natura .. inmutabilis, id est quae inmutari non possit (v. immortalis 1a); quicquid enim, unum numero existens et in sui natura ~e permanens, contrariorum est susceptibile, substantia est utique per se subsistens PETRUS *Dial.* 49; ~i essencia SACROB. *Sph.* 1 p. 79 (v. immunis 4); jura .. naturalia dicuntur ~ia quia non possunt ex toto abrogari vel auferri BRACTON 4; si natura .. habeat aliquam ~em habitudinem ad aliud, illud aliud per suum exemplar et natura ipsa per suum exemplar representantur ut immutabiliter unita: et ita per duo exemplaria, generata a duobus mutabilibus .., potest haberi noticia immutabilitatis unionis eorum DUNS *Ord.* III 151; veritas .. est ~is HIGD. III 10 (v. immortalis 3a); cursus nature est ~is in hoc quod .. impossibilis est regressio HOLCOT *Wisd.* 69. **b** quippe non magis opposita sunt mutabile in tempore et ~e in aeternitate quam non esse in aliquo tempore et esse semper in aeternitate ANSELM (*Praesc.*) 1) II 255; sol, quippe qui ad visum nostrum est ~e, gerit typum Christi, qui est sol justitie, splendor divinitatis immutabilis HON. *GA* 651D; non est ipse certior de ~i quod sit ~e quam si continue mutaretur DUNS *Metaph.* I 4 p. 58. **c** s**1179** rex .. in variis .. professionibus amatores justicie sollicitius investigans, quem munera non corrumperent inter hominum milia requirebat: et sic, animum a proposito non immutans, circa personas mutabiles ~em semper sepe mutavit sentenciam DICETO *YH* I 434; ut ex duarum testimonio convinceretur tertia translatio et illud ~e censeatur in quo plures consentiunt S. LANGTON *Chron.* 64; cum voluntas Dei beneplacens sit .. immutabilis, igitur volitum ~e erit, id est, non poterit mutari quin eveniat GROS. *Quaest. Theol.* 199.

immutabilitas [CL], immutability.

est enim alia necessitas, quae in rerum ~ate consistit LANFR. *Comment. Paul.* (*I Cor.* ix 16) 185; palam itaque fit, quia eorum quae accidentia dicuntur, quaedam aliquatenus attrahant commutabilitatem, quaedam vero nullatenus subtrahant ~atem ANSELM (*Mon.* 25) I 43; cum dicitur 'solus Deus habet immortalitatem' [*I Tim.* vi 16], intelligitur de ~ate HALES *Qu.* 561; hec racio non improbat omnem necessitatem ~atis sed tantum necessitatem naturalem DUNS *Ord.* II 61; *Ib.* III 151 (v. immutabilis a); mutabilia in Dei noticia esse invariabilia non propter rerum invariabilitatem sed propter sciencie Dei ~atem BRADW. *CD* 722A.

immutabiliter [CL], immutably, unalterably; **b** (w. ref. to decision or sim.); **c** (w. ref. to transfer of property).

hec est veritas, que in arca nostra ab eterno est, in qua ~iter et predestinantur qui salvandi sunt et presciuntur qui damnandi sunt AD. SCOT *TT* 760B; nonne ~iter fuerunt in Deo quando vivebant in ipso? NECKAM *SS* III 6. 11; videtur quod datio gratie necessaria sit, cum sit ex mera Dei voluntate ~iter, sicut esse angelorum et motus celi et hujusmodi que ~iter sunt GROS. *Quaest. Theol.* 198; ~iter consistens KILWARDBY *SP* 20rb (v. imaginabilis 2); DUNS *Ord.* III 151 (v. immutabilis a); **1430** stante patris ~iter affeccione *Reg. Whet.* II *app.* 413. **b** a**1073** si placet igitur sanctitati vestrae ut juxta petitionem nostram nobis facere dignemini, locum Eboracum, tempus quinto nonas Martias, nobis ~iter constituimus *Ep. Lanfr.* 11 (12); **1171** ea die ~iter disposuerat dominus papa in vos nominatim .. interdicti ferre sententiam (*Lit. ad Regem*) *G. Hen. II* I 22; s**1191** rex [Francorum] reditum suum ~iter ordinaverat WEND. I 197. **c** †**1067** (1335) ecclesiam .. omnimodis ~iter concessi *CalCh* IV 333 (= *Regesta* 11).

immutare [CL]

1 to change, alter, make different; **b** (impers.).

si tiriaca vel antidota, quae letiferum virus auferre solent, ~atis ordinibus detrimenta salutis existant ALDH. *VirgP* 13 p. 243; qui dicit ".. caro mea ~ata est propter oleum", idem est ac si dicat ".. oleum ~avit carnem meam" ANSELM *Misc.* 340; **1168** ut tocius negocii formam oporteat ~ari J. SAL. *Ep.* 243 (241 p. 470); frusta casei ab institutione .. ~ata *Chr. Abingd.* II 147 (v. imminorare). **b** **1260** rex non vult quod circa statum predicti T. .. ~ari *Cl* 276.

2 (phys. & med.) to change (the form or appearance of), transform; **b** (facial expression); **c** (absol.).

spiritus visibilis [*of a basilisk*] ita fervens et venenatus ~at aera, qui ~atus et infectus per spiritum venenatum ab aliquo attrahitur, qui attractus secundum se ~at attrahentis spiritualia et naturalia. ~at ergo spiritum animalem et vitalem et eos distemperando ignitos reddit, quibus distemperatis distemperantur et ~antur humores *Quaest. Salern.* B 105; oportet quandoque quod spiritus secundum rem exteriorem ~entur et ex eorum immutatione innascatur immutatio et infectio in membris que ex eis habet nutriri *Ib.* P 80; morbus alius est a natura ~ata consimilium et alius a natura ~ata officialium et alius a natura ~ata continuationis GILB. I 1. 1; genera que ~ant corpora humana ad infirmitatem BACON IX 78 (v. immutativus 1a); ut color ~at diaphanum illuminatum KILWARDBY *SP* 30rb; ~ando organum, ut cor vel cerebrum PECKHAM *QR* 82 (v. dispositive a); si enim materia non ~at intellectum ad actum circa ipsam, nec forma substantialis, quero quis conceptus simplex in intellectu habebitur de materia vel forma? DUNS *Ord.* III 90. **b** bibitque .. venenum .. statim in pallorem facies ejus ~ata est ÆLF. *Æthelwold* 15; R. COLD. *Godr.* 308 (v. defungi 1a); aer cum ridet rident, cum nubila ducit / immutant vultum mesticiamque tenent GARL. *Epith.* VI 548; omnis color visum vehementer ~ans BRADW. *AM* 57; quid est quod .. alterno cursu sanguinis, nunc in roborem, nunc ecce in oppositum pallorem, discolor facies ~atur? CHAUNDLER *Apol.* 18. **c** sonat 'farmatica' idem quod 'immutata' vel '~ancia' S. LANGTON *Chron.* 67; alliatica virtus dicitur digestiva et interpretatur †minutans [l. immutans] *Alph.* 55; farmacon vel farmacum interpretatur †mumunctans [v. l. †minutans; l. immutans] .. et farmacodes medicina que multum †minutat [l. immutat] quocunque modo †minutacionis *Ib.* 62.

3 to change (circumstances or status); **b** (intr.); **c** (impl. that change is for the worse).

†**1084** (12c) rerum status successu temporum sepius inmutatur *Ch. Durh.* 4; ita enim omnem movendi facultatem ademerant quod omnem ~andi loci facultatem omnino denegebant R. COLD. *Cuthb.* 20 p. 42; ~at locum *Quaest. Salern.* B 35 (v. imprimere 5b). **b** s**1152** jam ad novum hanc ecclesiam statum urgebat necessitas rerum, quem totiens creditur ~asse quotiens, descendente suo pontifice, in alterius regimen visa est successisse G. COLD. *Durh.* 2 p. 4. **c** pauculis annis intercedentibus, omnia ~ata. nullus dives nisi nummularius, nullus clericus nisi causidicus, nullus presbyter nisi .. firmarius W. MALM. *GR* IV 314 p. 369; si tales studiis suis immutant / regnum ut injuriis jura supplantarent *Carm. Lew.* 573; **1290** usure genus in deterius quod curialitatem nuncuparunt inmutantes (*Cl*) *SelPlJews* xli; tamen quia status humani generis post peccatum ita ~atus est ut jam non possit reperiri prelacia in terra FORTESCUE *NLN* II 60.

4 to substitute; **b** (w. ref. to *Is.* ix 10).

in primo die Januarii semper litere Dominicales, que per unum integrum annum deserviunt, ~antur *Croyl. Cont. C* 553. **b** pro sycomoris succisis cedros ~ant AD. SCOT *Serm.* 136; ut evulsis sicomoris cedros ~aret *Chr. Dale* 9.

5 to change (one's mind, a decision, *etc.*).

c**675** [Hermiona] despondebatur primum .. Oresti demumque, sententia ~ata, Neoptolemo nupsit ALDH. *Ep.* 3 p. 479; si omnimodis ita definitum est neque hanc sententiam licet inmutari BEDE *HE* IV 9 p. 223; s**1179** animum a proposito non ~ans (v. immutabilis c).

6 to change, modify (way of life, custom, *etc.*).

inmutavit .. sedulis exhortationibus inveteratam illam traditionem parentum eorum BEDE *HE* V 22 p. 346; aliud .. eis imminuit quod eis tamen vite ~ande occasionem per Dei .. providentiam dedit *V. Gund.* 6; **1266** (v. decrementum 2a).

7 to change, alter (text, esp. w. ref. to wording of deeds).

690 si quilibet .. de supradicta donatione .. aliquid disrumpere aut inmutare vel irritum facere temptaverit *CS* 42; c**775** (v. imminuere 1b); tu vero ~asti sermones: ubi ille ait 'successionis', tu posuisti 'susceptionis' ALCUIN *Dogm.* (*Adv. Felicem* VII 9) 221B; **842** (14c) si autem aliquis .. istud inmutare vel irritum facere conaverit *CS* 438; **860** siquis .. hanc nostram piam donationem inmutare aliter vel minuere studeat *Ch. Roff.* 24; **1284** non licet eas [particulas] in alias particulas .. ~are (v. dividere 4d); decreta dissipare, sanctita ~are WHITTLESEY *app.* 149.

8 (gram.) to change (sound or form of word). **b** (intr.) to undergo such change.

palimbachius vero iterum bachius reciprocis vicibus sillaba ~ata vocari dinoscitur ALDH. *PR* 124 p. 171; pene ultima vocalis commutatur manente tempore, ut 'Menelaos' Graece, Latine 'Menelaus', vel cum ultima diptongos innotatur: dicimus nos 'Achiles', cum illi dicunt 'Achileys'; .. pene ultimae vocalis tempus inmotatur, ut ῥήτωρ Graece,

Latine 'rethor' TATWINE *Ars* 17 p. 9; haec [sc. nomina pluralia] contra rationem auctoritas inmotavit: ut singulari, plurali usa est *Ib.* 46 p. 19; quaeritur .. num nominativus .. casus debent appellari, siquidem cum nulla alia sit prima nominis positio a qua inclinatus atque inmotatus procedat *Ib.* 53 p. 21; Tullius tamen Cererem quasi Gererem a gerendo, quod fructus gerat, prima littera casu ~ata, dictam asserit ALB. LOND. *DG* 7. 1 (cf. Cic. *ND* 2. 67). **b** preteritum minimum habet esse et minus ~at *Ps.*-GROS. *Gram.* 52.

9 (pass., of birds) to moult, be mewed; *cf. mutare.*

[martinete] mortue, quoque in sicco per rostra suspense, rediviva plumarum renovacione singulis annis ~antur GIR. *TH* I 18 p. 51.

10 to turn, invert.

c**720** cymbarum carine sursum inmutate et malus navis deorsum duratur (EANGYTH) *Ep. Bonif.* 14 p. 22.

11 ? *f. l.*

1230 quod habere faciat W. comiti M. x matrices brennas et x alias †inmutatas [MS *app. sic*; ? l. minutas] brennas ad vivarium suum de H. *Cl* 305 (cf. *Cl* [**1244**] 223: l matrices bremias et xx minores vivas . . . . . x matrices bremias et xx parvas bremias).

1 immutatio [CL]

1 change, alteration; **b** (~*o aeris* or sim.) atmospheric change, change of weather.

[Dominus] discipulis .. omnium notitiam tribuit linguarum, unde mira inmutatione dexterae Excelsi (cf. *Psalm.* lxxvi 11) factum est ut .. BEDE *Gen.* 123; ~o enim sensibilis non fit nisi in tempore PECKHAM *Persp.* I 53 (56). **b 601** inminent .. ~ones aeris terroresque de caelo et contra ordinationem temporum tempestates (*Lit. Papae*) BEDE *HE* I 32 p. 69; pestiferas aeris ~ones, crebras egritudinum accessiones PULL. *CM* 209; sepe eciam [tactus] patitur ab extrinseca aeris ~one ut in digitis nimio frigore constrictis BART. ANGL. III 21; variatur .. pulsus .. propter temporis ~onem *Ib.* 24.

2 change in form or appearance, transformation.

testati nobis sunt qui ibi presentes aderant exanime corpus sancti viri subita inmutatione fuisse renovatum, lacteo candore perfusum roseoque rubore venustum WULF. *Æthelwold* 41; *Quaest. Salern.* P 80 (v. immutare 2a); oculus .. est corpus politum et planum recipiens inmutaciones a corpore lucido agente in ipsum J. BLUND *An.* 59; inmutacio .. existens in oculo representans rem extra est rotunda, quia suum subjectum in quo [est] rotundum, sc. oculus, et illa inmutacio representat rem extra *Ib.* 90; si .. queritur quare pocius fiat inmutacio figure in aqua quam in aere *Ib.* 110; per naturalem ~onem BACON *Maj.* II 432 (v. eductio 4); cum ab isto, presente, 'ut in pluribus' evenit talis ~o sensus, sequitur quod ~o, vel species genita, sit effectus naturalis talis cause DUNS *Ord.* III 147; †minutacionis *Alph.* 62 (v. immutare 2c).

3 change in circumstances or status. **b** change for the worse.

laici non habent potestatem aliquid in ecclesia statuendi quod ~onem circa ecclesias inducat OCKHAM *Dial.* 614; **1365** in ~onem status eorum quem habuerunt in eisdem [sc. ecclesiis] *Lit. Cant.* II 475. **b** o feralis inmutatio! o horrenda praeceptorum caelestium conculcatio! GILDAS *EB* 108; mutato consilio Hugonis et Rotberti .. eorum velle sequi noluerant, immo, pro ~one constructionis, eos levitatis arguentes reliquerant ORD. VIT. III 2 p. 21.

4 (gram.) change in sound or form (of word).

Donatus dicit barbarismum fieri per ~onem litere ut 'olli' pro 'illi' GERV. MELKLEY *AV* 8; usus est Latinorum ut quibusdam nominibus, tam Grecis quam barbaris, utuntur sub modica ~one et notha faciant *Ib.* 78; assumpsimus hoc nomen 'octo' a Grecis sine ~one GROS. *Hexaem. proem.* 51; *Ps.*-GROS. *Gram.* 70 (v. ectasis).

2 immutatio [2 in- + mutatio], absence of change.

sicut se habet quies ad motum, sic ~o ad mutationem BACON XIII 317.

immutativus [ML]

1 causing or tending to cause change; **b** (as sb. n.).

ista genera que immutant corpora humana ad infirmitatem dicuntur alterativa vel ~a BACON IX 78; dolor infirmi esset ~us sensus tactus palpantis WYCL. *Act.* 20; ut dicit Aristoteles in secundo de Anima, color est motivus vel ~us visus secundum actum lucidi UPTON 98. **b** color est ~um [? l. ~us] visus secundum actum lucidi GILB. III 127. 2.

2 (*virtus ~a* or as sb. f.) faculty of conversion or transformation: **a** (w. ref. to digestion); **b** (w. ref. to reproduction).

a si membrum aliquod oppiletur inter epar et membrum nutriendum prohibetur virtus ~a pervenire ad ipsum, quare non nutrietur GILB. II 116. 2; *Ps.*-GROS. *Summa* 469 (v. digestivus b). **b** huic autem generationi naturali due virtutes naturaliter subministrant, sc. ~a et informativa. nam virtus ~a est illa que substantiam seminis transmutat et convertit in substantiam singularum partium plante vel animalis BART. ANGL. III 14.

immutator [LL], one who causes change.

non modica incipiet pluere nubes, quia natus est ~or seculi (*Proph.*) WEND. II 323; s**1217** papa Innocentius .. vere stupor mundi erat et ~or seculi M. PAR. *Min.* II 215 (= OXNEAD *Chr.* 141: immutator [MS: †imitator]).

immutatorius, causing change, transformatory.

queritur propter quid sonus sit magis inmutatorius sensus audientis et magis apprehenditur per auditum quam aliqua alia passio J. BLUND *An.* 189.

1 immutatus v. immutare.

2 immutatus [CL], without alteration, unchanged.

1126 serenitas aeris ~a iter tuum prosperum factura expectat *Ep. Anselm. Bur.* 97; esse inmutatum angelorum non est in tempore set in evo KILWARDBY *Temp.* 131.

immutilandus [cf. mutilare], that may not be violated.

668 omnia quae a S. Gregorio .. statuta sunt .. tibi immutilanda [v. l. immutilata] concedimus obtinenda (*Lit. Papae*) W. MALM. *GP* I 33.

immutilatus [CL]

1 physically unharmed.

expectans donec sol .. eam [sc. vaccam] sineret ~am gaudenter abscedere NIG. *Ep.* 18.

2 (of abstr.) unimpaired, intact.

625 in amore Redemtoris sui inmutilata devotione persistens (*Lit. Papae*) BEDE *HE* II 11 p. 106; quare ergo non custodistis ~um vestrae gentis imperium, perfecti operis simul et doctrinae insistendo vigiliis? *Id. Sam.* 693 (cf. *I Reg.* xxvi 15).

3 (of rights, property, *etc.*) inviolate.

†**625** ut in Dorobernia .. metropolitanus totius Britannie locus habeatur .. ~a perpetua stabilitate decernimus (*Lit. Papae*) EADMER *HN* 313; ?**733** dignitatis privilegia in perpetuum ~a servari (*Lit. Papae*) W. MALM. *GP* I 36 p. 56; c**1128** dignitatis privilegia ~a servare et stabilitate perpetua firmare *E. Ch. Scot.* 74; c**1150** ea que .. conferuntur ut eisdem locis inconvulsa et inmutilata perseverent .. sunt .. roboranda *Cart. Bath A* 65 (= *Doc. Theob.* 8); c**1171** ut donatio ista firma et ~a permaneat presentis carte attestatione confirmo *Cart. Haughmond* 218; **1198** precipimus quatenus .. possessiones et libertates ecclesie vestre illesas et ~as per nos conservari curatis *Ep. Cant.* 450 p. 409; **1279** ut nostra jura nostreque ecclesie nobis ~a in suo robore conserventur PECKHAM *Ep.* 10.

immuttire [cf. CL muttire], to mutter, murmur, make a sound.

s**1246** impositum regi silencium in quo confidebant ne immutiret OXNEAD *Chr.* 176.

immutuare [cf. mutuari], to borrow.

inmutuare, alternare OSB. GLOUC. *Deriv.* 293; mutuo .. componitur inmutuo, -as, i. mutuare, i. alternare; et illud componitur eximmutuo, -as, i. pauperem facere *Ib.* 341.

immutuatio, (incurring of debt by) borrowing.

1220 Heylewisa .. dicit quod injuste exigitur ab ea debitum illud, quia .. pater ejus dedit ei terram quam habet in A. in liberum maritagium ante inmutuationem illius debiti (*PlRJews*) *DocExch* 303.

imnale v. hymnale. **imnarium** v. hymnarium. **imnila** v. inula. **imnizare** v. hymnizare. **imnum** v. hymnus. **imo** v. immo, imus.

impacabilis [ML; cf. ME *impaiable*, OF *paiable*]

1 (of person) unappeasable, implacable.

sicut fidelibus retributor erat magnificus, sic infidis erat ~is inimicus ORD. VIT. XI 2 p. 167; ecclesie Dei pauperumque oppressor ~is *Ib.* 44 p. 305; Anglis satis infestus et ~is effectus est inimicus FORDUN *Cont.* VIII 6 (= *Plusc.* VI 20 p. 13: implacabilis).

2 (of abstr.) unassuageable, implacable, irreconcilable: **a** (of disagreement or sim.); **b** (of hatred, wrath, or sim.); **c** (as sb. n.).

a per discordiam ~em ANSELM (*Ep.* 364) V 307. **b** acerbitatem quoque ~is eorum malivolentie admirati sunt ORD. VIT. XIII 26 p. 70; in homines ~i rabie seviebat *Arthur & Gorlagon* 155. **c** s**1469** pax et omnium ~ium abolicio foris conceditur *Croyl. Cont. C* 552.

3 (of money) not to be given in payment, not legal tender; *cf.* ME *paien* < OF *paiier* < *pacare.*

s**1278** rex .. cambium fecit institui, ita .. quod [pro] qualibet libra monete ~is darentur xvj d. de incremento pro cambio, et perciperent unam libram bone monete non retonse WYKES 280.

impacabiliter, unappeasably, implacably.

dum intestina clades Scotos vexaret et bellica rabie in sua viscera ~iter armaret ORD. VIT. VIII 22 p. 401.

impacatus [CL], not subdued or pacified.

ut .. inpacatos quosque vel rixantes placido sermone concordes efficeret B. *V. Dunst.* 37; ea .. provintia, que habet tres pagos, Cestrensem, Crobernensem, Tefordensem, erat adhuc propter longinquitatem Normannis inaccessa et propter barbariem inpacata W. MALM. *Wulfst.* II 1 p. 26; s**1169** infectis rex Willelmus cunctis negociis inpacatus recessit FORDUN *Cont.* VIII 14; s**1214** rex .. Willelmus .. profectus in Moraviam, ne aliquid usquam in regno ~um relinqueret, pacem inivit cum comite de C. *Ib.* 79.

impaccare [cf. AN *empakkure*, ME *pakken*], to pack (cloth or yarn) into bales.

1230 inveniet .. sarpellarios .. ad predictam lanam ~andam *LTR Mem* 53 m. 13; **1291** lanas paratas, bursatas et ponderatas .. ac in sarpellariis dictorum religiosorum fideliter ~atas *Cl* 108 m. 9*d*; **1462** officium paccarii pannorum lanutorum, vasorum electrinorum .. et omnimodarum aliarum mercandisarum que ~abuntur *Pat* 500 m. 16; **1504** (v. impaccator).

impaccator, one who packs (cloth or yarn) into bales.

1504 licenciam dedimus .. Laurencio B. .. quingentos saccos lane .. absque prejudicio aut dampno tam venditoris dictarum lanarum .. quam emptoris seu ~oris eorundem colligere, emere et providere ac impaccare facere *Pat* 593 m. 38.

impacificatus [cf. pacificare], not pacified, unappeased (in quot., as sb. m.).

maturatum diei diluculum ~os cum indignatione concepta ad propria transmisit *Chr. Battle* f. 53v.

impacifice, not pacifically, turbulently, in an unruly manner.

1456 supplicant .. quatenus lectura unius libri .. poterit sufficere pro omnibus ordinariis male auditis et inordinate, ~e et inattente *MunAcOx* 744.

impacificus [LL], not pacific, turbulent, unruly.

1324 ~us et discors erga magistrum et socios *Stat. Mich. Cantab.* 642; c**1365** rixosus aut contumeliosus, aut alias inpacificus, nolens se corrigere, aut alias intollerabilis *Cant. Coll. Ox.* III 162; **1384** intollerabilis erga magistrum aut inpacificus erga socios *Ib.* 178.

impactio [LL], onslaught, charge, attack.

pingo .. componitur etiam impingo, -is, i. impellere, et inde †impactio [l. impactus], -a, -um, et hec ~o OSB. GLOUC. *Deriv.* 448; **1176** cohortes .. que jaciebantur ab inimicis tela non sustinentes, ~one usi sunt, et ita violenter ferebantur, dum in adjacentem illic collem .. festinarent *G. Hen. II* I 129 (cf. *Lit. Imp. Constantinopolitani* in DICETO *YH* I 418: inpactione).

impactive, aggressively.

Pirrus ~e respondet, dicens "que caret fratrum scelere" TREVET *Troades* 27.

impactivus, aggressive, hostile, offensive.

1312 cancellarius in luttum contemptibiliter eam [copiam appellationis] projecit cum verbis in fratres inpactivis (*Acta Fratrum Praed. v. Universitatem*) *Collect. Ox.* II 244; **1328** cum reverendi .. domini Wygorniensis literis †inpectivis [l. inpactivis], quibus diligenti deliberacione cum .. juris peritis .. mutuo prehabita .. respondemus quod .. *Reg. Exon.* I 396; hec sunt dicta cum omni reverencia oppositum mihi opinancium vires cognicionis mee nimium excedenc[ium], absque inpactivorum verborum misera christianitate [*sic*; *ed.* ? l. garrulitate] BUTLER 418.

impactor, stumbler.

a stombyller, cespitator, ~or *CathA.*

1 impactus, striking.

inflictu, inpactu *GlC* I 304.

2 impactus v. 1 impingere.

impaenitens [LL]

1 impenitent, not having done penance for one's sins (esp. at time of death); **b** (w. obj. gen.); **c** (as sb.).

ne inproviso mortis articulo praeventi inpaenitentes perirent BEDE *HE* V 13 p. 313; c**800** (v. ethnicus 2b); eo tempore quidam optimatum regis, Agamundus nomine, quandam possessionem Ferlanda dictam pervaserat beate Edithe atque ~s morte correptus est superveniente GOSC. *Edith* 281; s**1100** [Will. II] sagitta in corde percussus ~s et inconfessus e vestigio mortuus est EADMER *HN* 132; adultis autem ~tibus nullo modo est danda eucharistia T. CHOBHAM *Conf.* 105; si quis tormenta [sc. Purgatorii S. Patricii] ex injuncta penitencia sustinuerit, penas infernales, nisi finaliter fuerit inpenitens, non subibit HIGD. I 35 p. 362; **1384** H. Crumpe .. hereticum ~tem et obstinatum .. damnamus *Ziz.* 355; s**1384** dux Andegavie .. concessit in fata excommunicatus et ~s *Chr. Angl.* 362. **b** me merito plectendum quod, ~s malorum, in ipsis vitam consummassem W. MALM. *Mir. Mariae* 163. **c** ostendens ~tem, quamdiu in hac vita versatur, nequaquam ab ecclesia funditus avelli, sed donum sanctitatis .. propter cor impaenitens non mereri ALCUIN *Exeg.* 1102B; **1167** nec claves accepit quibus regni januam possit inpenitentibus aperire J. SAL. *Ep.* 198 (213 p. 348); nec de aliquo ~te, quamdiu vixerit, est desperandum OCKHAM *Dial.* 449.

2 (of heart, mind, or soul) unrepentant.

cor ~s ALCUIN *Exeg.* 1102B (v. 1c supra); preter .. blasphemiam Spiritus Sancti, id est habere cor inpenitens, quod juxta verbum Domini [cf. *Matth.* xii 31] non remittetur alicui vel in hoc seculo vel in futuro (*Leg. Hen.* 75. 1a) *GAS* 592; **1178** obstinati et ~tis animi est nolle agnoscere vel profiteri excessum *Ch. Sal.* 42; reatui anime in quo anima ~s decedit .. pena debebitur eterna NECKAM *NR* II 173 p. 286; secundum duriciam meam et cor ~s thesaurizabam mihi iram in die tremendi judicii [cf. *Rom.* ii 5] P. BLOIS *Ep.* 31. 105B; intractabile et ~s cor tuum COLET *Ep.* 218.

impaenitenter, impenitently, unrepentantly.

videretur mihi quod tu, tam presumptuose sophisticans et tam notorie ~er peccans in materia et in forma, penitencia maxima dignus esses BRADW. *CD* 69B; quisquis in tota vita sua ore vel corde locutus fuerit ~er, .. verbum dicit contra Spiritum Sanctum WYCL. *Ver.* I 269; *onrepentantly*, ~er *PP*.

impaenitentia [LL], impenitence, failure or refusal to do penance for one's sins; **b** (w. ref. to moment of death).

1167 excommunicati domini Cantuariensis absoluti sunt inpenitentes et ipsius evacuate sententie. de facto, inquam, absoluti; certe adhuc ligati sunt ante oculos Domini, qui criminosos inpenitentes nunquam absolvit. constat autem de inpenitentia, quia nec satisfaciunt, cum possint, nec aliquid restituunt ablatorum J. SAL. *Ep.* 219 (219 p. 374); mulier .. fornicaria .. sine munditia confessionis sacram communionem furtim percepit, tam impudentie quam ~ie rea W. CANT. *Mir. Thom.* III 31; nos tamen adjunctissimam et efficacissimam causam irremissibilis peccati hanc credimus esse: ipsum vero peccatum, obstinati cordis inpenitentiam BART. EXON. *Pen.* 133 p. 294; miles .. occiditur cum ab obstinatione vincitur et a desperatione et inpenitentia R. NIGER *Mil.* I 42. **b** ~ie finali pena debetur eterna NECKAM *NR* II 173 p. 286; sic mens privata vita gracie a vermibus consciencie desperacionis et finalis ~ie et corroditur et mordetur HOLCOT *Wisd.* 44.

impaenitere [*backformed from* impaenitens; cf. CL impaenitendus = *not to be regretted*], to be impenitent, fail to do penance.

nulli inter mala quae fecit gravior inpaenitendi [v. l. inpaenitendo] culpa subripiat quia Deus superbis resistit eosque .. per varia poenarum loca pro peccatorum varietate dispergit BEDE *Hom.* I 4. 21.

impaenitudo, impenitence, failure or refusal to do penance; **b** (w. obj. gen.).

'ut non .. tristitiam super tristitiam' ~inis vestre 'habeam' [*II Cor.* ii 3] LANFR. *Comment. Paul.* 222; Johannes dicit [*I Joh.* v 16]: 'est peccatum usque ad mortem ..'. hoc irremissibile et tam grave peccatum ~o esse intelligitur ALEX. CANT. *Mir.* 43 (I) p. 244. **b** hereditabunt eternam et incogitabilem tristitiam omnes qui pro ~ine reatus sui transituri sunt in societatem demoniorum EADMER *Beat.* 15.

impaginare [cf. CL pagina], to commit to writing, include in a book.

sed quis audeat quicquam quod hodie fiat ~are aut vel nomina nostra scribere? MAP *NC* V 1 f. 59.

impago, sort of footwear.

loco calceamentorum haberent ~ines sine soleis T. CHOBHAM *Conf.* 403.

impalam, openly.

palam componitur inpalam, i. inaperto [i.e. in aperto] OSB. GLOUC. *Deriv.* 418.

impalare [cf. *TLL*; OF *empaler*], to impale (to enclose in a pale, understood as to run through with a stake).

quodsi in sepem animal inpalaverit, et ipsa sepes mentonalis non fuerit, dominus sepis interfectionis seu debilitatis reus judicetur (*Leg. Hen.* 90. 4) *GAS* 605; si .. deintus sepem in virga [animal] se inpalaverit, non est solvendus (*Ib.* 90. 4b) *Ib.*; **1190** Ricardus B. debet dim. m. pro cervo ~ato in sepe sua *Pipe* 28.

impallescere [CL], **~ēre,** to grow pale.

pallesco, -cis, .. componitur .. ~esco, -cis . . . palleo componitur expalleo, -es, et inpalleo, -es OSB. GLOUC. *Deriv.* 444; tanto incommodo sacerdos inpalluit SENATUS *Wulfst.* I 15 (cf. W. MALM. *Wulfst.* II 5: indoluit, *NLA* II 525: ~uit).

impalpabilis [LL], not perceptible to the touch, intangible; **b** (of abstr.).

Eutycius dogmatizabat corpus nostrum in illa resurrectionis gloria inpalpabile, ventis aereque subtilius esse futurum BEDE *HE* II 1 p. 75; in tenuem spiritum et ~em DASTIN *Ros.* 7 (v. imbuere 1d). **b** cum jus advocacionis ecclesie .. sit incorporale, invisibile, ~e, et quod palpari non potest, qualiter potest in manum domini regis capi? BRACTON 378b.

impalpabilitas, imperceptibility to the touch, intangibility.

dicitur subtile pro inpalpabilitate, quia, ut dicit Gregorius in Homelia 'corrumpi necesse est quod palpatur', i. e. quod subicitur necessitati palpationis, quia omne tale potest tangi tactu physico recipiendo influentiam agentis PECKHAM *QA* 126.

impanalare v. impanellare a.

impanare [ML; cf. panis], (w. ref. to impanation): **a** to embody in bread; **b** to cover with the substance of bread; **c** (pr. ppl.) proponent of impanation.

a NETTER *DAF* II 110v. 2 (v. b infra); quod est Christum ~ari GARDINER *CC* 328. **b** prima [posicio] .. sc. Valeranni ponit corpus Christi ~atum, id est pane coopertum sive indutum . . . ista vero poneret corpus Christi impanatum, id est panem factum NETTER *DAF* II 110v. 2. **c** geminata est hec ~ancium diccio *Ib.* 110v. 2.

impanatio [ML], impanation, the embodying in bread of Christ's body.

1381 (v. baptista 3); quidam vocant inpanacionem qua panis fit caro Christi et invinacionem qua vinum fit sanguis Christi, sicut vocant incarnacionem qua caro fit Deus WYCL. *Euch.* 221; non bene moliris contra conversionem simplicem panis, quam solam veram esse decernit ecclesia, quia possibilis est alia. aut quare non instas pro inlapidacione corporis Christi aut inasinacione ejus, sicut pro ~one, nisi intelligas ~onem veram de inesse? NETTER *DAF* II 113v. 1; medium quiddam esse inter adnihilationem et ~onem GARDINER *CC* 328.

impanator [ML], proponent of impanation or ? celebrant of Eucharist.

quicumque ~or addit verbo Christi non tamen verbum vel formam claram dicendi, cum dicit hoc esse corpus Christi et panem, sed panis substanciam NETTER *DAF* II 110v. 2.

impanellare [cf. AN *empaneler*, ME *empanellen*], to empanel (jurors), record (jurors') names in list in advance of their appearance; **b** (p. ppl. as sb. m.).

1315 quia plures homines inpanellati fuerunt et manucapti et ad istam deliberacionem non venerunt, ideo .. sint in misericordia *Gaol Del.* 27/3 m. 4; **1397** processum est ad capcionem inquisicionis predicte per juratores prius ~atos et modo comparentes *Pub. Works* II 327; **1421** quod in hujusmodi indictamentis de feloniis decetero capiendis non ponantur aut ~entur alique persone nisi habeant terras, tenementa aut redditus ad valorem xl s. per annum adminus *Reg. Cant.* III 78; **1432** receptor denariorum gilde S. Trinitatis amodo non enpanellatur quamdiu dictum officium occupat *Leet Coventry* 141; justiciarii eligent duos de clericis curie illius .. qui in presencia curie per eorum sacramenta facient indifferens panellum, sed cum venerint sic ~ati in curia, quelibet parcium excipere potest contra personam cujuscumque eorum FORTESCUE *LLA* 25; **1447** concedimus prefato Edmundo quod ipse hanc habeat libertatem, viz. quod de cetero durante vita sua, aliquo statuto non obstante, contra voluntatem suam non ponatur nec impanaletur in aliquibus assisis, juratis, recognitionibus, attinctis seu inquisitionibus quibuscumque *Cart. Boarstall* 541 (= *Pat* 464 m. 7: ~etur); **1452** viridarii, forestarii, regardatores, agistatores, et xxiiij juratores ~ati exacti veniunt, qui ad veritatem de premissis dicendam electi, triati et jurati dicunt super sacramentum suum quod .. *Cart. Boarstall* 604 p. 194; **1476** statim juratores ~ati ad inquirendum pro dicto duce de articulis in dicta commissione specificatis similiter exacti comparuerunt *March. S. Wales* 85; **1573** concedimus quod burgenses ville predicte .. non ponantur .. cum hominibus forinseis [*sic*] in aliquibus assisis, juratis, attinct' aut inquisicionibus, .. nisi terras .. extra villam predictam habeant, pro quibus de jure poni aut ~ari debent *Pat* 1095 m. 29. **b** sic .. fiet de omnibus nominibus ~atorum FORTESCUE *LLA* 25.

impantensis v. impephysemenon.

impapyrare, to write down on paper.

1299 istud scriptum inpapiratum fuit die martis in crastino Sancti Thome apostoli anno xxvij *LB Lond. B* f. 76b.

impar [CL]

1 unequal in size or dimension; **b** (of trade) uneven, bringing a return smaller than outlay (in quot., fig.).

aeger semisanus .. illuc .. venit, ipsoque die residui pedis sanitate recepta ~rem gressum aequavit GOSC. *Mir. Aug.* 14; plures sunt populi .. quibus panis, carnis et piscis longe ~r est copia LUCIAN *Chester* 45. **b** c**1211** o quam inpar et quam inequale commercium .. perpetuam misero spiritui simul et carni .. penam comparare et tam exili lucro et tam exiguo tam interminabile et incomparabile damnum compensare GIR. *Ep.* 6 p. 236.

2 different in quality, degree, or sim.; **b** (w. dat.); **c** (w. gen.); **d** (as sb. n.).

cum nemo dubitat quia par pena non sequatur ~ria peccata ANSELM (*Orig. Pecc.*) II 165; hic disquirendis ~r esse accidit disputantis et per se querentis negotium BALSH. *AD rec. 2* 133 p. 87; quia natura numeri est absolutior et abstractior et remotior a materia quam magnitudo, potest dici et vere quod ~ris abstractionis sunt, quia subjecta que considerant ~ris sunt simplicitatis et absolutionis KILWARDBY *OS* 207. **b** erat cernere .. in puppibus .. homines de solido auro argentove rutilos vivis quodammodo non inpares *Enc. Emmae* I 4. **c** ignis .. non illius inpar qui .. Hierosolymorum moenia .. consumsit BEDE *HE* I 15 p. 32. **d** GIR. *TH* II 4 (v. divortium 2b).

3 (of persons) unequal in rank, esteem, or sim.: **a** inferior; **b** superior.

a a**801** me ipsum longe inparem vestrae laudabili devotioni agnosco ALCUIN *Ep.* 213 p. 354; munere ~r (*Leg. Hen.* 5. 7) *GAS* 549 (v. dissimilis a); successor Offe, Kenulfus, nulli ante se regi potentia vel religione ~r W. MALM. *GR* I 87 p. 86. **b** superbus imparem se putat omnibus WALT. WIMB. *Carm.* 315.

4 (of troops or sim.) unequal in number, resources, *etc.* in comparison with one's opponents; **b** (of battle or other contest) occurring between unequal parties, one-sided.

eum sibi occurrentem cum exercitu multum ~ri (non enim dederat illi spatium, quo totum suum congregaret .. exercitum) occidit BEDE *HE* II 12 p. 110; cum H. cum .. consule .. congressus est, quia militum ~r ei numerus erat, fugere compulsus est ORD. VIT. III 10 p. 114; s**868** congregatis igitur omnibus copiis Anglorum, cum suos obsessos et viribus ~res Hinguarus videret, .. H. HUNT. *HA* V 5 p. 143. **b** licet numero perpauci, strenuitate tamen conspicui, .. nimis ~ri certamine congressi sunt GIR. *EH* I 13 p. 249; c**1210** jam ludo ludunt impari / Isaac et Ismael (*In Episcopos* 36) *Pol. Songs* 8.

5 unequal (to a task or sim), unfit; **b** (w. gen.); **c** unequal (to honour or sim.), undeserving.

mihi .. cum grave esset altaris ministerium, etiam pondus est cure pastoralis injunctum. quod tanto nunc durius tolero, quanto me ei ~rem sentiens in nulla fiducie consolatione respiro *V. Greg.* 76; c**1073** cum .. ~r existerem paucorum regimini monachorum LANFR. *Ep.* 1; angelus .. precepit ei ut ad Hyberniam iter maturaret ejusdemque plebem predicando Christo lucrifaceret sicut Dominus disposuit. Patricius vero tanto oneri operique tam arduo impotem et ~rem se judicans J. FURNESS *Pat.* 26; c**1212** sine culpa mole sarcine vincitur qui ad portandum onus, etsi ~r, tamen devotus occurrit GIR. *Ep.* 5 p. 202. **b** longe ~rem me petitionis vestrae consideravi ALCUIN *WillP pref.* **c** se honori tanto ~rem, cunctis reclamantibus, clamitare W. MALM. *Wulfst.* I 11 p. 18.

6 (of number) odd, not even; **b** (as sb. n.) oddness; **c** (w. *pariter*, of number that can be divided into equal parts that cannot, in turn, be divided); **d** (w. *impariter*, of odd number being the square of another odd number); **e** uneven in number, numbered odd.

c**798** legimus .. alios numeros esse pares, alios inpares. .. inpares sunt qui in duo aequalia dividi non possunt ALCUIN *Ep.* 133 p. 200 (cf. Isid. *Etym.* III 5. 1–2); ~r numerus alius primus et incompositus, alius secundus et compositus, alius ex utrisque .. compactus ADEL. *ED* 24; aut impar numerus par datur esse pari NECKAM *DS* X 156;

~r numerus est qui de equis partibus dividi non potest, uno medio vel deficiente vel superhabundante, ut iij, v, vij et reliqui BART. ANGL. XIX 121; quolibet in numero si par sit prima figura, / par erit et totum, quicquid sibi continetur [? l. contineatur]; / impar si fuerit, totum sibi fiet et impar *Early Arith.* 73. **b** harum prima [sc. mathesis] potens numeri par spectat et impar L. DURH. *Dial.* IV 95. **c** docens parem numerum alium pariter parem, alium pariter ~em, alium impariter parem ADEL. *ED* 24; pariter ~r est numerus qui in equas partes recipit divisionem sed partes ejus remanent indivisibiles, ut vj, x, xiiij, xviij, xxx BART. ANGL. XIX 121. **d** impariter ~r est qui ab impari numero impariter numeratur, ut xxv et xlix, qui divisi ut impares numeri ab imparibus et paribus dividunt ut septies vij faciunt xlix et quinquies v xxv *Ib.* **e** metrum iambicum tetrametrum recipit iambum locis omnibus, spondeum locis tantum inparibus BEDE *AM* 135; loca inparia dici unum, tria, quinque, paria vero duo, quattuor sex BONIF. *Met.* 112; compromittunt omnes et singuli in aliquas certas personas et melius est in ~es [*gl.*: ut in tres vel quinque vel septem, non quia de facili concordant sed quia, si discordant, major pars invenitur, cujus arbitrio standum est] numero quam in pares L. SOMERCOTE 36 (cf. 7 infra); omnia puncta ~ia debent concordari cum omnibus ~ibus *Mens. & Disc.* (*Anon. IV*) 80.

7 (as sb. m., leg.) 'umpire', third party called to settle arbitration when litigants or disputants cannot agree (*cf.* ME *noumpere* < AN *nunper*); **b** (pl.).

1413 si iidem arbitratores .. in premissis concordare non poterint, quod tunc iidem arbitratores totum factum suum .. demonstrent J. P. recordatori London', ~i partium predictarum in hac parte per eas electo *Cl* 263 m. 10*d*; **1427** (v. arbitrator); c**1437** dum tamen in casu discordie nequaquam vestram tedeat dominationem ~ris officium exercere *Reg. Whet.* III *app.* 381 (= BEKYNTON II *app.* 365: imperis); *an oumper*, ~r *CathA*; c**1498** per predictos arbitratores vel †unparem [l. imparem] predictum *Entries* 215b; **1505** unum ~rem, arbitrum seu arbitratorem *Cl* 366 m. 28*d*. **b** **1415** ita quod si nos [sc. arbitratores] concordare non possemus, starent ordinacioni et judicio J. C. et W. L. duorum justiciariorum domini regis de communi banco suo, ~ium per assensum predictarum partium ad hoc electorum *Croyl. Cont. B* 563.

imparadoxa [cf. CL paradoxa], philosophical paradox.

Tullius de inparadoxis *MLC* I 42.

imparatio [dub.], indigestion, failure to assimilate food.

sapa .. producitur ad dandum ~oni GARL. *Mor. Scol.* 494 *gl.*

imparatus [CL]

1 (of place or thing) not prepared, unready.

ASSER *Alf.* 54 (v. 2 immunitus a); ipsarum partium [numerorum] descriptiones haud ~as habet originemque singulorum .. a ternario procedere submonstrat ADEL. *ED* 24.

2 (of person or sim.) unprepared, unready.

quae inparato ac non praevidenti animo mala ingeruntur BEDE *Hom.* II 16. 183; inparatum *Id. HE* III 1 (v. erumpere 1b); **798** ne me ita inparatum vestra invenisset cartula vel somno inertiae torpentem ALCUIN *Ep.* 155 p. 250; ut, quia ~i venerant ad moram obsidionis, redirent Jerusalem J. SAL. *Hist. Pont.* 25 p. 58; ora igitur, frater, ne me supreme necessitatis articulus anticipet ~um P. BLOIS *Ep.* 4. 12B; consilia cogitacionesque contra fortune verbera atque insidias inimicorum quasi brachia et manus protendens ne qua in re adversa et repentina incursio inparatis et inprotectis nobis oriatur W. BURLEY *Vit. Phil.* 310.

3 crude, rough, untreated.

1153 vestis horrida, cibus inparatior, lectisternia dura, labor manuum, discipline gravitas, juge silentium, ipsos qui te pungant in te clavos exprimunt salvatoris G. FOLIOT *Ep.* 108 p. 148; **1359** lego .. Andree fratri meo omnes pelles inparatas cum instrumentis meis omnibus illius artis *Arch. Bridgw.* 130.

imparcamentum [AN *enparkement*]

1 impounding (of stray animals).

1252 (v. 2 infra); c**1280** si [averia] pro defectu clausture ingrediantur, sine ~o foris mittentur *BBC* (*Clitheroe*) 52; **1315** de ~o bestiarum vj d. *Estates Crowland* 227; **13..** bedellus .. debet esse ad omnia inparcamenta capienda in omnibus mariscis et somonire omnes qui ibidem debent interesse *Carte Nativ.* 558; **1364** si contigerit quod averia predictorum abbatis et conventus .. infra clausturas dicte ville de F. intraverint pro defectu clausture, quod tunc rechaceantur absque aliquo †inpercamento [MS *prob.*: i'p'cam'to; l. inparcamento] *Cart. Cockersand* 387 (cf. ib.: infra †perochiam).

2 right of impounding.

1189 condonaverunt monialibus omnia dampna, impercamenta animalium, verberationem hominum (*Ch.*) *MonA* IV 285b; **1239** ipse et antecessores sui semper habuerunt inparcamentum .. de omnibus averiis extraneorum inventis .. in marisco illo *CurR* XVI 680; **1252** ita quod nullus ponat .. aliqua averia in predicta landa ad destructionem herbagii ejusdem lande, salvis sibi ~o et emenda imparcamenti de alienis averiis, que landam predictam intraverunt (*Ch. Regis*) *MonA* V 438a; **1258** obligamus nos .. ad per singula capita quorumlibet animalium quorum deforciaverimus ~um monachis de Margan pro tedio et dampno sibi †illatos [l. illatis] j ob. *Cart. Glam.* III 465; **1302** clamat habere inparcamentum omnium animalium et pecudum captorum per ballivum hundredi de K. cum proficuis, sc. de quolibet animali j d. *PQW* 109b; s**1233** ad sciendum quo jure vel titulo clamavit ~um averiorum in marisco nostro de G. depascensium *Croyl. Cont. B* 475.

3 pound, enclosure.

1294 quia ~a in communa ville de Flete [*Lincs*] pertine[n]t ad dominum manerii predicti, assignatum est quod cum proficuus aliquis inde per messores sive domine sive †heredes acciderit, habent .. domina duas partes proficui predicti et tercia pars remaneat heredi *Cl* 111 m. 5*d*; **1317** abbas in diversis locis residui more predicte inparcamenta fecit et communarios a communa sua inpedivit et .. per hujusmodi inpedimentum attraxit sibi seperale in locis predictis *Cart. Glast.* I 228.

imparcare [cf. AN *enparker*, ME *imparken*]

1 to impound (animals, esp. those that have strayed on to one's land), usu. until satisfaction was made for damages or sim.: **a** (lawfully); **b** (unlawfully, or without regard for laws concerning imparking). **c** (p. ppl. as sb. m. or n.) impounded animal.

a **1203** [in] illo bosco cepit porcos illos, ut in dampno et in panagio et in defenso domini sui, et eos racionabiliter ~avit *CurR* II 231; **1226** manu armata extraxit averia que vicecomes inparcaverat pro debito domini regis *LTR Mem* 8 m. 14 (= *KR Mem* 8 m. 3: inparkavit); c**1230** si [boves] ~ati fuerint in aliquo loco, debet ad custum proprium eos deliberare (*Cust. Ogbourne St. G.*) *Doc. Bec* 34; **12..** homines de N. pro forestallo ne animalia eorum inparchentur pro eodem j d. *Reg. S. Aug.* 74; inquiratur .. de vicecomitibus et aliis ballivis qui non permiserint aliquem ut de suo proprio averia sua capta et inparcata pascere et quid ceperint pro custodia eorundem, cum illi quorum averia fuerint, hoc facere parati fuerint (*Cap. Itineris*) *Fleta* 28 (cf. *StRealm* I 197: *ceus a queus les avers sunt les pusent pestre de lur, saunz desturber, kant il serront enparkez, saun[z] ren doner por la garde*); **1331** si aliqua bestia vagans inveniatur sine custode vel ligatura, per prepositum regis debet ~ari *Ext. Guern.* 73; s**1233** pro licentia ~andi averia ejusdem W. .. si inventa fuerint in damno abbatis tempore quo terre illi fuerint inbladate *Chr. Evesham Cont. A* 278; **1433** quodlibet animal .. abducere et ibidem ~are et in parco detinere quousque de iij d. pro quolibet hujusmodi animali dictis decano et capitulo .. fuerit satisfactum *Rec. Leic.* II 249. **b** **1187** R. I. debet iij m. pro apro regis ~ato *Pipe* 37; **1219** (v. detentio 3c); **12..** si vero averia nostra pro defectu fossati intrent, non licitum est eis ea inparchare *Reg. Malm.* II 141 (cf. ib. 142: inparkare); **1277** cepit .. x porcos .. et eos fugavit .. et inparkyavit in parco suo in curia sua summe murato *Hund. Highworth* 45; **1285** inparcare (v. impastronare); **1287** quidam vero sinunt rectores decimas libere colligere et asportare, sed equos et boves suos, etiam subjugatos, capiunt et ~ant, et decimas ipsas depascunt propriis animalibus et alienis *Conc. Syn.* 1055; **1314** idem J. cepit et ~avit ij vaccas et j vitulum que fuerunt Stephani atte D. super terram ejusdem S. et ipsas detinuit quousque idem S. finem fecisset cum eo pro ij s. *Eyre Kent* I 70; **1437** equos predictos .. ~averunt et ipsos sic ~atos sine alimento dimiserunt AMUND. II 128; **1438** injuste ceperunt et fugaverunt j jumentum .. quod et usque ad villat' de N. duxerunt et in rectoria ibidem impartaverunt [*sic*] *DL CourtR* 126/1875 m. 4*d*. **c** **1282** R. messor in misericordia quia fecit concelamentum de Willelmi D. inparcato *CourtR A. Stratton* 74.

2 to imprison (person).

inducti sunt in carcerem et ~ati BRACTON 124 v. l. *ed. Twiss RS* II 302 (v. 1 impingere 9a).

3 to make (land) into park by enclosure.

1276 inparcavit quendam boscum in circuitu quinque leucarum *Hund.* I 113b; **1518** ad inquirendum .. quot et quanti parci pro feris nutriendis .. ~antur [*sic*], elargiantur et ampliantur *Reg. Heref.* 63; **1587** trescentas acras terre .. ~are et cum palis et sepibus ac fossatis includere et parcum inde facere *Pat* 1299 m. 38.

imparcarius, keeper of a pound.

1461 solvendum communi ~io ibidem j d. quociens [pauperes] transgressi fuerint contra antiquas penas prius positas *Mem. Ripon* I 289.

imparcatio

1 making of a park by enclosure.

p**1466** custus ~onis parci in Cotton cum repparacione manerii iiij[c] li. *Paston Let.* 906; c**1488** pro inclusione sive ~one cujusdam angularis parcelle in bruera de T. ad parcum faciendum ibidem *Reg. Whet.* I *app.* p. 462.

2 act of impounding.

1233 petit ab eis x marcas pro inparcacione cujusdam porci *BNB* II 585; s**1274** summoniti sunt coram rege ad respondendum .. priori super damnis .. que ei fecerant per duram ~onem averiorum suorum ratione dictarum purpresturarum *Ann. Dunstable* 262; **1291** super inparcatione vij[xx] hoggastrorum in pastura de P. captorum et inparcatorum *Melrose* 353; **1350** pro ~one averiorum et animalium hominum ipsius T. facta per dictos abbatem et conventum extra ipsius dominium *Cart. Glam.* IV 209.

3 penalty of impounding.

c**1240** unusquisque pastor pro ~one animalium suorum solverit j d. *Kelso* 247; **1252** si contingat quod averia abbatis et conventus Leycestrie exeant de communi pastura per eschapium in bladum vel in pratum dictum abbatis et conventus Geredon', ipsi ea achaciabunt in communem pasturam predictam sine dampno et inparchacione *Seals* 15; a**1278** si animalia nostra infra precinctum predicte haye inveniantur ob defectum clausure ipsius haye, sine inparcacione, scapagio et omnibus aliis dampnis et exaccionibus .. rechacientur *MonA* VI 301b (cf. *CalCh* II 207); **1445** duobus hominibus vicecomitis ~one animalium Willelmi E. *ch[ivale]r* super dictam moram [*part of*:] xxvij li. xj s. j d. *Ac. Durh.* 145.

4 right of impounding.

1268 ne bestie et averia sua in marisco de D. existencia pro aliqua ~one [*Cal.* p. 395: '*drift*'] aliquando capiantur, vexentur vel de marisco fugentur *ChartR* 77 m. 7; **1430** habebunt .. una vice tantum fugacionem vocatam *le indrove* et inparcacionem ad eorum libitum faciendam de quibuscumque animalibus in mora vel communi pastura predictis inventis, ac emendas (*Ch.*) AMUND. I 259.

imparcator, pounder, keeper of a pound; **b** ? *f. l.*

1572 Ricardus B. electus est in officio [? l. officium] ~oris de anno sequente et juratus (*CourtR Nafferton*) *Arch. Soc. Yorks J.* X 79. **b** **1563** fecerunt transgressionem supra †imparcatorem [? l. imparcaturam] in *le West Whynnes* contra penam (*CourtR Settrington*) *Ib.* 74.

imparcatura [cf. OF *emparcheure*], impounding.

1226 (v. escapura a).

†imparcum, *f. l.*

1329 de habendo .. suum proprium †imparcum [*sic* MS; *but* ? l. imparcamentum] et messarium ad capiendum, chaceandum et imparcandum (*Pat* 172 m. 8) *MonA* VI 1564b.

impare [ME *impen*], to plant (seeds or seedlings).

1340 inveniet j hominem ad ~andum fabas *RentSurvR* 700 m. 3 (*Wilts*); debet ~are fabas quando domina seminat vel plantat *Ib.* m. 4.

imparentia v. emparantia.

imparilis [LL = *unequal*], (of number) odd. *Cf.* *impar* 6.

quinarius .. est inaequalis; est et aequalis. inparilis est in ternario [MS: terrario]; parilis in binario BYRHT. *Man.* 204.

imparilitas [CL], unevenness, oddness (in quot., w. ref. to number).

in ratione vero sunt numeri judiciales qui sunt ipsius consentientis parilitati et dissentientis rationaliter ab ~ate et absurditate R. MARSTON *QD* 393.

imparitas [LL]

1 difference (in quality or sim.), dissimilarity.

ANSELM (*Mon.* 4) I 16 (v. distinguere 3a); cum secreta tua fuerint cuiquam reserata, / illius imparitas paritas tibi fiet operta D. BEC. 718; similitudo autem dupliciter est: aut equalitatis et paritatis aut ~atis et imitacionis GROS. *Hexaem.* VIII 1. 1; de ~ate amoris mundialis et Dei ROLLE *IA* 216.

2 (of troops) inequality (in number, resources, *etc.*), inferiority.

s**1066** quum Haraldus propter ~atem forsitan copie militaris [Tostino] obviare dissimularet *Chr. Rams.* 179.

3 unfitness (for task or sim.).

timuit namque suam quibus preferendus erat inparitatem *Canon. G. Sempr.* 51.

4 (of number) being odd.

duplum concordat cum primo cum omni ~ate sua, triplum simili modo cum primo et triplum cum duplo semper cum omni ~ate sua *Mens. & Disc.* (*Anon. IV*) 81.

5 (of speech or writing) unevenness, awkwardness.

impericiam cordis mei vicium oracionis exprimit et strumosa diccionum ~as delicatum offendit animum MAP *NC* IV 3 f. 45v.

impariter [CL]

1 unequally, differently.

quod moliris non ~iter posses asserere LANFR. *Corp. & Sang.* 418D; solet quippe accidere duos esse homines sub domino uno singulas habentes arbores in proprio solo. arbores autem ille fructum bonum ferunt utreque. verum illi quia [? l. quia illi] dominum inequaliter diligunt et [? *omit*] ei de fructu earum ~iter serviunt *Simil. Anselmi* 84 (cf. *PL* CLIX 655C).

2 (w. ref. to number) oddly, not evenly: **a** (w. *par*); **b** (w. *impar*).

a ADEL. *ED* 24 (v. impar 6c); numerus ~iter impar est cujus omnium imparium eum numerantium vices impares *Id. Elem.* VII def. 7. **b** BART. ANGL. XIX 121 (v. impar 6d).

†imparlicare, *f. l.*

1350 si aliquis eorum indictatus rectatus vel †imparlicatus [? l. implacitatus] fuerit de aliquibus feloniis *Lib. Kilken.* 16.

imparochiare, ? to assign to a parish, or ? *f. l.*

ut liceat inparochiari [? inpropriari] ecclesias T. SPROTT *Chr.* 147.

imparoniamentum [cf. OF *empernement*, *var. of emprenement*], ? surety.

1598 in consideracione magni imparoniamenti [*sic*] reddit' capital' mesuag', terr' et ten' infrascriptorum *Pat* 1486 m. 1.

impartare v. imparcare.

†impartialis, *f. l.*

que est validitas lacertorum, que velocitas pedum, nisi capitis, velut principis sui †impartialis [l. imperialis], quedam amminiculetur potestas? J. WALEYS *Commun.* f. 12 (= Ambrose *Hexaem.* VI 9. 55, *PL* XIV 281A: quid enim robur et validitas lacertorum proficiat, quid velocitas pedum, nisi capitis, velut principis sui imperialis quaedam adminiculetur potestas?).

1 impartibilis [CL]

1 indivisible: **a** (phil., also as sb. n.); **b** (of God, also as sb. m.); **c** (mus.).

a cum ens sit intentio ~is J. BLUND *An.* 87; quod est maxime ~e et simplicissimum maxime est unum BACON VII 58; ~e, ut angelus, non habet partem et partem, sicut nec punctus *Id. Tert.* 169; sequitur substantiam lucis .. punctualem esse, et ergo ~em *Ps.*-GROS. *Summa* 537; philosophus intendit probare quod primus motor non est in magnitudine, sed est ~is. et arguit sic: nulla potencia in corpore finita intensive potest movere tempore infinito, sed primus motor movet celum motu et tempore infinito; igitur primus motor non est potencia in corpore, et per consequens est ~is et indivisibilis OCKHAM *Quodl.* 768. **b** virtutis finite ad infinitum et inpartibilem nulla omnino potest esse resistencia FISHACRE *Quaest.* 53; Deus est .. principium primum increatum, ingenitum, ~e, immortale, eternum, infinitum, incircumspectum, indeterminatum, potens ad infinita, simplex, incompositum, influxibile, impassibile, .. BART. ANGL. I 16; sciant quoque Deum esse substanciam simplicissimam, ~issimam, nullam composicionem, partibilitatem, magnitudinem habentem, magnitudinem sc. corporalem BRADW. *CD* 7E. **c** cum sex sunt species notarum simplicium prout ostensum est in scuto, sciendum est quod, preter simplam quam ~em dico quia solam unitatem significat, quinque alie species variantur secundum diversam appositionem punctorum et puncti carentiam TORKESEY 58; sola simpla [nota] .. est inpartibilis WILL. 29.

2 (leg., w. ref. to inheritance) that cannot be divided between heirs, impartible; **b** (fig.).

1292 R. de Bruis petente predictum regnum Scocie tanquam ~e racione proximitatis in gradu et J. de Balliolo petente similiter idem regnum tanquam ~e quia ex M. filia comitis David primogenita exivit *Anglo-Scot. Rel.* 60 (= *Ann. Scot.* 359); **1292** supposito quod regnum ipsum [sc. Scocie] sit ~e *Gt. Cause Ed. I* 196; **1292** de predicto regno [sc. Scocie] est judicandum, quo ad jus succedendi, sicut de comitatibus, baroniis, et aliis tenuris ~ibus *Ib.* 198; **1292** primogenita habet prerogativam in succedendo tam in hereditatibus ~ibus quam partibilibus *Ib.* 205. **b** dum super inconsutilem / vestem se sors posuerat, / ut, cui sors ipsam dederat, / haberet inpartibilem [v. l. †importibilem] J. HOWD. *Cyth.* 57. 6.

2 impartibilis v. importabilis.

impartibilitas

1 (phil.) indivisibility.

aliter intelligeremus in ipsa [sc. anima] circumpositas partes, ~ati [τῇ ἀμερείᾳ] ei que secundum animam proprie GROS. *Ps.-Dion.* 462; quod autem impedit homines, ne hoc capere possint est, quia male imaginantur simplicitatem anime, quam ponunt habere quasi quandam punctualem ~atem PECKHAM *QA* 188.

2 (leg.) impartibility.

1292 antenata est preferenda postnate: et eadem racione exitus antenate est preferendus postnate tam racione primogeniture quam ~atis regni predicti [sc. Scocie] *Gt. Cause Ed. I* 204.

impartibiliter [ML], indivisibly: **a** (phil.); **b** (theol.).

a res partibiles ~iter et indistanter cognoscere ipsos est necessarium BRADW. *CD* 183B (= Ammonius in Arist. de Interpr., *transl.* W. Moerbeke, c. 9). **b** [Christus] qui se nobis ~iter impertit GARDINER *CC* 660; Christi corpus dicitur ~iter dividi *Ib.* 675.

imparticipabilis [LL], (phil., w. ref. to forms) that cannot be participated in.

forma ab omni materia ut in se subsistens et participabilis [v. l. imparticipabilis] DUNS *Ord.* III 13.

imparticipare [? cf. participare *assoc. w.* impertire], to impart.

in domo religiosa cui .. eleemosyne vestre benedictionem ~astis AD. MARSH *Ep.* 47.

imparticipatus [LL], not shared. **b** (phil.) not communicated.

ab omnibus inparticipata gratia *Tract. Ebor.* 674. **b** nihil est ens per participationem, nisi ab ente ~o: ergo non cognoscitur nisi prius cognito ente ~o DUNS *Ord.* III 69; licet entitas participata concludat de necessitate cognoscibilitatem ~am *Ib.* 116.

impartio v. impertire, impertitio. **impartire** v. impertire. **impartitio** v. impertitio.

impassibilis [LL]

1 incapable of suffering; **b** (of God or Christ); **c** (of angels, saints, or others in Heaven).

humor cristallinus fuit rotundus et in superficie aliquantulum planus. rotundus fuit ut esset motui obediens et in motu ~is GILB. III 125v. 2. **b** Filius Dei .. potest .. in una persona esse passibilis et ~is, mortalis et immortalis: veluti homo immortalis est anima, mortalis carne, sic etiam et [? l. est] Christus ~is divinitate, passibilis carne ALCUIN *Dogm.* (*Adv. Felicem* III 2) 163D; ANSELM (*CurD* 8) II 59 (v. divinus 3a); factus est homo ~is et immortalis PULL. *Sent.* 653; morte sua Dei Filius .. inquit '.. ~is pro homine pati debeo' *Quaest. Salern.* B 1; Christi caput illesum erat, quia Deitas ~is erat NECKAM *NR* II 109 p. 192; GROS. *Cess. Leg.* III 6. 11 (v. immortalis 1d); queritur an corpus Christi post resurreccionem per dotem glorie fuit ~is *Quaest. Ox.* 114. **c** angeli sunt ~is nature M. PAR. *Maj.* I 230; questio est an corpora glorificata sint passibilia an inpassibilia *Quaest. Ox.* 116.

2 (phil.) on which an agent has no effect; **b** (w. ref. to God as first cause).

ab Aristotele habetur .. quod simile a suo simili ~e est J. BLUND *An.* 205 (cf. Arist. *De Gen. & Corrupt.* I 7. 323b4); aliquod agens est inpassibile in agendo T. SUTTON *Gen. & Corrupt.* 54. **b** Deus est .. principium primum .. ~e BART. ANGL. I 16 (v. impartibilis 1b).

3 ? impregnable, invincible.

ut [Filius] .. per inpassibilem suae divinitatis potentiam reconciliaret nos Deo Patri BEDE *Hom.* I 15. 79; primo judicant se scituros an Christus sit infallibilis veritatis .. secundo judicant quod scient an fuerit ~is potestatis HOLCOT *Wisd.* 95.

4 unbearable, unendurable.

gygas .. rugitu prosiliens leonino assultus minabatur ~es (*Bertellinus*) *NLA* I 166;

unsufferabylle, ~is *CathA.*

impassibilitas [LL]

1 incapacity to suffer physical pain; **b** (of God or Christ); **c** (of angels, saints, or others in Heaven).

~as est maxima beatitudo conveniens corpori *Quaest. Ox.* 306. **b** hoc igitur est lignum quod .. Salvator ascendit, quo a passibilitate ad ~atem, a corruptione ad incorruptionem, .. a terra ad celum transvectus est H. LOS. *Ep.* 22 p. 42; Christus ante passionem suam gloriam ~atis et immortalitatis speravit OCKHAM *Dial.* 740. **c** contra .. illam passibilitatem corporum dampnatorum in inferno a calido et frigido, erit in celo glorificatorum corporum ~as FISHACRE *Serm.* 2. 133; in isto textu quatuor dotes corporis gloriosi latenter innuuntur, que sunt claritas, ~as, subtilitas, et agilitas. .. perfectum regimen causabit in corpore ~atem; omne enim corpus quod patitur passione .. perdit dominium forme super materiam suam HOLCOT *Wisd.* 119.

2 (phil., w. ref. to causation) immunity from agent's effect.

constat enim quod potencia activa est virtus quedam et bonum, nec potest pati ab alio; quia tunc esset mutabilis contra proximam, potestque ejus ~as sicut et ejus immutabilitas demonstrari BRADW. *CD* 5C.

impassibiliter [LL], without capacity to suffer.

in carne passus est impassibilis Deus ut in Deitate ~iter permaneat ALCUIN *Dogm.* (*Adv. Felicem* V 11) 200B; a 'patior' .. componitur inpassibilis unde inpassibiliter OSB. GLOUC. *Deriv.* 440.

impastare [cf. OF *empaster*], (alch.) to make into paste.

accipe pulverem istum et inpasta cum urina taxi vel cum succo cucumeris agrestis .. et cum pulvis inpastatus fuerit ad celestem ignem fac ipsum bene siccare M. SCOT *Alch.* 5 p. 153.

impastinare [cf. impastare], (alch.) to make into paste.

trita omnia simul nonies et ~a et exsicca cum urina illuminata M. SCOT *Lumen* 248; recipe sal atincar [etc.] .. et impastrina [*sic*] cum urina †soliata [? l. foliata] *Ib.* 250; inpastina cum sanguine et sale *Ib.* 250.

impastor [2 in- + CL pastor], non-pastor (w. play on *impostor*).

cathedram nunc Moysi[s] regunt †in pastores [l. inpastores] *Poem. S. Thom.* 80.

impastorator [OF *empasturer* = *to shackle*; cf. ML pastoria, ME *pastron*], ?maker of pasterns.

terram quam Picotus empastorat' eis dedit in villa de B. *AncD* A 6688.

impastronare [cf. pastro, OF *empaistrier*], to fit pastern on (cow or sim.).

1285 supervenit N. P. qui fuit bedellus ejusdem ville et pro commocione prius inter eos mota dictas vaccas inparcare voluit et dictus R. S. dixit quod hoc de jure facere non potuit quia vacce predicte non fuerunt in dampno alicujus nec in communa sua et flectavit super jenua sua et quandam vaccam inpastronasse voluit et dictus N. P. extraxit quendam gladium suum et venit retro dictum R. et ipsum .. buttavit *ICrim* 25/20.

impastus [CL], not fed, hungry.

~i, indignati, *ofhingrode GlP* 238; exegi totos novem dies insopitus, ~us praeter siquid liquidi siccas fauces et deficientem spiritum reconciliasset GOSC. *Transl. Aug.* I 49; ne desinam jejunus de te. famelicus accessi, ne recedam ~us ANSELM (*Prosl.* 1) I 100.

impatescere [cf. CL patescere; ? *infl. by* CL innotescere], to become plain or evident.

p1400 pertimescentes ne forsan dictum evangelicum ~escat *FormOx* 424; ut michi quandolibet ~escat quod .. *Ib.* 434.

impatiendus [ML; cf. CL pati; LL impati = *to be impatient*], unbearable, that cannot be withstood.

[Hen. I] bellorum quatenus posset cum honestate repressor; cum vero decrevisset non pati, ~us injuriarum exactor, obvia pericula virtutis umbone decutiens W. MALM. *GR* V 411 p. 486.

impatiens [CL]

1 (w. obj. gen.) physically incapable of bearing or supporting (load, task, or sim.).

causabatur .. se corpore nimis esse invalidum, laboris ~tem *Chr. Battle* f. 114v; arbitrantes equum oneris ~tem W. CANT. *Mir. Thom.* VI 18 p. 430; **s1376** corpus ejus ~s inedie et algoris exstitit *Chr. Angl.* 84.

2 emotionally or mentally unable or unwilling to bear; **b** (w. indir. statement); **c** (transf., of abstr. or inanim.); **d** (w. ref. to waiting or delay).

subjectionis et servitutis ~tes LUCIAN *Chester* 65; correpcionis semper ~s fuerat GIR. *SD* 12; dum mustela labore multo incassum vexata esset, sui ~s effecta, ad artem consuetam furibunda confugit NECKAM *NR* II 123 p. 202; Henricus V .. inpaciens quietis, acer, audax in bello STRECCHE *Hen. V* 147. **b** idcirco cessit divisaque rura reliquit, / impatiens sanctam scindi se presule normam FRITH. 1057; ~s quidem omnium comprovincialium terras suo dominio non mancipari *Found. Waltham* 29. **c** **1167** [ignis] semper in motu versatur et inpatiens est quietis

J. Sal. *Ep.* 228 (236 p. 438). **d** [equus] pectore sublato velox fodit ungula terram, / impatiensque morae quatiebat morsibus aurum Alcuin *SS Ebor* 182; illi enimvero, quatinus in bona universa parentum .. irrumpere possint, vite ipsorum invidentes et more tocius inpacientes, mortem ipsorum jam desiderant Gir. *SD* 124.

3 unable or unwilling to wait, impatient; **b** (w. inf.); **c** (of abstr., esp. desire). **d** restless.

1166 rex quem ~tissimum esse nullus ambigit J. Sal. *Ep.* 183 (175 p. 156); homines hac in vita mortali pre aliis gentibus ~tes et precipites sunt ad vindictam Gir. *TH* II 55. **b** impatiens captos decrescere visus J. Exon. *BT* I 322 (v. decrescere 3a). **c** ~ti desiderio castelli habendi W. Malm. *HN* 522 p. 75; monialem quandam inpatientis igne libidinis per maligni hostis machinamenta succensam aspera castigatione sanavit *Canon. G. Sempr.* 58v. **d** †inquiens [? l. inquies *or* inquietus], inpatiens *GlC* I 247.

4 intolerant of authority, uncontrollable.

inpatiens *GlC* I 280 (v. immoderatus 1a); ~s, A. *unbuxum WW* (cf. *CathA*: *un buxum*, inobidiens, contumax, ~s, ostinax).

impatienter [CL], impatiently. **b** intolerantly.

cum detractionum injurias nullus equanimiter ferat, principes, quibus reverentia debetur impensior, eas ~ius ferunt P. Blois *Ep.* 40. 120A; si inimicus meus maledixisset aut nocuisset mihi, sustinuissem utique, sed nunc 'non exspectato vulnus ab hoste tuli' [Ovid *Ep.* 6. 82], ideoque et ipsum ~ius fero *Ib.* 72. 222B. **b** hii omnes ne superari videantur, ~er se habent, clamose disputant P. Cornw. *Disp.* 156.

impatientia [CL]

1 inability to wait, impatience.

Anselm (*Ep.* 37) III 147 (v. exasperare 5a); in humilitate illa detestor ego superbiam meam, in patientia illa confundor ego super ~ia mea J. Ford *Serm.* 35. 5; magna providencia, set majori tamen inpaciencia, tam impiger ad turpia insurexistis Gir. *SD* 66.

2 intolerance, inability or refusal to support something.

preter increpacionis ~iam et incorrigibilem in omnibus obstinaciam Gir. *SD* 132; vindicativi rancorum et ~ie pretendunt se esse amatores justicie Holcot *Wisd.* 11.

2 inability to wait, impatience.

Anselm (*Ep.* 37) III 147 (v. exasperare 5a); magna providencia, set majori tamen inpaciencia, tam impiger ad turpia insurexistis Gir. *SD* 66.

impatrissare [cf. CL patrissare], to be or act like one's father.

s815 Ludovicus ~are studet, in bonis degenerare negat *Chr. Angl. Peterb.* 12.

impauperare [LL, cf. AN *enpov(e)rer*; OF, AN *empoverir* < *impauperascere], to impoverish, make poor.

c1215 si quis velit pauperem bene castigare, / non oportet aliud quam inpauperare *Ps.-Map* 171; **1275** ballivi Linc' perdunt theolonium et consuetudinem debitam de tron', per quod plures ballivi inpauperantur *Hund.* I 317a.

impausabilis [LL], unceasing, relentless.

tres item Furie Plutoni deserviunt, id est in terris exercentur. harum secundum Fulgentium prima Alecto ~is, secunda Tisiphone .. Alb. Lond. *DG* 6. 23 (cf. Fulgentius *Myth.* I 7: Allecto enim Graece inpausabilis dicitur).

impavidus [CL], fearless.

efficeretur ~us [v. l. inpavidus; *gl.*: i. intrepidus, *unearh*] praedicator qui fuit pervicax fidei refragator Aldh. *VirgP* 43 p. 295; adventus sui gloriam inpavidi mereamini contueri Egb. *Pont.* 82; cum tamen in repentinis terroribus esse ~um signum sit perfecte virtutis R. Marston *QD* 439; subtraxit ab eis formidinem et cor dedit ~um *G. Hen. V* 13 p. 88.

impeccabilis [CL], not liable to sin.

ex his autem reputo manifestum nullam creaturam racionalem esse aut esse posse immutabilem, immeribilem aut ~em per naturam Bradw. *CD* 528B; **1368** (v. indamnabilis); patet quod quicunque confirmat oppositum inplicat papam esse inpeccabilem, et sic Deus potest ergo errare in judicio Wycl. *Civ. Dom.* I 256.

impeccabilitas [ML], freedom from liability to sin.

quantum ad illud de ~ate pape .. Wycl. *Ver.* III 71; ex isto videtur quod applaudentes prelatis per eorum inpeccabilitatem, sicut et acceptantes talem blasphemiam, sunt notabiliter increpandi *Id. Civ. Dom.* I 371; consideremus .. originem quomodo presbiter contraheret inpeccabilitatem vel auctoritatem tantam in quantum Romanus pontifex *Id. Sim.* 31.

impeccabiliter [ML], without liability to sin.

relinquitur quod [papa] extollitur supra Deum, nam tunc posset inpeccabiliter adversari ordinacioni divine; quod non posset nisi foret superior Deo nostro Wycl. *Sim.* 28.

impeccantia [LL], freedom from sin.

Bede *Sam.* 613 (v. discrepare 1b); [liber Sexti Pythagorici] per multas provincias legitur, maxime ab iis qui errant et ~iam predicant Netter *DAF* II 82. 1.

impeccatio, freedom from sin.

ante remissionem debeo non peccare, que obligacio non est irracionalis, eo quod inpeccacio est satis possibilis cum tempore suo sive inicio vite mee Wycl. *Civ. Dom.* II 160.

impechiamentum [OF, ME *empechement*]

1 hindrance, obstruction.

c1273 quod .. sint absoluti .. de tolneto, stallagio, passagio, pontagio, lestagio et muragio et omnibus aliis ~is que mercandisas tangunt *BBC* (*Congleton*) 266; **1407** quod .. absque ~o, impedimento, arrestacione quavis, libere vehere, mittere, et disponere poterunt omnia eorum bona mobilia .. tam per mare quam per terram *Foed.* VIII 498b (= *Chr. S. Alb.* 26); **1428** quod mercatores .. possint libere ingredi et intrare villas firmas et muratas .. absque licentia, demando, impedimento, seu impechemento quocumque (*Tractatus Flandriae*) *Ib.* X 390b.

2 (*~um vasti*; *cf.* ME *empechement of waste*) tenant's liability to make good any damage to his holding. *Cf. impedimentum* 8.

1427 habendum et tenendum totum predictum manerium .. per servicia inde debita et consueta absque ~o vasti seu distruccionis *Cart. Glam.* IV 338.

impechiare, impescare [ME *empechen*, AN *empescher*, *empeiscer* < LL impedicare], to impeach, bring charges against.

1216 nunquam a nobis vel nostris impecientur pro eo quod contra nos in hac gwerra existerunt, nec aliquod malum inde incurrent *Pat* 185b (*form indeterminate*, v. et. impetere 7); **1308** non intendit quod ipse dici debeat in hoc casu conspirator seu pro inde debeat ~ari etc. et petit judicium etc. *Tri. W. Langton* 283; **s1355** rex Francie .. promisit regi Navernie quod numquam eum ~iaret pro morte dicti Caroli de Hispania Knighton II 80.

impectorare [LL], to take to heart.

quia locuturus sum de sacris scripturis, quas amplius habet inpectoratas quam alius quivis vivencium meo judicio, .. Ric. Armagh *Domine, salva nos* 240.

impedatura [cf. *DuC*], footstep, pace.

a step, vestigium, vitalassum [v. l. batalassum], ~a, peda, gressus *CathA.*

impedia, ~ium [cf. *DuC*], upper leather of shoe.

hoc inpedium, *empeigne Gl. AN Glasg.* f. 20 (*recte* 21)rb; consuunt sotulares .. renovando .. intercucia et soleas et inpedeas Garl. *Dict.* 125; solea aut ~ia .. bote *Cust. Westm.* 151; hec ~ia .., *empeynne de soler Teaching Latin* II 24; *over lethyr of a scho*, ~ia, -ie *PP.*

impediare [cf. expedare, *infl. by* impedire], to hamble (dog).

1310 dicunt quod audierunt antecessores dicere quod tempore quo manerium de Sutton predictum fuit in manibus regum Anglie, tota chacea fuit afforestata et omnes canes infra forestam solebant esse ~iati et amputati sinistro orello *Antiq. Warw.* 639b.

impedibilis [ML]

1 (of path or sim.) that can be blocked (in quot., fig.).

viam non ~em providere debemus R. Bury *Phil. prol.* 3.

2 that can be prevented from taking effect: **a** (of cause); **b** (of divine will).

a aliquid potest fieri contra beneplacitum illius voluntatis, que effectum producit mediante ~i causa: sed divina voluntas multos effectus producit mediantibus causis secundis ~ibus: ergo contra beneplacitum illius potest aliquid fieri Middleton *Sent.* I 417; causa non agens per motum et non ~is potest habere effectum sibi coevum Duns *Ord.* VII 51; communiter secunde cause sunt ~es et causa ~is, quantumcumque non impediatur, non est necessaria *Id. Metaph.* V 4 p. 206; contingens semper est contingens natum cujus est causa effectiva quoad hoc, non ~is, naturaliter ordinata Wycl. *Log.* 27. **b** putantes quoque voluntatem divinam non esse universaliter efficacem, id est, non ~em, non frustrabilem, non defectibilem ullo modo Bradw. *CD* 5D; **c1350** videns .. intellectus divinus determinacionem voluntatis sue .. esse infrustrabilem et [? *supply* non] inpedibilem (N. Aston *Sent.*) *Wycl. & Ox.* 108 n.

impedibiliter, without being able to be prevented from taking effect.

nisi antecedenter cuicunque cause secunde, independenter et non ~iter a causa secunda, illam velit et faciat Bradw. *CD* 596C.

impedicare [LL], to fetter; (transf.) to trap.

auceps in laqueum cadat alitis impedicetque / agna lupum, teneat cervula blanda canem Garl. *Epith.* II 341.

impedigo v. impetigo.

impedimentum [CL]

1 an obstacle, hindrance that restricts or prevents movement. **b** the obstruction of movement.

obstaculum, inpedimentum *GlC* O 73; **799** propter longitudinem terrae nostrae et ~um paganorum .. huc .. occurrere minime valuimus Alcuin *Ep.* 180; liberiorem circa extrema et absque ~o discursum .. oceanus habet Gir. *TH* II 3 p. 80; Nig. *Ep.* 18 (v. expedire 1a); in via, qua cursibus niti desideras, sepius ~a quedam cursus tuos in passus retrahunt J. Godard *Ep.* 220. **b** per tempestatem nimiam ad ~um navium Bracton f. 337; per B excessum potencia motiva Socratis est major quam resistencia vel ~um A spacii . . . igitur ante hoc habuit Socrates potenciam majorem ad pertranseundum A spacium quam fuit ~um vel resistencia in A spacio ne Socrates pertransiret ipsum Kilvington *Soph.* 59–62.

2 blockage, obstruction: **a** (in bodily organ or sim.); **b** (in waterway); **c** (of light).

a mulier cepit se male habere, nauseanti similis et quasi in gutture aliquid haberet inpedimenti unde statim suffocari deberet *Found. Waltham* 26; ~um in oculo J. Burgh *PO* f. 113 (v. eruitio 1). **b** **1359** facere dammas vel fordas aut alia ~a in aliquibus landeis (v. 2 damma). **c** quantum ad obscuritatem et ~um lucis Bacon V 11 (v. 1 eclipsis a).

3 hindrance, impediment, hindering or preventing action, event, or state; **b** (w. gd.); **c** (w. *quin* & subj.). **d** (med.). **e** (log., w. ref. to causation). **f** complication, difficulty.

tempore .. summo Tiberii Caesaris, quo absque ullo ~o ejus propagabatur religio Gildas *EB* 8; **671** diversis ~orum obstaculis retardati .. illud perficere nequivimus, idcirco difficultatis veniam, precor, impendite Aldh. *Ep.* 1 p. 476; **704** (13c) hanc libertatem aecclesiis impendo et hanc privilegii dignitatem monasteriis confero ut sine ~o secularium rerum et absque tributo fiscalium negotiorum .. Deo soli serviant *CS* 108; inter omnia praesentis vitae suae ~a et dispendia Asser *Alf.* 25 (cf. ib. 81: inter omnia alia mentis et corporis ~a aut per se ipsum libros recitare aut aliis recitantibus audire); ~a rerum temporalium evasere W. Poit. I 55 (v. 1 despicari 1b); ad .. dilatorium laudabilis ausus ~um Gir. *EH* II 29; **c1283** quilibet .. habebit aruram sue carruce .. et, si ~um habuerit vel per pluviam vel per diem festivum, nullam restitucionem habebit *Cust. Battle* 66; quando due semibreves similes sunt in coniunccione prima erit minor, alia major .. nisi tractum obliquum sit ~um Haudlo 142. **b** sicut ~um sciendi est odire sermones perscrutativos, sic etiam est ~um proficiendi nihil velle admittere nisi quod assueti sumus audire R. Marston *QD* 395. **c** erit ~um quin .. J. Blund *An.* 356 (v. decontinuatio); si cohabitaverint vir et uxor nec sit ~um ex aliqua parte quin generare possint Bracton 70. **d** propter digestionis ~um Gilb. VI 258. 1 (v. desiccatio 1); [v]ena in lingua incisa juvat squinanciam et ~um loquele *Tab. Phlebotomiae.* **e** cum non posset poni non causalitas totalis propter ~um Duns *Ord.* III 310; Ockham *Quodl.* 729 (v. impeditivus c). **f** ad praesentis ~i .. expedimentum Anselm (*Mon.* 8) I 23 (v. expedimentum 1).

4 (leg.) impediment of process or sim.

1268 pro inpedimento pacis seu composicionis litigancium *Conc. Syn.* 773 (cf. ib. *tit.*: ne judex pacem vel concordiam litigancium impediat).

5 (leg.) let, hindrance; **b** (w. ref. to marriage).

1314 quod eidem J. aut hominibus suis in dicta navi existentibus in eundo versus dictas partes .. non inferatis seu .. ab aliis inferri permittatis injuriam, molestiam, dampnum, ~um aliquod seu gravamen *RScot* 125a. **b** **a1237** si [confitens] sit conjugatus, querendum est si credat legitimum esse matrimonium, sc. quod ibi non sit compaternitas, consanguinitas, vel affinitas, vel aliquod aliud ~um *Conc. Syn.* 221; **1513** Joneta .. matrimonium cum eodem in facie ecclesie celebravit rite et legittime absque quocumque ~o *Offic. S. Andr.* 4; **c1517** decernimus pretensum matrimonium inter dictos David et Margaretam .. nullum et invalidum et de jure venit derimendum obstante ~o subscripto ex parte dicte M. proveniente *Ib.* 11.

6 (leg.) disturbance of someone's rights.

a1107 (v. disturbatio a); **c1155** precipio ut nemo huic mee concessioni aliquod ~um faciat *Regesta Scot.* 124; **1198** (1253) sit hec sancta ecclesia .. libera .. de vexationibus vel ~is forestariorum si de suo bosco aliquid ceperint *Cart. Colch.* 45; **c1222** concessi eidem W. de V. in

predicto bosco agistamenta omnium porcorum suorum cum toto pannagio sine vexacione et ~o *Ch. Chester* 408 (cf. ib.: sine ~o forestariorum et ballivorum meorum); **1287** (v. divadiatio 2); **1317** inpedimentum (v. imparcamentum 3); **1337** (v. impedire 8e); **1416, 1447** (v. disturbium a).

7 (leg., w. ref. to action of *Quare impedit*).

1205 de placito ~i presentacionis ad ecclesiam *CurR* III 340; **1207** de placito ~i ad ecclesiam [*sic*] de C. *Ib.* IV 1; videndum erit utrum clericus impediat [sc. presentacionem] vel patronus. poterit enim quilibet ipsorum ~um opponere suo tempore BRACTON 247b.

8 (leg., *~um vasti*) impeachment of waste. *Cf. impechiamentum* 2.

1426 volo quod W. M. thesaurarius meus habeat durante tota vita sua omnia tenementa mea infra civitatem Norwicensem absque ~o vasti *Reg. Cant.* II 362.

impediose, with great difficulty.

opus ~e productum GOSC. *Transl. Aug.* 34A (v. extendere 8a).

impediosus [cf. LL impedimentosus], difficult, burdensome.

in terra litorea et petrosa que pedibus boum gravis est et inpediosa *Fleta* 161 (cf. *Husb.* 318: *si la terre ne seit plus perouse qe les beofs ne se peoent eyder du pee*).

impedire [CL]

1 to restrict the movement of, confine. **b** (fig.) to entangle, complicate; **c** (p. ppl.) complicated, awkward. **d** (w. ref. to tongue or speech) tongue-tied (*cf. Exod.* iv 10).

non auro rutilos crines ~ire, non aurea lammina vel gemmis in fronte dependentibus arcem crucis obnubilare GOSC. *Edith* 49; **c1150** non potest .. ~ire corpus comitis Leecestrie nisi eum defidaverit xv dies ante (*Conventio*) *Eng. Feudalism* 287; componimus a pedica inpedio, -is, et dicitur 'inpedio' quasi 'in pedicam te pono'; et inde inpeditus .. et inpedite adverbium et hec inpeditio OSB. GLOUC. *Deriv.* 411; frenis equi .. ad pabula nequaquam ~iuntur GIR. *TH* III 10 p. 150; anima quum in omnibus .. corporibus parem quantum ad se habeat potestatem, in aliquibus tamen, mole corporis ~iente, eam exercere non potest ALB. LOND. *DG* 6. 14; non solvitur, quia impedibilia non simpliciter necessario agunt sed tantum necessitate condicionata, sc. si non ~iantur, et in illis est major vera DUNS *Ord.* II 70. **b** ne longis orationibus ratio ~iatur BALSH. *AD rec. 2* 113; ista sunt que racionem factam de operibus misericordie .. ~iunt OCKHAM *Dial.* 538. **c** siquidem saepe apta interrogatio expedit responsionem, et inepta reddit ~itiorem ANSELM (*Casus Diab.* 27) I 275; misit se in fluvium, non cogitans galeam, non loricam, qua ~itior ibat W. CANT. *Mir. Thom.* VI 78; ne nusquam nominatis circumscriptivas orationes ubique adhibens ~itiorem et prolixiorem et discenti immemorabiliorem tradat disciplinam BALSH. *AD rec. 2* 136; differunt autem hec [interrogationes] ab illis, tum quia talium usus et rarior est et ~itior et minus necessarium, tum quia .. *Ib.* 149; cavit etiam prudenter, ne res ~itissima statim ab initio frustraretur FERR. *Kynloss* 16. **d** ille frater ante visionem istam erat valde simplex, hebes, et ~ite lingue; sed post subtilis effectus est et eloquens J. FURNESS *Walth.* 105; sicut Moysi, causanti quod ~icioris lingue fuerit, datus est Aaron qui pro eo loqueretur GIR. *SD* 76; [frater] ~itioris lingue fuerat BRAKELOND 124v (v. drasca 1a); accedat igitur hic impedicior / et balbet Moyses in lingua tardior WALT. WIMB. *Carm.* 147.

2 to obstruct the progress of, hinder, impede: **a** (person); **b** (inanim.); **c** (chesspiece); **d** (abstr.).

1254 comes marescallus et Johannes de Balliolo, ~iti ad mare per ventum contrarium per duodecim dies, ad nos in Anglia venerunt (*AncC* III 82) *RL* II 101; non excusatur si tardius a domicilio recesserit quam expediret, quia, si cicius, commode venire potuisset nec ~iret eum casus fortuitus BRACTON 337; **1326** concessimus .. eidem W. quod, si contingat ipsum morbo vel senectute vel aut aliqua alia legitima causa ~iri ita quod ad mensam .. commode non posset accedere, quod [*sic*] singulis diebus dum ~itus fuerit .. habeat duos albos panes .. *Reg. Kilmainham* 2 (cf. ib. 132: si idem R. senectute, egritudine seu alio justo impedimento detentus seu disturbatus fuerit quominus ..); **1349** si idem dominus J. senio, invalitudine seu alia causa racionabili ~iatur quominus ad aulam pransurus accedere valeat *Ib.* 133. **b** **a796** saepius ad nos currat carta exhortacionis tuae nec eam .. exundatio fluminum ullatenus ~iat ALCUIN *Ep.* 60 p. 104; aqua Trentae et fossa custodiuntur ita ut siquis ~ierit transitum navium .. emendare habet per viij libras *DB* (*Notts*) I 280ra; aqua non ~itur descendere BACON *Tert.* 165. **c** **a1150** firmum pactum calvi tenent neque sibi noceant. / nam regina non valebit impedire alteram / sui regi deputata velut pro custodia *Hist. Chess* 515; *Ludus Angl.* 162 (v. egressus c). **d** ab ipso [sc. Deo] enim processit ipsa anima et ad ipsum est reditura, nisi per ejus contemptum fuerit ~ita J. BLUND *An.* 328; tuis in tuo stadio pedibus offendicula offeruntur, que sepe tui cursum amoris ~iunt J. GODARD *Ep.* 221; alia que transitum aeris ad spiritum audibilem ~iunt BART. ANGL. III 18 (v. immittere 7); non .. quod ~it sensus ~it et motus GILB. II 109. 2 (v. excellentia 1d); ut multitudo tunicarum ejus [sc. oculi] non ~iat transitum specierum rerum visibilium BACON *Maj.* II 16 (v. diaphanus a); spasmus, i. nervorum contractio voluntarium motum ~iens *SB* 40; ritus adjecti .. ~iunt cursum sermonis sui WYCL. *Sim.* 51 (v. difficultare a).

3 to impede (an action), hinder or prevent from happening; **b** (med.); **c** (log., w. ref. to causation). **d** to obstruct (light, vision, *etc.*).

os aperit, verba singultibus impediuntur NIG. *Paul.* f. 50 l. 598; nobiles .. ausus nihil eque ~it ut diffidentia GIR. *TH intr.* p. 5; **1213** eorumdem [sc. paparum] dampnum, si sciero, ~iam *RChart* 195a (= *Conc. Syn.* 18); **p1280** ~ietur deliberacio (v. deliberabilis); **1300** ne frequens accessus secularium et maxime mulierum contemplacionem inpediat monachorum *Ord. Ely* 23; **s1344** propositum .. ~itum (v. de 3b); Christus non ~ivit dominacionem regum OCKHAM *Pol.* I 94 (v. 1 dependere 3a); cum ergo de illo pessimo usurario nullum bonum dicere scirent qui affuerunt, et sic sepultura ejus pro tanto ~iretur *Latin Stories* 123; **a1380** vendicionem .. ~ient (v. expositio 3); **1409** insolencie clamorose .. frequenter ~iunt et perturbant devocionem celebrantis *Fabr. York* 245; quando semibrevis sola precedit vel sequitur illas figuras, semper imperficit eas, nisi ~iatur per punctum HOTHBY *Cant. Fig.* Ve 44. **b** discursus .. reumatis .. digestionem eorum [sc. humorum] ~it GILB. VII 312. 1; coitus .. digestionem ~it KYMER 19 (v. defalcare 2). **c** DUNS *Metaph.* V 4 p. 206 (v. impedibilis 2a); ne ejus [sc. saphiri] effectus per inmundiciam portantis .. ~iatur UPTON 108 (v. immunditia 6). **d** noctu candela in eam [laternam] missa .. tam lucida ardebat, nullis ventorum flaminibus ~ita, quia .. ASSER *Alf.* 104; 'obscurum documentum', ut sola intellectus etiam acuti impeditiva; 'obscura nox', ut sola visum etiam acutum ~ientia BALSH. *AD rec. 2* p. 37; sicut diminucio lucis ~it visum, ita lucis superfluitas ~it visum J. BLUND *An.* 111; ita .. quod lux diei lucem ejus [sc. stelle] non ~iret *Eul. Hist.* I 72.

4 to obstruct, block: **a** (path, also fig.); **b** (waterway).

a ut omnes paene a via recta avertat ac per invios ~itosque scelerum calles errare faciat GILDAS *EB* 93. **b** **1281** ~ivit aquam de cursu suo solito in nocumentum vicinorum *SelPlMan* 30; **1352** in Alano L. et socio suo operantibus in campo de H. pro cursu aque de Were ~iendo viij s. viij d. *Ac. Durh.* 553; **1359** per quod rectus cursus aquarum .. ~iatur (v. 2 damma); **1507** (v. emunctorium 4).

5 to obstruct in the performance of some action, hinder, impede, or prevent; **b** (w. inf.); **c** (w. *ab* & sb. or gd.); **d** (w. *de* or *super*); **e** (w. *ne, quin, quominus* & subj.); **f** (ellipt.).

798 desideravi ad vos venire . . . sed me inpedivit acerbitas febrium ALCUIN *Ep.* 154; **c1140** precipio omnibus meis ne aliquis presumat ~ire eis in aliquo *Ch. Chester* 45 p. 60 (cf. ib. 147 [**c1162** *confirmation*]: ne eos inquietent aut vexent aliqua re); **c1194** prohibeo ne aliquis eos de supradictis libertatibus ~iat vel inquietet *Ib.* 267; **1339** nec .. archiepiscopum .. in detencione prelibate corone .. ~iemus seu obstaculum aliquod interponemus (v. impetere 6a); si .. archiepiscopus esset absens vel infirmus vel alio impedimento legitimo ~itus [? *supply* ita] quod non posset .. coronare regem OCKHAM *Pol.* I 169; constituit quedam diaria dari scriptoribus .. ne scriptores ~irentur *G. S. Alb.* I 57 (v. diarium). **b** **1234** (v. exterior 4a); **1258** quod, cum hujusmodi alimenta inpediverint ministrari, pro discrecione ordinariorum pena excommunicacionis districtius arceantur *Conc. Syn.* 580 (= ib. 679 [**1261**]: inpedierint); **1268** ne quis ~iat matrimonium solempnizari in facie ecclesie *Ib.* 764; primus actus [sc. visionis] ~it secundam visionem videri OCKHAM *Quodl.* 81; **1416** qui [sc. tannator] .. perscrutatores ~ierit persecutari honeste domos artis sue .. eadem pena puniatur *Doc. Bev.* 116. **c** [cogitationes] quae .. mentem .. a bonis quae cogitare debuit ~iunt BEDE *Hom.* II 12. 168 (v. illicere); **1279** ut verum patronum a collacione illius ecclesie .. ~iant *Conc. Syn.* 849; **1460** in laboribus et vigiliis continuis .. quorum occasione a suo libro et studio fuit multiformiter ~itus *Paston Let.* 608; **1460** cavete quod ~iatur omnino a suscipiendo onus testamenti quousque verum et integrum compotum reddiderit de defuncti bonis *Ib.* 610. **d** **c1216** prohibeo .. ne aliquis eos super dicta libertate ~iat et gravet *Ch. Chester* 258; **1342** quod quidem manerium idem nunc abbas tenet .. et petit judicium si de hoc per dominum regem ~iri vel inde amoveri debeat *Cart. Ciren.* 130 p. 111; **1364** si per inundacionem maris inpediti fuerint de transitu ad predictas piscarias, .. *Cart. Cockersand* 387. **e** **c1182** prohibeo firmiter ne quis ballivorum meorum inpediat quin eos libere habere possint *Regesta Scot.* 217; **1213** juravimus .. quod .. prefatos archiepiscopum et episcopos non †inpedimus [l. inpediemus] nec faciemus aut permittemus aliquatenus inpediri quominus libere suum exequantur officium *RChart* 193b (= *Conc. Syn.* 15); ~it homines ne hoc capere possint PECKHAM *QA* 188 (v. impartibilitas 1); quamvis illa situacio colorum in corpore Christi possit se invicem impedire ne omnes videantur, tamen illa diversa situacio non ~it quin aliquis color videatur OCKHAM *Quodl.* 365; parvo obice ~iebantur quin .. nuncios .. eviscerarent *G. S. Alb.* I 186 (v. eviscerare 1c); **14..** contra ~ientes ecclesiarum rectores quominus decimas .. cariare poterunt [*sic*] *Reg. Brev. Orig.* 46b (v. efficialiter). **f** totam .. noctem .. in oracionibus .. ducere studebat nisi tantum modicus somnus ~iret CUTHB. *Ob. Baedae* clx; **c1230** †operabatur [l. operabitur] singulis septemanis .. nisi per festum inpediatur *Cust. Waltham* 212v; satis .. deforciat qui possessorem uti seisina non permiserit omnino vel minus commode ~iat, presentando, appellando, impetrando BRACTON 238.

5 to obstruct, impede (action, process, *etc.*). **b** to obstruct or impede the action of.

1313 de summonitore dicunt quod ipse ~ivit officium coronatoris et bona sequestravit *Eyre Kent* I 97; perpendimus evidenter quantum ~iat intellectus officium vel unius vocabuli semiplena noticia R. BURY *Phil.* 12. 175. **b** quia [apostema] ~it epar et stomacum .. mala fit digestio *Quaest. Salern.* B 86; **1412** (v. disturbium a).

6 (intr.) to be a hindrance.

673 quia diversae causae inpediunt, placuit omnibus .. ut .. semel in anno congregemur *Conc. HS* III 120 (= BEDE *HE* IV 5 p. 216); **749** (12c) cunctas tribulationes, quae nocere vel ~ire possunt in domo Dei, omnibus principibus .. auferre praecepit *CS* 178; **c1230** si intemperies inpedierit, revertetur in crastino et perficiet *Cust. Waltham* 202.

7 (leg.) to impede: **a** (process, suit, or sim.); **b** (law or sim., or its execution); **c** (party); **d** (intr. or absol.).

a **1214** faciunt illud appellum versus ipsum pro adnichilando et inpediendo appello suo quod ipse prius fecerat versus eos de inprisonamento et pace regis infracta *CurR* VII 171; **c1220** prefati W. fuit, sicut et oportuit, petitio ~ita *Cart. York* 7 p. 15; **1279** excommunicacionis vinculo subjacere omnes illos qui literas impetrant a quacumque curia laicali ad ~iendum ecclesiasticorum judicum processum in causis que per sacros canones ad forum ecclesiasticum pertinere noscuntur *Conc. Syn.* 848; inpeditur eciam assisa si mulieri petenti per assisam obiciatur quod sororem habuit de qua sunt pueri superstites *Fleta* 295 (cf. BRACTON 271b: remanet). **b** **1235** nostra intersit eidem comiti vel quibuscumque aliis volentibus predictas treugas ~ire *TreatyR* I 26; **1275** H. de W. clericus ejusdem vicecomitis execucionem de dicto breve facere recusavit et eam .. inpedivit *Hund.* I 310a; **1279** excommunicantur omnes illi qui maliciose contempnunt exequi mandatum regis de excommunicatis capiendis vel eorum ~iunt capcionem *Conc. Syn.* 849; **s1279** J. archiepiscopus excommunicavit omnes illos qui ~irent statuta sua de Reddinges B. COTTON *HA* 159; **1302** ad ~iendum et finaliter enervandum execucionem [mandati] *Reg. Cant.* 620. **c** **1268** multum profecto delinquid qui partes ad pacem vel concordiam paratas, maxime pretextu alicujus commodi, nititur inpedire *Conc. Syn.* 773. **d** **c1211** semper enim suggeri poterit aliquibus ut appellent et ~iant, quatinus negotia sic protrahantur GIR. *Ep.* 6 p. 214.

8 (leg.) to disturb or deforce, prevent (someone) from lawful enjoyment of a right; **b** (w. right as obj.); **c** (w. *ab*); **d** (w. *ad.* & gd.); **e** (w. *de*); **f** (w. *quominus* & subj.); **g** (other constr.). **h** (pr. ppl. as sb., esp. in final concord) deforciant; *cf.* ME *letter*.

1203 ad ecclesiam de W., .. cujus advocacionem idem prior clamat ad se pertinere, unde predicti W. et B. eum injuste ~iunt *CurR* II 231; videndum est quid sit ~ire, ut sciatur differencia inter breve quare impedit et quare non permittit. ~ire autem est ponere pedem in jus alienum quod quis habet in jure presentandi cum quasi seisina et jure quali quali, quia qui impedit quo minus quis uti possit seisina sua vel quasi imponit pedem alteri juri etc. BRACTON 247; quibus modis sit disseisina: .. item cum manuopere alicujus ~itus per supersticiosam districcionem et hoc de tenemento diu non inpruato vel de tenemento de novo inpruato. si quis vastum suum non prius appruatum redigat in culturam, salva tenentibus et vicinis sufficienti pastura cum libero ingressu et egressu, cum ceperit inpruare, ~itus sit, impeditor pro disseisitore habetur HENGHAM *Parva* 7 p. 63–64. **b** **c1187** ita quod .. viridarii comitis .. hanc consuetudinem nullo modo diffortiare possint vel ~ire *Act. Hen. II* II 294. **c** **1317** communarios a communa sua inpedivit (v. imparcamentum 3); **1559** navigantes .. a licita navigatione ~ire (*TR ScotDoc* 101/121) *Foed.* XV 525a. **d** **1237** de libertatibus .. per quas ~iunt ballivis domini regis ad capiendum teoloneum et alias consuetudines *CurR* XVI 82; **1379** quidam W. le B. .. injuste ~ivit .. priorem de H. ad capiendum decimas *PlRCP* 471 r. 111; **1387** a placea predicta .. per predictum R. expulsus et ad proficuum suum in eadem faciendum per predictum R. ~itus extitit *Ib.* 504 r. 376*d*. **e** **1212** et ideo abbas habeat breve propter reclamacionem Petri ne inpediatur abbas de ecclesia illa *CurR* VI 196; **1272** quod .. E. de seisina sua ~iri debeat (v. debere 7a); **1289** J. de F. capellanus ~ivit dominum regem de tolneto suo *Leet Norw.* 35; **1337** si contingat nos .. de predicto mesuagio .. ~iri aut implacitari ita .. quod predictus W. de K. aut heredes sui postquam de impedimento illo aut placito .. fuerint premuniti *Deeds Balliol* 22. **f** **?1228** nullum vidit ~ientem quominus idem monachus haberet custodiam ecclesie illius *Feod. Durh.* 287; cum quis summoneatur quare impedit: .. illis qui numquam presentaverint .. competit remedium, si fuerint ~iti quo minus presentare possint, per breve quod tale

est: breve quare impedit BRACTON 246b–247. **g** ?**1228** ipse multo ~ivit eos circa libertates suas *Feod. Durh.* 268; **1356** super possessionem regni .. Scocie .. a diu fuimus et adhuc sumus .. nequissime ~iti (*Ch. E. Balliol*) AVESB. 132. **h 1234** finalis concordia .. inter H. priorem de M., querentem, et G. decanum et capitulum S. Pauli Lond', ~ientes, de liberis piscariis ipsius prioris in B. *E. Ch. S. Paul.* 259; **1247** inter eundem abbatem, querentem, et predictum R., ~ientem *Cart. Osney* IV 161; **12..** inter R. de T., querentem, et T. Fitz Averay, ~ientem *Reg. S. Thom. Dublin* 492; si deforcians vel ~iens ad primum diem summonicionis non venerit BRACTON 238 *tit.*; unde [sc. de brevi quare non permittit] videtur quod fere redit in idem breve quare impedit et breve quare non permittit. si autem talis, cum summonitus fuerit, prima die non venerit nec se essoniaverit, aliquando, ante concilium Lateranense, ubi nullum currebat tempus contra presentantes, solent ~ientes attachiari per plegios .. et tunc solet omnis solemnitas attachiamentorum observari. nunc autem ex causa et necessitate oportet maturius procedere, quia, cum id quod alias licitum non esset necessitas faciat licitum propter temporis cursum, primo distringatur ~iens *Ib.* 247–247b; **1315** inter Thomam de L., querentem, et Nicholaam qui fuit uxor Hildebrandi de L., ~ientem, .. (*Fines Dors*) *Year Bk. 8 Ed. II* 36.

9 (leg., w. ref. to action of *Quare impedit*, *i. e.* in which right of presentation to a church or sim. is challenged and the presentation blocked): **a** (trans.); **b** (w. inf.). **c** (*placitum quare ~it*). **d** (*breve de quare ~it*).

a 1207 T. le M. dat j m. pro habenda assisa ultime presentacionis de ecclesia de W. et sciendum quod R. G. est in misericordia eo quod tulit breve versus eum et Robertum A. quare ipsi inpediunt presentacionem ejus *CurR* V 56; **1214** G. Gibewin summonitus fuit ad ostendendum quare ipse inpedit presentationem domini regis, contra prohibitionem, ad ecclesiam de T. *Ib.* VII 144; idem processus habeatur in advocacionibus capellarum .. et aliarum domorum que sunt de aliquorum advocacione, sicut in advocacionibus ecclesiarum habetur de presentacionibus inpeditis *Fleta* 322. **b 1200** Hugo de W. optulit se iiij die versus H. archidiaconum Salopie de placito quare ~it eum presentare idoneam personam ad ecclesiam de W. *CurR* I 209; **1201** homines de Sanwic' summoniti fuerunt ad respondendum abbati S. Augustini quare ipsi ~iunt eum presentare ydoneam personam ad ecclesiam S. Petri de S., que vacat .. et est de donatione ejus *Ib.* II 36; **1230** M. abbatissa de R. summonita fuit ad respondendum Rogero W. quare ~it eundem R. presentare idoneam personam ad ecclesiam de S. que vacat etc. et spectat donacio ad predictum R. eo quod eadem abbatissa concessit et tradidit eidem R. manerium de S. *BNB* II 325. **c 1203** de placito quare ~ierunt ecclesiam S. Laurencii de W. dum idem comes fuit in servitio domini regis *CurR* II 176; **1206** de placito quare ~it ad ecclesiam de H. *Ib.* IV 181; **1220** de placito quare ~iunt presentationem ad ecclesiam de D. *Ib.* VIII 256; vel placitum quare impedit vel placitum super recto BRACTON 248; **1259** in assisa ultime presentacionis et in placito quare ~it de ecclesiis vacantibus *StRealm* I 9. **d 1230** per breve nostrum de quare imp[edit] *Entries* 502ra; **1285** cum de advocacionibus ecclesiarum non sint nisi tria brevia originalia, viz. breve de recto et duo de possessionibus, sc. ultime presentacionis et quare ~it, .. *StRealm* I 75.

10 *f. l.*

†inpeditus *Fleta* (*ed. 1647*) 381 (v. impetus 1b).

impedite [ML], with difficulty. **b** in a complicated manner.

inpedite OSB. GLOUC. *Deriv.* 411 (v. impedire 1a). **b** quid falso, quid ~e, quid ociose .. dici soleat comperientius experti BALSH. *AD* 8.

impeditio [CL]

1 hindering of movement.

inpeditio OSB. GLOUC. *Deriv.* 411 (v. impedire 1a).

2 hindrance of action, interference; **b** (log., w. ref. to causation).

c**1043** sine Satane parasitorumque ejus inpeditione *CD* 769. **b** raro dicitur evenire quod non habet causam ordinatam ad suum eventum, sed tantum provenit ex aliqua causa ordinata ad alium effectum, impedita tamen ab illo effectu ad quem ordinatur, et ex tali ~one evenit istud raro DUNS *Ord.* II 327.

3 (leg.) disturbance of someone's rights.

patet quod prestacio summe et propriissime Deo conveniat. .. quadam excellenti differencia a prestito creature, non abdicat a se usum prestiti pro tempore quo prestatur, quin pocius ex vehemencia sui dominii sibi vendicat omnem usum, non ad ~onem vel dampnum prestarii, sed ad ejus utilitatem multiplicem, ut ad ejus usum comodiferum dirigendum WYCL. *Dom. Div.* 225.

4 (leg., w. ref. to action of *Quare impedit*).

1206 loquela que fuit inter eos de ~one presentacionis [sc. ad ecclesiam de Crossebi Gerard'] remaneat inter eos *CurR* IV 163; de placito inpeditionis presentandi ad medietatem ecclesie de P. *Ib.* 196.

5 *f. l.*

1247 hec est finalis concordia .. inter Johannem de Plesseto querentem et Willelmum M. et A. uxorem ejus †inpeditiones [MS PRO inped'; l. inpeditores *or* inpedientes] (*Fines* 284/19/71) *Cart. Beauchamp* 250.

impeditivus, constituting an obstruction to action, event, or sim.; **b** (w. obj. gen.); **c** (log., w. ref. to causation). **d** (as sb. n.) hindrance, obstruction.

iste [sc. quartus planetarum] aspectus dicitur mediocriter malus et ~us sicut insidiator GROS. 46 (= BACON IX 193: ~us sive insidiator); calidum inpeditivum sed non destructivum BACON VI 40; quandocunque scriptura vocat peccatorem inimicum justi intelligit per inimiciciam malivolenciam non ~am quia observantibus caritatem cuncta proficiunt, sed peccatum perturbat relacionem equiparancie WYCL. *Civ. Dom.* I 89; **1494** nec aliqua appellacionum, querelarum, vel alia juris vel facti remedia ~a procuraret *DCCant. Reg. S* f. 398. **b 1239** decanus et capitulum nostrum habuerunt procuratorem in curia ad impetrandum .. literas execucionis officii nostri ~as GROS. *Ep.* 79 p. 252; si [illa legalia] nunc fierent, essent majorum bonorum non mediocriter ~a *Id. Cess. Leg.* I 10. 33; nihil est in singulari ~um intelligibilitatis DUNS *Metaph.* VII 14 p. 433a. **c** approximacio causarum non tantum dicit res absolutas, sed importat quod nihil impediens sit medium inter illa. et ideo quando nihil est medium inter illa ~um, et illa sunt, tunc unum poterit agere in reliquum. quando autem est aliquod impedimentum medium, tunc non oportet quod unum agat in reliquum OCKHAM *Quodl.* 729; quod aliqua res secundum essenciam suam sive substanciam fiat sine Deo ipsam immediate per se et proprie faciente, sed tantum mediante celo vel aliquo alio et per illud, vel Deo tantum ~a contraria prohibente, vel ea tantum modo racione quia causa ejus efficiens est facta conservata permissa vel non impedita a Deo BRADW. *CD* 873A. **d** BALSH. *AD rec. 2* p. 37 (v. impedire 3d); gravissima tocius studii ~a .. didicimus pullulasse (R. BURY *Ep.*) *FormOx* 39; **1408** (v. disturbativus).

impeditor [LL]

1 hinderer (of action); **b** (w. *quominus* & subj.).

sceleris .. executionis non ~or GIR. *IK* I 4 p. 53 (v. exsecutor 1b); c**1240** in .. ministerii complementum .. vocati estis et esse debetis coadjutores et non ~ores GROS. *Ep.* 91 p. 287. **b 1309** in quoslibet ~ores quominus prefate gracie debitum sorciantur effectum *Reg. Cant.* 1032.

2 one who hinders or prevents the execution of law, treaty, or sim. **b** one who hinders an official in the execution of his duty.

1235 treugarum ~ores *TreatyR* I 26; **1336** ad negociorum regni nostri ~ores et hostium nostrorum fautores *RScot* I 432b; **1338** vos tanquam nobis et mandatis nostris inobedientes et nostrorum ac regni nostri negociorum ~ores .. puniri faciemus *Foed.* V 4b; s**1417** juravere super librum quod .. custodirent conclave ab ~oribus WALS. *HA* II 320; c**1520** earundem [sc. literarum] executionis ~ores (v. detentor 2c). **b 1269** quas recipere non potuit propter ~ores quosdam qui non permiserunt ipsum [vicecomitem] pecuniam predictam .. recipere *Liberate* 45 m. 1; **1269** vicecomes .. impeditus fuit per Symonem de Monte Forti [et al.] .. quominus officium suum exercere .. potuit [*sic*] .. . quod ~ores predicti nobis inde responderunt secundum quod de jure fuerit faciendum *Cl* 148; 'detrahebant mihi, quoniam sequebar bonitatem' [*Psalm.* xxxvii 21]. isti sunt tonsores vel falsarii monete legalis, ~ores legati regalis, exhumatores cadaveris fraternalis HOLCOT *Wisd.* 39.

3 (leg.) deforciant, one who prevents another from the enjoyment of his rights.

1281 si qui eosdem .. in constructione domus .. presumpserit impedire, .. ~ores ab hujusmodi impedimento compescatis *RGasc* II 117; HENGHAM *Parva* 7 p. 64 (v. impedire 8a).

4 (leg.) defendant in action of *Quare impedit*.

1259 in placito quare impedit .. si [impeditor] .. non venerit, per ejus defaltam scribatur episcopo quod reclamacio ~oris illa vice conquerenti non obsistat, salvo ~ori alias jure suo cum inde loqui voluerit *StRealm* I 9.

5 (*~or pacis*) disturber of the peace.

1318 ab .. turbatoribus et ~oribus pacis .. et sequacibus ejusdem Roberti [sc. de Brus] (*Proc. Cardinalium*) *Conc.* II 480a; s**1324** licenciatum fuit per .. regem Francie transire in Vasconia ad inquirendum de pacis ~oribus *Ann. Paul.* 307.

impedium v. impedia. **impegre** v. impigre. **impeiramentum** v. impejoramentum.

impejare [cf. AN *empeirer* < impejorare], to make worse; in quot., to cause damage, harm.

c**1144** si eum .. de ea in quam inpeierat culpa satisfecisse cognoscitis G. FOLIOT *Ep.* 33.

impejoramentum [cf. AN *empeirement*], damage, loss (of value).

1187 in inpejoramento fori de Benton' propter adulterina fora *Pipe* 67; abbas [sc. Adam de Campes, ob. **1238**] et conventus habebunt liberum carriagium ad carriandum decimas suas per terram prenominati R. usque ad jam dictam terram eorum; et hoc sine impeiramento bladi memorati R. *Cart. Colch.* 242.

impejorare [cf. AN *empeirer*, LL pejorare], to make worse, cause damage, esp. w. ref. to decrease in value.

a**1184** ne molendinum quod in ipsa aqua facere volo ~etur (*Ch. W. comitis Glos.*) *Cart. Glam.* IV 577; **1275** levaverunt unum fossatum .. unde regia strata multum minoratur et ~atur in prejudicium domini regis et dampnum civitatis iiij d. *Hund.* I 310a; **1383** domus bertone et molendina predicta tempore predicti N. ~ata et deteriorata fuerunt ad dampnum xlix li. *IMisc* 228/7; **1573** ita quod virgultus et *le sprynge* eorundem boscorum .. sic succidenda .. non destruantur, ledantur nec ~entur *Pat* 1105 m. 19.

impellare [cf. OF *empeler*, *var. of apeler*], (leg.) to appeal.

areisoner, affari, .. propellare, ~are *Gl. AN Ox.* f. 153r.

impellatio, appeal (leg.).

1300 renunciantes in hoc facto omnibus ~onibus super hoc habitis, appellacionibus, in integrum restitucioni, regie prohibicioni, et omni alii remedio juris canonici et civilis *Ambrosden* I 490.

impellere [CL; *perf.* impulsit *SelPlCrown* 107 (**1221**), *Eyre Berks* 775 (**1248**)]

1 to strike or beat against. **b** to stir by applying force, set in motion. **c** (of phys. condition) to assail.

s**1091** ictus de celo emissus latus turris impulit tanta vi ut .. W. MALM. *GR* IV 323 p. 375. **b** c**720** quando ventorum violentia et procellarum tempestates .. inormem Euripum inpellunt (EANGYTH) *Ep. Bonif.* 14; aerem ~ens [cornu] sonare cepit GIR. *TH* III 34 p. 181; aura leniter impulsa *Id. IK* I 2 p. 27 (v. educere 6b); collisione fit ignis generatio . . . aer enim contentus in medio ~itur, ex impulsione movetur, et motus et calefactus transit in ignem *Quaest. Salern.* P 15. **c** alterum ~it turbata effrenatio PULL. *Sent.* 880B (v. effrenatio b).

2 to impart motion to, drive or push forward: **a** (person or animal); **b** (ship); **c** (other).

a acti fatis, fatorum lege inpulsi *GlC* A 105; s**1066** vis fati jam [Haroldum] impulit in ruinam *Chr. Rams.* 179; movit se plaustrum ita ut magis plaustrum boves ~ere quam ipsos boves plaustrum trahere censeres *Found. Waltham* 10; **1248** R. filius B. de W. impulsit W. molendinarium in aqua [*sic*] juxta molendinum de N. *Eyre Berks* 775. **b** navim ~ebant GOSC. *Lib. Confort.* 49; absentia gubernaculi ~it navem in scopulos ANSELM (*Casus Diab.* 26) I 274. **c** vi ventorum ~entium [insulam] ad oppositas plerumque lacus partes errabundam GIR. *IK* II 9 (v. erraticus 1a); effluxio .. multitudinem aquarum ad orientem ~it *Quaest. Salern.* N 58; oleum .. aerea .. substantia ad superiora ~ente *Ib.* W 3 (v. eminere 1a).

3 to push or thrust in.

1198 quare impulit se in liberum tenementum Alicie C. de N. postquam ipse ei [..] illud reddidit *CurR* I 56; in illud [sc. monasterium] ancillam suam manibus impulit (*Fiacre*) *NLA* I 443.

4 to push so as to knock down.

detrudunt, inpellunt *GlC* D 132; **1221** Emma supervenit et levavit clamorem, et quidam A. Capellaunus, qui interfuit, impulsit eam quod cecidit super unam petram et ibi recepit plagam *SelPlCrown* 107; si aliquis ~it me et ego cado et frango caput, magis debet attribui fractio capitis ~enti quam mihi cadenti R. MARSTON *QD* 153.

5 to drive on, impel (to action or sim.): **a** (usu. w. inf.); **b** (w. *ad*); **c** (w. dat., poet.); **d** (absol.).

a ne .. nos .. preceps forsitan voluntas impulerit justitiam declinare EGB. *Pont.* 99; quoniam voluntate quisque ad id quod indeclinabiliter vult trahitur aut ~itur, non inconvenienter trahere aut impellere Deus cum talem dat voluntatem affirmatur. in quo tractu vel impulsu nulla intelligitur violentiae necessitas ANSELM (*CurD* 1) II 65; quod si ipso in actu rigor ille animi nimio ardore †impulsius [l. impulsus], quasi e loco motus PULL. *CM* 202; nulla externa causa eum impulit aliquid facere R. MELUN *Sent.* 273; s**1120** imagines impulit elevari *G. S. Alb.* I 83 (v. caementum a). **b** nullum tamen adeo difficile invenire poterat negotium, ad quod invitos inpulisset milites *Enc. Emmae* I 1; demones territare et ad quodlibet officium ~ere W. MALM. *GR* II 205 (v. daemon 2d). **c** cum clangore tube Gedeon fractisque lagenis / irruit in Madian inpuleratque fuge GARL. *Tri. Eccl.* 13. **d** ecce verbum illud hujus tam cito dictum, et natura ~ente, nec ludicro tamen set serio prolatum, jam nunc ad velle pervenit et actum GIR. *SD* 26.

impendendus, v. 1 impendēre, 2 impendēre 3b.

1 impendĕre [CL; 3 *sg. perf.* impendidit (*V. Ed. II* 240, v. 1a infra, *Lit. Cant.* II 307 [**1350**], v. 3f infra, *Reg. S. Aug.* 612 [**1362**], *Paston Let.* 57 [**1460**]: jnpendydit v. 7a infra) *by assoc. w.* dare, *perh. esp. by infl. of phr.* operam dare]

1 to pay (money), disburse, spend (also absol.); **b** (w. ref. to alms); **c** (spec. as reward, also fig.). **d** (p. ppl. *impensus* as sb. f.) money paid out, expenditure. **e** charge, cost, cause of expenditure. **f** (fig.) resources.

inpendere, solvere *GlC* I 251; **1246** omnes labores et sumptus vestros negociis nostris inpensis salvos reputabitis *Cl* 417; o quanta cura in hiis [sc. auro et argento *etc.*] adunandis prius impendidit et uno die vel uno momento valefecit *V. Ed. II* 240; c**1327** (v. discomputare). **b** c**1155** quatinus .. elemosinas vestras eidem loco .. inpendatis *Rec. Templars* 162. **c** quatenus in caelis castae virtutis amator / arbiter omnipotens impendat praemia vitae ALDH. *VirgV* 2019; c**880** pro Elfleda et pro amicis suis quibus ipsa gratitudines tenetur ~ere (*Test. Ælfredi*) *CS* 555; cum ut amicorum meorum me ad id obnixe incitantium voluntati morem geram, tum ut posterorum industrie, si forte quid inter eos emerserit quod horum exemplo .. juvari queat, parum quid muneris ~am EADMER *HN pref.* 1. **d** inpensas FRITH. 1132 (v. egere 1a); patri facile erat in Dei opere tot et tantas ~sas facere. nam, cum novem monasteriorum pater et plurimarum et amplarum et regionum et divitiarum possessor, .. RIC. HEX. *Hist. Hex.* I 5 p. 20; ut paterfamilias, cui ~sa perit et opera, damnificetur J. SAL. *Pol.* 736D (cf. Macrobius *Saturnalia* II 4. 30: opera et impensa periit); non impensa tua precedat posse crumene D. BEC. 2192; ~sa, sumptus, dispensa OSB. GLOUC. *Deriv.* 291; singulos .. sumptibus et ~sis .. confirmavit GIR. *IK* II 14 p. 151; s**1440** ut totam tam suam deperderet operam quam ~sam (v. deperdere 1b). **e** laboriosi operis ~sam transmisit ad posteros W. MALM. *GP* II 73 p. 145; qui per rixam ictu debilem vel deformem hominem fecerit, reddat ~sas medici Rob. Flamb. *Pen.* p. 311. **f** c**1430** quatinus .. vestras etsi non auri aut thesauri pecunias, cordis tamen et corporis expendatis ~sas, ad consolacionem proximi elanguentis *Reg. Whet.* II *app.* 378.

2 to give, grant, bestow; **b** (goods, money, or sim., also fig); **c** (land or sim.); **d** (privilege, liberty, or sim.). **e** (p. ppl. as sb. f.) gift. **f** (p. ppl. as sb. n.) ? amount of work or payment allotted for a day.

~ere, donare OSB. GLOUC. *Deriv.* 295; inpendo, -is, i. donare, unde .. hec impensio *Ib.* 445. **b** tertiam .. ejusdem [sc. census] partem advenis .. et pecuniam ab illo exigentibus, etiam et non exigentibus, .. laudabiliter et, sicut scriptum est 'hilarem datorem diligit Deus' [*II Cor.* ix 7], hilariter ~ebat ASSER *Alf.* 101; cunctorum mentibus vel dicendo vel scribendo gratis acceptum [sc. scientie thesaurum] cum sui incremento gratis ~unt GIR. *TH* III *pref.* p. 139. **c** [Bugge] plurima basilicis impendens rura novellis ALDH. *CE* 3. 6; **739** (11c) ego Æthelhardus rex aliquam terram ad construendum monasterium .. perpetualiter ~ere curavi *CS* 1331. **d** **676** (12c) ego, supradictus Osricus rex, .. hoc privilegium ~ere .. decreveram, id est Bertanae abbatissae .. centum manentes .. tribuens ad construendum monasterium sanctarum virginum *CS* 43; **704** (13c) hanc libertatem aecclesiis ~o .. ut .. (v. impedimentum 3a). **e** pauperis impense [*gl.*: munera] sint miscellenia mense GARL. *Mor. Schol.* 197. **f** confirmate intelligibiliter in pensum [*gl.*: *dægwi(ne)*; ? l. inpensum] vestrum ÆLF. BATA 5. 4 p. 68 (cf. *GlN* p. 224: inpensum, *dæȝwi*).

3 (w. abstr. obj. or w. ref. to phys. sign or sim. thereof) to give, confer, pay: **a** (affection, friendship, or sim.); **b** (kiss); **c** (lamentation, grief, or sim.); **d** (tears); **e** (pardon, forgiveness, or sim.); **f** (help, favour, advice, or sim.); **g** (consent or sim.); **h** (care, attention, or sim.); **i** (honour, respect); **j** (obedience); **k** (time).

a **601** quantus sit affectus venientibus sponte fratribus inpendendus .. cognoscitur (*Lit. Papae*) BEDE *HE* I 28. **b** dum labris oscula trado, / dulcia compressis impendens basia buccis ALDH. *Aen.* 80 (*Calix vitreus*) 8; suavia compressis impendens oscula buccis *Id. VirgV* 2186. **c** officiales .. suos angores humiliter ~entes obsequiis fratrum LUCIAN *Chester* 72. **d** **1188** dolori .. lacrimas condignas ~ere (v. desolatio 2a). **e** **671** difficultatis veniam, precor, ~ite (v. impedimentum 3a). **f** de tribus maneriis, quae habuit regina E. in Sudrie, habet vicecomes vij li., eo quod ~it eis adjutorium cum opus habent *DB* I 30vb; dulcescit illatum tue benignitatis officium suaviter et ex sinu bone voluntatis impensum LUCIAN *Chester* 38; ut ei contra filium suum primevum .. restitutionis auxilium misericorditer ~at GIR. *EH* II 13 p. 331; **1217** (v. devote 2a); **1230** supplicamus quatenus .. consilium v[estrum] super his †inpedere [*sic* MS] velitis (*AncC* VI 104) *RL* II 4; comiti S., precor, in verbis vite consiliorum directiones ~ere studeatis AD. MARSH *Ep.* 227; **1290** justiciarii cum abbate venerant ad judicium, et consilium et auxilium eidem contra .. Willelmum .. inpendebant *State Tri. Ed. I* 49 (cf. ib.: T. de W. .. consilium et auxilium pro dicto abbate .. inpendebat); **1350** pro innumeris beneficiis, que .. nobis impendidit (v. antidotum 2); **1428** quod nunquam .. ipse J. W. .. consilium vel favorem eisdem [hereticis] scienter ~et *Heresy Tri. Norw.* 34; **1447** tribus generosis domini episcopi favoribus suis ~endis in negociis monasterii, cuilibet vj s. viij d., xx s. *Ac. Durh.* 630; **1452** impensa mihi beneficia (v. eradicare 4a). **g** petitioni tue benignum ~entes assensum GIR. *EH* II 5 p. 318. **h** populis pastoralem inpendere sollicitudinem curabat BEDE *HE* II 4 p. 87; c**1211** curam autem debitam gregi commisso et diligenciam inpendere fere ex toto pretermittunt GIR. *Ep.* 6 p. 236; p**1257** desolatis .. munimen protectionis ~it *Mon. Francisc.* II *app.* 268. **i** cum [juvenis] in pietate cotidiana parentibus jura inpenderet FELIX *Guthl.* 41 p. 126; veteris tamen amicitiae vestigiis aliqua reverentia semper ~enda est P. BLOIS *Opusc.* 896A; c**1212** cum domino non honor unus sed omnis inpendi debeat GIR. *Ep.* 5 p. 190; *Pol. Poems* I 236 (v. dyscolus b); nonne decapuciatus ~it talibus reverencias mundiales? WYCL. *Mand. Div.* 164 (v. decapuciatus); predicto autem signeto talem ~unt reverenciam [ME: *swich reverence thei do*] quod .. *Itin. Mand.* 56; *V. Ric. II* 84 (v. efferre 4c); s**1425** ut .. ipsi et [archiepiscopo] .. ~erent reverencias, eas tamen ex liberalitate faterentur impensas (v. decretare). **j** **1545** superioribus suis obedientiam suam ~erunt *Conc. Scot.* I cclxiv. **k** tempus vivendi tibi impensum ANSELM (*Medit.* 1) III 77 (v. exigere 6f); diem ac noctem insompnem potibus ~unt NIG. *Cur.* 164.

4 (*curam ~ere*) to take care (of), pay attention (to).

noscendis priorum gestis .. curam vigilanter ~is BEDE *HE pref.* p. 5; tradit .. deos .. nullam curam rebus ~ere ALB. LOND. *DG* 9. 9.

5 (*operam ~ere*) to devote one's energy, efforts, *etc.* (to): **a** (w. dat. of task); **b** (w. dat. of person); **c** (w. *ad* & gd.); **d** (w. *pro*).

a exoro ut lectioni operam inpendas .. litterarum BEDE *AM* 141; Ceadda maximam mox coepit ecclesiasticae veritati et castitati curam inpendere, humilitati, continentiae, lectioni operam dare *Id. HE* III 28 p. 195; c**710** rerum domini discendae, docendae, custodiendae veritati operam inpendunt (*Ep. Ceolfridi*) *Ib.* V 21 p. 333; agriculture operam ~ens ALB. LOND. *DG* 7. 3. **b** c**956** (12c) viris ecclesiasticis prae caeteris operam ~ere *CS* 936. **c** **1189** ad componendum inter archiepiscopum et monachos Cantuarienses diligenter operam ~emus (*Lit. Regis*) *Ep. Cant.* 325. **d** c**1335** pro expedicione .. negocii operas vestras .. ~atis (v. expeditio 3b).

6 (*studium ~ere*) to devote one's interest, attention, or sim. (to).

quo minus sufficiebat meditationi scripturarum, eo amplius operi manuum studium inpendebat BEDE *HE* IV 3 p. 208; EADMER *HN* 260 (v. exstructio); turpi totum studium ~istis hactenus et ~itis prodicioni GIR. *SD* 32.

7 (*servitium* or *obsequium ~ere*) to render or do service: **a** (to king); **b** (to queen); **c** (to pope or archbishop); **d** (to churchman). **e** (w. *ad*, ? conf. w. *studium ~ere*, *cf.* 6 *supra*) to devote one's energies or sim. (to).

a **1260** (v. devote 2a); **1362** pro bono servicio quod .. nobis inpendidit (*Pat*) *Reg. S. Aug.* 612; **1460** pro bono et laudabyli servicio quod .. W. Paston, nuper unus justiciariorum nostrorum, .. nobis .. jnpendydit (*Ch. Regis*) *Paston Let.* 57. **b** **1453** pro bono consilio suo et laudabili servicio quod predictus consanguineus suus eidem regine ~it et ~et in futurum (*DL Ac. Var.* 5/8 f. 17) *JRL Bull.* XL 418; **1467** pro suo fideli servicio eidem regine impenso et quod durante vita sua ~ere desiderat (*TR Bk* 207 p. 35) *Ib.* L 476. **c** sollicitavit .. summum pontificem in virtute amoris et sub impensi protestatione obsequii ne .. J. SAL. *Thom.* 19 p. 314; **1289** pro obsequiis suis nobis et ecclesie nostre impensis et in posterum impensuris (*Lit. Archiep. Cashel*) *RGasc* II 489. **d** **1423** ego T. H. canonicus .. lego Mauricio P. pro bono et laudabili servicio michi impenso xx li. *Reg. Cant.* II 246. **e** in provisione simoniaca, ad effectualem ipsius consummacionem habendam, sua servicia ~unt PAUL. ANGL. *ASP* 1552 (v. effectualis 1a).

8 to give, devote (one's work, trouble, time, *etc.*); **b** (w. *ad*). **c** (p. ppl. as sb. f.) materials (esp. for building).

mercedarius, qui mercidem dat pro labore sibi inpenso *GlC* M 181; c**1166** utinam totam vitam devoverim veritati et in assertione ejus ~erim animam J. SAL. *Ep.* 217 (196 p. 278; cf. *II Cor.* xii 15); ALB. LOND. *DG* 1. 2 (v. exercitium 2a); **1368** considerato labore ipsius M., frequentius impenso hactenus et, ut speratur, in proximo ~endo *ExchScot* 310; **1447** magistro R. W. et W. B., jurisperitis, tam pro expensis suis quam ex dono domini prioris laboribus per eosdem impensis in eleccione ejusdem cxv s. *Ac. Durh.* 631. **b** clarum est rationalem creaturam totum suum posse et velle ad memorandum et intelligendum et amandum summum bonum ~ere debere ANSELM (*Mon.* 68) I 79. **c** Salem autem ipsa est quae postea Hierusalem dicta a David rege. totius Judeae provinciae metropolis facta est, eo quod ibi locum templi emere et impensas structurae Salomoni filio dereliquerat BEDE *Gen.* 151.

9 (refl.) to give oneself over (to), devote oneself (to): **a** (w. dat.); **b** (w. *pro*); **c** (w. gdv. or *ad* & gd.).

a illius ceperunt cause favere, illius commodo, illius honori, se suaque pro voto certatim ~ere EADMER *HN* 111; ad calices sedent epotandos et ebrietati continue se ~unt P. BLOIS *Ep.* 7. 20B. **b** me ipsum insuper pro vestrarum animarum salute ~erem O. CANT. *Ep.* 66. **c** abbas non una tantum feria sed sepius, dum ei vacuum fuerit utque opportunitas dictaverit, sese ad hoc agendum ~at *RegulC* 62; te loro ligandam amoris [o anima] impende J. HOWD. *Cant.* 363.

10 (w. Deity or sim. as recipient): **a** to give, render (worship, honour, thanks, *etc.*). **b** to dedicate (person or offering); **c** (w. ref. to martyrdom).

a immensas Christo pro sospitate vestra gratulabundus ~ere grates curavi ALDH. *VirgP* 1; nec religioni Christianae .. aliquid inpendebat honoris BEDE *HE* II 20 p. 125; cum solito more matutinas laudes Domino Jesu inpenderet FELIX *Guthl.* 33 p. 108; s**1226** (v. divinus 4a); nam cum adoro hostiam / impendo sibi latriam *Pol. Poems* I 247 (v. eucharistia 2c). **b** S. Victoria .. ingressa latibulum beluae flagitat populum jam periculi expertem ut sibi oratorium in eadem cripta struant et puellulas ad patrocinium vitae ~ant ALDH. *VirgP* 52 p. 309; nichil adeo demulcet animum ut caste impensum caritatis obsequium LUCIAN *Chester* 38. **c** nec [Oswaldus] fraudabitur profecto martyrum gloria, qui, primo bone vite intendens, postmodum gloriose morti corpus ~ens, eorum trivit vestigia W. MALM. *GR* I 49 p. 54.

11 (w. Deity or sim. as donor) to give, bestow; **b** (w. ref. to grace); **c** (refl., w. ref. to sacrifice of Christ).

601 ut [Deus] per eos omnibus, quibus praelati fuerint, dona suae pietatis inpendat (*Lit. Papae*) BEDE *HE* I 32 p. 67; visum est fratribus .. divinam suppliciter obsecrare clementiam ut misericordiam sibi dignaretur inpendere *Ib.* IV 14 p. 233; mystica dona Dei, / quae Deus aeternus cunctis impendere gratis / jusserat ALCUIN *Carm.* 45. 45; victum nobis spiritualem ne deficiamus inpende *Rit. Durh.* 18 (v. excursus 4); fons sacer .. multis inde gustantibus salutem ~it *V. Kenelmi B* f. 81vb. **b** impensa sospitatis gratia freneticum curavit ALDH. *VirgP* 53 p. 311. **c** Filius desiderabat .. se totum ~ere P. BLOIS *Serm.* 648C (v. immulgere b).

12 (eccl.) to administer (sacrament, office, or sim.): **a** (sermon or sim.); **b** (last rites); **c** (funeral); **d** (anniversary); **e** (consecration to office).

a c**744** timeo .. damnum de predicatione quam populis inpendere debeo BONIF. *Ep.* 63 p. 130. **b** convocatis deinde fratribus, hortatur eos ~ere sibi ministerium sacrae inunctionis cum viatico Dominici corporis, quod .. debetur Christianis de hac vita transituris EADMER *V. Osw.* 34 p. 36. **c** si sepulturae ~enda praeparari possunt *RegulC* 66; W. CANT. *Mir. Thom.* II 48 (v. exsequialis a). **d** **1461** ordinamus ut prepositus et prebendarii antedicti tempore vite nostre anniversarium pro quondam illustrissimo principe J. Scotorum rege .. devote ~ant *Midlothian* 69. **e** **1178** arguit enim meam et fortius urit conscientiam quod .. munus benedictionis ~erim illicitum et elicitum *Ch. Sal.* 42; **1320** juxta facultatem .. ad idem munus [sc. consecracionis] nobis ~endum concessam TROKELOWE 106; **1338** pro consecracionis munere ~endo (v. devovere 5c); s**1124** monachi .. archiepiscopum requirunt ut electo [sc. abbati] eorum benedeccionem solempnem inpendat in monasterio suo THORNE 1798; s**1151** posuit eidem terminum, non benedictionis faciende, set certum quid faciendi. tandem vero prefixit sibi certum diem benediccionis inpendende . . . ornatur archiepiscopus vestimentis suis pontificalibus more suo, quasi benediccionem electo inpensurus *Ib.* 1811.

13 to administer, provide (food or drink).

petentes / quatenus impendat judex alimenta misellis ALDH. *VirgV* 1590; proficiscentibus vero peregrinis, secundum quod loci suppetit facultas, eis ~atur victualium solatium *RegulC* 63.

14 (med.) to administer (medicine or course of treatment); **b** (absol.).

ut possent fibris putres explodere pestes / atque salutiferam morbis impendere curam ALDH. *VirgV* 1083; caraios et divinos precantatores filecteria .. diabolica vel erbas vel †facino [vv. ll. sucino, succinum] suis vel sibi inpendere EGB. *Pen.* 8. 4; cui nulla medicina subvenire poterat .. impensa *V. Chris. Marky.* 40; frater qui custos deputatur super infirmos fratres .. eis .. preter liquiriciam ad decocciones nullam rem medicinalem nisi de gracia ~ere consueverat *Cust. Cant.* 326. **b** accurrunt medici mox, Hippocratica secta. / hic venas fundit, herbas hic miscet in olla; / ille coquit pultes, alter sed pocula praefert. / et tamen, o medici, cunctis impendite gratis / ut manibus vestris adsit benedictio Christi ALCUIN *Carm.* 26. 15.

15 to dispense, do (justice).

s1259 H. Bigot .. capitalis justiciarius .. cepit per Angliam circuire .. omnibus pro meritis impensurus justiciam *Flor. Hist.* II 427; **1425** justiciam .. ~ere non curastis (v. efficialiter).

2 impendēre [CL]

1 to hang from, be suspended upon; **b** (pr. ppl., w. ref. to seals) pendent.

multorum cervicibus ~ens juvenis ferebatur Osb. *Mir. Dunst.* 5. **b 1313** litteras .. Pembroch' comitis .. ejusque sigillo ~enti, ut prima facie apparebat, sigillatas nos recepisse noveritis *RGasc* IV 1171; **1445** literas apostolicas .. bullis plumbeis more Romane curie ~entibus bullatis [? l. bullatas] coram nobis exhibuit *Reg. Brechin* I 98; **1451** ut patet per literas regis sub privato sigillo ~ente in pergameno sigillatas *ExchScot* 437.

2 to overhang (w. *in*). **b** to tower or rise above.

veluti si arbor in alienas edes inpendebit, item si arbor in alienum agrum inpendebit Vac. *Lib. Paup.* 13. **b** †impendit, super eminet *GlC* I 317.

3 to hang over threateningly, impend. **b** (gdv. as if pr. ppl.) impending.

gravem Dei iram super genus humanum ~ere priores prophete sentiebant, quam postea per misericordiam relaxandam prenuntiabant *Eccl. & Synag.* 121. **b** allegorice autem terra significat .. fragilitatem carnis nostre et rerum terrenarum per inpendendam vilitatem Gros. *Hexaem.* VII 11. 1; **1307** nos .. de facto vestro, interim in hac parte ~endo, reddatis certiores (*Breve Regis*) *MGL* II 158.

impendiose, strenuously, with effort.

~e, sedule Osb. Glouc. *Deriv.* 295.

impendiosus [CL]

1 prodigal, extravagant.

s871 multi .. in eadem pugna ruere fugatique, de quibus videtur †~am [l. ~um] in hac brevitate protensionem nobis uti Æthelw. IV 2.

2 strenuous.

~us, sedulus Osb. Glouc. *Deriv.* 295.

impendium [CL; *sense of exertion developed in* LL]

1 money paid out, expenditure.

inpendium, erogatio *GlC* I 398; hec impensa, -e, et hoc ~ium, -ii, ambo pro dispensa Osb. Glouc. *Deriv.* 445.

2 gift, grant (of land).

hinc vero enarrare vetat series proposita quos adversitatum impetus, quas supplantationes et seductiones pertulerit a quodam, maxime Leofuuino potentissimo, pecuniarum ac terrarum ~iis vix placabili, et ab insulanis divitiarum fastu ac libertate tunc indomitis, aliisque ecclesie emulis insidiantibus sibi diversis lignis Gosc. *Transl. Mild.* 9.

3 exertion, effort. **b** (abl. as adv.) with effort, strenuously.

agmina dira pati vicinae impendia mortis Frith. 362; **1167** hec .. erit miserationis vestre retributio copiosa, hec humanitatis exhibite divina merces, et ~ii temporalis eternum compendium J. Sal. *Ep.* 202 (212 p. 342); **1170** siquidem ratio non minus animorum quam rerum pensat ~ia *Ib.* 294 (299 p. 698). **b** impense, ~io, sedule Osb. Glouc. *Deriv.* 295 (cf. ib. 445: ~io adverbium, i. sedule et intente).

impenetrabilis [CL], that cannot be penetrated; **b** (mil.); **c** (fig.).

inpenetrabilis durities Niliaci corcodrilli saxosis contusionibus quandoque frangenda est Gosc. *Lib. Mild.* 20; penetrabilis .. componitur inpenetrabilis, unde inpenetrabiliter Osb. Glouc. *Deriv.* 435. **b** cum ~es essent Nordhumbris, Edelfridus, findens cuneos ultra posse suum, .. prostratus est H. Hunt. *HA* II 30 p. 56; **s1298** Scoti .. nulla vi vel arte poterant penetrari. idem Robertus .. ex adverso post terga in Scotos irruit: et sic illi, qui in parte anteriori ~es steterunt et invicti, a parte posteriori callide sunt superati Fordun *Cont.* XI 34. **c** scriptura propter suam ~em altitudinem est cultori suo securum refugium Wycl. *Ver.* I 119.

impenetrabiliter, impenetrably.

inpenetrabiliter Osb. Glouc. *Deriv.* 435 (v. impenetrabilis a).

impenetratus [LL], unprobed, unexplored.

nichil inpenetratum liquit, omnem lapillum movit Map *NC* IV 1 f. 43v.

impennare [cf. AN *empenné p. ppl.*, OF *empener*; CL impennatus = *not feathered*], to feather (arrow).

1202 ij milia quarellorum bene inpennatorum *RNorm* 50; **1221** mittimus ad vos Willelmum de M., fabrum nostrum, ad faciendum quarellos .. et W. Fleccharium ad inpennandum eos *Cl* 485b; **1224** pro duobus coriis bovinis emptis ad quarrellos ~andos *Ac. Foreign Hen. III* 12; **1230** in locacione unius carete ad pennas portandas usque Portesmue ad quarellos regis inpennandos *Pipe* 98; **1230** Willelmo C. pro visco et furfure ad quarellos regis inpennandos et salve custodiendos *Pipe* 185 (cf. furfur 1d); **1236** quod .. faciat habere Henrico de T. mille quarellos inflechiatos et inpennatos *Cl* 262; **1243** capit vij d. et ob. pro c quarellis fabricandis in die et iij d. pro eisdem pro .. quarellis inflegiandis et inpennandis *RGasc* I 253; **1251** vij d. ob. pro c quarellis fabricandis .. et iij d. pro eisdem inpennandis et inflecchiandis *Liberate* 27 m. 2; **1300** pro .. cc alis aucarum pro quarellis et sagittis ~andis *AcWardr* 143.

impensare [ML; cf. OF *impenser = to reward*; cf. CL dispensare, expensare]

1 to give.

~o, -as, i. donare Osb. Glouc. *Deriv.* 446; *to gife*, .. inpendere, inpensare *CathA*.

2 to waste.

~are, consumere, abligurire, prodegere Osb. Glouc. *Deriv.* 291.

impense [CL]

1 prodigally, extravagantly. **b** (without notion of excess) greatly.

hos [sc. pauperes] ille pius pater magis miserabatur; iis ~ius quod necesse erat .. largiebatur *V. Gund.* 29; germanus Ethelfridi, Tetbaldus, caput periculis objectans, eo studiosius, quo fratri operam ostentare affectabat impensius [v. l. impulsius], luctuosam victoriam reliquit W. Malm. *GR* I 47; **1520** (v. evulgatio). **b** dii .. me potius juvare vellent, qui illis ~ius servire curavi Bede *HE* II 13 p. 111; Juppiter .. respiciens Arcadiam ~ius ceteris regionibus Callistonem vidit *Natura Deorum* 28; michi attinet ~ius, quia virginee sum regionis alumpnus, gratulanter intendere gloriosis ejus meritis ac virtutibus Lucian *Chester* 54.

2 strenuously, with effort.

~e, impendio, sedule Osb. Glouc. *Deriv.* 295.

impensio [LL]

1 payment; **b** (of alms). **c** charge, cost, liability to payment.

1338 de ~one ecclesie de S. x s. *Hosp. in Eng.* 109. **b** ascribatur [malum] eisdem civibus .. et eorum aridis et arefactis ab elemosinarum ~one visceribus Lucian *Chester* 43. **c** †**1065** (12c) ut nullus .. regum, episcoporum, principum, .. seu aliorum regum clientium .. pastum, censum, vel ~onem, castrorum vel pontium reaedificationem, .. per vim aut per consuetudinem exigat (Osb. Clar.) *CD* 825 p. 187 (cf. *Pipe R. Soc.* NS XXXVI 91–5); **1198** ut nullus unquam succedentium regum, episcoporum, principum, .. seu aliorum regum clientium .. pastum, censum, inpensionem vel operationem castrorum .. exigat *Cart. Colch.* 46 (= *CalCh* I 425: ~onem).

2 gift, act of giving; **b** (of land or privilege); **c** (of favour, help, *etc.*).

Osb. Glouc. *Deriv.* 445 (v. 1 impendere 2a). **b** †**949** (10c) ego T. episcopus †prodigum [l. prodigam] hanc ~onem patibuli confirmatu addidi *CS* 880. **c** igitur fructuosa tue caritatis ~io michi vite et libertatis prestat obsequium *Ep. ad amicum* 137. **s1244** pro hujus igitur beneficii liberali ~one, et paterna sollicitudine, quam dominus papa pro promocione et pace episcopi diligenter exhibuit, .. episcopus .. plura marcarum millia numerasse domino pape perhibetur *Flor. Hist.* II 271; **1335** ex ~one auxilii hujusmodi *Mon. Hib. & Scot.* 266a.

3 (infl. by 2 *impendēre* 1b) affixing (of seal).

1443 easdem litteras approbamus et †sigillo [l. sigilli] officii nostri ~one .. confirmamus *Cart. Glam.* IV 359.

impensor [LL], giver.

inpendo, -is, i. donare, unde hic ~or Osb. Glouc. *Deriv.* 445.

1 impensus v. 1 impendĕre.

2 impensus [CL], prodigal, extravagant.

inpensum, inmensum *GlC* I 429; cum detractionum injurias nullus equanimiter ferat, principes, quibus reverentia debetur ~ior, eas impatentius ferunt P. Blois *Ep.* 40. 120A; propriis ab alumnis ~iore ac peculiari cultu suscipitur Samson *Mir. Edm.* I 5 p. 125.

impephysemenon [cf. LL inpefisim[en]on < ἐμπεφυσημένον], swollen, inflated.

†inpantensium, potestate elatus *GlC* I 298.

imper v. impar 7a.

imperagratus [LL], not traversed, unexplored (in quot., fig.).

amoena quaeque inperagrata putans, per extensos scelerum campos .. raptatur Gildas *EB* 35.

imperare [CL]

1 to order (something) to be or be done: **a** (trans.); **b** (w. acc. & inf. pass.); **c** (w. *ut* or *quod* & subj.); **d** (absol.); **e** (pr. ppl. in abl. absol.); **f** (p. ppl. as sb. n.).

a 624 pallium .. fraternitati tuae .. direximus, quod .. tantum in sacrosanctis celebrandis mysteriis utendi licentiam ~avimus [edd.: impertivimus] (*Lit. Papae*) Bede *HE* II 8 p. 96; si inter haec regalia exhortamenta propter pigritiam populi imperata non implentur, .. ut de castellis ab eo ~atis adhuc non inceptis loquar Asser *Alf.* 91 p. 78; nos in roga imperatoris locati nichil aliud agere possumus quam quod ipse ~at Ord. Vit. IX 6 p. 496; opus quod nobis vestra ~avit dilectio Senatus *Ep. Conc.* xlvi; **s1297** responderunt quatinus ~aret alicui alteri de domo sua illud officium (v. 2 constabularius 3a); quando voluntas imperat sibi studere primo propter vanam gloriam et secundo ~at continuacionem illius actus propter honorem Dei Ockham *Quodl.* 95; *Ib.* 96 (v. 3b infra). **b** in amfitheatrum sanctos .. cruentus carnifex ~at duci Aldh. *VirgP* 36 p. 284; duo monasteria construi [MSS: construere] ~avit Asser *Alf.* 92; quosdam infantes in eodem monasterio edoceri ~avit *Ib.* 94. **c** ~avit quod illud testimonium .. literis mandarem Asser *Alf.* 88; **c1090** ut insolubiliter libere illud possideant regali auctoritate ~o *Regesta* no. 51; si voluntas ~et quod ignis accendat candelam Ockham *Quodl.* 102; voluntas .. non potest meritorie ~are ut illi articulo de novo adhereat, quia numquam imperat meritorie nisi imperet ex caritate *Ib.* 325. **d** ut .. confessa dignis, ut ~abat, poenitentiae fructibus [cf. *Luc.* iii 8] abstergerent Bede *CuthbP* 9; Bonif. *AG* 496 (v. imperativus 1b); sacerdos orat: rex ~at Gerv. Tilb. *pref.* p. 881; Christo .. ~anti obediunt venti et mare *Ib.* I 1; modus pro modo ponitur, ut indicativus pro inperativo, sic 'itis' pro 'eatis' vel 'ite arma parate', significans per hoc quod non oportet ~are sed indicare quia ad nutum obediunt *Ps.*-Gros. *Gram.* 72; potest per imperium voluntatis ~antis movere ad cognicionem species cujuscumque habitualiter cogniti Duns *Ord.* III 234; Ockham *Quodl.* 325 (v. 1c supra). **e** apparuit ei .. quedam anicula .. paene mortua, quam, ~ante Silvestro, suscitare orando jubetur Aldh. *VirgP* 25 p. 258; tria alia sibi placabilia testimonia, illo ~ante, in eodem quaternione .. scripsi Asser *Alf.* 88; †**949** (10c) ego Dunstan .. rege E. ~ante .. kartulam dictitando conposui *CS* 880; voluntate ~ante Duns *Ord.* III 270 (v. elicitive). **f** Asser *Alf.* 91 p. 78 (v. 1a supra); illi, ~atis [v. l. preceptis] insistentes, convenientem studiis suis exitum habuere W. Malm. *GR* I 44; ~ata quelibet se facturos promittunt Ord. Vit. IV 4 p. 180; iste cum aliis quibusdam regii mandati est executor; faciunt ~ata et pejora ~atis W. Fitzst. *Thom.* 67.

2 (trans., w. pers. obj.) to order, command (someone to do something): **a** (w. inf.); **b** (w. *ut* & subj.).

a sanctae virgines .. rursus in ardentes thermarum vapores inclementer jactari ~antur Aldh. *VirgP* 51 p. 307; imperat interea multatum morte cadaver / surgere de nigris anima redeunte latebris *Id. VirgV* 1410; tum famulas tortor sacratas imperat atrox / pondere cum scopuli collum constringere nexu / alveus ut Tiberis mersisset gurgite glauco *Ib.* 2331; eum consistere firmis vestigiis ~abat (Constantius) Bede *HE* I 19 p. 38; Juthitham .. juxta se .. sedere ~avit Asser *Alf.* 13. **b** imperat illustris regem sermone sacerdos / Silvester Constantinum decrepita membra / suscitet ut vetulae rursus cum sospite vita Aldh. *VirgV* 601.

3 (intr., w. dat.) to give an order, command (someone to do something): **a** (w. inf.); **b** (w. *ut*, *quod*, or *ne* & subj.); **c** (w. *ad* & gd.); **d** (impers. pass.).

a libros ante se recitare talibus ~abat Asser *Alf.* 77. **b** sistere illum paulisper fecerunt, ~antes [*gl.*: i. e. precipientes] sibi [v. l. ei] ut de heremo discedisset Felix *Guthl.* 31 p. 102; o miserrime Satana, .. ~o tibi in nomine Jesu Christi .. ut ab hoc tumultu desistas *Ib.* 36 p. 116; ?**1122** mando ergo et intimo dilectioni tue et ~o fidelitati illi quam mihi debes ne hoc iter tuum .. prepares *Doc. Bury Sup.* 21 p. 815 (= *Regesta* 1340); Juppitēr autem Minerve ~avit ut virginitatem suam armis defenderet Alb. Lond. *DG* 10. 3; voluntas .. potest ~are intellectui ut inquirat .. Duns *Ord.* II 51; quando voluntas absolute ~at homini quod vadat .., in isto casu, primus actus imperatus est primo actui indifferens Ockham *Quodl.* 96. **c 1238** quibus frater G. prius ~avit ad faciendum quod voluerit *CurR* XVII 149C. **d** inperatur eis ut .. Osb. Clar. *V. Ed. Conf.* 7.

4 to give orders (to), be in charge or command (of), have power (over) (w. dat.); **b** (impers. pass.).

sunt nonnulli qui, spiritus gracie pleni, .. daemonibus ~ant BEDE *Hom.* II 11. 161; qui placido in puppi carpebat pectore somnum, / exurgens ventis imperat et pelago ALCUIN *Carm.* 122. 2; dominorum est servis ~are; servorum dominis obtemperare G. FONT. *Inf. S. Edm. prol.*; **c1156** assertione legitimorum testium clericorum et laicorum quibus neutra pars ~are vel interminari possit *Doc. Theob.* 129; nulli ~avit ut dominus *Chr. Battle* 48v; patet .. tutius esse volentibus quam invitis ~are GIR. *EH* I 1 p. 226; cum ventis et mari ~avit GROS. *Cess. Leg.* III 6. 7 (v. gubernatrix a); **s1176** [Alexander papa] stans ~avit mari et ventis vice Jesu Christi, cujus vicarius erat M. PAR. *Maj.* II 300. **b** BRACTON 185 (v. 2 dangerium 2b).

5 to rule over (w. dat.): **a** as emperor or empress; **b** as king; **c** (of Christ or Cross).

a Theodosius .. imperavit .. Romanis xxviij annis H. HUNT. *HA* I 46; Jovinianus .., quum traheretur ad imperium, clamavit se nolle paganis ~are. quum autem clamarent omnes se Christianos esse, ille imperium suscepit R. NIGER *Chr. I* 41 (= *Id. Chr. II* 126: quum eligeretur in imperatorem, ait se nolle militibus ~are paganis); **s801** quoniam Yrene imperatrix, excecato imperatore Constantino filio suo, Romanis ~abat, uno omnium consensu Karolo †rege [l. regi] imperatorias laudes acclamant DICETO *Chr.* 129. **b** rex Hyglacus qui ~avit Getis *Lib. Monstr.* I 2; [Ædilberctus] Anglorum gentibus ~abat BEDE *HE* II 3 p. 85; **957** (14c) anno secundo imperii Eadwiges totius Albionis insulae ~antis *CS* 997; cum in Angliam nuper redierim, Henrico Wilhelmi Anglis ~ante ADEL. *QN pref.* p. 1; Joseph non ~asset Egypto nisi .. P. BLOIS *Ep.* 80. 248A. **c** **1153** hec [sc. crux] sursum caput elevans jam celis ~at G. FOLIOT *Ep.* 108 p. 148.

6 (absol., esp. in abl. absol.) to reign: **a** as emperor or empress; **b** as king; **c** (of Christ).

a Vespasianus, qui post Neronem ~avit (Orosius) BEDE *HE* I 3 p. 15; **596** ~ante domino nostro Mauricio Tiberio piissimo Augusto anno xiiij (*Lit. Papae*) *Ib.* 23 p. 43; ~antibus Augustis Valeriano et Gallieno ALDH. *VirgP* 51 p. 307; Nero .., quamvis juvenis strenuus fuisset, tamen cum ~aret, in re militari segnis factus est H. HUNT. *HA* I 20; Constantius .. post depositionem eorum [sc. imperatorum] ~avit in occidentalibus partibus, Maximino ~ante in orientalibus *Ib.* 37; ~anti Julio vitam et imperium timor invidit GIR. *EH* I 1 p. 227; Irene filium suum custodia sepsit et ~avit sola v annis R. NIGER *Chr. I* 69. **b** **680** ~antibus dominis piissimis nostris Ecgfrido rege Hymbronensium .. et Ædildredo rege Mercinensium .. et Alduulfo rege Estranglorum .. et Hlothario rege Cantuariorum (*Conc. Hatfield*) BEDE *HE* IV 17 p. 239. **c** ~ante ubique Domino Jhesu Christo *Canon. G. Sempr.* 106.

7 (of abstr. or inanim.) to govern, rule.

luna .. humoribus ~at ADEL. *QN* 62; yposelinum .. menstruis ~at *Alph.* 197.

imperatio v. impetitio 4.

imperative [LL]

1 in the imperative mood.

cum dicitur 'fiat lux', non ponitur hoc verbum 'fiat' ~e, sed notat dispositionem consilii Trinitatis NECKAM *SS* II 37 p. 176.

2 by order or command.

ne hic se superstite cuiquam propalaret, in virtute obedientie ~e illum perstrinxit J. FURNESS *Walth.* 23; eis in illa die laboris corporei exercicium ~e interdixit *Id. Pat.* 162.

imperativus [LL]

1 (gram.) imperative; **b** (as sb. m., *sc. modus*).

a secunda sc. persona ~i modi quae est producta ABBO *QG* 3 (7); modus .. ~us, *þæt ys bebeodendlic* ÆLF. *Gram.* 125; misit ad comitem archiepiscopum Rothomagensem, †mandens [l. mandans] ~o modo [*ed.*: '*in a peremptory manner*'] ut castra redderet DEVIZES f. 33v p. 32. **b** sunt alia ejusdem conjugationis quae in praeterito perfecto concordant, sed ~o .. iambum, non spondeum eliciunt, ut 'faveo, favi, fave' ALDH. *PR* 114 p. 156; juxta idioma linguae Hebraicae indicativum modum pro ~o posuit BEDE *Gen.* 65; ~us dicitur qui imperandi significationem habet, ut 'puta', 'voca', .. BONIF. *AG* 496; ~us naturali necessitate non habet praeteritum ALCUIN *Gram.* 876A; primus modus indicativus est sive scientificus, secundus inperativus sive potestativus, .. *Ps.*-GROS. *Gram.* 48; ut indicativus pro inperativo *Ib.* 72 (v. imperare 1d).

2 (phil.) that gives a command.

in aggrediendo prelia litua acutiora animos stimulant et in remittendo tuba gravior eosdem resides facit: adeo hec vis anime [sc. musica] ~a est ADEL. *ED* 26; infirmus sperans sanitatem vult sanitatem ..; vult enim .. quia sperat sanitatem sibi possibilem et habet respectu ejus volicionem efficacem et ~am mediis inducentibus sanitatem DUNS *Sent.* II 6. 1. 2; determinacio .. fit .. in rebus practicis per vim ~am in judicante existentem PAUL. ANGL. *ASP* 1532.

imperator [CL]

1 one who commands or gives orders. **b** military commander; **c** (transf., w. ref. to exorcism). **d** (w. ref. to Christmas festivities).

GlH D 420 (v. dictator 1b). **b** **s800** Carolus .. ipse armipotens ~or .. hanc dignitatem ipso die meruit ab omni populo percipere ut imperator totius orbis appellaretur et esset BYRHT. *HR* 62 p. 64. **c** Deum .. supplices deprecamur ut hunc famulum tuum Ill. [? l. N.] benedicere dignetur in officium exorcistae ut sit spiritalis ~or ad abiciendos demones de corporibus obsessis EGB. *Pont.* 13. **d** **1548** quando rex regalis collegii ~or et reliqui veniebant huc REED *Cambridge* 150.

2 emperor (unspec.).

etiamsi bombicinum purpurae peplum et serica ~orum trabea .. fulgescat ALDH. *VirgP* 9 p. 236; **747** laicus homo vel rex vel ~or aut aliquis prefectorum vel comitum BONIF. *Ep.* 78 p. 169; monarchus, inperator *GlC* M 278 (cf. ib. M 272: monarchus, singularis rex); ~or ab imperando dicitur, quoniam in totum imperii corpus exercet imperia, puta penes quem est imperandi ab universitate collata potestas GIR. *PI* I 19 p. 103; **s1392** cujus [sc. ducis Lancastrie] adventui rex Francie non minora parari fecit quam pro adventu ~oris cujusque maximi providisset WALS. *HA* II 205; hic ~or, *a nemperour WW*.

3 (dist. as): **a** Roman; **b** (of Western empire from A. D. 284 until collapse in A. D. 476; predominantly Christian from A. D. 313); **c** (of Eastern or Greek empire, continuing independently after collapse of Western; later usu. dist. as *Constantinopolitanus*, *Byzantinus*, or sim.; collapsed in A. D. 1453); **d** 'Holy Roman' (founded in A. D. 800 in succession to collapsed Western Roman empire; sts. dist. as *~or Alemannorum* or sim. because Frankish or German kings usu. ruled empire also); **e** Mongolian (Tartar); **f** Persian; **g** Turkish; **h** Moroccan; **i** Spanish (usu. as result of annexation or sim. of independent neighbouring states); **j** (claimed as title by king); **k** (pretended).

a Britannia .. temporibus ~orum Romanorum et passa est et aliis intulit civibus .. mala GILDAS *EB* 4; Claudius ~or ab Augusto quartus BEDE *HE* I 3 p. 15; **747** sub paganis ~oribus BONIF. *Ep.* 78 p. 165; ~or, Caesar vel Augustus, *casere* ÆLF. *Gl.* 109; usque ad destructionem Jerusalem et templi, que a Tyto Romanorum ~ore facta fuit PETRUS *Dial.* 92; Julius Cesar primus et potentissimus ~or P. BLOIS *Ep.* 59. 176B; in jus ~orum, qui Christi apostolorumque ejus temporibus Romano presidebant imperio, .. dominus Ludovicus Romanorum imperator succedens OCKHAM *Pol.* I 278; non solum autem ~ores infideles, qui erant tempore Christi et apostoli [? l. apostolorum] fuerunt veri imperatores, sed eciam plures postea imperatores pagani, qui non cognoverunt imperium a papa et omnes Christianos crudelissime persecuti fuerunt, veri imperatores a Christianis et sanctis reputati fuerunt *Ib.* III 279; o Deus! .. non voluisti solvere tributum ~ori Romano pro te et pro Petro GASCOIGNE *Loci* 69. **b** Dioclitianus ~or augustae potestatis monarchiam gubernans ALDH. *VirgP* 41; **735** regnantibus Christianis ~oribus BONIF. *Ep.* 33 p. 57; de regibus igitur Romanorum et de ~oribus tam Romanorum quam Grecorum, sub quibus fides catholica propagari meruit, diligentius intuendum est R. NIGER *Chr. I* 19; [Longobardi] libenter venerunt [sc. in Italiam] et in prejudicium ~orum in ea regnaverunt diu *Ib.* 54; **s582** Justinus .. adoptavit Tiberium et declaravit eum Augustum vel ~orem *Ib.* 54; hunc ~orem [sc. Valentinianum] beatus Ambrosius excommunicavit ut regem Italie, non ut ~orem Rome *Id. Chr. II* 129; Philippus .. primus omnium Christianus ~or fuit GERV. TILB. II 16 p. 928. **c** [Constantinus] ~or in civitate quae Bizantium vocabatur ALDH. *VirgP* 25 p. 258; ~oribus Constantinopolitanis jamdudum a solita virtute degenerantibus W. MALM. *GR* I 68 p. 71; Constantinopolitanus ~or Romanum imperium rexit et Illirico Italieque multisque aliis nationibus et linguis prefuit ORD. VIT. I 24 p. 156; callidus ~or Grecorum *Ib.* VII 7 p. 179; preter incomoda que dolo Constantinopolitani ~oris .. acciderant Christianis J. SAL. *Hist. Pont.* 24 p. 54; in auro pannisque sericis ~or Bizancius et rex Siculus gloriantur MAP *NC* V 5 f. 64v; Robertus Wischardus .. eatenus invaluit ut .. ad fugam abegerit citra mare imperatorem Romanum et ultra mare ~em Constantinopolitanum et in mari ducem Venetiarum R. NIGER *Chr. I* 84 (cf. id. *Chr. II* 162: Wiscardus .. vicit Venetios et Alexium ~em Bizanzenum et Henricum imperatorem a Roma expulit); **s1193** rex .. applicuit in Romania, sc. in loco qui dicitur Cuurefy [sc. *Corfu*], qui jurisdictioni subicitur ~oris Constantinopolitani DICETO *YH* II 106; **1424** Manueli, Dei gracia ~ori Constantinopolitano BEKYNTON I 285; **1438** ex parte Orientalium .. dominus ~or Romeorum (v. despotes b); ~or Orientalium Christianorum GASCOIGNE *Loci* 10. **d** **c801** domino excellentissimo atque omni honore dignissimo C. regi, ~ori atque Augusto victoriosissimo .. salutem ALCUIN *Ep.* 249 (cf. ib. 257 [**802**]: domino glorioso K. ~ori augustissimo atque Christianissimo); **s1118** rex vero Teutonicus, qui et Romanus ~or, audito papam huic vitae decessisse, Romam advolat EADMER *HN* 296; Lotharius .. nomen ~oris usurpans regnavit annis quindecim in ea que jacet juxta Alpes parte Germanie et nunc Lotharingia quasi regnum Lotharii dicitur W. MALM. *GR* II 110 p. 110; **s1106** Henricus ~or Alemannorum .. exspiravit ORD. VIT. XI 18 p. 221; ~or Romanus, quem dicunt Alemannorum MAP *NC* V 5 f. 64v; ante Karolum, patrem Ludovici, patricii tantum erant Francorum reges senatus Romani, non ~ores GERV. TILB. II 19 p. 942; **s1284** in Alemannia quidam trufator subito se palam manifestans Fredericumque quondam Romanorum ~orem .. se esse simulans .. se ut dominum et ~orem ab omnibus fecit venerari *Chr. Bury Cont. A* f. 172; **s1348** rex Edwardus .. Coloniam adiit, ubi ~orem Bavarrum [sc. *Louis IV*] sibi conciliavit HIGD. VII 44 p. 334; Martinus [sc. Polonius] .. dicit etiam dictum Henricum [sc. primum] non fuisse ~orem Romanorum sed Theutonicorum tantum CAPGR. *Hen.* 13; **s1416** ~or Rome venit in Angliam W. WORC. *Ann.* 759. **e** BACON *Maj.* I 368 etc. (v. Chaganus); **s1300** Cassan, rex magnus, Tartarorum *cham*, id est inperator *Chr. Bury Cont. B* f. 200v. **f** Arnulphus ~or Persarum baptizatur GERV. TILB. II 16 p. 930. **g** quo facto, viso et audito a perfidis Turcis paganis, percussit eos Deus et eorum perfidum ~orem tanto timore et horrore quod .. GASCOIGNE *Loci* 8. **h** **s1171** Avigoz ~or de Marroc transfretavit mare Affricum *G. Hen. II* I 23 (cf. R. HOWD. II 33: Avigoth Armiramimoli, ~or Affricanorum); **s1190** Baioc al Miramimoli, ~or de Maroc et de Hyspania Saracenica *G. Ric. I* 117. **i** Alfunsus gloriosus Hyspanie ~or PETRUS *Dial.* 2; **s1154** Ludovicus rex Francorum duxit uxorem filiam Anforsi regis Hispaniarum, .. quem, quia principatur regulis Arragonum et Galicie, ~orem Hispaniarum appellant TORIGNI *Chr.* 178; Radamirus, ~or Hispanie, Adarram, regem Sarracenorum, gravi confecit prelio R. NIGER *Chr. I* 80; in Hispania ~ori Xanthio successit Alphonsus, filius ejus, .. qui reges Hispaniarum suo subjecit imperio *Ib.* 87. **j** **798** ego [Coenwulf] .. rector et ~or Merciorum regni anno secundo imperii nostri .. *CS* 289; **949** (13c) Eadred rex rite Anglorum gloriossimus rectorque Noþhanhimbra [*sic*] et paganorum ~or Brittonumque propugnatur *Ch. Burton* 9 (= *CS* 884); **956** (11c) Eadwi rex nutu Dei Angulseaxna et Northanhumborum ~or, paganorum gubernator Breotonumque propugnator *CS* 937; †**964** ego Eadgarus Anglorum basileus omniumque regum insularum oceani que Britanniam circumjacent cunctarumque nationum que infra eam includuntur ~or et dominus, gratias ago ipsi Deo omnipotenti regi meo qui meum imperium sic ampliavit et exaltavit super regnum patrum meorum *CS* 1135 (cf. ib.: ~or regum gentium); cum decus ducum et totius Albionis ~or [sc. Eadgarus] ex hujus turbine mundi variantis esset raptus BYRHT. *V. Osw.* 448. **k** **s1191** rex .. apud Cyprum applicuit, loco qui vocatur Limezun. Cursac autem dominus terre, qui se vocabat ~orem, .. regi portum prohibiturus occurrit DICETO *YH* II 91; **s1191** Cursac .. falso quoque nomen usurpaverat ~oris *Itin. Ric.* II 29 p. 183; **s1284** (v. 3d supra).

4 (applied to God or Christ, esp. w. ref. to notion of *Christus miles*).

a nostro ~ore Deo AILR. *Serm.* 220B (v. describere 4b); Salvatorem .. suum et ~orem in hoc sequens, nisi quod tam strenuus summi ~oris miles hic non jam nummularios .. sed gladiatores ipsos .. attentavit ejicere H. BOS. *Thom.* VI 2 p. 494; in hoc etiam miles suo conformis ~ori *Ib.* VII 1 p. 530; cum angeli mittantur nonnumquam ad completionem edicti summi ~oris NECKAM *NR* I 4 p. 29.

imperatorius [CL]

1 of a military commander.

stupuerunt mirantes eum [sc. Flandrensem marchionem Baldwinum] comites, .. si quando presentiam ejus rari hospitis ~ia cura promeruit W. POIT. I 22 p. 48.

2 of or belonging to an emperor; **b** (in title or form of address); **c** (*majestas ~ia*, also fig.). **d** (as sb. n.) imperial power or title.

Karolus, nomen Magni ab effectu sortitus, .. triginta et eo amplius annis simplici nomine regis fastigatus et ab ~ia appellatione, quamvis sepe ab Adriano papa invitaretur, temperans W. MALM. *GR* I 68 p. 71; **s896** in imperio successit Carolo isti Arnulfus rex de genere ~io *Ib.* II 112 p. 116; gens gentilium ad urbem ~iam [sc. Bizantium] indemnis deducta est ORD. VIT. IX 7 p. 505; cui [sc. Ludovico] successit filius Karolus, secundus in ~ia dignitate GERV. TILB. II 19 p. 942; Frodoricum [*sic*; sc. II] .. electum ad imperii regimen confirmavit ac ~io diademate Rome decoravit *Plusc.* VII 1 p. 56. **b** **c801** patenter agnosci poterit .. ~iam vestrae prudentiae potestatem a Deo ad solum mundi regimen .. conlatam (*Ad Karolum Imp.*) ALCUIN *Ep.* 308 p. 471; rex Edwardus Aldredum episcopum Coloniam ad imperatorem Henricum direxit .. qui, cum in ~ie auguste dignationis oculis invenisset gratiam, .. W. MALM. *Wulfst.* I 9 p. 16. **c** prima linea et superior sensualitatis est cum homo exterior cum sensibus suis penitus obnoxius est obsequio spirituali et animus majestatem sibi ~iam vendicat, caro ancille personam induit W. DONC. *Aph. Phil.* 3. 7; H. Bituricensis .. magnificentiam ~ie majestatis suppliciter requirit ut sibi compatiatur et subveniat (*Ep.*) ORD. VIT. X 23 p. 138; decet ~iam magestatem privatos habere fideles BACON V 51; Benedictus XII .. Deum et ~iam majestatem gravius .. quam Joannes XXII offendit OCKHAM *Pol.* III 298.

d s**1245** Fredericus privatur ab ~io *Eul. Hist. Chr. Brev.* 303 (cf. M. PAR. *Min.* II 506: imperator F. ignominiose ab imperio depositus est; *Id. Abbr.* 295: ab culmine imperii ignominiose precipitatus est; cf. id. *Min.* III 6 [s**1246**]: Fretherícus, quem nominare imperatorem prohibet ecclesia).

3 imperial, of an empire (in quot., w. ref. to currency).

~ii nummi Bizantini vocati W. MALM. *GR* IV 354 (v. Byzantinus).

4 (*lex ~ia*) a law in force throughout an empire; **b** (spec. w. ref. to the "Holy Roman" empire). *Cf. imperialis* 2c.

1236 divine itaque et naturali legi magis quam ~ie obtemperandum est GROS. *Ep.* 23 p. 80; lege ~ia *RegiamM* II 12. 3 (v. gleba 2c). **b** Christus ~ie legi erat subjectus RIC. ARMAGH *Def. Cur.* 1406 (*recte* 1306).

5 befitting or due to an emperor.

s**801** ~ias laudes (v. imperare 5a); imperator [Cypri] .. usurpata nimirum ~ia excellentia *Itin. Ric.* II 32 p. 189.

6 of a king, kingly.

tam patris ~ia pietas quam sua servitoria benignitas omnibus eam mellificaverat GOSC. *Edith* 62.

imperatrix [LL; *in* CL *only facet.*]

1 empress, emperor's wife or relict; **b** (of Eastern empire); **c** (of 'Holy Roman' empire); **d** (of Spain).

~ix vel Augusta, *caseres wif* ÆLF. *Gl.* 155; **1236** cum matres carnales, etiamsi sint ~ices, non sint legum aliquarum conditrices GROS. *Ep.* 23 p. 94; hec ~ix, *a hempryse WW*. **b** ~ix Eudoxia, rediens ab Hierosolyma, attulit catenas S. Petri R. NIGER *Chr. I* 48; s**801** Yrene ~ix (v. imperare 5a); S. Stephanus foras portam Galilee lapidatus est, ubi a Theodosia ~ice ecclesia fundata est GERV. TILB. II 22 p. 949; [J. Chrysostomus] predicabat Eudoxiam ~icem desistere ab idolatria sua *Eul. Hist.* I 196. **c** ?**1126** gloriosam manum S. Jacobi apostoli, quam Matillis ~ix filia mea de Alemannia rediens mihi dedit, ipsius petitione vobis transmitto *Cart. Reading* 5 p. 40 (= *Regesta* 1448); a**1140** M. ~ix regum [*sic*] Anglie filia omnibus fidelibus .. salutem *Regesta* 20; M. .. ~ix post mortem mariti sui natale solum repetit ORD. VIT. X 1 p. 8; imperii vero insignia moriens Cesar ~ici Mathildi dimisit *Ib.* XII 43 p. 467; rex Henricus dedit Mathildem filiam suam Henrico imperatori, que Maguntiam desponsata est et in ~icem consecrata; cui imperator dedit c^m^ equites in dote R. NIGER *Chr. II* 165; [Milo] a regis ejusdem filia et ~ice Romana Matillide comes Herefordie creatus est GIR. *IK* I 2 p. 29; s**1041** ~ix [sc. Gunnilda] .. imperatori [sc. Henrico] repudium fecit M. PAR. *Maj.* I 515 (cf. W. MALM. *GR* II 188 p. 230). **d** Lodovicus .. traduxit Alesiam, filiam Ildefonsi imperatoris Hispanie. hic enim I., ante mortem suam, quia tenere diligeret duos filios suos, divisit eis imperium, et Sancio majori tradidit Castelle et Tolete regnum, Fernando minori Gallicie regnum; et Alesie assignavit infantaticam portionem terre, que solet esse ~icum R. NIGER *Chr. I* 92.

2 (fig.); **b** (w. ref. to BVM).

huic ~icis [sc. Grammatice] epilogio omnes consensim allubescentes OSB. GLOUC. *Deriv. prol.* p. 4. **b** sibi pronunciavit esse preceptum ab ~ice mundi *V. Chris. Marky.* 42; mater misericordie .. alba .. et aurotexta clamide circumtecta, uti celorum ~icem decebat *Mir. Hen. VI* III 106 p. 189.

3 one who commands or gives orders (f.), mistress.

sensualitatem eorumdem motuum [sc. anime] ~icem .. dixeris PULL. *Sent.* 736C.

imperceptibilis [ML], imperceptible, that cannot be perceived; **b** (phil.).

abyssum profundissimam et humano sensui ~em P. BLOIS *Ep.* 140. 420D; s**1389** feretrum .. se subrigens nitebatur, quasi quadam virtute ~i, ab eorum humeris resilire WALS. *HA* II 186. **b** Tholomeus .. consimilem eciam motum ponit in stellis fixis continuum, qui, quamvis in modico tempore inperceptibilis fuerit, tamen in prolixo experimentis instrumentalibus manifestatur BACON IV 419; cum dicitur quod illuminacio medii est in instanti, dicunt quidam quod falsum est: quia, ut dicunt ipsi, illuminacio est in tempore ~i, et dicunt philosophum numquam sensisse contrarium MIDDLETON *Sent.* I 333; superaddit eciam quod ignorat quod quilibet sacerdos quantumcunque indignus fuerit conficiendo facit regulariter ultra hoc quod fecerunt patres veteris testamenti vel apostoli miracula infinita. sed miraculum istud est ~e atque inutile. ~e quidem, quia post consecracionem sensus, ut prius, renunciant quod est panis .. WYCL. *Euch.* 329.

imperceptibilitas [ML], imperceptibility.

calor debet esse fortior post prandium .. sed non est sensu perceptibilis propter fortitudinem suam. unde propter ~atem augmenti caloris dicunt aliquam equalitatem esse ante et post GILB. I 70v. 1.

imperceptibiliter [ML], imperceptibly, indiscernibly. **b** without being seen or noticed.

propinquitas tumoris ejus excedit ~iter propinquitatem extremitatum illius tumoris propter immoderatam distantiam BACON *Maj.* II 108; cooperante virtute distinctiva et argumentacione, quasi ~iter immixta PECKHAM *Persp.* I 56 (59). **b** s**1387** inter montana et maritima exercitum caute et quasi ~iter ducebat FORDUN *Cont.* XIV 51 p. 402.

imperceptus [CL], unseen, unnoticed.

s**1335** murum .., a vigilibus ~i, laboriose transfodiunt, tota quasi nocte laborantes FORDUN *Cont.* XIII 30 (cf. *Plusc.* IX 30 p. 273: †vigilis dormientibus).

impercunctanter [cf. incunctanter, percunctari], without delay or hesitation.

s**1252** ad quod ~er responderunt clam Wasconenses quod .. M. PAR. *Maj.* V 291.

imperdibilis, that cannot be lost or destroyed (in quot., as sb. n.).

et inmortalium angelorum vita et immortalitas, et ~e ipsum angelice semper motionis ex ipsa et per ipsam est, ut subsistit BRADW. *CD* 158A.

imperdibiliter, in a way that cannot be lost or destroyed, inalienably, imperishably.

hic item in exemplo confirmacionis est character militis, qui denuo desertori militi post indulgentiam non iteratur, quia ~iter tenebatur, dicit Augustinus NETTER *DAF* II 181. 1.

imperfecte [CL], imperfectly, incompletely.

quare, existente carne cocta, fundus lebetis non tantum sentitur calidum quantum sub carne ~e cocta? *Quaest. Salern.* N 36; vestigium est impressio, derelicta ex transitu alicujus super vacuum vel plenum, ipsum ~e representans DUNS *Ord.* III 175; res infinita ~e intelligitur in objecto formali finito *Ib.* IV 225; quando pauci non sufficiunt ad perfecte videndum quid est agendum et quid omittendum, quamvis aliquo modo perpendunt ~e OCKHAM *Dial.* 805; BRADW. *CD* 6C (v. diminute 2).

imperfectibilis [ML]

1 that cannot be finished.

quidam [actus] est perfectibilis, ut motus, et quidam ~is, ut actus infiniti SICCAV. *PN* 144.

2 that cannot be made perfect.

Deus autem est completio incompletibilis, perfectio ~is, et ideo forma non formabilis, quia penitus sine defectu et incommutabilis GROS. 108.

imperfectio [LL]

1 state of being incomplete or unfinished, deficiency, imperfection. **b** (cause of) imperfection, defect, flaw.

semiplena oratio .. verbique ~o perfectius aliquid innuit J. FORD *Serm.* 89. 1; quia igitur illud, quod in fine est, perfectius est quam quod in principio et medio, hoc autem contingit ex ~one, sc. quodam defectu qui inerat principio et medio *Quaest. Salern.* B 228; esse est a perfeccione rei: ergo non-esse est ab ~one J. BLUND *An.* 323; ad tantam sublimitatem imperfectum meum viderunt oculi vestri, et non unicam ~onem sed duplicem, sc. ~onem scientie in mente et virium in corpore FISHACRE *Sent. Prol.* 97; propter ~onem forme GILB. VII 303v. 2 (v. durabilitas a); queritur utrum sint plures orbes. et videtur quod non: scribitur in libro de Memoriali quod omnis multitudo ex ~one causatur; set orbes non sunt imperfecti, sed perfecti et completi quia substancie sunt eterne BACON VII 64; DUNS *Ord.* II 271 (v. dividere 5a); si dicis quod x^o^ Metaphysice [1052b31–1053a13] dicitur quod mensura est minimum in omni genere, dico quod Philosophus intelligit per 'minimum' simplicissimum et minus compositum vel ~oni admixtum. et sic Deus est simplicissimus et purissimus et ab omni ~one remotissimus OCKHAM *Quodl.* 779; WYCL. *Mand. Div.* 120 (v. elementatio). **b** natura ~onem fugiens unumquodque in suo genere perficere laborat *Quaest. Salern.* B 5; ut .. referatur .. ~o que est in verbo ad creaturam HALES *Sent.* III 503 (v. decipere b); exemplata et consueta et vulgata .. inducunt omnem errorem et ~onem in hoc mundo et omnem hominem et statum quemlibet corrumpunt BACON *Tert.* 25; nihil credimus de Deo quod aliquam ~onem importat DUNS *Ord.* I 71; quando equo utitur, defectus humanus seu ~o suppletur PAUL. ANGL. *ASP* 1547.

2 state of moral or spiritual imperfection. **b** moral or spiritual defect, failing, shortcoming; **c** (w. defining gen.).

c**798** terreni lucri gratia desudant in docendo. hi in sua inperfectione octogenario numero comparantur ALCUIN *Ep.* 133 p. 201 (cf. 3 infra, imperfectus 5); hiatus desiderii, aliquid ulterius jugiter affectantis, ~onis signum est; signum dico: defectum potius dixerim conscientie manifestum J. SAL. *Pol.* 698B; propria nobis ~o silentium indicit AD. SCOT *OP* 580D; misera humane ~onis conditione GIR. *TH intr.* p. 8; cum ad erudicionem populi mitteret Dominus Jeremiam, quem sanctificaverat ex utero, suam inperfeccionem propheta formidans, "a! a! a!" inquit "Domine, ecce loqui nescio" [*Jer.* i 6] *V. Ed. II* 253; detrimentum boni multorum nullam perfeccionem sed ~onem importat OCKHAM *Dial.* 794; loquendi quoque tropi et schemata penitus deperirent, nisi in remedium ~onis humane litterarum usum divina miseracio providisset HIGD. I 1 p. 4. **b** intuicio pure falsitatis est anime ~o J. BLUND *An.* 323; s**1321** rex .. tres inclitos milites .. quorum fidelitatis constancia suis ~onibus exstiterat nimis gravis et onerosa .. ad caudas equorum trahi .. precepit *Flor. Hist.* III 203. **c** benignitatis humiliter imploro gratiam ut presumptionis mee ~oni perfecta concedatur venia T. MON. *Will.* I *prol.* p. 2.

3 (math., of number) imperfection. *Cf. imperfectus* 5.

c**798** eandem regulam perfectionis vel inperfectionis, quam prima unitas in suis numeris sub denario servat, eandem et secundam in suis denariis sub centenario servare necesse est ALCUIN *Ep.* 133 p. 201.

4 (mus.) imperfection: **a** the imperfecting of a perfect unit, causing it to lose one third of its value; **b** (marked explicitly in notation advocated by an English theorist). **c** the condition of being imperfect.

a hic patet ~o brevium per semibreves et earum valores prepositas et postpositas *Fig.* 49. **b** tractus descendens directe perficit semibrevem, ergo directe ascendens inducet ~onem, et per consequens semibrevis efficiet minorem HAUBOYS 270; cujus [tractus] opposicio creat de necessitate aliquam proprietatem seu perfeccionem, ejusdem ablacio ~onis est declaracio *Ib.* 272. **c** preter divisiones predictas notarum, alie possent dari tam de perfectione quam inperfectione WILL. 25; longa ad perfeccionem et ad ~onem equivocatur HAUDLO 152; hic terminus longa equivocari potest ad perfeccionem viz. et ad ~onem *Ib.* 156.

imperfectus [CL]

1 not complete in every respect, defective, imperfect; **b** (compar.). **c** (of book or sim.) incomplete, that lacks part (*cf.* 3c *infra*); **d** (of a set of things). **e** (of sentence) elliptical. **f** legally imperfect (of transaction or sim.).

ergo ~a est patrum castitas, si eidem non et filiorum adcumuletur GILDAS *EB* 109; quippiam in rerum visibilium plastica humanae naturae necessarium omnipotentem reliquisse infectum atque ~um [*gl.*: *unfremful*] catholicae fidei regula refragatur ALDH. *VirgP* 56 p. 316; evidens est ~am esse anime sapientiam PETRUS *Dial.* 23; [homo] semiplenus et inperfectus est dominus respectu Domini BELETH *RDO* 25. 37D; voluntatem ~am GROS. 247 (v. diminutive b); enthymema est inperfectus sillogismus [cf. Quintilian *Inst.* V 14. 1]: arguit enim ex una proposicione actu posita et alia subintellecta, sic 'omnis homo currit, ergo Sor currit' BACON XV 303; W. ALNWICK *QD* 151 (v. diligibilitas); 'semis', quod est '~um' HAUBOYS 192 (v. imperficere 2). **b** c**798** octo animas in arca esse legimus .. ut ostenderetur secunda origo esse inperfectior quam prima, quae in senario numero creata est ALCUIN *Ep.* 133 p. 200 (cf. 5 infra); undenarius in scripturis divinis inperfectioris ordinis videtur quam denarius BYRHT. *Man.* 220 (cf. 5 infra); omnia .. appetunt ulterius et ulterius perfici, et se sibi assimilare .. inquantum unumquodque secundum suam naturam potest. ~ius autem se appetere horret quelibet creatura PAUL. ANGL. *ASP* 1545. **c** **11**.. Prisciani magni v [sc. libri], tres integri et duo ~i *Catal. Durh.* 3; c**1170** Priscianus magnus ~us in pargameno *Libr. Cant. Dov.* 7; a**1332** Amalardus tercius ~us [*corr. in* MS: non totus] *Ib.* 24; ponuntur tabule eclipsis solis et lune pro quatuor ciclis decemnovenalibus cum annis Christi, mensibus et diebus ~is N. LYNN *Kal.* 61. **d** **1291** scaccarium j cum familia, tabular' debilis cum ~a familia *Ac. Man. Cant.* (*Monkton*). **e** punctus vero elevatus debet fieri quando non est suspensio absoluta, sed sentencia ~a, que immediate perficitur per id quod sequitur BACON *Tert.* 250; Agamenon .. oracione ~a more indignantis querit dicens 'Chiros hos animos?' TREVET *Troades* 27. **f** poterit carta esse vera et valida per se, licet donacio fuerit ~a, et e contrario BRACTON 11v.

2 morally or spiritually flawed; **b** (as sb. m. or f.).

ut illi [sc. prophetae] pro nobis oraculorum suorum jacula inperfectis pastoribus, ut antea tyrannis, quis compuncti sanentur, librent GILDAS *EB* 76. **b** **1281** sunt et duo alia sacramenta, ordo et matrimonium, quorum primum perfectis convenit, secundum vero novi testamenti tempore solis convenit inperfectis *Conc. Syn.* 905 (cf. LYNDW. 45 c: ~is, sc. laicis, qui respectu clericorum dicuntur ~i).

3 (as sb. n.) imperfection, inadequacy. (*Cf. Psalm.* cxxxviii 16: *~um meum viderunt oculi tui*).

quia inperfectum nostrum viderunt oculi tui, perfectioni deputa quaesumus que perfecto equitatis fine concludere preoptavimus EGB. *Pont.* 99; Jeremias .. timens insufficientiam suam quasi elementarius puer esset, excusavit se dicens "A, a, a, Domine Deus, nescio loqui quia puer ego sum" [*Jer.* i 6]. quis hodie suum imperfectum

allegat? P. BLOIS *Ep. Sup.* 5. 8; **s1181** ~um suum sentiens consideransque se tante administrationi minime posse sufficere R. HOWD. II 254 (cf. *G. Hen. II* I 271); **1342** dum nostrum conspicimus inperfectum, divinam contemplamur omnipotenciam (*Breve Regis*) *Reg. Exon.* I 66.

4 a (of action *etc.*) unfinished, not concluded. **b** (of something in the making) unfinished. **c** (of a book) left unfinished by its author (*cf.* 1c *supra*).

a s1139 inde, re ~a, Oxenefordiam petiit H. HUNT. *HA* VIII 10; propter ~am digestionem GILB. VII 303v. 1; **1291** sciatis enim quod hoc negocium non intendimus dimittere ~um PECKHAM *Ep.* 713 p. 979; **1299** mandatum nostrum .. contempnentes .. negocium .. deseruistis †in perfectum *Reg. Cant.* I 332. **b** Franci .. Chevetotem urbem intraverant, quam Alexius imperator nuper construere ceperat .. sed prohibentibus Turcis eam ~am reliquerat ORD. VIT. IX 5 p. 491. **c** Chrysostomus in ~o opere (secundum nostram linguam) super Matthaeum .. HOLCOT *Wisd.* 160.

5 (*tempus praeteritum ~um* or sim., gram.) the imperfect tense; **b** (as sb. n.) the imperfect.

veniunt a tertia conjugatione tempore praeterito ~o 'veniebant' ALDH. *PR* 131 p. 180 (cf. ib. 138 p. 192: tam praeterito perfecto quam ~o); preteritum inperfectum [est] cum aliquando coepisse nos aliquid et non perfecisse declaramus BONIF. *AG* 499. **b** dividitur preteritum in perfectum et in inperfectum et in plusquamperfectum. inperfectum est quod non est terminatum ad presens *Ps.*-GROS. *Gram.* 48.

6 (math., of number) imperfect, *i. e.* that is exceeded by the sum of its aliquot parts.

c**798** parium numerorum alii sunt perfecti, alii inperfecti. perfectus numerus est qui partibus suis impletur nec diminutione frangitur nec multiplicatione partium superabundat, ut senarius numerus ALCUIN *Ep.* 133 p. 200 (cf. Isid. *Etym.* III 5. 11).

7 (mus.) imperfect, containing two thirds of the value of a perfect unit; **b** (of ligature containing imperfect notes); **c** (of interval producing concord or discord); **d** (of rhythmic mode); **e** of rest that changes one rhythmic mode to another; **f** (of mensural mode).

~a semibrevis solum signat tempus duarum minimarum *Fig.* 44; nota ~a est que bis continet in se minorem sibi proximam perfectam WILL. 24–5; de brevibus ~is, si tres semibreves vel plures .. conveniantur inter duas breves et prima brevis punctum habet post se positum, semibrevis subsequens brevem ad eam pertinet HAUBOYS 292; maxima ~a valet duas longas et tunc dicitur de modo maximarum inperfecto HOTHBY *Cant. Fig.* Ve 39; quando pause longarum ponuntur bine, significat maxima erit ~a; et quando trine, significat de modo perfecto *Ib.* Ve 43. **b** a parte finis etiam quatuor sunt species [sc. figurarum] quia quedam dicitur cum plica, quedam sine plica, quedam perfecta circa finem, quedam ~a circa finem. .. ~a est quando stat obliquo modo GARL. *Mus. Mens.* 2 p. 49; omnis ~a figura, si sit cum proprietate, extenditur usque ad primam longam sequentem *Ib.* 3 p. 51. **c** ~a dicitur [consonantia] quando due voces junguntur in eodem tempore ita quod una vox ex toto percipitur ab alia secundum auditum GARL. *Mus. Mens.* 9 p. 68; discordantiarum quedam dicuntur perfecte, quedam ~e, medie . . . ~e dicuntur quando due voces junguntur ita quod secundum auditum aliquo modo possunt compati tamen non concordant *Ib.* p. 71; ~e [sc. consonancie] vero sunt tertia, sexta, decima, et tertia decima HOTHBY *Contrap.* Fa 101. **d** omnis modus dicitur ~us, quandocumque ita est quod aliquis modus desinit per aliam quantitatem quam per illam qua incipit, ut cum dicatur prima longa, altera brevis, altera longa et altera brevis GARL. *Mus. Mens.* 1 p. 39; sequitur de modis ~is, quomodo et qualiter figurantur. unde primus modus ~us figuratur hoc modo: tres [sc. figure] cum proprietate et postea cum duabus et duabus etc. cum proprietate et in fine tres sine proprietate *Ib.* 5 p. 57. **e** ~a [sc. pausatio] dicitur illaque transmutat modum propter sui adventum vel quando reddit alium modum post quam ante GARL. *Mus. Mens.* 7 p. 64. **f** maxima imperfecta valet duas longas, et tunc dicitur de modo maximarum inperfecto . . . longa imperfecta valet duas breves, et dicitur de modo longarum ~o HOTHBY 39.

imperficere [ML, *backformed from* imperfectus]

1 to make imperfect, flaw, vitiate (esp. pass.).

si autem loquatur de parte contradiccionis extrinsece, ex natura tali sciencia Dei nec perficitur nec ~itur BRADW. *CD* 145B; cum tamen pretericiones multorum actuum pocius inperficiunt mundum, illas igitur potest Deus ammovere perficiendo mundum WYCL. *Act.* 63; ab hinc [res] procedit continue, succrescens usque ad perfeccionem ultimatam, licet alique partes ~iantur gracia sui tocius perficiendi, ut corpora corruptibilia veterascunt, ut sua species, vel saltem universitas, pulcrificetur in ordine successionis suarum parcium *Id. Ente* 307; plus proporcionaliter ~itur ille mundus *Id. Incarn.* 37; innuunt ecclesiam magis inperfici, quam aliquam ejus partem *Id. Versut.* 100.

2 (mus.) to imperfect, to cause a perfect unit to lose one third of its value. *Cf. imperfectio* 4, *imperfectus* 7.

in his sicut in simplicibus contingit longas perfici et ~i, breves autem rectas fieri et alterari ODINGTON *Mus.* 137; longa duplex, id est sex temporum, ~itur per brevem precedentem vel subsequentem HAUDLO 118; si .. sola brevis vel valor sequatur longam ~it eam *Id.* 92; pause transmittunt modos seu ~iunt notas WILL. 31; omnis nota que potest ~i potest perfici *Fig.* 40; dicitur semiminor a 'semis', quod est imperfectum, eo quod minorem ~it HAUBOYS 192; inperficiens longior et vocatur inperficiens quia inperficit longissimam .. inperfecta WALS. *Mus. Mens.* 81; punctus divisionis dividit longas ~iendo maximas, semibreves ~iendo breves, minimas ~iendo semibreves HOTHBY *Cant. Fig.* 331; punctus divisionis ponitur inter duas semibreves ad ~iendum breves *Ib.* Ve 44.

imperfide, ? *f. l.*

sequitur ex quo fidem Christianam non possunt ad omnem panis differenciam convertere ad libitum appostoli sic crediderunt aut †inperfide recesserunt aut fidem suam de certo [? l. decetero] determinacioni commisserunt successorum (? WYCL.) *Speculum* III 250.

imperforabilis [LL], that cannot be pierced.

anima in qua tria predicta concurrunt penitus ~is manet a sagittis inimici ROLLE *IA* 186.

imperforatus, not pierced.

per Christi misericordiam inperforata ejus maxilla foramen omnibus patet HON. *Spec. Eccl.* 937D.

imperialis [CL]

1 of an emperor, imperial; **b** (w. ref. to insignia, ceremonial, or sim.); **c** (w. ref. to imperial court, its officers, or sim.); **d** (as sb. m. or f.) an emperor's subject. **e** (*majestas ~is* or sim., esp. as form of address).

[Babilas] ad palatinas ducitur zetas et ~is ypodromi vestibulum ALDH. *VirgP* 33 (cf. *WW* [**10..**]: imperialis [*sic* MS] hypodromi, *pæs caserlican huses*); **799** alia est ~is dignitas et secundae Romae saecularis potentia; quam impie gubernator imperii illius [sc. Constantinus V] depositus sit .. crebrescit ALCUIN *Ep.* 174; c**944** si aliquo modo fieri posset ut totius mundi opes ante nostros ponerentur obtutus ita ut ~i munere nobis universaliter deservirent, libenter illa omnia distribuerem O. CANT. *Ep.* 66; [Fredericus II] mundo incognitus latuit in habitu peregrino, nunc se imperatorem fuisse ostendens, argumento visibili et indiciis manifestis ~em vendicans dignitatem. Fredericus itaque, dum imperio fungeretur et ecclesie adversaretur Romane, per ipsam privabatur ~i nomine et honore *Flor. Hist.* III 61–2; ergo imperium non est a papa, nec imperator dignitatem ~em vel gladium materiale quoad execucionem ab eo tenetur recipere OCKHAM *Pol.* III 279. **b** a Domitiano, qui .. sceptris ~ibus fretus saeva tormentorum supplicia orthodoxae fidei cultoribus irrogabat ALDH. *VirgP* 7 p. 235 (cf. ib. 50 p. 305: Dioclitianus .. sceptris ~ibus infeliciter functus); in auxilium Michaelis, quem Danai de throno ~i expulerunt ORD. VIT. IV 3 p. 172; **1170** vestis ~is cum diademate P. BLOIS *Ep.* 93. 292A; ~ia insignia W. FITZST. *prol.* 19 (v. imperium 3a); Romanus .. filiam suam donavit Constantino: et ita ~ia indumenta et diadema assumpsit et Christophorum filium suum ad imperandum accivit super dominum suum R. NIGER *Chr. I* 77; Constantinopolitanus imperator, sede mutata, non dignitate, suo jure, non papali beneficio, ~ia gestat insignia GERV. TILB. II 18 p. 941. **c** sub monte tandem Celio ingressi sunt speluncam, quibus ministri ~es lapidibus obstruxerunt hostium, ne liberum Christi testes haberent egressum OSB. CLAR. *V. Ed. Conf.* 18 p. 100; **1235** magistro P. de Vinea, magne curie ~is judici *CalCh* I 200; **1236** H. de Aeps, ~is aule marescallum, .. honorifice recepimus *RL* II 8 (= *TreatyR* I 28); **s1245** T., procurator ~is M. PAR. *Maj.* IV 445 (cf. ib. 456: procuratores imperatoris). **d** hactenus servivimus duci de progenie Rollonis, nunc .. paremus regi magno de prosapia Karoli magni imperatoris. hucusque fuimus ducales, nunc vero sumus regales vel quod majus est ~es ORD. VIT. VI 10 p. 93; **s1251** erat .. Conradus .. omnibus de imperio amabilis ac formidabilis. et Henricus frater ejus .. universis ~ibus gratus exstitit et graciosus M. PAR. *Maj.* V 200. **e s1188** quoniam ~is majestas neminem citra diffiduciationem impetit, hostibus suis bella semper indicit, destinatur ab imperatore [sc. Frederico I] nuncius .. ad Salahadinum *Itin. Ric.* I 18 p. 34 (cf. GIR. *PI* III 16 p. 267); id ergo precor apud ~is majestatis benevolentiam ut .. GERV. TILB. *pref.* p. 883; tua ~is majestas a Karolo magno Romanum redintegratum imperium tenet *Ib.* II 18 p. 938; **1235** ~em magnificenciam copiosa prosequimur graciarum accione *RL* I 474 (cf. *TreatyR* I 93); **1236** ~is celsitudo *RL* II 9; **1242** super hiis autem ~em magnificentiam duximus certificandam (*Ad Imperatorem*) *Cl* 532.

2 proceeding or issuing from, performed by, an emperor; **b** (w. ref. to edict or sim.); **c** (w. ref. to Roman law).

~i auctoritate juvans, ne qui praedicantibus quicquam molestiae inferret BEDE *HE* V 10 p. 299; venerandis legibus et ~ibus cautum esse sanctionibus GIR. *SD* 60; **s1244** misit dominus imperator .. magistrum Walterum de Ocra .. ~es literas deferentem M. PAR. *Min.* II 492 (cf. id. *Maj.* IV 371: epistolam ~em); **s1176** cum [Alexander papa] fugeret a persecucione ~i et non erat ei tutus transitus per terram, immo per mare, .. *Id. Maj.* II 300; nec unquam certificabuntur nisi per apostolicam auctoritatem vel ~em, aut per auxilium alicujus regis magni prebentis philosophantibus adjutorium BACON *Maj.* I 300; **s1320** proclamatum fuit .. quod omnes notarii auctoritate ~i creati essent ab officio suspensi *Ann. Paul.* I 288; **1465** publicus auctoritate ~i notarius *Conc. Scot.* I ccxlvii. **b s1188** eum [sc. Fredericum I] totius imperii sequuntur magnates; et, apud Maguntiam, ubi ex edicto ~i convenerant, .. omnes in votum tam eximie peregrinationis proclamant *Itin. Ric.* I 19 p. 43 (cf. GIR. *PI* III 19 p. 273); [judex] sic penas pro commisso de legis ~is vigore intentat W. NEWB. *Serm.* 888; [Constantinus] jussit ~i edicto Deum verum .. ab tota urbe coli *Flor. Hist.* I 180. **c** lex ~is minorem viginti quinque annis ad tutele officium non admittit P. BLOIS *Ep.* 13. 41A (cf. *Inst. Just.* 1. 14. 2 etc.); ad hoc autem exemplum de jure ~i sumptum, plenum equitate et pietate hic apponere et huic adaptare casui preter rem non putavimus, ubi et cautum reperitur in hunc modum: piorum imperatorum emanavit auctoritas ut .. GIR. *SD* 74 (cf. *Digest* 14. 2. 8); leges ~es que supreme sunt inter leges seculares 'non dedignantur sacros canones imitari' OCKHAM *Pol.* I 20 (cf. *Corpus Juris Canonici* II 241, *based on Novellae Justiniani* 83. 1); **s1291** ad leges communes, sc. ~es, dicit esse recurrendum FORDUN *Cont.* XI 4 p. 139.

3 pertaining to or affecting an empire. **b** (of territory or city) forming part of an empire or being the seat of an empire. **c** (w. ref. to money) current in an empire.

p**801** praeter ~es et publicas curas ALCUIN *Ep.* 308 p. 471; quae Romae fuerat imperialis honor GARL. *Tri. Eccl.* 56. **b** Mediolana olim civitas ~is ALCUIN *WillP* 32 p. 139; imperialis ubi Burgundia surgit in Alpes H. AVR. *Hugh* 22. **c s1249** octodecem milia librarum de moneta ~ium, que tantum fere valet quantum exterlingorum M. PAR. *Maj.* V 78; j gr' ~is *Ac. H. Derby* 241 (v. 2 grossus 10b).

4 worthy of or befitting an emperor. **b** acting like an emperor, ? tyrannical; **c** (n. as adv.).

~ibus et terrenis hornamentis indui contempsit *Eccl. & Synag.* 87; dedecus est cuiquam generoso degenerare, / imperialis enim res est tibi non ob honores, / qui te contingunt, preclaros ledere mores D. BEC. 111; Tiberius Cesar .. processit in senatum cum gloria ~i *Eul. Hist.* I 138; hospitium quale manet ejus ut imperiale *Vers. Hen. V* 13. **b** suscepit humilis quod fors jubet imperialis FRITH. 317; quibus imperialis / est dominus nummus D. BEC. 1557 (v. dea c). **c** tempore rapto / imperiale tonans acies Agamemno labantes / increpat J. EXON. *BT* V 360.

5 (*pannus ~is*) imperial, sort of high-quality cloth; **b** (as sb. m.). (*Cf.* OF [*drap*] *emperial.*)

s1178 comes W. de Magnivilla Jerosolimis rediit .. qui peregre profectus, sicut altaria multarum per Angliam ecclesiarum habuerat in memoria, sic et rediens habuit in veneratione, pannos, quos civitas Constantinopolis vocat ~es, passim locis distribuens religiosis DICETO *YH* I 428. **b 1245** de capis minus preciosis: .. capa alia ejusdem [Nicholai] vetus est de panno serico, ut dicitur, ~i cum pavonibus et arboribus contexto. capa Roberti de C. est de ~i cum leonibus sine morsu *Invent. S. Paul.* 478; **1295** tunica de ~i cum arboribus rubeis et leonibus aureis . . . item tunica de alio ~i florigerata viridi et rubeo . . . item tunica ex alio ~i quasi marmorea *Vis. S. Paul.* 322; frontale ad altare de ~i debili *Ib.* 331.

6 (*catharticum ~e*) sort of purgative.

GILB. I 17v. 1 etc. (v. 3 catharticus b).

7 (w. ref. to a king) imperial, royal; **b** (w. ref. to a kingdom or sim.).

948 (13c) Eadredus gratia superni regis ~i stemate tocius Britannie sublimatus *CS* 860; **956** (12c) ~i Anglo Saxonum diademate (v. diadema 1a); c**956** mansas .. reddere procurat ~is nostra potestas *CS* 936; sanctam Edgitham de Wulfrida, quam certum est non tunc sanctimonialem fuisse, sed timore regis puellam laicam se velavisse, moxque eandem, abrepto velo, lecto ~i subactam W. MALM. *GP* II 159 p. 180; ~iali stola circumdatus, cum dextram sceptrum, caput ornaret corona AILR. *Ed. Conf.* 767C; p**1534** quod predictus rex, heredes et successores sui, reges hujus regni, pro majore augmentatione et manutentione regii status ~is corone et dignitatis supremi capitis ecclesie Anglicane annuatim haberent .. unitum et annexum sue ~i corone .. quendam annuum reditum vel pentionem [*sic*] attingentem ad valorem decime partis omnium reventionum [etc.] pertinentium alicui archiepiscopatui [etc.] *Entries* 505a (= *StRealm* III 495 [**1534**]: *his ymperiall crowne*); **1580**

(v. diadema 1b). **b 797** ut plurimos ad profectum sanctae Dei ecclesiae et ad decorem ~is regni vestri erudiam (*Ad Carolum Regem*) ALCUIN *Ep.* 121 p. 177; **797** nobilissime genti et populo laudabili et regno ~i Cantuariorum humilis levita Alchuinus salutem *Ib.* 129; Eormenredus et Erconbyrtus, quorum junior ~is principatum regni, patre disponente, suscepit BYRHT. *HR* 2.

imperialiter [LL], as becomes an emperor (in quots., w. ref. to kings). **b** (of abstr.) imperiously.

Hardecnut .. regnum ~iter optinuit *Enc. Emmae arg.* p. 8; **s1322** rex .. proponens aut mori viriliter aut velut rex super suos subjectos ~iter dominari WALS. *YN* 254 (= *Id. HA* I 163). **b** si vigilantius advertamus fortissimam sponsi perennis emulationem corruptiva contentionalium causarum piacula tam ~iter reprimentem ab animabus AD. MARSH *Ep.* 92 p. 216.

imperiose [CL]

1 by the exercise of authority.

beatus, inquit, venter qui te portavit, qui eicis demonia in spiritu Dei, et hoc ~e, non per orationem vel alterius nominis adjurationem, eo ipse probans te de eodem natum spiritu, et ventre portatum virgineo W. NEWB. *Serm.* 822; quod semper tibi pervium / mentale domicilium / imperiose facias J. HOWD. *Cyth.* 103. 12.

2 peremptorily, commandingly (of speech or sim.); **b** (of order or sim.). **c** (of writing) authoritatively.

sensi matronam quandam mihi ad caput sedisse, que ~e locuta est, eis dicens "quid queritis vel quare huc venistis?" ALEX. CANT. *Mir.* (II) 52 p. 266. **b** rex .. urbanis ~e mandavit ut prudenter sibi consulerent ORD. VIT. IV 12 p. 255; [rex] mox ~e mandavit Roberto ut mercatoribus ablata restitueret continuo, sed omnino contempta est hujusmodi jussio *Ib.* VIII 23 p. 407; urbem [regi] ~e poscenti reddere contempsit *Ib.* XI 17 p. 219; sub anathemate ~e inhibuit ne quem suorum tangerent H. BOS. *Thom.* VI 5 p. 499. **c** ~e hec eadem [sc. relata] .. sub festinatione apicibus annotare G. FONT. *Inf. S. Edm.* 34.

3 (w. ref. to personal bearing or behaviour): **a** imposingly, impressively. **b** domineeringly, high-handedly, '*en grand seigneur*'.

a suspicatus magni alicujus meriti illum existere qui pauper habebat se tam ~e G. CRISPIN *Herl.* 88; stat ~e carnifices inter, idem sacerdos et victima H. BOS. *Thom.* VI 2 p. 493. **b** nec umquam aliter aut ~e magis se in domo patris habebat, cum dominus tamen et heres existeret GIR. *SD* 60; **s1252** ut .. rogitent caritative et non ~e (v. caritative).

imperiositas, quality of having authority (in quot., of abstr.).

si virtus celestis vel fatum vel quicunque alius motor extrinsecus moveret animas humanas ad volendum vel nolendum, non aufert eis dominium et imperium vel autoritatem suarum voluntatum et accionum, cum nec vim nec violentiam nec coaccionem eis inferre ad hec possunt; et hoc est propter libertatem atque ~atem voluntatis, propter quas nec coaccionem sustinet nec receptibilis est ullo modorum ipsius BRADW. *CD* 644B.

imperiosus [CL]

1 masterful, commanding obedience or respect: **a** (of man); **b** (of woman); **c** (of deity or sim.); **d** (of abstr. or fig.).

a Guillelmus Rufus Albionis rex .. ~us et audax atque militaris erat ORD. VIT. VIII 8 p. 315. **b** [BVM] ~a .. hera EADMER *Virt.* 583D (v. 2 era 2); sic imperiosa virago [sc. Penthesilea] / degladiata ruit J. EXON. *BT* VI 648. **c** ~us Deus, qui cuncta potenter gubernat, nihil in cassum proponit. dixit enim et facta sunt NETTER *DAF* II 12v. 1. **d** majestatem secum reputat ~am OSB. CLAR. *V. Ed. Conf.* 10 p. 84; timor .. ne tot probabilium virorum ~e auctoritati et populorum religiose devotioni videretur resultare W. MALM. *Wulfst.* I 12; illa ~a virago, libido videlicet, in carne hominis petulans, a poetis vocatur tyrannus nature FORTESCUE *NLN* I 28.

2 (of voice) masterful, commanding. **b** (of order, law, or sim.) peremptory.

~o illo, cui nullus obsistebat, oris tonitruo *G. Steph.* 4. **b** de athlete inhibitione ~a H. BOS. *Thom.* VI 5 *tit.*; telluri servare fidem, Neptune, teneris: / lex reprimit fluctus imperiosa tuos NECKAM *DS* IV 281; **1249** rex .. ab abbatibus .. juvamen pecuniare et prioribus precibus ~is postulavit M. PAR. *Min.* III 43 (cf. id. *Maj.* V 49: missis .. literis suis argumentosas et ~as preces continentibus ut ipsum juvarent .. auxilio pecuniari).

3 imperious, domineering (in quots., of abstr.).

~us amor dominandi *V. Will.* 271 (v. dissimilitudo b); oppressere diu populos communis egestas, / imperiosa fames sollicitusque timor NECKAM *Poems* 124.

4 imposing, impressive.

castra speciosa tentoriaque ~a .. disposuerat ORD. VIT. IX 7 p. 503.

imperitare [CL]

1 to continue ordering or commanding.

inperitat, judicat vel frequenter imperat *GlC* I 443; ~o, -as, i. sepe imperare OSB. GLOUC. *Deriv.* 439.

2 (w. dat.) to rule (over), be in (political) command (of). **b** to have or exercise control (over animals).

rex regum .. / .. / omnibus imperitans ac perpetualiter extans WULF. *Brev.* 271; ipsi etiam principes [sc. Romani], qui toti pene orbi ~arent W. MALM. *GR* I 1; divido continuum [*gl.*: quia mors separatio continuitatis] suppremaque linea rerum / omnibus imperito GARL. *Epith.* IX 332. **b** pueri .. docti equis ~are W. FITZST. *Thom. prol.* 11.

3 to wield (power), (absol.), to reign.

fasces imperii reges tum forte gemelli, / Alhfridus imperitans una genitor simul Osuuiu FRITH. 207; Bertherus namque patentes / imperitans terras multo terrore regebat *Ib.* 717; **10..** ~at, *wealdeþ WW*; ~o, *ic wealdige* vel *oferbebeode* ÆLF. *Sup.* 178.

imperite [CL], in an ignorant or unskilful manner.

quod tu ~e et fallaciter superius denegasti *Eccl. & Synag.* 74; o piscatores inertes .. qui rupta [retia] vix ~e reficitis R. BURY *Phil.* 6. 96.

imperitia [CL], lack of skill, education, or experience; **b** (in author's self-deprecation); **c** (w. gen. of sb. or gd.).

si qui propter ejus [sc. sacerdotis] ~iam vel desidiam seu adulationem perierunt GILDAS *EB* 110; illorum ~iam et insipientiam redarguens, aiebat, ita inquiens ".. sapientiae studiis multo devotius docere ut studeatis impero" ASSER *Alf.* 106; **10..** ~ia, †*unglædnes* [l. *ungleawnes*] *WW* (cf. ib. [**8..**]: ~ia, *of ungleaunesse*); nam, juris assertione civilis, nihil est quod magis impediat consensum quam error qui ~iam detegit P. BLOIS *Ep.* 19. 70C; parce, precor, et quoniam / pecco per inpericiam / peccatum non require! *Id. Carm.* 13. 9. 50; BRACTON 102 (v. divadiare 1b). **b** silui .. ~ia .. una cum vilibus me meritis inhibentibus ne qualemcumque admonitiunculam scriberem GILDAS *EB* 1; **c790** si quid perperam dixi, non mala voluntate sed inperitia me arbitreris loqui ALCUIN *Ep.* 55; **c792** caritas me conpulit loqui, quae omnia suffert [cf. *I Cor.* xiii 7], per quam ut meam ~iam sufferas deprecor *Ib.* 67 p. 111; quamvis enim valde multi sunt praeter prudentiam vestram, de quorum multum proficere imperitus possim peritia, et quorum subjacere censurae mea me cogat ~ia ANSELM (*Mon.*) I 5; J. FURNESS *Kentig. prol.* (v. exiguitas b); confidens quod ipse Dei virtus vires subministrabit quas denegat natura, et ipse Dei sapientia scientiam quam denegat ~ia FISHACRE *Sent. Prol.* 97. **c** licet aliquamdiu prohibuisset ~ia sermonis et verecundia minoris etatis, ad nutum tamen venerabilis patris nostri R. .. manum apposui ad scribendum *Canon. G. Sempr.* 35v. preter linguarum omnium .. ~iam GIR. *SD* 132; inquirentes igitur veritatis certitudinem et causam deviacionis ab illa perceperunt ipsam causam esse raciocinandi ~iam KILWARDBY *OS* 419 (cf. ib. 494: ex ~ia raciocinandi); ~ia sive impotencia judicandi S. FAVERSHAM *Elench.* 143.

imperitio v. impertitio.

imperitus [CL], lacking experience, education or skill, ignorant, unlearned; **b** (in author's self-depreciation or sim.); **c** (w. gen.); **d** (w. *in* & abl.); **e** (of abstr.); **f** (as sb. m.).

de pastoribus ~is, qui derelinquunt oves et pascunt vana et non habent verba pastoris periti, nobis sermo est GILDAS *EB* 92; heremique reclusus harena / malebat Satanae tetricis pulsarier armis / quam imperiti vacuos vulgi [v. l. quam levis inperitos vulgi] captare favores BEDE *CuthbV* 685; *GlH* E 634 (v. expers 2); plebis Judeorum et ~orum mos est hominum ut .. PETRUS *Dial.* 3; adjecit in aure familiariter vos inde [sc. *from literature*] ~e multitudinis offensam contrahere J. SAL. *Ep.* 143 (209 p. 316); ut .. falsum dicere contingat, quemadmodum quedam inveniuntur in quibusdam veterum scriptis, ~orum frequentius, scientiorum nonnunquam BALSH. *AD rec.* 2 136. **b** e quibus ista mihi tenui sermone profare / satius imperito quam cuncta linquere verbis *Mir. Nin.* 454; ANSELM I 5 (v. imperitia b); quanto magis a me ~o homine? GROS. *Hexaem.* VIII 1. 2. **c** ne stultulus quispiam atque rerum ~us hujus aque aspersione .. a peccatis mundari putet BELETH *RDO* 110. 116A. **d** narrat Campanus se vidisse hominem ~um in astris N. LYNN *Kal.* 209. **e** forma .. citharedi ~am peritiam indicante H. BOS. *LM* 1402D (v. deformiter a). **f** quem versiculum ~i et metricae artis ignari obtunsaque mentis acrimonia freti satis turpiter interpretantur ALDH. *PR* 133 p. 184; a quodam inperito BEDE *HE* V 24 (v. emendare 2a); Aeolus .. ab ~is creditus est in sua potestate ventos tenere ALB. LOND. *DG* 4. 10; apud ~os et minus acutos GIR. *SD* 134.

imperium [CL]

1 the power and office of emperor (also as form of address); **b** (of king); **c** (of majordomo in Merovingian royal household; *cf. MLLM*); **d** (in poet. phr. *regere ~io*).

[Maximus] thronum iniquissimi ~ii apud Treveros statuens GILDAS *EB* 13; **s887** quinque itaque reges confestim, Karolo moriente, ordinati sunt, sed ~ium penes Earnulf remansit ASSER *Alf.* 85; Lotharius .. insignia siquidem ab imperatrice procuraverat ornamenta ~ii ORD. VIT. XII 43 p. 467; **1146** Manuel .. porphirogenitus .. imperator .. ad prenobilissimum regem Francie .. delata est ~io meo missa littera tue nobilitatis .. in qua scripsisti ~io meo quia disposuisti exire in viam Dei, et expetisti ~ium meum concessionem vie DICETO *Chr.* 257; **1176** (v. deprecator); de Britannia prodiit Maximus, vir ~io dignus, nisi tyrannidem arripuisset R. NIGER *Chr. I* 44; ortum fuit scandalum inter ~ium et sacerdotium *Ib.* 88; imperator .. exercet ~ia GIR. *PI* I 19 (v. imperator 2); non tamen ~ii nomen aut ~ium ipsum transire voluit imperator in Sylvestrum GERV. TILB. *pref.* p. 882. **b 672** Pacificus [sc. *Solomon*] .. Israhelitici plebis ~ii sceptro fungens ALDH. *Ep.* 5 p. 491; cui videlicet regi [sc. Æduino] .. potestas terreni creverat ~ii BEDE *HE* II 9 p. 97; regali se subdiderat ~io ASSER *Alf.* 80 (cf. ib.: se regis dominio .. subdidit); ad consolationem domini mei, regis sc. Aetmundi, omnisque populi excellenti ~io ejus subjecti O. CANT. *Const.* 69; tremendum regie majestatis titulamus ~ium, quod preesse jugiter legibus ac salubriter frequentamus advertendum (*Leg. Hen.* 6. 2a) *GAS* 552; **c1245** non .. aliquo modo conamur .. inter ~ium vestrum et sacerdotium dissonantiam procurare (*ad Regem*) GROS. *Ep.* 124 p. 349; rex .. qui vero in servitutem redigit Dei legem, subiciens eam suo regno et ~io, transgressor est veritatis BACON V 47 (cf. *Quadr. Reg. Spec.* 34); **1398** major et civitas civium civitatis vestre Ebor' vestro regali ~io se subjugant *Mem. York* II 7. **c** cum Carli ducis gloriosi temporale finitum esset regnum et filiorum ejus Carlomanni et Pippini roboratum est ~ium WILLIB. *Bonif.* 7 p. 40. **d** post haec imperio regeret cum Claudius orbem ALDH. *VirgV* 1869; sanctus ter ternis Oswald feliciter annis / imperio postquam regnorum rexit habenas ALCUIN *SS Ebor* 500; parva quidem res est oculorum, cerne, pupilla, / sed regit imperio vivacis corporis actus *Id. Carm.* 30. 2. 6; regnorum regi Christo et domino dominorum / .. / qui regit imperio terram pelagusque polumque *Ib.* 69. 191 (cf. ib. 91. 1. 1, 109. 23. 2).

2 an empire (unspec.).

†**a738** (13c) Domino regnorum regna regenti, jura ~iorum disponenti, semper gloria *CS* 155 (= *Chr. Abingd.* I 38: †impiorum); GERV. TILB. *pref.* p. 883 (v. 7b infra); GIR. *PI* I 19 (v. imperator 2).

3 (territory or people subject to power of) an empire (var., dist.): **a** Roman; **b** (Western, A. D. 284–476); **c** (Eastern or Greek, A. D. 284–1453; sts. w. *sanctum*, *cf.* 3d *infra*); **d** 'Holy Roman', founded A. D. 800 in succession to Western (sts. w. *Christianum* [*cf.* 4b *infra*], *Francorum*, *sacrum*, or *sanctum*); **e** Persian, Arabic, or other Asiatic; **f** Spanish; **g** Scandinavian; **h** (pretended).

a Britannia .. subjectionem sui Romano ~io .. vovens GILDAS *EB* 15; imperium mundi florens cum Roma teneret / atque gubernaret regnorum sceptra per orbem ALDH. *VirgV* 842; Claudius .. Orcadas quoque insulas Romano adjecit ~io BEDE *HE* V 24 p. 352; civitas Londonia peperit aliquot qui regna plurima et Romanum sibi subdiderunt ~ium .. et temporibus Christianis nobilem illum edidit imperatorem Constantinum, Helene regine filium, qui urbem Romam et imperialia insignia omnia Deo donavit W. FITZST. *Thom. prol.* 19; GIR. *EH* I 1 (v. imperare 6a); [Cestria] Romani servans limitem ~ii, claves, ut ita dixerim, Hibernorum custodire suffecit LUCIAN *Chester* 45; Constantinus vero et Galerius Maximianus primi ~ium in orientem et occidentem sibi diviserunt et v annis pariter regnaverunt R. NIGER *Chr. I* 32. **b** apud occidentis ~ium ALDH. *VirgP* 49 p. 303; **s565** gubernaculum Romani ~ii post Justinianum Justinus minor accepit BEDE *HE* III 4 p. 133; **s409** ab illo tempore cessavit ~ium Romanorum a Britannia insula ÆTHELW. I 1 p. 5; Gotthi .. multas ~io et fidei persequutiones intulerunt R. NIGER *Chr. I* 53; sicut a solo Deo Grecorum pendet imperium, ita a sede tantum Romana papa occidentis asserit pendere ~ium GERV. TILB. II 18 p. 941; Petro Constantinus ~ium occidentis dedit, cui servierat regnum Francorum, regnum Teutonum, regnum Brittonum, quinimo totus occidens et totus circumfusus orbis *Ib.* 19 p. 944. **c** [Constantius] orientis ~ii sceptra gubernabat ALDH. *VirgP* 32 p. 273; erat eisdem diebus Maniches Constantinopolitane urbis administrans ~ium OSB. CLAR. *V. Ed. Conf.* 18 p. 101; Butinacius enim Grecus nimie cupiditatis et protervie spiritu inflatus ~ium invasit, Michahelem Constantinopolitanum imperatorem de regno expulit ORD. VIT. VII 5 p. 166; ne sanctum ~ium redderetur Michaheli *Ib.* p. 169; de ~io Constantinopolitano .. invasimus quantum potest in quindecim peragrari diebus *Ib.* 7 p. 184; insolentia Francorum regiam urbem, que caput orientis est, .. impugnare ausa est. celsitudinem sancti ~ii violavit *Ib.* X 20

p. 124; Constantinus .. ~ii sedem in Bysantium, civitatem Europe, transtulit, instituens ut .. ad imperii Romani memoriam Nova Roma diceretur GERV. TILB. II 16 p. 929; Grecorum .. ~ium *Ib.* 18 (v. 3b supra); **s1524** quidam nobiles .. de ~io Grecorum (v. hexamitum 1). **d** ?**802** pro vestra incolomitate et Christiani inperii stabilitate (*Ad Carolum Imperatorem*) ALCUIN *Ep.* 249 p. 402; ad Francos et Germanos translato sic Romano feliciter ~io, Bizantii tyrannos .. nomen et non omen imperii pretendentes .. sue tyrannidi .. relinquamus GIR. *PI* I 17 p. 75; regnum Francorum a status sui corruit celsitudine ab incarnatione Domini anno dccc° lxx[x]ix°. Lodovicus namque, filius Caroli Calvi, solum regnum obtinuit Francorum. floruerat imperium Francorum c duobus annis. tunc Baiaorum surrexit regnum, apud quos hactenus imperium constat Romanorum R. NIGER *Chr. II* 152; dominus papa non solum Romani ~ii sed et totius mundi optinet principatum GERV. CANT. *MM* 444; regnum Francorum duximus usque ad ~ium illi coagulatum GERV. TILB. II 19 p. 941; **1227** de confederatione facienda inter .. regem Alemannie et ~ium et nos et regnum *Pat* 162; jus ~ii Christiani AD. MARSH *Ep.* 246 p. 431 (v. Christianus 1b); **s1249** ad ~ium Romanie M. PAR. *Maj.* V 67; **1302** ego W. .. sacrosancte Romane ecclesie et sacri ~ii et alme urbis prefecti publicus auctoritate notarius .. (*Ac.*) *EHR* XXXI 119; **1416** in recuperacione et acquisicione jurium, terrarum et dominiorum ad sacrum Romanum ~ium pertinencium *RParl* IV 98a. **e** Cirus Medorum destruxit ~ium et regnavit Persis, subverso rege Medorum Astiage DICETO *Opusc.* 220; Scytharum ~ia, quanquam illustria fuerint, .. omisimus R. NIGER *Chr. I* 18; Heraclii siquidem tempore, languescente Romano imperio, Arabum surrexit principatus, qui hac peste [sc. heresibus] per Mahumetum regem de Mecha infecti erant. qui, sicut ~ii dominium dilataverunt, ita et hunc errorem in subditos transfuderunt *Id. Chr. II* 142; Cyrus .. destruxit ~ium Medorum, quod in illo finem accepit GERV. TILB. II 15 p. 926. **f** imperator Hispanie .. vocavit R., ducem Burgundie, .. et dedit ei neptem et ~ium R. NIGER *Chr. I* 80; *Ib.* 87 (v. imperator 3i); *Ib.* 92 (v. imperatrix 1d). **g** in Dacia Orico juniori successit Heligon; et ei Olaff, veniens de Suevia, vi et armis adeptus est ~ium R. NIGER *Chr. I* 77. **h** **s1191** imperator Cypri .. mandaverat totius ~ii sui convenire viros bellatores *Itin. Ric.* II 31 p. 187.

4 (territory or people subject to the power of) a kingdom: **a** (Eng.); **b** (Frankish); **c** (Norman).

a qui [sc. Centuuinus] prius ~ium Saxonum rite regebat ALDH. *CE* 3. 3; erat .. rex Ædilberct in Cantia potentissimus, qui ad confinium usque Humbrae fluminis maximi, quo meridiani et septentrionales Anglorum populi dirimuntur, fines ~ii tetenderat BEDE *HE* I 25 p. 45; **747** domino .. inclita Anglorum ~ii sceptra gubernanti Æthilbaldo regi .. salutem BONIF. *Ep.* 73; ad invadendum Anglicum ~ium GOSC. *Transl. Mild.* 18 p. 176. **b** hic [sc. Pippinus] reget imperium felix feliciter istud ALCUIN *WillV* 23. 8; **798** per orbem Christiani ~ii *Id. Ep.* 148 p. 241; **800** vestra vero sancta voluntas atque a Deo ordinata potestas .. veluti armis ~ium Christianum fortiter dilatare laborat (*Ad Carolum Regem*) *Ib.* 202 p. 336. **c** omnium .. Anglici et Normanni ~ii magnatum libentissimo assensu, rex Willelmus .. doctorem .. ad hoc elegit negotium G. CRISPIN *Herl.* 78.

5 (w. ref. to supreme ruler) reign (esp. to define period or in reckoning of dates): **a** (of emperor); **b** (of king).

a de ~io Dioclitiani BEDE *HE* I 6 *tit.*; anno ~ii Marciani vj° *Ib.* 21 p. 41; quinto ~ii ejus anno Otto junior obiit et Otto filius ejus post eum xviij annis regnavit ORD. VIT. I 24 p. 165; in diebus hujus Octaviani Augusti, xlij° anno ~ii sui R. NIGER *Chr. I* 19; Ovidius .. nascitur anno Augustalis ~ii primo *Id. Chr. II* 108. **b** de ~io regis Æduini BEDE *HE* II 9 *tit.*; Ædilbaldo rege Merciorum xv agente annum inperii *Ib.* V 24 p. 356; **801** ego Cœnuulfus gratia Dei rex Merciorum anno v° ~ii nostri *CS* 303; gloriosus rex Æthelstanus .. est rex Anglorum adnumeratus. hujus igitur ~ii temporibus .. B. *V. Dunst.* 3; **1089** ego W., rex Anglorum, .. secundo anno mei ~ii *Regesta* p. 131; Egbertus, per novem annos patrio throno retento, nihil memorabile fecit tam brevis ~ii compendio W. MALM. *GR* I 12.

6 (w. ref. to deity or sim.) supreme power, dominion (freq. w. defining gen.): **a** (of pagan god); **b** (of God); **c** (of Christ). (Senses b - c freq. in votive form, prob. w. ref. to *I Tim.* iv 16, *I Petr.* iv 11, v 11, *Judas* 25, *etc.*)

a Neptunus, fama dictus regnator aquarum, / qui regit imperium ponti turgentibus undis ALDH. *VirgV* 1339; hic [sc. Jupiter] patris imperium, quod fantur opuscula prisca, / contra naturam pulso spadone capessit *Ib.* 1374. **b** [omnipotens genitor] cui decus, imperium, virtus, sapientia perpes, / laus et honor semper permaneat, vigeat ÆTHELWULF *Abb.* 816; ut de societate vestra gaudium meum coram Deo augeatur, quod ipse prestare dignetur, cujus regnum et ~ium manet in secula seculorum (*Ep.*) *Canon. G. Sempr.* 101v. **c** haec, inquam, virgo caelesti pignore feta / edidit ex alvo salvantem saecula regem, / imperium mundi solus qui jure gubernat ALDH. *CE* 2. 15 (= *Id. VirgV* 1693).

7 (sts. w. *caeleste*) the Kingdom of Heaven. **b** (*~ium subcaeleste*) the Church, as compared in its hierarchy to Heaven.

~ium celeste GERV. TILB. *pref.* p. 883, *G. Hen. V* 1 (v. 7b infra); quisquis enim in imperio mundi sit sublimatus et in ~io Domini non [admissus] CAPGR. *Hen.* 5. **b** omne ergo ~ium aut celeste est, quod integrum est et non veterascit, aut subceleste, quia spirituale, quod Petro datum a Christo, glorificatum a Constantino in Sylvestro, aut terrenum, quod raro pacificum et per multa tempora divisum GERV. TILB. *pref.* p. 883; celeste et subceleste .. ~ium *G. Hen. V* 1 (v. 2 dilatare 1b).

8 (*~ium mortis*; *cf. Tob.* ii 8, and esp. *Hebr.* ii 14: *ut per mortem destrueret eum qui habebat mortis imperium, id est diabolum*) 'the power of death' (*AV*). **b** (*vitae et mortis ~ium*) Christian's power over life and death.

redemptoris nostri nativitas dirae mortis ~ium conquassans dirupit ALDH. *Met.* 2 p. 69 (cf. id. *VirgP* 18 p. 247); ut [Filius Dei] .. per mortem nostrae fragilitatis destrueret eum qui habebat mortis ~ium BEDE *Hom.* I 15. 79. **b** vite vel mortis in Christo habere ~ium *Mir. Hen. VI* II 40 p. 107.

9 domestic authority: **a** (of father; transf. of God, abbot, *etc.*); **b** (of husband); **c** (transf., of animals).

a primus viventum perdebam foedera juris, / imperio patris contemnens subdere colla ALDH. *Aen.* 63 (*Corbus*) 5; fer patris imperium, dum verbis exit in iras [cf. *Disticha Catonis* IV 6] ALCUIN *Carm.* 62. 21; **c1170** hec sunt que ego H. comes Cestrie S. Marie et S. Severo et monachis ibidem sub abbatis ~io secundum regulam S. Benedicti degentibus concedo *Ch. Chester* 181 p. 187; **b** ~io mariti GARDINER *VO* 96 (v. detrahere 4b). **c** subditus imperio [sc. galli] gallinarum regitur grex ALCUIN *Carm.* 49. 4.

10 power, authority; **b** (of a command); **c** (of abstr.). **d** (leg., eccl., *~ium par in parem*) power over another (*cf. Decr. Greg.* I 6. 20 [*Corpus Juris Canonici* II 62], *Digest* 36. 1. 13. 4). **e** literary or historical authority (of earlier writer or sim.).

[superbia] quasi atrox regina tyrannicae potestatis ~ium et dominandi monarchiam .. sibi usurpare dinoscitur ALDH. *VirgP* 11 p. 239; pacificum passim fieret mortalibus aevum / aeternum imperium regerem si sola per orbem BONIF. *Aen.* 112 (*Pax*); aeterne Deus, benedicere digneris hunc famulum tuum Ill. [? l. N.] in officium exorcistae ut per impositionem manuum et oris officium eum eligere digneris ut ~ium habeat spiritus inmundos cohercendi EGB. *Pont.* 13; Normannis .. moris est ~ium sociis non reddere sed auferre ORD. VIT. VII 5 p. 169; gladiatores cum omni ~io arguens quod tam inordinate, tam profane, matrem suam ecclesiam introissent H. BOS. *Thom.* VI 2 p. 492; justum namque erat ut [homo] .. omnia racione carencia sub suo contineret potestativo et imperturbato atque pacato ~io GROS. *Hexaem.* VIII 13. 3. **b** quod violenti rigido praecepti ~io complendum jubetur ALDH. *VirgP* 18 p. 247; terrificae jussionis ~io *Ib.* 29 p. 267. **c** spiritus .. castimonia, cujus ~io [*gl.*: i. potestate, *mihte*] indomita corporalis lasciviae petulantia refrenatur ALDH. *VirgP* 27 p. 264; inest animo .. ad ~ium divinae voluntatis totam ex integro mentem .. transferre BEDE *HE* III 13 p. 153; maledicat illum Christus filius Dei vivi toto sue majestatis ~io (*Forma excommunicationis*) *Text. Roff.* p. 58; nature ~io servire parati GIR. *TH* I 25 p. 58. **d** **p1257** protestatus est dominus papa, etsi non habeat ~ium †per imparem [*sic* MS; *but* l. par in parem], non decere illam divinissimam sedem decreta .. suorum predecessorum .. in irritum revocare (*Expulsio Fratrum*) *Mem. S. Edm.* II 268; parem .. non habet rex in regno suo, quia sic amitteret preceptum, cum par in parem non habeat ~ium BRACTON 5v; eodem modo excusat consimile auditorium vel equale, ut si justiciarii de banco nomine suo scripserint justiciariis itinerantibus, vel e converso, licet par in parem non habeat ~ium *Ib.* 368; Symmachus papa non intendit novam legem imponere successori suo, cum non habeat ~ium par in parem OCKHAM *Pol.* III 276. **e** unus Gervasius nec non Protasius alter / imperio veterum sortita vocabula gestant ALDH. *VirgV* 894.

11 (leg., app. derived from Roman law): **a** (*~ium merum*) right to try and to punish capital crimes. **b** (*~ium mixtum*) jurisdiction over property transactions or sim. (*Cf. Digest* 2. 1. 3).

a VAC. *Lib. Paup.* 76 (v. 11b infra); **1285** de pronunciacione medietatis jurisdiccionis, meri et mixti ~ii, justicia alte et basse ville de C. *RGasc* II 268; **1309** cum senescallus Landarum et prepositus Aquensis pro nobis altam jurisdiccionem et merum ~ium in dicto prioratu .. exercere consueverint *Ib.* IV 297; **1313** merum et mixtum ~ium et omnimodam jurisdiccionem ac plenum et liberum exercicium meri et mixti ~ii et omnimode jurisdiccionis sub quocumque possit vocabulo comprehendi *Ib.* 951; **1316** cum .. dederimus ei .. terras nostras de Goose, Seignasse et Sort cum .. jurisdiccionibus altis et bassis ac eciam omnimodis meris et mixtis ~is .. ad nos spectantibus *Ib.* 1533; **1381** dedimus .. potestatem .. alios homines defensabiles arraiandi, .. merum et mixtum ~ium nedum in eis set in omnibus aliis dictas marchias concernentibus excercendi *RScot* II 36a; **1445** cum .. mero et mixto ~io, juridiccione alta et bassa, feudis, questibus, .. (*Ch. Hen. VI*) *Arch. Gironde* XVI 317. **b** in mixto ~io quid juris sit attendimus, sc. an iste debeat persona fieri vel non, vel bonorum possessor vel non: hec de jure considerantur. istis autem alicui adjudicatis, amplius de jure nichil restat, sed de facto, sc. ut mittatur in possessionem vel sententia mancipetur effectui, quod est merum imperium VAC. *Lib. Paup.* 76; **1285** etc. (v. 11a supra).

12 command, bidding; **b** (pl.) orders; **c** (of abstr.); **d** (phil., of will).

quid enim, quaeso, in rerum visibilium videri valet natura quod tam ingenti studio auctoris sui praecepto pareat et regis ~ium implere contendat ..? ALDH. *VirgP* 6 p. 234; [Eugenius] turificare jubet munusque litare Dianae, / alma [sc. Victoria] sed imperium sprevit complere nefandum *Id. VirgV* 2418; ad tui oris ~ium semper vivere studui et quicquid ignorantia vel fragilitate deliqui aeque ad tuae voluntatis arbitrium castigare curavi BEDE *CuthbP* 28; **a1190** mihi durum est aliquid scribere et longe durius vestre majestatis ~io contraire; preces siquidem vestras ~ium voco, quia .. 'est orare ducum species violenta jubendi' P. BLOIS *Ep.* 1. 1B; quis ejus imperio vinctos eduxit, / pro quorum se sterni salute letatur J. HOWD. *Cant.* 293; sub ortacione comprehenduntur deprecacio et ~ium: deprecacio quidem respectu majorum est, hortacio respectu parium, inperium respectu minorum *Ps.*-GROS. *Gram.* 59; vox tube erit sonus quidam sensibilis et ~ium vocale Christi, quo precipiet mortuis resurgere HOLCOT *Wisd.* 203; illa tremens et pavens et viri ~io contradicere non presumens *Latin Stories* 32. **b** eximiae dilectionis tuae ~iis obtemperans FELIX *Guthl. prol.* p. 64; qualiter hirundines ejus ~iis obtemperabant *Ib.* 39 *tit.*; decere magnanimitatem ejus [sc. ancille] ut regie voluptatis conscia dominorum crudelium ulterius non ingemisceret ~ia W. MALM. *GR* II 159 p. 180. **c** Magni Montis incole .. omnia necessitatis ~ia excluserunt J. SAL. *Pol.* 698B; novit habitator quam .. sepe vicinus accedens, nuditatis stimulo et famis ~io, frequentet locum, coactus comparet alimentum LUCIAN *Chester* 52; amor .. ad cujus ~ium verecundus et effrons efficior J. GODARD *Ep.* 220; precipio tibi ante omnia ut secundum racionis agas ~ium CHAUNDLER *Apol.* 15. **d** per ~ium voluntatis DUNS *Ord.* III 234 (v. imperare 1d); si ~ium voluntatis sufficeret ad causandum illum actum OCKHAM *Quodl.* 324; dominium et ~ium vel autoritatem suarum voluntatum et accionum BRADW. *CD* 644B (v. imperiositas).

impermiscibiliter [cf. ML impermiscibilis], in a way that cannot be mixed.

[essencia divina] omnia ~iter pertransit BART. ANGL. I 16.

impermittibilis, impermissible.

1454 (v. illicentiabilis).

impermixte, a without being mixed together, separately. **b** without admixture, solely.

a radios visibilium unius vel plurium ~e vel pocius inconfuse medium illustrare PECKHAM *Persp.* I *9 *tit.* **b** pure et ~e de geniali Kambrensium gente propagatus GIR. *Spec.* III 4.

impermixtibilis, that cannot be mixed.

omnis humor albus vel rubeus vel niger, qui est inpermixtibilis *Quaest. Salern* N 39; sublimatur lucidum clarum, ~e elementis DASTIN *Ros.* 19.

impermixtus [CL]

1 not mixed together, separate.

fluvius .. usque in ipsum mare ~as salsedini undas observat GIR. *TH* II 2 p. 77.

2 without admixture, sole, pure; **b** (phil., w. ref. to essence).

est igitur causa materialis albedinis perspicuum purum in omni terrestri feculencia inpermixtum UPTON 102. **b** essencie rerum sunt ~e BACON VIII 69; ita grave quod nichil est in eo levitatis et leve inpermixtum, et hoc est grave absolutum *Ib.* 186; [agencia et paciencia] sunt genera distincte .. ergo ~e sunt omnes sue species et differencie WYCL. *Ente Praed.* 97.

3 uncontaminated, without taint; **b** (of abstr.); **c** (esp. of joy) unalloyed.

species ista [sc. *of aromatic gum*] est nobilior que mundior est et purior et terre feculencie ~ior BART. ANGL. XVII 78; **s1239** nil ~um continet calix secularis sine fellis amaritudine M. PAR. *Maj.* III 543; si esset concedendum quod sanguis in suo fonte sit mundior, non aliter .. esset concedendum nisi quia illic videtur esse inpermixtior malis humoribus, non autem quia illic sit tenuior et subtilior KILWARDBY *SP* 43ra. **b** est enim scientia [sc. divina] ~a falsitati NECKAM *SS* II 48. 1. **c** **s1120** ne mundus iste prospera sine adversis ~a perferat M. PAR. *Min.* I 230; **s1239** ne mundi gaudia proveniant ~a *Id. Maj.* III 523 (cf. id. *Min.* III 122 [**s1252**]: ne leta tristibus veniant ~a); **s1377** ne solum Anglis gaudia ~a dolori contingerent WALS. *HA* I 340.

3 (of race or sim.) uncontaminated (by), pure; **b** (of one's household).

in Nortwallia lingua Britannica delicatior, ornatior et laudabilior, quanto alienigenis terra illa ~ior, esse perhibetur GIR. *DK* I 6. **b** si vellet itaque sacerdos clerico suo et clavigero contentus esse, modica est familia et juxta facultates †competente, eaque sobria et mulierum consortiis ~a *Id. GE* II 22 p. 275; **s1257** ammoveantur igitur quos huc adduxisti Anglici et alii qui nobis sunt alienigene ut familia tua sit ~a OXNEAD 211.

impermotus, not moved or disturbed in the least.

Anselmus .. rursus ad caput sententie inpermotus revertebatur W. MALM. *GP* I 50 p. 94.

impermutabilis [LL], changeless, not subject to change.

a ipse enim [Deus] est altissimus et ~is ROB. ANGL. (I) *Alch.* 513a; pax eterna, quies ~is, gaudium quod non deficit P. BLOIS *Opusc.* 826B; non [facte sunt stelle] ex quinta essentia, quia immobilis et ~is est, ergo ex elementis GROS. 36; hec est sciencia ~is BACON VII 95; *Ib.* VIII 1 (v. impermutabilitas); precedere quidem necesse quod penitus ~e est id quod qualitercunque transmutatur, ut et maneat quod transmutatur BRADW. *CD* 147A.

impermutabilitas, changelessness.

de rebus mobilibus potest esse scientia impermutabilis docens earum ~atem BACON VIII 1.

impermutabiliter [LL], changelessly.

cum singuli planete in singulis sint spheris ~iter *Ps.*-GROS. *Summa* 457.

impermutatus [LL], unchanged, unaltered.

diaforesis est causa hujus, unde fumositas in parte dextra propter nimiam largitatem pororum inpermutata exhalat *Quaest. Salern.* N 60.

impernecabilis, that cannot be killed, or intensely fatal (in quot., fig.).

animas humanas .. perpetualiter occidere non exhorrent ~i fidei violate prodicione AD. MARSH *Ep.* 246 cap. 20 p. 461.

imperpetuare, ? *f. l.*

quo casu fieri poterit jocus partitus si partes consenserint sub tali periculo, vel quod tenens rem petitam amittat vel quod petens clamium suum ~at [v. l. imperpetuum amittat] BRACTON 431b.

imperpetue [ML], in perpetuity, forever.

c1511 futuris annis ~e *StatOx* 327.

imperpetuo [ML < CL in perpetuo], in perpetuity, forever.

†1065 (12c) praeterea aliud constituo atque ~o confirmo ut .. (OSB. CLAR.) *CD* 825 p. 186; **1081** dedi .. terram .. hereditario jure ~o habendam *Reg. Malm.* I 327 (= *Regesta* 135); **c1160** ut predicti fratres .. libertates habeant inperpetuo *Regesta Scot.* 172; **s1312** cum .. regnum Scocie tranquille et ~o domino Roberto promitteretur *V. Ed. II* 175.

imperpetuum [ML < CL in perpetuum], in perpetuity, for ever.

679 terram .. teneas, possedeas tu posterique tui inperpetuum defendant *CS* 45; **†1065** (12c) quatinus .. privilegia possessionum et dignitatum ejusdem loci .. ~um immutabilia stare decernatis (OSB. CLAR.) *CD* 825 p. 182; ut .. Deo ~um servirent RIC. HEX. *Hist. Hex.* I 5 p. 20; ~um vel ad tempus BRACTON 136b (v. deportatio 1a); concessit .. quod mercatum levatum apud B. .. prosternatur ~um *Chr. Peterb.* 32; **1416** quam quidam bibliam .. volo in ecclesia B. Johannis Beverlaci ~um remanere *Test. Ebor.* III 59; **c1480** ut cotidiana .. ~um .. ejus habeatur memoria *Let. Ch. Ch.* xvii; **1552** proficua, exitus, redditus et revenciones .. data et concessa imposterum, ~um, totaliter *Pat* 850 m. 22.

†imperpetuus, *f. l.*

c1146 sciatis me dedisse .. ecclesie S. Martini Londoniensi .. †imperpetuam [i. e. in perpetuam] elemosinam nostram ecclesiam manerii mei de W. *Regesta* 541 (= *CalCh* V 18); **c1185** libertates quas W. filius Alani .. eisdem monachis †imperpetuam [i. e. in perpetuam] elemosinam dedit *Regesta Scot.* 218.

impers [cf. expers], lacking, not having.

inpertes, expertes, sine parte OSB. GLOUC. *Deriv.* 295; hic et hec et hoc inpers, -tis, vel expers, -tis, i. sine parte, unde Ambrosius super Hegesippum: 'vestro proelio omnes implicabuntur, nec erit ulla regio vestri inpers cruoris' *Ib.* 413; *wyth owtyn*, sine, expers, inmunis, inpers *CathA.*

imperscrutabilis [LL]

1 that cannot be searched or investigated.

~is abyssus P. BLOIS *Ep.* 140 (v. immeabilis); **s1248** mecha vero, ne inveniri possit ~ibus latebris abscondita, laqueos mortis vix evasit M. PAR. *Maj.* V 34; ~is fossatorum profunditas *Ps.*-ELMH. *Hen. V* 82.

2 (w. ref. to God) incomprehensible.

~i tua dispositione, [Domine] KETEL *J. Bev.* 275; ad tractandum istius emanacionis ~e sacramentum cum omni reverencia accedamus R. MARSTON *QD* 27; cum omni timore et reverentia accedamus ad hoc ~e sacramentum *Ib.* 77; **1356** Deus inperscrutabili sapiencia cuncta disponens (*Lit. Regis*) *Reg. Exon.* 1190.

imperscrutabilitas [ML], inscrutability.

intelligencia enim nominis prophecie propriissime dicta includit in sui significacione non solum future rei prediccionem sed et rei, que predicitur, ab humano ingenio inperscrutabilitatem GROS. *Cess. Leg.* IV 1. 10.

impersecutus, not pursued, attacked, or harassed. **b** from whom no punishment is exacted.

s1322 si michi Robertus de Brutz immineret a tergo, et homines meos qui tot et tanta enormia michi intulerunt a fronte conspicerem, proditores illos invaderem et Robertum de Brutz inpersecutum dimitterem *V. Ed. II* 265. **b** ~us et inultus BRACTON 144b v. l. (v. impersolutus b).

imperseverantia [ML], lack of persistence.

bene per gratiam Dei ceperant, per sue ~iam culpe defecerunt PULL. *Sent.* 1002C.

†impersolutio, *f. l.*

c1421 de iij^{m}ij^{c}xlix li. xvj s. x d. receptis de thesaurario Anglie tam †impersolucione [ed.: *part payment*; l. in persolucionem *in full payment*] cxlij li. ij s. de arreragiis domino ibidem debitis in anno proximo precedente quam in partem solucionis iij^{m}vj^{c}iiij^{x} li. vj s. viij d. domino debitorum *Househ. Ac.* 625 (cf. ib. 611: super compotum sine billa vel tallia in persolucionem arreragiorum suorum).

impersolutus, not paid (in full). **b** (transf., of person) for whom wergeld is not paid (in quots., w. ref. to slain perpetrator of *hamsoken*).

inhumanum esset si debita parentum ~a [vv. ll. insoluta, †nuper soluta] remanerent BRACTON 61. **b** si ipse occisus fuerit, propterea quia contra justiciam pugnaverit, jaceat ~us, quod Angli dicunt *ægylde* (*Inst. Cnuti*) *GAS* 347 (cf. ib. [*Quad.*]: inultus [v. l. insolutus]; [*Cons. Cnuti*]: insolubilis); si quis invasionem domus aut curie fecerit, quod Angli ***hamsocne*** vocant, quinque libras regi emendet. et si in illa invasione occisus fuerit, jaceat ~us, quod Angli dicunt *ægelde* (*Ib.*) *GAS* 351; si quis ***hamsoken***, que dicitur invasio domus contra pacem, in domo sua se defenderit et invasor occisus fuerit, impersolutus [v. l. impersecutus et inultus] remanebit, si ille quem invasit aliter se defendere non potuit BRACTON 144b.

impersonalis [LL], (gram.) impersonal: **a** (of verb); **b** (*verbum ~e*); **c** (as sb. n.); **d** (*infinitivus ~is*); **e** (of construction or sim.).

a verba igitur que non concretive significant inpersonalia manent *Ps.*-GROS. *Gram.* 52; aut quia hoc verbum 'est' sit inpersonale, non exigens suppositum, aut quia sit personale, habens suppositum, sc. gerundium vel aliquid intellectum in gerundio BACON XV 78. **b** ~e verbum a neutris activae significationis vel ab activis nascitur ALCUIN *Gram.* 877B; quidam .., qui magis eloquens esse videbatur, in hunc modum allegabat: "oportuit, oportebat, oportebatur, oportuerunt hec fieri", verborum ~ium naturam male discernens GIR. *GE* II 36 p. 347; "sunt" inquid "~ia verba que adjunguntur genitivo et accusativo, ut 'pudet me illius rei', .." M. RIEVAULX (*Ep.*) 74; verbum inpersonale .. potest descendere a verbo activo .. secundum quod absolute profertur, sicut 'lego', 'leccionem ago', 'legitur', 'leccio fit' BACON XV 77; omne verbum inpersonale est reducibile ad personam per aliquod prius ipso et simplicius *Ib.* 81. **c** omnia ~ia, quae a se nascuntur, in futuro infinitivi deficiunt ALCUIN *Gram.* 876B; ~e, ut est 'quis loquetur volentias Domini?' [*Psalm.* cv 2] *Id. Exeg.* 1120C; inpersonale descendens a verbo neutro exigente solum acusativum mediante preposicione exigit casuale .. eundem et eodem modo, ut 'itur in antiquam silvam' BACON XV 75; inpersonalia vero vocis active construuntur cum genitivis ex vi cause ut 'miseret me tui' *Ps.*-GROS. *Gram.* 63. **d** sicut 'infinitivus activi' et 'infinitivus passivi' eorum sunt nomina, ita 'infinitivus inpersonalis' nomen motus simpliciter est. quamvis igitur tam infinitivus activi quam passivi inpersonalia sint, quia sine concrecione subjecti sint, tamen motus sic significatus inpersonalis dici debet quod significat penitus absque racione persone *Ps.*-GROS. *Gram.* 49. **e** inpersonalis modus est qui tantum verbi personam agit et certam personam non definit .. ut 'docetur' BONIF. *AG* 496; Priscianus non determinat hujusmodi construccionem inpersonalem BACON XV 74.

impersonalitas, (gram.) impersonality (of verb).

opposita nata sunt fieri circa idem [verbum], quare personalitas et inpersonalitas BACON XV 79.

impersonaliter [LL], (gram.) without specification of a definite person, impersonally.

sumatur hoc verbum 'est' ~iter, sicut et hoc verbum 'fuit', cum dicitur 'fuit quando non fuit tempus' NECKAM *SS* II 35. 7; motum quidem significatum sic inpersonaliter ut infinitivum est considerare prout est aut principium alterius motus ut ipsum generans aut ut .. *Ps.*-GROS. *Gram.* 49.

impersonare [cf. 1 in + persona]

1 (eccl.) to induct or institute; **b** (*persona ~ata*) parson, imparsonee, lawful incumbent of a benefice.

a1183 ad presentationem prioris de Trentham, ubi prior et fratres ~ati sunt apud Ecclesale in prenominata ecclesia *FormA* 248; **a1184** presentaverunt mihi prefati monachi duas honestas personas .. quas ego prefate ecclesie .. inpersonavi *Cart. Glam.* III 88; **c1190** sciatis me ad presentationem Osmundi B. ~asse Johannem clericum, de capella de E. *Reg. S. Osm.* I 284; in eleccionibus prima grande sonat, / inthronizat presules, dites inpersonat, / et genus et formam regina pecunia donat *Ps.*-MAP 157; **1217** si clericus admissus et inpersonatus fuit ad ecclesiam illam ex presentatione episcopi Bathoniensis .., *BNB* III 330. **b** **1292** archidiaconus dicit quod ipse est persona ~ata in predicta ecclesia ex collacione predicti episcopi *PQW* 116b; **13..** a tempore mortis ultime persone ~e in eadem *Reg. Brev. Jud.* 34b; **1410** asseruit quod ipse est persona predicte ecclesie et ~ata *Cl* 259 m. 6; **1450** que quidem ecclesia plena est per William Barget personam ~atam in eadem *IPM* 137/16.

2 (gram.) to make or treat (verb) as impersonal.

utrum verbum possit inpersonari BACON XV 78 *tit.*; verbum inpersonari habet quia persona est accidens separabile *Ib.* 79.

impersonatio, (eccl.) induction, institution.

c1190 ut hec ~o firma sit et inconvulsa, eam sigillo meo confirmo *Reg. S. Osm.* I 284.

imperspectio, lack of perspicacity, discretion, or wisdom.

cum prefato fratre ad horulam nuper per juvenilem ~onem modicum digresso et per compunccionem .. reverso, vestram pronus rogo benevolenciam AD. MARSH *Ep.* 195 p. 352.

imperspectus, not perspicuous, thoughtless, inconsiderate.

de inperspectiori precipitacione in negociis estimacionis permaxime .. veniam deprecantes AD. MARSH *Ep.* 75 p. 184.

imperspicuitas [cf. CL imperspicuus], opacity.

erit ergo ~as naturaliter precedens terreitatem, sicut perspicuitas aeritatem *Ps.*-GROS. *Summa* 532.

impersuasibilis [cf. LL impersuadibilis], not susceptible to persuasion, obstinate.

genus hominum perversum .., tam incorrigibile quam inpersuasibile GOSC. *Wulsin* 15; **c1104** precor .. ne omnino refugiatis neque impersuasibilis existatis ANSELM (*Ep.* 345) V 283.

imperterrite, fearlessly, undauntedly.

s1237 cives .. obviam imperatori ~e occurrerunt M. PAR. *Maj.* III 407; **1285** non cessavimus in hiis et in aliis ~e irreprehensam astruere veritatem PECKHAM *Ep.* 645 p. 900.

imperterritus [CL], undaunted, unafraid.

obstinata atque ~a mente BEDE *Luke* 459; vir Dei ~us insurgens, cambutta in altum triumphaliter sublata, horrendum monstrum cedendo persequitur ADEL. BLANDIN. *Dunst.* 6; hostibus innumeris solus .. inperterritus occurreret, si euntibus tantum regale premonstraretur signum *Enc. Emmae* I 1; pastore in diversa fugiente, ipsa ~a astabat HON. *Spec. Eccl.* 981A; se suosque premunire cepit alacer et ~us *V. II Off.* 3; **s1258** respondit autem rex ilico alacriter et ~us: .. M. PAR. *Maj.* V 694; inperteritus *Ps.*-GROS. *Gram.* 41 (v. decompositus a); dictis oppido et castello validissimis .. strictam obsidionem imperteritus applicabat *Ps.*-ELMH. *Hen. V* 52.

impertinens [LL]

1 irrevelant, having no bearing on the matter in hand; **b** (w. *ad*); **c** (w. dat.); **d** (as sb. n.).

dicunt isti impugnatores quod istud hic non est ad propositum, sed totaliter est ~s reputandum OCKHAM *Pol.* I 324; **1342** (v. impertinentia 1); ista materia est ~s, quare dimitto eam UPTON 109. **b** ~s ad Anglicam historiam usque huc [*symbol*] M. PAR. *Maj.* III 114 *marg.*; ex hoc non sequitur quod illa falsificet se eo quod illa est ~s ad inferendum se ipsam fore falsam ROG. SWYN. *Insol.* 92; cum verba prescripta omnino ~cia essent ad conclusionem quam probare intendit OCKHAM *Pol.* I 40; nullus rem ad ipsum ~tem omnino tenetur defendere *Id. Dial.* 612; c**1409** cum ~tibus argumentis ad materiam sophismatis .. disputati *StatOx* 203; alie religiones private sunt supersticiose, ~tes ad salutem *Eul. Hist. Cont.* 354. **c** s**1249** Francorum .. nomina longum et Anglorum historie ~s foret huic pagine inserere M. PAR. *Min.* III 66; ~s Anglorum historie usque huc [*symbol*] *Id. Maj.* IV 569 *marg.* **d** nimis sapiens erat in oculis propriis et presumpsit intromittere se de ~tibus ECCLESTON *Adv. Min.* 104; si dicimus ~ia, possumus innuere in facto plura fieri que non erant ad propositum *Ps.*-GROS. *Gram.* 74.

2 (log. & phil., of term) that lacks reference.

si .. accipiatur iste terminus '~ens' pro proposicione que nunc est vera et que non foret vera ex hoc quod ita foret ex parte rei sicut significatur per positum, tunc dico quod ista proposicio '"tu es Rome" et "tu es episcopus" sunt similia' est ~ens huic posito, quod est 'tu es Rome' KILVINGTON *Soph.* 134; quibuscunque duobus terminis demonstratis vel sunt sibi invicem pertinentes vel ~tes. ~tes sunt, quorum unus de alio indifferenter potest affirmari vel negari, supposito non corrupto, ut 'album' et 'homo' (STRODE *Conseq.*) *GLA* IV 49–50 n. 182; si de dependenti potest fieri independens, ex duobus inpertinentibus potest fieri quod unum dependeat ab altero WYCL. *Act.* 118.

3 superfluous, useless.

~tibus additis celaturis nugatoriis *G. S. Alb.* I 219 (v. domitialis 2).

4 *f. l.*

c**1170** justis postulationibus gratum †impertinentes assensum (*Lit. Papae*) *BBC* 36 (= W. Holtzmann *Papsturkunden in England* Berlin 1935, I 175: impertientes).

impertinenter [ML], irrelevantly, not to the point; **b** (in double neg. construction).

mens est docilis ad ~er arguendum ab inferiori ad suum superius (WYCL.) *Ziz.* 472; aliter enim ~er quereret Deus tercio Regum vicesimo secundo 'quis decipiet Achab?' [*III Reg.* xxii 20] WYCL. *Ver.* II 6; **1382** post quasdam responsiones minus plene et ~er .. factas *Reg. Heref.* 22; s**1417** iterum ~er garrulare cepit donec summus justiciarius jussit ut responderet finaliter WALS. *YN* 485 (= *Id. HA* II 328). **b** restat non ~er ostendere quod .. BRADW. *CD* 472B.

impertinentia [ML]

1 irrelevance.

1303 excepciones quasdam de ineptitudine multiplici et ~ia ipsius libelli .. proposuit *Reg. Cant.* I 470; **1342** de eorum [sc. articulorum] pertinencia et ~ia disputetur et pronuncietur per nostre curie presidentem qui articuli et proposiciones fuerunt pertinentes et impertinentes rejiciat ac pertinentes admittat (*Const. Cant.*) *Conc.* II 692b; alie autem sunt significaciones mistice de simplicitate, quas oportet hic propter ~iam obmittere WYCL. *Form.* 199; inpertinencia et extraneacio glosarum quas dant moderni (WYCL. *Ente*) *Wycl. & Ox.* 164.

2 lack of reference between two or more things.

nec solum fit hujusmodi transsumpcio secundum aliquod genus cause proprie dicte, set eciam secundum quamcunque connexionem, propinquitatem, comparacionem, seu similitudinem qualemcumque, non autem secundum contrarietatem aut ~iam ullo modo BRADW. *CD* 565A.

impertire, ~iri [CL], **impartire, ~iri** [LL]

1 to give a share of, impart; **b** (w. ref. to *Tob.* iv 9); **c** (refl.).

participat, inpertit *GlC* P 98; aquilam alie aves solent insequi .. quod de ipsius preda eis debeat aliqua porcio impartiri [v. l. impartire] BART. ANGL. XII 1. **b** si autem vel modicum lucrari potueris, partem inde libenter ~iri stude ALEX. CANT. *Mir.* 32 (I) p. 223 (cf. ib. 32 (II): studeas largiri); si multum tibi fuerit, abundanter tribue. si exiguum, et hoc hilariter impartire LUCIAN *Chester* 58; si multum habes, de facili tribue. si parum, libenter impartiri stude S. LANGTON *Serm.* 2. 13. **c** se nobis .. ~it GARDINER *CC* 660 (v. impartibiliter b).

2 to devote or bestow a share of (one's time, effort, or sim.). **b** to communicate (a greeting). **c** (w. *cum*) to share (with another).

et lucem ludis adimit noctemque sopori; / et, nimis assiduus, studiis impertit utramque H. AVR. *Hugh* 86. **b** **1166** michi divinitus collata est ~iende et optate salutationis occasio J. SAL. *Ep.* 212 (197 p. 280). **c** **1335** si forsan nobiscum impartiri de plenitudine gracie dignaretur *FormOx* I 88.

3 to communicate or impart information.

justum est et honestum benigne aliis impartire ut sic cujusque scientia et crescat et amplificetur in horas PETRUS *Peripat.* 98; nullus magister fidelior aut efficacior est quam qui probavit per experientiam quod ~itur aliis per doctrinam P. BLOIS *Ep.* 75. 229C.

4 to give, grant; **b** (w. ref. to transfer of land or sim.).

impetrant sibi annonas dari, quae multo tempore ~itae clauserunt, ut dicitur, canis faucem GILDAS *EB* 23; **634** haec vobis .. quae rursus pro ecclesiarum vestrarum privilegiis congruere posse conspicimus non desistimus inpertire (*Lit. Papae*) BEDE *HE* II 18 p. 121; visum .. caecis et malagma monoptalmis ~iendo ALDH. *VirgP* 34 p. 276; septem dona dignatus est ~iri H. READING (I) *Fid. Cath.* 1338D; pro ~iendis eleemosynis AILR. *Inst. Inclus.* 3; impertior, -ris, vel impertio, -tis, -pertii vel -tivi, i. donare OSB. GLOUC. *Deriv.* 413. **b** c**775** (12c) quibusque religiosis postulationibus tanto libentius .. consensus praebendus est, quanto illis qui praecatores sunt utilior res secundum hoc visibile seculum nunc ~itur, et illis qui concessores existunt pro impertito opere pietatis uberior merces secundum invisibile postmodum tribuetur *Ch. Roff.* 15; c**1043** (v. dapsiliter).

5 (w. abstr. obj.) to bestow (sts. w. divine agent): **a** (forgiveness or sim.); **b** (favour, success, or sim.); **c** (help); **d** (consent, permission, or sim.); **e** (honour, victory, or sim.); **f** (other); **g** (impers. pass. w. inf.).

a mihi quaeso, ut jam in superioribus dixi, ab his veniam ~iri, quorum vitam non solum laudo, verum etiam cunctis mundi opibus praefero GILDAS *EB* 65. **b** **667** habet protectorem .. Jesum Christum qui ei cuncta prospera inpertiet (*Lit. Papae*) BEDE *HE* III 29 p. 198; Domino favorem et gratiam ~iente GIR. *Hug.* I 6 p. 101. **c** **804** omne subsidium quod vobis ~ire potuero (*Professio*) *Conc. HS* III 550; **1166** nosse .. quam opem naufragio ecclesie Anglicane sedes apostolica, pro qua patimur, decreverit ~iri J. SAL. *Ep.* 175 (176 p. 166); **1279** ipsi eis ~ientur auxilium et †juramen [l. juvamen] *RGasc* II 59; prelati et clerici sibi subjecti ei [sc. regi Eduardi] in guerra sua justa de bonis ecclesie .. subvencionis tenentur auxilium ~iri OCKHAM *Pol.* I 229. **d** due istarum filiarum gratanter ad hoc impartiuntur assensum ut et libertatem assequatur et hereditatem P. BLOIS *Ep.* 237. 539A; **1275** nos tuis justis postulacionibus benignum ~ientes assensum *Reg. Heref.* 6; provulgatis itaque legibus, .. auctoritatem suam eis impartivit [v. l. ~ivit] *Leg. Wall.* D 316; **1312** nobis .. assensum .. vestrum .. dignemimi inpertiri (v. deputatorius); super quo abbas Cistercii a nobis requisitus suam licensiam nobis ~ivit ut .. *Meaux* III 35. **e** **1244** ~iri procurans honorem (*Lit. Papae*) M. PAR. *Maj.* IV 348; qui [sc. Deus] cui vult sive in multis sive in paucis impartitur victoriam *G. Hen. V* 9 p. 60. **f** c**775** pro ~ito opere pietatis (v. 4b supra); horoscopus .. maximam vim obtinet et ceteris pro suo cuique ordine eum sequentibus ~it ADEL. *Elk.* 36; cum spiritus aerius exit ab ore beneficium caloris alicui corpori ~iturus NECKAM *NR* II 108 p. 190. **g** singulis ~itur egisse juxta virium posse B. *Ep.* 386.

6 (w. personal obj. and abl.) to make (someone) a sharer in, present someone with.

1170 optata salute vos ~iar cum licuerit J. SAL. *Ep.* 295 (297 p. 690).

impertitio [LL], imparting, sharing, bestowal; **b** (of abstr.).

941 (15c) propter †dolorem [? l. donorum] largicionem et diviciarum †impericionem [MS *app. sic*] *CS* 769. **b** post suae lucis .. Anglis impartitionem transferatur ad divinae lucis cum angelis participationem ANSELM (*Ep.* 1) III 97; ab iis ad homines dirivata est quedam †impartio Deitatis COLET *Cel. Hier.* 175.

impertransibilis [ML], impassable, that cannot be traversed.

est autem abyssus Grecum nomen et secundum Grecam derivacionem dicitur abissus quasi invium et inpertransibile sive infirmum GROS. *Hexaem.* I 21. 4; habent eciam dicere quod Deus necessario fecit mundum in A situ et quod ante mundum fuit A situs et non alius. sed cur iste non alius? cur tantus, non major nec minor? vel enim hoc fuit a Deo vel per se, non ab eo .. si autem per se, non ab eo, quae virtus, quae racio, que natura hunc ei precisum et ~em terminum inviolabiliter limitavit? BRADW. *CD* 177E; Scocia .. est .. regio quodammodo promontoria, quoddammodo depressa sive plana. .. ~is quidem equitibus nisi perpaucis in locis FORDUN *Chr.* II 7.

impertransire [cf. LL pertransire], to be unable to pass through.

quia semper ante C instans A erit ~iri a Socrate, sed non simul erit A ~iri a Socrate et pertransitum a Socrate KILVINGTON *Soph.* 62.

imperturbabilis [LL], that cannot be disturbed or troubled.

cum transisset Jesus de hoc mundo ad Patrem et in altitudine regni paterni ~is maneret BEDE *Sam.* 692; ~is .. quies mentis AD. SCOT *Serm.* 313B.

†imperturbator, *f. l.*

1308 communis imperturbator [MS *app.* perturbator] pacis (*JustIt* 262/1) *EHR* XL 416.

imperturbatus [CL], undisturbed, tranquil, calm: **a** (of person); **b** (of inanim.); **c** (of abstr.).

a irasceretur alius, sed Anselmus ~us manens .. W. MALM. *GP* I 50 p. 94 (cf. ib.: nichil enim ille turbabatur). **b** quid unquam antiquus livor ~um relinquit? GOSC. *Mir. Aug.* 10; demonstrans virtutum lumina et cursus inperturbatos, quemadmodum celi inperturbata sunt lumina, quantumcumque perturbentur hec inferiora mundi elementa GROS. *Hexaem.* VIII 33. 4. **c** motum [celi] uniformem, ordinatum, ~um *Ib.* III 16. 4; *Ib.* VIII 13. 3 (v. imperium 10a).

impervertibilis, that cannot be distracted or corrupted.

datur intelligi quod plures sunt magis incorruptibiles et ~es a passionibus pravis quam unus OCKHAM *Dial.* 792.

impervestigabilis, inscrutable.

judicia ejus incomprehensibilia et vias ~es esse pronuntiat J. SAL. *Pol.* 452C (cf. *Rom.* xi 33: quam incomprehensibilia sunt judicia ejus et investigabiles viae ejus).

impervius [CL], affording no way through itself, impassable.

est fons in Ungaria, cujus rivuli .. solidissimum in lapidem visuique penitus ~ium condensantur GIR. *TH* II 7 p. 87.

impes [LL; cf. CL impete *abl. sg. only*]

1 onset, assault; **b** (abl. sg.).

inpes, impetus OSB. GLOUC. *Deriv.* 293; impeto, -is, i. irruere, unde verbalia: et hic impetus, -us, et hic ~es, -tis, pro impetu *Ib.* 420. **b** alios in prelia cogit / Naupliades faustumque suis comitantibus omen / impete Deiphebum primo petit J. EXON. *BT* VI 121.

2 mad rush, rashness.

impetus et ~es, A. *a folhaste WW*.

3 (as adj., erron.) footless.

futeles, inpes *CathA*.

impescare v. impechiare.

impetere [CL; LL *perf.* ~ii *or* ~ivi, *p. ppl.* ~itus]

1 to rush at, attack: **a** (of animals); **b** (of natural force); **c** (of abstr.); **d** (fig.).

a donec, eis facta statione, latratibus idem [aper] / undique vel crebris morsibus impetitur L. DURH. *Dial.* II 76; ecce quia subito universe celi volucres adversus regem convenerunt, ipsum cum unguibus suis et rostris .. ~entes H. BOS. *LM* 1320; tauri .. prius quod obstabat cornibus et pedibus ~ebant ELMH. *Cant.* 280; [aries] tempore amoris pro uxoribus suis ~it, ac, ut melius impugnet et forcius contra resistentem, retrocedit ac resiliendo cum impetu hostem ferit UPTON 149. **b** insula est mundi gaudium quod crebris doloribus intercipitur, sicut litus crebris undis impetitur HON. *Spec. Eccl.* 856D; grandine preterea consternimur, imbre mademus, / fluctibus impetimur L. DURH. *Dial.* III 170. **c** nam et furor insanientium, dum eminus monachos ~it, crucifixum sagittis inhorrere fecerat W. MALM. *GP* II 91 p. 197. **d** sed surgat Tullius et lingue flumine / scelus hoc impetat vel Deus fulmine WALT. WIMB. *Palpo* 153.

2 to attack (w. weapons or armed force); **b** (fig.).

cum mox undique gladiis inpeteretur BEDE *HE* II 9 p. 99; quos, si tentares ~ere ferro, non plus posses ledere quam nunc radium solis secare HON. *Eluc.* 1172C; s**1141** comes Gloecestre .. solus ab omnibus precipue ~itur W. MALM. *HN* 500 p. 60 (cf. R. NIGER *Chr. II* 186); precepit ut .. crebra sagittarum ~erent emissione *G. Steph.* 23 p. 48; pullos mootarum saxis cepit ~ere *Mir. Cuthb. Farne* 2; Stephaniden .. nil tale timentem, cum militibus quinque et sagittariis paucis circumseptum, .. crebris insultibus ~ere non cessant GIR. *EH* I 25 p. 270; s**1242** castrum idem rex die ac nocte infatigabiliter insultibus armatorum ~ivit .. adeo ut inclusi .. non potuerunt tam acerbos impetus et continuos amplius sustinere M. PAR. *Maj.* IV 202; Swyn et Anlaf, reges Dacorum, ~ierunt London' c[um] xiiij puppibus *Feud. Man.* 134; cum alterutra pars sese lanceis ~erent FORDUN *Cont.* XIV 54. **b** a**1079** ~entes eos jaculis divinorum eloquiorum LANFR. *Ep.* 50 (46); statim de libris nostris nos accusare et tamquam telis propriis nos ~ere et vulnerare nitentes GIR. *SD* 144.

3 to attack (w. insults or sim.). **b** to abuse, disparage.

non cessabat ille sputis et execrationibus omnes ~ere OSB. *Mir. Dunst.* 19 p. 147. **b** eum coram rege tam turpiter ~iit et tam sepe, quantum ad se, dehonestavit W. DAN. *Ailred* 3 p. 8.

4 to rush (on to or against) without hostile intent.

quidam naute Cadumenses onerata nave velificantes ~ierunt in scopulas W. CANT. *Mir. Thom.* VI 145.

5 to pit, set (combatants against each other).

s**1406** quidam Anglici ~iti contra ceteros (v. duellum 2b).

6 (leg.) to accuse or initiate proceedings against; **b** (w. abl. of charge); **c** (w. *de*); **d** (w. *super*). **e** (p. ppl. as sb. m.) the accused.

blasphemo ore ~unt Christum OSB. *V. Elph.* 128; **1200** de placito medietatis advocacionis ecclesie de B. .. Walterus ~ierat eum in curia Christianitatis, et Reginaldus perquisierat breve ad defendendum placitum in eadem curia, et non est prosecutus inde in curia domini regis *CurR* I 304; **1236** satis innotuit vestre paternitati qualiter regia potestas .. urget .. clericos ut, cum ~untur in actione personali, laicalis potestatis subeant judicium GROS. *Ep.* 28 p. 109; **1339** nec eciam prefatum dominum archiepiscopum in detencione prelibate corone vel ejus obligacione .. impediemus, seu obstaculum aliquod interponemus, aut quomodolibet ~emus (*Pat*) *Foed.* V 103b; non obstante quod dicti cives in itinere Henrici de Stantone et sociorum suorum etc. ~iti fuissent *MGL* I 146; **1450** nolentes quod ipsi .. pro premissis aut aliquo premissorum per nos vel heredes nostros, justiciarios, escaetores, vicecomites, coronatores, aut alios .. ministros nostros .. ~antur, occasionentur, inquietentur, molestentur in aliquo seu graventur (*Pat*) *Lit. Cant.* III 207; **1583** inde judicari, ~iri, appellari, rectari, utlagari, condemnari, convinci, attingi, sive adjudicari *Pat* 1235 m. 23. **b** ~it eum accusator crimine furti BEN. PET. *Mir. Thom.* IV 2 p. 176. **c** **1179** in procuratione Osanne paupercule qui ~it virum Judeum de raptu *Pipe* 35; quam [sc. Gunnildam] Rodingarus Alemannicus ~ivit de adulterio, sed Mimekinus eam defendit et Rodingarum interfecit DICETO *Chr.* I 174; **1200** Simon M. optulit se .. versus A. Carpentarium de placito v acrarum terre .., qui ipsum S. ~ierat de bastardia, unde archiepiscopus significavit quod legitime natus est *CurR* I 236; **1342** et [abbas] petit judicium si de occupacione mesuagiorum predictorum rex velit aut debeat ipsum abbatem †impetiri *Cart. Ciren.* 130 p. 113; s**1053** cum Godwinus comes in mensa regis de nece sui fratris ~eretur, ille post multa sacramenta tandem per buccellam degluciendam abjuravit *Croyl.* 66. **d** **1156** clericus quidam .. in presentia regis S. et episcoporum et baronum Anglie in quodam conventu celebri O. Eborac' archidiaconum ~ivit super crimine veneficii J. SAL. *Ep.* 122 (16); **1253** si .. voluerint .. dictos monachos super aliqua particula dicte terre de K. vexare vel ~ere vel questionem aliquam movere *Reg. Aberbr.* I 227; **1296** qualiter quidam clericus de cancellaria nos ~it [*sic*] super ecclesia de S., ad quam tanquam vacantem, cum veraciter non vacasset, se procuraverat presentari, forsitan audivistis (*Lit. ad justitiarium*) *Reg. Cant.* 61; **1347** magister J. Noble, nuper rector ecclesie predicte, prefatum J. de C., vicarium ejusdem .., super jure percipiendi porcionem memoratam extrajudiciabiliter et verbaliter duntaxat ~ivit coram nobis *Reg. Roff.* 361 (cf. *Reg. Roff. Ep.* f. 232); cum quis aliquem ~it super ullo crimine UPTON 78 (v. idoneare a). **e** judices sane non debent esse nisi quos ~itus elegerit (*Leg. Hen.* 5. 5) *GAS* 549.

7 (w. ref. to high treason, abuse of official power, or sim.) to impeach. (*Cf. Salter Essays* 164–89.)

1216 nunquam a nobis vel nostris inpecientur pro eo quod contra nos in hac gwerra existerunt nec aliquod malum inde incurrent *Pat* 185b (*form indeterminate*, v. et. impechiare); **1354** Willelmus de R. de capcione cujusdam navis .. et quorundam bonorum et catallorum in eadem nave inventorum ad sectam Antonii Compaignon, mercatoris de Janua, ~itus venit in cancellariam regis apud Westmonasterium *SelCCouncil* 37; s**1376** dominus de Nevyle .. convenit dominum P. de la Mare et ejus socios super accusacione domini de Latimer .. dicens indecens fore tantum parem regni a talibus ~iri *Chr. Angl.* 80; **1387** nunquid domini et communes possunt absque voluntate regis officiarios et justiciarios ipsos ~ere super delictis eorum in parliamento, an non? *RParl* III 233b; **1399** rex, facto per eum conventiculo cum suis complicibus, dictos dominos tam spirituales quam temporales circa regni utilitatem occupatos de alta prodicione ~ere proponebat *Ib.* 418a.

8 to request, require.

secundum leges consonas racioni quilibet in tradicione rei sue, quam tradere non tenetur sed ex pura libertate tradit seu donat, legem, condicionem, modum et pactum quod vult potest ~ere dummodo a racione vel lege sit OCKHAM *I. & P.* 41; **1328** cum .. abbas et conventus aliquando per progenitores nostros et nos ~iti fuerint ad inveniendum sustentacionem aliquibus hominibus qui dictis progenitoribus nostris et nobis deservierant *ChartR* 115 m. 6.

impetibilis [LL; cf. *TLL* s. v. 2 impetibilis], susceptible to attack from.

chameleon .. ~is est coraci, a quo cum interfectus est victorem suum perimit interemptus (SOLINUS) NECKAM *NR* I 21 p. 69.

impetico v. impetigo, impetitio.

impetiginosus [CL]

1 suffering from *impetigo*; **b** (as sb. m.).

inpetiginosus, hy[r]niosus, pupulosus, verrucosus, inequalis OSB. GLOUC. *Deriv.* 291. **b** GILB. VII 346v. 1 (v. alphiscabiosus).

2 caused by or symptomatic of *impetigo*.

manuum et femorum ~a sanie desiccata W. CANT. *Mir. Thom.* II 53 p. 215; brachiorum ~osa scabies evanuit *Ib.* 56 p. 219; facit scabiem, i. infectionem ~am vel morpheatam GAD. 42v. 2.

impetigo [CL]

1 name of var. scaly eruptions on skin, freq. assoc. w. leprosy; **b** (pl.). **c** (spec.) ringworm, eczema. **d** stye. **e** ? scrotal hernia. **f** (fig.).

lavit leprosus .. omnis caro in puerilem puritatem refloruit, quin etiam ~o et scabies capitis abolita W. MALM. *Wulfst.* II 7; filia .. lepre .. fedam ~inem incurrit R. COLD. *Godr.* 583; infirmitas ut lepra, morbus caducus, .. sicca scabies, inpetigo in facie, et omnis inpediens officium perpetue GROS. *Templ.* 17. 6; contra impediginem: accipe *dok rote* et *rue* et simul terantur *Pop. Med.* 229; inpetigo est scabies sicca *SB* 25 (cf. Isid. *Etym.* IV 8. 6); hec †impetico, sicca scabies *WW*. **b** vidimus ~ines desiccatas, tubera demolita, scabiem in squamas defluentem W. CANT. *Mir. Thom.* II 57 p. 220; eruperunt tumores et tubera, scabies et ~ines *Ib.* IV 21 p. 335; GAD. 134v. 2 (v. derta). **c** inpetigo, *teter GlC* I 79; ~o est infeccio in cute de colera adusta subtili mixta cum aliqua parte terrestri flegmatis salsi GAD. 86. 1; serpigo est intensa inpetigo *Alph.* 198 (cf. ib. 87: inpitigo); hec ~o, *a ryngworme*. .. hec ~o, *a tesyng WW*. **d** ~o, *eagan wean* vel *wearhbræde* ÆLF. *Gl.* 158; **10..** inpetigo, *teter*. ~o, *eagan wenn ōðe weargebræde WW*. **e** inpetigo, pupula in corpore, que et hyrna dicitur et inpetix OSB. GLOUC. *Deriv.* 291. **f** non ei sentitur inflicta calamitas, non eum castigationum flagella movent; .. incircumspecte jugiter inhiat ~ini, suppliciter petit, acriter instat, obstinate perdurat MAP *NC* IV 11 f. 52; WALT. WIMB. *Palpo* 184 (v. glabrio 2a).

2 (as disease of animals) mange, scab, or sim.

inter jumenta haec fieri saepe cognovimus ut ea quae scabiem vel ~inem habere videntur separentur a sanis ÆLF. *EC* 39.

impetitio [LL]

1 attack, assault; **b** (leg., esp. on crown).

s**628** cum [exercitus] se utrosque in perniciem redigendos, si applicarentur, viderent, moderatis utrinque ~onibus concordati sunt H. HUNT. *HA* II 31. **b** **1427** relaxavimus .. omnimodas transgressiones, offensas, mesprisiones, contemptus, et ~ones (*Pat*) *Reg. S. Aug.* 367; **1450** perdonamus .. omnimoda murdra, insurrecciones, prodiciones, felonias, mesprisiones, offensas, ~ones, confederaciones, .. (*Pat*) *Lit. Cant.* III 206; **1508** perdonavimus .. confederaciones, ~ones, decepciones, .. (*Pat*) *Foed.* XIII 233b.

2 (leg.) (act of) accusation. **b** impeachment (for high treason or sim.). **c** charge.

nec major in minorum ~one dispereat (*Leg. Hen.* 5. 11c) *GAS* 549 (cf. ib. 564 [*Ib.* 32. 1a]: nec summorum quispiam minorum judicacione [v. l. indicione] dispereat). **b** s**1397** supplico vobis quod me per viam appellacionis, accusacionis seu ~onis, cum licencia veniendi de uno loco ad alium .. auctorizare dignemini *V. Ric. II* 135. **c** Augustinus [*untraced*]: juris forensis est qui in ~onibus [v. l. peticionibus] mentitus est; non ei prosit quod impetravit (*Leg. Hen.* 33. 6) *GAS* 565; archiepiscopus .. ipsum protinus absolutum a tanti criminis ~one remisit GIR. *Spec.* IV 3; c**1252** onus probandi denunciaciones suas subire et super quibuscumque ~onibus aut defensionibus .. juri parere .. recusarunt AD. MARSH *Ep.* 30 p. 126; s**1042** si autem [Emma] pro seipsa quatuor passus et pro episcopo quinque passus continuos super novem ignitos vomeres nudis pedibus .. illesa transierit, ab ~one [TREVISA: *enpechement*] ista evadat HIGD. VI 23 p. 164.

3 legal proceedings to establish rights or enforce claim: **a** (to property, right, or sim.); **b** (to person, esp. w. ref. to marriage).

a numquid generaliter etiam, quantum ad aliorum inpetitionem, majoris censebitur ille etatis occasione hujus recognitionis ita quod de cetero non possit versus alios se etatis privilegio tueri? GLANV. XIII 17; **1201** quod advocatio ejusdem ecclesie libera penitus et quieta ab omni †impeticone et clamio ipsius R. vel heredum suorum abbati et conventui .. remanebit *CurR* II 85; s**1205** absoluti sumus ab ~one episcopi in possessorio judicio de jurisdictione ecclesiarum Vallis *Chr. Evesham* 131; c**1220** abbas et conventus omnino desistent ab ~one sua eo nomine nec amplius quam illas duas libras cere nomine illarum decimarum exigent *Reg. Malm.* II 17; s**1227** [monachi Cantuarienses] vendicabant baculum pastoralem Roffensis ecclesie, mortuo pastore, debere deferri ad ecclesiam Cantuariensem ante confirmacionem Roffensis electi. .. decisa est .. lis mota .. et absoluti sunt monachi Roffenses ab ~one Cantuariensium *Flor. Hist.* II 190; s**1378** obtinuerant ne alicujus in posterum ~o prepediret eos quominus emolumentum tante persone perciperent WALS. *HA* I 376; **1434** ecclesiam suam predictam ab ~one eorundem abbatis et conventus, quantum ad porcionem sive duas garbas decimales predictas absolvimus et dimittimus AMUND. II 93; **1456** ita quod talis persona idonea ad eundem magistratum sive custodiam sic prelata eundem magistratum teneat et gaudeat durante vita sua absque ~one, reclamacione, interrupcione vel impedimento nostri *Reg. Brev. Orig.* 291; **1466** extunc bene liceret .. districciones .. abducere .. sine clameo vel inpeticione nostrorum dicti prioris et conventus *Mem. Ripon* I 175. **b** **1259** mota questione matrimoniali coram ipso .. prefatam mulierem ab ~one prefati W. .. absolvit et eandem mulierem Henrico de S. adjudicavit in uxorem legitimam *Cl* 19; hec enim est causa qua seductus per heremitas illos denuntiatur absolutus ab ~one illorum PECKHAM *Puer. Obl.* 431; **1282** si legitime purgaverit, ab ~one dicte mulieris penitus absolvatis *Id. Ep.* 264 p. 344; c**1520** in causa matrimoniali inter Alexandrum C. de N. actorem ab una et Elizabetham C. suam sponsam ab altera partibus decernimus dictam E. ab ~one ipsius A. absolvendam fore *Offic. S. Andr.* 16.

4 let, hindrance, disturbance.

c**1156** (1305) quod .. habeant .. hanc meam donacionem absque omni impedimento et ~one aliquorum meorum fidelium *E. Ch. Yorks* VII 20 (= *CalCh* III 51); c**1260** terra .. cedet in usus dictorum canonicorum libere et sine aliqua inpeticione mei vel heredum meorum *Dryburgh* 88; c**1328** remotis omni occasione, ~one, contradiccione, appellacione, dilacione et omnibus aliis impedimentis, que huic ordinacioni nostre .. obesse poterunt seu nocere *Reg. Aberd.* I 50; **1396** non faciemus nec paciemur fieri damnum, ~onem, molestiam, arestacionem, nec disturbacionem .. regi Anglie nec alicui de suis subjectis (*Lit. Regis Franciae*) WALS. *HA* II 220; **1421** volo quod omnia ista legata .. remaneant eidem ecclesie de H. absque ~one executorum meorum seu aliorum quorumcumque imperpetuum *Reg. Cant.* II 251; **1442** quod idem abbas S. Albani habebit .. usum et occupacionem ejusdem manerii de T. absque impedimento vel ~one predicti magistri J. Whethamstede AMUND. II *app.* 283; **1461** liberum ingressum et egressum .. tenendum sibi in tempore ibidem solito et usitato sine ~one [MS: †imperatione] vel aliqua molestacione *Mem. Ripon* I 289.

5 impeachment of waste; **b** (*~o vasti*).

1415 relaxavimus majori et communitati .. catalla utlagatorum et felonum de se, deodanda, vasta, ~ones et omnimodos articulos itineris, destrucciones et transgressiones de viridi vel venacione, .. (*Pat*) *Rec. Leic.* II 226; **1455** deodanda, vasta, ~ones et omnimodos articulos itineris (*Pat*) *Reg. Whet.* I 196. **b** **1516** habendum et tenendum predictum manerium .. prefato Willelmo .. pro termino vite sue absque ~one vasti *FormA* 414; **1562** habendum et tenendum .. absque ~one vasti .. per redditus et servicia *Cart. Glam.* II 333.

impetitivus, aggressive, ? covetous.

effectus superbie sunt duodecim .. 6° sciencie proprie ditiva .. 7° precipue divitum ~a .. *Spec. Laic.* 82.

impetitor [LL]

1 attacker, assailant.

eadem die ad litus idem ad quod ~ores et hostes defensor et amicus allabitur MAP *NC* II 17 f. 29; revera sicut pugnam probe committi serissime contingit, ibi pulsante dumtaxat ~ore, solus subsannabiliter vapulat impetitus E. THRIP. *SS* V 2.

2 accuser.

Cluniacensis abbas .. surrexit brevique responso .. querulosus ~ores compressit ORD. VIT. XII 21 p. 386; cum ~ore suo Fulcone monomachiam inire aut judicium ignis subire postulavit W. CANT. *Mir. Thom.* II 3 p. 157.

3 claimant, one pursuing claim in court.

1281 molendinum .. tenemur .. ab omnibus ~oribus garentire *RGasc* II 137.

impetix [CL], scaly eruption of the skin, *impetigo*.

OSB. GLOUC. *Deriv.* 291 (v. impetigo 1e) (cf. Paulus Diaconus *Epitome Festi* 109M).

impetrabilis [CL], that can be gained by request or demand; **b** (in a court).

ecce quod non est ~e impetrat *V. Edm. Rich B* 624. **b** **1279** scimus, absentibus tot patronis, nil vestre utilitatis posse in Romana curia impetrari vel si forsitan aliquid ~e confidatur, credite nobis quod .. PECKHAM *Ep.* 22 p. 29.

impetrare [CL]

1 to obtain by request, demand, or sim.; **b** (w. pers. obj.; in quot., w. ref. to courtship); **c** (w. acc. & inf.); **d** (w. *ut* or sim. & subj.); **e** (ellipt.).

fraudulento consilio et dissimulato negotio imperatoris pittacia ~ant ut .. ALDH. *VirgP* 52 p. 308; neque haec tamen agentes quicquam ab illo auxilii inpetrare quiverunt BEDE *HE* I 13 p. 28; ~avit quod poposcerat G. MON. V 3 (v. illudere 2a); castrensis herus regem supplex expetiit et optatam pacem ~avit ORD. VIT. IV 12 p. 255; Hinguarus .. inducias ab Anglis ~avit H. HUNT. *HA* V 5 p. 143; licet a morte vivendi quidem inducias extorserit, pacem tamen non ~avit GIR. *TH* III 2 p. 142; voluerit primo transire ad Babilonem, ubi soldanus moratur comuniter, ad ~andum [ME: *to purchasyn*] licenciam eundi securius in illis partibus *Itin. Mand.* 24. **b** Hardecnutus Gunhildam sororem suam .. spectatissime speciei puellam, a multis procis .. suspiratam nec ~atam, H. imperatori Alemannorum nuptum misit W. MALM. *GR* II 188 p. 229 (cf. M. PAR. *Maj.* I 515: a multis .. petita sed non ~ata). **c** Bonifatius .. inpetravit a Focate principe donari ecclesiae Christi templum Romae BEDE *HE* II 4 p. 88; unus liber homo de j car' terrae ~avit ab abbate prestari sibi dim. car' terrae *DB* II 361b; rex .. peregit urgencia solempnia S. Georgii .. cujus festum prius ~averat a provinciali cleri consilio more duplicis festi .. celebrari *G. Hen. V* 18 p. 132. **d** ei dixerunt virum illum prefatum ab eis per pecuniam inpetrasse ut ei .. facerent malum *V. Greg.* 98; criminati sunt illum .. coram rege ~averuntque ut ab eorum consortio pelleretur B. *V. Dunst.* 6 p. 12; c**1165** nisi forte a nobis ~are possint ut eis inde aliquid condonetur *Ch. Westm.* 276; s**1207** quum [monachus] ab abbate ~asset quod daret ei literas dimissorias *Chr. Evesham* 224; ab ecclesie patrono ut bonis ejus .. senex ille sustentaretur laudabiliter ~avit GIR. *SD* 12. **e** amicum episcopo fieri petiit et inpetravit BEDE *HE* V 19 p. 329; cumque ab eo frequenter licentiam revertendi quaererem et nullo modo ~are possem ASSER *Alf.* 81; optaverunt sibi dari pennas et ~avere *Natura Deorum* 53.

2 to obtain by prayer (from God or sim.); **b** (w. acc. & inf.); **c** (w. prayer as subj.).

muneris beata possessio .. a Christo importunis precibus ~atur ALDH. *VirgP* 18 p. 247; incubuit precibus episcopus statimque edoctus in spiritu inpetrasse se quod petierat a Domino "surge" inquit BEDE *CuthbP* 28; per cujus [sc. Guthlaci] intercessionem miserationis divinae indulgentiam, quisquis integra fide pulsaverit, inpetrabit FELIX *Guthl.* 51 p. 162; OSB. *Mir. Dunst.* 22 (v. esse 4e); peto a te: ~a ab eo ANSELM (*Or.* 17) III 69 (v. exorare 1b); scintillulam aliquam a Patre luminum ~emus J. FORD *Serm.* 13. 4 (v. igniculus 4a); beato confessori supplicare non destitit ut sua intercessione a Domino salutem ~are satageret *Mir. J. Bev. C* 336. **b** rogavit ut apud misericordiam pii Conditoris inpetraret se a tantis tamque diutinis cruciatibus absolvi BEDE *HE* IV 9 p. 223. **c** diabolus illas [sc. oraciones] timet quia, cum hoc quod ~ant [ME: *ha draȝeð*] .. adjutorium et manum Dei celestis contra eum, faciunt ei duo dampna *AncrR* 89.

3 (leg., eccl.) to obtain by petition, suit, or sim. from pope or papal court: **a** (spec., bull or letter); **b** (favour, licence, or sim., usu. expr. in bull or letter); **c** (benefice, dependent church, or sim.); **d** (a hearer; *cf. auditor* 2a); **e** (w. *ut* & subj.); **f** (w. acc. & inf.). **g** (absol.) to make suit or application, commence or pursue proceedings (in papal court); **h** (w. *contra*); **i** (pr. ppl. as sb.).

a **1200** ita quod ipse nepos ejus ~avit litteras domini pape per quas ipsum R. implacitat *CurR* I 256; litteras citationis a judicibus delegatis ~are GIR. *Symb.* I 1 p. 213; **1225** magistrum S. de E. et magistrum S. de L. constituimus procuratores nostros in curia vestra ad inpetrandum literas et ad contradicendum inpetrandis (*ad Papam*) *Pat* 545; s**1231** decretalem que dicitur 'nimis iniqua' pro fratribus fieri ~avit (v. decretalis 2a); [inducie] actori vero semper denegantur, si rescriptum ~averit ad extraordinarium judicem RIC. ANGL. *Summa* 22 p. 28; ~ati rescripti insinuatio W. DROGHEDA *SA* 6 *tit.* (cf. ib. 6: an littere fuerint rite ~ate); s**1261** ~ata fuit littera papalis super absolucione regis et Edwardi, filii sui, de predictis juramentis *Flor. Hist.* II 466; c**1300** renunciando .. omnibus literis a quacumque curia inpetratis vel inpetrandis *FormMan* 10; *G. S. Alb.* III 463 (v. derogativus a); c**1488** (v. effectualis 1b). **b** **1166** cui ignotum est quanta instancia illi a sede apostolica pallium ~avit? J. SAL. *Ep.* 193 (187 p. 238); **1166** si liceret, obligationes et cautiones, quibus ~atum est quod in prejudicium Cantuariensis archiepiscopi a sede apostolica nuntiis regis jactitatur esse concessum, libenter exponerem *Ib.* 213 (198 p. 284); in Sicilia Rogerus .. coronam regalis benedictionis ab ecclesia Romana ~are non potuit R. NIGER *Chr. I* 90; s**1202** episcopus .. indulgentiam a domino papa ~avit, viz. ut .. (v. dioecesanus 1a); **1227** dispensationem ~are a domino papa (v. dispensatio 3b); si estimaverit judex quod danda sit citacio, ~abit primo primam, secundo aliam et peremptoriam, tercio terciam, .. W. DROGHEDA *SA* 9 p. 15; s**1246** privilegia ~ata per nuncios regis Anglie in concilio Lugdunensi M. PAR. *Maj.* IV 519 *tit.*; **1267** renunciando omnibus excepcionibus et impetracionibus utriusque curie ~atis vel ~andis et omnis juris remedio *Cl* 382; **1279** (v. impetrabilis b); s**1272** Macchabeus electus Roffensis graciam consecracionis a domino papa ~avit FORDUN *Cont.* X 30 p. 116; s**1454** ~arunt sibi libertatem emigracionis. .. inprimis .. frater E. S., vigore bulle papalis de emigracione: .. *Reg. Whet.* I 146. **c** OXNEAD *S. Ben. Holme* 299 (v. elongare 6b); s**1261** omnes Anglie episcopi moliuntur a religiosis et maxime exemptis ecclesias sibi appropriatas revocare et ad hoc ~andum procuratores sollicitos Romana in curia .. sustinere *Flor. Hist.* II 465. **d** **1309** ingratus magister T. de Chertham, cui ecclesiam ejusdem loci contulimus, contra nos super quibusdam confictis gravaminibus in eadem curia [sc. Romana] auditorem ~avit *Reg. Cant.* II 1060. **e** **1166** a domino papa absolvi meruit, causa cognita, et ut ecclesiam ab illicitis et extortis obligationibus absolveret ~avit J. SAL. *Ep.* 193 (187 p. 236). **f** cernens ergo episcopus se proposito suo in curia regis totaliter exclusum, ad sedem apostolicam causam suam devolvit, ~ans dictum Rogerum .. ad sedem eandem citari J. GLAST. 123. **g** unde de arte ~andi primo videndum est W. DROGHEDA *SA prol.* p. 7; constituat impetrator procuratorem suum ad ~andum et contradicendum et ad judices eligendos, si necesse fuerit *Ib.* 4; impetrato negocio pars actrix incontinenti accedat ad judices, ad quos est ~atum, et ostendat sibi impetracionem *Ib.* 6; **1242** pro statu nostro ad sedem apostolicam fecimus appellari et ad ~andum super .. appellacione et contradicendum procuratores nostros constituimus Thomam de Bedeforda et Alanum de Eboraco *RGasc* I 72. **h** **1275** si contingat in curia [sc. Romana] aliquem contra nos ~are directe, vellemus habere Gloucestriam vel Wygorniam .. pro loco et abbatem S. Petri Gloucestrie vel priorem Wygornie pro judicibus; et, si aliquis contra nos ~et indirecte, non transeat nisi prius caucione confecta *Reg. Heref.* 13. **i** **1237** statuimus ut per ~antes vel eorum nuncios in causis ecclesiasticis regni Anglie littere citatorie decetero non mittantur, set judex, moderatis sumptibus ~antis, per suum fidelem nuncium eas mittat (*Const. O. Legati*) *Conc. Syn.* 257; dictus frater ~ans fuit et est canonice excommunicacionis sentencia innodatus .. unde tam per eum impetrata quam eciam processus desuper habitus sunt ipso jure nulla *Form. S. Andr.* I 212.

4 (leg., w. ref. to civil law): **a** (*breve ~are*) to 'purchase' 'sue out', *i. e.* obtain and issue (writ), esp. so as to commence an action. **b** to obtain (royal charter or sim.) by petition. **c** to obtain (spec. result) by action. **d** to win or regain (property) by action. **e** (refl., *cf.* AN *soi purchacer*) to purchase writ, commence an action; **f** (w. dat. of refl. pron.). **g** (absol.). **h** (pr. ppl. as sb.) plaintiff.

a **1219** dicit quod electus hoc fecit injuste et postquam breve suum fuit inpetratum *CurR* VIII 43; **1221** J. predictus ~avit breve de nova disseisina super eum et alios *PlCrGlouc* 16; cognoscere poterit quod tenet sed non proprio nomine sed alieno .. quo casu cadit breve. et ~etur super eos quorum nomine fuerit in possessione BRACTON 309; **1288** ad solvendum Willelmo M. .. xviij d. pro quodam brevi quod idem W. ~avit ad opus prefate B. de placito terre versus xiij homines *SelPlMan* 110; **1315** in quodam brevi de ingressu quod eadem C. in curia regis versus Fulconem de Archiaco .. ~averat (*PlRCP* 211 r. 90*d*) *Year Bk. 8 Ed. II* 218; **1318** *APScot* 110, **1319** (v. brevis 13); s**1425** (v. exoneratio 3b); **1541** absque aliquo brevi .. seu aliquo mandato .. in ea parte ~andis seu prosequendis *Dign. Dec.* 120. **b** c**1150** cartas surrepticias super illicitis donationibus ~atas evacuare *Doc. Theob.* 260; **1267** (v. 3b supra); **1292** omnibus inpetratis vel inpet' [*ed. expands to* inpetraturis *but* l. inpetrandis] plene et expresse pro se et heredibus suis hinc inde †renunciantibus [? l. renunciantes] *Gt. Cause Ed. I* 164 (= *Doc. Scot.* I 321: †inpetritis); c**1300** (v. 3a supra); s**1271** ~avit litteram unam in curia regis per falsam suggestionem GERV. CANT. *GR Cont.* 262. **c** **1279** nec districcionem vel capcionem judicis aut dampnum ipsius per curiam regiam ~abit aut, quantum in eo fuerit, ~ari permittet *Conc. Syn.* 847. **d** **1315** infra datam sic mutatam a prefato F. manerium predictum ~avit (*PlRCP* 211 r. 90*d*) *Year Bk. 8 Ed. II* 218; **1537** de xlvj s. viij d. rec' de una clausura juxta F. vocata Stroderfeld ex novo ~ata *Ac. Durh.* 669. **e** **1235** abbas de Reddinges habet respectum .. de quibusdam amerciamentis unde clamat quietanciam, ita quod interim super hoc se inpetret erga dominum regem vel quod ea tunc reddat *KR Mem* 14 r. 5; **1236** ita quod interim se inpetret versus regem *Ib.* r. 9; **1236** homines de Grimesby habent respectum .. de arr' suis et tunc veniant cum cartis suis et inpetrent se erga dominum regem quod allocaciones quas petunt eis allocentur, sin autem, vicecomes ingrediatur et distringat *Ib.* 15 r. 3. **f** **1272** ita eciam quod, si quis versus eum inde loqui voluerit, ~at sibi [*sic* MS] inde versus eum prout sibi viderit expedire *Cl* 475. **g** BRACTON 238 (v. diffortiare 1b); in brevi de warancia carte ubi impetrator ~ando dixerit se tenere terram quam non tenuerit et sic ~averit quo expresso non ~asset *Ib.* 414. **h** **1267** de cartis vero exempcionis et libertatis, ne ponantur inpetrantes in assisis, juratis. vel recognicionibus, provisum est quod .. (*Marlb.* 14) *StRealm* I 23.

5 to gain (something desired; in quot., of abstr.). **b** (w. acc. & inf.) to succeed in one's attempt (to have something done), bring it about (that); **c** (impers.).

propassiones vocantur, sine quibus non vivitur, quibus voluntas si in nullo se applicat, meatus ille cogitationum illesus tropheum ~at PULL. *CM* 201. **b** ~ant sibi annonas dari GILDAS *EB* 23 (v. impertire 4a); Tereus .. Philomelam secum ducere vix ~avit *Natura Deorum* 82; P. BLOIS *Opusc.* 1006C (v. erogacitas). **c** eo autem modo insanire coepit ut eum prohiberi aut adligari nullius ausibus inpetraretur [vv. ll. nullus auderet, nullus valeret] FELIX *Guthl.* 41 p. 128.

6 to seek, ask for.

mittuntur queruli legati .. inpetrantes a Romanis auxilia GILDAS *EB* 17; **1221** consuluerunt eis ut accederent ad dominum suum apud H. et ~arent amorem domini sui *Eyre Worcs* 602.

7 (conf. w. *impetere* ?) *f. l.*

1298 denunciatio generalis contra †impetrantes [? l. impetentes] rectorem ecclesie de C. colligentem decimas *Reg. Cant.* 273; **1306** cum igitur Thomas le L. et Willelmus R. de B. clerici super crimine homicidii .. coram judice seculari fuerant †impetrati [? l. impetiti] et, quantum ad judicium seculare pertinuit, de facto condempnati *Ib.* 506.

impetratio [CL]

1 obtaining by request or prayer.

ad harum vij virtutum inpetracionem sunt vij peticiones in oratione Dominica GROS. *Templ.* 6. 3; si quis impetret a Deo, Deus consentit ~oni WYCL. *Civ. Dom.* I 9.

2 (leg., eccl.): **a** obtaining of papal bull or sim. by petition. **b** papal letter so obtained. **c** petition or sim. addressed to pope.

a **1246** renunciaverunt ~oni literarum domini pape et eciam domini regis et usui earundem quas super hanc impetrarunt *Cart. Chester* 306 p. 200; **1403** Johanni Tynemouth pro ~one bulle xx d. *Ac. Durh.* 455; **1411** ante prefati privilegii ~onem [sc. a sede apostolica] BEKYNTON I 278; **1473** expensas dedit necessarias ad ~onem cujusdam bulle ab apostolica sede *Lit. Cant.* III 268. **b** s**1246** ~o archiepiscopi Cantuariensis super exactione illa de qua supratactum est M. PAR. *Maj.* IV 506 *tit.* (*preceding Lit. Papae*); **1267** (v. impetrare 3b); **1362** nulla appellacione aut ~one sedis apostolice vel regis aut alicujus alius, juris communis vel spiritualis remedio amoto hujusmodi, valitura *Lit. Cant.* II 426. **c** qualiter sit formanda ~o curie Romane destinanda W. DROGHEDA *SA prol.* p. 7; quod ille, qui mittit ~onem, transscriptum ejusdem de verbo ad verbum penes se retineat, signo impetratoris signatum, ut alias possit fieri collacio, an rite fuerit impetratum *Ib.* 3; **1280** confiteor .. me a regimine dicti monasterii .. ammotum; appellacionibus per me factis, omnibus ~onibus faciendis, et omni remedio si quod michi competere valeat renuncio sponte *Reg. Ebor.* 25; omnes enim sumus in inpetracione, in accepcione, et in execucione beneficii ecclesiastici maculati .. WYCL. *Sim.* 21; processus suggestionis facte summo pontifici super ~one pro celle dicte in abbathiam ereccione *Reg. Whet.* I 150 *tit.*

3 (leg., w. ref. to civil law): **a** purchase, suing out (of writs), esp. as commencement of action. **b** obtaining of privilege or sim. by petition made to king. **c** privilege or sim. so obtained.

a **1256** predicta T. tenet inde sex acras de eadem terra et tenuit per duos annos ante ~onem brevis sui *AssizeR Northumb* 45; si autem due dotem petierint, non multum refert de prioritate ~onis, sed tamen restat videre que illarum actrix dici debeat versus aliam BRACTON 309b; **1307** G. junior tempore predicti placiti predictum manerium cum predicta L. uxore sua tenuit per formam donacionis quam G. de G. senior diu ante ~onem brevis de recto eisdem G. et L. fecerat *Year Bk. 1 & 2 Ed. II* 3; **1349** (v. 2 deliberatio 3c); **1415** predictus S. est ipsemet seisitus de predictis tenementis .. et fuit die ~onis brevis sui (*AssizeR*) *March. S. Wales* 60. **b** **1262** per ~onem nostram habebunt nundinum apud W. per unam quindenam integram (*Ch. comitis Warw.*) *Cart. Beauchamp* 308; **1436** die Jovis proxima ante inpetracionem [MS: †interpretacionem] bille assise predicte [sc. *of novel disseisin*] AMUND. II 117; **1438** ~onis tempore dictorum compromissi et laudi (*Lit. Regis*) BEKYNTON I 202. **c** **1267**, **1362** (v. 2b supra).

4 demand or (conf. with *impetitio* ?) *f. l.*

1227 immunes ab omni exactione et impetratione [? l. impetitione] rectoris ejusdem ecclesie decimas integraliter percipient (*Lit. Papae*) *Dryburgh* 146.

5 (conf. w. *perpetratio*).

1361 die ~onis felonie predicte *IMisc* 183/6.

impetrativus [LL]

1 obtained by prayer.

auguriorum vero alia oblativa sunt, i. e. que non poscuntur; alia ~a, i. e. que optata proveniunt. de ~o Stacius 'Juppiter omnipotens, nam te pernicibus alis etc.' ALB. LOND. *DG* 11. 14.

2 (theol.) effecting or conducive to the obtaining of divine favour.

confessio est gracie et glorie ~a et per consequens pene ablativa *Spec. Laic.* 20; quoddam enim videtur ~um, quoddam vero conservativum; quoddam ~um alicujus

boni novi, quoddam conservativum antiqui BRADW. *CD* 517D; licet pia peccatoris oracio non sit meritoria eterne vite, est tamen quodamodo ~a divine gracie *Spec. Incl.* 2. 1; cum enim quilibet catholicus sit certus quod sit absolute necessarium voluntatem beneplaciti Dei impleri, non oportet orare pro implecione illius, saltem speciem oracionis ~e, cujus videntur esse omnes appeticiones oracionis dominice WYCL. *Ente* 116.

impetrator [ML]

1 (leg., eccl.) applicant, petitioner (at papal court).

propter labilem memoriam ~oris W. DROGHEDA *SA* 1; *Ib.* 4 (v. impetrare 3g); **c1330** omnes ~ores in curia Romana ecclesiarum, capellarum, beneficiorum ecclesiasticorum *Reg. Brev. Orig.* 180; **1458** per †interpetratoris [l. impetratoris] et fundatoris sarculum modum et finem congruos et consonos promulgare *Mon. Hib. & Scot.* 407a.

2 (leg., w. ref. to civil law) purchaser (of writ or sim.).

si autem verus possessor negligens fuerit post disseisinam et negligens ~or, patiens et dissimulans injuriam, .. non succurritur ei nisi per assisam BRACTON 163b; *Ib.* 414 (v. impetrare 4g); **1279** si, ut fieri assolet, talem literam [sc. regalem] prosequi dissimulet ~or *Conc. Syn.* 846; qui warrantizare poterunt inpetratores *Fleta* 78.

impetuensis, impetuous, headstrong, aggressive.

porci Flandrenses non cedent †Angligenses [l. Anglige-nenses]; / falsi sunt, penses, cum possint impetuenses / .. 'impetuenses' quia erunt contra Gallum cum impetu si crederent habere victoriam (J. BRIDL.) *Pol. Poems* I 204–5.

impetuose [LL]

1 (w. ref. to motion) in a rush, headlong: **a** (of person); **b** (of animal); **c** (of natural force, esp. water).

a quo [sc. vado] statim ~e transcurso, Britones .. ad propria mesti sunt reversi GIR. *IK* I 6 p. 63; exierunt de tentoriis illis milites et servientes armati [sc. regis Francie] et ~e congressi sunt cum militibus regis Anglie *G. Hen. II* I 75; obstupuerunt ~e prorumpentem custodes sepulchri *Canon. G. Sempr.* 167v; Reinerum .. cum tota acie sua prostravit, et ad inferos ~e direxit M. PAR. *Maj.* I 267; nullus alius frater in processione presens potest a processione recedere; nec absens debet se ~e ingerere *Obs. Barnwell* 94; Robertus autem audiens de coronacione fratris sui junioris ~e venit in Angliam cum exercitu magno, querens bellum contra fratrem suum et clamans regnum KNIGHTON I 112. **b** falcones .. ~ius ab alto feruntur ad predas GIR. *TH* I 12 p. 37. **c** cum .. brachia [marina] sibi obviare atque confluere ~e festinent ADEL. *QN* 52; Taph per sedem cathedralem de Landaf .. usque ad castrum de Kairdif, ubi se mari immiscet, ~e transcurrit GIR. *DK* I 5 p. 172; [vinum] sumptum descendat ~e [*gl.*: cito] ad modum fulminis NECKAM *Ut.* 103; *Quaest. Salern.* B 173 (v. impetuosus 3b); quia sedendo magis dilatatur arteria et aer inspissatur, lateraliter diffunditur nec ~e veniens ad linguam non sufficit ad magnam vocem faciendam *Ib.* N 32; accidit in ventis et aquis discurrentibus, si in aliquo motu objiciente percuciantur, motu geminato ~ius revertuntur GILB. II 101v. 1.

2 (w. ref. to decision, action or sim.) impetuously, in haste, rashly.

~e et inconsulte quosdam suspendere et alios excommunicare presumpsit GIR. *RG* II 6; **s1240** non consensit cuidam voluntati regie ~e M. PAR. *Min.* II 440; non ~e neque inordinate sed prudenter ad bella procedere CAPGR. *Hen.* 158.

3 (w. ref. to action of body) vigorously, violently.

fit [sanguinis effusio] quandoque ex magnitudine membri virilis ~e operantis, unde vene rumpuntur GILB. VII 295. 2.

impetuositas [ML; cf. OF *impetuosité*]

1 rapidity of movement, rush. **b** rapidity of effect.

propter vehementiam et ~atem hujusmodi motus acquiritur calor extraneus in substancia spiritus GILB. I 63. 1. **b** canis igitur cum mordet hominem aliquid de corruptione sue substantie et spiritu in hominem morsum inicit . . . corpus .., cum de natura sua resistere deberet, non potest, duabus causis hoc operantibus, sc. ~ate cause et velocitate spirituum *Quaest. Salern.* B 256; non est tanta ~as malitie neque grossities materie que .. *Ib.* 257.

2 (w. ref. to decision, action, or sim.) rashness, hastiness; **b** rash or hasty act.

1459 a precipitacione .. et ~ate judicii sive sentencie contra hos dominos abstineat se mansuetudo principis *Reg. Whet.* I 354. **b** **1283** vos ~ates hujusmodi temporis .. minuendo .. et mutando pluries bonum facitis quod valetis PECKHAM *Ep.* 430 p. 556.

3 impetuosity, headstrongness.

de luxuria nascuntur cecitas cordis, oracionis instabilitas, inpetuositas, precipitatio, amor sui, .. EDMUND *Spec. Eccl.* 35; **s1332** multi .. Scoti propter ~atem ipsorum et infortunium super socios suos Scotos cadentes in prelio ascenderunt .. et .. oppressi fuerunt AVESB. 82.

impetuosus [LL]

1 rushing; **b** (of movement).

ab una ripa fluminis ~i ad oppositam ripam NECKAM *NR* II 159 p. 265; in magno vento et aquis ~is [ME: *swifte*] quas transvadare oportet *AncrR* 93. **b** [aer] propter motum ~um, sua forma spoliatus, in ignem transit *Quaest. Salern.* P 15; ~is cursibus *Ps.*-ELMH. *Hen. V* 75 (v. dilatatio 1d).

2 violent, intemperate; **b** (w. ref. to natural force or sim.); **c** (med., of humour). **d** occurring with violent suddenness.

a1400 propter hujusmodi horribiles comminaciones et ~as insultaciones *Pri. Cold.* 83. **b** **s1236** de ~issimo vento M. PAR. *Maj.* III 379 *tit.*; **s1254** prorupit inundacio pluvialis cum grandine ~issimo *Ib.* V 448; **c1350** muri .. ~is fluctibus .. maris venti turbine agitatis .. quassantur *Eng. Clergy* 111 n.; insule .. aggeribus et rupibus munite contra fluctus marinos ~os *Eul. Hist.* II 108 (cf. BART. ANGL. XV 143: contra maris impetum). **c** colera .. ~us humor est et qualitates habet furiosas, unde in exitu suo substantiam cerebri teneram dissiparet *Quaest. Salern.* V 4; nihil aliud est in corpore quam grossa et ~a fumositas GILB. I 44v 1. **d** ex .. [corporum] ~a collisione ADEL. *QN* 65 (v. excutere 1c); collisione fit ignis generatio ut videtur de ~a collisione ferri ad lapidem *Quaest. Salern.* P 15; audito tabule sonitu repentino ac ~o, in alicujus fratris decessu, debent fratres celeriter excitari *Cust. Westm.* 139 (= *Cust. Cant.* 186: inpetuoso).

3 rash, headstrong, impulsive; **b** (of animal). **c** (of decision, act, or sim.) hasty, rash; **d** (of speech or statement). **e** (prov.).

quia Lingonensis [sc. episcopus] erat ~ior, ipsum deridebat J. SAL. *Hist. Pont.* 24 p. 56; ad capessenda .. pericula nec ~us nec preceps, sed, sicut providus in aggrediendis, sic pertinax erat in aggressis GIR. *EH* I 43; **s1238** rex .. multa convicia congessit in eundem episcopum, dicens eum ~um, iracundum et perversum M. PAR. *Maj.* III 495; cum ergo rex vidit aliquod bonum vel utile faciendum, faciat cum discrecione, nec nimis tarde nec nimis cito, ne videatur ~us vel remissus BACON V 48 (cf. *Quad. Reg. Spec.* 34); pro judicio racionis motum animi sequentes ~um *Ps.*-RISH. 494; **s1176** fumosum Scotum et ~um FORDUN *GA* 15 (v. fumosus 6); non omni mox docto credas, nec impetuosus / sis, aut ulciscens materias subito *Dietarium* 55; **1459** ubi precipites sunt animi sive ~i, ibi cum modo et modestia, cum mansuetudine et moderancia, sunt ipsi impetus temperandi *Reg. Whet.* I 353. **b** rinocerus est animal ferventissimum et furiosissimum et valde ~um quia calidissime nature. habet enim spiritus impetuosissimos et ferventissimos qui impetuosissime dilatant cor *Quaest. Salern.* B 173; **s1241** corruit de equo, qui nimis fuerat indomitus et ~us M. PAR. *Min.* II 451. **c** **1254** compellimur mirari .. quod vos in propositum nostrum .. propere fulminatis sentenciam excommunicacionis . . . insuper alia racione miramur ex hoc facto ~o, quia .. *Cl* 246; **s1099** de prima et ~a urbis invasione M. PAR. *Min.* I 139 *tit.*; **s1323** rex .. ~um eorum consensum penitus revocavit BLANEFORD 145. **d** [vicecomites rurales] ex ~o garritu ut appareant id quod non sunt sustinent [*sic*] HENGHAM *Magna* 3 p. 13; **1382** supplico .. quatenus mihi graciose ignoscatis quod ~a responsio perpetravit (ASTON) *Ziz.* 332. **e** **1329** ~a manus facit rectam lineam tortuosam *Lit. Cant.* I 288.

4 (w. ref. to facial expression) hostile, aggressive.

scutifer †quidem [l. quidam] ~o vultu progrediens ad patrem familias domus, stringens ipsum per capicium, abstracto dagerio, dixit .. FAVENT 17.

impetus [CL]

1 forward rush, onrush; **b** (of abstr.); **c** (of natural force); **d** (spec. of river) current, stream. **e** (*cum ~u*) at a rush, headlong.

septenis caelorum orbibus pernici volventis sperae ~u per praeceps vergentibus ALDH. *Met.* 3 p. 72; dum fervens equus quoddam itineris concavum valentiore ~u transiliret, lapsus decidi BEDE *HE* V 6 p. 290; sic primum remo puppis strepit, inde volantem / remis ablatis impetus ipse tulit L. DURH. *Dial.* III 128; calidi humores .. ~u spirituum ad extremitates membrorum transferuntur *Quaest. Salern.* Ba 93. **b** ex ~u sue collisionis [nubes] faciunt sonitum qui tonitrus dicitur *Quaest. Salern.* C 6; magis aer subtiliabatur et sic motionis ~u propellebatur ad exteriora *Ib.* N 6; excusat eciam summoniti absenciam .. majoris rei inpetus [*ed. 1647*: †inpeditus] cui resisti non poterit *Fleta* 381 (= BRACTON 337: ~us); ex ~u casus *NLA* II 634 (v. elidere 1a). **c** utrumque [latus] autem erat animabus hominum plenum, quae huc inde videbantur quasi tempestatis ~u jactari BEDE *HE* V 12 p. 305; **1166** nec hoc dixerim tanquam inundantis procelle subactus ~u, cum, philosophia docente, didicerim quod, sicut 'male cuncta ministrat impetus' [Statius *Theb.* X 704–5] ita vigor ejus diuturnus esse non potest J. SAL. *Ep.* 161 (159); propter ~um aquarum ALB. LOND. *DG* 5. 7; contra maris ~um BART. ANGL. XV 143; **1268** ~u venti (v. 2 cablicium); **1507** ad propellandum ~um pluvie (v. defensorius 2d). **d** contra ~um fluvii decurrentis BEDE *HE* V 8 p. 300; ad flumen quod juxta decurrit enormi ~u BYRHT. *V. Ecgwini* 342; a medio ~u ipsius fluminis RIC. HEX. *Hist. Hex.* II 4; propter inpedimentum inpetus fluminum *Fleta* 382 (= BRACTON 337: propter vim fluminum). **e** flammivomus serpens divina virtute prostratus .. a sublimi aere cum maximo ~u in amnem decidit R. NIGER *Chr. II* 173; humiditate partium congelata adeo ut, si in aqua ponantur calida .., congelata cito et cum ~u solvitur et consumitur pars a parte *Quaest. Salern.* N 29; cum igitur sanguis cum spiritu ab interioribus ad exteriora prorumpat cum ~u *Ib.* P 107; **s1250** venit cum magno ~u, pompa et apparatu ad Roffensem prioratum ubi extorsit .. plus quam xxx marcas M. PAR. *Maj.* V 120; portum .. cum ~u dereliquid *V. Ric. II* 76 (v. dissolvere 3c).

2 hostile movement, onslaught, attack; **b** (of demons, prob. w. ref. to Satan as the old enemy). **c** (*~um facere*) to attack, assault. **d** (*primo ~u*) at the first onset. **e** (*uno ~u*, also fig.) at one blow, at one fell swoop. **f** (pregn.) attacking force, army.

ultionis .. ignis .. finitimas quasque civitates agrosque populans non quievit accensus . . . in hoc ergo ~u .. GILDAS *EB* 24; ob arcendos barbarorum ~us BEDE *HE* III 2 p. 129; **s1066** postquam diu certatum est, Angli, Norreganorum ~um non sufferentes, .. terga dedere FL. WORC. I 226; velociter armati laxatis habenis advolarunt, .. repentino ~u lassatos gentiles percusserunt ORD. VIT. XIII 8 p. 17; sub .. Trajano tertius ~us persequutionis ebullivit R. NIGER *Chr. I* 24; **s1242** (v. impetere 2a). **b** **716** contra ~um daemoniorum (v. daemonium 1a); demoniace invasionis ~us R. COLD. *Cuthb.* 17 (v. effugium b); *Obs. Barnwell* 232 (v. exterror). **c** evaginata sub veste sica ~um fecit in regem BEDE *HE* II 9 p. 99; G. MON. X 9 (v. ignescere 1a); nihil ibi erat quod posset capi vel tangi, quin omnes imagines prosiliebant et ~um in raptorem faciebant R. NIGER *Chr. II* 155; sanguis trumbosus est in causa et condensatus, qui casualiter per totum corpus delatus, prout patet sibi via, ~um facit et facit membrum insensibile *Quaest. Salern.* Ba 91; **s1249** Bononienses premuniti, paratis occultis insidiis, subitum ~um fecerunt in ipsum M. PAR. *Maj.* V 78; **s1257** Walenses, facto ~u gravi in quendam exercitum domini regis, multos ex Anglis .. trucidarunt OXNEAD *Chr.* 211. **d** pro ultione militum quos primo devoravit ~u eum acutis cuncti Romani circumdederunt jaculis *Lib. Monstr.* III 9; duos .. primo ~u parvulos .. venenosis diripuerunt morsibus *Ib.* 10; accipitres et nisi .. promptiori quadam velocitate predas persequuntur et in primo fere ~u vel fraudantur vel fruuntur optatis GIR. *TH* I 12 p. 37; post extrema Ludovici tres filii ejus pro regno fratris Pepini decertavere. .. Lotharius primo ~u victor, post a W. Tholosano fugatus, ductus penitentia monasterio se contulit R. NIGER *Chr. II* 151; **s1174** [H. Bigod] nobilem civitatem Norwic' primo ~u expugnavit *Ib.* 176. **e** GOSC. *Mir. Iv.* lxxxiii (v. iconia 2a); **s1091** *Croyl.* 97 (v. deambulatorium 2a). **f** agmine, itenere vel ~u vel ordine *GlC* A 398; **s893** Æðelm .. Æðelnoð duce una Anglorum cum occidentali insequitur exercitu; post adest quorum rex Eðered Myrciorum, substans cum impetu magno ÆTHELW. IV 3 p. 50; ascendit cum suis e navibus dirigens aciem contra Anglorum inpetum, qui tunc in loco Scorastan dicto fuerat congregatus *Enc. Emmae* II 6.

3 (transf.) attack, blow, violence; **b** (of emotion).

erat autem eo loci, ubi flammarum ~us maxime incumbebat, martyrium beatorum iiij coronatorum BEDE *HE* II 7 p. 94; adversitatum ~us GOSC. *Transl. Mild.* 9 (v. impendium 2); tarde igitur [turtur] ad coitum movetur, sed solum in tempore congruo et cum ~us caloris et nature sue ei suggessit *Quaest. Salern.* B 292; ut adversus omnes fortune ~us essent muniti ALB. LOND. *DG* 9. 12. **b** ~u levitatis PULL. *Sent.* 780C (v. eminere 3a); **1166** ut eductas doloris ~u et extortas verberibus lacrimas redire faciant in sinum oculorum J. SAL. *Ep.* 193 (187 p. 230); toto malignitatis ~u R. COLD. *Godr.* 51 (v. debacchari c); ire ~u H. BOS. *Thom.* IV 13 (v. exsufflare 1d); amoris ~us J. GODARD *Ep.* 220 (v. illibratus).

4 vigorous effort or action (in quots., w. ref. to production of voice).

audiri autem potest vox, interposito pariete, quamvis minus clare, quia vox cum quodam ~u effertur, cum est percussio unde potest venire ad instrumentum auditus *Quaest. Salern.* B 272; vox fit magna secundum ~um emittendi [sc. aera] *Ib.* N 32; inpetu *Ps.*-GROS. *Gram.* 31 (v. depressio 2).

5 violent mental impulse, urge, or sim. **b** impulsiveness, headstrongness, hastiness (esp. as characteristic of youth). **c** (*in ~u*) impulsively, in the heat of the moment.

s1096 cum Robertus comes Normannorum Jerosolimam eundi .. ~um cepisset W. MALM. *GR* IV 318; nec prerupta montium latera nec eree turres .. nunc arduos et sublimes, nunc subterraneos, animosi pectoris ~us prevalent impedire GIR. *TH* III 1 p. 196; effrenes quorundam ~us .. corrigit

Id. PI I 10 (v. demembratio a); **1459** (v. impetuosus 3a). **b** juvenilis aetatis ~um non refrenans ABBO *Edm.* 16; **s1094** erroneum ~um juventutis abolevit penitentia FL. WORC. II 33; ne per etatem maturiorem aboleret errores licencia potestatis et ~u juvenili contractos W. MALM. *GR* IV 305; **c1213** juvenilis etatis ~u et inconsulto calore GIR. *Ep.* 7 p. 254. **c** in ~u, non prehabita deliberacione, intrare pueros faciunt PECKHAM *Puer. Obl.* 431.

impexus [CL], uncombed.

capillis adhuc ~is ORD. VIT. XII 45 p. 480; inpexus, non pexus OSB. GLOUC. *Deriv.* 295; *un kembyd*, †imcomptus, ~us, nudus *CathA.*

imphaleratus, (of horse) unadorned, or excessively adorned (by showy harness or sim.).

s1388 supervenit quidam Scotus inphalerato insedens equo, attonite satis clamitans omnes ad arma confugere FORDUN *Cont.* XIV 53 p. 405.

imphilosophice [2 in- + LL philosophice], unphilosophically, in a manner unbecoming to a philosopher.

quia ipse negavit infideliter et ~e quod Deus creavit mundum WYCL. *Univ.* 227.

impiare [CL = *to stain by act of impiety*; LL = *to treat impiously*; cf. LL impietare = *to act sinfully*], to act impiously, to commit an impiety.

~iare, crudeliter agere OSB. GLOUC. *Deriv.* 291; ~iare, impie agere *Ib.* 295; ~io, -as, i. impie agere vel impium facere *Ib.* 424.

impictus v. 2 impingere.

impie [CL]

1 impiously, unrighteously, without due respect to God or Christianity.

incestum, crimen ~ie commissum cum sorore aut filia vel cognata *GlC* I 273; non abutaris ~ie commisso tibi pauperum suffragio P. BLOIS *Ep.* 15*. 59A; ad ipsas calumpnias, si quando ipsas inpie pertulerint, impigre et pie est respondendum GROS. *Cess. Leg.* I 3. 1; ne piam impie matrem dimidient WALT. WIMB. *Carm.* 600 (v. dimidiare 1a).

2 without filial duty. **b** (unspec.) disrespectfully, disloyally .

divina benignitas illa .. pie seviens et ~ie fovens, propriis in patrem furentibus filiis .. ob patris favorem non pepercit GIR. *TH* III 49 p. 193; tam ~ie patrem in facie pede percussit quod .. *Id. SD* 14. **b** **s1159** rex Ergadie jam per annos duodecim contra regem Malcolmum dominum suum ~ie repugnans FORDUN *Cont.* VIII 6; **1455** ~ie, immo ~iissime, infamarunt nomen ejus [sc. ducis Gloucestrie] *Reg. Whet.* I 181.

impietas [CL]

1 impiety, unrighteousness, lack of due respect for God or Christianity. **b** an unrighteous act, saying, or sim. **c** (w. ref. to heathenism). **d** (w. ref. to heresy). **e** (*opus ~atis* in iron. contrast w. *opus pietatis*).

creditum est tamen quod hi, qui merito ~atis suae maledicebantur, ocius Domino vindice poenas sui reatus luerent BEDE *HE* IV 26 p. 266; atrocissima ~atis praevalescente rabie B. *V. Dunst.* 6 p. 12; annuntiarem impio ~atem suam [cf. *Ezech.* iii 19] et, si non lucrifacerem eum Deo, perfecte saltem partes evangelizantis implerem P. BLOIS *Ep.* 10. 28A; ~atis fasciculos A. TEWK. *Ep.* 10 (v. dirimere 1a); J. FORD *Serm.* 49. 4 (v. exurere 2a); clamide vestit rubea spoliatum / frendens impietas succensa furore [cf. *Is.* ix 18] J. HOWD. *Cant.* 66. **b** surculamen incredulitatis et insipientiae plantaverat, quod vulgatis domesticisque ~atibus velut quibusdam venenatis imbribus irrigatum .. parricidii sacrilegiique crimen produxit GILDAS *EB* 28; **793** a talibus vosmetipsos ~atibus observate in quibus illi perierunt ALCUIN *Ep.* 18 p. 52; AD. MARSH *Ep.* 53 (v. crudelitas b). **c** respexit ille ad divinae auxilium pietatis, quo ab ~ate barbarica posset eripi BEDE *HE* III 24 p. 177. **d** Nestoriana ~as in duas Christum dividit personas ALCUIN *Dogm.* (*Adv. Felicem* I 11) 136B (cf. id. *Ep.* 166 p. 273 [**799**]: secundum Nestorianam ~atem); evitare ~atem Nestorianae doctrinae *Ib.* 136C; heretici, qui contra suas ~ates leges justas institui nolunt OCKHAM *Dial.* 612. **e** **s1208** inter hec et consimilia ~atis opera, rex Johannes in se reversus metuebat ne .. WEND. II 48.

2 lack of filial duty, disrespect (to parent).

suam erga filium liberalitatem filiique erga ipsum inpietatem ei lacrimabiliter indicavit GIR. *SD* 16.

3 pitilessness, cruelty.

occidit hic pietas, regnat et impietas; / vita perit; mors seva furit; bachatur et ensis; / nullus ibi parcit, Mars ubi sceptra regit G. AMIENS *Hast.* 498; gazas impietas pietate carentibus affert D. BEC. 2283; sic mundo mortificatos ~ate piissima feliciter exulare compellunt GIR. *TH* I 12 p. 36; **1290** mortis ~as, nulli dignata parcere persone, cor nostrum .. sauciavit (*Lit. Regis*) *Chr. Rams. app.* 369.

impiger [CL], not slothful, energetic, assiduous; **b** (used predicatively as quasi-adv.); **c** (of inanim.).

impiger ast ille strictus molimine ferri / truditur in tenebras laturus carceris atras ALDH. *VirgV* 1229; ut ea quoque, quae nec in Gallia quidem repperiri valebant, Romanis e finibus aecclesiae suae provisor inpiger ornamenta vel munimenta conferret BEDE *HA* 6; has [acies] contra opposuit parvum licet impiger [*sic*] agmen, / millia tria ciens tantum, sed prompta duello ALCUIN *SS Ebor* 539; O. ~er monachus BYRHT. *V. Osw.* 422 (v. enormiter 2b); **10..** piger, *sleac*; inpiger, *unsleaw WW*; ipsi fratres, ~ri servitores, sacra spolia nitidis lintheis excipiunt GOSC. *Transl. Mild.* 14; **c1210** ad computandum impiger, / piger ad evangelium (*In Episcopos* 94) *Pol. Songs* 10; impiger Eadwardus devitans ocia WYKES *Vers.* p. 130. **b** [femina] pocula deportat cunctisque impigra ministrat ALCUIN *SS Ebor* 1151; sacris divisit vicibus noctesque diesque: / impiger assidue spatiosis noctibus orans, / .. *Ib.* 1263; post ipsos ~er equitat HERM. ARCH. 32 (v. 2 essentia 6); ad ecclesiam pro reddita sibi sanitate Deo gratias acturus ~er tendit EADMER *V. Dunst.* 2 p. 167 (cf. OSB. *V. Dunst.* 7 p. 75: ad templum .. moderata velocitate currit); ille regem ~er adit MAP *NC* V 3 f. 60v; discurrit impiger, vadens et veniens, / minister promtulus plus equo serviens WALT. WIMB. *Palpo* 112. **c** et ignis impiger assumit cornua WALT. WIMB. *Carm.* 523.

impignorare (-ner-) [ML]

1 to pawn, give as security for loan of money: **a** (real estate); **b** (chattel); **c** (rent or other money due).

a **c1175** ut quilibet .. messagium aliquid possidens .. nomine burgagii .. liberam habeat .. domos suos impignerandi, vendendi necnon et donandi nisi domibus religiosis licenciam *BBC* (*Wells*) 65; **s1096** Robertus Curta Ocrea, ~ata fratri Willelmo pro x millibus marcarum argenti Normannia, Hierosolimam itineratur R. NIGER *Chr. II* 163 (cf. W. MALM. *GR* IV 318: Normanniam fratri suo pro pecunia .. †invadatus est; H. HUNT. *HA* VII 5: posuit Normanniam in vadimonium fratri suo; HIGD. VII 5 p. 320: mediam partem [Normannie] .. fratri suo ~avit [TREVISA: *leyde the halvendel of Normandie .. to wedde to his brother*; *Harl. 2261*: *he putte in plegge*]; **1231** quilibet burgensis burgagium suum potest dare, inpignorare vel vendere cuicumque voluerit, nisi heres illud emere voluerit *Ch. Chester* 435 p. 434; **s1258** rex Alemannie Ricardus quasdam civitates regni Alemannici, quas predecessores sui reges Alemannie ~averant et inestimabili pecunie quantitate obligaverant, prudenter liberavit M. PAR. *Maj.* V 698; si pecunia suo die soluta non fuerit, remanebit terra sic ~ata ipsi creditori BRACTON 20 (cf. ib.: terra pignori data); **1280** possessiones ad mensam mei episcopatus pertinentes non vendam neque ~abo [v. l. impingnorabo] neque de novo infeodabo *Reg. Ebor.* 223; **1292** ignorantes quod castrum de L. .. in pignus pro nobis receptum extitit .. nec ad memoriam reducentes quod Arnaldo de G. magnam partem principalis debiti, pro quo dictum castrum nobis inpingnoratum fuerat, quitassemus *RGasc* III 50; **1424** cum nuper ad aures nostras pervenerit dominum J. A. quondam priorem .. cuidam T. P. villam nostram de S. .. pro quadam summa pecunie ~asse .. non solum contra statuta sacrorum canonum, verum etiam contra jura regnorum tam Anglie quam Scocie, ipsam impignoracionem .. esse invalidam et inanem innotescimus *Pri. Cold.* 97; **1575** ~ata et morgagiate (v. conveiantia). **b** socius pro socio librum vel aliquod tale ~at in Judaismo: Cristus semetipsum pro nobis Judeis vice pignoris exposuit ALEX. BATH *Mor.* III 47 p. 175; contigit quod quilibet obedientiarius .. debito se obligaret tam Judeis quam Christianis pro voluntate sua. sepe cappe serice et ampulle auree et alia ornamenta ecclesie ~abantur, inconsulto conventu BRAKELOND 121; apud episcopum Parisiensem ~atum olim urgentis necessitatis ob causam caput S. Dionysii fuit GIR. *Spec.* II 15 p. 58; **1260** rex preciosa jocalia sua ~avit apud Attrabat' .. pro mille ducentis et sexaginta libris Paris' *Cl* 246; coegi familiares homines et pauperes expendere omnia que habebant et multa vendere et cetera ~are, eciam multoties ad usuras BACON *Tert.* 16; **1280** predicti viij anuli non valuerunt, die quo ~ati fuerunt, nisi ij marcas *SelPlJews* 108; **1318** de .. uno pari soccorum .. quos Ricardus filius T. .., qui suspensus fuit apud B., inpingneravit [cum] Roberto de T. *Rec. Elton* 239; **1393** ita quod quilibet pauper tenens .., qui istam summam .. ex mutuo de illa cista desideret habere, prius †impignet custodibus dicte ciste bovem vel equum, vaccam, vel aliam rem excedentem in precio summam dictam *Reg. Heref.* 173 (cf. ib.: si animal fuerit ~atum .. et si mortua res fuerit ~ata); **1444** ne ipsi [sc. monachi] .. aliqua bona, vasa, jocalia, utensilia, libros, pannos vel sup[el]lectilia .. vendant, alienent, ~ent, abducant seu apportent quoquo modo nisi per visum .. prioris et conventus (*Vis. Westm.*) *EHR* XXXVII 88. **c** **1227** redditum illum ~avit ad terminum crucesignatorum *BNB* III 598; **1253** si contingat ipsos tres vel duos ipsorum redditus nostros in partibus vestris ~are vel acensare nomine nostro, nos hujusmodi impignoracionem vel acensacionem ratam .. habebimus *RGasc* I 290 (= *CalPat* 257); **1416** cui [Willelmo J.] dicta pensio fuit ~ata per dictum electum Cathanensem *ExchScot* 259; **1464** pro debitis meis acquitandis penes Ranaldum C. de S. de [..] certa summa .. usualis monete Scocie [..] pro qua quidem [..] impingneravi sibi annuum redditum c solidorum de terris meis *Reg. Aberbr.* II 135.

2 to give (person) as hostage or surety for the performance of a promise or sim.

s1340 quos [episcopos] voluit misisse in Flandriam et eos ~asse ibidem vel, si hoc nollent, in turri Londiniarum retinuisse invitos AD. MUR. *Chr.* 117.

3 ? to put (person) on bail or recognizance.

1368 quod ~ari faciat Johannem de S. cariantem molera lucrata infra campum domini episcopi ultra solum prioris et omnes alios qui applicant cum velis super solum domini *Hal. Durh.* 75 (cf. ib. 80 [**1369**]).

impignoratio (-ner-) [ML]

1 pawning, giving as security for loan of money: **a** (of real estate); **b** (of chattel); **c** (of rent or sim.).

a **1350** quod tenementa predicta, .. libros, calices, vestimenta, et omnia alia ornamenta .. non impignorabunt nec alienabunt nec ~oni seu alienacioni eorum consentient *FormA* 266; **1424** (v. impignorare 1a); **1454** durante mihi inpignoracione .. dictarum terrarum *Inchaffray* 146; **1456** [terre] sunt in manibus Fergusii McGauch ex impingneracione dicti quondam Gilberti et que sunt .. de proprietate domini regis post relaxacionem dicte impingneracionis *ExchScot* 199; **1463** [terre] sunt in manibus Ade C. ex impigneracione, ut asserit *Ib.* 183. **b** ?**12..** cum essemus gravi onere eris alieni obligati et sine inpignoratione partis rerum nostrarum a predictis debitis exonerari non potuimus [*sic*], nos confirmamus Thome de F. .. propter quandam pecunie summam .. totam terram nostram de F. *Reg. Paisley* 51; **1350** (v. 1a supra); **1383** propter alienaciones sive ~ones librorum et aliorum jocalium per socios dicti collegii factas (*Stat. Ox.*) *Lit. Cant.* II xxxiii; **1426** numquid aliqua facta fuerit .. ~o jocalium AMUND. I 208; **1458** alienaciones, ~ones seu consumpciones bonorum .. dicti collegii .. corrigere (*Ch. Episc. S. Andr.*) *Mon. Hib. & Scot.* 410b. **c** **1253** (v. impignorare 1c); **1282** rex satisfecit ex toto dicte matri regis pro inpignoracione reddituum predictorum *RGasc* II 170; **1424** rex confirmavit impigneracionem .. de xij marcis annui redditus pro ccc nobilibus auri monete Anglie *RMS Scot* 6.

2 taking as pledge.

1388 quod omnes arestaciones, represalie, et inpingnoraciones bonorum et mercandisarum in Anglia et Prussia .. sint de presenti quiete *Mem. York* II 2.

impigre [CL], not slothfully, energetically, briskly, assiduously.

in hac vinea ~e S. Paulus laboravit HON. *Spec. Eccl.* 859C; ut .. impegre in montana conscenderet W. MALM. *Mir. Mariae* 113; **s1141** comitati sunt eum ~e sue fautores partis *Id. HN* 488 p. 48; ad fena secanda seu fruges colligendas .. ~e se agebat et ad voluntatem jubentis quodlibet adimplebat WALTH. *Ep.* 99; **c1213** ad ultimum refugium atque remedium in terris Romam statim semel et iterum ~e misimus GIR. *Ep.* 7 p. 246; GROS. *Cess. Leg.* I 3. 1 (v. impie 1a).

impinctus v. 2 impingere.

1 impingere [CL]

1 to bring into violent contact, cause to collide (with), dash (against) (also fig.); **b** (w. abstr. obj.). **c** (refl.) to hurl oneself (into attack) (against).

ad maceriam capud inpingere W. MALM. *Wulfst.* II 14 p. 37; nunc vox stringitur, nunc frangitur, nunc ~itur, nunc diffusiori sonitu dilatatur AILR. *Spec. Car.* II 23. 571B. **b** si illi errores in fidem ~ant .., proditores Christianitatis sunt censendi OCKHAM *Dial.* 733. **c** in episcoporum suffraganeos precipitanter se impegerunt *G. Steph.* 35.

2 to cause (a blow, weapon, or sim.) to strike (on). **b** (w. weapon or sim. as subj.) to strike, land (on).

1093 virgam .. pollici atque indici .. impactam (v. digitulus); alium quoque ad tumulum suum dormientem impacta alapa excitat et a sacrario suo exturbat GOSC. *Transl. Mild. cap.* p. 155; minister .. commoto felle †per grandem [l. pergrandem] colaphum puero impegit W. MALM. *Wulfst.* II 18; baculum .. in dorsum pueri cum gravi impegit assultu, ita ut spinam dorsi infringeret *Mir. Wulfst.* II 17 p. 176. **b** livens ut funus acies evanescat; / hostes impingant spicula radiorum J. HOWD. *Cant.* 259; **s1304** emissi lapides murum †impinguentes *Flor. Hist.* III 119 (cf. ib.: lapides .. qui contra murum ~ebant aliquando in vanum resiliunt).

3 to strike a blow on, hit; **b** (intr.).

inpingit, *smat, gemaercode GlC* I 352; nec mora quin mediis se immiserat hostibus audax, / proturbans acies Christi testudine fretus. / mox timor inpactas populorum dispulit alas ALCUIN *SS Ebor* 543; lanceis .. eam [sc. mulierem] ~ere ceperunt *Latin Stories* 60. **b** cum autem prope mortuus esset, unus eorum, accepto securi, inpegit

capiti ejus, et sic sanctus tradidit animam Deo *ASChr.*; ramus impegit ejus in oculo HERM. ARCH. 26 (v. effectualis 1a); gladiis .. in ostia domus exterioris .. ~unt W. CANT. *V. Thom.* 38.

4 (of natural force) to buffet, strike; **b** (intr.).

navis a ventis inpacta *V. Birini* 12; altera [porta], quam dexter Zephyro creberque procellis / Africus impingit, pene coequat eam L. DURH. *Dial.* I 342. **b** in qua [domo] flumina et venti ~unt, sed, cum supra petram fundata sit, eam movere non poterunt [cf. *Matth.* vii 25, *Luc.* vi 48–49] HON. *Spec. Eccl.* 1105D; inpegit autem super eum violentissime ventus superbie GROS. *Dicta* 44.

5 to abut on, be adjacent to.

12.. dedit .. unam rodam terre arabilis in B. .. inpingent' super Donewey (*MS BL Lansdowne 391* f. 28) *Cart. Harrold* 115.

6 to stumble (on), trip (over). **b** (absol.) to stumble; **c** (fig., esp. w. ref. to *Prov.* iii 23). **d** to fall on. **e** to fall into (in quot., abstr.).

inter prandendum unus ministrorum in obicem aliquem immoderatius uno pede ~ens pene lapsum incurrit AILR. *Ed. Conf.* 766D. **b** **10..** inpingere. *onspurnan, oððe æfæstan WW*; equo suo ~ente in aquam cecidit et submersus est *Meaux* I 238; *to stumbylle*, cespitare, inpingere, titubare, vacillare *CathA*. **c 796** ne alicubi tuae conversionis pes inpingat ALCUIN *Ep.* 98; cujus semitam dirigit Deus, nunquam impingit pes illius GOSC. *Mir. Iv.* lxxxii; cetera autem Turstini facta potius miremur, non istud carpamus, in quo magis casu inpegit quam industria peccavit W. MALM. *Glast.* 78; **1552** in medio lectionis cursu hesitaverint aut impegerint *Conc. Scot.* II 138. **d** Eduuardus, dum pio desiderio fratrem Ethelredum videre querit, propter fratrem in ferrum impegit et sica intercidens utriusque benigna vota diremit GOSC. *Edith* 82. **e c1144** si eum .. de ea in quam inpejerat [*sic*] culpa satisfecisse cognoscitis G. FOLIOT *Ep.* 33.

7 (fig.) to stumble (upon), chance (upon).

rusticus impresso molitus vomere terram impegit in hoc sacrosanctum sarcophagum GOSC. *V. Iv.* 84B; cum diligentius Marcum ejusque canones cum reliquis inspexissem, impegi in evangelium illud 'si quis vult post me venire ..' [*Luc.* ix 23] SENATUS *Ep. Conc.* xlvii; forte in illos ~is quos in yeme pre debilitate .. vides calciamenta portare PECKHAM *Kilw.* 129.

8 a to force or thrust (duty or sim.) (upon). **b** to put (blame or sim.) (upon), impute (to); **c** (absol.). **d** to foist (name, esp. bad name) (upon).

a c1166 si que molestie irruunt ex tibi inpacto prioratu et de sollicitudine animarum et corporum, que humeris tuis .. imposita est J. SAL. *Ep.* 170 (206 p. 308); **1168** in humeros Exoniensis .. impegerunt hoc onus *Ib.* 243 (241 p. 464). **b** eum, cui crimen ~itur EGB. *Dial.* 3 p. 405 (v. immunis 7b); David .. correpturus eum propheta Nathan .. nec mente turbata tante persone crimen impegit AILR. *Spir. Amicit.* III 113. 697B; non est malum in civitate quod non in divitis consiliarios ~atur J. SAL. *Pol.* 502D; episcopus quasi longa manu bona aliena diripit et, notam criminis a se removens, suis officialibus culpe et infamie discrimen ~it P. BLOIS *Ep.* 25. 89B; **1242** ne vel nota aliqua vobis possit ~i .. alicujus ex parte aliqua exorbitacionis GROS. *Ep.* 95; **s1248** fur intravit ecclesiam Menevensem, et eam vestibus .. spoliavit. .. custodes vero ecclesie super hoc dolentes (~ebatur enim eis a quibusdam) Deum beatumque David .. oraverunt ut eos, sicut erant, innocentes demonstrarent *Ann. Cambr.* 87; posset .. non irracionabiliter ~i et vobis impudens ambicio et mihi preceps inconsideracio et utrique inposterata presumpcio AD. MARSH *Ep.* 41 p. 145; negligencia vicecomitis non debet ei ~i HENGHAM *Magna* 9 p. 27; **1340** pro quibus [sc. tallagiis et subsidiis] .. per vos nulla culpa posset racionabiliter nobis ~i *Conc.* II 668a; **s1413** cunctis admirantibus de temporis asperitate, quibusdam novelli regis fatis ~entibus aeris turbulenciam WALS. *HA* II 290. **c** scio quod nutu Dei tot †impinguentibus [MS: impingentibus] lingua concessit *V. Chris. Marky.* 7; **s1254** non enim pepercit R. Lincolniensis Sinebaldo Januensi. et qui vivum noluit audire corripientem senserat mortuum ~entem M. PAR. *Maj.* V 430; et illud dico si forte aliquis impugnet [MS: impungnet] sive ~et *Fig.* 44. **d** Herbertus cognomento Losinga, quod ei ars adulationis impegerat, ex abbate Ramesiensi emit episcopatum Thetfordensem W. MALM. *GR* IV 338.

9 to drive or force (into); **b** (into condition or sim.; in quots., death).

cum impactis clavis GOSC. *Mir. Aug.* 16 (v. impresse 1); quatuor tigna, sex et viginti pedes longa, tanta vi in humum impacta sunt ut vix quatuor pedes exstarent W. MALM. *GR* IV 324; ignavum ac nullius usus juvenem conclamant et multis exprobracionibus animum ejus denuo accendentes, alia nocte ~unt in thalamum magnopere prestructum, ne infinitis ambagibus .. effeminetur *V. Chris. Marky.* 10; ~o, -is, i. impellere OSB. GLOUC. *Deriv.* 448 (v. impactio); quamvis ex eo crimine inveniantur innocentes propter quod impacti [vv. ll. impositi; infracti; infacti; inducti sunt in carcerem et †imparcati] sunt in carcerem BRACTON 124. **b 1153** ut pecus urgetur stimulo ut irrumpat et impingat quo vult ipse qui stimulat, sic peccatum quem pungit urget et ~it indubitanter ad mortem G. FOLIOT *Ep.* 108 p. 148; nullo fatorum impulsu .. urgebatur ad culpam, que indubitata parens pene hominem sponte lapsum impegit in mortem J. SAL. *Pol.* 444C.

10 to enter by force (in quot., absol.).

1153 (v. 9b supra).

11 (of ship or sim.) to run aground, be shipwrecked; **b** (fig.).

[navis] imprudentia ebriorum impegit in scopulum W. MALM. *GR* V 419 p. 496; peregrini .. navigantes in scopulos impegerunt W. CANT. *Mir. Thom.* IV 14. **b** hec ita polliceor si .. divinus favor .. me preter scopulos confragosi sermonis evexerit ad quos Elwardus .. impegit W. MALM. *GR prol.* p. 3; in lacrimarum gurgite impegi S. SIM. *Itin.* 74 (v. gurges 3c).

12 to offend, cause offence (to); to sin (against).

phisici .. in auctorem nature adversando fidei plerumque ~unt J. SAL. *Pol.* 755D; quicunque diceret ecclesiam universalem errare in articulo fidei, in sanctam ecclesiam catholicam vehementer ~eret OCKHAM *Dial.* 413.

13 to impinge (upon), have adverse effect (on).

uberem uvam dolatura delevit, / morte vitam atrociter impingente J. HOWD. *Cant.* 71; semper enim superiores ~unt in inferiores GRAYSTANES 30 p. 88.

2 impingere [LL]

1 to paint (in or on); **b** (w. picture as obj.); **c** (w. painting material as obj.); **d** (w. ref. to cosmetics).

GlC I 352 (v. 1 impingere 3a); **10..** inpingit, *gemearcode*, vel signat *WW*; pingo componitur depingo, -is, inpingo, -is OSB. GLOUC. *Deriv.* 441. **b** clipeum in quo imago S. Marie .. inpicta ipsum in memoriam ipsius sepissime revocabat G. MON. IX 4. **c** pertesus sum et angariatus inpingere atramentum in hoc pergameno quia spissitudo ejus calamum non admittit M. RIEVAULX (*Ep.*) 74. **d** domina impincta [? cf. *IV Reg.* ix 30] O. CHERITON *Par.* 55 (v. granellatus).

2 (transf.) to leave an image (on or in) as if by painting.

sanctum manutergium in quo est vultus Christi impictus [v. l. impinctus] *Descr. Constant.* 245.

impingnerare, ~orare v. impignorare. **impingneratio** v. impignoratio.

impinguare [LL], **~ēre**

1 to make (food) fatty or rich by addition of fat.

pane sine mensura et ferculo aliquatenus butiro inpinguato, ceteris vero diebus paxmati panis mensura et miso parvum inpinguato, horti holeribus, ovis paucis, Britannico formello utatur GILDAS *Pen.* 1.

2 to anoint with oil or sim.; **b** (w. ref. to *Psalm.* cxl 5); **c** (w. ref. to *Psalm.* xxii 5); **d** (fig.).

impinguo, A. *to fatty* [? l. *fattyn*]; ~o, A. *to do a way drye shabbe WW*; hec fuit .. hilaritas exhilarati, imo jam ~ati in oleo H. BOS. *LM* 1284B; victima tuum non impinguat altare; / thus de Saba et oleum non donantur [cf. *Sirach* xxxv 8] J. HOWD. *Cant.* 197. **b** illud caput sanctum quod non ~averat peccatoris oleum sed certi misterii sacramentum ABBO *Edm.* 11; hostis autem peccator qui oleo prave adulationis caput meum aut inpinguat aut inpinguare laborat LANFR. *Ep.* 13 (14 p. 84); prelatus .. rarissime invenitur qui collaterales non habeat assentatores sibi, qui .. oleo peccatoris caput ~ant P. BLOIS *Ep.* 15. 55B; **c1275** nec cuiquam capud peccatoris oleo ~abo, cum cuiquam preter merita doleam famam dare (*DCCant.*) *HMC Var. Coll.* I 247. **c** quod in oleo leticie spiritualis ~asti ROLLE *IA* 256. **d** ille olei venditor qui caput vestrum ~at adulationibus ac demulcet P. BLOIS *Ep.* 59. 175C; elemosinas frequenter condiebat lacrymis et pietatis adipe, holocausta misericordie ~abat *Ib.* 126. 377B.

3 to fatten, cause to become fat: **a** (person); **b** (animal, esp. livestock).

a cum diutius moraretur in conventu Rome et fratres nullam pitanciam haberent nisi castaneas, ita ~atus est ut plurimum erubesceret ECCLESTON *Adv. Min.* 129; inpinguant et humectant corpus hec: quies, securitas, et esus ciborum dulcium BACON V 82; si vero [pueri] sint macilenti, faciunt eos ad tempus ~ari [ME: *they fedyn hem tyl they ben fatte*] ut postea comedantur *Itin. Mand.* 96; *to make fatte*, .. inpinguare, inpinguere, inescare, lardare, saginare. *to be fatte*, .. pinguescere, in-, gliscere, pinguere, in- *CathA*. **b** de annona pascit et ~at lx porcos *DB* I 205ra; persuasit quatinus equos nostros ad vendendum in Walliam .. per ipsum, qui eos bene servari et inpinguari et postea vendi bene procuraret, transmitteremus GIR. *SD* 84; **1242** quingentos boves emi et ipsos inpinguari facias *Liberate* 17 m. 4; **12..** quod in qualibet berthona sint duo porci ad minus ~endi (*Cust.*) *Cart. Glouc.* III 219; **1279** mixtura: .. in liberacione j garcionis custodientis oves matrices tempore agnelacionis et custodientis vitulos et boves ad inpingwendum in estate vj buss. *Ac. Stratton* 104 (cf. ib. 113 [**1280**]: inpingwendum); **c1300** in iiij verribus et porcis ~andis [MS: ~endis] *FormMan* 37; non sicut porcus ad ~endum [ME: *vattin*] et dilatandum ut securi occidatur *AncrR* 39; **1484** iiij magni boves †impinguinati, xx arietes saginati *Ac. Chamb. Cant.* 145a.

4 (pass. in middle sense) to become fat: **a** (of person); **b** (of animal).

a dietabimus cum dieta illius qui vult ~ari GILB. VII 326v. 1. **b** quidam pisces immoderate sunt humidi, qui, cum incipiunt ova habere, incipiunt ~ari. .. remanente .. moderata humiditate, bona celebratur digestio, bonum etiam generatur nutrimentum, ex quo pisces bene inpregnantur et inpinguantur *Quaest. Salern.* N 20; [merguli] in hyeme propter paucitatem motus ~antur BART. ANGL. XII 26; asinus in principio .. parum comedit, et postmodum magis et magis, et cepit bene ~ari J. SHEPPEY *Fab.* 33.

5 (p. ppl.) prosperous, self-satisfied, complacent (usu. w. ref. to *Deut.* xxxii 15).

J. SAL. *Pol.* 777B (v. 8b infra); procedente tempore, aucto numero legis peritorum, ~us est dilectus et recalcitravit in tantum ut legis doctores appellarentur domini, indigne ferentes appellari doctores vel magistri R. NIGER *MR* 250; **s1251** Caursinos usurarios, qui de protectione domini pape gratulantur ~ati, .. egra mente toleravit M. PAR. *Min.* III 104; pauperes .. multo avidius desiderant celestem patriam .. quam divites ~ati et abundantes in seculo [cf. *II Esdr.* ix 25] HOLCOT *Wisd.* 35; **1422** (v. 2 dilatare 2b); **s1455** cum fuisset paulisper incrassatus in bonis, et ~atus, plusque solito in bursa in pecuniis dilatatus *Reg. Whet.* I 200; ex ipsius Scripture medullis, ubi adversarius ~atus dilatatusque erat J. BURY *Glad. Sal.* 595.

6 (intr.) to become fat.

caro bene macra ~at et crassa macrat M. SCOT *Phys.* 39.

7 (phys.) to thicken, make dense.

aque enim non ingrossantur neque ~antur per se sine sicco terreo BACON XIV 80.

8 to enrich, make wealthy; **b** (fig.).

1287 nimias divicias elargiri, quibus ~ati incipiant insanire, reprehensibile judicamus *Conc. Syn.* 1025; abbas .. immensis auri et argenti cumulis ~atus *Croyl. Cont. A* 118. **b** delectabitur in crassitudine anima vestra. non .. in illa in qua recalcitravit dilectus incrassatus, impinguatus, dilatatus, sed in qua benedicitur filius, ut in rore supervenientis gratie et pinguedine liberi arbitrii voluntatem Dei prudenter intelligat, potenter impleat, toleret patienter. he itaque ~antes et dulces aque sunt J. SAL. *Pol.* 777B; est sanctus et religiosus conventus iste, quem et interna in mente refectio ~at, et confessio sancta tam in ore quam in opera exornat AD. SCOT *Serm.* 399A; **1318** universitas Oxonie .. occidentalem partem militantis ecclesie morum suavitate et doctrine veritate .. inpinguavit *Reg. Carl.* II 166 (cf. *FormOx* 33).

9 to enrich (soil), fertilize.

que utilitas est quod fimo et creta ager sationarius ~atur si ..? P. BLOIS *Ep.* 5. 15A; terram .. ~averunt M. PAR. *Maj.* V 711; **1329** habebit idem R. unum residentem in eadem terra .. ad inpinguandum et excolendum eandem *Reg. Newbattle* 215 p. 173.

10 (? w. ref. to CL *pinguis Minerva*) to dull (the intellect).

gens acuta minus, sed robusta magis. aere namque prepingui arva minus, Minerva magis ~atur GIR. *TH* I 37 p. 71.

11 ? to soften (sound).

de littera G scitote quia, si non sequatur U, propter diptongum non inpinguatur, ut 'lagoena', 'tragoedia' ABBO *QG* 12 (28).

impinguatio [LL]

1 anointing (in quot., fig.).

[Christus dicitur] oleum propter interiorem anime ~onem et exhillaracionem BART. ANGL. I 21.

2 fattening, making fat.

pinguo, -as, quod non est in usu, quod componitur impinguo, -as; et inde impinguatus, ~o OSB. GLOUC. *Deriv.* 453; cum .. porcus .. fuisset ad plenum impinguatus .. carnifex .. occidit eum. quod videns asinus .. ait intra se "estne hic finis ~onis et quietis?" J. SHEPPEY *Fab.* 33.

3 becoming fat.

in quorum [sc. ovorum piscium] generatione fit ebullitio, unde caloris naturalis confortatio, quare meliori celebrata digestione fit inpinguatio *Quaest. Salern.* N 20.

4 fertilizing (of soil).

quicquid in eo [sc. agno] reperitur utile est: pellis quidem ad varium usum, pilus ad indumentum, fimus ad terre inpinguacionem, ungula et corium ad medicinam UPTON 149.

1 impinguere v. 1 impingere.

2 impinguere v. impinguare.

3 impinguēre [1 in- + LL pinguēre], **~escere** [LL], to be or become fat.

pinguesco .. componitur ~esco OSB. GLOUC. *Deriv.* 453; *CathA* (v. impinguare 3a).

impinguinare v. impinguare.

†impiose, *f. l.*

s1250 archiepiscopus .. fecit marescallos suos violenter et †impiose [? l. imperiose *or* impetuose] nimis comparare cibaria sua ad forum regis M. PAR. *Maj.* V 120 (cf. ib. *tit.*: quam impetuose se gessit archiepiscopus).

impius [CL]

1 impious, ungodly, not showing due respect to God or Christianity, (esp. contrasted w. *justus*) unrighteous; **b** (w. ref. to heathenism; also of pagan gods); **c** (w. ref. to heresy); **d** (as sb. or f.).

quid enim tam ~ium tamque scelestum est quam .. episcopatus officium vel presbyterii terreno pretio .. quempiam velle mercari? GILDAS *EB* 67; BEDE *Gen.* 130 (v. exserere 1); agente ~io victore, immo disponente justo Judice *Id. HE* I 15 p. 32; utrumque rex Brettonum Ceadualla ~ia manu sed justa ultione peremit *Ib.* III 1 p. 128; impium fore judicabat si .. EADMER *V. Dunst.* 12 (v. elongare 3c); res probet: ecclesie gens imperat impia nostre L. DURH. *Dial.* II 433; vix enim inveniri posset vel parva scripture particula in qua non posset fabricare calumpniam astucia versipellis et ~ia GROS. *Cess. Leg.* I 3. 1. **b** impius Augustus, qui mundi regna regebat, / has Christi famulas nuptis asciscere gestit ALDH. *VirgV* 2201; **c802** an fas est apud Christianos .. beatae Mariae genetricis Dei domum quam ~ie Junonis asylum inferioris venerationis haberi? ALCUIN *Ep.* 245 p. 397. **c 640** quis non execretur superbum eorum conamen et ~ium, dicentium posse sine peccato hominem existere ex propria voluntate et non ex gratia Dei? (*Lit. Papae*) BEDE *HE* II 19 p. 124; **680** contra Arrium ~issimum et ejusdem dogmata (*Conc. Hatfield*) *Ib.* IV 15 p. 240; **798** haec ~ia haeresis (v. exstinguere 3); hanc adit ut doceat quos impius error habebat FOLC. *Carm.* 18. **d** num quid Deus facta ~iorum non respicit? GILDAS *EB* 59; impius extemplo venerandum cogere poenis / Christicolam coepit constrictum nexibus artis / ut supplex veterum oraret figmenta deorum ALDH. *VirgV* 1050; animas ~iorum diversis cruciatuum generibus torquebant FELIX *Guthl.* 31 p. 104; exspectat laetus caelestia gaudia justus: / impius horrendas spectat pro crimine penas ALCUIN *Carm.* 62. 194; in te piissimo punctura desevit / et copulavit impiis innocentem J. HOWD. *Cant.* 78; **p1298** quia non est impiis pax aut mens tranquilla (*Dunbar* *242) *Pol. Songs* 178.

2 lacking in filial duty. **b** lacking in parental duty.

episcopus .. episcopaliter agens et tantam ingratitudinem pariter et impietatem viriliter ulciscens prebendam quam filio cesserat patri restituit et percussorem illum et tam ~ium patris malleum ad penitenciam suam de scelere tam ~io et tanquam parricidio Rome suscipiendam ilico transmisit GIR. *SD* 14. **b** GIR. *TH* I 12 (v. deportare 1a); aquila .. ~ia est contra filios suos BART. ANGL. XII 2.

3 pitiless, merciless: **a** (of person); **b** (of abstr.).

a post cujus mortem Pharao rex impius alter / inposuit famulis vincula dura Dei ALCUIN *Carm.* 69. 61; **c802** hic considerandum esse putamus cui iste agnus in redemptionem populi Dei immolatus est—Deo domino misericordissimo vel Pharaoni regi ~iissimo? *Id. Ep.* 307 p. 467; ~iissimi et invisi nominis Saxones fidem mihi dedignati sunt tenere G. MON. IX 3 p. 437; [Modredus] erat omnium audacissimus et ~iissimus *Flor. Hist.* I 268 (cf. G. MON. XI 2: audacissimus et semper ad invadendum celerrimus); tempore quo Dani †impiisimi istam terram vastarunt ELMH. *Cant.* 101; **s1454** efficiat .. id pietas in vobis .. ut, quos in transgressores pios esse oportet, ~ios in egressores nulla in vobis voluntaria disposicio sive condicio fore permittat. nam egredi poterit quis interdum licite, transgredi vero nullatenus absque offensa Dei, et voti transgressione *Reg. Whet.* I 141. **b** impia tortorum cum ferret flagra malorum ALDH. *VirgV* 1256; fames acerbissima plebem invadens ~ia nece prostravit BEDE *HE* IV 13 p. 231; prospera conturbat sors tristibus impia semper ALCUIN *Carm.* 9. 15; incubat ipse magis: avertitur impia pestis FRITH. 387.

4 *f. l.*

†a738 *Chr. Abingd.* I 38 (v. imperium 2).

implacabilis [CL], that refuses amicable settlement, relentless, implacable: **a** (of person or personification); **b** (of conflict or sim.).

a mors implacabilis, atrox et aspera WALT. WIMB. *Sim.* 106; hec anachorita est tediosa, querelosa et ~is [ME: *arued forto paiʒen*] *AncrR* 32; *onqwemabyl*, inplacabilis *PP.* **b** at intus / conscia gens secum gerit implacabile bellum *Epigr. Misc.* 8 p. 160; gens inimica qua cum .. odium ~e contraxerunt GIR. *EH* II 38 p. 395; **s1210** inter quos [sc. imperatorem et papam] non multo post ~is discordia orta est SILGRAVE 99; **s622** orto tamen inter Romanos et Saracenos inplacabili bello HIGD. V 11 p. 438.

implacabiliter [CL], implacably, irreconcilably.

domnus Mainerius, quem Rodbertus abbas .. claustralem priorem constituerat, quia post paucos dies profectionis ejus Beccum perrexerat, .. ~iter offenderat ORD. VIT. III 5 p. 86; nondum ~iter offenso judice supremo GIR. *TH* II 34 p. 384; *onqwemably*, ~iter *PP.*

implacare [cf. implicare 8; ? *infl. by* AN *emplaier*, *var. of empleier*, *cf.* AN *paier* < pacare], to use (money on spec. purchase or sim.), spend.

1208 quod E. et B. et V. mercatores Bolonie inplacare possint in haubergerio de Stanford emendo dccccxx m. *Pat* 86a; **1212** dedimus licenciam Johanni la W. inplacare cc libras .. in quibus ei placuit mercandisis *Cl* 117a.

implacatus [CL], not appeased.

placatus componitur ~us OSB. GLOUC. *Deriv.* 463.

implaceare v. implacitare 1a.

implacitabilis, permitted to sue or be sued.

?**c1418** iidem custos et vicarii sunt .. corporatio ~is et implacitat tam per nomen custodis et vicariorum collegii vicariorum in choro Heref' quam per nomen perpetuorum vicariorum ecclesie cathedralis Heref' *Entries* 532vb.

implacitare [ML; cf. AN *empleder*, ME *empleden*]

1 to implead, sue, institute civil action against (esp. for rights or dues): **a** (in royal court or unspec.); **b** (in local court); **c** (in eccl. court).

a nemo a rege inplacitatus cogitur per legem alicui respondere, donec ei qui dominus omnium est satisfecerit (*Leg. Hen.* 43. 1) *GAS* 569; **c1198** (1309) ita quod nullus eum implaceat [*sic* MS] inde nec implaceari permittat (*PlRChester* 20 r. 26) *Ch. Chester* 271; **1198** ipsam ~avit per duos annos de sigillo, ita quod .. reddidit illi sigillum coram justiciariis apud S. Edmundum *CurR* I 98; **c1215** homines eorum non ~entur de foresta pro supradicto [i. e. *taking wood*], nisi cum manuopere inveniantur *Ch. Chester* 394 p. 390; **c1222** prohibeo ne quis eum .. ~et vel impediat de predictis libertatibus *Ib.* 408; **1256** quod iidem burgenses non ~entur de aliqua re tangente libertatem communitatis sue nisi coram nobis vel justiciariis nostris *BBC* (*Gloucester*) 164; **1275** breve domini regis per quod episcopus Herefordensis ~at comitem Gloucestrie de chacia Malvernie *Reg. Heref.* 52 (cf. ib. 55: episcopus placitavit versus eum de chacia); **1285** cum quis petat tenementum versus alium, et ~atus vocaverit ad warantum (*2 Westm.* 6) *StRealm* I 77 (cf. *Reg. Malm.* I 77: †implicitatus fuerit); **1305** cum ipsa A. ~asset predictum T. coram justiciariis nostris de banco per breve nostrum de tribus mesuagiis (*Breve Regis*) *MGL* II 211; **1392** cum homines de H. .. Hugonem de P. dominum ejusdem manerii in curia domini regis .. coram eodem domino rege implacitassent [MS: †implectassent] eo quod idem H. ab eisdem hominibus alias consuetudines .. exigebat quam deberent *Cart. Boarstall* 538; **1464** me .. loco meo posuisse .. W. H. meum .. attornatum .., .. concedentem eidem attornato meo plenam potestatem .. debitores .. ac transgressores arestandi et †implicitandi *Reg. Whet.* II 18; **1513** Isabella ipsum W., in curia domini regis apud Westmonasterium vocata *Common place*, in quodam placito debiti ~avit *Sanct. Durh.* 166. **b** si quis .. ~etur [AN: *est enplaidé*] in comitatu et in forisfactum cadat (*Leis Will.*) *GAS* 495; qui ad comitatum secundum legem submonitus venire noluerit, xx mancarum culpa sit in Westsexa; et, si de nominatis placitis inplacitatus non erat, termino congruo cause sue prosequende facultatem habeat (*Leg. Hen.* 29. 3) *Ib.* 563; **1218** sint quieti de siris et de hundredis, ut nullus vicecomes eos ~are presumat in hundredis *Ch. Chester* 377; **1231** si aliquis ~atus fuerit in burgo de aliquo placito, non respondeat nec burgensi nec villano nec alicui alio, nisi in suo *portemannemot*, sc. de placito quod pertinet ad burgum *Ib.* 435 p. 434; **a1265** (1375) quod predicti burgenses nullam sectam Pembrochie faciant nisi contingat eos per breve ~ari (*Pat*) *EHR* XVI 103; **1320** Ricardus M. ~avit Willelmum le M. in curia abbatis de Rameseye *CBaron* 131; **1336** quod non ~ent seu ~entur alibi quam infra eundem burgum coram majore et ballivis supradictis de aliquibus tenuris intrinsecis seu transgressionibus aut contractibus infra eundem burgum factis *RScot* I 428b; **1438** ubi ipse J. .. ad prosecucionem David A. coram cancellario universitatis Oxonie ~atus extiterit pro xij marcis quas predictus D. exigebat a dicto J. T. in curia prefati cancellarii *MunCOx* 205. **c 1195** ipse R. ~avit eam in capitulo de fide sua quia ipse affidaverat eam *CurR PR* 83; **1201** prior ~avit eundem clericum de j marca redditus *CurR* II 62 (cf. ib.: prior de A. trahit clericum suum .. in placitum in curia Christianitatis); quare ipse contra inibicionem justiciariorum †in placitavit Henricum de K. in curia Christianitatis de laico tenemento suo *Ib.* 85; **1231** comes Marchie et uxor sua et heredes sui durantibus treugis non ~abuntur nec vexabuntur in foro ecclesiastico nec in foro laicali de aliqua re de qua essent tenentes *Ch. Chester* 436; **1288** magister R. de G. ~avit Ricardum de M. de placito debiti in curia Christianitatis contra defensionem domini regis *Leet Norw.* 3; **1300** liceat dictis mercatoribus .. nos .. distringere et inplacitare coram quibuscumque judicibus, ecclesiasticis vel secularibus, quousque de toto predicto debito .. fuerit satisfactum *Reg. Carl.* I 137.

2 (absol.) to sue, take legal action in civil law; **b** (pr. ppl. as sb.).

State Tri. Ed. I 11 (v. 2 deliberare 3f); **1312** Johannes T. ~avit contra statuta domini: ideo, pro contemptu, vj d. *Rec. Elton* 200. **b** pro .. modo inplacitatorum vel inplacitantium unusquisque deliberet .. an ei inpresentiarum sit vel non sit placitandum (*Leg. Hen.* 49. 2) *GAS* 572; **1423** existant .. querentes et ~antes de omni accione preclusibiles et preclusi in hac parte *RParl* IV 209b.

3 (w. inanim. or abstr. obj.): **a** to sue for (property). **b** to challenge (doc.) in court. **c** to plead (suit or sim.).

a s1329 fecit expensas pro manerio de B. per J. de L. ~ato *Chr. Rams. app.* 352. **b s1448** charta modo dicta .. impugnata erat coram dictis baronibus [sc. de scaccario], et ~ata multum graviter per J. S. thesaurarium hospicii domini regis, .. cujus impugnacionis implacitacionisque processus hic subsequitur *Reg. Whet.* I 55–6. **c 1479** essendi attornatum nostrum in Banco domini regis, [? *supply* ad] materias nostras ibidem †implicitandum et prosequendum *Ib.* II 203.

4 to arraign, indict, or prosecute (on criminal charges).

si quis inplacitetur de eo unde per plegium corporis et totius peccunie sit (*Leg. Hen.* 53. 2) *GAS* 574; nulli .. episcoporum suorum concessum iri permittebat ut aliquem de baronibus suis, sive incestu, sive adulterio, sive aliquo capitali crimine denotatum publice nisi ejus precepto ~aret aut excommunicaret EADMER *HN* 12; **1130** G. de Bechesieta r. c. de xv m. argenti pro ij murdris de quibus ~atus fuit *Pipe* 125; **c1132** de placitis corone ~atus (v. diratonare 2b); **s1101** rex .. Robertum cognomento Maletum .. aliosque quamplures ad judicium summonuit, nec simul sed separatim .. de multimodis violate fidei reatibus ~avit ORD. VIT. XI 1 p. 161; Henricus rex .. singulis annis ~averat eos, si vel venationem cepissent in silvis propriis, vel si eas .. extirparent H. HUNT. *HA* VIII 3; **s1257** alios autem sex viros fecit rex ~ari [? *supply* de eo] quod per consilium eorum datum majori fuit civitas sua .. gravata *Leg. Ant. Lond.* 34.

implacitatio

1 civil action in pursuit of claim (esp. for rights or dues) or sim.

c1116 ipse archidiaconus si in Londonia fuerit expeditus et summonitus fuerit, manutenebit placita comitis et qui sub eo hospitati fuerint absque occasione ~onis *DL Deeds L* 77; ad majorem omnium confusionem novus inplacitationis modus exquiritur (*Leg. Hen.* 6. 4) *GAS* 552; **1231** quod autem superius dictum est de vexatione sive ~one comitis Marchie vel uxoris sue [sc. in foro ecclesiastico sive laicali] *Ch. Chester* 436; brige et dissensiones infra parochiam mote vel inter parochianos sopite erant et finite per bonum tractatum et consilium talium rectorum, unde tunc fuerunt pauce ~ones nec acciones per legistas et juristas, quia pauce erant querele GASCOIGNE *Loci* 109.

2 challenging (of doc.) in court.

s1448 (v. implacitare 3b).

3 arraignment, indictment, prosecution on criminal charges.

si dominus de felonia vel de fide mentita compellat hominem suum, non respondeat quibuslibet inplacitationibus ejus, donec quietus sit (*Leg. Hen.* 53. 4) *GAS* 574; vel contramandacionis vel regis inplacitacionis vel inoperacionis causa (*Ib.* 61. 7) *Ib.* 581; **s1122** rex .. rediens Eboracum, post graves civium .. inplacitationes, reversus est Suthymbriam S. DURH. *HR* 205.

1 implanare [LL], to lead astray, deceive.

quiret Adalgisum collatis subdole regem / implanare opibus Efruinus philocompos FRITH. 672.

2 implanare [LL], to make smooth (in quots., as gl. on *Sirach* xv 12 = 1 *implanare*).

inplanat vel complanat eum, *le planié* NECKAM *Corrog.* 239; ~avit eum, *l'at planié Ib.* 243.

implastar-, implaster-, implastr- v. emplastr-. **implecatio** v. impletio. **implectare** v. implacitare.

implecti [cf. CL implectere, LL implexio], to embrace, (fig.) welcome with open arms.

sanctificantem ejus manifestationem veneramur ejusque admirabilem dignationem ~imur AD. SCOT *Serm.* 394C.

impelgiare [cf. OF *emplegier*], to place (person) under surety.

si accusatus inducias competentes et respondendi vel defendendi licentiam legittimam habuit, ne dissaisiatus vel inplegiatus vel illegiatus vel surreptione aliqua circumventus aut fraude judicetur (*Leg. Hen.* 5. 3) *GAS* 548; nullus a domino suo inplegiatus vel inlegiatus vel injuste dissaisiatus ab eodem implacitetur ante legittimam restitutionem (*Ib.* 53. 3) *Ib.* 574; si autem retineatur vel divadietur vel ~ietur ibi, blodwita et fihtwita poterit aggregari (*Ib.* 94. 2d) *Ib.* 611.

implementum [LL]

1 filling in (of cavity).

1209 in faciendo ~um muri camere combuste *Pipe Wint.* 53.

2 making up to full complement, esp. former or customary state, extent or value: **a** (of landholding); **b** (of money due); **c** (spec. w. ref. to appurtenances of episcopate).

a **1170** ad perficiendum ~um manerii de Liteberia xl s. et in defalta ~i de Puleham hoc anno vij li. xviij s. x d. *Pipe* 96; **1184** idem r. c. de xj li. et vj s. que remanserunt anno preterito pro defalta ~i [*corr. in* MS *from* instauramenti] de Chanewedon' *Ib.* 135; **1233** inquiratur .. si predictus R. debeat .. ~um quod deest ad tria feoda parva de M. ad faciendum tria magna feoda *BNB* II 590. **b** **1214** redditus illius termini .. accipiet et omnes fructus prius collectos, excepto antiquo ~o, siquid illi prebende debetur *Reg. S. Osm.* I 376. **c** **1286** his contentus erit futurus episcopus, nihil aliud recepturus vel ab executore testamenti sui predecessoris nomine ~i exacturus *Ch. Sal.* 365; **1319** executorem coram vobis et non coram nobis super dictorum bonorum ~o respondere debere. .. bona dicti defuncti [sc. episcopi] ad ipsum ~um sufficientia ex quibus etiam dictum ~um fieri oporteret *Hist. Roff.* f. 15; **1407** unum baculum pastorale ad cujus facturam idem reverendus pater recepit de ~o baculum pastorale antiquum de ligno inferius compositum (*DCSal.*) *HMC Var. Coll.* I 350; **1414** si predicta et alia bona .. non sufficiant .. et ad ~um †satisfaciendi successori meo (*Test. Episc. Cicestrensis*) *Reg. Cant.* II 40; **1419** lego successori meo de bonis meis ad valenciam c li. .. sub condicione quod de hujusmodi legato contententur pro omnibus .. reparacionibus et ~o, si quod fuerit, ad episcopatum .. pertinentibus (*Test. Episc. Karliolensis*) *Test. Ebor.* III 60.

3 item of stock, contributing to the entirety of a property, appurtenance, fixture, fitting, *etc.*; **b** (collect. sg.). **c** implement, tool, or sim.

c**1170** hec autem sunt instauramenta et ~a que reddere debet cum manerio, sc. xviij boves .., sex stotti *Dom. S. Paul.* 138; **1191** quod .. habere faciatis W. fratri nostro manerium nostrum de K. in Lindeseia cum stauramentis omnibus et ~is mobilibus et immobilibus (*MS PRO D. L. 10/45*) *AncCh* 57; maneria sua in manu sua recepit cum parvis admodum ~is et paucis instauramentis BRAKELOND 129; **1388** que quidem bona et catalla ad manus archiepiscopi Eboracensis .. devenerunt ut ~a ejusdem manerii *IMisc* 240/13; **1393** ordino quod ~a et alia bona ipsius cantarie sive collegii sint in cista *Lit. Cant.* III 20; **1446** super alienacione duorum vasorum plumbi, ~orum rectoris de B. *Eng. Clergy* 219; **1472** erat in manso prebendali quoddam vas plumbeum quod erat ~um ejusdem mansi *Fabr. York* 256. **b** p**1180** totum reddet ~um, et nominatim ~um bladi de meliori blado quod in dominio ville reperietur *Dom. S. Paul.* 126; **1189** Oliverus M. debet ij m. pro habendo recto de ~o et staurameto terre sue *Pipe* 54; **1204** eidem J. .. saisinam habere facias de predicta terra cum tali ~o sicut predicto B. tradita fuit, quando illam ad firmam recepit *Cl* 8b; **1215** quod .. deliberetis J. Marescallo maneria nostra cum omni instauro et ~o sicut illa recepistis die qua comitatus Dors' et Sumers' vobis commisimus custodiendos *Cl* 233a; **1222** molendinum ad ventum .. inventum fuit in ~o manerii *Dom. S. Paul.* 1; **1417** ita eciam quod dicte centum marce et vasa argentea sine diminucione quacumque, preterquam quod frequens usus vasorum ea pejorat, pro pleno ~o ex parte mea in prefato collegio remaneant et serventur *Reg. Cant.* IV 181. **c** **1548** custodiam unius tenementi vocati le Flees et unius mesuagii brasinei vocati le Wrastlers .. cum omnibus solis, cellis, solariis, gardinis, vasibus, plumbis, doleis, molendinis, instrumentis, ~is et aliis necessariis *Pat* 809 m. 19; **1573** omnia et omnimoda implimenta et utensilia necessaria pro fabricacione ferri et operacione ejusdem subsequentia, viz. tria paria magnorum forcipum, .. *Pat* 1103 m. 2 (cf. ib.: ~a, utensilia, et cetera omnia).

4 full performance, fulfilment, execution: **a** (of action); **b** (of promise); **c** (of law).

a **1406** nobis .. paratis ad omnia loca .. convenire pro hiis, que incumbebant, implendis .. tandem .. ad .. claudendos aditus ~i .. nobis fecit .. mandata poenalia (*Reg. Cant.*) *Conc.* III 299a. **b** implevit votum suum; nec tamen laudatur inter sapientes propter voti ~um *Eul. Hist.* I 43. **c** Christus ad ~um legis est LANFR. *Comm. Paul.* (*Rom.* x 3) 139.

implere [CL]

1 to fill up (container or sim.). **b** to fill (stomach or sim.) with food; **c** (fig.). **d** to fill (purse) with money, line one's pockets.

~entes calicem aqua, immiserunt pauxillulum panis BEDE *CuthbP* 31; habentes secum binas flasculas caelia [*gl.*: i. e. cervisa; v. l. cibis] ~etas FELIX *Guthl.* 44 p. 136; ad emendum oleum quo ~eantur .. luminaria ASSER *Alf.* 16; debeo ~ere [AS: *fyllan*] presepia boum feno ÆLF. *Coll.* 91; **1221** †temptares [l. temptatores] cervisie non temptabunt cervisiam .. nisi per j solum ciphum semel ~etum *Eyre Worcs* 609; s**1376** ut cados ~eret de fulvo metallo *Chr. Angl.* 77. **b** lento careni defruto .. avida viscerum receptacula certatim ~ere contendunt ALDH. *VirgP* 3 p. 231; ingluviem ventris squamosis piscibus implens *Id. VirgV* 223. **c** merito clausit os a praedicanda .. quod velut ad meliorandum ejusdem opus creatoris cibi vetiti praevaricatione superbus ~evit BEDE *Hom.* II 6. 234. **d** suis in clero et capitulo lucris intendere et bursam ~ere GIR. *SD* 106.

2 to fill (space) with people or sim.; **b** (p. ppl. as adj. w. gen.; *cf. plenus*). **c** (of people or sim.) to fill (space).

teterrimis inmundorum spirituum catervis totam cellulam suam inpleri conspexit FELIX *Guthl.* 31 p. 102; utque tui tecum possint consistere servi / atque domus numero proprias implere sacrato ALCUIN *Carm.* 8. 16; MAP *NC* IV 6 f. 49v (v. esuries b). **b** ~eta est igitur domus ejus discumbentium A. TEWK. *Add. Thom.* 7 (cf. ib. 12). **c** exercitus malignorum .. spirituum .. domum .. ~evit BEDE *HE* V 13 p. 312.

3 a to fill the surface of, cover. **b** to fill in (cavity in ground or sim.). **c** to fill (book) with writing or sim.

a contigit .. culmen domus .. subitaneis flammis ~eri BEDE *HE* III 10 p. 179; **1153** vinea Domini jam saltus omnes occupat, ~evit deserta G. FOLIOT *Ep.* 108 p. 147; s**1393** aquarum .. inundancia .. apud Bury aream ~evit ecclesie WALS. *HA* II 213. **b** s**1138** (v. effumigare); ~etis etiam et obturatis terra fossatis *Itin. Ric.* II 28 p. 181; s**1304** (v. 1 dies 3b); rex fecit ~eri fracturas illas lignis, fasciculis, et stramine *G. Hen. V* 11 p. 72; **1434** circa caias ~endo (v. gunnius). **c** quod si omnia, que doctores vestri similia his conscripserunt, poneremus, multos .. libros nugarum fabulis ~eremus PETRUS *Dial.* 32.

4 to fill (space) with abstr. or inanim., esp. noise. **b** (of abstr. or inanim.) to fill (space).

superas implent latratibus auras ALDH. *VirgV* 575 (cf. Ovid *Met.* VII 414); FELIX *Guthl.* 31 (v. clangisonus); carminibusque sacris naves implere Fresonum ALCUIN *Carm.* 59. 13; catholicae fidei donec impleverat urbes / agnitione Dei *Id. WillV* 6. 9; hec ubi dicta dedit lacrimoso gurgite plenus / nuncius ac trepidus balatu impleverat auras *Mir. Nin.* 133; [Domine] triplicem implens jubilo jerarchiam J. HOWD. *Cant.* 251. **b** [vox oratorium] totum ~evit BEDE *HE* IV 3 p. 208; ut omnes Brittaniae fines illius gratia splendoris impleret *Ib.* 23 p. 256; ut illius miraculi vagabundus rumor .. Mediterraneorum Anglorum totos pene terminos inpleret FELIX *Guthl.* 9; HANV. I 422 (v. imbalsamare a); PECKHAM *QA* 8 (v. empyrius a).

5 to fill (person) with emotion or sim. **b** (of emotion or sim., esp. the spirit of God or prophecy) to fill (person).

797 decoris vestri facies .. totas memoriae meae venas cum magna jocunditate desiderabiliter ~et ALCUIN *Ep.* 121 p. 176; ANSELM (*Ep.* 8) III 110 (v. evacuare 1a); s**1141** cunctis igitur bona spe ipsum ~entibus W. MALM. *HN* 489 p. 48; AD. SCOT *OP* 491C (v. derogatio a). **b** atque superna Dei vatem praesagmina ditem / caelitus implebant, ut nosset clausa latebris / et reserare poli posset penetralia sensu ALDH. *VirgV* 305; impleat aeternis Christi te gratia donis ALCUIN *Carm.* 42. 21; P. BLOIS *Serm.* 576B (v. exinanitio 1b).

6 to fill out, complete (in quot., gram., w. ref. to sense). **b** to make up (numbers, weights, or sim.) from other components.

infinitivus modus est qui sensum sine alio verbo ~ere non potest BONIF. *AG* 496. **b** BEDE *Gen.* 85 (v. decas a); senarius vero numerus primus opere et actu perfectus est et partibus suis ~etur; nam unum, duo, tria faciunt sex ALCUIN *Exeg.* 520D (cf. id. *Ep.* 133 [c**798**]); c**1100** aliis placuit xvj sextariis modium ~eri, aliis autem xxij, aliis vero xxiiij *Eng. Weights* 2.

7 to complete (period of time).

Osuiu .. dedit filiam suam Ælffledam, quae vixdum unius anni aetatem impleverat, perpetua ei [sc. Deo] virginitate consecrandam BEDE *HE* III 24 p. 178; cum una quadragesimae esset ~eta septimana *Ib.* V 2 p. 283; Aldfrid .. defunctus est, anno regni sui xx° necdum inpleto *Ib.* 18 p. 320; **741** si .. praesentis vitae impleberint dies *CS* 160 (cf. *CS* 194 [c**762**]: ~everint); uno mense ~eto ASSER *Alf.* 42; s**1100** impletusque est annorum numerus a nativitate Salvatoris nostri .. bis quinquaginta ÆTHELW. I 1; neque [poterat] terram retinere nisi usque ad ~etum tempus quod ipsi inter se constituerant *DB* I 172va.

8 to perform or carry out completely or appropriately: **a** (task, command, duty); **b** (promise, agreement, or sim.); **c** to fill the role (of).

a ut simile quoddam huic ~eret Christi mandatum GILDAS *EB* 69; sacrificium non est accipiendum de manu sacerdotis, qui orationes vel lectiones .. inplere non potest THEOD. *Pen.* II 2. 10; ut officium episcopatus per se inplere non posset BEDE *HE* IV 23 p. 255; non valet iter, quod proposuit, inplere *Ib.* V 9 p. 297; si tibi munus implesse videar amicitie L. DURH. *Ep.* 264 (cf. id. *Hypog.* 65: munus est ~etum amicitie, licet non videatur satisfactum esse doctrine); **1291** preceptum nostrum taliter †implennire quod idem episcopus .. de vobis grata nobis referre valeat (*Lit. Papae*) B. COTTON *HA* 224 (= *Regesta PR* 23812); opus [sc. predicacionis] ab illo immediato curato non potest ordinarie ~eri PECOCK *Abbr.* 617. **b** ~ere vult vota sua THEOD. *Pen.* II 12. 13; in pignus promissionis inplendae BEDE *HE* II 9 p. 99; **825** nihil hujus condictae condicionis ~etum est (*Clovesho*) *CS* 384; pacem pepigerunt; quod et ~everunt ASSER *Alf.* 43; Clodoveus .. in eo bello vovit se futurum Christianum si vinceret; et hoc fideliter ~evit R. NIGER *Chr. I* 50; si non posset ~ere quod promiserat BRAKELOND 143; s**1191** veniente itaque die statuto quo Salaadinus debuerat ~ere pactum regibus promissum, nihil de eo quod promiserat adimplevit WEND. I 196; **1490** ad eas [sc. condiciones et convenciones] perpetuo ~endas obligarunt se *Reg. Merton* 140. **c** apostolicum ~ebat virum ut .. profiteri posset cum apostolo ..: 'quis infirmatur et ego non infirmor?' [*II Cor.* xi 29] J. SAL. *Anselm* 1014A; partes evangelizantis ~erem P. BLOIS *Ep.* 10. 28A (v. impietas 1a).

9 (w. *opere*, *actu*, or sim.) to put into effect, practise (esp. in contrast to statements or sim.).

malorum cogitationum indulgentia est si opere non ~eantur THEOD. *Pen.* I 7. 4; **705** que omnia opere adhuc non inplebantur WEALDHERE *Ep.* 22; haec praecepta legat devotus ut impleat actu ALCUIN *Carm.* 62. 1; doctor erit magnus, factis qui quod docet implet *Ib.* 62. 83; predicat inde potens verbis quod actibus implet *Mir. Nin.* 493; quod plus ~evit opere quam nostra parvitas sermone possit evolvere WULF. *Æthelwold* 28; omnia .. bene protulit ore, melius ~evit et opere *V. Edm. Rich B* 618.

10 to fulfil, satisfy: **a** (desire, wish); **b** (prayer, request).

a praecepta Christi spernentes et suas libidines votis omnibus ~ere curantes GILDAS *EB* 66; **716** dilectionis tuae voluntatem .. plenius .. ~ere valeo BONIF. *Ep.* 10 p. 8; atque implete manu quod pia mens cupiat ALCUIN *Carm.* 9. 154; regis .. desiderium crescebat et ~ebatur ASSER *Alf.* 77; ad Dei ~endam voluntatem WULF. *Æthelwold* 6; vel male ut cupiat vel pejus ut cupita inpleat PULL. *CM* 202; **1469** ordino meos executores ut .. hanc meam ~eant voluntatem *Wills Dublin* 7. **b** **716** petitionem ejus non ~evit BONIF. *Ep.* 10 p. 13; ut Deus omnipotens famulorum vota suorum / impleat ALCUIN *Carm.* 99. 11. 6; ~eat Dominus omnes petitiones et exaudiat *Found. Waltham* 20.

11 to satisfy (law or sim.) in every respect, comply with in full. **b** to pay (penalty) in full. **c** to fulfil or enact fully (in quots., bibl. law).

BEDE *Luke* 338 (v. decuplare); qui autem quod in penitentiale scriptum est ~ere potuerit bonum [*sic*] est EGB. *Pen.* 13. 11; **10..** (v. eques 3a); J. SAL. *Pol.* 592A (v. evacuare 7c). **b** ?**802** si quis de judicibus hoc inplere neglexerit, poenam .. cogatur inplere ALCUIN *Ep.* 245 p. 396. **c** [magnus Rex] legem geminam novi ac veteris testamenti per misterium sancte crucis ~etam ostendit LUCIAN *Chester* 47; P. BLOIS *Carm.* 23. 3. 21 (v. impletio 5).

12 to fulfil: **a** (prophecy, destiny, or sim.); **b** (curse).

a ut illud Esaie prophetae .. ~eretur GILDAS *EB* 22; BEDE *HE* III 14 (v. dirus c); oportebat namque inpleri somnium quod mater ejus .. in infantia ejus vidit *Ib.* IV 23 p. 255; oportebat namque ~eri somnium quod Dunstanus .. olim de eo se vidisse perhibebat WULF. *Æthelwold* 38; jam Christus venerat, .. per quem .. est .. prophetia omnis ~eta PETRUS *Dial.* 92; hic monachum profitens implet quam clericus arsit / sortem Cuthbertus, sors fuit ipse Deus L. DURH. *Hypog.* 69. **b** omnes maledictiones ~ebuntur in te, que per prophetam ita sunt scripte: 'fiant filii ejus orphani et uxor ejus vidua' [*Psalm.* cviii 9] et cetera que secuntur *Judas Story* 69.

13 to realise, exemplify (bibl. or sim. quotation, proverb, *etc*).

c**795** Aristotelicum illud in te video ~eri proverbium ALCUIN *Ep.* 86 p. 129; LANTFR. *Swith.* 3 (v. evangelicus 2a); tam infidelem .. se reddidit et tam ingratum quod illud in psalmo scriptum in ejus sit persona satis evidenter

~etum: 'homo pacis mee, in quo speravi ..' [*Psalm.* xl 10] GIR. *SD* 4; in vestra natura vidimus olim et notavimus, set et nunc plenius ~etum esse videmus illud verbum quod .. *Ib.* 36.

impletio [LL]

1 filling (of container or sim.). **b** filling (of stomach or sim. with food or drink). **c** (med.). **d** filling (of cart with manure; but *cf.* 3a *infra*).

harum ~o navium [sc. piscibus] usque in finem saeculi crescit BEDE *Luke* 383; cum bucellorum ~one [AS: *mid byttfyllinge*] (*Quad.*) *GAS* 178; ad eas [sc. volas manuum] fumositas in pilos transitura propter nervorum et musculorum ~onem nequit exire ut pilos faciat *Quaest. Salern.* C 17; **1369** Willelmo Lymbronner pro comburacione et ~one trium thoralium calcis xxij s. vj d. *Ac. Durh.* 575; **1382** in floccis emptis pro ~one pulvinarium *Ib.* 263; **1400** in lij lagenis vini rubei emptis pro ~one unius dolei *Ib.* 601; **1416** pro ~one ij botellorum de Romney apud Ebor' xxij d. *Ib.* 611. **b** vitet .. multitudinem ~onis potus et cibi BACON V 85; ~o ventris cibi et potus OCKHAM *Dial.* 708. **c** ~ones sunt implere os de aqua frigida et diu tenere cum strictura nasi GAD. 9. 2. **d** **1289** relaxaverunt tenentibus suis .. cariagium, ~onem, et sparsionem fimorum *Gavelkind* 187; **1390** de c iiij[xx] operibus cariacionis et †implecacionis [MS: implec'; l. implecionis] fimorum provenientibus de xxv custumariis in Craule *Crawley* 290 (cf. ib. 486 [**1449**]: cariacio et implicacio fimorum); **1532** Clementi Hall pro dispercione fimi xij d. et eidem pro ~one fimi eodem die [..] *Househ. Bk. Durh.* 76 (cf. ib. 96: Clemens Hall, *wayneman*); **1533** Clementi H. pro ~one plaustri cum fimo apud Parcam *Ib.* 163.

2 filling (of space) with people or sim., stocking (of land).

hec villa .. non potest pati majorem ~onem, si terra que wasta est non esset restaurata *Chr. Peterb. app.* 164.

3 filling up of surface, covering (in quot., w. ref. to manure-spreading). **b** filling in (of cavity in ground or sim.).

1533 soluti iij hominibus pro ~one terrae cum fimo xvj d. *Househ. Bk. Durh.* 167. **b** **1330** quandam seweram .. terra et fimis impleverunt quod aqua illa ab antiquo cursu suo per ~onem illam impedita ducentas acras terre .. inundavit *Pub. Works I* 221; **1418** in soluto pro implecacione quarrure ibidem infra ortum rectorie vj s. viij d. *Rect. Adderbury* 23.

4 full performance or execution: **a** (of task, command, duty); **b** (of promise, agreement, or sim.).

a igitur non sola ~o est signum beneplaciti antecedentis sed eciam permissio GROS. *Quaest. Theol.* 202; WYCL. *Ente* 116 (v. impetrativus 2); **1420** si contingat quod bona mea in vita mea sic expendantur et distribuantur quod ad plenam dicti testamenti ~onem post mortem meam non sufficiant *Reg. Cant.* II 233. **b** ~o debite promissionis OCKHAM *Dial.* 935; **1573** pro ~one unius clausule mee partis cujusdam contractus *Melrose* 607.

5 satisfaction or full enactment (of law; in quots., bibl.).

hoc ad ~onem omnis justitiae pertinet quod baptizato Domino aperti sunt ei caeli [cf. *Matth.* iii 16] BEDE *Hom.* I 12. 59; Christi incarnatio ad ~onem legis erat profutura *Id. Luke* 315; divinae legis ~o *Id. Gen.* 100; Christus Dei Filius / set vere / legem in se voluit / implere. / legum hec inplecio / legis est dimissio P. BLOIS *Carm.* 23. 4. 22.

impletivus [ML], filling (in quot., w. abstr.). **b** fulfilling, fully enacting (law or sim.).

si beatitudo pro eternali solamine debeat esse anime inpletiva BRINTON *Serm.* 11 p. 42. **b** divine predestinacionis excellencia finalis justicie ~a *Ib.* 4 p. 5.

impletor [LL]

1 fulfiller (in quot., w. ref. to bibl. law).

auctor ~orque legis BEDE *Luke* 379.

2 (*~or muri*) waller; ? *cf.* ME *bemfillen.*

1302 duobus cementariis ~oribus muri, capiente quolibet per diem ij d. ob. .. duobus cementariis ~oribus murorum .. duobus ~oribus muri .. *KR Ac* 482/20 r. 4 (cf. *Building in Eng.* 31).

implicabilis, that can be folded over.

cujus manus sunt ~es versus extremam partem digitorum M. SCOT *Phys.* 83 (v. cogitaminosus).

implicamentum [LL]

1 entanglement (fig.), involvement (esp. pl.): **a** (in difficulties, trouble, or sim.); **b** (in sin or sim.); **c** (in activities, duties, or sim.).

a eisdem qui vel uxorem vel alios cognatos et ~a mundi hujus propter ipsum reliquerit centuplum accipere promittit in hac vita praemium BEDE *Tab.* 484; ut se a talibus miseriarum ~is evolutum exsolveret R. COLD. *Cuthb.* 20; fluctuum ~a *Ib.* 23 (v. 2 dissecare 1b). **b** quos ab ~is peccatorum, cum quibus carnaliter nati erant, absolvit, hos etiam carismatum ornat et confirmat luce caelestium BEDE *Cant.* 1191; vitiorum potius inplicamentis quam divinis solebam servire mandatis *Id. HE* III 13 p. 153. **c** "mirum est" inquit "quod viri adeo sapientes .. me hominem incultum tantopere solicitatis ut .. publicisque conventibus et negotiorum ~is .. ingerere laboretis" AD. EYNS. *Hug.* III 3 p. 97; perniciosis secularium negotiorum ~is [cf. *II Tim.* ii 4] professione renunciantes AD. MARSH *Ep.* 90 p. 209.

2 activity, involvement (esp. pl.).

preter curas has et occupationes et ~a hec H. BOS. *LM* 1322D; quomodo in hiis vanis ~is .. tempus expendis? AD. EYNS. *Hug.* IV 12 p. 56.

implicare [CL, *perf.* ~avi, ~ui, *p. ppl.* ~atus, ~itus]

1 to entwine, enfold or enwrap (one thing with another).

perniciter ~ans [*gl.*: i. ligans, *befealdende*] orbes orbibus spatia terrarum metitur ALDH. *VirgP* 2 p. 230; ambas sibi manus insertis invicem digitis ~abis BEDE *TR* 1.

2 (fig.) to entwine (in embrace).

quo se nullus explicet / implicat amplexu P. BLOIS *Carm.* 1. 5. 74.

3 to intertwine.

seminaria radicibus inferius extensis et ~itis amplectuntur terram ALB. LOND. *DG* 8. 12.

4 to involve in a physical obstacle, hamper, impede. **b** (w. ref. to speech) to impede, impair.

languida marmorei dum nos ligat area ponti, / munere pretenso remigis arma paro. / nec mora: navis iter sudantibus undique remis / explicat implicitum vique coacta meat L. DURH. *Dial.* III 110; figitque jugalem / implicitum domino J. EXON. *BT* VI 261 (v. jugalis 3a). **b** hoc enim domesticis confitebatur se Deum precari, ut vel dissinteria vel febre urgente moreretur, quod he valetudines nec memoriam turbent nec loquelam ~ent W. MALM. *GP* I 44 p. 73.

5 to involve (person) in circumstances from which it is hard to withdraw, engage, entangle, embroil: **a** (in difficulties, trouble, or sim.); **b** (in sin, heresy, or sim.); **c** (in activities, duties, or sim., sts. w. ref. to *II Tim.* ii 4).

a **705** ecclesiastici etiam in hanc dissensionem .. inplicantur WEALDHERE *Ep.* 22; s**1232** magnis .. debitis ~atus (v. auxilium 4a). **b** an paganis adhuc erroribus essent inplicati BEDE *HE* II 1 p. 80 (cf. ib. 19 p. 123: declaratur .. hanc apud eos heresim exortam et .. quosdam .. hac fuisse inplicitos); erant .. canonici nefandis scelerum moribus ~ati WULF. *Æthelwold* 16; s**1120** dapiferi, camerarii, pincerne regis ac multi proceres .. omnes vel fere omnes Sodomitana labe ~iti dicebantur M. PAR. *Maj.* II 148 (= H. HUNT. *HA* VII 32: Sodomitica labe dicebantur et erant irretiti). **c** nec vacabat eum semper gubernandis disponendisque monasterii curis ~ari [v. l. ~are] *Hist. Abb. Jarrow* 12; publicani quippe vocantur qui vel publice sceleribus foedantur vel publicis inplicantur negotiis quae sine peccato aut †nix [l. vix] aut nullatenus valent administrari BEDE *Hom.* I 21. 252; c**801** turpe est enim monacho militiam spiritalem amittere et saecularibus se ~are negotiis [cf. *II Tim.* ii 4] ALCUIN *Ep.* 250 p. 405; Deus .. servum suum ipsius loci conversatione noluit ~ari EADMER *V. Anselmi* I 3 p. 6; licet inexplicabili quodam laberintho negotii quidem .. me nuper inplicaverit L. DURH. *Ep.* 263; licet curie ~aretur inquietudine, nunquam tamen pretermisit officium pastoralis cure *Canon. G. Sempr.* 41v; ut .. hujusmodi se ~aret OCKHAM *Pol.* I 41 (v. decere 3d); **1457** arduis negociis ~atus (v. desultare b).

6 to complicate, make difficult or intricate; **b** (p. ppl. as adj.) complicated, involved. **c** (absol.) to complicate matters, cause confusion.

michi aurem interim prebe pacienter dum evolvam quod ~ui MAP *NC* IV 3 f. 45v. **b** que divisio licet valde sit multiplex et nimis ~ita ANSELM *Misc.* 343; ad relationes quasdam frivolas et longis ambagibus ~itas GIR. *GE* II 37 p. 355; hujus ministerii [sc. subsacriste] .. multiplex valde et ~ita est cura *Cust. Westm.* 52 (cf. *Cust. Cant.* 108: inplicata). **c** nepos quidam meus, in rerum causis magis ~ans quam explicans, aliquid Arabicorum studiorum novum me proponere exhortatus est ADEL. *QN pref.* p. 1.

7 to imply, mean by implication; **b** (w. statement or sim. as subj.); **c** (impers.). **d** (p. ppl. *~itus*) implicit; **e** (*fides ~ita* or sim.) implicit faith.

que enim in enuntiationibus ~ari, ea in ipsis disputationibus explicari contingit BALSH. *AD* 39. **b** non enim hoc nomen 'que' hic aliquid ~at nec implicite ponitur sed magis quasi sub conditione dicitur *Chr. Evesham* 168; et ut a leto liberet occisores / implicat horum crimina non agnosci J. HOWD. *Cant.* 275; forte dicet aliquis quod ista responsio contradiccionem ~are videtur OCKHAM *Pol.* I 83; **1377** dicere quod iste [sc. Romanus pontifex] non debet corripi ab homine sed a Deo .. videtur mihi ~are quod sit supra ecclesiam sponsam Christi (WYCL.) *Ziz.* 256; iste articulus fidei .. ~at quod .. WYCL. *Chr. & Antichr.* 664 (v. identificatio). **c** hec tunc esset falsa 'quantitas corporis Christi est sub speciebus illius panis', et hec propter falsam implicacionem: ~aretur enim quod substancia corporis Christi esset quanta, quod non esset verum OCKHAM *Sacr. Alt.* 146; hec est impossibilis 'chimera est animal compositum ex homine et bove', et hoc propter implicacionem impossibilem qua ~atur aliquid componi ex homine et bove *Id. Quodl.* 556. **d** tibi non est / dedecus implicitam propriis rebus dare curam D. BEC. 2184; dum tamen negativa habeat se affirmativam ~itam BRACTON 307b; est illacio ab explicito ad ~itum OCKHAM *Quodl.* 16; [leges humane] sunt ~ite in Scriptura WYCL. *Sim.* 51 (v. elaboratio a); c**1432** cum racioni sit consonum et in antiquioribus statutis ~itum *StatOx* 240. **e** ad hoc, quod aliquis catholicus sit et fidelis, sufficit fides ~ita OCKHAM *Dial.* 447; duplex est credulitas, sc. ~ita et explicita. ~ita, qua creditur intellectui et principaliter credito, et ignorante credente, ut vulgus credit omnes articulos fidei implicite in credendo quod fides Christiana est in toto vera WYCL. *Ente* 77.

8 to use or spend (money) in payment; **b** (absol.). *Cf.* OF *emploiier.*

?**1205** mercator extraneus veniat cum mercandisis suis ad burgum meum de Perth et ibi vendat eas et denarios suos inplicet *Regesta Scot.* 467; **1220** quatuor marcas et xxij denarios et j zonam ei tradidit tali modo quod illos inplicaret in marcandisa *CurR* IX 381. **b** a**1237** neque aliquid emere vel inplicare debent cum merces suas vendiderint nisi ab hominibus Londoniarum *MGL* II 68.

9 *f. l.*

tenens autem †inplicatus [*ed.* 1647: implicitatus; MS: inpl'itatus] ponere se poterit in magnam assisam *Fleta* 265 (= BRACTON 230b: implacitatus).

implicatio [CL]

1 wrapping (in).

1584 iij virge iij quarter' *sarcenet carnaison* pro ~one extremitatum caputiorum liberate eidem Brigitte *Ac. LChamb.* 75 f. 20 (cf. *Misc. LChamb.* 35 p. 381: *iij whoods and crimsin sarcenet to wrapp them in*).

2 entanglement, involvement: **a** (in sin, heresy, or sim.); **b** (in activity).

a ut Deus ab tante haereseos ~one mentis illos dignaretur eripere F. MALM. *V. Aldh.* 71A. **b** **1236** ne claritas preminentis mansuetudinis .. offuscaretur exercicio severitatis aut ~one in secularibus negociis GROS. *Ep.* 23 p. 92.

3 implication, (statement having) implicit meaning.

ergo pater est solitarius, et in isto sensu propositio esset falsa propter falsam ~onem MIDDLETON *Sent.* I 97b; si .. dico quod major est vera et minor falsa, quia ~o illa in minori non est possibilis, sed incompossibilium. si autem ly 'si' implicet posicionem incompossibilium, .. DUNS *Ord.* II 243; propter falsam ~onem OCKHAM *Sacr. Alt.* 146, propter ~onem impossibilem *Id. Quodl.* 556 (v. implicare 7c); ~o quod Deus propter invidiam prohibuit esum ligni WYCL. *Ente* 211.

4 application (in quot., w. ref. to spreading of manure). *Cf. impletio* 3.

1449 cariacio et ~o fimorum: et de c iiij[xx] operibus cariacionis et implicacionis fimorum provenientibus de xxv custumariis .. quorum quilibet inveniet j operarium .. pro fimis in carectis implendis *Crawley* 486 (cf. ib. 290 [**1390**]: de c iiij[xx] operibus cariacionis et †implecacionis [MS: implec'; ? l. implecionis] fimorum).

5 ? surety, (written) guarantee.

1547 capient .. omnes et singulas obligaciones sive scripta obligatoria in portu predicto per implitacionem [*sic*] vulgariter nuncupatam *imployment* de quibuscumque personis alienis quascumque res .. in portum predictum inducend' [*sic*] *Pat* 799 m. 40 (cf. ib. 808 m. 4 [**1548**]: quod .. se non intromittat .. in .. transcript' faciend' pro rebus importandis aut conservand' warrentis aut scriptorum [*sic*] vulgariter vocatorum *employmentes*).

implicativus [ML], **a** implicative. **b** implicit.

a non est ergo [sc. primum principium complex] pure et totaliter. nec est negativum pregnans seu implicans . . . omne quod est per accidens aliquale reducitur ad aliquod prius quod per se est tale; talis autem negativa ~a seu pregnans tantum per accidens ponit et causat in aliis veritatem BRADW. *CD* 200B. **b** [pronomen relativum] eisdem disposicionibus quibus preconcipitur recipitur et eodem modo supponendi termini recordatur hic, cum fuerit relacio implicativa [v. l. implicata], hoc est quando reddit termino quem refert id quod refert sub suo predicato *Ps.-GROS. Gram.* 43.

implicitare v. implacitare.

implicitas [? cf. LL implicitatio], complication, inconvenience.

nunquam transacte vel presentis cujuscunque disceptationis ~as .. ei potuit surrepere quin .. AD. EYNS. *Hug.* I 2 p. 11.

implicite [CL = *in a complicated manner*], implicitly; **b** (w. ref. to belief).

1281 tercium mandatum est 'non mechaberis' [*Exod.* xx 14], in quo explicite inhibetur adulterium, ~e vero fornicacio *Conc. Syn.* 902; ita tamen quod minora servicia hujusmodi .. in majori servicio tenentis inplicite computentur *Fleta* 190; MIDDLETON *Sent.* I 197a etc. (v. explicite); omnes enim qui dicunt dicta sua esse paris autoritatis cum scriptura sacra, videntur dicere ~e quod sum Cristus WYCL. *Ver.* I 406; hec autem predicta cum nota facta fuissent certis dominis quod taliter essent ~e accusati de crimine lese majestatis regie ac etiam regni *Chr. Kirkstall* 126; **s1454** fuit .. inductus .. ad concedendum ~e se summam nedum dictam in bursa habere *Reg. Whet.* I 135. **b** credere ~e est credere alicui universali, ex quo multa sequuntur firmiter assentire, et nulli contrario pertinaciter adherere OCKHAM *Dial.* 434; WYCL. *Ente* 77 (v. implicare 7e).

implimentum v. implementum. **implitatio** v. implicatio.

implorare [CL]

1 to ask or beg for (help, protection, favour, *etc.*); **b** (w. *ut* or sim. & subj.); **c** (w. abstr. subj.).

fusis ad polum precibus, Dei patrocinium fideliter ~ant ALDH. *VirgP* 38 p. 289; mox inploremus ejus misericordiam BEDE *HE* IV 3 p. 211; coepit ~are gemitibus Domini clementissimi auxilium singultibus BYRHT. *V. Ecgwini* 388; ~abo interventionem [sc. Marie] ANSELM (*Or.* 6) III 15 (v. enixe); vel papam consulere vel illius absolutionem illi necesse sit ~are EADMER *V. Anselmi* II 17 p. 89 (cf. id. *HN* 91: singularem apostolici absolutionem petere); benignitatis humiliter ~o gratiam ut .. T. MON. *Will.* I *prol.* p. 2 (v. imperfectio 2c); subsidium illius ~o qui .. est .. totius orbis gloria NECKAM *NR prol.* p. 2; legum civilium ~asti subsidium; ipse enim contra te jam judicant FORTESCUE *NLN* II 52. **b** o reverentissime fili, subnixis precibus satagens .. suppliciter ~o ut hoc opusculum .. contra omnes aemulorum catapultas .. protegere digneris ALDH. *PR* 143 p. 201; **676** igitur subnixis precibus ~o ut nullus post obitum meum de ea cespitis conditione tollere quippiam .. presumat *Cart. Bath A* 7; ad pedem ipsius se prosternendo, quatinus rei certitudinem .. probare liceret cum lacrimis humiliter ~avit GIR. *DK* I 14 p. 191; ~are poterit ut sibi distrahere liceat RIC. ANGL. *Summa* 41 p. 111. **c** si quid .. super modulum meum facio, benivolentia tunc operis pernecessarii .. veniam apud eam facinoris mei ~et THEOD. *Pen. pref.*

2 to invoke, beseech (esp. God); **b** (w. *ut* or sim. & subj.).

V. Greg. p. 110 (v. excessus 5a); inpluraberis, invocaberis *GlC* I 64 (cf. ib. 308: inplurat, invocat); †**1093** (12c) nobis ista describere placuit ut qui ea relegerint vel audirent Deum supplicabiliori affectu pro sancte ecclesie fundatorum salute ~ent *Ch. Chester* 3 p. 3; deos implorat J. EXON. *BT* III 261 (v. deus 1a). **b** corde supplici Dei omnipotentis ~o misericordiam et ut eis delictum non imputet quod commiserunt in me OSB. CLAR. *Ep.* 4 p. 61; eum ~arunt quatinus .. *G. Steph.* 13 (v. depressio 3b); destinatorem .. excelsum .. precibus ~are debent quod .. ab eis futura mala avertat BACON V 61.

implorator, beseecher, suppliant.

inundante Pado et cacumina urbium transcendente, beatus Zeno suis ~oribus inauditi beneficii contulit munus R. NIGER *Chr. II* 141.

imploratorius, imploratory, beseeching.

s1423 post has precum ~ias jam secundo scriptas, ruptum abbas iter rearripuit AMUND. I 130.

1 imploratus v. implorare.

2 imploratus [cf. OF *emploré*], in tears, weeping.

ne cor adversum impie lapidescat / sed ut emigret penitus imploratum / et quasi torrens rapidus eliquescat J. HOWD. *Cant.* 282.

impluere [CL]

1 (impers.) it rains on.

pluit componitur ~it, unde implutus .. et hec implutio OSB. GLOUC. *Deriv.* 430.

2 (trans.) to rain on (in quot., fig.). **b** (p. ppl.) rained on, spoilt by rain; *cf.* AN *emplu*.

verbula sicca, Deus, implue rore tuo WALT. ANGL. *Fab. prol.* 10. **b** OSB. GLOUC. *Deriv.* 430 (v. 1 supra); **1257** avena: .. in supravendicione vij summe dimidia, putride et ~e (*MinAc* 1094/11) *S. Wales & Mon Rec. Soc.* II 86.

3 to cause to fall like rain, shower. **b** (fig., w. ref. to praise).

o Cirre latices nostre, Deus, implue menti HANV. I 191. **b** licebit / solverer in quevis commendativa viroque / impluerem laudes *Ib.* 139.

implumare, (of bird) ? to tuck (leg) into plumage.

[grus] uni insidens pedi, altero ~ato lapidem suspensum tenet GIR. *TH* I 14 p. 46.

implumis [CL]

1 without feathers; **b** (fig.).

10.. †inplumen, *ungefeperedne WW*; inplumis, sine pluma OSB. GLOUC. *Deriv.* 294; inplumes emittit aves, nudos sine rebus / Carcassona viros GARL. *Tri. Eccl.* 73; haud aliter quam si, sursum spaciante columba, / ipsius irrepat implumes vipera nidos H. AVR. *Hugh* 270; *fedyrles or with owtyn feders*, inplumis *CathA*. **b** urbe Semiramia pennata superbia calcat / implumes humiles persequiturque polum GARL. *Epith.* II 466.

2 (w. ref. to down on adolescent's face) beardless. **b** (transf.) young, immature.

namque genas implumis eram L. DURH. *Dial.* III 453. **b** implumes alvi nec deglutire scientes *Babio* 235.

implurificabilis, that cannot be multiplied.

natura autem divina unica est, omnino ~is et innumerabilis, ergo ei adequate correspondet unum singulare, quod exprimitur nomine Dei DUNS *Ord.* IV app. p. 384.

implutio, falling of rain (upon).

OSB. GLOUC. *Deriv.* 430 (v. impluere 1).

impluvium [CL]

1 louver, guttering or drainpipe; **b** (fig.).

OSB. GLOUC. *Deriv.* 290 (v. imbricium); ~ium, lavorium [? l. lovarium] *Ib.* 295 (cf. ib. 430: hoc ~ium, -ii, i. lovarium, per quod decidit pluvia); hoc inpluvium vel stillicidium, *gotere Gl. AN Ox.* 110. **b** ave, Virgo, Clio mestis, / que canalis es celestis / roris et impluvium WALT. WIMB. *Virgo* 81.

2 shower of rain (in quots., fig.).

ad quam [sc. Danaem] Juppiter in aurum mutatus, per ~ium descendens, eam gravidavit *Natura Deorum* 47; gaudet et impluvium meroris siccat et imbres HANV. I 134.

impnizare v. hymnizare 2a. **impnus** v. hymnus a.

impoisunare [cf. AN *empoisuner* < impotionare], to poison.

1225 [proloculti fuerunt mortem domini regis, ita quod voluerunt eum inpoisunare [vv. ll. inposunare, †inprisonare] *CurR* XII 1055.

impolis v. impos.

impolitus [CL]

1 (of materials) in a natural or crude state, rough, undressed.

murum non de secto lapide vel latere et cemento, sed ~is [*gl.*: i. e. incesis] prorsus lapidibus et cespite .. composuit BEDE *CuthbP* 17; quidam vero lapides asperi, ~i ab opifice sunt reprobati HON. *Eluc.* 1176C; lapides isti debent esse ~i et sicut cadunt de quarrario S. LANGTON *Serm.* 2. 14.

2 (of literary style or sim.) rude, unpolished.

sic retexere ordimus hystoriam ne mens officiosa lectoris eam sentiat ~am OSB. CLAR. *V. Ed. Conf. epil.*

impollēre [cf. CL pollēre], to be powerful or important.

nisi irrefragabiliter quanta papa ex jure divino ~ebat potestate per clericos et laicos sanctiatur OCKHAM *I. & P.* 45.

impollute [LL], purely (fig.).

data nempe est ei primo misericordia que custodiret eum, quam si ipse ~e servasset, non dubium quin ab ea fuisset sanissime conservatus CHAUNDLER *Apol.* 24.

impollutus [CL]

1 not tainted by sin, esp. pure, chaste.

si ab aliquo sua discesserit uxor, j annum peniteat ipsa, si inpulluta revertatur ad eum; ceterum, iij THEOD. *Pen.* I 14. 13; corpus vivens ante impollutum [v. l. inpullutum], post mortem incorruptum manens EDDI 19; progenies .. sancta et ~a BEDE *Cant. prol.* 1070; adolescens .. simplex, innocentis et, ut creditur, omnino ~e carnis et mundissime vite W. CANT. *Mir. Thom.* VI 2 p. 408; cui [sc. Christo] cum servieris, libera es; cum amaveris, casta; cum tetigeris, ~a P. BLOIS *Ep.* 35. 113C; quod viam pollutam deserti hujus ~o pede transierim R. NIGER *Mil.* I *prol.* p. 95; muliebris spurcicie incitamenta .. contempsit, ut esset mundus qui ferret vasa Domini et manus impoluta que alienas sordes habuit detergere *Canon. G. Sempr.* 57v.

2 (of corpse) undefiled by decay.

s1222 corpus Dominicum .. inventum est inpollutum et incorruptum WYKES 63.

impomentum [CL *pl.*; *infl. by* pomum], last dish or course of a meal.

inpomentum, cibus qui cene extremus inponitur, quod et bellarium dicitur OSB. GLOUC. *Deriv.* 294; hoc ~um, -ti, i. illud quod extremius in cena ponitur, sicut nuces et poma *Ib.* 430; *cowrs of frute in the eende off mete*, bellarium, .. ~um *PP*; *a sucharge*, ~um *CathA*.

impondare [ME *impounden*], to impound (livestock).

1432 J. L. fregit pondum domini super capcione cc ovium captorum et ~atorum pro fine domini *CourtR Banstead*.

imponderabilis [2 in- + LL ponderabilis], that cannot be weighed.

ponderabiliter ~is ALCUIN *Dub.* 1040B (v. immensurabilis 1).

imponderosus [2 in- + CL ponderosus], lacking dignity, frivolous.

1338 pluribus aliis supervenientibus de Wallia, qui multum confluunt de die in diem et sunt magni devastatores, et sunt inponderosi, in pane furnito per annum iiij^{xx} quarteria *Hosp. in Eng.* 35.

imponere [CL]

1 to place, put or lay on, in or over; **b** (w. dat.); **c** (w. *in* & abl.); **d** (w. *in* & acc.); **e** (w. *super*).

[locus sepulchri] factus est patulus unde corpus possit inponi BEDE *Hom.* II 10. 153; **1209** in *canevaz* empto ad ~endam lanam *Pipe Wint.* 51; **1226** pro viij^{xx} sacculis de canevacio ad inponendum denarios *Pat* 92; **1286** pro cordis et paneriis emptis ad ~endos eosdem denarios *Rec. Wardr.* 324; **1416** in iiij ulnis panni linei emptis pro pane ~endo super tabulam domini prioris *Ac. Durh.* 611; **1423** j pixis pro pane celebrantis inponendo, .. j almarie [*sic*] pro vestimentis inponendis, .. iij pixides pro oblacionibus inponendis *Ac. Obed. Abingd.* 98. **b** inponentes eam carro, duxerunt ad locum BEDE *HE* III 9 p. 146 (cf. ALCUIN *SS Ebor* 329: carroque imposta puella / ducitur); duae hirundines .. sese non haesitantes humeris viri Dei Guthlaci inposuerunt FELIX *Guthl.* 39 p. 122; ille continuo impositus mannis, nam nec ambulare nec equum per se ascendere pre castigationis dolore poterat, ad S. Augustini monasterium deportatur GOSC. *Transl. Mild.* 21 p. 184; cum .. cereum .. manibus A. episcopi ~eret H. HUNT. *HA* VIII 16. **c** ut illa corpus meum inponat in sarcofago FELIX *Guthl.* 50 p. 154; sume aliquam lucernam et accende candelam unam et inpone illam in ea et precede nos! ÆLF. BATA 4. 11 p. 38; **1276** quod .. possunt mercatores in quacumque domo voluerint suas inponere mercaturas *RGasc* II 16; **1286** ad ~endum girfalconem suum in mutis *Rec. Wardr.* 2261; **c1300** si possit malefactor reprehendi, .. inponatur in prisona *FormMan* 21; **1432** corpus .. faciemus .. in monumento .. predicto ~i *Lit. Cant.* III 160. **d** **1272** inponendo in os dicti capitis quendam fucellum *SelPlForest* 39 (v. 2 fussellus 1). **e** **s1384** ~entes super ventrem ejus lapidem (v. 3 districtio 1a).

2 to build, locate (houses or sim.) on a specified site; **b** (fig.). **c** to set or plant (trees or sim.). **d** to station (troops).

c1255 liceat abbati Cestrie edificia a se vel a suis imposita penitus asportare *Cart. Chester* 480 p. 279. **b** [sc. Christus] editam aule structuram .. robustissimae petrae [sc. S. Petro] imposuit [*gl.*: *heo on sette*] ALDH. *VirgP* 43 p. 296. **c** **1293** fecit purpresturam super fossatum domini regis in N., ~endo ibi arbores, appropriando sibi terram *Leet Norw.* 44. **d** castella .. suis impositis firmare .. cepit *G. Steph.* 48 p. 102; **s1221** impositis in castello armatis, ad municipium de Biham celeriter convolavit WEND. II 256.

3 to attach, fit on to an existing structure or sim.; **b** (fig.). **c** to lay (pipes) in the ground.

1305 carette: in ij axibus ~endis (v. douellare); **1497** (v. destructio 1a). **b** velut jactis jam rethoricis fundamentis et constructis prosae parietibus, cum tegulis trochaicis et dactilicis metrorum imbricibus firmissimum culmen .. ~am ALDH. *VirgP* 60 p. 321. **c** **13..** dederunt .. licenciam ducendi ipsam aquam per terras suas et ipsas aperiendi ad fistulas ~endas *Cart. Chester* 340 p. 225; **1500** (v. fistula 1a).

4 **a** (usu. w. *navi* or sim.) to put on board (person or cargo). **b** to mount (person on horse).

a cumque jam navi inposuissent quae tanti itineris necessitas poscebat BEDE *HE* V 9 p. 298; Wilfridus .. navi ~itur EADMER *Wilf.* 28 p. 189; impositis sarcinis nostris, una cum episcopis, velificare incepimus OSB. BAWDSEY cliii; trescentos .. milites .. quod quinquaginta duabus navibus impositos R. NIGER *Chr. II* 187. **b** "incedere non possum, via confectus et inediis. .." "loquar" inquit "cum

priore et ~eris jumento" W. CANT. *Mir. Thom.* VI 18 p. 430.

5 to put (garment, ornament, or sim.) on.

Vortigirnus .. manibus suis capiti suo [diadema] imposuit G. MON. VI 6; episcopus .. capiti suo mitram ~i fecit GIR. *RG* I 6 p. 35; **s1066** Haroldus .. capiti proprio imposuit diadema M. PAR. *Maj.* I 537 (= W. MALM. *GR* II 228 p. 280: arripuit); annulum .. imposuit in digito *Eul. Hist.* I 35; per annulos .. digitis hujusmodi morbidorum impositos FORTESCUE *Def. Lanc.* 3.

6 to apply (medicines or sim.) externally.

s1272 sirurgici .. medicamenta ~unt (v. denigrescere a); *Alph.* 88 (v. crommyon).

7 to lay on (weapon or sim.; in quot., fig.). **b** to inflict (wound). **c** (*manum* or *manus violentas ~ere*) to lay (violent) hands on, assault; *cf.* 21 *infra*.

jaculum maledictionis talibus ~amus nisi .. O. CANT. *Const.* 7 p. 73. **b** **1238** duo equites .. ipsum assultaverunt et verberaverunt et ei plagas inposuerunt *SelPlForest* 69; fit ut .. incidant in latrones, et plagis impositis spoliati .. remanent *Obs. Barnwell* 30. **c** **1251** venerunt .. cum libro et candela, volentes excomunicare omnes qui manum imposuerunt in dictum Gervasium *SelPlForest* 78; **13..** item omnes ~entes manus violentas in presbyterum *Conc. Scot.* II 72.

8 to put (chains or other means of restraint) on; **b** (fig.). **c** (*silentium ~ere*) to impose silence (on).

cum alia atque alia vinculorum ei genera hostes inponerent BEDE *HE* IV 22 p. 251; Pharao rex impius alter / inposuit famulis vincula dura Dei ALCUIN *Carm.* 69. 62. **b** turbida mens nescit vitiis imponere frena P. BLOIS *Vinum* 1155C. **c** qui ~it stulto silentium mitigat iras RIC. ANGL. *Summa* 35 p. 70; quatinus vel sic nobis absterritis silencium inponere possent GIR. *SD* 144; **1215** super archidiaconatu, appellatione remota, ei infra tres menses perpetuum inponetur silentium *DipDoc* I 19 p. 29; **s1246** impositum regi silencium (v. immuttire); **1428** pars dicti domini W. C. rectoris ab impetitione eorundem abbatis et conventus in hac parte absolvenda et dimittenda; estque perpetuum silencium prefatis abbati et conventui .. ~endum AMUND. I 244.

9 to put (person) in spec. circumstances (in quot., w. ref. to seisin; *cf. ponere in saisinam*).

c880 in seysinam meae hereditatis me iterum ~entes, dixerunt .. (*Test. Ælfredi*) *CS* 555.

10 to place in command or control; **b** (impl. that appointment is unwelcome or forced).

hoc manerium dedit .. Sancto Johanni .. et quendam sacerdotem Ledmarum et alios cum illo imposuit *DB* II 389v; imposuerunt justiciarios super quosque x friborghas (*Leg. Ed.*) *GAS* 651; abbatem impositum debitam archiepiscopis Cantuariensibus obedientiam per annos quingentos legimus exsolvisse DICETO *YH* I 428. **b** **a984** (v. extraneus 2c); **s1017** (v. exactor 2a).

11 to lay on as something to be borne, impose, force (on a person): **a** (burden, esp. fig.); **b** (responsibility, task, or sim.); **c** (financial liability, tax, or sim.); **d** (law, terms, or sim.); **e** (authority, discipline, or sim.); **f** (? route, direction; *cf. Ezech.* vii 9).

a ne dicant me gravia et importabilia in humeros hominum verborum onera velle ~ere GILDAS *EB* 62; perquirebant si haec eadem prophetarum oracula pacem saeculis adventuram signarent an, Mosaicae legis instar, jugum importabile super discipulorum essent impositura cervices [cf. *Act.* xv 10] BEDE *Sam.* 604; onera tamen, quae sine periculo portari non possunt, nemini inponimus EGB. *Dial.* 409; **796** jugum inponere decimarum (v. exactio 1c); jugum Domini suave [cf. *Matth.* xi 30] eis ~it dum colla illorum stola cingit GIR. *PI* I 19 p. 111. **b** si cui inponitur opus aliquod GILDAS *Pen.* 15; neque negare potuit opus quod sibi fraternus amor .. inponebat BEDE *HE* II 1 p. 75; **1090** concedam eam [terram] Deo et sancte ecclesie, de qua pastoralis cura super te imposita est *Chr. Abingd.* II 20; **1205** nec remaneat eo quod †imponabatur illis quod arestasse debuerant vina *Pat* 52b; OCKHAM *Pol.* III 262 (v. dominus 1b); nulli ~itur ut locum intret *Meaux* I 139 (v. dissuadere); **1430** ~imus eciam sibi onus et curam solvendi pecunias pro camera fratrum et pitanciis AMUND. I 280. **c** nec averas nec currus T. R. E. inveniebant, quae modo faciunt per consuetudinem impositam *DB* I 189ra; dum [medietas terrae] erat in saisitione regis propter xl solidos quos ipsemet rex imposuerat super S. presbyterum *Ib.* 336rb; **s1067** rex .. Anglis importabile tributum imposuit FL. WORC. II 2; Hardecnutus .. tributum inexorabile et importabile Anglie imposuit W. MALM. *GR* II 188 p. 228; **c1214** generale tallagium per episcopatum faciens, decanatui de E. v libras vobis reddendas et ad terminum brevem inposuistis, quod gravamen .. GIR. *Ep.* 8 p. 270 (cf. ib.: cum .. honus impositum admisissent); **1369** Thomas de D. .. computans de contribucione ultimo imposita in dictum burgum, ad expensas nunciorum, onerat se de ix li. ix s. j d. *ExchScot* 335 (cf. ib.: de contribucione predicta imposita dicto vicecomitatui); **1372** sic debet de claro xxx li. xix s. v d., de quibus ~it idem computans Thome Forester, tunc custumario ad tempus, xxij li. x s. ix d., sub periculo ipsius computantis *Ib.* 374; nulla exaccio .. ~ebatur clero vel populo CAPGR. *Hen.* 114. **d** mentiuntur nos legem imposuisse principibus et colla eorum jugo importabili onerasse J. SAL. *Pol.* 634C; in tradicione rei sue quilibet potest ~ere legem quam vult OCKHAM *Pol.* II 627 (cf. ib. I 58, 159); tercia .. pena [sc. adulterii] ostenditur ex malediccione in lege zelotipie, Num. v 14–15, imposita WYCL. *Mand. Div.* 355. **e** jubet ut prius disciplinam habeat, deinde ut eam aliis ~at AD. SCOT *OP* 575D; disciplinam libens exhibere ac metuendus ~ere debet *Cust. Westm.* 10 (= *Cust. Cant.* 75: inponere). **f** **c802** saecularis negotii deposito onere Deo soli servire, licet pigro corde et inposito gradu, eligam ALCUIN *Ep.* 239 p. 384.

12 to impose or inflict (leg. judgement or penalty); **b** (absol.).

c1071 si quilibet alius vel aliquis vestrum, quibus hanc justitiam imposui, ejusdem querele fuerit *Pl. Anglo-Norm.* 5 (= *Regesta* 50). **b** dominium, quo et proprie dictum, importat dignitatem et puniendi potestatem, quo et minas ~endi FORTESCUE *NLN* II 45.

13 (eccl., mon.) to impose (penance); **b** (? fig.). **c** (*cineres capiti ~ere* or sim., w. ref. to Ash Wednesday) to put ashes on one's head.

aliquando vero lenius .. modum inposuit pusillanimis THEOD. *Pen.* I 7. 5; ÆLF. *EC* 35 (v. exstare 4); hec eadem penitencia ~enda est parricidis vel fratricidis BART. EXON. *Pen.* 66 p. 232; presbiteri .. qui pocius nosse deberent talem de perjurio penitenciam ~endam, et non minorem, qualem et quantam de adulterio vel homicidio sponte commisso GIR. *SD* 100. **b** AD. MARSH *Ep.* 34 (v. deliberatorius a). **c** *RegulC* 34, *Cust. Cant.* 50 (v. cinis 2b).

14 to put or lay (esp. criminal charge) (upon), blame (something on someone); **b** (w. *quod*); **c** (w. inf. or acc. & inf.).

impositi criminis .. illum immunem affirmabat esse FL. WORC. II 12; ne mors illius sibi ~eretur ALEX. CANT. *Mir.* 22 (I) p. 203; **c1150** propter reatum furti quod sibi ~itur *Ch. Westm.* 274; respondeo: nec hic livoris rubiginem maculam ~ere posse RIC. ANGL. *Summa* 41 p. 113; **c1212** sicut criminosi, qui quod obiciendum sibi verentur primum aliis ~unt GIR. *Ep.* 5 p. 194; **1222** excommunicamus omnes illos qui .. malitiose crimen ~unt [v. l. opponunt] alicui *Conc. Syn.* 107 (cf. ib. 496 [**a1256**]: aliis crimina falso ~unt); **1288** idem N. vadiat legem contra ball' quod ipse nec aliquis per ipsum fodiavit iter contra terram suam, prout sibi fuit †inponitum [MS: inpo'it'; l. inpositum] *CourtR A. Stratton* 106; ~unt heresim fidelibus (WYCL. *Conf.*) *Ziz.* 131 (v. elucidare a); peccatum mortale nobis ~unt quod barbas radimus [ME: *rettyn to us for dedly synne whan we schavyn oure berdys*] *Itin. Mand.* 14. **b** simplicitati regie hoc ~ebant quod compulsus generi se miscuerit proditorum AILR. *Ed. Conf.* 748B; **1209** falso et per odium imposuit super Stephanum de Pinu, clericum, quod .. deberat commedisse duos feones *SelPlForest* 2; **1221** A. le Ferur verberavit Wimarcam .. pregnantem et W. vir suus imposuit ei quod puer in ventre mortuus fuit per hoc *PlCrGlouc* 16; **1233** inposuerunt ipsi Jordano quod devenit probator *CurR* XV 835; **1382** ~itur mihi quod sim damnatus tanquam hereticus (ASTON) *Ziz.* 332. **c** **s1059** ~unt ei ipsum illud explorandi gratia advenisse M. PAR. *Maj.* I 529; imposuit ei furtum fecisse de tali re vel sic imposuit ei quod debuit fecisse aliquod aliud delictum et specificare secundum quod ei impositum fuit *CBaron* 83; **1275** inponendo ei furasse j gulionem (v. 1 gulio); **1283** cum eam ponderasset, inposuit eidem Judeo predictam platam de tonsura monete fuisse conflatam *SelPlJews* 121.

15 to attribute, ascribe (to originator): **a** (opinion or sim.); **b** (miracle or sim.).

a neque enim putandum est discretas esse cibi et potus vias ingrediendi stomachum, ut Aristoteli ~unt ADEL. *QN* 10 p. 14; opinio que ~itur doctori subtili a quibusdam OCKHAM *Sent.* II 154; intellectus, qui proprie ex verbis istius colligitur, nulli homini qui habet usum racionis debet ~i *Id. Pol.* II 443. **b** ~itur tamen hoc miraculum Matri Salvatoris M. PAR. *Maj.* I 167.

16 (*clamium ~ere*) to lay claim (to); *cf. apponere* 3e. **b** ? to claim, allege.

1305 quod nos .. denarios qui fuerunt .. Espanni, propter clameum quod conjux predicti E. in denariis predictis imponit apud Londoniam .. sequestratos, .. Arnaldo liberari faceremus *RGasc* III 506. **b** ordinarii .. sequestrarunt bona ipsius Rogeri occasione mortis sue, inponendo ipsum mortuum fuisse *State Tri. Ed. I* 21.

17 **a** (*finem ~ere* or sim.) to put a stop to, finish. **b** (*summam manum ~ere* or sim.) to finish off, bring to a conclusion.

a †**858** (12c) regnante .. Jhesu Christo .. qui .. temporibus, ut voluerit, finem ~et *CS* 495; terminum his ~ere ABBO *QG* 23 (50); nostro operi finem nullatenus impositurі PETRUS *Dial.* 4; **s1141** etc. (v. 1 finis 7); cernens igitur martyr invictus horam imminere que misere mortalitati finem ~eret GRIM *Thom.* 81; **c1319** quod .. viros prudentes .. ad .. litibus .. pacem finaliter ~endum mittere curaremus (R. BURY *Ep.*) *FormOx* 52; ?**1460** statui pro presenti tempore finem scribendi ~ere *Paston Let.* 605. **b** noluit rex supernus operi gratie sue regem terrenum supremam manum ~ere G. CRISPIN *Herl.* 118; Alexius .. summam manum bello ~ere sperans supra Boamundum, qui partes relictas tuebatur, irruit W. MALM. *GR* III 262 p. 321.

18 to fix or impose (a price).

1370 de uxore Johannis G. quia noluit vendere cervisiam ad precium quod tastatores cervisie ei ~ebant vj d. *Hal. Durh.* 101.

19 to confer or bestow. **b** to make (expenditure), or ? *f. l.*

rogo te ut ~as super eum presbiterii gradum et sit mihi comes inviduus EDDI 9; videntes itaque parentes praenominati tantam sui excellentiam filii, dignam sibi clericatus inposuere tonsuram officii inque famoso Glestoniensis aecclesiae sociaverunt coenobio B. *V. Dunst.* 5. **b** **1300** de curtagiis, circa eorum ductionem imponendis [? l. impendendis], nobis in compoto nostro allocandis (*Lit. Vicecomitum*) *MGL* II 135; quod quam cicius nobis constiterit quid quantumve in premissis imposueritis [? l. impenderitis], vobis ad plenum .. satisfiat (R. BURY *Ep.*) *FormOx* I 15.

20 to assign (a name): **a** (to a person); **b** (to a place); **c** (to abstr. or inanim., esp. phil.).

a cui etiam tempore baptismatis papa memoratus Petri nomen inposuerat BEDE *HE* V 7 p. 292; **796** praesagum tibi nomen inposuere parentes ALCUIN *Ep.* 113 p. 163; baptismate loto / inposuit Wilbrord nomen habere pater *Id. WillV* 34. 30; Petrus Alfunsi michi nomen imposui PETRUS *Dial.* 2; qui genuit ex ea filium, nomen suum cum agnomine ei ~ens R. NIGER *Chr. II* 171. **b** **948** in illo loco ubi ruricoli antiquo usu nomen imposuerunt *æt Þic ham* *CS* 869; **s1127** ceperunt .. ecclesiam fabricare et, propter quosdam fontes quos repererunt, nomen imposuerunt de Fontibus M. PAR. *Maj.* II 155. **c** unde etiam ille 'labyrinthus' oritur, ut in subjecto idem sit et significans et significatum, quod quidam postea materiale impositum vocaverunt ADEL. *ED* 19; in omni enuntiatione spectanda sunt tria, dictio, dicibile, et res; est autem res de quo aliquid, dicibile quod de aliquo, dictio quo dicitur hoc de illo. interdum tamen dictionem rem esse contigit, cum idem sermo ad agendum de se assumitur, ut in his que preceptores nostri materialiter dicebant imposita et dicibilia; quale est 'homo est nomen', 'currit est verbum' J. SAL. *Met.* 904B; hoc nomen 'sonus' inpositum est passioni que generatur a collisione in aere .. aliorum corporum J. BLUND *An.* 153; potest autem nomen inferioris apponi nomini superioris, quando nomen inferioris non est nomen substancie rei set ~atur ab aliqua accidentali proprietate, ut 'mons Ossa' BACON XV 44; vox inposita ad significandam rem extra animam significat solum eam rem secundum racionem inposicionis *Id. CSTheol.* 44; omnia nomina que ~imus rebus ~imus ut sunt presencia nobis *Ib.* 54; ista vox 'homo' est nomen secunde imposicionis, quia antequam ~ebatur ad significandum, non erat nomen. similiter 'hominis' antequam ~ebatur ad significandum nullius casus erat OCKHAM *Quodl.* 736.

21 (*manum ~ere* or sim., eccl.) to lay hands on: **a** (in blessing, ordination, or sim.); **b** (in exorcism). *Cf.* 7c *supra*.

a inponens capiti meo manum, cum verbis benedictionis, rediit ad orandum BEDE *HE* V 6 p. 291 (cf. ALCUIN *SS Ebor* 1198: impositaque manu capiti benedixit eundem); Elphego abbati manum ~e eumque sacra unctione perfusum desolatae ecclesiae sacerdotem constitue OSB. *V. Elph.* 126; his [sc. presbiteris] episcopus manus in ordinatione ~it GIR. *PI* I 19 p. 111. **b** EGB. *Pont.* 13 (v. energumenus b).

22 to make (a mark or sign, esp. of the Cross) in writing; **b** (? fig.). **c** to insert, put into (text).

†**6..** (14c) ego Offa rex sanctae crucis signum ~o . . . ego Edelwlf .. quae donavi cum signo crucis Christi propria manu impono [*sic*] *CS* 79; **704** ego P. signum manus imposui *CS* 111; **c802** ego D. episcopus ad confirmationem sermonum †istarum signum sanctae crucis inpono *CS* 304 (cf. ib. 307). **b** agnus .. suae mortis signum frontibus nostris .. inposuit BEDE *Hom.* II 7. 138. **c** **1412** dictionem 'novem' loco ejusdem diccionis 'octo' .. scribi fecit et ~i *Cl* 261 m. 15*d*; **1508** ad .. ~endum .. in quodam libro signaturam (v. impressare 2).

23 (*tonum ~ere*, mus.) to give the pitch (in choral singing). **b** (transf.) to begin (hymn *etc.*) by giving the pitch.

in cantu ecclesie si quid erratum fuerit sive in tono ~endo vel alio modo *Obs. Barnwell* 58. **b** responsorium non canat, antiphonam super psalmos non ~at LANFR. *Const.* 163; ipse psalmos omnes imposuit W. MALM. *Mir. Mariae* 168; officium misse choro ~ente G. COLD. *Durh.* 16 p. 22; qui cum, ut moris est, fuerit admissus, texto deosculato, ~it cantor responsorium 'ecce virum prudentem' *Cust. Westm.* 7 (cf. *Cust. Cant.* 70: ~et).

24 (*ignem* ~*ere*) to set fire (to).

s**1216** (v. decentia).

25 to deceive by acting as impostor.

to begyle, .. illicere, ~ere *CathA*.

26 (p. ppl. *impostus*) affected, hypocritical; **b** (as sb. n.) imposture, hypocrisy.

inpostus, perversus Osb. Glouc. *Deriv.* 295; componitur pono impono, -is, unde impositor, -ris, et impositus, -a, -um, et hec impositio, -nis, et impostus, -a, -um, per syncopam, i. perversus .. et hic impostor, -ris, ille qui aliquid perverse agit *Ib.* 430. **b** per inpostum Hil. Ronce. 6. 46 (v. deceptorius d).

imponibilis, (phil., of name) that can be assigned. *Cf. imponere* 20c.

cum igitur sint per se species talium rerum, ille sunt cognoscibiles ab homine, et illa nomina ~ia sic per accidens speciebus Wycl. *Act.* 124.

impopulabilis [LL *gl.*], that cannot be ravaged.

inpopulabile, inlesum *GlC* I 361.

imporcire [CL], **~are,** to make irrigation-channels by ploughing or sim.

~are .., i. aquam in agros inducere Osb. Glouc. *Deriv.* 437 (cf. Columella *De Re Rustica* II 10. 6: cum semen crudo solo ingesserimus, inarabimus, imporcitumque occabimus; *later* MSS *read* imporcatumque).

imporcitor [CL], (see quots.).

inporcitor, qui sulcos facit in agro, nam porca dicitur terra eminens inter duos sulcos Osb. Glouc. *Deriv.* 292 (cf. Paulus Diaconus *Epitome Festi* 108M); ille, qui facit porcam illam, ~or .. dicitur *Ib.* 437.

importabilis [CL]

1 (of burden, weight, *etc.*) too heavy to carry.

proferens codicem .. magnitudinis enormis et ponderis pene inportabilis Bede *HE* V 13 p. 312; vidit quendam Ethiopem in silva succidentem ligna ac ligata levare temptantem .. et cum tunc magis essent onerosa, addens fecit ea ~ia Hon. *Spec. Eccl.* 1058C; codices inportabiles aureis litteris Ulpiani traditiones representantis D. Morley 212; excitatam .. pene obruit ~i sui pondere superjacto W. Newb. *HA* V 22; si sanum sapiat, sibi nemo libens onus optet / excipiatve suis opus importabile lumbis E. Thrip. *SS* 13 *prol.*

2 (of fig. burden or weight) unsupportable, that cannot be borne; **b** (of responsibility, task, or sim.); **c** (of financial liability, demand, or sim.); **d** (of law, command, or sim.).

Gildas *EB* 62 (v. imponere 11a); eos qui legis pondere gravi atque ~i fuerant depressi relevare .. venit Bede *Luke* 374; **1073** onus prioratus, quod inportabile antea videbatur, .. levigatum vobis perhibuistis Lanfr. *Ep.* 43 (18); egestatis onus importabile Nig. *Mir. BVM* 19ra; vires / hoc onus excedit, onus inportabile ledit M. Rievaulx (*Vers.*) 45. 11; **1232** gravis sarcine viribusque meis ~is graviorem partem deposui Gros. *Ep.* 9 p. 45; **1329** supplicamus quatenus .. nos .., impares oneri nobis injuncto, a tam ~i pondere exonerare dignetur .. apostolice presidencie sanctitudo *Reg. North.* 360; **1418** remittimus .. eisdem priori et conventui .. predicta onera gravia et ~ia dictarum trium participacionum de pane et allece tribus vicibus per annum faciendarum, ita quod nunquam .. eas erogare teneantur *MonA* VI 480a. **b** in tantum enim desperare coepit ut infinitum et inportabile opus [v. l. onus] se incoepisse putasset Felix *Guthl.* 29 p. 96; inter importunas et ~es fere curie curas Gir. *TH intr.* p. 8. **c** persolvo debitum .. amicale quibusque .. Christi tironibus, grave vero et ~e apostatis insipientibus Gildas *EB* 1; ~e tributum Fl. Worc. II 2, tributum .. ~e W. Malm. *GR* II 188 (v. imponere 11c); s**1096** ~is pensionis edictum per totam Angliam cucurrit W. Malm. *GR* IV 318 p. 371; c**1252** ne ~ia damna sumtuum incurreret Ad. Marsh *Ep.* 30 p. 128; s**1247** omnia hec [sc. subsidia] ~ia .. sunt domino pape demonstrata M. Par. *Maj.* VI 146 (= *Flor. Hist.* II 334: †importalia); **1336** sumptus quasi ~es .. facere nos oportet *RScot* I 445b; inter ~es regias pecuniarum exacciones *Croyl. Cont. B* 481; **1394** expense magne et labores multi requiruntur quasi ~es burgensibus *Reg. Aberbr.* II 41. **d** lex .. vetus, si attendis universitatem mandatorum, ~is est. si eorum qualitatem contemplaris, .. jam tolerabilis est Pull. *Sent.* 774B; ne se possent excusare per mandatorum multitudinem quasi ipsa multitudine .. ad faciendum ~ium Gros. *DM prol.* p. 1.

3 (of circumstances, conditions, or sim.) unbearable, intolerable; **b** (of natural force or sim.).

quia te mundi voluptatibus totum hactenus immersisti, ~ia tibi omnino videntur ciborum mutatio, vestimentorum asperitas, jugum obedientie, .. P. Blois *Ep.* 11. 33B; s**1295** transit annus iste .. ~is pauperibus propter frugum inopiam magnamque karistiam Rish. 153. **b** s**1261** fetor teterrimus hominum naribus ~is *Flor. Hist.* II 473; ~es diei estus .. subiit Fordun *GA* 112.

4 **a** morally intolerable. **b** (socially) unbearable, tiresome or oppressive in company.

a vota stulta et inportabilia frangenda sunt Theod. *Pen.* I 14. 6; c**1412** contra ~es minas *StatOx* 216. **b** nullus ~ior est superbis P. Blois *Ep.* 66. 201A; qui aliis gravem et †impartibilem [l. importabilem] se exhibuit sibimet fiat gravis *Id. Serm.* 564A. qui vera loquitur est execrabilis / et gravis omnibus et importabilis Walt. Wimb. *Palpo* 27.

5 (of aggression, oppression, or sim.) overwhelming, offering little or no chance of victory or survival; **b** (of aggressor, oppressor, or sim.); **c** (of aggressive emotion); **d** (of danger).

1176 quis enim inhibere poterat tante multitudinis ~em impulsum? (*Lit. Imp. Constantinopolitani*) R. Howd. II 104; conserto tam grave prelio et ~i conflictu *Itin. Ric.* III 5 p. 216; cum ipso Anglorum rege, cujus coronam impugnas, quartus tibi longe impar et ~is supererit congressus Gir. *JS* 3 p. 204; ~em gemebant tirannidem *Arthur & Gorlagon* 20; s**1098** cum nec hic nec alibi principum impetus .. ictusque ~es sustinere diutius valerent M. Par. *Min.* I 101. **b** [Elfredus] post fugam ~is et memoria repulse circumspectior et ardore vindicte audacior W. Malm. *GR* II 121 p. 129; Tiberius ~is in ira R. Niger *Chr. II* 109; ipsum .. plusquam regem experti sunt laici, et plusquam summam pontificem clerici, utrique vero tyrannum ~em W. Newb. *HA* IV 14 p. 333. **c** leo .. ~is ire est Alb. Lond. *DG* 8. 13; c**1410** Dei precipue formidans offensam, deinde vestram ~em *FormOx* I 205. **d** ne societas fidelium .. periculo ~i .. valeret exponi Ockham *Pol.* I 241.

importabilitas [ML]

1 being too heavy to carry.

rogant ut misero presentiam non negaret suam, qui pre sarcine [sc. cathenarum] ~ate ad eum nequiret afferri W. Malm. *Wulfst.* II 5.

2 being too hard to bear.

lex autem Mosaica propter ~atem servitutis ipsius .. non erat fidelibus imponenda Ockham *Brev.* 19.

importabiliter [LL]

1 (w. ref. to fig. burden or weight) unbearably, too heavily.

ut jaculorum multitudo unico raptu complectentium sarcinam efficeret, quibus et sauciantur innumeri et ~iter aggravatum est in nostros pondus prelii *Itin. Ric.* VI 22 p. 419; c**1310** ex exaccione ponderosa mille librarum .. papae .. solvendarum .. ~iter onerati *Chr. Rams. app.* 399; **1352** ecclesia nostra Cant' .. debitorum oneribus .. pregravata ~iter existit (*Reg. Cant.*) *Conc.* III 26a.

2 intolerantly, impatiently.

1485 ecclesiam exaccionibis non solum laycorum verumeciam et maxime, quod ~ius fertur, eorum qui protectores ejusdem .. esse fatentur, †anguriare [l. anguriari] .. prospicimus *Reg. Aberbr.* II 242.

importalis v. importabilis.

importantia [ML], importance, consequence.

1496 ut possitis .. omnia .. facere et firmare, cujuscumque nature, qualitatis et ~ie fuerint (*TreatyR*) *Foed.* XII 638b.

1 importare [CL]

1 to bring in or cause to be brought in (esp. supplies, provisions, *etc.*). **b** to carry (something) in (container). **c** to carry within itself, bear (in quot., w. ref. to doc.). **d** to have within (as quality, consequence, or sim.), entail.

s**1141** ab occidente itaque [sc. ad Wintoniam] raro et anguste ~abantur necessaria, viatoribus nonnullis interceptis vel [v. l. et vel] occisis vel parte membrorum mutilatis W. Malm. *HN* 499 p. 59; **1548** quod .. se non intromittat .. in dando licenciam alicui pro stauro importand' aut in sigillacione pannorum serici importand' *Pat* 808 m. 4. **b** **1417** in j sporta empta .. pro pane ~ando iiij d. *Ac. Durh.* 614. **c** c**1240** quedam redditio terre .. utrum sit post feoffamentum .. vel ante nescitur, quare non ~at datam *Cart. Beauchamp* 247. **d** mors vite finem ~at Alb. Lond. *DG* 6. 23; **1279** super quibusdam articulis tocius Cantuariensis provincie qui et necessitatem ~ant et celeritatem desiderant Peckham *Ep.* 7; **1281** alia faciet et servabit que sacramentum fidelitatis ~at *RGasc* II 135.

2 to bring about, cause, inflict (wound, trouble, or sim.). *Cf. inferre.*

ignis .. incipit .. confusionem manentibus ~are Lucian *Chester* 55; quotiens nobilis vir et potens ad injuriam alienis ~andam festinat Alb. Lond. *DG* 3. 6 (cf. ib.: ad injuriam alicui inferendam).

3 to convey (meaning), denote (referend), signify, esp. implicitly. **b** (w. word, concept, or sim. as subj.); **c** (w. *quod*); **d** (w. acc. & inf.).

proferens hunc sermonem [sc. 'turba ruunt'] non posset designare et intendere actum egredi a multitudine inportata Bacon XV 33; de genere a [? l. et] specie et differentia loquitur philosophus similiter et logicus; sed philosophus quatenus varias aliquas naturas .. ~ant, logicus vero quatenus intentiones communes significant *Ps.*-Gros. *Summa* 333; inter ens et non-ens non est repugnancia realis, quia nulla res ~atur per non-ens que repugnat enti Ockham *Quodl.* 17; multum refert ponere terminum connotativum a parte subjecti et a parte predicati, quia frequenter plus ~atur per terminum connotativum quando ponitur a parte predicati quam quando ponitur a parte subjecti *Ib.* 782. **b** usus autem non ~at relacionem nisi ad finem Middleton *Sent.* I 21a; tactus nomine suo inportat mutuam habitudinem duorum se tangencium T. Sutton *Gen. & Corrupt.* 56; nomen .. confuse ~at quod definitio distincte Duns *Ord.* II 133; 'sapiens' sic dictum non ~at aliquam perfeccionem accidentalem Ockham *Quodl.* 125; talia vocabula 'meum', 'tuum', 'suum', 'habere' .. in diversis locis accipiuntur equivoce. aliquando enim ~ant dominium et proprietatem . . . aliquando talia vocabula ~ant licitam potestatem utendi aliqua re *Id. Pol.* I 309; queritur quid ~at dictum verbum 'ligium' de jure sive 'legeitas' ultra condicionem et naturam aliorum feudorum Upton 38. **c** hoc nomen 'relaxatio' inportat quod major pena debetur ei S. Langton *Quaest.* 156. **d** cognicio evidens hujus proposicionis 'res est presens' ~at rem esse presentem Ockham *Quodl.* 498.

2 importare [*cf.* OF *emporter* < inde portare], to carry off, win, obtain.

1291 quod ille ~abit regnum Scocie cui in sua presencia justicia dederit optinere Oxnead *Chr.* 281 (= *Gt. Cause Ed. I* 68: *q' celui emportera le reaume, a qi droit le dorra devant lui*; cf. Rish. 126: habeat, Trevet *Ann.* 320: habebit); *RegiamM* II f. 69 (*Stat. Rob. III* 27) (v. 1 extractus 1); **1477** pro secundis decimis debitis priori de Restinote de dictis terris, alias assignatis dicte comitisse et ~atis regi, de termino Pentecostes, liij s. iiij d. *ExchScot* 441.

importator [CL = *importer*], roadmaker.

a way maker or mender, portitor, correpto -ti- [v. l. importator *in MS BL Additional 15562* f. 125, *adding* reparator viarum] *CathA*.

importionare [cf. apportionare], to apportion, allot.

1331 qui quidem Rogerus venit coram .. senescallo nostro et aliis de consilio nostro et peciit instanter sibi ~ari porcionem suam de predicta summa lx li. (*Prior's Daybk*) *DCCant.* D. E. 3 f. 58v.

importunare [ML]

1 to harass, vex, pester.

~are, inquietare, vexare Osb. Glouc. *Deriv.* 294.

2 (p. ppl.) importunate, bothersome.

finis imponens necessitatem rebus foret valde inportunatus tali volucioni medie ut finis habeatur. relinquitur igitur quod diabolus voluit unum bonum sibi possibile, et per consequens volucio illa poterit esse bona Wycl. *Ente* 211.

3 *f. l.*

1220 inde plurimum †importunat [MS: murmurat] nostrum vulgus (*AncC* I 175) *RL* I 81 (= *DipDoc* I 66: murmurat).

importune [CL], unwelcomely, tiresomely; **b** (w. ref. to demands or sim.); **c** (~*e opportune*, freq. w. ref. to *II Tim.* iv 2) in and out of season, willy-nilly.

erat videre eundem hominem .. hodie ~e saltantem, modo oportune astantem Gosc. *Edith* 292; sicut zizania in messe triticea ~e oriuntur Ord. Vit. III 3 p. 42; id quod habundat in corde eciam ~e plerumque redundat atque resultat in ore Gir. *Ep.* 4 p. 176; iste est Acteon qui ~e secretis colloquiis prudentium se ingerit Neckam *NR* II 137 p. 219. **b** cum unicus germanus, quem subnixis precibus unius noctis intercapedinem ~e poposcerat, obtemperare pertinaciter reluctaretur Aldh. *VirgP* 47 p. 300 (cf. *WW* [**10..**]: inportune, *gemalice*); **1168** si penitere nolunt et tamen absolutionem inportunius querunt J. Sal. *Ep.* 243 (241 p. 466); Ric. Armagh *Def. Cur.* 1299 (v. effrons a). **c** c**625** adhortantes quatinus .. inportune et oportune agendum non differas (*Lit. Papae*) Bede *HE* II 11 p. 105; **1166** argue, obsecra, increpa oportune ~e, id est, quacumque oportuna inportunitate J. Sal. *Ep.* 175 (176 p. 174); insta oportune ~e Britoni super epistolis B. Jeronimi *Ib.* 283 (270 p. 546); attrahere debent alios ad cultum religionis, ut instent opportune †importunie [v. l. importune] Neckam *NR* II 98 p. 183; s**1249** mercatoribus .. de manu regis pecuniam suam ~e oportune postulantibus M. Par. *Maj.* V 56.

importunitas [CL]

1 unseasonableness, unfavourableness (of circumstances, time, weather, *etc.*); **b** (w. ref. to *II Tim.* iv 2). **c** (pl.) unseasonable or untoward circumstances, events, or sim.

tanta tamque continua tempestatum ~as ingruebat ut per hiemem totam vix una navis in insulam transnavigasset GIR. *EH* I 36; **1216** si forte temporis inportunitate prepediti fueritis *Pat* 17; **1241** obstitit occasionum ~as quominus cursorem vestrum citius expediverim super pluribus causis urgentioribus AD. MARSH *Ep.* 76 p. 189; **1379** ista allocacio expensarum fit ad presens propter distanciam, et inportunitatem loci et temporis, et ex aliis racionabilibus causis, consideratis per auditores *ExchScot* 32. **b** instans ~ate opportuna [v. l. importune oportune] DOMINIC *V. Ecgwini* I 4; **1166** quacumque oportuna inportunitate (v. importune c). **c** galearum vero multitudo perseverabat immobilis donec rex pransus, propter contingentes ~ates, cum omni exercitu valedicens indigenis processurus ascenderet *Itin. Ric.* II 26 p. 176; ruptis omnium ~atum repagulis .. exilitatis mee presentiam in congregatione pontificum Londini .. exhibere curabo AD. MARSH *Ep.* 3 (cf. ib. 25: repugnantiis confractis quantumcumque desperabilium ~atum); *Ib.* 53 (v. gravitas 4a); vite sue asperitatem, quasi intollerabilem loci solitudinem desertique varias ~ates, .. narrare consueverat *Chr. Dale* 5.

2 unsuitability, disadvantage, drawback.

si vobis tunc importune sunt cogitationes quas non debetis suscipere, nunquam propter illarum ~atem bonum quod incepistis velitis dimittere ALEX. CANT. *Mir. app.* p. 270; ad tanti pondus regiminis vergentis etatis causabatur inportunitatem *Canon. G. Sempr.* 51.

3 ugliness, unpleasantness (of appearance); **b** cause of ugliness, blemish.

s1192 ~ate tamen custodum plus ad malam mansionem perduxit quam si duris artasset in vinculis. homines siquidem regionis illius barbariem .. redolentes, horrent verbis, habitu squalent, .. DICETO *YH* II 106. **b** naso .. quid .. immundius .. esse potest, ut multe inde oris honestati ~ates immineant? ADEL. *QN* 19.

4 tiresome or irritating presence, behaviour, or sim.

carcerem .. quem ranarum ~as foedavit OSB. *V. Elph.* 136; viator qui a cane infestatur, si substiterit et se ab ejus ~ate defenderit, canem importuniorem illico sentiet ALEX. CANT. *Dicta* 14 p. 166; flabellum de pennis pavonis, quo muscarum ~as a ministris abigebatur, imagini accline immune remansit W. MALM. *Mir. Mariae* 229; ~as, -tis, i. infestatio OSB. GLOUC. *Deriv.* 429; hac una repulsa curiales vehementer repressit, et eorum a se ~atem procul avertit AD. EYNS. *Hug.* III 10 p. 119; Britannia Minor .. a Britonibus relinquentibus Britanniam Majorem propter ~atem Germanorum est usque hodie populosa BART. ANGL. XV 28 (cf. *Eul. Hist.* 81–2: inopportunitatem [v. l. inportunitatem]); quibus insuper privilegia, ne impedirentur a studio ruralium quorumcumque ~ate, dedit CANTLOW *Orig. Cantab.* 267.

5 importunity, nagging persistence (of demand, prayer, or sim.); **b** (of people demanding, praying, or sim.). **c** persistent demand, prayer, or sim.; **d** (of abstr.).

1338 precum ~ate *G. Ed. III Bridl.* 135 (v. 6 infra). **b** nisi ~ati petentium cessisset humilitas AILR. *Ed. Conf.* 762D; **s1239** tociens diversis argumentis bona ecclesie exhauserat Romana semper hians ~as quod .. M. PAR. *Maj.* III 616; **1326** plura solet frequenter elicere paucorum petencium ~as quam multorum pusillanimitas extorquere *Lit. Cant.* I 195; papa Romanus nimia ~ate instancium pro licencia habenda fatigatus GASCOIGNE *Loci* 8. **c** quorum obstinatam ~atem [*gl.*: i. garrulitatem, *gemagnesse*] cum refutando frustrari non posset ALDH. *VirgP* 37 p. 285; quod intendo illorum meritis aut culpe ascribo quorum imperio atque ~ate victus hec scribo OSB. *V. Dunst.* 2 (*prol.*); quod opus non ~ate aliqua cuiquam legendum ingero, sed tantum videre volentibus simpliciter exhibeo ANSELM *Misc.* 352; tandem ~ate omnium victus, id a rege petivit ne se inordinate ordinari in Britannia permitteret EADMER *Wilf.* 11 p. 173; suorum tamen ~ate abbatem episcopus sinodum suam .. adire summonuit *Chr. Battle* 52; assunt .. amici ut sibi provideat rogantes, et sic [sc. egrotantem] cogit quodammodo confiteri ~as amicorum S. LANGTON *Serm.* 2. 23; **s1301** rex autem, eorum instanciam et ~atem [MS: †infortunitatem] attendens, eorum voluntati .. condescendit RISH. 198 (cf. WALS. *HA* I 85: ~atem); sanctissimus Hugo .. regis procerumque ~ate ut curam susciperet animarum tandem est devictus *NLA* I p. 7 *prol.* **d** **c1166** cum aut necessitas importunior urgebit aut modestia verecundie necessitatis inportunitati, quam nondum inexorabilem expertus sum, victa succumbet J. SAL. *Ep.* 217 (196).

6 *f. l.*

1338 apud Altissimum .. qui precum †importunitate [MS: oportunitate] se asserit devincendum *Foed.* V 20a (= *TreatyR* II 485: oportunitate; *but cf. G. Ed. III Bridl.* 135: precum ~ate).

importunus [CL]

1 unseasonable, unfavourable (of circumstances, time, weather, *etc.*).

victores ad ~um [*gl.*: i. ad inonestum, *to gemagum*] praelium provocant ALDH. *VirgP* 12 p. 241; hora inportuna ALCUIN *Orth.* 2337 (v. immaturitas 2); ~a sitis ORD. VIT. XIII 16 p. 39 (v. exacerbare 1b); regis prestolans reditum a locis remotioribus, in quibus ipsum bellicis vacantem tumultibus adire nimis videbatur ~um [*ed.*: *'imprudent'*] AD. EYNS. *Hug.* 10 p. 130; ~a guerrarum diluvia *Ps.-*ELMH. *Hen. V* 64 p. 180 (= ELMH. *Hen. V Cont.* 124: †importunia).

2 unsuitable, inappropriate, inadequate.

judices ~i W. MALM. *GP* V 196 (v. dictamen 1b); ~e .. cogitationes ALEX. CANT. *Mir. app.* p. 270 (v. importunitas 2); **1327** manu ~a (v. degluttire 1c).

3 ugly, unpleasant.

pro excipienda ~a feditate pulveris R. COLD. *Cuthb.* 42 (v. excipere 5a); fraxinus .. foliis decidentibus ramisque pre vetustate et senio marcescentibus squalidus et ~us videntibus cunctis apparuit *Id. Osw.* 17 p. 356.

4 tiresome, irritating, vexatious; **b** (of abstr.).

si .. quidam inportunus dagmate adsurgeret B. *Ep.* 386; nec enim prius abstitit, pie violentus et laudabiliter ~us, donec ex equite peditem faceret W. MALM. *Wulfst.* II 10; ALEX. CANT. *Dicta* 14 (v. importunitas 4); tanquam ~am corniculam fugiens LUCIAN *Chester* 39. **b** ~a [*gl.*: *seo wiperwurd*] Judeorum garrulitas ALDH. *VirgP* 21 p. 252; importuna simul verborum frivola sontum *Id. VirgV* 2668; GIR. *TH prol.* p. 8 (v. importabilis 2b).

5 importunate, persistent: **a** (of demand, prayer, or sim.); **b** (of person or bodily part making demand, prayer, or sim.); **c** (of abstr. or fig.).

a ~is precibus ALDH. *VirgP* 18 (v. impetrare 2a); ad .. archiepiscopi .. instantiam et ~am magis quam persuasoriam GIR. *IK* II 6 p. 125; ~am precis replicate frequenciam AD. MARSH *Ep.* 4; **1341** idem archiepiscopus nobis ~a instancia persuasit .. contra dictum Philippum fedus inire (*Cl*) *Foed.* V 226a. **b** **a800** ille vestrae voluntatis nimius exactor et inportunus [v. l. inoportunus] inquisitor ALCUIN *Ep.* 163; venter noster ~us exactor est J. GODARD *Ep.* 221. **c** ~us [*gl.*: cupidus, inprobus vel inmitis, *mage* vel *wiperwurde*] gastrimargiae draco ALDH. *VirgP* 12 p. 241; **c1166** necessitas ~ior (v. importunitas 5d).

importuosus [CL], having no harbours.

Alexandria .. interjacet autem inter Egyptum et mare, quasi claustrum, ~a GROS. *Hexaem. proem.* 47 (= Isid. *Etym.* XV 1. 34).

impos [CL]

1 not having possession or control (of), (*~s voti*) not having what one desires.

non tamen voti ~s sine dolore recordari valeo ABBO *QG* 1 (2); **1169** dimissi sunt ergo nuntii regis ~tes voti J. SAL. *Ep.* 288 (290 p. 660).

2 (*~s mentis*, *~s sui* or sim.) not having possession of one's faculties, out of one's mind.

me .. letali infirmitate pregravante ita mei ~tem extitisse ut .. *V. Erkenwaldi* 402; mentis ~s .. in silvam .. evasit W. MALM. *Wulfst.* II 6; mentis ~s integritati rationis est redditus *Id. GR* I 49 p. 54; sui ~s BAKER f. 106 (v. expandere 1b).

3 physically incapable. **b** unable (to do something), incapable (of action or sim.) (w. sb. gen.); **c** (w. gd. gen.); **d** (w. inf.); **e** (w. dat.).

~s sui GOSC. *Mir. Aug.* 2 (v. improperabilis); inpos, non potens, debilis, inbecillis, invirtuosus, eviratus, elumbis OSB. GLOUC. *Deriv.* 293; *wayke*, bassus, inpos, inpotens *CathA*. **b** quoniam enim natura iniqui ~s non est, sue autem voluntatis compos est, dum libet ad illicitum ex sese declinat, inevitabili jam obnoxia culpe PULL. *Sent.* 760A. **c** cum se resistendi ~tem .. cognosceret *Chr. Battle* 91v. **d** **11..** (18c) clerici de Landho †impoles [l. impotes] et pigri jus suum prosequi *Reg. Plympton* 165; licet ~tes eruditissima talium sequi vestigia DOMINIC *Odulph* 313; sonipes qui sanctum abbatem gestabat in terram corruens expiravit, ~s jumentum et indignum sermonem audire angelicum *Croyl.* 41. **e** J. FURNESS *Pat.* 26 (v. impar 5a).

4 powerless, weak.

~s contra infortunium BYRHT. *V. Ecgwini* 375; potentes imperando cohercuit, ~tes subjugando oppressit R. COLD. *Cuthb.* 50.

imposio v. impositio.

impositicius [CL], (leg.) relating to agreed conditions.

[causa] ~ia, de suo jure conservando [cf. *Digest* 39. 1. 5. 9] VAC. *Lib. Paup.* 256.

impositio [CL]

1 putting or laying (of something) on or over (something else).

716 angelus manus suae inpositione caput meum quasi protegens tangebat BONIF. *Ep.* 10 p. 9 (cf. 12 infra).

2 attaching or fixing (of components): **a** (in building); **b** (in making jewellery or clothing).

a **1274** pro ~one unius smaragdi in quodam fermaculo dato .. per archiepiscopum Eboracensem *Househ. Henr.* 403; **1433** diversis operariis laborantibus circa extraccionem antiqui meremii et ~onem novi meremii *Ac. Durh.* 622; **1474** operanti circa ~onem unius *walplate Ib.* 94 (cf. ib. 103 [**1506**]). **b** **1453** pro .. nova ~one de ij diamondis et unius rubee [*sic*] in uno colario de novo pro regina empto (*KR Ac* 410/11) *JRL Bull.* XLII 119; **1565** pro largiore factura et ~one unius tergi novi in un' *verthingale Ac. LChamb.* 58 f. 20v (cf. *Misc. LChamb.* 33 p. 144: *for putting in a new back into a varthingale*); **1579** pro alteracione unius toge noctur' .. ac ~one unius fac' *Ib.* 70 f. 4v (cf. *Misc. LChamb.* 35 p. 146: *laying in a face of taffata*).

3 embarkation, putting on board ship.

1387 (v. discarcagium).

4 putting on (of garments, ornaments, or sim.).

viri qui ecclesiastica gaudent immunitate .. in signum protectionis pontificali ~one amplas in capite coronas habent GIR. *TH* III 26 p. 171; per birreti ~onem PAUL. ANGL. *ASP* 1531; **c1500** per annuli nostri digito suo ~onem *Conc. Scot.* I cccviii.

5 laying on of hands with hostile intent. *Cf.* 12 *infra*.

1502 manus suas super humerum ejusdem .. imposuerunt, .. dicentes quod illa eadem persona, super quam iidem J. & W. manus suas imposuerunt, fuit persona predicti N., que quidem ~o et notificacio sunt predicta capcio et imprisonamentum *Entries* 341vb.

6 putting in, installation (of person in spec. circumstances).

1458 scolarium assumpcionem, eleccionem ac ~onem et remocionem .. ad prefatos prepositum, licenciatum et bacallarium tantummodo volumus pertinere (*Ch. Episc. S. Andr.*) *Mon. Hib. & Scot.* 410a.

7 imposition (of tax, service, or sim.); **b** imposed tax, service, or sim., exaction, impost.

s1299 ~one taxe (v. decimatio 2); **1343** per .. ~ones decimarum (v. excessivus 2). **b** **c1214** inposicionis (v. immoderantia 3a); **1252** [Anglorum ecclesia] ab ~onibus et provisionibus .. libera dudum extitit GROS. *Ep.* 131 p. 443; **1338** cum populus regni nostri variis oneribus, tallagiis, et ~onibus hactenus pregravetur *TreatyR* II 485; **1377** quod, quocienscumque de custumis, consuetudinibus, et ~onibus, et similiter de purpresturis et aliis rebus quibuscumque .. inquiri debeat, per cives ejusdem civitatis [*London*] .. inquiratur *ChartR* 155 m. 27 (cf. *RParl* III 28a: *custumes, impositions, consuetud'es et purprestures*; cf. *MGL* I 163, 170); quomodo ~o super victualibus posset fieri *MGL* I 598 (cf. *Cal. LBLond.* H p. 116 [**1378**]); **1421** quod .. exaccione seu †imposione nova minime pregravetur *Reg. Heref.* 7; **1458** prefatum collegium et tresdecim personas antedictas .. ab omnibus subditis episcoporum exigendis, exaccionibus, pedagiis, taxacionibus, vigiliis, et aliis ~onibus .. liberos imperpetuum declaramus (*Ch. Episc. S. Andr.*) *Mon. Hib. & Scot.* 410b.

8 accusation, charge; **b** (w. defining gen.).

per falsas ~ones et fraudulentas causationes et accusationes gravamen incurrere solent immoderatum GIR. *JS* 1 p. 136; **c1265** ipsum falsis ~onibus impetentes, proditorem appellantes, imponentes etiam ei quod domum de C. destruit *Ann. Durh.* 114. **b** erumnosa et confusibilis istorum que non novi facinorum valeat ~o GIR. *Symb.* I 28 p. 300; **s1239** ~o prodicionis . . . ~o sedicionis . . . ~o avaricie M. PAR. *Maj.* III 577–9 *marg.*; ab ~one illius transgressionis fore quieti *Leg. Ant. Lond.* 35.

9 fixing (of status), imposition (of condition).

ille qui rem emit scire debet utrum libera sit vel serva per ~onem sive constitucionem servitutis BRACTON 204b; ~onem ordinis policie OCKHAM *Dial.* 794 (v. impositor 1).

10 conferment, bestowal.

1513 in pensionibus et stipendiis ex ~one et assignacione magistri T. C. prioris *Ac. Durh.* 662.

11 (esp. log. & phil.) arbitrary bestowing of name (to object, concept, or sim.); **b** (dist. as *prima* or *secunda*).

scimus namque eum [sc. numerum] non aliunde quam a natura, id est doctorum virorum rebus nomina invenientium, ~one sic esse vocatum THURKILL *Abac.* 56v; nisi forte alicujus nominis adeo obsolescat ~o ut jam nullam ejus positivam esse designationem dicendum sit, manentibus transumptivis BALSH. *AD rec.* 2 28 n.; 'pes

animalis', 'pes statue', 'pes metricus', 'pes geometricus' dicitur, primum ex ~one, secundum ex transumptione que fit usu, reliqua ex disciplinalibus transumptionibus *Ib.* 29 n.; quantum autem ad formam, a qua fit ~o ipsius nominis, triangulus est qualitas J. Blund *An.* 21; secundum racionem inposicionis Bacon *CSTheol.* 44 (v. imponere 20c); equivocum a casu est quod significat plura eque primo pluribus ~onibus et mediantibus pluribus conceptis: et ita imponitur uni ac si non imponeretur alteri, sicut hoc nomen 'Sortes' sic est equivocum a casu Ockham *Quodl.* 353. **b** ~onis substantivis prime non apte copulantur .. procedat ratio ad secunde ~onis originem .. rebus itaque .. cum nomina primitus essent imposita, reversus ad se animus imponentis ipsis nominibus vocabula indidit, per que sermonum doctrina procederet; .. ergo .. dictum est nomen substantivum .. adjectivum .. verbum J. Sal. *Met.* 842A; in ista proposicione prolata 'nomen est qualitas' predicatur nomen prime ~onis de nomine secunde ~onis, non pro se sed pro ipso nomine secunde ~onis Ockham *Quodl.* 562; dicitur omne nomen prime ~onis quod non est nomen secunde ~onis. et sic talia signa syncategorematica 'omnis', 'nullus', 'aliquis', 'quilibet', et hujusmodi sunt nomina prime ~onis, quia non sunt nomina secunde ~onis *Ib.* 736; nomina rerum sunt nomina prime ~onis et nomina vocum sunt nomina secunde ~onis. nomen prime ~onis dividitur in nomen prime intencionis et nomen secunde intencionis; nomen prime intencionis est commune rebus, nomen secunde intencionis est commune conceptibus (W. Burley) *GLA* III 299 n. 584; terminus prime ~onis vocatur terminus quicunque, significans primarie significatum quod non est signum artificiale, ut iste terminus 'homo' . . . terminus secunde ~onis est terminus significans primarie signum humanitus inventum ut sunt talia: nomen, verbum, adverbium, .. Wycl. *Log.* I 7.

12 (*manus* or *manuum ~o*, eccl.) laying on of hands (in baptism, blessing, ordination, or sim.); **b** (in healing). **c** (? fig., or w. ref. to attestation; *cf. imponere* 22a) blessing or approval (by lay person; in quot., king).

qui ordinati sunt a Scottorum vel Britonum episcopis, qui in Pascha vel tonsura catholici non sunt, .. iterum a catholico episcopo manus ~one confirmentur Theod. *Pen.* II 9. 1; antistes qui manus ~one baptizatos confirmet Bede *Egb.* 7; c**798** per inpositionem manus a summo sacerdote septiformis gratiae spiritum accipit ut roboretur per Spiritum Sanctum ad praedicandum aliis Alcuin *Ep.* 137 p. 215; pueri .. et adulti .. et senes absque episcopali manus ~one, qua gratia spiritus datur, moriuntur Gir. *GE* II 27 p. 301; c**1218** inpositio manus, que fit ab episcopo, que confirmatio dicitur *Conc. Syn.* 65; **1330** fratres nostros .. per sacrarum vestrarum manuum ~onem ad ordines promovere *Lit. Cant.* I 315. **b** cum .. illis .. delegaret .. super omnem aegritudinem salutiferam manuum ~onem Osb. *V. Dunst.* 42. **c 880** (?**887**) cum licentia et inpositione manus Ælfredi regis .. quandam ruris portionem .. ad episcopalem sedem scilicet Uueogernensis civitatis .. donavimus *CS* 547.

13 *f. l.*

s**1387** querebatur qualiter ille est puniendus qui movebat in parliamento quod mitteretur pro statuto, pro quo rex Edwardus secundus erat alias adjudicatus in parliamento, per cujus statuti †impositionem novum statutum et ordinatio ac commissio .. fuerunt in parliamento concepta *Eul. Hist. Cont.* 363 (= *RParl* III 233b: per cujus statuti inspectionem; cf. *V. Ric. II* 88).

impositor [CL]

1 one who imposes (conditions, law, tax, *etc.*).

primo .. significat imposicionem ordinis policie, secundo ~orem ipsius Ockham *Dial.* 794; c**1445** solvit sex solidos octo denarios ~oribus vel assisoribus assise cerevisie *MunAcOx* 549.

2 one who lays or brings (an accusation or charge).

falsorum criminum ~ores Ockham *Dial.* 595.

3 (phil.) one who assigns (name).

significacio advenit voci ab extrinseco ab ~ore; quia enim ~or imponit vocem ad representandum talem rem, ideo hoc significat S. Faversham *Elench.* 56; attribuunt sancti Patri potenciam, Filio sapienciam, et Spiritui Sancto benevolenciam, et hoc est ex proprietate rei, non solum sicut Magister sentenciat [cf. *Sent.* I 34], ne Pater crederetur impotens propter senium, Filium insipiens propter juventutem, et Spiritus Sanctus malevolus propter hoc quod post procedit tercius in ordine. si enim ~ores nominum hec intendebant, hoc fuit valde secundarie, primo et principaliter notantes proprietates personales supposita Wycl. *Trin.* 61; non enim foret tunc fides adhibenda ~oribus terminorum *Id. Ver.* II 95.

4 impostor, fraud, cheat. *Cf. impostor.*

si sis mercator, nummorum marsupiator, / et varius rerum variarum venditor, emptor, / non sis impositor; emptoribus esto fidelis D. Bec. 1760.

imposse, to be unable, *cf. nequire*; or ? *f. l.*

Radulphum pridie .. infirmitas invaserat, qua detentus colloquio interesse impotuit [? l. non potuit] H. Cantor f. 25v.

impossibilis [CL]

1 (of physical action, condition, or sim.) impossible, unfeasible, impracticable; **b** (w. inf. pass.); **c** (as sb. n.). **d** (*~e est* or sim., w. dat. & inf. or inf. alone); **e** (w. *ut* & subj.); **f** (w. dat. of interest and acc. & inf. of indir. statement).

dicimus nos non posse aliquid, non quia nobis est ~e, sed quia .. Anselm (*Lib. Arb.* 1) I 218 (v. difficultas 1a); movet me quoque hoc de impossibilitate et necessitate, quod dicimus Deo aliquid esse ~e, ut mentiri, aut Deum aliquid esse ex necessitate, ut justum esse. nam et impossibilitas portat secum impotentiam et necessitas violentiam *Id. Misc.* 342; [stipulacio] non valebit si ~is adjecta fuerit condicio cui natura impedimento fuerit quod existat, veluti si dicat "si digito celum tetigero, dare spondes?" Bracton 100 (cf. *Fleta* 122: si inpossibilitas adjecta fuerit vel inpossibilis condicio). **b** precepit ei ut quedam perquireret que ~ia erant reperiri Nig. *Ep.* 19; videns eum ~em vinculis cohiberi M. Par. *Maj.* I 306 (= Bede *HE* IV 22 p. 251: cum vidisset .. vinculis eum non potuisse cohiberi). **c 796** difficile est quod fieri, licet vix, potest; inpossibile vero quod omnino ab humana fragilitate fieri non potest Alcuin *Ep.* 113; **1279** cum .. H. olim rex Anglie se Ludovico regi Francie deceptus ad ~e obligasset, pro hujus amotione ~is rex Francie Philippus filius partem magnam .. hereditatis regis Anglie recepit Peckham *Ep.* 2 p. 4; **1309** ~e est probacio filiacionis nisi presumptive *Year Bk. 2 Ed. II* 186. **d** simul omnia abscidere inpossibile esse non dubium est (*Lit. Papae*) Bede *HE* I 30 p. 65; Anselmus videbat ~e fore suos et Willelmi regis mores in unum amplius concordare Eadmer *HN* 112; de ipsis aliquid .. digne referre .. ~e est Ad. Eyns. *Visio pref.* p. 287; Bart. Angl. *proem.* (v. immaterialis); Duns *Sent.* II 14. 2. 6 (v. depressio 1b). **e** s**1095** (v. dissaisire 1b). **f** mulieri in utero habenti, menstruis fluentibus, ~e est fetum sanum esse Gilb. VII 304v. 1.

2 (of theoretical action, proposition, or sim.) logically impossible, that cannot or could not be in reality; **b** (as sb. n.); **c** (*demonstratio ad ~e* or sim.) argument that has an impossibility as its conclusion. **d** (*~e est* or sim., w. acc. & inf. of indir. statement); **e** (w. *ut* & subj.).

si hec sunt ~ia, ~e quoque est unde ista sequuntur, illud sc. quia 'quod nullo modo est nec potest esse nec potest non esse' Anselm *Misc.* 341; non intelligenti omnia ~ia esse videntur Adel. *QN* 18; eadem ergo plura quam omnia sunt, quod est ~e Balsh. *AD rec. 2* 143; nonnulla .. que lectori vel ~ia prorsus vel etiam ridiculosa videbuntur Gir. *TH* II *pref.* p. 74; ne itaque alicui hec, quia inusitata, jam ~ia videantur, conferantur ista his que propter ipsum Deus .. operari dignatus est; et, si videbuntur mirabilia, desinent tamen videri ~ia quia ea que eventus assiduitate didicimus .. in habitum mentis vertimus *Chr. Evesham* 33; 'possibile' dicitur de proposicione que non est ~is Ockham *Quodl.* 217; magna pars scripture foret falsissima quia ~issima Wycl. *Ver.* I 141. **b** Osb. Clar. *V. Ed. Conf.* 22 (v. impossibilitas 2b); ponitur ~e et non est mirum si sequatur ~e Rob. Angl. (II) 157; si mille dixeris impossibilia Walt. Wimb. *Palpo* 71 (v. dejerare 1); sequitur .. hoc ~e quod .. Duns *Ord.* III 346 (v. derelictive); mendacia et ~ia et eciam encia racionis sunt encia realia et creabilia a Deo Ockham *Quodl.* 148; si dicis quod chimera est unum ~e *Ib.* 217. **c** nisi quandoque demonstrator utatur syllogismo ad ~e, ostensivo relicto Neckam *NR* II 173 p. 283; docuere syllogismum qui dicitur ad ~e esse ostensivum *Ib.* p. 307; [Averroes dicit] quod demonstraciones ad ~e sunt de genere signorum Bradw. *CD* 11A; per deducens ad ~e Wycl. *Ver.* I 111 (v. deducere 7d). **d** considerantes elementa mundi, has visibiles creaturas, in quibus .. quidquid moritur ultra vivere ~e est Lanfr. *Comment. Paul.* (*Col.* ii 5) 323; asseruit ille acutissimus inquisitor [sc. Zeno] ~e esse lineam pertransiri Neckam *NR* II 174 p. 309; Alf. Angl. *Cor* 2. 2 (v. essentialis 3b); **1312** (v. disjunctive a); ad primum quod probat indivisibilia esse dico quod non est ~e esse indivisibilia, quia intelligencia est indivisibilis et anima intellectiva similiter Ockham *Quodl.* 58; ~e est regem de paupere regno esse divitem *Plusc.* VII 19. **e** Anselm (*Mon.* 27) I 45 (v. divisibilis 1a).

3 (? infl. by *impos*) not controllable by the conscious will; (*ex ~i*) involuntarily. *Cf. impossibiliter.*

ex possibili vel ~i [AS: *willes ne gewealdes*] (*Quad.*) *GAS* 143.

impossibilitare

1 to render (action) impossible. **b** (w. personal obj.) to render incapable (in quot., w. inf.).

hoc ergo est ex aliqua causa aut ex aliquo impedimento ipsum noviter prohibente et ~ante elicere talem actum Bradw. *CD* 516A. **b** licet enim dampnatus ~etur reddere omne debitum quod deberet, oportet tamen quod satisfaciat vel verius satisfaciatur, compensando cuilibet beato illatas injurias Wycl. *Mand. Div.* 11.

2 to render logically impossible; **b** (w. *ut* & subj.).

ipse ex vicioso intellectu, preter veritatem sermonis, ~at logice tale signum (Wycl.) *Ziz. app.* 458; religiosius igitur videtur concedere verba scripture ad sensum catholicum quam ~are illam scripturam, concedendo ejus nudam sentenciam Wycl. *Ver.* I 46; ipsam [sc. scripturam] ~antes tollunt ab ea auctoritatem *Ib.* 268. **b** aliquod pure non ens non creatum nec creabile prohiberet, ~aret, et inevitabili necessitati supponeret omnipotentem ut faciat vel ne faciat hoc vel illud Bradw. *CD* 206D.

impossibilitas [CL]

1 (of physical action, condition, or sim.) impossibility, unfeasibility, impracticability; **b** (w. gd. or sb. gen.); **c** an impossible task or sim.

Anselm *Misc.* 342 (v. impossibilis 1a); **1241** desiderium mihi est vobiscum habere vive vocis colloquium, vel saltem litteratorium, si illud excluserit ~as Ad. Marsh *Ep.* 76 p. 189. **b** videns ~atem auxiliandi regi distulit auxilium suum in tempora meliora H. Hunt. *HA* VIII 18 p. 274; ~ate separandi constricti *Chr. Evesham* 131; sicut contradiccio dicta de aliquibus est via concludendi distinccionem, ita ~as recipiendi predicacionem contradictoriorum pertinencium ad esse est via concludendi identitatem illorum Ockham *Quodl.* 615; dignitas ecclesiastica .. non confert ~atem errandi contra fidem *Id. Dial.* 478; inest homini .. ~as permanendi [v. l. standi; Trevisa: *he may nougt stedfastliche abide*] Higd. II 3 p. 214; **1396** quoad difficultatem et ~atem observacionis statutorum *Conc.* III 229a; **1442** tanta preventus sum liberalitate ut voluntatem certe magnam amplamque superet retribuendi ~as Bekynton I 242. **c** *Fleta* 122 (v. impossibilis 1a).

2 logical impossibility; **b** an instance of this; **c** (*ad ~atem*, w. ref. to argument); **d** (w. gd. gen.); **e** (w. *quod* & subj.).

fidei nostre, qua ipsum vere a fidelibus suis manducari credimus, quasi causam ~atis opponis Lanfr. *Corp. & Sang.* 427C; ubi est ex ista racione ~as, ibi est absoluta possibilitas, patet inductive Duns *Ord.* IV 150. **b** revelatio ~atis, ad similitudinem .. nostre infinite et obdurate iniquitatis *V. Ed. Conf.* 56 (cf. Osb. Clar. *V. Ed. Conf.* 22: ex impossibili statuit similitudinem); si nos attribuimus operacionem spermati similiter, sequitur .. quod ipsum sperma sit animatum et sequuntur ex hoc alie ~ates Siccav. *PN* 191. **c** dux ad ~ate[m] causam suam agentibus adversariis videt urgueri *V. Ed. Conf.* 43. **d** Wycl. *Log.* II 74 (v. demonstrabilitas). **e** quod tanta est ~as quod aliqua res sit extra animam quocunque modo universalis, quanta ~as est quod homo per quamcumque consideracionem vel secundum quodcumque esse sit asinus Ockham *Sent.* II 249.

3 (personal) inability, the fact of something being impossible for spec. person in spec. circumstances.

praeceptorem sceleris non annositas, non ~as, non professio sacra .. cohibebat Gosc. *Mir. Aug.* 19; quamdiu id fieri non potest, quamdiu ~as me retinet Anselm (*Ep.* 193) IV 83; illum autem pretendentem infirmitatem et ~atem suam assumentes et transportantes in fulchro locum constructioni destinatum ostenderunt [*sic*] W. Cant. *Mir. Thom.* VI 150; cum non ut sibi de electione injunctum fuerat fecerint, se de ~ate excusant *Chr. Battle* 117; ille autem ~atem suam et onus impar viribus pretendit Senatus *Wulfst.* I 13 p. 78; pro .. solutione debitorum spiritualium, tam orationum quam eleemosynarum, que, per ~atem monachorum occupatorum, quandoque contingunt, hujus ecclesie *G. S. Alb.* I 78; s**1260** Edwardus .. litteras suas .. transmisit, ut omnes .. cum equis et armis sibi apud Eboracum occurrerent, at illi .. quendam .. ad ipsum destinarunt, ad proporciones suas liberas consuetudines et excusandas necessitates sue ~atis *Meaux* II 107.

impossibilitatio, rendering impossible.

sicut ergo peccatum est originaliter et per se primo in anima racionalis creature angelice, sic in homine; defectus ergo pleni consensus interioris hominis ad faciendum tale facinus est culpandus, sive actus sequatur sive non, ex ~one vel ab alio prohibente Wycl. *Mand. Div.* 436.

impossibiliter [LL = *impossibly*], out of the control of the conscious will, involuntarily. *Cf. impossibilis* 3.

et si quis agat aliquid ~iter [AS: *ungewealdes*], non est omnino simile si voluntarie faciat (*Quad.*) *GAS* 355 (cf. ib. [*Cons. Cnuti*]: si quis quicquam imprudenter fecerit, non erit consimile ac si prudenter factum fuisset).

imposteratus [cf. *DuC* s. v. imposturare], full of imposture, pretentious, of a charlatan.

inposterata presumpcio Ad. Marsh *Ep.* 41 (v. 1 impingere 8b).

imposterum [CL in posterum]

1 (w. ref. to the future, as seen from the present) hereafter, henceforth, in future.

†inposterio, postea *GlC* I 290; **798** quatinus nulla in posterum [v. l. ~um] inter nos heredesque nostros et Offae regis surgat contraversia (*Clovesho*) *CS* 291; **1199** (1326) confirmamus prefatis canonicis redditus suos quos nunc habent et quos ~um rationabiliter adquirere poterunt *CalCh* III 483; **1279** mandamus quatenus .. dies in eisdem [sc. citacionibus] prefixos seu ~um prefigendos .. observare curetis PECKHAM *Ep.* 64 p. 74 (cf. ib.: die citacionis emisse vel ~um emittende); **1331** si ~um .. inobediens .. extiteris, nos nunc prout extunc te fore decrevimus a monasterio expellendum *Lit. Cant.* I 367; **1415** quilibet vicarius ex nunc ~um in vicarium dicte collegiate ecclesie admittendus *Mem. Ripon* I 127; **1450** cellam .. pronunc possessam aut ~um, cum vacaverit, .. possidendam *Pri. Cold.* 168; **1552** (v. imperpetuum).

2 (w. ref. to the future, as seen from or in the past or as conditioned by past events) thereafter.

quicumque .. in falso testimonio steterit et victus fuerit, non sit dignus ~um stare aut portare testimonium (*Ps.-Cnut*) *GAS* 623; tanquam terram .. non tantum primis sed et cunctis ~um habitationibus indignam auctor nature judicasset GIR. *TH* II 9 p. 92; hunc locum ~um mulierum nulla impune intrare potuit (*Cuthbert*) *NLA* I 217.

3 for a later date.

tempora exaltationis .. ~um reservabat ÆLNOTH *Cnut* 19.

impostor [CL]

1 deceiver, trickster; esp. one who pretends to be another or what he is not or who claims a skill he does not have, impostor, charlatan.

†inposterem, *bisuuicend GlC* I 217; hic ~or, -ris, ille qui aliquid perverse agit OSB. GLOUC. *Deriv.* 430 (v. imponere 26); **1178** nos ~ores [v. l. apostatas], hypocritas, hereticos conclamantes (*Lit. Abbatis Clarevall.*) *G. Hen. II* I 216; reducens in viam justitie quos inde versutus ~or abduxerat P. BLOIS *Ep.* 126. 378A; **s1222** quidam ~or, habens in corpore et membris, sc. in latere, manibus, et pedibus, quinque vulnera Crucifixionis *Flor. Hist.* II 175; **s1236** [imperator] a domino rege, quasi ~or prodigialis, pecuniam extorsit M. PAR. *Min.* II 387 (*perh. w. pun on* imponere 11c); **s1251** illi, quos hactenus nominavimus pastores, sed jam ~ores et Antichristi precursores nominandi *Id. Maj.* V 250.

2 false accuser, traducer, liar.

quod ista nescio quis ~or et calumniator non viderit? OSB. *Mir. Dunst.* 1 p. 130; in principalem autem totius malicie machinatorem illum et verissimum .. fabricatorem et .. ~orem .. est vindicatum GIR. *Symb.* I 28 p. 300; **1285** nec modo, ut ~or astruit, incipimus talia impugnare PECKHAM *Ep.* 645 p. 900.

3 betrayer.

s1283 David .. proprie nacionis ~or, ingratissimus proditor, werre auctor, .. captus est RISH. 104.

4 *f. l.*

'melior est puer pauper et sapiens rege sene et stulto qui nescit previdere †impostorem' (= *Eccles.* iv 13: in posterum) *Quadr. Reg. Spec.* 37.

impostrix [cf. *DuC*], impostress, deceiver (f.) (also attrib.).

ad ~icem Bristoam digrediens *G. Steph.* 30; inpostrix, deceptrix OSB. GLOUC. *Deriv.* 295.

impostulabilis [2 in- + *postulabilis; cf. postulare], (eccl.) for whom a benefice may not be postulated.

1317 seculares et religiosas .. ineligibiles ac inpostulabiles esse decernimus ac prorsus inhabiles ad .. beneficia .. obtinenda (*Const. Papae*) *Conc.* II 465a.

impostura [CL], (instance of) deception, deceit, imposture; **b** (pl.).

millenis exemplorum formulis sine ~ae et falsitatis frivolo prolatis ALDH. *PR* 113 p. 155; mirum si .. virum .. eruditionis eximiae talis ~a latuit BEDE *Wict.* 9; mulieri ergo peccatum est ut non sit subdita viro suo; ~a est ut superponatur servus domino, uxor viro PULL. *Sent.* 946A; vereor ne .. prurientis conscientie ~a mihi .. obnubilet serenissimam Christi faciem P. BLOIS *Ep.* 139. 414A; patuit universis pontificis animum nullatenus fraudis ~a caruisse SAMSON *Mir. Edm.* I 5 p. 125 (cf. CIREN. I 361: inposture zizanio); fraus, inpostura, pervertunt omnia jura WALT. WIMB. *Scel.* 30; o qualis informacio noviciorum talem inpingere fratribus ~am, quia dicis quod "aliis se preferunt", imponis in his verbis jactanciam PECKHAM *Kilw.* 142; per taurum quoque immanissimum inpostura [v. l. in pastura] Judeorum necatum nec potentium resuscitare, sed postea per beatum Silvestrum suscitatum, multorum est fides Christianorum roborata *Flor. Hist.* I 183. **b** si de singulis queras inposturis, racio tam probabiliter presto est ut arguere possit videns evangelium falsi MAP *NC* I 25 f. 18; **s1238** ~as [sc. Roberti Bugre] melior est silere quam explicare M. PAR. *Min.* II 415 (cf. id. *Maj.* III 520: clarescentibus culpis suis, quas melius estimo reticere quam explicare); **s1251** ut laicus .. predicaret et corda et aures tot populorum ad suas ~as inclinaret *Id. Maj.* V 250; ave, que nos a draconis / imposturis et leonis / eruisti rabie WALT. WIMB. *Virgo* 121.

impostus v. imponere.

impotabilis [LL], undrinkable.

hippopotami .. perhibentur .. in quodam fluvio aquae ~is demorari *Lib. Monstr.* II 9; Josephus dicit aquam [sc. Maris Rubri] ~em fuisse quia stativa et inhausta fuerat GERV. TILB. II 22 p. 951; fontes in Garamantia .. tempore diurnali ita frigescunt quod sunt ~es omnibus animalium usibus *Eul. Hist.* II 201.

impotens [CL]

1 powerless, weak: **a** (physically); **b** (spiritually); **c** (financially); **d** (politically).

a ne forte ~s homo longius et diutius pro suo laboraret (*Quad.*) *GAS* 226; **1351** vij cotmannis ~tibus et existentibus in manu domini *MinAc Wistow* 69; cum esset senex et corpore ~s *Latin Stories* 28; **s1399** senes ~tes, mutilati et infirmi WALS. *HA* II 231; fluxus sanguinis .. multos de residuo populo tam dire afflixit et ~tes reddidit quod ulterius cum eo laborare non poterant *G. Hen. V* 9 p. 58. **b** non est anima Christi glorificata quovis angelo ~tior, immo omnibus potentior FISHACRE *Quaest.* 45. **c** **1272** que quidem annalis solucio nos ad plurima que vellemus efficit penitus ~tem *Reg. North.* 45; **1375** A. filia Willelmi N. finivit pro uno bondagio et est ~s *Hal. Durh.* 130; **1464** firmarii predicti sunt ~tes in bonis ad satisfaciendum dictum stuffum *Feod. Durh.* 172. **d** regimen politicum .. quo potens est omnis rex talis, nec racione hujusmodi regiminis dici poterit ~s aut non liber FORTESCUE *NLN* I 26 p. 88.

2 **a** (w. gen.) having no control or power (over). **b** (w. refl. pron. gen.) having lost possession of one's faculties, insane. **c** (ellipt.) unwilling (in quot., quasi-adv.); *cf. impos* 3.

a si [Deus] se ipsum adorat, aut potens est ejus, propter quod orat, aut ~s PETRUS *Dial.* 16. **b** **1268** cum .. Dionysia de Monte Canis' ita ~s sui existat quod .. *Cl* 430. **c** **s1100** Walterius .. inscius et ~s regium pectus .. lethali arundine trajecit W. MALM. *GR* IV 333 p. 378.

3 **a** (w. gd.) incapable (of). **b** (w. inf.) unable (to do); **c** (w. *ad*).

a a nativitate fandi ~s OSB. *Mir. Dunst.* 5. **b** quod non est potens esse ~s est esse ANSELM *Misc.* 341; **s1173** applicuerunt Flandrenses apud municipium Waltonie, quod, cum essent ~tes expugnare, .. R. NIGER *Chr. II* 175; importunis alteracionum injuriis ~s resistere NECKAM *NR* II 155 p. 240; **s1229** Anglia .. miserabiliter cepit ad egestatem inclinari, ~s postea respirare *Flor. Hist.* II 195; ceteros pre amicorum potencia inpotens dominari DOMERH. *Glast.* 506 (v. gratianus 2); **1387** ~s est predictam terram .. manutenere (v. defendere 4a). **c** **1272, 1464** (v. 1c supra); **1288** abbas .. egritudinis gravissime, que letargia dicitur, vexatus incomodo, perspiciens se †ranabdum [? l. invalidum] et inpotentem ad execucionem vite pastoralis *Cart. Osney* I xiii; qui ad hoc sponte se redderet ~tem sive inhabilem RIC. ARMAGH *Def. Cur.* 1406 (*recte* 1306).

impotenter [CL], weakly.

potens componitur .. impotens, unde ~er adv. et hec impotentia OSB. GLOUC. *Deriv.* 455; *onmyhtyly*, ~er *PP*.

impotentia [CL]

1 weakness, helplessness: **a** (physical); **b** (w. defining gen.); **c** (moral or spiritual); **d** (financial).

impossibilitas portat secum ~iam ANSELM *Misc.* 342 (v. impossibilis 1a); in femineam transit ~iam MAP *NC* III 5 f. 42v (v. effeminare a); **1220** ipsa pro inpotentia sua et pro etate sua commisit totam terram suam custodiendam .. filio suo *CurR* VIII 236; **1287** si in egritudinem, senectutem, vel aliam ~iam inciderit *Conc. Syn.* 1025; **1368** unum bondagium vastum quod A. prius tenuit et propter inpotenciam reliquit *Hal. Durh.* 77; **1408** in alloc' J. ballivo de H. de firmis .. per ipsum levatis, propter ejus ~iam consumptis *Ac. Durh.* 183; ~ia, A. *feblenesse WW*. **b** sinistre manus et brachii percussus ~ia *Mir. Fridesw.* 77; **1263** rex amovit S. de S. quondam coronatorem in comitatu Derb' propter ~iam corporis sui *Cl* 261. **c** pro potestate bonorum, tanta ~ia eos sequetur ut omnino nihil eorum que voluerint possint EADMER *Beat.* 15; sequitur, si bonum facere deferat homo, hoc ex ~ia evenire, cum ex voluntate non potuit emigrasse FORTESCUE *NLN* I 26. **d** Hospitalares .. habuere principium ut peregrinorum redimerent ~ias MAP *NC* I 23 f. 16; **1272** ~iam aliquam .. tanto patri .. pretendere [i. e. *as excuse for non-payment*] compellimur aut flebili inopia pauperrime denudare (*Lit. ad Papam*) *Reg. North.* 44.

2 inability, incapability; **b** (w. gen.); **c** (w. *ad*).

c1230 ad matricem ecclesiam cum familia sua accedent nisi aliqua rationabiliter ~ia fuerint prepediti *Reg. Aberbr.* I 86. **b** mentiri non est potentia, sed peccatum, id est boni ~ia W. MALM. *Mir. Mariae* 117; **s1174** propositum reformande pacis inter ipsum et filios, ex inpotentia resistendi, procedere minime dubitavit DICETO *YH* I 394; **s1214** audito rumore de captione magnatum suorum .. et ~ia resistendi in alia parte, comperiit Deum et homines sibi esse undique offensos et exosos *Flor. Hist.* II 152; ~ia judicandi S. FAVERSHAM *Elench.* 143 (v. imperitia c). **c** numquam enim simul sunt .. potestas et ~ia ad esse vel ad non esse ANSELM *Misc.* 341.

3 (sexual) impotence.

exsequitur de iis qui habent ~iam coeundi et ideo non possunt contrahere. ~ie autem est una causa naturalis et alia accidentalis: naturalis triplex, sc. naturalis frigiditas, defectus etatis, arctatio nature, accidentalis duplex, una per castrationem, alia per maleficia HALES *Sent.* IV 538.

impotentialis [2 in- + LL potentialis], not potential, *i. e.* actual.

voluntas [sc. Dei] est immutabilis et inpotentialis BRADW. *CD* 223B (cf. ib. 542D: ~is).

†impotestas, *f. l.*

c1260 solutiendo [*sic* MS] et obligando me et heredes meos districtioni †i[n]potestati [MS: *symbol for et joined to* potestati] justic' domini regis *Cart. Beauchamp* 99 p. 61.

impotio [ML], (act of) drinking, imbibing.

salutavit custodem, hilarem .. vultum et vehemencia venenose ~onis rubicundum pretendentem FORDUN *Cont.* XIII 19 p. 299 (cf. *Plusc.* IX 25 p. 262: hilari vultu et facie bene colorata).

impotionare [ML]

1 to give poison to, poison (always w. pers. obj.). *V. et. impoisunare.*

A. Britannorum comes a Normannis in Normannia ~atus occubuit ORD. VIT. IV 12 p. 252; **13..** Radulfus .. existens ad gentaculum .. proditorie ~atus est et apud Novum Monasterium sepultus est *Cart. Newm. app.* 294; **s1313** imperator Henricus .. in calice per venenum reconditum sub ungula fratris predicatoris ipsum communicantis inpotionatus est *Meaux* II 320; **s1315** comes Warwici, fato ferali succubuit, ~atus, ut fertur WALS. *YN* 244; **s1375** forsan [comes de Penbrok] intoxicatus fuerat ab Hispanis, qui hanc artem dicuntur habere ~andi ut .. *Id. HA* I 319.

2 (infl. by LL *potionare*) to give a drink to.

illi [sc. phisici], eum inpotionantes, ranam sibi occulte ad bibendum dederunt *Flor. Hist.* I 120; *to yif a drynke*, .. pociono, im- *CathA*.

impotionatio, act of poisoning or poisoned substance.

nondum convaluerat de infirmitate gravissima, quam contraxerat ex ~one vel per cibaria intoxicata OTTERB. 224.

impraebendare, to make (church) into prebend.

1236 si ecclesia de Tanesoure aliquo tempore inprebendata fuerit, libere et absolute ipsi prebende sue .. remaneat jurisdiccio memorata *Reg. Ant. Linc.* II no. 312.

impraeceps [CL in praeceps], headlong (adv.). **b** hastily.

qui nimis exaltat se confundetur in ymis; / impreceps instabilis vane superbit homo WALT. ANGL. *Fab.* 42. 32; nam qui velud infrenes hiis perturbacionibus excitati semper feruntur inpreceps, in ea vicia inevitabiliter dilabuntur et corruunt *Regim. Princ.* 144. **b** furore agitatus inpreceps equos poscit iterque ad urbem .. aggreditur *V. Fridesw. B* 11.

impraedestinatus, not predestined.

si qui estis nondum vocati, quos gracia sua predestinavit eligendos, accipietis graciam qua velitis et sitis electi, et si qui obeditis, si predestinati estis rejiciendi, subtrahentur obediendi vires; ut obedire cessitis; vel secundum aliam literam, si qui obeditis, si ~i estis accipiendi, etc. sicut supra, quod oportet intelligi in penam culpe prioris BRADW. *CD* 621D.

impraedeterminatus, not preordained.

dicitur fieri seu produci ex libertate naturaliter precedente, naturaliter inpredeterminata ad alteram partem BRADW. *CD* 652A.

impraegnare [LL]

1 to make pregnant: **a** (woman); **b** (w. supernatural agency or medicine as subj.); **c** (animal); **d** (fig., esp. w. ref. to swelling of purse).

a visum .. sibi est .. adesse quoddam sublime vexillum .. quod se inclinando honeste ad terram .. circumdedit fimbriarum suarum velamine inpregnatam WULF. *Æthelwold* 2; inpregnata rursus Dei providentia Anglorum regina OSB. CLAR. *V. Ed. Conf.* 3 p. 71; **1219** inpregnavit filiam suam, ita quod parturiendo obiit *CurR* VIII 143; *to make with childe*, .. inpregnare *CathA*; mulier quedam de viro suo conceperat certisque indiciis se noverat ~atam *Mir. Hen. VI* V 151; **1510** quam pater imprengnatam ad mare submergendam .. transmisit (*Offic. Kentig.*) *Reg. Glasg.* I *app.* iii p. lxxxix; **1535** pro oblacionibus per mulieres †imprimiatas et in pannis crismatoriis ij s. viij d. *Val. Eccl.* II 65a. **b** Spiritus Sanctus ~avit [virginem] ALCUIN (*Adv. Felicem* I 17) *Dogm.* 142C; pessarium nobile et probatum, sedans dolorem matricis et ~ans valde. recipe .. GILB. VII 302. 1; dum [quedam filie Danai] flagrarent virorum desiderio, ~ate sunt per incubos, qui eis in speciem hominum apparebant *Flor. Hist.* I 15. **c** animantia .. sunt que suo gravidante calore ab aere temperato ~antur et pariunt J. SAL. *Pol.* 752C; quare quedam eque ~antur ad ventos *Quaest. Salern.* B 293; inpregnantur *Ib.* N 20 (v. impinguare 4b); oves duas habuit quarum utraque ~ata agnum suo tempore peperit R. COLD. *Godr.* 513 p. 420; eque ~antur in aliquibus regionibus per odorem equorum, ut Solinus narrat BACON *NM* 529. **d** cum vero tentatio affuerit, si [homo] eam contempserit et se mundum servaverit, jam quasi prolem munditie, quam concepit fuitque ~atus, gignit. taliter anime nostre concipiunt, ~antur, et prolem faciunt ALEX. CANT. *Dicta* 20 p. 191; **s1229** ~atis eorum marsupiis et clitellis M. PAR. *Abbr.* 261; **s1257** oportet .. loculos ~are *Id. Maj.* V 652; monetat opes, / impregnat loculos, insaccat stercora, leges / pervertit GARL. *Epith.* III 83; **s1258** sibique parcentes crumenas pauperum vacuarunt et proprias ~arunt OXNEAD *Chr.* 217; **1342** suas bursas .. nequiter ~antes (*Const. Cant.*) *Conc.* II 699a.

2 (intr.) to be pregnant; **b** (pass. in middle sense).

~anti etenim matri et dormienti visio talis accidit (*William*) *NLA* II 452. **b** contigit, humana cogente natura, ut concipiens pregnasset [v. l. ~aretur] FELIX *Guthl.* 4; noveris utique dilectissima filia te ~ari T. MON. *Will.* I 1 p. 11; dixit eis Nero "nisi me feceritis puero inpregnari et parere, omnes vos crudeli morte faciam interire" *Flor. Hist.* I 120; **1301** Caterina M. ~atur extra matrimonium: ideo pro leyrwyt' vj d. *Rec. Elton* 102.

3 (p. ppl., transf.) impregnated, full.

s1327 interpretabatur illam [sc. epistulam] ad sensum innocencie et fidelitate ~atam BAKER f. 107v.

4 (? *by conf. of* OF *empreinte* < impraegnata w. *empreint*, *p. ppl. of empreindre* < imprimere) to inset (gem). *Cf. imprimere* 5c.

1267 una capsa aurea cum lapide ~ato *CalPat* 139.

impraegnatio [ML], pregnancy: **a** (human); **b** (animal).

a differt hec inflatio ab ~one his signis .. GILB. VII 299v. 2; urina pregnantis in principio ~onis est citrina ad subalbedinem declinans, quasi semen in medio ejus fit sparsum, et significat ~onem *Ib.* 306. 2; idem judicium de idropisi matricis .. nisi quod illa assimilatur ~oni GAD. 32v. 1. **b** opinantur philosophi spacia inpregnacionis animalium sunt determinata secundum vitas eorum et debet esse spacium ~onis animalis longe vite longius et brevioris vite brevius GROS. *Cess. Leg.* III 4. 1; de capris autem dicit Aristoteles libro tertio quod capre in multis regionibus habent lac sine ~one nec expectatur ~o UPTON 156.

impraemeditanter, without forethought or prior rehearsal, off the cuff.

ad captandam regis benivolentiam, inpremeditanter dissimulata veritate responderunt: .. N. DUNSTABLE *Chr.* 4.

impraemeditate [ML]

1 without forethought, unthinkingly.

s1116 ille [sc. Turstanus] sui cordis consilio ~ius credens renuntiavit pontificatui FL. WORC. II 69 (cf. GERV. CANT. *AP* 378: Turstanus inpremeditatus renunciavit electioni); verba illa, que ~e pretulit AD. SCOT *Serm.* 182.

2 unexpectedly.

rex, ~e superveniens, totum illius conamen virtuose subegit *G. Steph.* 90.

impraemeditatio, lack of forethought, thoughtlessness.

negligentia procreaverat ~onis inconstantiam R. COLD. *Cuthb.* 91 p. 199.

impraemeditativus, thoughtless, impulsive.

magis ~i propter bonam fortunam BRADW. *CD* 269B.

impraemeditatus [LL]

1 not having taken forethought, unthinking; **b** (of abstr.).

~us sententiam dedit quam se dedisse postea omni tempore vitae suae penituit ABBO *Edm.* 15; doctus igitur a Deo et per se ~us .. sic incipit: "licet .." A. TEWK. *Add. Thom.* 25; inpremeditatus GERV. CANT. *AP* 378 (v. impraemeditate 1). **b** ~a fuge velocitas *G. Steph.* 62.

2 unprepared, not forewarned.

Angli Dacos omnes .. vel gladiis truncaverunt ~os vel igne simul cremaverunt H. HUNT. *HA* VI 2 p. 174; Romani facile hostes suos ~os [ME: *unwarned*] occupabant HIGD. I 25 (*recte* 24) p. 218.

impraemunite, without forewarning.

licet ex inproviso et inpremunite accessimus *Plusc.* IX 25 p. 262.

impraemunitus [2 in- + CL praemunire, *infl. by* praemonere], not forearmed, not forewarned; **b** (w. obj. gen.).

credebat se invalidos et ~os Normannos expugnare *Found. Waltham* 20; ne subito occurrentia ~um ledant BALSH. *AD rec. 2* 144; **s1221** castellum de Fodringhe .., ~is hiis qui intus erant, insidiose occupavit W. COVENTR. II 247. **b** ut hujusmodi ~us oppositionis et ignarus satisfaciam *Chr. Battle* 73v.

impraescriptibilis [ML], that cannot be claimed by prescription, *i. e.* by lapse of time.

?1309 in questione qua queritur an suffraganei Cantuariensis ecclesie possint prescribere aliquod jus de jure communi competens ipsi ecclesie .. dubium reputo procedere in prescriptibilibus tantum. in inprescriptibilibus autem questionis ambiguum non procedit per ea que leguntur *Reg. Cant.* 1124; cum dicitur quod .. talis consuetudo [sc. eligendi prelatos] non est racionabilis nec potest prescribi, respondetur .. multa sunt inprescriptibilia per solam consuetudinem humanam OCKHAM *Dial.* 930.

impraesens [CL in praesens; cf. LL impraesens = *not present*], to the present time.

post concessione[m] hujusmodi usque ~s *Dictamen* 351.

impraesenti [CL in praesenti], at the present time.

presens quoque componitur adpresens, i. in presenti, et in presentiarum, i. modo, ambo indeclinabilia OSB. GLOUC. *Deriv.* 514; **1199** sciatis nos .. confirmasse .. omnes rationabiles donaciones terrarum eisdem a predecessoribus nostris vel ab aliis inpreterito vel a nobis inpresenti collatas vel infuturo a regibus .. conferendas *RChart* 1a; **1308** si aliquo alio sigillo tunc usi fuistis quam ~i *Lit. Cant.* III 364; ~i *Dictamen* 336 (v. identitas 4).

impraesentiarum [CL < in praesentia rerum; al. div.]

1 at present, at this very moment, now; **b** in this present life. **c** (w. ref. to postponement or sim.) for the time being.

si qui tamen multi in praesentiarum sunt GILDAS *EB* 92; hic est inpraesentiarum universae status Brittaniae BEDE *HE* V 23 p. 351; **?961** si scirem quod res vobis alique ex nostris placerent, inpraesentiarum vobis libentius mitterem *Conc. Syn.* 94; ut †inpresentiarium cernitis AILR. *SS Hex prol.* p. 175; inpresentiarum, in presenti, modo OSB. GLOUC. *Deriv.* 293 (cf. ib. 514: in presentiarum, i. modo); inpresentiarum morieris W. CANT. *V. Thom.* 41 p. 133; "nostis" ait "o viri prudentes et nobiles qui in presentiarum adestis me .. advenam esse" AD. EYNS. *Hug.* V 5 p. 99. **b** quoniam inpresentiarum, ubi sine labore non vivitur, diversa sunt studia hominum ALEX. CANT. *Dicta* 11 p. 152. **c** **p1072** inpresentiarum, quoadusque res melius clarescat, causam ejus omittite LANFR. *Ep.* 10 (23); ut de ceteris ~um taceam — indecens namque est omnes pariter carpere *G. Steph.* 78 p. 156; pueritie pariter et adolescentie ejus annos ~um pertranseo H. BOS. *Thom.* I 3.

2 (w. ref. to the past) then, at that time.

p1257 monachi qui ~um aderant .. contra hujusmodi investituram incontinenter appellaverunt (*Expulsio Fratrum*) *Mem. S. Edm.* II 266.

3 in person, face to face (w. ref. to *I Cor.* xiii 12).

apostoli autem inpresentiarum habentes dominum convescentesque ei BEDE *Luke* 467.

4 (*in praesentiarum tempore*, erron. expl. as phr.).

1310 multa in presenciarum tempore .. imminent reformanda *RGasc* IV 394.

5 (as adj., gen. pl. f., equiv. to *praesens*).

1432 brevibus sub impraesenciarum [*sic*] literarum verbiolis *Cant. Coll.* III 88.

impraesepire, to put (animal) in a stall (in quot., absol.).

bestia brutalis non impresepiat aula D. BEC. 2206.

impraestare, to give in payment, or ? *f. l.*

si autem aliquid inprestetur pro bono pacis vel nomine simplicis beneficii et ille qui hoc perceperit moriatur *Fleta* 322 (= BRACTON 241b: si autem aliquid inde prestetur).

impraesumptuose, unpresumptuosly.

juxta preceptum Senece [cf. *Ep.* 12. 11], quicquid ab aliquo bene dictum est mihi inpresumptuose ascribo BRAKELOND 140.

impraesumptus

1 (of course of action) not taken or tried before.

~um ceteris conatum verebatur inconsulte presumere GOSC. *Transl. Aug.* 31C.

2 inviolate, intact, against which no-one has presumed.

inviolatum, inpraesumptum *GlC* I 215; ubi abbatiam mutavit, Augustinensi successori sua jura alibi ~a reliquit GOSC. *Transl. Aug.* 34A.

impraeteribilis, that cannot be passed or exceeded.

1434 cum breves dies hominis sunt et apud Deum solum fit numerus mensium ejus qui ~es vite terminos constituit mortalibus universis [cf. *Job* xiv 5: constituisti terminos ejus qui preteriri non poterunt] (*Test. Episc. Linc.*) *Reg. Cant.* II 540 (= *Wills N. Country* 42: inpreteribiles).

impraeterito [al. div.], in the past.

1199 inpreterito (v. impraesenti).

impraetermisse [LL]

1 without interruption, continuously, successively.

episcopus .. pallium centum argenti marcis appreciatum regi .. imperanti aliquot ~e annis dedisse ferebatur AD. EYNS. *Hug.* IV 7 p. 34.

2 without fail.

nichil umquam oblivio .. poterat .. sedulitati ipsius furari, quin Deo que Dei erant et que proximorum proximis, inpraetermisse et inoffense .. reddere meminisset AD. EYNS. *Hug.* I 2 p. 11; **1282** singulis diebus inpretermisse ante trinam orationem post completorium sollemniter et devote decantetur antiphona 'salve regina' *Cap. Aug.* 40; **p1451** hic modus ~e servetur, preterquam in dominicis diebus et festis duplicibus (*Abbr. Stat.*) *Mon. Francisc.* II 119.

impraevertibilis, inevitable, that cannot be prevented.

s1327 sed ex quo res ista fuit ~is ab omnibus veniam precabatur at gracias agebat ex corde quod filium suum primogenitum elegissent WALS. *YN* 265 (cf. AD. MUR. *Chr.* 51: ex quo aliter esse non potuit).

impraevertibiliter, inevitably.

urgebant eum fata sua, que inprevertibiliter texuerant ruinam ejus hoc anno futuram OTTERB. 197.

impraevisus, unforeseen. *Cf. improvisus*.

onus imprevisum [v. l. improvisum] BALSH. *AD rec. 2* 133 p. 87; *onavysyd*, inprevisus, -a, -um *PP*.

impransus [CL]

1 having had no morning or midday meal; **b** (w. ref. to tenant performing customary task).

qui dum summo mane ~us pro foribus thalami .. imperatoris assisteret R. NIGER *Chr. II* 110. **b** cariabit stipulam in bertonam domini inpransus *Ac. Beaulieu* 24.

2 (loosely) having had nothing to eat.

moxque ut glaucoma ab ejus oculis cecidit .. inpransus, ut cupiebat, ad sancti .. accessit reliquias LANTFR. *Swith.* 29; ibat et inpransus, ceu voverat antea, venit / ad sanctum grates referens WULF. *Swith.* II 770; qui .. mox ut domum vespertinus rediit et talia audivit, ~us adhuc eo die, exsurrexit R. COLD. *Cuthb.* 67; ne vel hi nimium jejunent vel alii ~i exeant W. FITZST. *Thom. prol.* 10 p. 6; **s1258** videresque honorabiles .. ~os et esurientes .. noctes insompnes transigere M. PAR. *Maj.* V 711; inpransus balatro tua preconia / canit WALT. WIMB. *Palpo* 62; **1274** usque ad solis occasum ~us (v. diuturnare).

imprecaciter [cf. LL precanter], as a suppliant, in prayer.

c**1430** ~iter dico omnipotenti Deo, 'attende, Domine ..' [*Jer.* xviii 19–20] *Cop. Pri. S. Andr.* 12.

imprecari [CL], **~are**

1 to pray for (esp. to God); **b** (w. *ut* & subj. or sim.); **c** (w. acc. & inf. pass.); **d** (absol.).

hanc unitatem ~atur Filius Dei apud Patrem, "ut et ipsi in nobis", inquiens "unum sint, sicut tu, Pater, in me, et ego in te" [cf. *Joh.* x 30, 38] LANFR. *Cel. Conf.* 627A; mercedem perpetuam ~or .. vestrae fraternae devotioni GOSC. *Transl. Aug.* 22B; **1121** ~ati sunt in illum iram furoris Domini (v. donativus 1b); in campum bellatorum adducti sunt ut regi adversa ~arent GERV. CANT. *AP* 329. **b** imprecor aeterno pereat sic caumate quisquis / compactae querit fidei dissolvere nodos FRITH. 676; cumque nulla peteret veniam, ~atus est ut talis animadversio obstinate illi que hoc perpetravit et abscondit ante mortem infligatur, qua coacta reatum confiteatur. nec caruit effectu imprecatio *Canon. G. Sempr.* 77v; W. H. miles ~abatur ad faciem regis quod habuisset ad illam paucam familiam quam ibi habuit decem millia de melioribus sagittariis Anglie *G. Hen. V* 12 p. 78. **c** **1263** refusionem sumptuum et expensarum .. remitti orationumque suffragiis ~ati sunt compensari (*Expulsio Fratrum*) *Mem. S. Edm.* II 269. **d** secundus a triplicis summitate cerebri planta tenus morbo regio turgescens, ut dudum demens et impudens procax ~abatur [*gl.*: i. optabat, *swa swa he bæd, gyrnde*], fetidum exalavit spiraculum ALDH. 33 p. 272.

2 to beseech.

vestram ~or benivolam pietatem .. quatenus esurietis et sitis praenotatae pius potator vel fautor sacro inbuimine adesse dignemini B. *Ep.* 387.

3 **a** (trans.) to curse. **b** (intr., w. dat.) to put a curse (on).

a precor .. componitur deprecor .. et ~or, -aris, i. execrare, et aliquando invenitur pro precari OSB. GLOUC. *Deriv.* 451; *to banne*, .. execrari, maledicere, ~ari, etc. *CathA*. **b** hoc tantum sacramentum quidam in artem magicam verterunt, celebrando missas super imagines cereas ad ~andum alicui GIR. *GE* I 49 p. 137.

imprecatio [CL = *cursing*, LL = *prayer, supplication*]

1 prayer (esp. to God), entreaty.

si adversum nos ad Deum suum clamant, .. quamvis arma non ferant, contra nos pugnant, qui adversis nos inprecationibus persequuntur BEDE *HE* II 2 p. 84; caelitus se vindicari continuis diu inprecationibus postulabant *Ib.* IV 24 p. 266; pia illorum ~one perfungitur EADMER *Wilf.* 28 p. 189; *Canon. G. Sempr.* 77v (v. imprecari 1b); tocius populi ~onibus multimodis exoratus FORDUN *Cont.* VIII 6 (= *Plusc.* VI 20: deprecacionibus [v. l. exortacionibus]).

2 curse.

~one et odio digni sunt ADEL. *ED* 14; horrenda eum ~one maledixerunt DOMINIC *V. Ecgwini* I 13; scis quoniam adhuc durat ~o Josue, 'maledictus qui reedificat Jericho ..' [cf. *Jos.* vi 26] P. BLOIS *Ep.* 13. 42A.

3 ? *f. l.*

12.. si autem predicta animalia terminos predicte pasture de T. versus pasturam de G. forte excesserint, inde nulla inprecacio [? l. inparcacio] vel exaccio fiet *Cart. Coldstream* 38 p. 28.

imprecative, by means of prayer.

benedicere potest homo tripliciter: sc. laudative, inprecative, et effective. inprecative unus orans pro alio misero ut Christus Deus noster benedicat WYCL. *Euch.* 28.

imprecator, curser.

CathA (v. exsecrator 1).

imprecatorie, in prayer.

S. LANGTON *Quaest.* 208v (v. imprecatorius 1).

imprecatorius [cf. *MLLM*]

1 of prayer.

David utitur quandoque voce ~ia non imprecatorie, et glosa dicit quod hoc dicitur predictive, sc. quod predictio non est imprecatio tantum forma S. LANGTON *Quaest.* 208v.

2 worthy of being cursed, damnable.

sunt imprecatorii presules moderni, / sed dicuntur aptius presules Averni (Contra Avaritiosos 46) *Ps.*-MAP 154.

imprecatus [cf. CL precatus], curse.

s**1459** fiat .. illis juxta ~um Psalmiste, 'filii .. eorum orphani ..' [cf. *Psalm.* cix 9] *Reg. Whet.* I 344.

†**imprehendere** [OF, AN *emprendre*], to undertake, perform, conduct. *V. et. imprisa*, 2 *imprisus*.

1252 ad conservacionem treuge et execucionem articulorum contentorum in ea quam deliberato consilio nostro imprisimus apud Windesoram (*Pat* 63 m. 6*d*) *RL* II 391; **1279** est enim vista imprisa inter ipsos duos reges [sc. Hispanie et Francie] in media quadragesima apud Belli Quadrum *Foed.* II 1073a.

imprengnare v. impraegnare. **impresonatio** v. imprisonatio. **impressabilis** v. impressibilis.

impressare [LL, cf. OF *empresser*]

1 to mark by the application of pressure, to stamp, imprint (with).

1454 tumba .. de petra marmorea cum ymagine mea et ymagine Margarete nuper uxoris mee desuper impressat' de auricalco *Test. Ebor.* II 200; **1464** duo corporalia, unum de rubio et nigro serico et aliud de nigro in toto cum rubiis arboribus ~atis *Fabr. York* 281.

2 to make impression (of seal) (in). **b** (transf., w. ref. to seal matrix).

1508 qui non introduxerunt .. signa possessorum .. dicti stanni in dictum Scaccarium apud Lostwithiel ad ~andum, imponendum, sive scribendum in quodam libro signaturarum .. antequam .. signarent .. aliquod stannum cum dicto signo *Pat* 605 m. 29. **b** **1502** cum sigillo .. de imagine Assumpcionis beate Marie ~ato bagam illam .. sigillavit *Cl* 362 m. 25*d*.

impresse [LL]

1 pressingly, heavily.

franguntur et dissiliunt fortia lignorum robora cum impactis clavis longius excussa [? l. excussis], quae vincti impressius angebant vestigia GOSC. *Mir. Aug.* 16.

2 (as distinct from *expresse*) implicitly.

1292 nulla predictarum libertatum continetur in predicta clausula nec ~e nec expresse *PQW* 224a.

impressibilis, ~abilis, a that cannot be stopped or sim. **b** that cannot be overturned, disparaged, or sim.

a s**1400** postquam fumus impressabilis, ignis inextinguibilis, fetor innocissibilis cessarunt in templo AD. USK 56. **b** s**1414** Cantuariensis archiepiscopus .. fidei Christiane columpna inpressibilis *Ib.* 122.

impressio [CL]

1 applying with pressure, pressing (w. part of body).

de ~one quoque labiorum ejus ad sacri donationem osculi .. J. FORD *Serm.* 22. 2; anima, cujus Dominus sacra digitorum suorum ~one aperuit aurem *Ib.* 43. 11; arilli .. propter vicinitatem aque aliquantulum sunt relaxati, unde dentium cedunt ~oni *Quaest. Salern.* B 147.

2 (psychological) pressure, forcing. **b** oppression. **c** crush (of a crowd).

juret mihi se nunquam pro qualibet ~one sedem apostolicam appellaturum vel evacuet regnum W. MALM. *GP* I 50 p. 92 (cf. EADMER *V. Anselmi* II 20 p. 92: sedem ejus [sc. B. Petri] pro quolibet negotio appellaturum jure jurando promittat); c**1214** facte sunt cessiones hujusmodi et instituciones per inpressiones et violentas curialium extorsiones GIR. *Ep.* 8 p. 276; **1289** ab ipsis per ~onem seu compulsionem exigunt multas pecunie summas *RGasc* II 497; s**1315** primo in archiepiscopatu sub ~one regali per viam eleccionis viciose dominus W. de Meltone .. successit *Flor. Hist.* III 169. **b** si terret et turbat hostis incursio, urbis ~o, plebis eversio LUCIAN *Chester* 42. **c** ita quod nulli ~ones nec tumultus facerent circa hostia *Mod. Ten. Parl. rec. A* 21 p. 76 (cf. *rec. B* p. 112: ~ones [v. l. oppressiones]).

3 making of marks by pressure, stamping, imprinting; also the mark, sign: **a** (of seal); **b** (on metal, esp. minting of money, also fig.); **c** (of sign of the Cross); **d** (w. ref. to writing or drawing); **e** (w. ref. to *appliqué* work, stencilling, or sim.); **f** (w. ref. to printing of books); **g** (printing on cloth); **h** (by or on part of body).

a fractis ergo sigillorum inpressionibus *V. Greg.* 95; quidquid enim humidum est, cujuslibet sigilli ~one facile signatur . . . quod vero siccius est, difficile quidem ~onem forme recipit ADEL. *QN* 17; **1136** ut hec redditio .. integra inconcussaque permaneat, presentis sigilli ~one et subscriptorum attestatione confirmo *Regesta* 945 p. 349; c**1165** quecumque .. ancillis Christi de K. rationabiliter concessa sunt, nos .. sigilli nostri ~one confirmamus *Ch. Westm.* 280; accito itaque cancellario, precepit rex ut carta abbatis sigilli sui confirmaretur ~one *Chr. Battle* 61; **1230** r. c. de iiij li. et iiij s. et iiij d. pro ~one sigilli *Pipe* 112; **1261** singnum suum, cujus ~o fuit quoddam scutum de armis suis propriis cum circumscripcione nominis sui *KR Mem* 34 r. 8*d*; non efficit sigillum figuram in cera, set imprimens sigillum cere. ille enim qui inprimit est per se causa et propria ~onis KILWARDBY *SP* f. 26rb; c**1280** (v. imprimere 4a); c**1300** presentem cartam sigilli mei inpressione roboravi (*Carta generalis*) *FormMan* 2. **b** †**833** (v. 1 crucibolum 1b); mula .. concipere quidem non potest, tum propter angustos matricis meatus, tum propter formam matricis debita naturalis monete ~one carentem NECKAM *NR* II 159 p. 265; s**1248** in .. pondere capitali ~one cum literato titulo permanente M. PAR. *Maj.* V 18; s**1340** rex Edwardus ~onem monete sue fecerat commutari, unde in suo nobili .. ex una ejus parte navem .. et ex altera ejus parte crucem imprimi constituens, hanc circumscripcionem adhibuit .. *Meaux* III 45. **c** cumque jussu beati patris Dunstani levi sanctae crucis ~one oculos suos consignasset B. *V. Dunst.* 31; loca .. sancte crucis inpressione signavit OSB. CLAR. *V. Ed. Conf.* 13. **d** p**765** (12c) + ego Offa .. hanc donationem .. †meo manu atque ~one sancte crucis Christi corroboravi *Ch. Roff.* 7; c**790** + ego Offa .. hanc supradictam terram .. Dominicae crucis inprȩssione confirmabo *CS* 1334; **946** (14c) ~one signi sanctae crucis (v. depingere 1c); in nominis .. inscriptione divine agnitionis ac dilectionis signatur ~o J. FORD *Serm.* 117. 9. **e** **1352** pro stupis emptis pro ~onibus picture imprimend' *KR Ac* 471/6 m. 21; **1355** pro pennis pavonum et cole ac stupis emptis pro ~onibus cubandis *Ib.* m. 25. **f** s**1455** librorum ~onis sciencia subtilissima omnibus seculis inaudita circa hec tempora reperitur in Maguncia *Eul. Hist. Cont.* I 292; **1549** interdicaturque universaliter eorundem .. ~o et lectura *Conc. Scot.* II 120; **1550** ne predicta opera hactenus non impressa et per ipsum imprimenda per quinque annos post eorundem operum .. ~onem .. imprimant *Pat* 830 m. 38. **g** **1590** pro ~one dict' Satten *Ac. LChamb.* 81 f. 6v (cf. *Misc. LChamb.* 36 p. 133: *black satten prented*). **h** ornavit genas meas, purpurei prorsus ~one coloris vetustam omnem obducens nigredinem J. FORD *Serm.* 21. 4; habent quippe singula pedum nostrorum vestigia notam quandam ~onis sue certam atque perpetuam *Ib.* 65. 5; quasi vestigii ~one GROS. *Hexaem.* VIII 1. 2 (v. imitatio 2b); s**1249** fratres predicatores attulerunt quandam petram .. que vestigium impressum Salvatoris protendebat . . . ipsam autem formam vel ~onem asserunt incole Terre Sancte fuisse Christi vestigium in celum ascensuri M. PAR. *Maj.* V 82; vestigium est ~o DUNS *Ord.* III 175 (v. imperfecte).

4 application, bestowal (of name); *cf. impositio* 11.

995 rogatu cujusdam michi admodum dilecti pontificis, ipsa non minus actuum probitate quam naturalis vocabuli ~one Goduuini, .. *Ch. Roff.* 31.

5 sensory impression. **b** phenomenon, cause of sensory impression. **c** impressionability.

cerebrum .. molle et humidum est ut de facili recipiat inpressiones sensibiles *Ps.*-RIC. *Anat.* 41; si vero substantia cerebri nimis sit indurata, ex quo accidenti formarum ~oni nullo modo cedit, unde nichil memorie *Quaest. Salern.* N 43; sensus est .. perceptio ~onis ALF. ANGL. *Cor* 9; humor cristallinus in oculo est aqueus unde de facili recipit quamcumque inpressionem; sed eam non retinet, sicut nec aqua suam retinet inpressionem J. BLUND *An.* 92; ymaginatio est vis ordinata in anterioris partis cerebri extremitate, .. retinens ~ones receptas a sensu communi *Ib.* 250; DUNS *Ord.* II 353 (v. imprimere 6b). **b** quod forma videtur in speculo non est ex eo quod ipsa impressa sit ei, quia tunc removeri non posset, quia corpus solidum esset illa ~o, sed ex immutatione aeris *Quaest. Salern.* B 172; mira in hoc mundo, ut .. comete et cetere ~ones ignite notabiles BACON *Tert. sup.* 14 (cf. id. V 10: ea que apparent in aere ut impressiones inflammate); ~ones quecunque non videntur per radios earum generativos, sed per speciem propriam extra locum reflexionis PECKHAM *Persp.* III 20; tunc .. a peregrinis ~onibus multo remotius esset [res] in speculo quam in genere proprio NETTER *DAF* I 22A. **c** cum vero supercilia rara sunt .. et .. magna, hujusmodi est facilis ~onis ad intelligendum BACON V 168.

6 influence, effect of one thing on another.

queritur quare, si aliquis nucem muscatam de sero comedit, urina in crastina die redolebit. solutio: hoc est per ~onem, confortationem, et subtiliationem quam facit in humoribus *Quaest. Salern.* R 6; humiditas est elementaris passiva qualitas activarum qualitatum ~onibus obediens .. BART. ANGL. IV 4; sola tamen maria cur hanc ~onem, unde salsedo generetur, excipiunt? numquid non vapor humidus siccus materialiter impressivus invenitur? *Ps.*-GROS. *Summa* 624; advertere debemus diligenter que sit habitudo pacientis, utrum sc. se habeat ad disposicionem materie ad recipiendum inpressiones celestes N. LYNN *Kal.* 221.

impressive, by means of sensory impression.

colorem illuminatum ~e operari in visum PECKHAM *Persp.* I 2 *tit.*

impressivus

1 forming or making an impression.

pars ~a vestigii DUNS *Ord.* III 179 (v. imprimere 1b); omnis talis gravitas est substanciam esse gravem, que in elementis est naturalis potencia, non qualitas per se sensibilis, quia non est spiritualiter ~a sue speciei in sensum, sicut qualitates prime WYCL. *Ente Praed.* 153.

2 producing an effect on something.

Ps.-GROS. *Summa* 624 (v. impressio 6).

impressor, one who makes marks or sim. by pressure: **a** (of form); **b** (of fig. stains); **c** (w. ref. to writing or drawing); **d** (w. ref. to printed books); **e** (w. ref. to minting of money).

a quod magnus, quod pulcher, quod qualiscunque est, formis obnoxius debet formeque ~ori PULL. *Sent.* 680D. **b** mirus incantator et macularum ~or effectus filiis suis primicias fructuum avide carpit GIR. *JS sup.* 144. **c 955** (12c) ego O. episcopus consentaneus stipulator et agie crucis ~or extiti *CS* 905. **d 1496** concessimus .. Winando de Worde de ducatu Lothoringie oriundo, ~ori librorum, quod .. *Pat* 577 m. 20; **1512** mitto ad te libellum .. ~ores dixerunt se missuros Cantabrigiam aliquot (COLET) *Ep. Erasm.* I 258; **1517** in Testamento Novo per te .. traducto .. vereor sane ne crebrius dormitarit ~or (J. FISHER) *Ib.* II 592; **1550** bibliopolis et librorum ~oribus *Pat* 830 m. 38. **e 1359** Johanni de Colonia, ~ori, de mandato regis xiij li. vj s. viij d. item, magistro J., monetario, vj s. viij d., quos mutuavit domino nostro regi (*Compotus Monetae*) *ExchScot* 617.

impressorius, of printing.

?**14..** in facultate sua ~ia qua utitur *Entries* 13rb.

impressura, making of marks or sim. by pressure: **a** (w. ref. to carving of stone); **b** (of seal).

a non hec [conferre solent remedia] operantibus lapidibus aut lapidum ~is .. sed operante summo rerum autore Deo GERV. TILB. III 28 p. 970. **b 1364** notum facimus litteras vestras infra ~am sigilli vestri inclusas *CartINorm* 24.

1 impressus [LL], pressing, crushing; **b** (of abstr.).

in quo nunc exitu multorumque pro desiderio magnatorum ~u operatus est martyr sanctus virtutem HERM. ARCH. 48; premo componitur imprimo, -is, unde impressus, -a, -um, et hec impressio, -onis, et hic ~us, -us OSB. GLOUC. *Deriv.* 425. **b** in ipso egressu circumvallatur quodam subitanei horroris ~u HERM. ARCH. 40.

2 impressus v. imprimere.

3 impressus v. 2 imprisus.

impretiabilis [LL], priceless, invaluable; **b** (of abstr.). **c** (as sb. n.).

s**1087** possessiones vero maternas cum thesauris suis ~ibus Henrico .. relinquens M. PAR. *Min.* I 35; s**1103** spolia .. ~ia obtinuit *Id. Maj.* II 125; s**1249** jussit missarum sollempnia .. in olosericis ~ibus et cereorum multitudine .. celebrari *Flor. Hist.* II 358; s**1250** Wasconienses ditat muneribus ~ibus B. COTTON 129; mensam auream et gemmis ~ibus insignitam W. BURLEY *Vit. Phil.* 302; libros ~es luto redemimus R. BURY *Phil.* 8. 128. **b** gratis exhibenda que Deus est justitia dum pretio provenit ~is GIR. *EH* I 46 p. 304; si res ipsa figurata presertim tam ~i pretio Christi, sc. sanguine, comparata *Id. Spec.* I 3 p. 16; fructus ~is gaudii omnem doloris in penitente scintillam extinguit ALEX. BATH *Mor.* IV 18 p. 152; ~e et super omnem estimationem est quod [ecclesie rector] quasi sub jactu alee eterne perditioni exponitur P. BLOIS *Ep.* 16. 60A; mundi pretium ~e *Ib.* 86. 267A; ~e precium DASTIN *Ros.* 1. **c** relatu plurium interdum audio / infausti Symonis infausto cambio / inpreciabile poni sub precio WALT. WIMB. *Sim.* 1.

imprimare [cf. primatio], to prime, apply a first coat (in quot., of paint).

1355 in xix lib. plumby alby empt' ad inprimand' parietes dicte capelle *KR Ac* 471/6 m. 3 (*Westm*).

imprime, in the first instance.

licet .. celsitudinis vestre clemenciam super .. pacis reformacione .. ~e interpellaverim AD. MARSH *Ep.* 4.

imprimere [CL]

1 to apply with pressure, press (one thing on another). **b** to implant (feet, footprint). **c** to implant (kisses).

necesse est ut dentes ~as ADEL. *ED* 13; pater igitur filiam lichno metiens et lichno ceram ~ens ad beatae virginis feretrum candelam optulit *Mir. Fridesw.* 8; aiunt .. in conflictu habito inter spiritus †nudam quendam Laurentium semiustum calicem aureum statere tanta vi impressise [*sic*] quod fundum cavaret R. NIGER *Chr. II* 158; ipse peplum ejus [sc. Veronice] accipiens impressit vultu suo et reliquit in eo expressam imaginem sum GIR. *Spec.* IV 6 p. 279; serpens .. non inveniet in ea [muliere] ubi dentem ~at J. FORD *Serm.* 44. 6 (v. illinere 1); Vortigernus, vices episcopi gerens, coronam capiti suo impressit M. PAR. *Maj.* I 184 (= G. MON. VI 6: diadema .. capiti suo imposuit). **b** nullum paludibus impressum relinquens vestigium AILR. *Gen. Regum* 353; s**1249** vestigium impressum (v. impressio 3h); puta quod illud imprimens esset separatum a 'toto' — ut si pes amputatus a corpore ~eret vestigium — erraret anima circa 'totum', cujus nata est talis pars impressiva vestigii DUNS *Ord.* III 179; ubi usque in hodiernum diem vestigia tam sancti quam inimici in saxis impressa videntur (*Cuthbert*) *NLA* I 217. **c** ore quo paulo ante basia meretrici impresserat P. BLOIS *Ep.* 123. 361A; lupus .. regis stringebat vestigia ac dulcia ~ebat oscula *Arthur & Gorlagon* 12.

2 to insert with pressure, thrust or drive in (esp. weapon). **b** to cause (wound), inflict.

totum mucronem capiti impressit G. MON. X 3; ut idem nodi carni artius ~erentur *V. Edm. Rich C* 602; 'ferrum inditum' id est impressum 'ustis visceribus', id est ~e ferrum ignitum ad urendum viscera mea TREVET *Troades* 43. **b** memini .. plagas ipsis ossibus impressas oculis corporeis et vidisse *Found. Waltham* 21; cultro / vulnera vulneribus impressit WYKES *Vers.* p. 132; vulnera vulneribus ~entes *V. Ric. II* 180.

3 to exert pressure on, press (in quot., cheese).

13.. pressure ad caseum ~endum *Cant. Cath. Pri.* 161.

4 to mark by application of pressure, stamp, imprint (with): **a** (metal, esp. coin, also fig.); **b** (on pottery, masonry, or sim.); **c** (sign of the Cross); **d** (w. ref. to writing or drawing, also fig.); **e** (w. ref. to printed books).

a †**833** (v. 1 crucibolum 1b); *Lib. Eli.* III 73 (v. imago 3b); *Dial. Scac.* I 3 F, H. BOS. *Thom.* III 17 (v. falsarius 2a); Constantinus .. interdixit ejus [sc. Philippi] nomen, tanquam indignum, chartis inscribi sive monete ~i R. NIGER *Chr. I* 63; in baptismo tria sunt, sc. aqua, intinctio sive ablutio aquarum exteriorum, et character impressus anime S. LANGTON *Quaest.* 362 (cf. ib.: character autem significat impressionem gracie, sicut enim character impressus, inseparabiliter ~itur [sc. gracia] nisi homo rejiciat eam per peccatum); **1248** duo assaya quodam quonio impressa (v. 1 essaium 2a); c**1280** moneta .. ex forma monetando perficitur ut cudicione cunei ~entis formam monete cognoscibilem et discernibilem, que sc. forma, si defuerit, nunquam erit moneta, sicut cera non est sigillum donec impressionem forme receperit *RBExch* 992; **1293** in medio sigilli predicti impressa seu graviata fuit quedam targia mediocris *Cl* 110 m. 6*d sched.* **b** [turris] habuit a fronte hanc elegantem et convenientem scripturam impressam parieti, 'Civitas regis justicie' *G. Hen. V* 15 p. 102; materia illarum ymaginum †siccea est et terrea seu metallina, que nullam talem virtutem ipsis sculpturis ~ere potest N. LYNN *Kal.* 211. **c 716** nisi eam [sc. flammam] sanctus angelus inpresso signo sanctae crucis Christi compesceret BONIF. *Ep.* 10 p. 9; signum sanctae crucis linguae ejus inpressit BEDE *HE* V 2 p. 284; B. Thomam .. vidit in somnis .. sibi inter supercilia baculo pastorali signum crucis ~entem W. CANT. *Mir. Thom.* II 3 p. 158; loca tumentia contrectans digitis, signum sancte crucis impressit AILR. *Ed. Conf.* 762A. **d** diversorum colorum flores humanis gressibus pulsati non indecentem ceu picturam eisdem [sc. campis] ~ebant GILDAS *EB* 3; **759** ipse signum sanctae crucis inprẹserunt *CS* 187; **833** + ego E. rex hanc meam donationem [*sic*; ? *supply* confirmavi et *or sim.*] signum crucis Christi inpressi *CS* 411; **966** ego O. archiepiscopus triumphalem tropheum agie crucis inpressi *CS* 1176; **968** + ego Oscetel archiepiscopus inpressi *Ch. Burton* 23 (cf. ib. 24 [**984**]); a**985** hoc privilegii donum .. manu propria signum agiae crucis ~ens confirmavi *Conc. Syn.* 131 (= *CS* 1190); **987** + ego Æscpig episcopus impressi *Ch. Roff.* 30; privilegium .. in quo carmen et vae impressit, carmen benedictionis servantibus vae autem maledictionis non custodientibus quae in eo scripta sunt BYRHT. *V. Ecgwini* 380; c**1080** antique peritie crebris instructus ammonitionibus literarum serie in primi [? l. inprimi] presentibus et futuris utillimum fore censeo quod .. *Ch. Westm.* 234; ?**1084** presentem cartam propria manu signo sancte crucis impressi et confirmavi *Ch. Durh.* 4; dicens "putasne hanc figuram in prima libri, quem scripturus es, pagina possis ~ere?" GIR. *TH* II 39; BACON *Maj.* I 372 (v. charta 1b). **e 1479** explicit textus ethicorum Aristotelis .. lucidissime translatus correctissimeque impressus Oxoniis (*Hist. Oxford Press*) *OHS* XXIX 1; s**1494** unum gradualem et unum impressum *Mon. Francisc.* I 520; **1509** de J. Richard alienigena de navi predicta j *hog*[*eshede*] cum libris impressis *EEC* 572; **1511** (v. codex 2a); **1516** explicit [Nova Legenda Anglie]. impressa Londonias in domo Winandi de Worde .. anno Domini mccccc xvj *NLA* II 531; **1518** ligavit unum missale impressum *Reg. Merton* 365; c**1530** tabula librorum de historiis antiquitatum ac divinitate tractancium in librariis .. repertorum, nulla mencione habita de libris communiter impressis seu de materiis predictis minime tractantibus (*Catal. Librorum*) *EHR* LIV 89; plurimum debemus hisce viris qui ~endi artem prius intulere [*that brought in ye crafte of pryntinge*] WHITTINGTON *Vulg.* 106; MAJOR IV 16 (v. chalcographus).

5 to put on by application of pressure, stamp, imprint (marks *etc*): **a** (seals); **b** (form, shape, also fig.); **c** (w. ref. to insetting of gems). **d** (p. ppl. as sb. n.) impressed shape.

a 956 ego .. proprium sigillum impressi (v. divinus 4c, 4d); ?a**1204** hac mea carta sigillo meo inpressa *Cart. Mont. S. Mich.* 61. **b** argenti has [gemmas] nitide distingunt rite tabelle, / inpressas digitis poteris quis cernere formas ÆTHELWULF *Abb.* 644; prefigentes eidem titulum hoc impressiore sigillo signatum, 'secretum meum mihi' [*Is.* xxiv 16] P. BLOIS *Ep.* 138. 413B; cure pervigilis pastoribus imprimo formam GERV. CIC. *Vers.* xlvii; spiritus ergo et humores sic immutati demittuntur ad nutrimentum fetus, mutantur in essentiam partis similis ei cui impressa est manus; unde et similis forma ~itur illi parti, que impressa immutat locum secundum se *Quaest. Salern.* B 35; RIC. MED. *Anat.* 231 (v. effigies 2a); sperma maris naturaliter intendit ~ere formam ejus *Ps.*-RIC. *Anat.* 40 (v. 2 decidere 3); ex corrumpto fit generatum et e contrario: corrupta forma aeris, inprimitur forma ignis BACON VIII 25; cum enim humana racio .. habeat .. raciones .. sibi impressas KILWARDBY *OS* 1 (v. immissio 4). **c** Dioclesianus .. primus in vestibus gemmas impressit R. NIGER *Chr. II* 122; **13..** item j corona argenti deaurati cum lapidibus preciosis impressis *Invent. Norw.* 16; **1432** lego .. unum parvum anulum aureum cum uno parvo lapide impresso *Test. Ebor.* II 23 (cf. ib. 183 [**1454**]: unum annulum aureum cum uno rubeo impresso). **d** Plato humanam etatem esse cere comparabilem dicit, que si nimium sit dura vel mollis impressum non recipit; si vero temperata, figura impressa retinetur BERN. *Comm. Aen.* 48.

6 to impress (idea or sim.) on mind, memory, or sim.; **b** (w. ref. to sensory perception).

AILR. *Inst. Inclus.* 7 (v. imago 8b); quod oculis vidimus .. posterorum mentibus †imprimenda [l. imprimendum] vera assertione decrevimus *Found. Waltham* 27; ut tanta tam inusitata, tam inopinabilis rerum novitas rudibus infidelium animis .. certius ~eretur GIR. *TH* II 5; innuens etiam in hoc et memorie vestre, quam doctrine talis capacem novit et tenacem, forcius ~ens et infigens quod .. *Id. SD* 84; inprimitur in anima intellectus formalis J. BLUND *An.* 344; de noticia impressa albedinis DUNS *Ord.* III 117; de magnifico beneficio secretissime tue inspiracionis, qua cordi meo .. impressisti UHTRED *Medit.* 205; c**1460** attendite et menti ~ite diligenter quod .. *Paston Let.* 610. **b** habet autem viva vox latentem operacionem ~endi fortis in mente auditoris sensum quem intelligit in voce loquens GROS. *Hexaem. proem.* 52; non per impressionem factam ab objecto quod non ~it per te nisi unum conceptum DUNS *Ord.* II 353; non manet visio solis, sed manet aliqua qualitas, puta lux impressa oculo, et illa qualitas videtur OCKHAM *Quodl.* 606.

7 (*effectum* ~*ere*) to produce an effect.

luna igitur in plenilunio, quia a sole maxime removetur, maxime suum ~it effectum *Quaest. Salern.* N 3.

8 *s. dub.*

[civitas Lond'] pascuis abundat, nemoribus, omnimodis venationibus impressa GERV. TILB. II 17 p. 932; **1350** de ij juvencis impressis de remanentibus *Surv. Durh. Hatf.* 222.

imprimiata v. impraegnare 1a.

imprimis [CL], first of all, in the first place; **b** (in list).

inprimis .. temtabant nautae anchoris in mare missis navem retinere BEDE *HE* III 15 p. 158; ipse fuit saisitus inprimis *DB* II 424; **1524** de .. nostre anime salute ~is agitur (*Lit. Regis*) *Mon. Hib. & Scot.* 543b. **b** c**1300** inventarium bonorum talis. in primis, in aula, ij mense mobiles .. *FormMan* 21; s**1454** (v. emigratio b).

imprimitus [cf. CL primitus, ? *infl. by* imprimis], first of all, in the first place.

inprimitus [v. l. inprimis], pro uno die in pane et aqua l psalmus .. cantet [*sic*] EGB. *Pen.* 13. 11; **1242** assistente monasterio ~us S. Crucis et S. Marie de Solaco et S. Makarii et ecclesiis aliis (*Pat*) *RGasc* I 165.

imprincipiatus [cf. principiare], having no first cause or beginning.

GROS. *Ps.-Dion.* I 223 (v. interminabilis 2d); hoc modo cujuslibet subjecti possunt esse principia, quantumcunque ~i respectu suarum passionum DUNS *Ord.* I 128; solus Pater in divinis est inprincipiatus UHTRED *Contra Querelas* 339.

imprisa [cf. AN, ME *emprise*, Prov. *empriza*], **~ia,** undertaking, attempt.

1174 redierunt liberi et absoluti ab omni juramento et inprisa, quam inter se vel cum aliis fecerunt contra eum vel homines suos *Act. Hen. II* II 19 (= R. HOWD. II 67: ~a); **1213** multum placet nobis confederacio et ~ia que inter nos et dominum vestrum comitem Flandrie .. facta est *Pat* 100a; **1242** nullus vestrum presumat .. facere confederationem aliquam, vel confratriam, aut emprizam in civitate .. Baione (*Pat*) *RGasc* I 163 (cf. ib. 518 [**1254**]: nec inprisiam aliquam); **1305** cum .. clam et latitanter ad propositum et ~am suam maliciosam prosequendam et explendam versus partes Francie se transfretasset *RParl* I 181b (cf. *Mem. Parl.* 449 p. 257).

imprisimus v. imprehendere.

imprisio [cf. OF *emprision*]

1 undertaking, attempt.

1203 ipse peregit facere inprisionem cum inimicis nostris contra nos *Pat* 23b; s**1267** quod prima inprisio et primum juramentum sint ad utilitatem regni *Ps.*-RISH. 562 (cf.

RISH. 54: quod primum juramentum fuit ..); **1588** de quibuscumque prodicionibus, imprisionibus, rebellionibus, .. *Pat* 1321 m. 4.

2 misprision.

1587 aliqua .. omissione, ~one, errore .. non obstante *Pat* 1299 m. 12.

imprisonabilis, imprisonable, deserving imprisonment.

1223 si burgenses .. convicti fuerint .. inde incarcerandi vel ~es fuerint *Lib. Kilken.* 79.

imprisonagium [cf. prisonagium], money paid by prisoner to gaoler.

1428 si Thomas Mireton Scotus exoneretur de ~io suo versus predictum Willelmum citra quindenam pasche proximo futuram *Cl* 279 m. 16*d*.

imprisonamentare [cf. imprisonare], to imprison.

1545 licet ipse de premissis .. indictatus .. ~atus vel aliquo modo condemnatus existit (*Pat*) *Foed.* XV 64b.

imprisonamentum [cf. OF, ME *emprisonement*], imprisonment; **b** (unlawful).

1220 Johannes venit et defendit inprisonamentum et captionem *CurR* VIII 322 (cf. ib. 321: idem J. .. ipsum .. in prisona sua captum detinuit); **1345** consideratum est quod .. habeat perpetuum ~um et prisone regis Turris London' committatur *SelCKB* VI 42; **1354** per .. minas .. ~orum *Reg. Heref.* 208; **1405** sub pena imprisioniamenti *Doc. Bev.* 16; **1434** sub pena forisfacture omnium bonorum suorum mobilium et ~i persone sue *ActPC* IV 209; **1437** unde punicio caderet .. in alias penas pecuniarias seu ~amenta (*Pat*) AMUND. II 169. **b** **1194** Thomas de T. ponit loco suo Hugonem T. de placito cujusdam inprisonamenti versus Radulfum M. *CurR RC* I 73; **1234** abbas Westm' debet c s. pro injusta capcione et imprisionamento *KR Mem* 13 m. 3*d*; **1264** perdonavimus .. thesaurario Exon' ducentas marcas ad quas amerciatus fuit .. pro inprisonamento *Cl* 339.

imprisonantia, imprisonment.

1313 contencia .. super ~iis de prisonibus *PQW* 335a.

imprisonare [cf. OF *emprisoner*, ME *emprisonen*], to imprison; **b** (unlawfully).

1194 de placito quare inprisonavit eum *CurR RC* I 112; **1196** quidam scerviens Willelmi de C. †in prisonavit quandam mulierem *CurR* I 22; **1215** nullus liber homo capiatur vel ~etur, aut dissaisiatur .. nisi per legale judicium parium suorum *Magna Carta* 39; **1220** miserunt ad ipsum Isaac, qui tunc ~ebatur [*sic*] apud Turrim Londonie, ut .. *SelPlJews* 3; ~averunt illos qui rettati fuerunt de latrocinio BRACTON 117b; captus vel imprisionatus *Tract. Ed. II* 19; **s1399** capti fuerunt et ~ati WALS. *HA* II 231. **b** interrogavit ob quam causam .. homines suos .. ~assent ita injuste *MGL* II 41.

imprisonatio, imprisonment; **b** (unlawful).

c1193 exclamacio in ulcionem captivitatis et impresonacionis regis Ricardi (*Vers. tit.*) *EHR* V 320; **1214** occasione ~acionis sue *Cl* 173b; **s1277** super causa capcionis et inprisonacionis predicti Oweyn *Chr. Peterb.* 26; **1452** quilibet serviens ludens ad aliquem jocum illicitum vel *bettyng* diebus festivis habeat ~onem per tres dies *Leet Coventr.* 271. **b** **1199** de placito ~onis *CurR* II 51.

imprisonator [cf. ME *emprisonere*], imprisoner.

de mahemiatoribus et vulneratoribus, inprisonatoribus et alia contra pacem terre faciendibus *Fleta* 112.

imprisonatus, imprisonment.

1199 de placito ~us *CurR* I 103.

1 imprisus v. imprehendere.

2 imprisus [cf. OF *empris*, *p. ppl. of emprendre* < imprehendere], **~ius,** sworn adherent, follower; **b** (w. obj. gen.).

1215 facias habere G. matri K. filii Willelmi terras inimicorum domini regis, sc. Henrici de G. et R. filii sui et trium ~iorum suorum *Cl* 235a; **1217** de dampnis .. per vos et ~ios vestros .. nobis et terre nostre illatis *Pat* 26; **1217** sciatis quod Engugerus .. est imprisus noster et fidelis noster *Pat* 28; **1230** quod pacem haberemus cum rege Francorum et inprisiis ejus .. ita quod nos vel inprisii nostri interim non forisfaceremus .. in terris ipsius regis vel inprisiorum suorum *Cl* 446; **s1223** magna turbatio oritur .. inter regem et comitem Cestrie et †impressos suos *Ann. Tewk.* 66; **s1233** tota Hibernia preter illos de Lacy et eorum inprisos reddiderunt [*sic*] et subdiderunt se Gileberto Mariscallo *Ib.* 91. **b** **s1263** proceres regni et provisionum inprisi *Flor. Hist.* II 483.

imprivabilis, that cannot be deprived.

cum apostolus ad Hebreos vij° arguit ex hoc, quod Jesus manet indegradabils quod sempiternum habet sacerdotium, sed juxta hanc viam omne corruptibile personatum non manet per tempus aeternum et a proprietate est ~is, et sic quelibet talis passio est sempiterna et per idem subjectum passioni coevum WYCL. *Ente Praed.* 180.

improbabilis [CL]

1 unworthy of approval, unacceptable.

a1079 scismaticus ille, Beringerium dico, .. constanter asserit quia beatus Hilarius .. in libro De divina Trinitate ~es sententias de Domino Jesu Christo protulerit LANFR. *Ep.* 50 (46); debet esse judicium .. tanto districtius quanto delictum eorum probari potest ~ius ANSELM (*Orig. Pecc.* 28) II 171; quid posset cogitari ~ius vel a populo plus suspectum quam quod sacri canones .. sint in autoritate postpositi WYCL. *Ver.* II 177.

2 implausible, unconvincing, improbable.

Anacletus papa .. fuit apostolorum discipulus et .. a beato Petro in scripturis divinis instructus, de quo ~e omnino videtur, quod nesciret, an Petrus reputaret se super alios apostolos superioritatem habere OCKHAM *Dial.* 860.

3 incapable of proof.

quod quoniam eque erit et ignoranti ~e et artem scienti certum, conveniet non prius hoc quam arte sed prius quam hoc artem plene demonstrare BALSH. *AD rec. 2* 10; Creator ad instructionem .. nostram magis ~es probate fidei articulos familiaribus rerum naturalium fulcit .. exemplis GIR. *TH* I 21; fuerat .. questio proposita: utrum judex secundum allegata judicare debeat an juxta conscientiam? ad .. hanc .. particulam .. magis ~em tam urgentes .. rationes induxit *Id. RG* I 2; vult .. quod densitas medii operetur ad tremorem. et ideo licet vulgus hoc neget, tamen hoc non est ~e BACON *Maj.* II 124; quod Deus non potuit mundum creasse, ymmo sic nichil posset esse ~e vel idem foret simul probabile et ~e. .. non .. argucie impossibiles inducunt probabilitatem secundum illusionem ~em WYCL. *Ver.* II 64.

improbabilitas, incapacity for being proved.

respondendum est enim ad proposicionem aliquem que falsa est sive inprobabilis .. primo tamen et per se interimenda est propter inprobabilitatem, secundario propter falsitatem BACON XV 359; hec sunt .. que assercionem prefatam de ~ate convincunt OCKHAM *Dial.* 504.

improbabiliter [LL]

1 not in an approved way, improperly.

murorum .. molitionibus non ~iter instructis GILDAS *EB* 3.

2 implausibly, improbably.

sentiunt .. et non ~iter asserunt quod tolerabilius uxorati ecclesias tenerent quam concubinis adherentes GIR. *GE* II 5; **1231** potest .. humana fragilitas decipi et que vera sunt non ~iter falsa credere et e contrario que falsa sunt vera plerumque reputare GROS. *Ep.* 4 p. 30; **s1326** tanti sceleris .. non ~iter aliquis putabit autorem manifestum BAKER 105v.

3 in a way incapable of proof by reason, unreasonably.

quamvis non ~iter quidam exponant hoc in loco esse carnis ac sanguinis veritatem LANFR. *Corp. & Sang.* 436D; Grecis contra non ~iter occurrentibus W. MALM. *GP* I 53; BALSH. *AD* 8 (v. dure 2); verum ne tantas supposiciones sine tantilla probacione ~iter supponere videar .. BRADW. *CD* 2A.

improbare [CL]

1 to disapprove of, reject: **a** (person or his authority); **b** (animal as sacrificial victim); **c** (inanim. or abstr.).

a GOSC. *V. Mild.* 21 (v. ethnurus); philosophi .. quorum auctoritatem de his rebus est impudentia ~are ANSELM (*Gram.* 1) I 146; **s1140** probavit legatus causam: ~avit personam W. MALM. *HN* 482. **b** quotiens .. victima reluctabatur, se ~ari ostendebat ALB. LOND. *DG* 6. 32. **c** foedere .. ab senatu ~ato ALCUIN *Rhet.* 14; populo inclamante et ~ante perjurium GOSC. *Transl. Mild.* 32 p. 202; **c1074** pravas consuetudines .. quae a sacris legibus ~antur a regno vestro exterminare studete LANFR. *Ep.* 38 (10); illud namque semper potest Deo non ~ante, hoc vero non debet nisi Deo approbante ANSELM (*Ep.* 65) III 183; non .. ut eligat que potius ~at PULL. *CM* 201; **1165** licet .. regis duritiam ~aret .. J. SAL. *Ep.* 138 (144 p. 30); **c1213** episcopus autem, quasi clausis oculis et conniventibus sub silentio cuncta preteriens, appellationem emissam ipsa taciturnitate non inprobavit GIR. *Ep.* 7 p. 244; si autem vicium odis, hoc odium non ~atur sed .. laudatur GROS. *DM* 5. 9 p. 63; **c1264** mala opera .. ~avimus (v. deadvocare g).

2 to refute, disprove.

fidem .. ecclesiae atque opinionem tuae sectae .. exponamus: .. unam probemus, alteram ~emus LANFR. *Corp. & Sang.* 430B; ibi de hoc inveniet quod nec ~are poterit nec contemnere volet ANSELM (*Incarn. B* 6) II 20; quaestiones .. de quibus magis quid non sit ~em quam quid sit probem ADEL. *QN* 76; cum id vel illa ex quo vel quibus universum dubitabile est probare vel ~are sufficiat BALSH. *AD rec. 2* 168; ponemus etiam quedam que hunc errorem ~ent GROS. *Cess. Leg.* I 1. 1; *Ps.*-GROS. *Summa* 287 (v. divus 3c); DUNS *Ord.* I 64 (v. discredere 1d); inprobando falsas opiniones T. SUTTON *Gen. & Corrupt.* 47; opinio Methodii supra inprobata potest salvari secundum istud HARCLAY *Adv.* 64; primo enim quamdam opinionem novellam recitabo, quam etiam consequenter ~abo W. ALNWICK *QD* 405; nullum istorum potest probari vel ~ari per racionem OCKHAM *Quodl.* 245; *Id. Pol.* III 188 (v. exquisite 1); causas has primitus improuare contendam, deinde muliebrem sexum ut virilem regalis officii esse capacem .. demonstrabo FORTESCUE *NLN* II 14.

improbatio [CL]

1 disapproval, rejection.

a705 ne .. optatae ~onis cachinno tripudiantes congratulentur (ÆTHELWALD) *Ep. Aldh.* 496; quod .. bonorum patrum mala natis dispensentur ~one PULL. *Sent.* 647D.

2 refutation, disproof: **a** (log. & phil.); **b** (leg.).

a inculcat quoque adhuc ejusdem rei ~onem per locum a majori GROS. *Hexaem. proem.* 4; primus error improbabitur, cum de hoc tangetur. interim autem ad ejus ~onem sufficiat verbum Augustini PECKHAM *QA* 33; probatio et ~o patent una cum solucione P. CORNW. (II) *Omnis homo* 139; ~o primi membri hujus subdivisionis SICCAV. *PN* 118; ex hoc apparet ~o illius quod dicitur in precedenti opinione DUNS *Ord.* III 41; inprobatio ejus [sc. Aristotelis] non est hic ad propositum T. SUTTON *Gen. & Corrupt.* 81; dicere .. recitative est comune ad interrogacionem et ~onem, ad yroniam et quodcunque aliud nudum dicere. sed dicere improbative est dicere aliquid tamquam falsum ad finem, quod improbetur WYCL. *Ver.* II 71; continet ~onem et solucionem .. secunde probacionis J. BURY *Glad. Sal.* 4 cap. p. 567. **b** *State Tri. Ed. I* 44 (v. deficere 6c); **s1443** isti, viz. qui erant ex parte abbatis, in ~onem condicionis prejudicialis ac ad probandum quomodo totum .. factum erat tanquam coram non suo judice AMUND. I 329.

improbative, by way of refutation, in disproof.

WYCL. *Ver.* II 71 (v. improbatio 2a).

improbativus, having function of disproof, for refuting.

modus agendi est quintuplex, sc. diffinitivus, divisivus, probativus, ~us, et exemplorum positivus *Comm. Sph.* 249; triplex est dicere ad nostrum propositum, diccio assertiva, diccio recitativa, et diccio ~a WYCL. *Ver.* II 71.

improbator, disprover, refuter.

scire velim reverende conceptionis ~or unde sciat quod dicit .. NIC. S. ALB. *Concept.* 110.

improbe [CL]

1 wrongfully, with want of moral principle.

rex ait et victi cesserunt improbe Picti FRITH. 302; annuit ipse quidem regalibus improbe coeptis *Ib.* 616.

2 shamelessly, immodestly.

quo longius illa [sc. potestas] recedit, tanto propius et ~ius hec [sc. voluntas] accedit GIR. *GE* II 23; coercere atque in facinorosos animadvertere principis atque .. magistratuum, nisi quod sacris interdicunt quos ~e malos comperiunt MORE *Ut.* 284.

improbitas [CL]

1 want of principle, unscrupulousness, dishonesty.

ex ignorantia sive etiam ex inprobitate contingit *CS* 247; **1166** in pelle vulpecule laborat ~as J. SAL. *Ep.* 193 (187 p. 248); Walenses .. sola .. ~ate probi MAP *NC* II 20 f. 30v; improbitas valida, deceptio certa, per amplum / orbis avaricia larga, dolosus amor GARL. *Epith.* III 231.

2 outrageous or unjust behaviour.

convertitur ad eos qui talium [superborum et incredulorum] ~ate fuerunt oppressi BEDE *Ep. Cath.* 80; ne nomen Romanae provinciae .. exterarum gentium inprobitate obrutum vilesceret *Id. HE* I 12 p. 27; **c1074** uxorem nulla canonica causa interveniente relinquit et aliam .. quam alius simili ~ate deseruit .. conjungit LANFR. *Ep.* 38 (10); *Simil. Anselmi* 74 (v. improbus 2a); ignavie redarguendus est qui, cum ultra non possit intonat minis, cum vero possit illate obliviscitur ~atis ORD. VIT. IX 6 p. 496; gravi .. conditione ut temeraria ~as ejus castigaretur oneravit *Ib.* XIII 30 p. 83.

3 stubbornness, importunity, pertinacity. **b** persistence, relentlessness.

inprobitas, procacitas, inportunitas *Gl. Leid.* 2. 96; W. MALM. *GR* IV 337 (v. defatigare); pertinacia, ~as OSB. GLOUC. *Deriv.* 471; **1188** propter ~atem tamen vestram surget et dabit *Ep. Cant.* 253; ne forte .. Anglorum ~as non previdens pericula, prius importune terram nacta se spargeret circa predam *G. Hen. V* 3 p. 22; *an abydynge*, expectacio, prestolacio, hec ~as, hec perseverancia, in bono, hec pertinacia, -e, in malo *CathA*. **b** abstulit campanarum ~as quod beata dormitio conferebat P. BLOIS *Ep.* 30. 102B.

4 defect.

s1303 Dunfermelyn .. est ampla nimis .. palacia quasi regia continens in se multa, ita ut tres incliti reges, cum eorum sequela, singuli sine alterius ~ate, simul et semel hospitari poterant *Flor. Hist.* III 311.

improbrare [cf. CL exprobrare, opprobrare], to accuse of, charge with.

s1190 rex turpia multa [dixit], ~ando Romanis simoniam *G. Ric. I* 114.

improbulus [CL], somewhat persistent.

inprobulus, inprobus OSB. GLOUC. *Deriv.* 294; probo .. unde .. componitur .. improbus .., i. non probus, unde improbe adverbium et hec improbitas .. et ~us .. i. aliquantulum improbus *Ib.* 449; *abidynge*, .. ~us, -a, -um, expectans, prestolans *CathA*.

improbus [CL]

1 not conforming to standard, (loosely) inferior, bad.

HANV. I 457 (v. extrarius).

2 morally unsound, unprincipled, unjust; **b** (as sb m.).

conditionem servorum glorificet quos .. absque culpa vapulantes a dominis crudelibus et ~is BEDE *Ep. Cath.* 54; ~us .. placitator, licet non habeat rectum, tamen propter improbitatem suam veniens ad placitum hoc quod est injustum justum .. ostendere vult *Simil. Anselmi* 74; homo inprobus BRAKELOND 124 (v. excoriator b); pater celestis cum per ~um [ME *unwrest*] hominem verberaverit suum .. filium *AncrR* 62. **b** Domini nutu dispositum esse constat ut veniret contra inprobos malum BEDE *HE* I 14 p. 30; nefaria temeritas ~orum expiabitur ORD. VIT. X 20 p. 125; philosophi probant eam [sc. Helenam] malam esse quia ~is frequentius solet adherere BERN. *Comm. Aen.* 99.

3 unsound in attitude, ill-intentioned; **b** (as sb. m.).

quare respexisti .. in sacrificium meum ~o oculo GILDAS *EB* 76; ALDH. *Aen.* 1. 3 (v. dens 1a); ~is doctoribus silentium imposuerat BEDE *Ep. Cath.* 29; **1168** rex Anglorum .. solet .. ~us esse, presertim ubi impetum inpatientis animi succendit injuria J. SAL. *Ep.* 244 (272 p. 568). **b** credere ni vis / quod pueri sic / edere metrum / (improbe!) possunt / .. *Responsio* 58; calamum muse tue coram invidis atque ~is .. resonare queam G. MON. *prol.*

4 (of thought, act, or sim.) unfair, unreasonable, immoderate.

quicumque .. rectitudinem justitiae vel actu vel dicto vel etiam cogitatu ~o violaverint .. BEDE *Cant.* 1088; munita persistit ecclesia ne ~a .. vel hominum infidelium vel immundorum spirituum inruptione violetur *Ib.* 1145; Brettones quamvis .. gentem Anglorum .. moribus .. inprobis inpugnent *Id. HE* V 23 p. 351.

5 obdurate, stubborn, importunate. **b** (w. inanim. or abstr. subject) persistent, relentless.

inprobus, *gemah GlC* I 148; per deserta negans Dominum perit inproba turba ALCUIN *Carm.* 69. 91; inprobus, ingratus, procax, inportunus *Gl. Leid.* 2. 89; hanc [sc. Londonam] bello superata petit gens improba, sperans / vivere per longum libera tempus in hac G. AMIENS *Hast.* 641; W MALM. *GR* V 397 (v. devotare 2); ~i Guascones me comitem itineris sui poscunt ORD. VIT. X 20 p. 125; J. EXON. *BT* II 405 (v. effluere 2b); *abidynge*, ~us, -a, -um, .. perseverans, .. pertinax, .. improbulus, .. expectans, prestolans *CathA*. **b** vivere me terris vix vix sinit improba febris ALCUIN *Carm.* 74. 1; rapuit mors improba patrem *Ib.* 102. 6; duram .. prima repererunt donaria, sed inproba tandem instantia vicerunt MAP *NC* IV 6 f. 48v; conseruntur, et fit ~a congressio, licet impar *Ib.* IV 7 f. 51.

6 shameless, wanton (also as sb.).

concupiscentiae .. militant in membris cum ad ea quae mens ~a prave suggerit manus vel lingua .. intemperanter oboedit BEDE *Ep. Cath.* 32; improba quos retinet vinctos in mente voluptas ALCUIN *Carm.* 65. 4a. 12; spretis correpcionibus, sollicitare nolentem ~a non cessavit *V. Edm. Rich C* 599.

7 offensive, disgusting.

odor ~us R. NIGER *Mil.* III 31 (v. exspumare).

improcessibilis [cf. LL processio], (theol., w. ref. to procession of the Holy Spirit) incapable of proceeding.

hac tamen voce 'inprocessibilis' raro utimur, cum tamen hoc nomen 'innascibilis' auctenticum sit NECKAM *SS* II 9. 1.

improcessibilitas [cf. LL processio], (theol., w. ref. to procession of the Holy Spirit) incapacity to proceed.

potius dicatur innascibilitas quam inprocessibilitas NECKAM *SS* II 9. 1; ad tertium cum dicitur quod sicut condicio nobilis in Patre est non nasci, ita videtur quod conditio nobilis sit in Patre et Filio non spirari etc., dico quod quamvis utrumque sit nobilitatis, non tamen propter hoc oportet quod inspirabilitas sive ~as dicat notionem communem distinctam ab innascibilitate .. MIDDLETON *Sent.* I 254b; secundaria productio, que est per modum processionis, non includit ~atem R. MARSTON *QD* 24.

improclive [cf. CL proclive], strenuously, with effort.

~e, i. sedule et intente OSB. GLOUC. *Deriv.* 104.

improducibilis [LL = *not malleable*], that cannot be created or produced.

quod unus illorum trium hominum cum sit Pater in divinis, est omnino incausabilis et ~is [v. l. incommunicabilis et improductibilis] WYCL. *Incarn.* 198.

improductibilis v. improducibilis.

improductio [cf. CL productio], state of being not created or produced.

nec audienda est glossa .. Witclevistarum quod creatura non sit coeterna Deo coeternitate ~onis, cum omnis idea sit ibi producta NETTER *DAF* I 19b.

improductus [cf. CL productus], not created or produced.

memoria perfecta .. est in aliqua persona divina et a se, quia aliqua est ~a DUNS *Ord.* II 260; cum queritur de trinitate personarum in divinis, respondeo quod tantum sunt tres persone in essencia divina. .. tantum sunt due producte et tantum est una ~a *Ib.* 335.

improhibite, without restraint, in unprohibited manner.

si non operatur emendatio, quia sc. frequenter actum iterat et quasi ~e et sine freno in peccatum ruit, tunc videtur peccare ex electione R. ORFORD *Sciendum* 240.

improhibitus, unprohibited.

sunt .. alii .. nempe ~i, veluti neque ratione penitus pro se carentes neque mali, qui .. brutorum .. aeternas esse animas opinantur MORE *Ut.* 276.

impromptus [CL], unready.

sentimus .. nos ad victoriam ~iores quanto sumus a patientia remotiores MAP *NC* IV 2 f. 44; inpromptus ad argutias *Ib.* IV 11 f. 52; ~us, A. *unredy WW*.

improperabilis [cf. CL improperare], liable to reproach, shame or disgrace.

hic homo tam impos sui, qui nusquam poterat sine tormento progredi, .. miserabile, ~e, et erubescibile factus exemplum humanae inertiae GOSC. *Mir. Aug.* 2.

improperanter [LL], unhurriedly.

propero componitur .. inproperanter adverbium et inproperatus et inproperatio OSB. GLOUC. *Deriv.* 434; vir venerabilis .., cujus .. argumenta ipse, quamvis ~er, assumit ut eis satisfacere videatur (WYCL.) *Ziz.* 239.

improperare [CL], to blame, reproach: **a** (w. dat. of person); **b** (w. dat. of charge); **c** (w. acc. of person); **d** (w. acc. of charge); **e** (w. dat. of person & acc. of charge); **f** (w. *quod*); **g** (absol.).

a scimus certissime quod ab eo [sc. Deo] postulandum est qui dat affluenter et nulli ~at ALCUIN *Gram.* 850A (cf. *Jac.* i 5); cum forte eidem filio postmodum joco vel serio ~atum esset a quodam nobili quod .. W. NEWB. *HA* II 11; ei .. ~avit quod terram .. evacuaverat GIR. *RG* 18; **s1253** ~atum .. fuit eidem regi a Sarracenis, quod parum nos Christiani Christum nostrum diligimus M. PAR. *Min.* III 133; **s1257** (v. exacuere 2b); **1323** imputatum fuit et †impropriatum [MS: improperatum] sibi .. quod .. vacuis manibus rediit *Lit. Cant.* I 115; cum .. dux .. regi Cnuto .. ~asset quod Ethelredum prodidisset *Croyl.* 57; improperant Anglis Franci ELMH. *Metr. Hen. V* 451. **b** si quidem prophetarum unus principum cupiditati ~ando .. inquit .. H. BOS. *Thom.* III 14; ac si dicat propheta cupiditati principis sic ~ans *Ib.*; **1187** si non audierit nec homo ignavie vestre ~are poterit *Ep. Cant.* 137. **c** Michol eum [sc. David] discoopertum et nudatum ~at AD. DORE *Pictor* 148; **s1333** filium .. Alexandri .. Angligenas ~antis .. suspendi fecit *Meaux* II 369; vincent caudati, pro caudis improperati (J. BRIDL.) *Pol. Poems* I 176; *G. Hen. V* 7 (v. deses). **d** ut .. coram omnibus quae commisisset valeat ~are OSB. *Mir. Dunst.* 19; vidit .. effigiem astantem .. ~are convicium W. MALM. *GP* I 17; quod .. Deus mundavit nemo immundum judicabit, nemo ~andum fore putabit ALEX. CANT. *Dicta* 5 p. 135; **1236** si .. sine molestia nobis velint annuere, non inproperaturi dampna que per guerram pro nobis pertulerunt .. *Cl* 511. **e** quin potius .. eis ~entur a quoquam admissa prisca GILDAS *EB* 67; cum etiam gentiles gentilibus .. quasi ridiculosum subsannantis gannaturae opprobrium legantur ~asse ALDH. *VirgP* 56; **716** sanguis ipse propria voce clamans inproperabat et inputabat ei .. crimen BONIF. *Ep.* 10 p. 10; **800** inproperans et mihi praefatus puer divitiarum multitudinem ALCUIN *Ep.* 200; ut discerent Judei quam stultum esset Christo ~are convicium W. MALM. *Mir. Mariae* 140; GIR. *DK* I 14 (v. dicaciter); quando penitet .. non debet ei ~ari pristina vita S. LANGTON *Ruth* 107; **1419** ne forte dedecus aut opprobrium, quod sibi racione sue geniture ~ari possit, in .. tocius civitatis dedecus redundaret *MGL* I 33. **f** idem .. respondit .. ~ans quod secularem militiam ecclesiastice pretulisset W. NEWB. *HA* V 31; **s1191** quia ~aretur quod in ferro posuerat tam nobilem principem M. PAR. *Min.* II 21. **g** inproperes numquam, dederas munuscula si qua ALCUIN *Carm.* 62. 150; **a1074** nec hoc jactando aut ~ando .. dico LANFR. *Ep.* 1; stans in medio suorum inermis .. imperat, inproperat, arguit, obsecrat MAP *NC* IV 7 f. 51; addidit istis / improperans alius "alios salvabit .." VINSAUF *PN* 1400; hiis supplicationibus iram mitigarunt ~antis et minitantis M. PAR. *Min.* I 116; versus .. ~ando damnarunt ELMH. *Cant.* 88.

improperatio [LL], taunt, reproach.

confiteor .. dissimulationes, adulationes, ~ones .. ALCUIN *Liturg.* 498D; *GlH* E 734 (v. exprobratio); inpropera, o beata mater Anna, amica improperatione virgini filie tue quod nequaquam ut est ipsa Dei parens existeret .. OSB. CLAR. *Anna* f. 57; **s1457** litterarum .. quarum una erat soldani .. ad dominum apostolicum, per viam ~onis et exprobracionis *Reg. Whet.* I 268.

improperatorius, reproachful.

multa improperiosa ac contumeliosa eis [sc. hereticis] inferimus, quando nobis deficiunt argumenta, et sic .. ad litigia nos convertimus, ut .. ultimum verbum ~ium sit nobiscum WYCL. *Ver.* I 357.

improperiose, shamefully, disgracefully.

tam ~e [ME: *scheomeliche*] mutilatus, tam aspere punitus *AncrR* 142.

improperiosus

1 shameful, disgraceful.

nos devotionis scintilla provocat, non .. cujusvis ~e adulationis emolumentum R. COLD. *Osw. pref.* p. 327; turpe .. videbatur ei in fine inveniri devictus et ~us, qui omnibus videbatur hactenus bello strenuus et militia victoriosus *Ib.* 14 p. 353; erat mors Christi in cruce penalis et ~a [ME: *schendful*] super omnes alias mortes *AncrR* 138.

2 insulting, taunting.

ore blasphemo multa inproperiosa contra illum evomuit R. COLD. *Cuthb.* 110; multitudo militum .. cepit .. clamare et ~is atque contumeliosis vocibus ei insultare *V. Thom. A* 49; tercia accusacio est de ~a contencione et formatur sic: improperare alicui peccatum suum viciosum est HOLCOT *Wisd.* 85; WYCL. *Ver.* I 357 (v. improperatorius).

improperium [LL]

1 reproach, shame, disgrace; **b** (w. ref. to *Heb.* xiii 13).

de scaevo infamis calumniae ~o latentis pudicitiae praeconium propalatur ALDH. *VirgP* 44; vides .. quam nihil ~ii vulgata cognitio peccati tui .. generabit EADMER *Beat.* 8; caput juvenis palpavit, crinibus defluentibus ~io calvitii W. MALM. *GP* IV 147; ORD. VIT. XI 2 (v. derisorius a); quomodo .. fratrem ex carceris ~io subtrahere .. posset *G. Steph.* 63; ut inproperium sit filio si pater sine vulnere decesserit MAP *NC* II 23 f. 32; improprie in meum ~ium Mathum vocas, non Matheum M. RIEVAULX (*Ep.*) 74; set sumeres ludibrium / et crucis improperium / inter iniquos medius J. HOWD. *Cyth.* 67. 8. **b** ut exeamus ad Dominum extra castra, ~ium ejus portantes, i. e. relicto mundi consortio BEDE *Gen.* 70B; **1252** exeamus ergo extra castra portantes ~ium crucifixi *Doc. Eng. Black Monks* 49.

2 insult, gibe, taunt.

meas .. contumelias et ~ia .. patienter perfero *Eccl. & Synag.* 53; parcat .. verbis amaris et improperis [? l. improperiis] GIR. *Symb.* I 28 p. 304; **s1202** minis eorundem [adversariorum] et ~iis lacessitus OXNEAD *Chr.* 114; **1312** in quem circumstantes domicelli et mancipia magistrorum maledicciones et ~ia plurima injurias eciam [imposuerunt] *Collect. Ox.* II 245; quo modo posset Socrates uxoris Xantippes clamores et ~ia sustinere ait .. W. BURLEY *Vit. Phil.* 118; vij sunt vitia loquendi quibus homo proximo suo injuriatur, viz. convicium, contumelia, ~ium, detraccio, susurracio, derisio, contencio HOLCOT *Wisd.* 98; ~ium est injuriose recitare hominis indigenciam *Ib.* 99; **s1297** ad .. castrum .. quotidie accedebat, et ~ia admixtis minis Anglis sepius inferebat *Meaux* II 268.

improperus v. improperium 2.

impropitiabiliter [cf. CL propitiabilis], in a mood that cannot be propitiated, implacably.

ne .. Deus .. ex contempto judicio irretitus, tandem, quod absit a Christiano sanguine, se ~iter vindicet in rebelles *G. Hen. V* 17.

improportio [cf. CL proportio]

1 disproportion.

quod .. excessivum sensibile generet dolorem in oculo provenit ex ~one sensibilis ad sensum PECKHAM *QA* 118; queritur utrum intelligentia possit in productionem rerum naturalium sive formarum naturalium immediate. et arguo causa prima, eo quod est virtutis infinite, non producit eas immediate propter ~onem BACON VII 130; 'infinita non contingit cognoscere', ergo nec infinitum, quia eadem videtur esse ~o intellectus finiti ad infinitum et ad infinita DUNS *Ord.* III 2; anima .. non per naturam suam est separata, sed propter inproporcionem corporis T. SUTTON *Quaest.* 33; non possunt Deum videre debite nec amare, .. propter ~onem tam excellentis objecti BRADW. *CD* 326C; infirmitas aliquando causatur ex ~one humorum, immo est ipsa ~o OCKHAM *Quodl.* 245; non posset per illas potencias nude Deum videre et eo frui propter ~onem illarum potenciarum creatarum ad objectum beatificum LUTTERELL *Occam* 15; ymaginacio non potest assentire quod anima vel Deus sit propter ~onem virtutis ad apprehensibile WYCL. *Act.* 97.

2 unsuitability, unfitness.

non est possibile ipsam [sc. naturam volutivam] peccare nisi ex ~one volucionum peccaverit WYCL. *Ente Praed.* 177.

improportionabilis

1 disproportionate.

res ~es, que nec naturam dant nec eam recipiunt *Correct. Alch.* 10; si habet formam in materia, est intelligibile in potentia, verum est dico; si haberet formam in materia corporali, que est ~is intellectui, aliter non est verum PECKHAM *QA* 56; radius .. alioquin oculo erit ~is et ideo invisibilis *Ps.*-GROS. *Summa* 541; queritur utrum angelus possit pertransire in instanti medium inter duo loca; et videtur quod sic, quia inproportionabilium motorum ~es sunt mutationes, sed corpus et angelus sunt ~es motores; ergo motus ipsorum sunt ~es; sed omne tempus omni tempori est proportionabile MIDDLETON *Sent.* I 332; illa species ex utraque composita est ~is utrique DUNS *Metaph.* V 7 p. 238; excessus objecti super potenciam non reddit potenciam ~em sibi nisi quando excessus est lesivus potencie BACONTHORPE *Sent. Prol.* 8E.

2 unsuitable, unfit.

1327 gratum habent .. fratres .. quod domicilia sua .. licet tanto domino inproportionabilia, ingredi voluistis et moram ibi facere *Lit. Cant.* I 203.

improportionabiliter

1 disproportionately.

angelus potest corpus movere de loco ad locum quod non ~iter excedit ipsius virtutem motivam DUNS *Sent.* II 8. 1. 6; quomodo posset anima finite intensionis et virtutis simpliciter omni modo levare seu movere corpus tam grave ~iter ipsam excedens? BRADW. *CD* 128E.

2 unsuitably.

eandem sentenciam intelligit beatus Jacobus capitulo iij per sapienciam terrenam, animalem, et dyabolicam; .. animalis qua sciunt ~iter ad beatitudinem machinari media, ut voluptuose vivant quo ad carnem WYCL. *Ente Praed.* 178.

improportionalis, disproportionate.

orbis .. seu sphera .. visibus nostris omnino ~is est et ideo imperceptibilis *Ps.*-GROS. *Summa* 543; monstra et peccata .. contingit evenire .. uno modo quando virtus est ~is materie BACON VIII 134; res debilis virtutis facit speciem debilem, quia invenit resistentiam in medio ~em sibi *Id. Maj.* II 524; **1284** in navem inproportionalem nostris viribus descendimus gubernandam PECKHAM *Ep.* 519; instrumentum vel corpus sensitivum ab excellentia vehementi sensibilis inproporcionalis leditur KILWARDBY *SP* 121; veritas .. revelata .. non est inclinativa intellectus ad assenciendum sibi et ita ~e agens et passum sibi ~e DUNS *Ord.* I 58; cum varii varie injungant penitencias ~es peccatis WYCL. *Blasph.* 151.

improportionaliter

1 disproportionately.

si tunc per potenciam divinam aliquod agens productivum albedinis debite approximetur corpori nigro causabit albedinem in illo nihil causando in alio corpore albo, quia respectu sui ~iter distat OCKHAM *Quodl.* 614; cum quodlibet aliud a Deo, sit minus eo, .. loquebatur, imo et ~iter et infinite quodammodo minus eo BRADW. *CD* 12E.

2 unsuitably.

homo .. propter duplicem naturam habet tres maneries hostium . . . a corpore .. habet ~iter appetere divicias et voluptates WYCL. *Ente Praed.* 178.

improportionatio, unsuitability.

fuit enim unius actus, quo inseparabiliter voluit esse beatus, .. et fuit alia volucio posterior voluptuosa improporcionata ad finem intentum, et in illa ~one consistit peccatum primum WYCL. *Ente Praed.* 177.

improportionatus, disproportionate: **a** (of artefact); **b** (of abstr.).

a c**1361** chorus Ebor' ecclesie antiquus et ipsius ecclesie de novo edificate tam in amplitudine quam pulcritudine incongruus et ~atus existit *Fabr. York* 177. **b** dico quod veritati complexe alicui firmiter tenende intellectus possibilis est ~atus, i. e. non est proportionale mobile talium agencium que ex phantasmatibus et ex lumine naturali intellectus agentis non possunt cognosci DUNS *Ord.* I 57; illud quod existit in virtute phantastica .. est ~atum, ut moveat intellectum possibilem *Id. Metaph.* I 4 p. 53; impossibile est quod aliqua potencia elevetur ad actum ~atum sibi nisi prius per aliquid elevetur ipsam confortans BACONTHORPE *Sent. Prol.* 7E; cujuslibet visibilis per ~atam distanciam sive per elongacionem visum terminari contingit HOLCOT *Wisd.* 523; si unum illorum secundum se sit mobile omnino ~atum ipsi moventi et reliquum proporcionatum OCKHAM *Quodl.* 368; nec videtur quod homo eliceret actum dolendi propter unam rem absolutam inproporcionatam sensitivi, quia per idem veniente tali pena WYCL. *Act.* 24; dico quod eandem rem esse diversis delectabilem et tristabilem non sunt contraria, sicut sunt justum et injustum. nam idem visibile, quod est uni visui proporcionatum est sibi delectabile, et visui ~ato tristabile, cum talis sit denominacio relativa *Id. Ente Praed.* 108; finis beatitudinis ~atus est nobis J. BURY *Glad. Sal.* 592.

1 impropriare v. improperare.

2 impropriare [cf. CL propriare], (p. ppl., of ecclesiastical benefice) impropriate, taken as private property.

1545 ego .. cancellarius Angliae tradidi .. Henrico VIII .. rectoriam meam ~atam de S. .. quae habeo .. de et in rectoria ~ata de S. (*Cl*) *Foed.* XV 69; **1587** concessimus .. rectoriam ~atam de Bondbye *Pat* 1298 m. 33.

impropriatio, impropriation, taking of benefice as private property.

Franciscus Bygot .. scripsit de ~onibus BALE *Index* 72.

improprie [CL], incorrectly, improperly. **b** (w. ref. to linguistic usage).

frigiditas proprie res condensare feretur, / sed calor improprie NECKAM *DS* IV 197; GOWER *VC* III 679 (v. dispropriare). **b** ANSELM I 188 (v. debere 5d); aut .. illud de quo proprie dicitur est in eo de quo ~ie profertur, aut ita se habent ut .. *Id. Misc.* 347; aliud est proprie uti dictionibus, aliud ~ie PULL. *Sent.* 679C; tum usus verborum rarescendo antiquatus, tum ~ie ex aliis in alias translationes loquelis .. BALSH. *AD* 7; M. RIEVAULX (*Ep.*) 74 (v. improperium 1a); quandoque dicitur alio modo ut in organo triplo, quamvis ~ie, ut in 'Posui adjutorium' in triplo *Mens. & Disc.* (*Anon. IV*) 70; quod ~ie diceretur (KYN.) *Ziz.* 11.

improprietas [CL], impropriety, unfitness; **b** (w. ref. to linguistic usage).

WYCL. *Dom. Div.* 231 (v. depurare 1c); ELMH. *Cant.* 338 (v. excusabilis 1b). **b** non tantum debemus inhaerere ~ati verborum veritatem tegenti quantum inhiare proprietati veritatis ANSELM (*Casus Diab.* 1) I 235; ex qua ~ate loquendi fit ut saepissime dicamus rem posse (*Ib.* 12) I 253.

improprius [CL], improper, incorrect; **b** (gram. & rhet.); **c** (log.).

si ~o modo figurantur, fere omnes figure accipiuntur imperfecte GARL. *Mus. Mens.* 3. 19; **1357** (v. dehonestare 1b); confitentur alii quod corpus Christi est in sacramento altaris virtualiter, spiritualiter, et sacramentaliter . . . huic dicitur quod confessio hec includit improperium [v. l. improprium] et falsum (TYSS.) *Ziz.* 146; ~ium, A. *unpropre WW.* **b** Greci .. habent octo proprias diptongas et tres ~ias BACON *Gram. Gk* 7; potest .. unus modus [equivocacionis] esse inproprius, ut .. 'pratum ridet' *Id. CSTheol.* 68; extendendo .. nomen mensure et nature modo inproprio quo placet sophistis conceditur quod .. WYCL. *Ente* 259. **c** *A* satis tractatur, est ~ia; propria redit in *B*; sed *B* et *D* probantur ex *C* DUNS *Ord.* II 81.

improsperus [CL], unfortunate.

duravit inprospera valitudo usque post Pentecosten; tunc .. salutis vigor eum in pedes erexit W. MALM. *HN* 516; **1256** narraverunt regi illa ardua et ~a que contigerant illis *Arch. Cambr.* I xiv 337.

improtectus [CL], unprotected.

ne .. incursio inparatis et inprotectis nobis oriatur W. BURLEY *Vit. Phil.* 310.

improtractim [cf. LL protracte], without delay.

1402 quod .. nostris opidanis et vicinis restitucio fieri deberet ~im (*Lit. Civium Brugensis*) *Foed.* VIII 273.

improuamentum [cf. AN *pruement*, approuamentum], (source of) profit, revenue.

1268 quod post obitum predictorum .. mesuagium et terra .. revertantur ad predictos abbatem et conventum .. cum toto impruiamento quod ibidem fecerint *Cust. Glast.* 194.

1 improuare v. improbare 2.

2 improuare [cf. approuare]

1 (refl.) to enrich oneself, make a profit.

c**1170** quod .. possint molendinum levare vel alio modo se inpruwyare *Cart. Glast.* 672.

2 to exploit, enclose (land for cultivation). **b** to improve (other property).

sciendum quod cum aliquis tenens .. cum manuopere alicujus impeditus per supersticiosam districcionem et hoc de tenemento diu non inpruato vel de tenemento de novo inpruato .. HENGHAM *Parva* 7; si quis vastum suum non prius appruatum redigat in culturam, salva .. pastura cum libero ingressu et egressu cum ceperit inpruare, impeditus sit, impeditor pro disseisitore habetur *Ib.* **b 1265** Lucas de W. se intrusit in dictos domos [*sic*] .. et adhuc tenet. et valent per annum xxiiij s. si fuissent empruati *IMisc* 27/47.

improvide [CL], carelessly, negligently, without forethought.

1397 quia tamen brevia nostra predicta a curia nostra inprovide emanarunt vobis mandamus .. quia brevia nostra in cancellariam nostram .. mittatis *Pl. Mem. Lond.* A7 m. 8; predictus B. pipam illam tam negligenter et ~e cariavit quod oleum in eadem pipa existens .. totaliter emanavit *Reg. Brev. Orig.* 111v.

improvidentia [LL], improvidence, lack of foresight.

stultorum fatuitas maxima haec est quia improvidi aeternorum de praesentibus tantum commodis gaudent; imprudentia enim quasi ~ia dicitur BEDE *Prov.* 982D.

improvidus [CL], improvident, careless.

quatinus tantum .. a stolido et ~o auditore credatur GOSC. *Lib. Mild.* 12 p. 81; ~i incepimus, sed multa plura quam praecogitaveramus addendo .. vix perfecimus ANSELM (*Ep.* 89) III 215; infrenati .. equi huc illucque caput altius effertur dum constringere catenas ~us sessor omittit *Ep. ad amicum* 4; video componitur provideo .. inprovidus, .. inprovisus, unde inprovise adv. OSB. GLOUC. *Deriv.* 596; Limericensium princeps Duvenaldus vir sua in gente non ~us GIR. *EH* II 2.

improvise [LL]

1 unexpectedly, without warning.

s**1004** eo quod hostes ~e super eos venirent *ASChr*; ut ~e irruant repentini dolores, ut subito ingruat intolerabilis tempestas ANSELM (*Medit.* 1) III 78; quasi Bristoam obsessurus ~e Battam advenit *G. Steph.* 30; s**1257** ~e Wallenses .. prorumpentes M. PAR. *Maj.* V 656; ut mors veniat ~e HOLCOT *Wisd.* 171; ex abrupto et ~e .. graviter increpavit eum BLAKMAN *Hen. VI* 16.

2 suddenly, without preparation.

inprovise respondere *GAS* 582 (v. exactionalis); s**1308** iter arripuerunt celerrime et ~e *Ann. Lond.* 156.

1 improvisio [cf. CL provisio], lack of foresight, improvidence.

non est color inferendi quod in Deo sit ~o vel culpa ex tali concursu, pocius quam infertur quod Deus sit injustus, ex eo quod substanciam actus mali approbat et sustentat WYCL. *Ente* 282.

2 improvisio, provision, ordinance.

s**1308** per totam terram .. in comitatibus, hundredis, civitatibus .. convocaciones et inprovisiones facte sunt et quibus quilibet armis .. uteretur .. provisum est *V. Ed. II* 158.

improvisus [CL]

1 appearing or occurring without warning, unexpected. **b** (*de* or *ex ~o*) without warning, unexpectedly.

coluber .. ~us et venenosis morsibus nocet *Lib. Monstr.* III 17; egestas .. veniet quia ~a et subitanea BEDE *Prov.* 960; ne inproviso mortis articulo praeventi inpaenitentes perirent *Id. HE* V 13; municipes sic ~o impetu preventi sunt ORD. VIT. XII 12 p. 341; subita et ~a morte .. occubuit GIR. *TH* II 53; furtim et inprovisi veniunt MAP *NC* IV 7 f. 51; Offa .. subitus et ~us flumen raptim pertransiens *V. II Off.* f. 3; inprovisa

GARL. *Epith.* VII 532 (v. encliticus a). **b** ex ~o [*gl.*: extimplo, *unforwandedlice*, subito] examen apium ora .. complevit ALDH. *VirgP* 26; ex ~o ASSER *Alf.* 54 (v. ex 13c); quot peccata proruent ex ~o quasi ex insidiis ANSELM (*Medit.* 1) III 77; velut oves ex ~o a lupis occupate stupefacti fiunt G. MON. I 9; magis quidem delinquens quam qui de inproviso movetur, at conversus ad cor mox revertitur PULL. *CM* 202; ex inproviso Rome apparuit BOSO *V. Pont.* 359; diabolum .. cum .. insultu potest .. ex inproviso [ME: *unmundlunge*] prosternere *AncrR* 104; ad cavenda pericula ex improvisu, assidua, et prope quotidiana vigilare oportet W. BURLEY *Vit. Phil.* 310.

2 taken unaware, not expecting, surprised; **b** (as p. ppl. in abl. absol.).

puero in vitae desperatione aestuanti atque inproviso super bellico hostium apparatu .. GILDAS *EB* 72; clam et repente lethali spiculo perforat inprovisum MAP *NC* IV 7 f. 51; GIR. *PI* I 18 (v. desubitare); **1242** licet ~i et incauti .. obviam exierunt et .. eis viriliter restiterunt *RGasc* I 28; **1269** cum .. nos nuper ~i et absque deliberacione dixerimus quod .. *Cl* 54; Deo annuente, quasi †improviso [MSS: inprovisi] singillatim examinati, bene recognoverunt quod ipsi et antecessores sui fuerunt nativi .. monasterii nostri *Meaux* III 132; **s1432** ibi predicavit ~us coram papa et toto consilio generali sumpto themate a papa in presencia omnium HERRISON *Abbr. Chr.* 5. **b** **s1263** barones .. ceperunt castrum Glovernie et alia plura castra et villas subito et rege ~o *Chr. Clun.* 102.

3 without foresight, unwise. **b** ill-considered.

quod invitus vel inprovisus abjecerat, studuit revocare GERV. CANT. *AP* 378; ELMH. *Cant.* 224 (v. 1 deliberatio c). **b** de ~o judicio saecularium ÆLF. *EC* 38 *tit.*; tam veredictum predictum captum quam processus versus juratores factus ~a et vacua existunt *Entries* 552b.

4 not provided.

1313 ita quod per sui defectum seu negligenciam dicta vina non remaneant inprovisa *RGasc* IV 737; obiit .. abbas .. et .. dimisit debitum domus plus quam d libras, et monasterium de bladis quibuscunque inprovisum *Meaux* III 37.

imprudens [CL], ignorant, unwise, lacking judgement; **b** (w. obj. gen.).

GILDAS *EB* 102 (v. explere 3b); juramenti nodosis vincla catenis / nititur imprudens verbis constringere falsis ALDH. *VirgV* 937; persecutor ~s hujusmodi habitaculum disrumpere potest BEDE *Prov.* 1000; imprudens mulier FRITH. 681 (v. dynamis a); illum stultum nimis ~temque multimodis versutiis arguere non cessat ANSELM (*Ep.* 37) III 145; **c1212** potius non averterit quam sciens et prudens, in hoc tamen inprudens GIR. *Ep.* 5 p. 196; WALT. ANGL. *Fab.* 17. 16 (v. displicere a); BEKINSAU 735 (v. devolvere 4a). **b** ignorantia ducum ~tium boni ad laudem suam .. utuntur BEDE *Ep. Cath.* 53; inprudentes legis cum exissent, [nautae] vitulum immolaverunt ALCUIN *Rhet.* 15.

imprudenter [CL], not sensibly, unwisely, rashly.

papa Pontio sine licentia et benedictione sua ~er abeunte ira incaluit ORD. VIT. XII 30 p. 424; non minus impudenter quam ~er se .. bestiam profitetur GIR. *TH* III 25; vereor ne coram apostolice magnificentia majestatis ~er, aut potius impudenter, censear P. BLOIS *Ep.* 236. 538B; paratus [*sic*] .. lampadem suam ut, veniente Domino, non ~er ei possit obviam exire *Canon. Edm. Rich* 200.

imprudentia [CL], ignorance, imprudence, lack of judgement.

inprudentia est, cum scisse aliquid is, qui arguitur, negatur ALCUIN *Rhet.* 15; duae .. sic sunt per se notae, ut ~ia sit eas probare; duae vero .. sic videntur probatae, ut impudentia sit eas negare ANSELM (*Gram.* 3) I 147; quomodo quoque non est impudentis ~iae dicere quod summae veritatis aut locus circumscribat quantitatem aut tempus metiatur diuturnitatem? *Id.* (*Mon.* 22) I 40; se non per superbiam sed per ~iam peccasse cognoscit *Id.* (*Ep.* 58) III 173; irrita esse censuit que frater suus ingratis per ~iam dederat vel invitus per imbecillitatem permiserat ORD. VIT. XI 21 p. 234.

impubere, ~escere, to be young. **b** to grow.

to be yonge, inpubere, inpubescere, juvenere, -nescere *CathA.* **b** inpubescere, crescere OSB. GLOUC. *Deriv.* 292.

impubertas, childhood, age before puberty.

s1217 Lodewicus coronacionem novi regis, propter etatis teneritudinem, habens contemptui estimansque ipsum, propter ~atem suam, conatibus suis non posse resistere aliquod arduum attemptare presumpsit CAPGR. *Hen.* 88; **c1524** sperans nos illius [sc. ecclesie] filium, .. Scotorum regem modernum tunc in ~ate constitutum succedentibus annis similes fidem et devocionem prosequi *Form. S. Andr.* I 196.

impubes, ~is [CL], not yet adult, before the age of puberty. **b** (as sb.) child before the age of puberty.

puer ~is et flore suo speciosus GOSC. *Edith* 82; **s1125** aliam ejusdem [sc. Fulconis] filiam filio suo Willelmo ~i, vixdum adolescenti, conjunxit W. MALM. *HN* 450; impubis et mento et mente HANV. V 74; inpubes eos dicimus qui barbam necdum habuerunt OSB. GLOUC. *Deriv.* 409; unica filia quam rex innubilem ~eri filio copulans .. W. NEWB. *HA* II 18; Apollo .. pingebatur in specie ~eris juvenis *Deorum Imag.* 4; pueris .. ~eribus .. relictis, quos mater ipsorum .. secum perduxit AVESB. 99; absit tunc sentire mulierem ullam licet ~erem, que paterni dominatus metum non evasit nec thorali consortio viri apta est .. FORTESCUE *NLN* II 46. **b** ~is W. MALM. *GR* II 228 (v. desponsio 1); in primis adolescentie annis ~es adhuc militiam aggressus est J. SAL. *Pol.* 615C; si .. tibi Deus cursum vite longioris indulserit flebis etate provectior quod committis ~es P. BLOIS *Ep.* 33. 110B; adhuc inpubes ad sanctam Melrossensem ecclesiam .. accessit *Ep. Glasg.* 310; R. BURY *Phil.* 9. 154 (v. balbuties); si hereditas .. sub genere tenure quod .. socagium nuncupatur descendat ~eri .. non erit .. ~is sub custodia alicujus agnatorum FORTESCUE *NLN* II 51; **1523** Elizabetha tempore contractus .. pretensi matrimonii .. fuit ~es *Offic. S. Andr.* 26.

impudendus [cf. CL pudendus], shameless, unchaste.

turpitudinis libidinose contagium .. ut semper se ingerat ~um M. PAR. *Maj.* III 431.

impudens [CL]

1 impudent, brazen, shameless: **a** (of person); **b** (of deed or abstr.).

a revertuntur .. ~tes grassatores Hiberni domos GILDAS *EB* 21; secundus .. morbo regio turgescens .. ut .. demens et ~s procax imprecabatur ALDH. *VirgP* 32; haec inpudens virago .. Jezabelis flatu venenifero perfusa .. Dunstanum .. persequi non quievit B. *V. Dunst.* 22; ut .. esuriens conviva ~s mensas circumeas alienas J. SAL. *Pol.* 726A; R. MELUN *Sent.* I 17 (v. distortor); **c1212** fidei inverecundus et ~s est transgressor GIR. *Ep.* 5 p. 194; Hester, filia Mardochei, qui interpretatur 'amare conterens ~tem'. ~s [ME: *scheomeles*] est dicens vel faciens aliquid quod pudeat coram anachorita *AncrR* 56. **b** quod ~tissimi erroris esse palam claret BEDE *Ep. Cath.* 74; ANSELM I 40 (v. imprudentia); GIR. *SD* 14 (v. effrons b); cum ~tiori diffugio AD. MARSH *Ep.* 30 (v. diffugium 2).

2 indecent, immodest, unchaste.

quid quasi culminis malorum omnium stupro, propria tua amota conjuge ejusdem honesta morte, ~tis filiae quodam ineluctabili pondere miseram animam oneras? GILDAS *EB* 31; tu .. meretrix obstinata, fornicatrix ~ens ANSELM (*Medit.* 2) III 81; inpudens *CathA* (v. epudoratus).

impudenter [CL]

1 impudently, brazenly, shamelessly.

[uxorem] horribiliter redactam et inpudenter confractam et saliva pollutam, olim jam pudicam et castam *V. Cuthb.* II 8; **934** (v. decurribilis); tandemne igitur pudet te adeo ~er sensus extulisse, cum nec etiam quid ipsi sunt sentire queant? ADEL. *ED* 14; ORD. VIT. XIII 26 (v. despective); ~er errant qui philosophiam in solis verbis consistere opinantur J. SAL. *Pol.* 662A; P. BLOIS *Ep.* 236. 538B (v. imprudenter); ne nimis ~er dixerim .. *Hist. Llanthony* f. 50v; **c1410** (v. dilatorius a).

2 indecently, immodestly.

acriori (pravorum amore) armatur furore et virginalis palmae ~ius quam proprie tyrannidis cepit erubescere GOSC. *V. Mild.* 13; ORD. VIT. V 14 (v. evagari 1a); GIR. *TH* III 25 (v. imprudenter); revelat verecunde quem ~er commiserat excessum *Mir. Fridesw.* 46.

impudentia [CL]

1 impudence, brazenness, shamelessness.

pudet referre quorundam frontosam elationis ~iam ALDH. *VirgP* 58; ANSELM I 147 (v. imprudentia); ecclesie possessiones quas .. olim Danorum ~ia .. eliminaverat W. MALM. *Wulfst.* II 1; GIR. *Invect.* I 6 (v. effrons b); qui .. ad singula nescii sunt qua temeritate vel ~ia philosphandi professionem arripiunt? J. SAL. *Pol.* 639C; WALT. WIMB. *Sim.* 31 (v. exstare 2e).

2 indecency, immodesty, wantonness.

prostibuli lupanar, ubi .. frontosa mecharum ~ia turpiter stupratur ALDH. *VirgP* 45.

impudibundus [cf. CL pudibundus], shameless, unchaste.

frontosus, ~us OSB. GLOUC. *Deriv.* 242; infrontuosus, audax, inpudibundus *Ib.* 295; propudiosus, ~us, inverecundus, impudens *Ib.* 470.

impudicare [CL *p. ppl. only*], to make unchaste.

incesto, .. i. inpudicare, verbum activum OSB. GLOUC. *Deriv.* 97; elumbis, .. mollis, impudicus, ~atus, debilis *Ib.* 195; inpudico .. inpudicatus *Ib.* 433.

impudicatio, unchastity.

OSB. GLOUC. *Deriv.* 433 (v. impudicator).

impudicator, unchaste man, lecher, fornicator.

G. Steph. 77 (v. incestor); pudicus componitur inpudicus, unde inpudice adverbium et hec inpudicitia, -e, et inpudico, -as, i. incestare, unde inpudicator, inpudicatus, inpudicatio OSB. GLOUC. *Deriv.* 433.

impudice [CL], unchastely.

interdemus alterutrum dextras quod interim neuter contingat alterum ~e *V. Chris. Marky.* 10; inpudice OSB. GLOUC. *Deriv.* 433 (v. impudicator); mulier concepit a puero decenni .. que ita ~e abusa fuerat puero S. LANGTON *Chron.* 160; BRACTON 148b (v. discooperire 1b); **1343** qui lapsu carnis .. se maculat ~e *Conc.* II 721b.

impudicitia [CL], indecency, immodesty, unchastity.

qui .. otiosa .. et criminosa loquuntur, qui inpudicitiae, jactantiae, blasphemiae et .. detractionis sermonibus servire non timent BEDE *Hom.* II 6. 236; fornicarii et catamite .. maculantur et ~ie .. abominabiles judicantur ORD. VIT. XI 11 p. 208; **1166** ~iam mentis scurrilitate gestuum et oris turpiloquio protestentur J. SAL. *Ep.* 148 (177 p. 182); cum ad sollicitandum Augustum muliebris ~ie audacia accessisset *Id. Pol.* 494D; inpudicicia, cum non erubescit de malo manifesto quod habet GROS. *Templ.* 9. 2.

impudicus [CL], indecent, immodest, unchaste: **a** (of person); **b** (of word or act); **c** (of middle finger, held up as obscene or insulting gesture; also as sb.).

a clerici .. ~i, bilingues, ebrii, turpis lucri cupidi GILDAS *EB* 109; striones, qui †muebri [l. muliebri] indumento gestus inpudicarum feminarum exprimebant *Gl. Leid.* 1. 127; cupidinarius fuit .., bibax et ~us *G. Steph.* 77. **b** totum corpus ~o tactu oberrans pruriginem scalpit quam fecit J. SAL. *Pol.* 505C; verbum .. ~um AD. SCOT *QEC* 17. 829C (v. excusatorius a); primo ostendit ~e generacionis ignobilitatem, secundo honeste generacionis nobilitatem HOLCOT *Wisd.* 147. **c** inter medios indicis et †impudicis [v. l. impudici] artus BEDE *TR* 1 p. 180 (cf. ib. p. 179: †impudicem [v. l. impudicum]); **c1100** (v. granum 5a); *Text. Roff.* f. 76 p. 40 (v. 1 digitus 1b); medius digitus, qui propter insectationem opprobrii meruit nomen ~i W. CANT. *Mir. Thom.* II 36; digitus .. tertius medius et ~us OSB. GLOUC. *Deriv.* 167.

impudoratus [cf. LL pudoratus], impudent, brazen, shameless.

usque adeo .. excecavit eos ~a patiandi facinus voluntas *Becket Mat.* IV 193; epudorius, inpudens, inverecundus, inpudoratus OSB. GLOUC. *Deriv.* 198.

impudorosus, shameless, unchaste.

flagitiosus, dedecorosus, ~us OSB. GLOUC. *Deriv.* 245; *CathA* (v. epudoratus).

impugilatoria [cf. CL pugilatorius], (nonce-word) inaptitude for fighting.

illa vero naturalis inpotencia, mediante qua non potest aliquis de facili facere, est qualitas proporcionata cursorie et similiter pugilatorie, ut fingatur nomen incursoria et inpugilatoria BACON XV 228.

1 impugnabilis, that may be impugned, open to attack.

omnia bona que evenient de necessitate evenient, quod eciam satis magnum videtur absurdum et non minus ~e, quam illa universalior supradicta BRADW. *CD* 697B; *impugnable*, ~is LEVINS *Manip.* 3.

2 impugnabilis, that may be impugned, unassailable.

qui prius Simon dicebatur pro fortitudine .. fidei ~is vocabulum Petrum meruit BEDE *Hom.* II 21. 230; patet ~is sentencia veritatis WYCL. *Dom. Div.* 217.

impugnabiliter, in a way that may be impugned.

ut vere et non ~iter exprimatur sensus WYCL. *Univ.* 50.

impugnamentum, attack.

cum ista talia ac tanta sufficiant et arcem tutissimam contra omnia ~a teneant FRIDUG. 135.

impugnare [CL]

1 to attack, make an armed assault on: **a** (place); **b** (person or people); **c** (animal); **d** (absol.).

a grex .. quasi pro patria pugnaturus sed eam certius ~aturus GILDAS *EB* 23; ne Scottiam nil se laedentem inpugnaret BEDE *HE* IV 24 p. 267; insolentia Francorum regiam urbem .. cum armis ~are ausa est ORD. VIT. X 20 p. 124; DICETO *YH* II 55 (v. diffidare a); **12..** castra regia obsidet et inpugnat suibus atque catis (*DCCant.*) *HMC Rep. Var. Coll.* I 249; **1299** ad impungnandas insulas Scocie *Pipe* (*Chanc.*) m. 7*d*; turris non ~atur [ME: *asaillet*] nec castrum *AncrR* 83. **b** BEDE *HE* V 23 (v. domesticus 4b); rector novus Osui gentis / impugnatus enim fuerat hinc inde vicissim ALCUIN *SS Ebor* 509; inpugner *ic wære onfohten GlS* 210; Turci de turribus satagebant Christianos sagittis et lapidibus ~are ORD. VIT. IX 12 p. 580; **1242** regem et suos tam per mare quam per terram .. inpungnare proposuimus *RGasc* I 2; pugnat et impugnat expugnans acriter hostes GOWER *VC* VI 945; **1587** (v. damnificare 1a). **c** quando [bubo] ab avibus ~atur, in supinum se vertit et rostro cum pedibus se defendit BART. ANGL. XII 6. **d** ALDH. *Aen.* 60. 5 (v. elephas a).

2 to fight against, contend with (partly fig., also absol.).

rabies .. cessante libidine nihilominus ipsa nos ~are non cessant BEDE *Cant.* 1068; haec .. difficultas non perimit voluntatis libertatem. ~are namque potest invitam voluntatem, expugnare nequit invitam ANSELM (*Lib. Arb.* 6) I 218; non ~abunt stimuli tentationum *Id.* (*Or.* 13) III 54; ~ans vitium J. SAL. *Met.* 827D (v. 1 deferre 9b); capitalia peccata .. capitalem virtutem inpugnant, sc. caritatem GROS. *Templ.* 5. 5; **1276** dum idem se mutuo inpugnantes prefate jurisdiccionis exercicium .. non exercent *Reg. Heref.* I 112; fideliter certat quomodocumque †aliquo [l. aliquis] istorum [sc. mundi, suiipsius, diaboli] impungnetur [ME: *fechteð*] *AncrR* 87.

3 to impugn, oppose, criticise: **a** (person or institution); **b** (doc. or action); **c** (law or privilege); **d** (idea); **e** (absol.).

a eos .. ab ecclesiastica .. caritate .. recedentes .. verbis ~ant figurate BEDE *Prov.* 970; Henricus imperator Romanam aecclesiam ~abat ORD. VIT. IX 2 p. 461; **1259** liberas capellas nostras .. totis viribus nititur impungnare *Cl* 427; secundum .. quod iste ~atus affirmat .. OCKHAM *Pol.* I 309; ad instanciam .. Carmelite, qui per totum illum annum ipsum ~averat Oxonie, determinando et predicando *Ziz.* 296; **1411** inpugnare (v. dubitare 4c). **b** **1254** omni exceptioni juris vel facti et omni juris auxilio quibus hoc instrumentum .. posset aliquatenus inpugnari *RGasc* I 542; **1308** pium est obviare maliciis hominum .. volentium .. facta vestra .. impungnare *Lit. Cant.* III 364; ipsiusque inductionem jurisperiti ~are ceperunt variis argumentis *Reg. Wint.* II 136. **c** **p1100** considerate principes qui illam [ecclesiae libertatem] ~ant et conculcant ANSELM (*Ep.* 248) IV 159; **1317** ad ~andum jura regalia (v. erigere 8b); circa annum Domini mcccxliiij libertates .. et concessiones .., confirmaciones, privilegia .. et exempciones .. cepit inpugnare *NLA* II 673; **1441** statutum .. ~antes .. puniri *Lit. Cant.* III 173; **?14..** (v. discommunicare). **d** veritatem quam ipsi norunt ~ant BEDE *Ep. Cath.* 126; origines ostendimus. plurima .. restant .. que, licet invidi solito more lacerent et ~ent, .. OSB. GLOUC. *Deriv.* 510; PECKHAM *Paup.* 60 (v. exsufflatio 3); OCKHAM *Dial.* 626 (v. debitor b); BRADW. *CD* 136C (v. exiliter 4); plura dixi et scripsi que fortassis a clericis poterunt inpugnari UHTRED *Contra Querelas* 340. **e** arguto .., i. ~are, diserte se defendere OSB. GLOUC. *Deriv.* 18; argutare, verbis ~are *Ib.* 46; Walenses .. probi .. acerbitate inpugnandi et acredine resistendi MAP *NC* II 20 f. 30v; OCKHAM *Dial.* 536 (v. 1 deferre 9d); illud dico si forte aliquis impungnet sive impinget *Fig.* 44.

4 (infl. by *pugnus*): **a** to pound, pummel, squeeze. **b** to clasp, grasp.

a farinam aqua conspergat et manibus fortiter inpugnet et maceret *Cust. Westm.* 67 (= *Cust. Cant.* 120). **b** **c1250** habebit quilibet scottus de avena quantum potest ~ari a manibus suis *Cart. Rams.* II 38.

5 ? *f. l.*

si quid diminutum aut veritati dissonum inveniatur, soli meae insufficientie est impugnandum [? l. imputandum] ROG. SWYN. *Insol.* 112.

impugnatio [CL]

1 armed assault.

acies, extenta militum inpugnatio *GlC* A 159; obsedit castellum et residuos .. coartavit multis modis ~onum ORD. VIT. XIII 33 p. 94; hastilibus eam impingere ceperunt; tunc judex qui aderat vehementer obstipuit, et eos ab ipsius ~one compellavit *Latin Stories* 60. invectis .. omnibus que ad tuicionem suorum et ~onem hostium necessaria videbantur *G. Hen. V* 2 p. 16; quod interim ~ones hostiles cessarent utrimque *Ib.* 20 p. 140.

2 contention, struggle. **b** attack (fig.), temptation; **c** (w. subjective gen.).

[propheta] quam patimur ~onem in spiritu praevidit ADEL. BLANDIN. *Dunst.* 12; **a1079** Deus .. vitam vestram protegat .. ut omnibus ~onibus et adversitatibus praevaleatis ANSELM (*Ep.* 63) III 180; **1084** dilectos filios nostros Dunelmenses contra omnem inpugnationis occasionem hujus cartae nostrae munimine posteris in perpetuum temporibus praemunire decrevimus *Feod. Durh.* xlvii; in via qua gradatim ascenditur ad summitatem montis multarum tribulationum ~ones reperiuntur ALEX. CANT. *Dicta* 1 p. 114. **b** hac gemina ~one hortum Domini temptari probat BEDE *Cant.* 1150; quo nos genere apertae ~onis antiquus hostis .. debellare .. conetur *Ib.* 1164; qui inpugnatione violenter quoinquinatus est, vij dies peniteat vel quousque cogitatio vincitur EGB. *Pen.* 9. 6; ubi anima omni vitiorum et quarumlibet ~onum asperitate non tam depressa quam penitus exclusa in summe tranquillitatis serenitate gaudebit G. STANFORD *Cant.* 217 n. 75. **c** imploramus ut hanc creaturam [*sic*] salis .. careat .. omni .. inpugnatione spiritalis nequitiae EGB. *Pont.* 34 (= *Rit. Durh.* 121 *gl.*: *ongifeht*); semper vos .. dextera Dei .. defendit ab ~one omnis peccati EADMER *Beat.* 8; sit ab omni ~one antiqui hostis defensa (*Jud. Dei* 13. 6) *GAS* 423; ut vitiorum crebra ~o retundatur, protervitas inquietationis hebetetur PULL. *Sent.* 897B; omnes autem interim ~ones demonum .. valenter superabis ROLLE *IA* 268.

3 impugning, hostile criticism (of): **a** (person or institution); **b** (doc. or leg. action); **c** (right, obligation, or privilege); **d** (idea).

a **s1339** nec ecclesiam impugnare vel ejus ~oni favere AD. MUR. *Chr.* 97; OCKHAM *Dial.* 536 (v. 1 deferre 9d); quia fundamentum est ex antiquis, sc. felicis recordationis fratre Alexandro de Hales, ad ipsius ~onem accedo humiliter et invitus R. MARSTON *QD* 51. **b** **1328** ad inpugnacionem vero appellacionis sue hujusmodi informaciones et munimenta vobis mittimus *Reg. Exon.* I 215; **1433** nichil .. ad ~onem dicti testamenti ex aliqua parte adversa dicto aut proposito *Reg. Cant.* II 481. **c** **1251** renuncio cujuslibet auxilii remedio ad quod quoad inpugnacionem istius obligacionis recursus poterit haberi *Reg. S. Bees* 365; **1273** si .. ordinationem .. scienter impugnaverint .. nisi ab ~one predicta omnino destiterint *Reg. Linc.* 56; **1393** interposita appellacione .. de et super ~one juris et tituli dicti Ricardi *Reg. Heref.* 61; **1463** in previlegiorum .. ~ones *Melrose* 572. **d** investigantis animo potius .. quam temeraria contentione ad ~onem veri aliquid statuentis J. SAL. *Pol.* 452B.

4 (leg.) action, proceeding.

cause .. ad excusacionem sufficiunt et quaslibet inpugnationum decertationes evertunt (*Leg. Hen.* 61. 7) *GAS* 581.

5 (log. & phil.) objection, counter-argument.

OCKHAM *Pol.* I 300 (v. defensare 1c); *Ib.* III 11 (v. evasio 6a); ergo ~o istorum non est ad intellectum, sed ad nomen, cum non impugnent intellectum illius posicionis T. SUTTON *Quodl.* 572.

6 *f. l.*

1303 de iij s. de Summa Johannis de Deo de †inpungnacione [l. inpingnoracione, i. e. impignoracione] libelli vendita *Ac. Exec. Ep. Lond.* 51.

impugnator [LL]

1 attacker, one who makes armed assault; **b** (w. ref. to playing piece in board game).

restabat .. paries australis .. . ad austrum contra impellentes totus integra soliditate prosternitur .. . vix evasissent securi ~es GOSC. *Transl. Aug.* 16B; **c1212** nisi tam magnos Ylion hostes habuisset et ~ores, non tanta repugnantium .. laus fuisset GIR. *Ep.* 5 p. 192; regem Scotie persecutorem et ~orem fortissimum captum vinculis carceralibus mancipavit P. BLOIS *Ep.* 66. 206A. **b** propugnatores et ~ores *Alea Evang.* 173 (v. dux 6).

2 opponent, enemy; **b** (w. ref. to devil).

800 plurimi sunt inpugnatores ecclesiae Christi ALCUIN *Ep.* 209; cum iis qui oderunt pacem erat pacificus, verba mansuetudinis et pacis semper reddens ~oribus suis EADMER *V. Anselmi* II 14; **s1184** contra sui nominis ~ores nefarios murum inexpugnabilem ordinavit (*Lit. Papae*) W. NEWB. *HA* III 12; **s1215** omnes regis Anglie ~ores et expulsores excommunicare, vel ipsos ad concilium suspensos venire W. COVENTR. II 223; Eusebius Enesenus, Judaeorum ethnicorumque acerrimus ~or BOECE 108v. **b** BEDE *Ezra* 893 (v. eversor); infernalis impungnator [ME: *weorrur of helle*] *AncrR* 90.

3 critic, one who impugns validity: **a** (of text, argument, or idea); **b** (of law or authority).

a est .. homo ut rethor peritissimus ita gratiae Dei post Pelagium ~or acerrimus, ut apertius scripta ejus quibus contra strenuissimum ejusdem gratiae propugnatorem Augustinum insanivit ostendunt BEDE *Cant.* 1066; quod in corde .. sentis .. ~oribus fidei fateri non timeas AD. SCOT *Serm.* 23. 225B; GIR. *TH* III 1 (v. enucleator); domino G. suus Petrus .. ~ores catholice fidei expugnare P. BLOIS *Ep.* 113. 340C; super tribus .. sceleribus non faciliter convertitur fraterne innocentie ~or PECKHAM *Kilw.* 121; OCKHAM *Pol.* I 300 (v. defensare 1c); *Ib.* 365 (v. derisorius b); **1383** ~ores .. fidei [Christiane] qui suas pravas et perversas doctrinas .. seminare .. conantur (*Breve Regis*) *Ziz.* 312; qui .. nature videretur ~or FORDUN *Chr.* V 22. **b** ~ores nostre jurisdiccionis *Reg. Cant.* 610; **1309** ~ores seu violatores jurium corone (*Breve Regis*) *Reg. Carl.* II 12; OCKHAM *Pol.* I 308 (v. 2 dominium 1b); quod ejus [sc. potestatis papalis] ~or esset igne vel gladio puniendus CONWAY *Def. Mend.* 1413 (*recte* 1313); ad ~orem regie dignitatis *Reg. Brev. Orig.* 60v.

impugnatrix, attacker, opponent (f.).

[gratie] acerrima inpugnatrix est negligentia J. SAL. *Ep.* 250 (148); cum eversioni Carthaginis, Romani imperii ~icis R. BURY *Phil.* 7. 112.

impulsare [LL]

1 to strike, beat upon.

cladibus omnis ordo clericorum et laicorum ~atus a pristino robore corruit ORD. VIT. III 1 p. 6; sedatis .. procellis quibus Uticensis ecclesia graviter ~abatur *Ib.* 7 p. 94.

2 to attack.

cum .. vehementi impetu principes .. ~antes prostraverunt *Plusc.* X 25.

3 to importune, incite, prompt.

cum .. puer ad etatem legitimam pervenisset, de die in diem regem ~abat ut regnum ei dimitteret *G. Roman.* 386.

impulse, impulsively, forcefully, or ? *f. l.*

si ipso in actu [oppressionis] rigor ille animi nimio ardore impulsius [? l. impulsus est] quasi e loco motus .. est conscientia .. reparanda PULL. *CM* 202.

impulsio [CL]

1 blowing, blast (also fig.).

significent .. tigna praedicatores .. qui .. turbines hereticae ~onis, ne eam [ecclesiam] deiciant, arcent BEDE *Cant.* 1100; meministi inter homines esse natura conjunctam societatem que nec ventorum poterat ~one moveri nec aliqua incommodorum passione sejungi *Ep. ad amicum* 112; ex ventorum ~one, ut dum ventus meridionalis .. aquas movet *Quaest. Salern.* N 58.

2 impulsion, drawing in (med.).

pulsio .. in expulsionem et ~onem dividitur ALF. ANGL. 11. 22 (v. expulsio 2a).

3 attack, blow, violent act.

usque in Pascha existunt, qua die Christus corporis sui templum restituit quod prius ~o Judeorum solvit HON. *GA* 654D; licet multas adversariorum ~ones senserit ALEX. CANT. *Mir.* 34 p. 226; **1164** oportet nos .. de illis [sc. ecclesiis] precipue curam gerere que aliquo casu aut hostis ~one majori indigent consolacione *Regesta Scot.* 243; hi .. in adversis patienter impatientium ~ones tolerant NIG. *Ep.* 18; amoto itaque tanti lapidis ingenti obumbraculo non minus fletuum ubertate quam manuum ~one *Found. Waltham* 6; **1348** ab hujusmodi ~onibus indebitis .. priori faciendis desistere non curastis *Conc.* II 740a.

4 incitement to action, prompting.

ab omnibus inpulsionibus seu temptationibus malignorum spirituum tuti esse mereantur EGB. *Pont.* 16; ALCUIN *Rhet.* 17 (v. extenuatio 2b); *Ib.* 18 (v. ergo 1e).

impulsivus [LL], impelling, impulsive.

aëris ~a informatione .. auditus fit ADEL. *QN* 21; due considerande sunt, sc. causa ~a et causa rationativa .. . causa ~a est que subito nata impellit hominem ad aliquid scelus T. CHOBHAM *Conf.* 56; perfeccio sensus est causa inpulsiva et generativa penetrabilis intellectus MILEMETE *Nob.* 87.

impulsor [CL], instigator.

[ergo]dioctes, operis inpulsor *GlC* D 250; inpulsore, *baedendre Ib.* I 210.

impulsus [CL]

1 blow, clash, impact (also fig.).

haec est illa firma petra .. quae nec ~u fluminum nec flatu ventorum est mota ANSELM (*Incarn. A* 4) I 283; cum .. reciprocus possit esse atomorum ~us, cum item ex aliorum offensione incepti finiantur motus .. ADEL. *QN* 61; **1166** inpulsus turbinis surgit ab insperato J. SAL. *Ep.* 161 (159); quippe in ipso congressu bellorum omnia tela conversa sunt in hostes ~u ventorum, et ita suis armis expugnati sunt R. NIGER *Chr. I* 45.

2 impulsion, drawing in (med.).

ALF. ANGL. *Cor* 11. 22 (v. expulsio 2a).

3 push.

R. NIGER *Chr. II* 150 (v. egressio 2a); stetit carrum quasi fixum nec poterat moveri tractu boum vel ~u hominum *Found. Waltham* 9; injuriatus ab omnibus tum clamoribus tum tractibus et violentis inpulsibus MAP *NC* V 6 f. 69; facilis ~us maceriam precipitat quam nec fundamentum solidat aut cementum J. GODARD *Ep.* 220.

4 attack.

1336 (v. 2 eventus 4a); *Ps.*-ELMH. *Hen. V* 26 (v. dejugare).

5 incitement to action, prompting.

quasi anchore fune restringerer cum causarum secularium incessabili inpulsu fluctuarem *V. Greg.* 77; cum incessabili causarum saecularium inpulsu fluctuaret BEDE *HE* II 1 p. 75; qui simili inpulsu aliquid simile commiserunt ALCUIN *Rhet.* 18 (= Cicero *Inv.* II 18; cf. ib.: inpulsione); quisque .. trahitur vel impellitur, non inconvenienter trahere aut impellere Deus, cum talem dat voluntatem, affirmatur. in quo tractu vel ~u nulla intelligitur violentiae necessitas ANSELM (*CurD* 1. 10) II 65; cariorem ipsum nature illius inpulsu habere debetis GIR. *SD* 122; subito mentis ~u (Birgitta of Sweden) BOWER X 8.

impunctare [cf. punctare], to mark (place in text) with a dot or point.

ad secundum argumentum aliter respondit S. Thomas . . . ibi dicit quod glossa que allegatur in tercio argumento est a magistris ~ata vel suspecta HOLCOT *Wisd.* 24.

impune [CL]

1 without punishment or retribution, with impunity. **b** (~*e ferre*) to escape punishment, go scot-free.

quae in aliis juste reprehendit ipse ~e non admittit BEDE *Prov.* 979; non multo tempore reges .. daemonicis cultibus inpune serviebant *Id. HE* II 5 p. 92; inpune discurrunt facientes furta latrones ALCUIN *Carm.* 45. 53; **9..** inpune (v. efficere 6d); *G. Steph.* 77 (v. incestor); cernens Alanus se rem tam presumptuosam ~e transisse .. *Chr. Battle* f. 95v; ut ipsi semper ~e deseviat cui deservit MAP *NC* III 3 f. 41; **a1350** (v. diffortiare 5); **1453** licite et ~e ingredi et seisire et plenam et pacificam seisinam inde capere (*DL Ac. Var.*) *JRL Bull.* XL 399. **b** non ~e ferent ausis quod talibus herent ORD. VIT. X 20 p. 125; non ~e feres dum vigor huic inerit dextere que tot gigantibus per Tyrrena littora gaudia vite eripuit? G. MON. II 3; **c1188** ut qui ei rebelles fuerint non ~e ferant *Regesta Scot.* 281; inobediens quidem injuncta non explevit; non tamen ~e tulit *Found. Waltham* 3.

2 without harm, safely.

aliquod genus vermium in aquarum calidarum scaturigine reperitur, quarum fervorem nemo ~e contractat GROS. *Hexaem.* VII 14. 6 p. 214.

impungere [LL]

1 to prick, stab.

s1404 audivi de quodam propheta pseudo se Heliam esse .. ac inpungisse Christum pede dum crucem ad tormenta portaret AD. USK *Chr.* 96.

2 to point out, mark with a dot or prick.

ave, pulcris pulcra costis, / in qua neque ringens hostis / notellam impungeret WALT. WIMB. *Virgo* 96.

impunis [CL], unpunished.

de custodibus hujusmodi assisarum, si mercedem ceperint per quod hujusmodi pannos inpunes vendi sustinerent *Fleta* 24; **1292** judicatos pro pecunia permittit abire quietos et ~es *PQW* 268b; **c1298** o quantos impietas impunita ledit! / impius impunis semper se vincere credit (*Dunbar* 64) *Pol. Songs* 165; scio .. quod .. justicia .. tua non permitteret me esse ~em *Spec. Laic.* 20; **1485** ordinatum fuit quod .. exonerarentur, acquietarentur et ~es essent .. de aliquo murdro, homicidio .. seu alicujus alterius transgressionis perpetracione *Entries* 665b (= *StRealm* II 504: *unpunysshable*; *nient punisshablez*).

impunitas [CL]

1 exemption from punishment.

exempla nominum quae epitrito tertio .. amminiculentur .. '~as' ALDH. *PR* 139; ~ate promissa latrunculi duo armati in ecclesia se concluserunt ASSER *Alf.* 97; ut hoc sanctum asylum .. conspexerit, ~atem et libertatem optineat GOSC. *Transl. Mild.* 23 p. 190; ut quicumque fugitivus .. membrorum suorum ac vite ~atem consequatur OSB. CLAR. *V. Ed. Conf.* 11 p. 91; qui ad aecclesiam .. confugerit, si reus est, data ~ate vite vel membrorum justitie reddatur; si innocens, liberetur ORD. VIT. IX 2 p. 465; qua ratione merentur ~atem in majori cum puniantur homines ex minori? PULL. *Sent.* 799B; nemo .. si secus egerit de ~ate sibi blandiatur *Dial. Scac. pref.* A; stultus .. est qui mandata transgreditur, et tamen sibi de ~ate blanditur S. LANGTON *Serm.* 4. 39.

2 freedom from consequences (of action).

~atem rapacitatis cediumque affectabant ORD. VIT. XI 35 p. 287; **1168** litteras .. pape, quibus dedit ei inpunitatem peccandi transcribi fecit J. SAL. *Ep.* 246 (279 p. 606); multi .. audacius ob hanc ~atem hostiliter excedunt GIR. *DK* I 18; ne ~atem peccandi, si acciperet, emptam putarent *Id. GE* II 33; **1228** ~as delinquendi (v. detentor 3).

impuniter [cf. CL impunite], without punishment.

s694 quia quod semel acceperit homo de manu alterius in propriam potestatem, nullatenus sine ira et ultione illud iterum dimittet ~iter *ASChr.*

impunitus [CL], unpunished: **a** (of person); **b** (of action).

a 704 quicunque .. cujuslibet personae .. contempserit non erit a Deo ~us *CS* 110A; contra omnes impios neminem illorum relinquens ~um BEDE *Ep. Cath.* 128; nec qui peccat ~us debet dimitti ANSELM (*CurD* 7) II 58; Buamundus .. captos .. ~os dimisit ORD. VIT. IX 6 p. 496. **b** Dei misericordia tantum facinus ~um fieri non permittente .. ASSER *Alf.* 97; non .. decet Deum peccatum sic ~um dimittere ANSELM (*CurD* 1. 12) II 69; furtum morte inpunitum (*Leg. Hen.* 10. 1) *GAS* 556; nullum malum ~um GIR. *GE* I 5 p. 19; nullum ei bonum ~um, nullum malum irremuneratum MAP *NC* IV 6 f. 49v; **1278** rex tantam maliciam .. relinquere non vult inpunitam *Law Merch.* II 28; sic imperium reassumens de omnibus triumphavit nulliusque culpam reliquit ~am DASTIN *Visio* 326; WYCL. *Civ. Dom.* I 218 (v. dissipativus).

impuratus [CL], unclean, befouled (fig.).

~us, immundus *befyled GlP* 394.

impure [CL], foully, vilely, impurely.

sed ~e geritur quidquid de puritate cordis non nascitur BALD. CANT. *Tract.* 470A.

impurgabilis [LL], that cannot be purged.

unclenceabylle, inexpiabilis, inpurgabilis *CathA*.

impuritas [CL]

1 impurity, muddiness, sediment.

~as debet esse in omni urina febricitantis GILB. I 33. 2.

2 cloudiness, dimness, want of clarity.

tanta .. pluviarum hic jam inundat ubertas, tanta nebularum et nubium incumbit ~as GIR. *TH* I 33.

3 moral impurity.

deposita veteris hominis ~ate BEDE *Cant.* 1088; nulla .. inoboedientiae ~as *Simil. Anselmi* 90; impuritatem tu que nescis LEDREDE *Carm.* 40. 17.

impurium v. emporium.

impurus [CL]

1 dirty, muddy.

verum de ~is ranulis loqui omittentes .. digeramus sermonem OSB. GLOUC. *Deriv.* 83; porcidus, foedus, ~us, obscenus *Ib.* 471.

2 impure, adulterated; **b** (med. & alch.; also as sb.).

mercatores qui bonam pecuniam portant ad falsarios et ab ipsis emunt, ut inpurum et minus appendens operentur (*Quad.*) *GAS* 234; inpurus, non purus OSB. GLOUC. *Deriv.* 295; licet cum .. luce ~a non misceatur aliqua alia entitas positiva DUNS *Ord.* IV 167. **b** *Quaest. Salern.* B 216 (v. depravare 3); ex sanguine ~o grosso, qui propter ejus inconvertibilitatem et venenositatem meretur expelli GILB. VII 304v. 1; separatio .. a .. inpuriori .. massa RIC. MED. *Anat.* 224 (v. egestio a); separationem puri ab ~o *LC* (v. digestio 2a).

3 morally impure: **a** (of person; also as sb.); **b** (of thought or action).

a quilibet ~us negat excusando scelus quod admisit et simulat ostentando bonum quod non fecit BEDE *Ep. Cath.* 27; adulter .. ~us H. HUNT. *HA* VIII 15 (v. excellenter b); inpuri GARL. *Mor. Scol.* 417 (v. Epicureus 1a). **b** clerici .. habentes .. infidelitatem in conscientia ~a GILDAS *EB* 109; per ~issima sua [sc. haeretica] facta et sacrificia vel mysteria execranda quae faciunt BEDE *Ep. Cath.* 74; J. FORD *Serm.* 49. 4 (v. exurere 2a); quatinus tuis gloriosis precibus ~um cor meum preparare digneris S. EASTON *Medit.* 405.

imputabilis, imputable, attributable.

nihil est peccatum .. nisi quod est in potestate voluntatis ejus, quia nihil preter hoc est ~e DUNS *Sent.* II 42. 4. 1; actus nulli est ~is ad peccatum quando habens detestatur illum actum meritorie OCKHAM *Quodl.* 103; actus non est ~is ad meritum vel demeritum nisi fiat scienter et contingenter *Ib.* 138; quomodo Deus non sit prima causa peccati, quia non est prima causa ~is ad culpam BRADW. *CD* 304A; sine exorbitacione superflua eis ~i ad peccatum WYCL. *Ver.* II 74.

imputabiliter, by imputation.

redeunt peccata .. vere vel ~iter, seu eque ponderanter secundum reatum, vel eciam preponderanter propter aggravacionem novi contemptus adjuncti BRADW. *CD* 414C.

imputare [CL]

1 to blame, accuse: **a** (usu. w. dat.); **b** (w. acc. & inf.); **c** (w. *quod*).

a nolite tales esse sicut patres vestri, quibus ~averunt prophetae priores dicentes .. GILDAS *EB* 57 (cf. *Zach.* i 3: ad quos clamabant prophetae); omni spiritui non est laus credere passim. / credulus ut fuerit, imputet esse sibi WALT. ANGL. *Fab.* 14. 14; ~es ergo tibi ipsi, et non mihi *Latin Stories* 115; ~o, A. *to atwyte WW*. **b** si forsitan alius animositatis nostrae fastibus hoc opus nos arripere inputat FELIX *Guthl. prol.* p. 62. **c** MAP *NC* V 6 (v. dedignanter).

2 to impute (fault or charge to someone); **b** (w. *quod*).

hoc illis Deus non inputet in malum *V. Cuthb.* III 4; si qua in his .. aliter quam se veritas habet posita reppererit, non hoc nobis inputet BEDE *HE* pref. p. 8; nulli nisi ipsi ~aretur ejus nuditas ANSELM *Praesc.* 269; ~abatur .. maleficiis et incantationibus quod erat divine virtutis opus W. CANT. *Mir. Thom.* III 18; si quid triste per imperitiam ejus [sc. medici] contigerit, ei merito ~atur J. SAL. *Pol.* 567C; **1202** dixit se velle ut eis ~aretur mors sua *SelPlCrown* 11; **1313** quicquid in hiis finibus mali perpetratur / dictis proditoribus totum inputatur (*Bannockburn* 52) *Pol. Songs* 264; proprie nullum peccatum ~atur alicui nisi quod est in ejus potestate OCKHAM *Quodl.* 242; noli michi ~are causam belli TREVET *Troades* 65. **b** ~ant ergo elemosinarum largitioni quod albescunt manus *V. Gund.* 46; imperitie sue cepit ~are quod custodiam rebus suis non deputasset W. CANT. *Mir. Thom.* VI 168; **1265** ne per negligenciam vel defectum tui .. tibi possit .. ~ari quod pax nostra minus bene observetur *Cl* 151; horum enim austeritati et pigritie ~atur quod cementum muri religionis monastice .. dissipatur ELMH. *Cant.* 200; **1473** non recte michi potest .. ad ingratitudinem ~ari quod .. *Lit. Cant.* III 260.

imputatio [LL < CL *entry in account*], imputation, accusation.

in hoc vicio sunt exprobracio, ~io tocius mali, quod imputare potest alii [? l. alius alii] vel quod potest excogitare *AncrR* 68.

imputrescibilis [LL], not liable to rot or decay: **a** (of meat); **b** (of human flesh or body); **c** (of wood).

a de carne ~i macelli GERV. TILB. III 12 *tit.*; **b** quod .. Filius Dei .. corpus in te [sc. BVM] et ex te assumpsisset ~e J. GODARD *Ap.* 260. **c** ~is vivit cedrus Dei *Brev. Ebor.* II 301.

imputrescibilitas, incorruptibility.

si .. caro pavonis ~atis privilegio insignitur J. GODARD *Ap.* 261.

imputribilis [LL], 'imputrible', not liable to rot or decay; **b** (of part of human body; also fig.); **c** (of wood; cf. *Is.* xl 20).

quod pulpa pavonis ~is [*gl.*: incorruptibilis, immarcescibilis, *unfuliendre*] naturae sit ALDH. *VirgP* 9; **1165** aurum .. inputribile .. incontaminabile .. nullam admittit rubiginem J. SAL. *Ep.* 167 (145); GROS. *Ps.-Dion.* 1022 (v. inconsumptibilis); quod [sc. caput ymaginis] etiam condi feci balsamo ut ~e perseveret *Arthur & Gorlagon* 23. **b** jacet .. ~is, communem praestolans diem resurrectionis HERM. ARCH. 30; licet capilli ~es esse dicantur GIR. *Spec.* II 8; ex ~i carta Christi sanguine *CollectOx* I 48. **c** ligna .. erant inputribilia e quibus et tabernaculum omne factum BEDE *Hom.* 25. 434; cedrus namque arbor est ~is *Id. Templ.* 755; ecclesia .. quasi lignis ~ibus constructa est ALCUIN *Exeg.* 650B; buxus lignum durum est et ~e PETRUS *Dial.* 41; **1239** dilectio .. velut arbor ~is GROS. *Ep.* 68; ligna setim esse dicuntur quedam arbores spinose, leves, ~es [TREVISA: *rotieþ nouȝt*] BART. ANGL. XVII 150; in latere arce federis Domini .. que de lignis sethim ~ibus facta fuit R. BURY *Phil.* 17. 227; presepia animalium .. de quercu ~i sunt constructa *Meaux* II 64.

imputribilitas, incorruptibility.

habuit odorem in consideratione bonitatis Dei, habuit ~atem in notitia eternitatis Dei J. FORD *Serm.* 36. 3.

imranda v. merenda. **imugere** v. immugire a. **imunis** v. immunis 1a.

imus [CL]

1 lowest in position, bottommost; **b** (w. ref. to southern hemisphere); **c** (as sb. n.) lowest place, bottom; **d** (w. gen.). **e** (*imum maris*) point of low tide.

qui pronus paulo ante solum prospexerat imum WULF. *Swith.* I 393; perveniuntque locum tumuli fodiendo sub imum *Ib.* 961. **b** ferunt .. hominum genus esse sub orbe, quos Antipodas vocant, et .. imum orbis fundum ad nostra vestigia sursum directis pedibus calcant *Lib. Monstr.* I 53; tempore quo Phoebus caelum perlabitur imum / .. vigilans ÆTHELWULF *Abb.* 555. **c** ima petens jugiter minorari parte videbor ALDH. *Aen.* 41 (*Pulvillus*) 6; vidit quasi vallem tenebrosam subtus se in imo positam BEDE *HE* III 19 p. 165; tollit unam cannam, que fuit concava et habuit imum HUGEB. *Will.* 4 p. 101; *Alea Evang.* 174 (v. derivare 2d); si talis miles Christi es qualem te ostendis, mitte manum tuam in bullientem aquam et unum frustum de imis mihi .. adtrahe WULF. *Æthelwold* 14 (= ÆLF. *Æthelwold* 10); G. MON. I 12 (v. disjungere 2b); humores .. guttatim .. ad ima revertentes GIR. *TH* I 6; nunc a summis ad ima, nunc ab imis ad summa nitentem *Ib.* I 12; homo cum celsa petit Deus et yma *Miss. Westm.* I 367. **d** cum .. ima baratri repeterent BEDE *HE* V 12 p. 305; insuper et vincla trusique in carceris ima WULF. *Brev.* 474; carne Deus tectus quasi vallis ad ima provectus *Vers. Cant.* 17. **e** **1341** concedimus eisdem ballencam silicet a dicta villa S. Emiliani versus castelliones usque ad locum vulgaliter [*sic*] appellatum pratum Neyronis et de hinc usque ad pontem vocatum de petra et de hinc usque ad imum maris de Brano et de hinc usque ad aquam de Tailhayhac et usque ad ymum maris et de dicto ymo maris usque ad crucem de Montaignes *Pat* 203 m. 25.

2 farthest below surface, deepest.

vivens nam terrae glebas cum stirpibus imis / nisu virtutis validae disrumpo feraces ALDH. *Aen.* 83 (*Juvencus*) 3; si aliquis fons imus est et profundus .. *Quaest. Salern.* B 112.

3 innermost. **b** (as sb. n.) innermost part (of body, as seat of emotion).

propter crebra compunctionis suspiria imis praecordiorum ilibus prolata ALDH. *VirgP* 14; profusis ex imo pectore lacrimis BEDE *HE* IV 26 p. 273; fervente membrorum compagine, ab imis ossium medullis inmenso ardore coquebatur FELIX *Guthl.* 45; ~is de pectoris fibris longa suspiria trahens *Ib.* 50 p. 160 (*cf.* Vergil *Aen.* I 371); imam *innemystan GlP* 887. **b** tantae flagrantia suavitatis ab imis ebullivit BEDE *HE* III 8 p. 144; te cordis yma [AS: *nipolnyssum*] concinant *AS Hymns* 2; rex ex imo pectoris alta suspiria trahens J. FURNESS *Walth.* 45; **s1384** anxiosos gemitus pectoris ab ymo suspirando eduxit *Chr. Westm.* 143.

4 last, final.

spondeus a quibusdam imus pes cognominatur ALDH. *Met.* 10 p. 83.

5 least, lowest in value or prestige. **b** (as sb. n.) lowest social position.

foetus fluunt ex semine / imo naturae germine (ÆTHELWALD) *Carm. Aldh.* 2. 134; D. BEC. 601 (v. equidem 1). **b** nequaquam valet in culmine humilitatem discere qui in imis positus non desiit superbire *V. Greg.* 109.

6 utmost.

1289 cum dederimus licenciam .. Emerico .. fugandi ad omnimodas feras in foresta .. de B. .. etc. ita tamen quod immam inde destructionem facere non presumat *RGasc* II 374.

1 in [CL] (prep. w. acc. 1–24; prep. w. abl. 25–57; adv. 58; w. adv. or prep. 59; prefix 60)

1 (w. acc.) into (defined space); **b** (part of body; also fig.).

si aves stercorant in quemcumque liquorem .. THEOD. *Pen.* 7. 10; anchoris in mare missis BEDE *HE* III 15 (v. ancora a); dextri pedis majorem articulum defigebat in terram W. CANT. *Mir. Thom.* II 11; **s1224** cives audientes jam guerram in Angliam fumigare *Flor. Hist.* II 180 (= *Ann. Lond.* 26: guerram in Anglia fumigare); firmam .. in granarium recipiet *Cust. Cant.* 134 (v. 1 firma 1); monstrum .. in mare projecit *Eul. Hist.* II 219. **b** qui semen in os miserit vij annos peniteat THEOD. *Pen.* I 2. 15; **836** elemosinam quam .. in manus Domini datam habeo .. stare demittetis *CS* 416; **1266** redditum illum .. capi fecimus in manum nostram *Cl* 190.

2 into (state or condition); **b** (occupation or action); **c** (office or authority). *Cf.* 21 *infra.*

si quis renunciaverit seculo, postea reversus in secularem habitum .. x annos peniteat THEOD. *Pen.* I 8. 12; juvenculus rabidis molosi rictibus in vesaniam versus ALDH. *VirgP* 37; **744** eos .. in custodiam misit *Ep. Bonif.* 57 (v. custodia 2e); **s856** accepit filiam regis .. in conjugium *AS Chr.*; auditores in benevolentiam .. ducendi ADEL. *ED* 21 (v. docilitas); respondit demon .. "animas hominum .. in potestatem habere non possumus" GIR. *GE* I 25 p. 71; **a1200** si .. in consuetudinem duxerit (v. ducere 7b); **s1212** in fata cessit (v. 2 cedere 2); **1253** cum .. tradiderit in commendam, etc. (v. commenda a, b); deducunt in oppositum et in errorem DUNS *Ord.* I 24 (v. ducere 7c); magis ducunt in .. necessitatem .. quam in contingenciam *Ib.* 25 (v. ducere 7c). **b** non statim in fletus singultusque prorumpant? GILDAS *EB* 35; vocibus horrendis stimulans in bella cohortes ALDH. *Aen.* 68. 2. **c** **c835** me .. in episcopatus officium elegerunt *CS* 415; **s1052** Spearhavoc .. in episcopatum promotus (v. episcopium 2); **c1125** computetur et tallietur a meis camerariis in suam firmam quicquid monachi ex hiis omnibus acceperint *Cart. Chester* 6 p. 48; **1127** nullus in archidiaconatum .. constituatur (v. 1 constituere 3c); **1411** prefeccio seu collacio dictorum .. capellanorum in et ad predictam cantariam *Lit. Cant.* III 128; cum ventum est ad turrim .. quasi ad introitum in potencias civitatis .. *G. Hen. V* 15.

3 into (group). **b** (*in unum*) into a group, together. **c** in a group, together (*cf. Psalm.* cxxxii 1).

1425 presbiterum .. suspectum in comitivam tuam scienter recepisti *Reg. Cant.* III 108. **b** ea .. non inutile duxi in unum congerere GIR. *TH pref.* p. 21. **c** donec Arriana perfidia, atrox ceu anguis, .. evomens venena fratres in unum habitantes .. faceret sejungi GILDAS *EB* 12; **838** regibus .. cum .. optimatibus omnes .. in unum consona mente .. scrutantibus *CS* 421.

4 (belonging) to.

836 omnia illuc pertinentia in caelestem culmen *CS* 416; istud manerium est in dominium Radulfi *DB* II 415.

5 (w. vb. of multiplying or dividing) into (a number). **b** (*in se* or sim.) squared.

integer si ducatur in aliquam fractionem ADEL. *Alch.* 21 (v. ducere 8f); per primam secundi valet quod fit ex CF in lineam FD et CF in DP, et per quos valet id quod fit ex CF in FD et CF in CD, cum sint equalia CD et DP WALLINGF. *Quad.* 26. **b** numerus .. in se ipsum ductus ADEL. *Alch.* 25, in semetipsum .. in quemlibet alium OCREATUS *Helceph* 133, [9] si in se ducatur 81 producit *Mus. Mens.* (*Anon. VI*) 399 (v. ducere 8f); quod fit ex FE in seipsam deficit ab eo quod fit ex CD in seipsam per quod fit ex FD in seipsam WALLINGF. *Quad.* 26.

6 as one gets into (period), in (course of time).

indies AILR. *SS Hex* 11 etc. (v. 1 dies 3b); de die in diem R. COLD. *Cuthb.* 48 etc. (v. de 3b); quod .. virtutis inposterum vigor accrescet GIR. *TH pref.* p. 21 (cf. imposterum); **1265** solvent .. de anno in annum xxxvij m. (v. annus 1a); **1338** oppressionibus que die in diem emergunt (v. custodia 4b).

7 upon, up on to; **b** (part of body). **c** upon, down on to.

rogus .. / reptantem in prunas consumpsit torre chelidrum ALDH. *VirgV* 811; tunc crucis in patulum coguntur scandere robur / atque faretrarum densas sufferre sagittas *Ib.* 1117; [bestiae] que .. currunt in terram *VSH* I 13 (v. 1 hora 6b). **b** monstrum quod in humeros ferebat in mare projecit *Eul. Hist.* II 219 (= G. MON. I 16: super humeros). **c** croceos Titan radios defundit in orbem ALDH. *VirgV* 1073; **a1161** in bona ecclesie .. manum violentam extendat, **1167** in res monachorum .. manum posset extendere (v. extendere 2c); sita est superius .. statua mire magnitudinis gigantea .. respiciens in faciem regis *G. Hen. V* 15; volucres .. descenderunt in pectus regium *Ib.*

8 on, at, in (place); **b** (part of body).

leonem .. in frontem beluarum horribilium ponimus *Lib. Monstr.* II 1; **s577** tres interimunt .. in locum qui vocatur Deorhamme ÆTHELW. I 5; **s892** arcem .. fundant in Cantiae fines *Ib.* IV 3; quicquid mercature navis per mare advexerit ad terram debet ferri preter sal. et allec debet vendi in navim *APScot* pref. p. 34; **1170** obiit in domum suam (v. dividere 9c); in turrim quam Vortigernus edificaverat ipsum combussit DICETO *Opusc.* 228 (cf. G. MON. VIII 2 turrim et Vortegirnum exarsit); in ecclesiam R. NIGER *Chr.* I 48 (v. fugitivus 2b); **1219** dicit quod habet terram .. ut .. hereditatem suam .. et ideo tenet se in terram illam *CurR* VIII 105; **1220** nichil clamat hereditarie in terram illam de stipite illo *Ib.* 225; **s1194** R. rex .. captus est in Alemanniam *Chr. Peterb.* 5; **1293** cum .. fuerat in villam S. Ivonis (*CourtR*) *Law Merch.* I 57; **s1266** Ludovicus in Terram Sanctam similiter mortuus est *Plusc.* VII 27. **b** [ingens puella] virgis alligata et in caput occisa pervenerat *Lib. Monstr.* I 13; libellum quem in sinum suum .. portabat ASSER *Alf.* 88; false mensure .. ubicumque inveniri contigerint in manus turnariorum seu in alio quocunque loco *MGL* III 432.

9 (usu. w. vb. of sending, journeying, expr. destination) to; **b** (w. person or group as obj.).

legio .. ratibus trans oceanum in patriam advecta GILDAS *EB* 15; Cacus .. vaccas .. caudis traxit in antrum *Lib. Monstr.* I 31; in tetra tartara trudatur ALDH. *VirgP* 18; in eandem [ecclesiam] sunt ejus ossa translata BEDE *HE* IV 3 p. 212; **s856** incolumis in regnum suum reversus *AS Chr.*; in ipso primo adventu ejus in Angliam *DB* I 11a; **s1235** deportatum est corpus in ecclesiam (v. classicus 4b); qui sunt in prisonam mittendi BRACTON 124 (v. custodia 2e); **1267** Rogerum .. duodecim [manucaptoribus] tradatis in ballium *Cl* 299; fecit eum .. proici in profundum .. gaole capite suo precedente sine scala *State Tri. Edw. I* 51; fuga Domini in Egiptum *Vers. Cant.* 14. **b** a beato Petro in matrem Domini Salvatoris, a clericis in monachos, translata est sedes pontificalis honoris EADMER *V. Osw.* 20; noluit monarchiam suam in aliquem transferre *Flor. Hist.* I 65; **1208** ut .. pena ejus in omnem ecclesiam innotescat, cujus culpa generalem ecclesiam noscitur offendisse (*Lit. Papae*) *Conc.* I 529a; **1340** Johannem .. a .. sentenciis .. excommunicacionis .. in personam .. Ricardi in hac parte procuratoris et specialem ad hoc habentis potestatem absolvimus *FormOx* 138.

10 (indicating target of assault or hostility) against.

tanta insania in dominos debacchatus est ut duos imperatores legitimos .. vita pelleret GILDAS *EB* 13; in hoc ergo impetu Assyrio olim in Judaeam comparando completur .. quod propheta .. ait *Ib.* 24; [belua] in Alexandri milites prosiliens duos occidisse describitur *Lib. Monstr.* II 22; **790** Avari .. exarserunt in Italiam et .. domum .. reversi sunt ALCUIN *Ep.* 7; **c1212** mores hominum .. qui in dominum suum .. tam mendaciter scribunt GIR. *Ep.* 5 p. 190; **s1325** in caput ipsorum .. redundavit (v. 2 caput 1b); convertetur dolor ejus in caput ejus *G. Hen. V* 14.

11 (of attitude) towards, to (person). **b** for (place). **c** to, concerning (book).

rex Ecgfrithus, humilis in populis suis, magnanimus in hostes EDDI 19; semper in Deum irreverens MAP *NC* I 25 f. 19v. **b** insula Vecta in quam .. nemo gradum ministerii .. accepit BEDE *HE* IV 14 p. 238; **s1072** custodiam xl militum habere in insulam (v. custodia 4c). **c** incipit prologus in Librum Monstrorum *Lib. Monstr. prol.*; misi enim opusculum in Actus Apostolorum BEDE *Acts* 937; incipit prologus .. in libros novelle historie W. MALM. *HN prol.*; introitus in recitationem [v. l. prefatio prima in Hibernicam Topographiam] GIR. *TH pref.* p. 3.

12 (w. ref. to swearing) by, on. **b** (w. ref. to lying) in, on.

in animam suam juratus *Canon. G. Sempr.* 116; **1220** compositionis .. in animam suam jurate, **1343** in .. regum .. animas .. prestiterunt juramenta, **1347** in animas .. regum .. juraverunt (v. anima 5d); **1318** ad .. in animas vestras .. sacramentum prestandum *FormOx* 46. **b** **s1178** eos .. in caput suum mentitos fuisse, **s1397** tu mentiris in capud tuum (v. 2 caput 1b).

13 (w. vb. expr. belief or trust) in; **b** (*exsultare in Deum*, w. ref. to *Psalm.* lxxxiii 3).

credidit in Christum ALDH. *CE* 4. 6. 19 etc. (v. credere 6d); in Deum confisus EDDI 20 etc. (v. confidere 1c); confidens .. in divinum .. auxilium BEDE *HE* II 7 (v. auxilium 1a); **c836** in Deum meum desidero et in ejus .. misericordiam confido *CS* 416; in Christum nescit incredula credere turba GARL. *Tri. Eccl.* 11; **1320** in ea que .. ex parte ecclesie nostre exposuerit .. adhibere dignemini plenam fidem *FormOx* 61; **1321** in vestre benivolencie promptitudinem .. fidem habemus *Ib.* 69; Sybilla dixit eis "O Judei .. vos non credetis in eum" BRADW. *CD* 34C. **b** quam non .. cor tuum et caro tua exsultant in Deum vivum? AD. SCOT *Sol.* 845C.

14 as far as, up to (point in space). **b** until, up to (point in time).

a785 sunt .. termini a loco qui vocatur Hrofesbreta usque in arborem quae vocatur Cuturs ac *Land-ch.* 59. **b** judicatum est ut ambo usque in finem vitae peniteant THEOD. *Pen.* I 2. 15; **c1200** stertit in dies medios (*Hypocr. Praelatorum*) *EHR* V 322; **1219** habeat eum a die Sancte Trinitatis in tres septimanas *CurR* VIII p. xi; **1219** summoneat .. Willelmum quod sit in xv dies post festum sancti Martini etc. *Ib.* 84; **s1283** vacavit abbatia .. usque in xx diem Junii (v. abbatia a); **1379** a vicesimo octavo die mensis Marcii .. usque in diem hujus compoti *ExchScot* III 17; **1421** continuata erat convocacio usque in diem Martis tunc crastinum *Reg. Cant.* III 69.

15 (expr. limit reached in degree or amount) to (spec. measure or quantity). **b** (transf., expr. extent of condition).

hominem .. habuisse plantas duorum non amplius digitorum comperimus, cujus quoque manus in hujus normae mensuram editae describuntur *Lib. Monstr.* I 25; presbyterum .. in grandem pecuniam condemnavit GIR. *GE* II 34; quod Hugo obligaretur dicto [Johanni] in decem †libros [l. libras] sterlingorum *Reg. Rough* 283; pro damnis nostris .. in ducentas marcas se dicte moniales obligarunt *Meaux* II 21. **b** in tantum viz. caeco carpitur igne .. ut .. ALDH. *VirgP* 50; dolantes lapidem in quantum valebant BEDE *HE* IV 11 p. 227; ego nolo in tantum laborare super eos ÆLF. *Coll.* 96; in tanta .. fuisse perhibetur .. illa advectio crescens .. ut .. ÆTHELW. I 4; carrum in tantum onerabat ut axis frangeretur *DB* I 268rb; vir .. redactus iterum ad servile jugum intantum quod .. dabat .. *Lib. Landav.* 1; **1219** quesivit in tantum quod invenit quatuor ulnas de panno suo .. in domo cujusdam burgensis *CurR* VIII 80; actus efficientis .. fit causa formalis effecti et non in quantum

intelligitur, sed inquantum diligitur, hoc est inquantum est bonum et finis GROS. 121; **1319** que .. pagina ad plenum exprimeret .. cum quantis laboribus .. nos .. pregravarunt, in tantum ut .. *FormOx* 49; Chrysostomus loquitur de usu ad quem pecunia, inquantum pecunia, est principaliter ordinata OCKHAM *Pol.* I 319; **1368** injunctum est juratoribus quod videant molendinum blad' et molendinum fullaticum in quantum deteriantur *Hal. Durh.* 73; intantum tandem revertebatur ex visa marina occupatione, donec remearet ad limina ecclesie *NLA* I 506; cives vero .. se et civitatem paraverunt interim, in quantum permisit temporis possibilitas *G. Hen. V* 15.

16 in reference to, in consideration of, as regards. **b** in respect of, on.

in ejus electionem consentire debent LANFR. *Const.* 140; o quam pius es in bursam domini! MAP *NC* I 10 f. 9; **1266** Guidoni .. mandavimus quod ad curiam nostram accederet .. qui .. id hactenus facere contempsit, propter quod in sui contumaciam redditum illum .. capi fecimus in manum nostram *Cl* 190; **1271** in exhibitionem justicie (v. exhibitio 5b); ne aliquis par ei in potentiam apud posteros legeretur *Flor. Hist.* I 65; nunc autem predicatur de uno in quid et de altero in quale OCKHAM *Quodl.* 125; dubius in fidem est infidelis et hereticus *Id. Dial.* 426. **b** s**1380** tributum in capita hominum .. impositum est P. VERG. XX 402.

17 in accordance with, according to, after the manner of; **b** (legal requirement or provision); **c** (form of words, manner of speaking or writing); **d** (w. n. of adj. to form adv. phr.).

serpentes .. per umbras nocturnas oculis in modum lucernae lucent *Lib. Monstr.* III 2; in exemplum primitivae ecclesiae nullus ibi dives, nullus esset egens BEDE *HE* IV 21 p. 254. **b** de placito tertie partis j bovate terre .. quam ipsa clamat in dotem versus eum *Eyre Yorks* 165; **1219** Agnetis, que terram illam tenuit in maritagium *CurR* VIII 4; **1266** terras .. tenuit de nobis in socagium *Cl* 179; quatinus .. ipsos in seysinam et possessionem usitatam protegeret et defenderet *Cart. Chester* 317 p. 212; **1420** eidem injunxit in vim juramenti sui .. quod .. se .. presentabit .. *Reg. Cant.* III 159; s**1456** tenentur de .. rege in liberum burgagium, sicut tota civitas Londoniarum tenetur (*Ch.*) *Reg. Whet.* I 241. **c** a**1217** mandatum .. pape in hec verba suscepimus *FormOx* 277; **1290** J. de B. petens fecit se essoniari versus J. filium W. .. in hec verba *SelPlMan* 35; **1311** littera sigillata .. cujus tenor sequitur in hunc modum *RGasc* IV 562 p. 161; **1365** porrexit peticionem .. in hec verba *RParl Ined.* 273; regi consuluit in hec verba BRINTON *Serm.* 12. 43; cujus passio .. nota fuerat in hunc modum *Ib.* 44. **d** construi eciam fecit consimilia munimenta pro hiis qui die noctuque in adversum dicti fortissimi fortalicii .. vigilabant *G. Hen. V* 6; in commune **673** etc. (v. communis 1b); in contrarium P. BLOIS *Ep.* 12. 38C, etc. (v. contrarius 1e, 2c); ad raciones Scoti in contrarium respondeo OCKHAM *Quodl.* 4; in directum *RegulC* 38 etc. (v. dirigere 2d, e); in duplum ALDH. *Met.* 2, *Cust. Westm.* 32 (v. duplus 2b); in excelsum ORD. VIT. XII 18 (v. excelsus 1b); in immensum W. MALM. *HN* 481 etc. (v. immensus 8); c**1230** et ne hec dimissio et quieta clamacio alicujus malingnitate possit in irritum revocari presentem paginam sigilli mei munimine roboravi *Cart. Blyth* 24; in irritum duceret HIGD. VII 35 (v. ducere 7d); cancellum veteris aecclesiae .. in melius renovavit ORD. VIT. XI 30 p. 270; oculos in obliquum trahens GIR. *GE* II 13; tigna .. lignea .. quasi in oblongum frangebantur *Meaux* III 194; objeccionibus que in ejus oppositum fieri possent patulo respondit *Chr. Hen. VI & Ed. IV* 173; **1534** non obstante aliquo statuto .. in oppositum *StatOx* 336; mixtura colagogi in plus et flegmagogi in minus GILB. I 60v. 1; **1300** nullus de facili jurare presumat, cum enim non assumere nomen Dei invanum, dominicum sit preceptum *Vis. Ely* 14.

18 (indicating form or substance into which something changes, grows, is made) so as to become, into, to; **b** (after vb. of breaking or dividing).

ut .. carnificem tanta prodigia videntem in agnum ex lupo mutaret GILDAS *EB* 11; tyrannorum virgultis crescentibus et in immanem silvam jamjamque erumpentibus *Ib.* 13; veteranam civitatem et paene mortuam in juvenculam suscitabis ALDH. *VirgP* 25 p. 259; Protheus .. in omnium rerum formas se vertere potuisse describitur *Lib. Monstr.* I 35; [Midas] omnia quae tetigerat in aurum vertebat *Ib.* 37; Gorgones .. suo visu homines convertebant in lapides *Ib.* 38; tumba lignea in modum domunculi facta BEDE *HE* IV 3 p. 212; per unguenta seipso transfigurato mutataque flavente caesarie in nigredinem et barba juventutis in rubedinem *G. Herw.* f. 323. **b** insueta labia humanae locutioni nullam vocem in verba distinguunt *Lib. Monstr.* I 7; ASSER *Alf.* 104 (v. dolabra b); [filium] in plurimas sectiones dilaceravit G. MON. II 16.

19 (expr. consequence) resulting in, so as to produce, for (abstr. end).

si nimis brutescat, in opprobrium aliis fiat BRAKELOND 125; **12..** interdico .. nequis eis unquam in molestiam faciat *Feod. Durh.* 157 n.; electio celebrata .. in discordiam *Meaux* III 260.

20 (expr. purpose) so as to cause or obtain. **b** in order to serve or function as.

prologos .. in defensionem sui velut apologiticos scenis dabat ALDH. *Met.* 10 p. 90; violasti sepulchrum in furtum BONIF. *Pen.* 432; **767** iste .. mihi terram .. in vicem commutationis perdonavit *CS* 201; in laudem nominis Dei LUCIAN *Chester* 66; c**1177** quod .. abbatiam .. edificaret in remissionem peccatorum suorum (v. abbatia c); solet .. nepos noster .. verba nostra .. in nostram suggilationem perverse recitare GIR. *SD* 22; **1202** precipimus quod sis ipsi Hugoni in auxilium ad pacem illam faciendam *SelPlCrown* 22; **1221** [caro] .. apposita fuit in domo sua in odium ejus *Ib.* 111; c**1225** in rei geste memoriam scripture convenit testimonium adhiberi *Cart. York* 7 p. 14; in aucmentum *Found. Waltham* 16 etc. (v. augmentum 1a); **1340** classem in expugnationem nostram nostrorumque fidelium parari fecerat (*Lit. Regis*) AVESB. f. 90; conscendere in tractatum pacis *Reg. Whet.* I 372. **b** in proverbium et derisum longe lateque efferretur GILDAS *EB* 6; in signum subjectionis BRACTON 6b (v. 2 caput 4); **12..** ubi olim steterat quinta crux, in qua cuneus ferreus infixus erat in signum divisarum *Feod. Durh.* 203 n.; c**1228** tallias accipiunt a forestariis in signum quod fuerunt licenciati *Ib.* 232; **1320** fiat mensa eorum coram ipsis in laqueum, et in retributiones et scandalum (*Const. Ledrede*) *Conc.* II 506b; **1335** venerunt nobis in suavitatem odoris littere quas misistis *Lit. Cant.* II 100; quod nullus posset intrare templum honoris nisi per templum virtutis in signum quod nullus esset dignus honoris nisi qui excellat subditos in virtute BRINTON *Serm.* 7. 20.

21 for, so as to be (exercising personal function). *Cf.* 2 *supra.*

virginem .. in conjugem dari BEDE *HE* II 9 (v. conjunx); papa .. Ælfredum .. unxit in regem et in filium adoptionis sibimet accipiens confirmavit ASSER *Alf.* 8; benedicitur puella in uxorem et in reginam coronatur AILR. *Ed. Conf.* 748A; ut R. .. electum suum benediceret in abbatem *Reg. Malm.* I 372; **1177** imperator nos in catholicum papam .. recepit (*Lit. Papae*) GERV. CANT. *Chr.* 268; Karlomannus .. in monachum tonsoratur DICETO *Chr.* I 122; Stephanus papa .. Pipinum unxit in regem *Ib.* 123; **1217** liberabit .. apostolice sedis legato Nicholaum filium suum, in obsidem de fideli servicio nobis faciendo *Pat* 47; **1218** W. multociens ivit ad dominam in nuncium .. Simonis *Eyre Yorks* 377; **1231** in rectorem admissus *BNB* II 405; dicentem se ordinatum fuisse in sacerdotem AD. MARSH *Ep.* 27 p. 117; quemcunque .. prebende de T. preficere disponit [episcopus] in pastorem *Ib.* 76 p. 188; Gabaonitas in servos lignarios et aquarios recepit M. PAR. *Maj.* I 13; **1267** associavimus vobis .. Rogerum .. . mandamus quod ipsum .. in socium admittatis *Cl* 296; **1299** Petrum velitis .. recipere in canonicum vestrum et ecclesie B. *RGasc* III 397; **1301** Matilda de P. .. est conquesta quod cum Willelmum de B., cum †qua [l. quo] se dudum matrimonium contraxisse .. petivisset in virum adjudicari .. *Reg. Cant.* 744; **1304** cum .. invenerimus Willelmum .. Amabiliam .. contra voluntatem mariti .. abduxisse et .. eam puplice in concubinam detinuisse *Ib.* 483; s**1304** electi fuerunt in vicecomites Londoniarum *Ann. Lond.* 133; **1335** quos .. universitas de pulvere produxit in viros et honoribus .. decoravit *FormOx* 88; remanet aliquis qui potest creari in patriarcham OCKHAM *Dial.* 489; aliquis est ad summum pontificium eligendus, quia melius est qualemcunque in caput habere quam capite omnino carere *Ib.* 799; dominum W. princeps .. in suum familiarem admittens *FormOx* 264; **1355** coronabitur in imperatorem *Lit. Cant.* II 329; esto nobis in dominum et tibi erimus in populum *Eul. Hist.* II 206–7; **1367** qui eodem die .. in cancellarium est vocatus *StatOx* 165; **1373** in archepresulem .. est electus (v. archipraesul a); **1443** te .. recipere promittimus in nostrum commonachum *Lit. Cant.* III 176; habuit episcopum .. in suum confessorem GASCOIGNE *Loci* 11; s**1460** conscendere in tractatum pacis, admittereque in tractatores .. archiepiscopum suosque confratres presentes *Reg. Whet.* I 372.

22 (expr. designation of something) for use as.

Pega .. corpus .. in sindone quam .. Ecgberht .. in hoc officium mittebat revolvit FELIX *Guthl.* 51 p. 162; **749** munuscula ab aecclesiis in saeculare convivium regis .. exigantur *CS* 178; **853** in aliut conbertere quam a nobis constitutum est *CS* 467; **1067** terras .. concedo .. in fermas (v. 1 firma 1); loricatos in custodiam de W. *DB* I 151vb (v. custodia 4a); **1322** fratrem in ausilium .. Hugonis (v. auxilium 1a); s**1326** R. B. fundavit cantariam secularium sacerdotum .. quam .. uxor .. in usus canonicorum regularium instituit (v. cantaria 2a); **1357** cuidam Xpoforo conducendo pro negociis domus apud Dunelm' trina vice existenti in subsidium laboris sui, viij s. ij d. *Ac. Durh.* 718; domum Lucinae .. in ecclesiam consecravit *Eul. Hist.* I 189; dederunt Viscasinum .. totum in munus Lodowico .. regi *Meaux* I 130; c**1440** fratribus Oxonie datur in munus liber iste *MS Bodl. Auct. F. Inf.* 1. 1 f. iii v.

23 for, in expectation of (contingency).

se ipsum paratum in hoc opus .. perficiendum BEDE *HE* II 1 p. 80; cum aliquis frater in longum iter profecturus est LANFR. *Const.* 174.

24 (w. vb. of appointing or sim., expr. future time): **a** (expr. date) for (a named occasion); **b** (expr. duration) for (a spec. period); **c** for (indefinite or unlimited period, ever).

a incensum Domini incendatur in natale sanctorum pro reverentia diei THEOD. *Pen.* II 1. 9; **1196** dies datus est eis a die Pasche in xv dies (v. 3 a 2d); **1218** summoneantur quod sint a die Purificacionis in xv dies *Eyre Yorks* 68; **1257** a die S. Michaelis in unum mensem (v. 3 a 2d); c**1335** preceptum fuit .. quod summoneret predictum T. .. essendi hic a die Pasche in unum mensem proxime sequentem *MGL* I 411. **b 849** (11c) donamus .. iij manentes .. in quinque dierum hominum spatium ut habeant .. et post numera [*sic*] dierum .. reddatur [*sic*] ad .. aecclesiam *CS* 455 (1); ?**853** aratrum .. in dies ejus perfruendum et post dies ejus .. derelinquendum *CS* 467; s**1192** firmate sunt .. inducie a paschali solemnitate proxima in tres annos, tres menses, tres septimanas, tres dies, tres horas W. NEWB. *HA* IV 29 p. 378. **c** alii .. manus hostibus dabant in aevum servituri GILDAS *EB* 25; vivens in aeternum ALDH. *Met.* 2 p. 63; **604** (13c) regnante in perpetuum Domino .. . sit damnatus .. hic et in aeterna saecula *CS* 3; **679** in potestate abbatis sit inperpetuum a me donata *CS* 45; **690** terram .. in sempiternum possidendam perdonamus, .. aeternaliter possidendam contradimus *CS* 42; dabo tibi bonam partem Galliarum ad regendam in saeculum EDDI 4; **855** (11c) regnante inperpetuum .. Creatore in seculorum secula amen *CS* 488; in futurum H. HUNT. *CM* 5 etc. (v. futurus 2b); quatinus sicuti retroactis temporibus bene vos gessistis, in futurum ad honoris nostri et vestri incrementum vos habere studeatis .. *Leg. Ant. Lond.* 167; non est dare minimum locum angeli in quo potest esse, quia quocumque loco demonstrato, ille est divisibilis, .. et sic in infinitum OCKHAM *Quodl.* 28; cujus ineternum fama remorsa volat GOWER *VC* I 1756.

25 (w. abl.) in (defined space); **b** (part of body); **c** (area defined by the range of the senses); **d** (w. place-name).

errare .. in speluncis et in cavernis terrae GILDAS *EB* 72; si quis permiserit hereticum missam suam celebrare in aecclesia catholica .. xl dies peniteat THEOD. *Pen.* I 5. 8; laetatur clerus in urbe ALDH. *CE* 3. 27; c**755** ego Æthilbald rex non solum Mercensium sed etiam in circuitu populorum quibus me divina dispensatio sine meritorum suffragio praeesse voluit .. *CS* 181; quicunque manens in villa assiduus reddebat regi consuetudinem *DB* I 1ra; sol erat in capite draconis et luna in cauda J. WORC. 37 (v. 2 caput 5e); numeri qui sunt in ceteris limitibus preter primum OCREATUS *Helceph* 132; c**1192** omnia ad abbatiam pertinentia in burgo et extra burgum *Ch. Chester* 227; apparuit apostolus solus cum solo rege in ipso ostio cubili ejus GIR. *GE* I 25 p. 70; **1216** inventa fuerunt in .. navibus (v. 1 ancora a); **1291** ad altare Sancti Cuthberti in fronte ecclesie *Feod. Durh.* 201 n.; **1368** virorum ecclesiasticorum in seu de civitate et dioec. Cant. (*Lit. Archiep.*) *Conc.* III 78a; **1397** unam rodam terre de et in gardino manerii .. jacentem *Lit. Cant.* III 52; s**1397** in medio paviamenti palacii (v. 2 caput 2b); **1421** magister W. inveniret sufficientem securitatem in cancellaria regia *Reg. Cant.* III 68; **1448** J. B. .. fovet male viventes in corpore in domo sua *MunAcOx* 580; semen in medio foliorum est *Alph.* 48. **b** mulier quae .. occidit infantem suum in utero .. peniteat THEOD. *Pen.* I 14. 27; [Epifugi] tota in pectore capitis officia gerunt *Lib. Monstr.* I 24; in capite omnes sensus apparent BART. ANGL. V 2 (v. 2 caput 2a); **1371** capud .. emit causa includendi in eo quendam spiritum (v. 2 caput 1f); sita est .. statua .. que .. ferebat securim magnam in dextra *G. Hen. V* 15. **c** †**604**, c**720** (v. conspectus 2b); in conspectu furentis satrapae ALDH. *VirgP* 51 (v. conspectus 2a); in audientia OSB. *V. Elph.* 131 etc. (v. audientia 1a); in visu Yberniae superioris subreguli *G. Herw.* f. 323. **d** pausat in Effeso praefatus corpore praesul ALDH. *CE* 4. 5. 17; nobilis in Roma vixit pulcherrima virgo *Id. VirgV* 2051; in Armorica Britannia G. MON. VIII 3; regnum Britonum in Cornubia et Wallia R. NIGER *Chr. II* 137; [libri] jacent Parisius vel Athenis simulque resonant in Britannia et in Roma R. BURY *Phil.* 4. 58; **1539** assignatur fratribus .. studentibus in Oxonia *Feod. Durh.* 328.

26 in (book or document); **b** (writer).

in hac epistola quicquid .. defleam GILDAS *EB* 1; ista .. in scripturis veteribus intuens *Ib.*; xv annos peniteat .. et istud xv alias in canone confirmavit THEOD. *Pen.* I 2. 17; in alio loco x annos dicitur penitere *Ib.* 4. 2; hoc 'necessarium' in quibusdam codicibus non est *Ib.* 9. 7; seriem .. libelli / in quo scribuntur virtutes illius ALDH. *VirgV* 773; in his quae scripsimus BEDE *HE pref.*; cronica in qua .. repperiri possunt annales HERM. ARCH. 8 (v. annus 2a); in egregiis legitur poetarum libris GIR. *TH pref.* p. 3; propter .. Domini adventum in scripturis promissum BACON VI 112; si quis ea inspicere desiderat, querat in chronicis domini M. Parisiacensis .. in anno scilicet m°cc°l° OXNEAD *Chr.* 184; **1295** in illo evangelio 'cum appropinquasset Jhesus Jherusalem' (v. custodia 11a); in cronicis Fratrum Predicatorum Londoniensium ita legi .. AD. USK 31. **b** de qua in LXX translatoribus scriptum est .. ALDH. *VirgP* 57; simile his aliquid in Zacharia propheta repperimus BEDE *Ep. Cath.* 126.

27 in (substance); **b** (abstr. condition).

cibus ille liquidus in quo mus vel mustela inmersa moritur THEOD. *Pen.* I 7. 9; illa quae semen viri sui in cibo miscens .. peniteat *Ib.* 14. 15; salamandra .. in ignibus velut pisces in aqua vivere posse perhibetur *Lib. Monstr.* III 13; qui simul in sacro baptismi gurgite mersi ALDH. *VirgV* 1448; furvas verbi quaerunt in luce tenebras *Ib.* 2837; nigredinem qua prisci patres tam .. cleri in cappis quam monachi in cucullis .. usi sunt ORD. VIT.

VIII 26 (v. cappa 3a); si distemperetur in aqua frigida *Quaest. Salern.* R 34 (v. ducere 6c); decoquatur in aqua J. MIRFIELD *Brev.* 84. **b** si .. in consuetudine non erit ei multum bibere .. THEOD. *Pen.* I 1. 4; sunt in custodia LANFR. *Const.* 92 etc. (v. custodia 2a, b); **1292** sit in communi custodia (v. custodia 3a); **1361** ego .. sana mente et in bona memoria mea condo testamentum meum *Lit. Cant.* II 406.

28 (where place also implies condition or circumstance) in.

Britannia .. judices habet .. vinctos plures in carceribus habentes GILDAS *EB* 27; **1151** etc. (v. gaiola 1a); **1219** positus fuit .. in prisona (v. ducere 1b); **1269** quos detinuit .. in prisona (v. custodia 3a).

29 amidst, among (physical surroundings). **b** in, with (group or class). **c** (indicating group in which one is pre-eminent).

ignei montes leguntur in quibus nascuntur homines toto corpore nigri *Lib. Monstr.* I 30; dira prodigia .. nequaquam in luce sed in umbris cernuntur nocturnis *Ib.* II 20. **b** cives .. in acie Christi perstantes dico GILDAS *EB* 10; **676** (12c) ubi .. prius draco .. serviebat, nunc .. ecclesiasticus ordo in clero conversantium Domino patrocinante gaudens tripudiet *CS* 43; sunt .. marinarum genera beluarum .. in illo vastissimorum agmine monstrorum *Lib. Monstr.* II pref.; **1017** duobus quibuscumque elegerit in sua tamen progenie post se derelinquat haeredibus *CD* 1313; **1196** summoneatis .. episcopos .. quod ita serviant nobis in militibus (*Lit. Regis*) DICETO II lxxx; **c1200** militem qui est in custodia Willelmi (v. custodia 4c); **1219** fuit ductus in pleno comitatu (v. ducere 1b); omnes juratores venerunt in societate .. Henrici et Nicholai ad eorum custus *State Tri. Ed. I* 36; oras boreales Hibernie ingressi sunt, ubi in multitudine copiosa Scottos invenerunt *Eul. Hist.* II 181; **1421** circa reformacionem certorum defectuum in clero regnancium *Reg. Cant.* III 69. **c** rex Scottie David in gravi multitudine equestrium et pedestrium de vagina finium regni sui .. egressus J. WORC. 51; **s1140** Robertus .. in fortitudine gravi invasit .. urbem Snotingeham GERV. CANT. *Chr.* 112; descendit .. Jacob in animabus septuaginta duabus, et habitavit ibi M. PAR. *Maj.* I 10; **s1254** missus est Edwardus primogenitus in magno apparatu in Hispaniam AD. USK 31; **s1461** Gedeon .. in trecentis .. viris percussit Zeb *Reg. Whet.* I 408.

30 in (category); **b** (w. ellipsis of sb.).

similitudo in contrariis et in paribus spectatur .. . in contrariis hoc modo: 'nam si his, qui imprudenter laeserunt, ignosci convenit, illis, qui necessario profuerunt, haberi gratiam non oportet' ALCUIN *Rhet.* 29; si quid in digitis et articulis abaci numerabilibus ex multiplicatione creverit, id utrum recte processerit divisione ejusdem summe probatur ADEL. *ED* 11; **s1216** nominatim et in specie (v. excommunicare 1b); quomodo cadit consideratio de Deo in eadem scientia cum consideratione creature KILWARDBY *QD* 116; sunt in eodem genere T. SUTTON *Gen. & Corrupt.* 63 (v. genus 5a). **b** qui postea loquitur in hujusmodi super eum (*Leg. Hen.* 56. 5) *GAS* 575.

31 (belonging) to, in (possession of). **b** in (the power or capacity of).

abbatissa de Wincestre tenet Lis. semper fuit in abbatia .. . ipsa abbatia tenet Lecford. semper fuit in aecclesia *DB* I 43vb; haec terra jacuit in aecclesia de Ely in dominio monachorum *Ib.* 198va; **1449** emolumenta in seu de vicaria .., de Wye .. pertinentia *Lit. Cant.* III 202. **b** si quis occiderit monachum .. in judicio episcopi est THEOD. *Pen.* I 4. 5; **679** ista sit .. in potestate abbatis *CS* 45; **993** (12c) prioratum .. in manu et potestate Wlfgari abbatis (*Ch.*) *Chr. Abingd.* I 362.

32 in (unit of measurement).

in die *Dial. Scac.* I 3 F etc. (v. 1 dies 2b).

33 on, at (place).

Brittannia insula in extremo ferme orbis limite .. GILDAS *EB* 3; in unoquoque altari duas missas facere conceditur in uno die THEOD. *Pen.* II 1. 2; puellam in occiduis Europae litoribus .. repertam didicimus *Lib. Monstr.* I 13; **c835** credo et in Jhesum Christum .. consedentem in dextera Patris *CS* 415; cum die quodam in ejus mensa essem MORE *Ut.* 43.

34 on, upon, atop; **b** (part of body); **c** (w. ref. to swearing); **d** (w. ref. to writing or painting on surface).

equitum in terra, nautarum in mari cursus accelerantes GILDAS *EB* 17; Britannia .. judices habet .. in sede arbitraturi sedentes *Ib.* 27; quis in monte cum Domino locutus .. ut Moyses? *Ib.* 69; ascende .. equum .. in quo .. sedisti ALDH. *VirgP* 25 p. 259; carrum in quo .. ossa ducebantur BEDE *HE* III 11; coronandus in regni solio J. HOWD. *Ph.* 138; **1269** utantur .. superpelliciis in capis nigris (v. cappa 3a); **s1345** portantes corpus .. in lectica (v. 2 equus 2b); **c1390** de sermone Domini in monte (*Catal. Librorum*) *FormOx* 241; claves civitatis in baculo pendentes *G. Hen. V* 15; requieverunt in anchoris ELMH. *Hen. V* 105 (v. 1 ancora a). **b** qui semen .. fuderit .. in femoribus j annum .. peniteat THEOD. *Pen.* I 8. 10; [Epifugi] oculos in humeris habere dicuntur *Lib. Monstr.* I 24; mulieres .. speciosae .. caudas boum in lateribus .. habent *Ib.* I 28; monstrum .. quot plumas in corpore habuit tot oculos *Ib.* I 42; **680** tiara .. in capite .. constituebatur ALDH. *Ep.* 4 (v. 1 constituere 1a); boias in collo et compedes in cruribus nectunt *Id. VirgP* 33; lunarem cursum in laeva manu .. consummant BEDE *TR* 55; **s1326** eum .. percusserunt in capite *Ann. Paul.* 316. **c** qui .. in manu hominis jurat, apud Grecos nihil est. si vero juraverit in manu episcopi .. sive in cruce consecrata et mentitus est, iij annos peniteat THEOD. *Pen.* I 6. 4; si quis in manu laici juraverit, aput Grecos nihil est EGB. *Pen.* 6. 7. **d** **1245** liber .. in cujus custodia depinxit .. capud, **1295** preter ea que scribuntur in custodiis (v. custodia 11a).

35 (w. sb. or vb. expr. belief, trust, or hope) in.

non fidentes in homine sed in Deo GILDAS *EB* 20; **667** crediturae in Christo etc. (v. credere 6e); **701** in Dei praesidio confidere etc. (v. confidere 1d); justus in hiis igitur fidere nemo velit GARL. *Tri. Eccl.* 4; **1310** Hugo .. omnibus in Christo credentibus salutem *Reg. Whet.* II app. 307; in sua .. sapiencia vel virtute sperare non debent sed in virtute Dei OCKHAM *Dial.* 738; **1420** (v. deitas 2a); **1439** (v. credentia 3a); **1440** (v. creditivus).

36 (temporal): **a** during, within (the limits of a period). **b** at (spec. moment), on (spec. occasion). **c** throughout the period of.

a ad persecutionem Diocletiani tyranni novennem, in qua subversae .. sunt ecclesiae GILDAS *EB* 9; duas missas facere conceditur in uno die, et qui non communicat non accedat ad panem neque ad osculum in missa THEOD. *Pen.* II 1. 2; **s891** in eodem anno post pascha in ambitu letanias cometa apparuit stella ÆTHELW. IV 3 p. 48; **1017** ne forte in posteris rationes minueret conpactas oblivio *CD* 1313; burgenses dederunt xx naves regi una vice in anno .. . dabant pro caballo transducendo iij d. in hieme et ij in estate *DB* I 1ra; in ad pausandum recessu .. dixit .. MAP *NC* V 4 f. 61v; quare quidam fontes in estate replentur, in hieme desiccantur? *Quaest. Salern.* B 112; flebat .. in ymnis et canticis *Canon. G. Sempr.* 61. **b** in die judicii GILDAS *EB* 28; vera .. conversio in ultimo tempore potest esse .. sicut latro in hora ultima confessione .. meruit esse in Paradiso THEOD. *Pen.* I 8. 5; cujus in adventu gaudet clementia Romae ALDH. *CE* 3. 26; **679** in mense Maio indictione septima in ipsa antememorato die *CS* 45; **840** tunc perrexit .. episcopus .. in pascha ad Tomeporðie *CS* 430; **s895** in natalitia S. Bartholomaei ÆTHELW. IV 3; in solennia Augustini *Ib.* IV 6; **s827** eclipsis lune facta est in nocte Nativitatis Domini *AS Chr.*; haec terra jacuit .. in dominio monachorum .. in morte regis E. *DB* I 198va; in die consecrationis suae, post impositam coronam, fertur hoc illi praedixisse Dunstanus .. OSB. *V. Dunst.* 37; in articulo temporis W. CANT. *Mir. Thom.* VI 146 etc. (v. articulus 5a); **1204** de diebus in quibus aliquid receperint (v. dica 1a); **1219** terram .. habuit in initio guerre *CurR* VIII 106; **1220** hoc optulit probare per corpus suum .. in j hora diei *SelPlCrown* 124; **s1260** papa .. prebendum cuidam alteri speciali suo in instanti contulit *Flor. Hist.* II 444; **1268** solvet .. viginti libras in decessu .. matris sue, que tenet terciam partem hereditatis sue *Cl* 550; **1302** citra dominicam in passione Domini *Reg. Cant.* 433; **1325** in media nocte .. corpus B. Erkenwaldi fuit amotum ab illo loco *Doc. S. Paul.* 51; **1430** visitabunt matricem ecclesiam .. in quatuor festis anni *Feod. Durh.* 26; **1430** tenent .. per servicium militare et sectam ad liberam curiam prioris ter in anno *Ib.* 69; **1431** una pietancia solita dari conventui in obitu Johannis .. x s. *Ac. Durh.* 288. **c** si quis fornicaverit .. peniteat .. annos .. ij in quadragesimis .. THEOD. *Pen.* I 2. 1; noctibus in furvis caecas lustrabo latebras ALDH. *Aen.* 65 (*Muriceps*) 2; quamvis in tenero pulcher pubesceret aevo *Id. VirgV* 1263; **957** veniam non hic mereatur nec in futuro regni coelestis clavigerum propitium habeat *CS* 988; haec terra jacuit .. in dominio monachorum et in vita et in morte regis E. *DB* I 198va; consuetudo in pastura hoc [*sic*] jacuit in S. in tempore regis E. et modo *DB* II 110v; **1231** non tallietur in tota vita sua *Pat* 453; concesserunt quod haberet in tota vita sua manerium *Ann. Durh.* 18.

37 (expr. limit reached in degree or amount) in the sum of. **b** (transf., expr. extent of condition) by (how much), in (so far as).

1269 noveritis nos teneri exequtoribus testamenti .. patris .. in decem marcis *Deeds Balliol* 328; **1337** cum .. servientes superiores servientibus inferioribus in mensa competenti et camera ac eciam in decem solidis pro calciatura annis singulis teneantur *StatOx* 136; **1311** navem .. extimatam in centum libris sterlingorum *RGasc* IV 562 p. 161; amerciaretur in mille libris *Proc. A. Kyteler* 12; **s1295** omnia sibi revelata et in centuplo plura vera invenit *Eul. Hist.* III 164; **1405** firmarii .. nobis in cxiv libris pro custuma .. indebitati existunt *Cl* 254 m. 10; **1415** item rem. in precio argent. vj panni de melioribus staminis integri, prec. lx s. ij d. *Ac. Durh.* 184. **b** nulli .. dubium est in quantis graviora sunt peccata hujus temporis quam primi GILDAS *EB* 37; natura indivisibilis spiritualis nullam comparationem nec proportionem habebit ad indivisibile vel divisibile in quanto corporali BACON *Tert.* 173; **s811** in quanto Nichephorus fuit avarus, in tanto iste fuit largus *Eul. Hist.* I 367; intimatum erat regi pro ejus depositione in quantis tam proceres quam plebani eum accusare disponebant *Dieul.* f. 145rb; [hostis] latentes ingressus verum eciam et patentes .. sentiuntur, in tanto quod qui presides essent .. effecti sunt ovium lupi rapaces *FormOx* 423; mens mea .. conturbatur .. in tanto quod .. pater meus mendaciis inimicorum meorum fidem exhibuit *Ib.* 427; vota .. adimplevit in tanto, ut semetipsum .. adjutorem et patrocinatorem nominans .. ELMH. *Cant.* 83; **1458** in tanto eciam duo vestra munuscula fuerunt nobis acceptiora, de quanto illorum unum invitat nos ad bonum, alterum vero instruit ad mores (*Lit. Abbatis*) *Reg. Whet.* I 321.

38 in reference to, in consideration of, as regards, in the case of. **b** because of.

840 optimates dejudicaverunt illi ut male ac injuste dispoliati essent in suo proprio *CS* 430; ut in mortuo solent H. HUNT. *HA* VIII 1 (v. depromere b); **1176** exhaustis .. Flandrie mercatoribus in argento P. BLOIS *Ep.* 157. 453C; **1198** bonam voluntatem habemus consulendi ecclesie vestre que pastore suo desolata est .. et .. in pastore providere volumus (*Lit. Regis*) DICETO *YH* II 165; omne animal volans caret mamillis ut patet in gallina, ave, pisce M. SCOT *Phys.* 22; **1285** teneatur assistere .. in causa (v. ducere 11c); **1298** ministri altaris nostri tales provideantur qui sint in vita sancti *Lit. Cant.* I 25; Fratres Minores in rebus que usu consumuntur non sunt censendi simplices usuarii, non intendunt in omni sensu negare, nec ejus oppositam in omni sensu concedere OCKHAM *Pol.* I 310; **13..** si fortuna logico favet in privigno (*De studiis* 77) *Pol. Songs* 210. **b** **1198** in pejoramento manerii de Writel' pro libertatibus †quam [l. quas] rex concessit terre Johannis .. et Walteri .. vj li. *Pipe* 126; in defalta bosci quod est inclusum in parco de G. xx s. *Ib.* 188; **1217** faciatis habere .. W. Marescallo .. sepcies xx libras esterlingorum .. et illas vobis allocari faciemus in debito quod nobis debetis *Pat* 62; **1518** neque habent lampadem in culpa Thome Burton *Vis. Linc.* IV 22.

39 as, for (purpose).

si circuli .. obliquam circumferentiam in causa facis ADEL. *QN* 71; si ad sanctificacionis repudium puericia in causa est T. MON. *Will.* II 8; nihil aliud in causa tante punitionis .. erat nisi quod porcos pingues habebat GIR. *GE* II 34; **1193** in hujus .. rei testimonio presentes litteras sigillo nostro fecimus communiri *Lit. Cant.* III 380; in exemplo Lucifer esse potest GARL. *Tri. Eccl.* 119; **1507** cum .. altare in Salvatoris nostri .. honore dedicaverit *Lit. Cant.* III 337.

40 as (exercising personal function).

mandans ut pristini foederis reminisceretur, sibi filia ejus in uxore tradita *G. Herw.* f. 323; **1214** ipse obtulit ei corpus suum in obside quousque inveniret plegios *SelPlCrown* 74; **1228** ivit ad ipsum .. in nuncio prioris *Feod. Durh.* 301; in majori Londoniarum fuit electus *Ann. Lond.* I 133; adiit regem Francie .. in nuncio regis Anglie *Hist. Durh.* 1 p. 128; **1369** in solucione facta domino Roberto de Erskyne, transeunti in Angliam in nuncio domini nostri regis *ExchScot* II 344.

41 (expr. designation of something) for use as.

monachus .. cardinali c florenos in curialitate repromisit *Meaux* III 190.

42 (instrumental) with, by means of; **b** (action); **c** (*in osculo*, w. ref. to *Rom.* xvi 16 *etc.*) with a kiss; **d** (word, w. ref. to swearing); **e** (power). **f** with, to the accompaniment of. **g** on (a diet of).

domum Dei et altare in varia suppellectili vasorum intus ornavit EDDI 16; **790** saluta fratres nostros in Bacho et berbice et in libra argenti ALCUIN *Ep.* 8; radix est omnis res ex unitatibus cum [v. l. in] se ipsa multiplicata aut omnis numerus supra unitatem cum [v. l. in] se ipso multiplicatus ROB. ANGL. *Alg.* 68. 3 n.; in quo nunc ecclesia vel metrice psalleret vel melice jubilaret? GIR. *LS* p. 418; sacerdotes exorcismos faciunt in aqua benedicta BACON *NM* 526 (cf. exorcismus b); ipsius mortem .. in magno redemerunt auro AD. USK 125. **b** si probatus fuerit in omni penitentia, in lacrimis et orationibus .. THEOD. *Pen.* I 8. 12; cujus in ictu / milite dejecto sella relicta vacat GARL. *Tri. Eccl.* 58; demoniacum .. adjurat .. in examinatione extremi judicii .. quod .. respondeat *Latin Stories* 100; **1299** hortamur in aspersione preciosi sanguinis domini Jesu Christi quatinus .. *Reg. Cant.* 325; **1311** in bonorum .. eorum confiscacione et perpetua incarceracione .. puniantur *RGasc* IV 562 p. 161; **s1313** de his in quibus ipsum [sc. regem] offenderant veniam postulare TROKELOWE 81; illa nec in perforatione plantarum est mota TREVET *Ann.* 96; constituit .. iij dies ante Ascensionem Domini cum processione in jejuniis et orationibus celebrari *Eul. Hist.* I 348. **c** ipsum in osculo suscipiens ad latus suum apposuit GIR. *RG* II 5 p. 53; **1218** ipsum .. in osculo pacis suscepit *Eyre Yorks* 421; **s1269** in osculo pacis dimisit eum GERV. CANT. *GR cont.* 249; eos .. humiliter in osculo sancto salutans *Cust. Westm.* 80. **d** dum .. beatus Thomas .. in verbo sacerdotali promisisset se .. consuetudines .. observaturum A. TEWK. *Add. Thom.* 2; [Thomas] promisit .. in verbo veritatis se velle .. consuetudines .. custodire GERV. CANT. *Chr.* 178; juravit .. rex in verbo regio quod .. *Ib.* 388; **1220** promiserunt in verbo veritatis quod .. *Pat* 235; **c1206** Willelmus in verbo Domini fecit michi fidelitatem de ipso tenemento *Cart. Osney* I 311; **1254** rex .. in suo legitimo verbo regali, ut legimus, mandavit .. *RGasc* I 348; **1268** hoc concessimus ei in verbo Dei *SelPlJews* 39; **1301** donacionem .. in verbo Dei promittimus .. observare *Reg. Cant.* 872. **e** alii in cujus virtute miracula illa quae [(*sic*); *some MSS omit*] faciebat dubitantes FELIX *Guthl.* 46; rediit .. inquirens a .. papa in qua potestate venirent cardinales "in debita" inquit .. papa

A. Tewk. *Add. Thom.* 24; in vi tamen et virtute obedientie interdixit monachis G. Cold. *Durh.* 16; **1280** ad quorum .. observacionem .. in virtute prestiti sacramenti dicunt .. se esse adstrictos *MunAcOx* 43; **1298** cum .. rex regum .. erectos deprimat .. et in virtute sua dimicantibus .. assistat *Reg. Cant.* 279. **f** resurrectionis dominice .. solennitas in ymnis et canticis .. celebrata est Gerv. Cant. *Chr.* 424; Moyses .. eduxit populum de Egypto, in portentis et prodigiis magnis M. Par. *Maj.* I 10; s**1244** *Ib.* IV 356 (v. classicus 4b); **1316** in tubis publice preconizari *RGasc* IV 1531. **g** qui .. inebriatur .. vij dies in pane et aqua .. peniteat Theod. *Pen.* I 1. 6; **1279** in pane et aqua jejunet (*Const. Peckham*) *Conc.* II 36b; jejunare .. in pane et aqua [ME: *to bred & to water*] *AncrR* 103; jejunium in pane et aqua Ockham *Dial.* 923; **1354** pascat .. quinque pauperes in una refectione competenti *Lit. Cant.* II 322; **1451** in pane et aqua .. jejunare debeant (*Abbr. Stat.*) *Mon. Francisc.* II 103.

43 clothed or arrayed in, wearing. **b** bearing, exhibiting (unbroken seal). **c** bearing (weapon). **d** (w. ref. to *Deut.* v 15, *Ezech.* xx 34, *etc.*) with.

mutatis .. mutuo vestibus .. se discrimini in fratris .. vestimentis .. persequendum dedit Gildas *EB* 11; Cerberus .. quem .. Alciden in vinculis traxisse .. depromunt *Lib. Monstr.* II 14; baptizatus in albis Aldh. *VirgP* 25 p. 259; in sabanis et in sindonibus bajolabantur aegroti *Ib.* 36; venit quidam in barba prolixa Alex. Cant. *Mir.* 51 p. 265; in cappa nigra Map *NC* V 5 etc. (v. cappa 3a); **1195** in cappis, etc. (v. cappa 3b); **1301** unum clericulum .. qui in ecclesia in superpellicio cantet *Reg. Wint.* I 129; **1313** in ferris ductus fuit ad barram (v. ducere 1b); cives exierunt .. seniores in scarleto et ceteri .. cum capuciis .. de rubeo *G. Hen. V* 15. **b** **1398** litteras .. in cera restituit (v. 1 cera 2a). **c** dimicat in gladio logicus cum syllogizando / disserit Neckam *DS* X 57; s**1144** cum .. in scuto et lancea contra adversarios .. decertasset Gerv. Cant. *Chr.* 128; visitabit [Deus] super leviathan serpentem veterem in gladio suo Ad. Marsh *Ep.* 76 p. 187; **1305** ne .. contra vos pro tanta temeritate nos procedere oporteat in virga vigoris *Reg. Cant.* 498; **1456** revoca .. ad memoriam Golie calumnias .. quem David .. in funda et lapide congrediens .. intricavit (*Lit. Papae*) *Reg. Whet.* I 273. **d** in brachio extento circumda civitatem istam Egb. *Pont.* 128; Henricus dux Normannie intravit Angliam in manu valida et castellum de Maumebri obsedit .. R. Niger *Chr.* II 188; ut hereditatem suam in manu armata a Grecis .. reposceret *Flor. Hist.* II 230; s**1312** cumque .. castraque et civitates .. in manu forti recuperasset Trokelowe 71.

44 in (spec. condition); **b** (state of mind). **c** established in (office).

679 manentem hanc donationis chartulam in sua .. firmitate *CS* 45; Gorgones .. in monstruosa mulierum natura iij .. describuntur *Lib. Monstr.* I 38; **790** memor sit vestri .. Deus in aeterna misericordia Alcuin *Ep.* 10; c**835** unum Deum in trinitate et trinitatem in unitate veneror *CS* 415; hunc invenerunt barones regis in pace inter Rogerum Bigot et Hugonem comitem quando venerunt in comitatum, et ita erit in pace donec sit derationatus *DB* II 377; s**1169** reddat nobis ecclesiam Cantuariensem in ea plenitudine et libertate in qua eam melius habuimus postquam facti sumus archiepiscopus Diceto *YH* I 336; **1218** si forte aliquid fecerint .. comites et barones ipsos in bona fide distringent .. *Pat* 134; personaliter illuc accessit ut videret an verum esset in opere quod divulgatum erat Trokelowe 111. **b** in zelo igitur domus Domini .. nunc persolvo debitum Gildas *EB* 1; in fide Gir. *JS* 3 p. 324 (v. 1 fides 4a); tractatulus .. quem ad gazophylacium Domini offero in charitate vidue duo minuta offerentis Paul. Angl. *ASP* 1528. **c** quid .. iniquius .. quam .. in altiore dignitate positis .. denegare honorem Gildas *EB* 4; **1421** de .. personis in beneficiis ecclesiasticis *Reg. Cant.* III 69; **1433** lego vicario S. Cuthberti Well' quicumque fuerit pro oblitis decimis pro tempore quo inibi steteram in officiis xx s. ita quod pie remittat ipsius ecclesie nomine siquid amplius pro decima hujusmodi debeatur de tempore quo inibi fueram in officiis diversis *Reg. Cant.* II 489.

45 (w. n. of adj. or p. ppl. in pred. phr.). **b** (w. pr. ppl.).

in abscondito, in absconso, in absconditis c**1320** etc. (v. abscondere 2b); in aliquo **1160** etc. (v. aliquis 1c); in alto et in basso **1427** (v. altus 1d); pestifera .. lues .. populo incumbit, quae in brevi .. multitudinem .. sternit Gildas *EB* 22; in brevi Bede *HE* V 10 etc. (v. brevis 2); in claro **1397** (v. clarus 5c); in communi *GAS* 107 etc. (v. communis 1b, c); in confuso Ockham *Dial.* 649 etc. (v. confundere 1e); in continuo Ockham *Dial.* 560 (v. continuus 2e); in deperdito **1196** (v. deperdere 1e); in directo Gros. 49 etc. (v. dirigere 2b, c, e); in duplo s**1322** (v. duplus 2b); portarum .. culmina minaci proceritate porrecta in edito forti compage pangebantur Gildas *EB* 3; in extremis **1156** etc. (v. extremus 3c); erat enim silva in longinquo posita Rhyg. *David* 35; **1143** abbatem et monachos .. neque subjectionem .. neque redditum aliquem, seu in magno, sive in minimo, archiepiscopo .. solvere debere *Conc. Syn.* 808; idolatra fuit, prius in occulto et postea in manifesto R. Niger *Chr. I* 39; **1255** remittimus quicquid .. Arnaldo .. occasione mortis .. Willelmi petere poteramus, salvo jure in omnibus alieno *RGasc* I sup. 53; sepius in occulto, et postea in patulo fuit correptus a pluribus Ockham *Err. Papae* 965; cum in primis multa notarem .. prorsus incognita Gir. *TH pref.* p. 20 (cf. imprimis); **1314** scrutinii collacionem inter se faciant in privatis, non in publico *StatOx* 114; ut evidentius in propatulo patescat Aldh. *Met.* 1; perducta .. ad monasterium, quia in proximo erat Bede *HE* IV 10 p. 225; **1375** quod omnia collecta .. defferentur aperte .. et non retro gardina in secretis *Hal. Durh.* 131; **1345** executiones judiciorum illorum remanerent in suspenso *RScot* I 660a; **1291** totum jus et clamium quod habuit vel aliquo modo habere poterit in toto vel in parte *SelPlMan* 41; **1428** bene et clare, licet primo aliqualiter hesitans, in ultimo respondebat *Reg. Cant.* III 188. **b** in continenti **1230** etc. (v. continere 4c; cf. incontinenti); in evidenti R. Niger *Mil.* III 81, s**1226** (v. evidere 2c); in pendenti erit donatio Bracton 11v.

46 engaged upon, occupied in, in course of, under: **a** (w. sb. describing activity); **b** (w. ger.); **c** (w. pass. inf.); **d** (w. sb. or ppl. implying passivity).

a animas .. rugientes in aeternis fletibus cludunt *Lib. Monstr.* III 12; **1219** est in servitio regis in Pictavia *CurR* VIII 7; s**1225** multi .. milites et servientes .. in ejus obsequio remanserunt M. Par. *Maj.* III 93; **1265** familia .. in dinerio existente (v. dinarium); comes Lincolnie tunc fuit in partibus transmarinis in negociis domini regis *State Tri. Ed. I* 38; **1450** quatenus tres anni in philosophia .. possint sibi stare (v. annus 4c); ?**1460** feria secunda ad minus in prandio vos videbo *Paston Let.* 606. **b** quid tu .. largior in dando ..? Gildas *EB* 33; qui .. divinationes .. observant .. in exquirendis [*sic*] aliquam artem maleficiorum .. peniteant Theod. *Pen.* I 15. 4; in disputando Balsh. *AD rec.* 2 20 (v. collocutivus); in per se disserendo *Ib.* 122 (v. divisio 4); s**1188** ad .. regem .. aliquos mittemus .. si tamen in eundo et redeundo in verbo vero spoponderitis regiam securitatem Gerv. Cant. *Chr.* 417; **1225** dicit quod prepositi sunt in veniendo cum denariis *KR Mem* 7 r. 15*d*; **1269** cum Hugo .. sit in tractando nobiscum de pace Simonetti .. detenti .. pro morte Galfridi *Cl* 164; **1313** alii .. in fugiendo continue insecuti fuerunt hutesio levato et .. J. de G. fugiendo vulneratus est *Eyre Kent* I 98; **1420** propter contumaciam suam in non respondendo sive non comparendo *Reg. Cant.* III 158; **1518** campanile ibidem non est perfecte edificatum sed parochiani ibidem sunt in edificando illud *Vis. Linc.* IV 5. **c** est .. in aduri Gad. 37v. 1 (v. adurere 2). **d** **1276** intravimus primo in novum refectorium, quod fuit in constructione per x annos et amplius *Chr. Rams.* xlvin.; **1327** eedem carte sunt in examinando *KR Mem* 103 r. 191; **1378** cum navis .. ecclesie .. sit .. in construendo (*Mandatum Archiep.*) *Conc.* III 136a.

47 (expr. conditions under which action or situation occurs) in, amid (spec. circumstances).

quod Britanni nec in bello fortes sint nec in pace fideles Gildas *EB* 6; [Albanus] imitans .. in hoc Christum animam pro ovibus ponentem *Ib.* 11; qui occiderit hominem in puplico bello xl dies peniteat Theod. *Pen.* I 4. 6; si quis presbiter .. uxorem .. duxerit in conscientia populi, deponatur *Ib.* I 9. 4; in primo conjugio presbiter debet missam agere *Ib.* I 14. 1; genus hominum .. qui in naturali nuditate .. vivere dicuntur *Lib. Monstr.* I 15; [Theseum] in mortis periculo constitutum adveniens Hercules liberavit *Ib.* I 36*; horruit spiritus ejus, in eo quod domus [*sic*] Dei .. quasi speluncam latronum factam agnovit Eddi 16; qui in somnis .. pollutus est, surgat †cantatque [v. l. cantetque] vij psalmus [*sic*] Egb. *Pen.* 9. 7; **790** amici .. in prosperitate Deo serviunt Alcuin *Ep.* 7; c**835** Deus .. faciet .. in ipsis temptationibus misericordem proventum ut sustinere possimus *CS* 415; **940** cum omnibus quae ad ipsum locum pertinere dinoscuntur tam in notis causis et ignotis, in modicis et in magnis *CS* 748; c**1080** hoc est in electione prepositi utrum porcos an predictum precium velit accipere *Cant. Cath. Pri.* 129 n.; testantur in periculo animarum *Canon. G. Sempr.* 148v; rex .. Parisius profectus a rege Francie in magna gloria et honore susceptus est Gerv. Cant. *Chr.* 166; honeravimus priorem in periculo anime sue ut xij .. nominaret Brakelond 125; s**1288** in sua absencia (v. custodia 6a); s**1289** etc. in casu (v. 3 casus 5c–d); s**1312** strenuus in militia maturusque in consiliis Trokelowe 72; extitit concordatum quod in eventu quod universitates .. vellent .. *Reg. Cant.* III 69; **1425** opiniones .. in predicacionibus suis .. affirmasse *Ib.* 104; **1448** C. B. est in eisdem defectibus *MunAcOx* 580.

48 (denoting point of reference) in respect of; **b** (measurement or extent); **c** (expenditure); **d** (learning).

in observantia disciplinae .. praefuit Bede *HE* IV 10 p. 24; jam in animabus eorum [hominum] potestatem habere incipimus Gir. *GE* I 25 p. 71; †**1093** (13c) ut habeat .. facultatem plenariam .. ordinandi domum suam in interioribus ex exterioribus *Feod. Durh.* liv; nota .. larga .. posset appellari longior in comparatione ad longam *Fig.* 44. **b** Brittania insula .. octingentorum in longo milium, ducentorum in lato spatium .. tenens Gildas *EB* 3; [caudarum] duplicitas ad sex pedum mensuram in latitudine cum binis patebat unguibus *Lib. Monstr.* II 34; **840** predonavit .. j anulum in xxx mancusis et discum fabrefactum in iij pundis et ij albas cornas in iiij libris .. et unam cuppam deauratam in ij pundis *CS* 430; qui .. vestris audeat vel in modico obedire mandatis Gerv. Cant. *Imag.* 57; c**1197** [carte] sine .. efficacia erunt, et in nullo .. Johanni .. valere poterunt *FormA* p. xx; **1231** placea continet in fine sua versus orientem quadraginta et unum pedem in latitudine, et versus occidentem viginti quatuor pedes .. in latitudine *Lit. Cant.* III xxxviii; **1316** nec litere .. aut arbitrium .. in minimo valent eis (*Lit. Archiep.*) *Conc.* II 458b; **1321** quod .. Cancellario nostro concederetur potestas aliquos creandi notarios, in numero vestre .. circumspeccionis funiculo limitando *FormOx* 76; s**1332** cumulus Scotorum .. interfectorum .. in longitudine unius stadii se protendens fuerat, in altitudine sex cubitorum et amplius Avesb. 82; **1452** in longitudine .. in latitudine .. in circuitu .. in fine posteriori (v. ancora a); s**1455** nec studuit aliquod insuetum .. in minimo attemptare *Reg. Whet.* I 200; propterea elatior in multo *Ib.* 203; cum .. contingat sepiusquam in majori *Ib.* II 471; **1459** pro factura murorum magne grangie .. viz. xij rod. .. in altitudine *Ac. Durh.* 638; ceroneum dicitur a cera quam recipit in magna quantitate *SB* 15; **1587** unam plagam mortalem in profunditate trium pollicum *Pat* 1301 m. 20. **c** **604** (12c) aliquid de portione terrae nostrae in subsidiis servorum Dei .. debeamus offerre *CS* 3; a**1128** in elemosina (v. elemosina 2a); **1130** in liberationibus constitutis xiij prebendariorum xix li. . . . et in vestura eorundem . . . et in summis et bulgiis . . . et in conductu vini .. *Pipe* 1; **1168** in liberatione Algari .. et in apparatu ejus (v. ducere 1a); **1218** donec ei in terris ad valenciam .. quaterviginti et decem librarum providerimus *Pat* 184; **1271** in parcameno ad opus clericorum .. et aliis minutis expensis .. tresdecim libras *Cl* 327; c**1315** in custodia molendini (v. custodia 1c); s**1327** in suis expensis (v. drapurius 1a); **1335** in expensis .. euncium Londonias (v. ducere 5a); **1336** in fretto navis conducte (v. ducere 4d); **1346** †en xij petris (v. adamas a); c**1380** in uno tegulatore .. ix s. xj d. *Cant. Coll. Oxf.* 126; **1397** in dono (v. donum 3d); **1427** domino priori in obulis pro elemosina x s. vj d. *Ac. Durh.* 465. **d** doctus in horrenda sceleratorum arte magorum Aldh. *VirgV* 1855; erat doctus in nostris carminibus Cuthb. *Ob. Baedae* clxi; c**835** conscius sim neque in seculari prudentia ornatum me esse neque .. in divina scientia .. me eruditum fore *CS* 415; [Judei] me .. probaverunt peritum in libris prophetarum Petrus *Dial.* 2; s**1205** civitate Parisius obiit P. Pictavinus, doctor egregius in theologia Coggesh. *Chr.* f. 108; **1243** magistros in jure ibidem legentes *CalPat* 438; magister in historiis Bacon *Maj.* I 194 (v. historia 2c); **1407** quod nullus magister regens in artibus legat ordinarie ultra binam vicem aliquem librum *StatOx* 192; **1428** erat instructa .. solomodo in cimbolo et decalogo *Reg. Cant.* III 188; **1435** in grammatica (v. grammatica a).

49 in (God, Christ, or sim.); **b** (in salutation or valediction). **c** (*in nomine*) in the name (of) (cf. *Act.* iii 6 *etc.*).

in Domino quievisse perhibetur Osb. *V. Dunst.* 6 (v. dominus 10a); Bernardus .. obdormivit in Domino Higd. VII 20 p. 20. **b** dilectissimo in Christo .. condiscipulus in Deo Cuthb. *Ob. Baedae* clx (v. collector); **948** pacem et prosperitatem in Salvatore omnium Deo et Domino *CS* 860; c**1163** quod sollicitudinem vestram debeamus in Domino .. commendare (*Lit. Papae*) *Reg. Malm.* I 367; s**1188** in eo regnare per quem reges regnant (*Lit. Regis*) Diceto *YH* II 51; **1258, 1289** (v. diligere 1c); **1293** salutem in omnium Salvatore *StatOx* 103; valeat vestra paternitas sancta in Domino *Canon. G. Sempr.* 98; Edwardus .. rex .. venerabili in Christo patri .. episcopo *State Tri. Ed. I* 65; c**1300** Thomas .. fratribus .. salutem in eo qui est omnium vera salus *Lit. Cant.* I 8; **1318** in Cristo .. feliciter valete *FormOx* 42; **1335** universis .. ecclesie filiis .. W. .. Anglie primas salutem in amplexibus Salvatoris *Eng. Clergy* 254; **1507** reverendissimus in Christo pater .. dominus Willelmus *Lit. Cant.* III 337. **c** Poenitentiale Theodori Praefatio in nomine Domini Theod. *Pen. pref.* p. 173; **679** in nomine Domini nostri Salvatoris Jhesu Christi *CS* 45; **838** ego Ceolnoð .. in nomine Sanctae Trinitatis .. praecipio *CS* 419; **839** in nomine Dei summi regis aeterni *CS* 426; **1307** in Dei nomine Amen *Deeds Balliol* 55; postquam .. conveniunt in nomine Christi errare non poterunt Ockham *Dial.* 495.

50 in the person of, in the case of, when dealing with. **b** (*in sancto* or sim.) through the agency of a saint.

ut illud Esaiae prophetae in eo quoque impleretur Gildas *EB* 22; completur .. in nobis secundum historiam quod propheta .. ait *Ib.* 24; de stupro in virgine et adulterio in uxore alterius .. de incesto in amica .. de adulterio in ancilla (*Quad.*) *GAS* 537; cum autem hoc ubique notandum sit, in domino et magistro maxime detestandum erit (*Leg. Hen.* 34. 7a) *Ib.* 566; **1266** ad injuriam propriam et communem in suo principe sibi factam .. vindicandam *Cl* 241; **1324** die Lune .. ecclesiam nostram .. in personis et rebus .. visitare *Lit. Cant.* I 132; Christus .. dedit .. Petro, et in ipso pape, omnem potestatem Ockham *Pol.* I 34; veluti .. Beatae Matris .. numen in suo abbate ad ultionem irritaverit Ferr. *Kinloss* 30. **b** sic Deus in sanctis alma virtute triumphat Aldh. *VirgV* 1405; mulier leprosa .. ad .. sancti Yvonis monumentum venit; unda .. exundante se perluit atque .. lepram deposuit .. et .. omnibus Dei magnalia in sancto suo promulgavit Gosc. *Mir. Iv.* lix; incolumis surrexit, laetusque Dominum in sancto suo benedixit *Ib.* lx; **1445** Deum laudare in sanctis suis *Lit. Cant.* III 192.

51 (expr. identity) embodied in, in the person or shape of.

ante adventum Christi in carne Gildas *EB* 4; **679** in die judicii rationem reddet Deo in anima sua *CS* 45; talia ex corde meditanti astitit juvenis, decore insignis,

quem puerum olim in corpore ipse puer noverat OSB. *V. Dunst.* 17; vade jam, inimice, quoniam in ejus nomine te vincam in lupo et vulpe, qui te in leone superavit et dracone *Ib.* 19; nec tecum, nec cum messoribus tuis sentiunt, qui in me Ruth spicas colligentem corripiunt AD. SCOT *TT* 633B; angelum in se non possumus cognoscere naturaliter et distincte OCKHAM *Quodl.* 121; [diabolus] venit ad eum in specie *Latin Stories* 35; **1448** dicunt .. quod I. B. .. fovet male viventes in corpore in domo sua *MunAcOx* 580.

52 (modal) in form of: **a** (spec. arrangement, design, or pattern); **b** (material or substance); **c** (language); **d** (due, custom, or right).

a **984** (14c) rus .. hiis metis in circo rotatur *CD* 641; inclinet se ad pedes abbatis, deinde osculetur omnes fratres in circuitu LANFR. *Const.* 176; in omni triangulo rectangulo ADEL. *Euclid* 155 (v. ducere 8e); **1303** unus camahutus munitus auro cum aymeraldis in circuitu *DocExch* 279; **c1390** due Biblie in duobus voluminibus . . . retractaciones Augustini .. in uno quaterno (*Catal. Librorum*) *FormOx* 241; litui et buccine perstrepentes in multiplici melodia *G. Hen. V* 15; volucres .. in circuitu volutabant *Ib.*; **1421** injunccione .. facta .. in forma inferius annotata *Reg. Cant.* III 68. **b** **s1245** optulerunt .. munera in equis, vasis, vestibus, auro, argento .. M. PAR. *Maj.* IV 428; fiet erogacio pauperibus xx s. in pane *Cust. Westm.* 92; **1326** ornamenta ecclesiastica .. et omnia alia bona que habent in moneta vel metallo *Lit. Cant.* I 202; **c1390** mitto vobis unam marcam in auro fortis ponderis *FormOx* 236; **a1400** cetera omnia in libris, ciphis, pannis, jocalibus, et aliis quibuscunque *Pri. Coldingham* 85; **c1483** xxxiij li. vij s. viij d. in auro *Lit. Cant.* III p. xxvii. **c** in nostra lingua .. dicens de terribili exitu animarum e corpore .. CUTHB. *Ob. Baedae* clxi; **957** (15c) in lingua Anglica .. in lingua Latina *CS* 988; **1425** libros diversos in lingua tam Latina quam Anglicana conscriptos *Reg. Cant.* III 107. **d** **749** libertatem in fructibus silvarum sive in caeteris utilitatibus fluminum .. donavit *CS* 178; **a1100** quicquid monachi de Salmur acceperant .. et in decimis et in sepulturis et in offrendis et in omnibus aliis rebus que pertinent ad ecclesiam S. Cuthmanni *Regesta* I p. 137; **a1100** cum omnibus quecumque ad .. ecclesiam pertinent tam in terris quam in decimis et in omnibus aliis rebus *Ib.* II p. 307; **c1139** volo quod .. quiete .. [manerium] teneant, in bosco et in plano, pratis et pascuis, in via et semitis .. (*Ch.*) *Chr. Rams.* p. xix; **1189** omnia que .. monachis .. illicite abstulisti, in exeniis, ecclesiis, villis, possessionibus, redditis (*Lit. Papae*) GERV. CANT. *Imag.* 63; tenebunt .. totam .. terram .. hereditarie .. in viis, in semitis .. in aquis etc. *Reg. Malm.* II 10; **1430** in bosco et plano, in aquis et viis, in semitis, in pratis et pascuis *Feod. Durh.* 20 n.

53 (w. vb. of motion) into (place); **b** (body or part of body).

quis .. ob invidiam melioris hostiae caelestique igni in caelis evectae, ut Abel, occisus? GILDAS *EB* 69; ut in caelis nequaquam ascendatis *Ib.* 109 (v. ergastulum); intret in monasterio Deo servire THEOD. *Pen.* I 3. 1 (v. ducere 1a); casa in qua infirmiores .. induci solebant BEDE *HE* IV 22 p. 261; non fluit rivus ex eo [sc. fonte] neque in eo NEN. *HB* 215; **s835** hic venit multitudo navium in Westwala [*gl.*: ad Occidentales Uualones] *ASChr.*; cum rex in scyra veniebat *DB* I 139ra; in eodem .. monasterio .. Baldewinus .. et suffraganeorum .. quidam hospicii gracia sese contulerant AD. EYNS. *Hug.* III 1; **1219** venerat in curia et vocaverat .. ad warantum Stephanum *CurR* VIII 112; **1219** si .. appellatus fuerit de .. facto .. per quod debeat .. inprisonari, committatur in custodia predictorum *Ib.* 116; **1220** leprosus .. commissus fuit in quadam maladria *Ib.* 309; **1231** capiantur et in prisona nostra mittantur *BBC* (*Oxford Univ.*) 162; duxit ipsum in quodam herbario .. et ibi ipsum detinuit *State Tri. Ed. I* 7; cum Willelmus .. venisset in curia nostra coram locum nostrum tenentibus *Ib.* 28; **1327** eat in cancellaria *RParl Ined.* 168; **s1313** in aula Westmonasterii .. venire deberent TROKELOWE 81; **s1317** applicuerunt in Anglia duo cardinales *Ib.* 99; Galfridum .. in turri regia trudi fecerat HIGD. VII 25. **b** raptus est e corpore .. qui reductus in corpore et die tertia rursum eductus .. BEDE *HE* III 19; traditi sunt in manibus eorum qui .. possederunt loca illorum GIR. *PI* I 19 p. 107; **1323** resignavit in manibus .. Pape curam .. archiepiscopatus *Lit. Cant.* I 108; orabat, ut Deus inmitteret .. benevolenciam in corde regis Anglie *Eul. Hist.* I 406.

54 into (state or condition).

s1321 in furia conversus TROKELOWE 108; hic patrem proprium in vinculis conjecit quibus et obiit HIGD. VII 15; struxerunt .. incendii rogum, ligatisque manibus .. militem in igne projecerunt *Meaux* I 141.

55 upon, down on to.

nulla gutta pluvie cecidit in segete sancti Edi (*Aed* 6) *VSH* I 37; volucres .. quiescebant in humeris ejus *G. Hen. V* 15.

56 (indicating target of assault or hostility) against.

cervus .. in antiquo serpente signat dominium RHYG. *David* 2; afflictionum, que in populo immiseranter exercuerat *G. Steph.* 92; **s1143** ne aliquis qui violenter in clerico manus ingesserit *Meaux* I 127 (cf. H. HUNT. *HA* VIII 21: qui clerico violenter manus ingesserit).

57 (w. vb. of breaking) into (pieces).

in multis eum frustis crudeliter laniando mactavit M. PAR. *Maj.* I 55 (cf. G. MON. II 16: in plurimas sectiones dilaceravit).

58 (adv.) in, toward the inside.

veluti extra existentes tendunt in *Ps.*-GROS. *Gram.* 54 (v. extra 2a).

59 (w. adv. or prep.; sts. written as one word) *v. e. g. deorsum* 1b, *impalam*, *imperpetue*, *inante*, *inantea*, *inibi*, *ininvicem*, *insimul*, *insuper*, *mane*, *obviam*, *palam*, *peregre*.

60 (prefix with locative, temporal, or intensive force; N usu. assimilates to a following L, M, or R; usu. becomes M before B or P; sts. disappears before GN).

in .. modo intensivum, ut imprimo, incuso ALCUIN *Gram.* 900B.

2 in- [CL], (prefix with negative or privative force; N usu. assimilates to a following L, M, or R; usu. becomes M before B or P; sts. disappears before GN).

in modo in compositione privativum est, ut injustus, improbus ALCUIN *Gram.* 900B; in praepositio, si conposita sit et P aut B vel M sequatur, N in M convertit, ut improbus *Id. Orth.* 2338.

inab- v. et. inhab-.

inabsolutus [CL]

1 incomplete, unfinished.

ut ea perficeret quae rex David moriens ~a imperfectaque reliquerat FERR. *Kinloss* 22.

2 unabsolved.

anathematis gladio percussus et ~us abscessit, et terre sacrilegum dari non licuit *G. Steph.* 84.

inacceptabilis [cf. LL inacceptibilis], unacceptable.

s1247 in cujus denarii rotunditate si quid de cruce illa fuisset violatum, pro retonso haberetur et ~is M. PAR. *Min.* III 28.

inacceptatus, unaccepted, not approved.

manus Saxonica contemtui habita et nimium ~a *Croyl.* 85.

inaccersibilis v. inaccessibilis.

inaccessibilis [LL], inaccessible, unapproachable: **a** (of person); **b** (of object or place); **c** (of light, w. ref. to *I Tim.* vi 16); **d** (of abstr.).

a principes .. sunt reprehensibiles reputandi, qui ~es exhibent se subjectis OCKHAM *Dial.* 803. **b** locus .. palude circumseptus .. sine navis vehiculo ~is *Chr. Rams.* 125; regio .. ~is est paludibus nimiis interjacentibus DICETO *YH* I 348; ad aquam .. vivi sabuli periculis .. ~em GIR. *IK* I 8; magna pars parietum adhuc restat et cripte ejus horride et ~es apparent GREG. *Mir. Rom.* 8; R. COLD. *Godr.* 347 (v. 1 dumus a); lignum nudum non est tactui ~e GROS. *Cess. Leg.* III 1. 8; equorum beneficio ad montana ~ia pre timore evadentes vite consulunt M. PAR. *Min.* I 110; in quandam cujusdam comitatus partem aquis pariter et silvis inaccessabilem se contulerunt WALS. *YN* 67. **c** admirabilis splendor †inaccersibilisque [l. inaccessibilisque] lux Pater Deus *Trop. Wint.* 66; Domine, .. habitas lucem ~em. et ubi est lux ~is? aut quomodo accedam ad lucem ~em? ANSELM (*Prosl.* 1) I 98; [Deus] in luce habitans ~i AD. SCOT *Serm.* 278D; Deus .. lucem habitans ~em *Id. TGC* 805D. **d** cum omnis substantia admixtionis differentiarum vel mutationis accidentium sit susceptibilis, hujus immutabilis sinceritas omnimodae admixtioni sive mutationi est ~is ANSELM (*Mon.* 26) I 44; infinitus comprehenditur et ~is attingitur H. BOS. *LM* 1361B; Deus est .. lumen intellectuale, virtus ~is et immensurabilis BART. ANGL. I 16; secundum artem eternaliter viventem apud ~em sapientie claritatem AD. MARSH *Ep.* 77 p. 192; usque ad impenetrabile penetrale causarum supernaturalium, altissimarum, ~ium, et invisibilium penetrare BRADW. *CD* pref. b2v.

inaccessibilitas [LL], inaccessibility, unapproachability: **a** (w. ref. to place); **b** (w. ref. to light).

a obsessus .. diu poterat ibidem sese ~ate loci defendere ORD. VIT. IV 7 p. 215; propter ~atem et locorum notoriam difficultatem WALS. *HA* II app. p. 404. **b** lux in se est manifestissima et tamen quoad capacitatem nostram et sui ~atem est obscura GROS. *Hexaem.* I 3. 3.

1 inaccessus [CL]

1 that is not or may not be approached, inaccessible; **b** (fig.).

Brittania Romanis .. ~a atque incognita fuit BEDE *HE* I 2; provintia .. propter longinquitatem Normannis ~a W. MALM. *Wulfst.* II 1; [Antiochia] altera parte obsessa non fuit quoniam tam porrectis et ~is coangustabatur scopulis et montanis ORD. VIT. IX 9 p. 520; mandatum est eis ut ~i a Romano populo et intacti vectigal reddant G. MON. IV 1; insuperabilem loci contuens munitionem .. marino gurgite alluente ~am *G. Steph.* 37; villa .. per nos ~a propter fluvios .. prohibentes *G. Hen. V* 5. **b** nihil inquam mihi ~ius esse quam .. meam intentionem subdere ADEL. *QN prol.* p. 1.

2 not approached by any rival, unequalled.

tibi laudes .. / .. / phono fundunt indefesso / quas virtutum inaccesso / cono supergrederis WALT. WIMB. *Virgo* 138.

2 inaccessus [2 in- + accessus], difficulty of access or approach.

Stygia regna .. ad quae tantus ~us est sine superbia et ira ut difficile dictu fuat LIV. *Op.* 167.

inactare [ML; *backformed from* inactus, *p. ppl. of* inigere]

1 to enact (legislation).

1490 ~atum et ordinatum erat per superiorem .. quod quicumque ingrederet domum .. *Lib. Kilken.* 93.

2 to record, register.

1411 concessit .. quod .. eadem cedula in rotulo Parliamenti secundum formam et effectum ejusdem irrotularetur et ~aretur *RParl* III 652b; **1523** scriptura .. in communi registro ~etur *MonExon* 84b.

inactatio, enactment, registering.

1317 in ~one pretacta facta super collacione dicti magistri Walteri de F. *Stat. Linc.* I 330.

inactitare [ML]

1 to enact (legislation) (also p. ppl. as sb. n.).

1413 per acta inactitata [v. l. et inactitata], producta exhibita signa, evidencias et indicia, diversa insuper probacionum genera reperimus eundem dominum Johannem [Oldcastle] militem fore et esse hereticum *Ziz.* 446; **1418** acta sive inactitata in consistorio nostro .. ad cause .. expedicionem vobis tradi .. committimus *Reg. Heref.* 42; **1434** per acta ~ata, exhibita et producta in negocio .. invenimus dictos .. intencionem suam .. probasse AMUND. II 93; **s1459** (v. desitio b); **1504** donationem propter nuptias prefate regine filie nostre factas ~avit, statuit, stabilivit, approbavit, confirmavit et ratificavit *RScot* II 564a; **1539** ~atum, ordinatum, et stabilitum fuit quod .. *Entries* 102; **1551** ad communem convocationem .. coram majore et comparibus suis .. ordinatum et ~atum est prout sequitur *BB Wint* 184; **1584** cumque per eundem actum in alia ~atum existit quod esset una persona nominanda .. *Pat* 1240 m. 32.

2 to record, register (legal instrument) (also p. ppl. as sb. n.).

alias proposuit compilator plurima notabilia memoranda .. libellulo redegisse, sed .. timens circa negocia civitatis ~anda .. opus inceptum perficere .. non valeret .. *MGL* I 529; **1431** consenserunt opinioni Scrop' et requisierunt me sic ~are *ActPC* IV 104; **1432** quod premissa in rotulo Parliamenti predicti ~ari, et postmodum littere sub sigillo regio predicto sibi in forma debita fieri deberent *Foed.* X 517; **s1435** omnia et omnimoda acta, ~ata, proposita, attestaciones testium, litteras, instrumenta, scripturas, processus, et munimenta alia AMUND. I 403; **1500** literas testamentarias .. repertas et †inartitatas [l. inactitatas] in registro *Entries* 321ra.

inactitatio

1 enacting, enactment.

1406 ordinamus quod dicta ~o predicte prime peticionis, sic nobis in presenti Parliamento exhibite, cassetur, dampnetur et omnem effectum suum de cetero amittat et vigorem, quodque litere nostre patentes super ~one predicta confecte .. cancellentur *RParl* III 581b.

2 recording, registering.

s1427 (v. donator a).

inactor, pinder, impounder of stray animals.

a pynder, inclusarius, †mactor [l. inactor], inclusor *CathA*.

inactorium, pinfold, pound.

1516 R. W. fregit communem parcum sive ~ium ibidem et abstulit averia sua ibidem absque licencia *CourtR* 184/67 m. 2.

inactuare, to enact (legislation).

1504 auctoritate ejusdem parliamenti ordinatum ~uatum et stabilitum fuerat quod nullus coriarius artem .. frunitoris .. occuparet *Pat* 593 m. 20.

inactuosus [LL], not marked by activity.

[noctis] partes sunt vij: .. intempestum quod est medium et ~um noctis tempus BEDE *Temp.* 3; cum .. Guthlac .. noctis intempesto [*gl.*: i. e. sereno vel medio vel ~o] tempore perstaret FELIX *Guthl.* 31; intempestum est medium et ~um, quod est tempus quando agi nihil potest .. ALCUIN *Dub.* 1116C; tempestas ~a, quasi sine tempore, hoc est, sine actu per quem dinoscitur tempus *Ib.* 1116D.

1 inactus, having accomplished nothing.

s1191 legati revertuntur ~i et vacui et rem ut erat regi notificant *Itin. Ric.* IV 3 p. 242; ipsi velut in agone desudantes ~i resiliunt CIREN. I 361 (= SAMSON *Mir. Edm.* I 5: spe frustrati resiliunt).

2 inactus v. inigere.

inadibilis [LL], unapproachable.

domicilium .. impenetrabile et ~e erat pre densarum veprium .. quantitate R. COLD. *Godr.* 31.

inadministratus, unadministered.

quamvis .. administratores .. exhauserint totas vires seu facultates defuncti, ita ut nulla bona ~ata penes eos remanent .. *Praxis* 92.

inadn- v. inann-.

inadorabilis [ML], that cannot be adored or worshipped.

omnis .. creatura ex parte ea qua nuda creatura est, ~is est GROS. *Cess. Leg.* III 1. 8.

inadorandus, not to be adored or worshipped.

si quis .. docet .. deitatem .. ~andam in Filii sui carnem, hunc anathematizat .. ecclesia ALCUIN *Dogm.* 112C.

inadp- v. inapp-.

inadversabilis, unopposable.

eternitas, inquit, ~is, immobilis, et insolubilis BRADW. *CD* 826D (= ib. 832C: inaversabilis).

inadvertantia v. inadvertentia.

inadvertenter [ML], inadvertently, by inattention.

1395 tam ~er emanarunt *Reg. Heref.* 119.

inadvertentia [ML], inadvertency, inattention.

OCKHAM *Pol.* I 217 (v. 3 deputare 2b); **1363** in litteris .. directis per ~iam et occupationem cancellarie nostre (*Lit. Papae*) *Mon. Hib. & Scot.* 324a; gestum officiariorum et ministrorum nostrorum, per quorum inadvertantiam et negligentiam .. dampna quam plurima .. evenerunt *RParl* III 74a; **1423** quod .. ob negligenciam et ~iam, quod absit, cederet in vestram et ipsorum nominis lesionem *Reg. Cant.* III 519; a mercancie commercio ~ia quadam mulieres retrahuntur FORTESCUE *NLN* II 23; **s1342** inconstanciam et levitatem regis .. vituperaverunt sapientes et .. suam ~iam et negligenciam *Plusc.* IX 39; **1511** si forte .. corpora per ~iam .. humata fuerint *Reg. Heref.* 51.

inadvocatus, not called for, unsolicited.

tu quid inter patrem et gnatum te medium ~atum facis? LIV. *Op.* 265.

inaedificabilis [2 in- + aedificabilis], not able to be built upon, not edifying.

non .. introducere novos ritus ~es vel infundabiles in scriptura. sed ritus cardinalatus est nimis per se inedificativus ecclesie et infundabilis in scriptura WYCL. *Blasph.* 66.

inaedificare [CL], to build upon.

1263 tres acras terre, sc. duas acras arabiles et unam in burgo ad ~andum (*Ch.*) *EHR* XVI 334.

inaedificativus [2 in- + aedificativus], unedifying.

WYCL. *Blasph.* 66 (v. inaedificabilis).

inaedificatorius, not edifying.

dicenda est .. populo .. quecunque veritas ~ia vel quantumlibet scandalosa WYCL. *Ver.* I 343.

inaedificatus [2 in- + aedificare]

1 unbuilt.

s1127 castello illo tempore paganorum diruto, usque ad tempus Rogeri Sarum episcopi stetit ~atum *Eul. Hist.* III 61.

2 not built upon.

veteris Rome .. ambitus circa miliaria vij estimari solet, quod etiam spatium plusquam ex parte media ruinis nunc patet ~atum, tantumdem nova Roma [i. e. Constantinopolis] tectis egregiis et palatiis edificatum .. GIR. *Spec.* IV 9; **1232** emit terram illam .. nudam et ~atam et superedificavit *CurR* XIV 2305; parcella .. adjacet .. vacua et ~ata fuit *Entries* 618vb.

inaequalis [CL]

1 (of surface) uneven, not level, rough.

quanta discrimina in angustis et ~ibus viis .. exercitus pertulerit ORD. VIT. X 1 p. 7; caperatus, rugosus, squarrosus, verricosus, tuberosus, gibbosus, pupulosus, ~is OSB. GLOUC. *Deriv.* 145; is locus a dextris preruptus et asper et altus / est et inequalis nec satis aptus equis L. DURH. *Dial.* I 358.

2 of irregular shape or outline.

verruce, ~es crepidines montium OSB. GLOUC. *Deriv.* 627; Hibernia .. terra ~is est et montuosa GIR. *TH* I 4; est et alia crux ~is strictior in medio quam in suis finibus, cum angulis patentibus .. non attingens ad scuti fimbrias in aliqua scuti parte, et vocatur crux patens UPTON 211.

3 unequal, varying: **a** (in length); **b** (in duration); **c** (in metr. or mus. measure; also w. ref. to arithmetical theory); **d** (of number). **e** (of angle) not right, not of 90°.

a ADEL. *QN* 36 (v. inaequalitas 3a); sit area laterum ~ium .. in cujus .. iiij angulis quorum uniuscujusque quantitas aree .. imperfectionem majoris seu totius aree ostendunt ROB. ANGL. *Alg.* 78. **b** septenis stellarum curriculis licet ~i annorum corona rotatur ALDH. *Met.* 3 p. 73 (v. corona 6b); ut .. qualibet horas equales ad ~es et e converso reducere queamus .. ADEL. *Elk.* 31; erunt dies naturales ~es GROS. 23 (v. 1 dies 2a). **c** [musica] disciplina .. liberalis est .. dissidentem et dissonam multitudinem proportionum suarum, i. e. ~i quadam equitatis lege concilians J. SAL. *Pol.* 401A; **c1198** (v. iambus 1a); HAUBOYS 420 (246) (v. divisio 2e); est et altera [sc. proportio relativa] que dicitur ~is .. et distinguitur per quinque genera inequalitatis, que dicuntur multiplex, superparticulare, superpartiens, multiplex superparticulare, multiplex superpartiens *Mens. & Disc.* (*Anon. IV*) 65. **d** si ~ibus equalia addas tota quoque fient ~ia ADEL. *Elem.* I p. 33; omnium duorum numerorum ~ium si detrahatur a majore minor donec minus minore supersit, deinde ex minore ipsum reliquum donec minus eo relinquatur *Ib.* VII 1. **e** GROS. 63 (v. deviatio a); BACON *Tert.* 110 (v. 1 incessus 5); si anguli essent ~es, tunc radius incidens et radius reflexus constitueret radium longiorem quam angulus exeuntibus ~ibus WYCL. *Trin.* 55.

4 unequally apportioned or distributed. **b** (of number) odd.

generatio Arrianorum .. inquirens .. quae est Spiritus Sancti potestas aequalis ~is BEDE *Prov.* 1024; locus certaminis belligerantibus ~is erat ASSER *Alf.* 39; cum paucis et nimium ~i numero acerrime belligeravit *Ib.* 42; pensentur ignes lance qualibet, equali vel ~i MAP *NC* IV 3 f. 44v; **c1211** inpar et .. ~e commercium (v. impar 1b); W. BURLEY *Vit. Phil.* 388 (v. euexia); sanguis noster in comparatione ad ejus sanguinem .. foret valde ~is [ME: *unefne*] commutacio *AncrR* 119; gaudium quod paravit illis est ~e [ME: *unevenlich*] omnibus gaudiis mundanis *Ib.* 163. **b** BYRHT. *Man.* 204 (v. imparilis).

5 unfair.

onus ~e quo me non leviter olim gravastis ANSELM (*Ep.* 25) III 133.

6 inconsistent, variable.

filius .. forsitan ~is fidei et meriti erat ORD. VIT. VI 10 p. 121; GAD. 16. 1 (v. diastole b).

7 (as sb., med.) patient.

decoquantur in aqua olla cooperta et sit ~is imposita usque ad cimam coopertam extrinseca de parte per quam exibit caput GAD. 33. 2.

inaequalitas [CL]

1 unevenness (of surface).

~as superficiei ariete crebro vincitur NECKAM *NR* II 172; inducitur quedam in superficie ~as ex vacuitate depressa et duritie elevata BART. ANGL. IV 3.

2 irregularity of shape or outline.

de qualitate terre et ~ate GIR. *TH intr.* p. 7; queritur de capris quare natare non possint? quia nec pectoris habent eminentiam nec ungularum latitudinem nec magnam reliqui corporis ~atem *Quaest. Salern.* B 76.

3 inequality: **a** (of length or quantity); **b** (of duration); **c** (of number or mus. measure); **d** (w. ref. to acuteness or obtuseness of an angle not of 90 °).

a lignum trabale .. tribus pedibus inventum est brevius pariete cui superponeretur. saepius temptantes eadem ~as cassabat GOSC. *Transl. Mild.* 34; cum .. ~ate equalitas optabilior sit, ut quid digiti inequales sint aptati disserendum est ADEL. *QN* 36; in quantitate, "~as" HALES *Sent.* I 227 (v. differentia 1a). **b** causa .. ~atis eorundem dierum terrae rotunditas est BEDE *TR* 32 p. 239; BYRHT. *Man.* 32 (v. epacta 1); ~as dierum naturalium GROS. 23 (v. 1 dies 2a). **c** *Mens. & Disc.* (*Anon. IV*) 65 (v. inaequalis 3c); omnis ~as ab equalitate procedit et ad ipsam debet reduci *Ib.* 67; de ~atibus specie que multiplex dicitur ODINGTON *Mus.* 44; species .. majoris ~atis sunt quinque, sc. multiplex, superparticulare, superpartiens, multiplex superparticulare, et multiplex superpartiens. et totidem sunt species minoris ~atis his idem †vocare [l. vocate] nominibus, .. ut submultiplex, subsuperpartiente .. *Ib.* 48; ~as accidit dum una nota morosius, altera velocius profertur WILL. 23; proporcio majoris ~atis est habitudo majoris ad minorem sic 2 ad 1 et 3 ad 2 .., cujus species sunt quinque, sc. multiplex, superparticularis, superpartiens, multiplex superparticularis, multiplex superpartiens HOTHBY *Prop.* 329; proporcio minoris ~atis est habitudo minoris termini ad majorem, cujus species sunt quinque *Ib.* 330. **d** obliquitas, ~as OSB. GLOUC. *Deriv.* 403.

4 unlikeness, dissimilarity; **b** (w. ref. to social rank).

799 quaedam ~as est in morte illius et nostra . . . item quaedam ~as est, quod ille est verus Deus et verus homo ALCUIN *Ep.* 166 p. 270; affirmacio .. de comparativo gradu fundatur .. super ~atem WYCL. *Log.* I 221 (v. disparantia). **b** fieret .. ~as diversarum personarum .. quae omnino aequales esse debent, cum .. filius majoris parentis dignitate excelleret ANSELM (*Incarn. B* 10) II 25; secunda opinio de ~ate apostolorum OCKHAM *Dial.* 848 *tit.*

5 unfairness, inequality.

†sic [l. si] alicui .. plusquam aliis [rex] donare voluerit, et hoc faciat cum maturitate et cautela, ne notetur in rege ~as et occasio murmuracionis (Birgitta of Sweden) BOWER X 6.

6 changeableness, disorder.

autumnalis aestus ~ate morbum nactus est W. MALM. *GR* III 282; W. GUISB. 241 (v. disparitas); **s1316** per aeris intemperiem et elementorum ~atem WALS. *HA* I 147 (= TROKELOWE 94: inordinatam elementorum collisionem); aeris intemperies et venti ~as *Meaux* II 384.

7 (med.) disease (imagined as the result of imbalance of humours).

ut omnes corporum ~ates, omnes animorum turbines, .. viventi grato susurrio insinuent W. MALM. *Wulfst.* III 26; fratribus erogans quasi nichil ~atis pateretur divini verbi misterium ORD. VIT. VI 9 p. 80; W. CANT. *Mir. Thom.* II 36 (v. 2 deturpare 2a); miles .. cum dies aliquot ~ate corporis detineretur, ad extrema ductus est *Ib.* IV 52; quem a studio non deterrent tussis aut tisis aut alie qualescunque ~ates MAP *NC* V 1 f. 59v; **c1198** mentis inequalitas / pedi conformatur, / informis conformitas / qua sic deformatur *EHR* V 317.

inaequaliter [CL]

1 unevenly, with an irregular outline.

cur manus interior superficies ~iter concava sit ADEL. *QN* 36; asperum habet siccitatem multam in superficie. ex siccitate .. est quod partes ejus ~iter constant T. SUTTON *Gen. & Corrupt.* 127.

2 discrepantly, dissimilarly.

idem intelligitur in diversis sive in illis aequaliter sive ~iter consideretur ANSELM (*Mon.* 1) I 14; [duo] homines .. dominum ~iter diligunt *Simil. Anselmi* 84.

3 disorderly, unjustly, or ? without considering differences of social rank.

seditionis tempore, cum se ~iter agerent homines in terra nostra et de pari contenderet modicus cum magno, humilis cum summo *Found. Waltham* 29.

inaequatio, lack of correspondence, failure to match, disparity.

signa dislocationis illius [sc. mandibule] est ~o dentium inferiorum cum superioribus GAD. 128. 1; falsitas .. moris est in affectu, dum sic, peccatum vel defectus alicujus, quod dicit naturaliter se debere, et per consequens defectiva ~o ad exemplar WYCL. *Dom. Div.* 100.

inaequilaterus, inequilateral, unequal-sided.

figura quadrilatera, ~a rectangula caudata dextrorsum vel deorsum *Mus. Mens.* (*Anon. VI*) 400.

inaequiparabilis, peerless, that may not be equalled.

talis species ~isque pulchritudo GILDAS *EB* 67.

inaequiparantia, lack of equivalence, failure of correlation.

BACON XV 221 (v. aequiparantia).

inaequitare, to behave unjustly.

1153 (1499) ne aliquis presumat eis forisfacere vel in aliquo ~are vel †contriscari vel disturbare (*MS PRO Ches 34/4* m. 3) *Ch. Chester* 109 (*unless* ~are *is a scrambled form of* inquietare); equus .. componitur ~o, .. i. non eque agere OSB. GLOUC. *Deriv.* 185.

inaestimabilis [CL]

1 that cannot be counted or measured. **b** that cannot be reckoned in terms of money.

peccata mea .. ~ia sunt numero et immensitate ANSELM (*Or.* 14) III 59; vasa, tam aurea quam argentea, magni ponderis et ~is pretii W. MALM. *HN* 463; inextimabiles divitie et queque optima terre .. fuerunt inventa BOSO *V. Pont.* 433; depopulationem animarum ~em et inexplicabilem corporum stragem AD. MARSH *Ep.* 8 p. 88; s1218 Walo, refertis sarcinis et clitellis †inestimali [l. inestimabili] pecunia, recessit ab Anglia M. PAR. *Min.* II 231. **b** a975 (v. decusare); libertas .. inestimabilis res est WALT. ANGL. *Fab.* 51. 25 (v. dimidiare 2b).

2 incalculably great or precious; **b** (w. ref. to God or His attributes).

caelum et terram cum omni eorum ~i ornamento fecerit GILDAS *EB* 74; cujus ~is sanctitas fulget BEDE *Ep. Cath.* 57; adicit ~is glorie lapides W. MALM. *GP* I 2; o ~em .. mortalibus gratiam divinitus collatam! GIR. *TH* I 37; opera hominum ~i decore mirificavit GREG. *Mir. Rom.* 1; **1290** convenerunt sibi ad invicem in extimabili [? l. inestimabili] ut videabtur cordis affeccione et gaudio occurrentes (*DCCant.*) *HMC Var. Coll.* I 257; a1332 Baldewinus de ~i sacramento, liber j *Libr. Cant. Dov.* 26; nobiliores cives inestimabili [v. l. inestimali] perfusi gaudio .. occurrerunt *Ps.*-ELMH. *Hen. V* 109; **1536** immensum et ~e bonum *Conc. Scot.* I ccxlviii. **b** a802 Deus .. incomprehensibilis, ~is, ineffabilis, invisibilis *CS* 298; **982** (12c) (v. dispositor 1b); Domine, quo affectu recogitabo ~em caritatem tuam? ANSELM (*Or.* 18) III 71; tu laus interminabilis, / decor inestimabilis J. HOWD. *Cyth.* 3. 2.

3 incalculably harmful.

Sueyn .. cum parcens nemini dederit omnem patriam vastitati ~i HERM. ARCH. 3; EADMER *Excell. B. M.* 578B *v. l.* (v. dejectio 2a); s1252 in dampnum ecclesie ~e (v. extortor); **1303** ne .. universitas .. per invitam retraccionem scolarium, grave quin potius ~e .. sustineat detrimentum *MunCOx* 4; **1343** ~e periculum (*RomR*) *Foed.* V 385b; mortalitas magna .. et pestilencia ~is *Plusc.* VII 10.

inaestimabiliter [LL]

1 incalculably, in a way that cannot be counted or measured.

quamvis ~iter super ceteros saeculis omnibus horrende sint atrocitates scelerum AD. MARSH *Ep.* 104; lignum ignitum ~iter plus habet claritatis et calliditatis quam aliquomodo posset habere non ignitum GROS. *Cess. Leg.* III 1. 8; **1253** quod autem hec duo genera peccatorum .. sint .. omne alterum genus peccati ~iter superexcedentia manifestum est *Id. Ep.* 128 p. 435; alii in .. bello existentes ~iter ditati sunt *Plusc.* IX 12.

2 inestimably, incomprehensibly, wonderfully.

934 odoramina a bonis .. naribus ~iter dulcia capiuntur *CS* 702; interius fructus spiritualis studii ~iter reficitur P. BLOIS *Ep.* 9. 25D; s1213 muros ~iter transcenderunt WEND. II 89; sub quo [Roberto Grosseteste] ~iter infra breve tempus .. profecerunt [fratres] ECCLESTON *Adv. Min.* 60; ~iter affluet deliciis canendo ROLLE *IA* 273; Mercurius .. ita ~iter bene fistulavit quod omnes centum oculi [Argi] dormitaverunt HOLCOT *Wisd.* 130.

3 very much, greatly.

716 eum tormentis ~iter fatigantes lacerabant daemones BONIF. *Ep.* 10 p. 14; sanctitatem vestram indubitanter scire desidero quod ~iter me deterret sacerdotalis eminentie gradus P. BLOIS *Ep.* 123. 358B; s1071 Lanfrancus .. a papa ~iter honoratur OXNEAD *Chr.* 34; s1320 apud veteres erat condicio sapientum ~iter venerabilis *Chr. Malm.* 252; s1408 dominus Cantuariensis .. ~iter gavisus est *Chr. S. Alb.* 43.

inaestimalis v. inaestimabilis.

inaestimatus [CL]

1 having no assessed value. **b** inestimable, priceless.

dos alia datur estimata alia ~ata *Fleta* 341. **b** vir Dei .. ~ati cordis jubilo repletus J. FURNESS *Walth.* 22.

2 considered as of no value.

ille dies paternae praesentiae eo tenus ~atus potuisset clarescere GOSC. *Transl. Aug.* 19A.

3 not reckoned for, unexpected.

s946 cui morte ~ata prerepto parcat Christi pia benignitas H. HUNT. *HA* V 21; s1153 obsedit castellum de †Craunmers [l. Crauumers]; rem arduam et ~atam .. incipiens, cinxit castellum *Ib.* VIII 34 p. 287.

4 unransomed.

nec impii sint in captivos; remittant inextimatos ad suos, nonnunquam et muneribus affectos LIV. *Op.* 380.

inaestivatus [cf. aestivatio], provided with summer pasture.

1214 mittimus ad vos .. venatores nostros, cum septem equis .. et xlviij canibus de mota, mandantes quatinus eos currere faciatis ad cervos et porcos ~atos *Cl* I 171a.

inaestuare [CL]

1 to blaze.

GARL. *PP* 60 (v. 1 comparatio d).

2 to burn with desire. **b** to burn with anger.

Sewius .. ecclesiam .. a sancto dedicari religiosis votis ~ans .. petierat licentiam W. MALM. *Wulfst.* II 22. **b** ~ans *gramigende GlP* 1016.

inaffectio [LL], lack of affection.

1188 non tam de ~one domini pape, quam de adversariorum nequitia, simul et potentia, procedit *Ep. Cant.* 209.

inalbare [CL], to make white.

albugo oculorum ~atur, id est spissior apparet M. SCOT *Phys.* 15.

inalbescere [CL], to become white (also fig.).

labia et lingua ~unt GILB. VI 235. 1; [Domine] virge flos vernans, lilium inalbescens J. HOWD. *Cant.* 247; omne frondosum, lilium inalbescens *Ib.* 565.

inaliare [cf. CL aliatum, AN *alier*], to flavour with garlic (fig., with pun on 'to take as ally').

sed quod inops flavos Albanus inalliat Anglos L. DURH. *Dial.* I 159 (v. cyminare 1).

inalleviabiliter, without hope of alleviation.

quid summam libertatem necessitatis et impossibilitatis hujusmodi infime servituti ~iter subjugavit? BRADW. *CD* 749D.

inalliare v. inaliare.

inaltare [LL], to raise up. **b** to extol, exalt.

nocte turribus ~andis insistebant ORD. VIT. IX 15 p. 603; polosus, sublimis, excelsus, editus, subvectus, ~atus, sublatus OSB. GLOUC. *Deriv.* 474. **b** generis magnitudinem sanctitatis indole ~asse W. MALM. *GP* II 92.

inaltatio, raising up, exalting.

altus .. componitur exalto .. et .. hec ~o OSB. GLOUC. *Deriv.* 35.

inalterabilis, inalterable.

hoc .. modo producte sunt in esse sphere xiij mundi hujus sensibilis: viiij sc. celestes, ~es, inaugmentabiles, ingenerabiles et incorruptibiles, utpote complete GROS. 56; vocatum est .. 'firmamentum' .. propter firmitatem ~is essentie *Id. Hexaem.* III 4. 1; Deus est .. principium .. influxibile, impassibile, invincibile, ~e [TREVISA: *no3t chaungeabil*] BART. ANGL. I 16; anima rationalis .. est incorruptibilis, ergo impassibilis et ~is GILB. VI 244. 1; celum .. cum sit ~e et incorruptibile tam ab intrinseco quam extrinsecis universis BRADW. *CD* 144B.

inamabilis [CL], that cannot be loved, disagreeable: **a** (of person); **b** (of place); **c** (of time).

a hominem .. ferum, moribus ferreum et ~em in dolis doctum DEVIZES 42v. **b** loco Godmundcestre, nobilis quondam urbis, nunc vero ville non ~is H. HUNT. *HA* VI 6; tu igitur ~e regnum desere FREE *Ep.* 61 (cf. Ovid *Met.* IV 477). **c** utpote commemorans scelerum commissa meorum / et maculas vitae mortisque inamabile tempus BEDE *Hymn.* 14. 7; hoc inamabile tempus / praevideas semper nocte dieque tibi ALCUIN *Carm.* 50. 23; postulavit ut .. maculas vitae mortisque ~e tempus meminissent BYRHT. *V. Ecgwini* 356.

inamatus [CL], unloved.

quam premit opifices illis inamatus Amandus ALCUIN *Carm.* 108. 2. 2.

inambulus, *f. l.*

dicitur imbulus, †i. inambulus [MS: dicitur .. imbulus quasi ambulus] OSB. GLOUC. *Deriv.* 33.

inambustus [cf. CL amburere], unburnt.

qui pueros mire per flammas ire, redire / cogis inambustos R. CANT. *Malch.* VI 89.

inamelatus v. enamellare.   **inamic-** v. inimic-.

inamissibilis [LL], that cannot be lost.

hec .. potestas .. ordinis sacerdotalis .. perpetua et ~is est CONWAY *Def. Mend.* 1411 (*recte* 1311).

inamissabiliter [LL], without possibility of loss, inalienably.

quomodo insuper verisimile estimandum quod de tanto bono suo nihil consideret, an illud amittere debeat ~iterve tenere BRADW. *CD* 107A; semper habent et appetunt, sed non indigent aliquo quo eternaliter carent vel sperant, cum habent ~iter quo indigent vel declinant WYCL. *Log.* II 125.

inamoenus [CL], unpleasant, disagreeable, unlovely.

amenus componitur ~us OSB. GLOUC. *Deriv.* 7; ut jam loquar inamenum, / sanctum crisma datur venum P. BLOIS *Carm.* 24. 6; est .. Monia arida tellus et saxosa, deformis aspectu et ~a GIR. *IK* II 7; flumen grave plenum / effuge, seu Renum, casum metuens inamenum GARL. *Mor. Scol.* 562.

inamorari [ML], to fall in love (with), be enamoured (of).

cur frater non sic ~atur in sorore M. SCOT *Phys.* 13.

inanescere [LL]

1 to become empty.

qui .. de terrenis divitiis gloriantes superbiunt .. intus a lumine veritatis ~unt BEDE *Hom.* I 4. 20; oportet ut quod accipit retineat, et non ea temere affundat, ne evacuata ~at AD. SCOT *Serm.* 418C.

2 to become vain.

hanc vitam prodigam .. intus inanniscentem BEDE *Luke* 522D; desiderium .. sua levitate ~it BALD. CANT. *Tract.* 6. 464A; nec ~at cum super volucres celi erudita [sc. fuerit mens tua] AD. SCOT *QEC* 18. 831B; si .. spes ~it ad vanitatem, opponit ei justitia veritatem R. NIGER *Mil.* II 12; *to wax vayn*, ~ere *CathA.*

3 to become nothing, to disappear.

940 (12c) fragilitas mortalis vite marcescit, et rotunda seculorum volubilitas ~it *CS* 764; gloria, honores, divitie, potentatus, concursus et spectacula populorum .. ~unt GOSC. *Edith* 51; fulmen et tonitruus transmarinorum exercituum patriam concusserat, sed sanctorum meritis hic turbo .. ~ebat *Id. Lib. Mild.* 19 p. 86; *CathA* (v. evanescere 3a).

inangulare [ML]

1 to corner, drive into a corner; **b** (fig.).

c1270 dictus R. procucurrit et ~avit ipsum G. inter domum suam et domum cujusdam vicini sui *IMisc* 16/27; **1301** T. fugit et voluit evasisse et dictus W. viriliter insequabatur [*sic* MS] eum et ~avit ipsum inter quamdam grangiam et unum murum et sic ulterius fugere non potuit *Gaol Del.* 100 r. 15; **1316** insequebatur et ipsum fugavit usque ad portam predicti H. que clausa erat et ipsum W. ibidem inter duos muros ~avit et ~atum cum furca predicta viriliter insultavit ad ipsum interficiendum *SessPNorthants* 77; **1320** ipsum attinxit ad murum cimiterii .. et ipsum ibidem ~avit (*CoramR*) *Thoresby Soc.* IV 135; **1365** Thomas fugit usque ad quendam murum et ibidem ~atus fuit et predictus Hugo ipsum ita recenter insecutus fuit quod ipsum ibidem attinxit *Gaol Del.* 149 r. 12d; **1375** ipsum prosecutus fuit cum cultello predicto sic extracto usque in quoddam cornarium inter duos muros tereos .. et ipsum ibidem ~avit *SessPLincs* I 140. **b** nec via lata patet, sed inangulor hic apud Anglos H. AVR. *Poems* 9. 25.

2 (p. ppl., her.) gyronny.

BAD. AUR. 129 (v. angulare 2c); portat arma ~ata de argento et rubeo. et G. sic *il port d'argent et goules jerconis Ib.* 129.

inaniloquium [LL], vain talk, empty chatter.

796 non ~ium vel scurrilitas, sed sancta ex ore eorum audiatur psalmodia ALCUIN *Ep.* 114 p. 168; acedia .. de qua nascitur .. tepiditas laborandi, taedium cordis, murmuratio et ~ia *Id. Moral.* 635A; juvenilia .. desideria fuge, profana et ~ia devita LANFR. *Comment. Paul.* 366 (cf. *II Tim.* ii 16 *Vetus Latina*).

inanimalis [LL < CL *editorial conjecture*], inanimate.

ab animali ad ~e metaforice retulit ALDH. *Met.* 7.

inanimans [CL], inanimate, not living.

figurae rerum ~antium sunt vel stationariae vel cedentes SPELMAN *Asp.* 88.

1 inanimare [LL], to encourage, hearten.

~ati .. hortamine illius G. Mon. X 9 (v. hortamen); his verbis commilitones suos ~abat *Ib.* 11; **s1297** ceptis suis desistere nolens, sed ipsos paucos qui ei aderant pluribus modis ~ans *Ann. Angl. & Scot.* 379 (cf. G. Mon. XI 2); **s1315** cum .. suos exercitus ad pugnam .. ~asset *Flor. Hist.* III 171.

2 inanimare [2 in- + 1 animare], to dispirit, discourage, dishearten.

nemo tamen existimet quod in mente habeam ~are et dehortari presbyteros, sed a predicacionis officio cohibere precipites Netter *DAF* 375C.

inanimatio, lifelessness, death.

Pull. *Sent.* 734C (v. inanimatus 2).

inanimatus [LL]

1 inanimate, not living; **b** (as sb.).

eis [sc. idolis] ~am membrorum similitudinem contulisti (*Lit. Papae*) Bede *HE* II 10 p. 102; quod ~a sit [extima sphera] Adel. *QN* 74 (v. disciplinaris a); cum dicitur 'benedicite Domino omnia opera Domini' .. nequaquam res brute et ~e ad benedicendum invitantur W. Newb. *Serm.* 863; cum speculum sit oculus ~us Gilb. III 128. 1; [Boethius] removet .. nomen persone ab esse accidentis; ab esse substancie incorporee partis, ut anime; ab esse ~i, insensibilis, irracionalis Hales *Sent.* I 226; ostendit propositum de omnibus corporibus mixtis, tam ~is quam animatis T. Sutton *Gen. & Corrupt.* 171; **s1410** quod .. teneret .. esse .. corpus Christi .. rem ~am *Chr. S. Alb.* 51. **b** utrum .. opinio in ~o fundari possit Adel. *QN* 14; ~a .., ut lapides et metalla aliaque, que intra terram continentur nec crescunt, ut vivum argentum, sulphur et cetera Petrus *Dial.* 27; vegetari .. ~um possibile non est Alf. Angl. *Cor* 10. 7; sumitur prosopopeia quando ~um alloquitur animatum *Ps.*-Gros. *Gram.* 74; in lapidibus et hujusmodi ~is Bacon *Tert.* 158; alique forme .. perfecciores non sunt active, sicut mixtorum, sicut lapidis et aliorum ~orum Duns *Ord.* IV 137; Wycl. *Ente* 296 (v. damnificabilis).

2 soulless, without a soul (also as sb.).

794 divinis scripturis contrarium est, quod Prometheum homines ex luto finxisse ~os fingunt (*Lit. regis contra synodum Graecorum*) *Monumenta Alcuiniana* VI 232; humana .. caro dum animatur dici solet homo, qui et de ~o per animationem fit homo et id permanet dum menti coheret, inanimatione futurus tandem redeunte mortuus Pull. *Sent.* 734C; [Thales] primus de natura disputavit et ~is animas tradidit, coniciens ex lapide magnete et electro W. Burley *Vit. Phil.* 4; quando mulieres sunt insensate, tunc viri sunt effeminati, imo ~i .. 'mulier autem preciosam animam viri rapit' [*Prov.* vi 26] Holcot *Wisd.* 133; ~i sunt pygmei *LC* 246.

3 dead, no longer living.

dum vixit .. securus amabas, nunc, cum ~um jacet [sc. corpus humanum], formidas Adel. *QN* 46; parvulus in utero ante animam ~us nunquam transit in hominem, sed in hominis partem Pull. *Sent.* 734B; ut caleat quod tepidum, resumat ad vitam quod putabatur ~um *Mir. Wulfst.* 1 *prol.*

inanimus [CL], inanimate, not endowed with life or soul.

cum [anima] plures potentias habeat, ea ejus inter dignissimas est quod sibi concors est corporibusque idem inferre gaudet et secundum hoc quod partes corporis harmoniatas videt, suas in eis potentias exercet. unde fit ut hoc quoque animare non cesset, illud vero ~um diutius relinquat Adel. *ED* 27.

inanire [CL]

1 (med.) to empty, evacuate.

alia .. membra quasi ~ita propria et multa destituit vivificatione *Quaest. Salern.* B 17; dum stomacus et intestina ~iuntur, ~ita non dilatantur sed constringuntur *Ib.* 305.

2 to weaken, render ineffective.

homo .. sentit se quasi pondere gravatum .. ex inanitione quia cum membra ~iuntur, spiritus et humores ~iuntur et debilitantur a quibus membra levitatem recipiebant *Quaest. Salern.* P 6; surgens summo mane sub formam militis rex ~itus ad horam Gir. *Spec.* III 13 p. 214; corque liquescens anxius inanitur J. Howd. *Cant.* 82; jubilus cordis pristinus inanitur *Ib.* 198.

inanis [CL]

1 empty, containing nothing. **b** (as sb. n.) empty space, open air.

Aldh. *VirgV* 1896 (v. basterna); †casse [l. cassum], ~e, vacuum *GlC* C 160; saccus est inanis Walt. Wimb. *Van.* 21 (v. excessus 5a). **b** tereti juvenis scutale lapillo / ornat et infandi torquens per inania vatis / figens sincipiti trajecit in antra cerebri Frith. 383; avium predam raptu aliarum volucrum per ~e sequi W. Malm. *GP* I 44; dum ille longum per ~e volveretur crucem calamitati opposuit *Id. Wulfst.* I 8 p. 15; celos istos sicut fumum cernimus liquefactos, solam carnalis pompe vanitatem spirantes, terrenique vaporis ~ia fumigantes J. Ford *Serm.* 60. 5; in pendulo et tanquam in ~i suspendi videntur [lapides] Gir. *TH* II 18.

2 hollow, having a cavity inside.

panem .. ~em Garl. *Mor. Scol.* 392 (v. 1 dorsare 3a); lacteris .. hastam habet in longitudinem cubiti sed ~em *Alph.* 93.

3 deserted, waste.

~em superbamque altitudinem deserebant Bede *Hab.* 1242; vastus .. i. .. ~is Osb. Glouc. *Deriv.* 616.

4 powerless, lacking vigour. **b** spiritless, breathless, dead.

non Pana rogitans, Phoebi nec numen inane / .. precarer Alcuin *SS Ebor* 746; non es homo sani capitis: pede curris inani R. Cant. *Malch.* I 213. **b** tunc spiritus ejus / est raptus subito corpusque remansit inane Alcuin *SS Ebor* 1619.

5 resourceless, lacking wealth, empty-handed.

s1331 non fuit sibi permissum ecclesiam .. intrare. unde ~is recessit Ad. Mur. *Chr.* 65 n. 8; nemo .. / .. recessit inanis *V. Ed. Conf. Metr.* I 413 (v. evangelicus 4d).

6 empty-headed, foolish. **b** meaningless, signifying nothing.

Racha, ~is *GlC Int.* 272; Libellus contra ~es S. virginis Mildrethae usurpatores Gosc. *Lib. Mild. tit.* **b** ante cibos voces dum spargere temptat inanes Alcuin *Carm.* 49. 28; nec longioribus yperbatis sensa confundat nec verbis ~ibus ambages interserat (*Leg. Hen.* 4. 7a) *GAS* 548; si vult diversis de rebus inania verba / fundere .. Ord. Vit. XI prol. p. 160; de .. ranulis .. qui .. ~i .. clamore insurgunt Osb. Glouc. *Deriv.* 83; deblateras verbis inanibus Walt. Wimb. *Carm.* 396 (v. deblaterare b).

7 devoid (of): **a** (w. gen.); **b** (w. abl.).

a ~es totius beatitudinis Bede *Hom.* I 4. 20 (v. 1 discretio 3b). **b** ambo [Judas et Arrius] sicut sensu ~es vixerant sic quoque ventre vacui perirent Bede *Acts* 944.

8 idle, unoccupied. **b** accomplishing nothing, ineffectual, useless. **c** futile, purposeless, vain (also n. sg. in adverbial use). **d** (*~is gloria*) empty (worldly) glory. **e** (as sb. n.) vain thing.

meque torum non torpor iners, non somnus inanis, / sed dolor et fecit cura tenere gravis L. Durh. *Dial.* II 19; **s1407** tempus ~e (v. dure 2). **b** sine dilectione fides ~is est Bede *Ep. Cath.* 22; ne male liberi per ~es actus defluant *Id. Cant.* 1131; invida ne valeat me carpere lingua nocendo / .. / te terrente procul fugiat, discedat inanis Alcuin *Carm.* 4. 44; ~i poenitentia Asser *Alf.* 91 (v. exinanire 3); *Ib.* (v. 1 eulogia 2c); *Mir. Fridesw.* 51 (v. eviscerare 1f); **1345** ne labor noster esset .. ~is (v. delusorius). **c** **p675** secundum Phariseorum ~es traditiones Aldh. *Ep.* 4 p. 484; ne bona nostra actio per ~em vulgi favorem supernae retributionis munere privetur Bede *Hom.* II 6. 236; ludo ne se misceret inani Alcuin *SS Ebor* 1182; ~em laudis amorem J. Sal. *Pol.* 772B (v. eviscerare 1g); nec ~is elacionis tumorem concipit *Ps.*-Elmh. *Hen. V* 45; stulto, claustrali, puero, viduae, moniali, / qui servit, plane dico, quod servit inane *Reg. Whet.* II app. 298. **d** ne .. infirmus animus .. per ~em gloriam intus cadat (*Lit. Papae*) Bede *HE* I 31; concede mihi ~is gloriae .. veniam *Nunnam.* 72; stimulus carnis aut irae aut invidiae aut ~is gloriae Anselm (*Ep.* 414) V 361; Ad. Marsh *Ep.* 174 (v. despicabilis c); mundana .. sciencia .. vermes ~is glorie generat *V. Edm. Rich C* 606; *AncrR* 59 (v. 2 gloria 6); Blakman *Hen. VI* 14 (v. ex 6f). **e** fremuisse populi autem ~ia adversus dominum meditati esse dicuntur Bede *Retract.* 1008; *Id. Templ.* 744 (v. dolare a); nec vos luxivagus raptet per inania mundus Alcuin *Carm.* 59. 26; conor mentem meam .. per ~ia restringere Anselm (*Or.* 9) III 30.

9 having the appearance of reality but lacking substance, deceptive, illusory. **b** (of hope) that is not fulfilled.

tetrae mortis amator / auctorem generis strofa pellexit inani Aldh. *VirgV* 2719; impios .. excruciat .. divitiarum putrefactarum et ~ium memoria Bede *Ep. Cath.* 36; quidquid supra statuit verum necesse, destituitur per ~e nihilum Anselm (*Mon.* 19) I 34; malunt solidae veritati acquiescere quam pro ~i victoria contendere *Id.* (*Proc. Sp.* 1) II 177; vascus .. i. ~is et nugatorius Osb. Glouc. *Deriv.* 616; Walt. Wimb. *Van.* 3 (v. exilis 3a). **b** haud metuit princeps spe circumventus inani Aldh. *VirgV* 2695; oppida divitesque fundos pro ~i spe et promissis floccipendendis reliquerunt Ord. Vit. IV 19 p. 297; precordia .. spes pascebat ~is Favent 11 (v. dummodo 2).

10 having no basis in fact, false.

inter ipsa quae dicunt ~ia, ferunt formicas esse [magnas] .. *Lib. Monstr.* II 15; concentores ~ium fabularum J. Sal. *Pol.* 765B (v. dulcorarius b); dolens in sanctuario Dei fieri picturarum ineptias et deformia quedam portenta .. putaverim ~es ecclesie picturas hoc tempore posse penitus abrogari Ad. Dore *Pictor* 142.

11 having no legal force, null, void.

1228 donationem .. irritam et ~em (v. denuntiare 2a); **1272** litteras nostras patentes quas .. vacuas esse consideravimus et ~es *Cl* 500; **1339** cassum sit hoc scriptum, irritum, et ~e, et pro nullo imposterum habeatur *Lit. Cant.* II 205; **1424** impignoracionem .. invalidam et ~em (v. impignorare 1a).

inaniscere v. inanescere.

inanitas [CL]

1 emptiness, hollowness.

nulla jam constitutorum soliditas nihili ~ate concutitur Anselm (*Mon.* 19) I 35; declinantes a soliditate essentie ad cineris ~atem J. Ford *Serm.* 108. 9; o quam infelix est ista felicitas / .. / in qua post copiam restat inanitas Walt. Wimb. *Carm.* 379.

2 worthlessness, futility.

vera .. omnia sunt et extra omnem ambiguitatem superfluae ~atis ignita Bede *Prov.* 1024; ~atem expello Alex. Cant. *Dicta* 3 p. 121; folinicia, vanitas, ~as Osb. Glouc. *Deriv.* 241; super illarum [increpationum] ~ate increpare debemus J. Ford *Serm.* 87. 9.

inaniter [CL]

1 groundlessly, without good reason. **b** pointlessly, to no purpose. **c** (w. *gloriari* or sim.) vainly.

superstitiosos dat intelligi qui ~iter semper verentur Alb. Lond. *DG* 6. 5; **c1213** paternam de die in diem consolationem ~iter expectavimus Gir. *Ep.* 7 p. 254; Bacon *Tert.* 205 (v. erronee). **b** [copia disputandi] nuditate verborum diu ~iter et aures occupavit et tempora Bede *HE* I 17; quum .. cadaver agnovisset, prae nimio dolore ~iter Grecis conviciabatur Alb. Lond. *DG* 9. 8; qui trocos scutice jocoso verbere / solent inaniter in orbes cogere Walt. Wimb. *Palpo* 179. **c** si .. exterior pretioso indumentorum comptus ornatu saecualariter gloriatur, frustra interior de pulchritudine propria ~iter gratatur Aldh. *VirgP* 55; **680** frustra de fide catholica ~iter gloriatur *Id. Ep.* 4 p. 486; 'omnia cornua peccatorum' quibus ~iter extolluntur 'confringat' Bede *Hab.* 1241; **1167** Deus .. ~iter gloriantibus resistit J. Sal. *Ep.* 203 (215); tanquam jam sedeat in regni solio ~iter gloriatur T. Ely *Mir.* 52; J. Waleys *Commun.* III 3. 1 (v. efferre 4b).

2 ineffectually, unprofitably.

non ~iter incepta, utiliter inventa, utilius servata est Asser *Alf.* 99; cum .. multas .. promissiones .. multis ~iter emisisset Gir. *EH* I 2; [canes] ~iter pascendo omnem substantiam perdidit Alb. Lond. *DG* 7. 3; **s1066** legati ~iter revertentes M. Par. *Maj.* I 538.

3 deceptively, falsely, in an illusory manner.

de .. beluis .. †quae [l. quas] .. fuisse quondam poetae .. in suis litteraturis ~iter depingunt *Lib. Monstr.* II pref.; **800** Alcuin *Ep.* 202 (v. desudare 3); Bradw. *CD* 613 (v. delusorie).

inanitio [LL]

1 (med.) emptying, evacuating.

vicem gerere medicorum qui morbos curant nunc ex ~one in obpletis, nunc refectione in vacuis J. Sal. *Pol.* 529C; Bart. Angl. IV 4 (v. exercitium 2a); spasmus est extensio vel contraccio nervorum ex ~one vel repletione proveniens *SB* 40; de regimine replecionis et ~onis Kymer *proem.*; coitus si moderate fiat magna corporis est ~o, quia humidi cibalis, quo humidum radicale aleretur, subtraccio per ipsum fit notabilis *Ib.* 19.

2 (theol., w. ref. to *Phil.* ii 7) kenosis, self-emptying of God.

Sylo enim interpretatur amissio .. que omnia consonant in sapiencie Dei ~onem Wycl. *Ver.* III 259.

3 emptiness.

frater credebat illum ex nimia ~one capitis quam forte ex inedia et languore simul immoderato contraxisset in mentis alienatione talia proferre Ad. Eyns. *Visio* 1; corpora sunt debilia .. propter .. ~onem arterie Gilb. I 62. 2; numquid, Helia, .. mentis talem tam cito deduceris ad ~onem quod eciam dormitando nasove vigilanti stertendo pergas allucinatum? E. Thrip. *SS* 1. 1.

4 exhaustion, powerlessness.

Quaest. Salern. B 18 (v. depauperatio 2); *Ib.* P 6 (v. inanire 2); hic quadam ~onis infirmitate .. percussus spumam emisit ab ore P. Cornw. *Rev.* I 184.

5 impoverishment.

1197 rerum temporalium usque ad ~onem jacturam *Ep. Cant.* 418; **s1094** pro pecunie quantitate usque ad ~onem ecclesie Cantuariensis exacta M. Par. *Min.* I 51.

6 moral worthlessness.

quod bestiis ex creatione, hoc illis [sc. brutis hominibus] ex propria contingit ~one et quod bestie si vellent non possent, hoc illi nolunt cum possint H. Hunt. *HA prol.*

inanitus [LL = *kenosis*, '*emptying*'], act of making ineffective, thwarting.

notissimam omnibus fallaciam suam et tacendo et prodendo splendidissima Mildretha ex ~itu luce clarius manifestat Gosc. *Lib. Mild.* 14.

inannihilabilis [ML], that may not be annihilated or reduced to nothing.

tales veritates credo Deum nobis patule reliquisse inadnichilabiles, ut cognoscamus bonitati sue repugnare quicquam adnichilare Wycl. *Ente* 291.

inant- v. oenanth-.

inante [LL; al. div.]

1 before one, to the front, forward.

ita ut in ante [v. l. ut ante] sit fossa de qua levati sunt cespites Bede *HE* I 5; leo .. minavit illis. tunc .. Aethiops dixit ad illos "nolite timere vos, sed pergamus ~e" Hugeb. *Will.* 4 p. 100; fulget in ante novae major mihi gratia lucis Alcuin *SS Ebor* 975; cecus in ante lepus Steph. Rouen app. 769.

2 before, formerly, previously.

s**33** tam magna solis defectio, qualis in ante nusquam visa est *Eul. Hist.* I 80.

3 henceforth, hereafter.

in ante, *fro hennes forthward WW.*

inantea [LL; al. div.]

1 before one, to the front, forward. **b** in front, in advance.

protensum lacertum ilico fecit obrigescere ita ut nec illum ad se retrahere nec ~ea extendere valuit (*Cadoc* 8) *VSB* 40. **b** multi .. populi ambulant cum ea [imagine S. Mariae], masculi in antea et femine retro *Descr. Constant.* 249.

2 before, formerly, previously.

s**955** Adthelwoldus abbas Abbendonie, de quo in anteis [*sic*] prelibavimus *Chr. Abingd.* I 168; s**963** timens .. ne consuetudines ~eis [*sic*] assignate .. deteriorarentur *Ib.* 347; **1254** nullo .. modo debent predictam solucionem differre ultra voluntatem creditorum de termino ~ea constituto *RGasc* I 348b; **1308** suspensionem .. amovendo .. mandamus, quatinus administracionem .. sicut ~ea, gerere studeas fideliter *Lit. Cant.* III 386; ipsos instruxit .. humanis moribus vivere, cum ~ea similes feris, glandium .. alimentis vitam sustentarent *Eul. Hist.* I 301; c**1380** pro .. gravaminibus que sustinuistis in antea causa sui, de satisfaccione condigna vobis .. refundenda, in vestrum decretum .. se submittet *FormOx* 388; remisit nobis totum .. clamium quod unquam clamabat .. in omnibus serviciis, redditibus et demandis, in antea qualitercumque debitis *Meaux* II 308.

3 henceforth, hereafter; **b** (from spec. date).

postea demandabimus hoc in antea (*Quad.*) *GAS* 177; semper ab isto capitulo in antea sequens rubrica est de precedenti capitulo, ut ad oculum patet (*Leg. Hen.* 50 *v. l.*) *Ib.* 573 n.; de quibus in ~ea dicendum est H. Hunt. *HA* V prol. p. 138; modis omnibus .. manutenemus et ~ea faciemus *Lib. Landav.* 58; **1352** debendas ~ea pro futuro (*Lit. Papae*) *Mon. Hib. & Scot.* 300b; **1362** penes dictos abbatem et conventum de P. ~ea semper libere remanente *Reg. Paisley* 147; **1419** dudum si quidem provisiones ecclesiarum cathedralium omnium tunc apud sedem apostolicam vacancium et ~ea vacaturarum ordinacioni et disposicioni nostre reservantes, decrevimus .. *Reg. Cant.* I 63; **1482** si .. in antea contingat .. ordinacionem .. infringi *Reg. Whet.* II 251. **b** Domine, si placeret vobis praecipere, posset iste frater ab hac die in antea legere et cantare in conventu Lanfr. *Const.* 172; **1213** ego J. .. rex Anglie .. ab hac hora ~ea fidelis ero Deo et beato Petro *SelCh* 280; **1216** regi .. fideliter serviam, a die Lune proxima post primam Dominicam quadragesime anno regni ipsius primo ~ea *Pat* 107; **1340** die Lune .. ab hora none ~ea usque ad diem confeccionis presencium Oxonie .. moram traxit *FormOx* 142; noctilopa est passio in qua debilitatur visus a vespere in antia *SB* 31; **1419** juravit quod nunquam ex tunc ~ea hujusmodi artem magicam vel sortilegium aliquid excerceret *Reg. Cant.* III 56; **1421** ab illa hora ~ea .. ab illo tempore ~ea *Ib.* 161.

inanteis, inantia v. inantea.

inanulatus, (of pig) unringed, without a ring through the nose.

1355 (v. anulare c); **1433** intraverunt parcum domini cum eisdem porcis ~atis nec yochiatis *CourtR* 177/54 r. 19; **1461** habet viij porcos ~atos, subvertentes pasturam commune *CourtR Wimbledon* I 4; **1575** permittendo eos [sc. porcos] ire super communiam .. ~atos in rostris (*CourtR Peterb.*) *Northants Rec. Soc.* XVIII 80.

inapertus [CL], not open or accessible.

viciis inapertus ocellus Hanv. IX 442; inevidens, i. obscurus vel ~us Osb. Glouc. *Deriv.* 596.

inapparenter, in a manner not evident (to the senses), unconvincingly.

Anglorum diaria recitant .. quod . . . istud est somnium et ~er dictum Major V 6.

inappetere, to strive after, be eager for.

1044 celum scandat cupiens ~at rennuens *CD* 770.

inapprehensibilis [ML = *inapprehensibile*], not apprehending.

homines in senio fiunt ~es quia hujusmodi humidum consumitur et .. immemores .. et .. insipientes Bacon VIII 261.

inappretiabilis [ML], not assessable, inestimable: **a** (precious); **b** (worthless).

a **1219** quod sub pretium nitantur redigere inadpretiabilem [v. l. inpretiabilem] sacramentorum gratiam *Conc. Syn.* 65; videtur sophisma consimile ac si philosophus diceret quod peregrinus cibum non emeret, sed salsiamentum, vultum hilarem, vel tale ~e; pro quo tamen solvet precium plenum alimenti vel alterius appreciabilis, quod emitur in effectu Wycl. *Dom. Div.* I 202. **b** non omnino censeri debet a sane sencientibus ~e preinventum E. Thrip. *SS* II 12.

inapt- v. et. inept-.

inaptare, to make unfit.

arterie ~antur ad motum Gilb. I 53v. 1.

inaptus [LL, *alternative form of* ineptus]

1 unfit, unsuitable.

matrix mule siccissima est, unde magis sperma desiccatur et consumitur et ~um generationi sic efficitur *Quaest. Salern.* B 174; licet impotens et ad id ~us penitus diceretur, in sacerdotem ordinatus *Meaux* II 178.

2 unprofitable, ineffective.

s**893** nisus cernitur ~us .. Danis Æthelw. IV 3 p. 50.

inaquare [ML; cf. 1 aquare d], to put into water, to steep.

1395 omnes factores caligarum Notingham' vendunt caligas de panno ~ato *Rec. Nott.* I 272.

inaquosus [LL], waterless, dry. **b** (as sb. n.) waterless place, desert.

cum succedente luna fulgida et tota nocte candida crastina solennia suda et ~a Gosc. *Lib. Mild.* 26; in terra deserta et ~a *Id. Aug. Maj.* 84A; quia campestris et ~us est locus .. in vallem ad rivum .. secessit Torigni *Access. Sig.* 27; in provinciam arentem et ~am descendentes M. Par. *Min.* I 87; quando sunt [Saraceni] in deserto vel loco ~o, ubi aque copia non habetur, .. S. Sim. *Itin.* 35; s**1461** per sepes et sylvas, per locaque alia varia, invia et ~a *Reg. Whet.* I 391. **b** ad vocatum verbumque martyris ex ~o fons vivus exoritur W. Newb. *Serm.* 898; de Israelitis .. errantes in solitudine in ~o *Obs. Barnwell* 30.

inarabilis [ML], not arable.

aro .. unde .. arabile, quod componitur ~is Osb. Glouc. *Deriv.* 19; **1180** in terra arabili et ~i *CartINorm* 311; statim ager aruit marique illum operiente ~is in posterum permansit J. Furness *Pat.* 155; c**1200** duas culturas .. unam sc. .. que est terra arabilis et aliam .. que est terra ~is (*Fasti York*) *Arch. Soc. Yorks Rec. S.* CXXIV 109; de ~i terra arabilem, de sterili fertilem effecit *Natura Deorum* 139; c**1205** in terra arabili et ~i *FormA* 183; s**1217** Lodhus .. raris colitur incolis, quod montuosa et saxosa sit et tota fere ~is *Chr. Man.* 82.

inaratus [CL], unploughed, untilled.

Hon. *Spec. Eccl.* 904D (v. immaritatus); boves .. deessent, ex quorum penuria aratro cessante tellus ~a remansit J. Furness *V. Kentig.* 20 p. 193; virgo lactatrix, genetrix pudica, / leta spes, vernans via, sol obumbrans, / umbra perlucens, inarata tellus, / perdita reddis Garl. *Poems* 2. 4.

inardescere [CL], **inardēre**

1 (intr.) to catch fire, burst into flame (fig.). **b** (trans.) to kindle, ignite (fig.).

o quam spei caelestis fomes .. te in bonis permanente ~esceret Gildas *EB* 34; ardeo componitur exardeo, -es, et ~eo, -es. sic etiam ardesco componitur †inardeseo [MS: inardesco] Osb. Glouc. *Deriv.* 31. **b** beatus Ebrulfus pure conscientie spiritum ~escens oravit ad Dominum Ord. Vit. VI 9 p. 56.

2 (intr.) to shine, glow.

Venus .. / .. / accendis gelidam sine fratris lampade Pheben / mutato cohitu; quin totus inardeat isto / sidere, Mercurius non temperat astra galero Hanv. VII 149; simplex oculus dum sol inardescit / visus viget corporis *Superst. Pharis.* 37.

3 **a** to glow (with), be roused (by fervour, love, or sim.), yearn (for). **b** to burn (with indignation, hate, lust, or sim.), to rage.

a calore novo semper inardet amor Alcuin *Carm.* 11. 2; fervore dilectionis tuae semper ~escamus [*gl.*: *in biorne ue*] *Rit. Durh.* 95; qui ad coelestia ~escunt et alios verbo accendere cupiunt, sunt multi sermones sanctorum Hon. *Spec. Eccl.* 1085D; quia incalesceret .. cor meum intra me, quo feliciter ~escit et liquescit anima illa J. Ford *Serm.* 58. 2; c**1222** animus noster .. zelo caritatis amplius ~escit *Dign. Dec.* 20; quis nisi tu amoribus inardescit? J. Howd. *Cant.* 289. **b** omnia quibus propensius divini furoris indignatio ~escat admittis Gildas *EB* 83; statimque furor hostilis inarsit Frith. 935; guerra feraliter ~escens .. exorta est Ord. Vit. XII 37 p. 453; nec adversus fratrem suum zelo ultionis aut odio ~escat P. Blois *Ep.* 22. 79B; contra naturam in masculis masculi fedius ~escunt R. Niger *Mil.* IV 7; s**1264** rex ad bellum .. ~escit (v. diffiduciatio).

4 (trans.) to burn with love for, to lust after.

[rex] visam [sc. mulierem] .. inarsit W. Malm. *GR* II 157 p. 179.

inarescere [CL], **inarēre** [LL], to become dry, dry up.

areo .. unde .. aresco, -is, quod componitur ~esco, -is Osb. Glouc. *Deriv.* 22; areo componitur ~eo, -es *Ib.* 23.

inargentatus [CL], overlaid with silver.

columnae aeneae fuere sed argento vestitae .. non solum ~ae erant sed et capita tota habebant argentea Bede *Tab.* 457.

inarguere [cf. CL arguere], to accuse, blame, charge.

eam .. ~endo gravibus contumeliarum convitiis flagellavit R. Cold. *Cuthb.* 74 p. 153.

1 inarmare [LL]

1 to arm, equip with armour.

preda contra predonem ~atur R. Cold. *Cuthb.* 39 (*recte* 139) p. 289.

2 to reinforce, strengthen (armour).

1213 in quadam testaria in armanda [l. inarmanda] (*Misae*) *DocExch* 268; **1224** sellatores .. ad targias nostras ~andas *Cl* I 606b; **1326** pro .. ij coreis capriol' pro armatur' regis inarmand' *KR Ac* 381/11 m. 111.

2 inarmare, to disarm.

exarmatus, ~atus *GlH* E 439; **1170** persuasit .. eis, ut ad nos accederent exarmati [v. l. inarmati] Becket *Ep.* 723 p. 404.

inarrare [cf. 2 arrare], to pay earnest-money for.

1205 quod .. faciatis ~ari de una parte denariorum quos nobis debetis sicut melius videritis expedire per visum presencium latoris omnes naves que arestate sunt in portibus maris N. et S. .. et quantum posueritis in arris illarum nobis scire faciatis *Cl* I 29a; *to yife erls*, arrare, in-, sub- *CathA*.

inartare [LL], to fasten on.

~o, A. *to yoke WW*.

inarticulatus [LL]

1 (gram.) not consisting of distinct parts having each a definite meaning.

vocis qualitatem quadripertitam .. grammaticorum auctoritas propalavit: articulatam, ~am, litteratam, illiteratam Aldh. *PR* 131; articulata [vox] est quae copulata atque coarctata cum sensu profertur, ut 'arma virumque cano' [Vergil *Aen.* I 1]; ~a, quae a nullo sensu proficiscitur, ut 'crepitus', 'mugitus' Alcuin *Gram.* 854D; hac [sc. musica] instrumenta .. vocis articulate vel ~e substantiam .. rithmorum metrorumque coloribus vestiunt J. Sal. *Pol.* 401B.

2 inarticulate, not using articulate speech.

W. Cant. *Mir. Thom.* VI 117 (v. balbutire 1); J. Furness *Kentig.* 5 (v. gesticulatus).

inartificialis [CL], inexpert, unskilful.

ex isto videtur .. quod descriptio quid nominis sit ~is Wycl. *Univ.* 368.

inartificialitas, unskilfulness, clumsiness.

isto modo curavi ubi alii modi omnes defecerunt, quidam propter dolorem, quidam propter ~atem Gad. 128v. 1.

inartificialiter, unskilfully, inexpertly.

1398 [domum] tam negligenter et ~iter construxit (*PlRCP*) *Collect. Staffs* XV 86.

inartificiose, unskilfully, clumsily.

puerulum .. ligatum incidit, incisumque dum ~e ac nimis rude lapidem extraheret, miserabiliter occidit *Mir. Fridesw.* 110; **1231** si vero me vel paucam creditis habere scientie claritatem putare debuistis quod valerem deprehendere quam fuerit ista petitio proposita aut derisorie aut ~e GROS. *Ep.* 4 p. 31.

inartificiosus [LL], unskilful, clumsy.

1231 vitiosum namque et ~um est exordium a quo potest adversarius incipere GROS. *Ep.* 4 p. 31; *uncrafty*, ~us, infaber, ineffaber *CathA*.

inartitatus v. inactitare.   **inascalcio** v. mascalcio.

inascensibilis, unscalable. **b** unapproachable.

mons est Atlas ~is propter sui celsitudinem GERV. TILB. I 79. **b** sunt nonnulli dure cervicis et auditus ~is, .. qui malunt prejudicare quam audire GOSC. *Transl. Mild.* 21 p. 182.

inasina v. insania.

inasinatio, transformation into an ass.

NETTER *DAF* II 113 v. 1 (v. impanatio).

inasper, not harsh.

que feritas illis non esset inaspera? talem / redderet absenti Laberintus Thesea filo HANV. III 317.

inasperare [LL], to make worse, exasperate.

asper .. componitur .. ~o, -as, .. et exasperasco .. et inasperasco, -is, verba inchoativa OSB. GLOUC. *Deriv.* 38.

inasperescere, to become worse or harsher.

inasperasco OSB. GLOUC. *Deriv.* 38 (v. inasperare).

inassumptibilis, not to be taken.

si natura assumpta a Verbo dimitteretur absque omni accione positiva circa ipsam, ipsa non esset per se tercio modo, quia tunc esset ~is ut sic DUNS *Ord.* IV 142.

inastutive, not astutely.

sentencia sequens non consonat tali loco ubi ~e dicitur 'et ipse erit expectacio gencium' WYCL. *Ver.* III 259.

inattemptatus, unattempted, not tried.

dum attendo ~ati certaminis permaximum discrimen AD. MARSH *Ep.* 49 p. 154.

inattente, inattentively, carelessly.

1456 (v. impacifice).

inattentio, inattention.

quod ~o percutientis credidit servile, intencio pacientis fecit imperiale (NIC. S. ALB.) *NLA* II 591.

inattingibilis [LL], unattainable: **a** (of person); **b** (of place); **c** (of abstr.).

a pleros .. veterum .. ~es posteris R. BURY *Phil.* 9. 146. **b** fortem et ~em .. situm *Ps.*-ELMH. *Hen. V* 85. **c** Trinitas .. ~i gloria GERV. TILB. I 1 (v. incircumscripte).

inattritus, untrodden.

adhuc ~am viam genti nostre temptare EDDI 3; invius excluse Veneri secretior ortus / .. / vernat inattritus HANV. II 32.

inaudatus v. 1 inauditus 1.

inaudescere, to become bold.

quibus etiam degener et pusillanimis ~esceret *V. Thom. B* 10.

inaudibilis [LL], inaudible.

audio .. componitur ~is OSB. GLOUC. *Deriv.* 18; *unheareabylle*, in audibilis *CathA*.

1 inauditus [CL]

1 not listened to, unheard.

1103 non debeo in tali re aliquid absens de absente et ~o definire ANSELM (*Ep.* 299) IV 220; vulgus †inauditum [MS: inauditum] manibus et pedibus truncavit. comites et episcopos in servitutem .. coegit R. NIGER *Chr.* II 168; **1236** placuit vobis casum a nobis prius ~um, qui nuper accidit in partibus vestris, nobis communicare *RL* II 9 (= *TreatyR* I 28).

2 unheard of: **a** (by reason of novelty or rarity); **b** (by reason of evil or awfulness).

a virtutes .. per illum factas ab ullo alio ante ~as disputabant FELIX *Guthl.* 46 p. 142; doctrina haec eatenus ~a BEDE *HE* II 13 (v. divinitas c); tanto .. racionis vigebat acumine ut prudenter ~as et difficiles solveret questiones J. SAL. *Thom.* 1; **s1383** ~a potestate (v. 2 dispensare 3f); **s1415** transfretavit in Normanniam cum multitudine navium ~a *Chr. Northern* 285. **b** ~a membrorum discerptione lacerati GILDAS *EB* 11; probrosum facinus et ~um crimen ALDH. *VirgP* 32; ~um omnibus seculis ante infortunium episcopo .. reputant ASSER *Alf.* 12; ~a finibus

in nostris malicia GIR. *SD* 68; **1313** inauditus ingruit inter hos conflictus (*Bannockburn* 25) *Pol. Songs* 263.

2 inauditus [LL], unheard-of strangeness, uniqueness.

censemus .. nova quadruplici ratione judicari, aut creatione, aut eventu, aut raritate, aut ~u GERV. TILB. III *prol.*

inaugere [LL dub.], to increase, enlarge, enhance.

s1344 quod .. manuteneret pro viribus, numerum semper ~endo AD. MUR. *Chr. app.* 232.

inaugmentabilis [ML], incapable of increase.

GROS. 56 (v. inalterabilis); patet quod assumptum argumenti peccat in materia, cum multa membra antiqua augentur, et per consequens partes quantitative ~es non subiciantur quieti ab augmentacion, cum ejus oppositum non sit natum formaliter inesse WYCL. *Log.* III 118.

inaugurare [CL = *to consecrate by augury* (*person for priesthood*)], (acad.) to incept.

1569 de gravamine quorundam in artibus magistrorum penultimis comitiis ~atorum *StatOx* 398; si .. regentes .. ~andos admittere distulerint *Ib.* 399; **1576** artium magister ~atus est ASCHAM *Ep.* p. 9.

inauguratio [LL]

1 (eccl.) consecration (of bishop).

c1360 episcopus .. admissus a rege temporalibus .. et .. celebrata ~one sua apud Kilkenniam (*Memorandum*) *RIA Proc.* XXVII 169.

2 (acad.) inception.

1549 solennis .. professio bacchalaureorum .. et magna comitia, cooptatioque atque ~o ceterorum ordinum *StatOx* 343.

3 coronation.

die ~onis regis Angliae *Jus Feudale* 314.

inaurare [CL]

1 to gild, overlay with gold. **b** to embroider with gold thread.

vobis direximus .. speculum argenteum et pectine [v. l. pectinem] eboreum ~atum (*Lit. Papae*) BEDE *HE* II 11; clipeos sic ~ant J. SAL. *Pol.* 595A; tu .. cum michi .. junctus sis .. caritate (quod .. ~atus jacinctus cotidie probat) *Id. Ep.* 166 (147); erant .. vectes de lignis setim ~ati AD. SCOT *TT* 672A; **1517** in qua sunt paramenta, cruces, calices ~ati ex argento *Mon. Hib. & Scot.* 529a. **b 1295** casula de panno ~ato in canabo .. casula de panno ~ato super serico *Invent. S. Paul.* 335; sedes .. pannis sericis et ~atis decenter ornata *Rec. Coron.* 83.

2 to adorn, enrich, embellish.

carmen inaurandi datur ars generaliter una R. PARTES 222; quantumlibet in viis suis iniqui floreant et prosperorum concursu ~entur J. SAL. *Pol.* 489D; ~are, ornare OSB. GLOUC. *Deriv.* 294; Virgo, pennam scriptoris inaura M. RIEVAULX (*Vers.*) 1. 2; implicat accidia laqueos, se fastus inaurat / casside GARL. *Tri. Eccl.* 121.

inauratio, gilding.

aurum .. unde inauratus .. et hec ~o OSB. GLOUC. *Deriv.* 20; argentea quedam vasa .. ecclesie dereliquit, ex quibus .. fabrefacta est .. corona, auro ad ipsius ~onem addito *Chr. Battle* f. 105v.

inauris [LL < CL *pl. only*], earring, ornament worn on the ear.

~is, *earpreon* ÆLF. *Gram.* 303; dedit servus Abrahe .. Rebecce ~es aureas et armillas [cf. *Gen.* xxiv 22]. .. murenule et ~es unam sunt. sunt autem ornamenta aurium sicut armillae sunt ornamenta brachiorum AILR. *Serm.* 8. 255A; non auro, non argento colligendo unde post quasi sapiens architectus ~es et anulos atque monilia veluti mulierum ornamenta componerem ROB. BRIDL. *Dial.* 3; ornamenta pedes [femine] nova .. poscunt, / auris inaures, colla monalia, brachia torques D. BEC. 2244; habeat etiam torques et ~es [gl.: ornamenta aurium, *aneus* et *enorailles*, *anel de or*] NECKAM *Ut.* 101; ut de modico auro quod habebat faceret sibi ~es aureas, ad conciliandam viz. sibi gratiam dilecti sui J. FORD *Serm.* 11. 5; dantur Job post flagella ~es auree AD. DORE *Pictor* 153; Judeorum vero et Grecorum mulieres .. ~es portant indifferenter et in illis summe gloriantur S. SIM. *Itin.* 21; hec ~is, est annulus in aure *WW*.

inaurities, wearing of earring.

BACON XV 232 (v. ambilatio).

inauspicato [CL], inauspiciously, unluckily.

longe alium res eventum habuit, nam ~o congressi Odo et Rainaldus, cum suam aciem quam terribili atrocitate vastari animadverterent, .. equorum velocitate saluti consulunt W. POIT. I 31.

inausus [CL = *not ventured on*], not bold, unventuresome.

J. EXON. *BT* IV 288 (v. despumare 2).

inauthenticitas, unauthenticity.

c1540 in presentia magistri Jonson protestantis de insufficientia, invaliditate, et inauctenticitate dicti processus *HCA Act Bk.* 63; dissentio exhibitioni hujusmodi praetensorum exhibitorum et protestor de nullitate et †in authenticitate [l. inauthenticitate] eorundem et allego eadem exhibita esse scripturas privatas et inauthenticas ac tales quibus nulla fides est adhibenda *Praxis* 229.

inauthenticus, unauthentic.

Praxis 229 (v. inautheticitas).

inaversabilis v. inadversabilis.   **inb-** v. et. imb-.

inbailliva [cf. 1 bailliva], area of jurisdiction of official.

1488 intraverunt Novam Forestam usque Emeryesdowne infra inballivam et unam damam fetantem .. occiderunt *DL Forest Proc.* 2/12.

inbannum v. ambanum.   **inblad-** v. imblad-.

inborgum [AS *inborh*], pledge, security.

si nesciat, quis eum capiat in plegium, accipiant illi, quibus hoc pertinet, de pecunia sua inborhgum [AS: *on his æhtan inborh*] (*Quad.*) *GAS* 143; ibi rectum faciat, vel de suo ad valens forisfacti pro ~o retineatur (*Leg. Hen.* 57. 7) *Ib.* 576; ut de suo aliquid pro ~o retineatur [gl.: i. e. sine plegio] (*Ib.* 82. 2a) *Ib.* 598.

inbrod-, inbroud-, inbrud- v. embroud-.

inburgagiare [cf. 2 burgagium], ? to place in burgage.

1308 pro licencia ~iandi [*part of a tenement which N. holds in Kergate containing the fourth part of a burgage*] *CourtR Wakefield* II 145.

incaelare [cf. 1 in + caelare], to engrave, chase (silver or sim.); **b** (fig.).

1208 j cuppam deauratam et ~atam *Invent. Exch.* 123. **b** pingit et incelat mentem illius atque figurat / moribus ornatis sollicitudo patris (W. BLOIS) *Latin Stories* 197.

incaementare [cf. 1 in + caementare; cf. AN *encimenter*], to mortar, cement; in quot., to immure.

vidit maceriam in qua dilectus suus ac si vivus ~atus est *V. Chris. Marky.* 71.

incaementatus [cf. 2 in- + caementum], unmortared.

alium murum silice et cemento cum calce aggressi sunt provehere, quoniam alium, quem ~atum erexerant, Turci facile prostraverant ORD. VIT. IX 10 p. 550.

incalare [CL], to summon, invoke.

~are, invocare, adsciscere .. OSB. GLOUC. *Deriv.* 293 (cf. Paulus Diaconus *Epitoma Festi* 114M).

incalcabilis, ? *f. l.*

833 sermo sine serris scripturarum difficili servatur et cogitatio incalcabilis [? l. incalculabilis] absque litterarum calculis, sed omne quod oblivione traditur memoria labitur *CS* 406.

incalcare v. inculcare.

incalcinatus, (alch.) uncalcined.

nam spiritibus crudis, nisi sint in lapidem constricti, volueris operari non augmentum sed decrementum volueris incurrere, nisi forte essent ~ati vel cerati M. SCOT *Lumen* 266.

incalescere [CL], **incalere** [LL v. l.]

1 to become hot; **b** (fig.).

GILDAS *EB* 19 (v. 1 cauma a); post horas die duas ~escente E. THRIP. *Collect. Stories* 216; DASTIN *Visio* 325 (v. dyscrasiari). **b** ut .. sole quoque divine caritatis ~escente .. fructus afferant spiritales AILR. *Spec. Car.* I 15. 518; **1166** michi die crastina erit salus, cum ~uerit sol [cf. *I Reg.* xi 9], qui revelabit abscondita tenebrarum et manifestabit consilia cordium J. SAL. *Ep.* 165 (164).

2 (of person or passion) to become excited or inflamed.

ardor sancte devotionis, quo in amore gloriosi regis ~ui, monuit ut .. OSB. CLAR. *V. Ed. Conf.* 30 p. 122; devotione usus ~uit, vel consuetudinem pene in naturam convertit W. MALM. *Wulfst.* I 4; ille, visa facie puelle, admiratus est tantum ejus decorem et ~uit G. MON. VI 12; cum .. eam rex inspexisset, subito ~uit amore illius *Ib.* VIII 19; papa .. ira ~uit ORD. VIT. XII 30 p. 424; ~escit igne concepto juvenis MAP *NC* IV 9 f. 51v; caritas vera jugiter incalescens J. HOWD. *Cant.* 247; **s1455** ~uit in animo (v. difficilis 1b); ista quidem [discrimina] magnanimam

principis benignitatem aliquantulum ~ere causabant *Ps.-*ELMH. *Hen. V* 43.

3 (transf., of crop) to ripen (in quot., fig.).

bonorum gelante studio, incommodorum seges succrescens ~uit W. MALM. *GR* IV 312.

incaligatus, not wearing hose.

barlege, ~atus *CathA*.

incallescere [LL], **incallēre,** to be or become hard (in quot., fig.).

1308 cujus igitur pectus adeo posset incallere duricie, quem pro terre ipsius affliccionibus relevandis non emolliret pie consideracionis affectus? (*Lit. Papae*) *Reg. Carl.* II 42.

incalumniabilis, unchallengeable, indisputable.

appellans dicit quod [abdicacio proprietatis] 'excludit sollicitudinem quam requirit proprietas' .. et istud est incalumpniabile, quia manifestum est quod sollicitudinem illam excludit OCKHAM *Pol.* II 480.

incalumniatus [ML], unchallenged, undisputed.

non poterit eum ibi inde implacitare nec ad judicium trahere, sed debet eum usque ad suam mansionem sequi et ibi adversus eum de catallo suo qualiter voluerit agere, quia sicut liber et ~us illuc pro honore sancti Johannis venit ita liber secundum consuetudinem ecclesie .. debet abire *MS BL Cotton Otho C XVI* f. 78 (cf. *MS BL Harley* 560 f. 20v *printed in Sanct. Bev.* 107: †incubanniatum [*sic* MS]; *Mem. Beverley* I xxv *n.*: †incubaniatum).

incancellabilis, that cannot be cancelled.

ex scripture libri vite immortalis, indelebilis, irrasibilis, ~is, ac indefectibilis insolubili et necessaria firmitate BRADW. *CD* 821C.

incandescere [CL], **~ēre** [LL]

1 to glow with heat, become red- or white-hot; **b** (fig.).

in hunc ignem pone lignum aliquod, plumbum, et ferrum simul. itaque cum lignum fuerit in carbones conversum, et plumbum liquefactum, ita ut in carbonibus nihil nisi ignis appareat, et plumbo nihil caloris addi queat, necdum tamen ferro poterunt in calore coequari, quod nondum forsan penitus ~uit igne EADMER *Beat.* 12; omne frigidum calore ~escit R. COLD. *Cuthb.* 47 p. 97; cui sol ~uit a Cancro MAP *NC* IV 3 f. 45v; **s1377** fuscinulis ferreis ~entibus .. ejus carnes .. ab ossibus ejus.. discerpserunt *Chr. Angl.* 110. **b** Martis campus ~uerat; totis enim viribus utrinque certabatur ORD. VIT. IX 8 p. 509; zelique facibus totus incandeo WALT. WIMB. *Carm.* 534.

2 (of person or passion) to become excited or inflamed.

cum .. ardor crudelitatis acrius ~uisset ALDH. *VirgP* 51; **800** mox iracundiae flammis ~uit ALCUIN *Ep.* 200 (= Id. *Dogm.* 232A); **a984** ~uit Judea ingenti rancore repleta (ÆTHELWOLD *Ch.*) *Conc. Syn.* 123; in familie mee principes .. ~uisti ADEL. *ED* 10; **c1140** solo virtutis amore igne spiritus ~uisse G. FOLIOT *Ep.* 12; **1156** doleo quod quorumdam dominorum .. in me ~uit indignatio J. SAL. *Ep.* 104 (10); **s1178** ~uit Algarus ad verba egroti ira vehementi WEND. I 113; miles vero pro repulsione furore terribili totus ~uit GRIM *Thom.* 81; subito cor tuum ~uit *Medit. Farne* 51; ire incendio .. ~uit *NLA* II 69 (v. deliberatorie).

3 (assoc. w. *incanescere*) to be or become white. (This use is treated as CL by *TLL*, quoting Catullus 64.13: *spumis incanduit unda*; the MSS are 14–15c., and modern edd. read *incanuit*.)

nix etenim in omni abundantissime terra ~uerat et gelu horridissime aquas induruerat *G. Steph.* 72; pars barbe lymphis istis lota canis ~uerat, altera parte .. fusca manente GIR. *TH* II 7; limpha, merum, panis, caro, piscis, friget, abundat, / incandet, nutrit, vivit in ede proba GARL. *Tri. Eccl.* 110.

incandidare [LL], to whiten, (intr.) to become white.

ex hac aqua et terra sua argentum vivum generatur, quod est sicut argentum vivum in mineralibus, et quando incandidit [? l. ~at *or* incanduit (v. incandescere 3)] hoc modo materia congelatur [*MS BL Sloane 2156*: et quandoque in sale armoniacum congeletur] BACON *NM* 547.

incanescere [CL], **incanēre** [LL], to be or become white. *Cf. incandescere* 3.

arborem illam .. vel temporis brumalis severitas dejiciebat .. vel folio ~escente marcebat R. COLD. *Osw.* 17 p. 356; caneo componitur ~eo, -es OSB. GLOUC. *Deriv.* 89.

†incanivare [dub.], to engage in sexual activity.

incanivare [MS: ? incanniare, ? l. incunniare], stuprare, crissare [MS: crisare], cevere, infutuare [MS: futuare], futire [MS *omits*] OSB. GLOUC. *Deriv.* 292.

incanonicare, to appoint to the office of canon.

singuli clerici per singulos titulos sunt ponendi, id est, ecclesias. .. titulus tantum valet quantum clericatus vel canonicatus, et sic dicitur quis intitulari, id est, ~ari vel inclericari PAUL. ANGL. *ASP* 1528.

incantamen, a incantation (used by pagan priest). **b** charm, spell (used by witch).

a stans princeps sacerdotum idolatrie coram paganis .. suis magicis ~inibus suos quasi benedicendo confortare ac socios famuli Dei maledicendo satagebat enervare EADMER *Wilf.* 13 p. 175 (= EDDI 13: suis magicis artibus; cf. W. MALM. *GP* III 100 p. 215: fanaticis incantationibus). **b** **s1376** dicebatur .. eundem fratrem cereas fecisse effigies, regis viz. et ejusdem Alicie, quibus, per herbarum potencium succos, et ~ina sua loquens, ut quondam fecit ille magus .. Nectanabus, effecit ut dicta Alicia potuit a rege quicquid voluit obtinere *Chr. Angl.* 98.

incantamentum [CL], incantation, spell (in quots., used by witch).

determinabo tibi proprietates et virtutes lapidum et ~orum et de quibusdam plantis in sequenti tractatu BACON V 118; **c1422** duas ymagines sereas fecit et eas arte predicta [sc. diabolica] celebravit cum quadam parte ceree paschalis et aliis †inventaminis [MS: incantamentis] contra jura ecclesiastica (*Augm. Bk.* 169 f. 3) *Treat. J. P.* 241; fingit quidam philosophus .. Mercurium loquentem his verbis, "ego sum pater ~orum .." RIPLEY 129.

incantare [CL], to cast a spell on, practise witchcraft against (also fig.). **b** to charm (snake).

arrepto psalterio quodam praestigio studuit non cantare pro illo sed ~are contra illum centesimum octavum psalmum, quatinus a fine ad caput, ab ultimo versu ad primum pervertendo eum, fraternae felicitati efficeret perniciosum *V. Kenelm. B* 82ra; si praestigium erat, naturae potius quam aquarii violentia id ~atum est ADEL. *QN* 58; quod verbo aliquis fascinetur patet in vetulis ~antibus ex odio vel invidia *Quaest. Salern.* Ba 50; quod senem illum .. adeo nunc infatuarunt et veluti prestigiis utendo mirandis .. non minus impudenter quam infideliter sic ~arunt GIR. *SD* 86; **s1316** postea vero ~atus per reginam [rex rogabat] pro Lodovico de Bello Monte GRAYSTANES 37 p. 98; ~o, A. *to enchaunte WW*; **1588** (v. fascinatrix). **b** ut ~atus anguis crepuit GOSC. *Transl. Aug.* 23B; notum est quod aspis .. alteram [aurem] caude extremitate obturat, ne vocem ~antis audiat. .. predicantis vocem, qui sapienter animam ~at, .. audire renuit NECKAM *NR* II 114; **1545** ad modum aspidum surdarum aures suas obturantium ne voces audiant ~antium [cf. *Psalm.* lvii 5–6] *Conc. Scot.* I cclxv.

incantatio [LL], **a** (pagan) incantation. **b** (magic) charm, spell (used in witchcraft). **c** charm (used to attract snake).

a ~ones vel divinationes diabolicas THEOD. *Pen.* I 15. 4 (v. divinatio); per ~ones vel alligaturas BEDE *CuthbP* 9 (v. alligatura); **c742** ut omnes spurcitias gentilitatis .. respuat, sive sacrificia mortuorum sive sortilegos vel divinos sive filacteria et auguria sive ~ones sive hostias immolaticias *Ep. Bonif.* 56 p. 100; non saluti animarum profutura sed avitae gentilitatis vanissima didicisse carmina et †historiarum [v. l. histriarum] frivolas †colere [v. l. coluisse] ~onum naenias B. *V. Dunst.* 6. **b** ~onis artem (*Quad.*) *GAS* 313 (v. idolum 4a); per ~ones diabolo accersito W. MALM. *GR* II 167; mater vero Flambardi, que sortilega erat, .. a sociis pro scelestis ~onibus cum derisoriis gestibus passim detrahebatur ORD. VIT. X 19 p. 109; hydromantia, -e, i. ~o que fit in aqua. sic etiam dicimus geomantia, i. ~o que fit in terra .. et pyromantia, [i.] ~o que fit de igne, et necromantia, [i.] ~o que fit de mortuis OSB. GLOUC. *Deriv.* 285; in modum illorum qui circulis includuntur diligentibus ~onibus munitis; si enim exeant circulis inclusi, a demonibus .. arripiuntur NECKAM *NR* II 36; hujusmodi voces que vocantur ~ones et carmina .. sunt magica et non habent virtutem naturalem alterandi, sed si est operatio tunc demones faciunt BACON *Tert.* 99; **1276** excommunicamus omnes incendiarios, ecclesiarum fractores, veneficos et veneficas, et magicis ~onibus utentes *Conc.* II 29b; **1432** se bene gerat .. ita quod nullo modo utatur arte sortilegii sive ~onibus *Cl* 282 m. 3*d*; **1447** Thomas S. .. utitur sortilegio et ~onibus *Eng. Clergy* 221. **c** **s1344** venit quidam medicus Sarracenus .. petens licenciam capiendi quendam serpentem in dominio suo in partibus Wallie, in loco qui Brunfield appellatur. qui, cum per ~ones cepisset serpentem, dixit .. WALS. *HA* I 264.

incantator [LL], **a** (pagan) sorcerer. **b** witch, wizard, one who uses magic arts. **c** (w. ref. to *Sirach* xii 13) snake-charmer.

a **c738** ~ores et veneficos .. respuentes (*Lit. Papae*) *Ep. Bonif.* 43; per aruspices et divinos atque ~ores captivos se diabolo tradentes EGB. *Dial.* 410; **786** aruspices et ~ores, divinos, veneficos *Ep. Alcuin.* 3 p. 21; ~ores autem, magos, phithonicos et veneficos necne idolorum cultores accriter oportet constringere (*6 Æþelred*) *GAS* 249; ~ores et incantatrices et malefici aut apertae meretrices .. de regno nostro expellantur (*Inst. Cnut.*) *GAS* 311. **b** ~ores sunt qui artem verbis exercent J. SAL. *Pol.* 407C; **s1287** per quendam ~orem diabolus coactus cuidam puero apparuit, et urnas et navem et domum cum immenso auro ostendit *Ann. Worc.* 495; **1406** quod quamplures sortilegi, magici, ~ores, nigromantici, divinitores, arioli, et phitones infra diocesim vestram existunt, qui diversa horribilia et detestabilia indies perpetrant *Foed.* VIII 427; qui suis blandiciis et adulacionibus venenosis, tanquam ~or nequissimus, taliter credenciam adhibuerunt *Plusc.* VIII 11. **c** quis medebitur ~ori a serpente percusso? cujus dicti sensus est, quis emendat doctorem a diabolo deceptum? BEDE *Sam.* 566; si percussus fuerit ~or a serpente, quis medebitur ei? P. BLOIS *Ep.* 13. 40D; sed quis miserebitur ~ori a serpente percusso? M. PAR. *Maj.* V 137.

incantatrix [LL], **a** (pagan) sorceress. **b** witch.

a si sage vel ~ices [AS: *wiccean oððe wigleras*], venefice .. vel meretrices, .. (*Quad.*) *GAS* 311 (cf. ib. [*Inst. Cnut.*]: incantatores et ~ices). **b** quid mirum si anus demonica ~ix est? ADEL. *QN* 58; de muliere ~ice que mansit in Berkeleya *Leg. Ant. Lond.* app. 179 (= W. MALM. *GR* II 204: de muliere malefica); narrat Willelmus .. de duabus ~icibus [TREVISA: *wicches*], que .. hospitem .. in aliquod animal vertebant HIGD. II 25 p. 424 (= W. MALM. *GR* II 171: de aniculis que juvenem asinum videri fecerunt); **s1441** quedam phitonissa et ~ix combusta *Chr. Hen. VI & Ed. IV* 149; *a charmer*, incantator, ~ix, carminator, carminatrix *CathA*; *a wyche*, fitonissa, maleficus, ~ix *Ib.*; **1574, 1588** (v. fascinatrix).

incantus [ML (*also* inqua-), cf. OF *enchant, encans, inquant* (etc.); cf. ML incantare (inqua-) '*to auction*', *perh. identical w.* CL incantare *though freq. assoc. w.* in quantum (e. g. Meyer-Lübke *Rom. Etym. Wörterbuch*[3] (Heidelberg, 1935), 6933)], auction-sale.

1524 navem una cum apparatu suo hujusmodi .. vendendam fore per subhastaciones, proclamaciones et ~us *PRO HCA* 39 (*Warrants*)/1/18.

incanus [CL], very white, hoary.

canus componitur ~us, i. valde canus OSB. GLOUC. *Deriv.* 88; incanus sapiens hic discit ludere WALT. WIMB. *Carm.* 116.

incapabilis [LL], that cannot be held or retained.

649 Jesum Christum .. passibilem carne et impassibilem Deitate, circumscriptum corpore, incircumscriptum Deitate, eundem inconditum et conditum, terrenum et caelestem, visibilem et intelligibilem, capabilem et ~em (*Conc. Lateran.*) *Conc. HS* 147; alta .. quaeque debent multis audientibus contegi et vix paucis aperiri ne, cum angusto cordi ~e aliquid tribuitur, extra fundatur BEDE *Luke* (xii 42) 497.

incapacitas [LL]

1 incapacity, want of ability or qualification.

ob ~atem sensus nostri J. FORD *Serm.* 29. 6; **1412** videtur mihi impossibile secundum leges humanas vel divinas dotacionem cleri in temporalibus quoad civilitatem perpetuam vel instantaneam stabiliri, ut patet .. ex ~ate civilitatis in clericis *Conc.* III 347; **1414** diversi redditus .. eisdem vicariis .. dati fuissent .., si eorum inhabilitas sive ~as recipiendi eis nullatenus obviaret seu obstaculum preberet (*Pat* 396 m. 27) *Mem. Ripon* I 123; eis non venditur, non quidem propter ~atem persone, quia laicus bene potest uti bonis ecclesiasticis PAUL. ANGL. *ASP* 1548.

2 want of comprehension.

'eis [sc. xii apostolis] tantum sue mortis nunciavit misterium ..' [Chrysostomus *Opus imperfectum in Matth.*, *PG* LVI 823]. plebs igitur propter ~atem et mulieres propter nature sue molliciem excluduntur WYCL. *Ver.* I 371.

incapatus, clothed in a cape or cloak.

ante se sedentem videt quendam capa indutum. .. inclinavit se ~atus ille *NLA* II 343.

incapax [LL]

1 that cannot hold or contain.

tanta multitudo demonum .. ut ipsa insula illorum ~ax estimaretur J. FURNESS *Pat.* 171.

2 incapable (of receiving or comprehending).

nec enim juxta quosdam [? l. quorundam] tante unitatis ~acium dogmata a virtute, potestate, vel adoptione .. Verbum in carne [sc. est] H. BOS. *LM* 1378B; lex nature .. mulierem a suppremo regimine in radice humani generis, ubi ipsa genus illud in sexus duos distincxit, naturaliter propellebat. quo mulier ~ax redditur regionis que jam petitur FORTESCUE *NLN* II 30; **1549** qui grandevi et doctrine ~aces sunt *Conc. Scot.* II 100.

incapiabilis v. incaptabilis

incapitulatus, (eccl.) made a member of chapter.

1198 si iste archiepiscopus facit de priore monacho canonicum prebendarium installatum ~atum, quare .. ? *Ep. Cant.* 557 p. 534.

incapsatus, encased. *Cf.* 2 *incassare.*

1530 [litteras] sigillatas in cera rubea sigillo rotundo cum duplici cauda pergamenea ~ato capso ferri albi, sanas quidem et integras *Foed.* XIV 394.

incaptabilis, that cannot be captured.

rex .. omnibus capturae instrumentis virginem impetit, sed .. haec virgo, animo in Christo fundata, ~is perduravit GOSC. *Wulfh.* 3; **s1377** insulam, ut ita dicam ~em [? *sic* MS; *ed.*: †incapiabilem], de Wyght, capiunt WALS. *HA* I 340.

incaputiatus, hooded.

ipse ~atus ac secum commorans et soli Deo vacans J. FURNESS *Walth.* 77.

incarcerare [LL], to put in prison; **b** (fig.). **c** (p. ppl. as sb. m.) prisoner.

apostolus ~atus erat LANFR. *Comment. Paul.* 309A; quod primati patrie vij mensibus ~ato nullam opem rex attulerit W. MALM. *GP* I 21; **1221** Adam captus fuit et ~atus in gaola ville *PlCrGlouc* 107; **1290** ~ati fuerunt .. per xviij dies apud Flete et Neugate *State Tri. Ed. I* 32; a turri Londoniarum in qua tunc fuit ~atus, non premunitis suis custodibus, evasit AVESB. 77; latrones et ~atos malefactores a vinculis absolvit CAPGR. *Hen.* 7; **1510** timens se pro dicta felonia incarserari seu in carcerem trudi *Sanct. Durh.* 146; **1552** si non fuerit beneficiatus, tamdiu ~etur pane et aqua quamdiu sub ejusmodi censura insorduerit *Conc. Scot.* II 133. **b** liberos olim pedes .. stragulatis ~ant sotularibus P. BLOIS *Opusc.* 1022D; bonum celeste .. bursa non includit, arca non ~at *Ib.* 1041D; quedam non oblivionis causa ~at *Regina Rhet.* 198; **1441** licenciam .. quam in arca ~avi et teneo BEKYNTON I 227. **c** **s1226** petierunt .. omnes ~atos .. a carceribus liberari WEND. II 315; miserias exulum et ~atorum *Spec. Incl.* 3. 1; **s1376** de quodam in carcere strangulato .. et de difficultate inveniendi predictum ~atum *Chr. Angl.* 81; **1423** uni ~ato ex elemosina iiij d. *Ac. Durh.* 229.

1 incarceratio [LL], imprisonment; **b** (fig.).

s1182 cepit eam [sc. imperatricem Constantinopolitanam] et incarceravit, et post longam carceris ~onem ligatam in sacco submergi fecit in mare *G. Hen. II* 252; **s1193** de captione regis Ricardi et ~one ejus in Alemannia BRAKELOND 135v; **1228** cum excommunicatus essem pro detentione Henrici .. et ~one ipsius in castro Bedefordie (*Lit. Falcassii de Breaute*) *Pat* 210; **1242** cum clericus aliquis .. fuerit de malitia notatus, ita quod carceri sit mancipandus, et burgenses .. ad ~onem illam faciendam aut impotentes fuerint aut negligentes *BBC (Cambridge)* 162; **1315** damus autem vobis plenariam potestatem puniendi predictos .. ac alios quos .. contrarios inveneritis aut rebelles per ~onem corporum suorum vel captionem terrarum et ten' suorum in manum nostram *RScot* I 142a; **s1376** nunciatum est .. quendam armigerum .. conjectum fuisse in vincula, .. sed commune vulgus Londoniensium, quibus erat satis ~o ejus nota, .. *Chr. Angl.* 81; regis Richardi deposicionem et perpetuam ~onem nullatenus approbans *Croyl. Cont. B* 499. **b** ~o cibi corrupti in ventre est valida corporis destructio BACON V 73.

2 incarceratio v. inceratio.

incarcerator, imprisoner, gaoler.

fatuus carceri mancipatus respondit .., "non possum hinc recedere, quia infinito amore deteneor ~oris filie .." O. CHERITON *Fab. add. B* 19; **?1245** inquisitorem de furto, captorem, ~orem, et judicem inventorum denotatorum per inquisitionem super hujusmodi crimine GROS. *Ep.* 126 p. 354.

incardinare [LL], to appoint as cardinal.

Widonem abbatem prius ~avit, postea in Remensem metropolitanum intronizavit M. RIEVAULX 77.

incariare [cf. ML incaricare], to load, carry.

1366 pro j pipa vacua .. pro aqua incarianda *KR Ac* 483/23 m. 4.

incariri [cf. ML incariare, OF *enchérir*], to become more costly.

1317 item hoc anno, quando sal incepit inchariri, ipse †potuit [? l. posuit] servientes suos ad portus Marempnie, qui arestabant baichas sive naves sale oneratas et faciebant redimere mercatores in magnis pecunie summis *Foed.* III 685.

incarisma v. icarisma.

incarnabilis, that can become flesh.

veritatum theologie quedam sunt mere contingentes, sicut Deus creat, Deus est incarnatus ..; alie sunt necessarie .. sicut Deus est creativus, Deus est ~is OCKHAM *Sent.* I 50.

incarnalis, of flesh, incarnate.

queritur quare scientia est substantie tantum, sc. imobilis et ~is et est substantia eterna; alia mobilis incorruptibilis, et hec est celestis; tercia .. BACON VII 4.

incarnari [LL], **~are,** (w. ref. to Christ's incarnation as man) to become flesh, assume physical form. **b** (p. ppl. as adj.) incarnate, made flesh; **c** (in dates, *anno Domini*, *anno Verbi ~ati*). **d** (transf., w. other referend).

680 sicut Dominus noster Jesus Christus ~atus tradidit discipulis suis (*Conc.*) BEDE *HE* IV 15 p. 239; qui et hunc Deum ante saecula generatum in fine saeculorum ~ari et illos disposuit eadem incarnatione salvari *Id. Sam.* 642; synagoga Deum ~ari desiderat ALCUIN *Exeg.* (*Cant.* i 1) 642A; cum tres personae simul sint in eodem homine, si sunt una res, nullatenus personam Filii posse in homine ipso ~ari sine aliis duabus personis ANSELM (*Incarn.* 6) II 21; in corpore Christi ~atum est Verbum Dei PETRUS *Dial.* 2; est incarnatus sed non deitate relicta NIG. *Laur.* 39vb; quid igitur si ex scripturis .. crederet ecclesia Dominum ad salutem suam jam misericorditer ~atum, et tamen necdum ~atus fuisset? H. BOS. *Thom.* III 13 p. 213; tu dicis quod hoc nomen '~atus' dicitur de Christo in quantum est Deus, et tamen non potest ~ari nisi sit homo S. LANGTON *Quaest.* 140; intelligitur de isto homine [sc. Filio Deo] ut importat personam eternam ~atam HALES *Sent.* I 156; *to take manhede*, humanare, ~are *CathA.* **b** ~ata Dei sapientia J. SAL. *Pol.* 661B; Christus integer, verbum viz. ~atum cum corpore suo, quod est ecclesia GROS. *Hexaem.* I 1. 1; cujus incarnata / proles nobis data J. HOWD. *Sal.* 45. 5. **c** anno igitur Verbi ~ati duodecim minus a millesimo OSB. *V. Dunst.* 41; anno Verbi ~ati mlxvj° R. NIGER *Chr. II* 160; **1199** actum est hoc anno Verbi ~ati millesimo centesimo nonagesimo nono *CartINorm* 357; anno Domini ~ati millesimo quadringentesimo quadragesimo vij° GASCOIGNE *Loci* 26. **d** dixit frater Arnulfus .. quod si diabolus esset ~atus, non inveniret subtiliorem et fortiorem laqueum ad illaqueandas animas quam fuit illa visitatio ECCLESTON *Adv. Min.* 49; quid est homo? mens ~ata, laboriosa anima, parvi temporis habitaculum .. *Leg. Ant. Lond.* app. 184.

incarnatio [LL]

1 the Incarnation, Christ's becoming man. **b** (in dates, *anno ~onis* or *anno ab ~one, etc.*) the era of the Incarnation (reckoned from the year of the birth of Christ).

'exivi a Patre' [*Joh.* xvi 28]. hoc loco Christus ~onem suam exitum vocat quod Paulus .. introitum nominat ALCUIN *Exeg.* 1035B; misit Deus Filium suum in similitudinem humanae carnis .. ut memoria ~onis ejus suasiones peccati a fidelium carne repelleret LANFR. *Comment. Paul.* 130A; cum .. Filii Dei ~o et incarnati passio .. sit humani generis liberatio GROS. *Cess. Leg.* I 3. 3; in ~one fuit unio nature divine cum humana HALES *Qu.* 902; Saraceni credunt ~onem [ME: *carnacioun*] et libenter †loquitur de beata virgine, dicentes .. *Itin. Mand.* 68; idiote murmurant, querentes quomodo corpus est ille panis sanctus, cum non sit id secundum substanciam vel naturam. sed ipsos oportet discere fidem de ~one, quomodo due substancie vel nature valde differentes sunt idem suppositum et tamen non sunt eadem (WYCL.) *Ziz.* 122. **b** anno sexcentessimo nonagessimo ab ~one Christi .. anno sexcentessimo nonagessimo quinto ab ~one Domini *Cal. Willibr. Nov.* (marg. sin.); **†676** (12c) anno recapitulationis Dionysii, id est ab ~one Domini nostri Jesu Christi sexcentesimo septuagesimo sexto *CS* 43; quia ergo secundo anno circuli quem primum Dionysius scripsit quingentesimus tricesimus tertius ab ~one Domini completus est annus BEDE *TR* 47 p. 265; usque ad annum Dominicae ~onis dccxv *Id. HE* III 4; **824** (?10c) anno Dominicae inkarnationis dccccxxiiii *CS* 381; **836** anno Dominicae ~onis dccc° xxx° vj° *CS* 416; **1069** anno Dominicae ~onis millesimo lxviij, consentiente Wilhelmo rege *Regesta* 28; in Britannia regnavit Kimbelinus tempore ~onis Dominice R. NIGER *Chr. II* 108; **1220** anno Dominice ~onis millesimo ducentesimo vicesimo *Pat* 245; **c1399** anni ab origine mundi usque ad ~onem Domini nostri Jhesu Christi quinque milia centum nonaginta novem *Doc. S. Paul.* 223; a trescentis xxx[ta] annis et amplius ante ~onem Christi *Plusc.* VI *pref.* p. 4.

2 (transf.) a soul's assumption of physical form.

anime suam ante ~onem aut Deum ignorant aut, si eum noverunt, vel non diligunt .. vel diligunt PULL. *Sent.* 732A; quomodo anime que, ut prefati sumus, longe prestantius charitate vigent nondum incarnate post ~onem non solum a tanta caritate decidunt sed et pro casu pereunt *Ib.* 732B.

3 (med.) 'incarnation', growth of new flesh as wound heals.

secundum [genus curationis] est ~o vulneris cum eis que sunt sicut unguentum tetrafarmacum GAD. 118. 1.

4 'incarnation', the colour of flesh.

1349 ad faciendum unum aketon' pro rege de camoca incarnacion' (*KR Ac* 391/15) *Arch.* XXXI 48.

incarnativus [cf. incarnatio 3], (med.) conducive to incarnation.

apposicio medicaminis ~i GAD. 114. 1 (v. desiccatio 1); administracio ~orum non expoliatorum ab eo quod est sicut viride eris et attramentum *Ib.*

1 incarnatus v. incarnari.

2 incarnatus, the Incarnation.

949 (16c) adest annus nongentesimus quadragenus atque nonus Dominici ~us *CS* 882.

incarraxare v. incharaxare.

incartare [ML]

1 to convey (property) by written deed.

a1200 ego affidavi quod ultra non possum ~are alicui neque totam terram meam neque partem terre mee nisi per grantum monachorum de W. *Cart. Wardon* 43; **1203** ipse petit warantiam alterius terre quam ipse ei ~avit *CurR* II 292; **a1220** duarum bovatarum quas eisdem monachis antea ~avi *Reg. S. Bees* 304; **c1230** moram quam pater meus eis dedit et ~avit *Cart. Glam.* 927; **1267** excepta illa crofta in Hamden' quam dedi et assignavi et etiam ~avi .. ecclesie S. Marie Magdalene de Hamden' imperpetuum *ChartR* 56 m. 8; **c1300** dedi .. terram quam W. vir meus sibi vendidit et ~avit pro c m. *FormMan* 7; **1321** quod quidem tenementum Thomas Bat civis Londoniensis predicto magistro Simoni .. per cartam suam dedit et ~avit *PQW* 461a.

2 to describe (land) in a written deed.

c1180 hanc terram .. dedi predictis monachis et ~avi per has divisas, viz. .. *Melrose* 39 (cf. ib. 41 [?**c1190**]: hanc terram .. dedi et confirmavi et hac mea carta ~avi per has divisas, viz. ..; ib. 196, 197); **1253** rescribens regi apertius per quas metas et divisas secure possit terram illam rex eis ~are *Cl* 333.

3 to invest (person) (in property) by written deed.

1428 *Hugh was enchartered* ~atus *in the lands of Templeachliad Reg. Armagh* 111.

incartatio [ML], conveyance of property by written deed.

1314 donacionem, concessionem, et ~onem, quas Katerina de Greilli .. per cartam signo notarii publici signatam fecit Forcio de Paderino .. de baroniis et terris .. confirmamus *RGasc* IV 1320.

incartulare [ML], to convey by written deed.

1189 elemosina quam eis caritatis intuitu dedit et ~avit *Cart. Sallay* 101; **1221** T. de M. offert c m. pro habenda saisina forestarie de Carduil, quam rex ~avit Ricardo de L. *LTR Mem* 4 m. 5(2)*d.*; **p1250** unam bovatam terre .., illam sc. quam dicti monachi habent ex dono R. quondam mariti mei ~atam *Cart. Sallay* 78.

incassabilis, that cannot be nullified.

si omittat excipere contra literam et proponat aliquam exceptionem contra clameum petentis, tunc affirmat dictum breve esse validum et ~e *RegiamM* I 11. 6.

1 incassare [ML], to nullify.

to make vayne, ~are, adnichilare, frustrare, irritare, evacuare *CathA.*

2 incassare [ML; cf. OF *enchasser* < incapsare]

1 to encase; in quots., to enshrine (relic).

capud sancti Dunstani honestissime ac sumptuose fecit ~ari DOMERH. *Glast.* 517 (cf. J. GLAST. 116).

2 to set (gem). *Cf. incastonare.*

1310 vj d. de j petra ~ata vendita *Ac. Exec. Ep. Exon.* 2.

3 incassare v. intassare.

incassum [CL], fruitlessly, to no purpose.

BEDE *HE* II 15 etc. (v. cassus 3c); jam itinera ~um plurima consumpserant *V. Neot. A* 19; cum ~um multa in medicos erogasset, nihil nisi divinum sibi superesse previdebat auxilium *Mir. Fridesw.* 11; qui cum filium, ut inopie sue tante saltem .. subveniret, tam per se quam per alios sepius ~um efflagitasset, tandem .. GIR. *SD* 14; **s1385** mater .. ejusdem J. dum preces †incastum multiplicat pro dicto J. contristata decumbit *Chr. Angl.* 365; nos causam hanc coram ea ventilantes que judex competens non existat sudaremus ~um FORTESCUE *NLN* I 31.

incastellare [ML]

1 to fortify, convert into a castle.

s1141 rex .. ecclesiam beate Dei genitricis de Lindocolino ~averat W. MALM. *HN* 488 p. 48; s1142 eodem impetu insulam Portland, quam ~averant, subegit *Ib.* 523; s1144 Ernulfus filius consulis, qui post mortem patris ecclesiam [Ramesiensem] ~atam retinebat H. HUNT. *HA* VIII 22 (cf. ib.: qui, monachis avulsis, ecclesias Dei converterant in castella); cum ecclesiam intrasset ipse, ecclesie fores clausit mox et seravit. illi vero carnifices milites .. clamose intonabant ut cito sibi aperirentur fores. quorum fragorem et clamorem ad ecclesie valvas mox futura Christi victima christus Domini exaudiens, precepit ut confestim apperiretur, addens decere minime ~ari ecclesiam H. BOS. *Thom.* VI 1; s1143 portam exteriorem quam ~averant viriliter incendit et combussit *Chr. Rams.* 330.

2 to fortify (district) by building castles.

totam undique terram locis idoneis ~avit GIR. *TH* III 37; regnum Hibernicum .. tam ~are quam firma stabilire pace statuerat *Id. EH* I 37; baronibus regis qui maritimam Wallie contra Walenses regi et regno egregie militando ~atam tenent *Id. Invect.* I 2 p. 86.

3 (refl.) to entrench oneself in a castle.

s1413 dominus Johannes [Oldcastelle] se ~avit et fortificavit in castro suo [de Ledis] WALS. *HA* II 292; quia dictus Johannes in defensionem erroris sui contra claves ecclesie se ~avit et fortificavit *Ib.*

incastellatio, fortifying, castle-building.

potius in Hiberniam iret et pleno conquestui regni illius .. et ~oni viriliter indulgeret GIR. *RG* II 23.

incastigabilis, **a** (of person or animal) that cannot be corrected, incorrigible. **b** (of emotion) that cannot be controlled.

a Secundus philosophus describit feminam quod est ~is bestia, continuum dampnum, humana confusio, indeficiens pugna, vas preciosum, et animal pessimum WYCL. *Mand. Div.* 445 (cf. *Verba Secundi*, *Leg. Ant. Lond.* app. 185: quid est mulier? hominis confusio, insaturabilis bestia, continua solicitudo ..); 1410 sic quod nullus .. decetero inparcabit nec inparcari faciet aliquas bestias hominum et tenencium ville de Herleston' [*Northants*] predicta intrantes in separales terras predictas, nisi solummodo fuerit nimis rudis et ~is bestia que fregerit dictam clausuram (*Indent.*) *EHR* XXXVII 410. **b** mulieris faciem dolor ~is occupaverat, dehonestaverat tumor horribilis BEN. PET. *Mir. Thom.* II 18 (cf. ib. III 26: adeo se tumor egit distincte et incastigabiliter excrevit ut sedentis uterus pene protenderetur ad genua).

incastigabiliter, uncontrollably.

BEN. PET. *Mir. Thom.* III 26 (v. incastigabilis b).

incastigatus [CL], uncorrected, uncontrolled.

pauca propter veritatem dictorum ~ato sermone depromens, plura manumittens W. MALM. *GR* IV 348; aliud frivolum qualecunque .. ~us calamus protinus exarare presumit R. BURY *Phil.* 17. 222; 1439 temera presumpcio et ~a malicia *EpAcOx* 193; in forma [animante] dum [corpus] continetur, calet mollius et suavius, vitali spiritu dulciter fovente; a quo dum discesserit in seque ceciderit, tum crassius et intemperatius ardet et urit immoderatius; qui ~atus ignis et inflammatio in membro morbus est COLET *Rom. Enarr.* 191.

incastonare [cf. casto, OF *enchastoner*], to set (gem). *Cf.* 2 *incassare* 2.

laminas argenteas .. cum quibusdam gemmis ~atis fecit avelli et omnia redegit in numisma *G. S. Alb.* I 82.

incastrare [cf. ML casto, OF *encastrer*]

1 to fit one into another, inset.

nervis .. in cervicem contractis, ad augmentum incommodi, humero sinistro sinistra mala tam inseparabiliter adherebat, ut alteri alterum ~ari cerneres atque in nullas omnino partes inflexo humero cervix flecti prevalebat T. MON. *Will.* VII 14; longissimis .. trabibus centenorum pedum sibique more †compliuit [*revd. ed.*: †complium, *gen. pl. of word meaning ? 'joint'*] ex adverso ~atis paludi spisso ordine et directo infixis, alios †pedes [*revd. ed.*: pedis] crassitudinem habentes super capita eorum contabulari fecit *Hist. Meriadoci* 386.

2 (by assoc. w. CL *castra*) to confine in a castle.

1412 non sonat in perfeccionem religiosorum, quod ~antur vel incarcerantur in claustris suis materialibus *Conc.* III 348; 1447 ex eo quod portavit unum daggarium, qua de causa ~atus fuit et postea deliberatus, juravit quod non de post portabit aliquod daggarium *MunAcOx* 576; *to sett in castelle*, ~are *CathA.*

incastratio [LL], mortice and tenon joint, joint with one part fitting into another.

postergum parietum in longitudine positorum unus erat ordo, per tabulas omnes vadens, quo per uncinos utriusque parietis latera continebantur, ~onibus factis et immissis ad invicem (Josephus) BEDE *Tab.* 441; 'ad commissuras' [*I Par.* xxii 3] .. commissura et incastratura, quando unus asser mittitur in alium cavatum. conjunctura est ubi unum lignum alii conjungitur sine ~one S. LANGTON *Chron.* 131.

incastratura [LL], tenon, part of joint which is fitted into corresponding recess.

'in lateribus tabulae duae ~ae fient ..' [*Exod.* xxvi 17]. .. tabulae omnes tabernaculi in alterutrum per ~ae nexum copulantur BEDE *Tab.* 438; in lateribus uniuscujusque tabule due ~e erant, quibus tabula alteri tabule connectebatur AD. SCOT *TT* 637A; S. LANGTON *Chron.* 131 (v. incastratio); tectum ecclesie Londonie fecit disponi et ~as claustri jussit abradi ECCLESTON *Adv. Min.* 57.

incastum v. encaustum, incassum, incastus.

incastus [LL *byform of* CL incestus], unchaste.

octo sunt vitia principalia vel originalia omnium vitiorum ex quibus quasi radicibus omnia corruptae mentis vel ~i corporis diversarum vitia pullulant iniquitatum ALCUIN *Moral.* 633A.

incasualis, (gram.) without case-endings, indeclinable.

Gl. Leid. 43. 56 (v. aptotus); aptota, nomina ~ia, ut frugi OSB. GLOUC. *Deriv.* 60; ~em [ἄπτωτον] semper et intransmutabilem [ἀμετακίνητον] habentes proprie Deiformis proprietatis immixtissimam collocationem GROS. *Ps.-Dion.* 847.

incatenare [LL], to fasten or secure in place with chains; **b** (w. ref. to books).

Juppiter, Titanas fulminatos et patrem ad inferos devehens, omnes catenis adamantinis ligavit preter Egeona, quem in mari centum vinculis ~avit *Natura Deorum* 17. **b** 1414 libri .. in communi libraria incathenati (v. catenare c); ?c1420 iste liber est fratris W. Picworth .. quem propria manu scripsit quando erat studens in conventu Londoniensi et voluit quod ~etur in communi libraria Cantebrigie *Collect. Francisc.* I 135; 1452 [lego] filiolo meo unum librum vocatum Lira super Psalterium pro termino vite sue et post decessum suum ad incathenandum in libraria communi *Test. Ebor.* III 128; 1453 de libris .. catenandis. .. quod ~entur quam cicius commode poterint *MunAcOx* 738.

incatenatio, fastening with chains.

1225 tam dictus justiciarius quam ejus complices prefatum dominum Petrum tot injuriis, probris, impulsionibus, scissura vestium, ac demum corporis ~one lacessere ausi sunt (*Querimonia F. de Breauté*) W. COVENTR. II 260.

incathedrare [ML], to enthrone (as bishop); **b** (transf.).

contigit interea archiepiscopum Remensem in fata cedere et Gerbertum fame sue meritis ~ari MAP *NC* IV 11 f. 53; eo namque die .. quo apud Lincolniam primo susceptus fuit Hugo episcopus et ~atus GIR. *Rem.* 29 p. 73; s1274 magister R. de Wychehamtone, electus Saresbiriensis, in concilio Lugduni consecratus per dictum archiepiscopatum [*sic*] Cantuarie die Dominica post Exaltationem S. Crucis est ~atus apud Sarum *Ann. Wint.* 118; s1294 presul novus ~atur RISH. app. p. 431; dum apud Lincolniam ~aretur [TREVISA: *whan he was istalled*] et equus seu vacca racione installacionis per archidiaconum loci peteretur HIGD. VII 32 p. 182. **b** imaginem beate Virginis .. in throno sedentem ~avit *G. S. Alb.* I 189; s1098 inventa est in civitate [sc. Antiochia] in ecclesia S. Petri, ubi ~abatur, lancea Salvatoris *Flor. Hist.* II 31.

incathedratio [ML], enthronement (as bishop).

festum de ~one beati Petri, tum de illa que fuit Rome, tum de illa que fuit Antiochie, illo eodem die, .. statuerunt BELETH *RDO* 83. 87; episcopum jam bis ecclesie suo sacramento fidelitatem fecisse vidimus, in principio susceptionis et ~onis sue, et in ultima synodo GIR. *Symb.* I 31 p. 317; de .. ~one Savarici episcopi in ecclesia Glastoniensi DOMERH. *Glast.* 381.

incausabilis, (phil., w. ref. to first cause) that cannot be caused.

prima [conclusio] est quod aliquid sit primum, secunda est quod illud est ~e, tercia est quod illud actu exsistit in entibus DUNS *Ord.* II 151; secunda conclusio de primo effectivo est ista, quod simpliciter primum effectivum est ~e. hoc probatur, quia est ineffectibile independens effectivum. .. si primum illud est ineffectibile, ergo ~e, quia non est finibile nec materiabile nec formabile *Ib.* 162–3; 'quidlibet igitur non posse esse' est juxta opinionem ~e WYCL. *Act.* 101.

incausabiliter, without being caused.

perfectius enim est esse per se sufficienter, omnino ~iter et independenter ab alio et summam et primam causam aliorum quam ab alio dependere et alteri subici ut effectus BRADW. *CD* 3C.

incausalis [cf. incausare], (leg.) involving court proceedings.

antequam petens sibi aliquid per judicium adquirat, alia actione opus erit, et, quamvis ~e sit cogi possessorem titulum sue possessionis dicere per breve de quo jure .., valet tamen ad hoc quod petens scire possit utrum tenens teneatur pro herede vel pro possessore *Fleta* 400.

incausare [cf. 1 in + causare], (leg.) to implead, take to court.

si *hlop* hoc faciat, et postea negare velint, ~entur omnes [AS: *tio hie ealle*] (*Quad.*) *GAS* 65; c1195 quod dicti monachi et eorum homines non ~entur propter aliquam bestiam aliquo casu mortuam et inventam in terra eorum, nisi fuerit aliquis *sacreber*, qui de hoc loqui voluerit adversus dictos monachos aut eorum homines *Ch. Chester* 209; 1200 sciatis quod nullus qui ad ipsum R. veniet in auxilium contra predictum J. a nobis vel per nos ~atus erit *RChart* 59b; ?1219 ~atus sum coram episcopo Bathoniensi et conjudicibus suis *RL* I 41; 1251 non erunt ~ati si non venerint, si rationabilem habeant excusationem *Reg. S. Aug.* 422.

1 incausatio [cf. incausare, ? *infl. by* 2 in-], (leg.) (unfair) legal proceedings.

a1256 quod nullus vicecomes vel alius ballivus trahat eos in placitum nisi juste et rationabiliter et sine ~one ['*without trumping up charges*'] *BBC* (*Dunheved*) 370; c1300 v s. quos antecessores nostri dederunt pro omnibus injustis et ~onibus quas vobis ore plenius exponemus *Reg. S. Aug.* 60.

2 incausatio, (phil.) condition of not being caused.

si ille proprietates re differrent ab essencia, essencia esset realiter causa earum; igitur sicut differunt racione, ita essencia de racione sua habet racionem incausati, alie autem licet propter identitatem cum essencia sint incausate, non tamen secundum racionem formalem primo includunt ~onem sui DUNS *Ord.* I 107.

1 incausatus v. incausare.

2 incausatus [cf. 2 in- + causare], (phil.) that is not caused, (as sb. n.) the first cause.

si materia esset ~a, duo essent ~a; set ~um est ab eterno; quare duo essent ab eterno, quod est impossibile BACON XIII 50; processio multitudinis ab unitate satis parum facit ad intentum. quod enim ex uno causato impossibile sit unum aut multa procedere, facile erit demonstrare, sed qualiter ex uno primo benedicto ~o fiat multitudinis processio videre non est facile SICCAV. *PN* 91; DUNS *Ord.* I 107 (v. identitas 1a); quia essencia prima esset ~a *Id. Prim. Princ.* 785; accipio aliquid quod non ponis causari a Deo, et quero utrum sit causatum aut ~um OCKHAM *Quodl.* 216; quilibet citra Deum est causatum, et ipse solus ~us BRADW. *CD* 151A; non est alia veritas ~a nisi una que causat omnem veritatem causatam WYCL. *Act.* 87.

incaust- v. et. encaust-.

†incaustus, *f. l.*

his namque diebus comes commotus, externus sevus et †incaustus [l. injustus *or* infaustus] omnibus Britannis, preerat, qui Jonam Britannorum indigenam comitem occiderat, filiumque ejus Indualum regi Hildeberto et regine in captivitate custodiendum tradiderat *Lib. Landav.* 21 (= *Vita I S. Samsonis* I 53: dicunt ei injustum super eum ac violentum externumque judicem venisse).

incaute [CL], incautiously, unwarily, carelessly.

dum ~ius forte noctu in glacie incederet BEDE *HE* III 2; ne rari germinis seminaria ponderosis pedibus ~e calcantes deprimant B. *V. Dunst.* 1 p. 4; j masuram .. de firma regis, quam ~e accepit *DB* I 64va; AILR. *Ed. Conf.* 749B (v. divaricare 1a); s1224 Henricus de B. ~e fugiens captus .. est WEND. II 278; s1370 (v. discooperire 1b).

incauteriare, to cauterize, brand.

to birne with yrne, cauteriare, ~iare *CathA.*

incautus [CL], incautious, unwary.

~os quosque sine lorica fidei ALDH. *VirgP* 53 p. 311; qui levitati lasciviae ac superbiae mentem ~us subicit BEDE *Tob.* 926; ANSELM I 285 (v. diverticulum 1b); [asinus] ~iorem nactus custodiam, abrupto loro effugiens, in proximum lacum se projecit W. MALM. *GR* II 171; subintroductus aliquis astu diaboli aperte abduxit et perdidit ~am *V. Chris. Marky.* 35; GIR. *TH* I 17 (v. differentia 1a).

inced- v. et. incid-.

incedere [CL]

1 to proceed on foot, walk (w. emphasis on manner or bearing rather than on progress); **b** (w. ref. to procession). **c** (her., pr. ppl. *~ens*) passant.

aliquoties equo sedens sed saepius pedes ~ens BEDE *HE* IV 25; non equitando sed apostolorum more pedibus ~endo peragrare *Ib.* III 28; gressu lapsanti quasi minus sapiens vacillando ~am B. *V. Dunst.* 1 p. 4; COGGESH. *Visio* 11 (v. gramineus 1a); sicut id genus animal [*sic*; sc. cancer] versis vestigiis retro ~it ALB. LOND. *DG* 8. 13; nudis pedibus ~ens *V. Edm. Rich P* 1787. **b** omnes ~ant [AS: *ealle higan*] quousque crux adoretur *RegulC* 43 (v. discalceare 2a); filo tantum capita, ne nudis .. capitibus ~erent, religare solebant ALB. LOND. *DG* 6. 34; **1202** ita ut ipsi .. decenter et ordinate ~ant cum superpelliciis et nigris cappis sicut alii vicarii ~unt *Regesta Scot.* 426; *Cust. Westm.* 26 (v. discorditer b); **c1520** parati ad processionem gradatim ~entes *Conc. Scot.* I cclxx. **c 1245** breudato cum leonibus ~entibus, caudis erectis et floribus interlaqueatis *Invent. S. Paul.* 486.

2 (in wider sense) to deport oneself.

toto corpore regia venustus ~ebat integritate OSB. CLAR. *V. Ed. Conf.* 4.

3 (mil.) to advance.

densa acie ~ens G. MON. I 5; Romani .., quia inermes et sine ordine incesserant, cum fuga campum deseruerunt *Ib.* III 9; Britones densatis ~entes turmis otius adeunt castra *Ib.* VIII 18; an .. tanta belli moles ~eret *Itin. Ric.* I 19 (v. 2 discussio 1).

4 to proceed, go (also fig.). **b** (of chess piece) to move.

debet ad monasteria Columbae venire, quia aratra eorum non recte ~unt BEDE *HE* V 9 p. 297; precipiens eis per recti tramitis iter ~ere et neque a dextris neque a sinistris uspiam declinare OSB. CLAR. *V. Ed. Conf.* 4; **s1172** ~ens tanquam duplomate venit ad Porcestre DICETO *YH* I 351; ut si quis .. carnem crudam deferat ~ens juxta parietem, lynx ~entem sequatur ~ens NECKAM *NR* II 138; gardinarius .. poterit, cum opus fuerit, .. ante prandium ad gardinum ~ere *Cust. Westm.* 89; nonne novistis uxorem meam, que semper contrarium faciebat, et nunquam recta via ~ebat? *Latin Stories* 14; **c1340** ad forestam .. ~ere (v. deprope a); nudato capite devocius insedere solebat BLAKMAN *Hen. VI* 6 (v. devote). **b** pedes directo tramite ~it, nisi cum injurias suas in hoste persequatur. cum vero expleto cursu ultimam tenet lineam regine dignitatem adipiscitur, sed sexus privilegio destitui videtur. tiresiatur veniens ad Gades suas novoque fruitur incessu NECKAM *NR* II 184.

5 to go about, range, wander.

per devia erroris ~ere LANFR. *Corp. & Sang.* 426C (v. devius 2c); qui quasi deicola / per mundum incessit PECKHAM *Def. Mend.* 254 (v. deicola); **s1298** cum rex noster per plateas ~eret, .. tam suum quam equi sui parvipendens discidium (v. discidium 3); **1375** sunt communes noctivagi et male fame ~entes tam per diem quam per noctem armati ad modum guerre *Leet Norw.* 68.

6 (trans.) to enter, go into or on to (also fig.).

c780 postquam viam patrum ~at *CS* 238; **864** (11c) postquam viam patrum ~at *CS* 509; regiam tanto liberius semitam ~emus quanto .. OSB. GLOUC. *Deriv.* 247.

7 (*~ere super*) to surpass, exceed.

viderunt .. fortitudine ac sensu super omnes regem incessisse ORD. VIT. XII 22 p. 394.

8 (of act or condition) to go on (replacing earlier act or condition).

sermo moderatus incessit *V. Birini* 16; si tamen non omnis recessit humanitas, ubi tanta malitiae incessit immanitas ANSELM (*Or.* 8) III 27.

9 (of person) to proceed with course of action, act.

939 elationis habitu ~ens (v. 1 elatio 3); **940** (13c) daemonicae fermentationis stimulo ~ens (v. daemonicus 1a).

†incedula, *f. l.*

hec †incedula [l. cicindela], A. *glydeworm WW*.

incelare v. incaelare.

inceleber [CL], **~ris,** (usu. in litotes) unknown to fame, not well known.

pretiosus Christi famulus non .. ~ris sectator coepit esse vel Senecae inventoris notarum BYRHT. *Osw.* 433; hic Uuire amnis utrasque ripas, qui .. non ~ris fame habetur, monasteriis pretexuit W. MALM. *GP* IV 186 p. 328; pagus est in regione Merciorum non ~ris, Warwicensis dictus *Id. Wulfst.* I 1.

incenatus [CL], not fed with supper, supperless.

unsowped, ~atus, incenis *CathA*.

incendere [CL]

1 to set fire to, burn (purposefully). **b** to destroy by fire. **c** to kill by burning. **d** to kindle (fire).

incensum Domini ~atur in natale sanctorum pro reverentia diei THEOD. *Pen.* II 1. 9. **b** sicut a modica scintilla ignis excrescens magnam saepe silvam ~it BEDE *Ep. Cath.* 27; qui domum ~erit *DB* I 179; dicit aliquis illi qui suam ~it domum .., "restaura mihi damnum quod fecisti" ANSELM *Misc.* 349; pulcherrimam edem .. cum viris et mulieribus ~erunt ORD. VIT. XIII 24 p. 64; **1221** malefactores .. exterriti ~erunt domum et in ea combuste fuerunt mater ejusdem W. et A. filia sua [et al.] *PlCrGlouc* 90; **s1376** cum clamore et minis juraverunt se hospicia omnium vicecomitum incensuros *Chr. Angl.* 82. **c** vermes in igne viventes, quae mira aviditas rodendi sic vos accendit quos ille ignis ignium non ~it? ANSELM (*Medit.* 2) III 82; **s1272** justiciarii .. condempnaverunt xxxiii homines .. qui fuerunt equis distracti, suspensi, et incensi, et una mulier incensa *Flor. Hist.* III 26. **d** "quod ~isti", inquit, "hoc arsit in te" [cf. *Is.* xliii 2] (*V. Furs.*) BEDE *HE* III 19 p. 166.

2 to make fiery hot, scorch.

vir Dei ubi ad patefactam usque inter flammas januam pervenit, arripientes immundi spiritus unum de eis, quos in ignibus torrebant, jactaverunt in eum et contingentes humerum maxillamque ejus ~erunt, cognovitque hominem .. quem angelus sanctus statim adprehendens in ignem rejecit (*V. Furs.*) BEDE *HE* III 19 p. 166.

3 to light (candle, lamp). **b** to make bright, illuminate.

quibus [candelis] extinctis, aliae ~ebantur ASSER *Alf.* 104; quare aliquis inspiciens candelam incensam, si una pupilla oculi elevetur superius, .. duas putat videre candelas? *Quaest. Salern.* Ba 21. **b** tertius embolesmus pridiis incenditur almis *Kal. M. A.* I 401.

4 (w. ref. to fiery sensation) to inflame.

cholere, que ~itur ex calido fumo vini BART. ANGL. XVII 185 p. 960.

5 to inspire with strong feeling, rouse (person, emotion).

nec tamen insontem posset pervertere fallax / virginis aut fibras caecis incendere flammis ALDH. *VirgV* 1852; ~it mendacio dolosus .. animas eorum quos suo errore decipit BEDE *Prov.* 983; spiritalis flamma omnia praecordia supra memorati viri ~ere coepit FELIX *Guthl.* 18; nervos ~it W. MALM. *Mir. Mariae* 183 (v. deperire 1b); animum ipsius .. quo tunc intendebat his vehementer ~i GIR. *TH* III 12.

incendiarius [CL], fire-raiser, arsonist.

1166 patimur .. non ut adulteri aut homicide, non ut ~ii aut sacrilegi, sed velut Christiani J. SAL. *Ep.* 144 (161); **1200** ut .. excommunicentur sorciarii, perjuri .., ~ii, fures *Conc. Syn.* 1065; si quis ecclesiam igne comburit, xv annos peniteat; .. si mortuus fuerit ~ius, Christianorum careat sepultura ROB. FLAMB. *Pen.* 315; **c1240** (v. effractor 1c); **1306** ~ius domorum *BBC* (*Swansea*) 192; J. LOND. *Commend. Ed. I* 18 (v. incinerare 1a).

incendium [CL]

1 fire, conflagration; **b** (fig.).

quas .. nequaquam flagrantis camini ~ia combusserunt ALDH. *VirgP* 34; inter globos flammantis ~ii BEDE *HE* I 19 (v. 1 emicare 3a); cum .. ~ium non sit causa ignis sed ignis ~ii ANSELM (*Casus Diab.* 2) I 236; flamma pinguedine excitata majoris ~ii incrementa concipit ALEX. CANT. *Mir.* 35 (I) p. 227; ne sentiret ~ium AILR. *An.* III 21 (v. durescere a); in ignis ~io R. COLD. *Cuthb.* 47 (v. decertare c). **b 1128** fornax et ~ium totius iniquitatis, sc. Robertus Burgonensis miles *E. Ch. Scot.* 80.

2 fire as cause or means of destruction; **b** (pl., w. ref. to warfare). **c** (in less spec. sense) destruction.

ventus qui a meridie flans urbi ~ia sparserat BEDE *HE* II 7; post ~ia urbium stragesque populorum ASSER *Alf.* 83; **1280** per ~ii .. dispendia (v. exinanitio 4); **s1327** monasterii evidencias .. ~io consumpserunt (v. defesantia b); **s1347** tentoriis suis in ~ium positis AVESB. 115; **1431** (v. demolitio a). **b** rapinis et ~iis W. JUM. V 4 (v. exterminare 2b); cedibus et ~iis GIR. *EH* I 11 (v. exterminium 2b); rapinis, cedibus, ~iis W. NEWB. *HA* V 17. **c 799** non ego duo minuta in templum Romano periturum ~io defero, sed duo magna praecepta caritatis in templum Dei vivi ALCUIN *Ep.* 166 p. 268; Roma .. ~ium suum horruit sub Alarico GERV. TILB. II 17 p. 932.

3 (leg.) arson.

de omni homicidio et omni robaria et omnibus ~iis [AS: *æt eallum ðam hearmum*] que facta sunt antequam pax fuerat instituta (*Quad.*) *GAS* 224; *bærnet* [*gl.*: quod dicimus ~ium] (*Ib.*) *Ib.* 353 (cf. *Inst. Cnut.*: combustio); super ~ii crimine *V. Will.* 289 (v. defunctio); crimen ~ii GLANV. XIV 4 *tit.*; **1265** de ~io domorum (v. depraedatio b); placita de crimine lese majestatis ut de .. raptu, ~io, roberia [etc.] HENGHAM *Magna* 2; quatuor placita reservabuntur ad curiam domini regis, que ad coronam spectant, viz. de raptu mulieris, de ~io, de murdro, et de roboria que dicitur rapina (*Stat. Alex. II* 14) *RegiamM* II f. 26; **1323** indictatus .. de ~io domorum *SelCCoron* 80.

4 fire, death by burning.

s1236 quamplures [hereticos] ad fidem converti refutantes fecit ~io conflagrari, ita quod infra duos vel tres menses circa quinquaginta fecit incendi vel vivos sepeliri M. PAR. *Maj.* III 361 (cf. *Flor. Hist.* II 218: ~io fecit miseras animas exalare); **s1340** (v. 2 flagratio).

5 supernatural fire: **a** (of hell); **b** (of purgatory); **c** (w. ref. to spiritual purification or illumination).

a 955 aeternis baratri .. ~iis (v. 3 deputare 5a); audit regem obiisse, animam illius statim gehennalibus ~iis tradendam OSB. *V. Dunst.* 30; eos .. quos gehennale ~ium et pena infinibilis pravis deputata judicibus non deterret P. BLOIS *Ep.* 95. 302D; duas simul animas .. gehennalibus ~iis et perpetue damnationi donans GIR. *Spec.* II 1 p. 34; **1236** de ~io sempiterni ignis GROS. *Ep.* 23 p. 94. **b** per purgantis ~ii adustionem COGGESH. *Visio* 13. **c** de magno illo ~io in celestibus .. scintillulam aliquam a Patre luminum impetremus J. FORD *Serm.* 13. 4; purgatur anima .. sacris ~iis ROLLE *IA* 272.

6 volcanic fire.

in Sicilia ubi Aetnae montis ~ium legitur *Lib. Monstr.* I 11; cum Aetnaei montis ~ia favillis late scintillantibus bullirent ALDH. *VirgP* 41.

7 branding (of animal).

1453 pro expensis virorum congregatorum ad ~ia et intruncacionem equorum indomitorum *ExchScot* 600.

8 fiery heat, sensation resembling fire.

Eadwardus .. decoctus ~io adversi languoris OSB. CLAR. *V. Ed. Conf.* 19; non jam vicissitudine tertiane febris, ut prius, sed continuati ~ii acumine urebatur *Canon. G. Sempr.* 158; nudum se in illis spinarum aculeis et urticarum ~iis projecit GIR. *GE* II 10 p. 213; per arterias .. necesse est aerem attrahere et ejus [sc. cordis] ~ium mitigare [TREVISA: *to slake þe hete and brennynge þerof*] BART. ANGL. III 12.

9 (fig., w. ref. to violence, danger, or sim.).

salutifera exhortatione coeptum tanti periculi funditus extinguit ~ium BEDE *HE* IV 19 p. 249; Stilbon philosophus .. capta patria ejus .. ab ~io publico solus exiret W. BURLEY *Vit. Phil.* 86.

10 (w. ref. to passions).

amoris ~ium J. FORD *Serm.* 3. 1 (v. incentivus 1); juvent me pueri, quos pudicitia / intacta liliat et nevi nescia, / qui nondum senciunt carnis incendia, / quod nondum Veneris discerpit lamia WALT. WIMB. *Palpo* 166; ire ~io *NLA* II 69 (v. deliberatorie).

incenis [LL *gl.*], supperless.

cena componitur hic et hec ~is, -is, i. jejunus quasi sine cena OSB. GLOUC. *Deriv.* 115; ~is, sine cena *Ib.* 295; *CathA* (v. incenatus).

incensa v. incensum.

1 incensare [LL]

1 to cense, perfume with odours from burning incense.

vadat ad locum ubi .. corpus Domini fuit repositum, et, posito incenso in thuribulo, ~et illud LANFR. *Const.* 116; illud odoriferum corpus, illud caeleste thimiamaterium, crematis aromatibus ~atur GOSC. *Transl. Mild.* 16; vidit predictus abbas angelum Dei thurribulum aureum in manu tenentem .. qui de altari in chorum veniens .. monachos fere omnes ~avit P. CORNW. *Rev.* II 891; sacerdos .. ponat thus in thuribulum et procedat ad altare et, facta genuflexione ante altare, ~et altare, primo in medio, deinde in dextera parte, post in sinistra, .. deinde thurificando altare circueat *Offic. Sal.* 25; **12..** incipiat conservator ymnum 'Veni, Creator', et ad quemlibet versum ~etur altare ab episcopis *Reg. Aberd.* II 4; decanus et precentor eundem episcopum incenserunt [*sic*] et tunc decanus eum aqua aspersit *Process. Sal.* 128.

2 to rouse, incense (person).

~are, incendere OSB. GLOUC. *Deriv.* 295 (cf. ib. 291: ~are, incendere, irritare, incitare, commovere).

2 incensare [cf. 1 in + census, OF *censer*], (Gasc.) to farm out.

1309 dum tamen officium illud modo non sit in propria manu dilecti et fidelis nostri Arnaldi .. set alii ~etur, ita viz. quod idem Albertus pro eodem officio, si alii ~etur, tantam firmam annuam nobis solvat quantum ille, qui modo illud tenet, pro eodem solvit per annum *RGasc* IV 246.

incensarium [ML], censer, thurible.

inpones in ~io ignem et tymiamam, tus et myrram Egb. *Pont.* 119; calix cum patena de x libris auri, ~ium de viij libris et x mankis auri W. Malm. *Glast.* 41; **1250** subscripta opera fieri faciat, viz. duo incessaria [*sic*] beati Dunstani et vetera feretra bene burniri et cathenas argenteas eisdem ~iis de novo fieri faciat *Cl* 320; **1295** Ade aurifabro .. super factura j ~ii pro capella regis *Prests* 90; **1349** j incensar' solempne argent' deaur' per totum, pond' cxvij s. viij d. (*KR Ac* 391/15) *Arch.* XXXI 72.

incensator

1 thurifer.

his cantatis, eant [secundarii] ad magnum altare pro suis candelis, et cum illis illuminatis redeant in chorum .. et ibi ~ores attendant *Stat. Linc.* I 367.

2 one who incites, instigator.

Johannes episcopus Cathinensis per Heroldum comitem ejusdem, quia putabatur ~or discordie inter regem et eum, exoculari et lingua privari mandatur, sed ex miraculo usus lingue .. remansit *Extr. Chr. Scot.* 83.

incense [? *adv.* < incensus, *p. ppl. of* incendere], ? fierily or ? *f. l.*

s1327 cum ferro plumbarii ~e ignito trans tubam ductilem ad egestionis partes secretas applicatam membra spiritalia .. combusserunt Baker 107b (cf. More *Chr. Ed. II* 318: intense).

incensio [CL]

1 the act of setting on fire, burning. **b** destruction by fire. **c** testing by fire, assaying.

1100 non ~one ignis (v. effossio 2). **b** si Egyptus esset eterna et nunquam diluviis aut ~onibus vastaretur, .. Bradw. *CD* 141B. **c** regi quidem xxxiiij libros de denariis qui sunt xx in ora, comiti vero xxx libros ad numerum *DB* I 1ra (cf. v. l. *in VCH Kent* III 203 n.: de xxij in ora cum ~one et pensa).

2 (med.) cauterization.

curabilis polipi signa sunt hec: nasus est mollis et bene tractabilis et inferius descendit ..; gravis est ad curandum cum per ~ones et incisiones curari non possit, sed sola colliria illic venire possunt, et timorosum est corrosiva et incensiva illic adducere. incurabilis signa sunt loci nigredo et totius nasi durities et caro inferius descendit et non magna et hec curatur corrosivis et incisionibus et ~onibus Gilb. III 153v. 2.

3 process of becoming fiery hot, fiery sensation (in body).

de diffinicione terciane febris, que est calor innaturalis de ~one colere generatus Gad. 3. 2.

4 lighting up, becoming light; (*~io lunae*) new moon.

797 ut certius intelligi possit quae sit causa saltus lunaris; hunc vero citior quaedam et velocior hora suae ~onis generat Alcuin *Ep.* 126; **799** si lunaris ~o evenerit *Ib.* 170; ultima Paschalis nonis incensio splendet *Kal. M. A.* I 403; ultima ~o Paschalis lunae *Ib.* 425.

incensive, by burning.

ut recalefaciens illa et reigniens ad similem caliditatem et ~e et holocauste [καὶ τὸ πρηστηρίως καὶ ὁλοκαύτως] purgativum et incircumvelatum [ἀπερικάλυπτον] et inextinguibilem [ἄσβεστον] habentem eodem modo semper luciformem et illuminativam proprietatem Gros. *Ps.-Dion.* 839.

incensivus, (med.) that burns or cauterizes.

Gilb. III 153v. 2 (v. 1 incensio 2).

incensor [CL]

1 fire-raiser, incendiary.

cum preparasset machinas ad muros, .. ~ores ad vicos Map *NC* V 5 f. 66; **s1176** nefariis illis eversoribus castellorum, agrorum depopulatoribus, incentoribus ecclesiarum, monialium oppressoribus Diceto *YH* I 407.

2 (fig., infl. by *incentor*) one who incites or stirs up.

Serlo Gram. *Mon. Font.* 126 (v. fomes 4b); quoadusque totius nequitiae ~orem a regno exturbaret Wals. *YN* 16 (= W. Jum. III 1: incentorem).

incensorius, for burning incense.

thuris thuribulum dic incensoria vasa / et quod idem signat istis societur acerra Garl. *Syn.* 1590A.

incensum [LL; *abl.* ~u], **~a,** incense, (*francum* or *liberum ~um*) frankincense; **b** (as rent); **c** (representing prayer or sim.).

~um Domini incendatur in natale sanctorum pro reverentia diei, quia ipsi sicut lilia dederunt odorem suavitatis et asperserunt aecclesiam Dei sicut ~u aspergitur aecclesia primitus juxta altare Theod. *Pen.* II 1. 9; quaedam preciosa in mea capsella habeo, id est piperum, oraria, et ~a Cuthb. *Ob. Baedae* clxiii; cantor .. ponat ~um in thuribulo Lanfr. *Const.* 137; **s1091** quoad loci illius monachi cum aqua benedicta et ~u et reliquiis sanctorum officinas monasterii .. circuirent Fl. Worc. II 29; abundat et abiete silvositas Hibernie, thuris et ~i matre Gir. *TH* III 10 p. 152; legalis sacerdos .. intrabat .. semel cotidie in sancta cum ~a propter legalia veneranda *Id. GE* II 24 p. 284; unam navem argenteam pro ~o *Hist. Durh.* 3 p. 139; panem, vinum, luminare et ~am pro majori altari .. invenire *Meaux* III 10. **b** **c1175** reddendo inde annuatim .. unam libram liberi ~i *Reg. Malm.* I 450; **a1200** ipse H. et heredes sui reddent singulis annis .. unam libram ~i et unam libram cumini pro omni servitio salvo forinseco (*Ch.*) *EHR* XXVI 96; **a1200** per servicium unius libre ~i Alexandrini annuatim reddendi altari ecclesie nostre *Kal. Samson* 82; per servicium unius libre de franco ~o annuatim reddenda ad festum S. Ædmundi et ad altare *Ib.* 160; **c1220** solvam .. predictis monachis .. unam libram liberi ~i in Ascensione Domini *Ch. Westm.* 439. **c** cum [Dominus] ~um purae orationis sibi offerentem conspexerit Bede *Cant.* 1137; inter ipsa orationum ~a Gosc. *Edith* 40; cum ~o orationum *Id. Transl. Mild.* 14; ut velut ~um passim stillarent lacrymis laetitiae *Id. Transl. Aug.* 18D; accedens trepide cum ~u psalmodiae ad .. Melliti .. cryptulam *Ib.* 26C; defert thuribulum sacerdos; cor denotat illud, / incensumque preces Garl. *Myst. Eccl.* 246.

incensura [cf. 2 censura], thurible, censer.

1415 cum uno par incensurarum argenti, duo parva candelabra (*Test.*) *Foed.* IX 279.

1 incensus, ~us v. census 4f.

2 incensus, ~us v. incensum.

3 incensus [ML], rent, tax.

734 (v. 2 incessus); **a1264** reddendo annuatim .. tanquam insenss[um] unam libram cimini *Cart. Beauchamp* 245.

incentivus [LL < CL = *setting the beat* < CL incinere = *to strike up the tune; this usage was obsolete in* LL *and the word was assoc. w. the stem of* CL incendere, incendium]

1 (as adj.) inflaming, urging, tempting.

nesciat [vidua] etiam ~a desideria ut soli tibi subdat propria colla Egb. *Pont.* 110 (cf. ib. 115); Deus .. vos ab ~a libidinum concupiscentia muniendo submoveat *Bened. Æthelwoldi* 37; ~a furia Gosc. *Mir. Aug.* 19 p. 552; in vultu nihilominus formositas ampla, non cujuslibet voluptatis ~a Eadmer *V. Osw.* 6; laus siquidem amoris ~a et custos est. hinc est quod cives Jerusalem laudibus eternis eterni amoris incendium nutriunt J. Ford *Serm.* 3. 1; luxurie fomes, res incentiva malorum Gower *VC* IV 489.

2 (as sb. n.) incitement, temptation (in bad sense; freq. w. defining gen. or gen. of source, esp. *~a carnis*). **b** (w. gen. of purpose or result) incitement (to); **c** (in phr. *~um tribuere delinquendi*).

[Melantia], quam lascivae obscenitatis ludibria carnisque ~a illecebrosis stimulis agitabant Aldh. *VirgP* 44 p. 297; ab adolescentia .. ex qua nimirum aetate carnalium in nobis desideriorum solent ~a generari Bede *Gen.* (viii 21) 106; plagae igitur serpentium ignitorum venena sunt et ~a vitiorum quae animam quam tangunt spiritali perimunt morte *Id. Hom.* II 18. 201; temperantia qua passionum ~a refrenas H. Los. *Ep.* 28 p. 55; sperare se ulterius ~o carnis cariturum W. Malm. *Wulfst.* I 1 p. 7; ~a carnis, cujus acerrimos stimulos patiebatur, in aquis vehementibus mortificavit J. Ford *Wulf.* 5; propter quod .. delictis ministretur ~um Ad. Marsh *Ep.* 65. **b** qui .. a tenebrosorum operum vos liberat ~is Egb. *Pont.* 88; Ethelredus rex .., quibusdam exortis dissensionum ~is, duci nocere .. sitiens W. Jum. V 4; quod fomes et ~um inter eum et Anselmum fuerat discordie W. Malm. *GR* IV 333; hic compertum est inimicitiarum fomentum, hic discordiarum ceperunt ~a pullulare Ord. Vit. IX 7 p. 507; **c1160** quo magis in venereos usus exercetur, eo validius ad Veneris ~a promovetur et actus Osb. Clar. *Ep.* 42 p. 163; isti, dum in ~o cupiditatis exestuant, dum trahuntur inanis glorie appetitu, .. P. Blois *Ep.* 102. 325B; ne, dum adinvicem proximant corpora, nutriant libidinis ~a *Cust. Westm.* 141. **c** qui uni indulget indigno, ad prolapsionis contagium provocat universos; facilitas enim venie ~um tribuit delinquendi Gir. *JS* 4 p. 243 (cf. Ambrose *Sermones in Psalmum cxviii* 8. 26. 1); **1218** licet sedes apostolica .. dissimulare non debeat, ne sic ~um tribueret delinquendi *Mon. Hib. & Scot.* 9a; considerans .. quod ex hoc regendi auctoritas invalescat ~umque tribuat delinquendi Birchington *Arch. Cant.* 16; **1412** cum efficax impunitas scelerum insolentibus ~a tribuat delinquendi *StatOx* 210; **1459** juxta decretum juris canonici nimia venie facilitas parit ~um delinquendi *Reg. Whet.* I 347.

3 a (in good sense) stimulus, example; **b** (w. *ad* & acc.). **c** (in neutral sense) cause, occasion.

a ~um ingenii et fomitem virtutis J. Sal. *Pol.* 725D; ~um patientie, virtutis exemplar Grim *Thom. prol.* p. 354; si indevotis fastidium ingerat quod devotis interne dulcedinis parit ~um *Mir. Fridesw.* 99; devotionis fervor amoris excitat ~um P. Blois *Serm.* 697A; imagines .. magnum intuentibus pie devotionis prebentes ~um Ad. Eyns. *Visio* 47; ut igitur exauditu dilatetur fides, .. ~um proponimus ipsum in medio lectoribus non reticendum *Mir. Wulfst.* II *prol.* p. 148; **1336** superioribus suis promptum famulatum, paribus bonitatis ~um .. impendebat *Lit. Cant.* II 116; relucet clarius norma morum, forma vivendi, probitatis ~um [Trevisa: *clensynge of goodnes*; *Harl. 2261*: *incentive of manhode*] Higd. I 1 p. 4. **b** hoc profecto miraculum ad diligenda simul et veneranda beati Petri merita maximum sancto regi prebuit ~um Ailr. *Ed. Conf.* 755C; est ad optimos mores optinendos maximum ~um scire se ab optimis quibusque nobilitatem meruisse sanguinis (? Baldred of Rievaulx) Fordun *Chr.* V 51; cujus vita .. cuilibet eam diligenter intuenti ad exercitacionem virtutum gratum conferet ~um Ciren. II 199. **c** **1281** mandati vestri inspectio .. simplicitati nostre stuporis cujusdam prestitit ~um Peckham *Ep.* 192 p. 228.

4 (in concrete sense derived from false etym. *incendium*) kindling, tinder. (It seems that in LL, ML senses 2 & 3 were understood as fig. uses of this sense; hence freq. pairing w. *fomentum*, *fomes* or sim., *e. g.* W. Malm. *GR* IV 33: *fomes et ~um .. discordie*).

supermurales scaphas ~is ignium repletas machine nostre injiciunt Osb. Bawdsey clxxvi; *tundyr*, †incentinum, araula, napta, receptaculum ignis, ignicippium *CathA*.

1 incentor v. incensor.

2 incentor [LL < CL incinere; cf. incentivus]

1 (of person, esp. in bad sense) one who incites or stirs up (w. obj. gen.); **b** (transf., of emotion); **c** (w. ref. to the Devil).

quidam bellicosus ~or et fautor certaminis ac crudescentis signifer duelli Aldh. *VirgP* 38 p. 289; quoadusque Alannum totius nequitiae ~orem a regno exturbaret W. Jum. III 1 (cf. Wals. *YN* 16: incensorem); ~or et vexillifer factionis erat Willelmus Dunelmensis episcopus W. Malm. *GP* I 49; qui .. fomes et ~or seditionis erat Ord. Vit. XII 30 p. 425; **1166** totius hujus discordie fomes .. extitit et ~or J. Sal. *Ep.* 183 (175 p. 156); quia inter regem et ipsum totius dissensionis ~ores extitissent H. Bos. *Thom.* IV 23 p. 414; comitem Gaufridum mali totius ~orem Gir. *EH* II 23 p. 357; **1337** ~or precipuus periculosi dissidii pridem in universitate .. suscitati *FormOx* 95; **s1381** ~ores nequitie Wals. *HA* I 470. **b** voluptatum ~or erat obscenitatum preteritarum furor W. Malm. *Mir. Mariae* 214. **c** abjectis vetusti hostis atque primi facinoris ~oris insidiis Egb. *Pont.* 115; **949** (11c) mentes humanas ~or fraudulentus .. deludit *CS* 880; diabolus horum [sc. *apparitions*] se ~orem fuisse turpi prodidit cachinno Adel. Blandin. *Dunst.* 6; ~or libidinis Satanas *V. Chris. Marky.* 5; hostis antiquus .. qui omnium malorum ~or et inventor existit R. Cold. *Cuthb.* 89 p. 191; **1295** procurante pacis emulo ~ore malorum *Reg. Carl.* I 47.

2 (in good sense) one who provides stimulus or example (w. obj. gen.).

assiduus ~or virtutum Gosc. *Edith* 73; boni operis ~or R. Cold. *Cuthb.* 104 p. 232; censor scelerum, virtutum ~or Ad. Scot *TT* 723B; novus musarum factus ~or et carminum incitator Gir. *Symb.* I 15 p. 242.

3 (in neutral sense) instigator (of course of action).

unus fratrum aecclesiae Domini alias quidem honorabilis, in hoc vero refutabilis habetur quod ~or et signifer totius memoratae praesumptionis .. extitisse asseritur Gosc. *Lib. Mild.* 21; ~or necis beati Elfegi W. Malm. *GR* II 181 p. 219; **s1137** rex .. eum [sc. comitem Gloecestre], ~ore quodam W. de Ipre, insidiis intercipere conatus est *Id. HN* 466 p. 21; Miseno, duce sc. navigii .. et temerarii prelii ~ore J. Sal. *Pol.* 817D; sic ergo, ~ore spiritu, undique confluunt *Itin. Ric.* I 19; **s1258** sicut non deberemus consentire alicui ~ori dicenti, "frange crus vel aliud membrum .." M. Par. *Maj.* V 686; Eboracensis archiepiscopus qui principalis intentor fuit ecclesiam Scoticanam suo metropolitano subigere *Plusc.* VI 31.

incentrix [LL], one who incites or stirs up (f.).

regina Ermenburga, totius mali fomes et ~ix W. Malm. *GP* III 101 p. 231; pretiosa vestis et mollis tria secum mala principaliter trahit: sumptus superfluos, superbiam, et vitiorum ~icem corporis voluptatem Bart. Exon. *Pen.* 21; Pythagoram plangimus .. bellorum ~icibus furiis flagellatum R. Bury *Phil.* 7. 105.

inceppare v. incippare.

inceptare [CL], to begin, start, undertake.

ignoratur .. quid satius incoeptem quam ut .. propriam messem .. piare procedam B. *V. Dunst.* 1 p. 4; ille septem psalmos poenitentiales ~at et cum ipso consacerdote decantat Gosc. *Transl. Aug.* I 51; contra concupiscentiam carnis que injustitiam per desiderium et propositum mali ~at Bald. Cant. *Tract.* 464C; ~are, incipere Osb. Glouc. *Deriv.* 295 (cf. ib. 127: ~o, -as, i. sepe incipere).

inceptio [CL]

1 beginning, start. **b** first part; (in quots., of text) incipit.

secundum ~onem vigesime tertie littere, que Z nominatur, hic zabulus .. Osb. Glouc. *Deriv.* 631; omnis ~o naturalis armonica inter organistas optimos est aut in unisono vel diapason vel . . . sed finis proprie loquendo non est in semiditono *Mens. & Disc.* (*Anon. IV*) 71; Bacon XIII 293 etc. (v. desitio); **1335** ante ~onem vesperarum (v. domina 4a); preter variam anni ~onem [Trevisa: *bygynnynge*; *Harl. 2261*: *incepcioun*] Higd. IV 1 p. 272; **1409** tunc incipiant disputare ita quod disputacio totaliter finiatur in pulsacione completorii .. et istud statutum, .. viz. quoad disputacionis ~onem et determinacionis complecionem, .. stricte observetur *StatOx* 202; **1432** post ~onem exequiarum (v. exsequiae b). **b** in quodam libello .. cujus ~o est 'habito de ipsa plana musica' *Mens. & Disc.* (*Anon. IV*) 45; volenti tamen illud scire de facili constare poterit per litteras capitulares, tercia diccione hujus libri ~onis pretermissa *Chr. Dale* 1.

2 (acad.) inception, formal admission as teaching member of faculty: **a** (as master); **b** (as doctor).

a tempus ~onis prefati magistri Ad. Marsh *Ep.* 33; magister R. .. gloriosissime suam celebravit ~onem. cum ipso .. incepit magister H. W. Bernham *Ep.* 2; **a1255** *StatCantab* 199 (v. determinare 4b); **1267** faciat habere magistro Stephano .. tres damos ad festum ~onis sue .. tenendum *Cl* 306; magistri quoque arcium lecciones suas habeant a tempore sue ~onis usque ad finem trium annorum integre sequencium .. nec licenciam incipiendi a cancellario universitatis petant antequam a custode et sociis ad hoc approbentur Kilwardby *Injunc.* 15; examinatur baccalaurius ante ~onem seu magistracionem; iste enim antequam incipiat probatur in tribus, legendo, opponendo, respondendo Holcot *Wisd.* 118; **1422** domino Willelmo Ebchestre pro ~one bacalariatus vj s. viij d. *Ac. Durh.* 303; **c1425** *StatOx* 231 (v. disputabilis b). **b 1358** domino Uthredo et sociis suis Oxonie studentibus .. domino Uthredo pro expensis factis ad ~onem suam in theologia .. xiiij li. *Ac. Durh.* 561; **1411** ~o doctorum: in expensis ~onis Johannis Langdon in theologia et R. Godmersham in decretis cxviij li. iij s. v d. quad. *DCCant. Ac. Prior.* XVII 2.

inceptive [LL], initially, for a start.

cum de aliquo, certis initialibus, ~e queritur quid sit aut quale, plurimas frustra reddi contingit responsiones Balsh. *AD rec. 2* 163; **1408** pericula .. graviora imminent infuturum, ac jam ~e apparent, invaso per tyrannidem patrimonio S. Petri *Conc.* III 313.

inceptivus [LL], appropriate to a beginning, introductory.

inchoatam perceptionem non consumari graviter ferentibus proposite sint superiores distinctiones, ~a autem cognitione contentis sufficiat hec ultima Balsh. *AD rec. 2* 43 p. 29 n.; *Ib.* 163 (v. assecutivus).

inceptor [CL]

1 one who begins, initiator. **b** (mus.) lead-singer.

14.. si contingat hominem alium .. percutere, et cognitum fuerit ipsum fuisse ~orem debati, .. *BBAdm* I 240. **b** ante incepcionem cujuscumque cantus .. horum ~or in corde suo estimare debet arsim et thesim, id est elevacionem et deposicionem, principium et finem Tunst. 250.

2 (acad.) one who has incepted in faculty, master.

1312 ~oribus in theologia (v. 1 depositio 8b); **1322** de ~oribus est statutum ne ipsi indifferenter robas cum palliis conferant qualitercumque promotis *StatOx* 126; **c1340** pro dilecto nostro J. .. in facultate arcium de novo ~ore *FormOx* 150; **1364** magistro Radulfo E., ~ori juris civilis *Deeds Balliol* 301; **1444** coram nobis Alexandro Prowet, decretorum ~ore et commissario generali (*Test.*) *Paston Let.* 12 p. 25; **1477** (v. examinator 4); **1502** omnes doctores, tam seculares quam regulares, ~ores, et bacalarii in divinis *StatOx* 303.

inceptrix, one who begins, initiator (f.).

'Helena auspice', id est ~ice et inductrice, id est .. mediante Helena Trevet *Troades* 62; **s1381** nec manum ~icem apponere auderet Knighton II 130.

inceptum v. incipere.

1 inceptus [CL]

1 act of beginning.

[actus] qui cum aliquibus circumstanciis sunt in aliquibus personis mali et illiciti, et in aliis personis sunt liciti et ~u meritorii Wycl. *Act.* 21 (*unless taken as supine of* incipere).

2 something begun or undertaken, an undertaking, attempt.

multi pro facinoroso ~u capti sunt Ord. Vit. XII 45 p. 474.

2 inceptus v. incipere.

incerare [CL]

1 to smear or coat with wax; (*pannus ~atus* or sim.) cerecloth.

panno ~ato corpus tunicatum et incucullatum obvolventes J. Furness *Walth.* 91; **1237** in panno ~ato et lintheaminibus veteribus ad involvendum predicta ornamenta *Pipe* 81 r. 15; **1238** panno ~ato *Cal. Liberate* I 322; **1349** in canabo ~ato (v. 1 cerare a).

2 (alch.) to cause to become waxy. *Cf.* 1 *cerare* b.

sulphur .. congelat argentum vivum et illius sublimatione ~atur caloris actione donec vix in millibus annorum successive et operatione naturae in perfectum metallum congeletur *Correct. Alch.* 7; Bacon *NM* 551 (v. inceratio); cum hoc oleo .. possumus ~are substancias ceterorum corporum elevatorum quousque figantur et fluant Ripley 147; tunc teratur bene super lapidem marmoreum .. et ~etur cum oleo dicto solari *Ib.* 155.

inceratio, (alch.) inceration, becoming waxy.

alii versus de ~one; cum funditur, tunc omnia cum eo funduntur: 'omnia conjungit; si funditur omnia fundit' *Correct. Alch.* 11 p. 395; accipiatur de ossibus Ade et de calce .. et terantur simul cum aqua vite, cujus proprium est dissolvere omnes res alias, .. et iteretur multotiens contritio et assatio donec incerentur; hoc est ut uniantur partes sicut in cera. et signum ~onis est quod medicina liquescit super ferrum valde ignitum Bacon *NM* 551 (cf. id. *Min.* 313: hec sua aqua bene misceantur et nutriantur, et signum †incarcerationis [l. incerationis] est cum tuum opus liquescit super ferrum cadens sicut cera); ~o est mistio humoris cum re sicca per combibitionem lentam ad consistentiam cerae remollitae. inde vocatur ἐγκήρωσις *LC*.

incerativus, (alch.) conducive to inceration.

hoc elixir .. augeri potest in infinitum cum oleo fermentabili ~o predicto albo vel rubeo Ripley 151.

1 inceratus v. incerare.

2 inceratus [cf. 1 cerare b, incerare 2], (alch., ? erron.) not formed into waxy paste.

M. Scot *Lumen* 266 (v. 1 cerare b).

incerebrare, to brain, bash (someone's) brains in.

1220 venit idem Thomas cum vi sua et percussit dominum suum .. in fronte cum una hachia ad pikum, ita quod ~avit eum *CurR* VIII 381 (cf. ib. 73 r. 22: excerebravit).

incerere v. 2 inserere.

incertatio [cf. 1 in + CL certatio], contest.

agon, certamen, gymnia, ~o, compugnantia Osb. Glouc. *Deriv.* 50; **a1330** cum provida deliberacione sit statutum quod cause .. terminentur infra triduum, nonnullis advocatorum ~onibus causas ultra debitum sepius evenit prorogari; quorum suspectis astuciis obviare volentes, statuimus quod principales persone factum ipsum per se proponant *StatCantab* 322.

incerte [CL], uncertainly, doubtfully.

ex his igitur manifestum quoniam enuntiandi principium tum planum tum non, tum plane incertum tum ~e incertum Balsh. *AD* 31.

incertiare, ? to be uncertain, not to know for certain.

1218 quidam canonicus venit et dicit quod fuit abbas et depositus in generali capitulo, set quia ~averunt justiciarii [..] datus est eis dies *Eyre Yorks* 174.

incertim [? LL; cf. *TLL* s. v. incertus], in an unspecific manner.

adverbia copulant aliquando personaliter, ut patet in adverbiis componentibus et personalibus, nunc ~im; adverbia autem hujusmodi copulant, temporalia, localia, inpersonalia, qualitatis et quantitatis Bacon XV 289.

incertitudinaliter [cf. ML certitudinaliter], uncertainly, unpredictably.

cognoscite igitur vilitatem ingressus in mundum, vite instabilitatem et ejus brevitatem necnon egressum ~iter affuturum *Regim. Princ.* 58.

incertitudo [LL]

1 uncertainty attaching to future events *etc.*, unpredictability.

a796 quid spectatur diei crastini ~o? Alcuin *Ep.* 52; **814** ob ~ine [*sic*] temporalium rerum *CS* 348; contempleris .. dolorose separacionis anime a corpore necessitatem et illius temporis ~inem *Spec. Incl.* 2. 2 p. 99; **1429** considerans nichil morte cercius nec aliquid hora mortis esse magis incertum, hujus hore ~inem volens per Dei graciam prevenire .. condo testamentum meum *Reg. Cant.* II 415.

2 lack of certain knowledge, uncertainty, doubt.

certis .. insigniis omnem ~inis ambiguum excluserunt R. Cold. *Cuthb.* 59; oppositissime reperiuntur traditiones, quas quia omnes ~inis sensi plenissimas, nullam pro certa asserendam censens, ad vulgariora recurro Alb. Lond. *DG* 6. 30; ~o, sc. ubi de re sive tenemento nulla omnino fieri possit certitudo Bracton 213; ulterius quantum ad bonum prolis plus peccat mulier, quia causat ~inem prolis Holcot *Wisd.* 165.

incertus [CL]

1 that cannot be known beforehand, subject to chance, unpredictable; **b** (w. ref. to time of death).

749 (12c) pro ~a temporum vicissitudine *CS* 140; †**1026** (12c) cum mundi cursus vario ~oque discrimine tendat ad calcem *CD* 763; eventum belli prestolabat ~um Osb. Clar. *V. Ed. Conf.* 27. **b** unus ex sodalibus pontificis nostri, lapidem .. emittens, fronte perforata usque ad cerebrum magi exprobrantis illisit, quem .. mors ~a praevenit Eddi 13; eo quod certus sibi exitus sed ~a ejusdem exitus esset hora futura Bede *HE* III 19; †**903** (c**950**, 12c) ~a est hora unicuique nostrum quando revertatur pulvis in pulverem *CS* 894; nihil .. ~ius hora mortis M. Rievaulx (*Ep.*) 63; **1429** (v. incertitudo 1).

2 not specified or defined.

1170 qui monuerat ut ei Parisius occurreret in ~um [*on a day not fixed*] J. Sal. *Ep.* 295 (297); singulis secundum certum vel ~um numerum distinctis Balsh. *AD* 90; **1201** de ~o termino non fit aliqua disrationatio *CurR* II 12.

3 not dependable, unsure, unsafe; **b** (as sb. n., *in ~o divitiarum*, w. ref. to *I Tim.* vi 17).

nec suae statum fragilitatis ac vitae temporalis ~um perpendere curat Bede *Ep. Cath.* 35; ne tam periculosam, tam laboriosam, tam ~am peregrinationem adire deberent *Id. HE* I 23; hactenus incerto mea stamine vita pependit Alcuin *SS Ebor* 174. **b** noli .. sperare in ~o divitiarum Gildas *EB* 32; non omnem divitem dicit sed eum qui confidit in ~o divitiarum Bede *Ep. Cath.* 13; **s1139** eum mihi videtur Deus exemplum divitibus pro volubilitate rerum exhibuisse, ne sperent in ~o divitiarum, quas quidam, ut ait apostolus [cf. *I Tim.* i 19], appetentes a fide naufragaverunt W. Malm. *HN* 481 p. 37; de sollicitudine divitum et ~o divitiarum Neckam *NR* II 187 *tit.*

4 not clearly ascertained, doubtful.

cum ille qui praefatas apostolorum passiones scripsit ipse se certissime ~a et falsa scripsisse prodiderit Bede *Retract.* 997; videndum erit igitur utrum certum dixerint vel ~um, clarum vel obscurum Bracton 186; si corpora interjacencia sunt secundum totum et partem equaliter ~a, numquam ex ipsis certificabitur ~a distancia. ergo necesse est in ea aliquid certum reperire, cujus quantitatis noticia per experimentum sit nota, ad quod totum spacium resolvatur Peckham *Persp.* I 64 (67).

5 about which nothing certain is known; **b** (w. ref. to parentage).

qui tam praeclarus et manifestus a sanctis prophetis venturus praenuntiatus est, ut tam occultus et ~us veniret, me ad credendum nullus cogere .. potest *Eccl. & Synag.* 109; de generosa matre et fortunata sobole .. quorum dubii exitus michi adhuc ~i sunt Ord. Vit. XI 5 p. 190; virtuosus ille et famosus, quem baculum Jesu vocant, .. cujus tam ~us est ortus quam certissima virtus Gir. *TH* III 34. **b** spurius incerto Creta genitore creatus Aldh. *Aen.* 28 (*Minotaurus*) 4; prolem ~am vel evidenter alienam Gir. *Æthelb.* 4.

6 (n. sg. in impers. use, *~um est*, *~um habeo* or *habetur*) uncertain, impossible to decide or determine: **a** (w. indir. qu.); **b** (w. *utrum* .. *an* .. or *an* .. *an* .. or sim.); **c** (w. *si*).

a quando de Moysi contentionem cum diabolo Michahel habuerit ~um habemus Bede *Ep. Cath.* 126; **a1073** ~um habeo quo judicio omnipotentis Dei factus sum ..

speculator multorum populorum LANFR. *Ep.* 1. **b** BEDE *HE* IV 3 (v. dum 6); utrum ibi obierit an in sede propria vitam finierit ~um habeo W. MALM. *GR* I 25; ~um est an timore vel industria vacuum incolis sit demissum ORD. VIT. IX 4 p. 483; ~um habetur an totius expers confugii discesserit an ad disquirendum .. adjutorium discurrerit *Ib.* IX 9 p. 541; ~um habeo utrum comes S. Egidii sic deviaverit per ignorantiam an .. per malevolentiam *Ib.* X 20 p. 126; J. SAL. *Pol.* 503A (v. deportatio 1a); BALSH. *AD* 99 (v. defectio c); **1274** (v. espercaria b). **c** parva ibi admodum basilica, quam Meildulfum edificasse antiquitas ~um si fabulabatur W. MALM. *GP* V 197.

7 (n. sg. in phr. *in ~o*) in uncertainty, unable to decide or determine.

ne cor meum ulterius fluctuet in ~o P. BLOIS *Ep.* 128. 381B.

8 (in active sense) having no certain knowledge, uninformed.

variis involvimur undis, / incerti qualem mereamur tangere portum ALCUIN *SS Ebor* 1591; quoniam nox tenebrosa erat, incertam ~i viam tenuerunt ORD. VIT. IX 8 p. 507 (v. et. 5 supra).

9 not certain what to think or do, hesitant, irresolute.

~us quid agerem, quo verterem gressum BEDE *HE* V 12 p. 306; **1220** justiciarii ~i fuerunt de duello illo, scilicet utrum deberet procedere necne *CurR* IX 94.

incessabilis [LL], ceaseless, without pause. **b** endless, perpetual (also as sb. n.).

de ~ibus regni gubernaculis ASSER *Alf.* 91; **1281** cum pars adversa juris injuriam non cesset factis et verbis circuitu ~i .. commendare *Conc.* II 63. **b** **745** ~i jugitate (v. deinceps c); semper mobile .. ipsorum [sc. Seraphim] circa divina et ~e [ἀκατάληκτον] GROS. *Ps.-Dion.* 838 (cf. BART. ANGL. II 8 p. 28: est .. Seraphin mobile semper circa divina et ~e [TREVISA: *noȝt cessinge*]. .. [Dionysius] docet etiam ~e [TREVISA: *incessable*], quia talis amor nunquam excidit, nunquam ab appetitu amati requiescit); beate Virgini ~es gratias egit *Latin Stories* 39.

incessabiliter [LL], ceaselessly, without pause.

c625 ut ad dilatandam Christianam fidem ~iter non desistat operam commodare (*Lit. Papae*) BEDE *HE* II 11; ~ius die noctuque .. occupatus ASSER *Alf.* 25; qui a vigesimo aetatis suae anno usque ad quadragesimum quintum eum die noctuque ~iter fatigavit *Ib.* 74; sunt nonnulli qui ejus voluntati ~iter parentes hereditatem suam, quam ob culpam patris Ade perdiderunt, recuperare contendunt ALEX. CANT. *Dicta* 10 p. 151; nonne igitur inconsolabiliter contristabor, ~iter querelabor, interminabiliter cruciabor? BRADW. *CD* 118E; quam sit carus ille Deo qui sic opera et cogitaciones suas disposuit, ut quicquid cogitat vel facit ~iter Domino placeat *Medit. Farne* 40.

incessans [LL], ceaseless, continual.

teque omnis in aethre potestas / vocibus ymnisonis atque incessantibus orant WULF. *Swith.* I 987; importunum dolentem quaerunt, .. ~antem lugentem amant ANSELM (*Or.* 10) III 39; **a1268** ~anti dolore (v. ejulatus).

incessanter [LL], ceaselessly, continually. **b** (pejor.) incessantly, unremittingly.

usu ac frequentia peccatorum inebriati et ~er irruentibus vobis scelerum cumulatorum ac si undis quassati GILDAS *EB* 110; **a796** illum .. tota animi affectione ~er deprecemur ut .. ALCUIN *Ep.* 59; **931** (12c) ut Deum quem diligimus et credimus intima mentis affectione .. ~er timeamus et amemus *CS* 670; illa .. ad virginem virginum .. pias ~er preces effudit GIR. *GE* I 34 p. 106; ad formam honeste vivendi .. universos ~er revocare satagebat AD. MARSH *Ep.* 30 p. 125; per quem crucifixum omnipotens manifesta miracula fecerat ~er *Meaux* III 35; **1442** oro quoque et ~er orabo dum vivam BEKYNTON I 147. **b** prior .. alia bona ad prioratum spectantia pro voluntate sua ~er devastat GERV. CANT. *GR* cont. 263; **1325** legatarii .. ~er et importune me stimulant vobis scribere *Lit. Cant.* I 135.

incessere [CL], to assail, provoke.

pectora nec nimium vanis incessite rebus, / sed cor firmate semper amore Dei ALCUIN *Carm.* 76. 1. 13; monachos et clericos spoliabat multisque modis ~ere non erubescebat ORD. VIT. XII 18 p. 363; cesso, -is, quod non est in usu, sed componitur lacesso, -is, lacessii vel lacessivi, verbum activum, i. provocare, ..; componitur quoque ~o, -is, similiter provocare OSB. GLOUC. *Deriv.* 108.

incessio [LL]

1 manner of walking.

N: cum brutorum animalium pleraque quam cito nata sunt, statim ambulent, cur homines .. hac facultate privati debiles reperiantur? A: .. respicias volo cum membrorum teneritatem tum ipsam erecte ~onis difficultatem; ex his enim procedit ambulandi impossibilitas ADEL. *QN* 38; similem omnem ~onem [χώρησιν] GROS. *Ps.-Dion.* 479.

2 entry.

quamvis Spiritus Sanctus sit in Filio eo modo quo una persona est in alia, per certam ~onem, hoc habet Filius a Patre non per communicacionem liberalem, que est spiracio, sed per naturalem, que est generacio MIDDLETON *Sent.* I 176a.

1 incessor [cf. incedere], one who walks or goes about.

c1340 cum rex inhibuerit ne quis in civitatibus seu villis, saltim de muris inclusis, de nocte precipue cum armis incedere presumat, .. omnes hujusmodi ~ores pacis regni perturbatores .. non inmerito reputentur *FormOx* 159.

2 incessor [cf. incessere], one who assails; (in quot., as adj.).

1526 sic enim [Lutherani] fecissent ne rescriberes aut si scripta volebant ulcisci furias suas effudissent edito libello primo quo sic depinxisti belluam, sic ejus ~orem spiritum demonstrasti digito ut .. (MORE) *Ep. Erasm.* VI 1770.

1 incessus [CL]

1 the action or power of walking. **b** manner of walking.

non equorum dorso sed pedum ~u vectus BEDE *HE* III 5; quidam .. qui nervis in poplite contractis, pedibus etiam ad celanda retortis, non solum naturali privatur ~u sed et genibus repere, ut ejusmodi debilibus moris est, dolore obsistente non valuit AILR. *Ed. Conf.* 775C; eum morbus invalescens .. omnimodo privavit ~u. in reda igitur Wigorniam allatus est *Mir. Wulfst.* I 33. **b** J. EXON. *BT* III 231 (v. delibare 1a); 'adest Ulixes et nectit quidem pectore astus callidos', id est astucias callidas et ingeniosas, 'gradu', id est ~u, 'vultuque dubio', sc. sicut solent profunde cogitantes TREVET *Troades* 39.

2 deportment, manner.

cum magno apparatu .. repedantes ad patriam ex erecto erectiorem ~um pingunt GILDAS *EB* 67; cives .. habitu honesto et ~u gravi *Found. Waltham* 19; illorum episcoporum vitam detestabilem reputes, quorum habitus in veste pompatili, quorum ~us erecta cervice .. P. BLOIS *Ep.* 15. 55A; gestus et ~us tui AD. SCOT *OP* 492B (v. emissio 7); cum .. sit potior ~us moderata maturatione temperatior GIR. *IK* I 8 p. 72; hic enim est generositatis ~us, ut in rerum augmento crescat humilitas et in attritione patientia roboretur MAP *NC* V 5 f. 66v; modestia in verbis, gravitas in ~u *Canon. G. Sempr.* 43v; *G. Hen. V* 15 (v. equitatus 1).

3 (mil.) advance.

s1298 cum cerneret rex Scotos sapienter se unanimi et solido ~u procedentes .. BOWER XI 30.

4 (means or opportunity for) forward movement, way, path. **b** move (of chess piece).

platee et omnes civitatis intercapedines ita densis erant occupata cadaveribus ut liber nemini daretur ~us ORD. VIT. IX 9 p. 542; nec omnes stelle eodem modo nec eadem via incedunt. .. oportuit eciam celum per circulos distinguere et unicuique stelle proprios dare circulos ~us sui KILWARDBY *OS* 106. **b** NECKAM *NR* II 184 p. 324 (v. incedere 4b); miles .. regine gressum cum ~u peditis unico transitu metitur, partim obliquans cursum, partim directo tramite legens iter *Ib.* p. 325.

5 (phys.) forward movement or path (of ray of light).

GROS. 63 (v. deviatio a); radius visualis .. pervenit ad rem visam non secundum rectum ~um sed secundum viam plurium linearum rectarum angulariter conjunctarum DOCKING 115; si corpus secundum fuerit densius primo, radii cadentes ad angulos inequales, sc. qui radii non sunt perpendiculares, declinant in superficie corporis secundi a recto ~u et ibi faciunt angulum, et hec declinatio angularis vocatur fractio radii BACON *Tert.* 110; PECKHAM *Persp.* III 1 (v. declivis 1b); si ergo amovetur corpus, lumen utriusque candele incedet ~u directo usque ad locum ubi corpus densum fuit DUNS *Metaph.* V 7 p. 232.

2 incessus [? cf. CL incessus, ? ML incensus], ? (right of toll-free) entry or ? toll, tax.

734 (9c) indico me dedisse .. Alduulfo episcopo et ecclesiae beati Andreae .. unius navis, sive illa proprie ipsius sive cujuslibet alterius sit, incessum [? l. incensum; *Birch*: '*remission of dues*', *Sawyer*: '*toll*'], id est vectigal, mihi et antecessoribus meis jure regio in portu Lundoniae usque hactenus conpetentem *CS* 152.

3 incessus [? *p. ppl. pass. of* incedere], entered upon, begun.

nec quisquam quicquam poterit nisi cui et quando Deus decreverit. hoc desiderious abbas non perpendens et ad sibi ~um opus frustra nitens templum suum a fronte diruit GOSC. *Transl. Aug.* 32C.

incestare [CL]

1 to profane, make ceremonially impure. **b** (in wider sense) to defile.

cultum religionis ~at quod .. in ipsis penetralibus sanctuarii .. lascivientis vocis luxu .. animulas emollire nituntur J. SAL. *Pol.* 402C; **1173** neque enim expedit provincie nostre .. filios sacerdotum paternis altaribus adhiberi, ne incestuosi concubitus crimen .. videatur indultum, nec spurcitie soboles sanctuarium Dei exemplo paterne pravitatis ~et ARNULF *Ep.* 91 p. 148. **b** mundus enim lucris inhiat, juvenesque senesque / muneris incestat imperiosa fames J. SAL. *Enth. Phil.* 1488; sordidus egregios incestat crimine mores D. BEC. 56 (cf. ib. *gl.*: ~at, polluit. ~are, id est quoinquinare, polluere); furit ille feroxque / potandas incestat aquas, bilemque refundit / in vada blanda suam J. EXON. *BT* I 167; at teneri titillat mollius equo / pruritus jecoris meriteque insignia fame / mergens nativi titulos incestat amoris *Ib.* IV 201; spuria et degenerans amicitia, quam sc. libido contaminat vel alterius pestis reatus ~at P. BLOIS *Opusc.* 877B; per turpis lucri questum sive per dominationis ambitum seu per inanis glorie appetitum sive per cujuslibet erroris fermentum. sane quodlibet horum simplicitatem sancte predicationis adulterat et eloquia Domini casta non solum in predicatorum sed etiam in auditorum mentibus irreverenter ~at J. FORD *Serm.* 16. 7.

2 to defile by improper sexual relations; **b** (spec., w. ref. to incest).

in hac tali amicitia, quam vel libido commaculat vel avaritia fedat vel ~at luxuria AILR. *Spir. Amicit.* I 36. 665. **b** qui consanguinei disrupit foedera, fratris / germani thalamum incestans sine jure tororum ALDH. *VirgV* 443; Adonias frater Salomonis, qui eam ~are temerare ausu voluit, mortis sententiam excepit AILR. *Serm.* 313D; in somnpnis sibi visus est matris ~are cubicula J. SAL. *Pol.* 433A; que volens habere concubitum privigni sui Bellerophontis conquesta est marito de Bellerophonte, quod ipse lectum patris ~are voluisset *Natura Deorum* 45.

incestatio, the action of defiling.

castus componitur incestus, -a, -um, unde incesto, -as, i. impudicare, verbum activùm, et inde incestator, incestatus, ~o OSB. GLOUC. *Deriv.* 97.

incestator [LL], corrupter of chastity, debaucher.

siquis petulcus ~or et lascivus scortator .. lupanar ingredi maluisset, .. ALDH. *VirgP* 35 p. 280; OSB. GLOUC. *Deriv.* 97 (v. incestatio).

incestor [LL], corrupter of chastity, debaucher.

nec impune .. tam scelerate tamque infide factionis audaciam temerarius ille ~or moliri presumpsit, quia, ex quo in meretriciis adultere sinus perfidus impudicator accubuit, justissimo Deo .. ultore, vermis quidam intra vitalia illius innatus irrepsit .. dignissimo supplicio ad extrema deduxit *G. Steph.* 77.

incestum [CL], improper sexual relations. **b** (spec.) incest.

quos adulterinae titillationis calcar ~i crimine cruentabat ALDH. *VirgP* 44 p. 298; **742** diaconos .. qui a pueritia sua semper in stupris, semper in adulteriis .. vitam ducentes .. et sic in talibus ~is ad ordinem presbiteratus venientes .. BONIF. *Ep.* 50 p. 82; luxuria in se varia vicia continet utpote ~um, adulterium, fornicationem, scortationem BERN. *Comm. Aen.* 102. **b** **742** synodus et ecclesia .. talem copulam et matrimonium maximum scelus et ~um .. fieri .. judicabant BONIF. *Ep.* 50 p. 84; ~um, crimen impie commissum cum sorore aut filia vel cognata *GlC* I 273; Mirrha patris desideravit ~um HOLCOT *Wisd.* 80.

incestuose [ML], in a sexually improper manner, (spec.) incestuously.

fratrum defunctorum uxores non dico ducunt sed .. traducunt, .. dum turpiter eas et ~e cognoscunt GIR. *TH* III 19; **s1350** regem [Francie] .. libidine plenum, ab uxore propria divertentem, fornicariisque .. ~e turpiter adherentem AVESB. 121v; **1435** prolem .. ~e suscitavit *Reg. Heref.* 202.

incestuosus [LL], sexually improper, unchaste. **b** (spec.) incestuous.

786 interdicuntur omnibus injusta connubia et ~a, tam cum ancillis Dei vel aliis illicitis personis quam cum propinquis et consanguineis vel alienigenis uxoribus *Conc. HS* 455 (= *Ep. Alcuin.* 3 p. 25); prohibemus et interdicimus omnibus Christianis injusta conubia et ~a cum monialibus vel cognatis vel cum aliis inlicitis personis O. CANT. *Const.* 7 p. 72; istis temporibus ~i, parricidae, homicidae multi apud nos heu .. repperiuntur ÆLF. *EC* 36; homicidas, adulteros, fornicatores, ~os, mendaces .. AD. EYNS. *Visio* 37; **c1218** de fornicationibus, adulteriis, et ~is commixtionibus .. in ecclesiis prebendalibus frequenter commissis *Conc. Syn.* 86; ringe cingunt renes talium, ut custodiant se ab incestu luxurie, quia luxuriosi et ~i Deo sunt abhominabiles BRACTON 5b. **b** solitudo Ammon fratrem Thamar ad ~um sororis sue concubitum provocavit

[cf. *II Reg.* xiii] P. BLOIS *Ep.* 9. 26C; cum ille Robertus sit primogenitus primogeniti fratris mei .., veremur ne conjunctionis inceste vitium transfundatur ad posteros .. et sicut beatus Gregorius asserit ex ~o concubitu proles legitima non succrescit *Ib.* 83. 259A; Rothericus qui sanguine sibi propinquam et in tertio gradu cognatam Resi principis filiam paulo ante ~o sibi contubernio copulaverat GIR. *IK* II 7 p. 127; **1253** dispensandi cum decem clericis .. defectum patientibus geniture dummodo non sint de adulterio vel ~o coitu procreati .. facultatem (*Lit. Papae*) *FormA* 309.

1 incestus [CL]

1 profane, unclean.

748 pro illis immundis et ~is viris, hereticis et scismaticis (*Lit. Papae*) *Ep. Bonif.* 80 p. 174.

2 sexually improper, unchaste.

falsum prostibuli stuprum et lupanaris ~i piaculum ALDH. *VirgP* 44; **c742** adulteria et ~a matrimonia quae non sunt legitima *Ep. Bonif.* 56 p. 102; de gente adultera, gente ~a GIR. *TH* III 35; P. BLOIS *Ep.* 83. 259A (v. incestuosus b); **1201** non fit de adulterio vel incestuo coitu procreatus *Reg. Dunferm.* 282.

2 incestus [CL; *exx. of acc.* ~um *referred to* CL incestum], improper sexual relations. **b** (spec.) incest.

cedes, incestus, et crimina mille notari / possunt ORD. VIT. XI *prol.* p. 160; senes aut neci aut ludibriis exposuerunt, .. feminas .. publico ~ui impudenter dederunt *G. Steph.* 9; **c1211** ~us enim puplicos et adulteria, cedes in locis sacris et incendia dissimulando pretereunt GIR. *Ep.* 6 p. 236; **1301** invenimus fratrem W. tunc priorem .. super dilapidacione, proprietate, ~u, adulterio .. defamatum *Reg. Cant.* 408; ~us ejus [sc. Semiramis] nobis incontinencie genus pessimum demonstrat FORTESCUE *NLN* II 22. **b** **1102** ne cognati usque ad septimam generationem ad conjugium copulentur .. et si quis hujus ~us conscius fuerit et non ostenderit ejusdem criminis se participem esse cognoscat *Con. Syn.* 678; **1169** non .. imitandus est .. nec in ~u nec in parricidio patriarcha J. SAL. *Ep.* 285 (288 p. 642); **a1175** quanto enim flagitiosius et immanius peccatum est ~us, tanto scrupulosius certitudinem consanguinitatis exquiri oportet P. BLOIS *Ep.* 83. 257A; ~us est consanguinearum vel affinium abusus BART. EXON. *Pen.* 66; uxorem .. proprii nepotis ~u jam gravidam effectam GIR. *IK* I 11.

incestuus v. 1 incestus. **inchar-** v. et. incar-.

incharacterizatus [cf. characterizare], not characterized, not distinguished.

participantium autem diversa dissimilia facit efformata ab una et tota et eadem archetypia; velut si quidem mollia et figurabilia aut et plana et incaracterizata [ἀχάρακτα], et neque infigurabilia et dura, neque facile fusibilia et instabilia, puram habebunt et manifestam et immanentem figuram GROS. *Ps.-Dion.* 89.

incharaxare [LL], to inscribe, write.

986 (12c) quorum infra .. nomina incarraxantur *CD* 655.

inchaustum v. encaustum.

incherimentum [OF *enchériment*], (Gasc.) rise in price, (demanding of) increased price.

1292 extitit ordinatum quod ballivarum nostrarum ~a cessarent, quodque boni bajuli nostri ballivas suas haberent pro firma solita .. eciam si pro eisdem plus ab aliis offerretur. verum .. Bisellotto .. offerente pro balliva M. ultra firmam solitam centum libras, vos .. Amenevo .. qui eandem ballivam per biennium tenuit de centum libris incheruistis; et licet .. dictum fuerit quod dictum ~um nullo modo reciperetis ab eo, vos tamen illud exigere intenditis ab eodem ..; vobis mandamus quatinus dictum ~um remittentes Amanevo predicto illud nullatinus exigatis *RGasc* III 40–1.

incherire [OF, AN *enchérir* < ML incariare, incariorare; cf. *MLLM*], (Gasc.) to raise the price of, demand a higher price for.

1292 (v. incherimentum).

inchila, ? *f. l.*

hec inchila [? l. instita], A. *rochett WW*.

inchirographare, to record as a chirograph.

1259 postquam predictum jus et clamium incirograffatum fuerit sicut predictum est *Cl* 492.

inchoabiliter v. incohibiliter.

inchoare [CL; *sp.* incohare *preferred by* CL *grammarians*]

1 to start making or forming (structure, literary work, *etc.*).

eundem librum, quomodo juxta litteram intelligendus, .. per xxx et v libros expositionis miranda ratione edocuit. quod videlicet opus .. apocrisiarius ~avit, Romae autem jam pontifex factus explevit BEDE *HE* II 1 p. 75; constructa ex plurima parte aecclesia quam antecessor ejus ~averat *V. Gund.* 31; ubi Henricus rex castellum in hostes ~avit ORD. VIT. XII 23 p. 398; **s1139** castellum ~averat (v. jactus 1b); librum scriptor ~aturus fuerat GIR. *TH* II 39; non fuit sol aut perfectus aut ~atus in aliquo momento tertie diei GROS. *Hexaem.* II 5. 1; **1292** castrum .. sic ~atum perficere (v. carnellare); **c1309** capellam suis sumptibus fecimus ~ari *Deeds Balliol* 336.

2 to begin (action, proceedings, *etc.*). **b** (w. inf.) to begin (to). **c** (utterance or sim.).

sacrosancta paschae sollemnia ~abat BEDE *HE* III 25 p. 186; operi quod ~averat diligentius insistebat WULF. *Æthelwold* 34; rex pluribus ex causis expeditionem ~avit ORD. VIT. X 8 p. 40; sceleris exercitium .. ~avit H. HUNT. *HA* VII 1 (v. exercitium 4a); **c1237** vespere et matutine non ~abuntur ante adventum decani, si interesse voluerit *Stat. Linc.* I 282; ab hora .. qua inquoantur vespere *Cust. Westm.* 246; **1279** intendimus .. examen eleccionis nuper facte ~are *Reg. Ebor.* 1; **1327** quod continuare faciat processum incoatum *RParl Ined.* 166; **1453** in parliamento suo apud Redyng anno regni sui xxxj° ~ato et tento (*DL Ac. Var.*) *JRL Bull.* XL 104; anno Domini m° cccc° lxiij .. incohatum est parleamentum *Camd. Soc.* NS XXVIII p. 176. **b** Christianae fidei rudimenta in gabulo primitus ~avit discere ASSER *Alf.* 89; **1093** epistolam quam contra dicta Roscelini facere ~avi ANSELM (*Ep.* 147) III 294; deliberare ~at quid agendum H. BOS. *Thom.* IV 15; **s1077** Resus regnare ~avit *Ann. Cambr.* 27. **c** locutionis sue proemium hujusmodi ~avit, "sicut justum est .." ORD. VIT. XII 21 p. 387; **c1210** presbitero ~ante antiphonam 'Christus resurgens' (*Cust. Sal.*) *Med. Stage* II 313; sic poeta librum suum ~avit, 'Dic mihi, musa ..' GIR. *SD* 54; eundem / [misse] inchoat introitum modulis solennibus H. AVR. *Hugh* 1000; ut omni die ante missam solemnem .. per clericos capelle sue ~aretur solempniter unum responsorium de Trinitate et prosequeretur psalmus *G. Hen. VI* 22.

3 to enter upon (period, office, condition), begin.

neque in ea sanctitate quam in humano conspectu videbaris ~asse permansurus es WULF. *Æthelwold* 8 (= ÆLF. *Æthelwold* 5: nec in sanctitate quam ~abas permansurus es); veterem vitam cum anno terminans et novam ~ans GIR. *EH* I 20.

4 to mark or form the beginning of.

'ob' praepositio .. plerumque B mutat in eam conversa litteram quae sequentem ~at orationis particulam ut peto oppeto ALDH. *PR* 140 p. 196 (cf. ib. p. 194, v. 5b infra).

5 (intr., w. *ab* & abl.; also pass.) to start from, begin with, have as a beginning: **a** (w. ref. to place); **b** (w. ref. to order).

a ~ans a pedibus *V. Cuthb.* IV 17 (v. disseminare 1b); **1396** Cantuariensem ecclesiam .. in qua religio Christiana regni vestre Anglie primitus ~avit *Lit. Cant.* III 49; rex .. contulit monasterio .. piscationes a Fynderne omnes ~ando a Dunduff usque ad mare FERR. *Kinloss* 27. **b** 'ad' praepositio saepe finalem D litteram in eandem convertit litteram a qua sequens orationis ~at pars, ut cedo accedo non adcedo ALDH. *PR* 140 p. 194 (cf. ib. p. 196, v. 4 supra); fabulam .., ut tota res evidentior fiat, ab altiori ~andam ALB. LOND. *DG* 8. 3; quod ut fiat evidentius, ab altiori ~emus *Ib.* 11. 17; nisi incoetur principium computationis dictarum lxx ebdomadum in Christi adventu complendarum a Neemia GROS. *Cess. Leg.* II 7. 11.

6 (w. ref. to period of time) to begin.

Melchisedech ~ante tertia saeculi aetate florens ALDH. *VirgP* 54; duabus transactis, tertia ~at hora PETRUS *Dial.* 9; quolibet spatium xxiiij horarum undecumque ~atum BALSH. *AD rec. 2* 176; **1305** per xxv dies continuos ~antes primo die Junii *RGasc* III p. cxcvi; **s1460** terminato anno octavo ~anteque noveno *Reg. Whet.* I 357; **c1472** a tercio die Februarii anno regni regis Edwardi quarti nono ~ante *Lit. Cant.* III 310.

7 (p. ppl. ~*atus* as adj.) begun but not completed, incomplete, imperfect.

quod ~um est non est perfectum BONIF. *AG* 518; nunc .. ~um dirivando solito locutionis vomere exara campum OSB. GLOUC. *Deriv.* 182.

inchoatio [LL]

1 beginning (of thing). **b** foundation (of institution).

1187 murorum constructionem .. vel saltem ad illius loci eruderationem et ~onem oculos defluxissent *Ep. Cant.* 39; ~o sumptuosa novi operis FLETE *Westm.* 63. **b** ab ~one predicte milicie [sc. Templariorum] nono anno *Flor. Hist.* II 54.

2 beginning (of action). **b** beginning (of process or event). **c** an action that is begun, undertaking.

legere .. inchoavit. .. causam hujus ~onis expedire curabo ASSER *Alf.* 87; a vi activa est virtutum [v. l. virtutis] ~o sed a vi contemplativa est ejus perfectio J. BLUND *An.* 336; hac racione agendi primum impressum in intellectum possibilem est ~o habitus sciencialis, que ~o non est species intelligibilis nec forma movens ad actum intelligendi DUNS *Ord.* III 315; si advertamus quod receptibilitas vel potencia recipiendi .. sonat inhiatum et expectacionem, dico defectivam, ejus quod est introducendum in materiam, et non dicit incoacionem vadicionis vel icionis ad introducendum in eam illud quod expectatur ab ea SICCAV. *PN* 135. **b** post ~onem tertie antiphone *Offic. Sal.* 28; cum presbyter ante misse ~onem .. generaliter confitetur GIR. *GE* I 37 p. 212; ab ~one festorum legalium BACON *Tert.* 209; **1331** ante ~onem illius itineris *PQW* 31; **1393** quicquid a tunc provenit usque ad ~onem hujus compoti *ExchScot* 337; **1425** inter preces et ~onem processus sermonis *Reg. Cant.* III 119; **1452** ante ~onem parliamenti predicti *Reg. Whet.* I 73. **c** auctor .. tam ardue ~onis (*Lit.*) GARL. *Tri. Eccl.* 96; **1314** ~ones necessarias, presertim apostolica auctoritate fulcitas .. ab expertis jurisperitis .. non decet .. protelari *Conc.* II 445.

3 beginning of period of time.

ut primordium quoque anni, mensis, diei novam vitae spiritalis ~onem quae fidelibus esset inchoanda monstraret BEDE *Gen.* 102; quando primum ortus est sol in ~onem diei vernum tenens aequinoctium *Id. TR* 50 p. 269; ostendit magister diversas acceptiones hujus nominis 'principii', sc. pro ~one temporis et pro Filio et pro Patre et pro Spiritu Sancto S. LANGTON *Gl. Hist. Schol.* 40; **1470** xxij die Octobris anno ab ~one regni nostri quadragesimo nono *RScot* II 425b; **1565** in ~one cujusdam termini *StatOx* 396.

inchoative [LL], with respect to beginning.

sequitur quod nulla res est universalis, nec completive nec ~e, nec in actu nec in potencia, quia illud quod per potenciam divinam non potest reduci ad complementum et actum ut sit aliquale non est tale nec potencia nec ~e OCKHAM *Sent.* II 182.

inchoativus [LL]

1 that begins or marks a beginning.

'timor Domini principium est sapientiae' [*Prov.* i 7]. .. timor servilis principium est sapientiae quia quisquis post errorem delictorum sapere incipit primo timore divino corripitur ne ad tormenta ducatur. .. ~o timore servilis animus metuit ne .. BEDE *Prov.* 939; vere laudatur omnium substancia ~a et consummativa BRADW. *CD* 155B; **s1287** transit annus iste .. Judeis per Angliam tristis et malorum ~us RISH. 115.

2 (gram.) inceptive.

hio, cujus frequentativum vel iterativum est hieto hietas hietat et ~um hisco hiscis hiscit ALDH. *PR* 113 p. 154; ~a verba .. rigeo rigesco, tepeo tepesco [etc.] *Ib.* 121; formae quattuor esse dinoscuntur: indicativa, meditativa, frequentativa, ~a. .. ~a forma est quae subito motu nascitur ut fervesco viresco calesco, et preteritum tempus non habet BONIF. *AG* 496–7; de ~is. sunt quaedam verba quae ~a appellantur quae rem modo inchoatam et futuram significant, ut horresco, id est incipio horrere. .. non habent preteritum perfectum quia quod inchoatum est non est perfectum *Ib.* 518; ~a verba in omni praeterito perfecto et plusquamperfecto deficiunt ALCUIN *Gram.* 876B; amasco, -cis, verbum ~um, i. amare incipio OSB. GLOUC. *Deriv.* 7; verba potestativa, meditativa, desiderativa, ~a, perfectiva, imitativa, frequentativa *Ps.*-GROS. *Gram.* 51.

inchoator [LL], one that makes a beginning, initiator.

magnarum apud Licetfeld edificationum ~or extitit W. MALM. *GP* IV 175; **1239** (v. consummator).

inchochare [OF *encochier*], to put (an arrow) to the bowstring.

1203 ~avit sagittam quandam per preceptum S. et direxit eam et fecit ei plagam in ventre *CurR* II 265.

incholatus v. incolatus. **incholumis** v. incolumis.

incibatus [ML], unfed.

duos dies sequentes voce destitutus et ~atus .. exspiranti vicinus spem paternam suspendebat W. CANT. *Mir. Thom.* IV 36; ~atus horam ibidem transegit episcopus demumque .. sibi et suis necessaria procurans a foris comparavit *Chr. Battle* 53v; gustare renuit et ~atus permansit (*Robert of Newminster*) *NLA* II 340.

incicur [CL], not gentle, savage.

~ur, insipiens, stolidus OSB. GLOUC. *Deriv.* 292 (cf. Paulus Diaconus *Epitoma Festi* 108M).

incida [*imitative*], kingfisher.

~am autem avem a sono vocis sic dicimus. parva quidem avis est, set utique pennarum venustate clarissima. in dorso colorem habet inter viridem et ceruleum .., color autem qui in pectore ejus est carbonum ardentium prefert ymaginem. .. pisciculis vivit et circa aquas assidua valde est. .. apud quosdam avis Petri piscatoris appellatur UPTON 197 (cf. *PP*: *kyngis fyschare, bryde,* isada [v. l. isida], -e, .. 'Campus florum', qui eam optime describit, et vivit per parvos pisciculos).

incidentalis

1 (phys., *angulus ~is*) angle of incidence, the angle at which (light, line) falls on surface.

recipiens undique constanter secundum variacionem anguli ~is et reflexionis influenciam celestium radiorum WYCL. *Eccl.* 202.

2 arising in the course of something else, incidental, subsidiary.

primo pertractat quandam questionem aliam ~em, secundo pertractat questionem principalem OCKHAM *Pol.* II 653; **1520** privationes .. tam principales quam ~es *Form. S. Andr.* II 125.

incidentaliter [ML], by the way, incidentally.

clericus summonendus erit principaliter, et ~iter patronus, qui sit ad ostendendum quid juris clamet in presentatione BRACTON 247b (= *Fleta* 328: incidenter); verba, que faris, me cogunt ~iter interrogare si .. OCKHAM *Dial.* 426; postremo ~iter ad tractatum de veritate scripture restat tractare de heresi WYCL. *Ver.* III 274; in .. prima [parte tractatus] recitabitur primo conclusio sua fundamentalis in ipsa confessione; et post annectentur alie consequencie ..; et tercio alie ~iter introducte (WYNTERTON) *Ziz.* 183; *Plusc.* VI 20 (v. extravagans c).

incidenter [ML], by the way, incidentally.

in his que ~er de providentia et fato .. dicta sunt J. SAL. *Pol.* 388C; **1236** voti igitur transgressorem se constituit vir religiosus, si excurrit in talia, maxime non ~er sed ex deliberatione GROS. *Ep.* 72* p. 209; ~er nostre occurrit memorie *G. S. Alb.* I 264; **c1280** insidenter autem sciendum est quod .. *BBExch* 1002; *Fleta* 328 (v. incidentaliter); contra quem et quos similiter in multis aliis libris suis, licet non ita principaliter, ~er tamen et parcialiter invehit multis locis BRADW. *CD* 682D; quedam de antiquis chronicis .. sub compendio sunt extracta et ad evidenciam .. ~er hic inserta AVESB. 79.

incidentia [LL]

1 (phys.) the falling (of light, line) on surface, incidence.

universaliter angulus ~ie et reflexionis facit angulos equales GROS. 62; **?1239** cum speculum recipiens ~iam radiorum solis eosque reflectens et loca, in quibus radii solares directi per interpositionem corporis obscuri non incidunt, illustrans tota, hec illustratio magis est opus solis quam speculi *Id. Ep.* 127 p. 360; ostenditur per equalitatem angulorum ~ie et reflexionis quod lux illa non est reflexa sed propria lux lune BACON *Tert.* 118; mutato angulo ~ie mutatur angulus refractionis PECKHAM *QR* 47; terminabitur tanquam radius sic transiens ad ~iam majoris rotunditatis *Id. Persp.* I 7 p. 78; nullam nubem excludere totam illam ~iam luminis, nisi fuerit latior tota terra BRADW. *CD* 37A; patet quod est dare maximum et minimum angulum possibilem; maximum, ut angulum in centro mundi, causatum ex ~ia duarum linearum immediatarum semidyametri mundi oppositis WYCL. *Log.* III 62.

2 something of an incidental or subsidiary nature, (in text) digression.

~ia magistri Gauteri Mahap de monachia MAP *NC* I 25 *tit.*; **s1217** ~ia de terra promissionis M. PAR. *Maj.* III 13 *tit.*; superest tractare aliam ~iam ad principale propositum WYCL. *Ver.* III 104; **1429** cum .. quedam causa duarum parcium decimarum .. sit ad curiam Cantuariensem cum suis ~iis emergenciis et dependenciis ac connexis .. legitime devoluta .. AMUND. I 235; J. de Bello Visu optime tractat istam materiam cum suis ~iis UPTON 51; **1464** ad causas sive negocia cum .. suis emergentibus, ~iis, dependenciis .. audiendum *Reg. Whet.* II 23.

3 incident, event, occurrence.

cum .. regibus post Brutum succedentibus, de ~iis in eorum temporibus *Eul. Hist.* I *proem.* p. 3; de gestis Henrici secundi et de ~iis que suo tempore eveniebant *Ib.* III 86; cum paucis ~iis regni Merciorum *Croyl.* 48; inter ceteras .. historie .. ~ias FORDUN *Chr.* I 22; de iterata conquisicione Hibernie et aliis ~iis *Meaux* I 350.

1 incĭdere [CL]

1 to fall unintentionally (into pit, trap, *etc.*): **a** (w. *in*); **b** (trans.); **c** (absol.). **d** (of river) to flow into.

a os gehennae in quo quicumque semel ~erit numquam inde liberabitur BEDE *HE* V 12 p. 308; **a1079** ipsi vero ~ent in foveam quam fecerunt [cf. *Psalm.* vii 16] ANSELM (*Ep.* 63) III 179; scrupulus, i. lapis qui cum ~erit in calciamentum gravis fit et intolerabilis OSB. GLOUC. *Deriv.* 89. **b** foveam ebriosus ~it BEDE *Prov.* 1007; haec enim ad retardandum navigium faciebant ne praepostero incursu Syrtes ~eret *Id. Acts* 992. **c** usque ad foveam veniens ~it MAP *NC* II 30 f. 33v; *Itin. Ric.* IV 14 (v. discooperire 2a). **d** tam fluminum quam fontium ~entium et mare quodammodo .. vivificantium GIR. *TH* II 3.

2 to fall (on to), impinge.

dum igneus .. spiritus in detersam ac defecatam ~erit materiam, inde repercuti .. necesse est ADEL. *QN* 29; due linee quarum una ~it in alteram *Id. Elem.* XI 2; **?1239** (v. incidentia 1); infusio gratie comparatur luci directe ~enti BACON *Maj.* I 216.

3 to come by chance (into place, situation). **b** (*~ere in manus alicujus*) to fall into someone's possession or power. **c** (*~ere in linguis hominum*) to become a subject of gossip or object of malice (cf. *Sirach* xxviii 23–7).

sub specie pastoralis cure in cenobium Thornense ~i ibique .. inhaesi FOLC. *V. Bot. pref.* 373; talia .. considerationi rarum est ~ere BALSH. *AD rec. 2* 107; qui se castrensibus alligavit vinculis et curialem incidit labyrinthum P. BLOIS *Ep.* 150. 440B. **b** inter tumultus quos machinabatur in manus fratris ~it et in ejus carcere .. penas luit ORD. VIT. XI 6 p. 191; in manus insidiantium ~it *Ib.* XIII 36 p. 105; dixisti .. frequenter in manum regis baronias vel fundos ~ere *Dial. Scac.* II 26 B (cf. ib.: cum in manum regis baronia .. excidit); **1236** quin ~am in manus hominum (v. evasio 1a); in manus .. latronum ~imus *Croyl.* 74 (v. eviscerare 1f); ne forte ~ant in manus avarorum RIPLEY 126. **c s1457** ~am in linguis hominum (v. defendere 5b).

4 to happen upon, chance to meet or find.

cum .. in hystoriam regum Britannie ~erem, in mirum contuli quod .. nichil .. de Arturo .. repperissem G. MON. I 1; lectioni parumper vacans ~i in quandam conscriptionem de vita monachorum GROS. *Ep.* 57.

5 to pass unintentionally (into spec. circumstances), begin to suffer (spec. condition): **a** (w. *in* & acc.); **b** (w. *in* & abl.); **c** (trans.).

a miser .. in ruinam perditionis .. ~it BEDE *Ep. Cath.* 71; in captionem et in perniciem ignoranter ~ere *Ib.* 77; qui volunt divites fieri ~unt in temptationem *Id. Prov.* 978; in gravissimam egritudinem ~it ORD. VIT. XII 46 p. 485; ~it in mentis alienationem *Canon. G. Sempr.* 152; **c1210** ne in simile ~ant incommodum GIR. *Ep.* 2 p. 164; in penuriam ~it tantam quod et vestibus usque ad nuditatem et victualibus usque ad extremum fere defectum .. careret *Id. SD* 14; in derisiones mirabiles ~etis OCKHAM *Disp.* 15 (v. derisio c); **s1455** ~ente .. rege in hujusmodi distemperanciam *Reg. Whet.* I 163 (v. distemperantia c). **b 744** in extasi quadam ~imus (v. 1 ecstasis c). **c** ne .. mortem repentinam .. ~atis *GAS* 207 (v. exigere 7b); intenderunt .. ut naufragium ~eret ejus pudicitia OSB. CLAR. *V. Ed. Conf.* 4.

6 to enter into (activity), to fall (asleep).

fessus post lacrimas soporem ~it OSB. CLAR. *V. Ed. Conf.* 3 p. 72; libenter ~unt isti in subet, i. somnum profundum et stuporem GAD. 12v. 1.

7 to come within the scope of (law, jurisdiction).

c1168 in plenam misericordiam meam .. se noverit ~isse *Regesta Scot.* 95; **a1186** si aliquis in misericordiam meam ~erit, mulctus sit .. per ballivum meum *BBC* (*Coventry*) 153; **c1200** dicens beneficia que S. clericus habuit .. fuisse sequestrata .. quia ~it in canonem †date [l. late] sententie *DCCant. HMC* 239; dicuntur ~ere in canone late sententie T. CHOBHAM *Conf.* 113; **1228** vidit duos forestarios episcopi absolvi a monachis, confitentes se ~isse in eorum sententiam generalem *Feod. Durh.* 274; BRACTON 147* (v. 1 canon 1b); **1294** in sentenciam excommunicacionis .. ~ere (v. damnabiliter); absque temeritate vel dolo non ~it quis in canonem propter injeccionem manuum in papam OCKHAM *Dial.* 561.

8 to incur (damage or penalty). **b** (leg.) to be liable (to), incur (fine or sim.); **c** (w. sum as obj.); **d** (absol.).

reatum mortis etiam proprio ore judicatus ~it, quam tamen paenitendo evasit BEDE *Ep. Cath.* 14; semper hilaritate .. plenos vultus exhibeant, ne per arrogantiam rigidiores effecti musitationem ~ant plebis *Id. Prov.* 1012; damna oculorum / incidit *Mir. Nin.* 114 (v. extemplo b). **b c1203** si .. ~erint in forisfactum vel calumpniam (v. denariolus); **1205** (v. coronarius a); quamvis talis ~at in assisam et in penam vel tantum ad restitutionem BRACTON 171b; **1263** in quod quidem amerciamentum C. de la Croce nuper ~it coram vobis .. pro quodam infortunio *Cl* 223; quilibet eorum misericordiam x li. †incederunt *MGL* I 502. **c 1277** de Urcel Kochon quia ~it vj d. *KR Ac* 249/22; **d** reddiderunt judicia de omnibus .. qui convicti fuerunt vel ~erunt pro falsa loquela *Leg. Ant. Lond.* 40.

9 (of event or sim.) to fall (on date, day of week).

cum haec dies in Sabbatum forte ~erit (*Ep. Ceolfridi*) BEDE *HE* V 21 p. 336.

10 to arise, occur in the course of events. **b** (pr. ppl. as sb.) incidental or subsidiary occurrence. **c** (*ex ~enti*) incidentally, by the way.

assident .. ad discernenda jura et dubia determinanda, que frequenter ex ~entibus questionibus oriuntur *Dial. Scac.* I 4 C; **12..** concedimus quod predicte pene et misericordie incurse seu incasure per predictum ballivum .. leventur *Arch. Bridgw.* I 10; propter aliquam exceptionem ~entem extra assisam BRACTON 287. **b** de controversia que de fide catholica et multis ~entibus inter Christianos nunc vertitur OCKHAM *Dial.* 398; **1426** de et super quodam debito .. necnon super accidentibus et ~entibus in ea parte *Cl* 277 m. 18*d*; **1426** ad exercendum et expediendum ac diffiniendum que in hujusmodi eleccionis negocio necessaria fuerint cum suis emergentibus, dependentibus, ~entibus, et connexis *Reg. Cant.* I 98 (cf. incidentia 2). **c 1170** negotium adeo humile est ut non nisi de latere et ex ~enti tractari debeat J. SAL. *Ep.* 295 (297); indirecte tamen et quasi ex ~enti etiam sine brevi comprehendi poterit persona principis ad hoc quod factum suum emendet BRACTON 171b.

11 (pr. ppl. as sb. n.) incident, event, occurrence. *V. et. incidentia* 3.

rex Persarum [habuit] proprium scriptorem cronicorum, id est gestorum sui temporis et proprium ~entium S. LANGTON *Gl. Hist. Schol.* 39; ipsius [treuge] copia in alio libro ponitur inter ~encia chronicorum *G. Ed. II Bridl.* 84; multa tempore suo fuerunt ~encia, propter prolixitatem non sunt scripta *Eul. Hist.* I 369.

12 (of profits, proceeds, or sim.) to fall to, come to belong to.

1559 de mercimoniis, mercibus etc. et aliis rebus suis mistere illi ~entibus vel ad eandem misteram spectantibus *Gild Merch.* II 88.

2 incīdere [CL]

1 to make an incision in, cut into, cut open; **b** (med., in surgery or phlebotomy). **c** (p. ppl. *incisus*, of clothing) slashed.

agricolae virgulta .. acutis lapidibus sive osseis solent ~ere cultellis BEDE *Cant.* 1098; si infra circulos equales linee equales arcus ~erint ADEL. *Elem.* III 27 (cf. ib. III 28: sint ab eis [circulis] equales arcus incisi *BG* et *HZ*). **b** jusserunt me .. ~ere tumorem illum BEDE *HE* IV 19; flebotomum, ferrum quo venas ~imus OSB. GLOUC. *Deriv.* 243; RIC. MED. *Anat.* 222 (v. chirurgicus b); *Ib.* 227 (v. coralis); *Ps.*-RIC. *Anat.* 44 (v. adurere 1c); GILB. VII 309. 2 (v. fontanella b); habens calculum, suus cyrurgicus eum ~ere proposuisset *Mir. Montf.* 96; J. MIRFIELD *Flor.* 130 (v. 1 incisio 1b). **c 1166** de omni mobili quod habet, sive sit aurum .. sive quicquid sit absque vestibus incisis .. dat .. de unaquaque libra duos denarios (*Lit. Regis*) GERV. CANT. *Chr.* 198; **1220** duo panni serici ante altare et duo linei floribus incisi *Reg. S. Osm.* I 275; **1342** militari pocius quam clericali habitu induti superiori, sc. .. caligis eciam rubeis scaccatis et viridibus, sotularibusque rostratis et incisis multimode *Conc.* II 703a; ut [clericus] non deferat vestes incisas aut ligulatas J. BURGH *PO* VII 10 B.

2 to cut into, jab. **b** (fig.) to cause pain to, hurt, 'cut (to the heart)'.

Ps.-RIC. *Anat.* 30 (v. incisivus 1b). **b** GIR. *TH* III 12 (v. 4a infra); **1356** negocia mea que valde ~unt michi corde *Lit. Cant.* II 345.

3 to cut into shape, carve. **b** to engrave, inscribe. **c** to mark on tally.

1259 quinque imagines regum incisas in franca petra *Cl* 385. **b** *GAS* 234 (v. cuneus 3c); **1245** (v. camahutus). **c** *Dial. Scac.* I 5 I (v. 1 incisio 6b); marcam auri in medio talee sicut libram unam ~as *Ib.*

4 to cut through, sever, esp. to cut down (trees; also absol.). **b** to cut off, remove by cutting; (spec.) to cut (purse), steal. **c** to cut in pieces, cut up, esp. to tailor (cloth). **d** to cut, carve (stone). **e** to cut short, trim.

c1072 si quis arborem ~it juxta regalem viam (v. deicere 1a); nec auditus sit in templo malleus tundens aut securis ~ens AILR. *Serm.* 487C; lignicismus, ferrum unde virge et frutices ~untur OSB. GLOUC. *Deriv.* 329; satius esse chordas ~i quam corda GIR. *TH* III 12 (cf. id. *SD* 140); quare arbor incisa luna crescente citius putrescat quam illa que ~itur luna non crescente? *Quaest. Salern.* B 239; **1228** utrum monachi ~erint de bosco illo in vita Philippi episcopi nescit *Feod. Durh.* 232; si ergo sit transmutatio, hoc erit magis a parte virge incise quam a parte trunci vel stipitis BACON XI 245. **b** queritur, cum testiculi sint principalia, .. quare ipsis incisis non interimitur homo? *Quaest. Salern.* B 111; crumenam sibi a zona pendentem .. fur clandestinus repente inscidit AD. EYNS. *Hug.* V 20 p. 231. **c** eos [pannos] ante se ad mensuram majorum ac mediocrum a suis famulis faciebat ~i, et ipse .. incisos .. sarciebat, consuebat ALEX. CANT. *Mir.* (II) 34 p. 226; et si pannos .. attulerit, videat ne ~at sed integros vendat (*Lib. Lond.*) *GAS* 675; hoc cerealium, -ii, domus ubi panes ~untur et administratio paratur OSB. GLOUC. *Deriv.* 97; data est linea tela viro Dei ad albam faciendam. cumque ex more incisam Godida .. consuerat, accidit ut consuturam unam invertens per incuriam erraret J. FORD *Wulf.* 82; **c1224** quidam pannus inscisus an[te] altare *Chanc. Misc.* 10/13/2; vestimenta vero per prepositas inscidantur, suantur et

dividantur in sexu femineo *Inst. Sempr.* *lxxvii. **d** **1221** pro c pedibus lapidum incisis per antiquam tasscam xiij s. iiij d. item eisdem incissoribus pro dcc pedibus incisis lapidum iiij li. iiij s. *Ac. Build. Hen. III* 34 (cf. ib. 52: pro mm pedibus lapidum incisorum); **1226** totum marmor inscisum in W. *Cl* 140b; **1240** et preterea unum fontem [fieri faciatis] marmoreum cum columpnis marmoreis bene et decenter inscisis *Liberate* 15 m. 20. **e** qui .. balneo non lavet se neque tondet nec ungues ~at ÆLF. *EC* 39; **s740** ut juxta morem Luibrandi regis Langobardorum capillum succideret quem ~ens Luibrandus pater effectus est Pipini (Paulus Diaconus) DICETO *Chr.* 121; illa hora ungulas ~ere possunt *Ord. Ebor.* I 87.

5 a to break the continuity of, break up (speech, text, or sim.) by pauses. **b** (her.) to break or vary the direction of a line (by indent, notch, or sim.). **c** to separate (seed) in the act of generation; *cf.* 2 *decidere* 3.

a **a1077** volui eas ipsas orationes per sententias paragraphis distinguere ut, anticipando longitudinis fastidium, ubi volueris, possis eas legendo ~ere ANSELM (*Ep.* 28) III 136; medias quasdam notas dividit et ~it AILR. *Spec. Car.* II 23. 571B. **b** ipsis preterea symbolis varietatem imponunt, his inscisis, illis sinuatis SPELMAN *Asp.* 108. **c** ut [spiritus] non ~at semen GILB. VII 285v. 2 (v. exorcismus a).

incidiari v. insidiari. **incidiatio** v. insidiatio.

inciditio [cf. 1 incidere], falling (on).

c1455 cum quedam controversia mota fuisset inter Robertum C. .. et Thomam B. .. propter ~onem aque pluvialis de tenemento dicti T. in gardinum predicti R. *Mem. York* II 219.

inciduus, falling or liable to fall.

deciduus, qui cito cadit, quod et reciduus et occiduus et cadabundus et ~us dicitur OSB. GLOUC. *Deriv.* 179.

incilare [CL], to revile, abuse.

~at, vitare [? l. vitam] exprobrat *GlC* I 302.

incile [CL], ditch, drain.

incilla [? l. incilia], fossa que fit ad aquam derivandam in via OSB. GLOUC. *Deriv.* 292; capud aque ubi collecta est et manat sudoribus ut ~e VAC. *Lib. Paup.* 94.

incindula v. inscindula.

incinerare [ML]

1 to reduce to ashes (by burning). **b** to reduce to dust (by decomposition). **c** (alch.).

indicium ignis ~ati quem forsitan pastores vel piscatores reliquerant ibi J. FURNESS *Kentig.* 4 p. 168; **s1238** omnes in fide diligenter examinatos, et vacillantes vel exorbitantes .. fecit idem Robertus incendiis ~ari M. PAR. *Maj.* III 520; dum parricidas decapitat et incendiarios flamma ~at J. LOND. *Commend. Ed. I* 18; calor .. ignis .. consumit et ~at T. SUTTON *Gen. & Corrupt.* 182; **s1359** rex iter suum versus Franciam dirigens eam depopulando, destruendo, castella subvertendo, municiones, civitates ~ando *Eul. Hist.* III 228; **s1320** uterque in igne ad postem ligatus diversis cordis et locis fuit. cumque consumptis faculis et combusto poste, ac prefato coco totaliter ~ato et combusto, .. inventus est puer .. illesus *Meaux* II 321. **b** que major invidia illa .. dum etiam ~ati aliis sepultura egentibus locum invident occupatum? NECKAM *NR* II 189 p. 342; J. FURNESS *Walth.* 121 (v. incorruptio 1a); **1225** vere vivunt Abraham Isaac et Jacob, licet eorum corpora ~entur GROS. *Ep.* 2 p. 19; post sepulturam eruere cadaver putridum vel ~atum utrumque est impium *Id. Cess. Leg.* IV 4. 3; corpus non durat nisi per miraculum, ut fuit in corpore Christi, quod non fuit ~atum nec tendens ad incinerationem, divina virtute hoc faciente R. ORFORD *Sciendum* 144; corpus hominis non ~atur nisi per magnum tempus post mortem HOLCOT *Wisd.* 59; **1470** en lux pastorum, claustri rosa, formula morum / nunc eclipsatur, marcescit, et incineratur (*Epitaph.*) *Croyl. Cont. B* 544. **c** cum digeritur digestione, que optesis dicitur, humidum aqueum extrahitur quoad qualitatem lubricitatis et fluxus, sistitur autem quoad substantiam et qualitatem magis essentialem suam, que est frigiditas, humidoque aereo vehementius incorporatur, quod a calore defendit, ne facile subjectum in quo est ~eretur *Ps.*-GROS. *Summa* 630.

2 to smear with ash.

sint decorata, nova tua vestimenta decora. / non sedeas cinere nec pulvere; pulverulenta / sordida si fuerint, pluviosa vel incinerata, / coram divitibus tales non excute vestes D. BEC. 2492.

incineratio [ML], reducing to ashes (by burning). **b** reducing to dust (by decomposition). **c** (alch.).

cui, etsi in mortalis vite hujus via .. nunc distractus, .. saltem per mortem, per ~onem, et per ignem spero me adjungendum H. BOS. *LM* 1393D; flammarum globi de gurgite marino in terrarum eminentias exilire cernuntur, et abactis habitatoribus post finitas ~ones .. AD. MARSH *Ep.* 48; **1287** in equis fratris N. de A. ad ~onem patris sui j ringam ij busellos [avene] *Rec. Elton* 18. **b** R. ORFORD *Sciendum* 144 (v. incinerare 1b); anima post mortem non minus dicitur separata a corpore post completam ~onem et destruccionem corporis quam ante OCKHAM *Pol.* II 525; resolucio corporis humani in illa ex quibus componitur vocatur ~o HOLCOT *Wisd.* 59. **c** ex admixtione incinerati per adustionem nimiam fleumatis, sanguinis, et melancolie naturalis ista melancolia innaturalis et pessima generatur. et cum ex fleumate per decoctionem generetur sanguis et ex sanguine per intensionem generetur colera, ex colera vero melancolia, impossibile est ex ea humorem ulterius generari, sed tantummodo incineratur. et ex illa ~one naturalem humorem inficiente ille humor pessimus accidentaliter procreatur (Constantinus *Pantegni* I 25) BART. ANGL. IV 11; ~onem horum humorum GILB. I 20. 2 (v. carbonizatio); ista putredo .. est arefaccio et desiccacio et ~o, et talis est in lepra GAD. 45v. 1.

incingere, to ungird, unbelt.

to unbelte, discingere, ~ere *CathA.*

incipere [CL]

1 (trans.) to begin, undertake (activity or sim.); **b** (journey). **c** to conceive (emotion). **d** to begin, enter upon (time or period of one's life). **e** to begin to use or consume.

Johannes .. quarta decima die mensis primi .. ~iebat celebrationem festi paschalis BEDE *HE* III 25 p. 185 (cf. ib. p. 186: ut tertia decima luna .. saepius pascha ~iatis); ut .. importabile onus se incoepisse putasset FELIX *Guthl.* 29; **804** parum est incepisse bona ALCUIN *Ep.* 275; hoc inceperunt noviter *DB* I 375vb; dux ab incepta virtute cito defecit ORD. VIT. VIII 5 p. 299; nesciente Arturo istud prelium incepimus G. MON. X 4 p. 477; incipit hunc miserum malesuada superbia ludum L. DURH. *Dial.* IV 231; rex noster, qui non bellum set pacem quesivit, ut causam sui incepti operis majoris armaret innocencie clipeo .. *G. Hen. V* 6 p. 34. **b** temtavit iter dispositum .. ~ere BEDE *HE* V 9 p. 298; incoepto itinere FELIX *Guthl.* 43; inceptam viam repetens W. MALM. *GR* II 112 p. 117; **s1206** iter quod inceperamus progressi sumus *Chr. Evesham* 204; **1269** generalem circuitum nostrum hac instante die Jovis ~ere proponimus *CBaron* 70. **c** inceptam iram compesce G. MON. III 7; piguit eos incepte superbie *Ib.* VIII 23. **d** annus [est] tempus undelibet inceptum quo sol perlustrat zodiacum BALSH. *AD rec. 2* 176; Jesus erat ~iens quasi xxx annorum [*Luc.* iii 23], id est tricesimum inceperat annum, viz. xiij diebus illius anni peractis M. PAR. *Maj.* I 94. **e** **1335** j perna baconis veteris ~itur de stauro de Metingham *Househ. Ac.* 184.

2 a to begin (writing, utterance, music; also w. indication of manner). **b** to begin to treat, enter upon (topic).

a ita prophetiam querulus ~it, 'usque quo clamabo ..' [*Hab.* i 2] GILDAS *EB* 51; in Christi nomine hoc opus ~iam BYRHT. *Man.* 2; tertium volumen incepturus W. MALM. *GR* III *praef.* p. 284; petisti sepe ut saltem unum vel duos quaternos opusculi nostri noviter incepti tibi transmitterem P. CORNW. *Panth. prol.* 38; in istis ~iens matutina preconia et in illis terminans serotinas armonias *G. Hen. V* 22 p. 154; contrapunctus semper debet ~i et finiri per consonantias HOTHBY *Contrap.* Fl. 63. **b** incipiam potiora ALDH. *Aen. praef.* 29; mox majora .. incipit ipse senex ALCUIN *Carm.* 74. 22; ad inceptam materiam redeamus ORD. VIT. III 6 p. 93.

3 a to found, establish, set up (institution). **b** to establish, introduce (practice, custom). **c** to begin to make, build, or sim. **d** to cause to begin, give a start to.

a monasterium quod ibi A. archiepiscopum incepisse .. dixi W. MALM. *GP* IV 155; **s1119** inceptum est monasterium de Ledes a Roberto de Crepito Corde et positi sunt in eo canonici regulares *Flor. Hist.* II 48; ordinem .. fratrum predicatorum incepit beatus Dominicus W. GUISB. 150. **b** nefarius mos tunc inceptus usque in hodiernum diem perseverans ORD. VIT. VIII 8 p. 312. **c** unum edificium .., domum in Londonia, incepit et perfecit W. MALM. *GR* IV 321. **d** non mihi stella deus, nec constellatio vitam / incipit aut complet, dans quasi fata, meam L. DURH. *Dial.* IV 120.

4 to begin (to), start (to): **a** (w. inf.); **b** (w. pr. ppl.; unless quots. are referred to 6b *infra*). **c** (w. *ad* & gd. or gdv.).

a inceperat percutere conservos suos GILDAS *EB* 96; capite .. ex parte aliqua humanae normae simillimo, quo possunt ~ere loqui, sed insueta labia humanae locutioni nullam vocem in verba distinguunt *Lib. Monstr.* I 7; vidi subito ante nos obscurari ~ere loca BEDE *HE* V 12 p. 305; monasterium quod incoepi aedificare BYRHT. *V. Ecgwini* 378; redeamus ad haec quae incaepimus de tanto patre dicere *V. Gund.* 21; **1208** ~iet movere de domo sua a die Martis proxima *SelPlCrown* 56; **1374** domino Johanni de N. ~ienti celebrare missas *Ac. Durh.* 581. **b** incipiunt omnes .. modulata voce canentes: / "pax sit huic domui .." WULF. *Swith. praef.* 223; incipit hunc hymnum .. resultans: / "te Deum laudamus .." *Ib.* I 983. **c** **1336** ~itur hic primo ad expendendum de vj baconibus de factura anni precedentis *Househ. Ac.* 187; **1384** ad panem equinum in domibus suis pinsendum inceperant *IMisc* 230/9 m. 2; **1409** in stipendio J. G. .. ~ientis .. ad fabricandum ferrum (v. attemptare 1c).

5 (p. ppl. *inceptum* as sb. n.) a thing started or undertaken, undertaking, attempt.

praeses cum omnibus machinamentorum ~is fraudaretur ALDH. *VirgP* 50 p. 306; visio .. hortatur .. ne ab ~o desisteret *Enc. Emmae* III 9; qui furem ante alios homines deiciet, sit de communi pecunia nostra melioratus xij denariis pro ~o illo et effectu (*Quad.*) *GAS* 178; desiste itaque ab ~is P. BLOIS *Ep.* 54. 166A.

6 (intr., or impers. pass.) to make a start, commence (also w. adv. of manner); **b** (in discourse).

c701 [Deus] ~ientes perficit rectum propositum gerere (*Lit. Papae*) *Conc. HS* 248; secure .. impendite, sicut bene incepistis ANSELM (*Ep.* 90) III 217; exurge velociter, ~e viriliter ORD. VIT. V 14 p. 419; optime incepisti P. BLOIS *Ep.* 55. 168B; sic fera rusticitas incircumspecta malorum / incipit et finem non videt inde suum GOWER *VC* I 907. **b** incipe tu senior, quaeso, Menalce prior ALCUIN *Carm.* 57. 4; a te quaeram, sicut incepi, ut .. ANSELM (*CurD* I 25) II 95; est .. ut sophistice ~iatur .. in contentiosa [sc. disputatione] frequenter BALSH. *AD* 36; si .. sic ~iatur 'diversa affirmare' .. *Ib.* 87.

7 (acad.): **a** (intr.) to incept (in faculty), to gain formal admission to faculty as teaching member; **b** (trans.) to admit (person) as teaching member of faculty (in quots., pass.; *cf. OED s. v.* commence vb. 4b).

a fuerat cancellarius Oxonie et promptus ad ~iendum in theologia ECCLESTON *Adv. Min.* 11 p. 64; **1253** nullus ~iat in theologia nisi .. *StatOx* 49; **12..** non audeat quis de novo ~ere qui per aliquod tempus .. non studuerit *StatCantab* 199; **s1313** magister Thomas de Cobeham, .. sacre theologie professor .. qui in tribus facultatibus .. incomparabiliter inceperat et rexerat in tribus universitatibus *Ann. Paul.* 274; **13..** incepit Parisiis et resumpsit Oxonie *Mon. Francisc.* I 550; **a1430** nullus potest admitti ad ~iendum in sacra theologia nisi omnes doctores in theologia in presentacione presentes jurent *StatOx* 225. **b** **1269** ~iatur clericus sub forma aliqua sequencium *CBaron* 71; **c1340** nullus magister alius .., nisi sub vos ~iendus, statum cathedralem in scolis vestris .. occupabit *FormOx* 304.

8 (intr., w. var. prepositions) to make a start, begin (from, at, *etc.*, spec. place or point); **b** (in speech, writing, or musical performance).

957 (14c) imprimis ~e apud vadum .. *CS* 988; **957** (14c) ~e apud alveum torrentis quousque perveneris ad terminum *CS* 1000; **c1179** terram .. perambulaverunt, viz. ~ientes paululum versus Dodleston .. *Ch. Chester* 158; quod cognicio discursiva ~iat a creatura DUNS *Ord.* III 7; ut facerent .. fossatum, .. ~iendo de prope dictum pontem .. ad distanciam xx perticatarum terre *Meaux* I 410; in armis discernendis semper ~iendum a cono UPTON 210. **b** a mendacio ~iens ait .. ORD. VIT. VI 10 p. 125; dehinc ad atria .. manum mitto, et ~iens a columna illa .. AD. SCOT *TT* 706C; seu diatesseron seu diapente chorde concrepent, semper tamen a B molli ~iunt GIR. *TH* III 11; **1231** vitiosum .. et inartificiosum est exordium a quo potest adversarius ~ere GROS. *Ep.* 4 p. 31; ~iendo in eodem sono .. reitera *Mens. & Disc.* (*Anon. IV*) 77.

9 a (usu. w. abstr. as subj.) to come to be, start (up), begin. **b** (w. time, period, *etc.* as subj.) to begin.

a **a1078** amor tui, ex quo incepit, numquam in me mutatus est ANSELM (*Ep.* 28) III 136; a sciendi studio velut jam iterum ~iente BALSH. *AD* 7; perpetua .. sunt que ~iunt sed non desinunt KILWARDBY *Sent.* II 41; si modus .. post inceperit sicut ante terminaverit, pausatio erit perfecta *Mens. & Disc.* (*Anon. IV*) 59; hec est [eclipsis] lune ~iens anno Domini 1387 in Novembri ante mediam noctem .. N. LYNN *Kal.* 154. **b** uterque [annus lunaris] apud Hebraeos a principio mensis paschalis ~it ibidemque finitur, apud vero Romanos ab ~iente luna mensis Januarii sumit initium BEDE *TR* 36 p. 249; nocte in cujus ultima parte, id est ~iente aurora .. *Id. HE* III 8 p. 143; primo mensi anni ~ientis (*Ep. Ceolfridi*) *Ib.* V 21 p. 339 (*opp.* ib.: praeteriti); **935** (15c) ~iente anno xi predicti regis *CS* 708; [tempus] non .. videtur incepisse KILWARDBY *Temp.* 78 (cf. ib. 79: incepit esse).

10 (w. book or part of book as subj.) to begin: **a** (3rd pers. pr. marking beginning of text, chapter, or sim.); **b** (in spec. manner, w. spec. words).

a in nomine Domini. ~it praefatio libelli quem pater Theodorus .. THEOD. *Pen. pref.*; ~iunt capitula libri .. FELIX *Guthl. prol.* p. 64; incipit ad cunctos generalis epistola fratres WULF. *Swith. pref.* 331; ~it liber luminis luminum M. SCOT *Lumen* 240; ~iunt quinquaginta salutaciones beate virginis J. HOWD. *Sal. tit.*; ~iunt regule cum maximis magistri Franconis .. ~it prima rubrica HAUDLO 80; hic ~it musica magistri Franconis HAUBOYS

180. **b** in tractatu qui ~it 'habito ..' *Mens. & Disc.* (*Anon. IV*) 33; **13..** liber qui sic ~it 'de fide et spe' *Chr. Rams. app.* 358.

11 (w. var. prepositions or instrumental abl., and abstr. or thing as subj.): **a** to begin (spatially), start to extend (from or at spec. place); **b** (of stream) to rise (in spec. place). **c** (of writing, speech, music) to begin (with word, symbol, note, *etc.*).

a [murus] ~it .. duorum ferme milium spatio a monasterio Aebbercurnig ad occidentem in loco qui .. Penneltun appellatur BEDE *HE* I 12 p. 26; palus que a G. fluminis ripis ~it ORD. VIT. IV 15 p. 270; **1155** terra, que est infra ambitum illius vie, que ~it ex parte orientali versus Daldene *Feod. Durh.* 121 n.; BAD. AUR. 191 (v. fissura 2b). **b** Erm magnum flumen ~it in Dertmore et currit usque .. W. WORC. *Itin.* 26. **c** verba a vocalibus ~ientia ALDH. *PR* 140 p. 197; nomina trisyllaba .. quorum extremae syllabae ~iunt ab N ABBO *QG* 17 (39); partes [sc. orationis] ~ientes per K litteram OSB. GLOUC. *Deriv.* 296; modus [imperfectus] desinit per aliam quantitatem quam per illam qua ~it GARL. *Mus. Mens.* I 34 (cf. *Mens. & Disc.* (*Anon. IV*) 23: in qua ~it); quando .. versus ~it ab istis dictionibus 'si' vel 'siquis' .. BACON *Tert.* 249 (v. deprimere 2b); sit CC cantus ..; organum potest ~ere in G per diapente et potest terminari in c *Mens. & Disc.* (*Anon. IV*) 71; si ligatura ~iat per descendentem obliquitatem HAUDLO 128.

12 a ? to capture, hold captive. **b** (in board game) to catch, capture (opponent's piece) in (spec. place).

a **1275** J. fuit incept[us] *Hund.* I 510a (v. intruncare 2b; *unless to be referred to* incippare). **b** quicunque potest ~ere aliquem hominem adversarii non nodatum in puncto ubi terminatur numerus .. taxillorum suorum, potest capere eum *Ludus Angl.* 162.

incipiens v. incipere, insipere. **incipientia** v. insipientia.

incipissere [CL], to undertake, begin.

quid istic incipiscit cum tantis minis LIV. *Op.* 52.

incippare [LL *gl.* (cf. *TLL*), ML], to fetter.

1232 venit idem Willelmus et contra pacem domini regis cepit eum et ~avit per unam noctem (*JustIt* 62 m. 7*d*) *SelCWW* 62; **1249** dictus Edmundus cepit predictum Willelmum et ipsum inceppavit (*Ib.* 776 m. 26) *Ib.* 72; **1260** ipsum inceppavit, verberavit, et male tractavit *IMisc* 1/19; **1281** inceppatus fuit ad domum Christiane .. et noctanter surexit et predictam Christianam occidit *JustIt* 1001 r. 4; **1285** Johannes .. statim captus est et ~atus in curia Theobaldi de V. qui a custodia ejusdem Theobaldi evasit *Ib.* 242 r. 86; **1289** ~atus fuit in custodia ipsius decennarii, et per eundem decennarium conbustus fuit sub pedibus et cordis circa capud ligatus, ita quod pro eisdem tormentis cognovit se esse latronem *Ib.* 1006 r. 49*d*; quamcito revenerit nativus in nidum suum dominus suus illum potest capere et inceppare, si contradixerit opera villenagia et advocabit dominus hujusmodi imprisonamentum *Ars Notaria* 443.

incircuitus [2 in- + circumire], that is not or cannot be traversed, vast.

processit 'virtus nescia stare loco' [cf. Lucan *Pharsalia* I 144–5] per ~um regionem, et ubique virtutum reliquid insignia DEVIZES f. 42r.

incircumcisus [LL]

1 uncircumcised, (in OT usage) not Jewish, gentile; **b** (transf., w. ref. to Saracen).

scandalizabantur multi qui ex eis [sc. Judaeis] crediderunt quod ~is gentibus Christi gratia traderetur BEDE *Ep. Cath.* 22; Judaea .. verbum salutis non etiam ~is gentibus committendum esse credebat *Id. Cant.* 1121; in urbem quippe ~orum noluit ingredi, ne videretur Judeis dare occasionem scandali, si ipse, cum Hebreus esset, in civitatem gentium introisset ORD. VIT. XI 27 p. 262; s**1190** [Judaei] malebant .. a propria gente percuti quam manibus ~orum perire DICETO *YH* II 75; c**1218** anima cujus preputii caro circumcisa non fuerit, peribit de populo suo [cf. *Gen.* xvii 14]. ecce dicitur quod peribit incircumsysa, set non dicitur quod salvabitur propter circumcisionem *Con. Syn.* 67; dissensione orta inter predicatores evangelii, an oporteret circumcidere ~os fideles OCKHAM *Dial.* 847. **b** de cute corrigiam nostra Saladinus habebit / ..; / incircumcisi gladius mea viscera fundet NIG. *SS* 2067.

2 (fig.) impure, sinful: **a** (*~us labiis, cf. Exod.* vi 12; also *~a labia*); **b** (w. ref. to heart, mind, *etc., cf. Lev.* xxvi 41, *Jer.* ix 26, *etc.*).

a dum labia ~a in susurrium et detractionem illicite relaxatis P. BLOIS *Ep.* 40. 119D; Moyses omni sapientia Egyptiorum eruditus ~us est labiis et eloquens non est ab heri et nudius tertius ex quo tecum loquitur P. CORNW. *Panth. prol.* 39; qui etsi ~i labiis non possumus digne protestari *Mir. Wulfst.* I 37; a**1440** si vir ~us labiis ea sufficeret scribere que .. *Reg. Whet.* II 397. **b** si ergo ~i cordibus et auribus sunt [cf. *Act.* vii 51] qui Spiritus Sancti monitis resistunt, est utique cordium et aurium circumcisio BEDE *Hom.* I 11. 57; hi .. mente et conversatione ~i, .. impuritate polluti, et exterius denique indisciplinati, interius vero indurati AD. SCOT *Serm.* 377C; s**1195** circumcidamus corda nostra; ex corde enim ~o procedunt fornicationes, adulteria, homicidia .. R. HOWD. III 288.

incircumdeterminabilis, that cannot be limited.

secundum virtutem indeclinabilem [ἄκλιτον] et ~em [ἀπεριόριστον] GROS. *Ps.-Dion.* 418.

incircumdeterminate, in a manner that is not limited.

Deus non aliqualiter est ens sed simpliciter et ~e [ἀπεριορίστως] GROS. *Ps.-Dion.* 333.

incircumscribilis [cf. incircumscriptibilis], that cannot be limited, infinite.

cum .. potens ~isque phisicus .. resuscitandam .. veniret ad filiam [cf. *Matth.* ix 18–26] E. THRIP. *SS* X 21.

incircumscripte [LL], without limit, infinitely.

celum Trinitatis, ubi sola Trinitas habitat non localiter, sed ~e, et inenarrabili et inattingibili gloria GERV. TILB. I 1.

incircumscriptibilis [LL], that cannot be limited, infinite.

hec ipsa [manifestatio] que sicut ~is et indescriptibilis est H. BOS. *LM* 1351D; lux .. vera .. lumen est ~e; ~e quidem quia nec loco circumscribi potest nec intellectu totaliter comprehendi humano NECKAM *SS* I 18. 1; divina essentia ~is HALES *Sent.* I 376; solus Deus comprehensione ~is *Id. Qu.* 943; Deus .. immaterialiter existens ~is est [TREVISA: *may nouȝt be biclippid*] quia loco non continetur (*Ps.*-Dion.) BART. ANGL. I 16 p. 12; pelagus ~is legis eterne FORTESCUE *NLN* I 42.

incircumscriptibilitas [ML], the property of being limitless or infinite.

erit .. ~as que in Deo est differentia substantialis NECKAM *SS* I 18. 11; dabitur quod plures possunt naturaliter esse ~ates *Ib.* I 18. 13.

incircumscriptus [LL], limitless, infinite.

649 (v. incapabilis); magos .. quos ~us Spiritus Sanctus perpetua cito sic caecitate percussit ut .. *V. Greg.* 98; immensitas divinae magnitudinis ista est .. ut ~a magnitudinis suae immensitate omnia concludat ALCUIN *Dogm.* (*Trin.* II 4) 25D; **1011** (v. dynamis a); ne in illa luce ~a aliquod corporeum confingamus AD. SCOT *TT* 778A; incircumscripta mors pari fiducia / turres aggreditur atque tiguria WALT. WIMB. *Sim.* 61; quia incessanter contemplando ad illud lumen ~um videndum toto desiderio ascendere conatur ROLLE *IA* 201.

incircumspecte [LL], incautiously, recklessly.

s**1096** ~e circa menia cursitans, cum multa manu occubuerat W. MALM. *GR* IV 349; torpens ad strenuitates, inpromptus ad argutias, ~e jugiter inhiat impetigini MAP *NC* IV 11 f. 52; s**1192** assilientis hostis congressionem ~ius poterat evitare WEND. I 215; **1225** nec credatur ~e et sine deliberatione subitaneo motu propositum tale assumpsisse GROS. *Ep.* 2 p. 21; [psalmista] sensate citraque jactanciam sic inquit .. '..' [*Psalm.* xxiv 28], nec ~ius sic et alias '..' [*Psalm.* lxxxvi 30] E. THRIP. *SS* IV 9 (cf. ib.: nec inconveniencius .. nec incompetencius .. nec insubtilius); **1358** insipienter et ~e et indocte .. intelligere quasi ii essent sophiste, qui student in artibus *MunAcOx* 211; s**1379** nostros sc. persequi ~e WALS. *HA* I 402.

incircumspectio, want of caution, recklessness.

ad tristitiam etiam pertinent improvidentia, ~o, rancor .. ROB. FLAMB. *Pen.* 202; tutissimum est ut ita palpebre ejus precedant gressus suos, quod judicium non vacillet per imprudentiam nec misericordia desipiat [v. l. decipiat] per ~onem BRACTON 107b.

incircumspectus [LL], incautious, reckless.

quod male dispersit incircumspecta juventus NIG. *SS* 2033; ecce bos .. irruit, ~umque puerum, priusquam facultas avertendi daretur, .. cornibus arreptum projecit a se W. CANT. *Mir. Thom.* III 37; s**1207** ~o sermone .. et invectivo et yronico M. PAR. *Min.* II 109; *fonde*, .. imperitus, ~us, indignans, ineptus, indiscretus, infrunitus, insensis, insulsus .. *CathA*.

incircumvelate, in a manner not veiled about.

ut ~e [ἀπερικαλύπτως] cognoscamus illam ignorantiam GROS. *Ps.-Dion.* 582.

incircumvelatus, not veiled about.

GROS. *Ps.-Dion.* 839 (v. incensive); docet etiam nominatio Seraphin ~um [TREVISA: *þe name of seraphin meneþ 'þing þat is noȝt iveiled neþir iweeued'*] quia sine omni velamine figure vel creature interposito diligit videre Deum BART. ANGL. II 8 p. 29.

incircumvenibilis [2 in- + circumvenire], that cannot be cheated, tricked, or deceived.

celsitudinis .. ~is infinitivum .. ad habitaculum E. THRIP. *SS* I 5; ~em summumque .. moderatorem *Ib.* II 3; quod deitatis absoluta potestas et ~is .. festina .. est ulcione prosecuta *Ib.* II 10.

incircumventus, not surrounded, not deceived.

dum fraus namque vetus componit verba dolosa, / incircumventus nullus abire potest GOWER *VC* V 754.

incisilis, cut, hewn.

turribus Caesarianis ~i calce confectis *G. Steph.* 16.

1 incisio [CL]

1 act of cutting (into): **a** (var.); **b** (med., in surgery or phlebotomy; also in fig. context); **c** (w. ref. to engraving).

a mahemium esse dicitur ossis cujuslibet fractio vel teste capitis per inscisionem vel abrasionem attenuatio GLANV. XIV 1 p. 173; molle .. faceret ad motum ~onis vel impressionis et sculpture quod dura materia non faceret BACON II 114; nec cultellus [utitur] ~one ..; sed homo .. utitur .. cultello ad incidendum R. ORFORD *Reprob.* 52; *Obed. Abingd.* 404 (v. incisor 1); instans .. miles inscisioni putabat non ferrum sed vestem incidere, tanta facilitate .. forfices cucurrerunt *NLA* II 512. **b** chirurgicus, -ci, i. medicus manu et ferri ~one operans OSB. GLOUC. *Deriv.* 105; habebat, sicut medici asserebant, lapidem in vesica nulloque nisi per ~onem curari potuit medicine beneficio *Mir. Fridesw.* 110; per cutis ~onem .. sanies extra emittitur *Quaest. Salern.* B 120; et optima sunt cauteria inscissiones et scarificationes. et precipua est inscisio vene discriminalis GILB. III 136v. 2; si tanquam puer tenellus pre timore ~onis permitteret sagittam verbi Luciferi putrefaciendo inficere totum corpus (WYCL.) *Ziz.* 270; incisor .. pocius dimittat quam incidat, si in aliquo dubitet; securius est enim hominem relinquere in manibus creatoris sui quam ~oni vel medicine [sc. committere?] J. MIRFIELD *Flor.* 130; fleubotomia est recta ~o *Alph.* 65 (cf. *Collect. Salern.* III 292: recta vene ~o). **c** **1247** quendam cuneum nove ~onis *Cl* 12 (v. cuneus 3b; cf. TAXTER *Chr. Bury* 14 [s**1247**]); **1248** una libra .. nove monete et nove ~onis OXNEAD *app.* p. 316.

2 a (act of) cutting short, trimming, pruning. **b** cutting down (of trees, vegetation). **c** cutting off (in quots., w. ref. to amputation, decapitation). **d** cutting out, cutting into shape or into pieces (by quarrying, hewing, carving, chopping or sim.). **e** dividing (of text) into sections.

a ~one unguium *Quaest. Salern.* C 25 (v. evulsio); proficiunt rose per translocationem et per ~onem [TREVISA: *by cuttynge and parynge*] BART. ANGL. XVII 136 p. 914. **b** **1228** utrum integrum tunc inveniret boscum absque ~one monacorum prius facta *Foed. Durh.* 231; magna ~o arborum facta fuit eodem die quas ipse etiam propria manu incidit *Ib.* 263; **1286** quod habeant .. ~onem et asportacionem feugere in omnibus dominicis terris meis *BBC* (*Bakewell, Derb*) 81; respondit .. incisor ille, "sic me non terrebis", ~onem viriliter insistendo *Latin Stories* 76 (cf. *Spec. Laic.* 35: †incitor ille). **c** qui de crimine accusatus aut timet mortem aut membrorum ~onem PULL. *Sent.* 903B; **1318** sub pena ~onis capitis *Conc.* II 477. **d** habet .. Burgense territorium de originali nature opificio vel insitione lapiscedinarum loca multa in quorum rimandis visceribus .. latomorum vires .. exeruntur *Chr. Rams.* 166; **1221** item Willelmo de G. .. pro mm pedibus lapidum incisorum xiij li. iiij s. ..; et notandum quod in cc horum lapidum fuit duplex ~o *Ac. Build. Hen. III* 52; **1227** pro ~one cccl pedum lapidis de Folkestan' ..; liberat' Gervasio, Johanni longo melioribus incisoribus pro ~one cc pedum de eadem petra *Ib.* 68; sicut ars facit figuram ~onis SICCAV. *PN* 87; **1438** Thome Blak, latamo, pro ~one mclxiiij pedum lapidum *ExchScot* 58; **1494** pro cariagio et insicione certorum lignorum ad edificacionem coquine in S. *ExchScot* 401. **e** quem [sc. librum] idcirco per sermones distinxi ut eorum .. allocutio legentium .. inflammet affectum, quatinus .. eorum .. competens ~o et fastidium auferat pigris et desiderium conferat studiosis AD. SCOT *OP* 441D.

3 (*vendere ad ~onem*) to sell (cloth) by the piece, retail.

a**1155** ne ad ~onem merces suas vendat (v. 2 decisio 2); quod mercator extraneus .. non vendat ad ~onem *MGL* I 674.

4 (med.) the loosening or dispersing (of viscid humours). *Cf. incisivus* 2.

viscoso opponitur ~o ..; ~o est divisio partium adherentium GILB. I 34. 2.

5 piercing or jabbing pain.

[monachus] interius .. vitalium ~one torquebatur GOSC. *Mir. Iv.* lxxi; continua viscerum ~one torquebantur utreque, sed uni earum quedam humorum conglobatio sub pectore instar lapidis induruit *Mir. Wulfst.* II 8.

6 a that which is produced by cutting, cut, gash, or sim. **b** notch (on tally). **c** cut (on body). **d** breach (in wall).

a agricolae virgulta earum [sc. arborum] .. osseis solent incidere cultellis .. per quas ~ones emanat sucus odoris eximii BEDE *Cant.* 1098; luce forti oriente super corpus sculptum subtilibus ~onibus, sculpture non apparent PECKHAM *Persp.* I 9 (*unless referred to* 2d supra). **b** quo ordine taleandi ratio consistat paucis adverte .. hac autem ratione fit ~o: in summo ponunt m li. sic ut ~o ejus spississitudinis palme capax sit, c li. ut pollicis, xx li. ut auricularis, libre unius ~o quasi grani ordei tumentis. .. ex qua vero parte millenarius inciditur alium non pones numerum *Dial. Scac.* I 5 I. **c** vulnus, .. si accidit secundum latitudinem, vocatur ~o GAD. 122. 1. **d** **s1191** appositus est ignis ~oni murorum quam homines regis Anglie fecerant *G. Ric. I* 174 (cf. R. HOWD. III 118).

7 (geom.): **a** (point or line of) intersection. **b** segment.

a exeant .. de puncto G, supra quem ~o [v. l. inscissio] circulorum, due linee recte ADEL. *Elem.* I 1; erit ~o earum [sc. superficierum] communis linea *Ib.* XI 3. **b** in ~one [sc. circuli] .. semicirculo minore *Ib.* III 30 (cf. ib.: portione).

8 (her.) variation of line by indentation, undulation, *etc.*

stationariis accidunt varie laterum ~ones: fluctuatio, undulatio, dentatio, denticulatio, imbricatio .. SPELMAN *Asp.* 104; afficiuntur sepissime partitiones et muta symbola plurimis inscicionibus .. imbricata, filicata, flexuosa .. undulata *Ib.* 105; *Ib.* 108 (v. dentare 1e).

9 ? form of tax or exaction.

?**1110** ne te intromittas de terra monachorum S. Martini de Bello de Alsiston [*Alciston, Sussex*] neque de ~one neque de taillio nisi per ipsos monachos ..; et nominatim de auxilio *Regesta* p. 323.

2 incisio, ? *f. l.*

incisiones [? l. intinctiones *or* infusiones] *Alph.* 56 (v. embamma).

3 incisio v. 2 insitio.

incisivus [ML]

1 cutting, penetrating (also as sb. n.); **b** (of incisor tooth, also sb. m.).

incisiva [v. l. incisura] cutem scabies non asperat; illic / nullus inhorrescit scopulus HANV. II 62; quelibet forma naturalis .. naturaliter informat .. suum subjectum, et non indifferenter inducitur a cultello scindente et quocumque indisponente suum subjectum. similiter, tale ~um non agit in animam generando dolorem WYCL. *Act.* 21. **b** in dentibus ipsis quidam precidendi habent officium, et ~i nominantur; quidam conterunt atque confringunt, quos caninos aiunt dici; tertius dentium ordo commolit atque comminuit, unde et molares vocantur J. FORD *Serm.* 50. 3; [dentes] quidam dicuntur incisores sive ~i, qui lineare habent acumen ad modum cultelli, unde et recte incisores dicuntur; quidam dicuntur canini, qui punctale habent acumen, quorum speciale officium est frangere sive incidere *Ps.*-RIC. *Anat.* 30; quidam [dentes] sunt ~i, et hii sunt quatuor, duo superiores et duo inferiores, qui primo aspectui se offerunt BART. ANGL. V 20 p. 150; dencium tres sunt species, anteriores qui vocantur ~i, canini qui dicuntur concussivi, et molares qui dicuntur comminutivi GAD. 118v. 1.

2 (med. & phys.) 'incisive', having the quality to cut viscid humours.

calor qui ~us est *Quaest. Salern.* B 92 (v. lubricitas 1); ut separetur materia viscosa a superficie membri cui adheret, .. fit per materiam ~am GILB. I 34. 1; oportet .. ut [cibus] sit .. inscisivus ut calamentum, menta *Ib.* II 104v. 1; *Ib.* VI 237v. 2 (v. discontinuativus); feniculum .. virtutem habet diureticam apperitivam sc. et inscissivam [TREVISA: *to schede and to opene and to kerve and to kutte*] BART. ANGL. XVII 70; *Ps.*-GROS. *Summa* 643 (v. corrosivus 1c); cum virtutes earum sint subtiliative, ~e grossorum humorum BACON IX 109; ~a [sc. medicina] est que nihil agit in humoribus principaliter sed tantum incidit sua penetracione inter humorem et membrum GAD. 12v. 1.

3 (geom.): **a** cutting, intersecting (in quot., w. obj. gen.). **b** (*figura ~a*) figure bounded by two radii of circle, sector.

a [linea] erit duorum laterum [trianguli] secundum unam proportionem ~a [v. l. inscisiva] ADEL. *Elem.* VI 2. **b** figura ~a dicta est quam due linee de centro producte ad lineam circumferentie continent *Ib.* III *def.* 10 p. 87.

incisor [LL]

1 one who cuts or makes incision.

caseus in lardanario debet incidi. ~or in omni incisione unum frustum casei habebit *Obed. Abingd.* 404.

2 (w. ref. to var. crafts or occupations): **a** surgeon or phlebotomist. **b** carver or engraver. **c** woodcutter. **d** stone cutter. **e** cutpurse, thief. **f** (in surnames).

a nec medico nec cirurgico aut ~ori vel minutori operanti circa egrotum, si peritus erat in arte suo J. BURGH *PO* VII 8 Z f. 113v; si .. medicus certus est quod .. utile esse aliquem incidi [*sic*], secure .. faciat eum incidi dummodo peritum et discretum inveniat ~orem J. MIRFIELD *Flor.* 128; *Ib.* 130 (v. 1 incisio 1b). **b** politor, sculptor, ~or, celator, pictor, polymitarius OSB. GLOUC. *Deriv.* 474; **1237** per ~orem cuneorum nostrorum (v. cuneus 3b). **c** de ~ore lignorum. .. misit quendam juvenem .. ad nemus ligna scindendum [*sic*] *Latin Stories* 76; †incitor ille *Spec. Laic.* 35 (v. 1 incisio 2b). **d** **1221** item in xj cimentariis et ~oribus per hoc spatium lv s. iij ob. *Ac. Build. Hen. III* 34; incissoribus *Ib.* (v. 2 incidere 4d); **1227** (v. 1 incisio 2d); incisor lapidum GARL. *Epith.* II 173; offerens unum ~orem in lapidicina de B. per biennium suis sumtibus dicto operi serviturum *Croyl. Cont. A* 118. **e** inspicit et agnoscit mulier loculum suum in manu sacrilegi inscisoris, cui ille restituit quod abstulit AD. EYNS. *Hug.* V 20 p. 231; **s1200** bursarum ~or scidit bursam cujusdam mulieris R. HOWD. IV 143; quidam bursarum ~or in incidendo [TREVISA: *a pursekevere in kuttinge of purses*] incurrit manus contraccionem donec per oracionem cleri et populi liberaretur HIGD. VII 32 p. 180. **f** incisor ferri [i. e. *Taillefer*] mimus cognomine dictus G. AMIENS *Hast.* 399; **c1214** inter terram Serlonis ~oris [*ed.*: '*the die-cutter*'] et terram Jacobi *tinkler Regesta Scot.* 523; **12..** juxta terram Thome ~oris *Cart. Chester* 462 p. 273.

3 incisor tooth.

Ps.-RIC. *Anat.* 30 (v. incisivus 1b); [dentes] quorum quatuor in anteriori parte pares vocantur et quadrupli, et hi lati sunt et acuti; ~ores vel precisores [TREVISA: *ynkitters and forekitters*] a medicis nuncupantur, ad incisiones cujuslibet cibi sunt apti BART. ANGL. V 20 p. 150.

incisorius [LL]

1 cutting, able to cut in; (of tooth) incisor. **b** (as sb. n.) tool for cutting; in quots., ? knife, ? stone-cutter's chisel.

s1168 ~iis dentibus excussis *Hist. Glouc.* 21. **b** si cingulum forte tibi venustius fuerit, si ~ium aptius, si quid in minuta suppellectili decentius, .. J. SAL. *Pol.* 563C; non scelte opus vel ~io, lapide tanto tempore ceso et jam effigiato et exciso H. BOS. *Thom.* V 5 p. 475.

2 assoc. w. cutting; (in quot., *magister ~ius*) master tailor.

in sartorio ministrabunt quatuor principales magistri, magister pelliciarius, magister sutorius, magister ~ius, procurator sartorii *Obed. Abingd.* 387.

incissor v. incisor.

incistare, (acad.) to deposit in chest, esp. as pledge or security.

1384 (v. incistatio); **1412** (v. 1 cista 2b); **1421** cum caucionibus ante primam pestilenciam ~atis *StatOx* 228; **1431** cauciones ejusdem magistri Thome jam ~ate *EpAcOx* 66; **1448** hec indentura .. testatur ista bona et jocalia fore ~ata in una camerarum turris (*Invent. All Souls*) *Arch. J.* LI 120.

incistatio, (acad.) depositing in chest as pledge or security.

1384 indempnitatibus insuper ecclesie nostre Cant', que frequenter propter alienaciones, ~ones, sive inpignoraciones librorum .. hactenus obvenerunt, .. occurrere cupientes, statuimus quod decetero nec magister sive custos dicti collegii .. libros .. vendere, incistare, vel inpignorare vel aliquo modo alienare .. audeat in futurum *Cant. Coll. Ox.* III 181.

incistere v. insistere.

incisura [CL]

1 an incision, cut.

monstraverunt .. vulnus ~ae .. curatum BEDE *HE* IV 17.

2 piece which has been cut off.

frusta, ~a de qualibet re *GlC* F 338.

incitabulum [CL], stimulus, incentive.

hoc ~um, -li, i. incitatio; unde Plato: '~um est ingenii et virtutis, si mens et corpus hominis vino flagret' OSB. GLOUC. *Deriv.* 113; patet nocivum invidie malum serpentino nocivius esse veneno, quia illud hautquaquam officit, nisi officiendi causa incitetur; illud autem et sine ~o perfacile conmovetur *Ib.* 157.

incitamentum [CL]

1 that which incites, stimulus, incentive.

fraudulenta femineae titillationis lenocinia ac blanda sermocinationis ~a ALDH. *VirgP* 53; multos .. ~o sermonis .. incredulos ad Christum convertit BEDE *HE* III 19 p. 163; nec aliquid hoc spiritali ~o proficiunt AILR. *Spec. Car.* II 20. 569; exempla majorum, que sunt ~a et fomenta virtutis J. SAL. *Pol.* 385A; prava verba prava sunt ~a peccatorum ALEX. BATH *Mor.* II 11 p. 129; quatinus .. caritas pene refrigerata frequentium visionum inflammetur ~is COGGESH. *Visio* 3; spectabili, quod solet et debet esse ~um virtutum, prosapia genitus *Canon. G. Sempr.* 37v.

2 the action of inciting, instigation, incitement.

si [Jesus] .. latus fossum non ad irritamentum doloris sed amoris ~um ostendit J. FORD *Serm.* 99. 9; **1236** quidam Walterus ad ~um predicti Hugonis .. *CurR* XV 1735; **1275** J. .. per ~um suum fecit .. S. se subtrahere versus mercatorem *SelPlMan* 156; **1504** officium erit .. punire malis in terrorem bonis vero in virtutis insitamentum *Reg. Glasg.* 513.

incitare [CL], to incite, arouse (person) (to course of action or sim); **b** (w. *ad*); **c** (w. inf.); **d** (w. *ut* & subj.).

prohibiti a Deo, ne preces pro vobis fundant perseverantibus in malis et tantopere ~antibus GILDAS *EB* 50; Deus, qui vos .. tam caritativa sollicitudine ~avit ANSELM (*Ep.* 85) III 210. **b** omnem paene generosam feminini sexus sobolem .. ad culturam Christianae religionis et coronam castitatis colloquio ~avit, sermone suasit, exemplo instigavit ALDH. *VirgP* 48; quae cuncta bene discussa ad officium nos bonae actionis ~ant BEDE *Cant.* 1116; ad id, quod nos maxime ad hoc opus ~avit, nobis redeundum esse censeo, sc. .. ASSER *Alf.* 21; **957** fautores et consiliarii .. qui me ad hanc largitatem donandam ~averunt *CS* 1000; haec Christo largiente breviter retulimus ut .. fideles ad amorem et reverentiam tanti patris humili devotione ~aremus WULF. *Æthelwold* 37; ut .. alios innumerabiles ad eandem beatitudinem .. dulcis admonitio ~aret ANSELM (*Or.* 15) III 62; homines ad tenendam Dei legem summopere ~avit ORD. VIT. IX 2 p. 466; ad iram contra eum feroces Francos ~abat *Ib.* XI 12 p. 212. **c** horrida non frangat vestras temptatio mentes, / .. / sed magis ad studium vitae melioris abundet, / incitet et mentes semper adesse Deo ALCUIN *Carm.* 9. 148; communem patricium .. in devoratores populi bellum inire vivaciter hortatus ~avit ORD. VIT. XI 11 p. 207. **d** me ut pro amore Dei desolate plebi suffragarer ~avit *Ib.* XII 24 p. 400; diabolus, qui in corde Renwen .. ingressus ~avit eam ut .. G. MON. VI 14.

incitatio [CL], incitement, stimulus, incentive.

dicis 'mulier, cur ploras?' [*Joh.* xx 15] o ~o luctus! ANSELM (*Or.* 16) III 66 (cf. ib.: cur concitas dolorem ejus?); OSB. GLOUC. *Deriv.* 113 (v. incitabulum).

incitativus [ML], inciting, arousing, (as sb. n.) that which incites, stimulus, incentive.

vel contra carnis ~a vel contra cordis reluctari phantasmata AD. SCOT *TT* 790D; singula .. exempla consternacionis attonite sane .. sensatis opido sunt ~a E. THRIP. *SS* II 22; utilitatis sola jocunditatisque contemplans .. ~a *Ib.* XIII 1; tota fides .. secundum ~um sensibile facta est per sonum parcium ecclesie predicancium verbum Cristi WYCL. *Ver.* I 207.

incitator [CL], one who incites.

c802 ~ores esse hujus tumultus intellego qui armati venerunt ALCUIN *Ep.* 249; **s1170** rogo .. ut mei non sint obnoxii pene sicut nec fuerunt ~ores cause DICETO *YH* I 344; **s1381** asseveraverunt abbatem et conventum .. ~ores, concitatores, et auctores primos fuisse turbacionis WALS. *HA* II 37.

incitatorius [ML], (as sb. n.) stimulus, incentive.

quasi ~ium pedum anime WYCL. *Ver.* I 169.

incitatrix [LL], one who incites (f.).

cum communio .. continuarum .. sit ~ix invidiarum E. THRIP. *SS* XI 11.

1 incitatus v. incitare.

2 incitatus [cf. *TLL* s.v. 3 incitus], instigation.

consilio et ~u Milonis *G. Steph.* 43.

3 incitatus [2 in- + CL citare], not summoned (to answer charges).

quos etiam, licet absentes et ~os, digne tamen plectendos censuit tanquam manifestos et indubitatos notorii regis delicti fautores *V. Thom. B* 31; hic Ernaldus .. ~us, indefensus, et absens condempnatus est MAP *NC* I 24 f. 17v.

incitega [CL], stand for holding wine-jar.

~a, machina super quam amphora stat in convivio OSB. GLOUC. *Deriv.* 292 (cf. Paulus Diaconus *Epitoma Festi* 107M).

incitor v. incisor 2c.

incivilis [CL]

1 not civil or courteous, unrefined.

nisi forte Socratis .. aliorumque philosophorum convivia ~ia opineris J. SAL. *Pol.* 737A; epule apponuntur, inter quas ingerere lacrymas, sicut importunum, et ~e H. Bos. *Thom.* III 15 p. 229; librum meum .. adhuc habere non potes; prius enim quam exeat in publicum, sentiet castigatioris lime judicium, ne illic aliquid informe vel ~e remaneat P. BLOIS *Ep.* 19. 71B.

2 unjust, contrary to civil law.

1162 ~e ac juri contrarium esse videtur uti semel recte terminate [sc. cause] iteratis refragationibus perturbentur *E. Ch. S. Paul.* 146; ~e est de lege judicare nisi tota lege prospecta NECKAM *SS* II 51. 7 (cf. Celsus *Dig.* I 3. 24); cum cogi possessorem titulum sue possessionis dicere, sicut in jure cautum est, sit penitus ~e GIR. *JS sup.* p. 151 (cf. BRACTON 372); cum .. ~e sit, ut nostis, parte sermonis non inspecta vel subtracta, de parte judicare GIR. *Symb.* I 28 p. 293; RIC. ANGL. *Summa* 41 (v. 2 intercidere 2b).

inciviliter [CL], unjustly, inequitably, (w. ref. to ruler) tyrannically.

c1155 cum .. illo absente sepe dicti Ricardi ab episcopo ~iter sit recepta probatio J. SAL. *Ep.* 12 (53); probrorum injurias, quibus eum citra meritorum suorum exigentiam, .. nimis ~iter affecisti P. BLOIS *Ep.* 3. 8A; **s1259** opprimebatur Anglia dominacione Pictavensium .. qui ~iter tam religiosos regni tractabant quam alios seculares RISH. 2; **1312** gentes nostre .. bona ad dictum Fulconem .. spectancia .. ~iter occuparunt et minus juste .. detinent occupata *RGasc* IV 791; Eohric, qui, cum regnasset annis xiv, peremptus est ab Anglis, eo quod ~iter in eos egisset ELMH. *Cant.* 169.

inclamare [CL]

1 to call out to (person). **b** to invoke, call upon (person's name). **c** to call for (something). **d** (w. indir. command) to call on (someone to do something).

~ata sancta Maria, sompno excussus lumen inferri precepit W. MALM. *GR* IV 333; pauperi qui eam ~averat solita erat largiri TURGOT *Marg.* 9; beatum Cuthbertum cum omni spiritus sui anhelitu ~averunt R. COLD. *Cuthb.* 30 p. 68. **b** ~avit nomen Virginis gloriose *V. Edm. Rich P* 1802. **c** ~ato Dei auxilio W. MALM. *GR* III 242. **d** jam foris positi magnis eum ~abant vocibus ut exeundo sibi consuleret antequam edes tota corrueret *Id. Wulfst.* II 8; portitorem ut abcederet .. ~abant R. COLD. *Cuthb.* 39.

2 to shout out, call out (words, speech).

~a, ingemina intimo affectu in conspectu ejus, "vides me" ANSELM (*Or.* 12) III 48; ille arroganti .. gestu ad sarcophagum accessit ~atoque nomine ut surgeret imperavit W. MALM. *GR* II 204 p. 255; humiliter et querulose sepius ~antem hanc sibi improperii notam offensarum suarum vindice Deo accidisse *G. Steph.* 55; ad consolationem populi fortius ~avit, "sperate in Domino .." [cf. *Psalm.* iv 6] P. BLOIS *Serm.* 570A.

3 to lay charge against (person): **a** (w. *in* and acc.); **b** (w. acc.).

a 1102 ne sub hac occasione et ceteri principes in nos ~arent (*Lit. Papae*) *Ep. Anselm.* IV 196. **b** angeli et diaboli me accusabunt, ~abunt, damnabunt ALEX. CANT. *Dicta* 1 p. 114; si quis dispersonaverit ballivum in curia domini sui, .. debet ~ari de suo malefacto commisso *Quon. Attach.* 40.

4 to proclaim, announce.

tristem regi victoriam .. ab alto arboris per singula ~avit W. POIT. I 31; magno clamore .. tube angelorum adventus eterni judicis mundo ~atur et mortui in ejus occursum a somno mortis excitantur HON. *Spec. Eccl.* 1028A.

inclamitare [CL = *to revile, abuse*]

1 a to call, call out to (person or animal). **b** to call for (something). **c** to name, speak of.

a cervum .. jocundo nomine ~abat; ille ad notam vocem exilire .. GOSC. *Edith* (II) 67; infans .. quasi amens huc et illuc matrem ~ans rotabatur *Ib.* 277; periculum imminens .. unde martyrem supplices ~are, donaria polliceri W. CANT. *Mir. Thom.* VI 77; rex Anglie in arto positus comitem Glovernie .. ~at ejusque se tutele .. committit *Chr. Battle (1258–65)* 377. **b** querula voce notum ~at sui Augustini patrocinium GOSC. *Transl. Mild.* 11; reatum suum cum lachrymis confitentur, et sancti Aldelmi suffragium ~ant (*Aldhelm*) *NLA* I 39. **c** GILDAS *EB* 4 (v. exitiabilis).

2 a to call out (words or speech; in quots., w. dir. speech or acc. & inf.). **b** (w. dat. of person) to utter (word, threat) against.

a ~ans daemones esse et non homines ASSER *Alf.* 97; accedat etiam hic puer ocius / "a" ter inclamitans et loqui nescius WALT. WIMB. *Carm.* 151; **s1100** sepius ~avit, "sancta Maria, sancta Maria" HIGD. VII 11 p. 410. **b** libet quid quantumque his .. lascivientibus .. satellitum Faraonis .. eorumque similibus quinque equis minarum prophetica ~ent strictim edicere oracula [MS A: libet .. edicere quid quantumque minarum ~ent .. oracula .. regibus] GILDAS *EB* 37.

3 (intr.) to call out, cry aloud.

inclamitans lacrimis obsecro munera Christi *Mir. Nin.* 365; mater inclamitat fletu, suspirio WALT. WIMB. *Carm.* 281.

inclarescere [LL], to become bright.

cum totus orbis tuis ~escat meritis FOLC. *V. Bot.* 7.

inclaudare [AN *encloer* < inclavare; *sp. infl. by* CL claudus], to accloy, drive nail into horse's foot when shoeing; hence, to lame. *Cf. acclaudicatus.*

1295 includo palefridum *Cal. IPM* III 160; **13..** Joceus .. tenuit duas carucatas terre .. pro tali servicio †deferendo [l. de ferrando; cf. *Fees* 150 [**1212**]: deberet ferrare] palefridum domini regis super quatuor pedes de cluario domini regis, quotienscumque ad manerium suum de M. jacuerit, et si ~et palefridum domini regis, dabit ei palefridum iiij marcarum *MonA* VI 872.

inclaudere v. includere. **inclausa** v. includere 6b.

inclausare [AN *encloser*, cf. AN *enclos* < inclusum, *p. ppl. of* includere], to enclose.

nihil enim capiet de capitali mesuagio secundum quod vallatum fuit et inclusum [*ed. 1569*: inclausatum] fossato, haya, vel palatio BRACTON 97b.

inclausatum, enclosure.

1548 damus et concedimus .. duo ~a vocata Games et Lyttle Guntons jacentia et existentia in Wendlyng et Skernyng in eodem comitatu Norff' *Pat* 810 m. 11.

inclausi v. includere.

inclaustrare [cf. AN *encloistrer*], to enclose, fence.

1341 in j homine locato .. pro haic' inclaustrand' per xvij dies *MinAc* 1120/11 r. 15.

inclaustrum [ML; cf. AN *enclostre, encloistre*]

1 an enclosed place, close.

1197 ad faciendum ~um de cendulis *Pipe* 34; **1214** pro petra ad murum ~i regis apud Portesmue perficiendum *Pipe* 126; **1236** mandatum est constabulario Windes' quod faciat haberi preceptori de Bystlesham tres quercus .. ad maeremium faciendum ad ~um de B. *Cl* 227; **1277** emendaciones domorum: .. in meerempnio prosternendo .. ad ~um .. xxj s. viij d. *Banstead* 313.

2 (mon.) monastery, cloister. *Cf. claustrum* 3.

fit notum patri venerabili Baldwino, qui, conveniens fratres virosque fideles in ~o, .. audit ab eo rem omnem HERM. ARCH. 41 p. 83.

inclaustura [cf. AN *enclosture*], an enclosed place, close.

1342 quandam cameram .. scituatam infra mansum domus nostre .. cum ~a et omnibus aliis aisiamentis ad dictam cameram spectantibus *Lit. Cant.* II 263.

inclausum v. includere 6b.

inclausura, enclosed area, enclosure.

sciatis me concessisse .. totum illud messuagium in Barton Bendich .. et unum croftum et duas †innonias [l. innomas] aut ~as, vocatas *inholmes*, eidem messuagio adjacentes *Gl. Arch.* (ed. 1687) 316b (v. innama 1); **1509** omnimodas ~as aliquarum terrarum arrabilium *Foed.* XIII 244b; **1573** predictus Henricus K. executores et assignati sui omnia molend' domos et edificia ac omnia sepes fossat' inclausur' littor' ripas et muros maritimos .. sumptibus suis et expensis bene et sufficienter reparabunt, supportabunt, sustinebunt, escurabunt, purgabunt, et manutenebunt durante termino in hiis presentibus concesso *Pat* 1103 m. 5; **1599** unam separalem ~am terre et subbosci continentem .. j acram et dim., unam aliam separalem ~am terre et pasture continentem ij acras *Ib.* 1505 m. 19.

inclausus v. includere.

inclavare [ML]

1 to nail on, fix with nails.

1196 ~entur in eis [sc. mensuris] claves, ne per dolum possint falsari (*Ass. de mensuris*) R. HOWD. IV 33; **1245** candelabra .. argentea .. cum pedibus planis cupro pedibus ~ato ad efforciandum *Invent. S. Paul.* 468; ~avit in eo [sc. feretro] G. decanus anulum aureum *Ib.* 469; **1274** hoc anno .. confracte sunt .. omnes mensure per quas bladum solebat vendi in civitate et nova [*sic*] sunt confecta majoris quantitatis, quarum quelibet in superiori parte ligata est uno circulo ferreo, ~ato clavis ferreis, ne possit aliquando falsari *Leg. Ant. Lond.* 167.

2 to accloy, drive nail into horse's foot when shoeing; hence, to lame. *V. et. inclaudare, incloare.*

caveat [marscallus equorum] ne equi predicti per se vel per vallectum suum ~entur, et precipue equi de stabulo abbatis, quos propriis manibus tenetur semper ferrare, sicut statum suum retinere desiderat *Cust. Cant.* 57; *acloyn*, acclaudicare, .. acclavare, .. ~are *PP*.

3 (p. ppl. *~atus*) studded with nails.

1349 unum doublettum de *zatayn* cum manicis ~atis de clavis adaur' (*KR Ac* 391/15) *Arch.* XXXI 49.

inclemens [CL], not gentle, harsh, severe; (usu. of weather), inclement.

clemens componitur ~ens OSB. GLOUC. *Deriv.* 104; quo purior et subtilior, tanto penetrabilior et ~ior aer GIR. *TH* I 3 p. 25.

inclementer [CL], harshly, severely.

cum sol meridiano fervore ~ius estuaret AILR. *Ed. Conf.* 764A; dum unum tam violenter intrudunt et .. alterum .. tam ~er excludunt GIR. *GE* II 27 p. 300.

inclementia [CL], harshness, severity; **b** (esp. of weather).

caro interius exesa est per diutini languoris ~iam R. COLD. *Cuthb.* 70. **b** aeris ~iam ad presens ferre non possumus ORD. VIT. IX 12 p. 572; GIR. *IK* II 14 (v. distemperare 2b); intemperies et ~ia major *Id. TH* I 40; aeris ~ia gravis *Id. SD* 66; nullo vento, gelu, grandine, pluvia, aut aliqua aeris ~ia J. FURNESS *Pat.* 65; in tali ~ia turbinum laboravimus vexati usque ad noctis tenebras *G. Hen. V* 25 p. 176.

inclericare, to receive into holy orders.

PAUL. ANGL. *ASP* 1528 (v. incanonicare).

inclinabilis [CL]

1 inclined or tending (to); (of person) disposed (to).

potencia passiva dupliciter potest accipi et dici naturalis: uno modo quia est actus transmutabilis ad formam, alio modo quia est naturaliter ~is ad formam W. ALNWICK *QD* 364; **1421** concepimus .. vestram prestantissimam dominacionem in nostrorum nunciorum recepcione fuisse placabilem et benignam, in eorum prosecucione ~em et honorificam, et tandem in finali conclusione effectualiter intrinsecam et gratissimam *Reg. Cant.* III 71.

2 (gram.) that may be declined, inflected.

ex his octo [sc. partibus orationis] ~es flexilesque sunt quattuor, nomen, pronomen, verbum et participium LINACRE *Emend. Lat.* 1.

inclinanter, readily.

1440 pro eo quod ipse nullatenus prompte parueram suis votis nec id ~er studui facere quod me pro amico fecisse desideravit BEKYNTON I 114.

inclinantia, (phil.) inclination, tendency.

cum illa ~ia et pronitate animi WYCL. *Ente* 159.

inclinare [CL]

1 a (act., trans.) to cause (thing) to lean or slope, to tilt, bend (also fig.). **b** (pass. and intr., of thing) to be bent, to bend or tilt. **c** (p. ppl. as adj.) sloping, steep.

a quos [sc. pedes] nunc arsis, nunc thesis, discordante temporum trutina, vergunt et ~ant ALDH. *PR* 112 p. 151; [caurus] arbores .. partem in oppositam vel ~ans vel evertens GIR. *TH* I 6. **b** in muris .. ruinosis [MS: rimosis] et ad ruinam ~atis W. S. ALB. *V. Alb. & Amphib. prol.*; **s1258** nec adhuc in festo Assumptionis .., quando annuatim consueverant horrea messibus redundare, vix manipulus unicus stipulis ~avit maturus M. PAR. *Maj.* V 711; arundo nunc ~atur, nunc erigitur WALT. WIMB. *Elem.* 318; **s1256** (v. 3 clavus 5a). **c** divexum, i. ~atum, descensum, pronum, *stæplepe GlH* D 736; **9..** *WW* (v. clivosus).

2 to cause (person) to bend, stoop; (in quots., pass.) to be bent, bowed down (by burden, or naturally).

quia ~ati tanto pondere sunt pressi idcirco spatium respirandi non habent GILDAS *EB* 1 p. 27; quis vero non obstupesceret puellam a cunabulis ~atam, pedibus debilem, tibiarum robore carentem, .. ut que incurvata et omnino imbecillis venerat, jam .. immunis .. remearet? *Mir. Fridesw.* 20; onusque proprium cervices inclinat J. HOWD. *Cant.* 201.

3 (refl. and pass., w. person as subj.) to bend oneself, to bend down or forward (*cf.* 5a *infra*).

ut .. morbi genus medicus .. cognoscat: .. frons semper ponderosa, sed maxime ~ato ANSELM (*Ep.* 39) III 150; in Christi ~ari servitio W. MALM. *GR* II 217; ensis manu excidit, ad quem recolligendum cum se ~asset .. *Ib.* III 251; juvenis .. ~abat et reclinabat se, sepe improvisos .. interjaciens ictus *G. Herw.* 322; ad terram se ~are *Mir. Fridesw.* 21 (v. incurvatio 2; cf. ib.: ad terram .. ~ari).

4 (spec.) to incline oneself, bow, so as to express reverence or obeisance, to genuflect (refl. and intr.; *cf.* 5a *infra*). **b** to bow, nod (as expression of thanks; in quot., intr.). **c** (pass.) to be bowed to.

cumque .. ante sanctum altare flexis ad terram genubus se ~aret ASSER *Alf.* 96; vexillum .. quod se ~ando honeste ad terram fimbriarum suarum velamine circumdedit WULF. *Æthelwold* 2; ~ate [AS: *abugaþ*] suppliciter ad almas aras ÆLF. *Coll.* 103; ~antes se ante et retro LANFR. *Const.* 123; dum transeunt ante capitulum incurvati eant quoadusque pertranseant, ante introitum tamen capituli se erigant et solito more ad orientem versi humiliter ~ent *Ib.* 144; **s1141** dictum est .. quam prudenti consilio .. ad hominium regis se ~averit W. MALM. *HN* 505; **s1194** cum pervenisset ad gradum altaris, ~avit rex super genua GERV. CANT. *Chr.* 526; ~abant suppliciter omnes quotquot fuerint de utroque choro *Cust. Westm.* 1. **b** cum das mihi tua, ego cur tibi ~em, cum non accipiam aliena sed quae mea sunt? ANSELM (*Ep.* 34) III 142. **c** abbas .. ~ari debet a toto conventu cum post inceptam antiphonam inclinat LANFR. *Const.* 141; quociens in ta[bula in capitulo] abbas primo nominatur, si ibidem presens est, ~ari debet a to[to conventu] ut sunt sedentes *Cust. Westm.* 2.

5 (w. body, or part of body, as obj.) to bend, lower (also by extension *mentem ~are*); **b** (fig., var.). **c** (*aures ~are*, *auditum ~are*) to give ear (to), bestow favourable attention (on).

~ato capite THEOD. *Pen.* II 3. 5; [avis] supra sulcum expansis alis et ~ato capite sedens et .. veniam indulgentiae deposcens *V. Cuthb.* III 5; ~a, quaesumus Domine, oculos majestatis tuae ad benedicendam hanc viduitatis vestem EGB. *Pont.* 114; ~atis solummodo corporalibus oculis ASSER *Alf.* 89; [crucem] capite, immo toto corpore ~ato adorans W. MALM. *GR* V 443 p. 515; ~ato capite gratias egit G. MON. V 12; geniculator .. i. genu ~ans OSB. GLOUC. *Deriv.* 249; **1351** mentem caput et corpus .. ~ent (v. flectere 1c). **b** nec blandimentis inclinat colla ALDH. *VirgV* 1055; '~a cor tuum ad noscendam prudentiam' [*Prov.* ii 2]: ~are quippe est cor .. humiliare BEDE *Prov.* 945. **c** **798** oportunum arbitror tuis sanctis jussionibus aurem obedientiae nostrae humiliter ~ari (*Lit. Kenulfi*) *CS* 287 p. 396 (= W. MALM. *GR* I 88 p. 87); ut auditores mei ad parvitatem mei sermonis suum .. ~ent auditum AILR. *Serm.* 14. 1. 290; **1218** petitioni nostre aures vestras velitis ~are *Pat* 163; quando deprecantibus .. aures ~amus [TREVISA: *whan we boweþ eres and grauntiþ bones*] BART. ANGL. I 20; ~a aures tue pietatis indignis supplicationibus meis EDMUND *Or.* 587; aures inclina misero miseratus J. HOWD. *Cant.* 237; **1322** literas vestras .. intelleximus auribus ~atis *Reg. North.* 320.

6 to drive back, repel (troops).

rex .. solus adversum pectus hostibus inferre, solus ~atam aciem restituere W. MALM. *GR* II 121 p. 128.

7 **a** (of day) to decline, draw to a close (in quots., pass.; also in fig. context). **b** (of darkness or sim.) to pass away (in quots., pass., in fig. context).

a ~ata jam die ORD. VIT. III 14 p. 149; jam advesperascit vobis et vite vestre ~ati sunt dies P. BLOIS *Ep.* 44. 130B. **b** donec .. umbrae vitae praesentis .. ~entur ut transeant BEDE *Cant.* (ii 17) 1116; ~atis penitusque consumptis omnibus hujus mundi tenebris *Ib.* 1135.

8 **a** to influence, change (person's mind, feelings), (usu. w. *ad*) to dispose, persuade (person *etc.*, to course of action *etc.*); **b** (absol.; unless quots. are referred to 10a *infra*). **c** (pass. and refl.) to be influenced, persuaded, disposed, to incline (to course of behaviour *etc.*). **d** (p. ppl. as adj.; in quot., compar.) disposed, inclined or given (to) (spec. behaviour).

a ut ad thalami taedas .. ferreos juvenculi affectus .. ~arent ALDH. *VirgP* 36; nec venusti corporis deformatio .. statum cordis ~at *Ib.* 47 p. 301; res diverse occurrebant que nolentem iniquitatis animum ad affectum sui ~abant FOLC. *V. Bot. pref.* 373; dissolutio .. utrunque sexum ad omnem lasciviam ~averat ORD. VIT. IV 6 p. 208; ut ~aret animum virginis ad consentiendum tyranno T. CHOBHAM *Praed.* 263; passiones sensitive .. non ~ant voluntatem nisi quando voluntas consentit eis OCKHAM *Quodl.* 291. **b** *Id. Dial.* 592 l. 27 (v. dispositio 3b); isti appetitus [sc. sensitivus et intellectivus] dicuntur contrarii quia sunt nati ~are ad effectus contrarios *Id. Quodl.* 157 (cf. ib.: unus [appetitus] ~at ad prosecucionem). **c** cum videret Paulinus difficulter posse sublimitatem animi regalis ad humilitatem viae salutaris .. ~ari BEDE *HE* II 12 p. 107; facile ad concordiam ~atus est W. MALM. *GR* II 127; diu dubitavit mundus quo tandem vergeret, quo se ~aret indoles illius [Willelmi II] *Ib.* IV 312; **1165** ad quod .. dominus papa pronus est, et rex Francorum facilis ~ari J. SAL. *Ep.* 138 (144 p. 30); **1255** eorum supplicatione humili [*abl. instr. replacing dat.*, cf. 9c infra] ~ati .., invenimus quod unaqueque navis .. tenetur .. solvere .. x s. *RGasc* I *sup.* 21a; quando ad neutram partem magis ~atur [sc. dubitatio] *Ps.*-GROS. *Gram.* 57; debetis ~ari faciliter ad diligendum regem glorie *AncrR* 159. **d** ad .. jocos ~atior erat quam .. dignitatis .. interesse videretur W. MALM. *GP* I 71.

9 (usu. w. dat.) to be well-disposed (to), to defer to, favour (person, request, cause, *etc.*): **a** (act., intr.); **b** (refl.); **c** (pass.). **d** (p. ppl. as adj.; in quots., compar.) well-disposed, favourable (to). **e** (act., trans.) to cause (person *etc.*) to be well-disposed, favourable (to).

a **s1013** populus aquilonarium Anglorum ~avit sibi et dedit se illi *AS Chr.*; **s1245** totum fere Alimannie regnum ipsi andegravio ceperat ~are *Flor. Hist.* II 305; **s1297** majoritate populi eis ~ante *Ib.* III 103; precibus Haraldi ~ans [v. l. ~atus] liberavit eum ab omni servicio barbarorum *Eul. Hist.* III 33. **b** quo se pronior ~averit, eo fortunam vergere W. MALM. *GR* II 196 p. 238; lac .. facit matrem ~are se ad parvulum suum AILR. *Serm.* 23. 20. 325. **c** **c1149** precibus Matildis regine .. ~atus et .. abbatis .. et fratrum .., eis ibidem cimiterium indulsimus *Doc. Theob.* 57; **1216** vestris .. precibus ~ati .. monasterium .. sub protectione suscipimus (*Lit. Papae*) *Reg. Malm.* I 377; ?**1254** nos .. vestris devotis supplicationibus ~ati (*Lit. Papae*) *MunAcOx* 26; **1337** vestre .. celsitudini humiliter ~ati .. cancellario .. de gracia concessimus quod .. *FormOx* I 96. **d** consensu dubio fluctuabat Anglia, in Guibertum tamen pro metu regis ~atior W. MALM. *GP* I 49 p. 86; clericos .., genus .. hominum .. intuitu commodi fas et bonum pensitans, ut quo ~atior pecunia fuerit, eo urgant canones *Id. Mir. Mariae* 188; ut in partem regis papa ferretur ~atior W. FITZST. *Thom.* 73. **e** magnificentie reginalis .. devotio, quam .. vestre paternitati ~avit divina dispensatio AD. MARSH *Ep.* 17.

10 (phil.): **a** to have a natural inclination (towards) (in quots., pass.; *cf.* 8b *supra*). **b** (act., trans.) to cause (something) to have a natural inclination (towards).

a [spiritus] ad regimen corporis .. naturaliter ~atur [TREVISA: *is kyndeliche iȝeve*] BART. ANGL. III 3; 'album' quod est substantivum in neutro genere significat albedinem et substanciam ad quam ~atur qualitas BACON XV 7; voluntas ~atur ad appetendum bonum infinitum OCKHAM *Quodl.* 202. **b** cum .. duo exigantur ad officium supponendi, substancia et qualitas ~ans substanciam ad actum BACON XV 2.

11 to cast down, abase, humiliate, subdue; **b** (refl.).

ut nos erigeremur, ipse [Christus] ~ari dignatus est BEDE *Cant.* 1096; qui [sc. sacerdotes] ~atos animo adversarios intuentes orationem breviter fundunt *Id. HE* I 18 p. 36 (cf. Constantius *Vita Germani* 15); Altissimum ad tam humilia ~ari [sc. videtur repugnare rationi] ANSELM (*CurD* I 8) II 59; W. MALM. *GR* II 162 (v. dire); mors denudat purpuratos / et inclinat elevatos, / mors incurvat ardua WALT. WIMB. *Van.* 136; primus premitur, inclitus inclinatur, / summus substernitur J. HOWD. *Cant.* 102. **b** consideremus quantum se Christus ~avit propter nos AILR. *Serm.* 3. 31. 225; Dominus Deus noster ~avit se usque ad nos .., ~avit se, non cecidit *Ib.* 30. 11.

12 (usu. w. dat., *ad* or *in*) to subject, bring into subjection, subordinate (to person, person's will, authority, dominion or sim.); **b** (w. refl. dir. obj.).

tota jam Anglia in clientelam illius ~ata W. MALM. *GR* II 177 p. 208; ejus .. ~abatur imperio rex Orientalium Saxonum *Id. GP* II 73; **s1146** paganorum multitudo .. in tantum invaluit ut .. Christianorum terras .. armis prevalentibus sibi ~arent *G. Steph.* 99; satis quidem animum filie tue conati sumus ad voluntatem tuam ~are sed nichil .. valemus proficere *V. Chris. Marky.* 18; **c1214** cum .. ad voluntatem vestram talem ~ari non possent GIR. *Ep.* 8 p. 270; **s1252** Anglia .. multis dominis ~ata M. PAR. *Maj.* V 357. **b** **839** omnes in suo [*sic*] diocesi .. subtus se ~arent adque humiliarent (*Professio Helmstani*) *CS* 424 (= *Conc. HS* 622); cujus nutui et auctoritati se de jure totus ~at mundus A. TEWK. *Add. Thom.* 23.

13 (mus.) to lower (in pitch).

subtilis debet cantum suum conformare respectu superioris cantus vel ~are vel acuere, ut melius conformetur concordantie GARL. *Mus. Mens.* 95.

14 (gram., w. enclitic as subj.) to throw back (accent, on to preceding syllable).

dictio enclitica ~at accentum suum super syllabam precedentem BACON *Tert.* 239.

inclinatio [CL]

1 **a** the condition of being inclined, slanting position. **b** the action of tilting; in quot., decanting.

a BACON V 163 (v. homo 15). **b** superfunde oleum hoc album et destilla, iterumque impone atque per ~onem tunc amove, non per destillacionem RIPLEY 362.

2 bow, genuflexion.

796 humilitas .. quae in capitis ~one .. ostenditur ALCUIN *Ep.* 117; per orationum devotionem et ~onum humiliationem *Canon. G. Sempr.* 41; debet benediccionem ad gradum accipere .. eaque recepta et facta ~one, antiphonam .. inchoabit *Cust. Westm.* 35; [novicii] doceantur facere ~onem, longam veniam, et curtam veniam *Cust. Cant.* 5; **c1476** participacionem omnium observanciarum regularium .. in vigiliis, jejuniis, et elemosinis, in ~onibus, prostracionibus, et disciplinacionibus *FormA* 336.

3 declining or passing away (in quot., of darkness). *Cf. inclinare* 7b.

pulchre .. decessionem noctis ~onem dicit umbrarum BEDE *Cant.* (iv 6) 1135.

4 natural inclination. **b** (phil.) 'inclination', tendency.

~o naturalis et recta racio dictat quod facienda sit humani generis propagacio HOLCOT *Wisd.* 157; homo bonae ~onis *Plusc.* VII 26. **b** existens in dispositione sibi naturali in ea quiescit, ut ponderosum existens in centro terre. si autem sursum esset, ipsum haberet ~onem tendentem deorsum, unde, si relinqueretur sue nature, transmutaretur a loco sursum usque ad locum deorsum J. BLUND *An.* 4; hec unitas [sc. syllabe] est ~o continue ad sonum vocalis formandum, super quam ~onem sicut supra naturalem cadunt ~ones ad formandas consonantes sicut ~ones accidentales GROS. 10; cum nullam habeat es ~onem ad educendam in se statue figuram *Id. Hexaem.* VII 1. 1; modus est ~o animi varios ejus affectus demonstrans. cum omnis enim ~o sit in effectum ut sit, .. erit prima ~o animi ubi primo invenitur compositio *Ps.*-GROS. *Gram.* 48; ab actu dividendi dependet tota construccio et perfectus est sermo ab ~one dividendi *Ib.* 61; cum verbum significet ~onem ad substanciam, dat intelligere substanciam a parte ante BACON XV 28; si aliqua forma non saciaret capacitatem materie, stante illa forma in materia inclinaretur materia ad aliam formam naturaliter, et per consequens sub ista quiesceret violenter, nam quodcumque prohibens aliquid ab illo ad quod est ~o naturalis ipsius est violentum sibi, sicut apparet de quiete gravis extra centrum DUNS *Ord.* II 3; quid intelligitur per ~onem? aut quod aliqua forma sit in intellectu per quam inclinetur aut nihil *Ib.* III 274; talis ~o non est nisi quedam habitudo rei ad aliquid, et ita parum habet de actualitate T. SUTTON *Quodl.* 598; dico quod ~o sive appetitus dupliciter accipitur, sc. large et stricte. large accipiendo ~onem, non est aliud quam esse in potencia ad aliud sine omni ~one et activitate ad contrarium; et sic materia est in potencia naturali ad formam et inclinatur ad eam. .. stricte accipitur ~o secundum quod addit aliquid ultra esse in potencia receptiva, puta activitatem OCKHAM *Quodl.* 290.

5 (act of) stooping, humbling oneself (in quots., w. ref. to Christ's assumption of human nature).

hec est ~o ejus, qua se inclinavit ut nos erigeret AILR. *Serm.* 30. 13; ~o majestatis tue ad nos de celo in carne descendentis J. FORD *Serm.* 33. 8.

inclinative [ML], (phil.) by inclination.

illud ij Ethicorum, 'bonum reddit ..', debet intelligi quod non effective reddit sed ~e DUNS *Ord.* III 270 (cf. ib. V 189: active .. per modum inclinacionis).

inclinativus [LL]

1 (gram.): **a** enclitic. **b** supine.

a ÆLF. *Gram.* 264–5 (v. encliticus b). **b** cum dico 'vado lectum' aut 'venio lectu' locus per se intenditur respectu vaditionis et motus, sc. lectio per accidens. unde et recte supina sive ~a dicuntur *Ps.*-GROS. *Gram.* 50.

2 (characterised by) bowing.

tam profundas sibi instituit exhibere Domino ~as supplicaciones ac si fuisset juvenis quispiam religiosus BLAKMAN *Hen. VI* 4.

3 **a** inclined or tending (to), susceptible (to). **b** (phil.) having or bringing about an inclination or tendency (to) (also w. obj. gen. of that in which inclination is effected).

a delusa .. antiquitas et ad vanitates tunc ~a E. THRIP. *SS* III 22; **s1253** annus iste .. extitit .. Anglie turbulentus, in spiritualibus temporalibusque bonis ~us M. PAR. *Maj.* V 420; **s1254** vir .. sibilis adulantium seducibilis et pravis avarorum suggestionibus ~us *Ib.* 472. **b** potentia in materia non passiva et receptiva solum sed etiam ~a et

motiva ad actum essendi GROS. *Hexaem.* IV 1. 2; nisi terra haberet in se racionem seminalem et vim ~am ad producenda de se animalia, .. non hoc modo diceretur, 'producat terra' [*Gen.* i 24] *Ib.* VII 1. 1; veritas ista revelata sufficienter non est ~a intellectus ad assentiendum sibi .., sed agens supernaturale est sufficienter ~um intellectus ad istam veritatem, causando in ipso assensum quo proporcionatur huic veritati DUNS *Ord.* I 58; intemperatus et incontinens, in quo passiones concupiscencie abundant, per maceracionem carnis et subtraccionem victualium remittit illam qualitatem ~am ad passiones concupiscencie OCKHAM *Quodl.* 185; habitus positivos ~os ad actus tales simplices WYCL. *Ente Praed.* 169.

inclinatorius, (*crux ~ia* or sim.) spec. cross or crucifix at St. Albans.

?**1429** ex opposito crucifixo ~io jacet dominus Thomas H. .. sub lapide marmoreo AMUND. I *app.* 440; dominus Willelmus W. .. qui altare crucis ~ie et sancti Laurencii picturis, libris, ornamentis .. decoravit *Ib.* 443.

inclinis [CL], **~us** [LL]

1 a inclined, bent, bowing (also in gl.). **b** reclining.

a hic et hec ~is, -is, et ~us, -a, -um OSB. GLOUC. *Deriv.* 128; stabunt ~i detectis capitibus donec [abbas] .. sedeat *Cust. Westm.* 1. **b** ille ~is lectulo modice obdormivit GOSC. *Transl. Aug.* 35B.

2 (w. dat.) well-disposed (towards).

rex .. quamvis .. cunctis fere videretur rigidus ac formidabilis, Anselmo tamen ita erat ~us et affabilis ut, ipso presente, omnino quam esse solebat .. fieret alius EADMER *V. Anselm.* I 31 p. 56 (cf. *Id. HN* 28: huic .. fiebat ~us et affabilis).

inclipeare, to shield.

umbra facit clipeum fonti, dum carnis amictu, / virgo, tue pugnat inclipeatus amans GARL. *Epith.* I 16; illos inclipeat constantia justitieque / virtus loricat ingaleatque salus *Ib.* VIII 415.

inclite, famously, with distinction.

adeptus culmen honoris levitici, quod coram Domino et omni populo inclyte officium explevit BYRHT. *V. Osw.* 417; inclytus, -a, -um, i. nobilis, unde ~e, adverbium OSB. GLOUC. *Deriv.* 103; viri cujusdam temporis nostri ~e gesta .. memorie commendare GIR. *RG prol.* p. 19; lauream addet glorie permansuram / qua triumphantes inclite coronabit J. HOWD. *Cant.* 37.

inclitudo, fame, renown.

1439 quum sola vestra celsitudo regalis ea protegere .. sufficit, que vestrorum progenitorum ~o permaxima erexit *EpAcOx* 193.

inclitus [CL; *sp.* inclutus *preferred in early* CL *authors, but* ~us *more frequent*; inclytus *occurs from* LL]

1 renowned: **a** famous, celebrated. **b** infamous, notorious.

a celebre meticulosis municipibus tropeum et ~um oppidanis trepidantibus triumphum .. reportavit ALDH. *VirgP* 57; inclyti fama viri Brittaniae fines lustravit universos BEDE *HE* III 13; **798** (12c) rex ~us Merciorum Athelbaldus *CS* 291; c**800** ~am Hiberniae insulam ALCUIN *Ep.* 280; quo praefata dies .. / omnibus et celebris celebretur et inclita sanctis WULF. *Brev.* 52; inclytam ecclesiam Westmonasterii GOSC. *Transl. Aug.* 20D; *G. Herw.* 322 (v. 2 conserere e); virtutibus ~a .. sanctorum preconia GIR. *TH intr.* p. 7; **1282** (v. domicellus 1b); **1420** ~e recordacionis progenitores serenissimi principis Caroli patris nostri Francie (*Treugae*) *Ps.*-ELMH. *Hen. V* 91 p. 253. **b** **1348** ex quibus inclyta mala provenire didicimus *Conc.* II 748b.

2 (*pax ~a*) peace with honour.

si .. aliquo justo medio possit pax ~a resarciri *G. Hen.* V 20 (v. durus 2a).

3 beautiful, pretty.

si adolescens adornetur ad instar puelle vel habeat faciem ~am ut famella M. SCOT *Phys.* 1 f. 10. 1.

incloare [AN *encloer* < inclavare], to accloy, drive nail into horse's foot when shoeing; hence, to lame.

1275 ferrabit palefridum domini regis cum venerit apud Man'efeld si fuerit deferatus; et si ~averit palefridum domini regis, dabit domino regi pro palefrido quatuor marcas et habebit palefridum *Hund.* II 300b.

inclosimentum, enclosing fence or barrier.

1550 menia, muros, fossata, et ~a quecumque ejusdem [sc. collegii] situm .. includencia *Pat* 832 m. 33.

includenter, ? on the inner side.

?**1429** sub arcu seu fornice feretri dicti martyris ~er, vel sub pavimento et dicto arcu .. jacet dominus Willelmus Clinton AMUND. I *app.* 437.

includere [CL]

1 to enclose (in a receptacle); **b** (w. ref. to tomb). **c** (w. ref. to natural receptacle, esp. pass.). **d** to embed. **e** to set (gem; in quot., fig.).

curavit .. fabricare basilicam, in cujus medio ipsum .. oratorium ~eretur BEDE *HE* II 14; adeo quod .. talem spiritum in olla bulliente ~eret [TREVISA: *closede suche a spirit in a sepinge crokke*; *Harl. 2261*: *includede a wicked spirite in a potte boylynge*] HIGD. V 21 p. 168; **1440** (v. barellare). **b** hos ego Cudbertus sacri successor honoris / inclusi tumulis exornavique sepulchris *Epigr. Milredi* 813; hic quoque sanctorum pausant duo corpora patrum, / Elidius praesul .. / inclaususque pater meritis Leonius almis ALCUIN *Carm.* 99. 9. 3; quo sanctum defossae viscera petrae / inclausum corpus captant, penetralia saxi *Mir. Nin.* 350. **c** aeris inclusi GIR. *IK* I 2 (v. exhalare 4a); sed quid hec .. cum continua tam familiaris hostis, aeris sc. inclusi et ~entis, inimicitia? *Id. TH* I 34; in terre visceribus ~untur aer et spiritus infecti *Ziz.* 272. **d** percussus quodam ferro quod Gallico dicitur *gayne*, inclusum habuit in pectore per duos dies *Mir. Montf.* 82. **e** gemme virtutum que incluse auro sapientie diadema venustant R. NIGER *Mil.* II 5.

2 to shut in so as to prevent escape, confine, imprison; **b** (fig.). **c** to restrict without actual confinement.

minotaurum .. qui taurinum caput habuit et inclusus laberinto tam clamore quam mugitu ingemuisse describitur *Lib. Monstr.* I 50; si est in domo aliqua albus equus te nesciente inclusus, .. ANSELM (*Gram.* 14) I 160; ipsum cum omnibus suis in uno simul cubiculo ~ite ORD. VIT. X 24 p. 151; ceperunt illum et infra turrim urbis Trinovantum incluserunt, inponentes custodes G. MON. III 18; [Argus] vaccam attente ducit et reducit, attentius ~it, attentissime inclusam, ne evadere possit, innectit *Natura Deorum* 23; leo si ~itur in foveam ALB. LOND. *DG* 6. 11; ad exemplum avicule incluse VAC. *Lib. Paup.* 261; Joachim rex inclusit Hieremiam, quia prophetavit contra civitatem *Eul. Hist.* I 54; foreste, ubi sunt fere non incluse. .. parci, id est loci ubi sunt fere incluse LYNDW. 308 m, n. **b** **1167** ac si ille coram rege constitutus ad ~endam veritatem secum attulisset carcerem Tullianum J. SAL. *Ep.* 229 (232). **c** Deum .. deprecemur, quia variis discriminibus undique ~imur ORD. VIT. X 20 p. 121.

3 to hold back, contain (lodged water). **b** (p. ppl. as sb., prob. f.) sluice (*cf. claudere* 2e, *excludere* 3a, *recludere*).

1450 pro aqua ad idem molendinum ~enda et conservanda (v. defensorius 1a). **b** **12..** (1395) in tota piscaria .. cum omnibus gurgitibus, inclusis, et omnibus aliis ingeniis tam molendini quam dicti gurgitis infra dictam ripam, dicte piscarie pertinenciis *Cart. Osney* IV 145; **1274** in j inclus', scilicet *flodgates*, j rota intrinseca de novo facienda, parietibus molendini emendandis *MinAc* 984/3 r. 2 (*Bronscombe, I. of W.*).

4 to shut out of reach, keep in seclusion (in quot., refl.).

comes .. Northanhymbrorum sese in Bebbanburc incluserat *Obsess. Durh.* 1.

5 (mon.) to enclose in religious seclusion; (spec.) to enclose in sealed cell without entry or exit but with window through which food *etc.* could be passed. **b** (p. ppl. *inclusus*, *~a* as sb. m. or f.) incluse, anchorite.

ille .. habitaculum struit, structo sese ~it, inclusum rigore incredibili constringit OSB. *V. Elph.* 124; beatissime virgines, Dominicis septis incluse, una cum monasterio suo .. concremantur GOSC. *Transl. Mild.* 5 p. 161; [religiosi] qui ita inclusi erant quod eum adire non poterant, suos nuntios mittebant ALEX. CANT. *Mir.* 50 (I) p. 259; quaedam religiosa femina quae despecta praesentis vitae gloria semet in spelunca incluserat *Ib.* p. 260 (cf. ib. [II]: ad quandam magnae sanctitatis anachoritam); ~i potius et intra cellulam obstruso exitu contineri tutius estimabant AILR. *Inst. Inclus.* 2; cuidam in solitudine pro Christo .. incluso pure et probabilis vite monacho OSB. CLAR. *V. Ed. Conf.* 8; inclusit ancillas Christi solitarie victuras sub pariete ecclesie, .. fenestra tantum patente per quam necessaria intromitterentur *Canon. G. Sempr.* 47; **1233** [Margeria le Auncre] inclusa est ita quod exire non potest, sed .. exit aliquando in viridarium suum *CurR* XV 466; s**1069** Marianus post x annos sue inclusionis Mogontiam venit .. et ibi ~itur juxta monasterium principale ELMH. *Cant.* 28; **1443** coactus .. ordinem intrare .. et in eodem ordine invite est professus; et .. ita fuerat invallatus et inclusus in ordinis artitudine ut sibi tempus oportunum exeundi acquirere nequiret *Paston Let.* 871. **b** domnum Hugonem, ~um Cadumensem ANSELM (*Ep.* 45) III 158; si .. prior cum ~a loqui voluerit, aliquo presente loquatur AILR. *Inst. Inclus.* 7; **1155** ~e de Pevesia xv s. *Pipe* 19; Lugduni apud S. Ireneum ~a quedam admodum religiosa .. J. SAL. *Anselm* 1039A; **1182** feci divisam meam .. in hunc modum: .. leprosis et ~is et heremitis .. v milia marcas argenti *Act. Hen. II* II 220; s**1225** puella quedam ~a religiosa M. PAR. *Maj.* III 101; Domine Jhesu Christe, pro cujus amore solent ~i perpetuo carceri seipsos voluntarie mancipare *Spec. Incl. proem.* p. 65.

6 to enclose (land, town, *etc.*) with hedge, wall, or sim. **b** (p. ppl. as sb. f. or n.) close, enclosed land; **c** (Kent) 'innings', land reclaimed from saltmarsh.

c**1127** meis .. fratribus canonicis .. reddo quoddam suum nemus .. quod in .. meo parco de Clachentona .. ut eis melius custodiretur incluseram *E. Ch. S. Paul.* 43; c**1160** in prato quod idem R. inclauserat *Danelaw* 367; **1208** (v. bescata a); a**1242** tenementum .. non ~et versus se (v. diffortiare 3b); **1258** ita quod .. dictam pasturam pro voluntate eorum ~ant, quod dictus E. nec homines sui pro defectu clausi dampnum incurrant *Cart. Bath* 76; **1269** de spinis et subbosco ad ~endum villam suam de O. *SelPlForest* 47; **1283** Edithe .. remissi fuerunt iij d. redditus pro terra ejusdem inclusa ad pratum domini *Cust. Battle* 30; **1308** Ivo inceperat ~ere .. locum ad ipsum W. de communa pastura [*sic*] sua ibidem habenda excludendum *Year Bk. 1 Ed. II* 21; c**1340** civitatibus .. de muris inclusis (v. 1 incessor); **1447** in quadam parcella terre de novo per dominum priorem in Spennyngmore subtus villas de M. et W. appruate et fossatis incluse *Ac. Durh.* 630. **b** **1222** due acre quondam Willelmi sunt in manu Simonis C. .. et una ~a in parco *Dom. S. Paul.* 27; **1279** curia .. cum gardino et aliis ~is continet in se vj acras *Hund.* II 660b; **1289** capitale mesuagium valet per annum cum tota inclausa ij s. et non plus *Cart. Boarstall* 543; **1359** in inclausa domine (*CourtR*) *EHR* XX 482; **1359** de marisco jacente extra wallam ~i de la Chyne *Pat* 256 m. 29; **1373** dictum curtilagium jacet in eadem parochia infra ~um porte situate inter tenementum .. *Deeds Balliol* 67; **1426** lego .. sorori mee .. unum inclausum in Godwyk vocatum *Bekyard* cum pertinenciis *Reg. Cant.* II 365; **1538** unum inclausum vocatum *le mylle clos FormA* 415. **c** c**1200** si prevalente maris violentia contingat wallum predicti ~i exterius dirui et de predicto ~o per ejus ruinam quicquid amitti, .. pro quantitate terre quam constiterit amissam esse sustinebunt quantitatem predicte census minui (*MS Lambeth Palace 1212* f. 207) *Cart. Bilsington* 41 n.; **1397** cum quodam ~o vocato Roundesmersshe *IMisc* 267/10 (*Kent*).

7 to close (object or receptacle). **b** to close (document) by sealing. *Cf. claudere* 3.

arcam ingrederis, quam Dominus deforis ~it AD. SCOT *TGC* 821B. **b** **1364** litteras vestras infra impressuram sigilli vestri inclusas (v. impressura b).

8 to round off, bring to an end.

s**1377** rex .. diem inclausit momentaneum, ut transiret per Dei graciam ad eternum *Chr. Angl. app.* 400.

9 to limit, define by spec. limits (also w. natural feature or landmark as subj.).

a**1244** (1290) totam terram in mora mea de G. hiis metis inclusam .. *Cart. Mont. S. Mich.* 4 p. 5; **13..** totam terram de le Holm .. sicut eam aqua de Teruein et fossatum ~it *Cart. Chester* 450 p. 270.

10 a to place (within category or class), include (in group). **b** (log., phil.) to include (within scope of term, definition, proposition, *etc.*).

a impossibile est unamquamlibet de illis tribus personis inter illa 'omnia' [*Rom.* xi 36] ~ere et duas alias excludere ANSELM (*Proc. Sp.* 9) II 202; a malis excludi, in bonis ~i *Id.* (*Ep.* 112) III 244. **b** nihil est in hac definitione quod non sit necessarium ad concludendam libertatem arbitrii rationalis voluntatis et ad alia excludenda, et sufficienter illa ~itur et alia excluduntur *Id.* (*Lib. Arb.* 13) I 225; cum Pater ex innascibilitate producat, ponere Patrem innascibilem et quod non producat erit similiter incompossibilitatis inclusio, quod tamen ponit Augustinus. .. similiter ponere quod Pater generet et non sit innascibilis, eadem ratione incompossibilia ~eret, quod tamen ponit Anselmus R. MARSTON *QD* 143.

11 a to include (as component part or sub-division), comprise, consist of (in quots., w. mus. note as subj.). **b** (log., phil., w. concept, proposition, *etc.* as subj.) to include (within scope of applicability), embrace, imply.

a longa duplex altera duas duplices longas in se ~it in valore licet non in forma HAUBOYS 212; quando brevis antecedit longam duas longas ~entem *Ib.* 218. **b** materia in quantum materia non ~it illam entitatem qua est hec materia OCKHAM *Sent.* II 162; quando talis proposicio non est negativa nec ~ens aliquam negativam tamquam exponentem eam *Id. Quodl.* 33; ad argumentum principale dico quod non, quia hoc ~it contradiccionem, quod supponitur in alieno supposito et tamen quod supponitur in supposito proprio *Ib.* 341; mentiri plus ~it quam dicere falsum, sc. intencionem fallendi RIC. ARMAGH *Sent.* 401.

inclusarium, ~ius, (*domus ~ii*) ? house of retreat for an incluse.

1221 mandatum est bailliis G. quod sine impedimento permittant Alvenam mulierem de voluntate diocesani domum sibi inclusarii [*sic* MS] edificare pro voluntate sua juxta ecclesiam suam (*Cl* 25 m. 1) *Cl* 473b.

inclusarius [*erron. form from misr. of* indusiarius], (explained as) 'one who folds his neighbour's beasts'. (*Cf.* Osb. Glouc. *Deriv.* 438: hic patigarius, -rii, i. janitor, quod januam facit patere; unde Plautus: 'ubi sumptus petunt stat fullo, aurifex, inclusarii, patigiarii' = Plautus *Aulularia* 508–9: ubi sumptus petunt / stat fullo, phrygio, aurifex, lanarius, / caupones, patagiarii, indusiarii).

hic inclusor, -ris, qui et ~ius dicitur, i. ille qui vicinorum claudit †pectora [MS: pecora] †profore facto [MS: pro forisfacto] Osb. Glouc. *Deriv.* 107; ~ii, qui vicinorum pecora includunt *Ib.* 176; portitor, janitor, ostiarius, valvarius, inclusor, patigiarius, clavicularius, ~ius, portensis *Ib.* 474; *þyndare of beestys*, inclusor, .. ~ius *PP*; hic ~ius, *a hayward WW*; *CathA* (v. inactor).

inclusatio, enclosure.

1583 onera ~onum [boscorum etc.] assumere *Pat* 1234 m. 6.

incluserium v. inclusorium.

inclusio [CL]

1 confinement, imprisonment.

rex longa ~one fatigatus .. arcem reddidit Ord. Vit. XI 26 p. 257; rerum spoliationes, corporum ~ones G. Cold. *Durh.* 15; **s1244** tedio diuturni et insoliti carceris graviter affectus, cogitavit .. qualiter ~onem poterat evadere carceralem M. Par. *Maj.* IV 295; in Christo glorificato omnino subditur spiritui. alioquin si haberet corpus ~onem deorsum et anima sursum, jam non esset Christo plena quies vel habitudo Fishacre *Quaest.* 44.

2 (med.) constriction.

tunc descendit cibus indecoctus ad inferiores partes stomachi et exinde generantur ~ones et alia mala et incomoda Bacon V 73; quando in eo [sc. capite] congregantur superfluitates, poteris scire per hec signa, que sunt tenebrositas oculorum, gravitas superciliorum, repercussiones timporum ac tinnitus aurium, ~o narium *Id.* V 83.

3 (mon.) inclusion, living as an anchorite.

s1069 (v. includere 5a).

4 the action of enclosing with hedge, wall, or sim. **b** enclosure, close, enclosed land. **c** the enclosing of land with sea-defences, or land reclaimed.

1305 quod .. possit dicta bruera in culturam redigi et per aracionem, ~onem, vel alio modo approuiari *Cart. Chester* 55 p. 98; **1450** pro ~one gardini circa ten[ementum] apud Acley de novo edificatum *Ac. Durh.* 239; **1457** carpentario operanti apud Beaulieu super emendacione *le gavill* et ~one palorum gardini ibidem *Ib.* 635; **1471** circa ~onem de *lez stakgarthez* de Billyngham *Ib.* 643. **b 1399** tres acras terre .. que dicitur gleba ecclesie cum ~one et orto *Melrose* 517. **c 1473** ad ~onem ducentarum acrarum marisci .. earumque defensionem ab aquis salsis, et ad perfeccionem nove ~onis de Ketemersche *Lit. Cant.* III 268.

5 cessation.

que sunt misericordie annuatim ..? una est ante Adventum Domini, alia ante ~onem Alleluia *Obed. Abingd.* 394 (cf. claudere 8c).

6 (phil.) inclusion.

R. Marston *QD* 143 (v. includere 10b).

inclusive [ML]

1 including the stated limits, inclusively, esp. in phr. *usque ad* .. *~e* up to and including ..: **a** (w. ref. to number or series); **b** (w. ref. to time); **c** (w. ref. to place); **d** (w. ref. to point or circumstance).

a est .. aliud genus tenementi .. ubi non fit homagium ante tempus, sc. ante tertium heredem ~e positum Bracton 78; Orosius his addit unum annum, dicens quod fuerint ab Adam usque nativitatem Christi 5199; qui numerus, licet videatur ~e intelligi, tamen exclusive scribitur Bacon *Tert.* 206; totam rerum generationem ab elementis per humores simplices et compositos usque ad partes animalium et plantarum et hominis ~e *Id.* IX 156; ut avus, atavus, proavus et ita de aliis usque ad primum parentem ~e *Ziz.* 30; usque ad Psalmum centesimum ~e Gascoigne *Loci* 127. **b** constitutum est quod pascha deinceps celebraretur die Dominica inter xiiij^am^ lunam primi mensis usque in xxj^am^ ~e Higd. IV 17 p. 40; usque ad 24 diem mensis Februarii ~e N. Lynn *Kal.* 185; **1419** Gregorius de R. [erat major] vij annis, viz. ab anno tercio regni Edwardi, filii regis Henrici ~e usque ad finem ejusdem regis noni ~e, sc. tam primo quam ultimo computato *MGL* I 21; **1422** has literas nostras fieri fecimus patentes usque quintum diem Maii proximum futurum ~e duraturas *RScot* II 232b; **1450** a die xxiiij^o^ mensis Septembris .. usque in diem hujus computi ~e *ExchScot* V 390; **1545** infra hinc et N. diem mensis N. proxime futuri ~e *Conc. Scot.* I cclix; **1559** fuit precipuus benefactor hujus conventi usque ad mortem ~e (*ObitR*) *Scot. Grey Friars* II 286. **c s1298** tempestas .. usque Romam ~e per adjacentes provincias se extendit *Ann. Worc.* 539; **s1349** pestilencia .. in tantum invaluit quod .. singula loca regnorum omnium se de terra illa versus boream protendencium usque Scociam ~e .. visitavit Avesb. 119; **1427** a primo pede ~e a fine boreali dicte longitudinis usque ad quinquagesimum quartum pedem ~e ejusdem versus austrum .. *Deeds Balliol* 153; **1428** (1436) cum toto spacio .. in .. longitudine a muro .. usque ad foveam interiorem grave sive parci ~e *Cl* 286 m. 1*d*. **d** Heytesbury *Reg.* 278 (v. exclusive 1); **1377** et contra eum usque ad debitam condemnacionem ~e procedemus (*Lit. Papae*) Wals. *HA* I 349; **1432** [potestatem] negotia .. ordinacionis ciste .. usque ad finalem eorundem expedicionem ~e prosequendi (*Lit. abbatis*) Amund. I 293; bis per Wallicos .. totaliter, saltem altera vice, dormiens usque ad braccas ~e spoliatus fui Ad. Usk 104; **1462** cum .. ipse officialis in causa hujusmodi usque ad conclusionem ~e inter partes ipsas processisset *Mon. Hib. & Scot.* 445a.

2 in a manner embracing all members of stated group or category. **b** in a general way, not in detail, broadly.

s1381 mihi .. videtur tempora mala non tantum istis imputanda sed generaliter cunctorum habitatorum terre peccatis, ~e ordines sumendo mendicancium Wals. *HA* II 13. **b** [leges] quas tantum in universali ~e et in confuso principi scire sufficiet, remanente suis judicibus earum .. sciencia alciori Fortescue *LLA* 54.

inclusivus [ML]

1 included (in stated limits), (quasi-adv.) inclusive.

spacium illud generaliter cum suis contentis, quod est a circulo lune usque ad firmamentum, ita quod sit ~um, in hac facultate celum ab Arabibus vocatur D. Morley 229; dabitur ei dies a die visus sui ~o in unum annum et unum diem *BNB* III 300; ita quod tertius heres sit ~us Bracton 21b; usque ad tertiam personam ~am *Fleta* 363.

2 (as sb. m.) sluice. *Cf. excludere* 3.

1326 cariare debent meremium molend' pro rotis fusis ~is cum bordis et facere ~os trium molendinorum ut supra sumptibus propriis *BB St Davids* 54 (cf. ib. 66).

inclusor [LL]

1 craftsman, smith, jeweller (also *~or gemmarum*).

transtulit omnem artificem et clusorem [*PL*: inclusorem] in Babyloniam Bede *Kings* 736 (cf. *IV Reg.* xxiv 16); bibliothecam librorum eorum omnem de auro purissimo et gemmis pretiosissimis fabrefactam compaginare ~ores gemmarum praecepit Eddi 17.

2 maker of enclosing wall or hedge.

1352 in vadiis j ~oris parci *MinAc* 1078/1.

3 one who folds beasts.

Osb. Glouc. *Deriv.* 107 etc. (v. inclusarius); hic ~or, *a pynder WW*.

inclusorium [ML]

1 place of confinement, lock-up. **b** pinfold; *cf. inclusarius.*

1456 [*who was in the lock-up house*] in incluserio *HMC Rep.* III *app.* 364. **b** *pinfold*, ~ium *PP*; hoc ~ium, *a pynfold WW*; *a pynfolde*, catabulum, tescula, ~ium *CathA*.

2 embankment or inlet of fishpond.

1264 et ~iis vivarii emendandis et reparacione vinearum regis *Pipe* 108 r. 15.

3 place of seclusion, (mon.) anchorage.

1245 ij robora, que rex dari precepit incluse de Brutford .. ad focum suum, prosterni et cariari faciat usque ~ium suum *Liberate* 21 m. 11.

inclutus, inclytus v. inclitus.

incoactus [CL], not compelled, voluntary.

1532 Cristina .. prestitit juramentum quod inchoacta consensit ad resignationem (*Saisina*) *Scot. Grey Friars* II 142; **1532** prestitit juramentum corporale tactis sacrosanctis Dei evangeliis quod inchoacta consensiit ad illam resignationem et infeodationem (*Saisina*) *Reg. Brechin* II 184.

incoagulabilis, that cannot be made to solidify.

contra hoc est quod dicit Aristoteles [*Meteor.* 385b 1–5] .. '.. et iterum ~ia sunt aque [? l. que aque] participant' Gilb. I 43. 2.

incoare v. inchoare.

incoctus [CL], uncooked, raw. **b** (fig.) unfinished, imperfect.

mensa fuit pauper et parvula, mappa vetusta / et contrita, cibus incoctus et horridus, ipse / potus acetosus et turbidus Vinsauf *PN* 1772. **b** predicta insuper licet ~a brevitatis et insolercie causa desidero ut sufficiant, super operis mei imperfeccione veniam postulans a lectore Upton 258.

incogere, to compel. (*Cf. Ps.*-Apuleius *Asclepius* 40: †*incoguntur* [*sic* MSS; *edd.*: *vi coguntur*]).

necessitas qua ad effectum incoguntur omnia Bradw. *CD* 711C.

incogitabilis [LL; CL = *unthinking*], unimaginable, inconceivable.

ubique splendor ~is, non hujus solis sed millies clarior .. tantoque huic quanto dies nocti incomparabilis Gosc. *Lib. Confort.* 112; pro eterno et ineffabili gaudio beatorum hereditabunt eternam et ~em tristitiam Eadmer *Beat.* 15; nec est aliqua scientia que possit penetrare .. quanta dulcedinis sedulitate parvulum foverit .. et hec profecto tanto nobis sunt pene incongitabilia quanto inassueta W. Malm. *Mir. Mariae* 119; profundum sacramentum .. ineffabile, ~e, incomprehensibile Bald. Cant. *Sacr. Alt.* 641C; quis unquam pensando non deficiet quam sit incomparabilis crudelitas, quam sit ~is perversitas, quam sit inexorabilis malignitas demoniace rabiei .. Ad. Marsh *Ep.* 1 p. 81.

incogitans [CL], thoughtless, unthinking.

quo quisque indoctior, audacior, ~antior, hoc pluris fit apud nostros Caius *Can.* 10b.

incogitantia [CL], thoughtlessness.

1516 malicia profecto nihil, ~ia vero plurimum in te peccavi (Lupset) *Ep. Erasm.* II 431; **1520** jocatus sum in Brixii et jactantiam simul et ~iam (More) *Ib.* IV 1087.

incognite [LL], without being known, without knowledge.

si quos appellationum talium perturbet novitas, sufficiat eis eorum que distinximus sine nominibus cognitio ne ~e distinctis incognita etiam nomina adhibentem horreant Balsh. *AD rec.* 2 136.

incognitus [CL]

1 a (of facts *etc.*) not found out, unascertained. **b** (*~um est* w. indir. statement or qu.) it is not known.

a si pro desperatione aut pro timore aut pro causis ~is [se occiderit], .. Theod. *Pen.* II 10. 2; utique prope est dies illa, prope inquam et ~a, subito venit et forsitan hodie erit Anselm (*Or.* 14) III 58; cui nihil occultum, nihil ~um Gir. *GE* I 34 p. 108; **1345** croftum abuttans super gardinum versus aquam pertinuit ab antiquo ad priorem, sed nunc est ~um [sc. *in respect of ownership*] *Hal. Durh.* 15. **b** quot millia .. perierunt, nisi soli Deo, ~um est Asser *Alf.* 42; volebat .. amicis suis ~um esse quod eam diligeret Ord. Vit. III 3 p. 44.

2 a (of place, thing, or abstr.) not known by experience, strange, unfamiliar. **b** (w. dat. *naturae* or sim., w. ref. to that which is unnatural, unprecedented). **c** (of person) unknown, unidentified, unrecognised.

a Brittania Romanis .. inaccessa atque ~a fuit Bede *HE* I 2 p. 13; hominem vultus habitusque ~i *Ib.* II 12 p. 108; **a796** (12c) absque impedimento secularium negotiorum ac regalium tributorum sive expeditionum aut jussionum ~arum *CS* 275; **a1073** ~ae linguae (v. excusatio 2b); formidantes pericula per ~a itinera Ord. Vit. XIII 4 p. 7; exoticas sibique ~as profero partes Osb. Glouc. *Deriv.* 203; damnare omne genus sapientie eis ~um Bacon *CSPhil.* 417 (v. diabolicus c); **1432** quia dicta sigilla nostra quampluribus sunt ~a *Cl* 283 m. 18*d*; **1496** regiones .. que Christianis omnibus ante hec tempora fuerunt ~e *Foed.* XII 595. **b** aliquid inauditum et inopinabile atque naturae ~um facere Anselm (*Orig. Pecc.* 16) II 157; rebus .. solito nature cursui ~is Gir. *TH* I 2 p. 23. **c** absit ut hoc de patribus vestris dicam, quia justius multo est de ~is bonum credere quam malum Bede *HE* III 25 p. 187; ecce subito duo visi ~i domum ingredientes Elmh. *Cant.* 213; **1442** duo Anglici sibi ~i (v. diplois a).

3 not detected, undiscovered.

proceres ut vilia mancipia subsequebantur .., et per oppida .. ~i pertransibant Ord. Vit. XI 26 p. 252; que difficilioris sunt inventionis ~a, facilioris esse cognitionis inventa in pluribus contingit Balsh. *AD rec.* 2 124.

4 (in active sense, w. obj. gen.) unknowing.

Dani fugientes non longe sunt persecuti, quia ~i locorum noctis obscuritate sunt retenti. Angli vero loci non inscii .. a manibus hostium sunt elapsi *Enc. Emmae* II 10.

incognoscibilis [LL], that cannot be known or recognised.

comes, ad mandatorum indecentiam plus quam iratus, toto corpore fiebat ~is DEVIZES 33v.

incognoscibiliter [LL], incomprehensibly.

referens quippe ~iter memoratum templum destructum, ita subjunxit .. GOSC. *Lib. Mild.* 12 p. 80.

incohare v. inchoare.

incohibilis [CL], that cannot be held together.

caudices ligni plurimos funiculo brevi circumdatos portabat. .. Democritus .. videt eum cum illo genere oneris tam impedito ac tam ~i facile atque expedite incedentem DICETO *Abbr. Chr.* 37 (= Aulus Gellius *Noctes Atticae* V 3).

incohibiliter, uncontrollably.

frequenter et quasi incohibiliter [vv. ll. incohibite, †inchoabiliter] et sine freno KNAPWELL *Quare* 263.

incohibite v. incohibiliter.

incoinquinatus [LL], undefiled.

eo quod .. verbum Domini .. lucidissimam animam illius et corpus ~um illustrando sibi consecraverit J. FURNESS *Kentig.* 6 p. 173; imago enim Dei angelus, manifestatio immanifesti luminis, speculum purum, splendidissimum, immaculatum, incontaminatum, ~um [ἀκηλίδωτον] GROS. *Ps.-Dion.* 270; unde Lincolniensis in De celesti jerarchia .. scribit: '.. in Greco ponitur *ieron* quod ut Greci dicunt significat sacrum seu sanctum seu preciosum et honorabile seu ~um et admirabile ..' (GROS.) WYCL. *Ver.* I 115.

incola [CL], **~us,** one who lives in a place, inhabitant; **b** (fig.).

quantum caelestem patriam sitio, tantum viciniam pravorum inter quos ~a conversor horreo BEDE *Tab.* 496; in primis haec insula Brettones solum .. ~as habuit *Id. HE* I 1 p. 11; **762** (12c) in publicis locis, id est ut ~i nominandi dicunt Holanspic, alius Paetlanhrygc, tertius Lindhrygc *Ch. Roff.* 4; **875** in illo loco ubi ab ~is dictum est æt Hamme *CS* 539; alter locus quem vocant ~e Veterem Vadum LUCIAN *Chester* 64; terrarum domini regis nec indigena nec ~a *Chr. Battle* 126v; **c1260** invalescit extera gens et sublimatur, / vilescit vir incola et subpeditatur *Pol. Songs* 122; **1405** cives, ~as, et inhabitatores *Lit. Cant.* III 96. **b** incola sum modici pontis, novus auctor in arte J. SAL. *Enth. Phil.* 49.

incolare [*rare in* LL, *widespread in* ML]

1 (trans.) to inhabit.

cune, -arum, eo quod ab infantibus ~antur OSB. GLOUC. *Deriv.* 95; **c1430** aut cum Cyro aurum letifere hauriunt .. aut cum Tantalo aquas Stigias ~ant *Reg. Whet.* II 387.

2 (intr.) ? to dwell on earth (*cf. incolatus* 1c).

celum .., diutius civem suum ~ari [? l. ~are] non sustinens, eum jam urgentius flagitabat W. NEWB. *Serm.* 896.

†incolatorius, *f. l.*

Obed. Abingd. 397 (v. cervisiatorius).

incolatus [CL]

1 **a** the action of dwelling in a place, residence. **b** residence in foreign country, exile. **c** dwelling on earth, earthly life (regarded as exile from heaven; also w. *praesens*, *terrenus*, or sim.).

a 672 ab ~u externi ruris repatrians ALDH. *Ep.* 5 p. 490; populum in terram repromissionis ille de longo ~u heremi .. introduxit BEDE *Ezra* 845; construitur aula divini ~us FOLC. *V. Bot.* 8; subregulus .. civitatem .. ~us sui frequentatione honestabat *V. Fridesw. A* 2; hic ~us, -us i. cultus et mansio OSB. GLOUC. *Deriv.* 95; ex locis ~us .. appellamur monticole, silvani, driades .. MAP *NC* IV 6 f. 48; dum .. curramus alacriter ad permanentem ~us eterni felicitatem AD. MARSH *Ep.* 101; infecundi ruris ~u diutino *Ps.*-ELMH. *Hen. V* 4 p. 9; obedienciam ejus qui patriam sui ~us suppreme regit .. non evadet FORTESCUE *NLN* II 43. **b** ne se .. desererent sed secum ad patriam quamvis ad ~um perducerent B. *V. Dunst.* 13; ab ~u reductum *Ib.* 24. **c** de longitudine praesentis ~us BEDE *Hom.* II 10. 151; **930** (14c) terreni ~us erumpnas .. transvolans *CS* 669; dum taediosum hujus vitae ~um laboriose incoluit B. *V. Dunst.* 37; pro longa nocte ~us laetissimum diem possideas aeternae felicitatis GOSC. *V. Iv.* 86B; ~us iste .. alia secum dura ingerit PULL. *CM* 212; in hac ~us nostri brevitate *Ep. Glasg.* 309; **s1252** beatus Ricardus presentis ~us miseriam exuit TREVET *Ann.* 242; partus iste nobis datus / et pro nobis immolatus / nostri moras incolatus / claudat beatitudine LEDREDE *Carm.* 41. 31; **1457** cum placuerit Altissimo animam vestram ab hujus mundi incholatu ad se evocare (*Lit. abbatis*) *Reg. Whet.* II 95.

2 dwelling-place.

cum [Moyses] divideret Judeorum per tribus singulas ~us OSB. *V. Dunst.* 5; haud modicam sui ~us portionem illi concessere FL. WORC. *Cont. A* 101.

3 (collect.) population, body of people dwelling in a place.

quod terra [sc. Hibernia], que ab antiquissimis temporibus .. religionis contemptrix erat, nova ~us sui religione polleat GERV. TILB. II 10 p. 917.

incolere [CL]

1 to inhabit, dwell in.

qua Scithica regna †horrendum [? l. horrendam] ~unt barbariem ALDH. *Met.* 3 p. 72; dum adhuc Romani Brittaniam ~erent BEDE *HE* I 26; quamvis idem locus raro ~eretur habitatore OSB. *V. Elph.* 123; combusta est basilica .. quam sanctimoniales ~ebant ORD. VIT. XII 17 p. 351; quarum [insularum] viginti deserte sunt, tredecim ~untur GIR. *TH* II 11; quarte pars cetera tractu / mitior incolitur boreali limite Sclavos / metatura sinus HANV. IX 64.

2 to occupy, seize, settle.

Dani .. solum necessariis utilius usibus ~unt ÆLNOTH *Cnut* 8; denique super littus .. consedit et sibi sociisque et heredibus suis maritimam regionem ~uit ORD. VIT. IX 3 p. 474; nec alienam regionem invado sed insulas ad potestatem meam pertinentes ~o *Id.* X 6 p. 32; *Ps.*-ELMH. *Hen. V* 66 (v. declivis 1a).

incolimis, ~itas v. incolumis, ~itas.

incolitare [*freq. of* incolare], to inhabit.

haec est illa domus, quam mater numinis alti / incolitans servat ÆTHELWULF *Abb.* 435.

incollatus [*as if p. ppl. of* *inconferre], (of payments, expenses) contributed, paid, incurred.

1564 eidem pro expensis in eadem [sc. comoedia] incollatis .., vij s. *REED Cambridge* 225.

incolligere, to bring or keep together.

1347 *sarplers* pro lana incolligend' (*Ac. Holy Is.*) *North Durh.* 92.

incollocatus, not securely placed.

omnino .. instabile et infinitum et ~um [ἀνίδρυτον] et interminatum, neque ens [sc. est] neque in exsistentibus GROS. *Ps.-Dion.* 512.

incolomis v. incolumis.

incolor [LL *gl.*], colourless.

~or, sine colore, sicut incorpor, sine corpore OSB. GLOUC. *Deriv.* 290.

incolorabilis [cf. CL colorare], that cannot be given an appearance of rightness.

potissime unus angelus tam sciolus ut Lucifer, non deceptus in penam peccati precedentis, non voluerit esse deus; tunc enim error ~is intellectus Luciferi precederet primum peccatum suum in voluntate WYCL. *Ente* 206.

incoloratus [ML], without colour, uncoloured.

simile quiddam in quibusdam male sculptis et ~is imaginibus nuper factum vidi L. DURH. *Ep.* 264.

incolumis [CL], (physically) unharmed, uninjured, safe. **b** in good health, (esp. *sanus et ~is*, *cf.* OF *sain et sauf*). **c** (in formula expr. good wishes).

semiustas pyrarum faculas .. incolomis ac sospes .. evasit ALDH. *VirgP* 46; BEDE *HE* I 19 (v. 1 emicare 3a); paganorum exercitus Parisiam civitatem derelinquens ~em ASSER *Alf.* 84 (v. derelinquere 1b); de monacho qui summo templi culmine cecidit et nil mali passus ~is surrexit WULF. *Æthelwold* 34 *tit.*; Joseph quem volebant fratres occidere ~is abit AD. DORE *Pictor* 158; si meruisset ~is ad portum pervenire AD. EYNS. *Hug.* II 8 p. 74; furiosum .. celebri absolutione purgatum ad conventum publicum revocavit ~em GIR. *GE* I 23; favente gracia ipsius [sc. Domini] transivimus per vallem ipsam ~es et illesi *Itin. Mand.* 106. **b c1140** terram .. ei dedit et concessit habendam .. dum sanus et ~is adhuc fuerit *Doc. Theob.* 33; malo tamen semimortuus ipsos superare quam sanus et ~is superari G. MON. VIII 23; **c1155** do eidem ecclesie .. mansiones R. presbiteri ita plene sicut ipse sanus et ~is tenuit *Regesta Scot.* 118 p. 183; **1220** noverit dilectio vestra me esse sanam et ~em *DipDoc* I 62; **1262** sanus .. et incholumis *Cl* 81; **c1391** sanus, illaris, ac incolimis Oxonie persevero *FormOx* 412; **1512** si [capellanus] ~is per octo dies continuas non celebraverit [sc. missam] .., capellania .. vacabit *Reg. Aberbr.* II 415. **c** gratia te Regis aeterni .. custodiat ~em (*Ep. Ceolfridi*) BEDE *HE* V 21 p. 345; **804** Deus vestram vitam incolomem .. custodire dignetur ALCUIN *Ep.* 274; incolomem et felicem beatitudinem tuam .. divina clementia protegere et exaltare dignetur *Ib.* 298; **1104** Omnipotens Deus diu vestram sanctitatem nobis in prosperitate conservet ~em ANSELM (*Ep.* 338) V 276.

incolumitas [CL], safety, freedom from harm or injury, well-being. **b** (spec.) good health.

spopondit se .. urbem incolomitati reddituram ALDH. *VirgP* 52; **796** opto bene valeas .. semper; plurimis annis ~atem vestram gratulabundus audire merear (*Professio*) *CS* 276; **c1070** pro salute, prosperitate [et] ~ate W. gloriosissimi regis *Cart. Mont. S. Mich.* 1; **c1130** pro ~ate et pace omnium seniorum, abbatum et fratrum et benefactorum nostrorum vivorum *Ch. Westm.* 249; est igitur salus publica, que universos fovet et singulos, ~as vite J. SAL. *Pol.* 477C; **1166** conservet Deus miseratione sua ~atem vestram (*Lit. episc. Norw.*) *Canon. G. Sempr.* 91v; **1337** pro statu incolimitatis vestre Dei .. misericordiam .. implorare *FormOx* 99. **b** claudos et mancos incolomitati pristinae restituendo ALDH. *VirgP* 34; **a798** cum de firmitate capitis totius proveniat incolomitas corporis ALCUIN *Ep.* 132; **1073** si superna majestas vitam michi atque ~atem cum rerum commoditate concesserit LANFR. *Ep.* 1; qui .. habet pedes et non habet ~atem pedum, non potest ambulare per se ANSELM (*Casus Diab.* 12) I 252; non solum pristinum sed et melioris ~atis statum .. recuperavit *Mir. Hen. VI* I 3 p. 22.

incombustibilis [ML], that cannot be burned.

eadem ligna ~ia asseverant sed, si hec ligna talia putanda sunt ut .. igne omnino corrumpi non possent, .. AD. SCOT *TT* 666A; argentum vivum .. aut totum remanet in igne .. aut totum evolat in fumum, quum sit ~e *Correct. Alch.* 7; in oleum quod vocatur oleum philosphorum, oleum ~e, et multis aliis nominibus RIPLEY 119.

incombustus [ML], not burned.

magno manet incombustus ab igne FRITH. 1199; de vestimentis ejus inter flammam ~is GOSC. *Edith* 71; ignitas ferri laminas ~is pertransiens plantis ÆLNOTH *Cnut* 8; **1346** nihil penitus ~um, quod erat combustibile, relinquentes (*Lit. prior. Durh.*) *Reg. North.* 386; capillus ab igne intactus omnino et ~us permansit *NLA* II 271 (cf. *V. Oswin.* 14–15: flamma sanctis capillis nil molestie intulit).

incomestibilis, inedible.

fructus comestibiles et ~es sunt per accidens et quosdam fructus quidam comedere possunt, quidam vero non ALF. ANGL. *Plant.* I 14; cum maxima famis inedia diutius cruciarentur, quia omnia hujusmodi cibaria ~ia esse credebant COGGESH. *Chr.* 119; nomina volucrum incomestilium [? l. incomestibilium] *WW* (v. graculus).

incomestilis v. incomestibilis.

incomestus [ML], uneaten.

nonne ~a adhuc pendet auca? BEDE *CuthbP* 36; dimidium adhuc habens panis incommesti J. FURNESS *Pat.* 119; omnia cibaria ~a sue elemosine fecit integre reservari BIRCHINGTON *Arch. Cant.* 13.

incomitatus [CL], unaccompanied.

noli .. magorum munera preterire, nec fugientem in Egyptum ~um relinque AILR. *Inst. Inclus.* 30; consequenter sapientia, quam ~am charitas non deserit, .. divina miseratione prearmabitur PULL. *Sent.* 853B; non solus hinc exiit nec ~us ad Christum iit W. NEWB. *Serm.* 899; columbe .. numquam sole sunt sicut nec reges ~i ALB. LOND. *DG* 11. 15.

incomitiare [CL = *to defame*], (misinterp. as) to accuse in the *comitium*. (Osbern has ignored Paulus Diaconus *Epitome Festi* 107M: *~iare significat tale convicium facere pro quo necesse sit in comitium, hoc est in conventum, venire*).

comitium, -ii, placita que multi faciunt comites .. et inde ~io, -as per compositionem, i. in comitium adducere, unde idem Plautus [*Curculio* 401]: 'licetne inforare, si ~iare non licet?' OSB. GLOUC. *Deriv.* 110 (cf. ib. 292: inforare, in foro placitare. ~iare, in comitio placitare).

incommassatus, not heaped together.

justitia .. omnia ab omnibus immixta et ~a [ἀσύμφυρτα] salvans GROS. *Ps.-Dion.* 435.

incommeabilis [ML], impassable.

1170 licet cum multa difficultate per montium ~es semitas .. ad Sanctum Ambrosium devenerimus G. FOLIOT *Ep.* 211.

incommemoratus, not recorded, unmentioned.

ea que hic commemorantur in hominis conditione et ~a relinquuntur in condendis creaturis ceteris GROS. *Hexaem.* VIII 11. 5; sunt que nec deceat incommemorata relinqui H. AVR. *Guthl.* 79r. 15.

incommendabilis, unpraiseworthy.

quamplurimorum ~is inolevit consuetudo, qui scripta chronicalia parvipendunt *Ps.*-RISH. 491.

incommensurabilis [LL], incommensurable.

due superficies ~es mediate ADEL. *Elem.* X 66; item, secundo sunt miracula circa sacramentalis existencie permanenciam, et sic sunt xxiij miracula. .. xv° quia relacio, ut equalitas et quecumque alia proporcio, est hic ~is PECKHAM *QR* 100; probando aliquot motus celestes esse ~es et ita nunquam posse redire ad uniformitatem DUNS *Ord.* II 192; aliquis sinus rectus arcus est assimetrus et ~is diametro WALLINGF. *Quad.* 46; contradicere sentencie xj¹ libri [Euclidis] que ponit quotlibet quantitates continuas ~es, et quotlibet locis ponit multas passiones verificari de continuis que non verificantur de numeris WYCL. *Log.* III 58.

incommensurabilitas, the property of being incommensurable.

queritur quare unus sonus sit consonus uni sono et dissonus alii. .. sunt omnes soni consoni qui communicantes sunt, sc. communem mensuram habentes; soni autem inconsoni sunt in se illi quos non commensurat aliqua una et eadem aliquota. unde commensuratio est causa consonantie, ~as est causa inconsonantie J. BLUND *An.* 165; contradicere volunt ~ati et inequalitati coste et dyametri BACON II 320.

incommensuratio, the property of being incommensurable.

GROS. 5 (v. commensuratio a); omnis entium .. adornatio inconsonantiam et inequalitatem et ~onem [ἀσυμμετρίαν] exterminans *Id. Ps.-Dion.* 532.

incommiscere [1 in- + commiscere], to mix in. *Cf. immiscere.*

compilator, qui aliena dicta suis ~et *Gl. Hulme* C 56.

incommodare [CL], (trans., or intr. w. dat.) to trouble, inconvenience (person), to cause trouble (to), be a nuisance (to).

archipresul .. eum [sc. Godwinum] .. nonnullis interdum incomodabat damnis *V. Ed. Conf.* 42; **c1167** neque michi facile persuaderi potest quod vel calamum a scriptitatione continueris vel mandatum domini abbatis .. suspenderis ut michi ~ares, sed ex necessitate J. SAL. *Ep.* 188 (193); **c1213** [nimis est notum] qualiter etiam in minoribus negociis nostris .. sicut et majoribus nobis et forsan contra promissa totis ibique [? l. ubique] nisibus incomodaverit GIR. *Ep.* 7 p. 256.

incommode [CL], inconveniently.

incommodus, -a, -um, inde ~e adverbium OSB. GLOUC. *Deriv.* 136; per se disquirenti circa quamlibet disciplinam ignorabilia, ne ~ius perturbatius a se quam ab alio fallatur BALSH. *AD rec. 2* 105.

incommodesticus [cf. *OLD*], (comic form of *incommodus*).

dicimus odiosicus pro hoc nomine odiosus, unde Plautus in Captivis: 'odiosici sunt' inquit 'et multum inconmodestici' [*Captivi* 87], et inde odiosice pro odiose OSB. GLOUC. *Deriv.* 388.

incommoditas [CL]

1 detriment, disadvantage, inconvenience; **b** (w. ref. to adverse weather).

c1073 sine magna rerum corporisque ~ate me facere non potuisse testis michi est Deus LANFR. *Ep.* 1 p. 34; placitum forestarum multiplici satis est ~ate invallatum (*Leg. Hen.* 17. 1) *GAS* 559; beatitudo est sufficientia commodorum sine omni indigentia vel commodum sine omni ~ate. si ergo venari in se illam beatitudinem vel tale commodum habet, omni incommodo penitus caret ALEX. CANT. *Dicta* 5 p. 128; minus bene communiter loquentes possunt suos conceptus exprimere et minus bene intelligunter. .. ideo curaverunt sapientes tollere istas ~ates KILWARDBY *OS* 483. **b** ecce sit ante oculos nostros positus pauper aliquis .. et omni quo vel a frigoris ~ate defendatur tegmine nudus EADMER *Beat.* 12 p. 283; illuc ibatur, ningueret, plueret, quecumque porro ~as aeris esset W. MALM. *Wulfst.* III 4.

2 trouble, misfortune.

condolentis patriae ~atibus miseriisque GILDAS *EB* 1; corporum valitudines .. ac spiritales animarum ~ates .. sanabat ALDH. *VirgP* 24; nec solum ab incommodis exterioribus .. consilium optinebatur, verum et ab interioribus animarum ~atibus auxilium divinitus adipiscebatur DOMINIC *V. Ecgwini* I 18; ~as est malum unde incommoda mala dicuntur, quae aliquando nihil est, ut caecitas et surditas, aliquando videtur esse aliquid, ut dolor et tristitia ANSELM (*Orig. Pecc.* 5) II 146; sitis nimiam ~atem .. per dies octo sustinuerunt ORD. VIT. IX 5 p. 490; queritur quare quedam est que in primo coitu mediocriter delectatur, in secundo amplius, in tertio sincopizat ..? hujus ~atis causa est frigiditas *Quaest. Salern.* B 307.

3 physical affliction, ailment.

elefantiosa corporis ~as ALDH. *VirgP* 25; frater aliqua sui corporis ~ate detentus LANFR. *Const.* 179; salus et ~as W. MALM. *GP* V 273 (v. dimidiare 1a); ceteras id ipsum corporis ~ates accelerabat, et si non aliam, matrem malorum omnium ac ministram certe vel [? l. i(d est)] senectutem GIR. *EH* I 46 p. 303; arripuit eum gravis infirmitas. .. vix preces complevit et tota illa ~as concito evanuit majusque robur ei accrevit quam habuerat ante tempus doloris *Canon. G. Sempr.* 111v; venerunt due mulieres Walenses Wigorniam una fere et eadem infirmitate laborantes *Mir. Wulfst.* II 8.

incommodum [CL, *n. of* incommodus *as sb.*], **~ium**

1 detriment, disadvantage, inconvenience.

ex commodis vel ~is naturae ALCUIN *Rhet.* 25 (v. dolosus); regem in via aliquo ~o metuebant periturum OSB. CLAR. *V. Ed. Conf.* 7; preter usualia, que hic abundant, ~a, infestant .. panthere veloces, .. cocodrilli GIR. *TH* I 36; preter senectutis ~a debilitate corporis vexabatur *Canon. G. Sempr.* 67; **1254** ne .. merchatores valeant ~ium reportare (*Pat*) *RGasc* I 344b; in ista insula tantus est calor aeris quod .. gens patrie istius .. ututur unguento restrictivo et refrigerato pro remedio talis incomodi [ME: *remedye for swich myschef*] *Itin. Mand.* 86; **1412** libraria communis, cujus custodia negligens plurima libris inibi .. causaret incomoda *StatOx* 216.

2 trouble, misfortune.

W. POIT. II 27 (v. deditionaliter); turbat hodie mentis sabbatum et vehementer inquietat nimie tribulationis .. incomodum GIR. *Ep.* 4 p. 176; Xenophilus .. vixit .. omnis humani ~i expers W. BURLEY *Vit. Phil.* 252.

3 physical affliction, ailment.

puerulus .. longo febrium ~o graviter vexatus BEDE *HE* III 12; hominem mirabili laborantem ~o OSB. CLAR. *V. Ed. Conf.* 16 (cf. ib.: cecitatis tue); languore jugiter ingravescente et ~o de die in diem in deterius vergente *Mir. Fridesw.* 9; filium habuit .. quem duplex ~um .. sibi et suis fecit inutilem .. nam, preter morbum .. qui eum .. afflixerat, .. lumen oculorum amiserat *Mir. Wulfst.* I 30; nisi gravi corporis ~io [v. l. ~o] irretitus fuisset *Hist. Arthuri* 86.

incommodus [CL], inconvenient, troublesome, disgreeable. *Cf. incommodum.*

amara medicina per usum ~a est sed per effectum commoda ALEX. CANT. *Dicta* 4 p. 123; ÆLNOTH *Cnut* 41 (v. dissuadere); eo amplius quo ~ius et contingentius est in inquirendis errari BALSH. *AD rec. 2* 130.

incommunicabilis [LL], **a** incommunicable, that cannot be shared or imparted. **b** (math.) incommensurable.

a scio te sicut sine ternario trinitatem, et sine unico ~em, sine pondere incomparabilem, et sine mensura inestimabilem, cum tu sola sic sine numero, pondere, et mensura in numero, pondere, et mensura consideras omnia H. BOS. *LM* 1365D; hec proprietas [sc. spiratio] non est ~is, cum sit communicabilis duabus personis [sc. Patri et Filio] NECKAM *SS* II 19. 1; **c1218** confitemur quod unus est solus Deus verus, omnipotens, eternus, inmensus, incommutabilis [v. l. *adds* immortalis, ~is], incomprehensibilis, et ineffabilis *Conc. Syn.* 61 (= *Ch. Sal.* 130; cf. *Conc.* II 501); proprietate sua ~i alterique non convenienti *Ps.*-GROS. *Summa* 387; homo non est ~is si humanitas est communicabilis DUNS *Ord.* II 351; suppositum est ens completum, ~e per identitatem OCKHAM *Quodl.* 328; dominium .. ~e WYCL. *Civ. Dom.* I 126 (v. abdicabilis). **b** cum linea a linea separabitur fuerintque in potentia ~es ADEL. *Elem.* X 73 (cf. ib.: sint .. [linee] AB et BG potentia incommunicantes); atqui AZ in longitudine ~is linee ZB, quadratum ergo ex AZ ~e superficiei AZ in ZB *Ib.* X 94.

incommunicabilitas [ML], want of communicability (as property which defines individuation).

item complementum persone consistit in ~ate, ~atis vero racio est in negacione MIDDLETON *Sent.* I 229; natura non se habet ad suppositum sicut universale ad singulare. .. ita habet suum proprium 'quo' quo subsistit et tamen concomitanter suppositum de necessitate est singulare; et eciam non potest esse 'quo' respectu alterius, quia est subsistens, non potens esse actus alicujus subsistentis. hec duo dicunt duplicem ~atem DUNS *Ord.* II 345; 'Deus' deitate est ens ut deitas est, et sicut deitas de se est 'hec', ita Deus, qui est Deus deitate, est de se 'hic', et in isto conceptu non includitur ~as nec racio persone, quia deitas communicabilis est, et ideo Deus ut 'deitate Deus est' non includit aliquid incommunicabile formaliter *Ib.* IV 5; cum queritur quid est principium individuacionis substancie materialis, queritur quid est causa ~atis ipsius T. SUTTON *Quodl.* 139; WYCL. *Log.* II 64 (v. communicabilitas).

incommunicabiliter [LL], incommunicably.

tu pro singulari gratia, ego pro excellenti justitia; tu pro eo quod habet ~iter, ego pro eo quod habet .. cum multis communiter W. NEWB. *Serm.* 832; contra hoc, quia ordo agentis ad paciens prout consequitur 'hoc exsistens' accidit quod '~iter' DUNS *Ord.* IV 143.

incommunicans, a (log.) not participating, having no share. **b** (math.) incommensurable, (of numbers) lacking a common divisor other than unity, relatively prime.

a nomina propria non sunt propriis rebus sed communicari nomine necesse et ea que ~ancia sunt significacionis proprietate *Ps.*-GROS. *Gram.* 42; videtur cum materia sit substancia longa, lata, et profunda, sicud et forma materialis coextensa, quod utrumque sit corpus, et sic duo corpora ~ancia coextensa sunt WYCL. *Form.* 197. **b** numeri ~antes, quorum uterque ad alterum primus, sunt illi qui nullam habent communem numerum se numerantem preter solam unitatem ADEL. *Elem.* VII *def.* 10 p. 196; *Ib.* X 73 (v. incommunicabilis b); erit [linea] HZ communicans linee BZ in longitudine, atqui BZ rationalis atque ~ans linee ZD in longitudine *Ib.* X 106.

incommunicatio, want of communication.

quicquid etiam de communicatione quantitatum dicitur potest convenienter trahi ad actus caritatis, et quod de ~one proponitur ad odium et divisionem animorum noscitur pertinere BACON *Maj.* I 218.

incommunicatus [LL = *unshared, or excommunicated*], not having received communion.

me etenim, quem inimicus sibi vendicaverat quia ~atum repperit, tua salvat oratio ORD. VIT. VI 9 p. 76.

incommutabilis [CL], that cannot or may not be changed or altered. **b** not subject to change, changeless.

?**c690** (13c) ut [terram] teneat, possideat, ac ipsa semper successoresque ejus ~i decreto defendant *CS* 40; **995** (12c) unam mansam .. in perennem hereditatem et ~em renovare concessi libertatem *CD* 688; **s1257** status novi regis Alemannie Ricardi certus est, purus, et ~is M. PAR. *Maj.* V 657. **b** caritas numquam cadet, per quam veritas et vita ~is perpetuo praesens videbitur BEDE *Gen.* 102; Deus solus vere est quia ~is est; quicquid enim mutabile est quodammodo vere non est ALCUIN *Ep.* 268; id quod de Deo creditur .. viz. quod sit eternus, ~is, omnipotens, ubique totus, incomprehensibilis .. EADMER *V. Anselm.* I 19; OSB. BAWDSEY clxxii (v. commutabilis); ac si sententias tam modernas quam veteres eadem ~is veritas genuisset J. SAL. *Pol.* 388C; que naturaliter mutabilia sunt sine ~is boni participatione AILR. *An.* II 52; **c1168** fidelis thesaurus memorie est scriptura, que rerum seriem ~i loquitur veritate *Ch. Chester* 173; ab ~i veritate AD. MARSH *Ep.* 174 (v. despicabilis c); Ihesu, .. / .. / lava vulnus quo liveo, / dans bonum ad quod aveo, / bonum incommutabile J. HOWD. *Cyth.* 141. 12.

incommutabilitas [LL], changelessness.

si praecepta ejus servaret, perpetua viveret ~ate beatus BEDE *Gen.* 26; ille semper Pater et ille semper Filius, quia aeternitas et ~as negat accidentis alicujus in Deo instabilitatem ALCUIN *Dogm.* (*Trin.* I 9) 19B; ipsa summe bonitatis ~as varietatis vitio corrumpitur *Simil. Anselmi app.* p. 94; eternitas est essentie ~as sive essentia incommutabilitas GROS. *Hexaem.* VIII 7. 2; 'quoniam melior est dies una in atriis tuis super millia' [*Psalm.* lxxxiii 11], dicit quod mille dierum in temporis mutabilitate intelliguntur, unius autem diei nomine ~as eternitatis vocatur BRADW. *CD* 70D.

incommutabiliter [LL], changelessly, without change.

ad nutum ejus qui ~iter in seipso permanet ALCUIN *Dogm.* (*Trin.* III 8) 43A; quia apud omnipotentem Deum ~iter praeerat fixum *V. Neot. A* 18; talis igitur est catholicus ordo divinarum celebrationum, qui ab universa Christi ecclesia ~iter servatur ROB. BRIDL. *Dial.* 100; **s1252** quasi sol .. verba vera ~iter stare deberent M. PAR. *Maj.* V 276; **1410** exhortantes ut in devocione ac fidelitate .. velitis .. ~iter .. permanere BEKYNTON II 111.

incomod- v. incommod-.

incompacte [ML], not firmly, without foundation.

non sequitur principium; immo medietas istius psalmi non potest intelligi de Christo; ergo qui exponit residuum psalmi de Christo inconvenienter et ~e procedit R. MAIDSTONE *PP* f. 165.

incompactus [ML], not fitted together. **b** (w. ref. to argument) ill-founded.

propter consimilem distanciam a corporibus celestibus et sphera ignis calor ~us nubi per quem ascendebat deficit HOLCOT *Wisd.* 62; *untrussed*, ~us LEVINS *Manip.* 51. **b** predicationis ratio hinc inde omnino ~a et dissonans, quod etiam parum theologis patens H. BOS. *LM* 1352A; omnes negative que de Deo proponuntur vere sunt, affirmative vero figurative et ~e NECKAM *SS* I 18. 3; affirmativas de ipso [sc. Deo] testatur divus Dionysius ~as esse, id est improprias et inconvenientes, privativas .. proprias et convenientiores *Ps.*-GROS. *Summa* 399.

incompalpabilis v. incompellabilis.

incomparabilis [CL]

1 for which comparison is not possible.

si qua sibi secundum eandem appellationem ~ia sint, ut 'ignotum' dicitur tum quod ignoratum, tum delinquenti remissum; hec autem non accidit dici aut eque ignota aut alterum altero magis ignotum BALSH. *AD* 53; **1417** bacallarii sacre theologie .. ~ibus comparantur, juris divini gradu non attento et racionis ordine non servato *Reg. Cant.* III 50.

2 (in good sense) matchless, beyond compare, unrivalled, outstanding. **b** (in bad sense) unequalled.

non est tegendum silentio quam spiritaliter ad Deum quomodoque cordis inconparabili speculo oculorum nostram providendo propagavit ad Deum conversionem *V. Greg.* 84; **716** ~i virtutis amore HWÆTBERHT *Ep.*; magna est gloria aperti operis sed longe ~ior merces aeternae retributionis ALCUIN *Exeg.* 651A; GOSC. *Lib. Confort.* 112 (v. incogitabilis); erat namque sicut omnibus sapientia ~is, ita in conspectu Dei .. admirabilis OSB. *Mir. Dunst.* 18; regis [sc. Henrici] .. nostro tempore ~is W. MALM. *HN* 493 p. 54; O Dei donum in terris ~e! GIR. *TH* I 37. **b** fetor inconparabilis BEDE *HE* V 12 p. 306; **c1211** interminabile et ~e damnum GIR. *Ep.* 6 p. 236 (*w. pun on* 2 comparare).

3 (*pro ~i parte*) for the great majority.

1412 qui omnes saltem pro ~i parte dictis dominis favent *Cl* 261 m. 9*d*.

incomparabilitas [LL], the condition of being without or beyond comparison.

s1307 [rex Edwardus] cujus probitatis et operum ~as et exequiarum excellencia, eo quod nulle tales sunt vise, commendacionem .. exigunt specialem *Ann. Paul.* 256.

incomparabiliter [LL]

1 incomparably, beyond compare. **b** (compar. *~ius* or *plus ~iter*).

ALDH. *VirgP* 27 (v. erudire 1d); de aedificiis aureis et argenteis ~iter, illo edocente, fabricatis ASSER *Alf.* 91; amant Deum ~iter ANSELM *Misc.* 359; in tantum profecit ut .. in predicationis officio et studio contemplationis ~iter excresceret ECCLESTON *Adv. Min.* 122; oracionis intensione ~iter preditus *V. Edm. Rich B* 617; vir quidem genere nobilis sed morum excellencia et vita mundissima ~iter insignis T. STUBBS *Chr.* 390; impensa .. mihi beneficia et ille tuus mihi insertus amor .. quoniam fiunt, ut uno vocabulo loquar, ~iter BEKYNTON I 273. **b** multo plus ~iter quam stilus noster annotare potest divina pietas in populo suo .. operata est ORD. VIT. IX 11 p. 569; ~ius igitur et gravius peccat qui mandata Dei salutifera contempnit *Quadr. Reg. Spec.* 36.

2 (in weakened sense) by far: **a** (qualifying compar. adj.); **b** (qualifying vb. expr. comparison).

a qui ~iter est Salomone praestantior BEDE *Luke* 481; jurans per id quod rebus omnibus ~iter majus est, fidem LANFR. *Corp. & Sang.* 409B; deinde sanguinem Christi ~iter omnibus creaturis docuit esse praestantiorem OSB. *V. Dunst.* 42 p. 122; nec inutile est [sc. vestrae doctrinae beneficia impendere], sed ~iter utilior vobis erit divina retributio quam huic vestra largitio ANSELM (*Ep.* 81) III 205; Edwardus filius Elfredi .. litterarum scientia multum patre inferior sed regni potestate ~iter gloriosior W. MALM. *GR* II 125; **1236** a quibus [operibus sanctis] ~iter longius distant ea que sunt otiositatis et voluptatis GROS. *Ep.* 22; ita lex evangelica esset ~iter majoris servitutis quam lex Mosaica OCKHAM *Pol.* I 30; **1459** animus principis, cum sit ~iter .. nobilior generosiorque quam .. *Reg. Whet.* I 354. **b** peccatum quod in persona ejus fit ~iter superat omnia quae extra personam illius cogitari possunt ANSELM (*CurD* 14) II 114; infans .. qui utrorumque [sc. parentum] sanctitatem in se transfuderet, nescio an etiam ~iter supergressurus W. MALM. *Wulfst.* I 1; vita claustralium virtutem philosophorum ~iter antecedit J. SAL. *Pol.* 696A; cuncticreator Deus .. creaturis omnibus ~iter antefertur GIR. *TH* I 13; loculum .. quem .. cunctis, que perire ac preterire possunt, ~iter antepono *Id. IK* I 3 p. 47.

incomparandus [ML], not to be rivalled, outstanding.

pallia duo oloserica ~i operis BEDE *HA* 9; **s1139** concilio .. multis retroactis seculis ~o FL. WORC. II 115; [pannus] secundus de ~i pallii purpura preciosus R. COLD. *Cuthb.* 42 p. 89.

incomparatus [LL], unrivalled, outstanding.

habes in his .. ~um .. exemplar BALSH. *Ut.* 54; limbus aureus priore latior, opere et precio etiam ~ior esse videtur R. COLD. *Cuthb.* 42 p. 88.

incompassibilis [LL]

1 incompatible. **b** (eccl., of benefice) not tenable with (other office).

1239 si habet hujusmodi curam tenetur ibi ad residentiam et nihilominus tenetur ad residentiam in cathedrali ecclesia, que sunt ~ia GROS. *Ep.* 127. **b** **1372** ista quinque beneficia tanquam ~ia cum aliis beneficiis nuncupantur (v. beneficium 3a).

2 (theol.) that cannot suffer together (with).

sancti patres .. omnem terrenam substanciam panis ibi [sc. in eucharistia] esse non credunt quia tamquam ~em ibi corpori verba Christi hoc fieri prohibent NETTER *DAF* II 62. 1.

incompassibiliter [ML], without compassion, mercilessly.

avertere faciem, obstruere aurem, cor ~iter obdurare BRADW. *CD* 21D.

incompassionabilis [cf. 1 in + compati], ? pitiable or ? *f. l.*

1308 ad statum domus de Bardeneye incompassionabilem [*sic* MS; *edd.*: compassionabilem] et depressum oculos vestre clemencie dirigentes *RomR* 2 m. 8*d* (= *Foed.* III 73, *MonA* I 634).

incompassive [cf. ML incompassivus], without compassion, mercilessly.

corpora alia semiputrefacta, alia recentissime humata—crudele spectaculum—ab imo videbant ~e retracta *G. Steph.* 53; expulsis ~e monachis de monasterio *Ib.* II 83.

incompatibilis [ML], incompatible (with what is expected or established). **b** (eccl., of benefice) not tenable with other office.

1424 publice ostensis quibusdam falsis litteris ~ibus sub nomine domini nostri pape Martini quinti fictis et fabricatis *Reg. Cant.* III 92. **b** jam pro signatura pape tali beneficio vel gracia debes tantum, jam pro dispensacione super talibus ~ibus [sc. beneficiis] tantum, pro tali indulto tantum .. PAUL. ANGL. *ASP* 1533; **1437** sacrista .. tenet duo ~ia, viz. officium sacristrie, quod dinoscitur permutabile, et ecclesiam parochialem de B., nullam .. habens dispensacionem *Stat. Linc.* II 371; **1451** cum quocumque alio [sc. beneficio] curato seu simili vel dissimili fundacione, seu de consuetudine vel alias quomodolibet ~i *Mon. Hib. & Scot.* 385a; **1456** aliud beneficium cum dicto officio incompatabile *Reg. Dunferm.* 446; optinuit a papa Eugenio duas ecclesias ~es et non residere in aliqua earum GASCOIGNE *Loci* 166; **1549** quod nemo plura beneficia ~ia habeat *Conc. Scot.* II 108.

incompatiens, not compassionate, merciless.

asperitate frigoris adhuc immoderatius coartor quia nudis et algentibus inclementior vixi et ~iens AD. EYNS. *Visio* 46.

incompeditus, unfettered.

1336 quia senescallus duxit ipsos prisones hic ~os, ideo ipse in misericordia *Gaol Del.* 64/3 r. 3; **1663** pullos suos ~os, Anglice *unfettered Crawley* 515.

incompellabilis [LL], who cannot be called (by name).

cujus .. invisibilis creaturae sanctus Basilius in libro Hexameron secundo ita meminit: '.. neque enim dignitas angelorum nec omnium caelestium militiae, vel si quid est nominatum aut ~e, aut aliqua rationabilis virtus vel ministrator spiritus ..' [Eustathius *tr.* Basil *Hexaem.* II 5. 8: ἀκατονόμαστον] BEDE *Gen.* 16 (cf. GROS. *Hexaem.* I 16. 2: †incompalpabile).

incompensabilis, **a** which cannot be compensated for or remedied. **b** which cannot be returned or repaid.

a [comes] non comparuit, unde totus conturbatur exercitus et super ~i obstupescit infortunio *Itin. Ric.* IV 20. **b** unde Aristoteles viij° Ethicorum recitat beneficia ~ia esse tria, sc. Dei, parentum, et magistri WYCL. *Mand. Div.* 298.

incompertus [CL], not known, unknown.

artem ~am invenire, inventam expedire primi temptemus BALSH. *AD* 29; ne, comperta vitans, ~is facilius falli possit *Ib. rec.* 2 104.

incompescibilis [ML], that cannot be curbed.

vacca arrepta rabie ~i .. insanivit (*addition to* OSB. *Mir. Dunst.*) *Mem. Dunst.* 145 n. (cf. EADMER *Dunst.* 24: vesania capta).

1 incompetens [LL]

1 (of person) unfit, not qualified. **b** (of other) not serviceable, ineffectual.

is, cum fastu superbiae sic progressus .., ~ens sancti basilicam intrat HERM. ARCH. 21; destructor regni indignus et ~ens regimini BACON V 43 (cf. *Quadr. Reg. Spec.* 32: †incompotens [*sic* MS] ad regnandum); sane ~enti tali persone WALS. *HA* I 439. **b** J. SAL. *Met.* 842D (v. discohaerentia a); quod .. diffinitio sit ~ens BACON VIII 55; **1290** si tales carnes et pisces emantur et .. si res empta putrida vel ~ens inveniatur .. *MunAcOx* 52; **1356** de carnibus sive piscibus putridis et immundis, viciosis, seu alias ~entibus *Ib.* 177.

2 unfitting, inappropriate.

ut de indefinitis et inextricabilibus paucissima et levissima eruamus, ne omnino in his .. ~entis silentii arguamur ALB. LOND. *DG* 6. 8; nec debent .. horis scribere ~entibus *Cust. Westm.* 162; de horis male dictis absque cordis attencione vel tempore ~ente [ME: *in untime*] *AncrR* 132; **1378** quod dictus A. defendet .. bancos fossati .. a bestiis nocivis et aliis ~entibus *MunCOx* 156; asserendo illas [conclusiones] esse sophisticas et continentes intra se terminos ~entes et indebitos PECOCK *Abbr.* 615.

2 incompetens [cf. competere 3c], ? assigned task (of monk).

immediate vadant omnes in claustrum ad suam incompetentem *Ord. Ebor.* I 161; ad claustrum accedant sedentes ibidem et suo incompetente [*sic*] usque dum pulsaverit presidens ad communem potum *Ib.* 166.

incompetenter [LL], inappropriately, improperly.

unde et illud psalmiste David non ~er huic populo adaptari posse videtur, 'corrupti sunt ..' [*Psalm.* xiii 1] GIR. *IK* II 6; illud ethnici philosophi non ~er introducens *Id. GE* II 20 p. 265; ~er .. descripsisset Boetius personam, nisi univoce conveniret divine persone et create nomen persone NECKAM *SS* II 7. 2; nec ~ius E. THRIP. *SS* IV 9 (v. incircumspecte); tunc non ~er dici poterit ubi dicitur quod .. BRACTON 136; **1347** J. venit .. inter .. amicos suos erga ipsum R. ~er loquendo et narrando in locis publicis quod idem R. .. res suas .. asportavit *Gild Merch.* II 341.

incomplacabilis, that cannot be placated.

placabilis .. unde placabiliter adverbium et componitur ~is OSB. GLOUC. *Deriv.* 463.

incomplete [ML], incompletely, not fully.

materia .. terrestris ~e sublimata GROS. 37 (= *Id. Com.* 23: non complete); alibi tetigi parum de fascinatione sed ~e BACON *Tert.* 99; **1319** quod hic ~e est digestum .. venerabiles viri .. vive vocis oraculo plenius intimabunt *FormOx* 50; quinte allegacioni .. non ex toto sed ~e respondit OCKHAM *Dial.* 827.

incompletibilis, that cannot be made complete.

Deus autem est completio ~is, perfectio imperfectibilis, et ideo forma non formabilis, quia penitus sine defectu et incommutabilis GROS. *Ep.* 1 p. 3 (*sim.* WYCL. *Ente Praed.* 148).

incompletio, (phil.) incompleteness, want of complete realisation.

ex ~one et propter corruptionem BACON VII 66; oporteret ad ~onem causacionis quod vel causatum vel aliqua ejus pars esset omnino causanda et nondum causata WYCL. *Ver.* III 203.

incompletus [LL]

1 unfinished, not brought to completion.

BACON *Min.* 365 (v. embryo); **1324** si que sunt adhuc ~a .., poterunt .. expediri absque strepitu judiciali *Lit. Cant.* I 119; ecclesiam .. nondum perfectam sed ~am *Grey Friars Lond.* 165; **1495** si predicta servicia per ipsos gardianum et conventum dimittuntur ~a, .. *Scot. Grey Friars* II 21.

2 (phil.) lacking completeness.

completum cum ~o non coincidit BACON VII 17; colores .. debiliores sunt in fortioribus [sc. lucibus] sicut ~um in completo PECKHAM *Persp.* I 12.

3 not entire, partial.

1442 item ij libri .. quorum j est .. vita S. Godrici ~a *Ac. Durh.* 471; **1501** item Job glosatus ~us *Cant. Coll. Ox.* I 21.

4 that cannot be satisfied.

ambubagis, quorum sitis est ~a [*gl.*: insedabilis. *ne parempli*] NECKAM *Ut.* 98.

incomplexe [ML], (log. & phil.) simply, without complexity.

he due potencie intellectus creati proporcionales videntur potencie intellectus divini apprehendenti simplicia et potencie componenti simplicia apprehensa ..; quare et sicut hec, ita ista perficietur finaliter contemplando in ipsa ~e quodammodo incomplexa, sic et altera in illa contemplando complexe quodammodo complexa BRADW. *CD* 771D; WYCL. *Ente* (*Sum.*) 27 (v. incomplexio 1); quando .. assumitur quod, si Deus intelliget aliquod intelligibile, tunc illud est intelligibile esse, distinguo consequens istius condicionalis, eo quod subjectum illius potest supponere complexe vel ~e. si ~e, tunc est iste sensus quod esse intelligibile signatum per hoc relativum 'illud' est (KYN.) *Ziz.* 74.

incomplexio [ML]

1 (log. & phil.) absence of complexity, simplicity.

per additionem cum non nisi ex ~one additis aliquid equivoce dicitur BALSH. *AD* 59 p. 43; in omni genere proportionantur ad invicem quo est scientia et cujus est scientia secundum complexionem et ~onem, ut si sciatur triangulum habere tres angulos etc., non potest sciri nisi per complexum; et si per complexum scitur complexum, et eodem in incomplexis, restat ergo quod, cum illud quo scit divina scientia sit remotum ab omni complexione, cum sit simplicissimum, illud quod scitur erit carens omni complexione HALES *Qu.* 1467; materiam ultimam solo accidente, id est ~one quadam, differre a forma *Ps.*-GROS. *Summa* 317; ad tercium dicitur quod eandem rem innarratam contingit intelligere diversimode nunc complexe nunc incomplexe, nec est aliqua ~o ex parte rei nisi simplicitas, sicut non est complexio nisi composicio WYCL. *Ente* (*Sum.*) 27.

2 (phys.) want of proportion in the complexion of elements in constitution, distemper.

melencolici, qui stomacum habent frigidum propter sui ~onem BACON VIII 208.

incomplexionalis, (phys.) lacking complexional proportion (as determined by variable combination of elements and humours).

[musica] dividitur, quia alia est mundana, alia humana, alia instrumentalis. mundana vero musica est illa que ex ~i effectu elementorum et temporum atque superiorum corporum, videlicet planetarum et stellarum, ingulabilis efficitur, ut patet in prohemio primi libri Musice Boycii TUNST. 202b.

incomplexus [ML], lacking complexity, simple. **b** (as sb. n.) simple entity.

Categoriarum liber Aristotelis elementarius est et accedentis ad logicam quodammodo infantiam excipit; tractat enim de sermonibus ~is in eo quod rerum significativi sunt, quo nihil prius est apud dialecticum J. SAL. *Met.* 892D; consimilis oritur objectio in his terminis: sermonum alius est complexus, alius ~us; sic enim dividitur sermo ~us in sermones ~os NECKAM *NR* II 173 p. 298; est autem veritas alia simplex et ~a, alia complexa, alia media *Ps.*-GROS. *Summa* 292; ipsum [sc. primum] est ~um, ergo et sua scientia ~a et incomplexorum BACON VII 107; veritas particularis quedam est complexa, quedam ~a. veritas ~a que est vera rei entitas cognoscitur per speciem, sicut res cujus est veritas PECKHAM *QA* 221; adquiritur mediante noticia intuitiva subjecti, licet definicio potest parcialiter causare cognicionem aliquam complexam per discursum, qui discursus noticiam ~am subjecti presupponit OCKHAM *Quodl.* 480; sexto ponit doctor [sc. Wiclef] .. quod '.. omnis pars scripture est vera veritate ~a' (KYN.) *Ziz.* 53. **b** HALES *Qu.* 1467 (v. incomplexio 1); cum logica sit modus scienciarum et in scienciis oportet habere noticiam ~orum et complexorum, et complexorum cognicio fiat per raciocinacionem et ~orum per divisionem .. et per definicionem .. KILWARDBY *OS* 524; BACON VII 107 (v. a supra); de universali ~o R. ORFORD *Sciendum* 38; quedam .. ~a opponuntur contrarie, quedam privative, quedam relative, et quedam contradictorie. ~a contraria que sunt signa sunt illa que significant omnia sua significata positive et affirmative .. OCKHAM *Quodl.* 546; ideo predicamenta non sunt nisi quedam predicabilia et signa rerum et ~a, ex quibus fiunt complexiones vere et false; hujusmodi autem ~a possunt esse distincta in tantum quod predicacio unius de altero est impossibilis *Id. Sacr. Alt.* 432; sicut Deus est primum ens omnium encium et prima causa essendi quodcumque, sic est primum verum et necessarium ~um. .. Deus autem est primum in genere verorum ~orum BRADW. *CD* 198B; singulum ~orum significat substanciam, qualitatem etc., ut ponit Philosophus in Predicamentis WYCL. *Ente Praed.* 1.

incomplutus, not rained upon.

Dominus .. unam eamdemque civitatem ex parte compluit, sed ex parte aridam et ~am derelinquit H. BOS. *Thom.* II 2 (cf. ib. 6: civitas illa prophetica [cf. *Amos* v 7] .. ex parte a Domino compluta, ex parte vero arida derelicta et ~a); vinea numquid generosa silvescet, / et incompluta penitus expirabit? J. HOWD. *Cant.* 153.

incomponibilis [ML], that cannot be combined. **b** that cannot be made composite.

inseponibiles dic sex [praepositiones] .., / incomponibilesque duas, 'apud', et 'penes' H. AVR. *CG* 60v. 155. **b** ~ia etenim sunt absolute simplex et tamen divisibile [? l. et indivisibile] esse, cum omne divisibile necessario sit componibile vel compositum *Ps.*-GROS. *Summa* 399.

incompos [LL], (in phr. *sui incompos*) not having full possession of one's faculties.

quid faceret .. penitus ignorabat; quoniam jam sui ~s, .. periculum utrinque formidabat KETEL *J. Bev.* 282; velut in exstasi positus, sui ipsius ~s, moribundus occubuerat *Ib.* 289; **1247** si infirmus fuerit vel pre senectute vel alio casu sui ~s, .. *Reg. S. Aug.* 453; si quis fortasse sui ~s extiterit *Cust. Westm.* 213.

incomposite [CL], in a disorderly manner.

nichil est verum quia eloquenter dictum nec falsum quia ~e WYCL. *Ver.* I 118.

incompositio [LL], lack of orderly arrangement, disorder.

ne supra illud [sc. altare] pulvis jaceret vel aliqua ~o in eo appareret ALEX. CANT. *Mir.* 47 (I) p. 254 (cf. ib. [II]: aliqua ~o velaminis); rogamus universitatem legentium .. in hac ~one verborum, in hac tenuitate sententiarum, modice narem corrugare W. CANT. *Mir. Thom.* I *prol.* p. 139; **1300** quia mentis et corporis [inordinacio] plerumque indicat ~onem monachi, in gestu et incessu .. mature et honeste studeant totis viribus se habere *Vis. Ely* 19; **1367** secundum scripturas ~o corporis qualitatem indicat mentis *Conc.* III 70.

incompositus [CL]

1 a unformed, disordered, poorly constructed, (of person) untidy. **b** (of person, action, *etc.*) ungainly, clumsy. **c** (of character, conduct, speech, *etc.*) disorderly, unruly. **d** (of troops) disorganized.

a 'relictis omnibus surgens secutus est eum' [*Luc.* v 28]. .. quia [Matheus] vectigalium rationes imperfectas atque ~as reliquerit BEDE *Mark* 150; [terra] inanis erat et vacua [cf. *Gen.* i 2], invisibilis et ~a NECKAM *SS* III 9. 13; **1234** famuli quoque refectorii honesti sint et maturi nec numero superflui nec apparatu ~i (*Vis. Bury*) *EHR* XXVII 732; s**1304** aries indecens et ~us (v. 2 lupus 5). **b** formidolosum hominem et ~um membris .. nimium verita est *G. Herw.* 322; quem .. maledixerunt diabolum hominem et ~um vocantes participemque convivii fieri non debere *Ib.* 323; nec cum armis ~a corpora protegere scientes *Ib.* 326; joculator .. exprobrans genti Anglorum et in medio domus ~os quasi Angligenos fingens saltus *Ib.* 328; corporali scemate ~us et incultus, nulla .. redemit vitium exterioris deformitatis animi virtute *Canon. G. Sempr.* 38; vir magnus et ~us *Lib. Eli.* II 85 (v. densitas 2b). **c** mente ~a et cervice tumida R. COLD. *Cuthb.* 114 (v. diffluus b); quidquid asperum, ~um, indecorum, .. totum de populo suo delere H. BOS. *Thom.* III 31 p. 294; vestis illa discolor et varia, levis et inordinata, levem ejus animum, varium et ~um designavit GIR. *SD* 8; cum .. tam gestus ejus quam actus indiscretos et ~os considerantes admirarentur *Ib.* 36; eadem in omnibus gravitate servata, non gestus fractior, non aspectus elatior, non incessus solutior nec in aliquo vel mentis habitus vel corporis ipsius status ~ior habebatur *Ep. Glasg.* 311; habitus inordinatus aut sermo ~us aut gestus inconveniens ALEX. BATH *Mor.* IV 29 p. 162. **d** multam nimis et ~am multitudinem *G. Herw.* 326.

2 (w. ref. to speech or writing) inelegant, unpolished (*cf.* 1c *supra*): **a** (of style, expression, or sim.); **b** (of language); **c** (of person).

a dum inconpositi sermonis mei nuditatem attendo GREG. *Mir. Rom. prol.*; ~a posicio diccionis NECKAM *Corrog.* 3v (v. cacemphaton); opere hujus ~i libelli .. consummato UPTON 258. **b** que [lingua], quanto delicata minus et ~a magis, tanto antiquo lingue Britannice idiomati magis .. appropriata; sicut in australibus Anglie finibus .. Anglica lingua hodie magis videtur ~a, ea tamen .. antiquum loquendi modum magis observat GIR. *DK* I 6 p. 177. **c** ego, vita indignus, sermone ~us, qualicumque stylo gloriosam beati Ricardi vitam .. ordiri disposui R. BOCKING *Ric. Cic.* I *prol.*

3 (in good sense) not artificial, unaffected, natural.

sperabamus habitationem vestram ~am et simplicem aliis speculum esse totius relligionis et exemplum *Ep. ad Amicum* 110.

4 not composite, simple; **b** (w. ref. to prime numbers; in quot., as sb. n.).

de Deo vero, .. ~o, informi, immutabili, infinito si investigatur ADEL. *QN* 76; Deus est .. principium primum .. simplex, ~um [TREVISA: *noȝt componed*] BART. ANGL. I 16 (v. impartibilis 1b). **b** et primum et ~um in numeris BACON *Maj.* I 102.

incompossibilis [ML], (log.) not simultaneously possible (sts. w. dat.). **b** (in wider use) incompatible (sts. w. dat.).

in reprehensione Pauli qua super hoc factum reprehendebat Petrum evidenter dicunt inconpossibilia Augustinus et Jeronimus .. . utriusque tamen sententia in se possibilis fuit GROS. *Cess. Leg.* IV 6. 7; quelibet singularis est possibilis et nulli alii ~is. .. verbi gratia, hec est possibilis: Socrates loquitur in actu, et hic Plato loquitur actualiter, et sic de aliis, et nulla singularis alii repugnat BACON *Tert.* 133; unum alteri comparatum est ei ~e quia sunt contradictoria, utrumque enim contradictorium est possibile secundum se, ut Socrates loquitur .. et Socrates non loquitur; sed non compatiuntur se in eodem tempore *Ib.*; alii dicunt quod questio non tantummodo supponit impossibile sed eciam ~e, sc. esse filium et non esse filium, et esse patrem et non esse patrem MIDDLETON *Sent.* I 112a; quanta est distinccio .. constituencium vel formaliter distinguencium, tanta est et distinctorum, quia si album et nigrum sunt ~ia, et constituta per ea sunt ~ia. et ita est in proposito: quanta est incompossibilitas paternitatis et filiacionis, .. tanta est Patris et Filii, ita quod Pater non est Filius DUNS *Ord.* IV 129; Pater est ~is Filio OCKHAM *Quodl.* 607; [Scotus] dicit ibi quod nihil est impossibile simpliciter, nisi quod includit contradictoria et ~ia, que ex racionibus suis formalibus sunt ~ia BRADW. *CD* 206E. **b** quod sedes vacet et prior vel quasi sit in domo simul et semel, ista videntur nobis quasi ~ia *Ann. Durh.* 72; errores, qui veritatibus catholicis .. ~es demonstrantur OCKHAM *Dial.* 422 l. 58; sic tu episcope seu rector, qui es absens a cura tua, occupatus in rebus que tibi et cure tue sunt ~es, .. GASCOIGNE *Loci* 1.

incompossibilitas [ML], the fact of not being simultaneously possible.

sicut quidlibet ponendum est possibile cujus non apparet impossibilitas, ita et compossibile cujus non apparet ~as DUNS *Ord.* II 207; *Ib.* IV 129 (v. incompossibilis a); non videtur quod [Deus] possit facere plures [mundos] simul, non propter ejus impotenciam sed propter secundi ~atem R. ORFORD *Sciendum* 60; R. MARSTON *QD* 143 (v. includere 10b); nulla substancia habet naturalem ~atem existendi cum alio OCKHAM *Quodl.* 432; fantasticum igitur est dicere, ac eciam ~atem includit, quod .. *Id. Pol.* III 191.

incompotens [cf. CL compos, compotens], not capable, or ? *f. l.*

talis de[populator] rei pupplice, destructor regni, incompotens [*sic* MS; ? l. incompetens] ad regnandum *Quadr. Reg. Spec.* 32.

incomprehensibilis [CL]

1 that cannot be grasped or seized.

s**1306** captus est Symon Frysel in quo pendebat tota Scotorum fiducia, in tantum quod incarcerati Scoti nobiles invincibilem ~emque illum assererent *Flor. Hist.* III 133.

2 incomprehensible (by mind or sense).

adest enim reprobis potentia naturae inconprehensibilis BEDE *Hom.* II 8. 147; Deum .. majestate ~em *Id. HE* III 22; EADMER *V. Anselm.* I 19 (v. incommutabilis b); corpus .. animatum, quod ~is deitatis esset habitaculum PETRUS *Dial. prol.*; o ~ia divini arcana consilii! H. BOS. *Thom.* I 2; ibi rationabilis reproba creatura judicium habens justum quidem, sed occultum. †incomprehensile, irreprehensibile tamen, eo terribile quo immutabile AD. SCOT *Serm.* 163B; R. BURY *Phil.* 1. 18 (v. apprehensibiliter); Deus .. qui solus habes scienciam et sapienciam ~em BLAKMAN *Hen. VI* 2.

incomprehensibilitas [LL], the property of being incomprehensible.

de deitatis ~ate PULL. *Sent.* 640C; stupet timor ad ~atem majestatis W. NEWB. *Serm.* 840; mira est comprehensio que sufficienter comprehendit ~atem NECKAM *SS* I *prol.* 7; quod a nostro sensu occultatur accidit nobis ex ejus a nobis ~ate, nam sustinere sensibiliter majestatem non possemus BACON *Maj.* II 402.

incomprehensibiliter [LL], in an incomprehensible manner.

corpus Domini panem vocat .. quia animam ~iter pascendo satiat LANFR. *Corp. & Sang.* 416C; ut .. triginta annorum magnitudo ventris in arcto comprehenderetur, tanto utique mirabilius quanto rationi humane ~ius PULL. *Sent.* 801A; de ipsius creatricis et imperatricis unitatis ~iter immenso palatio H. BOS. *LM* 1371C; tam mirabiliter et omnino ~iter .. Deus homo factus AD. SCOT *Serm.* 173A.

incomprehensilis v. incomprehensibilis.

incomprehensivus, incomprehensible.

secundum privilegiatam quamdam emphasim nobis ~am H. BOS. *LM* 1397A (cf. ib.: incomprehensibilem).

incomprehensus [LL], **a** not comprehended, not included (in quot., within scope of law). **b** incomprehensible.

a quod honorabilem eisdem [sc. obsessis] .. procuraret liberationem, ne forte jure belli ~i haberentur exterminio

et .. mortis ludibrio *Itin. Ric.* III 17. **b** cum .. invisibilis et infinitus et ~us dicitur Deus, non quid est dicitur sed quid non est NECKAM *SS* II 66. 1 (= Hugo de S. Victore *Expos. in Hier. Cael. S. Dionisii, PL* CLXXV 973A).

incomptus [CL]

1 dishevelled, untidy. **b** (w. ref. to literary work) unpolished.

injungitur ut non radantur nec tondeantur [sed] ut, sicut criminibus hirsuti et interius ~i ante Deum apparent, sic exterius hispidi et intonsi coram hominibus ambulent ORD. VIT. XI 11 p. 207; *ontydy*, †intemptus [l. ~us] *PP*. **b** ~o et contemptibili dictamine ANSELM II 49 (v. exarare 3).

2 (in good sense) simple, unadorned.

c675 ut .. neglecto .. fucato ostro potius lacernae gracilis amictu ac mastrucae tegmine ~o utatur ALDH. *Ep.* 3; ~a virginitatis industria *Id. VirgP* 15.

incompulsus [ML], not under compulsion; in quot., unprovoked.

rex Scotorum ~us contra eum [sc. Ethelstanum] surrexerat (*J. Bev.*) *NLA* II 62.

incompunctus, not pricked.

compungo, -is, unde compunctus .. et hec compunctio, -nis, et componitur ~us OSB. GLOUC. *Deriv.* 455.

incomputabilis, that cannot be counted, innumerable.

tam ~ia martirum castra, tam irrecensibilia confessorum vexilla, tam innumerabilia virginum agmina GOSC. *Lib. Confort.* 55.

inconcedibilitas, inadmissibility.

falsitas partis desjunctive vere non facit ad disjunctive falsitatem vel ~atem ejusdem WYCL. *Log.* II 56.

inconcessus [CL], not conceded, not given.

ibi nequaquam hunc sanandum sed oportere illum progredi ad primum Angliae eruditorem Augustinum, illic demum alias ubivis sanctorum ~am salutem adepturum GOSC. *Mir. Aug.* 2.

inconciliabilis [ML], irreconcilable.

quod conjunctorum .. convenienciam .. impediret .. inconsciliabilis opposicio E. THRIP. *SS* IV 6.

inconcinnatus, unfurnished, (of book) unbound.

1523 is pollicitus est mihi curaturum se ut ornate concinnatum volumen reddatur principi .. cum nunc tandem sit oblatum opus quod ideo, ni fallor, ita ut erat, ~um misit Erasmus ut princeps primus omnium nova ejus foetura frueretur (LUPSET) *Ep. Erasm.* V 1361.

inconcinne [CL], inelegantly.

BRAKELOND 140 (*conjecture*; v. incontinue).

inconcinnitas [CL]

1 lack of elegance or order.

11.. quorumcunque aures ~ate verborum offendero NEN. *HB* 126.

2 (by assoc. w. *concinere*) disharmony, discord.

cum concinnitas et ~as sint dispositiones soni J. BLUND *An.* 161; *Ib.* 162 (v. inconcinnus 2).

inconcinnus [CL]

1 inelegant, not neat. **b** unsuitable, unfitting, awkward.

qui si forte tibi liber inconcinna loquatur, / judex parce sibi R. CANT. *Poems* 1. 28; D. LOND. *Ep.* 24 (v. gloriola); quando trajectio verbi / inconcinna venit VINSAUF *PN* 1942. **b** animus [mulieris incestae] impurus et ~us est, animus meretriceus et libidinis servus est, animus incestus et omni sorde denigratus est W. DONC. *Aph. Phil.* 7. 4; quid enim si explicare nequimus et expedire que sentimus, num ideo fidei nostre ~a, nova, inusitata precipitabimus? PULL. *Sent.* 694A; inconcinna mihi natalia fata dedisti / nesque mihi, Lachesis, pollice fila truci *Babio* 241.

2 (by assoc. w. *concinere*) dissonant.

secundum hujus littere [sc. X] inceptionem tam rare partes formantur, quia turpem et ~um reddit sonum OSB. GLOUC. *Deriv.* 629; videtur posse ostendi quod concinnitas et inconcinnitas non dicantur absolute sed in respectu, et quod unus et idem sonus sit concinnus et ~us. .. aliquis sonus alicui audienti est concinnus et delectabilis, et ille idem sonus alii audienti est absurdus et ~us J. BLUND *An.* 162.

inconcito v. conciere 1c. **inconcius** v. inconscius.

inconcorditer, discordantly.

ne unquam aliquis cantus minus temperate, quod absit, aut ~iter moduletur *Cust. Westm.* 29, *Cust. Cant.* 91.

inconcretio, not concreteness, abstraction.

sed hoc nomen 'Deus', cum significet ~onem, non notat habitudinem similem habitudini cause formalis, sed similem habitudini cause efficientis seu finalis seu materialis MIDDLETON *Sent.* I 297b.

inconculsus v. inconcussus. **inconcuse** v. inconcusse.

inconcusse [LL], constantly, without disturbance or interruption; **b** (w. ref. to right or tenure); **c** (w. ref. to law, custom, agreement, or sim.).

nullum salvum nisi eum qui intra terminos fidei ejus et in concordia charitatis usque in debitum finem ~e permanserit ALCUIN (*Adv. Felicem* I 4) *Dogm.* 130D; idque conjugi mee et liberis et toti posteritati mee ~e servari volo quod ignavis promissum est GREG. *Mir. Rom.* 5; qui .. Nicenam fidem ~e servavit R. NIGER *Chr. I* 38; Britonibus Christi fidem .. ~e servantibus GIR. *Invect.* II 1 p. 131; circa vere altissimum totalibus virtutibus ~e et stabiliter collocatum [τὸ .. ἀκατασείστως καὶ εὐσταθῶς ἱδρυμένον, sc. *as attribute of Thrones*] GROS. *Ps.-Dion.* 842; **1301** communis, concors, et unanimis omnium nostrum et singulorum consensus fuit, est, et erit ~e .. quod .. (*Lit. Baronum*) *Eul. Hist.* III 184 (= *Parl. Writs* I 103a). **b** **1131** hanc itaque redditionem meam .. ecclesie Salesberie ~e et illibate imperpetuum obtinendam statuo *Ch. Sal.* 6 (= *Regesta* 1715); **a1161** quare volo et precipio ut sicut supradicte parrochie .. sunt divise ita firmiter et ~e teneantur in posterum (*Reg. Castle Acre* f. 123v) *Doc. Theob.* p. 291; Walterus Gillardus .. eandem sibi terram saisivit, .. tota vita sua ~e possidens, heredibus suis .. reliquit *Chr. Rams.* 145; quamvis predecessores .. baroniam illam .. semper ~e tenuissent *G. Hen. II* I 135; cum plerique [vicarii perpetui] xx annis .. vel pluribus quiete sine cartis et ~e tenuerunt GIR. *JS sup.* 151; cum .. ecclesia Lincolniensis continue et ~e usque ad id temporis patronatum gesserit Egneshamensis cenobii AD. EYNS. *Hug.* IV 8 p. 39; **1245** ut .. jure perpetuo ~e intemerata libertate omnia predicta possideant *Lit. Cant.* III 362; **12..** terram .. habendam et tenendam sibi et heredibus suis .. libere, quiete, plene et integre, hereditabiliter et ~e *Reg. S. Thom. Dublin* 213; **1274** residuum reditus .. penes abbatem .. in perpetuum maneat ~e *G. S. Alb.* I 451; **1281** prebendarii utramque predictarum ecclesiarum .. pacifice et ~e tenuerunt *Ch. Sal.* 358; **1312** cum .. fratres .. disputaciones .. in scolis a principio fundacionis ipsarum scolarum hactenus fecerint seu tenuerint inconcuse (*Process.*) *Collect. Ox.* II 238; **1486** jus patronatus et advocacio ad predictum monasterium .. pacifice et ~e pertinuerunt *Croyl. Cont. D* 589. **c** **1208** quatinus .. compositio inter eos inde facta inviolabiliter et ~e teneatur *Regesta Scot.* 483; **1309** qua consuetudine .. gavisi fuimus et usi hactenus ~e *Lit. Cant.* I 34; **1318** ab hiis, que per antecessores nostros .. statuta fuerant et diutissime, pacifice, et ~e servata *FormOx* 39; **1414** de prerogativa .. a tempore et per tempus cujus contrarii memoria hominum non existit pacifice et ~e observata *Reg. Cant.* II 2; **1431** de .. redditibus .. quos hactenus pacifice et ~e percipere consueverunt annuatim *Exch. Scot.* IV 532 n.; **1438** federa .. contracta ac ~e servata BEKYNTON I 132; **1555** consuetudine .. hujusque .. ~e usitata *SelPlAdm* II 95.

inconcussibilis, that cannot be shaken, firm, steady.

virilem quamdam et ~em [ἀκατάσειστον] fortitudinem GROS. *Ps.-Dion.* 873.

inconcussus [CL]

1 unshaken, firm, steady (in quots., of abstr.).

719 per ~am auctoritatem beati Petri apostolorum principis (*Lit. Papae*) *Ep. Bonif.* 12; **838** quod nos ipsi .. semper in posterum firmam ~amque amicitiam ab illo archiepiscopo .. habeamus *CS* 421; nulla unquam ~a felicitas, nulla unquam sine turbine letitia egris arridet mortalibus W. MALM. *Wulfst.* II 13; Innocentius, ~a ad hoc tempus pace, apostolica fruitur dignitate *Id. HN* 454 p. 10; fides Christiana hic illibata permansit et ~a GIR. *TH* III 36; nunquam solidabitur ecclesia a procellis tribulacionum ~a WYCL. *Ente* 257.

2 (w. ref. to grant of land or sim.) unchallenged, undisputed.

c693 (8c) ut .. ~um sit donum *CS* 81; **c1030** hoc nostre devocionis preceptum †inconculsum et incontaminatum observent *CartINorm* p. 184 (cf. ib.: ut hoc †inconculsum permaneat ..; ib. 232 [**c1155**]); **c1090** ut donatio haec firma et ~a perpetuo maneat *Regesta* 132; **c1160** que a venerabilibus fratribus nostris coepiscopis canonice fieri noscuntur .. confirmare et ut futuris maneant ~a temporibus perpetuo stabilire *Doc. Theob.* 139; **c1195** ut autem hec donacio nostra rata et ~a teneatur in posterum, eam sigilli nostri munimine roboravimus *Reg. Aberbr.* I 101; **1221** que .. provide ordinantur apostolico decet munimine roborari ut ~am optineant firmitatem (*Lit. Papae*) *Dign. Dec.* 11; **1226** testamentum .. ratum fore volumus et ~um *Pat* 107; **a1247** ut hec mea donacio .. rata et grata et stabilis et ~a imperpetuum permaneat *BBC* (*Kells*) 340.

3 (of person) untroubled.

magnificentiae tuae virtus inconcusam ab inimici emisione me custodiat *Nunnam.* 66; ?**a1081** prefatum Berardum quiaetum et ~um dimittas [*'that you discharge the aforesaid Berard without any fine or threat of punishment'*] LANFR. *Ep.* 23 (47); **1167** confido quod vos, etsi non ~os, illesos tamen gratia conservavit J. SAL. *Ep.* 202 (212 p. 344).

inconcutiendus, that may not be shaken or challenged.

s1259 ut pacta precedentia .. inter eorundem nuntios speciales et peritissimos solidata permaneant et ~a M. PAR. *Maj.* V 741.

1 incondĭtus [CL], unpolished, rough, crude (also n. sg. *~um* in adverbial use); **b** (*vox ~a*, w. ref. to interjection).

a tota lingua Nordanimbrorum .. ita ~um stridet ut nichil nos australes intelligere possimus W. MALM. *GP* III 99 p. 209; babiger, .. ~us, barrus, blemnus, brutus OSB. GLOUC. *Deriv.* 79. **b** interjectio est pars orationis significans mentis affectum voce ~a [AS: *mid ungesceapenre stemne*] ÆLF. *Gram.* 277; interjecciones proferuntur et subito et voce ~a et inperfecta BACON XV 171.

2 incondītus [ML; cf. CL condire], unseasoned, not pickled or otherwise preserved.

ORD. VIT. XIII 26 (v. diarria).

inconductibilis, that cannot be hired or let.

s1306 quamplura edificia construximus, que, si triplicatur census, ~ia in solitudinem redigentur *Flor. Hist.* III 325.

inconfessus [LL], **a** not having confessed, unshriven. **b** (pass., of sin or sim.) unconfessed.

a **s1100** (v. impaenitens 1a); si quis vero cum proprietate ~us obierit, in cimiterio non sepeliatur W. MALM. *GP* I 42 (cf. *Conc. Syn.* 613 [**1075**]); te admittam ad penitentiam, ne forte .. ~us moriaris ROB. FLAMB. *Pen.* 4; post istas enormitates umquam accessisti ad altare ad celebrandum ~us? numquam. *Ib. app.* p. 299; nullo die .. ~us sacrificium obtulit, conscienciam magnam faciens eciam de minimis peccatis CAPGR. *Hen.* 181. **b** **1311** si aliquis frater recedat cum delicto ~o a capitulo, non potest habere de bonis spiritualibus domus *Conc.* II 368.

†inconfidenter, *f. l.*

s1290 Judeorum .. multitudo, que per diversas urbes .. habitabat per retroacta tempora †inconfidenter [v. l. confidenter], jussa est .. ab Anglia secedere *Flor. Hist.* III 70 (cf. *Ann. Wav.* 409: confidenter).

inconfigurabilis, that cannot be shaped.

non est unum sine reliquo intelligibile, unde in diffinicionem ejus cadit, sed oblique, ut '~is' racione 'configurans' *Ps.-GROS. Gram.* 65.

inconfinius, ? (of people) bordering, neighbouring, or ? *f. l.*

Willebaldum et Burghardum .. ad episcopatus gradum promotos, in intimis Orientalium Francorum partibus et Baguariorum terminis ecclesias sibi commissas impartiendo distribuit; et ecclesias †inconfiniorum Saxonum ac Sclavorum suo officio deputavit *NLA* I 126 (= WILLIB. *Bonif.* 8 p. 44: in confinibus [vv. ll. in confiniis, in confinio]).

inconfitens, not making confession.

peccatrix impura tantorumque flagitiorum conscia, .. inpenitens et ~ens T. MON. *Will.* VII 18; si aliquis rediens de lupanari .. in via occidatur vel aliquo casu ~ens moriatur, .. in cimiterio non sepeliatur BELETH *RDO* 159. 158.

inconformis, disagreeable, not conformable.

1290 opcioni nostre .. fieri nolentes ~es (v. imitari 3c).

inconformitas, lack of correspondence or conformity.

cum non sit ~as numeri .. ad verbum BACON XV 54.

inconformiter, not conformably, without conformity.

quando partes sonori ~iter movent, dicitur sonus asper; quando vero conformiter, levis *Ps.-GROS. Gram.* 27.

inconfuse, [LL], without confusion, distinctly.

ineffabiliter Dei verbum unitum est carni, ut vere et ~e perfectus fieret homo ALCUIN (*Adv. Felicem* IV 13) *Dogm.* 188C; PECKHAM *Persp.* I *9 *tit.* (v. impermixte).

inconfusibilis [LL], unabashed, unashamed: **a** (of person); **b** (w. ref. to *II Tim.* ii 15); **c** (of action).

a oportet enim servum Christi ~em esse in humilitate Christi .. imitanda, sicut et Christus ~is exstitit, qui sustinuit crucem confusione contempta [cf. *Hebr.* xii 2] BALD. CANT. *Sacr. Alt.* 733C. **b** curabat se ipsum ministrum probabilem semper Deo offerre, operarium ~em se non remisse exhibere *V. Swith.* 2; curabat sollicite

seipsum 'probabilem exhibere Deo, operarium ~em, recte tractantem verbum veritatis' *V. Birini* 20; tales .. quos Deus temptando probat .. sunt Deo probabiles quoad esse beatum quia erunt ~es in die judicii eo quod recte tractant scripturam sacram WYCL. *Ver.* II 64. **c** quid per frontem [*Exod.* xxviii 38 etc.] rectius intelligitur quam publica et ~is confessio crucis Christi? oportet [etc., v. a supra] BALD. CANT. *Sacr. Alt.* 733C.

inconfusibiliter [LL], unabashedly, unashamedly.

gloriam .. mundi propter Deum contemnere nobilis est superbia; nobilior autem, si ipsa confusio propter Christum ~iter contemnatur BALD. CANT. *Tract.* 490D (cf. *Hebr.* xii 2; *sim.* P. BLOIS *Ep.* 124. 372A).

inconfusus [CL]

1 not confused or jumbled, separate, distinct.

ut autem ~a sit ad hec et in arte institutio et ex arte attentio, duplicem nunc utrimque considerationem adhibendam instituimus BALSH. *AD* 13; ut autem inventioni vix pervia discenti facilius perceptibilia fiant et varietatis tam permixte ~a fiat cognitio, oportet .. *Id. AD rec. 2* 161.

2 not put to shame.

ne prorsus ~a vel irreprehensa videatur malicia MAP *NC* V 5 f. 64.

inconfutabiliter, irrefutably.

1441 quem insuper vere dilige; quoniam ~iter dixerim, vere te diligit BEKYNTON I 234.

incongitabilis v. incogitabilis.

incongrue [LL]

1 inappropriately, inconsistently, wrongly. **b** (in litotes, *non ~e*, *haud ~e*) not inappropriately.

si quod significatur hoc nomine ['nihil'] non est nihil sed aliquid .., falso et ~e vocatur hoc nomine ANSELM (*Ep.* 97) III 226; bona illius monasterii, cui attenta sollicitudine preesse deberetis, ~e distraxistis et dilapidastis *Doc. Theob.* 109; ut nunc ~e respondeatur querenti de quolibet ubi sit, "in thesauro est" *Dial. Scac.* I 14; **1298** reprehensio Lond' [sc. episcopi] qui ~e certificavit de negocio infrascripto *Reg. Cant.* 291. **b** quae parabolae recte nuncupantur quia occulta sunt possunt non ~e etiam proverbia vocari BEDE *Prov.* 937; septimo praepositio non ~e ponitur loco TATWINE *Ars prol.* 8 p. 4 (cf. ib. 4: merito; 5: non indigne; 7: decenter); quod .. spatium non ~e horto comparatur AD. SCOT *TT* 789B; ea que de principibus exempla posuimus ad prelatos etiam instruendum .. non ~e referri possunt GIR. *PI* I 20 p. 142; Augustinus et Jeronimus haut ~e designari possunt binis columpnis M. RIEVAULX 67; non ~e sic definiri potest sermocinalis sciencia KILWARDBY *OS* 475.

2 (gram.) without concord or agreement, ungrammatically.

cum helios sit nominativi casus et non genitivi, 'casa helios' ~e dicitur; deberent enim dicere 'casa heliu' BACON *Maj.* III 109 (cf. ib. I 87); **1440** rogo, pater, construe Latinum hoc quod literis mihi missis inscripseras, 'ipsum juvare vellitis in .. proposito suo.' 'vellitis', pater, que pars? .. quid prohibet concludere quod ~e sis locutus? .. ubi ferula, ubi virga quibus tam incongrui correctoris temeritas feriatur? .. igitur in hoc uno epistolam claudo, persuasum tibi ut velim, si vocis incongruitas pudori tibi sit, mage deinceps hanc operis incongruentiam fastidito ut .. velle tuum .. omnibus anteponas BEKYNTON I 116.

incongruenter [LL], inappropriately, unsuitably.

potest appellatione 'mane' ubi ait, 'mane surgamus ad vineas' [*Cant.* vii 12] ipsum dominicae incarnationis tempus designatum non ~er intellegi BEDE *Cant.* 1202.

incongruentia [LL < CL incongruens], inappropriateness, unsuitability.

1440 hanc operis ~iam (v. incongrue 2).

incongruitas [LL]

1 inconsistency.

dicunt hanc esse congruam 'Deus vel ejus Filius generat', sed hanc arguunt ~atis 'Deus vel ejus Filius generatur' NECKAM *SS* II 17. 4; unde incongrue conficitur instrumentum, quod pater vel alius dotat uxorem filii. sed si quis diligenter vim constitutionis prospexerit, non erit ibi ~as BRACTON 305; respondeo quod hoc nomen 'Deus' .. non potest habere pluralem numerum nisi incongrue loquendo de ~ate, que consistit in repugnancia consignificati ad intellectum MIDDLETON *Sent.* I 62b; sacra scriptura in multis locis salvari non potest aliquando ~ate [? l. de ~ate] et falsitate nisi per figuras PALMER 426.

2 (gram.) lack of concord or agreement.

1325 que .. cedule .. in modo dictandi, in ~ate Latini, in orthographia, in inculcacione verborum, in obscuritate sentencie, et in multis aliis concordant cum predicta littera *Lit. Cant.* I 148; **1440** vocis ~as (v. incongrue 2).

incongruus [LL]

1 (of abstr. or thing): **a** unsuitable. **b** that does not fit, of the wrong size. **c** unreasonable, absurd (also in litotes). **d** not agreeing, inconsonant, discordant. **e** (gram.) lacking concord or agreement, ungrammatical.

a ~a purgatio matricis potest esse in causa quare genua frigescant *Quaest. Salern.* Ba 58; **s1341** rex .. per cibos et potus ~os plures amisit de suis WALS. *HA* I 253. **b** quaecumque sacris nectebant vincula membris, / aut diffusa cadunt, aut forte incongrua fiunt FRITH. 894. **c** videntur quaedam ex iis quae sic proferri et intelligi possunt aliam quoque non ~am sub hac ipsa pronuntiatione intelligentiam suscipere ANSELM (*Mon.* 46) I 62; **s1286** cujus casus ~a exposicio et falsa suggestio .. veram juris dubii opinionem nequaquam parturire poterant *Plusc.* VIII 3. **d** *GlH* D 691 (v. discordare 1a). **e** hec [proposicio] est congrua 'homo est albus' et hec ~a 'homo est alba' OCKHAM *Quodl.* 511.

2 unfitting, unbecoming, unseemly, improper (freq. in litotes): **a** (var.); **b** (*~um est* or sim. w. cl., inf., or acc. & inf. as subj., *cf.* c *infra*); **c** (w. dat.).

a ~us, *ungeþæslic* ÆLF. *Sup.* 191. 23; dum .. ille magis magisque ~a verba proferret ORD. VIT. IV 16 p. 288; tempus ~um uterque fuisse perspicit R. COLD. *Cuthb.* 60 p. 120. **b** nimis ~um est, ut illi parenti aptetur nomen matris cui .. nulla alia causa .. sociatur ANSELM (*Mon.* 42) I 59; quas [sc. injurias] vel breviter taxare non erit ~um W. MALM. *GR* V 391; **1205** quam ~um esset tam nobile opus inconsummatum relinqui *Pat* 57; **s1164** ~um esse asseruit clericos a suis justiciariis in publico flagitio deprehensos episcopo loci tradere impunitos WEND. I 32. **c** rem facis impiam et dignitati tuae prorsus ~am ORD. VIT. VI 10 p. 92; tali, inquam, dari beatitudinem ~um esset divine justitie GROS. *Cess. Leg.* I 4. 7.

3 (of person) unsuitable, incompetent; **b** (w. dat.) unfitted (for task *etc.*).

glossatores ~i R. BURY *Phil.* 17. 222 (v. apparitare); **1440** tam ~i correctoris (v. incongrue 2; *w. allusion to* 1e supra). **b** piger et corpulentus belloque ~us erat ORD. VIT. X 5 p. 20.

inconivens v. incorruens.

inconjugatus [ML], not married.

ergo si ~us, dum generat filium, offendit Deum, non tamen quoniam generat verum quoniam stuprat PULL. *Sent.* 867C.

inconjunctivus, (geom., of lines) not joining, (hence) parallel.

impossibile est lineam AB linee GD convenire, sunt enim ~e [v. l. equidistantes] ADEL. *Elem.* I 29; si summitatibus ~arum [v. l. equidistantium] linearum equalis quantitatis alie linee conjungantur .. *Ib.* I 33.

inconjunctus [LL], not joined together.

~i, divisi, in corde non bene uniti *Plusc.* X 28.

inconquisitus [ML], not conquered or seized.

Francos .. ~am Jerosolimam deseruisse DEVIZES 42v.

inconscius [LL], not sharing knowledge, unwitting.

s1443 [Alinora Cobham] ad carceres .. condempnatur, et ejus inconcie [*sic*] fautores in penam condignam, mortis supplicium, condempnantur *MS BL Royal 13 C I* f. 84rb.

inconsecratus [ML], not consecrated.

s1103 rex precepit Girardo Eboracensi archiepiscopo quatinus consecraret episcopos quibus rex dederat investituras. .. ceteri .. ~i remanserunt FL. WORC. II 52.

inconsequenter [LL], illogically, without proper reason.

confitentur alii quod nos fingimus ~er miracula de accidentibus (TYSS.) *Ziz.* 165.

inconservabilis, that cannot be kept.

omnis creatura agens prius necessario patitur a Deo quam agit. nec est color ex hoc concludere Verbum aut Spiritum Sanctum pati a suo principio, cum sit eadem substancia ~is, quia indefectibilis, licet sit causabilis WYCL. *Ente Praed.* 124.

inconsideranter [CL], without due care, recklessly.

sicut enim non audenda ~er aggredi temeritatis est proprium et non virtutis, sic audere audenda et ratione previa viriliter attentare virtus est GIR. *PI* I 14 p. 48.

inconsiderantia [CL], lack of due care or forethought.

ex ~ia premeditationis processerat ad irreverentes contactus sanctitatis R. COLD. *Cuthb.* 91 p. 199.

inconsiderate [CL], without due care or forethought.

stulti est ad illud se ~e ingerere, quod ignoret quanti sit laboris expedire W. MALM. *Wulfst.* I 12; rex Heraldus .. occurrit ~e Normannis GERV. TILB. II 20 p. 945; si ~e ordines communicaveris GIR. *GE* II 34.

inconsideratio [LL], lack of due care or forethought; **b** (w. obj. gen.).

1228 volentes tamen quantumcumque possumus et audemus ignorantie vestre et ~oni ad presens parcere et animarum vestrarum saluti providere .. S. LEXINGTON *Ep.* xiv; ~onis temeritas suggillare presumit scita sapientum AD. MARSH *Ep.* 9; qui per ~onem propriam et incautam audaciam erant capti *Hist. Roff.* 88; **1443** ne aliquando inter virtutis alumpnos honor virtutis premium, ingrata quavis ~one, defuerit BEKYNTON I 224. **b** filie luxurie secundum Gregorium [cf. Greg. M. *Moralia* 31. 88] ..: .. secunda est ~o mortis et inferni J. BURGH *PO* X 4 O f. 167v 1.

inconsideratus [CL], **a** lacking in forethought, imprudent, hasty (in quots., of emotion or act). **b** not considered, disregarded.

a turbati servientes .. foras exilierunt, solum dominum intus obliti; adeo ~a formido mentes eorum perculerat W. MALM. *Wulfst.* II 8 p. 32; ipse ad locum veniens subito et ~o suorum impetu, avunculum esse putancium, sagittis et lanceis est perforatus GIR. *SD* 16. **b** **c1380** ~o pondere fidei orthodoxe predicare ad libitum contraria juri Dei *Dip. Corr. Ric. II* 6.

inconsimilis, not closely similar.

Cuthbertus nulli sanctorum ~is est qui omnibus in virtutum gloria comparabilis est R. COLD. *Cuthb.* 31 p. 72.

inconsolabilis [CL], for which there is no consolation.

damnum ~e ANSELM (*Medit.* 2) III 80; in ~i tristitia *Id.* (*Ep.* 148) IV 5; in illa lamentabili strage et ~i plaga GIR. *PI* III 3 p. 235; **c1260** (v. divortio); **s1321** comes .. occubuit interfectus, quem tota plebs .. ~i merore deflevit *Flor. Hist.* III 205.

inconsolabiliter [ML], inconsolably; **b** irreparably.

perempti filii ~iter confundebatur maerore *Enc. Emmae* III 7; regina .. lacrimis suis presagia futurorum malorum plenius edocebat, quibus ~iter fusis totum palatium in luctum deciderat *V. Ed. Conf.* 51v; **c1169** sui ~iter lugent .. comitem J. SAL. *Ep.* 287 (287 p. 634); de viventibus semper sollicite sunt, de morientibus ~iter affliguntur P. BLOIS *Ep.* 55. 167C; ~iter commoti sunt super perditionem principum illorum *Itin. Ric.* V 5; BRADW. *CD* 118E (v. incessabiliter); **1411** matrem .. suorum filiorum interitum ~iter deplorantem BEKYNTON I 277. **b** **1212** ignis ~iter pontem Londoniarum .. usque ad nihilum destruxit *MGL* II 88.

inconsolatus [ML], unconsoled, having no consolation.

~os relinquere noluit fratres suos L. DURH. *Brig.* 42; nec ~us abibit adhuc hodie qui .. divinam implorat graciam sibi sua remitti piacula (*Wiro*) *NLA* II 446.

inconsonans [LL], dissonant, discrepant, unsuitable.

vix aliquid ~tius absurdiusve vel inconventius fore .. quam .. E. THRIP. *SS* IV 6.

inconsonantia [LL]

1 harshness of sound, dissonance.

~iae causa [sc. partes orationis fiunt defectivae] ut, si velimus a 'cursor' 'curstrix' facere femininum sicut a 'victor' 'victrix', inconsonum est ALCUIN *Gram.* 882C; J. BLUND *An.* 165 (v. incommensurabilitas).

2 lack of agreement, discrepancy.

partium orationis quodammodo ~iam et sensuum obscuritatem involvit sententiae, ne luceat intelligentia ALCUIN (*Adv. Felicem* II 17) *Dogm.* 158B; credo quod difficultas distingwendi probabilius in ista materia et apparencia ~ie conclusionum sequencium quoad wulgus fecit multos dimittere illam posicionem WYCL. *Log.* II 34.

inconsone [LL], inappropriately, unsuitably.

1407 ab illa scienciarum regina, sacratissima theologica facultate, .. cujus quidem excellencie famulatrix et ancilla, veneranda decretorum facultas, non ~e est subjuncta *StatOx* 198.

inconsonus [LL]

1 dissonant, not harmonious.

ALCUIN *Gram.* 882C (v. inconsonantia 1); J. BLUND *An.* 165 (v. incommensurabilitas).

2 not in agreement, inconsistent (sts. w. gen. or dat.).

1311 durum esset et juris ~um quod .. servientes .. ad hujusmodi probacionem .. faciendam admitti non deberentur *Law Merch.* I 90; breves .. cum semibrevibus .. associari debent .. et si alia mixtura sit, ~a est HAUDLO 118; quod sano intellectui ~um veritati dinoscitur OCKHAM *Dial.* 547; miscere cum sensu catholico talem sensum erroneum foret ~um et nocivum WYCL. *Ver.* I 127; tractatus varios .. invivit, quorum quidam, quia in quibusdam suis articulis regali discrecioni videbantur ~i, .. ceciderunt non perfecti *Ps.*-ELMH. *Hen. V* 50.

inconspectio, careful inspection, scrutiny or ? *f. l.*

?**1181** jubemus ut archiepiscopum in ~onem [? l. in conspectione] privilegiorum duodecimum excedere numerum non sinatis, sed eum duodecim inter clericos et monachos faciatis esse contentum (*Lit. Papae*) ELMH. *Cant.* 446.

inconspiciabilis v. inexpressibilis.

inconspretus [CL], not despised.

†spertus [MS: spretus] .. componitur conspretus, et illud componitur ~us, i. laudatus et probatus OSB. GLOUC. *Deriv.* 547 (cf. Paulus Diaconus *Epitome Festi* 107M).

inconstans [CL], not steadfast, inconstant.

quemadmodum in Proverbiis [vi 13] ~tis et lubrici passivus notatur obtutus, 'annuit occulis, terit pede' ALDH. *PR* 140 p. 195; gens ~s .. gens sola instabilitate stabilis GIR. *TH* III 21; [hypocrite] verna aura ~tiores sunt NECKAM *NR* II 185 p. 327; ~s fides [ME: *unsteaðelvest bileave*] .. nonne ex superbia inobediencie est? *AncrR* 74.

inconstanter [CL], inconsistently.

1228 Willelmus B. laicus, juratus et requisitus, ita varie et ~er locutus est, et ita sibi fuit contrarius, quod tanquam inconveniens contempnebatur testimonium ejus *Feod. Durh.* 297.

inconstantia [CL]

1 changeableness, uncertainty.

non vos conturbet, sancti, inconstantia, fratres, / nec mundana quidem gurgitibus variis; / sic fuit atque fiet secli versatilis ordo ALCUIN *Carm.* 9. 97; est in Connactia fons .. qui .. marinas imitatur instabilitates; est etiam in Wallia .. fons similis ~ie lymphas habens GIR. *TH* II 7.

2 (of person) inconstancy, fickleness.

ne .. ~iae levitatisque frustra crimen subeat ANSELM (*Ep.* 37) III 146; in illo nulla ~ia vel levitas apparere consueverat OSB. CLAR. *V. Ed. Conf.* 5; negligentia .. procreaverat impremeditionis ~iam ..; ~ia premeditandi gressus administrabat irreverentie ad tanta sanctuaria contingendi [? l. contingenda] R. COLD. *Cuthb.* 91 p. 199; quidam .. mentis ~iam .. indiciis exterioribus detegunt, ut cum momentanea vix utantur sessione, statim prosiliant ..; in nullo constantes sunt nisi in ipsa ~ia NECKAM *NR* II 186; G. COLD. *Durh.* 15 (v. duplicitas 2b).

inconsternate, without dismay, courageously.

s**1332** admirati sunt universi quomodo presumunt tantilli tam ~e regnum Scocie impetere FORDUN *Cont.* XIII 22 p. 304.

inconsuete [ML], unusually.

1256 nuper etiam ~e forte litteram domini regis recepimus, cujus tenorem vobis transmittimus AD. MARSH *Ep.* 147 p. 476.

inconsuetudo v. consuetudo 3c.

inconsuetus [CL]

1 not customary, unusual; **b** (w. dat. of person) unfamiliar (to).

recenti specie ~a suspensus .. cujus gentis fuissent inquisivit *V. Greg.* 85; antiquus hostis .. immisit equo ferocitatem, qui .. ~o impetu per campum discurrere coepit ALCUIN *Hag.* 687D; quendam fratrem .. introducit ad visionem rei ~ae et mirabilis FOLC. *J. Bev.* 10; ut te non deterreant .. ~us ordinis rigor et austeritas discipline P. BLOIS *Ep.* 137. 405D; **1207** pluribus ~is exactionibus *Pat* 72; sapientes Persarum qui in exponendis sompniis et ~orum eventuum significationibus habent peritiam GROS. *Hexaem. proem.* 23; **1261** exigere .. tallagia ~a *Cl* 461. **b** arripe tela tibi prius inconsueta, sacerdos ALCUIN *SS Ebor* 169.

2 unaccustomed, unused (to).

quomodo activos reficiet actionis ~us? PULL. *Sent.* 938B; omnes erant in guerris ~i nec in armis usitati *Plusc.* X 23.

inconsultans, not taking counsel, thoughtless.

qui arguitur pro aliquo delicto et quasi ~ans refrenatur, cena careat GILDAS *Pen.* 25.

inconsulte [CL], without due care and consideration, rashly, ill-advisedly.

probrosis factionibus deceptus in concilio praesulem ~e condemnari praecipit ALDH. *VirgP* 32 p. 273; non statim et ~e sacramenta fidei Christianae percipere voluit BEDE *HE* II 9; [Vulfricus] impraesumptum caeteris conatum verebatur ~e praesumere, et illud .. sanctorum domicilium sine auctoritate publica temerare GOSC. *Transl. Aug.* 31C; castellani obviam eis ~ius exeunt ORD. VIT. IV 5 p. 192; s**1224** nimis ~e agens WEND. II 278; s**1237** se voluntati Romanorum, precipue legati, quem ~ius advocaverat, mancipavit M. PAR. *Maj.* III 412.

inconsultus [CL]

1 (of person, act, emotion, *etc.*) not having taken counsel, thoughtless, rash, ill-advised.

domos alimentorum et opum plenas reliquerunt et ~i aufugerunt ORD. VIT. IX 14 p. 586; juvenis quidam ~i fervoris proposito se obligaverat ut nulla unquam occasione manum membris genitalibus admoveret; sed, quia frequens est ut ~a vota tentatio gravior prosequatur, .. J. SAL. *Anselm* 1014C; ~a carnis affectio, proditorie blandiens et amicabiliter fallens, in devium te retorquet P. BLOIS *Ep.* 11. 33A; ~a temeritas nescit consilium ducis exspectare GIR. *IK* I 4; c**1213** ~o calore (v. impetus 5b); mens inconsulta Johannis / te [sc. Angliam] languere facit M. RIEVAULX (*Vers.*) 23. 9; **1313** [rex] inconsultus abiit Scotos debellare (*Bannockburn*) *Pol. Songs* 262.

2 (*s. pass.*) not consulted.

offensus .. quod haec ipso ~o ageret rex BEDE *HE* III 7; a predecessore tuo quasdam terras ~o conventu cui prefuit distractas esse *Doc. Theob.* 260; c**1260** si .. pacem seu concordiam fecerimus .., domino Willelmo et heredibus suis in hac parte ~is *Cart. Beauchamp* 99; **1309** noluerunt procedere domino rege super hiis ~o *S. Jers.* XVIII 52; **1327** quia dicti gildani de judicio reddendo fuerunt ~i *Gild Merch.* (*Andover*) II 318; **1405** dumtamen ad judicium inde reddendum nobis ~is nullatenus procederetur *Cl* 254 m. 20; **1439** capitulo ~o et absque ejus voluntate, sciencia, vel assensu *Stat. Linc.* II 193.

3 not informed, uninformed.

s**1349** abbas, prior .. et alii senes et officiales obeuntes, vivos post se relictos a noticia .. possessionum .. monasterii dimiserunt ~os *Meaux* III 37.

4 unprovided for.

1250 cum convenit inter eos [W. et H.] quod, quamcicius aliqua custodia eidem H. acciderit competens ad opus ipsius W. .. ad maritandum I. sororem ipsius W., idem H. daret eandem custodiam predicto W. ad dictam I. maritandam .., predictus H. .. vendidit custodiam terre .. Johanne de W. .., qua occasione predicta I. remanet ~a *CurR* 137 m. 6*d* (= XIX 1404).

inconsummabilis, that cannot be completed.

episcopus aliam ecclesiam a fundamentis incepit, opus viz., ut multis videbatur, ~e, verum si consummari posset, honor et decus Londonie (*Erkenwald*) *NLA* I 396.

inconsummatio [LL], imperfection, lack of fulfilment.

mors quedam .. et defectio et imperfectio et ~o GROS. *Cess. Leg.* IV 8. 22.

inconsummatus [LL], unfinished, unfulfilled.

1205 tam nobile opus ~um relinqui *Pat* 57; **1278** in quibusdam negotiis .. adhuc exitus est incertus, quedam autem penitus ~a existunt *Conc. Syn.* 826; omnis homo a Deo divisus est imperfectus et ~us HOLCOT *Wisd.* 167.

inconsumptibilis [LL], that cannot be used up, inexhaustible.

fruges que in utriusque horrei angulis continebantur, non censebantur sufficere victualibus duarum hebdomadarum circulo, trium mensium spatio protendebantur velut ~es J. FURNESS *Walth.* 53; electrum .. ut auriforme simul et argentiforme manifestat imputribilem [ἄσηπτον] (ut in auro) et ~em [ἀδάπανον] et imminorabilem [ἀμείωτον] et intaminatum [ἄχραντον] splendorem et splendidam (ut in argento) et luciformem et celestem claritatem GROS. *Ps.-Dion.* 1022; recurrendum est ergo ad hunc fontem [sc. BVM] .. propter ejus plenitudinem ~em *Spec. Laic.* 51.

inconsumptus [CL], not destroyed, unconsumed.

aquarum quoque nature que supra firmamentum esse dicuntur omnino est contrarius [sc. ignis]; quas, quia graviores sunt, nec sustinere posset nec ~as supra se pateretur R. MELUN *Sent.* I 234.

inconsutilis [LL], not sewn together, seamless; **b** (w. ref. to Christ's tunic, *cf. Joh.* xix 23; freq. fig., esp. in allusion to unity of Church).

Mahomethus .. ~ibus tegumentis coopertos domum circuire permisit PETRUS *Dial.* 69; habebat cilicium .. compositum .. ex cordulis artificiose connexis pariter et conjunctis, ad instar retis densissimi intricatum .., eratque ab anteriore parte apertum illud ~e cilicium *V. Edm. Rich P* 1784; [BVM] candidissimo .. indumento ~i circumamictam *Chr. Melrose* 187. **b 798** ne tunica Christi ~is alicujus inter nos dissensionis scisma patiatur (*Lit. Kenulfi*) W. MALM. *GR* I 88 p. 88 (= *Conc. HS* 523); **1167** (v. 1 dissuere 1b); s**1156** cappa Salvatoris nostri monasterio A. revelatione divina reperta est ~is et subrufi coloris TORIGNI *Chr.* 189; hodie [sc. in ascensione Domini] consummatur et perfecte clauditur tua ~is tunica, Christe Jesu, id est integritas fidei Christiane, quia .. tandem ostendisti te Deum P. BLOIS *Serm.* 23. 627C; **1239** [debet] episcopus .. Domino nostro Jesu Christo de animabus puris .. coronam fabricare et tunicam ~em texere GROS. *Ep.* 127 p. 396; **1302** velle videbantur dissuere unitatem ecclesie, ~em tunicam Dei (*Lit. Papae*) *Reg. Carl.* I 174; dum ~em tunicam scindere molirentur, claritatem doctrine .. perdiderunt R. BURY *Phil.* 10. 165; s**1400** duo pape, quasi monstrum in natura, jam per xxij annos tunicam Christi inconsutelem .. nimium perturbarunt AD. USK 55.

inconsutus [LL], unsewn, not stitched together.

habete hunc parvum .. finem de omnibus generibus peccatorum: .. de pannis ~is, complutis, illotis [ME: *claðes unseowet, bireinet, unwesschen*], de cipho fracto .. *AncrR* 133.

incontactus, untouched. **b** unaffected (by disease).

corpus silvestris cervi .. in agris ab hominibus ~um .. decubuit, nec feris vel avibus eatenus commestibile vel presumptibile fuit R. COLD. *Cuthb.* 88 p. 186. **b** omnis lepre prioris feda scabies jam recesserat, facies vero tota ~a ac clara velut parvuli cujusdam triennis apparebat *Id. Godr.* 584.

incontaminabilis [LL], that cannot be polluted or defiled.

immaculata et ~is ejus [sc. Christi] incarnatio BEDE *Cant.* 1168; **1165** aurum imputribile, largum ad dilatationem, .. ~e utpote quod nullam admittit rubiginem J. SAL. *Ep.* 167 (145); vestimenta .. que .. carnem sacrosanctam .. sine peccati crimine solita fuerant ~em operire R. COLD. *Cuthb.* 100 p. 223.

incontaminandus, that may not be polluted or defiled.

ne de virginis sponsione dubites, en accipe nos integritatis ipsius ~e fidejussores *V. Chris. Marky.* 21.

incontaminate, without harm or blemish.

Deus .. omnia mensurat propria voluntate, .. omnibus dominans et imperans, .. omnia ~e continens [TREVISA: *conteyneth alle þing wiþoute any wem*] BART. ANGL. I 16.

incontaminatus [CL], not polluted or defiled, pure. **b** without infringement, entire.

~a Mariae virginitas ALDH. *VirgP* 13; ipse immaculatus et ~us agnus qui abstulit peccata mundi BEDE *Cant.* 1216; haec illos oculos servans ~os quos ad habitantem in caelis mundo corde levabat GOSC. *Edith* (II) 67; per mundissimarum suarum manuum contactum, labe aliqua ut pote sanguine homicidii et fame [? l. sanie] luxurie ~arum FORTESCUE *Tit. Edw.* 10. **b 811** si qualibet nostrae partis condicio innocens et ~a reperta ipsius rei fuerit *CS* 332 p. 463; **960** rura que ei .. interdicta fuerant, perpetualiter restituo, aeternam libertatem concedens quatinus ipse .. post suae vitae obitum quibuscumque sibi placuerit heredibus ~a derelinquat *CS* 1055.

incontemplabilis [LL = *invisible*], that cannot be contemplated, inconceivable.

incomprehensibilia et ~ia [ἀθεώρητα] sensibilibus sunt intelligibilia GROS. *Ps.-Dion.* 9 (cf. W. MACCLESFIELD *Quaest.* 5va: [Dionysius] dicit quod incorporalia non solum sunt non comprehensibilia per corpora et sensibilia, sed etiam ~ia, id est non cognoscibilia); PECKHAM *QA* 175 (v. contemplabilis b).

incontemptor, *f. l.*

sciendum est †incontemptores [l. in contemptores] eam [sc. Mariam] †no non parum asperam plerumque fore ANSELM BURY *Mir. Virg.* 20.

incontenditus [? 2 in- + *aberrant form of p. ppl. of* contendere], undisputed, or ? *f. l.*

794 (v. contenditus).

incontentus [ML; cf. continere 7], not satisfied; (in quots., w. ref. to debt) unpaid.

1484 unde super tenentes de C. M. de amerciamentis super ipsum impositis pro sectis pro diversis annis aretro ~is .. ciiij s. *MinAc* 1041/5 m. 2; unde super W. L. firmarium ibidem de arreragiis ejus aretro ~is .. xxxj s. vj d. *Ib.* m. 4.

1 incontinens [CL]

1 incapable of self-restraint, unrestrained, intemperate.

[Alexander] omnium ingenuorum transcendit vitia, quod ~tissime fuit invidie, adeo ut etiam paterni triumphi ei lacrimas extorquerent ac si ei virtus paterna .. preriperet gloriam J. SAL. *Pol.* 571B.

2 unchaste.

indisciplinati castigabantur, .. ~tes de lecacitate sua redarguebantur ORD. VIT. IX 14 p. 594 (cf. Baldricus *PL* CLXVI 1137B); ibi .. teneras carnes manducavit, mulsum bibit, ac cum muliere concubuit. inde letifera egritudo ~tem saucium arripuit et .. ad ultima coegit *Ib.* XII 2 p. 316; OCKHAM *Quodl.* 185 (v. inclinativus 3b); **1397** dicunt quod R. M., capellanus de L., ~s est cum J. W. (*Vis. Heref.*) *EHR* XXIV 450; quod dominus W., monachus, ~s est cum E. *Ib.* 451.

2 incontinens [cf. incontinenti, OF, AN, ME *incontinent, adv.*], forthwith, without delay.

1419 quod .. ~s breve illud cassaretur *Entries* 184b (cf. *St Realm* II 27 [**1382**]: incontinenti).

incontinente v. incontinenti.

1 incontinenter [CL], without restraint, esp. unchastely.

continens componitur incontinens, unde ~er adverbium et hec incontinentia OSB. GLOUC. *Deriv.* 570; **s1179** si ~er vixerint (v. dilapidator).

2 incontinenter [ML; cf. incontinenti, ME *incontinently*], forthwith, without delay. *V. et. continenter 2.*

1257 monachi .. non segniter agentes contra hujusmodi investituram ~er appellaverunt (*Processus*) *Mon. Francisc.* II 271; **1290** vocavit recordum rotulorum suorum, qui visi sunt ~er et compertum est recordum bonum *State Tri. Ed. I* 7; **1363** item venerunt .. et dant communitati unam marcam .. †quos [l. quam] solvent ~er pro gilda sua *Gild Merch.* (*Guildford*) II 95; **1495** ex qua vero percussione idem Johannes ~er obiit *Mem. Ripon* I 311.

incontinenti [LL; al. div., cf. continere 4c], forthwith, without delay.

1168 cardinales precipiuntur eos reducere in sententiam anathematis nisi satisfecerint ~i J. SAL. *Ep.* 243 (241 p. 466); **1170** postquam ad ecclesiam nostram venimus, ~i nos adierunt officiales regis BECKET *Ep.* 723 p. 405; episcopus .. asserens quod nisi archidiaconus cito desisteret, ~i ipsum .. excommunicaret GIR. *RG* I 6 p. 35; **1213** ~i quoque post adventum illius, qui nos debet absolvere, faciemus de parte restitutionis .. (*Pat*) WEND. II 72; **1228** si forte intervenisset domino pape ~e [*sic*] significare *Reg. S. Osm.* II 101; **12..** debent statim et ~i, pulsatis campanis, .. convocare communas omnes (*Leg. Ed. Lond.*) *GAS* 655; **1366** requisiti ubi devenit ille felo post illud factum, dicunt quod ~i fugit *SelCCoron* 53; **1457** ~i eodem die commissa fuit administracio omnium bonorum ipsius .. Willelmo Nevile *Test. Ebor.* II 209.

incontinentia [CL]

1 failure to hold or retain, incontinence (of urine).

contingit urine effusio et ~ia ex debilitate virtutis retentive circa vesicam *Quaest. Salern.* L 2.

2 lack of self-restraint.

~ia linguae suis nutrita levitatibus magnam bonorum operum materiam, multos vitae spiritalis fructus, ubi adtaminaverit, perdit BEDE *Ep. Cath.* 27.

3 unchastity, fornication.

ut mulieres filios .. nutrire contemnant, .. quod .. ex sola causa ~iae videtur inventum, quia, dum se continere nolunt, despiciunt lactare quos gignunt (*Libellus Resp.*) BEDE *HE* I 27 p. 55; **1071** episcopus .. de ~ia carnis, cui uxor publice habita filiique procreati testimonium perhibebant, .. accusatus LANFR. *Ep.* 2; Henricus prior eorum .. secessit apud Toftweyth ibique cohabitabat cum quadam muliercula de Morleye quam antea stulto fetentis libidinis amore cognoverat. quod audiens ejus abbas .. eum adduci fecit usque Tupholum inobedientie et ~ie vitium .. puniturum [? l. punniturus] *Chr. Dale* 10; **1324** (v. diffamare 3a); "tanta a cunabulis splendebat in corpore meo gracia castitatis quod inimicorum nequissimum domui carnem meam". .. istam graciam non habent illi ecclesiastici et curati qui contagioso morbi [l. morbo] ~ie tam notorie collaborant BRINTON *Serm.* 13 p. 50; **1435** inolevit rumor quod honestus vir Thomas B. .. commisisset crimen ~ie cum quadam Agnete Bablake et aliis mulieribus diversis *MunAcOx* 509 (cf. ib.: nunquam cum ea actum corporale concupiscencie seu ~ie commisit).

incontinentim [cf. incontinenti], forthwith, without delay.

1313 quia assuetus est emere bladum in foro et ~im illud dividit in dimidios bussellos in fraudem domini regis ut non deberet tolneari *Leet Norw.* 57.

incontingens [LL], not occurring, impossible.

BALSH. *AD* 28 (v. 1 designare 2a); est autem hujusmodi equivocatio ceteris ad fallendum argutior .. et contra quam probabiliter resistere non parcenti [? l. percipienti] ~ens, comperienti difficile *Ib.* 59; audiri in Grecia que in Egipto dicuntur ~ens est *Ib.* 98.

incontinue, discontinuously, without continuity, or ? *f. l.*

ad beati regis et martyris memoriam diffusius dilatandam, prescriptis non incontinue [? l. inconcinne], ut credimus, istud connectimus BRAKELOND 140 (*interpolated*).

incontinuus [ML], discontinuous, lacking continuity; **b** (geom., w. ref. to reciprocal proportionality between sides of figures).

fieret quidem ex parte vocis et confusio et sonus ~us ex parte significati *Ps.*-GROS. *Gram.* 50. **b** superficies mutekefie sunt inter latera quarum ~a proportionalitas retransitive reperitur ADEL. *Elem.* VI *def.* 2 p. 165.

incontracte [ML], (log.) in an unrestricted sense.

sic ergo intelligendo 'aliquem hominem', limitando ad certum singulare .. foret verum quod 'aliquis homo currit et Sor non est ille qui currit'; .. quod si intelligatur antecedens ~e, tunc cum paribus foret talis proposicio falsa WYCL. *Log.* II 31.

incontradictus, not challenged.

a1128 (1305) ut hec omnia .. inconcussa et ~a remaneant nunc et usque in sempiternum *CalCh* III 60 (= *Regesta* 1290).

incontrarius, reversed in order.

appellati de .. auxilio vel receptamento, donec principales convincantur de facto, respondere non debent, etiam ipsis hoc volentibus, cum judicia procederent ~ia et inhonesta et precederet caruca boves *Fleta* 48.

incontumax, [cf. ? LL *incontumacia* (v. *TLL*)], ? contumacious, insubordinate, or ? *f. l.*

a1148 qui si hiis mandatis nostris non paruerit, et in ipsum quasi incontumacem [? l. in contumacem] et in ecclesiam ejus sententiam ecclesiasticam .. promulgetis *Act. Ep. Linc.* 19.

inconveniens [CL]

1 not agreeing or conforming, inconsistent, incompatible, contradictory (also w. dat.); **b** (log. & phil.); **c** (as sb. n.) inconsistency, absurdity, contradiction.

793 numquid haec potestas ab eo [sc. Petro] ablata est et tibi tradita, quatenus super te in fine saeculi et in angulo mundi nova aedificetur ecclesia et apostolicis ~iens traditionibus? ALCUIN *Ep.* 23 p. 62; **1228** Willelmus B. .. ita varie et inconstanter locutus est et ita sibi fuit contrarius, quod tanquam ~iens contempnebatur testimonium ejus *Feod. Durh.* 297; **1362** videtur ~iens quod predictus Robertus predictam Johannam una die diversis vicibus rapere posset vel debuisset *Pat* 266 m. 44. **b** J. SAL. *Met.* 829A (v. convenire 6a); .. ergo esset aliquis habitus intellectus nobilior isto perficiens illam proporcionem, quod est ~iens DUNS *Ord.* I 104; nec esset hoc ~iens, quia .. idem vocabulum aliquando generaliter, aliquando specialiter seu particulariter accipitur OCKHAM *Pol.* I 303; quia alias oporteret inferri, quod prius fuisset punitus quam peccasset, quod est ~iens PAUL. ANGL. *ASP* 1551. **c** interseritur .. que et quanta sequerentur ~ientia si dii plures essent, et sic tantum unum Deum esse evincitur PULL. *Sent.* 639C; Aristoteles in libro de Generatione et Corruptione pro ~ienti habet aliquod corpus esse non sensatum J. BLUND *An.* 298; hanc .. posicionem .. reprobat Averoys .. ducendo ad duo ~iencia T. SUTTON *Gen. & Corrupt.* 102; probat eandem ducens ad ~iens OCKHAM *Pol.* I 330; nec est hoc magnum ~iens *Id. Quodl.* 629; tunc corpus Christi foret septipedale in hostia, quod accipit pro ~ienti (WYNTERTON) *Ziz.* 233; Manichei, ut evitarent ~iens, posuerunt magnum ~iens, ut enim Deus unus non esset auctor malorum, posuerunt duos deos GASCOIGNE *Loci* 28.

2 not appropriate, unbecoming. **b** (as sb. n.) unfitting or wrongful act.

c802 vulgus indoctum, qui semper res ~ientes sine consilio agere solet [*sic*] ALCUIN *Ep.* 249 p. 403; in abbatibus .., licet utrumque dispensari possit, .. indecens valde est et ~iens GIR. *GE* II 36 p. 347; **13..** mortuus est .. morte ~ienti et horrenda *Couch. Furness* II 291; ex mala eorum gubernacione, ut in cibis et potibus insanis et ~ientibus, fluxu ventris .. v milia descesserunt STRECCHE *Hen. V* 183. **b** reliqui .. ad manerium .. pervenientes, rapiendo quae potuerant .. numquam inde gavisi fuerunt. .. sic itaque vindicta Dei .. omnes qui ad hoc ~iens ierant stupore mentis affecit HERM. ARCH. 39 p. 80; **c1184** si aliquis extraneus mercator aliquod ~iens in villa fecerit, in *portimot* .. illud dirigat *BBC* (*Coventry*) 198.

3 (as sb. n.) trouble, nuisance (in quots., pl.).

1230 consideratis ~ientibus variis et immensis que forent ex hac impetratione vobis .. inevitabiliter eventura *RL* I 379; **1300** parliamenta claustri .. omnino dimittantur propter ~iencia que sepe concomitantur *Vis. Ely* 12; **s1345** ex quibus omnibus colligi potest quomodo sedes apostolica divicias regni Anglie sibi nititur applicare. .. rex eciam et nobiles, si .. statuerint remedium contra ~iencia supradicta, .. AD. MUR. *Chr.* 176; **1458** ad evitandum talia ~iencia, que insequi possunt ex varietatibus et discordiis (*Pat*) *Reg. Whet.* I 298.

inconvenienter [LL]

1 inconsistently, incompatibly.

ut lector agnoscat quam ~er partes orationis sint positae ALCUIN *Dogm.* (*Adv. Elipand.* II 11) 267C; ecce homo, cum ex quatuor elementorum sit conjunctione perfectus, de terra tantum, que unum est elementum, dicitur factus; sed non ~er, quia terre nomine significat [Moyses, *as author of Genesis*] corpus PETRUS *Dial.* 52; maxime ~er fingunt quod Cesar significat aliquid commune enti et non enti BACON *CSTheol.* 54; cum dicitur 'ad usum cottidianum utatur', usus non accipitur pro jure, cum ~er diceretur 'ad jus cottidianum utatur' OCKHAM *Pol.* I 301.

2 inappropriately, unfittingly (freq. w. neg.). **b** unjustifiably, wrongly.

futurae vitae beatitudo denario numero non ~er exprimitur BEDE *Hom.* II 16. 187; **c798** possunt non ~er duo gladii fides et opus intellegi ALCUIN *Ep.* 136 p. 208; unde sancto huic regi non ~er aptatur quod scriptum est .. AILR. *Ed. Conf.* 753D; gens larvalis .. non ~er ex re nomen habent, quia sunt nigri, vocantur nigreduli *Itin. Ric.* IV 18 p. 262; nisi forte [cantor] in psallendo deficiat aut aliquem cantum ~er aut indiscrete inchoet *Cust. Cant.* 91. **b** **1292** videtur ei quod ~er clamat hujusmodi libertatem quia, si idem Johannes habere debet retornum .. *PQW* 119b.

inconvenientia [LL]

1 inconsistency, incompatibility. **b** physical incompatibility.

sicut quamdiu servamus habemus, ita quamdiu habemus servamus, nec ulla ex his generatur ~ia ANSELM (*Ver.* 12) I 195; si Deo inconveniens est hominem cum aliqua macula perducere ad hoc, ad quod illum sine omni macula fecit, .. multo magis propter eandem ~iam impossibile est nullum hominem ad hoc provehi ad quod factus est *Id.* (*CurD* I 25) II 95; per hujusmodi inquisitiones, si diligenter et caute facte fuerint, multe inveniri poterunt ~ie BRACTON 143b. **b** alii autem humores horis debitis moventur ad putrefiendum .. et aliis horis quiescunt propter horribilitatem suam et ~iam GILB. I 30v. 2.

2 trouble, nuisance, burden.

1295 nos autem attendentes ~iam premissorum .. ac propterea volentes .. limam correctionis apponere super hiis .. (*Lit. Papae*) *Reg. Carl.* I 61; **1310** frater G. .. miles ordinis templi, preceptor Aquitanie .. requisitus utrum aliquos fratres fecit, dicit .. quod paucos fecit propter ~iam predictam quam oportebat fieri in recepcione eorum *Conc.* II 360b; **1367** incommoditatibus, inopportunitatibus, et ~iis .. obviare *Reg. Paisley* 33; **1411** nonnullas ~ias et gravamina pro et ex parte cleri .. exposuerunt *Conc.* I xx; **1424** propter malorum exempla et ~ias que exinde sequi possent omnino divisio hujusmodi esset penitus evitanda *Reg. Cant.* III 97; propter distruccionem patrie et alias multas ~ias et dampna sequenda *Plusc.* IX 46.

inconversibilis [LL], that cannot be changed.

excisa ~i immanitate hostium GOSC. *Transl. Aug.* I 46.

inconversibiliter, unchangeably.

erat tunc ibi videre .. stupendum miraculum, vinum sc. in sanguinem et panem in carnem media sui parte conversam rem pariter sacramenti et formam .. sub gemina specie manifestissime preferre. que ut vidi has species ~iter retinere .. AD. EYNS. *Hug.* V 4 p. 94; tu non sis Israel nec malediccionem ejus expectes ~iter velut qui vendiderit argento justum et pauperem pro calciamentis [cf. *Am.* ii 6] PECKHAM *Kilw.* 130.

inconvertibilis [LL]

1 not subject to change, changeless.

ipse Dei Filius secundum deitatem suam impassibilis ut Pater, invisibilis ut Pater, ~is ut Pater ALCUIN *Dogm.* (*Conf. Fid.* III 15) 1064A.

2 that cannot be turned, unbending.

articulus pedis non ossium junctura solidus vel flexibilis, sed sola carnis constrictura rigidus et tamen ~is R. COLD. *Cuthb.* 48 p. 98.

inconvertibilitas [LL], unchangeability.

ex sanguine impuro grosso qui propter ejus ~atem et venenositatem meretur expelli GILB. VII 304v. 1.

inconvertibiliter [LL], unchangeably; in quot., *f. l.*

relata sunt dupliciter: quedam sunt †inconvertibiliter [l. in convertibiliter] se habendo, ut pater filius, de quibus verum est quod multiplicato uno multiplicatur reliquum propter suam mutuam convertensiam; alia sunt in non-convertibiliter se habendo, de quibus uno multiplicato non est necesse alterum multiplicari BACON VII 113.

inconvincibilis [LL], irrefutable.

1321 ascensurus ad Patris dexteram .. ~is auctoritatis vicarium reliquit in terris, apostolice dignitatis apicem gubernantem (*Lit. ad Papam*) *FormOx* 74.

inconvincibilitas, irrefutability, unquestionable authority.

1283 (1284) nos .. ponderantes quanta provenit salus .. ex unanimi .. consortio stabiliti collegii, quod .. inexpugnabile et indeficiens remanebit cum ~atis optentu merito habeatur venerancius et reverencius apud omnes, quod hiis diebus vix evenit in ecclesiis singularium personarum .. *Pat* 103 m. 9 (cf. *MonA* VI 1332).

inconvulse [LL], constantly, without upheaval.

†**c1072** concedo et ~e stabilio ut bene et quiete et honorifice .. teneant *Regesta* p. 121.

inconvulsibilis [LL], unalterable.

quecunque sententia ex ore sancti Patricii fuisset prolata ita ~is manebat et fixa ac si a superni judicis tribunali extitisset egressa J. FURNESS *Pat.* 188.

inconvulsus [LL]

1 not uprooted or dug up, remaining in place, unmoved (also in fig. context).

demonstravit .. in australi ecclesiae parte locum ~um B. *V. Dunst.* 9 (cf. OSB. *V. Dunst.* 17: ostendens locum eatenus ~um); †**971** (12c) quamvis decreta pontificum .., velut fundamenta montium ~is ligaminibus fixa sint W. MALM. *GR* II 150 (= *CS* 1277); juncture gutturis ossium sibimet connexe .. apparent que omnia colli ossa retinere integra et gutturis ossium penetralia ~a colligare .. aspicientibus patent R. COLD. *Osw.* 51 p. 381; [mulier] labiis et lingua feretro [S. Edmundi] firmiter adhesit, .. ibi immota remansit et ~a GIR. *IK* I 2 p. 24; stipule, quas messor post grana paulo ante decussa, reliquerat ~as *Itin. Ric.* I 2.

2 unshaken, firm, steady: **a** (of abstr.); **b** (of person or group of people).

a quo tenore proceleumaticus profertur? indirupta et ~a firmitatis censura semper acuitur ALDH. *PR* 125; ita fides firma, quantislibet adversantis mundi pressuris impugnetur, ~a persistat BEDE *Hom.* II 14. 172; **800** pacem et unitatem fidei .. ~a fide retineamus ALCUIN *Ep.* 199; **991** ut .. pax maneat stabilis perpetualiter et ~a (*Lit. Papae*) *Conc. Syn.* 179. **b** **801** (12c) si ipse nobis .. fidelis manserit minister et ~us amicus *CS* 303; fide absentia quam cognitione presentia firmius tenemus, eisque [sc. absentibus] mentis assensu ~i heremus PULL. *Sent.* 678D; quamdiu gens ea mandata Domini custodierit, .. tuta manebit et ~a GIR. *TH* II 19 p. 103.

3 a (w. ref. to grant, decision, agreement, or sim.) unchallenged, undisputed. **b** (w. ref. to law or custom) unbroken.

a †**1077** universa igitur haec quae .. praesens continet pagina jam olim a .. praedecessorum meorum .. sanctionis statuto ~o more regio confirmata sunt *Chr. Rams.* 203 (= *Regesta* 95); nostraque stipulatio ~a permaneat (*Lit. Papae*) W. MALM. *GR* II 150 p. 169 n.; ?**11..** (1285) ut hec mea donacio .. ~a permaneat *ChartR* 73 m. 23; privilegia sua statuit ~a in quibus tantam libertatem attribuit ecclesie quod et liberiorem nemo potest invenire OSB. CLAR. *V. Ed. Conf.* 11 p. 91; **1162** plenam hujus transactionis continenciam .. episcopi carte declarant, que .. factam compositionem roborant et illibatam fore confirmant. ad hec etiam nos ipsam ~am manere precipimus *E. Ch. S. Paul.* 146; **1194** ut hec mea concessio firma et ~a permaneat, eam presenti carta et sigilli mei appositione roboravi *Ch. Sal.* 53; **c1217** cum ea que ad .. tranquillitatem sancte geruntur ecclesie justum sit firma consistere et suis radicibus firma et ~a permanere *Reg. Malm.* I 396. **b** si eis Cnudi leges .. ~a stabilitate suo tempore mansuras juramenti satis factione sanciret, .. (*Quad.*) *GAS* 533; olim mos erat in Dacia .. ut .. cogerentur juniores .. emigrare; .. que lex per multorum tempora regum mansit ~a WALS. *YN* 6.

incoopertus, uncovered; in quot., unroofed.

1424 pars orientalis grangii de B. est defectiva et ~a in defectu reparacionis tenencium de W. *CourtR Banstead.*

incopamentum [cf. incopare, acculpamentum], accusation (all quots. refer to St. Ives, Hunts).

1270 stetit cum communitate de Lenn' ad audiendum ~um Johannis le Coreyer *Law Merch.* I 23; **1275** petit judicium de ~o predicte L. desicut ipsa L. incopavit predictum R. de facto et contracto cujusdam W. *SelPlMan* 148; **1275** curia dicit quod .. J. insufficienter respondit ad ~um W. nec defendit verba curie que sunt defendenda *Ib.* 160; **1295** dictum est in incupamento suo quod .. *Law Merch.* I 68.

incopare [AN *encuper, enco(u)per* < inculpare; cf. AN *acuper* < acculpare], to accuse (all quots. except second refer to St. Ives, Hunts).

1270 ~atus per J. le Coreyer *Law Merch.* I 2; **1273** memorandum quod cum ipse Walterus intellexisset se †incuperari [? l. incupari] a quibusdam, eo quod ipse vellet esse major civitatis .. *Leg. Ant. Lond.* 151; **1275** quod ipse R. .. Simonem non insultavit nec per gargatam cepit sicut ~atus est *SelPlMan* 141; non defenderunt ubi ~ati fuerunt tanquam detentores, deforciatores, et principales debitores debiti *Ib.* 146; *Ib.* 148 (v. incopamentum).

incopiciare v. incoppiciare.

†incopolitus, *f. l.*

c1108 ne submoneatis monachos .. ut eant ad hundreda nec ad sirras sed †incopolitos suos .. mittant *MonA* VI 1043b (cf. ib. 1099a [= *Pat* 178 m. 8 (1332)]: prepositos; *Regesta* 900).

incoppiciare [Eng. *coppice*; cf. ML copiciare], to inclose as coppice.

1574 eosdem boscos et subboscos sic per ipsos seu assignatos suos succisos cum fossatis vel sepibus bene et sufficienter includent et ~iabunt juxta formam statuti in eo casu editi et provisi [cf. *StRealm* III 977, IV 562] ac virgultus et lez *spryng* eorundem boscorum et subboscorum a morsu conculcacione et dampno animalium preservabunt et custodient absque imposicione aliquorum equorum aut animalium in eisdem boscis .. *Pat* 1114 m. 35 (*sim. Pat* 1128m.12 [**1575**]: boscos .. fossatis .. includent vel ~iabunt; *Pat* 1234 m. 4 [**1582**]: incopiciabunt; *Pat* 1238 m. 40 [**1584**]).

incordare [cf. CL chorda, corda], to string, fit with bowstring. **b** (pass., of string) to be fitted as bowstring (in quot., fig.).

1221 mandantes quatinus illas [balistas] bene ~ari .. faciatis *Cl* 452; **1236** mittimus ad vos Johannem de V., balistarium, .. ad videndum omnes balistas nostras .. et ad ~andum et reparandum eas que incordatione et alia emendatione indigent *Cl* 265. **b** que [corda] cum separatur a musculo ad juncturam vadit aut ad membrum movendum; et colligitur in se ipsa et incordat[ur] sicut corda arcuum *Ps.*-RIC. *Anat.* 4.

incordatio, stringing (of crossbow).

1236 (v. incordare a).

incornium [ME *inkehorn, incorne*; cf. cornu], inkhorn.

1383 unum pennarium cum incornio .. asportaverunt *Proc. J. P.* 442; **1393** unum pennar' et hincornium *Pl. Mem. Lond.* A 33 m. 2b.

incorporalis [CL], not having body or substance, immaterial, incorporeal.

sume [*namen*] *synd* ~ia, *þæt is unlichamlice, swa swa is* angelus ÆLF. *Gram.* 11; nec moveat quod singularia et corporea exempla sunt universalium et ~ium, cum omnis ratio gerendi .. incorporea sit et insensibilis, illud tamen quod geritur et actus quo geritur plerumque sensibilis sit J. SAL. *Met.* 879C; sonus corporalis est, cum sit in re corporali; anima autem ~is est J. BLUND *An.* 156; HALES *Qu.* 766 (v. dimensive); jura .. omnia sunt ~ia et videri non possunt BRACTON 4; *Ib.* 13b (v. corporalis 2b); **1296** ubi agitur de restitucione rerum corporalium vel ~ium facienda *Conc.* II 210.

incorporalitas [LL], lack of bodily or material substance.

angeli ceterique spiritus .. ad comparationem illius purissimae ~atis quae Deus est corporei sunt; iidem tamen comparati corporibus quae nos sumus, quaeque videmus, incorporei sunt LANFR. *Annot. Cassian.* 443A; nec subito quidem a perfecta ~ate luteum corpus induitur, sed sensim per tacita detrimenta et longiorem .. puritatis recessum in quedam corporis incrementa turgescit ALB. LOND. *DG* 6. .

incorporaliter [LL], incorporeally.

si Dominus ita figuram venalitatis columbe corporaliter punivit, quanto magis ipsam veritatem .. simonie puniet ~iter? GIR. *GE* II 26 p. 291.

incorporare [LL]

1 to endow with bodily or sensible form (in quots., pass.). **b** (intr.) to take bodily form.

virtus anime bone vel male .. imprimitur et ~atur fortiter in voce et in aere deferente vocem BACON *Tert.* 96; sunt tamen aliqui qui ponunt lucem esse de substancia coloris, et illi dicunt quod color est lux ~ata perspicuo UPTON *Mil.* 100. **b** animas .. in compares stellas tamquam in vehicula locatas dicunt donec quotidie ~andi studio descendant ALB. LOND. *DG* 6. 15.

2 to absorb into the body, digest (food); **b** (Satan, regarded as being absorbed by heretics). **c** (fig.) to take to heart, contemplate.

nec cibos ~are nec aquam poterat glutire *Mir. Frideswc.* 34; alium cibum in nos sumendo trajicimus et ~amus; hic vero cibus [sc. corpus Christi] cum sumitur nos in se trajicit et incorporat et nos sua membra facit GIR. *GE* I 18 p. 54; sillium magis infrigidat quam aqua, quia aliquid de sillio ~atur celebrata digestione, aqua pura nequaquam J. BLUND *An.* 231; dum [membra] sentiunt se debilitata ex eo quod est perditum quod erat membris aptum ~ari et ea nutrire, .. *Quaest. Salern.* B 41; tarascus serpens .. occultabatur, ut homines per Rhodanum sibi ~aret GERV. TILB. III 85; ut videat vorator adhuc crudum quod coctum debeat ~are J. GODARD *Ep.* 223. **b** ~atur in illis Sathanus ELMH. *Metr. Hen. V* 1284 *gl.* (v. 6b infra). **c s1426** interius .. ~at acervum scelerum, et habitu est tantummodo monachus et non in mente AMUND. I 208; **s1298** efficaciam verborum ejus in tantum ~ando ponderans *Plusc.* VIII 28 (cf. BOWER XI 34: efficacia verborum .. in tantum cor ejus invasit quod ..).

3 a to make into a single body or substance, amalgamate (with). **b** to unite (one thing with another), to join (physically).

a recipe sossile rubificate ʒ i .. et parum nitri salsi .. et ~a cum aceto .. et habebis solem obrigon M. SCOT *Lumen* 246; colature quartam mellis adde et coquendo ~a GILB. I 35. 1; vino optimo species perfunduntur et reperfunduntur .. donec virtus specierum vino ~etur et optime clarificetur BART. ANGL. XIX 56; pulvis salis et cinis vitis ~ati cum oleo et melle mortificant antracem GAD. 127. 2; sume Mercurium sale et aceto ablutum et ~a unam partem de eo cum lb. iiij vitrioli Romani et unciis iiij salis communis bene combusti RIPLEY 206. **b** neque .. arborem abscisam .. solide trunco suo ~ari et virescere *V. Ed. Conf.* 56; ex quo anima commixta est materie et materia est anime ~ata, nunquam postea dolorum vicissitudine et voluptatum caruit anima PETRUS *Dial.* 22.

4 to annex (property, *etc.*, esp. to corporate body; eccl. & mon.)

hanc [ecclesiam] abbate et ordine monastico, ut Augustiniano coenobio ~aretur, religiose informavit GOSC. *Transl. Aug.* 35D; **1351** nos tuis in hac parte supplicacionibus inclinati uniendi et ~andi .. quatuor curatas ecclesias *Mon. Hib. & Scot.* 295a; *Meaux* III 9 (v. dependicium a); **1417** volo .. quod dicta terre et tenementa .. vendantur seu ~entur collegio sive collegiis, cantarie seu cantariis *Reg. Cant.* II 127; **1435** H. Burwasshe, vicarius perpetuus parochialis ecclesie de Rikmersworthe, dicte dioecesis, prefato monasterio unite et ~ate (*Lit. ad Papam*) AMUND. II 61; abbas acquisivit huic ecclesie tria messuagia .. que fuerunt quondam Johannis Sodynton .. et imperpetuum sibi et monasterio ~avit *Chr. Evesham* 300; **1549** ut ecclesiis, monasteriis, collegiis, universitatibus, aliisque piis locis unitis et ~is de frequentioribus verbi Dei predicationibus provideatur *Conc. Scot.* II 118.

5 to admit (person) to membership of corporate body: **a** (eccl. & mon.); **b** (acad.; also p. ppl. as adj. or sb. m., gdv. as sb. m.).

a 1389 parati sumus .. fratris J. professionem in forma ordinis libentissime suscipere ac ipsum monasterio nostro predicto Deo inibi serviturum .. ~are (*Form.*) *Medium Ævum* VI 198; **1411** tertium capellanum perpetuum eidem ecclesię .. ~amus *Lit. Cant.* III 124; **1433** oratores illustrissimi domini ducis Burgundie ~ati sunt [*as delegates to Council of Basle*] BEKYNTON II 146; decanum et .. vj canonicos in eadem capella ~avit *Entries* 101v. 2. **b 1425** ut ipsos .. electos in socios ipsius collegii recipere admittere ac effectualiter et realiter imperpetuum ~are valeatis .. concedimus facultatem *Reg. Cant.* I 344; **1433** universitas .. audacem erigit animum, genuflexas ministrando supplicaciones pro ~atissimo filio suo confratreque nostro T. Rodebourne *EpAcOx* 98; **1516** decrevit quod quicumque .. in nostra universitate ~andus solum admittatur ad gradum quo est insignitus in alia universitate *StatOx* 332; neque licebit .. ulli ~ato sive ~ando interesse depositionibus graduatorum *Ib.* 333.

6 to unite (person, to the Church, Christ, *etc.*); **b** (to Satan; cf. 2b *supra*).

'si quis manducaverit ex hoc pane, vivet in aeternum' [*Joh.* vi 52], id est si quis meae incarnationis sacramento perfecte ~atus meae divinae majestatis visione frui meruerit .. BEDE *Luke* 514; per gratiam regenerationis sanctae ecclesiae ~atus *Id. Ep. Cath.* 49; Cornelius necdum renatus in Christo necdum ecclesiae erat membris ~atus *Ib.* 66; **798** dum in sacramentis aqua tritico vel vino miscetur, fidelis

populus Christo ~atur et jungitur ALCUIN *Ep.* 137 p. 212; ut dignus sim corpori tuo, quod est ecclesia, ~ari ANSELM (*Or.* 3) III 10; puer sacri baptismatis unda perfunditur et sacro perunctus chrismate Christo plenius ~atur AILR. *Ed. Conf.* 742B; GIR. *GE* I 18 (v. 2a supra); **c1218** eukaristia .. que Christo nos unit et ~at *Conc. Syn.* 65; NETTER *DAF* II 42 (v. concorporatio); **1437** quod [Greci] ~are se velint vulnerato, leso, lacerove corpori sine capite [sc. ecclesie Romane] BEKYNTON II 40. **b** in specie musce fit Tartareus draco sumptus, / .. / hereticos serpens sibi sic incorporat Orci [*gl.*: nota quod Lollardi recipiunt demonem in specie musce et sic incorporatur in illis Sathanus] ELMH. *Metr. Hen. V* 1284.

7 (w. ref. to writings): **a** to include (material, in document, *etc.*). **b** to collect (laws or sim.) into, or include in, a corpus. **c** (w. corpus as subj.) to include (law *etc.*, *sc.* as part of itself).

a **1437** [papa] concilium Basiliense ad civitatem Ferrarie transferendum censuit, propter causas quas decreto translacionis hujusmodi fecit per extensum ~ari (*Lit. Regis*) BEKYNTON II 38. **b** **s1294** [papa] constituciones .. ~avit (v. extravagans 3); HIGD. VII 40 (v. corporare 3); **1503** ordinaciones .. inter autentica statuta ~entur (v. definitio 4a). **c** **s1175** statuta concilii si bene revolveris, perpauca reperies que tibi corpus canonum ~are non possit DICETO *YH* 399.

incorporate, ? in a manner appropriate to an incorporated or annexed dependency (*cf. incorporare* 4), or ? p. ppl. of *incorporare*.

1411 volumus .. quod .. uterque .. capellanorum .. percipiat annuatim decem libras .. de proventibus .. ecclesie parochialis de N., mense nostre archiepiscopali .. [*ed. adds*: appropriate] pro pane, vino .. et pro tota ulteriori exhibicione et sustentacione suis unite et ~e [unite et ~e *perh. misplaced and to be taken with* ecclesie] *Lit. Cant.* III 126.

incorporatio [LL]

1 embodiment in physical form (in quots., w. ref. to light).

est lux, ut dicit Augustinus [*Conf.* X 34. 51], colorum regina, utpote eorumdem per ~onem effectiva et per superfusionem motiva. lux namque incorporata in perspicuo humido color est, qui color sui speciem in aere propter ~onis sue retardationem per se generare non potest GROS. *Hexaem.* II 10. 2; lux in materia aerea que habet virtutem per ~onem ut fiat multiplicior et non multiplicior et transmutabilis *Ps.*-GROS. *Gram.* 19; visus non percipit in aliquo loco diversitatem ~onis lucis istarum [sc. stellarum] BACON *Maj.* II 101.

2 absorption into the body, digestion (of food).

soluto lingue vinculo debitum a natura locum lingua retracta sortitur et denegata ciborum redditur ~o *Mir. Fridesw.* 34; [pelicanus] usque ad plenam ~onem non tenet cibum UPTON 199.

3 incorporation, annexation (of property or sim., eccl.); **b** (municipal).

1295 necnon exempciones, ~ones, uniones, subjecciones .. monasteriorum, hospitalium, ecclesiarum (*Lit. Papae*) *Reg. Carl.* I 49; **1371** nos abbatis et conventus supplicacionibus inclinati annexionem, unionem, et ~onem .. confirmamus (*Lit. Papae*) *Mon. Hib. & Scot.* 344a; **1408** nulli .. liceat hanc paginam nostre ~onis, annexionis, unionis, et voluntatis infringere (*Lit. Papae*) *Lit. Cant.* III 112; **s1417** de exempcionibus et ~onibus tempore scismatis factis *Chr. S. Alb.* 106; **1448** pro unione, ~one, .. et subjeccione prioratus monialium de H. .. collegio de Goddeshaus (*Court Bk. Linc.*) *Eng. Clergy* 245. **b** **1587** (v. corporatio b).

4 admission to membership of corporate body. **b** (acad.) incorporation (of a graduate from elsewhere).

1433 cognovimus ambassiatores nostros .. per ~onis titulum in Basiliensi concilio decretos non admitti BEKYNTON II 62. **b** **1576** controversia mota est de hiis qui in aliis academiis adepti sunt aliquos gradus et in hac universitate petunt incorporari; viz. utrum acquisita .. apud nos ~one eisdem censeri debeant loco et statu quibus in aliis universitatibus gaudebant *StatOx* 411.

5 inclusion in collection or compilation.

recte sequitur predicatio cum precesserit voluminis ~o S. LANGTON *Serm.* 1. 26; cum veritas spatii exigeretur in ~one regalium rotulorum *Croyl.* 83; quia postea Bonefacius papa VIII constitucionem prefatam compilacioni libri sexti .. incorporavit, nonnulli locorum ordinarii pretextu ~onis hujusmodi .. monachos .. inquietare presumpserunt *Meaux* II 68.

incorporeitas [ML], incorporeity, lack of material substance.

multi homines .. non .. intelligunt essentiam divinam vel ~atem intelligentiarum GROS. 105; anime .. inmortalitate necnon et ~ate E. THRIP. *SS* VIII 4; sicut forma primi generis duabus differenciis distinguitur, corporeitate sc. et ~ate, ita et materia determinatur per easdem SICCAV. *PN* 114; etsi enim concludat modus essendi anime in corpore quod recipiat a corpore, non tamen ~as angeli concludit quod non recipiat, nisi concederes quod angelus esset infinitus DUNS *Sent.* II 3. 11. 6.

incorporeus [CL], not having body or substance, immaterial, incorporeal.

LANFR. *Annot. Cassian.* 443A (v. incorporalitas); invisibilem .. et ~eum ejus spiritum in coelesti sede gaudere OSB. *V. Dunst.* 45; ex motu .. quem corpori dare videtur .. in corpore quiddam ~eum esse arguitur ADEL. *QN* 18; si ad ~ea divertendum est, ratione opus est et intellectu, cum absque intelligentia hec non valeant comprehendi J. SAL. *Pol.* 437C; nec mirum .. utriusque sexus putari numina, quippe que ~ea sunt. .. nisi enim corpora induerint, humanis visibus apparere non possunt ALB. LOND. *DG* 11. 5; res ~ee neque subjacent sensui neque imaginationi, sed in anime comprehensionem cadunt J. BLUND *An.* 30; constat quod [corpus Christi] non est ibi [sc. in sacramento altaris] per modum substancie ~ee, igitur est ibi per modum substancie corporee et .. dimensive WYCL. *Conf.* 505.

incorrectus [CL]

1 not put right, uncorrected. **b** (of text or copy) not revised, unchecked.

illa depravata ~aque illa esse judicia merito abnegantur THEOD. *Pen. epil.*; damnum ecclesiae, quod in falsis fratribus patitur, .. perdurat ~um BEDE *Acts* 944; **s1274** dixit se ad visitandum et corrigendum, si qua essent corrigenda, venisse. unde prius quesivit in communi si qua essent ~a que correctione sua indigerent *Ann. Durh.* 52; **1296** gravamina necnon et damna enormia .. que non adhuc solum remanent ~a, verum eciam .. prioribus deteriora cumulantur (*Lit. Regis Scotiae*) RISH. 158. **b** scripsi dudum .. quedam mathematice ruditer rudimenta, que tamen aliis occupatus ~a reliqui PECKHAM *Persp. proem.*; de modernis codicibus ~is WYCL. *Ver.* I 235.

2 (of offence or offender) not reproved, unpunished.

1200 diffamati fama publica vel verisimilibus indiciis super crimine .. commoneantur semel, secundo, tertio ut confiteantur. .. si vero incorrecti [v. l. incorrepti] in negatione perstiterint, .. *Conc. Syn.* 1068; **1237** nolentes igitur tantam ecclesie ignominiam conniventibus preterire oculis ~am *Ib.* 252 (= M. PAR. *Maj.* III 431: incorreptam); **1239** oporteat .. hujusmodi commissum impunitum et ~um dimitti GROS. *Ep.* 73 p. 235; ~a humane prevaricationis molimina AD. MARSH *Ep.* 24; aut enim peccantem omnino ~um dimittunt aut, si corrigere vel corripere incipiunt .. ROLLE *IA* 216; **1341** officialium insolenciam regia mansuetudo .. relinquere voluit ~am (*Lit. Regis*) WALS. *HA* I 243.

incorreptus [? LL (v. *TLL*), ML], uncorrected, unreproved.

1200, **1237** (v. incorrectus 2); **1299** negligenciam quam conniventibus oculis pertransire nolumus ~am *Reg. Cant.* 333.

incorrigibilis [LL], not amenable to (moral) correction: **a** (of person); **b** (of fault).

a Moyses .. exivit a Pharaone, quem ~em vidit, iratus nimis comminatus ei poenam quam et opere patravit BEDE *Ep. Cath.* 16; illum qui tot modis ~is cognitus est, sua nequitia Satanae traditum existimo ANSELM (*Ep.* 331) V 266; si episcopus a fide deviaverit et a subditis secrete commonitus ~is apparuerit (*Leg. Hen.* 5. 23) *GAS* 550; perversi sunt et ~es; die et nocte non cessamus eos verberantes et semper fiunt sibi ipsis [*sic*] deteriores EADMER *V. Anselm.* I 22; in eo .. est correctio supervacua quem ~em pertinacia sua facit P. BLOIS *Ep.* 21. 76C; **1215** si .. barones super hoc ~es inveniantur *Pat* 139b; **1231** clerici rebelles et ~es qui cum delinquunt a cancellario .. se corrigi nolunt et castigari *BBC* (*Oxford*) 161; **s1315** si Dominus post hec flagella ~es nos inveniat *V. Ed. II* 214. **b** in causa .. criminali possunt clerici a laicis castigari tripliciter, .. tercio propter ~em culpam atque notoriam peccatorum WYCL. *Civ. Dom.* II 79.

incorrigibilitas [ML], refusal of (moral) correction, persistence in fault.

pro .. contumacia et ~ate *Cust. Westm.* 204; OCKHAM *Dial.* 568 (v. corrigibilitas); **1423** te .. ab ordine sacerdotali propter ~atem tuam degradamus et deponimus *Reg. Cant.* III 172; propter .. spurca vitia et ~atem a regnis veteres non injuste reges ejecerunt MAJOR IV 18.

incorrigibiliter [LL]

1 incorrigibly, in a manner not amenable to (moral) correction.

1169 supportavimus eum in multa patientia hactenus, qua ille semper abutens jugis inobedientie crimen multiplicatis excessibus ~iter cumulavit BECKET *Ep.* 488; gens .. vitio .. ~iter involuta GIR. *TH* II 9; premonitiones .. quas .. animo obstinato et corde indurato ~iter omnino contempsit *Id. IK* I 6 p. 66; si .. in tantum ~iter reprehensibilis videretur esse rex Ricardus *Itin. Ric.* III 22.

2 in a manner that cannot be corrected, perfectly, without possibility of error or fault.

[divina potentia] facit ~iter opus suum WYCL. *Dom. Div.* 45.

incorruens [*misr. of* inconivens], not falling, not collapsing.

Agellius libro secundo capitulo primo [Gellius II 1]: '.. stare solitus Socrates dicitur .. perdius atque pernox .. incorruens [*MSS of Gellius*: inconivens], inmobilis ..' DICETO *Abbr. Chr.* 46.

incorrupte [CL], without decay, diminution, or change.

673 ut quaeque decreta .. sunt a sanctis .. patribus ~e ab omnibus nobis serventur (*Conc. Hertf.*) BEDE *HE* IV 5 p. 215.

incorruptela [LL], freedom from putrefaction and decay, incorruption (also in moral or spiritual sense; esp. w. ref. to *I Cor.* xv 50, 53).

nullum corruptibile ~am possidebit, sed caro et sanguis .. sunt corruptibiles et regnum Dei ~a; ergo isti non possidebunt illud LANFR. *Comment. Paul.* 211; quedam pax consideratur inter nos et corruptibilitatem nostram adhuc futura. .. istam sine dubio in alia vita habebimus, ubi corruptio ~am possidebit ALEX. CANT. *Dicta* 13 p. 158; magis virtutum ejus [Gudlaci] gratia post obitum splenduit, tam sacratissimi corporis post annum ~a quam multorum miraculorum ostensione precipua W. MALM. *GP* IV 182 p. 321; quando mortale ejus induet immortalitatem et corruptibile ejus induet ~am AILR. *SS Hex* 6.

incorruptibilis [LL]

1 free from putrefaction and decay, imperishable: **a** (of things not subject to organic decay); **b** (of saint's body); **c** (w. ref. to general resurrection; *cf. I Cor.* xv); **d** (of God); **e** (of abstr.).

a ÆLF. *Ep.* 2 (v. discus 2b). **b** corpus ~e requiescens et quasi dormiens in sepulchro *V. Cuthb.* IV 13. **c** incensa fides redundat in beatiorem et ~em sospitatem animae GOSC. *Transl. Aug.* I 22; felici commercio ~em pro corrupta coronam suscipiens GIR. *EH* I 20; pro carnali corona corrupta in terris ~em et immarcescibilem sumens in celis *Id. IK* II 14 p. 150; resurrectio est mutatio corruptibilis et ~is HALES *Qu.* 1290; incorrumptibile *Quaest. Ox.* 125 (v. incorruptibilitas b). **d** creator ~is AD. SCOT *Serm.* 167B (v. corruptibilis 1b). **e** veritas incorrupta semper et ~is est J. SAL. *Pol.* 659B; odor incorrupte atque ~is sanctitatis J. FORD *Serm.* 119. 7.

2 (phil.) not subject to decay, that does not pass away.

secundum metaphisicum .. manet yle ~is NECKAM *SS* III 78. 1; GROS. 56, etc. (v. ingenerabilis).

3 that cannot be morally corrupted.

sit vobis in omnibus et industria infallibilis .. et temperantia inviolabilis et ~is innocentia AD. MARSH *Ep.* 210.

4 not amenable to bribery or sim., incorruptible.

ecce quam incorruptus, quam etiam ~is erat hic noster judex novus in se H. BOS. *Thom.* III 14 p. 223; **s1188** eo quod [episcopus Ostiensis] esset justus valde et ~is conscientie, munerum contemptor et adulationum, .. cause cognitor et judex effectus est GERV. CANT. *Chr.* 428; **1188** plures in curia habemus amicissimos, de quorum gratia et virtute ~i nullatenus trepidamus, scientes quod manus suas excutiunt ab omni munere *Ep. Cant.* 231; plures sunt magis ~es et impervertibiles a passionibus pravis quam unus, unde .. melius est civitatem regi a pluribus quam ab uno OCKHAM *Dial.* 792.

incorruptibilitas [LL], freedom from putrefaction and decay, imperishability: **a** (w. ref. to things not subject to organic decay); **b** (w. ref. to general resurrection).

a aes namque non numquam ut saepius dictum est .. propter diuturnitatem suae ~atis perseverantiam mentis fidelium .. solet designare BEDE *Tab.* 454; natura solis non producit plures soles, quia hec species 'sol' in sole qui nunc est salvatur propter ejus perpetuitatem et ~atem J. BLUND *An.* 293. **b** 'in eo .. in quo', in carne, 'passus est ipse et tentatus, potens est' [*Heb.* ii 18], modo accepta ~ate LANFR. *Comment. Paul.* 382; ANSELM II 109, HALES *Qu.* 1290 (v. corruptibilitas); constat quidem animas sanctorum que jam celestia tenent necdum plena felicitate frui donec ~ate corporum suorum potiantur EADMER *Beat.* 2; licet angelus major sit homine per ~atem et per actum fruendi Deo GROS. *Hexaem.* VIII 15. 2; posuit quod .. glorificati et damnati haberint equalitatem miscibilium in virtute et inde habent incorrumptibilitatem; inde primo

ponitur .. utrum primus parens vel aliquid aliud possit esse incorrumptibile ex equalitate miscibilium secundum virtutem *Quaest. Ox.* 125.

incorruptibiliter [LL], without putrefaction and decay, imperishably.

Christus .. in seipso immortaliter et ~iter vivens pro nobis in mysterio altaris quotidie immolatur P. BLOIS *Ep.* 123. 358C; carbo .. extinctus ~iter durat NECKAM *NR* II 50 p. 160.

incorruptio [LL]

1 freedom from putrefaction and decay, imperishability: **a** (w. ref. to body, esp. of saint, or shroud); **b** (w. ref. to general resurrection); **c** (of quality).

a de corporis ejus ~one BEDE *HE* III 19 p. 168; merito aestimatur haec sacra gleba in custodia supernae gratiae longiturna durasse ~one GOSC. *Transl. Aug.* 18C; corpus Pallantis .. Rome repertum est illibatum, ingenti stupore omnium quod tot secula ~one sui superavit W. MALM. *GR* II 206 (cf. M. PAR. *Maj.* I 511 [s**1037**]: ~onem servavit); miranda ~one et lacteo quodam candore gloriam sancte anime predicabant W. MALM. *GP* II 74 p. 154; panni quibus obvolvebatur in eadem ~one .. qua in die sepulture ejus fuerunt illesi cernuntur, excepto panno incerato .. qui penitus incineratus inveniebatur J. FURNESS *Walth.* 121. **b** videamus in Domino resurgente a mortuis veritatem nostrae carnis, videamus gloriam novae ~onis BEDE *Hom.* II 7. 137; in illum diem quo corruptela hec vertatur in ~onem et mortale hoc induatur immortalitate [cf. *I Cor.* xv 53] ALCUIN *Hag.* 690D; ut semel corruptibile hoc ~onem .. induerit, minime de cetero poterit mori H. BOS. *LM* 1395A; corpus humanum, quamvis corruptibile, cum nobilitate gratie ad ~onem et eternitatem merito bonarum operationum dispositum BACON VIII 65. **c** manet mihi decoris mei integra .. ~o J. FORD *Serm.* 80. 6.

2 moral purity, chastity.

o meritum ~onis ut et Christum pariat in prole virginea et in matrem Domini transeat de sponsa. o illibata virginitas quae talem possidet sponsum GOSC. *Edith* 76; ad commendandam vite illius ~onem AILR. *SS Hex* 6; in igne temptationis corruptionem non admisit et ~onem non amisit *Mir. Cuthb. Farne* 12; Edmundus .. ~onem que proximum facit Deo preelegit [cf. *Sap.* vi 20], in cujus signum beate Virgini se devovit HIGD. VII 35 p. 216.

incorruptitas, incorruption, or ? *f. l.*

propter ejus [sc. Paradisi] incorruptitatem [v. l. incorruptibilitatem], quod attestatur existentium ibi vite longitudo, nam Elyas et Enoch vivi et incorrupti usque hodie dicuntur *Eul. Hist.* II 13.

incorruptus [CL]

1 free from putrefaction and decay, incorrupt, imperishable (in quots., of bodies, esp. of saints).

corpus ipsius post multos sepulturae annos ~um reppererunt BEDE *HE* IV 32 p. 280; nam caro sex denos etiam tumulata per annos / incorrupta quidem tota cum veste reperta est ALCUIN *SS Ebor* 766; in hac [insula] corpora hominum nec humantur nec putrescunt, sed sub divo .. exposita permanent ~a GIR. *TH* II 6.

2 unchanged (in quot., of word, *sc.* in composition). *Cf. corrumpere* 1b.

[praepositiones] ceteras orationum partes quibus praepositae fuerint corrumpunt et ipsae ~ae permanent, ut quaero exquiro .. et frango confringo .. ALDH. *PR* 140 p. 194.

3 morally pure, chaste.

is [sc. Basilius], inquam, quod integritatis gratia ~us corporaliter floruerit, ex ipsius elogio conjecturam capesso ita prosequentis, "et feminam non cognosco .." ALDH. *VirgP* 27 p. 263; agno sponso nuptam desponsasse ~am OSB. CLAR. *V. Ed. Conf.* 10 p. 85; heremita docet quod [virgo] mente et corpore sit ~a *V. Chris. Marky.* 30; **1466** incarnati Dei nativitas ex virgine ~a *Conc.* III 599.

4 not amenable to bribery, not corrupt.

causarum examinator ~us W. CANT. *Mir. Thom.* VI 34.

incortinare [cf. AN *encortiner*], to decorate (with hangings; in quots., w. ref. to banners or sim.).

s**1259** jussit autem rex .. ut civitas [Londoniarum], mundata stipitibus, truncis, luto et fimo, ~aretur, et amotis omnibus que possent oculos intuentium offendere, multipliciter eam facerent novitatibus resplendere M. PAR. *Maj.* V 733 (cf. *Flor. Hist.* II 421); s**1255** rex Scocie et regina sua venerunt Londoniis, .. civitate ornata et ~ata *Leg. Ant. Lond.* 23; s**1254** fuit civitas egregie incurtinata *Ann. Lond.* 48.

incoruscatio, flashing, gleaming.

album est ex ~one lucis et claro et multitudine in perspicuo puro GROS. *Quaest. Theol.* 203 (cf. GROS. 78: albedinis essentiam tria constituunt, sc. lucis multitudo ejusdemque claritas et perspicui puritas).

incoustra v. encaustum.

incrassare [LL]

1 to fatten: **a** (livestock); **b** (person). **c** to feed well, pamper.

a silva clx porcis ~andis *DB* (*Salop*) I 252rb; **11..** in tempore messis ~are xl porcos suos proprios quiete in bosco meo *MonA* IV 520; porcos non expediet custodire, nisi tot tantum quot ex stubula .. poterunt confoveri, et quo casu nullus teneatur custos eorundem, sed quam citius fuerint ~ati, .. discrete vendantur *Fleta* 169. **b** absit ut meam putridam carnem ad opus vermium ~are debeam R. MERTON f. 94. **c** panfletos exiguos ~atis pretulimus palefridis R. BURY *Phil.* 8. 123.

2 (pass.) to become thick, heavy, gross (in quots., of vapour, liquid).

ALB. LOND. *DG* 6. 4 (v. densere c); ?**1288** magnum imminet periculum quia .. vina incipiunt ~ari, de quo sibi possum credere, quia communiter in Francia nisi sint fortia et viridiora putrescioni sunt propinqua (*DCCant.*) *HMC Var. Coll.* I 277.

3 (fig.): **a** to make fat, enrich. **b** (in bad sense) to make heavy, gross.

a caput .. quod in oleo leticie spiritualis impinguasti, ut caritate ~etur ROLLE *IA* 250; qui prius ~atus, impinguatus, et dilatatus recalcitaverat BOWER IX 18 (cf. *Deut.* xxxii 15); s**1422** (v. apostatice); **1422** quoniam, fili, etsi ~atus irreverenter recalcitres, impinguatus ingratanter exorbites, ~atus impinguatusque .. immoderanter in tuis diffugiis dilateris, nihilominus .. (*Lit. abbatis*) AMUND. I 93; s**1455** cum fuisset paulisper ~atus in bonis et impinguatus, plusque solito in bursa in pecuniis dilatatus, presumpsit erigere se *Reg. Whet.* I 200. **b** ~atus animus et carnali consuetudine involutus .. veritatis lumen aspicere non valet ALCUIN *Dogm.* (*Adv. Elipand.* IV 11) 294D; ~atum habuerunt cor et graviter audierunt *Id. Exeg.* (*Joh.* x 1–6) 884B (cf. *Matth.* xiii 15); si homo .. ~ante diabolo, cor induratum habens, presumpserit .. (*Jud. Dei*) *GAS* 421; adeo peccatorum arvina rationem mentis ~averat W. MALM. *Mir. Mariae* 213; c**1225** humana malicia ad sacre religionis subversionem instanter ~atur *Reg. Malm.* II 58.

1 incrassatio, fattening, thickening.

idem operatur ut in longam fiat extensio [sc. caude leonis] et circa finem ejus quedam quasi in nodis ~o, nutrimento copiosius usque ad exteriora deducto *Quaest. Salern.* B 74.

2 incrassatio v. ingrassatio.

incrastinum [cf. crastinus 2; *sb.* < *phr.* in crastinum], the morrow (of festival).

1275 tenuit illud [manerium] ab incrastino Epiphanie .. usque ad vinculam S. Petri *Hund.* I 82b; **1287** compotus fratris Gilberti Camerarii .. ab incrastino S. Michaelis anno regni regis E. xiiij° usque eundem diem anno xv° *Comp. Worc.* I 4; **1299** in liberacione vaccarii ab incrastino S. Michaelis usque ad idem festum *Ac. Man. Cant.* (*Milton*); **1314** ab incrastino S. Michaelis anno [etc.] .. usque incrastinum S. Michaelis anno [etc.] (*MinAc* 1/3 m. 20) *EHR* XLII 196.

increatus [LL], not created, existing from the beginning: **a** (w. ref. to God); **b** (phil., w. ref. to form or archetype existing in the divine mind).

a necesse est ut, quemadmodum singulus Pater et singulus Filius est ~us et creator, ita et amor singulus sit ~us et creator et tamen omnes tres simul non plures sed unus ~us et unus creator ANSELM (*Mon.* 57) I 68; fuere et philosophi gentium qui estimabant tria esse ~a et sine principio et ipsa esse omnium principia: Deum, exemplar, et materiem ANDR. S. VICT. *Hept.* 8; credo quod idem ipse qui secundum deitatem ~us et infectus est secundum humanitatem et creatus et factus est J. CORNW. *Eul. proem.* p. 258; Verbo ~o, creanti omnia, immobili, moventi omnia AD. SCOT *TGC* 802A; excessus in Deum se mentis extendit, / forte se sitis satiat increato J. HOWD. *Cant.* 345; **1399** clemens Filii increati bonitas *Conc.* III 246. **b** per sensum primum literalem mundi creati sign[ific]atur mundus ~us archetipus, id est eterne et incommutabiles rationes in mente divina mundi creati GROS. *Hexaem.* I 3. 2; cum pura intelligencia in lumine ~o videt ipsum lumen ~um et in racionibus creaturarum omnium ~is .. videt etiam omnes creaturas *Id. Cess. Leg.* I 4. 1; **1231** in eternis et ~is rationibus contuebimur omnium rerum creatarum existentias *Id. Ep.* 6; exemplar ~um est in mente divina DUNS *Ord.* III 128 (v. exemplar 3); lux ~a non immutat ad cognoscendum sinceram veritatem nisi mediante effectu suo *Ib.* 158.

increbrescere [CL]

1 to increase in degree or intensity.

adeo dolor ~uit quod omnis ei incedendi virtus .. deperiit R. COLD. *Cuthb.* 62 p. 122; cuique instat via universe carnis, lex dissolutionis, presertim cui langor ~uit PULL. *CM* 220; sole jam nobis propinquiore major incipit ~escere calor ALB. LOND. *DG* 8. 12.

2 to increase in frequency or prevalence, become widespread.

qui .. mos adeo ~uit ut .. BEDE *HE* III 9; ~uit, diffamatus [est] *GlC* I 156; Hypsipyle, sentiens vulgi murmur increbescere, metuens ne .. *Natura Deorum* 122; proverbium apud Hybernicos ~uit ut .. J. FURNESS *Pat.* 101; lugubres rumores de terra sancta increbuerunt M. PAR. *Maj.* IV 559 *tit.*; **1314** increbescente rumore (*Lit. cardinalium*) *Reg. Durh.* I 627.

3 *f. l.*

consona voce et intencione conclamabant: 'sancte Edmunde, adjuva nos!' quod dum †tempus increbruissent, cepit aqua minui que navem occupaverat *NLA* II 633 (= SAMSON *Mir. Edm.* II 3: crebrius increpuissent).

incredens [? LL, v. *TLL*], having no Christian faith, (as sb.) unbeliever.

s**1191** conventio inter reges erat quod, quando unus civitatem insultaret, alius fossata propter incursus ~entium custodiret BROMPTON 1203.

incredentia, lack of Christian belief.

sunt .. Axasessi primi paganorum infidelitatis et ~ie magistri MAP *NC* I 22 f. 15v.

incredibilis [CL]

1 that cannot be believed. **b** (in weak sense) that exceeds expectation, extraordinary.

Eumenides .. quarum ferrei thalami apud inferos ~ibus finguntur fabulis *Lib. Monstr.* I 45; mirabile dictu et ~e fortasse quibusdam quod dicitur sed 'omnia possibilia sunt credenti' [*Marc.* ix 22] DOMINIC *V. Ecgwini* I 6; multa in scripturis ~ia reperiri .. que nihilominus tamen vera sunt GIR. *EH intr.* p. 210; nihil enim credimus ~e DUNS *Ord.* I 71. **b** primo fames ~is ibi fuit, post fertilitas ~is S. LANGTON *Ruth* 87; dux cum ~i exercitu *Chr. Battle* 8v.

2 (of person) not deserving to be believed, unreliable, untrustworthy.

qui fuerit accusationibus infamatus et populo ~is [AS: *folce ungetriwe*] (*Quad.*) *GAS* 205; si quis adeo sit ~is hundreto (*Ib.*) *Ib.* 331 (AS: *ungetrywe*; *Inst. Cnuti*: infidelis); s**1246** que prius promiserat .. adimplere contempsit. .. in omnibus se reddidit ~em M. PAR. *Maj.* IV 524.

incredibilitas, disbelief, doubt.

de maximis quasi pauca .. adjudicamus ponere, quatinus his animus fidem adhibeat, ne dum maxima veluti nulla colligit ~ate torpescat ac desidia pariter et tedio deficiat *V. Neot. A* 23.

incredibiliter, incredibly; (in weakened sense) to an extraordinary degree.

[rex] ~iter humiliatus et devotus mox .. se exinanivit, et potestas tanta pauperrimi servi mox formam induit H. BOS. *LM* 1315D (cf. *Becket Mat.* IV 417).

incredulitas [CL]

1 a lack of belief, disbelief, doubt; **b** (spec.) lack of Christian belief (also w. ref. to disbelief of the Disciples).

a ea fide sua interposita vera esse jurant, ut ~ati putetur posse ascribi, nolle credere eos ipsa veritatis firmitudine niti EADMER *V. Anselm.* II 14 p. 83; cartarum, quas subiciam, auctoritas commendant [*sic*] fidem, arguunt [*sic*] ~atem W. MALM. *GP* V 197; asserit Augustinus quod jurare licet propter infirmitatem vel ~atem eorum, qui non aliter ad fidem moventur OCKHAM *Dial.* 810 (cf. Augustinus *De Mendacio* 37); causa institucionis [sc. juramenti] duplex est, sc. propter ~atem hominum [*ed.*: '*the mendacity of men*', cf. 2 infra] et propter ydolatriam vitandam *Fleta* 334. **b** ut Christus .. dignaretur ostendere an verum corpus ejus esset, ut ait, illius sacrosanctum sacrificium ad †confirmandam ~atem [? l. confutandam ~atem *or* confirmandam credulitatem] ejus que huic erat incredula sacramento *V. Greg.* 94 (cf. GIR. *GE* I 11 p. 39: muliere .. subridente, causamque sancto [Gregorio] requirenti ~atem assignante); peccatum ~atis quasi speciale posuit, quia sicut fides origo virtutum ita solidamentum est vitiorum in ~ate persistere, Domino terribiliter adtestante qui dicit: 'qui autem non credit ..' [*Joh.* iii 18] BEDE *Hom.* II 11. 160; qui sua fide apostolorum ~atem arguit .. et resurrectionem praedicavit GOSC. *Edith* 37; exprobrata ~ate illorum [sc. discipulorum] atque duritia cordis [cf. *Marc.* xvi 14] OSB. *V. Dunst.* 42; nostrorum ~as, que se cautele umbraculo exornat, non vult miraculis adhibere fidem etiamsi conspicetur oculo, etiamsi palpet digito W. MALM. *GP* IV 149; Judei .. propter ~atem deputantur ad sinistram AD. SCOT *TT* 734A.

2 (in passive sense): lack of credibility, discredit.

querens .. in magnam infamiam et ~atem apud .. subditos domini regis .. incidit *Entries* 13. 2.

incredulus [CL]

1 disbelieving, doubting.

contremuit valide cor presbiteri sentientis se digniorem percussione, dum quod referenti semel et iterum non crediderat res loqueretur et innocentis pena acrius ~ae repugnationi suae comminaretur Gosc. *Transl. Mild.* 21 p. 184; non vacillabit fides historie etsi mentes auditorum sint ~e W. Malm. *GR* II 204; michi forsitan erit ~us *V. Chris. Marky*. 56.

2 (spec.) lacking Christian belief or faith (also of the Disciples). **b** (as sb. m.) unbeliever.

Didymus quondam dominicae resurrectionis ~us negator Aldh. *VirgP* 23 p. 255; que huic erat ~a sacramento *V. Greg.* 94 (v. incredulitas 1b); barbaram feram ~amque gentem Bede *HE* I 23; miratur Thomas incredulus M. Rievaulx (*Vers.*) 54. 43; beata pedum oscula / corda firmant incredula Ledrede *Carm.* 24. 21. **b** virtutes Dei .. pravissimis vestris apud ~os quosque despiciuntur exemplis Gildas *EB* 107; ipsum ad erudiendos ~os et indoctos mitti debere decernunt Bede *HE* III 6 p. 137; tante dignitatis eucharistiam esse quod ab indignis et precipue ~is plerumque sumi non possit Gir. *GE* I 9 p. 33; subigere ecclesiastici principatus gubernationi credentes et ~os Ad. Marsh *Ep.* 246 cap. 8 p. 431; **s1251** ut proficiscerentur in Terram Sanctam contra Saracenos et ~os pugnaturi Trevet *Ann.* 240; **1400** ipso priore apud Rodes in Dei obsequio ~is resistendo .. existente *Cl* 247 m. 25.

incremabilis, that cannot be burned, incombustible.

Setim nomen est regionis, montis, et arboris, que albe spine in foliis est similis, et est levissimum lignum imputribile, ~e [Trevisa: *rotyeþ nouȝt nouþer brenneþ*] (*Gl. ad Exod.* xxv 5) Bart. Angl. XVII 150 (*sim.* Ad. Scot *TT* 671B); *Alph.* 51 (v. hebenus 1).

incrementatio [ML], increase.

c1456 res regie, que olim .. stare solebant sub congrua continuaque ~one .. retrorsum abierant .. ac diminute erant *Reg. Whet.* I 249.

incrementum [CL]

1 growth, development, increase; **b** (w. ref. to organic growth; also in fig. context).

ut .. desideria nostrae devotionis dilatione crescant et ~o cotidiano magis magisque provecta tandem perfectius capiant gaudia quae requirunt Bede *Hom.* II 12. 164; virtus divina laudum preconiis in se non augetur, suscipit tamen, dum diffunditur, ~um *Mir. Frideswr. prol.* 3; ad summum sue .. essentie per ~a provehitur *Ep. Glasg.* 309; prolem illam tanquam lucernam mundi a Deo paratam assiduis in posterum profecturam ~is *Canon. G. Sempr.* 37v; cum .. Edbaldus regni gubernacula suscepisset, magno adhuc tenellis Anglicane ecclesie ~is detrimento fuit Elmh. *Cant.* 142; nihil crescit aut ~um capit sine quatuor elementis Ripley 102. **b** copiam fructuum, quam [arbores] non paulatim ex terra oriendo vel germinando et accessu ~orum proficiendo sed subito ex illa existendo acceperunt Bede *Gen.* 40; justus in domo Dei sui sicut cedrus Libani .. floruit, inque divinis plantatus atriis ~i sui robora singulis diebus protendebat ad sidera B. *V. Dunst.* 5; ultra trium mensium tempora, quibus semina rerum sumerent ~a, parturientibus terris negabatur nutrix pluvia Gosc. *Transl. Mild.* 17; [bernace] ex succo ligneo .. alimenta simul ~aque suscipiunt Gir. *TH* I 15; enorme tui ventris ~um patientius sustinerem, nisi ex eo .. immineret tuis possessionibus detrimentum P. Blois *Ep.* 85. 259D; Alb. Lond. *DG* 6. 8 (v. incorporalitas).

2 a flowing, rising (of tide). **b** waxing (of moon). **c** progress, advance (of time).

a M. Par. *Maj.* V 30 (v. decrementum 1b); **1359** unam gutteram .. que nullo modo potest servire in loco ubi nunc jacet propter refluxionem et ~um maris que inter dictam gutteram et Saltnee acrevit (*CoramR*) *Pub. Works* I 251. **b** Gir. *TH* II 3 (v. detrimentum 1b); [luna] unde minoratur, inde mox a sole accipit ~um J. Ford *Serm.* 58. 9; Gerv. Tilb. I 6 (v. amphicyrtos a); cepit .. aer cotidie in prima ~i lunaris septimana densa caligine et ventorum turbine vehementer commoveri M. Par. *Maj.* V 176. **c** perennis vitae felicitas .. non nisi septena per temporum ~a millenario numero .. insontibus .. tribuitur Aldh. *Met.* 2 p. 63; cum ego per ~a temporum adolescerem Gosc. *Transl. Mild.* 31; **1183** per ~a temporum a primevis temporibus P. Blois *Ep.* 167. 461C; **c1210** ~a quatuor festorum per anni revolutionem celebranda in cappis et processionibus *Ch. Westm.* 345.

3 newly acquired land, intake.

c1150 notum sit .. me concessisse .. ecclesie S. Laurentii .. ~um illud quod abbas et conventus ecclesie S. Marie de Kelcho predicte sue ecclesie in perpetuam elemosinam dederunt *E. Ch. Scot.* 185; **1153** ~um etiam quod ego Willelmo filio meo dedi, ipse dux ei concessit, castra sc. et villas de Norwico *Act. Hen. II* I 63; **c1223** unam rodam terre in villa de B. ad ~um curie predictorum monachorum *Ch. Chester* 335 (cf. ib. 442 [**c1234**]: ad ~um curte); **1266** per ~um unius nove terre juxta forestam de Collin, de illo anno, xl s. *ExchScot* 21; **1451** respondet de xlij li. .. cum xxx s. de novo ~o ibidem *Ac. Durh.* 187.

4 increase (of amount), increased amount. **b** increased payment, interest, profit.

Aldh. *Met.* 2 p. 69 (v. embolismus 2b); suscepit ecclesia vestra non minimum sui redditus ~um P. Blois *Ep.* 138. 411B; **1202** me ad ~um trium marcarum, quas dederam .. ad sustentationem unius diaconi .., dedisse .. ecclesie B. Kentegerni .. alias tres marcas *Regesta Scot.* 426; **1234** prata et omnes exitus horreorum .. una cum ~o decimarum de Midehale .. totaliter feno et prebende hospitum assignentur (*Vis. Bury*) *EHR* XXVII 733; **1296** Rogerus Barri cepit cotagium quod Ricardus Bute tenuit, reddidit per annum ij s.; non est ~um. idem cepit unam salinam, reddidit per annum xxx hop' salis; hic est ~um, sed non solvet hoc anno *Hal. Durh.* 2; **1453** de iiij^{xx} quarteriis, vj bussellis avene de ~o mensure provenienci de predictis avena et furfure, liberando avenam et furfurem predictum extra granarium infra hospicium quemlibet bussellum per v peccas per minorem mensuram pro avantagio domini *Ac. H. Buckingham* 44. **b** das pro frumento vinum, pro vino equum et sic .. recipis ~um in bursa P. Blois *Ep.* 17. 63B; **1283** Johannes Bisouthewode dat per annum de ~o ij s. ne poneretur ad opera *Cust. Battle* 62; **1293** bona fide promittentes sub ypoteca rerum nostrarum dictum mutuum pro ipsis soluturos cum ~is conventis *DCCant. Reg. Q* f. 22r; **1415** do et lego R. filio meo x li. argenti in maritagium seu ~um ipsius *Reg. Cant.* II 54; **s1454** (v. 2 decasus 2a).

5 increase in quality, advancement, improvement.

septenis sacrorum officiorum gradibus .., quae a primo sacramentorum ordine .. ~a virtutum capiunt et usque ad ipsa summi pontificatus gubernacula .. pertingunt Aldh. *Met.* 2 p. 70; virtutum et germina plantat, / inspirante Deo, dat et incrementa salutis Wulf. *Swith.* I 858; ad emendationem pacis et felicitatis ~um (*Quad.*) *GAS* 228; **c1280** domino E. .. regi Anglie .. salutem et longitudinem dierum cum ~o glorie et virtutis *AncC* XVII 196; **1549** pro .. felici .. ~o et successu rerum gerendarum *Conc. Scot.* II 85.

increpabilis, deserving reproof, blameworthy.

persecute sunt [delectationes] propter vehementes esse ..; quando quidem igitur innocuas, non ~e [ἀνεπιτίμητον], quando autem nocivas, pravum Gros. *Eth. Nic.* 54b 5; nullus est defectus contractus ab origine ~is nisi iste [sc. peccatum originale], et ideo licet omnes defectus alii sint pene non ~es, non ita iste Duns *Sent.* II 32. 1. 15 p. 318; philosophus .., videtur, inquit, necessitas non ~e aliquid esse recte Bradw. *CD* 725C.

increpamen, a blameworthy act.

a blame, crimen, culpa, culpamen, ~en .. *CathA.*

increpare [CL]

1 (intr.) to make a loud noise, clash, roar, *etc.*

licet horrendus salpicum clangor ~uerit Aldh. *VirgP* 21 p. 252.

2 a to upbraid, reprove (person; also w. causal or final cl.). **b** to inveigh against, protest at (action, fault, *etc.*). **c** to say by way of reproof (w. indir. statement).

a malos ~are non desinit, 'vos' inquiens 'recessistis de via ..' [*Mal.* ii 8] Gildas *EB* 89; indisciplinatorum arrogantiam qui malunt neglegenter dissimulari quam clementer ~ari Aldh. *VirgP* 58; acriter ~atus ab euchari pontifice Lantfr. *Swith.* 1; **a1077** objurgare praesentem aut litteris ~are absentem non neglegat Lanfr. *Ep.* 13 (14); me ad onus ejus stupidum et accipere renuentem ~avit, et post increpationem anulum me recipere coegit *V. Gund.* 48; Willelmus comes .. ~itus et excommunicatus a Girardo .. episcopo W. Malm. *GR* V 439; ~antur .. discipuli, quod tardius credidissent Gir. *TH* I 13 p. 43; **s1248** ad alios articulos, super quibus ~atus fuerat, negative responsum fuerat M. Par. *Min.* III 37; spe sua non tantum frustratus verum etiam ut taceret aspere †~atur [l. ~atus], de camera confusus exiit *V. Edm. Rich P* 1803; ~avit illum rex tanti sceleris renovatorem *G. Hen. V* 1 p. 2. **b** indignans .. sanctuarium [i. e. *the reliquary of St. Thomas*] custodie †sua [l. sue] tenebras ~abat W. Cant. *Mir. Thom.* II 89; tale inconveniens contigit mulieri sermonem Eadmundi .. ~anti quia detinuit hominem cruce signari volentem *V. Edm. Rich C* 606; non est autem aliqua definicio ~anda quia non convenit illi cui impossibile est esse in genere Duns *Ord.* IV 208. **c** causa .. ejus [sc. Remi] interitus hec fuit, quod ad tutelam nove urbis vallum non posse sufficere ~averit M. Par. *Maj.* I 36.

3 to chastise.

inordinate viventes virga correctionis ~are *V. Swith.* 375; dux, ubi perspexit quod gens sua victa recedit, / occurrens illi signa ferendo, manu / increpat et caedit; retinet, constringit et hasta G. Amiens *Hast.* 447; quendam .. lectulo sopitum visa virgo verbis et alapis ~at Gosc. *Transl. Mild. cap.* p. 155.

increpatio [LL], reproof, rebuke.

posset quidem lenior fieri ~o Gildas *EB* 108; Bede *HE* II 2 (v. hortamentum a); superbos et contumaces duris ~onibus castiget, humiles et quietos piis exortationibus refoveat Alcuin *Ep.* 267; **825** prae ista supra dicta ~one rapacitatis et fuge coactus .. sic invitus consensit (*Clovesho*) *CS* 384 p. 529; **1006** ~o et abjurgatio .. ad populum *Comp. Swith.* 196; cum audieris matrem dulci quadam ~one filium verberantem, 'Fili, ..' [*Luc.* ii 48] Ailr. *Inst. Inclus.* 31; cum ~one cepit inquirere cur eatenus neglexerit celeste mandatum J. Ford *Wulf.* 105 p. 133; **1235** hec enim vestra ~o et correptio de radice caritatis pullulavit Gros. *Ep.* 11 p. 50; utrum .. ad solam monicionem vel ~onem prelati sui errorem suum debeat revocare Ockham *Dial.* 454.

increpative [LL], reprovingly, by way of rebuke.

'non bibam illum', [*Joh.* xviii 11] .. ~e vel interrogative legendum est Alcuin *Exeg.* 970D; vix sedata ad sanctam ~e subintulit, "sic jam dudum poteras .. meae curae subvenisse" Gosc. *Wulfh.* 16; "nec lucem mihi .. administrare curastis, nec adeo dignum aestimastis ..". haec ubi ~e dixit, .. *Id. Transl. Aug.* II 30.

increpator [LL], one who reproves.

1166 vos .. istis ~oribus, immo detractoribus vestris quid poteritis respondere? J. Sal. *Ep.* 175 (176 p. 172).

increpatorie [ML], reprovingly, by way of rebuke.

s1232 acriter et ~ie (v. increpatorius).

increpatorius [LL], reproving.

verba ~ia subsecuta est alapa quam ille zelo castitatis faciei muliercule gannientis .. infregit W. Malm. *Wulfst.* I 6; si tibi ~ia et solito duriora propono, facit hoc insolentia tua .. que .. correctionis .. beneficium non admisit P. Blois *Ep.* 85. 259C; **s1232** [papa] indignatus est valde et misit literas ad regem Anglorum mordaces nimis et ~ias quod tales permisit .. fieri rapinas Wend. III 28 (cf. M. Par. *Min.* II 340: scripsit idem papa regi Anglorum acriter et increpatorie); **s1428** quedam mulierum de Stokkes venit palam in parliamento .. porrigens litteras duci Glovernie ..; et tenor litterarum erat ~ius penes ducem *Chr. S. Alb.* 20.

increpitare [CL], to upbraid, reprove.

palantum cuneos victor rex caedit ubique, / horrisona increpitans fugientes voce phalangas Alcuin *SS Ebor* 547; quos fidelis et prudens gubernator ~ans, "quo", inquit, "insani subsidia nostra ejicitis?" Gosc. *Mir. Aug.* 8; Walt. Wimb. *Carm.* 488 (v. 2 dissilire 1a).

increscentia, increase; in quot., interest, profit.

s1438 quod pecuniam sibi a Domino commissam sic exposuisset ad ~ie mensam ut .. Dominus illam exigere valeat cum usuris [cf. *Luc.* xix 23] Amund. II 186.

increscere [CL; *in p. ppl.*, ML]

1 (intr.) to grow, develop (also in fig. context); **b** (of sum of money or sim.) to grow, accrue.

in quodam articulo pedis ejus pars unguis innascitur carni atque in contumeliam totius pedis vehementer ~it P. Blois *Ep.* 66. 197C; vide, inquam, si non in terra squaloris et solitudinis ipsorum ubertim ambitionis radices ~unt G. Hoyland *Ascet.* 277B. **b** **1277** solvere .. expensas, interesse, et damna que increverint occasione predicte pecunie .. non solute *Conc.* II 31.

2 to increase in degree or strength, grow stronger: **a** (var.); **b** (of person or institution).

a quo [dolore] mox ~ente Bede *HE* V 3 p. 285; cum adolescentiae vires increvissent Felix *Guthl.* 16; Dani sine obstaculo succrescere, dum .. provincialibus timor ~eret W. Malm. *GR* II 120 (*unless referred to* 5 infra; cf. ib. IV 356: Guiscardo aggrediendi magna increvit animus); episcoporum livor increverat volentium .. monachos .. extrudere *Id. GP* I 44 p. 71; vulgata sententia, mortuorum ~ere cruciatus et vivorum quos amaverunt cruciatibus Pull. *Sent.* 769C; ceperunt tenebre de facie mea rarescere et lux nova oriri et paulatim ~ere J. Ford *Serm.* 4. 4. **b** [rex Kinnulfus] posteritati sue metuens, contra quam Kineardum .. ~ere cerneret, illum provincie terminos coegit excedere W. Malm. *GR* I 42 p. 42; increvit .. nostris diebus .. Malvernense monasterium *Id. GP* IV 158.

3 (trans.) to increase, enhance.

c1380 Deus .. qui vos in consimillimo statu continuet et ~at *FormOx* 313.

4 (intr.) to grow in or upon, (of abstr.) to become established, habitual (in; *cf.* 3a *supra*).

videbam .. quorum securitatis hominibus nostri temporis .. increverat Gildas *EB* 1; inolevit, increvit, informatur *Gl. Leid.* 1. 59; mos beato viro increverat

noctibus ecclesias .. psalmorum excubiis frequentare W. MALM. *Wulfst.* I 4.

5 (p. ppl. *incretus*) ingrown, infixed, grown (in, upon), fixed or inhering (in; also in gl.).

facilius videbatur digitos articulis suis dissolvi quam a colo vel fuso velud incretos expediri GOSC. *Wulsin* 15; illum [sc. aetherem] calor allevat, istum [sc. aerem] increta humori frigiditas gravat ADEL. *QN* 62 (cf. ib. 63: [aer] si humore increto densitate corpulentus sit); incresco .., unde incretus, -a, -um et hoc incrementum OSB. GLOUC. *Deriv.* 101.

6 *f. l.*

†increscente [l. in crescente] ad homines luna vitae nobis activae, in reversa vero ad caelos speculativae typus ostenditur BEDE *TR* 64 p. 289.

incretus v. increscere 5.

incriminari [LL], to accuse.

si quis suam propriam uxorem ~atus fuerit UPTON 81 (v. astus 2a).

incriminatio, penalty.

postea ne de ligno scientie boni et mali comederent sub mortis incriminatione prohibuit P. BLOIS *Ep. Sup.* 64. 2.

incrispatio [LL = *curling (of hair)*], wrinkling, puckering (of skin).

cutis corrugatio quandoque ex carne extenuata est, et ita necessario remanet cutis vacua, et fit incrispatio, ut Aristoteles in fine libri de animalibus dicit, quod fit ex putrefactione humoris BACON IX 23.

incroceare [cf. 1 crocea 2], (Ir.) to annex as cross-land.

1288 licet predictus Martinus de M. advocacionem ecclesie de Donamor dicto abbati [sc. Sancti Thome juxta Dublin] concesserat volens dictam ecclesiam esse ~atam .. hoc non debet eis [sc. Galfrido de Genvill' et Matildi] nocere eo quod dicta ecclesia predictum Martinum [*sic*] ~ari non potuit .. absque assensu Hugonis de Lacy .. et posito quod ~ata fuisset hoc non posset eis verti in prejudicium eo quod nichil inde sciverunt *CoramR* 114 m. 44 (cf. *Cal. Ir.* III 452; **1292** cum cognicionem placitorum de transgressionibus in ecclesiis infra libertatem suam de Trym factis habere non debeamus, eo quod nulla earum abbacie S. Thome extra Dublin' vel alicui alteri dignitati incrociata est *Chanc. Misc.* 10/15 (4) (cf. *Cal. Ir.* III 1075); **1293** dicit quod predicti homines ipsius abbatis [sc. sancti Thome juxta Dublin'] nunquam ceperunt predictum Willelmum felonem in terra predicti abbatis ~ata nec ipse .. ipsum felonem de predicta crocea .. abduxit .., set .. predictus Willelmus .. fecit predictam feloniam infra libertatem de Kyldare, et in eadem libertate ipsum Willelmus felonem cepit .. sicut bene potuit *KR Ac* 232/11 (cf. *Cal. Ir.* IV 52); **1293** *RParl. Ined.* 32 (v. 1 crocea 2a); **1302** quociens archiepiscopatus, episcopatus, abbathia, que de eo [rege] tenentur in capite, vel alie domus, quarum terre in hac terra [sc. Hibernia] vocantur ab antiquo terre ~ate, vacaverint, statim tenementa .. domuum hujusmodi capi debent in manum ipsius domini regis, et illi ad quos spectat electio de futuro pastore etc. petere debent ab ipso domino rege licenciam eligendi *RParl* I 152b.

incroceatio [cf. incroceare], (Ir.) annexation as cross-land.

1292 placitum predicti attachiamenti ad ipsos .. racione libertatis sue .. et non ad nos [sc. regem] racione alicujus incrociacionis spectat *Chanc. Misc.* 10/15 (4).

incrochiamentum [AN *encrochement*], encroachment.

[**1388** *per le dit accrochment .. per le dit encrochment* .. KNIGHTON II 276]; **1533** T. S. fecit ~um in communi campo vocato C. *Banstead* II 105; **1609** firmarius diversorum incroachiamentorum viz. incroachiament' de monte vocato Mynith Kyvorth et marisc' nuper incroachiat' per majorem et burgenses de Carmerthen (*Surv. Kidwelly, DL Misc. Bk.* 120) *Sess. Pps. H. of C.* XXXV 664; **1663** preceptum est eidem aperire predictum ~um [super regiam viam] *Crawley* 515.

incrochiare [AN *encrocher*], to encroach (on).

1404 encrochiavit super terram dominicam domini j swath' prati *CourtR Tooting Beck* 76; **1409** aravit et encroch[iavit] super solum ipsius Thome j metam et medietatem j rugge *Ib.* 122; **1576** tenet ad voluntatem unam parcellam terre nuper ~iatam per Thomam Bowen (*Surv.*) *MS PRO L. R. 2/238* f. 29*d*; **1577** (v. 1 forea); **1616** presentatum est .. quod W. B. incrochavit super vastum domini (*CourtR*) *MS Bedford RO DD/WW* 375; **1663** ~iavit super viam regiam *Crawley* 515.

incrociare, incrociatio v. incroceare, incroceatio.

†incruare, *f. l.*

videmus quod quidam homines irati, quia tunc propter iram †incruantur [*ed. conj.* ? vitiantur; ? l. incrudantur] humores de fervore ire, unde tunc si momorderit membrum alicujus statim illud desiccatur de nimia humorose rei siccitate et venenositate *Quaest. Salern.* C 14.

incruciare [cf. CL cruciare], to torture, torment.

nam sicut sal anguillas ~at, ita ille curiales corrodendo KNIGHTON I 128 (= HIGD. VII 17 p. 478: excruciat [TREVISA: *greveþ ful sore*]).

incrudare, to render (body fluid) undigested, unnatural, morbid.

caveant omnes tertianarii sive simplices ex materia composita a potu aque frigide, maxime in paroxismo. ~at enim materiam .. GILB. I 24. 2; in lienteria raro .. debet fieri flebotomia .., quia ~aret materiam et stomacum debilitaret GAD. 58. 2; ~o, *to make rawe WW*.

incrudescere, to be or become violent, to rage.

s1315 incruduit .. sevissima pestis et fames MORE *Chr. Ed. II* 301 (= BAKER 101: invaluerunt pestilencia et fames).

†incrudus, *f. l.*

de †incrudis eleorii foliis *V. Rob. Knaresb.* 5 (= STUDLEY 5 p. 371: de marcidis olerum foliis) (v. holus a).

incruentus [CL], not stained with blood, not attended by bloodshed.

iste [sc. Augustinus] et fortiter et feliciter vicit qui martiali animo ~um martyrium tulit GOSC. *Aug. Maj.* 52C; non ~a sibi victoria multos suorum amittens W. MALM. *GR* III 249; **s1139** victoria non ~a episcopalibus cessit, multis sauciatis, uno etiam milite interfecto *Id. HN* 469 p. 27; concordiam principum ingens ~orum [v. l. cruentorum] exercituum letitia sequitur W. NEWB. *HA* V 17 p. 462.

incrum [AN *encre*], ink; *~um viride* [AN *encre vert*], (cloth of) green colour.

1215 xj ulnas de †nicro viridi [MS: incro viridi] *Cl* 225 (cf. ib. 144b [**1213**]: robas de viridi *encre*].

incrustabilis v. inscrutabilis.

incrustare [CL]

1 to cover with a layer of something.

si [sperma viri et mulieris] equaliter conveniunt, concipit mulier et ~at semen, et illud semen superficietenus matrici alligatur *Quaest. Salern.* B 194; cipharii qui ~ant vasa crustis aureis et argenteis GARL. *Dict.* 128 (cf. id. *Mor. Scol.* 492 *gl.* [v. 2 infra]); **15..** [*the ground-floor room .. was plastered*] ~atum [*by Andrew Pierson Fellow 1542*] *Arch. Hist. Camb.* I 252.

2 (fig.) to besmirch, defile.

domus incomposita susurriis ~atur J. SAL. *Pol.* 736C; **1166** ranas in ceno fovet, que flatus sui pure inpuro omnem ~ent sinceritatem *Id. Ep.* 148 (177 p. 182); lingua nocens planos incrustat, sancta prophanat *Id. Enth. Phil.* 1735; ut quietem cordium vana curiositate sollicitet atque ut aliquid paulatim de fidei sinceritate ~et P. BLOIS *Ep.* 65. 191B; detractores legem transgrediuntur qui absentium vitam corrodunt dente cynico et vas sincerum ~ant NECKAM *NR* II 181 p. 320 (cf. Horace *Serm.* I 3. 56); si vas sincerum, si pectus jure severum / incrustas, .. GARL. *Mor. Scol.* 492 (cf. *gl.*: vas sincerum, cor viri justi quando est fractum; .. ~as, si tu, id est, deturpas. ~are proprie est parare et ligare ciphas).

incrustatio [CL], ornamental overlay, (in quot., defined as) pavement.

~o, pavimentum OSB. GLOUC. *Deriv.* 290.

incrustator, tinker, one who mends (pots, pans, *etc.*) by overlaying with new metal.

~or, *tynkere WW* (cf. ib.: crustator, *a tynkere*).

incuba, evil spirit, demon which has sexual intercourse with woman while she sleeps.

~a, *mære GlC* I 225; **s1150** de cachodemonis ~e (v. cacodaemon); quidam puer a quodam demone ~a, ut dicitur, generatus M. PAR. *Min.* III 61 (cf. id. *Maj.* V 82); duo fuerunt igitur Merlini, ut asseritur: / unus dictus Ambrosius ex incuba progenitus, / .. *Eul. Hist.* II 137.

incubaniatus, incubanniatus v. incalumniatus.
incubar v. incubator.

incubare [CL] *V. et. incumbere*, to which all forms derived from the perf. stem are referred.

1 a to lie, sit or settle (on; also w. natural phenomenon as subj.; in quots., w. dat.). **b** (w. bird as subj.) to sit on, incubate (eggs; in quots., w. dat. or absol.).

a [apes] modo melligeris caltarum frondibus seu purpureis malvarum floribus ~antes ALDH. *VirgP* 4; et ventus, qui hic 'spiritus Domini' [*Gen.* i 2] secundum quosdam appellatur, in superficie aquarum, quibus ~abat, huc illuc sese agitabat ANDR. S. VICT. *Hept.* 9. **b** cuculus .. ovis propriis non ~at NECKAM *NR* I 72; si .. in arbore inveneris avem ~antem ovis suis P. BLOIS *Ep.* 8. 23B; quarundam .. avium ova aliis ~antibus supposita .. eidem veritati fidem faciunt ALF. ANGL. *Cor* 12. 6.

2 (w. wind as subj.) to press upon, blow on or into (in quot., w. dat.).

vento velis a tergo ~ante GIR. *EH* I 16.

3 (w. danger as subj.) to impend, theaten (in quot., absol.).

967 (11c) praesentis esentiae periculis ~antibus *CS* 1197.

4 (w. person as subj.) to occupy, possess, take possession of (property, office, or sim.; in quots., w. dat.).

paternis possessionibus non contentus .. indebitis ~abat honoribus W. MALM. *GR* IV 333 p. 379; **1167** si non adhuc Cantuariensis ecclesie possessionibus ~ant, si alicui nostrum de tot et tantis ablatis vel obolus restitutus est J. SAL. *Ep.* 219 (219 p. 374).

5 a (w. dat.) to be intent or insistent (on), to engage eagerly (in), apply oneself vigorously (to). **b** (absol.) to try hard, strive.

a [Cistercienses] ita regule ~antes ut nec iota [etc. v. iota c] W. MALM. *GR* IV 336; flagitia quibus singuli licenter ~abant *Ib.* IV 344. **b** cana dehinc recolit pastor miracula David; / incubat ipse magis, avertitur impia pestis FRITH. 387.

incubatio [CL], the sitting (of bird) on eggs.

eo quod [bernaca] ex ovo non prodierit beneficio materne ~onis NECKAM *NR* I 48; exemplum ponere de gallina que pullum anatis, per suum laborem et longam ovis ~onem tandem cum aliis exclusum, et suum reputans, .. frustra revocat GIR. *SD* 26; de ~one obiciunt matris ad matricis similitudinem calore ovum animari asserentes ALF. ANGL. *Cor* 12. 6.

incubator [LL], one who occupies the property of another.

avum Roberti, qui nostro tempore .. multarum possessionum ~or extitit W. MALM. *GR* III 230; quidquid in horreis, quidquid in tricliniis repositum .. vel avari votis agricole vel thesaurorum ~oris deseritur W. MALM. *GR* IV 348; incubar [? l. ~or], qui res alienas tenet OSB. GLOUC. *Deriv.* 292; Willelmus de Ipra, violentus ~or Cantie W. FITZST. *Thom.* 10; ecclesiarum .. violentos ~ores *Ib.* 129; **s1263** Johannes Mansel, multarum in Anglia rector ecclesiarum seu potius ~or *Flor. Hist.* II 481.

incubitare [CL], to lie on.

dicimus enim recubito, -as; et occubito, -as; ~o, ~as; succubito, -as; et concubito, -as, et ab omnibus istis verbalia OSB. GLOUC. *Deriv.* 91.

incubo [CL, cf. incubus], **a** a kind of evil spirit, incubus; **b** (having sexual intercourse with woman; in quot., attrib.); **c** (transf., w. ref. to person engaging in illicit sexual intercourse).

a satyri et ~ones silvestres homines dicuntur, quorum pars summa humano corpori simillima et inferior cum ferarum formis et faunorum depingitur *Lib. Monstr.* I 46 (cf. Jerome *In Isaiam* xiii 20–22 p. 159B). **b** de duabus feminis, quarum alteram a phitonico, alteram ab ~one eripuit demone AD. EYNS. *Hug.* V 8 *tit.* **c** nec aliqui coram ecclesia publice castitatem professi conjuges possunt fieri. quod si secus agere tentaverint, ~ones reputantur et fornicarii H. READING (I) *Haeret.* 1291B.

incúbus [LL, cf. incubo]

1 a kind of evil spirit, incubus (also attrib. w. *daemon, spiritus*): **a** (var.); **b** (having sexual intercourse with woman).

a faunus amans nemorum dicor; vocor incubus NIG. *Paul.* f. 48 l. 339; quidam [sc. mali daemones] sunt ~i et ducunt homines ad peccata et vitia BACON *Maj.* II 238. **b** inter lunam et terram habitant spiritus quos ~os demones appellamus; hii partim habent naturam hominum, partim vero angelorum, et cum volunt asumunt sibi humanas figuras et cum mulieribus coeunt G. MON. VI 18; fuerunt qui eum [Aristotelem] ~i demonis filium crederent J. SAL. *Pol.* 648A; dii gentium demonia sunt, et ~i demones vanitatis et malitie sue certa indicia, si quem tamen gignunt, relinquunt in sobole *Ib.* 722D; unus .. eorum quos faunos dicunt et ~os, ad luxum proclives ac sepe mulieribus insolentes T. MON. *Will.* II 7 p. 80; se in uxore rustici cujusdam .. sub specie mariti ab ~o spiritu fuisse progenitum GIR. *IK* I 12; multi .. ab expertis audierunt .. se vidisse Sylvanos et Panes, quos ~os nominant ..; non audeo .. definire, utrum aliqui spiritus .. possint hanc agere vel pati libidinem, ut quoquomodo feminis se immisceant aut ab hominibus talia patiantur GERV. TILB. III 86; audivimus demones ~os et succubos, et concubitus eorum periculosos MAP *NC* II 12 f. 27v; idem [demon], primo succubus et postea ~us, semen a decidente primo transfusum recipit et deinde transfundit illud in matricem DUNS *Sent.* II 8. 1. 5; ~i vel demones opprimebant mulieres in somnis *Eul. Hist.* I 25.

2 (med.) feeling of oppression during sleep, nightmare.

epialtes sive ~us est universalis aggregatio membrorum in somnis cum diminutione motus et non sensus; .. ab eo autem quod est incumbere .. nomen accepit, eo quod dormientes .. videantur suffocari et pondere aliquo opprimi et a motu totius corporis destitui GILB. II 113v. 1; sentit in somno gravitatem magnam super corpus suum, sicut faciunt illi qui patiuntur ~um GAD. 45v. 2; ~us nomen est morbi *SB* 25.

incucullatus [ML], hooded.

panno .. incerato corpus tunicatum et ~um obvolventes J. FURNESS *Walth.* 91.

incuda v. incus.

incudere [CL], to fashion by hammering (in quot., fig.).

qui vix aliorum dictamina .. intelligere hucusque quiveram, nedum propria ~ere sufficiens, sed velut barbarus aliorum linguam infringens temere commendavi NEN. *HB* 126.

incudeus, of an anvil.

c**1410** negocium .. per paratas precaminum incudes et ictus ~eos sepissime permollitur *FormOx* 426.

incudineus, ~inosus, ~inus, of an anvil.

~inus [v. l. ~inosus], *longyng to stiþ* [v. l. *styþy*] *Medulla* (v. *MED* s. v. *stith*); *a stythy*, incus, -cudis, producto -cu- in obliquis; ~ineus *CathA*.

incudis v. incus.

inculcare (-calc-) [CL]

1 to trample, press.

[radii] nimis subtiliantur et in ipsa crystallo sibi invicem conculcantur. et ex tali subtiliatione et inculcatione radiorum .., cum exeunt ex alia parte crystalli, magis subtiliantur et a se invicem ~antur et igniuntur *Quaest. Salern.* B 142.

2 to impress (idea or sim., on the mind), to din in, emphasise (esp. by repetition), utter repeatedly; **b** (w. cl. or dir. speech as, or in expansion of, obj.).

in pectoribus omnium fides catholica ~ata firmatur BEDE *HE* I 21; c**1167** si apud Grecos expressam habent differentiam que hic totiens ~ata sunt essentia, natura, genus, substantia J. SAL. *Ep.* 169 (194 p. 274); quasi sub epilogo repetendo que diximus et ~ando GIR. *GE* II *proem.* p. 168; s**1195** pacis dulce nomen sonoris vocibus ~atur W. NEWB. *HA* V 17 p. 462; tales clausulas debemus ~are quando volumus aliquam personam extollere vel infamare VINSAUF *AV* II 3. 54; quod .. simplicissimum .. est, tot nominibus incalcantes nominamus *Ps.*-GROS. *Summa* 399; cuicumque errori, qui .. fidelibus populis .. ~abitur ut credendus OCKHAM *Pol.* III 67. **b** ei fertur talia ~avisse, "tu mihi plurima de eis semper sermocinatus es bonis contraria, tu de eorum exılio mala, tu .." BYRHT. *HR* 5; iterum ~o tibi quia quidquid domno Gondulfo pro ea scribo, tibi dico ANSELM (*Ep.* 5) III 107; dicens et sepius ~ans dedecus esse magnum si .. GIR. *SD* 140; festinantius quippe immiscuit se deliciis illis, ~ans et repetens, 'ne quid nimis' [Terence *Andria* 61] J. FORD *Serm.* 46. 7.

3 to press one thing upon or into another (in quots., fig.; also w. ref. to repetition of action or sim.).

Dianam quoque eandem in nemoribus volunt, quod arborum et herbarum sucis ex humiditate, quam secundum physicos ex se demittit, simili modo crementa ~et ALB. LOND. *DG* 7. 2; non pigeat facte preci precem ~are ut .. litteram prefato fratri Ade scribere dignemini AD. MARSH *Ep.* 221; **1281** (v. inculcatio 3).

inculcatio [LL]

1 trampling, pressing.

frequenti ac veloci confricationis ~one calor excitetur *Quaest. Salern.* B 12.

2 inculcation (of ideas or sim. on the mind), dinning in (by repetition).

s**1181** rex Francorum .. suo commorantium in palatio crebris ~onibus frequenter accepit, qualiter rex Anglorum .. regnum suum .. pacifice gubernaret DICETO *YH* II 8; verbi hujus [sc. 'revertere', *Cant.* vi 12] tam crebra ~one .. vehementiam sui commendat affectus J. FORD *Serm.* 64. 3; laudando cumulat hec inculcatio plausum / et culpando frequens est malleus ad feriendum VINSAUF *PN* 1829; sub trina jussionis ~one AD. MARSH *Ep.* 77 p. 191.

3 act of pressing one thing upon another (in quots., fig., w. ref. to frequent repetition).

1281 expedit .. ipsos ordines minime recipere inculcatos, quoniam ~o reverentiam minuit *Conc. Syn.* 898 (cf. LYNDW. 309 p: inculcatos, id est multiplicatos vel plures simul eodem die); **1439** viso quanta irreticio quantaque procrastinacionum ~o .. emerserint BEKYNTON I 99 (cf. ib. 215).

inculcatius [LL *compar. adv.*], by means of (rather firm) impression (on the mind), (rather) firmly.

venerabilibus litteris nobis .. porrectis et receptis et ~ius memorie commendatis *Pri. Cold.* 53.

inculcativus, tending to impress (w. obj. gen.).

quia .. non relinqueret .. in precipua materia fidei capciosissimis hereticis verba impossibilitatis tam ~a; non enim firmat, sed infirmat fidem catholicam NETTER *DAF* I 121. 2.

inculcator [LL], one who drives home (idea or sim.) by repetition.

nimis morosus videor et in ipsorum commendatione operum tediosus [v. l. tedians] ~or verborum H. BOS. *Thom.* III 18 p. 247.

1 inculpabilis [LL], blameless, without crime or sin, (leg.) not guilty; **b** (w. *ab* or *de*).

presbiter, diaconus sive monachus, si in nefandis accusantur facinoribus, nullo existente evidenti argumento, qua ratione, si ~es sunt, possunt expiari? EGB. *Dial.* 404; si foret ~is, relinqueretur incolomis; sin culpabilis inveniretur, capite plecteretur LANTFR. *Swith.* 25; c**1040** ipsi ~es et immunes maneant *GAS* 213; c**1103** confido in Deo quia omnino me in hac re ~em cognoscetis ANSELM (*Ep.* 250) IV 161; **1275** vicecomes .. imprisonavit Johannem [et al.] .. injuste .. cum essent ~es *Hund.* I 192; **1459** eodem die comparuit, et passus est assisam, et ~is repertus *ExchScot* 555. **b** **1268** recessit quietus et ~is ab omni inimicicia per inquisicionem .. coram .. rege arramiatam *JustIt* 618 r. 9; **1276** ~es sunt de predicto latrocinio *Gaol. Del.* 71 m. 6d.

2 inculpabilis [cf. inculpare], that can be accused, blameworthy.

lusimus .. dum fuit etas, ludis ponant tempora metas. juvenilis enim excusabilis est levitas, cum laudabilis fuerit ipsa maturitas. tunc prima est ~is etas, cum ludis ponunt tempora metas GIR. *Symb.* I 24 p. 288.

inculpabilitas [LL], freedom from blame.

~ate utrobique manente in Dei ordinacione et sensu sue scripture WYCL. *Ver.* II 111.

inculpabiliter [LL], without blame or sin.

que superna majestas de suo plasmate ~iter disponit, rea peccatorum lippitudo .. intueri nequit ORD. VIT. XII 26 p. 416; ~iter ex sancti patris mandato venatum profectus est Esau [cf. *Gen.* xxvii 3] J. SAL. *Pol.* 397C; **1231** accidit quod homo veraciter et ~iter, quia non mendaciter, potest dicere falsum GROS. *Ep.* 4 p. 30; idem actus numero potest causari ab una causa [sc. creatura] culpabiliter et ab alia causa [sc. Deo] ~iter OCKHAM *Quodl.* 216.

inculpandus [2 in- + culpandus], not worthy of blame.

haec in excusacionem adduximus poetarum; jam studentes intencione debita in eisdem ostendimus ~os R. BURY *Phil.* 13. 183.

inculpare [LL], to accuse; **b** (w. *de* & abl.); **c** (w. clause). **d** (pr. ppl. as sb.) accuser.

qua fronte me potes ~are donec ea, que fecerim, justa an injusta sint valeas probare? PETRUS *Dial.* 3; **1215** si vicecomes meus aut aliquis serviens in curia mea aliquem hominum suorum ~averit *Ch. Chester* 394 p. 389. **b** **1195** cum plurimi reges et principes .. Ricardum regem Anglie .. de morte marchisii ~ant, juro per Deum .. quod in ejus mortem nullam culpam habuit (*Lit. Veteris de Monte*) DICETO *YH* II 127 (cf. W. NEWB. *HA* V 16 [*Lit. Senis Montani*]: quoniam audivimus illustri Anglorum regi Ricardo necem marchionis .. a pluribus imputari, ..); Godwynus de his .. a rege Hardekanuto postmodum ~atus, juravit quod nusquam talia fecit nisi vi regis Haraldi coactus HIGD. VI 21 p. 140; **1220** nullum ~avit de morte ejus nec mortem ejus secutus fuit *CurR* VIII 383; s**1230** Willelmus de Breaus ~atus est a Lewelino principe Wallie de uxore sua et suspenditur *Ann. Cestr.* 56. **c** **1275** R. de F. .. ~avit R. filium H. eo quod domum suam fregit et intravit *SelPlMan* 64; **1290** cum J. .. ~atus fuisset quod dominus T. de V. inplacitari fecit homines domini ejusdem J. *Ib.* 37; AMUND. I 363 (v. immobilitas 2). **d** consideratum est a curia quod, quia se bene defendebat, legitime deberet legem ~anti [MS: †~andi] vadiare J. OXFORD 74.

inculpatio [LL], accusation.

emendet ~onem sicut rectum sit (*Quad.*) *GAS* 51; **1161** auditis hinc inde allegationibus super ~one Willelmi et responsione Gilberti, itum est ad judicium *Ch. Sal.* 19; quantum ad ~onem Dei, patet quod non est color, si Deus facit actum malum .., quod sit inde culpabilis WYCL. *Dom. Div.* 133 (cf. ib.: non .. esset Deus increpandus).

1 inculpatus v. inculpare.

2 inculpatus [CL], blameless.

et si .. liceat vim vi repellere, ethnici tamen principes cum moderamine faciendum sic decreverunt, dicentes quidem licere hoc sed tamen cum moderamine ~e tutele H. BOS. *Thom.* IV 13 p. 370 (*sim.* P. BLOIS *Ep. Sup.* 59. 2, OCKHAM *Dial.* 544 l. 48; cf. *Codex Justin.* VIII 4. 1: ~ae tutelae moderatione); ultionis ~e modestia servata GIR. *PI* I 6 p. 20.

incultare [cf. 1 in + cultus], to bring into cultivation.

1357 terre non possunt ~ari, eo quod includuntur parco pro sustentacione ferarum *DL MinAc* 507/8226 r. 1d (*Yorks*).

inculte [CL], without refinement of manners or style.

nunc propter ingruentium necessitatum urgentiam ~ius, .. inurbanius, aut diffusius aut simplicius, me scribere oportebat P. BLOIS *Ep.* 1. 2A.

1 incultus [CL]

1 (of land) not cultivated, untilled; **b** (fig.).

cum .. illius vastissimi heremi ~a loca conperisset FELIX *Guthl.* 24; humus per lx et eo amplius miliaria omnifariam ~a, nudum omnium solum ad hoc usque tempus W. MALM. *GP* III 99 p. 208; **1388** media pars [terre] jacet quolibet anno inter warrectam et inoculta *IMisc* 332 m. 9; sunt ibidem tres carucate terre que jacent frisse et inoculte *Ib.* m. 10; **13..** cur circa georgicam pateris singultus? / ager sic per steriles [? l. persterilis] jaceat incultus (*De studiis* 51) *Pol. Songs* 208; totam terram cultam et ~am *Chr. Dale* 7. **b** orto .. / cordis inculti J. HOWD. *Cyth.* 111. 6 (v. lauriger b).

2 (of personal appearance) unkempt.

gens .. comis et barbis luxuriantibus ~issima GIR. *TH* III 10 p. 153; Semiramis .. adhuc soluta una parte crinium ad bella cucurrit, nec prius composuit ~am capitis partem quam .. P. BLOIS *Ep.* 121. 356B; corporali scemate incompositus et ~us *Canon. G. Sempr.* 38.

3 lacking in refinement, uncouth.

nationem [Hybernicam], quamvis ~am et barbaram, tamen cultricem fidei W. CANT. *Mir. Thom.* IV 52; barbarus tam barbarum quam vestium necnon et mentium cultus eos nimirum reddit ~os GIR. *TH* III 10 p. 150 (v. et. 2 supra); at ars quam tetigi fortunat subito, / incultis regium dat cultum concito WALT. WIMB. *Palpo* 9.

2 incultus [CL], lack of care or attention, uncouthness.

clerum .. etiam se negligentius habentem causa dignitatis revereamur, ne et ipsi ex ~u vite et nos ex immoderatione lingue pereamus PULL. *Sent.* 918D.

incumbentia, (eccl.): **a** the office of an incumbent. **b** (pl.) incumbent duties.

a custodiam bonorum .. in se pro tempore ~ie sue in hospitali memorato voluntarie suscepit *Deeds Newcastle* 51. **b** **1506** clericatum parochialem de S. cum omnibus proficuis et ~iis *Midlothian* 83.

incumbere [CL] *V. et. incubare.*

1 **a** (w. dat. or prep.) to settle on, sit or lie on. **b** to lean on, support oneself on, (fig.) to depend or rely on. **c** to lie against, press on. **d** to lean over. **e** (fig.) to exert pressure on (person, so as to induce desired behaviour). **f** (absol.) to lie down.

a densatae noctis imago / nos circa incubuit ALCUIN *SS Ebor* 923; more apis .. quae solet boni odoris arbores circumvolando requirere et jocundi saporis holeribus ~ere WULF. *Æthelwold* 9; in chorum vadant et ~entes terrae infantes expectent LANFR. *Const.* 87; insertis .. brachiis ferrum patenti fenestrae objectum invadit et huic ut involutus anguis ~it GOSC. *Transl. Mild.* 23 p. 189; uxor ejus .. tribus tantum mensibus .. viri thoro incubuerat ORD. VIT. VIII 23 p. 410; [humores] dum adhuc collibus ~unt nebule nuncupantur GIR. *TH* I 6; ~ent tamen fratres super formas post 'Sanctus' eciam revestiti, .. ceteri enim exeuntes deponent vestimenta *Cust. Norw.* 25. **b** BEDE *HE* III 17 (v. destina); cambuttis binis ~ebat GOSC. *Transl. Aug.* I 22; W. MALM. *GP* V 246 (v. indulgere 9b). **c** s**1381** fuerat glacies inmensa que .. tepido aere resoluta mole suarum parcium ponti ~encium pontem confregit *Chr. Westm.* 130. **d** tibi [sc. S. Petro] credita est porta maris, quem marinis fluctibus ~entem maris conditor misericorditer evocavit [cf. *Matth.* iv 18] LUCIAN *Chester* 51. **e** coeperunt fratres instantius meae pusillitati ~ere ut eorum ferventi desiderio satisfacerem ABBO *Edm. pref.* **f** temeraria latrix / pronior incubuit, luctum singultibus auxit FRITH. 501.

2 a (of troops) to bear down (in quot., absol.). **b** (of fire) to rage, (of wind) to blow (in quots., absol.).

a Britones .. impetum fecerunt in illos ..; ~entes igitur ipsos a tergo cedunt G. MON. X 4 p. 478. **b** eo loci ubi flammarum impetus maxime ~ebat BEDE *HE* II 7; ~ente deinde congruo vento, armamenta navis parant G. MON. XII 4; vento ~ente prospero Balearicam majorem .. comperimus OSB. BAWDSEY cxlv.

3 a (of var. troubles, evils, *etc.*) to befall, affect, afflict (person *etc.*; usu. w. dat. or prep., also absol.). **b** (of emotion) to come over (person; in quot., w. dat.). **c** (of necessity) (absol.) to exist, arise, (w. dat.) to lie upon (person). **d** (of penalty) to exist, be prescribed (in quot., absol.). **e** (of danger) to threaten, impend (in quots., absol.).

a ubi reprobis civibus judicium ultimae districtionis incubuit BEDE *Gen.* 149; incubuit populis, spreta me, turba malorum BONIF. *Aen.* 70 (*Justitia*); letalis .. dies paganis incubuerat ORD. VIT. IX 17 p. 618 (cf. Baldericus *PL CLXVI* 1150C); siquid .. vobis vel ecclesie vestre aut domino Wigornensi incubuerit, .. J. SAL. *Ep.* 184 (174 p. 144); ~ens languor ossium exsuxerat medullas *Mir. J. Bev. C* 330. **b** stupor omnibus ingens / incubuit statim ALCUIN *SS Ebor* 353. **c** †**909** (?11c) expeditionem pontis .., dum necessitas incubuerit, .. peragant *CS* 620 p. 283; bene agendi duplex tibi ~it necessitas PULL. *Sent.* 933C (cf. 4a infra); non sunt revelanda hujusmodi misteria nisi cum summa necessitas incubuerit G. MON. VIII 10. **d** **1311** sub pena que ~it *MGL* II 103. **e** **1366** sub ~enti periculo *Doc. Bev.* 6; **1382** sub periculo quod ~it *ExchScot* 94.

4 a (of task, duty, responsibility, or sim.) to fall on, be incumbent on (person, office, institution, property, *etc.*); **b** (pr. ppl. as sb. n.) duty, burden. **c** (w. inf. as subj.) it is the duty of, it is incumbent on (person *etc.*) (to ..); **d** (w. *ut*).

a ut [diabolus] .. eum quem praecipue Dunstanus diligebat et super quem totius religionis vigor ~ebat, dejicere temptaret OSB. *V. Dunst.* 35; cui tante majestatis honor ~at OSB. CLAR. *V. Ed. Conf.* 3 p. 72; inter ~entes mihi curas L. DURH. *Hypog.* 62; mihi ~it tanquam patri et summo custodi dispositio monasterii BRAKELOND 146v; **12..** in pinguioribus ecclesiis secundum modum facultatum et onera eisdem ~entia *Conc. Scot.* II 12; est in terra ista regina [una] cui ~it regimen patrie, et sunt omnes ei obedientes *Itin. Mand.* 82; **1358** reddendo antiquam firmam et faciendo domino et vicinis que ~unt *Hal. Durh.* 21; **1459** alia onera dictis terris et tenementis cum pertinenciis spectancia sive aliquo modo ~encia *Paston Let.* 886; **1546** reparaciones .. ecclesie ~entes (v. dividentia); **1582** omnia .. facere, peragere, et perimplere que vestro .. ~unt officio pastorali *Pat* 1234 m. 38. **b** de residuo non poterunt vivere et omnia ~entia supportare *Hist. Roff.* 99. **c** **c1150** libertates illesas perpetuo conservare, sicut nostre principaliter ~it sollicitudini, ita spectat omnium bonorum devocioni *Doc. Theob.* 23; **c1167** ~it nobis ecclesiam et ecclesiasticas diligere personas *Regesta Scot.* 62 p. 164; michi .. ~it intimis ad eternum Patrem optare visceribus LUCIAN *Chester* 47; *Obed. Abingd.* 368 (v. explorator 2); **1226** cum .. eidem [sc. regi] ~at defendere ecclesiarum vestrarum libertates et jura *Pat* 80; professores, quibus ~it juventutem ad meliorem frugem convertere FERR. *Kinloss* 6. **d** ~ebat .. apostolis ut eos cum diligentia instruerent P. BLOIS *Serm.* 648C.

5 to belong (to), appertain (to).

unum balistarium cum zona et ceteris que ~unt BRADW. *AM* 168; **1415** lego .. totam aulam et totam coquinam cum peciis, cocliaribus, et omnibus aliis utensilibus domorum eis ~entibus *Reg. Cant.* II 78; **1437** non tradiderit nec ad firmam demiserit rectoriam de Wylden .. nec aliqua eidem rectorie ~encia *Cl* 288 m. 17d; **1559** resignavit hujusmodi hospitia, edes, et hortos ipsis ~entes *Scot. Grey Friars* II 234.

6 (w. dat.) to occupy, possess, take possession of (goods, office, or sim.; also w. *possessioni*): **a** (var.); **b** (eccl.). **c** (pr. ppl. as sb. m.) holder of eccl. office, incumbent.

a [Haroldus] solus manubiis borealibus incubuerat W. MALM. *GR* III 239; ut quidam qui pacis indulte rapientes in suos usus occasione[m] vel supinantur illecebris vel montes auri congerentes ~unt diviciis *Id. Glast.* 59; **s1402** rex Neapolis .. per Sysmundum .. regno [Ungarie] ~entem .. viriliter repulsus .. AD. USK 77. **b** ego .. qui .. fratribus abbatis vice ministravi, quique magis michi oneri quam honori .. jam per longa tempora .. incubui (*Lit.*) ORD. VIT. XII 32 p. 433; clerici .. absque ordine et regula ecclesie bonis enormiter ~ebant GIR. *JS* 3 p. 153; **1221** se dicebat possessioni ejusdem episcopatus L. ~ere tamquam juri suo *Cl* 475b; **1285** ecclesia de E. .. non vacat, quia abbas et conventus Radinghes ~unt possessioni ejusdem *Reg. Heref.* 47; **1302** ex confessione Ricardi nuper eidem ecclesie ~entis *Chr. Rams.* 377 (= *Reg. Cant.* 443); ad .. amovendum priorem Ricardum adhuc possessioni ~entem GRAYSTANES 23; **1341** Robertum de O. possessioni hospitalis S. Johannis .. indebite ~entem *Mem. Ripon* I 212; **1376** volentes certiorari .. quis ecclesie predicte jam ~it *IMisc* 208/26. **c** **c1346** pro prioratu .. realiter optinendo .. se sagaciter habuit .. sed per .. procuracionem illius maledicti ~entis de facto .. fuit .. impeditus *Lit. Cant.* II 281; **1473** per mortem ultimi ~entis ibidem et rectoris *Reg. Whet.* II 102; **1546** cum episcopatus insulae de Man per mortem naturalem episcopi et ~entis ejusdem jam pastore sit destitutus diuque vacavit *Foed.* XV 85; ecclesia .. vacavit per mortem predicti ~entis *Entries* 499b; **1582** vicariam .. per spontaneam resignacionem Jacobi C. .. ultimi ~entis ibidem vacantem *Pat* 1234 m. 38.

7 (w. dat.) to be intent on, apply oneself vigorously to, engage eagerly in; **b** (w. *ad* & gd.).

cum quodam die adsueta consuetudine psalmis canticisque ~eret FELIX *Guthl.* 29 p. 94; admonitus est .. vigiliis .. et orationibus indefessus ~ere BEDE *HE* III 19 p. 164; vir pius .. dum .. / incubuit precibus, meditans caelestia tantum ALCUIN *SS Ebor* 1333; Aristoteles ejus [sc. rhetoricae] preceptis plurimum incubuit ADEL. *ED* 21; incubuere .. viribus Angli, et victoriam consummantes .. sibi laudem pararunt W. MALM. *GR* II 181 p. 221; Odo libris totus incumbit J. SAL. *Enth. Phil.* 1675; cum diu tractibus et tractatibus incubuisset cum eis *G. Hen. V* 18 p. 128. **b** propensior, qui incubuit ad pergendum vel male vel bene *GlC* P 772.

incumbramentum [cf. AN *encumbrement*], incumbrance, intrusion: **a** (w. ref. to benefice); **b** (w. ref. to property); **c** (*~um maritagii*) alienation of wife's property by her husband.

a in quo casu perveniri poterit usque ad ~um factum per episcopum vel alium ordinarium tollendum; et tunc tenetur episcopus deliberare ecclesiam vel dare aliam presentato equivalentem BRACTON 242. **b** **11..** quare volo ut predicti monachi habeant et teneant predictum redditum libere et quiete ab omni seculari servitio et consuetudine et ab omni enkumbramento *Danelaw* 118; **1231** ~um quod fecerat suus feoffatus *BNB* II 399; **1235** dicte xl acre .. remanebunt in perpetuum .. absque omni clamio, impedimento, vel incumberamento dicti Radulfi vel heredum suorum *Starrs* 86. **c** **1248** baillivus .. per visum dictorum coronatorum poterit placitare absque brevi de nova disseisina .., de ~o maritagii *Ext. Guern.* 28 (= *CalIMisc* I 17).

1 incumbrare [cf. AN *encumbrer*, OF *encombrer*]

1 to obstruct, block (place).

1275 tenet quandam fabricam stantem in regalem viam extra Alegate Lond' et valde ~antem stratam *Hund.* I 413; **1391** similiter ~avit regiam viam .. cum una carecta per longum tempus *Leet Norw.* 76.

2 a to hamper, impede, burden (person). **b** to affect (thing) adversely.

a **1234** quod unusquisque .. solus veniret et rediret, nisi judicium illum †incumbaret [*ed. gives as alternative reading*: incumberaret] *BNB* II 666; nec omittatis .. quin dicatis si culpabilis sit de hoc quod ei imponitur .. vel non; et non incumberetis eum si immunis sit vel innocens sit a delicto illo BRACTON 143b. **b** **11..** si contingat dictum molendinum esse amotum vel per aquam asportatum vel per ruinam perjoratum vel alio aliquo casu enkumbratum *Danelaw* 119.

3 to encumber (church), fill (benefice) by an irregular appointment.

1194 preceptum fuit A. .. quod deliberet advocacionem ecclesie de E. quam ~avit per clamium quod R. .. posuit in eadem ecclesia *CurR* I 4; heres ejus, cum obierit, tenetur advocationem illam, quam antecessor suus ~avit, deliberare si possit BRACTON 97b; poterit episcopus pendente lite ante lapsum sex mensium ecclesiam injuste ~are, et ideo fieri deberet inhibitio ne ~aret vel ne clericum admittat ad presentationem *Ib.* 248; **1277** episcopus ecclesiam illam ~avit, quominus dictus Theobaldus presentacionem suam .. consequi posset *Reg. Heref.* 141; **1278** (v. deincumbrare); **1281** [ecclesia] videtur potius esse ~ata .. quam consulta; .. decanus et capitulum .. se intruserunt in ecclesiam illam et sic illam .. tenuerunt hucusque incumbrettam *PQW* 438b; **1347** predictus episcopus [J. Exoniensis] quendam Thomam C. ad ecclesiam de K., ad presentacionem ejusdem Theobaldi spectantem, instituit et ecclesiam illam de eodem Thoma infra tempus semestre contra prohibicionem nostram et contra legem et consuetudinem regni nostri Anglie ~avit *Pat* 221 m. 7d; **14..** episcopus pendente placito in prefata curia .. super captione assise ultime presentacionis predicte eandem ecclesiam ~avit *Reg. Brev. Orig.* 32v.

4 to encumber (property), hinder inheritance of rightful heir by irregular enfeoffment.

c1180 non ~abunt predictam terram .. in manu alicujus Christiani vel Judei nisi per voluntatem .. domus de Kyrkested *E. Ch. Yorks* XI 178; **1230** prior terram illam incumberavit *CurR* XIII 2539; videtur quod sive feoffatus medius fuit detentor injustus sive alios inde feoffaverit et sic tenementum ~averit BRACTON 391; **1235** nec licebit dicto R. .. dictas xl acras .. aliquo modo versus Judeos vel Christianos incumberare quominus dictus H. et assignati ejus dictas terras possint pacifice .. habere *Starrs* 88; **1278** nec licebit Willelmo .. dicta messuagia, terram, redditus .. dare, vendere, alienare, invadiare, seu aliquo modo ~are, quominus dicta messuagia .. nobis .. revertantur *MonA* I 394; **1456** nec eadem terras seu tenementa .. oneraverit nec ~averit *Cl* 307 m. 27d.

2 incumbrare [cf. 2 in-, 1 incumbrare], to disencumber.

1448 in terris .. totaliter exoneratis et ~atis de omnibus accionibus annuitatibus redditibus statutis mercatoriis recognicionibus et aliis oneribus quibuscumque *Cl* 298 m. 8d.

incumbratio

1 obstruction, blockage.

1375 A. de H. .. assuetus est continue ponere fimum suum in regia via per totum annum .. unde dicta via semper est profunda et turpis in ~onem *Leet Norw.* 68 (cf. *Rec. Norw.* 383).

2 encumbrance, intrusion (in quots., w. ref. to property).

1231 de ~one antecessorum ipsius Willelmi .. ei warentizare non debet *CurR* XIV 1770; non tenetur quis ad warrantiam nec excambium de feoffamento et ~one tenentis sui BRACTON 391 *in marg.*; **1281** ipsi intrusionem et ~onem illam sufficienter tacendo concedunt *PQW* 439.

incumbrettus v. 1 incumbrare.

†incumus, *f. l. Cf. cucumis* 2b.

†incumus [*ed.*: intubus; l. cucumus], *popig Gl. Durh.* 303.

incunabula [CL *n. pl. only*], **~um**

1 cradle. **b** (fig.) infancy, earliest days of life.

quare ex motu ~i pueri citius dormiunt ..? *Quaest. Salern.* R 14. **b** ab ipsa rudi ~orum teneritudine virginitati consecratur ALDH. *VirgP* 20; cui ab ~is ante omnia et cum omnibus praesentis vitae studiis sapientiae desiderium .. ingenium supplevit ASSER *Alf.* 22; **948** (12c) qui ab ~is sue infantilitatis non fortuito .. nomen accepit Wulfric *CS* 866.

2 *f. l.*

s1301 infantes †incunabilis .. gladio trucidarunt WALS. *HA* I 94 (cf. RISH. 206: in cunabulis; *Foed.* II 887a [*Cl*], *Ann. Lond.* 119: in cunis).

incunctabiliter [LL], without delay.

regem ad nubendum ~iter [MS: incuntabiliter] urgere ceperunt *V. II Off.* 6.

incunctans [LL], not delaying or hesitating.

surge celerrime et que vides vel audis ~anti fide exequere GOSC. *Trans. Mild.* 21 p. 182; ~ante passu audacter pertransit GIR. *EH* I 38 p. 288.

incunctanter [CL]

1 without hesitation. **b** at once, without delay.

[Fulgentius] quia redemptor noster, inquit, auctor vitae, ideo a Petro apostolo perdocetur, quoniam Deus verus ~er, non autem nuncupativus credendus sit ALCUIN *Dogm.* (*Adv. Elipand.* IV 4) 289B; scias me tam fidelem quam optatum tibi nuntium adesse, tu modo dictis meis fidem .. ~er adhibe GOSC. *Transl. Mild.* 8; videtur ergo, immo ~er asseritur, quia .. ANSELM (*Mon.* 80) I 86; miserunt .. pro domino suo .. ut .. ~er adveniret H. HUNT. *HA* VIII 40; de his quidem, quos ita plusquam belluina illa confecit immanitas, ~er dixerim quia .. W. NEWB. *HA* IV 10 p. 321; scripturis beati Augustini non est necesse ~er adherere OCKHAM *Dial.* 411. **b** **1147** si prior adesse non potuisset, suppriorem pro eo subrogari, ut vices prioris sui absentis ~er expleret *Ch. Durh.* 36; in eum [sc. hostem] precepit irruere, captumque ~er vinculisque innexum .. in altum suspendere *G. Steph.* 91; sic cum ejus licentia .. iter ~er aggressus est GIR. *RG* I 4 p. 29; privilegium exemptionis sue .. nobis exhibeant ~er *Conc. Syn.* 314.

2 without pause, continually.

1586 cantando die noctuque ~er (HAY *Chr.*) *Scot. Grey Friars* II 178.

incunctatio, [? 1 in- + cunctatio] delay, or ? *f. l.*

statim sine ~one in regem levatus est *Eul. Hist.* I 58 (cf. HIGD. III 9 p. 178 [v. l.]: sine cunctatione).

incunctatus [CL], not delaying or hesitating.

fructus laboris, per quem .. castrorum dominicorum propugnatoribus .. triumphalis egressus ~i vigoris levigatur AD. MARSH *Ep.* 50.

incuneare [cf. cuneus 3a], to stamp mark on (tin).

1220 nullum stagnum cuneo primo, quod nomine domini regis patris nostri inscribebatur, de cetero ~eari faciatis *Pat* 256.

incuperare v. incopare.

incurabilis [LL], that cannot be cured, incurable: **a** (of disease, injury, or sim.); **b** (of person, or part of body; also in fig. context); **c** (of moral fault).

a plures jam medici me viderunt, et esse vulnus ~e asseruerunt. quare nihil aliud expecto nisi mortem ALEX. CANT. *Mir.* 37. p. 234; regius morbus, medicis sane ~is W. MALM. *GP* IV 171; alii vario genere morborum ~ium consumpti expiraverunt J. FURNESS *Kentig.* 29 p. 212; **1301** de infirmitatibus corporis contagiosis seu ~ibus *Reg. Cant.* 857. **b** resedit .. sanus, alacer et incolumis qui paulo ante .. apparuit vesanus, acer, et ~is R. COLD. *Cuthb.* 17 p. 36; "que est illa ratio .. que dictat papam .. incorrigibilem abiciendum?" ".. ratio est illa, videlicet quod membrum ~e totius corporis infectivum est pro salute corporis amputandum" OCKHAM *Dial.* 568 l. 26; tunc est ptisicus et ~is GAD. 53. 2. **c** ingruente communi omnium morbo et ~i fere ambitionis incommodo GIR. *PI rec. 1 pref.* p. lvii; omne peccatum ~ius est in sene quam juvene HOLCOT *Wisd.* 176.

incurabilitas, incurability.

quando egritudo prolongatur .. signum est ~atis GAD. 101. 2.

incurabiliter [LL], incurably.

s1252 perpendens quod tertius ejus filius .. ~iter egrotaret M. PAR. *Maj.* V 312; S. Fiatri morbus erat .., que ~iter mortem igneam adducit *Plusc.* X 27.

incurate [LL], carelessly.

minus signanter insignivit me .. qui nomen meum sincopat ..; tu vero .. turpiter me deturpasti et ~e decurtasti M. RIEVAULX (*Ep.*) 74.

incuratus [CL = *not treated*], **a** uncared for, neglected; **b** (of benefice) not involving a cure of souls.

a incultum et ~um tuum breve brevi pretio adpretiatus sum, quia non posse legere nec intelligere est negligere M. RIEVAULX (*Ep.*) 74. **b** **s1316** *Flor. Hist.* III 178 (v. curare 5b).

incuria [CL], carelessness, negligence; **b** (w. obj. gen.); **c** (contrasted w. *industria*).

monasterium .. per culpam ~iae flammis absumtum est BEDE *HE* IV 25 p. 262; indigna suorum parentum et nutritorum ~ia ASSER *Alf.* 22; quomodo per custodum ~iam .. ossa furata sunt R. COLD. *Osw.* 43 *tit.*; hominum ~ia vel inscicia *Canon. G. Sempr.* 110; **c1211** tot animarum dispendia per pastoralem ~iam deperditarum GIR. *Ep.* 6 p. 236; de quadam muliere que .. pannum per negligentiam suam combussit. .. dampno quod per ~iam suam acciderat reperto .. *Mir. Wulfst.* II 14; si contingat .. per .. fraudem vel ~iam librum perdi R. BURY *Phil.* 19. 244; **1405** propter hec dampna et propter has injurias et ~ias *Lit. Cant.* III 92. **b** usque ad ipsius mortis ~iam J. FORD *Serm.* 73. 8. **c** [una] de manicis .. cecidit in terram [sive] ~ia gestantis sive industria nes[cio] *V. Chris. Marky.* 33; quod per ~iam neglectum sorduit, jam per industriam bene dispositum ad sacrum germen producendum intorquet J. FORD *Serm.* 44. 5; per ~iam, ne per industriam dicamus GIR. *SD* 2.

incurialis [ML], lacking refinement or courtesy.

HOLCOT *Wisd.* 101 (v. ignominiosus 2); *oncurteys*, ~is, ~e *PP.*

incuriose [CL], carelessly, negligently.

regalia se praecepta ~e despexisse dolent ASSER *Alf.* 91; **a1077** nova semper et inaudita fingere, leviter et ~e prolata deterius exponere LANFR. *Ep.* 17 (41).

incuriosus [CL]

1 careless, negligent. **b** (w. obj. gen.) not concerned with, not interested in.

742 inveniuntur quidam inter eos .. ebriosi et ~i vel venatores BONIF. *Ep.* 50 p. 83. **b** haec .. non omnibus passim desidiosis ac vitae suae ~is referre volebat BEDE *HE* V 12 p. 309; fuit quidam avaricie pesti supra modum deditus ac per hoc salutis sue nimium ~us DOMINIC *V. Ecgwini* II 2.

2 ? not inquisitive, unquestioning.

[Beda] fidei sane et ~e, sed dulcis fuit eloquentie W. MALM. *GR* I 59 p. 63.

incurius [ML], careless, negligent.

Brittanni pacem promittunt digna munera societatis et honores, ut ~ii essent ÆTHELW. I 3 p. 8; a regno Herodis usque ad eversionem Judee .. fuerunt xxvij sacerdotes venales et ~ii R. NIGER *Chr. I* 18; videret pariter et notaret qualiter .. quisque pro suo gradu et officio ministraret; quod si forte perperam, acriter ab ipso archipresule .. corripiebatur ~ius H. BOS. *Thom.* III 15 p. 228.

incurramentum v. incurrementum.

incurrementum [cf. OF *encorement*, *encourement*, incurrere 6], (Gasc.) forfeiture.

1254 in fide que regi tenetur et sub incurramento omnium que de rege tenet (*Cl*) *RGasc* I 461; **1273** obligaverunt se dicto domino regi sub obligatione et incurramento corporum, terrarum, et bonorum suorum mobilium et immobilium *Foed.* II 13; **1280** committimus .. potestatem .. Johanni de G. .. alienandi ~a bonorum .. que ad nos pertinent .. in terra Agenensi *RGasc* II 109; **1281** incurrimenta mobilium et inmobilium *Ib.* 132 (v. immobilis 3c); **1289** sub pena m marcarum et ~o proprii corporis *Ib.* 295; **1289** medietatem omnium incurrimentorum et aliarum commoditatum proveniencium racione jurisdiccionis alte et basse in villa *Ib.* 320; **1295** se obligabunt sub incurrimento terrarum *RParl* I 136b; **1312** incurramenta: item de exitibus terre que quondam fuit Hugonis de S. Germano, duello interfecti, incurse domino regi *RGasc* IV *app.* p. 551.

incurrens [cf. 2 in- + currere], (w. ref. to water) not running, (as sb.) pond.

847 cum campis et silvis, cum aquis currentium et ~tium *CS* 451 (v. currere 4e).

incurrere [CL *usu. intr.*, LL *freq. also trans.*; *in quots. below, usu. trans.*; *perf.* incurri, *rarely* incursi; *depon.*, *see* 5d infra]

1 **a** (intr.) to make a rush, charge. **b** (w. *in* and acc. of person) to rush at (person; in quot., w. ref. to sexual encounter).

a beluae .. quae in suis verticibus ossa serrata velut gladios gestant, quibus, arietino dum adversus ~unt impetu, oppositi transverberantur clipei *Lib. Monstr.* II 12. **b** **12..** uxor illius .. venit ad me, fraudulentiis me fefellit, et ~i in eam, quod cum fecissem, minis suis terruit me quod sc. apud suum dominum accusaret *Latin Stories* 6 (cf. ib. 3: secutus est eam commiscendum [? l. ad commiscendum] luxuriam).

2 to hurry into or on to (in quots., trans.); **b** (fig.; in quot., w. abstr. as subj.).

si ecclesiam ~at [AS: *ðonne cirican geierne*], sit secundum veniam ipsius ecclesiae (*Quad.*) *GAS* 77; si quis corium suum forisfaciat et ecclesiam ~at [v. l. et ad ecclesiam ~at; AS: *cirican geierne*], sit ei verberatio condonata *Ib.* 91; **s1378** filii Belial .. ecclesiam abbathie Westmonasteriensis .. armati ~unt *V. Ric. II* 7; **s1379** ad ducem Brittanie destinati apud portum de Plummuth mare ~unt *Ib.* 16. **b** ne hanc artem aliquis error ~ere arbitretur, tale damus exemplum ROB. ANGL. *Alg.* 122.

3 (trans.) to strike against, encounter; **b** (fig., w. mental process as subj.).

aut .. nullus talis ventus esse potest, aut, si semel esse constiterit, et universalem motum faciet et metam ipse non ~et ADEL. *QN* 60. **b** nec impossibilis erit diffinita motio, nec infinitam ~et causae requisitio *Ib.*

4 (trans., or w. *in* & acc.): **a** to commit, carry out (action, esp. bad.) **b** (*mentionem ~ere*) to make mention (of). **c** to come into (spec. condition).

a **704** ne quis .. ignorantie piaculum ~at *CS* 111; cum quadam illarum .. fornicationem ~it GIR. *IK* I 2 p. 25; perjurium ~erunt *Id. SD* 134; cibi et potus abhominationem ita ~erat ut .. nihil .. perciperet AD. EYNS. *Visio* 1; **1340** si .. aliquis .. gravem lapsum carnis vel notam turpitudinis aliquam ~at *Deeds Balliol* 293. **b** quoniam de fluminibus mentionem ~imus, est in eis quiddam, quod si perspicaciter intueamur, dubitationem ~emus ADEL. *QN* 55. **c** cum gravissimam ~isset egritudinem R. MERTON f. 95; Leander .. Heron amat, id est in amorem et libidinem ~it ALB. LOND. *DG* 11. 19; pravitatem hereticam ~isse OCKHAM *Pol.* III 6.

5 to run into, meet with, incur (in quots., trans.): **a** (var. unpleasant circumstances); **b** (another's anger, or sim.); **c** (danger); **d** (penalty, punishment, or sim.).

a deflendo .. defectum, quem sibi per curam pastoralem ~isse videbatur BEDE *HE* II 1 p. 74; inmatura ejus morte, quam .. nefanda proditione ~it AILR. *Gen. Regum* 358; aiebat .. se hujusmodi incommodum incursisse [*sic*] per frigoris asperitatem *Mir. Fridesw.* 27; **1311** jacturas et dispendia que .. monasterium sustinuit et ~it *Feod. Durh.* 184 n. **b** **741** (*for* ?750) quod si qui forte observare neglexerint, .. sciat se omnipotentis Dei iram ~ere *CS* 160; mirans quod tantam indigentiam ex copia tam celeriter ~erit ALEX. CANT. *Mir.* 32 (II) p. 222; **1178** si quis hoc attentare presumpserit, indignationem omnipotentis Dei .. se noverit incursurum (*Lit. Papae*) ELMH. *Cant.* 422; **11..** maledictionem Dei omnipotentis et beati Cuthberti et nostram se noverit incursurum *Feod. Durh.* 133 n. **c** ne .. periculum elationis ~eret BEDE *HE* I 31; succurrite .. ut pudicitie periculum non ~am AILR. *Ed. Conf.* 747C. **d** **597** ne .. tormenta aeterni cruciatus ~ant (*Libellus Resp.*) BEDE *HE* I 27 p. 51; ?**692** (14c) si quis hanc donationem .. minuere ausus sit, sciat se .. poenam .. ~ere *CS* 78; hi coronam vitae accipiunt, illi poenam perpetuae mortis ~unt BEDE *Gen.* 178; **1219** sententiam excommunicacionis .. ~etis *Pat* 194; delictum .. unde misericordiam pecunie debeant ~ere *MGL* I 133; **1340** notam turpitudinis .. ~at (v. 4a supra); **1435** idemque .. penam statuti inde ordinat[am] ea occasione est incursus *Cl* 285 m. 13.

6 **a** (act., trans.) to forfeit (property or sim.; app. rare). **b** (act., intr., w. property or sim. as subj.) to become forfeit (rare; *cf.* c *infra*). **c** (pass., w. property or sim. as subj.) to become forfeit; **d** (w. dat. or other indication of person to whom property *etc.* is forfeit).

a **c1222** si .. V. .. forisfaciat, .. balliam .. amittat in perpetuum, et etiam †terra sua tota [*original text of* MS: terram suam totam], quam de me tenet in capite, ~at *Ch. Chester* 409. **b** **1290** pignora .. sunt .. in brevi incursura (v. c infra). **c** **1230** concedit quod, si sequatur, laicum feodum suum quod habet in Anglia ~atur *CurR* XIV 676; ?**1260** bona Willelmi [et al.] .. cum ipsorum personis incursa detinet et retinuit *RL* II 161; **1290** pignora .. que pro .. pecunia tradidit creditoribus .. ad .. Natale .. redimenda jam .. sunt incursa seu in brevi incursura *RGasc* III 1. **d** **1216** quod .. si ipse forte contra cartam suam venerit, tota terra sua ~atur nobis *Pat* (*RC*) 198a; **1217** si quis .. super hoc convincatur, .. terra illa domino suo illius feodi ~atur *SelCh* 343; **1217** si forte conti[n]geret quod a fidelitate sua [sc. regis] recederem .., concedo quod tota terra mea et hereditas mea erga ipsum dominum regem ~atur *Pat* 107; **1225** loquendum cum justiciario de domo Roberti le Herre, que ~itur in manum domini regis *LTR Mem* 10 m. 13; **1226** omnia vina illa amittantur ei et ~antur ad opus domini regis *Cl* 122b; **1230** si .. contigerit .. quod a fidelitate .. ejus recessero, .. concessi quod omnes terre mee .. ~antur de me et heredibus meis ipsi domino regi .. ad faciendum et disponendum inde pro voluntate sua *Pat* 410; **1267** sicut volueritis quod .. mercandise vestre et naves similiter nobis non ~antur *BBC* (*Waterford*) 244; **1271** si panni .. inveniantur in nundinis predictis extra assisam illam, in manum nostram capiantur et nobis totaliter ~antur *Cl* 361; **1295** concedo quod omnes terre et tenementa mea .. eidem regi sint incursa *RParl* I 135b; **1315** clamdestinum matrimonium .. inter se contraxerunt, .. ex qua causa bona sua tanquam incursa nobis pertinere dicuntur *RGasc* IV 1363.

7 (w. event or sim. as subj.) to occur, fall (on date, or within period; in quots., absol., or w. *in* & acc.).

ut semper in diem xv^{um} .. dominica dies ~eret (*Ep. Ceolfridi*) BEDE *HE* V 21 p. 337; sic ordinaverunt patres ut jejunium illud terminetur tempore passionis et resurrectionis Christi .. ut factum nostri Salvatoris operatorium nostre salutis et factum cooperatorium ejusdem ~erent KILWARDBY *Jejun.* 167.

incurrimentum v. incurrementum.

incursare [CL], to attack, invade (esp. mil.): **a** (person or animal); **b** (thing); **c** (intr.).

a dum vero [bubo] inter corvos aut corniculas seu alias aves est, ~atur ac dilaniatur EADMER *V. Anselmi* II 8 p. 70; Turci .. sedulo Francos ~abant, et illi e contra pro posse suo resistebant ORD. VIT. IX 10 p. 549 (cf. Baldericus *PL* CLXVI 1115D). **b** magis sua custodire quam aliena ~are studentes W. MALM. *HN* 515 p. 71; rarus est in his omnibus hortis, qui lilia sua tanta possit sepire custodia ut non plerumque 'a manu peccatoris ..' [*Psalm.* lxx 4] ~ari ea contingat et conculcari J. FORD *Serm.* 45. 9. **c** jam ~ante hoste mugitus emittunt in caelum GOSC. *Trans. Mild.* 5 p. 161.

incursatio [LL], attack, invasion.

ob provinciam ab ~one barbarorum muniendam W. MALM. *GR* I 1.

incursio [CL]

1 attack, invasion.

turbatam ~one gentilium provinciam *V. Furs.* 29; quartus [frater] .. borealem [plagam] nobili custodia ab omni hostis ~one servavit BYRHT. *V. Ecgwini* 363; quid .. magnum est longa vita, nisi sit a molestiarum ~one vere secura? ANSELM (*Mon.* 69) I 79; ab ~one piratarum G. MON. I 11; Uriel angelus .. custodiebat predicta penalia loca ab ~one malignorum spirituum COGGESH. *Visio* 33; ne qua in re .. repentina ~o inparatis et inprotectis nobis oriatur W. BURLEY *Vit. Phil.* 310.

2 impingement, collision (in quot., fig.).

rhythmica seu metrica est [pars musice] que requirit ~onem verborum et decernit in gestis et carminibus an pedes .. apte cohereant ODINGTON *Mus.* 62.

3 forfeiture. *Cf. incurrere* 6.

1261 hec omnia promisi fideliter observanda sub ~one persone mee et omnium rerum mearum *Foed.* I 734.

incursivus

1 attacking, hostile.

difficillima tentacionis prelia ipsis [sc. antiquis patribus] offerendo, similitudine prodigiali extraneatisque incursibus [diabolus] ipsos comminatorie tentavit in peccatis immergere. sed quia ipsius placentie temporibus [? l. tentacionibus] ~is paratius obedimus, ideo secretarum tentacionum jaculis excitatos facit subito succumbere (*J. Bridl.*) *NLA* II 71.

2 liable to incur (penalty).

in hoc sancti speculo cuncta vident viva, / que subjecta tempori mutant defectiva, / per peccatum stygie mortis incursiva GARL. *Poems* 6. 11.

incursor [ML], one who incurs (penalty).

s1253 sic extinguantur et feteant omnes hujus sententie [sc. excommunicationis et anathematizationis] ~ores in inferno M. PAR. *Maj.* V 377.

incursoria, (nonce-word) inability to run (*cf. cursorius* 1).

BACON XV 228 (v. impugilatoria).

incursus [CL]

1 the action of rushing in. **b** attack, assault, invasion (also fig.).

abbas advocatum militem an sane mentis sit percunctatur qui Dominicum chorum tam stolido ~u theatrum sibi facere non vereretur GOSC. *Transl. Mild.* 19. **b** ut .. a malignorum spirituum defendatur ~ibus (*Ep. Ceolfridi*) BEDE *HE* V 21 p. 343; pirate gentilium .. turbidis ~ibus quatiebant ecclesiam GOSC. *Transl. Mild.* 3; nec alicujus tibi adversari volentis ~um timebis EADMER *Beat.* 13; variarum me causarum ~us dilacerant *Id. V. Anselmi* II 8 p. 70; **1154** quia incustoditas oves luporum ~ibus esse constat expositas ARNULF *Ep.* 9; gens Hibernica .. ab omni alienarum gentium ~u libera mansit et inconcussa GIR. *TH* III 46.

2 (Gasc.) forfeiture.

misit rogare per multos barones comitem quod sub fidejussione eorum et ~u bonorum ejus daret eum ad manulevandum ad tempus ut .. *V. Montf. app.* 283; **1285** excepto quod, si ~us eveniat in feudis que barones .. tenent immediate .. quod ille ~us sit et remaneat in .. dominio .. domini regis *RGasc* II 270a; **1339** in hereditate, locis, villis .. que quondam fuerunt domini J. .. tam ex ~u .. quam ex alio quovis modo *Foed.* V 133.

incurtare

1 (esp. med.) to shorten, contract.

nervus quidam in masculis a prora capitis, sc. ab anteriore parte, usque ad extrema digitorum pedum protenditur, qui, dum frigiditate et siccitate contrahitur, corpus in aqua secundum se ~atum pronum in aqua reddit *Quaest. Salern.* B 104; quemadmodum corda arcus ~ata ~atur arcus *Ps.*-RIC. *Anat.* 42 p. 28.

2 (astr., phys., w. ref. to slower rotation of inferior spheres, planets, elements, *etc.*, acc. to the doctrine of Al-Biṭrūjī; *cf.* M. SCOT *Mot.* pp. 40–1, 168) to lag behind, to fall short (of) (freq. w. *ab*; *cf.* Ar. *qaṣṣara*, freq. w. prep. *'an*).

credebatur quod ipsum [mare] sequebatur ipsam [lunam] et ~at ab ipsa M. SCOT *Mot.* IV 7; motus [celi superioris] est velocior omnibus motibus inferiorum sub eo, et omne celum quod est sub eo ~at aliquid ab isto suo motu; et quantitas incurtationis cujuslibet celi inferioris ab illo motu generali est quantitas longitudinis ejus a primo celo movente aut propinquitatis *Ib.* VIII 1; istud celum, in motu quo per superius movetur, ~at ab ejus motu, tunc ~ant sui duo poli a complemento descriptionis duorum circulorum in tempore in quo complet superius celum unam rotationem; et propter hoc movetur istud celum super proprios polos ad complendum illam incurtationem a motu superiori *Ib.* IX 6; precedit celum stellarum et planetarum motum secundum eandem viam; relinquit quoque eas posterius, sive ille .. incedant contra motum celi diurnum, sive incedentes in eandem partem cum celo ~ent a celi motu GROS. *Hexaem.* III 16. 4; [orbes] posteriorantur et ~antur inferiores a superioribus BACON IV 426 (? l. ~ant, cf. P. Duhem, *Un fragment inédit de l'Opus Tertium*, [Quaracchi, 1909] 110).

incurtatio

1 shortening, contraction (in quot., med.).

ut ipso [musculo] tracto vel dilatato .. sequitur extensio vel ~o membri mediante corda *Ps.*-RIC. *Anat.* 42 p. 29.

2 (astr., phys.) a lagging behind, or (angular) distance by which a body lags behind (through slower rotation; *cf. incurtare* 2).

M. SCOT *Mot.* VIII 1, IX 6 (v. incurtare 2); ~o [Ar. *taqṣīr*] hujus stelle [sc. Veneris], que nominatur motus medius, est equalis ~oni solis postreme *Ib.* XVII 1; ~o prima hujus celi [sc. lune] *Ib.* XX 21 (cf. ib.: ~o celi postrema); Alpetragius et sui sequaces dicunt quod illa diversitas motuum celestium non est ex contrarietate sed per ~onem unius respectu alterius R. MARSTON *QD* 168; [orbes inferiores] ~ones majores et minores faciunt a motu primi orbis BACON IV 387.

incurtinare v. incortinare.

incurvabilis [LL], that cannot be bent, inflexible (also fig.).

obstupuerunt inflexibiles digiti et ~is rigor lacerti nec ad caput erigi nec ad latus poterat deponi GOSC. *Mir. Aug.* 20; **1423** laudes referens ex visceribus .. pro ~i rectitudine vestra (*Lit. abbatis*) AMUND. I 80; **1461** habemus .. ~em rectitudinem in intentione (*Process.*) *Reg. Whet.* I 402.

incurvare [CL]

1 to make curved, bent or crooked, to bend, flex, (in pass. also) to be or become curved, bent; **b** (part of one's own body); **c** (fig., w. ref. to abstr.; also w. implication of overcoming, subduing).

dicitur quod aquile senescenti cornu oris in tantum ~etur ut etiam usu edendi privetur HON. *Spec. Eccl.* 842B; possunt .. articuli singuli [cadaveris S. Cuthberti] .. movendo plicari, ~ando relegari R. COLD. *Cuthb.* 42 p. 88; ave, verbi casula, / in qua Deus incurvatur, / ut ansatus teneatur / nostre carnis ansula WALT. WIMB. *Virgo* 75; vovebat confidenter visitare capellam sancti Edmundi apud Waynfleet, unum denarium ~ans super capud filii sui *NLA* II 680. **b** ex ipso quod aliquis est erectus, ita quod tibie non ~antur nec partes tibiarum approximantur, dicitur homo vel animal stare; quando autem partes curvantur, dicitur sedere OCKHAM *Quodl.* 724; exemplum habemus in Salomone rege qui femora sua ~avit mulieribus HOLCOT *Wisd.* 80. **c** modo pius depravatur, / modo rectum incurvatur, / premitur simplicitas WALT. WIMB. *Van.* 114 (*unless referred to* a supra); per quem .. / .. infernus frangitur, / vis est hostis incurvata J. HOWD. *Sal.* 39. 10; **1284** vos, regule linea ~ata, .. ultra predictam quantitatem non modicum occupastis PECKHAM *Ep.* 889 p. 813.

2 to cause (person, or animal, part of body) to bend down, bow or stoop, (in pass. also) to be bowed down; **b** (fig., w. ref. to soul).

[Christus] pauperi parcit, erigit incurvatum J. HOWD. *Cant.* 127; rumpe jugum quod verticem incurvavit *Ib.* 332; ave, cujus natus / gemit incurvatus / ligni pondere *Id. Sal.* 3. 2; tam stricte ligabatur inferius quod .. spinam dorsi curvare vix potuit vel semetipsum erigere ~atus *V. Edm. Rich P* 1785B; ponendo .. Thomam dextra sua manu ~antem .. aliquem Scotum BRADW. *AM* 233. **b** 'et dixerunt anime nostre, incurvare [v. 3c infra] ut transeamus' [*Is.* li 23]; igitur ~atur [anima] per cogitatum, appetitum, affectum AD. SCOT *PP* 448B.

3 to bow, bend down, stoop, prostrate oneself, (fig.) abase oneself (also w. dat.): **a** (refl.); **b** (intr.); **c** (pass.).

a super sepulchrum se ~ando ut potuit, extendit, extensus dormivit .. J. FURNESS *Walth.* 114; non .. possunt transire [sc. maligni spiritus; v. *Is.* li 23] nisi homo se ~et et faciat eis viam S. LANGTON *Quaest.* 365; aper silvester se ~are [ME: *buhen*] non potest ad percuciendum illum qui deorsum cecidit *AncrR* 105; incurvantes cum hiis verbis ad terram et surgentes adjungent inclinando, "et non confundas me ..". .. et interim abbas ~abit se super scabellum ante altare *Cust. Cant.* 385. **b** cum .. ecclesiam intrasset et flexis genibus ante altare ~aret ASSER *Alf.* 97; en Sunamitis natum super est Elyseus / incurvans parvum [cf. *IV Reg.* iv 34] *Vers. Peterb. Psalter* 78; incurvantes *Cust. Cant.* 385 (v. a supra). **c** ~ati eant LANFR. *Const.* 144 (v. inclinare 4a); fideles .. regis et filii sui pedibus ~ati *V. II Off.* 2.

4 (intr.): **a** to bend down (in quot., fig.). **b** to bend one's course, deviate from a straight course.

a oculi sublimis hominis humiliabuntur et ~abit [v. l. incurvabitur = *Vulg.*] altitudo virorum (*Is.* ii 11) GILDAS *EB* 43. **b** **s1305** cogens quamplures viros ac mulieres Anglicos mixtim karolare nudos .. ante se, constitutis a tergo tortoribus cum scorpionibus et aculeis, flagellantibus ~antes et pungentibus, ut incederent in directum *Flor. Hist.* III 321 (cf. RISH. 226: flagellantes in chorea ut incederent in directum).

5 **a** (w. dat. or *ad*) to subject, subdue, bend (person *etc.* to another, another's will, *etc.*). **b** (w. *ad*; in quot., foll. by gdv.) to incline, persuade (person to spec. action).

a **s1250** misit dominus rex nuntios .. qui bene norunt tam papam quam cardinales ad suum ~are propositum M. PAR. *Maj.* V 184; **s1251** ut conventum suum sue ~aret voluntati *Ib.* V 238; **s1215** rex .. multos de Quinque Portubus sibi ~avit enervatos OXNEAD 133; **s1251** Wallia legibus Anglie ~atur *Flor. Hist.* III 244. **b** [mater] secundum quod dicit Ecclesiasticus [*Sirach* xxx 12] 'cervicem infantis curva ..' .. proposito .. exemplo proprie sanctitatis ad consimilia sponte gerenda volens subtiliter ~are [sc. pueros] .. *V. Edm. Rich C* 592.

incurvatio [CL]

1 the action of bending, the state of being bent.

qui aliquem in collo plagiaverit, ut ~onem vel inflexibilitatem .. contrahat (*Leg. Hen.* 93. 37) *GAS* 610; nervis contractis incurvatus, vix podio gressus sustentante ecclesiam adire valebat. .. sese erexit et, ~onis pristine contractionem prorsus abolitam sentiens, .. *Mir. Fridesw.* 11; ~o unguium J. MIRFIELD *Brev.* 78; ~o vel declinatio a rectitudine PECKHAM *Persp.* III 2; *Alph.* 73 (v. gryposis).

2 low bow, prostration.

ALDH. *Met.* 2 p. 69 (v. cernulus); ob crebras preces ~onesque genuum quas .. exercebat BEDE *CuthbP* 17; que prius languore prepediente nec ad terram se inclinare nec aquam manus [? l. manu] gestare poterat .. absque aliqua difficultate se ad terram inclinabat .., sanationem suam intuentium animis repetitis frequentius ~onibus inculcans *Mir. Fridesw.* 21.

incurvus [CL]

1 bent, crooked.

nec mora; ~um robur poplitis porrigitur, tibia extenditur GOSC. *Transl. Mild.* 24 p. 192; solutis inversis calcaneis, extenduntur ~ae tibiae *Id. Transl. Aug.* II 32; unguis .. incurvus [sc. accipitris] L. DURH. *Dial.* II 164; pes uterque ex intorto ~us R. COLD. *Cuthb.* 48 p. 98.

2 stooped, bowed.

vir longae staturae, paululum ~us BEDE *HE* II 16; ut .. alius [fur] palam ~us fossor fieret, qui ad id operis furtivus venisset ABBO *Edm.* 15; **12..** sacerdos ~us ante altare (*Miss. Lesnes, Kent*) *HBS* XCV 60.

incus [CL], **incudis** [LL], **incuda**

1 anvil; **b** (fig. and prov.).

~da, *onfilti GlC* I 137; diversisque modis sapiens incude subactum / malleus in ferrum peditat ÆTHELWULF *Abb.* 280; faber ferrarius malleum et ~dem adquirit ÆLF. *Ep.* 2. 151; assit ~s [*gl.*: *enclume. anvelt. stitye* etc.] .. super quam ferrum positum vel aurum emoliatur NECKAM *Ut.* 118; ~des ferreis malleis .. continue percutiebat *Chr. Evesham* 26; cor ejus [sc. *Satan's*] arens induratur ut †intus [l. incus; cf. *Job* xli 15], / et aurum ut lutum sub ipso mollescit J. HOWD. *Cant.* 166; Pythagoras .. transiens per fabrorum officinas suavem et coherentem ex percussione trium malleorum super ~dem audivit sonum ODINGTON 63; **1391** [W. F.] attach' est per j inquidem *CourtR Ottery St. M.* m. 60; **1395** in emendac' unius inquidis per fabrum nostrum renovatum xiiij s. x d. *Ac. Durh.* 599. **b** quidquid ad unius fidei integritatem poscebatur, unius ecclesiae ~de informabatur GOSC. *Aug. Maj.* 76B; **1148** si inter ~dem et malleum gemuistis hactenus G. FOLIOT *Ep.* 64; in ~de et malleo semper dilatavit me Dominus J. SAL. *Pol.* 814D; inter malleum et ~dem nos misistis W. FITZST. *Thom.* 56; malleorum duros ictus et frequentes super patientie ~dem R. BOCKING *Ric. Cic.* I 15; incus es [Jhesu] malleancium, / tener tamen, nam saucium / te malleator secuit J. HOWD. *Cyth.* 82. 4.

2 die, stamp (for coining).

duo milia solidorum patrie ~dis relibrat eis liberalissima semper domina W. GOSC. *Edith* 274; **1294** moneta usualis .. acceptetur, dum tamen sit de ~de hujus regni *Conc. Syn.* 1132; rex dedit sancto Andree et Kyneferdo episcopo ~dem monete *MonA* I 161.

incusamentum [cf. AN *encusement*], accusation.

1275 propter falsum ~um factum, quod idem Alanus deberet inprisonasse quandam feminam *Hund.* I 446; **1292** predicta inquisicio .. est quasi quoddam ~um et non inquisitio ligaris *RParl* I 77b (cf. ib. 75a: inquisicio talis est inquisicio de officio et quasi quoddam accusamentum).

incusare [CL; cf. AN *encuser*], to accuse.

originalem maculam et .. ignorantiam naturalem .. modo ~ari per iram, modo excusari per gratiam PULL. *Sent.* 869A; numina causantes natos incusat, ad iram / provocat, imperii quicquid ad arma facit *Brutus* 69; **1279** convictum est per juratos quod Andreas prepositus falso ~avit Gilbertum G. ita quod incusacio pervenit ad aures ballivorum dicendo dictum G. finxisse se infirmum *Rec. Elton* 3 (= *SelPlMan* 91); ne .. ad tam nepharium excusacionis genus recurrerem, in quo .. de peccato ~arem altarum *Reg. Whet.* II 472.

incusatio [CL], accusation.

1275 de quodam scripto ~onis super forestarios .. presentando *CourtR Wakefield* I 74; **1279** (v. incusare).

incusatorius [cf. CL *accusatorius*, LL *excusatorius*], containing accusations, accusatory.

1341 cum .. de nobis et nostris quedam sinistra, sicut ~iis literis super hoc vobis .. directis plenius continetur, publice predicasset, .. jam .. excusaciones nostras .. nititur .. impugnare (*Lit. Regis*) BIRCHINGTON *Arch. Cant.* 36.

incussio [LL]

1 the action of striking.

mahamium dicitur ossis cujuslibet fractio vel teste capitis ~o *RegiamM* IV 3.

2 striking, instilling (of emotion).

terrorum .. ~onibus E. Thrip. *SS* III 45; **1309** quod electores libere possint eligere absque ~one timoris a quacumque potestate seculari (*Artic. cleri*) *Reg. Cant.* 1030 (cf. *Reg. Ebor. 1317–40* f. 515).

incussivus, that strikes or instils (emotion).

1388 cum hoc sit ~um amaritudinis cordi nostro *Dip. Corr. Ric. II* 63.

incussoria, ~ium, 'causer', small hammer.

~ium A. *a causer*, quidam malleolus est *WW*; pallatum, scalpum, clavus, ~ia [*gl.*: *cawser*], ferrus *WW*.

incustodia, negligence.

si quis *quideles* ex hac vita discesserit vel per ~iam [AS: *gymeleaste*] vel per mortem improvisam (*Quad.*) *GAS* 357 (cf. *Inst. Cnuti*: neglegentiam; *Cons. Cnuti*: in[c]uriam).

incustodire, ? to guard, keep prisoner, or ? *f. l.*

qui silvam ingressus a latronibus capitur, ligatur, in abdita ductus uni incustodiendus [? l. custodiendus] commendatur Hon. *Spec. Eccl.* 1023 A.

incustoditus [CL], not watched over, unguarded.

vineam suam ~am direptoribus tradidit Gosc. *Lib. Confort.* 91; **1154** (v. incursus 1b); sub illius quasi custodia, ambulabat quo volebat illo die ab aliis ~a *V. Chris. Marky.* 32; de nocte oves eorum ~e in campis recumbunt Fortescue *LLA* 29.

incustumatus, not having paid custom.

1337 de xl li. de custuma x navium que subito recesserunt de portu de Abirden, causa inimicorum, ~e *ExchScot* 449.

incutere [CL]

1 **a** to strike on, thrust into (in quot., w. dat.). **b** to strike or raise (fire, *sc.* in something; in quot., w. *in* & abl.).

a carnifices .. maceras et mensaculas scolaribus ~ientes [*gl.*: *en bochaunz* (l. *hochaunz*), *hocschaunt*] Garl. *Dict.* 127. **b** extrinsecus ponunt incendia, / fortes intrinsecus defendunt hostia; / ignes incuciunt, flammas in foribus *Planct. Univ. Ox.* 93.

2 to strike, inflict (blow; sts. w. dat.).

incussit ictum oculis ejus digito Ælf. *Æthelwold* 24; cubicularium dormientem incussa alapa ad vigilias compulerit Gosc. *Lib. Mild. cap.* p. 68; cui etiam, testa capitis usque ad cerebri interiora collisa, undecim ei vulnera gravissima incussit R. Cold. *Cuthb.* 60 p. 120.

3 (usu. w. dat.): **a** to instil, produce (emotion) in; **b** (esp.) to strike (fear) into. **c** to inflict (unpleasant sensation, or var. ills) on.

a Gildas *EB* 10 (v. divortium 2c); vis .. quae stuporem .. solet ~ere *V. Greg.* 81; parentibus dolorem, cunctis desperationem incussit *Mir. Fridesw.* 63; **c1213** cuilibet auditori probo et discreto viro pudorem pariter et stuporem ~ere potest Gir. *Ep.* 7 p. 250; **c1214** magnam ipsis devocionem ~iebat *Ib.* 8 p. 280; qualem stuporem immundis spiritibus incusserit claritas insolite lucis S. Easton *Psalm.* 40. **b** quae maximum formidinis terrorem humano generi ~iunt *Lib. Monstr. prol.*; cometae .. multum intuentibus terrorem ~ientes Bede *HE* V 23 p. 349; quo majorem ~eret formidinem *V. Neot. A* 11 (v. gladius 3); si nullum custodienti premium proponatur aut negligenti nullus pene timor ~iatur Andr. S. Vict. *Hept. prol.*; nec tamen incutit metum hominibus Walt. Wimb. *Sim.* 193; videre quomodo vos debetis habere ut timorem ~iatis cordibus subditorum *Regim. Princ.* 72. **c** multis per eum mors seu grave impedimentum ~ietur Ord. Vit. VII 16 p. 248; propter fragorem et strepitum horribilem quem idem fluvius [sc. Nilus] de montis precipicio corruens incolarum auribus incuttere consuevit [Trevisa: *noise þat smytiþ into þe eres*] Bart. Angl. III 18 (cf. Ambrose *Hexaem.* II 2. 7).

4 **a** to inculcate or impress (idea, fact). **b** to press (claim) on (in quot., w. dat.).

a ut ex timore poenitendi necessitatem ~iat Pull. *Sent.* 853B. **b** **1122** (1332) sciatis me .. confirmasse monachis de Nog' omnia que W. comes Ebr' eis dedit in Anglia, ut super hiis nemo eis calumpniam inciciat *Regesta* p. 345.

5 **a** to strike, hit, shatter. **b** (fig.) to impel (to spec. action; in quot., w. *ad* & gdv.).

a incussasque trabes et saxea volvunt / fragmina J. Exon. *BT* I 408. **b** quo doctores sancti fortius .. in custodienda veritate persistunt, eo citius se terrenorum corda ad agendam .. paenitentiam ~iunt [v. l. convertunt] Bede *Hab.* 1242.

indagabilis [LL < CL = *liable to investigation*], investigative, enquiring.

totam illam machinam supernam ~i ratione et inspective mentis subtilitate ex aliqua parte colligere Bacon *Maj.* I 179.

indagare [CL]

1 to search for, seek out; **b** (fig.).

nos eorundem [sc. predecessorum] vestigia enixius ~antes Aldh. *Met.* 8 p. 78; non aliter in participiorum declinationibus antespastus ~atur .. ut 'nitescens', 'nitescentis' *Id. PR* 129; ~abant curiose aurifices Gosc. *Mir. Aug.* 16 p. 549 (v. curiose 1a). **b** ratio loci ac ratio temporis, quas hactenus simul progressas eisdem vestigiis una potuit ~are prosecutio Anselm (*Mon.* 21) I 36.

2 to investigate, ascertain (facts) by investigation; **b** (w. indir. qu.).

qualitatem propriae virtutis ~antes [*gl.*: i. investigantes, *cnea*] Aldh. *VirgP* 18 p. 247; ob ~anda [*gl.*: i. scrutanda vel rimanda] secretorum archana *Ib.* 21 p. 250; in hujusmodi quaestionibus ~andis Bede *TR* 20; ut .. virtutis efficaciam possimus ~ando perpendere R. Cold. *Cuthb.* 14 p. 21; ~ande veritatis .. cura macerat Alb. Lond. *DG* 11. 22. **b** consortes qua parte .. requiescerent cum diligentissime ~aret Gosc. *Transl. Aug.* 34B; restat ~are utrum possit mori secundum humanam naturam Anselm (*CurD* II 11) II 109; nunc est ~andum si eadem summa natura sit tota in singulis temporibus aut simul aut distincte *Id.* (*Mon.* 21) I 37.

3 to examine carefully.

libros .. solubili semper scrutamine ~avit B. *V. Dunst.* 5 p. 11; mysterium nostre reparationis carne sic celavit quod a demonibus vel persecutoribus ~ari non valuit Hon. *Spec. Eccl.* 935B; **1342** scrutatis personaliter et inspectis per ipsum cum effectu, que fuerint ~anda *Conc.* II 699a.

indagarius [cf. indago 1], **a** park-keeper. **b** forester.

a **1361** fregit communem faldam et intravit et tres equos abduxit .. contra voluntatem ~ii dicte ville *SessPLincs* I 2. **b** *forster* .., ~ius, .. indagator *PP*.

indagatio [CL]

1 tracking down, hunting.

fere .. vestigia circumspectissime ponunt adusque cubilia, quoniam ab eis est ~o Map *NC* I 15 f. 13.

2 investigation, inquiry: **a** (intellectual); **b** (official).

a **671** (v. elucubrare 1); **798** de qua etiam stella .. secundum facilitatem ~onis nostrae aliquid dicere curavimus Alcuin *Ep.* 155 p. 251; quem rex evocatum multimoda ~one perlustrans .. in sinum amicitiae recepit Ælf. *Swith.* 376; redeamus ad veritatis ~onem quam incepimus Anselm (*Ver.* 11) I 191; hec .. universitatem omnium .. in decem naturas subtili ~one partita est Adel. *ED* 22; difficilis est .. certa rerum singularum ~o; difficilis inquisite simul et exquisite veritatis ordinata dispositio Gir. *EH intr.* p. 212; **c1430** pro ~one veritatis latentis *Reg. Whet.* III 393. **b** ad ~onem miraculorum faciendam fuerint invitati *Canon. G. Sempr.* 115; **1237** per episcopum de hiis omnibus ~o diligens habeatur *Conc. Syn.* 248; postquam per penitentis propalationem et penitentiarii ~onem vitia et vitiorum membra et virtutum omissiones modo superius enumerato inventa sunt Rob. Flamb. *Pen.* 234.

indagativus, investigative, probing.

borealis procella, inevitabilis impetus ~o scrutinio, carnis nuda venabatur ad rimulas *Ps.*-Elmh. *Hen. V* 53 p. 131.

indagator [CL]

1 hunter, tracker.

ut ~or, indagatrix, collaudator, collaudatrix, .. Aldh. *PR* 126 p. 175; sagacem ~orem nomine Duiletum sibi adjunxit qui more canum vestigia tauri sagaciter investigavit Ord. Vit. VI 10 p. 110; numerum venatorum generaliter quadripartitum, .. vestigatores, ~ores [*gl.*: *enserchours*], salatores, pressores Balsh. *Ut.* 46; nam bove .. mactato .. caput fabro, collum saltuario, lingua jurisconsulto, scapularum altera furum ~ori—is *derach* prisca lingua dicitur—renes duabus cum costulis carpentario, cetere chirurgo Boece 20.

2 **a** park-keeper. **b** forester.

a *parkare*, ~or, .. lucarius *PP*; **1503** officia custodis parvi parci nostri de Fastern' et ~oris magni parci nostri de F. *Pat* 593 m. 15 (cf. ib. m. 26 [**1504**]: officia custodis parvi parci nostri de F. ac eciam officium palatoris magni parci ibidem). **b** *PP* (v. indagarius b).

3 investigator, researcher.

ut liberius divinorum fervidus existeret ~or studiorum Osb. Clar. *V. Ed. Conf.* 18 p. 98; sedulus naturarum ~or Neckam *NR* II 21 p. 142; vitam quam duxerant et quam [*sic*] finem fecerant, diligens in sequentibus reperiet ~or Trokelowe 111; sacrarum litterarum diligentissimus ~or Ockham *Pol.* III 74.

indagatrix [CL], huntress.

Aldh. *PR* 126 (v. indagator 1a).

indagax, able to investigate.

Deus contulit vobis ingenium perspicax et subtile, capacem et tenacem memoriam, linguam expeditam, et ~acem celestium rationem P. Blois *Ep.* 230. 526A.

indago [CL]

1 an enclosure: **a** park or unspec. **b** forest. **c** fish-pond. **d** (fig.).

a **s1215** domos regias et ~ines [*one MS adds*: vel parcos] capientes et inspoliantes W. Coventr. II 220; hec ~o, *park* *Gl. AN Ox.* 525; **s1252** intravit .. in ~inem, que vulgariter parcum dicitur, episcopi Elyensis M. Par. *Maj.* V 343; **1391** octava pecia terre abuttat super pratum juxta ~inem de Weyebrede *AncD* C 4561; *a parke*, ~o, parcus *CathA.* **b** *foreste*, foresta .., ~o, -inis *PP*; hec indago, *a woyd* *WW*; inter fines foreste vel †indagis [l. indaginis] vocate Shyrwod *Mir. Hen. VI* III 89. **c** in ~ine magna, que vulgo vivarium dicitur, due nidificaverunt ciconie Neckam *NR* I 64 p. 112 (cf. id. *Eccles.* f. 80vb: transi ad ~ines piscium que vulgo dicuntur vivaria). **d** **995** quod hominis memoria transilit litterarum ~o reservat *CD* 692; castitatem ~ine castrove coactam castrati meritis equalem asserens Map *NC* III 4 f. 41v; leo autem, dum claudit ea [animalia] ~ine caude, alteratur in trahendo superficiem terre *Quaest. Salern.* C 23 (cf. ib.: tractu caude).

2 investigation (of facts *etc.*), inquiry; **b** (w. indir. qu.). **c** (w. *judicialis*) judicial inquiry.

sicque ablatis omnibus scrupulorum ambagibus ad purum, certam veritatis ~inem .. commendare menbranulis .. curavi Bede *CuthbP prol.*; psalmodiae concentibus sic devotus perstabat ut levi †indigine conjici vir sagax potuisset quod in eo maneret ignis divinus Byrht. *V. Ecgwini* 354; Anglicarum scripturarum ~o ac temporum ratio Gosc. *Lib. Mild.* 4; scrutando scholas secretarum ~inem rerum insigniter attigit Ord. Vit. III 5 p. 70; cum .. visus ac tactus certiori ~ine sic se rem habere comprobasset J. Furness *Kentig.* 1 p. 164; est primo homo Dei rationalis ~o, hoc est, investigatio et inquisitio Holcot *Wisd.* 40. **b** investigare non possum ~inem cur in filio .. Osb. Clar. *V. Ed. Conf.* 3 p. 71. **c** **1344** de aliis quam manifestis injuriis et violentiis et aliis que judicialem requirunt ~inem (*Lit. Papae*) *Reg. Paisley* 35; **1356** (v. diaeta 2d); **1547** (v. conservator 2e).

3 ? explanation.

cupiens tam evidentis miraculi exitum, ~inem, aut proventum certius intelligere R. Cold. *Godr.* 109.

indagus [*nonce-word, by analogy w.* CL indigus < indigere], searching for, in search of.

mens indaga novitatis et invencionis indiga Map *NC* III 3 f. 39v.

†indalis, *f. l.*

s1353 statutum fuit .. quod omnia molendina et alia queque impedimenta navium, schoutorum et limborum .. per fluvios et rivos indales [? l. viabiles] in regno ocius tollantur J. Reading 164.

indamnabilis [2 in- + damnare], that cannot be damned.

1368 quod Virgo beata est adhuc peccabilis et dampnabilis pro peccato, si intelligatur quod ipsa Virgo beata non sit facta impeccabilis et eciam indampnabilis per ejusdem graciam confirmacionis finalis beatitudinis ordinate: error *Reg. Cant.* 222.

indamnandus [1 in + damnare], damnable, that must be damned.

quo enim nisi diabolo instigante agitur cum quis sacramenta ecclesiae percipit non ut per haec ipse Deo consecretur sanandus sed ut consecratos Deo alios ex familiaritate corrumpat acrius ~us Bede *Ezra* 840.

indampnis v. indemnis.

inde [CL; *use infl. by* OF *en*]

1 from that place, thence, from there; **b** (w. *ab*).

in litore quoque oceani ad meridianam plagam, quo naves eorum habebantur, quia et ~e barbaricae ferae timebantur, turres .. ad prospectum maris collocant Gildas *EB* 18; surrex, si ceciderit in liquorem, tollatur ~e Theod. *Pen.* I 7. 8; vide ne exeas ~e nec de loco movearis, donec hora recessionis febrium transierit. tunc ipse intrabo et educam te ~e Bede *HE* III 12 p. 151; **a1155** a flumine Heskir usque Glendi et ~e usque Kilemut *MonA* III 265a; **1240** incipiunt perambulacionem ad hogam de C. et ~e linealiter usque ad parvam hogam (*Peramb. Dartmoor*) *Cart. Buckfast* p. 1607. **b** **1196** et sic usque Aldrochin et ab ~e usque Algargadin *Regesta Scot.* 392.

2 (indicating separation, absence, distance, or sim.) away from there; **b** (w. *ab*); **c** (w. prep. expr. proximity, *cf.* OF *près de* ..). **d** (expr. distance in time) from that time, date, *etc.*.

716 quae [sc. mulier] ~e in longinqua regione habitabat BONIF. *Ep.* 10 p. 14; ad civitatulam .. non procul ~e sitam BEDE *HE* IV 17 p. 245. **b** non longe ab ~e BEDE *HE* IV 14 (v. abinde a); abbas .. Cyniberct, habens non longe ab ~e monasterium *Ib.* 16 p. 237; equitabat ab inde ALCUIN *SS Ebor* 323. **c** **1209** prope ~e (v. busso). **d** si in eodem comitatu sit, ~e ad vij dies terminum habeat (*Leg. Hen.* 41. 2a) *GAS* 567; **1249** ad terminum sex annorum, sc. a festo Nativitatis beate Marie anno xxxij usque sex annos ~e [v. l. *adds* proxim'] completos *CurR* XIX 613.

3 (indicating fresh stage in sequence or sim.) following that, next, then.

cantent antiphonam de cruce, ~e antiphonam de sancta Maria *RegulC* 19; primo facultatem, ~e artem, deinde scientiam BALSH. *AD* 6 (v. deinde 1a); **1253** ibi primo apertum fuit novum sigillum et ~e signatum *Cl* 165; **c1407** post hec de vesperiis et ~e de modo incipiendi .. agitur *StatOx* 198.

4 (*hinc* [*et* or *vel*] *~e*) on this side .. on that side, on both sides; **b** (geog.). **c** from all sides. **d** in all directions. **e** (w. ref. to two things) from each other. **f** (w. ref. to opponent in fight or litigation); **g** (w. ref. to argument). **h** ? in all respects. **i** (*huc ~e*) this way and that.

BEDE *HE* IV 17, etc. (v. hinc 6a). **b** cujus neque longitudini hinc vel ~e .. ullus esse terminus videretur BEDE *HE* V 12 p. 307; WULF. *Æthelwold* 11, etc. (v. hinc 6b). **c** ASSER *Alf.* 97, etc. (v. hinc 6c). **d** PULL. *Sent.* 692C (v. 2 dissilire 1b, hinc 6d). **e** **s1248** (v. hinc 6e). **f** ASSER *Alf.* 39, etc. (v. hinc 6f). **g** BALSH. *AD* 46 (v. hinc 6g). **h** J. BLUND *An.* 160 (v. hinc 6h). **i** BEDE *HE* V 12 p. 305 (v. huc 1d).

5 (w. vbs. of taking, seeking, *etc.*) from that source, thence; **b** (w. ref. to source of payment, profit, service, or sim.). **c** (partitively) from among or out of that group or total.

reminiscatur in primordio epistulae, quam .. protelaveram, ~e meam mediocritatem radicem future locutionis .. sumpsisse ALDH. *Met.* 4 p. 74; **1264** quod .. faciat habere Humfrido .. duodecim bremias ad .. vivarium suum ~e instaurandum *Cl* 7 (cf. ib.: duos damos vivos ad parchum suum de S. ~e instaurandum); **1290** memorandum de uno cipho aureo plano liberato domine A. filie regis ad bibendum ~e *Househ. Eleanor* 59. **b** **c763** (12c) terram aratrorum xx .. cum omni tributo quod regibus ~e dabatur *Ch. Roff.* 8; multi capiunt cetos .. et magnum pretium ~e [AS: *þanon*] adquirunt ÆLF. *Coll.* 95; Goduinus .. dedit [*a certain estate*] suae uxori ut ~e viveret donec ad Berchelai maneret; nolebat enim de ipso manerio aliquid comedere *DB* I 164rb; si [pax] ab aliquo fuisset infracta, ~e rex c s. habebat *Ib.* 262va; **1166** summa est lxiij milites et dimidium; et hoc mihi antiqui homines mei intelligere faciunt quod debeo ~e regi servitium de l militibus *RBExch* 348; **1268** predicte terre nec tenementa non sunt gildabiles, nec aliquid debetur ~e domino regi *IAQD* 2/35. **c** dabit centum marcas auri .. nec novissimus quadrans perdonabitur ~e, quin ultra decuplum exigetur hoc justitium HERM. ARCH. 27; **1227** recepta .. centum li. . . . expensa ~e: .. (*KR Ac* 462/10) *Ac. Build. Hen. III* 64; **1241** (v. estronare); **1306** hogetti: ~e computat .. mactatos .. ix (v. excaturizare b); **1378** (v. cretina); **1415** residuum .. bonorum meorum do .. ad remunerandum servientes meos familiares de parte ~e *Reg. Cant.* II 68; **1418** pulvis est talis nature et condicionis quod si aliqua ~e parcella .. proiciatur .. (v. elixir).

6 (w. words expr. birth, derivation, or sim.) from that, thence; **b** (in etym. or sim.); **c** (indicating material).

mittit .. canum .. catastam, quae ratibus advecta adunatur cum manipularibus spuriis. ~e germen iniquitatis, radix amaritudinis .. pullulat GILDAS *EB* 23; nititur indolem claris natalibus ortam / flectere cum precibus thalamorum ut jura capessat, / quatenus inde foret post successura nepotum / progenies ALDH. *VirgV* 1268; dum mentis typhus ventoso pectore turget; / necnon invidiae pestis progignitur inde *Ib.* 2714. **b** BEDE *TR* 5 p. 186 (v. 1 dies 1a); amo, amas, ..; ~e hic amator, -ris; unde amatorius OSB. GLOUC. *Deriv.* 6; Acantus, spina idem. ~e acantus Egipciaca, ~e acantus, id est spina alba *Alph.* 1. **c** cum tanta cera mensurata fuisset, quae septuaginta duos denarios pensaret, sex candelas .. ~e capellanos facere jussit ASSER *Alf.* 104; **1264** quod .. faciat habere .. fratribus hospitalis Wygorn' quinque quercus .. ad alam ecclesie sue ~e faciendam *Cl* 7; **1338** in panno .. tondendo et pro una supertunica ~e facienda viij d. *Comp. Swith.* 248; realgar .. est vena terre. ~e habemus experimentum ad ratos et mures capiendum *Alph.* 156.

7 (expr. cause) therefore, as a result of that; **b** (w. correl.). **c** (*~e est quod* ..) that is why . . .

neque enim illa venenum dare regi proposuerat, sed puero. sed rex praeoccupavit: ~e ambo periere ASSER *Alf.* 14; si auris amputetur alicui, xxx s. emendetur. si auditum ~e perdat, lx s. emendetur (*Quad.*) *GAS* 81; **1218** ne .. debita nostra .. remaneant insoluta et ne ~e simus perdentes *Pat* 180; **1225** quod .. talem faciat restitucionem abbati domus predicte quod dominus rex ~e a peccato sit exhoneratus *Cl* 27a; virtutem defectat et dissolvit et ~e somniculositas .. fit GILB. II 106v. 2; **s1197** Ricardus rex Anglie wlneratus fuit in brachio per unum balistarium .. et ~e obiit *Ann. Exon.* 11v. **b** unde se adeptae sanctitatis merito praestantiorem ceteris in ecclesia opinatur, ~e debito recompensationis emolumento fraudabitur ALDH. *VirgP* 16 p. 245. **c** J. SAL. *Ep.* 283 (270) (v. 2 esse 4d); **c1192** (1283) ~e est quod universitatem vestram scire volo quod .. (*Pat*) *Ch. Chester* 221; cum partes vicinius sibi adhereant, redditur totum robustius et solidius. ~e est ergo quod .. *Quaest. Salern.* B 121.

8 (equivalent to *de* & sb. or pron.): **a** concerning that (matter *etc.*), of or about that (esp. w. words expr. speaking, knowing, doing, *etc.*); *cf. de* 6. **b** with it, that, *etc.*, thereby; *cf. de* 9; **c** (w. words expr. endowment, possession, *etc.*); **d** (w. words expr. accusation, leg. interrogation, condemnation, punishment, *etc.*); **e** (w. *per* or *super*; *cf. perinde*); **f** (equivalent to gen. possess.) of it, that, him, her, *etc.*; **g** (equivalent to obj. gen.; *cf. de* 13a).

a primo illo testimonio scripto, confestim legere et in Saxonica lingua interpretari atque ~e perplures instituere studuit ASSER *Alf.* 89; hundredum ~e nichil scit *DB* I 50va; **c1090**, **1226** (v. clamor 3a); at superam tua mens revocetur ad urbem, / nam plus inde mihi ducta loquela placet L. DURH. *Dial.* IV 368; **a1189** ita quod nullus regius forestarius ~e se intromittat (*Ch. Regis*) *Reg. Malm.* I 331; **c1205** precipio vicecomiti meo de Perth quatenus capiat pannum et ~e faciat secundum consuetudinem *Regesta Scot.* 467; **1253** quod iidem burgenses moram faciant ibidem donec rex aliud ~e mandaverit *Cl* 166; cum ~e loqui voluerint *Leg. Ant. Lond.* 230; **1477** ut patet per papirum computantis ~e factum *Ac. Durh.* 646. **b** si oculus in capite remaneat nec tamen ~e videat (*Quad.*) *GAS* 81; **1237** juret quod fideliter illud [sc. sigillum] custodiet .. nec etiam ipse aliquid ~e sigillet (*Const. O. Legati*) *Conc. Syn.* 258; quia pecuniam .. in suos redigeret usus, ~e faciens aqueductum in domum suam *Flor. Hist.* I 113. **c** **1100** sciatis me reddidisse R. episcopo Dunelm' terras .. et tu, Bertrame, saise eum ~e *MonA* I 241b (= *Regesta* 427); **c1136** (v. disturbare 1a); **c1195** prohibeo firmiter ne quis ballivorum aut serviencium meorum de K. eos ~e disturbare presumat *Regesta Scot.* 370; **1217** precipimus quod eidem Matildi .. plenam ~e saisinam habere faciatis *Pat* 123; **1219** nullam saisinam habet de advocacione illa; immo prior .. est ~e in saisina *CurR* VIII xiii; **1269** concedimus .. quod .. terre .. domino regi .. incurrantur, et nos .. ~e remaneamus exheredati *Cl* 125. **d** qui domum incenderit et ~e accusatus fuerit *DB* I 179rb; **1110** si ~e interrogati fuerint, culpam comitis erga regem libere testabuntur et veritatem inde dicent *DipDoc* I 7; si .. sacri ordinis tenorem excessisse recoluerit memoria .. expiet se ~e coram omnibus *Cust. Cant. Abbr.* 264; **1256** nullus ~e malecreditur *AssizeR Northumb* 80 (v. 2 infortunium 2). **e** **s1399** ut nichil desit quod valeat .. circa premissa requiri, super ~e singillatim interrogati *V. Ric. II* 208; **1688** G. T. per ~e .. attinctus (v. exsistere 7b). **f** quodsi diversos feudos quis teneat overseunessam que ad feodum attinet ex ~e tenentibus et inibi forisfacientibus habeat (*Leg. Hen.* 41. 1a) *GAS* 567; **1222** dicit quod ecclesia non vacat, quia L. clericus est ~e persona *CurR* X 277; **1232** me concessisse .. domine H. de Quency, sorori mee karissime, comitatum Lincolnie, sc. quantum ad me pertinuit, ut ~e comitissa existat *Ch. Chester* 310; dactilus exultat, trocheus inde comes GARL. *PP* 202 (v. dactylus 2a); **1304** in ostio granarii braserie .. sunt due serure et due claves . . . subcelerarius unam clavem ~e habeat *Cant. Cath. Pri.* 211. **g** **c1140** et ~e sunt testes R. capellanus comitis et R. capellanus, .. *Ch. Chester* 45; **1440** quod .. abbas et conventus .. in perpetuum habeant retornum omnium brevium nostrorum .. et execucionem ~e facienda (*Ch. Regis*) *Reg. Whet.* I 30.

indebelius v. indelebiliter.

indebitare [ML; cf. AN, OF *endetter*]

1 to involve (person or institution) in debt, cause to be in debt; **b** (refl.); **c** (p. ppl.) in debt.

1292 ne domus sine ardua causa ~etur *MunAcOx* 59; auri affluenciam nostra bursa non continet et supremo Conditore gubernante cuiquam hominum in aliquo non ~amur (*J. Bridl.*) *NLA* II 76; occupavit autem idem C. istam ecclesiam loco abbatis per xiij circiter annos, per quod tempus illud monasterium diversimode ~avit THORNE 1819; **1456** anime tue .. salutem magis tibi cupio quam opes quibus mihi ~aris recipere BEKYNTON II 159. **b** **1428** melius esset cuilibet comedere carnes remanentes die Jovis de fragmentis in diebus jejunalibus quam ire in mercatum et ~are se emendo pisces *Heresy Tri. Norw.* 46. **c** **1293** si pater suus ~atus fuerit versus aliquem *Rec. Leic.* I 220; **1425** domus ad tunc ~ata est in cccc marcis *Reg. Heref.* 65; **1438** pro debitis unde ~atus est diversis personis *Sanct. Bev.* 110; **1447** R. C. firmarius dominii de H. .. ~atus, ut asseruit, custodi aule Mertone in octo libris *MunAcOx* 562; **s1410** rex dixit cistas suas fore vacuas et se graviter ~atum *Eul. Hist. Cont.* 416.

2 to incur (debt).

de debitis dicti prioratus per prefatum Willelmum ~atis *G. S. Alb.* II 142 *tit.*; **1452** quod solveretur .. Wilhelmo .. pro debito universitatis .. sibi ~ato *MunAcOx* 735.

indebitatio [ML], (being in or incurring of) debt.

s1440 forsan conjicitis sive conjecturatis me in insolubilem incidisse laqueum ~onis AMUND. II 236; **s1455** promptiores persistunt ad solvendum minas quam premias, verberaque quam nummismata, pro omni hujusmodi ~one sua *Reg. Whet.* I 186.

1 indebitatus v. indebitare.

2 indebitatus [2 in- + debitatus], not in debt.

1480 ita tamen, quod .. prioratum .. reparavit, sustinuerit, ac ~um conservaverit *Reg. Whet.* II 236.

indebite [CL]

1 without obligation, freely.

?**a798** aliud est ~e clementer admitti, aliud ex debito competenter asscribi. nec possunt ex debito repeti quae prorsus ~e concessum est adipisci ALCUIN *Ep.* 132 p. 199.

2 undeservedly, unfairly. **b** unduly, without just cause, or sim.

si timore vel amore et vivendi consilio personaliter et ~e alicui me subjeci, liberatus sum H. CANTOR 2v; devolvimur ~e in laicorum dominium R. BURY *Phil.* 4. 72. **b** **1204** episcopum, tanquam ~e jurisdictione sua spoliatum, restituendum decrevimus *Chr. Evesham* 135; **1341** recordum et processum loquele .. inter nos et Robertum de O. possessioni hospitalis S. Johannis Ripon' ~e incumbentem, ut dicitur (*Breve Regis*) *Mem. Ripon* I 212; **1446** a dicta ecclesia sua .. ~e absentavit se et absentat, ut dicitur, absque causa *Eng. Clergy* 233.

3 improperly, wrongfully, not as it should be; **b** (w. ref. to exercise of office, authority, *etc.*).

studeamus solliciti ne nos ~e laudantium favor extollat BEDE *Hom.* I 4. 21; ne sui filii .. ~e inter se disceptarent ASSER *Alf.* 16; **1243** non permittant ipsos .. aliquid novum ~e aut insolite .. attemptare *RGasc* I 216; **1252** quatinus .. textores nostros .. ~e gravari aut molestari .. nullatenus permittatis *Cl* 207. **b** magister efficitur qui sui rectoriis facta indiscrete reprehendit. unde in judicium Dei incidit, quia ~e sibi magisterium usurpavit ALEX. CANT. *Dicta* 14 p. 164; subjecti ex ambicione cupientes ~e principari .. principatum optimum nullatenus sustinerent OCKHAM *Pol.* I 112; **s1311** nonnulli Anglici in suis officiis ~e se gesserunt *G. Ed. II Bridl.* 40; **1382** ne .. bona .. collegii dilapidacionis supponantur incommodo, aut ~e ministrentur *Cant. Coll. Ox.* III 40; **1387** non plus de dicta elemosina .. quia quicquid accidit rex fecit levari ad usus suos ~e per suggestionem quorundam *ExchScot* 159; **s1255** [magnates] ~e rem publicam regebant *Plusc.* VII 21.

4 not as a due, freely.

1335 consimilis littera directa fuit domino abbati de Eynesham, quod ipse retradat pecuniam sibi ~e per nos solutam pro dicta decima in decanatu de R. *Lit. Cant.* II 97.

indebitus [CL]

1 (of person or institution) not in debt, not owing (money), (of money) not owed (in quot., as sb. n.). **b** (? transf.; in quot, of property) not liable to exaction.

quasi ex contractu nascuntur acciones, sicut negociorum gestorum, tutele, communi dividundo [*sic*], familie herciscunde, accio ex testamento, condiccio ~i, et hujusmodi BRACTON 100b; **c1400** hic [sc. Adam de Staunton, ob. 1351] domum istam ~am reliquit, et mille marcas successori suo in thesauraria reliquit. quia (ut dicebatur) congregavit ut in abbatem Eveshamie erigeretur *Hist. Glouc.* 48. **b** **s1343** de exoneracione none regi concesse, de terris ~is exacte *Meaux* III 24 *tit.*

2 undeserved: **a** (of reward, favour, or sim.); **b** (of death, misfortune, or sim.).

a ad tanta et tam ~a bona que perdideramus ANSELM (*CurD* I 3) II 51. **b** morte sua ~a revocavit reos suos a morte debita *Id.* (*Or.* 10) III 40.

3 improper, being not as it should be (esp. in contrast to law, custom, or sim.). **b** unsuitable, inappropriate.

1217 modo ~o et contra consuetudinem regni *Pat* 86; **1220** hoc ~o modo actum fuit *CurR* IX 94; si .. aliquid in legendo aut cantando contra morem ~o modo proferatur *Cust. Westm.* 29; **1295** nonnulli tamen nequicie filii .. animalia Ricardi de K. .. per districcionem ~am et hactenus dissuetam injuriose ceperunt *Reg. Cant.* I 23; per oneraciones ~as *Fleta* 182 (v. depauperare 1a). **b** tante .. materie longeque sublimiori ingenio non ~e .. opus aggrediar GIR. *TH* III 54; **c1214** vos jam tercio premonere et .. denunciare dignum duximus et non ~um *Id. Ep.* 8 p. 262; **1347** quod .. a commessacionibus et potacionibus horis indebitis abstinentes in sacre scripture vel canonum

studio .. se occupent (*Const.*) *Norw. Cath. Pri.* 106; aliqui asserendo illas [sc. conclusiones] esse sophisticas et continentes intra se terminos incompetentes et ~os PECOCK *Abbr.* 615.

4 (? conf. w. *debitus* or *f. l.*).

vos .. indebitam [? l. debitam] nobis subtrahitis obedientiam SERLO GRAM. *Mon. Font.* 9; **1427** lego c libras sterlingorum in deliberacionem pauperum prisonariorum .. pro summa xl s. vel infra indebitorum [MS: in debitis] detentorum *Reg. Cant.* II 403.

indecens [CL]

1 not seemly, unfitting, unbecoming; **b** (*~s est*, w. inf. or *ut* & subj.).

venerabillimas .. Wilfridi reliquias ~ti [*gl.*: inconvenienti] senticosae voraginis situ marcidas .. excepi atque intra ambitum metropolitanae .. ecclesiae collocavi O. CANT. *Pref. Frith.* 27; ÆLF. *Ep.* 2. 77 (v. colligere 9); mentis ~s commotio ANSELM (*Ep.* 332) V 268; non ~s enim, non incongruum videri debet si id, unde auctoritatem et prescientiam necnon et vaticinale nomen sortitur historia, id ipsi statim historie continuetur GIR. *EH* III *pref.* p. 401; **s1238** discordia .. ~s (v. deformatio b). **b** ~s namque valde est ut ibi paganorum corpora sepeliantur ubi divina quotidie mysteria celebrantur OSB. *Mir. Dunst.* 15 p. 141; non est impossibile omnipotentie tue nec ~s justitie tue ANSELM (*Medit.* 2) III 83; Deum .. hujusmodi esse ~s est dicere PETRUS *Dial.* 18; non enim ideo ~s est timere Deum propter hujus seculi mala, quoniam dedecus est timere hominem propter mundi damna PULL. *Sent.* 776C; **s1376** (v. impetere 7).

2 having an unpleasing appearance, unsightly; **b** (in double neg. construction).

a1414 una alia mitra ~tis forme (*Invent.*) AMUND. II *app.* 328. **b** non ~tem .. picturam GILDAS *EB* 3 (v. imprimere 4d).

3 indecent, shameful; **b** (of action; in quots., as sb. n.); **c** (of word or speech).

ne pudibunda corporis nuditas et ~s obscenitas castos offenderet obtutus ALDH. *VirgP* 37 p. 286; nullum naturale immundum vel ~s est. quidquid autem contra nature rationem est, id .. in se .. immundum et iniquum esse jure dicitur ADEL. *QN* 19; **c1214** pastorali negligencia seu etiam quavis turpi et ~ti causa GIR. *Ep.* 8 p. 264. **b** si quis prepositus hoc non fecerit .. det regi cxx s. si per verum recitetur super eum, et etiam ~ia perferat [v. l. proferat] (*Quad.*) *GAS* 172; turpia et ~tia Deoque tantopere displicencia et sibi damnabilia perpetrare GIR. *GE* II 20 p. 265. **c** malus vel ~s sermo NECKAM *Corrog.* 3v (v. cacemphaton); **s1261** per verba ~tia *Flor. Hist.* II 467.

4 ? unfair, unjust.

†**a1087** prohibeo quod nemo vicecomitum .. ~s vel molestus aut infestus sit ullo tempore *Regesta* p. 128.

indecenter [CL]

1 in an unseemly manner, unbecomingly.

matutinae laudes si ultra modum et ~er tardaverint LANFR. *Const.* 151; quod tantus amicus me postulat non ~er, nullatenus possim negare decenter ANSELM (*Ep.* 48) III 161.

2 in an ugly or unsightly manner.

ecclesia .. plumbeis laminis operta lapideoque tabulatu pro loci natura non ~er exstructa GIR. *IK* I 3 p. 37.

3 indecently, shamefully.

sacerdotes .. externas .. familiares ~er levigantes vel potius .. humiliantes GILDAS *EB* 66; terram suffossorio avellit corporaque sanctissima ~er jugulata ac inhoneste condita detegit BYRHT. *HR* 5; **1300** ~er .. ac eciam dissolutissime .. se gerit *Reg. Cant.* 721.

indecentia [CL]

1 lack of propriety, unseemliness.

videtur quasi cogi Deus necessitate vitandi ~iam ANSELM (*CurD* II 5) II 99.

2 unsightliness, ugliness; **b** (of lit. style or use of grammar; an instance of this).

sicut fugit ovis lupum, non propter ~iam coloris aut figure, sed quia inimicum nature R. ORFORD *Sciendum* 92. **b** propter nimiam illic verborum inurbanitatem et ~iam H. BOS. *Thom.* IV 10 p. 341; directe nos instruunt Priscianus et Cicero, indirecte vero Donatus ~ias assignando GERV. MELKLEY *AV* 2.

3 offensiveness. **b** cause of offence, affront.

comes ad mandatorum ~iam .. iratus DEVIZES 33v. **b** ad .. ~ias despectionum AD. MARSH *Ep.* 30 p. 127 (v. despectio 1c).

indeceptus [ML], undeceived.

nostris sollercia simplex / accedat monitis, animo quid araverit auctor, / indecepta videt HANV. VII 480; custodiat vobis oro .. ~am prudentiam et irremissibilem diligentiam .. salvator AD. MARSH *Ep.* 71 p. 178 (cf. ib. 95 p. 222: valeat vobis oro .. sensus ~us et zelus irremissus in Christo).

indecidentia, inability to decay, unfailingness.

quod intelligitur ante omnem temporalem insinuacionem, et quod significat ipsorum invertibilitatem et ~iam BRADW. *CD* 237D.

indecidivus, unfailing, everlasting, or ? *f. l.*

de continua enim morte nullus ad vitam ~am [? l. indeciduam], nisi Dominus, usque in diem novissimum revertitur HOLCOT *Wisd.* 71.

indeciduus [LL], unfailing, everlasting.

filius .. lucis, in cujus corde indiciduus lucifer jugiter lucebat J. FURNESS *Pat.* 57.

indecimabilis, untithable, exempt from tithe.

1304 eorum terra propria tunc et nunc fuit et est ~is cuicumque *Cart. Glouc.* III 229.

indecimatus [ML]

1 not killed during decimation (interp. as 1 surviving out of 10). *Cf.* 1 *decimare* 1.

s1036 jussit iterum decimari, et sic paucissimi superstites remanserunt. Alfredum vero juvenem .. transmisit ad regem Haroldum .. cum paucis suorum qui ~i remanserunt M. PAR. *Maj.* I 511 (cf. H. HUNT. *HA* VI 20).

2 remaining after tithe has been deducted.

1275 cepit de Ada de Kelling' clerico xl s. quia non permisit ipsum cariare blada sua ~a *Hund.* I 494.

indecisus [LL]

1 undecided, unsettled.

1204 ne causa ipsa remaneat ~a (*Lit. Papae*) GIR. *JS* 5 p. 283; **1285** prefatus T. diem clausit extremum sicque remansit negocium hujus ~um (*Ib.*) *Reg. Heref.* 71; **1327** cum predicti cives in itinere H. de Staunton et sociorum suorum justiciariorum .. compulsi fuerant .. ad clamandas libertates et liberas consuetudines suas, et super hoc clamassent .., que quidem clamia adhuc pendet coram nobis ~a, volumus .. (*Ch.*) *Ann. Paul.* 329; **c1389** similiter faciemus in aliis pendentibus ~is *Dip. Corr. Ric. II* p. 67; non obstante quod controversia .. maneret tunc ~a THORNE 1876; **s1432** sic relinquitur materia indicisa finaliter *Plusc.* XI 6 p. 379; **1469** controversias .. super terris debatabilibus inter easdem partes motas †indefisas [l. indesisas *for* indecisas] *Reg. Aberbr.* II 160; **1494** pendentibus lite appellacionibus antedictis ut prefertur indescisis *DCCant. Reg.* S f. 400.

2 not cut short.

offerunt itaque in sacrificio laudis velut animal integrum et vivum compactum ex verbis sonantibus incorruptis et ~is, velut sano et integro corpore et indeflexo intellectu a verborum mysticis significationibus, velut ex anima uniente GROS. *Ep.* 57 p. 177.

indeclinabilis [CL]

1 that cannot be diverted.

tramitem Christiane philosophie ~i vite carpentes rectitudine AD. EYNS. *Hug.* II 10 p. 78; GROS. *Ps.-Dion.* 418 (v. incircumdeterminabilis).

2 (gram.) indeclinable.

vas vadis de fenore genere masculino, vas vasis de vasculo neutro, utraque per v; fas per f ~e ALCUIN *Orth.* 2350; hoc virus *pis wyrms* ~e ÆLF. *Gram.* 29; diptota, nomen ~e, i. nomen duos tantum casus in singulari habens, ut Jupiter, Jovis OSB. GLOUC. *Deriv.* 169; sole monosyllabe ~es mutantur, declinabiles vero non mutant accentum BACON *Tert.* 240; gith nomen ~e *SB* 22.

indeclinabilitas, the quality of being unswerving or inescapable.

BRADW. *CD* 711E (v. inevitabilitas).

indeclinabiliter [LL]

1 without tilting downwards.

ut bene suffultis angulis tota recte et ~iter possit tabula consistere BEDE *Tab.* 440.

2 unswervingly, unerringly, without fail. **b** fixedly, without change.

ad destinatum ~iter dirigit locum ALDH. *VirgP* 2; ipse ~iter volebat potius mortem pati quam ut mundus non salvaretur ANSELM (*CurD* I 10) II 66; ad judicem in tribunali ~iter equum H. BOS. *Thom.* III 18 p. 248; **1284** quandocumque autem pro quacunque causa te exire contigerit, unum istorum quinque canonicorum .. ~iter ducas tecum PECKHAM *Ep.* 503 p. 646. **b** **945** (12c) ego Eadredus rex Anglorum praefatam donationem sub sigillo sanctae crucis ~iter concessi *CS* 810 (cf. ib. 814 [**946**], 820 [**947**], 869 [**948**], 917 [**955**], 1028 [**958**]).

indeclinatio, indeclinability.

BACON *Tert.* 241 (v. declinatio 4a).

indeclivis [LL], not sloping, not wavering.

mundi figitur axe / indeclive ceniz HANV. VIII 440 (cf. Chalcidius *Transl.* 34B, *Comm.* 93).

indecoctus [ML], not consumed, undiminished. **b** (med. & phys.) not digested.

fortuna sequenda est / dum preclarum aliquid dolor indecoctus hanelat J. EXON. *BT* III 131. **b** descendit cibus ~us ad inferiores partes stomachi et exinde generantur inclusiones et alia mala BACON V 73; cibus ~us *Ib.* IX 73.

indecorus [CL]

1 not beautiful, ungraceful.

si concedamus quod possibile esset quod sonus fieret unus compositus ex duabus vocalibus, esset omnino informis et ~us et confusus in auribus nostris BACON *Gram. Gk.* 85.

2 unseemly, improper.

virum qui nondum debet habere barbam non dedecet non habere, cum vero jam habere debet ~um est non habere ANSELM (*Casus Diab.* 16) I 261; interdum sensuum voluptate versari sapienti non arbitror ~um J. SAL. *Pol.* 761B; tantam .. sollemnitatem in absentia vestra .. celebrari inhonestum est et ~um *Canon. G. Sempr.* 139.

3 not worthy of honour, inglorious.

~um, foedum, inhonestum *GlC* I 370; **1326** (v. concursus 1d).

indecrementum, decrease in assessment or value. *Cf. decrementum* 2a.

1331 nisi fuisset in magna porcione ad ~um firme comitatus Cestrie *SelCKB* V 68.

indefatigabilis [CL], that cannot be wearied, indefatigable.

c1425 (v. ergastulator).

indefatigabiliter, without wearying, indefatigably.

s1209 ecclesie fatigationes, quas .. ~iter exercuerat *Ann. Lond.* 9 (= *Flor. Hist.* II 139, WEND. II 52: infatigabiliter); septa gregium ~iter humeris de loco ad locum ferens WALS. *YN* 45 (= W. JUM. V 10: infatigabiliter).

indefatigatus [CL], unwearied, tireless.

caritate ~a W. MALM. *GR* V 444 (= *Id. GP* II 77).

indefectabiliter v. indefectibiliter.

indefecte, unfailingly, constantly.

ad viriles annos usque perveniens indefecte [*ed. 1647*: †indeficte; *Selden Soc. conj.* indefesse *or* indeflecte] pugnavit et strenue pro jure suo *Fleta prol.*

indefectibilis [ML], not subject to loss or impairment, unfailing.

item secundum Augustinum De Fide ad Petrum, 'Anima est defectibilis quia ex nihilo', ergo et mortalis. consequentia probatur quia omne ~e est immortale PECKHAM *QA* 16; cum ergo Deus eo ipso quod est primum ens simpliciter debeat habere perfecciones omnis entitatis simpliciter, et sit ~e quod includit ut habeat omnes perfecciones entitatis quas habere debet MIDDLETON *Sent.* I 399a; ~ium thesaurorum amatores BRADW. *CD* 25E; divina voluntas .. est universaliter efficax et ~is in causando *Ib.* 647D; firmum et ~e fundamentum WYCL. *Ver.* I 401; **1427** vestra paternitas .. quam per freta seculi ~is nauta salutis ad portum cursu prospero secure provehat *EpAcOx* 32.

indefectibilitas [ML], immunity from loss or decay, unfailingness.

si indefectibile dicatur in genere quod non deficit per corruptionem, falsa est prima propositio quia immortalitas non est nisi ubi est vita, ~as autem est in corporibus celestibus PECKHAM *QA* 28.

indefectibiliter [LL], without possibility of loss or decay, unfailingly. **b** (in weakened sense) without fail.

Deus .. aspirat .. actum, quem et per suam infrustrabilem voluntatem .. in homine et cum homine irresistibiliter et ~iter operatur BRADW. *CD* 418A; necessario et ~iter sequitur illud causari *Ib.* 646E; respectu fontis indefectabiliter scaturientis *Spec. Incl.* 4. 2; potest tam ~iter ligare vel solvere sicut Deus *Ziz.* 487. **b** **1282** si oportet facere exennia, cum omni celeritate significetur nobis .. et nos per Dei graciam curabimus ~iter providere PECKHAM

Ep. 223 p. 277; **1401** universo orbi et omnibus seculis supervenientibus indelebiliter et ~iter memorandum (*Lit. P. Repyngdon*) AD. USK 68.

indefectio, freedom from loss or decay, unfailingness.

conjugum debet esse fidei ~o, quia conjugii tria sunt principaliter bona, fides, spes prolis, et sacramentum J. WALEYS *Commun.* II 4. 4 f. 66v.

indefective, unfailingly, constantly.

indefective jam si mea pectora clament W. CHESTER *Vers. Anselm.* 1. 9.

indefectivus [ML]

1 not subject to loss or decay, unfailing.

angelis et hominibus lux ~a donatur BEDE *Hom.* II 21. 230; gloriam accipientes ~am tecum sine fine vita aeterna permanere EGB. *Pont.* 128; **934** pro percipiendis semperque specie ~a fruendis *CS* 702; de presentis vite miseria ad ~e vite gloriam eternam J. FURNESS *Walth.* 90.

2 not defective.

1378 sub warrantia quod idem equus ~us fuit *Rec. Leic.* II 179 (cf. defectivus 2b).

1 indefectus [CL], unfailing.

?**745** (12c) ea .. quae non videntur atque ~a perhennitate permansura *CS* 170; †**745** (12c) gloriam auscultet ~a perennitati W. MALM. *GR* I 39 (cf. *CS* 169 p. 244 n.).

2 indefectus [cf. CL defectus], indefectible supply, inexhaustibility.

verumptamen cum lignula legentis in olei lechitus ~u spem solidavit et ydrie cum farinula, libens est .. vidua [Sarepte] E. THRIP. *SS* X 5.

indefendens v. indefensus.

indefendibiliter, without possibility of denial.

ipsum .. excusare, quod tamen ~iter ipsum accusat et insolubiliter ipsum ligat BRADW. *CD* 466D.

indefensatus, (feud., of title to land, rights, or sim.) not warranted, unclaimed or undefended.

1301 premissa facinora ulterius concelare nec [jura] nostra relinquere ~a (*Lit. Regis*) RISH. 207 (cf. *Foed.* II 887b [*Cl*, **1301**]: indefensa).

indefensio, (leg.) unsuccessful denial. *Cf. defensio* 6.

1280 ipse negat et defendit verba curie, et pro ~one sua in misericordia *CourtR Hales* 142.

indefenso v. defendere 3b.

indefensus [CL]

1 not protected against assault, defenceless (also as sb. m.).

imbellis namque cadit in bello, in campo defensor ~us *V. Will.* 290; cum .. a fatuis et ~is pecuniam extorqueat GIR. *JS sup.* p. 151; **c1211** clerum .. gravibus et assiduis laicorum direptionibus undique oppressum et penitus ~um exponendo GIR. *Ep.* 6 p. 228 (cf. ib. 7 p. 258 [**c1213**]); BRACTON 1 (v. indomitus 2a); **1242** castra .. ~a (v. derelinquere 2d); *Ps.*-ELMH. *Hen. V* 59 (v. expolire 1c).

2 (feud., of title to land, rights, or sim.) not warranted, unclaimed or undefended.

1301 nec volentes .. jura nostra relinquere ~a (*Cl*) *Foed.* II 887b (= RISH. 207: indefensata).

3 (w. ref. to land) not 'defended', unenclosed. *Cf. defendere* 3.

usque ad tempus quo secundum consuetudinem memoratum pratum positum fuerit ~um *Cart. Beaulieu* 79; **1252** omnes riparias in ballia sua que sunt ~e *Cl* 173.

4 (leg.) undefended, without successful defence. *Cf. defendere* 6, 7.

1160 matrem suam Adeliciam nullo jure a conjuge separatam asseruit .. machinatione G. .. archidiaconi, qui .. eam ~am, inauditam, sed nec inde citatam studuit condempnare J. SAL. *Ep.* 89 (131 p. 232); hic Ernaldus .. incitatus, ~us, et absens condemnatus MAP *NC* I 24 f. 17v; **1269** ad legem vadiandam oportet defendentem offerre se facturum versus querentem et ejus sectam; si enim negaverit contra querentem et non contra sectam, in misericordia tanquam ~us remaneret *CBaron* 84; *Fleta* 432 (v. exceptor 2); nec defendens sit ~us, quamdiu defendens aut suus prolocutor defendet *tort* (*1 Stat. Rob. I*) *RegiamM* II f. 32v; nec tenens nec suus prelocutor sit calumniatus sicut ~us nec amerciatus quamdiu defendit injuriam et deforciamentum *Ib.* (cf. *Reg. Aberbr.* I 256: sicut †indefendens).

5 not prohibited.

libera ligatis et flagitiosis est mens, et quo cupit ~a transfertur MAP *NC* III 2 f. 37.

indeferens v. 1–2 indifferens. **indeferenter** v. indifferenter.

indefesse [LL], tirelessly, constantly.

nuntius .. a rege missus contubernioque et convivio ejus ~e potitus W. MALM. *GP* I 50 p. 95; quantum zelum .. habuit cure pastoralis in minore etate, tantum quoad vixit ~e servavit *Canon. G. Sempr.* 71; **c1244** super diligentia vestra quam apponitis ~e circa negotia nostra *RL* II 39; ave, virgo, .. / quam celestis indefesse / laudat chorus curie WALT. WIMB. *Virgo* 39; ut fortis athleta ~e agonizavit J. LOND. *Commend. Ed. I* 19; incommutabilem veritatem ~e contemplando FORTESCUE *NLN* II 64.

indefessim [LL], tirelessly.

post difficillimas fatigationes victoribus requiem promittit, nec ad honores posse pertingere nisi per labores asserit. ~im itaque pergit via equiti nunquam ante experta ORD. VIT. IV 5 p. 198.

indefessus [CL], tireless, constant: **a** (w. ref. to person, also fig.); **b** (of other).

a si vos virginitas comes indefessa tuetur ALDH. *VirgV* 2377; ~a exploratrix ADEL. BLANDIN. *Dunst.* 2; matris ecclesie ~us defensor extiterat ORD. VIT. VII 14 p. 226; regina .. ad omnes adhuc indeffessa labores DEVIZES f. 31v; **s1235** (v. 1 gravator). **b** ut .. instituta disciplinae .. ~a instantia sequeretur BEDE *HE* IV 3 p. 209; **1032** (12c) aecclesiae vero catholicae auctoritas jugis et indeffessa optamus ut permaneat *CD* 746; erit ibi nobis jugis et ~a sempiternitas G. HOYLAND *Ascet.* 257A; labor ~us quanto magis ossa concutit et omnia membrorum liniamenta dissolvit, tanto vehementiorem sompni profundioris quietem incutit *Found. Waltham* 1; **c1242** ~a defensio (v. hostis 1a).

indeficiens [LL], never failing, constant.

qui impiger fuerit pro caelestibus laborare divitiis .. quia impiger .. mercedem laborum ~tem percipiet BEDE *Prov.* 961; **800** hanc [caritatem] tu, summe sacerdos Christi, in animo teneas ~ti et omnibus praedicare studeas ALCUIN *Ep.* 207; **984** eternas ~tesque divitias *Ch. Burton* 24; in diem resurrectionis .. se reservabat qua lampas sua ~ti perpetuitate resplendeat GOSC. *Edith* (II) 49; ut esset .. in omnibus hujus mundi turbinibus custos ~s OSB. *V. Dunst.* 19 p. 93; sumptu indefitienti, karitate indefatigata W. MALM. *GP* II 77 p. 173 (= *GR* V 444); ~tibus undis rivus inserpit GIR. *IK* I 12 p. 92; Deus complevit esse quarundam rerum faciendo in eis generacionem ~em T. SUTTON *Gen. & Corrupt.* 199; **1381** dignetur ~s pietas vestra de remedio nobis opportuno .. juxta vestrum beneplacitum providere (*Lit. Priorum*) *Ziz.* 295.

indeficienter [LL], unfailingly, constantly. **b** (in weakened sense) without fail.

thesaurum bonorum operum ~er sibi thesaurizabat *V. Birini* 2; 'tempore enim suo metemus non deficientes' [Gal. vi 9], quia metemus ~er LANFR. *Comment. Paul.* 285; respice maturas spicas bona spica daturas; / pinguescet venter tuus his indeficienter! (LAMBERT) R. CANT. *Poems* 4. 13; celestis letitie fontem .. quem nunc re ~er haurit et potat W. MALM. *Wulfst.* I 14; viderunt fugientes Agarenos urbem .. intrare et Raimundum comitem cum suis .. ~er persequi et mactare ORD. VIT. IX 17 p. 619; nequit .. vigilias nocturnas mecum ~er sufferre AD. MARSH *Ep.* 174 p. 315. **b** **1270** ipsos .. ~er et absque dilacione mittemus *Cl* 291.

indeficientia [ML], unfailingness.

cum .. sola intellectiva habeat veritatem secundum racionem ~ie pro objecto, necesse est ut tantum excedat aliquando aliam potenciam quantum objecti propria racio omnem aliam racionem PECKHAM *QA* 20.

indefinitas [ML], indefiniteness.

quantitas proposicionis est univeralitas, particularitas, indefineitas, vel singularitas; .. ut, si queratur quanta est ista? respondendum est quod universalis, vel particularis, vel indefinita, vel singularis, secundum quod proposicio habet se in quantitate WYCL. *Log.* I 17.

indefinite [CL]

1 without limit, infinitely.

s1151 pater ejus .. viam universe carnis ingressus est, vir magne probitatis et industrie, suis ~e plangendus TORIGNI *Chr.* 163.

2 indefinitely, without precise specification.

pontifex se ita expurgavit ut diceret se sic non indiffinite respondisse sed his tantummodo pariturum que contra canonum decreta non essent W. MALM. *GP* III 105; non omnibus generaliter rebus sed rebus ~e pronuntiavit finem esse ponendum *Canon. G. Sempr.* 79; SICCAV. *PN* 128 (v. 1 hic 5); licet questio generaliter proponatur et ~e OCKHAM *Quodl.* 302; excommunicacionis sentenciam et alias penas .. contra hereticos .. ~e prolatas OCKHAM *Pol.* I 120; **1442** lanas omnes .. vendi seu extrahi sub penis gravibus forisfacture et aliis indiffinite prohibent BEKYNTON I 128.

indefinitio, absence of precise definition.

bene potest terminus facere proposicionem indeffinitam et indeterminatam ..; dicitur enim indeterminacio vel indeffinicio proposicionis quia .. BACON XV 275.

indefinitus [CL]

1 unlimited, endless.

mundi quia summa potestas / indefinito praefixerat omnia verbo FRITH. 932; 'fabulis et genealogiis interminatis' [*I Tim.* i 3], sine termino, ~is LANFR. *Comment. Paul.* 346.

2 undefined, not precisely specified, indefinite; **b** (as sb. f., *sc. propositio*).

'erit, erit' ingeminas / et termino determinas / tempus indefinito P. BLOIS *Carm.* 13. 3; dividitur autem enuntiatio categorica secundum quantitatem sic: alia est universalis, alia particularis, alia ~a, alia singularis (SHIRWOOD) *GLA* III 13 n. 36; proposicio singularis convertitur in ~am DUNS *Metaph.* IV 2 p. 161; proposicio namque indiffinita vera est si in uno supposito ipsa sit vera FORTESCUE *NLN* II 46. **b** 'animal' est Sortes distincte conceptus, quia tunc est una indefinita [v. l. indefinitas] habens unam singularem veram, sc. istam 'hoc animal est Sortes distincte conceptus' OCKHAM *Sent.* II 242; sepe ~a non equipollet universali sed potest verificari eciam pro uno singulari *Id. Dial.* 857; hec similiter est vera 'quantitati aliquid est contrarium', quia ista ~a verificatur pro qualitate *Id. Quodl.* 437;

3 undetermined, undecided.

1266 non fuerunt certi de firmis terrarum .. et ideo remansit computus ~um *ExchScot* I 19.

indefisus v. indecisus 1. **indefitiens** v. indeficiens.

indeflexe, without deviation, fixedly.

initam virtutis ~e gradiens viam *V. Thom. B* 23.

indeflexibiliter [cf. LL indeflexibilis], without deviation, fixedly.

splendorem igneum ab alto ~iter intuens GIR. *TH* I 24.

indeflexus [CL], not deviating, straight.

utque motus devius in motum aplanes ratum et ~um quoad valeret niteretur motusque aplanes rationi consentaneus motum tortuosum et irrationabilem regeret W. DONC. *Aph. Phil.* 3. 45; in .. verum justitie solem .. ~o mentis tendunt intuitu GIR. *TH* I 13; integro corpore et ~o intellectu GROS. *Ep.* 57 (v. indecisus 2).

indefluxibilis, that cannot flow away.

Deus .. spiritus ~is est .. ut perstet mens fixa in cognitione et memoria celestium et non defluat in oblivionem eorum GROS. *Hexaem.* IV 11. 1.

indefossus [ML; cf. defodere 3], not disinterred.

fuit grandis altercatio inter domnum abbatem Petrum [ob. **1113**] et Remelinum episcopum Herefordensem .. pro ablatione corporis Radulphi quod ille episcopus .. per vim abstulerat; et fuit dirationatum ut corpus defoderetur et redderetur .. excepta dumtaxat .. tantum corpus non defoderetur. hac de causa remansit corpus ~um *Hist. Glouc.* I 14.

indegitamenta v. indigitamenta.

indejectus [CL], not overthrown.

si qua domus mansit poteratque resistere tanto / indejecta malo GOWER *VC* I 940 (cf. Ovid *Met.* I 288–9).

indelabilis v. indelebilis.

indelebilis [CL], that cannot be destroyed or obliterated, imperishable, indelible.

947 (12c) indelabili gazarum lucro firma stabilisque stellati polorum felicitas culminis est mercanda *CS* 832; miratur deletam sacerdotalis alligationis sententiam indelebilem [v. l. insolubilem] GOSC. *Edith* 291; ~is memoria *Id. Aug. Maj.* I 9; ~em tanti scandali notam GIR. *Ep.* 4 p. 182; **s1251** servitus ~is et dampnum irrestaurabile M. PAR. *Maj.* V 242; nomen et titulum ~em *V. II Off.* 4; **1301** inspector cordium nostre scrinio memorie ~i stilo novit inscribi quod .. (*Cl*) *Anglo-Scot. Rel.* 96; infamiam falsissimam absque divino miraculo indelibilem OCKHAM *Dial.* 670; confederacio .. quasi †in debile [v. l. indelibile] vinculum amoris manet in eternum *Plusc.* VIII 17 p. 142.

indelebilitas, indestructibility, imperishability.

de racione imaginis est ~as, sed indelebilior est anime memoria sui quam Dei PECKHAM *QA* 196; *Ib.* 199 (v. habitudinaliter 1).

indelebiliter [ML], indelibly, imperishably.

dies .. annuatim celebratur votisque ac meritis mutuo hoc debetur ut ~iter celebretur GOSC. *Transl. Mild.* 17; nomen ejus in libro vite ~iter annotari *G. S. Alb.* I 7; dicitur illud peccatum .. quasi ~iter esse scriptum WYCL. *Sim.* 26; **1392** ut mei reminiscencia specialius et †indebelius [l. indelebilius] in ipsius presbyteri memoria infigatur *Reg. Aberd.* I 181; **1401** (v. indefectibiliter b).

indelectabilis [LL], unpleasing.

quare .. idem sonus sit delectabilis uni et ~is et absurdus alii J. Blund *An.* 163.

indelectabiliter, without delight.

tunc minus delectabiliter vel forsitan ~iter seu tristabiliter eam movet propter dissolucionem illius proporcionis conventissime precedentis Bradw. *CD* 454C.

indelendus [ML], not to be wiped out, indelible, imperishable.

s1304 lapides murum impinguentes .. in signum perpetue victorie et magni triumphi magnifici regis vestigia ~a relinquentes *Flor. Hist.* III 120.

indeliberate [ML], without due consideration, rashly.

1318 litteras hactenus non consuetas ~e facere non possemus *TreatyR* I 576; aliquid ~e et sine consilio agere Milemete *Nob.* 50; **1426** si aliqua verba ~e contra ecclesiam .. fuerint per eum .. prolata, .. *Conc.* III 487; illi libri non fuerunt correcti per ipsum Pecok, sed ~e, aliis petentibus, illos libros incorrectos eis tradidit Gascoigne *Loci* 211.

indeliberatus [LL], ill-considered, rash.

~um estimo cum illo confligere quo inferior robore et merito habearis W. Malm. *GR* III 239.

indemnatus [CL], not condemned.

~atus, indemnis Osb. Glouc. *Deriv.* 295.

indemnificare, to keep free from loss or harm, indemnify.

nil isto unit fortius / mentem nec stringit arctius / quam sibi indemnificat (*In Lollardos*) *Pol. Poems* 246.

indemnis [CL]

1 suffering no loss or harm, safe. **b** (spec.) free from financial loss.

[vestes] ~es a tinea conservant Gir. *TH* I 18; feretrum .. ab omni imbrium madore ~e *Id. IK* I 11 (v. feretrum 1); Domine .. qui me etiam in terra et in mari morti addictam hic applicari ~em fecisti *V. Kentig.* 8; **c1225** si autem per illam aliquid emerserit quominus indampnis dicta ecclesia .. conservetur, cessabit omnino illa cantaria *Cart. Osney* IV 132; Deum et Osmundum deprecatus est et indempnis conservatus est *Canon. S. Osm.* 78; **s1382** conterriti .. parant ~es abscedere ne fortassis eis queant deteriora contingere incolarum malicia Wals. *HA* II 47. **b 1265** ipsum indempnem volumus conservare *Cl* 139; **1352** eosdem .. indempnos conservare *Reg. Rough* 254; hii omnes .. juraverunt .. quod predictos comites .. servare deberent illesos et indempnes Knighton I 392; promittentes dicto priori .. ipsum indempnem inde conservare apud scaccarium domini regis .. in reddicione compoti sui *Meaux* III 252.

2 not condemned, (leg.) not guilty.

quamvis judicio concilii Romani indempnis Wilfridus judicatus et ad sedem suam remissus fuerit W. Malm. *GP* I 1 p. 7; virum ~em, nec solum amicitia .. astrictum sed et germana .. cognatione propinquum *G. Steph.* 97; sic reus letum letus evasit liberque Londonias cum episcopo venit et inde quo libuit indempnis abivit Ad. Eyns. *Hug.* V 9 p. 129.

3 harmless.

mulierculae .. tanta .. insania .. sunt debacchatae ut viri ~es vel innoxii quodam modo in eadem viderentur comparatione Gosc. *Aug. Maj.* 57A; ~is est castigatio quam predocent exemplaria Gir. *EH* II 39 p. 399 (cf. id. *Invect.* I 4 p. 95); utilis et indempnis solet esse castigatio, quam persuadent exemplaria Brakelond 140.

indemnitas [CL]

1 security from possible harm, damage, or loss; **b** (w. ref. to king); **c** (w. ref. to Church).

1167 qualiter ad indempnitatem conscientie et fame me versari oporteat J. Sal. *Ep.* 222 (223 p. 386); fertur .. de niso quod .. contra vesperam serotinam aviculam rapiat, cui nocte tota ob calefactionis gratiam insidendo, tanquam nocturnum obsequium ~ate remunerans, eandem mane remittit illesam Gir. *TH* I 12 p. 37; **s1174** ipsa die qua navem ascenderat .. cum indempnitate rerum apud Hamonis portum [*Southampton*] appulsus est Diceto *YH* I 383; **1202** salvo jure nostro et indempnitate ville de R. *Pat* 9b; **1289** nos .. volentes .. civium nostrorum indempnitati respicere (*Breve*) *State Tri. Ed. I* 48; **1344** ut .. nostrae .. et communitatis dicti regni nostri indempnitati .. prospicere vellemus (*Lit. Regis*) Ad. Mur. *app.* 236; **s1313** ut .. chartam cuilibet exigenti de ~ate concederet Wals. *HA* I 136; **1449** proviso .. quod dominus Willelmus circa indempnitatem ornamentorum .. et utensilium custodiam adhibeat diligentem *Test. Ebor.* II 150. **b 1217** sicut nos et indempnitatem nostram diligitis *Pat* 45; **12..** ibi providere debent indempnitates corone regni hujus per commune consilium (*Leg. Ed.*) *GAS* 655; **1309** indempnitati nostre prospicere .. volentes *PQW* 840a; **1340** nos hujusmodi prejudicio nostro precavere et ~ati nostre prospicere ac jura corone nostre illesa conservare volentes *Reg. Brev. Orig.* 38. **c** scit .. totum capitulum .. et nos .. pariter novimus .. vos adeo nostrum diligens ordinem quod ordinis providebitis ~ati ne vestri occasione .. diminutionem aliquam aliquodve detrimentum patiatur H. Bos. *Thom.* IV 19 p. 398; **1179** ~ati itaque ecclesie providere volentes (*Decreta Papae*) *G. Hen. II* 232; **c1218** nisi prius facta sufficienti cautione de indempnitate parochialis ecclesie *Conc. Syn.* 84; **a1220** hec omnia debent fieri cum indempnitate matricis ecclesie (*Ch.*) *Reg. S. Osm.* I 278; **1318** vestre immunitatis ~ati prospicere cupientes (*Lit. Archiep. Cant.*) Amund. I 200.

2 payment made to compensate for loss, indemnification.

1257 mandatum est vicecomiti Wiltes' quod .. levari faciat .. c m. .. et hoc, sicut indempnitatem suam evitare voluerit, nullo modo omittat *Cl* (*but* cf. ib. 420 [**1259**]: et hoc sicut indempnitatem suam diligunt, nullo modo omittant ..); **1430** pensiones: .. de priore de H. pro indempnitate ecclesie parochialis de O. ad terminos Pentecostes et Martini x s. *Feod. Durh.* 77; **s1201** pro ejus indempnitate reparanda *Plusc.* VI 39.

indemniter [LL], without damage or loss.

c1178 salvo jure Norwicensis ecclesie ac consuetudinibus ab eadem annuatim ei prestandis indempniter observatis *Act. Ep. Cant.* 89; per me et consilium .. erit villa servata indempniter pro posse meo Brakelond 142; **s1253** que omnia rex se indempniter observaturum protestans, .. *Flor. Hist.* II 384.

indemutabilis [LL], changeless, not subject to change.

~i Dei sapientiae contemplandae Bede *Luke* 364.

indensare [cf. 1 densare], to overgrow.

1297 Hybernici eciam de densitate boscorum et profunditate morarum adjacensium confidentes assumunt audaciam cicius delinquendi maxime cum via regia locis quamplurimis spissitudine bosci velociter crescentis jam sunt ~ate et obtruse [? l. est ~ata et obtrusa] quod .. *StatIr* I 208.

indentare [ML; cf. OF *endenter*, ME *endenten*]

1 to make indentations in (something).

dentyn or yndentyn, ~o *PP*; *indentyd*, ~atus *Ib.*

2 (p. ppl. *~atus*) (of jewel) set, mounted, (of object) set or decorated with.

1245 baculus .. cum pomello de ebore subtus ~atus ebore et cornu *Invent. S. Paul.* 472.

3 (her., *~atus*) indented, divided by a zigzag line.

cavendum est quia quedam sunt arma quarteriata ~ata et quedam inbatellata. ~ata sunt semper quarteriata .. et portat sic qui habet ~ata arma, G. *il port quartele endentie d'argent et sable* Bad. Aur. 128; arma .. quarteriata ~ata .. vocantur ~ata quia duo colores, unus viz. in alium, invehuntur ad modum dentium humanarum [*sic*] Upton 225 [*but note that the accompanying illustration shows arms blazoned quarterly embattled*).

4 (leg.) to make a written agreement or contract (with); **b** (pass., w. ref. to agreement) to be drawn up in the form of an indenture (also impers.). **c** (p. ppl. *~atus*, of document) indented, made in the manner of an indenture, *i. e.* agreement or sim. written in duplicate (triplicate *etc.*) on one sheet of parchment and then cut apart along a zigzag line, so that each party retained one copy which could be authenticated by matching its serrated edge with that of another copy.

1430 nullatenus pro se et dictis suis familiaribus ~arunt (*PS War.*) H. Maxwell Lyte *Notes on the use of the Great Seal* 86; **1488** generosi de comitatu Kancie .. ~abunt cum domino rege de producendo certum numerum armatorum *Selden Soc.* LXXV 16. **b 1292** sumetur unusquisque liber .. largo precio, ut habens illum magis timeat ipsum perdere, et ~etur, cujus una pars sit in communi custodia et alia cum socio habente ipsum *MunAcOx* 58; **1432** volo quod tenementum meum apud M. integre remaneat ad G. P. nepotem meum .. cum condicione obligatoria ~anda quod .. *Reg. Cant.* II 491; **1449** ita quod quilibet capellanus .. res, bona, et utensilia memorata ad manus .. subthesaurarii ecclesie Ebor' et sacriste monasterii beate Marie Ebor' .. per cedulam inter eos ~atam et eorum sigillis alternatim sigillatam recipiat *Test. Ebor.* II 150. **c** quorum presentaciones fiant dupplicate in modum cirographorum ~ate quarum pars [? l. partes] sigillis suis appensis dictis inquisitoribus liberentur, quarum pars una penes eos inquisitores remanebit et alia xij juratoribus liberetur *Fleta* 21; **1290** una pars istius scripti ~ati remanet .. inter memoranda ejusdem scaccarii (*LTR Mem* 61 r. 5) *SelCKB* I clx; **s1294** fecerunt super hoc duo inventaria ~ata, quorum una pars residebat penes abbatem .. signata sigillis assignati domini regis et vicecomitis, .. et altera pars penes dictos assignatum regis et vicecomitis, assignata sigillis abbatis vel prioris B. Cotton *HA* 238; **1313** in cujus rei testimonium presenti scripto tripartito ~ato sigilla nostra communia apposuimus una cum sigillo domini prioris *Collect. Ox.* II 264; **1349** R. M. per cartam simplicem huic indenture ~atam dedit (*Ch.*) T. Blount *Nomolexicon S. v. simplex*; **1368** carta mea ~ata *Cart. Hosp. Essex* 58; huic carte ~ate sigilla nostra alternatim apposuimus *Ib.*; juratores presentabunt veredictum suum ~atum, cujus una pars remanebit aldermanno et altera Warde *MGL* I 37; **1369** cedula predicta non est ~ata nec de forma finium *SelCKB* VI 161; **1444** per facta sua tripartita et ~ata *Paston Let.* 12 p. 24.

indentatio, indentation, pattern resembling teeth.

hec crux ideo vocatur crux ingradata quia in nulla parte sui est plana set ingradatur tam ad ejus longum quam ad latum. verumptamen ista ingradacio non est propria locucio secundum suum aspectum set pocius ~o, ut verum fateor, tamen communis modus loquendi in istis armis ita se habet Upton 217.

indentatura [*byform of* indentura], indenture, document drawn up in multiple copies and divided by dog-toothed cut.

1316 in cujus rei testimonium parti hujus ~e .. suum apposuit sigillum *Kelso* 191.

indentosus [2 in- + dens], toothless.

CathA (v. indentulus).

indentulus, toothless.

tutheles for age, ~us, edentatus, indentosus, unde versus 'qui dentes habuit nec habet nec habebit, / est edentatus; edentulus est modo natus' *CathA*.

indentura

1 inset, inlay.

1245 pomellum [baculi] de cupro .. sub quo est quedam ~a de cornu et de cupro *Invent. S. Paul.* 472.

2 indenture, document, usu. recording agreement (but also used for other purposes involving two or more parties, *e. g.* accounts or inventories of which copies were held by owner and bailiff), drawn up in duplicate (triplicate *etc.*) on one sheet of parchment and then cut apart along zigzag line, so that each party retained one copy (sts. bearing the other party's seal) which could be authenticated by matching its serrated edge with that of another copy. **b** (spec.) indenture of apprenticeship.

1300 ~a de nominibus equitum et peditum commorancium in municione castri de Edenborghe a xxvij° die Novembris anno regni regis Edwardi xxix° (*Nat. MSS Scotland*) *OED s. v.* indenture 2c; **1304** fiat ~a inter ipsum et coronatorem *RParl* I 164b; **1316** istud memorandum fecit scribi sub ~a, cujus una pars remanet penes dictos priorem et conventum Norwyci, sigillo signata dicti episcopi, alia pars penes clericos dicti episcopi, sigillo prioris Norwyci et fratris Nicholai de Holdolvestoun, collectores [*sic*] signata *MS DC Norw.* s. n.; **1326** quod .. inter ministros nostros et ipsos abbatem et conventum fiant ~e ad singula compota nostra .. coram auditoribus presentande *Melrose* 361 p. 326; **1361** facta inter ipsum et vos ~a quadam sigillo suo et vestro altrinsecus consignata *Reg. Aberbr.* II 28; **1371** in cujus rei testimonium partes predicte et plegii prenominati sigilla sua partibus hujus ~e alternatim apposuerunt *Mem. York* I 55; venerunt ad predictum locum predicatorum et hanc dederunt responsionem sub ~a *Ziz.* 319; **1432** que scriptura per auditores compoti examinetur, ut concordet cum summa .. inserenda ~e super illum compotum faciende *StatOx* 252; **s1304** sigillis mutuis confirmata, et corroborata per eorum ~as *Plusc.* IX 4; **1505** presens ~a tripartita indentata facta inter Johannem abbatem .. ex una parte, et Willelmum M. .. et Thomam S. .. parte ex altera *MonA* III 58 (cf. ib. 60: in cujus rei memoriam et testimonium predicti abbas et conventus .. sigillum suum commune, et cetere partes predicte sigilla sua, presenti scripto tripartito indentato apposuerunt). **b 1412** quod omnes cives quando faciant novum apprenticium, ducent illum ad curiam cum ~is suis *BB Wint.* 31 *tit.*; quod omnes illi cives de gilda mercatoria .. veniant ad curiam coram majore cum apprenticiis suis eis obligatis et faciant ~as suas ibidem irrotulari in quodam rotulo *Ib.* (v. et. 2 buffetum b).

indenturatio, serrated edge of an indenture.

de ipsa indentura .. pars superior marginis que indenturacionem charte demonstraret est abscissa *Meaux* III 148 n.

indenturatus, (of document) drawn up in the form of an indenture.

ad pacem admissi, sacramenta et securitates ~atas fecerunt, quarum una pars penes .. reges et alia .. penes .. comites remanebat *Meaux* II 376.

indepastus, unfed (in quot., fig.).

curarum turba, soporis / indepasta fame HANV. III 223.

independens [ML], not dependent.

omne suppositum debet esse per se stans et ~ens ad alterum BACON XV 60; per potencias pure intellectivas, nullo modo cum corpore communicantes et ita per consequens ab ipso ~entes PECKHAM *QA* 25; perfectum semper ~ens est ab imperfecto, sicut imperfectum est dependens a perfecto DUNS *Ord.* IV 239; quem per intellectum adeptum ~entem ab intellectu in habitu est simpliciter et totaliter adeptio intellectus BACONTHORPE *Quaest. Sent. prol.* I 7; regnum ergo imperatoris est ~ens a regimine pape et econtra WYCL. *Eccl.* 95.

independenter [ML], without dependence, independently.

omne agens naturale precise consideratum ex necessitate et eque ageret si ad nullum finem alium ageret sed sit ~er agens DUNS *Ord.* II 175; BRADW. *CD* 3C (v. incausabiliter); logica scripture .. cum fundatur ~er a fama vel favore hominum WYCL. *Ver.* I 54.

independentia [ML], independence.

[anima rationalis est] res eciam ~ia quadam non quoad substanciam suam sed quoad esse quoddam inter esse pure substanciale .. et esse accidentale *Ps.*-GROS. *Summa* 459; non est necessaria eorum [substantivorum] conformatio in accidentibus, quia non a se invicem, nec ydemptitas eorum requiritur hic propter sui ~iam BACON XV 143; cum arguitur ex ~ia quod non erit preexigencia DUNS *Ord.* II 286.

indepraedatus, unpillaged.

ubi pre fremitu luporum nulla valuisset spelunca subterranea quandoque ~a latere R. COLD. *Godr.* 32 p. 48.

†indepte, *f. l.*

961 (12c) ruris .. particulam .. pridem †indepte [? l. inepte *or* indebite] et distorte .. ablatam *CS* 1073.

indeptus v. indipisci.

indepulsus, not driven away.

indepulsa manent cupide jejunia mentis HANV. V 324.

indere [CL]

1 to put or place in or on, insert, introduce, impose; **b** (p. ppl. *inditus*) placed.

responsa .. quae etiam huic historiae nostrae commodum duximus ~ere BEDE *HE* I 27 p. 48; corpus .. loculo ~itum *Ib.* V 19 p. 322; a**984** ego Eadmund .. crucis signaculum .. propria ~idi manu (ÆTHELWOLD *Ch.*) *Conc. Syn.* 131; nomina eorum [sc. sanctorum] .. chartulis inscripta atque in modum crucis cavato lapidi ~ita ac distincta GOSC. *Transl. Aug.* 39B; mei plus quam merear ~idistis mentionem ANSELM (*Ep.* 58) III 172; qui vero suum rebus ordinem ~idit PULL. *Sent.* 674D. **b** qua argumentatione .. beatam Mildretham Augustinensi habitationi ~itissimam .. comprobaverit GOSC. *Lib. Mild. cap.*.

2 to commit (to memory, writing).

ut perenni ~eretur memoriae BEDE *Kings* 730; ideo noluisse hec litteris ~ere ne .. W. MALM. *GP* I 5 p. 108; illos modo deflorare libuit qui furtim et transeunter hec suis ~iderunt libris *Id. Polyh.* 37.

3 to bestow (name).

utrum a Tritone Libyae palude an palus ab illo hoc nomen ~itum possideat ignoratur *Lib. Monstr.* I 52; scemate .. cui Graecorum grammatici climax vocabulum ~iderunt ALDH. *Met.* 4 p. 74; de baptismate illius et vocabulo sibi ex appellatione patriae †indicto [v. l. indito] FELIX *Guthl. cap.* p. 66; **939** in loco illo cui ruricolae appellativo usu .. nomen ~iderunt *Æt Meapham CS* 741; opusculum .. cui titulum ~idit meditatio redemptionis humane EADMER *V. Anselm.* II 44; nomen indicat olim sibi ~itum, Albanum se dicit a parentibus nominatum W. NEWB. *Serm.* 890; singulis figuris [sc. Zodiaci] certa vocabula ~iderunt ALB. LOND. *DG* 8. 11.

4 to implant, instil (qualities, ideas, feelings, *etc.*).

†663 (?**693**) (17c) isti praefati .. inhibucionem ~idisse videntur *CS* 121; nihil igitur aliud est ~itum alicui creature quod sic preferat imaginem creatoris ANSELM (*Mon.* 67) I 78; ~idit ergo ei famem Deus ut hac necessitate coactus laboret HON. *Eluc.* 1152C; decorem primo inditaum [MS: inditum] .. exuens *Ep. Glasg.* 309; naturam defluendi ad profundius ex vi ponderis ~idit aquis GROS. *Hexaem.* IV 3. 3; sicut [natura] ~idit oculo cati lumen ad illuminandum medium in tenebris KILWARDBY *SP* 36rb; quidquid producitur per operationem nature est per rationes seminales ~itas materie et secundum administrationem divine potentie R. MARSTON *QD* 154.

5 to inflict (punishment).

sicut si gladiis nostris rebelles .. cecidissent, profecto id nobis augmento victorie cessisset ad gloriam, sic captis et ad vitam reservatis .. de cetero mors ~ita .. ad ignominiam nobis vergeret GIR. *EH* I 14.

6 (w. pers. as direct obj.) to equip, endow with.

jam pastor superis indite gazulis / .. WULF. *Poem.* 166.

inderisus, not derided.

c**1298** deridens alios, non inderisus abibit (*Dunbar* 224) *Pol. Songs* 177.

indescriptibilis [ML], that cannot be described.

incircumscriptibilis et ~is est, ut vel aliqua ipsius notitia compraretur quoquo modo describitur magis quam per quid sit, per quid non sit necesse ut describatur H. BOS. *LM* 1351D.

indesiderans, not desiring.

pax hominis ad Deum, pax ad angelum, pax ad proximum, pax et ad se ipsum, ecce iterum pacis abundantis juxta prophete nostri vaticinium et desiderium ~ans diebus desiderati orta et in nostro novo homine Deo tanquam novo quodam privilegio .. confirmata H. BOS. *LM* 1381C.

indesignate, not specifically, indefinitely.

in modo cognoscendi ~e DUNS *Sent.* II 9. 2. 5.

indesignatus, not specific, indefinite.

cognoscit in singulari sub racione universalis, id est, sub racione indeterminata et confusa et ~a DUNS *Sent.* II 9. 2. 5.

indesinens [LL], unceasing, without pause. **b** endless, perpetual.

dolores ~tes *GlC* B 161 (v. bulimodes); timuit quidem more ~ti ne aliquotiens insanie dementiam incurreret R. COLD. *Cuthb.* 74 p. 154 (cf. ib.: sine intermissione .. pertimuit); sic Cesaris ministri adversus Christi milites ~te malitia militare contendunt GIR. *EH* II 24; **1368** ~tis cure .. sollicitudine *MunAcOx* 229; crudelem et ~tem populi vexationem FORDUN *Chr.* XII 5. **b** peccata mea, cui me servatis .. nisi .. ponderi ~tis mortis ANSELM (*Or.* 14) III 58; in argenteis columnarum basibus per transversum scribo, '~s laus Dei' AD. SCOT *TT* 756C; splendor sine occasu, ~s flamma, celestis viator W. BURLEY *Vit. Phil.* 378.

indesinenter [CL], ceaselessly, without pause. **b** endlessly, perpetually.

634 majestati ejus gratias ~er exsolvimus (*Lit. Papae*) BEDE *HE* II 18; **747** ut presbyteri ~er reminiscant ad quod .. promoti sint (*Clovesho*) *Conc. HS* 365; cum hoc per duos annos ~er fecisset, .. OSB. *Mir. Dunst.* 22 p. 154; c**1169** vos .. qui ~er .. hanc sollicitudinem geritis J. SAL. *Ep.* 287 (287 p. 634); **1296** vestre fidelitatis .. quem erga nos .. ~er habetis affectum cognoscimus *RGasc* III 340; quam parati vero semper fuerimus et ~er simus, omnibus .. pandi fecimus BEKYNTON II 71. **b** est virtus Dei hec admiranda, quod sicut ea que facta sunt semel creavit, ita et postquam facta ~er regit H. BOS. *LM* 1354B; s**1399** ne sanguis illorum, quem .. effundere jussisti, de te coram Deo justo judice ~er vindictam postulet *V. Ric. II* 151.

indesperabilis [1 in + desperabilis], desperate, hopeless.

cruciatus illius inedicibilis exstitit, et cunctis cernentibus ~is ipsius salus et reparatio fuit, nam .. omnis medicina adhibita ei pro augmento doloris et desperationis exstiterat R. COLD. *Cuthb.* 101 p. 224.

indestructus [ML], not destroyed, undamaged.

1145 boscum .. permaneat ~um ad operimentum monasterii pro transeuntibus *E. Ch. S. Paul.* 120; sicque tam suburbia quam abbathia secundum intencionem et jussionem regiam remanent ~a *Ps.*-ELMH. *Hen. V* 42 p. 102.

indetectus, not disclosed.

homo qui omne consilium quod novit alienum illesum penes se semper habet occultum et servat ~um MILEMETE *Nob.* 76.

indeterminabilis [ML], indeterminable.

privative indeterminatum vel ~e negative DUNS *Ord.* III 13 n.

indeterminabiliter, interminably, perpetually.

949 (11c) monasterium [*of Reculver to Canterbury Cathedral*] .. pro meis abluendis excessibus ~iter inpendo *CS* 880.

indeterminate [LL]

1 without restriction, in an undefined or imprecise manner.

1200 breve loquitur de H. .. et de eo ~e *CurR* I 296; licet aliter videatur quod bene valeat secta a quocunque et ~e cum non sit qui excipiat contra illum qui sequitur BRACTON 125; **1312** quia .. sit contra magnam cartam que ~e dicit libertates et consuetudines fore servandas *Ann. Lond.* 214.

2 (phil.) indefinitely, indeterminately.

albus .. non significat determinate hoc vel illud habens, velut corpus, sed ~e aliquid habens albedinem ANSELM (*Gram.* 20) I 166; ibi loquitur de calore igneo in corpore animato, qui ageret ~e et indiscrete respectu corporis sustentandi nisi ab anima regularetur et dirigeretur in finem determinatum et certum BACON *MS* 212; res distinctas per relativas proprietates, distinguentes non tamen, ut dicunt, eas determinate sed ~e MIDDLETON *Sent.* I 221; SICCAV. *PN* 128 (v. 1 hic 5); indeterminata veritas vel falsitas est que pro aliquo instanti est et potest esse, que nec est nec fuit pro eodem; et proposicio illam significans primarie est ~e vera vel ~e falsa WYCL. *Log.* I 167.

indeterminatio [LL]

1 lack of definiteness.

secundum revolutionem solis et lune .. determinata sunt tempora uniuscujusque generationis naturaliter, etsi quandoque propter ~onem materie accidit contrarium GROS. 32; alius est motus accidentalis aeris, quem habet ratione sue ~onis, non ratione loci, quia est male terminabile proprio termino .. bene autem alieno BACON XIII 213; philosophus autem dicit quod unumquodque sic se habet ad esse sicut ad cognicionem. ergo sicut ante cognicionem habet ~onem cognicionis ad omnia, ita ~onem essencie PECKHAM *QA* 40; propter maliciam privacionis et ~onem subjecti talis potencie SICCAV. *PN* 141; ~o autem negativa, sc. repugnancia ad determinari, etsi sit aliquo modo major quam ~o privativa, non tamen tale indeterminatum prius occurrit intellectui DUNS *Ord.* III 66–7; omnis ~o veritatis aut falsitatis in futuricione scibilis est fundata. .. verumtamen cum omnis talis futuricio dependeat a presenti, ymmo a prima causa, patet quod omnis talis ~onis causa ultima erit Deus WYCL. *Log.* I 168.

2 ? indecision.

sicut est de actu libero voluntatis, que longo tempore potest manere in equali disposicione, in equali indifferencia, in equali ~one per omnia inter duos actus contrarios omnino equales BRADW. *CD* 694B.

indeterminatus [LL]

1 undefined, unrestricted. **b** unspecified, imprecise.

Deus est .. principium primum .. ~um BART. ANGL. I 16 (v. 1 impartibilis 1b); s**1205** quum summus pontifex ~e locum dedit libertati *Chr. Evesham* 156. **b** **1235** terminus terminans set ~us et incertus *BNB* III 142; purum villenagium, a quo prestatur servitium incertum et ~um, ubi sciri non poterit vespere quale servitium fieri debet mane BRACTON 26; confusa indistincta et ad omnes formas ~a BACON VIII 94; ~o numero annorum et ita veniet Antichristus HARCLAY *Adv.* 65; **1312** quinta ordinacio non procedit .. quia est contra jura quod ..; preterea est ~a quia .. *Ann. Lond.* 213; mureligus .. est animal coloris ~i, nunc enim est album, nunc nigrum, nunc flavum, nunc varium, nunc eciam maculosum in corpore facie et pedibus UPTON 167.

2 (phil.) indefinite, indeterminate.

~um dicitur antithetum per privationem determinationis GERV. MELKLEY *AV* 172; concipiendo ens ~um negative, id est non determinabile a conceptu entis DUNS *Ord.* III 13; intellectus de se est ~us ad omne intelligibile et ad omnem intelleccionem: ergo ad hoc quod intelligat requiritur determinacio aliqua *Ib.* III 277; propter illimitacionem virtutis active, sicut sol est ~us ad generandum multa *Ib.* III 325; ~ior enim est voluntas quam intellectus *Id. Metaph.* I 7 p. 81; ~a veritas vel falsitas WYCL. *Log.* I 167 (v. indeterminate 2).

3 (w. ref. to dispute or sim.) not determined, not settled.

1082 tamdiu res ~a permansit *Regesta* p. 122; negotium ipsum eousque ~um remansit EADMER *HN* 285; ~am rem, ut erat, reliquit in medio W. MALM. *GP* I 70; **1345** judicia super placitis in dicto burgo .. motis reddita, que sic falsa vel erronea pretenduntur, remanent indiscussa et ~a *RScot* I 660a.

indetestatus, intestate. *Cf. detestatio* 2.

s**1258** laicis ~is decedentibus domini feodorum non permittunt ipsorum debita solvi de bonis mobilibus eorundem *Ann. Burton* 421.

indetractabilis, that cannot be decried.

humana .. ipsius voluntas a tempore incepit et ipsa naturales et ~es passiones sustinuit (J. Damasc.) GROS. *Cess. Leg.* III 5. 5; paupertas .. negocium sine dampno, possessio absque calumpnia, ~is sciencia, incerta fortuna W. BURLEY *Vit. Phil.* 384.

indetritus [LL], not worn down, untrodden.

Alexandrum, qui universas nihilominus terras bellis detrivit, qui per loca serpentosa et humanis gressibus ~a usque ad secretiores .. Indie partes .. penetravit *Chr. Rams.* 33.

indeturpabilis, that cannot be disfigured.

quid igitur dedecet pulchrum pulchris misceri? et pulchrius minus pulchris, ut sic magis pulchrum apparet, eaque sua pulchritudine †in deturpabili [l. indeturpabili] illuminet et exornet? BRADW. *CD* 168D.

indeus [ME *inde* < *Inde*], from India, (of colour) indigo.

1244 ij [pannos] de samitto de colore ~ia *Cl* 175; **1252** quod habere faciant abbati Westm' unum samittum ~ium vel alium samittum si ~ium non habuerint *Cl* 280; **1310** tunica et dalmatica yndei coloris *Ac. Exec. Ep. Exon.* 4; **1340** unam capam chori de ~eo colore poudratam de vinea rubra cum leonibus et capris alatis de filis deauratis *Lit. Cant.* II 219.

indevincibilis [cf. devincire], that cannot be constrained.

vir quidam .. in amentiam versus ita ~is manserat ut nulla precum instantia .. ad pacis concordiam potuerit inflecti *Chr. Evesham* 62.

indevitabilis [ML], inescapable, inevitable.

quid est mors? .. ~is incerta peregrinacio hominis (*Sent. Secundi*) *Leg. Ant. Lond.* 185.

indevote [LL], without duty or respect, (esp. w. ref. to religious duties) undevoutly.

1166 in his omnibus nihil odiose, nil ~e, et omnino nihil nisi quod fidelis domino, pater filio mandavi BECKET *Ep.* 222 p. 480; quam ~e, quam segniter commissa sibi mandata compleverint, melius est silere quam loqui WALS. *HA* I 356; **1472** vicarii qui celebrant psalmos se nimis festinant et ~e celebrant *Fabr. York app.* 252.

indevotio [CL], lack of duty or respect, (esp. w. ref. to religious duties) lack of devotion.

si trabes tollatur invidie et ut albugo curetur, cum multiplici devotione ipsius conferatur multiplex ~o tua J. FORD *Serm.* 56. 4; tam irreverentiam postmodum et ~onem .. quam pravam quoque grassandi ulciscitur voluntatem GIR. *PI* I 17 p. 61; **1301** devagantes per mundum ~onem amplexantur *Reg. Cant.* 413; causa destructionis Gallicorum fuit eorum ~o, quod sanctos suos non digne honorabant (J. BRIDL.) *Pol. Poems* I 175; nec ~onis torpore seu carnalium desideriorum squalore computruit *Mir. Hen. VI* II *prol.* p. 77.

indevotus [LL], lacking in duty or respect: **a** (w. ref. to religious duties) undevout. **b** disrespectful, inattentive.

a infidelium sospites sed ~i hospites adgrediunt terram WILLIB. *Bonif.* 8 p. 52; dum emeritis et sibi devotis ostium misericordie .. aperit, ~os vero et non sibi bene placitos arcendo repellit R. COLD. *Cuthb.* 73 p. 148; non eum admittit Dominus in gratie sue sinum, quem in opere suo invenit ~um AD. SCOT *Serm.* 99B; **s1089** patri .. inobediens, Deo ~us, fratri suo regi Willelmo infidelis *For. Hist.* II 22; ut reddatur lectio insipida, oracio ~a et tota meditacio viciosa *Spec. Incl.* 1. 2; indevota Deo qui verba precancia confert, / judicii proprii dampna futura petit GOWER *VC* III 1655. **b** rex .. inchoati operis non ~us *Chr. Battle* f. 14; cum ipse factus fuisset lector, .. facti sunt ei ~i auditores sui ECCLESTON *Adv. Min.* 66; avari et Fratribus ~i .. libenter .. emerent dominium supradictum; quo empto Fratres expellerent OCKHAM *Pol.* II 628.

index [CL]

1 one who reveals or points out.

intimat certissime se jam redditum vitae, et ab universali Angliae patrono Augustino interventore veracique ~ice sibi apparente id collatum et cognitum sibi fuisse GOSC. *Mir. Aug.* 3; quem auctorem et ~icem historiae Anglorum scriptor Beda praeconatur *Id. Transl. Aug.* 24B; an vatem Frigium, Martem qui certior index / explicuit presens oculus, quem fabula nescit? J. EXON. *BT* I 25; filius Elysabeth ortus Christi fuit index M. RIEVAULX (*Vers.*) 36.

2 indication, sign, token.

~ex, testis *GlC* I 120; tristitiam cordis vultu ~ice prodebat BEDE *HE* IV 23 p. 264; ipsa hujus ~ex miraculi arca .. verum testimonium perhibet GOSC. *Edith* 72; Mercurius in iram commotus Battum caduceo percussum transvertit in lapidem nigrum, qui nunc quoque dicitur ~ex *Natura Deorum* 27.

3 the finger used for pointing, forefinger.

cum dicis decem, unguem ~icis in medio figes artu pollicis BEDE *TR* 1 p. 179; ~ex, *scytefinger* ÆLF. *Gram.* 298; **c1100** (v. granum 5a); bicornem denuo formam indicis et medii inferens digiti OSB. CLAR. *V. Ed. Conf.* 14; in dormitorio beati Martini duo angeli ingressi sunt. unus ~icem extendebat; alter monachum, quem ille ostendit, percussit R. NIGER *Chr. II* 135; tantus in digitis, pollice sc. et ~ice, dolor secutus est .. *Mir. Cuthb. Farne* 3; artaria .. inter policem et ~em *Ps.*-RIC. *Anat.* 44 p. 35; **1266** cepit digitum qui vocatur ~ex juxta policem in manu dextra et morsit [*sic*] dictum digitum *SelCCoron* 2; ~ex. *forefyngure WW*; hic ~ex, *the secunde fynger WW*.

4 kind of dog, pointer or setter.

humiliando se prorepit et cum prope est procumbit et pedis indicio locum stationis avium prodit, unde canem ~icem vocare placuit CAIUS *Can.* 4b.

indextre [cf. dextere], inauspiciously, unfittingly.

mandamus quod ad prandium conventus in refectorio nulla nisi digna et honesta persona .. invitetur, ne tanto conventui ~e preponantur indigni vel inhonesti *Cust. Cant.* 39.

indicabilis [LL], that can be pointed to.

testor omne sacrum quod ibi nullum nomen, nulla scriptura, nullus titulus, nullum indicium fuit repertum vel nominatum, nulla prorsus Miltrudis, nulla sancta preter illam que censebatur Eadburgis ibi erat ~is GOSC. *Lib. Mild.* 18.

1 indicare [CL]

1 to point to. **b** to mark out, designate.

querit sacerdotem, vinculum quo ligabatur ~at *Mir. Fridesw.* 46. **b** **978** (11c) ego Osuuald ergo Christi krismate archipraesul ~atus *CS* 618.

2 to make known, indicate, point out (in words). **b** (intr., w. *de* & abl.) to give news (of), discourse (about). **c** (gram.) to express as a statement.

nonne bis ~avi tibi quod debes facere et neglexisti? *V. Greg.* p. 92; ~avit nobis abbatissa quia quaedam de numero virginum .. languore teneretur BEDE *HE* V 3; quod cum canonici ~assent regi, confestim praecepit ad aecclesiam terram reverti *DB* I 252vb; garrit, non ~at quid dicat GOSC. *Lib. Mild.* 12 p. 80; matris mee decessus .. eo gravius me gravavit quo mihi est miserabilius inducatus *Ep. H. Los.* 58 p. 100; si monachi invicem loquuntur, se licenter loqui verbo ~abunt; si cum laicis loquuntur, signo significabunt *Obed. Abingd.* 361 (cf. ib. 368: abbate .. presente, si subprior vel tertius in loquutorio loquuntur, nisi ipsi exploratori verbis ~averint vel signo ~averint se licenter loqui, clamabuntur); Picus augur fuit, habens picum avem, per quam futura noscebat, sicut pontificales ~ant libri ALB. LOND. *DG* 11. 11; **c1213** qualiter hec promissio semper in pejus evanuerit satis viva voce vobis ~avimus GIR. *Ep.* 7 p. 250; **c1354** inducavi (v. facies 6b). **b** mirantur pueri animum circa talia occupatum et de absentibus ~are velut prophetando W. DAN. *Ep.* f. 62ra; Petrus de Cruce de semibrevibus verius ~at HAUBOYS 260; Johannes de Garlandia aliter de semibrevibus ~at et verissime *Ib.* 262. **c** modus pro modo ponitur ut indicativus pro imperativo, sic 'itis' pro 'eatis' vel 'ite ..', significans per hoc quod non oportet imperare sed ~are quia ad nutum obediunt *Ps.*-GROS. *Gram.* 72.

3 (spec.) to disclose, reveal (that which is hidden or secret). **b** (refl.) to give oneself up.

evigilans Constantinus .. ad ecclesiam perrexit ~ansque episcopo .. somnium ALDH. *VirgP* 25 p. 259; de hac re sollicitari noli; quod enim vivens ulli hominum ~are nolui, nunc tibi manifestabo FELIX *Guthl.* 50 p. 156; hanc visionem prorsus nemini ausus est prima vice ~are viventi LANTFR. *Swith.* 1; abbas jussit .. nemini hoc ~are viventi WULF. *Æthelwold* 14; ait Prometheum .. celum ascendisse et adhibita facula ad rotam solis ignem furatum esse, quem hominibus ~avit ALB. LOND. *DG* 10. 10; **s1254** noluerunt ballivis ~are qui, cur, unde, vel quare advenissent M. PAR. *Maj.* V 426. **b** si .. fugiat vel repugnet et se nolit ~are (*Quad.*) *GAS* 222.

4 (third pers. sg. perf. indic. as sb., leg.) writ of *indicavit*, prohibiting the collection of tithes by rector whose title is disputed. (*Cf. Reg. Brev. Orig.* 36: rex C. salutem. indicavit nobis S. quod cum A. de B. clericus teneat ecclesiam de N. advocacione sua.)

1233 V. de B. .. secutus fuit placitum in curia christianitatis de advocatione capelle de T. unde Daniel .. tulit quoddam Indicavit *CurR* XV 537; in casu .. quo rector alicujus ecclesie impeditur ad petend' decimas .. per prohibitionem de Indicavit *Fleta* 330; **1285** cum per breve Indicavit impediatur rector alicujus ecclesie ad petendum decimas in vicina parochia (*Westm.* 77) *StRealm.*

2 indicare v. indictare.

indicatio [CL], declaration, statement, revelation.

suggessionem, supplicationem, ~onem *Gl. Leid.* 2. 167; habeat .. pecuniam ~onis *GAS* 97 (v. delatura).

indicative [LL], as an indication, indicatively.

sunt alia exempla istius modi equivocationis .. quod formaliter dicitur de animali ostensive vel ~e de urina, effective de medicina, conservative de dieta BACON *CSTheol.* 65.

indicativus [LL]

1 serving as an indication or sign, indicative.

s1248 mundi finis multiplicibus argumentis annus .. ~us M. PAR. *Maj.* V 47; ~i sunt illi dies in quibus indicia futurae crisis apparent BACON IX 203; urina est sana, id est ~a sanitatis *Ib.* XV 206; hic color [sc. azoreus] est maxime ~us amoris BAD. AUR. 102; rara et insueta .. ~a sunt apud sapientes malorum que futura erunt *Reg. Whet.* I 385.

2 (gram.) expressing as a statement, (*modus ~us*) the indicative mood.

BEDE *Orth.* 22 (v. conjunctivus 3); ~us modus dicitur per quem indicamus quod agimus, ut puta requisitus scribens quid facias respondes, "scribo" BONIF. *AG* 496; ~us [sc. modus], qui et definitivus, quo indicamus vel definimus quid agatur vel patiatur a nobis ALCUIN *Gram.* 876D; LANFR. *Comment. Paul.* 270A (v. conjunctivus 3); diversificatur modus secundum hec tria, scire, posse, velle .. unde et primus modus ~us est sive scientificus *Ps.*-GROS. *Gram.* 48; ita semper proferatur verbum electionis et presens tempus ~i modi et numeri singularis, ut 'eligo' et non dicatur 'eligimur' nec dicatur 'elegi' vel 'elegimus' L. SOMERCOTE 32.

indicatorium, (? handle for) pointer used to mark place in reading.

~ium, *æstel* ÆLF. *Gram.* 314.

indicatorius, that points out, expresses, or reveals.

GARDINER *CC* 34 (v. enuntiatorius).

indicatrix that points out, expresses, or reveals (f.).

1415 hanc literulam memor illius gratitudinis et fidei velut ~icem digneris inspicere BEKYNTON II 108; **c1440** litteras tuas antea acceperamus ~ices tue in nos voluntatis (*Lit. Ducis Glouc.*) *EHR* XIX 520.

1 indicere [CL]

1 to give formal notice (of), proclaim.

Cnuto .. pacem et unanimitatem om[n]ibus suis indixit *Enc. Emmae* II 19; antea crispabis pectine refugum a fronte capillum quam ego vicecomitisse ~am repudium W. MALM. *GR* V 439 p. 510; proquiritare, sub militari conditione legem ~ere OSB. GLOUC. *Deriv.* 480; **1171** expositis in medio litteris sententiam continentibus .. toti terre regis in partibus transmarinis indixit *Ep. Becket* 741 p. 444; Creta .. prima literis jura indixit *Eul. Hist.* II 115 (= BART. ANGL. XV 42: tradidit); **s1415** cum regia providencia indixisset exercitui .. sub pena mortis ne ulterius incendia fierent *G. Hen. V* 4.

2 (*~ere bellum* or sim.) to declare war.

bellum .. illi, si contemneretur, ~ens BEDE *HE* II 12; Corinthiis bellum ~amus an non? ALCUIN *Rhet.* 8; si .. bello indicto forte non prevalet, insidiis saltem .. hostem gravat GIR. *DK* II 3; **1196** indixistis proprie carni bellum, contendentes non esse quod estis P. BLOIS *Ep.* 134. 400C; bellum a Grecis ~itur Trojanis, Ilium subvertitur NECKAM *NR* II 189 p. 342; indixit quandoque eis bellum HARCLAY *Adv.* 66.

3 to impose or inflict by pronouncement: **a** (obligation, task); **b** (punishment, penance); **c** (payment, tribute).

a insonuit interdictum et, ne inde praedicti pontificis corpus amoveretur, indictum est WILLIB. *Bonif.* 8 p. 53; ~it priori fratribusque .. curiam fore petendum [l. petendam] HERM. ARCH. 22; ~ens attentissime conductis artificibus jussum divinitus opus accelerare GOSC. *Transl. Mild.* 21 p. 185; indictum .. omnibus ut vineas et tuguria cancellata ex virgis facerent OSB. BAWDSEY clxxi; usum / cunctis indicit artubus ipse suum NECKAM *DS* IX 360; **s1208** rex ~it ut .. (v. 1 coronator 2a); **s1415** indixit .. rex per totum exercitum ut quilibet sagittarius .. aptaret sibi unum baculum *G. Hen. V* 11 p. 68. **b** si autem contempserit indictum jejunium in aecclesia et contra decreta seniorum THEOD. *Pen.* I 11. 4; mulieri non est licitum alicui penitentiam ~ere *Ib.* II 7. 2; **798** ita ut angelis quoque anathema indixit si aliter venirent praedicare quam praedicatum est ab apostolis ALCUIN *ad Beatum* 319; furi talis indicta est pena ut, prima et secunda vice, octoginta flagella sustineat, tercia manum, quarta pedem amittat PETRUS *Dial.* 64; **s1139** cum sibi ultroneum jejunium episcopus indixisset W. MALM. *HN* 469 p. 29. **c** **14..** (v. indictio 2).

4 to impose, require. **b** (p. ppl. *indictus*) imposed by command, required. **c** (in weak sense) the said, or ? *f. l.*

necessitas rei omni excusationi repudium indixerat W. MALM. *GP* IV 137. **b** s1105 indicta pecunie quantitate (v. ecclesia 4c); DEVIZES 33 p. 35 (v. 1 discretio 1a). **c** a1290 unam dimidiam acram terre .. iacentem apud Normangate (*Castor, Northants*) .. et abuttat .. super indictum [? l. dictum] vicum .. *Carte Nativ.* 370.

5 *f. l.*

FELIX *Guthl. cap.* p. 66 (v. indere 3).

2 indicere v. indictare.

indicibilis [LL]

1 impossible to tell.

quot in aliis effuderit referre longum est et ~e nobis J. SAL. *Ep.* 310 (322 p. 792); quid enumerum singula? .. ~e enim ut quidlibet se ipsum vel a se ipso gubernetur sic H. BOS. *LM* 1354D.

2 (in good sense) indescribable, ineffable.

Domine Deus noster, stabilis es et incomprehensibilis, .. ineffabilis, inaestimabilis, ~is ALCUIN *Dub.* 1032A; **934** festinandum est ad amoena ~is letitiae arva *CS* 702; nares ~is odoris fragrantia perfundebat AILR. *V. Ed. Conf.* 756B; dulcedo .. interiora anime mira et ~i suavitate replevit SERLO GRAM. *Mon. Font.* 120; fragrantia miri et ~is quodam modo odoris J. FURNESS *Kentig.* 43 p. 237; pulchritudo .. natura ~i nos rapit in suum amorem BACON *CS Phil.* 394.

3 (in bad sense) unspeakable.

1277 quicumque de incontinencia convincatur, pena temere exeuncium percellatur; .. deprehensi autem in ~i vicio .. incarcerentur usque ad nutum capituli generalis *Doc. Eng. Black Monks* I 84; **1282** cum rei publice lesione et animarum ~i dispendio PECKHAM *Ep.* 307; s**1381** cum superbia magna ad portas monasterii properarunt, .. que eis aperte fuerunt, carcerem a janitore illis reserari cum ~i fastu jusserunt *G. S. Alb.* III 304; s**1377** intratum est hoc modo cum ~i superbia in ecclesiam S. Pauli *Chr. Angl.* 119.

4 (in weakened sense) very great.

erat adhuc primaeva aetate florens sed tamen ~i prudentia pollens *Enc. Emmae* II 15; s**1001** populo ~is inerat tristitia FL. WORC. I 155; [Stephanus] cum ~i veniens multitudine pertinaci eos .. claudere obsidione proposuit *G. Steph.* 42.

indicibiliter [ML], indescribably, (in weakened sense) very greatly.

~iter ammiror humanam vesaniam GOSC. *Lib. Mild.* 18; s**1260** prolata est sentencia .. in omnes illius sceleris fautores, ita quod audientes ~iter fierent formidantes *Flor. Hist.* II 445; episcopus .. qui, licet pridie fuisset ~iter offensus abbati, eo die tanta dileccione eum complectabatur ut .. *G. S. Alb.* III 277; s**1314** quod corda multorum in amorem sui ~iter commutavit WALS. *HA* I 142 (= TROKELOWE 87: mirabiliter).

indicio v. inditio. **indicisus** v. indecisus.

indiciter [? cf. index, 1 indicium + -iter], by way of sign (in quot., w. ref. to future sanctity).

quoniam absque sexu virili virginis hujus nequibat explicari petitio, hujusmodi gratia ~iter contigit fieri beati Kentigerni conceptio *V. Kentig.* 8.

1 indicium [CL]

1 sign, token, proof.

ossa [gigantum] in litoribus et in terrarum latebris ad ~ium vastae quantitatis eorum saepe reperta leguntur *Lib. Monstr.* I 54; veri autem pastoris et cui sincera est cura de ovibus evidens et speciale ~ium est cum .. ipsam quoque vitam pro grege Christi ponere in promptu habet BEDE *Hom.* II 22. 217; sicut .. caelestium signa virtutum ~io sunt *Id. HE* IV 6; misit ei idem pater sacre dilectionis aliud ~ium in hac epistola *V. Gund.* 20; nempe in omni compagine corporis nexus solidissimus illi flexibilis est, quod non morte depereuntis ~ium sed vite spiraculum trahentis experimentum mortalibus est R. COLD. *Cuthb.* 2 p. 3; J. SAL. *Ep.* 323 (v. gratiosus 2); inditia T. MON. *Will.* III 5 (v. gingiva); quorum .. memoria ex certis quibusdam ~iis perenniter extat memoratu dignissima GIR. *TH* II *pref.* p. 74; ut rem, quam petit, debeat certis munire indiciis in libello RIC. ANGL. *Summa* 7 *tit.* (cf. ib. 7: rem, quam petit, debet certis monstrare †judiciis); credidit se securum esse non posse, donec aliquam consolationem a Deo acciperet et ~ium remissionis P. CORNW. *Rev.* I 200; ~ium ignis incinerati quem forsitan pastores vel piscatores reliquerant ibi J. FURNESS *Kentig.* 4 p. 168.

2 sign, gesture.

in ~ium supplicis deprecationis extensis palmis FELIX *Guthl.* 48 p. 146; monachus .. volens ~iis de quadam necessitate ei indicare WULF. *Æthelwold* 35 (cf. ÆLF. *Æthelwold* 24).

2 indicium v. indusium.

3 indicium v. judicium.

indicola [cf. CL indu-, *archaic form of* in-], (archaizing spelling of CL *incola*) one who lives in a place, inhabitant.

c**1319** nos igitur universitatis Oxon' matris nostre ~e ejusdem langores et gemitus non ferentes fraternitati vestre mature tam divinitus sublimitate eosdem cum altis de corde suspiriis reseramus *FormOx* 85 (= *Collect. Ox.* I 19).

indictamen v. dictamen 1b.

indictamentum

1 (leg.) charge, accusation.

1200 per inditamentum cujusdam latronis *CurR* II 174; **1219** inditamentum factum coram justiciariis ultimo itinerantibus in comitatu suo *Cl* 398; **1219** fecit eos abjurare terram .. per sacramentum et ~um quorundam hominum de quatuor villis *CurR* VIII 42; **1221** Elias clericus de D. arestatus fuit per ~um xij juratorum, et juratores postea cognoverunt quod nichil sciunt de eo nisi .. *PlCrGlouc* 46; **1269** R. captus fuit pro inditamento A. *SelCCoron* 14; **1293** ~a probatorum *PQW* 222.

2 (leg., spec.) indictment, document containing accusation in writing.

1287 tibi precipimus quod ~um illud sub sigillis indictancium habeas coram nobis (*Breve*) *State Tri. Ed. I* 28; **1342** de ductionem .. victualium ad Scotos .. in .. confortacionem eorundem sint indictati et ~a vobis missa ad execucionem inde faciendam *RScot* I 634b; **1378** ~um vacat hic quia plenarie liberatum fuit W. S. et sociis suis justiciariis .. ad gaolam .. deliberandam assignatis coram quibus idem quietus fuit *SelCCoron* 87; **1398** indictatus fuit de furto, prout in ~o suo continetur *Reg. Heref.* 158; s**1417** lectum fuit ~um coram eo de hostili insurreccione contra regem WALS. *HA* II 327.

indictare, indicare, indicere, inditare

1 (leg.) to accuse, charge, indict, lay indictment against.

1219 juratoribus .. qui debuerunt coram justiciis itinerantibus ~asse in veredicto suo Willelmum *CurR* VIII 10; **1220** R. C., T. de G., et M. uxor ejus et R. frater ipsius M. quos ipsa [A.] ~avit de homicidio committuntur W. de H. ad ponendum eos in gaola pro libertate sua *SelPlCrown* 123; **1225** qui .. ~antur de latrociniis roberiis vel de morte hominis *Cl* 76b; **1228** vidit .. duos homines prioris .. enditatos a quodam probatore episcopi .. et vidit eos inde replegiari per homines prioris *Feod. Durh.* 252; **1255** idem H. le F. quando fuit captus ~avit quosdam O. le M. et G. cocum de consorcio et malefacto de venacione domini regis *SelPlForest* 17; s**1274** per decenas illius curie de latrocinio fuerat ~atus *Ann. Dunstable* 261; **1277** indicata per Stephanum Rusell, probatorem, de rec' de soc', etc. *Gaol Del.* 35B r. 54; **1279** ~ati sunt coram Henrico de S. et sociis suis justiciariis nostris itinerantibus .. de diversis roberiis et feloniis .. perpetratis; et prefati justiciarii nostri ad finale judicium super indictamentis predictis rite procedere non possunt in eorum absentia (*Breve*) *MGL* I 297; c**1291** juratores ~averunt predictos Ricardum et Radulphum de latrocinio *State Tri. Ed. I* 28; **1305** W. faber .. indictus et captus pro roberia *JustIt* 1015 r. 15*d*; **1313** ~atus .. coram coronatore de homicidio *Eyre Kent* 85; **1340** B. queritur de omnibus presentatoribus quod maliciose et false ipsum indicaverunt *CBaron* 100; **1348** H. filius H. S. ~atus coram coronatore de morte W. filii R. *SelCCoron* 111; s**1382** vocavit viros duodene ad cameram suam ut sciret quos ~assent WALS. *HA* II 24.

2 (p. ppl. as sb. m.) charged or indicted man.

1309 (v. indictator 1).

3 to dictate, express in words, indite.

1344 dicit quod ipse non scripsit litteram predictam nec illam indicavit [MS *prob.* inditavit] eo quod nesciens fuit ad hujusmodi litteram scribendam sive indicandam *SelCKB* VI 36; hic incipit historia sive narracio de modo et forma mirabilis parliamenti .. per Thomam Favent clericum ~ata FAVENT 1 *tit.*; translacio ex Gallico in Latinum hic non patitur modum endictandi; ideo lector parcere dignetur AD. USK 35; **1467** pretendens ad salutem anime sue, prout consciencia sua coram Deo plenius ~at, sibi multipliciter profuturum, si .. in nostrum monasterium liceret eidem ingredi *Reg. Whet.* II 64; *to endite*, dictare, in- *CathA*.

indictatio, (leg.) charge, accusation. **b** (spec.) indictment, document containing accusation in writing.

1230 J. debet habere feodum in bosco domini regis, viz. .. pannagium .. et ~ones, si que fuerint, viz. de viridi et venatione (*Cart. Boarstall* 560) *Ambrosden* I 295 (cf. ib. 375 [**1266**]: exceptis ~onibus si que fuerint sc. de viridi et venatione); **1277** N. P. captus .. per ~onem R. le F. .. suspensi pro burgariis *Gaol Del.* 71 m. 16; **1321** de appellacione sive ~one de morte hominis ponenda *MLG* II 373; **1444** iniquissimas inditaciones *Conc.* III 540. **b** scrutatus est .. ~onem sive accusacionem *Proc. A. Kyteler* 10; **1461** post recepcionem hujusmodi ~onis *Reg. Heref.* 120.

indictator

1 one who brings indictment, (spec.) juror.

1287 illos de eadem communitate ad iter illud summoneri et quosdam .. alios minus idoneos ad presentaciones ibidem faciendas eligi fecistis, qui maliciose quosdam †judicaverunt [l. indicaverunt] et illi qui per eos sic indictati fuerant per eosdem super articulis aliquibus non nisi per prefatos ~ores inde se purgare .. poterant *Bury St. Edm.* 175; **1309** quod ~ores debent amoveri ex officio justiciariorum cum indictatus se ponat in inquisicionem *PQW* 826; **1321** postea plures de ~oribus per plures wardas indictati de articulis supradictis et convicti *MGL* II 366; **1344** Bartholomeus Folyn alias indictatus per Oliverum de F. [et al.] .. et Oliverus .. et alii ~ores .. vocantur ad inquirendum in forma predicta *Lib. Kilken.* 7; **1375** omnes ~ores in wappentaco de Ellowe *SessPLincs* 242; **1386** nomina ~orum .. in sessione com' Merioneth tent' apud Hardelech *Arch. J.* VI 394.

2 composer (of document or literary work).

an enditer, dictator, ~or *CathA*.

indictio [CL]

1 proclamation, edict.

Quendryda .. tali edicto omnes terruit .. nec mutire audebat humana ignavia et gemitum extincti domini premebant ab ~one terrifica *V. Kenelmi B* 81rb.

2 imposition of tribute or tribute imposed.

~o tributorum BELETH *RDO* 108. 112 (v. 3b infra); **14..** tria pensitacionum genera recensent scriptores, canonem, oblacionem, et ~onem; ac canon sunt quidem seu canonici tituli solemnes et antique prestaciones, ~o quicquid preter canonem indicitur, oblacio denique aurum et argentum quod largicionibus infertur (*Reg. S. Andr.*) *E. Ch. Scot.* 240 n.

3 indiction. **b** indictional cycle of fifteen years.

596 data die x Kal. Aug. imperante domino nostro Mauricio Tiberio piissimo Augusto anno xiiij post consulatum ejusdem domni nostri anno xiij ~one xiiij (*Lit. Papae*) BEDE *HE* I 23; **679** actum in civitate Recuulf' in mense Maio ~one septima *CS* 45; **838** actum est anno Dominicae incarnationis dccc° xxx° viij° ~one j^a^ die iiij feria *CS* 421; nocte sequentis diei festivitatis sanctissimi Andreae apostoli quintadecima ~one Lundoniae perimitur HERM. ARCH. 9; **1074** actum .. anno ab incarnatione Domini m° lxx° iii° ~one xii° *Regesta* 19; obiit anno incarnationis Domini m° lx° vj°, cum regnasset xxiij annis, mensibus vj et xxvij diebus, ~one iiij pridie non. Jan. AILR. *Ed. Conf.* 775B; de ~onibus et racione ipsarum BACON VI 4; **1280** anno Domini a nativitate m° cc° lxxx° ~one octava *Reg. Heref.* 283; **1406** anno a nativitate Domini nostri Jhesu Christi m° cccc° vj° ~one xiiij^a^ die martis xxiij^a^—mensis Nov. in die sancti Clementis (*Lit. Cardinalium*) *Chr. S. Alb.* 3; **1437** anno ab incarnacione Domini .. m° cccc° xxx° vij° ~one prima (*Instr.*) *Mem. Ripon* I 131. **b** secundus ordo circuli decemnovenalis complectitur ~ones xv annorum circuitu in sua semper vestigia reduces .. incipiunt autem ~ones ab viij kal. Oct. ibidemque terminantur BEDE *TR* 48 p. 268; ~o vocabatur antiquitus spatium quindecim annorum, quod constant ex tribus quinquenniis. in quibus quinquenniis .. persolvebatur Romanis tributum .. . finitis autem quindecim annis revolvebatur indictio tributorum ut prius BELETH *RDO* 108. 112.

4 (leg.) accusation, charge, indictment.

1248 neminem habent suspectum preter hos tres malefactores; et hos nisi per ~onem .. R. de F. *SelPlForest* 76.

indictionalis [LL], indictional.

s**1095** anno .. ~is cycli iij° lustro suae aetatis xviij° FL. WORC. II 36.

indictum [LL]

1 proclamation, edict.

secundum ~um regis Pippini WILLIB. *Bonif.* 9 p. 57; ~um, G. *ban*, edictum, *ban Teaching Latin* II 29.

2 (Fr.) public fair.

1162 sciatis me concessisse et charta mea confirmasse quod omnes qui venient ad ~um S. Trinitatis de Fiscano singulis annis .. habeant meam firmam pacem et custodiam *Act. Hen. II* I 359.

indictus [CL], not spoken about, not mentioned.

ubi aut quando ~a sabbata [*ed.*: 'forbidden sabbaths'] celebravit ferra? certe Jeremias testis est quod nec septimum celebraverunt patres eorum J. SAL. *Ep.* 284 (271 p. 550).

indiculum, ~us [LL], **~a**

1 sign, token, proof.

ecclesia hanc se fidem tenere et ipsis testatur ~is quae suis in cereis annuatim scribere solet BEDE *TR* 47 p. 266; quandoquidem eos .. extollant catholici patres suae relationis ~o de singulari virginitatis adepto privilegio ABBO *Edm.* 17; quod quidem .. ita de eo ut praedixerat probabili ~o adimpletum est B. *V. Dunst.* 35; quorum hic vel breviter ~a ponere illa efflagitat ratio W. MALM. *GP* I 19; postquam detrahitur fletus indicula / et genas repetit cruoris undula WALT. WIMB. *Carm.* 304.

2 written authority carried by messenger, letter.

a**713** cum vestris ~is missisque ad almissimam urbem Romam *Ep. Bonif.* 8; **793** si a rege legatio et ~us ad te veniet ALCUIN *Ep.* 15; **796** dum in unius dexteram portitoris .. tres simul posui ~os *Ib.* 96; transmisit ad me ~os qui .. causam remorationis perquirerent ASSER *Alf.* 79.

3 document.

931 ego Æðelstanus .. rex hujus ~i fulcimentum cum signo sanctae semperque amandae crucis corroboravi et subscripsi *CS* 677; **937** (15c) ego Æthelstanus .. cum signo sanctae semperque venerandae crucis coroboravi hunc ~um et subscripsi *CS* 716; **1012** (13c) ego Æþelredus .. rex hujus ~i fulcimentum cum signo sanctae semperque amandae crucis corroboravi et subscripsi *Ch. Burton* 37.

Indicus [CL]

1 of India, Indian.

in oriente, juxta Oceanum ~um *Lib. Monstr.* I 12; Indicus et si me generamine pontus / ediderit HWÆTBERHT *Aen.* 55. 3; nardus est herba modica et spinosa ..; est et ejus species triplex, sc. ~a, Syriaca, et Celtica BART. ANGL. XVII 110; in cannis ~is *Ib.* XIX 131 (v. 3 infra); M. SCOT *Lumen* 242 (v. 4 infra).

2 (w. ref. to spec. commodities) Indian, assoc. w. India: **a** (*nux ~a*) kind of nut used for medicinal purposes. **b** coconut (in quot., used as drinking vessel).

a portio muscate nucis aut jejunia solvat / aut nares patulas mulceat ejus odor. / hec cerebro confert stomachoque minus juvat ipsa / indica nux, cum qua pontica cedit ei NECKAM *DS* VIII 106; sunt et alie nucum diversitates que congruunt medicine sicut nux muscata et nux ~a et nux vomica BART. ANGL. XVII 109; corticis nucis ~e iiij ʒ GILB. VII 287. 1; valent .. amigdale dulces, medulla nucis ~e, nuclei avellanarum KYMER 19; nux indeyca, nux vomica, castaneola idem *Alph.* 126 n. **b** **1368** nucem meam ~am ad bibendum, cum pede et cooperculo argenteis (*Test. Episc.*) *Reg. Exon.* 1555.

3 (*~um, color ~us*) indigo. **b** (of garments) dyed with indigo, dark-blue.

801 non tibi sunt indiga [? i. e. indica] pigmentorum genera magno emenda pretio ALCUIN *Ep.* 237; sapphirus .. qui ~i coloris specie insignitur OSB. CLAR. *Ep.* 41 p. 148; color ~us sive venetus est color blavius lividitatem excedens in pulchritudine et virore, plus habens aqueitatis et aereitatis admixtum cum partibus terrestribus BART. ANGL. XIX 21; de ~o. ~um in cannis indicis limo infixis invenitur spuma adherente limo. est autem coloris pulcri et aerei, mixturam purpure et cerulei mirabilem reddens *Ib.* 131 (cf. Isid. *Etym.* XIX 17. 16); oblati fuerunt .. tres panni aurei, ~i coloris cum floribus intextis *Hist. Durh.* 2 p. 135; **1371** ij coopertorie, quarum j ~i et glauci coloris *Ac. Durh.* 130. **b** c**1220** dalmatice iij brodate, quarum due sunt de serico ~o et unum de serico rubeo (*Invent.*) *Reg. S. Osm.* II 133; duo paria sandaliorum, unum de serico ~o quod fuit episcopi Goscelini *Ib.* 136; **1245** capa de ~o sameto *Invent. S. Paul.* 478; **1310** j capa de samitrico *tywele* linita sindone yndico *Ac. Exec. Ep. Exon.* 4; **1315** alba .. de sindone cum paruris de ~o samicto *Invent. Ch. Ch.* 58.

4 (*sal ~us*, alch.).

sequitur de sale rubeo sive ~o. dicitur autem Indicum eo quod apportatur de India: est enim durissime odorifere nature, rubedine quadam cum citrinitate participans M. SCOT *Lumen* 242; de sale ~o rubeo: sal autem rubeum apportatur de India et id circo vocatur sal ~um *Ib.* 243.

indies v. dies 3b.

1 indifferens [CL]

1 not differentiated. **b** neither good nor bad, indifferent.

ob ~tem tamen similitudinem unam et eandem virtutem in omnibus esse BALSH. *AD rec.* 2 119; numquid item paternitas Patris summi et paternitas Priami sunt ~tes specie? NECKAM *SS* II 11. 2; ut omnis dies cum nocte sua sive sit estivus sive ybernus ~s ostendatur in dimensione temporali GROS. *Hexaem.* II 11. 2; conceptus unitatis transcendentis generalior est, quia ex se ~s est ad limitatum et non limitatum DUNS *Metaph.* IV 2 p. 167; nihil in re est commune vel ~s OCKHAM *Sent.* II 243. **b** an voluptas sit bonum vel malum an ~s BALSH. *AD rec.* 2 176; quia idem est Dei beneplacitum in bono universitatis et bono singulorum, in universitate autem non est malum sed in singulis, beneplacitum Dei, quod in universitate est ~s, in singularibus recipit differentiam, ut in bono singularis sit beneplacitum antecedens in malo autem singularis non, sed coniunctum; quia cum malum fit bene ordinatur in universo GROS. *Quaest. Theol.* 202; videtur quod sit ~s quia ~s est quod contingit bono fine fieri et malo HALES *Quaest.* 278; tolle enim voluntatem et erit omnis actus ~s, quia affeccio tua nomen imponit operi tuo BRACTON 101b; quamvis papa peccare possit quedam talia de se ~cia precipiendo vel prohibendo OCKHAM *Pol.* I 229; divicie et honores et corporum sanitates et cetera que ~cia nominamus nec bona nec mala sunt W. BURLEY *Vit. Phil.* 272; s**1270** transit annus iste .. incredulis letus propter mortem regis Francie, Siculis lugubris propter interitum regie Sicilie, Anglis ~s ad utrumque RISH. 69.

2 impartial, disinterested.

1292 in admissione procuratoris .. juret sic admissus de fideli servicio suo ac ~ti [? *add* auxilio] cuilibet de communi bursa *MunAcOx* 58; **1377** nulla maculatum infamia et de quo nichil indeferentes suspicabantur sinistri *FormOx* 382; apud modernos peritos et discretos, non partiales sed ~tes R. MAIDSTONE *PP* 161v; **1417** ~ti oculo deprecamur et petimus quatinus secundum exigenciam meritorum et graduum teneros vestre communitatis alumpnos .. ablactare velitis *Reg. Cant.* III 48; ?**1422** judicio Thome E. nuper majoris istius civitatis predicte et quatuor personarum ~cium per ipsum eligendarum *Mem. York* II 126; c**1430** cor vestrum ~s ad parcialitatem flectere clandestinis suggestionibus laborabat *Reg. Whet.* II 379.

3 impartiality.

s**1431** hanc suam causam .. suscipere eamque susceptam cum ipsa caritatis ~ia moderari AMUND. I 310.

2 indifferens [LL; cf. differre 3], not delaying.

indeferens, paratur sine dilatione *GlC* I 433.

indifferenter [CL]

1 without distinction, interchangeably. **b** without regard to distinctions, indiscriminately.

notandum autem quod non ~er oleum offerre filii Israhel, sed cum distinctione oleum de arboribus olivarum praecipiuntur BEDE *Tab.* 463; fortasse ~er dici potest credere in illam et ad illam ANSELM (*Mon.* 76) I 83; ad communem tam equorum quam animalium quorumlibet usum ~er accedunt GIR. *TH* II 7 p. 89; sani oculi ab eodem sole et uniformiter et ~er .. illustrantur GROS. *Cess. Leg.* IV 7. 12; si angelus potest ~er esse in loco majore et minore OCKHAM *Quodl.* 35. **b** omnes ~er clerici per totam illam horam stare tenentur *Offic. Sal.* 16; **1255** vina .. communiter vendantur et ~er tam clericis quam laicis, ex quo inbrochiata fuerint *BBC* (*Oxford Univ.*) 293; quod nullus vadat ad convivia secularium, .. ut comedant ibi carnes indeferenter in scandalum ordinis *Cust. Cant.* 156; *moi, toi, sei, fei, roi* et similia possunt scribi per *o* vel per *e* ~er per diversitatem et usum lingue gallicane *Orthog. Gall.* S 14; tales judicium suum vendunt ~er justo et injusto HOLCOT *Wisd.* 11; omnibus ~er, validis et invalidis, justis et injustis, malis et bonis, pro Christo petentibus est eleemosyna conferenda R. MAIDSTONE *PP* 162v; peccator non potest a peccatis hominem absolvere ~er, ut ipse vel ut confitens vult, sed ut velle debent GASCOIGNE *Loci* 84.

2 impartially.

1428 arbitratorum tam ex parte .. prioris et capituli quam ex parte .. ballivorum et communitatis ~er electorum *Lit. Cant.* III 150; c**1430** utinam .. pro indagacione veritatis latentis appenderentur in statera justitie ~er peccata partis utriusque quatinus .. *Reg. Whet.* II 393; **1432** si predicti W. et E. steterint in .. arbitrio .. J. episcopi Bathon' et Wellen' et W. B. militis inter ipsos .. et Elizabeth Stafforde .. indiferenter electorum *Cl* 283 m. 17*d*; **1493** per sana concilia ad premissa determinanda inter nos ~er capta *FormA* 70; **1545** generaliter ac ~er et inviolabiliter observandum .. (*Lit. Archiep.*) *Conc. Scot.* I ccxc.

indifferentia [CL]

1 lack of difference, undifferentiated condition.

Deum, unum in ~ia substantie, trinum in personarum proprietate H. LOS. *Ep.* 23; sic itaque diversi deorum numinisve divini sub sectis, de deitatis unitate nichil omnino curantes, sua sub prosperitatis ~ia diutissime tempora transegerunt E. THRIP. *SS* IX 10.

2 **a** (phil.) lack of distinctness; **b** indifference, disregard for distinctions.

a universalius numquam apprehenditur secundum suam ~iam totam, quando apprehenditur in suo inferiore DUNS *Ord.* III 221; propter auctoritatem Aristotelis intelligendum quod 'homo' de se indifferens est ad multas accepciones, sc. pro voce, pro intencione, pro suppositis; signa ergo, ut 'omnis', 'aliquis', sibi addita ~iam ad intenciones et ad voces tollunt, et determinant ipsum ad accepcionem tantum pro suppositis, sed adhuc in illa accepcione est indifferens ad quodcumque suppositum *Ib. Praedic.* 470; BRADW. *CD* 694B (v. indeterminatio 2). **b** rationem .. ~ie quam semper approbamus liber iste commendat J. SAL. *Met.* 895A; unde sicut Deus nichil potest agere ex ~ia .. WYCL. *Sim.* 51; s**1461** in hac necessitate dispergendi [sc. nos] uti volumus ~ia tali, ut omnes cursualiter transeant, illis .. exceptis, quos excipi oportet pro regimine claustri *Reg. Whet.* I 399.

indifferentialis, lacking difference (in quot., of social class).

non ignarus quod conversatio par et ~is cohabitacioque consuetudinaliter indifferens et equalis contemptiones parere prompta sit semper et parata, deprecaciones dignitatum, divitum derogaciones et honoratorum E. THRIP. *SS* II 20.

indiffinibilis v. indefinibilis. **indigare** v. indigere.

indigena [CL], one born in a place, a native, denizen; **b** (attrib.).

omnem aquilonalem .. terrae partem pro ~is muro tenus capessunt GILDAS *EB* 19; exterminatis dispersisque insulae ~is BEDE *HE* I 16; indeginus, qui in eodem loco ubi nascitur habitavit *GlC* I 118; **812** in loco ubi ab indegenis ab occidente Kasing Burnam appellatur *CS* 341; **10..** †digena, *lanleod WW*; *RegulC* 69 (v. herietum a); tanta et externis et ~is prerogat beneficia GOSC. *Edith* 36; beatissimus T., Londoniensis urbis ~a J. SAL. *Thom.* 1; indigine H. AVR. *Guthl.* f. 66 (v. dissuadere); **1322** mercatores lanarum alienigini seu indigini manentes (*Chanc. Misc.*) *EHR* XXXI 600; **1407** quod nullus alius indigina aut aliquis commorans in dicta civitate non placitet aliquem alium indiginem aut civem ejusdem civitatis *BBWint.* 15; **1417** quilibet querens tam indigenus quam forinsecus *Law Merch.* II xcix. **b** suscepit Anglia ~am regem Eaduuardum GOSC. *Transl. Mild.* 18 p. 176; s**1136** non solum advene set etiam ~e milites W. MALM. *HN* 463.

indigenare, to change status from alien to denizen (in quot., w. ref. to priory).

s**1414** [rex] tres religiosas .. incepit fundare domos, de possessionibus monachorum Francie easdem dotando. prioratus de Goldclef et de Nethe, alias Gallice, jam ~antur AD. USK 124.

indigenatio, change of status from alien to denizen.

1544 carta comitis Lynox de indegenatione, qua ipse comes de cetero ad totam vitam suam sit indigena et ligeus Henrici VIII *Foed.* XV 37.

indigenter, needily. **b** ? *f. l.*

egeo componitur indigeo, unde ~er adverbium et hec indigentia, -e, et indiguus, -a, -um, i. egens OSB. GLOUC. *Deriv.* 187. **b** **1553** juri convenit justiciarios nostros de banco predictos, a quibus in eadem curia nobis et ligeis nostris ministerium justicie †indigentius [? l. diligentius] exhibetur, .. per hujusmodi curie privilegia protegi quietius et defendi *Entries* 476va.

indigentia [CL]

1 need, want, esp. w. ref. to poverty; **b** (w. obj. gen.).

insula antiquo vicinorum vocabulo Glæstonia nuncupata .. plurimis humanae ~iae apta usibus B. *V. Dunst.* 3; pauperum ~iis OSB. *V. Elph.* 128; beatitudo est sufficientia in qua nulla est ~ia ANSELM (*CurD* I 24) II 93; **1274** ut ~ie nostre nostrique monasterii medelam dignemini adhibere *CartINorm.* 35; **1293** ad scolarium ~ias .. misericordie oculos sic convertit ut .. *StatOx* 105; quanta enim differencia est inter summam copiam secularium diviciarum et maximam ~iam istius mundi paupertatis ROLLE *IA* 219; ~ias anime et corporis patri suo spirituali annunciare GASCOIGNE *Loci* 65. **b** ut ducat aegrum in cellam infirmorum in qua domo serviatur ei .. tam de communibus cibis quam de esu carnis, ut nullius rei .. ~iam patiatur LANFR. *Const.* 179; unde cognosci potest eum propter ~iam verbi significantis aeternam praesentiam usum esse verbis praeteritae significationis ANSELM (*Praesc.*) II 254; de qualicumque, si apud vos est, mei ~ia *Id.* (*Ep.* 156) IV 18; ~ia nutrimenti corrumpitur semen *Quaest. Salern.* P 109.

2 deficiency, defect.

1369 quod reparari faciant molend' in omnibus indigentibus [*sic*] citra proximam curiam *Hal. Durh.* 87.

indigēre [CL]

1 to stand in need of, require, need: **a** (w. gen.); **b** (w. abl.); **c** (w. acc.); **d** (w. inf. and acc. & inf.); **e** (w. cl.); **f** (ellipt. and absol.). **g** (pr. ppl. as adj. or sb. m.) poor, needy.

a Deo qui nullius est ~ens ALEX. CANT. *Dicta* 4 p. 123; nunquam Deus vos victualium ~ere permittet *V. Edm. Rich C* 594. **b** illa .. quae poetica exemplorum adstipulatione plurimum ~ent ALDH. *PR* 116; nunc pane ~ens GOSC. *Transl. Mild.* 18 p. 177; quis prestabit michi pecuniam ut emam omnia quibuscumque ~eo? *Descr. Constant.* 251; cur creavit Deus animalia, cum his non ~eret homo? prescivit eum Deus peccaturum et his omnibus ~iturum HON. *Eluc.* 1117B; insolita morborum genera nova ~ent medicina P. BLOIS *Ep.* 64. 188A; **1258** quia auxilio vestro specialiter in instanti necessitate ~emus *SelPlMan* 60; divites fuerunt et non ~entes talibus vestimentis

Knapwell *Quare* 275; ad tantam devenit inopiam ut, qui consueverat magna tribuere, jam inciperet minimis ~ere *Latin Stories* 31. **c** produxit subito fontem prius arida tellus, / de quo potabant socii secumque ferebant, / indiguit quantum steriles via cepta per agros Alcuin *WillV* 16. 13; quae partim illa cum maxima gratiarum actione suscipit partimque sese non ~ere quodammodo ostendit *Enc. Emmae* III 7; pecuniam ~eo *Latin Stories* 115; **1382** habebit meremium .. quantum ~uerit *Hal. Durh.* 175. **d** qui bis ignorantes baptizati sunt, non ~ent pro eo paenitere Theod. *Pen.* I 10. 1; **793** precum vestrarum protectione muniri ~eo Alcuin *Ep.* 15; ~eo fraternis ammonitionibus .. corroborari O. Cant. *Ep.* 67; cum de ipso, quod Deus et homo fuerit, ageremus, jam id ulterius probare non ~emus Petrus *Dial.* 117; ~eo mitti evectiones ut .. versus vos iter arripere valeam Ad. Marsh *Ep.* 27 p. 118; quod non ~uit nec voluit .. aurum capere nec argentum Avesb. 134. **e** ego et tu nequaquam ~emus ut mutuos nostros affectus per epistolas nobis invicem indicemus Anselm (*Ep.* 41) III 152. **f** nempe aliquid minus alio habere non semper est ~ere; sed aliqua re, cum eam haberi oporteat, carere est ~ere (*Id. Praesc.* 3) II 286; **1383** quod teneant hirsillum cum bidentibus suis et quod unguent eos tociens quociens ~ent *Hal. Durh.* 179. **g** ad usus pauperum et quorumlibet ~encium *Cart. Chester* 106 p. 131; ecce ego jam miser et mendicus, ~ens et indignus, ad fontem indeficientis misericordie tue venio *Spec. Incl.* 3. 1 p. 111.

2 (in weakened sense): **a** to be without, lack. **b** to feel need of, desire.

a paludes praebent pluribus monachorum gregibus optatos solitariae conversationis sinus quibus inclusi non ~eant solitudine heremi Abbo *Edm.* 2; Lanfr. *Comment. Paul.* 377 (v. divinitas a). **b** non ~entes illius [sc. Dei] aeterno lumine, sed vacantes propria providentia quasi oculis suis ad dinoscendum bonum et malum Bede *Gen.* 54; filia mea, in quo ~es visitare aliquos propinquos tuos, .. quod non invenias in claustro tuo? Anselm (*Ep.* 405) V 350.

3 (in pass. or *s. pass.*) to be needful or necessary. **b** (impers.) it is necessary. **c** (pr. ppl. as adj.) needful, necessary.

943 (13c) preter id quod nobis omnibus communiter †indigari [l. indigeri] videtur, id est tria, exercitus aditum, †ponti [l. pontis] edificium, municionis castellique auxilium *CS* 784; **1268** ideo super hac recognicione non ~et inquisicio *JustIt* 618 r. 24*d*. **b** haec et alia .. monasteria quantum liberalissimus rex .. sublimaverit non ~et exponi, quod reipsa magis hodietenus elucescit Gosc. *Transl. Aug.* 43C; **c1170** reliquos regis Æthelstani triumphos .. nostris apicibus non ~et illustrari *Chr. Rams.* 16; **1405** cum indigerit [*sic*] *Doc. Bev.* 16. **c** **1378** fossate .. defective et periculose .. pro defectu mundacionis et reparacionis ~entis tam in ripariis quam in profunditate earundem *IMisc* 216/2; **1384** cum toto apparatu ad celebracionem missarum ~ente *Cl* 227 m. 29*d*.

indigeries [LL]

1 indigestion.

~ies, per habundantiam frugum, indigesta, inlicebra *GlC* I 91; crudam ~iem uno dissolvens ructu W. Malm. *GP* V 261; patiebatur assiduam stomachi ~iem, qua supra modum ab annis juvenilibus vexatus, nunquam facile nisi medicinarum usu, et tunc quidem cum difficultate solvebatur *Chr. Battle* 120.

2 gluttony, surfeit.

in loco ubi et opum congeries et ciborum ~ies etiam reluctantem animum offocarent W. Malm. *GR* IV 335.

1 indiges [CL], (in Classical usage) ancestral deity.

~etes, dii patres Romanorum *GlC* I 328; ~etes, dii quorum nomina non audebant proferre Osb. Glouc. *Deriv.* 294; divi ~etes J. Sal. *Pol.* 496A (v. divus 2b); ante pedes Socratis humiles sternuntur alumni, / indigetemque deum Grecia tota colit J. Sal. *Enth. Phil.* 776; apud Romanos, inquit, ~etes quasi nullis indigentes appellantur Alb. Lond. *DG* 2. 2.

2 indiges [cf. CL indigena], native inhabitant.

plurimis ~etum [v. l. indigenarum] peccatis *V. Neot. A* 18; ~etes in cavernis vel speluncis delitescentes commeatus omnes abdicaverunt Ord. Vit. IX 15 p. 602.

indigeste [CL], without proper arrangement.

varia libamenta confundens et ~e non in acervum congerere sed .. in unum corpus digerere R. Niger *Chr. II praef.* p. 105.

indigestibilis [LL], (med., of food) indigestible, that cannot be easily digested.

Adel. *QN* 7 (v. 2 grossus 17c); caro ejus [sc. pavonis] pre nimia caloris et siccitatis distemperantia adeo est ~is ut nimis accepta interficiat comedentem *Quaest. Salern.* N 28; a cibis ~ibus et melancolicis Gilb. II 99v 1; bonum est cavere ab ~ibus, sicut a carnibus bovinis, anserinis, .. Gad. 123v. 2; faba .. inflaciones prestat et indigestabilis est *Alph.* 61.

indigestibilitas, (med., of food) indigestibility.

frigiditas enim aq[ue] in st[omach]o fr[igid]o viscositatem et ~atem generat Gilb. VI 239. 2.

indigestio [LL], indigestion: **a** (med.); **b** (alch. & phys.).

a infirmitas, ~o, constipatio, correctio, indissolutio Osb. Glouc. *Deriv.* 290; ut quevis grossa vel delicata fuerint oblata, ventrem rugientem sic sarcio ut undique venter sicut uter inflatus et tumidus extendatur et coactas ructationes emittat ~onem denuncians ingestorum J. Godard *Ep.* 222; si in prima die signa ~onis apparuerint, .. Ric. Med. *Signa* 35; signa digestionis vel ~onis Gilb. I 25v 1; ex ~one ex qua generatur humiditas innaturalis et humor putridus Bacon IX 10; **a1332** liber de signis ~onis *Libr. Cant. Dov.* 60; lienteria nihil aliud est quam ciborum ~o quibus ingredientibus nulla in eis mutatio digestive virtutis .. est Gad. 56. 1. **b** ponderositas in ipso [sc. plumbo] est a lutea substantia multum cum aquositate compressa, sicut et vivi argenti, eo quod partes plumbi etsi molles ~onem passae sunt ex †moliusi [l. molinsi] *Ps.*-Gros. *Summa* 640; gignunt autem calidum et frigidum, vincencia materiam; cum autem non vincunt, liquet, quoniam secundum partem molinsis fit et ~o Siccav. *PN* 187 (= Arist. *Meteor.* IV 1. 379a1–4).

indigestivus, unable to digest, indigestive.

ne escarum grossities .. egritudinis ~e fuisset occasio *Ep. ad amicum* 124 (v. grossities 3).

indigestus [CL]

1 undigested.

ut ferrum forte ingestum transire nequeat ~um Gir. *TH* I 14; unde non generatur bonus fumus sed potius flegmaticus et ~us *Quaest. Salern.* P 32; remanet superfluitas ~a propter grossitudinem suam Gilb. I 52v. 1; si femina conceperit, gravis est et tarda et pallida .. et mamilla .. turgescit magis et erit lac ~um, lividum, aquosum *Ib.* VII 306. 1; calor naturalis .. infrigidatur; eo .. infrigidato virtus digestiva deficit, et ideo cibaria ~a permanent Bacon IX 11; dum adhuc panis patrie in virorum meorum ventribus remanet ~us Wals. *YN* 315.

2 not arranged or reduced to order, confused.

~ae, *unobercumenre GlC* I 206; ?**1460** novitque discrecio vestra ex paucis ~is plura politice percipere *Paston Let.* 605.

indigitamenta [CL], formulae used to invoke deities.

juxta ritum indegitamentorum [*gl.*: *æþenra* (sc. *hæþenra boca*] timiama diis ut adoleret Aldh. *VirgP* 47 (cf. *WW* [10..]: indegit amenta *para boca*).

indigitare [CL], to invoke (deities).

~are, invocare, implorare, exorare, supplicare, incalare Osb. Glouc. *Deriv.* 291.

indignabundus [CL], indignant, furious.

quo pudore confusus Angliam ~us reliquit W. Malm. *GP* II 83 p. 183; quia superbus et ~us et ineffabilis erat, vocavit eum filium Belial T. Chobham *Praed.* 241.

indignans [CL], indignant, full of righteous anger. **b** (transf.) furious, raging.

W. Cant. *Mir. Thom.* II 89 (v. increpare 2b); accidencia .. ~antis nature sunt Bacon I 18; elatam et ~antem Gallorum rebellionem *Ps.*-Elmh. *Hen. V* 18. **b** bella gerunt venti fretaque indignancia miscent Gower *VC* I 1685.

indignanter [LL], indignantly, with righteous anger; furiously.

pervicaciter, ~er Osb. Glouc. *Deriv.* 478; amicum .. ~issime respexisti et despexisti P. Blois *Ep.* 21. 76A; solus precipitanter et ~er exihistis et tanquam minaciter et contumaciter abcessistis Gir. *SD* 128; **s1254** a curia ~er recessit, indignationem suam pro loco et tempore efferbiturus M. Par. *Maj.* V 436; *AncrR* 29 (v. derisorie).

indignari [CL]

1 to be indignant or aggrieved: **a** (absol.); **b** (w. *de*); **c** (w. *ad*); **d** (w. other prep.); **e** (w. dat.); **f** (trans.); **g** (w. acc. & inf.); **h** (w. *quod*, *quia*).

a ne graviter, juvenis, devotas sperne puellas / neuque indignatus vultum contemne sororum Aldh. *VirgV* 721; quasi leviter ~ata subjunxit: 'nequaquam ..' Bede *HE* IV 9 p. 223; mens ~ata et consternata stupescit Gir. *Ep.* 4 p. 182; [Theophilus] in ecclesie offensione Christum ecclesie sponsum offendit. quem ~atus indignatione Dominus dimisit secundum desideria cordis sui que contra Dominum elegerat *Chr. Battle* 115; neque iracunde aut ~ando sive despiciabiliter *Cust. Westm.* 163 (v. despicabiliter). **b** ne .. alius ei succederet qui .. de ejus parcitate ~aretur *Enc. Emmae* II 22; ~atus de tributo suo non reddendo *Eul. Hist.* II 250 (v. despectuosus). **c** ~antur ad symphoniam et chorum G. Hoyland *Ascet.* 280A; ad ablati oneris reimpositionem juste videtur ~ata J. Ford *Wulf.* 99. **d** licet rex Henricus ex hoc plurimum ~atus esset *V. Thurst.* 260; contra Gregorium ~atus Ord. Vit. XIII 14 p. 31; qui pro hiis ~atur [ME: *hwa se gruccheð*] miseriorem pittanciam offert Christo quam Judei sibi in sua siti fel offerentes *AncrR* 34. **e** mox ~ata regi ignoto 'heus, homo' inquit *V. Neot. A* 12; ~ari mihi possunt tot sancti et sapientes Anselm (*Incarn. A* 1) I 281; ego soleo ~ari pravis pictoribus *Id.* (*CurD* 1) II 49 (v. figura 6). **f** **s1192** barbari, ~antes dominium ex animi virtute, si coadjutorum brachio fulcirentur, resistere decernebant G. Cold. *Durh.* 15; mercenarii civile dominium ecclesiasticorum ~antes Wycl. *Civ. Dom.* II 14. **g** qui .. deitatem ~arentur adeo fuisse propiciam G. Cold. *Durh.* 12; Esculapius .. ~abatur .. hominem contra fata tantum posse *Natura Deorum* 11. **h** ~ata est Gonorilla .. quia .. G. Mon. II 12 (v. epimenia b); ~atus est quia sic .. contra ipsum egisset *Ib.* III 2; ~or quod extra te egressus eam cognoscere diffugias *Ib.* IX 15; ~abatur quod virtutes totius corporis sic amiserat R. Cold. *Godr.* 317 p. 334; ~atus ille quod .. W. Cant. *Mir. Thom.* VI 74 (v. despective).

2 (w. inf.) to disdain to.

Norguegenses ~ati illum recipere erexerant jam .. Riculfum in regiam potestatem G. Mon. IX 11; illis sedem propriam retinendi fiduciam ministravit innate probitatis strenuitas, ~antibus se tueri longevi temporis prescriptione Neckam *NR* I 27 p. 79; **1352** noluit se indignari [*sic*] venire propter summonicionem; ideo ordinatum fuit per eos quod amitteret gildam suam *Rec. Leic.* II 82.

indignatio [CL]

1 anger aroused by a sense of wrong, indignation.

omnia quibus propensius divini furoris ~o inardescat admittitis Gildas *EB* 83; et clamor vocis, simul indignatio frendens Aldh. *VirgV* 2630; quid efficit ~o? odium in adversarium vel offensionem in ejus causam Alcuin *Rhet.* 33; rex etiam multe ~onis furore in eum desevierat R. Cold. *Cuthb.* 20 p. 42; divina ~one Gir. *TH* II 54 (v. dignatio a); turbabatur animus .. ejus pre furore ire et ~onis sue J. Furness *Pat.* 38; ~o [ME: *gruchinge*] seu molestia cordis amari est nunc sibi acrior et amarior quam fuit tunc fel *AncrR* 34.

2 (w. ref. to part of the body) a medical disorder.

stomachi ~one cibum nausians W. Malm. *GR* I 60 (cf. *NLA* I 110); tibie ejus ad talum inferius usque .. intumuerant, ita quod pede sinistro grossante pro nervorum ~one vix vestigia solo tenus adhesisse valebant R. Cold. *Godr.* 283; cum emplastro aureo fractura sanatur et omnis ~o nervorum ex repletione curatur Gad. 125. 1.

3 disdain. **b** (leg., *~o curiae*) contempt of court.

sicut perfecte humilis cum peccat vult ut ejus prelatus suam districte puniat culpam, sic et valde superbus. verum hoc ille pro ejusdem culpe remissione, iste vero vult pati pro ~one. dedignatur namque ut prelatus illius sui misertus .. sibi parcat *Simil. Anselmi* 138; **a1085** litteras .. vix susceptas legere despexisti et cum magna ~one .. supra quoddam sedile eas projecisti Lanfr. *Ep.* 29 (27); ex parte anime racionalis sunt affecciones, ut admiracio, ~o; .. ~o cum afficitur extollendo propriam excellenciam per alterius abjeccionem ut 'vah' *Ps.*-Gros. *Gram.* 60; terra polluitur adhuc nepharia, / occurrit nubium imbrificacio; / nunc Jhesum oblinit feda screacio / et nulla nubium est indignacio Walt. Wimb. *Carm.* 513. **b** **1195** cuncti qui non venerunt attachientur adesse in adventum justiciariorum in partibus illis, audituri judicium suum de ~one curie *CurR* I 52.

indignativus [LL], (gram.) expressing indignation.

'et' conjunctio .. modo ~a, ut 'et quisquam numen Junonis adorat' Bonif. *AG* 541 (= Diomedes *Ars grammatica* 417).

indigne [CL]

1 unworthily, undeservedly.

utpote ~e more porcorum volutantes Gildas *EB* 66; Gosc. *Mir. Aug.* 27 (v. forma 1a); videbor irreligiosis hoc facere volentibus laxare accendendi ~e ad dignitates audaciam Anselm (*Ep.* 389) V 334; **1239** illum haberi .. Christi vicarium ~e (v. defectus 3a); **1334** (v. fimoralis).

2 (*~e ferre* or sim.) to take amiss, resent, be indignant at.

is animadvertit sororem suam de fratrum morte non laborantem, sponsi autem nomen appellantem .. cum gemitu. .. ~e passus, virginem occidit Alcuin *Rhet.* 13; Frith. 811 (v. ferre 9c); ~e ferentes appellari doctores R. Niger *MR* 19 p. 250; ferens ~e quod .. Diceto *YH* II 55 (v. diffidare a); **1264** (v. grave); illud opus nepharium dux ferens ~e Strecche *Hen. V* 162.

indignificare [ML], to render unworthy.

papa .. dignos ~at Wycl. *Sim.* 62; quod si murmuraverimus contra dictam sentenciam que secundum legem Dei foret ad utilitatem ecclesie, ~amus nos .. refici pane vite *Id. Euch.* 322.

indignitas [CL], unworthiness.

Eccl. & Synag. 54 (v. efficere 3b); ~atem rei exaggerare visus est W. MALM. *GP* I 54 (v. exaggerare 3); ~as rei accendit agrestium animos W. MALM. *Wulfst.* II 6; vir sanctus ad tanti pondus regiminis vergentis etatis causabatur inportunitatem, ad honorem ~atem, ad magisterium imperitiam *Canon. G. Sempr.* 51; dominus fundi hereditatem .. ad se devolutam propter heredis muti inpotentiam, ne dicam ~atem, in usus suos convertit *Mir. Wulfst.* II 11 p. 158; hoc enim sufficit ad personalem proprietatem quod non sit ~as, sicut et personalia in divinis non dicuntur esse imperfecciones DUNS *Ord.* VI 120.

indigniter

1 unworthily, undeservedly.

sic eripuit et de episcopatu semetipsum exaltavit virgaque quam manu gestabat tumbam ~iter tetigit et recessit BYRHT. *V. Osw.* 408.

2 (*~iter habere*) to take amiss, resent, be indignant at. *Cf. indigne* 2.

1438 lego ad usum conventus de Merkeate unam crateram de argento .. pro esiamento amicorum monialium illuc veniencium, sed si priorissa ibidem ~iter habeat, [habeat] usum illius interdum in adventu extraneorum *Reg. Cant.* II 561.

indignus [CL]

1 not deserving some honour, unworthy; **b** (w. gen., dat., or abl.); **c** (w. supine); **d** (w. inf.); **e** (w. gd. or gdv.).

ille dixit fidelem et dignum, vos ut infidelem et ~um sprevistis GILDAS *EB* 108; Regnator mundi .. / indigno conferre mihi dignetur .. / .. requiem ALDH. *VirgV pref.* 5; extra / est templum quasi vilis homo indignusque sepultus WULF. *Swith.* I 472; noli despicere precem ~i tui peccatoris ANSELM (*Or.* 16) III 67. **b** Cosmam et Damianum nequaquam .. velut ~os ceterorum consortio sequestremus ALDH. *VirgP* 34; si quis .. per superbiam gradu quem acceperat factus est ~us .. BEDE *Ezra* 824D; misero mihi et ~o venia *Id. HE* III 13; ~um se tanto gradui respondens *Ib.* IV 1 p. 202; [Stephanus] qui veniam indignis venia lapidantibus illum / deposcit ALCUIN *Carm.* 90. 12. 2; ~us .. regno ABBO *Edm.* 7 (v. fulcire 2b); ~um episcopio GIR. *RG* III 3 (v. episcopium 1); vita judicatur ~us *Dial. Scac.* II 10 B–F (v. escaeta 1). **c** ~um relatu ALEX. CANT. *Mir.* 42 (I) p. 241 (v. humilis 1c). **d** patrum .. cum quorum canibus ~us sum recumbere BYRHT. *Man.* 16; nimis sum ~us ad eorum [sc. sacramentorum] tactum accedere ANSELM (*Or.* 3) III 10; TREVET *Troades* 23 (v. 1 ferus 4b). **e** indignumque sacris se judicet esse gerendis FRITH. 1090; **s1052** ~um in ecclesia .. sepeliendum (v. foedare 4).

2 not deserved, unmerited.

a705 Aldhelmus supplex ~o abbatis vocabulo functus ALDH. *Ep.* 6; fragilis et ~e autoritatis exempla BACON *CS Theol.* 28.

3 unfit, unsuitable.

676 non .. eum ~um et inutilem in mundanis rebus faceret ASSER *Alf.* 74; **1358** professores ~i (v. divinus 6a); viles et ~s quo usque servitores minime tenendo *Quadr. Reg. Spec.* 34; **1432** secretarium ~issimum (v. domifex); J. H. doctor in sacris medicinis licet ~us HERRISON *Abbr. Cur.* 7.

4 (or person) not befitting the dignity (of), unbecoming, unworthy (of). **b** (of action or event) unseemly, shameful, scandalous, shocking.

tanto adfectus dolore aliquid ~um suae personae .. proferret BEDE *HE* IV 11 p. 226. **b** absurdus, rusticus, ~us *GlC* A 76; ~a suorum parentum et nutritorum incuria usque ad duodecimum aetatis annum .. illiteratus permansit ASSER *Alf.* 22; ~um facinus est *Ib.* 95; sed reor indignum beneficia tanta latere / aetatem WULF. *Swith.* I 351; ~um fuerat gentem .. in regno tuo tractari G. MON. I 4; **c1150** ideoque vobis commemorare non ~um arbitror quatinus .. *Ch. Chester* 78; GIR. *GE* II 8 (v. habere 3a); **1259** cum nobis grave .. censeamus et indingnum ut .. *RGasc* I sup. p. c n. 3.

indigo v. indago 2; indigus.

indigus [CL]

1 having need or desire (of) (w. gen.). **b** (absol.) needy, poor.

opis ~us aliene PULL. *Sent.* 676A; que tristis et aliene opis adveneral indigua, leta cum suis regreditur T. MON. *Will.* V 15; redit tamen ad vetusta mens indaga novitatis et invencionis ~a MAP *NC* III 3 (v. indagus); merces quarum regio est ~a ad indigenarum usum BOECE 30. **b** in mare quid pisces, quid aquas in flumina mittas? / larga sed indiguis munera funde locis (*Proverb.*) BEDE *Luke prol.* 302D (cf. *MLJ* XXII 53–5); tres scholares, ~os quidem sed industrios et honestos, propria exinanitione ditavit P. BLOIS *Ep.* 126. 377C; si negat indigo caupona vinulum, / si negas misero, Maria, poculum WALT. WIMB. *Carm.* 136; indiga pauperies R. PARTES 235.

2 (in weakened sense) devoid of, lacking (w. gen.).

ejus mansio aquae erat ~a BEDE *CuthbP* 18; locus .. arenti gleba siccus et aquarum .. ~us *Chr. Battle* 12v.

indilapsus [cf. CL delabi, *conf. w.* dilabi], not fallen down.

stetit occursante ruina / indilapsus apex HANV. I 103.

indilate [ML], without delay.

ut quicquid .. habere posset eis ~e erogaret *V. Neot. A* 2; **s1117** credebat quod ei dictum fuerat archiepiscopum in Angliam ~e transiturum, sed credo quod plus ideo differebat .. H. CANTOR 14; **1216** seisinam etiam illius terre habere faciatis ~e servienti ipsius R. de W. eo quod ipsum R. nobiscum in servicio nostro retinuimus *Pat* 191b; **1326** mandamus quatinus .. xx s. .. ~e persolvi faciatis *Dryburgh* 255; **1376** eadem balyngera erit parata et ordinata quam sito [*sic*] poterit sine dilacione ad laborandum ~e *Mem. York* I 33; ad precipiendum sanctis angelis ut anima separata a corpore ~e ipsam deferant in requiem sempiternam NETTER *DAF* II 242. 1.

indilatio, want of delay, urgency.

de preparationis ad mortem ~one. .. omnes admonendi sunt ut sint parati ad mortem J. WALEYS *Commun.* VII 1. 5 *tit.*

indilatus, not delayed.

indilata dedit subitam Victoria laurum HANV. V 406; **s1248** culpatus est .. quod quicquid in esculentis .. expendit, rapit violenter sine pacatione prompta vel ~a *Flor. Hist.* II 346; **1295** festina et ~a provisio *Reg. Cant.* 514; nec debet expectari ~a execucio episcopi WYCL. *Ver.* III 91; **1388** ut expeditum judicium et ~um fiat eisdem *Mem. York* II 3.

indiligens [CL], not diligent, careless, negligent.

super negligentia sua et ~tioris custodie cautela sollicitiores R. COLD. *Cuthb.* 26 p. 59.

indiligenter [CL], not diligently, carelessly, negligently.

presbyter fortasse ~ius acerbitate flagelli vulnus curat peccati PULL. *Sent.* 902C.

indimensionabiliter, without dimension, immeasurably (in respect of space).

potest [Deus] .. dici quodammodo infinitus, infinite magnus seu magnitudinis infinite, etiam quodammodo licet metaphysice et improprie extensive. est enim inextensibiliter et ~iter infinite extensus BRADW. *CD* 179A.

indimensionatus, undimensioned, not measured spatially.

nulla forma continere posset partes vacui, quia nullam habet; ergo discrete ab invicem essent in actu; partes ~e sunt infinite; quare essent infinita actualiter in vacuo, et ideo in medio vacuo minimo essent infinita in actu BACON *MS* 218.

indiminutus [ML], undiminished.

878 omnia privilegii tui jura perpetua stabilitate et conservare ac ~a custodire procuret (*Lit. Papae*) *Conc. Syn.* 6.

†indimissibilis, *f. l.*

†indimissibilis [? l. indivisibilis] WYCL. *Versut.* 100 (v. divisibilis 1d).

indioecesanus, (ghost-word, interp. as) not subject to diocesan jurisdiction.

s1238 ut per censuram ecclesiasticam .. compescant advocatos, patronos, indiocesanos rectores M. PAR. *Maj.* III 510 (= *Conc. Lateran.* c. 12 [**1215**]: vicedominos).

indipisci [CL], to attain, reach, get; **b** (p. ppl. *indeptus*, *s. pass.*).

alimoniam et corporeae sustentationis edulium .. indeptus est ALDH. *PR* 142 p. 203; Eanmundus Christo indeptus quod dederat almo / atque Petro pariter ÆTHELWULF *Abb.* 74; egregio cum honore susceptus .. cathedram est archiepiscopalem indeptus EADMER *V. Osw.* 22; mortem misellus .. indeptus W. MALM. *GR* V 419; insignem de adversariis victorie titulum indepti fuere *G. Steph.* 71. **b** non est tuta indeptae pacis prosperitas ALDH. *VirgP* 12; **931** nos patria indoeptae pacis securos *CS* 677 (cf. *CS* 694 [**933**]).

indirecte [ML], **a** not in a straight line. **b** in a roundabout manner, not straightforwardly. **c** indirectly, through an intermediary.

a quandocunque ultimus punctus stat ~e super penultimam, brevis est HAUDLO 395b; tractus [*stem of musical note*] descendens ~e seu oblique vel ascendens super semibrevem directe HAUBOYS 13 p. 272. **b** quod qualitates sint subjective in quantitate, nec dicunt directe nec ~e OCKHAM *Quodl.* 468; exhibete innatam matri verecundiam nec disciplinam circumspectionis ~e, contumaciter aut irreverenter effugiemus BEKYNTON I 277; casas ~e .. expositus *Plusc.* VIII 3. **c** synderesis ergo numquam directe consentit peccato, sed ~e S. LANGTON *Quaest.* 244vb; Sarraceni .. ab utroque testamento aliquid ~e accipientes M. PAR. *Maj.* I 271; **c1245** etc. (v. directe d); intellectiva cognitio oritur ex sensitiva .. directe vel ~e KILWARDBY *Quomodo Deus* 117; **s1312** quia .. contra jura se ~e regis constituunt curatores, cum .. potestas regis dependet ex arbitrio eorum *Chr. Ed. I & II* I 213; **s1408** sic particeps est perjurii et fautor scismatis ~e *Chr. S. Alb.* 36.

indirecto v. dirigere 2b. **indirectum** v. dirigere 2d, e.

indirectus [ML]

1 not in a straight line, circuitous.

686 (13c) ex una parte habet vadum quod appellatur †Fordstreta [l. Ford strata] publica ~um *CS* 67; facientibus iter per aspera et ~a *Croyl. Cont. C* 573.

2 indirect, not straightforward (fig.), devious.

c1210 non obliquam, non ~am, sed potius apertam sugillationem GIR. *Ep.* 2 p. 162; directa, quando precedit terminus partiens et sequitur partitus, ut 'aliquis hominum'; ~a, quando econverso, ut 'creatura salis', qui creaturarum alia sal, alia non sal GERV. MELKLEY *AV* 43; actionum quedam directa quedam ~a BRACTON II 294.

3 not directed, uncorrected.

1308 ut regni deformata reformet, corrigendaque corrigat, et dirigat ~a *Conc.* II 303; **1412** cum non tantum prosint iste religiones sancte matri ecclesie ~e, quantum prodest casus diaboli *Ib.* III 341.

4 (as sb.) reverse side (of quilt or sim.).

1285 inter directum et ~um (*KR Ac* 91/7) *Arch.* LXX 38 (v. cubitare 2b); **1286** pro directo bordure cujusdam culcitre .. pro ~o ejusdem culcitre *Ib.* 56 (v. dirigere 2f).

5 *f. l.*

s1305 (v. dirigere 2e).

indireptus [CL], not sacked or looted.

nihil indisreptum indistractumque ubivis locorum reliquerant *G. Steph.* 78.

indirupte, [LL], without breach. **b** without interruption.

quis .. regulam .. ~e custodivit GILDAS *EB* 75 (= John Cassian *Collationes* II 25); haec quidem ab apostolo mandata .. ut ea ~e custodiretis *Ib.* 107. **b** mihi semper et ~e coheserit divina proteccio NETTER *DAF* I 502. 1.

indiruptus, indisruptus [LL], unbroken, not rent or torn (also fig.). **b** (of abstr.) uninterrupted, continuous.

indisruptis restibus ALDH. *Met.* 5; quod .. carbasa .. quasi inter Scillam soloecismi et barbarismi barathrum indisruptis rudentibus feliciter transfretaverint *Id. VirgP* 59; **a753** quos verus Christi amor indisrupto germanitatis vinculo nectit (LUL) *Ep. Bonif.* 92 p. 209; **10..** indisruptis, *untoslitenum WW*. **b** indisruptae caritatis vinculum ALDH. *Met.* 4; ~a et inconvulsa firmitatis censura semper acuitur *Id. PR* 125; **798** (13c) quod .. confirmatum est ~o federe servetur in perpetuum (*Clovesho*) *CS* 291; **994** (12c) disciplinae normula Christo patrocinium praestante, indisrupta rigiditate exerceatur *CD* 687; fidem tamen ei indisruptam servantes *G. Steph.* 65.

indisciplinabilis [LL], not amenable to discipline, unteachable, unruly (also as sb.).

si [animalia auditum] non habent, naturalem prudentiam habere possunt sed ~ia sunt ut apes KILWARDBY *OS* 8 (cf. Aristotle *Met.* 980b 22); illos qui ponebant quod tempus est quid ~e et insipientissimum BACON VIII 257; **1344** ~em .. et incorrigibilem episcopo .. liceat amovere *Eng. Clergy* 283; rex .. ~es quosque dignis plectit penis FORTESCUE *NLN* II 57.

indisciplinabilitas, unamenability to discipline, unteachability.

labor magistri est ~as discipulorum GROS. *Cess. Leg.* II 6. 14.

indisciplinalis [2 in- + disciplinalis], undisciplined, unruly.

ne .. tanti regis [sc. Christi] presentia conversatione nostra ~i offensa .. supplicia ingratis irrogasset AD. EYNS. *Visio* 21 p. 316.

indisciplinate [LL], without discipline.

si ~e se habeat LANFR. *Const.* 168 (v. durus 2a); tunc effeminati .. ~e debachabantur ORD. VIT. VIII 10 p. 324; gens .. illa sine rege .. ~e vivebant, in res alienas rapaciter involabant *Ib.* IX 4 p. 482; sociorum ordinem ~e deseruit et .. ferebatur solus in hostes *Itin. Ric.* V 51; **s1250** raptim .. et inordinate clipeosque ~e obliquantes .. glomeratimque veniebant M. PAR. *Maj.* V 161.

indisciplinatio [LL], lack of discipline, act of indiscipline.

que nostratibus mala proveniant ab ~one J. SAL. *Pol.* 611B; apparet .. quod quadam tumultuosa ~one veritas sit oppressa (*Lit. Imp. Constantini*) BEKINSAU 743.

indisciplinatus [LL]

1 undisciplined, disorderly, unruly: **a** (of person, *animus*, or sim.; also as sb.); **b** (used w. collect. noun); **c** (of bird); **d** (of abstr.).

a propter .. ~orum [*gl.*: *unþeawfæste*] arrogantiam ALDH. *VirgP* 58; quorum ~is et duris cordibus mandatum verbum confestim immundi spiritus .. eripiunt BEDE *Mark* 169B; **9..** ~orum: *unþeawfulsa WW*; quoniam animus ~us ipse sibi tormentum est W. MALM. *GR* II 162; ~i castigabantur, inscii erudiebantur ORD. VIT. IX 14 p. 594; "fuge", inquit, "~e miles et proterve" NECKAM *NR* II 184 p. 325; prior .. usurus .. correccionis ferula, ne .. pereat frater ~us AMUND. I 217. **b** contemptrix et ~a contumacium auditorum turba BEDE *Egb.* 14; [Deus] populum ineruditum plebemque †~um [l. ~am] multiplici percutit flagello ORD. VIT. VIII 10 p. 325; legis .. institutis, quibus ~us coercetur populus, ex toto neglectis *G. Steph.* 1; ex inordinata et ~a multitudine sacerdotum P. BLOIS *Ep.* 123. 360C; turba ~a [TREVISA: *þe rabbisshe peple*] .. lapidibus Judeos cecidit HIGD. VII 25; glomerata et ~a multitudo *G. Hen. V* 11 (v. glomerare 2a). **c** *AncrR* 29 (v. cagia a). **d** **p793** ~e loquele non adsuescat os tuum ALCUIN *Ep.* 281 p. 440; ob ~am cohabitantium conversationem AD. SCOT *OP* 514B; **s1376** quod .. debet ascribi .. suorum ~e inobediencie et superbie *Chr. Angl.* 78; **1438** quorum ~a conversacio ceteris cedit in scandalum *Conc.* III 530a.

2 uneducated, ignorant.

puer ~us et pullus indomitus, qui nec litteris indulsistis nec linguam Latinam aut etiam Gallicam addidicistis GIR. *SD* 32; [Aristoteles] interrogatus "in quo differunt disciplinati ab ~is?" ait "sicut viventes a mortuis" W. BURLEY *Vit. Phil.* 242 (cf. Diogenes Laertius V 19: τῶν ἀπαιδεύτων).

3 (app.) not studied, not examined.

Salomon de omnibus philosophatus est et nullam naturam ~am reliquit, sicut dicit Josephus octavo Antiquitatum libro [sc. VIII 44: οὐδεμίαν φύσιν .. παρῆλθεν ἀνεξέταστον] BACON V 63.

indiscissus [LL], not torn apart (also fig.).

[dalmatica] inconsutilis est quia in ecclesia .. nulla debet esse scissura sed ~a fidei integritas ALCUIN *Suppos.* 1243B (cf. HON. *GA* 608A); nisi inimico eos [canes clamosos] immissi lapidis impetat ictu, nequit †non [MS: nequit] ~us evadere OSB. GLOUC. *Deriv.* 278; vestem .. quam natura nevit .. ~am conservavit perseverans virgo carne et spiritu J. FURNESS *Pat.* 12.

indiscrepabilis [cf. LL discrepabilis], ? not admitting discord.

pax tecum ~is per .. Jesum Christum EGB. *Pont.* 5.

indiscrete [LL]

1 indiscriminately, without (making) distinctions, confusedly.

si .. velimus .. multa .. sub uno comprehendere titulo .., omnibus ~e commixtis obscuritatem inferimus PETRUS *Dial.* 5; hi jam ~e in tentoriis suis necabantur W. MALM. *GR* IV 357 p. 414; 'Pater' et 'Filius' et 'Spiritus Sanctus' .. tres .. distincte suas notant proprietates, 'persona' vero easdem tres ~e notat PULL. *Sent.* 683A; passim et ~e justi et injusti admittebantur *V. Oswin.* 4 p. 13; asserebat .. quod neminem excommunicasset ~e *Canon. G. Sempr.* 90v; BACON VIII 106 (v. distorte a); **1484** *Vis. Southwell* 49 (v. 2 ferialis 1a).

2 imprudently, foolishly, recklessly.

nisi timerem ~e molestus esse dignitati vestrae ANSELM (*Ep.* 72) III 193; non ~e ea [arma] suscipiat (*Leg. Hen.* 88. 1a) *GAS* 602; ne [populi] ~e appropinquent ad tabernaculum et moriantur [*Num.* i 51] LANFR. *Cel. Conf.* 629B; qui adversus aliquem nimis injuste et ~e, nimis acriter et crudeliter movetur AD. SCOT *QEC* 34. 871C; chirurgicus .., licet nimis ~e ac temere, ultro se tamen tanto ingessit discrimini *Mir. Fridesw.* 110 p. 589A; homo .. tanto ~ius et audacius melioribus anteesse presumit quanto .. P. BLOIS *Ep.* 22. 83A; fatue nimis et ~e jurare presumunt GIR. *PI* III 30 p. 318; curam suam circa equum .. negligenter et ~e apposuit *Entries* 463vb.

indiscretio [LL]

1 (*s. act.*) indiscretion, want of judgement, imprudence, foolishness.

ut .. nec per ~onem subeas onus quod non possis portare ANSELM (*Ep.* 101) iii 233; precipue .. in servando mansuetudinem ~onis arguebatur EADMER *V. Anselmi* II 12; **s1179** in his .. quia .. de minorum ~one [*G. Hen. II* I 237: discretione; GERV. CANT. *Chr.* 289: dissertatione] quorundam exceditur, .. removenda ea in quibus excedunt .. decernimus (*Decr. Papae*) R. HOWD. II 189; propter intellectus ~onem BACON VIII 104; prior a sancto patre .. de amaritudine ~onis sue correptus est (*Car.*) *VSH* I 190; novi plures ultra modum propter ~onem turbatos pro hoc impedimento (HILTON) *MS Bodl. Lat. Th. E 26* f. 135v.

2 (*s. pass.*): **a** (rhet.) form of ambiguity (arising from uncertainty of case, gender, *etc.*). **b** (w. ref. to perceptible objects) difficulty or impossibility of being distinguished, indistinguishability.

a est igitur ~o cum quod in aliis verbi variatione discerni solet in aliis non discerni contingit. sunt autem hujusmodi ~ones ut licentiose et aliene dictum sit hoc, tum secundum casum, tum secundum numerum, tum secundum genus BALSH. *AD rec. 2* 62; "vera ratione probata conceduntur": an de veris an de vera ratione probatis enuntietur ex primi verborum ~one dubium *Ib.*; tria ~onum genera *Ib.* 70. **b** hoc est indistinccio et [v. l. indiffinicio vel] ~o quia unum ab alio discerni de facili non possit cum sint valde similia animalia [sc. canis et lupus] BACON XV 176; in crepusculo est indistinccio et ~o rerum cum non possit visus discernere et judicare de rebus *Ib.*

indiscretus [CL]

1 (*s. pass.*): **a** not distinguished or sorted, varied, mixed, confused. **b** (her., of coat of arms) undifferenced, lacking additions which distinguish junior members of family. **c** (*~um [est] an .. an ..*) no distinction is drawn, it remains ambiguous whether .. or ...

a pincernis .. cornibus, sciphis aliisque ~ae quantitatis vasibus totum diem propinantibus B. *V. Dunst.* 10; **s1135** cum ~o tam rusticorum quam stipendiariorum militum agmine *G. Steph.* 3; in eis [sophismatibus] duplex designatio, in hoc una, licet confuse ~a BALSH. *AD* 80; ultra minimas prisci nichil proferri voluerunt, .. dicentes non fore prolationem, id est claram expressionem, sed potius ~am confusionem HOTHBY *Cant. Mens.* L 58. **b** familiae coryphaeo symbolum manet integrum et ~um, junioribus omnibus suis discerniculis interstinctis SPELMAN *Asp.* 140. **c** "contra aliquid quod negatur disputare conveniens est": hic an contra quod tunc negatur an contra quod negari solet intelligi debeat ~um BALSH. *AD* 68 (cf. ib.: dubium); si quis dicat "disputantes contraria probare", an inter se an ut ad alterum disputantes fortassis ~um *Ib.* 72 (cf. ib.: non discretum).

2 (of evil) in which no discrimination is exercised, indiscriminate.

[annus] ~a vulgi clade infamis W. MALM. *GP* V 278; fiebant .. desolaciones urbium .. et .. ~a captivorum servitus civium *Hist. Meriadoci* 366; **1262** ut [fratres] vestram merito societatem debeant commendare et non de ~e .. dominacionis tirannide querelas deponere *Ann. Durh.* 124; **s1225** ~um timens adversariorum meorum insultum (*Quaerimonia F. de Breauté*) W. COVENTR. II 265.

3 (*s. act.*) undiscriminating: **a** (of person); **b** (of abstr.).

a in nulla re appareas ~us sed distingue quid, ubi .. qualiter debeas facere EGB. *Pen. prol.* p. 417; sine omni exceptione faciat regule professor quod injungitur sibi, quid vero .. sit quod injungitur, non discernat ..; sit ~us ut intelligat, sit stultus ut sapiat P. BLOIS *Ep.* 134. 401A. **b** ~o boni malique judicio carpebantur GILDAS *EB* 21.

4 imprudent, ill-advised, foolish (cf. OSB. GLOUC. *Deriv.* 295: inconsideratus: ~us): **a** (of person, *anima*, or sim.; also as sb. m.); **b** (of abstr.).

a **1075** ad comprimendum quorundam ~orum insolentiam .. sanccitum est ne quis in concilio loquatur preter licentiam a metropolitano sumptam *Conc. Syn.* I 613; an ternarius binario major sit .. querere .. ~i est et cui est ratio otiosa aut deest omnino J. SAL. *Pol.* 649B (cf. ib.: hominis .. sensu indigentis); linquens .. / lupis oves, medicis egros indiscretis (*De morte T. Becket*) *Poésies pop.* 75; sunt quidam nimis ~i et valde precipites NIG. *Ep.* 18; pastores [i. e. sacerdotes] .. indoctos .. et ~os GIR. *GE* II 34 p. 336; [medicamentum] ~is cerebri ablatam racionem recuperat GILB. V f. 225va; **s1066** rex Haroldus .. temerarius fuit et ~us *Flor. Hist.* I 598; animam ~am [ME: *unwise*] *AncrR* 18. **b** ~as abstinentias et vexationes corporis tui ANSELM (*Ep.* 196) IV 86; unde Salomon: 'risum reputavi errorem' [*Eccles.* ii 2], ubi et hoc supplendum, ~um sc. vel iniquum GIR. *SD* 34; **s1238** [monachi] impetus ~os [regis] induciis emollire studuerunt M. PAR. *Maj.* III 495; dum omnia bona sua ~a liberalitate dispergeret *Latin Stories* 31; **1400** illud votum seu juramentum est irrationabile ac etiam ~um *Ziz.* 404; vestre contumacie ~a duricies *Ps.*-ELMH. *Hen. V* 69 p. 198.

indiscussatus [cf. indiscussus], (leg., of case) undecided, undetermined.

condicio istius obligacionis .. est quod .. in comite Cornub' unde modo pendit assisa nove disseisine jam ~a .. *AncD* A 10869.

indiscusse [LL], without question.

1287 solis sacerdotibus disposicionis cura ~e a Deo commissa docetur *Conc. Syn.* II 1010; si .. indifferenter et ~e sit danda eleemosyna cunctis pro Christo petentibus R. MAIDSTONE *PP* f. 163.

indiscussibilis [LL], that cannot be dispersed or scattered.

ut totus ille sermo .. appareat esse .. abyssus certe inscrutabilis et tenebrositas ~is COLET *Ep.* 1 p. 167.

indiscussio [ML], failure to investigate, negligence in investigating.

caveant judices ne judicium pervertant ex nimia crudelitate, ex ~one cause .. seu ex munerum cupiditate *Regim. Princ.* 127.

indiscussus [LL]

1 a not dispersed, not dispelled (in quot., fig.); **b** not shaken, not disturbed, firm (in quots., fig.); **c** not refuted.

a ne diu tantae quaestionis caligo ~a remaneret (*Lit. Papae*) BEDE *HE* II 19 p. 123. **b** **955** (10c) ut .. binarum [casatarum] usus vernantibus ad ejus oracula monasterii, prout antiquitus destinabatur, ~us perseveret *CS* 903; **s1206** cum .. a rege sufficienter esset cautum quod eorum .. acta rata haberentur et ~a W. COVENTR. II 198. **c** **800** proponentis quaestionibus necessario respondendum fuit ne .. adversarius .. suas jactet propositiones permanere ~as ALCUIN *Ep.* 202 p. 336; ne tam damnabiles proposiciones et conclusiones ~e [remanerent] WALS. *HA* I 349.

2 not examined, not considered, not discussed; **b** (of action) unthinking, foolish; **c** (of dispute) unresolved.

verba .. indiscusa declinatione penitus praeterire non praesumo BONIF. *AG* 499; quaestionem de nihilo .. ~am inexaminatamque, veluti impossibilem ad explicandum, reliquerunt FRIDUG. 123; **a1079** rogo .. ut .. non credat hoc ~um animus tuus ANSELM (*Ep.* 12) III 117; nichil e divino examine ~um evadere ORD. VIT. VIII 8 p. 314; quis .. sane mentis seipsum ~um deserit ROLLE *IA* 170 (cf. ib.: se diligenter considerat); patet primo quod in ~a communicacione eleemosynarum non est periculum, secundo quod curiosa perscrutacio et discussio in hac materia est .. diabolica R. MAIDSTONE *PP* f. 162v,; ne me atavos tanti viri .. negligenter ~os jam preterisse reprehendant CIREN. I 264. **b** nullus ibi [sc. in claustro] audeat de rumoribus seculi interrogare nec narrare .., non de frivolis, unde possit risus ~us commoveri *Cust. Cant.* 206. **c** controversiam illam motam dudum, inde intermissam et jam denuo resuscitatam sed ~am super jure et dominio regni *G. Hen. V* 9 p. 56.

3 (leg.): **a** (of case, plea, or sim.) untried, undetermined; **b** (of person) unexamined, not brought to trial; **c** (of property) ? not awarded by judicial decision.

a quasi querela manente ~a BRACTON f. 184; **1296** adhuc pendente negocio hujusmodi in nostra curia .. ~o *Reg. Cant.* 135; **1345** judicia .. remanent ~a et indeterminata (v. erroneus 4); **1362** super .. questionibus .. et litibus .. habitis, motis, agitatis et inexpeditis pendentibus vel eciam ~is *RScot.* 864a; *Mod. Ten. Parl.* 45 (v. departire 2a); quod .. placitum coram eisdem justiciariis adhuc pendet, ut dicitur, ~um *Reg. Brev.* 77. **b** rex nolens eos [haereticos] ~os vel dimittere vel punire episcopale precepit Oxonie concilium congregari W. NEWB. *HA* II 13 p. 133. **c** **1330** domino A. de M., quamdiu terra de D. fuerit ~a, per annum hujus compoti lxvj s. viij d. *Exch. Scot.* 287.

indisertus [CL], inarticulate, uneducated.

multum coangustat mentes indissertas et corporalium phantasmatum mutabilitate plenas, quod audiunt Filium coeternum Patri GROS. 147.

indisparsus v. indispersus.

indispensabilis [ML]

1 (of eccl. law, prohibition, vow, or sim.) from which no dispensation is possible, obligatory, binding.

jus naturale ~e et immutabile OCKHAM *Pol.* I 29; dicitur quod illud principium emanat de lege ~i eterna WYCL. *Ente* 296; cognoscitur circa que .. consistit .. plenitudo potestatis pape, et que sunt dispensabilia et que ~ia declaratur PAUL. ANGL. *ASP* 1552 (cf. ib. 1558: quedam vota dispensabilia, quedam non); **1533** de quaestione .. an sit prohibitio juris divini ~is a papa *Conc.* III 756b.

2 (of action) which cannot be permitted by dispensation, impermissible.

1454 tolerabile .. est ut tu in bursa aliquid habeas .., intolerabile tamen et ~e ut .. aurum tibi colligas in acervum (*Processus*) *Reg. Whet.* I 132 (cf. ib.: impermittibile .. et illicentiabile).

indispensabiliter [ML], without the possibility of dispensation.

moralia, ad que ~iter omnes homines obligari noscuntur OCKHAM *Pol.* I 49; semper ac ~iter oportet quod omni clericorum officio subsit materia proporcionalis quoad mores WYCL. *Ver.* II 248; eisdem .. carnium esum ~iter .. interdicimus *Melrose* 577 p. 596.

indispensative

1 without enjoying a dispensation.

1273 de ~e tenentibus ecclesias *Ann. Worc.* 463.

2 without granting a dispensation.

si in priori imperio idem capitulum ~e, quod absit, permaneat .. *FormOx* 303.

indispersus [ML], not scattered, not divided.

1457 tresdecim millia hominum sagittariorum erunt habita et custodita integra et indisparsa et indivisa et inseparata ut unus integer exercitus *Lit. Cant.* III 232.

indispertitus [1 in- + dispertire], divided up.

nec habere [Trinitatem] ~um imperium ALCUIN *Dub.* 1038D (cf. 1038A: una potestate unoque regno).

indisponere [ML, *back-formation from* CL indispositus], to indispose, render unfit (sts. w. *ad*).

Paulus .. perstitit in peccato indisposuitque se continue ad penitenciam .. semper .. scelera cumulando BRADW. *CD* 385B (cf. ib.: Petrus .. se ad penitenciam .. disponebat); a cultello scindente et quocunque ~ente suum subjectum WYCL. *Act.* 20; quantumlibet forte agens approximatum pro primo instanti generacionis forme substancialis in materia exspectabit amplius quam per instans antequam indisposuerit materiam ad illam formam *Id. Log.* III 219; se ipsum ad ministerium Dei ~it *Id. Sim.* 24 (cf. *Conc.* III 343a); **s1439** injungimus ut .. abstineant se .. ab .. illo recreacionis excessu qui ad hujusmodi Domino impendendum sacrificium habet ipsos ~ere (*Ord. Abbatis*) AMUND. 209; **s1460** ut [pluvie] ~erent .. fructus in arboribus .., ita ut nunquam ad .. consuetam maturitatem pervenire poterant *Reg. Whet.* I 384.

indispositio [ML]

1 disorder, defect: **a** (w. ref. to bodily or mental faculties); **b** (w. ref. to physical medium).

a si impeditur [anima], aut per corporis ~onem seu inquietem .. aut per sui defectionem in se PECKHAM *QA* 208; senes et juvenes et pueri sunt male reminiscitivi .. propter lesionem et ~onem organi DUNS *Ord.* III 238; sepe aliqua sunt simpliciter bona et tamen multis sunt mala propter ~onem ipsorum; bibere enim vinum et comedere carnes .. sunt mala egrotis OCKHAM *Pol.* I 112; per duplicem ~onem homo impeditur ne sapienciam consequatur, viz. per mentis maliciam et carnis immundiciam HOLCOT *Wisd.* 21; ex ~one intellectus credi potest simpliciter inpossibile WYCL. *Ente* 78; vocis ~o (*Ord. Abbatis*) AMUND. I 213. **b** si lumen requirat ~onem in medio, sive umbram sive lumen modicum, tunc agens non imprimet novam formam sed intendet preexistentem DUNS *Metaph.* V 7 p. 240b.

2 inaptitude, unfitness; **b** (w. *ad* & gd.).

hoc esset propter absenciam cause .. aut propter ~onem subjecti suscipientis MIDDLETON *Sent.* I 184 (cf. ib.: disposicionum suscipiencium effectum); DUNS *Ord.* V 181 (v. facilitatio a); propter ~onem baptizati, puta si in peccato mortali preexistit, potest contingere quod gracia non conferatur OCKHAM *Dial.* 471. **b** **s1452** ubi .. senectus, ibi impotencia, ubique infirmitas, ibi ~o ad procedendum effectualiter in ulla operacione laudabili *Reg. Whet.* I 22.

3 disinclination, unwillingness.

si desit spiritus impellens navigantem directe ad portum salutis, sciat indubie quod propria ~o culpabilis est in causa WYCL. *Ver.* I 317; **1406** propter eorum ~onem ad hoc *Conc.* III 300b; **s1408** videntes cardinales ~onem et resistenciam talem in .. Gregorio [XII] et quod apud eum non poterant plus proficere .. *Chr. S. Alb.* 34.

indispositivus, causing disorder.

patet .. quod omnis substancia creata .. resisteret contrario corruptivo vel ~o WYCL. *Trin.* 53.

indispositus [CL]

1 disordered, confused; **b** (of mental faculties).

cum sua [sc. interjectionis] vox subito et sine deliberacione proferatur et ~a BACON XV 97. **b** potencia ~a DUNS *Ord.* III 156 (v. disponere 3e); virtutem phantasticam non esse ~am in vigilia tali indisposicione que facit phantasma representare se tamquam objectum *Id. PW* 118.

2 unsuited, unfit; **b** (w. *ad* & gd.).

quero qualiter ipse curatus dabit eucharistiam subdito sibi confesso quem novit ~um, quia vel est confessus nota crimina vel non vult ea recognoscere CONWAY *Def. Mend.* 1340; quousque [coetus electorum] habuerit ~issimum in prelatum WYCL. *Sim.* 47. **b** pater propter respectum ad unum filium non est ~us ad suscipiendum respectum ad alium filium MIDDLETON I 184; (WYCL. *Conf.*) *Ziz.* 117 (v. grossus 20a); homo .. ex se ~us est ad movendum se in brevi tempore per longum spacium PAUL. ANGL. *ASP* 1547.

3 ? not bestowed, not assigned (by testament).

ea que arbitrio amici in ultima voluntate alicujus sunt relicta non debent argui fore in disposita [? l. ~a] *Fleta* 136.

indisputabilis [LL], indisputable, unchallengeable.

quae legibus denique omnibus praeponderat apud religiosos judices, principis ~em praerogativam MORE *Ut.* 91.

indisruptus v. indiruptus.

indissimilis [LL], not different, indistinguishable, identical (usu. in phr. *unus atque ~is*).

uno atque ~i studio passionem .. sui redemptoris .. celebrare desiderant BEDE *Hom.* II 7. 135; una atque ~i sede perpetuae beatitudinis .. recipi *Id. CuthbP* 28; neque nunc ecclesia .. una atque ~i totum per orbem tonsurae sibi forma congruit (*Ep. Ceolfridi*) *Id. HE* V 21 p. 342; exaequata virtus [sc. Patris et Filii] est per naturae ~is [*ed.*: ~is per naturae] unitatem ALCUIN *Exeg.* 810B.

indissimiliter [ML], indistinguishably.

tria hec [sc. potentiam, humilitatem, misericordiam] Trinitas tota ~iter habet PULL. *Sent.* 806C.

indissimulatus [LL], unfeigned.

c1381 ingens et ~a negociorum necessitas arduorum vestro cetui .. scribere nos compellit *FormOx* 392 (cf. **1382** *Reg. Heref.* 30); **1415** magna et ~a .. necessitas *Reg. Cant.* III 4.

indissolubilis [CL] **a** (of bond, link, or sim.; also fig.) indissoluble, binding; **b** (fig., of obligation, treaty, relationship, or sim.); **c** (of companion) inseparable; **d** incapable of being decomposed, indestructible.

a parietem tanquam quodam ~i bitumine .. simulatis lacrimis linierunt *Ep. J. Sal.* 307 (306); ut sic nature pariter et benevolentie vinculis, inextricabili quodam et ~i nodo, constringamur GIR. *Symb.* I 13 p. 240; [anima rationalis et angelus] habent ~e vinculum et concatenationem naturalis unitatis GROS. *Cess. Leg.* III 1. 27; murum .. veteribus tegulis et cemento ~i compactum *G. S. Alb.* I 218. **b** **1050** (13c) *CD* 793 (v. inexsiccabilis); te .. ~i voto voluisti constringere ANSELM (*Ep.* 101) III 233; ut dilectio qua .. anima mea vos .. complectitur ~is perseveret *Id.* (*Ep.* 156) IV 17; fedus cum illo ~e pepigit OSB. CLAR. *V. Ed. Conf.* 3 p. 73; asserens ipsas .. cum rege celesti contracturas castum et ~e conjugium J. FURNESS *Pat.* 58; **s1236** (v. consanguineus b); sigillum ~e *Medit. Farne* 26v (v. glutinum 2); tote familie vestre .. sum ~i federe .. alligatus *Dictamen* 378; **s1304** ~is amicicie .. federa *Plusc.* IX 4. **c** que mansuetudo ~is comes est patientie ANSELM (*Ep.* 37) III 147. **d** dii deorum .. opera quidem vos mea, dissolubilia natura, me tamen volente ~ia ..; .. facti generatique estis, immortales quidem nequaquam nec omnino ~es, nec tamen unquam dissolvemini GROS. *Cess. Leg.* I 2. 12 (= Chalcidius transl. Plato *Timaeus* 41 A–B); ex rebus solidis lapideis et ~ibus coram igne *Ps.*-RIC. *Anat.* 23.

indissolubilitas [ML], indissolubility, imperishability.

BRADW. *CD* 711E (v. inevitabilitas).

indissolubiliter [LL], indissolubly, inseparably (usu. fig.); **b** (w. ref. to obligation, relationship, treaty, or sim.).

propositionis tuae veritatem in ipsa aeternitatis veritate, quae Deus est, ~iter constare perhibuisti LANFR. *Corp. & Sang.* 418A; opto ut bonis moribus ~iter inhereas ANSELM (*Ep.* 79) III 202; funibus peccatorum ~iter illaqueat ORD. VIT. II 13 p. 346; domino suo vinculis ~iter injecto *Ib.* VIII 23 p. 411; exercitus .. tanta densitate constipati erant et in armis ~iter stabant, ut .. *Ib.* XI 20 p. 230; radicatum ~iter desiderium AD. SCOT *Serm.* 309A. **b** omnes Angli ~iter regi suo adherebant ORD. VIT. X 19 p. 106; pax est .. generale bonum, quo ~iter nexi celestes gaudent *Ib.* XII 21 p. 381; GIR. *TH* III 22 (v. desponsatio 2b); cum [amantes] .. mutuo amplexu sese ~iter astringant GROS. *Ep.* 2 p. 18; **s1249** confederati sunt ~iter M. PAR. *Min.* III 54; ad hoc essem ~iter obligatus *FormOx* 321; ~iter dilexi te *Wager* f. 43b.

indissolute [cf. dissolute], dissolutely.

si .. male et ~e te habeas, 'memor esto unde excidens' [*Apoc.* ii 5] (S. GAUNT) *OHS* XCVI 212.

indissolutio [2 in- + dissolutio]

1 indissolubility, indestructibility.

obicitur quod eandem ~onem sive incorruptionem habent omnia que volente primo indissolubilia sunt GROS. 249.

2 ? constriction of the bowels, constipation (cf. CL *dissolutio stomachi*, looseness of the bowels).

infirmitas, indigestio, constipatio, correctio [? l. correptio], ~o OSB. GLOUC. *Deriv.* 290.

indissolutus [CL]

1 indissoluble, indestructible.

~am eximiae valitudinis fidem [v. l. spem] in Domino Jesu defixit FELIX *Guthl.* 29 p. 96.

2 not dissolved or decomposed, not dispersed.

invenerunt corpus [Cuthberti] .. integris artuum compagibus ~um M. PAR. *Maj.* I 307 (= *Flor. Hist.* I 343; cf. BEDE *CuthbP* 42: flexibilibus artuum compagibus multo dormienti quam mortuo similius); **s1297** rex Anglie naves ingressus, ~a classe .. applicuit in Flandria RISH. 177.

indistabilis [2 in- + distare], inseparable.

quia .. hypostases ~es sunt, unum est et quod voluntabile BRADW. *CD* 581E (= John of Damascus *De fide orthod.* tr. Burgundio c. 36. 14).

indistans [ML], not separated, not different, not distinguished: **a** (in space; also *~s proximitas*, immediate vicinity); **b** (in time); **c** (in quality); **d** (in essence).

a quando aliqua duo sunt presencia ~cia localiter, quidquid immediate est presens uni illorum per idem immediate est presens alteri OCKHAM *Quodl.* 399 (cf. id. *Sacr. Alt.* 236); abbathia sancti Stephani .. erat ville Cadomi ~ti proximitate vicina *Ps.*-ELMH. *Hen. V* 42 p. 102. **b** **s1234** corpus ejus totum trium ictuum ~ti repetitione dissipavit M. PAR. *Maj.* III 278. **c** dici potest .. indistinctio ex plurium verborum ~ti pronuntiatione BALSH. *AD* 63. **d** Trinitas est inconfuse unita et indistanter disjuncta [TREVISA: *without distans* (disjuncta *not. transl.*)], ~tes enim sunt he persone [TREVISA: *beþ nouȝt toschift atwynne*] et abinvicem inseparabiles, non confuse adinvicem convertibiles BART. ANGL. I 16 (cf. ib.: secundum identitatem essentie indivisibiliter sunt unite; John of Damascus *De fide orthod.* tr. Burgundio c. 8. 1: indistanter divisam); sciendum est igitur quod est forma ~s a re cujus est forma, et hec non dicitur idea ..; igitur idea erit forma distans, sc. separata a re R. ORFORD *Sciendum* 45.

indistanter [LL]

1 inseparably, without distinction, identically; **b** (w. ref. to the Trinity).

~er: inseparabiliter OSB. GLOUC. *Deriv.* 295; prosaicus versus res grossior, omnia verba / indistanter amat VINSAUF *PN* 1864; BRADW. *CD* 183C (v. ingenerabiliter). **b** BART. ANGL. I 16 (v. indistans d).

2 without delay, immediately.

s1244 per Tamensem navigans, in alta maris ~er se suscipiens M. PAR. *Maj.* IV 295; **s1246** ut sibi .. contributio ~er solveretur OXNEAD *Chr.* 176; **1285** [senescallus] presentem composicionem .. servabit et complebit et ~er compleri faciet et servari pro posse *RGasc* II 275a; ut [abbas] talem fratrem illuc ~er destinaret qui .. negotium diligenter exequeretur *G. S. Alb.* I 347.

indistantia [ML], lack of distance or separation, immediate proximity.

hec duo [accidentia], sc. ubi et duracio presens, debentur rebus per naturam unionis et indivisionis et ~ie et per privacionem dimensionis BACON III 164; propter ~iam medii palati ad meatum narium *Ps.*-GROS. *Gram.* 22; motus habet in se continuitatem esse alterati .. et ideo esse alterati ~ia est ab ~ia partium magnitudinis et spatii KILWARDBY *Temp.* 14; ~ia locali unius partis [corporis] ab alia OCKHAM *Sacr. Alt.* 6 p. 194; ~ia locali anime intellective ab homine *Ib.* 6 p. 196.

indistincte [CL]

1 without (making a) distinction, without differentiation, indiscriminately; **b** (w. verbs of saying; *cf.* 2c *infra*); **c** (w. adj.).

BALSH. *AD* 63 (v. 2 differre 5b); ceca laudis ambitio .. utrumque [sc. adulationem et laudem] recipit ~e P. BLOIS *Ep.* 77. 239B; **s1265** depredationes .. factas prelatis et subditis clericis et laicis ~e *Flor. Hist.* III 257; 'generalissime' [sc. cognoscere] tres habet gradus; cognoscendo enim quodcumque ens ut hoc ens est, ~issime concipitur ens quasi pars conceptus, et est primus gradus DUNS *Ord.* III 12; **1321** abbates .. compellant ut quoscunque .. ad vitam regularem dicti ordinis transire volentes nulla habita exceptione personarum dum tamen habiles fuerunt et idonei recipiant ~e *Cl* 139 m. 24. **b** aut ergo sic distinguendum erit hoc aut omnia hujusmodi

ex equivocatione esse ~ius dicendum eis quibus utilius simpliciter doceri BALSH. *AD* 81; connectantur que equivoce, que ~e dicuntur, que varie consignificant *Ib.* 104 (cf. indistinctio a); non .. dicit quod unius provincie debet esse unus judex ecclesiasticus, vel unus judex secularis .. sed dicit ~e quod unius provincie est unus judex OCKHAM *Dial.* 950. **c** [flegma dulce] putrefactum .. facit urinam .. ~e lividam GILB. I f. 41vb (cf. *ib.* 42ra: per totum lividam).

2 without exception or qualification, universally; **b** (w. verbs expr. general validity of statement); **c** (w. verbs of ordering, prohibiting, speaking, or sim.; cf. 1b supra); **d** (in orders, regulations, or sim.).

1280 probationes testamentorum omnium scolarium ~e infra dictam universitatem decedencium *StatOx* 96; **1312** digni ~e licentiantur *Collect. Ox.* II 231; de privilegio audiendi confessiones omnium ~e RIC. ARMAGH 1403 (recte 1303); in celesti hierarchia .. sub potestatibus que ~e presunt ponuntur principatus †que [l. qui] singulis provinciis distribuuntur PAUL. ANGL. *ASP* 1529. **b** ~e verum est quod poterit de questu suo quantamlibet partem .. dare GLANV. VII 1; si filiam tantum reliquerit quis heredem, tunc id obtinet ~e quod de filio dictum est *Ib.* VII 3. **c** **1187** jubente .. archiepiscopo .. simpliciter et absolute, sine modo et conditione, communiter et ~e *Ep. Cant.* 123; **1200** ~e prohibetur (v. faenerare a); Christus .. nichil excepit nec determinavit nec diffinivit sed ~e et generaliter dixit 'quodcumque ligaveris' etc. [Matth. xvi 19] OCKHAM *Pol.* I 230; hoc ~e est ordinatum *MunAcOx* II 475. **d** rex .. promisit curialibus ut .. equos [clericorum] assumerent et ~e nullis parcerent nisi regia protectione gauderent *V. Ed. II* 193; ?**a1350** statuit universitas vesperias in facultatibus quibuscumque posse ~e teneri in die quolibet .. legibili *StatOx* 36; **1419** omnes .. consolidaciones vicariarum .. a tempore schismatis ~e revocentur *Conc.* III 392a; **1451** in omnibus .. capituli diffinicionibus sententia plurium ~e prevaleat *Mon. Francisc.* II 114.

3 (leg., *~e legata*) property not specifically bequeathed to a named legatee.

1257 quod .. sufficienter ostendent ipsum defunctum condidisse testamentum de .. catallis predictis, vel quod satisfacient vobis de ~e legatis in Anglia *Cl* 118; **1260** cum redempciones votorum cruce signatorum et ~e legata nobis a sede apostolica .. fuerint concessa *Cl* 269 (= *RL* II 152); [cum] bona que fuerunt ipsius episcopi ~e legata distraxerint *Ib.*; **1282** lego mobilia et immobilia ~e legata quod vendantur et distribuantur secundum disposicionem exsecutorum meorum *Cart. Osney* I 413.

indistinctio [ML], lack of distinction, indistinguishability: **a** (w. ref. to perceptible objects); **b** (gram., rhet., & log., signifying ambiguity); **c** (w. ref. to names of objects); **d** (phil., w. ref. to var. entities).

a BACON XV 176 (v. indiscretio 2b); indistinccio inter canem et lupum propter sui similitudinem *Ib.* **b** est igitur ~o cum quod ipsa verbi variatione distingui solet in quibusdam non distingui contingit. sunt autem hujusmodi ~ones tum secundum casum .. tum secundum numerum .. BALSH. *AD* 62 (cf. indiscretio 2a); *Ib.* 63 (v. 2 differre 5b, indistans c); aliquando est ~o diccionum significancium diversa .. quando aliqua diccio potest regi gravi accentu vel acuto BACON XV 343. **c** non possunt tot nominum diversitates inveniri quot sunt diversitates rerum ..; igitur cum sint de necessitate nomine indistincta et in ~one fuerit confusio, erit hoc artis auferre *Ps.*-GROS. *Gram.* 42. **d** carentiam pluralitatis formarum individualium et ~onem formalem KILWARDBY *OS* 293; ipsa materia est principium confusionis, ~onis, et inordinationis BACON VIII 87; ~onem et indivisionem [sc. duorum motuum] *Id.* XIII 280; DUNS *Ord.* III 50 (v. distinguibilitas); propter ~onem ipsius essencie *Ib.* IV 16; de distinccione vel ~one substancie materialis *Ib.* VII 391; propter ~onem instancium putatur eronee illos actus anime fore simul WYCL. *Dom. Div.* I 15 p. 126.

indistinctus [CL], not distinguished, undifferentiated. **b** (*ex ~o*) ambiguous, unclear. **c** (her., of coat of arms) undifferenced (*cf. indiscretus* 1b).

non sunt hypostases [sc. hominum] ~e, sed secundum se ipsam unaqueque est separata; etenim loco et tempore dividuntur HALES *Sent.* I 204 (cf. John of Damascus *De fide orthod.* tr. Burgundio c. 8. 16); *Ps.*-GROS. *Gram.* 42 (v. indistinctio c); una tantum erit ei [sc. parti intellective] motiva ~a, sc. voluntas racionalis PECKHAM *QA* 77; hic terminus est ~us a forma qua producit DUNS *Ord.* IV 143; **1314** (v. facere 41b). **b** est .. ex ~o quid principium in talibus et quid reliquum BALSH. *AD* 76. **c** veteribus in more fuit ut paternus clypeus primogenito deferretur ~us SPELMAN *Asp.* 139.

indistinguibilis, indistinguishable.

stelle .. ~es .. secundum visum GROS. *Hexaem.* III 8. 3 (v. galaxias a); quecumque sunt hujusmodi sunt ~ia [v. l. indistincta] in significacione SICCAV. *PN* 62; essencia divina et quecumque essencialis perfeccio intrinseca sibi est ~is [v. l. indefinibilis] DUNS *Ord.* II 336.

†indistinguibilitas, *f. l.*

est duplex †~as ad propositum DUNS *Sent.* IX 48a (= *Id. Ord.* III 49; v. distinguibilitas).

†indistorta, *f. l.*

H. BOS. *Thom.* III 30 (v. deviare 1b).

indistractus [ML], not pillaged.

G. Steph. 78 (v. indireptus).

indistrictus [LL = ?*idle, vain*], not (able to be) stretched apart, tight, firm (in quot., fig.).

961 (12c) licet enim decreta pontificum .. uti montium fundamenta ~is ligaminibus stabilita sint, tamen plerumque .. turbinibus rerum mundanarum etiam religio .. dissipatur ac frangitur *CS* 1071.

indistringibilis, not liable to distraint.

1275 si contingat quod .. terra et domus .. ~es .. inveniantur *AncD* A 1933; **1330** predictum mesuagium fuit ~e per unum [annum] et unum diem *Ib.* A 1713 (cf. *G. S. Alb.* II 339 [**1338**]); **1443** si tenementa .. facta fuerint ~ia *Reg. Brechin* I 94; **1454** pendent super R. McA. .. de integris firmis dicte insule de Arane de anno computi, quia ~is existit, lvj li. viij s. viij d. *ExchScot* 664 (cf. 665: nichil ibi reperitur restringibile a R. McA).

indistrius v. industrius. **inditamentum** v. indictamentum.

1 inditare v. indictare.

2 inditare [cf. ditare], to enrich.

1294 quod bona .. ducta fuissent .. usque in .. dominium regis Francie ad ipsum ~andum et gentem suam *RGasc* III 274b.

inditaum v. indere 4.

inditio [? cf. OF, AN *enditer*, ME *enditen*], written work, literary composition.

Jeronimo sacras scripturas .. in Latinam vertente linguam editio [*in marg.*: vel indicio] LXX interpretum vilescere coepit M. PAR. *Maj.* I 174 (cf. *Flor. Hist.* I 199: inditio; Sigebertus *Chronographia* p. 304: editio).

inditium v. indicium. **inditus** v. indere.

indiversitas, lack of diversity or difference.

unum tempus debetur eis [motibus] per proprietatem unionis et indivisionis et ~atis BACON III 165.

indivia v. invidia.

individualis [ML], (phil.) pertaining to or existing as an individual.

ADEL. *ED* 11 (v. generalis 1a); materia prima est una numero, quia non habet in se pluralitatem formarum ~ium KILWARDBY *OS* 289; hec tamen est [ens] proprie scibile in quantum est ~e et particulare, sed magis sensibile ..; scibile itaque est ipsum individuum seu forma ~is *Ps.*-GROS. *Summa* 298; *Ib.* 385 (v. individualitas); humanitas .. est divisibilis per illud quod contrahit ad individuum, puta per proprietatem ~em DUNS *Ord.* IV 66; differencie ~es WYCL. *Act.* 13.

individualitas [ML], (phil.) condition of being an individual, individuality.

~atem .. vel diversitatem individualem *Ps.*-GROS. *Summa* 385; [hypostasis] est ipsa res cui secundum esse intellectum accidit ~as MIDDLETON *Sent.* I 236a (opp. ib.: universalitas).

individualiter [ML]

1 (phil.) individually, in respect of existence as an individual, in the manner of or with reference to an individual.

cum .. corpus .. ~iter idem et unum in divinis locis eodem tempore totum esse non conveniat ADEL. *QN* 21; genus per se actualiter ~iterque esse non potest *Ps.*-GROS. *Summa* 326; ipsa [entia] quidem ~iter diversa esse, sed specie esse eadem *Ib.* 384; *Mens. & Disc.* (*Anon. IV*) 59 (v. generaliter 1); res existentes ~iter per suam racionem propriam (DUNS) *GLA* III 215 n. 127; non sunt accipienda ea que generantur ~iter, set communiter T. SUTTON *Gen. & Corrupt.* 206.

2 singly, one by one.

prout per magistros .. coram nobis juratos et ~iter examinatos .. plenam recepimus veritatem *MunAcOx* II 473.

3 **a** indivisibly, inseparably; **b** (log.) immediately, without middle term.

a filiam .. matrimonialiter ~iterque sociandam E. THRIP. *SS* III 7; una [mulier] in matrimonio ~iter conjuncta HOLCOT *Wisd.* 147. **b** predicatum removetur a subjecto ~iter, non enim est medium sub quo possit sillogizari alterum de altero GROS. *Anal. Post.* I 14 p. 204 (cf. Aristotle *Anal. Post.* 79 a 33 sqq.: ἀτόμως, transl. Jacobus: ~iter); cum .. A sit in C ~iter et affirmative et in B ~iter et negative *Ib.* p. 205–6.

individuare [ML], to render individual, endow with existence or characteristics of an individual, individuate (phil.).

omnis rei forma perfecta .. in se simplex est et communis, multiplicatur tamen et ~atur per accidentia GILB. VI f. 245ra; quod .. est unum numero secundo modo [sc. accidentaliter] est .. res individua et ideo omnis forma quam in se recipit .. per ipsum ~atur KILWARDBY *OS* 303; [animam] dicunt per corpus in quo creatur ~ari KNAPWELL *Not.* 198; in causis ipsam [rem] ~antibus BACON VII 96; licet .. actus numerari et personari et ~ari posset per personam et numerum subjecti *Id.* XV 11; quero .. an substancia materialis per actualem existenciam sit individua vel racio ~andi aliud DUNS *Ord.* VII 418; prima radix individuacionis et quantitas, non autem ipsa forma, quia ipsa ~atur ex hoc quod recipitur in materia signata, materia autem ~atur per dimensiones, que autem ~antur ex se propter situm partium T. SUTTON *Duns* 75; non invenietur principium ~ans vel distinguens unum actum ab alio WYCL. *Act.* 14; actus non ~antur a tempore, cum tunc consisterent in successione, quia lapso tempore ~ante non essent *Ib.* 33.

individuatio [ML], (phil.) process of rendering or becoming individual, state of being individual, individuation, individuality; **b** (phr. *principium ~onis, causa ~onis*, or sim.).

ipsius ~onis actualitas a forma vere causatur *Ps.*-GROS. *Summa* 318; videtur quod [spiritualis creatura] materiam habeat, quia sine illa non est ~o, et in talibus spiritibus est ~o KILWARDBY *OS* 266; sic quod [anima] corporibus corruptis suam retineat ~onem KNAPWELL *Not.* 198; per ~onem intelligo istam indivisibilitatem sive repugnantiam ad divisibilitatem DUNS *Sent.* II 3. 2. 4; sic caperent actus ~onem suam a tempore sicud motus, et non essent res absolute WYCL. *Act.* 32; Deus autem, extra genus, et per consequens carens ~one, est principium individuandi omne individuum *Id. Log.* II 190. **b** cum querunt quid erit causa ~onis si nec species nec aliquid additum speciei causat eam BACON II 100; scribitur septimo Methaphysice quod materia est principium ~onis *Id.* VIII 83; questionem de causa ~onis illorum specialissimorum SICCAV. *PN* 83; quantitas dimensiva est radicale principium ~onis substancie materialis, ut Petri vel Johannis T. SUTTON *Quodl.* 140 (cf. id. *Duns* 75: prima radix ~onis est quantitas).

individue [LL], inseparably.

animi .. nostri affectus, quo ~e vestre adheremus reverentie, a vobis nullatenus potest separari A. TEWK. *Ep.* 13; delectant libri prosperitate .. arridente, consolantur ~e nubila fortuna terrente R. BURY *Phil.* 15. 197.

individuitas [LL], **a** condition of being undivided, indivisibility. **b** condition of being an individual, individuality. **c** an individual.

a perpetuam consuetudinis ~atem E. THRIP. *SS* IV 27; *Ib.* VII 1 (v. inductive). **b** est quidem unusquisque filius Ade et homo per creationem .. et persona per ~atem, qua discernitur ab aliis ANSELM (*Orig. Pecc.* 10) II 151; animam composuit Deus ex substantia et ex eodem et diverso, id est ex ~ate et vegetative, ex mutabilitate et immutabilitate (? ADEL.) *Med. Sci.* 31; 'singularitas' [dicit] ~atem per accidentia, sive plurium exclusionem HALES *Sent.* I 227. **c** non sunt ibi duo individua .. sc. unum aeris et aliud ignis, sed unum absolute, sc. aeris, quod .. prevalet in hac parte ut fiat ab eo denominatio ~atis BACON *MS* 16.

individuus [CL]

1 indivisible; **b** (of God, the Trinity, or sim.); **c** (as sb. n.; cf. 2b infra).

Plato .. cum eam [sc. animam] ex substantia dividua et ~a finxisset .. J. SAL. *Pol.* 401C (cf. Chalcidius transl. Plato *Tim.* 35A); talis figura dicitur minima, et simplex est quia ligari non potest, nam quid ~um est HAUBOYS 316 (cf. ib. 342: [minima] ~a est). **b** Deum Patrem, Filium et Spiritum Sanctum, quod est ~a Trinitas (*Lit. Papae*) BEDE *HE* II 10 p. 101; unitas ~ae personae ALCUIN *Dogm.* 181B (v. dualitas 1b); **956** (v. fatimen); **1054** in nomine Sancte et ~e Trinitatis *CartINorm.* p. 185; quoniam nec ulle partes sunt ejusdem spiritus nec plures esse possunt ejusmodi spiritus, necesse est ut sit omnino ~us spiritus [sc. Deus] ANSELM (*Mon.* 27) I 45 (cf. ib.: impossibile est ut .. sit divisibilis); quod utique Deus una et sola et ~a et simplex sit natura et tres personae *Id.* (*Incarn.* 6) II 20; in nomine Trinitatis et ~e Unitatis, Patris et Filii et Spiritus Sancti (*Decl.*) *VSH* II 57. **c** materies anime diversa subest, eademque / ex individuo est dividuoque simul J. SAL. *Enth. Phil.* 982; de dividuo et ~o *Id. Pol.* 640C (v. dividuus a; cf. ib. P. BLOIS *Ep.* 101. 313A); adhuc dolor ille remansit; / est individuum [v. l. ~us] mobilitate carens *Babio* 18.

2 (phil.) existing as, or pertaining to, a single entity, individual, particular; **b** (as sb. n.) an individual (as dist. from species, genus, or sim.).

c (as sb. n. in less technical usage) a particular person (as dist. from the generality).

cum omnis substantia tractetur aut esse universalis .. aut esse ~a, que universalem essentiam communem habet cum aliis ANSELM (*Mon.* 27) I 45; [Deus] facit omnes naturas substantiales et accidentales, universales et ~as *Id.* (*Casus Diab.* 20) I 265; omnis ~us homo est persona *Id.* (*Incarn.* 1) II 10; ~a .. substantia dupliciter dicitur: uno modo est substantia prima separata ab alia separatione ultima, et sic substantia est individuum vel atomum ..; alio modo est individuum collectio proprietatum HALES *Sent.* I 203 (v. et. 2b infra); quantum ad istam materiam de individuacione rei, videtur michi .. quod omnis substancia ~a individuatur a qualibet sui per se causa WYCL. *Log.* II 190; utor testimonio scripture sacre .. carendo a descensu ad accusacionem ~am sed detegendo hujusmodi testimonii generalem sentenciam ac relinquendo .. judicibus .. particulare judicium *Id. Ver.* III 78. **b** 'substantia' principaliter dicitur de ~is que maxime in pluralitate consistunt; ~a namque maxime substant id est subjacent accidentibus ANSELM (*Mon.* 79) I 86; si res consideres, eidem essentie et generis et speciei et ~i nomina imposita sunt, sed respectu diverso ADEL. *ED* 11; quodam intuitu homo est genus ~orum suorum et tamen in unoquoque ~o inest totius hominis tota proprietas W. MALM. *GP* I 41 p. 64; ~um vel atomum HALES *Sent.* I 203 (v. 2a supra); propter habilitatem menstruorum ad salvationem speciei et propagationem ~i GILB. VII f. 291ra; eum ratio quasi nudum deducto respectu .. accidentium simpliciter intuetur et ~um nominat J. SAL. *Met.* 886C; a natura specifica que est communis omnibus ~is unius speciei BACON *CSTheol.* 40; secundum philosophum quelibet species distincta ab alia habet proprium ~um OCKHAM *Quodl.* 649 (cf. ib. 651: distinctum ~um). **c** **s1456** in omni congregatione conventuali, quot sunt supposita vel ~a, tot sunt mores, sensus, et ingenia *Reg. Whet.* I 245; aliud [adjectivum] proprium, quod affectionem uni ~o propriam significat, ut 'Gradivus' Marti LINACRE *Emend. Lat.* 2v.

3 a (w. *comes* or sim.) inseparable. **b** (of association, affection, or sim.) unable to be severed, indissoluble.

a ut homo .. ~us angelicae castitatis comes existere cogatur ALDH. *VirgP* 18; ut .. sit mihi comes ~us EDDI 9; inter quos ~us existere comes vel ultimus desidero BYRHT. *V. Ecgwini* 350; infirmi .., quibus cecitas diuturna comes fuerat ~a OSB. CLAR. *V. Ed. Conf.* 26; nobiscum semper comes †inviduus [l. individuus] H. BOS. *Thom.* VII 1 p. 524; **p1208** eos in hospitio vestro .. tanquam ~os nocte dieque socios .. admissistis GIR. *Ep.* 1 p. 156; **c1211** illum .. comitem vobis ~um, cubicularium et consiliarium *Ib.* 6 p. 210. **b** desiderante rege ut vir tantae eruditionis .. sibi specialiter ~o comitatu sacerdos esset BEDE *HE* V 19 p. 325; manente in omnibus ~o caritatis affectu J. SAL. *Pol.* 390B; est .. matrimonium viri et mulieris legitima conjunccio ~am vite consuetudinem retinens HOLCOT *Wisd.* 147.

indivise [LL], without division or separation, inseparably.

ex corde Patris genitus .. Filius; / procedebat Paracletus ex ambobus indivise ALCUIN *CR* 905; ut, sicut sese antea mutuo et ~e dilexerant, ita nec in adversis .. separarentur *G. Steph.* 66; ut unus suam et sue uxoris confessionem audiat ~e RIC. ARMAGH *Def. Cur.* 1396 (*recte* 1296).

indivisibilis [LL]

1 that cannot be divided, indivisible; **b** (w. *unitas, unum*); **c** (of God, Christ, the Trinity, their attributes, or sim.); **d** (of party-wall, ? for which one neighbour is responsible); **e** (as sb. n.) indivisible entity.

BEDE *TR* 3 p. 183 (v. atomus 3a); syllabas in litteras dividimus, litterae vero ~es sunt ALCUIN *Gram.* 855A; punctum simplex id est sine partibus est et ~e velut aeternitas ANSELM (*Incarn.* 15) II 34; quod de sui natura ~e sit et sectionem sive divisionem non patiatur BRACTON f. 97b; nullum corpus est ~e .. sed omne tale est divisibile in infinitum KILWARDBY *OS* 83; [Democritus et Leucippus] posuerunt omnia fieri ex atomis ~ibus BACON *Tert.* 131; DUNS *Ord.* VII 223 (v. defectibilis); spiritus ~is quoad molem WYCL. *Chr. & Antichr.* 661 (v. extensio 4); indimissibile [? l. ~e] *Id. Versut.* 100 (v. divisibilis 1d). **b** saeculum quidem est propter ~em unitatem, saecula vero propter interminabilem immensitatem ANSELM (*Prosl.* 21) I 116; ~is unitas et insociabilis pluralitas in Deo *Id.* (*Proc. Sp.* 1) II 180; dicit Aristoteles in principio Physicorum [185b7 sqq.] quod unum dividitur in unum continuum et unum ~e et unum ratione GROS. 251; unitas dupliciter potest considerari, viz. prout est quantitas, et sic potest dividi, aut prout est quantitatis principium, et sic manet ~is TUNST. 274a. **c** Christus est .. unum caput et in seipso manet semper ~is AD. SCOT *TT* 695C; cum substantia Patris ~is sit, utpote simplex omnino *Decret. Papae*) WEND. I 122; **1281** unitas divine essentie in trium personarum ~i trinitate *Conc. Syn.* II 901; (TYSS.) *Ziz.* 152 (v. divisibilis 1a); **1432** (v. effigialis). **d** **1301** cementarius juratus est justam consideracionem facere .. de muris lapideis inter vicinos, divisibilibus et ~ibus, ruinosis *MGL* II 100. **e** BACON *Tert.* 173 (v. divisibilis 1b); divisionem magnitudinis esse semper in magnitudines, neque umquam perveniri ad ~ia que aliquam magnitudinem component, eo quod ~e tangens ~e tangit secundum totum et ita non facit majus in dimensione KILWARDBY *OS* 184; ita spacium componeretur ex ~ibus OCKHAM *Quodl.* 32.

2 that cannot be severed, indissoluble: **a** (of affection); **b** (of marriage or other association).

a **745** (12c) cogente catena caritatis Christi et ~is affectu dilectionis *CS* 170. **b** ideo est matrimonium ~e quia est sacramentum ~is unionis humanitatis et divinitatis Christi in unitatem persone et ~is copule matrimonialis Christi et ecclesie GROS. *Cess. Leg.* III 1. 21.

indivisibilitas [LL], indivisibility.

arithmetici imparem numerum virum dicunt quasi viri proprietatem, i. e. constantiam, ~atis habent BERN. *Comm. Aen.* 16; causa ~atis [matrimonii] fuisset licet homo numquam peccasset GROS. *Cess. Leg.* III 1. 21; considerandum est .. an [evum] sit indivisibile, secundo an sua ~as sit ~as instantis BACON III 173; multis modis est unum, ~ate ut punctus, secundo modo unitate essencie ut universale .. *Id.* VII 44; SICCAV. *PN* 99 (v. divisibilitas); [quidditas creata] recipit .. aliquam actualitatem, sive eciam unitatem sive eciam ~atem, quam habet in individuo DUNS *Ord.* IV 66; divisibilitas et ~as sunt opposita ad invicem WYCL. *Quaest. Log.* 292.

indivisibiliter [LL], indivisibly, inseparably.

divisibilis .. componitur indivisibilis, unde ~iter adv. OSB. GLOUC. *Deriv.* 170; ipse persone [Trinitatis] .. secundum identitatem essentia ~iter sunt unite [TREVISA: *þey be i-oned and mowe not be departid*] BART. ANGL. I 16; perfecta profecto caritas fratres cohabitare facit ~iter in unum commendabiliterque perfectum E. THRIP. *SS* XIII 1; illi [sc. Deo] ~iter adherendo AD. MARSH *Ep.* 78.

indivisim [ML], without division or distinction, jointly.

1289 cum .. nemus adhuc ~im [? l. indivisum] remaneat *RGasc* II 321; **s1382** dominus papa .. cardinalibus successive et ~im commisit ut se de predictis informarent WALS. *HA* II 74.

indivisio [LL], lack of division, indivisibility.

atomus in nostra sonat indivisio lingua *Ps.*-BEDE *Hymn.* 620D (cf. Isidore *Etym.* XIII 2. 4); si .. corpus et anima sunt unita, ergo continuatione aut ~one aut ratione GROS. 251; unum est in se indivisum et ab aliis divisum. ergo sicut ex ~one unius probatur quod non possit esse in pluribus locis simul, ita ex ~one [? l. e divisione] ab aliis probatur quod non possit esse cum alio corpore in eodem loco PECKHAM *QA* 121; KILWARDBY *OS* 271 (v. divisio 5a); BACON III 165 (v. indiversitas); generacionem entis necessario concomitatur ~o; tamen unitas, sc. ~o, non generatur sicut ens DUNS *Metaph.* IV 2 p. 159a; ad ~onem situs mundi WYCL. *Log.* III 3.

indivisus [CL]

1 undivided, indivisible; **b** (of the Trinity). **c** (*pro* ~*o* or sim.) undividedly, without separate portions (w. ref. to shared tenure of land).

nunc demonstrandum est quomodo linea assignata ~a sicut linea alia in partes divisa dividi queat ADEL. *Elem.* VI 12; arteriarum quedam circa extremitates fisse dividuntur, quedam ~e terminantur; quarum autem nulla est divisio .. *Quaest. Salern.* C 26; [Deus] una et ~a operacione eripit peccatum GROS. *Cess. Leg.* II 1. 6; BRACTON 208 (v. divisibilis 1d); corpus .. non est plurificatum set unum ~um T. SUTTON *Gen. & Corrupt.* 142. **b** ave, Deus summe, Trinitas in personis ~a *Trop. Wint.* 55; [te] diu conservet in prosperis Trinitas ~a *Lit. Cant.* I 19. **c** **1228** medietas bosci illius pro ~o debet pertinere ad monachos *Feod. Durh.* 289; **1237** nec .. portiones separatas de eadem terra habuerunt, immo terram illam .. tanquam pro ~o tenuerunt *Cl* 495; **1285** cum A. et B. tenuerunt boscum .. pro ~o, B. fecit vastum *StRealm* I 83a (= *Reg. Malm.* I 90; cf. ib.: teneant .. in communi); **1311** quam [medietatem mesuagii] .. Alicia et ego insimul et pro ~o tenebamus *Deeds Balliol* 51; **1353** super usu cujusdam placee seu aree pro partibus ~is nobis communis *Lit. Cant.* II 312.

2 a (of companion; in quots., w. *comes*) inseparable; **b** (of affection) which is not or cannot be severed or dissolved.

a felices temptatio comprobat omnes / indivisa comes FRITH. 357; quos vera fides .. nobis in utraque fortuna comites ~os adjunxit GIR. *EH* I 8; hunc quem leta fovent, comes indivisa, secundis / cura vigil macerat sollicitatque timor *Latin Stories* 195. **b** integritas [ecclesie] indicit omnibus .. ~os charitatis affectus P. BLOIS *Ep.* 139. 415A.

3 *f. l.*

a1154 volo .. quod episcopus .. et ecclesia sua .. teneant terram illam .. quiete in bosco et plano, in pratis et pasturis indivisis [MSS: pasturis, in divisis], in via et semitis .. (*Ch. Winchester*) *EHR* XXXV 398.

indocibilis [LL], unteachable; **b** (of person; in quot., *animus*) incapable of receiving instruction; **c** (of subject) incapable of being imparted by instruction.

un techeabylle: ~is *CathA*. **b** supplicat [priorem] .. ne jam decrepitum cogat animos ~es addiscendis hominum barbarorum ritibus ignotis subicere AD. EYNS. *Hug.* IV 13 p. 67. **c** quomodo .. tu vis scire quod inscibile est et ~e? ROLLE *IA* 6 p. 161.

indocilis [CL]

1 unable to receive instruction, unteachable, incorrigible (also as sb. m.).

omni strenuus actu / exstitit, ab primis sed non moderatus in annis, / indocilis juvenis ÆTHELWULF *Abb.* 41; ut .. divinitas declarare dignaretur quam vitam ~is etas presenti electione sortiretur GOSC. *Edith* 44; cum .. illum et alios ~es et incorrigibiles docere vellemus et verbis corrigere GIR. *SD* 20; *Ib.* 60 (v. indoles 1c); sic potest efficere predicator ut auditores sint ~es, id est ut non possint intellegere de facili que audiunt T. CHOBHAM *Praed.* 265.

2 untaught, uninstructed, ignorant. **b** foolish, stupid.

brutos animos divinarum rerum ~es GOSC. *Transl. Aug.* I 33 p. 28C; ~es parasiti admirabantur et quasi vecordes e superbia efficiebantur ORD. VIT. IV 7 p. 224; ne videretur fuisse vir in acie construenda ~is R. COLD. *Osw.* 14. **b** ~e, stultum, insipiens *dysig GlP* 178; ~is, *dwæs Ib.* 1053.

indocilitas [CL], unteachability.

qui gibbum ~atis et prave moralitatis ab ineunte etate strumosum habet, .. corrigi .. non potest GIR. *SD* 48.

indocte [CL], ignorantly, foolishly.

multum insipienter et ~e fecistis in luna quarta flebotomando BEDE *HE* V 3 p. 285; GOSC. *Lib. Mild.* 3 (v. furtive b).

indoctrinalis [2 in- + doctrinalis], unlearned, ignorant.

collum longum .. significat hominem .. fallacem ~em et cito convertibilem ad utraque M. SCOT *Phys.* 80.

indoctualis, typical of the unlearned or foolish, or ? *f. l.*

hujusmodi demonstraciones singularium michi odibiles quia indoctuales [? l. indoctrinales] WYCL. *Log.* II 14.

indoctulus [*dim. of* indoctus], ignorant, unlearned.

quorsum isthec, ni ut ~is et credulis parentibus persuadeant fucatam puerorum eruditionem? WHITTINGTON *Vulg.* 34.

indoctus [CL]

1 unlearned, ignorant; **b** (w. inf.); **c** (as sb. m.).

incassum .. ~a eloquentia verberat aures BEDE *Prov.* 981; cachinnum crepitantem quasi vulgi ~i *Id. HE* V 12 p. 306; carmiger indoctus cecinit hos Alcuine versus ALCUIN *WillV* 34. 83; holerum flores, quos dicere certe / mens indocta fugit ÆTHELWULF *Abb.* 704; **839** me .. ~iorem scientia .. ab illius comparatione reminiscor *Conc. HS* III 623; BYRHT. *V. Ecgwini* 352 (v. gnarus 1a); GIR. *GE* II 34 p. 336 (v. indiscretus 4a); constitutus sum ut alios regam ~us doctor P. BLOIS *Ep.* 102. 316A. **b** est indocta loqui que nescit lingua tacere J. SAL. *Enth. Phil.* 1497. **c** ipsum ad erudiendos incredulos et ~os mitti debere decernunt BEDE *HE* III 5 p. 137; disce, sed a doctis, indoctos ipse doceto ALCUIN *Carm.* 62. 98 (= *Disticha Catonis* IV 23); ad predicandum ~is verbum Dei ORD. VIT. V 4 p. 315; documentorum obtusiva .. que male doctos ~is imperitiores .. reddiderunt BALSH. *AD rec. 2* 164; quidam ~i [ME: *unwise*] querunt *AncrR* 8.

2 unskilled, untrained.

9.. expers, ~us, *dælleas, cræftleas WW*; cum anchora illa mirabiliter facta manibus ~is (*Bren.*) *VSH* I 139.

indoeptus v. indipisci. **indoitum** v. ductus 3a.

indolentia [LL *gl.*], nature, character (of a person).

infans mirae ~ae [v. l. indolis; *gl.*: agilitatis vel certe spei] nobilibus antiquorum disciplinis .. inbuebatur FELIX *Guthl.* 11; ita .. in illo divinae gratiae inflammatio flagrabat ut .. regalis ~ae [v. l. nobilitatis] reverentiam despiceret *Ib.* 19.

indolere v. indolescere.

indoles (~is) [CL]

1 innate character, nature (of person, esp. child or youth; usu. w. ref. to virtue, nobility, intellectual capacity, or sim.): **a** (absol., or w. poss. pron. or adj.); **b** (w. adj., in descriptive gen.); **c** (w. adj. in other constructions); **d** (defined by dependent gen.).

a cum .. tenerrima aetatula infantis nequaquam praesago ~is prodigio caruerit ALDH. *VirgP* 32 p. 273; [Deus] femineum indōlis gaudens spectare triumphum *Id. VirgV* 1763; ~is tue nobilitate W. MALM. *GR* II 212; diu dubitavit mundus .. quo se inclinaret ~es illius *Ib.* IV 312; Baldewinus .. multos milites habuit ~is sue complices *Ib.* IV 374 p. 434; indole precipuus, bonitate nitens Adelardus (*Vers.*) ORD. VIT. V 9 p. 359. **b** [Wilfrithus] pulcher aspectu, bonae ~is, mitis, modestus EDDI 2; duo juvenes magnae ~is de nobilibus Anglorum BEDE *HE* III 27 p. 192; indolis egregiae juvenes quoscumque videbat, / hos sibi conjunxit ALCUIN *SS Ebor* 1449; cotidiano profectu crevit puer bonae ~is WULF. *Æthelwold* 6; habebat discipulos predicande ~is et prosapie nobilis W. MALM. *GR* II 168; puer erat ingeniosus et bone ~is *Chr. Witham* 496. **c** sancta puerpera futurae ~is infantulum enixa est FELIX *Guthl.* 5; magnam spem regie ~is dabat, preclaris facinoribus approbatus W. MALM. *GR* II 139 p. 156; filios ac filias plures multimoda ~e pollentes habuit ORD. VIT. IV 8 p. 234; per ~em .. perversam penitus et indocilem GIR. *SD* 60; omitto .. eruditam summe ~em tuam et acquisitam gravibus studiis .. prudenciam CHAUNDLER *Apol.* 10a. **d** c**680** ut .. plurimos ad bonae conversationis ~em provocet (*Lit. Papae*) *Conc. HS* III 162 (= *CS* 56); ut testatior ejus esset sanctitatis ~es W. MALM. *GP* I 14 p. 21.

2 (by metonymy) person of great ability or promise, of noble character, or sim.: **a** (w. ref. to adult or person of unspec. age); **b** (w. ref. to child or children collect.); **c** (phr. *puer ~is*, cf. 3b *infra*); **d** (spec. w. ref. to offspring, progeny, sts. collect.).

a cum septiformi spiritalium charismatum munificentia vestra solers ~is .. ornaretur ALDH. *Met.* 1; **10..** ~is, .. *þone gleawan WW.* **b** omnem paene generosam feminini sexus sobolem ac pulcherrimam pubertatis ~em [*gl.*: venustatem. juventute. *æþelbornysse*; *WW* 509.29: *gioguðe*] .. ad culturam Christianae religionis .. incitavit ALDH. *VirgP* 48; interserat .. indoles alma palaestris BEDE *CuthbV* 47; ~i egregie stirpique Cesaree virtus contigit ante diem GIR. *TH* III 48 p. 192; quam timeo arborem illam succisam ~is tue presignare jacturam [*addressed to the child Kenelm*] CIREN. I 310. **c** hunc .. genitor .. / tradidit .. rethorum forte magistris, / ut puer indōlis librorum disceret artes ALDH. *VirgV* 1127. **d** cumque pater sobolem vetulus vidisset adultam, / nititur indōlem claris natalibus ortam / flectere cum precibus, thalamorum ut jura capessat ALDH. *VirgV* 1266; apud Scottos, ubi cum multa nobilium ~e exulaverat W. MALM. *GR* I 49 p. 51; Ricardus .. parenti [sc. Willelmo I] spem laudis alebat, puer delicatus ..; sed tantam primevi floris ~em mors .. corrupit *Ib.* III 275.

3 prince (prob. w. implication of youth. V. *ASE* VIII 8–9); **b** (*puer ~is*, *cf.* 2c *supra*); **c** (*~es clito*).

†**742** (9c) ego Æðelmod ~is Merciae consensi et subscripsi *CS* 162; **956** (11c) ego Eadgar ~es corroboravi *CS* 978 (= *Ch. Burton* 14; cf. *CS* 971 [**956** (12c)]: ~ens); †**958** (14c) ego Eading et Eadgar ~es hec confirmavimus *CS* 1021; **10..** ~em, .. *þone æþelan geongan WW.* **b** †**757** (11c) ego Offa nondum regno Mercionum a domino accepto puer ~is in provincia Huicciorum constitutus *CS* 183. **c** †**937** (11c) ego Eadmund ~is clito consensi *CS* 721; **956** (12c) ego Eadgar ~es clito consensi *CS* 938; **956** (14c) ego Eadgar ~is clito confirmavi *CS* 968.

4 nature (of an abstr.; app. in weakened sense, the phr. w. dependent gen. being virtually equivalent to the abstr. alone).

ne Turchi dubitarent ~em regni ejus magno eorum malo adolescere W. MALM. *GR* IV 377 p. 441; sanitatis speratur ~es a videntibus *Id. GP* III 100 p. 218; sanctus .. in clariorem et crebriorem miraculorum processit ~em *Ib.* V 246 p. 396.

5 (var. senses assigned in glosses): **a** (substantival); **b** (adjectival).

a ~em, juventutem *GlC* I 208 (*refers to* Orosius *Hist. adv. paganos* 6. 18. 1: Octavianus .. indolem suam bellis civilibus vovit); ~is, spes virtutis bonae *Ib.* I 272; †involem, originem *Ib.* I 355; ~is, *gebyrde GlM* 28. 29 (cf. ib. 30. 85: ~is, *geþinc[þe]*; *both refer to* Sedulius *Epist.* p. 9. 1 Huemer: praeclarae indolis fama). **b** ~is, *hyhtful* vel *ðiendi GlC* I 260 (cf. *WW* 422. 21 [**10..**]); **10..** ~em, *gebierdne WW* 421. 3.

indolescere [CL], **indolēre** [ML], to be distressed, grieve (over): **a** (in glosses and definitions, also absol.); **b** (w. abl. or abl. absol. expr. cause); **c** (w. dir. obj.); **d** (w. acc. & inf., also ellipt.); **e** (w. *quod*); **f** (w. *de*).

a ~uit, multum doluit *GlC* I 359; ~uit, *gehrew GlM* 28. 3; ~uit, *he besar[gode] Ib.* 30.25; episcopus .. graviter ~uit ABBO *Edm.* 15; ~escere: †dolore [MS: dolere. indolescendus:] tristis, vultuosus, sublestus OSB. GLOUC. *Deriv.* 291; ejus filie .. ibi ~uerunt ita quod .. in populos .. mutate sunt *Natura Deorum* 25. **b** ~uit animosa fides abbatis tante dignitatis injuria GOSC. *Transl. Mild.* 7 p. 165 (cf. c infra); ~uisse Godefridum viso W. MALM. *GR* IV 373 p. 433; comperta .. filiarum orbitate pater .. nimis ~uit ORD. VIT. XII 10 p. 337. **c** ~uit abbas destitute virginis injuriam GOSC. *Transl. Mild.* cap. 7 p. 154 (cf. b supra); **1523** vestrae sanctitatis predecessoris obitum .. summopere .. ~ere *Mon. Hib. & Scot.* 538a. **d** a**984** vitiis copiose surgentibus Creator se hominem fecisse ~uit (ÆTHELWOLD *Ch.*) *Conc. Syn.* 123; Adeluuoldus ~uit quidem se indignum tanto beneficio GOSC. *Edith* 75; apostolicas literas se sprevisse sero ~uit W. MALM. *GP* III 107 p. 240; *G. Steph.* 25 (v. gubernaculum 2b). **e** indoluit sanctus domini, precepta quod audent / presulis egregii contempnere WULF. *Swith.* I 1336. **f** de cujus obitu vir Dei plurimum ~uit R. COLD. *Godr.* 134 p. 143; ~eo quoque de principibus et prelatis qui .. in rebus nugatoriis dies suos consumunt R. NIGER *Mil.* IV 44.

indolorius [LL], free from pain.

fere semper corpore ~ius sospes et vegetus vixisse perhibetur W. NEWB. *HA* V 10 p. 437.

1 indolus [?LL *gl.*, cf. *TLL* s. v.], free from guile.

per quos invidos .. mors agni ~i [sc. Willelmi Wallas] machinata est *Plusc.* VIII 27 p. 157.

2 indolus, guileful, treacherous.

estimantes eos habere multam pecuniam .. quasi sub pietatis studio hospitio ~o susceperunt *Pass. Indracti* f. 99v; susceptus est .. Indrachtus .. a barbaris hospitio ~o *Ib.*

indomabilis [CL], untameable, wild, invincible: **a** (of person or nation, also *animus*, *corpus*, or sim.); **b** (of animal); **c** (of abstr.).

a homines ~es BEDE *HE* III 5 (v. durus 3c); qui delicate a pueritia nutrit corpus suum, quod animo debuerat subjugare, is .. lascivum hoc et ~e sentiet *Id. Prov.* 1022C (cf. *Prov.* xxix 21: contumacem); gentes diu feras et ~is animi *Id. Sam.* 681A; ~is, *untamcul GlP* 680; populi ferro ~es W. MALM. *Wulfst.* I 16 p. 23; "adolescens" inquit "iste, nisi freno vestro cohiberetur, nimis effrenis et ~is .. foret" GIR. *SD* 146; Wallenses .. cum omni festinatione, quasi furiosi et ~es, convenerunt RISH. *App.* 413. **b** [monachus superbus] sicut bos cornupeta domi recludendus, ne de leunculo leo evadat ~is, .. debite castigetur *Croyl.* 49. **c** concupiscentie ~is estibus perurgeri R. COLD. *Cuthb.* 15 p. 23; ad .. explicandum doctrine rebellionem indomitam et ~em GIR. *SD* 70; contra ~em [*ed.*: indomitabilem] prelationis usurpate malignitatem AD. MARSH *Ep.* 115 p. 245; mors indomabilis calcat egregios / reges et consules atque patricios WALT. WIMB. *Sim.* 133.

indomesticus [2 in- + domesticus], (of animal) not domesticated, wild.

communiter .. dicuntur bestie animalia ~a [TREVISA: *þat beþ nouȝt tame*] que jumentis sunt ferociores naturaliter sed sunt sevientibus bestiis mitiores, ut cervi et hujusmodi BART. ANGL. XVIII proem. p. 969.

indomigeratus [cf. ME *endaungeren*, domigerium (= 2 dangerium)], 'endangered', liable to punishment or seizure of goods, or sim.

indawngeryd, ~us, -a, -um *PP*.

indomitabilis v. indomabilis c.

†indomitare, *f. l.*

consternat, i. perterritat, contristat, convincat, †indomitat, *fyrtap, gebregþ, geacolmodaþ* .. *GlH* C 1502 (cf. *Corp. Gloss. Lat.* V 350. 17: consternantem, †indomitam).

indomitus [CL]

1 (of animal) untamed, wild (also in fig. context).

corporeos titillationum gestus velut ~os [*gl.*: *ungewylde*] bigarum subjugales .. refrenantes ALDH. *VirgP* 26 p. 260; "~a .. animalia BEDE *Cant.* 1221D (v. hinnulus 2a); c**802** nec equi ~i inrumpant ostia camerae ALCUIN *Ep.* 244; ove vetula cum tauro ~o jugata [sc. Anselmo cum rege] W. MALM. *GP* I 48 p. 81; bobus intactis, id est ~is, juga nulla passis ALB. LOND. *DG* 6. 32; **1465** custodi equorum ~orum domini regis *ExchScot* 327.

2 unconquered, undaunted, unconquerable, invincible: **a** (of person, human attribute, or sim.); **b** (of thing or its attribute).

a [Severus] receptam partem insulae a ceteris ~is gentibus .. vallo distinguendam putavit BEDE *HE* I 5 p. 16; [Oswaldus] ut bello indomitus sic pacta in pace fidelis ALCUIN *SS Ebor* 273; ut habent Germani .. ~um animum, ad pugnam ventum W. MALM. *GR* II 192; cui adhuc inerat juvenilis levitas et ~um robur atque saecularis ambitio ORD. VIT. III 3 p. 61; *Itin. Ric.* I 27 p. 65 (v. Friso 1a); si .. arma defecerint contra hostes rebelles et ~os, sic erit regnum indefensum BRACTON f. 1. **b** sanguine capri / virtus indomiti mollescit dura rigoris ALDH. *Aen.* 9 (*Adamas*). 3; princeps .. cohortes / admovet, indomitoque reos mucrone trucidat FRITH. 545.

3 violent, fierce, unruly, intractable: **a** (of person, *mens*, or sim.); **b** (as sb. m.); **c** (of region); **d** (of vice); **e** (of heat).

a cruditatem ~e mentis W. MALM. *GR* IV 333 p. 378 (v. eructare 2a); ~a gens Normannorum est et nisi rigido rectore coherceatur, ad facinus promptissima est ORD. VIT. IX 3 p. 474; *Ib.* XIII 23 p. 60 (v. garcio 1); H. BOS. *Thom.* IV 13 p. 367 (v. effluere 2d); monachi vagi leves et ~i *Norw. Cath. Pri.* 106. **b** [papa Gregorius VII] persecutionem .. ab ~is et jugo Domini contrariis pertulit ORD. VIT. VII 4 p. 162; ne .. videar quasi ~orum rabiem .. subterfugere *Ib.* XII 32 p. 434. **c** terram hactenus ~am .. tanta virtute rexit et domuit ut .. GIR. *TH* III 50. **d** spiritus .. castimonia, cujus imperio ~a [*gl.*: *ungewyld*, ineffrenata] corporalis lasciviae petulantia refrenatur ALDH. *VirgP* 27 p. 264; s**1404** (v. epulae a). **e** cessit fervor [aquae bullientis] ~us audaci fidei, nichilque est lesus monachus W. MALM. *GP* II 83 p. 181.

indonatus [LL], unrewarded (in quots., w. *abire*). **b** (of monastery) unendowed (*cf. indotatus* 2).

sinon exposueris, indonatus abibis *Gloss. Poems* 104; quia et me et te tanto monstro liberasti, ~um abire haud conveniens est ADEL. *ED* 17; non sum passus [monachos] sine aliquot libellulis meis ~os abire FERR. *Kinloss* 52. **b** archipraesul [Dunstanus] .. proposuit .. coenobialia redintegrare loca .. et donata et hactenus ~a proprio locupletare suppellectili (*Liber Niger Quaternus Westm.*) *CS* 1263.

indorciamentum v. indorsamentum.

indormire [CL], to sleep upon. **b** (p. ppl.) slept upon, rendered numb, paralyzed.

ille .. duo laterum fragmina, quibus sanctus ~ierat, praefato fratri remittit in bustula GOSC. *Transl. Aug.* I 33. **b** **1220** percussit eum gladio suo in dextra manu, unde manus ejus ~ita est [*altered from*: unde credit quod mahemiatus est] *CurR* IX 272.

indormum *s. dub.*

1440 unum spumatorium, unum ferrum indormum, unam securiculam *Pat* 446 m. 13.

indorsamentum [cf. dorsamentum, AN *endossement*], endorsement (of document).

prenotarius respiciet ~um brevis illius HENGHAM *Magna* 11 p. 37; **1308** sicut per ~um peticionis predicte constat evidenter *Reg. S. Bees* 337; **1365** prout per ~um cujusdam petitionis .. plene liquet *Reg. Brev. Orig.* 91v; **1419** de obligacione facta super diversis condicionibus per ~um vel per indenturam *MGL* I 176; **1433** secundum vim, formam, et effectum indorciamenti peticionis predicte *ActPC* IV 190; **1472** petit .. auditum ~i ejusdem scripti *Law Merch.* I 128.

indorsare [cf. dorsare, AN *endosser*]

1 to write (name, date, or sim.) on the back (of document); **b** (w. *quod*).

dies captionis ~ari [v. l. indossari] debet in tergo brevis BRACTON f. 365b; cum quis .. attachiatur per breve nove disseysine .., in originali indossantur plegii de prosequendo .. sic: "plegii de prosequendo R. de C., W. de G." *SelCWW* cxcix; **1286** quorum nomina in brevi vestro .. indossavi *Chanc. Files* B 3; **1315** plegios .. brevi predicto ~atos radi fecit *Year Bk.* 218; s**1392** diem apparencie sue .. super literam predictam conscribi fecerunt et ~ari *Croyl. Cont. B* 488; **1419** nomina eidem bille ~ata *MGL* I 19. **b** **1282** vicecomes retornavit breve in quo indossatur quod nullus regnum abjuravit in villa Oxon' *Gaol. Del.* 35B m. 39d.

2 to endorse (document); **b** (w. ref. to application of seal).

1289 compotus factus per J. L. et W. P. custodes nove custume Londonie ~atus de omnimodis receptis de lana pellibus et coreis *EEC* 245; **1305** si inveniatur illa peticio sic indossata *RParl* I 182b (*cf. ib.* 184b: peticio in consilio ~ata fuit quod .. W. et P. sequerentur in cancellar[iam]); si quod tale [sc. mandatum] sibi fuerit presentatum, [minister regis] ~et et ~atum remittat (*Stat. David II* 18) *RegiamM* II 52; **1382** quod episcopus ~et breve regis sic: "non datur saysina, quia .." *Reg. Aberd.* I 155; **1389** ~entur .. brevia .. de licencia alicujus [sc. clerici] de prima forma *Chanc. Orders* 4; **1434** vicecomes .. retornavit hic breve predictum .. ~atum sic: "virtute istius brevis .." AMUND. II 111; **1504** presentes litteras debite executas et ~atas earundem reddite latori *Reg. Paisley* 62; **1545** (v. exsequi 3d). **b** s**1289** sub litera .. clausa et sigillo ~ata THORNE 1954 l. 64.

indorsatio, indorsation, endorsement (of document).

predicta scripta eorum irrotulata sunt in banco, sicut patet per ~ones eorundem scriptorum in domini abbatis scrinio positorum *G. S. Alb.* II 257; **c1532** prout in dictis litteris et earundem .. executionibus et ~onibus plenius continetur *Form. S. Andr.* II 5.

1 indossare v. indorsare.

2 indossare [cf. dossa], to spice with cloves of garlic.

qui crustis alia pistant [in marg.: indossat panem, ne panem sumat inanem] GARL. *Mor. Schol.* 392.

indotatus [CL]

1 (of woman) not provided with a dowry.

pater et innuptas et ~as reliquerat [sc. filias suas] W. MALM. *GR* II 140 p. 157; **s1322** uxores [interfectorum] ~e manentes AD. MUR. *Chr.* 38.

2 (of church) not endowed.

capella ~a remansit GRAYSTANES 31 p. 91.

indria v. 2 hydria 2b.

indruticans [cf. *perh.* Ir. *drúth* = *wanton, unchaste, a harlot, whore*; Prov. *drut* = *beloved* v. *TLL*, *Anglia* XXVI 310ff.], ? flaunting like a whore (in), luxuriously adorned (with).

ista stolidis ornamentorum pompis ~ans [*Giles*: infruticans] adinstar illius mulieris aures calice prostibuli poculum letiferum propinantis [*Apoc.* xvii 4] ALDH. *VirgP* 17 (cf. *gl.*: *ticgende*, luxurians. *broddiende, tolcetende* vel *fleardiende* vel *brottetende*; *GlC* I 77: *wraestende*; *WW* 419 [**10..**]: *wraestende oððe wlancende*).

indubiae v. induviae.

indubie [LL]

1 undoubtedly, indisputably, certainly.

cum ~ie .. sponsalium fides .. impleta fuerit inter [Joseph et Mariam] VAC. *Mat.* 15 p. 276 (cf. ib.: procul dubio); ex quibus verbis patet ~ie quod .. OCKHAM *Pol.* II 552; tunc non est color in argumento, sicut ~ie est in proposito WYCL. *Ente* 237; **1432** quos .. sciencia doctiores .. ~ie fore decet *StatOx* 243; **1437** rem .. Deo gratam .. ~ie faciet vestra .. paternitas BEKYNTON I 9.

2 **a** without (entertaining) doubt, undoubtingly, confidently. **b** unwaveringly, steadfastly.

a quicumque intelligens hec que scripsisti perlegerit, tenebit ~ie OCKHAM *Dial.* 403; **1450** de vobis enim speramus ~ie quod .. studiosius vigilabitis *Pri. Cold.* 168; ad finem quod idem M. de solucione dicte summe .. magis ~ie sit securus *Reg. Brev. Orig.* 265b. **b c1403** (v. cardinalis 2b).

indubietas [ML], indubitability, certainty.

fidem .. habens Spiritui Sancto, cujus .. responsum de ~ate a repromissione salutis vir Deo plenus audiebat J. FORD *Serm.* 47. 2.

indubio [ML], undoubtedly, certainly.

ne .. a recordacione .. tollerentur que successivis temporibus studio legencium forent ~io profutura CIREN. I 1.

indubitabilis [CL]

1 (of faith, trust, or sim.) undoubting, confident.

super his tantum plenam nos et ~em jussit exauditionis habere fiduciam quae .. Domini congruant voluntati BEDE *Ep. Cath.* 117; **1289** quatinus .. eisdem [nuntiis] .. ~em fidem et firmam credenciam adhibere velitis *RGasc* II 466a (cf. ib.: indubiam).

2 that cannot be doubted, indubitable, certain.

precor .. quatenus epistola vestro sigillo signata ~em mihi vestram ostendet voluntatem ANSELM (*Ep.* 110) III 243; nec sic est ~e quia .. *Id.* (*Resp. Ed.* 5) I 135; aliquid incertum quia sit ignotum, aliquid incertum quia non sit ~e dici usu evenit BALSH. *AD* 53 p. 39; **s1307** ista victoria .. laudabilis est .. propter exitum, qui fuit certus [et] ~is *Ann. Ed. I* 492.

indubitabiliter [LL], beyond possibility of doubt, indubitably, certainly.

sicut supra digesta ratio ~iter [v. l. indubitanter] probat ANSELM (*Mon.* 21) I 37; **c1093** ad hoc enim res ista ~iter judicio Dei perducitur ut .. *Id.* (*Ep.* 148) IV 5.

indubitandus [LL], that cannot be doubted, indubitable, certain.

veritas ipsarum divinarum scripturarum .. ex omni parte verax atque ~a persistit WYCL. *Ver.* I 192 (= Augustinus *Ep.* 82. 7).

indubitans [LL], undoubting, confident.

episcopus ~antem videns fidem illarum [mulierum] *V. Cuthb.* IV 5; Beda magister, / indubitante fide texens .. / historico Anglorum gentes et gesta relatu ALCUIN *SS Ebor* 1208; simus .. de ejus [sc. Dei] opitulatione ~antes *Id. Ep.* 59; [Abraham] dubitanti animo mactare puerum cogitabat, et ~anti animo in Deum resuscitari credebat eum *Id. Exeg.* 545B.

indubitanter [CL]

1 (w. ref. to knowledge or belief) without (entertaining) doubt, with certainty: **a** (w. vb. of believing, considering, expecting, or sim.); **b** (w. vb. of asserting, promising, or sim.); **c** (w. vb. of knowing, learning, or sim.).

a eam [historiam] .. ~er historiae nostrae .. inserendam credidi BEDE *HE* IV 22 p. 252; **800** quod et vos omnes credere .. exhortamur .., hoc quod vobis innotescimus cum universali ecclesia ~er retinentes ALCUIN *Ep.* 199; divina auctoritate, cui ~er credo ANSELM (*Casus Diab.* 21) I 267; **1201** mittimus ad vos .. P. de R. .., cui super hoc negotio ~er credatis *Pat* 1b; quod [patiens] sit obediens requiritur et de salute ~er confidens BACON IX 187; **1440** futurum equidem ~er speramus quod .. turbationibus .. silencium imponetur BEKYNTON I 135. **b 903** (12c) qui .. aeterna beatitudinis praemia adquirere posse ~er promiserunt *CS* 613; ~er .. possumus dicere quia .. ANSELM (*Ver.* 12) I 196; GIR. *TH* II *pref.* (v. firme 3a); sicut ~er affirmavi AD. MARSH *Ep.* 14 p. 98; lumen quoddam insolitum .. se conspicere ~er asserebant *Meaux* I 343. **c** quod fuit idcirco gestum, plebs sciret ut omnis / indubitanter .. / quod .. WULF. *Swith.* I 720; **1094** certitudo dilectionis vestre, quam erga me ~er cognovi ANSELM (*Ep.* 170) IV 51; hoc .. sanctitati vestrae ~er notum sit ORD. VIT. VIII 26 p. 441; **s1139** id regem ex multis ~er comperisse W. MALM. *HN* 473 p. 31; **1229** scire .. vos volumus ~er quod .. *Pat* 316; ut ab eo [sc. priore] sciatur ~er ubi inveniri debeat [celerarius] *Cust. Westm.* 70.

2 (w. ref. to actions) without hesitation or reservation, unquestioningly, confidently; **b** (w. vb. of intending); **c** (w. vb. of advising).

cum .. hominibus spiritalia esse quae agimus ~er in exemplum vivendi ostendimus BEDE *Tab.* 487; semper eandem fidem ~er tenendo ANSELM (*Incarn. B* 1) II 7; quem .. ad intima consilia sua velut fidelem amicum ~er accersierat ORD. VIT. III 5 p. 81; **1187** ut .. in veritate sciatis nos vestram ~er diligere ecclesiam *Ep. Cant.* 163; **s1255** Lewelinus confidens in Domino eorum ~er expectavit horribilem .. adventum *Ann. Cambr.* 89; quodcumque dixerit tibi, ~er fac (*Fint.* 5) *VSH* II 98. **b** si Abraham ~er et firmo animo cogitabat macrare puerum Domino in holocaustum ALCUIN *Exeg.* 545B. **c s1232** ut preceptum domini vestri adimpleatis, consulo vobis ~er M. PAR. *Maj.* III 225.

3 so as to leave no doubt or uncertainty, conclusively, convincingly, definitively: **a** (w. vb. of demonstrating, explaining, or sim.); **b** (w. vb. of ordering or obliging); **c** (w. vb. expressing fixed arrangement).

a et mortuos suscitandos et terras suas inhabitaturos apertissime propheta [sc. Ezechiel] atque ~er ostendit PETRUS *Dial.* 48; ea quae oculis suis viderit .. copioso relatu ~er enucleare studuit ORD. VIT. III 15 p. 158; **1220** per inspectionem cartarum et instrumentorum que in Sarum habentur ecclesia ~er certificata *Ch. Sal.* 100; ex tribus inventis crucibus per quandam languidam que per veram perfecte curabatur ~er certificabatur *Flor. Hist.* I 182 (cf. M. PAR. *Maj.* I 160: evidenti indicio demonstratur). **b** indubitanter ei post haec mandare memento, / quo .. nevorum maculas interna mente relinquat WULF. *Swith.* I 63; **1303** ad cujus [promissionis] executionem et completionem jam estis ~er astricti *BBC* (*Oxford Univ.*) 102. **c 1429** tenementa aut redditus .. volo .. in .. sustentacionem cantarie .. disponi, conventi et ~er perpetuarii *Reg. Cant.* II 405.

4 (qualifying sentence or phr.) undoubtedly, unquestionably, certainly; **b** (w. vb. of being evident, true, or sim.).

Samuel .. signis ~er admirandis notus GILDAS *EB* 38; ~er majorem sibi Christus .. adquisivit .. credentium multitudinem *V. Greg.* 108; ea que .. ~er sunt peracta ad viri Dei tumulum LANTFR. *Ep.*; optat in eloquio si quis preclarus haberi, / indubitanter ei, quod cupit, ista dabunt: / ingenium pollens .. / .., sermo frequens J. SAL. *Enth. Phil.* 174; **s1223** affirmavit .. quod [crux] ~er erat ex ligno illo in quo salvator mundi .. pependit M. PAR. *Maj.* III 81; **1335** cum .. plurimi nostrum, et ~er pars major, ecclesiasticis beneficiis careamus *FormOx* I 86. **b** ut .. sacrae scripturae testimonium .. ~er perclareat 'salvabitur ..' [*I Cor.* vii 14] (*Lit. Papae*) BEDE *HE* II 11 p. 106; unde ~er patet .. PETRUS *Dial.* 11; hoc ~er verum est T. SUTTON *Gen. & Corrupt.* 139; nisi de hoc ~er per revelacionem divinam constiterit OCKHAM *Pol.* I 77.

indubitate [CL], without (entertaining) doubt, confidently.

[Lanfrancus] ~e pronuntiavit Gundulfum episcopum .. fore W. MALM. *GP* I 72 p. 137; id .. ~ius presumimus eventurum BEKYNTON I 159.

indubitatus [CL]

1 undoubted, undubitable, certain: **a** (of assertions, authority, truth); **b** (of event, state of affairs, or sim.; also as sb. n.); **c** (*~um tenere, habere*) to consider indubitable, be convinced (of, that). **d** (*~um est*) it is true beyond doubt (that).

a quorum ~am aequanimiter conviciorum auscultato parumper adstipulationem GILDAS *EB* 33; ~a scripturarum auctoritate ALDH. *VirgP* 5; ne .. hec videantur frivola prohibet ~a historici auctoritas W. MALM. *GR* II 208 p. 261; illos inimicos vobis .. ~a veritate noveritis GIR. *SD* 136. **b** haec sunt verba quae ~is effectibus approbantur GILDAS *EB* 109; **†793** (13c) ~a eterne mercedis retributio *CS* 267; indubitata Dei beneficia sentiet aegra WULF. *Swith.* II 842; a constanti .. et ~o principium sumendum est; constat autem indubitatumque est nebulas .. surgere ADEL. *QN* 64 p. 58 (v. et. d infra); naufragium ~um W. MALM. *GR* III 290 (v. ingredi 2a). **c** quod ~um habet qui eorum scripta legit LANFR. *Corp. & Sang.* 426C; [Lanfrancus] ~um tenens quod simul ire non posset monachi otium et archipresulis negotium ORD. VIT. IV 6 p. 212. **d** ADEL. *QN* 64 (v. b supra); **a1143** ~um est monasterium .. ex antiqua institutione beati Petri juris existere (*Bulla Papae*) ELMH. *Cant.* 378.

2 **a** (of belief, faith, or sim.) undoubting, confident. **b** (of obedience) unquestioning.

a ad verae conversionis et ~ae fidei credulitatem (*Lit. Papae*) BEDE *HE* II 8 p. 96; ~a spe FELIX *Guthl.* 52 (v. 2 esse 12a); quod narrantibus nobis ~a fide potuerunt credere OSB. *Mir. Dunst.* 1 p. 130; **1254** quibus [sc. nuntiis] .. fidem adhibeatis ~am *RGasc* I 495a; ~am credulitatem OCKHAM *Dial.* 591 (v. distringere 3d); alloquar Dominum meum .. in fervore caritatis et amoris et ~e certitudinis RIPLEY 124. **b** ultra ~am obedientiam pollicenti imperat ocius mandata exequi GOSC. *Transl. Mild.* 21 p. 183.

indubitus [?LL], undoubting, or *? f. l.*

in cujus rei tenore continetur ut eis [sc. legatis] fides indubita [*sic* MS; ? l. indubia vel indubitata] adhibeatur *Ps.*-RISH. 500.

indubius [CL]

1 that cannot be doubted, indubitable, certain; **b** (*~ium est quin*). **c** (of person) whose word cannot be doubted, unimpugnable.

nil certum atque ~ium de via veritatis addiscere potui BEDE *Cant.* 1118; viderunt discipuli praesentes quod posteris ~ia veritate testarentur *Id. Ep. Cath.* 86. **b 1169** ~ium enim est quin a fidelibus tales [excommunicatos] oporteat evitari J. SAL. *Ep.* 292 (289 p. 654). **c** nec .. ea quae scripseram sine subtili examinatione testium ~iorum passim transcribenda quibusdam dare praesumpsi BEDE *CuthbP prol.* (cf. FELIX *Guthl. prol.*); non mihi .. propheta, non quilibet doctor ~ius lumen divinae cognitionis ostendit BEDE *Cant.* 1118.

2 undoubting, certain: **a** (of person); **b** (of abstr.).

a ut .. vos credentes de donis ejus [sc. Christi] existatis ~ii BEDE *Ep. Cath.* 70 (cf. ib.: sine ulla dubietate); **796** ego de tua ~ius fide suasi ut faceret ALCUIN *Ep.* 96; [genus meditationis] de exitu nostro ab hac vita, quem omnes ~ii exspectamus AD. SCOT *Serm.* 437D. **b** qui .. novae praemia vitae spe ~ia sectabantur BEDE *Cant.* 1086D; [Petrus] verae fidei archanum quod cognoverat ~ia oris confessione protulit *Id. Hom.* I 20. 223D; **1289** quatinus prefatis nunciis .. fidem velitis ~iam adhibere *RGasc* II 466a (cf. ib.: indubitabilem); **1331** admittere dignemini .. ad audientiam benignam et ~iam fratrem T. *Lit. Cant.* I 390.

3 unhesitating.

[clericus] viri Dei .. sanguinem sitiens, ~ius illum occidere successit FELIX *Guthl.* 35 p. 112.

inducare v. 1 indicare.

inducentia, inducement.

est dare duplicem temptacionem, quarum prima est ~a ad peccandum WYCL. *Ente* 270.

inducere [CL]

1 (w. person or animal as obj.) to lead or bring (into a place); **b** (into heaven or sim.); **c** (as occupier or owner); **d** (as workman); **e** (on stage, as actor; cf. 9 infra).

casa in qua infirmiores .. ~i solebant BEDE *HE* IV 22 p. 261; Iosue surrexit, turbas dux inclytus armis / inducens patriam ALCUIN *Carm.* 69. 94; [me] Eadfridus .. / porticibus .. induxit apertis ÆTHELWULF *Abb.* 759; nullus inter .. cimiterium .. quadrupedes induxit W. MALM. *Glast.* 18 (= *GR* I 20); comitem .. in insidias Turcorum

~tum *Id. GR* IV 349. **b** qui .. eos .. in atria vitae caelestis ~erent BEDE *Cant.* 1216; quis me ducet et ~et in illam [sc. lucem inaccessibilem; v. *I Tim.* vi 16] ut videam te in illa? ANSELM (*Prosl.* 1) I 98. **c** BEDE *Hom.* I 13. 227 (v. 1 domus 7a); vacuate ab impiis Dei sacrarium, extrudite latrones, ~ite pios W. MALM. *GR* IV 347 p. 398. **d** operarii quos .. in vineam paterfamilias induxit BEDE *Acts* 951. **e** Theodorus tragoedie gesticulator nulli .. unquam permisit †aut [l. ante; cf. Aristotle *Pol.* 1336 b 29: οὐδενὶ .. παρῆκεν ἑαυτοῦ προεισάγειν] se ~ere neque vilium hypocritarum BRADW. *CD* 15A.

2 (w. thing as obj.) to take, bring, convey (into a place or container; also in fig. context); **b** (spirit or life into body). **c** (w. tax or fine as obj.) to pay in. **d** (w. weapon as obj.) to hand in, surrender. **e** (w. crop or sim. as obj.) to gather in. **f** (w. water or stream as obj.) to conduct. **g** to place (upon), fix (to), insert, weave, thread, or sim. (into).

[regina] curavit sancti sacris inducere tectis / reliquias patrui ALCUIN *SS Ebor* 360; caveat in portus tranquillitatem .. impatientie turbinem ~ere ANSELM (*Ep.* 37) III 147; thecam paravit argenteam qua illud [os sancti] ~eret W. MALM. *GP* V 269 p. 429. **b** dextram cadaveri apponens animam induxit corpusculo *Ib.* III 100 p. 218; PULL. *Sent.* 733A (v. hospitiolum 1b). **c** **1434** precipitur computanti quatenus levat [? l. levet] et ~at dictas firmas infuturum *ExchScot* 596; **1551** (v. convictio d). **d** **1456** de lacione armorum .. convictus et incarceratus induxit arma et solvit iiij s. *MunAcOx* 665; **1456** induxit arcum *Ib.* 666. **e** **1537** petit allocacionem de diversis pratis .. lucratis et ~tis ad usum domus *Ac. Durh.* 706; **15..** (v. granetum). **f** Danubius .., ablato pessulo ~tus, cenum platearum pelago importat W. MALM. *GR* IV 355; OSB. GLOUC. *Deriv.* 437 (v. imporcire). **g** dentale, prima in qua vomer ~itur quasi dens *GlH* D 179 (cf. Isidore *Etym.* XX 14. 2); ad pedes ~tum sarcophago lapidem contemplantur; hoc exempto .. GOSC. *Transl. Aug.* 37A; temptarunt ut domui tectum ~erent W. MALM. *GP* V 217; pallium .. aurum habens ~tum et in coloribus intermixtum OSB. GLOUC. *Deriv.* 198; carcannus .. ferreo preacuto .. infigitur et ita violenter ~itur quod nullo molimine extrahi possibile videretur R. COLD. *Cuthb.* 20 p. 42; acus .. grossiores ad laqueos ~endos [*gl.*: introducendos *trere ens. a laz amener*] NECKAM *Ut.* 101.

3 a to put on (clothes); **b** to clothe (person).

a manica .. super aliam ~ta OSB. GLOUC. *Deriv.* 546; **1284** (1389) si .. masculus quisquam voluerit .. defuncti .. nocturnis vigiliis interesse, hoc fieri permittatur, dumtamen ibidem nec monstra larvarum [i. e. *masks*] ~ere nec corporis vel fame sue ludibria nec ludos alios inhonestos presumet .. attemptare *Guild Cert.* 45/392 (*Ludlow*; cf. *Eng. Gilds* 194, *where ed. transl. 'calls up ghosts'*); **s1388** (v. guisa). **b** **1221** ~tum capa unius monachi (v. abducere 1a).

4 (w. weakened local sense) to bring in, involve (person) in a certain capacity or function.

si gravius quid admisisti, induc presbiteros ecclesiae et ad illorum examen castigare [cf. *Jac.* v 14] BEDE *Ep. Cath.* 117; causarius, reus pro crimine in causa [MS: causam] ~tus OSB. GLOUC. *Deriv.* 154; **c1212** ille [sc. Deus] qui omnia novit, quem testem ad hoc ~imus GIR. *Ep.* 5 p. 204.

5 to lead (person) into a certain state, condition, or situation: **a** (into benefit); **b** (into var. ills); **c** (into emotion, state of mind, belief). **d** (log.) to guide to an inductive inference.

a angeli .. justos .. ad palmam perpetuae retributionis ~unt BEDE *Prov.* 1015; ut [Sanctus Spiritus] me simpliciter per istorie vestigia gradientem in sanctam ~at veritatem OSB. CLAR. *V. Ed. Conf.* 1 p. 68; potestatem .. ~endi ad dignos fructus penitencie peccatores OCKHAM *Pol.* I 242. **b** si alios in perjurium induxisti scienter BONIF. *Pen.* 431; pellexit, in fraudem induxit *GlC* P 271; peccatores, quo vos ~itis, intra quos vectes vos includitis ANSELM (*Or.* 8) III 28; que [sc. tenebra] universos qui de rerum ordine dubitant .. in errorem ~it ADEL. *QN* 64 p. 59; OCKHAM *Dial.* 607 (v. 1 forum 6c); FAVENT 5 (v. delusorius). **c** vos [sc. peccata] illectum vestrum ~itis in timorem et confusionem ANSELM (*Or.* 10) III 34; Alduinus eidem sententie ~tus consilium .. quesivit W. MALM. *GP* IV 145; [Picti] in iram ~ti commoveri facile possent adversus regem G. MON. VI 7; in diversas meditationes ~tus *Ib.* VIII 9; rationes astronomie similiter ~unt nos ad hoc: .. GROS. *Flux.* 460; ne simplices discipuli in adhesionem pertinacem eisdem heresibus ~antur OCKHAM *Dial.* 431. **d** †inducíter [l. inducitur] presumptio RIC. ANGL. *Summa* 33 p. 62 (v. denuntiatio 2b); quandocumque iste [sc. intellectus] intelligit principium magis adheret illi quam singulari ~enti DUNS *Metaph.* I 4 p. 60b.

6 a to install (person) in an office (eccl. or civil), appoint. **b** (eccl.) to induct (cf. 7a infra).

a Angli .., dum nullum ex suis volunt, alienum induxerunt [sc. regem] W. MALM. *GR* III 247; Wlferius .. Wine quendam .. vacanti throno induxit *Id. GP* II 73 p. 142; ut eum .. Licitfeldi pontificem ~eret *Ib.* III 100 p. 216. **b** **1340** [cum] episcopi .. monachos .. sibi sic presentatos ad dictum prioratum de C. admittere et eos in eodem prioratu instituere et ~ere .. consueverint *RScot* I 580b; **1342** vicarius loci noviter institutus et ~tus (*Vis. Totnes*) *EHR* XXVI 112; quantumcumque inhabilis volens solvere [primos fructus] quiete ~itur WYCL. *Sim.* 57 (opp.: expellitur); W. SAY *Lib. Reg. Cap.* 57 (v. eligere 2h); **1462** J. F. .. presentatus fuit episcopo .. ad ~endum in rectoriam de K. P. *Reg. Whet.* II 12.

7 to place (person) in possession (of property): **a** (*~ere in possessionem* w. gen., in eccl. context w. ref. to induction, cf. 6b supra; v. et 13d infra); **b** (in non-eccl. context); **c** (*~ere de*).

a **c1187** nos .. nepotem nostrum in personam ecclesie predicte recepisse et ipsum .. in corporalem possessionem ejusdem induxisse *Ch. Westm.* 368; **c1213** erga nos in possessionem vicaria illius ~endos GIR. *Ep.* 7 p. 250; **1226** quatinus [archiepiscopus] ipsum in corporalem possessionem ejusdem prebende ~at *Pat* 65; **1265** quod .. in corporalem possessionem heremitorii predicti ~atis et ~tum defendatis *Cl* 29; **1326** quousque vicarius noster presentandus in eadem vicaria fuerit institutus et in corporalem possessionem ~tus *Lit. Cant.* I 169; **1408** [ad] personas idoneas, quibus donari contigerit beneficia ecclesiastica .., admittendum instituendum et .. in corporalem possessionem jurium .. ~i canonice faciendum *Eng. Clergy* 191; **1433** quatinus prefatum patrem J. .. in corporalem et realem possessionem ejusdem monasterii .. ~atis ~ive faciatis et defendatis ~tum *Reg. Cant.* I 113. **b** **1282** (v. defectus 4b); **1401** Blanchiam .. in corporalem .. possessionem omnium castrorum .. realiter et cum effectu mittent, ~ent et infeoffabunt, mittique seu ~i et feoffari facient *Foed.* VIII 206b. **c** **1315** molendinaria .. magistro A. .. liberetis et de illis ~atis et ~tum defendatis *RGasc* IV 1454.

8 to lead (person) to a course of action, urge, persuade; **b** (w. *ad*, freq. foll. by gd. or gdv.); **c** (w. *in* & acc.); **d** (w. inf.); **e** (w. *ut*, *quod*, *quatenus*).

qua occasione ~ti orientalem ipsius insulae partem .. Saxones sunt adepti ABBO *Edm.* 1; tolerabat episcopus eorum immodestiam gratia strenuitatis ~tus W. MALM. *GR* III 271 (= *GP* III 132); suadente et ~ente et instanter urgente .. apostolice sedis legato J. SAL. *Thom.* 9. **b** [Edgitha regina] conjectura .. immodeste nationis ad presagiendum ~ta W. MALM. *GR* III 271; J. FURNESS *Walth.* 50 (v. hortamentum b); **s1215** cum .. regem ad consensum ~ere nullatenus potuissent WEND. II 116; **1311** (v. deceptorie a); **1317** (v. erigere 8b). **c** [Salomonem] in apostasie crimen .. mulierculärum .. amor induxit GIR. *TH* I 22; cum aliquis sacerdos ~it subditum suum .. in peccatum T. CHOBHAM *Praed.* 141. **d** Birinus .. per tres dies ~itur commorari *V. Birini* 14; sensa cordis ~or ex fiducia tue fraternitatis exprimere LUCIAN *Chester* 40; **1295** emergencium nuper necessitas nos ~it confratres .. celerius .. convocare *Reg. Cant.* 31; quod monachi vagi .. laudabilius deservire exemplo copiose multitudinis facilius instruantur et humilius ~antur *Norw. Cath. Pri.* 106. **e** **1166** ut .. Coloniensem ~eretis quatinus .. cause difficultates ostendere J. SAL. *Ep.* 185 (184 p. 218); [Christus] induxit homines ut .. considerent vires suas T. CHOBHAM *Praed.* 283; **s1261** mediantibus quibusdam discretis, ad hoc vix mitigatus [rex] ~itur ut duo eligerentur .. qui .. pacem provideren*t* *Flor. Hist.* II 466; **1342** vicarium ~ere .. quod .. desistat (v. fatigatio 3a).

9 to introduce, represent (persons or personifications in literature; in quots., pass.); **b** (w. acc. & inf.); **c** (w. pred. adj. or ppl.).

decimoseptimo [sermone] .. ~itur Ulixes qui .. promittit se redire TREVET *Troades* 45; W. BURLEY *Vit. Phil.* 94 (v. 1 fabula 3a). **b** in Genesi [ii 7] ~itur Deus formato homini spiraculum vite .. inspirasse PULL. *Sent.* 733A. **c** denique, ut ait Servius [*Comm. Aeneid* VI 395], Hercules apud prudentiores mente magis quam corpore fortis ~itur ALB. LOND. *DG* 13. 4; ~itur senex Trojanus inquirens causam .. doloris TREVET *Troades* 34.

10 a to introduce, bring into use or currency (doctrine, custom, or sim.). **b** to initiate (leg. proc.). **c** to bring on (time of day or of life).

a hereticos qui nova dogmata .. ~ere temptabant BEDE *Ep. Cath.* 121; phantastica illusio [daemonum] .. fuganda erat et pia conversatio ~enda FOLC. *V. Bot.* 403; **s1172** (v. 2 dimittere 3b). **b** **a988** archiepiscopus .. induxit statim calumniam proprietatis in omnem distributionem Ælfegi *Ch. Roff.* 34b p. 49 (= *CS* 1098); ~atur simplex lada [AS: *ofga man anfealde lade*], id est purgatio, simplici prejuramento (*Quad.*) *GAS* 325; ~atur triplex ordalium [AS: *ofga man þæt þrifealde ordal*] hoc modo: sumat quinque et idem sit sextus *Ib.* 333. **c** dies ~untur, non noctes, quia servus Dei .. docebat eos noctem declinare, diem vero diligere *V. Birini* 14; pelagi caligo aerisque horror noctem ~it W. MALM. *GP* V 224 p. 377; vernans etas, pueritia exclusa, adolescentiam induxerat *Id. Wulfst.* I 1 p. 5.

11 a to introduce (topic, rhet. device, or sim.) in speech or writing. **b** (w. dat.) to insert (material into a book). **c** to cite, adduce (testimony, authority, or argument).

a "qualis debet esse illa inductio?" "similis semper ei rei cujus causa ~itur" ALCUIN *Rhet.* 30 p. 540; ut [verborum translatio] .. celatius quam ut comperiri possit ~atur BALSH. *AD rec. 2* 114; *Ib.* 124 (v. hactenus d); vox Christi fidelem alloquentis et mortis sue memoriam ~entis J. HOWD. *Cant.* p. 22 *tit.*; Christus .. ~it amorem suum *Ib.* p. 58 *tit.* **b** cujus vitam .. huic breviario ~ere commodum opinor W. MALM. *GP* III 99 p. 210. **c** facile responderi potest argumentationi superius ~te R. MELUN *Sent.* II 225; GIR. *GE* II 31 p. 316 (v. ecclesia 2e); induc igitur, domine Petre, quecumque volueris testimonia scripturarum vestrarum P. CORNW. *Disp.* 156 (cf. ib.: ut .. scripturas et rationes .. contra me ~as); si [predicator] ~at aliquam debilem rationem ad persuadendum aliquid T. CHOBHAM *Praed.* 299; ~ens ad hujus probacionem verba apostoli GROS. *Hexaem. proem.* 3; auctoritates quas induxistis superius OCKHAM *Disp.* 14 l. 20.

12 to bring about, cause, induce; **b** (med.).

cum .. processio Spiritus Sancti de Filio negata .. ~at falsitatem ANSELM (*Proc. Sp.* 14) II 215; ut soporem [MS *adds*: ~eret plerumque etiam ut torporem] somni discuteret W. MALM. *Dunst.* I 5; fides .. dubietatis nebulas dissicit, securitatem ~it *Id. GP* IV prol. p. 277; nisi collisione cassidis mucronem ebetasset, mortiferum vulnus forsitan induxisset G. MON. IX 11; ne [chorda] ~at discordiam, .. ad consonantiam reducatur P. BLOIS *Ep.* 142. 427B; debet predicator intermiscere aliquid quod ~at amorem et incutiat pudorem et suscitet timorem T. CHOBHAM *Praed.* 215; [crimina majora] dicuntur capitalia, eo quod ultimum ~unt supplicium BRACTON 101b; ita quod ista perfeccio non posset tunc ~i concurrentibus omnibus causis DUNS *Ord.* II 216. **b** [cholera] ~it pestem que dicitur herpes vel serpigo *Quaest. Salern.* N 21; nimia humiditas .. ~it [TREVISA: *bredip*] diarrhoeam vel dysenteriam BART. ANGL. V 21; GILB. IV 176v. 2 (v. haemorrhagia); medicina purgativa ~ens sanitatem GROS. *Templ.* 6. 6; humorem ~entem caniciem et quedam senectutis .. accidentia BACON IX 48 (cf. ib.: generat).

13 (w. indication of person or thing affected): **a** (w. var. ills, punishment, or sim. as obj.) to inflict (upon). **b** (w. obligation, duty as obj.) to impose, enjoin (upon). **c** (w. var. neutral or beneficial objs.) to confer, bestow (upon). **d** (*~ere possessionem alicui*; *cf.* 7a, b supra) to confer possession (upon). **e** (*oculos ~ere ad*) to turn one's eyes, *i. e.* attention to.

a quis .. ad Deum repedantibus .. vindictam non potuissent ~ere GILDAS *EB* 50; in ecclesiam Dei .. tenebras ~ebant errorum BEDE *Ep. Cath.* 128; **956** [Adam] omnem miseriam heu induxerit in posteris suis *CS* 938; **c1157** in ecclesiasticis disposicionibus, ubi nulla debet ~i confusio *Doc. Theob.* 141; **1220** timentes .. faciem vestram nobis .. induxisse minus serenam *Pat* 267; in purpura rose livores inducit / anxie seviens in agno punctura J. HOWD. *Cant.* 98; **s1398** rex duellum mandavit dissolvi, dicto duci Northfolcie perpetuum exilium ~endo AD. USK 24. **b** nostris sacerdotibus .. perpetua castitas ~itur GIR. *GE* II 7 p. 196; **1220** (v. excusatio 2c). **c** Peripateticus .. sic in [? l. cum] Stoico pronoen asserit ut rebus non ~at necessitatem, sic cum Epicuro a necessitate res expedit ut providentie non auferat veritatem J. SAL. *Met.* 935A; *Ps.*-GROS. *Summa* 628 (v. extractivus); materia .. ~it formam ejusdem speciei in diversis materiis T. SUTTON *Duns* 65; **1318** (v. applausus a). **d** **1238** ipsum rectorem instituimus in eadem [ecclesia] necnon corporalem possessionem eidem ~i mandavimus *Cart. Chester* 122 p. 139. **e** Edgarus, postquam reges subjecerat, ad sanctam ecclesiam oculos induxit *Eul. Hist.* III 17.

14 (*animum ~ere*) to convince oneself (that ..; in quot., w. refl. pron.).

tibi animum induce, neque nos tibi .. familiaris neque benivolentis LIV. *Op.* 12.

15 *f. l.*

si sententia lata fuerit contra res prius †~tas [l. judicatas = Gratian *PL* 187.636B] OCKHAM *Dial.* 529.

induciae, induciare v. indut-. **induciatus** v. indusiare.

inducibilis [ML]

1 a that can be persuaded, prevailed upon (in quot., w. *ad*); **b** (phil.) that can be brought about, introduced (into an object); **c** (log.) that can be induced, inferred.

a **1285** scribitis vos non sperare ipsos esse ad aliquid amplius ~es PECKHAM *Ep.* 638 (III p. 888). **b** ad duas albedines futuras ~es diversis temporibus DUNS *Metaph.* V 7 p. 237b (cf. ib.: quod possibile est induci); *Ib.* IX 13 p. 582a (v. corruptivus 1a); si necessario sit ordo inter formas a diversis agentibus ~es [v. l. producibiles sive ~es] *Id. Ord.* III 255. **c** potest universalis negativa probari .. per sua singularia, ut ista, 'nullus homo est asinus' est ~is ex talibus singularibus 'iste homo non est asinus' et sic de singulis WYCL. *Log.* I 100.

2 (eccl.) fit to be inducted.

1556 presbiterum quemcumque idoneum rectorem perpetuum presentabilem admissibilem et ~em in eadem ecclesia .. constituere *Pat* 909 m. 7.

induciter v. inducere 5d, denuntiatio 2b.

inducta [cf. ductus 3, inducere 2f], ? water-channel or conduit.

c**1245** de illa profunda via terram per quendam rivulum usque assartum patris sui .. et usque ad ~am Somersalie *Cart. Tutbury* 260.

inducticius [LL = *introduced, adventitious*], causative or productive (of).

c**1346** que verba .. esse possint .. discordie et discencionis plurimum ~ia *Lit. Cant.* II 280.

inductile [LL inductilis = *drawn out (of metal)*], chitterling, sausage (*cf. OED s. v.* andouille).

hoc ~e, *andoille Gl. AN Glasg.* f. 20vb.

inductio [CL]

1 act of leading or bringing in: **a** (person); **b** (w. ref. to importation of goods); **c** (w. ref. to gathering in of crops); **d** (w. ref. to collection of fine).

a in ~one in templum [cf. *Luc.* ii 27] BEDE *Hom.* 72. **b** †**1053** (14c) concedo eis .. mercatum de D. per aquam et terram cum ~one et eductione [AS: *mid inlade and mid utlade*] *CD* 853 (= *Chr. Rams.* 162). **c** **1355** (v. falcatio a); **1451** pro falcacione et lucracione ac ~one pratorum et feni de F. *ExchScot* 473; **1476** pro suis magnis laboribus circa ~onem gressumarum hujus anni *Ib.* VIII 345. **d** **1551** (v. convictio d).

2 putting on (of clothes, cf. *inducere* 3a), or ? *f. l.*

sub isto genere generalissimo [sc. habitu] sunt hee species subalterne, ~o [? l. induitione] quod pertinet ad totum corpus, et aliud .. BACON XV 232; sub ~one sunt hujusmodi species, armacio, vestigacio sive vestitus *Ib.*

3 (eccl.) formal admission of priest or other office-holder to possession of property attached to his office, induction; **b** (*~o in possessionem, cf.* 4a infra).

1337 cum munimentis vestris tangentibus patronatum, appropriacionem, ~onem, mortem rectoris ultimi *Lit. Cant.* II 170; **1342** omnes domus vicarie sue erant tempore ~onis sue ruinose (*Vis. Totnes*) *EHR* XXVI 114; **1343** admittendus .. et preficiendus hujusmodi tam in admissione sua quam in ~one sua juramentum prestet *Eng. Clergy* 264; exceptis ~onibus que pertinent ad archidiaconum *Invent. Norw.* 135; c**1410** litteras titulum suum dicte ecclesie, viz. institucionem et ~onem suam ejusdem ecclesie, concernentes *FormOx* 186; **1426** concesse sibi fuerunt littere confirmacionis et ~onis ac littere directe conventui .. ad obediendum .. eidem priori *Reg. Cant.* I 106; **1439** (v. feodum 11); officium ~onis seu visitationis in eodem [hospitali] exercere *Reg. Brev. Orig.* 41. **b** **1345** ~onem in corporalem possessionem beneficiorum *MunAcOx* 150; per ~onem in possessionem tribuitur jus possessionis et actualis administracionis PAUL. ANGL. *ASP* 1531.

4 **a** admission to ownership (of property; *cf.* 3 *supra*); **b** (app.) acquisition (of property).

a **1289** sibi de ~one in possessionem [tenementorum] .. vestras patentes litteras concedentes *RGasc* II 441a. **b** **1452** patet in hiis paucis qualis sit processus ~onis illorum .. tenementorum *Reg. Whet.* I 101; processus ~onis diversarum parcellarum terre una cum columbari *Ib.* I 156 *rubr.*

5 persuasion, suggestion, guidance.

c**1213** ubi et ~one sua, ne seductione dicamus, nepotem nostrum ecclesie illius personam fieri consensimus GIR. *Ep.* 7 p. 250; **1239** ope, ~one, et consilio vestro .. transgressiones sunt .. attemptate (*Lit. Archiepisc.*) GERV. CANT. *GR cont.* 153; **1262** si .. hoc ad monicionem et ~onem nostram emendare noluerit *Cl* 173; **1293** post interpellaciones, supplicaciones, ~ones ac frequentes requisiciones *Reg. Cant.* II 1277; **1317** si .. magistri et scolares .. monitis et ~onibus vestris .. acquiescere non curarunt *FormOx* 28; **1451** inhibemus ut nullus frater in aliqua eleccione .. faciat colligaciones vel ~ones *Mon. Francisc.* II 113.

6 argument or reasoning which proceeds by enumeration of particulars, epagoge; also particular so enumerated: **a** (rhet.); **b** (log.).

a ~o est oratio quae per certas res quaedam incerta probat et nolentem ducit in assensionem ALCUIN *Rhet.* 30 p. 540; rebus non dubiis dubia probavit propter similitudinem ~onis *Ib.*; videndum est .. ut non intellegat adversarius quo spectent illae primae ~ones et ad quem finem sint perventura *Ib.*; ~o aliter quoddam argumentationis genus, aliter †aliquorum vi argumenti BALSH. *AD* 42 p. 27; persuadet ~one BERN. *Comm. Aen.* 53. **b** est notius quod proponitur quam ut probatione indigeat, ~one quippe et syllogismo subnixum ALF. ANGL. *Cor* 1. 2; ~o est progressus a simplicibus ad universalia BACON VII 118; duplex est ~o: quedam est progressus singularium ad suum universale, et de illis predicatur .., alia est ~o plurium effectuum ad unam causam universalem *Ib.* 119; *Id.* XV 289, KILWARDBY *OS* 502 (v. enthymema); universalia non cognoscuntur sine ~one, id est sine cognitione alicujus singularis DUNS *Metaph.* I 4 p. 60a; quod omnis nota que potest imperfici potest perfici, patet ~one *Fig.* 40.

7 causing, bringing about: **a** (w. *ut*); **b** (w. gen.).

a nisi .. eveniat ut .. rex ei [sc. homicidae] vitam indulgeat, dignis satisfactionibus apud Deum et homines, sua prius ~one ut emendere liceat (*Leg. Hen.* 79. 5) *GAS* 595. **b** caloris generacio et siccitatis ~o BART. ANGL. IV 4 p. 93; HALES *Sent.* IV 235 (v. fraus 1); alteracio .. que est propter ~onem forme accidentalis SICCAV. *PN* 51; effusio sanguinis, ~o mortis, corporum dissolucio *Ps.*-ELMH. *Hen. V* 27 p. 66.

8 **a** introduction to subject of study, initial instruction. **b** celebration to mark beginning of month or season. **c** (mus.) conversion of one rhythmical mode to another (cf. perh. *OED* s. v. *induction* 3e).

a Donatus et .. alii quamplures, qui hujus scientie comodas ~ones .. ad subsequentium exercitium relinquerunt OSB. GLOUC. *Deriv.* praef. 276; ysagoga, ~o, instructio *Id. Deriv.* 630. **b** **1244** faciunt .. clerici ludos quos vocant miracula, et alios ludos quos vocant ~onem Maii sive autumni, et laici *scotales* [sc. faciunt] GROS. *Ep.* 107 p. 317 (= *Conc. Syn.* 480). **c** si fuerit modus quintus fractus, sive fuerit in se sive per ~onem ad supradicta *Mens. & Disc.* (*Anon. IV*) 58 (cf. ib.: prout [modus sextus] reducitur ad primum).

inductive [LL = *by persuasion, coaxingly*], (log.) inductively, by enumeration or accumulation of particulars.

ad hoc ~e permoti sunt ut, sicut 'convenientia' convenientium habitudo dicitur, 'dissimilitudo' dissimilium .., sic etiam 'differentiam' differentium habitudinem dici comperiant BALSH. *AD rec.* 2 44 p. 30; variis .. ~issime rationibus subsolaribus .. conjunctionis matrimonialis nitor ad individuitatem E. THRIP. *SS* VII 1; omne quod scitur ~e aut sillogismo scitur BACON VII 118; major probatur ~e DUNS *Ord.* II 73; patet ~e quod .. OCKHAM *Sent.* II 246; materiam delectacionum enumerant ~e, ibi 'vino precioso' [*Sap.* ii 7] HOLCOT *Wisd.* 72; omnis semibrevis imperfecta potest perfici; hoc patet ~e descendendo per omnes quatuor mensuras *Fig.* 45.

inductivus [LL]

1 that leads to, brings about, causes: **a** (w. obj. gen.); **b** (w. *ad*, foll. in quots. by gd. or gdv.); **c** (w. *in* & acc.).

a si observarentur illa legalia, essent perniciosi erroris ~a GROS. *Cess. Leg.* I 10. 33; [sanguis] sanus .. sanitatis conservativus, corruptus corruptionis ~us [TREVISA: *it bredip corrupcion*], ut patet in lepra BART. ANGL. IV 7; **1245** prelatorum .. quos detinebat captivos .. restitutio poterat esse pacis plurimum ~a (*Lit. Papae*) M. PAR. *Maj.* IV 446; c**1318** (v. econtra 2a); Saturnus est stella .. ~a pestilenciarum *Pol. Poems* I 209; sensus hereticus est semper cum peccato saltem veniali heresis ~us WYCL. *Ver.* III 282; **1392** opinio .. est erronea, animabus damnosa, et multorum periculorum ~a *Ziz.* 347; grandia saxivoma .. mortis ~a subitanee *Ps.*-ELMH. *Hen. V* 54 p. 134. **b** p**1384** ad consequendum nostri .. desiderii fines vestra mediacio poterit esse plurimum ~a *Dip. Corr. Ric. II* p. 30; **1406** [facultatem] quascumque vias ~as ac media .. honesta ad hujusmodi pacem .. firmandam .. prosequendi *Foed.* VIII 453a; ad Anglos expugnandos causam .. ~am BROMPTON 803. **c** sentencia heretica est quevis sentencia scripture contraria que est in heresim ~a WYCL. *Ver.* III 282.

2 that seeks to persuade or influence. **b** (w. *ad*); **c** (*~a sc. epistola* as heading of letter in collection). **d** (as sb. n.) inducement.

propositiones preternecessarie sc. ~e, celative, magnificative, et explanative KILWARDBY *OS* 604; exordium enim est quasi ~a oratio, non quia ex singularibus inducat universale, sed quia inducit animum auditoris vel judicis ad audiendum *Ib.* 605; qui auctoritatem prebet deicientibus precepto auxilio et consilio ~o BRACTON f. 170b. **b** sicut testantur premissa ad amorem et confidentiam ~a BRADW. *CD* 632C. **c** ~a P. BLOIS *Ep.* 198 tit.; ~a quedam *Ib.* 204 tit. **d** **1425** ad illam [subvencionem regiam] obtinendam varie .. vie ac necessitates necnon ~a magna clero aperta fuerant *Reg. Cant.* III 108.

3 (log.) characterized by use of induction, inductive (cf. KILWARDBY *OS* 605, 2a supra).

quia volucio Dei est nobis incognita, nisi de quanto signa naturalia sibi contestantur, ideo querunt moderni alias mensuras ~as, penes quas quo ad effectum possumus hujusmodi mensurare WYCL. *Ente Praed.* 140.

inductor [LL]

1 **a** one who introduces, brings into being; **b** one who imports; **c** one who gathers in (fines).

a dic mihi, o novae sectae ~or ALCUIN *Dogm.* 154A. **b** si qui sunt ~ores false monete de forinseco regno (*Iter. Cam.*) *RegiamM* I 169v. **c** quousque de hujusmodi summis .. collectori et ~ori eorundem [*sic*] satisfactum et plenarie persolutum fuerit *Conc. Scot.* I cclxxi.

2 one who instigates, urges (also w. gen. of action urged). **b** deceiver, rogue.

1239 transgressionum ~ores et consiliarios (*Lit. conventus*) GERV. CANT. *Chr.* 154; potest [sc. puer doli capax] habere voluntatem, ut patet per effectum ~oris PECKHAM *Puer. Obl.* 421. **b** nebulo, indutor, fallax *GlC* N 94 (= *Corp. Gloss. Lat.* IV 124. 35: inductor).

inductorius, (*litterae ~ae*) letters of induction (eccl.).

1393 quo ad effectum admittendi .. archidiaconum canonicum ecclesie nostre .., concessimus sibi litteras ~as *Reg. Heref.* 60.

inductrix [CL], **a** instigator (f.); **b** deceiver (f.).

a similitudines .. erroris ~ices NECKAM *SS* IV iii 5; TREVET *Troades* 62 (v. inceptrix). **b** avis delusa carnis .. ~icem [sc. vulpem] compotivit NECKAM *NR* II 126 p. 206 (cf. Apuleius *De deo Socratis* ed. Thomas, *prol.* p. 4).

inducula [CL], garment.

induvie, -arum, i. indumentum, quod aliter dicitur hec ~a, -e OSB. GLOUC. *Deriv.* 282; indusiamen, indumen, indumentum, ~a *Ib.* 288.

induere [CL]

1 to put on, don (clothing or sim.; *cf.* 4a *infra*). **b** (w. body or its outer parts as obj.; *cf.* 2d, 4d, 5g *infra*); **c** (fig.).

c**706** ut .. Anglorum clerici .. laicalem .. habitum deponentes talares tunicas .. ~erent (*Lit. Papae*) *CS* 119; in homine qui circa se ~erit eam [sc. novam vestem] EGB. *Pont.* 125; calciamenta patris .. quidam / induit ALCUIN *SS Ebor* 737; induit Hieroboam Samariae stemmata [i. e. *became king*] *Id. Carm.* 69. 121; religionis habitum ~uit [i. e. *became a monk*] OSB. *V. Elph.* 123; Maximus .. purpuram ~it [i. e. *became emperor*] W. MALM. *GR* I 2 (cf. BEDE *HE* I 9 p. 23: imperator creatus); in .. turpibus ludis, in quibus .. ~untur larve DOCKING 108; pannum integrum abscondunt et lacerata desuper ~unt [ME: *doð on*] *AncrR* 126. **b** [numina] nisi corpora ~erint humanis visibus apparere non possunt ALB. LOND. *DG* 11. 5; FISHACRE *Quaest.* 44 (v. ethnicus 2d); ossa illa arida carnem et pellem ~unt (*Moch.* 10) *VSH* II 188. **c** si habitum patientis ~imus .. facile .. lapsus vitamus peccatorum BEDE *Ep. Cath.* 61; c**792** ALCUIN *Ep.* 14 (v. dum 3a); apostolica, velut armaturam Dei, ~ebant documenta [cf. *Eph.* vi 11] GOSC. *Transl. Mild.* 3.

2 to take on, assume: **a** (matter, form, or appearance); **b** (quality, characteristic, condition, or sim.); **c** (title); **d** (w. ref. to Christ's incarnation; *cf.* 5h *infra*); **e** to play the part (of), assume the role (of). **f** (*novum hominem ~ere*) to put on the new man (*cf. Eph.* iv 24, *Col.* iii 10). **g** (*Christum ~ere*) to put on Christ (*cf. Gal.* iii 27).

a legati .. qui digne personam patrie ~erent W. MALM. *GR* I 4; servientem quendam .. cujus ille [sc. diabolus] formam ~erat *Id. GP* IV 138; AILR. *Serm.* 26. 30 (v. 2d infra); GIR. *TH* II 19 p. 102 (v. forma 2); si fetus generatur, non eorum [spermatum] ~it formam sed alienam *Quaest. Salern.* B 175; formam / indue discipuli, si meus esse cupis NECKAM *DS* V 32; materia appetit se ~ere formam post aliam SICCAV. *PN* 154; R. BURY *Phil.* 7. 104 (v. entelechia). **b** neque .. peccatorum umbras exuere potuit qui viscera caritatis ~ere non curavit [cf. *Col.* iii 12] BEDE *Ep. Cath.* 91; exstasim ~erat OSB. *V. Dunst.* 42 p. 123 (v. 1 ecstasis a); qua [Egbirhtus] .. mores longe a gentilitia barbarie alienos ~eret W. MALM. *GR* II 106 p. 106; in resurrectione nostra, quando mortale hoc ~et immortalitatem [cf. *I Cor.* xv 53] AILR. *Serm.* 41. 7; pali .. solo infixi .. naturam ~unt bipartitam GIR. *TH* II 7 p. 86; qui ~it feritatem beluinam exuit humanam naturam T. CHOBHAM *Praed.* 257; s**1238** prior et conventus Cantuarie maximam ~it confusionem [cf. *I Macc.* i 29] *Flor. Hist.* II 227. **c** s**801** ut Karolus nomen imperatoris ~eret GERV. TILB. II 18 p. 941; FORTESCUE *NLN* I 7 (v. 2 exuere 2a). **d** fragilitas quam ~erat peccato omni carebat BEDE *Cant.* 1168; hunc hominem quem ~erat a peccato inmunem servare cognovit *Id. Hom.* I 12. 61; qua ratione Filius Dei carnem ~erit OSB. *V. Dunst.* 42 p. 122; [Christus] dignatus est ~ere similitudinem 'carnis peccati' [*Rom.* viii 3] AILR. *Serm.* 26. 30 p. 345. **e** Wlstanus apud Wigorniam ~it monachum W. MALM. *Wulfst.* I 3; ducem exuens et militem ~ens

GIR. *EH* II 18 (v. ducalis 1a); qui .. feminas ~unt J. FURNESS *Kentig.* 28 p. 211 (v. 2 exuere 2a); majestas illa subegit / Anglos; sic regem dux induit [Willelmus I] M. RIEVAULX (*Vers.*) 33. 3 p. 61; diabolus cum serpentem ~isset T. CHOBHAM *Praed.* 205; leo terribilis .. / .. induit jam ovem ovium WALT. WIMB. *Carm.* 25. **f** qui deposita veteris hominis impuritate novum hominem ~erint BEDE *Cant.* 1088; GOSC. *Aug. Min.* 759A (v. formositas 1c); ut novum ~ens hominem omnem vite prioris exuas vetustatem P. BLOIS *Ep.* 15. 52A. **g** BEDE *Ep. Cath.* 55 (v. 5d infra).

3 a to bestow (upon), impart (to). **b** to produce, provide.

a ad eos .. quibus placebat decorem ~it, ad eos quibus displicebat fortitudinem BEDE *Prov.* 1037. **b** cum calor alienus fit attrahens et non ~ens humorem, sicciora sunt universa putrefacta GILB. I f. 6v. 1; **1384** pro esiamentis claustralium et sociorum ~endis remanent cotidie in celario xj panes *Ac. Obed. Abingd.* 43.

4 to clothe, equip (also absol.). **b** (refl.) **c** (w. clothing or sim. as second acc.; *cf.* 5d *infra*); **d** (fig.).

induo mortales retorto stamine pepli ALDH. *Aen.* 86 (*Aries*) 7; calciamenta quae viri Dei in sepulchro pedes ~erant BEDE *CuthbP* 45; [Gratianus] Theodosium .. purpura ~it [i. e. *made him emperor*] *Id. HE* I 9 p. 23; induit altaris speciosa veste ministros ALCUIN *Carm.* 88. 1. 13; usque dum audiunt signum ad ~endum *RegulC* 25; eum lorica ~it et galeam capiti ejus imposuit ORD. VIT. VIII 1 p. 267; ut patrem .. balnearet, ~eret, foveret G. MON. II 12; duas urbes duobus palliis ~et *Ib.* VII 3; nisi sese sive in ~endo sive in arma ferendo ad modum militum Arturi haberet *Ib.* IX 11; plange, Waltham, .. et exue te vestibus jocunditatis, ~ere cinere et cilicio *Found. Waltham* 20 p. 27; actus comedendi, bibendi et ~endi et hujusmodi OCKHAM *Pol.* I 331; ~e meum dorsum hanc [? l. hac] LIV. *Op.* 112. **b** ~it se ipse vestimentis suis BEDE *HE* V 5 p. 288; tuis nunc indue temet / exuviis WULF. *Swith.* II 925; surge, stulte, et ~e te [MS: †induste] ÆLF. BATA 4. 31 p. 63; se calciet et regulariter ~at LANFR. *Const.* 167; comederunt et biberunt et se ~erunt OCKHAM *Err. Papae* 960; si nequaquam velimus nos ~ere cum Ninivitis in sacco et cinere [cf. *Jon.* iii 6] *Reg. Whet.* I 385. **c** [Constantinus] ~it eam clamidem suam [v. l. clamide sua] ALDH. *VirgP* 25 p. 259; sanctum religionis habitum .., quem mox rebus pariter et actibus sese [*omitted in one MS*] ~it *V. Neot. A* 1; ORD. VIT. XII 47 p. 491 (v. 4d infra); induo me galeam H. AVR. *CG* 18 (v. 1 galea 1a); LIV. *Op.* 112 (v. 4a supra). **d** exueras, misericors domine, vetustis pannis originalis peccati et ~eras me veste innocentie ANSELM (*Or.* 8) III 27; nocebit possidenti ex impiis pietas donec sese genitore ~erit G. MON. VII 3 (cf. ORD. VIT. XII 47 p. 491: donec sese genitorem ~erit); ~ite animas vestras talium ornamento virtutum AILR. *Serm.* 28. 21; ethera Favonius / induit aviculis P. BLOIS *Carm.* 7. 2. 12; signavit signaculo crucis Christi cadaver [vituli], et ilico .. caro et pellis ossa nuda ~erunt (*Abb.* 7) *VSH* I 7; quidam .. quasi ~unt peccata sua sericis vestibus T. CHOBHAM *Praed.* 25.

5 (pass., esp. p. ppl.) to be clothed, dressed, vested, equipped; **b** (w. ref. to admission to monastic order); **c** (w. church, city, or artefact as subj.); **d** (w. acc. denoting clothing or sim., cf. 4c supra). **e** (p. ppl.) clothed, not naked (also as sb. m.). **f** (p. ppl. of priest) vested (also as sb. m.). **g** (in extended use) to be covered (by), enclosed (in) (human or animal body, or outer parts of body or plant); **h** (w. ref. to Christ's incarnation as man).

bombicinis ~tum vestibus ALDH. *VirgP* 35 p. 278; ipsius [magistri] habitu, id est caracalla qua vestiebatur, ~tus BEDE *HE* I 7 p. 18; [Aðeluuoldus] vestibus induitur sacris WULF. *Swith.* I 940; ~antur honeste qui eam [sc. missam] sunt celebraturi LANFR. *Const.* 127; si ab aliquo repetas tunicam .., redit in id quod erat antequam a te ~eretur ANSELM (*Casus Diab.* 1) I 234; Gallico more ~tos ORD. VIT. XI 26 p. 256; armis ~untur Britones G. MON. IV 9; pater vester .. nudus est ..; ergo facite elymosinas de vestimentis, ut possit ~i (*Ita* 29) *VSH* II 127. **b** hic .. Londonie ~tus est ECCLESTON *Adv. Min.* 3 p. 19; quicumque monachus ~eretur (*Boe.* 29) *VSH* I 96; **1443** xiiij annorum fuerat etatis antequam ~tus esset *Paston Let.* 871; **1460** iste frater .. in ordinem per me ~tus et professus et ad gradum sacerdocii promotus *Ib.* 608. **c** bysso ~itur ecclesia cum castigant corpora sua electi BEDE *Prov.* 1036; *Gl. Leid.* 35. 140 (v. indumentum 3a); Menevia pallio Urbis Legionum ~etur G. MON. VII 3. **d** sicut Cyprianus [*De habitu virginum* 13] ait sericum et purpuram ~tae Christum induere non possunt BEDE *Ep. Cath.* 55 (v. et. 2g supra); terras indutus me Christus sanguine salvat BONIF. *Aen.* 138; sanctimonialium habitum ~ta W. MALM. *GP* II 78 p. 174; monachicum scema .. ~tus est ORD. VIT. V 10 p. 383; OSB. GLOUC. *Deriv.* 267, GROS. *Ep.* 48 (v. 6b infra); Christus carnem ~tus [v. l. ~tus carne] S. LANGTON *Ruth* 89. **e** non est ~ti quod est ~tus sed .. vestem dantis ANSELM (*Praesc.* III 5) II 269; superabit eum [sc. draconem] nudus, cum nichil ~tus proficiet G. MON. VII 4; fratres in aquam exierunt .. ~ti (*Car.* 50) *VSH* I 189. **f** sint duo de ~tis juxta altare hinc et inde trahentes ad se duos pannos LANFR. *Const.* 115; **1400** in .. apparatu diaconali ~tum (v. diaconalis a). **g** indutum proprio statim me corpore vidi ALCUIN *SS Ebor* 1006; sanctus velamine quisquam / corporis indutus fragili WULF. *Swith. pref.* 583; baculum .. suco animatum, cortice ~tum W. MALM. *GP* V 230 p. 384; [bernace] firmam plumarum vestituram indute GIR. *TH* I 15 p. 47; diabolus .. serpente tamquam vestimento ~tus fuit T. CHOBHAM *Praed.* 205; capra .. / stulta non considerans unde sit induta (*De studiis* 14) *Pol. Songs* 206; [ego] decies in die excoriatus et tociens .. nova pelle ~tus (*Bren. II* 46) *VSH* II 288. **h** cum Deus esset .. ~tus carne BEDE *Cant.* 1186.

6 (pass., or middle, fig.) to be clothed, clothe oneself, or sim.: **a** (in clothing, or sim., in fig. sense; also in another's skin); **b** (in qualities, virtues, vices, or sim.).

a [fideles] abicientes opera tenebrarum ~untur arma lucis [cf. *Rom.* xiii 12] BEDE *Cant.* 1116; **c1091** Moysen [monachum] .. pelle servi vestri fratris Anselmi ~tum et os ejus os meum esse vestra sciat dilectio ANSELM (*Ep.* 140) III 286; [diabolum] simulacro vel vulpis vel ursi ~tum W. MALM. *GP* I 19 p. 29; puelle [*dat. sg.*] .. ~te virtutum ornamentis *V. Chris. Marky.* 23. **b** operibus justis ~tus BEDE *Cant.* 1144; ut quicumque sunt ex aqua et Spiritu Sancto renati semper †~ant [? l. ~antur] ejus protectione muniti EGB. *Pont.* 70; hac [fide] ~tus accessi vos oraturus ANSELM (*Or.* 10) III 36; humanatus .. i. humanitatem ~tus OSB. GLOUC. *Deriv.* 267; [homo] maledicens, / fraudibus indutus [v. l. imbutus; sc. esse caveto] D. BEC. 35; ne .. ~amini .. diabolicam feritatem GROS. *Ep.* 48 p. 143 (v. exossator).

induitio [ML; cf. 2 indutio], **a** act of wearing clothes. **b** state of being clothed (in quot., fig., w. ref. to human condition).

a pro comestione, ~one, bibicione vel aliquo alio tali actu, quo res consumuntur OCKHAM *Pol.* II 515. **b** Deus ostendens inferioritatem Job ad Deum propter defectum ~onis hujus creaturarum ait 'si habes bracchium ..' [*Job* xl 4–9] WYCL. *Ente Praed.* 151.

indula [dub.], band, thong, strip (in quots., used for tying quires together), or ? as bookmark.

hec ~a, Gallice *agnyz* (Adam Nutzard, *Neutrale gl.*) *Teaching Latin* I 152 (cf. *CathA*: *an anguice* [? l. *angnice*], ~a); *Ib.* (v. indulare); *seny of a boke*, ~a, -e fem. *PP* (cf. *CathA*: *a syne of a boke*, registrum).

indulare [cf. indula], to tie sheets or quires with a band or thong.

~at, Gallice *agnicer* [*var. MSS add*: cum indula quaternum conjungere. quaternos cum indulis conjungere] (Adam Nutzard, *Neutrale gl.*) *Teaching Latin* I 152.

indulcare [LL]

1 to sweeten (in taste); **b** (fig., w. ref. to sweetness of utterance or literary composition).

fons mirae suavitatis gustu ~atus [v. l. indulcoratus] prorumpebat WILLIB. *Bonif.* 9 p. 57; WALT. WIMB. *Carm.* 223 (v. deguttatio). **b** quod [sc. dictum Augustini] Prosper .. mellitis versum epigrammatibus ~avit [*gl.*: *gecertenlæhte*] ALDH. *VirgP* 58 p. 319; angilogias .. ambrosio dictionalitatis collemate ~abo [v. l. dulcorabo] O. CANT. *Pref. Frith.* 45; tua .. honestis / .. indulcanda modis odisque canoris / .. vita FRITH. 27; WALT. WIMB. *Palpo* 22 (v. dulcisapus b).

2 (fig.) to refresh, comfort, console.

obsecro, domine, amaricatum est cor meum sua desolatione, ~a illud tua consolatione ANSELM (*Prosl.* I) I 99; **1094** semper .. servet justitiam vestra prudentia, et in offensionibus quae sibi fiunt ~et eam sua misericordia *Id.* (*Ep.* 180) IV 64; etatis .. processu pungere videntur que mulcebant et amaricare que ~abant H. HUNT. *CM* 1.

indulcorare [ML]

1 a to sweeten (in taste). **b** (fig., pass.) to become or be sweet. **c** to freshen (salt water; in quots., w. ref. to *Exod.* xv 25).

a abstinendo .. ab omni potu qui melle ~atur *Ep. Bonif.* 128. **b** ut .. memoria Jhesu .. in ejus ore ~etur super mel et favum ROLLE *IA* 248 (cf. *Sirach* xlix 2). **c** cui [sc. Christiano populo] aquam per lignum ~avit, quia ei mors per crucem levigatur HON. *Spec. Eccl.* 944A; [Jesu] aquas felleas indulcoraverat WALT. WIMB. *Carm.* 582.

2 (fig.) to refresh, comfort.

Christus, qui .. cor tuum suo ~avit spiritu H. LOS. *Ep.* 29; mens .. torrente voluptatis Dei ~atur ROLLE *IA* 224; [Christus] gementem consolatur, desolatum ~at, perturbatum tranquillat *Ib.* 229.

indulgens v. indulgere. **indulgentarius** v. indulgentiarius.

indulgenter [CL], leniently, kindly.

pater carnalis qui filiis peccantibus ~ius parcere quam famulis consuevit BEDE *Ep. Cath.* 46; germanum .. Edwardum .. obviis .. manibus excipiens ~issime retinuit W. MALM. *GR* II 188 p. 228; impudentia vel, ut ~ius dicam, imprudentia *Ib.* III 240; Christus .. vite tue tot annos ~er adjecit R. COLD. *Osw.* 10 p. 348.

indulgentia [CL]

1 leniency, mildness, kindness, favour, (over-)generosity: **a** (of human); **b** (of God).

a ab omnibus generaliter ~iae veniam non difficulter impetrandam reor ALDH. *VirgP* 58; **a1087** LANFR. *Ep.* 22 (24) (v. experientia 3); adulescentulus .. cui nihil deliciarum .. pro paterna ~ia deesset W. MALM. *GR* V 419 p. 496; cum [archiepiscopus] eum nichilo segniore ~ia excepisset *Id. GP* III 100 p. 213; [epistole mee] quod eis maximum est, ~iam mereantur P. BLOIS *Ep.* 1. 2A. **b** cum divina ~ia concordet humana diligentia ALDH. *VirgP* 18; o quam admiranda est divinae miserationis ~ia FELIX *Guthl.* 27 p. 92; [R. episcopus Salesberie] Divinitatis abutebatur ~ia W. MALM. *HN* 481 p. 38.

2 a permission, licence, concession. **b** (eccl.) permission, privilege (granted by Pope; *cf. indulgere* 10).

a Boamundus .. aliquot castella fraterna ~ia tenuit W. MALM. *GR* IV 387 p. 453; GIR. *GE* II 6 p. 187 (v. dispensativus 2); LUCIAN *Chester* 65 (v. gladius 5c); excusabilem arbitror ~iam, si vel ejusmodi picturis delectentur que .. simplicibus divina suggerant AD. DORE *Pictor* 142. **b** ~ie domini pape *Canon. G. Sempr.* 69v; **1239** ab ipsius potestate habentes ~ias .. ne in predictis .. sint subjecti episcopo GROS. *Ep.* 127; ~iam plura beneficia .. libere possidendi *Flor. Hist.* II 208; **1281** nisi in eisdem litteris .. de hujusmodi ~ia mencio habeatur *Chr. Peterb.* 48; **1311** omnibus beneficiis et quibuscumque ~iis in privilegio predicto contentis *Collect. Ox.* II 221; ~iam de prima tonsura suis clericis conferenda FLETE *Westm.* 103.

3 forgiveness, pardon (granted by God or man); **b** (w. gen., or *de*, indicating offence).

qui nubit die dominico, petit a Deo ~iam THEOD. *Pen.* I 14. 20; prosternens se ante pedes hominis Dei flebili voce veniam ~iae deprecavit *V. Cuthb.* II 3; nobis ferendo opem Domini / veniam atque indulgentiae ALCUIN *Carm.* 120. 6; da nobis ita dominicae passionis sacramenta peragere ut ~iam [*gl.*: *forgefnis*'] percipere mereamur *Rit. Durh.* 23; [Maria Magdalena] postula mihi ~iam ANSELM (*Or.* 16) III 65; ab Anglia fugatus post duos annos ~ia principis rediit W. MALM. *GP* III 133. **b** malorum [? l. malarum] cogitationum ~ia est si opere non impleantur nec consensu THEOD. *Pen.* I 7. 4; †**676** (12c) ego .. Osricus rex pro remedio animae meae et ~ia piaculorum meorum hoc privilegium impendere .. decreveram *CS* 43 (cf. *CS* 61 [**681** ?10c]: ob .. ~iam criminum meorum; *CS* 159 [= *Ch. Roff.* 3; **738** 12c]: pro .. ~ia delictorum meorum); quatenus hic scelerum detur indulgentia perpes ALDH. *CE* 1. 19; postulantes multiplicium ~iam [AS p. 401: *forgyfenysse*] excessuum, dicentes 'confiteor' *RegulC* 31; de iis [sc. injuriis] quas aliis facimus solemus ~iam petere [sc. a Deo] ANSELM (*CurD* I 12) II 70; **s1217** ab ipso abbate .. de suo transgressu cum lacrimis postulans ~iam *Flor. Hist.* II 164; in .. ~iam [ME: *forȝeouenesse*] omnium peccatorum tuorum *AncrR* 134; tanti sceleris ~ie et remissionis promissionibus ELMH. *Cant.* 207.

4 a (eccl.) remission of (penalty for) sin, granted by pope or bishop, indulgence; **b** (w. indication of act earning indulgence or duration of penalty remitted); **c** (*littera ~iae*) letter of indulgence.

a 959 (14c) sit ipse in profundum chaos .. mancipatus .., nisi hic assiduis precibus prius optabilem consequi mercatur ~iam *CS* 1045; a plurimis .. ~ia episcopalis .. requiritur HERM. ARCH. 50 p. 91; **1103** de peccatis tam tibi quam conjugi tue .. absolutionem et ~iam faciemus (*Lit. Papae*) EADMER *HN* 182; queritur utrum ~ia valeat ad hoc quod penitentia injuncta hic penitenti diminuatur [v. l. dimittatur], aut tunc primo valeat ei quando erit in purgatorio HALES *Qu.* 1239; **1258** quibusdam illectivis muneribus ~iis sc. et remissionibus *Ch. Sal.* 329; quando domini acquirunt ~ias a pena et culpa *Ziz.* 367; GASCOIGNE *Loci* 86 (v. deletio); **1443** satius erit .. unam impetrare ~iam perpetuam mediocrem quam magnam et amplam suscipere temporalem BEKYNTON I 160. **b** peccatorum de quibus .. confessi sunt xx dierum ~iam facimus *Doc. Theob.* 9; **c1250** omnibus de peccatis suis .. confessis, quorum diocesani hanc nostram ~iam acceptaverint, qui ad feretrum .. Cuthberti .. accesserint .. xx dies de injuncta sibi penitencia misericorditer relaxamus *Ann. Durh.* 95; **12..** quod .. ~ia eidem fabrice subvenientibus concessa .. parochianis exponatur *Conc. Scot.* II 25; **s1383** ~iam concessam euntibus in Terram Sanctam *Eul. Hist. Cont.* 356; ~ie concesse orantibus devote pro defunctis: pro anima regis Seberii cxx dies .. FLETE *Westm.* 75. **c c1250** littera ~ie *Ann. Durh.* 94; **1470** scriptoribus scribentibus xxvj dos[enas] literarum ~ie .. xvij s. iiij d. *Fabr. York* 73; **c1518** ~iarum et questorum literas ordinaria auctoritate emanatas *Conc. Scot.* I cclxxiii.

5 remission, non-exaction (of tax).

parva gens [Francorum] prius et exilis, incredibile quantum brevi adolevit decenni vectigalium ~ia W. Malm. *GR* I 68.

6 *f. l.*

[lana] fullonis †indulgentie [v. l.: diligencie; *gl.*: *entente*] sese subiciat, frequentem ablucionem exposcens Neckam *Ut.* 107.

indulgentialis [ML], pertaining to indulgence, of the remission of sins. **b** (*litterae ~is*) letter of indulgence, letter granting permission or privilege.

mensis Augusti luce octava, que hujus gracie ~is extrema dies extiterat *Mir. Hen. VI* I 23 p. 57 (cf. ib. supra: sacrum papalium indulgenciarum tempus). **b** tenor ~is littere, quam .. minister generalis fratri R. .. reliquit Ad. Marsh *Ep.* 205 p. 366 (cf. ib. p. 365: secundum concessionem .. olim indultam); **1410** literis vestris ~ibus eisdem .. rite concessis *Conc.* III 332b.

indulgentiarius [ML], seller of indulgences, pardoner.

Galfridus Chaucer .. scripsit .. ~ii narrationem Bale *Index* 76; indulgentarii Jewel *Apol.* H 3v (v. datarius).

indulgere [CL]

1 (intr., sts. w. dat.): **a** to be lenient, generous (to), show kindness or favour. **b** to spare (*i. e.* not kill).

a si creditor vult ~gendo a debitore ordeum accipere pro frumento Anselm *Misc.* 335 (cf. 8a infra); ~get .. natura sibi .. [et] suis arridet ipsa muneribus W. Malm. *GR* III 271; nec ullo tempore comior aut ~gendi facilior erat *Ib.* III 279; si eis [sc. hostibus] in pastu et in potu ~serimus *Ib.* IV 310. **b** Christiani .. innumeros paganorum .. interemerunt, nec etati nec sexui .. ~tum est Ord. Vit. IX 9 p. 540 (cf. Baldericus *PL* 166. 1106B).

2 (intr., w. dat.): **a** to give free play (to one's inclinations, desires, or sim.). **b** (*~ere corpori, genio*, or sim.) to gratify one's body, mind, *etc.* (*cf.* 8e *infra*). **c** (w. dat. indicating thing) to gratify one's desire (for), to favour (the use of).

a quid juvat atroci tentum indulgere dolori? Alcuin *SS Ebor* 625 (cf. Vergil *Aen.* II 776); quod .. voluntati ~sissent proprie W. Malm. *GP* I 46 p. 76; provincias invasit, nec sevicie ~gere quievit G. Mon. VIII 18; rex .. gaudio .. ~sit *Ib.* VIII 19; [Will. II] vir desideriorum eisque ~gens semper extitit *Found. Waltham* 22. **b** **c1102** ut in alimentis sumendis corpori largius ~geam Anselm (*Ep.* 243) IV 153; gentem suam ventri tantum ~gentem W. Malm. *GR* I 11; genio ~gere dicimus quotiens voluptati operam damus Alb. Lond. *DG* 6. 19. **c** [accipitres] non hodie plures quam multis retro seculis nidis ~gent Gir. *TH* I 12 p. 34.

3 (intr.) to devote oneself (to), be occupied (with an activity, usu. w. dat., sts. w. abl. or prep., or absol.; *cf.* 8d *infra*): **a** (w. ref. to pleasures); **b** (w. ref. to sleep, rest, leisure, or sim.); **c** (w. ref. to study or meditation); **d** (w. ref. to other activities).

a [cum] epulis, exultationi ac fabulis ~geremus Bede *CuthbP* 27 p. 246; superflui potus expers esui carnium ~gebat W. Malm. *GP* IV 137; ceperunt .. fornicationi ~gere G. Mon. XII 6; ludis alearum .. ~gebat Ord. Vit. V 3 p. 311; arti sagitifere semper fere venandisque leporibus valde frequenter .. ~sistis Gir. *SD* 138. **b** bene facis .. qui .. non somno ~gere sed vigiliis .. insistere maluisti Bede *HE* IV 23 p. 264; [rex] large quieti ~serat W. Malm. *GR* II 131 p. 143; ut .. tempore lectionis simus stabiles et quieti, nec ~geamus otio aut torpori Ailr. *Serm.* 19. 28. **c** nec litteris ~sistis Gir. *SD* 32 (v. indisciplinatus 2); Neckam *NR* II 186 (v. degustare b); in creatoris sui laudem contemplationibus ~gere (*Test. Hen. V*) *EHR* XCVI 90. **d** quia ~sit pestiferis torquetur attractu morborum Anselm (*Or.* 9) III 31; periculoso ~gere negotio W. Malm. *GP* V 223 p. 376; in longissimas Norwegie provintias fuge ~sit *Ib. GP* V 259 p. 413); occasioni [l. occisioni] pecudum ~serunt G. Mon. IV 8; ad imperium .. ejus [sc. Merlini] ~serunt unanimiter et .. aggressi sunt choream deponere *Ib.* VIII 12; opere servili ~sit Gir. *Hug.* II 4 p. 121 (v. glomellus); dum super his que a singulis obsidioni conferri deberent sollicitius ~gerent *Itin. Ric.* VI 3; ad alia tenementa redimenda tota vigilantia ~gebat *Croyl.* 39; cum .. comes .. ~geret circa congreganda alimenta et manubias *G. Hen. V* 16 p. 114; *to be besy*, assidere, assiduare, ~gere *CathA.*

4 (intr., w. dat.): **a** to accede (to a request). **b** to allow (something) to prevail or take its course. **c** to allow (event) to occur, promote the occurrence (of).

a dignus qui faventium votis serenus ~geas W. Malm. *GR* II 212 (= *GP* IV 161). **b** Edmundus .. concordie ~sit fedusque cum Cnutone percussit *Ib.* II 180 p. 217; quanquam pontifex ~gendum tempori ratus pacem pretenderet *Id. GP* III 100 p. 215; **1167** ~gendum est .. necessitati J. Sal. *Ep.* 228 (236) p. 438; [avis] nature ~gebat Gir. *TH* II 37 (v. honestas 3a). **c** diro Marte, longeva pugna, magna pars estivalis diei ~gebat mortibus *Ps.*-Elmh. *Hen. V* 37 p. 95.

5 (trans., occ. intr.) to concede, allow, permit (freq. w. dat. of person): **a** (w. dir. obj., and corresp. pass. use); **b** (p. ppl. as sb. n., *cf.* 10 *infra*); **c** (w. *ut*, *quod*, or sim., or inf.); **d** (intr.); **e** (w. dat. denoting action permitted).

a [veteribus viris] priscae legis licentia nuptiales thalamorum copulas .. clementer ~sit Aldh. *VirgP* 22; nupti qui jam conubia spernunt / ac indulta sibi scindunt retinacula luxus *Id. VirgV* 93; non .. ~getur quod licet, quia justum est; quod igitur ~gere dixit, culpam esse demonstravit [sc. Paulus *I Cor.* vii 6] (*Responsio Papae*) Bede *HE* I 27 p. 59; venationes, quas rex primo ~serat, .. prohibuit W. Malm. *GR* IV 319. **b** **1424** nec .. in ~tis modestie modum debitum exercere sciat Amund. I 185 (op. ib.: vetitis). **c** **c965** (11c) homini .. potienti ~tum est quo .. solamen relevationis satagat dignanter impendere cunctis *CS* 1139; mihi [sc. Grammaticae] quod sit ~tum litterarum formas .. lineare Osb. Glouc. *Deriv.* 3; eis .. ut remaneant ab ipso fuerit .. capitulo .. miserabiliter ~tum Ad. Scot *QEC* 1. 805A; **1191** (v. dispensative 2). **d** **904** (12c) ego Eadward divina ~gente clementia Angul Saxonum rex *CS* 612; Frith. 332 (v. calo); quod [Egfridus] Domino vacare volenti serenus ~serit W. Malm. *GR* I 51; **a1306** sicut [papa] aliis universitatibus .. nuper dicitur indulcisse *FormOx* I 7 (cf. ib. infra: concedat). **e** Parasceue ante Pascha die .. venationi ~geri [? l. ~gere, v. 3a supra] presumpsit Gir. *GE* I 54 p. 162.

6 (trans.) to grant, bestow, confer (freq. w. dat.): **a** (person, or access to him); **b** (land, possessions); **c** (privilege, right, power, or sim.; also w. clause as obj.); **d** (pardon); **e** (time); **f** (abstr.).

a Benedictus .. / quem Deus Ausoniae .. indulserat Aldh. *VirgV* 845; quarum devotioni se Dominus Jesus placido ~get assensu W. Malm. *GR* II 219; Jesus .. auxit gaudium totius curie sue .. majorem sui copiam ~gendo Ailr. *Serm.* 45. 15. **b** **†974** (13c) donaciones terrarum .. quas .. alie persone .. ~serant dando *CS* 1310 p. 637; [abbas] aliquantulum terrarum ~gens priori W. Malm. *GR* IV 340; **c1149** eis ibidem cimiterium ~simus et consecravimus *Doc. Theob.* 57. **c** [pudicitia] tumentem aequoris insaniam ~ta potestate compressit Aldh. *VirgP* 29 p. 267; [Deus homini] tantam praemii praerogativam ~sit ut eum cunctis praeponeret (*Lit. Papae*) Bede *HE* II 10 p. 101; **c1086** in omnibus nemoribus meis pasnagium de monachorum porcis in perpetuum ~geo (*Ch.*) Ord. Vit. V 13 p. 413; rex .. investituram anuli et baculi ~sit in perpetuum W. Malm. *GR* V 417; **c1183** libertates et vestras liberas consuetudines quas .. T. et W. vobis ~sisse noscuntur *BBC* (*Beverley*) 37; **c1307** in elusionem privilegiorum a .. Romanis pontificibus nobis .. ~torum *Bury St. Edm.* 176; [papa] ~sit ordini nostro ut de terris nostris .. nullus a nobis .. primitias auderet exigere *Meaux* II 282; **1364** si .. a sede apostolica sit ~tum quod .. excommunicari non possint *Deeds Balliol* 573 p. 301; **?1389** ad continenciam privilegiorum vestre societati de Hansa per nos ~torum *Dip. Corr. Ric. II* p. 68. **d** illius culpae veniam ~sit Felix *Guthl.* 35 p. 112; regi petenti veniam .. ~sit Ord. Vit. V 16 p. 431. **e** nullum risui vel supervacuis verbis tempus ~gebat Bede *Cant.* 1165C; **†706** (12c) ~ta temporum spatia *CS* 117; si sic vocatus litem detractat, anni spatium ~getur Ric. Angl. *Summa* 41 p. 105; cui [sc. Willelmo II] breves annos credimus ~tos, quia .. *Found. Walth.* 22. **f** verus ille [sol] .. radios suos primum ~get, id est sua praecepta, Christus Gildas *EB* 8; **699** (9c) nec .. quae a nobis .. recte ~ta sunt concutiantur sed .. custodiantur *CS* 99; ~ta desuper operi vestro perfectio (*Lit. Papae*) Bede *HE* II 8 p. 95; **c790** (v. gratulari 1b); precipio tibi ut ejus sancte devotioni .. patrocinium .. ~geas W. Malm. *GP* III 103 p. 234; corpori requiem ~turus lectum peciit *V. Chris. Marky.* 56; **1157** ei .. ~te relaxationis litteras transmittatis J. Sal. *Ep.* 30 (41); cui .. sacerdotale solatium .. ~geas Gir. *TH* II 19 p. 102.

7 (trans. or intr.) to forgive, pardon (offence, crime, or sim.; freq. w. dat. of person): **a** (w. dir. obj. and corresp. pass. use); **b** (w. *quod* clause); **c** (intr.); **d** (w. dat. denoting offence).

a illis [corvis] jam ~gens hoc peccatum *V. Cuthb.* III 5; **724** orare .. ut Deus ~geat peccata vestra *Ep. Bonif.* 25; cui pius indulsit quicquid commiserat in se Alcuin *WillV* 20. 27; si culpa levis est, ~geatur ei Lanfr. *Const.* 159; [non] adduci potuit ut fratris necem oranti ~geret inimico W. Malm. *GP* IV 142. **b** ~geas [ME: *for ȝef*] mihi quod hoc tibi dixi *AncrR* 28. **c** nolens ~gere ei qui suam uxorem polluit et postulans sibi ~geri cum .. Christi virginem maculaverit Bede *Prov.* 998; ut et tu [Deus] .. ~geas anime mee Anselm (*Or.* 19) III 74; sanctum Andream .. sicut ad ~gendum facilem ita ad ulciscendum terribilem W. Malm. *GR* II 165; explicatori primo ~gendum est Balsh. *AD rec.* 2 103; numquam debet homo sibi ipsi ~gere si peccat T. Chobham *Praed.* f. 74vb. **d** ut [Deus] peccatis tuis ~geat Elmer Cant. *Quer.* 814B.

8 (trans., sts. w. dat.): **a** to remit, not exact or demand (money owed, service due, or sim.). **b** to spare, not take away (life). **c** to spare, not inflict (punishment, anger). **d** (*animum ~ere* w. dat.) to devote one's mind or attention to. **e** (*animum ~ere*) to give free play to one's feelings.

a **†c970** (?12c) quicquid exinde fiscus noster .. sperare poterat .. ad integrum sit concessum atque ~tum *CS* 1264 p. 553; [abstinencia] si praecipiente eo [sc. abbate] injungitur, aut ei [sc. puero ministranti] ~geatur aut interim a mensa abbatis removeatur Lanfr. *Const.* 177; constitutum .. sibi vectigal .. ~sit Ord. Vit. XI 2 p. 163; *Chr. Battle* f. 48 (v. dies 8c). **b** vitam ~get, qua necdum careo Abbo *Edm.* 8. **c** his .. si animi tui rancorem ~seris .. Ord. Vit. VIII 2 p. 277; rex .. exitium et membrorum debilitationem obsessis ~sit *Ib.* **d** demones .. quibus animum ~serat blandientibus ad scelera W. Malm. *GR* I 78; totum animum otio cum subjectis ~serat *Ib.* III 238 p. 298. **e** de qua .. gloria .. facio verbum, attollo preconium, ~geo animum .. H. Bos. *LM* 1341C.

9 (pr. ppl. as adj.): **a** kindly, lenient, indulgent, forgiving. **b** (of writer's source material) ?giving wide scope.

a ~gentior in quendam amor intimatur cum dicitur 'discipulus ille quem diligebat Jesus' [*Joh.* xxi 7] Bede *Cant.* 1104; ~genti benignitate W. Malm. *GR* I 10; ~genti fovebatur hospitio *Ib.* IV 374 p. 435; omnia ~genti fame credere .. veracis historici non debet esse *Ib.* IV 382; ~gens parce et noli miseram flagellare (*Coem.* 43) *VSH* I 255. **b** longum est narrare quante devotionis .. fuerit ..; viderer enim ~genti materiae incumbere W. Malm. *GP* V 246.

10 (p. ppl. *indultus* as sb. n. or f.) privilege, licence, indult (cf. *indulgentia* 2): **a** (granted by pope); **b** (granted by king).

a **1252** quod aliqui ex ~to apostolico excommunicari seu interdici nequeant (*Bulla Papae*) *Inchaffray* 73; **1256** per litteras apostolicas plenam .. non facientes de ~to hujusmodi mentionem (*Lit. Papae*) *Mon. Francisc.* I 611; **1273** qui .. in .. fratres, contra sedis apostolice ~tam. sentenciam excommunicacionis .. presumpserint promulgare (*Bulla Papae*) *Reg. Heref.* (*Swinfield*) 83; **s1300** papa .. ~tum faciens omnibus vere penitentibus Trevet *Ann.* 377; papale ~tum .. suis manibus presentant *Reg. Whet.* I 151; **1481** privilegiis .., indulgentiis, gratiis et ~tis aliis domibus .. in genere concessis (*Bulla Papae*) *Scot. Grey Friars* II 251; **s1508** pontificale ~tum André *Hen. VII* 114. **b** **1571** dictos agentes .. nonnulla privilegia, immunitates, libertates, et ~ta circa mercature exercitacionem .. a regibus .. Anglie habuisse *SelPlAdm* II 145.

indulta v. indulgere 10.

indultio [LL], (action of) granting.

non enim est salutis ~o, quod non venit de vite merito R. Niger *Mil.* II 64.

indultor [LL]

1 one who favours or supports.

regnum suum aut acie gladii victor aut foedere ~or pacis illaesum .. tuebatur Eddi 42; Deus fundator fidei, ~or sacerdotii Egb. *Pont.* 91.

2 one who grants.

o verae beatitudinis auctor atque aeternae claritatis ~or [Christe] *Cerne* 138; verus largitor vitae perpetuae atque aeternae lucis ~or *Cerne app.* 216.

3 one who forgives: **a** (of God or Christ); **b** (of man).

a sit Deus .. peccatis vestris ~or Egb. *Pont.* 124; nostrorum peccaminum mitis ~or Alcuin *Liturg.* 558D; **a806** clemens omnipotens ~or *CS* 266; absolutor criminum atque ~or delictorum *Nunnam.* 65; summe salvator omnium, / indultor et peccaminum, / Jesu *AS Hymns* 66 (= *Anal. Hymn.* LI 69); illum .. justum ultorem et misericordem ~orem Anselm (*Or.* 6) III 15. **b** injuriarum quarumlibet .. pius ~or Gir. *TH* III 49 p. 194; cupiens magis ~or esse quam ultor Map *NC* III 3 f. 40v.

indultrix, (adj. f.)

1 granting permission.

sepe dictus B. literas ~ces .. adeptus P. Blois *Ep. Sup.* 11. 8 (cf. ib.: ex litteris .. indulgentie [sc. *granted by Pope*]).

2 granting forgiveness.

petimus gratiam adjutricem, misericordiam ~cem, gloriam consummatricem *Ib.* 33. 6.

indultum v. indulgere 10.

indultus [LL], (action of) granting, conceding.

ea [sc. insula Wehta] .. ~u regie munificentie potestati Wihtgari nepotis sui accessit W. MALM. *GR* I 16 (cf. *AS Chr.* 534); **s1245** papa .. in imperatorem Frethericum sine aliqua palpatione, dissimulatione, vel dilationis ~u talem sententiam .. fulguravit M. PAR. *Maj.* IV 445.

indumen [LL *gl.*], garment.

~en, indumentum OSB. GLOUC. *Deriv.* 288; *Ib.* (v. indusiamen).

indumentum [CL]

1 piece of clothing, garment; **b** (w. ref. to eccl. vestment or habit); **c** (w. ref. to royal or imperial robe or sim.); **d** (w. ref. to veil).

ALDH. *VirgP* 55 (v. gloriari 1a); lautiora .. vel austeriora .. alimenta vel ~a BEDE *Luke* 493; pater .. eam ~is preter camisiam expoliavit *V. Chris. Marky.* 23; cujus ~a [gl.: *effublemens*] in festivis diebus sint matronales serapelline NECKAM *Ut.* 102; **1218** quod omnes Judei deferant in superiori ~o .. duas tabulas albas in pectore *Cl* 378b; nupcialibus ~is TREVET *Troades* 62; **a1350** in nobis et aliis ~is scindendis *StatOx* 97; de ipsius .. humilitate .. in vestibus et aliis corporalibus ~is BLAKMAN *Hen. VI* 14. **b** sacerdotalia vel clericilis ~a BEDE *HE* I 29 p. 63; EGB. *Pont.* 114 (v. effigies 2a); deposito saeculari habitu et sanctimonialium ~o assumpto ASSER *Alf.* 15; precipua ~a cum quibus ad altare proceditis, alba, stola et casula AILR. *Serm.* 28. 22 (*CC cont. med.* IIA p. 235); in novo testamento plura sunt ~a pontificalia quam sacerdotalia HALES *Sent.* IV 410; **1301** forma incisionis .. tam ~orum quam calceamentorum sit una ubique *Reg. Cant.* 861; *Cust. Cant.* 49 (v. Dalmaticus 2c); **1559** quatenus [episcopi] .. semper ~is lineis .. utantur *Conc. Scot.* II 157. **c** regis .. ~a intexta atque crustata auro ORD. VIT. IV 2 p. 168; imperalia ~a et diadema assumpsit R. NIGER *Chr. I* 77; regale .. ~um coronacionis beati regis Edwardi *Cust. Westm.* 62; omnia ~a nostra regalia cum furr' (*Test. Hen. V*) *EHR* XCVI 95. **d** discooperto vultus ~o BEDE *HE* IV 17 p. 245 (v. discooperire 1a).

2 a (collect.) clothing; **b** (in phr. *ad ~um*, *in ~um*, or sim).

a lucidus .. aspectu et clarus erat ~o qui me ducebat BEDE *HE* V 12 p. 304; canonici .. qui .. ~o plebeio vitam tolerarent W. MALM. *GP* I 72 p. 136; multa alie sunt proveniencie ex diviciis .., ex pulchro ~o [ME: *clað*] *AncrR* 69; **13..** cum sint nuda gloria logici contenti, / sub egentis †propere [*MS Bodl. Rawl. B 214*: specie] vivunt indumenti (*De studiis* 18) *Pol. Songs* 207. **b** **790** (v. frater 5a); **1275** monachi .. eam [villatam] tenent nunc de dono Stephani regis ad eorum ~um *Hund.* II 179b; **1335** in stipendio pagii palefridorum tam pro ~o quam pro stipendio iij s. *Comp. Swith.* 238; [homo] dominus statutus est animalium ut essent ei in alimentum, ~um, instrumentum et laboris juvamentum *Eul. Hist.* I 11; **1406** (v. familiaris 1b).

3 cover, something put on as protection or ornament; **b** (w. ref. to the Incarnation of Christ); **c** (fig.).

portarum ~a id est coria quibus portae indutae sunt *Gl. Leid.* 35. 140; **†959** (12c) calices aut cruces seu ~a altaris *CS* 1050 p. 266; capas et albas .. calices et corporalia ceteraque altaris ~a et ecclesiae ornamenta *Cust. Westm.* 58; **c1320** item tria portiforia sub quodam ~o latencia admodum aculatorie confecta *MLC IV* 29; **c1360** (v. flammeolus 3a); omni jocunditatis ~o perornatur civitas AD. USK 129. **b** videbant [Judaei] ~um et contemnebant indutum ALCUIN *Exeg.* 859C; si Christus solo habitu est homo, id est quia habet hominem ut ~um J. CORNW. *Eul.* 9; diadema [donabitur] pro pulveris indumento J. HOWD. *Cant.* 234. **c** [verbum Dei] ~um salutis animabus confert BEDE *Prov.* 1035; si aliis possint ~a bone existimationis auferre AILR. *Serm.* 25. 357C; [diabolus] opera sua sophisticis velat ~is T. CHOBHAM *Praed.* 203; supponitur cum Augustino .. quod vox verbi sit ~um verbi WYCL. *Ver.* I 191; dictamen diccionum ruralium est egregium ~um, quod quidem ~um et cooportorium radiosum, etc. *Dictamen* 334.

4 (act of) covering.

genu deflexum amplius inhonorans, / sceptrum arescens, clamidis indumentum [v. *Matth.* xxvii 28], / clavus angens J. HOWD. *Cant.* 329.

induperator [CL *by-form of* imperator *used* metri causa], emperor: **a** (w. ref. to particular rulers); **b** (gl. & gram.).

a has tibi symphonias plectrat sophus, induperator [sc. Karole] ALCUIN *Carm.* 120. 7; induperatoris [sc. Sigismundi] rumor datur advenientis ELMH. *Metr. Hen. V* 763. **b** ~or, imperator *GlC* I 286; imperator, -ris, quod etiam dicitur ~or, duo syllaba interposita causa euphoniae OSB. GLOUC. *Deriv.* 439; *Ps.*-GROS. *Gram.* 70 (v. epenthesis a); hic ~or, *a emperowre WW*.

induperatrix [ML], empress.

hec imperatrix, *a e[m]prys*; hec ~ix, idem *WW*.

indurare [CL]

1 to make hard, harden (also fig.); **b** (solid parts of human or animal body); **c** (congealed liquids); **d** (food, sc. by cooking or preserving). **e** to harden, season (timber). **f** to protect or reinforce (body or thing) by hard covering. **g** to make (part of body) stiff, unsupple.

omnis terra congelata erat et ~ata ..; ~ata erat, quia non habebat aliquam mollitiem pietatis AILR. *Serm.* 299B (v. *CC cont. med.* II A p. 141); sulphur provenit ex pinguedine terre .. inspissata quousque ~etur et sicca fiat *Correct. Alch.* 7; in tegula .. que actione caloris constringitur et ~atur *Quaest. Salern.* N 60; ignis .. indurat mollia, dura / emollit NECKAM *DS* IV 5 p. 420; ~ata in globum terra [TREVISA: *yharded into a clotte*] BART. ANGL. XVI 48; *Ps.*-GROS. *Summa* 628 (v. expressivus 1a); hec massa in modum lapidis ~ata (*Ger.* 1) *VSH* II 107. **b** contingit quandoque cerebrum ~ari per partium extremarum ad medium reductionem *Quaest. Salern.* N 43; dicit idem [Augustinus; cf. *PL* 37. 1323] quod cum [aquila] senuerit, ita ~atur [TREVISA: *waxiþ so hard*] et incurvatur rostrum ejus ut .. BART. ANGL. XII 1 p. 516; lenitiva substantiam membri leniunt et mollificant, compressiva ~ant et exasperant GILB. VI f. 238. 2; qui [nervi] in principio sui molles sunt et gradatim et successive ~antur *Ps.*-RIC. *Anat.* 41 p. 27. **c** nasus .. sanguine ~ato concretus erat AD. EYNS. *Visio* 13A; BART. ANGL. IV 4 (v. duritia 1b); humor .. ~atur GILB. III 130V. 2 (v. durities 1c); de urina lincis .. quae ~atur in lapidem *SB* 27. **d** caro salsa sale ~ata GAD. 29. 2; ignem cum quo panem preparatum ~aret [vv. ll.: duraret, dureret] (*Lasren* 7) *VSH* II 132. **e** de bono .. mearemio de corde quercino bene siccato et ~ato *Building in Eng.* 490. **f** Dani audentiores effecti ferratisque induviis ~ati occurrunt Anglis *Enc. Emmae* II 9; in extremo baculus ferro ~atur HON. *GA* 610D. **g** GIR. *Symb.* 10 p. 235 (v. cursor 1a).

2 to make robust, fit, tough.

~ati bellatores animos et vires resumpserunt ORD. VIT. XII 18 p. 359; divinus ignis .. eos [sc. apostolos] .. ~avit ad penam AILR. *Ed. Conf.* 748C; **a1197** corpus indurant aspera (*Pol. Poems*) *EHR* V 320; H. AVR. *Poems* 27. 5 (v. flexibilitas).

3 to make obdurate, obstinate, stubborn: **a** (oneself or another person); **b** (*cor*, *mentem*, or sim.). **c** to make (vice) inveterate.

a ~ati frigore suae malitiae ABBO *Edm.* 5; obstinato corde se ipsum ~avit, et mandatum viri Dei servare neglexit WULF. *Æthelwold* 33; [Deus] dicitur hominem ~are [*Rom.* ix 18] cum non emollit ANSELM (*Praesc.* II 2) II 261; ille in sua pertinatia male ~atus ORD. VIT. III 3 p. 45; ~atus ut Pharao [e. g. *Exod.* xiii 15] *Ib.* VIII 24 p. 422; quis hic indurabitur, / cum in virginali flore / fons cruoris oritur? J. HOWD. *Sal.* 12. 7; penalia legis predicte exequenda in rebellem populum si sic finaliter persisterent ~ati *G. Hen. V* 6 p. 36; **1425** in eodem [sc. errore] .. manet ~atus et irrevocabiliter obstinatus ..; occasione .. induracionis et obstinacie hujusmodi .. pertinax est censendus *Reg. Cant.* III 128. **b** ut .. / inspires tuum indurato pectore amorem ALCUIN *Carm.* 124. 11; quanto stupore ~atum est cor meum ANSELM (*Or.* 14) III 57; gens .. cervicis dure, immo ~ate *Chr. Evesham* 25; o mens indurata, / cur non es multata / fletus fluvio ..? J. HOWD. *Sal.* 41. 4; FAVENT 8 (v. enucleare 2a). **c** ~ata aliquorum pestilentum pertinacia (*Bulla Papae*) *CS* 11; mali malitium hoc audientis ~o ..; sicque se in suo peccato confirmat ALEX. CANT. *Dicta* 7 p. 144; ~ata in regem pervicacia W. MALM. *GR* III 254; obstinata et ~ata perfidia GIR. *PI* I 17 p. 65.

4 (intr.) to become hard.

femur in more calli ~averat, quia naturale officium sedendi nates non habebant R. COLD. *Cuthb.* 48 p. 99; humor cadens super oculum ~at GILB. III 130V. 2.

5 *f. l.*

1287 penis .. in suo robore .. †induraturis [l. duraturis] *Conc.* II 141a (v. *Conc. Syn.* 1011).

induratio [LL], process or action of hardening; **b** act of rendering, or condition of becoming or being, obstinate, stubborn.

sicut patet in sepo, in quo fit ~o [TREVISA: *ys made fast and hard*] et congelatio per frigiditatem BART. ANGL. XIX 44 p. 1176; congelatio est mollium rerum ~o in calore candido RIPLEY *Axiom.* 114; **1490** pro ~one cujusdam securicule le *brikaxe* ex utraque fine (*Ac. Westminster*) *Building in Eng.* 335. **b** utilitatem ex ~one infidelium provenire ostendit LANFR. *Comment. Paul.* 137 (*on Rom.* ix 18); undecima [pena] est obstinatio, duodecima ~o, decima tertia obduratio HALES *Sent.* II 355; **s1227** cum [populus] .. predicationem ejus despexisset, Franciscus ~onem eorum graviter increpavit M. PAR. *Maj.* III 133; [interdictum] ob ~onem Johannis regis Anglorum universam Angliam .. constrinxerat *Chr. Witham* 504; diabolus .. in ~one sua continue invalescens WYCL. *Ver.* III 216; **1425** (v. indurare 3a).

indurativus, causing to harden; **b** (as sb. n.) substance that causes to harden.

[caliditas] mollium et liquidorum est ~a [TREVISA: *he makþ harde*], ut patet in ovo igni apposito, quia liquidioribus .. partibus resolutis .. induresscit [TREVISA: *wexiþ hard*] BART. ANGL. IV 1; [humiditas] est .. ~a accidentaliter [TREVISA: *it makeþ þinges harde*] *Ib.* IV 4 (v. gibbus 2a). **b** per calorem actualem stiptici et ~i GILB. VI f. 238V. 1.

indurescere [CL], **indurēre**

1 to become hard or stiff, harden, set; **b** (w. body or part of body as subj.).

haec nix [i. e. *flour*] / magis indurescit ad ignem ALDH. *Aen.* 67 (*Cribellus*) 9; **9..** (v. derigescere); dureo, -es, quod non est in usu; sed componitur ~eo -es et addures, -es OSB. GLOUC. *Deriv.* 171; manna ~uit ad ignem et liquefiebat ad solem [cf. *Exod.* xvi 21] S. LANGTON *Serm.* 71. 18; BART. ANGL. IV 1 (v. indurativus); gutta .. frigore vel calore ~escit [TREVISA: *is made harde*] et gemmam facit *Ib.* XVII 121 (cf. Isidore *Etym.* XVII 7. 31: in soliditatem durescit); [pinguedo piscium] quanto diucius coqueretur tanto magis †indiruit [l. induruit] *Chr. Kirkstall* 137; ne [panes] ~escant aut muscidi fiant WALS. *HA* II 29. **b** [corpora sanctorum mortuorum] rigoris asperie ~escunt R. COLD. *Cuthb.* 2 p. 4; [sancti Jacobi] cutis inventa est in genibus et in cubitis ~uisse propter frequentes orationes HON. *Spec. Eccl.* 950A; sic pueri venter ~uit ut .. lapideam representaret duriciam *Mir. Fridesw.* 26; istis [mulieribus] exit matrix et ~escit GILB. VII 307V. 1; vides indurescere / carnem celis digniorem [sc. *of the crucified Christ*] J. HOWD. *Sal.* 40. 7.

2 to become tough, robust.

reviruit sanitas, artuum laxa compago ~uit W. MALM. *GP* V 259 p. 415.

3 to become resolute, obdurate.

[castimonia Agathae] ut adamantinus scopulus contra illata carnificum tormenta fervo fortior ~uit ALDH. *VirgP* 41; ad confringendam consuetudinem peccandi, que .. longo abusu induruit P. BLOIS *Ep. Sup.* 63. 2.

Indus [CL]

1 of India, Indian, (as sb. m.) an Indian; **b** (w. ref. to plant); **c** (*terra ~a* used of Ethiopia).

genus hominum .. quos ~i Ichthyophagos appellant *Lib. Monstr.* I 15; H. LOS. *Ep.* 40 (v. gymnosophista a); hic aevangelium predicavit .. Bactrianis et ~is ORD. VIT. II 8 p. 306; †Judi [l. Indi] vero sic dixerunt: .. *Quadr. Reg. Spec.* 31 (= BACON V 42: Indi). **b** in mirobalanis ~is *Quaest. Salern.* Ba 113 (v. gummositas); additis mirabolanis ci[trinis] et ~is GILB. I 52. 2; *Ib.* II 96. 2, GAD. 6 v. 1, *Alph.* 117 (v. belliricus). **c** nullibi in tota terra Egypti nec in terra ~a utuntur curribus S. SIM. *Itin.* 50; *Ib.* 87 (v. elenchice b).

2 a (*color ~us*, or *~a* as sb. f.) indigo (dye or colour). **b** (of cloth, garment) dyed with indigo, dark blue. **c** (naturally) dark blue.

a si .. rubeus et niger color vicinantur, fit color ~us vel purpureus *Quaest. Salern.* N 28; Iris, que vario picta colore nitet: / ignea pars nubis rutilat succensa rubore, / aerisque color partibus indus inest NECKAM *DS* IV 40 p. 421; **1257** mille ulnas de kanevacio tincto in ynda *Liberate* 33 m. 10; capas sericas .. quarum una medietas erat ~i coloris, altera vero rubei T. STUBBS *Chr.* 402. **b** **1240** in duabus capis de samito ~is *Liberate* 14 m. 22; **1245** unam capam ad chorum de bono samitto rubeo vel ~o *Cl* 344; **1295** carda ~a (v. 1 carda); **1345** [casula] de ~o samito *Sacr. Lichf.* 112. **c** florem ~um *Alph.* 98 (v. lilium 1b).

indusiamen [ML], garment.

OSB. GLOUC. *Deriv.* 282 (v. indusiare); ~en, indumen, indumentum, inducula [MS *adds*: induvie vestimentum] *Ib.* 288.

indusiare [LL; CL *p. ppl. only*], to clothe (in quots., pass.).

vates .. penulas .. laciales †inducіati [MS: indusiati, *gl.*: induti] OSB. GLOUC. *Deriv.* 2; domina lacernam qua ~iabatur .. effibulabat *Ib.* 4; ~ior, -aris i. induere, unde Marcianus [Capella I 65] '.. exuviis ~iari ..', et inde ~iatus, -a, -u, et hec indusiatio, -nis, et hoc indusiamen, -nis i. indumentum *Ib.* 282.

indusiatio, ? act of putting on clothes.

OSB. GLOUC. *Deriv.* 282 (v. indusiare).

indusium [CL], sort of garment, perh. shirt.

preterea annuatim inveniet cuilibet monacho pellicium ante festum omnium sanctorum idemque de coopertoriis et caputiis †indicium [l. inducium] abbati annuatim duo pellicia et cucullam et tunicam *Obed. Abingd.* 384; regis .. ~ium cruentum tanquam signum praeferentes Strivelingum .. contendunt LESLEY *RGScot* 330.

industria [CL]

1 diligence, assiduity, zeal (as permanent quality, or applied to a particular task); **b** (w. defining gen.); **c** (*vestra ~ia, vestrae caritatis ~ia*, or sim., as honorary form of address). **d** (app.) something achieved by diligence or application (in quot., w. ref. to argument, reasoning).

incredibilis auri abundantia describitur quod ipsae [sc. formicae] sua servant ~ia *Lib. Monstr.* II 15; mortalium ~ia ALDH. *VirgP* 56; per ~iam Eusebii .. [computus Paschae] distinctius in ordinem compositus est (*Ep. Ceolfridi*) BEDE *HE* V 21 p. 341; quod .. jam vena temperies ~iam laborantis adjuvet BEDE *Cant.* 1110; *Id. HE* V 13 (opp. neglegentia; v. exterior 3); ~ia, *geornis GlC* I 191; **c885** quatinus .. ecclesiasticus ordo .. per vestram diligentiam et ~iam quantocius reparetur *CS* 555 (= *Lib. Hyda* 32); **10..** ~ia, *gleaunes WW*; **1095** virium, virtutum, ~iae scientiae, tanto officio competentium inopiam .. patior ANSELM (*Ep.* 193) IV 83; vir excellentis ~ie W. MALM. *GP* I 8; ceterorum omnium .. accendit ignaviam, animavit ~iam *Ib.* I 46 p. 76; precedit natura potens; industria solers / subvenit; his junctis nobile surgit opus NECKAM *DS* III 277 p. 401; *G. Hen. V* 24 (v. defigere 2a); **1501** vos de quorum fidelitatibus et circumspectionum ~iis plene confidimus *Eng. Clergy.* 195. **b** ~iam faciendi simul et docendi mandata caelestia BEDE *HE* III 17 p. 161; ALCUIN *SS Ebor* 1480 (v. fervere 5d); dolositatis ~ia B. *V. Dunst.* 16 (v. dissociare c); attentionis ~ia paulo plus comperiente BALSH. *AD* 4; equitatus ~ia R. NIGER *Mil.* I 16 (v. equitatus 1); secundum armorum ~iam *G. Hen. V* 18 p. 132 (v. fraternitas 2a). **c** **c675** perlatum est mihi .. de vestrae caritatis ~ia quod transmarinum iter .. carpere .. decreverit ALDH. *Ep.* 3; **a705** *Ib.* 7 (10) (v. 3 frunitus); **705** tuae providae considerationis ~iam WEALDHERE *Ep.* 22; benignissimam vestrae serenitatis ~iam AD. MARSH *Ep.* 157; ea .. ~ie vestre, quam nulla fere latet historia, propalare GIR. *TH pref.* p. 21; **1294** nisi forsan secus vestre ~ie videatur *TreatyR* I 220 p. 92. **d** quod sanguis erat anime, hac habebant ~ia .. J. BLUND *An.* 24 (cf. ib. 26: hoc judicio illud habebant, 28: hac ratione inducti erant ad illud probandum).

2 a plan, design. **b** (in adv. exprs. *de ~ia, ex ~ia, per ~iam*, and abl. *~ia*) on purpose, by design, deliberately; **c** (*ex ~ia precogitata*).

a dux .. regi .. sese festivus opponit .. partem suarum copiarum .. contra dirigens; sic enim dispositum est ~ia, quae multum profutura sperabatur, ut .. ii [hostes] nos hac .. invaderent W. POIT. I 30 p. 70. **b** queruntur non affluenter sibi epimenia contribui, occasiones de ~ia colorantes GILDAS *EB* 23; sunt .. qui .. negligentia vel desperatione vel etiam de ~ia peccant BEDE *Prov.* 971; Britto .. ictu sagitte, non ~ia, occidit patrem *AS Chr. pref.*; ex ~ia in presenti loco eandem [auctoritatem] induxi, ut .. PETRUS *Dial.* 44; incertum habemus an ~ia an vie hoc factum sit ignorantia ORD. VIT. IX 15 p. 601; in codice ex ~ia ad hoc portato .. consuevit legere J. FURNESS *Walth.* 15; credimus .. quod nepos noster .. verbi illius virus .. pocius non averterit quam sciens et prudens .. id per ~iam annotaverit GIR. *Ep.* 5 p. 196. **c** **1532** (v. 1 felonia 2e).

industrie [CL], assiduously, diligently.

Fulco .. multa fecit ~ie, multa egregie W. MALM. *GR* III 235 p. 292; felicem sortita eventum ~ie continebat votum *Id. GP* V 259 p. 414; nec refert unde veniat eruditio in opere bono ~ie et legitime ministrato R. NIGER *Mil.* I 51; *Ib.* (v. exercitare 1b).

industriose [CL], assiduously, diligently.

1443 operas laboresque vestros quos .. ~e et efficaciter impendisse vos novimus .. BEKYNTON I 239.

industriosus [LL], assiduous, diligent, energetic.

[Plinius] fuit .. in equestri milicia ~us valde et procuraciones maximas .. administravit W. BURLEY *Vit. Phil.* 368; prudens et ~a mulier erat valde et circumspecta *Plusc.* IX 35 p. 284.

industrius [CL], **industris** [LL], assiduous, diligent, energetic. **b** (w. dependent abl., gen., or *in* w. abl.); **c** (*rex ~ius*, or sim., in royal style); **d** (m. as sb.).

temtavit .. in opus verbi mittere viros sanctos et ~ios BEDE *HE* V 10 p. 299; ~ius, †studiosius [l. studiosus] *GlC* I 171; in omni venatoria arte ~ius venator incessabiliter laborat ASSER *Alf.* 22; mihi faveas industrius Odo FRITH. 1393; homo mansuetior quam ~ior OSB. *V. Dunst.* 32 p. 108; reputaveram eum semper virum ~ium et discretum et modestum P. BLOIS *Ep.* 20A; quemdam paganum ~em et literatum in quendam paganum ~em et literatum OCKHAM *Dial.* 528 l. 33; **s1320** habebat .. nepotem qui pro etate ~is erat *V. Ed. II* 251. **b** magis in ecclesiasticis quam in mundanis rebus erat ~ius BEDE *HE* IV 12 p. 228; Penda quidam .. stirpe inclytus, bellis ~ius W. MALM. *GR* I 74; qui .. non otio deditus sed cenobiis .. fundandis ~ius esset *Id. GP* III 109 p. 244; Boamundus militarium negociorum vir ~ius ORD. VIT. IX 8 p. 516. **c** **938** (14c) ego Athelstanus .. basileos ~ius [MS ante corr.: ~iis] Anglorum *CS* 728; **940** (12c) ego Eadmundus ~ius Anglorum rex ceterarumque gentium .. *CS* 763; **942** (15c) basyleos indistrius *CS* 775; **956** (v. dispositio 2a); **956** (?10c) ~is Anglorum rex *CS* 945; **987** (?10c) ego Æðelraedus .. basileos ~ius Anglorum *Ch. Roff.* 30. **d** in locum illorum qui moverentur cujuscumque gentis ~ium [v. l. ~ium hominem] .. imposuit W. MALM. *GR* III 254.

indutiae [CL], **~ium**

1 a (mil.) truce, armistice (also fig.). **b** (period of) peace.

a **s1004** cum autem ~ie date et accepte essent, furtive hostes exierunt de navibus *AS Chr.*; inducias trium mensium W. JUM. II 17 (v. gratanter 1a); petiverunt ~ias ut .. efflagitarent a rege suppetias, die dicta, si forte venire negaret, castellum reddituri W. MALM. *HN* 522 p. 75; requiro, domine rex, ~ias, donec salvus de C. redeas ORD. VIT. X 8 p. 45 (cf. ib.: foedus pacis); **s865** quibus cum Centenses causa ~iarum pecuniam promiserunt, infra ~ias .. proruperunt H. HUNT. *HA* V 5; clarigator es [Sathana] et ~ias spondes? NECKAM *NR* II 173 p. 287; *Ps.*-ELMH. *Hen. V* 59 p. 158 (v. 3 exulare 1b). **b** GILDAS *EB* 21 (v. desolare 1a).

2 a delay, postponement. **b** adjourment, stay of proceedings. **c** remission of illness.

a paracletus ex summa caelorum arce post decem dierum ~ias destinatus [v. *Act.* ii 1 ff.] ALDH. *Met.* 2 p. 67; petisti ~ias in hunc diem respondendi EADMER *HN* 67; sponsus .. "exue" inquit "vestes tuas ..", at ille respondit "~ias peto, usque quo qui in domo sunt dormiant" (*Sam.* 1) *VSH* II 253; quos [sc. barones] cum rex [Johannes] .. repetito ~iis protraxisset *Plusc.* VII 4. **b** **1075** super quo responso petitae sunt ~iae ac concessae usque in crastinum *Conc. Syn.* 612; ?**1102** ~ie de causa illius [viri] .., quas dedit episcopus Lundonie ANSELM (*Ep.* 238) IV 145 (cf. ib.: protelationem); judicium .. per plures ~ias usque in annum protelatum est ORD. VIT. IV 14 p. 265; ~iarum .. quinque sunt genera: alie enim sunt delibatorie, alie citatorie, alie preparatorie, alie solutionis, alie appellationis RIC. ANGL. *Summa* 22; *Ib.* (v. citatorius a, deliberatorius b); quadrimestres ~ie sunt que post sententiam dantur condempnatis *Ib.* 23; non erit tam diffusa dilatio, sed erunt ~ie arbitrarie dependentes ex justitiariorum voluntate BRACTON f. 255; in essoniis .. de malo veniendi dande sunt ~ie ad minus xv dierum *Fleta* 383. **c** clavigerum tertiane febres exederant et ex ~iis acriores redibant GOSC. *Transl. Mild.* 26.

3 time allowed for particular purpose, respite, extension, period of grace; **b** (for repayment of debt, or sim.); **c** (w. ref. to prolongation of life for repentance).

unius .. ebdomadis ~ias [*gl.*: spatium, moras, *andbidingie*] a parentibus poposcit, ut nutum supernae majestatis .. experiretur ALDH. *VirgP* 36 p. 281 (cf. id. *VirgV* 1270, v. dies 2a); nec ad patris sepulturam petitas accipit ~ias [cf. *Matth.* viii 21–2] BEDE *Acts* 978; petens ~ias, si forte alium qui episcopus ordinaretur ex tempore posset invenire *Id. HE* IV 1 p. 202; ~iae, intervallum. †industias, spatia. indutium, spatium *GlC* I 405–7; **1102** ~ias petii donec .. hujus rei certitudinem acciperem ANSELM (*Ep.* 280) IV 194; **1104** nequaquam .. ulterius volo dare aut accipere ~ias, quin .. quod in tali re oportet facere incipiam *Id.* (*Ep.* 330) V 263; ~ias petens loquendi .. peroravit W. MALM. *GR* V 439 p. 510; **1122** tibi aliquanti temporis ~ias dedimus quatenus infra prefixi diei terminum ad obedientiam .. archiepiscopi .. redires (*Lit. Papae*) *E. Ch. Scot.* 45; *GAS* 195 (v. indutiare 3a); **1166** (v. diecula); petite et date sunt ~ie ut synodus iteretur ELMH. *Cant.* 104. **b** **1234** (v. donum 3c); **1254** a rege petiit ~ias usque ad fastum S. Michaelis de x s. reddendis spigurnello .. pro brevi *RGasc* I 350a; da mihi .. ~ias usque ad diem lune (*Mol.* 19) *VSH* II 198; [rex] dedit ei ~ias exigendi debitum *Ib.*; ~ias .. abbati .. super solucione .. x librarum .. ad tempus concesserunt *Meaux* III 253. **c** novi non hoc esse meriti mei, ut ~ias vivendi .. accipiam BEDE *HE* III 13 p. 153; †**706** (12c) ne sine fructu spiritualium virtutum easdem ~ias [sc. vitae] transeamus *CS* 117; [ut] sceleratus .. penitendi ~iis forte resipisceret GOSC. *Transl. Mild.* 32 p. 203; propositum .. habentes relinquendi peccata sua .. si speratas percepissent ~ias AD. EYNS. *Visio* 37; Deus dedit ei ~ias hujus anni ad penitendum (*Aed* 24) *VSH* I 41.

4 ? *f. l.*

nunc beati Letardi exhibeantur induciae [? l. indicia; cf. infra: miracula] GOSC. *Transl. Aug.* 45B.

indutialis [ML], pertaining to or characterized by truce.

princeps Antiochie R. foedus ~e ruperat *Itin. Ric.* I 5.

indutiare, ~ari [ML]

1 a to suspend or defer (hostilities) by means of truce. **b** to conclude truce (in quot., dep.).

a admonebant .. alii ut .. tempus proelii nunciis pacis intercurrentibus .. protelaretur ..; princeps .. proelium .. ~iari indignum duxit ORD. VIT. XIII 43 p. 127; ad annos usque duos fere belli negotium ~iatum est DICETO *YH* II 49. **b** post multam stragem utrinque illatam ~iati recesserunt M. PAR. *Maj.* I 275.

2 (trans.) **a** to postpone, defer, delay. **b** to adjourn (hearing, trial, or sim.).

a petitionem .. in tempus oportunius .. protelavit. nec dubium divinitus hoc fuisse ~iatum, quatinus .. Ælfstani .. cresceret desiderium GOSC. *Transl. Mild.* 9; mors etiam legatis .. prefinita est, sed per quendam sapientem .. callide prepedita et multoties ~iata est ORD. VIT. XI 28 p. 264; **s1108** electi nostri consecracio diucius ~iata H. CANTOR f. 6. **b** unicuique domino licet ~iare [v. l. judicare] placitum hominum suorum (*Leg. Hen.* 61. 9) *GAS* 581; cuncta in crastinum discutienda ~iari precepit EADMER *HN* 21.

3 (intr., or impers. pass.): **a** to grant delay or respite. **b** to wait, delay.

a [rex] confestim praecepit ad aecclesiam terram reverti, tantummodo ~ians donec ad curiam .. Natalis Domini Roberto juberet ut .. *DB* I 252vb; volumus ut puplica rectitudo teneatur .. in omni causa .. et ut ~ietur [*Quad.*: adterminetur, AS: *þæt mon .. andagie*] donec perficiatur rectitudo; qui illas inducias [*Quad.*: terminum, AS: *ðone andagam*] fregerit .. emendet hoc xxxx s., et statuto termino alio perficiat quod prius deberet (*Cons. Cnuti app.*) *GAS* 195. **b** debitor .. ante persolvat vel ~iet donec dies isti transeant gaudiis .. instituti (*Leg. Hen.* 62. 2) *GAS* 583; nec vult [clerus] placare Dominum / per fructus penitentie, / sed differt et induciat P. BLOIS *Contra Clericos* 1 p. 1129B.

indutiator, person who establishes truce, herald, or sim.

NECKAM *NR* II 173 *gl.* (v. clarigator b).

1 indutio, postponement, delay.

aliquod .. quod absque dampno vel molestia alicujus induciones habere nequeat *Cust. Westm.* 21 (= *Cust. Cant.* 84); non reclamabitur, nisi pro tali sit culpa que induciones habere non debeat *Ib.* 190 (= *Cust. Cant.* 230).

2 indutio [ML; cf. induitio], act of wearing clothes.

de actu utendi, qualis est manducatio. potatio, ~o et hujusmodi OCKHAM *Err. Papae* 960 l. 29.

indutium v. indutiae.

indutius, (*litterae ~iae*) letters giving notice (*sc.* of visitation; cf. C. R. Cheney *Episcopal Visitation* Manchester, 1931, 55–8).

ceperunt fratres .. murmurare pro eo quod non habebant ~ias litteras prout de jure in visitacionibus fieri consuevit *G. Durh.* 41.

†indutor, *f. l.*

GlC N 94 (v. inductor 2b).

induvare [OF *endouver*, cf. duva], to provide (ditch, moat) with bank.

1241 faciatis .. veterem partem amoveri et fossatum ejusdem castri parari et induvari *Liberate* 15 m. 17.

induviae [CL]

1 clothes, (eccl.) vestments.

indubiae, indumenta *GlC* I 358; postquam membra sacro tumularunt sacra sepulchro, / induvias sumpsere sibi fratres venerandi FRITH. 1361; LANTFR. *Swith.* 20 (v. fulgidus b); pontificalibus amictus ~iis OSB. CLAR. *V. Ed. Conf.* 10 p. 83; OSB. GLOUC. *Deriv.* 282 (v. inducula); iduare, dividere. †iduvie et reduvie, indumenta *Ib.* 293; **s1254** ut .. cum canticis .. et festivis ~iis .. [regem] reciperent M. PAR. *Maj.* V 476; **s1401** (v. hercia 3a).

2 slough of snake.

slughes of eddyrs exemie, †idimia [v. l. indubie] *CathA.*

inebriare [CL]

1 to make drunk, inebriate; **b** (absol.).

qui vero ~atur contra Domini interdictum .. sine pinguedine peniteat THEOD. *Pen.* I 1. 6; FELIX *Guthl.* 43 p. 134 (v. 2 fulcrum 1); Hengcistus .. puellam jussit ministrare illis vinum et siceram et ~ati sunt et saturati sunt nimis NEN. *HB* 178; utroque ad tabernam ~ato BEN. PET. *Mir. Thom.* IV 2 p. 174; queritur quare cum aliquis ~atur, si abluantur testiculi aqua frigida, cessat ebrietas? *Quaest. Salern.* B 231; da ebrioso cinerem irundinum combustarum et nunquam ~abitur GAD. 135. 1 (v. ebriosus a); **1448** (v. exercere 11b). **b** illum a vino et sicera, id est ab omni quod ~are potest continentiam habiturum asseruit BEDE *Hom.* II 19. 208; FELIX *Guthl.* 20 (v. delicatus 2b); *Gl. Leid.* 1. 111 (v. extra 10a); potu .. presertim ~ante, extra briam omnem poni cupientes, modum .. minus observant GIR. *DK* II 5.

2 to drench, steep (partly fig.).

conflictus qui cotidie tellurem ~abant filiorum sanguinibus ORD. VIT. XI 22 p. 235; Patricius .. in terram corruit tantoque lacrimarum imbre ac si omnium criminum reus esset illam ~avit J. FURNESS *Pat.* 23; W. LEIC. *Sim.* (v. flocellus); NECKAM *Ut.* 107 (v. granum 8); GARL. *Tri.*

Eccl. 32 (v. hydropisis 3); poros cutis [Christi] inebriat / cruoris ros sanguinei J. HOWD. *Cyth.* 24. 2.

3 (fig.): **a** to refresh. **b** to intoxicate, poison.

a cum sese alterutrum divinarum scripturarum haustibus ~arent FELIX *Guthl.* 43 p. 132; **797** aliis .. sanctarum mella scripturarum ministrare satago; alios vetere antiquarum disciplinarum mero inaebriare studeo ALCUIN *Ep.* 121; *Nunnam.* 66 (v. exorare 1c); vinum .. quod .. servorum Dei corda laetificat, quod animas ~at et a peccatis purgat LANFR. *Corp. & Sang.* 419B; saturabimur ab ubertate domus Domini, ~abimur a torrente voluptatis .. Dei ALEX. CANT. *Dicta* 5 p. 133; in eo [libro] .. tot invenientur areole aromatum, tot cellule vinarie pigmentariorum, ut comedant amici, ~entur karissimi P. CORNW. *Panth. prol.* 40. **b** frequentia peccatorum ~ati GILDAS *EB* 110 (v. frequentia 3a); malitia .. obcaecat illum qui ea ~atur EADMER *Beat.* 15 p. 288; diabolus .. fratres .. nisus est .. ex felle malignitatis sue nequiter ~are ORD. VIT. VI 9 p. 72; J. FORD *Serm.* 22. 8 (v. epotare b); hoc .. ad fastum sinistra interpretatione convertere quod potest fieri sancta intentione, non est nisi mentis veneno ~ate PECKHAM *Paup.* 80.

inebriatio [LL]

1 process of becoming drunk, state of being inebriate.

pars .. [fumi] que ascendit .. et que ~onis precipua causa est .. *Quaest. Salern.* P 24; ebrietas .. privat hominem usu sensus et racionis .. et hoc significat Noe ~o HOLCOT *Wisd.* 76.

2 drenching, steeping.

terra arida et rimosa repentina ~one perfunderetur *G. S. Alb.* I 201.

3 refreshment.

numquid non geminam ac mutuam ~onem intellexit cum diceret 'jucundum sit tibi eloquium meum, ego vero delectabor in Domino'? J. FORD *Serm.* 19. 8; sicut per cibum et potum spiritualis letitia, sic per ~onem habundantia talis letitie denotatur S. LANGTON *Serm.* 4. 12.

inechia v. aesnecia.

inedia [CL]

1 insufficiency of food, starvation.

filium contra jura naturae latibulis carceralibus artandum et famis ~ia macerandum includit ALDH. *VirgP* 35; ferunt quia .. homines ~ia macerati procederent ad praecipitium BEDE *HE* IV 13 p. 231; monachis, quos lurida inēdia pressit ÆTHELWULF *Abb.* 407; sitis, algor, inēdia, langor D. BEC. 2517; *AncrR* 64 (v. edia a); WALS. *HA* II 112 (v. fames b).

2 abstinence from food, fasting.

~iae .. et vigiliarum in tantum patiens erat *V. Cuthb.* II 1; ~ia et omni parsimonia corpus attenuare .. curabat W. MALM. *Wulfst.* I 2; ei te totum comitte regendum, ei algores tuos et ~ias, ei cotidianas passiones tuas D. LOND. *Ep.* 12; hic .. ~ia diutini jejunii fatigatus COGGESH. *Visio* 31; post multa et diuturna ~ia, maximam infirmitatem incurrebat *Plusc.* IX 109.

inedicibilis [ML], **a** (in good sense) ineffable, wonderful. **b** (in bad sense) unspeakable, horrible. **c** incalculable.

a †**709** (12c) subthronizatus regali solio et .. per pantocratoris ~em potentiam sullimatus .. *CS* 124; quicquid .. placet in hoc codicello exarare, suffulti ~ibus [*gl.*: *unasecgendlicum*] collumnis antiquorum BYRHT. *Man.* 198; *Id. V. Ecgwini* 376 (v. gaudere 1a); ecce domus tota ~i fulgore ei resplendere videbatur *Mir. Wulfst.* II 16 p. 173; alteram [sc. personam] ~i lumine micantem W. CANT. *Mir. Thom.* III 5; virgines et martyres mirabili scemate et ~i pulcritudine rutilantes COGGESH. *Visio* 36. **b** magnis et ~ibus regionem praeliis gravissimis vastavit BYRHT. *HR* 49; latrones circumquaque debacchantes nos persecuti sunt, et res nostras sepe rapientes, merore †irradicibili [MS: irredicibili, l. inedicibili] corda nostra †perfuderunt [MS: pertulerunt] STEPH. WHITBY 545b; calorem velut ignem ardentem sub pede sensit et ~e frigus .. precordia penetravit ORD. VIT. VIII 17 p. 372; contristabatur .. ~i pusillanimitate R. COLD. *Osw.* 10 p. 347. **c** quumque .. feroces .. reges Scottorum atque Cumbriensium exsuperasset, constipatus postmodum agmine ~i resplenduit BYRHT. *V. Ecgwini* 395; **c1096** per ~e temporis spatium *Cart. Heming* 257.

inedicibiliter, a (in good sense) ineffably, wonderfully. **b** (in bad sense) unspeakably, horribly.

a divinis artibus status regni Northanhymbrorum suaviter et ~iter redolebat his temporibus BYRHT. *HR* 59; munera quae .. ~iter sunt a cunctis suscepta *Id. V. Osw.* 413; in vigiliis semper promptus et ~iter sobrius ORD. VIT. VI 4 p. 6. **b** innumera mala ~iter operati sunt ORD. VIT. XIII 26 p. 72; **s987** pestes .. ~iter desaevierunt FL. WORC. I 148.

inediosus, hungry, needy, poor.

pure [v. l. *puyr*, i. e. '*poor*'], .. egenus, egens, egestuosus, indigens, exilis, ~us, inops, infelix, investis, mendicus, miser, pauper *CathA*.

ineffaber, unskilled.

uncrafty, inartificiosus, infaber, ~er *CathA*.

ineffabilis [CL]

1 that cannot be uttered, that should not be pronounced (also as sb.).

si vera illud ratione explicitum est, qualiter est illa ~is? ANSELM (*Mon.* 65) I 75; "Qui est misit me ad vos" [*Exod.* iii 14] .. unde et temerarium credo fari de ~i P. BLOIS *Serm.* 637C; tetragrammaton, i. e. nomen quattuor literarum, scribitur .. apud Hebreos quod ~e pronuntiant, et signant nomen Dei quia dicitur ~e BART. ANGL. I 19; simpliciores fratres nomen Dei ~e dicunt *Mir. Wulfst.* II 10 p. 156.

2 **a** (in good sense) ineffable, wonderful. **b** (in bad sense) unspeakable, horrible. **c** incalculable.

a ne contemnas, quaeso, ~em misericordiam Dei GILDAS *EB* 36; ALDH. *Ep.* 5 (v. efferre 4a); cum ~i dulcedine BEDE *HE* IV 3 p. 208; haec est requies .., ~is Dei suavitas LANFR. *Comment. Paul.* 383B; **1070** ego Willelmus ~i Dei providentia rex Anglorum *Regesta* I p. 119; ~em Salvatoris nostri potentiam exoramus W. MALM. *GP* I 35; erat .. vir, sicut prudencia mirabilis, ita et eloquencia ~is *G. Steph.* 3; portio ~is crucis dominice *Eul. Hist.* I 224. **b** GILDAS *EB* 49 (v. ebrietas b); o ~ibus tormentis perdendum! G. MON. VIII 2; MAP *NC* V 6 f. 67 (v. discidium 2b); heu mihi quam ~e dedecus .. genti nostre contigit M. PAR. *Min.* I 154; exempla inperfecta .. inferentia nobis ~ia damna tam in studio quam in vita BACON *CSTheol.* 32; o ~is .. miseria hujus mundi *Hist. Durh.* 3. **c** **s1035** filiam suam .. cum ~ibus divitiis maritavit OXNEAD *Chr.* 21; interfecti sunt viri multi et ~es *MGL* II 642; valorem vero librorum ~em R. BURY *Phil.* 2. 30.

ineffabilitas [LL], inexpressibility.

si ita se ratio ~atis illius habet .. quomodo stabit quicquid de illa .. disputatum est? ANSELM (*Mon.* 55) I 75; nulli enim unquam sacrorum dogmatum scriptori contigisse legimus, .. tum ob rei scribende ~atem, .. quin aliqua memoria digna in suis scriptis inserere omiserit *Chr. Evesham* 17; divine miseracionis ~as *Fabr. York* app. 196.

ineffabiliter [LL], **a** (in good sense) ineffably, wonderfully. **b** (in bad sense) unspeakably, horribly,

a ALDH. *Ep.* 5 (v. enucleare 2b); confitetur enim ecclesia .. panem et vinum .. incomprehensibiliter et ~iter in substantiam carnis et sanguinis commutari LANFR. *Corp. & Sang.* 419A; pateat .. trans omnem humanam intelligentiam divinam ~iter extendi potentiam GIR. *EH intr.* p. 211; fecerat rex Ricardus alias novas duas [sc. petrarias] ~iter destinatam percutientes quorumcunque metam locorum *Itin. Ric.* III 7; ~iter super lanceas suas, cum alterutro juvamine, ripas transierunt RISH. app. 413; **1437** vos esse sublimitati vestre ~iter obligatos BEKYNTON I 249. **b** rex .. ~iter dolens et merens vix ullam admisit consolationem M. PAR. *Min.* II 427.

ineffectibilis, that cannot be produced by efficient cause.

DUNS *Prim. Princ.* 659 (v. formabilis 1b); *Id. Ord.* II 163 (v. immateriabilis, incausabilis).

ineffectualis, ineffectual.

s1433 in jure nostro ecclesiastico invalide sunt et ~es ad exonerandum aliquos priores AMUND. I 324.

ineffectus, not put into effect.

s1141 legatus .. qui quod semel proposuisset non ~um relinquere vellet W. MALM. *HN* 501 p. 62.

inefficacia [LL], inefficacy.

GIR. *Symb.* 9 p. 231 (v. condelectare b).

inefficaciter [CL], ineffectually. **b** invalidly.

chirurgicos qui partes illas ~iter scindentes morti me vicinum dimiserunt W. CANT. *Mir. Thom.* VI 105; si .. tepide et ~iter inceperit predicator .. T. CHOBHAM *Praed.* 7. 2. 3. **b** propositio ipsa vera est .. sed tu male et ~iter eam posuisti LANFR. *Corp. & Sang.* 418A; cum impudenter tum ~iter arguis ADEL. *QN* 28; iste sibi de jure competentia non ~iter appetebat GIR. *TH* II 51.

inefficax [CL]

1 achieving nothing, unavailing; **b** not potent, not efficacious; **c** invalid, inoperative.

ignavus, ~ax *GlC* I 36; nec tam piae et tam necessariae preces ~aces esse potuerunt ALCUIN *Vedast.* 6; ibant enim crebro Romam regales nuntii redibantque ~aces W. MALM. *GP* I 60; et quia voluntas ejus [sc. Dei] ~ax nunquam est, procul dubio non fierent PULL. *Sent.* 698A; gens Hibernica ad consuetas artis inique decipulas non ~aci molimine .. recurrit GIR. *TH* III 40; scholasticus labor, licet sit ~ax ad salutem, .. P. BLOIS *Ep.* 139. 415B; nec poterit .. ~ax esse tam pius .. conatus AD. EYNS. *Visio* 9. **b** cum pars seminis ~ax remaneat ADEL. *QN* 41; ut virus quod asperserant ad corrumpendam audientis populi simplicitatem infirmum atque ~ax redderetur W. NEWB. *Serm.* 820. **c** hujusmodi votum ~ax atque irritum judicetur EGB. *Dial.* 11; accusatus .. a pluribus .. cum causa ejus invalida et responsio ~ax esset, sententie judicum protinus addictus *G. Steph.* 14; impos voti et ~ax propositi rediit W. FITZST. *Thom.* 22; si ipsa [carta] inefficax esset *CurR* XIV 811; **c1259** si aliqua obligatio .. penes nos .. inventa fuerit, vacua penitus remaneat et ~ax *Ann. Durh.* 93; **1388** dampna, sumptus, et dispendia .. nullatenus repetantur; sed ~ax sit et esse debet in hac parte cujuscumque repeticio *Mem. York* II 2.

2 *f. l.*

680 (12c) ubi .. electus ab ipsa congregatione abbas ordinandus erit, ab archiepiscopo Dorobernensi, Romani pontificis vicario, aut a quo ipse modo †inefficatior [? l. in efficaciore] jusserit, rege favente, ordinetur *CS* 48.

ineffigiatus [CL], not properly formed, misshapen.

ipsam animam larvale corpus, quod in aera sustulerunt, exprimit, que ~iata visa est, quia conditoris imaginem, ad quam facta fuerat, ipsa dum viveret in corpore vivendo nequiter deformavit *V. Edm. Rich P* 1781.

ineffrenate, unrestrainedly.

fidelitatem et dominium ~e dirementes *Plusc.* VIII 24 (= FORDUN *Cont.* XI 26: †infraenate dirimentes).

ineffrenatus [LL], unbridled (fig.), unrestrained.

681 sciat se .. condemnacione percelli quod res .. ineffraenata cupiditate usurpare temptaverit *CS* 56; **1362** cum ex ~a titulorum concessione *Cap. Aug.* 65; Baccho studet, Veneri, magnis et ~is cupiditatibus LIV. *Op.* 63; **1450** poterit infra breve propter insolenciam et ~am multitudinem delinquencium .. treugas multipliciter violari *RScot* II 340a; ex eorum ~a cupidine *Form. S. Andr.* I 356.

inegressibilis [ML], from which there is no exit, inescapable.

1407 ~ibus aliarum viarum laborintis BEKYNTON II 127.

inegressibiliter, without departing (from; in quot., w. dependent gen. corresponding to Gk. construction).

[Deus] omnium est unius ~er [τοῦ ἑνὸς ἀνεκφοιτήτως] causa GROS. *Ps.-Dion.* 540 (cf. irreversibiliter).

inelaboratus [CL], not carefully contrived, unstudied.

hec igitur ideo ~o et celeri sermone convolvo W. MALM. *GR* IV 316 p. 370.

inelectivus, not chosen, not done by choice, involuntary.

~e .. accionis BRADW. *CD* 662E (v. illiber).

inelegans [CL], clumsy, inelegant.

virginem sane nec ~antem nec illepidam W. MALM. *GR* II 159.

ineleganter [CL], clumsily, inelegantly.

tibiis et pedibus .. parti .. corporis superiori non ~er respondentibus GIR. *EH* II 11; **a1213** in libro nostro .. theologicas diligens lector invenire poterit tam moralitates quam allegorias non ~er adaptatos *Id. Ep.* 3 p. 170.

inelementalis, not elemental, or ? *f. l.*

Aristoteles vult secundo de Generatione [II 2. 6–8] quod humidum et siccum uno modo sunt qualitates prime, que naturaliter elementis debentur et per eas oriuntur inelementalis [vv. ll. in elementatis, in elementis] humiditas et siccitas, que reducuntur ad primas et causantur ab eis BACON *Maj.* II 6.

1 inelemosinare [1 in + elemosinare], to grant in frank-almoign.

a1273 nomina inquisitorum de terris datis et ~atis in civitate Ebor' *KR Eccl.* 25/1; **1279** ~averunt hamelet' de Chalcford cum pertinentiis prioratui S. Trinitatis Walingeford' cum iiij hydis terre quas .. prior tenet .. in elemosine *Hund.* II 786b.

2 inelemosinare [2 in- + elemosinare], to divert a gift in alms to secular use.

dicitur quod elemosyna non potest, nec debet, ~ari *G. S. Alb.* I 205.

ineligibilis [ML], ineligible, that cannot be elected.

1216 statuimus ut ~is fiat *Cl* I 269a.

inelimatus [LL], (of literary work) unpolished.

opus hoc .. non politi sermonis venali lepore seu nitore, sed ~o stilo .. elaborari W. JUM. pref.

ineloquens [LL], ineloquent.

infantissimo, ~entissimo *ungetingfullum GlP* 290.

ineluctabilis [CL], that one cannot struggle out from, unavoidable.

cui praeter .. peccata .. accedit .. indelebile insipientiae pondus et levitatis ~e GILDAS *EB* 1; invictum Christi tropeum et ~e bravium ALDH. *VirgP* 43; si .. laborem tamquam arduum et ~em summis etiam ingeniis subiissemus ANDR. S. VICT. *Comm.* 276; rursum propter quod ~e scelus tota et omnis posteritas deperibit CHAUNDLER *Apol.* 22v.

inemendabilis [CL]

1 that cannot be cured or corrected, incorrigible.

in pede sicut et in manu caros ~es docet alienandos a nobis ne per immunditiam eorum .. polluti pereamus BEDE *Mark* 227; excommunicavit .. scelerosos qui manifeste sepius correpti sed ~es perdurabant ORD. VIT. XII 21 p. 391.

2 (leg.) that may not be amended by compensation.

quodsi dehinc aliquis pacem ecclesiarum Dei ita violaverit, ut inter [v. l. intra] parietes homicidium faciat, hoc sit ~e [AS: *botleas*] (*Quad.*) *GAS* 281; infidelitas erga dominum secundum legem ~e est (*Ib.*) *Ib.* 353.

inemendabiliter, incorrigibly, in a manner that cannot be corrected.

1506 si consuetudinaliter et habitualiter et post justas admonitiones et correctiones quasi ~iter deliquerit et peccaverit .. COLET *Stat. Cantar.* 162.

inemendate, incorrigibly, in a manner that cannot be corrected.

cum diabolo, a quo ~e superbo, indeficiens ira Dei interminata exigit tormenta PULL. *Sent.* 700C.

inemendatus

1 uncorrected.

si quid .. ad edificationem pertinens .. ineptum .. deprehenderit, nullo modo ~um relinquat AD. SCOT *Serm.* pref. 95C; quatenus auctoritas vestra .. dicta mea confirmet ut etiam errata ~ata non relinquat *Id. TT* 634C; **1214** si .. aliqua fuerint enormia .. et .. duraverint ~a *Reg. S. Osm.* I 379; emendatissima exemplaria sunt Hebrea, secundo Greca, tertio Latina .. unde Latina maxime ~a GROS. *Hexaem. proem.*160.

2 unpunished.

si interrogatus respondeat .. sese .. nec homicidium palam perpetrasse ~um EGB. *Dial.* 410; **1286** si .. aliquod forisfactum ~um invenerit ibi .. *PQW* 298b.

inemptus [CL], not bought. **b** not paid for, *i. e.* obtained for nothing.

quatinus ex toto desiderium suum adimpleant et nil prorsus ~um de silva relinquant GIR. *Spec.* III 12 p. 197. **b** chartula vel calamus rarus ~us erit J. SAL. *Enth. Phil.* 1170; nulla nobis utilitas accedit ~a MAP *NC* IV 13 f. 54v.

inenarrabilis [CL] **a** (in good sense) that cannot be related, inexpressible, wonderful. **b** (in bad sense) unspeakable, indescribable.

a o dura et infringibilis ignorantia, quis tibi narrabit ~ia? ALCH. *Ep.* 298; **c803** [spiritus] qui gemitus excitat ~es pro sospitate vestra in corde meo ALCUIN *Ep.* 266; **987** pro cujus [sc. Dei] ~is glorie recordatione *Ch. Burton* 25; curritur ~i dilectionis dulcedine via mandatorum Dei AILR. *Serm.* 246B; J. FORD *Serm.* 8. 5 (v. foederatrix). **b** ~ium scelerum facta BEDE *HE* I 22 (v. 1 hic 8b); **1522** ~ia enormia (v. enormis 1c).

inenarrabilitas, indescribability.

o ~as! ita ego delector in sermonibus tuis, sicut in omnibus divitiis HON. *Eluc.* 1170D.

inenarrabiliter [LL], inexpressibly, indescribably.

s680 BEDE *HE* IV 15 (v. filius 4a); Deum .. ipsos amantem et intelligentes se ~iter plus quam semetipsos illum amantes EADMER *Beat.* 14; **s1191** filiam suam .. quam cum vidisset, ~iter exultans .. osculatus est *Itin. Ric.* II 40; qui regnum studiose et ~iter regebat *Extr. Chr. Scot.* 156.

inenodabilis [CL], that cannot be unknotted or disentangled. **b** (fig.) insoluble.

~e, quae [l. quod] solvi non potest *GlC* I 450. **b** illa facillime enodatur questio quam quasi ~em quidam proponere frequenter solent R. MELUN *Sent.* II 375.

inentia, indwelling.

tanquam ~ia sit privilegium patrie quo cives feliciter gaudent, sicut adherentia est bonum vie H. BOS. *LM* 1397B.

inenumerabilis [LL], that cannot be numbered. **b** that cannot be measured.

o tota anima mea .. tui ~es cenosi reatus diluantur ELMER CANT. *Quer.* 812B. **b 1420** in firma spe magne et ~is misericordie semper existens quam confiteor esse super omnia opera ejus cardo testamentum meum *Reg. Cant.* II 205.

inepiscopalis, inappropriate to a bishop.

de Wimundo episcopo et ~i ejus vita W. NEWB. *HA* I 24 *tit.*

inepiscopaliter, inappropriately for a bishop.

ignominiose multumque ~iter .. pulsatus W. NEWB. *HA* IV 17 p. 343.

ineptare, to deride, dismiss as foolish.

namque palam laudat rex, atque latenter ineptat, / quicquid .. nuncius attulerat G. AMIENS *Hast.* 725; ~are, infatuare OSB. GLOUC. *Deriv.* 294.

inepte [CL], foolishly, absurdly, ineptly.

non est .. deridendus .. etiam si ~e quid per imperitiam facit BEDE *Prov.* 972; FRITH. 1000 (v. 2 expetere 4b); qui cornu S. Patricii .. cornicavit ~e, cum id .. tamen a tempore Patricii usque tunc nemo facere presumpsisset GIR. *GE* I 51; breve ~e conceptum est BRACTON 186; arcana .. qualiter philosophi inveniebant in scriptis illorum ~issime et minime sapienter posita RIPLEY 187; TURNER *Av.* K IV (v. gryps a).

ineptia [CL], (instance of) folly, stupidity, want of judgement.

796 ne .. vagi .. inanes exerceant ludos vel aliis mancipentur ~iis ALCUIN *Ep.* 114; Dunstanus primum increpitans mulierum ~ias .. extraxit eum de moechali genearum occubitu B. *V. Dunst.* 21; **1073** (v. garrulus 1a); *V. Begae* f. 123ra (v. 1 fabula 2b); que major ~ia quam quo minus inest potestatis plus adesse voluptatis? GIR. *GE* II 23; de superstitiosis augurum ~iis ALB. LOND. *DG* 11. 12; AD. DORE *Pictor* 142 (v. deformis a).

ineptificare, to render unfit, to make unsuitable.

humiditas .. qualitas est passibilis ~ans ad motum GILB. II 116. 2.

ineptio, unfitness, incapacity.

quedam sunt accidentia cause: ut oris insipiditas, frigus, somnolentia, ~o ad motum GILB. I 33. 1; ~onem loquendi BACON V 168; fastidet namque artificem ~o instrumenti, et militem ignavum reddit debilitas lancee et mucronis FORTESCUE *LLA* 54.

ineptiola, little folly.

aptus componitur ineptus .. et hec ineptia, -e, unde hec ~a, -e, diminutivum OSB. GLOUC. *Deriv.* 37.

ineptire [CL], to play the fool, be silly.

huic qui dissentit nimis, inquam, prorsus ineptit FRITH. 1218; quid ineptus ineptis? R. CANT. *Malch.* I 212.

ineptitudo [CL]

1 unfitness, unsuitability; **b** (moral).

levitate fuge munitus, .. gracili membrorum ~ine .. debilis repereritur ADEL. *QN* 15; hoc contingit propter ~inem materie que non potest retinere inmutationem generatam a forma rei J. BLUND *An.* 100; ex .. ~ine cause materialis GILB. III 150. 1; nec pepercit eisdem propter hiemalis intemperiei inclementiam, lutum, pluviam, et loci ~inem M. PAR. *Maj.* V 333; scriptor .. propter ~inem pergameni vel encausti vel calami male scribit BACON III 302. **b** erratis quoque philosophi originalem peccatum, originalem ~inem ad vitam futuram in omnibus hominibus non videntes BRADW. *CD* 64C; molem .. meis humeris imparem considerans propriamque quoque ~inem et .. inidoneitatem pensans CHAUNCY *Passio* 140.

2 absurdity, stupidity.

sunt exceptiones dilatorie, que libelli ~inem et irrelevantiam arguunt *RegiamM* I 11 n. 5; si obicitur melius esse Deum aufferre corporaliter sive simpliciter bona sua a peccante; sicut acomodans gladium compoti mentis, decidenti postmodum in furiam, deberet, si sufficeret, repetere gladium quo furiosus abutitur: patet quod ille modus propter ~inem non potest Deo competere .. WYCL. *Civ. Dom.* I 45.

ineptus [CL]. *V. et. inaptus.*

1 unfit, unsuitable; **b** (w. dat.); **c** (w. *ad* & acc.); **d** (w. inf.).

ALDH. *VirgP* 23 (v. flaminius 2); OSB. *V. Dunst.* 34 (v. haereticus 1b); M. RIEVAULX (*Ep.*) 63 (v. 1 esse); omnis res quanto subtilior tanto actioni habilior, quanto grossior tanto ~ior *Quaest. Salern.* N 11; **1329** quidam clericus pretendens se esse Magistrum Hospitalis Sancti Thome .. ob favorem ~um quem habet coram Auditoribus Causarum Curie .. Archiepiscopi .. Ecclesiam nostram .. nititur fatigare laboribus et expensis *Lit. Cant.* I 297; FERR. *Kinloss* 71 (v. 1 fumarium). **b** Aristoteles .. cum paucissimis philosophatus est, sciens multitudinem ~am sapiencie BACON *CSTheol.* 33; labori regiminis requisito ~us effectus fuerit *Reg. Kilmainham* 33; **1411** cum .. occupaverat officium .. prioratus ad modicum, videns illud sibi contrarium et ~um spontanee resignavit *FormOx* 188. **c** ~i ad generandum GAD. 37v. 1 (v. effeminare b). **d 1431** principales sunt .. minus docti coaularesque suos ~i docere *StatOx* 243.

2 (of word or action) unseemly.

perjuria inepta ALDH. *VirgV* 2578; qui ~o verbo iram .. provocat .. sanguinem .. repperit BEDE *Prov.* 1028; sed nec membra nostra quae jam Domino consecrata sunt lusibus atque ~is dare motibus decet *Id. Hom.* II 23. 239; audivi aliquos ad unam missam dicere .. quindecim collectas .. quod nobis valde ~um et indecens videtur ÆLF. *Ep.* 3. 77; qui ~o sermone ad iram provocat fratrem .. pro lacte elicit sanguinem ANSELM *Misc.* 307; respiciens .. quod ~a cupiditas suadeat NIG. *Ep.* 17; ex fatua et ~a .. presbyteri cornicatione GIR. *IK* I 2.

3 unprofitable, useless.

laxis fastigia spumea verrunt / otius antemnis pelagi, nec inepta capessunt / litora FRITH. 338; terremotus .. secuta est .. aeris intemperies diuturna, squalor ~us, hiemalis, turbulentus, frigidus, et pluvialis M. PAR. *Maj.* IV 603; GARL. *Tri. Eccl.* 70 (v. haeresis 3a); ~i loci gibbositatem *NLA* II 249 (v. gibbositas 1a); [plante] steriles et ~e HOLCOT *Wisd.* 181 (v. fructifer a).

4 lacking in judgement, foolish, silly. **b** (as sb.) fool.

acies segnis ad pugnam, inhabilis ad fugam, trementibus praecordiis ~a GILDAS *EB* 19; huic quaedam, licet natione praecelsa, ~a tamen mulier .. inhaerebat B. *V. Dunst.* 21; MAP *NC* I 25 (v. falsigraphus b). **b** ne quid displodat inepti / lingua tenax justi FRITH. 7; docebat ineptos ORD. VIT. V 18 p. 438; *CathA* (v. gerronaceus).

1 inequitare [CL]

1 to ride over.

fragilis .. atque tenuis herba quasi terra solida ~antes sibi sustentabat J. FURNESS *Pat.* 122.

2 to ride upon.

angelus .. custodiat ea [sc. animalia] ut non poterit diabolus ~are [*gl.*: *onrad*] illa *Rit. Durh.* 119; vidit mulierem ornatu meretricio mulam ~antem W. MALM. *GR* II 205; vide ne ~es ulterius mulierem R. NIGER *Chr. II* 159; nec mireris .. quod eam in equinam formam transformaverim, ut illam usque huc ~arem COGGESH. *Visio* 18; cumque famulus eum adaquare vel ~are deberet, fremitu et vario membrorum motu se agitare consuevit (*de S. Wallevo*) *NLA* II 409.

3 (intr.) to ride on horseback.

hoc miraculum Hibernici deputant sanctitati pontificis ~antis J. FURNESS *Walth.* 28; **1376** injunctum est omnibus inhospitantibus apud Acley quod inhospitent omnes extraneos transeuntes ad pedes ita bene sicut eos qui ~ant *Hal. Durh.* 138.

2 inequitare v. inquietare.

inequitatio, cavalry troop.

erant enim he terre .. ~onibus infestate W. MALM. *GR* IV 374; collecta .. juventute totius regni .. cepit ~onem Locrino ingerere G. MON. II 5.

inequus v. nequus. **inergum-** v. energum-.

inermis, ~us [CL]

1 (of person) having no weapon, unarmed; **b** (of part of the body); **c** (in fig. context).

dum trucido grandes et virgine vincor inermi ALDH. *Aen.* 60 (*Monocerus*) 7; eos .. ~es ac nudos ferientibus gladiis reliquit BEDE *HE* II 2; loricatum gigantem puer ~is prostraverat AILR. *Spec. Car.* III 12. 588D; hic et hec ~is et hoc ~e, quod et ~us, -a, -um repeitur OSB. GLOUC. *Deriv.* 26; nudi et ~es ad bella procedunt GIR. *TH* III 10; hostibus armatis non obviat hostis inhermis D. BEC. 451; ~us *CathA* (v. exermis). **b** ~es vinculis vinciendas nullo modo .. protenderet manus GILDAS *EB* 18; deliras igitur quia dente minaris inhermi WALT. ANGL. *Fab.* 48. 9. **c** AILR. *Serm.* 465A (v. femineus a); MAP *NC* III 1 (v. harena 3a); utebatur armis materialibus in pugna spirituali, .. quo semper ~em diabolum reperiret *V. Edm. Rich P* 1776A.

2 unprotected, defenceless.

nostras ni Dominus mentes defendat inermes ALDH. *VirgV* 2642; ~is, distitutus *GlC* I 59; quatuor ora fremunt ventorum sic, quod inermem / anchora non poterat ulla juvare ratem GOWER *VC* I 1625.

3 harmless, peaceful.

c1211 si ~is hec ulcio, mitis et mansueta, non profecerit GIR. *Ep.* 6 p. 238.

4 useless.

est justum quod inglorius, inops, ~is et iners .. de regno ad carcerem regrediatur *Dictamen* 371.

inermiter, without arms, or ? *f. l.*

tempus quoque certandi usque ad mortem pro justitia defensanda ~iter fugere non debere sanctum censeri, praesertim cum invitus comprehensus passus fuerit KNIGHTON I 424 [= HIGD. VII 42 p. 314 enormiter].

inerrabilis [LL], unerring.

tornatura ceteris est promptior atque ~ior artibus BEDE *Cant.* 1167; **s1267** ipse .. praedicabat, remissiones peccatorum et indulgentias ~es promittens W. NEWB. *HA Cont.* 552; **s1298** concessit ergo Deus fortunam belli se credentibus, et ~em contritionem se contemnentibus *Ann. Ang. & Scot.* 387.

inerrabiliter

1 without deviating or wandering, unswervingly.

crescente simpliciter et ~iter dierum concurrentium ordine BEDE *TR* 14.

2 unerringly.

per aequinoctium vernale semper ~iter possit inveniri qui mensis .. primus anni .. esse debeat (*Ep. Ceolfridi*) BEDE *HE* V 21 p. 338.

inerranter, unerringly.

nequit .. ~er estimari quod continet [sc. littera], nisi scrutabiliter relectam penset equum rationis examen AD. MARSH *Ep.* 246 p. 415.

inerrare [CL], to wander in.

erro verbum componitur .. ~o OSB. GLOUC. *Deriv.* 186.

inerratus, not mistaken, not marred by error.

virtus impavida et sensus ~us vel disertus .. per omnia satagit AD. MARSH *Ep.* 146.

inerroneus, not erroneous.

omne quod fit ab agente regulato et rectificato per inspitionem ad exemplar ~eum BACON VIII 95.

iners [CL]

1 lacking skill, crude. **b** lacking power, feeble. **c** lacking spirit.

~s dormitat in arte GARL. *Syn.* 584 (v. dormitare 1b). **b** exercitus .. / Scythicus .. / hostibus innumeris Traciam vastabat inertem ALDH. *VirgV* 2077; gloria castrensis gladiis aequata remansit, / lutea pars tegetum sola videtur iners ALCUIN *Carm.* 9. 40. **c** buxeus o quantos obtexit pallor inertes / seu certe quosdam rubrae confusio frontis ALDH. *VirgV* 1013; perculsi timore ~ti BEDE *HE* I 23 p. 42; pugnantis vitium plangere novit iners W. CHESTER *Vers. Anselm.* 2. 96; desertores .. velut ~tes pavidosque et invalidos si discedant parvipendit ORD. VIT. IV 5 p. 198; cor .. et per compositionem .. excors .. i. ~s et fatuus OSB. GLOUC. *Deriv.* 102; **c1216** (v. febricitare c).

2 slothful, lazy; **b** (as sb.).

Joel monens ~tes sacerdotes .. pro iniquitatibus eorum edixit .. GILDAS *EB* 83; ÆLF. BATA 5. 4 (v. hebes 2b); numquam igitur ~tes et torpidi sint qui serviunt religioni ROB. BRIDL. *Dial.* 153; magis optimum prolem suscipere et ad spem regni educare quam ~tem et plenam desidia ducere vitam *V. Fridesw. A* 8. **b** multiplicavit opes bis quinis forte talentis, / nec data marsupii lucra ligavit iners ALCUIN *Carm.* 88. 2. 8; laude probus claret potius quam laudis amator, / contra polluto nomine sordet iners J. SAL. *Enth. Phil.* 1406; non est autem hoc opus ~tium et pigrorum RIPLEY 210; naturale dominium .. sepe .. per segnes et inhertes exercetur FORTESCUE *NLN* II 15.

3 (w. ref. to animal) sluggish, torpid, averse to movement.

extemplo curat disrumpens vincla celydri, / qui prius in spira marsum glomeravit inertem ALDH. *VirgV* 2438; sevit asellus inhers WALT. ANGL. *Fab.* 16. 5; dromedarius heret inherti / brunello GARL. *Epith.* III 511.

4 marked by inactivity.

672 ne forte ut ~s adepto segnitia torpens mancipium talento .. in squalores trusus praecipitaretur ALDH. *Ep.* 5 p. 492; somno torpent ~ti BEDE *HE* IV 23 p. 265; hic premereris ~ti somno sepultus GOSC. *Transl. Mild.* 19; et matutino satis egit acredula cantu / pulsus ut a nobis somnus abiret iners L. DURH. *Dial.* II 4.

5 ineffectual, useless.

OSB. BAWDSEY clxii (v. gloriatio 1); inermi multitudini et ~ti GIR. *EH* I 8; **1275** insultavit dictum Rogerum turpibus verbis, vocando ipso inhertem hominem et latronem *CourtR Wakefield* I 32.

inerter [LL], **inerte**

1 unskilfully, inexpertly.

apud curatorem suum remansit, ubi hactenus propriis manibus haud ~er se pascit GOSC. *Transl. Aug.* I 54; heu! quod inerter sunt descripta *V. Ed. Conf. Metr. I* 31.

2 slothfully, lazily.

ars componitur hic et hec iners .. unde ~e, ~ius, ~issime adverbia, et hec inertia .. et inerticus .. i. ignavus, remissus OSB. GLOUC. *Deriv.* 9; ocianter, otiose, segniter, ~er, flaccide, otiabunde *Ib.* 399.

inertia [CL]

1 lack of skill. **b** lack of strength or power, feebleness. **c** lack of spirit.

hinc te saepius rite indignatum meae ~ae concesserim FOLC. *V. Bertini dedic.*; *GAS* 255 (v. fractura 1b); **1427** per marin[ari]orum ~am et negligenciam *Pat* 422 m. 22. **b** nos nostrae memores fragilitatis et ~ae BEDE *Tab.* I 1. 398; vires nostras ubique per te fractas lugemus, et ~am nostram adversus valetudinem tuam ploramus, non enim te tangere aut propinquare audemus FELIX *Guthl.* 33 p. 108; cum considero, strenue miles Dei, .. tuae provectus strenuitatis et meae sterilitatem ~ae .. ANSELM (*Ep.* 3) III 102. **c** FRITH. 456 (v. dexia); ne michi torpentem sopiret inertia sensum, / .. mens mea movit opus WALT. ANGL. *prol.* 7; LUCIAN *Chester* 42 (v. frigus 5).

2 laziness.

ALCUIN *Rhet.* 20 (v. desidiosus b); nec ergo ad accipiendum aspiravit per arrogantiam nec semel susceptum decoloravit per ~iam W. MALM. *Wulfst.* I 2; ad exercendam utcunque otiositatis ~am fastidiumque levandum GIR. *GE* II 37 p. 356; inhercia MAP *NC* II 25 (v. elanguescere); modicum adhibuit cura parentum juvamen ad disciplinam donec vehementer correptus a suis super ~a sua *Canon. G. Sempr.* 38v; FORDUN *Cont.* XI 34 (v. effeminare b).

inerticus [LL = *insipid, tasteless*], slothful, lazy, inert.

desiduus, .. plumbeus, silicernus, somnolentus, iners, ~us OSB. GLOUC. *Deriv.* 180.

ineruditio [LL], unlearnedness.

brevitatem sermonis ~o meae linguae facit CUTHB. *Ob. Baedae* clxiv.

ineruditus [CL], uneducated, unlearned.

eratis neque ~us nec ignavus W. MALM. *GR* III 288; altissimus .. Judex .. populum ~um plebemque indisciplinatum multiplici percutit flagello ORD. VIT. VIII 10 p. 325; discolus, difficilis vel alienus, vel deorsum a schola ~us OSB. GLOUC. *Deriv.* 175.

inescare [CL]

1 to entice (animal) with bait.

da verborum quoque exempla conjugationum qualitatibus collecta . . . sic honore, coloro, .. ~o, inundo ALDH. *PR* 121; illicere, illaqueare, decipere, defraudare, calvire, ~are OSB. GLOUC. *Deriv.* 293; surripere, inducere, irretire, ~are *Ib.* 567; sanctus .. precepit nuntio .. primum piscem qui ~atus fuisset .. ad se reportare J. FURNESS *Kentig.* 36 p. 225; WALT. ANGL. *Fab.* 46. 16 (v. fraudosus); et sicut accipiter / totus inescatur / super carnem rubeam / per quam revocatur PECKHAM *Phil.* 70.

2 to fill with food: **a** to bait (hook, also fig.); **b** to gorge, fatten (also fig.).

a ~atis hamis cum ceteris artis piscatorie instrumentis *Chr. Rams.* 8; absentem socium nunquam rodas vel amicum. / versus eos fidi non fedus inescet amoris D. BEC. 618. **b** eternis dapibus animam, dum vivis, inesces *Ib.* 225; *CathA* (v. impinguare 3a).

3 to trap (person; also fig.).

quo comperto Flandrenses hujusmodi relliquias sepius per loca ut eos ~arent, dispergebant OSB. BAWDSEY clxx; D. BEC. 1773 (v. faenus a); vanis lactat fabulis / et, ut remorbescat / mentis dolor exulis, ut in mortem crescat, / infelicem osculis / sophisticis inescet P. BLOIS *Carm.* 15. 2. 12; GARL. *Epith.* VIII 100 (62) (v. hamare 1c); M. PAR. *Maj.* V 347 (v. concupiscibilis 1a); erat itidem quartus in eodem infirmitorio languidus, qui non solum morti videbatur vicinus, sed quodammodo ~atus J. FURNESS *Walth.* 84.

inescatio [ML], bait (fig.), allurement, enticement.

si ex his verbis Christi .. tam manifestus cunctis Romanae sedis patuerit primatus, quid tanto astu, tot technis, tali ~one opus erat? BEKINSAU 751.

inescatorium [ML], trap.

gratia quia gratis non est, jam non gratia sed lucri ~um est J. SAL. *Pol.* 488B.

inescuratus [cf. escurare], (of waterway) unscoured, not cleared.

1442 permisit fossatum suum vocatum Blakecroftdyche jacere inescur' *CourtR* 208/5 m. 2d; **1553** habet octo perticas fossati ~ati (*CourtR Shelley*) *MS Essex RO D/DQ 22/127*.

inesse [CL]

1 (expr. physical position) to be in or on (a place). **b** to be recorded in (a document). **c** to be visible, to show (on the face).

705 huic .. concilio .. me praesentem inesse condecet WEALDHERE *Ep.* 22; reliquiae adlatae foris permanerent, tentorio .. supra carrum in quo inerant extenso BEDE *HE* III 11 p. 148; ut queat ymnidicis semper inesse choris ORD. VIT. VIII 3 p. 289; asserebat .. se solum vacuo loculo sex argenteos imposuisse, nec fuisse in conscientia ejus aliud aliquid infuisse W. CANT. *Mir. Thom.* III 27; pharus .. super quem igne incenso designabant navigantibus portum inesse OSB. GLOUC. *Deriv.* 213. **b** his etiam libris inest caelestis origo ALCUIN *Carm.* 69. 25; quoniam publice inest mulieres dotes suas habere in favorem affectionis matrimonii et ut iterum nubere possunt *Fleta* 340. **c** vultui inesse ALEX. CANT. *Mir.* 50 (v. exire 8f).

2 to comprise, be contained or subsumed (in), be part (of).

si homo est in grammatico, non praedicatur cum eo simul de aliquo, sicut animal non praedicatur cum homine, quia inest in homine ANSELM (*Gram.* 13) I 158; proprietates illius prioris rei composite insunt per illud prius et non aliunde, et ideo illi priori primo insunt KILWARDBY *OS* 200; diapente bene concordat secundum suam speciem secundo G, ergo et primo et non e converso, quia si illud quod minus videtur inesse inest et illud quod magis et non e converso GARL. *Mus. Mens.* IX 19.

3 to exist, be present (in); **b** (w. perception, mental state, or emotion as subj., usu. w. dat.).

si inquam haec, aliquis dicat 'quae inconvenientia inest?' ANSELM (*Casus Diab.* 23) I 270; cur et quomodo insit [peccatum in infantibus] non intelligitur *Id.* (*Orig. Pecc.* 23) II 162; a moneo hec moneta .. eo quod moneat videntes ne quid insit falsum OSB. GLOUC. *Deriv.* 352; GIR. *GE* II 23 (v. ineptia); M. PAR. *Maj.* I 282 (v. 2 essentia 4c); OCKHAM *Pol.* III 89 (v. expropriatio); WYCL. *Log.* III 118 (v. denominativus 1). **b** Albanus, cui ardens inerat devotio mentis BEDE *HE* I 7; nil quoniam prisci sibi sensit inesse doloris WULF. *Swith.* I 1276; cordi meo major quam referre possim letitia inesset ORD. VIT. VII 16 p. 247; nunc putabit aliquis qui que, qualia, ac quanta ei insunt bona per experientiam novit AD. SCOT *QEC* 5. 810A; **c1327** inest precipue nostris affectibus ut .. novelle plantule exculte proficiant J. MASON *Ep.* 32 p. 215; DUNS *PW* 140 (v. determinare 1a).

4 to belong to, be characteristic of (a person); **b** (of characteristic or quality) to inhere.

illi .. inerat .. dicendi facultas OSB. *V. Dunst.* 34 (v. docibilis a); summae sapientiae inest scire et intelligere ANSELM (*Mon.* 63) I 73; hocque Deo quod inest Deus est L. DURH. *Dial.* III 267; dicuntur .. proprietates quia personis [Trinitatis] proprie insunt BART. ANGL. I 4; nullum .. conceptum habemus de Deo per quem sufficienter possimus cognoscere concepta a nobis que necessario sibi insunt DUNS *Ord.* III 24; WYCL. *Ente* 59 (v. doctrinabilitas). **b** si .. illa natura composita est pluribus bonis, haec omnia, quae omni composito insunt, in illam incidere necesse est ANSELM (*Mon.* 17) I 31; ostenditur quanta potentia in B. Cuthberti nominis reverentia inesse comprobatur R. COLD. *Cuthb.* 111; sanguis vero arteriarum inentis caloris et continentium beneficio semper digestissimus est ALF. ANGL. *Cor* 11. 11; insunt enim corpori quedam operationes tantum ab anima, ut imaginatio, ratio, memoria *Quaest. Salern.* N 6; impossibile est quod multa principia activa et passiva insint uni corpori indivisibili T. SUTTON *Gen. & Corrupt.* 83; tunc eleccio per graciam frustra fuisset. immo tunc duo opposita simul infuissent eidem BACONTHORPE *Post. Matth.* 265; WYCL. *Ver.* III 124 (v. durative).

5 to be associated (with).

consciencia semper inest racioni WYCL. *Quaest. Log.* 247 (v. electorium).

6 (inf. as sb., phil.) existence, inherence.

deinde habita modalium ratione transit ad commixtiones que de necessario sunt aut contingenti cum his, que sunt de inesse J. SAL. *Met.* 918B; duo primi [modi] non faciunt propositionem modalem differentem ab enuntiacione de inesse (SHIRWOOD) *GLA* III 14; ex illa [proposicione] de possibili non sequitur illa de inesse OCKHAM *Quodl.* 262; hec [racio] de inesse secundum eos est impossibilis *Id. Pol.* II 727; arguendo enim a proposicione tali de possibili ad unam de inesse WYCL. *Ver.* I 248; proposiciones modales in sensu composito convertuntur, sicut alie proposiciones

in inesse, verbi gracia, 'possibile est hominem esse animal; ergo possibile est animal esse hominem' LAVENHAM 56.

inessentialis, inessential.

planum videtur quod Deus facit, sicut et vult, omnem actum malum; sive actus extrinsecos, ut adulterium, homicidium, ydolatriam eciam, sive actus intrinsecos, ut invidiam, odium, et quoscunque tales actus. si autem termini tales supponerent simpliciter pro deformibus ~ibus, sive pro aggregatis, negandum esset Deum positive facere aliqua talia, set correspondenter velle et facere ut vult et facit peccata WYCL. *Ente* 272.

inessentialiter, not essentially.

esse .. unde .. componitur ~iter OSB. GLOUC. *Deriv.* 186.

ineuliare v. inoleare.

inevacuabilis, irrefutable, that cannot be nullified.

nobis ~i veritatis testitudine galeatis O. CANT. *Pref. Frith.* 15.

inevasibilis, unavoidable, inescapable.

et me relicto, mortem ~em interim evadite GOSC. *Lib. Confort.* 67.

ineventilatus, not considered, undiscussed.

nec aliquid sibi indiscussum aut auribus autumant ~um OSB. GLOUC. *Deriv.* 203.

inevidens, not evident, not apparent.

video .. inde .. componitur ~ens, i. obscurus vel inapertus OSB. GLOUC. *Deriv.* 596; actus opinandi et actus sciendi eamdem conclusionem formaliter repugnant, quia unus est evidens et alius ~ens OCKHAM *Quodl.* 484; eadem veritas non est evidens et ~ens *Ib.* 487; articuli fidei sunt ~entes toti multitudini, et ideo illa non credit, nisi volens *Id. Dial.* 506; ex pari evidencia videtur quod omnis articulus in lumine naturali cognosci poterit evidenter, et tunc non oporteret dare lumen fidei, cum nichil esset ~ens WYCL. *Dom. Div.* 76; est cuicunque alteri omnino ~ens ut videtur mihi *Id. Ver.* II 94.

inevidentia, lack of evidence.

unde credo quod sancta conversacio, miraculorum operacio, et constans ac humilis injuriarum perpessio foret argumentum .. insistimus vel propter proterviam negando principia, vel propter ~am predicati ex vita contraria in effectu, vel propter ruditatem et incapacitatem in animo convertendi WYCL. *Dom. Div.* 88; ~a .. istorum et similium moveret ad consenciendum laudabili veritati *Ib.* 131.

inevincibilis, invincible.

~is ter beati patientiae titulis BYRHT. *HR* 2; proposuit .. ~i ut putabat ratione, enormes litigandi difficultates GERV. CANT. *Chr.* 393.

inevitabilis [CL], inevitable, unavoidable; **b** (w. ref. to death). **c** (as sb. n.) the inevitable (in quot., as title of book).

[Deus] mansor qui ejus ~is inspector et judex est BEDE *Hom.* II 12. 167; **904** sciat se in horrendo illo die .. coram summo Judice ~em redditurum rationem *CS* 604; ut silentium .. teneant .. nisi rationabilis occasio et ~is eveniat LANFR. *Sermo* 639A; unum duorum ~e est non evitari GIR. *TH* III 31; *Fleta* 33 (v. felonice 1a); proth pudor inexcusabilis! o timor ~is! heu dolor intolerabilis! UHTRED *Medit.* 199. **b** Elias .. sublatus in caelum .. generali mortis debito caruisse dinoscitur, quam cuncti .. quasi ~e vectigal .. pendere coguntur ALDH. *VirgP* 20; finem ~em brevis vitae curiosa mente horrescens FELIX *Guthl.* 18; **956** mortem inminere ~em *CS* 938; necem subierant ~em B. *V. Dunst.* 15 (v. disciplalus); mors autem ~is et incerta P. BLOIS *Ep.* 14. 51B; corpus .. propter peccatum quidem mortuum est, quia moriendi ~i necessitate astrictum J. FORD *Serm.* 18. 4. **c** ~e sive de predestinatione et libero arbitrio HON. *Inev. tit.* 1191C.

inevitabilitare, to make inevitable.

si tamen Deus urgeret, inpelleret vel ~aret ut tales actus fierent, ego non video quomodo propter tales actus essent aliqui moraliter increpandum WYCL. *Ente* 282; inclinancia Dei preveniendo ~ans ad defectum *Id. Dom. Div.* 124.

inevitabilitas [ML], inevitability.

habet .. liberum arbitrium libertatem naturalem, in quam nec necessitas ~atis nec necessitas coactionis .. jus habet NECKAM *SS* IV 1. 1; alia est necessitas ~atis ut necesse est hominem mori PECKHAM *QR* 19; de mortis ~ate J. WALEYS *Commun.* VII 1. 3; fatum ergo .. immutabilitatem, incommutabilitatem, indissolubilitatem, indeclinabilitatem, necessitatem et ~atem importat BRADW. *CD* 711E; nam primorum aliqui ponunt nulla posse esse, nisi que sunt vel erunt; et sic omnia ponunt ~ate naturali evenire WYCL. *Log.* II 85; **1451** *Reg. Heref.* 9 (v. evasio 1b).

inevitabilitatio, (act of) making inevitable.

utrobique habet liberas habenas, sic quod eum necessitacione potest libere contradictorie agere sine ~one possibili ad quemcunque actum positivum, sicut et ad faciendum peccatum WYCL. *Ente* 282.

inevitabiliter [LL]

1 inevitably, unavoidably.

904 semper subter labentibus .. omnibus visibilibus et invisibilibus ~iter velint nolint cotidiae subdentibus *CS* 612; unus tantummodo Deus est procedens et de quo procedit. unde ~iter sequitur quoniam Deus nullas habet partes ANSELM (*Proc. Sp.* 16) II 219; ut hoc vitio .. etiam alienigene .. ~iter involvantur GIR. *TH* III 24; **1327** cum de ipsis ~iter in proximo facere habeat *Lit. Cant.* I 223; quia quod Deo vovi, ~iter a me complebitur factis WALS. *YN* 20; quomodo anima ejus concordaret .. cum instantibus suis tribulationibus ~iter emergentibus BLAKMAN *Hen. VI* 19.

2 so as not to avoid, without trying to escape.

columba cum pregnante muliere .. vij dies .. egit ut et attrectari manibus ejus ~iter plauderet *V. Chris. Marky.* 1.

ineuuardus v. inwardus.

inexaminatus [LL], unexamined, not investigated.

quaestionem de nihilo, quam indiscussam ~atamque, veluti impossibilem ad explicandum, reliquerunt FRIDUG. 123; nequaquam unusquisque suo ~o judicio vitae suae debet ordinem committere ANSELM (*Ep.* 62) III 177; nullam naturam ~am Solomon preteriit BACON *Maj.* III 54.

inexauditus [ML], unheard, not heeded.

abscesserunt autem ~i *V. Thom. B* 20; ~i sicut non audientes abscesserunt *Ib.* 43; **1235** preces meas .. non repellatis neque ~as dimittatis GROS. *Ep.* 14.

inexcogibilis v. inexcogitabilis.

inexcogitabilis [LL], unthinkable, inconceivable.

[palma] admiranda illa et ~is supra omnem solem et supra omnem sensum H. BOS. *LM* 1301C; ecce palam est, quanta et quam ~is sit paternae dilectionis in Filium abundantia J. FORD *Serm.* 14. 4; summam et incomprehensibilem sapientiam, summam et ~em benignitatem J. GODARD *Ap.* 260; in tormentis ~ibus *Ib.* 265; per ~em provisive dispensationis clementiam Ipsius AD. MARSH *Ep.* 189; Deus .. promittit insuper bona †inexcogibilia [MS: inexcogibalia, l. inexcogitabilia] et eterna KILWARDBY *Jejun.* 171; sic non eam miraculose liberasset Dominus ~i prudentia, quam a natura non habuit puer junior FORTESCUE *LLA* 21.

inexcogitabiliter [ML], unthinkably, inconceivably.

ineffabiliter et ~iter H. BOS. *LM* 1392A; ardens amor omnia excedit ~iter et excellentissime resplendentem facit animam ROLLE *IA* 269.

inexcogitatus [CL], not thought of, not considered.

rem non novam neque ~am a predecessoribus nostris *Reg. S. Osm.* I 368.

inexcubatio, (act of) waking (someone).

J. FORD *Serm.* 14. 6 (v. excubatio).

inexcultus [CL = *not decorated*], uncultivated.

12.. loca sterilia et ~a *Cart. Glouc.* III 217.

inexcusabilis [CL]

1 inexcusable, unpardonable: **a** (of person, also fig.); **b** (of deed or abstr.).

a si .. nolueris [dilectionem] .. ~is eris in districto judicio Dei ANSELM (*Ep.* 168) IV 43; hic ipsi celi sunt inexcusabiles WALT. WIMB. *Carm.* 510; aliquis si credat firmiter .. aliquid contrarium divine fidei ~is est T. CHOBHAM *Praed.* 81. **b** evidens .. ~is arrogantiae probrum et ostentationis indicium ex eo declaratur ALDH. *VirgP* 55; non itaque pro fuga hac apologia necessaria; illorum potius, provincialium viz. episcoporum ~is fuga qui remanserunt H. BOS. *Thom.* IV 1. 1162C; UHTRED *Medit.* 199 (v. inevitabilis a); ELMH. *Cant.* 338 (v. excusabilis 1b).

2 from which one may not be excused.

747 nisi inexcussabilis quaelibet causa urgeat (*Clovesho* 14) *Conc. HS* III 367.

inexcusabiliter [LL]

1 inexcusably, unpardonably.

~iter merebitur supplicium qui prudenter, si voluisset, potuit vitare peccatum (Greg. Magn.) BEDE *Mark* 229A; crimen grave ~iter committunt et pro eo juste deiciuntur et in servitutem rediguntur ANSELM (*Orig. Pecc.* 28) II 171; si esset ibi [sc. Hor. *Ars Poetica* 202] "auricalcum" esset versus ~iter vitiosus BACON *CS Phil* 453; omnes tum ligei homines .. contra fidelitatem suam in regem insurgentes ~iter in Dominum et ipsum regem suum deliquerant FORTESCUE *Tit. Edw.* 12.

2 without making an excuse.

manda eum nuntio ut quocunque statu sit, quando veniet ei nuntius, eodem ~iter ad te properet (Paternus 25) *VSB* 262; **1257** cum .. ad exsolvendum Deo .. nocturnum .. officium ~iter obligemur *Conc. Syn.* 557; terminum .. prefigere vestrum est, quem iiij kal. Januarii volumus ~iter observari CHAUNDLER *Laud.* 105.

inexcusatus [LL], unexempted.

lucide disputaverat coram ipso beatissimo Leone de Anglorum ~a omnigenis vel peregrinis vel civibus hospitalitate GOSC. *Transl. Aug.* 32B.

inexec- v. inexsec-.

inexemplificatus, not illustrated by an example, not replicated.

nec minus dulciter inaudite crudelitatis mortem amplexatus est quam inexemplificati [vv. ll. in exemplificati, in exempla etati, inexplicati] graminis ante suscepit exsilium BEN. PET. *Mir. Thom. prol.* p. 25; verum quoniam hic principatus rarus in orbe fuit, ~atum dimittemus LIV. *Op.* 313.

inexercitatio, lack of proficiency.

quare cognicio substanciarum separatarum ut sunt in seipsis non est pars parcium scienciarum speculativarum nostrarum? ubi Avem [i. e. Avicennam] pace respondebat quia hoc est propter ~onem nostram BACONTHORPE *Quaest. Sent.* 3E.

inexercitatus [CL], untrained, not practised.

ad Dominicam expeditionem prompti sed ~ati GOSC. *Aug. Maj.* I 6; quamquam quinque annis ~ati oblectamentis otii potius quam usui militie dediti sitis G. MON. X 7; prohibitus est in multitudine delicata atque ~ata et timida Madianitis occurrere P. BLOIS *Ep.* 94. 295C; simplicibus et ~atis hec notatio grata foret et necessaria LUCIAN *Chester* 35.

inexercitium, lack of proficiency, failure in exercise.

improperat .. ~um loyce aliud dicentibus, dicens eos non distinguere inter actum exercitum et actum signatum LUTTERELL *Occam* 32.

inexhauriendus, inexhaustible, not to be exhausted.

modici laboris pretio ~as sibi divitias comparantes *Chr. Rams.* 127.

inexhauste, without exhaustion.

hauriunt ~e, nihilque apparet in hydriis totiens hausisse FOLC. *V. J. Bev.* 9.

inexhaustus [CL]

1 not exhausted or depleted.

sequestratis loliorum fasciculis ~o caelestis regni horreo ALDH. *VirgP* 28; Mercurius perpetuo circa solem discurrendo, quasi ~a sapientiae luce radiari putabatur BEDE *TR* 8 p. 196; ut currentibus annis / solis inexhausti radium non cerneret ullum WULF. *Swith.* I 1230; gratia plena, ferax infusio, copia summa, / fructus inexhaustus influat, assit ei GARL. *Epith.* III 140.

2 inexhaustible, limitless.

943 si quis .. ~is imbribus bonorum operum religiosorum exempla studuerit implere .. *CS* 784; [Almum Flatum] hujus inexhaustae praedulcia pocula venae / sensit Uuilfridus FRITH. 21; fontis inexhausti quamvis bibat Hugo liquorem R. CANT. *Poems* 261; WALT. WIMB. *Virgo* 159 (v. fauste); sic mens in se reflectitur / cum inexhaustas nititur / laudes tuas exprimere J. HOWD. *Cyth.* VIII 5; **1555** ~a .. munificentia (v. immerens).

inexhonoratio, grave dishonouring.

a**798** testamento dignus non est ut verbi causa Chanaan patris ~o servum constituit (cf. *Gen.* ix 25) ALCUIN *Ep.* 132.

inexist- v. inexsist-.

inexoptabilis [LL], undesirable.

1188 o scelus detestabile! o peccatum ~e! *Ep. Cant.* 206.

inexorabilis [CL], that cannot be entreated, inexorable, relentless: **a** (of person); **b** (of abstr.).

a ~is, qui nullis precibus flectitur *GlC* I 392; non .. debeo esse avarus neque ~is religiosae petitioni vestrae ANSELM (*Ep.* 420) V 365; in torquendis hominibus ~is carnifex ORD. VIT. VIII 5 p. 300; Patricius .. servorum .. tortorem .. procacem et ~em invenit J. FURNESS *Pat.* 135; quare G. camerario abbatis Cadomensis, qui in multa cordis contritione .. se offert, ita vos durum et ~em exhibetis P. BLOIS *Ep.* 50. 149A. **b** ut civium sanguine iram satiaret ~em GIR. *EH* I 7; **c1213** spirituale jam gaudium et fraterne dilectionis vinculum .. in odium ~e convertit et vix placabile *Id. Ep.* 7 p. 258; ~i odio viros .. persequebatur *V. II Off.* 23; ~is malignitas AD. MARSH *Ep.* 1 (v. daemoniacus 2).

inexorabilitas [LL], inexorability.

quod .. convenientiam contrarietatis ~as impediret E. THRIP. *SS* IV 6; AMUND. I 363 (v. immobilitas 2).

inexorabiliter [LL], inexorably.

tam ~iter .. abhominatus est ipsum GIR. *SD* 10; jus ultionis .. penaliter et ~iter tandem puniendo peccata tam presumptuosorum E. THRIP. *SS* II 15; **s1258** Wallenses .. ~iter Ædwardum odientes OXNEAD *Chr.* 216; **s1376** aliena appetens sua ~ius claustris claudens *Chr. Angl.* 84.

inexoratus [LL]

1 not sought, not asked for.

si in vobis justitia naturalis profecerit, ~ati cum omnibus sarcinis vestris, pecuniis et peculiis .. patriam Maurorum repeteretis OSB. BAWDSEY clxi.

2 inexorable.

1166 quid aliud .. facere possum quam quod .. officii mei necessitas ~ata compellit? J. SAL. *Ep.* 180 (181).

inexp- v. et. inexsp-.

inexpediens [ML], inexpedient, unprofitable, not right.

GROS. 233 (v. expedire 8a); **1428** tibi, qui presbyter es, esset ~iens licitam virtutem virginitatis corporalis .. usurpare *Ziz.* 426; **s1460** potest dispensare cum .. juramento, de quo dubitatur, an sit .. expediens vel ~iens *Reg. Whet.* I 384.

inexpeditatus [cf. expeditare], (of dog) not hambled, not lawed.

1234 [quo] waranto habet canes suos ~os .. in predicta warenna *CurR* XV m. 12.

inexpeditus [LL]

1 not completed or settled, not accomplished.

expeditus componitur ~us OSB. GLOUC. *Deriv.* 411; **s1310** rex .. quia videbantur sibi in quibusdam suspecta, diutius differebat ~a *Chr. Malm.* 163; **1362** concedentes eisdem .. potestatem .. super omnibus et singulis questionibus debatis .. et ~is pendentibus vel eciam indiscussis *RScot* I 864a; **s1460** rediit rursus ~o negotio, nil aliud secum afferens *Reg. Whet.* I 373; **1515** negotia .. remanserunt .. ~a et indeterminata *Conc.* III 659a.

2 unsuccessful.

1291 nec pro c m. seu libris eciam si oporteat ~um negocium dimittatis (*DCCant.*) *HMC Rep. Var. Coll.* I 259; dixit quod dominus W. de C. et G. de C. remanserunt ~i quando recessit a curia *Ib.* 260; **s1017** [rex] salubribus ejus non adquiescens monitis legatos ~os in rebus nihil laetum portantes remisit CIREN. II 170.

inexperientia [LL], ignorance, inexperience.

1242 cum igitur nostra in talibus ~ia nesciat hinc inde secundum probabiles conjecturas accidentia prudenter conicere .. GROS. *Ep.* 99; hoc autem multam habet difficultatem, tum ex bonorum ~ia circa res humanas, tum ex malorum simulatione KILWARDBY *OS* 587; causa propter quam non sufficimus reddere causas eorum que apparent est ~ia in naturalibus SICCAV. *PN* 184; ~ia veneree delectationis HOLCOT *Wisd.* 138.

inexpers [LL], inexperienced, ignorant.

clericos stultos .. et penitus ~tes in rebus tanti pontificis administrandis AD. MARSH *Ep.* 49 p. 156; **1293** caritas .. inopiam scolarium Oxonie studencium nullatenus passa suorum operum misericordie ~tem ipsis subvenire studuit *StatOx* 101; *Entries* 443 (v. exercitio 2a).

inexpertus [CL]

1 (s. act.) lacking experience; **b** ignorant (also as sb.).

adeo castus ut conjugalis officii celebretur ~us GOSC. *Mir. Aug.* 23; agebantur .. dira facinora que ~is pene incredibilia putantur ORD. VIT. XII 24 p. 401; **1166** "si deliquit" inquiunt, malorum ~i J. SAL. *Ep.* 187 (178); tactus ~a maris J. HOWD. *Sal.* 1. 10. **b** quod non impudenter nec ~us dico .. ANSELM (*Ep.* 14) III 119; doctus ab indocto, expertus ab ~o .. rescriptum requirebat AD. MARSH *Ep.* 27; ad probacionem omnium occultorum, quibus vulgus ~um contradicit BACON *NM* 537; si cum ~o dulcedinem imperii haec verba facerem, ad hoc potissimum laborarem, ut tibi planum esset quantum praestat imperialis vita privatae LIV. *Op.* 128.

2 (s. pass.) not tested, untried; **b** not known from previous experience.

~um, †probatum [l. inprobatum] *GlC* I 104; BALSH. *AD rec. 2* 136 (v. disciplina 2a); siccum vel humidum, calidum vel frigidum semen vel matrix est inutilis ad generandum et ~um ad concipiendum *Quaest. Salern.* B 72; hos tua mensa delicate cibabit / ut vite dapes stupeant inexpertas J. HOWD. *Cant.* 31. **b** [Priscianus] inauditam antecessoribus et ~am praeteritis saeculorum imperatoribus promulgabat sententiam posteris ALDH. *PR* 142 (143) p. 203; GOSC. *Transl. Aug.* 21C (v. ebullire 1a); cunctos sopor altus habebat et jam ~a melodia tacebat *Ib.* 40C; pro ~o exitus languore semper turbulenter pavida perhorret R. COLD. *Cuthb.* 50; erant .. dubii, utpote tam longinqui itineris et tantorum periculorum ~i *Canon. G. Sempr.* 108v; [diluvium Noe] interiora terre terebrans est et inferos nova et ~a perfundens dulcedine WALT. WIMB. *Elem.* 317.

inexpetitus [cf. 2 expetere 3], not sought out, not gone to.

per terram a diebus .. Roberti de Bruce regis a Scotis non invasam et ~am FORDUN *Cont.* XIV 51 p. 403.

inexpiabilis [CL], inexpiable, that cannot be atoned for.

~e, quod non potest expiare *GlC* I 426.

inexpiandus, inexpiable, not to be atoned for.

dicentes .. indignissimum fore et ~andum .. OSB. BAWDSEY clxvi.

inexplebilis [CL]

1 (of person) insatiable.

HERM. ARCH. 15 (v. hereditarius 4a); avidi et ~es perversitatum omnimodarum redderemur executores AD. EYNS. *Visio* 21.

2 (of appetite, passion, or sim.) impossible to satisfy.

679 ~es dissensiones (v. inextricabilis 3); avaritia est nimia divitiarum acquirendi, habendi, vel tenendi cupiditas, quae pestis ~is est ALCUIN *Moral.* 634B; cupiditas .. habet et latitudinem per ~em capacitatem BALD. CANT. *Tract.* 13. 504A; ob ~em cupiditatem GREG. *Mir. Rom.* 21; o terreni honoris ~is fames P. BLOIS *Ep.* 23. 83A; turmas miserorum voracitate ~i lacerabant AD. EYNS. *Visio* 24; desiderium ~e W. BURLEY *Vit. Phil.* 382.

inexplebiliter [LL]

1 insatiably.

qui desperantes semetipsos tradiderunt impudicitiae [*Eph.* iv 19] .. ~iter LANFR. *Comment. Paul.* 299; Armenii et Suriani lucris ~iter inhiantes .. ORD. VIT. IX 9 p. 523; obscenis fornicationibus et frequentibus moechiis ~iter inhesit *Ib.* X 2 p. 9; si ~iter his hesere criminibus .. BART. EXON. *Pen.* 69 (= ROB. FLAMB. *Pen.* 273).

2 persistently, steadfastly.

ut praecepta tua infatigabiliter legam, et ~iter diligam ALCUIN *Liturg.* 474B; ut cervum sitientem ad fontes aquarum, ita illum supernae modulationis dulcedine captum ~iter assiduasse hunc sanctorum paradisum GOSC. *Transl. Aug.* 35A.

inexplete, incompletely.

pleo .. componitur .. ~e adv. OSB. GLOUC. *Deriv.* 414.

inexpletus [CL]

1 not filled.

pleo .. componitur expletus .. ~us, i. non impletus OSB. GLOUC. *Deriv.* 413.

2 not satisfied.

~us, insatiatus OSB. GLOUC. *Deriv.* 295.

3 incomplete; **b** unfulfilled.

vulgus inexpletas confusis vocibus odas, / haec ubi sunt patrata, dedit FRITH. 517; quod .. argumentum facere disposuerat ~um non dimisit GOSC. *Edith* 301; **1423** visitacione nostra metropolitica hujusmodi ~a pendente *Reg. Cant.* I 212; **1400** visitacione .. episcopi ordinaria .. pendente ~a *Conc.* III 250a; **1424** in convocatione cleri .. nuper .. inchoata, et adhuc ~a pendente *Ib.* 430b; **1583** duran[te] toto residuo dicti termini centum annorum nobis ut prefertur omnium premissorum preconcess[ionum] quod tunc erit ~um et non finitum *Pat* 1236 m. 21. **b** non igitur manet hec voluntas Dei ~a GROS. *Quaest. Theol.* 199.

inexplicabilis [CL]

1 (of question or problem) that cannot be solved.

et vera ejus dici potest imago et vere filius ejus sit. in quo mirum quiddam et ~e video ANSELM (*Mon.* 63) I 74; omnes .. terrae regiones describere .. tediosum esset et ~e quare .. pro terris infinitis Arin annotata sunt ADEL. *Elk.* pref.; *Id. QN* 20 (v. allocutio); *Ib.* 74 (v. illatio 2); problema, questio ~is OSB. GLOUC. *Deriv.* 470; dum de predestinatione tractamus .. ~is oritur difficultas NECKAM *SS* II 63. 6.

2 that cannot be uttered: **a** (in good sense) inexpressible; **b** (in bad sense) unspeakable.

a **1081** omnibus fidei catholicae fautoribus, pacemque in ecclesia servantibus, summum et ~e gaudii munus *Regesta* 140; litteras religiosae dulcedinis tuae suscepi velut exundantem atque stillantem densas et suaves guttas ~is erga me dilectionis ANSELM (*Ep.* 434) V 381; miro atque ~i artificio RIC. HEX. *Hist. Hex.* I 3 p. 12; o potencia et sapiencia, o bonitas ~is RIPLEY 7. **b** ~ibus tormentorum miseriis profligatus R. COLD. *Cuthb.* 95; depopulationem animarum inestimabilem, et ~em corporum stragem AD. MARSH *Ep.* 8; cum maximo dispendio et ~i detrimento domus nostre .. satisfactum est regi *Meaux* I 329; **1437** ne .. tanti tam ~isque mali Christiana plebs vos deputet auctores BEKYNTON II 43.

inexplicabiliter [LL]

1 inextricably.

plico .. componitur .. ~iter adv. OSB. GLOUC. *Deriv.* 454.

2 inexpressibly.

~iter excellentior est universitas celestis ecclesie quam universitas mundialis creature AD. MARSH *Ep.* 1 p. 80; si hoc quod vereor ~ius evenerit *Ib.* 191 p. 345.

inexplicitus [CL], that cannot be interpreted, obscure.

nunc .. deinceps ~os aliquot antiquitatis revolvamus errores ALB. LOND. *DG proem.* 153; solus inexplicita Pelias sub fronte serena / invidia egrescit J. EXON. *BT* I 218.

inexplorabilis [LL], that cannot be investigated.

tenebrosa et ~is est conscientia peccatoris P. BLOIS *Ep.* 123. 362B.

inexploratus [CL = *unexplored*], not having spied out, not having scouted round.

Norici, ultra modum exhilarati .. et tanquam ~i, propter jocunditatem nuncii, subito antequam dilucesceret, ab oppidanis in gyro circumvallati .. in improvisos irruunt FORDUN *Cont.* X 17.

inexpositus, not expressed, not uttered.

incipit effari mediaque in voce resistit et ~um verbum praeteriens auditorem eludit GOSC. *Lib. Mild.* 12 p. 80.

inexpressibilis, ? clearly definable, very explicit, or ? that cannot be expressed, indescribable.

emphatice [*gl. MS Bodl. Digby 65*: i. inexprescibilis; *ed. reads*: inconspiciabilis] lucis provecta caterva relinquit / solem pallentem GARL. *Epith.* VII 65.

inexpressus [LL]

1 not extorted, not extracted (against one's will).

plausus inexpressus in caelo semper abundat GARL. *Myst. Eccl.* 517.

2 not articulated, unexplained.

de mundi eternitate quam nimis ~am reliquit BACON *Maj.* III 14.

inexpugnabilis [CL]

1 (of place, fortification, or sim.) impregnable, unassailable; **b** (fig.); **c** (of person); **d** (of abstr.).

confidit in illo quasi in urbe ~i BEDE *Prov.* 970; dux contendit Doveram ubi multus populus congregatus erat pro ~i ut sibi videbatur munitione ORD. VIT. III 14 p. 153; **s1142** civitatem .. comes Gloecestre fossatis munierat ut ~is preter incendium videretur W. MALM. *HN* 520 p. 74; castellum mirando artificio sed et munimine ~i firmatum *G. Steph.* 35; aeree turres arte situque hactenus ~es GIR. *TH* III 50. **b** **799** tu .. es .. civitas .. cujus murus nequaquam debet .. perforari .. ut ~is undique ad salutem totius populi ALCUIN *Ep.* 166 p. 269; rex .. qui turbatoribus vestris in Romana curia murum ~em se opponit P. BLOIS *Ep.* 5. 15B; Dominus .. eam [ecclesiam] probaverat dum construeretur assultibus et semper ~em invenerat *Canon. G. Sempr.* 63v. **c** prestantes patronos et ~es patrie defensores prebuit *Mir. Wulfst.* II 11 p. 157. **d** **a984** pascua gregemque sollicita ~is tueatur custodia (ÆTHELWOLD *Ch.*) *Conc. Syn.* 129;

villa Honestanestun congruo nomine nuncupatur .. ob .. virium ~em fortitudinem G. FONT. *Inf. S. Edm.* 5; BALD. CANT. *Tract.* 10. 513B (v. expugnare 1b); *Plusc.* VII 12 (v. fortitudo 3a).

2 indestructible.

~i metrorum pelta et grammaticorum parma protegere ALDH. *PR* 142 (143) p. 201; EGB. *Pont.* 98 (v. eruere 3b); **1002** (12c) fidei .. spei et karitatis armis praemunitus ~ibus *CD* 1295; nos .. ~em patienciae assumentes clipeum OSB. GLOUC. *Deriv.* 265.

3 irrefutable, unanswerable, that cannot be overcome by argument.

propter veritatem fidei quae in nobis semper ~is perdurat BEDE *Ep. Cath.* 121; ~ibus rationibus ANSELM II 20 (v. disputare 1c); mandatum inexcusabile [v. l. inexpugnabile] solebat injungere G. *Steph.* 85.

inexpugnabiliter [LL]

1 impregnably, so as to be impregnable.

contra adversarios nostros ~iter armemur BEDE *Cant.* 1230; castellum .. ~iter firmavit G. *Steph.* 11.

2 irrefutably.

si summa illa natura principium vel finem habet, non est vera aeternitas, quod esse supra ~iter inventum est ANSELM (*Mon.* 18) I 33; hoc argumento ~iter demonstratur OCKHAM *Pol.* II 497; jam si pretractata firme ~iterque sint conclusa .. FORTESCUE *NLN* II 70.

inexpugnanter, so as not to be defeated.

s1136 ut se ab exclusis ~er defenderent G. *Steph.* 17.

inexpugnate, impregnably.

inque suo, quod pulchre et ~e in pelagi litore locarat, municipio G. *Steph.* 37.

inexpugnatus [LL], not defeated.

Deus is est, ~us qui hinc abit LIV. *Op.* 188.

inexpulsus, not expelled, not evicted.

1450 in terris .. remaneant ~i *Conc. Scot.* I cvii n.

inexquisite, accurately, carefully.

o opera ~e exquisita in omnes voluntates ejus! H. BOS. *LM* 1310B.

1 inexquisitus [LL], not searched out, not inquired into.

quid umquam humana aviditas ~um reliquit? GOSC. *Mir. Aug.* 16; **1441** in rem ipsam possibilia inexquisita reliquisse BEKYNTON I 170.

2 inexquisitus [? cf. 1 in + exquirere 4d], (of torture) elaborately devised, exquisite, or ? not yet devised (*cf.* 1 *inexquisitus*).

fame et siti ~isque te faciam interire tormentis *Arthur & Gorlagon* 21.

inexsatiabilis [CL = *insatiable*], that does not sate.

quum viator se receperit, totus occupatus ~i luce beatus erit COLET *Rom. Enarr.* 206.

inexscrutabilis, not explorable, not investigable.

cum .. ad boreales et ~es Connactici maris vastitates vi tempestatis depulsi fuissent GIR. *TH* III 26.

inexsecrabilis (-exe-), very execrable, hateful.

et certe in colloquio .. habito pro archiepiscopo, vestris .. manibus consecrato, et propter hoc quasi ~i exterminato, minus severe, et minus juste actum est H. CANTOR f. 20; de inexecrabili dolo vetularum G. *Roman.* 325 *tit.*; s1188 ~e odium inter patrem Henricum et filium Ricardum .. est exortum *Eul. Hist.* III 90.

inexsecrabiliter (-exe-), very execrably.

s1382 quia minus satisfaciebat ejus affectui, predicacionibus in vulgari plebe ~iter declamatis, scribit [Wiclif] ad dominos et magnates WALS. *HA* II 51.

inexsecutus (-exe-), not put into effect, not carried out.

1269 post lesionem hujus convencionis ~e *Cl* 113; **1433** jura .. remanserunt ~a *StatOx* 245.

inexsiccabilis, that cannot be dried up (fig.).

1050 (13c) meum ~e donum indissolubilibus litteris roborare *CD* 793.

inexsistentia (-exi-) [ML], (phil.) indwelling, inherence.

ista tamen non est subsistencia vel ~a subsistentis in subsistente sed precise illa ~a qua totus Filius inexsistit presencialiter et intime in toto Patre DUNS *Ord.* V 290; nec darem unam guttam illius gracie .. pro infinitate auri .. saltem si essem securus de ejus perpetua ~a WYCL. *Act.* 45.

inexsistere (-exi-) [ML], (phil.) to exist in, inhere in.

si .. accipiat quod 'forma ejusdem racionis est materie ejusdem racionis' proprie loquendo de materia que est pars rei ~ens, concedo DUNS *Ord.* II 326; illud est essencia que ita est aliquid ~entis quod est aliquid ejus in quo exsistit *Ib.* V 284; nonne si esset eadem anima omnium, cum omnis sciencia hominis sit in anima subjective, et in quolibet homine sit anima racionalis, in quolibet homine est omnis humana sciencia, omnis habitus, et similiter omnis actus racionali anime inexistens? BRADW. *CD* 78C; quam naturale est alicui accidenti informare, tam naturale est sibi ~ere, et e contra; set Deus potest tollere informacionem accidentis, igitur et inherenciam WYCL. *Act.* 25; *Id. Dom. Div.* 14 (v. conservantia a); dicit doctor quod alleotheta non arguit scripturam, cui inexistit, esse falsam de vi sermonis (*Id.*) *Ziz.* 462.

inexspectabilis (-exp-) [ML], that one could not expect.

tarditatem inexpectabilem ANSELM (*Ep.* 25) III 133.

inexspectatus (-exp-) [CL], not expected, unforeseen.

nichil michi novum aut inexpectatum nuncias W. BURLEY *Vit. Phil.* 82.

inexsperatus (-exp-), not hoped for.

divino munere et inexperato *Found. Waltham* 15.

inexspirabilis, that cannot expire or die.

memoriam .. perpetuam sibi mortique penitus impermixtam, spirabilem sc. et ~em, bonorum operum studiis comparare GIR. *TH* III *pref.* p. 139.

inexspiratus (-exp-), unexpired.

1587 durante residuo dicti termini viginti et unius annorum quod contigerit fore inexpiratum post decessum dicte ducisse *Pat* 1301 m. 38.

inexstinctus (-ext-) [CL], not extinguished.

ignis Brigide, quem inextinguibilem dicunt: non quod extingui non possit, sed quia .. tam accurate moniales .. ignem .. fovent .. ut .. semper manserit inextinctus GIR. *TH* II 34; in ejus [sc. Jovis] templo ignis custoditur inextinctus ALB. LOND. *DG* 2. 5; ut .. luminaria de more inextincta lucerent AD. EYNS. *Visio* 47.

inexstinguibilis (-ext-) [CL], inextinguishable, unquenchable: **a** (of fire or sim.); **b** (of light or sim.); **c** (fig., of abstr.).

a in medium flammarum inextinguibilium BEDE *HE* V 12 p. 305; non ignis inextinguibilis et vermis non moriens animam meam tenebit OSB. *V. Dunst.* 43; G. MON. II 10 (v. deficere 1a); GIR. *TH* II 34 (v. inexstinctus); casu confracta qua ignem Grecum gestabat ampulla, eodem igne succensa sunt ejusdem Turci membra genitalia .. liquore scilicet inextinguibili *Itin. Ric.* I 54; in .. domo tradunt ignem fuisse inextinguibilem [TREVISA: *pat no man my3te aquenche*] HIGD. I 25 (*recte* 24) p. 218. **b** ANSELM *Misc.* 302 (v. exstinguibilitas); WALT. WIMB. *Carm.* 636 (v. exstinguere 1a). **c** THEOD. *Pen. pref.* (v. fervor 4); gratia spiritus sancti .. eorum pectora luce scientiae inradiavit ac ~i caritatis ardore succendit BEDE *Hom.* II 17. 194; GOSC. *Edith* 57 (v. fomes 1b); **1443** honores, famamque et gloriam inextinguibiles BEKYNTON I 223; debemus omni cura ac inextinguibili diligencia .. infatigabiliter ad eandem .. anhelare *Plusc. pref.* p. 3.

inexstinguibilitas (-ext-), unquenchability (fig.).

ob ardoris concupiscibilis in carne mortali vigentis inextinguibilitatem J. WALEYS *V. Relig.* III 10 f. 250v P.

inexstinguibiliter (-ext-) [LL], inextinguishably, unquenchably (also fig.).

793 sempiternam .. ignem qui urit inextinguibiliter cadentes in illum ALCUIN *Ep.* 18; domos, que jam ardebant inextinguibiliter G. S. *Alb.* III 298; ubi invenit materiam picis et resine inextinguibiliter arsit WALS. *HA* II 212; malum .. inextinguibiliter operatur *Plusc.* VIII 27.

inexstirpabilis (-ext-) [CL], ineradicable (also fig.).

"at licet ista filix sit inextirpabilis" inquit HANV. VIII 19; firmans in eis [sc. hominibus] fidem et inextirpabilem charitatem P. BLOIS *Serm.* 34. 665A.

inexsuperabilis [CL], invincible, unsurpassable.

juxta historiam perfecta aetas hominis ~is calumniantibus ostenditur BEDE *Acts* 953.

inextensibiliter, without extension.

est enim ~iter et indimensionabiliter infinite extensus BRADW. *CD* 179A.

inextensus [ML], not extended.

MIDDLETON *Sent.* II 112a (v. extensibilis b); anima intellectiva est forma indivisibilis et ~a: igitur, ubicumque est, totaliter est OCKHAM *Quodl.* 69; ex composicione ergo anguli mole magni ex angulis ~is potest patere composicio continui ex non quantis WYCL. *Log.* III 51.

inexterminabilis [LL], illimitable, endless, eternal.

Israhelitici regni exemplum, quod ~e semper exteris nationibus .. perduravit BEDE *HA* 13; de cujus laudabili munificentia et ~i fama sic quidam dixit .. H. HUNT. *HA* VII 36; Willelmus consul numerum suorum cum pauci essent, supplebat probitate ~i *Ib.* VII 39; a1162 ea .. ad ~em et perpetuam stabilitatem merito deducuntur *Doc. Theob.* 203; terminus .. componitur ~is OSB. GLOUC. *Deriv.* 581; cum sit jugiter conspicabilis et ~is species ejus in nubibus AD. EYNS. *Hug.* V 20 p. 230; quantum fuit ex parte Dei, creavit hominem ~em secundum corpus HOLCOT *Wisd.* 106; [populus Ægyptius] Gaythelo mandat, quid, si otius e regno non maturaret exitum, ~e sibi suisque proveniret exitium absque mora FORDUN *Chr.* I 10.

inextim- v. inaestim-.

inextricabilis [CL]

1 that cannot be disentangled.

a705 abbati Aldhelmo, mihi ~ibus ignitae caritatis nodis .. adstricto (ÆTHELWALD) *Ep. Aldh.* 2 (7) p. 495; **1033** (12c) obligetur ~ium nodorum habenis perpetuae dampnationis *CD* 752; elegit .. exulare quam egregium consulem ~ibus nodis nectere ORD. VIT. XII 39 p. 459.

2 inescapable.

scias te ~ibus tenebrosisque ignium torrentibus jamjamque inferni rotandum urendumque GILDAS *EB* 29; ALDH. *VirgP* 28 (v. 1 finis 5f); omnes tui, te cadente, protinus deputentur ~ibus erumnis ORD. VIT. XI 24 p. 242; s1142 ~ilem laberinthum rerum et negotiorum que acciderunt in Anglia aggredior evolvere W. MALM. *HN* III *prol.* p. 46; a contuitu veri boni cupidine mala quasi ~i unco retorquetur PULL. *Sent.* 770A; **1166** ei videtur ~is laberinthus J. SAL. *Ep.* 145 (168) p. 108; perditissime hominum, .. que cerebrum tuum exturbavit Erinnys, ut gutturi tuo laqueum ~em injiceres P. BLOIS *Ep.* 79. 243C.

3 intractable, insoluble; **b** unanalysable.

679 quicquid .. confusum et indiscretum est ~es atque inexplebiles dissensiones exaggerat *CS* 46; †inextriusecabilis [MS: inextricabilis], insolubilis OSB. GLOUC. *Deriv.* 292; ALB. LOND. *DG* 6. 8 (v. eruere 2); **1287** perplexitates ~es in causis matrimonialibus sepius inducuntur *Conc. Syn.* 997; lis ~is ELMH. *Cant.* 281. **b** c745 hostis callidi ~is astutia *Ep. Bonif.* 64.

4 that cannot be stripped off or detached.

loricam fidei ~em ALDH. *VirgP* 11; **745** terrae partem in ~em possessionem .. ad Maldunense monasterium largitus sum *CS* 170; **967** hoc .. decretum .. taliter .. servari decernimus, ut .. ~i lege firmiter roboretur *CS* 1195; loricam fidei ~em pro umbonibus gestantes BYRHT. *V. Ecgwini* 392; divina compes fugientem constrinxit et furtigerulum pedem radicitus fixit .. rea ~is resistit GOSC. *Edith* 101.

inextricabiliter [CL], inextricably.

ALDH. *Ep.* 4 (v. dementer); ille ita ~iter ad ferrum se tenet ac si inde teneatur GOSC. *Transl. Mild.* 23.

inf- v. et. inph-.

infaber [ML; cf. CL infabre], unskilful.

uncrafty, inartificiosus, ~er, ineffaber *CathA*.

infacete, not wittily, without refinement.

respondisse fertur nec inepte nec ~e W. MALM. *GP* II 87.

infacetia [ML], lack of wit, unsophistication.

illis .. referentibus Patricium nichil dixisse nisi 'gratias agam' ammirans homo de tali responso arguit sanctum temeritatis et ~ie J. FURNESS *Pat.* 164.

infacetus [CL], unrefined, unsophisticated.

is erit Colemannus monachus vester, vir nec scientia imperitus nec sermone patrio ~us W. MALM. *Wulfst. ep.* p. 2 198vb; *Id. Glast.* 7 (v. historicus 2c); quis mente peccaverit foret omni bono sensibili spoliatus .. quod esset Deo ~a crudelitas WYCL. *Civ. Dom.* I p. 45 (cf. *Dom. Div.* 215 n. 32).

infacilitas, unease, difficulty.

est attendenda .. ~as digestionis secundum substantiam *Quaest. Salern.* B 68.

infactibilis [ML], **a** that cannot be made. **b** that is not made.

a si aliquid sit ~e, ergo si daretur sibi capacitas a Deo, posset fieri DUNS *Sent.* I 43. 1. 1. **b** in omni faccione et mocione est aliquis factor et motor ~is et immobilis BRADW. *CD* 175B.

infactus, not performed, unexecuted.

1403 a quo quidem anno dicta servicia .. hucusque omnino subtracta et ~a extiterunt et adhuc existunt *Cl* 252 m. 28.

infacundus [CL], ineloquent, unable to express oneself fluently.

etsi infecundi pectoris angustia et oris ariditas ~i non habeat penes se quod possit omnibus impertiri J. SAL. *Pol.* 636A.

infaecatus, much defiled.

941 (14c) licet mortalis vitae pondere pressi et labentibus hujus saeculi possessionibus simus ~i *CS* 767; videant .. ne crimine aliquo turpiter ~ati [AS: *besmitene*] .. *RegulC* 23.

infaidiare [cf. faidia], to engage (one) in blood-feud, be at enmity with.

vult etiam, ut ubi fur pro certo cognoscetur, twelfhyndi et twihyndi consocientur et exuperent eum vivum vel mortuum .. et qui aliquem eorum ~abit [AS: *fælæce*] qui in ea questione fuerint, sit inimicus regis (*Quad.*) *GAS* 190.

infaldare [cf. faldare], to fold (livestock).

1375 [nullus] animalia ~ata capiat extra faldam *Hal. Durh.* 130.

infaleisiare [cf. faleisia], to throw from a cliff. *V. et. affaleisire.*

feloniam commisit, ob quam suspensus fuit vel utlagatus vel alio modo morti dampnatus vel demembratus, vel apud Doveram †infaltisiatus [vv. ll. infalisatus, insalestatus, defalestatus; l. infaleisiatus], vel apud Suthamptoniam submersus, vel apud Wintonum demembratus, vel in mare superundatus HENGHAM *Parva* 3.

infallenter, without fail.

1477 per litteras vestras .. me certificetis, et hoc fiat ~er *Let. Ch. Ch.* 36.

infallibilis [ML]

1 that cannot deceive or mislead: **a** (of doc. or evidence); **b** (w. ref. to cognition).

a signa ~ia M. SCOT *Sol* 720 (v. elixir); **1258** scimus multis et ~ibus documentis quod .. *Cl* 324; ~ia signa lepre actualis GAD. 46. 1; WYCL. *Ver.* I 35 (v. errabilis b); sine evidencia ~i *Ziz.* 98. **b** quod .. habeatur omnino certa et ~is noticia veritatis de re, hoc videtur omnino impossibile DUNS *Ord.* III 128; OCKHAM *Dial.* 819 (v. deductio 4a); in .. lumine ~is veritatis BRADW. *CD* 776A (v. fallibilis b); primo judicant se scituros an Christus sit ~is veritatis HOLCOT *Wisd.* 95; non tenentur fideles credere sine .. fundacione scripture vel racionis ~is *Conc. Loll. XXXVII* 25.

2 inerrant, infallible.

nec estimant judicium debere fieri ~e BACON *Maj.* I 241; pontifex .. solvit quando sequitur judicium Dei ~e *Conc. Loll. XXXVII* 23; Deus semper verus est, et illius sapientia et verbum ~e COLET *Rom. Exp.* 233.

3 that cannot belie expectation, unfailing.

tanquam totas ~es experientie vires eidem [sc. cani] in naribus natura plantaverit GIR. *IK* I 7; ~i fidutia *Id. Ep.* 4 p. 178; M. PAR. *Abbr.* 263 (v. fugatio 2); **1311** ut nullus .. inciperet in theologia nisi .. prius rexerit in artibus, de ipsis enim est presumptio ~is philosophie sufficientis *Collect. Ox.* II 222; in .. lumine ~i increato BRADW. *CD* 776A (v. fallibilis b); veritas et ~is securitas permanenda ELMH. *Cant.* 214; **1427** (v. cursus 8c).

infallibilitas [ML]

1 inability to deceive or mislead.

si .. humanum testimonium per divinum miraculum approbetur, de ~ate ejus debemus esse certi OCKHAM *Dial.* 841.

2 certainty.

per virtutes celestes .. animus .. excitatur ad actus suos licet non cogatur, et secundum hoc currit judicium astronomi et non per ~atem et necessitatem BACON *Maj.* I 250.

infallibiliter [ML]

1 without deception, unmistakeably.

c1236 videtur ~iter ostendi posse quod abbates .. tale onus .. assumentes graviter peccant GROS. *Ep.* 72* p. 205; ~iter novit quia .. DUNS *Ord.* III 141 (v. experientia 1); de quo .. ~iter possumus esse certi OCKHAM *Dial.* 841; certum per chronicas .. poterit ~iter reperiri ELMH. *Cant.* 313; cum novisset ~iter se moriturum esse .. WALS. *YN* 136; ~iter in forma qua nunc tibi diximus, nobis, in foro consciencie, post confessionem enarrabas *Reg. Whet.* I 126.

2 unerringly, infallibly.

viget in canibus illa virtus que solius odoris ducatu ad sentiendum animalium vestigia vivacitate olfactus ~iter deprehendunt BART. ANGL. III 19; **s1212** erat in provincia .. heremita .. qui futura ~iter predixerat M. PAR. *Abbr.* 226; divina providentia prevideat omnia ergo ~iter BACON VII 105; hec scientia [sc. mathematica] .. presumit per hanc necessitatem ~iter de omnibus judicare futuris *Id. Maj.* I 240; veritatem ~iter potestatem definiendi BEKINSAU 744.

3 certainly, surely, without fail.

1347 ut .. infra diem post ~iter reponatur *StatOx* 150; **1412** ostium .. ~iter reclaudendo *Ib.* 220; viderent ~iter dictum regem WALS. *HA* II 256; **1431** quicumque personam aliquam .. ceperit et .. ream probaverit xx li. a nobis .. ~iter percipiet *Cl* 281 m. 6*d*; **1440** hec .. opera ~iter .. mercedem habent BEKYNTON I 94; **1442** et nisi fuge consuluisset mortem ~iter .. intulisset *Pri. Cold.* 139.

infalsare [LL], to falsify, corrupt (text).

alios .. totum Anatolii putant ~asse libellum BEDE *Wict.* 11; nonne verisimillimum apparet quam sit ~ata sententia ..? *Ib.*

infamare [CL]

1 to give a bad name to, bring into disrepute, defame; **b** (absol.).

infamare student bernarum nomina Christi ALDH. *VirgV* 1955; ~are soles Nicolaum pontificem LANFR. *Corp. & Sang.* 415B; Christinam exacerbare studebant susurriis .. illam ~are cupientes *V. Chris. Marky.* 76; **c1213** nec actione injuriarum tenetur quis nec ~are quemquam dici debet, qui contra eum probanda defert et emendanda proponit GIR. *Ep.* 7 p. 260; aliqui detractionibus occultis et publicis nixi sunt ~are fratres minores PECKHAM *Kilw.* 137; ~abitur ejus [sc. regis] fama et ejus factum BACON V 47. **b** dum vult laudare ~at potius et attenuat W. MALM. *Wulfst.* I 16 p. 23.

2 to call into suspicion, to render suspect.

671 de zodiaco .. tacendum arbitror, ne ars opaca et profunda .. ~etur et vilescat ALDH. *Ep.* 1 p. 478; **a1078** is .. de ipso capite [sc. Christo] tam multa et tam nefanda credere et docere verissimis relationibus ~atur LANFR. *Ep.* 50 (46); **c1153** publice eos ~are conati sunt, asserentes illos in nostram necem conspirasse *Doc. Theob.* 37; Virgo .. compulit demones qui hec procuraverant venire, injungens eis, quod sicut religionem ~averant, ita infamiam cessare procurarent *Latin Stories* 46; animam falsis suspicionibus ~atam *FormOx* 142.

3 to charge (with), to accuse (of).

[Judaei] hoc more .. solito faciunt, ut Dominum imbecillitate ~ent qui Heliae auxilium deprecetur BEDE *Mark* 291A; sit omnis homo qui non fuerit accusacionibus ~atus simplici lada dignus (*Leg. Hen.* 67. 1) *GAS* 586; puella .. pudorata .. ~ata de adulterio AILR. *Serm.* 45. 18; cum quis itaque de morte regis vel de seditione regni vel exercitus ~atur GLANV. 14. 1.

4 to curse.

sub titulo correptionis surdis maledicunt, absentibus detrahunt, cum aviditate ~andi sine conscientia mentiendi PECKHAM *Paup.* 16 p. 83.

infamatio [LL]

1 accusing, defaming.

'erunt homines seipsos amantes' [*II Tim.* iii 2] .. criminatores, in contumeliosa ~one AD. MARSH *Ep.* 246. 2 p. 421.

2 accusation, defamation; **b** (leg.).

criminationibus et falsis ~onibus se armare nituntur OCKHAM *Pol.* III 16. **b** adulteri maritorum sepius ~one pulsati (*Quad.*) *GAS* 530; nec laici clericos in suis accusationibus vel ~onibus debent recipere (*Leg. Hen.* 5. 8) *Ib.* 549; constituit paganos aut hereticos Christianos non posse accusare, aut vocem ~onis inferre *Eul. Hist.* I 185; **s1437** hec abbas .. audiens et patriam per hanc ~onem non modicum vacillantem intelligens, totum .. processum .. per suum attornatum .. discontinuari fecit AMUND. II 153; **s1455** declaracio pro parte domini ducis Glouceestrie pro tollenda sua a crimine lese magestatis gravissima ~one *Reg. Whet.* I 178.

infamator [LL], calumniator, detractor, slanderer.

c1153 quod de monasterii S. Augustini electo sinistris ~oribus dicebatur (*Lit. Papae*) ELMH. *Cant.* 406.

infamatorius, accusatory.

1520 ~ae scedulae valvis templorum Lovanii affixe (E. LEE) *Ep. Erasm.* IV 1061.

infamatrix [ML], calumniator, detractor, slanderer (f.).

corpore .. honorifice in ecclesia sepulto, ~ix ejus a demone arripitur *NLA* II 328.

infamia [CL]

1 bad reputation, notoriety, stigma.

non ita omnes episcopi .. quia non scismatis, non superbiae, non inmunditiae ~ia maculantur GILDAS *EB* 69; hujus .. ~ia usque in Illiricum narrabatur ORD. VIT. XII 18 p. 363; famam fugit et querit ~iam MAP *NC* IV 6 f. 49v.

2 discredit, disgrace.

ad calumniam pontificis et ~iam cleri boias in collo et compedes in cruribus nectunt ALDH. *VirgP* 33; LANFR. *Ep.* 40 (32) (v. fraus 1); **c1212** ~ia namque juris aboleri utcumque per principem potest, facti vero ~ia nunquam GIR. *Ep.* 5 p. 198; ut ~iam culpe sue refundat in istam MAP *NC* II 14 f. 28; insanus .. amator .. ~iam non sentit per quam laceratur T. CHOBHAM *Praed.* 102.

3 accusation, charge, slander; **b** (leg.).

si Dei testimonium habere merueris, .. quid te hominum ~ia, quid etiam persecutio laedit BEDE *Ep. Cath.* 115; augebant delicatam mentem ignota penuria, abjectionis ignominia, parricidalis ~ia GOSC. *Transl. Mild.* 18 p. 177; quoniam ~ie dilatande janua linguis vulgi reserata patuit J. FURNESS *Pat.* 103; inpransus balatro tua preconia / canit, et alios omnis infamia / aspergit aliqua WALT. WIMB. *Palpo* 62; nec mendacia nec false ~ie .. me .. numquam in perpetuum poterunt cohibere OCKHAM *Pol.* III 15. **b** **1221** Robertus de C. malecreditus de morte illa fugit; et juratores concelaverunt illam fugam et ~iam Roberti et ideo in misericordia *PlCrGlouc* 42; **1508** proposita erat quedam ~ia de incontinentia deposita contra eum in quodam scrutinio *Reg. Merton* 361.

4 scandalous action, evil deed.

quaedam ~ia contra morem omnium Christianorum .. orta est ASSER *Alf.* 12; servavit integritatem, pudorem operuit, ~iam obstruxit AILR. *Serm.* 45. 19; scitis .. quam periculosum sit homini innocenti notam tanti criminis inurere at adversus innoxium detestabilem suscitare ~iam P. BLOIS *Ep.* 45. 130C; magis peccat qui mentiendo conservat aliquem inmunem a lesione corporis quam ille qui conservat mulierem inmunem a tali ~ia et a tali vilitate T. CHOBHAM *Praed.* 293.

infamies, disgrace, slander.

dum non deflet [sc. cor durum] flavam cesariem / spinis pressam, subit infamiem J. HOWD. *Ph.* 950.

infamis [CL]

1 (of person or group) having a bad reputation, disreputable; **b** (*nomen ~e*).

c802 hic vero ~is clericus et accusatus et judicatus et in custodiam missus *Ep. Alcuin.* 247; **1101** erat ibi .. non solum publicanus sed et publicanorum princeps ~issimus nomine Rannulfus .. Flambardus ANSELM (*Ep.* 214) IV 112; **c1170** A. .. domicilium habere et ~em familiam fovere dicitur ARNULF *Ep.* 63; vos ~is illius et scelerosi avunculi vestri .. gestus .. commendare consuevistis GIR. *SD* 60; in omnibus .. gradibus excipiuntur histriones et ~es persone T. CHOBHAM *Praed.* 192; **1507** ~is est de incontinencia, in tantum quod incontinencia sua infamat domum nostram *Reg. Merton* 346. **b** *Eccl. & Synag.* 86 (v. desciscere); J. SAL. *Ep.* 75 (34) (v. diffiteri 1b).

2 that brings disgrace.

cum ~i proverbiorum elogio cachinnantes ALDH. *VirgP* 56 p. 316; cum ~i eulogio, *mid þy unsepelan gydde* vel *unweorþlican GlH* C 2173; eum ~ibus verbis deturpavit ORD. VIT. XII 4 p. 324; Aristotelem .. ferramentis ~ibus compeditum R. BURY *Phil.* 7. 103.

3 disgraceful.

ALDH. *VirgP* 45 (v. dedecus a); infames fugio discordias semper ubique BONIF. *Aen.* 123; divinarum scripturarum sententias quae huic ~i negotio [sc. divortio] obviant .. legere non valet ANSELM (*Ep.* 435) V 382; numerus .. binarius .. ~is dicitur BART. ANGL. XIX 113 (v. binarius 1); factum ~e *G. S. Alb.* II 200 (v. exigentia 1a); *Ziz.* 489 (v. binarius 2).

infamium [LL], disgrace.

10.. ignominium .. *fracepu*, idem et ~ium *WW*.

infamosus [ML], infamous, disreputable: **a** (of person); **b** (of place).

a si reus tempore nocturno vel in locis suspectis saepius visus fuerit cum muliere suspecta aut ~a *Praxis* 413. **b** iis in ~issimis locis .. ut non ibi terra sed palus appareat stygia H. Los. *Ep.* 6 p. 11.

infamus v. infimus.

infandus [CL]

1 not fit to be uttered, unutterable.

versibus infandis non umquam dicere dignor Aldh. *VirgV* 28.

2 too horrible to speak about: **a** (of person); **b** (of deed, event, or place); **c** (of abstr.).

a ~us Brettonum dux Bede *HE* III 1; infandi .. vatis Frith. 383 (v. 1 figere 1a); ~i homines Ord. Vit. III 3 p. 51; vir infandus Nig. *Paul.* 46. 78 (v. gliscere 3a). **b** quod scelus infandum patraret crimine numquam Aldh. *VirgV* 2523; ~o miraculo Bede *Luke* 438 (v. dusius); infandi et gemuit condigna piacula facti Alcuin *Carm.* 69. 3; **a1074** perhibentur .. nonnulli suas [sc. uxores] aliis dare et aliorum ~a commutatione recipere Lanfr. *Ep.* 37 (9); per ~os actus abominabilia facta sunt Ord. Vit. IV 6 p. 208; o locus infandus! o gens rudis! Nig. *Paul.* 48. 363; **1492** de inphando illo peccato pessimo *Reg. Merton* I 162. **c** ~issima heresis Bede *Luke* 506; propter hoc opus infandum mihi nomen adhesit Hwætberht *Aen.* 55 (de turpedo pisce) 5; Æthelw. I 3 (v. devincere 1b); corpora .. raptorum ~a crudelitate nudata Gosc. *Transl. Mild.* 5 p. 160; ~a gradatione ambitionis .. ascenderat Ord. Vit. IV 6 p. 199.

infangenetheofa [AS *infangeneþeof*], (leg.) (right to profit from) jurisdiction over a thief captured on one's land. **b** thief captured on one's land.

†**944** (12c) *infangeneþeofas* (v. hundredsetenum); archiepiscopi, episcopi, comites, et alie potestates in terris proprii potentatus sui sacam et socnam habent, *tol* et *theam* et *infongenþeaf* .. super suos et in suo et aliquando super alterius homines presertim si in forisfaciendo retenti vel gravati fuerint, et illic competentem emendationem habeant (*Leg. Hen.* 20. 2) *GAS* 560; de *infangeneþeof* [vv. ll. *infangeneþief, infangetheof, infongeþef*]: justicia cognoscentis latronis sua est de homine qui captus fuerit super terram suam (*Leg. Ed.*) *Ib.* 648; **1253** *innfangenethef*, judicium latronum captorum infra libertates suas cum furtis *CalCh* I 423; **1330** *infangthef* (v. 2 dominium 5a). **b** concessit etiam et confirmavit *sake*, i. e. conflictus, et *socne*, i. e. assaltus, et *them*, i. e. compellationem, et *infangethof*, i. e. fur in domionio [*sic*] suo captus *Abbat. Abingd.* 282.

infans [CL]

1 unable to speak, inarticulate; **b** (as sb., w. ref. to *Sap.* x 21).

959 †quoddamdiu [l. quod quamdiu] hujus ~tis labentisque vitae prosperitas cum terrigenis constiterit *CS* 1045; ~tissimo, ineloquentissimo *ungetingfullum GlP* 290; a for, faris .. componitur ~s, i. †loquens [MS: non loquens] Osb. Glouc. *Deriv.* 215. **b** qui linguas ~tium facit disertas Ord. Vit. I 4 p. 11; sapientia que aperit os mutum et linguas ~tium facit disertas *V. Erkenwaldi* 403.

2 infant: **a** foetus; **b** newly born child (also fig.); **c** (w. ref. to Holy Innocents, commemorated 28 Dec.); **d** child.

a mulier quae concepit et occidit ~tem suum in utero ante xl dies j annum paeniteat Theod. *Pen.* I 14. 27; Bede *Hom.* I 4. 17 (v. demonstrator a); puerperium, ~s in utero formatus *GlC* P 862; **1245** (v. frustrari 2d); Ripley 114 (v. femininus b). **b** in baptismo presbiter solet velamen ~tum auferre Theod. *Pen.* II 3. 3; ~tes, quando baptizantur, in cerebro unguendi sunt Ælf. *Regul. Mon.* 188; **a1001** ~tem .. non baptizatum, si morte imminente urgeatur, a fideli laico .. baptizari posse canones precipiunt Lanfr. *Ep.* 33 (49); Anselm II 170 (v. damnare 3a); anni triste senium / ver infans excludit P. Blois *Carm.* 1. 3. 42; J. Godard *Ep.* 223 (v. educere 4d); W. Burley *Vit. Phil.* 96 (v. feretrum 1). **c** infantes quinis vapulantur morte kalendis *Kal. M. A.* I 420; Herodis furia crudeliter effusus est sanguis ~tum et campi Bethleem maduerunt cruore innocentum Ord. Vit. I 2 p. 10; *Planct. Univ. Ox.* 113 (v. exitium a). **d** Theod. *Pen.* II 14. 5 (v. dare 5d); *V. Cuthb.* I 3 (v. derelinquere 1a, ferme 1); †productale mstrumentum [l. praeductale instrumentum] ~tium in scolis *GlC* P 794; *GAS* 645 (v. generare 1a); Walt. Wimb. *Palpo* 169 (v. exsculpere 1c); hic ~s, A. *a chylde WW*.

3 a (leg.) minor in wardship. **b** (mon.) oblate child.

a quia nullus tenerius favorabiliusve ~tem alere sataget quam proximus de sanguine ejus Fortescue *LLA* 44; non erat domus parentum illorum domui dominorum .. quibus ipsi parentes et ipsi ~tes servierunt *Ib.* 45. **b** Theod. *Pen.* II 14. 5 (v. dare 5d); Lanfr. *Const.* 173 (v. determinatio 2); ~s ~ti non signo innuere .. nisi vidente atque audiente magistro praesumat *Ib.* 177; ad ~tum magisterium et ad curam claustralis prioratus tuendam promovit Ord. Vit. III 1 p. 20.

4 (as surname representing Child, L'Enfant, or sim.).

1230 Ricardus ~s debet dim. m. pro vino vendito *Pipe* 23; de villanis de W.: Thomas ~s pro dimidia virgata *Reg. Pri. Worc.* 94a.

5 infante, son of king of Spain or Portugal.

1242 Petro, ~ti Portingalie, fratri Regis Portingalie *RGasc* I 32; **1282** ~tem Arragonum (v. domicellus 1b); **1348** cum G. de G. ministrallus illustris ~tis primogeniti regis Castelle *Pat* 224 m. 16; **1438** H. .. rex Anglie .. magnifico principi Henrico, ~ti Arragonie et Sicilie Bekynton I 198.

infantaticus, belonging to an infanta (Sp.).

Alesie [filie Ildefonsi imperatoris Hispanie] assignavit ~am portionem terre que solet esse imperatricum R. Niger *Chr. I* 92.

infantia [CL]

1 inability to speak, muteness, inarticulateness.

Samuhel .. et David .. in ~ia electi inveniuntur *V. Cuthb.* I 3; de modestia ~iae illius et puerili simplicitate Felix *Guthl.* 12 *cap.* p. 66; me lingue dampnabit ~ia Map *NC* I 12 f. 11v; P. Blois *Serm.* 575D (v. elinguis a).

2 infancy: **a** period from conception to birth; **b** period before one can speak; **c** childhood; **d** (fig.).

a 930 haec .. condonatio peracta est nongentesimo atque tricesimo laterculo Jhesualis ~iae *CS* 667; non solum ab adolescentia sed etiam ab ipsa ~ia, quia adhuc in .. utero matris sue plenus erat Spiritu Ailr. *Serm.* 43. 21. **b** a pueritia namque homo incipit nosse loqui post ~iam, quae et nomen inde accepit quod fari, id est loqui, non potest Bede *Temp.* 16; ~ia est illa etas in qua puer non potest adhuc loqui Ailr. *Serm.* 20. 14. 311. **c** a rudis ~iae teneritudine corporalis illecebrae contemptor Aldh. *VirgP* 27; habebat spiritualiter quandam ~iam et pueritiam, quandam juventutem et senectutem Ailr. *Serm.* 20. 12. 311; narratio .. de patre et ~ia beati Eadmundi G. Font. *Inf. S. Edm. prol.*; confessio debet esse integra, i. e. uni homini dicta ab ~ia [ME: *of child had*] *AncrR* 119; de ~iis Christi (*Catal. Librorum*) *Chr. Ramsey app.* 356; regnum celorum, cui me semper ab ~ia mea devovi Blakman *Hen. VI* 19. **d** sacramenta quibus ~ia sanctae ecclesiae vel nasci consuevit vel nutriri Bede *Cant.* 1164; recolamus ecclesie nascentis ~iam P. Blois *Ep.* 78. 242A.

3 (leg.) minority, period of wardship.

te scire desidero quod .. solum †Parisuis [l. Parisius] reperiuntur tot studentes infansiam evasi Fortescue *LLA* 49.

infanticulus [ML], infant, child.

~us Latinum est *GlC* I 395; Osb. Glouc. *Deriv.* 215 (v. infantiliter).

infanticus, of a child.

Osb. Glouc. *Deriv.* 216 (v. infantiliter).

infantilis [CL]

1 inarticulate.

balbutiendo ad ~ia verba descendere Ailr. *Serm.* 14. 1. 290; R. Bury *Phil.* 9. 154 (v. balbuties).

2 of infancy, of a child.

propter ~em adhuc aetatem Bede *HE* IV 8 p. 220; **a984** ego Eadmund clito .. signaculum ~i florens etate propria indidi manu (Æthelwold *Ch.*) *Conc. Syn.* 131; quamdiu ~ibus saliviis foedabimini? H. Los. *Ep.* 24; ~es annos exuta Eadmer *Excell. BM* 560C; ~ia ossa .. a maternis visceribus extrahente *Chr. Evesham* 61; natus est Edmundus ab omni contagione ~i mundus [Trevisa: *clene of al wem of childhode*] Higd. VII 35 p. 214.

3 infantile, childish.

melius .. prudencie dominam quam ~em inscitiam tanto regno imperare posse Gosc. *Edith* 84; quoties ~i lascivia delinquerent .. eos ipse minis .. coerceret Turgot *Marg.* 5; ignorantia ~is Pull. *Sent.* 793C; nimis ~es [ME: *to childene*] sunt qui fugiunt pre timore picturam que videtur terribilis *AncrR* 89.

4 composed of children.

turba virilis, sed et muliebris seu ~is, decimatur Gerv. Cant. *AP* 360.

5 (as sb.) child.

Osb. Glouc. *Deriv.* 215 (v. infantiliter); *CathA* (v. infantuosus).

infantilitas, infancy.

947 ab incunabulis suae ~atis .. voluntate parentum nomen accepit Æþelgeard *CS* 830 (cf. ib. 866, 888 [c**950**]).

infantiliter [LL], childishly.

infans .. et tunc inde venit hic infantulus .. et hic infantillus .. et infanticulus .. omnia pro infante, et hic et hec infantilis .. unde ~iter adverb. .. et infanticus, -a, -um, i. infantilis Osb. Glouc. *Deriv.* 215–6; *Wycl. & Ox.* 164 (v. discruciare).

infantillus [ML], infant, child.

Osb. Glouc. *Deriv.* 215 (v. infantiliter).

infantula [CL]

1 baby girl, infant.

sistitur .. bima ~a ut in florido prato hostia lactea Gosc. *Edith* 44; ut experirentur si absque errore ~a posset ea sequendo comprehendere Osb. *Mir. Dunst.* 6; **1243** quedam ~a inventa fuit mortua in campo *AssizeR Durh* 4; quedam ~a Alicia, etatis unius anni, combusta fuit in quadam domo *Ib.* 27; s**1253** ut .. quandam etate puerilem, immo ~am, .. copularet M. Par. *Maj.* V 364; ~e mortue partus *Meaux* II 381.

2 scallion, little onion.

hec hinnula, *a scalyone*; hec fantula idem est; fantulus est filius, sed fantula crescit in ortis *WW*.

infantulus [CL]

1 baby boy, infant.

~us cum in cunis supinis quiesceret Aldh. *VirgP* 26; subito inventa est cum ~o sedens in ecclesia Wulf. *Æthelwold* 5; Herm. Arch. 38 (v. clericellus a); ad instar vocis ~i .. cum de materno excipitur utero Osb. Glouc. *Deriv.* 61; mulieres et ~os tormentis dilaniant *Eul. Hist.* III 4; s**1427** venerabiles accusans de proditione in mortem regis innocentis et vires ~i *Chr. S. Alb.* 19; fantulus *WW* (v. infantula 2).

2 (as adj.) of a young child.

~os annos egressus (J. Tynemouth *V. Bregwini*) *Anglia Sacra* II 75.

infantuose, as a child.

barnely, ~e, pueriliter *CathA*.

infantuosus, child.

a barne, infans, infantulus, ~us *CathA*; *a childe* .. proles, infantilis, ~us *Ib.*

infarcire [CL], to stuff, fill. **b** to pad out.

peras peregrinorum epistolis et nummis ~iens W. Malm. *GR* III 277; ut nec illud gratis presbiteri preberent infantibus sacramentum si non ~irent parentes marsupium *Id. Wulfst.* I 7. **b 1565** neque plures pannos quisquam introrsum ingerat et infartiat [sc. caligis], quo subligacula grandiora sint et tumescant *StatOx* 386.

infascinare [ML], to cast spell on, bewitch (also fig.).

suis igitur largitionibus ita ~averat sapientes hujus seculi P. Blois *Ep.* 48. 142B; depredatur et furatur / mentes quas infascinat *Id. Carm.* 15. 3. 6; infortunabit et ~abit non solum personas singulares sed civitates et regiones Bacon *Maj.* I 399.

infastiditus [cf. 2 in- + CL fastidire], not fastidious.

fames valida exercitui surrepsit, et quelibet inhonesta .. vel etiam illicita dentibus ~itis attingere coegit Ord. Vit. IX 13 p. 582.

infatigabilis [CL], indefatigable, tireless.

~i caelestium bonorum desiderio Bede *HE* V 12; Gosc. *Werb.* 5 (v. 1 flagrantia); uno et ~i studio pariter contendebant *G. Steph.* 64; Gir. *TH* I 12 (v. 1 deferre 1a); infategabilis *Id. Invect.* II 10 (v. expugnator 2); motor extra materiam .. est incorruptibilis et ~is Ockham *Quodl.* 770; dum talia molitur vir ~is Ferr. *Kinloss* 69.

infatigabiliter [LL], indefatigably, tirelessly.

illud Isaianum ~iter caveamus, "vae" inquiens Gildas *EB* 37; telis ~iter certare non cessant Aldh. *VirgP* 12; contra paganos ~iter rebellavit Asser *Alf.* 55; cum .. membra jejuniis confecta ~iter fatigaret Osb. *V. Dunst.* 24; hereticos et schismaticos ~iter expugnabat J. Sal. *Thom.* 11 p. 309; M. Par. *Abbr.* 241 (v. fundibalarius).

infatiganter, indefatigably, tirelessly.

ut .. eam [manum] ~er extenderet Gir. *TH* II 28; hospitalitatis .. gratia, quam .. caritate largiflua in pauperes et peregrinos ~er exercent *Id. IK* I 3; doctrinam .. ~er exercebat *Id. David* 3 p. 386.

infatigatio [cf. fatigatio 1b], exhaustion (from travel).

situm est studium istud .. in civitatis .. suburbio .. ut ad eas [sc. curias] sine ~onis incomodo studentes .. accedere valeant Fortescue *LLA* 48.

infatigatus [LL], unwearied.

sub noctem omnibus ~ata amministratione fatigatis et ad sua regressis .. Gosc. *Transl. Mild.* 13; incredibili fervore et studio ~ato divine pagine lectioni et doctrine se contulit *Chr. Witham.* 497.

infatuare [CL]

1 to make a fool of; **b** to bewitch, dazzle, infatuate; **c** (p. ppl.) foolish, infatuated; **d** (as sb. m.) fool, imbecile.

R. F. .. uxoris sue futili stimulatione ~atus Ord. Vit. XII 13 p. 342; D. Bec. 77 (v. fatue); principem adit et judices et, quomodo solent ~ari pervertit Map *NC* IV 16 f. 58; ecce quam sapiens predicator, hesterna quem taliter honerasse seu pocius ~asse probatur ebrietas ut lectum non posset ascendere aut nesciret *V. Edm. Rich C* 604; incidunt in .. ita profundam cogitationem quod ~antur [ME: *ha dotie*] *AncrR* 82. **b** ille quidem .. / .. cor regis et infatuavit Gower *CT* I 149; nescis ut ~at [ME: *awilgeð*] debiles hominis oculos? *AncrR* 103. **c** vocibus multorum conclamatus cur incesserit sic ~atus Herm. Arch. 21; Stigandus .. ~ato corde .. debachabatur Osb. Clar. *V. Ed. Conf.* 22; cadaverose seu ~ate aut .. instuatate anime similes H. Bos. *Thom.* III 6; se sine literis fere ~atum pariter et elinguem invenit Gir. *GE* I 51 p. 149; infatuatum discipulum Gower *VC* V 77 (v. 2b infra). **d** c**1298** dicit enim sapiens sermone sensato; / verba serit vento qui predicat infatuato (*Dunbar* 20) *Pol. Songs* 162; s**1385** ~atus vitam finivit *Plusc.* X 7.

2 to render ineffective (by making ridiculous); **b** (p. ppl.) ineffectual.

affectus carnalis ~avit in me saporem spiritualium Anselm (*Or.* 14) III 58; sepe .. culpa malum aggravat et were vel wite vel lahslite discrimen ~at (*Leg. Hen.* 34. 1c) *GAS* 565; non esse necesse consuetudinem tante antiquitatis ~ari W. Malm. *GP* I 67; per illud lignum [sc. crucem] .. subjugavit imperatores, ~avit sapientes, simplices et idiotas erudivit Ailr. *Serm.* 10. 27. 263; sententia ejus ~ari non potest vel impune declinari *Dial. Scac.* I 16; Deus sit benedictus qui destruxit et ~avit consilium Achitofel Gascoigne *Loci* 31. **b** infatuata scola reddens magis infatuatum / discipulum Gower *VC* V 77 (v. et. 1c supra); themato .. infatuato *WW* (v. glossa 1a).

3 (p. ppl.) deprived of flavour; **b** (w. ref. to *Marc.* ix 49 [*Vet. Lat.*; *Vulg.*: insulsum], Jerome *Ep.* 2. 6).

s**1252** fructus .. emarcuerunt et ~ati ceciderunt M. Par. *Maj.* V 278. **b** sicut sal ~atum .. ad condiendos cibos carnesque .. nullo jam usui aptum erit Bede *Luke* 519B; habentesque sal ~atum, non ascendebant ex adverso *G. Steph.* 78; sal .. ~atum ad nichilum valet ultra nisi ut proiciatur foras J. Sal. *Pol.* 581D; ne .. velit sal ~atum non mitti foras nec ab hominibus conculcari Ockham *Pol.* I 117.

infatuativus, that makes a fool of, that infatuates.

astrologia judiciaria fatua est et ~a eorum qui sibi vacant Kilwardby *OS* 99.

infatus v. inferre.

infauste [LL], inauspiciously, unfortunately.

~e sibi non minus quam fataliter habita jurgatio E. Thrip. *SS* II 6; perhennis deploracio cunctarum nacionum jocunditatem ~issime abolevit J. Lond. *Commend. Ed. I* 9.

infaustus [CL]

1 (of person) not blessed with good fortune, ill-starred.

quid ergo nunc ~i duces facient? Gildas *EB* 50; Aldh. *VirgV* 976 (v. egerere b); **933** cum Juda proditore ~oque pecuniarum compilatore *CS* 694; ~us tirannus .. totam .. insulam vastavit G. Mon. XI 10; sacerdotem obvium aliumve religiosum dicunt esse ~um J. Sal. *Pol.* 413A; malivolus quidam et ~us .. lapidem .. emisit ad .. ducem perimendum Strecche *Hen. V* 162.

2 bringing bad fortune, accursed: **a** (of place or time); **b** (of act or event); **c** (of omen).

a Gildas *EB* 109 (v. ergastulum 2d); ~us .. annus Bede *HE* III 1 (v. exosus 2b). **b** tria pariter impiorum scelera audimus, celebrationem natalis, ~am saltationem puellae lascivam, juramentum regis temerarium Bede *Hom.* II 23. 239; ut .. pleps mea ab ~a pernitie sit immunis et libera Osb. Clar. *V. Ed. Conf.* 5 p. 78; s**1175** ~a navigacione transvectus in Angliam Diceto *YH* I 403; ~a rerum mutatione Gir. *PI* pref. p. lvii; somniis .. promittit scientiam futurorum, et sic rerum eventus letos ~osve denuntiat P. Blois *Ep.* 65. 191B; H. .. qui subtilis erat valde in fabricacione false monete, officium illud ~um exercendo successit *Chr. Dale* 10; propter casum ejus ~issimum, qui eidem inopinate postea evenit Blakman *Hen. VI* proem. 3. **c** s**1139** castellum Malmesberie quod R. episcopus [Salesberiensis] ~o auspicio inchoaverat W. Malm. *HN* 479; per quinarium, qui ~us est numerus, significantur v sensus S. Langton *Gl. Hist. Schol.* 44; hospiti suo .. qui ~o sidere nuper evenerat *V. II Off.* f. 8b.

3 (as sb. n.) misfortune.

non potuit judicio meo ex vera justicia Dei, filio tam grandis confidencie ~um quid accidere *G. Hen. V* 12.

1 infectio [LL = *dyeing*]

1 adulteration, contamination.

798 panis qui in corpus Christi consecratur absque fermento ullius alterius ~ionis debet esse mundissimus Alcuin *Ep.* 137.

2 (med.) infection, poisoning; **b** pollution, contagion; **c** (~*o aeris*).

virulentia .. i. veneni cujuslibet ~o Osb. Glouc. *Deriv.* 599; instrumenta autem quibus vulnera inferuntur, cum ab spiritibus inficiuntur eadem ~one, quasi cum vi plene vulneri infunduntur, unde ipsum vulnus ac si venenum acceperit mortale fit *Quaest. Salern.* B 56; fleumatis .. innaturalis iiij sunt species: .. acetosum, frigidum, et siccum propter melancolie admixtionem; salsum, calidum, et siccum propter colere rubee ~onem; dulce propter sanguinis participionem; vitreum sic dictum propter coloris vitri assimilationem Bart. Angl. IV 9; Gilb. IV 195. 2 (v. empyema); ~ones .. in tibiis Gad. 40v. 2 (v. discalceate); *SB* 19 (v. empyema); c**1517** corpus statim inhumatum fuit propter infexionem *DCCant.* 128a. **b** odorem pestiferum putrefacta congeries exhalavit, unde omnium animantium .. pestis existens, ~onem corruptionis ampliavit *Eul. Hist.* I 311; **1380** fetorem, corrupcionem, et ~onem *FormOx* 255; **1423** inter ~onem pestis et caloris intemperiem .. vitam ducimus (*Lit. Abbatis*) Amund. I 131. **c** **1245** non videbatur nobis .. securum .. quod Parisius moraretur propter aeris illius loci ~onem non salubrem Gros. *Ep.* 114 p. 334; ex ~one aeris, morbus et pestis invaluit inter provinciales Wals. *YN* 133; propter ~onem aeris pestiferi *Entries* 22b.

3 (moral) corruption.

sine peccati ~one Anselm *Azym.* 228; vitiorum ~one *Chr. Rams.* 22 (v. defaecare 1e); de generali corruptione seu ~one Christianorum Ockham *Dial.* 818; licitum fuit apostolis habere divicias, sed modus habendi civilis propter eius ~onem est eis prohibitus Wycl. *Civ. Dom.* III 367.

2 infectio [cf. 2 in- + CL factio], undoing, dissolution.

1331 magister Milicie Templi et omnes predecessores sui a tempore quo non extat memoria usque ad †insecucionem [MS: infectionem] ordinis eorundem per Hospit' et ad †insecucionem [MS: infectionem] ordinis ejusdem tempore suo .. usi fuerunt libertatibus predoctis *PQW* 52a; **1437** in .. infeccione negociorum (v. decrementum 2a).

infective, by infection, poisonously (fig.), so as to corrupt.

1400 in .. hereses .. prolapsus .. alios ~e instruendo *Conc.* III 247a; populum simplicem in fide ~e informaret *Reg. Whet.* I 288.

infectivus [CL = *used for dyeing*]

1 infectious, contagious, poisonous.

si membrum .. putridum et aliorum ~um debet .. amputari J. Waleys *Commun.* I 1. 1 f. 4v; **1298** omnia in eo [sc. infirmitorio] sint munda, nitida, sine abhominabili visu vel ~o sapore *Reg. Cant.* 819; scabies .. pessima et ~a corporis, replens ipsum maculis Gad. 42v. 2; membrum incurabile totius corporis ~um est .. amputandum Ockham *Dial.* 568; nullus morbus est isto [sc. lepra] ~ior Wycl. *Sim.* 61; leo habet anelitum fetidum et ~um Bad. Aur. 205; *Alph.* 45 (v. coccus a).

2 (morally) corruptive.

caveant ab ~is apprehensionibus sensualibus cogitantes J. Waleys *V. Relig.* 3 f. 250rb; signum evidencius et ~ius dicens pravitatem hereticam excusaret ab heresi Wycl. *Ver.* III 303; quin pocius foret eleemosyna predicta ~a ab ipsis subtrahere *Ziz.* 269; **1417** ad heretice pravitatis ~os turbines depellendos *Reg. Cant.* III 49.

infector [CL = *dyer*], infector (fig.), corrupter.

quoniam carnem puram impurus spiritus lue propria infecit, infecta caro ~ori suo vicem jugiter rependit Pull. *Sent.* 754B.

infectuosus, infected, poisoned.

asseruit dictam A. ~am esse de tribus postumis in corpore ejusdem A. congelatis *Entries* 463va.

infectus v. 1–2 inficere.

infecunditas [CL], infertility, barrenness: **a** (of person); **b** (of plant).

a quedam que cum non possent de viris suis concipere, ad sue interim ~atis solatium ancillas suas obtulerunt viris suis J. Ford *Serm.* I 7; odio .. novercali armans se in privignum, ab eo sue ~atis exegit penas *Mir. Wulfst.* I 17. **b** illa [arbor nucea] paulatim sterilescens et fructu caruit et radicitus exaruit. qua ~ate ita possessorem exacerbavit W. Malm. *Wulfst.* II 17.

infecundus [CL], infertile, unfruitful: **a** (of person); **b** (w. ref. to plant); **c** (of land); **d** (of abstr. or fig.).

a senes ac diu ~i parentes dono nobilissimae prolis exultant Bede *Hom.* II 20. 210; infecunda igitur mea est natura, / nec ad actum germinis multum valitura Ripley 422. **b** foliorum .. ~a viriditas Aldh. *VirgP* 9. **c** pervenit qua nil steriles nisi gignit harenas / infecunda soli species prope litora ponti Alcuin *WillV* 16. 4; limus humum ~am uberem facit et fertilem W. Dan. *Sent.* 86; terra saxosa, sterilis, et ~a Gir. *IK* II 1. **d** infructuosa et ~a sterilitate marcescens Aldh. *VirgP* 15; sancte Judith castitas singularis, que inter regias dapes et ~os calices Holofernis nec laedi potuit nec tentari Ailr. *Ed. Conf.* 747B; mox infecundi verbum parit orbita mundi R. Cant. *Poems* 288. 11.

infelicitare [v. l. CL infelicare], to make unfortunate.

~are, affligere, afflictare, cruciari, tormentari Osb. Glouc. *Deriv.* 292.

infelicitas [CL]

1 ill luck, misfortune.

p**675** in catholicorum coetu .. sine aliquo ~atis obstaculo connumerabor Aldh. *Ep.* 4 p. 486; †**951** (14c) post .. diros rerum eventus cladigerasque et turbabiles ~ates regiones Anglorum .. *CS* 1351; ubique me ~as mea persequitur! Ælf. Bata 4. 31 p. 62; felicitas ~ati semper subjecta est W. Donc. *Aph. Phil.* 10. 4; isti Deum accusant de iniquitate, proximum de tenacitate, fortunam suam de ~ate Holcot *Wisd.* 82.

2 unhappy condition, wretchedness.

provinciam .. a longa iniquitate atque ~ate liberatam Bede *HE* II 15; c**796** intercedere pro mea ~ate te supplex obsecro ut duplicem habeas mercedem Alcuin *Ep.* 53; a**1086** clericus iste noviter ad me venit, causam suae ~atis michi dixit Lanfr. *Ep.* 21 (43); cum igitur justi fuerint tanta felicitate beati, restat ut injusti per contrarium sint inaestimabili quadam ~ate miseri Eadmer *Beat.* 15; Gir. *TH* I 12 (v. feliciter 2).

3 wickedness, dishonesty.

s**1364** Longobardi mercatores sunt accusati per socios suos de magna ~ate in mercimoniis suis facta regi Wals. *HA* I 300.

infeliciter [CL]

1 with ill luck, unfortunately.

felix infeliciter / Flore succendor igne P. Blois *Carm.* 15. 1. 11; Phaethon .. paternos currus ~iter petiit, ~iter rexit *Natura Deorum* 25.

2 unhappily, wretchedly.

[Adam] .. feliciter tenebat et misere deseruit, nos ~iter egemus et miserabiliter desideramus Anselm (*Prosl.* 1) I 98; ut .. divinis sanctique David obsequiis et canonicis, ab ipso misere nimis et ~iter institutis vix .. duas vel tres [carucatas] impertiret Gir. *IK* II 1.

3 wickedly.

pinguedinis gratia .. ad illicita ~iter promptos Gildas *EB* 66; **680** in hoc hereticos ~iter imitantur Aldh. *Ep.* 4 p. 484; **757** (11c) si quis .. munificentiam nostram .. diabolica praesumptione incitatus ~iter inritam facere praesumat, sciat se ab aeterna requie separatum *CS* 183.

infelix [CL]

1 ill-starred, unlucky, unfortunate.

infelix fato fraudabor munere tali Aldh. *Aen.* 89 (*Arca libraria*) 4; dignum est ut nupcie que procurantur mediante Helena sint ~ices et infortunate Trevet *Troades* 62; habeo in orto meo arborem ~icem qua uxor mea prima se suspendit *G. Roman.* 330.

2 unhappy, wretched, miserable; **b** (of person or people).

705 (v. etiam 2c); cum hac ~ici vicissitudine .. multitudo torqueretur Bede *HE* V 12 p. 305; o ~icissima miseria, quae favet adversariis Alch. *Ep.* 298; ~ici exitu .. occisus est Asser *Alf.* 54; ut in mortem crescat, / infelicem osculis / sophisticis inescat P. Blois *Carm.* 15. 2. 11. **b** quid tu, ~ix popule, .. bestiis ventris praestolaris? Gildas *EB* 68; nuper mihi venit libellus a Felice ~ice directus Alcuin *Ep.* 148; judices .. se .. ~ices existimantes qui nec hoc in juventute didicerant Asser *Alf.* 106; miserum facit et abit; ~icem reddit et relinquit Alex. Cant. *Mir. app.* p. 270; et quod deposito fert corpore, Petre, resumpto / spiritus infelix corpore triste feret L. Durh. *Dial.* IV 254; Gir. *TH* I 12 (v. feliciter 2).

3 evil, wicked.

in arctonis climate, quae est septentrio, dominatum possidebant bini comites quos fovebat exterius ~ix libido et interius maledicta crapula BYRHT. *V. Ecgwini* 382; **c1145** si quis autem vestrum ~ix hanc elemosinam .. disturbare .. presumpserit *Cart. Chester* 12 p. 70; GERV. TILB. III 85 (v. dracus b); est in extirpandis viciis ~ix quaternarius, sc. prave delectationis, pravi consensus, pravi operis, prave consuetudinis T. CHOBHAM *Praed.* 21.

infeminare, to make womanly, to cause to become feminine.

animus .. ~atur MAP *NC* III 5 f. 42v (v. effeminare a).

infendere [ML; *backformed from* CL *p. ppl.* infensus]

1 to fight against, attack.

1442 apud .. ceterorum locorum mercatores hic degentes, si non veritatem ~ere malint, .. notissima esse debent (*Lit. Regis*) BEKYNTON I 129.

2 to be angry at.

componitur .. fendo ~o, -is, i. irasci, unde infensus, -a, -um, i. iratus .. et hec infensio, -nis, et infenso, -as OSB. GLOUC. *Deriv.* 219.

1 infensare [CL], to fight against, attack, be angry at.

OSB. GLOUC. *Deriv.* 219 (v. infendere 2).

2 infensare v. infortiare.

infensus [CL], hostile, angry.

~us, contrarius, *wiper GlP* 470; quibus [sc. Alfritho et Theodoro] ~us Wilfridus ad .. amicum suum discessit W. MALM. *GP* III 104; ~is mentibus cum rege *Id. HN* 523; Tiberius .. arguebatur autem simultatis, quasi ~us his quos diligebat, his vero quos oderat quasi benevolus apparens H. HUNT. *HA* I 17; ei Johannes .. precipue ~us erat ORD. VIT. IV 12 p. 256; OSB. GLOUC. *Deriv.* 219 (v. infendere 2).

infeodare [ML]

1 to enfeoff: **a** (person); **b** (institution).

a Scotis .. tunc illis expulsis et accitis militaribus personis ~atis .. GERV. TILB. II 10 p. 917; **s1249** quidam miles .. ~atus terris Sancti Albani .. novam a domino rege cartam adquisivit M. PAR. *Min.* III 62; **c1290** hanc terram heres Hugonis B. vendidit Johanni de C. et Alicie uxoris sue, qui maluerunt ab abbate in illa ~ari *Cart. Chester* 364 p. 241; antequam Galfridus de Herefordia .. esset ~atus *Reg. S. Thom. Dublin* 375; **1317** me .. de .. terra libere infeudavit *Melrose* 421; **1318** abbati et conventui de I. .. de terris .. in quibus per nos ~antur *Inchaffray* 118; imperator debet infeudari a papa OCKHAM *Dial.* 890; **1469** de firmis terrarum .. occupatarum per D. S., asserentem se ~atum in eisdem *ExchScot* 648. **b** **1281** ad infeudandum monasterium de D. et abbatem et conventum .. in eadem terra *Dryburgh* 13.

2 to grant (land) in fee.

1158 quod aliquas .. ecclesie possessiones infeudare vel aliquo titulo alienare .. presumat (*Lit. Papae*) *Lib. Eli.* III 127; **a1190** possideat .. nisi .. Malcolmus vel heredes sui aliquid postea ~averint FL. WORC. *Cont. C* II 258; **1258** mulieres .. maritagia .. ~ant *SelCh* 377; **1283** emere et recipere .. de quacunque persona volente vendere, vel infeudare vel res suas inmobiles dare, exceptis militaribus et francalibus feudis *RGasc* II 209; **1334** possessiones vero ad mei archiepiscopatus mensam pertinentes non .. de novo infeudabo *Hist. Roff.* p. 373; **1456** possessiones, jura, et libertates .. non vendam, alienabo nec impignerabo, neque ~abo *Pri. Cold.* 186; **1475** ad solvendum eundem annuum redditum dicto altari .. quousque ~averint dictum altare *Scot. Grey Friars* II 213.

3 (w. double acc.) to enfeoff (person) with grant.

1277 quas [sc. consuetudines] dictas pater noster eosdem monachos de dicta terra de Dolar ~avit *Reg. Dunferm.* 88.

infeodatio [ML], enfeoffment. **b** (*~o conjuncta*) 'jointure', holding of an estate in joint tenancy.

1198 mandamus ut donationes .. infeudationes, locationes .. factas .. cassetis (*Lit. Papae*) *Ann. Burton* 195; **1295** infeudaciones quorumcunque feudorum vel bonorum stabilium *Reg. Carl.* I 50; **1297** nos .. confirmasse ~onem et venditionem *Reg. Aberd.* I 37; **a1316** ex dono et ~one dilecti fratris nostri, domini Edwardi de Brus *Cart. Lindores* 126; **1380** volumus quod tales ~ones .. nullum prejudicium .. generent *Conc. Scot.* I ccxxxv; abbas et conventus .. consuerunt percipere .. ex ~one eorundem decimam partem omnium lucrorum *Cart. Holyrood* 75; **1477** ~o elimosinaria (v. elemosinarius 2); **1516** (v. hereditarie); **1546** (v. emphyteuticus b). **b** **1395** pro pensione sua sibi annuatim debita per conjunctam ~onem de custuma dicti burgi *ExchScot* 352; **1403** (v. ducissa 2c); **1523** (v. extradonare).

infeodator [ML], possessor of a fief.

1309 terre ecclesie .. in .. elimosinam sunt collate a diversis fundatoribus et ~ibus *Reg. Brechin* 9; **1320** sicut tenens ejus et ~or si sit vivus *Reg. Aberbr.* I 254.

infeoffamentum, enfeoffment.

1428 Johannes .. stat ~um in fiducia adimplendi *Reg. Heref.* 107; si aliquis liber tenens, cujus tenementum liberum est ab omni servitio per suum infeofamentum, etc. *Quon. Attach.* 45; **1524** consueta servicia secundum tenorem antiqui infeofamenti *Reg. Dunferm.* 512; **1564** hoc presens infeofamentum *Scot. Grey Friars* II 6; secundum tenorem antiqui infeofamenti .. terrarum *Cart. Holyrood* 155.

infeoffare, to enfeoff.

1401 dominam B. .. realiter et cum effectu mittent, inducent et ~abunt, mittique seu induci et feoffari facient *Foed.* VIII 206.

inferabilis [cf. inferre], not transferable, inalienable.

930 agellus in sua stabilitate .. firmus et ~is perduret nec habeant fratres licentiam illum foras dandi *CS* 1343.

inferax [LL], unfruitful.

~aces, infructiveras [l. infructiferas] *GlC* I 365.

inferentia, (log.) inference.

1166 sic quidem Ambrosius colligit, sed ratio ~ie vobis plenius liquet et Grecis J. SAL. *Ep.* 169 (194 p. 272); medium vero necessarium est, ubi vis ~ie in terminis vertitur *Id. Met.* 909B.

inferetrare, to enshrine, place in a shrine.

[S. Oswinus] cujus corpus ~atur in castro de Tynemutha *Chr. Angl.* 360.

inferiae [CL], **~ia,** offerings made for the dead. **b** burial rites. **c** tomb.

~iae, placatio inferorum *GlC* I 305; ~iae, quae mortuis mittuntur *Ib.* 320; ~ia, sacrificium infernalibus factum OSB. GLOUC. *Deriv.* 292; apparuit autem Achilles de nocte Talcibio arguens Grecos quod redire volebant ~iis debitis in honore sepulcri sui nondum solutis TREVET *Troades* 3. **b** ~iae, sacra mortuorum *GlC* I 265; Aelfuuine post jugulum populi luxere profatum, / inferias caeso dantes merendo clitoni, / cujus post tumulum fratris victoria fluxit FRITH. 639; dum cives quererent .. funeri regio justas ~ias soluturi .. W. MALM. *GP* II 74 p. 153. **c** *Id. GR* II 144 (v. dare 11d).

inferibilis [ML]

1 (log.) that can be inferred.

potest servari pro regula quod ex omni tali exceptiva cujus terminus extra captus est de copulato extremo vel ad hoc equivalens, ~is est universalis affirmativa, cum extremis sinonimis cum hujusmodi exceptiva; ut si 'omnis homo preter duos homines sit in Oxonia' tunc 'omnis homo est in Oxonia' WYCL. *Log.* I 145.

2 that can be inflicted.

politici .. cavent attencius consulendo .. cum sciunt omnes passionem et mortem non eis ~em WYCL. *Dom. Div.* 118.

inferinus v. infirmus.

inferior [CL *compar. of* inferus]

1 lower in position; **b** (of district) nearer the sea, further from the centre; **c** (in place-name, representing Lower, Nether, or Under); **d** (of heavenly body, imagined as in a sphere lower than the empyrean).

ALDH. *Aen.* 53. 9 (v. et 2b); **†680** (10c) noverit se .. habere partem cum Juda traditore .. in inferno ~iore *CS* 50; Christiani ab ~iori loco aciem dirigebant ASSER *Alf.* 39; infernus equidem locus est tam deterior terra quam ~ior PULL. *Sent.* 823B; ~ior [*gl.*: *plus bas*] .. pars veli trabibus e transverso ductis societur NECKAM *Ut.* 115; terre vero nomine comprehenditur pars mundi ~ior GROS. *Hexaem.* VI 1. 2; alius tractus qui ponitur in libris in ~iori parte *Mens. & Disc.* (*Anon. IV*) 61; figura descendendo dicitur esse illa, quando secundus punctus ligaturae ~ior est primo GARL. *Mus. Mens.* II 22. **b** Gothia Scithie ~ioris est provincia BART. ANGL. XV 71 (v. Gothus). **c** **c880** terras illas .. apud Husseburn .. et apud ~iorem Husseburum (*Test. Ælfredi*) *CS* 555; **1278** inter dictam villam et divisas ~ioris ville de Staneye *Cart. Chester* 309 p. 206; usque ad divisas Staney superioris et Staney ~ioris *Ib.* p. 207. **d** spere ~iores GROS. *Flux.* 459 (v. 1 figere 3c); stelle ~iores BACON *Maj.* I 127 (v. eclipsare 1a); orbes ~iores HIGD. II 1 p. 184 (v. econtra 1b).

2 (of part of body) lower.

~ior pars duorum pedum et femorum in caprarum forma depingitur *Lib. Monstr.* I 5; manus .. ~ior GOSC. *Wulsin* 15 (v. 1 colus a); ~ior .. venter *Ps.*-RIC. *Anat.* 24 (v. 1 domus 2f); bubones ~iores GAD. 25v. 2 (v. 2 bubo); ad ~iora membra *Mir. Hen. VI* III 88 (v. devanescere); ~ior venter D. EDW. *Anat.* A3 (v. dissectio b).

3 lower in pitch.

habebant respectum superioris ad cantum ~iorem *Mens. & Disc.* (*Anon. IV*) 50; cujus voci aut modulacioni nullus .. sonum aut notam alciorem aut ~iorem adicere debet *Cust. Westm.* 29; discordia ~iorum vocum ODINGTON 127 (v. diaphonia b); TUNST. 215a (v. 1 E 2).

4 lower in degree: **a** (of rank or personal status); **b** (*domus ~ior*) lower house, House of Commons; **c** House of Convocation.

a si quis ~iore gradu positus monachus, iij annis paeniteat GILDAS *Pen.* 2; ALDH. *VirgV* 1302 (v. 1 cardo 2d); **956** (14c) ut numquam ullius hominis altior aut ~ior persona hanc mee donationis portionem .. auferre .. audeat *CS* 981; mater vero ortu Anglica, a parentibus fidelibus ~ioris tamen conditionis originem trahens *Canon. G. Sempr.* 37v; **s1137** ab hominibus ~oris manus fidelitates extorsit DICETO *Chr.* 250; **1337** cum .. servientes superiores servientibus ~ioribus in mensa competenti et camera, ac etiam in decem solidis pro calciatura annis singulis teneantur *StatOx* 136; talis questio .. ad judices et publicas potestates ~iores Cesaris nullatenus pertinebat OCKHAM *Dial.* 527; alii apostoli .. non fuerint ~iores Petro . . . multi ~iores imperatore et rege dignitates obtinent seculares *Ib.* 853; **1484** nullus judex .. ~ior ad summam cancellarium .. judicet .. causam .. alicujus magistri *StatOx* 294; **1556** trium ~iorum bedellorum (v. bedellus 4). **b** **s1453** in domum ~iorem (v. 1 domus 5c). **c** **1439** de clero domus ~ioris (v. 1 domus 5d).

5 less in value, smaller, shorter: **a** (of number); **b** (of time); **c** (of mus. note).

a Northanhimbri .. non ~iores numero essent .. W. MALM. *GR* II 200; superparticularis numerus est dum fortior continet in se ~iorem numerum [ME: *þe lasse nombre*] BART. ANGL. XIX 125. **b** [rexit] Celricus annis v, Ceolwulfus annis xiiij, quorum tempore ~ior sed virtute prestantior omnem etatem in bellis detrivit W. MALM. *GR* I 17. **c** unde omnes semibreves et minime que sunt ~iores ad brevem, per additionem horum adverbiorum perfecte et imperfecte, satis aperte intelliguntur *Fig.* 47.

6 lower in quality.

dum se ~iores in bello hostibus conspicerent BEDE *HE* III 18; sit licet inferior, strepitans cum murmure rauco, / illius egregiis sermo meus meritis ALCUIN *WillV* II pref. 5; ~ior robore et merito habearis W. MALM. *GR* III 239; aliud quoque mirum in Majori Monasterio non ~ius de capsula .. actum est R. NIGER *Chr. II* 133; Cnuto rex Christianissimus, nulli predecessorum suorum regum comparatione virtutum .. ~ior *Chr. Rams.* 125; SICCAV. *PN* 196 (v. exsecutrix 1); pro .. conceptibus ~ioribus DUNS *Ord.* I 8 (v. distribuere 2a).

7 (as sb. n. sg. & pl.): **a** lower place or part; **b** the bottom, the depths (also fig.); **c** hell.

a oculos in ~iora deflectens BEDE *HE* III 19; ad ~iora .. dependebat R. COLD. *Cuthb.* 114 (v. diffluus b); in ~iora mundi KILWARDBY *OS* 73 (v. 1 effectus 4). **b** dura cervix illa .. de imis ad ~iora curvatur GILDAS *EB* 35; ponendi .. in ~iori .. denominationes THURKILL *Abac.* 57v (v. denominatio 3b); aqua de ~ioribus hausta ALB. LOND. *DG* 6. 4 (v. densere c); *Quaest. Salern.* P 149 (v. faex 2a). **c** descendet ad ~iora, i. inferna, propter falsitatem suam (J. BRIDL.) *Pol. Poems* I 168.

8 (anat.) rectum.

mustelle .. per ~iora concipiunt *Quaest. Salern.* P 65 (v. 1 deportare 1b); per ~ius GAD. 96. 1 (v. hydrelaeum); per ~iora *SB* (v. expulsio 2b).

9 (mus.) part sung by lower voice.

quidam .. multiplicant multiplices discordantias ante unam perfectam concordantiam, sicut ante diapason, .. quod hoc potest fieri sicut dfcdcbc in superiori, in ~iori sic: DDEFEDC *Mens. & Disc.* (*Anon. IV*) 80.

10 latter part of text.

postea fuit ingratus .. sicut ~ioribus apparebit AD. MUR. *Chr.* 14.

11 **a** (as sb. m.) person of inferior social rank; **b** (as sb. m. or n.) lower thing, lesser affair, inferior entity.

a dii gentium .. ex corruptibili materia ~iorum etiam subpositorum tibi manibus construuntur (*Lit. Papae*) BEDE *HE* II 10; J. SAL. *Pol.* 634A (v. demerere 2a); *Dial. Scac. pref.* A (v. discutere 3b); *Cust. Cant.* 83 (v. exploratio 2); [superbia] contempnit castigationem vel ~ioris [ME: *lahres*] doctrinam *AncrR* 68. **b** BONIF. *AG* 541 (v. diminutivus 2b); W. MALM. *GP* V 262 (v. 1 despicere 1); D. MORLEY 23 (v. depuratio 3); per motus enim superiorum reguntur ~iora, et adquisita perfectione omnino ~iorum, cessabunt

superiora a motu J. BLUND *An.* 10; est preterea humiditas ~orum conservativa [ME: *þese neþir þinges þat beþ under þe mone*] BART. ANGL. IV 4; astrologia practica .. preparat vias ad judicia facienda de omnibus ~ioribus et ad opera mira et utilia in hoc mundo BACON *Tert.* 107; superior non movet ~iorem DUNS *Ord.* III 293; ad ~ius consequencia tenet OCKHAM *Dial.* 729 (v. distributio 4).

inferiorare [ML]

1 to lower.

velum secundum aure variacionem nunc superioretur, nunc ~etur [*gl.*: *avalé*] NECKAM *Ut.* 115.

2 to subordinate, render inferior.

Jesus Nazarenus .. fuit causa .. ut destrueretur Israel .. et ut dispergerentur reliquie ipsorum, et ut ~arentur BRADW. *CD* 50B; ille qui se ipsum exinanivit ~avit se suis discipulis WYCL. *Civ. Dom.* I 78.

inferioritas [ML]

1 lowness.

substantia hujus mundi universo in ejus superioritate, posterioritate, et ~ate, sive altitudine, anterioritate, et profunditate una est BACON V 157; superioritas et ~as inter aliqua sumitur ex hoc quod unum significative sumptum predicatur de pluribus quam aliud sumptum significative OCKHAM *Quodl.* 534.

2 inferiority; **b** lowliness, humility.

ubi est gradus, ibi est ordo, superius ad inferius; in divinis vero nulla est ~as MIDDLETON *Sent.* I 231b; si .. verba .. Constantini legantur, que videantur innuere quod .. se inferiorem papa putavit, de ~ate in spiritualibus debent intelligi OCKHAM *Pol.* I 53; ~as civilis dominii WYCL. *Civ. Dom.* III 227 (v. extollentia). **b** Christus fuit summe domesticus, ostendens suam ~atem et summe fugiens lucrum seculi WYCL. *Chr. & Antichr.* 690.

inferius [CL]

1 to a lower level, downward.

GILB. III 130. 2 (v. hebetudo 2a); *Chr. Witham* 501 (v. gleba 1a); nescis ut infatuat debiles hominis oculos qui in altum ascendit? certe, quod ~ius [ME: *dunewart*] respicit *AncrR* 103.

2 at a lower level, below; **b** in hell.

pannus .. quo .. omnis reliquiarum ~ius locata congeries velabatur R. COLD. *Cuthb.* 42 p. 89; *Id. Osw.* 51 (v. deorsum 1c); quare si sambucus, laureola, vel aliquod tale radatur superius provocat vomitum, si ~ius assellationem? *Quaest. Salern.* P 59; corpus extensum in cruce, latum sicut scutum superius in bracchiis suis extensis, strictum ~ius [ME: *bineoðen*] tanquam uno pede *AncrR* 154; GAD. 118v. 1 (v. dualis c); punctus cum virgula ~ius ducta *Dictamen* 337 (v. distinctio 1d). **b** jussisti servis tuis referre tue divine majestati secreta quae ~ius [v. l. in infernis] fecisti *Eul. Hist.* I 116.

3 further on, at a later point in a text.

ut 'Heliam corvi quondam pavere ministri' [Sedulius *Carmen Paschale* I 170] et longe ~ius 'agmen pavit inorme' [ib. III 264] ALDH. *PR* 114; **946** (13c) concedens ei terram / .. / certis tramitibus / uti fertur inferius *CS* 815; **955** hujus doni constipulatorum nomina inperius notata videntur *CS* 908; **1228** debet recipere teoloneum in forma ~ius subscripta *EEC* 156; **1266** debet .. xv bollas, que venduntur pro v s. iij d., de quibus respondebit ~ius *ExchScot* I 2; **1333** (v. decretalis 2c); que ~ius in loco suo patebit ELMH. *Cant.* 102; **1537** petit alloc' de diversis pratis .. lucratis et inductis ad usum domus, sic ~ius oneratis, viij li. xj s. iij d. *AcDurh* 06.

infernalis [LL]

1 of the underworld (Classical Hades or Christian hell): **a** (w. ref. to place); **b** (w. ref. to person or group); **c** (w. ref. to torment); **d** (of abstr.).

a gehenne ~is (*Leges Eadgari*) *GAS* 209; venalitas ex ~ibus umbris emerserat W. MALM. *Wulfst.* I 7; Lethe, i. fluvius ~is, qui dicitur delere memoriam OSB. GLOUC. *Deriv.* 299; videat in terra illa penas eternas reproborum, gehennam ~em, ubi ignis erit inexstinguibilis AD. SCOT *QEC* 20. 835B; sed contra claves celi celesteque regnum / non infernales prevaluere fores GARL. *Tri. Eccl.* 18; hiatus ~is in Roma patuit *Eul. Hist.* I 427; potestatem adversus quam porte non prevalent ~es (PURVEY) *Ziz.* 404. **b** manes dii ~es ALCUIN *Orth.* 2339; brevi .. morula peracta, redit tristis legio ~is OSB. *V. Dunst.* 30; ~ium animarum numerum auxit W. MALM. *GR* I 74; Frisones, furiis, ut creditur, ~ibus acti, utrosque trucidantes, martires fecerunt *Id. GP* I 6; Mania, .. quedam furia ~is OSB. GLOUC. *Deriv.* 349; ~i illa belua sic deleta pestilentia quoque .. conquievit W. NEWB. *HA* V 24 p. 482; deceptor ~is *AncrR* 80 (v. deceptor b); posset assimulari ululatibus ~ium incolarum WALS. *HA* I 460. **c** ~ibus subdendum .. tormentis BEDE *HE* III 13; ~es flammas tu cum diabolo .. sustinebis ALCUIN *WillP* I 11; poena infernalis, quam saepe audire solebam *Id. SS Ebor* 917; de ~ibus .. reproborum penis GIR. *TH* II 5. **d** infernale chaos *V. Ed. Conf.* f. 52v; densissimas ~ium excecationum tenebras AD. MARSH *Ep.* 76 p. 188; philosophia secundum se ducit ad cecitatem ~em BACON *Maj.* I 64.

2 infernal, hellish.

ALCUIN *Carm.* 49. 20 (v. 2 guttur 1d); odium ~e quod dicti vigiles habebant *Ann. Cambr.* 98; illius .. satellitis ~is heresiarche .. Johannis de Veteri Castro ELMH. *Metr. Hen. V* pref. p. 82.

3 (as sb. n. sg. & pl.) hell.

potest quoque lacus intelligi profunditas peccatorum, ad quam si peccator venerit, contemnet salutem desperando animae suae; a qua liberari se, sicut ab ~i, iste poenitens deprecatur ALCUIN *Exeg.* 596A; **961** (12c) hoc in tetrico ~ium sine ullo refocilamine sustineat cruciamine *CS* 1073; primum qui ~ia descripsere ALB. LOND. *DG* 6. 2; in medio urbis terra dissiluit, vastoque subito prorupto hiatu ~ia patuerunt *Eul. Hist.* I 310.

infernaliter [ML], infernally, hellishly.

[corruptiones] essent omnino adimplete ~iter BACON *CSPhil.* 407.

infernus [CL]

1 infernal, hellish.

populum .. / .. error / trusit ad inferni torrentis tartara nigra ALDH. *VirgV* 849; FRITH. 377 (v. Erinys a); ~os gurgites GOSC. *Transl. Mild.* 11 (v. fluctuosus a); dicuntur quoque mali angeli esse in isto aëre caliginoso, et in inferno, et similiter animae malorum in ~o loco GROS. *Ep.* 1 p. 15.

2 (as sb. m. or f.), inhabitant of the underworld, dweller in hell.

sic igitur cupidus necnon infernus et ignis / conferri possunt terno paradigmate rerum ALDH. *VirgV* 2623; EGB. *Pont.* 108, *G. Hen. V* 12 (v. flectere 1c); infimas, inferius habitans, quod et ~as dicitur OSB. GLOUC. *Deriv.* 289; ~orum depredator PECKHAM *Collatio* (v. depraedator a); ~as, A. *a vende of helle WW*.

3 (as sb. m. sg. or n. sg. or pl.) the underworld: **a** Hades (as represented in Classical literature); **b** hell (as represented in Christian literature).

a [Cerberus] quem poetae et philosophi ab janua ~i mortales perturbare trino arbitrantur latratu *Lib. Monstr.* II 14; *Ib.* (v. famosus 1a); Avernus, ~us *GlC* A 920; de Flegetonte, de fluvio infirni *of ligspiwelum flode GlP* 207; Cerberus inferni jam tibi claustra parat ORD. VIT. X 1 p. 3; mersusque repetens Ditem, scilicet deum ~i, id est dum mergitur et revertitur ad ~um, junxit specum ingentem, id est magnam fossam per quam de ~o emerserat TREVET *Troades* 17. **b** quid tibi flammas ~i voluntarie accendis nequaquam defecturas? GILDAS *EB* 29; dum Chaos inferni surgens de morte redemptor / linqueret abstrusum vasta comitante caterva ALDH. *CE* 4. 6. 7; cogitare coepi quod hic fortasse esset ~us, de cujus tormentis intolerabilibus narrari saepius audivi BEDE *HE* V 12 p. 305; **940** horribiles ~i fusci valvas sentiant *CS* 748; ~us GERV. TILB. III 103 (v. foetidus a); (M. SCOT *Part.*) *Med. Sci.* 293 (v. caelestialis); fere omnes prelatos pervertunt odium et amor et munerum favor ne delinquentes reprehendant et contra vicia latrent sed potius pro annuo censu peccata ad †ferinam [v. l. infernum] tradunt ut sic diabolum ditent J. WALEYS *Commun.* I 10. 7; cor Eve prosiliit .. ad pomum, a pomo .. deorsum in mundum, a mundo in ~um [ME: *to helle*] *AncrR* 12; descendere ad ~a WYCL. *Ver.* I 327 (v. gravefacere); solum ~us quem tantum peccatores colunt hujus ordinis amplexus vindicat declinare FORTESCUE *NLN* II 59.

4 (as sb. m.) volcano.

navigaverunt ad insulam Vulcana; ibi est ~us Theodrichi. .. Willibaldus curiosus et volens videre qualis esset intus ille ~us .. volebat ascendere in montis cacumen ubi ~us subtus erat HUGEB. *Will.* 4.

inferratus [cf. ferrare 5], fitted with iron band, iron-tipped.

1385 item solutum pro j tribulo ~ato j d. ob. *Ac. Bridge Masters* IV m. 11.

inferre [CL]

1 to carry or convey into; **b** to bring to a place for burial, inter; **c** (*ignem ~re*) to set fire.

ut .. defruta .. angeliciis cauponibus committenda feliciter ~ret ALDH. *VirgP* 30; spiritum .. astriferis ~ri caelorum orbibus conspexit *Ib.* 37; ~at *ongelæde GlP* 32; **s1141** observate sunt vie ne victualia imperatricis fidelibus ~rentur W. MALM. *HN* 499 p. 59; comportantur cibaria, arma navibus ~untur, nautae armamenta expediunt AILR. *Ed. Conf.* 749B; in convivio suo vasa Templi intulisset R. NIGER *Chr. I* 13; juxta veteres historias Ulysses aves armatas intulit Grecie ad eorum solatium, quorum parentes in acie Trojana ceciderant P. BLOIS *Ep.* 61. 183A. **b** corpus .. intro inlatum .. est BEDE *HE* II 3 p. 86; ossa intulerunt in thecam *Ib.* III 11 p. 148; hiis tribus infatis [? l. inlatis] et honeste contumulatis / exequiis gratis sub mortis cuspide stratis STRECCHE *Hen. V* 161. **c** inlato igne conburere urbem nisus est BEDE *HE* III 16 p. 159.

2 to pay (money into account).

c1080 quos [sc. solidos] quamdiu in †arcuus [l. arcivis] monasterii intulerint, liberam possidendi habeant potestatem *Chr. Westm.* 234; P. CORNW. *Panth. prol.* 39 (v. donarium 1); ut aurum omne quod erat usquequaque terrarum regi regis filio continuo afferretur et in thesauros ejus ~retur J. FORD *Serm.* 11. 5; **1459** dragmas .. in .. intulistis Jerusalem (v. drachma 1c).

3 to bring forward: **a** to raise (question or issue); **b** to prefer (charge), bring (accusation); **c** to introduce (word, idea, or Parliamentary bill).

a **798** aliquid familiarius vestrae dilectioni scribere praesumo et inlatas quaestiunculas venerabili aspectui vestro praesentare ALCUIN *Ep.* 143 p. 225; **s1318** questionibus sibi illatis *Ann. Paul.* 283. **b** inrogat, †inferit [l. infert] *GlC* I 177; ALCUIN *Rhet.* 14 (v. crimen 1); **c1145** ne aliquis calumpniam vel injuriam seu molestiam predictis sororibus .. vel aliquibus rebus suis ~at *Regesta Scot.* 32; hic constituit ut nullus laicus clerico crimen audeat [? l. auderet] ~re *Eul. Hist.* I 191; **1462** convictus de verbis minatoriis illatis in Galfridum *MunAcOx* 693; **1467** pro reformacione diversarum litarum et contraversiarum inter tenentes .. preantea motarum et illatarum *JRL Bull.* L 471. **c** heresis Pelagiana per Agricolam inlata BEDE *HE* I 17; si rebus propositis eundem casum comparativo junxeris, extra ipsas res erit quod idem gradus intulerit ABBO *QG* 19 (41); **s1453** ~ebant .. billas (v. 1 domus 5c).

4 to bring in afterward, add, subjoin, reply; **b** to say, utter.

716 intulit quoque "fratris cujusdam .. animam tristem .. videbam" BONIF. *Ep.* 10 p. 13; ad extremum intulit "scio .." BEDE *HE* IV 8 p. 221; quo verba Herwardus intelligens, intulit "et si .." *G. Herw.* 376; quo respondente "presto sum", ~at thesaurarius, "dic igitur .." *Dial. Scac.* II 4 E; cum infers "ergo et constituta sunt alterius rationis quasi-specifice", nego consequentiam DUNS *Ord.* IV 129; abbas, visis .. compotis .. meliusque examinatis, intulit ei .. rursus sub hiis verbis "dudum ..". *Reg. Whet.* I 102. **b** aula .. septenis columnarum fulcimentis .. sustentatur, cum ~tur 'Sapientia aedificavit sibi domum' [*Prov.* ix 1] ALDH. *Met.* 2 p. 64; cunque lecto iacentis assiderent, repente unus eorum intulit quia secum haberet panem BEDE *CuthbP* 31; sermones ~ebat W. MALM. *GP* I 68 (v. exsculpere 1c); **s1252** at marescallus fascinanti oculo et torvo vultu janitorem respiciens, intulit .. M. PAR. *Maj.* V 344.

5 (log. & phil.): **a** to imply; **b** to infer.

a 'aliquo modo est compossibile homini quo modo non est compossibile animali', quia talis negativa non ~t affirmativam OCKHAM *Quodl.* 18; unum complexum ~t contradictorium alterius *Ib.* 549; omnis hujusmodi figurativa locutio ~ret conformitatem ex parte rei (KYN.) *Ziz.* 27. **b** si consideretur disputatio ex hoc constituta adhibitis interrogandi et ~endi ordine et modo et cautela BALSH. *AD rec. 2* 45; ab effectu causam ~ri vel probabiliter me Peripatetici docuerunt J. SAL. *Pol.* 490C; cum .. ~tur, ergo quedam figura habet tres angulos equales duobus rectis, vera quidem est illatio NECKAM *NR* II 173; non potest ~ri ex deduccione ejus quod ista propositio sit vera DUNS *Ord.* II 145; ex hoc .. ~t conclusionem quam intendit T. SUTTON *Gen. & Corrupt.* 62; illa non est pertinens ad ~endum se ipsum fore nescitam ROG. SWYN. *Insol.* 100; nostrorum promissorum premissas ~emus conclusionaliter *Reg. Whet.* III 427.

6 to bring to: **a** to confer, bestow; **b** to inflict, impose.

a quicquid jocundum ac delectabile illatum sentitur ALDH. *VirgP* 7; dextera tuae divinitatis cum digneris locupletari, ut opem frugilem fratribus ~re, et omnibus .. pie possit profutura exhibere EGB. *Pont.* 105; expulsio unius [sc. peccati] ~t formaliter infusionem alterius [sc. gracie] OCKHAM *Quodl.* 596; WYCL. *Dom. Div.* 214 (v. 2 dominium 1d). **b** mors .. ~tur GILDAS *EB* 110 (v. dulcis 4a); letiferam miserandis civibus luem ~ebat ALDH. *VirgP* 52; ne qui praedicantibus quicquam molestiae ~ret BEDE *HE* V 10 p. 299; cumque vir Dei ex inlato terrore funditus evigilaret B. *V. Dunst.* 17; sed nec pena ~tur nisi ut vita corrigatur PULL. *Sent.* 963B; **c1170** prohibeo firmiter ne quis .. aliquam eis injuriam ~at *Regesta Scot.* 87; Pater enim diligit Filium: et omnia declinat ab eo que ~unt nocumentum LUCIAN *Chester* 67; mala que filius Hectoris, si vixerit, illaturus est Grecis TREVET *Troades* 114; dehonestatem ~re W. BURLEY *Vit. Phil.* 202 (v. dehonestas).

infertilis [LL], infertile, unfruitful (also fig.).

predia .. fertilissima sibi reservans, .. ~iora colonis sive comitibus permittebat *Jus Feudale* 20.

infertilitas [LL], infertility, unfruitfulness.

s1193 frugum et fructuum ~as COGGESH. *Chr.* 60; **s1193** secuta est ~as fructuum atque frugum M. PAR. *Maj.* II 399; **s1193** frugum et fructuum ~ates OXNEAD *Chr.* 94.

inferus [CL]

1 of or inhabiting the underworld, infernal.

taediosum est plus scribere .. de ~is hominibus .. de Chirone, Niobe, Daedalo .. *Lib. Monstr.* I 56; Sathanas et omne ~orum satellitium gratias .. de Tartaro emittebant W. MALM. *GR* III 237.

2 (as sb. m.) inhabitant of the underworld, dweller in hell.

jure caelestium et terrestrium ~orumque ALDH. *Met.* 2 p. 65; hunc ~orum regem [sc. Plutonem], terrarum viz. presulem ponunt ALB. LOND. *DG* 6. 1.

3 the underworld: **a** Hades, as represented in Classical literature; **b** hell, as represented in Christian literature.

a Homerum .. si ab ~is emergeret ALDH. *VirgP* 29; [Theseum] Hercules liberavit et ob id quasi ab ~is receptus dicitur *Lib. Monstr.* I 36; belua Lernae describitur quam nunc apud ~os esse *Ib.* II 8; ALB. LOND. *DG* 6. 20 (v. habitaculum 2a). **b** coepit narrare quia videret ~os apertos et Satanan demersum in profundis Tartari BEDE *HE* V 14 p. 314; virtus Patris et voluntas frangens claustra inferorum ALCUIN *CR* 909; Domine, .. qui propter nos ad ~os discendere dignatus es *Nunnam.* 78; contra portas ~i LUCIAN *Chester* 52; Christus .. ad †inforos [l. inferos] descendit (*Ord. Gilb.*) *HBS* LIX 36; WALT. WIMB. *Carm.* 484 (v. 2 faux 1b); Christus .. descendit in ~os *Ann. Exon.* 6.

infervēre, ~escere [CL]

1 to be or become very hot (fig.), to rage.

bellum ~ebat asperrimum *G. Hen. V* 13.

2 (trans.) to make hot, bring to the boil.

adjuratio ferri vel aque ferventis: .. in loco, ubi ferrum accenditur, vel aqua ~escatur [v. l. ~escitur] (*Jud. Dei*) *GAS* 406.

infessatus [cf. fessare], unwearied.

~is mentibus laborantes et semper pervigiles FAVENT 7.

infesse [cf. 2 fessus], unweariedly, or ? *f. l.*

rex .. valide et infesse [v. l. infeste] castellum Cari obsedit *G. Steph.* 31.

infestare, ~ari [CL]

1 to pester, harass, trouble, vex (person); **b** to disturb (place or abstr.).

s44 Pilatus, ~ante se Gaio, propria manu se peremit *AS Chr.*; **a1160** prefatas igitur .. modis eis concessis siquis eas ~are temere aut contra rationem vexare presumpserit *Doc. Theob.* 72; de genere illorum qui se invicem ~are jugiter, exheredare quoque et supplantare, necnon et strangulare non cessant .. vos esse manifestat GIR. *SD* 132; libido maxime ~at hominem T. CHOBHAM *Praed.* 246; **1296** decanus .. clericos .. frequenter ~at *Reg. Cant.* I 129; **1472** ~antur michi .. doctores illi *Cant. Coll. Ox.* III 111. **b** nec tanti regis velis ~are quietem AILR. *Ed. Conf.* 782D; ex parte orientali fuerat una petraria, et duo magguneIla, quae cotidie turrim ~abant *Ann. Dunstable* 87.

2 to infect, infest; **b** (intr.) to fester.

ipsa .. materia minus apta est ~are quedam membra quam alia *Quaest. Salern.* B 297; incipit ~ari cum multo frigore lento calore GILB. I 43v. 2; J. HOWD. *Ph.* 892 (v. fellire b); (J. Bridl.) *NLA* II 70 (v. fel 1b). **b** quatinus .. Deus .. stimulos .. ~antis infirmitatis .. mutaret ASSER *Alf.* 74; **12..** pro defectu medicine infestravit [*sic*] plaga *ICrim* 34/5.

3 to attack: **a** (w. animal as subj.); **b** (w. person as subj.); **c** (w. devil as subj.); **d** (w. ref. to natural force); **e** (intr.).

a sciniphes .. Ægyptios ~abant ORD. VIT. VIII 2 p. 273; instar accipitris, qui nullas unquam ~at aves nido suo proximas MAP *NC* V 2 f. 59v; BART. ANGL. XVI 102 (v. hieracitis); ursus .. trahitur per vicos et verberatur et a canibus ~atur MALACHY *Ven.* 8v; Ludowycus rex Francie, cum una die a musca graviter ~aretur et eam non posset abigere *Spec. Laic.* 41; nulli autem avi ~antur, sed in infestationibus omnium avium patientissime sunt turtures UPTON 204. **b** BEDE *HE* I 6 (v. 1 Francus 1a); regnum ~are solebant H. CANTOR f. 1v (v. Dacus 2a); eos lapidum grandine ~are *G. Steph.* 16 (v. 1 funditor); a .. classe piratica ~ari W. NEWB. *HA* 17 (v. dromo b); si quis .. homagia .. fecerit diversis dominis qui sese invicem ~ent .. GLANV. IX 1; Titanes filii Titani Jovem ~averunt *Natura Deorum* 17; provincias ~antes sevire ceperunt M. PAR. *Maj.* III 202; hunc Saul infestat; Saul Herodis typus exstat *Vers. Cant.* 14; Philistaei .. gens .. molesta super regno Israelitico et ~ata quia prosperitati Judaeorum invidebat *Eul. Hist.* II 25; vix .. hostiles aggressus ~are valebant *Ps.*-ELMH. *Hen. V* 74. **c** plurimum ~abat eum diabolus super fornicatione T. CHOBHAM *Praed.* 145. **d** Eolus .. ventos .. emittit. his mare, id est humanum corpus, quod est intrantium et exeuntium gurges humorum, ~atur BERNARD *Comm. Aen.* 5; celum .. fulminibus ~at GIR. *TH* I 35. **e** propinquitas vero humanitatis oblita, canum mihi ~antium severitatem inseruit B. *V. Dunst.* 6; ~ant aspides et vipere, ~ant dracones GIR. *TH* I 36.

4 to assault (sexually).

cum Vulcanus Palladem de concubitu ~aret priapum impingendo et illa contradiceret se retrahendo, ex impatientia libidinis Vulcanus semen emisit *Natura Deorum* 11; sororum pudiciciam ~avit GIR. *SD* 68; circuibat per diversa patrie loca circumveniens et ~ans juvenculas et illudens eis ejus incantacionibus *Itin. Mand.* 68.

infestatio [CL]

1 harassment, trouble, vexation.

denuntians ei cunctam durae locutionis ~onem EDDI 48; *V. Gund.* 27 (v. gravedo 3a); moneatis, ut ab ~one .. monasterii .. abstineant *Reg. Malm.* I 382; episcopi tamen Cicestrie sepius ~one vexabatur *Chr. Battle* f. 25; **1219** ab ~one mercatorum .. omnino desistant *Pat.* 200; cogitans .. quomodo tales ~ones .. possem extinguere *Eul. Hist.* I 2.

2 infection, infestation.

ASSER *Alf.* 91 (v. gravis 6d); ejus salutem optinui a benignissimo Domino Salvatore ita ut a modo nunquam tangatur hac ~one GOSC. *Transl. Mild.* 25; **1262** ~one febrili adeo depressi fuimus et attriti quod .. *Cl* 176.

3 attack: **a** (by animal); **b** (by person); **c** (by devil or demon); **d** (by natural force).

a conopeum .. in quo solent divites vitare muscarum ~ones OSB. CLAR. *Ep.* 42 p. 162; UPTON 204 (v. infestare 3a). **b** GILDAS *EB* 15 (v. depressio 3a); ob harum .. ~onem gentium Brettones .. auxilia flagitabant BEDE *HE* I 12 p. 26; hostium ~onem diutius non ferentes, terga in fugam verterunt ASSER *Alf.* 42; erat .. Elfredus barbarorum ~one ad hoc redactus inopie W. MALM. *GP* III 130; Avares non ferentes ~onem Sclavorum DICETO *Chr.* 130; ~o Pictorum atque Scottorum .. fidem et fideles funditus fugavit J. FURNESS *V. Kentig.* 27 p. 209; ab illius castelli ~one destiterunt WALS. *HA* I 341. **c** quia .. demonis ~one premeretur conjux BEDE *CuthbP* 15; inmundorum spirituum ~o [*gl.*: i. e. vastatio] FELIX *Guthl.* 45 p. 138; ut .. ab ejus [sc. diaboli] ~onibus tolleretur ALCUIN *Exeg.* 601C; qualiter reclusus liberatus est ab ~onibus diaboli . . . fugerunt ~onum nebule, rediit sereni cordis tranquillitas W. MALM. *Wulfst.* III 27; ex maligni spiritus ~one pestifera *Croyl. Cont. B* 538. **d** procellarum .. et ventorum ~onem *Chr. Melrose* 119.

infestator [CL], attacker, enemy.

cartas largitionum contra omnes emulos et ~ores .. confirmavi ORD. VIT. VII 15 p. 241; in quo instrueris ut vitiorum ~or sis NECKAM *NR* I 64 p. 112; *Chr. S. Edm.* 65 (v. exasperatio 4).

infestatrix, attacker, enemy (f.).

hirundo .. muscarum et apecularum ~ix NECKAM *NR* I 52 p. 103; constat enim Franciam Anglie esse ~icem M. PAR. *Min.* II 419.

infeste [CL], **~im,** aggressively, violently.

c975 mundi hujus principem qui vitiorum sectatoribus ~issime dominatur *CS* 1154; *G. Steph.* 31 v. l. (v. infesse); prosilie bant misere in medium frigiditatis ~im M. PAR. *Maj.* I 315 [= BEDE *HE* V 12: infesti].

infestinanter, aggressively, violently.

cunctis circumstantibus ~anter attonitis (J. Bridl.) *NLA* II 69.

infestinare, to harass, attack.

patriam rapinis ~ans *Eul. Hist.* III 134.

infestinatio, harassment, attack.

c765 crebris ~onibus inproborum hominum in provinciis Anglorum *Ep. Bonif.* 117; Britanni Scotorum, Pictorum, Norwegensium ~onem non ferentes M. PAR. *Maj.* I 178.

infestivus [CL = *inelegant, not charming*], vexatious, disturbing, offensive.

ex bello .. Lewensi divisionem ac odium traxerant ad invicem ~um *Flor. Hist.* II 503; **1343** rumor displicibilis et ~us (v. displicibilis).

infestrare v. infestare.

infestus [CL]

1 antagonistic, inimical.

[Eduinus] regis sibi ~i insidias vitavit BEDE *HE* II 12 p. 110; erant .. duo alites corvi, quorum ~a nequitia fuit, ita ut, quicquid frangere, .. contaminare potuissent, sine ullius rei reverentia damnantes perderent FELIX *Guthl.* 38 p. 118; Godwinus in Dacorum plus quam satis favorem effusus gentis sue quampluribus fiebat ~us *V. Har.* 1 f. 4; crudelior cunctis et ~ior apparebat *G. Steph.* 14; ut illos qui magis utiles vobis fuerint et proficui magis exosos et ~os habeatis GIR. *SD* 122; primo autem beneficenciam portuum eorum principalium, Calisii a dudum, eciam sed precipue Harfleur ab olim ~issime nobis *G. Hen. V* 17.

2 offensive, threatening, violent (also as sb. m.).

ast ille infestos dispergit dente molosos ALDH. *VirgV* 1651; Cecilia infestos laeta ridet gladios BEDE *HE* IV 18 p. 248; **966** non ira cruciabatur ~us, sed caritatis tranquillitate leniebatur patientissimus *CS* 1190; populi .. impetus .. ~us W. MALM. *Mir. Mariae* 154 (v. densere d); ~a .. latrocinia *Ib.* 191 (v. excutere 5a); cervices meorum ~o prorsus edomare nitebatur gladio OSB. CLAR. *V. Ed. Conf.* 5 p. 76.

3 adverse, harmful; **b** painful, excruciating; **c** poisonous, lethal.

verbosa garrulorum loquacitas et ~a saecularium negotia ALDH. *VirgP* 59; sic etiam de numine ~o per contrarium legitur .. ALB. LOND. *DG* 3. 3. **b** capillos sancti capitis adposuit palpebrae languenti et aliquandiu tumorem illum ~um .. mollire curabat BEDE *HE* IV 30 p. 280; cum vim fervoris .. tolerare non possent, prosiliebant .. in medium rigoris ~i *Ib.* V 12 p. 305; ficum existimabant, quod genus ~issimi doloris .. ab infantia habuit ASSER *Alf.* 74; alius [sc. dolor] ~ior .. eum arripuit *Ib.* **c 844** antiquus venenatissimus serpens .. ceu cælydra ~a et pestifera in quorundam pectore adhuc turgescit *CS* 445; non cibariorum xenia .. ulla veneni suspicio reddit ~a GIR. *TH* I 38.

infetare [cf. CL fetare], to be infertile.

1354 vituli: .. de quibus in morina ij, unde j ~ando *Cuxham* 541.

infeud- v. infeod-. **infexio** v. 1 infectio. **inffrectus** v. infrettus.

1 inficere [CL]

1 to immerse in pigment, to dye; **b** (of natural agent) to impart colour to.

Deus .. lanas et .. vellera non potuit .. sanguine aut .. fuco ~ere seu .. colorare ALDH. *VirgP* 56; ~ere, tingere OSB. GLOUC. *Deriv.* 292; purpura vel lana infecta RIC. ANGL. *Summa* 5. **b** [crocus] cum carpitur ~it et tingit manum BART. ANGL. XVII 41.

2 to discolour; **b** to stain (partly fig.).

homo per penitentiam in corpore macie et pallore ~itur, malis etiam contemptibilis efficitur ALEX. BATH *Mor.* II 8 p. 127; vultus sputis inficitur J. HOWD. *Ph.* 117 (v. depingere 2d). **b** infectum scelus BEDE *Ezra* 857 (v. eluere b); angelus hos famulos dignetur reddere tutos: / ut lupus ille ferus subjectos dente rapaci / morsibus infectos laniat non pectore mesto ÆTHELWULF *Abb.* 85; sanctus .. ipsum primo anelam albi coloris, secundo rubei coloris, tertio flavo colore infectam efflare deprehendit (*Tig.* 4) *VSH* II 263.

3 to imbue, fill; **b** to charge, fill (with); **c** to charge with, accuse of.

celestis sapor pectus ejus et palatum infecerat W. MALM. *GR* III 267; totus namque Dei felix infectus amore L. DURH. *Dial.* IV 409; J. HOWD. *Cant.* 139 (v. formido 2). **b** donec totum corpus .. balsamito unguine ~eret W. MALM. *GP* I 66; talentis crumenas infecerat *Id. GR* II 196 (v. congerere b). **c** eum vitiis ~iebant H. HUNT. *HA* VIII 1 (v. divertere 5a).

4 to taint, poison, infect; **b** (pr. ppl. *inficiens*) infective, infectious; **c** (p. ppl. *infectus*) infected.

regem .. veneno infecerunt ORD. VIT. X 21 p. 130; tumor nimius ora ejus ac membra cetera pene omnia ita infecerat R. COLD. *Godr.* 291; aspis .. fontes et arbores veneno ~it et sic de eis gustantes interficit HON. *Spec. Eccl.* 915A; spiritus infecti sperma illud ~iunt *Quaest. Salern.* B 46; quia stant sine regimine nature, putrescunt et ~iunt locum doloris N. LYNN *Kal.* 209. **b** aeris .. clementia tanta est ut nec nebula ~iens nec spiritus hic pestilens nec aura corrumpens GIR. *TH* I 33; unde infectio vel color ~iens attrahit aerem ita infectum ratione similitudinis *Quaest. Salern.* B 164; morborum universalium quidam sunt ~ientes et quidam non GILB. I 1. 1; aer .. corruptus et ~iens *Ann. Durh.* 19. **c** Adam manducans dira est cum morte peremptus, / antiqui infecta et flatu et felleque draconis BONIF. *Aen.* 14; vascula ibi cervisa stabant impleta, sed male gentili errore daemonicis incantationibus ~a ALCUIN *Vedast.* 8; caseos veneno ~os J. FURNESS *Pat.* 121; aerem veneno ~um NECKAM *NR* II 98 (v. 1 densare a).

5 to corrupt with pernicious habit or opinion; **b** (p. ppl. *infectus*) corrupted.

nam Bellona ferox inficit corda venenis ALDH. *VirgV* 1545; ascendentes zizaniis hoc diabolici seminis ~ere temptant BEDE *Sam.* 704; fama boni .. dulci Christianorum animos †ininfecit [MSS: infecit] aura W. MALM. *GR* IV 348; **1281** luxuriam vero non oportet notificare, cujus infamia aerem ~it universum *Conc. Syn.* 904; anima cujuslibet alterius persone a Christo fuit de facto infecta originali BACONTHORPE *Post. Matth.* 263; **1362** sacerdotes adeo jam cupiditatis et accidie vicia infecerunt, quod .. pro labore salaria vendicant .. excessiva *Conc.* III 50a. **b** volente Deo .. familiam suam .. tanta malorum labe ~am auditu tantum tribulationis emendare GILDAS *EB* 22; si

nullo gravi facinore probatur ~us EGB. *Dial.* 410; viperio meretricule ~us sibilo W. MALM. *GR* V 439 p. 511.

2 inficere [CL *as pr. ppl. only*]

1 not to do, to leave undone.

1220 totum negocium nostrum de maritagio .. remanet infectum .. cum hoc nobis in maximum dampnum et opprobrium si sic ~eretur verteretur *Cl* I 429b.

2 to undo, unmake, destroy.

Adam fuit radix naturaliter generans sed moraliter ~iens WYCL. *Ver.* III 208; sic quecumque prius vetus ordo statuta colebat, / mutatis vicibus inficit ordo novus GOWER *VC* IV 236.

3 (p. ppl. *infectus*) not made, uncreated.

humanae naturae necessarium Omnipotentem reliquisse ~um atque imperfectum catholicae fidei regula refragatur ALDH. *VirgP* 56; credo etiam quod idem ipse qui secundum deitatem increatus et ~us est, secundum humanitatem et creatus et factus est J. CORNW. *Eul.* proem.

4 (of action) not performed.

meorum foenus votorum hactenus ~um arguebant ALDH. *VirgP* 59; **1157** que vi vel timore facta sunt pro ~is habentur *Doc. Theob.* 103; ut quidquid in quocunque naturalis ignorantia occultat, id factum aut ~um, nec prosit nec noceat PULL. *Sent.* 866C.

5 (of purpose) not achieved.

ipse opere in medio moriens e carne recessit, / linquit et infectum quod vult existere factum *Epigr. Milredi* 812; ~am invasionem, quod Angli dicunt *unworhtre hamsocne* (*Inst. Cnuti*) *GAS* 615; re ~a ad Oxeneford rediit W. MALM. *HN* 499 p. 58; ~a pace ab utrisque, discessum *Ib.* 513; **1168** nescio enim si voti compotes redeunt petitionibus adimpletis, an hec prosperationis eorum summa sit, quod nuntii regis ~o negotio inglorii revertuntur J. SAL. *Ep.* 238 (277) p. 596; **13..** [pauper muliercula] infecto negocio, / suo pergit hospicio, / dolendo corde tenus (*De Judicibus*) *Pol. Songs* 227.

6 unfinished.

levius est perfectum servare quam ~um facere ADEL. *QN* 43; remansit ipso ecclesia ~a toto tempore Gerardi prioris *Lib. Mem. Bernewelle* 64.

1 inficiare [ML], to infect, poison: **a** (food or drink); **b** (person; also fig.); **c** (absol.).

a pocula diversis inficiata modis STEPH. ROUEN III 802. **b** sic errore suo jam plebes inficiavit *Ib.* 839; morte horribili infra breve spatium ~iati sunt (*Wenefred* 24) *VSB* 298; **s1266** multi de castro potu venenati [MS: venenato] inficiati mortui sunt OXNEAD *Chr.* 232. **c** castellum .. construxisse proposuit .. quod tamen, ~iante Parcarum inclemencia, prothdolor non perfecit *Ps.*-ELMH. *Hen. V* 82.

2 inficiare v. infitiari.

inficienter [cf. CL inficiens], not completely or systematically.

aliter tamen senciunt qui ponunt continuum componi ex indivisibilibus, ut tempus ex instantibus, lineam ex punctis, superficiem ex lineis, et corpus ex superficibus, motus ex mutari, et sic de aliis ~er sumptis; et aliter hoc negantes WYCL. *Log.* I 195.

inficte, unfeignedly.

1452 ~e comprobabo *Cant. Coll. Ox.* III 103.

1 infictio [1 in + 1 fictio], pretence, sham.

s1314 effigies .. cum officio funeris ad ecclesiam sunt portate. .. aliqui .. intenciones ~one hujusmodi ad fidelium animas .. dirigendo .. *Flor. Hist.* III 162.

2 infictio v. infixio.

1 infictus [LL], unfeigned.

ad illum fide ~a currebant BEDE *Luke* 334; verba ~ae veritatis *Id. Tab.* 444B; **c804** rogate illum, ut puro corde et ~a caritate et devota pietate Deo deserviat ALCUIN *Ep.* 269 (cf. *II Cor.* vi 6: in caritate non ficta); **s1421** ~a veritas *Chr. S. Alb.* 67.

2 infictus v. infigere.

infidelis [CL]

1 disloyal, unfaithful.

c796 vere Offa regi nec genti Anglorum numquam ~is fui ALCUIN *Ep.* 82; oppidanos ~es sibi et regi autumabat ORD. VIT. XII 8 p. 332.

2 untrustworthy, unreliable, treacherous.

imbellem .. populum .. ~em .. [gentem] quam solis minis .. subjugavit GILDAS *EB* 5; **706** (12c) sit .. pars ejus cum Juda ~i traditore *CS* 116; ~i autem homini eligatur juramentum (*Inst. Cnuti*) *GAS* 325; **1320** de [..] quia defamavit Adam filium H., vocando ipsum falsum et ~em, iij d. *Rec. Elton* 247; **1416** insultum fecit ipsumque falsum et ~em appellavit *Mem. York* II 60; **1455** (v. disponere 3e).

3 (as sb.) traitor.

~i eligantur juramenta hominum (*Cons. Cnuti*) *GAS* 325 (v. eligere 3a); **1239** domum nostram .. nobis ~ium nostrorum rebellio precluserat (*Lit. Imperatoris*) M. PAR. *Maj.* III 581; **1240** seductorem et ~em appellando (v. depersonare); **s1088** rex .. Willielmus terras ~ium fidelibus suis distribuit BROMPTON 986.

4 unbelieving, infidel, not Christian: **a** (of person); **b** (of abstr.).

a ad idola distruenda ~ium paganorum *V. Greg.* p. 78; quatinus .. ad fidei suscipiendae sacramentum, si ~es essent, invitaret BEDE *HE* III 5; cum principibus ~ibus et Sarracenis .. amicitiam contrahebat R. NIGER *Chr. I* 70; si .. decessit ~is GROS. *Templ.* 7. 2; Constantinopolitana civitas imperialis capitur ab ~ibus Turcis *Eul. Hist.* I 290. **b** loquens etiam de potestatibus ~ibus .. dicit .. OCKHAM *Pol.* I 37.

5 (as sb.): **a** unbeliever; **b** (w. ref. to heretic); **c** (w. ref. to Muslim).

a in aecclesia in qua mortuorum cadavera ~ium sepeliuntur, sanctificare altare non licet THEOD. *Pen.* II 1. 4; gloriam Deo ab ~ibus denegatam ALDH. *VirgP* 51 (v. dare 7a); BEDE *HE* IV 14 (v. exstinguere 2a); signa .. propter ~es data H. BOS. *Thom. pref.* p. 156 (v. dare 12a); vallis .. est unus introitus inferni. .. intrant tam Cristiani quam alii plures, sed pauci revertuntur, maxime de ~ibus *Itin. Mand.* 104; **1496** (v. discooperire 4b). **b** **s1214** contra eosdem [sc. Albigensium hereticos] Christi ~es *Plusc.* VII 3. **c** **s1177** numerus ~ium .. videbatur excedere fere fideles in centuplum DICETO *YH* I 423; J. LOND. *Commend. Ed. I* 8 (v. doctrinalis b); AD. MUR. *Chr.* 57 (v. fronterium 1a); **1363** se ipsos et sua pro .. impugnatione ~ium orientalium partium exponentes (*Lit. Papae*) *Mon. Hib. & Scot.* 325b; populus ~ium .. invalescit et invadit undique Christianos (WYCL.) *Ziz.* 265; **s1199** urbem Constantinopolitanum de manibus ~ium .. eripiunt *Plusc.* VI 37.

infidelitas [CL]

1 unfaithfulness, inconstancy; **b** untrustworthiness, unreliability; **c** discredit, dishonour.

mortalis vite brevitas, hominumque ~as, temporum mutatio .. ORD. VIT. V 19 p. 440; qui considerans constanciam beate virginis. sue pariter recordatus est ~atis *V. Chris. Marky.* 14; gens .. sola ~ate fidelis GIR. *TH* III 21; *Ps.*-ELMH. *Hen. V* 73 (v. eclipsare c). **b** **1481** (v. discretor 2). **c** quidam etiam eorum nescio quid stridendo resonabant, quod simpliciores fratres nomen Dei ineffabile dicunt .. non tamen hoc illis reputo ad ~atem, quod simplicitas extorsit per timorem *Mir. Wulfst.* II 10 p. 156; **1419** sub pena perpetue reprobacionis et dedecoris ac suorum armorum reversacionis et perpetue ~atis juravit quod .. *Foed.* IX 743.

2 breach of fealty, treachery.

de ~ate rectatus (*Leis Will.*) *GAS* 518 (v. defalta 1a); ~as erga dominum, secundum legem saeculi inemendabile est (*Quad.*) *GAS* 353; ~as et proditio (*Leg. Hen.* 10 1) *Ib.* 556; **1167** (v. deficere 6c); **s1226** clamor ~atis, que in urbe invaluerat, ad papam ascendit M. PAR. *Maj.* III 117; **1254** si fuerit iterum convictus super aliqua ~ate sive super aliqua transgressione contra communam gilde, amittet gildam *Rec. Leic.* I 68; **13..** si aliquis captus pro latrocinio vel pro aliqua ~ate [et] judicatus fuerit, ille qui sequitur faciet justiciam (*Cust. Preston*) *EHR* XV 497; FORDUN *Cont.* XIII 50 (v. 1 deferre 8d).

3 (state of) unbelief, want of Christian faith.

habentes fidem et, ut verius dicam, ~atem in conscientia impura GILDAS *EB* 109; **597** multi in Anglorum gente qui dum adhuc in ~ate essent .. (*Lit. Papae*) BEDE *HE* I 27; nisi quis obstinata nefandae ~atis frena in frusta confregerit ALDH. *Met.* 2 p. 66; plura mirabilia per eum Dominus faciens, quam propter infirmorum ~ate conatus sum scribere *V. Cuthb.* III 1; ~atis que fuit in Judeis HALES *Sent.* III 307 (v. dubitatio b); ut lucerna .. ~atis tenebras illustraret M. PAR. *Maj.* I 532; de conjugio alicujus conversi ad fidem, altero conjuge in ~ate remanente OCKHAM *Pol.* I 283; omnique ~ate abrasa, Christiane fidei lumine illustravit *Plusc.* VI 16.

infideliter [CL = *disloyally*]

1 not conscientiously, in bad faith.

cum .. a fidelitate .. Anglorum regi exhibita non minus ~iter quam irreverenter resiliisset GIR. *EH* II 7; **1280** ~iter se exercent (v. exauctorare 3a).

2 in disbelief, without Christian faith, as a pagan.

fidei nostrae causas omnibus intimemus sive fideliter sive ~iter quaerentibus BEDE *Ep. Cath.* 57; GOSC. *Mir. Iv.* lxx (v. fideliter 5); quidam maleficus Walensis decessit satis nuper ~iter MAP *NC* II 27 f. 33; WYCL. *Ver.* II 7 (v. haeretice); *Ziz. app.* 483 (v. gentilis 4).

infidus [CL]

1 disloyal, unfaithful, not believing.

quem [sc. Paulum] Deus infidum caeli clamavit ab arce ALDH. *CE* 4. 2. 5; dedit .. repudium femine maritus ~us W. MALM. *GP* V 272; fideli / me pudet infidam nos tenuisse fidem L. DURH. *Dial.* III 12.

2 untrustworthy, unreliable, treacherous.

ALDH. *VirgV* 778 (v. gener a); mulier repleta vanitate ~a talemque concipiens mente lubrica qualem notabat in imagine laesa GOSC. *Mir. Aug.* 29 p. 558; si discederent ~i proditores timidique desertores palam censeri verebantur ORD. VIT. IV 4 p. 186; *G. Steph.* 77 (v. incestor); H. HUNT. *HA* VIII 17 (v. donativus 1b); DEVIZES 39v (v. homuncio 2); ~us ad consilia P. BLOIS *Ep.* 18. 67A; **c1298** predicantur undique fraudes infidorum (*Dunbar* 21) *Pol. Songs* 162.

3 uncertain, in which no confidence should be placed.

inscius egregios aegris conatibus actus / ordior; en mutilum quo fert fiducia sensum / ausibus infidis? FRITH. 3.

infigere [CL]

1 to drive in, fix in (nail, weapon, or sharp object); **b** (boundary mark); **c** (plough) (in quot., fig.).

ballistis infixo molari lapide ictus in spinam crepuit *Lib. Monstr.* III 9; singulae earum [sudium] .. inmobiliter erant in profundum fluminis infixae BEDE *HE* I 2; clavos .. infixos GOSC. *Transl. Mild.* 24 p. 191 (v. gemere 2c); rex ingentes ex quercu palos .. humo ~i fecit ORD. VIT. IV 16 p. 280; [Jhesus] et Leviatan faucibus / hamum novit infigere J. HOWD. *Cyth.* 132. 9; tela facile volant et cordi ~untur [ME: *stikeð*] *AncrR* 15; ~o, A. *to styke WW*. **b** **1147** debet .. signum in aqua ~i (v. avironatus); **1538** lapidea .. signa .. inter terras .. infixa (v. divisivus c). **c** sulcum saluberrimae doctrinae vomeremque Dei visitationis infixit B. *V. Dunst.* 2.

2 to pierce, stab.

inruit in quamdam spinulam .. quae medilanium plantae ipsius ~ens, tenus talum rumpendo, totius pedis cratem perforavit FELIX *Guthl.* 45 p. 138; tibia sua ferrum ~it W. CANT. *Mir. Thom.* III 15; gestans cautius lanceam Follonem in summitate pectoris infixit *Eul. Hist.* II 323; **1464** cuspis fixorii infixit caput ejus (v. fissorium).

3 to fasten, fix (in place): **a** (part of body); **b** (artefact); **c** (jewel or design); **d** (p. ppl.) set.

a grex catulorum .. in orientali parte insulae .. terribiles infixit ungues GILDAS *EB* 23; infixit cornua fibris *Mir. Nin.* 224 (v. fibra 4a); puerum .. cui virosos molares anguis infixerat W. MALM. *GP* V 247; [porcorum] quos partim devoraverat partim .. verubus infixos .. torrebat G. MON. X 3; huic cornui, velut rami inserti stipiti, alia cornua ~untur *Quaest. Salern.* B 168; crines .. poris .. erant infixi *Ib.* P 125 (v. eminentia 1b); ~untur dentes gingivis *Ps.*-RIC. *Anat.* 30 (v. gingiva). **b** OSB. GLOUC. *Deriv.* 231 (v. fixula); **c1275** ~ere hesias (v. hesa 4); **1344** pro vij candelabr' empt' pro cameris in parietibus ~endis *Ac. Durh.* 118; rex et regina .. preter cereos .. offerunt aurum et argentum cereis .. infixum W. SAY *Lib. Reg. Cap.* 62; quasi acus acuti infixi AVESB. 119b (v. 2 flagellum 1b). **c** **1363** duo costrelli de cristallo muniti argento deaurato cum lapidibus infixis *DocExch* 279; **1430** cruce Sancti Georgii in vestibus eorum infícta *Chr. S. Alb.* 51; **1444** item unum velum quadragesimale de panno lineo albi coloris cum cruce rubea infixa in eodem . . . item due tabule parve una earum deaurata cum lapidibus preciosis infixis in eadem *Deeds Newcastle* 51; **1467** aurifabro .. unum leonem in eodem [sc. sigillo] ~ente (*TR Bk*) *JRL Bull.* L 470. **d** **1415** unum anulum infixum cum uno diamond' *Reg. Cant.* II 89.

4 to strike (root).

peccatum pertinacem radicem ~it W. MALM. *GP* V 276; frutex .. radices infixerit AILR. *Spec. Car.* II 21 (v. frutex 1b).

5 (w. *crux* or sim.) to affix cross (to confirm transaction).

704 ego Coenredus .. propria manu crucem infixi *CS* 111; **786** signum .. crucis ~entes ALCUIN *Ep.* 3 (v. exarare 2b); **862** (14c) ego Æþelsuið regina huic donacioni regis concesse signum crucis infixi *CS* 503; **1001** signum crucis ~endo (v. 2 firma 4).

6 to fix, direct (gaze).

diutius stetit adtendens quam studiose oculos pagine ~eret WULF. *Æthelwold* 35 (= ÆLF. *Æthelwold* 24); oculos mercimoniis ~ebat W. MALM. *GP* V 224; cum Rex vibrat in eis aciem, / sacram eis infigens faciem J. HOWD. *Ph.* 281.

7 to fix (in the mind), impress (on the memory).

quatenus amor divinitatis artius vestris ~atur in mentibus BEDE *Hom.* II 11. 159; aequalitatem .. vestris mentibus ~at EGB. *Pont.* 71 (v. 2 essentia 4d); **798** nostris visceribus

infixit caritatem Alcuin *ad Beatum* 318; sapiencia .. perpetue memorie ~i solet Gir. *SD* 94; habemus regulariter infixam humane nature noticiam Duns *Ord.* III 117; in memoriae penetralia ~antur J. Herd *Hist. IV Regum* 5 (v. dissolvere 3e).

8 to impose, inflict.

letalia dentium vulnera patriae ~ebant Gildas *EB* 12; animabus multorum virus eterne mortis infixit Osb. Clar. *V. Ed. Conf. ep.*; nec .. episcopatus onus .. consuetis miraculis ferias infixit W. Malm. *GP* I 66; gravissimum pondus detrimentorum clericis et laicis male infixum est Ord. Vit. VII 14 p. 222; Turci .. mortes eminus inimicis creberrime ~unt *Ib.* IX 8 p. 511; si is qui parvum vulnus infixit spiritus habeat venenosos *Quaest. Salern.* B 269.

infigurare, (p. ppl. as sb. n.) depicted subject, represented object.

alia .. est species et racio ~ati et aeris; quod patet ex hoc quod aes manet quando fit statua, ~atum autem non Siccav. *PN* 54.

infilare [cf. 1 filare]

1 to plait, braid.

1345 [pro factura] unius supertunice estivalis pro equitatura pro rege infilat' circumquaque manic' et frounc' de filo aurato (*KR Ac* 390/5) *Arch.* XXXI 7.

2 to file (document).

c1450 recepta den' in com' Lync' .. que quidem bille huic compoto ~antur (*Househ. Ac.*) *MS De L'Isle & Dudley* 76 (v. *HMC De L'Isle & Dudley* I 212).

infilatio [cf. 1 filatio], collection of documents, file.

1555 ut patet in ~one *Rec. Norw.* I 313 n. 2.

infilialis [cf. LL filialis], unfilial.

sane cum illa filii contra patrem ~is vesania fere biennio debacchata noscatur W. Newb. *HA* II 31.

†infiltritus, *f. l.*

supra morsuram [serpentis] fiat emplastrum ex nucibus et ficubus et sale et allio †infil'tritis [l. in filtro tritis] Gilb. VII 354v. 2.

infimare [CL], to bring down to the lowest level.

~atus, inferius depressus Osb. Glouc. *Deriv.* 289.

infimus [CL *superl. of* inferus]

1 lowest in position; **b** (of tide); **c** (of pitch); **d** (as sb. f. or n.) (thing in) lowest position, lowest region.

Ps.-Ric. *Anat.* 41 (v. fovea 10); Bacon IV 435 (v. eccentricus a). **b** Thorne 1934 (v. 1 fluctus 2b). **c** soni ~is Garl. *Mus. Mens.* 16 (v. gravis 9c). **d** Bede *Hom.* I 24. 99 (v. fastidire 1a); **934** (v. dulcescere); **961** almus .. Conditor superna †infamaque [l. infimaque] miro ineffabilique ordine collocans *CS* 1067; cum terris redolens infima presseris, / Augustine placabilis Wulf. *Poems* 166; currus [Phaethontis] .. perustis summis et ~is .. in Eridanum fluvium corruit *Natura Deorum* 25.

2 furthest from the surface, deepest; **b** (as sb. f. or n.) deepest part, inmost recess.

[terra] in qua vivimus inferos esse antiquorum maximi voluerunt est enim omnium ~a circulorum planetarum viz. vij Alb. Lond. *DG* 6. 2; in spherico .. corpore illud quod medium est ~um est. unde quod medium est in terra ~um est Neckam *NR* I 16. **b** de ~o cordis singultus eructans *Found. Waltham* 7; item que tantum corpora sunt, ut mineralia, habent naturalem posicionem in ~a Fishacre *Quaest.* 44.

3 (of rank or circumstance) lowest, humblest; **b** (as sb. n.) humblest creature.

a988 ~us dulorum (v. dulus); aliquando in solo opere, ut si quis ~us per ignorantiam assideat regem *Simil. Anselmi* 22; ex ~is Normannorum clientibus Ord. Vit. IV 7 (v. erigere 6a); sanguinis ~i *G. Steph.* 14 (v. 1 honor 6a); servis ~is Gir. *TH* I 13 (v. exponere 3); Constantinus de ~a familia R. Niger *Chr. I* 48; ad ~am creaturam R. Marston *QD* 297 (v. gradatim 2); ponit eam immediate creatam ab ultima et ~a intelligencia Duns *Ord.* II 9. **b** anima est ~um in genere intelligibilium, sicut materia in genere encium *Ib.* III 276.

4 vilest, most despicable.

~i amoris Aldh. *VirgP* 17 (v. 2 dilectio 2b); ~ae suavitatis holus Bede *Luke* 576 (v. holus b); carnis redegit infimas libidines (*Tig.*) *VSH* II 269; nec sinatis carnem ~am [ME: *lachȝe*] ei [sc. amori] dominari nimis *AncrR* 45.

infinalis [ML], not final, not definitive, impermanent.

de impenitentia finali vel infinali P. Blois *Ep. Sup.* 60 *tit.*; quomodo insuper verax Deus, qui .. vult se diligi et coli ab hominibus, super omnia propter seipsum finaliter, non seipsum sed aliud ~e et beatificum premium eis reddet ..? Bradw. *CD* 103D.

infinalitas [ML], non-finiteness, infinity.

qui hanc ipsius ~atem ignoramus cum haec ~as sit ipse, quid ipse sit quomodo non ignoramus? Ad. Scot *QEC* 29. 856D; nec potest ullo modo .. pro sua ~ate mensurari *Ib.* 30. 859B.

infindere [CL], to cleave (furrow in ground).

Aldh. *VirgV* 645 (v. dirigere 1b).

infingere [LL], to contrive, fabricate.

ingenii splendore non inficto sed reali *Quadr. Reg. Spec.* 31; non inficta apparencia sed in facti evidencia *Ib.* 34 (= Bacon V 47: non in ficta apparencia set in firma et vera facti evidencia).

infinibilis [CL]

1 that cannot be ended, infinite.

hoc thesauro emuntur celestes divitie .. regnum ~e P. Blois *Serm.* 55. 723B; affectare divitias, que .. in fine ad ~em mortem ducunt *Id. Ep.* 60. 180B; pena ~is pravis deputata judicibus non deterret *Ib.* 95. 302D; sciemus .. de Christo .. an sit ~is eternitatis Holcot *Wisd.* 95.

2 that may not be affected by a final cause.

probatur consequentia prima, sc. quod si est ineffectibile, ergo est ~e Duns *Ord.* II 163; *Ib.* 166 (v. finibilis 2).

infinibilitas, unendingness, infinity.

per finalitatem vivendi pervenitur ad ~atem E. Thrip. *SS* IV 24; morituros .. per perpetuitatem .. eternaliter .. per ~atem *Ib.* VII 6.

infinibiliter, unendingly, for infinity.

quod .. examinator absolutus infinitos ~iter destinaverit ad tormenta E. Thrip. *SS* II 1.

infinis, boundary.

1381 quod .. servientes .. poterint venari cum canibus .. in .. locis .. infra ~es [*sic* MS] et limites supradict' (*Ch. S. Alb.*) *MonA* II 240.

infinitanter [ML], without limitation, in a manner that makes indefinite.

alio modo potest distingwi illa 'illa entitas est non deitas'; quia vel ly 'non deitas' tenetur materialiter significative et ~er, ita quod sit sensus 'entitas est res que non est deitas', tunc illa est vera. et non sequitur quod 'illa entitas non sit deitas'. alio modo quod si ly 'non deitas' teneatur formaliter, significative et ~er, ita quod sit sensus quod 'ista entitas sit nequaquam deitas' tunc est falsa Wycl. *Misc. Phil.* II 100.

infinitare [ML], to make infinite or indefinite (also absol.).

dicendum quod hoc nomen 'a' non potest ~ari Neckam *SS* II 7. 5; Bacon XV 237 (v. infinite 1); Ockham *Pol.* II 553 (v. infinitus 2a); est intelligendum quod negacio ~ans terminum extra captum ~abit in comparacione ad verbum. ut sic dicto 'omnis homo non albus curret', ~atur iste terminus 'non albus' pro omni homine qui est vel qui erit non albus Wycl. *Log.* I 143.

infinitas [CL]

1 infinity, limitless extent.

~as illa multiplex sub numerum redacta scientie comprehensu non careret Adel. *ED* 18; quod esse non potest, quoniam ubi est ~as ibi non est terminus J. Blund *An.* 281; cum ipsa plenitudo [beatitudinis] in se claudat ~atem Gros. *Cess. Leg.* I 4. 4; demonstravit quod revolucio precedit revolucionem et homo hominem in infinitum, et sic posuit ~atem in omni genere cause Siccav. *PN* 90; ex hoc concluditur de bono, quia .. qui ponit ~atem in finibus, destruit naturam boni, quia destruit naturam finis Duns *Ord.* I 93; ~as actualitatis non requiritur semper ad produccionem puri possibilis in genere entis T. Sutton *Quodl.* 69.

2 large number; **b** great amount.

quantalibet .. peregrinorum ~as intrans urbem W. Fitzst. *Thom. prol.* 10; aliorum .. ~as captivorum numerum excludit, qui omnes Mediolani detinentur Diceto *YH* I 409; navali bello .. Francigene sub ~atis multitudine .. expugnati et dissipati .. sunt *Flor. Hist.* II 165. **b** recuperat quicquid .. papa .. adquisivit pecunie fusa ~ate Oxnead *Chr.* 206.

infinitatio [ML], act of making infinite, removal of limitation, state of being infinite.

sciendum etiam, quod quandoque [sc. non] sistit in uno termino et tunc facit ~onem, quandoque fertur ad compositionem unius cum alio et hoc dupliciter, aut faciendo negationem in genere aut extra genus (Shirwood) *GLA* III 22; potest cadere [negatio] super formam communissimam in genere substantiae, ut si diceretur non-substantia, ex qua ~one alia aliqua natura accidentis potest intelligi *Ps.*-Gros. *Summa* 347; materia non erit causa ~onis in numeris Bacon XIII 167; verbum dicitur inpersonale propter privacionem persone, que est personalis proprietas, et non per ~onem persone *Id.* XV 80; per 'animal' potest intelligi asinus, leo, capra; istud dico ut in pluribus et non in omnibus, quia ~o entis et unius et alicujus nichil ponit *Ib.* 235; sequitur possibilitas ~onis mundi Wycl. *Dom. Div.* 109.

infinite [CL]

1 without specificity, in general terms.

significant tamen aliquid ~e, quia substanciam cum qualitate generali infinitando de dictionibus sincategoreumaticis que sunt nomina Bacon XV 237.

2 to an infinite extent; **b** (hyperbolic).

si in hos principia ipsa ducantur, erunt quoque ex eis producti ad invicem primi, eodemque modo ~e omnium in se ductorum extremitates Adel. *Elem.* VII 27; A diligit ~e B quia uterque est Deus infinitus Ockham *Quodl.* 7. **b** uno quolibet [labore] finito, alii graviores ~e succedebant *G. Steph.* 32.

infinities [ML], an infinite number of times, to an infinite extent; **b** (hyperbolic) often, frequently.

dabitur itaque in hac die artificiali bis, immo ~ies futurum esse meridiem apud eosdem Neckam *NR* I 9; Gros. 52 (v. finities); prima ponit quod ipsa [essentia] est replicabilis sub forma ~ies de se .. ita quod ~ies replicata in unam partem et sine distinccione sit causa linee Kilwardby *OS* 188; item fallit illa propositio, quando est abscissio partis improportionabilis, sicut est in angulo contingentie, qui si ~ies abscindatur ab angulo rectilineo, nunquam tamen eum consumit totaliter Peckham *QA* 116; Deum qui millesies et ~ies melior [ME: *hundred siðen, ȝe þusent þusent siðen betere*] est toto mundo *AncrR* 118; omne coruptibile ~ies potest incipere et desinere esse Wycl. *Act.* II 1 p. 66. **b** quasi ~ies accidit error in textibus Latinorum in omni facultate Bacon *Gram. Gk.* 82; vobis .. me .. ~ies recommendo *Reg. Whet.* II 412; postremo, ubi destituisset eum sermo, ~ies crucifixi typum osculabatur, et sublata manu se crucis signaculo identidem muniebat Ferr. *Kinloss* p. 83.

infinitivus [LL], infinitive, not finite; **b** (gram.); **c** (w. *modus*, w. ref. to verb); **d** (w. ref. to pronoun); **e** (as sb.) an infinitive.

ad tabernaculum celsitudinis et incircumvenibilis ~um ducit ad habitaculum E. Thrip. *SS* I 5; sunt .. admirationis ~e *Ib.* I 22. **b** 'illud' .. in secundo sensu sumitur, et est, subjectum significatum orationis ~e *Ziz.* 75. **c** ita ~o modo 'compescere', 'infindere' Aldh. *PR* 132; eadem in ~o modo paenultima syllaba A et E et I productas habent Bede *AM* 104; ~us modus est, qui sensum sine alio verbo implere non potest, ut puta 'scribere'; Bonif. *AG* 496; potest etiam dici quod non sunt opposita quia verbum ~i modi quod ampliatur a verbo volendi et non a negatione S. Langton *Quaest.* 144; est modus unus qui nullam dicit determinatam inclinacionem, sed materialiter ad omnem inclinacionem consignificatur et dicitur modus ~us *Ps.*-Gros. *Gram.* 49; acusativus .. cum modo ~o Bacon XV 40 (v. finitivus 2). **d** *gif ic cweðe* nescio quis hoc fecit .. *þonne byð se* quis ~um, *þæt is, ungeendigendlic* Ælf. *Gram.* 113. **e** sic et ~o tempore praesenti a passivo 'numerari' Aldh. *PR* 131; pleraque neutra in futuro ~i deficiunt Alcuin *Gram.* 876B; *Ib.* 882A (v. gerundium); non omnis, immo talis qui principium aliquod motus esse potest ut 'posse', 'scire', 'velle', 'incipere', unde omnia talia cum ~is verborum construuntur ut 'possum legere' *Ps.*-Gros. *Gram.* 61; ~us vero et adjectivum in neutro genere potius substantivantur quam in masculino vel feminino Duns *Ord.* IV 32.

infinitupliciter, an infinite number of times, to an infinite extent.

quotquot enim denarios quis habuerit, tottupliciter habet communem denarium, ut si infinitos denarios habet, ~iter habet communem denarium Wycl. *Log.* II 62.

infinitus [CL]

1 (gram.) indefinite, infinitive (also as sb.): **a** (of verb); **b** (of pronoun).

a verbo .. finito vel ~o Anselm *Misc.* 337 (v. facere 25); 'sum', 'es', verbum anomalum, inde ab ejus ~o 'esse' 'hec essentia' Osb. Glouc. *Deriv.* 514; ~um enim verbum non est verbum, quia omne verbum potest constituere oracionem perfectam cum nomine Bacon XV 237. **b** pronomina .. ~a *Ps.*-Gros. *Gram.* 45 (v. finitare a).

2 having no artificially imposed limit, unrestricted, general; **b** (of power) unlimited, absolute. **c** (*ad, in, per ~um*) without restriction, to an unlimited extent.

quoniam hujusmodi principia nec ut prima pauca, et adeo communia ut non ad unam aliquam artem nec rursum ~a BALSH. *AD* 19; ~a divisio KILWARDBY *OS* 190, MIDDLETON *Sent.* I 382 (v. finitas); essencia .. ~a .. bonitas .. ~a *Quaest. Ox.* 347 (v. formaliter 2); ~um est quod aliquod finitum datum secundum nullam habitudinem finitam precise excedit, sed ultra omnem talem habitudinem assignabilem adhuc excedit DUNS *Ord.* II 207; hec est affirmativa de termino ~o, quia non est ibi necessario infinitans OCKHAM *Pol.* II 553. **b** ~e potencie SICCAV. *PN* 100 (v. dividere 4b); potencia ~a DUNS *Ord.* IV 157 (v. extendere 9a). **c** breve sit omne finibile ad ~um tendenti GOSC. *Lib. Confort.* 88; in ~um GIR. *TH pref.* p. 20 (v. horizon a); in ~um *Fleta* 428 (v. duplicatio 3); Deus distat in ~um a creatura DUNS *Ord.* II 200; habebis humiditatem omnium corporum liquabilium et rem illam, que dissolvit omnia corpora et Mercurium in lac per ~um RIPLEY 128; habebis elixir tuum multiplicatum eousque, quod deinde modo predicto multiplicare poteris in ~um *Ib.* 308.

3 infinite: **a** (of being); **b** (of God).

a ~um ens DUNS *Ord.* III 40; dicunt ens esse ~um T. SUTTON *Gen. & Corrupt.* 74. **b** quanto magis ~issimus ille sibi reservat infinita GIR. *TH* I 13; quod Deus sit ~us intensive OCKHAM *Quodl.* 741; Deus .. ~us BRADW. *CD* 27A (v. extensive b).

4 having no limit in space, infinite in size or extent; **b** (hyperbolic) large, extensive.

ADEL. *QN* 25 (v. 1 diameter 2a); magnitudinem .. ~um KILWARDBY *OS* 181 (v. dissonare 2b); ~a linea DUNS *Ord.* IV 208 (v. finis 3b). **b** ex ~o oceano BEDE *HE* IV 14 (v. erumpere 2b); hyatu .. ~o MAP *NC* IV 12 f. 54v (v. dehiscere a).

5 having no limit in time, of infinite duration.

[Christus] regnans .. per ~a semper saecula saeculorum. amen. ALDH. *PR* 142 (143) p. 204; saeculorum ~orum BEDE *Gen.* 109 (v. dogmatizare 1a); laus et gratiarum actio per ~a saecula saeculorum OSB. *Mir. Dunst.* 26; ~a annorum .. spatia ADEL. *Elk.* 3 (v. dimetiri a); per ~um tempus in infinitum dolebit OCKHAM *Quodl.* 173.

6 infinite in quantity or amount, (hyperbolic) large in quantity or number, many; **b** (as sb.) a large number.

quare tantum certamen .. praestas .. Deo ~is sceleribus? GILDAS *EB* 32; Scithicae gentis impetum quae cum ~o duelli apparatu .. provincias .. populabatur ALDH. *VirgP* 48; promittebat .. ~am pecuniam auri et argenti si .. G. MON. VIII 13; mures ~issimi GIR. *TH* I 27 (v. demolire b); quoniam .. ~i scholares hoc alicui debriati et in furorem versi J. CORNW. *Eul. prol.*; ecce his et aliis ~is auctoritatibus edocemur *Ib.* 5; ~e galee DICETO *YH* II 30 (v. dromo b); BACON *CSTheol.* 36 (v. dispergere 1e); pauci Flandrite ~os Francos ceperunt *Flor. Hist.* III 111 *in marg.* **b** rex signo sanctae crucis humerum insignivit, et infiniti cum eo DICETO *Chr.* I 256; a motione plaustri usque ad decessum in Waltham crucifixi, ~is reparatio sanitatis ex diversis languoribus restituta est *Found. Waltham* 10.

7 (of emotion, quality, action, condition) very great in degree, intense.

in tantum .. desperare coepit, ut ~um et inportabile opus se incoepisse putasset FELIX *Guthl.* 29 p. 96; **933** ~ae letitiae jocunditatem *CS* 694; ~a delectabilitas J. HOWD. *Ph.* 208 (v. delectabilitas); sine defectu ~o PECKHAM *QA* 14 (v. defectibilitas); actionem ~am GROS. 97 (v. fessitudo); morbo ~o BACON *CSPhil.* 406 (v. damnabiliter); cum magno vituperio .. et ~o populi scandalo *Proc. A. Kyteler* 14.

8 (n. as adv.) greatly, much.

ex cujus commercio reponitur in spe restitucio ~um majoris boni nature pro die judicii WYCL. *Ver.* II 27; quanto magis episcopus animarum, ~um plus diligens vineam sue ecclesie *Ib.* 141; ~um abjeccior .. ~um perfeccior *Id. Apost.* 127 (v. fabinus).

infrigiare [cf. firgiare], to fit with fetters.

1214 adduxerunt eum a .. celario ~atum usque in vicum de T. et hoc de media nocte *SelPlCrown* 69; quidam homo, sc. D. de W. ~atus qui captus fuit pro quodam rapo .. evasit de prisona *PlCrGlouc* 301.

1 infirmare [CL], **~ari** [LL]

1 to weaken (person or part of body) by illness; **b** (pr. ppl., also as sb.); **c** (of animal).

794 de Mopso, qui apud Sanctum Martinum .. ~atus est ALCUIN *Ep.* 25; ~atur apud regium quod exstruxerunt Westmonasterium HERM. ARCH. 22; cum ~atus ad finem vitae venisset *DB* I 177ra; accipiens pedem ~atum sibi super genu posuit ALEX. CANT. *Mir.* 41 (I) p. 239; per nuntium viro Dei se .. ~ari .. insinuavit EADMER *V. Osw.* 27; non recolit uter oculus magis fuerit ~atus *Canon. G. Sempr.* 145; Christus iram mihi convertit in gratiam, ~ari me volens, ne gravius ~arer P. BLOIS *Ep.* 31. 105C; **1254** quod curam capiat de Henrico .. ~ato apud Burdegalam et ipsum in necessariis exhibeat donec convaluerit *RGasc* I 416; si nec corpus nec spiritus ~arentur [ME: *nere sech*] *AncrR* 59; finge te infirmum et significa mulieri illi quod amore ejus ~ares *Latin Stories* 16. **b** **597** quod uni personae ~anti conceditur (*Lit. Papae*) BEDE *HE* I 27 p. 56; indicans ei uxorem suam pene usque ad mortem ~antem *V. Cuthb.* II 8; ad medellam ~antium BEDE *HE* III 10 p. 147; Walterus .. et Radulfus .. dixerunt se vidisse Antelinam ~antem tumore ventris *Canon. G. Sempr.* 153; viaticum quoque salutare ~antibus .. dari concessit G. COLD. *Durh.* 19; **1314** in .. inunccione ~ancium (v. communicatio 4); rege ~ante et debitum solvente *Eul. Hist.* II 307. **c** aquas .. has ~antibus jumentis sive hominibus gustandas dederint BEDE *HE* IV 3 p. 212; equus capelle tunc ~abatur *Rec. Wardr.* 44; bidentes .. poterint .. ~ari *Fleta* 169 (v. escaeta 2d).

2 (rhet.) to lessen the effect of, invalidate (argument).

per has [septem circumstantias] .. et confirmari potest causa et ~ari ALCUIN *Rhet.* 6; omnis res paene unde confirmari potest, inde et ~ari potest *Ib.* 32.

3 (leg.) to annul (law, regulation, or judgement).

hujus malignitate perculsi, Saxones decretum .. protulerunt, sed id Ethelwulfus benignitate sua ~avit W. MALM. *GR* II 113 p. 118; **a1137** (v. elemosina 3c); **c1170** inhibentes ne quis eam [sc. confirmacionem] ausu sacrilego ~are presumat *Cart. Chester* 79 p. 120; **1191** (v. exspirare 2d); **s1261** provisio [sc. *of Oxford*], regi et regno salubris, ~atur *Flor. Hist.* II 467; *Ziz.* 20 (v. falsificare 1a); absque animo et intentione .. nostrum testamentum revocandi aut ~andi (*Test. Hen. V*) *EHR* XCVI 98; **1430** si judicium predictum sit ~atum, nullatum seu reversatum *Cl* 281 m. 15*d*.

4 to weaken (abstr.).

cum sit hec separatio relinquitur res complexionata a natura celesti et ~atur aut corrumpitur GROS. *Com.* 24; mitis moritur, firmitas infirmatur, / sidus subducitur, plebs ceca delirat J. HOWD. *Cant.* 102; et infirmatur firmitas [sc. Christus] ut [sc. ecclesia seu anima] firmeris *Ib.* 341; se austerum exhibet ut temptet adhuc utrum amorem conceptum possit ~are [ME: *unfestnen*] *AncrR* 78.

2 infirmare [LL]

1 to build, strengthen (structure); **b** to embank, shore up (bank of pond).

1245 ad .. grangiam .. ~andam (v. chevero 1); **1260** (v. barra 4a). **b** **1284** pro capite stagni molendini ~ando *Ac. Wellingb.* 36.

2 to secure in place, to infix.

1320 in ij petris plumbi emptis ad ~andum *le crokes* in mur' viij d. *KR Ac* 482/1 m. 1.

3 to lock in.

1195 habuit clavem celarii ipsius in quo falsonarii fuerunt in firma[ti] *CurR PR* 104.

4 to confirm.

691 (v. affirmare 3a); osculumque ad amoris redintegrationem quandoque puellis ab amasiis dari convenit, ut sub hujusmodi dulcoris simulata dulcedine ~etur estimata certitudo dilectionis *Quaest. Salern.* B 255; **s1327** archiepiscopus .. versus parliamentum .. tenendum incedens, ad confirmandum seu eciam ~andum dictam eleccionem nostram de nobis *Reg. North.* 336.

3 infirmare [cf. 3 firmare], to deprive of farm.

accepit firmam suam in Uuldeham et in aliis volebat similiter facere. sed iterum ~atus est *Ch. Roff.* 34b.

infirmarius

1 (mon.) of the infirmary.

eandem ecclesiam predictis monachis de Dun' dedit ad domum ~iam eorum in liberam, puram et perpetuam elemosinam *Ann. Durh.* 147.

2 (as sb. m. or f., mon.) infirmarer.

Daniel ~io *Chr. Rams.* 273; *Cust. Cant.* 330 (v. exoccupare 3); secundum disposicionem prioris et ~ii qui pro tempore fuerit in usus infirmorum et recreationem debilium *Reg. Newbattle* 46; **1313** (v. hospitalarius 1); **1422** monialis ~ia (v. consoror); **s1429** Robertus Ware ab officio coquinarii, refectorarii et ~ii, in officium cellerarii .. prefectus est *Chr. S. Alb.* I 42; fratribus infirmis fratres ~ii .. studeant .. servire *Mon. Francisc.* II 93.

3 (as sb. f. or n., mon.) infirmary.

1191 [abbas et conventus] subscriptas percipiant et habeant pensiones .. ad ~iam, de ecclesia de B. dimidiam marcam *Cart. Glast.* I 69; Willelmus .. fere per duos menses egrotasset in ~ia pauperum *Canon. G. Sempr.* 152; vultum fratris tui in ~ia in fata cedentis diligenter inspice NECKAM *NR* II 154; ab esu carnium debeant abstinere, exceptis debilibus et infirmis, quibus debet secundum ejusdem regulae continentiam in ~io provideri M. PAR. *Maj.* III 433; **1234** hoc non attemptent nisi licentia superioris prius petita et optenta in ~ia majori et minori (*Vis. Westm.*) *EHR* XXVII 737; omnes monachos .. qui in ~ia jacebant B. COTTON *HA* 97; **1310** in duobus cementariis operantibus circa gutteram ~ii extra murum .. x s. viij d. *Ac. Durh.* 511; **1318** quod omnes egrotantes morentur in una ~ia *Reg. Heref.* 101; angulum horti ~ie dictorum fratrum *Scot. Grey Friars* II 222.

infirmatio [CL]

1 (physical) weakening, enfeeblement.

~o ad interitum robor et fortitudo erat Dei COLET *Cel. Hier.* 180.

2 (rhet.) rebuttal, invalidation (of argument).

quaestio est, 'utrorum sit [pecunia]': .. ~o rationis: 'immo pater sibi scripsit secundum heredem, non pupillo: quare testamento illius vestra esse non potest hereditas' ALCUIN *Rhet.* 11; item quid ad ratiocinationem pertinet reprehensio, que est contrariorum locorum ~o? KILWARDBY *OS* 595.

3 annulment (of regulation).

injunctum est mihi ut ad dominum Cantuariensem procederem et sententie episcopi peterem ~onem *Chr. Evesham* 118.

4 weakening (of abstr.).

quapropter signum est ~onis aut corruptionis rerum complexionatarum GROS. *Com.* 25.

infirmatorius [cf. infirmare, infirmatio]

1 (leg.) invalidatory, annulling.

c1292 sentencia ~ia in eadem causa appellacionis *SelCCant* 679; **c1520** sententiam diffinitivam ~iam .. tulit *Form. S. Andr.* I 68; **1543** sententia in causa appellacionis nobilis domine E. F. et A. I. de eodem pro suo interesse contra J. K. .. partim confirmatoria partimque ~ia *Offic. S. Andr.* 146.

2 (as sb. n., mon.) infirmary. *V. et. infirmitorius* 2.

c1119 ad servientes coquine et pistrini et bracini et orti et vinee et ~ii et portarii .. xxx s. *Ch. Westm.* 339; **1259** patibulum quod est in capella ~ii Westmonasterii *Cl* 366; **1266** de ~io nostro et capella et aliis terris *Inchaffray* 81; in ~io a fratribus pro una lagena vini .. fuit conductus *Hist. Roff.* 373; ~ium .. monachorum incepit *Meaux* I 433; *a fermory*, infirmarium, ~ium, misocomium, valitudinarium *CathA*.

infirmitare [LL]

1 to be ill.

1401 in vino dato domino suppriori ~anti per vices, xij d. *Ac. Durh.* 449.

2 to make ill.

tam urine copia ingurgitans quam intestinorum inflacio extumescens stomachum ~aret *Mir. Hen. VI* I 14.

infirmitarius v. infirmitorius.

infirmitas [CL]

1 lack of strength, weakness.

quis ex vobis .. post ~atem pro infirmis .. ut vas electionis [sc. S. Paulus] .. capite plexus est? GILDAS *EB* 73; si .. pro ~ate aut quia longo tempore se abstinuerit .. nihil nocet THEOD. *Pen.* I 1. 4; quod in hac mortali carne patimur ex ~ate naturae est digno Dei judicio post culpam ordinatum (*Libellus Resp.*) BEDE *HE* I 27 p. 55; ~as humane visionis *V. Chris. Marky.* 42; si sacri canones mulieres ob ~atem sexus, que nullatenus est in vitio, ad sacerdotalem gradum promoveri prohibent J. FURNESS *V. Kentig.* 28 p. 211; advertit inimicus ejus ~atem [ME: *wacnesse*] et pronitatem ad lapsum *AncrR* 16.

2 illness, sickness, disease, infirmity: **a** (of man or part of body); **b** (of animal).

a si monachus exundante ventre evomerit sacrificium .. si non ~atis causa, vij superpossitionibus .. deleat culpam GILDAS *Pen.* 7; puer .. in ~ate premente eum acriter detinebatur. .. ille etiam intrepida mente corporis ~atem revelans ait .. *V. Cuthb.* I 4; de hujus manerii terra ij hidas dedit rex E. in sua ~ate abbatissae W. *DB* (*Wilts*) I 64vb; **1101** propter apparentem sui corporis ~atem *DipDoc* I 3; ~as .. labiorum W. CANT. *Mir. Thom.* VI 117 (v. demutare a); ~as .. miningas cerebri distendit *Quaest. Salern.* B 28 (v. distendere 1b); **1221** obiit ~ate et non de plaga *PlCrGlouc* 67; ~atem [ME: *secnesse*] corporalem vel temptationem carnalem *AncrR* 58; **1394** ipse Johannes nimis languidus fuerat de quadam infirmatate vocata *le stane Mem. York* II 17; emeroide, i. ficus. viz. ~ates que circa anum sanguine fluunt *SB* 19; nimie ~atis gravitate debilitatis equitare non potuit *Ps.*-ELMH. *Hen. V* 157. **b** **1246** Magna Acle venit et jurata dicit quod de morte dicte bisse nichil scit, nisi quod ex ~ate moriebatur *SelPlForest* 83; **1272** de lx s. de viij vaccis pro ~ate pulmon' venditis *Pipe Wint.* 159300 r. 9*d*.

3 epidemic.

DCCant. C 11 f. 117v (v. expensio c).

4 inadequacy, ineffectiveness.

nostra ~as in sacris orationibus GILDAS *EB* 26; **1457** omnium nostro regimini commissorum ~atibus compati .. edocemur *Lit. Cant.* III 224.

infirmiter [LL], weakly, feebly.

quatenus .. nequaquam mundane mussitationis disquisitionibus hereatis ~iter AD. MARSH *Ep.* 59 p. 168.

infirmitorius [cf. infirmitare, infirmitas]

1 (as sb. m., mon.) infirmarer.

magister carpentarius .. ~ius conversorum et cocus monachorum *Ac. Beaulieu* f. 40v.

2 (as sb. f. or n., mon.) infirmary. *V. et. infirmatorius* 2.

c1185 ad ministrandum piperem et ciminum in ~io .. monachorum *Cart. Sallay* 494; postmodum ad locutorium, deinde ad promptuarium et ad refectorium; postmodum ad ~ium *Obed. Abingd.* 365; **c1245** tenemur .. invenire .. duos lectos in ~io pauperum cum pannis semper paratis caritative *Cart. Cockersand* 330; hostillarius unum crassetum inter claustrum et hostium ~ie .. inveniet *Cust. Westm.* 88; **1293** an .. faciat eos [sc. infirmos] ab infirmitario .. procurari *Reg. Cant.* 1301; **1298** locus ~ii tanquam secretissimus a .. secularium .. custodiatur accessu *Ib.* 819; in ~io decumbens saecularium *Meaux* I 223.

infirmus [CL]

1 not strong, weak, frail; **b** (*~us sexus*) the weak sex, the female sex; **c** (of bird) not fledged; **d** (of object) not strong, fragile.

GILDAS *EB* 73 (v. infirmitas 1); caro ~a est PULL. *Sent.* 936D (v. exhibitus); MAP *NC* V 6 f. 70v (v. deitas 1a); exitat eum ad tantam abstinenciam quod ~us [ME: *unstrengere*] redditur ad Dei servicium *AncrR* 80. **b** [Deus] unam .. de ~o sexu, firmissimam sanctitate, .. providit .. que .. sufficiat .. incolas obumbrare LUCIAN *Chester* 42; ~ioris sexus *Canon. G. Sempr.* 39. **c** ADEL. *CA* 8 (v. 3 firma); *Ib.* (v. firmus 1c). **d** anchora .. ~ior BRADW. *CD* 817E (v. fluxibilis 2a).

2 weakened by illness, sick: **a** (of person or part of body); **b** (as sb.); **c** (of animal, also fig.).

a infans ~us et paganus commendatus presbitero, si moritur, deponatur presbiter THEOD. *Pen.* I 14.28; hic ~us erat; non potuit venire ad placitum *DB* II 449; **c1130** ad opus fratrum ~orum *Ch. Westm.* 246 *rub.*; *Quaest. Salern.* B 28 (v. dolere 1b); **1268** eques perrexit apud B. et dicebat se esse ~um *SelCCoron* 10; ~us, -a, -um, *seke WW* 709. **b** de cubiculo in quo ~i quiescebant BEDE *HE* III 27 p. 193; *RegulC* 65 (v. 1 domus 8); *Descr. Constant.* 261 (v. 2 hospitalis 6a); cum ad lectum venissent ~i dixit abbati miles .. *Mir. Montf.* 95; quando ~us [ME: *secmon*] habet ad manum rem sibi utilem, ea bene potest uti *AncrR* 144; ~us fertur respondisse medico .. *Latin Stories* 123; hic ~us, *a sek mane WW* 709. **c** ANSELM *Misc.* 296 (v. facilis 4b); **1344** (v. gummi e); **1443** de xvj s. vj d. de precio j bovis ~i *Comp. Dom. Buck.* 11.

3 diseased, unsound: **a** (of meat); **b** (of illness); **c** (as sb. n.) diseased part of body.

a **1288** vendunt carnes ~as et gogges *Leet Norw.* 6. **b** **1290** pro ipso in fluxu †inferino [MS: infirmo] (v. 2 fluxus 2b). **c** effulsere hominum curando infirma jacentum WULF. *Brev.* 298; humilitas assimulatur prudentibus harlotis manifestantibus sua ~iora [ME: *gute festre*] *AncrR* 126.

4 in bad condition, disordered.

BEDE *Acts* 962 (v. Hierusalem 2e); ALCUIN *Ep.* 281 (v. generare 5a); GIR. *TH intr.* p. 7 (v. gerere 1b).

5 weak, deficient in mil. power; **b** (as sb. n.) unfortified place, insecure site.

[gens] ut ~a esset ad retundenda hostium tela et fortis esset ad civilia bella GILDAS *EB* 21. **b** exercitum per Italiam conducens, ~iora terre funditus devastans N. DUNSTABLE *Rel.* f. 188.

6 ineffective, irresolute, unstable.

[gens] ~a, inquam, ad exequenda pacis .. insignia et fortis ad scelera GILDAS *EB* 21; ut .. ambo [sc. SS. Petrus et Johannes] simul ~as actiones civium excusarent LUCIAN *Chester* 50; quibus argumentis et auctoritatibus etiam adhuc posset fides in ~orum mentibus vacillare GROS. *Cess. Leg.* I 1. 1; ~am [ME: *sec*] redderet animam *AncrR* 59.

7 invalid, null.

1072 ~a argumenta (v. egenus e); ubicumque .. firmum Maro introducit augurium, sedem ei firmissimam dat .. scimus utique hoc ubique servare Virgilium, ut quibus rebus negatus est exitus, det etiam ~a principia ALB. LOND. *DG* 11. 14; ad immoderatum ejus ingressum ~a ratio suffocetur S. LANGTON *Serm.* 4. 18.

infirngere v. infringere.

infiscare [LL; cf. fiscare, confiscare], to appropriate to the royal revenue, sts. to confiscate; **b** to deprive of (something), to impoverish (by confiscation).

Dial. Scac. II 10 F (v. escaëta 1); **1198** ut .. omnes possessiones nostras ~arent *Ep. Cant.* 450; **s1224** rex .. de maneriis Falcasii .. fecit fruges et armenta .. distrahi et ~ari ut inde in obsidione diutina ex ejus damnis haberet auxilium WEND. II 280; rex .. post quadraginta dies omnia diriperet ~ata M. PAR. *Maj.* V 532; omnia enim ejus, quae venalia videbantur, venalitati exponebantur ~anda *Ib.* 656; possessiones et substantiam ~ari precepit B. COTTON *HA* 57; congeritur, ~atur CIREN. II 216. **b** timor mundanus vocatur timor quo culpabiliter timetur perdere bona mundi, quando sc. exhinc dimittitur bonum moris. et ille timor semper est malus quo nos seculares sumus nimium infiscati [v. l. injustati] WYCL. *Mand. Div.* 84.

infistulare [ML]

1 to lead (water) through a pipe. *Cf. fistula* 1.

si enim rivus per fistulam currat a fonte usque ad lacum, nonne .. ut ita dicam ~atus est ANSELM (*Incarn.* 14) II 33.

2 (med.) to embed (stone) in urinary tract. *Cf. fistula* 4a.

ut sepissime in urina produceret fragmenta saxea ad grossitudinem fabe, quorum exitus per virgam urinariam tam erat intolerabilis ut paciens nisi balneo temperaret et emolliret ~atum lapidem quatinus lenius profunderetur, subito cogeretur in mortem W. DAN. *Ailred* 27.

3 (med.) to afflict with a fistula. *Cf. fistula* 5. **b** (intr.) to become ulcerated.

corpus .. ~atum *Mir. Wulfst.* I 6 (v. foramen 3e); generata sanie et exeunte per virgam si intra fit ne ~etur locus offerantur electuaria diuretica GILB. VII 287 (*recte* 288). 2. **b** neglectum .. vulnus corrumpitur et ~at R. NIGER *Mil.* I 45.

infistulatio, (med.) ulceration.

si timeatur de ~ione, imponatur pulvis aluminis GILB. IV 103v. 2.

infit [CL], to begin to speak; **b** (w. dir. discourse); **c** (w. quoted text).

ÆTHELWULF *Abb.* 183 (v. gaudere 1e); inter quid genus et totum sit, si aspis, infi [*gl.*: i. infe] *Altercatio* 72; ~it, dixit OSB. GLOUC. *Deriv.* 295. **b** talia qui placidus saevis praedonibus infit, / "quid, precor .." BEDE *CuthbV* 419; "verene dabis istum librum uni ex nobis ..?" "dabo" infit "illi" ASSER *Alf.* 23; suspensus ligno, Patri sic Filius infit "Domine ne longe" *Trop. Wint.* 16; fratrem regina precatur et infit / "que mors .." *V. Merl.* 318; grammatica ad consistentes infit poetas "gaudete .." OSB. GLOUC. *Deriv.* 595; respondere rogatus breviter imfit "cancellarius iste .." DEVIZES 39v. **c** Vergilius prima ecloga infit 'nos patriae fines et dulcia linquimus arva' ALDH. *Met.* 10 p. 96; psalmigraphus vates .. sacro praesagio orsus infit 'justitiam tuam non abscondi' *Id. Ep.* 5 p. 492.

infitia [CL infitias ire], (*ire in ~ias*) to refuse to acknowledge as true, to deny; **b** (as sb. f. s.) refusal, denial; **c** (by conf.) truce.

qui emularentur capillorum fluxu feminas; non plusquam femine valerent ad defensandam patriam contra gentes transmarinas. quod in adventu Normannorum eodem anno claruisse; quis eat in ~ias? W. MALM. *Wulfst.* I 16. **b** quid? loquar an sileam? verbi da, Christe, lucernam. / exiguum dixi, liceat jam rumpere longas / inscitia [*corr.* inficia] cogente moras, ne lingua pudorem / praesumtrix tulerit FRITH. 483. **c** *trewysse*, inducie, ~ie, treuga *CathA*.

infitiabiliter, undeniably.

antiqua etiam et moderna scripta .. ~iter testantur GOSC. *Aug. Maj.* 43B; ab his qui intererant ~iter audivimus qualiter Aelfstanus abbas .. hanc .. optinuerit *Id. Lib. Mild.* 4.

infitiari [CL], **infiti, infitiare**

1 to refuse to acknowledge as true, to deny.

qui haec .. veteris novique testamenti decreta recusaret vel ~iatus fuerit GILDAS *EB* 92; catholici patres .. nullatenus .. sacrosanctae matris personam fuisse historica relatione ~iari noscuntur ALDH. *Met.* 4; talem me prius fuisse ut testaris ~iari nequeo *Eccl. & Synag.* 53; non ~ior neque denego P. BLOIS *Ep.* 26. 92A (v. denegare 2); Thomas vero cui jam non erat locus subterfugii vulnus et omnia omnino objecta ~iavit *Mir. Wulfst.* II 16 p. 170; **1372** †inscitiari [MS: infitiari] certe presens etas non poterit, nec futura posteritas ignorare (*Cl*) *Foed.* VI 745.

2 to disclaim responsibility for, to repudiate; **b** (leg., obligation, charge, or claim).

famina verbi / pandere quae poterit gnarus vix ore magister / et tamen infitians non retur frivola lector ALDH. *Aen.* 100 (*Creatura*) 82; sacerdote constanter ~iante, cum non posset super homicidio per accusatores convinci .. H. BOS. *Thom.* III 22 [ed. *PL* 1128C: ~iente]; accusavit .. eum papa in multis .. . ille autem singulis respondit, constanter ~iendo *Flor. Hist.* II 399; in factis notoriis .. fiat condempnatio. in occultis autem ~ientibus, judicatur purgatio *Leg. Ant. Lond.* 66. **b** quodsi accusacio sit et ~ianti purgamine male succedat, episcopi judicium subeat *GAS* 349; sed quin talis sit, nullus potest jure ~iari *Tract. Ebor.* 656; **1156** Osbertus vero constantissime crimen ~iatus J. SAL. *Ep.* 16; eo, quocum contraxerat, pactum penitus ~iante GIR. *TH* II 44; negasti puta et ignorasti jus legis aquilie, que ~iantem dampnum punit in duplum VAC. *Lib. Paup.* 21; **s1242** ~iabatur scelus (v. dirationare 1b).

infitiatio [CL], (leg.) denial (of charge), repudiation (of claim or liability).

lis quandoque per ~onem crescit in duplum BALD. CANT. *Tract.* I 411D; **a1206** ne alter uter .. in pensionis retentione illius vel facte solutionis ~one posset malignari *Act. Ep. Cant.* 535; nam et in jure civili lis per ~onem crescebat in duplum P. BLOIS *Ep.* 8. 24A; **1293** facta litis contestatione per partem ream per ~onem. viz. 'narrata prout narrantur vera non esse et ideo petita prout petuntur fieri non deberent' *SelCCant* 412.

infixio [LL]

1 act of infixing; **b** (fig.).

de ~one baculi [sc. in terram] DICETO *Chr.* I 172; cum ~one clavorum in manibus et pedibus M. PAR. *Maj.* III 15. **b** sine inficcione amoris ejus [i. e. Cristi] et gracie posset presumere quod de se non ex puro sponsi juvamine extrahatur WYCL. *Ver.* III 129.

2 (med.) stabbing or prickling sensation.

corruptionis igitur sanguinis signa sunt rubor, inflatio, calor, saltus sive ~o, humectatio, mollicies, plenitudo venarum GILB. IV 203. 1.

infixivus, (med., of sensation) stabbing, prickling.

dolor .. ~us est ex sanguine. calor enim infigit humidum GILB. II 89. 2; et si fuerit resoluta fumositas vel ventositas a materia sanguinea erit dolor ~us [TREVISA: *stikinge*] BART. ANGL. VII 48 p. 329.

inflabilis [LL], that can be inflated (fig.), that can be filled with conceit.

~em illam scientiam exprimens, de qua dicit Apostolus 'scientia inflat' [*I Cor.* viii 1] AILR. *Serm.* 488B.

inflagrare [LL], to be ablaze, burn.

to byrne, .. ad-, ex-, in-, flagrare *CathA*.

inflammabilis [ML], inflammable (also as sb. n.).

quia ventus non cessat antecedere sive per aerem expeditum ut supra terram sive per cavernas terre prepeditum, aut in exitu loci exit calidus invisibiliter aut ~is visibiliter aut frigidus invisibiliter M. SCOT *Part.* 297; occurrunt multum ~ia ut olea et bitumina ardentia BACON *Maj.* II 519; cito combustibile generat: unde cum aliquid ~e opponitur, subito accenditur et ignitur UPTON 101; *inflamable*, inflamabilis LEVINS *Manip.* 3.

inflammabilitas, inflammability.

unctuosum aerem, qui est causa ~atis, ponit in vegetali quo ad illud effectum dominari WYCL. *Log.* III 84.

inflammare [CL]

1 to set on fire, ignite, kindle; **b** (fig.); **c** to fire (gun), touch off (firearm).

domum .. ~atam *V. Cuthb.* II 6 (v. exstinguere 1a); aer .. ~aretur BART. ANGL. IV 4 (v. generatio 6); PECKHAM *Persp.* II 55 (v. disgregare 2a); *arder*, .. ~are *Gl. AN Ox.* f. 153v; scintilla .. auget ex minori ad majus donec tota domus ~etur [ME: *blasie forð*] *AncrR* 112; **s1388** (v. dirumpere a). **b** ?**1166** nunquid enim clerus institutus est ut comedens, bibens, stertens mortem expectet et variis luxurie incitamentis ~et gehennam? J. SAL. *Ep.* 150 (163); hoc .. animositatis tam scintillam adjicere, quam innatum ignem ~are potest GIR. *TH intr.* p. 5. **c** **1388** pro xxiiij patellis de ferro pro igne custodiendo pro canonibus ~andis (*KR Ac* 400/22) *EHR* XXVI 698.

2 (med.) to inflame.

cerebrum .. est .. frigidum ne inflametur vapore fumorum ascendentium stomacho *Ps.*-RIC. *Anat.* 41.

3 (fig.) to inflame with ardour, passion, or sim.

scintillante superni ardoris facula ~antur ALDH. *VirgP* 14; tam itaque spiritali data occasione ~atus .. papam Benedictum .. huc proficiscendi precatus est dedisse licentiam *V. Greg.* 85; ?**798** mens ~atur ALCUIN *Ep.* 161; ut sancti exortatores eam ad celestia desideria ~averint GOSC. *Edith* 57; filium suum ~avit contra eum, et contra alios Catholicos R. NIGER *Chr. I* 43; Deus excelsus inter ceteros philosophos Grecos magis ~avit ad sciencias inquirendas BACON V 64; ROLLE *IA* 145 (v. elementaris 1c).

inflammascere v. inflammescere.

inflammatio [CL]

1 (act of) setting on fire, conflagration.

alee .. et mulierum ~ones G. MON. IX 15; [anime] corpora in tuba Dei diu jam post ~onem mundi sonante resumant PULL. *Sent.* 994A; per concursum radiorum fumum inflammari ipsamque ~onem apparere stellam caudatam GROS. *Com.* 22; capitolium .. fulmine projectum est, ex quo facta ~one, bibliothecam .. et aedes alias juxta sitas rapaci turbine concremavit *Flor. Hist.* I 145.

2 (med.) inflammation.

spodium valet in ~one stomaci GAD. 7v. 2.

3 (act of) inflaming with ardour, passion, or sim., (fig.) flame.

in illo divinae gratiae ~o flagrabat FELIX *Guthl.* 19; tanta inflamatio amoris fuit quam quod ipse sine peccato existens .. R. MELUN *Paul.* II 63; in libidinis titillatione et in ire ~one NECKAM *NR* II 191; non usque ad consummationem sed usque ad totalem ~onem S. EASTON *Psalm.* 8 p. 266.

inflammativus [LL *gl.*], that sets aflame; **b** that inflames with ardour, passion, or sim., (fig.) burning.

si quis apponat picem et ceram et sulphur alicui ~o, statim inflammatur GILB. I 2v. 2. **b** dona, que specialiter appropriantur Filio, sicut dona illuminativa, et quedam que appropriantur Spiritui Sancto, sicut dona ~a MIDDLETON *Sent.* I 142; propter adurentis dilectionis ardorem ~um *NLA* II 68.

inflammatrix [LL *as adj.*], one who inflames (f.).

sunt .. nomina verbalia in -trix desinentia feminina, sicut masculina in -tor terminantur .. ut indagator, indagatrix .. ~ix, insultatrix ALDH. *PR* 126; diffamatur de incontinencia per quendam mulierem, Meleuciam nomine, quia .. ei noluit consentire; .. Meleucia inflamatrix ictu fulminis concrematur *Eul. Hist.* I 326.

inflammescere [cf. CL flammescere], to become inflamed (w. ardour or sim.).

[doctores] qui corda .. ut magis ardeant ~escunt ALCUIN *Exeg.* 655B; subito vehementius inflammascunt frigida ex tepore fidei torpentium .. corda R. COLD. *Cuthb.* 132.

inflare [CL]

1 to blow on or into (partly fig.); **b** (absol.); **c** (intr.) to blow.

apostoli .. almo inflati flamine *Carm. Aldh.* 2. 116 (v. doctiloquus); velut prophetiae spiritu ~atus [v. l. afflatus] FELIX *Guthl.* 40 p. 124; *Ib.* 41 p. 130 (v. exsufflare 3b); insulam .. diversorum aromatum odoriferis spiraminibus ~ari cerneres *Ib.* 50 p. 158. **b** candelae ardendo lucescere non poterant, nimirum ventorum violentia ~ante ASSER *Alf.* 104. **c** NEN. *HB* 215 (v. fovea 1a); inest aerea humiditas quia habet virtutem ~andi. unde ex inflatione materiam ad superiora movendo, per superiora vomitum movet *Quaest. Salern.* B 150; aer .. ~at *Ib.* B 156 (v. educere 4d); fistula per quam .. inflat STANIHURST *Hib.* 39 (v. fistulator).

2 to fill with air, inflate.

cum ubique scolares ~atis buccis dialecticam ructarent W. MALM. *GP* II 74 p. 150; **c1145** ~avit buccas domnus Henricus et sonuere tube G. FOLIOT *Ep.* 27; stolopus, bucca ~ata OSB. GLOUC. *Deriv.* 560; ~atas .. buccas ALB. LOND. *DG* 10. 7 (v. flexibilitas 3); vesica ~ata vento *AncrR* 105 (v. eicere 3c); nisi intestina sint intantum ~ata quod reduci non possint GAD. 129v. 2; **13..** [v]ena veniens ad pollicem pedis incisa valet repletis ventositate et ~atis *Tab. Phlebotomiae*; ~ato collo STANIHURST *Hib.* 39 (v. fistulator).

3 (med.) to cause to swell, distend, bloat; **b** (transf.).

totum ~ati corporis .. sedasse tumorem BEDE *HE* I 1 p.13; manum ~atam W. CANT. *Mir. Thom.* VI 132; longa cauda et ~ata BELETH *RDO* 123. 130A (v. draco 2c); posito super guttur ~atum libro evangelico .., statim [demonium] in ventrem descendebat GIR. *GE* I 18; queritur post sompnum multum quare orbes oculorum inveniuntur ~ati? *Quaest. Salern.* B 113; virga movetur, ~atur, et extenditur *Ib.* P 8; **1234** (v. 2 grossus 4); **1271** repercussit .. Johannem .. ita quod totum capud suum excoriavit et ~avit quod a parte sinistra amisit auditum *SelCCoron* 22; GAD. 30. 1 (v. hydropisis 1). **b** bursa .. inflata WALT. WIMB. *Van.* 72 (v. diluere 3a).

4 to fill with conceit, elate; **b** (p. ppl., of literary style) inflated, bombastic; **c** (p. ppl. as sb. m.) conceited or bombastic man.

tumido elationis supercilio ~ati ALDH. *VirgP* 10; mundana celsitudo quam frustra ~etur patescit BEDE *Gen.* 100; cujus praecordia malignus spiritus ingressus, pestiferis vanae gloriae fastibus illum ~are coepit FELIX *Guthl.* 35 p. 112; **747** mea verba loqueris; non est, quod ex his, tamquam de tuis, ~eris BONIF. *Ep.* 78 p. 166; cumque benignivolo persolveret omnia corde / inflatur nullo Jesu moderamine tipho FRITH. 476; gens illa naturaliter ~atiores anhelat spiritus W. MALM. *GR* I 44; uxor ejus [Henrici de Bathonia] .. quae de Bassatensibus et Sanfordensibus originem duxerat et inde tribualiter ~ata, ipsum Henricum urgenter ad hoc stimulavit M. PAR. *Maj.* V 213; dic michi, sciole, qui nosti mistica / et Aristotilis inflaris phisica, / naturam athomi, si potes, explica WALT. WIMB. *Carm.* 383. **b** vitium .. turgidum et ~atum VINSAUF *AV* II 3. 146 (v. grandiloquus a); *Ib.* 3. 150 (v. grandiloquium). **c** per hoc sepe scienciam ~atorum experiar OCKHAM *Dial.* 414.

inflate [CL], in an inflated or conceited manner.

feratur Murcardus .. paucis diebus ~ius in Anglos egisse W. MALM. *GR* V 409.

inflaticus, swollen, distended, bloated.

~o [v. l. grandi] tumore dimidia pars corporis .. turgescebat FELIX *Guthl.* 45 p. 140.

inflatilis [LL], that inflates or is inflated.

inflo .. inde inflatus et inflatio, ~is OSB. GLOUC. *Deriv.* 209.

inflatio [CL]

1 inflation, distension from being filled with air.

vesica tumescens per acum .. explosa crepabit et vento ~onis emisso, tumor ille subito detumescet et evanescet GIR. *SD* 30; ~o que est ex ventositate GILB. IV 202v. 1 (v. extensivus); *Alph.* 61 (v. faba 1b).

2 (med.) swelling, bloating.

pro ~one gutturis *Leechdoms* III 106; cum languente femina efficax permanet benedictio, et omnis illa cum recedente episcopo recedit ~io FOLC. *V. J. Bev.* 5; carne in putredinem defluente, venenosa tabe et ~one vexabatur GOSC. *V. Iv.* IV 21; apparebat [diabolus] .. per ~ones quasdam et commotiones partium illarum quas possidebat GIR. *IK* I 12; si .. videmus aliquem concumbere cum muliere, spiritus circa partes tali officio destinatas movetur, unde ~o virge et erectio *Quaest. Salern.* B 211; ~o .. matricis ex retentione menstruorum .. contingit; et hujusmodi ~o dicitur ydropsis matricis *Ib.* 309; **13..** [v]ena incisa desuper pollicem [sc. pedis] valet contra ~onem pulmonis et motus reumatis *Tab. Phlebotomiae*; folia jusquiami que .. auferunt ~onem et tumorem frigidum GAD. 28v. 1; bubo est apostema sive ~o inguinis *SB* 13.

3 conceit, elation.

ex diabolici spiritus ~one ALCUIN *Exeg.* 522D; dolor vero, dum compungendo flagellat, ~onem detumescere facit AD. SCOT *QEC* 21. 837A; quia quod dicitur scientia inflat, non ideo dictum est quia scientia, cum sit bonum, sit causa ~onis NECKAM *NR* II 173 p. 287; de ira nascuntur rixe, contentiones, ~o cordis, verba prava, dedignatio, blasphemia *Spec. Eccl.* 31; questuum inquietudines sub specie sanctitatis, pastuum ~ones pervicaciter perurgendo AD. MARSH *Ep.* 92 p. 215; nam cur ex vestibus surget inflacio, / si culpa vestium est correlacio? WALT. WIMB. *Carm.* 427; exemplum enim dedit magister noster in seipso, reprimens ~onem et ad alios indignationem, eo quod scientia inflat, etsi charitas non assistat HOLCOT *Wisd.* 2.

inflativus [LL]

1 that is blown on or into.

est musica instrumentalis cujus instrumenta .. ~a, ut fistula, et tibia, et hujusmodi BACON *Tert.* 230.

2 (med.) that induces swelling, marked by distension.

tapsia venenosa est et ~a et uritiva GILB. II 97. 1; contra guttam sive passionem ~am *Pop. Med.* 255. 139*; si [dolor est] ~us, est apostemosus et econtra GAD. 69v. 1.

3 that fills with conceit, that elates.

diabolus .. calidum electuarium avaricie, ~um superbie, cuilibet offert O. CHERITON *Par.* 130; **1279** hinc ~as scientias fugitis PECKHAM *Ep.* 56 p. 67; sunt enim quidam fructus peccantium pleni vermibus corrosivis, quidam saporibus amaricativis, et quidem pleni humoribus ~is HOLCOT *Wisd.* 168; ~o inflationis spiritu plurima distorquens convicia *NLA* II 69.

inflatura

1 (med.) swelling, distension.

gravi quadam et horribili gutturis et faucium egrotaverat ~a T. MON. *Will.* III 32; post mensem autem dilatata est ~a, et defluentibus corruptis humoribus occupata sunt pudenda W. CANT. *Mir. Thom.* II 20; restabat modicum sinistri [sc. oculi], cui superveniens ~a minabatur *Ib.* III 34; nonnulli [lapides] ~as, pustulas nocivas, et anthracem curant GERV. TILB. III 29; *Mir. Montf.* 89 (v. dubitare 4c); valet ad ~as et ad loca indurata GAD. 49. 2.

2 conceit, elation.

si quem jactatrix presumptio durius inflet, / hanc inflaturam verbis tam mollibus unge VINSAUF *PN* 293.

infleccare [cf. fleccare], to fletch, fit arrowhead with shaft, make arrows.

1224 faciatis per omnes fabros ville Norht' .. quatuor milia quarellorum et ea bene inflecheari et inpennari faciatis *Cl* 613b; **1236** quarellos inflechiatos, **1243** pro .. quarellis inflegiandis, **1251** inflecchiandis (v. impennare); **1241** pro eisdem quarellis inflechiandis *Liberate* 33 m. 15; **1252** pro centum quarellis fabricandis .. inpennandis et inflecchandis *Ib.* 28 m. 9; **1319** [per servicium j] arcus de Aubourn' et v sagittarum inflecchetarum [per annum] *Cal. IPM* 208.

inflecch-, inflech-, v. inflecc-.

inflectere [CL]

1 to bend.

cogitabant .. corpus .. in genibus ~endo breviare BEDE *HE* IV 11 p. 227.

2 to cause to go in a different direction, alter (course).

ubi peccantium errata conspicit primo ad se ipsum oculum considerationis ~it BEDE *Prov.* 992; cor regis superbi .. ad paenitentiam vidit inflexum *Id. Ep. Cath.* 40; quique naturam, utpote nature dominus, quo vult ~it GIR. *TH* II *pref.*; [Eurydice] serpente lesa ad infernum descendit, quum terrenis inhiando commodis veneno iniquitatis ad sinistram partem ~itur ALB. LOND. *DG* 8. 21; AD. EYNS. *Hug.* V 17 (v. divertere 1f).

3 to cause to turn from a principle or purpose; **b** (p. ppl. w. acc. of respect).

Christi tiruncula .. nec .. a rigido virginitatis proposito penitus ~i valuit ALDH. *VirgP* 42; rex .. non aspernanter, ut aiunt, inflexus .. Christianismi gratiam hausit W. MALM. *GR* I 10; **s1141** [comes Gloecestre] quamvis enim primo blanditiis invitatus, post etiam minis lacesseretur, nunquam tamen inflexus est ut de liberatione sua preter consensum sororis tractaretur *Id. HN* 500 p. 61; quem princeps tenebrarum excecasse videtur, ad intima servorum Christi judicanda soli Deo cognita se inflexit PECKHAM *Paup.* 81; ?**1308** quidam .. sue salutis immemores .. in quos seva cupiditas suum ~it ardorem, arbores ad sanctam ecclesiam nostram .. pertinentes .. evellere .. attemptarunt *Reg. Cant.* 1090; *G. Hen. V* 2 (v. enormis 1a). **b** Adalgisus rex, gentilem tumorem inflexus, faciliorem in ceteros predicationis viam aperuit W. MALM. *GP* III 100 p. 221.

4 (gram.) to inflect.

omnia Graeca in -a desinentia .., si ad Latinam declinationem ~antur, mutant .. diptongum ABBO *QG* 16 (36); nomina .. ~untur ÆLF. *Gram.* 21 (v. declinatio 4a); dictio per solos casus inflexa VINSAUF *PN* 1600 (v. flexibilis 2b); pronomen est pars orationis, quae inflexa casibus individuam maxime essentiam significat LINACRE *Emend. Lat.* f. 7r.

†inflendus, *f. l.*

hi qui altari Dei deserviunt, si subito †inflendam [l. in flendam] carnis fragilitatem corruerint, et .. digne penituerint .. maneat in potestate pontificis .. veraciter afflictos non diu suspendere BART. EXON. *Pen.* 72.

infletus [CL], not wept for, unmourned.

fletus .. componitur ~us, -a, -um OSB. GLOUC. *Deriv.* 227.

inflexibilis [CL]

1 impossible to bend, rigid.

genua ~i compagine durescunt *Lib. Monstr.* I 17 (v. durescere 1c); quoddam vexillum .. quod .. procera altitudine erectum et ~i stabilitate robustum .. repetiit caelum WULF. *Æthelwold* 2; dextera parte corporis emortua, brachio impotenti, digitis recurvis et ~ibus *Mir. Fridesw.* 81; manus .. cum brachiis instar ligni aut lapidis immobiles et ~es efficiens in aera suspendit J. FURNESS *Pat.* 75; ossa .. sunt eciam cute et carne vestita quasi utriusque fulcimenta ~ia [TREVISA: *nouȝt bendinge*] nervi naturali junctura a calore carnis et sanguinis temperamentum recipientia BART. ANGL. V 57.

2 unbending in temper or purpose, uncompromising, inflexible: **a** (of person or animal); **b** (of action or abstr.).

a stat ille [papa] ~is, nolens .. statuta sanctorum patrum enervare pro voluntate unius hominis W. MALM. *GP* I 57; exhibe te .. ~em obstinatis P. BLOIS *Ep.* 15. 54A; **1425** elephans .. est .. ~is (v. elephas a); **s1303** verax athleta et ~is propugnator pro libertate sue gentis *Plusc.* IX 2. **b** pro ~i rigidae mentis constantia ALDH. *VirgP* 21; rationis robur ~e teneant ANSELM (*Mon.* 29) I 47; per amorem ~em [TREVISA: *love þat changith not*] BART. ANGL. II 2; ~is .. motionis [TREVISA: *mevynge þat faileth nouȝt*] *Ib.* II 8; judicium ~e S. EASTON *Psalm.* 9; et quid est virga ferrea nisi ~is justicia CHAUNDLER *Apol.* f. 25b.

3 (gram.) indeclinable.

Gl. Leid. 43. 56 (v. aptotus).

inflexibilitas [LL *gl.*]

1 rigidity, inability to bend.

rigor, a frigore, duritia et ~as *GlC* R 197; qui aliquem in collo plagiaverit ut incurvationem vel ~atem .. contrahat (*Leg. Hen.* 93. 37) *GAS* 610.

2 inflexibility, uncompromising nature.

subintelligere .. justitie .. rigorem fas est et ~atem E. THRIP. *SS* IV 21.

inflexibiliter [LL]

1 without bending.

herba sub vestigiis assidue transeuntium non marcescebat nec attrita terebatur, sed nativum virorem ~iter semper conservabat COGGESH. *Visio* 11; Edwardus, ~iter se tenens erectum .. equum urgendo calcaribus comitem a sella abstraxit RISH. 79.

2 without diverting from course, immoveably.

hi ~iter nostro jugiter imminebant exercitui *Itin. Ric.* IV 18.

3 uncompromisingly, inflexibly.

rigorem vestri ordinis ~iter tenetis ANSELM (*Ep.* 199) IV 90; ~iter se .. indurans *G. Steph.* 19; abbate ~iter sententiam .. confirmante *Chr. Battle* f. 53v; **1438** et modestum ac ~iter .. justum BEKYNTON I 2; **s1303** pro libertate Socie ~iter stabo *Plusc.* IX 2.

inflexilis, (gram.) indeclinable.

LINACRE *Emend. Lat.* 1 (v. immobilis 5).

inflexio [CL]

1 act of bending.

genuum ~o BEDE *Hom.* II 16. 187 (v. flectere 1c).

2 bend, curve, twist.

venarum .. ~ones .. se .. solidius roborabant R. COLD. *Cuthb.* 48.

3 (gram.) inflexion.

ab eo [casu nominativo] facta ~one nascuntur alii ALCUIN *Gram.* 868D; GERV. MELKLEY *AV* 20 (v. gradatio 2b); *Ps.*-GROS. *Gram.* 40 (v. dualis b); exigitur conveniencia in principio et finis ~o, id est variacio BACON XV 205; vocabulum ~onem caperet Latinam BOECE 23 (v. Druides).

4 (mus.) modulation.

harmonia est ~o vocis a voce ODINGTON *Mus.* 92; omnis nota que potest habere ~onem vocis a voce sub una figura est plicabilis WILL. 26.

inflexuosus [LL *gl.*], that does not bend or twist round.

~us, quod penitus non flectitur *GlC* I 381; ~us, inflexibilis OSB. GLOUC. *Deriv.* 294; centris .. est serpens ~us [TREVISA: *þat bendiþ nought nouþer wigeleþ*] BART. ANGL. XVIII 8 p. 1001.

1 inflexus v. inflectere.

2 inflexus [CL = *winding, bending*], rise and fall, curve.

edificata ibi a fundamentis ecclesia, miro fornicum ~u, lapidum tabulatu, porticuum anfractu W. MALM. *GP* III 100 p. 217.

3 inflexus [LL], not deflected from purpose.

omnes calamitatum insectationes .. ~i cordis constantia aequanimiter perferebat ALDH. *VirgP* 32.

inflictio [LL]

1 infliction.

multiplicata transgressione crescat pene ~o *Reg. Malm.* I 112; Deus potest suspendere ~onem illius pene pro peccato usque ad certum tempus OCKHAM *Quodl.* 598; nulla mortis ~o est possibilis sine pena WYCL. *Innoc.* 480; defectus sequens per appropriacionem inter parochianos meretur ipsum maledici a Deo per ~ones pene qui ecclesiam appropriari fecit GASCOIGNE *Loci* 4; ad ~onem pene canonice *Reg. Brev. Orig.* f. 58.

2 affliction.

salutem in omnium Salvatore et tam ~onum patientiam quam in agone fortiter dimicare *V. Ed. II* 281.

inflictor [ML], one who inflicts.

qui auditoribus institutionis est promulgator, idem .. transgressoribus poenarum erit ~or AD. SCOT *Serm.* 103.

inflictus [LL], collision, impact.

~u, inpactu *GlC* I 304.

infligere [CL]

1 to knock or dash against (w. dat.).

sic turgescebat trucibus / pontus ventorum flatibus / infligendo flaminibus / scopulosis marginibus (ALDH.) *Carm. Aldh.* 1. 113; Wulfredus qui .. probatissimam personam frustra quidem aquosae urnae non tam imposuit quam inflixit GOSC. *Lib. Mild.* 20.

2 to inflict: **a** (blow or wound); **b** (misfortune or penalty); **c** (instrument or agency of punishment).

a a vulneribus quae ei inflicta fuerant BEDE *HE* IV 14 p. 237; servienti .. alapam inflixerit GOSC. *Lib. Mild.* cap.; non dissimile vulnus cordi meo inflixistis ANSELM (*Ep.* 146) III 293; infligit verbera servis J. SAL. *Enth. Phil.* 1203; injurias fere jam communiter inflictas GIR. *Ep.* 4 p. 182. **b** recente adhuc memoria calamitatis et cladis inflictae servabant .. ordinem BEDE *HE* I 22 p. 41; ut quid nobis abstulit vitam et inflixit mortem? ANSELM (*Pros.* 1) I 99; abusio ignominiosam ecclesie servitutem ~et P. BLOIS *Ep.* 20. 74C; ei, qui obedire contempnit, penam ~ere competentem RIC. ANGL. *Summa* 35 p. 78; caveant presbyteri ne suas penitentiarias cognoscant pro quo excessu canon quindecim annorum ~it *Conc. Scot.* II 55; **1303** salvo casu criminis pro quo ~enda sit pena mortis *EEC* 261; **1304** si qua pena pecuniaria pro dictis defectibus fuerit ~enda *Dign. Dec.* 44. **c** imperat Augustus lentis vexare flagellis / quatenus inflictis nutarent pectora flagris ALDH. *VirgV* 1059; ~itur *biþ anbeset GlP* 608; flagellum ~itur HALES *Sent.* IV 222 (v. 2 flagellum 1a).

3 to afflict (person or part of body): **a** (w. abl.); **b** (w. prep.).

a Dominum in plurimorum cordibus nimis exactionibus ~erent G. COLD. *Durh.* 8; latus infligitur [v. l. infringitur] punctura cruentum J. HOWD. *Cant.* 96; nolumus tales graviori pena ~i *Leg. Ant. Lond.* 172; **1435** eorumque violatores refrenentur et penis debitis ~antur *EpAcOx* 120. **b** **1290** quod ~eretur per dietam (v. diaeta 1e).

inflorari [cf. ML inflorare], to flower (fig.), flourish, be eminent.

Eormhilda Wlfero regi Marciorum .. tradita splendidissimam Werburgam, cui haec parentalis purpura ~atur, generavit GOSC. *Werb.* xx.

infloratus [cf. florare 3], (mus.) not flourished, without a break.

si .. pausatio post quatuor notas fiat, due prime longe erunt perfecte, quelibet ex tribus temporibus, et penultima ex quatuor temporibus erit, de quibus tria tempora teneri debent simpliciter ~ata, et quartum ejus tempus floreri debet ex duabus semibrevibus TUNST. 252.

influctuare [cf. CL fluctuare], to flow (fig.), abound.

~are, habundare OSB. GLOUC. *Deriv.* 294.

influctuatio [cf. CL fluctuatio], inrushing (of the sea), surge.

1468 per ~ones marinas (v. ille 10d).

influentia [ML]

1 flowing in, inflow, inrush: **a** (of water); **b** (of light).

a ex .. magnorum fluminum ~ia .. eam in duabus quasi divisam insulis .. scripserunt historici FORDUN *Chr.* II 1; irrupit aquarum ~ia WALS. *HA* II 267. **b** si poneretur oculus sursum ad medium rorationis et ad medium ~ie radiorum, videret colores varios secundum circulum integrum *Ps.*-GROS. *Summa* 619; dicit quod intelligit non solum per species conservatas sed etiam per species ex ~ia divini luminis participatas KNAPWELL *Quare* 170.

2 influence; **b** (astr.); **c** (w. *caelestis*, *divina*, or sim.).

?1240 superiora inferioribus .. bonitatum ~ias largiuntur GROS. *Ep.* 93; intelligentiam .. que .. constituitur influere rebus materialibus que ~iis participant magis secundum habilitatem suscipiendi a datore formarum GILB. III 147v. 1; *Ps.*-RIC. *Anat.* 21 (v. concommunicare 1); dicendum quod conferre virtutem alicui hoc est duppliciter; aut per formalem unionem .. aut per solem ~iam et diffusionem, et sic influitur nature BACON VIII 24; si ponatur quod Deus coagat terminis ad hunc effectum ~ia generali, non tamen necessitate naturali DUNS *Ord.* III 165; si non expedit universitati mortalium uni imperatori subesse, aut hoc propter ~iam hominum, aut propter nimiam potenciam temporalem talis imperatoris ex insufficienti divisione procedit OCKHAM *Dial.* 878; ~ia generalis in sacris literis minime reperitur .. . posset .. dici catholice ~ia generalis Dei volentia sive volutio generalis qua omnibus generaliter influit quicquid habent BRADW. *CD* 669A; WYCL. *Innoc.* 488 (v. dislocare 1b). **b** intelligentie namque alie alias illuminant, teste Dionysio, ac super animas nostras bonitates et ~ias, quod est notissimum, immittunt *Ps.*-GROS. *Summa* 389; diversas habent ~ias planete et stelle fixe ROB. ANGL. (II) 155; quia etsi sol aliquam ~iam habeat super lunam OCKHAM *Pol.* I 252; N. LYNN *Kal.* 213 (v. fortificare 1c); **s1454** (v. fortitudo 6c). **c** quod .. a superioribus celestium essentiarum inferiores ordines divinas recipiant ~ias AD. MARSH *Ep.* 246 p. 417; nulla virtus, nec moralis nec naturalis, est sine ~ia divina BACON *NM* 532; nec potest aliquis fingere quod per istam causam divinam et gratiam ac fortunam intelligatur tantum quedam ~ia celestis BRADW. *CD* 192A; ut cor carneum tamquam cera liquescens pre fervore celestium ad supernam ~iam sit preparatum WYCL. *Ver.* III 34.

influentialis [ML], influential (astr.).

~is conjugii terrestre signum DEE *Monas* 186.

influere [CL]

1 to flow in: **a** (of water or other fluid); **b** (of light); **c** (of abstr.).

a **796** majores amnes rivulis augentur ~entibus ALCUIN *Ep.* 74 p. 117; Hister occultis canalibus sub terra ~it urbi W. MALM. *GR* IV 355; usque ad Hiberum amnem, qui Navarros hortus et agros Hispaniae secans sub deserto se [MS: desertose] civitatis muros Balearico ~it mari R. NIGER *Chr. II* 149; amnis .. palatiis .. ~ebat GREG. *Mir. Rom.* 18 (v. fistula 1a); GILB. VII 312v. 1 (v. deangustatio); **c1435** (v. evacuatio 3c). **b** in animum patientis lux serena ~ens W. MALM. *GP* I 46; lux eterna primo super angelos ~it [TREVISA: *cometh*] BART. ANGL. II 2. **c** **801** Sancti Spiritus gratiam tuo pectori abundanter ~ere demonstrant ALCUIN *Ep.* 225; misercordia .. ~at in me, quae profluit de te ANSELM (*Pros.* 9) I 108; per Birinum episcopum celestis ~xit doctrina W. MALM. *GR* I 18; spiritum .. sibi ~entem hauriens *Ib.* I 51.

2 to pour in, stream in (partly fig.).

Normannorum gule jam Anglorum luxus ~xerat W. MALM. *GR* III 255; ~unt delicie R. NIGER *Mil.* III 39 (v. evaporare 2d); conjungitur ei [sc. corpori] nobile animarum, a qua ~unt ei potencie nobiles et virtutes multiplices *Ps.*-RIC. *Anat.* 1; gracia plena, ferax infusio, copia summa, / fructus inexhaustus influat, assit ei GARL. *Epith.* III 140.

3 (trans.) to flow into.

viderunt fluctus navim ~ere et refluere; sed influentibus termini constituti sunt, ne supereffluendo submergerent W. CANT. *Mir. Thom.* VI 75.

4 to cause to flow (also fig.).

fluenta .. ~xisti EGB. *Pont.* 129 (v. concavus 5); ~xa .. lucis et caloris emicatione ALF. ANGL. *Cor* 11. 9 (v. emicatio); isti sunt .. quasi quedam colatoria, divitias suis dominis ~entes .. et feculentiam retinentes P. BLOIS *Ep.* 25. 89B; compertum est a medicis animam ~ere suas potentias et virtutes per mediocritatem cordis GILB. VI 241v. 2; efficiens ~it suam virtutem in materiam BACON *Tert.* 108; habundanter ~it [ME: *flowinde ʒeotteþ*] fontes .. graciarum *AncrR* 105; **1412** in celo existens perpendiculariter cuilibet vigilanti est paratus ad lumen sue gracie ~endum *Conc.* III 340b.

5 (intr.) to exercise influence.

cum sit ipsa [intelligentia] causarum omnium originalium conditrix virtusque primaria plus ~ens super causatum, quam causa secundaria *Ps.*-GROS. *Summa* 627; cum .. causa primaria plus ~at in suum effectum quam causa secundaria ROB. ANGL. (II) 144; stella ~it dupliciter *Ib.* 154; ex hoc .. quod caput est, habet [papa] in membra ~ere diversa officia conferendo OCKHAM *Dial.* 782; superiora regunt et ~unt, inferiora supportant et serviunt *Eul. Hist.* I 14; WYCL. *Civ. Dom.* I 417 (v. examinatorius 1a).

6 (trans.) to influence.

stella .. per motum ~it calorem, per radium ~it calorem et virtutem ROB. ANGL. (II) 154; secundum eos, Deus non ~it nisi species DUNS *Sent.* II 3. 11. 7; ad ~endum vitam spiritualem WYCL. *Civ. Dom.* I 267 (v. deoneratio); causa inferior non potest ~ere aliquam accionem vel virtutem cause superiori [*sic*] se PAUL. ANGL. *ASP* 1556.

influus [LL], that flows in, inflowing.

Wira .. qui pelago ~us naves .. placido ostii excipit gremio W. MALM. *GR* I 54; mari ~o refluoque W. FITZST. *Thom. prol.* 5; fluo .. unde .. influo .. unde ~us OSB. GLOUC. *Deriv.* 227.

influxibilis, not subject to flux, unchangeable.

Deus est .. principium primum increatum .. ~e [TREVISA: *noȝt flittinge*], impassibile BART. ANGL. I 16; Deus sine tempore ens et sine principio et impassibilis et ~is et incorporeus T. SUTTON *Quodl.* 6.

influxio [LL]

1 flowing in, inflow.

a1136 si placitum motum fuerit .. infra tertiam maris ~onem rectum inter se faciant *BBC* (*Newcastle-on-Tyne*) 217; ad .. se alendum frequentem ciborum et potuum ~onem et effluxionem deposcit BERN. *Comm. Aen.* 11.

2 influence.

patitur spiritus in corpore propter frequentem ~onem et effluxionem oppressionem nimiam. .. his commotionibus maris, i. e. ~onibus et effluxionibus corporis, Eneas et socii ejus .. vexantur BERN. *Comm. Aen.* 11; **1426** varia ecclesie membra .. jam ex unius capitis ~one multiplici .. recipiunt sanitatem *Conc.* III 476b (= *EpAcOx* 32: influccione).

influxus [LL]

1 flowing in, inflow: **a** (of water or other fluid); **b** (of light).

a fluxum quidem facientes ratiocinantur, non posse impleri et elevari arteriam nisi corde. quam, cum continua sit a principio, aliunde ~um non recipere ALF. ANGL. *Cor* 11; portum .. medio ~u redeuntibus aquis jam restituit GIR. *TH* II 2; sicut ~us et refluxus maris R. ORFORD *Sciendum* 158. **b** illi etiam qui talem ~um luminis ponunt, opinionem predictam repudiant R. MARSTON *QD* 268.

2 influence.

ponit tres falsas opiniones de sciencie generacione. .. secunda est Avicenne de ~u specierum, de qua hic non tractat DUNS *Metaph.* I 4 p. 55; ~us forme est ab ydea T. SUTTON *Gen. & Corrupt.* 179; **1426** quatenus impietas emulorum .. nullatenus favoris et gracie vestre .. prescindat ~um a .. pastore nostro *Conc.* III 477b; ut omnis praesentia corporis .. excludatur, et ejus loco ~us quidam ab istis doceatur, a virtute corporis absentis manans GARDINER *CC* 731.

infodere [CL]

1 to dig in order to bury (something), to inter; **b** to hide.

si tribus noctibus secure jacuero, quarta die ~ite matrem vestram humo W. MALM. *GR* II 204 p. 254; *Ib.* III 227 (v. culleus); alii, quia deorum hostis extiterat, vivum terre ~iendum, .. esse decreverunt W. S. ALB. *V. Alb. & Amphib.* 17; qui hominem in navi interfecerit, cum mortuo ligatus projiciatur in mari. si autem in terra interfecerit, cum mortuo ligatus in terra ~iatur *G. Ric. I* 110; ipsi vero talentum Domini terre ~iunt P. BLOIS *Ep.* 14. 46B. **b** si rerum creatarum animo nihil melius esse potest, isne in tenebris ~iendus est ..? ADEL. *QN* 74; more harpyiarum quicquid poterant corripere unguibus, vel ~iebant marsupiis vel insumebant conviviis W. MALM. *GR* V 418 p. 495; si tonsor Mide terre secretum suum latenter ~iat, succrescet arundo que cantando deducet in publicum quia 'auriculas asini Mida rex habet' [Persius *Sat.* 1] P. BLOIS *Ep.* 59. 177B; steti ad dorsum hora nona quando ~isti absolucionem meam in sepulcro et timuisti *Ghost Stories* 417.

2 to excavate, disinter.

pavimentum .. fregit . . . urne dorsum .. apparuit. hinc ergo exorta letitia .. ~ere, veteremque juncturam .. cum asciola rumpere .. non tardabant ORD. VIT. VII 12 p. 210.

infoetere [cf. CL foetere], to stink.

ego ductus eram in spiritu ad infernum et ibi animam dudum talis vicine nostre, nominando eam, que ~ebat, quod totus infernus abhorreat eam, vidi; et adhuc est fetor in naribus meis *Spec. Laic.* 75.

infoliare [cf. foliare], to enfold in leaves or petals.

flos non infoliet marcorem, marcor ad imum / impellit florem, flos revirere nequit GARL. *Epith.* X 213.

†infollatum, *f. l.*

c**1205** extendens se in longitudine usque †infollatum [l. in fossatum] meum ante capitale masuagium meum *Ch. Westm.* 414.

inforabilis [cf. 1 forare], that cannot be pierced or perforated.

ferri et aeris opus pene insecabile et ~e R. COLD. *Cuthb.* 73 p. 150.

inforare [cf. 3 forare], to accuse in a forum; **b** to bargain for in a forum.

a foras hoc forum .. et ~o .. i. inplacitare in foro OSB. GLOUC. *Deriv.* 217; ~are, in foro placitare *Ib.* 292. **b** te .. inhortando quatinus dicte pecunie summam coneris fertiliter ~are ut in honorem proprium .. valeat redundare *FormOx* 434.

inforc- v. infort-. **inforegeldum** v. fotgeldum.

inforestare [cf. forestare], to bring under forest law.

c**1125** (1314) excepta particula nemoris quam G. inde retinuit ad ~andum *CalCh* III 275; **1200** H. filius R. r. c. de xxx m. pro habendo manerio suo quieto ab omni exactione forestariorum .. et quod boscus ille non sit ~atus *Pipe* 18; **1212** quatuor crofte .. sunt ~ate et modo nichil reddunt *Fees* I 73; **1220** feceritis querimoniam quod contra .. libertates terras vestras ~are contendit *Cl* I 435b; facta nimis diligenti inquisitione per vicinos habitatores de regie foreste vel terre ~ate occupatione M. PAR. *Maj.* IV 400; **1279** centum acras terre et amplius .. ~avit *PQW* 339a.

1 informabilis [ML], (phil.) susceptible to a formal cause.

mens ratione sui formalis est actu intelligibilis et ratione sui possibilis est ab hujusmodi intelligibili ~is KNAPWELL *Not.* 197; essencia .. corporea est .. a beatificacione maxime elongata, non informata, sed ~is, cujuscunque forme substancialis vel accidentalis corporee subjectiva et per consequens ab omni agente passibilis WYCL. *Compos. Hom.* 12.

2 informabilis, (phil.) not susceptible to a formal cause.

due .. alie consequencie, sc. quod si est ineffectibile, ergo est immateriabile et ~e DUNS *Ord.* II 163.

informantia, (phil.) reception of form or formal cause.

quilibet talis actus per accidens informat; et sic ipso non informante foret bonus; et modo per ~iam accidentalem est malus WYCL. *Act.* 21.

informare [CL]

1 to give shape to, to form; **b** to form (idea), plan.

dicentes corporum formas aerem, usque ad oculum interjacentem ~are sicque ad animam transire ADEL. *QN* 23; aliud enim membra volunt ~anda, aliud ~ata *Ib.* 40; Iris nichil aliud est nisi nubes soli opposita et ex ejus radiis multipliciter ~ata BERN. *Comm. Aen.* 6. **b** paratis .. omnibus que Jerosolimitani itineris viaticum ~arent .. concilium .. indicitur W. MALM. *GR* III 230.

2 to teach, instruct (person); **b** to inform (intellect, will, action, or abstr.); **c** to train, break in (animal); **d** to give instruction in (subject).

melius exemplis .. ~or ALDH. *Met.* 10 p. 92; cujus exemplis ~ati .. religiosi .. consuetudinem fecerunt BEDE *HE* III 5 p. 136; amicus Dei Rogerus eam ~abat nunc doctrina, nunc exemplo *V. Chris. Marky.* 40; pater .. cum filium suum in pueritia sua sanctis et honestis moribus ~are debuerit .. P. BLOIS *Ep.* 74. 228A; c**1214** ex doctrine defectu, quia nec verbo nec vite grex ~atur exemplo GIR. *Ep.* 8 p. 282; **1417** cantori ~anti juvenes in organis *Ac. Durh.* 287. **b** amor .. ita nullis adversitatum livoribus obatrescit, ut amicorum casibus etiam singulis ~etur (*Quad. pref.*) *GAS* 529; si voluntas ~at actionem et ipsa plerumque pro facto reputatur GIR. *IK* I 8 p. 74; unus est nature et alter est voluntatis ~ate [MS: ~are]. nec sunt hec divisa contra se propter hoc quia voluntas ~ata vult quod natura hoc velit quod vult .. FISHACRE *Quaest.* 48; quidem activum est intellectus ~atus notitia simplici . . . eadem voluntas, ~ata per amorem simplicem .. DUNS *Ord.* II 290. **c** cuidam ambulatori ~anti pullanos domini, iij s. *Ac. Swinfield* 179. **d** ut hinc ~aretur pietas fidelium BEDE *Gen.* 24; doctrinam suam ecclesia qua mentes infirmorum a lascivia coerceat .. solet ~are *Id. Cant.* 1131; Trinitatis .. [personas] quas proprietatibus ~ant catholici, non diversas temporibus aut locis ABBO *QG* 21 (45); ethica .. mores ~at in fundamento virtutum T. CHOBHAM *Praed.* prol. p. 3; oportet predicatores .. veritatem contrariam auditores salubriter ~are OCKHAM *Dial.* 701.

3 to inform, cause to understand; **b** (intr.) to act as informer, give information.

1290 quatinus .. apprisiam faciatis et vos ~etis .. super premissis *RGasc* II 560; **1301** donec dicti subcollectores .. episcopum .. ~averint, non potest .. procurator .. abbatem et decanum ~are *Reg. Carl.* I 156; ad ~andum .. regem .. de jure AVESB. 122b; c**1389** de eorum veritate fuerimus ~at *Dip. Corr. Ric. II* p. 67; **1400** latores presencium vos plenius viva voce ~abunt (*Let.*) AD. USK 74; **1407** fuit ~atus de collusione et fraude *Reg. Heref.* 32; **1424** qui, ut ~or, jam .. se divertit BEKYNTON I 280; **1441** ego et confratres mei, ~ati dictum Alexandrum Home et David Home milites fuisse unanimes et concordes *Pri. Cold.* 142; ad ipsum dominum pontificem ~andum *Plusc.* VIII 29. **b** ipse .. desolatis .. ~ans ut Tancredum peterent in ducatum W. MALM. *GR* IV 376; **1282** (v. falsidicus a).

4 (phil.) to inform, to subject to a formal cause.

omnis .. forma quedam lux est et manifestacio materie quam ~at GROS. *Hexaem.* II 8. 2; dicitur forma quandoque communiter seu per extensionem viz. omne id quod subjectum naturale seu reale per modum aliquem disponit et ~at *Ps.*-GROS. *Summa* 323; ergo cum intellectus non possit cognoscere se, nisi assimilatus rei cognite, oportet quod aliquam in se habeat similitudinem ~antem eum PECKHAM *QA* 82; forma ~ans aliquid DUNS *Ord.* IV 271 (v. duplicter b); causalitas materie non est nisi ~ari forma et causalitas forme non est nisi ~are materiam OCKHAM *Quodl.* 293; omnis res potest ubicumque libet generari sine hoc quod ~et subjectum WYCL. *Act.* 120.

informarius, informer, instructor.

memorandum quod clericus de Marram sit ~ius elemosinarii de jure suo de decimis in Est medow *Ac. Almon. Peterb.* 27.

informatio [CL]

1 conceiving, creating, shaping, formation, arrangement; **b** (of sound or word).

licet inmeritos divina tamen miseratio tanta prosequitur et tali dominos ~one componit, ne vilis aliquos servitus adnichilet aut inpunita securitas elata precipitet (*Quad. II pref.*) *GAS* 543; charitatem proponimus, quae alias ~onis dignitate precedit P. BLOIS *Serm.* 760B; hoc punctum [cordis] est a quo incipit natura protrahere ~onem totius corporis *Ps.*-RIC. *Anat.* 21; sive Filius procedit a Patre per quandam quasi ~onem sive per quandam excussionem DUNS *Ord.* II 290; propter specialem unionem ignis ad calorem, que est ~o OCKHAM *Quodl.* 594. **b** aeris impulsiva ~one auditus fit ADEL. *QN* 21; sicut successiva est ~o soni in prima collisione, ita eodem ordine et consimili figura fit ~o soni in soni reflexione J. BLUND *An.* 179; dicitur paradigma quasi juxta formacio id est ~o per aliam *Ps.*-GROS. *Gram.* 75.

2 conception, idea.

theologia .. sacris et poeticis ~onibus usa est BART. ANGL. proem. (v. 1 formare 6c); cum .. scriptura sacra sit plena ambiguis seu obscuris, immo, secundum Dionysium, sacris poeticis ~onibus BUTLER 405.

3 teaching, instruction: **a** (w. subj. gen. of person); **b** (w. obj. gen. of person); **c** (of subject taught).

a orthodoxorum .. ~one didicerant, quod Machometi lex spurcissima animarum est intoxicativa *Flor. Hist.* II 394; omnes Christiani .. secundum ~onem sacerdotis in lege Dei instructi debent obstare istis erroribus WYCL. *Sim.* 65; **1400** me submitto correctioni, arbitrio, et ~oni reverendi patris (PURVEY) *Ziz.* 400. **b** ad ~onem earum linguam .. exercuit L. DURH. *Brig.* 8; dirivationes .. memoriter recolite ut ad .. proficiant .. aliorum ~onem OSB. GLOUC. *Deriv.* 632; s**1237** non curatur de justitia et honestate, de simplicium ~one M. PAR. *Maj.* III 446; **1300** ad Dei laudem vel proximorum ~onem fervor vigeat caritatis *Reg. Dunferm.* 121; **1417** pro ~one juvenum ad cantandum *Ac. Durh.* 226; **1505** (v. grammaticalis 1d). **c** plurima .. que ad .. morum ~onem conferre valebunt W. BURLEY *Vit. Phil.* 2 prol.; **1549** plenaria ~one veritatis *Conc. Scot.* II 121.

4 information, counsel, order.

1296 vos .. cogitetis et paretis eas quas volueritis vestras mittere ~ones (*DCCant.*) *HMC Rep. Var. Coll.* I 263; **1308** (v. destinare 2b); **1339** (v. detrahere 5a); OCKHAM *Err. Papae* 958 (v. deformatio b); c**1389** habita .. super facto illo ~one *Dip. Corr. Ric. II* p. 68; **1405** summaria recapiatur, per ambassiatores ibidem, ~o valoris navium et mercimoniorum *Lit. Cant.* III 90.

5 (phil.) imposition of form or formal cause.

duo opposita non sunt in eodem subjecto, nec unum oppositum est in alio secundum modum ~onis GROS. 251; [angeli] corpus est in loco, aut per ~onem corporis existentis in loco, et sic anima est in loco dum actu informat corpus, aut per hoc quod est terminus rei habentis positionem in loco MIDDLETON *Sent.* I 326; solum fit .. ~o intellectus possibilis DUNS *Ord.* III 260; ~o sensus, que fit a solo corpore, 'visio' dicitur. illa autem '~o' est propria species, que recipitur in parte organi, sc. in corpore sic mixto *Ib.* 299; sed ipsa visio est ipsa ~o visus per speciem, ita quod non sit ibi talia ~o quam speciei, que sit visio T. SUTTON *Quodl.* 88; ~o medii per speciem non est cognicio, sed ~o sensus est cognicio *Ib.* 267; quandocunque generacio qualitatis concomitatur ejus ~onem et inherenciam, subjectum movetur duobus modis in partibus WYCL. *Act.* 120; idem est ponere qualitatem vel quamcumque aliam formam esse in subjecto cum hoc quod non informat, Deo suspendente actum ~onis *Id. Form.* 170.

informative [ML], (phil.) formatively, by form or a formal cause.

ubicumque aliquid habet albedinem ibi omne est album; et ubicumque aliquid habet ~e calorem ibi est calidum OCKHAM *Sacr. Alt.* 494; 'timorem Domini docebo vos', ecce vocacio paternalis Domini timoris ~e, quod erat primum BRINTON *Serm.* 14 p. 56.

informativus [ML], formative, of form or a formal cause: **a** (med.); **b** (phil.).

a in qualitate spermatis potuit esse vitium, vel in matrice vel in principio generationis, sc. in virtute ~a *Quaest. Salern.* Ba 95; labiorum .. strictura fit ex intensione virtutis ~e GILB. III 157. 1; monstruositas in membris superfluis generaliter accidit ex superfluitate materie et defectu virtutis ~e BART. ANGL. V 1 p. 118; inter virtutes varias, Natura ministrat / informativam, qua peragatur opus GARL. *Epith.* V 216; virtus ~a continet quasi virtutes omnium membrorum GAD. 36v. 2; BRADW. *CD* 138D (v. expulsivus 1b); humidum cibale foret ejusdem complexionis vel temperancia cum humido naturali quod natura ex propria materia et virtute ~a in matrice dirigit

WYCL. *Log.* III 114. **b** forma vero substantialis, .. cum sit intellectus in actu intelligendi perfectiva et ~a *Ps.*-GROS. *Summa* 373.

informator [LL], instructor, teacher; **b** informer, advisor, counsellor.

primitivae illustrisque familiae ~or ALDH. *Met.* 2 p. 67; zelotipus sanctimoniae ~or *Id. VirgP* 7; beati Albani doctor, et fidelis ad fidem ~or GIR. *IK* I 5; **1364** ~ore seu magistro puerorum *Lit. Cant.* II 465; **1378** ~ores gramatice facultatis *StatOx* 169; **1541** (v. grammaticus 1c). **b** si apparent aliqui, qui volunt alios informare de papa, quod sit pravitate heretica irretitus .. illi .. non debent tales ~ores audire OCKHAM *Dial.* 645; **1344** si predictus ~or .. non venit nos super hoc plenius informaturus *SelPlKB* VI 33; **1388** quos quidem ambassiatores una cum J. B. de London', ~ore eorundem ac literis predictis .. magister .. reverenter et honorifice recepit et admisit *Mem. York* II 2; de conspiratoribus, falsis ~oribus, et malis procuratoribus duodenarum *Reg. Brev. Orig.* 186b.

informatorie, by way of instruction.

aliqua .. in dicto sermone [sc. Domini in monte] dicta sunt ~ie sive instructorie, ut 'beati pauperes spiritu' OCKHAM *Pol.* II 795.

informatorius [ML], instructive, informative.

1401 ad vetita et illicita [sc. Lollardiam] .. manus laxant, prout in articulis ~iis .. continetur *Conc.* III 265a; admonitio ~ia .. ad omnes alios ordines (*Pontificale*) *Mon. Rit.* II 237.

informatrix, instructor, teacher (f.).

O admiranda ubique locorum disciplinae latialis ~ix, quam .. sophistica tue doctrine effamina OSB. GLOUC. *Deriv.* 182; s**1251** hec [Cecilia] .. docta valde et faceta et eloquens, electa est, ut esset magistra et morum ~ix Johanne sororis domini regis M. PAR. *Maj.* V 235.

1 informatus v. informare.

2 informatus [LL], unformed.

O Christe .. reforma in hoc filio nostro vel quod natura ~um reliquit, vel quod formatum inimica saluti aegritudo corrupit OSB. *Mir. Dunst.* 5; NECKAM *NR* I 20 (v. echo).

informis [CL]

1 formless, having no shape (also as sb. n.); **b** not brought to intended form, not finally shaped.

elementa enormia / atque facta informia / quassantur sub aetherea / convexi celi camara (ALDH.) *Carm. Aldh.* 1. 14; **957** protogenes ex ~i materia creatus *CS* 995; de Deo vero .. incomposito, ~i, immutabili, infinito ADEL. *QN* 76; informis Deus est J. SAL. *Enth. Phil.* 1021; corporalis autem [vita] ~is est per privationem omnis corporee qualitatis, que apparet in formata materia ANDR. S. VICT. *Hept.* 6; Domine Deus .. ~ia formans, deformia reformans, formosa conformans J. FORD *Serm.* 108. 9; omnis materia respectu sui materiati judicatur ~is *Quaest. Salern.* Ba 121. **b** ALDH. *Aen.* 21. 2 (v. 2 fricare 4); quamvis informi Terpsicore paucula versu / luserit .. FRITH. 132; pondus et informes Athlantes ferre priores / jussit *Ib.* 450; ORD. VIT. XI 27 p. 262 (v. evellere 1b).

2 of irregular shape, misshapen, ugly; **b** improperly formed, wrongly articulated.

~is *unhiwe GlP* 771; quemadmodum ego soleo indignari pravis pictoribus cum ipsum Dominum ~i figura pingi video ANSELM (*CurD* 1) II 49; videbatur .. ~e prodigium et .. carnis offa, quam immaturo fetu projecisset natura W. MALM. *GP* V 262; ~es cereos, candelabra cotidiana, mantilia diuturnum squalorem preferentia *Id. Wulfst.* II 18; ~em dicimus materiam, non quod omni forma caruisset (impossibile est enim aliquam substantiam sine omni forma esse ..) sed quia illa venustate forme quam postea habuit vestita non fuit ANDR. S. VICT. *Hept.* 7; inventam in oratorio solam aliquando tam ~ibus impetivit monstris *V. Chris. Marky.* 53 p. 132; miracula .. que .. in monasterio de Bardney ~ibus exarata lituris et rudibus mutilata scripturis anxius deploravit R. COLD. *Osw.* 45 p. 372; corpus .. in massam quamdam ~em .. resolutum GIR. *TH* I 36. **b** voce sonora set aliquantulum ~i bene tamen intelligibili exclamabat *Mir. Wulfst.* II 11 p. 159.

3 irregular, abnormal (also as sb.).

rude et ~e ingenium P. BLOIS *Ep.* 67. 211A; in formam ~ia redigens, in normam enormia queque reducens .. jura reformavit GIR. *TH* III 50; c**1214** ad formulam illam, quamquam ~em nimis et enormem, quorum intencionis sue dirigebant *Id. Ep.* 8 p. 266; T. CHOBHAM *Praed.* 170 (v. informiter 2).

informitas [LL]

1 formlessness, shapelessness.

omnia quae conditor ex ~ate nihili in formam duxit essentie ADEL. *QN* 15 p. 19; hanc enim materiam primam informem esse, et ~ate generali disponi veteres posuerunt, non quia ea omni forma carere arbitrarentur .. sed quia formam omnino specificam signatam [non] haberet *Ps.*-GROS. *Summa* 314; ad testandum ejus [sc. prime materie] ~atem dicit eam inanem, vacuam, et tenebrosam WYCL. *Form.* 6.

2 irregularity of shape, deformity, ugliness.

apostema, struma, ~as, vel inflatio in corpore OSB. GLOUC. *Deriv.* 60; Vulcanus .. fingitur .. de Junonis femore natus, et propter ~atem a celo dejectus ALB. LOND. *DG* 10. 4; vultures .. magni quidem et secundum ~atem fame sue pulcherrimi MAP *NC* IV 15 f. 55v; contra naturam hominis est quia corpus multis gravaminibus ledit et variis passionibus et ~atibus flagellat BACON *Maj.* II 278.

informiter [LL]

1 formlessly, in irregular order.

vitas .. ~iter editas W. MALM. *GR* IV 342 (v. hostilitas d).

2 irregularly, abnormally.

fides .. informis commendabilis est quia quamdiu credit ~iter aliqua spes est de eo T. CHOBHAM *Praed.* 170; contra quos sic agentes ~iter *Pri. Cold.* 52.

informositas, deformity, ugliness.

resurrectionem carnis non credentibus occurrit ~as BEDE *Luke* 489.

infornare [cf. LL fornare], to place in an oven, to bake.

to bake, panificare, pistrire, ~are, pinsere *CathA*; *to set in owen*, infurnare, est in fornacem ponere *Ib.*

inforsare v. infortiare.

infortiamentum, fortification.

1218 in ~o .. castelli *RL* I 12.

infortiare [ML]

1 (mil.) to fortify (building or place); **b** to equip (person).

1141 concedo illi ut castella sua que habet stent et ei remaneant ad ~andum ad voluntatem suam *Mandeville* 91; **1227** Mausiacum non est in treuga, nec Banaom in hiis treugis poterit ~ari *Pat* 135; illa [sc. castella] que ~ata fuerunt contra me DICETO *YH* I 395; Christianis liceret .. ~are Accaronem DEVIZES f. 42r; **1305** mandamus .. quatinus .. domum .. inforsare turribus et aliis modis *RGasc* III 461; **1352** pro v pertic' wall[e] .. inforsandis et emendandis *MinAc* 1253/1. **b** **1313** gentes armorum .. vadunt .. ~ate cum equis et armis per patriam *Tract. Ed. II* 9.

2 (leg.) to 'afforce' court.

nec debet ballivus seu alius judex facere se partem in aliquo placito pro aliquo; nec debet dare aliquam racionem pro parte sua nisi ad †infensandum [? l. inforsandam, *gl.*: informandam] curiam, in wardis petitis, ubi sectatores sunt legis minus scientes *Quon. Attach.* 16. 5; summonitis terrarum dominis, ~etur placitum termino competenti (*Leg. Hen.* 29. 1c) *GAS* 563; si dominus placitet contra suum hominem, potest in consilio suo habitos judices infortiare [v. l. informare], si opus sit (*Ib.* 32. 3) *Ib.* 564; si quis in curia sua, vel in quibuslibet agendorum locis placitum tractandum habeat, convocet pares et vicinos suos, ut, ~at judicio, gratuitam et cui contradici non possit justitiam exhibeat (*Ib.* 33. 1) *Ib.* 564.

3 to force, constrain.

1285 primus inventor venit, et non malecreditur, nec aliquis alius inde ~atur *DocCOx* 198; **1375** cum predictis constabulariis ire ad ~andum eos penitus recusarunt *SessPLincs* I 105.

4 (p. ppl. as sb. m. or n.) second part of Digest (compilation of civil law).

SWAFHAM 99 (v. digerere 3d); **1281** quidam liber Institucionum .. quoddam ~atum, precii xvj s. *SelPlJews* 114; **1313** tractatus de lingua, tractatus de oculo, expositio Anglice ~ati, statuta Otonis .. (*Catal. Librorum*) *HMC Rep.* IX app. 1 p. 46b; **1414** (v. codex 2b); p**1440** digestum ~atum (*Catal. Librorum*) *JRL Bull.* XVI 474.

infortinatus v. eufortunatus.

infortuitus [ML], unfortunate, unlucky, disastrous.

in litem exeunt, causantur quod supra modum fuerit omnibus ~us tanti negligens ultro discriminis MAP *NC* V 5 f. 66; **1217** (v. desolare d); **1302** per .. alios ~os et varios casus *Reg. Carl.* I 204.

infortuna [ML], misfortune.

heu misera, non dico fortuna, set maxima ~a, que non sinis quietos diu in suo statu permanere *V. Ric. II* 168.

infortunabilis, unfortunate, unlucky.

hanc ~em mortem .. regi intulit patruus suus comes Atholie inveteratus dierum malorum FORDUN *Cont.* XVI 27.

infortunare [CL *as p. ppl. only*], to make unfortunate, bring misfortune upon; **b** (p. ppl. s. act.); **c** (p. ppl.) unfortunate (of person); **d** (of condition, action, or event).

ipse ~abit et infascinabit non solum personas singulares, sed civitates et regiones BACON *Maj.* I 399; docuit eum opera quibus alteraret regiones, et civitates ~aret, et infatuaret eas *Id. Tert. sup.* 53. **b** ponunt .. esse .. Saturnum et Martem malivolos et ~atos BACON I 42. **c** hominis ~ati per opus nature superioris M. SCOT *Phys.* 24; prosperatus modestus esto, ~atus vero prudens W. BURLEY *Vit. Phil.* 44. **d** femorum ~ata dissimilitudo R. COLD. *Cuthb.* 48 p. 101; quam infelix, quam ~atum, quam vile schisma H. BOS. *LM* 1374C; dignum est ut nupcie que procurantur mediante Helena sint infelices et ~ate TREVET *Troades* 62; **1477** equus ex casu ~ato ipsum filium pedibus suis conculcavit *Sanct. Durh.* 4.

infortunate [ML], unfortunately, unluckily.

in omnibus .. gestis suis ~e rem agens H. HUNT. *HA* VIII 17; rex Anglie .., ~e captis bigis et curribus onustis victualibus, penuria coartatur WALS. *YN* 194; captus est R. T., satis ~e sibi, quia mox tractus ad furcas suspensus est *Id. HA* II 173; pridie quam rex ~e cecidit *Plusc.* VII 33.

infortunitas [LL], misfortune.

regina, gravi ~ate preoccupata, diem clausit extremum W. NEWB. *Cont.* 574; velut ~ate omnia gerebantur WALS. *HA* II 271.

infortunitum, misfortune.

1577 per multa ~a maris et piratie eis accidencia et eveniencia *Gild Merch.* II 112.

1 infortunium v. eufortunium.

2 infortunium [CL], **~ia**

1 misfortune, trouble.

inauditum omnibus seculis ante ~ium .. factum esse perhibetur ASSER *Alf.* 12; parem .. lugubris ~ii moestitiam .. in mei miseri comperi congessisse miseriam B. *Ep.* 386; ubique ponit tributum, quod ~ium hodieque luit Anglia HERM. ARCH. 3 p. 33; [mansiones] wastatae .. propter ~ium et paupertatem et ignium exustionem *DB* I 336va; magnum ~ium .. incurret GIR. *TH* II 50; secundo ostendit suum ~ium gravius esse ~io Andromache vel Heccube TREVET *Troades* 64; **1427** in casu quo per aliquam ~iam bonorum meorum diminucio evenerit *Reg. Cant.* II 406.

2 (leg.) misadventure.

nullus eorum malecreditur, ideo ipsi sint inde quieti, quia judicatum fuit ~ium *PlCrGlouc* 56; **1256** quidam ingnotus cecidit de quodam batello in aqua de Tine et ibidem submersus fuit . . nullus inde malecreditur. judicium: ~ium *AssizeR Northumb* 80; **1269** coronatores nichil possunt inquirere nisi per ~ium *CBaron* 89; **1313** quidam A. adaquando equum suum se submersit. judicium ~ium et equus ille deodandus domino regi *Eyre Kent* I 89; utrum obierit per ~ium vel per feloniam *MGL* I 82; **1429** R. D. coronatori episcopi pro visu corporis J. N., mortui per ~ium, vj s. viij d. *Ac. Durh.* 621.

infortunus [ML], **~ius**, unfortunate, unlucky; **b** (as sb. n.) misfortune.

†aerumnus [l. aerumnosus], ~us *GlC* A 337; his ~is rebus perplurimi assentabant BYRHT. *V. Osw.* 444; **1415** cum casibus ~iis *FormOx* 433. **b** sint vigiles cauti, non sint sompnis onerati, / sint opportuni; procul infortuna fugentur D. BEC. 63; **1431** si predicta terre et tenementa .. per Scotos aut alia ~a .. conburantur seu destruantur *Cl* 280 m. 7d.

infossare [cf. fossare, infodere]

1 to surround with ditch, to fence with ditch and bank; **b** (p. ppl.) surrounded by embankment.

1152 dedi croftum .. sicut ab eisdem ~atum est *MonA* IV 186; **1190** licet prefatis monachis .. terram includere et ~are *Couch. Kirkstall* 244; c**1230** quod .. W. et A. pratum predictum eorum ~ari vel alia claustura facient includi .. *Cart. Boarstall* 35; licet abbati de Burgo ~are de communi pastura eorum in marisco de Peychirche, quantum sibi placuerit, et facere pratum SWAFHAM 109; **1433** bene licebit dictis majori, burgensibus .. dictam pasturam de Cowhey .. ~are *Rec. Leic.* II 250. **b** **1288** una cum valore piscarie aquarum ~atarum *RBWorc* 209.

2 to bury.

s**1286** tibiis anterioribus in sabulo ~atis *Plusc.* VII 32.

3 to pierce, stab.

s**1199** per ictum baliste ~atus interiit *Plusc.* VI 37; proditores .. per tortores ferris candentibus puncti, ~ati *Ib.* XI 10.

infossatio [cf. fossatio], (med.) resemblance to a trench (fig.), sunken appearance.

cum ... unguium constrictione et musculorum et juncturarum graciliatione et oculorum ~one GILB. I 69v 2.

infra [CL]

1 (adv.) to or at a lower position, below; **b** further down on page or list; **c** below the surface.

apostrofus ponitur supra .. hyfen ponitur ~a ALDH. *PR* 141. **b** accipe veracem .. astipulatorem .. 'qui derelinquerunt Dominum consumentur' [*Is.* ii 11] et ~a 'oculi sublimis hominis humiliabuntur' [*Is.* iii 11] GILDAS *EB* 43; Arator .. ~a elegiaco versu subjunxit .. ALDH. *Met.* 9; de ultimis ~a dicendum est BEDE *HE* IV 23 p. 254; terras has ~a notatas *DB* I 374rb; hujus Pipini genealogia supra ~aque contexitur ita: .. W. MALM. *GR* I 68 p. 70; recessit a patria, ut ~a patet KNIGHTON I 88; de isto ~a, lib. ix, cap. iij et cap. liij FORDUN *Cont.* VIII 13 p. 459. **c** **1318** (v. croa).

2 in, inside, within; **b** from or on the inside; **c** (*ad* ~*a*).

1405 (v. 2 cuppa 1c); **1452** j *basket de wikers* empt' .. pro *le brike* et al' ~a portand' ad manus operariorum *KR Ac* 294/7; in j *basket de wikers* empt' pro *le breek* et aliis ~a carand' *Ib.* **b** respondeat ille minister ~a stans EGB. *Pont.* 31; **1293** M. domum suam intrasse voluit .. invenit garcionem suum absentem et hostium suum clausum ~a de quadam kivilla *Gaol. Del.* 87 m. 13*d*; **1326** corpus ~a diruptum (v. dirumpere d); **1330** prior extra, sed famuli .. regis ~a *Ac. Durh.* 17; **s1333** (v. deforis 3a); talibus immo loquor, quibus est scrutatus ab infra / mundus, et exterius celica signa gerunt GOWER *VC* IV 369; **1449** Ten. Walerandi cum gardino ~a per gardianum collegii Wyntonie v s. *Cart. Osney* III 241. **c** **s1452** volumus .. sic vos regere, quod nec retrocedet religio ad ~a, nec sollicitudo ad extra *Reg. Whet.* I 22; **s1459** pacem, tam ad ~a quam ad extra *Ib.* I 327; *Ib.* II app. 400 (v. deprecatio 2b).

3 earlier, before.

1254 persolvemus .. quingentas marcas .. in quindena .. festi Nativitatis S. Joh. Baptiste, vel ~a, si pecuniam habeamus de qua infra ipsum terminum de ipsis quingentis marcis eisdem satisfacere valeamus *RGasc* I 334.

4 later, after.

c1250 domos .. a decennio et ~a nullus .. conducat (v. 3 a 2e); **1297** vobis mandamus quod si ad nos in Anglia ante tempus ordinationis illius vel ~a faciende vos venire contingat *RScot* 40a; **1452** non vexabit .. Johannem .. occasione incarcerationis sue, nec pro aliqua alia causa terminabili ad ~a *MunAcOx* 626.

5 less in quantity.

anima mea .. valde ~a quam debet diligit Deum ANSELM (*Or.* 12) III 45; **1220** (v. emendatio 4a); **1356** (v. defectus 1a).

6 lower in degree, inferior in quality.

quamquam dignitas episcopalis .. sic vestram mihi personam superexaltet ut me valde ~a deserat .. ANSELM (*Ep.* 91) III 218.

7 (prep.) at a lower level than, below; **b** downstream from.

emisperium .. i. e. dimidia pars poli supra aut ~a terram ALDH. *Met.* 10 p. 95; ~a ipsum .. locum BEDE *HE* V 16 p. 317; nimphea .. ~a aquam capita habens ex una radice *Alph.* 126. **b** **c1289** (v. emergere 3a).

8 amidst, among; **b** from among.

visi sunt cigni natantes ~a navigium *G. Hen. V* 3 p. 20; **13..** (v. extrahere 6e); **1453** de empcione ut infra, ~a summas expensas equorum *Ac. H. Buckingham* 44 (cf. ib.: ut infra, inter exeuncia). **b** cum Hengysto dimicat, quem tenens per vasale cassidis ~a concives extraxit *Eul. Hist.* II 302.

9 in, within: **a** (part of body; also fig.); **b** (structure); **c** (boundary or place; also geom. & fig.); **d** (category); **e** (~*a sacros ordines*) in holy orders.

a caterva .. filiorum quos ipse ~a gremium matris ecclesiae tenerius nutrierat OSB. *V. Dunst.* 44; GAD. 117v. 1 (v. excrescentia 1). **b** ingrediens vero unus ex diaconibus ~a aecclesiam, et claudens ostium stans ante ipsum, ceteri omnes pro foribus remaneant EGB. *Pont.* 30; **s868** Dani receperunt se ~a opus [AS: *on þam geweorce*] quod ibi construxerant *AS Chr.*; siquis .. ~a has publicas vias .. foderit vel palum fixerit *DB* I 2ra; [stagnum] quatuor genera piscium ~a quatuor angulos procreabat G. MON. IX 7; **1228** rex .. muros fieri fecit .. ad galias suas propter procellas maris ~a muros illos includendas *Cl* 32; **1320** in j serrura empta pro magno hostio ~a magnam turrem *KR Ac* 482/1 m. 4. **c** linee ~a circulum supra angulos rectos ADEL. *Elem.* III 1; si ~a alienos ortulos falerata verba non collegerim .. G. MON. I 1; **1153** si aliquis in predictis locis vel ~a predictos terminos firmaret castrum *Ch. Chester* 110 p. 125; **1225** R. B. junior tenuit terram illam ~a werram et extra *KR Mem* 7 r. 13*d*; **1231** rex dedit .. Willelmo B. l acras bosci .. que continentur ~a metas subscriptas *Cl* 522; pro transgressione facta per servientem .. Roberti ~a libertatem .. Willelmi *State Tri. Ed. I* 6; **1343** ~a aquas (v. extra 5b); **1388** super exaccione mortuariorum presbiterorum .. ~a dictas civitatem et suburbia decedencium *Mem. York* II 17; ~a .. jurisdiccionem nostram *Reg. Whet.* II 307 (v. enervare 3); ~a diocesim Wyntoniensem *Mir. Hen. VI* I 9 p. 31. **d** si ~a septimam generationem aliqua consanguinitas inventa fuerit .. ORD. VIT. IV 9 p. 240. **e** **1314** cum ~a sacros ordines constituti debeant ex preceptis canonicis canonicas horas dicere vel audire .. (*Queen's Remembrancers' Misc.* 902/49) *EHR* V 109; sacerdotes et clerici ~a sacros ordines *Conc. Scot.* II 12.

10 within the scope of, according to.

c1165 si michi aliquid ~a vires meas velletis injungere J. SAL. *Ep.* 166 (140 p. 24); **1300** (v. decenator); *Croyl. Cont. B* 469 (v. essonia 1b); ~a consuetudinem ecclesie placitabit de gwarrantizacione *Sanct. Bev.* 15.

11 during, within, before the end of: **a** (action or event); **b** (date or period of time).

a consecratio viduae: .. praefatio: .. ~a actionem: hanc igitur oblationem .. post communionem: muneris divini perceptio .. EGB. *Pont.* 111; unde luctus tibi aut ~a somnium aut ante aliquid inconveniens vidisti *Lib. Landav.* 8; **1218** [manerium] unde W. de B. .. saisitus fuit ante guerram et in inicio guerre et †imfra [MS: infra] guerram *Cl* 363b; de motu ~a vel ante deliberacionem plenam BACON *CS Theol.* 40; nuntii vero Tartarorum ~a concilium baptizati ad propria redierunt TREVET *Ann.* 286; **s1154** archiepiscopus post recepcionem eucharistie in missa, prodicione suorum clericorum ~a ablucionem liquorum [v. l. reliquiorum] letali pocione infectus extinctus est *Plusc.* VI 17; **1450** (v. desponsalia). **b** feria quarta ~a quinquagesimam EGB. *Pont.* 122; **1101** hoc facient ~a tres quarantenas *DipDoc* I 3; **a1151** precipio ut ~a quintum diem ex quo has litteras receperis, sua omnia illi restituas *Doc. Theob.* 29; ut omnes omnino de terris suis illuc advecti, aut ~a proximum pascha redeant GIR. *EH* I 19; **1222** castra .. nobis liberetis .. imfra instans festum Sancti Michaelis *Pat* 335; **1268** vixit usque ad noctem et parum ~a noctem obiit *SelCCoron* 12; **1328** de xv li. per lucra justiciarii de uno itinere tento ~a tempus compoti *ExchScot* I p. clxxxi; **1334**, **s1335** ~a breve (v. brevis 2); die S. Thom. Cant. ~a Natale GRAYSTANES 46 p. 115; **1417** ~a duos primos annos proximos post decessum meum *Wills N. Country* 15.

12 just outside, falling short of.

potentibus .. obviandi intra ~ave [AS: *oþþe wiþutan*] monasterium *RegulC* 10; **1522** in quendam puteum .. existentem in quodam orto jacente ~a hospicium vocatum le Cheker antiquitus vocatum le George in Bello cecidit (*RCoron*) PRO KB 9/489 m. 53; **1415** aptatis et sitis machinis suis et canellis sub muris ~a jactus hostiles *G. Hen. V* 36.

13 after, except for, apart from.

rex Edgarus omnino ejus [sc. Athelwoldi] voluntati deditus erat, a quo supra omnes ~a Dunstanum diligeretur W. MALM. *GP* II 75 p. 167; quod ~a mentionem quam de eis Gildas et Beda .. fecerant .. G. MON. I 1; **c1200** x s. dedi hereditarie prenominato Willelmo ~a servicium feodi unius militis de Oxecroft quem tenet de me *AncD* A 3135.

14 below, less than; **b** (~*a aetatem*, ~*a annos*) under age.

dactilicus exameter ~a hunc numerum usque xij sillabas terminatur ALDH. *Met.* 10 p. 84; felitia tunc fuere tempora, habentia presulem qui nichil ~a dictum faceret W. MALM. *GP* I 18; pulcritudo ejus [sc. matronae] et promissa, ~a pudicitiam Wlstani fuere *Id. Wulfst.* I 6; **1236** (v. disparagare); WALLINGF. I 450 (v. denominatio 3a); **1527** (v. decenalis b). **b** **1173** ~a annos (v. annus 3); **1198** habet nisi wardam heredis Roberti de M. qui ~a etatem est *CurR* I 42; **1201** sicut ille qui hoc vidit dum fuit ~a etatem, unde postquam habuit etatem ipse eum incepit appellare *SelPlCrown* 43; **1218** Thomas .. †imfra etatem est *ExcRFin* I 6; **1221** (v. ejurare); *Fleta* 27 (v. domicella 1a); *State Tri. Ed. I* 24 (v. exsistere 3a); si .. ~a aetatem fuerit, remanebit loquela usque ad aetatem heredis *MGL* I 71; heredis .. qui .. ~a aetatem existit *Reg. Whet.* II 423.

15 beneath the dignity of.

omnis .. nobilitas .. multique alii quos ~a curam nostram existimo W. MALM. *GR* IV 306; quorum cedem nostri estimantes ~a virtutem suam non eos ira sed risu dignati sunt *Ib.* IV 377; cave .. ne tam enormiter elatus supra te, longe corruas ~a te GIR. *TH* I 13.

infraannatus, ~annuatus, less than one year old.

c1230 debet .. ad pannagium pro quolibet porco superannato unum denarium et pro infraannato obolum *Doc. Bec.* 30.

infracaptus, captured within (a territory), (~*us fur*) infangthief.

1110 concessit .. ferias octo dierum .. cum salsa et soka et cum tol, et theam, et cum ~o fure, et cum omnibus consuetudinibus, que obtinere habentur in aliquibus nundinis *Cart. Rams.* I 148.

infraclausus, enclosed; **b** (as sb.) enclosure, plot of enclosed land.

1390 hujusmodi recordum virtute brevis ~i per eundem admirallum transmittitur *SelPlAdm* I 17. **b** **1310** capitale mesuagium quod valet per annum cum gardinis et ceteris ~is vj s. viij d. *IPM* 16/2 m. 3.

infracomputare, to include in an account.

1329 onerat se de xij martis .. et de xlvij, receptis de Ingeramo de Colchone, de instauro de Aran, ~ando quatuor stirkis pro uno marto *ExchScot* 193.

infracontinere, to contain lower down on page or further on in document, (p. ppl.) within-contained.

1397 juratores ad veritatem super infracontentis †dicendum [l. dicendam] electi *Pub. Works* II 327; die et loco ~is coram Johanne M. infranominato *Ib.*; **1369** postea, die et loco infracontentis, coram W. .. venit predictus Abbas *Couch. Kirkstall* 385; **1472** infracontentos lx s. (*CourtR*) *Law Merch.* I 128; **1505** venerunt tam infranominatus W. per attornatum suum infraspecificatum quam infrascriptus R. B. in propria persona sua et juratores juris infraspecificati exacte similiter venerunt, qui ad veritatem de infracontent' dicend' electi, triati, et jurati dicti super sacramentum suum quod scriptum infraspecificatum est factum predicti R. *Entries* 12b.

infractio [CL], **infrictio**

1 breaking, shattering, smashing.

in .. domus ~one *GAS* 584 (v. diffactio); ~one muri aut fissura maceriei *Text. Roff.* 146; de ecclesie ~one *Conc.* I 313b (v. excondicere).

2 fracture (of part of body).

Dominus .. visitatque superbiam ejus infraccione cruris MAP *NC* IV 6 f. 50.

3 breaking off, break in continuity: **a** (~*o jejunii*) breaking of fast, breakfast; **b** (~*o vocis*) breaking of the voice.

a **1480** pro expensis suis .. in ~one jejunii eorum ibidem *Ac. Chamb. Cant.* 144b. **b** ad quid illa vocis contractio et ~o? hic succinit, ille discinit AILR. *Spec. Car.* II 23. 571B.

4 breach, violation (of agreement, law, or sim.); **b** (~*o pacis*) breach of the peace; **c** (~*o Christianitatis*, *ecclesiae*, or *ordinis*) violence to clerk in holy orders; **d** (~*o plena*) wounding to death.

970 causa .. ~onis nostri privilegii ad posteros nostros perveniat *CS* 1264; **1086** contestor .. posteros .. ne ipsi faciant .. ullam ~onem huic mee donationi *Ch. Westm.* 462; si quis emat sibi feminam et donum pretiumque non compleatur, reddat ipsam pecuniam et persolvat et emendet plegio, sicut borghbreche sit erit ~o plegii sui (*Quad.*) *GAS* 103; **c1180** contestor .. abbates ne ipsi faciant .. ullam ~onem hujus nostre concessionis *Ch. Westm.* 299; **1254** super ~one treugarum *RGasc* I 457; voluptas insaciabilis est et unumquodque infriccione auget conatum S. GAUNT *Serm.* 213; **1316** racione infriccionis protectionis nostre *Melrose* 359; **1347** sub pena infrictionis protectionis Domini nostri Regis (*Stat. David* II 32) *RegiamM* II 54; non .. oportet quod post ~one voti incurrat vocale perjurium WYCL. *Ver.* II 98; **1412** pro .. ~onibus statutorum *StatOx* 211. **b** istae consuetudines pertinent ad Tantone .. latrones, pacis ~o *DB* I 87va; emendet .. cxx s. pro ~one pacis (*Quad.*) *GAS* 49; ~o pacis regie *GAS* 556 (v. Danegeldum); **1202** (1227) de .. murdris et sanguinis effusione ex pacis ~one *CalCh* I 15. **c** ~o pacis vel ordinis vel Christianitatis vel legalitatis (*Leg. Hen.* 21) *GAS* 560; ~o pacis ecclesie *GAS* 558 (v. homicidium a), 595 (v. dignitas 2c). **d** ad emendationem ordinis si plena ~o fiat [AS: *fulbryce*] (*Quad.*) *GAS* 467.

infractor, infrictor [ML], one who breaks or violates: **a** (silence); **b** (agreement, law, or sim.).

a de silencii ~ibus *Cust. Westm.* 31 (= *Cust. Cant.* 93). **b** **969** ~ores .. perpetim maledixi nisi resipiscant *CS* 1228; **974** ~ores hujus firmitatis excommunicavi *MonA* II 558; sigilli †confessionnis [l. confessionis] ~or LANFR. *Cel. Conf.* 625B; **1086** omnes ~ores .. mee elemosine feci excomunicari *Ch. Westm.* 462; privilegia .. concedimus et .. ~ores eorum eterna maledictione dampnamus OSB. CLAR. *V. Ed. Conf.* 7; hanc autem donationem .. obtulit .. et omnes ~ores terribiliter excommunicavit *G. S. Alb.* I 76; ~ores et diminutores excommunicationis vinculo innodante FLETE *Westm.* 101; infrictor statutorum parliamenti MYLN *Dunkeld* 72; me ut violatorem et infrictorem cujusdam pretensi et nulliter in ecclesiastice libertatis prejudicium, ut asseritur, confecti acti parliamenti .. accusari fecit *Form. S. Andr.* I 356.

infractuosus v. infructuosus.

infractura [LL]

1 breaking into, burgling.

GAS 234 (v. hamsocna a); de ~is ecclesiarum (*Quad.*) *Ib.* 153.

2 breach, violation (of agreement, law, or sim.); **b** (~*a pacis*) breach of the peace; **c** (~*a ordinis*) violence to clerk in holy orders.

emendet ~am plegii sicut rectum edocebit, et ~am vadii secundum penitentie censuram (*Quad.*) *GAS* 49. **b** pacis ~am (*Cons. Cnuti*) *GAS* 283; **1278** pacis ~am *PQW* 282a. **c** si quis ordinis ~am faciat, emendet .. (*Quad.*) *GAS* 347; reddantur due libre pro ~a ordinis (*Leg. Hen.* 68. 5a) *Ib.* 587; ad ordinis ~am de pace digne componatur secundum factum *MGL* II 629.

1 infractus [CL]

1 broken; **b** fractured.

BONIF. *AG* 90 (v. derogativus b). **b** infractique dolens penitus gemit ossa lacerti ALCUIN *SS Ebor* 444.

2 destroyed, ruined.

Glastonia .. post adventum Normannorum pessimis ~a rectoribus W. MALM. *GP* II 91.

3 broken in spirit, humbled, subdued.

Artur .. ~as .. civium mentes ad bellum acuerit W. MALM. *GR* I 8; rex Ethelredus multis laboribus ~us obiit *Ib.* II 120; utrum ad redimendam regis amicitiam esset [Anselmus] ~ior *Id. GP* I 49 p. 90; quoad aliquis miseratione ~us miserum ulnis efferret *Ib.* V 269.

4 (leg., of king's peace or protection) breached, violated.

DB I 179ra (v. hamfara); **1201** venerunt et defenderunt feloniam et roberiam et pacem regis ~am *SelPlCrown* 2; **1212** W. venit et defendit pro se pacem domini regis ~am et feloniam et quicquid ad pacem domini regis ~am pertinet *Ib.* 60; **1221** G. W. appellavit W. de S. et W. nepotem suum et J. servientem suum de pace regis ~a et roberia et plaga *PlCrGlouc* 5; **1247** (v. harella); breve de protectione domini regis infricta *Quon. Attach.* 54.

2 infractus [LL]

1 unbroken (also fig.).

tiro infracta tectus testitudine Christi ALDH. *VirgV* 2700; ~us, *ungeuuemmid GlC* I 211; procul elongatur a me tanquam famelicus portans per viam panem ~um in testa nucleum et in osse medullam H. BOS. *LM* 1365C; HANV. V 456 (v. excuba b); **1282** W. S. vadiat legem contra Nicholaum le Faus quod sibi non vendidit muros unius domus nec compositum ~um nisi solum meremium et coopertturam *CourtR A. Stratton* 140.

2 unbroken in spirit, not subdued.

viribus infractis pulsantes atria caeli ALDH. *VirgV* 1306; ~iori gestu totus resolutus in amorem hanelabat W. MALM. *Wulfst.* I 1 p. 6; jubent esse bono et ~o animo FERR. *Kinloss* 63.

3 not breached, not violated.

794 ut firma et ~a permaneat in aevum *CS* 269.

infradicere, to state lower down on a page, to declare within a document.

1543 prout possidebam et possideo de presenti ~tum salvis *Form. S. Andr.* II 279.

infraducere, to lead in.

802 deducens eos et ~ens in portum salutis (*Lit. Papae*) W. MALM. *GR* I 89.

infraellare [cf. fraellus, fraellare], to pack in a frail.

1284 ad infraelandum arma (v. fraellare).

infraere v. infreiare.

infrafrangere, to break into pieces within.

1449 unum magnum mortarium eneum .. pro auro et argento infrafrangend' *KR Ac* 294/6.

infrajacere, to lie or be situated within.

664 (12c) cum terris .. et omnibus ~entibus *CS* 22a.

infrajactare, to cast within.

1449 iiij ingottes pro argento ~ando *KR Ac* 294/6.

infralimitare, to define or specify within.

1539 diebus et locis ~atis *HCA Libel* 6/4.

infralineare, to line within.

1313 pro duabus capellis de Beivre cum cindone ~atis *KR Ac* 374/19 f. 3d.

infranchiare [cf. franchiare]

1 to free (person).

1373 manumissi et liberam feci ac ~avi Agnetem *Mon. Rit.* I xxiii n. 38.

2 to enfranchise (person).

s**1435** scire feci abbati et conventui de Sancto Albano, infranciatis, quod .. (*Breve*) AMUND. II 112.

infranchisiatus [cf. franchisare], (of person) enfranchised.

1417 de quocunque franchesiato vel non infranchesiato in prisonam predictam commisso (*Chanc. Misc.* 59/1/29b) *Law Merch.* II xcix (now *MS PRO C. 260/129 no.* 15).

infrangibilis, infringibilis [LL]

1 that cannot be broken.

ad ceterorum presidium quam ~is constantie adamas H. BOS. *Thom.* 21 p. 259; sicut adamas est ~is ita amor est insuperabilis HON. *GA* 609C.

2 that cannot be breached or violated.

o dura et infringibilis ignorantia ALCH. *Ep.* 298; a**1254** infringibili declaramus edicto *Collect. Ox.* I 46; secundum infringibilem sentenciam philosophorum WYCL. *Ente* 98; secundum leges ~es *Id. Ente Praed.* 155; quelibet pars Scripture sacre est vera de virtute sermonis .. est infringibilis sententia (KYN.) *Ziz.* 53; papa habet ab antiquo potestatem infringibilem ad determinandum fidei veritates NETTER *DAF* I 284; fiat universalis unio et ~is et firma ecclesiarum AMUND. I 175.

infrangibilitas, infringibilitas

1 incapacity to be broken.

non est autem cuprum ejusdem speciei cum aere, quod ~as aeris et ductibilitas cupri .. testantur *Ps.*-GROS. *Summa* 641.

2 inviolability.

quia utraque illarum viarum non habet vel sintillam evidencie apud quemcunque methaphisicum, ideo stat sciencia de ~ate et infrustrabilitate divini propositi et beneplaciti WYCL. *Ente* 115.

infrangibiliter, infringibiliter, inviolably.

captis verbis scripture cum sua logica manet ipsa infringibiliter vera WYCL. *Ver.* III 125; **1448** pro statuto dicte universitatis nostre infringibiliter in eternum observabitur *EpAcOx* 268; **1449** quatinus sua .. indulta .. novis confirmacionis scripto et sigillo infringibiliter roboraret *Reg. Whet.* I 154.

infranominare [ML], to name lower down on page or further on in a document, (p. ppl.) named or written below.

1303 (v. infrascribere); **1384** tenementum ~atum *FormA* 121 n.; **1436** exivit commissio magistro D. P. uni de tribus canonicis ~atis *Reg. Cant.* I 115; **1505** (v. infracontinere); **1516** attornatos ~atos *FormA* 414 n.

infraobligare [cf. obligare], to bind (person) by agreement within a document.

1477 si ~atus Johannes .. indempnes conservaverit infrascriptos .. priorem et conventum *FormA* 365.

infraordinarius, ordinary.

1404 omnia onera extraordinaria et ~ia ac alia onera quecunque *Cl* 252 m. 11d.

infraponere, to place within.

1286 in uno celario conducto ad ~enda dicta vina .. per tres septimanas, ij s. *Rec. Wardr.* 336; **1300** pro saccis emptis ad peccuniam ~endam, viij d. *KR Ac* 233/12 f. 3; **1303** pro .. saccis de canabo .. pro diversis rebus ~endis *Ib.* 363/18 f. 5d; **1303** pro .. locacione domorum pro .. panno ~end' *Ib.* f. 8; **1335** pro viij doliis vacuis .. pro dictis salmonibus infra salsandis et ponendis .. Ricardo le Conpere .. pro capitibus dictorum doliorum infra ponendis, capiendo pro capite j d. *Ib.* 19/3 f. 8.

†infrare, *f. l.*

1435 ne quis .. sentencias †infrando [? l. in fraude] privilegiorum .. promulgare presumati .. decernimus eas non teneri *Reg. Heref.* 187.

infrasalsiare, to place within for salting.

1405 j bokett pro carnibus ~iandis (*Cart. Coll. Warwick*) *KR Misc. Bks.* 22 f. 186v.

infrascribere [ML], to write lower down on page or further on in a document, (p. ppl.) written below.

858 testibus .. quorum nomina infrascripta esse videntur *CS* 495; **1215** infrascripti habent .. consuetudinem domorum suarum *DB* I 52ra; infrascriptam conventionem proponit G. *Hen.* II I 149; **1215** formam invenimus et statuimus infrascriptam *RChart* I 208b; **1303** adjudicata seisina de tenemento infranominato in forma infrascripta *Deeds Balliol* 167; **1418** prout ~itur et recitatur *Reg. Cant.* I 183; per piscatores infrascriptos FLETE *Westm.* 65; tenores .. literarum .., ut ~itur .. sequuntur AVESB. f. 80; **1505** (v. infracontinere).

infrascriptio, writing below.

1433 ~o littere *EpAcOx* 97.

infraspecificare, to specify lower down on page or further on in document, (p. ppl.) within-specified.

diebus per annum ~is *Cust. Westm.* 76; **1505** (v. infracontinere).

infrasubscribere, (p. ppl.) written below.

versiculis excellentissimam suam creationem ~is decoravimus ANDRÉ *Hen. VII* 43.

infratrussare, to pack in.

1290 (v. bulga); **1313** in paneris, cordis, et canabo emptis .. pro eisdem denariis ~andis et ligandis *KR Ac* 875/8 f. 8d; **1338** pro diversis rebus in cameram regis ~andis, cvj ulnas (*LTR AcEnr* 3/33) *Med. Admin. Hist.* IV 448.

infraudulentus [cf. CL fraudulentus], not fraudulent.

888 (13c) cogitans .. amicos †infraudelentos [l. infraudulentos *or* in fraude lentos] lucrare *CS* 557.

infrectus v. infrettus.

infreiare [cf. freiare], to burnish.

1313 pro .. saccis et barillis pro eisdem [armaturis] infraend' *KR Ac* 375/8 f. 19d.

infremere [CL], (of person) to cry out, bellow; **b** to rage; **c** (of natural force) to rage, roar.

~uit totus ille cadivus, qui et erexit arma et superbam dextram BYRHT. *V. Ecgwini* 393; preciosum unguentum super caput Domini recumbentis fudit, sed Judas ~uit HON. *Spec. Eccl.* 917A; pre dolore totus ~uit *Ep. ad amicum* 12 p. 119; accidit ut artubus singulis murmurando ~eret, et stridula nutatione crepitaret R. COLD. *Osw.* 17 p. 356; iterum ~uerunt in eum et nimis intonuerunt GIR. *PI* II 13. **b** tanta servientis arrogantia, ~uit antistitis ira W. MALM. *Wulfst.* II 18; in Cantuaritas .. ~uerat ira magna ELMH. *Cant.* 264. **c** ecce repentini pontus fundo tenus undis / infremuit FRITH. 360; ~uit aer, propellebantur ad vela venti G. *Hen.* V 25 p. 176.

infrenare [CL]

1 to put a bridle on, to harness (a horse).

hoc cum videris protinus equos ~abis *V. Chris. Marky.* 31 p. 88; equus ~atus et insellatus astitit juxta illos *Ib.* 43 p. 112; ~es equum ne tibi sit fallax ad salutem GIR. *GE* II 18.

2 to curb, restrain (person or passion); **b** (w. ref. to *Is.* xlviii 9).

cum .. illius sevitiam ~ando cohibere intenderent R. COLD. *Cuthb.* 75. **b** laude Dei ~andum est os BALD. CANT. *Tract.* I 414A; cum populus Christianus iam sit ~atus laude divina, juxta idem scripture: ~abo te laude mea BUTLER 409.

infrenate, unrestrainedly.

s**1296** (v. dirimere 1b).

1 infrenatus v. infrenare.

2 infrenatus [CL = *not using a bridle*], **a** unbridled; **b** not curbed, unrestrained.

a ~ati enim equi huc illucque caput altius effertur dum constringere catenas improvidus sessor omittit *Ep. ad amicum* 4 p. 98. **b** ne potestas sua [sc. regis] maneat ~a BRACTON f. 5v; dicitur etiam calor ignis secundum quod sola natura ignea movet, quando ~atus ab omni specie deducit omnia, consumit et incinerat SICCAV. *PN* 190.

infrendere [CL], to gnash the teeth (usu. in anger); **b** to growl; **c** to rumble (also fig.).

sepius contra maledicos ~ens W. MALM. *GP* I 51; vicia eorum [improborum] arguens, minacibus ~ebat verbis *Id. Wulfst.* I 16; fugiebat fretus ope equina, cum subito ad vocem ejulantis Alcides ~ens missa secutus est cum sagitta *Natura Deorum* 131. **b** ursus ~ens FELIX *Guthl.* 36 (v. commutare 1b). **c** totum .. concilium .. inusitatis ~uit appellationibus GERV. CANT. *Chr.* 147; ~uit Anglia tota, velut arundinetum Zephyro vibrante collisum M. PAR. *Maj.* I 481,

infrenis, ~us [CL]

1 (of horse) not reined, unbridled.

peripatetici autem perturbaciones easdem dicunt frangi, regi et moderari et quasi ~os equos quibusdam lupatis coerceri W. BURLEY *Vit. Phil.* 108; *with owtyn bridylle*, effrenis, effrenus, ~is, ~us *CathA.*

2 (of person) not curbed, unrestrained.

rusticus .. moribus agrestis et intemperanti cupiditate parvi lucri gratia ad omne malum pronus atque ~is DOMINIC *V. Ecgwini* I 19; nam qui velut ~es his passionibus acti semper feruntur in praeceps AILR. *Spir. Amicit.* III 56. 686D; *Regim. Princ.* 144 (v. impraeceps a).

infrequens [CL]

1 in which few people are present, not busy or crowded.

Dorcecestre est villa in pago Oxenefordensi exilis et ~ens W. MALM. *GP* IV 177.

2 of uncommon occurrence, infrequent.

istud mirabilius quo ~ens est W. MALM. *GP* II 75 p. 163; noni autem et decimi generis interrogationes, et ~entiores sunt ceteris et circa pauciora dubitabiles BALSH. *AD rec. 2* 133; est autem horum primi generis et tertii usus ~entior et impeditior, reliquorum quatuor frequens et expeditus *Ib.* 159.

infrequentatus [LL], unfrequented.

cum rates Anglice .. ~um mare nostris hactenus attentarent WALS. *YN* 420 (= *Id. HA* II 275).

infrequentia [CL]

1 depopulated condition.

MORE *Ut. pref.* (v. eutopia).

2 infrequent occurrence.

hoc autem ex de eo disserendi ~a BALSH. *AD rec. 2* 107.

infrettare [cf. 1 frettare], to decorate with fretwork.

1340 j olla argent' deaur' et aymell' de diversis babewynis infrettat' *TR Bk* 203 p. 312.

infrettus [cf. 2 frettus], decorated with fretwork.

1333 bankarium .. crocei coloris cum leonibus et floribus gladue infrectis j (*Invent. Cant.*) *Arch. J.* LIII 281; **1339** bankar' .. cum leonibus et floribus gladue inffrectis (*Ib.*) *Ib.* 283.

infricare [CL], to rub; **b** to scrape.

mulier tactum feretri S. Melliti oculo carbunculoso ~ans sanatur GOSC. *Transl. Aug.* I 19 *tit.*; feretrum .. summis digitis contigit, ipsumque tactum quasi collyrium .. morbido oculo ~uit *Ib.* I 19. **b** ~ante et precidente sica R. COLD. *Cuthb.* 88.

infrictio v. infractio. **infrictor** v. infractor. **infrictus** v. infractus, infringere. **infridare** v. infrigidare 1a. **infrigare** v. infrigidare.

infrigerare [cf. CL frigerare], to make cool, chill.

s1135 hec igitur comestio pessimi humoris illatrix senile corpus lethaliter ~ans, excitavit in eo febram acutam W. GUISB. I 54 (= H. HUNT. VII 43: corpus letaliter refrigidans).

infrigibilis, coolable.

humidum est causa vite materialiter, quod si difficile siccabile fuerit, causa erit longioris vite, sicut calidum difficile ~e causa effectiva ejusdem *Ps.*-GROS. *Summa* 519.

infrigidare, infrigdare [LL]

1 to make cold; **b** (body or part of body); **c** (substance or artefact); **d** (alch.); **e** (absol.).

algit, ~at *GlC* A 475; infridat [l. infrigdat], *kaelið GlC* I 268; si egritudo †infringidetur [l. infrigidetur] .. ut fortitudo doloris ~etur et stupefiat GILB. V 227v. 1; calor naturalis debilitatur et ~atur BACON IX 11; alget et algescit, friget, frigescit, et inde / algidus ac algor, pariter maris ala vocatur, / ac infrigatur [? l. infrigdatur] predictis associatur GARL. *Syn.* 1581B; calidum non posset ~ari et illud ~atum rursus calefieri T. SUTTON *Gen. & Corrupt.* 49. **b** potus aque .. / infrigdat nimium stomachum D. BEC. 2726; panem ei porrexit, quem mox ut gustavit, sic ~ari per partes superiores sibi visa est, ac si aqua frigida caput ejus perfunderetur *Mir. Fridesw.* 35; artus infrigidas placide placidoque calore / letificas, placide singula membra foves NECKAM *Poems* 112; ut unus fratrum .. mattam pedibus supponeret ~atis M. PAR. *Min.* I 386; si vulnerentur post mortem, non consueverint sanguine fluere, ~ato et coagulato sanguine GROS. *Cess. Leg.* III 6. 9; cadaver .. ~atum E. THRIP. *SS* X 2; quando instrumentum videndi fuerit ~atum .. infrigidatione intensa BACON *Maj.* II 89; pectus teneat involutum cum pelle eduli nec pectus possit subito ~ari J. MIRFIELD *Brev.* 86; cepit extemplo toto corpore ~atus rigescere *Mir. Hen. VI* I 18 p. 49. **c** tot enim utrobique immo undique lesi dampnificabantur, quod nondum sine igne iracundie cinis glomeratus penitus poterat infrigdari M. PAR. *Maj.* V 561; **p1280** ne propter impetum ventorum vel defectum ignis assaium ~atum fuerit *RBExch* III 1006; gelatinia est piscium sive carnium quedam muscillago coagulata que nascitur de illis post alexaconnum; servantur ~ata in aceto *Alph.* 74. **d** borax .. ~ata faciliter pulverisatur M. SCOT *Lumen* 264; pone in patellam aeneam ad ignem lentum, ut evaporet tota aqua phlegmatica, quo usque relinquatur in fundo vasis oleum spissum valde, quod permitte ~ari RIPLEY 304. **e** queritur cum estas calefaciat et desiccet, caro autem porcina ex complexione infrigdet et humectet ..? *Quaest. Salern.* B 68; quamvis [frigiditas] eciam naturaliter habeat ~are tamen accidentaliter calefacit BART. ANGL. IV 2; si quis habunde cibum sumpserit absque corporis necessitate .. cibus recens inveniet calorem naturalem quasi gelidum ex habundancia humorum ~ancium BACON V 75; quies .. humectat et ~at J. MIRFIELD *Flor.* 140; qualitas ~ans, mortificans et condensans, que significat mistice peccatum WYCL. *Ver.* III 209.

2 to cool (person or passion), to lessen, diminish (action).

dissuasio .. ~avit exercitus DEVIZES f. 36v; ?**1219** propter hoc ~ata esset devotio vestrorum omnium subditorum *RL* I 67; Deus ita ~avit Putifarum ut .. esset impotens ad coitum *Eul. Hist.* I 36; laudarier ego video bonos, et nimis ~arier LIV. *Op.* 210.

infrigidatio [LL], cooling, becoming cold: **a** (med., w. ref. to part of body); **b** (alch.).

a extremitatumque ~one ALF. ANGL. *Cor* 3; GILB. II 103. 1 (v. desiccatio 1); est pulsus ex nimio calore, qui indiget ~one BART. ANGL. III 23; proprietas nature ejus [sc. fleumatis] in stomacho est ~o *Ps.*-RIC. *Anat.* 17; BACON IX 202 (v. hypochondria); *Id. Maj.* II 89 (v. infrigidare 1b); cautela super hoc habita ne sequatur ultima ~o eorundem membrorum cum istis medicinis GAD. 8v. 2. **b** post ~onem extrahe ipsum a patella et serva RIPLEY 381.

infrigidativus [LL], that makes cool (also as sb.).

utendum est ~is et humectativis GILB. I 23. 2; bene enim potest esse in aliquo potentia ~a absque hoc quod illud sit formaliter †frigiduum [l. frigidum] MIDDLETON *Sent.* II 161; GAD. 8v. 2 (v. emplastratio 2b).

infrigiditare, to make cold (alch.).

cum vas fuerit ~atum in fornace, evertatur vas RIPLEY 215.

infringere [CL]

1 to break, crush, shatter: **a** (part of body); **b** (artefact); **c** (w. internal acc.) to deal (a shattering blow).

a infracto pollice BEDE *HE* V 6; baculumque arreptum in dorsum pueri cum gravi impegit assultu, ita ut spinam dorsi ~eret *Mir. Wulfst.* II 17. **b** cum annulum ~ere niteretur GIR. *IK* I 2; **1262** bedum vel stagnum ~ere *Cart. Mont. S. Mich.* 35; rete predatoris confractus infregit J. HOWD. *Cant.* 40; non presumat aliquis panem ~ere vel intingere in vino, set per se panem et per se vinum sumant *Cust. Norw.* 84; ~am speculum CHAUNDLER *Apol.* f. 18a. **c** crinem invadit, multos illustri viro colaphos ~ens W. MALM. *GR* II 178; alapa quam .. infregit *Id. Wulfst.* I 6 (v. gannire 2).

2 to break into.

agressi sunt .. eandem ~ere basilicam latrocinandi studio ABBO *Edm.* 15; infracto .. hospitio, magnam partem substantie ejus furto abstulit GOSC. *Transl. Mild.* 23; nullus ductum parcum intret ad fugandum vel aliquid capiendum vel dictum parcum ~endum *Feod. Durh.* 182 n.; **s1300** castrum domini episcopi Dunelmensis infregit *G. Durh.* 22.

3 to break continuity of (fast).

si liber homo rectum jejunium ~at, reddat witam vel lahslit (*Quad.*) *GAS* 133; si liber legitimum jejunium infregerit (*Cons. Cnuti*) *Ib.* 345.

4 to deprive of vigour, impair, weaken.

802 an aequum et honestum videri poterit ejusdem civitatis pontificem suae propriae civitatis auctoritatem ~ere? ALCUIN *Ep.* 245 p. 395; **s1136** ille [sc. rex Scottie] morum lenitate et propiori jam senectute infractus W. MALM. *HN* 462.

5 to break (spirit), weaken (resolution), modify (attitude).

s1120 ille, misericordia infractus, lembum carine applicare jussit, ut sororem exciperet W. MALM. *GR* V 419 p. 497 (cf. R. NIGER *Chr. II* 165: miserando clamore sororis infractus); **s1141** quod .. nemo comitem Gloecestre vel infractum mente, vel etiam tristem vultu, viderit *Id. HN* 500 p. 61 (cf. ib. 506 p. 66: nemo eum, ut ante dixi, vel sensit dejectum animo).

6 to breach, violate, infringe (agreement, custom, or law); **b** (*pacem ~ere*) to breach the peace. **c** to make ineffective, to invalidate, render null and void.

c700 (11c) si quis .. contra has donaciones venire temptaverit, et hoc munus Deo dedicatum in toto vel in parte ~ere presumpserit, sit anathema in adventu Domini GOSC. *Milb.* 204; contra hanc sententiam .. venire eamque ~ere BEDE *HE* IV 5 p. 217; **853** munificentiam ~ere vel minuere *CS* 467; siquis eam [treuuam] infregisset *DB* I 1ra; **c1160** siquis forte hanc vestram libertatem ~ere presumpserit *Regesta Scot.* 189; **1203** ne aliquis has libertates quas eis concessimus ullo modo †infirngat [l. infringat] *RChart* 105b; **1242** de cetero treugam quam sic ~istis, vobis observare non tenemur *RL* II 23; sacrificabant idolis, et ~ebant sabatum *Flor. Hist.* I 73; illa statuta ~ere nitebantur *Leg. Ant. Lond.* 53; **1320** de statuto domini regis infricto *Reg. Aberb.* I 252; reputans .. Philippum .. treugas infrinxisse AVESB. f. 103; quando conventio fuit infricta .. *RegiamM* II f. 32; de pena braciatricis ~entis assisam cervisie *MGL* I 341. **b** TRE .. pax data manu regis .. si ab aliquo fuisset infracta, inde rex c s. habebat *DB* I 262va; pax terre nostre non ~etur (*Lit. Regis*) DICETO *YH app.* II 80; **1296** pace domini regis infracta (v. abducere 1b); ut quicumque pacem ~eret capite privaretur *Eul. Hist.* I 379; **s1267** abbas de Melros et magna pars conventus sui .. pacem de Wedal infregerunt FORDUN *Cont.* X 25. **c** Agathae .. cujus integritatis castimoniam .. nec acria testularum fragmina ~ere .. valuerunt ALDH. *VirgP* 41; de illis qui ante episcopum testimonium suum ~unt [AS: *aleogaþ*] (*Quad.*) *GAS* 21; **1228** confratriam .. quod preter assensum nostrum inita est .. volumus quod omnino cassetur et ~atur *Pat* 192; alio modo videntur omnes rationes predicte posse ~i OCKHAM *Dial.* 463.

infringibilis, ~itas, ~iter v. infrangibilis, ~itas, ~iter. **infringidare** v. infrigidare 1a.

infroccatus [cf. froccus], (mon.) not wearing a frock.

singuli juxta lectos suos se exuerit froccis suis . . . nullus eciam de foris veniens intra dormitorium infrocatus, sed, quo necessitas traxerit, debet incedere cucullatus *Cust. Cant.* 420.

infronitus v. infrunitus.

†infrontarius, *f. l.*

1325 domino Johanni, .. tutori illustris regis Castelle et regnorum suorum custodi ejusque vexillario et preposito infrontar' [*Foed.* IV 120: in Froncario, ? l. in frontario, i. e. fronterio] *Cl* 176 m. 18*d*.

infrontate [LL], shamelessly.

catillatum, catillare †dicuntur pro [MS: dicitur per] alienos †doma [MS: domo] infrontate girare, a catulis tractum *GlH* C 544.

infrontuosus [LL], **infrontosus,** impudent, shameless.

infrontosa velocitate ductus R. COLD. *Godr.* 181.

infructifer [LL], unfruitful. **b** unprofitable.

inferaces, infructiveras *GlC* I 365. **b** segnicies in agendis adeo ~era noscitur *Ps.*-ELMH. *Hen. V* 48.

infructificare [cf. CL fructificare], to fructify (fig.), sprout.

cum lanugo pilis ~ans prodiret natura disponente *NLA* II 457.

infructuose [LL], **infructose,** fruitlessly (fig.), unprofitably.

ibi nichil agentes ~uose sua distrahebant ORD. VIT. XII 21 p. 383; per sancta eloquia eorum tractatoribus ~uose loquacitatis levitas interdicitur ROB. BRIDL. *Dial.* 9; fortassis non ~ose haec dicta sunt AD. SCOT *Serm.* 159D; terras ecclesie sue pluriman ~uose penitus et inutiliter alienavit GIR. *IK* II 1; hic .. non ~uose queritur qua ratione etc. GILB. II 92. 1; quam cum rebellibus fidei barbaris ~uose manerent ELMH. *Cant.* 143; moram quam ~uose tractaverunt WALS. *HA* I 318.

infructuositas [LL], unfruitfulness, sterility (fig.).

~as in remunerando MALACHY *Ven.* 14v.

infructuosus [CL]

1 unfruitful, sterile: **a** (of plant); **b** (of animal); **c** (of land, also fig.).

a ~a arbor BEDE *Hom.* II 25. 435 (v. fructificare 1a); m acrae silvae ~ae de qua exeunt xxiiij s. *DB* I 2ra; circa ~am arborem fodiens, et stercora mittens, fructum eam facere compellas AD. SCOT *QEC* 35. 879C; maledicit Deus Cayn qui interfecit fratrem suum Abel mistica intelligentia de ficu foliosa et ~a AD. DORE *Pictor* 159; ~a, tunc non habens fructum, sicut dicitur planta inutilis et ~a dum est tenella S. LANGTON *Gl. Hist. Schol.* 45; arbor que inutilis

et ~a est, meretur excidi HOLCOT *Wisd.* 84. **b** animalia inutilia et ~a *Cart. Glouc.* III 215. **c** amarissima enim quoddam de vite Sodomorum in cordis sui ~a bono semini gleba surculamen incredulitatis et insipientiae plantaverat GILDAS *EB* 28; salsilago [i. e. salsugo], terra ~a *GlC* S 77; nobiles et mediocres .. Deum qui famulos suos in ~o cespite pascebat benedicebant ORD. VIT. III 2 p. 21; arva inculta et ~a *Ib.* VI 9 p. 57; nec dies nostri vacui nec terra nostra ~a est J. FORD *Wulf. prol.* (II) p. 11; propter terram ~am *Eul. Hist.* I 26.

2 (fig.): **a** (of person, w. ref. to *Tit.* iii 14 and *Judas* 12); **b** (of action or abstr.).

a nec mirum si ~i et bis mortui dicantur esse arbores qui eradicati esse probantur BEDE *Ep. Cath.* 127; **761** ~us esse non debeo supradictae ecclesiae *CS* 190; ~us .. episcopus P. BLOIS *Ep.* 23. 84B; carnem nostram que est inutilis et infructuosa [MS: infructuosa] propter boni carenciam BRINTON *Serm.* 10. 36. **b** ~a [*gl.*: *unwestembære*] et infecunda sterilitate marcescens cum fatuis virginibus ALDH. *VirgP* 15; nec tamen baptisma Johannis quamvis peccata non laxaverit ~um omnimodis accipientibus extitit BEDE *Hom.* I 1. 23; laboremque ~um abyssum pelagi .. velle obstruere *G. Steph.* 30; hec .. R. .. retulit, dicens se non audere mirifica Dei circa se acta ~o silentio tegere *Canon. G. Sempr.* 76v; ~a pietas et religio Christiana GROS. *Hexaem.* V 10. 8; ut cetera ocia omnino ~a levius evacuarem *Eul. Hist.* I proem. p. 2; si forte quoque modo facerem, prolixum foret et ~um ODINGTON *Mus.* 104.

infrugis [LL], unfruitful (fig.), unprofitable.

unthrifty, ~i LEVINS *Manip.* 111.

infrunitas [LL *gl.*], foolishness, stupidity, rashness.

peremptoria ejus est inverecundia, et attrite frontis ~as P. BLOIS *Opusc.* 891C.

infrunite [LL]

1 foolishly, rashly.

~e i. inprudenti *Gl. Bodl.* 36; aliena temere diripit et sua ~e distrahit ORD. VIT. V 19 p. 198; non sic ~e agebat cum suis W. DAN. *Ailred* 31; signum sacrum sollemni devotione susceptum irreverenter et ~e abjecit W. NEWB. *HA* IV 5; occasionem itaque prestant subditis delinquendi, qui et ipsi ~e delinquunt R. NIGER *Mil.* IV 25; miror nunc plurimum quomodo aliquis sensatus philosophus posset ~e exponere textum tanti philosophi ad hunc sensum WYCL. *Ente* 47.

2 unrestrainedly, rashly.

~e, infrenate *Gl. Leid.* 12. 16.

infrunitus [CL]

1 senseless, silly, stupid; **b** (as sb.) fool.

procaciter .. instat ~a femina MAP *NC* III 2 f. 36; erat fossor .. animo irreverenti et ~o *Mir. J. Bev. C* 333. **b** ~us transit ecclesiae chorum HERM. ARCH. 21; ORD. VIT. VIII 10 p. 327 (v. frivolus 1a); unde ipsorum crimen ~orum in omnes refundere verens M. PAR. *HA* I 66 (= *Id. Maj.* II 53: quorundam).

2 insolent, immoderate, rash.

~a, sine freno vel moderatione *Gl. Leid.* 12. 34; **c1090** (v. dubietas a); tu .. sublimes et ~os oculos distorquens in fastum .. P. BLOIS *Ep.* 21. 76A; Fretherícus fremens in magnitudine sua et ex adepta fortitudine infronitus M. PAR. *Maj.* III 592; effrenatio garrule ~e gulae .. PECKHAM *Ep.* 589 p. 816; tunc illis convenientibus in unum, ~um et incompositum fecerunt consilium *Ann. Ed. I* 460.

infrustrabilis [ML], that cannot be frustrated or brought to nothing.

ut ostenderet se habere voluntatem ~em, omnipotentem, et generaliter efficacem BRADW. *CD* 56A; volucio .. vel est frustrabilis vel ~is; si ~is, patet quod .. ponitur a tempore suo; si frustrabilis, requiritur amocio impedimentorum WYCL. *Ente* 130.

infrustrabilitas, incapacity to be frustrated or brought to nothing.

WYCL. *Ente* 115 (v. infrangibilitas 2).

infrustrare [cf. CL frustrare], to frustrate, bring to nothing.

993 Arrianas Sabellianasque proterendo nenias anagogico ~ans famine (*Ch. Regis*) *Conc. Syn.* 182.

infruticans v. indruticans.

infucatio [cf. CL infucare, LL fucatio], staining, dyeing (fig.).

'blasphemamur et obsecramus' [*I Cor.* iv 13], sed hujus ~onem blasphemiae parvipendendam fidelibus .. docet BEDE *Cant.* 1090B.

infucatus [LL], unfeigned.

veris ac ~is gaudiis exultavit *Ps.*-ELMH. *Hen. V* 89.

infugare [LL], **a** to pursue (man into); **b** to drive (beast on); **c** (p. ppl.) fugitive.

a quivis alium fugientem in aliam domum ~et .. hamsocna reputetur (*Leg. Hen.* 80. 11c) *GAS* 597. **b** **1274** averia in dictis libertate et dominico pascentia injuste ~averunt usque Bromfeld' *Hund.* II 99b. **c** qui forisbannitum paverit, vel ei firmationem aliquam exhibuerit, emendet regi v li., nisi se adlegiet, quod ~atum eum nesciebat (*Quad.*) *GAS* 317.

infugibilis [ML], inescapable.

omittat .. adversarius culpam necessariam et ~em NETTER *DAF* I 494.

infugibiliter, inescapably.

liquet igitur quomodo .. ~iter sequuntur transubstanciacio, et accidentis positio absoluta NETTER *DAF* II 130 (recte 128) vb.

infula [CL]

1 woollen headband knotted at intervals with ribands.

~a, vitta quaedam dignitatis quo utuntur Manichei *GlC* I 117; ~ae, vittae sacerdotum *Ib.* 425; flammeum, .. i. ~a nuptiarum tenuis OSB. GLOUC. *Deriv.* 209; flammeum, ~a virginalis *Ib.* 240; vitta, .. i. ~a unde ligatur caput sacerdotis *Ib.* 610; ALB. LOND. *DG* 6. 34 (v. fascia 2c).

2 garment worn as emblem: **a** (of Old Testament priest or levite); **b** (pallium of Christian archbishop); **c** (lappet of episcopal mitre).

a Eleazar, summi pontificatus ~a praeditus ALDH. *Met.* 2 p. 65; non parvo tempore pontificatus ~is fungebatur BEDE *Ezra* 887; Levi dedit infulam et progeniei (*De concubinis sacerdotum* 55) *Ps.*-MAP 173. **b** Narcissum [Hierosolimitarum] .. pontificalis ~ae auctoritate decoratum ALDH. *VirgP* 32; **747** fratri archipontificatus ~a sublimato BONIF. *Ep.* 78 p. 161; qui [Ælfsinus] cum ex summorum pontificum consuetudine, post pallium principalis ~ae Romuleam urbem contenderet properare, obfuit illi in Alpinis montibus maxima nivis difficultas B. *V. Dunst.* 26; videbatur .. illi se patrem ipsum [sc. Hugonem Lugdunensem pontificem] .. ~a decoratum per dexteram sicut viventem solebat quasi missam celebraturum ad ecclesiam ducere EADMER *Mir. Anselmi* p. 162; [patriarcha] tertius in Europa principabatur, qui Romani apicis ~a decorabatur GIR. *PI* I 19 p. 107. **c** [Herefordenses] pontifices ex his ternos sacra infula cinxit *Epigr. Milredi* 813; qualiter Elyense monasterium ~as episcopales accepit DICETO *Opusc.* II 181; ad pontificatus ~am caput parant R. BURY *Phil.* 9.

3 chasuble.

continebat .. archa .. ~as [*gl.*: *chesubeles u rochés*] BALSH. *Ut.* 53; vestes sacerdotis sunt hec, sc.: .. stola, casula [*gl.*: *chesible*] vel ~a [*gl.*: id.] NECKAM *Ut.* 119; **p1368** j ~am cum amita blueti et ruber coloris mixti *Invent. Norw.* 14; infula vestit eum [sc. presbiterum] circumdata, que nitet auro GOWER *VC* III 1803; hec ~a, A. *chesibylle WW*; **1442** lego eidem altari unam ~am et duas tunicas cum apparatu eisdem pertinente de blodio velwet *Reg. Cant.* II 621.

4 (royal) crown, diadem, or fillet.

ut terreni regni ~as sortitus est BEDE *HE* III 1 p. 127; **935** ego .. basileus Anglorum .. antilogium praedecessorum meorum et regalium ~arum non obliviscens .. *CS* 707; non laudabiliter ~am regni tenuit OXNEAD *Chr.* 7; uterque rex ut terreni regni ~as sortitus est, sacramenta regni caelestis quibus initiatus erat .. perdidit CIREN. I 138; regalibus ~is BLAKMAN *Hen. VI* 4 (v. diadema 1a).

5 decoration, dignity, honour.

672 Theodore ~a pontificatus fungenti ALDH. *Ep.* 5 p. 492; virginitas .. per Melchisedech .. caelestis ~ae flaminium praesignabatur *Id. VirgP* 54; ~a, *weorðmynd GlC* I 98; ~a, *uyrðo Ib.* 420; cum triumphali ~a [*gl.*: i. e. dignitate] perennis vitae FELIX *Guthl.* 10; ~a, ornamenta *Gl. Leid.* 20. 10; ~as, dignitates *Ib.* 39. 65; palatinas oblitus est idem gyrovagus ~as et venustatem non est recordatus decoris BYRHT. *V. Ecgwini* 388; que omnia melius miraculorum operibus comperire poterimus quam verborum ~is prosequendo .. describere valeamus R. COLD. *Cuthb.* 75 p. 154.

infulare [LL; CL *p. ppl. only*]

1 to dress in an *infula*: **a** (as an Old Testament priest or levite); **b** (as a Christian archbishop with a pallium); **c** (as a bishop with a mitre); **d** (with a chasuble); **e** (with a royal crown, diadem, or fillet).

a infulatus Aaron delectatur donis *Ps.*-MAP 40. **b** Dunstanus igitur candida apostolatus sui stola a Romano pontifice ut diximus, ~us OSB. *V. Dunst.* 34; quo pacto in gradum pontificalem sublimatus idcirco assensi, quia contraire non potui. proinde ~atus sedule quid Christo, quid ejus ecclesiae pro loco, pro officio deberem cogitare coepi ANSELM (*Ep.* 198) IV 89; ut utrum more summi pontificis ~atum, palliatum, spindulatum, et sandaliis fuerit calciatum? EADMER *Ep. ad Glast.* 416; qui eo die ~atus est [sc. S. Joannes Evangelista] quia fuit .. patriarcha Ephesinus BELETH *RDO* 70. 78; meruit .. in archiepiscopum Rothomagi .. pomposius ~ari *Flor. Hist.* II 291; apostolum decrevit limina visitare ut archipraesulatus sui stola a Romano ~aretur pontifice *Brev. Hyda* f. 240v. **c** virum venerabilem [sc. S. Cuthbertum] pontificalibus ~atum conspexit R. COLD. *Godr.* 38; virum episcopaliter ~atum GOSC. *Mir. Iv.* lxi; **s1423** insignissime domine, pater ac pastor [sc. episc. Karliolensis], ex meritis ~ande (*Lit. Abbatis*) AMUND. I 79. **d** dieque luscente circa primam horam se missalibus vestibus ~avit, divinum sacrificium celebraturus (*Cadoc* 39) *VSB* 108; dum mane celebrarentur sacre misteria misse et ~atus presbiter .. astaret ad altare ORD. VIT. V 3 p. 307; dum episcopus civitatis, sc. Rogerus dictus Niger, in ecclesia cathedrali ante majus altare staret ~atus ad celebrandum divina M. PAR. *Maj.* III 193. **e** **926** ego Æthelstanus Angulsaxonum rex non modica ~atus [et] sublimatus dignitate *Ch. Burton* 3; **926** (12c) rex non modica ~atus sublimatus dignitate *CS* 659; **956** (12c) imperiali Anglo Saxonum diademate ~atus *CS* 932.

2 to adorn, dignify, honour.

~ata [*gl.*: decorata; i. e. decorata vel honorata] regni ipsius [sc. Æthelbaldi] felicitas .. crescebat FELIX *Guthl.* 52 p. 166; Johannes qui .. sacras ad aras tuas †insulatus insigniis accessisti H. LOS. *Ep.* 18 p. 34; omni gloria ~atus pontificalis effulsit R. COLD. *Cuthb.* 31 p. 70; nos sublimes de terrae turbine / infulandos felici lumine J. HOWD. *Ph.* 805; jussu cujus pratum flos ~at *Ib.* 875.

infulcimentum [cf. CL fulcimentum], prop, support (fig.).

1321 ~um sue malicie *FormOx* 68.

infulcire [CL = *to cram in*], to support (fig.).

si orationibus devotis fidelium ~iatur *Reg. North.* 149.

infulgere [LL]

1 to shine brightly, gleam; **b** (of brightly coloured thing) to be resplendent; **c** (fig.).

W. MALM. *GR* IV 367 (v. ignis 4b); lux .. infulserat J. WORC. 43 (v. 1 dies 3a); nec lumen eis infulsit diu desideratum (T. ELY *Mir.*) *Lib. Eli.* III 43. **b** ille .. cui bis tinctus coccus divinitus infulserat *Pass. Æthelb.* 2. **c** gratia .. qua ~ente ex servis peccati in filios justitiae adoptati sumus ALCUIN *Exeg.* 1092; senis infulsit Paulinus laetus in orbe *Kal. M. A.* I 415; per .. Anselmum .. pax serena infulsit W. MALM. *GP* I 63; post tot anxietatum nubila serenarum promissionum ~ebant lumina *Eul. Hist.* III 56.

2 (trans.) to illuminate (fig.).

quod injungitis suscipio .. malens viz. a cunctis videri ut sim infulsi sermonis quam auram solius dileccione obdurati vel obstructi oris. si quid infulsum defluit, ex nostra auctoritate sapiencium judicio carebit SULCARD f. 11r.

infumare [CL], to expose to or blacken with smoke.

OSB. GLOUC. *Deriv.* 211 (v. fumigare 3); ignis .. iste non inflammat, sed ~at, non illuminat, sed excecat P. BLOIS *Ep.* 23. 85B.

infumibulum, chimney flue.

~um, *the thowell of a chymney* STANBR. *Vulg.* 10; **1574** novam artem .. unde illud commodi resultaret quod .. magna cubicula absque singulari molestia transmutandi ~i calefieri possent *Pat* 979 m. 30.

infumigare [ML], to envelop in smoke.

J. WORC. 51 (v. effumigare).

infundabilis, lacking authority, baseless, unwarrantable.

dicit hic magister quod hanc glossam cum difficultate elaboravi; sed tamen, ut dicit, est ~is, irracionabilis, et impossibilis. ~is, quia somnio sine evidencia quod Amos erat rediturus ad illud officium (KYN.) *Ziz.* 66; oportet eos cognoscere gradus in signis, et deponere ~em blasphemiam de fictis miraculis accidentis (WYCL.) *Ib.* 122; leges papales .. ~es et contrarie fidei scripture WYCL. *Sim.* 96; licet iste descripciones sint ~es, quas ideo nunc admitto .. R. MAIDSTONE *PP* f. 166r; **s1409** tradiciones hominum ~es (*Concl. Loll.*) *Chr. S. Alb.* 49; ~is arena doctrine sue NETTER *DAF* I 357.

infundabiliter, without foundation (fig.), baselessly, unwarrantably.

licet verba atque sentencia sint ~iter sompniata WYCL. *Conf.* 509; **1396** quod cause divorcii racione consanguinitatis .. sunt ~iter humanitus ordinate *Conc.* III 229b; **1412** sectas .. ~iter introductas *Ib.* 341b; cum multe sint ~iter humanitus ordinate NETTER *DAF* II f. 220v. 3c.

infundamentaliter, without foundation (fig.), baselessly, unwarrantably.

unde signum symoniace heresis foret in papa ipsum sibi collaciones omnium hujusmodi beneficiorum ~iter et insolite cumulare WYCL. *Sim.* 40.

infundatus [cf. 1 fundare], unfounded, unwarrantable.

sic de multis opinionibus ~is WYCL. *Ver.* I 162.

infunderare [cf. funderare], to make (a road) foundrous.

1358 via regia periculosa et infundrata (*AncIndict* 19 m. 10) *Pub. Works* I 52; c**1394** via .. ~ata et nociva (*Ib.* 172 m. 13) *Ib.* II 32; **1402** J. H. non scuravit quoddam [fossatum] apud C. per quod regia via ibidem ~atur *CourtR Banstead*; **1482** via regia inter molendinum Nicholai G. et molendinum vocatum Chamberlaynes Myll valde defecta et ~ata ob defectu ramorum arborum domini et dicti N. G. predictam viam supercrescentium *CourtR Carshalton* 78; **1550** regia via apud Bounsoll' lane adhuc ~ata existit ad commune nocumentum populi transeuntis (*CourtR Cheltenham*) *PRO LR* 3/21 r. 1.

1 infundere [CL]

1 to pour in: **a** (liquid; also fig.); **b** (grain for malting); **c** (molten metal or metal object for casting).

a atrum veneni virus ~entia ALDH. *VirgP* 53; non .. / .. dentes stridant in potu forte bibentum, / ni fallax caupo strofas infundat aquosas *Id. VirgV* 2796; omnis se lues hereseos cujusque insulae .. infudit BEDE *HE* I 8; priusquam enim alterius oculi palpebris salutaris limpha ~eretur, .. FELIX *Guthl.* 53 p. 170; liquorem .. ~e ADEL. *CA* 10. 3 (v. fossula 2); heu male virus eis infundit letifer anguis ORD. VIT. XI prol. p. 160; solent .. eis hec dona plerumque in somnis per visiones infundi. quibusdam enim videtur quod eis vel lac dulce vel mel in ore ~atur GIR. *DK* I 16 (v. et. 5a infra); aqua benedicta in os ejus infusa *Canon. G. Sempr.* 144v; si vitreo vasi fervens ~itur unda NECKAM *DS* IV 470; vinum ~ere HALES *Sent.* IV 409 (v. diaconus 1a); Christus .. illam feriam elegit sue .. passioni, in qua primus homo conditus virus mortis et peccati †infunderat [l. infuderat] toto humano generi BACON VI 143; si [oleum] ~atur aque, non miscetur cum aqua T. SUTTON *Gen. & Corrupt.* 109; FORTESCUE *LLA* 22 (v. gaggare). **b 1298** in brasio infuso xiiij^{xx}xij ringas *Rec. Elton* 72; **1307** de clxxiij ring' gruti superioris de ordeo infuso *Econ. Condit.* app. 24. **c** cestus, corium cum plumbo infuso OSB. GLOUC. *Deriv.* 151; fusorium .. illud in quo aliquid ~itur *Ib.* 225; NECKAM *NR* II 183 (v. 1 decius); **1381** pro pelot' ~endis (v. formula 2c).

2 to pour on to or over; **b** to spill on, stain; **c** to cover (with), soak (in), infuse.

SICCAV. *PN* 140 (v. fervere 1b). **b** vestimentum magis tritum et ornatum serico cum corporalibus integris sed infusis *Vis. S. Paul.* 4. **c** delibutus, peruncitus, infusus *GlC* D 38; nardum spicatum, species nardi, in modum spicae infusa conficitur *Ib.* N 37; ALCUIN *Ep.* 137 (v. effectivus 1a); manibus propriis .. pulmenta condit, legumina ~it ORD. VIT. VI 3 p. 11; balanatus, unguinento quod balanus dicitur infusus OSB. GLOUC. *Deriv.* 76; pannus .. infusus NECKAM *NR* II 79 (v. 2 exsiccare 2a); GILB. III 175. 2 (v. haemorrhagia); *Ib.* IV 180v. 2 (v. fetelus); *V. Rob. Knaresb.* 5 (v. farinula a); composita calida .. diaolibanum infusum GAD. 58v. 1; pannum lineum .. aqua ~atur *SB* 21 (v. fomentatio).

3 (of rain) to pour down on to; **b** to cause (river or flowing action) to stream; **c** to cause (light or darkness) to spread over; **d** to cause (star) to shine.

in Nitria ubi aestate pluviae prolixiores tellurem ~unt BEDE *Prov.* 1013; nec tibi caeruleus crines infuderit imber ALCUIN *Carm.* 53. 4; terram ros aut pluvia non infudit W. S. ALB. *V. Alb. & Amphib.* 25 (recte 15). **b** illis rhetoricae infundens refluamina linguae ALCUIN *SS Ebor* 1434; affluentiam michi lacrimarum infusam sensi AD. EYNS. *Visio* 9; tria flumina de celo manancia ori meo infusa esse sompniavi (*Tig.* 4) *VSH* II 263. **c** solis jubar totis terrarum finibus ~itur ALDH. *Met.* 2 p. 65; aurora .. / .. / .. roseos patulis radios infunderet arvis *Id. VirgV* 1365; infuso lumine FELIX *Guthl.* 32 (v. interrumpere 1b); tempore quam longo vetuerat cernere lucem / nox oculis infusa, chaos dum juncta cerebro / tinxit non madide fuscans primordia venae *Mir. Nin.* 344; **1095** Dominus .. mentibus vestris ~at lucem sapientiae suae ANSELM (*Ep.* 198) IV 89; certitudinis lucem ~eret W. MALM. *GP* V 265; si non lucem ~ere possumus ALB. LOND. *DG proem.* (v. 2 flagellum 3b); lumen infundens sensibus / o Deus, Sancte Spiritus LEDREDE *Carm.* 45. 15. **d** cujus jubare celitus inmisso, velut infusum sydus ethereum fulsit sub noctis nostre tenebris vir vite admirabilis nomine Gilebertus *Canon. G. Sempr.* 37v.

4 to fill; **b** (w. abl.) to fill (with something poured in; also fig.).

ALCUIN *Carm.* 26. 50 (v. Graecus 1a); infusuria, olearia vasa unde ~unt lucernas *Gl. Leid.* 17. 16; magne cecitatis velamen de pectore meo educens, veritatis lucernam clarissime infudisti PETRUS *Dial.* 11; in vas quoddam frigida aqua infusum descendebat J. FORD *Wulf.* 5; viole nimium .. stomachum ~unt GILB. I 31. 2 (v. 2 defectare). **b** Wilfridus .. / quem Deus omnipotens infudit luce superna ALCUIN *SS Ebor* 578; sed tibi collirio visus infunde salutis *Id. Carm.* 97. 16; vino fundis et ~is amicos, et ~endo confundis P. BLOIS *Ep.* 7. 20A; M. PAR. *Maj.* V 537 (v. follosus); sancti sumus et spiritu sancto ~imur *Flor. Hist.* III 79; rex .. donis gratuitis praeditus et infusus *MGL* III 460.

5 to grant, impart to, confer on (also fig.); **b** (word or prayer into the ear); **c** to impart, infuse (soul); **d** (quality or abstr.).

GIR. *DK* I 16 (v. 1a supra); ferrum videns infusum pedibus / et attendens clavos in manibus J. HOWD. *Ph.* 428. **b** sanctus .. ~ens benedictionem (*Ber.* 17) *VSH* I 82; **1331** paternitati vestrae .. preces ~o, quatinus etc. *Lit. Cant.* I 370. **c** Christiani .. cotidie novas astruunt animas procreari formatisque novis in ventre corporibus ~i PETRUS *Dial.* 23; eadem quoque ratione tunc primum animam ~i majores docuerunt ALF. ANGL. *Cor* 13. 7; antequam ~atur anima rationalis GROS. 128 (v. factivus 1b); anima simul creatur et ~itur BACON XIII 274; adhuc autem in eodem semine prius est operacio anime sensitive quam ~atur anima intellectiva AD. BUCKF. *An.* 436. **d** virtus ei divinae cognitionis ~itur BEDE *HE* II 1 p. 78; **798** qui mutuae caritatis dulcedinem paternis ~ere cordibus solet ALCUIN *ad Beatum* 318; ipse etiam spiritum gratiae futuris temporibus se tibi infusurum promittit *Eccl. & Synag.* 123; ~e mihi ex illo [fonte misericordiae] unde irrigetur ariditas mea ANSELM (*Or.* 16) III 65; dulcedo celestis divina inspiratione ~itur OSB. CLAR. *Ep.* 36 p. 127; *Quaest. Salern.* P 75 (v. delegare 1b); Christo est .. et virtutem caritatis agentibus legem ~ere, per cujus infusionem opera legis in agentibus vivant GROS. *Cess. Leg.* I 10 28; duplex est fides, una infusa et alia adquisita OCKHAM *Quodl.* 228; regibus Anglie quedam speciali gracia celitus infusa sunt que reginis ibidem non ~untur FORTESCUE *Def. Lanc.* 3.

6 (intr.) to flood (fig.), rush in attack.

quod videntes Longobardi et Allemanii et Gasconici, super baggacium ceperunt ~ere post reregardiam *Plusc.* X 29.

2 infundere [cf. 2 fundere], (pass.) to sink: **a** (of animal) to collapse; **b** (of earth) to subside.

a quicumque super se portat aliquam ejus [arboris sicce] partem, non vexabitur morbo caduco nec eciam equs ejus ~i potest [ME: *shal nevere ben foundered*] *Itin. Mand.* 48. **b 1256** (v. fossa 10).

infundiculum [cf. CL infundere + culus, *w. play on* infundibulum], something to be inserted into the anus (w. play on *in fundamentum*).

~um, *ersceg* [i. e. *'arse-key'*] *MS BL Royal 5 E XIII* f. 38r.

infunerare [cf. CL funerare], to bury, inter.

1424 residuum .. bonorum meorum do et lego executoribus meis ad solvendum debita mea et quod ~ent me prout eis videbitur honestum *Reg. Cant.* II 288.

infuneratio [cf. LL funeratio], funeral, burial.

1325 in expensis circa ~onem magistri Johannis de Insula apud Hertilpoll, viij d. *Ac. Durh.* 167.

infungi [cf. CL fungi], to die.

die autem sequenti corpus regis infuncti ad quandam parvam deferunt ecclesiam *Hist. Arthuri* 88.

infungia [dub.], cocket bread. *V. et. effungia.*

panis tria genera .. azymus, ~ia [v. l. hiffungia, *gl.*: panis acidus, sine fermento, *coket*], placenta BALSH. *Ut.* 48; **13..** item [pistor] habeat placencia, libia, liba, ~ia, panem album, panem frument. .. (*Nominale*) *Neues Archiv* IV 341; *cokett*, iffungia [v. l. effungia], est quidem panis *CathA*.

infurcare [cf. furcare]

1 (p. ppl.) forked.

nunc brachia curvat in arcum / infurcata manus lateri VINSAUF *PN* 658.

2 to hang.

~are, suspendere OSB. GLOUC. *Deriv.* 294.

infurnare v. infornare.

infusare [cf. 2 fusa], to wind a spindle.

to wyndd spyndylle, ~are [v. l. effusare] *CathA*.

infusere [*backformed from* infusus, *p. ppl. of* infundere], to pour in (grain) for malting.

1307 in braseo ~endo cxxxij ring' iij buss' *Econ. Condit.* app. 23.

1 infusibilis [cf. CL infusio], susceptible to infusion; **b** (fig.).

alterum vero [humidum], quod est semper ~e a venis vel similibus partibus, que sunt vie nutrimenti, sicut in lychno lampadis apparet, ubi aliud est oleum lychno incorporatum, quod etiam imbibitur, aliud idem circumstans *Ps.*-GROS. *Summa* 521. **b 1239** pura dilectio sue infusioni metas et terminos non ponit, sed semper dum invenit ~e in id plenius irrorandum se dilatando extendit GROS. *Ep.* 78 p. 250.

2 infusibilis [cf. fusibilis], that cannot be melted.

miratus fusor forcipes admovit, et liquido stamini ~e stamen impressit W. CANT. *Mir. Thom.* VI 62.

infusillus [cf. fusillus], spindle.

a tryndelle of a webster, insubulus [v. l. ~us], troclea *CathA*.

1 infusio [CL]

1 pouring or flowing in (of fluid); **b** (med.); **c** (of grain for malting); **d** (of metal for casting).

Pontus .. propter plurimam ostiorum Danubii ~onem dulcius ceteris esse cognoscitur BEDE *Nom. Loc.* 1039; maris aestum oceanique cursum, sed et aquarum diminutiones ~onesque commovent WILLIB. *Bonif.* 9; **1365** talis gravis odor procedit de ~one olei *Hal. Durh.* 39. **b** rigor itaque fit ~one calide materie circa nervos que primo resolvitur in partes grossiores unde interiora beneficio caloris privata frigescunt *Quaest. Salern.* P 69; aque dulcis calida ~o curat GILB. II 105. 1; *SB* 19, *Alph.* 56 (v. embrocha). **c 1341** in ~one xv quart' ord' et quart' aven' maner' de H. in bras' .. iij s. viiij d. *Ac. Durh.* 541. **d 1313** in v *fotmel* plumbi emptis x s. x d. in ~one ejusdem vj s. *Comp. Swith.* 393; **1337** item dat. Simoni plumbario pro ~one plumbi ij s. *Sacr. Ely* II 84,

2 pouring on.

WYCL. *Euch.* 178 (v. despectivus).

3 pouring down (of rain); **b** shedding (of tears or blood); **c** spreading (of light).

ymbrium ~onibus R. COLD. *Cuthb.* 136; imbrium ~o triduana per Angliam multos exterruit DICETO *YH* II 152; pluviarum de celo ~o GROS. *Hexaem.* X 1. 6. **b** lacrimarum diutius ~ones .. fuderent [v. l. funderent] WILLIB. *Bonif.* 4; sanguinis ~one pavimentum fuscatur OSB. CLAR. *V. Ed. Conf.* 25; **1380** W. B. percussit J. atte L. cum j baculo ad infus sanguis [l. infusionem sanguinis] . T. J. extraxit j baculum super W. D. ad infus sanguis [l. infusionem sanguinis] *CourtR Ottery St. M.* m. 21. **c** ita quod Saturnus .. ad ipsum respiciat benigne et quod sit ~o radiorum suorum super illa plaga .. in qua tu existis BACON V 161.

4 imparting, infusion: **a** (of soul); **b** (of spirit or grace); **c** (var.).

a queritur quare corpus post anime recessionem non nutriatur, cum ante anime ~onem in utero nutriatur? *Quaest. Salern.* B 95; ~o anime est terminus motus naturalis, sicut igneitas J. BLUND *An.* 20; ~o anime est receptio corporalis BACON XIII 274; tres .. sancte concepciones matris Dei: sanctificationis materie, animacionis sc. carnis, anime et gracie ~onis, sunt celebrande, licet non ut filie Ade BACONTHORPE *Post. Matth.* 267. **b** o prophetae mei praeconesque futurorum non ut aliis per homines sed per ~onem mei spiritus BEDE *Sam.* 604; in diluvio lacrimarum plorat, non ut ante Sancti Spiritus ~one et sui roris intima aspersione GOSC. *Edith* 90; cooperamur Deo in prima justificacione, sc. infusione prime gratie P. BLOIS *Ep. Sup.* 28. 39; character significat ~onem sive impressionem gratie, et ~o gratie est principalis effectus baptismi S. LANGTON *Quaest.* 363; sine omni ~one gracie create OCKHAM *Quodl.* 241. **c** GARL. *Epith.* III 139 (v. ferax b); SICCAV. *PN* 130 (v. erectio 5).

2 infusio [cf. 2 infundere], collapse.

dicitur liberare equos ferentes super se tales lapides ab acutis infirmitatibus et ab ~one *Sculp. Lap.* 449.

infusivus [ML], (med.) that causes movement of fluid, liquefactory.

non oportet dare electuaria humida infusiva, ut dyadragag' propter sitim GILB. I 31. 2; *Ib.* II 76v. 1 (v. hebetativus b).

infusor [LL], one who pours in (fig.).

Deus, bonarum virtutum dator et omnium benedictionum largus ~or EGB. *Pont.* 113; bonorum omnium ~orem et ordinatorem Spiritum Sanctum AD. SCOT *TT* 752B.

infusorium [LL], implement through which liquid is poured, funnel.

infusuria *Gl. Leid.* 17. 16 (v. 1 infundere 4a); ~ia .. septem ex auro erant, quibus oleum lucernis infundebatur AD. SCOT *TT* 679A; sunt enim in candelabro tabernaculi, ~ia, extinctoria et emunctoria P. BLOIS *Ep.* 16. 60A; **13..** iterum vinitarius habeat in cellario suo utres, cados, ~ia sive

intonellaria (*Nominale*) *Neues Archiv* IV 339; hoc ~ium, A. *tunnyng WW*; *funelle*, ~ium *CathA*.

infusorius, through which something is poured, that serves as a funnel.

sunt enim in candelabro tabernaculi instrumenta ~ia, exstinctoria et emunctoria P. BLOIS *Ep. Sup.* 77. 15.

infustare [cf. fustum], ? to set in a wooden frame.

1435 magna artilleria principis .. in castro de Roon inventa: .. unum magnum voglare nuncupatum Here Johan, munitum tribus piscidis, ~atum et ferratum, portans lapidem de xj pollicibus in cruce . . . item, unum aliud voglare, nuncupatum Mauns, munitum quatuor cameris, ferratum et ~atum, portans lapidem de septem pollicibus *Collect. W. Worc.* 566.

infutuare [cf. CL futuere], to have sexual intercourse with.

incanivare, stuprare, crissare, cevere, ~are, futire OSB. GLOUC. *Deriv.* 292.

ingaleare [cf. CL galeare], to equip or protect with a helmet (in quot., fig.).

GARL. *Epith.* VIII 416 (v. inclipeare).

ingarbelatus [cf. *garbelare*], ungarbled, unsifted (of spice or sim.).

1442 (v. garbelare).

ingelare [cf. CL gelare]

1 to freeze over.

s1250 Tamisia sic ~ata est, ut pede et equo .. transmeabilis redderetur *Flor. Hist.* II 69 (cf. M. PAR. *Maj.* II 184: gelata est).

2 to chill, cool (fig.).

inguina Democritus castrat .. lumbique incendia ferro / ingelat HANV. IX 332.

†**ingellatus** v. nigellare.

ingemere [CL; *forms of perf. stem are referred to* ingemescere], to moan, groan.

pater ipse greges et ovilia cara revisens / ingemit FRITH. 1123; ingenti compede strictus / ingemit exorans tacito clamore Deum WULF. *Swith.* II 566; ingemit effundens lacrimas *Ib.* 898.

ingemescere, ~iscere [CL]

1 to moan, lament; **b** (w. dir. speech).

dum .. propter crebra compunctionis suspiria .. graviter ~escant ALDH. *VirgP* 14; [Minotaurus] tam clamore quam mugitu ~uisse describitur *Lib. Monstr.* I 50; ut [animus] .. delectatione ligatus sit, sed ligatum se vehementer ~iscat (*Libellus Resp.*) BEDE *HE* I 27 p. 61; **c790** quam laete ex muneribus mens hilarescit, tam tristis ex absentia vestrae beatitudinis ~escit ALCUIN *Ep.* 59; ex profundo cordis suspirio ~iscens B. *V. Dunst.* 6; amissa libertate Angli vehementer ~iscunt ORD. VIT. IV 3 p. 172; quanto ~uit affectu! GIR. *PI* I 7. **b** **796** quid aliud faciam, nisi cum propheta ~escam 've genti peccatrici ..' [*Is.* i 4] ALCUIN *Ep.* 101.

2 to bemoan, lament over (a thing or circumstance): **a** (w. dat.); **b** (w. acc.); **c** (w. acc. & inf.); **d** (w. *quod*).

a Anselmus .. oppressionibus ecclesiarum Angliae gravi contritione cordis ~iscens EADMER *HN* 149 bis. **b** quod illis .. lugubriter lamentandum et .. flebiliter ~escendum autumo, qui .. ALDH. *VirgP* 10; **793** valde sanctorum locorum ~esco vastationem ALCUIN *Ep.* 22; **a797** ~esco absentiam illius *Ib.* 83; Arturus casum ~iscens puelle G. MON. X 3; regine preces .. edoctus ~iscit MAP *NC* III 2 f. 36; ~iscens et dolens .. propria et aliena peccata GROS. *Ep.* 57 p. 176. **c** primo conatu se delusam esse ~uit ORD. VIT. III 9 p. 107; **1167** eo societatis vestre solacium nobis subtractum esse acerbius ~isco J. SAL. *Ep.* 189 (186 p. 224); alii sublata sibi temporalium subsidia ~iscunt *Ib.* 209 (190 p. 258). **d** quod sibi tam dulcis subtrahebatur amicus ~iscendo R. MERTON f. 96v.

ingeminare [CL]

1 to repeat, redouble: **a** (action); **b** (w. inf.); **c** (sigh or laughter); **d** (word or utterance); **e** (w. dir. speech as obj.).

a amplexatus est illum infinita oscula ~ans G. MON. III 17; congrediuntur acies, mutuos ictus ~ant *Ib.* VIII 5; ubi [mundus] tot amaritudines ~at, tot calamitatibus animum pulsat S. LANGTON *Serm.* I 11; gladiis in alterutrum ~antes ictus WALS. *HA* I 11. **b** ora / perfusus lacrimis suspiria fundere crebra / ingeminat BEDE *CuthbV* 614. **c** [frater quidam] pectoris ingeminat lacrimans suspiria fessi ALCUIN *SS Ebor* 446; crebro verba interrumpendo et ~atos gemitus erumpendo ANSELM (*Or.* 16) III 66; hoc sompnium Robertus .. regi confestim, .. intulit; at ille cachinnos ~ans 'monachus' inquit 'est' W. MALM. *GR* IV 333 p. 378; ingeminans singultus querulos WALT. WIMB. *Palpo* 158. **d** quem pater ingeminans alta bis clamat ab arce [cf. *Act.* ix 4 Saule, Saule] ALDH. *VirgV* 495; tibi laudes contexero atque grates ingemino BONIF. *Carm.* 4. 15; saepius ingeminans .. mecum / omnibus, heu, quam sit illa dolenda dies / qua .. ALCUIN *Carm.* 9. 193; ingeminat querulas .. voces FRITH. 506; quociens litteras vobis et nuncios misimus, semper eandem formam ~antes et inculcantes GIR. *SD* 44. **e** **p675** 'heu, heu!' .. lacrimosis vocibus et querulosis singultibus lugubriter ~andum reor ALDH. *Ep.* 4; unica omnes tripudia ~ant: 'Mildretha nobis venit beata ..' GOSC. *Trans. Mild.* 16; 'vae! vae!' / furcifer ingeminat rusticus NIG. *SS* 810; unde dicit [Andromacha] 'nos, nos Heccuba' [Sen. *Tro.* 969]; ~at ex vehemencia doloris TREVET *Troades* 68.

2 to utter complaints, rail.

proceres .. clamant et ~ant OSB. CLAR. *V. Ed. Conf.* 9; inter quatuor ewangelistas qui ~ant contra me in materia de eukaristia WYCL. *Apost.* 193.

ingeminatio [LL], repetition, redoubling, duplication.

[w. ref. to *Cant.* i 14, iv 1, iv 7] prima cum admiratione .. laudis ~o est; secunda cum vehementiori quidem admirationis stupore laus nihilominus eadem germinatur; tertio ad commendationis summam laudis ejusdem ~o fit J. FORD *Serm.* 47. 3; ecclesia multiplici .. ~one revertere, revertere dicens [*Cant.* vi 12] *Ib.* 64. 3; [vir] dicens 'talis es, sancte Cuthberte, talis es, sancte Cuthberte'; ~o gaudii fuit protestacio *Mir. Cuthb. Farne* 5; sequitur quod infinita sit ~o sagacitas vel noticia nature create WYCL. *Trin.* 54.

ingenealogiatus, not provided with a genealogy.

descriptus est Christus .. ingenealogiatus [vv. ll.: -eoloisatus, -elogisatus, -ologisatus] ut Melchisedech quoad patrem (cf. *Hebr.* vii 3 sine genealogia) WYCL. *Mand. Div.* 54.

ingenerabilis [LL], not subject to generation (phil.).

novem .. spherae celestes .. ~es et incorruptibiles GROS. 56 (v. generabilis); corpus dividitur in corpus generabile et corruptibile et ~e et incorruptibile BACON XIII 58; de eorum [corporum celestium] motu circulari et substantia ~i et incorruptibili KILWARDBY *OS* 98; animam rationalem esse ~em et incorruptibilem PECKHAM *QR* 60; licet enim '~e' et 'incorruptibile' de vi vocis significent privationes causarum generantium et corrumpentium SICCAV. *PN* 123; anima intellectiva .. est ~is et incorruptibilis, que est tota in toto et tota in qualibet parte OCKHAM *Quodl.* 62; patet differencia, cum materia sit perpetua ~is cujuscunque speciei forme materialis sustentiva et susceptiva . . . econtra autem est forma ex tali materia generabilis .. WYCL. *Misc. Phil.* I 200.

ingenerabiliter, without beginning.

res partibiles impartibiliter et indistanter cognoscere ipsos [deos] est necessarium .. et temporalia eternaliter et generabilia ~iter BRADW. *CD* 183C (= Ammonius in Arist. *De Interpr. tr.* W. Moerbeke, c. 9).

ingenerare [CL], to engender (in someone).

natura .. hunc quibusdam ~avit animum, ut .. W. MALM. *Wulfst. prol.* p. 2.

ingeneratio [LL], the condition of being unbegotten (as an attribute of God the Father).

per ~onem innascibilitas, per generationem vero paternitas [*sc.* intelleguntur] HALES *Qu.* 29; si dicas quod [Deus] generat quia ex se cum ~one, hoc est nugacio, ut videtur R. MARSTON *QD* 43; Pater et Filius et Spiritus Sanctus secundum omnia unum sunt preter ~onem et generacionem et processionem (J. Damasc.) DUNS *Sent.* I 26. 1. 4.

ingeneratus [LL], not generated (phil.).

[Aristoteles] approbans sententias .. philosophorum naturalium de infinito, viz. quod est .. ~um et incorruptibile BRADW. *CD* 461B; [infinitum est] et ~um et incorruptibile (Arist. *Phys.* 203b) *Ib.* 461C.

ingenerosus, ungentlemanly.

certioratus dominus dux de Eboraco .. de sua supplantacione modo tam cauto, callido, indocto, et ~o *Reg. Whet.* I 160.

ingenialis, pertaining to the intellect or understanding.

[anima] in cerebro utitur phantastico motu, id est ~i, rationali etiam .. sed et memoriali ..; prius enim intellegit .. ADEL. *QN* 17.

ingeniare, ~ari [ML], to contrive, devise: **a** (absol.); **b** (w. acc.); **c** (w. acc. & inf.); **d** (w. (*ad hoc*) *ut*, *quod*, or *quomodo*).

a ~ata est natura et aggregavit dentes adinvicem propter senectutem [TREVISA: *kinde wiseliche gadreþ þe teeþ*] BART. ANGL. V 20; natura plus ~ans circa produccionem hominis quam animalis alterius imperfecti WYCL. *Incarn.* 141. **b** [virtus] ~ans universo salutem BRADW. *CD* 138C; [abbas] studiuit .. securare .. redditus et servicia ac media securacionis ~are *Reg. Whet.* I 186. **c** infrigidetur aer et ~etur aqua currere GILB. II f. 102v. 2. **d** in quibus licentia poetica .. ut versus staret, ~averat; in neutro enim insculptum erat 'Aldhelmo' sed 'Adelmo' W. MALM. *GP* V 255; ~ata est natura in singulis animantibus ut aliquid habeat munimenti contra lesionem [TREVISA: *haþ wiseliche y-ordeigned*] BART. ANGL. XVIII 1; oportet luscum laborare multum et ~ari ad hoc ut .. BACON *Maj.* II 88; ab infirmitate surgentibus cibaria necessaria petentibus non denegandum est; sed ~andum ut dentur in minori quantitate quam potest GAD. 10 v. 1; ~ati sunt inimici Dei quomodo Edwardum deformarent, ne foret faciliter notus alicui BAKER f. 107; ~atur natura quod .. generantur multe minuticie ignis et aeris WYCL. *Log.* III 68; imaginatum ~atumque est .. quomodo .. AMUND. I 90 (v. imaginari 4a).

ingeniarius [ML], engineer.

1348 in vadiis magistri J. de M. ~ii et garcionis sui *KR Ac* 462/16 f. 6v.

ingeniatio, ingenious device, contrivance.

per hunc modum convertes omnia corpora in solem; et istam ~onem nunquam in alio libro vidi RIPLEY 220.

ingeniator [ML], engineer, architect (esp. mil.; *cf.* Round, *EHR* XXXV (1920) 93–5).

terra Waldini ~oris *DB* I 365va (cf. ib. 337rc Waldini ingeniosi); **1130** in liberatione Gaufridi ~oris x li. et xij s. et xj d. nu[mer]o *Pipe* 143; **c1145** testibus hiis: .. Elia clerico, Jerino ~ore *Ch. Westm.* 255. **11..** R. ~or episcopi Dunelm' *Feod. Durh.* 140 n. (cf. ib. *enginur*); **1158** in liberatione Ailnothi ~oris qui custodit domos regis *Pipe* 113; **1175** Ailnoti ~oris et carpent' et cementariorum quos secum duxit ad prosternendum castellum de Framillingeham *Ib.* 108; **1185** Urrico ~ori regis *Ib.* 235; **1205** mittimus ad te xvj minatores et j ~orem *Cl* 27b; **1212** magister Albertus inginiator *Fees* I 187; **1231** mandatum est Jordano ~ori quod a partibus Pictavie non recedat antequam prompta sint ingenia Reginaldi de P. *Cl* 580; **1284** magistro Ricardo ~ori pro portagio maeremii xij d. *KR Ac* 351/9 m. 13; **c1295** T. de N. ginnatori ejusdem castri *Ib.* 89/5; **1388** unius enginatoris (v. canonator).

ingeniolum [LL], small ability or intelligence: **a** (w. ref. to the writer himself); **b** (w. ref. to other people).

a prima ~i rudimenta exercitari cupiens ALDH. *Met.* 6; juxta nostri modulum ~i *V. Greg.* 106; imitantes pro captu nostri ~i scribam illum doctum in regno caelorum [*Matth.* xiii 52] BEDE *Sam.* 499; licet flammivomo tuae sapientiae lumini scintilla ~i mei nil addere possit ALCUIN *Rhet.* 1; torpentis stilum ~i B. *Ep.* 386; fatuitate ~i mei penes meipsum considerata EADMER *V. Osw.* prol.; **1166** consilium quod a me queritis ~i mei vires excedit J. SAL. *Ep.* 175 (176 p. 176); ~i mei plectro H. BOS. *LM* 1341C. **b** huic ad capacitatem ~i sui commodamus argumentum BEDE *Temp.* 19; **747** nisi .. haec pro viribus ~i sui studeat ediscere *Clovesho* 6 (*Conc. HS* III 364).

ingeniose [CL], cleverly, ingeniously.

dux Guillelmus .. armis haereditatem reposcere decrevit, tametsi complures majorum id ~e dissuaderent ut rem nimis arduam W. POIT. II 1; animo secum plurimum moliri, quomodo fratrem .. regno ~ius posset inducere *G. Steph.* 63; quonammodo mustela in serpentem injurias suas ulta sit et ~e et strenuissime NECKAM *NR* II 123 p. 202; Choream Gigantum .. ad montem Ambri ~e deportari W. WORC. *Itin.* 212.

ingeniositas [LL], cleverness, ingenuity.

dum alii plurimi Anglorum librarii coram ~atis fluenta .. rivantur FELIX *Guthl. prol.* p. 62; astus, cautela, astutia, calliditas, ~as .. OSB. GLOUC. *Deriv.* 48; [*in newly-hatched spiders*] nature ~as pariter et virtus possunt merito .. admirari [TREVISA: *so moche witte .. of kynde*] BART. ANGL. XIX 79; naturalis ~as *Incept. Ox.* 173; aliquid mirabile .. ad cujus comprehensionem plenariam ~as tua ascendere non valebit BRADW. *CD* 28A.

ingeniosus [CL]

1 clever, intelligent, ingenious: **a** (of person); **b** (of abstr.).

a **717** ~i contionatoris BONIF. *Ep.* 9 (v. contionator a); **c800** juvenes exhortari ~os in talibus se exerceri studiis; discant ferventi aetatis ingenio ALCUIN *Ep.* 243 p. 390; in liberalibus artibus studiosi et ~i ASSER *Alf.* 75; versipellis et ~a mulier ORD. VIT. VII 7 p. 182; in extruendis edificiis et machinis .. ~us artifex *Ib.* VIII 5 p. 300. **b** ~am benevolentiam illius ex parte .. cognoscens ASSER *Alf.* 88; ~is accusationibus ORD. VIT. VIII 8 p. 310; artificem adduxit, cujus ~a sagacitas ad capiendam

Jerusalem Christianis profecit *Ib.* VIII 24 p. 415; [invidia] pronior fit et ~ior ad fraudem ingerendam cum in bonis accumulatiora animadvertit bona OSB. GLOUC. *Deriv.* 82; ingeniosus apum labor ingenuusque NECKAM *DS* IX 223.

2 (as sb.): **a** clever person, ingenious man. **b** engineer, architect.

a ingeniosis ars hec paret nescia mismet OSW. *Vers.* 6; creatio mundi .. potest .. ab ~is probari et sciri per demonstracionem W. MACCLESFIELD *Quaest.* 14rb. **b** *DB* I 337rc (v. ingeniator).

3 cleverly wrought, ingeniously produced.

Gualterium .., qui castrum .. defendebat, ~a manus uncis ferreis implicuit ORD. VIT. XII 39 p. 455; **1323** quendam potum .. ~um [*a sleeping-draught*] *Abbr. Plac.* 343b.

ingenitor, engineer, architect.

1179 Ailnodo ~ori ad reparandas fenestras vitreas domus regis de Westmonasterio dim. m. *Pipe* 125.

1 ingenitus [CL, *p. ppl. of* ingignere], inborn, innate.

illud veluti ~um quid et indelebile insipientiae pondus GILDAS *EB* 1; naturaliter ~a edendi necessitas ALDH. *VirgP* 58; naturales et velut ~as ejus [sc. carnis] delectationes BEDE *Tab.* 456D (v. 2 exsiccare 3); corpus perspicuis castum purgabat in undis / ingeniti fervore laris ne corruat ustum FRITH. 566; ?**1075** cum .. perpauci sint qui verbis detrahentium ~a liberalitate contradicant .. LANFR. *Ep.* 58 (37); habet hec generatio ~um vitium, ut nihil quod a modernis reperiatur putet esse recipiendum ADEL. *QN* intr.; persuadente ~i sanguinis nobilitate M. PAR. *Maj.* V 432.

2 ingenitus [LL, 1 in + *p. ppl. of* gignere]

1 not born, existing from eternity: **a** (of God, esp. the Father); **b** (of divine attribute); **c** (of other).

a ingenito dicatur gloria Patri / nec minus et genito promatur gloria Nato ALDH. *CE* 3. 83; si Spiritus Sanctus non est genitus, ait aliquis, procul dubio est ~us ABBO *QG* 21 (46); laus Patri sit ingenito [*gl.*: *unacennedu*] *AS Hymns* 45; solus vero amor utriusque [sc. Patris et Filii] nec genitus nec ~us, quia nec filius nec proles est, nec omnino non est ab alio ANSELM (*Mon.* 56) I 68; in quorum una deitate cum unus generet ~us, alter generetur AD. SCOT *Serm.* 201C; consorsque spirant gaudium / ingenitus et genitus (PECKHAM) *Anal. Hymn.* L 594; [Thaletis] hec dicta feruntur, ut ait Laercius [Diog. Laert. I 35] ..: antiquissimum encium est Deus, ~um enim W. BURLEY *Vit. Phil.* 8; ~um convenit Patri et repugnat Filio OCKHAM *Quodl.* 23. **b** '~us' significat habentem divinam naturam ut non communicatam per generacionem R. MARSTON *QD* 30; habeat in intellectu paterno noticiam ~am sibi adequatam quasi productam ex se DUNS *Ord.* II 265. **c** queritur inter majores an [anima] generata sit an ~a ALB. LOND. *DG* 6. 13; sic est forma eterna et ~a, sicut primum efficiens BACON II 77; extra universum nichil est, ergo non potest generari, ergo est ~um *Id.* VIII 13.

2 not yet born (of future generations).

hec sunt pacis agenda que Ælfredus rex et Godrun rex .. constituerunt .. pro se ipsis et junioribus suis, progenitis et ~is (*Quad.*) *GAS* 127; ut ei non requiratur a genitis vel ~is, quicquid postea contingat (*Leg. Hen.* 70. 11) *Ib.* 588.

3 not having come to pass.

hoc solo privatur Deus, ~a facere que facta sunt (Arist. *Eth. Nic.* 1139b) DUNS *Metaph.* VI 2 p. 325; [Aristoteles] dicit Deum non posse de genitis facere ~a *Ziz.* 97.

3 ingenitus [*app. a by-form of* ingeniatus, cf. ingeniare] devised, contrived (n. pl. of p. ppl. as sb.).

a**1307** in factura fornellorum et aliorum ~orum pro assagio de mina extracta *KR Ac* 260/19 m. 1.

ingenium [CL]

1 a person's natural disposition, character; **b** (by metonymy denoting person).

erat .. homo simplicis ~ii ac moderatae naturae BEDE *HE* V 12 p. 310; religiosa nimium femina, nobilis ~io, nobilis et genere ASSER *Alf.* 2; Cudda .., / vir probus ingenio regum meritoque satelles FRITH. 71; cunctis amabilem et ~ii sinceritate et morum probitate ANSELM (*Ep.* 21) III 128. **b** **705** quid agi debeat tuae benivolentiae ~ium flagitando inquirere operae pretium reor WEALDHERE *Ep.* 22; ingenua .. ~ia magis verba timent quam verbera GIR. *SD* 20.

2 mental ability, intelligence, intellect; **b** (*~ium librorum*) book-learning; **c** (w. ref. to practical skills); **d** (by metonymy) intelligent person.

sed quid .. in despecta ~ii [nostri] cymbula fluctuabimur? GILDAS *EB* 106; hoc argumento velut quibusdam cotibus animorum ~ia acuuntur ALDH. *Met.* 10; erat .. tam ardentis ~ii et capax memoriae ut quicquid .. enixius rimaretur .. intra sagacis animi conclave radicatum haeresceret *Id. VirgP* 35 p. 276 (*cf. VirgV* 1130: ardens ingenio); ingenio calidus, promptus et ore suo ALCUIN *Carm.* 99. 17. 6; nobilis mentis ~ium ASSER *Alf.* 22; cum memoria nil aliud sit nisi eorum quae ~io capiuntur certa repositio ADEL. *QN* 17; W. MALM. *GP* I 44 p. 73 (v. decretalis 1a); scientie hujus [sc. disserendi] initium ex ~io, non ex usu vel arte BALSH. *AD* 3. **b** [Eustachium] adeo .. solerti librorum ~io praedita claruit ut in orthodoxorum bibliothecis .. illius quoque opinio .. divulgetur ALDH. *VirgP* 49; jam puer egregius crescebat corpore quantum, / ingenio tantum librorum proficiebat ALCUIN *SS Ebor* 1420. **c** alti / viribus ingenii reparare peribula templi / incumbunt .. latomi FRITH. 446; criptas / .. Dedaleum struxerat ingenium WULF. *Swith.* pref. 124; erat .. ~io acer ad omnia artificia, sc. sculpendi, fabricandi .. ORD. VIT. III 7 p. 94; convocatis undique artificibus lignorum et lapidum precepit ~iis uti novamque structuram adinvenire G. MON. VIII 10; fonticuli .. aquas ex [v. l. sine] humano ~io et artificio calefactas .. emanant *G. Steph.* 28. **d** neminem .. priorum argumenta ~iorum juxta metricae artis disciplinem litterarum textui tradidisse ALDH. *PR* 142 (143); ea quae per interrogationem et responsionem investigantur multis et maxime tardioribus ~iis magis patent ANSELM (*CurD* 1) II 48; in Babilonia / nulla sunt ingenia / que sciant hec dubia HIL. RONCE. 105.

3 **a** clever scheme; **b** trickery, a trick, ruse; **c** (*malum ~ium* or sim.; cf. OF, AN *mal engin*); **d** (spec.) conjuring trick.

a Daedali .. ~ium W. MALM. *GR* II 170 (v. glomus 1b). **b** si in aliquo est culpabilis ille .. sc. aut per opera aut per consensum vel per conscientiam aut per ullum ~ium, fac eum super te, o aqua, natare (*Jud. Dei*) 13. 12. 1) *GAS* 423; ea quae competunt presbiteris ~io seu violentia, subtrahimus ORD. VIT. VIII 26 p. 436; Vortigernus meditabatur quo ~io tectius et callidius Constantem monachum deponeret G. MON. VI 7; **1192** totam hanc convencionem affidaverunt ex utraque parte tenendam sine fraudis ~io *CurR* I cvii; c**1197** juravit .. quod predictam pensionem .. solvet, nec artem vel ~ium committeret unde prenominata pensio .. minuatur *Ch. Westm.* 312; [diabolus] videns .. nulla ~ii tortuositate .. contra viros sanctos se posse proficere *Latin Stories* 85; rex fallaci seductus ~io .. Northumbriam regi Angliae .. reddidit *Plusc.* VI 18. **c** interroges, si ipse aliquid de malo ~io habet, aut de furtu aut de aliqua causa contra directum BONIF. *Pen.* 430; tulisti res alienas malo ordine per malum ~ium *Ib.* 433; **1101** si rex Philippus regnum Anglie .. invadere voluerit, comes Rodbertus .. queret .. consilio et precibus per fidem, absque malo ~io, sine datione pecunie, ut remaneat *DipDoc* I 1; omnibus quibus potero juvabo adversus illos per fidem sine malo ~io ORD. VIT. IX 3 p. 471; a**1202** sine fraude et sine malo ~io .. juvari *E. Ch. Waltham* 271; absque dolo, fraude aut malo ~io *Ps.*-ELMH. *Hen. V* 91 p. 265. **d** consideravit .. omnium joculatorum illusiones et ~ia BACON *Tert.* 47.

4 manner, means.

fecisti fornicationem sicut Sodomitae fecerunt vel cum fratre aut matre vel cum pecoribus vel ullo ~io BONIF. *Pen.* 431; c**1116** in omnibus legittimis obedire [sc. domino suo] preterquam in prodicione, furto, murdro, et deinceps similibus que nullo prorsus ~io fieri concessa sunt (*Leg. Hen.* 82. 3) *GAS* 598; si quis eam [sc. donationis cartulam] infringere presumpserit aut aliquid .. quocunque ~io damnum inferre voluerit ORD. VIT. III 2 p. 39; **1338** injungentes quod aliquas lanas .. versus dictas partes Flandrie .. quocumque colore vel ~io transire .. nullatenus permittatis *RScot* 518b; c**1389** ne amicicie fedus inter nos .. quovis ~io dissolvatur *Dip. Corr. Ric. II* 67.

5 (concr.) contrivance, device, machine, engine. **b** snare, trap, or sim. **c** (mil.) siege engine, weapon (var.).

1237 fieri facias ~ium sufficiens circa puteum nostrum ibidem ad aquam hauriendam *Liberate* 11 m. 13; **1263** mandamus vobis quod ~ium turneicum quod vocatur *la truye* .. liberetis .. carpentario nostro ad maeremium .. levandum *Cl* 219; cum omnibus gurgitibus, inclusis et omnibus aliis ~iis tam molendini quam dicti gurgitis *Cart. Osney* IV 145; possunt fieri instrumenta volandi, ut homo sedeat .. revolvens aliquod ~ium per quod alae .. aerem verberent ..; et infinita quasi talia fieri possunt, ut .. machinationes et ~ia inaudita BACON *NM* 533; **1325** (v. fugare 6); **1367** ~ia pro falsacione monetarum ac sigillorum predictorum fabricata *Pat* 276 m. 23*d*; **1392** solut' pro iiij^c vj lb. cordarum emptarum .. pro gynno sub ponte .. *Ac. Bridge Masters* xi m. 12; **1398** non habetur aliqua profunditas per quam batelli .. navigari possunt absque tali ~io predicto vocato *le wynch'* [*cf. ib.*: instrumentum] *AncIndict* 182 m. 19 (*Selden Soc.* xl 127); **1583** cum omnibus ~iis vinculis et pessulis .. tam maeremii quam ferri .. factis .. pro salva custodia prisonum in eadem gaola *Pat* 1234 m. 38. **b** **1229** arcus vel sagittas vel balistas vel brachettos vel leporarios vel aliquid aliud ~ium ad malefaciendum domino regi de bestiis suis *RL* I 348; **1255** invenit in eodem bosco quatuor cordas extensas circa unum plateum aque ad feras capiendas; .. [forestarii pedites] vigilaverunt ibi ad insidiandum si aliquis veniret ad predicta ~ia *SelPlForest* 113; **1281** (v. frium); **1285** (v. alauda); salmunculi non capiantur .. per retia aut per alia ~ia .. a medio Aprilis usque ad .. *Quon. Attach.* 87. 2; **1395** utuntur diversis ~iis vocatis *shenes, dragges, formwiles* et *cormwiles*, in quibus quidem ~iis habetur quedam extremitas .. vocata *la butte*, quod operatur ita stricte quod .. nullus pisculus .. evadere potest *AncIndict* 30 m. 3 (*Selden Soc.* xxxii 161); **1472** (v. 2 deductus 2a); **1473** (v. furettarius). **c** rex Scottiae .. castellum .. omnibus viribus et multis ~iis et variis molitionibus obsedit J. WORC. 52; turri lignea .. et aliis ~iis debellaverunt eam [sc. urbem] H. HUNT. *HA* VII 16; **1167** pro ij tonellis plenis sagittis et ingaignis missis ultra mare cxvj s. *Pipe* 142; **1173** pro ligonibus et enganiis et cordis ad machin' ad expugnand' Leg[ecest]riam *Pipe* 33; pro x miliar' sagittarum et inganiarum missarum ad Leg[ecest]r[iam] xxxiii s. et iiij d. *Ib.* 156; primus [sc. miles] engania genu transfixus fuerat W. CANT. *Mir. Thom.* VI 52; **1191** pro sagittis et engaignis ad munitionem predicti castelli *Pipe* 112; **1195** pro enginis regis carcandis *RScacNorm* I 155; **1198** flechariis qui faciebant flechas ad engueinas *Ib.* II 309; pro .. quarellis et ferris engainarum *Ib.* 310; **1230** ~ia que Bernardus .. nobis commodavit ad expugnandum castrum de Myrebel, viz. unum trubechettum, duos tumberellos et duos mangonellos *Pat* 388; s**1267** eam [sc. civitatem] .. munivit, ~iaque contra turrim erexit *Ann. Lond.* 78; **1289** licenciam .. faciendi domum fortem .. de fossatis, palis lineatis, ponte levaticio, engeniis et aliis *RGasc* II 418a; **1327** misit .. quedam ~ia ad projiciendum petras grossas super castrum predictum *RParl* II 4b; **1337** ~ia vestra viz. espringaldos et arcus *RScot* 484a; **1354** in centum minutis ~iis vocatis ribaldis faciendis *Pipe* (*EHR* XXVI 688); manualia ~ia vocata *gunnys Pipe* (ib. 689); quoddam ~ium ad virgam nuncupatum *bricole* .. compositum de nemore et ferro *Collect. W. Worc.* 568; *an engine*: aries, ~ium, machina *CathA*.

ingens [CL]

1 great in size, huge.

famulas Dei ~tis scopuli mole conexas ALDH. *VirgP* 51; virgo .. / ingentem explodit sancta virtute colubrum *Id. VirgV* 2404; ~tia robora de montibus evulsa *Lib. Monstr.* I 56; murus subito comparuit ingens ALCUIN *SS Ebor* 959; ingentem sapientia [Domini] circuit orbem WULF. *Swith. pref.* 407; [filiorum] sors .. sophistis ~tes libros edendi uberem materiam tribuit ORD. VIT. IV 5 p. 189.

2 great in number or quantity: **a** (w. collect. noun); **b** (w. word denoting number or quantity).

a rogus ingenti lignorum fomite flagrans ALDH. *VirgV* 810; ventum erat ad thalamos, ingens ubi regia pubes / consulibus permixta aderat WULF. *Swith.* I 1277; mobilitatem ~tis ac feri populi W. POIT. II 34; ~s monachorum agmen ORD. VIT. III 1 p. 5; ~tem ciborum aliarumque rerum .. apparatum *Ib.* XI 20 p. 225; collecto ~ti exercitu R. NIGER *Chr. II* 127. **b** ~ti miraculorum mole victus .. plura praetereo ALDH. *VirgP* 35 p. 280; ~ti juvenum multitudine ORD. VIT. III 1 p. 6; ~s congeries lapidum *Ib.* VI 9 p. 54; ~tem lapidum vim BOECE 107v (v. ferentarius).

3 great in value; **b** (w. word denoting value).

ingentis .. munere doni *Epigr. Milredi* 810 (v. 2 decorare c); cum [hostes] ad naves cum ~ti praeda reverterentur ASSER *Alf.* 18; ingentis .. donaria gazae WULF. *Swith.* I 1255; eis .. ~tem pecuniam dederunt ORD. VIT. V 13 p. 401; ~tes thesauros concupiscibilium .. rerum *Ib.* XI 23 p. 238. **b** plus quam septingentos ~tis precii equos *Ib.* X 5 p. 25.

4 (w. word denoting weight) heavy.

~s pecuniae pondus ORD. VIT. VIII 13 p. 339; arma .. nos .. ~ti ponderositate nimis opprimunt *Ib.* VIII 17 p. 376.

5 (as intensifying adj. in var. uses) very great: **a** (of person or w. *animus*); **b** (of quality, condition, or action); **c** (of emotion or sensation); **d** (of light, sound, heat, or sim.); **e** (of other abstr.).

a Jupiter, ingentem quem pompant carmina vatum ALDH. *VirgV* 1373; acer Aristoteles, rhetor quoque Tullius ingens ALCUIN *SS Ebor* 1549; ingentes animos labiis patefecit apertis / 'en ..' inquit .. FRITH. 140; homo ~tis animi W. NEWB. *HA* V 29. **b** [apis paret] tam ~ti studio auctoris sui praecepto ALDH. *VirgP* 6; ut miles Christi .. / redderet ingentes pro vita sospite grates *Id. VirgV* 1114; me sopor adgravat ingens WULF. *Swith.* I 381; erat eis [fratribus] ~s pulchritudo ORD. VIT. IV 4 p. 182; [Lanfranci] ~s in Deum devotio W. MALM. *GP* I 44 p. 71; ordinem singulorum cum ~ti addidicit diligentia AD. EYNS. *Visio* 6. **c** qua virtute quidem visa, stupor omnibus ingens / incubuit statim ALCUIN *SS Ebor* 352; ~ti patris sui et matris amore ASSER *Alf.* 22; corpore toto / debilis ingentem patitur per membra dolorem WULF. *Swith.* I 101; ~tem letitiam simulans G. MON. I 8; luctus ~s .. Anglis .. ortus est ORD. VIT. IV 7 p. 216. **d** sub ingenti repeto sic murmure pontum *Aen. Laur.* 3. 5; ignibus in mediis ingentia frigora vitat ÆTHELWULF *Abb.* 196; hostiles .. acies cum ~ti omnium clamore .. hostiliter conveniunt ASSER *Alf.* 39; angelici juvenes ingenti luce nitentes WULF. *Swith.* I 264; calor ~s incipientis estatis ORD. VIT. VIII 13 p. 341. **e** calamitosum vulgus ~ti strage catervatim trucidabatur ALDH. *VirgP* 52 p. 309; restat ut ingentes depromant carmina pugnas *Id. VirgV*

2448; divitis obprobrium gemitus est pauperis ingens ALCUIN *Carm.* 62. 46; dampnum ~s hostibus suis intulit ORD. VIT. III 5 p. 83; ~s tuae salvationis emolumentum insinuabo tibi *Id.* VIII 23 p. 407; **1243** castrum .. ~tis fortitudinis *RGasc* I 213a.

ingentivus, *f. l.*

1431 erat .. sigillum predictum .. ex duabus peciis argenti in se divisibilibus et adinvicem quodam †ingentino [MS: ingentivo, cf. *Cal. LB Lond.* K f. 127b; ? l. argentino] torculari mediante combinatis confectum *Doc. S. Paul.* 112.

ingenue [CL], as befits one of high birth, nobly, generously, liberally.

Egbirhtus amplo apud suos loco natus et ~e educatus a pueritia W. MALM. *GR* II 106; [rex Edwardus] homo affectati leporis et ~e gentilitia lingua eloquens *Ib.* II 197 p. 238; captus et perpetuis compedibus detentus ~e poenituit *Ib.* V 400; plebs .. vibrans quos non bene noverat enses / ingenue irasci discit J. EXON. *BT* I 311 (319); **1441** (v. generositas 1b).

ingenuinum [cf. CL genuinus, 1 ingenitus], birthday of a saint (as dist. from *natale*, saint's day, day of saint's death).

Agnae ~um (*Cal. Willibrordi Jan.* 28) *HBS* LV (1918) 3 (cf. *Martyrologium Hieronymianum, AASS* Nov, II 1 p. 14: nat' Censoriani .. et Romae Agnae ~um).

ingenuitas [CL]

1 status or condition of a free person.

si quis per cartam ~atis a domino suo legittimam est libertatem consecutus, liber permaneat. si vero aliquis eum injuste cogat inservire, et ille per cartam ~atis sue ostendat et convincat adversarium .. (*Leg. Hen.* 89. 2–2a) *GAS* 605; [ancilla] super statu miseriarum suarum applorat, pro mercede connubii [rex Edgarus] redderet ~atem W. MALM. *GR* II 159.

2 high birth, nobility. **b** (of personification). **c** (collect.) the nobility, the nobles.

agnoscite, fratres, ~atem vestram, et facti coheredes Christi [*Rom.* viii 17] vestre hereditatis defendite dignitatem H. LOS. *Serm.* 52 (cf. WYCL. *Mand. Div.* 265); si hoc in nobilius oriunda muliere contingat, crescat emendatio sicut ejus natalis ~as erit [AS: *be ðam were*] (*Quad.*) *GAS* 57; Aldhelmus .. morum generositate vicit ~atem linee W. MALM. *GP* V 188; matrone elegantia et ~ate spectabiles ORD. VIT. IV 7 p. 224; alii plures multe ~atis fluctibus absorpti sunt *Ib.* XII 26 p. 419; GIR. *PI* I 3 (v. 1 ingenuus 4). **b** lex Dei ut mater filiam semper regit illam [sc. legem naturae] ..; unde racione ~atis et originis sue .. ordo nature deposcit ut ei differatur ab omnibus legibus [humanis] FORTESCUE *NLN* I 29. **c** Anselmus .. regni ~atem de negotio praesens consuluit EADMER *HN* 170; adunatis .. principibus cum tota regni ~ate, coram eis astante innumera populorum multitudine, imposuit illi [sc. Eadgaro] coronam regni *Id. V. Dunst.* 35.

3 nobility of mind or character.

servire enim Domino regnare est, et ejus deservire voluntati summa ~as est *V. Birini* 2; Edgari regis filia, beata Edgitha .. natalium tumorem mentis ~ate premens W. MALM. *GR* II 218 (cf. id. *GP* II 87); in illa quippe provincia egregiorum copia militum est, quibus ~as et ingens probitas inest ORD. VIT. X 5 p. 23; videns pater tantam in filio karissimo sensus florere ~atem gavisus est *Mir. Wulfst.* II 17 p. 176; ingenii claritatem natura in ipso depinxit quasi similem ~ati suorum parentum *Incept. Ox.* 178.

1 ingenuus [CL]

1 innate, natural.

quamvis ~am vestri generis magnanimitatem non superbie tipo extolli .. sciamus *Chr. Battle* f. 66.

2 (of persons) free-born, possessing free status (also as sb.).

si servum et ancillam dominus amborum in matrimonium conjunxerit, postea liberato servo vel ancilla, si non potest redimi qui in servitio est, libero licet ~o conjungere [v. l. quae .. ~am; ? l. se ~o conjungere] THEOD. *Pen.* II 13. 4; ?**748** viris magnificis filiis Throando, Sandrado .. vel omnibus magnis et parvis, ~is et servis Zacharias papa *Ep. Bonif.* 83 *tit.*; ut de Vuintonia sexus simul omnis et aetas / servus et ingenuus .. / procedat nudis tria per miliaria plantis WULF. *Swith.* 2. 29; [rex Eadwardus] ex utroque latere sanguinis nobilitate fulsit ~us OSB. CLAR. *V. Ed. Conf.* 2; servus [fit] ~us et liber servilus *Ps.*-MAP 225; **1386** nec volo quod legacio hec se extendat ad liberos tenentes meos aut ~os, qui habent terras de suo proprio vel aliorum et tenent aliquid de me *FormA* 428.

3 well-born, noble (also sb.).

966 ego Eadgar rex Anglorum .. praediolum .. cuidam matronae ~ae .. largitus sum *CS* 1176; aliquot sapientissimi civium urbanorum, et nonnulli ex militibus ~is quorum nomen et opes valebant, et multi ex plebeiis ORD. VIT. IV 3 p. 177; stemma Gifardorum Gualterius ~orum *Ib.* XI 4 p. 183; dissonat ingenuo genitus de sanguine pravo: / ingenuus mellita parit, mellita ministrat; / pravus .. D. BEC. 104–5 (v. 4 infra); vasa .. ecclesie Walthamensis collata per ~am matronam Glitham *Found. Waltham* 24 (cf. ib.: nobilis illius matronae).

4 (of birth, ancestry, or sim.) noble.

erant .. parentes .. Adeluuoldi ex ~a Christianorum propagine oriundi WULF. *Æthelwold* 1; quidam praedives habebat / ingenuis puerum quendam natalibus ortum *Id. Swith.* I 1480; vir stemmatis ~issimi *G. Steph.* 11; D. BEC. 104 (? *if* ingenuo *is taken with* sanguine *and not as sb. m.*; v. 3 supra); [verecundia] ~os prodit natales et ingenuitatis ingenia magno opere decet GIR. *PI* I 3.

5 befitting a free person, liberal, noble, honest, gentlemanly. **b** (of morals, the mind, actions, or sim.); **c** (of the liberal arts or their origins).

[episcopus] delinquentibus increpando non parcens, .. ~o ludo culpam elidens W. MALM. *GP* II 96 p. 207; [vir] multe facetie ~ique leporis *Ib.* V 240; puella .. honesto apud Anglos loco nata, ~i corporis et vultus *Ib.* V 259. **b** [uxor Ethelredi] in maritum tumebat, quod se nec pudor ~us nec fecunditas commendaret W. MALM. *GR* II 165 p. 191; ~e mentis non est alienis insultare malis *Id. GP* I 72 p. 137; narrabat ~a fronte quare venerit *Ib.* V 262 p. 419; J. SAL. *Pol.* 764D (v. denudare 1c); ~a nimirum ingenia magis verba timent quam verbera GIR. *SD* 20. **c** artibus ingenuis furtiva vir otia quondam / aulicus indulgens viribus eger eram; / nam trivium, nam quadrivium ferventius ardens / viscera rimabar pectoris ima mei L. DURH. *Dial.* IV 1; J. SAL. *Pol.* 401A (v. editio 1b); artes ingenue sunt septem lumina mundi NECKAM *DS* X 37 p. 497.

2 ingenuus, not native, foreign (in quot., as sb.).

s**1258** ut .. [magnates nullo modo] flecterentur .. quin regnum, in quo sunt nati homines geneales et eorum progenitores, ab ~is et alienigenis emundarent M. PAR. *Maj.* V 697.

ingerere [CL]

1 to carry, convey (to or into); **b** to thrust (into); **c** to serve (food or drink).

in latebrosum lautumiae latibulum, ubi cloacarum cuniculi putores stercorum ingesserunt ALDH. *VirgP* 35; c**1022** (12c) plures diversarum terrarum cartas eidem aecclesiae ingessit *CD* 733; pretiosas crustas sinibus ~ens W. MALM. *GP* V 255; regales ministri .. monachis victum et vestitum cum parcitate erogabant, cetera vero regiis thesauris ~ebant ORD. VIT. X 2 p. 11; corpus suum totum in ipsis [sc. aquis] ingessit GIR. *GE* II 10 p. 214 (v. dolium 1a); WALT. WIMB. *Sim.* 142 (v. fetura 2a). **b** cui primo obviavit, lanceam suam ingessit infra gulam G. MON. X 4. **c** *Mir. Nin.* 472 (v. ferculum 2a); vir .. quicquid uxor gratanter ingesserat gratius suscepit *Latin Stories* 87.

2 to ingest, take into the body (also fig., of learning); **b** (p. ppl. as sb. n. pl.).

[grus] tam igneum jecur habet, ut ferrum forte ingestum transire nequeat indigestum GIR. *TH* I 14; studiose adhuc illas [sc. litteras] age ut memoriter pene omnia ab evo ingesta contineas CHAUNDLER *Apol.* f. 10. **b** c**1250** ut venter .. coactas ructationes emittat, indigestionem denuncians ingestorum J. GODARD *Ep.* 222.

3 to inflict (upon), bring about (something unpleasant); **b** (violence, slaughter, or sim.; also fig.); **c** (annoyance, boredom, or sim.); **d** (reproach or insult).

praestigias, quas .. fraudulenta aemulorum factio .. audacter ~ebat ALDH. *VirgP* 26; quanta [diabolus] sibi [sc. Dunstano] temptamentorum luctamina ingesserit B. *V. Dunst.* 7; **1094** de quadam calumnia quam quidam coepiscopus noster .. ~it mihi, vestrum quaero consilium ANSELM (*Ep.* 170) IV 51; [Brennii] exitum .. nequaquam tractare curavi, cum nimiam prolixitatem huic operi ingessissem G. MON. III 10; dum .. timores mentibus multorum ~erentur ORD. VIT. IV 12 p. 257; vis acusare, reatum / ingeris M. RIEVAULX (*Vers.*) 45. 29; ?c**1280** hiis vindictam ingere, Deus ulcionum! (*De temporibus* 32) *Pol. Songs* 136; genus humanum egrum infirmitate quam quinque sensus ingesserunt [ME: *hefden awakned*] *AncrR* 34; **1316** tale crimen .. quod penam ~at corporalem *RGasc* IV 1626 p. 472b. **b** †**833** (15c) [ecclesia] orationibus .. fortissimam violentiam regno caelorum ~it *CS* 409; c**1101** gaudeo quia nulla violentia vobis violentiam ~entibus restitistis ANSELM (*Ep.* 252) IV 163; ingens guerra .. exoritur et multis luctuosa mors ~itur ORD. VIT. X 5 p. 20; duplicem necem ipsis ingestam esse letatur G. MON. I 5; Julius .. mare ingressus est optatam stragem populo .. inferre affectans; quam proculdubio ingessisset, si .. *Ib.* IV 7. **c** cetera opera juventutis .. silentio praetereo, ne fastidium lectori ~erem *V. Cuthb.* I 7; ne prolixitas .. epistolae fastidium ~eret lectoris ignaviae ABBO *QG* 23 (50); nolite suadentes michi fastidium ~ere quod nolo penitus ORD. VIT. VI 9 p. 80; si ampullosis dictionibus paginam illinissem tedium legentibus ~erem G. MON. I 1. **d** convitia .. unus pontifici foedo sic ingerit ore .. FRITH. 790; hii probra et verba turpia in Offam irreverenter ingesserunt *V. II Off.* f. 3b.

4 to wage (war, battle, or sim.; also w. ref. to spiritual struggle).

ut .. occultum impetum urbi ~erent G. MON. IV 9; proceres .. dissuaserunt Conano .. bellum ~ere *Ib.* V 10; compatriotae mei sepe solent ~ere impetus hujusmodi ORD. VIT. X 20 p. 125; [Christus] ei subditos ad summa sublimat / prelium ingerens ut palma conetur J. HOWD. *Cant.* 295; istos quibus ~it bellum justum OCKHAM *Pol.* I 132 (cf. ib.: gerit).

5 to impose (a person on others).

p**1100** [abbas quidam] juvenem quendam .. ingessit in ecclesiam sancti Eadmundi cum armis, monachis .. recusantibus ANSELM (*Ep.* 266) IV 181; miseremini orphanis et viduae ecclesiae, quibus pro patre ~itur privignus *Id.* (*Ep.* 269) IV 184.

6 to bestow (upon), bring about (something good or neutral).

si scire et praescire Dei necessitatem ~it omnibus quae scit et praescit .. ANSELM (*Praesc.* I 4) II 252; Jesus Francis animositatem ~ens W. MALM. *GR* IV 384 p. 450; patriam terram exeundi patris ira adolescenti occasionem ingessit *Id. GP* I 45; ut [Hengistus] omnibus unam audatiam pungnandi ~eret G. MON. VIII 5; parvipendebat cui quocumque modo partae res ~erentur ORD. VIT. V 19 p. 445; laici loquacis laudes ingestas .. contempsisti LUCIAN *Chester* 39.

7 to bring to (someone's) notice, present for consideration, suggest.

si talis .. coemptionis condicio ab impudentibus istis .. cuilibet sancto sacerdoti .. ingesta fuisset .. GILDAS *EB* 67; verborum Dei lectionem vel tenuiter auribus ingestam *Ib.* 98; **796** aliquid novi .. quod sermone tibi ~erem ALCUIN *Ep.* 102; [miracula Aldhelmi] que Fortunatus .. nostre ingessit notitie W. MALM. *GP* V 247; sacramentum .. suum excusatorium, quod in capitulo Lincolniensi optulit instanter et ingessit GIR. *SD* 110; item, signum est res que, preter speciem visibilem quam ~it sensibus, facit aliud in cognitionem venire S. LANGTON *Quaest.* 364; oculis liber cordium ingeretur [*at the Last Judgment*] J. HOWD. *Cant.* 130.

8 a (w. dir. speech) to say; **b** to advance (a claim); **c** to infer, assert; **d** to add (to other concerns of the addressee).

a hi, se Dei nuntios praefati, talia ingessere: 'quoniam ..' W. MALM. *GR* II 226. **b** Rodbertus dux calumniam quam in regno Angliae ingesserat fratri dimisit ORD. VIT. X 19 p. 114; proprie nam venditor artis / detitulat titulos quos ingerit J. EXON. *BT* II 349. **c** a dispositione siderum eventuum necessitatem ~it [*Mandrogerus in the comedy 'Querolus'*] J. SAL. *Pol.* 458C. **d** negotiorum importunitatibus .. humiles deprecatus ~ere AD. MARSH *Ep.* 112 (v. deprecatus).

9 (refl., also pass. in middle sense) to betake oneself, travel, move. **b** to attach oneself (to a group of people). **c** to thrust, hurl oneself (upon, into, *etc.*). **d** to attack, fall upon; **e** (transf.) to place oneself (in a spec. situation).

[Simoniaci] sese nova quaedam plasmata, immo diabolica organa .. patriae ~unt GILDAS *EB* 67; [diabolus] Eduini regis se ~it palatio ADEL. BLANDIN. *Dunst.* 6; ex inspirato filius intra crura patris se ingessit P. CORNW. *Rev.* I 6 f. 26vb; GIR. *TH* I 14 (v. grus 1a); *Itin. Ric.* VI 31 (v. 1 ducatus 1a); ursus .. nititur se cominus ~ere repugnanti M. PAR. *Min.* I 96. **b** **1347** dictus Laurencius super inquisicionibus .. ingessit se et ~it quandoque pro turpi .. lucro *SelCKB* VI 58; famulatui adversariorum .. se ingessit STRECCHE *Hen. V* 180 (v. famulatus 1b). **c** Turci .. Francos audacter aggredi, ultro se congressibus ~ere ORD. VIT. IX 10 p. 550; quidam [patres et heremitae] noxie titillationis hora se vepribus et spinis .. ~ebant, alii in aquam glacialem se mittebant GIR. *GE* II 2 p. 176; *Mir. Hen. VI* II 33 (v. fax 1a). **d** innumerabiles muscae .. oculis ac naribus et cibis ac potibus inclusorum horribiliter ~ebantur ORD. VIT. VIII 2 p. 274; alii .. qui prius cum rege .. confoederabantur nunc .. effrenate in eum ~ebantur *G. Steph.* 42 p. 90; s**1378** dum duo fratres .. se nimis indiscrete paucas naves hostium ingesserunt, .. supervenit .. classis Hispannica *V. Ric. II* 6. **e** p**1093** in hoc habitu [moniali] redi ad benignitatem ejus [sc. Christi], ~e te importune in conspectu ejus ANSELM (*Ep.* 364) V 307; ministri sese supplicando inportunos ~untur. Dei voluntatem referunt: [rex] non diffidat set credat, operetur et faciat OSB. CLAR. *V. Ed. Conf.* 14; puer .. in tanta turba .. ad sedendum propius et audiendum .. laudabili in puero prudencia se ingessit GIR. *SD* 52; ibi [sc. in torneamento] .. Willelmus .. se animosa presumtione .. ingessit M. PAR. *Maj.* V 18.

10 (refl.) to present oneself, come forward.

longa pompa euntium et redeuntium, magnaque constipatio se ~entium, dum semel visum juvat iterum iterumque videre W. MALM. *GP* III 134; nil intactum preterit; / quod se prius ingerit / prius occupatur P. BLOIS *Carm.* 25. 9. 53.

11 to apply oneself to, concern oneself with.

c800 forte quislibet dicit 'quid ille homo alienis se ~it rebus?' ALCUIN *Ep.* 211; si .. testator nullos [executores] ad hoc nominaverit, possunt propinqui .. ad id faciendum se ~ere GLANV. VII 6; se curis secularibus et curiis ~endum GIR. *Symb.* I 1 p. 207 (v. gyrovagari 2a); **1427** (v. deflenter).

12 to assume (privilege or office).

1516 decrevit universitas quod .. nullus officiarius universitatis .. censeat se realiter sive .. ~at in libertates ville predicte *StatOx* 332; **1549** ne quis officio procurandi sese ~at *Conc. Scot.* II 126 (v. describere 4a).

13 (of idea, matter for consideration) to come to mind, become established (in one's mind); **b** (w. *quia*); **c** (w. pred. expr.) to appear (to someone in a certain light).

c1091 subito se ingessit cordi meo grave pondus rei ANSELM (*Ep.* 137) III 282; [illa cogitatio] se coepit cum importunitate quadam ~ere *Id.* (*Prosl.* prooem.) I 93; vetus etymologia ita sese ~it his qui callent Hybernice, ut hoc solum verum esse credatur FERR. *Kinloss* 13. **b** ~ebat se etiam hoc menti meae, quia saepe Deus magis operatur per vitam illitteratorum .. ANSELM (*Ep.* 127) III 270. **c** quatenus vita tua .. admirantium te voces lasset se simul totam probabilem ~endo ANSELM (*Ep.* 7) III 109; **1165** cum .. Saresberiensis ecclesia velut orbata suo sole se menti ~it J. SAL. *Ep.* 162 (137).

14 (of var. abstr.): **a** (of an opportunity) to arise, present itself; **b** (of sin) to impose itself (on someone); **c** (of mention) to be made.

a 596 quia .. aptum scribendi se tempus ingessit (*Lit. Papae*) BEDE *HE* I 24 p. 44; **1086** amicitiam .. re ipsa, cum opportunitas se ingessit, semper demonstrare studuisti LANFR. *Ep.* 54 (56); **s1139** illorum, que proceres suaserant, effectum non distulit, cum primum volenti se occasio ingessit W. MALM. *HN* 468 p. 26. **b c1094** tanto vigilantius a minimis excessibus debemus cavere, quanto eos frequentius cognoscimus se nobis ~ere ANSELM (*Ep.* 185) IV 70. **c** quia hujus viri Bonifatii .. totiens se ingessit mentio .. W. MALM. *GP* I 6.

ingerminare [ML]

1 (of grass or sim.) to sprout (in quot., pass.).

1223 ipsi paverunt bladum postquam ~atum fuit *BNB* III 511 (cf. *CurR* XI 119: †ingeminatum).

2 (trans.) to put forth, cause to sprout (fig.).

[virgo Maria] procum in floreum deducit lectulum / qui mox ingrediens letum cubiculum / fetet, †ingreminat [MS: ingerminat] ventralem ortulum WALT. WIMB. *Carm.* 29 (cf. germen 3a).

ingersare [ML], to blacken (*cf. Jan. s. v. gersa: ~o, -as i. e. infuscare faciem*).

CathA (v. gersare b).

ingestare v. ingistare. **ingestiamentum** v. ingistamentum.

ingestio [LL], action of laying on. **b** (*manuum ~o*) assault.

componitur .. gero ingero -is, i. immittere, et inde ingestus, -a, -um, et hec ~o, -nis et hic ingestus, -ūs OSB. GLOUC. *Deriv.* 252. **b 1293** uxor Ricardi filii Alani de T. manus imposuit Alano de T. et ipsum projecit in terram, et dictus Alanus levavit huthesium juste; et, quia villata non presentavit de juste; et, quia villata non presentavit de manuum ~one, villata est in misericordia *CourtR Hales* 244.

ingestus [LL], act of carrying in, providing, or sim.

OSB. GLOUC. *Deriv.* 252 (v. ingestio a).

ingignere v. 1 ingenitus.

ingistamentum [OF, AN *engistement*], agistment, (right of or payment for) pasturage. *V. et. agistamentum,* 1 *gistamentum.*

1297 quia W. de T. est libere conditionis, non debet contribuere nativis ac eorum amerciamentis ..; et ideo consideratum est quod dictus W. recuperet sua dampna versus villatam de R. et predicta villata in misericordia pro suo falso ingistiamento *CourtR Hales* 359; **1306** T. le S. collector de Romsleye de ingestiamento facto per preseptum [i. e. preceptum] domini regis [juratus presen]tat quod W. P., R. filius M. .. [non contribuerunt] agistiamento predicto et ideo sunt in misericordia *Ib.* 539; **1325** ingistiamentum (*MinAc Essex, Birdbrook*) *MFG.*

ingistare, to agist (animals), put to pasture (for payment). *V. et. agistare.*

c1300 xl s. receptis de cxx porcis forinsecus ingestatis in parco domini *FormMan* 30; **1372** ingestat[is] (v. equilus b).

inglaciare [ML]

1 to freeze over.

s1141 [imperatrix] recessit inde per Tamisiam ~atam circumamicta vestibus albis DICETO *Chr.* 255 (*cf.* 1 glaciare).

2 to chill (fig.).

cum te gravitas annosa fatiget,/ inglaciet, segnem reddat D. BEC. 1295; inretit miserum gravitas annosa leonem / inglaciat corpus corque senile gelu WALT. ANGL. *Fab.* 16. 2.

Inglicus [*etym. gl. on* Anglicus], English.

Anglici dicuntur quasi ~i, vel igne electi BAD. AUR. 108.

inglobare [ML], to form into a ball.

concipit mulier et .. semen superficietenus matrici alligatur ..; medium vero, quod in fumositates emittitur, in modum nucis ~atur *Quaest. Salern.* B 194.

ingloriare, to render inglorious, deprive of glory.

~o, A. *to unmerthe WW.*

ingloriose, without glory, dishonourably.

[Leir] dubitabat ipsam [Cordeillam] nil velle sibi facere quam [? l. qui] eam tam ~e .. dedisset [sc. in matrimonium] G. MON. II 12.

ingloriosus [LL], devoid of glory, dishonourable.

[rex] ad consentiendum .. ~a de fratre victoria inflexus W. MALM. *GR* V 413; inter ceteras autem leges ejus [sc. Solonis] invente sunt hec, ut ait Laercius [*Diog. Laert.* I 55]: si quis parentes indigentes non alat, ~us est W. BURLEY *Vit. Phil.* 16.

inglorius [CL]

1 lacking honour, renown, or glory: **a** (of person); **b** (of town); **c** (of event or action).

a rex ait, et victi cesserunt inprobe Picti, / Colmanusque suas inglorius abicit arces FRITH. 303; animos .. honestatus non ~ios OSB. CLAR. *V. Ed. Conf.* 1; Scotti .. magis in paludibus ~ii delitescere quam in excelsis urbibus consuerant habitare W. MALM. *GP* I 72 p. 135; [inperator] vix evasit cum aliqua parte sui exercitus in terram suam ~ius R. NIGER *Chr.* I 99; [Christus] in contumeliosa passione, et maxime inter omnes homines, fuit ~ius GROS. *Cess. Leg.* II 4. 3; glorie rex, inglorius inveniris / ..; / princeps, servili habitu inveniris J. HOWD. *Cant.* 69. **b** locus ille cervicositati Sarracenorum ~ius subjacebat ORD. VIT. IX 14 p. 595. **c** cumque flatus victoriae / non furerent ingloriae, / tremebat tellus turbida / atque eruta robora / cadebant (ALDH.) *Carm. Aldh.* 1. 40; fugere ~ium arbitratus audaciam congressus morte propinqua luit W. MALM. *GR* IV 389 p. 460.

2 lacking splendour or beauty, unsightly.

macies ingloria HANV. I 484 (v. epenthesis b); cutis florarium / .. cras inglorium WALT. WIMB. *Carm.* 338 (v. evanidus 2).

3 lacking pride.

unproude, ~us, -a LEVINS *Manip.* 217.

inglossabiliter, so as not to be glozed or explained away.

[Augustinus] intentissime conatur ostendere quod charitas est Deus et Spiritus Sanctus Dei, sicut Lumbardus .. recitat copiose .., et verba ~er astruunt, ut videtur BRADW. *CD* 376D.

inglossare [ML], to gloze or explain away, to falsify.

transmutetur distinccio sic: 'sagaces sciencie extiterant auctores, modo atque erronio illius veritas proterviter inglosatur' *Regina Rhet.* 182.

inglueus, ~eum [cf. ME, OF *englu,* 2 ingluvies], glue.

1303 [*for glue*] ~eo [*bought ij d.*] [MS: in ~eo empto] *Fabr. Exon.* 27.

inglutinare [LL], to smear, coat (with plaster or sim.).

allinere, domum vel aliquam rem linere, i. ~are OSB. GLOUC. *Deriv.* 53; linire, i. ~are. litus, illitus, oblitus, collitus, ~atus *Ib.* 323.

ingluttire [LL], **inglutire,** to swallow, swallow down; **b** (fig.).

cucurrerunt ad me dracones .. volentes me ~ire W. MALM. *GR* II 111 p. 114; si stomacus erit sicce complexionis, .. gula aspera et cibi asperitatem ingluturantur [? l. cum asperitate inglutiuntur] M. SCOT *Phys.* 37; hoc sacramentum sensibile quod .. masticatum dentibus ~itur WYCL. *Conf.* 506; [os piscis] non ~iri omnino potuit, sed nec rursus evomi *Mir. Hen. VI* II 51. **b** ad solummodo terram sanctam defendendam tantos redditus ~iunt et quasi in voraginem baratri demergunt M. PAR. *Maj.* III 178.

ingluturare v. ingluttire.

1 ingluvies [CL]

1 (w. ref. to animals): **a** jaws, gullet; **b** (abstr.) voracity (sts. in phr. *ventris ~ies*).

a anguis mirae magnitudinis .. qui .. ranis ac piscibus rabidem replevit ~iem *Lib. Monstr.* III 5; ut [me] sepelires in hac lacuna pelagi et marinarum beluarum traderes ~iei GOSC. *Transl. Mild.* 11. **b** ut [draco] boves .. gulosa ventris ~ie voraciter gluttire soleat ALDH. *VirgP* 29; mergula .. / ingluviem ventris squamosis piscibus implens *Id. VirgV* 223 (cf. *VirgP* 9 p. 237: voracis mergulae); pre nimia et rabida frendentium luporum insania, et que pro inexplebili ~ie etiam tunc hominibus vix pepercit R. COLD. *Godr.* 31.

2 (w. ref. to persons) excessive appetite for, or consumption of, food and drink, gluttony; **b** (phr. *ventris ~ies* or sim.); **c** (fig., w. ref. to Pluto).

ebrietas .. et crapula cordis / ingluviem dapibus quae semper pascit opimis ALDH. *VirgV* 2489; mens .. in vigiliis corporis meminit in ~iem cecidisse (*Lit. Papae*) BEDE *HE* I 27 p. 60 (cf. *ib.*: appetitus gulae, crapula); ALCUIN *Liturg.* 525B (v. 2 guttur 1b); ~ies et luxuria, quae carne ex ipsa concrescunt homini ab infantia *Simil. Anselmi* 121; piscatores .. tantam piscium copiam exhibuere ut cujusvis magni exercitus ~iem saturare posse videretur W. MALM. *GR* II 121 p. 126; Adam per gulam ejectus est de paradiso; .. quare per ~iem nitimur cadere per quam patrem nostrum scimus cecidisse? S. LANGTON *Serm.* 2. 9. **b** plebs Aegipti rubro sub gurgite mersa / .. / ingluviem ventris juste signare potestur ALDH. *VirgV* 2484 (cf. id. *VirgP* 12: gastrimargia); capitalia crimina ..: prima superbia, invidia .., avaritia, ventris ~ies .. EGB. *Pen.* 1; ex delectatione nascitur .. immunditia, ventris ~ies, ebriositas et alia hujusmodi vitia *Simil. Anselmi* 36; ventris ~ies .. penis illuvies W. MALM. *GR* IV 372. **c** ALDH. *Met.* 2 p. 63 (v. exsanguis d).

3 greed, rapacity.

ut res quas antiqui viri liberaliter contulerunt monasteriis .. dispergantur pro possessorum ~ie W. MALM. *GP* II 84 p. 186; quia iste [sc. miles] pro salute patrie, ille [sc. latro] occiderit pro aviditatis ~ie *Ib.* II 202 p. 250; patriam ab eorum [sc. hostium] ~ie liberemus G. MON. VIII 2; **1188** luporum seva rapacitate demorsi, proprii pastoris rancore et ~ia lacerati .. Cantuarienses monachi *Ep. Cant.* 258 p. 240; quicquid [justiciarius] .. in thesauro reposuerat; ab alienis rapaci ~ie distracta sunt et consumpta COGGESH. *Visio* 24; libertatis libidine voluptatisque ~ie a Domino Deo recesseras AMUND. I 94.

4 **a** watery depth, gulf. **b** flood, inundation.

a tres fontes in urbe Guintonia erumpent ..; qui bibet de tercio, subita morte periclitabitur ..; tantam ~iem vitare volentes diversis tegumentis eam occultare nitentur G. MON. VII 4. **b** aquarum ~es [Isid. *Etym.* XIII 22. 4: inluvies] majorem partem populorum Thessalie absumpsit BART. ANGL. XV 159 [TREVISA: *a grete floode*; cf. 2 illuvies 1]; tanta fit ingluvies et aquarum fluxus habundans / vix quod sedatas terra resumpsit aquas GOWER *VC* I 1907.

2 ingluvies [cf. inglueum], glue.

1269 quod .. habere faciatis .. attilliatori balistarum .. nervos, ~iem, cordas, cornue, et alia necessaria ad officium suum pertinentia *Liberate* 46 m. 10.

ingluviosus [LL], gluttonous.

hic bruchus, -ci, i. musca ~a OSB. GLOUC. *Deriv.* 66; *gluterus:* ambroninus, .. edax, gulosus, ~us *CathA.*

ingn- v. ign-.

ingotta [ME *ingot* < OF *lingot*; cf. *DuC* s. v. lingotus]

1 mould for casting metal.

1449 iiij *ingottes* pro argento infra jactando *KR Ac* 294/6; **1453** in .. iij novis ~is ferri emptis pro virgis argenti infra fundendis et frangendis *Ib.* 294/8; de .. iiij ~is pro virgis auri infra jactandis *Ib.*

2 mass of cast metal.

1481 deliberavit hic .. duas ingott' argenti que ponuntur in quadam baga canabi *CalExch* III 29.

ingraciliare [cf. 1 in + graciliare, OF, AN *engresler*], to make thin or slender, to emaciate.

in paralisi cadit digestiva et suffocatur, et ideo nutrimentum deficit et membrum ~atur GILB. II 122v. 2.

ingradare [cf. gradus], to engrail, indent the edge (of a heraldic charge) with curved notches. (*V. et. OED s. v.* engrail).

ista crux solet aliquando ~ari .. et tunc sic debet discerni vel describi: portat unam crucem rubeam ~atam in campo argenteo; et Gallice sic: *il port d'argent une crois engraile de goules* BAD. AUR. 124; sunt et alia arma quarteriata ~ata; et quomodo arma possunt ~ari vide hic in scuto. et vocantur ~ata quia colores inseruntur gradatim unus in alium .. *Ib.* 127; hec crux ideo vocatur crux ~ata quia in nulla parte sui est plana set ~atur tam ad ejus longum quam ad latum. verumptamen ista ingradacio non est propria locutio secundum suum aspectum, set potius indentacio UPTON 217; *Ib.* 243 (v. fissura 2b).

ingradatio, engrailment, indentation of heraldic charge with curved notches.

UPTON 217 (v. ingradare); fit particio armorum .. per ~onem duorum colorum adinvicem *Ib.* 226.

ingradatus v. ingradare.

ingraminare [LL *gl. = to sprout grass*], to cover with grass.

ut hyems algida vites expampinat / et nudat omnia que ver ingraminat WALT. WIMB. *Sim.* 114.

1 ingranare [OF *engrainer*, ME *engreinen*], to dye with 'grain' (v. *granum* 8), to make scarlet: **a** (p. ppl., of cloth) dyed scarlet; **b** (as adj.) scarlet.

a **1395** (v. depurare 1a); **1428** quod .. ad usum .. principis .. duas pecias panni de *murray* ~ati .. emere et providere possint *RScot* 262a; W. SAY *Lib. Reg. Cap.* 63 (v. 2 finare b); recipiat quilibet eorundem cantorum .. pro vestura sua de panno finiato ~ato quattuor virgas *Ib.* 65; **1450** unam togam linatam de *violett* ~atam *Test. Ebor.* II 141. **b** cum sanguis regnat, homo somniat se videre rubeum colorem, ut minium, .. rosam ~atam M. SCOT *Phys.* 47.

2 ingranare [ML], to bring in grain (to granary).

[granum facit] per compositionem ~o, -as, i. grana in horreum ponere OSB. GLOUC. *Deriv.* 294; **1323** non ~atur quousque R. de K. cui blada dimittebantur in grosso computavit de tempore suo *Ac. Wellingb.* 129; **1347** avena non ~atur propter malam responsionem (*Pershore, Worcs*) *Ac. Man. Westm.* 22123.

ingranatura, bringing in of grain (to granary). *V. et. ingranura.*

1323 allocantur eidem pro diversis sibi superoneratis et super ipsum venditis in ingranat' frumenti et ordei .. et alibi iiij li. xiiij s. vj d. *Estates Crowland* 256; **1426** de ~a hoc anno ix li. x s. j d. ob. quad. *MinAc* 976/3.

ingrangiare [cf. grangia, OF *engrangier*], to garner, store in grange or granary.

1307 in expensis xiij custumariorum per j diem ad ~andum bladum *Doc. Bec* 150; **1398** pro bladis decim' rectorie de Heston ~andis c s. ij d. (*Harmondsworth, Middx*) *Ac. Man. Coll. Wint.*; p**1465** (v. ingrangiatio).

ingrangiatio, storage in grange or granary.

p**1465** jacentibus decimis parochie de L. .. satis remote in diversis partibus a capitali loco ~onis, in utiliorem .. partium earundem ~onem perquisivit quoddam mansum .., in quo manso .. poterunt utilius quam prius .. ingrangiari *Reg. Whet.* I 432.

ingranura, bringing in of grain (to granary). *V. et. ingranatura.*

1415 et eidem xl s. de ~a super compotum ex gracia custodis et coauditorum (*Ripley, Hants*) *Ac. Man. Coll. Wint.*; **1417** alloc' eidem xxviij s. de ~a et disalloc' iiij busselli frumenti de expensis autumpni *Ib.*

ingrassare [OF, AN *engresser*, *engraissier* < LL incrassare]

1 a to fatten (livestock); **b** to feed well (human beings); **c** to enrich (the soil by manuring).

a porci et alique alie bestie .. irruerunt in culices devorantes eas et ~ati sunt vehementer et multi mortui sunt R. NIGER *Chr. I* 103; **1242** pro l bobus emptis ~andis et missis usque Windesor' *Pipe* p. 122; **1244** mitti faciat ccc porcos .. ad ~andum *Liberate* 20 m. 3. **b** **1351** (v. edia a). **c** **1511** tenentes pro tempore respondebunt .. de bona proprietate servanda cum animalibus suis ad ~andam terram *Reg. Aberd.* I 365.

2 (fig., in bad sense): **a** to enrich (a person by nefarious means); **b** to make obdurate, crass; **c** (intr.) to be or become obdurate, crass.

a s**1312** [nuntii papae] prelatos et clerum procuracionibus, eviccionibus et aliis plurimis gravaminibus vexaverunt et sic impinguati, dilatati et ~ati curiam intraverunt AD. MUR. *Chr.* 16 (cf. *Deut.* xxxii 15). **b** s**1288** eodem anno .. extitit habundancie frugum .., sed superbiente populo et sic ~ato mutavit Altissimus fortunam illam W. GUISB. 225. **c** si quis culpabilis ~ante diabolico corde indurato [v. l. induratam] praesumpserit manum mittere [sc. in aquam ferventem] (*Jud. Dei*) *GAS* 410 (= *Rit. Durh.* 102; *AS gl.: gihefgindum diab' heorte*).

ingrassari [LL], to act in a predatory manner, to rage: **a** (of person); **b** (of natural force); **c** (of abstr.).

a [Saxones] ~antes .. subito cives invaserunt, quasi lupi oves *Flor. Hist.* I 224. **b** viscera illius ~ante veneno cruciantur *NLA* I 434; vento ~ante usque insulam Inchkeith venerunt *Extr. Chr. Scot.* 167. **c** c**1225** humana malicia ad sacre religionis subversionem instanter ~atur *Reg.* MALM. II 12; s**1234** contigit, guerra ~ante tempore regis Johannis, quod .. M. PAR. *Maj.* III 291; s**1258** de immanitate famis tunc temporis ~antis *Ib.* V 693 *tit.*; s**1142** nullus honor vel reverentia jam ferebatur, ~ante odio et werra, Dei ecclesie *Id. Min.* I 270.

ingrassatio [ML], attack, incursion.

1228 precipuum nobis .. videtur esse remedium quod predicta placita .. teneantur, ut sic malefactorum cesset incrassacio et juris .. exhibeatur execucio *Cl* 108 (= *RL* I 329).

ingratanter [ML]

1 without pleasure.

illius [hominis duri] oratio etiam in crudo et indigesto sermone ~er admittitur P. BLOIS *Opusc.* 947B.

2 ungratefully.

s**1250** [episcopus Londoniensis] in munusculis .. ipsum archiepiscopum et suos .. servientes gratanter respexit ac munifice; que omnia cum servientes .. episcopi obliquis oculis ~er respexissent, dixerunt .. uberiora sibi exhibenda M. PAR. *Min.* III 78; s**1422** etsi .. impinguatus ~er exorbites, incrassatus impinguatusque irreverenter, ~er ac immoderanter in tuis diffugiis dilateris AMUND. I 93; qui amicis suis in minoribus [causis] ~er deficiunt *Plusc.* VI 27.

3 ungraciously.

cui .. posset venire in dubium, ipsam [ecclesiam Cantuariensem] .. deserant tam crudeliter, pretereant tam ~er? [*sc. its patron saints*] H. BOS. *Ep.* 19 p. 1450B.

ingrate [CL]

1 unwillingly, with displeasure.

impositionem episcopatus adeo ~e tulit ut diceret .. maluisse se decapitari quam illud onus pati W. MALM. *Wulfst.* I 12; **1351** plures .. per tantam ediam ingrassati .. ab hujusmodi custodia ~issime fugiunt et recedunt *Conc.* III 14a.

2 unpleasantly, disagreeably.

[fumus] ~e solet intellegentium faucibus et oculis importari LUCIAN *Chester* 66 (v. 1 fumus 1f).

ingratificatus [cf. 2 in- + gratificari], rendered unacceptable.

duos populi Deo suo sibi tam propitiato tam subsannabiliter ~ati supplicationibus et votis boves vel vitulos .. voluntarie sunt prosecuti E. THRIP. *SS* IX 6.

ingratiosus [ML], unpleasing, unacceptable.

ad solum hoc tota vestra dirigatur oratio .., ne me dominus meus sibimet ~um habeat quem aliis ad gratiam quandoque commendabat D. LOND. *Ep.* 25 p. 625.

ingratis, against the will (of).

gratis et ~is *DB* I 375vb (v. gratis 2b); si quis rectam decimam superteneat, vadat prepositus regis et episcopi et terre domini .. et ~is auferant et ecclesie cui pertinebit reddant (*Leg. Hen.* 11. 2) *GAS* 556.

ingratitudo [LL]

1 ingratitude, unthankfulness.

parum hic labor apud Robertum valuit .., qui statim ad ~inem flexus, bene meritum urbe cedere coegit W. MALM. *GR* V 392; p**1161** vos vicio ~inis laborare J. SAL. *Ep.* 177 (208); disciplina rememorat beneficia Dei et ~inem populi R. NIGER *Mil.* III 21; s**1283** de ~ine sua, eo quod dominus rex ipsum nutriverat, ditaverat .. *Chr. Peterb.* 65; ~o [ME: *ungraciuse*] obstat gracie et illos tanto munere reddit indignos qui pro eo laborem nolunt subire libenter *AncrR* 143; [donatio] revocari potest .. propter ~inem ejus cui facta est (*Stat. Rob. III*) *RegiamM* III 67.

2 disfavour, displeasure, unpopularity.

1188 crebris et continuis petitionibus nostris paternitatis vestre gratiam ad ~inem timeremus provocare, nisi .. *Ep. Cant.* 225; **1312** idem comes .. volens .. matri sue reverenciam exhibere .., nolens ejus ~inem incurrere .. *Foed.* III 419; majorem ~inem Dei incurrunt WYCL. *Ver.* II 133; propter quod [David rex Scotorum] magnam ~inem in populo acquisivit *Plusc.* IX 46.

ingratuitas [ML; cf. gratuitas], ingratitude.

[te, Jesu] rediligere / mentis non curat misere / crudelis ingratuitas J. HOWD. *Cyth.* 122. 6; **1313** victa jacet caritas et virtus calcatur; / viret ingratuitas et fraus dominatur (*Bannockburn* 50) *Pol. Songs* 264; c**1381** hanc tibi [sc. Cantie] dat penam vindex ingratuitatis, / ut de peccatis venie revoces tibi venam (*Mors Simonis*) *Pol. Poems* I 230.

ingratus [CL]

1 ungrateful, unappreciative (of person or nation); **b** (of abstr.). **c** (as sb. m.) ingrate.

haec [sc. Britannia] erecta cervice et mente .. nunc Deo, interdum civibus .. ~a consurgit GILDAS *EB* 4; nec sum ~us multimodis beneficiis tuae erga me dilectionis ANSELM (*Or.* 12) III 46; qui si sororem et nepotes non ~o animo susceperit .. W. MALM. *GR* II 177 p. 209; [rex] multis qui sanguinem suum in ejus satellicio fuderunt ~us extitit ORD. VIT. IV 13 p. 260; Pictavia .. ei copiose vina transmittit; cui .. animalium coria .. Hibernia non ~a remittit GIR. *TH* I 6 p. 28; **1460** elemosinam per vos graciose collatam Willelmo nepoti meo ~issimo, utinam non infidelissimo *Paston Let.* 608. **b** scitis fidelitatem nostram, et cum tacet, non esse ~am ANSELM (*Ep.* 49) III 162; nostram .. desidiam ~am WYCL. *Ver.* II 36 (v. gratitudo 2c). **c** praemia non capiet, ingrato qui bona praestat ALCUIN *Carm.* 62. 78; premio caret qui beneficium ingrato [AS: *lypran*] prestet *Prov. Durh.* 35; ingrati crimen, cui gratia nulla coheret, / ingratum prohibet civis habere locum J. SAL. *Enth. Phil.* 907–8.

2 unrewarding, yielding poor returns (in quot., of land).

arva inculta et infructuosa vestroque labori invenistis ~a ORD. VIT. VI 9 p. 57.

3 receiving no thanks, unrewarded.

pacem a rege non potuit impetrare; et rediens sanctus Edus a rege ~us ilico carus regis consiliarius mortuus est (*Aed* 5) *VSH* I 36.

4 (usu. w. dat. of person) displeasing, unwelcome.

~us, *lað* *GlC* I 136; gravis est aliquando et ~a in tribulatione patientibus verborum sine alio auxilio consolatio ANSELM (*Ep.* 267) IV 182; [Anselmus] "et ego", inquit, "sum ovis vetula, qui si quietus essem verbi Dei lacte .. aliquibus possem fortassis non ~us esse .." W. MALM. *GP* I 48 p. 81; Britannia .. per undecim annos Britonibus horrenda fuit; Saxonibus quoque eadem tempestate ~a, qui in illa sine intermissione moriebantur G. MON. XII 16; [gloria] de meritis veniens aut sanguine claro / est ingrata Deo, munera cujus habet J. SAL. *Enth. Phil.* 906.

1 ingravare [CL]

1 to weigh down, burden; **b** (fig.).

post blada illa sic seminata, antequam ~ata fuerit herba ex radicibus seminis eorundem bladorum *Reg. Brev. Jud.* 83. **b** omnes infamati et accusationibus ~ati sub plegio redigantur (*Quad.*) *GAS* 191.

2 to make worse, aggravate.

infirmitatis tuae nimis ~atam molestiam .. litterarum tuarum lectione cognovi ANSELM (*Ep.* 9) III 112.

2 ingravare [cf. 3 gravare, OF *engraver*], to engrave.

1245 [capa] habet cristam .. cum saphiris ~atis *Invent. S. Paul.* 475; **1338** unum calicem argenti dupliciter deauratum et aymellatum .. ~atum de diversis imaginibus *MonA* I 98a; **1338** unum ciphum argenteum cum pede et cooperculo deauratum et aymellatum et ~atum de *Babwyn* in pomello pedis et cooperculi *Foed.* V 48a; **1340** j aquar' rotund' ingravat' de alta sculptura *TR Bk* 203 p. 316.

ingravascere v. ingravescere.

ingravator [cf. 2 gravator, OF *engraveur*], engraver.

p**1280** in manu sculptoris cuneorum sive ~oris *RBExch* 1003 (v. cuneus 3b).

ingravatura [cf. gravatura, OF *engraveure*], engraving.

1280 in recompensionem feodi quod percipere debet pro ~a cuneorum nostrorum *Cl* 97 m. 6.

ingravescere [CL]

1 to increase in weight (fig.), to bear down (upon). **b** (trans.) to oppress, afflict.

cepit super Britanniam Danorum persecucio adeo illi [sc. regi Æthelredo] ~ere ut .. et regno pariter et vita careret SULCARD f. 16. **b** FELIX *Guthl.* 31 p. 102 (v. ingruere 1b).

2 to worsen, become more serious; **b** (w. ref. to disease).

~entibus causis dissensionum BEDE *HE* III 14 p. 155; ~ente seditione J. SAL. *Pol.* 607B; [Petrus] tempestate ~ente perterritus contremiscit [cf. *Matth.* xiv 30] HON. *Spec. Eccl.* 970D; ~ente malitia cum [Thomas archiepiscopus] .. ad regem Francorum .. confugisset .. *Canon. G. Sempr.* 64. **b** ut .. pedem primo a terra suspensum claudicans portaret, deinde ~ente [v. l. ingravescente] molestia omni poene privaretur incessu BEDE *CuthbP* 2; continuo coepit languor ~ere [v. l. ingravascere] *Ib.* 37 p. 276; Eadberct .. per dies crescente multumque ~ente ardore languoris non multo post .. migravit ad Dominum *Id. HE* IV 30 p. 277; **c801** (v. flebilitas); [rex Eduardus] morbo ~ente jam morti proximus erat ORD. VIT. III 11 p. 118; **s1270** ~ente dolore vulnerum WYKES 235 (v. distemperantia c); **s1412** idem rex ~ente morbo .. diem clausit extremum *Chr. Northern* 284.

ingravidatio [cf. gravidatio], (period of) pregnancy.

si vero mulier cum impregnatur est bene sana et in ~one sua moratur .., signum est sanitatis et vite embrionis M. SCOT *Phys.* 20.

ingredi [CL], **~ere** [LL]

1 (of living beings or personifications) to enter, go into or on to (a place or receptacle), go within (a boundary, gate, or sim.): **a** (trans., also pass.); **b** (absol., or w. no explicit indication of place or direction); **c** (intr., w. local prep. phr. or local adv.); **d** (w. *ad* foll. by designation of person) to go in to see, visit (someone).

a siquis .. lascivus scortator .. lupanar ~i maluisset ALDH. *VirgP* 35; a tempore quo gens Angulorum hanc ~itur insulam *V. Greg.* 87; gentem Pictorum .. longis navibus non multis Oceanum ingressam BEDE *HE* I 1 p. 11; cujus [sc. clerici] praecordia malignus spiritus ingressus pestiferis vanae gloriae fastibus illum inflare coepit FELIX *Guthl.* 35 p. 112; mentes ejus non ingredior habitacula BONIF. *Aen.* (*De virginitate*) 177; Alcuinus ingrediens patrum sacra prata piorum, / carperet ut flores per pia rura sacros ALCUIN *Carm.* 76. 1. 5; **1338** preceptum fuit vicecomiti quod non omitteret propter libertates predictas quin eas ~eret *SelC Law Merch.* 62. **b** haec domus alma Dei .. / ..; / idcirco ingrediens devota mente viator, / sterne solo membra *Ib.* 90. 26. 7; cur foris moramur? .. ~iamur WULF. *Æthelwold* 17 (= ÆLF. *Æthelwold* 13: ortamur ~i); Dunstanus .. egrediebatur et ~iebatur ad imperium regis [cf. *Num.* xxvii 21] OSB. *V. Dunst.* 9; ecce duodecim viri mature etatis .. moderatis passibus ~iuntur G. MON. IX 15; **1230** preceptum est vicecomiti quod, nisi archiepiscopus solverit .. iiij^{xx} iiij li. .., ipse ~atur et distringat *LTR Mem* 11 m. 15. **c** delubro, in quo redemptor noster ingressus .. ALDH. *VirgP* 38; **a705** quis .. per caelestis paradisi portam gratulabundus ~itur? *Id. Ep.* 4 p. 485; [passer] cum per unum ostium ~iens mox per aliud exierit .. BEDE *HE* II 13 p. 112; rogavit comes eum ad prandendum in domum suam ~i *Ib.* V 4 p. 287; candidus interius, pavido comitante ministro, / ingreditur ductor ÆTHELWULF *Abb.* 710; **1099** sicut propter timorem .. Dei .. egressus sum de Anglia, ita numquam ~iar in illam nisi .. ANSELM (*Ep.* 208) IV 103; [diabolus] in corde Renwen noverce sue ingressus G. MON. VI 14; Arturus Colgrinum fugientem insecutus est ingressumque infra Eboracum obsedit *Ib.* IX 1; **1305** (v. 2 hansa 2a); inquirit an omnes anime ~iantur in materia, in spermate .., vel nulla [sc. Arist. *Gen. anim.* 736b 15 sqq.] BRADW. *CD* 86E; **1517** nec in dicto monasterio ~ere .. presumant *Form. S. Andr.* I 14. **d** quatenus Daria .. gemmis auroque radians ad Chrisantum procaciter ~eretur ALDH. *VirgP* 35; ~iens ad eum .. vir Dei imposuit dextram capiti ejus BEDE *HE* II 12 p. 110; Anselmus .. ad regem ingressus pro more dextrae illius assedit W. MALM. *GP* I 50 p. 92.

2 (of thing, substance, abstr.) to enter, penetrate, get in; **b** (absol., of abstr.; fig.) to make an appearance, arise.

quod [sc. oratorium] ingressa [vox cantantium] totum implevit atque in gyro circumdedit BEDE *HE* IV 3 p. 208; ingressi per rimas ostiorum vel fenestrarum radii lucis *Ib.* IV 7 p. 220; ostia .. Rheni, / ingrediens rapidis pontum qua volvitur undis ALCUIN *Carm.* 4. 3; [solis] in exortu cum spicula prima resultant, / lucifer ingrediens spargit ubique jubar WULF. *Swith.* pref. 134; cum .. naufragium indubitatum aqua per rimulas ~iens minaretur W. MALM. *GR* III 290; in eodem monasterio .. pestifera clades subitanee mortis ingressa adfuit ORD. VIT. VI 9 p. 75; transigit Euripilum jaculabilis hasta Menalce / occiduas ingressa comas J. EXON. *BT* VI 228; ALF. ANGL. *Cor* 13. 4 (v. formatio 1a); *Quaest. Salern.* B 58 (v. discutere 2); si videris pauperem ad compaciendum ei, vita in te per oculorum fenestras ~itur ALEX. BATH *Mor.* I 24 p. 127. **b** quod [bajulus] sit considerans et percipiens quando ~itur difficultas BACON V 141.

3 (w. obj. *viam, iter*, or sim.) to set out on (a road, journey); **b** (fig.); **c** (fig., w. ref. to death, usu. euphem.; cf. *III Reg.* ii 2, *Psalm.* lxiv 3).

c1106 Baldewinus et Willelmus jam iter Romae ingressi fuerant, quando vestram suscepi epistolam ANSELM (*Ep.* 378) V 322; congregatis .. equitibus ducentis .. iter plenum mortis et periculorum ingressus est W. MALM. *GR* IV 376 p. 438; [Aldelmus] Romanum callem ingressus est *Id. GP* V 217; viam in Jerusalem accelerantes ingressi sunt ORD. VIT. IX 14 p. 596. **b** BEDE *Mark* (v 23) 180 (v. desperabiliter); ut Britones .. rectum callem ecclesiasticarum observationum ~erentur W. MALM. *GP* V 215; [cepit] viam veritatis .. studiosius ~i *V. Edm. Rich B* 615. **c** post viginti octo annos ducatus mortis viam ~iens W. MALM. *GR* II 178; filius delicatus et qui putabatur viam seculi ingressurus *Ib.* V 419 p. 496; viam universe carnis ~iens .. ad Dominum migravit ORD. VIT. IX 12 p. 574; viam universe carnis ingressus appositus est ad patres suos *Found. Waltham* 21 p. 31; **s1406** ~itur viam patrum *Chr. S. Alb.* 1.

4 a to enter upon, assume (office or privilege); **b** to enter as a member (monastery or religious order); **c** to enter so as to take charge or possession (also absol.; cf. 5b); **d** (of thing or abstr.) to enter into (something) so as to form part.

a hostibus occisis regnum sanctissimus Oswald / ingreditur ALCUIN *SS Ebor* 266; **1230** preceptum est vicecomiti quod, nisi archiepiscopus solverit .. iiij^{xx} iiij l. .., ipse ~atur et distringat *LTR Mem* 11 m. 15; Cnuto .. injuste quidem regnum ingressus W. MALM. *GR* II 181 p. 218; nullum umquam clericum archiepiscopum Cantuarie fuisse preter unum Stigandum, qui et proterve ingressus et digne expulsus fuerit *Id. GP* I 67; **1393** T. P. .. ingressus est in libertatem ville et juratus est et fecit finem pro ingressu suo de xl s. *RR K's Lynn* II 4; **1430** (v. finis 18c). **b** propositum sanctae conversationis eligens monasterium sancti Martini .. ingressus fueras ANSELM (*Ep.* 162) IV 34; consuetudines nostri ordinis quem es ingressus quasi a Deo constitutas studiose serva *Id.* (*Ep.* 335) V 272; T. CHOBHAM *Summa* 158 (v. experientia 1). **c** **1228** usque ad tempus quo episcopus ingressus est ecclesiam *Feod. Durh.* 220; **c1236** quem [sc. feodum] ingressus est per violentiam spoliationem (v. detentor 2a); **1270** concedo .. quod seisiant, ~iant, optineant et possident totam terram et tenementum meum de C. *Cl* 269; **1290** quia emptores terrarum .. de feodis magnatum et aliorum in prejudicium eorundem .. multociens in feodis suis sunt ingressi *StatR* I 106; **1453** de transgressione quam fecerunt adquirendo .. manerium de K. .. et illud ~iendo licencie regia inde non optenta (*DL Ac. Var.*) *JRL Bull.* XL p. 402. **d** specificatur quidem nomen per essencialia et per accidentali ..; sumimus quidem essencialia large ad omnia ~iencia essenciam rei *Ps.-*GROS. *Gram.* 64; *Reg. Whet. II* app. 453 (v. extremitas 1d).

5 to enter into (a state, condition); **b** (possession of something; cf. 4c).

672 [ut] ingressurus tripudium a prosatore pio promereatur [cf. *Matth.* xxv 21] ALDH. *Ep.* 5; quatenus in requiem divina gratia fretus / ultimus ~iar *Id. CE* 4. 13. 7; linquit consortia carnis / ingrediturque sui felix ad gaudia Christi ÆTHELWULF *Abb.* 398; [Wilfridum] excellentioris profectus studio Romam eundi desiderium ingressum W. MALM. *GP* III 100 p. 212; cum esset xxv annorum solitariam vitam ingressus *Ib.* IV 182. **b** **1228** ingressi sunt monachi in possessionem illius ecclesie *Feod. Durh.* 222; **1292** quo .. termino plene completo idem M. seisinam dictarum terrarum suarum .. esset ingressus *RScot* 8b.

6 to commence, start on: **a** (an activity, undertaking, study); **b** (a topic of discourse). **c** (w. inf.) to begin (to).

a quasi duellum ingressuri (*Jud. Dei*) *GAS* 418 (v. defensor 4a); ingressus es .. professusque Christi militiam ANSELM (*Ep.* 37) III 145; primo .. abacum, i. e. abaci scientiam ~iens THURKILL *Abac.* 56 (v. debere 1a); [Alfredus] joco litteras ingressus W. MALM. *GR* II 123 p. 132; monachi .. laudes matutinas ingressi fuerant *Id. GP* V 269 p. 427; postquam litem fuit ingressus *State Tri. Ed. I* 23; **1409** determinaturi pro se incipiant .. die Mercurii .. in capite jejunii ..; quilibet autem pro aliis determinaturus .. ~i die Lune .. post medium Quadragesime teneatur *StatOx* 202. **b** tempus Henrici regis ingressi sumus W. MALM. *GR* V prol.; coeptum ut eos [invidos] mordeat dictandi limitem ~iamur, primum octave littere tractatum initiantes OSB. GLOUC. *Deriv.* 265. **c** ille primis annis egregia apud Dorcestram meditatur et aliqua facere ingressus novissime .. sedem transtulit ad Lindocolinam civitatem W. MALM. *GP* IV 177 p. 312; quartam pollicitationem meam .. complere ~iar, ut ostendam .. *Ib.* V 232.

7 a (of persons) to enter, begin (a period of time, part of one's life); **b** (intr., of seasons) to begin.

a **c1080** minatur nobis in penuria multarum rerum annus in quem sumus ingressi ANSELM (*Ep.* 89) III 216 (cf. ib.: annus de quo sumus .. egressi); filium suum .. annos jam pubertatis ~ientem W. CANT. *Mir. Thom.* IV 36. **b** omnes .. convocavit, jam ingresso Adventu W. MALM. *HN* 523.

8 (intr.) to walk, go, proceed; **b** (fig., w. ref. to conduct).

ut [Albanus] .. iter ignotum trans Tamesis .. alveum cum mille viris sicco ~iens pede .. aperiret GILDAS *EB* 11; [Caedmon] corporea infirmitate pressus est, adeo tamen moderate ut et loqui .. posset et ~i BEDE *HE* IV 24 p. 261; requiem captura perennem / hinc anima ingreditur, castis inmixta maniplis [sc. angelorum] ÆTHELWULF *Abb.* 320; motu turpissimo ~iens W. DAN. *Ep.* 63b (v. Epicureus 1b); tres pretiosos equos .. ~entes altius, crura mollia reponentes W. FITZST. *Thom.* 119. **b** credentes quod [Brettones et Scotti] juxta morem universalis ecclesiae ~erentur (*Lit. Archiep.*) BEDE *HE* II 4 p. 87; ?**1094** fratribus carissimis .. Anselmus .. deduci in via Dei et ~i in veritate ejus [cf. *Psalm.* lxxxv 11] ANSELM (*Ep.* 173) IV 54.

9 *f. l.*

duo fratres .. se nimis indiscrete inter paucas naves ingresserant [ed.: ingressi sunt; l. ingesserunt] AD. MUR. *Cont. B* 232.

ingremiare [ML; cf. Jan. s. v. gremium], to place, enfold in the bosom (fig. in quots.).

inter stellas declaratur / virgo lactans puerum; / stellis lux ingremiatur [*gl.*: ponitur in gremio] / per quam homo designatur / moderator syderum GARL. *SM* 979; hec mater [sc. terra] .. / que profert omnia rursus ingremiat WALT. WIMB. *Sim.* 145.

ingreminare v. ingerminare.

ingressibilis [LL = *impossible to enter*], unable to walk.

in una tibiarum tantam gutte servientis molestiam pertulit quod sibimet ad movendum infestus et prorsus pene ~is exstitit R. COLD. *Godr.* 582.

ingressio [CL], act of entering, entry; **b** (alch.; perh. denotes entrance of substance into combinations).

1089 anno .. episcopatus .. mei xxvij, ~onis nostre in novum monasterium .. primo *Cart.* WORC. 3; si dampnum intulit furis ingressio, / quod fur intereat lex est et racio WALT. WIMB. *Carm.* 588. **b** [natura mercurialis] fixatur .. in sua humiditate, ex qua fit fusio, ~io et fixio stans M. SCOT *Sol* 719 (v. fixare).

ingressivus [ML], opening, initial, introductory.

s1246 missam .. cujus officium ~um est 'Statuit ei Dominus', etc. *Flor. Hist.* II 315.

ingressum v. ingressus.

ingressura [cf. ME *gresour* < OF *gres* = *block of sandstone*], a grindstone (*v. Building in Eng.* 337).

1279 in iiij ingressur[is] emptis ad utensilia cementariorum xij s. *KR Ac* 467/7/4; **1284** pro ij ingressur[is] emptis ad quarell' regis molend' .. xij s. iij d. cum port[agio] *Ib.* 467/9 m. 8; **1289** in duabus ~is emptis ad opus cementar[iorum] .. ij s. v d. *Ib.* 467/19 m. 1; **1292** in j ~a empta ad opus cementariorum iiij s. viij d. *Ib.* 468/6 r. 6.

ingressus [CL], **~um** [LL]

1 act of going in, entry; **b** (to heaven, eternal life, or sim.); **c** (w. ref. to motions of substances); **d** (fig., of transition to new subject in book).

post ~um .. Jordanis portae [cf. *Jos.* iii 15] GILDAS *EB* 1; post amixtionem propriae conjugis .. ab ~u ecclesiae paululum reverenter abstinere (*Libellus Resp.*) BEDE *HE* I 27 p. 57; per criptas et cratulas [inmundis spiritibus] intrantibus non juncturae valvarum, non foramina cratium illis ~um negabant FELIX *Guthl.* 31 p. 102; vir quidam niveo splendens adstabat amictu / .. / .. / cujus ad ingressum tam claro lumine cella / completur, quasi .. WULF. *Swith.* 1. 620; hinc timor regibus inolevit Anglie illius urbis ~um et hospitium cavere W. MALM. *GP* IV 178; post annum ab ~u tuo in Hiberniam (*Enda* 10) *VSH* II 64; post decessum ejus vel ~um in hospitale *Cart. Chester* 183 p. 161; **s1334** quia sepe dicitur 'egressus unius parat ~um alterius' .. *Plusc.* IX 29 (cf. FORDUN *Cont.* XIII 29). **b** regni caelestis dignus factus ~u BEDE *HE* I 7 p. 21; potest divina pietas .. ~u te vitae perennis dignum reddere *Ib.* III 13 p. 153; [Caedmon] se caelesti muniens viatico vitae alterius ~ui paravit *Ib.* IV 24 p. 262; **814** (v. denegare 1a). **c** quia parietes .. facilem turbinibus praebuissent ~um BEDE *CuthbP* 46 p. 302; calor .. continue aerem ducit [sc. in cor]; est autem ~us facilis ALF. ANGL. *Cor* 6. 2; sanguinis et aeris ~u *Ib.* 11. 16. **d** post confessionem restat loqui de penitencia .., et sic habemus ~um [ME: *inȝong*] ab ista quinta parte usque in sextam *AncrR* 134.

2 (concr.) place of entry, entrance.

est locus undique mari circumdatus praeter ab occidente, unde habet ~um amplitudinis quasi jactus fundae BEDE *HE* IV 13 p. 232; hi [sancti] templi ingressum precibus tueantur ab hoste ALCUIN *Carm.* 110. 17. 4; unus Noricus .. in ~u pontis .. consistens W. MALM. *GR* II 228 p. 281; GIR. *IK* II 3 p. 117 (v. exsufflare 2a); si recapitulari brevissime quatuor ~us portarum placet LUCIAN *Chester* 60.

3 right of entry (usu. in phr. *~um habere*); **b** (*liber ~us*) free access.

1201 dies datus est T. de A. et priori de N. de placito quem ~um habet in prioratum de N. *CurR* I 382; **1235** (v. damnificare 1c); **1270** de R. le W. pro ~u habendo in terra patris sui xxvj s. viij d. vivente patre *Ac. Stratton* 38; **1447** (v. efficacia 2e); dat domino .. annuatim x d. et j ob. de reddito .. ut possit habere ~um in pasturam in parte australi prati domini *Cust. Bleadon* 201. **b** **c1200** pasturam .. cum liberis ~u et egressu (v. dominicus 3c); **1204** liberum ~um et regressum .. ad pasturam suam (v. estreciare 1a); **1278** liberum ~um et exitum (v. extendere 4b); si quis vastum suum .. redigat in culturam salva tenentibus et vicinis sufficienti pastura cum libero ~u et egressu .. HENGHAM *Parva* 7.

4 (leg.) entry by which a person takes possession (of land, tenement, or sim.); **b** (w. ref. to relief paid upon entry into possession); **c** (*fortis ~us*) forcible entry; **d** (*breve de ~u*) writ of entry.

presbiter .., cum nos super ~u suo in ecclesiam de L. minus canonico certificaret, .. ecclesiam eandem in manu decani de Brechene .. resignavit GIR. *SD* 112; **1218** ponit se super juratam si ipse aliud juris vel aliud ~um habuit in predicta terra quam .. *Eyre Yorks* 147 p. 59; **1219** H. .. recuperavit ipse seisinam suam versus eum per assisam nove disseisine .. et tale ~um habet in terra illa *BNB* II 31; precipe A. quod .. reddat B. tantum terre cum pertinentiis in tali villa, et in quam non habet ~um nisi per C. .. qui predictum B. inde injuste et sine judicio disseisivit BRACTON 219; **1269** ~us dicti H. in predictam ballivam non erat certus neque stabilis *SelPlForest* 45; [actio de ~u] locum habet versus ipsos qui ~um habuerint per intrusionem .. et disseisitores *Fleta* 361; **14..** si .. inveniatur quod pars defendens in terras et tenementa vi ingressa fuerit vel ea post ~um suum per vim tenuerit .. *Reg. Brev. Orig.* 289; **1500** (v. 2 expulsus 1). **b** **1177** heres cum rege in quam potest summam componit ut paterni juris mereatur ~um, quem finem 'relevium' vulgo dicimus *Dial. Scac.* II 24; **a1184** (v. fidelitas 3b); **1247** H. .. dat ij s. de ~u et ij altilia de reddito annuo .. pro habenda licencia tenendi quandam particulam terre *SelPlMan* 10; **1290** seisiti sunt .. prefata dimidia virgata terre et dant domino de ~u iiij l. vj s. viij d. *Ib.* 38; **1306** (v. finis 16b). **c** *MGL* I 646 (v. fortis 7c). **d** heredi disseisiti non competit actio de injuria facta antecessori .. sed per aliud breve, sc. de ~u BRACTON 218b; **1279** (v. dimissor); heredes .. teneantur ad poenam restitutionis per breve de ~u *Fleta* 219; **1515** manerium .. recuperavi .. per breve domini regis de ~u super disseisinam *FormA* 414.

5 entry into, assumption of (office, privilege, or sim.): **a** (eccl. & mon.); **b** (liberty, franchise); **c** (membership of guild).

a **1093** in Toletano concilio quarto legistis clericos monachorum propositum appetentes .. liberos esse debere ab episcopis ad monasteriorum ~us ANSELM (*Ep.* 161) IV 33; **1171** [Thomas] a primo sue promotionis ~u summo desiderio appetebat finem vitae P. BLOIS *Ep.* 27. 94c; **1192** clericus .. antequam institutionem vel ~um habuerit in prefatam ecclesiam de D. .. *Fines P. Ric. I* 14 (= *Ch. Westm.* 320 p. 169); fiebat [electio episcopi] in capella regis .. et reputabatur tunc temporis talis ~us satis canonicus et legitimus HARCLAY *Thom.*; consueverunt in ipso die ~us .. profiteri, sicque fecit frater .. Rogerus Bacon *Mon. Francisc.* I 550; [episcopus] potest esse symoniacus in ~u, in progressu, et in egressu WYCL. *Sim.* 70. **b** **1288** non sunt de libertate et nunquam fecerunt ~us *Leet Norw.* 8; **1393** (v. ingredi 4a). **c** **1321** cordewanarios .. in eadem gilda absque aliqua extorsione de pecunia ab eis pro ~u suo inde habendo admitti faciatis *MunAcOx* 787.

6 beginning, commencement: **a** (of an event or action); **b** (of a person's life or career); **c** (of a written work).

a episcopus cepit ~a missarum agere DOMINIC *Mir. Virg.* f. 141va; ante aliquem ~um litis in curiam baronis vel comitatu HENGHAM *Magna* 3; cellam nostram ambo intremus ante ~um tui itineris (*Ber.* 25) *VSH* I 86. **b** **c1211** [episcopi] post tales ~us .., et progressus pravosque .. actus et excessus .. sibi .. componunt GIR. *Ep.* 6 p. 236; **1359** ~us, progressus et egressus martiris *Lit. Cant.* II 381 (cf. ib.: de .. martiris .. Thome .. ortu, vita et obitu); recogitans annos vite mee considero in principio ~um meum miserabilem UHTRED *Medit.* 196 (cf. ib.: progressum meum detestabilem .., egressum lamentabilem). **c** ~us fratris Johannis Kynyngham .. contra Wicclyff *Ziz.* 4 (tit.; cf. ib. 43: secunda determinatio .. fratris J. K.).

ingrossamentum [cf. AN *engrossement*], act of engrossing, formal copying of a document.

1366 incepit ingrossare compotum .. et ante finem ~i missus fuit .. ad partes Cales' *Cl* 204 m. 18.

ingrossare [ML; cf. grossare, AN, OF *engrosser*, ME *engrossen*]

1 to make thick, dense, or swollen (also pass., to become or be thick, etc.): **a** (anat. or med., of part of the body, sts. w. ref. to inflammation, bodily humour, or sim.); **b** (of voice); **c** (of substances, elements, mixtures); **d** (of river). **e** (refl.) to fatten oneself (by cramming w. food; in quot., of an animal).

a fumus ex stomaco .. inplendo venas et arterias nervos digitorum ~at *Quaest. Salern.* B 28 (opp. ib.: minorantur digiti); mustela .. habet .. [spiritus] grossiores, qui .. animalis spiritus ~ant, ~ati .. ipsum animal suffocationis telo perimunt *Ib.* B 107; humiditas contenta in poris substantiam ~abat [TREVISA: *maad .. sad and boistous*] BART. ANGL. IV 2; [dura mater] in medio cerebro ~atur [TREVISA: *waxiþ grete*] et ad majorem fortitudinem solidatur *Ib.* V 3; vapores frigidos ~antes spiritus animales GILB. I 33. 1; dieta ~at sanguinem *Ib.* VII 311. 1 (v. discursus 2a); ceperunt manus ejus dextra nec non et tibia valido tumore ~ari (*V. Ric. Cic.*) *Acta SS. Boll. Apr.* I 310a; sic augmentantur caro et os et ~antur BACON *Tert.* 158; in isto [intestino] ~ari feces *Ps.*-RIC. *Anat.* 35; GAD. 3. 2 (v. 1 densare 1a); cum [lippa] incipit ~ari et dealbari, tunc est in augmento *Ib.* 107 v 1. **b** levitas vocis accidit ex humiditate .., in adolescentia vox ~atur quoniam trachea arteria siccitate exasperatur *Quaest. Salern.* P 135. **c** decoquantur levi igne donec [medicina] inspissetur et ~etur BACON V 103; aque non ~antur neque impinguantur per se sine sicco terreo *Id.* XIV 80; propter amixtionem vaporum terrestrium incrossantium aquas maris *Id.* XIV 83; ita quod quelibet [pars continui] in se sit ~ata T. SUTTON *Quodl.* 334; oceanum circulariter fluere circa terram de vapore subtiliato superius ascendente et ~ato inferius descendente BRADW. *CD* 102D; pro majori frigiditate non solum ignee et aeree partes in aquosas condensantur set eciam ipse aquose incipient in terrestres ~ari UPTON 118. **d** Stacius volens dicere Inacum fluvium ~ari ex inundatione aquarum descendentium ex aere superiore ait [*Theb.* IV 121] 'Ynacus intumuit genero Jove' GERV. MELKLEY *AV* 57 (cf. ib. 56: intumescere .. idem est quod ~ari). **e** lupus .. satisfaciens gule sue ~avit se ad plenum J. SHEPPEY *Fab.* 50 (cf. ib.: nec valens [exire] pre ventris grossitudine).

2 to extend, amplify.

[prophetie] ~entur in sua integra, quod propheta sic dixit etc., et tunc non capit aliqua pars scripture calumpniam falsitatis WYCL. *Ver.* II 110; sepe dictum est quod tota scriptura sacra est unum Dei verbum, et quelibet pars ejus debet ~ari usque ad illud verbum integrum *Ib.* 112.

3 to write in fair copy, engross (document, account, or sim.).

1291 nota adhuc pendet in ligula in prefato banco, eo quod idem Matheus antequam nota illa ~aretur obiit .. *PlRCP* 89 m. 131; **1295** parati sunt capere cyrographum . . . et finis ille ~etur .. *Ib.* 107 m. 72; **1325** (v. ingrossator 1); **1333** qui quidem compotus liberatus ingrossatori ad ~andum ix die Novembris hoc termino *LTR Mem* 105 m. 71; **c1410** summaque totalis tunc ingrossata patebit, / que sit vel quali illam post baro videbit (*Vers. Exch.*) *EHR* XXXVI 59; **1453** pro valoribus .. terrarum et tenementorum dicte regine extrahendis et compilandis ac ~andis (*DL Ac. Var.*) *JRL Bull.* XL p. 415; **1543** instrumenta per te sic ~ata et in formam redacta *Form. S. Andr.* II 306; finis in forma predicta levatus ~atus fuit *Entries* 277.

4 to buy in large quantities for resale.

1352 presentant quod C. C. et D. C. ~abant c quarteria frumenti .. et emebant more forestallacionis, in oppressionem .. populi, et recusabant vendere pro precio racionabili *Proc. J. P.* 68.

ingrossatio [ML]

1 condensation, making or becoming thick.

si indirecte [acetum generatur ex vino], hoc erit vel per materiei ~onem vel rarefactionem GILB. I 42 v 2; frigidum .. agens potest esse .. ad coagulationem faciendam et ~onem BACON XIV 81; quod scitur per diminutionem lachrymarum et ~onem earum GAD. 108. 1.

2 copying, engrossing (of a document, accounts, or sim.).

propter finem, conclusionem et ~onem dicte materie *Ac. Chamb. Cant.* 135a; **1529** in expensis predictorum auditorum tempore ~onis compotorum predictorum .. vj s. viij d. *MinAc* 478 r. 9; **1536** de xx d. solutis vicario de Stalles pro ~one hujus compoti *Ac. Churchw. Bath* 113.

ingrossativus, causing to become thick.

item [frigiditas est] naturaliter ~a [TREVISA: *makeþ sad and boystous*] quia, dum per actionem frigiditatis partes partibus vicinius coadherent, totum grossius efficitur BART. ANGL. IV 2.

ingrossator [ML]

1 one who engrosses, copies documents (in quots., appl. to official of Exchequer).

1325 W. de S. ~ori in scaccario super eo quod percipere debet de rege pro expensis duorum clericorum sibi assistencium pro compotis forinsecis ingrossandis *IssueR* 214; **1327** in rotulo .. existente ad scaccarium hic in custodia ingrossat[oris] *LTR Mem* 99 r. 106; **1333** scrutatis rotulis super premissis .. compertum est in rotulis .. in custodia ~oris hujus scaccarii *Ib.* 105 m. 25d; domino W. de S. per annum, ~ori scaccarii predicti, xl s. *Hosp. in Engl.* 203; **1357** sicut continetur in dicto compoto, qui remanet penes ~orem (*LTR Mem*) *Enf. Stat. Lab.* 303*; **1395** Roberto S. .. clerico Johannis O. ~oris de scaccario nostro *Cl* 237 m. 25d; **1499** Thomae L. ~ori magni rotuli scaccarii *FormA* 213; J. W. ~orem magni rotuli sive clericum pipe in Scaccario *Pat* 1320 m. 6.

2 one who buys in large quantities for resale.

1419 ne ~ores seu regratores faciant caristiam victualium *MGL* I 631.

ingrossescere [cf. grossescere], to swell up (in quot., of an inflamed part of the body).

pars illa capitis gravi doloris tumore coepit ingroscessere et audiendi facultatem penitus intercludere R. COLD. *Godr.* 607.

ingruentia [LL], onset, approach, imminence: **a** (of missile); **b** (of adverse event or circumstance); **c** (of person); **d** (of season).

a Galli .. se occultare et sic jaculorum ~ia [? l. ~iam] devitare ORD. VIT. IX 7 p. 501 (= Baldricus *PL* CLXVI 1079C); impetebant Sarraceni Christianos sagittis, ensibus .. et omnimoda telorum ~ia *Ib.* IX 9 p. 530 (cf. Baldricus ib. 1099A). **b** Turcos innumeros adventare et ~iam necis omnibus confestim imminere *Ib.* IX 9 p. 525 (cf. Baldricus, ib. 1095B: ~iam mortis); propter ~iam sitis lingua lavetur .. cum persilio P. BLOIS *Ep.* 43. 128A; de nimia tempestatum ~ia GIR. *EH* cap. p. 217 (cf. I 36: tempestatum importunitas ingruebat); Paulino etatis ~ia .. oculorum penitus acie fraudato *Id. David* 385. **c** [episcopus] ob curie sequelam et consanguineorum ~iam sumptuositate .. gravatus *Id. GE* II 27 p. 304. **d** **1426** referendarius .. allegans ipsam temporis [sc. messis] ~iam et inconvenienciam peciit .. convocacionem dissolvi *Conc.* III 489b.

ingruere [CL]

1 (of living being or personification) to advance threateningly (upon), fall (upon): **a** (of army or sim.; also in fig. contexts); **b** (var.).

a invisorum horrenda vitiorum agmina, quae contra catholicam ecclesiae parrochiam .. gregatim ~ere moliuntur ALDH. *VirgP* 13; truduntur tyrannidis / tela labaro tyronis, / quibus horrende inruit, / imber veluti ingruit (ÆTHELWALD) *Carm. Aldh.* 2. 32 (cf. 2b); quod Hannibal urbi circa Collinam portam ~eret cum nuntiaretur ALB. LOND. *DG* 6. 30. **b** [immundi spiritus] ~entes [*gl.*: supervenientes] inrumpentesque [*gl.*: ingravescentes] domum ac castellum FELIX *Guthl.* 31 p. 102; ve terre fructifere et melliflue, quando ~ent tot serpentes et bestie in eam HARCLAY *Adv.* 66.

2 (of unfavourable circumstance) to threaten, impend, fall (upon), arise (cf. J. SAL. *Pol.* 411B, v. grus 1a): **a** (var.); **b** (of bad weather or sim.; also in fig. contexts).

a quid severitatis ~it his qui implenda non faciunt ..? GILDAS *EB* 98; **a705** cessante felicitatis opulentia et ~ente calamitatis adversitate ALDH. *Ep.* 9 (12); uxor ~ente oculis caligine subita tantum per dies eadem molestia crebrescente gravata est ut .. BEDE *HE* IV 10 p. 224; **1104** si ~erint adversitates et tribulationes, tunc fortiores estote ANSELM (*Ep.* 311) V 238; praesentis vitae terminus .. ~ere nimio terrore dinoscitur W. MALM. *GP* V 257; ~ente .. per insulam barbarorum feritate paganorumque spurcitia sevitiaque GIR. *Æthelb.* 16; quem [sc. Christum] non timeat confiteri coram hominibus si tempus probacionis fidei ~erit *Medit. Farne* 55r; **s1297** FORDUN *Cont.* XI 29 (v. granum 1a); **s1393** multi moriebantur in Estsexia, ~ente pestilencia WALS. *HA* II 213. **b** **p675** fundamentum .. ecclesiae .. nequaquam ~entibus tempestatum turbinibus nutabundum vacillabit ALDH. *Ep.* 4 p. 486; interrupta est serenitas qua vehebamur, et tanta ~it tamque fera tempestatis hiems ut .. BEDE *HE* V 1 p. 281; nix ruit e caelo, gelidus simul ingruit imber ALCUIN *Carm.* 40. 1; hibernis ~entibus pluviis ORD. VIT. XIII 36 p. 103; ~ente fortius brumali algore GIR. *TH* I 12 p. 37; si qua proinde adversitatis incubuerit nubes, si qua procella persecutionis ~erit, si intonuerint minae J. FORD *Serm.* 57. 11.

3 (of neutral or favourable circumstances) to approach, come on, arise; **b** (*necessitas* or *opus* ~*it*); **c** (of a duty) to be incumbent (on a person).

sacerdos .. ~ente causa subita secessit Hiberniam BEDE *HE* IV 25 p. 263; doctores, qui in singulis viculis praedicando Dei verbo .., ubi oportunitas ~erit, insistant *Id. Egb.* 5; quamvis crebro, causis ~entibus, ultra mare advocaretur W. MALM. *GP* I 47. **b** qui [sc. rigor regulae] prelati dispensatione possit emolliri, cum honesta necessitas ~erit ROB. BRIDL. *Dial.* 164; ?**1168** necessitas nondum ~it in preces descendendi J. SAL. *Ep.* 273 (283); si forte opus ~eret R. COLD. *Godr.* 178; propter ~entium necessitatum urgentiam incultius .. me scribere oportebat P. BLOIS *Ep.* 1. 2A. **c** **1300** ut .. is cui super hiis ministrandi officium ~it pecuniam .. non tradat *Ord. Ely* 9 (cf. **1268** *Conc. Syn.* II 785: qui super hiis ministrandis gerit officium).

4 (w. inf.) ? to begin, or ? *f. l.*

exoramus quatinus paternales favores N. legum doctori .. apostolica largitate generosa, prout vestre sanctitatis beneplacita prebere ingruent [? l. congruent] .. impartiri valeat vestre paternitatis apostolica celcitudo *FormOx* 395.

inguard- v. inward-.

inguen [CL *as n.*], **inguina** [LL], **inguis** [LL *as m.*], groin (of human or animal): **a** (pl.); **b** (sg.); **c** (w. ref. to sexual organs, pl. or sg.).

a quae latrant inguina circum [sc. Scyllae] ALDH. *Aen.* 95. 11; nonaginta millia cum dicis, eadem [manu laeva] lumbos apprehendes, pollice ad ~ina verso BEDE *Temp.* 1 p. 180; ad ~ines: *wiþ scær GlM* 73C. 31; **11..** ~ina: *uton þa wamb sceara WW Sup.* 458; alter a pectore ad ~ina, alter per media ilia sicas duxere W. MALM. *GP* I 6 p. 14; [vacca cervina] parte .. anteriore tota usque ad ~ina bos erat, coxas .. et pedes .. cervinos habens GIR. *TH* II 22; GAD. 25 v 2 (v. hanca a); ~ines sunt partes ex utraque parte pectinis sub umbilico ubi sc. conjunguntur coxe hanchis *SB* 26; sepe tuas gelida †iunginas [l. inguinas] ablue limpha *MS Durh. Univ. Cosin V. III. 11* f. 46. **b** civiles etenim Dagobertus marchio dextras / senserat, et rigidum capulo tenus inguine ferrum FRITH. 787; ~en *geweald GlP* 105; unus eorum supra murum stans nudato ~ine auras sonitu inferioris partis turbaverat W. MALM. *GR* III 248; hic ~is, *illier Gl. AN Ox.* 60; perfoderunt eum in ynguine [cf. *II Reg.* iv 6; ME *schere*] *AncrR* 101; *SB* 13 (v. 2 bubo); ~en, A. *the grynde WW* 589. 39; **1504** Robertum .. in ynguine, A. *the leske*, percussit *Sanct. Durh.* 97. **c** inguina Democritus castrat, sexumque virilem / exuit HANV. IX 328; vir generosus erit sola virtute coruscus, / inguine non vili spermaticaque lue GARL. *Tri. Eccl.* 35; delicias ventris et ~inum W. BURLEY *Vit. Phil.* 258.

inguinale, ? aster (*Aster amellus*).

~e, *lunary MS Cambridge Univ. Libr. Dd 11. 45* f. 107ra.

inguinarius [LL], affecting the groin (in phr. ~*ia pestis*, or sim.), bubonic plague.

lacerdus, clades ~a OSB. GLOUC. *Deriv.* 329 (cf. TLL s. v. lacerdus); sequuta est pestis ~ia que .. populum invasit; Gregorius [Magnus] .. pro illa peste instituit majorem litaniam R. NIGER *Chr. I* 55; P. BLOIS *Ep.* 150 (v. defectus 2c); plaga pessima quam ~iam vocant BROMPTON 727; *þe pestilence*: clades, .. pestilencia; ~ius, pestilenticus .. participia *CathA*.

inguis v. inguen.

ingulabilis, palatable, delectable, or ? *f. l.*

TUNST. 202b (v. incomplexionalis).

1 ingulare [ML], to swallow, gulp down; **b** (fig.).

gulo, -as, quod non est in usu, .. componitur etiam ~o, -as, et inde ingulator, ingulatus, ingulatio OSB. GLOUC. *Deriv.* 253; videbatur ei in visu quod bufo grandis manum ejus .. ~abat GIR. *GE* II 11 p. 222. **b** eorum .. qui totum, si possent, mundum ~antes quicquid tamen inde suscipiunt in brevi refundunt *Ib.* II 21 p. 273.

2 ingulare v. jugulare.

ingulatio, swallowing.

OSB. GLOUC. *Deriv.* 253 (v. ingulare).

ingulator, one who swallows, gulps down.

OSB. GLOUC. *Deriv.* 253 (v. ingulare).

ingulatus v. ingulare. **ingurgiare** v. ingurgitare.

ingurgitare [CL]

1 to gorge, glut, sate (w. food or drink; also w. other commodities, and fig.; *cf. PP* 21: *agrotyn with mete or drynk*: ~o .., *MED s. vv. agrot(e)ien, groten* (2)): **a** (refl.); **b** (w. obj. *stomachum* or sim.); **c** (pass., usu. in middle sense); **d** (act., intr.).

a **747** non sit elemosina .. ad hoc esurienti data ut se ipsum commessationibus ebrietatibusque inlicitis supra modum †ingurgiet [l. ingurgitet] (*Clovesho*) *Conc. HS* III 371; commessationibus, luxuriis, immundiciis se ~at HON. *Spec. Eccl.* 1098C; **s1195** (v. gravamen 2); 'ut sint in escam' [*Gen.* i 29], non in gule libidinem, 'ut habeant ad vescendum' [*Ib.* i 30], non ad se ~andum GROS. *Hexaem.* VIII 35. 9; [sitientes] dum bibunt quantumque potum amarum non senciunt sed gulose se ~ant [ME: *gulcheð*] *AncrR* 88; ubi [puella] .. rapaci plurima voraret appetitu, sepe enim solent famelici se velocius ~are .. *Mir. Hen. VI* II 51. **b** pectore de sacro [sc. Christi] sorbebat flumina doctor [sc. Johannes], / imbribus aeternis sitiens ingurgitat alvum ALDH. *VirgV* 463; quando sedebat ad mensam nec ventris ~abat lacunam nec abstinentis incurrebat pompam W. MALM. *GP* II 76 p. 170; ut [aquilae] cum stomachum pleniori refectione ~averint, in quintum decimum diem .. suspendant esuriem J. SAL. *Pol.* 488A. **c** cogita, queso, quam miserabiliter defluent carnes que modo in deliciis nutriuntur; nonne nos qui ~amur uberius putrescemus miserius? W. MALM. *GR* I 35 p. 36 (rec. prima); remiges immodice mero ~ati *Ib.* V 419 p. 496 (ib.: juventus .. potu obruta; cf. R. NIGER *Chr. II* 165: remiges nimio mero ~ati); heredem .. in edificiis gloriosum, in his que usui forent ~atum, in redditibus ad invidiam locupletatum E. THRIP. *Collect. Stories* 199; usque ad nauseam ~ati AD. EYNS. *Hug.* II 11; plerosque in hoc mundo oportet vel inebriari vel ~ari vel aliquod perversum facere O. CHERITON *Fab.* 32 (cf. ib.: ebrietates, gulositates); obiit veneno infectus, et quodam pisce ~atus efficacissime venenato M. PAR. *Maj.* III 121; referto ventre, potibus inebriatus et cibariis ~atus *G. S. Alb.* I 224. **d** jejunia quae ~ando se pregravant .. ingluviei .. addicenda sunt PULL. *Sent.* 915A; hinulas .. et alia hujusmodi acrimonia, que suscitativa sunt inordinati appetitus, etiam post ~antem saturitatem devorantes J. GODARD *Ep.* 223; cum diem totum bibendo et ~ando .. consumpsisset ELMH. *Cant.* 213.

2 to immerse, submerge: **a** (lit., in water); **b** (fig., in pleasures, vices, or sim.).

a citra aquam intercepti .. fere cuncti ferro ceciderunt, praeter qui sese ~are maluerunt pavore impellente W. POIT. I 34; **s1223** Hugo Karleolensis episcopus .. rediens a curia Romana .. in partibus Burgundie ~atus absque viatico miserabiliter discessit (*Ann. St Mary's York*) *MS Leeds Univ. Libr. Brotherton 29* f. 3; vidit eam [sc. puellam] undis viz. ~atam prorsus exanimem .. in medio vivario enatare *Mir. Hen. VI* III 102. **b** voluptatum volutabro se ~ans miserabilem sortietur exitum W. MALM. *GP* II 75 p. 165; omnes quos potuit .. misero insaciabilis diaboli decipula [*i. e.* scortum] volutabro sordium ~avit HON. *Spec. Eccl.* 906B; in pace [Christicolae] omnibus se ~ant flagitiis W. MALM. *GP* IV 376.

3 devour, gulp, or pour down; **b** (fig.).

gurgito, -as .. componitur ~o, -as i. devorare, .. et inde ~atus, -a, -um et hec ingurgitatio, -nis OSB. GLOUC. *Deriv.* 252; ~are: infundere, devorare *Ib.* 293. **b** [anicule] hospitem .. vel equum vel suem .. videri faciebant et mercatoribus venum proponebant, nummos inde acceptos ~antes [v. l. abligurrientes] W. MALM. *GR* II 171 p. 201.

4 (of liquids) to swirl, form a flood or pool: **a** (act., intr.); **b** (refl.).

a cum .. pelagus turgescere vidit et undas brachiis ~are duplicibus nec vite solacium nec mortis superesse remedium *Ep. ad amicum* 16 p. 127; ut obturatis viis naturalibus tam urine copia ~ans quam intestinorum inflacio extumescens stomachum infirmitaret *Mir. Hen. VI* I 14. **b** Scotos .. angariaverunt .. murum componere tam elevatum .. ut aqua, non habens solitum exitum, sese ~aret et murorum castri altitudinem .. transcenderet FORDUN *Cont.* XIII 30.

ingurgitatio [LL]

1 (bout of) excessive eating or drinking, guzzling, surfeit; **b** (w. gen. *ventris*); **c** (concr.) excessive food or drink consumed.

sanctificat jejunium qui .. gulam suspendit, ne ~one esce vel potus suum inquinetur corpus H. LOS. *Serm.* 98; dum ~one vini et sicere spiritum deprimunt J. SAL. *Pol.* 726A; tantam abstinentiam .. in publico pretendere, tantamque castrimargiam et crapulam in privato crebris ~onibus exercere GIR. *Spec.* III 13 p. 212; eorum [ciborum] mollicies et ~o ALEX. BATH *Mor.* III 95 p. 147; *agrotenyng*, ~io, -is *PP*; **1444** ad nichil aliud vacat nisi potacionibus, ~onibus, et publicis tabernis *Stat. Linc.* II 486. **b** propter .. superfluam potacionem seu ventris ~onem .. stomachi dolorem paciuntur *Obs. Barnwell* 206. **c** ut in deliciis et ferculis exquisitis .. vulgarem imminente quadragesimali jejunio ~onem sumant GIR. *GE* II 32 p. 323.

2 (app.) guzzling noise.

audita querela respondit dux [avis] cum magna ~one "cloc", quo audito dixerunt columbe "quam bene intonuit!" O. CHERITON *Fab.* 2 (= *Latin Stories* 50).

ingustabilis [CL], unpalatable.

compertum est .. miraculum, quod ante urbis captionem .. hostium cibaria fetore intolerabili ~ia sibi facta, que postmodum nobis et ipsis grata acceptaque gustavimus OSB. BAWDSEY clxxx.

inhabilis [CL]

1 that cannot be coped with, unbearable.

quis in monte cum Domino locutus .. duas tabulas cornutamque faciem aspectu incredulis ~em et horrendam tropico sensu, ut Moyses, advexit? [cf. *Exod.* xxxiv 29] GILDAS *EB* 69.

2 (of person or animal) unfitted, unsuitable, incapable (usu. w. indication of spec. activity or purpose, esp. w. *ad*, *ut*, or dat.).

statuitur ad haec in editio arcis acies segnis ad pugnam, ~is ad fugam GILDAS *EB* 19 (cf. G. MON. VI 3); putaverant illi nostros ~es pugnae W. MALM. *GR* IV 374 p. 437; duo fratres ejusdem .. in cunis adhuc jacentes ~es erant ut in regnum promoverentur G. MON. VI 7; si non est doli capax et ~is, stultum est puerum obligare PECKHAM *Puer. Obl.* 418; **1443** de ij pull' receptis de pull' provenientibus de stalon' domini quia ~es pro sellis *Comp. Dom. Buck.* 34; ad corripiendum .. suos subditos ipsi [episcopi] erant tanto ~iores seu tanto impotenciores effecti quanto .. PECOCK *Abbr.* 618; dum mater ejus legis nature judicio ~is judicatur regno patris sui FORTESCUE *NLN* II 38.

3 (of person) disqualified, ineligible (in quots., usu. w. *ad* or *ut*): **a** (in eccl. matters); **b** (in civil or acad. matters).

a Michael de Cesena .. dicti ministeriatus officio per nos .. privatus et ~is redditus ad quecunque dignitates et officia obtinenda fuerat (*Bulla*) OCKHAM *Pol.* I 293; [papa] potest .. quantumcumque [vv. ll. quemcunque, quomodocunque] ~em pure ex bullis suis habilitare WYCL. *Chr. & Antichr.* 691; *Meaux* II 243 (v. declarare 1c); *G. S. Alb.* II 198 (v. degradare 1a). **b** **c1350** (v. habere 32b); **1354** si quis nunc temporis publice legerit .., ad omnem gradum et actum scholasticum in universitate predicta ~is habeatur *DocCOx* 261; **c1358** (v. inhabilitare 2d); **s1383** (v. facere 41c); **1574** qui scrutari volet, ~is esto ut in illa electione in procuratorem eligatur *StatOx* 400.

4 **a** (of time or thing) unsuitable (w. dat.); **b** (of thing) incapable (w. dat. or *ad*).

a [ficus] ~es esui BEDE *Cant.* 1111 (v. 1 grossus); [dies] solemnitati paschali ~is *Id. TR* 50; lunam .. festis paschalibus ~em *Id. HE* V 21 p. 339. **b** solas tibias tante moli [sc. statuae] perferende ~es esse J. SAL. *Pol.* 430D; subjectum visus est ~e ad retinendum impressionem propter cristallinum humorem aqueum, qui receptam inpressionem non retinet J. BLUND *An.* 241.

inhabilitare [ML]

1 to make unfit, to incapacitate (physically).

1274 ita quod uxor ipsa, quo ad prolis suscepcionem, creditur ~ata (*Chanc. Misc.*) *S. Jers.* II 42.

2 to disqualify, debar; **b** (leg.); **c** (eccl.); **d** (acad.).

non omnis qui se exponit perpetue mendicitati ~at se ad servandum precepta decalogi R. MAIDSTONE *PP* f. 168v. **b** totum illud .. exstitit procuratum ad ~andam .. personam domini prioris per dilapidacionem monasterii *G. Durh.* 51; **1455** extiterit ordinatum quod .. persone ligeorum .. regis .. non essent barrate neque ~ate de quacumque accione neque ad clamandum qualecumque hereditatem *StRealm* II 370; licet ~atus ipse [felo] fuerit per legem terre illius ad omnimodam hereditatem FORTESCUE *NLN* 38. **c** **s1316** [papa] excommunicatos decreto suis beneficiis privavit et ~avit ipso facto *Flor. Hist.* III 178; (WYCL.) *Ziz.* 249, WYCL. *Ver.* II 135 (v. habilitare 3b); **s1378** papa Urbanus [VI] .. cardinales scismaticos excommunicavit, omnibus beneficiis privavit et ad omnimoda beneficia in posterum obtinendum ~avit AD. MUR. *Cont. B* 232 (= *V. Ric. II* 5); **s1460** si sit homo ecclesiasticus et in dignitate positus, debet deprivari omni dignitate habita ac ~ari in posterum pro habenda *Reg. Whet.* I 380. **d** **c1358** eo ipso sit inhabilis ad omnem gradum habitum et habendum in universitate, cum quo sic ~ato non liceat ullo tempore dispensare *StatOx* 158; **s1378** cui [sc. cancellario universitatis] cancellarius Anglie: ".. nos privamus te parte regia [sc. officii tui] .. te ad dictum officium ~antes" *Eul. Hist. Cont.* 349.

inhabilitas [ML]

1 unsuitability, incapability: **a** (phil., w. ref. to *materia*); **b** (w. ref. to person).

a ALF. ANGL. *Cor* 15. 2 (v. effluere 1d); licet per accidens, id est propter ~atem vel conditionem materie, valeat ejus [nature] actio ex parte impediri *Ps.*-GROS. *Summa* 354. **b** **s1339** feminee ~atis ad regnum (*Lit. Regis*) *G. Ed. III Bridl.* 142 (= W. GUISB. *Cont.* 318: ad regendum).

2 (leg.) disability, incapacity.

habita .. ~ate secundum jus ecclesie *Fleta* V 348; si sit ~as secundum jus commune HENGHAM *Parva* 3 (v. habilitas 5); **1414** [cum] diversi redditus .. eisdem vicariis .. dati fuissent, .. si eorum ~as sive incapacitas recipiendi eis nullatenus obviaret *Mem. Ripon* 123.

3 (eccl.) disqualification (from holding office).

1289 omnem .. infamiam et quamlibet aliam ~atis notam, si quam ex retencione archidiaconatus .. et recepcione hujusmodi fructum contraxisti, totaliter abolemus *Mon. Hib. & Scot.* 150a; **s1316** [papa] omnibus clericis .. sub pena ~atis perpetuum statuit decretum ut .. duo beneficia .. sibi de ceteris contenti eligerent pinguiora *Flor. Hist.* III 178; **s1342** excommunicacionum, suspensionum et interdictorum sentencias nec non ~atum et irregularitatum maculas aliasque penas (*Bulla*) W. GUISB. *Cont.* 395; si de amocione prefati W. de B. ab ecclesia .. pro ~ate coram vobis agatur *Reg. Brev. Orig.* 53v (cf. ib.: inhabilem .. ad .. ecclesiam retinendum).

inhabilitatio [ML], (eccl.) disqualification.

'[M. de C.] privatus et inhabilis redditus' [= *Const. Papae*]: dicunt quod ista privacio et ~o nulla est de jure OCKHAM *Pol.* I 297; **1318** per ~onem .. personarum .. ecclesiasticarum .. ad quevis ecclesiastica beneficia obtinenda *Mon. Hib. & Scot.* 200b; de suspensione, excomunicacione, et ~one WYCL. *Ver.* I 274; **1423** nec per unius prerogativam eleccionem [sc. in abbatem] ceteri paciuntur scandalum seu qualemcumque ~onis injuriam *Reg. Heref.* 28; **1437** sub excommunicacionis, privacionis dignitatum beneficiorum et officiorum, ac ~onis penis (*Bulla*) BEKYNTON II 17.

inhabilitudo, (physical) disability.

nos tantis et talibus inabilitudinibus febris vexat quod .. tantum .. iter aggredi merito formidamus *Reg. Heref.* 48.

1 inhabitabilis [CL]

1 not fit to live in, uninhabitable; **b** (spec., of intemperate zones of earth).

intraverunt terram inaquosam et ~em in qua fame et siti defecerunt pene usque ad mortem ORD. VIT. IX 8 p. 512; terram ~em, terram inviam et inaccessibilem GIR. *IK* I 10 p. 82; locum ad habitaculum habilem eligunt; eligunt non ~em sed inhabitatum, mundum, fecundum MAP *NC* I 24 f. 16v; ut [Sicilia] mihi odibilis et quasi ~is censeatur P. BLOIS *Ep.* 46. 134A; eo quod locus montanus et quasi ~is esset (*Moch.* 12) *VSH* II 189; **1537** domum ~em (v. deaedificare). **b** quinque zonarum partitione dividunt terram, quarum mediam solis calore perustam et ideo ~em dicunt, duas autem extremas .. pre frigoris immensitate similiter ~es probant PETRUS *Dial.* 547B (ib. opp.: habitabiles); GROS. 25 (v. eccentricitas); due zone .. circa polos mundi ~es sunt propter nimiam frigiditatem SACROB. *Sph.* 94; terre remotiores ab equinoctiali, quanto remotiores sunt, tanto ~iores ad inhabitandum sunt ROB. ANGL. (II) 191.

2 uninhabited, deserted.

si quis scire voluerit quando .. fuit ~is et deserta Hibernia NEN. *HB* 156.

2 inhabitabilis [? LL (v. *TLL*)], habitable.

sol existens in emisperio nostre habitabilis in terram Jessen et in alias hujusmodi ~es [v. l. habitabiles] regiones radios sue lucis emittebat et a terra Egipti radios .. contrahebat [v. *Exod.* ix 26, x 22sq.] GROS. *Hexaem.* II 5. 4; longitudo terre ~is [v. l. habitabilis] .. ab ortu usque ad occasum *Eul. Hist.* II 1.

inhabitare [CL]

1 (trans.) to inhabit, settle (a place): **a** (w. person or the human spirit as subj.); **b** (w. animal as subj.); **c** (w. Christ in womb of BVM as subj.). **d** (w. imp or sim. as subj.) to haunt.

a ne nunc quidem .. civitates patriae ~ant, sed desertae .. squalent GILDAS *EB* 26; [rex] Scottorum qui Brittaniam ~ant BEDE *HE* I 34 p. 71; paganorum exercitus .. ad Orientales Anglos perrexit ipsamque regionem dividens coepit ~are ASSER *Alf.* 60; harum [mansionum] v sunt vastae, aliae ~antur *DB* (*Staffs*) I 246ra; Angli et Franci .. urbes [Hibernie] nundinarum commercio ~ant W. MALM. *GR* V 409; **c1162** qui .. ibunt in Galweiam causa inhospitandi et ~andi terram de Dunroden *Regesta Scot.* I 230; non tamen est verum quod habeat spiritus rationalis specialem formam qua feratur ad illum locum [sc. supremum] vel ~et sicut terra FISHACRE *Quaest.* 46. **b** quamdiu antiquas ~are sedes .. [rex apum] decreverit ALDH. *VirgP* 6; quam [sc. insulam] ante homines omnia prope serpentium ~abant genera *Lib. Monstr.* III 12; [fit dolor dentium] propter vermes dentium substantiam ~ando et eam consumentes *Quaest. Salern.* B 310. **c** [Christus] exiguum intemerate virginis uterum vice hospicii ~are dignatus est ALEX. BATH *Mor.* I 39 p. 148. **d** GERV. TILB. I 18 (v. follettus).

2 (intr.) to live, dwell, settle (in a place): **a** (w. prep.); **b** (w. adv.); **c** (absol.). **d** (pr. ppl. as sb.) inhabitant.

a gentis .. quae ad borealem Humbrae fluminis plagam ~at BEDE *HE* II 5 p. 89; ~antes [TREVISA: *men þat woneþ*] .. in frigida [regione] BART. ANGL. III 24 (opp.: in calida regione habitantes); **1396** tenementi in quo nunc ~at J. B. *Comp. Swith.* 418; **1565** adjectis [sc. in registro] eorum .. parochia et vico in quibus ~ant *StatOx* 392. **b** dum sanctus praesul hic inhabitavit Amandus ALCUIN *Carm.* 88. 9. 9; illic plures ~are temptaverant sed .. atram habitationem reliquerant ORD. VIT. IV 15 p. 270; applicuit .. ad pedem montis .., ubi figens tentorium ad tempus ~avit (*Bren.* 15) *VSH* I 107. **c** terram .. ad ~andum monachis .. do ORD. VIT. V 19 p. 441; cum .. in hystoriam regum Britannie inciderem, in mirum contuli quod .. nichil de regibus qui ante incarnationem Christi ~averant .. repperissem G. MON. I 1; [Scotia] natio .. ad ~andum [v. l. habitandum] horribilis, evacuata civibus *Ib.* VIII 3; Deus .. fecit cete grande dorsum suum super mare elevare, ut esset locus aptus servis suis .. ad ~andum (*Bren.* 24) *VSH* I 112. **d** pentapolis quae propter malitiam ~antium .. ignibus absumi .. meruit [cf. *Psalm.* cvi 34] BEDE *Gen.* 148; ut [monachi] plus hospites totis horis venientes quam ~antes insumant W. MALM. *GR* V 413; quibus [assultibus] .. culmina domorum super ~antes dejecit ORD. VIT. VIII 24 p. 415; **1440** eo quod M. Mc L., ~ans, spoliatus fuit omnibus bonis .. *ExchScot* 86; **1448** homines sui ac tenentes .. ac residentes et ~antes quicunque de et in villis *Reg. Whet.* I 43; **1569** a preposito, ballivis et ~antibus ejusdem [burgi] *Scot. Grey Friars* II 207.

3 (fig., trans. or intr.) to inhabit, dwell (in): **a** (w. God or spirit as subj.); **b** (w. var. abstr. as subj.); **c** (w. human as subj.).

a per hunc .. ~antem spiritum ejus quo caritas ejus diffusa est in corde suo [cf. *Rom.* viii 11] *V. Greg.* 108; **793** castitatem corporis vestri custodite, ut Spiritus Sanctus vestris ~et [v. l. habitet] pectoribus ALCUIN *Ep.* 18 p. 52; Deum ~antem in civitate mentis habebat *V. Birini* 6; ubi .. ordinationes .. ab omnibus [monachis] communiter suscipiuntur, ibi Deus ~at et quasi propriam domum .. disponit ANSELM (*Ep.* 179) IV 63; maligno ~ante spiritu *Ep. ad amicum* 115 (v. gressibilis b); [carnem Christi] deitas ~avit [ME: *wunede þer inne*] *AncrR* 33. **b** **1098** per paternam et apostolicam pietatem quae cor vestrum ~at ANSELM (*Ep.* 206) IV 101; [Cestria] mistice ostendens atque magnifice magni Regis ~antem graciam se habere LUCIAN *Chester* 47; is [sc. intellectus] animam rationalem individua societate necessario ~at ALF. ANGL. *Cor* 15. 9; sunt, quos virtus inhabitat, / quos natura nobilitat, / quos evehit fortuna P. BLOIS *Carm.* 27. 3. 13; ~antem graciam [ME: *inwuniende grace*] *AncrR* 104. **c** beatus Birinus unam petiit quia optimam partem elegit, ut ~et in Deo, ut mereatur inhabitari a Domino [cf. *Psalm.* xxvi 4] *V. Birini* 6.

4 (intr.) to live, cohabit (w. a person).

alii pecudum †matrimonia [v. l. matrimonio] utuntur, sine lege cum mulieribus ~ant *Eul. Hist.* II 46.

5 (trans.) to lodge (a person).

12.. me .. dedisse .. domino abbati .. domum meam .. ad ~andum capellanum meum *Reg. Malm.* II 127; **1567** dominus habet infra forestam .. unam pulcram logeam ad locum tenentem suum inhabitandum *Surv. Pembroke* 194.

inhabitatio [LL]

1 (act of) inhabiting, dwelling; **b** (w. obj. gen. or adj. indicating place); **c** (fig., w. ref. to God's dwelling within the faithful).

res non consumptibiles usu, sicut domus que ex ~one non deterioratur, nisi forte per accidens OCKHAM *Pol.* I 304; **1352** edificiis manerii sui de W. .. ad moram et ~onem archiepiscoporum *Lit. Cant.* II 310; **1384** (v. 1 domus 9b); **s1228** dando .. pro ~one fratrum minorum totam terram suam *Mon. Francisc.* I 495; nec unquam .. monasterium Croyland religiosorum ~one monachorum caruit *Croyl.* 4; **1494** petiit licenciam edificandi quandam porcheam .. pro ~one virorum .. leprosorum *Doc. Bev.* 42. **b** sanctus Euticius adhuc terrena ~one aggravatus [cf. *Sap.* ix 15] GOSC. *Edith* 282; **a1380** est .. ordinatum quod nullum mancipium .. scolaribus deserviens .. principalitatem seu ~onem domus .. habere possit *StatOx* 183; **s1399** recitavit historias .. a primeva regni ~one AD. USK 30. **c** cum illos qui .. fidem perdiderant ad salutem reducens sua ~one [v. l. habitatione] dignos efficit BEDE *Ezra* 812A; non sunt defuturi in mundo qui divina mansione et ~one sint digni *Id. Hom.* II 8. 147A; nec de civitate multitudinis exiens turbabatur qui de unius Dei ~one interius letabatur *V. Birini* 6; ut sint unum corpus .. per ~onem Spiritus Sancti NECKAM *SS* I 22. 4.

2 (place of) dwelling, abode.

1333 faciatis publice proclamari quod omnes mercatores qui .. ibidem morari ac habitare voluerint ad eandem villam .. accedant et ibidem competentia burgagia pro ~one sua recipiant *RScot* 258a.

inhabitator [CL], dweller, inhabitant (freq. w. obj. gen.); **b** (fig., esp. w. ref. to Deity).

~ores archae BEDE *Gen.* 89; Colecestris ~or HERM. ARCH. 42; vij mensibus ergastuli ~or fuit W. MALM. *GP* II 76 p. 171; cui conparabo te .. qui amator et ~or es celle, qui eam et amando inhabitas et inhabitando amas? AD. SCOT *QEC* 16. 828A (cf. ib. 827D: habitator celle); **1313** quilibet principalis ~or seu ejus vicem gerens tam aularum quam camerarum *StatOx* 111 (cf. ib. 194 [**a1408**]: principalis quilibet seu ~or); **1490** E. H., ~or villae de W. *Sanct. Durh.* 40. **b** fides et intellectus Verbi corda inlustrat ac Deo ~ore [vv. ll. ~ores, inhabitatione] dignos efficit BEDE *Hab.* 1242A; **796** qui haec in consolationem spei nostrae promisit tui est ~or pectoris ALCUIN *Ep.* 99; Deus castorum corporum benignus ~or [AS: *inbyend*] *Rit. Durh.* 104; ~or cordis ejus, Spiritus Sanctus TURGOT *Marg.* 9 p. 246; est hec vita .. stabulum viatoris, non domus ~oris AD. SCOT *Serm.* 234B.

inhabitatrix [ML], dweller, inhabitant (f.; in quot., fig.).

Marie inhabitatrix / Trinitatis [? l. o Trinitas] / nos ejus ministros clemens / inhabita (*Tropus ad Kyrie*) *Anal. Hymn.* XLVII 151 p. 206.

1 inhabitatus v. inhabitare.

2 inhabitatus [2 in- + habitare, cf. 1 inhabitabilis], uninhabited.

castellum .. quod tunc pene fuerat ~atum *G. Steph.* 11; MAP *NC* I 24 (v. 1 inhabitabilis 1a); **1227** medietatem tocius terre mee .. tam ~atam quam habitatam *Kelso* 46; **1229** terram illam .. vastam, incultam et ~atam *Cl* 158; **1240** domus sue, quia ~ate fuerunt, cadebant *CurR* XVI 1822 p. 370; **1379** villam .. desolatam et ~atam .. dimittere proponunt *RScot* 17b.

inhabitor [cf. habitor, inhabitator], inhabitant.

si quis domos prostraverit et vendiderit, hoc erit ad magnam deformitatem etsi ~ores mansionem habuerint derelictam BRACTON 316b; salvis ~orum vita, membris et rebus *Extr. Chr. Scot.* 171.

inhaerenter, by inherence (log., cf. inhaerere 7b).

substancie singulares nec sunt ~er in subjecto nec dicuntur de subjecto sed suscipiunt contraria per transmutationem factam in ipsis WYCL. *Univ.* 54.

inhaerentia [ML], (log. & phil.) inherence (of quality, predicate, or sim.).

dum rerum qualitates inesse tantummodo notas, modum ~e .. consequitur ut amittas; cum enim calor et in igne et in aqua calida insit, igni quidem per se aque vero per aliud inest ADEL. *QN* 34 p. 39; illam rerum ~am .. quam impossibile est dissolvi J. SAL. *Met.* 870D; modalis [enuntiatio] est que determinat ~am predicati cum subjecto, i. e. que dicit qualiter predicatum inhereat subjecto (SHIRWOOD) *GLA* III 14; nichil quod est extra rem potest de ea predicari per ~am BACON II 102; si .. debeat angelus alicui ostendere quod papa est Rome, .. oportet ~am et predicacionem unius de alio indicare R. MARSTON *QD* 295; in proposicionibus per se .. causa ~e per se est in subjecto non in predicato DUNS *Metaph.* IV 2 p. 159b; respectus ~e quo quantitas inheret subjecto OCKHAM *Sacr. Alt.* 3 p. 102; WYCL. *Log.* III 118 (v. denominativus 1).

inhaerere, ~escere [CL]

1 to adhere to, be firmly attached to, stick (to, in) (usu. w. dat. in all senses; also dat. w. gdv., v. 4b, c; *in* w. abl., v. 1a; abl. alone, v. 3b; acc. of gd., v. 4b); **b** (w. person as subj.) to have a fixed abode (in, or adjacent to); **c** (w. building as subj.) to be attached or contiguous to; **d** (w. fire as subj.) to lay hold (of a combustible object).

homines qui .. eam [feretram] tollere conabant retentis brachiis quasi glutinati ~ebant in feretro et non poterant se movere HUGEB. *Will.* 4 p. 98; **10..** ~et, *oncliofað WW*; [quod cum] Nennius .. interposuit clipeum suum, in quo mucro Julii .. inhesit, ita ut .. ipsum imperator extrahere non potuisset G. MON. IV 3; turris nostra .. sabloni inhesit immobilis OSB. BAWDSEY clxvii; ricinus, vermis canis auribus ~ens OSB. GLOUC. *Deriv.* 508; quid sponte luto si mersus inheret, / num precor hunc pietas, ira vel inde trahet? L. DURH. *Dial.* III 377; fingunt et eandem [Palladem] Jovis vertici inhesisse ALB. LOND. *DG* 10. 2 (v. Martianus Capella I 39). **b** omnes cernentes biblum hunc semper rogitent hoc / post metam carnis valeam caelis inherere GODEMAN 37; eidem [*MS BL Cotton Tiberius A XV*: eodem] loco propinqua ~es habitatione (*Lit. Papae*) W. MALM. *GR* II 151 (= *Mem. Dunst.* 396). **c** super tertium murum cui procerum palacia intrinsecus ~ebant ORD. VIT. X 20 p. 123; he appendices, -dicum i. mansiuncule quedem que magnis domibus ~ent OSB. GLOUC. *Deriv.* 446. **d** qui [sc. ignis] .. domui [non] potuit ~ere MAP *NC* I 30 f. 23 (v. 2 flamen 1b).

2 to hold firmly on to, cling to (also fig.).

[apostoli] merito censentur coeli senatores .. quia vere viti Christo inheserunt fructuosi palmites ORD. VIT. I 20 p. 92; nauclerus .. super undas caput extulit, et videns capita eorum qui ligno utcumque ~ebant interrogavit .. *Ib.* XII 26 p. 414; soletis in scripturis magis sensui quam verbis incumbere, fructui potius quam foliis ~ere *Ann. Worc.* pref. p. 355.

3 (fig.): **a** to adhere to, abide by (laws, moral principles, advice, plans, or sim.); **b** to dwell upon, be absorbed in (emotions, topics).

a quos [sacerdotes] .. populum, si tamen sanctionibus ~et, .. totis necesse est viribus lapidare GILDAS *EB* 65; opto ut bonis moribus indissolubiliter ~eas ANSELM

(*Ep.* 79) III 202; mandatis ejus [Dei] ~endo ad illum festinemus ORD. VIT. II 8 p. 321; **1236** (v. exponere 5c); **1282** providentes ut prior ipse duodecim fratrum .. consiliis ~eret in omnibus ipsius monasterii gerendis negotiis PECKHAM *Ep.* 262 p. 346; **1408** (v. disturbativus). **b** venustate illustrissimae habitationis captus ipsa eadem loci delectatione inhaesi FOLC. *V. Bot. Pref.* 373; nolo te sic iis quae diximus ~ere ut ea pertinaciter teneas, si quis validioribus argumentis haec destruere .. valuerit ANSELM (*Gram.* 21) I 168; *Id.* (*Casus Diab.* 1) I 235 (v. inhiare 2a); eorum qui rebus ~ent multe sunt et diverse opiniones J. SAL. *Met.* 874D (cf. ib.: alius versatur in intellectibus); quomodo mens hominis perplexa .. spiritualibus ~ebit aut cogitabit eterna? P. BLOIS *Ep.* 142 p. 426B; rex noster .. totus ~ens Dei auxilio et sue cause justicie *G. Hen. V* 11 p. 74.

4 to be constantly engaged in, occupied with: **a** (var. activities); **b** (sins, worldly pleasures, or sim.); **c** (worship, religious contemplation).

a Bernardus .. usque ad senium militie inhesit ORD. VIT. VI 8 p. 43; studiis bonis sollerter ~ebat *Id.* VI 10 p. 122; regiis excubiis ~ens G. FONT. *Inf. S. Edm.* 1 (v. excubiae 3c); **1543** (v. decernere 5c). **b** princeps .. sordidis adulterii voluptatibus ut porcus luto gaudens inhesit ORD. VIT. VII 4 p. 163; nimium flagitiis ~et humana intentio *Ib.* VIII 10 p. 325; illa .. partu explicito voluptati frequentande non inhesit W. MALM. *GP* II 87 p. 191; probrosis .. ~ere deliciis MAP *NC* III 2 f. 39; non sapit ille Deum qui totus inheret habendum / has pompas mundi GOWER *VC* V 679. **c** divino cultui nocte dieque ferventer inhesit ORD. VIT. III 9 p. 111; AD. SCOT *OP* 520D (v. disciplinatus a); incolas [Hiberniae] ydolatrie cultui diu ~entes (*Ber.* 2) *VSH* I 75; tam ardenter inhesit divinis laudibus audiendis et secretis oraculis quod .. *G. Hen. V* 22 p. 154.

5 to cling to (someone, as follower, companion, or sim.): **a** (in allegiance, loyalty, obedience); **b** (w. dat. *fidelitati*); **c** (w. ref. to devotion to God or Christ). **d** (in companionship, fellowship); **e** (w. dat. *sodalicio, consortio*). **f** (w. dat. *vestigiis*) to follow in the footsteps (of).

a adquiesce nobis et indesinenter ~e, et terciam partem Anglie .. poteris habere ORD. VIT. IV 13 p. 261; [filius meus] michi a primis annis semper inhesit et michi .. per omnia libenter obedivit *Id.* VII 15 p. 243; **1536** (v. factio 6). **b** oppidani regis fidelitati firmiter inheserunt ORD. VIT. XIII 30 p. 82. **c** due sorores .. mundo renuntiasse Deoque soli .. ~ere credebantur *Id.* III 5 p. 91; tibi, summe Creator, inhesit (*Epitaphium*) *Id.* XII 30 p. 424; sanctimonialis .. celesti sponso libera ~et ac deseruit *Id.* XII 33 p. 439; multi .. renuntiantes seculo ad religionem convolantes ~ere studebant totaliter soli Deo *V. Edm. Rich P* 1791 A. **d** curie sororii sui inseparabilis inhesit ORD. VIT. VIII 22 p. 401; comiti .. familiaritate inheserat *Id.* XIII 26 p. 68. **e** vos .. commoneo ut bonorum .. indesinenter ~eatis sodalicio *Id.* VII 15 p. 242; [Aldhelmus monuit] discipulum .. ne .. meretriculrum consortio ~eat W. MALM. *GP* V 213. **f** **a1162** venerabilium fratrum nostrorum .. episcoporum vestigiis ~entes, que ab eis .. provisa sunt .. confirmamus *Doc. Theob.* 217; veterum vestigiis ~entes .. Edmundi majores memorabimus *V. Edm. Rich P* 1775 A; **c1332** principes, tam pii magistri [sc. Dei] ~endo vestigiis, .. condecet lapsorum culpis ignoscere J. MASON *Ep.* 17 p. 206.

6 (w. thought, feeling, object of thought, or sim. as subj.) to be or remain implanted (in a person, his mind, or sim.).

certum est cordibus vestris similem affectum erga me non dissimiliter ~ere ANSELM (*Ep.* 54) III 168; pro contuitu religionis ejus nulli presentium de fide dictorum inhesit ambiguum W. MALM. *GR* IV 332; ille visum sociis narravit, et ipsis inde magna confidentia inhesit ORD. VIT. VII 12 p. 214; **1240** (v. generativus 1b); poete .. mentibus nostris longa consuetudine ~escunt BACON *CSTheol.* 28; nullum verbum de sapientia quam tu habuisti menti tue ~et (*Moch.* 3) *VSH* II 185.

7 (w. abstr. as subj.) to be permanently present in, associated with. **b** (log. & phil., w. quality, attribute, or sim. as subj.) to inhere in, inhere.

leta obsecundant libidini, tristia vero ~ent crudelitati ORD. VIT. VIII 15 p. 358; preceptum germinandi .. veluti lex quedam nature fuit et inhesit terre GROS. *Hexaem.* IV 17. 2. **b** [forma] rebus creatis ~et J. SAL. *Met.* 875D (v. forma 11a); (SHIRWOOD) *GLA* III 14 (v. inhaerentia); ista tria problemata .. non querunt nisi de modo ~endi KILWARDBY *OS* 507; concedo quod nullo modo ~endi ~et oppositum predicati hujus DUNS *Ord.* I 223; Deo non ~et aliqua res extra OCKHAM *Quodl.* 551; quero utrum [accio vel passio] sit per se stans aut alteri ~ens *Ib.* 709.

inhaesio [cf. adhaesio], attachment: **a** (of follower, companion to a person); **b** ? (to a political faction).

a ut in secretis noctium temporibus sancta loca, propter multimodam populorum ad se venientium ~onem, .. lustraret B. *V. Dunst.* 36. **b** oportet juvenibus facere omnia extranea que prava, maxime autem quecunque ipsorum habent infeccionem aut ~onem BRADW. *CD* 15A (transl. of Aristotle *Pol.* 1336b35 ὅσα ἔχει ἢ μοχθηρίαν ἢ δυσμένειαν).

inhalare [CL], to breathe upon, inspire.

~are, inspirare OSB. GLOUC. *Deriv.* 295.

inhalatio [LL]

1 vapour, scent (in quot., fig.).

hoc habet animus humanus moris .. ut alieni nidoris, quo se conditum sentit, ~ones hauriens perfacile sui similis capiat .. notitiam *Chr. Rams.* 31.

2 inspiration.

quae solus divinus spiritus novit, et qui eodem spiritu afflati sunt ..; qua ~one divini spiritus qui non tanguntur, ii acie qua divina cernant mysteria careant necesse est COLET *In I Cor.* 177.

inhalator, ? one who breathes upon or inspires, or ? *f. l.*

inalator: inspirator [? l. inhalatur: inspiratur] *GlC* I 292.

inhaustus [2 in- + haurire], (of water) not drawn.

GERV. TILB. II 22 (v. impotabilis).

inherbis, lacking grass.

herba componitur ~is i. sine herba OSB. GLOUC. *Deriv.* 273.

inhercia v. inertia.

inheredare [ML], to vest (a person) with an inheritance.

1258 quod .. [Petronilla] ipsam [domum] teneret .. nomine dotis, et post illam pueri .. de predicta domo essent ~ati (*CurR* 158 m. 5) *SelCWW* 35; **1308** eadem J. non est inde ~ata *Year Bk.* 32; **1315** postquam predictus P. .. fuit de tenementis illis ~atus *Ib.* 120.

inheredatio [2 in- + heredatio], disinheritance, impoverishment. *Cf. exheredatio.*

1294 de quadam .. haya quod A. ad C. amputavit ad ineredacionem domini abbatis *CourtR Ramsey* 236.

inhereditare [LL = *to inherit*], to appoint as heir. *Cf. inhereditarie.*

a1201 concessimus .. magistro Ade .. et consanguineo suo proximo in feodum et hereditatem aut .. servientibus suis, si quem eorum ~are in illo tenemento voluerit, .. unum masagium *Kal. Samson* 80; **a1212** ut liceat .. Ranulpho ~are de terra illa consanguineum *Ib.* 113.

inhereditarie, by way of inheritance, or ? *f. l.*

a1212 nos concessisse .. Rogero .. terras .. tenendas ei et uni de filiis suis post decessum suum, quem ipse inhereditarie [? l. inhereditare] voluerit *Kal. Samson* 97.

inhermis v. inermis. **inhers, inhertia** v. iners, inertia.

1 inhianter [LL, cf. inhiare], eagerly, greedily; **b** (w. verbs of wishing, desiring, or sim.).

papam Benedictum tam ~er huc [sc. in Angliam] proficiscendi precatus est dedisse licentiam, ut precis suae non potuit declinare nimietatem *V. Greg.* 85; amore divinae contemplationis ~er accensus BEDE *Gen.* 166B; divinae scripturae flosculos ~er et incessabiliter congregavit ASSER *Alf.* 88; colloquio eorum [monachorum] .. cotidie ~er sese applicuit ORD. VIT. V 19 p. 450; Britones .. ~er .. super Falconis exercitum irruentes DICETO *Chr.* 163; ~ius dimicantes pro patria *Flor. Hist.* II 496; **1268** nonnulli .., ut totum quod ex appropriata sibi ecclesia provenit ~er absorbeant, ipsam dimittunt vicario destitutam *Conc. Syn.* II 770. **b** ut cotidie .. se corporis ergastulo emigrare ~er gestiant ALDH. *VirgP* 14; exemplorum formulas .. ~er satago audire *Id. PR* 113; **c740** (v. gratulabundus 1); **c793** cur tu non ardenter concupiscis .. quod illi [angeli et sancti] ~er optant? *Ep. Alcuin.* 66; nec hoc .. in senectute, quamvis ~er desiderarent, poterant discere ASSER *Alf.* 106 p. 95; ~er tante tribulationis causam audire desiderans PETRUS *Dial.* 36; bellum ~er esuriebant ORD. VIT. IX 14 p. 590.

2 inhianter [2 in- + hianter], without eagerness, unwillingly.

940 (14c) ego Eadmundus divina favente gratia rex Anglorum optinens non ~er supra terminatam divinam admonitionem obaudiens *CS* 757.

inhiare [CL]

1 to gape (at).

id [scrinium sancti] illi [Dani] vasto ore ~antes limphatis gressibus involant W. MALM. *GP* V 256 p. 409; quidam aurifaber .. scrinium sancti .. surripuit, ceteris interim ad thesauros ~antibus *Ib.* V 263; bestie nobis avide comminantur / et ad nos inhiant maxille leonum J. HOWD. *Cant.* 152; **1272** posuerunt illud [caput dami] super unum pelum .. inponendo in os predicti capitis quendam, fucellum et fecerunt illud iniare contra solem in magnum contemptum domini regis *SelPlForest* 39; [in visione] omnes bestias inferni ore, labiis apertis vidit ~are (*Maedoc* 29) *VSH* II 303.

2 (fig.) to desire greatly, covet, be eager (for), be eager (to do): **a** (object of desire expr. by dat., occ. w. gdv.); **b** (acc. or rel. cl. or pass.); **c** (prep., occ. w. gd. or gdv.); **d** (inf. or acc. & inf.); **e** (object of desire not expr.).

a aeternis inhiantes pectore donis ALCUIN *SS Ebor* 603; non tantum debemus inhaerere improprietati verborum veritatem tegenti quantum ~are proprietati veritatis sub multimodo genere locutionum latenti ANSELM (*Casus Diab.* 1) I 235; multis in eorum redemptione marcis ~antes W. MALM. *HN* 507; alie .. pecunie congregande vel multiplicandis pecoribus ~ant AILR. *Inst. Inclus.* 3; officium officialium .. hodie est jura confundere .. equitatem vendere, ~are exactionibus P. BLOIS *Ep.* 25. 90A; **13..** ad pedes sedent clerici / qui velut famelici / sunt, donis inhiantes (*De Judicibus*) *Pol. Songs* 226. **b** quod scelus est inhiant, divinaque munera calcant WULF. *Swith.* I 1355; ut terrena desideria respuentes discamus iniare celestia *Rit. Durh.* 34; [tyrannus] sancta omnia loca destruxit, conculcavit, queque sibi eminentiora ~ata sunt concupiscibilia asportavit *V. Neot. A* 11; animus .. fallax [Odonis] bona Cantuariensis ecclesie ~averat W. MALM. *GP* I 43 p. 70; qui omnia terrestria despuens ut fluxa et caduca sola ~aret celestia *Ib.* V 218. **c** animam .. ad regnum caelorum ~antem ANSELM (*Or.* 9) III 32; causa caedis ferebatur quod in bona eorum ~averat W. MALM. *GR* II 179 p. 213; **c1168** officiosos ~are ad questum J. SAL. *Ep.* 267 (252); **1276** attendentes quod ad nullius lucri temporalis commodum ~at *Reg. Heref.* I 114; **1345** ad effundendum .. sanguinem ~are (*Lit. Papae*) AD. MUR. *Chr.* 187; **c1430** post .. carnes .. ~abat (v. depascere 2c). **d** cur Tyrio corpus inhias vestirier ostro, / quod mox esuriens pulvere vermis edet? ALCUIN *Carm.* 123. 13; clientes .. qui rapere et clepere vehementer ~abant ORD. VIT. VII 16 p. 249; hostis .. fraudulenter ~at tuus esse familiaris; cur hoc appetit? *Ib.* X 8 p. 52; ejus mortem, quam tam pessime cruciari propensius ~abant *NLA* I 401. **e** nos ~antes suscipimus quae Deo abominationi [v. l. ab omni natione] sunt GILDAS *EB* 42; restat ut .. desideriis ~antibus optet venire tempus quo mereatur .. faciem sui videre creatoris BEDE *Tab.* 496; **a787** ut ei [sc. Domino] ~ante desiderio et inmarcescibili caritate jungeris *Ep. Bonif.* 37; inians: *gredig GlC* I 78; in eodem insaturabili desiderio .. nec etiam adhuc ~are desinit ASSER *Alf.* 25; qui .. cum damnatissimo humane salvationis detrimento ~are non desistunt AD. MARSH *Ep.* 115 p. 246.

3 *f. l.*

predones non minus †inhiantur [l. inhianter] insidiantur ORD. VIT. V 19 p. 461.

inhiatio [LL], desire, eagerness, greed.

Britannia .. conterminarum gentium ~oni diu obnoxia fuit W. MALM. *GR* I 2; propter ~onem pape .. ad secularia desideria WYCL. *Chr. & Antichr.* 681; **1388** ut .. persone hujusmodi undique aliis, pro quibus forsitan ex importuna petencium ~one fient instancie, preferantur *Dip. Corr. Ric. II* 59.

inhiator [LL], one who desires greatly (in quot., w. obj. gen.).

Danici piratae, ~ores praedae, Sceapege depraedati sunt FL. WORC. I 68.

inhiatus [cf. inhiare, hiatus], gap, deficiency.

receptibilitas [materie] vel potencia recipiendi .. sonat ~um et expectationem, dico defectivam, ejus quod est introducendum in materiam SICCAV. *PN* 135.

inhibere [CL]

1 to restrain, hold back (a person or animal, also fig.); **b** (w. *ne*) to restrain (from an action).

sibi .. [juvenis praecepit] ostendi corpus tanti martyris, cumque ~eretur a pluribus .., praevaluit ejus imperium ABBO *Edm.* 16; [mulier] cepit .. exclamando ingeminare "vindica nos hodie, Lechlavar ..", cumque ab illis qui Britannicam linguam noverant ~eretur et expelleretur, .. vociferabat GIR. *EH* I 38 p. 287. **b** silui .. imperitia sic ut et nunc, una cum vilibus me meritis ~entibus ne qualemcumque admonitiunculam scriberem GILDAS *EB* 1.

2 to prevent, prohibit (an action, or sim.; sts. w. dat. of person): **a** (w. dir. obj., or in corresponding pass. construction); **b** (w. *ne*, cf.

1b); **c** (w. *quo minus*); **d** (w. acc. & inf.); **e** (w. *ad*); **f** (absol. or in gl.).

a nec mare nec tellus .. / huic [pectori meo] obstare queunt aut inhibere viam / quo minus, alme pater, semper tua viscera lingat ALCUIN *Carm.* 11. 4 (v. et. 2c infra); miles quidam, ad cujus patrimonium locus ille pertinuerat, clara contestans voce rapinam, sepulturam ~uit W. MALM. *GR* III 283; [papa] "multa" inquit ".. vobis dicta recolitis, quedam in concilio nostro jussa, quedam ~ita .." *Ib.* IV 347 p. 393; statim .. simoniaci dampnati, pelicatus presbyterorum ~iti *Id. GP* I 61; **1219** evagaciones monachorum .. ~eantur (v. evagatio 1a); **c1290** (v. escaetarius); **s1388** (v. deperditio). **b** **a1162** auctoritate qua fungimur ~emus ne quis ecclesiam Bathoniensem .. temere presumat inquietare *Doc. Theob.* 8; mandantes vobis quatinus .. ne mercatus dominicis diebus fiant firmiter ~eri faciatis GIR. *EH* I 40 p. 290; **1217** precipimus etiam vobis districte ~entes ne ad terram .. episcopi .. manum .. extendere presumatis *Pat* 81; **1294** ~itum est omnibus tenentibus domini ne dent alicui de ville .. aliquas garbas *SelPlMan* 163; ~eo [ME: *ich forbeode ow*] ne aliqua vestrum credat nuncio diaboli *AncrR* 94; **1427** ~ui .. omnibus et singulis quibus jus in hac parte exigit ~eri .. ne quicquam contra jus .. attemptarent (*Test.*) *Reg. Cant.* II 368. **c** ALCUIN *Carm.* 11. 4 (v. 2a supra); si consideretur quod necessaria in remanentes effusio munerum ~uerit quo minus mercaretur furorem abeuntium W. MALM. *GP* I 44 p. 72. **d** **1266** licet .. aliquando pitancia conceditur, admitti tamen .. de parvis anguillis .. penitus ~etur *Cust. Westm.* 76; **1368** ~eo .. potaciones cum speciebus fieri de nocte in choro circa corpus meum (*Test. Episc.*) *Reg. Exon.* 1549. **e** **12..** ad hec nullatenus ~emus (v. curialitas 1c). **f** inhibitum: prohibitum *GlC* I 94; ini[b]ere: retinere, compescere *Ib.* I 441; ~ere: detineri, morare [i. ~eri .. morari] *Gl. Leid.* I 63; ne idem auderent posteri, [Lanfrancus] egit ut Alexander papa scriptis ~eret W. MALM. *GR* IV 385 p. 482; **a1162** quanto [monachi] suo ~ente proposito minus possunt operam contencionibus adhibere *Doc. Theob.* 20; ~ere: prohibere, vetare, interdicere, interminare OSB. GLOUC. *Deriv.* 292; **1304** (v. facere 42b).

3 (foll. by *quod*) to command, enjoin (sts. w. dat. of person): **a** (w. neg.); **b** (without neg.).

a **1255** C. et R. de T. ~uerunt eis [forestariis] quod non prosternerent .. domos *SelPlForest* 18; cum ~itum sit per statutum domini regis quod nullus minister regis .. placita .. manuteneat *State Tri. Ed. I* 5 p. 18; **1325** J. .. conculcat equos domini equitando versus Ely et alibi ubi ~itum est quod nullus hoc faciat sine licencia senescalli *CBaron* 141. **b** **1526** (v. divinus 4b).

4 (app.) to serve or accompany (a person) as beadle (acad.; cf. *inhibitio* 2, *inhibitor*).

1441 bedello ~enti doctorem Hautrive vij d. *Cant. Coll. Ox.* II 162.

inhibi v. inibi.

inhibitare, *f. l.*

cameras privatas in infirmitorio monachorum separari et inhibitari [MS: inhabitari] per singulas instituit *Meaux* III 224.

inhibitatorius [ML], containing a prohibition, (w. *litterae*) letters inhibitory.

in Angliam reversas literas domini pape secum detulit ~ias ne abbas et conventus .. episcopum .. ad forum seculare trahere .. non presumerent J. GLAST. 115.

inhibitio [LL; CL = *backing water*]

1 (act of, or document expressing) prohibition, interdiction: **a** (by civil authority); **b** (eccl.); **c** (acad.).

a **?693** (14c) isti praefati, ne sequentium rapacitas praecedentium irrumperet instituta, hiis verbis inhibucionem indidisse videntur *CS* 121; cancellarius .. inibitionem transfretationis .. molitur eludere DEVIZES 37v; **1201** contra inibicionem justiciariorum *CurR* II 85; **1293** prostravit arbores in defenso .. domini contra ~onem *SelPlMan* 165; **1301** de quadam ~one facta W. T. et aliis, ne teneant hospitium per se *MGL* II 49 (cf. ib. 69: ~o .. quod non teneant ..); **1336** proclamacione et ~one nostris predictis non obstantibus *RScot* 462a; prohibitionem [v. l. ~onem] regiam *Meaux* II 292. **b** **s1213** post .. ~onem districtissimam ne inimicis fidei consilium, auxilium prestaret WEND. II 91 (ib.: mandatum apostolicum); **1236** in singulis ecclesiis districtam faciatis fieri ~onem ne .. aliqua parochia decertet cum vexillis suis alii parochia antecedere GROS. *Ep.* 22 p. 75; **s1313** ~oni summi pontificis TROKELOWE 81 (v. 1 deferre 9d); clericus prioris .. ~onem episcopo deferens GRAYSTANES 43 p. 109; **1447** (v. filacium 2); **1450** racione cujus inhibucionis tunc dimissa est execucio illius littere *Reg. Brechin* 155; **1549** (v. apostolus 2a). **c** **c1425** hec ~o singulis annis .. publice proclametur *StatOx* 230 (cf. ib.: inhibet .. cancellarius .. ne ..).

2 (app.) act of accompanying (a person) as beadle (acad.; cf. *inhibere* 4).

1441 solutum bedello pro ~one cancellarii xx d. *Cant. Coll. Ox.* II 162.

inhibitivus, that prohibits, inhibiting.

1422 ne contribuciones ad capitulum deportate per dolum .. ad manus aliorum .. devenirent, domini presidentes monicionem fecerunt ~am ipsorum *Conc.* III 421a.

inhibitor [LL], official, beadle, bailiff.

habeo componitur inhibeo .. et hic ~or, -ris i. bedellus, qui et angarius et exactor dicitur OSB. GLOUC. *Deriv.* 268; ~ores: exactores *Ib.* 295.

inhibitorialis, containing a prohibition, (w. *litterae*) letters inhibitory.

1549 statutum est .. ut ~es littere per ordinarios fulminentur sub pena excommunicationis .. contra predicantes absque admissione ordinarii *Conc. Scot.* II 117.

inhibitorius [ML], containing a prohibition, (w. *litterae*) letters inhibitory.

s1226 rex Francorum .. noluit expeditionem bellicam promovere nisi literis prius a domino papa impetratis ad regem Anglorum ~iis, ne sub pena excommunicationis regem Francorum inquietaret WEND. II 306 (= M. PAR. *Maj.* III 110); **1282** nobis quandam litteram ~iam officialis Cantuariensis porrexerunt *Reg. Heref.* I 267; procurator literas revocatorias .. publicavit, nec non et ~ias quibuscumque mercatoribus, ne cum eo contraherent GRAYSTANES 46 p. 114; **s1433** litteras obtinuit ~ias ad inhibendum sepedictum archidiaconum ne .. AMUND. I 371; **1465** (v. citatorius a).

inhibutio v. inhibitio.

inhok, ~ka, ~kus, ~kum [ME *inhok*; cf. *OED* s. vv. *inhoc, inheche*], 'inhook', piece of fallow land temporarily taken into cultivation (*cf. Villainage in Eng.* 226 sqq., *Agrarian Hist. of Eng. and Wales* II, 1988, 274, 344 sq., 374): **a** (undecl.); **b** (decl.).

a **1196** unam pasturam que dicitur inhok, unde idem R. solebat reddere episcopo duas minas avene *Ch. Sal.* 58; **1209** r. c. .. de xviij s. iiij d. de inhocg *Pipe Wint.* 52; **1214** idem canonicus habebit omnes fructus terre tam seminate quam .. seminande ac etiam fenum preter illud inhok quod ad warectam pertinet *Reg. S. Osm.* I 376; **a1222** inhoc (v. defendere 3e); **1281** prior Berncestrie .. fieri fecit quoddam inhoc in campo warettabili .. per quod .. abbas Oseneye dicebat se de communa pasture ibidem dysaysiri .., et idcirco idem prior .. dicto abbati concedit quod de cetero nullum hynhoc ibidem faciet sine assensu dicti abbatis; et idem abbas .. croppum .. priori instanter concessit pro [MS: et] hac vice *Cart. Osney* VI 38; hec est finalis concordia .. de terris inbladandis et inhoc faciendis in campis de B. *Reg.* MALM. II 186. **b** **1235** non liceat abbati .. alicubi inhokare in terris ipsorum inter se marchiantibus nisi de consensu utriusque partis, salvis tamen utrisque partibus antiquis inhokis *CurR* XV 1430; **1236** ita quod in campo warectato liceat dictis hominibus inhocum facere in tota tercia parte warecti predicti .. et inhocum illum haia rationabili claudere *Ib.* 1879; **1237** innocis (v. frussatum); **p1243** exceptis inhokis si forte contigerint fieri in eodem villa *HMC Rep.* V 336b (*Wilts*); **1268** cum dictus J. seminasset et inhokam fecisset de quadam cultura *Cart. Osney* IV 229; **1288** licebit domino abbati .. dictam pasturam seu inhokam cum omnibus averiis suis ingredi et pacifice depasci *Ib.* 236; de innoko faciendo in campis de B. *Reg.* MALM. I 19; est ibidem unum molendinum aquaticum ..; item stagnum ejusdem molendini cum marisco et innuker' et valet per annum v s. (*Horsford, Norf*) *IPM* 17/6 m. 4.

inhokare [cf. ME *don inhok*], to make an 'inhook', take (fallow land) temporarily into cultivation: **a** (trans.); **b** (intr.).

a **1235** ~are .. terram (v. 2 friscus 1a); **1266** de predicto campo possunt ~ari quolibet secundo anno quadraginta acre *Cart. Glouc.* III 36; **12..** si villani predicti R. nolint ~are terras suas infra predictum inhoc sitas *Reg.* MALM. II 186. **b** **1235** (v. inhok b); **1237** possint innocare ad summam triginta quinque acrarum in campo propinquiori ville ubi voluerint [in]nocare *AncD* D 232.

†inholocaustum, *f. l.*

debet se totum inholocaustum [l. in holocaustum] Deo offerre PAUL. ANGL. *ASP* 1557 (cf. *Lev.* viii 18).

inhominior [*compar. adj. coined from* 2 in- + homo, *by analogy w.* inhumanus], less befitting a human being.

quid facto hoc inhumanius, immo ut adhuc loquar expressius in homine quid ~ius quidve ignominiosius? H. BOS. *Thom.* IV 13 p. 361.

inhonestare [CL]

1 to dishonour, defile. **b** (p. ppl. as adj.) degraded, disgraceful.

hunc inhonestabat [MS: inhonestatem] corpore, mente, manu NIG. *Mir. BVM* 1032. **b** **1434** ecclesie .. decor per ~ata commercia .. denigratur *Reg. Heref.* 181 (cf. ib. infra: opera .. illicita et inhonesta).

2 to mar, spoil.

sententia si sit honesta, / ejus ei servetur honos; ignobile verbum / non inhonestet eam VINSAUF *PN* 753.

inhonestas [ML]

1 **a** dishonour, disgrace, turpitude. **b** unseemliness.

a non habere [sc. justitiam] facit personalem ~atem ANSELM (*Casus Diab.* 16) I 260; AD. SCOT *Serm.* 381B (v. dispensatorius 1); si per ~atem [mulierem] tetigerit BRACTON f. 148b; **1419** ad gravem ~atem, scandalum et verecundiam tocius hujus civitatis *Mem. York* II 87. **b** cum dicimus Deum aliquid facere quasi necessitate vitandi ~atem ANSELM (*CurD* II 5) II 100 (cf. *Ib.* II 99: indecentiam).

2 unbecoming or disgraceful act or event.

omnem ~atis negligentiam circa libros tractandos .. Salvator exclusit [*Luc.* iv 20] R. BURY *Phil.* 17. 227; **1343** nichil loquantur penitus quod sit turpe quodve rixe seu dissensionis aut ~atis alicujus materiam administrat *Eng. Clergy* 269; **s1392** (v. facetia 2); **1432** cum in .. conviviis .. tante pressure, tot ~ates talesque tumultuaciones .. fieri consueverint *StatOx* 244.

inhonestatio [ML], act of dishonouring.

ne presumptiva hujus temeritatis ~o vel inhonesta concussio erga sacri altaris comministros committeretur *G. Steph.* 34.

inhoneste [CL]

1 dishonourably, disgracefully, shamefully.

a705 in cotidianis potationibus et conviviis usu frequentiore .. ~e superfluis ALDH. *Ep.* 8 (11) p. 500; quod injuste coacervarat non ~e ablatum W. MALM. *GR* II 196 p. 237; quos .. Tanoedus .. ~e conviciatos ad exercitum redire compulit ORD. VIT. IX 9 p. 524.

2 unbecomingly, meanly.

a976 (12c) dum .. canonici turpiter contra fas ~eque degentes in tam angusti rerum possessione usu pascebantur perpetuo *CS* 1159; valde .. inhonestum est cum predicator ~e se habet in voce vel in vultu vel in gestu suo T. CHOBHAM *Praed.* 302; WALT. WIMB. *Van.* 31 (v. fabulari 1).

inhonestus [CL]

1 **a** (of person; also as sb. m.) dishonourable, immoral. **b** disgraceful, indecent. **c** (qualifying a clause).

a videamus quid Dominus ad desides et ~os sacerdotes .. loquatur GILDAS *EB* 76; si usque nunc ~us [fuisti], a modo castus [debes esse] EGB. *Pont.* 15; vivere permittit inhonestos inter honestos / Altitonans D. BEC. 378. **b** inonestum ALDH. *VirgP* 12 *gl.* (v. importunus 1a); turpibus, ~is *fracodum GlP* 71; ad ~a refugia *Enc. Emmae* II 10 (v. dare 6b); [causa] inutilis et ~a ANSELM (*Casus Diab.* 24) I 272; nulla eis ~a cum viris familiaritas TURGOT *Marg.* 4; ne perniciem ~am stolide incurreret ORD. VIT. VIII 15 p. 354; quam pudere debet honesta loqui, quante impudentie est ut ~a .. loquatur? AILR. *Inst. Inclus* 7; res ~a poterit venusta verborum vernulitate depromi GIR. *TH* III 25; fugite .. cantus ~os et turpes, qui libidinem excitavit GASCOIGNE *Loci* 144. **c** ~um est .. ut .. per negligentiam sacerdotum iniquitas cumuletur EGB. *Dial.* 405; puto non ~um si dicam quod in Saxonia .. accidit W. MALM. *GR* II 173; **s1256** (v. genialis 3b); TUNST. 251a (v. extendere 3a).

2 **a** poor in appearance or quality; **b** foul, disgusting. **c** (of discord) harsh, grating.

a **1342** baptisterium ~um et sine serura (*Vis. Totnes*) *EHR* XXVI 110; sacramentarium ~um, campanella defenda [l. deferenda] ad infirmos insufficiens, navis ecclesie male est cooperta *Ib.* 111; **1376** (v. dehonestas). **b** **1293** (v. 2 foedus 1). **c** **c1400** (v. discordantia b).

inhonor [LL *as adj.* = *without honour*], dishonour.

?1255 nos precibus onerando .. ut proprium dedecus et ~orem faciamus *RL* II 107.

inhonorabilis [LL], unworthy of honour.

quis .. diceret quod scriptura impossibilis et maxime ~is foret sacra? WYCL. *Ver.* I 127.

inhonorare [LL *back-formed from* CL *p. ppl.*], to deprive of honour, dishonour: **a** (person); **b** (God, Christ); **c** (place or institution).

a 825 [archiepiscopus] possessionibus .. dispoliatus est, nec ille solus episcopus his aliisque rebus perplurimis ~atus fuisset sed .. (*Conc. Clovesho*) *CS* 384 (= *Conc. HS* 597); regem aliquem ~aret qui suam coronam .. auferret *Simil. Anselmi* 8; quod eum P. .. turpiloquio ~asset W. Fitzst. *Thom.* 34 p. 45; si quis autem ~averit patrem aut matrem, tres annos peniteat Rob. Flamb. *Pen.* 259 p. 222; nuntius .. ~atur ab illis qui mittentem non diligunt T. Chobham *Praed.* 90 (cf. ib.: contempnuntur); **c1298** ab ignavis famulis rex inhonoratur (*Dunbar* 57) *Pol. Songs* 165. **b** nisi [homo] prius honoraverit Deum vincendo diabolum, sicut illum ~avit victus a diabolo Anselm (*CurD* I 22) II 90; Dominus tuus ~atus, sputis dedecoratus, palmis virgisque cesus Pull. *CM* 4 p. 207; genu deflexum amplius inhonorans [cf. *Matth.* xxvii 29] J. Howd. *Cant.* 329. **c** parentes et loca sanctificationis et dies sabbatorum ~are Petrus *Dial.* 33 l. 24; **1231** ministros .. matrem ecclesiam ~antes et prelatos ecclesie contemnentes Gros. *Ep.* 5 p. 38; licet .. ~averint .. templa Ockham *Pol.* I 52.

inhonoratio [LL], act of dishonouring, insult, dishonour, disgrace.

c**802** litterae .. querimonias continentes de ~one hominum suorum *Ep. Alcuin.* 247 p. 399; **1160** cardinalium .. ~o J. Sal. *Ep.* 59 (124 p 206); Walt. Wimb. *Carm.* 588 (v. devirginatio); propter timorem pene vel confusionis aut ~onis vel damni temporalis Ockham *Dial.* 593; seniorem .. †in honorationibus [l. ~onibus] illiberalibus [punire] Bradw. *CD* 14D (cf. Aristotle *Pol.* 1336b 11: ἀτιμίαις ἀνελευθέροις); ne ~o, maculacio vel alia perversio occasionetur Wycl. *Ver.* I 116; **1437** in grave tocius ecclesie scandalum et divinorum ~onem *Stat. Linc.* II 403; propter ~onem quam rex Willelmus fecit dicto regi Johanni .. castrum funditus evertendo in despectum illius *Plusc.* VI 41 p. 46.

inhonore [?LL, v. *TLL* s. v.], without honour or respect, with indignity.

injuriis se inhonestatum, suspendio proximum, sceleratorum violentiam ~e perpessum *G. Steph.* 30.

inhonorificare [LL], to dishonour.

aliter Deum suum ~at, cum torperet ab edificancia matris sue Wycl. *Civ. Dom.* III 3.

inhonorifice [cf. LL inhonorificus], without honour, dishonourably.

1188 equis .. ablatis, pede ad nos ~e reversi sunt *Ep. Cant.* 171 p. 147.

inhonorificentia [LL], dishonour, disfigurement.

gemebat maculam importunam que pupille luminis invidebat et ~iam ingerebat W. Cant. *Mir. Thom.* VI 45.

inhonorus [CL]

1 (of person) not honoured, obscure.

a rege petiit ut, qui se dignatus honore fuisset, non ~um victitare permitteret W. Malm. *GP* II 83 p. 182; [Aldhelmus] semper infra meritum jacuit, semper .. ~us latuit *Ib.* V *prol.* p. 330; hactenus indigenis pene incognitus et ~us inter illos visus fuit R. Cold. *Cuthb.* 68 p. 139.

2 (of abstr. or thing) that does not confer honour.

jacuit aliquandiu ~a sepultura in .. ecclesia W. Malm. V 240 p. 394; [Christus] tibi non momentaneos et ~os honores .. restituet sed eternos in celis J. Sal. *Ep.* 170 (206).

inhoreare v. inhorreare. **inhormus** v. enormis.

inhorreare [1 in + horreum], to bring (crop or tithe) into granary or storehouse; **b** (w. ref. to wine).

a**1248** cariabit illud bladum ad horreum domini .. et cum bladum fuerit plenarie †inhortatum [? l. inhoriatum] exibit .. (*Cust. Preston, Sussex*) *Doc. Bec* 85; operabitur .. cotidie preter sabbatum quousque bladum fuerit inhoreatum *Cust. Taunton* 25; **1349** proviso quod fructus autumnales ~antur in solo ecclesiastico *Reg. Heref.* 396; **1397** xx acre aven' inorriat' .. fenum xij acr' prati inorreat' *IMisc* 267/10; **1415** omnia blada mea .. inorriata et seminata *Reg. Cant.* II 39; **1428** onus colligendi et inhorriandi hujusmodi fructus subire *Ib.* 195; **1434** decime garbarum et feni postquam fuerint inoriate et hospitate (*Indentura*) *MonA* III 568a; **1457** habebit certum spacium in horrio manerii ad inorriandum granum suum *CourtR* 192/51 r. 2. **b** in castro regis, vino ibidem inhorriato non parcens pernoctavit Ad. Usk 25.

inhorreatio [ML], garnering (of crop or tithe).

1417 pro inorriacione garbarum decimalium .. xiiij s. x d. *Ac. Durh.* I 140; **1422** expensis .. factis circa collecionem, cariacionem, et inorreacionem fructuum et decimarum eorundem *Chap. Linc. MS A 2. 32* f. 12; **1424** (v. consummatio a); **1525** inhorracione (v. factura 1e).

inhorrēre, ~escere [CL]

1 a to be or become stiff, stand on end. **b** to be or become thick with projecting points, to bristle (with). **c** to be or become rough, stand out roughly (from a surface).

a cum [delphines] irascuntur, ~escunt pinne Wals. *HA* II 204. **b** furor militum etiam crucifixum sagittis ~ere fecerat W. Malm. *GR* III 270 (cf. id. *GP* II 91 p. 197). **c** incisiva cutem scabies non asperat, illic / nullus inhorrescit scopulus Hanv. II 63.

2 to be or become harsh, grim, severe (sts. w. abl.): **a** (w. winter, storm, or sim. as subj.; also fig.); **b** (w. illness as subj.); **c** (w. period of time as subj.); **d** (var.).

a quadam hyeme, que nivibus et pruinis aspera ~uerat W. Malm. *GR* II 190; Willelmo [II] reverso rursus tempestas intonuit, rursus procella odiorum ~uit *Id. GP* I 50 p. 91; s**1135** hiemps .. tum aspera ~ebat *Id. HN* 459; hyemis .. tempus simul cum noctis tenebris asperius ~uerat R. Cold. *Cuthb.* 16 p. 32. **b** aderat .. monachus .. antiquo intraneorum laborans incommodo; tunc quoque solito gravius ~uerat W. Malm. *GP* V 267 p. 424. **c** s**1140** totus annus ille asperitate guerre ~uit *Id. HN* 483 p. 40. **d** in mislocutione .. que magis ~uit in Londonia (*Leg. Hen.* 22.1) *GAS* 561; avaricie stridulum murmur et habendi prava sitis ~uit (*Quad. Dedicatio* 11) *GAS* 529; pertinax malivolentia diutius inter eos ~uerat Ord. Vit. V 16 p. 432; fames ~escebat, quoniam pabula omnia de die in diem deficiebant *Ib.* IX 9 p. 521; *Ib.* XI 38 p. 296 (v. fructus 4a).

3 to be or become horrible, repulsive; **b** (w. dat. of person).

~ent nigerrime rubete enormitatis insuete, crescentes mole et multitudine Gosc. *Transl. Mild.* 37 p. 209. **b** [mulieres] parum de musco sub lingua teneant, ne ~escant viris [sc. *through bad breath*] Gilb. III 149. 2.

4 to shudder with fear, be or become horrified, afraid.

hic .., consideratis innumeris malis .., ~uit Eadmer *HN* 4; audito .. ululatu femineo primo ~uit, quia dubitabat monstrum illud adesse G. Mon. X 3; Map *NC* III 2 f. 36 (v. expallescere); quo viso miles ~uit [ME: *was adrad*] et fugam meditari cepit *Itin. Mand.* p. 18.

inhorria- v. inhorrea-.

inhorribilis, horrible, loathsome (in quot., n. pl. as sb.).

quorundam vero corda concussa sunt mesticia propter ~ia in dictis articulis contenta Favent 15.

inhortare v. inhorreare.

inhortari [CL], to urge, encourage.

1437 paternitates vestras .. requirimus et ~amur quatinus .. *Reg. Cant.* III 270.

inhospita v. inhospitus.

inhospitalis [CL], unwelcoming, inhospitable.

convictum trahit dedecorose ad ~e hospitium Gosc. *Transl. Aug.* I 43; si per ~es regiones iter agimus, plura viatici causa licet portari quam domi habeamus Peckham *Kilw.* 145.

inhospitare, ~ari [ML]

1 (pass., or dep. intr.) to be accommodated, lodge, reside.

1322 in camera .. magistri R. de B. .. infra curiam ubi .. rex .. ~abatur *Reg. Carl.* II 215.

2 (act., w. person as subj.): **a** (trans.) to give lodging (to), accommodate (person); **b** (absol.) to take lodgers, keep an inn.

a 1225 dedi .. communitati Londonie .. terram .. cum domibus .. ad ~andum .. fratres minorum *Mon. Francisc.* I 494; **1368** de Elizabet de C. pro *leyr* [*fornication*], pleg' Robertus L. quia eam ~at respondebit, vj d. *Hal. Durh.* 74 (cf. ib.: quia eam hospitavit et premunitus fuit per prepositum); **1376** injunctum est omnibus inhospitantibus apud A. quod ~ent omnes extraneos transeuntes ad pedes ita bene sicut eos qui inequitant *Ib.* 138. **b 1376** (v. 2a supra).

3 (w. place as subj.) to accommodate, give shelter (to person).

villa de K. non fuerat sufficienter edificata ad recipiendum seu ~andum .. primatem *Vis. Derry* 7.

4 to occupy (land or sim.).

c**1162** illis hominibus qui .. ibunt in Galweiam causa ~andi et inhabitandi terram de Dunroden *Regesta Scot.* I 230; [monachus apostata] Chironis inhospitat antrum Amund. I 98 (*verse*; *perh. to be referred to 3 w.* antrum *as subj.*).

inhospitatio

1 storage (of crop or tithe).

1397 pro ~one decimarum *CalPat* 186.

2 accommodation, lodging, entertainment (of person).

1442 in factura unius camere .. pro ~one abbatis in adventu domini regis Amund. *app. A* II 258.

inhospitatus [LL *gl.*], (of land) uninhabited, not built on or cultivated, waste.

de rapo de Pevenesel xxxix mansurae hospitatae et xx ~ae *DB* (*Sussex*) I 26ra; a**1119** iij mansure sunt vaste et sunt domus desuper, id est vj b[ovate] ~e *Cart. Burton* 27; c**1142** viam .. proximam muro debere esse liberam et vacuam et ~am *Ch. Heref.* 5 p. 14; a**1248** (v. hospitari 6b); si postea fuerit vastata [terra] per ignem .. potest illam dimittere ~am, donec fuerit aysiatus reedificandi eam *Leg. IV Burg.* 27; **1471** transire .. ad illam terram vastam et ~am jacentem in vico furcarum .. ad dandam sasinam *Scot. Grey Friars* II 216.

inhospitus [CL], unwelcoming, inhospitable (of person or place); **b** (fig.).

terra ~a et inimica Gir. *TH* I 32 p. 66; gens silvestris, gens ~a *Ib.* III 10 p. 151; aula peregrinis tua non sit inhospita prorsus H. Avr. *Hugh* 579. **b** [segnicies] mentis ab excubiis expellit inhospita curas Hanv. I 17; nec divertit Amor ad inhospita tecta Pudoris *Ib.* II 37; *Ib.* IX 396 (v. 1 domus 2f).

†inhudare, *f. l.*

colores enim rhetoricos non attigimus .. nec fontis Castalline venis fluentibus labra inscientie animum †inhudando [? l. in(h)undando] delibavimus R. Cold. *Osw. pref.* p. 326.

inhumanari [LL], to become human (w. ref. to Christ; in quot., ppl. *~atus*).

qui .. praesumunt dicere deiferum hominem eum, et non potius ~atum Deum .. succumbunt anathematismo (*Lat. transl. of Cyril of Alexandria*) Alcuin *Dogm.* 209B.

inhumane, ~iter [CL]

1 a unfeelingly, cruelly. **b** wrongfully, wickedly.

a qui captivorum duriori premerentur servitute et ~ius tractarentur Turgot *Marg.* 9 p. 247; [captivos] beluinis operibus ~e subdunt Ord. Vit. IX 2 p. 467; pirata W. de M. .., homo satis ~e se gerens *Mir. Wulfst.* II 10 p. 154; Johannem .. cum dictis ribaldis ~iter verberavit *G. Durh.* 16 p. 47; [fratres] nos [sc. monachos] in mensa diligunt, sed quando recedunt / nostras inhumaniter vivas carnes edunt *Superst. Pharis.* 108; s**1449** duo venerabiles episcopi .. ~iter sunt occisi Herrison *Abbr. Chr.* 6. **b** impium filium contra patrem ~iter sustenendo *Plusc.* VI 27 p. 22.

2 ignobly, basely.

nec unquam videbatur .. tot .. robustissimos milites tam segniter .. seu tam ~iter vestitisse; invasit enim eos timor *G. Hen. V* 13 p. 90.

inhumanicare [cf. *DuC*], ? to act inhumanely.

~are, per vim inferre Osb. Glouc. *Deriv.* 292.

inhumanitare v. inhumilitare.

inhumanitas [CL], **a** lack of human feeling, heartlessness. **b** unfeeling or heartless act.

a c**1166** consulo quatinus ei .. subveniatis, ne .. vos pudeat et pigeat ~atis vestre in perpetuum J. Sal. *Ep.* 152 (205); homo .. adeo efferate ~atis erit ut .. abjiciat quem nutrivit? P. Blois *Ep.* 70. 219A; que major ~as quam afflictos sic affligere? Gir. *PI* I 20 p. 120 (cf. ib.: humana mansuetudine et misericordia); ?**1253** quem divinitas approbaret, reprobaret ~as Ad. Marsh *Ep.* 192 p. 347. **b** pater .. quantam sibi ~atem filius suus fecerat lamentabili querimonia propalavit Gir. *SD* 14.

inhumaniter v. inhumane.

inhumanitus [ML], unkindly, inhumanely.

virum .. non .. a communi sepultura catholicorum ~us arcendum W. Cant. *Mir. Thom.* V 38 p. 405; ut .. / hoc sentire possim medullitus / quod in passo [sc. Christo] fit inhumanitus J. Howd. *Ph.* 559; s**1351** occisus est .. D. de B. miles ~us et proditiose Fordun *GA* 168 p. 369; s**1354** dux Lancastrie inire singulare certamen cum duce de Bruneswik, qui sua ~us depredavit J. Reading f. 165.

inhumanus [CL]

1 unfeeling, heartless, cruel: **a** (of person); **b** (of thing or abstr.).

a 1093 puto quia et vos, si ~i non estis, eandem dilationem execraremini Anselm (*Ep.* 148) IV 5; aderat .. ~us ille [sc. gigas] ad ignem, cujus ora infecta erant tabo semesorum porcorum G. Mon. X 3; **1167** ~us est et extreme impietatis maculam incurrit .. qui paterna

afflictione non leditur J. Sal. *Ep.* 207 (217); promptus [est] ad dissensiones, ad odia ~us P. Blois *Ep.* 18. 67A; in dubium ergo venit an tucius maris tempestati an hominis ~i se committerent tirannidi *Mir. Wulfst.* II 10 p. 154. **b** ab hac ~a tyrannide hominem avertisses P. Blois *Ep.* 10. 31B; ubi materialis gladius misericors est, gladius ecclesie ~us esse non debet *Ib.* 50. 149B; **c1305** (v. decuratus); *Mir. Hen. VI* I 8 p. 28 (v. 1 facinus).

2 (by misinterp. of source) vast, huge.

[longitudinem Hibernie] arbitror ipsi [sc. Solino] incognitam, quoniam insulam ~e magnitudinis esse testatur Gir. *TH* I 3 (cf. Solinus, *Collectanea* 22.2: Hibernia ei [sc. Britanniae] proximat magnitudine, ~a [*savage*] incolarum ritu aspero).

inhumare [?LL], to bury, inter.

occidatur et cum dampnatis ~etur (*Quad.*) *GAS* 221 (AS: *slea mon hine and on ful lecge*); (*Leg. Hen.* 92. 12) *GAS* 608 (v. defodere 3); **1396** monasterium vestrum .. in quo corpus ipsius regis ~atum existit *Reg. Aberbr.* II 45; **1442** in quibus corpora parentum mei .. quiescunt ~ata (*Test.*) *Reg. Cant.* II 620; apud G. post mortem ~atus requiescit *Plusc.* VI 18 p. 10.

1 inhumatio, non-burial.

humatus, -a, -um. quod componitur inhumatus, et hec ~o, -nis Osb. Glouc. *Deriv.* 266; **1326** corpus .. Johannis, quod .. remanet .. inhumatum, .. accedentes .. causam ~onis .. pronuncietis publice *Conc.* II 531b.

2 inhumatio, (act of) burial.

Lazarum .. in sepulchro post ~onem dies habentem E. Thrip. *SS* X 20; **1543** ~o defuncti (*Manuale Sarum*) *Mon. Rit.* I 142; **1663** (v. fanaticus 2b).

1 inhumatus v. inhumare.

2 inhumatus [CL], unburied.

ops apud antiquos terra dicitur, unde inops ~us *Gl. Leid.* 45. 11; corpora occisorum ~a et raptorum infanda crudelitate nudata Gosc. *Transl. Mild.* 5 p. 160; humana corpora passim per agros ~a jacebant, quia sustulerat eis suus episcopus sepulturam Devizes 38v.

inhume- v. inume-.

inhumilitare, (app.) to hold in low esteem, belittle.

~ans [v. l. inhumanitans] tales locuciones inficeret totum corpus scripture; ideo non est nobis sermo ad talem protervum Wycl. *Ente* (*Sum.*) 36.

inhund- v. et. inund-.

inhundredum [ME, *recorded only from Lat. sources; cf. MED*], in-hundred, intrinsic hundred (prob. comprising or including demesne lands of manor; *cf.* H. M. Cam, *EHR* XLVII (1932) 359–62, *Liberties and Communities* 1963, 71–4).

1180 de dim[idia] m[arca] de ~o de Branton' de misericordia pro tethingis suis *Pipe* 95; **1228** manerium nostrum de Basingestok' cum ~o et omnibus aliis ad firmam illius manerii pertinentibus *BBC* (*Basingstoke*) 307; **1241** ~um de Basingestok' ad predictum manerium pertinet *Cl* 289 (opp. ib.: forincecis hundredis).

iniare v. inhiare.

inibi [CL]

1 in that place, there; **b** (w. ref. to book or text); **c** (w. ref. to work of art).

donaverunt .. reges eidem episcopo civitatem .. ad faciendum ~i sedem episcopalem Bede *HE* III 7 p. 139; **761** (13c) ad augmentum vitae ~i famulantium Christo *CS* 190; **946** (13c) monasterium .. Petri et Pauli eorumque servos sibi inhibi servientes *CS* 1345; [haec maneria] junxit superiori manerio Cleberie et tunc et modo ~i sunt appraeciata *DB* (*Salop*) I 260ra; filium .. ejus .. a villa depellite, nec ei .. ~i facultatem manendi relinquite Anselm (*Ep.* 237) IV 145; **1291** tanto benediccionis munere innibi inpendendo (*DCSal.*) *HMC Var. Coll.* I 347. **b** de libello Scottorum, in quo, ut in ceteris, illa aliquando ~i fortius firmavit de pessimis .. Theod. *Pen.* I 7. 5; licet proposiciones figurative nostre non sunt ~i [sc. in scriptura] expressate Wycl. *Ver.* I 94. **c** passio Christi / sculpta beata nitet .. plura inibique micant, quae nunc edicere longum est Wulf. *Swith.* II 15.

2 to that place, thither.

a1341 ut ~i mitteretur .. laboravit *Pri. Cold.* 27; **1350** duobus garcionibus euntibus apud Ebor' .. pro harnaciis archidiaconi ~i cariandis iiij s. viiij d. *Ac. Durh.* 550; **s1298** (v. hiemalis 3g).

inic- v. et. init-.

inicere (injic-) [CL]

1 **a** to throw, cast, hurl in or on; **b** (refl. and fig.). **c** (*vinculis ~ere* or sim.) to throw into chains, fetters, or sim. (also fig.; *cf.* 3b *infra*). **d** to throw at.

a nec distulit ille .. profanare illud [fanum], injecta in eo lancea quam tenebat Bede *HE* II 13 p. 113; cum .. corpora .. amni .. a paganis essent injecta *Ib.* V 10 p. 300; duo .. laudaverat aera magister, / quae injecit templi vidua nuda gazis Alcuin *Carm.* 11. 24 (cf. *Marc.* xii 42; cf. id. *Ep.* 145, v. gazophylacium 1b); humi traditum corpus venerabile, tumultuario injecto cespite, terrea gleba superjecta W. Malm. *GP* II 74 p. 153; Walt. Wimb. *Carm.* 180–1 (v. fornax 1g, 1 focus 4b); **1371** ipsam A. .. in capite ejus percussit et postea injecit eam in mare *SelCCoron* 47. **b** Ælfegus naucelle injectus ad Grenewic vehitur Eadmer *HN* 5; tantae enim fiduciae erat ut inter torridas Tartari turmas sese, contemto hoste, injecerit [v. l. interjeceret; *gl.*: inmittere] Felix *Guthl.* 27. **c** alios .. vinculis crudeliter ~iunt Ord. Vit. IV 12 p. 306; ille miser ferreis ~itur vinculis Map *NC* IV 6 f. 48v; **c1237** in eadem vincula [sc. amicitiae] etiam me ~io Gros. *Ep.* 44 (v. comprehensor b); **1454** ~ere pedes suos in compedibus [cf. *Sirach* vi 25] *Reg. Whet.* I 146. **d** **1334** (v. halandatio).

2 **a** to pour in (also fig.). **b** (med.) to inject. **c** to insert (into).

a injecta farinula gratie sue J. Furness *Walth.* 35 (v. farinula c); aquam frigidam ~ere [sc. in ollam; ME: *iwarpe þrin*] *AncrR* 144. **b** istud .. ~iatur per clistere Gilb. I 38v. 2; cibus per anum injectus Gad. 6v. 2; due gutte tepide ~iantur in auriculam *Ib.* 115v. 1. **c** injecto per ansas vecte *NLA* II 469 (v. 2 hydria 2b).

3 to place, lay upon (also fig.); **b** (w. *vincula* as obj., *cf.* 1c *supra*); **c** (w. part of agent's body as obj., *cf.* 4 *infra*). **d** to apply (as medicament or sim.).

leve Christi jugum [cf. *Matth.* xi 30] plurimarum collo injicere gentium Alcuin *Hag.* 659A; rupium molibus et avenarum cumulis profundo injectis W. Malm. *GR* IV 355 p. 411. **b** ebrius initiat vobis neu vincula Bachus .. Alcuin *Carm.* 59. 22; fidem ejus appellantibus vincula injecta W. Malm. *GR* II 228 p. 279. **c** [mater] brachia collo ejus injecit G. Mon. III 7. **d** cece mulieris orbes vacuos, sputo injecto, jubar serenum inplevit W. Malm. *GP* I 66 p. 123.

4 (*manum ~ere*) to lay one's hand on; **b** (so as to claim possession or seize); **c** (w. implication of violence; sts. w. *sibi* in ref. to suicide).

navis .. subversa est, omnes .. perierunt; duo soli virge qua velum pendebat manus injecerunt Ord. Vit. XII 26 p. 413; manus initiens quod ferebatur dextera quidem tetigit et humanum esse corpus deprehendit T. Mon. *Will.* I 7 p. 27. **b** capiant quicquid habet; et manus ~iat rex ad dimidium [AS: *fo se cyng to healfum*] (*Quad.*) *GAS* 161; solitus amor studiorum aurem vellit et manum injecit W. Malm. *GR* IV prol. p. 357; custodes exercitus .. manus injecerunt in .. sumarios ipsius cardinalis et eos retinuerunt *G. Hen. II* II 137. **c** sanguineas manus .. in ipsum [Christum] ~ere *Eccl. & Synag.* 101; cum nullus in episcopum auderet ~ere manum Ord. Vit. VII 8 p. 191; Arbogastes sibi manum injecit et se occidit R. Niger *Chr.* I 45 **1293** T. M. manus violentas injecit in A. filiam R. que levavit huthesium *SelPlMan* 169; pagani .. injecentes manus in eum tenuerunt *Eul. Hist.* III 5.

5 **a** (*ignem ~ere* or sim.) to set fire to. **b** (w. storm as obj.) to bring down upon.

a [diabolus] flammas .. ~it oppido *V. Ed. Conf.* f. 49v; incendium .. injicere W. Poit. I 38; Medantum civitatem injectis ignibus cremavit W. Malm. *GR* III 282; ignem tectis injecerunt Ord. Vit. VII 7 p. 176. **b** ventus eis contrarius .. procellam magnam injecit (*Bren. II* 34) *VSH* II 282.

6 to turn (one's eyes or sim.) upon.

ut in quemcumque oculorum gratiam ~eret, statim in amorem sui alliceret W. Malm. *GP* I 51 p. 97; Ketel *J. Bev.* 282 (v. 2 dilectio 1b); ad manum nostram intuitum injeci P. Cornw. *Rev.* I 183 p. 194.

7 to thrust, bring (person) into (situation, condition; in quots., refl.).

quorum precibus sese Lanfrancus medium injiciens Eadmer *HN* 14; **s1141** quod .. ipsi se in captionem comitis incunctanter ~erent W. Malm. *HN* 511.

8 (w. abstr. as obj.): **a** to instill (feelings or sim.) into. **b** to lay or inflict (suspicion, charge, insult, or sim.) on. **c** to impose (name) on.

a trepidationi .. injectae vix sufficere pedum pernicitas credebatur Bede *HE* I 20 p. 39 (= Constantius, *Vita Germani* 18); scrupulum lectori injecimus Alb. Lond. *DG* 13. 5 p. 249; tremulum quatit orbem timor injectus J. Howd. *Cant.* 277; Satanas .. affectum furandi aurum animo ejus injecit (*Bren. II* 12) *VSH* II 274. **b** si crimina inlata et aliquas minus honestas suspiciones injectas diluemus Alcuin *Rhet.* 20; non est culpa in eo ..; / dignum morte in eo poterit quis inicere quicquam? Wulf. *Swith.* II 388; **1189** si quis .. socio opprobrium aut convitia aut odium Dei injecerit *Foed.* I 65b. **c** ignoto corpori .. tandem Miltrudis est nomen injectum Gosc. *Lib. Mild.* cap. 16 p. 68 (cf. ib. 16 p. 84: imposuit nomen).

9 *f. l.*

epimedium sive †injecta [l. vinecta, cf. *TLL* s. v. epimedion] †hasta [v. l. hastam] habet .. edere similem *Alph.* 57.

inicia [dub.; *perh.* cf. agnicium, OF, AN *agnice, agniz*] band, strip, esp. swaddling-band (w. ref. to Jesus, *cf. Luc.* ii 7: *pannis eum involvit*).

~ia gallice *agnyz* (Balsh. *Ut. gl.*) *Teaching Latin* II 53; qui cingi celico nequit cinctorio, / cinctus iniciis est in presepio Walt. Wimb. *Carm.* 109; ave, per quam Deus nascens / ex antiquo puerascens / vinctus est inicia [v. l. in fascia] *Id. Virgo* 104.

inicion, kind of herb, or ? *f. l.*

inicion, i. †coscini [l. costum] *Alph.* 86 (*perh. by corruption of* Indicon, cf. ib. 46 [v. 2 costus], Isidore *Etym.* XVII 9. 4).

†inicior, *f. l.*

mea peticio est †inicior [l. micior, i. e. mitior] et magis caritativa *G. Roman.* 277.

inicus v. iniquus.

inidoneitas [ML], unsuitability, unfitness.

posset contingere quod injustum esset propter ~atem ex peccato restituere sibi [sc. parti spoliate] bona regni Wycl. *Civ. Dom.* I 154; **a1522** propter dicti A. B. inhabilitatem et inydoneitatem *Form. S. Andr.* I 389; cum ~atem ad rem tantam sustinendam omnium seniorum haberet perspectam Ferr. *Kinloss* 64; propriam .. ineptitudinem et, ut ita dicam, ~atem pensans Chauncy *Passio* 140.

inidoneus [ML]

1 **a** (of person) unfit, unsuitable; **b** (w. dat. or abl.); **c** (w. *ad*); **d** (w. *ut*).

a **1188** aeque sicut falsus [procurator] nullus [sc. est], ita infamis nullus, quia non refert an ~eus an nullus *Ep. Cant.* 555 p. 527; **1322** quem idem abbas .., si evidenter ~eus non extiterit, .. loci episcopo presentabit (*Pat* 155 m. 14) *MonA* IV 103; quam [sc. cupiditatem] oportet ducem primo extinguere .. in suis domesticis, quia aliter milites sunt inydonei Wycl. *Civ. Dom.* II 245; **1504** si dictus dominus .. cappellanum presentet .. qui .. pueros .. perfecte erudire non noverit, .. licebit ordinario illum ~eum amovere et alium idoneum .. dare *Reg. Glasg.* 515. **b** puer erat tanto regimine inydoneus Knighton I 51; Joannes Babiolus .. fuit regno ~eus Major IV 17; ne tantis beneficiis simus prorsus ~ei Gardiner *CC* 473. **c** omnes clerici sui sunt inydonei [v. l. ydonei] ad †eximandum [l. eximendum] hereticam pravitatem Wycl. *Ver.* III 305; **1549** illis .. rectoribus, qui juvenes et ~ei ad id [sc. praedicandum] visi fuerint *Conc. Scot.* II 100 (*opp.*: habiles et idonei). **d** ut .. pura veritate perfundentur non sunt inidonii [sc. angeli] Colet *Cel. Hier.* 1 p. 166; pontifex .. quum eundem [hominem] videat ut promissa praestet non esse ~eum *Ib.* 7. 4 p. 269.

2 (of act) unfitting.

cum Croylandiam nihil tangant, supervacaneum et penitus ~eum repento hic imponere *Croyl. Cont. A* 123.

inigere [CL]

1 to drive (animal) into (enclosure).

a1400 (v. 2 clausura 5b).

2 to enact (law), ordain by law (that) (in quots., only in p. ppl. *inactus* and tenses compounded w. it; perh. infl. by *inactare*).

s1459 singula in eo [sc. parliamento] inacta sive inactitata *Reg. Whet.* I 356; **1548** cum per quemdam actum in parliamento .. ordinatum, enactum et stabilitum fuerit, quod .. (*Lit. Regis*) *Foed.* XV 173a.

inignire, to kindle, set on fire: **a** (med., w. ref. to adustion of humours); **b** (fig.).

a sepe melancolicus .. / humor inignitur Garl. *Epith.* V 196. **b** florens Anna sibi florem producit, inignit / sol celestis eum, lucidus igne suo *Ib.* V 257; sincopat interdum vitam mala moecha mariti / dum Veneris clibanum stultus inignit amor *Id. Tri. Eccl.* 106.

inimetas v. nimietas.

inimicabilis [ML]

1 pertaining to or typical of the Fiend, devilish. *Cf. inimicus* 5g.

haec inpudens virago .., licet nomine Christiano uteretur indigna, virum Dei Dunstanum consiliis ~ibus persequi non quievit B. *V. Dunst.* 22; ex ~i nefandi daemonis demonstratione *Ib.* 31; vidit .. quendam ignotum, ignoro quidem utrum ~em seu etiam spiritalem virum *Ib.* 33.

2 a (of abstr.) hateful, repugnant. **b** not loveable.

a malum ex racione mali est odibile et ~e cuicumque BRADW. *CD* 446A; non videtur quod idem .. eidem .. possit esse odibile, ~e seu oditum, inimicum, et eciam amabile, amicabile, amatum sive amicum *Ib.* **b** *unloveable*, inamicabilem, -le LEVINS *Manip.* 4.

3 not loving, inimical.

unloving, inamicabilis LEVINS *Manip.* 137; *envyouse*, ~is *Ib.* 225.

inimicabilitas [ML], distasteful or repugnant quality.

natura .. propter amicabilitatem suam attraheret vinum in sui nutrimentum ..; acetum propter inamicabilitatem suam respuitur et ad locum remittitur lesionis ad dyaforesim faciendam GILB. I 43. 2.

inimicabiliter [ML], in an unfriendly manner.

nusquam decet ut amatores tuos perfectos .. tam inamicabiliter, immo tam inimicaliter parvipendas, despicias BRADW. *CD* 118E.

inimicaciter, ? in the manner of an enemy, or ? *f. l.*

rex Fianachta .. ~iter [? l. inimicaliter] a Laginensibus decollatus est (*Mol.* 19) *VSH* II 199.

inimicalis [LL], hostile: **a** (of abstr.); **b** (of person); **c** (spec. w. ref. to the Fiend, Devil; *cf. inimicus* 5g).

a 838 (12c) si .. aliquis [episcopus] .. contra illum [filium meum] .. ~i questione in aliqua re preliatur *CS* 423; **946** (14c) si quis filius cartam hanc .. ~i zelo corrumpere desideraverit *CS* 818 (cf. *CS* 1142, **964** [12c]). **b 1253** non inferens .. alicui persone .. dampnum .. nisi sit regi ~is vel de .. fautoribus inimicorum regis existat *RGasc* I 356a. **c** cum agonista Dei monstrum hoc ~e spiritali .. intuitu perspexisset B. *V. Dunst.* 16 (cf. ib.: Dei et hominum inimicus).

inimicaliter, in a hostile manner.

838 (9c) nulla .. altercatio alicujus questionis inter nos .. et illum archiepiscopum ~iter exorta sit *CS* 421 p. 589; BRADW. *CD* 119A (v. inimicabiliter).

inimicans v. inimicari.

inimicanter, in a hostile manner, as an enemy.

cum regis inimicis adversus eum ~er agens *G. Steph.* 14.

inimicare [CL = *to make hostile*], **~ari** [LL]

1 (intr.) to be hostile, show hostility (to), be at enmity (with; freq. w. dat., also w. *contra*): **a** (dep. or indeterminate); **b** (act.). **c** (pres. ppl. *~ans* as sb.) hostile person, enemy.

a illi servo quidam ~atur *Simil. Anselmi* 41; inimicis Dei dentibus et manibus ~abantur ORD. VIT. IX 13 p. 582 (cf. Baldericus *PL* CLXVI 1132A); [amicor, -ris] componitur ~or, -ris OSB. GLOUC. *Deriv.* 7; non inimicantis gentis sit turma vocata / insimul ad cenam D. BEC. 1379; **s1175** dum ipse et filii sui ~abantur [v. l. ~abant] *G. Hen. II* I 94; pervicaciter ~antes .. regno caritatis dominice AD. MARSH *Ep.* 247 p. 461; OCKHAM *Dial.* 598 l. 18 (v. diffamare 2a); statuta .. contra que fratres minores maxime ~antur *Meaux* II 323; huic vacantes vicio quod maxime ~atur anime *Reg. Whet.* II 384; *to make enmy*, ~ari *CathA*. **b** 'veritatem dico' [*Rom.* ix 1] ne quis diceret deprimere se legem quia ~aret Judaeis LANFR. *Comment. Paul.* 134. **c s1190** ~antium in parte delevit invidiam *Itin. Ric.* II 21; si jam tuos inimicos .. diligas, foveas persequentes, ~antes enutrias P. BLOIS *Serm.* 768C.

2 (trans.) to treat with hostility, maltreat.

vernans rosa ab estu ~ata pestifero .. pallorem induit senectutis *FormOx* 448.

inimicarius, hostile, (as sb.) adversary.

~ius, adversarius OSB. GLOUC. *Deriv.* 295.

inimicia v. inimicitia.

inimicitia [CL], enmity, hostility, feud (between individuals or groups; pl. sts. in sg. sense).

propter ~ias .. regis in patria .. sua recipi non potuit BEDE *HE* IV 13 p. 230; materies belli acrioris et ~iae longioris *Ib.* IV 19 (21) p. 249; unam hidam quam praefectus villae hujus propter ~iam quamdam ab isto manerio abstulit *DB* (*Surrey*) I 32rb; de peccunia etiam que pro pace vel ~ia vadiata est (*Leg. Hen.* 59. 4) *GAS* 578; Offa .. contractis ~iis cum Cantuaritis eum primatu spoliare conatus est W. MALM. *GP* I 7; **c1213** gravissime semper ille sunt ~ie que sub specie et fuco amicicie latent GIR. *Ep.* 7 p. 256; alii [tristes] ~ias [TREVISA: *enemyte*] alicujus formidant BART. ANGL. IV 11; nulla pejor ~ia [ME: *feondschipe*] quam que spem habet amicicie *AncrR* 28; **s1294** capitalis ~ia orta est inter Edwardum regem Anglie et Philippum regem Francie *Feudal Man.* 106; **s1346** inter quos antiqua †inimicia [l. ~ia] regnabat *Plusc.* IX 40.

inimiculus, little or contemptible enemy, or ? *f. l.*

erat consilium Altissimi ut hec civitas [sc. Jerusalem superna] reedificaretur ex hominibus tamquam ex .. vivis lapidibus; .. placet ei quod de nobis qui ~i [? l. (h)omunculi] sumus repararetur ruina angelorum; .. suscitet queso Dominus de ~is [? l. (h)omunculis] angelos .. P. BLOIS *Serm.* 678A–B.

inimicus [CL]

1 (adj., of animate being) unfriendly, ill-disposed, hostile (to; freq. w. dat.): **a** (of individual person, mind, or sim.); **b** (of nation or other group); **c** (of animal or monster); **d** (*homo ~us* denoting the Fiend, Satan; *cf. Matth.* xiii 28, 39 and 5g *infra*).

a mortuo rege ~o patriam sunt redire permissi BEDE *HE* III 1 p. 127; ob hoc se iratos fuisse et ~os regi, quod ille nimium suis parcere soleret inimicis *Ib.* III 22 p. 173; **840** (11c) ~i homines *CS* 430; cujus in obsequio conjunx inimica manebat FRITH. 941; mens inimica suo mox defectura veneno *Ib.* 1101; quis enim me reconciliabit filio ~a matre [sc. Maria]? ANSELM (*Or.* 6) III 16. **b** gens inimica Deo jam tue tecta tenet ALCUIN *Carm.* 9. 46; **799** (v. gens 1a); inimica seges, igni tradenda perenni [i. e. *enemies of Wilfred*] FRITH. 648; inimicae gentis alumnos WULF. *Swith. prol.* 494; ~um agmen [i. e. *pertaining to the enemy*, cf. 5b infra] ORD. VIT. VIII 3 p. 285; inter partes ~as gravis guerra exorta est *Ib.* XI 4 p. 186. **c** Scylla monstrum nautis ~issimum [v. l. ~um] *Lib. Monstr.* I 14; boa, -e, pro nomine serpentis bobus ~i OSB. GLOUC. *Deriv.* 69; *Best.* 92 f. 50 (v. hydrus 1a). **d** †**966** (16c) quocumque colore sua machinamenta homo seminaverit ~us *CS* 1179 p. 441; si quid et ego ~us homo seminavimus ibi [sc. in anima mea] quod igne sit comburendum ANSELM (*Or.* 19) III 73; **c1212** ~us homo .. tritico nostro puro .. zizania superseminavit GIR. *Ep.* 5 p. 200.

2 (of abstr. or thing, by transference or personification).

~a *unholde GlM* 28.411 (*GlS* 214 adds: *feond*; *relates to* Sedulius, *Carm. Pasch.* IV 157: ~a omnia virtutis; **p936** (10c) ne quid fraus inimice gerat (*vers.*) *CS* 710; ne quid de me ~um crederet ANSELM (*Ep.* 12) III 116; manicis .. inimicis R. CANT. *Malch.* I 340 (v. gerro); rex .. ~a vi ventorum compulsus G. MON. III 2 (cf. *G. Hen. V* 21); ~o .. immissi lapidis .. ictu OSB. GLOUC. *Deriv.* 278.

3 a harmful or injurious (to); **b** (of period of time). **c** resistant (to; unless quot. referred to 1c *supra*).

a intus grassari ardor ~us ceperat GOSC. *Edith* 71; **p1093** otiositatem .. sicut rem ~am animarum vestrarum a vobis excludite ANSELM (*Ep.* 231) IV 137; hec colera nigra est nature ~a [TREVISA: *enemye of kinde*] BART. ANGL. IV 11; natura .. corporis adhuc viventis sanguinem ut sibi amicum attraheret, aerem vero infectum tamquam ~um excluderet NECKAM *NR* II 98 p. 182; sollicitudines et vigilie ~i sunt nature *V. Ed. II* 240; hix fabellas addit plures .., / demones salvandos fore .., / quod est nimis inimicum fidei catholice (*Vers. de Brendano*) *VSH* II 293. **b s1237** annus .. sanitati ~us M. PAR. *Maj.* III 470 (v. flagitiosus a); **s1245** *Id. Min.* II 511 (v. depraedativus). **c** per capreas .. et cervos, munda videlicet animalia venenorum ~a, virtutum opera spiritalium figurantur BEDE *Cant.* 1107.

4 disliked, hated, hateful (freq. w. dat.).

est inimica mihi, quae cunctis constat amica, / .. lampas Titania Phoebi ALDH. *Aen.* 97 (*Nox*) 7; haec inimica mihi [sc. hiemi] sunt, quae tibi [sc. veri] laeta videntur ALCUIN *Carm.* 58. 31; **801** quid tu, ~a, tempore inportuno me opprimis, febris? *Id. Ep.* 229 p. 373; apibus ~am hanc terram asserunt GIR. *TH* I 6 p. 29; phantasmati cuilibet ignem semper ~issimum *Ib.* II 12 p. 95.

5 (m. or f. sb.) enemy, foe, adversary: **a** (w. ref. to private enmity or feud); **b** (in mil. context; sts. collect. sg.); **c** (w. ref. to the king's enemies); **d** (*~us publicus, rei publicae, pacis*); **e** (*~us Dei, deorum*); **f** (*~us ecclesiae, fidei*); **g** (denoting the Fiend, Satan, or a demon, evil spirit; *cf.* 1d *supra*); **h** (denoting death, *cf. I Cor.* xv 26).

a [sacerdotes] veritatem pro ~o odientes et mendaciis ac si carissimis fratribus faventes GILDAS *EB* 66; Dominus praecepit diligere ~os [*Matth.* v 44] BEDE *Ep. Cath.* 91; [Stephanus] veniam rogitans inimicis morte sub ipsa [cf. *Act.* vii 59] ALCUIN *Carm.* 88. 6. 3; si tuus esuriens inimicus adesse videtur [cf. *Rom.* xii 20] WULF. *Swith.* II 1001; **c1105** comitem .. exheredare et hereditatem ejus ~o suo tradere ANSELM (*Ep.* 322) V 252; ut nec ipsi neque nos alterius servum vel ~um [AS: *gefan*] receptemus (*Quad.*) *GAS* 224; majoris meriti est benefacere ~is quam amicis T. CHOBHAM *Praed.* 192. **b** ~is .. praedas in terra agentibus strages dabant GILDAS *EB* 20; ~i .. illam regionem suo dominio subdiderunt ASSER *Alf.* 33; **966** (10c) omnia ejus peculia ~i vastantes diripiant *CS* 1190 p. 463; patriam .. nequeas ab ~is tueri? G. MON. XI 9; antequam rex ad ~i castre venisset ORD. VIT. X 10 p. 60; domina quedam a suis ~is [ME: *fan*] undique fuit obsessa, terra ipsius destructa *AncrR* 153. **c** si quis eum vindicare presumat .. sit ~us [AS: *fah*] regis et omnium amicorum ejus (*Quad.*) *GAS* 161; Henricus .. rex omnes ~os suos .. humiliavit ORD. VIT. XI 23 p. 236; **1203** ad forisfaciendum ininmicis [*sic*] nostris *Pat* 24b; **s1237** electus erat ~us regis et regni, quia .. fecerat regi Scocie fidelitatem GRAYSTANES 4; **1335** (v. discarcare 1c); **1460** (v. hostis 1e). **d** fortasse ab ~is rei publice perimieretur G. MON. V 10; **s1313** ut publicum ~um terre .. tociens exbannitum destruerunt TROKELOWE 80; ?**13**.. forisstallarium .. est .. tocius communitatis et patrie publicus ~us *StRealm* I 203 (cf. *MunAcOx* 184 [**c1356**] s. v. depressor a); **s1400** pacis ~i (v. domare 1b). **e** o ~i Dei et non sacerdotes GILDAS *EB* 108; ~i Dei omnes amatores mundi BEDE *Ep. Cath.* 32 (cf. *Jac.* iv 4, ANSELM (*Or.* 11) III 43: [anima mea] ~am Dei se constituit); ~um deorum suorum WILLIB. *Bonif.* 6 p. 31 (v. devotare 1); Judeos, hereticos, Sarracenos .., quos omnes Dei appellant ~os ORD. VIT. IX 6 p. 495 (cf. Baldricus *PL* CLXVI 1071B). **f** †**938** (?11c) quicumque huic .. ecclesiae ~us vel adversarius seu exterminator extiterit *CS* 727 p. 436; **966** (10c) ~os sanctae Dei aeclesiae *CS* 1190 p. 459; ecclesia .. nullam umquam ab ~is fidei tulit injuriam W. MALM. *GR* IV 367; **1415** infestacioni inamicorum .. ecclesie *Reg. Heref.* 87. **g** subtilitas ~i, qua circa caelestium virorum corda volitet BEDE *Prov.* 1025 (cf. ib.: immundorum spirituum .. malignum hostem .. daemonibus est.); diriguntur angeli / ne laedere inimici .. mortales praevaleant ALCUIN *Carm.* 120. 3; ipsum ~um [AS: *fiond*] eradicare et explantare *Rit. Durh.* 121; **950** Jhesu Christi .. per quem totus terrarum orbis ab antiquo humani generis ~o liberatus est *CS* 887; diabolus .. omnium bonorum ~us ORD. VIT. VI 9 p. 71; **c1212** ~us ille .. et hostis antiquo GIR. *Ep.* 5 p. 206; tam conspicuos habebat humani genesis †immicos [l. inimicos] ut .. DOMINIC *Acta Prob.* 322 (cf. ib.: hoste antiquo daemone, diabola); *Alph.* 182 (v. emplastrare 1b). **h** necdum antiqua ~a destructa est mors BEDE *Cant.* 1209.

inimitabilis [CL], that cannot be copied or matched, inimitable.

sicut Ambrosius familiari illo suo et aliis ~i nectare docet W. MALM. *Mir. Mariae* 115; in religione .. constituenda adeo solicite egit rex David ut .. exemplo ~i posteritatem evincere concupierit FERR. *Kinloss* 15.

inimitandus, inimitare v. imitari.

inimpedibilis [ML], that cannot be prevented from taking effect.

[Deus] novit determinacionem voluntatis sue respectu eorum ad que voluntas sua est immutabilis et †impedibilis [l. inimpedibilis] DUNS *Sent.* II 37. 2. 8; in salvatore nostro .. concurrunt ~is [MSS: inimpedilis, inpedibilis] †ominpotencia [l. omnipotencia], infallibilis *Spec. Incl.* 2. 2 p. 98.

ininficere v. 1 inficere.

ininhabitabilis [LL dub.], uninhabitable, or ? *f. l.*

scitis quia locus iste pene ~is [v. l. inhabitabilis] est propter aquae penuriam *V. Cuthb.* III 3.

ininhaerens, (log.) not inhering.

ista .. sunt impossibilia, cum necessario sint multa encia .. que nec sunt substancie nec accidencia; extendendo tamen nomen substancie ad omne ens ininherens [v. l. non inherens], foret concedendum talia esse substancias WYCL. *Log.* I 154.

insidiater v. insidianter.

inintellegibilis [LL], that cannot be understood, unintelligible.

948 (14c) omnipotens factor .. quecumque abdita aut se ostendentia sint inscrutabili atque †intelligibili [l. inintelligibili] dispensatione disposuit *CS* 870 (= 875 [**949** (12c)]); ~e, melius Deo, et multa talia possunt intelligi WYCL. *Ente* 63; quidam .. incidunt in tantam demenciam ut concedant se intelligere ~e et quod non potest intelligi *Id. Ver.* II 116.

inintellegibilitas, incapability of being understood, unintelligibility.

nec culpa fuit ~atis verborum Christi NETTER *DAF* II 84va.

inintermissus, not interrupted, continuous.

cum .. vigil ~is [v. l. intermissis] orationibus cujusdam noctis intempesto tempore perstaret FELIX *Guthl.* 31 p. 100.

ininterrupte, uninterruptedly, or ? *f. l.*

contra .. scelerum funem per tot annorum spatia interrupte [v. l. indirupte; ? l. ininterrupte, cf. *TLL* s. v.] lateque protractum GILDAS *EB* 1.

ininvestigabilis [LL], that cannot be traced or found out.

quam .. ~es [sunt] vie ejus BACON *Maj.* II 162 (= v. l. *Rom.* xi 33).

ininvicem [LL; al. div.], (to) one another, mutually.

contendunt hinc rex illinc regina contentione Deo grata, in invicem quoque non injocunda *V. Ed. Conf.* 49v; *G. Steph.* 28, *Reg. Whet.* I 337 (v. invicem 3b).

inique, iniquiter [CL], unjustly, wrongfully. **b** (in religious context) wickedly, sinfully.

~e *unriht GlS* 213; *GlH* F 997 (v. furtum 1a); ~e se alienavit iniquus W. POIT. I 13; confusis perfidos operuit et despicabiles illis etiam quibus ~e adulati fuerant effecit ORD. VIT. X 19 p. 115; ~e, ~ius, ~issime adverbia OSB. GLOUC. *Deriv.* 185; **1231** audistis quam ~iter et infideliter Lewelinus .. se gesserit erga nos *RL* I 402; **s1328** (v. despective). **b** vos autem moniti a patre vestro diabolo ~e Salvatorem malis actibus denegatis GILDAS *EB* 109; †**604** (v. emendare 5a); omne .. quod ~e committitur vel cogitatur ad peccatum est referendum BEDE *Ep. Cath.* 118; **c970** (12c) qui .. ejusdem libertatis gloriam violare inique [*sic*] presumpserit .. inferni miseria puniatur *CS* 1151; Jesu, cui ~e peccavi, Domine, quem nequiter contempsi ANSELM (*Or.* 11) III 44; qui ~e opiniones hereticales sapit et impias, pertinax est reputandus OCKHAM *Dial.* 465 l. 41; **1457** considerando meipsum peccasse graviter †inqueque [l. iniqueque] informasse .. populum Dei *Reg. Whet.* I 286.

iniquitare [cf. iniquitas], to treat unjustly, or ? *f. l.*

1317 quod si contingat dictum J. S. per aliquem super pacifica possessione ejusdem terre .. injuste gravari seu iniquitari [? l. inquietari] .. *Arch. Bridgw.* 76.

iniquitas [CL]

1 a unevenness, roughness (of ground; quot. perh. to be referred to b *infra*). **b** unfavourable or adverse nature.

a de ~ate locorum ubi M. pascit oves R. CANT. *Malch. cap.* p. 45. **b** omnis temporum ~as mature decidit succedente Edgaro fratre W. MALM. *GP* V 251.

2 injustice, unfairness (esp. w. ref. to leg. process or sim.); **b** (w. ref. to false measure). **c** (*de ~ate*) unjustly, wrongfully.

judicia .. investigabat qualia fierent, justa aut etiam injusta; aut vero si aliquem in illis judiciis ~atem intelligere posset .. ASSER *Alf.* 106; arguenti ~atem partitionis regi "immo", inquit, "bene feci et eque" W. MALM. *GP* V 240 p. 393; justitiam .. vendere ~as est J. SAL. *Pol.* 568D; **s1320** (v. 2 discussio 2a); in lege .. nulla est falsitas aut ~as, set ubique in ea veritas et equitas GROS. *Cess. Leg.* I 2. 12. **b** ille .. qui bona in publico et mala agit in occulto pro ~ate librae dolosae abominatur a Domino [cf. *Prov.* xi 1] BEDE *Prov.* 971; **1275** (v. 4b infra). **c** *GAS* 321 (v. de 10a).

3 a wickedness, sinfulness. **b** (leg.) criminal behaviour, criminality.

a apud eos [sc. Graecos] ~as ἀνομία vocatur BEDE *Ep. Cath.* 100; ut .. quaedam peccata .. tanta ~ate patrentur ut .. factorem suum .. aeternam mergant in poenam *Ib.* 118; **956** (13c) idem crimen [sc. Adae] .. ad operandum extunc naturaliter ~atem omnes jure constrinxerat *CS* 949; quia est tam magna mea ~as ANSELM (*Or.* 6) III 17; iste .. D., dolo plenus et ~ate *Chr. Rams.* 325; ?**c1280** resistentes subruunt iniquitatis nati [AN: *li fiz de felonie*] (*De temporibus* 9) *Pol. Songs* 134; si major sit †iniquitias [l. ~as] quem ut veniam merear [cf. *Gen.* iv 13] UHTRED *Medit.* 204. **b** **1221** et juratores testantur quod legales sunt et quod nichil sciverunt de ~ate sua *PlCrGlouc* 69.

4 (sg. or pl.) **a** wrongful, wicked or sinful act. **b** (leg.) criminal act, crime, fraud.

a Joel monens inertes sacerdotes ac deflens detrimentum populi pro ~atibus eorum GILDAS *EB* 83; cum nos in ~atibus conceptos et in delictis esse natos dicimus [cf. *Psalm.* l 7] BEDE *Cant.* 1070; **c801** si agnoscimus peccatores nos esse et confitemur ~ates nostras ALCUIN *Ep.* 223 p. 367; Osurius .. Ceddam .. intrusit tribunali Eboracensi; sed hec ~as .. correcta est W. MALM. *GP* III 100 p. 211; tunc hostis confunditur quando in confessione omnes ejus ~ates [ME: *cweadschipes*] revelantur *AncrR* 113; fomentum peccatis et ~atibus ministrare OCKHAM *Pol.* I 40. **b** **1275** quia S. le B. .. inventus fuit .. ulnando canobum in selda Thome .. et Johannis .. per falsam ulnam .., incopati fuerunt .. mercatores predicti .. tamquam ~ati predicte consencientes *SelPlMan* 154 (*perh. to be referred to 2b* supra); **1286** propter latrocinum seu aliam ~atem vel feloniam *BBC* (*Bakewell*) 169.

iniquiter v. inique. **iniquitias** v. iniquitas 3a.

iniquus [CL]

1 a uneven (in quot., of horse, w. ref. to pace). **b** unequal (of exchange, comparison, division).

a pontificalis equus est .. / .. morsor, percursor iniquus / nequam propter equam, nullamque viam tenet equam *Ps.*-MAP 85. **b** abstulit Sancto Martino M. et H., pro quibus dedit canonicis ~am commutationem *DB* I 2rb; ~a comparatione factum hujus cum illorum facto pensitetur W. MALM. *GP* I 44 p. 72; ~a et impar fuit ea divisio, ut unus duos tantum pagos, alter totum regeret .. *Ib.* V 223 p. 375.

2 unfavourable, adverse, injurious; **b** (of mil. position, fortune of battle).

induens fortitudinem, brachium Domini, in tempore ~o [cf. *Is.* li 9] GOSC. *Transl. Mild.* 4; huic [arbori] adversarius boreas superveniet atque ~o flatu suo tercium illi ramum eripiet G. MON. VII 3; diversas medicinas ~as et magis periculosas eidem morbo .. apposuit *Reg. Brev. Orig.* 112. **b** Anglos cum Britannis .. ~o Marte confligere W. MALM. *GR* I 49 p. 51; fugam meditabantur, quod ~o Christianis loco pugnaretur *Ib.* II 119.

3 unfriendly, hostile.

rex .. / de .. suis praedis extorrem trusit inicus *Mir. Nin.* 112; ut reges ~o intuitu aspiciant si quos in spem regni adolescere indeant W. MALM. *GR* II 106 p. 105; cupio .. devitare ne pars ~a inveniat aliquid super me unde .. possit accusare me ORD. VIT. XII 35 p. 445.

4 unjust, unfair, wrongful: **a** (of law, judgement, or sim.); **b** (of abstr.). **c** (*~um est* or sim., w. inf. or *ut*) it is (*etc.*) unjust that . . . **d** (n. as sb.) unjust thing, injustice.

a qui .. eos [sc. sanctos] ~o judicio condemnit BEDE *Ep. Cath.* 32; prenditur interea quidam sine crimine furti, / nec mora, judicio fuit et dampnatus iniquo WULF. *Swith.* II 467; licet ~am nolint ferre sententiam J. SAL. *Pol.* 569A; [appellans] postquam de ~a appellacione fuerit convictus .. est graviter puniendus OCKHAM *Dial.* 548 l. 28; **s1433** legem ~em (v. gehenna c). **b** **1031** nulla mihi necessitas est ut ~a exactione pecunia mihi congeratur (*Lit. Regis*) W. MALM. *GR* II 183 p. 223; **1339** (v. damnare 1a); ad liberandos homines .. de servitute ~a (*Aed* 28) *VSH* I 42. **c** ~um videri ut, quos tutari debeas, eos .. inauditos adjudices W. MALM. *GR* II 199 p. 242; neminem nisi quem non damnare ~um foret damnavit ORD. VIT. IV 1 p. 164; cum .. ~um sit vendere quod debetur J. SAL. *Pol.* 568D. **d** ~um postulat, ut imperio decedat W. MALM. *GR* III 238 p. 298; judicem oportet esse religiosissimum et qui omne ~um morte ipsa magis oderit J. SAL. *Pol.* 568C.

5 a (of person who falsifies weight or measure); **b** (of false weight or measure).

a qui jure quasi ~us ponderator abominatur a Domino BEDE *Prov.* 998. **b** qui enim aliter causam pauperis, aliter potentis, aliter sodalis, aliter audit ignoti, statera utique librat ~a [cf. *Prov.* xi 1: dolosa] *Ib.* 971; est autem alio modo ~um pondus et injusta mensura T. CHOBHAM *Praed.* 214.

6 wicked, evil, sinful: **a** (of person); **b** (as sb. m.); **c** (transf. to part of body); **d** (of abstr.); **e** (of the world); **f** (transf. to physical object). **g** (as sb. n.) wicked deed, (sg. only) wickedness, evil, wrong.

a ~i reges 'principes Sodomorum' vocentur [*Is.* i 10] GILDAS *EB* 42; en lare torrenti testis conflagrat iniquus ALDH. *VirgV* 950; non regi aut ducibus justus parcebat iniquis ALCUIN *SS Ebor* 1478; quem [mucronem] manus abstulerat .. latronis iniqui WULF. *Swith.* I 303; omnia que .. ~us heres nequiter abstulerat ORD. VIT. XI 45 p. 307; **1288** iniquitatem iniquitati superaddens tamquam filius ~issimi perditoris *MunAcOx* I 43; si sis mendicus nec criminis est tibi labes, / plus bonitatis habes in te quam dives inicus (*Vers. Proverb.* 96) *Medium Ævum* III 12. **b** licet hoc unum exemplum .. ad corrigendos ~os abunde sufficeret, tamen .. GILDAS *EB* 30; ~orum vocabulo [*Prov.* xxi 18] generaliter omnes mali designari [sc. possunt] BEDE *Prov.* 1000; ALCUIN *SS Ebor* 1380 (*opp.* justis; v. econtra 2a); quando justus ab ~o percutitur ANSELM (*Ver.* 8) I 187; ille ~us [i. e. *the Devil*] per cujus invidiam de paradiso Adam cecidit ORD. VIT. VI 10 p. 124; **c1212** tanquam iniquos et obstinatus dignus habeatur hostiliter irrideri GIR. *Ep.* 5 p. 204; **1460** ~os et paci patrie contrarios *Paston Let.* 611. **c** non alienus eam [viam] pedibus percurrat iniquis, / non fur, falsiloquus quisquam ALCUIN *Carm.* 105. 5. 5; labiis ~is ROLLE *IA* 170 (v. dolosus). **d** quid .. deformius quidque ~ius potest humanis ausibus .. intromitti negotium quam Deo timorem .. denegare ..? GILDAS *EB* 4; [Maximus] thronum ~issimi imperii apud Treveros statuens *Ib.* 13; incesti .. fugit crimen iniquum ALDH. *VirgV* 1868; multi fidem .. ~is profanabant operibus BEDE *CuthbP* 9; donec ipse miser culpam cognovit iniquam ALCUIN *WillV* 20. 22; **825** (9c) quas [sc. injurias] .. ~a pravitate perpetrasset *CS* 384; de antiqua immo ~a, consuetudine, semper .. securim bajulant, ut iniquitatis affectum facilius perduxerint ad effectum GIR. *TH* III 21; **s1318** (v. decalogus 1a); **1425, 1540** (v. dogmatizatio b). **e** daemon in hoc mundo furit insidiosus iniquo (*Vers.*) ORD. VIT. XI *prol.* p. 160. **f** ~us thorus [*Sap.* iii 16] est lectus illiciti concubitas HOLCOT *Wisd.* 147. **g** et si [reprobi] suadent ~a, superantur justorum sapientia BEDE *Prov.* 941; qui bona dissuescit, mox hic consuescit iniqua ALCUIN *Carm.* 62. 29; in se nil cupiat pravi, nil optet iniqui [v. l. inique] *Ib.* 85. 1. 27; cum adhuc per etatem discernere nequiret inter rectum et ~um *V. Chris. Marky.* 2.

inire [CL]

1 (trans.): **a** to go into, enter (place). **b** to join (group of people), take part in (social gathering). **c** to penetrate (in sexual intercourse). **d** (w. abstr. as subj.) to enter (person).

a priusquam tecta .. inisset ALCUIN *SS Ebor* 704; Marcellinus init et Petrus fulgida regna *Kal. M. A.* 331; luce sequenti / Phebus inivit / signa leonis (*Epitaph.*) ORD. VIT. V 3 p. 311; amore .. illius Locrinus captus voluit cubilia ejus inire G. MON. II 2; ne .. diabolus .. foratam [sc. clausuram] ineat W. RAMSEY *Cant.* f. 189v (v. 1 forare 1). **b** nondum .. societatem sanctae fraternitatis inierant BEDE *Ep. Cath.* 118; [Willelmus I] convivia in precipuis festivitatibus sumptuosa .. inibat W. MALM. *GR* III 279. **c** cum qua zelotypus, hanc qui dilexit inire, / ludos incepit perteneros Veneris *Latin Stories* 175. **d** tempore preterito, cum raptor, adulter et esset / rex homicida David, gratia inivit eum L. DURH. *Dial.* III 294.

2 to commence, set out on (journey or sim.); **b** (w. ref. to pilgrimage or crusade); **c** (in exprs. signifying death, *cf.* 7b *infra*). **d** (*fugam inire* or sim.) to turn to flight, begin to flee (cf. quot. under 8 *infra*).

iter in Italiam inierunt ORD. VIT. III 5 p. 91; reciprocum callem inierunt *Ib.* X 12 p. 69; iter repedandi immo fugiendi velociter inivimus *Ib.* XII 21 p. 384; Britones viam ineunt cum captivis G. MON. X 5. **b** Urbanus papa .. iter in Jerusalem contra paganos inire Christianus admonuit ORD. VIT. V 9 p. 375; ad ineundum iter sancti Egidii xvj libras .. habuit *Ib.* V 16 p. 428; en Jerosolimitarum iter divinitus initur *Ib.* IX 1 p. 457. **c** cum mortis viam iniret W. MALM. *GP* V 242; docens viam universe carnis esse quam inituris erat G. MON. VI 14. **d** B. *V. Dunst.* 14 (v. fuga 1a); rex Scottorum .. fugam iniit W. MALM. *GR* I 47 p. 47; Turci .. qui fuge presidium inire volebant ORD. VIT. X 20 p. 128.

3 a to enter into (pact, agreement, alliance, or sim.). **b** to decide by agreement, agree on. **c** to enter into (relationship). **d** to become involved in (affair or business).

a **705** pacem verbis firmabant foedusque ingerunt [i. e. inierunt] ut exules eliminarentur WEALDHERE *Ep.* 22; pactum quod cum .. rege inii BEDE *HE* II 12 p. 108; ita concordia inita .., pacis tranquillitas .. ciras depulit W. MALM. *GP* I 50 p. 91; **1259** pacem .. inivimus (v. effectualiter 1a); **1277** potestatem .. iniendi [*sic*] et firmandi composicionem inter nos et vicecomitem *RGasc* II 27a; **1302** ex pacto .. inhito (v. 1 cornarius 1); prudenter acceptis singulis que tractatus continebat initus *Ps.*-ELMH. *Hen. V* 89 p. 249; **a1436** nullus nostrum .. amicitias cum aliquo .. contrahet, iniet aut firmabit BEKYNTON I 142. **b** **1268** ut cum .. comite et Rogero diem aliquem .. ineatis .. ad interloquendum et tractandum super injuriis .. predictis *Cl* 496. **c** mundus et diabolus societatem inierunt P. BLOIS *Serm.* 55. 722A. **d** aper .. requiret lupum et ursum, ut ei amissa membra restituant; qui, ut causam inierint, promittent ei duos pedes G. MON. VII 4.

4 to enter upon, take up, undertake: **a** (var. activities); **b** (task, duty, service, or sim.); **c** (public office).

a ut .. evangelizandi gentibus opus iniret BEDE *HE* V 11 p. 301; cum sociis se purget, vel jejunium ineat (*Quad.*) *GAS* 286 (cf. *Inst. Cnuti*: incipiat jejunare, AS: *on fæstan fo*); peccatum .. quod aspernanter inierat libenter fovebat W. MALM. *GP* V 259 p. 413; diversas meditationes inivit, qualiter ipsi resistere valuisset G. MON. IV 8; **1190** nec [presumat] arcentum inire per vim *Thes. Nov. Anecd.* I 637; **1203** xv marcas argenti quas portavit de firma domini sui, unde ipse iniit solutionem erga dominum *SelPlCrown* 45. **b** te .. deprecor ut spiritalem mecum ineas laborem BEDE *Cant.* 1203; servitium Domini miles praefatus inibat ÆTHELWULF *Abb.* 66; **c952** que jussus fueram ad primum studii inire *CS* 897; eia milites, quod agendum est inite et fortiter agite ORD. VIT. XII 37 p. 452. **c** initis *ge begynnað GlP* 366 (Prudentius, *Peristephanon* X 146: consulatum initis).

5 a to enter into, engage in (contest, conflict, battle, or sim.; *cf.* quots. under 9 *infra*). **b** (*litem inire*) to commence a law-suit.

a inito .. certamine cum hostibus .. victoriam sumsere Saxones BEDE *HE* I 15 p. 31; inito navali proelio .. pagani omnes occisi .. sunt ASSER *Alf.* 67; **s1141** sex .. cum rege comites bellum inierant W. MALM. *HN* 489 p. 49; Rufo .. bellicosum assultum viriliter ineunte ORD. VIT. XII 13 p. 345; G. MON. IX 11 (v. duellum 2c); J. SAL. *Enth. Phil.* 541 (v. 1 hic 9c). **b** conveniunt partes et litem ineunt, episcopo illic presidente judice *Chr. Battle* f. 92v.

6 (*consilium inire*): **a** to take counsel (with). **b** to form a plan.

a initur [v. l. ineunt] .. consilium quid optimum .. ad repellendas .. irruptiones .. decerni deberet GILDAS *EB* 22 (cf. BEDE *HE* I 14 p. 30: initum .. est consilium); curia, ubi ordo consilium iniit *Gl. Leid.* 29. 21; colligite .. concilium, prudenter inite consilium, sententiam proferte ORD. VIT. VIII 9 p. 316; Corineus inivit consilium cum Bruto G. MON. I 15; magnates .. concilium iniunt et regem Ricardum [II] iterato recoronant *JRL Bull.* XIV 157. **b 855** (12c) placuit .. episcopis .. cum suis abbatibus .. consilium inire ut .. omnis congregatio cantet l psalmos *CS* 483; cives et oppidani .. in exteros unanime consilium inierunt ORD. VIT. IV 12 p. 254; machinantes dolos in unum inierunt consilium adversus Eadmundum G. FONT. *Inf. S. Edm.* 42.

7 to enter into (state, condition), run into, incur (danger); **b** (w. exprs. signifying death, *cf.* 2c *supra*).

[Franci] salutis discrimen inierant W. MALM. *GR* I 68 p. 69; febrim quartanam iniit *Ib.* IV 373 p. 432; sanitatem iniisse *Id. GP* V 228; commilitones .. grave tecum inierunt periculum ORD. VIT. IV 7 p. 228; conjugii copulam inire *Ib.* X 24 p. 157. **b** nature debitum .. iniit W. MALM. *GR* I 54 p. 60; expers angoris finem inivit *Id. GP* III 109 p. 244.

8 (p. ppl. *initus s. act.*)

s1138 oppidum .. quod G. de T. contra regem tenuerat, illo jam fugam inito, cujus arte .. regis adversarii sustinebantur, rex cepit J. WORC. 49.

9 (intr. w. *ad*) to enter (into, upon).

1293 inisse ad gwerram *RParl Ined.* 36 (cf. ib. supra: ire .. ad guerram); **s1399** ad .. bellum ineundo (v. 2 deliberare 3e).

10 (intr.) to begin, commence: **a** (of period of time, esp. in phr. *ab ineunte aetate* or sim.); **b** (of event).

a tertio ineunte aetatis lustro ALDH. *VirgP* 59; ab ineunte adulescentia BEDE *HE* IV 25 p. 268 (cf. ib. supra: a prima aetate pueritiae); ab ineunte suae pueritiae aetate [AS: *fram onginnendre hys cyldhades ylde*] *RegulC* 1; W. MALM. *GP* II 83 p. 183 (v. delenimentum); ab ineunte etate usque ad finem vite *Canon. G. Sempr.* f. 39. **b s875** pugna init ÆTHELW. IV 3 (v. dromo a).

initens, *f. l.*

?**955** (14c) ministro meo .. xvj mansas .. tribuo .., ut ille †initens [*CD* 435: vivens] secure possideat, in sucensoribus vero suis [etc.] *CS* 910.

initiabilis [LL]

1 having a beginning.

cum dicitur "Socrates est albus et potest esse niger", intelligitur quod sit posse ad nigredinem ~em in futuro post albedinem que modo inest Socrati GROS. 172; ad falsitatem .. non ~em post veritatem sed continuatam cum falsitate que sine initio est *Ib.*; duplex est faccio, una mutabilis seu ipsa mutacio, ~is et terminabilis terminis oppositis BRADW. *CD* 861A.

2 *f. l.*

nonne tota illa progenies .. ad vitam eternam †initiabilis [? l. inhabilis] BRADW. *CD* 65D.

initialis [CL]

1 (in temporal sense) relating to or constituting a beginning, initial, first: **a** (of time, period, or event); **b** (of elementary instruction); **c** (gram. & log., of form of disjunctive question properly asked first); **d** (*timor ~is*) 'initial fear' (theol.; see quots., and *cf. Dict. de Théol. Catholique* III (Paris, 1906–8) 2014). **e** (w. gen.) constituting the beginning (of), productive (of). **f** (n. pl. as sb.) beginnings, first stages.

a [episcopus] circa ~ia sue promotionis tempora .. rigidus existens GIR. *GE* II 27 p. 304; **s1136** Stephanus .. rex est ab omnibus acclamatum et ~e festum regale .. celebravit M. PAR. *Min.* I 252; **s1245** rex .. Ricardum .. balteo cinxit militari, et tirocinii sui ~ia festa gaudenter consummavit *Flor. Hist.* II 287; [tempus] incipit esse in nunc indivisibili sicut in termino ~i KILWARDBY *Temp.* 84; feriam ~em illius mensis BACON VI 99. **b s1248** [tiro] egregie, ut introductiones militie ~es addisceret, baculatus M. PAR. *Maj.* V 18; ipsis ~ibus gramatice rudimentis *Mir. Hen. VI* I prol. p. 4 (v. 1 flos 13). **c** ~es .. interrogationes dico ut cum de aliquo queritur num sit aliquid .., executivas vero ut num hoc ..; ~es ideo, quoniam ceteris omnibus .. priores sunt BALSH. *AD rec. 2* 135; *Ib.* 163 (v. exsecutivus 2). **d** sunt .. hi quatuor timores, servilis mundanus, ~is, filialis; .. ~is .. timor est pro pena evitanda cum perverso opere etiam cogitationes pravas resecare AD. SCOT *TT* 781C; ideo hic timor ~is dicitur quia sub hoc per bonam voluntatem .. virtus initium capit *Ib.* 781D; [timor] ~is dicitur quod ibi est initium caritatis HALES *Sent.* III 421; ~is [timet] primo ne pro peccatis sufficiat, secundo iterum peccare, ultimo penam *Ib.* 422. **e** o .. mortis / iniciale malum, ventosa superbia HANV. V 221. **f** "parva" inquit "manu nunc advenimus, et solum nostri conaminis ~ia sunt ista" GIR. *EH* I 21; novus prior domui prefectus .. inter ipsa statim ~ia dictum cellerarium ad ratiocinia reddendum .. acerbe convenit *Id. Spec.* III 17 p. 238.

2 a constituting the beginning (of a literary work). **b** (in spatial sense) at the front.

a difficilis [est] .. veritatis ordinata dispositio, et ab ~i puncto finalem ad usque .. recta per medium funis extentio GIR. *EH intr.* p. 212. **b s1198** densitatem ~em adversantis exercitus dissipaturus M. PAR. *Min.* II 70 (cf. ib. supra: cum .. densissimum cornu in fronte constituisset).

3 existing from the beginning (in quot., of God).

sum .. ante tempora ~is, in tempore invariabilis, post tempora interminabilis (PECKHAM) *Powicke Studies* 279.

initialitas [ML], condition of being initial, inceptive (theol.; *cf. initialis* 1d).

intelligitur de timore initiali quoad ~atem, id est imperfectionem, que est conscientia pene ne satisfaciat HALES *Sent.* III 427.

initialiter [LL], **a** in or at the beginning. **b** from the beginning. **c** in an elementary or rudimentary way. **d** (theol., w. ref. to *timor initialis*; *cf. initialis* 1d).

a sanctissime confessor .., confirma quod ~iter operatus es in nobis M. PAR. *Maj.* IV 631; locus queritur propter motum et hoc primo et ~iter, ex contingenti tamen et finaliter propter quietem BACON VIII 188; videtur quod Cristus sit prima et novissima creatura in quo circulatur ordo nature tam ~iter quam finaliter WYCL. *Ver.* III 224. **b** longe facilius est .. sibi .. quadam superficiei sub forma presumpcionis ascribere, quam quid ~iter laboribusque studiorum non pretemptatis adinvenire E. THRIP. *SS* XI 12; ut .. permitteret causam ad curiam de arcubus devolvi .. ibique eum ~iter contra dictum rectorem litis materiam intentare AMUND. I 234. **c** habes .. in his .. quecumque circa scaccarii scientiam potiora tibi visa sunt, ~iter utcunque distincta *Dial. Scac.* II 288 p. 127. **d** duplex est effectus gratie quoad timendum Deum, vel serviliter vel ~iter HALES *Sent.* IV 17.

initiare [CL], **~ari** [LL]

1 to initiate (person) (in quots. pass.): **a** (by admission to religious group or sim.); **b** (by elementary instruction).

a ne prohiberentur [sc. Judaei] .. legalibus caeremoniis ~ari BEDE *Retract.* 1029; sacramenta regni caelestis, quibus ~atus erat *Id. HE* III 1 p. 127; reginam .. religiosam baptismique sacramentis ~atam ALCUIN *Vedast.* 1; FOLC. *V. Bot.* 2 (v. devincire 1b); ambo .. sacris Christianis ~ati W. MALM. *GR* I 49 p. 50. **b** discipulus iste quid discit? utique timere Dominum .. [*Deut.* xvii 19]; recte quidem, eo quod .. 'initium sapientie timor Domini' [*Psalm.* cx 10]. qui ergo timoris non ~atur gradu .. J. SAL. *Pol.* 526D.

2 to admit (person) to office (in quots. pass.): **a** (w. ref. to consecration of priest, also absol. in glosses); **b** (w. ref. to admission to kingship or sim.).

a benedictioni qua ~antur sacerdotum vel ministrorum manus GILDAS *EB* 106; ~atus, sanctificatus *Gl. Leid.* 4. 86; ~atum, ordinatum *Ib.* 41. 18; **10..** ~atum, *gesteped, gehalgodne WW*; Hermannus, necdum plane ~atus, expulsus est W. MALM. *GP* II 83 p. 183. **b** ritu tyrannico et tumultuante ~atum milite Maximum GILDAS *EB* 13; ~atum, *gestoepid GlC* I 466; K. .. potestate .. ~atus adolescens W. MALM. *GR* I 19 p. 22; Arturus .. insignibus .. regiis ~atus G. MON. IX 1.

3 (trans., act. or dep.) to begin, commence, enter upon, (pass.) to be begun, to begin (intr.): **a** (var. activities, conditions, or sim.); **b** (utterance, writing, or sim.); **c** (religious observance, festival); **d** (period of time); **e** (truce, agreement, or sim.); **f** (leg. proceedings); **g** (absol., and in glosses).

a Januarius .. qui aliter dicitur .. Quirinus, eo quod tunc bella ~antur [MS: ~entur] OSB. GLOUC. *Deriv.* 285; **1191** electionem eo die vix ~are potuimus *Ep. Cant.* 386; [puella] annulum .. in signum .. amoris ~ati transmisit J. FURNESS *Walth.* 16; inter ~ate sanctitatis primicias P. BLOIS *Ep.* 35. 113B; cum pungitur locus morpheatus, si sanguis exeat curabilis est, quamvis corrupti sit ~ata ex parte GILB. f. 170v. 1; in eleccione ~atur spirituale conjugium PAUL. ANGL. *ASP* 1529 l. 31. **b** Jeremiam .. audite, hoc modo leniter versa ~antem: 'et factum est ..' [*Jer.* ii 1] GILDAS *EB* 47; ceptum .. ingrediamur primum octave littere tractatum ~antes OSB. GLOUC. *Deriv.* 265; Grammatica .. tractatum talibus .. verbis fuit ~ata *Ib.* 275; conveniant .. omnes .. et ~ent commendacionem anime: 'subvenite ..' *Comp. Swith.* 193. **c** Moyses .. sollemnitatem primitiarum praecepit ~ari [cf. *Exod.* xxiii 19] BEDE *Acts* 950; ORD. VIT. IV 2 p. 168 (v. 1 hibernus); episcopus .. ~ata Pasche sollennia celebravit *Ib.* XI 11 p. 204. **d 798** annum cum nato Christo .. ~are secundum Latinos ALCUIN *Ep.* 145 p. 231; dictio bissena dat in ordine grammata bissex, / illis ut menses injiciare [i. e. initiare] queas: / Altitonans Dominus, Divina Gerens, etc. GARL. *Tri. Eccl.* 88; ?**1277** ~abitur .. primus mensis [sc. treugae] statim postquam treuga publicata fuerit *TreatyR* I 164 p. 67. **e 1197** quatinus pacis et †concorde [l. concordie] bonum, quod inter nos et prenominatam ecclesiam .. ~atum est, .. subsistat *Ch. Westm.* 481; **s1210** pax que ~ata erat inter reges .. confirmata est *Flor. Hist.* II 139; **s1243** firmate sunt treuge, que subarrate et ~ate fuerant die sancti Gregorii *Ib.* II 261 (cf. M. PAR. *Maj.* IV 242: que capte fuerant et prelocute). **f c1260** dedimus prefato W. v marcas .. ad perquirendum breve et dictum placitum ~andum *Meaux* II 98. **g** cepere [i. e. coepere], incipere, inchoare, ~ari OSB. GLOUC. *Deriv.* 146; *comencer*, incipere, inolere, ordiri, ~are *Gl. AN Ox.* 153v; illud instans est in quantum terminans respectu preteriti, et in quantum ~ans respectu futuri BACON VIII 41.

4 to broach (cask; also fig.).

inicio in Gallico est *estrener*, .. unde dicitur 'dolium est ~atum', *entamé* in Gallico NECKAM *Corrog.* p. 673 (cf. id. *Corrog. Vers.*, *Teaching Latin* I 248: Gallicus *entamé* vas predicat iniciatum); Maria dolium ventris iniciat, / mortales celicos et manes debriat WALT. WIMB. *Carm.* 132.

5 a (w. inf.) to begin (to do *etc.*). **b** (p. ppl. n. as sb.) thing begun, undertaking, enterprise.

a heremitare ~avit [*gl.*: i. e. inchoavit] FELIX *Guthl.* 29; dominum suum, sub cujus disciplinis Deo inuere ~avit *Ib.* 35. **b** cicada viatoris promovet gressum et ~atorum amenat exitum J. SAL. *Pol.* 412D.

6 a to found, establish (institution, custom, religion). **b** to cause, bring about.

a 799 hanc [vitam monachorum] primitiva per apostolos in Judaea ~avit aecclesia ALCUIN *Ep.* 168 p. 276; Wulferus .. Christianitatem .. per fratrem ~atam favore suo .. juvit W. MALM. *GR* I 76; **c1155** populo ecclesie S. Trinitatis .. predecessorum meorum pietatis studio .. ~ate *Regesta Scot.* 118 p. 182; **s1257** scolam Parisiensem .. ~avit et ~atam sustentaverat M. PAR. *Maj.* V 651. **b** cum [materia] nullo modo habet unde ~et motum nisi per appetitum SICCAV. *PN* 54; forma ~ans transmutacionem *Ib.* 158.

7 (w. abstr. as obj., and dat. of person) to impart or introduce (to).

quam [sc. poenitentiam] prae omnibus suae nobis ~atus [*dep.*] instrumentum doctrinae Dominus Jhesus medicamenta male habentibus praedicavit dicens 'penitentiam agite' [*Matth.* iv 17] THEOD. *Pen. pref.* p. 176; cujus corporis et sanguinis secreta nobis ~avit sacramenta, qui .. tollit .. omnium peccata *V. Greg.* 110.

8 (intr.) to begin, commence (in quot., pr. ppl. in sense 'initial, first').

si salutifere fidei nostre rudimentum ~ans circumspecte contemplemur .. *Mir. Wulfst.* I prol. p. 115.

initiatio [CL = *initiation*], **a** beginning, commencement. **b** founding, foundation.

a 1451 ante ~onem parliamenti predicti *Reg. Whet.* I 63. **b** ad istorum .. duorum collegiorum ~onem et fundamen BLAKMAN *Hen. VI* 12.

initiative [ML]

1 at the beginning, initially.

si .. [fluxus ventris] creticus fuerit ~e GAD. 6v. 2 (cf. ib.: si in fine venerit febris longe vel acute).

2 incipiently, inchoatively.

essenciam corpoream esse ~e ignem WYCL. *Misc. Phil.* II 52 (cf. ib.: terminative); eandem essenciam .. tam ~e quam finitive esse ignem *Ib.*

initiativus [ML], causing to begin, bringing about (in quots., w. gen.).

cum .. privacio non sit ~a motus nisi per illam .. aptitudinem SICCAV. *PN* 54; *Ib.* 55 (v. forma 11c); talis appetitus .. erit .. ~us transmutacionis ad perfectionem *Ib.* 157.

initiatorius, constituting a beginning (of), bringing about, introducing (in quot., w. gen.).

electi sunt .. singuli [sc. episcopi] satis canonice, et maxime Wintoniensis, qui primus .. nomen ~ium dignitatis obtinuit DEVIZES f. 26v.

initiatrix [LL], one who begins, brings about (f.; in quot., w. gen.).

tu extans iniciatrix / †archam [l. archani] consilii, / mirandorum vere Christi / operum primicie, / dogmatum illius extans / tu fons et inicium / celorum regina *HBS* XVIII 20.

1 initiatus, v. initiare.

2 initiatus, not christened, or ? *f. l.*

ut initiatum [? l. ininitiatum] infantulum hunc, qui juxta me nuper conditus est, .. foras projici faciat OSB. *Mir. Dunst.* 15 p. 141 (cf. ib. 16: [Dunstanus] "non possum" inquit "ibi manere propter foetorem pagani pueri, licet [? l. scilicet] ~i, in hac ecclesia sepulti"; EADMER *V. Dunst.* 12 p. 230: [anima pueri] renata non fuit).

3 initiatus [ML], beginning.

c1116 proceres regni .. ecclesiam Glasguensem .. fundaverunt et .. solidaverunt; hec vero pulcris ~ibus et ecclesiasticis institucionibus .. inolevit *Reg. Glasg.* I 3.

initio [ML; cf. *TLL* s. v. 2], **a** beginning, commencement (of event or written text). **b** origin. **c** act of entering (into) (in quot., w. ref. to truce).

a **1218** talem saisinam .. qualem habuit in ~one guerre *Eyre Yorks* 15; **1295** inicio prime legende 'primo tempore' alleviata cum litera auri *Vis. S. Paul.* 324. **b** non sunt eadem hec [sc. veritas] et illa nisi similitudine ~onis [v. l. mutationis] KILWARDBY *Temp.* 151. **c** **1296** quia .. treugarum ~o pacis .. posset esse .. inductiva *RGasc* III 328b.

initionaliter, at the beginning, initially (quot. occurs in apparently corrupt context).

in una consimili cadencia possunt plures [? sc. distinctiones] terminare, ut sic [*example follows*], ~iter et clausualiter, quas inferius diffinire luculencius intendo, scissuraliter et distinccionaliter, ut in exemplis precedentibus *Dictamen* 337.

initium [CL]

1 beginning (in time), start, earliest stage, (pl.) beginnings (sts. w. ref. to single thing or abstr.): **a** (of activity, event, condition); **b** (of illness); **c** (of period); **d** (of tenure of office; freq. pl., of monarch's reign). **e** (*~ium facere, suscipere,* or sim.) to make a start (on an activity). **f** (*ab ~io*) from or at the beginning. **g** (*in ~io, inter ~ia*) at the beginning, initially.

a ~ia jam nascentis ecclesiae BEDE *Cant.* 1110; in primo desponsionis ejus [sc. Domini] ~io *Id. Tob.* 930; WILLIB. *Bonif.* 2 p. 7 (v. fabrica 4b); nec solum tunc [Christum] ~ium deitatis habiturum quando in carne humana nasceretur *Eccl. & Synag.* 68; **798** quo ~ia illius [sc. religionis] a .. Christo sumant exordium *Conc. HS* III 511 (= *CS* 286); ut .. ad ~ium capituli [*of the chapter-meeting*] omnes conveniant LANFR. *Const.* 93; **1093** nos nondum nisi ad ~ium proficiendi pervenisse ANSELM (*Ep.* 167) IV 42; ab ~io peregrinationis usque ad primum bellum post captam Jerusalem ORD. VIT. IX 1 p. 459; si [Deus] sine ~io et ab eterno nescivit A GROS. 172. **b** due [species hydropisis] .. sunt in ~io .. curabiles J. FURNESS *Walth.* 112 (v. hydropisis 1); in ~io melancolie GILB. IV 200 v 1 (v. deronica). **c** ut .. in ea [septimana] temporis paschalis ~ium tenere debeamus (*Ep. Ceolfridi*) BEDE *HE* V 21 p. 334; usque ad ~ium Quadragesime ANSELM (*Ep.* 257) IV 170; Septembris mensis ~io W. MALM. *GP* I 5 p. 9; tetre noctis in ~io decessit ORD. VIT. V 18 p. 438; ille dies habet mane et vespere [cf. *Gen.* i 5, etc.] id est ~ium et finem AILR. *Serm.* 41.3; regule quibus connoscuntur ferie in ~iis mensium BACON VI 99; a media nocte usque ad aurore ~ium N. LYNN *Kal.* 59. **d** **c1102** at ~io episcopatus mei ANSELM (*Ep.* 217) IV 118; primis ~iis regni W. MALM. *GR* IV 313; in ~io papatus *Id. GP* I 42 p. 66; cum [Nero] adhuc in ~iis lenior esset ORD. VIT. II 3 p. 248; omnino proba ejus in regnando ~ia fuere *Ib.* IV 1 p. 165. **e** ~ium secundi sermonis facit cum sequitur 'quibus ..' [*Act.* i 3] BEDE *Retract.* 996; ab aliquibus dissimiliter interrogatorum ~ium sumere considerationis BALSH. *AD rec. 2* 125; Anglis .. ~ium fuge facientibus W. MALM. *GR* II 180 p. 215; **s1141** primus ad partes sororis sue juste defendendas ~ium suscepit *Id. HN* 503 p. 64. **f** Christum ab ~io, immo et ante omne .. initium ab ipso Patre fuisse progenitum BEDE *Prov.* 965; nonnulli ab ~io calicem operiunt ANSELM (*Sacr.* 3) II 241; prudens quisque ab ~io debet providere ne incipiat quod non possit .. explere ORD. VIT. XI 22 p. 235; J. SAL. *Pol.* 773B (v. faeculentus 1c). **g** [Willelmus II] inter ~ia .. ab omni crimine abhorrebat W. MALM. *GR* IV 312; si .. malignantium nequitiam in ipso ~io .. preoccupasset ORD. VIT. XIII 41 p. 122; ut .. congressum inceperunt, prevaluerunt in ~io Troes G. MON. I 15; non statim in ~io nobis hoc perfectum gaudium propheta promisit AILR. *Serm.* 29. 1; GIR. *Symb.* I 31 p. 322 (v. ecquis); J. FURNESS *Walth.* 112 (v. b supra).

2 beginning (of existence of person, thing, or abstr.); **b** (w. ref. to person, soul, human race); **c** (w. ref. to world, or time in general).

611 in ~io nascentis Christianae religionis (*Bulla Papae*) *CS* 11 p. 17; **680** glorificantes Deum Patrem sine ~io (*Conc. Hatfield*) BEDE *HE* IV 15 p. 240; **803** in ~io nascentis ecclesiae *Conc. HS* III 546 (= *CS* 312); si bonum est aliquid quod ~ium et finem habet, multo melius esse bonum quod licet incipiat non tamen desinit ANSELM (*Resp. Ed.* 8) I 137; Deus .. non habet ~ium nec finem AILR. *Serm.* 41. 2; GROS. 190 (v. disciplinalis 1a). **b** ab ipso mox ~io conceptionis [Christi] usque ad triumphum passionis BEDE *Cant.* 1171; WULF. *Æthelwold* 4 (v. existimare 2a); ab ~io humane nature ANSELM (*Orig. Pecc.* 1) II 140; ab ~io creationis mee *Id.* (*Or.* 12) III 46; ab ~io .. nativitatis sue usque ad finem vite sue AILR. *Serm.* 41. 4. **c** montes aliqui .. ab ~io facti creduntur BEDE *Ep. Cath.* 75; **862** ab ~io istius saeculi *CS* 506; ab ~io mundi usque in hodiernum diem ORD. VIT. XII 26 p. 416; in principio [*Gen.* i 1], id est in ~io temporis S. LANGTON *Gl. Hist. Schol.* 40; impossibile est imaginari quod tempus habeat ~ium sive finem SICCAV. *PN* 163.

3 **a** origin, occasion, first cause (of thing or abstr.); **b** (in phr. *~ium accipere, habere,* or sim.). **c** initial or early form (in quots., w. ref. to parts of plants). **d** (pl.) origins (of person).

a qui [timor] non ~ium sed perfectio est sapiemtiae caelestis BEDE *Prov.* 946; non .. pensat Deus tantum quo ~io vel qua occasione homo bonum inchoat quantum .. ANSELM (*Ep.* 335) V 271; **c1106** ut .. sit mihi [sc. triumphus] .. ad ~ium bonorum operum (*Lit. Regis*) W. MALM. *GP* I 62; virtutes que sunt capita et ~ia omnium aliarum virtutum AILR. *Serm.* 39. 9; scientie .. disserendi ex ingenio .. ~ium, artis autem ex hoc et usu BALSH. *AD* 2; huic lacui .. casus ~ium dedit GIR. *TH* II 9 p. 91; fui occasio vel †initum [l. initium; ME: *biginnunge*] quare res sic processit *AncrR* 122. **b** jussit rex .. Agilberctum proferre in medium morem suae observationis, unde ~ium haberet BEDE *HE* III 25 p. 184; peccatum .. ~ium habuit a femina ANSELM (*CurD* 3) II 51; inde ~ium Beccense coenobium cepit habere ORD. VIT. V 2 p. 306; NECKAM *NR* I 26 (v. hastiledium). **c** germen, ~ium floris *GlC* G 49; considera tria in flore: pulchritudinem, ordinem, et ~ium fructus AILR. *Serm.* 38. 15. **d** accepturus vestri primi abbatis .. ~ia quia vir fuerit FERR. *Kinloss* 10.

4 (pl.) first-fruits.

de ~iis frugum, de quibus fit hic [*Num.* xviii 13] mentio OCKHAM *Pol.* II 464.

5 **a** beginning (in space), place at which thing or area begins. **b** source (of river). **c** beginning (of word, utterance, written work, or sim.). **d** (mus.) starting point (of scale).

a quattuor ~ia [i. e. *corners*] quibus linteum dependebat BEDE *Acts* 967B (cf. *Act.* x 11); armilla nec ~ium habet nec finem AILR. *Serm.* 9. 22. 255B; isti [sancti] simul unius platee duo ~ia sortiti .. susceperunt asservandas portas geminas LUCIAN *Chester* 60; ~ium [TREVISA: *þe bigynnynge*] .. lingue BART. ANGL. V 21 (v. glandulosus); GROS. 44 (v. facies 11a). **b** fluvium .. Nilo vicinum descripsimus, cujus .. ignoratur ~ium *Lib. Monstr.* II 31. **c** spiritus ponitur ~io [v. l. ~ium] vocalium litterarum .. ut est 'hujus' ALDH. *PR* 141 p. 200; in ipso carminis ~io BEDE *Cant.* 1085; **940** (14c) hujus singraphe ~ium medium et finem *CS* 751; cujus [sc. tractatus] ~ium est 'de grammatico' ANSELM (*Ver. praef.*) I 173; ~ium laudum rex G. occupat W. MALM. *GR* IV 373 p. 431; orsa, ~ia loquendi OSB. GLOUC. *Deriv.* 400; LUCIAN *Chester* 73 (v. 1 finis 3c); **s1339** in ipso primo narracionis ~io ducitur *Meaux* II 380. **d** TUNST. 222b (v. G 2).

6 (irreducible) element, first principle: **a** (phil.); **b** (math.).

a nec modo [anima] res ipsas, verum etiam earum causas et causarum ~ia assequitur ADEL. *ED* 10; [anima] partium naturam librans, si quam compositionem habent, enodat, et demum simplicitatem reperiens ~ii speciem .. intuetur, rursus et eadem ~ia .. in pluralitatem compositorum sensibilium deducit [etc.] *Ib.* **b** monas, ~ium numeri qui dicitur unus OSB. GLOUC. *Deriv.* 365.

7 (pl.) rites.

GlC E 213 (v. 1 encaenia 1).

initum v. initium 3a. **injecere** v. inicere 4c.

injectare [CL], to cast or lay upon.

[jacio] componitur inicio, -is, unde injectus, -a, -um, et hec injectio, -nis, et ~o, -as OSB. GLOUC. *Deriv.* 284.

injectio [CL]

1 **a** act of hurling, throwing. **b** (*manuum ~o*) act of (violently) laying hands on, assault.

a **1479** ex violenta ~one cujusdam lapidis quendam W. M. .. letaliter percussit *Sanct. Durh.* 8. **b** qui pro violenta manuum ~one in clericos labem excommunicationis incurrunt M. PAR. *Maj.* III 513 (= Gregory IX, *Decretals* V 39. 32); **c1256** excepta manuum ~one in dominum aut dominam vel aliquem de familia castri *BBC* (*Dunster, Som*) 218; absque .. dolo non incidit quis in canonem propter ~onem manuum in papam OCKHAM *Dial.* 561 l. 38.

2 (med.): **a** injection (of medicament into body). **b** application (of medicament to surface of body).

a ad dolorem ventosum [aurium] .. fiant ~ones cum vino foliorum rute et baccarum lauri .., et succus porri et cepe .. injiciantur GAD. 116r 1; *Alph.* 57 (v. enema); *Ib.* 85 (v. jusquiamatizare). **b** *SB* 39 (v. fomentare a).

3 instillation of idea, suggestion.

ignoratur .. quo casu, utrum ex praefati fraudatoris ~one an ex vigiliarum continuatione, sed .. dormitio inrepserat ipsum B. *V. Dunst.* 17.

4 (app.) inserted passage, insertion (in Lord's prayer; *cf. embolismus* 3).

prosternens se in terram cum ~one dicat Pater noster [v. l.: cum Pater noster dicat, ~onem faciat EGB. *Pen.* 16.

injector [ML], (*manuum ~or*) one who lays violent hands (on a person), attacker, assailant.

1227 injuncto .. manuum ~oribus quod ipsis fuerit injungendum *Dryburgh* 281 p. 229.

injectorius [LL], (med.) used in injecting.

nasale instrumentum ~um dicitur *SB* 31.

injectura, act of throwing in.

alii .. per alveos fossarum †nivios [l. invios], ipsas laboriosa telluris ~a replente, semitas planas conabantur dirigere *Ps.*-ELMH. *Hen. V* 62 p. 167.

1 injectus [CL], act of throwing or casting on.

neque .. [sal] in terram utile est [cf. *Luc.* xiv 35], cujus ~u germinare prohibetur BEDE *Luke* 519; quibus [sc. flammis] cum nullo aquarum ~u posset aliquis obsistere *Id. HE* II 7 p. 94.

2 injectus, injicere v. inicere.

injucunde (injoc-) [CL], unpleasantly, disagreeably.

c1168 sine illa [sc. amicitia], sicut injocunde, sic et Deo et hominibus vivitur odiose J. SAL. *Ep.* 269 (282).

injucundus (injoc-) [CL], unpleasant, disagreeable (sts. w. neg. in litotes).

contentione .. non injocunda *V. Ed. Conf.* 49v (v. inimicitia); saltu et plausu suo injocundo [i. e. *St. Vitus's dance*] propiciatricem Editham interpellabat GOSC. *Edith* 291; si eo [auctore] educente exiret [sc. anima de corpore], sicut ab eo non injocundus est introitus, ita et ad eum non insuavis foret exitus ADEL. *QN* 43 p. 44; *Ib.* 71 (v. distemperantia a); forte quibusdam non injocundum videbitur si hoc percurrant compendium W. MALM. *GR* I 67; alioquin [mensam auream] accipienti injocundam fore et noxiam J. SAL. *Ep.* 143 (209 p. 334).

injudicatus [CL]

1 (of person or action) not judged.

alioquin tribus Levi .. ~a recedit BEDE *Hom.* I 13. 224; **a786** nec eum [sc. Deum] quicquam effugit nostri, nec aliquid ~um demiserit ALCUIN *Ep.* 1.

2 (of legal dispute) not adjudged, not settled.

judices .. rem ~am derelinquerunt causamque in longissimum distulerunt diem W. BURLEY *Vit. Phil.* 106.

injugatus [LL], (of animal) not yoked.

1526 R. M. sivit porcos suos ire inanualatos [i. e. inanulatos] et ~os *CourtR* 197/55.

injuges v. injux.

injunctim [cf. CL junctim], jointly (with).

1305 [Emma] dicit se feoffatam fuisse ~im cum predicto viro suo de manerio de D. (*RParl Exch*) *RIA Proc.* LXXI 15.

injunctio [LL]

1 order, command: **a** (of eccl. or monastic authority; *cf.* 2 *infra*); **b** (of civil or academic authority); **c** (w. ref. to instruction of testator).

a **1293** dictam injunxionem et mandatum predictum acceptavi *DCCant. Reg. Q* f. 17a; **1299** (v. 2 dimittere 7c); propter ~onem episcopi GRAYSTANES 41 p. 105; **1347** ordinaciones, constitutiones, seu ~ones infrascriptas faciendas decrevimus *Norw. Cath. Pri.* 105; **s1396** ~one pape .. cantariam fundavit *Chr. Angl. app.* 393; **s1423** ut officiarii omnes .. strictas ac arduas moniciones ~onesque faciant AMUND. I 109; **1441** monita, ~ones, et disciplinas salutares contemnunt BEKYNTON I 138. **b** **1347** juxta premunicionem et ~onem eis ex parte nostra .. faciendas *RScot* 684a; **c1410** ordinatum est quod .. cancellarius .. cum procuratoribus .. de observacione horum statutorum specialem faciant scolaribus ~onem *StatOx* 209; per majorem ~o facienda *MGL* I 567; **1549** has ordinationes atque ~ones authoritate regia toti academiae prescribimus *StatOx* 355. **c** **c1305** secundum voluntatem ultimam et ~onem nobis a dicto testatore .. factam in testamento predicto *Deeds Balliol* 187 p. 106.

2 (eccl.) imposition (of penance).

1237 efficaciori indigenus auxilio in .. confessionum audicione, penitentiarum ~one GROS. *Ep.* 40 p. 132.

3 (leg.) injunction.

ubi nulla essonia, proteccio, vadiacio legis sive ~o allocabitur [= *StRealm* III 753: *none essoyne .. nor injunction shalbe allowed*] *Entries* 430ra.

injunctorius, containing a command, injunction (in phr. *littera ~ia*).

1305 in xv° quaterno est una littera ~ia quod injuncciones domini R. observentur *Reg. Cant.* I 511.

injunctum v. 1 injungere.

1 injunctus [LL dub., v. *TLL*], not joined, not yoked, or ? *f. l.*

†junix, bos non de jugo, injunctus [MS: iniunx bos (*interlinear insertion*: vel iniuges boues) nondum iugo iunctus (*interlinear insertion*: [vel] iuncti)] OSB. GLOUC. *Deriv.* 294.

2 injunctus v. 1 injungere.

3 injunctus v. inungere.

1 injungere [CL]

1 (w. abstr. as obj., *cf.* 2a *infra*) to impose, enjoin (upon; freq. w. dat. of person): **a** (task, duty, office); **b** (rule, discipline, or sim.); **c** (penance, punishment). **d** to entrust (message to a person, sc. with obligation to deliver).

a Barnabas .. evangelicae predicationis injunctum sibi opus exercuit BEDE *Acts* 977; injuncto sibi episcopio WILLIB. *Bonif.* 8 p. 47; quorum .. dicta fideliter implens / sedulus injunctum perficis officium WULF. *Swith. prol.* 312; **1072** quicquid a te .. canonice injunctum mihi fuerit servaturum me esse promitto *Conc. Syn.* 605; huic rex injunxerat negotium ut Elfridam .., huic, inquam, preceperat ut illam iret speculatum W. MALM. *GR* II 157; si trituracio bladi ~itur, iij homines debent triturare in die dimidiam summam *Cust. Battle* 27. **b** rex ad hoc eligitur ut .. imperii sui jura omnibus ~at *G. Steph.* 4; videtur quod disciplina spontanea pluris sit quam injuncta NECKAM *NR* II 69 (v. disciplina 2a). **c** **1102** ne monachi penitentiam cuivis ~ant sine permissu abbatis sui *Conc. Syn.* 677 (= EADMER *HN* 164); [prior] ~et injunxerit AD. SCOT *OP* 567D (v. frangere 10d); **a1224** de injuncta sibi penitencia relaxamus tredecim dies *E. Ch. Waltham* 279; queritur si sacerdos .. possit eis ~ere in penitenciam quiquid voluerit T. CHOBHAM *Praed.* 83; *Fleta* 51 (v. diaeta 1e); **1430** pro suis commissis sibi injunxit [episcopus] vj fustigaciones *Heresy Tri. Norw.* 168. **d** manda ut .. satagat narrare patrono / omne quod haud dubiis tibi nunc injungo relatis WULF. *Swith.* I 43; rex imperiosa dicta que Hugoni deferrent illis injunxit ORD. VIT. VI 10 p. 95; **c1300** nuncius .. posset forsan compelli respondere et alia dicere quam sibi erant injuncta *Anglo-Scot. Rel.* 29 p. 94.

2 (w. var. structures indicating task or sim. imposed; see also exx. under 3, 5 *infra*): **a** (acc. and gdv.); **b** (inf.); **c** (*ut, ne, quatenus*); **d** (*quod* w. subj. or fut.); **e** (indir. qu.); **f** (*ad* w. gd.); **g** (adv.).

a **737** (11c) cartulam conscripti agri necnon et omnem monasterii procurationem .. matri illius .. conservandam injunxit *CS* 156; angelica visio .. ei quedam agenda .. injunxit ORD. VIT. VIII 27 p. 447; MILEMETE *Nob.* 83 (v. detrahere 5b). **b** fac pro me quod mihi injunctum est facere pro te ANSELM (*Or.* 17) III 70; si ~itur ire ad carucam vel herciam *Cust. Battle* 28; **1308** quod .. officium idem W. .. eidem S. injunxit recipere ex parte domini sui *Year Bk. Ed. II* 13. **c** **1094** mihi injunctum est ut .. quos valeo ad celestem patriam non desinam exhortari ANSELM (*Ep.* 180) IV 64; Agenor, perdita filia, Cadmo injunxit ut eam quereret *Natura Deorum* 30. 1; ut illis [ciliciis] utamini super nudo bis in ebdomada vobis ~o fideliter *V. Edm. Rich C* 594; **1258** vobis mandamus .. firmiter ~entes quatinus .. sitis ad nos apud Cestriam *SelPlMan* 59; C. .. juramento injunxit illi ne eum proderet (*Cain.* 43) *VSH* I 168. **d** **1296** quibus dictus A. .. injunxit et ex parte domini regis precepit quod ipsum simul cum hutesio sequerentur *SelPlMan* 44; ~et eis .. quod secreta capituli nemini revelabunt *Cust. Cant.* 15; ~imus et ordinamus quod .. priores .. in debita reverencia habeantur *Norw. Cath. Pri.* 105; **1430** tibi pro pena penitenciali ~imus quod .. jejunes *Heresy Tri. Norw.* 162. **e** [camerarius] valecto camere ~at ubi et coram quibus vina ponere debeat *Cust. Cant.* 53. **f** **1444** injunxistis michi ad loquendum .. regi quantum ad vinum *Lit. Cant.* III 190 (cf. ib. 189: *me chargastes parler*). **g** **s1329** essendo apud Wyndesore prout eis injunctum fuit *Ann. Lond.* 242; faciam sicut injunxistis mihi *Latin Stories* 62.

3 (in liturgical use) to assign (chant or sim., to a person, *i. e.* by indicating that he is to begin it; this could be done by intoning the first tone or phrase, hence also) to pre-intone (for a person, *sc.* softly, for him to repeat aloud).

[cantor] †rectoribus [*Cust. Sal.*: rectores] chori de cantibus ~endis et incipiendis instruere tenetur; preterea omnes cantus ab episcopo incipiendos ipsi episcopo .. tenetur ~ere *Consuet. Sal.* 3; [cancellarius] omnes .. lecciones ad missam que in tabula non scribantur [v. l. scribuntur] tenetur ~ere *Ib.* 4; principalis rector [chori] .. cui ipse voluerit illud [responsorium] ~at *Ib.* 35; secundarius [rector] cui voluerit 'Benedicamus' ~at dicendum cum alio *Ib.* 37 (cod. H); principalis rector 'Gloria in excelsis' a cantore querat et sacerdoti ~at *Ib.* 39.

4 to lay to (a person's) charge, impute (to).

797 si quid ego superflue .. dictarem, tua sancta patientia benigne .. suscipiat, nec mihi scribenti inputet sed tibi jubenti ~at ALCUIN *Ep.* 128 p. 191.

5 (w. person as obj.) to order, command (in quots., w. *quod* or *ad* w. gd., *cf.* 2d, f *supra*).

1304 injuncti fuerunt ad emendandum vias *CourtR Hales* 476; **1328** dominos .. ~atis quod .. (v. dominus 1g); **s1329** injuncti fuerunt per regem .. quod reverterent ad civitatem *Ann. Lond.* 242.

6 (p. ppl. n. *injunctum* as sb.) task imposed, order, command.

discurrunt pueri, celerant injuncta ministri (*Anon. Vers.*) W. MALM. *GR* II 133 p. 146; **1300** ex ~o paternitatis vestre (WINCHELSEA) *Ann. Lond.* 105; **1329** procuratores nostros sub ~o .. ad loca extra diocesim .. destinare *Lit. Cant.* I 279; de scolari quem ex ~o obediencie tenemur .. mittere ad studendum *FormOx* II 303.

2 injungere v. 2 inungere.

injunxio v. injunctio. **injurare, ~ari** v. injuriare, ~iari.

injuria [CL]

1 injustice, wrong (in general), act of injustice or particular wrong: **a** (suffered by person); **b** (suffered by var. victims, also in personification); **c** (w. gen., adj., or poss. adj. in objective use, expr. victim; *cf.* 3a *infra*); **d** (w. gen., adj., or poss. adj. in subjective use, expr. perpetrator); **e** (w. defining or descriptive gen., or adj. of sim. function).

a quid .. suspiria sanctorum .. crebris instigas ~iis? GILDAS *EB* 32; legem quae nos ~ias oblivisci praecepit BEDE *Ep. Cath.* 34; tribulationes et ~ias ex parte H. regis sustinere, qui saepe depraedabatur illud monasterium ASSER *Alf.* 79 p. 65; ~ias et contumelias et mortem crucis .. sibi .. illatas ANSELM (*CurD* II 18) II 127; fit .. querimonia de ~iis et oppressionibus quibus .. Angli affligebantur ORD. VIT. IV 4 p. 183; volo ut recta lex erigatur et omnis ~ia [AS: *æghwylce unlaga*; *Quad.*: injuste, sc. leges] deiciatur, et omnis injusticia [AS: *æghwylc unriht*] emundetur et eradicetur (*Cons. Cnuti*) *GAS* 309; [Deo] tantam ~iam fecimus quod eum in primo homine contempsimus AILR. *Serm.* 3. 23 224A; **1220** J. de H. et S. .., qui appallaverunt Johannem .. de morte cujusdam hominis, .. dicunt quod ~iam habent [*they are in the wrong*] .. et nolunt sequi *CurR* IX 211 (v. et. habere 23d); quelibet ~ia [ME: *mislich woh*] ex facto vel verbo in te vel tuos *AncrR* 60. **b** cujus verbis qui non credit, ~iam religioni facit W. MALM. *GR* III 293; posset ascribi ~ie si episcopatus suis fraudarem locis quorum .. nec adeo fana obscura [est] *Id. GP* II prol. p. 139; [mustela] ~iarum pro loco dissimulatrix et ultrix GIR. *TH* I 27; pedes [i. e. *pawn in chess*] directo tramite incedit nisi cum ~ias suas in hoste persequitur; tunc enim gressum obliquat cum predo efficitur NECKAM *NR* II 184 p. 324. **c** [sacerdotes] suas ~ias quasi Christo irrogatas amplificantes GILDAS *EB* 66; ut .. beneficia simplici intentione largiamur et non .. per ~iam aliorum BEDE *Ep. Cath.* 103; injuriasque tuas in fratre ulciscere noli ALCUIN *Carm.* 62. 130; **c1109** ~iam et ignominiam et regis et totius regni ANSELM (*Ep.* 467) V 416; dummodo .. divinas ulciscere̲tur ~ias W. MALM. *GR* IV 371; ut [infans] ore suo pontificalem depellet ~iam *Id. GP* V 219 p. 366 (cf. ib.: pontificis ~ie); acer fraterne ultor ~ie ORD. VIT. VIII 15 p. 356; Christus vindicet tam suas quam alienas ~ias HALES *Qu. app.* III 1550; **1339** (v. defendere 1d); **s1179** ~iam sui (v. exsecrabilis). **d** ut paternarum ~iarum immemor filium .. restitueret regno W. MALM. *GR* IV 311; Judith .. de ~iis .. episcopi conquesta, quo potissimum auctore pertulisset mala .. *Id. GP* I 6 p. 14; colonos .. ab ~iis dominorum defendens G. MON. III 16. **e** pro illata doloris ~ia ANSELM (*CurD* I 11) II 68; cum obsidionis ~iam ferre nequiret W. MALM. *GR* III 251; ~iam exhereditationis sue acriter vindicabat ORD. VIT. III 5 p. 82; fratricidali .. ~ie AILR. *Spec. Car.* III 14 (v. fratricida).

2 (leg.) wrong, tort.

ne cuilibet irrogatam ~iam fomenta dilata .. multiplicent (*Leg. Hen.* 9. 4) *GAS* 555; **1198** monachi .. queruntur quod H. M. .. detinuit averia sua injuste .. et quod per ~iam quam eis fecit pejorati sunt ad valentiam c marcarum *CurR* VII 339; **c1213** actione ~iarum (v. infamare 1a); **1219** (v. de 3c); **1221** (v. facere 15b); **1247** G. .. et J. .. in misericordia pro ~ia illata Alicie *SepPlMan* 14; ~ia .. dici poterit omne id quod non jure fit, et ex ~ia sequitur actio ad tollendam ~iam BRACTON f. 45b; fit .. ~ia non solum cum quis pugno percussus fuerit .. verum etiam cum ei convitium dictum fuerit vel de eo factum carmen famosum *Ib.* f. 155; ~iam patitur quis per .. servos, si pulsati fuerint .. in contumeliam suam *Ib.*; **s1259** (v. frequentatio 2); de ~ia predicti R. .. facta predicto W. *Couch. Furness* I 466; *State Tri. Ed. I* 2 (v. error 4a); **1309** E. et H. ipsum J. .. de ~ia sua propria .. imprisonaverunt .., et non ea occasione qua .. asserunt *Year Bk. Ed. II* I 57.

3 **a** (*in ~iam, ad ~iam* w. objective gen. or sim.) with injustice (towards), to the hurt or detriment (of). **b** (*sine ~ia, absque ~ia* (*facienda*)) without injustice, fairly, without (doing) injury (to). **c** (*per ~iam*) unjustifiably, wrongfully. **d** (abl. sg. as adv.) without justification, without reason.

a in sui conditoris ~iam BEDE *Gen.* 130 (v. exserere 1); in ~iam .. tuam fieri videtur si .. unum hoc [bonum] .. velut singulare predicetur ANSELM (*Ep.* 7) III 109; indecentes de me cantilenas .. composuit, ad ~iam mei palam cantavit ORD. VIT. XII 39 p. 461. **b** **a716** (11c) quod semel acceperit homo donatione alterius .., nullatenus sine ~ia illud iterum domittet *CS* 92 p. 134 (cf. *CS* 93 [AN]: *sauns a li fere tort*); **1309** ipsum J. .. arestaverunt .. absque ~ia seu transgressione aliqua eidem J. facienda *Year Bk. Ed. II* I 57; **c1340** (v. denegatio 1). **c** **s1350** Philippus .. dictus per ~iam rex Francorum AVESB. f. 120b. **d** terra .., quia tantum hominis germinat, non ~ia Germania vocatur W. MALM. *GR* I 5; pro tantorum successuum gloria .. non ~ia versificus exclamat 'regia progenies ..' *Ib.* II 133.

4 **a** (deliberately inflicted) physical injury, hurt (suffered by person or thing). **b** (verbal) insult.

a sugillationem, ~iam *Gl. Leid.* 34. 47; cum homo homini facit ~iam, unde ab illo occiditur ANSELM (*Praesc.* II 3) II 262; ecclesia sancti sepulcri capax .. nullam umquam ab inimicis fidei tulit ~iam W. MALM. *GP* IV 367 p. 423; atrocem ~iam sui proprii corporis prosequendo GLANV. II 3 p. 25 (cf. ib. IX 1 p. 105: si manus violentas quis in dominum suum injecerit .. atroci ~ia eum afficiendo); milites solebant homines concutere et per ~ias et violentias aliquid ab eis extorquere T. CHOBHAM *Praed.* 278; **1250** cum igitur proponamus pro nostris viribus vindicare †infuriam [MS: injuriam] crucifixi *Cl* 358; post jurgia surgunt ad verbera, et mutuis se ~iis affecerunt *Flor. Hist.* I 106. **b** hoc inproperium -rii i. injuria vel derisio OSB. GLOUC. *Deriv.* 434.

5 damage, hurt, nuisance; **b** (w. ref. to physical damage).

prohibuit eos [sc. corvos] .. ne hanc ~iam [sc. *removal of roofing material*] fratribus nidificantes facerent *V. Cuthb.* III 5; cornices .. ~iam .. faciunt .. suis vocibus ÆLF. BATA 5. 9 (v. gallinula); [Alfredus] provincialibus grandem amorem studiorum infudit, hos premiis illos ~iis hortando, neminem illiteratum ad .. dignitatem aspirare permittens W. MALM. *GR* II 123 p. 132; hoc miraculum .. fidem facit multa fuisse que obscuraverit annorum ~ia *Id. GP* V 259 p. 415; nec in hoc fit ~ia sacramento; si enim prius fuit ordinatus [diaconus], non suscipit secundo characterem HALES *Sent.* IV 416. **b** cujus [coloris] rubor .. nulla valet pluviarum ~ia pallescere BEDE *HE* I 1 p. 10; nec alius lapis facilis esset inventu [sc. *for use as sarcophagus*], nec corpus curvando ~iam vellent Sancti Spiritus facere organo W. MALM. *GP* I 66 p. 123; nec ulla earum [sc. crucum] vetustates sensit ~iam *Ib.* V 230 p. 384; postulato vase, ne sacrum pavimentum cruoris sentiret ~iam *Ib.* V 266 p. 423; grana .. variis per hibernos imbres et estivos ardores ~iis afflicta difficulter crescunt ORD. VIT. XI 33 p. 278; ut [cornices] testam .. lapidis altique casus ~ia collisione confringant GIR. *TH* I 22; preter hyemales elementorum ~ias AD. MARSH *Ep.* 237 (v. fatigatio 1a).

injurialis, (leg.) concerned with, or arising from, a wrongful act.

~ium accionum *Fleta* 63 bis (v. actio 4a).

injuriamen, wrong, injury.

ignominia, obproprium, dedecus, improperium, flagitium, injuria, ~en Osb. Glouc. *Deriv.* 292.

injuriare, ~iari [LL]

1 to wrong, do wrong (to), commit injustice (against) (person *etc.*, occ. abstr.; freq. in legal context): **a** (act. w. acc. or no expressed obj., or personal pass.); **b** (act. w. dat., or impersonal pass.); **c** (dep., in quots. w. dat. or no expressed obj.).

a [Christus] sputis ~iatus *Eccl. & Synag.* 96 (v. flagellare 1a); rex generum suum [i. e. comitis] nullis ejus culpis ~iaverat W. Malm. *HN* 488; nequiter ~iando inermem famulum Christi Ord. Vit. VI 6 p. 33; **12..** ut .. injurancium tepescat protervitas *Ann. Durh.* 150; **s1274** ad inquirendum de .. quibuscunque malefactoribus etiam ~iantibus W. Newb. *Cont.* 567; **1306** prosecucionem prefate A. .. ~iare maliciose machinando (*Breve Regis*) *MGL* II 212; **1464** ipsum J. ~iari nolentes in hac parte tibi precipimus quod [etc.] (*Breve Regis*) *Paston Let.* 687 p. 305; **1558** solvat parti ~iate justum valorem captorum *ActPCIr* 61. **b** sic .. ~iatur animabus, quia debito fraudantur promisso Gir. *GE* I 49 p. 133; **1216** catalla .. episcopi .. eidem .. restitui faciatis et si quid ei fuerit ~iatum emendari *Cl* 277a; **c1219** judicatus fuit Hugo .. ~iare nobis de predicta terra *RL* I 60; **s1092** cum non immerito contra .. regem sibi ~iantem guerram movisset M. Par. *Min.* I 43; quibus [sc. veritatibus] oportet subdi superbiam intellectus humani .., aut ~iabitur veritati infallibili Bacon *Maj.* II 220; **1467** si quando ei in persona, rebus aut bonis ~iari contigerit *MunAcOx* 724. **c** **1166** ~iari nemo dicitur, cui non est ~iandi animus (*Ep. Lumbardi*) *Becket Mat.* V 478; **1218** canonici .. monstrarunt quod T. et R. .. super quibusdam redditibus .. ~iantur eisdem (*Lit. Papae*) *Reg. S. Thom. Dublin* 287 p. 237; **1262** si .. germanus noster vobis ~iatus fuerit in aliquo et hoc .. emendere noluerit .. *Cl* 173; si dico quod ignoraverunt scientias vulgatas .., cum hoc sit verum, non ~ior eis Bacon *Min.* 328; puer jam doli capax .. non injuratur [*sic*] patri transiens ad profectum sue salutis Peckham *Puer. Obl.* 432 (cf. ib. supra: nulli facit injuriam); **1300** qui nomen sanctum .. servire faciunt vanitati, ~iantur dominice magestati *Vis. Ely* 14.

2 (act., pass., or dep., w. var. constructions, *cf.* 1 *supra*): **a** to harm, damage (physically or otherwise). **b** to insult, revile.

a de famulis suis [sc. regis] ubicumque occisis vel ~iatis (*Leg. Hen.* 10. 1) *GAS* 556; justos vel injustos percusserunt vel impegerunt vel alio quolibet modo ~iati sunt Ord. Vit. XII 25 p. 408; **1283** cum .. nec ipsas [appellaciones] vellent prosequi seu aliquatenus se ~iare exinde *RGasc* II 196a; ~iatur memorie frequenter oblivio Domerh. *Glast.* 587; **1313** si quis .. cum armis inventus fuerit, etsi nulli insultum vel injuriam fecerit, vel si ~iatus fuerit levi injuria, omni modo incarceretur *StatOx* 110. **b** princeps ob ignaviam ejus crebris eum .. conviciis palam ~iatus est Ord. Vit. V 10 p. 390; occentare, litigare, exprobare, inproperare, contumeliare, ~iare .. Osb. Glouc. *Deriv.* 398; cum quis per verborum te contumelias ~iavit [? l. ~iaverit] Ad. Scot *Serm.* 382B.

injuriatio [ML], wrong, injury (sts. w. obj. gen. expr. victim).

injurior, -aris, unde injuriatus et ~o Osb. Glouc. *Deriv.* 281; **1234** sine occupatione terre aliene vel ~one alterius *Cl* 479; in Magdalena prostitucio corporis sui et in latrone ~o proximi veniam promeruit *Spec. Incl.* II 3 p. 105; in regalie usurpacione, .. occisione, .. fornicacione, et tocius rei publice ~one Wycl. *Civ. Dom.* I 31.

injuriativus, wronging, causing hurt or damage (to; in quot., w. obj. gen. expr. victim).

'non loqueris contra proximum tuum falsum testimonium' [*Exod.* xx 16], ubi patet quod omne verbum ~um proximi prohibetur Wycl. *Mand. Div.* 386.

injuriator [LL], **a** one who wrongs or harms, wrongdoer (sts. w. gen. or poss. adj. expr. victim). **b** one who insults or mocks.

a Augustinus ejusque socii a .. ~oribus suis quinque milliariis .. egressi Gosc. *Aug. Maj.* I 43. 84A; ut [sanctus] .. ~orem suum toti mundo spectaculum exponat W. Malm. *GP* V 271 p. 433; **s1191** excommunicavit .. archiepiscopos omnes illos ~ores quia jam manus violentas in ipsum injecerant M. Par. *Min.* II 22; quibus [sc. avibus] si injuria fiat, aves non redeunt .., et ~or [Trevisa: *he þat dede þe wrong*] non evadet vindictam nisi condigne satisfaciat Higd. I 35 p. 370; **1341** vestra sublimitas .. contra nos dicto Philippo ~ori nostre notorio se ligavit (*Lit. Regis*) *Foed.* V 264b (= Avesb. f. 98); **s1067** [Herwardus] super matris ~ores gladio fulminat *Croyl.* 70. **b** narius, subsannator, derisor, ~or, injurius, ludificator Osb. Glouc. *Deriv.* 384.

injuriatrix [LL], one who wrongs, harms (f.; in quot., of personified abstr.).

c1193 ut eorum onera quos ~ix calumnia premit blando compassionis humero supportetis P. Blois *Ep.* 108. 332B.

injuriose [CL], wrongfully, unjustly, with damage to another's interests.

c798 de adoptione .. quam quidam ~e Christo Deo ingerere contendunt Alcuin *Ep.* 137 p. 211; a propriis civibus, quos salvare nitebantur, ~e perempti sunt Ord. Vit. VII 7 p. 177; ad .. terre sue .. ~e sublate tuitionem Gir. *EH* II 20 p. 351; est .. constitutio juris ne quis faciat in suo ~e, sc. ne stagnum faciat .. per quod noceri possit vicino Bracton f. 232b; **1282** (v. detrudere 2); ?**1389** a subditis nostris .. lxxx m. .. ~e ac in manu forti cepistis *Dip. Corr. Ric. II* p. 68; **1444** (v. dissaisire 2).

injuriositas, wrongfulness.

injuriosus, -a, -um, unde injuriose adverb. et hec ~as, -tis .. Osb. Glouc. *Deriv.* 281.

injuriosus [CL]

1 doing wrong, wrongful, unfair, harmful: **a** (of person); **b** (of action or consequences); **c** (of law or sim.); **d** (*~um est* foll. by cl.). **e** (as sb. n.) a wrong.

a **918** si .. quispiam de successoribus meis heredibus .. ~us contradictor .. huic traditioni mee contraire voluerit *CS* 661; quem liquet esse luxuriosum, superbum, ~um, depredatorem Eadmer *Beat.* 15 p. 290; ~us .. flagitiosus Osb. Glouc. *Deriv.* 288 (v. 2a infra); contumax .. i. superbus et ~us *Ib.* 576; contigit .. ut .. ~us ille ab hostibus interimeretur, et eodem .. loco, quo fuit injuria sacre domini .. irrogata, exanime corpus extenderetur Gir. *IK* I 7 p. 68; **1200** caveant tamen [leprosi] ut ~i veteribus ecclesiis non existant; quod enim eis .. conceditur ad aliorum injuriam nolumus redundare (*Westm.*) *Conc. Syn.* 1068; **1510** si .. fuerit male persolventes seu .. injurosi *Reg. Aberbr.* II 394. **b** †**851** (16c) de ~is damnis vobis .. malitiose nimium illatis *CS* 461 p. 49; nocumentum ~um Bracton 235b (v. diaeta 2c); **1309** seisina ipsius R. ~a *Year Bk. Ed. II* I 49; **1339** (v. damnum 1a). **c** jura ~a R. Cold. *Cuthb.* 46 (v. deflectere 1c); **s1235** (v. exlex 1). **d** utrum .. mihi non sit ~um, ut nostrum vobis dilectionem .. contemnendo probetis vobis displicere Anselm (*Ep.* 44) III 157. **e** **1345** si .. aliqua injusta vel ~a fecerit .. nuncius, ignoramus (*Lit. Papae*) Ad. Mur. *Chr.* 182.

2 insulting. **b** (as sb. n.) an insult.

~a regi verba jaculari presumpsit Ord. Vit. XIII 37 p. 113; ~us, contumeliosus, flagitiosus, contumax, †contumiosus [MS: flagitiosus, conviciosus] Osb. Glouc. *Deriv.* 288; **c1425** si quis cancellario .. aliqua verba opprobriosa dixerit sive ~a *StatOx* 231. **b** postulanti rex non adquievit, immo ~a illi respondit Ord. Vit. XII 34 p. 442.

injurius [CL]

1 wrongful, unfair, damaging: **a** (of person); **b** (of action; in quots., n. used predicatively). **c** (as sb. n.; in quots., pl.) a wrong.

a si quis omnem historiam .. percurrere velit, .. auditores fatigabit et sibimet ~ius erit, dum .. omnia perstringere minime valebit *Enc. Emmae* I 4; **1166** in te .. plane videbor ~ius si cuiquam a peregrinatione mea scripsero, subticens tibi J. Sal. *Ep.* 179 (172 p. 128); Osb. Glouc. *Deriv.* 384 (v. injuriator b); ~ius, Gallice *tortenus* [*another* MS: *torcinus*] (Garl. *Unus gl.*) *Teaching Latin* II 164. **b** Edmundus, qui existimaret ~ium si non fraterne victorie reliquias persequeretur, copias contra desertores ductitavit W. Malm. *GR* II 141; quam [sc. peregrinationem] hic apponere non erit ~ium, quia tam famosam .. expeditiionem audire sit opere pretium *Ib.* IV prol. p. 358. **c** **825** sciat .. omnia .. suprascripta ~ia inreconciliata permanere *Conc. HS* III 599; dux .. omnia ~ia sibi illata palam propalavit *Eul. Hist.* III 3; **1493** *Doc. Bev.* 102 (v. deficere 1f).

2 *f. l.*

926 terram .. quam .. emerat jubente .. duce Æ. cum ceteris comitibus atque ministris †injuriis [l. in juris, cf. *CS* 658] hereditari libertatem concedens donabo *CS* 659.

injurosus v. injuriosus.

injus [ML; 2 in- + jus], injustice, wrong.

1323 pro hujusmodi transgressionibus, dampnis et injuribus dicto patri .. illatis merito puniendis *Lit. Cant.* 99 (cf. ib.: injuriis).

injussus [CL], not bidden, not ordered (to do something).

in cujus [sc. quaternionis] principio illud non ~us scripsi Asser *Alf.* 88.

injuste [CL]

1 a unjustly, unfairly, wrongfully; **b** (w. vb. of judging, accusing, or sim.). **c** in a morally wrong manner, immorally, wickedly.

a injuriarum sibi ~e irrogatarum Theod. *Ep.*; fit .. ut inimicus .. eum quem ~e oderat juste reclamare incipiat Bede *Prov.* 1014; *Id. HE* III 5 p. 136 (v. 2 dispensare 1b); **798** libellos quos .. ~e perceperat .. remisit (*Clovesho*) *Conc. HS* 513 (= *CS* 291); ~e me reprehendisti dixisse quod non dixi Anselm (*Resp. Ed.* 5) I 135; **1224** (v. ~e 1 hic 7a). **b** ut eum in episcopatum suum, eo quod ~e fuerit condemnatus, facerent recipi Bede *HE* V 19 p. 327; [diabolus] a justo Deo non potuit ~e damnari Anselm (*Casus Diab.* 4) I 240; si quis alium ~e accusaverit (*Inst. Cnuti*) *GAS* 321 (*Cons. Cnuti*: de iniquitate; AS: *mid wo*); (*Leg. Hen.* 13. 4) *GAS* 558 (v. dignitas 4b); [abbas] ~e criminatus et depositus Ord. Vit. X 4 p. 19. **c** civilia bella et crebras ~e praedas sitiens Gildas *EB* 30; nihil .. ~ius toleratur quam quo nihil est minus tolerandum Anselm (*CurD* I 13) II 71; [voluntas] quidquid vult sine rectitudine, vult ~e *Id.* (*Praesc.* III 13) II 287; Deus .. peccatorum penates cum gazis ~e diu congregatis combussit Ord. Vit. XIII 16 p. 41; Knighton I 7 (v. felonice 2); **1451** quod uxorem dicti J. M. illegitime et contra bonum matrimonium ~e desideraret *MunAcOx* II 616.

2 unlawfully; **b** (w. vb. indicating action of victim of wrong, *cf.* 3a *infra*); **c** (w. further adv. or adverbial phr. of sim. meaning).

T R E cepit consuetudines de extraneis mercatoribus .., qui postea T. R. W. .. recognovit se ~e accepisse *DB* I 2ra; R. de S. ~e clamat terram Carle .., quia isdem Carle tenuit de Radulfo *Ib.* 377va; si quis assalliat eum ~e [AS: *on woh*] (*Quad.*) *GAS* 77 (v. 1 germanus 4); qui aliquem exarmabit ~e *Ib.* 351 (*Sim. Cons. Cnuti*; *Inst. Cnuti*: contra justiciam; AS: *æt unlagum*); **1200** (v. deteriorare 2a); **1229** (v. abductio c); **1278** R. .. ~e dedicit esse unus de xij fur[atoribus], allegando libertatem *SelPlMan* 94; **1296** (v. facere 17). **b** quam [possessionem] disseisitus ~e amisit et sine judicio Bracton 164b (v. dissaisina b). **c** **840** male ac ~e (v. dejudicare 2c); **a1099** sine licentia et ~e (v. fugitivus 1c); terram de S. .. ~e diripuerunt sine judicio et sine lege civium *Lib. Eli.* II 24; omnes fines qui ~e et contra legem terre facti sunr *Magna Carta* 55; violenter, ~e et sine judicio Bracton 161b (v. eicere 1b); *Ib.* 164b (v. b supra); **a1269** ~e et contra pacem domini (v. frangere 4a); **1275** ~e .. contra regiam potestatem (v. gildewita); **1275** ~e .. sine dictamine patrie (v. dictamen 4); **1290** ~e .. sine racione (v. detinere 3b); **1388** (v. depressio 3c); **1433** (v. extorsive).

3 undeservedly: **a** (w. ref. to harm suffered); **b** (w. ref. to benefit enjoyed).

a prejudicium quod passi fuerant ~e W. Malm. *GR* II 161 p. 182; ne .. ~e in nos .. Christianorum furorem provocemus Ord. Vit. IX 11 p. 567; invasores dicimus et opprobria multa ~e toleramus *Ib.* XII 21 p. 387. **b** cujus facti [sc. abbreviationis] non ~e veniam paciscar, quia .. W. Malm. *GR* I 81.

injustificialis, not subject to jurisdiction, not justiciable, or ? *f. l.*

c1288 concessi .. Ricardo .. unam dimidiam acram .. tenendam de me .. sibi .. vel suis assignatis, exceptis Judeis ac magnis dominis injustificialibus [? l. injustificabilibus] .. imperpetuum *Cart. Haughmond* 604.

injustitia [CL]

1 unfairness, injustice, unjust act; **b** (w. ref. to law, legal decision, case, or sim.).

825 (v. despoliare a); **c961** (12c) intellexit .. me cum magna ~ia .. terris meis despoliatam *CS* 1065 p. 287; **c1105** propter ~ias quas idem comes vobis facit Anselm (*Ep.* 322) V 252; [Henricus I] ~ias a fratre .. institutas prohibuit W. Malm. *GR* V 393; demissione capitum .. ~iam suam testati sunt *Id. GP* I 50 p. 94; **1136** omnes exactiones et ~ias et mescheningas .. per vicecomites .. male inductas funditus exstirpo *SelCh* 144; Wycl. *Innoc.* 475 (v. distantia 1c). **b** ille qui in sua parte aliquam de illa causa ~iam fieri cognosceret ad talis judicis judicium .. nolebat accedere Asser *Alf.* 106 p. 92; volo ut juste leges erigantur et injuste subvertantur et omnis ~ia .. de finibus nostris sarculetur (*Quad.*) *GAS* 309 (*Cons. Cnuti*: omnis ~ia; AS: *æghwylc unriht*); quicunque aut ~iam statuerit aut injustum judicium amodo judicaverit (*Cons. Cnuti*) *GAS* 319 (AS: *unlage*; *Quad.*: unlagam); justiciam .. vendere iniquitas est, ~iam, iniqua insania J. Sal. *Pol.* 568D; Romani jura imperii non jura sed injurie et ~ie .. censeri deberent, si .. Ockham *Dial.* 871 (*recte* 869) l. 32; **1549** (v. deductio 5).

2 unrighteousness, wickedness, wicked act.

Bede *Luke* 352 (v. detorquere b); cognosce .. quanta sit tua ~ia per quam omnia illa [beneficia] promeruisti perdere *Eccl. & Synag.* 56 (cf. ib.: nequitie actibus; *opp.*: justicia); omne peccatum est ~ia Anselm (*Orig. Pecc.* 3) II 142; in baptismo dimittitur originalis ~ia *Id.* (*Praesc.* III 8) II 274; **1166** [regis] ~ie sunt omnium fabula J. Sal. *Ep.* 184 (174 p. 138; v. 1 fabula 1).

injustus [CL]

1 (of person or God, of will, desire, emotion, or sim.): **a** unrighteous, sinful, wicked; **b** (as sb. m.). **c** unfair, unjust. **d** (of possessor, or sim.) wrongful. **e** (of emotion) unjustified.

a Achaz ~us ac reprobus [cf. *IV Reg.* xvi 2] Bede *Prov.* 995; cum homine injusto nolito manere frequenter Alcuin *Carm.* 62. 145; plures sunt homines justi quam

angeli ~i ANSELM (*CurD* I 18) II 82; ut actiones quas facit ~a voluntas vocemus peccata *Id.* (*Orig. Pecc.* 4) II 145; [appetitus] in brutis .. animalibus non sunt mali vel ~i, quia ibi debent esse *Id.* (*Praesc.* III 13) II 287; BRAKELOND 124 (v. excoriator b). **b** coronatis cum Domino justis soli poenas subibunt ~i BEDE *Prov.* 995; non est ~o justior, nisi qui .. ANSELM (*Orig. Pecc.* 24) II 167; per eam [sc. mortem] justus reponitur in celestibus, ~us ponit ferias sceleribus W. MALM. *GR* II 202 p. 252; ORD. VIT. XII 25 (v. injuriare 2a). **c** numquid Deus ~us est, ut iterum exigat quod solutum est? ANSELM (*CurD* I 19) II 86; si homo dicitur ~us qui homini non reddit quod debet .. *Id.* (*Ib.* I 24) II 92; quoniam .. tanta tui est erga me dilectio, si te non diligo, me ipsum ~um judico *Id.* (*Ep.* 232) IV 138. **d** ut tantum honorem .. ab ~o detentore revocaret GIR. *PI* III 2 p. 229 (v. dominicus 4b); **1345** regni .. occupatorem ~um (v. diffidare a). **e** inierunt duo nepotes nostri palestram ..; cumque meus triumphasset, succensus alter ~a ira festinavit eum percutere G. MON. IV 8.

2 **a** (of action, circumstance, institution, or sim.) unfair, unjust, wrong, wrongful; **b** (of judgement, legal claim, law, or sim.). **c** unrighteous, sinful. **d** unlawful. **e** (*~um est, ~um videtur* foll. by *quod, ut,* or inf.) it is (seems) wrong (that ..).

a reges .. civilia et ~a bella agentes GILDAS *EB* 27; ob castigationem necis ejus ~ae BEDE *HE* III 24 p. 179; ~e copulationis conjugio nuptos HUGEB. *Wynn.* 5 (v. fornicarie); quale sit factum, justum an ~um ALCUIN *Rhet.* 7 (v. generalis 4); **a976** (12c) quoddam rus .. ~a .. abstractum rapina *CS* 1150; **c1031** ne .. propter ~um theloneum fatigentur (*Ep. Cnuti*) W. MALM. *GR* II 183 p. 222; hec .. percussio ex parte percutientis est ~a, quia non debuit se vindicare ANSELM (*CurD* I 7) II 57; quicquid ~um est sollertius enervari (*Quad.*) *GAS* 317 (*Cons. Cnuti*: omnem injusticiam; AS: *æghwylce unlage*); ~a ea fuit partitio [regni] W. MALM. *GR* II 113; [incolae] dixerunt se nullius episcopatus esse; at ille "hoc omnino ~um est .." ORD. VIT. III 2 p. 26; **c1205** (v. gravamen 3b); OCKHAM *Pol.* II 577 (v. demeritorius); superioritatem ~am et illicitam *Id. Dial.* 863 l. 57 (v. fatuosus a); *G. Hen. V* 2 (v. gladius 3). **b** justus .. advocatus ~as causas non suscipit BEDE *Ep. Cath.* 89; omnia .. judicia .. investigabit, qualia fierent, justa aut etiam ~a ASSER *Alf.* 106 p. 93; ~e [sc. leges] (*Quad.*) *GAS* 305 (v. injuria 1a); si quis .. ~um judicium [AS: *undom*] judicet *Ib.* 319; *Chr. Abingd.* II 116 (v. declamatio 3); **1219** (v. exactio 3). **c** interioribus .. tenebris, hoc est caecitate mentis et operibus ~is gravantur BEDE *Ep. Cath.* 59; ob ~am emptionem [cf. *Act.* viii 18] *Id. Retract.* 1016; **940** (12c) qui suo cruore scelera nostra detersit ~a *CS* 763 p. 491; WYCL. *Euch.* 112 (v. deacceptus). **d 1198, c1236** (v. detentio 3a); **1229** venit et defendit ~am capcionem et detencionem *CurR* XIII 2113; **1236** de ~o deforciamento (v. diffortiamentum 1a); **1275** (v. facere 40a); **1405** ~e occupacionis (v. hostagius a); **s1455** fatebatur .. suum ingressum fuisse .. ~um, injusteque et sine judicio †disseivisse [l. disseisivisse] abbatem *Reg. Whet.* I 206. **e 799** ~um fuisse quod minister .. praesumisset terram .. in alterius potestatem dare *CS* 293; ~um .. mihi videbatur illa tam sancta loca .. derelinquere ASSER *Alf.* 79 p. 64; indecens .. est et omnino ~um ut .. parem michi .. in ditione mea quempiam patiar ORD. VIT. V 10 p. 380.

3 (as sb. n.; *cf.* 4 *infra*): **a** unrighteous or sinful deed, unrighteousness, sinfulness. **b** unjust or wrongful deed, injustice, wrong.

a a870 quidquid [archiepicsopi] respuerint ~um, hoc et ego .. respuere festino (*Professio Ethelwaldi*) *CS* 528 (= *Conc. HS* 660); fas nefasque, justum *alyfyd* et ~um *and unalyfed GlP* 187; ut discernat [rationalis natura] inter justum et ~um et inter bonum et malum ANSELM (*CurD* II 1) II 97; dissuadere .. inhonesta inutilia et ~a T. CHOBHAM *Praed.* 269. **b** aliquid ~um [AS: *ænig unriht*] (*Quad.*) *GAS* 478 (v. dictare 2c); si quis .. ~um judicet vel unlagam constituat (*Leg. Hen. I* 34. 1) *GAS* 565; si Gaius Julius Cesar .. ei .. ~um quid inferre conatus fuisset ORD. VIT. X 5 p. 20.

4 (of thing demanded) unjustified, undeserved (also as sb. n.).

c1074 quod rex audiens graviter accepit, existimans Lanfrancum ~a petere LANFR. *Ep.* (3 p. 40); multi, ut occasionem separationis extorquerent, at eo [sc. rege] ~a petierunt ORD. VIT. X 19 p. 110; id quod ~um est a nobis presumpsit exigere G. MON. IX 16.

5 (transf. to things): **a** (of wealth or sim.) unjustly or wrongfully acquired, ill-gotten. **b** (of burden) greater than is right, excessive. **c** (of measure) inexact, false. **d** (of path, gate, or sim., w. ref. to trespass) not permitted, unlawful.

a divitiis animo injustas adtendere noli ALCUIN *Carm.* 62. 119; **928** (12c) intelligat se apud Judam proditorem pecuniae ~e amatorem penarum aeternarum mancipatorem *CS* 663. **b** camelus .. ~i fascis injuria .. concidit W. MALM. *GP* V 222 p. 373 (cf. Vergil *Georg.* III 347). **c** est .. alio modo iniquum pondus et ~a mensura T. CHOBHAM *Praed.* 214; **1488** per ~as mensuras (v. gannocare). **d c1291** fecit ~am semitam ultra terras pertinentes ad capellam sancti W. *Leet Norw.* 40; **1302** hesiam ~am (v. hesa 2); **1377** ~as vias (v. exercere 4c).

injux (injunx) [CL *in pl. only,* LL *gl. in sg.*], (ox) which has not borne the yoke.

ab hoc nomine quod est jugum .. plur. hii injuges, -gum, i. boves nondum jugo conjuncti, quos etiam sejuges, -gum vocamus OSB. GLOUC. *Deriv.* 280; *Ib.* 294 (v. 1 injunctus).

inka, ~um, ~us [dub.; cf. *OED* s. v. *ink sb.* 2], 'ink' or rind of mill, metal piece set into upper millstone and supporting it as spindle.

1209 *Pipe Wint.* 54 (v. 1 villa b); in ferro empto ad fusas, ~as, et bilas reparandas *Ib.*; **1245** in acero empto ad fusill' et int' et vj bill' dictorum molendinarum reparandis et emendandis (*Pipe Wint.*) *MS Hants RO 11M59 B1/18* r. 14*d*; **1271** in ij *inckys* emendandis *Ib. B1/35* r. 2*d*; **1287** ad pedes et coll' et fusill' et enk' faciend' et emendand' ad omnia predicta molendina, vj s. x d. *Ib. B1/46* r. 1; molendinum ville: in ynko emendando et in ferro empto ad idem *Ib.* r. 10; **1302** in enka molendini fracta et reficienda *MinAc* 1131/3 E 5; **1340** in factura j ynke pro eodem molendino *Ib.* 816/12 r. 2.

inkarnatio v. incarnatio. **inl-** v. et. ill-.

inlacum [Scot. *inlaik, inlak*], lack, deficiency, shortage.

1538 pro ~o granalis de anno compoti xij bolle avenarum *Rent. S. Andr.* 21.

inlagare [AS *inlagian*], **a** (refl., w. homicide as subj.) to secure for oneself the protection of the law (through payment). **b** (trans., in act. usu. w. king as subj.) to restore (outlaw) to protection of the law.

a si quis .. pacem aecclesiae Dei violabit ut inter parietes ejus homicidium faciat, hoc inemendabile sit .., nisi contingat ut per aliquod pacis confugium rex ei vitam concedat ..; et hoc tunc imprimis sit, ut weram suam Christo persolvat et regi, et per eam se inlegiet ad emendandum (*Quad.*) *GAS* 280 (cf. *Cons. Cnuti*: inde se inleget ad emendacionem; AS: *mid þam hine sylfne inlagie to bote*; (*Leg. Hen.* 11. 1a) *GAS* 556: ita se inlegiet). **b 1203** isti fuerunt utlagati pro excessibus suis .. et ~ati sunt ad peticionem domini Norwic' episcopi *Pat* 36a; rex .. poterit utlagatum de gratia sua ~are [v. l. inlegare] et recipere eum ad pacem suam, extra quam prius positus fuit, et reponere eum in legem BRACTON f. 131; litteras .. istas secum deferat ~atus .., ne quis, ignorans ipsum gratiam regis adeptum fuisse, tamquam utlagatum interficiat *Ib.* 131b; ~ati .. dici poterunt quasi modo geniti infantes .. quia in personis eorum post utlagationem .. nulla preterita subsistunt sed post inlagationem tantum presentia et futura succedunt *Ib.* 133; cum .. utlagatus uxorem et familiam reliquerit in suo tenemento, qui postea ~atus tenementum .. resumpserit *Fleta* 43; **s1074** rex eum ~avit et omnes homines suos, et ipse fuit in curia regis *Ann. Wav.* 192.

inlagaria [AN *inlagerie*; cf. inlagare], restoration (to outlaw) of protection of law, 'inlawry'.

1221 J. .. captus pro utlagato, unde profert literas domini regis de ~ia pro utlagaria de rapo, committitur per plegios *CurR* X 146; non .. poterit id quod per utlagariam fuit dissolutum per ~iam conjungi sine nova voluntate eorum qui prius contraxerunt BRACTON f. 132b; non poterit ~ia restituere ad actiones et obligationes prehibitas neque ad homagium .. neque ad alia per utlagariam dissoluta [etc.] *Ib.*

inlagatio, restoration (to outlaw) of protection of law, 'inlawry'.

1234 occasione ~onis quam dominus rex ei fecit *BNB* II 648; si quis fuerit utlagatus ob nullam causam .., fiat ei gratia major quantum ad ~onem BRACTON f. 126b; ubi felonia denotari poterit, nunquam deberet talis admitti ad gratiam .. quia ex tali ~one et tali gratia de facili obtenta .. non solum inlagatis verum etiam aliis .. datur materia delinquendi *Ib.* f. 132b; per ~onem .. facti sunt quasi de novo essent creati *Fleta* 44.

inlanda [AS *inland*]

1 demesne land, land held (in principle) for lord's use, or some portion thereof (cf. Vinogradoff *Growth of the Manor*, 2nd ed., 1911, 225–7); **b** (dist. from *warlanda, terra operaria*, or land *in servitio*); **c** (w. ref. to tenants); **d** (descr. as not paying geld, sts. dist. from geldable demesne; cf. Welldon Finn *Introd. to Domesday Book*, 1963, 258; also dist. from demesne in general, without mention of geld).

dicunt pertinere ad aecclesiam de G. decimas .. de T. wap' de omnibus sociis et ~is quas rex habet ibi *DB* (*Lincs*) I 377ra; **1107** in A. v virgatas et dimidiam et xxx acras de ~a *Regesta app.* p. 319; [cotsetla] adquietet *inland* domini sui [AS: *his hlafordes inland*] .. de *sewearde* id est de custodia maris (*Quad.*) *GAS* 446; **c1123** si vicecomites .. dederunt aliquid et posuerunt extra dominium [*domanial tenure*] de ~a de Chels' [*Cholsey, Berks*], facite totam illam ~am redire in dominium abbatis *MS BL Harley 1708* f. 17v (= *Cart. Reading* 770); l acras quas W. de E. prefate ecclesie de B. dedit de ~a sua *MonA* VI 1. 338b; **1313** de tota ~a .. et *cotmanlonde* .. ac de duabus virgatis *Augm. Bk.* 31/5. **b †833** (15c) confirmo .. donum Geolphi .. viz. iiij bovatas terrae de †*luland* [l. *inland*] et x bovatas in servitio *CS* 409 p. 569 (cf. *CS* 461 p. 53 [**†851** (16c)]: de ~o; *CS* 521 p. 138 [**†868** (16c)]: de *inland*); **c1117** tenet O. viij bovatas de warlande et iiij de ~a *Cart. Burton* 18; **c1125** *Ib.* 35 (v. 1 hida 1b); **c1182** de terra operaria remanet vacua j virgata et dim. et de ~a xvj acre vacue *RBWorc.* 234. **c** in *inland* S. Martini manent vij bordarii *DB* (*Kent*) I 2rb; R. tenet de *inland* episcopi ij hidas *Ib.* (*Oxon*) 155va; **1184** concessi monachis .. servicium illius terre quam W. de me tenuit .. sc. xxx acras de ~a unoquoque anno seminandas *Eng. Feudalism* 276 (*Northants*); cf. ib. 172 n. 2); **1240** homines infra scripti, tenentes terras de dominico quas vocant *inlandes* sine auctoritate capituli, augmentaverunt redditum assisum (*Rental*) *Dom. S. Paul.* 118; **1306** tenentes de sex jugis et dimidio de *inland* pro trituracione et ventilacione xxv quarteriorum frumenti ix s. v d. ob. et quadr. *Gavelkind* 189. **d** ibi sunt l hidae; de his habet episcopus in dominio terram x car' et iij hid' praeter *inland DB* (*Oxon*) I 155rb; ibi j hida de *inland* quae nunquam geldavit; jacet inter terram regis particulatim *Ib.* 156vb; **c1120** in W. est tantum ~e ubi possunt esse aratra ij, et de altera terra gildabili sunt etiam in dominio v b[ovate] *Cart. Burton* 29; in A. nichil ~e est, id est que sit sine gildo regis; terra in dominio est xxxiiij virgate *Ib.* 30.

2 ? land lying away from the road.

a1227 ego R. B. dimisi .. canonibus de Dunstapul .. terciam partem dimidie acre in fronte et dimidiam acram de ~is *MS BL Harley 1885* f. 47d (2) (cf. *Cart. Dunstable* 137).

inlandiscus [AS *inlendisc*], native, indigenous.

ubi unlandiscus [? l. utlandiscus] homo ~um *derie*, id est extraneus indigenam noceat [AS: *ðær utlendisc man inlendiscam derie*] (*Quad.*) *GAS* 379 (cf. ib. 377: *landman*, id est homo patrie).

inlatus v. inferre. **inlegare, inlegiare** v. inlagare. **inloricare** v. illoricare. **inm-** v. et. imm-.

inmannus [*app.* < ME **inman*], tenant who dwells within an estate.

gabulum ~orum in Purificacione: Gilbertus P. .. xvj d. [etc.] *Reg. S. Aug.* 22 (*sim. ib.* 70, 73); omnes homines de xlv sullingis [*in Thanet*] .. debent .. *wensame* ad Pascha .., similiter et ~i et cottarii *Ib.* 27; *romiscot* ~orum de Menstre [*Minster in Thanet, Kent*] *Ib.* 30; in hoc manerio sunt quinque ~i qui debent per ij dies levare fimum super carros et per ij dies in autumpno tassare in grangia domini *Ib.* 308.

inmanus v. immanis 1d. **inmavit** v. halandatio. **inmedibilis** v. immeabilis. **inmotare** v. immutare 8a.

innagium [ME *in, inne* + -agium], ? crop taken in, or ? *f. l.*

de dominico domini episcopi xxxij thrave [v. l. thraves] innagii [? l. muagii, cf. ME *mouen* + -agium] et totidem de aven' *Stat. Heref.* 56.

innama, ~um, ~ia, ~ium [ME *innam, innom = what is taken in*]

1 'innam', intake, enclosure.

carta .. de innam super Steinholm *Danelaw* 107; **1279** idem comes tenet .. iij acras prati et iij gorgites in piscaria .. et unum †juvamin' [MS: innamium] sub aula dicti comitis *Hund.* II 501; **1282** homines .. ville de B. .. possunt facere innamyas et innamyas illas fabis et pisis et vescis semmare *JustIt* 485/70d; **1282** dicunt quod homines predicte ville a tempore quo non extat memoria potuerunt facere ~as [MS: ~ias] et sic fecerunt (*JustIt* 485/70d) *Terr. Fleet* lxxviii; **1302** in ~iis *Rec. Nott.* I 372; sciatis me concessisse .. totum illud messuagium in Barton Bendich .. et unum croftum et duas †innonias [l. innomas] aut inclausuras, vocatas *inholmes*, eidem messuagio adjacentes *Gl. Arch.* (ed. 1687) 316b.

2 (leg.) distraint.

1226 ~a non capiantur nisi per communem assensum (*Eyre Lincs*) *Gl. Arch.* 316b.

innamiare, innamire, to distrain.

1199 prohibemus ne .. aliquis .. eorum oves in communi pastura ~iet seu imparcet *RChart* 18b; **1330** per omnia bona et catalla ibidem inventa inamiend' (*Ch., London*) *IMisc* 254/14.

innamya v. innama. **†innare** v. juvare.

innasci [CL]

1 to be born (in). **b** to be formed, arise, occur.

vermis quidam intra vitalia illius innatus irrepsit *G. Steph.* 77 (v. incestor). **b** sive aer .. sive ignis dicendus est, .. tanta violentia ~itur ut .. spissitudinem nubium .. scindat ADEL. *QN* 67; littera .. D .. a pulsu lingue circa superiores dentes ~itur OSB. GLOUC. *Deriv.* 157; natura, ..

ne tenerrimus oris dulcissimi flosculus .. cunctos everteret animos, fetorem ~i pertulit MAP *NC* III 3 f. 40; substantia mediocris idem operatur que mediocris fit dissolutio et ne alia humiditas ~atur *Quaest. Salern.* W 4; aliquando autem membranum ~itur in sinu muliebri GILB. VII 302. 1.

2 (p. ppl. *innatus*) native.

morte gloriosi regis interveniente, hanc infelix Anglia suscepit perniciem que perniciosam in ~is Anglis hodie patitur dejectionem OSB. CLAR. *V. Ed. Conf.* 18 p. 103.

3 inborn, innate, natural: **a** (of human quality or phys. condition); **b** (phil., of faculty or means of cognition, esp. as dist. from *acquisitus*).

a inter hec et plurima ~e bonitatis ipsius gesta debita nature solvens G. MON. III 16; ob ~am sibi turpitudinem AILR. *Gen. Regum* 347; ~um ignem inflammare GIR. *TH Intr.* p. 5; caloris ~i GILB. VI 266. 2 (v. extractivus); **s1224** o ~a Pictavensibus proditio! M. PAR. *Maj.* III 84; te nostra paupertas donante ditatur / et nobis egestas ditescit innata J. HOWD. *Cant.* 54; non dico .. quod motus superiorum corporum aliquam faciunt harmoniam vel sonum nec etiam ~um nobis et propterea non auditum ODINGTON *Mus.* 44. **b** dispositio non est .. ~a .. est adquisita J. BLUND *An.* 342 (v. dispositio 3b); queritur .. utrum scientia sit ~a vel acquisita BACON VIII 2; non necesse quod per ignatas species fiat cognitio, set per acquisitas a speciebus ignatis et concreatis *Ib.* XIII 12; ignata est nobis via a confusis ad distincta *Ib.* XIII 18; **a1290** per species ~as .. vel per species .. adquisitas *Quaest. Ox.* 132; sua sciencia est sibi ~a DUNS *Metaph.* I 4 p. 56; ~a est nobis via cognicionis T. SUTTON *Gen. & Corrupt.* 50.

innascibilis [LL], (theol., w. ref. to God the Father) that cannot be born.

generare convenit Patri similiter et esse ~em NECKAM *SS* I 34. 2; nomina .. notionalia quedam sunt abstractiva ut paternitas, nativitas .. quedam .. concretiva et abjectiva ut ~is, generans, nascens .. BART. ANGL. I 15; o Pater innascibilis / natura semper pullulans, / pondus rei vertibilis / verbo virtutis bajulans PECKHAM *Poems* 3. 2; '~e' significat habentem divinam esssenciam et non communicatam per generacionem et ideo eo ipso est innascibilitas principium communicandi eam per generacionem R. MARSTON *QD* 29; qui dicit duos ~es, confitetur duos deos DUNS *Ord.* II 338.

innascibilitas [LL], (theol., w. ref. to God the Father) incapability of being born.

de ~ate S. LANGTON *Quaest.* f. 157b (*tit.*); due notiones sunt in Patre: una qua refertur ad Filium, sc. paternitas, et alia qua non refertur, sc. ~as HALES *Sent.* I 14; omnia [nomina notionalia] .. abstractiva predicant de essentia, unde hec est vera: essentia est paternitas et econverso, essentia est ~as et econverso BART. ANGL. I 15; convenit itaque proprietas ~atis soli A. *Ps.*-GROS. *Summa* 388; potentia generativa dicit divinam naturam cum modo habendi eam non ab alio et ita cum proprietate ~atis MIDDLETON *Sent.* I 114; **a1290** utrum .. ingenitum esse vel ~as precedit paternitatem in persona Patris *Quaest. Ox.* 122; inassibilitas *Ib.* 118; cum ~as dicat racionem primi, quia sc. non est ab alio .. R. MARSTON *QD* 31; ista distinccio formalis ponitur inter duas proprietates in Patre (ut inter ~atem et paternitatem) DUNS *Ord.* IV 269.

innatare [CL], to swim in or on.

de gallina que pullum anatis .. ab aquis et paludibus quas jugiter ~at et frequentat .. revocat GIR. *SD* 26.

innativus, inherent, innate.

equalem .. elementorum proportionem .. ex ~a equalitate anima .. postulat ADEL. *QN* 43; cum nisu ~o exire properat [aer] *Ib.* 50; ~a sibi [sc. aer] tenuitate et levitate *Ib.* 58.

innaturabilis, not producing its natural effect.

quanto cura medicine sollicitior exstitit, tanto .. infirmitas augmentata desevit. siquidem exasperata ~is medicine intemperantia magis .. viguit .. doloris .. nequitia R. COLD. *Cuthb.* 96 p. 213.

innaturalis [LL], contrary to nature as usually perceived, abnormal, unnatural: **a** (of object or phenonenon in phys. world); **b** (med. & alch.); **c** (of person or human behaviour; also fig.); **d** (sexual). **e** (as sb. n.) unnatural thing.

a ~is levium gravitas GIR. *TH* II 7; **s1195** estate media tota illa regio, ~i atque insolita aviditate deficiens W. NEWB. *HA* V 8; superiora que moventur ibi participant sibi dispositiones ~es et moventur ad quietem sibi naturalem J. BLUND *An.* 10; **s1238** rivi insoliti et ~es plurimis agris .. proruperunt M. PAR. *Maj.* III 519; **s1247** [terremotus] credebatur .. insolitus in his partibus occidentalibus, necnon et ~is M. PAR. *Maj.* IV 603 (cf. OXNEAD *Chr.* 183 **s1250**: eventus insolitus et ~is); descensus aque naturalis est; concursus partium est ~is; quies aque extra locum suum est ~e; ergo melius est ponere quod aqua descendat, .. quam latera concurrere et quietem aque, quia ista duo sunt ~ia BACON XIII 229; *Id. Maj.* I 387 (v. diminutio 1b); ~ique modo fruges in arboribus nate sunt *Eul. Hist.* I 311; quidam Platonis discipuli dicunt animam mori cum corpore, cujus contrarium probat Augustinus per plura exempla tam naturalia quam ~ia *Ib.* II 200. **b** ?**1236** medicinalis abscisio ~ium hujusmodi excrementorum ipsum hominem non imminuit GROS. *Ep.* 72 p. 226; calor .. ~is GILB. I IV. 1 (v. formalis 1a); co[nditio] ~is si accendatur et comburatur fit herisipila, i. sacer ignis. si multum intendatur, fit lupus *Ib.* VII 332v. 1; est vero sanguis .. alius naturalis, alius ~is. naturalis autem alius est contentus in arteriis, alius est in venis . . . jam enim degenerat in sanguinem ~em, qui sic dicitur vel quia a sua generatione est, ut in leprosis, corruptus aut propter inconvenientem materiam, ex qua generatus, et propter extraneum humorem, cum quo est commixtus BART. ANGL. IV 7; melancholia .. ~is *Ib.* IV 11 (v. hypostasis 1a); medicinis consumentibus humiditatem ~em BACON IX 5 (v. evacuatio 2a); tuberositam et grossitiem ~em GAD. 45. 2 (v. elephantia); sompnus ~is *SB* 40 (v. gravis 2a); ~is est ignis occasionatus, ut calor in febribus, qui vocatur ignis humidus, artificialiter factus a philosophis RIPLEY 135–6. **c** **c1212** duorum nobis nostrorum ~ium nimis et ingratorum GIR. *Ep.* 5 p. 190; o quam magna Dei misericordia quod nos sumus ita ~es *Spec. Eccl.* 23; **s1249** quidam miles .. rebellis, perjurus, infidelis et ~is .. novam a domino rege cartam adquisivit M. PAR. *Min.* III 62; ignorantia [sapientie] .. animali rationali, id est, homini, ~is est BACON *CSPhil.* 394; ~es [ME: *uncundeliche*] catulos hujus diabolici scorpionis [sc. luxurie] *AncrR* 73; contra rebelliones Hibernicas .. et injustas et ~es fallorum guerras *Ps.*-ELMH. *Hen. V* 14. **d** sexus utriusque ~em prostitutionem condempnat AD. EYNS. *Visio* 25; ~es delectationes, que consistunt in actu HOLCOT *Wisd.* 139. **e** nonne et secundum philosophos nullum ~e aut violentum aeternum? BRADW. *CD* 142E; tunc sequeretur quod vassallus majoris esset auctoritatus quam dominus, quod esset ~e et absurdum UPTON 45.

innaturalitas, contrariety to nature as usually perceived, abnormality, unnatural condition: **a** (of phenomenon in phys. world); **b** (of human behaviour).

a terra tamen fortassis in aliqua sui parte, puta in Tartaro, violentiam et ~atem aliquam perpetuo patietur, ad punicionem malorum qui contra legem et autorem nature violenter .. et innaturaliter peccaverunt BRADW. *CD* 144C. **b** imperator .. ostendit et notificavit omnibus ~atem, et inobedientiam, ac improbitatem, quam rex Francie ei fecerat, et .. regem Francie diffidebat KNIGHTON II 6; ~as, A. *vnkyndenesse WW*.

innaturaliter [ML], not in accordance with nature as usually perceived, abnormally, unnaturally: **a** (of object or phenomenon in phys. world); **b** (med.); **c** (of human behaviour).

a animalia mansueta .. cum ~ius vivant, ut equi, tauri, galline, vices tamen dierum et noctium observant ex natura MAP *NC* I 15 f. 13; navis enim inclinata terre ~iter locatur submersioni patula WYCL. *Ver.* I 90. **b** aliquando contingit quod lesio .. virtutum anime accidat ~iter propter defectum regiminis sanitatis, et tunc senes delirant BACON *Tert.* 64. **c** quam ~iter et illaudabiliter conjurata in ventrem viscera .. victorias vestras .. continuare .. conceperas GIR. *TH* III 48; homines .. in presencia Dei et angeli boni non timent ~iter sic peccare WYCL. *Mand. Div.* 354; **1401** Deus .. permittit plebeios .. regem superiorum ~iter assumere BEKYNTON I 153; **1519** Ricardus Mayne aquibajulus ibidem die Veneris ultimo ~iter immiscuit se carnaliter cum quadam equa *Vis. Linc.* 47.

innaufragus, not shipwrecked.

ille procellosus innaufragus enatat annos HANV. I 127; [ratis] nulloque innaufraga fluctu *Ib.* IX 258.

innavigare [CL *intr.* = *to go into by ship*], (trans.) to ship in, import.

1404 cum navi et bonis ~atis velificari debetur in Secanam *Lit. Cant.* III 78; **1404** ~arunt infrascripta bona (v. frettagium).

innebulatus [cf. LL nebulare], (her.) nebuly.

portat arma partita secundum longum de azorio et argento ~a. A. .. *innebulate* BAD. AUR. 179; portantur arma partita secundum longum ~a .. et hec arma vocantur ~a quia duo colores in eis invehuntur ad modum nebularum UPTON 227.

innectere [CL]

1 to fasten, tie (one thing to another). **b** to bind (fig.); **c** (refl., also fig.).

crisolitus, topazius, onix, et berillus, lapidumque genera preciosa auro ~untur GOSC. *Edith* 69; supremus circulus cui [catena] ~itur est Deus, a quo omnia continentur HON. *GA* 588C; Martique volanti / [ambitio] cum sole et luna primas innexuit alas HANV. IV 118; [vulpis] capte popliti perferato funis ~itur NECKAM *NR* II 125; **c1218** nec quisquam annulum .. jocando manibus ~at muliercularum ut liberius cum eis fornicetur *Conc. Syn.* 87. **b** quare tantas peccaminum regiae cervici .. ~is moles? GILDAS *EB* 33; disciplinis innexus deificis B. *V. Dunst.* 5 (v. florere 2a); erat .. quedam predives matrona .. strictis nodis divine religionis innexa *Ib.* 10; natalis soli amore innexa ORD. VIT. XII 33 p. 439; dum assensu pellicit, servitio ~it PULL. *Sent.* 755B. **c** protestans non convenire regis filie ut illi se voluptati ~eret W. MALM. *GR* II 125; multi in contemplativa vita satagunt se sponsi amplexibus ~ere. ut possint ad octo beatitudines pervenire HON. *Sig.* 511D; similiter boas anguis .. immensa mole in Italia sequitur greges armentorum, ut bubalos, et callide uberibus irriguis lacte se ~it et sugens interimit BART. ANGL. XVIII 8 p. 1002.

2 to join (together). **b** (*amplexus* or *basium ~ere*) to join embraces or kisses, to embrace, kiss.

quatinus vicissim membranis discurrentibus unum atque id ipsum sentiamus vinculis caritatis innexi EGB. *Dial.* 404; omnes palmis simul innexis R. COLD. *Godr.* 411; decem .. generum nunc distinctorum a decem predistinctis octo separanda, duo ~enda sed non omnino BALSH. *AD rec.* 2 160; cum unum [jus] de altero pendeat et sibi invicem innexa sunt et adnexa H. BOS. *Thom.* III 29. **b** nunc dulces amplexus nunc dulcia basia ~it G. MON. I 11; mutuos amplexus sepissime ~ens *Id.* IX 2.

3 to entwine, interweave; **b** (refl.).

statim retiacula sue callide deceptionis ~unt R. COLD. *Godr.* 188; per geminos serpentes, quibus ejus ~itur virga, venenosa et acuta rhetorum facundia designatur ALB. LOND. *DG* 9. 4. **b** nemus dicitur a nectendo ubi divisi tauri pro multitudine arborum se nectunt silva ubi rare arbores se non ~unt *Natura Deorum* 17.

4 to tie up. **b** to hobble (fig.), obstruct. **c** (*moram ~ere* or sim.) to cause delay.

crinem .. sanguineis vittis innexum *Lib. Monstr.* I 45; respexit puerum quemdam cum avicula in via ludentem, quae pedem filo innexum habebat EADMER *Simil.* [ed. *PL* 701B]; miles vulneratus .. resumpto spiritu surgens abiit, qui ab hostibus comprehenditur, catenis ~itur, sed mox rigor catenarum solvitur HON. *Spec. Eccl.* 1086B. **b** contra monachi palam clamitabant, apostolicis preceptis fraudem ~i conquerentes W. MALM. *GP* I 57 p. 108. **c** nemo moras ad appetenda bona studia ~at H. LOS. *Serm.* 134; nullas ulterius moras censemus ~endas ORD. VIT. IX 12 p. 571; in preparandis itineri suo necessariis aliquam moram ~ebant nuntii profecturi *Canon. G. Sempr.* 107v; infirmitatis gravedo moras innexuit J. FORD *Wulf.* 65 (v. gravedo 2a); officium officialium .. hodie est .. ~ere dilationes, supprimere veritatem, fovere mendacium .. P. BLOIS *Ep.* 25. 90A.

5 to compose, devise, make.

monstrabat .. his factis se sapientem et esse et fore; juxta quod divina sapientia Salomonis innexuit literis 'corripe' inquid 'sapientem et amabit te' [cf. *Prov.* ix 8, xix 25] W. MALM. *Wulfst.* I 1 p. 5; perennis amicitie fedus cum eis ~erent ORD. VIT. IX 10 p. 554; hic affectus inter David et Jonathan .. socialis vinculum gratie .. federe gratissime charitatis innexuit AILR. *Spec. Car.* 588D.

innerv- v. enerv-.

innexio [ML], tie, connection; **b** (log.).

horum testiculorum nervi perplexi sunt, quia suggestionum ejus argumenta implicitis ~onibus alligantur BRADW. *CD* 256C. **b** ex ~one BALSH. *AD* 89 (v. conexio c).

innisio, *f. l.*

calx exstincta est [ad] vulnera et ad †innisiones [? l. infusiones *or* immissiones] valet *Alph.* 32.

innisus [cf. CL nisus], a striving toward, straining, effort.

divine pietatis diffidencia prudencie proprie producit ~um, ~us vero prudencie proprie sollicitudinem generat terrenorum R. BURY *Phil.* 6. 92.

inniti [CL]

1 to lean (on) for support.

maximo cum labore baculo ~ens domum pervenit BEDE *HE* IV 29 p. 278; his innixa ducibus a dextris et a sinistris, ibat ad supernam regiam GOSC. *Edith* (II) 57; ~ens bacillis, in Tanetum ad sepulchrum virginis .. venit *Id. Transl. Mild.* 24 p. 191; surgit illico puer incolumis, baculos quibus innisus fuerat beate Virgini quasi pro munere offerens *Mir. Fridesw.* 23; cepit .. baculo innixus per cellam infirmorum solus deambulare AD. EYNS. *Visio* 1; invenit senem sedentem ad pedes cujusdam scale, que innixa fuit cuidam muro *Latin Stories* 49.

2 to rest (on), be supported (by): **a** (phys.); **b** (abstr.).

a ALDH. *Met.* 2 (v. fulcimentum 1a); postibus inniti bis cernitur ipsa [sc. domus] duobus L. DURH. *Dial.* I 377; [lapides] potius artificium studio quam suppositorum podio ~i videantur GIR. *TH* II 18; hoc opus super vj cancros ex ipso monte sculptos ~itur GREG. *Mir. Rom.* 11; 'erectis pedibus', innixi enim erant articulis S. LANGTON *Chron.* 147. **b** quod autem dicis .. recte rationis non ~itur anchora PETRUS *Dial.* 35; advocatio .. ecclesiarum juri spirituali .. accedit et ~itur H. BOS. *Thom.* III 29; per hoc verbum .. ~itur .. facultas S. LANGTON *Gl. Hist. Schol.* 41 (v. facultas 1a); quid autem sit de ipsa opinione, nescio: credo tamen quod non ~itur bono fundamento

R. MARSTON *QD* 57; tres raciones quibus ~itur ista solucio confirmantur per auctoritates DUNS *Ord.* I 41.

3 to press (on) with one's weight: **a** (w. dat.); **b** (absol.).

a destine parietis .. ~endo R. COLD. *Cuthb.* 68 (v. destina a); potuit .. fieri ut David subsiliendo et saltando pedibus sursum versis manibus terre ~etur AD. DORE *Pictor* 148 (cf. *II Reg.* vi 16); elephans innixus arbori clam succise cadit et traditur in manus venatorum *Ib.* 160; maxime quotiens ad Deum, qui est innixus scale, ipsa properant et ascendunt FORTESCUE *NLN* II 34 (cf. *Gen.* xxviii 13). **b** ~endo petram hanc .. evolvere ANSELM (*Incarn. B*) II 7 (v. evellere 2a).

4 to rely (on), trust (in).

[viri non potentes] nec alicui magni duci innixi nisi Deo H. HUNT. *HA* VIII 27; **c1151** Wazo archidiaconus false seditioni innisus *Ch. Durh.* 36a; veritatis argumento ~entes tali fine omnia terminavimus *Ib.*; si consiliis nostris ~eris P. BLOIS *Serm.* 771A; verbis ~entes BALSH. *AD rec. 2* 44 (v. abductivus); **1415** rex .. noster divine innixus gracie et cause sue justicie *G. Hen. V* 9.

5 **a** (w. dat. or abl.) to strive, struggle (with). **b** (w. inf.) to strive (to); **c** (w. *ut*).

a navigium remis et totis pectoribus innixi propellebant W. MALM. *GR* IV 376 p. 440; **1318** de .. gravaminibus .. quibus .. ~untur Ybernici *Mon. Hib. & Scot.* 201b; nimirum ~entis anime atque prorsus intente amori eternitatis ROLLE *IA* 200. **b** **s1177** tali infidelitati modum ponere et finem dare ~or GERV. CANT. *Chr.* 270; sicut naufragium passo naufragium est sufficiens inducio ut ~atur apprehendere tabulam, sic lapsus peccati sufficienter inducere debet ut ~atur agere penitenciam S. GAUNT *Serm.* 206. **c** destructionem religionis et scandalum fratrum innocentium machinantur et ~untur ut locum Dei .. omnino subvertant *Ann. Durh.* 91.

innixe, assiduously, zealously, with striving.

tibi jejuniis et hymnis ~ius supplicanti EGB. *Pont.* 69; necessitas cogit ut sacre scripture eo ~ius insistere studeamus, quo .. AD. SCOT *TT* 629A.

innixorius, supporting.

amplius autem, Deus est in situ mundi, vel ergo ad hoc quod sit ibi indiget necessario creatura, quasi quodam ~io seu reclinatorio fulcimento BRADW. *CD* 178D.

innixus [cf. CL nixus], a striving toward, straining, effort.

ut ipse fructus finaliter et ~us ad creature commodum collaudetur WYCL. *Dom. Div.* 33.

innobilis v. ignobilis. **innoca** v. inhok. **innocare** v. inhokare.

innocens [CL]

1 not guilty, blameless, innocent. **b** (w. gen., *a* or *de*) innocent (of). **c** (as sb. m.) innocent man.

~s Naboth propter vineam oppressus est GILDAS *EB* 40; arma ~tum virorum furtim tollunt *Enc. Emmae* III 5; scitis .. quam periculosum sit homini ~ti notam tanti criminis inurere, et adversus innoxium detestabilem suscitare infamiam P. BLOIS *Ep.* 45. 130C; *V. II Off.* 24 (v. exspirare b). **b** ~s [AS: *unscyldig*] sum actionis et dictionis (*Quad.*) *GAS* 399; ~s de hoc fyrto (*Jud. Dei*) *Ib.* 410 (v. furtum 1a); a peccato ~tem EADMER *V. Anselmi* II 15; **1275** ~tes de feolonia (v. 1 felonia 2a); ~s ego sum a sanguine justi hujus (*Gospel of Nicodemus*) *Eul. Hist.* I 102 (cf. *Matth.* xxvii 24); **1440** prefatum R. heretice pravitatis fuisse .. ~tem (v. immo 4a). **c** innocenter .. fuit martyrizatus ideoque dignum est ut per eum ~tium exerceatur virtus *Enc. Emmae* III 6; ANSELM (*CurD* 7) II 57 (v. evenire 3d); sanguinis ~tis effusione BEN. PET. *Pass. Thom.* 7 (v. debriare 1d); ~tes probantur et rei damnantur BACON *NM* 526 (v. ferrum 4a); WYCL. *Innoc.* 479 (v. deteriorare 1a); dicunt quoque Saraceni quod si Jesus crucifixus fuisset, Deus contra suam justiciam fecisset permittendo sc. talem ~tem mori sine culpa *Itin. Mand.* p. 72.

2 that does no evil, upright, virtuous. **b** (as sb. m. or f.) virtuous person.

mirantes simplicitatem ~tis vitae BEDE *HE* I 26 p. 47; Hibernienses, genus sane hominum ~s et genuina simplicitate nihil unquam mali moliens W. MALM. *GR* I 51; **s1096** ~tes .. et probos viros (v. delatio 1); colonis presides prefecit ~tibus ORD. VIT. XII 24 p. 401; nec religiosis hominibus vel ~tibus villanis .. parcerent *Ib.* XII 36 p. 106; **1489** volo quod K. uxor mea inveniat G. F. et R. C. servientes meos ~es esculenta et poculenta sufficien', lectum et apparatum quamdiu ipsa K. vixerit *Cart. Boarstall* app. 1 p. 290. **b** ut germinent simplicitatem ~tis unite W. MALM. *Mir. Mariae* 156 (v. floridus 2b).

3 harmless, innocuous. **b** simple-minded.

~tibus ovibus GILDAS *EB* 9 (v. grex 3a); multis securium ictibus ~entem statuam laniaverant W. MALM. *GR* II 169. **b** Johannes Nevylle occisus habuit filios iij, Radulfum comitem ~s homo, ac Johannem Nevylle nobilem militem .. et Thomam Nevyle juniorem W. WORC. *Itin.* 344.

4 (as sb. m. or f.) infant, child. **b** (pl. w. ref. to *Matth.* ii 16–19) the Innocents. **c** (w. *dies*, *festum*, or ellipt.) Innocents' Day, 28 December. **d** church dedicated in honour of the Innocents.

non assentior ut illi [sc. proceres] ~ti vim mortis consciscerent quem regem creaverant W. MALM. *GP* V 259 p. 414 (cf. ib.: puerulus ille); pueros .. salutatione preveniens ad reciprocam invitabat salutationem; ut sic ~tium ei benedictio, vel extorta, cum salutationis eulogio refunderetur GIR. *IK* I 2 p. 23; peccavi cum homine talis status, monacho, presbitero aut clerico talis ordinis cum uxorato, cum ~te [ME: *a laðlas þing*] aut femina sicut ego sum *AncrR* 121; **s1400** hoc anno .. per totam Angliam magna et presertim innoscentum regnavit pestilencia AD. USK 46; parvulorum et ~tium oppressio *Conc. Scot.* I cclxxxi. **b** per tuorum ~tum interpellationes purissimas castiga corpus et animam meam ALCH. *Or.* 144; Mildreda altari praenitet sanctorum ~tum, quos omnes virginali fovet gremio GOSC. *Transl. Aug.* 24D; **12..** ~tium, martirum, confessorum *Conc. Scot.* II 5; **14..** dies sanctorum ~tium *Ib.* II 75; Augustinus in quodam sermone de ~tibus testatur OCKHAM *Pol.* II 716. **c** inter ~tium festivitatem et octavas Domini *Comp. Swith.* 179; ab ~tibus usque Epiphaniam *Ib.* 195; **1245** etc. episcopi ~tum (v. episcopus 3); in die sanctorum ~tium *Cust. Westm.* 78; in nocte ~tium, ad matutinas *Ib.* 296; **1532** in festo sanctorum ~tium infra Natale *Househ. Bk. Durh.* 55. **d** **a1217** Ricardo, capellano de ~tibus *Ch. Westm.* 398.

innocenter [CL]

1 not guiltily, blamelessly, innocently. **b** (concessively) though innocent, in one's innocence.

asserebant quod .. debuisset optare mori, et usque ad mortem ~er Christum sequi ORD. VIT. X 1 p. 6; novercali fraude ~er cesum W. MALM. *GP* II 86; qui filium domini sui adolescentulum ~er pridie occiderant *G. Herw.* 327v; fratres ~er damnati ut crucifigerentur *Ib.* 330. **b** [Christum] morti ~er addictum cruci affixerunt PETRUS *Dial.* 38.

2 uprightly, virtuously. **b** straightforwardly, guilelessly.

quia vixit ~er *Canon. G. Sempr.* 137. **b** quasi ~er interroganti Judae Dominus simpliciter et mansuete quo mysterium Mariae pertineret exposuit BEDE *Hom.* II 4. 128D.

3 harmlessly, innocuously.

ventus .. omnem magnitudinem flamme a domibus ~er abegit *V. Cuthb.* II 7; fantasma ille .. apparentie .. aut ~er transeunt aut nocenter MAP *NC* II 13 f. 27v.

innocentia [CL]

1 lack of guilt, innocence. **b** (w. *a* or *super*) innocence of. **c** (*status ~iae*) state of innocence, *i. e.* before the Fall.

per Abel insontem mitis ~ia et passio [figurabantur] ALDH. *VirgP* 54; ipsi [sc. sancti innocentes] .. quorum ~iam [*gl.: unscyldignisse*] hodie solemniter celebramus *Rit. Durh.* 48; renovata vere juventutis ~ia GIR. *TH* I 13 p. 40. **b** ~ia .. a peccato BRADW. *CD* 455D (v. eligibilitas); ~ia a peccato *Ib.* 460B; **s1453** ~iam super recepcione .. thesauri illius (v. habitio 1). **c** HALES *Qu.* 230 (v. 1 dolor 1); potest Deus reducere Adam post peccatum ad pristinum statum ~ie, et per consequens potest sibi remittere culpam sine gratia creata OCKHAM *Quodl.* 597–8; WYCL. *Civ. Dom.* I 71 (v. excusabilitas); *Ib.* III 90 (v. exemplatio).

2 abstention from evil, honesty, integrity, virtuousness.

~am *unscepinesse GlP* 467; tria .. fore arbitror necessaria tendenti ad perfectionem, viz. ~ia, beneficium, prelatio. ~ia talis esse debet, ut nulli noceat ALEX. CANT. *Dicta* 16 p. 168; constans ~ia hominem spectabilem fecit, ut rex .. ipsi libens et summissus daret W. MALM. *GP* 96 p. 206; magne simplicitatis et ~ie presbiter ORD. VIT. V 19 p. 444; de virginis ~ia *V. Chris. Marky.* 30; **s1415** revelavit .. prodicionem malorum per dominum de Mortuo Mari, comitem Marchie, cujus ~iam in hoc exiciali proposito attemptassent *G. Hen. V* 2; ut causam sui incepti operis majoris armaret ~ie clipeo *Ib.* 6.

innocentialis, blameless, innocent.

c1250 cujus adolescentiam ~em ingenium docile et laudabile studium, mos placidus et leta spes, ex divinitatis gratia reddit acceptam AD. MARSH *Ep.* 128; etsi homo haberet bonitatem ~em .. BRADW. *CD* 460A.

Innocentinus, of Pope Innocent (in quot., VI).

s1362 ordinaciones Clementine et ~w (v. discordare 1a).

innocissibilis, *s. dub.*

s1400 in veteri testamento postquam venalitas sacerdocium violarat, fumus impressabilis, ignis inextinguibilis, fetor innocissibilis [*sic* MS ? l. immarcescibilis] cessarunt in templo AD. USK 56.

innocius [LL *gl.*], not harmful or injurious, innocent. *V. et. innocivus.*

sicut Alexander sic tempora vestra beavit / tertius innocius, laudis honore pares. / omnia cum possit qui preminet omnibus Inno- / centius, innocuus est tamen atque pius GIR. *Invect.* I 9.

innocivus [cf. CL nocivus]. not guilty, innocent.

de materia illa in billa illa contenta seipsum ~um et sine culpa declaravit *Entries* 13a.

innocue [LL], in one's innocence, though innocent.

filius Kenelmus puer admodum a sorore Quendrida ~e occisus, nomen et decus martiri est adeptus OTTERB. 48.

innocuus [CL]

1 harmless, innocuous.

pueros quod flamma camini / torribus innocuis diro sub carcere coxit ALDH. *VirgV* 385; [Hibernia] habet et lacertas, sed has prorsus ~as GIR. *TH* I 28; lingua gnatonicus lambit innocua / que peccant Cesares et mitre cornua WALT. WIMB. *Palpo* 131; ignis innocuus *Id. Carm.* 87 (v. fumalis 1).

2 innocent, blameless. **b** (as sb. m.) innocent man. **c** (*aetas ~a*) age of innocence.

effundentes sanguinem ~um super terram GILDAS *EB* 60; ~os infantes ORD. VIT. IV 5 p. 196; ille tamen abluens manus a sanguine Christi se clamabat ~um *Ep. ad amicum* 18; innocuus sis, si vivere juste cupis WALT. ANGL. *Fab.* 32. 12; innocuus .. atque pius GIR. *Invect.* I 9 (v. innocius); si pudor virginis peda polluitur / furis innocui WALT. WIMB. *Carm.* 587. **b** ut interficiant ~um MAP *NC* IV 15 f. 56 (v. eruere 3a); judicantes ~um pro reo *Mir. Hen. VI* II 40 p. 107 (v. fas a). **c** ut ne sexui quidem muliebri, vel ~ae parvulorum parceret aetati BEDE *HE* II 20 p. 125; Edwardus .. cesus noverce insidiis .. quarto decimo anno etatis ~e GOSC. *Edith* 82.

innodaciter, knottily (fig.), as if fastened together.

illiteratum idiotam simplicem notas non simplices, sed ~iter intricatas nullo docente cognoscere R. COLD. *Godr.* 288.

1 innodare [LL]

1 to tie with a knot, to fasten (on to something). **b** to fix at a node (to).

s1130 longitudine capillorum cum feminis certabant et, ubi crines deficiunt, involucra quedam ~abant W. MALM. *HN* 453; **1342** cum circulis quadrangular' factis de draconibus hachiat' et †innuat' de serico *KR Ac* 389/14 m. 2 (cf. id.: ad facturam unius capucii .. operati cum foliis .. innodat' de auro et serico); nisi glomerem fili ~atum in ostio [sc. labyrinthi] haberet, exitus non pateret *Eul. Hist.* I 42. **b** surculus qui convenienter terre ~atus arborem facit KNAPWELL *Quare* 352.

2 to fasten together, link.

duo reges Anglie et Francie pacis et amoris vinculum ~abant *Meaux* I 206.

3 to tie up, bind, shackle (person); **b** (fig.); **c** (refl., also absol.); **d** (w. anathema or sentence of excommunication).

s1140 vinculis ~atus, .. patibulo appensus et exanimatus est W. MALM. *HN* 485 p. 44; quem tandem rex .. comprehendit, et vinculis justissimis ~avit W. NEWB. *HA* IV 20; **s1142** rex .. annulis ferreis ~atus est R. NIGER *Chr. II* 184. **b** ipsum qui gentes domuerat Veneris nexibus ~avit mulier impudica J. SAL. *Pol.* 518C; **1218** proinde litterarum testimonio consueverunt ~ari *Reg. S. Thom. Dublin* 287. **c** **s1171** firmissimis se fidelitatis et subjectionis vinculis ~avit GIR. *EH* I 33; Edwardus sponte iteratis ~avit Sacramentis *Ann. Lond.* 57. **d** **s1147** nodo anathematis .. ~atus *G. Steph.* 104; **a1155** quod siquis presumpserit se vinculo anathematis ~andum cognoscat *Doc. Theob.* 4; **s1190** a vinculo excommunicationis quo ipse .. eum ~averat BROMPTON 1190; **1196**, **c1214** (v. excommunicatio 1a); sumus provocati ut .. [eos] perpetuo anathemate cum diabolo patre ipsorum ~aremus *Ann. Durh.* 91; **1341** a canone late sententie existunt ~ati (*Lit. Archiep.*) WALS. *HA* I 236; **1428** absolvit eundem Johannem a sentencia excommmunicacionis qua .. extiti ~atus *Heresy Tri. Norw.* 34.

4 to involve, entangle, ensnare (fig.). **b** to impose (sentence), execute (punishment).

opus ecclesie .. quod .. de debitis inestimabilibus .. quibus Ricardus de Marisco .. ~averat, liberavit M. PAR. *Abbr.* 260. **b** **s1266** rex xij personas eligi fecit, quibus commisit ut providendo paci regis atque regni latam in exheredatis sententiam ~arent *Eul. Hist.* III 134; pretermissis penis preceptoriis, que sepius regulares ~ant delictis J. READING 160.

5 (p. ppl. as adj.) knotted.

in omnibus duritiebus unde ista nodositas est quasi gutta inodata vel indurata GAD. 29. 1.

2 innodare [cf. CL nodare], to disentangle (fig.), to elucidate. *V. et. enodare* 2.

nec hic eas [sc. differentias] oportet disserere quia inferius plenarie explicabuntur. sed putridarum adinvicem signa interpolatarum sc. que diversificantur secundum typorum diversitates hic ~emus incipientes a typo tanquam a generaliori GILB. I 14. 2.

innodatio [LL]

1 tying, fastening, shackling.

ei .. laqueorum ~ones preparavit R. COLD. *Cuthb.* 93 p. 207.

2 binding, imposition (of anathema or excommunication).

1167 rex exemptus est a potestate omnium episcoporum, preterquam domini pape, quoad excommunicationis ~onem BECKET *Ep.* 285 p. 151; anathematis eis interminans ~onem *Chr. Rams.* 139; in isto homicidio incurrunt multi prelati irregularitatem et anathematis ~onem WYCL. *Mand. Div.* 405.

3 binding, bond (of agreement, contract, alliance, *etc.*).

1121 qui ad gradus ecclesiasticos est accessurus, non ante honoris consecrationem accipiat, quam placiti sui ~onem promittat *Conc.* I 403; **1296** ad majorem hujus ~onis evidenciam, ad maritale conjugium filio nostro Eadwardo (*Lit. Regis*) FORDUN *Cont.* XI 26.

innokus v. inhok. **innoma** v. innama.

innominabilis [CL], that cannot be named, nameless.

quatuor [monachi] .. ipsum terre hiatum per tot dies sustinuerunt, donec allato abbate ~i in sepulcro sublati Dunstani collocaretur EADMER *Ep. ad Glast.* 805B; **s1098** comes et ejus comites innominabiles [v. l. innumerabiles] miserias .. exponunt cum incremento M. PAR. *Min.* I 114; quedam quorum [sc. nominum] substancia qualitatem non habet qua possit intelligi, sed per privaciones qualitatum oppositarum significantur ut Deus ~is *Ps.*-GROS. *Gram.* 37.

innominatus [LL]

1 unnamed, nameless.

quem tu .. ~um in turba cum aliis excommunicasti MAP *NC* II 30 f. 33v; forme substantiales ipsorum que nobis ~e sunt BACON VII 25; ~atorum sanctorum illorum testimonium sicuti ignoti Dei superscriptio conquiescat PECKHAM *Kilw.* 122.

2 (leg.) unspecified. **b** (of contract) 'innominate', unclassified.

siquis a domino .. inplacitetur, submoneatur .. de nominatis vel ~is placitis (*Leg. Hen.* 46. 1) *GAS* 570; jura ~a OCKHAM *Pol.* I 316 (v. 2b infra). **b** sic cadit donatio in unum quatuor contractuum ~orum BRACTON 15v; utrum .. illud jus sit proprio nomine nominatum vel sit innominatum non est curandum ad presens. sicut .. secundum jura plures sunt contractus ~i, ita forte sunt vel possunt esse plura jura innominata, hoc est, non habentia nomina propria et univoca, sed communia tantum OCKHAM *Pol.* I 316.

innormare [ML; cf. CL normare], to normalize, regulate, bring into conformity (with standard); **b** (with rule of behaviour). **c** to associate (person with someone).

1271 aliquid in eodem quo ad municionem castri censeri valent aliquatenus ~abunt *Cart. Glam.* 135. **b** conversationis .. normam .. ~ans *Chr. Rams.* 22 (v. defaecare 1e); ad servitutem Dei sub patrocinio sancti Edmundi se transtulit regularis vite exerciciis ~andum *NLA* II 641; de nostre gentis conversione ad Christiane fidei religionem per .. doctores gratiose ~ate CIREN. *prol.* I 45. **c** Balduinus .. sobolem suam cupiens ~are prosapia regali W. JUM. VI 6; rite scelus ratus est lutum deaurare; / Chore, Dathan, Abiron justis innormare *Poem S. Thom.* 85.

innotabilis v. notabilis.

innotare [LL], to mention, refer to.

1274 breviter presentem epistolam ~amus *Flor. Hist.* III 40; **s1399** rex Henricus quartus coronatur .. unctus cum oleo aquile ~ate *Eul. Hist. Cont.* III 384.

innotatio, inventory.

1549 testamentis et bonorum ~onibus *Conc. Scot.* II 111.

innotescentia [ML], becoming known, revealing.

1166 Jesus .. attestationem operum Johannis testimonio prefert, non hoc quidem condempnans ut reprobum, sed illud tanquam probabilius sui ~ia censuit preferendum J. SAL. *Ep.* 181 (182).

innotescere [CL], **innotēre** [ML]

1 to become known, be known (to). **b** (impers. w. *de*); **c** (w. *quod*); **d** (w. acc. & inf.); **e** (w. indir. qu.). **f** (w. compl.) to be known (as), be taken for.

ut .. Agnae exemplar .. castae sodalitatis consortibus ~escat ALDH. *VirgP* 45; **705** hoc tibi per litteras intimare curavi ne inter plures devulgatum ~escat WEALDHERE *Ep.* 23; cuidam †innocuit [l. innotuit] experientia propria LUCIAN *Chester* 58; ex his vobis animus ejus ~eat MAP *NC* V 3 f. 61; **1219** de consilio nostro cui ~uerunt hec omnia *Pat* 210; innotescere J. HOWD. *Cyth.* 38. 9 (v. 1 famen a); ut .. verus servus Cristi secundum Dei bene placitum ~escat WYCL. *Ver.* III 77; multis mortuis per ipsum mirifice sussitatis innotessit fidelibus mirificans dilectum suum magnificentia virtutis altissimi *Chr. Kirkstall* 123; Ricardus .. probitate sua mundo ~escente, electus est in imperatorem Romanum CAPGR. *Hen.* 151. **b** **s1238** ~uit conventui de fractura carte GERV. CANT. *GR cont.* 131; ~uit urbi de signis suis et prodigiis et de sanctitate ipsius *Eul. Hist.* I 165. **c** ?**1176** ex litteris .. manifeste nobis ~uit, quod .. (*Bulla Papae*) ELMH. *Cant.* 413; **1260** paternitati vestre ~escat quod .. *Reg.* MALM. II 79; **c1363** vestri magistratus excellencia .. ~escat quod .. *FormOx* II 365; **1449** universis .. ~escat per presentes, quod .. *Lit. Cant.* III 202. **d** quod ita fuisse factum mox congregationi .. ~uit BEDE *HE* IV 21 p. 258; ut rumor ~uit Ceaddam sedis sue cathedram preoccupasse RIC. HEX. *Hist. Hex.* I 6; **a1153** ~escat delectioni vestre nos .. burgum statuisse *BBC* (*St Andrews*) 2. **e** quo loco ~uit quia si cujuslibet partis penultima syllaba desinat in correpta vocali .. ABBO *QG* 2 (6); **1300** ut .. cuilibet vestrum apercius ~escat quibus [sc. statutis] est incistendum et a quibus est abstinendum *Vis. Ely* 6; **1332** ex .. variis epistolis nostris ~uit satis vobis, quantis oneribus .. humeros submiserimus J. MASON *Ep.* 59 p. 201; non ~escit nobis quis conceptus est connotativus OCKHAM *Quodl.* 126. **f** filius ejus Robertus ille fuit qui in expeditione Asiatica quam .. Europa contra Turchos movit, mirandus ~uit W. MALM. *GR* III 257; nec tamen ad modum rusticus in pronunciando sermonem ~uit W. DAN. *Ailred* 27.

2 to make known (something to someone), declare, notify; **b** (w. *de*); **c** (w. *quod* or *ut*); **d** (w. acc. & inf.); **e** (w. indir. qu.); **f** (pass.).

cui protinus vir Dei nomen alumni et monachi sui ~uit WULF. *Æthelwold* 42; soporato .. liberationem suam per †batam Mariam innotit [l. beatam Mariam innotuit] .. experrectus ille nil visorum innotuit W. MALM. *Mir. Mariae* 172. **b** **1400** cum .. villam appropinquavimus, gratia divina nobis ~uit de quorundam .. insidiis, qui sanguinem nostrum sitiebant *Lit. Cant.* III 73. **c** **957** (14c) fidelibus ~esco quod .. fundum .. confero *CS* 1000; **1166** ~uit ut .. (v. feodamentum b); **1277** ad hec sedi ~escimus memorate quod in Anglia .. decima solvitur valde male (*Rep. Papal Collectors*) *EHR* XXII 67; **1300** vestre universitati ~escimus per presentes quod .. *Reg. Carl.* I 131; **1315** vobis ~escimus quod .. ad dictum scaccarium non oportet vos accedere *RScot* 151a. **d** sanctus rex et martyr Eadmundus omnibus ~uit non se esse inferiorem meritis Laurentii beati levitae ABBO *Edm.* 16; **a1159** tam absentibus quam presentibus ~escimus nos concessisse .. *Reg. Dunferm.* 92; **s1076** statum .. monasterii .. suo consilio aut auxilio indigere ~ui *Croyl.* 76; ~escimus quandam capellam ab antiquo esse constructam *Ib. Cont. B* 528; **1424** ipsam impignoracionem .. omnibus .. ab initio fuisse et esse invalidam et inanem ~escimus per presentes *Pri. Cold.* 97. **e** **705** obsecro ut mihi ~escere digneris quid de hac re agere debeam WEALDHERE *Ep.* 22; ipsemet ad regem ingrediens, quae dixerat viva voce ~uit, illicoque reversus est EADMER *HN* 66; jam gloria qua coronaris ~uit tuis quantum possis sibi prodesse ante Deum, si dignaris *Id. V. Osw.* 34 p. 38; cunctis que circa se gesta fuerant ~uit SAMSON *Mir. Edm.* I 12 p. 143; quid apud se deliberarat ~escens *Hist. Meriadoci* 357. **f** **c805** ~escatur (v. dominus 5a).

3 (refl.) to make oneself known, reveal oneself. **b** (w. compl.) to proclaim oneself (as).

601 Israelitico populo in Ægypto Dominus se .. ~uit (*Lit. Papae*) BEDE *HE* I 30; R. COLD. *Cuthb.* 47 (v. eapropter a). **b** rex .. se .. legatum ~uit, ut archiepiscopum de sua legatione terreret *V. Thom. A* 37 p. 39.

innotus v. 2 ignotus.

innovare [CL]

1 to make an innovation in, change, alter; **b** (intr.) to make an innovation.

1166 de statu meo nova scribere nequeo, quia circa me nichil est ~atum J. SAL. *Ep.* 199 (185); **1189** ut secundum formam mandati apostolice procedatis .. nihil ~antes, nihil statuentes, nec immutantes *Ep. Cant.* 318; **a1233** ne ego vel aliquis heredum meorum huic concessioni .. aliquando ~are possit *Reg. Paisley* 50; **1279** inhibemus ne .. aliquid circa statum beneficiorum .. ~ari permittatis PECKHAM *Ep.* 69; post appellationem .. legitime interpositam non est aliquid ~andum, et per consequens ille a quo appellatur .. non potest deponere appellantem OCKHAM *Pol.* I 294; sede vacante, nichil debeat ~ari GRAYSTANES 19 p. 66. **b** **1408** graviter ~avit in subversionem status .. nostri, nitens .. sibi subjicere Romanam urbem *Conc.* III 295.

2 to renew, replenish. **b** to repair (object), rebuild, renovate (building).

c1188 precipio quatinus persolvatis .. decimas vestras .. de omnibus rebus que Dei operante gratia vobis per annum fuerint ~ata *Regesta Scot.* 281; purgatur et ~atur orbis terrarum per ignem AD. DORE *Pictor* 166; **12..** decime de omnibus que ~antur, viz. de blado, feno, lino *Conc. Scot.* II 21; **1335** inveniant .. viginti et sex cereos perpetuo annis singulis ad festum concepcionis beate Marie virginis si opus fuerit ~andos (*Ordinacio Cantariarum*) *Eng. Clergy* 256. **b** capisterium rimarum fragmine ruptum / innovat ALDH. *VirgV* 865; cenobium monachorum apud S. M. de S. ex novo fecit; alterum apud B. ex veteri favore suo ~avit W. MALM. *GP* IV 177 p. 312; ?**1180** ipsam .. ecclesiam episcopalem ex magna parte sumptibus meis et acquisitionibus ~atam ARNULF *Ep.* 137; **1222** ~abitur granarium apud W. *Dom. S. Paul.* 48; urbem Acchen ~ans Eleusim omnino condidit *Eul. Hist.* I 35.

3 to renew, reissue, confirm: **a** (charter, privilege, statute, *etc.*); **b** (tally); **c** (agreement or treaty); **d** (homage).

a **c1150** hec donatio ~ata fuit in capitulo Lincolniensi *Danelaw* 231; **1164** previlegia vero antecessorum nostrorum, que predicto incendio in favillam redacta sunt, sigilli nostri munimine ~avimus *Regesta Scot.* 243; **s1227** denunciatum est viris religiosis et aliis, qui suis gaudere volebant libertatibus, ut ~arent cartas suas de novo regis sigillo M. PAR. *Maj.* III 122; **1267** omnes concessiones .. in predictis chartis contentas .. ~amus et concedimus eis (*Ch. Regis*) *MGL* II 265; **1306** libertates leges et consuetudines .. quas presenti carta nostra ~amus et .. confirmamus *BBC* (*Swansea*) 15; **c1350** ~ando .. statutum *StatOx* 28; **1361** nuper confirmavimus et libertates pristinas .. inovavimus *Reg. Paisley* 66; **1458** pro collegii .. utilitate .. dictam suam innovacionem ~avit et imperpetuum confirmavit *Mon. Hib. & Scot.* 407a. **b** **1286** (v. damnare 4b). **c** **c794** ut .. pactum antiquae familiaritatis ~arem ALCUIN *Ep.* 31. **d** non erunt ibi plura homagia, sed unum, licet pluries ~etur BRACTON f. 79.

4 to produce or present as new, introduce. **b** to reintroduce, reimpose. **c** (leg.) to bring (an action) a second time, to revive (a suit).

1166 fortuna .. et fama .. nichil ~averint relatu dignum J. SAL. *Ep.* 146 (165); que ipsius opera magnifice declarant prodigiorum indiciis, et miracula proferunt miranda, que novis operum cotidie ~antur insigniis R. COLD. *Cuthb.* 48 p. 98; ex magnorum virorum laboribus egregiis excerpta et quasi de novo nunc fabricata, sed verius .. artificialiter ~ata GIR. *Ep.* 3 p. 172; secundam [etatem] Noe ~avit R. NIGER *Chr. I* 18 **1381** quasdam hereses ~ant (v. documentum 2a). **b** Danegheldum avitum ~avit R. NIGER *Chr. II* 168. **c** **1290** querelam aliquam de temporibus retroactis factam .. ~ari (v. de 4b); **1296** volumus .. ut ecclesie .. vicarius .. nobis aut tibi nomine nostro obedienciam per se faciat, alioquin .. sequestrum ~es *Reg. Cant.* I 82.

5 (eccl. law) to prosecute (appeal). **b** to recite (a charge or sim.).

?**1181** post appellationem interpositam .. appellationis remedium ~arunt (*Bull. Papae*) ELMH. *Cant.* 444; **1191** appellationem .. presenti scripto et sigillo nostri testimonio coram vobis ~amus *Ep. Cant.* 348; **1226** Stephanum ad appellandum, et ad dictam appellationem nostram ~andam .. nostrum constituimus procuratorem *Pat* 56; **1311** appellacionem prosequendi et eam ~andi *Reg. Aberbr.* I 280. **b** **s1294** provocationes et citationem curie Cantuariensis super prebendationibus et aliis gravaminibus coram eo [sc. episcopo] ~abant *Ann. Worc.* 518; **1312** predictasque provocaciones et appellacionem ex parte dictorum prioris et conventus alias interjectas ~o *Collect. Ox.* II 242.

6 to refresh, revive: **a** (part of body); **b** (person, emotional state, or spiritual condition).

a pupilli .. palpebrarum convolatibus ~ati GILDAS *EB* 17 (v. fuscare 2b). **b** qui paschalibus remediis ~ati *Rit. Durh.* 33 (v. evadere 4b); 'ut serviamus in novitate spiritus', i. e. ~ando spiritum fide et operibus bonis LANFR. *Comment. Paul.* 127; quanto .. frequentius oratis, tanto magis ejus [sc. Dei] dolorem ~atis [v. l. renovatis] PETRUS *Dial.* 17; infantem allatum .. baptismi lavacro prius ~avit W. MALM. *GP* V 219; pristine salutis ~ata ei gloria restauratur OSB. CLAR. *V. Ed. Conf.* 15; ~ato .. homini PULL. *Sent.* 982C; NECKAM *NR* II 135 (v. 1 innovatio 6); lacrime .. penitentiales post lapsum renovant quos primo ~avit baptismus GROS. *Hexaem.* VI 16. 2.

1 innovatio [LL]

1 innovation, change, alteration.

sol quatuor facit ~ones in anno GILB. I 54. 3; secundum .. variationes constellationum et complexionum et voluntatem principum .. oriuntur in populo .. ~ones

consuetudinum et mutationes legum BACON *Maj.* I 252; ostendit imitacionem et ~onem monete tempore hujus regis [sc. Ed. III] (J. BRIDL.) *Pol. Poems* I 139.

2 renewal, replenishment. **b** repair, rebuilding, renovation.

quorum .. acumen dentium assidua lavacri frequentatione suique ~one velleris mirabiliter reparatur J. FORD *Serm.* 51. 5; **c1300** decimam lactis a primo tempore sue ~onis (v. decimus 4b); in vestimentorum ~one, et in perquisitione bonorum, me singulariter sollicitavi AMUND. II 236; **1466** persolvant .. decimam lactis seu lacticinii a primo tempore sue ~onis tam in mense Augusti quam in aliis mensibus *Conc.* III 604. **b** **1464** ~onem cancelle (v. 1 cancellus 3a); reparavit cancellum . . . et circa hanc reparationem, sive verius, ~onem *Reg. Whet.* I 425.

3 renewal, confirmation: **a** (of charter, privilege, statute, *etc.*); **b** (of homage, pledge, or sim.); **c** (of surety).

a **s1174** antiquorum ~o privilegiorum DICETO *YH* 391; **1198** tenor carte nostre in primo sigillo nostro .. mutatum est. hujus .. ~onis testes sunt hii *BM Ch.* 77; **s1206** si eos visitassem, omnium privilegiorum nostrorum ~onem .. impetrassem *Chr. Evesham* 200; **1289** nec per hanc ~onem protectionis nostre juri alicujus intendimus derogare *RGasc* II 455; **1307** a tempore ~onis [chartarum] et concessionis predictarum (*Breve Regis*) *MGL* II 182; **1458** in litteris ~onis seu nove fundacionis *Mon. Hib. & Scot.* 407a. **b** **1250** comes [Norf'] et antecessores sui capere solebant .. amerciamenta .. semel in anno pro ~one plegii *CurR* 141 m. 26*d*; plures homagii ~ones BRACTON f. 79; **a1270** de omnibus qui mansionarii fuerint in feodo celerarii annuatim fiat plegiorum ~o *Bury St. Edm.* 23. **c** **c1253** volo quod conpelatis .. Osbertum ad fidejusorum suorum ~onem .. non recolo qui sunt vel quales, utrum suffiscientes [*sic*] vel non *FormOx* II 480.

4 presentation as something new, introduction. **b** reintroduction, reimposition.

crebrescentium cotidie malorum ~one (*Quad.*) *GAS* 529 (v. exaggeratio 3); **1168** timet .. usque ad mortem ~onem senatorum J. SAL. *Ep.* 261 (280 p. 610); encaenia, id est ~ones BACON *Maj.* III 110 (v. encaenia 1). **b** **1296** sequestrum .. relaxamus .. volumus tamen ut .. nobis .. sub pena ~onis dicti sequestri obedienciam faciat personalem *Reg. Cant.* I 81.

5 (leg.) recitation (of charge), prosecution (of appeal).

1312 et ego Johannes .. hotarius .. facte appellacioni et provocacioni alibi interjectarum ~oni copie .. presens interfui .. *Collect. Ox.* II 243; **1329** proferunt cartam .. que concessiones, confirmaciones et declaraciones et ~ones .. testatur *PQW* 626; **1442** literas .. de assertis ~onibus nostris BEKYNTON I 127.

6 refreshment, revivification (of emotional state or spiritual condition).

~one [*gl.*: *in nipang*'] tui spiritus a morte animae resurgamus *Rit. Durh.* 29; ~o mentis et corporis LANFR. *Comm. Paul.* 286; vir honestus, fortitudine spirituali augmentata, innovatur ~one Spiritus Sancti NECKAM *NR* II 135; commendet .. vestre sanctitatis .. caritas .. comitem Leycestrie ~one rediviva sanctissimis .. fratrum nostrorum suffragiis AD. MARSH *Ep.* 193; **1437** visum extitit, saltem devotis animis, quod ~one quadam gratie spiritualis, celestis Sponsus Suum descendisset in hortum BEKYNTON II 42.

2 innovatio v. novatio.

innovator [LL *gl.*], one who causes change, changer.

seditiosos et rerum ~ores BEKINSAU 739.

innovatorius, for renewal, reissue, or confirmation (of charter or privilege).

1498 quas .. literas ~ias, roboratorias, confirmatorias, et ratificatorias .. deliberabit *RScot* 535b; **1518** litteras .. approbatorias ~ias seu confirmatorias *Form. S. Andr.* I 198.

innovitas, renewal, replenishment (fig.).

diei .. in qua abstinere a fermentato pane precepit et in mensam novarum frugum ~atem, viz. corporis ejus et sanguinis, introduxit OSB. CLAR. *Ep.* 8 p. 69.

innoxiare, to clear of guilt (also absol.).

si quis furem ~iare velit (*Quad.*) *GAS* 230; eadem lada se ~ient (*Ib.*) *Ib.* 236; si quis sine judicio occidatur et parentes ejus ~iare velint (*Leg. Hen.* 64. 5) *Ib.* 584; si parentes vel amantes non habeat, qui eum ~iare velint .. (*Ib.* 92. 3a) *Ib.* 607.

innoxie [CL], without causing damage, harmlessly.

cubicularius .. cilicium et femoralia cilicina .. igni tradidit, sed ea ignis allambens ~ie non urebat *V. Edm. Rich P* 1802.

innoxiosus [cf. CL noxiosus], who does no wrong or harm, innocent, harmless (as sb. m.).

nunnunquam accidit ut †innoxiosi [l. innoxiosos] infamie nota involveret, innocuos calumpnia gravius impeteret R. COLD. *Cuthb.* 49 p. 102.

innoxius [CL]

1 that does no wrong, blameless, innocent. **b** (w. abl. or prep. & abl.) innocent of (crime, charge). **c** (as sb. m.).

~ia ejus [sc. asinae] latera GILDAS *EB* 1 (v. furibundus 3b); vastavit misere gentem ~iam BEDE *HE* IV 24 p. 266; fabro, ~io et simplici viro GOSC. *V. Iv.* 84C; ~ii sanguinis effusio *Pass. Æthelb.* 10; o agni mors innoxii! J. HOWD. *Cyth.* 32. 7; WALT. WIMB. *Palpo* 29 (v. garrulus 1c). **b** virgo Domini, mundi malis tam secura quam ~ia GOSC. *Edith* (II) 65; manus ab omni venalitate ~ias et immunes P. BLOIS *Ep.* 66. 201A. **c** GILDAS *EB* 69 (v. 2 esse 2e); ~ium in judicio justificare, ab injusta accusatione liberare; noxios vero et pestilentes, ut ceteri timeant, juste vindicte subjugare HON. *Spec. Eccl.* 863C; manus judiciarias in ~ium illati criminis injecisse R. COLD. *Cuthb.* 49 p. 102; P. BLOIS 45. 130 (v. excursi 3c).

2 that does no harm, harmless. innocuous. **b** (of action or remark) inoffensive.

jam ignis ~ius evanuerat W. MALM. *GP* II 100 p. 212; Wlstano successit Samson, .. ~ius ad monachos *Id.* IV 150; cocodrillis victis ab animalibus placidis morsuque ~iis GROS. *Hexaem.* XI 12. 4; innoxie flamme WALT. WIMB. *Carm.* 88 (v. fumidus); *Ib.* 92. 2 (v. flammula 1). **b** [leo] in ventris pascuis mitis innoxium / cum miti celebrat agno colludium WALT. WIMB. *Carm.* 25.

3 unharmed, safe. **b** unpunished.

protectione ejus ~ii servati sunt *V. Cuthb.* II 7; soror sancti Patricii collectam vestem in gremio vivis carbonibus implevit, quos sufficienter portans et excuciens in conspectu fratris sui absque ullo ustulacionis aut lesionis signo ~iam se comprobavit J. FURNESS *Pat.* 104. **b** eum volens esse ~ium ab occisione filii sui legitimi *Eul. Hist.* I 85.

innuatus v. 1 innodare.

innubilare [LL], to cloud over, darken (also fig.).

quis est, si decidas, cui major rubor adveniet quam tibi, ~ate Johannes *Dictamen* 372.

innubilis [ML], not of marriageable age. **b** (as sb. f.) girl not yet of marriageable age.

si quis mulierem nubilem vel ~em rapuerit ad stuprum, debet mulier parentibus restitui T. CHOBHAM *Conf.* 354. **b** si ~em rapuisti ad matrimonium vel nubilem ad stuprum, reddes eam ROB. FLAMB. *Pen.* 63.

innubus [CL innuba]

1 unmarried, maiden.

~a, quae nulli nubit *GlC* I 388; huc ascensura purpureo ascensu pudoris et puniceis ~e verecundie genis GOSC. *Edith* 52; Eadgytha sancto jungitur innuba *Ib.* (II) 80; Vesta remansit ~a et quia virgo virgines in templo ejus sunt sacrate *Natura Deorum* 4; florent paradisiaca amenitate ~a membra [S. Withburge] *Lib. Eli.* II 147.

2 (as sb. f.) unmarried woman, maiden.

ALDH. *VirgV* 2184 (v. dotalis); innuba .. que nondum nupsit OSB. GLOUC. *Deriv.* 378; audiat omnis homo, juvenis, puer, innuba, virgo, / atque senes tremuli, que sit querimonia cleri *Sat. Poets* II 213.

1 innuere [CL]

1 to make a sign or gesture, to nod (w. head), to beckon (w. hand); **b** (implying assent or approval). **c** (trans.) to point to, gesture toward.

~it occulte suis episcopus et egressi sunt *V. Chris. Marky.* 5; ~it Christine quatinus ad se veniret *Ib.* 24; clementius in eum respiciens et manu ~ens AD. EYNS. *Visio* 47; ~ente abbate .. faciant oracionem .. abbate iterum signum faciente .. signo sancte crucis se muniant *Cust. Westm.* 263. **b** gens hec .. perversa, corporali tam manus quam corporis signo, quod ~it abnuit GIR. *TH* III 26 p. 171. **c** 'hic sunt duo magni', clericos ~ens; 'et unus exiguus', piscem nichilominus tangens W. MALM. *GP* V 240; sic itaque sui sponsa sponsi fore patenter ~it asseritque verbaliter ubera, que non marum sed sua solummodo mulierum sane censentur esse muliebria E. THRIP. *SS* IV 7.

2 to hint, imply, suggest; **b** (w. acc. & inf.); **c** (w. *quia* or *quod*).

in personam .. nostram nulla directe scribuntur sed quadam oblique quasi ad diffamandum ~untur GIR. *Invect.* I 2 p. 85; subtilius exprimo dictum / quando modis dictis a partibus innuo totum VINSAUF *PN* 1029; plus innuo quam loquor *Ib.* 1532; hoc .. non expresse dicit Aristoteles, quamvis verba ejus hoc ~ant versus principium KILWARDBY *OS* 508. **b** hic ~it eum pigrum esse in praedicatione LANFR. *Comment. Paul.* 361; innuit [OF: *requiert*] WALT. ANGL. *Fab.* 40. 31 (v. 2 decursus 2b); **1215** ~ere videtur custodiam et ordinacionem episcopatus Roffensis ad dictum archiepiscopum pertinere *Cl* 202; quod autem dicitur: "requievit ab omni opere quod patrarat", ~it esse opus quod nondum fecerat *Eul. Hist.* I 12. **c** quanta fuerit longitudo tabernaculi, specialiter non exprimitur; sed ex eo ~itur quia .. BEDE *Tab.* 439; dicit in litera quod 'hoc mirum', per hoc ~ens quod productio rerum est admiranda BACON VII 54.

3 to be a sign or indication of, to represent. **b** to demonstrate, show; **c** (impers. pass.).

non tam mihi eam ostendunt per proprietatem, quam per aliquam ~unt similitudinem ANSELM (*Mon.* 65) I 76; quidquid .. exteriores sensus sentiunt, sentiendo anime ~unt quale sit illud quod sentiunt *Simil. Anselmi* 20; innuit esse bonum HANV. VIII 213 (v. devincte); prodigia .. superne vindicte flagella fidelibus ~unt *Flor. Hist.* I 1; ruffus .. color capillorum et pilorum est signum insipiencie .. et niger capillus ~it rectitudinem et amorem justicie BACON V 167; hujusmodi felicitatis excessus beatitudinem ~ebat *V. Edm. Rich C* 592. **b** quod .. regenerationis vestrae purgatio patenter ~it (*Lit. Papae*) BEDE *HE* II 11 p. 104; magnis miraculis ~uit mundo quam gloriose vivat in celo W. MALM. *GR* V 439 p. 511; ipsa adholescencie ipsius primordia quasi certa future in eo dingnitatis indicia presingnabant et insingne quiddam ~encia quasi ea desingnacione divina ecclesie Dei rectorem ydoneum preparabant *Ep. Glasg.* 309; imperator .. recipit a summo pontifice .. ensem in vagina, quem .. eximens et vibrans ~it se habere omnem potestatem a papa OCKHAM *Pol.* I 20; nonne bene ~i vobis ne emeretis? *Latin Stories* 78. **c** illis [sc. preceptis] qualiter vivendum sit instruimur; istis [sc. exemplis] ~itur quantum sit Deo juvante factu facilia que jubentur W. MALM. *Wulfst. prol.* p. 2 (= *Id. Glast.* prol.); quo figmento ~itur, quod ex mente summi Dei sapientia progenita est ALB. LOND. *DG* 10. 2; **1232** ex quo satis evidenter ~itur, quod .. (*Lit. Papae*) *RL* I 550.

4 to refer to, signify, mean.

nobis ista dies sumptibus innuit, / quid tu, quis opibus floerueris, situs / cum terris redolens infima presseris, / Augustine placabilis WULF. *Poems* 166; 'Deus' [*Gen.* i 1]. hoc nomen a nomine Greco theos derivatum est et timorem ~ere dicitur ANDR. S. VICT. *Hept.* 6; ipse .. ait 'si me queritis, sinite hos abire,' discipulos ~ere volens *Flor. Hist.* I 317; in hoc quattuor ~untur que vitam boni Christiani faciunt meritoriam in presenti HOLCOT *Wisd.* 15; **s1403** nonne duos reges Henricos (sc. dictos milites ~endo) manibus meis interfeci AD. USK 83.

2 innuere v. juvare.

3 innuere v. unire.

innuitative v. innuitive.

innuitio [ML]

1 indication by sign, nodding, beckoning.

abbate absente, cantori incumbit incipere, vel aliquis incipiet cantoris ~one *Obed. Abingd.* 355; nec minus calidum sophisma, videtur tale interloquium, re vel voce, ~one mediata vel inmediata, "Nolo vendere beneficium quod exoptas, sed dabis mihi tantum ad coquinam, ad gwerras, vel expensas alias necessarias, aut aliter non habebis"; indubie quod sic sophistice loquitur, est adeo odibilis WYCL. *Civ. Dom.* I 202; nunciant quidem suis nutibus et innucionibus angelicis COLET *Cel. Hier.* 185.

2 hint, implication, suggestion.

~o restrictionis contraria est infinitati immensitatis NECKAM *SS* II 45. 10; persona pro persona ponitur ut secunda vel tercia pro prima ad ~onem minoris cognicionis et e contrario secunda pro tercia *Ps.*-GROS. *Gram.* 72.

innuitive, by hint, implication, or suggestion.

presumeres inmortalitate beatificatis vel ignis ussiones vel limphe subluciones ~e verbali vel expressione .. incompetenter attribuere E. THRIP. *SS* IV 24; nonne innuitative [? l. innuitive] docemur illa loyca Aristotelis per idem Gen. primo 'factum est vespere et mane dies unus' [*Gen.* i 5] WYCL. *Ente Praed.* 210; post homicidium sic scribitur: 'ubi est Abel frater tuus?' at ille: 'nescio, numquid custos fratris mei sum?' ubi patet ~e quod false negavit custodiam quam debuit fratri suo *Id. Civ. Dom.* I 145; non .. excusatur parochianus tali preposito ~e consentiens *Id. Ver.* III 45.

innuitivus, hinted at, implied, suggested. **b** (as sb. n.) hint, implication, suggestion.

discretio .. certitudinis hujusmodi demonstrationis ~a est termini magnitudinis NECKAM *SS* II 45. 10; mentalis etiam nedum ~a pactio .. utinem periculum non haberet GIR. *GE* II 24 p. 282; hic dicitur quod non refert quo ad Deum, sive interveniat condicio tacita sive expressa, ~a vel insumativa [v. l. insinuativa], quia Deus .. non potest decipi WYCL. *Sim.* 59. **b** sic itaque sibi scienter adversancium falsitatis commenticie vel mendacitatis cedit in argumentum, presumpcionalisve venit erroris ad ~um E. THRIP. *SS* VIII 2.

innuker' v. inhok. **innulus** v. hinnulus.

innumerabilis [CL]

1 countless, innumerable; **b** (as sb. m. or n.).

~es casus GILDAS *EB* 32; ~ia marinarum genera beluarum *Lib. Monstr.* III *pref.*; ~is spirituum deformium multitudo BEDE *HE* V 12 p. 305; **933** ~ium tormentorum flammis .. periturum *CS* 694; **957** (14c) ampla ~ique .. pullulante prosapia *CS* 995; Xerses rex cum de sublimi loco infinitam pene hominum multitudinem et †invariabilem [l. innumerabilem] exercitum vidisset J. WALEYS *Commun.* I 3. 2 f. 14a; sententie .. ~es reprobant has tres causas errorum humanorum BACON *CSTheol.* 31. **b** *Lib. Monstr. prol.* (v. explorare 3a); ANSELM III 85 (v. extrahere 2f).

2 incalculable, immeasurable: **a** (of intensity of feeling); **b** (w. ref. to divine nature).

a ~i eos miseria afflixerunt ÆTHELW. I 1; infernus .. est .. plenus dolore ~i ANSELM *Misc.* 357. **b** numerabiliter .. ~is ALCUIN *Dub.* 1040B (v. immensurabilis 1); natura divina .. est .. ~is DUNS *Ord.* IV app. p. 384 (v. implurificabilis).

innumeralis [CL], countless, innumerable.

verbum impersonale posset dici ~e NECKAM *SS* II 9. 1; mox borialis / turbo quatit puppes, populus perit innumeralis WYKES *Vers.* p. 131; **s1010** multi alii nobiles, ministri populusque ~is, corruerunt W. COVENTR. I 32.

1 innumeratus [LL], uncounted, innumerable.

s1240 ibidem interfectus fuit comes de Bar .. et alii ~i M. PAR. *Min.* II 433.

2 innumeratus [ML], (*pecunia ~a*) cash that has been counted out, ready money. *Cf. numeratus.*

1381 felonice depredaverunt R. vicarium ecclesie de B. de c solidis de pecunia ~a *SessPCambs* 45.

innumerose [ML], incalculably, immeasurably.

terra .. agricolantium multis millenis fructibus ~e redunda R. COLD. *Osw.* 10; Dei virtutes, sicut sunt infinite, simpliciter intensive, sic eciam ~e .. manifestant BRADW. *CD* 22A.

innumerositas [LL], countless number.

~as credentium que confitetur se nosse Deum J. FORD *Serm.* 102. 6; de gentis sue ~ate confidens *Ps.*-RISH. 523; **1430** universitas .. quondam scientifice prolis ~ate fecunda *EpAcOx* 58.

innumerosus [LL], countless, innumerable.

quam ~us exercitus infra muros erat constitutus, nemo potest explicare quia infinitus fuit BYRHT. *V. Ecgwini* 382; ferarum .. collegerat ~am familiam GOSC. *Edith* (II) 65; **s1141** probitates vestras ~as H. HUNT. VIII 17; **s1221** conveniunt in campum .. justiciarii et plebs ~a sexus promiscui *Mir. Wulfst.* II 16 p. 170; in numerosa [? l. innumerosa] diversitate J. WALEYS *V. Relig.* f. 223 (v. discursitatio); **1297** Scoti .. cum .. ~a Gwaldana plebeiorum maximam partem .. regionis Angl. .. sunt ingressi *Conc.* II 233; **s1415** ~i pueri representantes ierarchiam angelicam *G. Hen. V* 15.

innumerus [CL]

1 unnumbered, countless. **b** (as sb. n.).

ut adversariorum plebi Dei ~a prosterneret gentium milia GILDAS *EB* 70; ~a .. genera proborum BEDE *Hom.* II 9. 144; fideli ~orum testium .. adsertione *Id. HE pref.* p. 7; alaude ~e GIR. *TH* I 14; **s1311** in ~a armatorum multitudine *Reg. Durh.* I 93. **b** hec ancilla Dei .. / .. innumerum transit gravium mulierum / vincit matronas matronarumque coronas R. CANT. *Malch.* III 368; AD. SCOT *QEC* 31 *tit.* 862A (v. evagari 3a); donec aut eligat interrogans id quod oportebit aut ~a singillatim numerare impotens deficiat BALSH. *AD rec. 2* 163.

2 boundless, incalculable, immeasurable.

saxa Dunelmia venas / innumeri varias eris habere solent L. DURH. *Dial.* II 110; dividit innumerus spheram declivis horizon HANV. VIII 416; sic a sanctorum numero, / reatu pro innumero, / mea distat perversitas J. HOWD. *Cyth.* 13. 8; virtutis rex innumere [v. l. inmunere] *Ib.* 77. 4; ave, dux turme supere, / quem sic replet innumere / caritatis affeccio / quod .. *Ib.* 95. 2; lucem dat innumeram *Id. Sal.* 48. 11.

innuptus [CL], unmarried, celibate.

ruricolae et reges, pueri innuptaeque puellae BONIF. *Aen.* 142; **878** precepimus .. [virum aut uxorem] manere ~um vel ~am aut sibi mutuo reconciliari (*Lit. Papae*) *Conc. Syn.* 5; transfigunt omnes .. pariter nuptos et ~os, parentes cum liberis GOSC. *Transl. Mild.* 5 p. 161; gaude ergo, filia Syon, si te, Christo sponso, conservasti virginem et ~am OSB. CLAR. *Ep.* 40 p. 139; [filia] junior .. quam moriens .. reliquerat et ~am, Francorum regi .. postea nupsit GIR. *PI* I 20 p. 137.

innutatio [cf. CL nutatio], nodding, or ? *f. l.*

[quando] in majori altari, ad vicarii .. innutacionem [? l. invitacionem] [cantarie presbyter] missam aliquam voluerit celebrare *Lit. Cant.* II 321.

innutio v. innuitio.

innutrire [CL], to nurture, bring up, rear.

~itum deliciis W. MALM. *GP* II 83 (v. delenimentum).

inobliquabilis [ML], who cannot be diverted.

nulla dignitas ecclesiastica viatorem sanctificat, nec ~em a fide constituit OCKHAM *Dial.* 478.

inoblitus [CL], not forgetful.

[mater] materni affectus ~a, exiliit de domo et .. filium suum subito mortuum nuntiavit *Mir. Wulfst.* I 38.

inobliviosus, not forgetful.

1401 quid .. Deo fideli et ~o promisistis BEKYNTON I 154.

inobliviscens, not forgetting.

beatum Oswaldum .. advocatum ~entibus precibus invocamus *MonA* I 597.

inoboedienter [LL], disobediently.

1352 monitionibus .. ~er non parentes *Conc.* III 27.

inoboedientia [LL]

1 disobedience, negligence, rebelliousness: **a** (in eccl. or mon. context); **b** (towards God); **c** (towards king or secular authority); **d** (towards parents or friends).

a offensus a .. Merciorum episcopo per meritum cujusdam ~iae, .. archiepiscopus eum deposuit BEDE *HE* IV 6 p. 218; quapropter quasi ~ie et contumacie macula contra sedem totius Britannie matrem in eo reperta EADMER *Wilf.* 46 p. 210; pro sua ~ia excommunicationis sententiam pertulisse W. MALM. *GP* I 29 p. 45; injuncta tibi mandata per ordinem pandas, quod, si ultra distuleris, meritas ~ie exsolvas penas *Found. Waltham* 2; **s1124** [papa] duos patriarchas deposuit propter ~iam *Eul. Hist.* I 269; **1472** precipimus .. abbati ut omnem rebellionem et ~iam pertinacem statim ut oriri perpenderit *Melrose* 577 p. 598. **b** ANSELM III 30 (v. fugitivus 1a); ~ia [contra preceptum Domini] que .. non absistet expugnare feminas MAP *NC* IV 3 f. 44v; placeat Deo, ut sicut dispendium patimur prime ~ie, ita mihi claudat obedientia cursum vite P. BLOIS *Ep.* 109. 333B; reprobato Saule propter ~iam M. PAR. *Maj.* I 25; propter ~iam decem mandatorum Dei septima pars terre destruetur (J. BRIDL.) *Pol. Poems* I 175. **c** **1220** pro tanto contemptu et ~ia vultus nostri *Pat* 226; **1283** super excessibus, inhobedienciis et aliis *Reg. Gasc. A* 717; **1301** super emendacione ~iarum, rebellionum, contemptuum .. *TreatyR* I 372; **1305** mala evenerunt .. per ~iam, ignominiam et rebellionem vicecomitum, clericorum et servientium *MGL* II 91; **1333** omnes illos quos iidem Edmundus et Robertus .. propter eorum rebellionem et ~iam arestaverint *RScot* 225b; dominus Simon Monteforti postea propter ~iam suam erga regem exheredatus et exlegatus cum filiis suis KNIGHTON I 65. **d** ?**798** qui parentibus ~iam seu contumaciam parant ALCUIN *Ep.* 132; elegi potius rusticano eloquio amicorum meorum voto concurrere, quam urbano silentio eos contemnendo per ~ie culpam offendere EADMER *V. Osw.* 68.

2 (med.) disorder, sickness, unsettled condition.

contra ~iam ventris P. BLOIS *Ep.* 43. 128A (v. clystere); ubi .. paucissimus est calor ibi pro ~ia materie et humiditatis multitudine et equali spissitudine nihil terrestre generantur substantie *Quaest. Salern.* B 63; causa impediens est aer frigidus, infirmi ~ia, ministrorum imperitia BACON IX 206.

inoboedientiarius, one who is disobedient.

mandatum est per regem et dictum consilium .. ut ad pacificandum regnum extrahant a Westmonasterio ~ios predictos WYCL. *Eccl.* 146.

inoboedire [LL]

1 (w. dat.) to disobey.

archiepiscopus Theobaldus, mandatis apostolicis ~iens .. ELMH. *Cant.* 375.

2 (pr. ppl. as adj.) disobedient, rebellious; **b** (eccl. or mon.). **c** (of words) insolent. **d** (of food) indigestible. **e** (of matter) not synergic, unresponsive, resistant.

quia ~iens fuisti ori Domini [cf. *Deut.* viii 20] GILDAS *EB* 77; si .. inventus fuerit aut superbus, aut ~iens, vel vitiosus .. THEOD. *Pen.* II 6. 13; **a804** ne ~iens praeceptis tuis viderer ALCUIN *Ep.* 268; ejus .. affectio sive usus ~iens voluntas vel inoboedientia vel etiam propria voluntas dicitur *Simil. Anselmi* 6; contumelia viri est uxor ~iens MAP *NC* IV 3 f. 45; **1289** sub pena mille marcharum .. danda .. per partem ~ientem *RGasc* II 524; videtur valde ~iens discipulus et insanus WYCL. *Ver.* I 127. **b** per plurimos annos litteris per me ab apostolica sede directis ~ientes existitis EADMER *Wilf.* I 211; **1217** loco eorum qui dicuntur regulares, cum sint prorsus irregulares, et ecclesie Romane .. ~ientes, constituantur prebendarii .. obedientes *Pat* 111; mittitis enim tales [monachos] ex vobis ad cellam de M. .. qui luxuriose cum meretricibus vivunt, proprietarii, ~ientes GROS. *Ep.* 108 p. 319; legatus Rome .. affatur illos [episcopos], vocans illos ~ientes *Leg. Ant. Lond.* 84; **1292** mandamus quatinus .. monachos vestros ad dictum studium Oxonie .. transmittere nullatenus omittatis, alioquin ~ientes et rebelles *FormOx* 301. **c** **1435** verba contumeliosa et ~iencia .. gubernatoribus .. dixit *Doc. Bev.* 50. **d** caro pavonis .. digestioni ~ientissima est NECKAM *NR* I 39; vitent omnes cibos grossiores digestioni ~ientes BACON IX 91. **e** quod vero remanet, quoniam grossissimum est et ~iens usque ad locum, fructus produci non valet *Quaest. Salern.* B 61; ad hoc ut fiat inversatio oportet quod tantus sit calor et subjectum ~iens quod calor ille sufficiat humiditatum resolvere sed non consumere *Ib.* P 84.

3 (as sb. m. or f.) disobedient person; **b** (eccl. or mon.).

Simil. Anselmi 37 (v. domina 5a); **1322** contra ~ientes et sibi [sc. regi] rebelles *Lit. Cant.* I 61; ~iens sententie judicis inferioris verbum appellandi nequaquam omittens non intelligitur facto appellare OCKHAM *Dial.* 531. **b** **c1106** (v. gladius 6b); **1214** cum causa habeatur inter priorem Grandmontensem et quosdam malos et ~ientes ordinis sui *Pat* 117; **1230** dum modo .. se .. ~ientes correxerint (*Lit. Papae*) *Reg. Dunferm.* 263; quod si facere contempneret contra eum procederet, tanquam contra ~ientem et regule contemptorem GRAYSTANES 10 p. 48; **1559** invocetur auxilium brachii secularis contra ~ientes *Conc. Scot.* II 160.

inobrutus [CL], not drowned.

Cerambus .. Deucalioneas effugit ~tus undas [Ovid *Met.* VII 356] *Natura Deorum* 89.

inobservabilis [CL], that cannot be observed.

talis religio, que aliquem obligaret ad carendum omni usu facti in hujusmodi rebus, est illicita, quia ~is OCKHAM *Pol.* II 378.

inobsessus [LL], not blockaded or besieged.

s1189 ex ea parte qua civitas ~a erat egressi *Itin. Ric.* I 29 p. 69; **s1097** dimisit illas [sc. portas] exercitus ~as reliquis tribus obsidione repagulatis M. PAR. *Min.* I 91; **1440** idem Johannes ab obsidione se levaret, et per consequens villa predicta .. ~a .. remaneret *Cl* 290 m. 3.

inobstinatus [cf. CL obstinatus], very obstinate, resolute.

~a [v. l. obstinata] mente adpropinquans ad mare *V. Cuthb.* II 3.

inobstrusus v. inobtrusus.

inobtemperare [cf. CL obtemperare], to be disobedient.

maris natatilia ex mansuetudinis obtemperantia obsecundando concinnunt et commendant. mare .. Cuthberto ~antes libere non permittit excedere R. COLD. *Cuthb.* 28 p. 63.

inobtrusus, unblocked.

1262 ita tamen quod quidam fons .. remaneat inobstrusus, ut visnetum .. habeat recursum ad fontem illum *IAQD* 2/17 (cf. **1276** inobtrusus (*London Eyre*) *Lond. Ed. I & II* 138).

inocciduus [CL], (of sun) not setting (also fig.). **b** everlasting.

quanto magis verus sol justitie Christus semper ~us GOSC. *Lib. Confort.* 77. **b** hec est porta civitatis ad orientem posita, quam sol verus illuminat die ~a *Id. Edith* 72; cujus ~e beatitudinis haec festa translatio vel elevatio praetendit exemplum *Id. Transl. Aug.* II 42.

inoccultus [cf. CL occultus *p. ppl. of* occulere], not concealed, unhidden.

liceat scelus esse locutum, / quod fit inoccultum, vitium facit ipsa loquendi / materie sordes HANV. V 64.

inoccupatus [cf. CL occupatus], unoccupied, untenanted.

1418 rura .. jacent ~a et inculta *Reg. Heref.* 49.

inocultus v. 1 incultus.

inoffense [CL]

1 without stumbling.

ad beati Augustini .. tumbam absque ullo amminculo ~e processit GOSC. *Transl. Mild.* 36; ad propositum locum viz. ad velificandum, excurrendum, portumque ~e subeundum *Id. Mir. Aug.* 11 p. 546; camelus .. ejus [altaris ex marmore] usque ad Alpes bajulus fuit, et ~e tulit W. MALM. *GP* V 222 p. 373; stratas regias quibus ad artes .. scholares incederent ~e R. BURY *Phil.* 12. 177.

2 without obstruction or difficulty.

nulla est, Domine, humanae conscientiae virtus que ~e possit tuae voluntatis judicia expedire EGB. *Pont.* 99; it, currit, loquitur, audit ~e, plane, clare GOSC. *Aug. Maj.* I 47. 86A; aliquantos duravit annos ~e locutus W. MALM. *GP* V 277; **c1250** ut .. valeat ~e .. votis tante majestatis [sc. reginalis] .. satisfacere AD. MARSH *Ep.* 185; **1280** parati vobis ex corde in omnibus annuere que facere possumus ~e PECKHAM *Ep.* 96.

inoffensus [CL]

1 (of foot) not striking an obstacle, moving unobstructed. **b** (of path, course, or place) not obstructed, uninterrupted.

sanctus .. jussit suis equos ascendere dataque benedictione pertransivit cum suis ~o pede J. FURNESS *Pat.* 122; **s1400** quasi ~o pede rex Henricus repatriavit FORDUN *Cont.* XV 11. **b** ~o campi aequore FOLC. *V. J. Bev.* 8 (v. aequor a); Ydei regina sinus dignissima Phebo / laurus inoffenso frondosum vertice crinem / explicat J. EXON. *BT* II 215; **s1190** ut .. ~os transitus omnibus exhiberet GIR. *PI* III 21 p. 276.

2 unharmed, unimpaired.

ibi [sc. in fonte] nec glatialem in hieme rigorem, nec estate nebulas ex locis palustribus halantes curans, noctes durabat ~us W. MALM. *GP* V 213; at Nothus .. / ducit inoffensam Simoontis in hostia classem J. EXON. *BT* I 341.

3 not offended.

quatinus ea quae per illum ad laudem sui nominis operari dignatus est, illius meritis concedere mihi dignetur, ~is ecclesie sue auribus, qualicunque verborum indagine explicare EADMER *V. Osw. prol.*; **1289** parati sumus regiis beneplacitis occurrere, quantum possumus, Altissimo ~o PECKHAM *Ep.* 696.

4 not censured, not rebuked.

Deum et omnia provocavi ad ulciscendum, et nihil mihi reservavi ~um ad intercedendum ANSELM (*Or.* 11) III 43.

inofficiare [ML]

1 to provide with liturgical services.

clericus ecclesie S. .. prejudicium se pati suarum consuetudinum causa capelle de U. conqueritur. quare eadem capella ~ari ab episcopo prohibetur *Chr. Abingd.* II 18.

2 to celebrate with liturgical office.

ferie quinte in Quadragesima proprio officio privantur, sed de Dominicis estivalibus ~antur HON. *GA* 694A; per Zachariam et Aggeum, Esdram et Malachiam adventus Christi prenuntiatur, de quorum operibus hoc nomen ~iatur *Ib.* 724B; sequens dominica de historia Esther ~iatur *Ib.* 724D; si .. ~ata sit vigilia, id est, si proprium habeat officium BELETH *RDO* 66. 73.

inofficiatio, (eccl.) failure to provide with services.

1482 propter non residenciam vicarii ejusdem ac ~onem *Reg. Heref.* 80; **1526** propter notoriam ~onem .. et curam neglectam interposuit *Ib.* 184.

1 inofficiatus v. inofficiare.

2 inofficiatus [ML], not provided with services, untended.

1283 contigit ut .. ecclesiam suam ~am dimitterent PECKHAM *Ep.* 422; **1416** dicta ecclesia propter ejus exilitatem stetit ~a per tres annos continuos ultimo transactos *Reg. Cant.* III 376; **1422** beneficia .. ecclesie .. propter exhilitatem .. ~e existunt *Reg. Heref.* 13; **1458** ecclesia remansit ~a taliter quod parochiani .. compulsi sunt .. alias ecclesias adire *Eng. Clergy* 126; **1475** vicarii .. loca sua ~a relinquunt *Process. Sal.* 157.

inofficiose, uselessly, purposelessly.

item ~e querunt aliqui, utrum discipuli sumpserint in cena Christi corpus nudum aut vestitum? P. BLOIS *Ep. Sup.* 3. 8.

inofficiosus [CL]

1 not fulfilling one's office, neglecting one's duty, undutiful. **b** (of a will or gift) for which the grantor fails to make due provision.

non tamen ingratus vel inofficiosus eisdem, / quos mihi sors dominos contulit, esse volo NIG. *SS* 3137; si tantis .. beneficiis non dixerim ingratum set ~um tam gratis quam gratiose exhibitum contingat inveniri *V. Har. prol.* f. 1v; eritne hic officialis ~us aut subepiscopus aut corepiscopus cujus .. officium a totius ecclesie catholice matricula deletum est? P. BLOIS *Ep. Sup.* 8. 4; velut ~us a prefecto urbis castigatur, si inopia laborare dignoscitur RIC. ANGL. *Summa* 14. **b** **1188** de ~is testamentis *Ep. Cant.* 555 p. 529 (cf. *Digest* 5. 2. 30); de ~o testamento. .. de ~is donationibus. .. de ~is dotibus VAC. *Lib. Paup.* 80–1; de ~o testamento W. DROGHEDA *SA prol.* p. 4.

2 of no use, serving no purpose; **b** (as sb. n.).

cilicia .. tanquam vilia et sibi ~a abjecerunt H. BOS. *Thom.* 1280A; ~us, inutilis OSB. GLOUC. *Deriv.* 295; expedit ut nemo clausis oculis vel auribus vel aliquo sensuum ~o vivat MAP *NC* IV 1 f. 43; **a1322** ne ad instar apis ~i seu verius fuci, alienos labores intrando, vel de apiario, unde mellificantes sponse nostre [sc. ecclesie Lichfeldensis] predicte .. comedere et devastare videatur (*Stat. Lichf.*) *MonA* VI 1262. **b** proponetur querela de ~o P. BLOIS *Ep.* 102. 319A (v. architriclinus a).

3 (eccl.) not provided with services, unserved.

1421 ecclesiis .. que propter exilitatem .. ~e existunt, dumtaxat exceptis *Reg. Heref.* 8.

inoiselare [OF *enoiseler*], to train (a hawk for fowling).

1290 eunti .. cum dicto austurco versus partes Redyng' ad inoysilandum ipsum pro rypar' ibidem *Chanc. Misc.* (*AcWardr*) 4/4 f. 56d; ad inoysillandum austurcum *Ib.*

inoleare [cf. oleare < OF *ouillier*], to make good wine lost through leakage or evaporation.

1200 eos [sc. tunellos vini] facias ligare et ennulliare *RNorm* 23; **1202** pro predictis tonellis [vini] inoiliandis *Pipe* 83 (cf. *ib.* 84 in uillagio [v. l. oilagio] predictorum tonellorum); **1224** quantum vini appositum fuerit ad ipsa dolia vini ~eanda *Cl* 605b; **1241** de viij doliis [vinorum] residuis ex uno meliorum vij dolia ~eari *Cl* 310; **1241** allocate .. iiij li. quas posuerunt .. in iiij doliis vini ad vina nostra apud S. .. ~eanda *Liberate* 16 m. 13; **1244** quod .. dolia [vinorum] .. ineuliari et bene ligari faciatis *Ib.* 20 m. 16.

inolescere [CL], **inolēre** [LL]

1 (intr., of custom or practice) to develop, become habitual or usual: **a** (absol.); **b** (w. inf.); **c** (w. *ut* or *quod*).

a unde pulcher in ecclesia mos antiquitus ~evit BEDE *Tab.* 460; haec .. a temporibus Vitaliani papae et Theodori Dorobernensis archiepiscopi ~evit in aecclesia Anglorum consuetudo EGB. *Dial.* 413; **c798** consuetudines, quae vestris ~evisse feruntur regionibus ALCUIN *Ep.* 138; a barbarica potius nuncupatione nomen istud ~evit GIR. *DK* I 7; inde ~evit usus quod deificati vel apostolificati in sua inthronizatione sibi alia assumit nomina *Natura Deorum* 3; et ex isto, ut reor, ~evit modus loquendi de rebus prime intentionis WYCL. *Univ.* 68. **b** mos .. apud nos ~evit .. pulsare omnia signa ÆLF. *Regul. Mon.* 192; postmodum mos ~evit homines justos 'sacerdos' vocare FORTESCUE *NLN* I 6. **c** mos ~evit ut hoc divinae laudationis carmen .. a cunctis per orbem fidelibus Hebraea voce cantaretur BEDE *Hom.* II 16. 185; **s590** ~evit quod quando quis sternutaret, qui proximus fuerat diceret "Deus te adjuvet" *Eul. Hist.* I 213; **1359** (v. detestatio 1c).

2 (of mental or moral condition).

ambitio monachorum ~everat F. MALM. *V. Aldh.* 70A; comperit .. plurimam mentis ~evisse tepiditatem G. COLD. *Durh.* 4; **1313** Anglia victoria frui consuevit, / sed prolis perfidia mater inolevit (*Bannockburn* 104) *Pol. Songs* 267; **1393** corruptela .. ~evit (v. effluxio b).

3 to come about, begin, originate; **b** (w. inf.) to be accustomed (to).

672 illud [i. e. *the return of Heahfrith*] .. nequaquam promens dissimulo propalare ad augmentum simmistis mistisque .. tripudii .. magnopere ~evisse ALDH. *Ep.* 5 p. 490; tunc gravis inde dissensio ~evit ORD. VIT. XII 1 p. 310; *comencer*, incipere, ~ere, ordiri, iniciare *Gl. AN Ox.* 153v; accedente itaque tempore quo granorum multiplicitas recederet, et parcitas eorundem consuetudinaliter ~eret (*V. J. Bridl.*) *NLA* II 75. **b** Syrenes neumis inolent mersare carinas *Latin Stories* 188.

4 (trans.) to implant (also fig.).

Stephanus Blesensis .. ad peregrinandum preparavit, innumerisque milibus simile desiderium ferventer ~evit ORD. VIT. X 12 p. 68; **s686** ut ~ita sibi sollicitudinis mundane spineta .. flamma consumeret M. PAR. *Maj.* I 307.

5 (p. ppl. *inolitus* as adj.): **a** (of custom or practice) established, usual. **b** (of mental or moral behaviour) ingrained, habitual.

a ~ita consuetudo *V. Greg.* 74 (v. devincire 2); **796** his, qui ab errore ~itae consuetudinis ad fidem Christianam nuper conversi sunt ALCUIN *Ep.* 113; **886** ~ita consuetudine ac more barbarico (*Lit. Archiep. Remorum*) *Conc. Syn.* 8; longo ex usu tractu temporis ~ito et quasi in naturam jam converso GIR. *TH* II 28 p. 114; leges .. ~ite FORTESCUE *LLA* 17 (v. deicola). **b** GILDAS *EB* 1 (v. funis 7c); **983** (12c) ejus [Dei] gratuita miseratione et ~ita benignitate tocius Albionis basileus *CD* 1279; adfuit eis .. divinae pietatis ~ita benignitas BYRHT. *V. Osw.* 420; pia devotione et ~ita devotionis sollicitudine R. COLD. *Godr.* 115; ~itam pietatem J. FORD *Serm.* 74. 8; spiritus .. de concertatione mortalitatis ~ite set jam deposite fessus AD. EYNS. *Hug.* V 1.

inolibilis, insipid.

voluminis hujus ~es et exangues inepcias MAP *NC* III 1 f. 34.

inomelli v. oenomeli. **inop-** v. et. inopp-.

1 inoperatio [LL], inworking, working within.

Messalianorum heresis orta est qui demonis ~onem crederent esse Spiritum Sanctum R. NIGER *Chr. I* 44.

2 inoperatio, recess, lapse of operation, period of not working.

si quis forte causam habeat contra dominum suum, remanere potest infirmitatis vel regis [inplacitationis] vel [inoperationis] exc[usation]ibus (*Leg. Hen.* 61. 6) *GAS* 581; ~onis causa (*Ib.* 61. 7) *Ib.*

inoperatus [LL], unworked: **a** (of food) undigested. **b** (of wood) uncultivated.

a fit ex frigiditate mortificante digestionem, quare emittitur cibus ~us GILB. V 224v. 2. **b** de cesione nemoris ~i (*Leg. Hen.* 23. 2) *GAS* 561 (v. caesio); de nemore ~o per tihlam nemo respondeat, nisi sit ibi captus vel sit homo ejus cujus est nemus (*Ib.* 45. 4) *Ib.* 570.

inoperire [LL], to cover over, encover.

fuligineis coloribus ~tis .. corporibus LANTFR. *Swith.* 3 (v. fuligineus); *to covere* .. operire cum operculo .. ~imus, cum jacenti aliquid supponimus *CathA.*

inoperose, without hard work.

qui non ~e commisso insudans muneri W. MALM. *GP* IV 178.

inoperosus [LL *gl.*], useless.

non ~um videbitur si epistolam .. apponam W. MALM. *GR* II 182.

inopia [CL]

1 lack of wealth, poverty.

quibus [sc. Romanis] Romam ob ~iam .. cespitis repedantibus GILDAS *EB* 6; gravior erat ~ia post opulentiam et ignominia post gloriam GOSC. *Transl. Mild.* 22 p. 186; nec opulentia gaudens nec ~iam admittens GIR. *TH Intr.* p. 4; [Kentegernus] petens ut suam ~iam illius [sc. regis] abundantia .. subveniendo suppleret J. FURNESS *V. Kentig.* 21 p. 196; par Patri Filius omnipotencia / .. / pro nobis factus est .. / plenus diviciis et in inopia WALT. WIMB. *Carm.* 103.

2 lack of provisions or sustenance, dearth, famine.

cum panis copia plebis ~iam refocilantes ab imminentis famis inedia .. defendunt ALDH. *VirgP* 38 p. 291; ut .. ~iae magnitudo plerosque dira clade extingueret WULF. *Æthelwold* 29 (v. exstinguere 2a); **s1263** propter depressionem et ~iam (v. depressio 3b); **1318** ob ~iam et nimiam caristiam (v. 2 friscus 2); ~ia seu temporalis substancie exilitas LEEKE 10 (v. exilitas 3a).

3 lack of support, helplessness, need, want.

certum tamen habeo quod vestri ingenii sterilitas vel ~ia mei non sit indigna .. convivii copia ABBO *QG* 1 (4); illa fluit ex Dei copia, ista surgit ex mea ~ia ANSELM (*Or.* 14) III 57 (cf. ib.: indigentia); **c1148** si quis vestrum compaciens ~ie benefactoribus ipsorum [sc. fratrum canonicorum] de injunctis penitenciis aliquam fecerit indulgenciam .. *Doc. Theob.* 309; nemo enim adeo est Diogineus quem quandoque infirmitatem naturalem consolari non oporteat naturalique ~ie obtemperare W. DONC. *Aph. Phil.* 3. 8; Anna uxor Tobie virum suum cecitate et ~ia laborantem verbis exacerbat AD. DORE *Pictor* 162.

4 (w. obj. gen.) lack of, scarcity of: **a** (persons); **b** (concr. things); **c** (abstr. things).

a **1073** non decet ut qui sacrandus in hanc terram venit .. ~ia adjutorum a tanto regno non sacratus abscedat LANFR. *Ep.* 12 (13); **1475** propter ~iam husbandorum (v. husbondus 3a). **b** ~ia rerum BEDE *HE* IV 12 p. 228 (v. 1 decedere 1a); aquarum ~ia GIR. *TH* II 7 (v. desiccare 1a); sub carnis hac inopia J. HOWD. *Cyth.* XVII 5. **c** ipsi .. mentis ~ia territi per diversa fugere moliti sunt ORD. VIT. X 20 p. 128; **c1160** ne propter ~iam recti ad me cogantur reclamare *Regesta Scot.* 149; ~ia discipline R. NIGER *Mil.* II 41 (v. efferare a); propter ~iam sapiencie *Quadr. Reg. Spec.* 36.

inopii v. inops.

inopimus [cf. CL opimus], not rich, not abundant.

regio .. torrida et perhorrida, .. jumentis et animalibus minus opportuna, utpote pascuis ~a ORD. VIT. IX 15 p. 600 (cf. Baldricus *PL* CLXVI 1140A).

inopinabilis [CL]

1 not to be expected, extraordinary. **b** (as sb. n., log.) paradox.

ille ad tam ~e proloquium obstupescens GOSC. *Transl. Mild.* 22 p. 187; fortuna est ~is rerum eventus ex causis confluentibus W. DONC. *Aph. Phil.* 5. 9; ~em .. fortune .. eventum *G. Steph.* 36; tam inusitata, tam ~is rerum novitas GIR. *TH* II 5; in Northumbriam .. applicuit .. nescius quam partem ~is ventus optulisset *Eul. Hist.* II 237; **s1277** propter ~em mortem papae WALS. *HA* I 18. **b** methe autem [sc. disputationum] sunt quinque: redargutio, falsum, ~e, nugatio, solecismus (SHIRWOOD) *GLA* III 19.

2 inconceivable, unimaginable.

aliud .. est aliquid inauditum et ~e atque naturae incognitum facere ANSELM (*Orig. Pecc.* 16) II 157; ~e videtur quod .. verus Deus corpus in te et ex te assumpsisset imputrescibile et reliquisset tuum corpus residuum putrefactioni subjectum J. GODARD *Ap.* 260; **1340** ut .. subditorum nostrorum erga nos devocio tepesceret ..; ex quo ~i, ne dicamus facto detestabili .. (*Lit. Archiep. Cant.*) *Conc.* 663b; obicitur quod nemo consuleret juxta istam sentenciam ad habitus vel actus qui non sunt per se morales .. quod est ~e et derisum ab Augustino et decreto WYCL. *Blasph.* 205.

inopinabiliter [LL], unexpectedly.

sequenti die post fugam Andegavensium .. R. ~iter debachatus est ORD. VIT. XIII 27 p. 76; **s1227** ordo eorundem [sc. Franciscorum et Dominicorum] cepit ~iter florere M. PAR. *Min.* II 298; **s1234** ~iter .. respondentes (v. 2 flagellum 3a); **1300** illum ~iter et probrose interemerunt, timore Domini postposito (*Lit. Regis*) *Ann. Ed. I* 452; ambo enim apud Heliopolim tunc presentes et coastantes ~iter lunam soli incidentem videbamus BRADW. *CD* 37B; **s1401** ~iter conversus est ad Christianitatis ritum WALS. *HA* II 247.

inopinans [CL], not expecting (event), unsuspecting.

subito .. ~antibus nobis T. MON. *Will.* VII *prol.*

inopinate [LL], unexpectedly.

1002 (13c) curis .. ~e crebrescentibus *CD* 1297; erant .. filii Carl .. non longe ab Eboraco, quos ~e .. preoccupantes .. peremerunt *Obsess. Durh.* 7; **s1228** eodem anno ~e media nocte hyemali tempore venit Reginaldus rex de Galwedia *Chr. Man* 90; dictusque faber de paupere fieret subito et ~e dives *Spec. Laic.* 10 p. 15; **c1350** ex hac vita inopitiate [*sic* MS; ? l. inopinate] est subtractus (*Reg. Roff.*) *MS BL Cotton Faustina B V* f. 78; **s1356** subito et ~e venit AVESB. 135vb.

inopinatus [CL], unexpected, unforeseen. **b** (*ex inopinato* or ellipt. as adv.) unexpectedly.

diem domini quem ipse ~um promiserit esse venturum BEDE *Luke* 498; quem videns, ut ignotum et ~um, non parum expavit *Id. HE* II 12 p. 108; **s1142** ~o casu Oxeneford civitatem concremavit W. MALM. *HN* 520; ne voti tui exsecutionem mors ~a preveniat P. BLOIS *Ep.* 11. 35B; de ~is rerum eventibus GIR. *SD* 6; in te spes ~a meis revixit temporibus *V. II Off.* f. 4b. **b** esurire .. eo avidius et sitire quo talis tantique dulcoris delicias ~o ammitterent B. *Ep.* 386; **s1066** [Angli] in unum collecti sunt, ~o resisterunt, et Normannis magnam stragem .. intulerunt ORD. VIT. III 14 p. 150; dux Gulielmus Anglorum cohortes ~o conglobatas cernens *Ib.* p. 151; filii sui .. quos illuc pro pace confirmanda credebat advenisse .. graves contra eum, ex ~o, proposuere querelas *V. Edm. Rich P* 1809B.

inopine, unexpectedly.

gentiles .. hostiliter a facie et a tergo ~e premebantur ORD. VIT. IX 8 p. 510; nostros, ad aquationem jumentorum crebro dispersos hostes e cavernis egredientes ~e cedebant W. MALM. *GR* IV 369.

inopinio, non-expectation.

'inopinatum' potest sumi privative vel negative: si negative, sic est ~o in inanimatis quia privatur ibi actus opinionis et aptitudo BACON XIII 121.

inopinus [CL]

1 unexpected, unforeseen.

sic ope divina cum claustra salus inopina / virginis intravit R. CANT. *Poems* 291. 5; versans humanas sors inopina vices GIR. *TH* III 49; tam recens etenim plaga, tam repentina et tam ~a *Id. Ep.* 4 p. 182; nobis avunculum tuum mors ~a preripuit P. BLOIS *Ep.* 12. 36A; quid valebit bursa turgens, / cum mors seva, cum mors urgens / inopina veniet? WALT. WIMB. *Van.* 128.

2 not expecting, surprised, unawares.

Friso .. occultatis insidiis ~um excepit et nequicquam fortiter agentem ipsum .. cecidit W. MALM. *GR* III 256; ~um ex propugnaculo deturbans in subjectum Sequanam precipitavit *Ib.* V 392; rapuerat me cursor equus ad partes remotissimas ~um MAP *NC* III 2 f. 36; ut .. a nigro milite .. ~i exciperentur *Hist. Meriadoci* 367.

†**inopitiate** v. inopinate. **inopos** v. oinopus.

inoppilatus [cf. CL oppilare], unblocked, clear.

accidit .. ut .. quoddam foramen .. inoppillatum inscienter desereret R. COLD. *Cuthb.* 26 p. 58.

inopportune (inop-) [LL], inopportunely, unsuitably, unseasonably (fig.).

1325 si legitime contendere speras legitime certa, oportune inoportune insta, et fiducialiter persevera (*Ep. Ducis Lanc.*) *V. Ed. II* 281.

inopportunitas (inop-) [LL]

1 unsuitability.

denuo illis de loci conquerentibus inoportunitate .. *Chr. Battle* 12v; premissis per te inique et sinistre ex ~ate quadam aut potius surreptione .. impetratis *Form. S. Andr.* I 238.

2 impropriety, injury, damage.

1171 singulos excessus et ~ates [v. l. importunitates] .. contra vestram commiserat dignitatem *G. Hen. II* I 21 (= R. HOWD. II 26, FL. WORC. *Cont. B* 149: ~ates); **s1200** rex Navarre audiens damna et ~ates quas rex Castelle et rex Arragonie sibi et terre sue faciebant R. HOWD. IV 113; **1367** volentes .. incommoditatibus, ~atibus et inconvenientiis .. obviare *Reg. Paisley* 33.

inops [CL]

1 lacking wealth or resources, poor, destitute; **b** (as sb. m. or f.) poor man, poor woman, (pl.) the poor.

inobs [v. l. inops] EGB. *Pen.* 13. 3 (v. hebes 2b); liiij liberos satis ~es *DB* II 372; vir fugitivus .. inermis et ~s GIR. *EH* I 3; a domo quam fecerat et a sustentacione tota pauper et inobs est ejectus *Id. SD* 16; GOWER *VC* I 1585 (v. exspes a). **b** justos ~es immanes quasi angues .. conspicantes GILDAS *EB* 66; suscipiendorum ~um .. cura BEDE *HE* III 6 p. 138; novimus ~es .. ob eorum inediam cibis uti paupertinis B. *Ep.* 386; uni aesno, i. ~i *GAS* 449 (v. aesnus); nec est qui respiciat ad ~em et †mendicun [l. mendicum] P. BLOIS *Ep.* 14. 45B; qui noluerunt .. ~es [ME: *neodfule*] pascere nec vestire *AncrR* 77; pauperibus dispersit opes †inopii [MSS: inopum] miserando ELMH. *Metr. Hen. V* 171.

2 meagre, deficient.

nec tacita nec ~s dicendi sapientia ALCUIN *Rhet.* 2; **c1173** mens ~s (v. expolire 2).

3 devoid (of), lacking (in): **a** (w. gen.); **b** (w. abl.).

a cernitis .. quia fontis ~s sit mansio BEDE *CuthbP* 18; Farne, / insula fontis inops ALCUIN *SS Ebor* 657; **1072** quem cum rex .. argueret quod .. tam ~s rationum venire presumpsisset LANFR. *Ep.* 3 (4); virtutis ~es OSB. *V. Elph.* 128; Caesar, quem mille acies non perturbaverant, coram rhetore mentis ~s factus est ADEL. *ED* 20; quis sine deliciis mensas escis oneratas / censet honoratas? quis nisi mentis inops! NECKAM *Poems* 118. **b** **c793** scientia ~s .. fidelis amore ALCUIN *Ep.* 74; divitiis et sensu ac virtute ~em ORD. VIT. VIII 11 p. 329.

inoptabilis [CL], not to be desired.

ventris inflate latitudinem comprobabant .., quod cunctis prius erat ~e R. COLD. *Godr.* 600 p. 473.

inor- v. et. inhorr-.

inorare [cf. CL orare], to pray intently.

quot preces ~avimus *Croyl.* 74.

inordinabilis [ML], not conformable with (logical or moral) order.

non est .. ipsa iniquitas a voluntate perversa progrediens ordinemque nature confundens finaliter ~is *Ps.*-GROS. *Summa* 412; est impossibile et per consequens ~e quod si filii descendunt a parentibus in servis, tunc sint homini ita servi; nec potest homo obligare taliter genus suum WYCL. *Civ. Dom.* I 247.

inordinabilitas [LL], ? nonconformity with (logical or moral) order.

cum dicitur quod potentie malorum sunt bone .. dico quod verum est non sub ratione qua sunt potentie malorum, sed inquantum eedem sunt potentie bonorum: posse vero malum dicit ~atem, immo ut proprius loquar defectibilitatem ipsius potentie respectu defectus boni debiti qui defectus est malum MIDDLETON *Sent.* I 373.

inordinabiliter [LL], not conformably with rule or order, irregularly, inordinately.

ad sacros ordines ~iter sunt provecti *Ep. Anselm.* (255) IV 167; **1195** nichil debuit contra ipsam .. tam ~iter a quolibet attemptari (*Lit. Papae*) DICETO *YH* 131.

inordinanter, not conformably with rule or order.

a1400 inhibemus .. quod eisdem tenentibus vel suis hujusmodi ~er comminationes .. inferre attemptetis *Pri. Cold.* 83.

inordinarius, not ordinary, irregular, inordinate.

miles de amore ~io eam [uxorem fidelem] pulsavit *G. Roman.* 69 (61); quod collecciones ~ie, ut decime et quindecime, .. pauperum .. substancias depredantur *Regina Rhet.* 190.

inordinate [CL]

1 out of order, in the wrong position: **a** (med.); **b** (mus.); **c** (astr.).

a non est facta incorporatio per universum corpus, vel nutricis fuit peccatum, membra pueri ~e ponendo *Quaest. Salern.* Ba 88; movetur ~e GAD. 61. 2 (v. inordinatio 2). **b** quoniam placuit ut Gaufridus .. fistulam suam in hoc vaticinio sonaret, modulationibus suis favere non diffugias et si quid ~e sive viciose protulerit, ferula camenarum tuarum in rectum avertas concentum G. MON. VII 2. **c** **798** quinque stellarum cursus saepissime ~e per zodiaci circuli latitudinem vel errando vel stando vel retrocurrendo feruntur ALCUIN *Ep.* 149 p. 243.

2 in a disorderly fashion.

audacissime quidem sed ~e irruit in hostem H. HUNT. *HA* II 30; diffuse nimis et ~e .. congesta GIR. *TH intr.*; naves Francorum .. regem Edwardum ~e sequebantur *Meaux* III 45; **1408** an aliquis .. discurrat per villam mercatum vel agrum vel domos .. ~e (*Vis. Durh.*) *Eng. Clergy* 297.

3 not conformably with rule or order, irregularly; **b** (eccl. or mon.).

rex .. alium praearripere ~e sedem suam .. consensit EDDI 14; vera .. falsis ~e permixta BEDE *Luke* 542C; **1166** non .. quod quicquam circa personam domini regis, vel terram suam, .. unquam ~e fecerimus (BECKET *Ep.*) DICETO *YH* 328; quia [natura] ex suppositione materie operatur, ideo quandoque potest deficere et ~e agere, unde ista inordinatio vel deffectus non debet sibi attribui .. BACON VIII 126; Lucifer ~e appetit esse similis Altissimo (WYCL.) *Ziz.* 491. **b** **a1006** sacerdotii ordinem quod ~e assumpsit LANFR. *Ep.* 22 (24); cum reprehendit aliquem fratrem ~e agentem *Id. Const.* 73; de fratribus qui ~e de monasterio exierunt ANSELM (*Ep.* 331) V 266; quatenus hoc malum .. abscindatis et quod a diebus antiquis †inorditate [l. inordinate] factum est reducere vobis placeat .. ad gloriam honestatis P. BLOIS *Ep.* 151. 443B; **s978** canonicos et clericos ~e viventes OXNEAD *Chr.* 11.

inordinatio [LL]

1 (gram., rhet., or leg.) occurrence in wrong order.

si vicium in appello inveniatur per omissionem verborum vel ~onem *Fleta* I 31.

2 (med.) irregularity, disorder.

pulsus .. in augmento [febris] addit in magnitudinem, fortitudinem, velocitatem, et frequentiam, nec addit aliquo modo inequalitatem vel ~onem, nec in una percussione nec in pluribus GILB. I 16. 1; ira et furia. inquietudo jacendi. ~o *Ib.* II 100v. 1; Galenus .. posuit .. errorem complexionum et ~onem supra ipsius intemperantiam *Ps.*-RIC. *Anat.* 20; movetur inordinate .. et spuma exit ab ore propter ~onem et violentiam motus anhelitus, et motus pedum et manuum est agitatus et inordinatus GAD. 61. 2.

3 irregularity, disorder: **a** nonconformity with legal, logical, or moral order; **b** breach of discipline, disobedience.

a malitia .. voluntatis sive ~o non est a Deo NECKAM *SS* III 44. 1; hec .. non sunt a causa per se, quia ista sunt principia ~onis ut scribitur in litera, nec a causa per accidens quia illius cause esset causa alia BACON VIII 86; Deus non solum ordinat ea que habent essenciam sed eciam defectus et privaciones, et ipsam ~onem redigit ad ordinem GROS. *Hexaem.* II 6. 2; licet in potestate voluntatis sit elicere actum peccati vel non elicere, tamen si actus positus in esse habeat ~onem, non est in potestate voluntatis ut actus positus sic in esse sit vel non sit inordinatus DUNS *Ord.* II 36 n.; ~o patet ex hoc quod emens corrodium desperat de ordinacione Dei pro ipso quo ad vite necessaria WYCL. *Sim.* 84. **b** de praeterita ~one [monachi] ANSELM (*Ep.* 96) III 223; *Cust. Westm.* 18 (v. explorator 2); ipse omnes ~ones et defectus novit que contingebant in ordine *Cust. Cant.* 80.

1 inordinatus [CL]

1 not regularly arranged, disordered.

corpora .. non transparentia habent paucos poros .. ~os in tortuositate T. SUTTON *Gen. & Corrupt.* 72.

2 occurring irregularly, erratic.

si quis a sompno excitetur subito .. pulsus velox, spissus, tremens et ~us .. invenitur BART. ANGL. III 24; GILB. I 12. 1 (v. erraticus 1c).

3 ungoverned, disorderly, unruly, chaotic: **a** (of person or group); **b** (of action or behaviour); **c** (of abstr.).

a videamus quid evangelica tuba mundo personans ~is sacerdotibus eloquatur GILDAS *EB* 92; ex ~a et indisciplinata multitudine sacerdotum P. BLOIS *Ep.* 123. 360C; **s1381** congregati sunt homines *in armes* et quasi dementes in maximo turpissimo et ~issimo numero quorum capitanei fuerunt .. *Chr. Kirkstall* 124. **b** eum .. gentis asperitas, barbara lingua, mores inversi, ritus ~us non prevalebant a predicando repellere *V. Birini* 9; odor autem, qui non intrinsecus sicut sapor sed extrinsecus sicut odor sentitur, est habitus ~us aut sermo incompositus aut gestus inconveniens ALEX. BATH *Mor.* IV 29 p. 162; quociens suspicantur se inventuros aliquid negligencie aut gestus ~i *Cust. Cant.* 88. **c** casuum ~a volubilitate ANSELM I 87 (v. casus 4c); cogitationum turba ~arum NECKAM *NR* II 156 p. 250.

4 (eccl.) not in holy orders, unordained.

si duodecim ordinati viri sapientes defuerint, duodecim clericorum ~orum consilium prevaleat (*Cadoc* 16) *VSB* 60.

5 inordinate, intemperate, excessive: **a** (of action or behaviour); **b** (of sound); **c** (of other phys. phenomenon).

a quod concupiscencia ~a insit nobis patet ex hoc KILWARDBY *Jejun.* 163; **s1306** qui [sc. Edwardus II] .. Petrum ~a affectione dilexit AD. MUR. *Chr.* 9; propter ~um amorem excessus beatitudinis WYCL. *Ver.* II 56; quorundam hominum ~a brutalitas *Croyl. Cont. B* 539. **b** ~is faminibus ORD. VIT. III 3 p. 61 (v. 1 famen a); tanquam confuso ~oque strepitu GIR. *TH* III 11; absit .. ut in claustro festis diebus cum os tuum ad loquendum aperies, loquacitatem in eodem ore tuo ~am assumas AD. SCOT *QEC* 17. 829C. **c c1370** calor ~us (v. destructivus).

6 unlawful, forbidden.

quodsi hec voluntas .. diabolo se injunxerit, ejus recipiendo suggestionem velut ~um semen, adultera mater .. filios adulterinos, i. e. vitia .., generat *Simil. Anselmi* 5; **1238** ~ius sit mittere [litteras aut aliquod munus] quam accipere *Cap. Aug.* 29; ista sunt ~a claustralibus, nisi sint de permissione abbatis, viz. culcita, sarplerium, tapetum *Ib.* 362; cum rationalis creatura liberum habeat arbitrium teneaturque spontanee obedire suo creatori, injustum et ~um beatitudinis bonum tribui rationali creature inobedienti GROS. *Cess. Leg.* I 4. 5; ad Romanam curiam obstantibus premissis ~is impedimentis per te .. adhibitis recursum .. habere non potuissemus *Form. S. Andr.* I 230.

2 inordinatus, disorderliness, untidiness.

numquam .. invenitur inmundiciem Deo placuisse quamquam paupertas voluntaria et ~us exterius sibi placuerint *AncrR* 174.

inorditate v. inordinate. **inorm-** v. enorm-.

inornate [CL], without ornament or embellishment, plainly.

humatim, viliter, ~e OSB. GLOUC. *Deriv.* 275; nichil dicunt inornate, / nam de vestis claritate / clara verba prodeunt WALT. WIMB. *Van.* 81.

inornatus [CL], plain, unadorned.

vestis inornata, .. / incompti crines D. BEC. 2081.

inorr- v. inhorr-.

inosculare [ML], to kiss.

ego non puto hoc posse fieri nisi moram faciente sponso [sc. Christo], animam quam inebriavit ~ando, ut sic eam educat de carcere ad confitendum nomini suo *Medit. Farne* 45r.

inossare [ML], (med.) to fix in a bone.

a quibusdam gutta ~ata dicebatur, quod infirmitatis genus non facile curabatur R. COLD. *Cuthb.* 96 p. 213; **a1237** quia iste morbus [sc. invidia] vix sanatur, appellatur gutta ~ata. quando gutta est in carne, cito potest sanari; quando est in osse, vix aut numquam *Conc. Syn.* 216; [arthetica] quedam est vagativa, quedam quiescens et fixa, quedam nodosa sive ~ata GILB. VII 310 1; oleum valens tam calide arthetice quam si fuerit sinthemon i. ~ata *Ib.* VII 319 2; si [cancer] est inveteratus et ~atus, non curatur nisi incisione vel ossis rasura vel combustione *Ib.* VII 329v. 2; contra guttam ~atam, pix et hedear simul coquantur *Pop. Med.* 232. 86.

inossatura, (med.) condition of being fixed in the bone.

quomodo .. juvenis quidam de gutte ~a sit liberatus R. COLD. *Cuthb.* 96 *rub.*

inovare v. innovare. **inoysilare, inoysillare** v. inoiselare. **inp-** v. et. imp-. **inpantensium** v. impephysemenon. **imparch-, inpark-** v. imparcare. **inpedea** v. impedia. **inpedere** v. 1 impendere. **inpedium** v. impedia. **inperius** v. inferius.

inphaleratus [cf. CL phaleratus], unadorned.

scias indubie quamquam nudum et infaleratum jumentum tamen te habiturum ex me paratissimum *Mir. Hen. VI* I *prol.* p. 6.

inphandus v. infandus. **inpingn-** v. impign-. **inplurare** v. implorare. **inposterem** v. impostor. **inposterio** v. imposterum. **inpruwyare** v. 2 improuare. **inpullutus** v. impollutus.

inquam [CL], **inquio**

1 I say: **a** (w. dir. speech); **b** (w. dir. obj.); **c** (w. acc. & inf.); **d** (w. *quod*); **e** (w. indir. qu.).

a respondit ille cogitatui meo: "non", ~iens, "non hoc est regnum caelorum, quod autumas" BEDE *HE* V 12 p. 307; **c763** (12c) audiant vocem clementissimi arbitri, ~ientis ad pios "venite .." (*Text. Roff.*) *CS* 194; Martianus in Philologie Nuptiis [I 6] 'major filiarum Prognoes' ~it ABBO *QG* 19 (41); "tale," ~iens, "praeceptum suscepi" OSB. *Mir. Dunst.* 2; "quid autem", ~iunt, "agendum esse censes .." ADEL. *QN intr.* p. 1; "Deus", ~io, "patris Dunstani, fave hodie nostrae parti" *Ib.* 24; "Paulus" ~ies "apostolus Domini nostri Jesu Christi .." GOSC. *Transl. Mild.* 21 p. 184; semper ~ibat: "homo litterarum et mandatorum Dei nescius quid prestat?" G. CRISPIN *Herl.* 106; inquid DEVIZES 40 (v. diabolus 2); cum modicum post sic ~iat [v. l. inquit] concludendo "et ita .." (WYNTERTON) *Ziz.* 233. **b** ~iens in fratres .. verba probrosa HERM. ARCH. 24 (v. discretivus 3a). **c** nihil ~am mihi inaccessius esse quam huic miserie meam intentionem subdere ADEL. *QN intr.* p. 1; ipsi secreto ~iens se in visu eadem nocte vidisse venerabilem quamdam personam H. BOS. *Thom.* III 3; amisisse diem Titus qua nil dedit inquit / Romanis GARL. *Tri. Eccl.* 18. **d** ipse concedit, ~iens quod infertur OCKHAM *Dial.* 743. **e** bis ternae quae sint normae dialecticae, inqui [*gl.*: i. inque] *Altercatio* 71.

2 (1st pers. sg. used in parenthesis): **a** (emphasizing word or phr.) I repeat; **b** (explaining word or phr.) I mean, that is to say.

a dic, precor, o Moyses, dic, imquam, .. PETRUS *Dial.* 17; **s1140** set inaniter, inaniter ~am, triverunt et verba et tempora, infectaque pace discessum W. MALM. *HN* 486; cave, siquidem ne .. cadas ab alto. cave, ~am, ne .. corruas infra te GIR. *TH* I 13 p. 42. **b 949** *CS* 880 (v. illicere); illa ~am reedificacione qua rursum edificabitur platea et muri in angustia temporum, hoc est ea reedificacione que facta est per Neemiam GROS. *Cess. Leg.* II 8. 6 (w. ref. to *Dan.* ix 25); certe qui transfigitur / flos est sinus puellaris / et fructus quo vivitur, / fructus, inquam, salutaris, / quo mens plene pascitur J. HOWD. *Sal.* 16. 10; preciossimum illud munus, liberum ~am arbitrium, eidem contulerim [loquitur Deus] CHAUNDLER *Apol.* 20.

inquassabilis [LL], unshakeable.

castellum .. ~i turri et forti firmatum *G. Steph.* 23.

inquerelare [OF *enquereller*], to sue, implead.

1309 idem Robertus non potest dedicere quin ipse coram prefatis justiciariis .. de diversis transgressionibus ~atus .. *PlRCP* 177 r. 86; **1309** omnes predecessores abbates de Chireburgh .. consueverunt petere curiam suam per priorem senescallum vel prepositum suum de hominibus suis ~atis coram ballivo *S. Jers.* XVIII 18; **1309** dicunt etiam quod carta predicti domini H. regis inde facta patri suo est in Anglia et illam huc non detulerunt quia non putabant super hiis ~ari (*Guernsey*) *PQW* 827b.

inquesta [OF *enqueste*], judicial inquiry, inquest, inquisition.

1279 inquisicionem seu ~am .. super terra quam .. Alphonsus .. tenuit *RGasc* II 84; **1289** si vobis constiterit per ~am vel alias Rogerum de Cestria .. terras .. in parochia de S. .. possedisse *Ib.* 301; **c1310** quod intencio virorum religiosorum abbatis et conventus Sancti Michaelis in periculo maris sic per ~am .. ad plenum ita quod sufficit probata *CartINorm.* 95; **1328** item requisiti [ed.: ? requisivi] dictos juratos et alios de ~a (*Jersey, AncC* 21/141) *EHR* LVI 298; **c1331** mandamus vobis quod per ~am xij proborum virorum de parrochia .. diligenter inquiratis (*Guernsey*) *AncC* 55/4; **1415** sicut in curia .. abbatis .. de M. per ~am compertum fuit *Melrose* 537.

inquestio, inquiry, inquisition (Sc.).

1483 inventa in curia per ~onem quod .. *ExchScot* 593.

1 inquies [CL], restlessness, disturbance, disquiet.

est quies idem quod requies sive pax, et si componatur cum hac prepositione 'in', erit ibi ~ies, i. e. non quies BRACTON 35.

2 inquies [CL], restless, disturbed, disquiet.

pluraliter hi et he ~etes, -um, i. sine quiete OSB. GLOUC. *Deriv.* 489.

inquietabilis, susceptible to disquiet.

horum [sc. malignorum spirituum] turbulentus et ~is tumultus GROS. *Hexaem.* IV 11. 2.

inquietamentum, disquiet, harassment, interference.

1153 (1499) notum sit .. me dedisse .. monachis fratribus meis ad piscandum .. sine omni ~o et alicujus contradictione *Ch. Chester* 109.

inquietare [CL]

1 to disturb, trouble, harass (also absol.). **b** to test, try, tempt. **c** to press, urge repeatedly.

c700 (11c) nec mors mea ignoratione agrorum ecclesiae infametur, et successura mihi posteritas strofosa contentione invidorum ~etur GOSC. *Milb.* 201; indulgere utique ei [sc. Deo] debetis nec precibus eum ~are assiduis PETRUS *Dial.* 17; sol estuantibus radiis ~at GIR. *TH* I 35; **s1225** libera me .. cito a nebulone isto, qui me ~at, et somnum capere non permittit WEND. II 294; *Ghost Stories* 418 (v. 2 deterrere 2). **b** sperare se ulterius incentivo carnis cariturum; et juvante Dei clementia nulla ~andum molestia W. MALM. *Wulfst.* I 1 p. 7; aut .. non temptatus aut saltem citra lapsum .. ~atus GIR. *GE* II 17 p. 249. **c** mater .. adolescentis .. plurimos ad subventionem vincti frustra ~abat ORD. VIT. XI 16 p. 218.

2 (leg.) to interfere with, disturb, make claim on (goods, possession, liberty, or sim.).

673 nulli episcoporum liceat ea [sc. monasteria] in aliquo ~are (*Conc.*) BEDE *HE* IV 5 p. 216; **c1142** ne aliquis eos ~et super forisfactum meum nec disturbet *Ch. Chester* 57; **c1152** ne quis eis violentiam inferat nec injuriam irroget nec bona eorum ~et nec injuste diminuat *Doc. Theob.* 3; **s1333** ne quisquam suam possessionem ~aret GRAYSTANES 43; **1464** idem J. metuens se de bonis et catallis .. ~ari *Paston Let.* 687.

3 to attack, assail. **b** (mil.) to attack, harry, overrun.

piscandi gratia Farne venerat et pullos mootarum, memorati fratris prohibicione postposita, lapidibus ~abat *Mir. Cuthb. Farne* 3. **b** regios .. castrenses severis incursibus frequenter ~abant ORD. VIT. XII 17 p. 353; [Normanni] omnia regna ~averunt ab oceano Britannico usque ad Tyrrenum mare R. NIGER *Chr. II* 153; **s1227** Henricus rex Anglie .. cum .. exercitu .. regem .. Francie ~are coepit *Ann. Cambr.* 78; **s1257** Walenses .. telis armorum et sagittarum .. turmas Saxonum invitaverunt et ~averunt *Ib.* 94; **s1346** de .. ~ando rebelles Francie J. READING f. 154b; Scotie magnam partem perturbantes ~averunt FORDUN *Cont.* VIII 2.

inquietas [ML]

1 disturbance, trouble, harassment.

his temporibus dum filii lucis gauderent pace et tranquillitate et filii nichilominus tenebrarum stimularentur nequitia et ~ate ORD. VIT. XI 44 p. 303; **1441** sub proteccione ipsius [sc. regie majestatis] ab omni ~ate et perturbacione .. conservare BEKYNTON II 67.

2 disturbance of the mind, disquiet, anxiety.

1324 in hac consideracionis nostre necessitate, multis .. ~atibus irretiti diutius hesimus *Conc.* II 523; quia ei non expedit pro ~ate sua de talibus intromittere *Cust. Cant.* 77.

inquietatio [LL]

1 disturbance, harassment, trouble.

~onibus exagitabantur W. MALM. *HN* 483 (v. genialis 3c); **c1166** supplicamus .. ut eis pacem reformetis et fratres vestros ab eorum ~one suspendatis J. SAL. *Ep.* 172 (207); **s851** post multas ~ones regno inter patrem et filios partito pacificati sunt DICETO *YH* 365; **1287** (v. gravamen 3a); injustos malos mutabit quos prius ordinaverat in regno ad populi ~onem (J. BRIDL.) *Pol. Poems* I 193; a qua flagiciosa ~one quidam abbates .. regis tuicione ad propria remeantur *Ps.-RISH.* 546.

2 (leg.) interference, disturbance, claim.

c1145 prohibeo quod nullus ~onem vel molestiam eis inferat *Ch. Chester* 20; perpetuis temporibus absque omni ~one, ea habeant *Reg. Paisley* 25; **a1266** tenuit pacifice absque omni regali ~one particulas terre .. *Cart. Bilsington* 71; **1287** ab hujusmodi gravaminibus, molestiis, et ~onibus eisdem decetero inferendis .. desistatis *Bury St. Edm.* 8; **1305** libertatibus .. uti et gaudere, absque ~one aliqua *MGL* II 181; **1340** ipsos manutenere .. et tueri sine molestacione vel ~one .. per nos vel ministros nostros (*Lit. Regis*) AVESB. f. 89; **1356** gaudeat in perpetuum et ea habeat absque ~one, molestacione seu contradiccione *MunAcOx* I 179.

3 attack, assault.

dilata ~one quam Leoni regi Romanorum ingerere affectaverat .. [Arturus] Britanniam remeavit G. MON. XI 1; **1220** cum ipsius comitis defensio et manutentio fidelibus vestris de Pictavia pre omnibus aliis sit plurimum utilis et necessaria, ~o admodum periculosa et damnosa, supplicamus .. *RL* I 133; exosus factus est Henricus

.. Willelmo, quia ad ejus ~onem dictam pecuniam commodaverat SILGRAVE 81; **s1380** prior, cernens presulis animum erectum taliter ad ejus ~onem, .. declinavit a patria et ad monasterium S. Albani perrexit *Chr. Angl.* 259; **1414** gentem Anglorum sevissima ~one affecerunt ELMH. *Cant.* 261.

4 disturbance of the mind, disquiet, anxiety.

tanta mota est ei ~o quantam antea nunquam habuerat GIR. *EH* I 40; denique in mari ambo moriuntur, id est, in senectute ~onis libidinum obliviscuntur ALB. LOND. *DG* 11. 19; **c1250** vix vacavit tantillum rescribere usque ad feriam tertiam, tunc .. multis intercurrentibus ~onum molestiis AD. MARSH *Ep.* 83 p. 202; insompnietas, ~o, et ira BACON IX 25; in magnam mentium ~onem plurimarum PECOCK *Abbr.* 615.

inquietativus [ML], disturbing, disquieting. *V. et. inquietivus.*

vis ~a, ubi quis non permittit alium quiete uti possessione et in pace BRACTON 162.

inquietator [LL], disturber, tormentor.

[aqua] perfusis scapulis, stimulator et ~or dolor fugit et aeger requievit GOSC. *Mir. Iv.* lx; **1202** cura nos ammonet .. ut .. eis [sc. viris religiosis] nostrum suffragium contra ~ores quoslibet impertiri *Reg. S. Thom. Dublin* 269 p. 223; **1451** contradictores, perturbatores, ~ores quoslibet et rebelles per censuram ecclesiasticam .. compescendo *Mon. Hib. & Scot.* 385b.

inquietatrix, disturber (f.).

regni sui et pacis ~icem [sc. comitissam Andegavensem] *G. Steph.* 73.

inquiete [LL], without rest or peace, disturbingly, disquietingly.

hi [sc. cives] .. socios e pagis finitimis ~e arcessebant ORD. VIT. IV 4 p. 179.

inquietio, disturbance, harassment, trouble, or ? *f. l.*

1199 patrum statuta .. nulla possint inquietione [*sic* MS; ? l. inquietatione] convelli *Ep. Cant.* 534 p. 500.

inquietivus, disturbing, disquieting. *V. et. inquietativus.*

virium autem alia simplex, alia armata, .. alia perturbativa, alia ~a *Fleta* IV 221.

inquietudo [CL]

1 restlessness, constant motion (in quots., of sea).

estus, i. .. accessus maris .. ~o vel recessus *GlH* E 360; sicut mare nunquam tutum certa soliditate quiescit, sed ~ine jugi turbatum .. defluit ORD. VIT. IV 12 p. 251; estus enim dicitur maris accessus, vel recessus, quasi ~o *Eul. Hist.* II 5.

2 disturbance, turbulence, disorder.

615 hujus ~inis veram emendationem faciat (*Lit. Papae*) W. MALM. *GP* I 30; inquietudo simul stipatur milite denso ALDH. *VirgV* 2670; gaudium .. cujus plenitudo nullo cujuslibet ~inis adtactu minuitur BEDE *Hom.* II 12. 165A; **c798** ab omni strepitu secularis ~inis .. vacare desiderant ALCUIN *Ep.* 138; nostrorum temporum luctuosis instruimus exemplis ab hujusmodi ~ine temperare J. SAL. *Pol.* 345D; licet curie implicaretur ~ine *Canon. G. Sempr.* 41v.

3 trouble, harassment. **b** dissension, dispute.

ut auxilio eorum ~ini Grecorum resistere quivisset G. MON. I 3; se non promeruisse ut mortem ipsius optaret quamvis ~inem sibi intulisset *Ib.* IV 9; unde [habere debuerat] quietem et tranquillitatem, summam inde cum ~ine suscipiens turbationem GIR. *EH* I 46; post injuriosam ipsius [sc. regis Ricardi] in Alemannia captionem, et gravissimam ejusdem .. ~inem *Id. Hug.* I 7; cui gratiam debebat pro meritis, ~inem machinatus est *Chr. Angl.* 258; **1492** (v. deperdere 1e). **b** **1147** episcopale constat esse officium ~ines pacificare dissidentium *Ch. Durh.* 36; de turbulenta ~ine Andree et Alexandri, qui ordinem deseruerunt Cartusiensem AD. EYNS. *Hug.* II 11; pauce vel nulle hereses notabiles aut ~ines in ecclesia introducte sunt (KYN.) *Ziz.* 42.

4 (leg.) interference, disturbance.

a1076 concedo .. ut bene et quiete .. et absque omni calumpnia et ~ine teneant *Regesta* I p. 121; decimam omnium hidarum .. concessit .. absolutam ab omnibus ~inibus W. MALM. *GR* II 109; nullus vicinorum audebat .. aliquam ~inis consuetudinem ab hominibus ejus exigere ORD. VIT. III 2 p. 26; **1198** (1253) quieta .. ab omni invasione vel ~ine omnium hominum *CalCh* 425; **1201** ab omni .. ~ine et molestia et exactione liberi *BBC* (*Wells*) 173; **1316** vestre proteccionis munimine communitus absque ~ine percipere valeat quod sibi est debitum *TreatyR* I 552.

5 attack, assault.

W. MALM. *GP* II 74 (v. fossatum 3a); cum ~o Gallorum cotidie immineat G. MON. VI 4; **s1097** opportunitatem querebat quo ordine urbem posset a crucesignatorum ~ine liberare M. PAR. *Min.* I 80.

6 **a** disturbance of the mind, disquiet, anxiety. **b** discomfort, pain.

a ab illo enim tempore usque in diem exitus sui nullius molestiae ~inem ab inmundo spiritu pertulit FELIX *Guthl.* 41 p. 130; de curiositate ~o, susurratio, detractio, et cetera alia *Simil. Anselmi* 36; nisi vererer me ~inem magis praestare quam officium H. BOS. *Ep.* 1. 1422A; plenum est anxietate, ~ine, amaritudine P. BLOIS *Ep.* 13. 42B; **1327** ad tollendum a vobis omnem occasionem turbationis et ~inis mentis vestre *Lit. Cant.* I 225. **b** tertio demum die, ubi .. a mortuis surreximus et erecti sumus, tu comes longe ~inis, tu causa et exemplum tante animadversionis .. quiescebas GOSC. *Edith* 290; febribus decoctus Robertus de S. supprior vicaria frigoris et caloris mutatione continuam pertulit corporis ~inem *Canon. G. Sempr.* 158.

inquietus [CL]

1 in constant motion, not still; **b** (of sea).

motibus ~is R. COLD. *Cuthb.* 112 (v. exagitatio 1); equo cursore transvectus, nunc saltus lustrans, nunc silvas penetrans, nunc montium juga transcendens, dies ducebat ~os GIR. *EH* I 46. **b** portus ibi, ut plerique maritimorum locorum, ~us, quoniam angustus W. MALM. *GP* V 224 p. 376; Hibernicum mare, concurrentibus fluctibus undosissimum fere semper est ~um GIR. *TH* II 1.

2 tumultuous, turbulent, disordered.

[summa bonitas] non in se penitus manet tranquilla, que contrariis videtur esse existendi causa. eo namque ~a probatur, quo ab ea contrarietatis inquietudo derivatur *Simil. Anselmi* app. p. 94; nichil ~um aut indisciplinatum in sua cura sinebat J. FURNESS *Pat.* 144.

3 restless in character, unsettled, causing disturbance; **b** (as sb. m.).

GlH F 217 (v. fervidus 3); Normanni semper ~i sunt ORD. VIT. V 10 p. 379; bellicosus marchio contra ~am gentem sepissime conflixit *Ib.* VIII 3 p. 283; invidus et ~us Satanas qui primum hominem per serpentem decepit *Ib.* XII 25 p. 406. **b** ~os punisse *V. Ed. Conf.* 51v (v. facultas 5a); ~i pace populique quiete contristantur ORD. VIT. XII 33 p. 438.

4 disquiet in mind, anxious.

~a est mens nostra ALCUIN *Dub.* 1029A (v. frustatim b); ~us animus quietem invenit W. MALM. *GR* III 230 p. 287.

inquilina [CL], inhabitant (f.).

gaude nova inquilina / virgo martyr doctrix trina / poli portans premia *Anal. Hymn.* XXIX 161 p. 85.

inquilinatus [LL], (act of) lodging, inhabiting.

nempe dum sic tantus in ~u cum vidua nausitaret inquilinus, fatalitate functus est vidue filius E. THRIP. *SS* 10. 6.

inquilinus [CL]

1 lodger (in house), tenant (of property).

repperit quemdam commemorati ~um canonici LANTFR. *Swith.* 1; si fundum colonus, si loco domum, ~us, si in domo mea est et procurat res meas, ascripticius sive liber sive servus . . . hi, si habitationi edium sunt alligati sive ascripti, ~i vocantur, si agris coloni VAC. *Lib. Paup.* 30; emphiteotecarius. usufructuarius. superficiarius. colonus qui in rure conducit. ~us qui domum conducit in urbe. censuarius. publicanus *Ib.* 87; ad ipsum predium erit denuntiandum vel procuratori ejus vel certe ~is RIC. ANGL. *Summa* 12; nec eciam ~i [edificiorum] ultra eandem [pensionem] aliquid exsolvant *StatCantab* 215.

2 (in general) inhabitant.

urbis Berwicensis incola ~us R. COLD. *Cuthb.* 30 p. 68; Petragore civitatis ~us W. CANT. *Mir. Thom.* IV 54; hic H. ut assertare consuevit inquilinus [v. l. vicinus] fuerat Gomme de la Dale de qua in subsequentibus fiet mencio *Chr. Dale* 5; qui jam effectus est ~us infernorum WHITTLESEY *app.* f. 11 p. 155; ~us quidam villicule quam Barkyng vulgus appellat *Mir. Hen. VI* III 98.

inquinamen, that which pollutes, sin.

sentiens .. contra se spurcissima ~ina consurgere R. COLD. *Godr.* 77.

inquinamentum [CL]

1 that which pollutes or taints, filth, impurity.

aquam .. mundificativam ab omnibus ~is GIR. *GE* I 5 p. 17; morborum ~a curat, et sanitates adhibet *Eul. Hist.* I 133; sicut hic abluuntur ~a manuum (*Ord. Sal.*) *HBS* XXVII 3.

2 (moral) defilement, sin. **b** (w. ref. to *II Cor.* vii 1).

hoc .. cimiterium ab omni spurcitia et ~o spirituum inmundorum custodire EGB. *Pont.* 55; solet contingere ut is qui luxurie ~o fedatur interdum semetipsum cognoscat ALEX. CANT. *Dicta* 3 p. 119; his duobus spiritualibus ~is auctor inquinationis mentem irrumpit W. CANT. *Mir. Thom.* IV 1; terge cor tuum ab omni ~o carnalis delectationis ELMER CANT. *Record.* 718B. **b** mundantes nos ab omni ~o carnis et spiritus BEDE *Hom.* I 12. 61; emunda me .. ab omni ~o carnis et spiritus ALCH. *Or.* 144; mundavit se per confessionem ab ~o carnis et spiritus *Mir. Wulfst.* I 17.

inquinare [CL]

1 to make foul, soil, stain; **b** (fig.).

quo propterea sua omnia indumenta esse ~ata testatur *Eccl. & Synag.* 120; **1167** qui tangit picem ~atur ab ea J. SAL. *Ep.* 231 (233); ne luto ~etur *Latin Stories* 10 (v. grossus 14b); mulier .. permisit se cadere in luto .. cumque tota vestis ejus ~ata fuisset *Ib.* 15. **b** hanc beatitudinis aulam spurcitie immunditiis ~asti R. COLD. *Cuthb.* 74 p. 153; WALT. WIMB. *Van.* 87 (v. fluxus 2b).

2 to defile, pollute (morally); **b** (refl.); **c** (p. ppl. as adj.) stained with sin.

ne noxa corpus inquinet [*gl.*: *besmite*] *AS Hymns* 24; **1147** .. quos prave mentis ~at conscientia, hos proculdubio adversus innocentiam sequitur actionis difficultas (*Sermo Episc.*) OSB. BAWDSEY cxlix; AD. MARSH *Ep.* 1 p. 79 (v. foedare 1b); desideria prava quasi lutum munditiam cordis ~ant W. CANT. *Mir. Thom.* IV 1; MAP *NC* IV 3 f. 45 (v. convicium); **s1258** quam multis et multiformibus Romani student terram ~are machinationibus M. PAR. *Maj.* V 713. **b** quotiens ergo te per culpam ~averis, tociens inquinamenta dele lamentis PULL. *CM* p. 206; si ille se ~at qui sontem premens insontem liberat .. HIGD. VI 22 p. 156 (cf. KNIGHTON I 34 si ille [v. l. illi] ~at). **c** fateor nunc facinora tibi conscio secretorum: / ego ore, ego corde, ego opere inquinatus ALCUIN *CR* 908; in regno eterne beatitudinis .. nichil inordinate agitur, nichil ~atum illuc intromittitur ORD. VIT. VIII 17 p. 370; sic et animam, adhuc corporis contagione ~atam, etiamsi corpus deponat, purgari tamen necesse est ALB. LOND. *DG* 6. 12; **s1308** coronam S. Edwardi tradidit Petro [de Gavestone] ad portandum manibus ~atis *Ann. Paul.* 261.

inquinatio [LL]

1 pollution, filth, impurity.

?**1244** debentes templum Domini ab omni ~one purgare GROS. *Ep.* 107.

2 moral defilement, sin, iniquity.

597 a qua radice ~io illa processerit (*Lit. Papae*) BEDE *HE* I 27 p. 60; sed major necesse est ~o majore orationum, vigiliarum, et jejuniorum, lacrimarum atque elemosinarum exercitio purgetur *Id. Hom.* II 5. 132; qui [sc. diabolicus spiritus] maxime gaudet in ~one carnis nostrae ALCUIN *Moral.* 626C; non tamen ex cibo est ~o sed ex malo intellectu et conscientia peccatorum PULL. *Sent.* 977A; W. CANT. *Mir. Thom.* IV 1 (v. inquinamentum 2); luxuum ~ones AD. MARSH *Ep.* 92 p. 214.

inquirere [CL]

1 to seek out, search out: **a** (person or object); **b** (place, also fig.); **c** (text or doc.); **d** (abstr.).

a uno sane perdito denario maestos et ad unum inquisitum laetos GILDAS *EB* 66; **1171** martir .. cum se audisset ~i J. SAL. *Ep.* 304 (305 p. 730); eamus et ~amus Dei virum W. S. ALB. *V. Alb. & Amphib.* 26; **1268** venit ad domum suam .. cum aliis malefactoribus et .. ipsum inquisiverunt, et cum non fuit inventus uxorem suam ceperunt *JustIt* 618 r. 14; "hoc" inquit "est defensionem parare anime sed comites ad jehennam ~ere" WYCL. *Ver.* II 171. **b** si quis .. inquisierit omnes angulos sui cordis *AncrR* 120 (v. explorare 3d); incipe a superbia et omnes ipsius ramos ~e [ME: *seh*] .. quis viz. ramus ad te pertineat *Ib.* 129. **c** contra singulos istos modos plura inveniuntur dicta in sacra scriptura, si ~antur ANSELM (*Ep.* 285) IV 203; hec ideo huic carte gratis indidi ut istos codices avidi lectores ~ant sibi ORD. VIT. III 15 p. 161; duo [sc. geniture] circa nativitatem debent ~i D. MORLEY 194 (v. genitura 1b); **1249** propter rotulos justiciariorum ultimo itinerancium .. qui ~i debent propter predictam loquelam *CurR* XIX 794. **d** ~e pacem bonam et sequere eam [cf. *Psalm.* xxxiii 15] GILDAS *EB* 31; ALDH. *VirgP* 22 (v. examussim); difficilis inquisite simul et exquisite veritatis ordinata dispositio GIR. *EH Intr.*; Britanni .. inveniunt salubre consilium, ut a Gallicanis episcopis auxilium belli spiritualis ~ant M. PAR. *Maj.* I 185.

2 to ask, interrogate, question (a person or group); **b** (spec. for heresy).

dux monachum inquisivit num legatum suum ad Heraldum .. perducere vellet W. POIT. II 12; uxorem, an eas haberet, ~it W. JUM. II 20; homines de comitatu inquisiti dixerunt se nunquam vidisse brevem regis *DB* I 164rb; **1198** curia illa inquisita fuit qua racione tenuit placitum *CurR* I 59; **1239** mandatum est vicecomiti quod

venire faciat .. S. filium H. .. et alios quos ~ere potest qui tenent terras que fuerunt R. filii R. *KR Mem* 17 m. 7*d*; inquisitus a diacone suo cur fleret, respondit .. CIREN. II 126. **b** inquiri Bugaros permittit, eosque peruri GARL. *Tri. Eccl.* 92.

3 to inquire into, investigate; **b** (w. indir. qu.). **c** (intr.) to ask a question, inquire.

cum .. causam dissonantiae .. ~eret BEDE *Gen.* 79 (v. derogare a); "de quo .. loco assumpta est?" respondit "de tuo monasterio". adjecit nomen ~ere *Id. CuthbP* 34; ab eo rem vel unde hoc ipse nosset ~ebat *Id. HE* IV 25 p. 264; **c763** (12c) Deus non quantitatem muneris, sed devotionem offerentium semper ~it *CS* 194; **s1066** (v. demirari); ubi ~it .. causam somniorum BRADW. *CD* 222D (v. divinativus). **b** **705** (v. flagitare 2b); a monachis quid sibi de Apulia delatum fuisset inquisivit ORD. VIT. III 3 p. 59; **1166** inquisivit cum promissis, minis et obtestatione .. quonam consilio sibi utendum est adversus ecclesiam J. SAL. *Ep.* 145 (168 p. 108); dominus iratus quare fecerit inquesivit *Latin Stories* 42. **c** ex hoc talia sine sophismate esse comperiendum et est tamen de talibus dubie disputare contingens, de quo sic enuntietur ~endo BALSH. *AD* 46; *Ib. rec. 2* 130 (v. 2 errare 3c); ~endo BACONTHORPE *Quaest. Sent.* 3D (v. disputative); poterat estimare quod .. nullus auderet eum .. de dicta heresi accusare aut contra eum ~ere OCKHAM *Pol.* III 83.

4 (leg.) to make inquiry or inquest into; **b** (w. indir. qu.). **c** (intr.) to make inquiry or inquest; **d** (w. prep.); **e** (impers. pass.).

qui venerant ad ~endas terras comitatus *Cart. Heming.* 75; **c1160** precipio tibi firmiter quatinus ~atis divisionem Willelmi le M. *Regesta Scot.* 153; **†1171** (13c) jus suum inquesivi per multos viros fidedignos *Ib.* 119; articuli ~endi in privata .. inquisitione *Iter Cam.* 28 (v. defamator); **1505** (v. exitus 10b). **b** **s1085** rex .. justitiarios .. ~ere fecit .. quot .. essent H. HUNT. *HA* VI 36 (v. 1 hida 1a); **1205** ~i facias .. que .. (v. drengagium); **1239** interim diligenter ~at per ballivam suam quid valeant terre *KR Mem* 17 m. 7*d*; **1406** a predicto domino .. extunc inquisivimus si cartas .. haberet *Melrose* 528. **c** [si] lector de reprehensione sollicitus circa maneriorum inquisitionem aliquid omissum notaverit, non id ~entium negligentie deputet, set juratorum vel errori vel fraudi *Dom. S. Paul.* 113. **d** **c1200** (v. diuturnitas); **c1245** de excessibus parochianorum suorum .. sacerdotes ~ant (v. denuntiatio 2b); **1309** preceptum est vicecomite quod ~at de dampnis *Year Bk.* 51; **1341** in expensis ballivi euntis ad diversa loca .. ad ~endum pro ij equis .. per quosdam emulos abductis *MinAc* 1120/11 r. 14; **1423** *Reg. Cant.* I 86 (v. falsificatio 2). **e** ~atur de quercubus *Fleta* 91 (v. expedire 4b); **1332** quod per sacramentum proborum et legalium hominum de balliva sua diligenter ~iri facerent *LTR Mem* 105 m. 22.

5 to find by inquiry, to discover, ascertain; **b** (dep.).

ut non parcatur alicui latroni .. de quo vere fuerit inquisitum quod reus sit [AS: *þone þe we on folcriht geaxian þæt ful sy*] (*Quad.*) *GAS* 173; sicut poteris ~ere per legales homines de Oxeneford quod habere debeat curiam suam (*Breve Regis*) *Chr. Abingd.* II 165; **1206** inquisitum est per legales homines quod athia est *SelPlCr* 52; **1226** si per eos qui morti illius interfuerunt ~i possit quod eas [sc. quingentas marcas] vobis legaverit *Pat* 103; **1255** propter brevitatem temporis non potuit rei veritas ~i de facto suo ~endo *SelPlForest* 16; **1271** nunquam postea potuit ~i qui sunt culpabiles de morte ejus *SelCCoron* 88; **1388** dicunt [juratores] quod .. non habuit nec tenuit plura terras vel tenementa .. in civitate predicta nec in suburbiis ejusdem civitatis prout inter se ~ere possunt *IMisc* 332 m. 56; per quos rei veritas melius sciri poterit et ~i in premissis *Laws Romney Marsh* 41. **b** **1271** nichil aliut sciunt nec ~i poterunt [*sic* MS] nisi infortunium *SelCCoron* 17.

6 (p. ppl. *inquisitus* as sb. f. or n.): **a** question. **b** inquiry, inquest.

a istius inquisiti et aliorum .. discutiendorum inferius, nec una pars, nec alia aliter quam per scripturas vel auctoritates potest ostendi OCKHAM *Dial.* 819. **b** **1279** cum .. fuisset .. per .. locum tenentes .. veritas inquisita; quia nobis constitit per dictam ~am quod .. *RGasc* II 76.

inquiriri v. keiri. **inquis** v. incus.

inquisibilis [LL = *inquiring*], that may be ascertained by inquest.

que .. ~ia sive presentabilia fuerunt *Entries* 554.

inquisite [CL], by inquiry or investigation, accurately, precisely.

in aliis operibus ~ius ejus poterit improbacio reperiri OCKHAM *Dial.* 761.

inquisitio [CL]

1 act of searching out: **a** (person or object); **b** (abstr.).

a in ~one vasis W. MALM. *Glast.* 1, J. GLAST. 20 (v. Graal); NECKAM *NR* II 151 (v. hyaena 1). **b** multos .. ad sollertiorem veritatis ~onem accendit BEDE *HE* III 25 p. 181; **798** sciens scolasticae eruditionis ~onem et ecclesiasticae disciplinae sollertiam vestrae clarissime sapientiae .. gratam esse et jocundam ALCUIN *Ep.* 143 p. 225; GIR. *EH intr.* p. 212 (v. excursus 6); in aliis quia melior est ipsa veritas rerum cognita quam ~o ejus vel significatio KILWARDBY *OS* 636; causarum per se ~one completa, ad perscrutationem causarum per accidens que sunt fortuna et casus accedamus BACON VIII 86.

2 topic for research or investigation, question.

c798 ubi nos habemus 'descendet ..', in Graeco habetur 'καταβήσεται ..'; κατά pro de, sicut superius περί pro de .. unde haec ~o orta est ALCUIN *Ep.* 162 p. 262; **a816** deprecor uti nobis de multimodis ~onibus .. respondeas (*Lit. Regis*) W. MALM. *GR* I 88 p. 88; **s1098** Anselmus .. ad propositas ~ones subtili lucidaque Grecis et Latinis responsione satisfecit ORD. VIT. X 3 p. 15; talis igitur ad hanc artem regula datur, ut in omni hujus ~one tres numeri, qui noti ac certi positi sunt, considerantur, quoniam eorum duo semper inter se oppositi inveniuntur ROB. ANGL. *Alg.* 122; secunda questio que oratoribus congruit, civilis dicitur, et est de qua ~o spectat ad rhetoricam KILWARDBY *OS* 473; omnis ~o metaphysica de Deo sic procedit .. DUNS *Ord.* III 26.

3 (leg.) judicial inquiry, inquest, inquisition: **a** (royal); **b** (man.); **c** (eccl.); **d** (of coroner; *cf.* R. F. Hunnisett *The Medieval Coroner* Cambridge, 1961).

a **1122** sexdecim homines .. qui, facta ~one cujus rectius debeat esse, affirmabant juxta fidem juramenti predictam terram antiquitus adjacere ad Bridetonam *Pl. Anglo-Norm.* 120; decurrendum erit ad visnetum . . . facta .. ~one, si inventi fuerint et probati litigantes de eodem stipite unde movetur hereditas descendisse, cessat quidem assisa et .. procedet loquela GLANV. II 6; **1200** dies datus est T. filio H. et J. A. de placito audiendo ~onis de quodam bello inter eos concusso *CurR* I 222; **1202** offert domino regi j m. pro habenda ~one utrum sit inde culpabilis vel non *SelPlCrown* 26; **1215** (v. brevis 11); **1238** si W. .. per ~onem vel per judicium vel per patriam sit dampnabilis *Cl* 80. **b** **1246** pro habenda ~one xij de quadam crofta *SelPlMan* 8; **1275** petit quod per bonam ~onem mercatorum et proximorum vicinorum inquiratur *Ib.* 142; **s1281** post cujus decessum tenta fuit curia apud T. et ibidem facta fuit ~o .. quid et quantum dominus G. de Sancto M. tenuit de domino Abbate *Chr. Peterb.* 41; **1354** ~o capta de decasibus reddituum et serviciorum in manerio de B. ad curiam tentam ibidem (*MinAc*) *Banstead* II 85; **1421** cujusdam ~onis de manerio de F. *Ac. Durh.* 618. **c** ~o que .. elicit radices heresis R. NIGER *Mil.* III 69 (v. eruderare 2b); epistola H. Cantuariensis archiepiscopi de ~one miraculorum facienda *Canon. G. Sempr.* 115; **1279** visitacionis et ~onis officium (v. exercere 7c); **1311** pro ~one facienda contra Templarios *Ac. Durh.* 509; **1335** sicut accepimus in eadem Hybernia .. non sunt inquisitores hereseos, nec ex officio ~onis sue pravitatis heresis ibidem inveniri et puniri soleant .. *Mon. Hib. & Scot.* 269b; **c1542** per modum .. ~onis vel aliis mediis et viis quibuscumque de jure licitis .. pro reperienda veritate *Form. S. Andr.* II 177. **d** **1212** ~o de Awelton' de femina mortua quam R. S. fecit sepelire sine visu coronatorum et vicecomitis *CurR* VI 292; **1265**, **1583** (v. 1 coronator 2a); **1279** nullus coronator forinsecus se debet intromittere de aliqua ~one facienda (v. 1 coronator 2b); **1313** N. le somonour .. vetuit coronatorem et xij de ~one quam etc. .. quod non potuerunt intrare et videre catalla predicti T. *Eyre Kent* I 97; **1347** mantello .. appreciato per xij juratores ~onis (v. 1 coronator 2e); veniens coronator videbit mortuum et ~onem faciet de suspicione (*Leg. Malc. II*) *RegiamM* 6.

4 (spec. by form): **a** (*~o post mortem* or ellipt.) inquiry at death into lands held of the king in chief; **b** (*~o ad quod damnum* or ellipt.) inquiry into potential loss to the Crown from grant of privilege or alienation of land. *Cf. Guide to PRO* 1964 pp. 27–8. **c** (*~o patriae*) inquest of neighbourhood. **d** (*~o ex officio*) inquest of office. **e** (*~o confessionis*) inquiry by confessional priest.

a **s1258** ~o facta apud B. .. de terris et tenementis que fuerunt Margarete quondam comitissa [*sic* MS] Kancie die quo obiit (*IPM*) *Banstead* II 84; **1296** tibi [vicecomiti de Berewyco] precipimus quod omnes terras et tenementa de quibus eadem Elena [la Zouche] fuit seisita .. capias in manum nostram .. et per sacram[entum] .. et ~onem etc. *RScot* 24a. **b** **1220** inquiri faciatis .. ad quod nocumentum prefate foreste sit si fuerit frussita et ~onem inde factam scire faciatis H. de Burgo .. sub sigillo vestro et sigillo eorum qui ~oni illi faciende interfuerint *Cl* 436b; **1252** ~o facta apud M. .. cujusmodi libertatibus abbas et conventus de R. usi sunt in foresta de S. .. et utrum sit ad dampnum domini regis quod libertates illas confirmet nec ne *IAQD* 1/25. **c** **1292** in ~onem patrie se rude posuit *RParl* 81b; **1391** rei veritas per ~onem patrie trietur (v. duellum 3d). **d** **1327** pro quadam ~one ex officio capienda si vidue debent dotari de terris et tenementis venditis et alienatis per viros suos dum vixerint *CBaron* 147. **e** **1415** si per ~onem confessionis per sacerdotem captam et juramentum de ea exceptum tactis sacrosanctis Dei evangeliis reperiri poterit quod .. *Reg. Cant.* II 109.

5 group of men appointed to serve on inquest, jury.

1212 petit quod J. .. et A. le M. homo suus sint in eadem ~one *CurR* VI 210; si ballivi dicti abbatis ~onem elegissent *State Tri. Ed. I* 50; **1294** ~o dicit quod J. .. fuit seisitus de predictis quatuor selionibus terre *CourtR Hales* 281; **1302** sit medietas ~onis de hujusmodi mercatoribus .. et medietas altera de aliis .. hominibus loci illius *RBExch* 1063; **s1327** ~o magna militum, et aliorum conventus Norhamptonie .. coram dictis justiciariis presentarunt, quod .. WHITTLESEY *Cont.* 229; **1409** et inquisitum est ab ~one si disseisina facta fuerit infra quarantenam *Mem. York* I 141; quod ~ones cotidie coram justiciariis itinerantibus permanentes, haberent rationabiles expensas *MGL* I 622.

6 testimony given at an inquest. **b** written record of an inquest.

1190 quicunque habens hereditatem suam et aliam terram emptam vel adquisitam licet ei dare per ~onem ubicunque voluerit, etiam herede suo contradicente (*Northampton*) *Borough Cust.* II 92; **1255** tam per instrumenta quam per ~onem fidedignorum, invenimus .. quod .. *RGasc* sup. I 44. **b** ~o comitatus Cantabrigiensis *Inq. Cantab.* 1 *tit.*; hic subscribitur ~o terrarum quam barones regis inquirunt (*Inq. Ely*) *Ib.* 97; profert ~onem sigillatam sigillis eorum *CurR* VIII 309; **1270** ~onem .. sub sigillo tuo .. mittas *Cl* 215; **1323** mittimus .. ~onem .. nuper captam coram officiali archidiaconi Cantuariensis *Lit. Cant.* I 94; **1332** inter inquis[iciones] .. de hoc anno (v. extendere 5e).

inquisitive [LL *gl.*], by inquiry or investigation.

ultimo devenitur ad perfectam noticiam que quasi gignitur ipsa inquisicione, et illa perfecta noticia, que est terminus inquisicionis est verbum .. si de racione verbi sit sic gigni ~e, igitur Deus non habet verbum DUNS *Sent.* I 27. 3. 15; in quo magis disputative et ~e quam determinative aut definitive procedit BRADW. *CD* 606B; totum hoc ~e profertur NETTER *DAF* II f. 29v. 2.

inquisitivus [LL], inquiring, inquisitive, seeking (by question).

BALSH. *AD* 30 (v. disputatio 2); *Ib.* 36 (v. exercitativus); sermo ~us de hujusmodi questione spectat ad logicam KILWARDBY *OS* 472; sermocinalis aut est de sermone secundum quod significativus est veri jam noti, aut secundum quod ~us est veri ignoti *Ib.* 660; quod non est simile de cognitione et amore, quia cognitio est collativa et ~a certitudinis in objecto suo, non sic affectus PECKHAM *QR* 14; sit consiliarius assidue ~us et interrogativus viarum et modorum, quibus est contra papam hereticum procedendum OCKHAM *Dial.* 738.

inquisitor [CL]

1 one who searches out, finder: **a** (of object; in quot., a dog); **b** (of idea or abstr.).

a eo [cane] aves in aquis aucupamur .. aut scorpione occisas educimus .. quo nomine et canes ~ores eosdem appellamus CAIUS *Can.* 5. **b** solertissimus naturarum ~or Plinius BEDE *Temp.* 34 p. 246; si ille liber vobiscum inveniatur, lege et intellige quid ille acutissimus rerum naturalium ~or de origine dixerit anime ALCUIN *Moral.* 645B; **a800** ille vestrae voluntatis nimius exactor et inportunus ~or moras ne facere non sinebat *Id. Ep.* 163; **802** quod etiam in .. ejusdem patris opusculo pius et devotus ~or facile inveniet *Ib.* 257; Lucas diligentissimus ~or et scriptor BRADW. *CD* 37A.

2 one who conducts an inquest or inquisition, investigator, inquisitor: **a** (leg.); **b** (eccl.).

a ~or .. arbiter, judex *GlH* D 699 (v. discursor 2); [Elfredus] judiciorum a suis hominibus factorum ~or W. MALM. *GR* II 123 p. 133 (cf. ASSER *Alf.* 106: discretissimus indagator); **1254** coronator, eschaetor, forestarius .. regardator, ~or, aut alius ballivus regis *RGasc* I 501; ~or vel justiciarius ad assisas aliquas capiendas specialiter assignatus *Leg. Ant. Lond. app.* 232; **1286** presentatum fuit .. coram ~oribus quod .. *PQW* 83a; **1321** de clericis justiciariorum, escaetorum, ~orum (*Articuli Coronae*) *MGL* II 360; **1385** item adhuc [cetera] pro rege remanent inquirenda quia nec ~ores aut juratores plene sunt circumspecti de evidenciis pro rege *IMisc* 233/4 m. 2. **b** hac fide coram vobis me obvolvo, ut possim latere ~ores et exactores peccatorum meorum ANSELM (*Or.* 10) III 36; post descripta .. tunc ibi inventa miracula, hoc subjunxerunt memorati ~ores in fine litterarum .. *Canon. G. Sempr.* 116v; **1309** ~ores .. Templariorum (v. commentariensis b); in crimine tam detestabili sicut est crimen heresis locum non habet appellacio, maxime ubi per diocesanum seu ~orem agitur de relapsu *Proc. A. Kyteler* 16; **1335** (v. inquisitio 3c); ~ores pravitatis heretice qui dicuntur RIC. ARMAGH *Def. Cur.* 1400 (*recte* 1300); si prelatus interdiceret subditis suis ne exponant suis superioribus aut legatis vel ~oribus statum sui monasterii .. J. BURGH *PO* VI 23 f. 78va.

3 (leg.) juror appointed to serve on inquest.

1204 ~ores, quesiti utrum terra illa fuit hereditas et dominicum predicti W. .. dicunt quod .. *CurR* III 100; **1224** sub sigillo tuo et sigillis ~orum per quos inquisitio facta fuit *Cl* 3a; **1420** diligentem faciatis inquisicionem . . . et quid per eandem inveneritis .. nos oportuno tempore per litteras vestras .. ~orum nomina continentes sub vestro

et eorum sigillis per quos inquiri contigerit reddatis .. cerciores *Reg. Cant.* I 179; **1428** quodque minas quibusdam ~oribus de quadam inquisicione nuper super riota predicta pro domini rege .. capta de nichil inveniendo pro rege non fecerit *Cl* 278 m. 11*d*; duodecim probati viri, qui ~ores appellantur juxta patrie morem eligi jubentur CHAUNCY *Passio* 82.

4 local official: **a** scrutineer (of votes). **b** (eccl.) sidesman. **c** (Gasc.).

a isti ~ores seu scrutatores votorum L. SOMERCOTE 41. **b 1584** contra T. B. gardianum de Shifferd et H. B. ~orem ibidem (*Archd. Oxon*) *Oxford Rec. Soc.* XXIII p. 45; major et sanior pars cujuslibet parochiae .. consuevit quolibet anno .. sex, quatuor vel duos pauciores vel plures etiam probos in curatores seu ~ores eligere et constituere, quos episcopus et archidiaconus visitare proponentes ad comparendum in eorum visitatione .. vocare solent *Praxis* 323. **c 1313** de tempore quo idem Arnaldus de terra de Ourte extitit ~or *RGasc* IV 982.

inquisitorius [ML], of inquiry.

1293 habuit .. N. litteram suam ~iam *Reg. Carl.* I 1; de executione ~e citationis *Praxis* 311 *tit.*

inquoare v. inchoare. **inr-** v. irr-. **insabula** v. insubula.

insaccare [ML], to put into a bag. **b** to pack (a bag).

judex austerus .. / impregnat loculos, insaccat stercora, leges / pervertit, justos odit amatque reos GARL. *Epith.* III 83; **1241** computate P. P. et J. de G. vj s et iij ob quos posuerunt in pargameno et canevacio ad denarios ~andos *Liberate* 15 m. 11. **b 1253** in mercede ij hominum qui ~averunt viij saccos lane (*Hants RO*) *Pipe Wint.* 11 M 59 B1/24 r. 12*d*.

insacratus, unconsecrated.

s1159 ~us contra illos clericos Romam perrexit et ibi sacratus est TORIGNI *Chr.* 204.

insaeculariter [cf. LL saeculariter], in an unworldly fashion.

abbas teneatur .. ad vivendum in se et suo capitulo ~iter secundum regulam traditam a patrono WYCL. *Eccl.* 367; hoc quintum regnum .. non .. esse aliud quam regnum religionis Cristiane, viventis ~iter, conformiter ad statum innocencie *Id. Ver.* III 263.

insaevire [LL], to rage against.

1188 nihilominus [ed. ? nihil omnino] in predicto profano et maledicto opere procedere et monachos .. desinit ~ire *Ep. Cant.* 241.

insaisatio, act of granting seisin, enfeoffment.

c1147 (v. insaisire a).

insaisire, ~iare, ~are [cf. saisire], to enfeoff, seise (person w. property). **b** to grant (property or privilege to person).

c1147 coram Alexandro Malfe, per cujus manum predictos monachos de tota Saltreia ~iavi (*Foundation Charter of Sawtrey, Northants*) *MonA* V 522; **c1147** manu mea monachos de Saltreia insaysavi, et insaisatione illa presenti sigillo meo signato in evum contestor *Cart. Rams.* I 165; ~avimus *Ib.* 160; **12..** pratum illud .. ego eis coram probis hominibus perambulavi et inseisiavi *Reg. Newbattle* 111 (cf. ib. 112: ipsos monachos in ipsam terram saisiavit); **1248** se dissaisivit et ipsos .. ~ivit *Melrose* 235. **b 1309** si contingat quod .. nos ipsas libertates dictis religiosis pacifice non posse dare nec inseysire .. *Ib.* 378.

insaisonabilis [cf. saisona]

1 unseasonable.

1392 in succissione diversorum arborum temporibus incongruis et inseisionabilibus *IMisc* 252/12/2.

2 unfit (for consumption), unwholesome.

1437 pane .. ex impuro blado et de insesionabili pastu confecto (*Assisa Panis*) *MGL* III 429; **1444** quod fere que predictis abbati et conventui .. traderentur pro hominibus ad manducandum insesionabiles existant *Pat* 458 m. 7.

insaisonatus [cf. saisona], brought into season.

1200 quod per jornetam suam capere poterit de bestiis insaysonatis *RChart* 44*b*.

insalsare [ML], to salt (meat).

1374 j algea pro carne ~anda *IMisc* 205/1.

insalsitas [cf. LL salsitas], lack of humour.

1581 ut quorundam hoc in genere stulta nimis et putida ~as rideretur *REED Cambridge* 295.

insalubris [CL], unhealthy, unwholesome.

est .. esca ~is edenti atque ideo cavenda PULL. *Sent.* 975C.

---

insalutatus [CL], ungreeted, not acknowledged or saluted.

quos ante ~os dimittebat, iterum salutaribus praeceptis commendare disposuit FELIX *Guthl.* 26; oratorium quodcumque se vianti [episcopo] obtulisset, nulla vel precipiti necessitate urgente preteribat ~um W. MALM. *Wulfst.* I 15; [crucem] secus viam positam contra morem suum pertransivit ~am J. FURNESS *Pat.* 149.

insanabilis [CL]

1 incurable: **a** (of disease or wound); **b** (of sin).

a ~ibus morbis DOMINIC *V. Ecgwini* I 4; ipso .. sibi non parcente lesura eadem ~is effecta est ORD. VIT. III 9 p. 111; percussus est a Domino ~i et invisibili plaga GIR. *PI* I 17 p. 60; J. FURNESS *Walth.* 112 (v. hydropisis 1); quod incurabile est curat, quod ~e est sanat *V. Edm. Rich B* 624; **s1405** dominus Henricus rex .. percussus est lepra ~i, que ipsum circa novem annos sequentes continue et cotidie cruciabat *Chr. Northern* 282. **b** illa [superbia] quae est in aestimatione sola ~ior est, quia non se ostendit ANSELM (*Ep.* 285) IV 204 (cf. ALEX. CANT. *Dicta* 2 p. 117: illa que est in opinione ~ior est ea que in voluntate consideratur); **1280** ad extirpandam .. audaciam .. que pestis eo erat ~ior quo in multos serpendo processerat PECKHAM *Ep.* 116.

2 irreparably damaging.

non possum .. plus manducare .. quia venter meus infirmus est nimis et stomacho meo ~e est plus gustare quam poterit portare ÆLF. BATA 4. 10.

insanabiliter [LL], incurably.

ne tam ~iter animam vos diligentem .. laedatis ANSELM (*Ep.* 120) III 259; **s1198** unum in fronte exercitus ~iter vulneratum precipitavit M. PAR. *Min.* II 70; **s1252** ut sic suorum naturalium corda ~ius sauciaret *Id. Maj.* V 329.

insanatus, uncured.

uncured, ~us LEVINS *Manip.* 50.

insane [CL], madly, wildly.

dum malitia debachatur ~ius, qui in conflatorio Domini sunt purgantur amplius aut probantur J. SAL. *Ep.* 212 (197).

insanguinare [cf. sanguinare], to make bloody, draw blood from.

1194 uxorem suam vulneraverunt et ~averunt *CurR RC* I 74.

insania [CL]

1 unsoundness of mind, dementia, madness.

si quis Christianus subita temptatione mente sua excederit, vel post inasinam [v. l. ~iam] se ipsum occiderit, quidam pro eo missas faciunt THEOD. *Pen.* II 10. 4; hostes magni equum ejus intrantes quem sedebat, cito insanire fecerunt. quod vir sanctus videns .. adsumendo armaturam Dei .. ocius effugavit ~iam *V. Greg.* 98; duo socii blasphemi illius .. illico in ~iam versi sunt, et infra paucos postmodum dies de medio sublati GIR. *GE* I 32; ut pro virtute vitium, pro mansuetudine insolentia, pro ratione sequatur ~ia *Quaest. Salern.* B 255; **1203** R. de H. captus pro morte Rogeri filii Swein qui quinque homines occiderat per ~iam *SelPlCrown* 31; pulvis testudinis combuste omnem alienationem et mentis ~iam curat GAD. 132v. 1.

2 extreme imprudence bordering on madness, foolishness, folly.

a795 beatus vir, cujus nomen Domini spes ejus, non respicit in vanitates et ~ias falsas [*Psalm.* xxxix 5] ALCUIN *Ep.* 34; **801** numquid Deus in horum dormit sceleribus, quia aestimant se impune posse insanire, nec putant oculum Dei vigilare super eorum ~iam *Ib.* 232; patet ~ia Averroys et multiplex ejus fatuitas BACON *CSTheol.* 51.

3 frenzy, rage, violence (of emotion).

1166 qui mulierculas et parvulos .. non tam crudeli sententia quam ~ia compulit exulare J. SAL. *Ep.* 183 (175 p. 158).

4 rage, violence (of natural phenomena).

flammarum ~ias mitigare LUCIAN *Chester* 55.

5 (bot.) henbane (*Hyoscyamus niger*).

jusquiamus, -mi, qui et ~ia dicitur, herba est, A. *hennebane WW.*

insaniare [LL], to infect.

apostema non ~iatum GAD. 124. 1; **s1413** per civitatem Londonie, quam pestis hujusmodi multiplicita [MS: multipliciter] per Angliam †insaniverat [MS: insaniaverat] *G. Hen. V* 1.

---

insanies [LL = insania; cf. sanies]

1 ichorous matter issued from a wound; by metonymy, a wound.

si mundus est, Deo gratuletur; si autem ~ies crudescens in vestigio ferri inveniatur, culpabilis et inmundus reputetur (*Jud. Dei* II 5. 3) *GAS* 407; dissimulat myrrham suam, qua peccatorum animas ac si cadavera fetida et ~iem quamdam feculentam ac virulentam defluentia .. quodam ac vitali unguine linit J. FORD *Serm.* 22. 129; hec ~ies, *a whele WW.*

2 disease, sickness.

1351 porci: .. in morina vij per ~iem *Rec. Elton* 382.

1 insanire v. insaniare.

2 insanire [CL]

1 to be out of one's mind, be mad; **b** (pr. ppl. as sb. m.).

V. Greg. 98 (v. insania 1); nonne ~irem? nonne penitus alterius mentis viderem? ALEX. CANT. *Dicta* 133; diverse sunt species alienationis . . . quidam si claudentur fenestre videntur ~ire *Quaest. Salern.* Ba 57; in phrenesim raptus statim ~ivit GIR. *TH* II 47; *afoler* .. errare, furere, ~ire *Gl. AN Ox.* f. 153r. **b** demones effugavit et ~ientes verbo orationis suae sanavit *V. Cuthb.* I 7; nolebat ubi summa necessitas non erat ~ientium in se ultro provocare rabiem BEDE *Pleg.* 12; **s1355** (v. dementia a).

2 to lack sense, to be foolish or stupid.

alii etiam novo genere ~iendi asserentes quod abstinere a carnibus et a vino plus pertinet ad inperfectos quam perfectos PECKHAM *Paup.* 72; nullus tam ~it quod dicat generacionem non posse poni sine spiratione R. MARSTON 143; ~iunt qui dicunt Cesarem esse vel hominem BACON *CSTheol.* 55; **s1376** juvenis luxuriosus peccat: senex vero luxuriosus ~it *Chr. Angl.* 98.

3 to act like a madman, rage, rave.

Tereus ~iens gladio evaginato utramque persequi coepit *Natura Deorum* 82; hinc et hedera coronabantur capite, vel utpote Libero consecrati, qui ut Bacche ~iunt ALB. LOND. *DG* 12. 4; ad Jhesum igitur in ortum veniens / .. / confusis vocibus clamant, insaniunt, / in pium impias manus iniciunt WALT. WIMB. *Carm.* 475; fortuna / .. / que nunc rapit, nunc largitur, / nunc insanit, nunc blanditur *Id. Van.* 5.

4 (of natural phenomenon) to be fierce, violent.

~iens yemalis asperitas *Ps.-*ELMH. *Hen. V* 53 p. 130.

insanis, insane, foolish.

s1258 hoc anno fuit illud ~e Parliamentum apud Oxoniam *Leg. Ant. Lond.* 37.

insanitas [CL], unsoundness of mind, foolishness.

de regno cujus rex puer est .. non voco regem propter parvam et nimiam etatem, sed propter stultitiam et iniquitatem et ~atem *MGL* II 633.

insanus [CL]

1 of unsound mind, mad, frenzied.

eum [sc. Cerberum] trementem ab Orci regis inferni solio famosissimum Alciden in vinculis traxisse turpi depromunt mendacio, et quod eum irritatum ille contumax ~is provocavit latratibus *Lib. Monstr.* II 14 (cf. Vergil *Aen.* VI 395-6; scio quod me haec ~a mente loqui arbitramini BEDE *HE* IV 8 p. 221; **s1381** asserentes fore ambiguum quid populus tam ~us cum eo faceret, si inter manus eorum veniret *V. Ric.* II 25.

2 (of person) imprudent, foolish, reckless. **b** (of attribute or action) outrageous, excessive.

~us vero est qui .. amat et sequitur ea quae sibi magis pariunt penalem indigentiam ANSELM *Misc.* 306; insanus forsitan ex ausu videor? WALT. WIMB. *Carm.* 159; nullus .. est tam ~us qui neget quod Deus non posset muscam facere non volare R. MARSTON *QD* 446. **b 664** (12c) sanctitum est hoc privilegium .. quod nullius ~a et punienda cupiditas violet *CS* 22; **s1274** cum .. ipsa ~i capitis omnino fatua *AncC* 7/110; **1314** cupientes iidem fratres quasdam abusiones ~issimas juri divino et humano contrarias .. aboleri ac etiam emendari (*Rec. Eng. Dominicans*) *EHR* V 107.

3 infirm, diseased, sick (also as sb. m. or f.); **b** (as surname).

nam mihi concessum est insanis ferre salutem TATWINE *Aen.* 9 (*De cruce Xristi*) 5; ~us intrando effectus est, sed infra tres dies .. sanitatem recuperavit GIR. *GE* I 32; **1452** compos mentis corpore tamen ~us *MunAcOx* 640. **b c1180** testibus .. Petro ~o et W. filio ejus *E. Ch. Yorks* I 216.

4 unwholesome: **a** (of foodstuff); **b** (of place; also as sb.).

a unius vinetarii qui vendidit mustum ~um et corruptum *MGL* I 576. **b s1190** Silla .. evomit et in altum jactat undas et ideo necesse est ut transeuntes elongent se ab ea ne ~is obruantur R. HOWD. III 36; bidentes in locis aquosis .. vel profunditatibus et pasturis ~is depasci non permittantur *Fleta* II 167.

5 (bot., *herba ~a*; also ellipt.): **a** henbane (*Hyoscyamus niger*). **b** mullein.

a jusquiamus .. hec herba ~a vocatur BART. ANGL. XVII 87 (v. herba 1a); ~a, jusquiamus, *henbane MS Cambridge Univ. Libr. Dd 11. 45 f.* 150r; *henne bane* .. jusquiamus .. ~a *PP.* **b** ~a vel lucubros, *candelwyrt* ÆLF. *Gl.* 137. 8 (v. lucernalis 2).

insapidus v. insipidus.

insaporus, tasteless.

liquor .. qui prius fuerat ~us nuptiarum convivis efficitur jocundissimus H. Los. *Serm.* 60.

insartatus [cf. sartare], not assarted.

1243 concessit .. totam comunam pasture quam habuit in prato .. sicut fossato includitur .. quamdiu locus ille fuerit insartatus [MS: in sartatus] *CurR* 130 m. 13.

insartum [cf. sartum, *p. ppl. of* sarire], assart, area reclaimed from woodland. *V. et. essartum, exsartum.*

c**1182** tenet .. ~um de v acris *RBWorc.* 350 (cf. ib. 351: aliud sartum de iiij acris).

insatiabilis [CL], that cannot be satisfied, insatiable.

mors peravida venerandum Odam .. ~i voratu finierat B. *V. Dunst.* 26; ~is ingluvies humane perditionis GOSC. *Lib. Confort.* 53; **1171** ~i avaritia J. SAL. *Ep.* 304 (305 p. 734 = *Id. Thom.* 26); ut ~em corporis ad curam liber ille animus .. captivetur GIR. *EH pref.*; c**1210** hi tres insaciabiles, / sanguisugis persimiles, / 'affer!' dicunt 'non sufficit' (*In Episcopos* 106) *Pol. Songs* 11.

insatiabilitas [LL], insatiability.

agricola ~atem, mercator caveat fraudem PULL. *Sent.* 922A.

insatiabiliter [CL], insatiably.

corpus suum nil mercedis accipiens ~iter prostituit DOMINIC *Mir. Virg.* 146b; ut angeli .. desiderent in eum jugiter et ~iter prospicere AILR. *Serm.* 335D; tunc, inquam, perfruentur illa dulcedine in quam nunc angeli ~iter desiderant prospicere HON. *Spec. Eccl.* 869C; **1171** eum ~iter oderant J. SAL. *Ep.* 304 (305 p. 734; = *Id. Thom.* 26).

insatianter, insatiably.

queque .. consumere valeant ~er exquirunt GIR. *GE* II 22 p. 275; lucris capitulorum ad opus suum ~er inhiare *Id. SD* 106.

insatiatus [CL], unsatisfied, unsated.

insatiatus amor nummorum nescit amicos D. BEC. 1621; ~a cupiditate R. NIGER *Chr. II* 155.

insaturabilis [CL], insatiable.

Harpyiae .. quae .. rabida fame semper ~es erant *Lib. Monstr.* I 44; desideria semper ~ia BEDE *Sam.* 552; in illa tam feralis, tam ~is odii malignitate W. NEWB. *Serm.* 835.

insaucius [LL], invulnerable.

duritia Psyllum sic loricavit, ut atris / integer eludat pugnantes morsibus angues, / solaque pro muri cutis est insaucia vallo HANV. I 310.

inscalare [cf. scalare], to escalade.

s**1359** exierunt ad ~andum villam de Cerney KNIGHTON II 107.

inscalatio, escalade.

1444 fortalicia .. capere .. per vim, furtum, ~onem sive scalamentum *Cl* 254 m. 6d; **1448** civitates .. capere .. per vim, furtum, ~onem sive scalamentum *Foed.* XI 207b.

inscelestus [cf. CL scelestus], innocent.

s**1170** ne quis funestorum satellitum intacto presule ~us argui posset *G. Hen. II* I 13.

inscendere [CL], to climb up, mount.

jamque equum inscensum stimulis urgebat W. MALM. *GR* II 162.

inscibilis, unknowable.

una [substantia] ~is, sc. imobilis eterna BACON VII 5; quomodo ergo tu vis scire quod ~e est et indocibile? ROLLE *IA* 161.

inscicio v. 1 incisio. **inscidere, inscisus** v. 2 incidere.

---

insciens [CL], not understanding, ignorant.

deputo hanc lectionem ~ientibus puerulis ÆLF. *Gram. pref.* p. 1.

inscienter [CL], unknowingly, ignorantly, unwittingly.

pensandum est .. an scienter vel ~er hoc acciderit (*Leg. Hen.* 34. 1b) *GAS* 565; eo ~er relicto, longius progrediuntur commeantes *V. Gund.* 5; R. COLD. *Cuthb.* 26 p. 58 (v. inoppilatus); ~er eum pro socio .. introduxerant *Ib.* 82 p. 173.

inscientia [CL], state of not knowing, lack of knowledge, ignorance.

in hoc verbo ~iam [v. l. inscitiam] Deo ascribitur PETRUS *Dial.* 17; si quid in ea aut negligentia aut ~ia aut infirmitate naturali .. imprudenter fuerit elapsum .. W. DONC. *Aph. Phil.* prol. 4; proprie ~ie cognitio R. COLD. *Cuthb.* 1.

inscietas, ignorance.

ignoranter homo comedens .. / .. penam feret inscietatis P. BLOIS *Poems* 1150A.

inscindere [LL], to split, cleave, rend.

epistolam .. aut ira surripiente aut iniquitatis animo de manibus excussit et more canis rabidi dentibus ~endo in ultimas minutias particulavit *Ep. ad amicum* 4; c**1220** quod si de corpore Domini super pallam altaris aliquid ceciderit .. non ~atur sed vino abluatur (*Const. London*) *EHR* XXX 294; due scapule ~antur et dropano apposito rumpantur, et postea similiter unguantur GILB. VII 344. 1.

inscindula, (geom.) segment.

erit .. unaqueque earum majus dimidio incindule pyramidis rotunde in qua ADEL. *Elem.* XII 11.

insciolus [ML], lacking knowledge, ignorant.

705 voluntaria necessitas meam ~am parvitatem perurget WEALDHERE *Ep.* 22; non ob inertes, Opia mater, / insciolos vel decolor esto SKELTON I 207.

inscisio v. 1 incisio. **inscisivus** v. incisivus.

inscissibilis, that cannot be split, unsplittable.

naturales .. philosophantes quintam essentiam, sicut impassibilem, ita et ~em et indivisibilem omnino affirmant *Ps.-*GROS. *Summa* 419.

1 inscissio v. 1 incisio.

2 inscissio [cf. LL inscindere], (act of) splitting, cleaving, rending.

misit quemdam juvenem die dominico ad nemus propter ligna scindenda .. respondit ergo .. "sic me non terrebis" inscisioni viriliter insistendo *Spec. Laic.* 35.

inscissivus v. incisivus.

inscissura [cf. LL inscindere], split, cleavage, rent.

clisterizatio aut impulsio aut ~a et omne ingenium deficit GILB. VI 280v. 1.

inscissus, not split, undivided.

[gratia] arborem scientie .. extraxit, ~a tamen substantia, et produxit in terram peregrinationis nostre et plantavit in medio ecclesie J. SAL. *Pol.* 820C.

inscite [CL], ignorantly, foolishly.

OSB. GLOUC. *Deriv.* 294 (v. inscitus).

inscitia [CL], ignorance, lack of knowledge; **b** (w. gen. of spec. subject).

causa ~iae id fieri quod volo nequibit B. *V. Dunst.* 1; melius sc. mature prudencie dominam quam infantilem ~iam tanto regno imperare posse GOSC. *Edith* 84; que major ~ia quam illa .. verborum involucris abdere? GIR. *EH intr.*; cum autem colonus suum territorium invitus commutat .. admitti potest ad misericordiam per gratiam, quoniam per insitiam incidit in culpam R. NIGER *Mil.* III 2; quos [sc. sanctos] ipsa vetustas vel hominum incuria seu ~ia diu occultaverat *Canon. G. Sempr.* 110; si cis "nescio", tuam insciciam / fateris WALT. WIMB. *Carm.* 385; sapienti vero a quo me spero abire doctiorem †insticiam detegere meam pudebit minime FREE *Ep.* 62. **b** c**989** quamvis ~ia morum haud diuturnum intermittat ministrare oblivionis fomentum B. *Ep.* 386; Greci sermonis ~ia R. BURY *Phil.* 10. 65 (v. damnosus a).

inscitiari v. infitiari.

inscitus [CL], ignorant, foolish.

scitus componitur ~us .. i. insipiens, unde inscite i. insipienter OSB. GLOUC. *Deriv.* 294.

---

inscius [CL]

1 not knowing, unaware.

sanguinem ~ius sorbere cum saliva non est peccatum THEOD. *Pen.* I 7. 11; miserarum tuarum ab exordio vitae tuae non sum ~ius FELIX *Guthl.* 49 p. 148; **1071** ego novus Anglus rerumque Anglicarum .. adhuc paene ~ius LANFR. *Ep.* 2; **1200** cum fuerint admissi, nobis ~iis et inconsultis, .. *Conc. Syn.* 1073; **1283** cum quidam, qui se asserebat procuratorem Galhardi .. eodem Galhardo ~io .. ad curiam .. regis Francorum appellasset pro .. Gailhardo *RGasc* II 196.

2 ignorant, stupid.

vir Dei inter ~iae nationis vepres sulcum saluberrimae doctrinae vomeremque Dei visitationis infixit B. *V. Dunst.* 2; indignis et viciosis et ~iis personis in Oxonia GASCOIGNE *Loci* 3; *fonde*, .. ignorans qui aliquid scit, ~ius qui nihil scit, insipiens qui non attendit pericula futura *CathA*.

3 unknown.

que tibi vera patent, mendacia mente sigilles; / ista patentia sint velut inscia corde seranda D. BEC. 67.

inscribere [CL]

1 to impress. **b** to write on, inscribe (a blank surface; also fig.). **c** (w. dat.) to imprint on (also fig.). **d** (intr.) to write (on).

stelliones .. vestigia profundius ~unt [*gl.: enstrent, entrent, encherchent*] NECKAM *Ut.* 108. **b** columba .. niveam menbranam aureis litteris Anglice inscriptam .. ferens *V. Kenelmi B* 81v. 1; quod cedulas illas, sive vacuas sive inscriptas, sigillo nostro signatas, ut traderet GIR. *SD* 82; et candens inscribitur / calamo frons purpurato / que sputo depingitur J. HOWD. *Sal.* 19. 9. **c** nunc utinam, quo quisque animo, quo fulserit ore / quis membris inscriptus honos, quis pectora motus / extulerit, meminisse queam J. EXON. *BT* IV 36; omnis creatura rationalis .. legem accepit naturalem menti sue inscriptam GROS. *Cess. Leg.* I 6. 8. **d** loca .. sunt quasi tabule quibus ~imus, ymagines quasi littere eis inscripte BRADW. *AM* 3.

2 to write down (figure, character or sim.).

758 (12c) signum manus Kynewlfi regis. hoc signum ego K. episcopus .. inscripsi et subscripsi *CS* 185; articulus si sit, in primo limite cifram, / articulum vero reliquis inscribe figuris (*Carm. Alg.* 94) *Early Arith.* 74; littere .. inscripte BRADW. *AM* 3 (v. 1d supra).

3 to entitle, name.

quare hoc novum opusculum meum 'De fortune prestigiis' ~atur P. BLOIS *Ep.* 19. 71B; **s1207** in quodam libello qui ~itur 'De symonia' *Ann. Margan* 28.

4 to write (charter or sim.) as record. **b** to record (gift, privilege, or sim.). **c** (w. pred.) to record as.

939 (15c) haec carta inscripta est de v mansis terre ad Archet adjacentibus *CS* 744. **b** a**939** (13c) plura alia privilegia hic ~untur *CS* 736; **944** (15c) hoc consecrationis dono inscripto Admundus rex Hamtun ad donacionem imperpetuum conscripsit *CS* 793; c**1192** salvo servicio de terris hac [sc. carta] inscriptis *Regesta Scot.* 333. **c** qui fedus morti fecerant / et nos servos inscripserant / cum ederent illicitum J. HOWD. *Cyth.* 61. 8.

5 to write against, accuse, indict. **b** (intr.) to subscribe an accusation.

outelawyde ..; versus: .. inscriptus manet in patria, sed re spoliatur *CathA*. **b** aut fama est orta a certis personis providis et discretis .. ante infamiam pape volentibus papam accusare de heresi: aut orta est ab incerto auctore volente contra papam inscribere, seu denunciare volente OCKHAM *Dial.* 562.

inscriptibilis [ML], (geom.) that can be inscribed, inscribable.

~es sphere BACON *Maj.* I 159; circulus equalis maximo circulo ~i quadrato ABCD WALLINGF. *Alb.* 296.

inscriptio [CL]

1 the act of writing or inscribing: **a** (character or symbol); **b** (geom.).

a velut quadam vivorum ~one caracterum et secretorum appositione signorum nobis in jus vendicavimus hereditarium J. FORD *Serm.* 65. 3; figura quoque accidit litteris de qua dictum est quam sequitur figura ~onis earum *Ps.-*GROS. *Gram.* 24. **b** dodecaedrum patitur in se ~onem omnium aliarum [figurarum] BACON *Maj.* I 161.

2 inscribed text, inscription. **b** opening formula or address (of letter, formal document, or sim.). **c** attestation (of charter or sim.).

arcus triumphales tunc proficiunt .. cum ex quibus causis et quorum sint impressa docet ~o J. SAL. *Pol.* 385B; c**1165** ut muneris tui [sc. *a gold ring*] docet ~o, nomen Christi singulariter permanet in eternum *Id. Ep.* 167 (145);

1454 it[em] j pannus .. habens in medio unam aquilam et inscript[ionem] 'in principio erat verbum' *Ac. Durh.* 149. **b 1166** alii [sc. episcopi] .., quos libelli concludit ~o, mitius arguuntur J. Sal. *Ep.* 184 (174 p. 142); ~onis mutate causas reddere superfluum puto *Ib.* 220 (236 p. 438). **c** c935 (14c) Wlhune episcopus .. deprecabatur regem ut suae manus suorumque optimatum ~onem huic cirographo imponeret *CS* 640.

3 title-deed, charter.

798 (13c) prolatae sunt ~ones monasterii quod vocatur C. in medium terrarumque sibi adjacencium (*Clovesho*) *CS* 291; *Ib.* (v. gremium 4b); ?**870** (15c) rex .. ij cassatos juxta C. ut praesens notatur ~o in hereditatem concedit perhennem *CS* 525; **958** (15c) haec est ~o Adwig regis de [MS: *blank*] cassatis apud S. *CS* 1026; c**1052** hac declaratur ~one Ægelwinum decanum Wigornensis ecclesiae .. terram .. emisse *CD* 807; si contencio emerserit de prediis et utraque pars vel altera cum cartis seu ~onibus predium sibi vendicare voluerit .. Upton 80.

4 accusation.

libellos ~onum, sacerdotum crimina continentes suscepit J. Sal. *Pol.* 516B.

inscriptor [CL], one who inscribes, writer, author.

Donatus artis grammatice ~or tertius *Eul. Hist.* I 340.

1 inscriptus v. inscribere.

2 inscriptus [CL], not written on.

s**1274** detulerunt autem secum .. tres cedulas albas sigillo capituli singnatas quas integras et ~as domi secum detulerunt et sigilla eorum [l. earum] in capitulo fregerunt *Ann. Durh.* 48.

inscrobatus [cf. CL scrobis], scratched or dug out.

cavernatus, perforatus, perfossus, inscropatus Osb. Glouc. *Deriv.* 147.

inscrutabilis [LL]

1 that cannot be examined or investigated.

tenementa nostra, que multis comitatibus dispersa fuerant, et per malitiam nequissimi A. fere perdita, mihi vero novitio nimis ~ia *Croyl.* 78.

2 inscrutable, impenetrable: **a** (w. ref. to *Jer.* xvii 9); **b** (w. ref. to God or Christ); **c** (of divine judgement, providence, wisdom, or nature); **d** (as sb. n.).

a s975 contra divinam providentiam non sufficere pravum cor hominis et ~e H. Hunt. *HA* V 27; dicitur et Babylon cor pravum et †inscrustabile [l. ~e] quod vitiis passionibusque confunditur Ailr. *Serm.* 367B; **1191** pravum enim est cor hominis et ~e P. Blois *Ep.* 87. 274C; pravum est cor hominis et †incrustabile [MSS: inscrutabile], abyssus profunda, tenebrosa, et inexplorabilis est conscientia peccatoris *Ib.* 123. 362B. **b** Deus ~is Alcuin *Dub.* 1032A; tu [sc. Jhesu] laus interminabilis / .. / splendor invariabilis / profundus inscrutabilis J. Howd. *Cyth.* 3. 5. **c** quam ~ia sunt judicia Dei *V. Cuthb.* IV 8; ~ia sunt perpetui judicis arbitria, ut apostolus confirmat Felix *Guthl.* 27 (cf. *Rom.* xi 33: incomprehensibilia); **948** (14c) ~i atque intelligibili dispensatione disposuit ac gubernat *CS* 870; circa tantam tam ~em tam ineffabilem divinitatis naturam Gir. *TH* I 13 p. 44; **1195** divine sapientie ~is altitudo (*Lit. Papae*) Diceto *YH* II 126; medio tempore de ~i Dei providentia processit *Mir. Wulfst.* II 22; **1410** ~is scientiarum Domini altitudo Bekynton II 111. **d** tu Deus noster, qui facis magna et mirabilia et ~ia Alcuin *Dub.* 1031A; hoc vas electum cernebat apostolus atque / viribus humanis hoc inscrutabile Wulf. *Brev.* 88.

inscrutatus [LL], unexamined, not investigated, unexplored.

foramen Bech [sc. *the Peak Cavern*] famosum sed usque ad illa tempora ~um Gerv. Tilb. III 45; Herodotus, qui secreta confinia Germanie nullatenus permisit ~a *Eul. Hist.* II 73.

insculpere [CL], ~are

1 to carve, engrave (stone, gem, seal, or sim.).

quid lapide superposito ~to artificiose tegitur cinis? Neckam *NR* II 189 p. 342; **1237** sigillum .. ~um notis et caracteribus manifestis *Conc. Syn.* 528; **1278** pro decem centenis lapidum de quarera fodebant, ~abant, preparabant et plenarie de propriis sumptibus operabant .. c s. *KR Ac* 485/22 m. 3; **13**.. item habeat opus concavum vel solidum, planum vel planatum, inpressum vel ~um (*Nominale*) *Neues Archiv* IV 341; lapidibus ~tis G. S. *Alb.* I 29 (v. camahutus).

2 to carve (a design), fashion (an image); **b** to represent (a person or his deeds).

~ta marmori hominis imago *V. Chris. Marky.* 13; formas lignis ~as [v. l. exsculptas] Gir. *TH* II 7; erat .. imago beate Virginis in lapide grandi ~ta *Latin Stories* 66; astronomia ~ta cum stellis Higd. I 24 p. 214

(v. holovitreus); **1451** imagines super locum sepulture .. ~atas *Lit. Cant.* III 213. **b** quaedam illius opera .. laminis auratis adhuc apparent ~ta F. Malm. *V. Aldh.* 76A; a**1200** per pedem Algari qui ~itur super basim columpne in ecclesia Sancti Pauli E. Ch. S. Paul. 137; G. S. *Alb.* I 233 (v. caelatura 1a).

3 to inscribe (a letter), to write (an inscription).

s**1253** tumbam .. lapideam .. ubi hoc nomen Thomas ~itur M. Par. *Maj.* V 384; vestis .. xij preciosis lapidibus insignita, quibus xij nomina filiorum Israel essent ~ta [cf. *Exod.* xxxix 14] Hon. *Spec. Eccl.* 983A; in eodem anulo litteraliter ~tum fuit ille Ave nectareum, quo Virginem salutavit Angelus *V. Edm. Rich P* 1783A; a**1413** in quo .. ~untur duo versus (v. casto); a**1414** in una parte annuli .. ~itur et nigellatur hec littera 'J', ex altera vero 'O' (*Invent.*) Amund. II app. 331.

4 to form, make.

num ab re est quod cum in caput aliquid nocivum vibratur, manus, quinque digitis ~ta, ad ictum excipiendum vice scuti obicitur? Alex. Bath *Mor.* III 1 p. 177.

5 to reproduce, imitate (abstr.).

pauci .. poterunt quasi longo ad eum respicientes intervallo virtutum ipsius vestigiis insistere, potius quam ipsas sibi perfecte ~ere W. Malm. *Wulfst. prol.* p. 3.

insculptio [LL], inscription.

s**1420** quod sigillum regis Anglie confringeretur, et ~o nova fieret in eodem, que nomen regis preferret Wals. *HA* II 335.

insculptor [cf. CL sculptor], carver, engraver, sculptor.

a**1200** T. de L. aurifaber et ~or cuniorum monete tocius Anglie E. Ch. S. Paul. 136.

insecabilis [CL], indivisible, unsplittable.

1159 ~em dividunt unitatem J. Sal. *Ep.* 81 (111); ferri et eris opus pene ~e et inforabile .. apparuit R. Cold. *Cuthb.* 73 p. 150; adamas lapis est ~is Alb. Lond. *DG* 8. 10.

insecare [CL], to cut.

ei similiter sua ~avit viscera cnipulo suo Map *NC* II 26 f. 33.

insecatus [cf. CL insectus], uncut.

perspiciens ne subtus primum manipulum segetes prosternentur ac per invidiosam expedicionem omittantur ~e *Fleta* II 170.

†insecrete, *f. l.*

omnipotens sempiterne Deus, †insecrete [? l. insere te] officiis nostris, et haec vascula .. ita emundare digneris ut .. Egb. *Pont.* 125 (= *Rit. Durh.* 97: †insecrete [*gl.: on degle*']).

insectari [CL], ~are [LL]

1 to pursue with hostile intent, chase.

confessorem persecutoribus ~atum Gildas *EB* 11; ~abatur ille per millaria aliquot duriter castigans W. Poit. I 8.

2 to pursue with hostile policy or speech, harass.

statim Egyptii lapidibus eos obruunt id est duris conviciis eos ~antur Ailr. *Serm.* 244C; ille vitiosos et presertim eos qui crinem pascerent ~ari W. Malm. *Wulfst.* I 16; c**1168** quia ergo te, quod ex invidia provenire non dubito, pre ceteris ~antur J. Sal. *Ep.* 248 (245); eum verbis inhonorare aut minis ~ari W. Fitzst. *Thom.* 103.

insectatio [CL]

1 hostile pursuit, chase.

hunc diu per diversa devia equina agilitate canumque ~one fatigavit B. *V. Dunst.* 14; proponebat enim sibi itineris difficultatem, furto cognito indigenarum ~onem, nullam loci quo tenderet notionem *V. Neot. A* 18.

2 persecution, harassment.

10.. †insectiones [l. insectationes] *ehtresse WW*; pertinaces in tui ~one et odio confusione salutari induat *Rec. Coronation* 20; eo .. temporis articulo, quo regie ~onis procella, quam .. describimus .. primum efferbuit Ad. Eyns. *Hug.* V 9; multe enim persecutiones justorum sunt, nunc Satanas insectatur: nunc ministeria ejus impugnant, nunc falsorum fratrum simulatio ad nocendum arte fraudolentae ~onis irrepit Netter *DAF* I 2 (recte IV. I).

insectator [CL]

1 pursuer with hostile intent, persecutor.

virtutum .. universarum avidus executor et vitiorum ~or beatus Ecgwinus Dominic *V. Ecgwini* I 17; scio .. quicquid .. bonis .. placere; cum tamen .. ita et hunc laborem totius ~oribus boni emulis displicere Osb. Glouc. *Deriv.* 330.

2 follower, adherent.

s**1278** putabant ipsum habuisse imitatorem Gundulphi; sed mutatus in virum alium, ~or Gilberti efficiebatur *Flor. Hist.* III 51; **1545** heresium .. auctores assistentes et ~ores *Conc. Scot.* I cclxi.

insectibilis, that cannot be split, indivisible.

indivisibile vel ~e Bede *TR* 3 (v. atomus 3a).

1 insectio v. insectatio.

2 insectio [LL], (right of) cutting.

12.. cum sufficienti ~one gaunarum et gorstarum *Cart. Chester* 214; *Ib.* 381 (v. gorsta).

insecurus [ML]

1 unsecured, unsafe.

hujusmodi .. anchora, si ponatur, est ~ior, infirmior et instabilior omni vento et mari, ac re fluxibili qualicunque Bradw. *CD* 817E.

2 insecure, doubtful.

idem N. .. ~us relictus est de aliquibus terris aut tenementis sibi .. morganizandis *Entries* 4.

insecutio [CL]

1 pursuit, attack, onslaught.

ille [sc. dux Guillelmus] non prius ab ~one desistit, quam portae munitionis fugatos eripiunt W. Poit. I 16; **1245** nonnullis .. interemptis et aliquibus hostili ~one fugatis (*Conc. Lugdunensis*) M. Par. *Maj.* 452; ob cujus infesti animi ~onem .. confugit ad Normannorum ducem Wals. *YN* 53; a**1564** J. tunc ibidem evasit et ultra pontem London' versus London cucurrit ydem .. J. H. et J. D. ipsum J. B. recenter ~onem fecerunt usque in parochia predicta *Entries* 342.

2 persecution.

invidias quorundam nobilium ~onesque patiebatur accerrimas *Hist. Abb. Jarrow* 8; ~one valida a se suisque comministris tribulari G. *Steph.* 13.

3 (leg.) prosecution.

1070 qui culpabiles inventi fuerint .. ~one ministri regis emendabant *Conc.* I 324; si ceptis ~onibus, grangiam reddens, deinceps .. desistere dignaretur *Meaux* I 290.

insecutor [CL]

1 pursuer.

Roberto cum suis fugiente, ~ores armigerum quendam fecerunt in berfredum ascendere, et a boreali plaga ignem immittere Ord. Vit. VIII 16 p. 364; licet ~ori rem suam petere criminaliter ut furatam *Fleta* I 55.

2 persecutor, enemy.

magister .. maluit ~ores patiendo reddere mitiores Bede *Luke* 409C; †777 (12c) aeternis deputari herebi flammis cum Herode Christi ~ore nequissimo ejusque complicibus *CS* 222; obstinaces regni sui ~ores G. *Steph.* 39; s**1322** quod ejus [sc. comitis Lancastrie] ~ores parvo post tempore duraverint, immo dira morte interierint *Meaux* II 344; **1444** novus quidam catholice fidei ~or antichristus, Soldanus viz. Babylonie *Conc.* III 542.

3 follower, adherent.

Caracalla .. Severi imperatoris fuit filius, hic morum paternorum fortis ~or, hic libidini deditus *Eul. Hist.* I 328.

4 one who pursues (task or sim.), prosecutor.

s**1141** semel incepti .. sui non segnis insecutor [v. l. executor] W. Malm. *HN* 502 p. 64.

insecutrix, pursuer (f.).

aves prede cupidissime sunt [merilliones] et quia parve et parvi roboris sunt, parvarum avium ~ices nominantur Upton 197.

insedabilis [LL *gl.*], that cannot be relieved or mitigated. **b** unceasing.

quorum sitis est incompleta [*gl.* ~is] Neckam *Ut.* 98; gravis et ~is .. dissensio *Mir. J. Bev. C* 337. **b** ~is, non cessans Osb. Glouc. *Deriv.* 291.

insedatus, not restrained, not calmed down.

s975 adhuc animis exactorum crudelium insedatis [v. l. non sedatis], alia synodus Calnae constituitur M. Par. *Maj.* I 469 (cf. W. Malm. *GR* II 161: non sedatis).

insedere v. 1 insidere.

inseducibilis [LL], that cannot be led astray, unwavering.

fidemque ~em [*gl.*: intitubantem] in vaticiniis viri Dei defixit Felix *Guthl.* 52 p. 166.

insegnis [LL *gram.*], not slothful, active, diligent.

961 (12c) O. Eboracensis basilice primas ~is hoc donum regale confirmavi *CS* 1067.

insegniter [LL], not slothfully, actively, diligently.

a975 (12c) declaratur .. quod unusquisque fidelium ad supernam caelorum tendens patriam potis est imis celestia caducis aeterna lucrando ~iter promereri *CS* 1154; ~iter viam executus W. MALM. *Mir. Mariae* 216; **1440** id desiderabimus ~iter perficere BEKYNTON I 109; **1440** gloriosum hoc opus .. sancte et ~iter addere et ipsum mature consummare velitis *Ib.* 118.

insegregabilis, inseparable, permanent.

custosque pervigil et janitor ~is *Bened. Rob.* 90.

inseis- v. insais-.

insellare [ML]

1 to equip (horse) with a saddle.

iiij equi, ij sellati, ij ~ati (*Quad.*) *GAS* 359 (cf. ib. (*Cons. Cnuti*): sine sellis); viij equi, iiij sellati, et iiij ~ati (*Leg. Hen.* 14. 1) *Ib.* 559; equus infrenatus et ~atus *V. Chris. Marky.* 43; **1173** donavit michi archiepiscopus .. unum equum ~atum *Mem. Ripon* I 259.

2 to seat (man) in a saddle.

s1250 prostratus de equo et iterum vix ~atus, victus fugit M. PAR. *Min.* III 91.

inseminare [CL], to implant.

hoc ~avit natura solis in generabilibus et corruptibilibus que, cum non possint assimilari divinis in habendo esse perpetuum in uno individuo aliquo, perpetuant suum esse secundum speciem per successionem in multis SICCAV. *PN* 126.

insencibilis v. insensibilis.

insenescere [CL], to grow old (in, w. dat. or prep.).

qui in eo usque ad canitiem et ad faciem rugis aratam ~uisti R. MELUN *Sent. pref.* 13; **1155** si puerilium derivationem [l. derivationum] nenias, quibus insenuistis memoriter retinetis P. BLOIS *Ep.* 6. 17A; si non deliciis ejus allectus tanquam ad Sirene cantus ~escas GIR. *GE* II 37 p. 357.

insensamentum [AN *ensensement*], instruction, bidding.

per graciam Dei et vestra ~a sequar obedienciam *Cust. Cant.* 256 (cf. ib.: *ensensemens*).

insensate [LL], senselessly, foolishly.

in hoc Deus ~e preferre videtur hominibus animalia E. THRIP. *SS* VIII 6.

insensatus [LL]

1 senseless, mad, foolish; **b** (as sb. m.).

pueri .. sanctos contra ~um .. furentes [v. l. furentis] populi exercitum defendere gestiunt WILLIB. *Bonif.* 8 p. 49; caccare et fedare foetidis verbis et ~is ÆLF. BATA 4. 27 p. 52; **s1016** cur ~i necis periculum totiens incurrimus? H. HUNT. *HA* VI 13 p. 185; o ~i nobiles et armis potentes M. PAR. *Maj.* I 498; coram multitudine ~a BACON *CSPhil.* 474; **c1298** Alnewyke dant ignibus viri scelerati: / circumquaque cursitant velut incensat (*Dunbar* 175) *Pol. Songs* 173; **1440** tam ~i capitis tam inurbani gestus .. non sum BEKYNTON I 112. **b 1219** patuerit quod pro Christicolis contra ~os ipsa elementa pugnarent P. BLOIS *Ep.* 196. 480D; more superborum et ~orum GIR. *Spec.* IV *proem.* p. 12; **s1088** sic illi ~i nec sciebant capere fugam nec alicujus defensionis querebant viam W. COVENTR. I 103; **s1450** ~orum ductus consilio *Croyl. Cont. B* 527.

2 (of beasts) not endowed with reason, irrational.

avis illa ~a mortem cavere cum nescisset *V. Greg.* 89; [homo] si non intellexerit ut bene agat, eisdem ipsis animantibus ~is, quibus praelatus est, comparabitur BEDE *Gen.* 30A; unde bruta animalia, rationalia quoque sed naturaliter ~a, quia in his que agunt judicio carent mentis PULL. *Sent.* 737A; **1263** locus .. qui prius extiterat pascua animalium ~orum (*Reg. Werketon, MS BL Harley 638*) *Mem. S. Edm.* II 270; asinam Balaam .. que, licet esset intrinsecus ~a, .. facta est prophete magistra R. BURY *Phil.* 6. 96 (= *MunAcOx* I 208); quem modum, quem terminum tibi ~a bestia ponetur? ELMH. *Cant.* 209.

3 not endowed with sensation or feeling, lifeless.

quibus in cervice vene apprehenduntur, ~i fiunt; ideoque litargicos phisiologi vocant ALF. ANGL. *Cor* VIII 8; scientie .. operative et practice, que exercent suas operationes in corporibus ~is, possunt multipliciter experiri BACON IX 161.

4 that cannot be perceived by sense, insensible.

estimatio seu virtus estimativa .. quam dicit sentire formas ~as circa sensibilem materiam .. et ~a forma vocatur que ab illis sensibus non percipitur BACON *Maj.* II 8.

insensibilis [CL]

1 that cannot be perceived by sense, insensible. **b** (of size, quantity, or sim.) imperceptible.

ex eis, quae sensus extrinsecus notant, ~is et intellectualis anime operatio patefacta est ADEL. *QN* 18; cum .. bonus homo beneficium prestet .. omnibus bonis hominibus sc. atque angelis omnique ~i creature, utrum ipsi Deo sit utilis queramus ALEX. CANT. *Dicta* 4 p. 125; ligamentum est membrum .. ~e per se, sensibile tamen per aliud accidens *Ps.*-RIC. *Anat.* 42; spatium .. aliquo corpore ~i .. repletum BACON VIII 198; ab asperis corporibus que dissipant lucem et faciunt ~em *Id. Tert.* 227; intellectus quem de Deo habemus et de spiritibus ~ibus KILWARDBY *Quomodo Deus* 117. **b** quantitas totius terre ~is est respectu firmamenti SACROB. *Sph.* 84.

2 that cannot perceive by sense. **b** (w. ref. to emotion, spiritual sensibility, or sim.) insensitive, unfeeling. **c** (as sb. n.) matter not possessing sense.

c1075 si praefatus doctor .. carnem Christi ~em et doloris expertem intelligi voluisset .. LANFR. *Ep.* 50 (46); anima vegetabilis .. dividitur in duas differentias, quarum altera est sensibilis, altera ~is J. BLUND *An.* 45; corpus in se simpliciter consideratum ~e est *Ib.* 159. **b** corda gentilium .. ad intellectum Dei ~ia BEDE *Luke* 353C; [Judaei] ~iores gentilibus Deum glorificare .. contempserunt *Ib.* 620B; **c1250** per homines feris omnibus immaniores in animas, et ~iores cunctis lapidibus ad spiritualia AD. MARSH *Ep.* 14; cujus [sc. virtutis] est hominem non ~em facere passionum sed subortas a fomite rationis enecare mucrone R. BURY *Phil.* 15. 193. **c** primus gradus est ab inanimatis ad animata, sc. insencibilia, quemadmodum a lapidibus ad herbas et arbores BERN. *Comm. Aen.* 52; nullum enim inanimatum sentire possibile est, ~ia vero quam plurima vivere, nulli venit in dubium; animatum enim et vivens ad se invicem paria sunt ALF. ANGL. *Cor* I 2.

3 not possessing sense or feeling, lifeless, inanimate; **b** (as sb. n.) inanimate object.

muta ~ium rerum natura, de qua aenigma clanculum .. componitur, quasi loqui et sermocinari fingitur ALDH. *Met.* 7; viri venerabilis sanctitatem mirabantur .. et suae mentis tarditatem debito cum pudore culpabant, quos etiam ~e elementum .. doceret BEDE *CuthbP* 21; non solum ex ~i materia ibi edes Deo constituuntur DOMINIC *V. Ecgwini* I 14; sic insensibiles lapides mysteria claudunt / vivorum lapidum, manualis spiritualem / fabrica designat fabricam H. AVR. *Hugh* 946; nec solum ex ~i materia locum illum illustravit, verum etiam ex vivis lapidibus GIR. *Hug.* I 5; confractum est .. castellum in ipsa die .. et ita Romani de ~i materia .. cepere vindictam WALS. *HA* I 396; membra eorum gelida contracta .. necnon ~ia redderentur FORDUN *Cont.* XIV 17 (cf. *Plusc.* IX 43: insanabilia [v. l. insensabilia] et inhabilia). **b** [musica] ~ium officio, sensibili tamen effectu, sensus augmentat GIR. *TH* III 12 p. 155.

insensibilitas [LL]

1 imperceptibility by the senses.

aliquid est ~as, ergo aliquid esse est insensibile, vel albedine sub qua est corpus Christi nichil est album P. BLOIS *Ep. Sup.* 74. 7; propter ~atem aeris BACON *Maj.* II 117; difficillimum est ista intelligere .. propter subtilitatem et ~atem signatorum WYCL. *Trin.* 52; tales actus videntur comuniter esse in eodem instanti propter ~atem celeritatis unius actus post alium *Id. Ver.* II 88.

2 lack of feeling, numbness. **b** lack of sensitivity, indifference.

[senex] ~atem tibiarum patitur .. quia fumus melancolicus deorsum cadens nervos reddit [in]sensibiles *Quaest. Salern.* Ba 29; [martyr] proprii .. corporis cruciatum non curat, quia peregrinatur a corpore; nec attribuendum est hoc stupori sed amori, nec ~ati sed charitati P. BLOIS *Serm.* 659A; in quocumque loco fiat membrum paralisi suppositum a loco oppilationis inferius sentit dormitationem, ~atem, et molliciem GILB. II 116v. 2. **b c620** [idoli] nisi a te moti fuerint ambulare non poterunt .. nihilque intelligentiae habentes ipsaque ~ate obruti, nullam neque laedendi neque juvandi facultatem adepti sunt (*Lit. Papae*) BEDE *HE* II 10 p. 102; apatian, quam Latinus ~atem dicit, Stoici predicant J. SAL. *Ep.* 235 (276 p. 584).

3 madness. **b** lack of sense, stupidity, foolishness.

~atis et dementie pestem incurrit R. COLD. *Cuthb.* 122. **b** insensibiliter .. vivere non oportet, nisi quod radicitus soliditati sue heret, quomodo enim congruit ~ati, quod anima vivet rationali? PULL. *Sent.* 728A; quomodo tanta insipientia desipuisti, tanta ~ate obduruisti AD. SCOT *Serm.* 387A.

insensibiliter [LL]

1 imperceptibly by the senses.

quia vero paulatim proficitur et ~iter crescit profectus, irascitur et accenditur desiderium R. NIGER *Mil.* II 54; in parvo spatio possit nos motus lucis latere, sed in magno .. non est possibile, et ita non fiet ab oriente in occidens ~iter et imperceptibiliter, sed in tempore perceptibili BACON *MS* 526; sacramentantes sensibiliter illud idem, quod caro Christi sacramentat ~iter (TYSS.) *Ziz.* 164.

2 without sensation or feeling.

radix celsi .. denti corrupto apposita sine dolore ipsum ~iter evellet GAD. 120. 2.

3 without animation, in a lifeless manner.

primo eum toto corpore viderunt trementem modice, sed mox quievit et ~iter permansit AD. EYNS. *Visio* 2.

4 foolishly, stupidly.

PULL. *Sent.* 728A (v. insensibilitas 3b).

insensis [ML], foolish.

fonde, arepticius, .. ~is *CathA*.

insensitivus, not endowed with sense.

anima sensitiva dicitur ubique tota per †quandem [l. quandam] sui unigeneitatem, quia ubique est radix †insensitivae [l. insensitiva] virium ~arum, non autem est ubique tota simplicitate sicut anima rationalis PECKHAM *QA* I 10.

insenssus v. 3 incensus. **insensura** v. incensura.

inseparabilis [CL]

1 that cannot be parted or divided: **a** (of object or artefact; in quot., fig.); **b** (of abstr.); **c** (w. ref. to the Trinity).

a amoris copula .. uno assidue et ubique fere thoro tanquam ~i collocata GIR. *SD* 108. **b** Deus, invicte virtutis auctor, et ~is imperii rex EGB. *Pont.* 36; **c1150** inseperabilis [*sic* MS, *corr. from* insuperabilis] consentientium unitas .. animorum ARNULF *Ep.* 5. **c c692** (8c) omnipotentem Deum et Jhesum Christum .. et Spiritum Sanctum, i. e. ~em Trinitatem *CS* 81; eisdem .. Patris et Filii et Spiritus Sancti liceat adesse conspectui quia quorum una est divinitas una utique et ~is visio est BEDE *Hom.* II 17. 193; licet ~ia sint opera Trinitatis, que nos salvare dignetur et nunc et in perpetuum RIC. ANGL. *Summa* 41 p. 114.

2 that cannot be separated or detached: **a** (of persons); **b** (gram., of syllable); **c** (log. *accidens ~is*); **d** (of abstr.).

a Edgitha .. Dominum suum respiciebat, cui igne caritatis inextinguibili ~is adheserat GOSC. *Edith* 88; si ~es fieri vellent, et inseparabiles valde fieri possent GIR. *DK* II 10; sinite .. tam cognatas inseperabilesque homini coherere quam inseparabiliter Deo conjungimur CHAUNDLER *Apol.* f. 26a. **b** hee preposiciones [sc. dis-, con-, re-, se-, an-] .. partes oracionis sunt et si ~es sunt ut sillabe *Ps.*-GROS. *Gram.* 56. **c** que ~is accidentis est diffinitio separabili non convenit BALSH. *AD* 101; cum .. dicitur accidentium aliud est separabile, aliud ~e, divisum est accidens ~e NECKAM *NR* II 173 p. 297; accidentium .. ~ium aliud est hoc accidens aquilus, aliud est hoc accidens ricum, aliud est hoc accidens simum *Ib.* p. 298. **d** dimensiones sunt ~es a materia T. SUTTON *Gen. & Corrupt.* 140.

inseparabilitas [LL], inseparability.

Deus .. membris genitalibus siquidem inseruit ~atem et appetitum, ut unumquodque animal ad conservationem speciei et multiplicationem sui animaretur BART. ANGL. V 48 p. 205; unde ~as competit in matrimonio dupliciter R. ORFORD *Sciendum* 225; de ~ate usus rei consumptibilis usu a jure utendi OCKHAM *Pol.* II 601; amor enim et spes non distinguuntur ab actibus, quod patet per ~atem illorum ab actibus *Id. Quodl.* 187.

inseparabiliter [LL]

1 so as not to be parted, indivisibly; **b** (w. ref. to the Trinity).

secat lineam que est inter centrum terre et equantis in duo media ~iter BACON IV 451. **b** credere debemus .. Trinitatem .. ~iter .. operari ALCUIN *Dogm.* 20C; Pater et Filius excellenter sunt unum, ~iter sunt unum NECKAM *SS* I 22. 5.

2 so as not to be detached, inseparably: **a** (w. ref. to persons or objects); **b** (w. ref. to abstr.).

a cum .. in regio semper curto ~iter nutriretur ASSER *Alf.* 22; psalmos .. in uno libro congregatos in sinu suo .. secum ~iter .. circumducebat *Ib.* 24; hic [sc. presbyter] regine in extremis vite ~iter aderat TURGOT *Marg.* 13; quinque cortine sibi consute filo ~iter in unam

cortinam juncte Ad. Scot *TT* 674C; c**1250** ut ~iter assistant .. validi adjutores Ad. Marsh *Ep.* 1 p. 79; unde ista [corpora supracelestia] sunt ~iter sese concomitantia: habere materiam et esse in motu Siccav. *PN* 128; Chaundler *Apol.* f. 26a (v. inseparabilis 2a). **b** habitat, i. e. ~iter inhaeret in me peccatum Lanfr. *Comment. Paul.* 128; sapientiam virtus ~iter comitatur J. Sal. *Pol.* 662A; sicut .. character impressus, ~iter imprimitur [gratia] nisi homo reiciat eam per peccatum S. Langton *Quaest.* 362; **1281** quicquid est de libertate regale non transit cum manerio .. nec a corona recedit, immo eidem corone de jure ~iter remanet annexum *PQW* 430a; hec enim dileccio .. ad Christum ~iter intenta Rolle *IA* 267; si unus contrariorum actuum voluntatis est per se bonus, relicus est per se vel ~iter malus Wycl. *Misc. Phil.* I 22; isti duo modi ~iter comitantur (Wycl.) *Ziz.* 119.

inseparanter, inseparably.

per ipsum et per graciam suam mihi gratis infusam et per me simul ac in me, consequenter natura et ~er ejus gratuitis beneficiis .. facere meipsum Deum diligere, et de offensis omnibus penitere Bradw. *CD* 407A.

inseparatio, (phil.) state of not being separated, non-separation.

hic loquamur de separacione et ~one secundum actum existendi, non autem de separacione accidentis secundum intellectum, quia sic omne accidens est separabile a subjecto Bacon XV 201.

inseparatus [LL], not separated.

1457 predicta tresdecim millia hominum sagittariorum erunt habita et custodita integre, et indisparsa, et indivisa, et ~a *Lit. Cant.* III 232.

insepelibilis, that cannot be buried.

brachium vero puelle ~e imperator Henricus auro argentoque fabricatum ad exemplum Dei magnalium in eclesia jussit dependere Gosc. *Edith* 291.

insepelitus, unburied (*cf. insepultus*).

cumque, suffocato Alcipiade, caput ejus fuisset ablatum et Lisandro missum in signum cedis explete, reliqua pars corporis ~a jacebat W. Burley *Vit. Phil.* 156.

inseponibilis [cf. CL seponere], that cannot be separated.

~es dic sex [sc. prepositiones], 'an-', 'con-', 're-', 'se-', 'di-'. 'dis-' H. Avr. *CG* 60v. 154.

insepultus [CL], unburied.

aestimavit indignum fore ad matris libitum sepeliri, cujus ob nimiam cupiditatem ~i remanerent innumerabiles W. Poit. II 25; par fuisset Anglorum .. ossibus ~is campos fore sepultos *Ib.* II 26.

insequi [CL]

1 to pursue with hostile intent, chase. **b** to hunt. **c** (s. pass.). **d** (pr. ppl. as sb. m.) pursuer, hunter.

[hippotami] sunt .. tam fugaces ut si quis ~itur fugiunt quosque sanguine sudant *Lib. Monstr.* II 17; **833** (15c) si [reus] fugerit ad dictum monasterium .. pace mea et impunitate gaudeat nullusque ministrorum meorum ultra ipsum ~i audeat nec in aliquo molestare *CS* 409; s**868** cum exercitu Occidentalium Saxonum insecuntur hostes usque ad Snotingaham *AS Chr.*; s**1141** comitibus regiis confestim insecutis W. Malm. *HN* 500 p. 60; canibus ibidem cursum sistentibus nec ulterius ~entibus Gir. *TH* II 40. **b** s**1272** (v. cursor 2b). **c** **966** contemnentes Conditorem, a cunctis ~untur creatis *CS* 1190; s**1015** graviter insecuti turrem .. compulsi sunt introire M. Par. *Maj.* I 492; ubi latro .. insecutus fuerit per aliquem Bracton 150b; **1293** insecutus fuit per quemdam fratrem de N. per quod captus fuit *Doc. Scot.* I 390; s**1138** Scotti .. fugientes a nostris acriter fuerunt insecuti *Meaux* I 122; s**1392** qui a civibus visus et insecutus Wals. *HA* II 204; vulpes canibus insecuta Ad. Usk 88. **d** quas ferunt in omnium bestiarum formas se vertere posse dum insequentium timore perturbantur *Lib. Monstr.* II 20; quidam vero puerorum, pena sociorum conspecta, in ~ium manus formidans incidere, superiores secessit in partes *Drama* II 539.

2 to catch, attack; **b** (intr., mil.).

1255 ipsum ~ebantur et dictos equos ab eo abstulerunt et eum verberaverunt *SelPlForest* 26. **b** **1514** in expensis factis in armis .. versus regem Scottorum .. Dei adjutorio ~ente in eum in bello comite de Surrey .. xv li. *Ac. Durh.* 663.

3 to pursue with verbal hostility, hound, persecute.

veteranis eum odiis etiam mortuum ~ebantur Bede *HE* III 11 p. 148.

4 (intr., leg.) to press suit, prosecute a case (against).

1279 Rogerus ~ebatur versus eos, ita quod omnes utlagati sunt ad sectam predicti Rogeri *AssizeR Northumb* 346.

5 to follow, adhere to: **a** (person or group); **b** (decision, ruling, or sim.).

a istam sectam ~entes [v. l. sequentes] .. Nicholaite vocantur *Eul. Hist.* I 81. **b** **1426** (v. disputabilis a).

6 to follow (a sequence). **b** (intr.) to follow, come next in order.

judicavi ipsi pause semibrevi perfecte semispatium superius addi gradus ~endo et ad differentiam semibrevis alios [*sic*] incipiat imperfecte *Mus. Mens.* (*Anon. VI*) 402. **b** pono quod C incipiat recedere a B per partem ante partem; et sicut C recedit, ita ~atur A secundum eandem superficiem Kilvington *Soph.* 46.

inser, seedling tree or scion.

1265 in cxix inseribus emptis ad plantandum in novo gardino .. vj s. vj d. ob. (*Pipe Wint.*) *Somerset Arch. & Nat. Hist. Soc.* CIV 95.

inseratus [cf. 2 inserere], embroidered, embellished.

1245 pannus de aresta rubeus, ~us cum targis croceis *Invent. S. Paul.* 493.

1 inserere [CL]

1 to sow, plant (also fig.).

c**620** curavimus solicitudinem prorogare ut perinde Christi evangelium .. vestris quoque sensibus ~entes, salutis vestrae remedia propinentur (*Lit. Papae*) Bede *HE* II 10 p. 101; fortassis, pater mi, in tuum vernaculum, tuo quondam lacte, tuisque educatum alimentis, merito frequentius stomacharis, quod solum terram occupem, ut ficus illa inutilis, nec quidvis tuae, qua quondam puerum insevisti promiam institutionis. jus, fateor, esset quae insevisti, etsi non digno tamen quocumque pullulare germine Folc. *V. Bertini dedic.* 604a; ~o, A. *to plante to gedyr, or brace to gedyr, or graffe* .. insitus, A. *planted or graffed WW* (v. et. 2 infra).

2 to graft on to (tree or sim.). **b** (p. ppl. *insitus* as sb. n.) slip, scion (for grafting or planting).

arbores quoque plantare, putare, purgare, ~ere et mutare Rob. Bridl. *Dial.* 154; cum ramus ~itur stipiti quare stipes non fert fructus, sed rami? *Quaest. Salern.* P 60; sepe in oleribus ~itur pomus vel in spina pirus Bacon XI 250. **b** **1266** in .. insitis pirorum (v. insitare); **1294** in insitis emptis ad plantandum in novo gardino (*Ac. Middleton*) *DCCant.*

3 (fig.) to implant, fix in. **b** (p. ppl. as adj.) innate, natural, customary.

pro insita sibi eruditione *Hist. Abb. Jarrow* 4; notandus solerter ordo verborum et .. cordi ~endus Bede *Hom.* I 3. 11; pro insita illi bonitate *Obsess. Durh.* 7; Willelmus cujus indolem bonam et maturitatem naturaliter insitam .. notavimus Gir. *SD* 40 (cf. *ib.* 70: naturaliter inserta); unde Sidonius 'hanc in te ipse virtutem si naturalis est excole si minus ut insiticiam apponere', i. eam ~e, quod est Romanice *enter* et dicitur ab insito, insitivus, vel insiticius *GlSid* f. 146va; nobis columbe gemitum / et turturinis insitum / amorem da precordiis J. Howd. *Cyth.* 146. 2. **b** vera necessitate cum insito gemitu flagitavit quod antea dissimulaverat Gosc. *Mir. Iv.* lxx; sic etiam intelligimus de quarto suo modo opposito sibi insito ejusdem longitudinis et brevitatis *Mens. & Disc.* (*Anon. IV*) 40.

4 (p. ppl. *insitus*) situated (in), placed (in), (by assoc. w. *situs*). **b** inserted or included in (book or document; cf. 2 inserere 2).

1199 removit ij domos .. ~as in orto suo *CurR RC* I 44. **b** literarum .. in presenti nostro processu contentarum et ~arum *Comp. Swith.* 168.

5 to give or attach (a name to).

956 (13c) cui nomen insitum est Uulfric *CS* 925; **956** cuidam meorum optimatum cui nomen insitum est E. *CS* 961; **957** (14c) in illo loco ubi prisca relatione vulgariter nomen insitum *CS* 988; **1044** cuidam meo ministro fideli cui nomen insitum est O. *CD* 770.

2 inserere [CL]

1 insert: **a** to put on (to). **b** to put into. **c** to plant. **d** to introduce (fig. or w. abstr. object).

a viderat .. beatam Editham .. anulum .. ejus digito ~entem, atque ita alloquentem .. Gosc. *Edith* 295; a**1200** plaustro ea [sacrosancta] ~erunt, cum ornamentorum decora varietate *Found. Waltham* 9; sedibus, domine, beatis insertus, / tela tortoris livida non timebit J. Howd. *Cant.* 108; regina annulum contulit manu ejus ~tum, qui statim evanuit *Latin Stories* 106. **b** pali sepibus ~ti Gir. *TH* II 7 p. 86. **c** **966** virtutum semina sedulus agricola ~ui *CS* 1190; sanctae Trinitatis semen ~uit B. *V. Dunst.* 2; quemlibet fructum corporis diaboli in luto carnalitatis ~tum crescit irregulariter in natura Wycl. *Ver.* I 315. **d** flagitiosas meditationes, quas tibi generis humani hostilis criminator ~uit, .. confitere Felix *Guthl.* 35 p. 112; **798** Laurentius .. qui his partibus fidei veritatem ~uit (*Lit. Regis*) *CS* 287 p. 397; sola namque obedientia virtus est que virtutes ceteras mente ~it, et insertas custodit Rob. Bridl. *Dial.* 177; mater vero, viri virtute non inferior, cogitationi feminee masculinum animum ~uit *V. Edm. Rich P* 1775.

2 to attach, join (on to or into). **b** to graft. **c** to sew on. **d** to fix (jewel in setting), to stud (jewellery with precious stone).

asinus .. volens caudam aliam et ampliorem quam natura contulerat .. sibi ~i Nig. *Ep.* 17. **b** surculos pomiferos .. in horto suo seruerat [v. l. severat], plantaverat, vel ~uerat R. Cold. *Godr.* 87; fructus enim quos truncis istis ~ui *Ib.* **c** **1464** j banqwer pro sedili de panno laneo rubio, cum sertis et stellis glauci coloris ~tis *Ac. Durh.* 639. **d** **1303** de xviij d. de uno anulo aureo cum cristallo ~to vendito *Ac. Exec. Ep. Lond.* 55; coronam auream cum quatuor lapidibus preciosis ~tam *Regim. Princ.* 55.

3 to add (to), include (in), insert (into),

704 testes adjunximus quorum nomina subter tenentur ~ta *CS* 111; epistulas .. nostrae historiae ~endas .. adtulit Bede *HE pref.* p. 6; nam plura quae tacui ~uissem et addidissem, si in quiete et congruo spatio illud mihi edere licuisset Anselm (*CurD* pref.) II 42; hec clausula edicto necessario ~ta est Ric. Angl. *Summa* 17 p. 19; **1307** primo ~atur titulus curie sic: .. *CBaron* 80; multi sunt qui ignorant que sunt culpe graviores et que leviores; ideo bonum est quod hic incerantur *Cust. Cant.* 251; **1365** prout in commissione, cujus tenor inferius ~itur, plenius continetur *Cart. Mont. S. Mich.* 11 p. 11; **1396** diversa scripta .. quia non tangunt dominum comitem Warr' nec suos .. non inceruntur *Cart. Beauchamp* 260; coclearia quedam quo numerus aut valor non insertur [*sic*] *Meaux* III 225; **1470** istud esset ~tum in stilo de expensis necessariis *Ac. Durh.* 642 (*in marg.*).

inserpere [CL], to creep over (also fig. and absol.).

littora .. nudata tunc primo revertens equor paulatim ~it Gir. *TH* II 2; non sopor inserpat oculis vigilantibus aula / patroni famulis D. Bec. 1104; insensibiliter .. et jugiter ~it malitia et crescit in dies contumacium procatia R. Niger *Mil.* III 67; conatus iste jur[is] regnare volentis .. in occiduis partibus ~ens vagus adhuc circuit querens regnum et dominatum *Id. MR* 252; inserpunt thalamis hedere H. Avr. *Poems* 127. 186.

insertare [CL], to put in, insert.

~are, inmiscere Osb. Glouc. *Deriv.* 293; ~o, -as i. inserere *Ib.* 522.

insertio [LL]

1 act of putting in. **b** sowing, planting.

c**1237** (v. comprehensor b). **b** natus est in virgine, et de virgine sine viri semine, sicut virgultum et ramus et radix in terra sicienti, et invia sine aratione et ~one et plantatione et irrigatione Gros. *Cess. Leg.* II 5. 6.

2 act of attaching, fixing, grafting; **b** (fig.).

aliquando nascuntur poma et pira in eadem arbore et hoc secundum diversas species pomorum et pirorum que vel per ~onem fiunt vel per solam operacionem natura Bacon I 304. **b** extirpationes vitiorum et ~ones virtutum Bern. *Comm. Aen.* 63; intendendo .. erroris ecclesie extirpationem et virtutum ~onem Wycl. *Ver.* I 297.

3 addition, inclusion, insertion, mention (in book or sim.).

ex cujus .. crebra ~one nominis totam historiam sacratiorem reputo H. Bos. *LM* 1309C; occasione incorporacionis et ~onis constitucionis ipsius factae in libro predicto *Meaux* II 68.

insertor [LL], one who puts in: **a** grafter (in quot., fig.). **b** writer.

a Domine Deus, spei ~or, consilii defensor *Nunnam.* 78. **b** hujus libri et codicis ~or quam jocosus Tullius extiterat *Regina Rhet.* 183.

insertum [cf. insertus *ppl. of* 2 inserere], scion, graft.

1282 et v d. in xxx insertis ad plantandum in gardino domini *MinAc* 1070/5 r. 2.

insertura, grafting.

nunc in jardinis herbarum et arborum fructiferarum plantacioni et ~e .. complacenti instabat cure Fordun *Cont.* XVI 30.

1 insertus v. 2 inserere.

2 insertus [LL *gl*.], putting in, sowing, grafting.

radix que ascendit de terra invia, sine ~u ex plantacione ascendit GROS. *Cess. Leg.* II 5. 6; accidit hoc in planta per ~um, que habet duas animas diversas secundum speciem, nec est anima una in illis duabus, et ideo non est mirum si diversa folia producant BACON XIII 137.

inservire [CL]

1 to serve the interests of, devote oneself to. **b** to indulge in, resort to.

omnes qui in caecitate mentis occulte vitiis ~iunt BEDE *Gen.* 177; ego .. quodam miserabili fato demonicis semper artibus ~ii W. MALM. *GR* II 204 p. 254; R. COLD. *Godr.* 273 (v. delectabiliter b); fures inserviunt, fervent flagiciis / Christum proiciunt summis blasphemiis *Planct. Univ. Ox.* 109. **b** nec verborum faleris secus quam decet ~iens in altum tumeat J. FURNESS *V. Kentig.* prol. p. 161; sed vir pacificus nolens cum eis contendere, malitiis magis cedendum censuit, quam litigiis inservire *V. Edm. Rich P* 1811C.

2 (eccl.) to be engaged or occupied in (liturgical service). **b** (pr. ppl. as sb. f.) worshipper.

965 nec ipse custos .. migrandi licentiam habeat . . . si res rationabilis ita exigerit quo necesse est sub silentio vel psalmodiis ~iendo cum benedictione eat (*Const. Edgar*) *CS* 1168 p. 425; non otiosis fabulis vacent sed .. psalmodiis ~iant *RegulC* 11; regularibus tota die ~iebat obsequiis cenobii *V. Neot. A* 2; psalmis et horis, lectioni et orationi vigilanter ~iunt GIR. *TH* III 27; **1517** ad usum sacerdotum summe misse ~iencium *Invent. Ch. Ch.* 123. **b** cultrix, i. ~iens, *bigengestre GlH* C 2179.

3 to take care of, be responsible for.

1334 duobus garcionibus ~ientibus fenum in granar' domini prioris, xij d. *Ac. Durh.* 524.

4 to become a serf.

si Anglicus furetur, qui per forisfacturam ~ierit, suspendatur (*Quad.*) *GAS* 101; si quis sit wytaservus noviter effectus [propter forisfacturam noviter ~ierit] (*Ib.*) *Ib.* 111; si vero aliquis eum injuste cogat ~ire (*Leg. Hen.* 89. 2a) *Ib.* 605.

insesionabilis v. insaisonabilis.

insessor [CL = *waylayer*], one who sits in (a bishop's throne), occupant of a see.

esto sedis istius princeps potensque ~or B. *V. Dunst.* 14.

insetena [Eng. *inset*], 'inset', a place where water flows in, channel.

ordinaverunt .. quod quelibet acra pro walliis, ~is, et †watergageis [l. watergangeis] ematur pro xl s. *Laws Romney Marsh* 73.

inseysire v. insaisire.

insibilare [CL]

1 (intr.) to make a hissing sound.

in aliis .. advenientibus [serpentes] statim insilire, ~are, et frendere R. COLD. *Godr.* 55.

2 (trans. and intr.) to say with a hiss: **a** to say threateningly, to speak hissing. **b** to whisper. **c** to whistle.

a alii vocibus ~abant, alii cachinnorum rictibus infremebant R. COLD. *Cuthb.* 30 p. 67; **s1075** unus eorum .. patria lingua ~ans dixit: '.. *slea we þe bissop*' M. PAR. *Min.* I 22; consilium quamvis salubre virulentus ~at CIREN. II 215. **b** suadela blanda sub pietatis gratia ~atur succurrendum tante patrie gentique GOSC. *Edith* 85; si quis .. vobis aliquid contra consilium Dei consulere voluerit, numquam .. ~et auribus vestris .. ut mentem .. invenenet ANSELM (*Ep.* 344) V 281; murmura sua ~are ei vellent susurrones J. FORD *Serm.* 11. 5; **s1246** cum ~atum fuisset ei [sc. regi], quod minime irasci teneretur memorato archiepiscopo pro dicti Roberti cassatione M. PAR. *Maj.* IV 509; **s1248** addentes insuper consiliarii regii probrosam consolationem, regem demulcendo, ~abant eidem "sicut omnia flumina in mare refluunt .." *Ib.* V 22. **c** Aegypti musica vobis frequenter ~at P. BLOIS *Serm.* 749B.

3 (trans.) to instil by breathing.

nolo ut insidiatrix pudicitie vetula mixta pauperibus accedat propius, .. non blanda verba in aure susurret, ne pro accepta eleemosyna osculans manum, venenum ~et AILR. *Inst. Inclus.* 4; sicque serpentinum caput quod virus hoc noxium humanis ~at sensibus *Id. Spec. Car.* II 6. 551; hiis intentus exultans jubilat, / amena lux in mente rutilat, / sacros flatus Deus insibilat, / dans instinctus optimos *Offic. R. Rolle* xliii.

insiccabilis [LL], that cannot be dried.

c1250 ut .. ~i lacrima jugiter lugeat AD. MARSH *Ep.* 8 p. 88.

insicio v. 1 incisio.

†insicivus, *f. l.*

insicivus [recte insitivus] .. i. non in tempore secatus, vel inmaturus vel superfluus; unde Horatius [*Epodes* II 19] .. 'ut gaudet insiciva [l. insitiva] decerpens pyra [l. pira]' OSB. GLOUC. *Deriv.* 529, 530.

insid- v. et. incid-.

1 insīdēre [CL], **insedēre** [LL]

1 (w. acc. or dat.) to sit at or on. **b** to sit on, mount, ride (beast of burden); **c** (fig.).

pars nostrum tabulis, pars heret plurima transtris; / cratibus hic, remis insidet ille suis L. DURH. *Dial.* III 182; tantis auctoribus .. innitentes eorumque tanquam humeris ~entes GIR. *TH intr.* p. 5; marmori minus caute ~eas, mors imminet *Ib.* I 35; turtur, amisso compare suo, ramo emortuo ~et ALEX. BATH *Mor.* III 95 p. 147; arces .. insedisse ALB. LOND. *DG* 10. 2 (v. eversio 2). **b** virorum .. albos equos .. ~entium OSB. *Mir. Dunst.* 20 (v. candidare 2b); quod utique non fecisset, nisi illo modo ut diximus, asinam et pullum insedisset AILR. *Serm.* 268D; venit Walerannus ~ens equo modico MAP *NC* V 5 f. 64v; plurimos palefridos habentes hesitant cui ~ere dignantur J. FURNESS *Walth.* 76; **1269** equo cui insedebat *Cl* 73; milites armati equis suis insedentes *Mir. Montf.* 104; fuerunt primi domitores equorum cum frenis, et post in dorsis eorum insedere *Eul. Hist.* II 67; **s1415** insedens equum inter evectiones ad dorsum prelii *G. Hen. V* 12. **c** jam domito carnis jumento, cui sensualitas ~ebat, adjecit nova supplicia *V. Edm. Rich C* 602.

2 to be situated in, reside in.

Plato .. singulas ait Sirenes singulis orbibus ~ere ALB. LOND. *DG* 11. 9; errantem animam in plura dividens, / decem ecclesias vel plures possidens, / est male singulis subjectis insidens / dum adest et abest semper ut accidens *Ps.*-MAP 15.

3 to lie or weigh on (fig.), to be troublesome to. **b** (*~ere cordi*) to sit at the heart of, to be of concern to.

non vacet mens tua in variis perturbationibus, quod si pectori tuo insederint, dominabuntur tui LANFR. *Sermo* 640A; **1326** premissa, ut videtur, Domini Summi Pontificis .. ~ent voluntati *Lit. Cant.* I 194. **b** **1295** super hujusmodi negocio, cordi nostro potissime ~ente *Reg. Carl.* I 48; **1359** multum ~et nobis cordi quod villa .. salvo et secure ab hostibus invasionibus custodiatur *RScot* I 842a; **c1387** cujus status exaltacio .. ~et nobis cordi *Dip. Corr. Ric. II* 49.

2 insīdĕre [CL]

1 (w. acc. or dat.) to settle in or on; **b** (of flying creature or fig.).

hos quasi clitellas videas insidere sellas R. CANT. *Malch.* II 290; concavitates et curvationes cooperantur ut reliquum corpus possit aque leviter ~ere *Quaest. Salern.* B 75. **b** **798** velut vermes fenestris involant aestivis, sic auribus meis ~ent quaestiunculae ALCUIN *Ep.* 143 p. 225; **s876** (v. gregatim b); ut apes mellis gratia, fervide diversis ~ent floribus, sic sanctorum requirunt coenobia FOLC. *V. Bot.* 402.

2 (of irritant) to cling to, penetrate. **b** (of disease) to become deep-seated.

minutis arenis undique ~entibus .. immense molis ei gravedines inferebant R. COLD. *Godr.* 40. **b** yomenum interpretatur seipsum comedens .. et est appropriatum hoc vocabulum ad designandum cancrum quia loca quibus ~et corrodit *SB* 44.

3 (*~ere manus*) to lay hands on, strike.

a1161 eidem .. adjudicata est .. purgatio que [*sic*] in istum violentas manus non insederit nec eum .. verberavit *Doc. Theob.* 136.

insidia, ~ium v. insidiae.

insidiae [CL], **~ium** [ML]

1 ambush; **b** (mil.).

qui [Achilles] .. ~iis Paridis post Apollinis simulacrum latentis occisus est ALB. LOND. *DG* 11. 24; **1390** ibidem interfecerunt felonice W. J. jacentes in ~io *SelCCoron* 110. **b** hostium multitudo, quam adpropinquare intuebantur in ~iis constituti BEDE *HE* I 20 p. 39; horrendas formidabant Sarracenorum ~ias *V. Gund.* 4; cum .. in silve ipsius ora in ~iis latitassent GIR. *EH* II 1; Ricardi reditu dux Austricus undique ponit / insidias GARL. *Tri. Eccl.* 52; **s1385** rex .. Ricardus .. incendiis supponens abbathiam de M. propter ~eas ibidem latitantes *Chr. Kirkstall* 124.

2 trap, snare (in quots., fig.). **b** dangerous product, harmful substance.

cum .. Guthlac contra ~ias lubrici hostis saepe certando triumphabat [v. l. triumpharet] FELIX *Guthl.* 35 p. 110; libera animam meam ab omnibus ~iis inimici *Nunnam.* 60; tetendit ei communis adversarius solitas suae malignitatis ~ias WULF. *Æthelwold* 15; muscas, id est demonum ~ias, .. in die judicii non timebit NIG. *Ep.* 18; monemur occulti hostis .. cavere ~ias *Canon. G. Sempr.* 159v. **b** laquearia ~ias [*gl.*: *les enges*] aeris expellant NECKAM *Ut.* 110.

3 treacherous plot, treachery, deceit.

regis sibi infecti ~ias vitavit BEDE *HE* II 12 p. 110; **p1191** lesit sacerdotium / hostis sacerdotum, / prestruxit insidias / et insidias falsas / respexerat (*The Fall of William Longchamp*) *EHR* V 318; ceperunt .. ipsum .. contra regem B. et ejus ~ias .. protegere *V. II Off.* f. 10a.

4 guard, watch.

?**c1261** vicecomes .. in stratis et viis .. custodes tenet et ~ias circumcirca, qui non permittunt aliquos ad .. castrum bladum .. asportare *RL* II 185; ~ias nocturnas facere *Fleta* 69 (v. 2 forator).

insidianter [ML], by craft or cunning.

1393 unus Wallicus vocatus M. †tininsidiater [*sic* MS; l. insidianter] et felonice interfecit unum alterum (*Worcs*) *SelCCoron* 110; ut modicas caperet ~er aves (*Godfrey of Viterbo*) CAPGR. *Hen.* 11.

insidiari [CL], **~iare** [LL]

1 to lie in wait to attack, to ambush (w. dat. or acc. or absol.): **a** (of predatory animal); **b** (of person); **c** (mil.).

a serpens ~iatur calcaneo mulieris .. ~iatur calcaneo, cum in fine vitae praesentis nos rapere satagit BEDE *Gen.* 58C; **c797** ne .. lupus ~ians aliquos ex grege Christi devorare valeat ALCUIN *Ep.* 130; ~iantur venena .. et venenosa animalia GIR. *TH* I 36; hec lupa enea arieti eneo ~eatur GREG. *Mir. Rom.* 32; BART. ANGL. IV 11 (v. cattus 1a). **b** **1231** ~iavit ei per tres dies et tres noctes *BNB* II 509; **1255** forestarii .. ~iantes per totam noctem vigilando .. invenerunt tres homines *SelPlForest* 35; ita viz. quod .. non sint haye, fossati, subboscus aut dumeta in quibus malefactores viatoribus ~iantes poterint latitare *Fleta* 35; **1381** noctanter incidiaverunt J. D. .. et ipsum depredaverunt de xxxiiij s. xj d. *SessPWarw* 53; **1382** tam per diem quam per noctem erat vagans .. cum arcu extenso et sagitta in arcu gladio bokeler et dagger †invadiandos [MS: incidiand'] predictos vicinos et alios *SessPCambs* 51; malefactores .. mercatas et proborum habitacula ~iabantur *Meaux* II 275. **c** [hostes] ~iantes in canellis, balistis et machinis suis dampni et nocumenti fecerunt quod poterant *G. Hen. V* 6.

2 to lay a trap, to set a snare.

Deus qui innocentes a laqueis ~iantium liberat *V. II Off.* f. 11b.

3 to plot, intrigue (against). **b** (pr. ppl. as adj.) insidious, treacherous.

illi [sc. Sancto Gregorio] fecit eos [sc. magos] ~iasse *V. Greg.* 97; dum hinc et inde utrinque ~iarentur *Obsess. Durh.* 7; scripta authentica omnium enervavit, libertatibus omnium ~ians quasi e specula solotenus eigt innoxiorum municipia R. NIGER *Chr. II* 169; igni concremantur qui saluti dominorum suorum ~iaverint BRACTON 105. **b** juvenem .. pravis voluntatibus suis [sc. diaboli] parum cessisse, quibus in eum ~iantibus armis dimicare inchoavit B. *V. Dunst.* 7; contra ~iantissimum dominici gregis adversarium GOSC. *Wulsin* 3; mundus .. ac si ~iantibus adversariis potestatibus clamet .. J. SAL. *Ep.* 211 (201); jugulo illa [sc. harundo] patenti / insidians galee clipeique intervenit horas J. EXON. *BT* VI 232.

4 to pursue with hostility, hound, torment.

966 de illorum anathemate qui monachis ~iantur .. item de anathemate ~iantium *CS* 1190; accusabo te apud dominum meum, et ~iabitur tibi, donec tu deleris de terra viventium *Latin Stories* 3.

5 to be on the lookout for, watch for, spy on. **b** to watch over, guard.

1284 Leulino .. eunti in partibus de P. ad ~iand' malefactores *KR Ac* 351/9 m. 9; *Ib.* 351/9 m. 2 (v. insidiator 3a); ~ienturque trituratores et ventrices ne quicquam bladi furentur *Fleta* 170; per legales et discretos homines .. ~ari facias eundem B. si redierit vel non *Ib.* 392; **1295** in expensis predicti Osberti eundo [*sic*] per costeram maris inter Leen et Berewicum super mare cum navibus predictis ~iando inimicos regis *KR Ac* 5/11. **b** **1248** accidit quod .. forestarii .. venerunt contra mediam noctem sub W. ad ~iandam ballivam suam *SelPlForest* 77.

insidiarius, plotter.

filius regis .. cum omnibus suis consiliariis, immo ~iis .. facinus perpetrare tentati sunt ASSER *Alf.* 12.

insidiatio [LL]

1 ambush, attack, waylaying.

1389 de .. homicidio, arsura domorum, incidiacione, depredacione .. vel aliqua alia felonia *Guild Cert.* 46/451; **1415** quod ipse cum aliis .. jacuisset in quadam ~one ad conspirandum mortem R. C. et ipsum verberasset *Reg. Cant.* III 370; **1513** felonias, roborias, ~ones *Reg. Heref.* 175; quoad ~onem et impositionem minarum *Entries* 682va.

2 civil strife.

1486 si aliquis forinsecus veniet inter nos durante ~one de quo habeatur suspicio mali .. (*Hereford*) *Borough Cust.* I 6; ipsi qui inter nos dissensionem facere tempore ~onis .. inveniebantur *Ib.* 70.

insidiator [CL]

1 one who lies in wait to attack, ambusher. **b** (~*or viarum*) highwayman. **c** thief (fig.).

si amicum inter ~ores positum ut caute se agat admonere desideras BEDE *TR* 181; c**885** cruentissimos .. lupos immundorum spirituum, qui sunt ~ores ac devoratores animorum procul arcere (*Lit. Archiep.*) *CS* 555 p. 192. **b** **1402** ita quod non sint communes latrones nec ~ores viarum *Pat* 367 m. 16; **1414** communis ~or viarum jacens et latitans in confinio comitatuum .. ad verberandum .. et interficiendum omnes et singulos ligeos fideles domini regis *Proc. J. P.* 303. **c** de alieno enim prodigi de proprio sunt avari verborum ~ores, aucupes syllabarum P. BLOIS *Ep.* 25. 90A.

2 one who plots against or betrays, intriguer. **b** (gen.) enemy; **c** (w. ref. to Satan).

de eo .. non solum apud regem accusatio, sed etiam apud Romanum antistitem ab inimicis et ~oribus perlata fuerat delatio DOMINIC *V. Ecgwini* I 5; timide trepideque de cetero sub tanto ~ore et successore regnabis GIR. *Æthelb.* 7; rex .. contra hostes regni sui ~ores, imo jam manifeste contra regnum suum insurgentes .. bellum instaurari precepit *V. II Off.* f. 3a; set nunc dicit emulus et insidiator, / cujus nequam oculus pacis perturbator *Carm. Lew.* 83. **b** cum ~ores ejus ipsum vallarent, et, velut Judaei summum Christum olim circumdarent, ipse intrepidus equo resedit BYRHT. *V. Osw.* 449; **1168** non .. dicunt ~ores, 'hoc fecit ille vel ille' sed 'hoc faciunt monachi Cantuarienses, aut monachus' J. SAL. *Ep.* 251 (246); ut discipline habenas subjectorum voluntati omnino relaxarem .. ne forte illos adquirerem prelationis mee ~ores AD. EYNS. *Visio* 27 p. 332; quis gratie auctorem tantis persequeretur laudibus quantis iste persecutus est ~orem capitis sui? GIR. *PI* I 7 p. 25. **c** ut quanto amplius malignum spiritum tuum et omnium ~orem tibi vides invidere, tanto ardentius que illi invisi et Deo sunt placita studeas adimplere ALEX. CANT. *Mir.* 50 (II) p. 263; antiquus ~or et serpens tortuosus R. COLD. *Godr.* 51; s**1182** annulum in digito habes, quem expedit ut deponas, quatenus ab ~oris laqueis liber evadas AGNELLUS *Hen.* 265.

3 spy. **b** watchman, guard.

1284 pro expensis j ~oris euntis versus Leulinum et fratrem ejus ad ipsos insidiandos, x d. *KR Ac* 351/9 m. 2. **b** non mihi minister nec laboris socius factus est, sed itineris mei explorator et ~or vitae meae est mihi datus D. LOND. *Ep.* 1; **1267** in stipendio j ~oris per totum annum, iiij s. *MinAc* 824/6 r. 1d.

insidiatrix [LL]

1 waylayer, robber (f., in quots., fig.).

sordidae .. cogitationes, virtutum spiritualium quasi ~ices BEDE *Sam.* 545A; ~ix pudicitie AILR. *Inst. Inclus.* 4 (v. insibilare 3); **1423** communis insigdiatrix (*Fyfield*) *MinAc Essex*.

2 betrayer.

[Emma] proditrix regni, hostis patrie, ~ix filii judicatur GOSC. *Transl. Mild.* 18 p. 177.

insidiose [CL], deceitfully, treacherously, insidiously.

dum diu, ut jam dictum est, careret nomine altera gleba cum praenominata Eadburge translata, tandem ~e Miltrudis vocabulo est simulata GOSC. *Lib. Mild.* 18; putantes ipsum abbatem ~e .. opera eorum fallacia regi annuntiasse *Chr. Battle* f. 63; predixit eciam illis qui foveas ~e sibi ac suis paraverant J. FURNESS *Pat.* 122; [lupi] minus nocebunt ecclesie quam sic ~e in ovinis pellibus latitare R. DYMMOK 112.

insidiosus [CL], deceitful, treacherous, insidious.

dolosus, i. ~us, fraudulentus, callidus, *inwitful*, vel *facenful GlH* D 769; eloquio clarior, sed ingenio pessimo, truci, avaro, ~o, simulans ea se velle que nollet GIR. *PI* I 17 p. 64.

insigillare [ML], to put a seal on.

et post ~etur manus ejus [AS: *inseglige man þa hand*] et inquiratur die tertia si inmunda sit vel munda (*Quad.*) *GAS* 387.

insigillatio, sealing.

testamentum esset ligitime probatum coram eodem ordinario ante ~onem *Entries* 603va.

insigne [CL], **~ium** [LL], **~um**

1 something worn or carried as mark of rank, status, or honour: **a** (royal or imperial); **b** (mil. or knightly); **c** (eccl.); **d** (acad.).

a **10..** accipe sceptrum regiae potestatis ~e *Rec. Coronation* 19; regalibus ~iis ornatus Wintonie procederet GOSC. *Transl. Mild.* 6 p. 163; Edbaldo filio regni tradens ~ia W. MALM. *GR* I 10; acceptis ~iis regni DICETO *YH* I 358; quicquid in eo [sc. Haroldo] regalis erat ~ii duci deportatum est, signum sc. prostrationis regie *Found. Waltham* 21; hanc [sc. lanceam sacram] ad ~e et tutamentum imperii posteris reliquit CAPGR. *Hen.* 9; s**940** cum Eadmundus regalibus ~ibus esset sublimatus M. PAR. *Maj.* I 452 (cf. CIREN. II 77: regalibus ~iis). **b** de summis baronibus, qui omnibus militandi abjectus ~iis .. nomen suum .. mentiebantur *G. Steph.* 66; s**1346** Edwardum filium suum .. ~iis militaribus decoravit *Eul. Hist.* III 207. **c** **1169** ~a episcopalis eminentie in abbate nec approbo nec accepto P. BLOIS *Ep.* 90*. 283B; pontificalibus ~iis redimitus R. COLD. *Cuthb.* 132 p. 281; ad ampliorem itaque sancte Virginis honorem missarum sollemnia celebraturus, se pontificalibus ornavit ~ibus *Mir. Fridesw.* 43; **1481** mitra, cerotecis, sandalis et aliis pontificalibus ~iis uti *Cart. Osney* III 354; **1549** ~ia .. reverendi patris *Offic. S. Andr.* 140. **d** tetigi quod licenciam michi annueret in logica et philosophia gradum suscipere baculariatus vel quod dicte sciencie ~ia poteram subintrare *Regina Rhet.* 201; **1447** volo quod executor meus .. ponat supra sepulcrum meum .. lapidem marmoreum cum effigie et ~ibus doctoris legum (*Test.*) *MunAcOx* 557.

2 emblem, symbol, artefact. **b** document. **c** coat of arms.

relictis ibidem quibusdam ~iis suis, [sc. S. Brigide], viz. pera, monili, nola et textrilibus armis W. MALM. *Glast.* 12; **1315** omnibus ~iis parochialibus *Melrose* 407; his [sc. Wallensibus] vestium insignia / sunt chlamys et camisia / et crispa femoralia HIGD. I 38 p. 400 (cf. *Eul. Hist.* II 134: †diurnia [v. l. insignia]; **1567** ~ia hujus regni sunt hostili more dejecta, et l navibus nostris abrepta ASCHAM *Ep.* 351. **b** sunt etiam ibidem plurime carte, et alia ~ia, de terris que liberalitate et elemosinis hominum eidem ecclesie sunt date RIC. HEX. *Hist. Hex.* II 12. **c** ~e A. *a cote armere WW*; *a cotearmour* .. ~um *CathA*; c**1548** unam pelvem et lavacrum argenti .. in medio dicte pelvis habentem ~ia .. reverendi patris viz. *ane chaker with ane reid raggit bar drawin throucht* cum mitra episcopali super .. ~ia *Offic. S. Andr.* 140.

3 (sign of) inner or abstr. quality, or the action which issues from it.

cum .. optatae castitatis ~ibus .. carere stricta machera extorqueretur ALDH. *VirgP* 31; miracula .. que novis operum cotidie innovantur ~iis R. COLD. *Cuthb.* 48 p. 98 (v. innovare 4a); inter varias quibus preeminet virtutes .. trina hunc ~ia incomparabiliter reddunt illustrem GIR. *TH* III 50; ipsa enim adholescencie ipsius primordia quasi certa future in eo dingnitatis indicia presingnabant et insingne quiddam innuencia quasi ex desingnacione divina ecclesie Dei rectorem ydoneum preparabant *Ep. Glasg.* 309; honeste vite experiri ~ia *Canon. G. Sempr.* 39v; **1262** quem tot virtutum ~iis .. Dominus decoravit *RL* II 206; vox Christi animam consolantis et amoris sui ~ia memorantis J. HOWD. *Cant. tit.* p. 63; habens ~e penitencie in capite, tonsuram sc. J. FURNESS *Pat.* 154; honorabilium patrum ~ia cupiens enarrari *Meaux* III 237 (cf. ib.: actus insignes).

4 battle cry.

~e Francorum genti notissimum alta voce proclamat, Montem Jovis crebro nominans NECKAM *NR* II 158 p. 263; s**1242** facto congressu acclamatum est terribiliter "ad arma, ad arma", hinc "regales, regales", inde "montis gaudium, montis gaudium", sc. utrius regis ~e M. PAR. *Maj.* IV 213.

insignificabilis [ML], that cannot be shown or indicated.

~is, quod non potest significari OSB. GLOUC. *Deriv.* 289.

insignire [CL], **~are** [LL]

1 to mark (w. characteristic feature or means of identity). **b** (*crucis charactere ~ire* or sim.) to mark with the sign of the cross. **c** (*~ire nomine*) to name.

s**1147** si quem hoc [sc. vexillo] ~itum mori contigerit, sibi vita tolli non credimus sed in melius mutari non ambigimus OSB. BAWDSEY clxxiv; bestia seva rapit membrum de corpore leso / semper et insignit, quem docet esse suum J. SAL. *Enth. Phil.* 286; presens scriptum .. bulla aurea .. jussimus ~ari *Reg. S. Osm.* I 195; vituli, porcelli et agni .. aliquo signo rotorio ~entur *Cart. Glouc.* III 216; s**1403** venerunt .. ~ati signis regis Ricardi, viz. cervis *Eul. Hist. Cont.* 396. **b** **1012** (12c) caraxatum est hoc polipticum et signaculo crucis ~itum *CD* 719; crucis signaculo est ~itus GIR. *IK* I 1 p. 16; c**1245** qualiter se debeant crucis caractere ~ire *Conc. Syn.* 423; **1254, 1278** (v. character 1d). **c** **956** (12c) ~itus nomine Ælfhere *CS* 945.

2 to invest with insignia (of rank or honour): **a** (royal); **b** (mil.); **c** (eccl.); **d** (abstr.).

a Arturum diademate regni ~ivit G. MON. IX 1; s**1157** princeps [sc. Henricus II] apud sanctum Edmundum diademate ~itus regali *Chr. Battle* f. 69v; [filius] primevus .., quem tanta diligentia regio ~iri diademate procuraverat GIR. *EH* I 37; asserens se indignum illic corona aurea ~iri GERV. TILB. II 20 p. 946; filium .. imperiali diademate ~ire *Plusc.* VI 28. **b** consulunt regi ut filium suum .. †militare [l. militari] cingulo faciat ~iri *V. II Off.* f. 3a; novos fecit milites et armis militaribus omnes ~ivit W. GUISB. 193; s**1241** Petrus de Sardee .. quem rex .. cingulo militari insingnivit *Ann. Lond.* 37 (= *Flor. Hist.* II: insignivit; cf. M. PAR. *Maj.* IV 86: decoravit); s**1381** propterea predictus major a domino rege prout meruit ~itus est ordine militari *Chr. Kirkstall* 125; duos noviter ~itos milites qui in acie prelii ceciderunt *G. Hen. V* 14. **c** nec papa, nisi cederet, Eboracensi cum pallio ~ire volebat W. MALM. *Wulfst.* I 10; videbam .. manum tuum nullo annulo [sc. episcopali] ~itam P. BLOIS *Ep.* 30. 102A; vidit vultus angelici viros pontificalibus ~itos R. NIGER *Chr. II* 145. **d** virtutibus .. non mediocriter ~itus BEDE *HE* V 19 p. 323; viri Christiana professione ~iti G. MON. IX 4; **1296** personam tuam .. aliarum virtutum titulis ~atam *Mon. Hib. & Scot.* 161a; de virtutibus non paucis istius regis, quibus Deus omnipotens animam ejus ~ivit BLAKMAN *Hen. VI* 4.

3 to adorn, furnish, embellish, supply. **b** to provide honourably, grace (with a person).

oportuit ergo ut .. quarto die caelum luminaribus ~iretur BEDE *Gen.* 21; **970** (12c) ad hanc tellurem multa jugera ex diversis circumjacentibus villis pertinent perpetua ~ita libertate *CS* 1268; construxit primum [monasterium] Cadomis .. opportunis prediis et magnificentissimis donariis ~itum W. MALM. *GR* III 267; s**1086** aliud monasterium .. apud Cadomum construxit quod .. prediis opportunis et donariis magnificis ~ivit M. PAR. *Maj.* II 21; lumine siderum qui [sc. Christe] choros insignis, / faciem solis efferens illustrantis J. HOWD. *Cant.* 175; **1494** dominus E. et dominus R. .. splendido procinctu et precioso ~iti qui erant vendicatores dicti hastiludii *Reg. Merton* 185. **b** ~itus igitur Maddan uxore ex illa genuit duos filios G. MON. II 6; amotis secularibus locum ipsius canonicis ~ivit regularibus *V. Har.* 3 (*tit.*) f. 5b; **1308** quamque [sc. gentem humanam] sua ipse voluit corporali ~ire presencia (*Lit. Papae*) *Reg. Carl.* II 3.

4 to make noteworthy or remarkable, to honour, distinguish.

omnis Merciorum regio tam innocentis et beati viri ~ita martyrio tripudiet *Pass. Æthelb.* 8; ~are, honorare vel nobilem facere OSB. GLOUC. *Deriv.* 294.

5 to make clear, show, record (in writing).

†**709** (12c) quoniam carta carraxata subsistit quod os fatur transit, propterea ~ire perplacet quod volumus cuidam nostro fideli amico et pontifici E. quandam partem terrae concedere *CS* 124; †**909** (12c) coniciens praesentia et futura eodem modo labi [sc. fuscae oblivioni tradi] nisi .. litterarum caracteribus diligenter et studiose a praesentium et futurorum temporum regibus et praesulibus ~ata fuerint *CS* 626 (cf. *CS* 623 †**909** (12c) ~ita).

6 to mark out, assign (for spec. purpose).

sicque ad conplenda vaticinia prophetarum utraque civitas incarnationis ejus ~iretur archanis BEDE *Hom.* I 6 335; et unaqueque civitas tot magistras vias quot magistras portas habet ad theloneum et consuetudines ~itas (*Leg. Hen.* 80. 3b) *GAS* 596; sic ad opus anime domus insignitur, / insignis interius foris expolitur GARL. *Epith.* V *Summa* 29; quidam gradus in scalarum modum insingniti, quibus ab inferiore ad superius elementum esset ascensus *Incept. Ox.* 173; s**1406** archiepiscopus .. abbatem .. benedixit et eundem ut fratrem, consortem, collegam, et comministrum nominans et honorans, in opus Dominicum .. benigniter ~ivit ELMH. *Cant.* 89.

insignis [CL]

1 (of person or thing) conspicuous, instantly recognizable. **b** (of abstr.) manifest, clear.

abbas habitu et vita monachi ~is BEDE *HE* III 4 p. 133; **889** (11c) cujus .. supra memoratae familiae consensu et testimonio et roboratione ~is vexilli in hac pagina firmata consistit *CS* 559. **b** s**1141** nonne prestaret mori .. quam tam ~em contumeliam pati? W. MALM. *HN* 488.

2 remarkable, exceptional, noteworthy: **a** (of person); **b** (of thing).

a **1157** assiduitas potationis apud exteras nationes fecit Anglos ~es J. SAL. *Ep.* 85 (33 p. 57). **b** quasi .. nature thesaurus, ubi ~ia et pretiosiora sui secreta reposuerit GIR. *TH* I 2.

3 distinguished, renowned, illustrious; **b** (as sb. m.).

Helias vates, quem tetra volumina regum / insignem memorant virtutum tenia fretum ALDH. *VirgV* 249; parentibus regium nomen et ~e ferentibus BEDE *HE* I 16 p. 33; regnante glorioso rege Eadgaro, ~i et clementissimo, .. templum .. construxit WULF. *Æthelwold* 13; comites

Haraldus et Elgarus, par ~e fortitudinis, non ita religionis W. MALM. *Wulfst.* I 11; literarum scientia ~is *Ib.* II 1; inter ~iores militum regis *G. Herw.* 331b; Gallienus ~is medicus .. Pergamo genitus, Rome clarus habetur *Flor. Hist.* I 139. **b** vidit ~is [sc. Oswaldus] obtutibus gaudium BYRHT. *V. Osw.* 473.

insignitas [ML], excellence, distinction.

1268 quem nobilitas sanguinis et refulgentia probitatis atque morum ~as reddat inter ceteros clariorem *RL* II 323.

insigniter [CL]

1 conspicuously, manifestly.

suum locum et insulam non ~iter .. munierunt *G. Herw.* 332b; **1557** punietur tanquam rebellis eo quod traditoribus et ~iter delinquentibus auxilium et adjumentum subministravit *ActPCIr* 41.

2 gloriously, honourably, with distinction.

exortatorium de virginitate servanda ~iter edidit opusculum ALDH. *VirgP* 49; **c744** domino reverentissimo .. ~iter decorato *Ep. Bonif.* 64; adducebat .. virginem .., caput auro et gemmarum splendoribus ~iter coronatam GOSC. *Transl. Mild.* 21 p. 182; **c1074** domino merito sanctitatis ~iter efferendo J. LANFR. *Ep.* 13 (14); plurima ~iter et victoriose peregit *G. Steph.* 44; inter rosas martyrum rutilat ~iter noster Albanus W. NEWB. *Serm.* 874.

insignitio [ML], act of marking with a sign, emblem, decoration, or honour.

inisgnio .. i. nobilitare, quod etiam pro pingere dicitur; et inde insignitus .. et hec ~o OSB. GLOUC. *Deriv.* 283; hanc ~onem illa pontificis manus impositio denotat COLET *Eccl. Hier.* 212; in hac magna professione ~onem sanctae crucis patitur *Ib.* 254.

insignium v. insigne.

insilere [ML], to keep silent.

1410 alia ex hiis dispendia oriuntur, quorum quam loqui extat honestius ~ere *FormOx* II 424.

insiliarius, evil counsellor, or ? *f. l.*

s855 filius regis Æthelwlfi cum omnibus suis consiliariis, imo insiliariis [v. l. insidiariis], tantum facinus perpetrare temptati sunt, ut regem a regno proprio repellerent FL. WORC. I 75 (= ASSER *Alf.* 12: insidiariis).

insilire [CL]

1 to leap on or into: **a** (w. dat. or *in* & acc.; also fig.); **b** (w. acc.).

a post unctionem ~ivit in eum [sc. Saul] Spiritus Domini *Tract. Ebor.* 665; potest .. multis modis antevenire .. flammis vel undis ~iendo HON. *Eluc.* 1152D; ego ipse in fontem quemdam ~ii GIR. *IK* I 12; decrevi presenti opusculo ~ire *Regina Rhet.* 186. **b** ibi viso stagno aque perlucentis, vestibus depositis, aquam pede tentatam animoque et ore probatam ~uit *Natura Deorum* 46.

2 to leap forth (fig.).

s1066 ~it ignita collisio galearum et ensium H. HUNT. *HA* VI 30.

3 to leap on (w. hostility), attack, assail.

H. HUNT. *HA* V *prol.* (v. assilire 2b); **1379** dictos collectores .. diversis minis .. et verbis reprobosis ~uit *IMisc* 222/12/2; si quis audeat prope accedere .. montibus, statim .. ~irent et eum invaderent formice *Itin. Mand.* 118.

insilium, bad counsel.

s1003 Swein, per ~ium .. Hugonis .. civitatem E. infregit FL. WORC. I 156 (= S. DURH. *HR* 120, W. COVENTR. I 27); **s1052** [Normanni] multa regi ~ia adversus Anglos dederunt *Ib.* I 210 (= S. DURH. *HR* 140); **s664** quorum ~io rex infatuatus RIC. HEX. *Hist. Hex.* I 6.

insilvescere [cf. CL silvescere], to become wooded, grow into a forest.

fere ubique terrarum nemus ~escit juxta altare P. BLOIS *Ep. Sup.* 28. 2.

insimiliter [cf. CL similiter, ML insimilis], in the same manner, likewise.

1339 parati ad proficiscendum ~iter contra .. hostes *Conc.* II 654b; **1533** ac eciam ij acras terre ~iter jacentes in clauso nuper dicti J. *Banstead* II 103.

insimul [CL]

1 in company, together: **a** (of one person w. another); **b** (of two persons); **c** (of group).

a **c1210** per longam autem ~ul cohabitacionem .. mores hominis .. perpenduntur GIR. *Ep.* 2 p. 160. **b** [episcopus et serviens] versus locum carceris .. ~ul sunt regressi *Proc. A. Kyteler* 7; **1431** Johannes et Thomas .. ~ul comparuerunt *Lit. Cant.* III 158; **1443** dicti Poynant et Claricia ~ul in matrimonio cohabitaverunt *Paston Let.* 871; dum ~ul commanserunt [rex et regina] BLAKMAN *Hen. VI* 7. **c** non inimicantis gentis sit turma vocata / insimul ad cenam D. BEC. 48; **c1192** non nisi per tres aut quatuor dies idem monachi ~ul molant *Regesta Scot.* 317; **1226** id quod ecclesie vestre et vobis attentis ~ul commodo et honore nostro vidimus melius expedire *Pat* 82; **1253** nisi omnes .. ad .. negocii expedicionem ~ul possent esse *RGasc* I 273; nescitur an ad tantam paucitatem deveniet [ecclesia universalis] quod posset ~ul convenire OCKHAM *Dial.* 571; **1355** in consiliis provincialibus et aliis locis in quibus habent ~ul convenire *Lit. Cant.* II 329.

2 (of artefact, natural force, or abstr.) in combination, acting together.

numquid alter radiorum cedet reliquo, aut duo radii ~ul erunt? NECKAM *NR* II 153 p. 237; 'ecce duo gladii hic', copulans ~ul ut noceat efficacius AD. MARSH *Ep.* 40; perfeccionem hominis personalem et perfeccionem militantis ecclesie gradualem ~ul combinando UHTRED *Mon. V* 376; aque plures collecte ad finem civitatis .. de S. .. currunt ~ul usque Sheftysbery W. WORC. *Itin.* 146.

3 collectively (as dist. from separately). **b** (w. ref. to tenure of property) jointly.

s1399 ut .. facultatem haberet eosdem singillatim vel ~ul opprimendi WALS. *HA* II 231. **b** **1165** in simull eis dedi licenciam faciendi molendinum *Regesta Scot.* I 259; **1311** medietatem [mesuagii] .. ipsa .. Alicia et ego ~ul et pro indiviso tenebamus *Deeds Balliol* 51.

4 contiguously, adjacent.

13.. quarum una acra et una roda terre ~ul jacent *Mem. Ripon* I 121; **1430** R. M. .. tenet .. ij messuagia et j magnam domum .. cum suis pertinenciis ~ul jacentem *Feod. Durh.* 24; **1452** quinque acre terre inde ~ul jacent in quodam campo, vocato G. *Reg. Whet.* I 100.

5 (bound) together.

perticas in simul firmiter ligatas DICETO *Chr.* 12; **s1259** fabrica .. lignis fuit convexis et ~ul ligatis suffulta *Flor. Hist.* II 430; **1448** pedes et tibias .. presbyteri .. linthiamine ~ul fortiterque ligavit (*Court BK Episc. Linc.*) *Eng. Clergy* 216.

6 at the same time.

serviens de revestiario .. qui ~ul percipit cibum suum ibidem eodem modo sicut primus *Cust. West.* 73; **1277** mandamus quatinus redditum nostrum de isto termino Sancti Andree et de aliis terminis ~ul faciatis ad preposito locorum integre colligi *Reg. Heref.* 109.

7 likewise, in the same manner.

tenet ibi terram quae .. illo tempore erat manerium ~ul *DB* (*Kent*) I 12va; **1253** S. de A. ~ul malefactor in eisdem boscis cum arcubus et sagittis *SelPlForest* 109; donavit michi in organis et in membris corporis convenienciam et eleganciam, victus et vestitus sufficientiam, ~ul vires et decencias alias hominis exterioris UHTRED *Medit.* 198.

8 (w. *cum* & abl.) together with, as well as.

1161 cum omnibus istarum terrarum pertinentiis ~ul *Regesta Scot.* 184; sciatis me dedisse .. Helewisae .. tres carucatas terrae .. ~ul cum hominibus in .. terra manentibus *FormA* 183; et ~ul cum predictis, ligna de bosco meo *Reg. S. Thom. Dublin* 86; casu .. fortuito concurrerunt ~ul Nennius cum Julio *Eul. Hist.* II 250.

insimulare [CL], to accuse, charge.

Dominum .. est haedus quia peccati ~atus est BEDE *Luke* 573D; hec adeo omnia ad hoc ~antur vel dissimulantur quatinus .. GOSC. *Lib. Mild.* 12 p. 80; W. MALM. *GP* I 52 (v. curare 2c); Paulus condemnatus est de heresi sua et moribus ~atus R. NIGER *Chr. I* 30.

insimulari [cf. CL insimul], to combine, unite.

si quis alteri prestet arma sua in occisione alicujus, licet eis, si velint weram ejus mortui conjectare [AS: *gesomnian*]. si ~ari [AS: *gesamnien*] noluerint, reddat qui arma prestitit terciam partem ipsius were (*Quad.*) *GAS* 61.

insimulatio [CL], accusation, charge.

falsa ~one contegere voluerunt H. READING (I) *Mem.* 1311C; **s1376** non obstantibus eorum ~onibus, par regni et dominus de Latimer esset permansurus *Chr. Angl.* 80; **s1381** [villani] hospites .. suos, milites et armigeros de regis familia, fictis ~onibus credere compulerunt abbatem fore hypocritam WALS. *HA* II 37.

insimulator [CL], accuser.

per miraculum Dei ~or .. enervatur W. MALM. *GR* II 188.

insimultare [cf. CL insimul], to combine, unite.

s1455 ~antes se cum suis in unum *Reg. Whet.* I 167.

insinuamen [ML], instilled instruction, doctrine.

vitia obviantur innumera, aut aequo animo patiantur, aut justo precor ~ine corrigantur B. *Ep.* 388.

1 insinuare [CL]

1 to insert in insinuous fashion, introduce.

me .. praesente nunquam .. laqueos tuos ei ~abis ADEL. *ED* 9; in causis, actionibus, et foro civili, ~ando, inveniendo .. et confirmando, nullas penitus naturalis rhetorice partes omittunt GIR. *DK* I 12.

2 to introduce (into the custody of), entrust, hand over.

illi eum [puerum] secum duxere .. et eum ~averunt regi NEN. *HB* 41; **1232** abbatis et prioris procuraciones ~ate in ede sacra, sc. in custodia prioris S. Eadmundi, sunt deposite *Ch. Chester* 431 p. 429.

3 (pass.) to work one's way into favour, insinuate or ingratiate oneself.

episcopus Salesberie .. ~atus est primo comiti H., qui postmodum rex fuit, pro prudentia res domesticas administrandi et luxum familie cohibendi W. MALM. *HN* 481.

4 to suggest, imply, indicate. **b** (pr. ppl. as sb. m.) one who indicates (by example).

duo alii [sc. circuli] victoriam .. ~ant BEDE *Tab.* 403C; septem oculi Agni septem dona Sancti Spiritus ~are possunt *Ib.* 419D; ~ans figurate quod, si quis scribendi peritia careat, predicandi penitentiam officium non presumat R. BURY *Phil.* 6. 98; adducunt angeli justos ad Deum. / cum transformares te Christe quid insinuares / veste decorati declarant clarificati *Vers. Cant.* 20; sic et Cherubyn qui plenitudo sciencie interpretatur, nomine suo ~at angelos angelis preesse scientie magnitudine, quo inferiores illuminare merentur FORTESCUE *NLN* II 61; mihi .. modum et materiam .. ~averat *Eul. Hist.* I 2. **b** ergo quos ratio directa nequit revocare / a vitiis revocat insinuantis opus, / nam sicut verbi, sic insinuatio vite / sepe reluctantes ad sua vota trahit J. SAL. *Enth. Phil.* 1476.

5 to instil (idea or notion in a person).

801 Johannem .. narrantem .. ea.. quae Trinitatis unitatem et vitae aeternae felicitatem ~arent ALCUIN *Ep.* 213; **c952** archana quae nostis meis studuit auribus ~are *CS* 897; fidem catholicam vel simbolum apostolorum vel Athanasii testimonium tibi ~abit PULL. *CM* 222.

6 to make known, tell, inform, teach: **a** (w. acc.); **b** (w. dat. of pers.); **c** (w. acc. & inf.); **d** (w. rel. cl. or indir. qu.).

a ?**693** ~amus vobis quod .. frater noster B. .. a nobis .. illic demandatus est (*Lit. Papae*) EADMER *HN* 317; quod pulchre versibus heroicis Prosper .. ~at BEDE *HE* I 10 p. 24; satis esse ista existimo .. ad ~andos temporales sancti viri labores OSB. *Mir. Dunst.* 160; hujus sacramenti effectum Jacobus apostolus ~at GIR. *GE* I 4 p. 15; **s1320** omnia dolosa .. rex Francie ~avit *Ann. Paul.* 289. **b** **747** ut presbyteri .. quae sibi ab episcopis provinciae ~ata et injuncta sunt .. studeant explere (*Clovesho*) *Conc. HS* 365; **c1221** prefato .. episcopo L. palam et publice intimetis et ~etis *Reg. Paisley* 154; procuravit .. ut hec domino abbati congrue et rationabiliter ~arentur BRAKELOND f. 147v; **1232** ut eum [sc. valetudinis mee statum] literis tibi ~em GROS. *Ep.* 8; voluit Dominus apostolis ~are ut intelligant naturam BACON *Min.* 357; querelas parati exercitus regiis decernunt auribus ~are ÆLNOTH *Cnut* 32. **c** se ~ans .. crucis subisse patibulum BEDE *Hom.* II 7. 133; **1073** ~avit nobis venerabilis frater noster .. advenisse de Orchadum insulis ad se quendam clericum LANFR. *Ep.* 12 (13); viro Dei se .. infirmari .. ~avit EADMER *V. Osw.* 27. **d** misit litteras in quibus .. ~at qualiter episcopos .. constituere debuisset BEDE *HE* I 29 p. 63; dignum duximus serenitati vestre ~are quantum Deus in finibus nostris .. suam extulerit ecclesiam *Canon. G. Sempr.* 117; Arturus quis esset causamque adventus ~at *Arthur & Gorlagon* 5; ~ans ei, quod proditione traderetur BLAKMAN *Hen. VI* 20; **s687** quod a pueritia in Meldunensi coenobio fuerit Aldhelmus alitus et doctus, Eleutherius episcopus .. ~at in privilegiis .. et in cartis *Eul. Hist.* I 226; quae audierant a justitiariis archiepiscopo ~averunt *Croyl Cont. B* 462.

7 to indicate, make clear (wish, intention, statement, or sim.). **b** to demonstrate, show.

prudenti facile causa ~atur *Prov. Durh.* 16; istud, rogo, michi, quod dicis, ~es PETRUS *Dial.* 68; alius signo facto ad cibum et potum, ~ando quod illa emere vellet, debuit venditoribus dicere .. *Latin Stories* 128; nulla ~atur nec explicite nec implicite inter imperium et regnum Romanorum distinccio OCKHAM *Pol.* I 124; ex quibus verbis .. ~atur aperte quod .. *Ib.* 298; lupus terque quaterque pede percussit, ut sibi aperiretur ~ando *Arthur & Gorlagon* 16. **b** **c620** vobis patenter ~et quam nihil erat quod eatenus colebatis (*Lit. Papae*) BEDE *HE* II 10 p. 102; si ex marcis libras efficis, totum marcarum numerum in iij divide partes, et tercia numeri parte sublata, duarum numerus relictarum partium ~at numerum earum quas queris librarum THURKILL *Li.*; *demostrer*, .. sumare et in- [? l. sinuare et insinuare] *Gl. AN Ox.* f. 154r; multa signa .. in mundo visa sunt .. ad ~andum Magni Regis eventum *Eul. Hist.* I 68.

8 to enter in a register, to register (esp. will).

1313 renunciantes .. juri ~andi .. et omni alii juris .. beneficio per que premissa .. aliquatenus impugnari valerent *RGasc* IV 826; **1322** probatum fuit presens testamentum .. approbatum, ~atum, legitimeque pronunciatum *FormA* 432; **1337** consulatis .. executoribus quod veniant ~are et probare .. testamentum *Lit. Cant.* II 171; **1388** nos officialis Londiniensis .. testamentum .. ~avimus et pro eodem seu eadem legitime pronunciavimus *FormA* 429; **1449** †insumatum [l. insinuatum] (v. 1 approbare 4); **1469** probatum erat presens testamentum coram nobis .. et per nos ~atum et approbatum *Wills Dublin* 8; **1535** vos licentiandos esse decrevimus ad probandum .. approbandum et ~andum testamenta *Mem. Ripon* I 107.

2 insinuare [LL], (intr.) to bend, curve.

in muliere os vulve ~at M. SCOT *Phys.* 24 f. 16.

1 insinuatio [CL = (*rhet.*) *beginning of a speech in which the favour of the audience is obtained by indirect means*]

1 hint, insinuation, implication.

1167 species est conscientie diffidentis apud amicum in articulo necessitatis ~one verborum preces involvere J. SAL. *Ep.* 213 (198); non aperte .. sed sub quadam ~onis specie H. BOS. *Thom.* III 36; benevola quadam ~one magis quam expressione manifesta minus dicendo plus voluit significare J. FORD *Serm.* 52. 8; sola penes eum ~one, ut merentibus subveniret, opus fuit AD. EYNS. *Visio* 51; **1231** haec clausula licet non expresse pronunciet quod dictum redditum usque ad tempora mea perceperitis continue et pacifice tamen eadem hoc continet ex ~one GROS. *Ep.* 4 p. 26; **1301** licet aliud .. paternis auribus per .. rebellionis filios fuerit falsa ~one suggestum *Anglo-Scot. Rel.* 194; **1308** hujusmodi ~oni ac delacioni .. aurem noluimus inclinare *Reg. Carl.* II 4.

2 (act of) making known, telling, informing. **b** (in context of complaint).

c620 duritiam cordis ipsius religiosa divinorum praeceptorum ~one mollire (*Lit. Papae*) BEDE *HE* II 11 p. 105; **1162** universitati vestre presencium ~one notificamus *E. Ch. S. Paul* 146; **1188** celebri ac veridica ~one perferri (*Lit. Papae*) *G. Hen. II* II 42; **1230** presentium ~one certificamus, quod .. *Ch. Sal.* 202; **1274** ex ~one vestra .. intelleximus (*Lit. Regis*) *Leg. Ant. Lond.* 165; **1335** ex ~one .. fidelis nostri R. de N. accepimus quod vos quandam navem guerrinam .. concessistis *RScot* 338a; per ~onem librorum Bede presbyteri *Eul. Hist.* I 227. **b** s**1283** ex ~one fidelium accepimus quod ecclesie .. injuriamini *Flor. Hist.* III 60; **1314** ex clamosa ~one populi regni nostri accepimus quod quamplures malefactores .. vagantur et discurrunt (*Breve Regis*) *MGL* III 438; **1317** ex frequenti ~one populi nostri .. intelleximus .. quod braciatrices .. cervisiam .. nimis care vendunt (*Lit. Regis*) TROKELOWE 96; **1376** multorum .. fide dignorum ~one, nostris est auribus intimatum J. de Wycclyff .. in istam detestabilem erupisse vecordiam (*Lit. Papae*) *Ziz.* 242; s**1304** quod cum ~one clamosa pervenit ad aures summi pontificis FORDUN *Cont.* XI 35.

3 entry.

c620 quia .. ejus [i. e. divinitatis] humanitas ad ~onem sui reseratis cordis januis, quae de semet ipsa proferetur secreta humanis mentibus inspiratione clementer infundit (*Lit. Papae*) BEDE *HE* II 10 p. 100.

4 entry (in register or sim.), record. **b** (eccl., right of) registration (of testament).

1313 neque defectu ~onis, cum vim ~onis presentes litteras decernamus habere, nec aliquocumque modo veniemus .. contra predicta *RGasc* IV 973. **b** **1281** pro ~onibus testamentorum nihil omnino petatur PECKHAM *Ep.* 139; habentes juredicciones in ~one testamentorum canonicorum (J. SCAWBY) *Stat. Linc.* II lxxxv; cum .. universitas .. sit .. in possessione cognoscendi super ~onibus testamentorum scolarium *FormOx* 265; **1340** ex ~one predictorum I. et W. [executorum testamenti] .. sit intimatum *Reg. Brev. Orig.* 37b; **1342** per clericos scribentes ~ones hujusmodi [sc. testamentorum] vj d. dumtaxat recepi permittimus pro labore (*Const. J. Stratford*) LYNDW. 181; **1345** habeat archidiaconum .. testamentorum .. †insumacionem [l. insinuacionem] et approbacionem *MunAcOx* 150; **1452** jurent coram ordinario, ad quem †insumacio et approbatus presentis testamenti habet pertinere *Ib.* 650; **1535** testamentorum probacio, approbacio et ~o *Mem. Ripon* I 107.

2 insinuatio [LL], curve.

a crukynge, camur Grece .. ~o *CathA*.

insinuativus [LL = *informative*], that insinuates, suggestive.

hic dicitur quod non refert quo ad Deum, sive interveniat condici tacita sive expressa innuitiva vel †insumativa [v. l. ~a], quia .. WYCL. *Sim.* 59.

insinuator [LL = *warner, suggester*], one who introduces, bringer.

mentem meam, [Deus] bonorum ~or, exerce ALCUIN *Dub.* 1044C.

insinuosus [cf. sinuosus], winding, curving.

rusticus olim, / mella canistris / si subeunti / plebs operosa / cesserit angui, / insinuosum / nescius hostem H. HUNT. *HA XI* 170.

insinuus v. insitivus.

insipere [LL, *backformed from* CL insipiens]

1 to be ignorant (of). **b** (gdv. as sb. m.) ignorant or foolish man.

insipiens veri que fit ymago boni WALT. ANGL. *Fab.* 19. 26. **b** a**976** (12c) nisi satisfaciendo redintegravit quod ~iendus minuendo delevit *CS* 1149.

2 (pr. ppl. as adj.) ignorant, foolish, unwise. **b** (superl.); **c** (as sb. m.).

a**976** (12c) is equidem ~iens .. stuprum .. libidinose commisit *CS* 1150; ~iens est qui utili preponit inutile ANSELM *Misc.* 306; quia et se et alia quoquo modo cognoscere potest, non omnino ~iens est *Simil. Anselmi* 59; tanquam nobis ~ientibus illi suos tradiderint errores MAP *NC* IV 13 f. 54b; hominem inscipientem M. SCOT *Phys.* 56; per curias et cameras obstinati et incipientis principis *Quadr. Reg. Spec.* 37. **b** posui os meum in celum, et sapientiam ~ientissimus doceo P. BLOIS *Ep.* 159. 454B. **c** ceterum oculis ~ientium videtur talis exire de fonte qualis intravit BEDE *Hom.* II 18. 198; J. SAL. *Pol.* 567A (v. distemperare 2c); cum .. hujusmodi leges et consuetudines per insipientes [v. l. †incipientes] et minus doctos .. sepius trahantur ad abusum BRACTON 1; Deum esse vix ~iens dubitat BART. ANGL. I 5; in eo [sale nitri] est secretum nature quod nullus stolidus et ~iens potest cognoscere M. SCOT *Lumen* 247.

3 (?assoc. w. *insipidus*) dull, without taste.

languente appetitu atque ~iente palato P. BLOIS *Ep.* 81. 250B.

insipide, foolishly.

qui tam ~e imponit sancte matri ecclesie quod tam turpiter dominetur (*De Versutiis Antichristi*) *EHR* XLVII 100; hunc hujus particulae usum quidam interpretes nimium refugientes, non solum ~e, sed etiam mea sententia, citra ullum authorem pro ὅτι Graeco, alii 'ut', alii 'quoniam', alii 'quia' non raro posuere LINACRE *Emend. Lat.* xxxix v.

insipiditas [ML], inability to taste.

quedam sunt accidentia cause: ut oris ~as: frigus: somnolentia .. GILB. I 32v. 2; abundans saliva in ore et ~as *Id.* I 90. 2; saporis viiij sunt species, sc. dulcedo, amaritudo, salsedo et unctuositas, acetositas, ~as, ponticitas, stipticitas et acuitas BACON V 133.

insipidus [LL]

1 (of food or drink) that has no taste, tasteless. **b** unsavoury, unpalatable, bitter.

nec dulcis aque nec ad plenum salse, sed inter utrumque ~e GIR. *TH* II 7 p. 85; aqua maris naturaliter est ~a ut cetere aque *Quaest. Salern.* B 114; que lingua .. est concava, porosa, humida et ~a [TREVISA: *savourles*] BART. ANGL. III 20; est .. fleuma humor naturaliter frigidus humidus et ~us *Id.* IV 9. **b** humiditas diffusa per corpus reddit carnem mollem et ~am *Quaest. Salern.* Ba 54; cum aliquem rem ~am sumit que displicet stomaco, provocatur ad nauseam *Ib.* B 85; acetum, vinum mirratum vel venenum .. omnia ~a sunt EDMUND *Serm.* p. 288; signa .. mali stomachi .. sunt .. eructuacio, quando sc. eructat acre vel acerbum vel amarum vel aquosum, ~um aut fetidum BACON V 68.

2 (fig., w. ref. to mind, word, or deed): **a** dull, feeble; **b** unpleasant, tasteless. **c** (as sb. m.) dull or unpleasant man.

a quasi ~am mentem eorum sapore scientiae caelestis inbuit BEDE *Hom.* I 14. 74; mentes insipidas sancto qui pneumate purgas *De lib. arb.* 3; idiote sumus et barbari et ~i (i. insensati) et bruti et stolidi ÆLF. BATA 5. 8; quam ~e sunt eorum [sc. Judeorum] ceremonie sine Christo! DUNS *Ord.* I 72. **b** portento simile paradigma gerit vafer atque / furcifer insipidus *Altercatio* 15; quicquid illi garriant .. ineptum videtur ~um et insulsum J. SAL. *Pol.* 661D; propter rem tam fragilem et .. in se tam vilem et .. ~am GIR. *GE* II 3 p. 178; hec verba sine ~a protervia ad figuram retorqueri non valent (TYSS.) *Ziz.* 167; tenor ~us litterarum vestrarum (*Lit. Episc.*) WALS. *HA* I 385; non videbitur vobis ~um, si cum honoribus metiamur has vestras vices, priusquam in animo vestrum prebeatis assensum *Reg. Whet.* II app. 444. **c** fabulantur .. multi idiote et ~i ordinem monachorum a Sancto Benedicto prius originem accepisse *Eul. Hist.* I 437.

3 (of timber) unseasoned.

1569 xl last' barell' pro servicia vocata *forbere* de malo et insapido ligno *KR Mem* 359 Hilary m. 179.

insipiens v. insipere.

insipienter [CL], foolishly, unwisely, mistakenly.

sed nimium ~er faciunt, quia nigrescit et putrescit tam diu conservatum ÆLF. *Ep.* 3. 45; in hoc fecit quiddam valde ~er ANSELM (*Ep.* 385) V 328; etsi .. interdum faciem pretenderet ~er amancium et verba proferret J. SAL. *Thom.* 3; [Esau] rugitus vehemens penitentie, quod primogenita sua ~er amiserit J. FORD *Serm.* 20. 3; dicunt Saraceni quod istud ignorant Cristiani, credentes ~er quod Jesus ipse fuerat crucifixus *Itin. Mand.* 72.

insipientia [CL]

1 foolishness, stupidity, inexperience.

825 eique suam ~am confessa est retardate reconciliationis (*Clovesho*) *CS* 384; octava pars beatitudinis ad animam pertinentis est sapientia, miserie vero ~a *Simil. Anselmi* 59; c**1155** indulgentiam et absolutionem hujus ~e mee, gracia Dei patrocinante, promerui *CartINorm.* p. 232; juvenum et pravorum hominum, quorum consiliis agi videbatur, ~am et maliciam formidabat J. SAL. *Thom.* 6; quecumque mee incipientie necessaria putabantur *Croyl.* 106; ne ex ~a compilatoris et persone vilitate opusculi hujus labor vilescat intuenti J. MIRFIELD *Flor.* 120; **1441** quia ejus [sc. uxoris mee] incipienciam satis sum expertus *Reg. Cant.* II 582.

2 loss of wits, madness.

clamabat per diem et noctem, sed ad ~iam sibi, nam vita ejus ibi defecit in dolore continuo MAP *NC* II 12 f. 27v.

insipitudo, insipidity, lack of taste.

donec egressa fuerit fortitudo sue substancie [sc. vini] et humiditas corticis, ~o palmitum et granorum graciliorum BACON V 92.

insistentia [ML], persistence, constancy.

marcialis industrie acriorem ~am *Ps.*-ELMH. *Hen. V* 42 p. 104; excubias vigiles .. quibus obsidencium prestanciores catervas et nobiliores bellatores assistere, gravioresque ~as affore estimarent *Ib.* 55.

insistere [CL; v. et. instare]

1 to take up one's stand, stand (in or on). **b** (*vestigiis ~ere*) to follow in the footsteps (of). **c** to dwell in.

elegit utilius pro filio et prestantius in ecclesia ante crucifixum lacrimosis suspiriis ~ere et orationibus *Found. Waltham* 27. **b** ut nos, qui sanctorum merita recensemus, in sensu bonorum operum eorum vestigiis ~amus S. LANGTON *Serm.* IV 4. **c** **1223** eo quod remotioribus regni nostri partibus ~atis *Pat* 376.

2 to press on (with), set to (a task). **b** (w. inf.) to make an effort to, strive to. **c** to engage in, be occupied in (activity). **d** to persist with (immoral act).

admonitus est coepto verbi ministerio sedulus ~ere BEDE *HE* III 19 p. 164; a**786** (12c) omnem hominem .. necesse est ut in praesenti pietatis ~at operibus *CS* 260; ascendit ad locum ubi antea steterat, et accipiens trullam operi quod inchoaverat diligentia ~ebat WULF. *Æthelwold* 34; cum episcopus .. jussisset fratres frequenter laboribus una cum artificibus ~ere ÆLF. *Æthelwold* 23; institit ille jussis, et complens opus, apostolicis et regiis privilegiis corroboravit W. MALM. *GP* IV 16 p. 297; **11..** operi ~ite quod ibi inceptum est sine aliqua dilacione *Reg. Dunferm.* 18. **b** c**620** ~e ergo gloriosa filia, et summis conatibus duritiam cordis ipsius .. mollire (*Lit. Papae*) BEDE *HE* II 11 p. 105; si eventum rei diligentius intueri institeris nullatenus reperies quod injustitiam vocabis G. MON. III 7; maneat in vobis concivium vestrorum pietas et patrie, qui prodicione paganorum exterminati vobis sempiternum erunt opprobrium nisi ipsos defendere institeritis *Id.* IX 4; s**1192** turba Turcorum plurima .. toto conamine ~unt tam paucos opprimere *Itin. Ric.* VI 22 p. 418. **c** commemorat Elfredus carmen triviale .. Aldelmum fecisse, aditiens causa qua probet .. tantum virum his que videantur frivola institisse W. MALM. *GP* 190 p. 191; in .. avibus .. que rapto vivunt et rapinis ~unt GIR. *TH* I 12 p. 36; cum rex Angliae in Normannia venationi ~eret *Latin Stories* 126; s**1400** vir .. maxime sanctitatis, Beate Virginis †obsequius [l. obsequiis] incistendo AD. USK 46; **1300** ut .. cuilibetque vestrum apercius innotescat quibus est incistendum et a quibus est abstinendum *Vis. Ely* 6. **d** ego audiens, nihilominus coeptis instituti vetitis BEDE *HE* V 6 p. 290; quod si pertinatius ceptis institerit, omnem archiepiscopatum in meum fiscum redigam W. MALM. *GP* I 50 p. 92; c**1213** gieziticis actibus pravis passim ~endo GIR. *Ep.* 7 p. 258.

3 to apply oneself diligently to, devote oneself to. **b** (dep.) to follow, pursue, strive for.

713 ut apostolica auctoritate paci ecclesiarum ~amus tuae fraternitati denunciamus quatinus ecclesias Dei .. protegas (*Lit. Papae*) *Chr. Evesham* 172; c**1197** eum adhuc secularibus ~eret disciplinis H. READING (II) *Cel.* 30; exuens socordiam institit sollicite arti litteratorie *Canon. G. Sempr.* 38v; **1275** scholasticis .. ~ere disciplinis *Reg. Heref.* I 8; septuagesimas .. observans .. orans et vigilans et carnes non gustans, afflictionibus ~ebat *V. Edm. Rich C* p. 603; circa istud medium amplius non ~as, sed alia

media coneris adducere OCKHAM *Dial.* 500; c**1350** scolares in artibus .. sue questioni et ordinacioni textus complete ~ant *StatOx* 24. **b 800** quia studium ecclesiasticae vitae noluit ~i ALCUIN *Ep.* 193; digne siquidem sanctorum laudi ~endum est jam cum Christo regnantium *V. Edm. Rich B* p. 614; auctor scripture non ~eretur tali modo loquendi *Ziz.* 462.

4 to insist to, press upon (person). **b** (of condition) to be pressing, to be urgent.

Odo lator praesentium multis mihi supplicationibus institit ut vestrae sanctitati fidelitas nostra supplicare .. deberet ANSELM (*Ep.* 18) III 125; quod ut [rex] faceret R. comes de M. et R. de R. .. vehementer institerunt (*Id.*) (*Ib.* 430) V 376; **1271** ipsis inquisitoribus viriliter ad hoc ~atis *Reg. Ant. Lond.* 140. **b** si alia quaelibet necessitas ~eret BEDE *HE* III 14 p. 156; opportune .. tunc temporis institit messis FAVENT 13 (v. 2 cardo 1b).

5 to counter (in debate), argue against, object.

adversarius .. ~ere poterit dicens compositorem istum [sc. Deum] vim universalis anime esse, que sc. vis natura vocatur PETRUS *Dial.* 22; 'quod sine argumento conceditur, argumento probari non est conveniens'; an concedenti probari an a contra id ~ente, indiscretum BALSH. *AD* 70.

insit- v. et. incit-.

insitare [cf. insitus, *p. ppl. of* 1 inserere], to graft.

1266 in vj^{xx}ix insitis pirorum et pomorum emptis ad novum gardinum plenius plantandum xj s. vj d. in stipend' unius gardinar' circa easdem plantas et insitand' nova insita hoc anno in eodem gardino (*Pipe Wint.*) *Somerset Arch. & Nat. Hist. Soc.* C IV p. 95.

insitia v. inscitia.

insiticius [cf. 2 insitio], of a graft, of grafting.

hec ~ia idem est quod insitio i. *entement*, unde Ovidius 'venerit insitio fac ramum ramus adoptet' unde Sidonius 'hanc in te ipse virtutem si naturalis est excole si minus ut insiticiam appone', i. eam insere quod est Romanice *enter*, et dicitur ab insito, insitivus, vel ~ius *GlSid* f. 146va.

1 insitio v. 1 incisio.

2 insitio [CL]

1 grafting (of plants, also fig.). **b** engrafted plant, graft (in quot. fig.).

vere olive, Christo .. solius gratie ~one [v. l. incisione] adherentes *Chr. Rams.* 10; **1196** veternosas .. vitiorum propagines .. succide maturius, ne vitulamina .. surculis incisionis [*MS Bodl. Lat. Misc. d.* 6 f. 149v. 1: insicionis] sua prepediant incrementa P. BLOIS *Ep.* 134. 399C; tempore ~onis inseritur ramus olive oleastro NECKAM *NR* II 76 p. 173; natura nichil facit frustra, set frustra esset ~o arboris similis in similem .. BACON XI 249; licet natura non faciat aliqua superflua, tamen ars facit ~onem et ars est ad opposita; ideo quia ars facit hanc ~onem, non natura, ideo non valet ratio *Ib.* **b** novellas recentis ortuli sui ~ones [v. l. incisiones] doctrine sue rore rigare constituit *Chr. Rams.* 42.

2 planting.

egregium puerum hunc, tanquam lilium totum hortum venustans, et hic et alibi crebro jam historie huic quasi quadam campi planitie inserui, quo et ipsa ex ~one hac clarior sit et venustior H. BOS. *Thom.* IV 30 p. 460.

insitire [cf. sitire], to quench a thirst, take one's fill (in quot., fig.).

hec [sc. voluptas] auro ac gemmis ceterisque rerum formis ~ire oculos jussit ADEL. *ED* 9.

insitium, grafting.

a graftynge, ~ium *CathA.*

insitivus [CL], planted, engrafted, introduced from elsewhere.

magis pro ~e virtutis industria quam successive sobolis prosapia in principatum ascitur W. MALM. *GR* I 35 p. 34 (cf. *Chr. Rams.* 26: pro ~e [v. l. †insinue] virtutis industria .. admirandus); illis [sc. feris] ut pascua augeantur, predia subtrahuntur agricolis stationalia, ~a colonis J. SAL. *Pol.* 396B; (non per duplicem convenientium generum conjunctionem) per hoc excludit generationem physicam. neque per ~am capacioris substantie naturam sicut surculus inseritur ramo MIDDLETON I 19.

insitor [CL], grafter (also fig.).

novissime quidem excisi et nos de oleastro tueque gratis inserti radici, pinguedinis tue sola gratia per boni artem ~oris facti participes J. FORD *Serm.* 62. 10; nequicie patri, invidie sator, insitor omnis / spurcicie, sanie vivida membra rapit GARL. *Epith.* I 405.

insitum [CL], **~a,** seedling, graft.

quaero .., cum ~a trunco inseritur, qua de causa totus fructus insite naturam sequatur ADEL. *QN* 6 p. 10; ~am fractam W. CANT. *Mir. Thom.* II 4 (v. argilla a); **1183** et pro ~is in clauso regis emptis iij s. *Pipe* 147; **1211** in ix^{xx} ~is emptis et plantandis *Pipe Wint.* 123; **1239** ad ~as emendas et plantandas .. in gardino nostro *Liberate* 13 m. 16; **1266** insitand' nova ~a (v. insitare); **1294** in ~is emptis ad plantandum in novo gardino (*Ac. Milton*) *DCCant*; c**1300** [in inci]tis pir' emptis ad novum gardinum .. in predictis incitis assartandis et cariandis usque Esserugg' .. in xij hominibus locatis .. ad plantand' predictas incitas *MinAc* 863/8 in aqua portanda ad incitas et herbar' *Ib.*

insociabilis [CL], not having a companion or partner, uncompanionable; **b** (theol., w. ref. to the Trinity).

~e *GlH* D 693 (v. dissociablis). **b** quod totum potest dici relatio. nam quoniam Filius existit de Deo nascendo, et Spiritus Sanctus procedendo, ipsa diversitate nativitatis et processionis referuntur ad invicem, ut diversi et alii ab invicem; et quando substantia habet esse de substantia, duae fiunt ibi relationes ~es, si secundum illas nomina ponantur substantiae ANSELM (*Proc. Sp.* 1) II 179; quomodo indivisibilis unitas et ~is pluralitas in Deo ad invicem se habeant inquiramus *Ib.* (*Ib.*) II 180.

insociabiliter, incompatibly.

[divina praescientia et liberum arbitrium] quantum ad rationis considerationem quae videtur spectat, ~iter videntur dissentire ANSELM (*Casus Diab.* 21) I 266.

insocna [AS *in* + *socn*], brawl between or among occupants of a house.

infiht vel ~a est quod ab ipsis qui in domo sunt contubernales agitur (*Leg. Hen.* 80. 12) *GAS* 597.

insolens [CL]

1 unusual, unfamiliar.

tanto ~tius appareret miraculum H. LOS. *Serm.* 260.

2 excessive, immoderate. **b** immodest, shameless.

~s et insolita largitas et liberalitas ista GIR. *SD* 74; **1284** clamor ~s (v. effrenatio); ~tem lasciviam CHAUNDLER *Apol.* 21a (v. feritas 1b). **b** mulieribus ~tes T. MON. *Will.* II 7 (v. 1 Faunus).

3 insolent, haughty, arrogant.

~s potestas *ofermod ricetere GlP* 236; mens ~tior W. MALM. *Wulf.* I 2 (v. frangere 13b); quoniam frangit Deus omne superbum .., verbo vitam amisit GIR. *EH* I 21; s**964** ~s et lubricus (v. gestus 3); **1448** ~em .. gubernacionem (v. diatim a).

insolenter [CL]

1 unusually, contrary to custom.

1453 ipsi .. contra regularem disciplinam ~er vagantur et discurrunt *Pri. Cold.* 178.

2 excessively, immoderately, unrestrainedly.

Picti, recenti victoria ~er abusi W. MALM. *GR* I 52; nihil erat quod furentis animum mitigaret, ut injuriam ~er acceptam multorum dispendio ulcisceretur *Ib.* III 282; plebes .. contristatas, utpote omnibus necessariis ~er privatas ORD. VIT. XIII 28 p. 79.

3 haughtily, arrogantly.

s**1095** illi [sc. inimici Dei] .. nunc Illiricum et omnes inferiores terras ~er inequitant (*Sermo Papae*) W. MALM. *GR* IV 347 p. 394; elatus supra se ambiens plus quam decebat, turbationem .. ~er invexerat ORD. VIT. XII 39 p. 462; metas positas .. ~er excessisti GIR. *EH* I 17; quia primos [Hibernicos] a nobis ~er repulimus, quoniam frangit Deus omne superbum .. illos .. procul absterruimus *Ib.* II 36 p. 390.

insolentia [CL]

1 unfamiliarity (with), condition of being unaccustomed (to).

multis vero diebus ob ~iam gradiendi, tali, instar pulpae, molles ipsum claudicare compellebant *Mir. Fridesw.* 23; suam pretentavit valentiam, diffidens adhuc viribus propter longam gradiendi ~iam *Mir. J. Bev. C* 332.

2 excessive or immoderate act, extravagance, outrage. **b** immodest or shameless act.

~iis *Becket Mat.* IV 432 (v. enormitalis); **1327** finitis visitacionis et examinacionum vestrarum processibus, vocatisque .. me et senioribus fratribus coram vobis pro correccionibus faciendis de ~iis in visitacione vestra compertis *Lit. Cant.* I 225; ipsi tamen multas rapinas et alias ~ias facere non cessarunt AD. MUR. *Chr.* 48; **1384** si quis .. scaccario, aleis, ~iis ex consuetudine utatur .. a .. fraternitate .. expellatur *Gild Camb.* 73; unus de custodibus remanebit in choro propter ~ias juvenum confratrum *Ord. Ebor.* I 156; **1409** lupa vestibulum silencium debitum et morosum non observatur ut deberet a ministris ecclesie, sed ibidem sunt communiter ~ie clamorose tempore quo divina celebrantur in choro .. que quidem ~ie frequenter impediunt et perturbant devocionem celebrantis (*Vis.*) *Fabr. York app.* 245; **1421** de insolenc' in choro et criminibus que de sua natura consilium exigunt et requirunt *Stat. Linc.* II 186. **b 1171** prurientes carnalis ~ie motus P. BLOIS *Ep.* 26. 43D; caro siquidem ejus se mole pinguedinis enormiter onerasset, nisi quod ventris ~iam jejuniis et exercitio domat *Ib.* 66. 198A; **1434** qui ~iis et lasciviis de nocte vacant *Ib.* 263.

3 (act of) arrogance, insolence.

673 ad cumulum firmitatis praevidimus praefatum monasterium apostolicis praerogativis nunc et in perpetuum praemunire, ~iasque tam sacerdotum quam laicorum pariter ab eo inhibere (*Lit. Papae*) *CS* 31; animi tui ~iam [vv. ll. olentiam, inolentiam] jejunii frange fascibus FELIX *Guthl.* 30 p. 98; s**1141** propter ~iam quorundam palam et probose dictitantium non expedire comiti ut regum secus ac ipsi vellent servaret W. MALM. *HN* 490; quantum .. mali ex ~ia proveniat, exemplo .. Roboam .. sapiens intelligat GIR. *EH* II 36 p. 390; [rabies] petens cerebrum desiccat, adurit, arefacit, ut pro virtute vitium, pro mansuetudine ~ia, pro ratione sequatur insania *Quaest. Salern.* B 255; **1281** ad reprimandum eorum insollenciam *Reg. Ebor.* 274.

insolescere [CL], **insolēre**

1 to be or become unfamiliar (with), unaccustomed (to something).

in sinistra parte nolam .. quales bestiarum collo applicare solet antiquitas, ne in desuetione ~escant *Found. Waltham* 6.

2 to become proud, grow insolent; **b** (dep.); **c** (pr. ppl. as adj.) proud, haughty.

si illud, inquam, te pigeat velut ~escentem ac delicatum paulatim masticare et ruminare ALDH. *PR* 142 (*recte* 143) p. 203; †**701** (12c) diabolicae astu calliditatis insollescens *CS* 102; ut nec castigatione deficiat nec prosperitatibus ~escat EGB. *Pont.* 25; ?c**1158** hujusmodi adversus apostolicam sedem ~escat audatia ARNULF *Ep.* 16; **1167** quam periculosa sit ista dilatio, per quam temeritas amplius ~escit J. SAL. *Ep.* 198 (213 p. 350). **b** refert idem Odo quod monachi Turonensis ecclesie in tantum ~escebantur quod sotulares argenteos et zonas sericas portarent *Spec. Laic.* 60. **c** ~escens, superbus, elatus OSB. GLOUC. *Deriv.* 293.

3 to be or become immodest or shameless.

to be wanton, ~ere, ~escere *CathA.*

insoliditas, insolidity (in quot., fig.).

ut insipientia et ~as actoris ipsorum sit omnibus manifesta OCKHAM *Pol.* III 190.

insolidum v. solidum.

insolidus [CL], not solid, unsteady.

puer insolidus et mente et corpore leso HANV. V 51; alis /evolat insolidis *Ib.* VIII 168.

insolite [LL], not customarily, unusually.

1243 non permittant ipsos .. aliquod novum indebite aut ~e .. attemptare *RGasc* I 216; **1329** litteram vestram .. nobis ~e directam *Lit. Cant.* I 303; in ista damnacione, ad ostendendum defectum attestacionis humane fuit ~e terremotus (WYCL.) *Ziz.* 284.

insolitus [CL]

1 (of thing or abstr.) unusual, unfamiliar. **b** (~*o*, *de* or *ex* ~*o*) unusually, contrary to custom. **c** (as sb. n.) unfamiliarity.

~o Brettonibus more BEDE *HE* III 4 p. 133; studiose attendendum est quiddam, quod valde ~um rebus aliis ANSELM (*Mon.* 38) I 56; corvus ~is preconiis efferri cepit NECKAM *NR* II 126; **13..** in recompensacione laboris ~i *Norw. Cath. Pri.* 117. **b** vetus materia recente induitur forma, cum quid de insolito in mundum nascitur PULL. *Sent.* 718C; s**1261** rex .. provisioni baronum subpositus, ex ~o cogebatur manum retrahere *Flor. Hist.* II 463; thesauro insuper ex ~o minorato *Ib.* 464 (= *Op. Chr.* 5); **1284** ipsos .. ad tribunal vestrum responsuros ~o evocantes (*Lit. Archiepisc. Cant.*) *Conc.* II 112. **c** erro per ~um *Babio* 134 (v. grammatizare c).

2 (of person) unaccustomed, unfamiliar (with).

dum tibi placere, sed tecum mihi prodesse sciptor ~us, quia scriptor aulicus, intendi L. DURH. *Hypog.* 62; s**940** gentem .. legibus ~am (v. domare 1b).

insollers [LL; cf. sollers], unskilled.

uncrafty, inartificiosus, infaber, .. [in]solers *CathA.*

insollerter [LL], unskilfully, clumsily.

c**1250** vereor quod .. non minus ~er, quam insipienter .. piis auribus .. importunas ingeram vociferationes AD. MARSH *Ep.* 39.

insollertia, lack of skill, ignorance, stupidity. **b** act of ignorance.

ne per aliquorum insolertiam possint protrahi in abusum [sc. litterae] (*Const. Othonis*) *Conc.* I 655; **c1314** stultorum insolercia *FormOx* I 11; si quis ex insolertia intraret hortum pretiosum pontificis Wycl. *Ver.* II 140; predicta insuper licet incocta, brevitatis et insolertie causa, desidero ut sufficiant, super operis mei imperfeccione veniam postulans a lectore Upton 258. **b** que archiepiscorum oppressiones, que regum ~ie, que multimodum novitates et varietates malorum comitantur, subtilius discutienti apparet *Ep. Cant.* 538.

insolubilis [CL = *that cannot be repaid*]

1 (of bond or sim., also fig.) that cannot be loosed or unravelled, unbreakable; **b** (w. ref. to charter). **c** (w. ref. to divine punishment) perpetual.

a**745** fratribus in Christo .. perennem atque ~em in Domino salutem *Ep. Bonif.* 55; **801** (14c) ~i jure *CS* 300; a**805** ut .. obligatum ~i vinculo se videret? Alcuin *Ep.* 268; hanc rex .. ~ibus votis regno sociaverat Gosc. *Edith* 41; mens ebria longum ~em et pestiferum bibit amorem J. Sal. *Pol.* 729C; **1160** ~em .. unitatem (v. findere 4); ~ia vincula disrupit *Eul. Hist.* I 122. **b 729** (14c) si quis .. in irritum deducere ~e placiti istius testamentum nisus fuerit *CS* 147. **c c700** si quis .. avertit decreta .. ~is aeternae retributionis vindictam poenas subjaceat cruciandus inperpetuum *CS* 145; a**758** (13c) si quis hoc praesumserit noverit se .. ~em subire sentenciam *CS* 182.

2 not redeemable by wergeld.

si .. quis eum ibi occidat, viribus volendo justicie resistere .. jaceat ~is [AS: *agilde*] (*Cons. Cnuti*) *GAS* 347; si ibi peremptus fuerit, jaceat ~is (*Ib.*) *GAS* 351.

3 (log., of proposition, question, argument) insoluble; **b** (as sb. n.).

ideo dicit hoc, quia superius dixerat quasdam ~es questiones Lanfr. *Comment. Paul.* 145; ~i questione M. Par. *Maj.* I 16; valida et ~ia adhuc fiunt argumenta contra quamlibet solutionem Bacon *Tert.* 206; acuta nimis est argumentacio / et insolubilis mortis objeccio Walt. Wimb. *Sim.* 101; que quamvis evidentia et ~ia mihi appareant, peto tamen ut gratia exercitii, quomodo ad ipsa respondeatur, enarres Ockham *Dial.* 592; Wycl. *Log.* II 205 (v. b infra); per hec argumenta et rationes ~es Fortescue *Tit. Edw.* 14. **b** inde se ad falsas positiones, ad ~ia, ad relationes quasdam frivolas .. transtulerunt Gir. *GE* II 37 p. 355; uno modo respondentes credunt istud sophisma esse unum ~e, et ideo nituntur solvere istud sophisma per modum eorum respondendi in ~ibus Kilvington *Soph.* 138; istis premissis dico quod omnia vocata communiter ~ia sunt tam vera quam falsa. claudit enim contradiccionem quod aliqua sit proposicio insolubilis Wycl. *Log.* II 205; bene dicitur in materia ~ium quod ~e significans pro se ipso non in toto convertitur cum alio consimili de terminis synonimis *Ib.* 210; saltem tamen ne ~ia se gaudeat assumpsisse J. Bury *Glad. Sal.* 598.

insolubilitas [LL], incontestability, certainty.

audacter .. assero de ~ate scripture sacre, que est fides mea, securus quod omnes doctores mundi non possunt veritatem istam dissolvere Wycl. *Civ. Dom.* II 105.

insolubiliter [LL]

1 indissolubly. **b** perpetually.

s**991** a te .. corpore digredior, animo tibi semper ~iter foederatus *Chr. Ramsey* 100. **b †727** (13c) obsecramus ut maneat ista donacio atque libertas ~iter ab omni saeculari servitute *CS* 39; **†792** (13c) totum omne .. terre stipendium et exactio ad .. martyris tumbam ~iter persolvatur *CS* 264; **c1090** hanc .. mansionem et quicquid quoquomodo ad illam pertinet eisdem monachis concedo, et ut ~iter libere illud possideant *Regesta* app. 132.

2 incontestably, irrefutably.

respondit ad .. objecta, quibus adversarii ~iter (ut putabant) suam intentionem fundaverant Ockham *Dial.* 406; scriptura sacra est ~iter vera (Wycl.) *Ziz.* 454; **1409** declaravi, per varias rationes mihi .. ~iter concludentes *Conc.* III 324.

insolutio v. solutio.

insolutus [LL]

1 (of sum due) unpaid. **b** (of land) not paid for.

1165 quia minus quam de ratione scripti exigeretur obtulit, totum quod obtulerat ~um reportavit G. Foliot *Ep.* 156; **1204** ne .. pecunia .. ~a remaneat *Pat* 38b; **12..** debitum adhuc ~um *FormOx* 486; alioquin quod predicte oblaciones sederent ~e *StatOx* 36; de dictis sexcentis libris, aut de eo quod inde superfuerit ~um .. (*Ch. Regis*) *Reg. Whet.* I 52. **b c803** (12c) lx manentes digno pretio placibili solvantur caeteri xx ~i sine pretio reddantur *CS* 324.

2 unredeemed by wergeld.

si .. repugnet et se nolit indicare, si occidatur, jaceat *ungilden*, id est ~us (*Quad.*) *GAS* 222.

3 (log.) unsolved.

questionem maximam et semper ~am Bacon II 98; videtur ratio antiquorum manere ~a T. Sutton *Gen. & Corrupt.* 101; multiplicitates vocum et fallacias per quas sua peccant sophismata patenter oportet detegere, quia aliter sua sophismata ~a manebunt Ockham *Pol.* I 364; ita stant ~e rationes priores *Id. Dial.* 459.

insomnia [CL], wakefulness, sleeplessness, insomnia.

ille confidentior et ad reliquum alacrior nocturna ibidem protelavit ~ia W. Malm. *GP* V 262 p. 418.

insomnietas [LL], wakefulness, sleeplessness, insomnia.

[in dysenteria] patientes ~atem patiuntur Bede *Retract.* 1032A; vigilie multe et ~as Gilb. II 84v. 2; ad ~ates papaveris nigri .. decoctio pedibus, herbeque decocte capiti apponantur P. Blois *Ep.* 43. 128A; insompnietas Bacon IX 25 (v. diapapaver); si egrotus insompnietatem passus fuerit J. Mirfield *Brev.* 64.

insomnis [CL], sleepless: **a** (of person); **b** (of night).

a conveniunt fratres ad aecclesiam ~es orationibus et psalmis transigunt umbras noctis Bede *HA* 14; cum amaritudine et timore mortis ~is jacerem Alex. Cant. *Mir.* 52 p. 266; ~es oculi Gir. *Symb.* II 65 (v. diaeta 1a); *G. Hen. V* 8 (v. domare 1d). **b** saepius insomnem solitae perducere noctem Wulf. *Brev.* 579; sanctus .. in tentorio noctem ~em ducit Folc. *V. J. Bev.* 8; reliquum .. noctis insomne duxit Osb. *V. Elph.* 125; noctes ~es *V. Chris. Marky.* 44; totam noctem insompnem .. persolvit R. Cold. *Cuthb.* 70 p. 145.

insomnium [CL]

1 wakefulness, sleeplessness, insomnia.

ne me aestimes tuae mestitiae et ~iorum .. causam nescire Bede *HE* II 12 p. 108; tria .. haec mancipia, fastidium sc., et ~ium et horum sociam imbecillitatem .. a me nondum expellere possum Anselm (*Ep.* 139) III 285.

2 dream, vision.

sunt multe species somniorum: .. aut ~ium aut phantasma aut somnium, aut oraculum, aut visio est. porro ~ia ex ebrietate .. aut variis passionibus corporis .. oriuntur J. Sal. *Pol.* 429A; ulmus ramosa et frondosa, habens sub singulis frondibus singula insompnia Bern. *Comm. Aen.* 69.

insonare [CL]

1 to make a loud noise, resound, sound; **b** (of word, voice, or sim.); **c** (impers.); **d** (trans.) to utter loudly.

horrendus salpicum clangor increpuerit et musica sambucorum armonia .. ~uerit Aldh. *VirgP* 21 p. 252; quae nimirum cuncta ex aere vasa fiunt .. cum hoc, quod ipsa recte agit, proximis quoque agendum clara voce seducibus exhortationis ~at Bede *Tab.* 454; insonuit .. cudo Æthelwulf *Abb.* 303 (v. cudo); linguam refrenans temperet / ne litis horror insonet [AS: *onswege*] *AS Hymns* 9; **c1000** (12c) qui hanc libertatem augendo firmaverit illaesum piissimo liberetur a Domino cum novissima ~uerit tuba [cf. *I Cor.* xv 52] *CS* 1065 p. 287; vehemens ventus .. terribiliter .. magno cum fragore ~uit Ord. Vit. XIII 18 p. 48. **b** ut certius sciamus de qua natura vox paterna ~uisset: hic et Filius meus Alcuin *Dogm.* 273D; quia ~uit .. vox vestra .. in auribus eorum *V. Gund.* 40; presertim cum ex prisco scripta nostris auribus ~uerint W. Malm. *Mir. Mariae* 192; nullum semen reliquit veritatis ex quo auribus ~are destitit R. Melun *Sent.* 26; clamabat [puella] et ejulando horride ~abat R. Cold. *Cuthb.* 108 p. 243; **1183** rumor flebilis .. in terra nostra nuper ~uit P. Blois *Ep.* 167. 461B; ut archidiaconi nomen tanquam archidiaboli cum horrore quodam auribus ~et audientium Gir. *GE* II 32 p. 325. **c** noviter meis ~uit auribus, quod .. *Dictamen* 368. **d** olli respondit frater, qui hortuli curam / percepit, et sancto insonuit veracia dicta *Mir. Nin.* 195.

2 to cause to sound, make resound.

scriptura sancta .. claritatem nobis sapientiae coelestis ~at Bede *Tab.* 408; **799** ut eadem ponamus verba, quae nostris vestrae laudabilis sapientiae cartula ~uit auribus Alcuin *Ep.* 170; ecclesie familia, que sive metu sui seu morte illius turbata, horrendos lacrymando questus ~uit Osb. *V. Dunst.* 123; que [sc. sacramenta] ipso hiatu oris terrificum quiddam auditorum mentibus ~arent W. Malm. *GR* III 281; jam modulis mala nostra novis, loca sacra prophanans, / insonat in sacris hic latro sepe locis L. Durh. *Dial.* II 421.

3 to express, represent.

patet itaque quantum sat est ad dissolvendam quae ~abat contrarietatem Anselm (*Mon.* 22) I 41.

4 (fig.) to have a 'sound', *i. e.* reputation.

fama .. principis latius diffunditur. .. incognitus non erat .. Francigenis .. non tam admirandus quam et metuendus ~abat Ælnoth *Cnut* 27.

insons [CL]

1 guiltless, innocent; **b** (as sb. m. or f.).

801 (14c) ut eum ~tem innocentemque non condemnasset *CS* 302; **825** episcopus hanc reconciliationem diu recussans spontaneaque voluntate omnino ~s nolens consentire (*Clovesho*) *CS* 384; profulget Maria ternis ex idibus insons *Kal. M. A.* 133; quod ipse ~s passus est voluntarie ego reus non patiar necessarie? Gosc. *Lib. Confort.* 67; filii qui a patrum erant ~tes crimine Petrus *Dial.* 37; oculique pudici / insontesque manus J. Sal. *Enth. Pol.* 381D; ~s mulier morti addicta cepit clamare ad Dominum *V. Kentig.* 6. **b** Aldh. *VirgV* 1947 (v. ergastulum 2a); non amat insomptes sed somptes aula tiranni Walt. Angl. *Fab.* 56. 19; haec instrumentum quo fabricat ille venenum / et parat hic tela, quibus insontes premit illa *Latin Stories* 88; pretermissa ~tibus rex indiscretus irrogare preproperе deliberaverat *V. Kentig.* 7.

2 harmless, inoffensive.

rapientes ~tem .. velut ovem patientem B. *V. Dunst.* 6; sic insontes abstulit filios Rachelis *Poem S. Thom.* 76.

3 unharmed, safe.

insons vindictam sed nolo referre nocenti Tatwine *Aen.* 28 (*De incude* 5); Domini pietas rapuit de fastigiorum / casibus insontem B. *V. Dunst.* 4.

insonter [ML], innocently.

insons i. innocens, unde ~er adv. Osb. Glouc. *Deriv.* 540.

insontia [ML], guiltlessness, innocence.

1284 necesse habemus pro irreverentium hominum jaculis retundendis nostram quamvis inviti manifestando ~iam, ipsorum miseriam propalare Peckham *Ep.* 622 p. 864.

insopibilis [LL]

1 that cannot be extinguished, unceasing.

~i fere mundialis enormitas grassatur parsimonia O. Cant. *Pref. Frith.* 12; precibus / oremus Dominum insopibilibus Walt. Wimb. *Sim.* 209.

2 unappeasable, implacable.

~is altercatio de dominatu civitatis Ord. Vit. IX 12 p. 576.

insopibiliter [ML], without sleeping, ceaselessly.

qui celis presidet sempiternitaliter / quem laudat seraphim insopibiliter [v. l. incessabiliter] Walt. Wimb. *Carm.* 471.

insopiri [cf. sopire], to be sleepy, quiescent.

s**878** quoad haud habuere incolae dominatu insopituri Æthelw. IV 3.

insopitus [CL], wakeful, unsleeping. **b** unceasing.

~a Dei providentia Gosc. *Edith* 71; draco ingens .. accubabat ~us *Id. Lib. Confort.* 50; quid est Deus? .. ~us oculus *Leg. Ant. Lond.* app. 184; s**1419** regalis ~a militia nobiles in armis in capturam oppidi P. instruit et invitat Elmh. *Hen. V Cont.* 130; *Ps.*-Elmh. *Hen. V* 82 (v. custodie 4c). **b** nautarum .. ~i sudores *Ps.*-Elmh. *Hen. V* 32 p. 79.

insorbere [cf. sorbere], to suck in, drink in, swallow.

quicquid pecuniarum avidis faucibus ~uerint W. Malm. *GR* II 207; peccata quidem populi per fenestras porosos .. ~entur Wycl. *Ver.* III 99.

insorbibilis, that cannot be swallowed.

s**1192** o offa solida et ~is monacus! Devizes f. 40v.

insordescere [LL = *to become foul*], **insordere,** (Scot. & Ir., eccl.) to remain unabsolved, unreleased (from excommunication, censure, or sim.).

se liberare a censuris quibus ipse ~et quia .. absolutio fuit sibi concessa ad certum tempus jamdudum elapsum *Pri. Cold.* 234; **1478** interdicti sententiis innodatum .. missas .. celebrasse .. in illisque ~uisse et ~escere de presenti, irregularitatem contrahendo *Mon. Hib. & Scot.* 480b; **1484** et in eis ~uerint de premissis satisfaccionem non impendendo *Dign. Dec.* 69; **1517** quamdiu .. nequiter ~escerint *Form. S. Andr.* I 15; **1520** in excommunicationis sententia ~escentes per annum *Conc. Scot.* I cclxxxiii; **1549** in suis publicis criminibus postea ~uerint *Ib.* II 93; **1552** ~escentes (v. affigere c).

insors [cf. LL = *without a share in*], having a share in, partaking of.

tres reges fortes contra nos applicuerunt / de quibus insortes mortis duo mox ceciderunt *Pol. Poems* 36.

insortiare [cf. AN, OF *ensorcer, ensorcerer*], to bewitch.

si autem ~iatus [v. l. †insorticatus] non fuerit mortuus (*Leg. Hen.* 71. 2) *GAS* 590.

inspecialiter, not specially.

cum ergo summum genus malicie non potest homini competere, relinquitur, quod dyabolo insit; et ultra sequitur, cum quelibet res se dicit vel specialiter vel ~iter, quod quelibet natura peccatrix mentitur, cum secundum imaginacionem vel naturam dicit se esse bonam servando rectitudinem WYCL. *Ente Praed.* 172.

inspectabilis [CL], illustrious.

1250 archipraesulatus vestri ministerium .. per successum salutarem ad felicem exitum ~i gloria perducetur AD. MARSH *Ep.* 147 (recte 247) cap. 38 p. 479.

inspectare [CL], to look at, watch (in quot., p. ppl. *s. act.*). **b** (intr.) to look on, watch. **c** (pr. ppl. as sb. m.) onlooker.

id ad se delatum non paucis nuntiis ille [sc. rex] riserat, referentes rugato aspectu ~atus W. MALM. *GR* II 223. **b** [Fulco] ad sepulcrum Domini nudus, ~antibus Turchis, tractus est W. MALM. *GR* III 235 p. 292; cum [monachum] curiosius ~antem reliquiarum flagrantia .. retro compulit *Id. GP* V 267 p. 424; Pallade ~ante ALB. LOND. *DG* 10. 9 (v. inspirare 2a). **c** videtur ~antibus quod .. immobiliter erant .. infixae BEDE *HE* I 2 p. 14.

1 inspectatus v. inspectare.

2 inspectatus [ML], unexpected.

deductus est ad abbatem cui non ~us advenerat FERR. *Kinloss* 63.

inspectio [CL]

1 act of looking at, observation, inspection. **b** reading, study (of book, text, or subject). **c** (in divination) examination, inspection.

ut .. horologica ~one probamus (*Ep. Ceolfridi*) BEDE *HE* V 21 p. 339; verumtamen, qualiter et hoc idem absque hujus presentis figure ~one, quod decentius est, possit inveniri, breviter dicam THURKILL *Abac.* f. 57; vestium sive nummorum alteriusve rei inutilis frequens ~o ALEX. CANT. *Dicta* 18; ex ~one oculorum lipporum oculi aspicientes gravantur *Quaest. Salern.* B 179; non possunt dicere .. quomodo possit esse ~o partium interiorum corporis transparentis T. SUTTON *Gen. & Corrupt.* 89. **b** ut .. multa et magna scire credantur ex assidua librorum ~one NIG. *Ep.* 19; ~one justitie R. NIGER *Mil.* II 17 (v. Deuteronomium b); librorum ~o cum frequenti revolutione recta methodus est ad lucrum scientie VINSAUF *AV* II 2. 55; ~o [ME: *redunge*] sacre scripture *AncrR* 88; **c1390** (v. dictator 2a). **c** in extorum ~one J. SAL. *Pol.* 407D (v. exta b).

2 investigation, inspection (of legal document for the purpose of confirmation. *Cf. inspicere* 3).

†948 (1395) per ~onem cartarum ejusdem Etelbaldi *Pat* 339 m. 31 (= *CS* 872); ?**1156** ex ~one litterarum vestrarum .. cognovimus vos .. concessisse (*Lit. Papae*) ELMH. *Cant.* 408; **1219** per ~onem privilegiorum suorum *Ch. Sal.* 89; **1260** sicut rex per ~onem rotulorum cancellarie sue accepit *Cl* 71; ?**1283** testificatus est se inspexisse cartas H. .. et in testimonium hujus ~onis .. *Cart. Chester* 56 p. 99; **1334** per ~onem rotulorum vestrorum, inquiratis super predictis omnibus *SelPlForest* 66; **1437** ex ~one dicte carte *Mem. Ripon* I 131.

3 (phil.) mental inspection, theoretical investigation.

nostrae mentis locutio non aliud est quam cogitantis ~o ANSELM (*Mon.* 63) I 73: est autem praedicamentalis ~o et prima fere philosophandi via de qualibet re proposita quid sit attendere J. SAL. *Met.* 934B; ex parte .. memoratoris .. tria utiliter requiruntur, sc. clarus habitus et infixus in memoria de hiis locis qui fit per frequentem illorum ~onem BRADW. *AM* 43.

inspectivus [LL], reflective, contemplative.

'meditator in mandatis tuis', quod ad virtutem respicit ~am .. 'levabo manus meas' quod ad partem pertinet actualem ALCUIN *Exeg.* 604B; unde theologiae duae feruntur positiones, ~a sc. et actualis; inspectiva, qua contemplamur celestia in mentis excessu SENATUS *Ep. Conc.* xlv; ~e mentis subtilitate ex aliqua parte colligere BACON *Maj.* I 179.

inspector [CL]

1 observer, onlooker. **b** reader, examiner (of book). **c** (in divination) diviner.

GILDAS *EB* 61 (v. evangelicus 4a); omnium rerum utensilium vigil ~or B. *V. Dunst.* 12; accedant duo, ~or simul et raptor; hic pullos, ille ova videbit GIR. *TH* II 40. **b** animadvertite, .., prudentes ~ores, quam etc. GOSC. *Lib. Mild.* 12; **s1250** sunt quidam et multi historiarum scriptores et diligentes ~ores M. PAR. *Maj.* V 191; qui .. suas .. deceptiones .. adjungunt auctoritatibus acsi essent de serie veritatis, quod soli intellegere possunt literati scripturarum ~ores PECKHAM *Paup.* 68; librorum neglector potius quam ~or R. BURY *Phil.* 17. 221; hujus .. quicunque fuerit lector opusculi vel ~or sume de me secretum quod tibi revelo RIPLEY 183. **c** ~ores horarum J. SAL. *Pol.* 407C (v. haruspex); aruspex .. i. divinator, quasi ararum ~or OSB. GLOUC. *Deriv.* 19; ensis ~orem GIR. *IK* I 11 (v. ensis 2b).

2 one who observes critically, inspector, examiner; **b** (w. ref. to God).

quotiens audimus aliquod verbum de aliqua re proferri .. diligens ~or inveniet ANSELM *Misc.* 347; R. BURY *Phil.* 19. 243 (v. 3 deputare 6a); invidus inspector noli consistere, lector, / sed sis corrector et in isto carmine rector *G. Ed. II Bridl.* 27. **b** Dominus .. cordis ~or est THEOD. *Pen.* I 8. 5; cordis nostri .. inevitabilis ~or et judex est BEDE *Hom.* II 12. 167; Dominus omnium ~or secretorum B. *V. Dunst.* 10; quicquid oculis superni ~oris ADEL. BLANDIN. *Dunst.* 3; Deus ~or cogitationum ORD. VIT. IV 6 p. 210; et nunc Domine, ~or infirmitatis mee, medicus anime mee AILR. *Spec. Car.* I 29. 533B.

3 spy.

s1192 nostros ~ores in partibus illis, qui nobis et regis actus et filiorum suorum ortus et occasus nunciabant DEVIZES f. 41v.

4 (*~or familiae regis*) master of the king's household.

1536 W. Pallet, ~ore familie regis (*Lit. Archiep.*) *Conc.* III 803.

inspectorius, of or pertaining to an examiner.

in sensibus [manet] discreti examinis trutina omnium cordium ~ie estimationis R. COLD. *Cuthb.* 1 p. 2.

insperabilis [LL], unhoped for (in quot., as sb. n.).

et vere mira orationis et fidei virtus, que non solum nature virtutes evincit, verum etiam ex insperabilibus plenam operatur certitudinem *Mir. Fridesw.* 110.

insperate [LL], unexpectedly.

HERM. ARCH. 32 (v. fortunare 1g); subito et ~e .. advenerunt *G. Steph.* 65; et subito quasi ~e pagani terga vertentes Christianis victi sunt *Spec. Laic.* 57; **s1357** Rogerum ~e occidendo jugulavit *Plusc.* IX 44.

insperato [CL], unexpectedly.

gaudebat rex nobilissimis ~o se usum thalamis *Enc. Emmae* II 17; quod quidem eo videtur mirabilius quo contigit ~ius MAP *NC* V 3 f. 60v.

insperatus [CL], unhoped for, unlooked for. **b** unexpected, unforeseen; **c** (*ex ~o*) unexpectedly.

haesit .. tam desperati insulae excidii ~ique mentio auxilii memoriae eorum qui utriusque miraculi testes extitere GILDAS *EB* 26; homines illic ~a solatia portantes conspiciunt FELIX *Guthl.* 52; Gunnildis, ~o triumpho tripudians, viro repudium dedit W. MALM. *GR* II 188 p. 230; plures .. pro suo dampno lamentati sunt et alii .. pro ~o emolumento letati sunt ORD. VIT. XIII 16 p. 38. **b** securis .. hostibus, qui se ~os adesse confiderent BEDE *HE* I 20 p. 39;: pirate .. insulam Tanetum .. ~i irrumpunt GOSC. *Transl. Mild.* 3; **s1000** ~um a Francia adventurum dominium (v. 2 dominium 1b). **c** inter haec quidam ei convicaneus ex ~o occurrit R. COLD. *Godr.* 247; ut .. de celo pluat ex ~o gracia MAP *NC* V 3 f. 60; subito et ex ~o alloquitur *V. II Off.* f. 2b; **s1314** ex ~o intrarunt (v. ex 13c).

inspicare [CL = *to cut in the form of an ear of wheat*], to sharpen.

exacuere leves inimici frustra ligones / nequiquam ancipites inspicant acrius enses FRITH. 843; quomodo pronuntiandum sit 'instigo' Virgilius ostendit . . . eodem modo 'investigo', 'castigo', '~o' ABBO *QG* 6 (17); ~o -as i. acuere OSB. GLOUC. *Deriv.* 549.

inspicere [CL]

1 to look at, inspect.

singulorum casas .. inspexi BEDE *HE* IV 25 p. 265; libros .. ille, ignarus licet literarum, sepe manu versare solebat et ~ere TURGOT *Marg.* 6; quod in festo Purificacionis ~ienda edificia canonicorum et a quibus .. reficienda *Stat. Linc.* II 230.

2 to look on, watch, observe. **b** (intr.) to look (on). **c** (pr. ppl. as sb. m.) onlooker. **d** (in divination) to look or gaze on or into, examine (also intr.).

quid mihi dedisti labores et dolores ~ere ..? GILDAS *EB* 51; vidimus in ipsa insula .. patrem Oidilwaldum iter nostrum ~ere BEDE *HE* V 1 p. 282. **b** dixit .. eis imperator: aperite sepulchrum. aperientes autem inspexerunt intus, et viderunt magnum miraculum valde *Descr. Constant.* 257; lavat se Bathsabee super solarium ~iente David AD. DORE *Pictor* 157; **c1245** non ~iet in libro *Cust. Ant. Abbr.* 259. **c** erit horror ~ientibus G. MON. VII 4 (v. electrum 2c); hoc .. signum eminens a vallo castri Crescentii tanto pollet artificio ut ~ientibus mugituro et moturo similis videatur GREG. *Mir. Rom.* 3. **d** augur qui ~it exta OSB. GLOUC. *Deriv.* 188; gladios ~iebat W. CANT. *Mir. Thom.* V 8 (v. character 1b); furtum .. ~iendo notasse GIR. *IK* I 11 (v. ensis 2b).

3 to regard, see, note.

761 (13c) pius Dominus .. non quantitatem muneris sed devotionem offerentium semper ~it *CS* 190; adulescens .. diligenter his, quae ~iebat, discendis operam daret BEDE *HE* V 19 p. 323; cum regem .. juxta eam residere inspexissent G. MON. VIII 20; prolatum .. in publicum corpus, ~iendum exhibuit W. MALM. *GP* II 74 p. 155; inspecta .. corruptione cenosi cadaveris quisque monetur ut .. ORD. VIT. VII 16 p. 255.

4 to inquire into, consider, examine critically.

~e an omnis actio quae facit quod debet, veritatem facere convenienter dicatur ANSELM (*Ver.* 5) I 181; rex multiplices casus sollerter inspexit ORD. VIT. XI 20 p. 227; si singula subtiliter inspexeris animumque scribentis et intentionem attenderis, licet stylus non minus sit rudis quam materia, in aliquo forsitan poteris erudiri NIG. *Ep.* 17; hactenus unde agat et qualiter ostendimus; deinde cur agat ~iamus BERN. *Comm. Aen.* 2; ex causis inspectis ROB. FLAMB. *Pen.* 234; **1437** ut incultum sermonem .. minime ~iant (v. exardentia).

5 to read, examine, inspect (document or text). **b** to confirm (charter or sim.) by inspection; **c** (*inspeximus* as sb.) exemplification of legal document.

965 (12c) deprecor .. omnes .. qui hujus singraphae inspexerint dictamina ut .. *CS* 1164; in litteris nostris .. nihil indiscretum, nihil absurdum .. esse cognoscitur, si recto intellectu et mente tranquilla quod ibi dictum est .. ~itur ANSELM (*Ep.* 329) V 261; quinpotius .. ~iantur apostolice littere, et quod tenor earum continet, fiant W. MALM. *GP* I 56 p. 106; his [sc. litteris] inspectis, consilium habuit Julius a familiaribus suis G. MON. IV 9; ex ejus [sc. archidiaconi] dictis libet parumper excerpere .. ad noticiam studiosorum .. si forte contingat ut istud [sc. opusculum] dignentur ~ere ORD. VIT. VII 12 p. 205; tota lege inspecta RIC. ANGL. *Summa* 41 p. 113. **b** **1190** inspectis cartis *Ch. Westm.* 304; **c1182** super quibus cartas et instrumenta donatorum correctavimus et oculis propriis inspeximus *Ch. Chester* 202; **1290** noveritis nos inspecsisse cartam *Cart. Mont. S. Mich.* 4 p. 5; †**c1185** (?14c) sciatis me inspecsisse .. cartam Thome de G. *Regesta Scot.* 279; **1358** inspeximus tenorem recordi et processus *Cart. York* 28 p. 43. **c** **c1420** quod omnes examinaciones collacionum tam literarum patencium sub waranto regio quam transumptarum (que inspeximus nuncupantur) cum eorum feodis ad preceptores spectabunt *Chanc. Orders* 7d.

inspicio [cf. LL inspicium], inspection, observation.

omne quod fit ab agente regulato et rectificato per ~onem ad exemplar inerroneum BACON VIII 95.

inspirabilis [ML], that cannot be breathed, unbreathable.

[aer] spirabilis .. est in inferiori; non enim superiorem aerem propter nimiam subtilitatem attrahere possumus. contra eadem causa ~is est in eminentissimo loco ignis BERN. *Comm. Aen.* 5.

inspirabilitas

1 capacity to be inhaled.

DOCKING 113 (v. exspirabilitas).

2 (theol.) inability to emanate as the Spirit.

potentia spirativa dicit voluntatem divinam cum modo habendi eam, non ab alio per spirationem, et ita cum ratione ~atis in qua includitur primitas ad spirationis actum MIDDLETON *Sent.* I 114; si innascibilitas esset proprietas Patris, ergo ~as esset notio Patris et Filii DUNS *Ord.* VI 109.

inspiramen [CL], inspiration.

945 (14c) summus et ineffabilis rex .. oraculo nos hortatur Salomonico atque divini ~inis dicens .. *CS* 803; civitas ecclesie .. sancto ~ine auctore docet *Ann. Durh.* 97; **a1377** da ei tuo ~ine cum mansuetudine ita regere populum *Lib. Regal.* f. 9v.

inspirare [CL]

1 to draw breath, breathe (in). **b** (tr.) to breathe in, inhale.

epiglotum .. clauditur ~ando et aperitur exspirando Ric. Med. *Anat.* 220 (v. epiglottis); constrictio pectoris, tussis, difficultas ~andi Gilb. I 40. 1v. **b** J. Blund *An.* 28 (v. exspiratio a); auras vitales .. desiit ~are *Ps.*-Elmh. *Hen. V* 67 p. 192.

2 to breathe (life or sim.) into. **b** to inspire (a body with life or breath). **c** to breathe (idea, thought, feeling, or sim.) into, inspire. **d** to inspire (mind or sim. with idea). **e** (w. dat.).

alii dicunt quod Prometheus hominem de limo terrae formavit, cui ignem a rota solis raptum ~ando vivificavit *Natura Deorum* 5; divina igitur providentia Pallade inspectante, que dea est sapientie, id est sapientem hominem formans, ei ut viveret animam esse necessariam vidit, quam ei velut de celo tractam divinitus ~avit Alb. Lond. *DG* 10. 9. **b** brutum inspiras vitali flamine pectus Aldh. *VirgV* 62; **961** hominem .. Sancto ad sui similitudinem ~atum Flamine *CS* 1066. **c** non ignorabas amorem quem ipse ~abas Anselm (*Or.* 16) III 66; **c1130** si antequam ad provinciam iero vero illius cordi Deus ~averit do[ctrinamen] tum redire .. *Ch. Westm.* 248A; Domine, vota cordibus inspirabis J. Howd. *Cant.* 285; homini .. doctrinam .. ~ari Duns *Ord.* I 1 (v. doctrina 1c); Deus, qui numquam deserit creaturam racionalem sine auxiliis opportunis, ~aret sibi cujus predicacio esset vera et cujus falsa Ockham *Quodl.* 327. **d** mentes ~ans .. virtutum muneribus Aldh. *VirgP* 21 p. 251; inspirans corda venenis *Id. VirgV* 1328. **e** **c803** ut ad inquisita respondeam, prout meae ~averit menti gratia illius [sc. Christi] Alcuin *Ep.* 308; gaudeo .. quod Deus omnipotens cordi vestro ~are dignatus est Ord. Vit. III 1 p. 16.

3 to inspire. **b** (p. ppl.: *divinitus ~atus*); **c** (pr. ppl.: *~ante Deo* or sim.).

inspireris Bonif. *Aen. prol.* 7 (v. haustus 2a); Dei enim est corda prophetarum spiritus sancti gratia ~are *Eccl. & Synag.* 123; **1409** remedium ~et altissimus corda vestra *Conc.* 325. **b** **680** juxta divinitus ~atam doctrinam (*Conc. Hatfield*) Bede *HE* IV 15 p. 239; desiverunt a flagitio quod divinitus ~atum putabant W. Malm. *GR* II 190; mater .. divinitus .. ~ata Gir. *RG* I 19 p. 77; scriptura .. divinitus nobis ~ata R. Bury *Phil.* 1. 27; **1456** (v. divinitus). **c** †**c601** (13c) superna ~ante clementia *Conc. HS* III 58; respondit .., / inspirante Deo Alcuin *WillV* 34. 16; **c795** quicquid .. Spiritu ~ante Sancto intellegas *Id. Ep.* 88; cujus [sc. Dei] gratia ~ante hoc incepisti Anselm (*Ep.* 99) III 230; **s1304** tale semper, Deo ~ante, reddidit responsum Fordun *Cont.* XII 5.

inspiratio [LL]

1 act of breathing in, inhaling. **b** breath.

si minor sit thorax quam cordis exigat calor, necesse est frequentior sit ~o commensurabili, ut in numero suppleat quod omissum est in quantitate Alf. Angl. *Cor* 8; J. Blund *An.* 28, Bacon XI 202 (v. exspiratio a); cantus vigor omnes nervos .. totius corporis distendit, ut vapores corrupti exhalentur, et subtiles aeris ~ones restaurentur *Id. Tert.* 299; olfactus fit per ~onem Kilwardby *SP* 33va. **b** Gir. *TH* I 15 (v. 2 flatus 2); ~o interfectoris usque ad corpus interfecti libere possit pervenire et vulnus subintrare *Quaest. Salern.* N 13.

2 inspiration; **b** (theol.); **c** (eccl., w. ref. to the Holy Spirit as agency of election).

Sibilla .. canit dum ~one sua nos erudit Bern. *Comm. Aen.* 49. **b** Guthlac cui Dominus ex divina ~one absentia praesentabat Felix *Guthl.* 43 p. 134 (cf. ib.: ex divino numine); Bede *HE* II 10 p. 101 (v. 1 insinuatio 3); per hujus [sc. Spiritus Sancti] ~onem *Ib. Hom.* II 11. 159; **1134** ego Albreda .. ~one compuncta, pro salute anime mee .. dedi .. Deo .. manerium de W. (*Ch.*) *Chr. Ramsey* 318; per internam .. Sancti Spiritus ~onem ac revelationem Gir. *DK* I 16 p. 199; **c1250** ~onibus celicis, vel lucidis revelationibus illuminati Ad. Marsh *Ep.* 147 (recte 247) cap. 24. p. 464; neque enim theosophi in hora ~onis sue divinitus errare potuerunt *Ps.*-Gros. *Summa* 285; per ~onem Dei Paul. Angl. *ASP* 1533. **c** **1228** ista eleccio non fuit facta communiter ab omnibus .. unde non quasi per ~onem (v. eligere 2c); **s1280** Oliverus de Sutton .. in episcopum Lincolniensem per viam ~onis electus J. Scawby 208; que [sc. electio] sit per ~onem Spiritus Sancti Graystanes 3 p. 36; **1426** investigato et rimato processu eleccionis de te in abbatem dicti monasterii facte invenimus ipsam quasi per ~onem Spiritus Sancti fuisse et esse concorditer celebratam *Reg. Cant.* I 104 (cf. ib. I 102: per viam quasi Spiritus Sancti); **1484** Willelmo .. in priorem .. quasi per ~onem divinam canonice electo *FormA* 70.

3 drawing in, consumption, ingestion (of food).

abstinentia .. hoc a ratione habet ut modum ponat ~oni ciborum et potuum ne noceant humane valetudini J. Bury *Glad. Sal.* 609.

inspirator [LL], inspirer (in quots., w. ref. to God).

Deus ipsius ~or consilii W. Malm. *Wulfst.* II 13; gratam vobis vicem rependat, qui potest et quem habuistis ~orem, Dominus D. Lond. *Ep.* 8; bonorum omnium ~or et prosecutor Spiritus Sanctus Ad. Scot *TT* 752C; archiepiscopus .. de ipsius ~oris misericordia .. roboratus, respondit Birchington *Arch. Cant.* 17.

inspissare [LL]

1 to make thick, thicken, condense (element or substance); **b** (med.).

in regionem .. spatiosam .. palustri situ et luto in duritiem ~ato deformem Ad. Eyns. *Visio* 15; aqua mota multum ex motione ~atur. ex inspissatione calorem infra se continet, qui contentus ibidem contemperatus [est] *Quaest. Salern.* B 213; substantia .. ejus paulatim ~atur Ric. Med. *Anat.* 226; Bacon V 103 (v. ingrossare 1c); nonne videmus quod in mineris per continuatam caliditatem que in montibus mineralium est, aque grossities in tantum decoquitur et ~atur, ut fiat per tempus argentum vivum? *Spec. Alch.* 382; aer .. et ignis .. frigore ~antur T. Sutton *Gen. & Corrupt.* 195; rob differt a syrupo, nam si succus per se ~etur tunc dicitur rob, sed si ipse ~etur cum melle vel zucarro dicitur syrupus *SB* 37; prima materia hujus corporis leprosi est aqua viscosa ~ata in visceribus terre Ripley 132. **b** Bart. Angl. IV 3 (v. exasperare 2).

2 to increase, enlarge. **b** (intr.) to increase, grow.

1364 judicium collistrigii, quia vendidit cervisiam per mensuram non sigillatam, et quia ~avit fundum dicte mensure cum pice (*LBLond.*) *MGL* I 601. **b** incipiet virtus digestiva .. ~are *Quaest. Salern.* B 24 (v. ebullitio a); oportet autem ut incipiatur cura a causa antecedente que est co[lor] naturalis que cum sit subtilis valde liquida et imbibatur in membris. oportet ~ari per frigida ut adequetur et redeat ad dispositionem convenientem Gilb. I 16v. 2.

inspissatio [ML], thickening, condensation.

Quaest. Salern. B 213 (v. inspissare 1a); in sano licet calor naturalis fortis sit, tamen quia quantum dissolvit tantum consumit, non sic fit urine subtiliatio ut ipsam sequatur coloris intensio, immo potius ~o *Ib.* B 320; arbores ille que habent humiditatem mediocrem cum ~one obediente, in quibus .. est tantus calor qui posset humiditatem illam .. excoquere et inspissare *Ib.* N 38; vaporalium aquarum ~o et condensacio in aquas densas potabiles et navigabiles Gros. *Hexaem.* IV 2. 3; grossitudo .. multa est materia ~o et partium ejus condensatio Gilb. I 34. 2; et certe diminutio in corporibus imperfectis est paucitas argenti vivi, et non recta ~o ejusdem: quare complementum in illis erit argenti vivi multiplicatio, bona ~o et fixio permanens Dastin *Ros.* 4.

inspissativus [ML], that thickens.

dieta ~a sanguinis Gilb. VII 288. 1.

insplendēre [ML]

1 to shine in or on to.

~eat Ad. Marsh *Ep.* 37 (v. emanatio b); veritas .. que ~et nobis in quantum delativa aliorum magis quam in racione objecti Peckham *QA* 221 (v. 1 delativus).

2 to be glorious or distinguished.

quem [sc. Walter de Coutances] derivavit Juli / postera majestas nostroque insplenduit aevo Hanv. I 122.

inspoliabiliter, so as not to be plundered.

tum quia elemosine bonorum distributorum recepte in manus pauperum ut gazophilacium servantur ~iter distributoribus observantibus caritatem Wycl. *Civ. Dom.* I 142.

inspoliatus [CL], not plundered.

injurians transeuntibus, paucos reliquit ~os O. Cheriton *Fab. add.* A 12.

inspuere [CL], to spit (into or upon).

spuo componitur conspuo .. expuo .. ~o Osb. Glouc. *Deriv.* 538; **1310** mandavit ei, quod ~eret crucem *Conc.* II 360.

instabilis [CL]

1 unable to stand, unsteady, tottering; **b** (fig.).

~em *sl* [? l. *slipor*] *GlS* 211; repertum est stagnum sub terra quod eam [sc. turrim] ~em fecerat G. Mon. VI 19. **b** **1312** regnum .. ~em (v. exinanitio 2b).

2 not firmly fixed.

quam [sc. Latonam] Python serpens persequebatur donec Delos insula ~i et fluctivaga eam peperit Dianam primo, Phoebum secundo *Natura Deorum* 16; anchora .. ~ior Bradw. *CD* 817E (v. fluxibilis 2a).

3 liable to change, impermanent: **a** (w. ref. to life on earth); **b** (of abstr.); **c** (as sb. n. pl.).

a **849** (11c) status .. saeculi praesentis lubricus et ~is *CS* 455 (1); **971** (12c) ~is hujus miserrimae ac caducae vitae curriculus *CS* 1270; ex his .. copia pullulavit nepotum, qui discurrentes ~em volubilis seculi rotatum .. varium subierunt eventum Ord. Vit. V 19 p. 445; cumque nihil stabile maneat sub sole creatum, quis neget instabilem quemlibet esse statim? Nig. *SS* 3240; uxor .. anno preterito huic ~i luci ultimum valefecit Ad. Eyns. *Visio* 30; Sacra Scriptura comparat vitam humanam ~ibus rebus Fordun *Cont.* X 44; mundane vite .. ~is status *Plusc.* VII 34 (v. fallibilis b). **b** o irrevocabilia seria fatorum .. cur unquam me ad ~em felicitatem promovere valuistis G. Mon. II 12; habet esse .. ~ius J. Blund *An.* 293 (v. debilis 1c). **c** quid sit notio et dispositio et quod ejus scientie stabilis ~ia comprehendit Pull. *Sent.* 642D.

4 changeable. **b** inconstant, shifty. **c** unreliable, untrustworthy.

favonius .. i. levis ventus et ~is Osb. Glouc. *Deriv.* 224. **b** colera .. agilitate sua subjectum efficiat mobile et ~e, et in varias actiones paratum *Quaest. Salern.* B 280; considerantes .. cervicem tam flexibilem et agilem et capud oblongum et tam tornatile occulosque leves et ~es et os larvosum moresque perversos Gir. *SD* 24. **c** instabiles mentis gestus et corporis actus Aldh. *VirgV* 2669; ad tumentia, turbida, et ~ia gentium corda Bede *Hom.* II 6. 234; sciebat Pictos gentem esse ~em G. Mon. VI 7 p. 363; cogitationum ~ium Ad. Scot *QEC* 31. 863C (v. evagatio 2); pauperes, hereticos qui ~es sunt et pauperes in virtutibus S. Langton *Ruth* 116; **c1216** ~es .. turmas (v. fundamen 2a).

instabilitas [LL]

1 lack of firmness, insolidity, liability to move or slip.

pro ~ate operis, machina ruinam fecisse potuisset etiamsi nunquam ipse [sc. Will. II] ibi sepultus fuisset W. Malm. *GR* IV 333 p. 379; **1209** si superius molendinum monachorum Cestrie impetu aquarum vel ~ate terre .. defecerit *Cart. Chester* 307 p. 201.

2 (of water, sea) restlessness, constant motion.

incredulae .. nationes ~ati .. fluctuantis pelagi comparantur Bede *Mark* 157B; Ord. Vit. IV 12 p. 251 (v. fluctuatio 1a); fons .. qui .. marinas imitatur ~ates Gir. *TH* II 7 p. 84.

3 liability to change, impermanence, uncertainty (esp. w. ref. to the world, secular life, *etc.*).

747 praesentis vitae ~atem vagabunda mente sequuntur *Clovesho* 7; **c795** per loca sanctorum martyrum vel confessorum Christi, quo me iter ~atis deducat Alcuin *Ep.* 42; considerata mortalis vite fragilitate, et caducarum rerum ~ate Ord. Vit. IV 15 p. 269; 'lignum' .. hoc virum quemlibet religiosum designat. 'decursus aquarum' ~ates sunt secularium Ad. Scot *TT* 746D; vite periodus est instabilitas / et fumi transitus et umbre vanitas Walt. Wimb. *Sim.* 178; humane conditionis ~as que non habet in hac miserabili valle manentem mansionem Rolle *Mort.* 124.

4 (of person) changeable nature, inconstancy, unreliability.

levitas si ~atem mentis designat .. brevis est 'le' Bede *AM* 98; **s1136** ~atem fidei ejus previdebat W. Malm. *HN* 463; gens sola ~ate stabilis Gir. *TH* III 21; iste scurilitatem, ~atem, perversitatem et indocilitatem .. inseparabili quidem et immutabili .. pertinacia servat *Id. SD* 40; **s1214** Willelmus rex, percipiens ~atem regis Anglie Johannis *Plusc.* VI 44.

instabiliter [LL], inconstantly, unsteadfastly.

homines ~er currentes prosiluerunt *V. Cuthb.* II 6.

instagnare [LL], to overflow, or to lie stagnant.

ex superhabundante cautela diaboli .. sic thesaurus ~atus in dictis cenobiis ad utilitatem reipublice non ebulit Wycl. *Blasph.* 188.

installamentum, instalment (of debt).

1298 [*paid to Odo de la Bothe for the arrears of the*] installamento *Rec. Norw.* II 34.

installare [ML]

1 to install (in office): **a** (imperial or royal household); **b** (episcopal); **c** (mon.); **d** (canonical or prebendal); **e** (var. eccl.).

a **s1334** post hec factus thesaurarius Anglie et eodem anno est ~atus, in qua installatione fecit grande convivium *Hist. Durh.* 1; imperator .. cum debitis insigniis ~atur Elmh. *Metr. Hen. V* p. 88. **b** **1148** nos auctoritate archidiaconi Cantuariensis .. in episcopum admittimus, et vos .. ~amus *Lib. Landav.* 295; **a1223** plurimi predecessorum nostrorum .. in cathedrali ecclesia sua ~ati fuerunt *Reg.. Moray* 40; **s1209** qui dum ~aretur apud Lyncolniam et equus ejus ratione installationis per

archidiaconum loci peteretur, dixit se malle episcopatui cedere quam quicquam tali ex causa dare KNIGHTON I 182; s1285 (v. installatio 1b); s1481 instaulatus fuit idem venerabilis pater in ecclesia Eboracensi cum magno honore *Chr. Pont. Ebor. C* 439; s1420 Ricardus .. in episcopum .. fuerat ~atus STRECCHE *Hen. V* 184. **c** a1216 osculato altari, ducant eam [sc. priorissam] ad stallum .. et ~ando eam auctoritate decani et capituli *Doc. S. Paul.* 110; s1236 [abbas] fuit in ecclesia Eveshamensi sollempniter ~atus *Flor. Hist.* II 217; s1219 W. de O. .. factus est prior .. cui successit Symon de Elmham ~atus B. COTTON *HA* 110; s1300 (v. installatio 1c); s1300 tunc supprior Dunelmensis .. eodem die ~atus GRAYSTANES 36 p. 95; 1418 scriptum fuit fratri W. G. .. ad ~andum predictum abbatem *Reg. Cant.* I 47. **d** 1214 iam ~ati [clerici] quam non ~ati calciamenta habeant .. convenientia *Reg. S. Osm.* I 377; a1229 [decanus] solemniter ducatur a majoribus ad stallum suum et, eo ~ato, dicat senior .. *Ch. Sal.* 211; 1255 quod nullus ~etur in choro sepefate ecclesie, priusquam juramentum prestiterit de residentia *Mon. Hib. & Scot.* 70a; s1256 duo igitur tertio, quem ~arunt, dixerunt: 'frater, nos te auctoritate papali ~amus' M. PAR. *Maj.* V 586; premissa exercent et exercuerunt communiter decanus et capitulum, decano existente canonico et personaliter ~ato (J. SCAWBY) *Stat. Linc.* II cii. **e** prior ad mandatum episcopi installet archidiaconos .. sub hiis verbis: ego ~o te auctoritate domini episcopi et assigno tibi stallum in choro archidiaconi N. assignatum *Reg. Pri. Worc.* 132a; s1277 archidiaconus B. obiit .. cui successit magister A. .. et fuit ~atus viij idus Septembris *Ann. Cambr.* 105; 1302 quia archidiaconatum nostrum Karlioli .. magistro P. de I. .. contulimus, mandamus quatinus magistrum A. de C. .. in ecclesia nostra .. nomine procuratoris ~etis *Reg. Carl.* I 177.

2 to put (livestock) into stalls.

1287 cum boves domini debeant ~ari in boveria *Rec. Crondal* 102 (cf. ib. 87: quando boves poni debent in stallis suis in boveria).

3 to pay (debt or sim.) by instalments.

s1293 eodem anno .. solvimus Radulfo de H. xxiiij m. pro debito in stallato [l. installato] *Ann. Dunstable* 376.

4 to place stalls in (choir).

s1393 claustrum .. consummavit, chorum ~avit et claustrale tetragonum .. reparavit FORDUN *Cont.* VI 55.

installatio [ML]

1 installation (in office): **a** (royal household); **b** (episcopal); **c** (mon.); **d** (canonical or prebendal); **e** (mil.).

a s1334 (v. installare 1a). **b** s1285 [episcopus] dixit se nolle in tam solenni festo ~onem suam .. protelare, et per fratrem suum T. .. installatus est GRAYSTANES 20 p. 69; KNIGHTON I 182 (v. installare 1b); rex .. ~oni sue [sc. archiepiscopi] solemniter affuit *Eul. Hist. Cont.* 371; unus eorum [sc. episcoporum] .. nunquam celebravit in sua ecclesia cathedrali, excepta die ~onis sue GASCOIGNE *Loci* 15; episcopus .. in primo anno inthronizationis suae, i. e. post ejus consecrationem et ~onem in episcopatum *Praxis* 309. **c** 1204 ~onem [abbatis] .. ab eodem episcopo .. factam esse *Chr. Evesham* 134; 1259 mandatum est .. quod .. faciat habere C. abbatisse de Werewell' duos damos ad festum ~onis sue *Cl* 376; s1300 ductus est in ecclesiam ad installandum, stallo cum baudequinis et pannis sericis .. preparato, quod ante illa tempora in ~one alicujus prioris fuerat inauditum *G. Durh.* 39; 1446 ~o prioris *Ac. Durh.* 85. **d** 1240 post ~onem personarum et canonicorum Sarum *Ch. Sal.* 260; institutionem predicti A. ad prebendam predictam et ~onem et inductionem ejusdem A. in eandem *Entries* 104b. **e** in fraternitatem militum .. assumpti .. ~onis insignia receperunt rege nostro velut ipsius collegii militum preside presidente *G. Hen. V* 18.

2 payment by instalment.

1294 nihil solvimus domino R. de H. .. de debito suo juxta formam ~onis magni debiti quod ei debebamus *Ann. Dunstable* 391.

installator, one who installs (in quot., eccl.).

1317 ~or seu intronizator dicit sic .. *Reg. Heref.* 32.

instantanee [ML], instantaneously.

Deus incepit esse, sc. esse in tempore vel in instanti, seu temporaliter, vel ~ee BRADW. *CD* 67B.

instantaneus [ML], instantaneous, instant.

ROB. FLAMB. *Pen.* 6 (v. delectatiuncula); 1236 cum parere non sit ~eum sed successivum cujus motus potest etiam per quietem interpolari GROS. *Ep.* 23 p. 88; angelicus .. intellectus .. est ~eus [TREVISA: *worchip sodeinliche*] BART. ANGL. II 18; generatio .. est .. quandoque nomen ~ee mutationis in termino motus *Ps.*-GROS. *Summa* 369; in illa [sc. eternitate] .. nihil preteritum, nihil futurum .. sed indivisibilis, simplex, unica, eadem, insuccessibilis ac ~ea BRADW. *CD* 826B.

instanter [CL]

1 urgently, fervently, insistently.

722 ut .. contra quoslibet adversarios .. ~issime defendatis (*Lit. Papae*) *Ep. Bonif.* 20; ~ius obsecrans BEDE *HE* V 3 p. 285; 1293 (v. instare 7a); deinde per caritativas epistolas rogavit, et ~er .. requisivit, quatenus ab hujusmodi molestationibus desisteret *Chr. Pont. Ebor. C* 431; s1492 quemdam .. cum uno baculo .. percussit, imponendo ei plagam mortalem ex qua .. obiit. unde ~er, ~ius, et ~issime petiit immunitatem *Sanct. Durh.* 50; litteras dimissorias .. ~er, ~ius, et ~issime michi dari .. peto *Form. S. Andr.* I 206.

2 immediately, instantly.

1217 cum velitis .. votum peregrinationis vestre ~er executioni dare *Pat* 54; s1213 ad hoc legatus consensit, volens ~er hoc fieri, indigne ferens, quod non statim suscepta fuit oblatio WEND. II 94; s1239 dum nos ad transitum ~er pararemus M. PAR. *Maj.* III 576; s1479 ipsum A. in pectus suum usque ad cor .. felonice percussit, unde idem A. ~er obiit *Sanct. Durh.* 17; 1549 ~er respondere nequit *Conc. Scot.* II 125; in comitatu predicto adtunc et ibidem ~er obiit *Entries* 264vb.

instantia [CL]

1 urgent necessity or business, urgency.

ut .. principem .. vite exortem efficiant, omni condicit ~ia ÆLNOTH *Cnut* 47; c1176 quoties causor moram, quam facio, et allego vestre revocationis ~iam, unica et quotidiana est ejus responsio P. BLOIS *Ep.* 5. 13B; s1227 ubi tante necessitatis evidens ~ia pro se clamat M. PAR. *Maj.* III 129; 1259 idem officialis cognitis cause meritis ~ia exigente .. mulierem .. absolvit *Cl* 19.

2 constancy, determination, perseverance.

596 omni ~ia omnique fervore .. Deo auctore peragite (*Lit. Papae*) BEDE *HE* I 23 p. 43; ALDH. *VirgP* 3 (v. exercere 8a); juvit eos amor religionis, et studiosi rectoris exemplum atque ~ia sollers *Hist. Abb. Jarrow* 11; genti suae .. exemplo vivendi et ~ia docendi .. multum profuit BEDE *HE* III 27 p. 194; quamvis .. assidua artis lectoreae non adsit ~ia B. *Ep.* 386; non hunc ardor estatis, non frigus hiemis ab ~ia cepti operis Dei detorquere valebant EADMER *Wilf.* 23.

3 importunate request, insistence. **b** (*ad ~iam* w. gen.).

coactus regis Francorum et cleri Belvancensis .. ~ia ANSELM (*Ep.* 126) III 267; efficaci orationum ~ia GIR. *TH* II 5; c1252 vix extortum est laboriosis ~iis ut comes .. et viri plures .. validi .. audirentur AD. MARSH *Ep.* 30 p. 124; 1338 ea que vel meritis comparantur vel ~iis improbis impetrantur *FormOx* 99; 1438 ~iis et rogatibus *Lit. Cant.* III 170. **b** 1202 ad ~iam .. episcopi *Pat* 5a; 1205 ad ~iam precum quondam uxoris Willelmi convenit inter eos sicut predictum est *CurR* III 306; 1219 ad ~iam et peticionem *Ib.* VIII 118; permittet aliquem filiorum suorum coronari suo tempore, voluntate propria ad ~iam regni *Pol. Poems* I 208; 1427 ad magnam ~iam amici *Hist. Durh. Script.* ccxvi.

4 instance, example; **b** (log. & phil.).

mulier leprosa .. venit. .. ~ia evangelicae mulieris quam fide sua salvam factam Salvator comprobavit .. lepram deposuit, cutem .. mundam induit GOSC. *Mir. Iv.* lix; paterne libertatis ~ia non defecit (*Quad.*) *GAS* 533. **b** ~ia prime argumentationis J. BLUND *An.* 141; *Ps.*-GROS. *Gram.* 27 (v. dispendiosus); ex ista racione ultima patet ad istas ~ias, cum arguitur 'hec est per se nota, necesse esse est' DUNS *Ord.* II 143; quando dicitur quod aliquid convenit uni et repugnat alteri etc., nego istam. et patet ~ia de albedine et nigredine, et tamen nihil est in albedine quod non est in nigredine OCKHAM *Quodl.* 22.

5 (leg.) instance, suit, process.

1257 dum talis procurator .. fidem literis imponere non vult per testes, aut aliud impedimentum occurrit, nil agitur illa die ..; sicque perit illa ~ia sine fructu M. PAR. *Maj.* III 436; 1269 postquam aliquis fuerit sumonitus vel per pleggios justitiatus ad ~iam partis *CBaron* 83; 1271 ipsius presbiteri procuratorem ab ~ia diei absolvendo *SelCCant* 65; 1539 appellationibus, actionibus, litibus, et ~iis *MonA* I 640b.

6 something that stands in the way, impediment, obstacle.

s1312 ad villam de Dadyngtone .. pervenerunt. quam cum fuissent ingressi humilis montis ~ia .. *Flor. Hist.* III 151.

7 objection, contradiction, exception (esp. gram., log., & phil.). **b** (*~iam capere*) to make or admit an exception.

1239 in hujusmodi igitur non est ~ia contra id quod supradictum est GROS. *Ep.* 127 p. 366; propter cavillatoriam ~iam BACON *Tert.* 191; peccat talis consequencia quia fundatur in una regula que multas habet ~ias, et specialiter habet ~iam in proposito OCKHAM *Pol.* I 325; tres ~ie contra dicta in capitulo precedenti de heresum condemnacione *Id. Dial.* 425. **b** major non est universaliter vera, sed capit ~iam OCKHAM *Dial.* 515; ne regula ~iam capiat in sua persona, mavult sequi regulam aliarum conjugationum *Reg. Whet.* II 393.

8 attack, onslaught.

fustigatus acri ~ia ABBO *Edm.* 10 (v. fustigare); municipes ingenti hostium ~ia utile consilium coacti capiunt ORD. VIT. IV 4 p. 180; Hierusalem .. que nostris temporibus a Saracenis occupata est, nostris quoque diebus miraculose ab eorum ~ia omnipotentissima Redemptoris nostri eripiet clementia AD. EYNS. *Hug.* V 3.

instantive, by way of exception or objection.

~e, quando excipit partem a toto ratione predicati, ut hic: 'omnis homo preter Socratem currit' (SHIRWOOD) *GLA* III 21 n. 75; ad aliud Augustinus .. respondetur similiter ~e per actum positivum peccati, .. BRADW. *CD* 304C.

instar [CL]

1 an equivalent amount, like quantity.

798 ~r persolvens (*Lit. Papae*) *Conc. HS* III 523.

2 (w. gen.) the equivalent of, like. **b** in the manner of, like; **c** (as prep. w. abl.).

a798 ab aquis elevatio resurgentis ~r est de sepulchro (v. demersio a); et nobis corpus carceris instar adest L. DURH. *Dial.* IV 282. **b** in insula Lindisfarnensi .. qui .. bis cotidie ~r insulae maris circumluitur undis BEDE *HE* III 3 p. 132; nonnulli .. calicem operiunt, quidam corporali, alii panno complicato ~r sudarii *Ep. Anselmi* II 235; unde etiam triumphantes, qui Jovis habent insignia, sceptrum viz. et palmatam .., faciem quoque de rubrica illiniunt ~r coloris etherei ALB. LOND. *DG* 3. 9; ~r quiescere volentis *V. Chris. Marky.* 25; natatu saluti consulit, ~r apri quem canes oblatrant eminus MAP *NC* II 19 f. 30v; collum †intar [l. instar] castri Davidici / tela portat congressus bellici J. HOWD. *Ph.* 31. **c** R. .. prolixas pigacias primus cepit implere stuppis et hinc inde contorquere ~r cornu arietis ORD. VIT. VIII 10 p. 323.

3 (*ad ~r*): **a** according to the model or standard of; **b** in the manner or fashion of; **c** in the likeness of; **d** (pred.) the equivalent of, like, as. **e** (*ad ~r quod*) with the effect that.

a omnia divina ad ~r sacrosancte ecclesie .. tractentur GIR. *EH* I 35; 1383 idem .. monachus ad ~r precentoris .. capellam regulabit in servicio divino *Lit. Cant.* II xxxiv. **b** atque creaturae cerarum fluxus adinstar / machina succumbat ALDH. *CE* 11. 9; sulcos obliquat adinstar aratri *Id. Aen.* 32. 5; ad ~r Pharaonis filios Israelis ab operibus duris laxare .. renuentis GOSC. *Mir. Iv.* lxx; 1311 quatenus ad in[s]tar Alexandri pape iiij .. dignemini .. concedere .. *Collect. Ox.* II 220; ad ~r caprearum saltuatim ascendunt R. BURY *Phil.* 9. 152; manum tenet ymago erectam contra orientem ad ~r inferentis minas contra malefactores *Itin. Mand.* 6. **c** 799 Dei filius .. effundit imbres ad ~r gurgitum *Ep. Alcuin.* 182 p. 301; aggere ad ~r altioris muri fossa humo praemunitur ABBO *Edm.* 2; igneam quoque spheram, ad scuti teretis ~r una caelo delapsam .. intuebantur EADMER *V. Osw.* 39; 1289 duo molendina .. ad ~r et similitudinem molendinorum que sunt in paxeria de L. *RGasc* II 529; s1415 gemmis interlucentibus ad ~r lapidum pretiosorum *G. Hen. V* 15. **d** pelles iste rubee sunt ad ~r sanguinis *Itin. Mand.* 124. **e** partim capti sunt, partim vero fuge indulserunt, ad ~r quod duo fugarent decem milia *Flor. Hist.* II 496.

4 copy, transcript. *Cf. exemplar* 4.

Hist. Abb. Jarrow 20 (v. decessor); 745 cujus ~r actionis ad tuam direximus fraternam sanctitatem (*Lit. Papae*) *Ep. Bonif.* 60 p. 124; 745 sententia anathematis .. cujus ~r vobis a domno apostolico directa est (*Ib.*) *Ib.* 61 p. 127.

instare [CL; *forms in perf. tenses are indistinguishable from those of* insistere]

1 to make a stand, take a stance; **b** (w. dat. or prep. & abl.); **c** (w. inf.).

catulus .. levis et acer et ~at acriter et .. acrius mordet *Simil. Anselmi* 40; †Arvigarus [l. Arviragus] .. hinc et inde Britones ad ~andum animabat G. MON. IV 13; cum hostis .. cedat vel ~et R. NIGER *Mil.* I 13 (v. fugare 1f); ~etit tunc Francorum subtilitas *G. Hen. V* 19. **b** venator saltibus instat L. DURH. *Hypog.* 66; 1331 dicti fratres .. non possunt epistolas in choro legere, nec in altari ~are, nisi ordinem receperint subdiaconalem *Lit. Cant.* I 391. **c** unguibus Harpye sevire rapacibus instant L. DURH. *Dial.* II 257.

2 (w. dat. or abl. or absol.) to devote oneself constantly (to), to persevere (in activity). **b** to work on (an object). **c** (acad.) to study. **d** (w. *ad*) to strive for.

nocte hac redemptionis nostrae memores vigiliis Deo dignis ~amus BEDE *Hom.* II 7. 139; obnixius precibus ~ans *Id. HE* V 4 p. 287; quando rex venatui ~abat *DB* I 179ra; ~at, tumultuat et excandescit; indignatur et minas addit MAP *NC* IV 16 f. 58v; orate ferventes, ~ate vigiliis P. BLOIS *Ep.* 142. 426D; 1407 qui .. devotis orationibus

~eterint *Conc.* III 305b. **b** alius .. ~at serae aut pessulo Abbo *Edm.* 15 (v. fabrilis 1a). **c** proh dolor! imberbi mihi plus instare Platoni / quam Moysi, Senece quam Josue, cor erat L. Durh. *Dial.* IV 479. **d** tertia [musa] Melpomene dicitur, id est meditationem faciens; ut sit primum velle, secundum desiderare quod velis, tertium ~are meditando ad id quod velis Alb. Lond. *DG* 8. 18; ad cathedram sc. digniorem .. ~ans Gir. *Spec.* III 7 p. 163 (v. de 2c).

3 (w. dat. or absol.) to request importunately, plead (with); **b** (w. *ut*). **c** to urge on, spur on, goad (animal).

me reverendae domini et patris nostri archiepiscopi ~are sanctitati postulasti Anselm (*Ep.* 43) III 155; vehementius ~anti .. aperuit W. Malm. *Wulfst.* I 3 (v. frustrari 2c); ~abat pia matrum sollicitudo W. Cant. *Mir. Thom.* II 67 (v. deficere 1b). **b** ~at domnus R. et cogit domnum abbatem et me .. ut .. gratias tibi referamus Anselm (*Ep.* 7) III 109; ut pax utrinque fieret instituerunt Eadmer *HN* 6; **s1156** (v. decanus 8a); ~ate, queso, .. ut .. P. Blois *Ep.* 20. 74A; W. Fitzst. *Thom.* 56 (v. homanagium); **1331** (v. erga 3c). **c** animal .. stabat immobile: ~ant ministri, hinc flagris, illinc clamoribus, ut .. heram qua solebat alacritate eveheret W. Malm. *GR* II 162 p. 184; dum fora festinus lucro petit, instat asello / institor et fessum pondere fuste premit Walt. Angl. *Fab.* 54. 1.

4 to press in a hostile manner, attack.

[Egfridus] expeditionem in Pictos agens, cum illis in montes abditos consulto cedentibus .. ~aret, cum omnibus fere copiis interiit W. Malm. *GR* I 51; **s1099** funditores lapidibus, sagittarii jaculis, arcubalistae telis, quisque suum exercentes officium, ~are *Ib.* IV 369 p. 427; ille [sc. rex] .. ut calor indomitus defervesceret, vetito ~antes passus languescere bello *Ib.* IV 381; [Britones] omni nisu ~antes et captivos custodire et inimicas prosternere intendebant G. Mon. X 5 p. 481; Britones, usque ~antes, victoriam licet maximo labore habuerunt *Ib.* 11 p. 494.

5 (of situations) to press, threaten, loom. **b** (of time, events, *etc.*) to be imminent, at hand, upon one. **c** (of person) to be present.

fortioribus autem fortior ~at cruciatio Gildas *EB* 63; **705** nunc ~ante necessitatum causa Wealdhere *Ep.* 22; studium sophie .. patescit quod presentis vite terminus variante diverse calamitatis erumna ~are .. dinoscitur W. Malm. *GP* V 257. **b** subjunxit diem sui obitus jam proxime ~are Bede *HE* IV 3 p. 209; ~at in nobis opus Dei peragendum Alcuin *WillP* 20; quodsi necessitas ~et [AS: *gyf neod on handa stande*] (*Cons. Cnuti*) *GAS* 193 (v. decimationarius); ~ante partus tempore, puer eleganti forma nascitur Eadmer *V. Dunst.* 2 p. 166 (cf. Osb. *V. Dunst.* 5: postquam .. edendi partus tempus advenit); instat mundi terminus, / instet ergo dominus, / qui penas & premia / sic discernat singulis (*Pol. Poems XII cent.*) *EHR* VI 320; **1216** nunc ~at temporis oportunitas ad illud faciendum *Pat* 13; cum instabit tempus serum, / id est mundi vespera Walt. Wimb. *Virgo* 155. **c** mox .. illi ~ante carnifice mortem laeti subiere temporalem Bede *HE* IV 16 p. 238; nefandis blasphemiis et detractionibus dominum meum et me, ejus ancillam ~antem, lacessis, ut tuas fatuitates atque calumnias refellam veracibus dictis *Eccl. & Synag.* 53; ~at domnus Robertus, et cogit domnum abbatem et me .. ut .. gratias tibi referamus *V. Gund.* 13; **s1229** nuntii regis .. ~abant Rome (v. dejectio 2a).

6 (log.) to maintain in argument, insist (that), (w. *contra*) to argue against (proposition or sim.); **b** (pass.).

accidentia .. omnia, cujusmodi sunt que isti ~ando enumerant, non sunt entia completa cum non subsistant Knapwell *Quare* 180; si qui contra pertractata ~are volunt Rog. Swyn. *Insol.* 220; adhuc ~at contra dictum exemplum, quia beatus Marcellinus non fuit infamatus de heresi Ockham *Dial.* 519. **b** contra istas tres raciones simul ~atur quod seipsas destruant Duns *Ord.* I 43.

7 (pr. ppl. *instans* as adj.): **a** urgent, earnest, fervent. **b** (of time) instant, present, current.

a ceperunt ~antissima prece sanctum deposcere, ut .. Osb. *V. Dunst.* 134; **s1232** solus Lucas, Dublinensis archiepiscopus, ~antissimis precibus et lachrymis rogavit regem Wend. III 33; **1293** Idonia instanter petit diem sibi assignari de audiendo inquis' etc. set ad ~antem peticionem predicti Rogeri .. processum est ad capcionem inquis' incontinenti *PQW* 215a; sive naturaliter viguerunt perspicaciori mentis ingenio sive ~antiori studio forsitan indulserunt R. Bury *Phil.* 9. 145. **b** †**889** (11c) per ~antis vitae turbidam discordiae rabiem *CS* 561; **951** (12c) hujus ~antis labentisque vitae prosperitas *CS* 892; donec ad curiam ~antis natalis domini *DB* I 252vb; **c1159** pecuniam infra ~antem festivitatem Omnium Sanctorum persolvant J. Sal. *Ep.* 50 (103); **1251** contra ~ans festum beati Eduuardi *Liberate* 27 m. 5; **1279** quod pannos .. vendere possint in ~antibus nundinis S. Yvonis [et] S. Botolphi *RParl Ined.* 1; **1308** cum .. archiepiscopus ad ~ans parliamentum .. regis personaliter .. sit venturus *Lit. Cant.* III 353; **1429** domine regine, ad offerendum in ecclesia de Lynlithqw, in principio ~antis mensis, xx s. *ExchScot* 485.

8 (pr. ppl. *instans* as sb.): **a** point of time, moment, instant. **b** (abl. as adv.) at that moment, then. **c** the point of time now present, the present. **d** (gram.) present tense. **e** instance, example. **f** present incumbent (of office).

a ~ans pars temporis est cujus nulla pars est. momentum vero pars temporis est constans ex dlxxiiij ~antibus Adel. *Alch.* 17; in ~anti M. Scot *Sol* 719 (v. fixare); in tempore sunt infinita ~antia Bacon XIII 247; **1280** W. in ultimo ~anti suo legavit custodiam dicti heredis *JustIt* 759 m. 14; ~ans est certus athomus temporis Bradw. *Cont.* 232; Christus non ab ~anti conceptionis sue sed postea .. habuit dominium vestimentorum Ockham *Pol.* III 13; **s1429** quot sunt puncta in linea, ~antia in horula Amund. I 272. **b** **c1266** quod a priore .. oracio .. in choro dicatur, quam .. dicere non poterit, si illo ~anti extra claustrum existat *Cust. Westm.* 24; **1307** quin .. haberet quosdam testes tunc ~anti senes et valetudinarios *Reg. Cant.* II 1173. **c** ~ans enim omne est continuatio preteriti et futuri. non fuit ergo ~ans ante quod non fuit tempus Gros. 103. **d** ~ans enim est cum agimus et in ipso actu sumus, ut lego Bonif. *AG* 499. **e** accingamur ad reliqua simplicitatis ~ancia Lucian *Chester* 40. **f** ~antium et electorum tam nomen quam officium penitus removemus *StatOx* 402.

instatio [ML], importunate request, suit, or objection.

communitas .. surrexisset, statim omnes ex parte ipsius S. declinantes ab eorum ~onibus continuo desistebant Favent 21.

instatuare, to make into a statue (fig.).

quasi transubstantiati in statuam, illi cadaverose seu infatuate, aut (ut novo utar verbo) ~ate anime similes, que secundum prophetam .. stercora amplexatur H. Bos. *Thom.* III 6 p. 195.

instauralis, of or pertaining to stock, (in quot., as sb. n. pl.) stores.

1261 blada et ~ia, quibus conventus sustentari debent *Conc.* I 752 n.

instauramentatio, (act of) stocking (a manor).

1225 dedit .. ad ~onem de Hagne .. c oves (*Assize Scacc.*) *DCCant.*

instauramentum [ML]

1 stock, store (of manor or sim.); **b** (spec.) livestock. **c** stocked manor.

quando autem reddet manerium, reddet cum eo hec ~a: xxiiij boves et duos herceros .. et cxx oves et de meliori blado quod erit in dominio *Dom. S. Paul.* 128; **c1161** hec autem predicta ei concedimus quamdiu .. statutis terminis bene reddiderit ~a que ibi recepta estimata sunt lxiij solidis et x nummis *Ch. Westm.* 284; de bladis .. lanis .. agnis et caseis .. et de omni ~o suo (*Ch. Hen. II*) *MonA* VI 1030; **1185** terra .. valet annuatim xv li. cum ~o ij carrucarum et c ovium et iij porcorum *RDomin* 1; **s1213** mobilia ita dilapidavit quod vicesimam [partem] ~orum non habemus quibus .. possemus .. sustentari *Chr. Evesham* 243; **1220** vicarius .. habebit .. alteragium preter decimam proprii ~i canonicorum *Reg. Linc.* I 215. **b** **c1209** recepit .. terram .. nudam et incultam, et cum ea de ~o viij boves tantum *Ch. Sal.* 73; **c1237** si ~um habeat ovium vel vaccarum .. usque ad finem anni sui instaurum illud in pascua prebende depascet *Stat. Linc.* I 277; **12..** manerium illud nullum potest sustinere ~um quia nullum habet pratum, nisi tantum de quo potest percipere .. unam karratam feni *MonA* IV 666b (cf. *CalIMisc* I 472). **c** **12..** et valet ~um vij li., non ~um v li. xvij s. ix d. *Ib.*

2 (pl.) furniture, fittings (in quot., of church).

~a [v. l. instrumenta] ecclesie sunt hec: lavacrum .. mariolum, crusifixum .. Neckam *Ut.* 119.

instaurare [CL]

1 to perform again, begin anew, repeat.

rursus statuit ut .. psalmodiae juxta morem cursus ~aretur *Hist. Abb. Jarrow* 14; nec invitus Bertramnus factum .. audivit, ut paternas adoreas ~aret W. Malm. *GR* IV 388 p. 459; [creator] ex atro silice terris inauditum, virtute potentie, ~at miraculum *Found. Waltham* 28; ~atur iterato ludus [sc. de scaccis], disponuntur acies altrinsecus Neckam *NR* II 184 p. 325.

2 to restore to former condition, recreate, renew: **a** (person, also absol.); **b** (artefact or abstr.); **c** (possession to its owner).

a blessos et balbos .. / .. / caelitus instaurant Aldh. *VirgV* 1089; beneficia .. quibus nos ~are [*gl.*: *eft giboeta*] dignatus es *Rit. Durh.* 23; corpus nostrum infirmum .. ~atur Bald. Cant. *Sacr. Alt.* 680B (v. fatiscere 2a); te [Domine] post ruinam appetit instaurantem, / qui commutas in gloriam carnis fenum J. Howd. *Cont.* 315. **b** ut Augustinus ecclesiam Salvatoris ~averit Bede *HE* I 33 p. 70 (*tit.*); instaurata salus serpit tenebrasque repellit *Mir. Nin.* 145; per te [sc. crucem] paravit thronum suum et ~avit regnum suum Anselm (*Or.* 4) III 12; arcus ~atur in manu cum instrumentum pugne celestis .. roboratur (cf. *Job* xxix 20) S. Langton *Serm.* IV 16; instaurans nostros princeps quot vixerit annos? J. Cornw. *Merl.* 10; *Mir. Hen. VI* II 56 (v. hospitiolum 1b). **c** Hildericus Vandalorum rex episcopos ab exilio reverti et ecclesias ~are precepit, post annos lxxiiij heretice prophanationis Ord. Vit. V 9 p. 343; hereditates .. heredibus ~atas Glanv. VII 9 (v. custos 2c).

3 to sustain, perpetuate, keep (something) going.

depositus est Jocellus de cellaria, qui bene et provide ~averat officium suum Brakelond f. 157v; **s1415** nostri ~antes ignem continue pulveribus †adustinis [l. adustivis] *G. Hen. V* 7; immiserunt telorum aculeos per latera bellum continue ~antes *Ib.* 13.

4 (*bellum ~are* or sim.) to prepare or resume hostilities, to start or renew war.

bellum horrendum ~ant Aldh. *VirgP* 12; Melcolfus .. Alexandri filius regnum patruo preripere affectavit, eique [sc. David I] duo bella satis acerrima ~avit Ord. Vit. VIII 21 p. 403; maxima sepe tamen instaurant prelia pisces / moliri fraudes insidiasque student Neckam *DS* III 657; contra hostes regni sui .. bellum ~ari precepit *V. II Off.* f. 3a.

5 to found, establish, endow (institution). **b** to create.

709 (12c) quatinus ibidem congregatio monachorum secundum regulam beati Benedicti possit ~ari *CS* 125; libenter concedit .. episcopus Lincolniensis, .. quia pro iis quae assumuntur de sua ecclesia ad ~andum novum episcopatum in Heli, tantum ecclesiae Lincolniensi restauratur Anselm (*Ep.* 441) V 389; illo [sc. monasterio] tempore Danorum destructo, aliud, quod nunc in eadem civitate precipuum habetur, Aldredus archiepiscopus Eboracensis ~avit W. Malm. *GR* II 125 p. 126; Rotbertus .. principatum Normannie suscepit .. patrumque suorum sequax Cerasiacensem abbatiam ~are coepit Ord. Vit. III 1 p. 11. **b** mirabilius Deus restauravit humanam naturam quam ~avit Anselm (*CurD* II 16) II 117.

6 to stock, furnish, supply: **a** (manor, estate, farm); **b** (fishpond); **c** (park); **d** (household, community, or sim.); **e** (ship); **f** (refl.). **g** to stock (with people), populate. **h** (p. ppl. as adj.) well-stocked (also fig.).

a **1113** redde abbati de Torneia manerium suum .. ita ~atum sic[ut] illud recepisti *Regesta* II 1033; **1167** r. c. de iij li. iij s. et v d. de exitu de R. et de L. hoc anno de eodem feodo quia non habet ea ad firma quia non sunt ~ata *Pipe* 157; si dominicum esset ~atum iiij carrucis et cccc ovibus et xx vaccis .. posset tota terra valere xxvij li. *RDomin* 2; **c1214** auxilium de ovibus ad terras vestras ~andum ab eis petistis Gir. *Ep.* 8 p. 266; **1236** reddet ei vj li. .. ad ~andum vaccariam de Yppeleg' *KR Mem* 14 m. 10; cccc m. quas eis autem dedit ad edificia maneriorum capituli reparanda et stauro ~anda *Hist. Roff.* f. 57v. **b** **1209** in pisciculis ad vivarium ~andum *Pipe Wint.* 13; **1274** ad ~andum vivarium (v. luciculus); **1312** piscaria .. valet per annum xiij s. iiij d., si fuerit ~ata *Cust. Battle* 138; **1317** in cxx pikerellis emptis .. pro stagno communitatis ~ando *MunCOx* 259; **1319** pikerellos pro vivariis suis .. ~andis *Cl* 118 m. 21. **c** **1251** cepit .. xv damas et v damos vivos .. ad quemdam parcum ~andum *SelPlForest* 104; **s1352** dux fecit ~are predictum parcum de feris defense Leicestrensis Knighton II 74; **1296** in .. vj damys m[asculis], x damys fem[ellis] capiendis in foresta de Wychewode ad ~andum parcum .. *DL MinAc* 1/1 r. 16. **d** **1204** xxx marcatas bladi .. ad ~andum abbaciam suam *Cl* 2b; **1222** ad ~andum .. castellum (v. farina 2a); **1257** capiant .. clxv dolia vini .. ad ~andum celaria regis *Cl* 61; **s1362** papa muravit palatium suum Avinione et eam .. municionibus et victualibus ditissime ~avit *Eul. Hist.* III 229; **s1335** castrum .. victualibus .. ~avit *Meaux* II 375. **e** **1295** in mm clavis emptis ad ~andum navem v s. *KR Ac* 5/7 m. 2. **f** celerarius .. inde conquestus est, dicens quod, si illam pecuniam haberet pre manibus, sibi provideret et se ~aret Brakelond 146. **g** Cerdicus .. suas provincias novis Anglis ~avit Ciren. I 33. **h** per quod abbas posset dici sapiens et ~atus Brakelond 130; **12..** instaurate (v. deinstauratus).

7 to reproduce the appearance of, to resemble.

grypes .. corpore et pedibus ~ant leonem Osb. Clar. *Ep.* 41 (v. gryps 1).

instaurarius, person in charge of livestock, stockman.

1270 de catallis Warneri quondam ~ii de suis arreragiis (*MinAc* 1078/12) *Seignorial Admin.* 152; **1307** custus bercarie .. in expensis Johannis de Grendone ~ii per xv dies, xxij d. ob. (*Houghton, Hants*) *Ac. Man. Wint.*; **1339** compotus J. de N. ~ii prioratus Dunelm. *Ac. Durh.* 309; **1340** in expensis terrar[ii], burs[arii], ~ii apud B. ad signacionem instauri *Ib.* 538; **1341** (v. elongare 6a); **1388** omnia et singula animalia cujuscumque generis aut sexus .. existunt in custodia J. G. ~ii domini *IMisc* 240/17.

instauratio [CL]

1 renewal.

o dulcedo .. cujus plena satietas desiderii novi jugis ~o est J. Ford *Serm.* 38. 5.

2 repair, rebuilding (w. ref. to *burhbote* or *brigbote*).

c**899** (12c) contigit .. eos .. conloquium habuisse de ~one urbis Lundonie *CS* 577; **970** (13c) sine expedicione et pontis arcisve ~ione *CS* 1260.

3 conduct (of warfare). *Cf. instaurare* 4.

in ipso prae omnibus regibus virtus maxima erat ~one belli NEN. *HB* 63.

4 stocking (of manor or sim.); **b** stock.

1225 R. dedit conventui ad ~onem de Hagn' xiv vaccas *Cant. Cath. Pri.* 147 n.; s**1415** facta .. ordinacione pro ~one et custodia dicte ville *G. Hen. V* 9; **1470** pro xv dentriculis emptis pro ~one de lez Poundz, apud le Westorchard, ij s. vj d. *Ac. Durh.* 93. **b** a**1125** cum illa instauracione cum qua Willelmus de Arch' eam de me habuit (*Ch.*) *Doc. Bec* 15; s**1238** possessiones episcopatus et ~ones demoliendo M. PAR. *Maj.* III 494; s**1399** preter maneriorum ecclesie Cantuariensis ~ones AD. USK 37.

instaurator [LL = *restorer*], stockman.

1296 xl s. in feodo Gilberti ~oris per annum; et viij s. allocat' instaur' forestarum pro vit[ulis] signandis *DL MinAc* 1/1 r. 3*d*; **1541** onus compoti Jacobi Ellerkour, appruatoris et ~oris (*Bailiff's Onus*) *Rutl. MSS.*

instaurum [ML]

1 agricultural stock (of manor, estate, or sim.): **a** (implements, equipment, or unspec.); **b** (livestock).

a **1198** terre .. valent xxxiiij li. cum instaur' *CurR RC* 205; **1204** victualia dammas et ligna et lanam que fuerunt ad proprium ~um ipsius comitis *Pat* 41b; **1228** omnia catalla tam in animalibus quam in ~is *Cl* 110; **1260** de carucis et aliis ~is *Cl* 110; **1268** concessi eis totam decimam de pane meo et de cervisia mea et de carnibus de estauro meo *ChartR* 57 m. 8; **1269** ad estimandum, appreciandum, et taxandum blada, †mistaurum [l. instaurum] et alias exitus terrarum *Conc.* II 21a; **1317** teneor .. in quingentis marcis pro veteri ~o *Reg. Heref.* 39; **1331** curam diligentem circa ~um et circa alia bona dict[i] prioratus .. exhibebit *Pri. Cold.* 17. **b** **1218** cum bobus, vaccis, ovibus, porcis, et aliis ~is *Pat* 163; **1237** mandatum est R. de M. quod permittat ~um regis de S. poni et pascere in haiis regis de H. *Cl* 446; **1260** habere pasturam .. ad ~um .. sustentandum *Cl* 110; **1266** per ~um venditum, sc. per lx vaccas, quas cepit ad ~um die quo cepit terram de I. ad firmam, xv li. *ExchScot* 4; **1288** in forag' et palleo empt' ad sustentacionem instaur' in yeme *MinAc* (*Hoo, Suff*) 999/11; **1340** (v. instaurarius); **1402** in xxiiij pikerell[s] empt[is] pro ~o stagni de P. *Ac. Durh.* 604; c**1440** usque ad finem anni sui ~um illud in pascue prebende depascet *Stat. Linc.* 344.

2 supply of food, store (in castle, town, or sim.). **b** (*receptor* ~*i*) receiver of victuals.

s**1303** obsidentes castrum .. statuunt obsessos fame fatigatos et inedia aliquando superare. quod intelligentes obsessi parcius ~o suo usi sunt *Flor. Hist.* III 113. **b** **1307** tam de firma civitatis predicte, quam de exitibus ballive vestre .. ea usque ad villam de B. .. faciatis cariari receptori ~i nostri ibidem liberanda *Foed.* III 16; **1309** ea usque ad villam nostram de B. .. cariari facere receptori ~i *RScot* 63a; **1314** rex dilecto clerico suo G. de B. receptori ~i sui in partibus Karlioli *Ib.* 135a.

3 furniture, furnishings, movables.

1287 precipimus quod de ecclesiarum ~o ipsius custodes coram rectoribus vel vicariis .. compotum fidelem reddant (*Stat. Exeter*) *Conc. Syn.* II 1008; s**1315** depredati sunt Scotti quasi totum ~um domus [sc. prioratus] GRAYSTANES 36; s**1381** [T. de Hatfelde] dedit .. ~um quod habuit in Wardell, quod tunc .. valebat cccc m. *Hist. Durh.* 3 p. 139.

instellare [ML], to deck with stars.

concharum preci[osar]um uniones .. auro ~antur GOSC. *Edith* 69; pontificalia insignia .. splendido unionibus et margaritis cum praecellentibus gemmis praetexto auro ~ant *Id. Aug. Maj.*2 (*Acta SS. Boll.* Maii VI 380 [recte 378] a).

insterium v. justarium.

insternere [CL]

1 (trans.) to spread (out), lay, strew. **b** to lay on, cover.

cancellatisque sedentes / cruribus insternunt pro pulvinaribus herbas HANV. VIII 315. **b** equi spumantes pictisque tapetis instrati vectitarunt postquam vero buccina quae ludos ab aggere canebat regnum dedit FREE *Ep.* 53.

2 (p. ppl. *instratus*) worked, embroidered. **b** (as sb. n.) cover, cloth.

vestimentum integrum ~um paraturis bonis *Vis. Paul.* 7. **b** ~is diaperinis (v. diasprinus).

instigare [CL]

1 to goad, spur, drive on (also fig.). **b** to urge on, prompt, encourage, incite; **c** (w. ref. to the Devil).

qui equum percussit vel ~avit VAC. *Lib. Paup.* 55; venator ~ans et preda precurrens GIR. *TH* II 40; qui ad recalcitrandum nobis .. vos ~averint *Id. SD* 136. **b** ~ante divino numine se ipsum famulum Christi venturum fore .. devovit FELIX *Guthl.* 18; ad imitandum bonum auditor sollicitus ~atur BEDE *HE pref.* p. 5; perterritus unde nuntium prius revocaverat, nunc ut illo festinet omnimodis ~at GOSC. *Transl. Mild.* 21 p. 184. **c** a**776** (11c) si quis .. maligno spiritu ~atus hujus donationis nostrae munificentiam infringere nititur *CS* 220; **853** (v. diabolicus a); **861** (13c) homo diabolica temeritate instagatus *CS* 855; suggestiones quippe diaboli ad peccatum ~ant P. WALTHAM *Remed. prol.* 29; qui .. adeo diabolico ~abatur consilio, quod .. *Chr. Dale* 10; verba detractoria et adulatoria necnon et ad malum ~antia [ME: *eggunge*] non videntur verba hominum sed flatus diabolici et voces ipsius *AncrR* 22.

2 to rouse to anger.

si vero respiciens ~averit eum, canis quoque latrando, licet non mordeat, insequitur illum *Simil. Anselmi* 40.

3 to rouse (feeling), provoke (emotion).

quid gemitus atque suspiria sanctorum .. crebris ~as injuriis GILDAS *EB* 32.

instigatio [CL], prompting, incitement, instigation; **b** (of the Devil).

a**802** tertia fuit hujus tumultus ~o ALCUIN *Ep.* 249; **1232** si proprio motu abbatis vel ~one monachorum seu aliorum queratur *Ch. Chester* 431; s**1346** Scottos .. qui per ~onem regis Francie Angliam intraverunt *Eul. Hist.* III 212; nescitur quorum ~one [v. l. investigatione] vel consilio rex Malcolmus [IV] .. regi Henrico [II] homagium fecit *Plusc.* VI 18 (cf. FORDUN *Cont.* VIII 3: instinctu). **b** ideo venit Spiritus Sanctus in specie linguarum contra diabolicam ~onem EDMUND *Spec. Relig.* 99; s**1318** fatebatur .. se ex ~one diabolica haec fecisse *Ann. Paul.* 283; c**1380** ~one diabolica .. apostataverint *Conc. Scot.* I ccxxxvii; ipse, ~one diabolica, .. laqueos nequicie innocentibus pandit *Plusc.* VIII 10.

instigativus, that instigates, instigative, stimulating.

precepto .. ~o J. BURGH *PO* VII 8 (v. dissimulativus).

instigator [CL]

1 instigator: **a** one who inspires or prompts to good; **b** one who incites to evil; **c** (w. ref. to the Devil).

a Deus, qui est .. meditationum et omnium bonarum voluntatum ~or ASSER *Alf.* 76 p. 61. **b** quem .. exploratorem, stimulum, ~orem crudelitatis habent MAP *NC* IV 6 f. 49; c**1213** ab inicio suggestor eorum [sc. turpium] fuerat, auctor et ~or GIR. *Ep.* 7 p. 242; qui non ~or talium et tam turpium, sed pocius extinctor, non fultor quidem, sed ultor, esse deberet *Ib.* p. 254. **c** ~or illarum [sc. cogitationum] diabolus ANSELM (*Ep.* 414) V 361; est peccati caput et origo vel inventor et operator, ~or seu procurator *Spec. Laic.* 65.

2 accuser.

1425 premissa articulatur et probare intendit promotor et ~or antedictus, conjunctim et divisim, non artans se ad singula probanda, sed ad ea que sufficient in hac parte vestrum benignum officium .. implorando *Reg. Cant.* III 128.

instigatrix [CL], instigator (f.).

domina sui laboris et itineris ~x *Mir. Margaretae* f. 27.

instillare [CL]

1 to pour (a drop into), to pour little by little. **b** (intr.) to drip (on to).

BART. ANGL. IV 7 (v. hirundo a); liquor usui refervet et cum opus fuerit gutta ~etur in aurem GILB. IV 174v. 2; pulverizantur et bulliant in aceto vel vino pontico et una gutta auribus ~etur GAD. 116v. 2; in modicum terre foramen totum ~ando detrudere ROLLE *IA* 242. **b** in frontem michi sentio guttas quasdam leviter ~asse AD. EYNS. *Visio* 11.

2 to introduce gradually (into the mind), instil.

[ut] a sapiencia tua mihi mel ~ares ad pacem populi MAP *NC* V 5 f. 64v; quod cum regis patris sui auribus ~atum fuisset .. J. FURNESS *V. Kentig.* 1 p. 164; diligenter considera que auribus tuis ~o ex interni amoris stillicidio, tametsi paleas offero hordeaceas, non similam frixam oleo M. RIEVAULX (*Ep.*) 63 p. 175; virus .. quod prime matris auribus maliciosus serpens ~avit *Mir. Wulfst.* II 16 p. 170; mel siquidem et lac sub lingua habuit, et ideo dulcedinem non modicam discipulorum mentibus ~avit *V. Edm. Rich P* 1789C.

3 to distil.

hoc potionis genus [sc. aquam vitae] intimo artificio ~ant STANIHURST *Hib.* 38.

1 instillatio [CL], the act of pouring by drops (in quot., eye-drops). **b** the act of dripping.

tertiam rem complent collyria et ~ones in oculis GAD. 112v. 1. **b** de ambulatorio supra murum refectorii, pro eo quod nequivimus servare plumbum absque ~one pluvie supra murum *Mon. Francisc.* I 520.

2 instillatio v. intitulatio.

instimulare [CL], to goad, spur, drive on. **b** to urge on, rouse, incite (to action).

instimulemus equos GARL. *Tri. Eccl.* 65; coeunt in prelia galli / .. / insita nature tumet indignacio, cristas / vellunt, instimulant ora secantque thoros *Id. Epith.* III 544. **b** [Romani] ~ante superbia sua libertatem vobis demere affectaverant G. MON. X 7; demonis ~antis urgente invidia *V. Chris. Marky.* 76; Menpricius instimulatus / demone, fraternum polluit ense capud *Brutus* 631; filii Belial .. acrioris odii ~ati aculeo J. FURNESS *V. Kentig.* 23 p. 199.

instimulatio [LL], instigation, prompting.

a**1160** ~one diabolica agitatus *Reg. Dunferm.* 92; **1424** ausus est .. sanctitati vestre falsa proditoria ~one suggerere BEKYNTON I 279.

instinctio [LL], urging on, instigation, impulse.

foedera .. quae ~one Eadnothi .. acta sunt BYRHT. *V. Osw.* 466; nunquidnam hec que inanimata, vel que viventia diximus, suis ~onibus, et non magis divinis impulsionibus agitantur? BRADW. *CD* 149B; ex ~one [v. l. instigatione] supradicti proditoris *Plusc.* IX 26.

1 instinctus [CL], instigation, prompting; **b** (by divine inspiration); **c** (by demonic influence). **d** (~*us naturae* or *naturalis*) prompting of nature, instinct.

1042 (12c) obsecrans .. ut nemo .. hoc nostrae devotionis donum aliquo temeritatis .. ~u disrumpat *CD* 762; ipse dono regis .. xij villas habuit, .. sed eas molimine et ~u Lanfranci .. idem rex ei abstulit H. CANTOR f. 3v; W. Aucensis comes, ~u religiose conjugis sue L., abbatiam .. construxit ORD. VIT. III 1 p. 13; filius autem concubinam .. postea superinduxit, cujus ~u paulo post a domo sua, quam ipse fecerat, patrem ejecit GIR. *SD* 12. **b** divino admonitus ~u BEDE *HE* I 23 p. 42; cum .. divine miserationis ~u PETRUS *Dial.* 1; Spiritus Sanctus in eis supplebat interiori ~u quod alii solent recipere per exteriorem doctrinam GROS. *Hexaem. proem.* 3; hoc credo factum est .. quodam divino motu vel instingtu *Incept. Ox.* 172. **c** ALDH. *VirgP* 50 (v. fautor 2); ad ~um antichristi .. contra fidem dimicantibus BEDE *Hom.* I 10. 52; **786** diabolico ~u ALCUIN *Ep.* 3 p. 26; quidam monachus .. qui demoniaco ~u furtis reatum perpetravit WULF. *Æthelwold* 33 (cf. ÆLF. *Æthelwold*: monacus .. marsupium .. ~u demonico furatus est); **1075** ~u demonis et consilio pravorum hominum LANFR. *Ep.* 41 (33A); ~u hostis generis humani OCKHAM *Err. Papae* 958. **d** jus naturale, quod docuit omnia animalia natura, i. e. per ~um nature BRACTON II f. 3b; anima intellectiva [dat signa] que proferuntur sine deliberacione, set quodam ~u naturali BACON *CSTheol.* 40; ~u nature *Ps.*-GROS. *Summa* 478 (v. hexagonus a); miser ergo pictor per ignaviam impugnat ~um naturalis sollertie que viget in bestiis MALACHY *Ven.* 14; thesaurus .. scientie, quem omnes homines per ~um nature desiderant R. BURY *Phil.* I 14.

2 instinctus v. instinguere.

instingtus v. 1 instinctus.

instinguere [LL, CL *p. ppl. only*]

1 to move (to action), inspire.

horum exemplis instincta ALDH. *Met.* 6 (v. exercitare 1a); **749** (12c) si quis .. tyrannica cupiditate instinctus .. *CS* 178; tu Dei amore [sis] semper instinctus ALCH. *Ep.* 299; †**959** (12c) Adam .. quadriformi plasmatum materia almo ad sui [sc. Dei] similitudinem instinctum spiramine *CS* 1046; in quantum vires suppetent et Spiritus Sancti gratia instinxerit [v. l. instincxerint; *gl.*: *ontiht*] *RegulC* 12; est forte aliquis a Deo instinctus cui placuerit bonum et sanctum audire mandatum ÆLF. *Ep.* 2. 3.

2 (p. ppl. *instinctus* as adj.) instinctive, intuitive.

nota quo ad tempus, quo ad naturam, quo ad ~am noticiam, et quo ad facilitatem noscendi WYCL. *Log.* II 7.

instirpare [cf. exstirpare], to plant (people in a place).

s**1042** intimavit .. Alfridum .. gentem fortissimam et subdolam inter eos ~are, Anglis securum non esse H. HUNT. *HA* VI 20 (= BROMPTON 935: gentem externam .. ~are).

instita [CL], ~es

1 band, ribbon, fillet. **b** bandage. **c** swaddling-band. **d** winding-sheet.

~a, parva panni particula, major quam fimbria Osb. Glouc. *Deriv.* 294; vittas autem, id est ~as, laneas, habet ramus olive Alb. Lond. *DG* 10. 6; instita candescat bysso Vinsauf *PN* 605; instita [*gl.*: *a bond*] *WW*. **b** extrema debent ligavi cum ~is, vel bindis, quod idem est Gad. 10. 1. **c** ~es, *sueðelas GlC* I 119; ~a, A. *cradilbond Teaching Latin* II 33; ~a ligatus Edmund *Spec. Relig.* 93 (v. fascia 1b). **d** porro mortuus, ut puta quadriduanus jam fetebat, et pedes ac manus ejus ~is constricti erant Hon. *Spec. Eccl.* 916C.

2 (woman's) outer garment, dress, shift.

igitur universa haec vestimenta desunt mihi perplurimisque sociis meis, id est pellicia et colobium (i. interulum) .. pedule, ~a Ælf. Bata 4. 29; ~a matronalis [*gl.*: *roket*] Neckam *Ut.* 101; *smoke, schyrte*, camisia .. interrula .. ~a *PP*; ~a, quedam vestis talaris, que dicitur stola, A. *a roket WW*; supera .., ~a, *a rokete or a lyste Ib.*

3 short cord attached to net (*cf. OED s. v.* nostel).

nostyl of nettys, nastula .. ~a *PP*.

4 (her.) fess.

swallowe, tres hirundines nigras explicatisque ad volatum alis circa ~am ejusdem coloris in valvulo aureo Upton *app.* 52; circa ~am puniceam tria asini capita in argentei metalli alveolo sunt (arma) Ascuorum *Ib.* 53.

institia v. inscitia.

institor [CL = *shopkeeper, pedlar*], merchant. **b** agent. **c** (*artis ~or*) artisan, craftsman.

c1140 nec mercator nec ~or nec permentarius nec corvesarius nec ullus minister volens vendere vel emere *Cart. Chester* 7 p. 53; in maris et mortis mille discrimina lucri seva fames inquietum cogit ~orem L. Durh. *Hypog.* 62; quidam ~ores de Hybernia cum variis mercibus .. *Lib. Eli.* II 32 p. 107; ad hanc urbem .. navalia gaudent ~ores habere commercia W. Fitzst. *Thom. prol.* 12; facti sunt .. ~ores .. parvarum prius mercium et deinde .. magnarum Map *NC* IV 16 f. 57v; nonne Deum fallit cautelis institor ipse / talia dum scelera celat in arte sua? Gower *VC* V 731. **b** **1587** utpote aromata maximique pretii margaritas et uniones et alia haberent, que ad fratres et respective ~ores et mandatores suos .. destinate essent *Foed.* XVI 10. **c** cum .. caementariis omnisque paene artis ~oribus [v. l. institutoribus] Eddi *Wilf.* 14.

institorius [CL]

1 of or pertaining to a merchant, mercantile.

pistor rudis ad specificandum cerealia dona transit, a professione litteratoria transitur ad ~iam Neckam *NR* II 186 p. 329; **s1251** erat omnibus soldanis orientis particeps in mercimoniis ~iis M. Par. *Maj.* V 217.

2 (leg., *actio ~ia*) form of action by which an owner could be sued for liability by an agent (by ellipsis as sb. f.).

de ~ia mercimonii (*tit.*). sunt vero alii, qui excepti quodammodo a majoribus et communioribus occupationibus mercimoniis intendunt et quadam ~ia negotiantur, veluti illi, qui irritamenta et ornamenta superbie cudunt aut vendunt R. Niger *Mil.* IV 28.

instituere [CL]

1 to bring into being, make, create. **b** to compose.

homo ad quod ~tus est non restituitur Anselm (*Medit.* 3) III 86. **b** jussionibus tuis obtemperans, libellum, quem .. conponi praecepisti, simplici verborum vimine textum .. ~i Felix *Guthl. prol.* p. 60; metrorum carmina pro voluptate et pro delectatione aurium ~ta sunt Bonif. *Met.* 110; qui rethoricis nituntur institutis, ita sermonem suum ~unt ut .. auditorem suum benevolum, mox attentum, postremo docilem reddant W. Malm. *Wulfst. prol.* p. 3 (v. et. 9a infra); sermone ~to Neckam *NR* II 7 (v. decimus 4a).

2 (mil.) to draw up, arrange, dispose (troops).

ordines aciesque ita ~ebat, ut milites proceri corpore, precellentes robore, essent W. Malm. *GR* III 238 p. 298; Baldewinus .. aciem dispositam in eos constanter ~it *Ib.* IV 376 p. 439.

3 to set up, establish, found: **a** (empire, kingdom, city, territorial unit or its bounds); **b** (institution); **c** (position or the endowment which supports it); **d** (law, custom, or tradition); **e** (ceremony or event); **f** (condition).

a a**746** (11c) his terminibus ~tis *CS* 164; s**892** (v. 2 hundredum 1a); aut propheta fuit aut prophetam consuluit qui civitatem tuam primus ~it Lucian *Chester* 41; in .. regnis ab antiquo bene ~tis Gir. *GE* II 27 p. 293; imperium .. ~itur Ockham *Pol.* I 151 (v. favorabilis 1). **b** cum monasterium hoc .. ~ere disposuisset *Hist. Abb. Jarrow* 5; ~it scholam Bede *HE* III 18 p. 162 (v. erudire 1a); Tovi le Prude .. primus eam [ecclesiam] ~it de novalibus *Found. Waltham* 23; scholam ~it *Eul. Hist.* II 159 (v. erudire 2); rex ~it Garterium ordinem P. Verg. 378 (v. Garterius a). **c** **1328** salva .. congrua porcione quam ad x marcas .. taxamus pro vicario .. per nos .. ad vestram presentacionem ~endo *Lit. Cant.* I 264; quilibet .. titulus beneficialis ~tus est Paul. Angl. *ASP* 1535 (v. effective a). **d** **802** secundum ~tam sacrorum canonum censuram (*Lit. Papae*) *CS* 305; a**1150** (v. emendatio 6a); [Will. I] jura regnorum Anglis ~it et consuetudines e diversis regnorum partibus, quas decentiores et nobilibus viris aptiores investigare potuit, regno suo ~it *Found. Waltham* 22; leges .. debent ~i Ockham *Pol.* I 233. **e** annuales ad festum ejus ~te sunt nundine W. Malm. *GP* V 269 p. 428; ~it .. Celestinus introituus R. Niger *Chr.* I 73 (v. gradalis 2b); S. Mamertus ~it rogaciones *Ann. Exon.* 7v. **f** antequam pax fuerat ~ta *GAS* 224 (v. emendatio 6b); edicto statim per Angliam misso, injustitias a fratre et Ranulfo ~tas prohibuit W. Malm. *GR* V 393.

4 to appoint (to office), induct, institute: **a** (royal); **b** (eccl. & mon.); **c** (acad.). **d** to designate (as heir or successor). **e** to assign (to particular use or function).

a Malcolmum, filius regis Cumbrorum, regem ~it W. Malm. *GR* II 196 p. 237; Odonem .. comitem Cantie rex ~it *Ib.* III 277; s**1262** vocatis .. ad se justiciario et cancellario nuper ~tis a barnagio *Flor. Hist.* II 470 (= *Op. Chr.* 9); ~us est cancellarius Anglie *Hist. Durh.* 1 (v. expost). **b** [Cnutus] basilicam .. super venerabile corpus construxit, abbatem et monachos ~it, predia multa et magna contulit W. Malm. *GP* II 74 p. 155; Cantuariensis ecclesie .. archidiaconus ~tus est J. Sal. *Thom.* 5; **c1180** notum facimus nos .. ~isse G. de Bedeford capellanum in ecclesia S. Margarete *Ch. Westm.* 369; [episcopus] ~it monacum aliquem in curia sua Devizes 40v (v. fabulatio); ad vacantes ecclesias .. legitime admissus est et canonice ~tus *Canon. G. Sempr.* f. 40; **1219** abbas est inde persona et ~tus ad presentationem Roberti *CurR* VIII 71; duabus ecclesiis metropolitanis pastores ~it M. Par. *Maj.* I 223; ad .. ecclesiam fuit admissus, et per loci diocesanum ~tus *State Tri. Ed. I* 68; **1325** in .. vicaria fuerit ~tus *Lit. Cant.* I 169; **1449** jus .. inducendi in .. possessionem .. vicarie vicarios .. in eadem canonice ~tos *Lit. Cant.* III 203. **c** **1505** magister artium .. in .. collegio ~i debeat (v. grammaticalis 1d). **d** Lodowicus .. heredem regni Hugonem illum ~it W. Malm. *GR* II 128 p. 139; **c1200** ita quod ei liceat quemcumque voluerit sibi successorem hereditarium ~ere *Cart. Chester* 310a p. 209; testamentum condidit in quo .. ~it heredem Gerv. Tilb. II 20 p. 946. **e** **1408** ornamenta ecclesie, vasa, utensilia .. ad aliqua minus utilia in gravamen conventus sunt irracionabiliter ~ta *Eng. Clergy* 294.

5 to begin work on, set about, undertake (task, project, or sim.); **b** (w. inf.). **c** (leg. *actionem ~ere*) to institute an action, begin a suit.

ut inconfusa sit ad hec et in arte institutio et ex arte attentio, duplicem nunc utrimque considerationem adhibendam ~imus Balsh. *AD* 13; si non .. disputatio ~atur *Ib.* 61 (v. duplicitas 2a); s**1339** rex Francie .. guerram .. contra regem Anglie ~it (v. 1 galiota). **b** Christiani .. intra urbis moenia eos [sc. paganos] persequi et murum frangere ~unt Asser *Alf.* 27; quod mundum noviter factum statim Deus renovare .. ~erit, omni caret ratione Anselm (*CurD*) I 18) II 81; condignam natalibus uxorem ~it ducere Ord. Vit. VI 9 p. 52. **c** **1376** is cui debetur decima hujusmodi silve cedue impeditur contra ejusdem decime debitores ~ere accionem *RParl* II 358a; *Praxis* 118 (v. diffamare 3c).

6 to teach: **a** to instruct (person or his mind). **b** to give instruction in (subject).

a c**701** doctrinam, qua beatos apostolos suos ad saeculi contemptum ~it puro corde assequere (*Lit. Papae*) *CS* 104; discipulus ejus .. studiis scripturarum ~tus est Bede *HE* V 20 p. 331; cujus doctrinis accurate ~tus Folc. *V. J. Bev.* 1; infans Judeorum qui .. litteris ~ebatur Dominic *Mir. Virg.* f. 138va; animum sic ~erat ut nihil unquam dono dignum cuiquam denegaret Gir. *TH* III 49 p. 194; ad ~endam in lege Domini plebem Ferr. *Kinloss* 6. **b** ~endorum armorum Gildas *EB* 18 (v. exemplar 2a; = Bede *HE* I 12 p. 27: praebent ~endorum exemplaria armorum); mores ~it W. Burley *Vit. Phil.* 110.

7 to direct, govern (institution).

revocavit Mellitum ac Justum eosque ad suas ecclesias libere ~endas redire praecepit Bede *HE* II 6 p. 93; utrumque [monasterium] regularibus disciplinis optime ~erat *Ib.* IV 6 p. 218; **905** nisi cum aepiscopis ~isset destitutas parrochias *CS* 614.

8 to order (that): **a** (w. acc. & inf.); **b** (w. *ut* or *quod*).

a classem .. parari ~it Ælnoth *Cnut* II 29 (v. demandare 5b); est ~tum reddi vj sestaria mellis ad censum *GAS* 448 (v. hunigabulum); instituit caste vivere presbiteros Ord. Vit. V 4 p. 313; faciem mulieris madefieri ~it Osb. Clar. *V. Ed. Conf.* 13. **b** ~it ut .. W. Malm. *GP* I 48 (v. expedire 1a); **c1300** ~tum est ut .. (v. fraterīa); Deus ordinavit et ~it per leges jam datas quod talis actus sic elicitus sit acceptandus Ockham *Quodl.* 591; **1451** quod alia dieta .. tenenda ~atur (v. diaeta 7b).

9 (p. ppl. *institutus* as sb. n.): **a** teaching, precept (esp. gram. & rhet). **b** rule, decree, statute (esp. royal). **c** (pl.) Institutes of Justinian; **d** (eccl. or mon.); **e** (w. ref. to canon law).

a W. Malm. *Wulfst. prol.* p. 3 (v. 1b supra); ab ~is literarum .. intempestive raptus .. ad curas terrarum Gir. *TH* III 48 p. 192. **b** †?**693** (14c) ne sequentium rapacitas precedentium irrumperent ~ta *CS* 121; *GlH* D 2 (v. decernere 5a); ~ta regis Ædmundi suorumque hic incipiunt (*Quad.*) *GAS* 190 n.; divinis .. legibus et secularibus ~tis *GAS* 557 (v. districtio 3c); perplura de gravibus ~tis que proposuerat intermisit Ord. Vit. XIII 13 p. 31. **c** secundum quod in ~tis legitur Bracton 9b; **c1331** libri de jure civili: codex; ~a (*Invent. Cant.*) *ArchJ* LIII~263. **d** Ceolfridus .. ordinatus ob studium discendi .. vitae monasterialis et gradus, quem subierat, ~ta, Cantiam petiit *Hist. Abb. Jarrow* 3; ut .. ~ta .. disciplinae regularis .. insequerentur Bede *HE* IV 3 p. 209; sub ~o Cisterciensi *Inst. Sempr.* *xcviii (v. Gilbertinus); **1330** secundum ~ta regularia puniantur (v. forum 8); ~is ecclesie sancte .. repugnat Chauncy *Passio* 92. **e** c**804** spondeo memet secundum sacra canonum ~ta *CS* 315; qui contra preceptum tuum et adversus ~ta legalia, evangelica et apostolica furtum perpetrare non metuerunt (*Jud. Dei* 14. 8, 1) *GAS* 426; secundum mandata Dei et sanctorum ~ta patrum Ord. Vit. XI 11 p. 207; s**1238** quod monachos delinquentes .. corrigi faciant .. juxta beati Benedicti regulam et apostolica ~ta (*Lit. Papae*) M. Par. *Maj.* III 510; **1274** non intendimus ecclesie libertatem infringere, violare, diminuere, vel eciam perturbare seu ~tis canonicis obviare *KR Mem* 49 m. 4.

institutio [CL]

1 arrangement, disposition, organization.

~o vel forma castitatis [l. castrorum] hostibus nuntiatus Bede *HE* I 20 p. 38.

2 the act of setting up, establishing, founding. **b** institution, establishment, foundation.

hunc [sc. Ceolfridum] .. adjutorem et cooperatorem monasticae ~onis dari obtinuit *Hist. Abb. Jarrow* 5; †**970** (12c) haec est carta regis Eadgari de ~one abbatiae Eliensis *CS* 1266 p. 560; visum est plerisque Grandimontanos a Cartusiensibus .. originalem ~onem habuisse Gir. *Spec.* III 21 p. 254; s**1229** producere valuit .. in ~one dignitatis metropolice lignum vite (*Lit. Papae*) M. Par. *Maj.* III 171; **1301** a prima ~one regni Angliae (*Lit. Regis*) *Eul. Hist.* III 184. **b** in diebus illis non monastici viri nec ipsius sanctae ~onis regulae erant in regione Anglorum Byrht. *V. Osw.* 411; †**1084** virorum illustrium devota ~o (v. devovere 5c); frater .. de .. transgressionibus monastice ~onis reprehensibilis Ord. Vit. III 3 p. 49.

3 appointment (to office), induction, institution: **a** (royal); **b** (eccl.).

a ~o regum Ockham *Pol.* I 129 (v. 2 esse 4d). **b** Willib. *Bonif.* 6 p. 30 (v. disciplinare 1c); quae [sc. concilia] tametsi eandem sue ~onis, non habuere materiam, eandem tamen de primatu et subjectione episcoporum tenuere sententiam W. Malm. *GP* I 29; **1183** singuli decani .. x s. .. persolvent, et de eis solvendis in capitulo suo in prima ~one cavebunt Diceto II app. lxxiii; c**1213** facta ~one de jam dicta ecclesia nepoti nostro Gir. *Ep.* 7 p. 250; canonici ~onem ab episcopo, a decano .. possessionem de prebendis accipiunt *Offic. Sal.* 2; **1219** ~onem quam .. archidiaconus .. fecit Ricardo .. de ecclesia de M. T. *CurR* VIII 171; alterius ~o nulla fuit, et .. frater Michael verus generalis minister ordinis .. est censendus Ockham *Pol.* I 296; indigna et nequam episcoporum rectorum et officiariorum ordinacio et ~o, que vocatur promocio Gascoigne *Loci* 53.

4 established custom, practice, or usage; **b** (gram. & rhet.); **c** (astr.). **d** (log.) meaning or usage arbitrarily imposed for duration of discussion.

faverunt .. majores una cum mediocribus, et abdicata minus perfecta ~one, ad ea quae meliora cognoverant sese transferre festinabant Bede *HE* III 25 p. 189; **747** doceat vos alienae gentis ~o Bonif. *Ep.* 73 p. 150 v. l.; **1072** indignum .. est ut sanctorum ~o aliquibus occupationibus vel mundiali sollicitudine destituatur Ord. Vit. IV 9 p. 240; a primitiva ~one *Dial. Scac.* I 17 (v. hida 1b); inter Anglos .. nostra tam morum ~o fuerat quam conversatio Gir. *PI pref.* app. lviii. **b** ecce habes de locis quaestionum et de statu causarum et de partibus ~onum, quae omnia cotidiano usu natura pandente agnoscis Alcuin *Rhet.* 16; hoc pronomen 'ego' ex generali ~one significat me et quemlibet suum prolatorem S. Langton *Quaest.* f. 207rb. **c** quod .. restabit ipsum cujuscunque planetae, .. erit medialitas secundum meridiem diei praesentis et terrae *Arin*, juxta quam haec ~o facta est Adel. *Elk.* 7. **d** ut qui secunde impositionis adjectiva prime ~onis substantivis applicant, aut nichil omnino dicant aut nugiloqui sint J. Sal. *Met.* 842C; ~o est alicujus vocabuli nova impositio pro tempore disputationis

et non ultra duratura (*Ps.*-OCKHAM *Summa*) *GLA* IV 42 n. 163.

5 teaching, instruction, precept.

611 omnipotentis Dei ~one et apostolica saluberrima incitamur monitione ut .. (*Lit. Papae*) *CS* 11; reliquit successores .. divino amore regularique ~one insignes BEDE *HE* III 4 p. 134; **s742** diligenter examinantes circa necessaria de statu .. religionis et de simbolo ex antiquis sanctorum patrum ~onibus tradita *AS Chr.*; **c1167** ignarus est litterarum, quas liberalis ~o primas tradere consuevit J. SAL. *Ep.* 280 (269); BALSH. *AD* 5 (v. divertere 5a).

6 regulation, rule, statute, ordinance: **a** (royal); **b** Institutes of Justinian; **c** (eccl. or mon.).

a **742** si comes .. huic ~oni resisteret (v. gradus 9a); **†900** (11c) celebrata est hec regalis ~o in pago qui dicitur H. *CS* 596; ~o [AS: *asetnysse*] regis Willelmi (*Quad.*) *GAS* 483; sicut antiqua fuerat ~one formatum (*Leg. Hen.* 7. 1) *Ib.* 553; ex equitate .. maxima prodita est legalis ista constitutio [v. l. ~o; sc. magna assisa] GLANV. II 7; pena .. temere jurantium in hac assisa ordinata est et ipsi regali constitutioni [v. l. ~oni] eleganter inserta *Ib.* II 19. **b** ~ones Justiniani SWAFHAM 99 (v. digerere 3d); **1281** quidem liber ~onum, precii iiij s. *SelPlJews* 114; **c1342** in libello ~onum *FormOx* I 143. **c** **†680** canonicas ~ones *Conc. HS* III 152; **c710** additum est per ~onem apostolicam ex evangelio, ut .. BEDE *HE* V 21 p. 334; saluberrimam sancti Benedicti sequens ~onem B. *V. Dunst.* 15; quod si sibi videtur majora quaedam ac utiliora spirituali fervore appetere quam illi praesentis monasterii ~onibus liceat ANSELM (*Ep.* 37) III 146; quod est contra Spiritum Sanctum et canonicam ~onem W. MALM. *GR* V 428 p. 504; RIC. HEX. *Hist. Hex.* I 5 (v. damnum 1c); **1526** tu nunquam fecisti compotum inter fratres tuos, directe contra decreta patrum et ~onem religionis (*Vis. Thame*) *EHR* III 706.

7 (leg.) action, trial.

c1180 tres in anno sint eis placitorum ~ones . . . sine dilatione ad primum ~onem terminetur *BBC* (*Whitby*) 142.

institutor [LL]

1 maker, creator: **a** (of God); **b** (of Christ).

a **10..** cunctorum Deus ~or profectuum *Rec. Coronation* 19; **a1230** cunctorum bonorum ~or Deus *Ch. Sal.* 211. **b** Christiane religionis ~orem H. BOS. *Hom.* 1440B; Christus .. ~or nove legis OCKHAM *Pol.* I 55; legi perfecte libertatis, cujus ut ~or testatur ipsius, jugum suave est et onus leve, collum .. subjecit *Ib.* I 278.

2 one who establishes an institution or sim., founder.

in .. monachorum patris et ~oris Benedicti honore *V. Ed. Conf.* 50; Gilebertus, primus pater et ~or ordinis de Sempingham *Canon. G. Sempr.* 112v; **s1227** Franciscus .. qui illius ordinis fuerat ~or WEND. II 329; **c1266** ad anniversarium .. prioris R. .. qui primus dictorum [reddit]uum erat et [*sic*] ~or .. fiet erogacio pauperibus xx[ti] solidorum *Cust. Westm.* 92; quorum ordinem non instituit, sed ad ~orum ipsorum ordinum peticionem humilem approbavit RIC. ARMAGH *Unusq.* 61.

3 (eccl.) one who institutes or inducts to a benefice, institutor.

?1179 si in ecclesiis .. quisquam preter assensum tuum .. fuerit institutus, liceat tibi eum .. removere, si ~or eum non amoverit ELMH. *Cant.* 437; **1268** postquam .. quisquam fuerit institutus, illico prelatis .. in quorum dioecesi consistunt priora beneficia, que habebat .. quod gestum est .. denunciat ~or *Conc.* II 13.

4 teacher, instructor.

generosus puer, docente ~ore, didicit sollicitae nectarea mella Davidici carminis BYRHT. *V. Ecgwini* 354; Angliae Christianitatis ~or primicerius [sc. Augustinus] GOSC. *Transl. Aug.* 18A; Spiritus Sanctus bonarum mentium ~or P. BLOIS *Ep.* 126. 377B; **c1250** astruit .. se a .. Paulo apostolo institore [*sic* MS; l. ~ore] nostro didicisse AD. MARSH *Ep.* 246 cap. 1 p. 416; artis grammatice scriptor et ~or [v. l. instructor] M. PAR. *Maj.* I 164; Plutarcus, philosophus, ~or Trayani imperatoris W. BURLEY *Vit. Phil.* 364; **1549** juventutis nostre ~orem *StatOx* 342.

5 director, governor.

1159 ut unus ejus [sc. ecclesie] pastor et ~or existeret, cui .. prelati .. subjacerent *Conc.* I 432; magistro P., filio magistri Athelardi ~oris et ordinatoris presentis ecclesie *Found. Waltham* 25.

institutorius, associated with appointment to office.

omne emolumentum ~ium *Obed. Abingd.* 392 (v. destitutorius 4).

instrare, to spread, lay on (*cf. insternere*).

to saddle an horse, equum ephippo, vel equo ephippium ~are LEVINS *Manip.* 8.

1 instrenuus [CL], inactive, idle, weak.

officii sui non ~us executor accessit FOLC. *V. J. Bev.* 6; illorum ~i et imbecilles successores F. MALM. *V. Aldh.* 63C.

2 instrenuus [cf. 1 in + strenuus], very energetic.

vir in commisso fidelis, in agendis omnibus strenuus [v. l. instrenuus] J. GLAST. 96.

instrepere [CL], (w. dat.) to make a loud noise, resound (in). **b** to be filled with noise, resound.

auribus .. ~ere ille potuit, sed cor ad intelligendum aperire non potuit ANSELM (*Ep.* 81) III 205; ut aut auribus sonus ~at aut lux oculos feriat ADEL. *ED* 13; frustra ~unt auribus nisi operetur intus gratia Dei PULL. *Sent.* 776A. **b** cum laxis frenis omnis campus ~eret currentibus [v. l. discurrentibus perstreperet] FOLC. *V. J. Bev.* 8; armatique aeris ira / instrepit J. EXON. *BT* III 439 (v. expugnare 1b).

instringere [CL]

1 to fasten, bind, join.

1252 ecclesia in lateribus male cooperta et instricta *Vis. S. Paul.* 18; **1460** (v. 1 haia 4b).

2 (p. ppl. *instrictus*, of cloth) tightly woven, finely meshed. *V. et. stringere.*

1479 de J. B. .. pro iiij pannis russetis et albis ~is *KR AcCust* 114/9 m. 4*d*.

3 (p. ppl.) strict. *V. et. distringere* 3.

pone ante oculos ~um judicem sedentem pro tribunali AILR. *An.* II 31.

instringibilis, who cannot be distrained.

1456 quia ~es sunt propter paupertatem *ExchScot* 208.

instrio v. histrio.

instructe [CL], with much equipment, well-equipped. **b** in good order, well-formed. **c** skilfully, learnedly.

consultius et ~ius ad insultum procedentes GIR. *EH* I 3. **b** **s1140** loricatorum multitudinem .. argumentose ac ~issime secundum militarem disciplinam collocavit M. PAR. *Min.* I 265. **c** Lanfrancus .. virum Domini coram omni populo hoc modo alloqui ~ius voluit OSB. CLAR. *V. Ed. Conf.* 29 p. 119.

instructio [CL]

1 the act of constructing, construction, building (in quots., w. ref. to *burhbote* or *brigbote*). **b** what has been built, building.

749, 770 ~onibus pontium (v. arx 2b); **804** (13c) exceptis his tribus .. rebus, i. e. expeditione, et pontis ~one et arcis munitione *CS* 316; **957** (12c) sine expeditione et pontis arcisve instrictione [*sic* MS] *CS* 994; **1045** (14c) sine aliquo exosae servitutis jugo, praeter communem expeditionis laborem, pontis arcisve ~onem *CD* 778. **b** res soli sine rebus mobilibus invenerunt, et fundos sine ~one W. CANT. *V. Thom.* I 78.

2 (act of) instruction, training, teaching. **b** (in matters of faith) edification.

ea .. ad ~onem posteritatis litteris mandare studuimus BEDE *HE pref.* p. 8; exempla ad ~onem .. adjicere GIR. *GE* I 54 p. 161; hec dantur brutis ad ~onem hominis BACON *Tert.* 44; **c1350** diligenter .. laborabunt circa ~onem suorum scolarium *StatOx* 21; **1451** de noviciorum .. ~one *Mon. Francisc.* II 82. **b** GIR. *TH* I 21 (v. firmitudo 3); factum .. pertinens ad ~onem fidei OCKHAM *Err. Papae* 957; in evangelica lege sacra ~one *Conc. Scot.* I cclxxxiv.

3 an instruction, order, mandate.

1164 veniens ergo Parisius juxta ~onem vestram J. SAL. *Ep.* 134 (136 p. 12); **1225** de ~onibus et pecunia missis ad nuncios regis *Cl* 79b; **1279** si quid dubium fuerit quare hoc expediri non possit, illud senescallo nostro .. referatis cum ~one qua poteritis pleniore *RGasc* II 74; **1301** veniet per vos nuncius noster quem mittemus cum ~onibus nostris ad curiam (*DCCant.*) *HMC Var. Coll.* I 263; **1405** huic presenti ~oni dictus dominus noster rex .. sigilla sua fecit apponi *Lit. Cant.* III 90; **1448** concedimus .. salvum conductum .. cancellario Scotie .. in et per regna nostra .. cum suis auro et argento .. literis clausis vel patentibus †instrictionibus, memorialibus .. et aliis bonis *RScot* 332a.

4 carrying out, undertaking, conduct (of business).

1272 lectis et recitatis .. libello eidem .. episcopo in citatorio porrecto et attestacionibus testium .. ac etiam aliis que ad ~onem cause ipsius pertinebant *SelCCant* 263; **1417** exhibitoque subsequenter coram eis ipsius eleccionis decreto quampluribusque instrumentis publicis .. et aliis ad ~onem ejusdem negocii pertinentibus .. *Reg. Cant.* I 39.

instructive, in an instructive way, for instruction.

querenti 'qualiter qualia scribunt studiosi' respondetur 'utilia ~e' BALSH. *AD rec.* 2 158.

instructivus, that provides instruction, instructive.

regulas .. universales ad subsequentium utilitatem in opere ~as GILB. II 93v. 1.

instructor [CL]

1 builder, constructor. **b** (of God) Creator.

†972 (13c) petitionem venerabilis .. pontificis Æthelwoldi super stabilitate ecclesiarum quarum ipse est infatigabilis ~or *CS* 1258 p. 542. **b** Deus .. omnis regiminis virtuosi et utilis sit optimus et sapientissimus ~or OCKHAM *Dial.* 779.

2 composer of a legal instrument, notary.

1292 fratres G. de R. et R. de C. .. ad .. Romanam curiam .. mittimus ~ores in negocio eleccionis .. de .. Roberto de Winchelse .. in archiepiscopum *Reg. Cant.* II 1281; **1293** dilectos nobis in Christo fratres .. in eleccionis negocio .. per nos canonice nuper facte ~ores conjunctim et divisim facimus et ipsos ad sacrosanctam Romanam Curiam tanquam ~ores pro dicte eleccionis negocio destinamus *DCCant. Reg. Q* f. 22; **1301** unus de ~oribus examinatus dixit quod electus Wygornie .. invitus .. consensit electioni de se faciende *Ann. Worc.* 551; **1414** ad .. expediendum que in hujusmodi eleccionis negocio necessaria fuerint .. permittentes .. quicquid per dictos ~ores et nuncios nostros communiter et divisim dictum vel factum fuerit *Reg. Cant.* III 310; **1416** ad probandum ipsam eleccionem fuisse et esse canonice celebratam produxerat ~ores pluresque testes alios *Ib.* I 32.

3 teacher, instructor.

ut .. valeatis .. plus discere a nostro ~ore ÆLF. BATA 4. 4; **1250** insinuare .. quem censueritis in officio eruditionis impendende memorato H. .. loco .. Johannis, quondam ~oris ejusdem, substituendum AD. MARSH *Ep.* 128; ignorantia .. vel defectus ~oris catholici non excusat eos WYCL. *Ver.* III 280; **s1448** ~ores quidam .. publice prophetabant *Croyl. Cont. B* 526.

instructorie, by way of instruction.

aliqua .. in dicto sermone dicta sunt informatorie sive ~ie OCKHAM *Pol.* II 795.

instructorius, giving details or instructions, instructive, indicative.

s716 literis ~iis a Ceolfrido abbate directis H. HUNT. *HA* IV 9; sicut juxta ethicum, discipulus prioris est posterior dies, ita primus [sc. Topicorum liber] sequentium librorum ~ius est J. SAL. *Met.* 904C.

instructrix [ML], instructive (f.). **b** (as sb. f.) instructress.

dux .. per experienciarum turbas ~ices innumeras de regis magna potencia .. sepe didicit et cognovit *Ps.*-ELMH. *Hen. V* 75 p. 212. **b** **1447** sancta .. mater ecclesia, cujus vestri universitas antedicta tanquam regulatrix et ~ix suis multiphariis salutaribusque disciplinis extat *EpAcOx* 265; **1455** ~ix .. est nobis experiencia communis *Reg. Whet.* I 202.

1 instructus [CL]

1 equipment, apparatus, supply.

pro ~ibus Arragunorum xiij li. *Pipe* 31.

2 instruction, advice.

1257 rex, secretis fratrum suggestionibus, aliorum ~u, et precipue jugalis sue importunitate subactus .. fratres .. in possessionem aree .. mandavit induci *Mon. Francisc.* II 271 (cf. *Mem. S. Edm. II* 267: instinctu); **a1440** de juvenibus qui, ~u spiritus boni, vobiscum petunt divino servicio mancipari (*Lit. Prioris*) *Reg. Whet.* II 448.

2 instructus v. instruere.

instruentia, (act of) teaching, instruction.

doctrina vel ~ia nature racionalis WYCL. *Ver.* I 160.

instruere [CL]

1 to build, construct, set up. **b** compose (literary structure).

hortata est ~ere inter duo maria trans insulam murum BEDE *HE* I 12 p. 26; humili sine turribus muro per extrema plani verticis ~cto *Ib.* V 16 p. 317; construere murum .. ut esset arcendis hostibus a turba ~ctus terrori civibus vero tutamini G. MON. VI 1; illis posteritatem .. ~ere que nulla valeat etas destruere GIR. *TH pref.* p. 21. **b** e duobus pedibus, dactylo et spondio .. nisi quod temperatissimus fit utriusque mixtura quam si ~atur a singulis BONIF. *Met.* 111.

2 to draw up (troops).

legiones ducibus nobilissimis ~ctas BEDE *HE* III 24 p. 178; FL. WORC. I 177 (v. festine a); fortiter ~cta gentilium acies exercitui regis occurrit ORD. VIT. XIII 8 p. 16.

3 to arrange, organize, prepare.

rediviva certamina voti compotibus ~unt ALDH. *VirgP* 12; nec hic livoris rubiginem maculam imponere posse, cum a capite lex dicatur inspici, cum ea pars inspicitur que pertinet ad propositum ~endum RIC. ANGL. *Summa* 41 p. 113; decanum .. cui .. solempne convivium ~ere incumbit AD. MARSH *Ep.* 142.

4 to equip, furnish, fit out: **a** (mil.; also fig.); **b** (eccl.); **c** (w. abstr. quality). **d** (p. ppl. as superl. adj.).

a Brittannia insula .. munitionibus non improbabiliter ~ctis decorata GILDAS *EB* 3; ~e spiritualibus armis virtutibus inermem ANSELM (*Or.* 15) III 64; ingentem machinam .. erexit et copiose bellicis apparatibus ~xit ORD. VIT. VIII 16 p. 363; dum regia classis regalis pompe apparatu ~eretur *Ib.* X 15 p. 83; in unaquaque caterva .. viros omnibus armis ~ctos collocavit G. MON. X 6; turba Wallensium, magis audacia quam armis ~cta *Meaux* I 124. **b** episcopis suis episcopalibus ~ctis *Becket Mat.* IV 154 (v. episcopalis 1g). **c** vir fuit hic felix .. / .. / instructus pietate aliquem contemnere nolens *Mir. Nin.* 483; denique talibus et tantis ~ctus munimentis xi kalendas Julii migravit ORD. VIT. XIII 31 p. 86; monachum .. pluribus bonis atque claris karismatibus ~ctum *Ib.* p. 87. **d** dux .. cum filiis suis et classe militaribus copiis ~ctissima .. ad C. appulerunt H. HUNT. II 8.

5 to instruct, train, teach, inform: **a** (person); **b** (bird or animal); **c** (absol. or ellipt.). **d** (p. ppl. as adj.) instructed, informed. **e** (as sb.) instructed person.

a Daria dialectis artibus imbuta et captiosis sillogismi conclusionibus ~cta ALDH. *VirgP* 35 p. 278; episcopus .. post multa verba spiritalia quibus ~ebat eum, ait .. *V. Cuthb.* IV 9; virum Latina, Greca, et Saxonica lingua .. ~ctum BEDE *HE* V 8 p. 296; ubi .. ab aliis ad spiritualem militiam ~i possitis ANSELM (*Ep.* 38) III 148; hic traditus est Chironi ut in arte magica ab eo ~eretur *Natura Deorum* 11; bene ~ctis falconariis NECKAM *NR* I 28 (v. falconarius 1); ~unt homines in futuris BACON *Maj.* I 368 (v. divinatio); in actibus belli .. ~i MILEMETE *Nob.* 96 (v. formaliter 1); **s1452** eos .. ~ere in grammaticalibus (v. grammaticalis 1d). **b** accipitres .. paulatim ~untur ad rapinam GIR. *TH* I 12 p. 35; quedam sunt bruta .. aves enim quandoque non ita de facile ~untur *Quaest. Salern.* N 28. **c** circa ~endi abbatis officium P. BLOIS *Ep.* 132. 394A; sed hoc Lollardi renuunt / cum soli Deo instruunt / nostras culpas detergere *Pol. Poems* I 240. **d** is [sc. Oswaldus] fide quam ferro ~ctior W. MALM. *GR* I 49 p. 51. **e** ut patet ~cto in geometria NECKAM *NR* II 173 p. 300; ~ctioribus in post dicendis distinguetur BALSH. *AD* 27; ~ctis .. in disciplinalibus mathematicis WALLINGF. (*Rect.*) I 414 (v. disciplinalis 1a).

6 to give instructions or orders to, instruct. **b** to counsel, advise, warn.

quid mihi faciendum sit vestra ~i jussione desidero ANSELM (*Ep.* 280) IV 195; satellitesque suos quos ad hoc prius ~xerat advocavit ORD. VIT. XII 25 p. 408; conjugem suam .. et optimates suos prudenter ~ens rogavit ut pacis quietem .. tenerent *Ib.* XIII 1 p. 1; **1164** discessi ~ctus a vobis ut Parisius sedem figerem et me studerem omnino scolaribus conformare J. SAL. *Ep.* 134 (136 p. 12). **b** si confessus fuerit, quod habet, ~e eum, quod non est licentia de aliis peccatis judicium accipere, antequam ipsum malum redderit aut ejecerit BONIF. *Pen.* 430; illis qualiter vivendum sit ~imur W. MALM. *Glast. prol.*; **c1165** ut de consilio dando plenius ~amini, causa mea hec est J. SAL. *Ep.* 142 (139); **1237** caveant .. advocati ne .. partes ~ant falsum ponere vel subprimere veritatem *Conc. Syn.* 259; RIC. ANGL. *Summa* 16 (v. declinatorius b).

7 to give instructions in, to teach (a subject).

exemplaria ~endorum armorum relinquunt G. MON. VI 3 (= GILDAS *EB* 18: instituendorum armorum).

instrumentabilis v. instrumentalis.

instrumentalis [ML]

1 (gram.) instrumental.

circa predicatum adjective tum et ablativo ~i, sic: ameni solis jocunda serenitas sue claritatis immensitate totum parietem illuminat GERV. MELKLEY *AV* 72.

2 as an agent, instrumental (esp. phil., of cause dist. from principal or final).

eundem eis [sc. ovibus] laborem ~is penuria inferre potest; carent enim dentium efficacia ADEL. *QN* 7; proprie proprium instrumentorum est quod in movendo nullam habent intentionem sibi propriam .. sed in operatione ~i solum est intentio principalis agentis GROS. 124; ad primum objectum dicendum quod auctor ille vocat proprietates non potentias ipsas ~es, sed earum aptitudines PECKHAM *QA* 203; experimentis ~ibus BACON IV 419 (v. imperceptibilis b); non ponunt causam efficientem principalem, set solum ~em T. SUTTON *Gen. & Corrupt.* 181; Dominus ergo in talibus est agens principale et tyrannus quilibet tantum ~e BRADW. *CD* 283C; causa ~is vel localis est constricto venarum GAD. 73. 1; vacante beneficio a debito ministerio vacare debet ~is ministracio WYCL. *Sim.* 55.

3 of a document or instrument, documentary, instrumental.

1491 in formam ~em redigendas *Reg. Glasg.* 481; **1503** instrumenta et notas ~es evidentiasque et documenta quecumque necessaria et oportuna levanda et recipienda *RScot* 555b.

4 of or for a (musical) instrument, instrumental.

Martem respicit musica, non humana, non mundana, sed ~is NECKAM *NR* II 173 p. 284; musica cuncta ligat, mundana, humana, sed inde / instrumentalis triplice calle meat GARL. *Tri. Eccl.* 100; musica in tres partes dividitur: sc. in musicam planam, mensurabilem, et †instrumentabilem [l. instrumentalem]. .. musica ~is est que instrumentis musicalibus exercetur *Id. Mus.* 157; penes proporcionem parcium sonori ad aliud est musica ~is *Ps.*-GROS. *Gram.* 27; de quo est musica ~is, ut in citharis et psalteriis et aliis BACON *Tert.* 229; musica ~is *Ib.* 230 (v. instrumentum 5a).

5 having (bodily) organs, organic.

et sunt membra suscipientia et non tribuentia, sicut sunt membra ~ia, que recipiunt a cerebro virtutem sensitive vel motive BART. ANGL. V 1; anima est perfectio corporis organici potentia vitam habentis sed omne membrum organicum i. ~e corpus est potentia vitam habens, ergo omnis membri perfectio est anima GILB. IV 184v. 2.

instrumentaliter [ML], instrumentally, as an instrument, by means of an agent (phil.).

~iter dicunt generacionem fieri T. SUTTON *Gen. & Corrupt.* 181; primo et principaliter quasi efficiens principale efficere bonos actus, hominem vero non sic, sed secundario ~iter et subservienter gratie sic agenti BRADW. *CD* 372B; ille principaliter generat [sc. Deus]; alii autem a natura vel artificio ~iter disponunt materiam WYCL. *Misc. Phil.* I 188; et hoc ~iter per sanctos homines *Id. Ver.* I 294.

instrumentare [ML], to enable to function as agent (phil.).

nisi de quanto ~atur per illam ad destruendum vicia et virtutum plantaria inserendum WYCL. *Apost.* 17; anima est quidditas corporis naturalis ~ati, ut possit actus vitales elicere *Id. Compos. Hom.* 54.

instrumentarius, documentary.

testis ~us *Praxis* 231.

instrumentum [CL]

1 tool, machine, piece of equipment; **b** (mil.); **c** (naut.); **d** (astr.); **e** (med. & anat.).

ad eversionem altaris et tumbae patris Adriani exportandi venerabiliter accedit. ~um operis areae complanatur, et sancti sepulcralis lapis attentissime expurgatur GOSC. *Transl. Aug.* 36C; sicut nemo diligit ~a [ME: *leomen* = *lomen*] propter se sed propter ea que per ~a fiunt *AncrR* 151; **1340** R. de T. habet denarios, ob[olos], qua[drantes] novos de moneta regis, set metallum .. est mixtum cum stagno. ideo attachietur per corpus et ~a sua et .. ducatur regi *CBaron* 99; **1362** in vj fessis virgularum emptis pro ~is carucarum faciendis .. vj d. *MinAc* (*Russenden in Sheppey, Kent*) 894/15; **1368** item j vas pro aqua benedicta et j ~um ad aspergendum de metallo vocato laton' *Invent. Norw.* 15; **1374** in sincacione unius putei apud N. et in ~is empt[is] pro eodem, xlvj s. viij d. *Ac. Durh.* 581; **1418** in ij ~is ferreis empt[is] pro j ridill' pro altari *Ib.* 269; **1421** pro *crukys* et aliis ~is ad eandem ymaginem *Ib.* 269; **1425** pro j ~o pro clavibus tenendis *Ib.* 272; ~um in quo aqua currit *WW* (v. fistula 1a). **b** armorum ~a bellica ALDH. *VirgP* 11; bellorum ~a *Lib. Monstr.* I 51 (v. 2 excedere 3b); ~um expugnandi BACON *Gram. Gk.* 137 (v. fabrica 3a); cum .. lanciis et aliis guerre ~is MILEMETE *Nob.* 96; **s1381** (v. fustis 3); **s1379** (v. 2 gunna a); **1455** (v. dejectio 1); **1456** Turchi .. putaverunt se castrum obtinere cum eorum diabolicis ~is et ingeniis BEKYNTON II 155; **1486** pro factum unius ~i bellici vocati *le sour ExchScot* 434; **1523** (v. halbarda). **c** cum navibus suis et aliis ~is navigationis *DB* I 337ra; corpus .. vetuste navi imposuerunt, altoque pelago sine gubernatore necessariisque ~is se dispensante Deo commiserunt ORD. VIT. II 1 p. 216; ~a navigandi .. volandi .. ambulandi in mari BACON *NM* 533; de ~o volandi et de ~o navigandi, uno regente navem plenam armatorum cum incredibili velocitate *Id. Tert. sup.* 18. **d** que in celestibus sunt considerantur per ~a visualia BACON *Maj.* II 2; *Id. Tert.* 106 (v. 1 canon 2a); per ~a astronomica ROB. ANGL. (II) 180 (v. horologicus b); ~um astronomie *G. S. Alb.* II 207 (v. etymologice). **e** **1303** xij d. de duobus sigillis argenteis cum uno ~o ad purgandum dentes venditis *Ac. Exec. Ep. Lond.* 55; nasale ~um injectorium dicitur *SB* 31; vertebellum ~um est carpentariorum i. terebellum, et simili ~o in quibusdam operibus utuntur cyrurgici *SB* 43.

2 instrument, means (for achieving spec. purpose). **b** (of person) agent. **c** method, means (of employing spec. skill). **d** means of instruction or communication.

a705 omni me desideratae lectionis ~o .. imbuere (v. desiderare 1a); **956** (12c) si qua alia sunt ~a aut benedictiones ad hujusmodi rem exercendam *CS* 1050 p. 264; vocamus visum ipsum ~um videndi . . . eodem modo dicitur voluntas ipsum ~um volendi ANSELM (*Lib. Arb.* 7) I 218; ~um philosophie J. SAL. *Pol.* 438A (v. exacuere 1b); ~um intellectus BACON V 45 (v. fama 3a); ~um operandi PECKHAM *QA* 149 (v. diffusio 1); R. BURY *Phil.* 2. 36 (v. felicitas 2). **b** prae omnibus suae [sc. Dei] .. ~um doctrinae Dominus Jhesus THEOD. *Pen.* pref.; fideli tamen nostro et speciali clerico utilique per omnia valde nobis ~o futuro GIR. *SD* 106; Deus omnipotens .. fecit magnam suam victoriam cum paucis Christianis, suis ~is et ministris GASCOIGNE *Loci* 103; si .. autoris appellacione censeri meretur, qui nequaquam ut auctor sed ut minister, immo verius ut ~um dumtaxat fuerit operatus *Mir. Hen. VI* I prol. p. 6. **c** [Cosmas et Damianus] in pubertatis primordio ~is medicinalibus imbuti ALDH. *VirgP* 34. **d** **798** assuetos faciendi quae sunt perfectorum ~is propalata *CS* 292 (= *Text. Roff.* 251); ut [hic libellus] non tam vita dicatur sancti quam vitae ipsius testimonium, cognitionis ~um W. MALM. *GP* V 187; sicut ~um artis rhetorice oratio est, i. e. causa, .. sic theologie ~um est predicatio GIR. *GE* II 37; incipit speculum duorum et utile cognicionis, correctionis, conquestionis et commonicionis ~um *Id. SD* 2 *tit.*

3 (leg.) document, instrument, deed; **b** (*~um publicum*).

†969 (?12c) per legittima cartarum ~a ibidem fuit concessum *CS* 1264 p. 551; si sponsa virum suum supervixerit, dotem et maritationem suam cartarum ~is vel testium exhibicionibus ei traditam perpetualiter habeat (*Leg. Hen.* 70. 22) *GAS* 590; **a1174** cum omnibus que predictus Hugo in prememorato ~o suo eidem ecclesie de Colum concessit *Cart. Colne* 8; **c1182** super quibus [possessionibus] cartas et ~a contrectavimus et oculis propriis inspeximus *Ch. Chester* 202; **c1212** aliquo rescripto vel ~o a curia Romana seu aliunde perquisito GIR. *Ep.* 5 p. 194; **1301** ~a .. obligatoria mercatorum et littere papales de solucionibus *Reg. Carl.* I 156; **s1408** ut videre potestis in originali ~o *Chr. S. Alb.* 35; **1437** pro factura unius ~i super recuperacione carbonum decimalium de T. ij s. *Ac. Durh.* 233. **b** super qua requisicione fieri volumus publicum ~um vel litteras testimoniales confici sigillo authentico signatas *GAS* 441; **1174** allegabat pars prioris .. illa ~a publica esse, et per se sufficere *Hist. Durh. Script.* liv; **1287** deposuisse penes mercatores .., ut iiij continent ~a publica, miiij[c] xlj l. et iiij d. et quartam sterlingorum (*Ratio Decimarum Regni Scotie*) *EHR* XXXII 60; **1319** nonnulla ~a publica et litteras autenticas ac testes pro tua parte produxit *Hist. Roff.* f. 9; **1354** prout plenius per publica ~a et cartas super hiis confectas constare poterit intuenti *RGasc* 66 m. 4.

4 (bibl.) testament (old or new).

quandoquidem evangelica narrant ~a ALDH. *Met.* 4; nusquam .. in tota veteris ~i serie repperimus angelos .. patribus cum luce apparuisse BEDE *Hom.* I 7. 35; epilogus veteris ~i J. SAL. *Hist. Pont. prol.* p. 1; celestem paginam audire volens .. audiat tam vetus ~um quam novum testamentum NECKAM *Sac.* 375; ut .. totum fere ex integro vetus novumque ~um, exceptis quatuor evangelistarum libris .. faceret recitari AD. EYNS. *Hug.* III 13 p. 126; **1426** ipsa decimarum prestacio veteris ~i roborata cirographo *Reg. Cant.* III 135; **1552** Manichei semel rejecerunt ~um vetus GARDINER *CC* 634.

5 musical instrument. **b** the voice.

si is qui citharista esse debuerit citharam non cognoscit, qualiter citharoedus erit si ~um illud non agnoverit ALEX. CANT. *Dicta* 3 p. 118; Hibernia tantum duobus utitur .. ~is, cithara sc. et tympano GIR. *TH* III 11 p. 154; **s1191** sonitum illius ~i quod .. vocatur tabur DICETO *YH* II 102; ~is a flatu GARL. *Mus. Mens.* 14; musica instrumentalis, cujus ~a vel sunt percussionalia .. vel tensilia .. vel inflativa BACON *Tert.* 230; sermonibus ampullosis aut musicalibus ~is ELMH. *Metr. Hen. V* intro. p. 80; **s1371** cum quodam terribili sonitu cujusdam ~i quod in Scocia vocatum est *clochbolg Plusc.* X 2 (cf. FORDUN XIV 38: cum sonoris ~is pellium lignis extensis); **s1430** cum dulcissima armonia omnium ~orum artis musice *Plusc.* XI 5. **b** **1256** nisi .. ~um habeat idoneum modulandi, et cantus peritiam *Conc.* I 715; **1296** si extranei habitum petant, antequam recipiantur, patria, parentela, scientia, conversatio, ~um atque peritia cantandi, prudentia scribendi, vel alicujus operis mechanici, requirantur *Obs. Barnwell* 120.

6 bodily organ: **a** (gen.); **b** (of sense); **c** (sexual or reproductive); **d** (digestive).

a animal vero propter multiplices operationes diversa et diversarum potentiarum exegit ~a ALF. ANGL. *Cor* 14. 9; [leones] velocitatem .. non ex calore sed ex habilitate habent ~orum *Quaest. Salern.* B 73. **b** omnium ~orum officialium qualitates offensa exteriorum corporum immutantur ADEL. *QN* 13 p. 17; *Ib.* 31 (v. distemperantia c); AILR. *An.* III 55 f. 124 (v. 2 dissilire 1a); instrumenta, quibus sensus sunt quinque parati GARL. *Myst. Eccl.* 118; *Ps.*-GROS. *Gram.* 19 (v. figuratio 3c); ~um tactus BACON *MS* 102 (v. flexuosus 1); stupor est disposicio mentis

quando ~a sensuum as sensum parata animalem sensu privantur *SB* 41. **c** ~a gignendi GIR. *IK* I 11 (v. genitor 1a); tam humores quam spiritus ab universis partibus corporis ad membra huic operi destinata transmittuntur. virili ~o, dum ei administratum per spiritus humorem ad seminis suscitationem et germinis multiplicationem, muliebri ~o attrahante, ad locum conceptionis transfundit *Quaest. Salern.* B 17; ALF. ANGL. *Cor* 3. 1 (v. generatio 3); ad magnitudinem ~i et gravem ejus odorem GILB. VII 300. 2; UPTON 148 (v. generativus 1a). **d** solis alterativis utendum est sine evacuatione in omnibus ~is GILB. V 208v 2.

instudere [ML], to devote oneself (to), study. **b** to strive.

instuduere bonis quidam meruereque laudem GARL. *Tri. Eccl.* 18; dinumerat mathesis, mensurat, consonat, astris / instudet, et vere singula scire facit *Ib.* 100. **b** **1295** nos .. pastoralis officii .. debitum .. ~entes exsequi *Reg. Cant.* I 12.

instuffare [AN *estuffer*; cf. stuffare], to stock, supply, furnish.

insulam .. ex habundanti vino, oleo, melle .. ~atam BAKER 104b; **s1340** nobiliter ~avit [naves] de viris armatis KNIGHTON II 16.

instultus, stupid, foolish.

~us, ex parte stultus OSB. GLOUC. *Deriv.* 291.

instupescere [cf. CL stupescere], to become utterly amazed.

inestimabilibus miraculis ~o *Regina Rhet.* 205.

insuadibilis [LL], unpersuadable.

cor suum statuerunt insuadibile [v. l. indissuadibile] GILDAS *EB* 88 (cf. *Zach.* vii 12: cor suum posuerunt ut adamantem).

insuasio, persuasion.

1394 reficimur quociens interveniencium ~one percepimus amiciciam vestram votivis successibus exultare *Dip. Corr. Ric. II* 146.

insuavis [CL]

1 unpleasant, sour, harsh (to the senses): **a** (of taste or smell); **b** (of sound).

a quid olfactu narium ~ius? GIR. *GE* II 4 p. 181. **b** hujus vocis sonus ~is est *Quaest. Salern.* B 37.

2 unpleasant, disagreeable.

qui .. amaritudinis asperitatibus ~es proximis et quasi intractabiles existunt BEDE *Hom.* II 25. 435; si eo educente exiret, sicut ab eo non injocundus est introitus, ita et ad eum non ~is foret exitus? ADEL. *QN* 43; qui vero sepe corripitur et non corrigitur diligenti quoque grave nimis est honus et ~e GIR. *SD* 46; nichil natura solitarium amat, unde si quis in celum ascendisset naturamque mundi et pulchritudinem siderum aspexisset ~em illi sine socio et amico amministracionem fore diceret W. BURLEY *Vit. Phil.* 92.

insuaviter [LL], unpleasantly, harshly.

filium parvulum .. secum in toro .. jacentem .. non minus infeliciter quam ~iter oppressit GIR. *IK* II 2 (= *Id. RG* II 19).

insubjicibilis, who may not be subdued.

per excusacionem sui dicentis se [sc. ducem Britannie Minoris] non posse domare suos inobedientes, et ~es ei erant *Pol. Poems* II 165.

insubstantialis [LL], insubstantial, non substantial.

ad primam confirmacionem dicit quod quelibet perfeccio accidentalis sit ~is WYCL. *Misc. Phil.* I 121.

insubula, ~us [ML], weaver's beam, spindle, treadle.

9.. insabula, *meodoma WW*; **10..** ~a, *meoduma WW*; ~i, *webbeamas WW*; insabula [l. ~ae] *webbeamas* ÆLF. *Sup.*; genetheum .. in quo .. tramas, ~as [vv. ll. insulibos, insubelinos], licia, .. videbamus BALSH. *Ut.* 52; *a tryndelle of a webster*, ~us, .. troclea *CathA.*

insuccessibilis [LL], not admitting of succession (in time), perpetual.

in ipsa [sc. eternitate] namque nulla divisibilitas .., nec ulla penitus differencia successiva, sed indivisibilis, simplex, unica, eadem, ~is, ac instantanea presentialitas et simultas BRADW. *CD* 826B.

insuccessibiliter, without succession, perpetually.

quare nec Deus, nec aliqua accio ejus intrinseca per se immediate et proprie mensuratur mensura mutabili, sc. tempore vel instanti, sed mensura immutabili, invariabili, stabili, et eterna, seu potius ipsa eternitate immutabiliter penitus, ~iter, uniformiter atque stabiliter permanente BRADW. *CD* 826B.

insudare [CL]

1 to sweat on or over, labour at. **b** (w. dat. or *pro*) to strive for. **c** (w. inf., gd., gdv., or *ut*) to strive (to).

cum .. plus in mercede quaereret qui labori amplius ~asset, ait .. BEDE *Luke* 467A; non inoperose commisso ~ans muneri W. MALM. *GP* IV 178; pena famis caruisse fame, dulcedo carere / dulcibus, et sudor non insudare labori H. AVR. *Hugh* 322; verba tua, o judex, quibus diucius ~asti, quam vana sint et superflua *NLA* I 31; **s1405** in augendis possessionibus ecclesiasticis .. semper strenuus ~abat *Croyl. Cont. B* 496. **b** quibus sit virtutibus ~andum edocuit BEDE *HE* II 1 p. 76; disposito opere, cum singuli certatim ~ant pro virium facultate, sanctus martyr eos ligat in ipso suo conamine ABBO *Edm.* 15; **s1416** circa liberacionem universalis ecclesie .. cui ardentissime ~averat *G. Hen. V* 18; **1417** percepimus qualiter .. paternitatis vestre viscerosa clemencia pro promocione quorundam filiorum universitatis nostre graduatorum .. laboriosius ~avit *Reg. Cant.* III 48. **c** dumque illi e diverso modis omnibus ~arent ne istorum rectitudini ad sui correctionem sese .. darent EADMER *Wilf. prol.* p. 162; per vestigia patrum post Christum currere ferventer ~emus ORD. VIT. VIII 26 p. 436; postremo tibi totis viribus ~andum est ut vivas humiliter EDMUND *Spec. Relig.* 138; AD. MARSH *Ep.* 244 (v. flammare 2c); **s870** invenit .. commonachos .. ad extinguendum ignes .. fortissime ~are *Croyl.* 23; **s1303** regem .. deponere ~avit WALS. *HA* I 49.

2 to devote oneself (to), engage (in study or activity).

601 in spiritalis operis studio .. multiplicius ~are (*Lit. Papae*) BEDE *HE* I 29 p. 63; bonis operibus ~andum *Id. Hom.* II 7. 134; utili .. studio et salubri exercitio ferventer ~are ORD. VIT. V 1 p. 299; bellis Ethelredus ~abat W. MALM. *GR* II 120; **1278** juris canonice vel theologie studio ~are *Reg. Heref.* I 157; Anaxagorus .. triginta annis philosophie studiis ~avit W. BURLEY *Vit. Phil.* 80; **13..** expedit pauperibus †abhaerere [l. adherere] legi; / insudare nimium artibus elegi (*De studiis* 30) *Pol. Songs* 207; multum errant sacerdotes qui postposita lege divina ~ant humanis legibus WYCL. *Ver.* II 268; *G. Hen. V* 19 (v. desiderium 1a).

insudescere, to begin to work (at), devote oneself (to).

scripture officio jam non modicum ~o *Regina Rhet.* 184.

insuere [CL]

1 to sew up (in); **b** (w. ref. to execution of parricides).

~ite me corio cervino, deinde in sarcophago lapideo supinate W. MALM. *GR* II 204 p. 254; demumque pecunias ad facilius deferendum furtivas in vestimentorum suorum partibus ~endo divisit E. THRIP. *Collect. Stories* 203; cervicali ejus, quem lemures fatigabant, clam ~it aliquid vestimentorum martyris W. CANT. *Mir. Thom.* V 8; circa .. digitos [regis mortui] pannus ceratus ita erit dispositus ut quilibet digitus cum pollice .. singillatim ~atur per se, ac si manus .. cirotecis lineis essent cooperte W. SAY *Lib. Reg. Cap.* 111. **b** culleus .. i. quoddam corium in quo dampnati ~ebantur OSB. GLOUC. *Deriv.* 133; ~ti culleis R. BURY *Phil.* 4. 56 (v. culleus b).

2 to sew (on to). **b** to embroider (a pattern or design).

circulum gemmarum, quem filo ~erat .. collo imaginis Sancte Marie appendi jussit W. MALM. *GP* IV 175; uxore .. signum sponte propriis manibus armo virili ~ente GIR. *IK* II 2; Jovis femori ~tus fingitur et inde progenitus ALB. LOND. *DG* 12. 4; **1205** (v. firmaculum 1a); **s1300** cujus [sc. crucis] adminiculo protectus, quam, armis suis congregatis, ~erat ante et retro, una cum omnibus commilitonibus suos RISH. 439. **b** **1447** in excambium unius lecti cum tapeta de blodeo sago, cum ymagine cujusdam regis sedentis in cathedra in eodem lecto ~to *Ac. Durh.* 145; **1449** pro rubeis crucibus in eodem velo ~tis *Ib.* 276; **1454** cum .. ij capitibus leonum in eodem lecto ~tis *Ib.* 148.

3 (fig.): **a** to sew together, string together, mingle. **b** to incorporate, insert (in book).

a alter .. illum per nuntios leniter convenire, de rupto foedere expostulare, precibus minas ~ere W. MALM. *GR* III 238 p. 298; literas .. universis amicis .. destinavit, preces precibus ~ens ut in tante necessitatis articulo verum se quisquam amicum operis impendio comprobaret *Chr. Rams.* 137. **b** hujus epistole competentes particulas huic libello pro rerum notitia ~i W. MALM. *GR* I 82; consultius videtur alium de talibus librum procudere, quam jam absoluto frequenter nova ~ere *Ib.* V 449.

4 to catch (in net).

quinque isitios immane [*sic* MS] quam turgidos ~erunt retibus W. MALM. *Wulfst.* II 21.

5 to pierce (as with a needle in sewing).

c1273 dictam ecclesiam telis et sagittis ~endo et ecclesie muros ut eos prosternerent perfodiendo ab hora prima diei usque ad horam novam et ultra hostiliter impugnarunt et pro viribus suis invaserunt *AncC* 7/102.

insuescere [CL], to grow accustomed. **b** (trans.) to make accustomed, accustom.

ut gentem suam, ventri tantum indulgentem, parcitati gule doceret ~escere W. MALM. *GR* I 11; diu est quod, et parentum cura, et meapte diligentia, libris ~evi *Ib.* II prol. p. 103; frugalitati .. ~evit *Id. GP* I 46 p. 75–6. **b** huic substitutus est W. de L. monachus, vir efficax in hoc maxime quod monachos regule ~evit W. MALM. *GP* V 265.

insuetus [CL]

1 unaccustomed, unusual, unfamiliar. **b** (w. gen.) not accustomed to.

pro densa capillatura ~o loco larga polleret calvatura GOSC. *Transl. Mild.* 21 p. 184; grande apparuit prodigium nostroque saeculo tam obstupescendum quam ~um *Id. Transl. Aug.* 29B; fuit .. suetus in corpore gestus, sed turpem indecentemque personam nuditas ~a perfecerat *Ep. ad amicum* 148; equus .. pre timore tam horribilis et ~i sonitus calcaria respuens GIR. *IK* I 6 p. 63. **b** humani successus ~i FELIX *Guthl.* 39 p. 122.

2 unsuited (to).

hippocentauri equorum et hominum commixtan naturam habent .. sed ~a labia humanae locutioni nullam vocem in verba distinguunt *Lib. Monstr.* I 7.

insufficiens [LL]

1 (of person) unfit, of inadequate ability.

non .. N. .. quia ~s oneri tanto G. COLD. *Durh.* 17; **s1238** virum, cure pastorali ~tem *Flor. Hist.* II 228; **s1240** obiit ille magnus Achilles secundus .. sc. Lewelinus .. cujus opera sum ~s narrare *Ann. Cambr.* 82; **1281** Johannes Maston quia misit carucarium ~tem ad carucam domini, in misericordia (*Enford, Wilts*) *CourtR DCWint*; **1294** considerans me ~tem ad onus istud *Reg. Carl.* I 30; **1317** regnum vestrum per ~tes et minus ydoneas personas regi videbatur (*Lit. Comitis Lanc.*) *G. Ed. II Bridl.* 51; **1327** volumus .. quod illi qui ~tes fuerint ad pugnandum contribucionem faciant juxta quantitatem bonorum suorum expensis et armationi aliorum qui potentes fuerunt *RScot* 222a.

2 insufficient, lacking, inadequate. **b** (of argument or case, esp. leg.) defective. **c** (w. ref. to God) not omnipotent, deficient.

s1177 licet ~tibus meritis *G. Hen. II* I 211; cum tibi [laudes] dignas edere / celum sit insufficiens J. HOWD. *Cyth.* 98. 9; **1336** Deus .. nos .. vestra membra licet ~tia, vobis nostro .. capiti .. copulavit *Lit. Cant.* II 138; **s946** victualia .. tante famile ~tia *Croyl.* 30; nec est medicina ~tior quod non sanat mortuum WYCL. *Ver.* III 214; ~s eorum videretur auctoritas ELMH. *Cant.* 128. **b** **1314** utrum causa illa sit sufficiens vel ~s *StatOx* 117; in aliquo minus valide et ~tes in lege existant BEKYNTON I 46; cogebatur .. inducere provisionem dictam in Curiam Scaccarii .. examinata .. ibidem .. et impugnata, tandem ~s inveniebatur, et invalida *Reg. Whet.* I 263–264; nec ex industria ~tes [raciones] proposuisse *Conc. Scot.* II 122. **c** non potest probari naturali racione quod [Deus] est causa parcialis necessario vel ~s omnium OCKHAM *Quodl.* 107.

3 of insufficient standard or quality, in poor condition. **b** (of measured quantity) insufficient, of short measure.

c1300 calix sufficiens. missale ~s (cf. ib.: missale competens) *Ch. Sal.* 369; **1337** (v. folium 8a); **1342** missale ~s omnino, sinodus corrosus et ~s (*Vis. Totnes*) *EHR* XXVI 110; licet locus in quo majus altare consistit cancellus dici debeat, tamen est ~s et inhonestus pro cancello (*Ib.*) *Ib.* 111; **1346** sciens halec predictum putridum et ~s *Reg. Brev. Orig.* 96; **1409** (v. fundamentum 1a). **b** **1247** habent gallonas ~tes (v. galo 1a).

4 of insufficient means, poor.

1420 volo quod aliis personis perdonetur secundum discrecionem executorum prout eos viderint ~tes *Reg. Cant.* II 185.

insufficienter [LL], insufficiently, inadequately.

dicitur .. Deus incomprehensibilis eo quod nos ~er ipsum comprehendimus NECKAM *SS* 48. 4; martyris merita .. licet ~er, perduxi *Chr. Evesham* app. 326; quamvis de sufficienti regimine senum ~er locuti sunt auctores noti, hoc tamen fuit arti medicine possibile BACON *Maj.* II 205; omne agens presens uni est ~er approximatum ad causandum quemcumque effectum in alio OCKHAM

Quodl. 614; s1343 Gallici responderunt, licet ~er AD. MUR. *Chr.* 148.

insufficientia [LL]

1 (of person) incompetence, inadequacy. **b** defect, shortcoming.

de ipsorum ~ia imo potius de consummata malitia .. cogor finem facere H. BOS. *Ep.* 1448B; 1187 quis hodie a pontificali onere se excusat? quis .. allegat ~iam suam? P. BLOIS *Ep.* 23. 84C; 1239 ad .. reformationes canonicas faciendas .. pro modulo ~ie mee .. solicitudinem apposui et laborem GROS. *Ep.* 77 p. 248; 1295 si ~iam nostram sciveritis .. in aliquo deviare *Reg. Cant.* I 12; veritas doctrine spectans doctoribus numquam nisi propter ~iam dicentis .. est tacenda WYCL. *Ver.* I 334; 1437 judicamus, recte noscentes ~iam nostram BEKYNTON II 21. **b** ad subveniendum meis ~iis AD. MARSH *Ep.* 174 p. 315; ~ias ejus supplet, corrigitque defectus BRADW. *CD* 63E; c1517 dicta M. est ita arcta quod non possit a prefato D. libellante cognosci propter arctitatem in membro secreto dicte M. et ~iam ejusdem *Offic. S. Andr.* 11.

2 insufficiency, deficiency, inadequacy. **b** (of doc., argument, or law) defectiveness.

de mutabilitate voluntatis divine et memorie ~ia ANDR. S. VICT. *Comm.* 285; s1328 propter etatis ~iam matrimonium tunc temporis contrahere non valebant *G. Ed. III Bridl.* 98; cum .. episcopatus propter ~iam R. de S. electi in literatura et .. propter defectum literature repulsi .. vacavisset BIRCHINGTON *Arch. Cant.* 44. **b** cum debuit peccatores justificare patuit ~ia legis S. LANGTON *Ruth* 122; 1279 petit judicium de ~ia istius brevis *PQW* 337b; 1340 ad supervidendum de sufficiencia vel ~ia causarum absentium *Conc.* II 657; ob ~iam ejusdem replicationis *Entries* 414a.

3 lack of means or resources, poverty.

sufficitis ex vobis ipsis, significetis nobis ~iam vestram *Cl* 473b; 1240 tenuitatem et ~iam commune ecclesie Sarum *Ch. Sal.* 261; s1166 prelatus beneficia, in quibus vobis teneor obligatus meam supplens ~iam [MS: insuficientiam], vobis plene recompensabit M. PAR. *Min.* I 339; 1255 ex nostra ~ia non solvendo *Mon. Hib. & Scot.* 72a; assignavimus vos .. ad eligendum .. duo milia hominum peditum de quibus ducenti sint fundatores .. et de quorum ~ia si qui quod absit insufficientes reperti fuerint *RScot* 196a; 1321 preceptum est vicecomiti quod venire faciat .. abbatem ad ostendendum si quid .. dicere sciat quare predicte ciiij^xx xij l. .. ob ~iam .. ballivi sui, de terris et catallis ipsius abbatis levari .. non debeat *Law Merch.* 92; 1352 pro eorum vestura nihil hoc anno propter ~iam officii *Comp. Swith.* 408.

insufflare [CL]

1 to breathe (upon); **b** (w. ref. to *Joh.* xx 22).

~ans in os ejus GIR. *TH* II 48; in eum ~avit J. FURNESS *Kentig.* 6 (v. ignivomus 2a); paululum ~avit in os quiescentis COGGESH. *Visio* 6; isti Petro .. apparuit Christus in forma pueri, inter manus sacerdotis, ~ans in eum (*Peter of Pomfret*) *Meaux* I 395 (cf. *Eul. Hist.* III 112). **b** post resurrectionem .. ~avit et dicit eis .. BEDE *Hom.* II 11. 159; de ejusdem personae secreto procedebat ille Spiritus quem dabat, de cujus occulto Spiritus ille procedebat quem ~abat ANSELM (*Proc. Sp.* 5) II 196; ~at Christus apostolis et dicit .. AD. DORE *Pictor* 163; Christus ~avit .. eis [sc. apostolis] OCKHAM *Dial.* 846; post suam resurrectionem, quando in omnes simul ~ando dixit: accipite .. BEKINSAU 750.

2 to breathe into.

c620 qui in vobis vitae ~avit spiritum (*Lit. Papae*) BEDE *HE* II 10 p. 103.

3 to blow on. **b** (pr. ppl. as sb. m.) one who blows on, blower.

cum faceret ignem et non cito arderet, .. dixit 'veni diabole ~a ignem' et statim ignis arsit H. ALBUS 97; si .. desideratur ventus pro freno Veneri, bonum est ut braccis careant et ~entur MAP *NC* I 25 f. 20v; *Ps.*-ELMH. *Hen. V* 96 (v. genetivus 1a). **b** cineres que excecant ~antem [ME: *ablent euch mon þæ ham in blaweð*] *AncrR* 76.

insufflatio [LL]

1 breathing on (in quots., w. ref. to *Joh.* xx 22).

quid sibi vult ista ~o? scimus enim quia flatus ille qui de ore ejus tunc processit non erat Spiritus Sanctus ANSELM (*Proc. Sp.* 5) II 194; in ~one Spiritus uberior virtus instillatur J. FORD *Serm.* 24. 8; Spiritus .. ad ~onem ipsius Domini intravit corda discipulorum NECKAM *SS* I 25. 17; dans Spiritum Sanctum, Jesus discipulis suis per ~onem sic dixit *Monarchia* III 25.

2 breathing in, inhaling.

propter hoc appetitur pulmo cum insuflatione et constringitur et clauditur cum exsuflatione *Ps.*-RIC. *Anat.* 25; duplici fit de causa, tum propter vicinitatem cordis quod igneum est, tum propter ejusdem ~onem, ut per vene exhalationem caloris reprimatur vehementia *Quaest. Salern.* B 243.

3 blast (of wind).

si a reumate vos curare et preservare duxeritis vitare debetis fortes ~ones ventorum, presertim septentrionalis flantis post meridionalem calorem KYMER 3 p. 555.

insula [CL]

1 land surrounded by water, island. **b** peninsula.

Brittania ~a in extremo ferme orbis limite circium occidentemque versus GILDAS *EB* 3; c802 pro qua re humiliores personae capite puniuntur, honestiores in ~am relegantur ALCUIN *Ep.* 245 p. 397; [Britannia] quamvis ~a sit .. non minoris excellentie est quod ~a est, cum totus mundus ~a sit H. HUNT. *HA* I 10; c1173 ~am que est in lacu de Lunnin *Regesta Scot.* 142; Hibernia post Britanniam ~arum maxima GIR. *TH* 1. **b** in exercitu illo .. quem .. rex Anglie .. ad ~am que Minor Britannia dicitur destinarat *Mir. Hen. VI* I 17 p. 47.

2 (sg. or pl. w. ref. to spec. place): **a** Isle of Wight. **b** Isle of Man. **c** the Hebrides. **d** the Channel Islands. **e** Lille.

a a1099 vicecomiti de ~a salutem. notum sit .. quod concessi dim. hidam terre in Vecta ~a (*Ch. Wint.*) *EHR* XXXV 387; a1293 (v. 2 hundredum 2e). **b** misit eum .. ad castrum ~e de Manna AD. USK 17. **c** de .. subjectione episcoporum Scotie et ~arum debita ecclesie [sc. Eboracensi] H. CANTOR f. 1; 1213 Reginaldus Rex ~arum *RChart* 191a; 1410 Donaldus de Yle dominus ~arum *Inchaffray* 137. **d** 1302 A. de la Chapele furabatur xxx et v garbas de camperto regis, de quo facto indictata .. ~as abjuravit *RParl* I 154a. **e** opinatissimum castrum quod ~a dicitur ORD. VIT. XII 45 p. 479.

3 a tract of high ground in the middle of marsh or fenland.

Crugland .. ~a media in palude posita FELIX *Guthl.* 25; Croland est una ~arum jacentium in illo tractu orientalium stagnorum W. MALM. *GP* IV 182 p. 321; s1071 rex .. ~am [Ely] obsedit (v. 1 domus 2d).

4 (in or adjacent to river) islet, water-meadow, holme, eye. **b** (Sc.) inch.

in loco qui vocatur Cerotaesei [*Chertsey*] i. e. Ceroti ~a BEDE *HE* IV 6 p. 219; ecclesia .. habet iiij carucatas terrae quas nunquam geldaverunt in his iij ~is .. *DB* (*Somerset*) I 91ra; a1124 precipio quod non remaneat aliquis homo, nec domus alicujus, in tota ~a abbatis .. nisi per abbatem *Cart. Ramsey* II 82; c1131 ecclesie S. Marie quam ipse fundavit in ~a de Oseneia *Cart. Osney* IV 14; 1153 me donasse .. ecclesie de Buretona †quietum et solutum ~as de Wilintona et de Pollac *Ch. Chester* 115; a1247 dedi .. tres bovatas terre in W. .. et totam terram que jacet etc. .. salva mihi ~a de Cuburc *Cart. Cockersand* 192; dedit totas illas ~as juxta Bolyn versus Mottram *Cart. Chester* 587 p. 333. **b** c1191 unam piscariam in They juxta predictam ~am et aisiamenta ipsius ~e, sc. Redinche *Regesta Scot.* 363; a1200 totam ~am juxta oppidum meum de R. cum piscatura inter ipsam ~am et Perthec *Reg. Paisley* 11; 1294 potestatem canes habendi, tam extra monasterium suum quam infra, in domibus .. ex utraque parte aque de K. et ~e monachorum *Ib.* 94.

5 block, area bounded usu. by four streets, or a large building in such an area.

stabat hec imago tam inmense magnitudinis in ~a Herodii super Coloseum GREG. *Mir. Rom.* 6.

6 wing (of castle keep).

1370 in reparacione .. unius ~e magni turris ejusdem castri *MinAc* (*Pevensey, Sussex*) 1028/4.

7 aisle (of church).

†725 (12c) prohibeo ne in ipsa Glastingensi ecclesia, nec in ecclesiis sibi subditis .. nec in earum capellis, sed nec in ~is .. episcopus sibi episcopalem cathedram statuere .. praesumat (*Ch. Regis*) W. MALM. *GR* I 36 p. 38; 1415 (v. 1 fundare 4a); s1429 sepelitur in ~a ecclesie, versus capellam Sancti Andree *Chr. S. Alb.* 34; 1441 in ~a ante dictam capellam *Test. Ebor.* I 186; 1472 quandoque obviant processioni extra hostium chori, quandoque in ~is et quandoque in nave ecclesie *Fabr. York* 253; 1499 acta in ~a beati Mauricii in ecclesia cathedrali *Reg. Aberd.* I 345.

insulanus [LL; CL *as sb. only*], of or belonging to an island, island-, insular. **b** (as sb. m.) inhabitant of an island, islander.

monasterium ~um BEDE *HE* III 4 p. 134; conducebat .. in auxilium sibi quoscumque ~os populos inveniebat G. MON. V 2; s1223 episcopus insularum .. venit ad ~as partes ut visitaret ecclesias *Chr. Man* 84; 1392 terre .. in loco competente, extra partes ~as, viz. in terris bassis et inferioribus regni *ExchScot* 287; gens ~a *Extr. Chr. Scot.* 8 (v. 1 ferinus 1b). **b** ~i .. armis arma repellebant BEDE *HE* IV 24 p. 266; 983 (15c) monasterio sanctimonialium quod ~i .. Schaftesburi appellant *CD* 641; emersit in mari cumulus terre .. admirantibus ~is GIR. *TH* II 12; s1377 estimantes ~os inscios eorum adventus WALS. *HA* I 340.

insularis [LL], of an island, insular. **b** (as sb. m.) inhabitant of an island, islander.

GILDAS *EB* 33 (v. draco 4); ?1173 quod omnes ~es populi sint generaliter infideles P. BLOIS *Ep.* 46. 135A; ~i tyrannide semper ingruente GIR. *IK* II 14 p. 149; [leges regni Anglie] que tantum ~es sunt FORTESCUE *NLN* I 43; 1458 terras etiam ~es et mari propinquas .. depredantur *Mon. Hib. & Scot.* 413b. **b** 1310 potestas datur J. de E. recipiendi Ergadienses, ~es, etc. *RScot* I 90a; 1416 pro municione navium missarum ad partes boreales contra ~es pro defensione patrie *ExchScot* 265.

insularius [CL]

1 tenant (of a block of dwellings).

s1153 prediis assignabit colonos, ~ios aedificiis, nemoribus saltuarios DICETO *YH* I 297.

2 storekeeper, steward.

s1176 quicquid etiam vel in horreis, vel in cellis vinariis, vel in promptuariis, regiis usibus ~ii reservaverant DICETO *YH* I 407.

3 islander.

1309 ~ii illi non sunt mercatores *PQW* 823b.

1 insulatus v. infulatus.

2 insulatus [CL], made into an island.

~us .. i. in insulam factus OSB. GLOUC. *Deriv.* 286.

insulcare [cf. 1 in + sulcare], to furrow (fig.).

hujus aque subite magis insulcata carina / forcia que subiit tecta que castra ruit [? l. hujus aque fluvio magis insulcata [sc. est] carina, / forcia qui subiit tectaque castra ruit] GOWER *VC* I 1649.

insuleta, ~etta, small island, islet.

1259 in insulis nostris de Geresia et Gemeria aut aliis ~etis ibidem *RGasc sup.* lxxxvii; 1309 abbates de Monte S. Michaelis .. semper tenuerunt ~am de Geyteho, licet raro moretur ibi aliquis homo .. insula de Geyteho, licet modica sit et †parna [l. parva] *S. Jers.* XVIII 46; 1309 insula de G., licet modica sit et parva, non est pars hujus insule set ~etta per se fere contingua insule de E. *PQW* 829; reversionem parvarum insulet' vocat' *Entries* 132a.

insulicola, inhabitant of an island, islander.

~as omnium insularum et provinciarum que pertinent ad coronam (*Leg. Will.*) *GAS* 489; qui leges apostabit, si fuerit Anglicus vel Dacus vel Waliscus vel Albanicus aut ~a (*Leg. Ed.*) *Ib.* 657.

insulphurare, to taint with sulphur (in quot., fig.).

Thaydis hamus edax stolidis insulphurat escas; / qui semel est tactus, ab eo non liber abibit D. BEC. 2109,

insulse [CL], stupidly.

pedagogis .. agitaris quorum letiferis sophismatibus ~e .. seduceris ORD. VIT. VI 6 p. 33; quare tam confuse et stulte ac ~e loqueris? R. COLD. *Cuthb.* 114 p. 259; presencia necligenter et ~e curamus, futura casui committimus MAP *NC* IV 13 f. 54v.

insulsus [CL]

1 unsalted. **b** (of water) not salty, fresh.

caseus ~us D. BEC. 2751 (v. digerere 1a); quantumlibet [pisces] sale conditi .. insipidi permanent et ~i GIR. *TH* II 40 p. 126. **b** gelidis terrae limphis insulsior erro ALDH. *Aen.* 100. 76; de ~ae penuria limphae .. disputarunt WILLIB. *Bonif.* 9.

2 dull, stupid.

sal sapientiam designare constat .. unde et in communi locutione ~i vocantur hebetes BEDE *Ezra* 866D; GOSC. *Lib. Confort.* 26 (v. enervis b); Gildas, neque ~us neque infacetus historicus W. MALM. *GR* I 20; quo quid absurdius, quidque ~ius voce proferri potest R. MELUN *Sent.* II 245; 1167 nolo ut sensus ~us et ariditas lingue mee in vestre clientele risum .. publicetur J. SAL. *Ep.* 232 (228); volens huic ~e providere paginule MAP *NC* IV 5 f. 47.

insulta v. insultus.

insultabundus [LL], scornful, insulting.

desiste .. in sanctum Dei confessorem garriendo insanire, et furentibus infremendo vocibus ~us desipere R. COLD. *Cuthb.* 75.

insultare [CL]

1 to leap into. **b** (intr.) to leap in exultation.

ceu salamandra focos solet insultare pyrarum ALDH. *VirgV* 1115. **b** juvenili ~ans calore .. cum .. muris primus obrepsisset GIR. *EH* I 3.

2 to assail, attack (person or place): **a** (w. dat.); **b** (w. acc.); **c** (fig.). **d** to mortify (the flesh).

a duo zabuli .. dicentes '.. ~are tibi ultra desistere conamur' FELIX *Guthl.* 30 p. 98; c**1212** senilibus annis nostris .. tam juveniliter ~at GIR. *Ep.* 5 p. 202; **1231** ei ~avit in regia via *CurR* XIV 1737; **1241** quare ei ~averunt et eum turpiter tractaverunt *Ib.* XVI 1770. **b 1198** eum ~avit (v. felonia 2c); **1263, 1270** (v. 1 hachia b); **1265** civitatem .. ~averunt (v. exclamare 1c); **1277** qui dicunt .. quod predictus R. est vagabundus de nocte et ~ans homines *JustIt* 3/85 m. 6; W. G. .. et H. de G. .. villam ~antes incenderunt SILGRAVE 74; **1301** (v. felonesciter); **1308** ipsum Johannem ad .. ~andum (v. effraiare); a quibus castrum ~antibus captum est *Plusc.* X 27. **c** ut non insultent animam fantasmata carnis ALDH. *VirgV* 136; miseratio divina ~antis inimici proterviam in femine dampnum ulterius non sustinuit *V. Fridesw.* 14. **d** carni suo .. in ~ando *V. Edm. Rich P* 1793C (v. humiliare 2a).

3 to mock, jeer, taunt (w. dat. or absol.); **b** (pr. ppl. as sb. m.). **c** to make a verbal attack on, insult (also absol.). **d** to scorn, despise.

cachinnum .. quasi vulgi indocti captis hostibus ~antis BEDE *HE* V 12 p. 306; quem Henricus per solaria turris ducens ~ando sic allocutus est ORD. VIT. VIII 15 p. 355; **1166** non .. tuo .. ~antes rejectui J. SAL. *Ep.* 190 (180); R. COLD. *Cuthb.* 65 (v. gannire 2). **b 716** ut .. ~antibus .. narrare denegaret (v. denegare 1d); s**1147** cum risu et cachinno, quasi ~antium castrorum clamoribus OSB. BAWDSEY cxlv. **c** a**1150** ~ando (v. decinctor); Wigano ~antes aiunt MAP *NC* IV 15 f. 55v; **1279** Richerus, Ricardus et uxor ejusdem Ricardi .. ~averunt dictum M. verbis turpissimis coram tota parochia *Rec. Elton* 6; **1300** ~avit .. per .. verba (v. enormis 1b); ceperunt conviciando eos ~are SILGRAVE 79; ipsum verbis contumeliosis ~avit *State Tri. Ed. I* 80. **d** ipsi nempe mundo mundanisque parasitis ~ant ORD. VIT. V 14 p. 418.

4 (impers. pass.) it shames.

per infructuosas .. arbores ~atur hominibus ut intellegant quam sit erubescendum sine fructu bonorum operum esse in agro Dei BEDE *Gen.* 59D.

insultatio [CL]

1 (leap in) exultation.

cum Judeorum opprobrio grandi et confusione, Christianorum autem gaudio magno et ~one GIR. *GE* I 51 p. 154.

2 assault, attack. **b** baiting (of beast).

populum ab hostium ~one liberatum BEDE *Ezra* 883A; s**1303** de horribili ~one et depredatione Bonifacii Pape *Ann. Ed. I* 483; s**1318** inter casus varios et flexibiles quibus regnum Anglie crebris ~onibus impugnabatur *Flor. Hist.* III 183; **1458** controversias .. causatas .. per certas obviationem et ~onem .. apud villam de S. Albano (*Lit. Regis*) *Reg. Whet.* I 299; per Anglorum ~onem, sive per ejus defensionem, tota terra .. vastata fuit *Plusc.* IX 35 (cf. FORDUN XIII 39: quamplures insidias ab Anglicis et periculosos sustinuit insultus). **b 1495** soluto pro ~one unius tauri prout mos est xvj d. (*Exeter*) *REED Devon* 111.

3 insult, mockery, jeering.

his dictis, fit subito dolor in populo, hinc luctus, illinc clamor ~onis exoritur W. S. ALB. *V. Alb. & Amphib.* 13; flos oritur labruscarum, derogationum sc. contumelie et ~onis J. FORD *Serm.* 90. 5; **1227** per litteras vestras, quibus ei vos, ~onis alloquio, premisistis (*Lit. Papae*) *Reg. S. Osm.* I 385.

insultorium, deer-leap.

1314 xij d. in j haia .. pro j ~io antiquo obstupando (*DL MinAc* 1/3) *Pickering* II 21.

insultuosus, insulting.

1333 ipse Thomas animo irreverenti et gestu ~o ait .. *LTR Mem* 105 m. 41.

insultus [LL = *insult*], **~a, ~um**

1 (mil.) assault, attack; **b** (on fortified position).

introitus et exitus .. per varios anfractus ~ibus aptans GIR. *EH* I 5; s**1190** Christiani .. ~um fecerunt in Saracenis DICETO *YH* I 281; s**1296** necnon ~us et invasiones violentas, tam per terram quam per mare, commissitis inhumane W. GUISB. 276; s**1322** irruentes in regem et suos gravem ~um dederunt AD. MUR. *Chr.* 37; insidias et ~us eis inferentes AD. USK 64; FORDUN XIII 39 (v. insultatio 2a). **b** se ad ~um acriter preparantes .. muros unanimiter invaserunt GIR. *EH* I 3; milites namque cum manu armata .. ~um fecerant [in urbem Cenomanorum] ut Johannem prenominatum caperent AD. EYNS. *Hug.* V 12; dies .. fixa .. / urbis ad insultus GARL. *Tri. Eccl.* 51; s**1264** barones .. castrum insultantes, cum inclusi viriliter se defendissent recessit ~us *Eul. Hist.* III 128; s**1340** statuit .. ut civitatem .. per obsidionem et ~as caperet *Meaux* III 46; s**1383** quasi ~u cepit villam *Chr. Angl.* 355; s**1291** tam grave dederunt Sarraceni insultum quod .. civitatem invassent WALS. *HA* I 33 (= RISH. 122).

2 (leg.) assault, battery (against person). **b** (*~um facere*) to make an assault. **c** (*~u praemeditato, praecogitato*) by deliberate assault, 'with malice aforethought'.

1198 W. .. appellat J. .. de ~u quod illum vulneravit .. in facie *CurR* I 63; **1238** in .. legatum et suos irruentes eis .. ~um dederunt et quosdam de familia sua interfecerunt *Cl* 127; s**1329** per minas et ~a dictus A. habuit de quodam J. H. xl s. *Ann. Lond.* 245; **1577** ~am (v. exhaurire 2c). **b 1248** si ipsi burgenses interficiant aliquem de scolaribus Oxonie vel in aliquem ipsorum ~um faciat .. (*Lit. Regis*) *BBC* (*Oxford*) 371; in ipsum H. ~um fecerunt, et ipsum verberaverunt *MGL* I 479; in prefatum A. apud N. vi et armis ~um fecit *Reg. Brev. Orig.* 88b; **1461** (v. cultellus 1c); s**1477** in quem idem Cristoferus .. ~um fecit et graviter percussit et vulneravit *Sanct. Durh.* 3; **1480** riotas, routas, †insultas [MS: ~us] et conventiculas illicitas fecerunt *Pat* 546 m. 26. **c 1194** ~u premeditato *CurR RC* I 60; **1206** ~u premeditato et de nocte venit .. in cameram domini sui nequiter intravit *CurR* IV 147; **1271** insultavit W. .. nequiter et in felonia et aspectu et ~u premeditato *SelCCoron* 18; **1282** (v. estus); **1313** ~u procogitato .. ~u premeditato *Eyre Kent* I 185 nn.

3 impact, blast, blow (of natural force). **b** (fig., of adversity); **c** (of temptation or sim.).

s**973** spiramen reddit authori / telluris insultus marcescens ab †ea [l. eo] / lumina cernit Altitonantis ÆTHELW. IV 9; lodium, cujus beneficio lux intrare possit, si forte fenestrellam impugnet assultus [v. l. ~us, *gl.*: *la moyse*] venti aquilonaris NECKAM *Ut.* 117; humores quatuor singulis horis determinatis dominantur .. colera .. in generatione humorum tertium locum obtinet. inde est quod de tertio in tertium suum ~um facit, quia proprietatem quam contrahit a sui origine exsequitur in sui actione *Quaest. Salern.* N 59; sicca complexio: homo somniat se volare, in se fieri ~us, aliquid levitatis capere, et avem volare, pennam folium arboris vibrare, schalas, montem, turrim exprimere aliquid vel distillare .. M. SCOT *Phys.* 54. **b** adversitatis ~us .. sustinere GIR. *RG* III 17; fortitudo .. suscipit in scuto pectoris omnium adversitatum ~us GROS. *Hexaem.* XI 24. 6; dum doctor insultus sustinet orbis GARL. *Myst. Eccl.* 28; **1286** curis continuis angimur et pulsamur successivis ~ibus *Mon. Hib. & Scot.* 136b. **c** contra ~us [ME: *swenges*] diaboli *AncrR* 20; sanctus .. Dei .. fornicationis ~us fugit (*S. Bernacus*) *NLA* I 115.

4 onrush.

prudens pugil diligenter attendit modum ~us [ME: *turn*] quem ejus socius cum quo pugnat ignorat, quia cum tali ~u potest eum ex inproviso prosternere *AncrR* 104; **1546** reparat munitia cum ~us maris in marisco vocato *the salte mershe* .. (*Rent. Wriothesley*) *Hants RO* 5 M 53/764 f. 65.

5 (verbal) attack, disparagement, insult, slander.

quidam Templarius .. quadam virtutis preminentia in se omnium provocabat ~us *Itin. Ric.* I 2; hos animos, tales insultus, sumite contra / hostes ecclesie GARL. *Tri. Eccl.* 43; **1269** ~um fecit in eumdem A. verbis contumeliosis vocando ipsum falsum, perversum, et illegalem traditorem et imposuit ei furtum fecisse de tali re *CBaron* 83; contra paganorum et hereticorum ~us R. BURY *Phil.* 16. 205.

insumare v. insinuare.

insumere [CL]

1 to expend, bestow (time, effort, or sim.). **b** to take up, consume, occupy (time w. spec. activity).

c**1075** (v. exigere 6b); insumunt operam nonnullo tempore seram R. CANT. *Malch.* V 505; quidam falsam ~unt operam, qui asseverant istius morbi curationem non ex sanctitate, sed ex regalis prosapie hereditate fluxisse W. MALM. *GR* II 222; omnem in religione operam ~psere *Ib.* III 245 p. 304. **b** s**1164** reliquum diei et consilii ~itur in tractando de copiis .. ducendis W. FITZST. *Thom.* 61.

2 to take in, consume (also fig.).

curiales rusticorum substantias depascebantur, ~ebant fortunas W. MALM. *GR* IV 314 p. 369; et azymos panes, si facultas datur, simul cum vino ~amus PULL. *Sent.* 973B; illis, qui carnalibus desideriis ~untur .. P. BLOIS *Ep.* 123. 360B; ad primum prandium ex anguillis avidius .. quam expediret .. ~endo DEVIZES 34v; AD. EYNS. *Visio* 4 (v. gluttire 1a); latus aperis ut te velle introire me illac ~es *Medit. Farne* 28v.

insumptibiliter, at little cost.

quomodo igitur non stulte eligens minus bonum peccat graviter, specialiter cum facilius. ~ius .. posset discere legem Cristi WYCL. *Ver.* II 131.

insumptuosus [LL], inexpensive.

fratres ~as quodem quo degerent domunculas edificant *Chr. Battle* f. 13.

insupare [CL = *to throw in*], to mix (in), combine.

~are, miscere OSB. GLOUC. *Deriv.* 292.

insuper [CL]

1 (as adv.) in addition, moreover, as well, besides; **b** (w. *et* or *etiam*). **c** (w. *cum*) together with.

quid .. rex promisisset edocuit et ~er adjecit: .. BEDE *HE* II 12 p. 108; lex unius Dei culturam docuit et peccata prohibuit et ~er puniebat ÆLF. *Ep.* 2. 6; molini de xlvii solid' et lxviii porcis ~er *DB* I 17rb; a**1108** Edelradus .. abbas de Dunkeldense et ~er comes de Fyf *E. Ch. Scot.* 14; ipsemet peccator de se filio Dei fecit filium diaboli horribilem *AncrR* 118. **b 838** ~er etiam pro hac nostra susceptione *CS* 421; s**959** dedit ei episcopatum Wigornensis ecclesiae ~er et pontificatum Lundoniae cumulavit *AS Chr.*; **1149** R. comes Cestrie .. omnibus .. sancte ecclesie fidelibus, ~er et suis baronibus .. salutem *Ch. Chester* 88; **1422** volumus ~er et ordinamus quod .. (*Test. Hen. V*) *EHR* XCVI 99. **c** a**758** (13c) si quis hoc praesumpserit, noverit se in districto examine domino rationem reddendam ~er cum raptoribus insolubilem subire sententiam *CS* 182.

2 as previously mentioned, as above.

c**1190** nullus extraneus potest emere cutes recentes vel pelles nisi ~er *BBC* (*Northampton*) 258.

3 (as prep.) in addition to, besides, over and above.

†**806** (16c) monachos .. ejusdem monasterii et conversos ac servos universos in custodiam capio meae protectionis, ~er peregrinos omnes illuc causa devotionis accedentes *CS* 325; c**956** (14c) condidit Deus .. informem materiam, qua ignis, aqua, terra, aer prima elimenta astiterunt, ex quibus omnia que videntur esse sumpserunt ~er genus humanum *CS* 956; s**1040** ~er hec omnia .. regi juravit .. quod .. M. PAR. *Maj.* I 514.

insuperabilis [CL], that cannot be conquered, invincible. **b** unsurpassable.

directis .. pugnatoribus suis ~ibus cunctos mundi populos in servos et ancillas mihi subjugabit *Eccl. & Synag.* 59; te quidem .. ~em mihi tutionem B. *V. Dunst.* 1; **10..** scuto ~i protectus armisque caelestibus circumdatus *Rec. Coronation* 16; s**1250** classis per mare ~is M. PAR. *Maj.* V 160. **b** a**804** robustus praedicator et ~is doctor ALCUIN *Ep.* 289.

insuperabilitas, invincibility.

longa disputatione super ~ate voluntatis divine premissa BRADW. *CD* 357A.

insuperabiliter [LL], invincibly.

sacerdos magnus .. longum et ~iter dimicans in acie tentationum W. CANT. *Mir. Thom.* IV 20 p. 333; s**1128** comes .. ~iter dimicans, hostium dissipavit legiones M. PAR. *Min.* I 242; **1239** nos igitur et hos devitemus et nobismetipsis incomparabiliter et ~iter veritatem .. preferamus GROS. *Ep.* 71 p. 202; s**1192** quis .. crederet lxxx milites contra lxij milia fere per totum diei spatium ita ~iter potuisse congredi OXNEAD *Chr.* 84.

insuperserere [insuper + serere], to produce, engender in addition.

facile auditor intelligit quantam exsultationem ambo insuperserunt: alter qui se liberari viderit, alter qui se laudari audierit W. MALM. *Mir. Mariae* 162.

insurgere [CL]

1 to lift or raise oneself, rise.

insurrexerunt contrarii venti in classem G. MON. V 16; s**1110** cometa .. ab oriente ~ens (v. firmamentum 3a); ventorum flabra .. ~ere R. COLD. *Cuthb.* 75 (v. debacchari d); si aliquis dicat vipere adultera, ad morsum ~it *Quaest. Salern.* N 28.

2 (of circumstance, event, *etc.*) to arise, occur, happen. **b** (impers.) to follow (as a result of circumstance, *etc.*).

ANSELM V 325 (v. exercere 7a); cum majores cause ~ebant, referebant eos ad alios majores justiciarios (*Leg. Ed.*) *GAS* 652 (= *Leg. Ed. retractatus*: erumpebant); cum .. bella .. ~ebant *Dial. Scac.* I 11A (v. Danegeldum); **1283** si propter arrestacionem vel seisiacionem .. ~at [questio] *RGasc* II 207; ex quibus jam ~it questio utrum .. UPTON 35. **b 1309** ex quibus insurgit quod .. *Reg. Cant.* II 1126.

3 to rise (of passion, feeling, or sim.). **b** (w. pers. as subj.) to stir, rise (in anger).

PULL. *Sent.* 755B (v. 2 era 1b); hoc fruitur vulpes insurgunt tedia corvo WALT. ANGL. *Fab.* 15. 7. **b** nec vero rex commotus est; quod miraculo scientie ipsius captus adversus magistrum nec dicto ~ere vellet W. MALM. *GP* V 240 p. 392; J. SAL. *Pol.* 537B (v. emendicare a).

4 to rouse oneself, exert oneself, be active.

deficiunt inanes conatus. ~unt, impellunt, insudant, et lapis instar scopuli manet immotus GOSC. *Transl. Mild.* 13; in puericia .. immoderatus erat et ad omne opus ut reliquis fratribus fortior videretur, toto nisu ~ebat ORD. VIT. III 9

p. 111; virtutes confortative ~unt contra morbum *Quaest. Salern.* P 58.

5 to rise in revolt or rebellion, rise up (against). **b** (pr. ppl. as sb. m.) rebel, insurgent.

c1212 tanquam cuculus alter mordaciter et voraciter ~it in nutritorem suum GIR. *Ep.* 5 p. 202; per totam Hibernienses insulam unanimiter insurrexerunt *Id. TH* III 42; si .. inimici nostri .. insurrexerint in nos *Pat* 205; **1382** proditorie de novo insurrexit .. congregando sibi novem socios ignotos ad ~endum contra legienciam [*ed.: sic*] suam *SessPCambs* 51; **1450** insurrexerunt ad carceres .. regis infringendos *MunAcOx* 602. **b** s**1381** fuerunt muri terrestres .. destructi et ad solum redacti, et magne porte .. ablate per communes civitatis ~entes *Mem. York* II 69; **1384** idem Johannes est communis ~ens contra dominum regem et ministros suos *Proc. J. P.* 390.

6 to make an assault (on), attack. **b** (pr. ppl. as sb. m.) attacker.

ille .. bellicosae artis non expers .. statim ut sonitus latronum audivit, priusquam videret, ~ens acriter in eos .. ASSER *Alf.* 97; cumque .. flumine .. transmisso .. emersissent inque unum constipati globum in adversarios insurrexissent *G. Steph.* 71; **1253** in quem malefactores insurrexerunt de nocte *Rec. Leic.* I 42; rex Anglie .. non ausus versus Scociam ~ere FORDUN *Cont.* VIII 78. **b** audaciores .. ~entes ceteri ex altera parte incumbunt stragemque facere contendunt G. MON. I 15; superiores estis et ~entes jaculis et lapidibus repellere potestis ORD. VIT. XI 26 p. 254.

7 (trans.) to raise (troops).

s**1189** (v. demerere 2d).

insurrectio [LL], revolt, rebellion, riot, insurrection.

1382 cum predictis insurrectoribus vi armata equitavit in dies in partibus predictis informando quam plures de nova ~one in comitatu Norff' et excitando populum ad ~onem predictam faciendam *SessPCambs* 51; s**1377** ut supervenit .. vulgaris ~o *Chr. Angl.* 146; **1400** populum .. ad seditionem seu ~onem excitant *Conc.* III 252; c**1401** in dicta gaola detentum causa ~onis *Bury St. Edm.* 12; s**1380** (recte 1381) hoc anno primo die Junii .. ~o communitatis Anglie *Ann. Berm.* 480; **1465** ~ones et riote contra pacem *Doc. Bev.* 51; **1486** quia credibiliter informamur quod multa obloquia, rumores, et imaginaciones .. nove ~onis incitande .. practicantur *RScot* 471a.

insurrector, insurgent, rebel, rioter.

1382 (v. insurrectio); **1382** barreras .. propter resistenciam ~orum *IMisc* 225/1; s**1381** ~ores priorem de Bury .. decollabant *Eul. Hist. Cont.* III 354; de rebellibus et ~oribus arrestandis *MGL* I 532; **1431** pro execucione certorum ~um contra dominum regem *Act PC* IV 89; s**1431** comes Staffordie interfecit de ~oribus ibidem grandem multitudinem *Chr. S. Alb.* I 63.

insuspectus [LL = *unsuspected*], trustworthy, reliable, above suspicion.

W. Malmesberiensis, verus .. et ~us historicus FORDUN *Chr.* II 3; **1438** boni, fideles, fide digni et ~e persone *RScot* 309b.

insuspicabilis [LL]

1 unsuspected, unexpected.

inauditum sane et prorsus ~e michi eatenus fuerat minorem sexum talibus immunditiis .. depravatum AD. EYNS. *Visio* 25; **1286** dominus ~i hora venturus *Mon. Hib. & Scot.* 137a; **1295** in partibus .. quas .. guerre ~es undique circumcingunt *Reg. Cant.* I 11.

2 trustworthy, above suspicion.

1241 quid sibi velit ~e miraculum, novit cui nomen est mirabile AD. MARSH *Ep.* 76 p. 186; **1279** ut nulla exeat nisi cum secura et ~i comitiva PECKHAM *Ep.* 70 p. 85.

insusurrare [CL], to whisper, mutter.

ÆLF. *Sup.* (v. detrahere a); hec verba auribus ~ans, 'accipe', inquit, 'episcopatum ..' W. MALM. *GR* II 190; talibus ~ando negotium imperantis explere refugit R. COLD. *Cuthb.* 107 p. 241; sive de interioribus sive de exterioribus bonis adulationis nectentes laqueos insussurare ei non desinunt: euge, euge J. FORD *Serm.* 65. 8.

insutilis, unsewn.

unsewed, ~is LEVINS *Manip.* 50.

insyllogizatus, ungoverned by logic or reason.

S. FAVERSHAM *Elench.* 111 (v. immodificatus).

intabescere [CL], **intabēre** [ML], to dissolve (fig.), waste away (with grief or love).

c**1159** licet Mandrogeras grunniat, Trimalchio ~escat, rideat Bromius J. SAL. *Ep.* 82 (112 p. 183); tabeo componitur contabeo .. distabeo, ~eo OSB. GLOUC. *Deriv.* 585; **1182** illa vestra magnanimitas in morte filii vestri mortificata est, et .. supervacuis doloribus pueriliter ~escit P. BLOIS *Ep.* 2. 4A; feliciorem me reputo, quanto gravius torquetur invidus meus, et miserius ~escit *Ib.* 92. 289B; Perdicem quoque primo Diane, deinde incesto matris sue amore dicunt ~uisse ALB. LOND. *DG* 7. 3; hec, vacua viribus, vanis ~escit desideriis MAP *NC* III 2 f. 38v.

intabulare [ML], **a** to enter (person) by name in list for a duty (eccl. & mon.; also perf. ppl. as sb. m.); **b** (absol.). **c** (w. var. obj.) to enter in list, register.

a c**1280** sunt .. quedam festa in ecclesia Her[efordensi] que dicuntur minus dupplicia, sc. quando iij ~antur ad invitatorium *Stat. Heref.* 65; per neglegenciam seu absenciam ~atorum seu chori rectorum vel ministrorum altaris defectus et marancie frequenter accidunt *Ib.* 77 (cf. ib. 81: ~ati ad cantandum, legendum, et chorum regendum); [abbas] ~ari etiam debet ad matutinas *Lib. Evesham* 1; quos cantor .. ad dictam cantariam inibi perpetuo celebrandam discernit ~andos *Meaux* II 296; s**1367** cantariam perpetuam .. fieri faceremus per ebdomadarium monachum ~atum ad illud altare *Ib.* III 164; ne juvenes sacerdotes .. ~entur ad thuribulum vel ad cereos *G. S. Alb.* II 311; duo seniores .. ad thurificandum ~ari debent *Ord. Ebor.* I 9; s**1459** per fratres limitatos, sive ~atos, pro celebracione earundem [missarum] *Reg. Whet.* I 327; **1475** vicarii chorales multociens ~ati existentes, et rectores chori deputati tarde veniunt .. ad divina, saltem temporibus matutinarum *Process. Sal.* 157; **1475** ob defectum vicariorum in ordine sacerdotali constitutorum quidam alii vicarii conchorales non presbiterati onerati sunt ad plures missas celebrand' ..; et sic ~antur, contra conscienciam, in fraudem animarum *Ib.* 158. **b** c**1280** modus eciam ~andi .. in quodam libello .. assignatur *Stat. Heref.* 78. **c** **1411** duo de .. vicariis .. presenciam et absenciam fideliter ~ent aut conscribant vel ~ari faciant aut conscribi in absencia eorundem, juxta quorum intabulacionem seu informacionem .. distribucionem .. fieri volumus. et percipient hujusmodi intabulatores pro labore suo prout .. *Reg. Heref.* 81; que .. missa post missam de cimiterio cotidie ~atur et legetur WYCH 275.

intabulatio, recording, registering; **b** entering (of person's name) in list for a duty (mon.).

1411 (v. intabulare c). **b** **1423** abstineat .. hebdomadarius pro hiis temporibus ab officio sue ~onis (*Ordinatio*) AMUND. I 105.

intabulator, registrar.

1411 (v. intabulare c).

intachgara [ME *intak* + *gore, gare* < AS *gara*] 'intake-gore', enclosed land (*v. et. gara*).

a**1314** donacionem .. de tota itachgeira sua in Salfleteby [*Lincs*] *ChartR* 101 m. 14.

intactus [CL]

1 untouched, undisturbed.

segetes falcem cultoris ~ae expectabant W. POIT. II 2.

2 (of artefact) undamaged; **b** (of person, body) uninjured, unharmed; **c** (of nation) unaffected by intervention or exploitation; **d** (of inanim. obj. or abstr.) untainted, pristine.

posta .. tuta ab ignibus et ~a remansit BEDE *HE* III 10 (cf. ALCUIN *SS Ebor* 351: flammis intacta); panis .. aquis ~us et inhumectatus mansit ORD. VIT. VI 10 p. 121; HANV. VII 470 (v. delanguidus); lignum .. in templo Domini jacebat ~um *Holy Rood-Tree* 52. **b** [corpora] ab jussu omnipotentis Dei ab angelis ~a custodita sunt ORD. VIT. V 6 p. 325; fuge hinc quantocius, letus si contingat ~um abire qui vapulares justius *V. Chris. Marky.* 29. **c** ut inaccessi a Romano populo et ~i vectigal reddant G. MON. IV 1. **d** illam plagam celestem que .. omni tali sorde ~issima est ADEL. *QN* 74; dum majestas intacta radiat J. HOWD. *Ph.* 454 (v. digladiari a).

3 untouched: **a** (w. ref. to virgin or virginity; also fig.); **b** (w. ref. to BVM); **c** (as sb. f.).

a de ~ae virginitatis gloria ALDH. *VirgP* 58; desponsatam sibi virginem .. ~am deseruit GOSC. *V. Iv.* 83B; filiam meam unicam et ab omni adhuc ~am viro MAP *NC* IV 15 f. 57; clypeos deferunt optime deauratos, predam potius hostium cupientes quam certamen ab hostibus, et eos referunt, ut ita loquar, virgines et ~os P. BLOIS *Ep.* 94. 296A. **b** virgo Maria Dei ac genitrix intacta ALCUIN *Carm.* 90. 1. 2; dicata est .. altera [ara] ~e Virgini Christi genetrici ORD. VIT. VI 9 p. 71; [Ihesus] fructus intacte Virginis J. HOWD. *Cyth.* 1. 4; intacte matris viscera *Ib.* 48. 3. **c** nititur intactam donorum fallere visco ALDH. *VirgV* 1936.

4 **a** (of land or forest) uncultivated, virgin (also fig.); **b** (of oxen) not yet yoked.

a de ~a namque rudique silva regiis edificiis missa securi ligna secui *Dial. Scac.* II 28B; tellus ~a AD. DORE *Pictor* 152 (v. germinare 2b); formavit Deus hominem de limo terre ~e et inmaculate *Ib.* **b** bobus ~is, id est indomitis, juga nulla passis ALB. LOND. *DG* 6. 32.

5 unused, untried; **b** (of theme or topic) not discussed or examined, not touched upon.

viam invenerunt ab ipsis ~am MAP *NC* I 25 f. 18. **b** spectaculi genus .. a nostris litterarum apicibus ~um ALDH. *VirgP* 25; sed qualiter ~um tam nobile thema pretheream nescio ORD. VIT. IX 1 p. 459; hujusmodi .. dubitabilibus nec omnino ~is .. nec plene hic discussis BALSH. *AD rec.* 2 144; angulus unus, quasi ab aliis relictus, terrarum .. nec ille omnino ~us, nullius tamen hactenus stilo absolute comprehensus GIR. *TH intr.* p. 6; a**1213** historice materie hactenus ~e noticia *Id. Ep.* 3 p. 168 (cf. ib. p. 172: ex materia hactenus illibata).

intaglare [AN *entagler*], to proceed against, prosecute.

1307 [*all the jurors were amerced because they chose John le Marchal, who*] ~atus fuit [*in the previous court*] (*CourtR Thriplow, Cambs*) HMC *Rep.* VII 585.

intaillare, intalliare v. entaliare.

intaminare [LL], **intamare, ~iare** [cf. OF *entamer*]

1 to encroach upon (rights, privileges, *etc.*).

963 si quis .. haec apostolicae sedis privilegii decreta irrita facere et ea quae a nobis pie indulta sunt intaminare praesumpserit (*Lit. Papae*) *Conc. Syn.* I 112.

2 (of liquor) to broach, tap.

1214 et scire facias ipsi fratri Alano Martell' quantum captum fuerit de barillo intamato *Cl* 169; **1289** item j sext' et dim' vini de j tonello prius inthamiato *Ac. Swinfield* 32; **1290** item j sext' et dim. vini rubri de j dolio prius inthamiato. item dim. sext' vini albi de j dolio prius intamiato *Ib.* 96.

3 to begin, make a start on.

1221 assisa illa nunquam intaminata fuit coram justiciariis *CurR* X 7.

1 intaminatus v. intaminare.

2 intaminatus [CL], untainted.

~um splendorem GROS. *Ps.-Dion.* 1022 (v. inconsumptibilis).

intangibilis [ML], **a** that cannot be touched (in quot., because of heat); **b** intangible, impalpable.

a ignis ipse .. et proxima quaeque illi prorsus ~ia sunt ob ardorem BEDE *TR* 34. **b** servitutes et jura videri non possunt cum sint incorporalia et per hoc invisibilia et ~ia BRACTON 236.

intar v. instar.

intassare [ML; cf. OF *entasser*], **a** to pile up, stack (crop); **b** to fill (barn) with stacks (unless quot. is to be referred to *intaxatus*).

a c**1118** ego et heredes mei in perpetuum proprio custo nostro cum operariis et messoribus nostris faciemus metere, colligere et ~are omnes decimas dominii nostri *Cart. Glouc.* I 344; **1199** ~andi [turvas] in curia sua *CurR RC* II 22; s**1206** debet .. blad[a] ligare et super eandem terram ~are *Croyl. Cont. B* 472; **1208** in decimis .. colligendis et ~andis *Pipe Wint.* 47; **1235** blada illa asportavit postquam fuerunt ~ata super terram illam *CurR* XV 1310; c**1244** debet .. esse in grangia domini ad ~andum bladum domini *Cust. Glast.* 53; **1315** juvabit eciam ad fenum ~andum (*Cust. South Newton*) *Surv. Pembr. app.* 542; ipse et heredes sui facient metere et †incassare decimam dominii sui *Hist. Glouc.* 89. **b** p**1125** decimarum ita curiosus, ut si horreum non decimatum jam intaxatum esset, omnia eici et incunctanter decimari juberet W. MALM. *GP* V 274.

intassatio, piling up, stacking up.

1303 usque ad siccacionem et ~onem earundem turbarum (*Reg. Spalding*) *Terr. Fleet* xxx; **1315** in falcacione, levacione, cariacione et ~one feni (*Cust. South Newton*) *Surv. Pembr. app.* 542.

intaxatus, untaxed. *V. et. intassare* b.

s**1290** milites taxatores .. universorum et singulorum bona mobilia taxari fecerunt, nihil ~um remittentes W. NEWB. *Cont.* 573.

intecare, intechare v. enthecare.

integer [CL]

1 (of person or part of body): **a** not diseased or weak, healthy, sound, robust (also in fig. context; *cf.* 3b *infra*). **b** sexually intact, virginal (*cf.* 3d *infra*; freq. w. ref. to BVM). **c** unimpaired, perfect (in specified respect or function).

a demovit saxum sepulchro surgens Christus intiger *Cerne* 169; ~er corpore W. JUM. IV 19 (v. 2 decorare a); nec in occisione membrum Christi aliquod cesum est .. nec post occisionem os aliquod ejus computruit .. immo totus et ~er resurrexit PETRUS *Dial.* 135 (*unless*

referred to 4a infra); ut [prelati] ecclesie membris [*sic*] ~ra a putridis dijudicent PULL. *Sent.* 912B; cum [Jesus] sanus et ~er crucifixus esset *Id. Cess. Leg.* III 6. 8. **b** Deus integram satagens servare puellam ALDH. *VirgV* 2069; quamque integra foret vivens in corpore virgo / post mortem Dominus .. patefecit ALCUIN *SS Ebor* 763; non est .. reconciliatio nisi quam tu casta concepisti, non est justificatio nisi quam tu ~ra in utero fovisti, non est salus nisi quam tu virgo peperisti ANSELM (*Or.* 7) III 23; commendans se Deo ac ejus ~errime matri *V. Chris. Marky.* 2. **c** fide ~er et vita purus sanctus Augustinus *V. Greg.* 101; qui sequitur sine mente sonum, qui verba capessit / non sensum, judex integer esse nequit J. SAL. *Enth. Phil.* 28; **1355** dominum episcopum Londiniensem nostrum ~rum dominum et amicum *Lit. Cant.* II 332.

2 (of thing; also in fig. context): **a** not decayed, not corrupted; **b** (of corpse). **c** not damaged or broken.

a linteamina omnia, quibus involutum erat corpus, ~ra apparuerunt BEDE *HE* IV 17 (19) p. 246. **b** invenerunt corpus totum .. ~rum et flexibilibus artuum conpagibus multo dormienti quam mortuo similius *Id. CuthbP* 42 (= *Id. HE* IV 28 p. 276); cadaver, quod adhuc ~rum cum recenti cruore .. erat, sustulit ORD. VIT. IV 14 p. 267; L. DURH. *Hypog.* 70 (v. flexilis 1). **c** cum ~ris animae ratibus et salva incontaminati corporis lintre .. sanctae conversationis habitum petentes ALDH. *VirgP* 10; [orbiculus ferreus] prosiliebat / integer extra hominis .. ulnam WULF. *Swith.* II 295; ~ra .. formula litterarum TURGOT *Marg.* 11 (v. formula 1b); invenientes .. hostia penitus ~ra ac firmata, adhibitis clavibus intraverunt ORD. VIT. VI 10 p. 130; **c1250** (v. defrustis); in ~ro speculo *Spec. Incl.* 3. 2 (v. frangere 1c).

3 (of abstr.): **a** unimpaired, not damaged or infringed; **b** (of health, strength); **c** (of human faculty); **d** (of state of virginity or widowhood). **e** (of word) not mutated (in quots., also as sb. n.; *cf.* 6e, 9b *infra*).

a hunc [sc. Hieremiam] pia virginitas ornabat flore pudoris / integris totum servantem legibus aevum ALDH. *VirgV* 303; **c1155** juramento quatuor legitimorum virorum .. sane opinionis et ~re fame *Doc. Theob.* 140. **b** ~errimo vigore GOSC. *Transl. Mild.* 28 (v. floride); oramus Deum, ut vos in ~ram sanitatem restituat ANSELM (*Ep.* 368) V 307; aeger, .. ~ra recepta sospitate, .. ORD. VIT. III 13 p. 140. **c** **c690** (8c) sana mente ~roque consilio *CS* 81; usque ad horam mortis ~rum sensum et vivacem loquelam habuit ORD. VIT. VII 14 p. 226; naturalibus existentibus ~ris R. MARSTON *QD* 200 (v. difficulter). **d** si ~er virginitatis status servaretur ALDH. *VirgP* 31; **1456** in sua pura et ~ra viduitate *Melrose* 559. **e** 'sub' praepositio .. interdum .. ex corrupto et ~ro partem orationis componit, ut 'suffulcio, suffultus ..', aut certe ex duobus corruptis ut 'supprimo, .. suscipio', quorum primitiva ~ra sunt 'sub' et 'premo .. capio' ALDH. *Metr.* 140 p. 195; BACON XV 185 (v. duodeviginti).

4 (of human or animal body, or part of body) not lacking any member or part, whole, entire: **a** (w. ref. to freedom from mutilation); **b** (not castrated); **c** (w. ref. to natural perfection).

a cicade quedam .. dulcius .. decapitate quam ~re .. canunt GIR. *TH* I 21; **s1250** M. PAR. *Maj.* V 113 (v. detruncare 1a); caput sancti Pauli apostoli totum ~rum *Descr. Constant.* 245 (*unless referred to* 2b supra). **b** certissimis apparet indiciis quod mas, quod ~er, quod absque defectu MAP *NC* III 2 f. 35; [equus] ~er .. et testiculos habens GIR. *JS* 4 p. 251. **c** sunt .. ~ris corporibus, sed plantae retro curvatae officia capitis contraria videntur *Lib. Monstr.* I 29.

5 (of thing) not lacking any part, whole, entire: **a** (var.); **b** (of grain, rice, *sc.* not sifted or husked); **c** (her., of arms); **d** (of book, document).

a mulier .. quae virum proprium ~ro plenilunio reversurum spopondit [cf. *Prov.* vii 20] ALDH. *VirgP* 57; **1234** lxvj quercus de ~ro fusto (v. fustum 2); **a1245** [mora] ~ra jacebit (v. excorticare 1c); **1274** receptum: .. de feno in grosso hoc anno vendito nichil, quia remanet ~rum usque in annum subsequentem *Ac. Stratton* 58; **1315** vestimentum ~rum *Invent. Ch. Ch.* 67 (v. dorsarium 2; cf. ib. p. 376; *sim.* **1320, 1415** [v. Dalmaticus 2a]); **1440** tria harnesia ~ra armature (v. harnesiare 1a). **b** **1324** ~ri frumenti (v. deficere 5e); **1366** panes .. non de ~ro frumento (v. frumentum 2b); **1463** de .. v lib. *rice* integr' *Comp. Dom. Buck.* 69. **c** ~ra arma UPTON 255 (v. differentia 4). **d** non ~ra opuscula talibus sed dicta patrum .. suggerunt BEDE *Sam.* 707; Genesis, non ~er, glosatus GIR. VII 168 (*Catal. Librorum*); **1435** quia .. ipsas [literas apostolicas] veras sanas et ~ras invenimus, idcirco easdem, nichil addito vel dempto, exemplavimus *Reg. Heref.* 188; **1530** (v. ferrum 2).

6 (of abstr.): **a** not restricted or partial, full, entire, perfect; **b** (of right, authority, or sim.); **c** (of emotion or sim.; also of 'heart' in sim. sense). **d** (of phrase, *sc.* not elliptical); **e** (of word, *sc.* unsyncopated). **f** not dealt with, still to be discussed or decided. **g** (*~rum est*) it is open (to a person), it lies (in a person's power, to) (in quot., w. dat. of person and inf.).

a qui nondum ad ~ram fidem sunt vel malorum paenitentiam idonei GILDAS *EB* 66; servans integrum devota mente pudorem ALDH. *VirgV* 2565; susceptam fidem .. inviolatam ~ramque .. servabant BEDE *HE* I 4 p. 16; **811** possessio salva et ~ra ratione ad pristinae hereditatis gremium revertetur *CS* 332 p. 463; dicitis vos nullo modo posse esse nobiscum sine ~ra archipraesulis gratia ANSELM (*Ep.* 63) III 180; ~ra fides in omnibus gentibus ab omni homine domino suo servanda est ORD. VIT. IV 13 p. 261; Galli .. et Normanni .. paulatim ab armis quieverunt, et non multo post .. ~ram pacem mutuo confirmaverunt *Ib.* XI 45 p. 306; oportet .. tradi cognicionem ~ram terminorum BACON *CSTheol.* 38. **b** **690, c700** ~ram facultatem (v. facultas 3); **811** archiepiscopus [sc. Aeðelheard] a rege Offa adquirere studuit illam terram cum ~ra libertate ad Christi ecclesiam *CS* 332; **970** sub ~ra et firmissima inmunitate *CS* 1264 p. 551. **c** ~ro ex corde BEDE *HE* I 7 p. 18 (v. facere 35); **c969** ~ro mentis affectu *CS* 1263. **d** junge has duas proposiciones ita ~ras, sicut eas modo protulisti ANSELM (*Gram.* 4) I 148; ut querenti 'quale animal loquitur' respondetur aut ~ra locutione ut 'animal rationale loquitur', aut ejus principio ut 'animal rationale' aut parte principii ut 'rationale' BALSH. *AD rec.* 2 156. **e** quod nomen [sc. manipulus] in dactilico exametro ~rum non congruit, idcirco .. a poetis per sincopam vocalis u exploditur ALDH. *Met.* 125 p. 173. **f** **1279** electus suus eleccioni dissensit, per quod res ~ra fuit ut credunt *RParl Ined.* 2. **g** neque .. ~rum sibi arbitrantur suum sequi spiritum *Mem. Fount.* I 35.

7 (of person, in fig. senses) whole: **a** (w. ref. to use of complete name or title). **b** (w. ref. to person's services, esp. feud.; *cf.* 10b *infra*).

a **c1220** mirabile fuit .. vos nomen cancellarii in literis vestris .. suppressisse ..; me dimidiant? ~er esse volo *RL* I 180. **b** iiij villani ~ri *DB* I 252 (v. dimidius 1b); ex his [sc. liberis hominibus] tenuit R. comes iij ~ros cum terra *DB* II 123b; de vj hominibus ~ris et de vj dimidiis *Ib.* 125; j presbyter ~er *Ib.* 196 (v. dimidius 1b).

8 (of human or animal body, or thing): **a** not divided or cut up, whole, entire; **b** (of Christ's body, also w. ref. to Eucharist); **c** (her., of field). **d** (naturally) undivided, uncloven (in quot., w. ref. to web-foot).

a [puer] invenit piscem grandem, portantique ad eum ~rum dixit [Cuthbertus] .. *V. Cuthb.* II 5; [agnus] ~er et totus cum capite et pedibus et intestinis PETRUS *Dial.* 135; inventus in conclavi panis ~er AILR. *Gen. Regum* 353; **1310** (v. 1 formare 1e); **1415** (v. de 5b). **b** quid .. a sensu nostro remotius quam corpus Christi ~rum in coelo perseverare, et tamen quotidie non particulatim at ~errimum super multa altaria a fidelibus in terra sumi? PULL. *Sent.* 717B. **c** campus remanet ~er BAD. AUR. 202 (v. 1 frettare 4); UPTON 254 (v. 1 fretta 3). **d** aves .. cum pedibus ~ris GAD. 35. 2 (v. anatinus).

9 (of abstr.) not divided, whole; **b** (of word). **c** (of number) integral, (as sb. m.) whole number, integer.

confessio debet esse ~ra [ME: *ihal*], i. e. uni homini dicta ab infancia *AncrR* 119. **b** orationem .. ~ram ALDH. *Met.* 10 p. 92 (v. 2 distringere 3b). **c** de ~rorum .. figuris et significationibus succincte scribamus, singulis singula supponentes nomina. prima itaque eorum figura est igin [wāḥid], secunda .. andras [ithnān], tertia .. hormis [thalāthah], quarta .. arbas [arba'ah], quinta .. quimas [khamsah], sexta .. caletis [sittah], septima .. zenis [sab'ah], octava .. temenias [thamāniyah], nona vero .. celentis [tis'ah]. has autem figuras, ut donnus Guillelmus R. testatur, a Pytagoricis habemus, nomina vero ab Arabibus THURKILL *Abac.* 55v; ADEL. *Alch.* 18 (v. figura 2c); numeris ~is ROB. ANGL. (I) *Alg.* 98 (v. diminuere 2a); ad multiplicandum dividendum per ~ros OCREATUS *Helceph* 139; non solum in ~ris sed in fraccionibus BACON *Maj.* I 220 (v. fractio 5b).

10 not reduced or deficient, having full extent, measure, value, or sim., full; **b** (of property, w. ref. to feudal obligation; *cf.* 7b *supra*); **c** (*~rum granum*) 'whole grain' (*i. e.* scarlet dye; in quot., opp. to *dimidium granum*, 'half grain', *cf. MED s. v.* half [adj.] 2f).

potest esse quod [angeli] non fuerint in numero perfecto, quia differebat Deus .. illum implere numerum, facturus humanam naturam suo tempore; unde aut solummodo numerum nondum ~rum perficeret, aut etiam, si minueretur, restitueret. .. intellegere nequeo quomodo facti sint angeli in illo ~ro numero ANSELM (*CurD* I 18) II 77; *Lib. Eli.* III 73 (v. drachma 1d); **1202** nec vendidit per illam galonam quam ipse dicit esse †suam [MS: falsam] ut per galonam ~ram, set ut per dimidiam galonam *SelPlCrown* 27; quotiens ascendimus per tonos ~ros et postea jungendo semitonium GARL. *Mus. Mens. app. P* p. 94; si habeat carucam ~ram arabit ij dies *Cust. Taunton* 3; **1310** custumarii, qui tenuerunt ~ram virgatam terre de bondagio (*Cust. Sutton*) *Antiq. Warw.* 639; **1337** ~ram restitucionem (v. emolumentum 2b); **1473** per intigras firmas *ExchScot* 171. **b** feodum lorice ~rum *Cust. Norm.* 8. 2 (v. feodum 3d); **1230** feodum militis ~rum (v. haubergellus a); ad valenciam unius baronie ~re *Mod. Ten. Parl.* 7 (v. feodum 3a). **c** **1432** de ~ro grano (v. granum 8).

11 considered or taken as a whole, in entirety, all of: **a** (var.); **b** (of property, land, or sim.); **c** (of period of time).

a istud subjectum [sc. theologiae] a quibusdam putatur Christus ~er, verbum viz. incarnatum cum corpore suo quod est ecclesia GROS. *Hexaem.* I 1. 1; pausa .. duorum temporum duo spatia tegit vel unum ~rum et duo semis HAUDLO 160; compilacio ~ra J. MIRFIELD *Flor.* 116 (v. florarium b). **b** **821** cum illa silva ~ra quae dicitur S. P. *CS* 366; largiri predia, ecclesias, prebendas clericorum, abbatias ~ras monachorum W. MALM. *HN* 481 p. 37; **c1210** toftum quem habuit G. .. totum et ~rum ex aquilonali parte publice strate *Ch. Chester* 304; **1347** pro .. tenemento ~ro (v. herietabilis). **c** annum ~rum THEOD. *Pen.* I 5. 12 (v. frequenter); ebdomada ~ra BEDE *CuthbP* 9; Franci .. morati sunt in eadem urbe mensem ~rum et dies tres ORD. VIT. IX 13 p. 582 (cf. Baldricus *PL* CLXVI 1131A); menses ~ri hic requiruntur dileccioni materie BACON *Min.* 318.

12 (as sb. n.; *cf.* 3e *supra*) a whole, the whole (of anything, as opp. to a part); **b** (w. ref. to money) whole sum or amount; **c** (w. prep. *ad*, *ex*, *in*, or *per*) wholly, entirely, completely, in full.

totum profert angulus, / integrum particula [i. e. Jesum Maria] P. BLOIS *Carm.* 19. 1 (cf. hortulanus 1a); oportet .. secundum Augustinum [cf. e. g. *Doctr. Christ.* III 26. 37] grossare minucias fractas in sua ~ra, ex quibus sensus scripture colligitur WYCL. *Ver.* I 80 (cf. ib. 286: in grossando ipsam [sc. scripturam] in sua ~ra). **b** **1315** recepit ab eodem A. sexaginta marcas de ~ro predicti debiti *Year Bk.* XVII 31 (cf. ib. 33: recepisse debuit .. lx m. in partem solucionis predictarum lxiij m.). **c** bilustro .. necdum ad ~rum expleto GILDAS *EB* 12; ex ~ro LANFR. *Const.* 114 (v. ex 14); in ~rum .. restituat (*Leg. Ed.* 5. 2) *GAS* 630 (v. exstirpare 2b); **c1177** redditus prenominatos eis ex ~ro restituam *Regesta Scot.* II 188; juste .. indulgetur homini restitutio in ~rum ad ea que perdiderit R. NIGER *Mil.* II 27; **1230** ei reddemus de vicecomitatu Lemovicensi per ~rum jura sua *Pat* 393.

integralis [ML]

1 (phil.): **a** (*pars ~is*) integral part, separable part which with others constitutes a whole (also dist. from *pars essentialis*); **b** (*totum ~e*) integral whole, a whole consisting of separate parts (also dist. from *totum universale*); **c** characterized by the presence of integral parts (*cf.* a *supra*).

a **1163** ex duabus ~ibus partibus constat corpus Cluniacensis ecclesie; altera est in imperio, altera in regnis *Ep. Becket* 20; sunt .. quinque partes oracionis rhetorice, quia sunt partes partium ejus et sunt partes quasi ~es KILWARDBY *OS* 599; set tibi sit cure quod partes [*gl.*: ~es hominis] sint tibi pure GARL. *Mor. Scol.* 40; potencia anime .. est vera pars ejus [sc. virtutis] ~is BACON II 119; Deus non habet partes ~es DUNS *Ord.* I 91 (v. deus 2); per 'ens completum' excluditur omnis pars tam essencialis quam ~is OCKHAM *Quodl.* 328. **b** BACON XV 121 (v. homogeneus b); totum ~e dividitur in suas partes integrales WYCL. *Quaest. Log.* 293 (v. divisibilitas); cum tam totum ~e quam eciam totum universale sit omnes sue partes *Id. Ver.* I 182. **c** [Christum esse totum] non sicut ex partibus, sed sicut ex naturis, quia non significat hic alicujus rei ~em constitutionem, sicut frequentius, sed diversarum naturarum personalem solummodo unionem J. CORNW. *Eul.* 16.

2 complete, entire.

1385 paria armorum ~ia *Plusc.* X 7 p. 322.

integraliter [ML]

1 as a whole, in one piece, intact.

1315 nuper mandavimus providere utrum viz. totum navigium [i. e. *fleet*] illud pro expeditione guerre predicte ~iter sit perfectum *RScot* I 146b; ad ordinandum certum diem ad quem totum navigium predictum, si nondum perfectum fuerit, proficiscatur ~iter versus partes predictas *Ib.*; **1403** ~iter conservari (v. disligare 1a); linea .. absque interruptione aliqua ~iter conservanda ELMH. *Cant.* 207.

2 wholly, fully, completely; **b** (w. ref. to possession or transfer of property); **c** in full (payment or satisfaction of debt).

1261 quid .. super premissis feceritis, et responsionem, per vestras patentes literas festinanter et ~iter rescribatis (*Lit. Archiep.*) *Foed.* I 727; **s1263** statuta Oxonie publice promulgata sunt et per regnum ~iter jussa observari *Ps.-*RISH. 506; **s1300** omnes [sc. monachi] .. fuerant ab omnibus peccatis suis ~iter absoluti *G. Durh.* 34; **1416**

de quibus [finibus etc. vicecomites] majori et camerariis dicte civitatis .. statim ~iter respondeant *Mem. York* II 52; **s1174** tam in transmarinis quam cismarinis partibus pace redintegrata et ~iter reformata FORDUN *Cont.* VIII 23; **s1263** navibus in profundum maris demersis ~iter *Plusc.* VII 24. **b** quod sic alienatum fuerit, ad jus et proprietatem sue ecclesie ~iter revertetur *Conc. Scot.* II 16; **1285** nisi quod magister Philippus le Waleys eam [sc. ecclesiam] ~iter teneat *Reg. Heref.* 89; **1308** ut curatoribus .. bona mobilia et immobilia dictorum Templariorum .. tradant ~iter et realiter indilate (*Bulla Papae*) W. GUISB. 387; **s1323** terre et castella ejusdem regine in manibus regis fuerant ~iter seisita BLANEFORD 151; **s1399** (v. forisjudicare 1a). **c** **c1142** pollicens et vovens debita .. vobis illata ~iter restituere *E. Ch. S. Paul.* 277; **s1206** omnibus debitoribus ~iter satisfecit *Chr. Evesham* 208; **1245** hec .. predicta [*properties*] .. in proprios usus hospitalis et pontis ~iter convertantur *Ch. Sal.* 300; **1348** proficua de eadem prebenda ex nunc provenientia ~iter cum percepta fuerint liberet *RScot* I 717b; **1418** emolumenta .. capellani .. †intergaliter [l. ~iter] percipiant *Reg. Heref.* 37; **s1453** (v. abbreviatio b).

integrare [CL]

1 to make whole, renew, repair; **b** to refresh, reinvigorate (mind or spirit).

[Priamus] diffusam spatiis majoribus urbem / integrat, ac potior constructio barbara Grecam / excludit themesin J. EXON. *BT* I 484; vinee sepem dirutam integrabis J. HOWD. *Cant.* 18. **b** cum .. / .. horrorem presens instantia Martis / incuteret, dux orsa movet quis integrat iras, / spem sancit, firmat animos et roborat ausus J. EXON. *BT* V 52.

2 to make up or constitute (a whole).

grammatica iiij habet partes ~antes ipsam *Ps.*-GROS. *Gram.* 67; inventio et judicium sunt partes quodammodo ~antes perfectam ratiocinationem dialecticam KILWARDBY *OS* 598; intellectus agens .. [et] phantasma .. ambo ~ant unam totalem causam respectu speciei intelligibilis DUNS *Ord.* III 335; ista duo [sc. nolicio et tristicia] ~ant penam purgatorii OCKHAM *Quodl.* 98; species situs punctalis est principium ~andi omnem situm divisibilem, tanquam minimum metrum illius generis WYCL. *Log.* III 2.

3 (math.) to generate by addition, make the sum of.

constat .. septenarius et ~atur ex binario et quinario GROS. *Hexaem.* IX 10. 5 (v. generatio 15).

integrascere [CL = *to begin anew* (*intr.*)]

1 to become whole (in quot., undefined, but *cf.* Jan.).

integro -as, quod non est in usu, sed inde dicitur ~o -is, quod componitur reintegrasco [MS: redintegrasco] -is OSB. GLOUC. *Deriv.* 287.

2 (defined as) to make whole.

to make hale, integrare, ~ere, redintegrare *CathA.*

integratio [CL]

1 making whole, renewal.

1406 pro .. schismatis remocione .. pro ~one et unitate Christianorum (*Forma electionis Greg. XII*) *Conc.* III 286.

2 constitution or making up of a whole.

os, cartilago, nervus et cetera, et omnia genera concurrencia ad ~onem corporis animalis WYCL. *Log.* III 83.

3 making up of figure by addition.

~o .. septenarii est generatio denarii. est igitur septenarius res cujus ~o est consummationis generatio GROS. *Hexaem.* IX 10 (v. generatio 15).

integre [CL]

1 completely, fully, wholly, perfectly, in full (also *ex ~re*): **a** (var.); **b** (w. ref. to gift, payment, possession or transfer of property); **c** (phr. *~re et plenarie* or sim.); **d** (w. ref. to period of time).

a quae [sc. praecepta Christi], licet ab incolis tepide suscepta sunt, apud quosdam tamen ~re et alios minus usque ad persecutionem Diocletiani .. permansere GILDAS *EB* 9; omnem amentiam de se ablatam animumque sibi ~re redditum persensit FELIX *Guthl.* 28; in sententia quarti capituli in libro .. pone ~re verba apostoli ANSELM (*Ep.* 334) V 270; ecclesiarum status ~errime vigebat ubique DOMINIC *V. Ecgwini* I 20; nunquam .. postmodum fuit ~re sanus ORD. VIT. III 3 p. 45; ne .. malicia .. ~re glorietur illesa MAP *NC* V 5 f. 64; [junctura] dislocata est ~re GAD. 127v. 2 (v. dislocare 1a); **1409** jurabunt .. libros logicales .. se lectionatim ~re audivisse *StatOx* 200; donec opus ~re compleretur *G. Hen. V* 6. **b** ut et quae sui juris erant ecclesiae Christi ~errime restituerentur OSB. *Mir. Dunst.* 18; **c1175** sine aliquo retinemento ~re *Ch. Westm.* 396; **c1194** (v. decimus 4b); **1234** omnes reliquie .. ~re pauperibus erogentur (v. elemosinarius 4a); ita quod .. filie ~re habeant totam villam illam BRACTON f. 73; **1279** teneant omnia supradicta bene et in pace, libere et intrigre [*sic*] *Ch. Gilb.* 15; **1298** ad magnam mensam .. ~re deferantur (v. exenium c); *Croyl.* 77 (v. disclamare 1a); solvent .. decimas ex ~re *Cart. Dieul.* 356 (v. ex 14b); **1305** arreragia .. ~re persolvatis *RGasc* III 548. **c** **c1194** ut nobis faciat ~re et plenarie quod .. (*Ch. Ric. I*) FL. WORC. *Cont. C* 257; **c1200** (v. essartum 1a); **1217** habendas et tenendas in perpetuum libere, quiete, ~re et plenarie *Pat* 41; **1227** habeant omnes libertates .. ~re et plenarie (*Lit. Regis*) MGL II 46; **1356** omne .. jus .. exnunc ~re et plenarie transferimus (*Ch. Ed. Baliol*) AVESB. 452; **1430** terram .. nobis .. absolute et ~re quietam clamavit *Feod. Durh.* 36 n.; **1474** tenendam .. pensionem .. Johanni .. libere, quiete, plenarie, intigre .. (*Lit. Regis Scot.*) *ExchScot* 315. **d** **1258** per octo dies ~re (v. 2 deliberatio 1a).

2 without moral fault, irreproachably, chastely.

virgo / .. novae praebens spectacula vitae / omnibus, integre qui conversarier optant / lurida linquentes veteris contagia vitae ALDH. *VirgV* 2053.

integrementum, (pl.) ? parts (of property) together making up the whole (*cf. integritas* 6b), or ? *f. l.*

c1217 manerium .. cum .. omnibus aliis pertinentiis et libertatibus suis in escaetis et wardis .. et ~is omnibus tam liberis quam servilibus *Cart. Dieul.* 336.

integritalis v. integritas 6.

integritas [CL]

1 (w. ref. to living being) freedom from disease or injury, healthy condition, soundness (of body or mind).

801 quod legebam, plena fide secundum memoriae ~atem protuli ALCUIN *Ep.* 214; **801** corporis ~as non revenit *Ib.* 226; lateris integritas J. HOWD. *Cyth.* 54. 6 (v. fenestrare 1b).

2 freedom from damage or corruption; **b** (of dead body); **c** (of abstr.).

integritas vestis L. DURH. *Hypog.* 70 (v. b infra). **b** pellis et nervorum ~as W. MALM. *Wulfst.* III 22 p. 62; integritas vestis [sc. Cuthberti] carnis probat integritatem, / carnis et integritas integre corda probat L. DURH. *Hypog.* 70; incorruptionis ~as corpus instaurans J. FORD *Serm.* 83. 9. **c** **798** ut inviolata animi ~as permaneat illius [sc. amici] ALCUIN *Ep.* 149 p. 243; in devitandis .. scandalis fameque ~ate servanda J. FORD *Serm.* 80. 5; fides et fidelitas Symonis [de Montfort] solius / fit pacis integritas Anglie tocius *Carm. Lew.* 268.

3 **a** (moral) uprightness, probity, integrity; **b** (esp.) chastity, virginity (also in phr. *virginitatis ~as*).

a **634** ita Christianitatis vestrae ~as .. fidei est ardore succensa ut longe lateque resplendeat (*Lit. Papae*) BEDE *HE* II 17 p. 119; ~as animae .. in corpore casto ALDH. *VirgV* 191; **1103** sitio clericorum meorum ~atem, .. sed .. Prothei mutabilitatem invenio *Ep. Anselm.* 255 p. 166; conjugati .. etsi Deum sequantur ~ate mentis, non tamen sequuntur eum integritate carnis GIR. *GE* II 7 p. 195. **b** [Aedilthryda] perpetua .. mansit virginitatis ~ate gloriosa BEDE *HE* IV 17 (19) p. 243; matri .. salvatoris mei .. per cujus ~atem mihi incorruptibilitas donatur ANSELM (*Or.* 7) III 19; virginis integritas HANV. IX 431; ~ate carnis GIR. *GE* II 7 (v. a supra); postponimus ergo / virginibus viduas, conubia non reprobantes, / sed pre conubio laudantes integritatem H. AVR. *Poems* 43. 93.

4 (state of) wholeness, perfection (esp. of abstr.).

integritas virtutum ALDH. *VirgV* 1661; verus amor .. a sua ~ate non potest deficere ANSELM (*Ep.* 131) III 273; tibi .. nichil deesse cognoscitur ad doctrine salutaris ~atem et ad justicie plenitudinem OSB. CLAR. *V. Ed. Conf. ep.*; si contemnitur styli mediocritas, ~as veritatis attendatur L. DURH. *Hypog.* 65; essencia divina .. ~atem omnis perfeccionis in se continens DUNS *Ord.* IV 233.

5 freedom from division, unity, oneness.

s1070 ad regni ~atem et firmitatem conservandam ut Britannia tota uni quasi primati subderetur H. CANTOR f. 1v; ex uniformi connexione membrorum ecclesie consistens ~as indicit omnibus mutue communionis regulam et indivisos charitatis affectus P. BLOIS *Ep.* 139. 415A.

6 **a** the whole (of something); **b** the whole (of property, office, revenue, or sim.), (in pl.) the parts (of properties *etc.*) which together constitute the whole.

a [Dominus] insinuans quod nichil ~atis ejus [sc. legis] deperibit ait 'iota unum .. non preteribit a lege' [*Matth.* v 18]; .. ~as itaque legis erat totum quod in precepto continebatur GROS. *Cess. Leg.* I 2. 13; sciens quos libros ecclesia reputat esse de ~ate novi et veteris testamenti OCKHAM *Dial.* 449. **b** †**a1100** (12c) confirmavimus .. ut sedes episcopalis, una cum beati confessoris corpore, cum omni ~ate ipsius episcopatus inviolabiliter permaneat *Act. Ep. Ebor.* 3 p. 4; **c1165** ecclesiam illam .. cum omnibus pertinentiis suis et cum omni ~ate fructuum *Ch. Westm.* 468; **c1170** eadem ecclesia cum jure patronatus et omnibus ~atibus suis *Cart. Chester* 79 p. 120; **c1176** molendinum de E. cum ~ate parochie sue *Regesta Scot.* 188; ?**1201** hanc donationem .. in .. perpetuam elemosinam cum omni ~ate sua .. confirmavi *Ch. Chester* 320; **1235** pasturam .. cum pertinenciis, cum introitibus et exitibus in semitis, in viis, in planis, et omnibus libertatibus et ~atibus *Starrs* I 84; **s1307** quod comitatus [Cornubie] et terre sibi [sc. Petro de Gavestone] prius collate de ~ate corone extitissent *Meaux* II 280; **1313** in manerio suo de E., *sok* et *sak* .. cum omnibus libertatibus †integritalibus [l. ~atibus] et cum omnibus pertinenciis suis *PQW* 330b.

integriter [LL], completely, wholly.

c1140 precipio .. ut .. hec elemosina bene et ~iter manuteneatur *Cart. Chester* 7 p. 53; **1415** lego .. totam cameram meam ~iter cum toto apparatu meo (*Test.*) *Reg. Cant.* II 78.

integritudo [CL], uprightness, integrity.

integer .. unde .. hec integritas .. et hec ~o, -nis OSB. GLOUC. *Deriv.* 287.

integumentum [CL]

1 outer covering, wrapping, (of grain) husk (also fig.).

~is aristarum BEDE *Luke* 393 (v. 2 fricare 1b); ~a litterae grossiora *Id. Hom.* II 2. 112 (v. grossus 19); caro ipsius interius lini sindone .. circumvoluta est, cujus ~o nullus alterius generis operimentum interius est R. COLD. *Cuthb.* 41 p. 86.

2 **a** means of concealment; **b** covert means, subterfuge.

a sub talis ~i studio alicujus eremi locum secretiorem pervestigare desiderabat R. COLD. *Godr.* 44. **b** rex .. Francie, cum nullo valeret ~o regem Ricardum ab imperatore optinere GERV. CANT. *GR* 90.

3 obscure expression, allegory.

nullum .. involucrum, nullum ~um relinquitur H. LOS. *Serm.* 52; ~um est genus demostrationis sub fabulosa narratione veritatis involvens intellectum, unde etiam dicitur involucrum BERNARD *Comm. Aen.* 3; nodos secreti denodat, clausa revelat, / rarificat nebulas, integumenta canit GARL. *IO* 8; ~um tale est: Piriteus activam significat vitam *Id. Mor. Scol.* 603 (*gl.*).

intellectibilis [LL], that can be perceived by the mind, intelligible (in quots., as sb. n.).

[tempus] posset .. esse in ea [sc. anima] secundum viam apprehencionis, sicut alia ~ia BACON III 159; intellectus humanus .. secundum inferiorem faciem respiciens sensibilia et secundum supremam partem animi respiciens ~ia et eterna WYCL. *Compos. Hom.* 8.

intellectibiliter, so as to be perceived by the mind, intelligibly.

substanciam .. in diccionibus non apparentem intellectabiliter et radicitus perrimatur *Regina Rhet.* 181.

intellecticus v. intellectivus 1a.

intellectio [CL]

1 perception or recognition (by the mind), the act of understanding; **b** recognition of secondary meaning (as source of sophism), instance or class of sophisms dependent on such recognition.

intellectus est virtus passiva. unde ~o dicit motum ad animam, secundum quod determinatur cognitio ab objecto PECKHAM *QA* 87; omnes ~ones ejusdem intellectus habent similem habitudinem ad intellectum DUNS *Prim. Princ.* 770; in rebus immaterialibus ~o et intellectum sunt idem . . . in eis .. ~o non est aliud quam existencia intellecti in intellectu T. SUTTON *Quodl.* 64; quomodo et per quid copulatur intellectus cum isto homine singulari? non nisi per suam operacionem et ~onem te teste? BRADW. *CD* 85A; ita, cum intellectus posset intelligere duo omnino similia, sequitur quod ad ~onem talem requiruntur due intenciones omnino similes KILVINGTON *Soph.* 125. **b** erunt .. ex preter designatum ~one sophismatum genera .. undecim BALSH. *AD* 79; sophistica .. principia .. sunt .. ex conjunctione, ex disjunctione, .. ex defectione, ex ~one, ex innexione .. *Ib.* 89; differt .. a traductione ~o, quoniam in ea an hoc an illud intelligi conveniat dubium, in hac an hoc an et hoc et illud *Ib.* 98.

2 faculty of understanding, intellect.

Deus .. ymaginavit priusquam fierent cunta habens eorum notitiam arcano cordis qui suum spiritum cum ~one infundit habite tandem creature M. SCOT *Alch.* 151; ~o nostra et cogitacio et volicio possunt sufficienter approximari intellectui angelico OCKHAM *Quodl.* 342.

3 concept, notion, idea.

non potest procedere in infinitum, quia faceret quidditates et ~ones infinitas in specie, sc. secundum quod quedam eorum magis sunt liberate a materia quam alia BACONTHORPE *Quaest. Sent.* I 2b; *Ib.* 5b (v. exstare 2e); ~o .. lapidis in Deo gignitur BRADW. *CD* 667B (v. gignitio 2a).

4 that which is intelligible, sense.

s1423 ita singultus sermonem turbaverunt, quod vix se poterat fratrum precibus sub ullo ~onis eloquio commendare AMUND. I 121.

intellective [ML], through the intellect, intellectively.

utrum in anima hominis sit eadem substancia ~e, sensitive, vegetative AD. BUCKF. *An.* 435; item tunc usque ad creationem ~e frustra laborasset natura tot partes constituendo et inducendo tot formas KILWARDBY *ad Petrum* 51.

intellectivitas, capacity to understand, understanding.

immaterialitas est ratio ~atis [vv. ll. intellectionis, intellectualitatis, etc.], sicut intelligibilis. ergo intellectus sive pars intellectiva, ex immaterialitate sua, .. est activa respectu intellectionis sicut receptiva (Avicenna) DUNS *Ord.* III 246; illa multitudo [omnium punctorum] replet et satiat totam capacitatem ~atis divine BRADW. *CD* 185A; cum .. anima Christi videatur creatura entitatis finite, quare et capacitatis, ~atis, amantivitatis, et cujuslibet virtutis finite *Ib.* 463C; sunt ergo denominaciones sibi mutuo correspondentes, ut bonitas creature et ejus obligacio Deo, entitas rei et ejus cognoscibilitas, et ~as et intelligibilitas WYCL. *Log.* II 109.

intellectivus [ML]

1 of the intellect, intellective (freq. dist. from *sensitivus*, *vegetativus*, or sim.); **b** (as sb. f. or n.) intellective faculty.

dicit Aristoteles [*Anal. Post.* I 1] '.. omnis doctrina et omnis disciplina ~a fit ex preexistenti cognitione', sc. sensitiva J. BLUND *An.* 367; virtutem ~am GROS. 94 (v. desiderativus b); cognitio .. Dei solum ~a est, dico secundum divinitatem KILWARDBY *Quomodo Deus* 116; intelligere, quod est habere potentiam ~am KNAPWELL *Not.* 192; anima .. habet species sub se, ut animam vegetativam, sensitivam .. et animam ~am, que secundum Aristotelem non est nisi in hominibus BACON XV 215; illud idem quod homo appetit per appetitum sensitivum renuit per appetitum ~um OCKHAM *Quodl.* 157; anima .. habet tres vires ..; una virium est ~a, secunda sensitiva, tertia est vegetativa BRADW. *CD* 138D; potencia productiva Dei, potencia †intellectica [l. ~a] et potencia volutiva sunt undique equalis ambitus WYCL. *Ver.* II 118; spiritum immortalem quem nos animam ~am ab animandi tamen officio separatam vocamus NETTER *DAF* I 102. **b** SICCAV. *PN* 130 (v. erectio 5); continentur .. forme imperfectiores in forma perfectiori, ut vegetativum in sensitivo et sensitivum in ~o T. SUTTON *Gen. & Corrupt.* 171.

2 possessing intellect, (w. gen.) having understanding (of).

ut entitas rei causat ejus cognoscibilitatem, sed non intelligibilitatem, eo quod omne ens est necessario eternaliter intelligibile, quanto Deus est illius ~us; ipse est enim tam ~us quam volitivus WYCL. *Log.* II 109.

intellector [LL], one who understands, interpreter (of texts).

dictum tunc plausibus exceptum, nunc ~orem desiderat, sed alias querendus expositor W. MALM. *GP* I 46; ne .. durus ~or inveniatur BALSH. *AD rec. 2* 105 (v. compertor); ~orem studiosum non otiosum SICCAV. *PN* 95; si .. assit bonus ~or piusque pulsator, patebit utrumque [dictum], et nulla inter se repugnancia repellet intrantem WYCL. *Ver.* I 175; possunt sic ~ores benevoli conferre sententias patrum NETTER *DAF* II f. 267.

intellectualis [LL]

1 of the intellect, intellectual.

798 quicquid urbanitatis sale conditum cognoscitur, vestris ~ibus favorabile auribus .. esse probavimus ALCUIN *Ep.* 143 p. 225; ex eis [sc. cellis], que sensus extrinsecus notant, insensibilis et ~is anime operatio patefacta est ADEL. *QN* 18; arma ista licet sint bellica, non sunt tamen temporalia sed spiritualia, non sunt carnalia sed ~ia *Simil. Anselmi* app. 193 p. 100; ~es inexpertorum oculi ORD. VIT. VI 1 p. 1; logica in animam introducit bona ~ia W. DAN. *Sent.* 100; **c1253** quousque [oratio] .. super vitam sensualem et vitam spiritualem in vitam ~em exsurgat AD. MARSH *Ep.* 247 p. 455; virtus ~is et moralis aliquo modo ex opposito dividuntur OCKHAM *Pol.* I 27; natura ~is multa intelligit que ignorat vel noscit [? l. nescit] WYCL. *Ente* 98.

2 apprehended by the intellect (also as sb. n.).

798 tria sunt genera visionum: unum corporale, aliud spiritale, tertium ~e .. . ~e est quod sola mentis vivacitate consideramus ALCUIN *Ep.* 135; manifestationes preexcellentes, que .. theophanie dicuntur, ad tertiam .. speciem, que ~is jam dicta est, recte pertinentes H. BOS. *LM* 1370D; due ligate cum proprietate et perfectione materiali, sed imperfectione ~i *Mens. & Disc.* (*Anon. IV*) 53; exemplum primum .. juxta ~em significacionem et materialem similiter accipitur *Ib.* 58 (cf. ib. II p. 67 n. 21); quamvis sic ~ia contingat distinguere BACON VII 90; omnis forma inherens recipit intensionem et remissionem, propter quod intelligitur tamquam exposita in linea ..; et quia omnis forma inherens habet contrarium et medium, erit eadem linea ~is continens formas contrarias *Id.* IX 144.

3 possessing intellect, intelligent.

nonnumquam rationabilis creatura irrationabilium gestu et personis utitur et e diverso irrationabilis sensusque vivacitate carens ~ium gestu et voce fungitur ALDH. *Met.* 7; ut .. ~is David .. carmen funebre et canticum lamentabile .. componat *Id. VirgP* 13; Deus est spera ~is cujus centrum ubique est, circumferencia vero nusquam BART. ANGL. I 16; hominem, idcirco sic dictum quia secundum ~em subsistentiam creatum AD. MARSH *Ep.* 28; salvificum sancte conversationis conficitur unguentum, quo ~is creatura suo consecratur auctori *Ib.* 247 p. 451; creature ~es WYCL. *Ente* 99.

intellectualitas [LL], faculty of understanding, intelligence.

~atis proprium est etiam in creatura considerare, distinguere, ordinare, componere, numerare, super se primo actualiter reflecti actumque volendi producere *Ps.-*GROS. *Summa* 381; angelus .. imitatur divinam personam quantum ad rationem hypostasis et distinctionis et ~atis, hoc est quantum ad ea que sunt de ratione persone MIDDLETON *Sent.* I 229; alia via de perfeccione primi objecti et ~ate DUNS *PW* 76; Lucifer, cui indita est preclara ~as CHAUNDLER *Apol.* f. 12a.

intellectualiter [LL], intellectually, with or in the intellect.

intellectus .. unde .. ~iter adv. OSB. GLOUC. *Deriv.* 298; nonne dabitur quod compositio partium yles ~er precedat ipsam ylen? NECKAM *SS* III 78. 3; ~iter in mente horum omnium intolerabilem magnitudinem satis perpendi AD. EYNS. *Visio* 25; hec tria [substanciarum genera], ~iter solum et non realiter distincta BACON VII 5; puer videt sensibiliter et non ~iter OCKHAM *Quodl.* 85; apprehendit ~iter WYCL. *Quaest. Log.* 289 (v. intellegentia 2).

intellectuare [LL], to endow with intelligence.

cujus vox est solida in cantu significat hominem convenienter fortem ~atum cautum tenacem cupidum alieni et ingeniosum M. SCOT *Phys.* 72.

intellectulus [*dim. of* intellectus], small mind, limited intelligence.

prout ipse secundum ~um meum indagare potui ORD. VIT. I 22 p. 94.

intellectuosus [LL *gl.*], intelligent.

si homo ~us sit, da ei consilium ut veniat ad te *Miss. Leofric* 74A; legendi ~a flagrantia GOSC. *Edith* 68.

intellectus [CL]

1 (faculty of) understanding, intellect, intellectual capacity.

ipsa .. arripiens statim sensum ~us [v. l. et ~um] gratias agens benedixit Deum *V. Cuthb.* IV 3; loquere nobis juxta nostrum ~um [AS: *andȝyte*] ut possimus intelligere que loqueris ÆLF. *Coll.* 100; intellegens rationabili ~u quod .. BYRHT. *V. Ecgwini* 359; ut quod ~um effugeret hominis, a Deo expectares solvendum nodum enigmatis W. MALM. *GR* IV 354; duo sunt in anima, ~us scilicet et affectus BERN. *Comm. Aen.* 117; male illi te [sc. Deum] querunt, qui videre te per ~um student J. FORD *Serm.* 94. 7.

2 (phil.); **b** (w. ref. to capacity for abstract thought); **c** (dist. as *~us materialis*, *~us formalis*, *etc.*).

si ad incorporea divertendum est, ratione opus est et ~u; .. ~us itaque aliis deficientibus exerit vires suas et quasi in arce anime constitutus omnia inferiora complectitur J. SAL. *Pol.* 437C; ~us .. et scientia apprehendunt res in puritate essentie sue sicut in se ipsis sunt GROS. *Anal. Post.* 280; voco .. hic "~um" virtutem anime apprehensivam res apprehensibiles deintus absque medio *Ib.* 406; KILVINGTON *Soph.* 125 (v. intellectio 1a). **b** ~us est vis anime abstractiva, separans formas a rebus ipsis NECKAM *NR* II 173; ~us .. abstractivus est, quia ipse discurrit tantum circa universalia abstrahendo ea a singularibus et ab accidentibus singularium J. BLUND *An.* 236; ~us intelligit abstrahendo ab 'hic' et 'nunc' .., ista abstraccio semper necessaria est in ~u DUNS *Metaph.* VII 13 p. 425a. **c** J. BLUND *An.* 59 (v. formalis 3d); ~us materialis est ipsa anima nuda a dispositionibus adquisitis *Ib.* 338; ~us speculativus veritatis per extensionem ejus ad amorem boni fit practicus BACON *Tert.* 10; illud quod illuminat mentes nostras vocatur nunc a theologis ~us agens, quod est verbum philosophi in tercio de anima [Aristotle *De anima* 433 a 14], ubi distinguit quod duo sunt ~us, sc. agens et possibilis; ideo .. ostendo quod hic ~us agens est Deus principaliter, et secundario angeli qui illuminant nos *Ib.* 74; in cognicione sincere veritatis lumen ~us agentis nullo modo habeat aliquam accionem DUNS *Ord.* I 31.

3 **a** understanding (of matter, circumstance, or sim.); **b** (w. obj. gen. of that which is understood to exist); **c** (abl. *~u*) in the understanding (not in actuality; opp. *actu*).

a pro ~u suo autumans quod tantus vir avorum hereditate suorum injuste privatus fuerat ORD. VIT. XII 7 p. 330; nos .. et dominus noster ita intelligimus ut vos, et sub hoc ~u vice regis nostri juramenta prestamus J. SAL. *Ep.* 148 (177 p. 184); cum hec agerentur, de quibus mentio presens dat ~um auditui *Found. Waltham* 27; quemdam erroneum ~um de plenitudine potestatis papalis reputo excludendum OCKHAM *Pol.* I 229. **b** litterati, quos citra ~um ullius acrimonie benignus aspicis, jocundus admittis W. MALM. *GR* III *epil.* p. 356. **c** alia tria [puncta] conjunctim se habent semper aut actu vel ~u penes materialem conjunctionem *Mens. & Disc.* (*Anon IV*) 27; non fit ligatura materialis, sed per reductionem longarum et brevium solo ~u juxta equipollentiam bene ligantur *Ib.* 47.

4 **a** understanding, interpretation (of word, text, symbol, or sim.; sts. dist. w. difficulty from b *infra*). **b** sense, meaning (inherent in word, text); **c** (dist. as *allegoricus*, *historicus*, *etc.*).

a litterati lectores studiose inquisierunt hujus scripturae sensum .. et exposuerunt secundum suum ~um ORD. VIT. VIII 21 p. 393; de statura hac sponse [*Cant.* vii 7] .. triplex mihi .. ~us occurrit J. FORD *Serm.* 81.1. **b** ex verbis apostoli patet eorundem uberum [*Cant.* vii 3] ~us *Ib.* 72. 1; **1269** (v. habere 7b); dicitur ~us primus qui resultat ex consignificatis sive modis significandi, ~us secundus qui resultat ex significatis parcium; .. melius dicitur significatum ~us primus quam consignificatum BACON XV 21; ~us primus et secundus ex diversis principii oriuntur, sc. ex significatis et consignificatis *Ib.* 23; inferior prelatus potest declarare ~um talis statuti LYNDW. 246u; ~us quattuor versuum predictorum: .. 'rex'. Henricus tertius .. FLETE *Westm.* 113 n. **c** historico ~u BEDE *Tab.* 410 (v. historicus 3a); persona querentis juxta mysticum sensum sancta ecclesia est ..; sed nos moralem prosequentes ~um personam querentis animam Deo deditam intelligamus G. STANFORD *Cant.* 223 n. 101; mistica significatio asine et pulli .. allegoricus ~us de ramis ab arbore cesis et projectis in via. moralis intelligentia vestimentorum .. [cf. *Matth.* xxi 7–8] AD. DORE *Pictor* 159; ostendet .. psalmista quod populus Dei sunt oves ..; sed .. istud non habet congruum litteralem ~um GROS. *Cess. Leg.* I 9. 7.

5 concept, idea, notion, thought.

c1199 ille .. honor est in solis et nudis et puris ~ibus P. BLOIS *Ep.* 151. 443A; ~us sunt ab anima, sensus vero ab exterioribus ROB. BACON *Psalt.* 17; supponamus quod veritas est coequatio rerum et ~uum GROS. *Quaest. Theol.* 203.

intellegentia (-lig-) [CL]

1 (faculty of) understanding, intellect, intelligence.

ex qua re [Deus] non solum gloriosi conjugis vestri, immo totius gentis .. ~iam in amore sui facilius inflammaret BEDE *HE* II 11 p. 104; **c798** litterae .. corporali visione leguntur, et proximus spiritali imaginatione rememoratur, et dilectio sola mentis ~ia ALCUIN *Ep.* 135; J. SAL. *Pol.* 437C (v. incorporeus); intelligibilis est Deus ~ia GROS. *Quaest. Theol.* 207; moralis discipline sententias .. que .. suavitate auditorum ~ias refovebunt R. BURY *Phil.* 6. 89.

2 understanding, knowledge (of matter, subject, or sim.; freq. w. obj. gen.).

ut ~iae sensum de exemplis priorum caperet secutura posteritas EGB. *Pont.* 2; presta .. ut quae solemni celebramus officio purificatae mentis ~ia [AS: *ondgetnisse*] consequamur *Rit. Durh.* 35; singulorum que edisseruntur artificiosam ~iam nullam esse BALSH. *AD* 6; ecclesiastici parentes .. filios, firmioris jam ~ie capaces, ad divini pabuli predas .. erudiunt GIR. *TH* I 12 p. 36; anima intelligendo creaturam venit in ~iam creatoris J. BLUND *An.* 286; **1253** eas [libertates] ad communem ~iam plenius declarare (v. flemenfremtha); [prima substancia] hujus .. possibilis, me loqui in hac hora, habet duplicem ~iam, unam simplicis apprehensionis, quam [? l. qua] necessario apprehendit vel intellectualiter illud possibile, et .. aliam secundum objectum ~iam intuicionis et assensionis WYCL. *Quaest. Log.* 289.

3 **a** understanding, interpretation (of word, text, or sim.; sts. dist. w. difficulty from b *infra*). **b** sense, meaning (inherent in text or sim.; freq. dist. as *~ia moralis*, *~ia allegorica*, *etc.*).

a scripturarum arcana ~iae literalis oculo colligere W. POIT. I 53; in sacra scriptura quot sunt exposiciones, totidem relucent ~ie NECKAM *NR* II 154. **b** **c1168** prefinit vir doctissimus .. ex causis dicendi sumendam esse dictorum ~iam J. SAL. *Ep.* 271 (253); ~ias quasdam spiritales J. FORD *Serm.* 55. 8; allegorica ~ia de sex ydriis [*Joh.* ii 6] per sex etates seculi; tropologica ~ia de sex

ydriis per sex gradus etatis humane AD. DORE *Pictor* 155; moralis ~ia *Ib.* 159 (v. intellectus 4c); que in Deuteronomio decernuntur .. servanda sunt secundum ~iam mysticam vel moralem OCKHAM *Pol.* I 39.

4 understanding (between parties), agreement.

1496 facere et firmare cum predictis rege et regina, consanguineis nostris, confederacionem, amiciciam, ligam et ~iam strictam vel minus strictam (*Lit. Regis*) *Foed.* XII 637.

5 incorporeal spirit, spiritual being, angel, or sim.

anima rationalis in qua convenit homo cum angelis et ceteris ~iis J. BLUND *An.* 310; voluisti .. scire quid sentiam de ~iis, hoc est de angelis GROS. *Ep.* 1 p. 8; cum pura ~ia in lumine increato videt ipsum lumen increatum *Id. Cess. Leg.* I 4. 1; ~ie [TREVISA: *spiritis þat beþ also iclepid* ~ie] plene sunt formis BART. ANGL. II 2; racionalis [sc. potencia] est illa que est in habentibus racionem, sicut in ~iis et hominibus BACON XV 265; spiritus racionales celestes non movencie seu motores a movendo, sed ~ie ab intelligendo appropriacius nuncupantur BRADW. *CD* 87D.

intellegere (-lig-) [CL]

1 to grasp mentally, comprehend, understand; **b** (w. adv. or absol.); **c** to understand (person).

[Cyprianus] invictum Christi tropeum .., licet paganus, prudenter intellexit ALDH. *VirgP* 43; quorum causam adventus cum intellexisset rex Æ., ait .. BEDE *HE* II 2 p. 84; voluntatem .. Dei ~entes arma .. comprehenderunt ORD. VIT. VII 12 p. 207; ut ea que subtilius intuentibus .. comparant animi delicias, ea .. quasi videndo non videntibus et audiendo non ~entibus aures potius onerent quam delectent GIR. *TH* III 11. **b** quidam .. altius vel ~entes vel furentes deum vocare ausi sunt [sc. aplanem] ADEL. *QN* 76; primum .. est studere, secundum ~ere, tertium memorari quod intellexeris, quartum dicendo ornare quod memineris ALB. LOND. *DG* 13. 5. **c** **601** semper te interius subtiliter judices ac .. ~as .. temet ipsum quis sis (*Lit. Papae*) BEDE *HE* I 31 p. 67.

2 to grasp the meaning of, comprehend, understand (utterance, writing; also absol.).

[Gregorius] eundem librum [sc. Job], quomodo juxta litteram ~endus .. sit, .. perdocuit BEDE *HE* II 1 p. 75; haec epistula cum .. esset lecta ac .. ab his, qui ~ere poterant, in linguam ejus propriam interpretata *Ib.* V 21 p. 345; Anglicam locutionem .. sategit ediscere, ut sine interprete querelam subjecte gentis possit ~ere ORD. VIT. IV 7 p. 215; historiarum gnari ejus [sc. Merlini] dicta facile poterunt ~ere *Ib.* XII 47 p. 493; Sphinx .. proposuit Thebanis problema, quod non intellexerunt *Natura Deorum* 118; rehortatur Paulinum ad scripture sacre tam excellentis et intellectu difficilis eruditionem GROS. *Hexaem. proem.* 5; s**748** cum .. Pipinus hanc epistolam intellexisset M. PAR. *Maj.* I 339; maxime .. nudo modo sine exemplis ~untur HAUDLO 178.

3 **a** to understand as existing, occurring, being applicable, *etc.* **b** to infer (one thing from another). **c** to gather, understand (from utterance or writing).

a veritas .. Patris aptissime dici potest Filius .. ut in eo ~atur non imperfecta quaedam imitatio sed integra veritas paternae substantiae, quia non est aliud quam quod est Pater ANSELM (*Mon.* 46) I 62; fere omnes figure accipiuntur imperfecte, et hoc ~itur in discantu et ubicumque rectus modus accipitur GARL. *Mus. Mens.* III 18. **b** ut unum virtutis ejus, unde cetera ~i possint, testimonium referam BEDE *HE* II 7 p. 94. **c** **1093** denique quidquid aliquis ~at in litteris meis de archiepiscopatu, ego certus sum quia in simplicitate cordis mei .. locutus sum ANSELM (*Ep.* 159) IV 28.

4 to understand or supply mentally (word *etc.*, which is not expressed).

in hac dictione 'A' ~atur .. nomen 'littera' NECKAM *Corrog.* f. 10 (v. concidentia 1); non esset hec subtrahere .. nisi sit quod subtractum ~i possit per aliquid positum in locutione .. potest etiam plurale precedentis ~i per singulare sequens, ut 'illic illius arma hic cursus fuit' et ~itur 'fuerunt' *Ps.*-GROS. *Gram.* 72; hoc verbum 'vado' exigit hoc quod dico 'Romam', set mediante preposicione, que ~itur BACON XV 154.

5 **a** to understand or regard (in a certain manner, or as having a certain applicability). **b** (w. complement or *pro*) to understand (word *etc.* as having a certain reference or meaning). **c** (w. *per*, *de*) to understand (something) by (a word or sign). **d** to mean, refer to (by a certain word *etc.*).

a non dicuntur tres personae quia sint tres res separatae sicut tres homines, sed quia similitudinem habent quandam cum tribus separatis personis. consideremus hoc in Patre et Filio, et id ipsum ~atur de Spiritu Sancto ANSELM (*Incarn. B* 12) II 30; que dixerit advocatus ~antur quasi a cliente dicta RIC. ANGL. *Summa* 27 p. 35; de duplici pausatione .. non intelligimus [v. c infra] duplare brevem vel longam, sed prout in ordine alicujus modi ~untur vel accipiuntur numeri punctorum *Mens. & Disc.* (*Anon. IV*) 62; ista regula .. habet ~i de semibrevibus ligatis HAUBOYS 328; **1451** idem .. non ~itur pro diffinitore, unde potest sequenti anno eligi diffinitor (*Abbr. Stat.*) *Mon. Francisc.* II 111. **b** unicam filiam, quae propria voluptas ~itur, .. mactavit [v. *Jud.* xi 39] GILDAS *EB* 70; p**675** domus .. haec secundum allegoriam ecclesia .. ~itur ALDH. *Ep.* 4; aloe quando simpliciter [? sc. ponitur] epaticum ~itur, licet apotecarii pro citrino ~ant *SB* 9. **c** per istam figurationem ~ebant sextum modum *Mens. & Disc.* (*Anon. IV*) 56; non ~imus duplare brevem *Ib.* 62 (v. a supra); quid ~itur per hanc diccionem *bilage* THORNE 2001. **d** Alexander Macedo .. viso tandem Achillis tumulo suspirans ait, "felicem te, juvenis, qui tanto frueris precone meritorum", Homerum ~ens MAP *NC* V 1 f. 59.

6 to understand as a fact, understand to be the case, realise, learn: **a** (w. acc. & inf.); **b** (w. *quia*, *quod*); **c** (w. indir. qu.); **d** (w. adv.); **e** (absol.). **f** (w. acc.) to learn of, discover (thing or occurrence).

a arbore .. procera signatum jure tyrannum / mox intellēgit [cf. *Dan.* iv 19] ALDH. *VirgV* 344; puer .. post discessum viri precepto oboediens angelum Dei esse intellexit *V. Cuthb.* I 4; solebat eum hortari ad ~endum deos non esse posse qui hominum manibus facti essent BEDE *HE* III 22 p. 171; **801** ejus opuscula vobis dirigere curavimus quia ejus maxime dicta vos desiderare intelleximus ALCUIN *Ep.* 216; c**1105** timeo ne tarde ~at se a recta via deviasse ANSELM (*Ep.* 347) V 286; **1262** cum nuper concesserimus valetto nostro A. .. custodiam terrarum .. ac .. non intelleximus conferre sibi custodiam terre quam prefatus T. tenuit .. *Cl* 25. **b** intellexerant quia .. opera .. fidei .. exsequi curavit BEDE *HE* III 25 p. 182; ~ens quia vera karitas amplius laborat pro anima quam pro corpore ORD. VIT. VI 9 p. 78; ~atis [ME: *understondeð*], sorores, quod scribo de vita solitaria *AncrR* 50; **1208** intellexit per inquisitionem quam fecit quod M. interfecit sororem suam *CurR* V 256. **c** **601** (v. 1c supra); rex .. erat et quid ad principes pertineat ~ebat ANSELM (*Ep.* 249) IV 160; de vestro dictamine .. mittite mihi et inde [? l. mihi exinde] intellecturo quantum proficiatis H. LOS. *Ep.* 20. **d** si sic ~at [v. l. ~atur, cf. 5a supra] articulus Parisiensis, verus est OCKHAM *Quodl.* 28. **e** si quis dederit aut acciperit [*sic*] communionem de manu heretici, et nescit quod aecclesiae catholicae contradicit, postea ~ens annum integrum peniteat THEOD. *Pen.* I 5. 7; amor, adhuc intellige, / dux est J. HOWD. *Cyth.* 139. 1. **f** **1101** postquam intellexerunt institutionem quam audivi fieri in Romano concilio ANSELM (*Ep.* 214) IV 112; dux manifestam suorum defectionem intellexit ORD. VIT. XI 24 p. 242.

7 to recognise or accept as a fact, to acknowledge, believe, consider (that): **a** (w. acc. & inf. or *quod*); **b** (absol.).

a **1105** non intellexi me debere aut legationem ejus prohibere aut revestituram meam respuere ANSELM (*Ep.* 388) V 332; **1214** intellexit quod ipsi non debuerunt facere nisi simplicem seisinam *SelPlCrown* 74; **1255** [viridarii] dixerunt per sacramentum suum quod nichil inde sciverunt; set melius ~unt quod falsum sit quam verum *SelPlForest* 115; **1279** prior venit et dicit quod ipse et conventus suus non intellexerunt contemptum nec prejudicium regis fecisse *RParl Ined.* 2. **b** requisitus utrum boscus ille sit in foresta episcopi, dicit quod non ~it *Feod. Durh.* 263.

8 (inf. act. or pass. w. *dare*, *facere*) to announce, give out, (w. dat.) to give to understand, inform (person) (also *~entem dare*).

ut palam daretur ~i quia BEDE *HE* V 1, **1220**, etc. (v. dare 12c); **1166** et hoc mihi homines mei ~ere faciunt, quod debeo inde regi servitium de l militibus (*Ch.*) *RBExch* 348; **1276** fecit ~i .. quod faceret reparare pontem de petra; et non fecit .. (v. cleta 1e); dat intelligentes / quod .. *Latin Stories* 151 (v. dare 12c).

9 (inf. *~ere* as sb.): **a** (faculty of) understanding. **b** knowledge.

a ita oportet quod ~ere nihil aliud sit quam esse speciei impresse in intellectu T. SUTTON *Quodl.* 110; qualiter est tunc quod ~ere nostrum non est sine fantasmate? *Quaest. Ox.* 339; [intellectus primi] cujuslibet intelligibilis habet ~ere actuale et distinctum DUNS *PW* 61. **b** **1479** quoad posse et ~ere nostrum *Eng. Abbots to Cîteaux* 57.

10 (pr. ppl. as adj., also as sb. m.) intelligent: **a** possessing the faculty of understanding; **b** possessing an adequate or high degree of understanding.

a sunt quorum animus infantes damnari debere .. non vult accipere .. quia nondum justi et ~entes in tali aetate ANSELM (*Orig. Pecc.* 28) II 171; infans .. putabatur ita reus ac si ~ens esset *GAS* 365 (v. githserus); talis est omnis intellectus creatus, quia nullius ~entis creati voluntas primo determinat rectitudinem contingentem convenientem sue praxi DUNS *Ord.* I 217. **b** malorum hominum, ut vos quibusque ~entibus apparetis, denuntiatio est GILDAS *EB* 105; quis ~ens hoc audeat cogitare? ANSELM (*Ver.* 8) I 186; Joachim, quidam monachus Cisterciensis, a fere illiterato subito factus ~ens, scripsit super Apocalypsim R. NIGER *Chr. I* 97; quam benigne fecerit semetipsum .. basim benedictionis oculis ~entium LUCIAN *Chester* 52.

1 intellegibilis v. inintelligibilis.

2 intellegibilis (-lig-) [CL]

1 that can be understood, intelligible (also as sb. n.); **b** (of word, speech, language, or sim.).

[quaestio] in solvendo tamen omnibus est ~is et propter utilitatem et rationis pulchritudinem amabilis ANSELM (*CurD* I 1) II 48; ADEL. *QN* 5 (v. fastidire 3a); quicquid intelligitur, vel quod est ~e, est ~e vel per materiam vel per formam J. BLUND *An.* 284; objectum .. intellectus [dicitur] ~e BACON II 60; *Id. Maj.* I 212 (v. figuraliter 1); intelligere primi .. est omnium ~ium DUNS *Ord.* II 186; hoc ~e est aurum W. ALNWICK *QD* 29 (v. expositorius 1b). **b** ~e .. verbum LANTFR. *Swith.* 33 (v. dispactus); non erat sermo earum ~is MAP *NC* II 12 f. 27; **1330** verbum .. ignotum et non ~e (v. escapium 2b); c**1350** ydiomate .. communiter ~i (v. grossus 27b); **1520** alta et ~i voce .. missas .. celebrent *Conc. Scot.* I cclxxxiii.

2 perceptible by the intellect alone, conceptual; **b** (*esse ~e*) theoretical existence; **c** (as sb. n.) incorporeal spirit.

primitiva .. ratio .., que .. res omnes, tam corporales quam ~es, comprehendit J. SAL. *Met.* 934C; genera et species que sensibilia non sunt, sed solum ~ia J. BLUND *An.* 290; sole .. ymagines ~es reponuntur in anima *Ib.* 303; per formam ~em AD. MARSH *Ep.* 247 cap. 14 p. 456 (v. effigiare 3a); essencia angeli est immaterialis secundum se, igitur secundum se est ~is DUNS *Sent.* II 3. 8. 7. **b** *Id. Ord.* III 160 (v. divinus 3a); non intendebat distinguere inter factionem in esse ~i et creationem in esse reali W. ALNWICK *QD* 142 (v. factio 1a); WYCL. *Civ. Dom.* I 57 (v. famare 2b); esse ~e in Deo *Ziz.* 460 (v. exsistere 10a). **c** rege eodem inter ~ia disposito [i. e. *having died*] ADEL. BLANDIN. *Dunst.* 3; Plato .. ~ia vere esse asseruit, que nec incursionum passionumve molestiam metuunt .. sed semper .. eadem perseverant J. SAL. *Met.* 938A (*opp.* ib.: temporalia).

3 understood in an allegorical sense.

poenarum vindictas ~em Lamech, id est totius mundi reatum, punientes [cf. *Gen.* iv 24] ALDH. *Met.* 2 p. 69.

4 capable of rational thought, intelligent; **b** (*vis ~is* or sim.) power of understanding, reasoning; **c** (*aetas ~is* or sim.) the age of reason.

affectum .. ~is asinae .. spiritu Dei afflatae GILDAS *EB* 1 (cf. *Num.* xxii 28); [abbas] honestiores .. atque ~es animos prima vel secunda admonitione verbis corripiat AD. SCOT *OP* 538 (= *Regula S. Benedicti* 2). **b** ratio est vis apprehensiva, vis rationabilis est vis motiva et imperans; ergo pari ratione cum intellectus sit vis apprehensiva, erit vis ~is vis motiva et imperans J. BLUND *An.* 82; queritur utrum potentia sensibilis et potentia ~is sive rationalis fundate sint in eadem substantia GROS. 270. **c** lustra .. recurrebant perplurima .. antequam ad ~em pervenissem aetatem BYRHT. *V. Ecgwini* 362; a nativitate usque ad ~es annos GOSC. *Transl. Mild.* 27; s**993** gratia Dei me ad ~em perducere dignata est etatem *Chr. Abingd.* I 368.

5 trustworthy, credible.

in omni curia .. si cui imponitur, quod in placito dixerit aliquid, quod ipse negat se dixisse, nisi possit per duos ~es homines [AN: *par un entendable hume*] de auditu convincere, recuperabit ad loquelam suam (*Leis Will.*) *GAS* 511; recordationem curie regis nulli negare licet; alias licebit per ~es homines placiti (*Leg. Hen.* 31. 4) *Ib.* 564; de omni causa ubi plures fuisse dicuntur, unum ad minus ~em de placito erit rectum haberi (*Ib.* 48. 6) *Ib.* 571.

intellegibilitas (-lig-) [ML]

1 quality of being understood, intelligibility.

singularitas non est per se causa non ~atis, hoc enim .. oportet concedere de Deo DUNS *Metaph.* VII 14 p. 433; individua in racione universalis imperfecte intelliguntur, quia non secundum quodlibet ~atis in eis *Id. Prim. Princ.* 682; prima principia .. statim offerunt se intellectui et primo intelliguntur ab intellectu, et sunt causa ~atis omnium aliorum S. FAVERSHAM *An.* 317; ~as aut potencia in eo [sc. Deo] non precedit actum; .. [creature] prius naturaliter intelligibiles sunt et possibiles quam actualiter existant WYCL. *Misc. Phil.* I 235.

2 capacity to understand, intelligence.

cum intellectus et ymaginatio sint virtutes anime sicut ratio, quare potius rationalitas sit differentia perfectiva speciei anime quam ~as vel ymaginibilitas? J. BLUND *An.* 42.

intellegibiliter (-lig-) [LL], intelligibly, clearly; **b** with understanding, with awareness (of one's actions); **c** in the understanding (not in actuality).

s1101 dicens omnino ~iter W. Malm. *GP* IV 165; s1254 noluerunt vel forte nescierunt ~iter intimare qui .. advenissent M. Par. *Abbr.* 332; Bacon *Maj.* III 81 (v. horrere 3); 1344 ordinaciones nostre plene et plane distincte et ~iter .. legantur publice (*Stat. Cotterstock, Lincs*) *Eng. Clergy* 291; singulis annis perpetuo ~iter [decretum] publicare teneantur Amund. I 170. **b** indicibiliter ammiror humanam vesaniam quod non verentur homines coram Deo .. tam scienter et ~iter mendacia fingere Gosc. *Lib. Mild.* 18. **c** si ~iter resolventes exuamus materiam Cleonis a formis quousque intelligamus ipsam solam et primam, primo tollemus per intellectum formam qua est Cleo vel iste homo Siccav. *PN* 85.

intellig- v. intelleg-.

intemerabilis [LL], that cannot be impaired, inviolable, unimpeachable.

ne .. ~e legis vel evangelii testimonium videaris impugnare Bede *TR* 47 p. 268; comitis Leycestrie .. fidem ~em Ad. Marsh *Ep.* 30 p. 123.

intemerate [LL], without violating or damaging.

nostram nobis Mildretham ~e relinquant Gosc. *Lib. Mild.* 3.

1 intemeratus [CL]

1 undefiled, chaste; **b** (w. ref. to BVM).

regia bissenos .. jam sponsa per annos / intemerata tamen permansit virgo per aevum Alcuin *SS Ebor* 757; Eufemia ac sex decimas [i. e. *16th September*] tenet intemerata *Kal. Met.* 55; doli versator .. dum ~ae Mildrethae hamum intentat, se ipsum illaqueat Gosc. *Lib. Mild.* 14. **b** virginis intemerata .. praecordia castae Aldh. *VirgV* 1682; pro reverentia ~e matris que Salvatorem mundi peperit Ord. Vit. XII 12 p. 341; o beata et ~a et in eternum benedicta .. virgo Edmund *Or.* 586; 1518 in honorem beatissime et ~e virginis genetricis Dei Marie *Dign. Dec.* 71.

2 unimpaired, undamaged; **b** not decayed, incorrupt; **c** whole, undiminished, not infringed; **d** uninterrupted, continuous; **e** steadfast.

repellunt .. saga imbres .. ut decor cortinarum interius ~us persistat Bede *Tab.* 434; Christianitas .. a tempore Lucii regis integra et ~a permanserat G. Mon. V 5; docta manus cavet urticas herbasque salubres / tollit et a spinis intemerata rosas J. Sal. *Enth. Phil.* 1112; [aurum] 'tauro signatum' i. solutum, 'remanet tamen intemeratum', i. infractum, quod iste Karolus remanebat ad propria (J. Bridl.) *Pol. Poems* I 179. **b** vestimenta .. non solum ~a verum etiam prisca novitate .. parebant Bede *CuthbP* 42 (= *Id. HE* IV 28 p. 276; ~um corpus invenere *Id. HE* III 8 p. 144; [Cuthberti] vir amabilis intemerato / corpore conformat mystica ligna Sethim L. Durh. *Hypog.* 70. **c** 812 ~a possessiuncula .. ad proprie hereditatis gremium redeat *CS* 341; 1054 quatinus .. ipsa donatio firma et ~a atque integra .. permaneat *CartINorm.* p. 185; 1103 ago gratias .. semper bona quae dedit ~a custodiens Anselm (*Ep.* 206) IV 216; c1147 consuetudines et libertates quas rex H. eidem monasterio concessit .. ~as conservari precipimus *Doc. Theob.* 73. **d** computatio omnis .. usque ad terminum anni rato atque ~o ordine procurrat Bede *TR* 20. **e** c625 ~o .. foedere (v. 3 foedus 1c); ut .. fides ~a perduraret Bede *HE* I 21 p. 41; studeat ergo tua fraternitas hoc .. ~a mentis sinceritate servare *Ib.* II 8 p. 96; ~a fides Bonif. *Aen.* 350.

2 intemeratus v. intemperatus.

intemeritas [cf. CL temeritas], rashness, recklessness.

1391 J. .. noctanter sua ~ate propria prout ipse super quandam causeram juxta molendinum prioris et conventus de Coventre gradiens, subito cecidebat in aqua vocata S. in qua .. subito submersus fuit *RCoron* 191 m. 2*d.*

intemnere [cf. CL temnere], to scorn, refuse.

1237 quia tanquam acephali ad caput ecclesie reverti intempserunt (*Lit. Papae*) M. Par. *Maj.* III 466.

intemperabilis [? LL (cf. *TLL*)], unassuageable.

viguit .. doloris ~is truculenta nequitia R. Cold. *Cuthb.* 96.

intemperaliter v. intemporaliter.

---

intemperans [CL]

1 lacking self-control, unrestrained; **b** (sexually) licentious, lewd.

quem dudum amissi episcopatus ~ans cupido exagitabat Bede *HE* I 10 p. 24; ~ans cibi vel potus voluptas Alcuin *Moral.* 633 (v. gula 2a); ~anti cupiditate Dominic *V. Ecgwini* I 19 (v. infrenis 2). **b** [Caracalla] fuit libidine ~antior patre et novercam suam duxit in uxorem R. Niger *Chr. I* 28.

2 excessive, immoderate.

allata est corrigia et in mediis estibus ~antis caloris carni ejus admota *Canon. G. Sempr.* 158.

intemperanter [CL], without moderation, excessively.

ut .. ei, si quid ~ius justo egisset, veniam darent *Hist. Abb. Jarrow* 23; inconditis .. eduliis ~er usi sunt Ord. Vit. XIII 26 p. 73 (v. diarria a); in desideriis copiose possidendi, et si non ~er utendi G. Hoyland *Ascet.* 280A; quedam cibaria .. aliquantulum ~ius sumpsit Coggesh. *Visio* 31.

intemperantia [CL]

1 lack of self-control, excess, violence.

s1031 per mee juventutis ~iam Fl. Worc. I 188 (= *Conc. Syn.* 511); R. Cold. *Cuthb.* 76 (v. facetus 2); propter luxus ~iam J. Ford *Serm.* 54. 3; [prohibitiones] vestre iracundie impetum et episcopalis eminentie ~iam monstraverunt P. Blois *Ep.* 58. 173D; ~ie modestiam .. preferens Gir. *EH Intr.*; hominum officii illius [sc. sagittariorum] ~ia *Id. TH* II 54.

2 immoderateness.

propter frequentem elementorum ~iam Alb. Lond. *DG* 1. 8.

3 ? distemper (med.; cf. *distemperantia* c).

basilicus .. ex subtilitate .. sui ad spiritus mediocris ~iam conveniens existit, et ita citissime penetrat *Quaest. Salern.* N 61 (cf. ib. B 105: distemperantur .. humores).

intemperate [CL], excessively, immoderately.

hic amasius .. i. ille qui inmoderate amat, vel etiam qui ~e amatur Osb. Glouc. *Deriv.* 6; hic calcitro .. i. rusticus qui ~e calcat *Ib.* 89; equi jacturam ~e plangit Map *NC* III 4 f. 41b.

intemperatus [CL], lacking self-control, unrestrained; **b** (of weather) intemperate; **c** (in gl.).

1391 J. subito cecidit in illum fontem ex sua †intemerata [l. intemperata] voluntate et .. submersus fuit *RCoron* 191 m. 2. **b** 1496 quamvis tempus fuerit pluviosum vel aliis procellarum turbinibus ~um (*Reg. Ebor.*) *Eng. Clergy* 127. **c** intempestativa ~a, [in]oportuna *GlC* I 193; intempestativus, ~us Osb. Glouc. *Deriv.* 289; immodicus, ~us *Ib.* 290; tempero -as, unde temperatus, quod componitur ~us *Ib.* 583.

intemperies [CL]

1 lack of temperateness, extreme condition: **a** (of weather, climate, *etc.*); **b** (w. ref. to the sea).

a verebatur .. locorum asperitatem, hiemis ~iem Ord. Vit. IV 5 p. 198; temporis ~ies Gir. *TH* I 33 (v. hilaris a); propter eris ~iem *Found. Waltham* 7; hiberni ~ies frigoris J. Ford *Serm.* 83. 4; pluvia et vento et alia ~ie *GlSid* f. 144 (v. involucrum 2). **b** 1264 per maris ~iem (v. 3 a 6f); 1288 per maris ~iem diversimode diruta *Laws Romney Marsh* 39; 1392 carrakam J. que per maris ~iem naufragata fuit *AncC* 43/78.

2 immoderate behaviour, (esp.) self-indulgence, excess.

1104 queritur pio affectu vestra excellentia quod mea ~ies tranquillitatem animi domini mei regis .. turbaverit Anselm (*Ep.* 329) V 261; [diabolus] illos .. amittere incipit, quos pro carnis ~ie lugere jam conspicit *Id. Misc.* 299; gule ~iei W. Malm. *GP* III 127 (v. decolorare b); quorundam spiritus, qui apud inferos suppliciis sunt mancipati, nunc de frigidis ad calida, nunc de calidis ad frigida ob eorum ~iem et suam inconstanciam transferri *Mir. Cuthb. Farne* 4.

3 lack of due proportion (between elements).

omne .. temperatum qualibet ~ie superflua corrumpitur Alf. Angl. *Cor* 12. 2.

1 intempestas [cf. CL tempestas], unseasonableness.

c1260 si contigerit quod non possit arare propter ~atem temporis tunc faciet pro arura sua qualibet ebdomada iij handenas *Cust. Glast.* 12.

2 intempestas v. intempestus.

---

intempestativus [cf. CL intempestivus, tempestas; *TLL* VII 1. 2109. 22], **a** untimely, premature; **b** (in gl.).

a alii .. dicunt ~us quasi non in tempore natus, sicut sunt cani in homine nondum sene Osb. Glouc. *Deriv.* 436. **b** ~us, intemperatus Osb. Glouc. *Deriv.* 289.

intempesteries [cf. CL intemperies, tempestas], storm, tempest.

1372 ad inquirendum de diversis vinis per ~iem maris terre projectis in comitatu predicto *PlRExch* 92 m. 7*d.*

intempestinus v. intempestivus.

intempestive [CL], at the wrong time, unseasonably.

musca ~e liquoribus et escis se ingerit Neckam *NR* II 156; quam premature et ~e .. ab ausu nobili revocatus fueris Gir. *TH* III 48; ut [non] .. ab intime speculationis serenitate ullatenus ~e avocaretur Ad. Eyns. *Visio* 13A.

intempestivus [CL]

1 unseasonable, untimely, unsuitable to the occasion; **b** (of death) premature. **c** (as quasi-adv.) at an inopportune time.

'~um' veteres dixerunt inoportunum, 'tempestivum' oportunum Alcuin *Orth.* 2337; solus Tancredus, ~a cupidine occupatus, quaedam pretiosissima de templo Salomonis extulit W. Malm. *GR* IV 370; ~us, i. non in tempore veniens Osb. Glouc. *Deriv.* 583; Minyeides .. Bacchus ~o lanificio sua festa perturbantes mutavit in vespertiliones *Natura Deorum* 34. **b** ~a nece Gir. *IK* I 2 p. 29 (v. fatalitas 1); mors inopinata et ~a *Ib.* II 13 p. 147. **c** ~us .. mense Januario regem inquietavit Ord. Vit. X 8 p. 39.

2 inconvenient.

locus .. qui .. pre horride squalore solitudinis videtur inhabitabilis et ~us R. Cold. *Godr.* 44.

3 immoderate, excessive.

in Novembri tempus refrigerabitur, et tunc .. iter aggrediamur. alioquin totum populum ~is ardoribus affligeremus Ord. Vit. IX 12 p. 572 (= Baldricus *PL* CLXVI 1126A); †intempestinus [l. intempestivus] pruritus corporis Gilb. V 228v. 2.

4 (by conf.) quiet, calm.

~us, -a, -um, i. tranquillus et quietus Osb. Glouc. *Deriv.* 436.

intempestuosus [cf. CL intempestus, LL tempestuosus; *TLL* VII 1. 2109. 24], unseasonable.

innaturalis tonitrus et ~us reboavit Oxnead *Chr.* 184.

intempestus [CL]

1 (*nox ~a*) the dead of night; **b** (w. other sb.) profoundly quiet, dead (time of night); **c** (as sb. n.) the dead of night.

~ae noctis conticinio angelus .. virum Dei de .. lautumiae squaloribus eripuit Aldh. *VirgP* 38 p. 288; vidit .. ~a nocte .. adpropinquantem sibi hominem Bede *HE* II 12 p. 108; ~ae noctis silentio *Pass. Indracti* f. 100; omnia nocte †intempestas ubruisti [l. ~a subruisti] W. Malm. *GP* III 135; s1042 †in tempeste [l. ~e] noctis silentio, cum .. sopori membra dedissent *Eul. Hist.* II 194. **b** noctis ~o [gl.: i. e. sereno; i. e. sereno vel medio vel inactuoso (cf. Isid. *Etym.* V 31. 9)] tempore Felix *Guthl.* 31; ~a noctis quiete Byrht. *HR* 5. **c** nocturnae caecitatis latibula .. vij partibus singillatim sequestratis dirimuntur, hoc est conticinio, ~o, crepusculo, etc. Aldh. *Met.* 3 p. 73 (cf. Isid. *Etym.* V 31. 4); hoc ~um, *mydnytha* WW.

2 untimely, premature.

sepe etenim fatigatio secuta est desuper natura, que sanitatem ~am doloribus obduxerit (*Leg. Hen.* 70. 11a) *GAS* 588.

intemporabiliter [cf. LL intemporabilis], in a manner not bound by time, outside time, timelessly.

considerare debemus Deum eternum misericorditer mutabilitati nostre condescendentem et ~iter tempora nostra distinguentem, ut allevet nobis fastidium S. Easton *Psalm.* 7.

intemporalis [CL], not subject to time, timeless.

~is *untidlic GlP* 452; peccatum temporale est, gratia autem ~is Hales *Qu.* 1027; philosophi probant Deum esse incommutabilem et ~em Gros. 105.

intemporaliter [LL], timelessly.

eam [sc. voluntatem] .. signans quam ~iter aeternus habuit cum Patre communem [cf. *Joh.* vi 38] Bede *Mark* 276 (*opp.* ib.: temporaliter); Domino vices temporum varias intemperaliter moderante R. Cold. *Cuthb.* 112 p. 248.

intemporaneus [2 in- + LL temporaneus]

1 unseasonable.

temporaneus componitur ~eus, i. non in tempore veniens OSB. GLOUC. *Deriv.* 583.

2 caused by bad weather (app. infl. by *intemperies* 1 *etc.*).

domus dicit figuram aggregatam ex posicionibus suarum parcium, ut defendat hominem ab ~eis nocumentis WYCL. *Log.* III 81.

intempt- v. et. intent-.

intemptabilis [LL], that cannot be tempted.

[Christus], ab omnibus passionibus peccati liber et ~is, responsis hostem confregit [cf. *Matth.* iv 4, 7, 10] GOSC. *Lib. Confort.* 53; caelicola Editha fit in Domino tam libera sue glorie nuncia quam intemtabilis ab omni ambitione terrena *Id. Edith* 265.

intemptatus [CL], not attempted, untried, untested; **b** (of road) not tried as route.

nihil .. ~um abit GOSC. *Mir. Iv.* lxii (v. daemonicus 1); disciplinam de eis tradere ~um et vix possibile BALSH. *AD rec. 2* 130; nichil intactum linquunt, nichil ~um MAP *NC* I 10 f. 8; si quam turpitudinem unquam relinqueret ~am GIR. *SD* 68; quod istud opusculum, ~um a tam preclaris viris qui nos precesserunt .., attemptare presumo *Chr. Dale* 1. **b** via que hactenus exercitui erat ~a ORD. VIT. IV 5 p. 197.

intemptus v. incomptus. **inten-** v. et. niti.

intendenter, intentionally.

si Deus velit quippiam fieri per Johannem, et ipse voluntarie sed ignoranter et non ~er hoc facit, ignorando videlicet, quod Deus hoc velit fieri per eum .. BRADW. *CD* 305A; non omnem volentem .. recte velle, nisi scienter .. et ~er hoc velit *Ib.* 306A.

intendentia [ML]

1 intention.

omnis intelligencia Dei est ejus ~ia WYCL. *Ente* 58; tercia maneries relacionum in Deo est fundata in ejus actu intrinseco et in existencia creature, ut sciencia, volucio, ~ia, propositum, consilium, predestinancia et similia *Id. Ente Praed.* 69.

2 attention, diligence.

1453 solutis J. D. clerico receptoris generalis ducatus Lancastrie pro ~ia et magno labore suo (*DL Ac. Var.*) *JRL Bull.* XL 421; ad debitam ~iam dicto officio suo exhibendam *Entries* 13ra; **1577** multiplices ~ias et labores *Ib.* 260ra.

3 submission; **b** writ directing submission.

1285 item alia militibus, libere tenentibus, et .. aliis de hundredis .. de ~ia sic '.. vobis mandamus quod eisdem abbati et conventui .. tamquam ministris nostris intendentes sitis et respondentes' (*Pat*) THORNE 1944 (cf. *CalPat* 166). **b** **1447** (1448) juratas, panella, inquisiciones, attachementa et ~ias .. faciat, retornet et intendat (*Ch. Hen. VI*) *Reg. Whet.* I 42.

intendere [CL; *p. ppl.* CL intentus, LL *also* intensus]

1 to make tense or tenser, to tighten, stretch: **a** (part of body; in quot., *~ere nervos* in fig. sense 'to exert oneself'); **b** (bow, *cf.* 3 *infra*; in quot., fig.); **c** (string of mus. instrument; in quot., w. abl. indicating interval by which pitch is raised).

a [barbarus] in captive sue nuptias ~ens nervos W. MALM. *GP* V 259. **b** ecce arcus superni furoris contra reprobos intensus est ORD. VIT. X 15 p. 86. **c** si .. omnes chordas tono ~as ODINGTON *Mus.* 88 (v. hypodorius a).

2 to cause or allow to swell or distend (in quot., w. *carbasa* as obj. and indication of direction).

venti .. constraverunt equora, et versus Flandriam ~erunt carbasa W. MALM. *GP* I 51.

3 to cause (usu. quality, attribute) to become stronger, to strengthen, intensify, (pass.) to be made or become stronger or more intense (*cf.* 15 *infra*).

ejus superbia amplius ~i non potest MIDDLETON *Sent.* II 93 (v. habituare); cum [es] fuerit album, tunc ignis fiat intensior, et etiam ~etur albedo DASTIN *Ros.* 17; per approximacionem illius visibilis .. ~itur visio et fit clarior OCKHAM *Quodl.* 76; quandoque actus exterior interiorem ~it, et magis homo delectatur actu interiore *Ib.* 104; quod Deus proprie sit intensus ejusque virtus et potencia infinite, quasi lux quedam remissa ~eretur donec esset infinite intensa BRADW. *CD* 20A; quecunque potentia a non gradu uniformiter ~it motum suum (RIC. SWYN. *Calc.*) *Sci. Mech.* 300; HEYTESBURY *Reg.* 241 (v. intentio 2c); patet quod nulla forma substancialis suscipit magis et minus, cum nichil secundum substanciam possit ~i et remitti .. patet quod, si forma substancialis ignis ~itur, tunc possibile est quod aliquid sit alio magis ignis; ut si albedo ~itur, tunc aliquid est alio magis album WYCL. *Misc. Phil.* I 180.

4 **a** to aim, direct (weapon). **b** to direct (punishment, hostile action) at. **c** to bring (legal action) (against). **d** to pay (service) to. **e** to direct (one's course, to a place).

a in contrario angulo stabat puer arcum tenens extento nervo et arundine intenta W. MALM. *GR* II 169; **s1405** ~it gunnam magnam, cujus unico jactu dejecit partem unius turris WALS. *HA* II 271. **b** dolores .. dum exterius nostra delicta purgant, quibus externi cruciatus ~untur, ad filiorum Dei nos transferunt sortem ANSELM (*Ep.* 9) III 112; pro obsidione consentaneis suis tam obstinate intenta *G. Steph.* 19. **c** **1231** ~endo contra eum possessorium *CurR* XIV 1336; **1231** petit .. decimas garbarum in villa de C. .. quas .. injuste percipitis, .. et ~it possessorium et petitorium *Reg. Malm.* I 388; **1549** (v. defendere 6b). **d** ?**1140** precipio vobis quod amodo ~atis servicium vestrum M. constabulario ita benigne sicut umquam melius fecistis *Ch. Chester* 47. **e** fugam in dumosa .. loca ~it W. MALM. *Wulfst.* I 1 p. 6.

5 to direct one's mind or efforts to (w. dat., prep., or adv. of direction): **a** (*animum ~ere* or sim.); **b** (*operam ~ere*).

a dum sollicitus in ea quae audiebat animum ~eret .. BEDE *HE* IV 3 p. 208; monimenta .. quibus valeatis ~ere acumen exercitate mentis ABBO *QG* 1 (4); ad cujus oppugnationem cum ~isset animum W. MALM. *GR* I 47; animum .. quo tunc ~ebat his [sc. chordis citharae] vehementer incendi GIR. *TH* III 12 p. 156. **b** literature et peregrinis linguis ediscendis operam ~it R. NIGER *Chr. I* 70.

6 (intr.): **a** to aim or shoot at (with weapon). **b** to go for (in hostile manner), make an attack on. **c** to make for (place).

a Rufus .. a Waltero Tyrel .. cervo ~ente .. arundine .. percussus .. vitam .. terminavit OXNEAD *Chr.* 39. **b** **1121** pullorum crudelitas .. qui post incrementum etatis ~unt jugulo matris (*Lit. Archiep. Cant.*) *Conc.* I 400. **c** in hac intentione humana anima nullatenus se poterit exercere, si desperet quo ~it se posse pervenire ANSELM (*Mon.* 75) I 83.

7 to pay attention (to), heed, look at, listen to: **a** (w. dat.); **b** (w. prep., or adv. of direction); **c** (w. acc.); **d** (w. cl.); **e** (absol.). **f** (of statement) to concern, be about (in quot., w. *de*).

a cui .. luci dum sollicita ~eret vidit animam .. Dei famulae BEDE *HE* IV 21 (23) p. 257; dulcedini cantus ~ens *V. Gund.* 21; cum .. gubernio male ~eret cursui dirigendo ORD. VIT. XII 26 p. 413; si vis ~ere Jesu vel Jesum ~ere tibi J. FORD *Serm.* 91. 7; fili, .. aliis omissis, istis ~e *V. Edm. Rich B* 618; omnes patulis / intendunt auribus sirene modulis WALT. WIMB. *Palpo* 118; *Wycl. & Ox.* 164 (v. discruciare). **b** super .. famulum .. ~e EGB. *Pont.* 106 (v. dignanter); pater serene, ad has tuae misericordiae stipendiarias ~e OSB. *Mir. Dunst.* 3; Domine, incurvatus non possum nisi deorsum aspicere, erige me ut possim sursum ~ere ANSELM (*Prosl.* 1) I 100; **c1105** in hoc .. ~ere quod .. (v. d infra); pueri .. quia non ad suos pedes sed ad eos [sc. papiliones] semper ~unt, aliquando in foveam cadunt *Simil. Anselmi* 72; ~entes de accessione et recessione maris, ~amus primo de causa materiali GROS. *Flux.* 459; circumstantes relictis occupationibus .. in eum ~ebant HIGD. II 13. **c** auspex, i. e. qui avium auguria ~it ALDH. *PR* 114; fili mi, quia tempus nunc propinquat, ultima mandata mea ~e FELIX *Guthl.* 50; accusator solam ~it litteram, defensor sententiam ALCUIN *Rhet.* 9; illi .. excecati furore in monachos fremebant et nichil sane rationis ~ebant ORD. VIT. XIII 23 p. 61; illa [loca] frequenter inspicere et sic habitum illorum per frequentiam ~ere [v. l. intelligere] et firmare BRADW. *AM* 20. **d** **798** non ~ens quid praedicator .. ait ALCUIN *Ep.* 148; **c1105** in hoc quoque vos multum oportet ~ere, quod nondum vestra dilectio suscepit episcopi consecrationem ANSELM (*Ep.* 322) V 252; stant et diligenter ~unt, si quomodo comprehendant que sit longitudo .. caritatis Christi J. FORD *Serm.* 26. 5. **e** tuum est ostendere, et meum ~ere ANSELM (*CurD* I 11) II 68; ave lampas celi suda, / .. / cujus vultus vibramen dat, / in quod cherub, ut intendat, / connivere cogitur WALT. WIMB. *Virgo* 86. **f** de potestate .. solummodo ordinaria et regulari, non de casuali, predicte negative [v. l. predictas negativas] ~unt OCKHAM *Pol.* I 23.

8 **a** to heed, obey, submit to the authority of (w. dat.; *cf.* 19a *infra*). **b** (w. dat. and prep.) to obey or be responsible or answerable to (person, in respect of something; *cf.* 19b *infra*). **c** (*litterae de ~endo*) letter enjoining submission. **d** to attend, wait on (person; w. dat.).

a c**990** domino venerando episcopo ~enti Patri Summo B. *Ep.* 385; regi suggestum est quatinus ex his unum .. fratribus cui ceteri ~erent, abbatem inibi preficeret *Chr. Battle* f. 13; **c1210** conventui ~atis (v. 19a infra); **1245** inhibendo ne quisquam de cetero sibi tanquam imperatori .. pareat vel ~at (*Lit. Papae*) M. PAR. *Maj.* IV 455; **1347** cui omnes monachi .. obediant et ~ant *Norw. Cath. Pri.* 107. **b** si quis diversos diversorum feodos teneat, de eo quod ad eorum feudum pertinet cum singulis componat, et de rebus alterius alteri non ~at (*Leg. Hen.* 43. 5) *GAS* 569; **1136** tibi precipio quod eas ad H. episcopum dominum tuum et de terra illa ei ~as et homagium suum ei inde facias (*Ch. Wint.*) *EHR* XXXV 397; **c1240** dictus A. et heredes sui .. tenebunt dictas terras de dicto H. et heredibus suis et eisdem .. acheviabunt, respondebunt et ~ent .. de releviis, wardis, et eschaetis *Cart. Chester* 168 p. 156; **1298** burgensibus et probis hominibus ville .. respondeant et ~ant in omnibus que contingunt libertatem supradictam *BBC* (*Newcastle*) 140; **1305** nec iidem tenentes ballivis Herefordie in aliquo ~unt *Reg. Heref.* 409; **1385** eisdem curie et comitatui de Flynt hactenus in aliquo nullatenus ~isse *Pat* 320 m. 31. **c** **1334** consimiles littere de ~endo diriguntur divisim singulis vicecomitibus comitatuum predictorum *RScot* I 275a; †**1066** (15c) literis patentibus .. de ~endo *Reg. S. Aug.* 152. **d** **s1455** W. B. .. positus fuit .. in le *holle* dicte navis absque cibo et potu aut aliqua persona sibi ~ente aut ministrante *BBAdm* I 255.

9 to apply oneself to (study, exercise, or sim.), to study (subject) (in quots., w. dat.).

juvenili ardore fervens ~ebam dactilico carmini ORD. VIT. XI 30 p. 273; ostendere quibus .. exercitiis in cella debeat ~ere, qui sanctum ordinem Carthusiensem professus AD. SCOT *QEC* 801A; **1324** qui in artibus incipere teneantur, et postquam cessaverint studio theologie ~ant *Stat. Mich. Cantab.* 641; **1340** scolares facultati arcium ~entes *Deeds Balliol* 287; **1423** scolares ~entes theologie *Reg. Cant.* II 240; **1471** sive mechanico officio .. insudent, sive aliis artibus vivendi et negociacionibus ~ant (*Pat*) *Foed.* XI 730a.

10 to apply oneself to, attend to, see to (var. tasks, activities, or sim.; *cf.* 19c *infra*): **a** (w. dat.); **b** (w. prep.); **c** (w. acc.).

a **1217** *Pat* 57 (v. expeditio 3b); **1249** cure animarum .. ~ant *Cart. Brecon* 288; **1263** quod .. eligi faciat xij [homines] .. qui melius sciant et possint officio illi ~ere *Cl* 326; **1264** quia R. negociis scaccarii nostri ~it *Cl* 350; praedis et rapinis ~ebat OXNEAD *Chr.* 170; **1345** ut sic contra blasphemos .. possemus .. ~ere guerre Christi (*Lit. Regis*) AD. MUR. *Chr.* 165. **b** **c1212** infra terminum illum et pascha .. coram ipso, si ad hoc ~ere posset, .. compareremus GIR. *Ep.* 5 p. 192; **1229** vicarii .. nobis .. de cura animarum ~ant *Feod. Durh.* 213; **1264** ~ebat per preceptum nostrum circa negotia nostra .. expedienda *Cl* 4; ~it .. medicus in deopilatione membrorum corporis intencione integra cum re que confortet BACON IX 129; **1332** ad supervidendum .. mensuras .. ~ere (v. intromittere 5a); xij aldermanni .. ad assisam prosequendam fideliter ~ant *MGL* I 254 (cf. ib. 320: jurati quod ad illam [assisam] exequendam fideliter ~ant); **1426** quilibet sacerdos ~ens circa servicium divinum in die sepulture mee *Reg. Cant.* II 456; **1437** cum .. sepe requisissent ut ad alterius loci electionem ~erent BEKYNTON II 7. **c** **1263** mandatum est R. de la Lye quod officium tam thesaurarii quam cancellarii prout hactenus fieri consuevit ~at *Cl* 324; **1267** pro opere sustentationis eorum quos hujusmodi irrotulationem ~ere oportebit *MGL* II 254.

11 to strive (to, towards, for), be intent (on), to aim to accomplish or bring about: **a** (w. dat. or prep.); **b** (w. acc.). **c** (w. inf. or *ut*) to purpose, intend (to, that), to strive (to). **d** (absol.) to act for a purpose.

a toto nisu ~endo ad utiles [cogitationes et voluntates] ANSELM (*Ep.* 414) V 361; quatinus in omni vita sua nulli utilitati ~at ALEX. CANT. *Dicta* 3 p. 119; ut .. ecclesie nostre profectui .. ~amus GIR. *RG* III 10; **s1254** nulli .. papali commodo sed tantum denariis deglutiendis ~ebant M. PAR. *Maj.* V 459; ~it ad generationem *Ps.*-RIC. *Anat.* 40 (v. c infra); ad nos exterminandos hostis intendit J. HOWD. *Cant.* 160. **b** cum .. vultis orare aut aliquam bonam meditationem ~ere ANSELM (*Ep.* 414) V 361; si .. ex A potest fieri B, oportet quod ex A non fiat aliud .. nisi illud sit intentum propter B, et via in B .. verbi gratia, ex semine potest fieri homo; prius tamen ex semine fit embryo, verumtamen embryo ~itur propter hominem GROS. 128; nihil incipit agere actionem aliquam quamcumque non ~endo finem SICCAV. *PN* 194. **c** toto animo ~ens ut .. virginem castam exhiberet Christo BEDE *HE* II 9 p. 98; **c1105** non ~at cor tuum ut hoc tibi Deus praemium virtutis retribuat, quod pro virtute contempsisti ANSELM (*Ep.* 343) V 280; capilli .. nasci ~entes ADEL. *QN* 20 (v. 1 gleba 2b); hoc est quod .. demonstrare ~imus *Id. Elem.* I 1; filii eorum studia parentum .. perfecte assequi nondum ~erunt ORD. VIT. VII 13 p. 221; **1211** ~ebat probare se liberum et non potuit *Pipe Wint.* 78; sperma maris naturaliter ~it imprimere formam ejus a quo deciditur; sperma mulieris ~it eam suscipere .. quorum [spirituum] quilibet ~it ad generationem proprie cause materialis *Ps.*-RIC. *Anat.* 40 p. 23; ab hiis tamen paulisper supersedere ~itur ut ad regem .. revertatur *Ps.*-ELMH. *Hen. V* 56. **d** ista non fiunt casu, cum non habeant causam efficientem ~entem que frustraretur suo intento SICCAV. *PN* 203.

12 to attend, be present at (in quot., w. dat.).

1326 rex .. [vult] .. quod consilio suo apud Westmonasterium ~eremus donec .. reverteretur (*DCCant.*) *HMC Var. Coll.* I 272.

13 to perceive, apprehend: **a** (w. acc.); **b** (w. cl.).

a insidiarum laqueos sibi appositos ~it ÆLNOTH *Cnut* 45; principium mundi ~ere ASHENDEN *AM* 2v. 2 (v. b infra). **b** non ~entes statum siderum in caelo inaequalem esse GILDAS *Ep.* 3; difficile est .. principium mundi ~ere aut in quo tempore anni mundus incepit originem ASHENDEN *AM* 2v. 2; **c1463** ~ebat quod executores sui desiderabant vendere et non stabilire colegium *Paston Let.* 61.

14 (w. *quod*, or acc. & inf.): **a** to think, consider (that); **b** to assume (that).

a **1315** dicit quod non ~it quod dominus rex presentacionem suam .. clamare velit *Year Bk.* 77; non ~it quod predictus R. ad legem suam, contra factum suum predictum, pervenire possit *Ib.* 181. **b** ~imus .. *C* esse medium *AQ* DUMBLETON *Summa* 321.

15 **a** (p. ppl. as adj.) existing to a great degree, intense, (of degree to which quality *etc.* is present) great; **b** (of colour or its degree). **c** (of coloured object) having a deep or intense colour. **d** (of disease) severe. **e** (of action, sentiment, person) vigorous, strong. **f** (of sense, faculty) acute. **g** ? (as sb. n.) intensity, intensification.

a intensa siccitate *Quaest. Salern.* B 174 (v. exsiccare 4); bonitas intensissima NECKAM *SS* II 56. 1; ex calore intenso [TREVISA: *passinge*] exurente sanguinem sanguis in coleram convertitur BART. ANGL. IV 1; nichil bene potest recipere potentiam intensam et infinitam primi BACON VII 137; lucis .. intense simulacra in oculo remanent post aspectum PECKHAM *Persp.* I 1; perfeccius ens est perfeccius unum. respondeo, intensior unitas non semper magis excludit differenciam aliquorum in uno DUNS *Metaph.* VII 20 p. 476; DASTIN *Ros.* 17, BRADW. *CD* 20A (v. 3 supra); patet quod GQ correspondet intensiori gradui extremali, quod est impossibile DUMBLETON *Summa* 321; A [motus] .. erit intensior B [motu] (RIC. SWYN. *Calc.*) *Sci. Mech.* 303; si siccitas fuerit major et frigiditas intentior .. UPTON 104. **b** [psittacus] plumis intentissimi viroris decoratur NECKAM *NR* I 36; **s1284** albedo intensa (v. albedo a); gradus albedinis intensissimus KILVINGTON *Soph.* 19; **a1414** unus lapis sapphiri intensi coloris (*Invent.*) AMUND. II app. 332; oleum .. omnia reducit ad rubedinem et citrinitatem valde intensam, cui non aliud equiparandum est RIPLEY 318. **c** omnis synocha quanto intensiorem habet urinam, tanto apta nata est abbreviari, cum remisso colore, prolongari GILB. I 29. 2; si ponatur pannus albus tenuis super corpus rubeum intensum OCKHAM *Quodl.* 364. **d** zerna .. est intensa inpetigo *Alph.* 198. **e** manuum .. intensa erectio GILDAS *EB* 1 (v. erectio 1a); si intenta precantum non haesitat nec deficit oratio BEDE *Hom.* II 6. 234; dum .. vagabunda mente sollicitus curas mortales intenta meditatione cogitaret FELIX *Guthl.* 18; vigorosi et intensi *Quaest. Salern.* P 126 (v. discursus 2b); vestre .. devotioni quam erga ipsum sanctum satis intensam probaveram *Canon. G. Sempr.* 35v; intensior dileccio DUNS *Ord.* II 57 (v. delectatio). **f** licet visu caream, auditus .. et discursus in me sunt intensiores *Latin Stories* 78. **g** amplius per assensum et intensum appetit de positivo in superlativum magis regulariter conparari *Reg. Whet.* II 398.

16 (p. ppl. as adj., of person, emotion, or sim.): **a** (w. dat., or prep.) intent or fixed on, devoted to (activity, object of contemplation, or sim.). **b** (w. *ut*) intent on (doing).

a virum .. scripturarum studiis abundanter instructum ac intentum *Hist. Abb. Jarrow* 13; quanto ille ad petendum intensior, tanto iste ad inficiandum habebatur proclivior *G. Steph.* 4; martiis plurimum intentus .. exercitiis GIR. *EH* II 5 (v. exercitium 2c); exulcerant tenerum et intentum in Christo affectum G. HOYLAND *Ascet.* 279B. **b** intensus ut vas quod jacebat erigeret BEN. PET. *Mir. Thom.* III 43.

17 (p. ppl. as adj.) content (unless *f. l.* for *contentus*).

1216 honoribus vos tam dignos .. respicere curabimus quod bene intenti esse debebitis *Pat* 4.

18 (p. ppl. as sb. n.; some quots. perh. to be referred to sb. m. *intentus*): **a** that which is aimed at, goal, intention. **b** that which one seeks to establish, thesis, proposition, result (of investigation).

a **s1213** semel a facie Dei projectus voluit et alios secum in intentum devenire *Chr. Evesham* 239; SICCAV. *PN* 203 (v. 11d supra); ut .. jura non ad legislatoris intentum referant sed ad sue machinationis effectum verba retorqueant violenter R. BURY *Phil.* 11. 169; elevacio straminis et ceteri actus vocati causales fiunt ex quodam intento confuso fantasie WYCL. *Ente Praed.* 17; **s1454** suum promovere intentum juxta desiderium cordis sui *Reg. Whet.* I 136. **b** operando .. per illud ex duplicatione et pervenies in fine ad intentum ROB. ANGL. (I) *Alg.* 128; certificat hoc principale intentum BACON *Tert.* 80; principale intentum evidenti racione probatur OCKHAM *Pol.* I 239; prosequitur intentum, et primo inprobat opinionem Leucippi T. SUTTON *Gen. & Corrupt.* 81; **1432** quod quilibet magister .., modeste suo explicato intento, aliorum dicta .. benigniter impugnet *StatOx* 247.

19 (pr. ppl. as adj., of person) 'intendant' (*cf.* ME *entendaunt* < OF): **a** (w. dat.) obedient (to); **b** (w. dat., and prep.) obedient, responsible or answerable (to person, in respect of something); **c** (w. *ad*) attentive (to), responsible (for task, duty, or sim.).

a **c1210** vobis mandamus quatinus, sicut nobis fuistis ~entes, de cetero predictis priori et conventui intendatis *Ch. Westm.* 332 (v. et. 8a supra); **1216** mandatum est omnibus .. quod eidem comiti .. sint ~entes et respondentes *Pat* 1; **1231** W. ex tunc in ante sit ~ens capitalibus dominis *BNB* 435; **1269** (v. 2 dicere 8a); **1304** sit .. tota familia domus ~ens et obediens prout decet senescallo intrinseco *Ord. Ely* 260; major et cives non sint ~entes mandatis alicujus domini .. nisi mandatis regiis *MGL* I 163; cui magistro .. ceteri marinarii .. erunt ~entes *BBAdm* I 241. **b** **1190** sitis ~entes .. cancellario nostro .. super omnibus que spectant ad nos (*Lit. Regis*) DICETO *Opusc.* 178; **1228** mandatum est Waltero de P. quod de redditu quem per annum reddere solebat predicto advocato, predictis Willelmo et Bertramo ~ens sit et respondens *Cl* 22; **1313** vobis mandamus quod eisdem H. etc. tanquam justiciariis nostris itinerantibus ad ea que ad placita illa pertinent ~entes sitis et respondentes *Eyre Kent* 2; **1334** quod eidem R. .. in omnibus que ad placita illa [sc. foreste] pertinent ~entes sitis et respondentes *SelPlForest* 65. **c** **1294** in stipendiis unius clerici qui ~ens fuit ad scribendum omnia que fuerant necessaria empta ad galeam xiij s. iiij d. *KR Ac* 5/2 m. 3; **1330** de ministris regis qui racione officii sui custodire debent assisam de vinis et victualibus qui marchandizaverunt de .. illis .. dum ad officium illud fuerint ~entes (*Articles of Eyres*) *EHR* XXXIX 251.

intendimentum [ML; cf. AN *entendement*], agreement, compact.

1278 si regali magnificencie placeat ad subveniendum terre predicte absolute, absque ~o aliquo (*Bulla Papae*) *Foed.* II 122; **1288** obligaciones, fidei daciones, condicta et ~a quelibet illicita *FormOx* 358; **1291** tractatum est insuper quod si prefatus rex Aragonie in predictis .. defecerit, justo impedimento cessante, remoto omni captioso intellectu verborum, ad bonum et rectum ~um .. regna et terre sue in statum pristinum .. relabantur *Foed.* II 503.

intense v. intente.

intensibilis [ML], that can be intensified, capable of increase.

in nullo puncto linee forma posita potest dici tantum aut tantum ~is aut remissa BACON IX 145; illi [actus] .. nullam perfeccionem generant, neque intendunt habitum, quia non est ~is, sed tantum procedunt ex plena perfeccione ipsius habitus DUNS *Sent.* II 5. 1. 4; est .. Deus non intensus proprie nec remissus, non ~is nec remissibilis BRADW. *CD* 20B; beatitudines accidentales, ~es et remissibiles WYCL. *Log.* II 173; religio proprie sumpta est forma ~is et remissibilis, quia est essentialiter charitas .. ergo addicio virtutis perfeccionalis ad virtutem causabit in forma resultante intensiorem gradum NETTER *DAF* I 426 (*recte* 436).

intensio, intensive, intensivus v. intent-. **intensus** v. intendere.

intentare [CL]

1 **a** to hold or stretch out (towards), point (at). **b** to stretch out, set (trap, snare; in quot., in fig. context). **c** to aim (weapon) at (also w. fighter as obj., and in fig. context). **d** (w. abstr. as obj., *cf.* 2, 3 *infra*) to direct (at, *sc.* in hostile manner).

a digitos suos in oculos sanati ~ans W. MALM. *GR* II 223. **b** traditor .. fallatie sue tendiculam ~at T. MON. *Will.* I 4. **c** ferunt .. in nepotem et comparem excommunicationis jaculum ~asse W. MALM. *GR* III 267; Dionisius .. tirannus Democrito familiari suo suspensum capiti ~avit gladium OSB. CLAR. *V. Ed. Conf.* 1 p. 68; plebs excita furit nec abest, qui Laomedontem / intentet Danais, ultro ni litore cedant J. EXON. *BT* I 123. **d** nec dissimulabat omnis Gallia imperatorem execrari, ecclesiastici zeli vigore in eum ~ato W. MALM. *GR* V 430; quod nichil illi moribus pretenderent, in quod rigor episcopalis ~ari deberet *Id. GP* I 15.

2 **a** to threaten, devise (var. ills); **b** (punishment). **c** to make (threat). **d** (w. inf.) to threaten (to).

a quas [sc. calamitates] .. conspiratio germanorum .. ~abat ALDH. *VirgP* 53; proelia .. intentant FRITH. 788 (v. 1 hasta 1); **1169** fortasse pertimescetis minas insidiantium et ~antium labores et dolores J. SAL. *Ep.* 289 (292); Antipater hos persequitur velut hostes / intentansque dolos undique bella movet *Id. Enth. Phil.* 1384; nos ab intemptato nobis exterminio liberari GERV. CANT. *Chr.* 343; **1333** regnum nostrum hostiliter invadere presumpserunt, guerram et mala que possunt nobis .. perperam intemptantes *RScot* 233b illum fore ab ~ata morte divino munere preservatum *Mir. Hen. VI* I 22. **b** **1168** ut penam, quam ~averant innocenti, consiliarii nocentes exciperent J. SAL. *Ep.* 233 (239); temporales pene transgressoribus ~abantur P. BLOIS *Serm.* 719C; quam excommunicacionis sentenciam non proferendo intulit, set intemptando *NLA* I 267. **c** cum ab iniquo principe minae .. ~arentur GILDAS *EB* 75; cum blanditiis nichil promoverent, minas ~are ceperunt W. MALM. *HN* 509; minas graves ~antes eidem *Proc. A. Kyteler* 13. **d** [canes] ei in mediis insilire vultibus intemptabant R. COLD. *Cuthb.* 17 p. 32; intemptaret .. absorbere *Id. Godr.* 51 (v. 1 frustum 3).

3 (leg.) to bring (charge or action) (against).

si quis alii Dei plegium intemptet [v. l. alium *godborghes oncunne*] et compellare velit .. (*Quad.*) *GAS* 67; **1248** omni accioni quam ~averat .. renunciavit *Cart. Mont. S. Mich.* 88; **1271** actio ab eodem magistro contra ipsum ~ata *SelCCant* 90; **1393** subditorum nostrorum accionem justissime ~atam *Dip. Corr. Ric. II* 121; **a1431** causa .. quam tam plane ~at veritas, et planissime apud vestram sanctimoniam justitia recommendat *Reg. Whet.* II 371.

4 to attempt, undertake.

felicia auspicia operis ~ati *G. Hen. V* 3 (v. 1 felix 2).

5 **a** (trans.) to attend to, look after. **b** (w. dat. or prep.) to pay attention to, apply oneself to.

a boves debiles et male ~ati *Fleta* II 76 p. 165. **b** merguli .. assiduis capturis piscium ~antes et inhiantes GIR. *GE* II 33 p. 327; de actionibus possessoris ~emus *Fleta* IV 1 p. 213.

6 *dub.*

dum .. violentia ventorum accepta intemptat in eam partem evolat [sc. nubes] ubi ventos non invenit BERN. *Comm. Aen.* 7 (MSS: interemptat *or word omitted*; ? l. acceptam [sc. nubem] temptat).

intentatio [CL = *act of stretching out*], act of threatening, threat (in quot., w. obj. gen.).

noveritis .. quod nullius carceris squalor aut exilii terror .. vel mortis ~o vel illatio poterunt nos separare a catholica fide WHITTLESEY *app.* f. 8v. p. 152.

1 intentator [LL intemptator], (*~or malorum*) one who does not tempt with evils (of God, *cf. Jac.* i 13).

~or malorum Deus neminem inducit in tentationem PULL. *Sent.* 698D.

2 intentator [ML; cf. intentare 3], plaintiff, one who brings legal action.

qui aliquem accusare presumet, unde pecunia vel commodo pejor sit, et denique mendacium pernoscatur, linguam suam perdat ~or [MS Dm; *others omit*] vel weregildo redimat (*Quad.*) *GAS* 321 (cf. *Inst. Cnuti* ib.: delator).

intente [CL], **intense** [ML, CL *in compar. once*]

1 **a** earnestly, eagerly, passionately; **b** with close attention, diligently, carefully (in quots., *~te* only).

a interrogavit eum ~tius unde esset BEDE *HE* IV 20 p. 251; contemplationi divinae interno dilectionis ardore cum assidue et ~se inhiaret, activae tamen disciplinae operibus non minus insudabat *V. Swith.* 378; de demone qui ~sissime diligit se OCKHAM *Quodl.* 187; pro vita scriptoris / Deum intente ora, / amen HAUDLO 178. **b** sumtus qui necessarii essent parat ~tissime *V. Ed. Conf.* 49v; **1072** quatinus hanc causam ~tissime audirent LANFR. *Ep.* 3 (4); **c1125** ut vicecomes ~tius et fidelius hoc agat *Cart. Chester* 6 p. 48.

2 intensely, to a high degree (in quots., *~se* only).

cum cancro horribili et ~se rubro GROS. *AM* 102; videmus quod sol et luna eque cito immutant quantitatem eandem medii, et candela et ignis locum obscurum eundem eque cito illustrant, licet unum ~sius et magis quam aliud BACON *Maj.* II 442; una [sc. perfeccio] ~se habetur, alia non ~se vel omnino non habetur DUNS *Prim. Princ.* IV 86 p. 697; ferro .. ~se ignito MORE *Chr. Ed. II* 318 (v. incense); non clarius videret quam prius, nec majus sive ~sius, sed tamen multiplicius lumen haberet *Spec. Incl.* 3. 3; WYCL. *Misc. Phil.* I 180 (v. intentio 2a); **1466** utrum animus in purgatorio eque ~se affligetur ut .. damnatus *MunAcOx* II 716.

intentia [ML], intention.

forma respectiva que componitur ponens ~iam agentis tanquam actum intrinsecum et proporcionem ejus ad passum extrinsecum WYCL. *Ente Praed.* 108.

intentio, intensio [CL]

1 (act of) stretching, tightening; **b** (mus., w. ref. to tightening of string or raising of pitch; *cf. intendere* 1c).

arcum ~sio fragit W. DONC. *Aph. Phil.* 12. 9 (v. frangere 1a); precordiorum ~sio BACON IX app. 202 (v. dyspnoea). **b** ratione .. ~sionis ADEL. *ED* 27 (v. 2 fides); ODINGTON *Mus.* 88 (v. intercisio 1b).

2 a act of making, or process of becoming, more intense, intensification, increase (of quality *etc.*); **b** (w. ref. to gram. comparison); **c** (*~io motus*) acceleration; **d** (rhet.) intensification, amplification. **e** degree to which a quality *etc.* is present, intensity, intension; **f** intensity, fervour (of action).

a [nebulae] si in superioribus frigoris ~sionem offendunt, in nubes .. concrescunt ADEL. *QN* 64; substantiam singulorum arbitrati sunt intuendam, quantitatem .., et suas in omnibus his proprietates, an ~sionem admittant et susceptibilia sint contrariorum J. SAL. *Pol.* 479C; ex ~sione caloris innaturalis corpus corrumpentis *Quaest. Salern.* B 54; ~sio .. et remissio et comparacio sub quantitate comprehenduntur, ordo et discrecio sub qualitate *Ps.*-GROS. *Gram.* 58; [primum agens] aliquando operatur sine instrumento, et tunc ex nichilo cum ~sione potentie BACON XIII 29; si esse sic aut sic intense ignem sit accidentale, tunc esse simpliciter ignem esset accidentale, et per consequens oporteret ponere substanciam in actu per formam substancialem, cui adveniret accidentaliter ~sio aut remissio forme ignis WYCL. *Misc. Phil.* I 180; quanto .. dominium humidi sit majus, dummodo sit dominium frigidi proporcionaliter crescens, erit similiter ~sio albedinis UPTON 104. **b** comparativum quidem inponitur a forma que intendi potest; ~cio [v. l. †intransscicio] autem forme non est nisi prout est in subjecto *Ps.*-GROS. *Gram.* 38. **c** ubicunque est ~sio motus localis uniformis RIC. SWYN. *Mot.* 245 (v. difformis); est .. circa ~sionem et remissionem motus localis advertendum quod motum aliquem intendi vel remitti dupliciter contingit HEYTESBURY *Reg.* 241. **d** accusator ~tione [utitur] ad amplificandum causam, defensor extenuatione ad minuendam causam ALCUIN *Rhet.* 16. **e** dilectio .. que Deus est non est intensa, quia omnem gradum ~sionis excedit NECKAM *SS* I 6. 1; in macillentis generaliter est pulsus fortior .. propter majorem caloris naturalis, qui habundat in macillentis, ~tionem [TREVISA: *for kindeliche hete is more in lene men*] BART. ANGL. III 24; omnis .. creata potentia finita est, ita viz. quod non possit ex se producere aliquid infinitum magnitudine vel ~sione GROS. *Cess. Leg.* I 4. 4; mitigare ~sionem coloris BACON *Maj.* II 141; si intelligat adequacionem secundum extensionem, petitur principium; si secundum ~sionem, videtur falsum DUNS *Ord.* II 311; ~sio dicit gradum intrinsecum albedinis in se *Ib.* 40; tanta fuit ~sio fervoris in divina quod redundabat in omnes vires inferiores *Quaest. Ox.* 135. **f** oracionis ~sione incomparabiliter preditus *V. Edm. Rich B* 617; ~sionem actus MIDDLETON *Sent.* I 168 (v. frequentatio 3a).

3 attention, concentration, contemplation.

in testamento novo .. id quod interius cogitatur sollicita ~tione adtenditur (*Libellus Resp.*) BEDE *HE* I 27 p. 56; Cudberct, crescentibus meritis religiosae ~tionis, ad anchoriticae .. contemplationis .. silentia secreta pervenit *Ib.* IV 26 p. 271; nos .. apostoli .. celestem gloriam speculantes [v. *II Cor.* iii 18], ad ipsam enim est ~tio nostra LANFR. *Comment. Paul.* 226A; rex .. subito incaluit amore illius ita ut postpositis ceteris totam ~tionem suam circa eam verteret G. MON. VIII 19; illum sonum .. ad quem ~tio anime citius aciem anime convertit J. BLUND *An.* 188; hi quorum amor totus et ~tio tota in venationibus detinentur NECKAM *NR* II 137; qui de hereticis exquisitius et magis de ~tione considerant OCKHAM *Dial.* 407.

4 a purpose, aim, end; **b** (w. defining gen.); **c** (of area of study, discipline); **d** (w. ref. to natural cause); **e** (*~onis meae est* or sim.) it is my intention (*etc.*, w. inf. or *quod*).

a miles Christi super caput suum galeam ponit, cum ~tionem suam beata spe munit *Simil. Anselmi* app. 193 p. 101; mutata ~tione ORD. VIT. III 11 p. 124; si gestorum ejus [sc. Hen. II] ~tio justo libramine ponderetur R. NIGER *Chr. II Cont.* 169; [musica] religiosis pias fovet et promovet ~tiones GIR. *TH* III 12; ~tio autoris est moralitates docere GARL. *Mor. Scol.* prol. p. 181; in naturalibus transmutacionibus .. de quibus est ~cio hujus libri T. SUTTON *Gen. & Corrupt.* 50; se fricat cum fimo bovis .. ea ~cione quod impleatur virtutibus bovis *Itin. Mand.* 88. **b** demissa ~tione bellandi BEDE *HE* III 14 p. 155; quidam fur perrexit ad domum cujusdam divitis ~tione furandi *Latin Stories* 24; **1402** ad ~sionem et finem excitandi populum domini regis contra dominum suum (*CoramR*) *EHR* XXXII 561. **c** posui .. ~cionem grossam istius sciencie nobilissime [sc. moralis philosophie] BACON *Tert.* 53. **d** in causis .. naturalibus non accidit effectus preter ~cionem nature OCKHAM *Quodl.* 92. **e** **1330** (v. escapium 2b); **1334** ~cionis nostre non .. existit .. capellano .. gravamen conferre *Lit. Cant.* II 64; **1341** ~cionis .. nostre existit quod .. restitucio fiat *Rec. Leic.* II 54; **1347** ~cionis mee est quod dicta mitra remaneat .. penes priorem (*Test. Archiep.*) *Invent. Ch. Ch.* 107; **s1355** non fuit ~cionis sue treugio .. consentire AVESB. f. 124.

5 a sense, meaning (of word, text, or sim.); **b** opinion. **c** understanding, supposition (in quots., *sub ~one*). **d** (phil.) ? content of term or concept.

a utrum anima secundum sui generalem ~tionem sit substantia corporea vel incorporea J. BLUND *An.* 41; dicendum est quod nomen tenebrarum duplicis est ~tionis: in una enim ~tione opponitur lumini ..; in alia significatione .. *Ib.* 132; ~tio veritatis, sicut ~tio entis, ambigua est GROS. 143; *Ps.*-GROS. *Gram.* 37 (v. derivativus 2a); ut .. constitucionis [apostolice] sciatur ~cio OCKHAM *Pol.* I 292; quamvis extensive loquendo de substancia quodlibet per se existens .. posset dici .. substancia .., tamen .. suppono ~cionem substancie restringi ad res per se in primo genere [predicamentorum] WYCL. *Misc. Phil.* I 176. **b** [episcopus] monestavit me .. ut scriberem ~cionem meam ad illam scripturam WYCHE *Ep.* 540 (cf. *Ziz.* 501: declarare qualiter sentirem in eisdem [articulis]). **c** in fine due imperfecte sub ~tione perfectionis unius longe in pausatione *Mens. & Disc.* (*Anon. IV*) 54; quidam Lumbardi .. recedunt sub ~tione concordantie ultime in eodem sono *Ib.* 79. **d** duplicem .. comparationem habet forma exemplaris, sc. ad bonum cujus est forma per ~tionem, et ad malum cujus est species per accidens GROS. *Quaest. Theol.* 197.

6 (phil.) (mental) concept; **b** (dist. as *prima, secunda*); **c** (w. ref. to perception) quality of matter apprehended by internal senses (*cf.* G. F. Vescovini *Studi sulla prospettiva medievale* Torino, 1965, 64–9, 80–5).

~ciones vel conceptus .. ~ciones anime OCKHAM *Quodl.* 470 (v. b infra); si hoc est Socrates, tunc in conceptu tuo eadem est ~tio subjecti hujus propositionis 'hoc est Socrates' et istius propositionis 'Socrates est Socrates', et utrobique ~tio copule est eadem KILVINGTON *Soph.* 123; si .. esset qualitas res absoluta, sequitur cum veris quod omne senciens haberet ~cionem absolutam prius naturaliter signantem qualitatem quam sit ~cio signans substanciam WYCL. *Misc. Phil.* I 127. **b** sunt essentie simplices et separate, et prime ~tiones nominantur; set in quantum loyice sic sunt ~tiones supra illas essentias fundate, et vocantur secunde ~tiones BACON VII 21; est .. ~cio prima res, ut intellecta, seu conceptus ejus. ~cio autem secunda est aliquid quod accidit rei secundum suum esse intellectum tantum MIDDLETON *Sent.* I 26 p. 236; large dicitur ~cio prima omne signum intencionale existens in anima quod significat intenciones vel conceptus in anima sive alia signa precise; .. stricte autem dicitur ~cio prima nomen mentale precise natum esse extremum proposicionis et supponere pro re que non est signum, sicut conceptus hominis, animalis .. et breviter omnia nomina mentalia que naturaliter significant res singulares que non sunt signa OCKHAM *Quodl.* 470; large accipiendo dicitur ~cio secunda conceptus anime qui significat non solum intenciones anime que sunt signa naturalia rerum, cujusmodi sunt ~ciones prime stricte accepte, sed eciam potest signa mentalia ad placitum significancia significare, puta syncategoremata mentalia ..; stricte autem accipiendo dicitur ~cio secunda conceptus qui precise significat ~ciones primas naturaliter significantes, cujusmodi sunt genus, species, differentia et alia hujusmodi *Ib.* 471; vocatur .. terminus prime ~cionis signum quod significat suum significatum, non connotando racionem singularitatis aut universalitatis, ut isti termini: Deus, angelus, homo, etc.; terminus secunde ~cionis est terminus qui connotat singularitatem vel universalitatem, sicut isti termini: universale, singulare, genus, species .. WYCL. *Log.* 7. **c** ~tionem appellat commentator [Avicenna] qualitatem singularem non cadentem in sensum que est vel rei nocitiva vel expediens J. BLUND *An.* 254; PECKHAM *QA* 132 (v. intentionalis 2b); varias et multas esse ~ones visibiles, et quasdam primo, quasdam secundario comprehendi. siquidem viginti due sunt ~ones visu comprehensibiles: lux et color, remotio vel distantia, situs, corporeitas, figura ..; hee sunt principales ~ones, et alie secundarie que sub hiis continentur, sicut ordinatio sub situ collocatur *Id. Persp.* I 55 (58) (cf. Alhazen *Opticae Thesaurus* Basileae, 1572, II 15 p. 34; BACON *Maj.* II 6: viginti alia sensibilia, sc. remotio, situs ..); mediante memoria, que est arca ~onum insensatarum circa materiam sensibilem BACON *Maj.* II 128.

7 a (rhet., leg.) statement of case or claim, or document containing such statement. **b** bringing of action.

a ~tio est propinquorum pupilli: "nostra est pecunia .."; depulsio est "immo nostra .." ALCUIN *Rhet.* 11 (v. depulsio 1); **1221** deficiente Fulcone actore in probatione sue ~tionis tam super jure quam super possessione, .. R. reum .. absolvimus *Ch. Sal.* 113; **1236** profert ~tionem suam signatam signis judicum et eisdem sigillis quibus editio et citationes ejusdem signate fuerunt *CurR* XV 1580; [actor] proponere .. debet in judicio coram eo qui jus dicturus est ~tionem suam et illam fundare et probare BRACTON 106b. **b** libellus .. causam ~tionis exprimere debet RIC. ANGL. *Summa* 5.

intentionalis [ML]

1 pertaining to intention or purpose, intentional.

secundo modo producitur res secundum esse ~e, cum Deus intendit et wlt eternaliter rem illam non solum fore, sed existere actualiter suo tempore WYCL. *Ente Praed.* 146.

2 a (log. & phil.) conceptual, notional, existing in the mind. **b** pertaining to qualities of matter apprehended by the internal senses (*cf. intentio* 6c).

a objectum in quantum habet 'esse' in intellectu, non habet 'esse' reale sed tantum ~e DUNS *Ord.* III 158; non tantum intellectus patitur ab objecto reali imprimente talem speciem realem, sed ab illo objecto ut in specie intelligibili patitur passione ~i *Id. Sent.* I 3; signum ~e existens in anima OCKHAM *Quodl.* 470 (v. intentio 6b). **b** nec potest esse [sc. anima rationalis] per multiplicationem ~em, sicut generatur lumen a luminoso; quia quod sic gignitur, non habet essentiam permanentem PECKHAM *QA* 8; lux in medio est intentio vel species corporis luminosi, est etiam accidens medii; unde lux in medio habet duo genera dimensionum, habet enim dimensionem ~em a sua origine et realem vel naturalem ab aere. corpus enim luminosum multiplicat .. speciem sue magnitudinis ..; et hanc porrectionem speciei dico quantitatem ~em *Ib.* 132; dicitur quod lumen in medio non est forma realis sed ~is MIDDLETON *Sent.* II 160.

intentionaliter [ML]

1 intentionally, on purpose.

ita .. quod intendens se moveat aut determinet ad illam intencionem; aliter enim intendens finem non refert proprie loquendo aliquid ad finem ~iter, sed ille ipse qui ipsum determinavit ad talem intencionem MIDDLETON *Sent.* I 18.

2 (log. & phil.) conceptually, in the mind.

omne quod intellectus intelligit potest ~iter [vv. ll. intellectualiter, intellectus] componere cum alio OCKHAM *Quodl.* 246; per intelleccionem .. non realiter sed solum ~iter .. agentem WYCL. *Misc. Phil.* II 36.

intentive [LL (*as expl. of* obstinate), ML], **~sive** [ML], in or with regard to intensity or force (all quots. below have *~sive*).

non .. est differentia in ponendo ipsam [sc. substanciam causatam] habere de se virtutem infinitam ~e seu secundum vigorem, et extensive seu secundum duracionem, eo quod duracio infinita non potest procedere nisi a virtute infinita secundum intensionem SICCAV. *PN* 122; duracio est eadem cum sua essencia que est infinita extensive non ~e BACON *Tert.* 194; infinitum .. dicitur extensive et ~e *Quaest. Ox.* 347 (v. extensive b); calor est major in causone ~e GAD. 15v. 2 (v. extensive a); quia soli addunt cause inferiores aliquam perfeccionem ad agendum, ideo sequitur quod sol sit finitus ~e OCKHAM *Quodl.* 739; pena dampnatorum terminatur tripliciter, sc. causative, locative et ~e; .. ~e correspondenter ad peccati gravedinem WYCL. *Ver.* III 222; gaudium accidentale .. propter quod gaudium, si augmentetur, non erit homo simpliciter sive ~e magis beatus, sed solum multiplicius sive accidentaliter et extensive *Spec. Incl.* 4. 3 p. 138; addicio combustibilium causat majorem ignem extensive, sed majorem calorem ~e NETTER *DAF* I 426 (*recte* 436).

intentivus [LL], **intensivus** [ML]

1 (gram.) intensifying, intensive.

'de' memorativum est et ~tivum et privativum: de homine, detraho, desum ALCUIN *Orth.* 2333; alia [adverbia sunt] ~siva ut valde, nimium, prorsus .. *Id. Gram.* 888A; [adverbia] ~tiva *syndon geornfullice*: valde .. nimis .. nimium .. prorsus .. ÆLF. *Gram.* 230.

2 (phil.) pertaining to intensity or force.

si primum haberet omnem causalitatem formaliter et simul, .. esset infinitum, quia simul, quantum est ex se, posset infinita, et posse simul plura concludit majorem potenciam intensive: ergo si haberet perfeccius quam si haberet omnem causalitatem formaliter, magis sequitur infinitas ~siva DUNS *Prim. Princ.* IV 83 p. 692; enti non repugnat infinitas ~siva OCKHAM *Quodl.* 755; patet veridica sentencia Lincolniensis [cf. GROS. *Anal. Post.* 181] .. ponentis formam substancialem .. extensam partibiliter induci quoad subjectum, sed non quoad partes ~sivas vel naturam forme WYCL. *Misc. Phil.* I 181.

3 (med., of headache) ? intense, severe.

si [dolor capitis est] de sanguine, est ~sivus GAD. 69v. 1.

1 intentor v. incentor.

2 intentor [LL]

1 attendant, follower.

eos [sc. qui erga opus verbi devoti .. sunt] .. ~ores eorum intentos faciunt, in eo quod ipsi intenti sunt et dum pulsant ad eos, aperit eis Dominus quod eos prius latuit [cf. *Matth.* vii 7] AD. SCOT *Serm.* 194A; rex .. quot sub se in presenti ad manum habuit ~ores tot supra se in futuro habebit tortores BRINTON *Serm.* 48 p. 213.

2 instigator.

comitem Gaufridum, mali totius ~orem GIR. *PI* II 8; cogitationum malarum ~or [? l. incentor] *Mir. J. Bev. C* 336 (v. immissor).

3 one who states legal charge, accuser.

si vero nos nostra scelera celaverimus, ab illo [sc. diabolo] manifestabuntur qui accusator est et ~or BART. EXON. *Pen.* 38.

1 intentus v. intendere.

2 intentus [CL = *action of extending*]

1 intention, purpose; **b** (*~us principalis*) chief thesis or proposition.

1320 volumus eidem W. pietatis ~u concedere tenementa predicta ad cantariam .. sustentandam (*Breve Regis*) *MGL* I 446. **b** nitens .. probare principalem [*sic* MS] ~um suum in hac materia (KYN.) *Ziz.* 73 (*unless* f. l. *for* principale ~um, cf. intendere 18b).

2 ? risk, danger (to), or ? *f. l.*

quamvis fuerit metus, semper obligatur si possit illud [juramentum] servare sine ~u [? l. interitu] salutis eterne *Fleta* 335.

intepescere, intepēre [CL], to be or become moderately warm.

~uit, incaluit, *gewearmode GlP* 983; tepesco .. quod componitur intepesco OSB. GLOUC. *Deriv.* 587.

intepidus [cf. CL tepidus], not lukewarm, enthusiastic.

961 ego A. pontifex testudinem [l. testudine] agiae crucis ~us hoc donum corroboravi *CS* 1066 (cf. *CS* 1319 [**c963**]).

inter [CL *as prep. w. acc.*, LL *occ. also w. abl.* (cf. 14c infra); *sts. repeated before second sb., or placed after sb.*, v. 14a, 14b infra] *V. et. deinter, interea.*

1 **a** (in local sense, *cf.* 7 *infra*) between (usu. two things, places, persons, *etc.*); **b** (w. ref. to extension from one place *etc.* to another); **c** (parts of the body); **d** (letters, words); **e** (w. word indicating motion). **f** (*~er quatuor parietes*) within (one's) four walls, in (one's) house.

a repellunt barbari ad mare, repellit mare ad barbaros; ~er haec duo genera funerum aut jugulamur aut mergimur GILDAS *EB* 20; insulas quae ~er Hiberniam et Brittaniam sitae sunt BEDE *HE* II 5 p. 89; honore simulachri in flumine Tiberis ~er duos pontes collocati ORD. VIT. II 2 p. 234; ~er duos baculos J. MIRFIELD *Brev.* 84 (v. exprimere 1c). **b** jussit construere ~er duo maria trans insulam murum GILDAS *EB* 15; altitudo rei super horizontem dicitur arcus circuli altitudinis interceptus ~er rem elevatam et ~er horizontem BACON *Maj.* II 177. **c** post lectionem .. cartam accipiens ~er manus suas .. EDDI 27; pedem illum nudum ~er manus habens MAP *NC* II 4 f. 24v (v. discalceare 1b); **1266** J. filium dicti S. ~er cubitum et manum cum una sagitta wlneraverunt *SelCCoron* 6; **1297** ipsum Hugonem [*they feloniously slew*] ~er brachia ipsius Alicie (*PlR*) *Eyre Kent* I 121. **d** ~er duas .. partes cum [S littera] se precedit, ut 'Deus summus', .. prior S sonum perdit ABBO *QG* 8 (20); M .. ~er duas vocales posita cum sequenti debet pronunciari *Ps.*-GROS. *Gram.* 29. **e** mox proceres inter rumusculus exiit aulae FRITH. 211; **1222** ducet ~er duas aquas (v. ducere 5b); fossam .. per grossas arbores et palos affixos armare cepit, ~er quos in quibusdam locis lapides ex canellis .. emitti possent *G. Hen. V* 6 p. 42; **1476** ipse venit ~er eos [sc. Johannem et Llywelyn] et separavit ne pungnarent *March. S. Wales* 88. **f** ratione pueri qui auditus fuit clamare ~er quatuor parietes BRACTON 438 (*sim. RegiamM* II 53; cf. GLANV. VII 18: infra quatuor parietes).

2 between: **a** (things *etc.* divided or separated from each other); **b** (w. numerical indication of intervening distance); **c** (things *etc.* in contact w. each other); **d** (things *etc.* similar to, different from, or opposed to each other); **e** (things *etc.* chosen, decided on, distinguished, or sim.).

a o quam grandi distantia divisit Deus ~er lucem et tenebras! [cf. *Gen.* i 4] BEDE *HE* V 14 p. 314; **1241** [via] dividit ~er terram .. monachorum et terram Madoci (v. dividere 7c; *sim.* **14..**, v. ib.). **b** erat .. ipsius corporis longitudo l pedum et ~er humeros vij latitudinis habuit *Lib. Monstr.* I 13; distant .. ~er se monasteria haec xiij ferme milibus passuum BEDE *HE* IV 21 p. 258. **c** collisio que solet ~er duas partes fieri .. ut 'veni trex' pro eo quod est 'venit rex' ABBO *QG* 12 (28). **d** sit .. ~er Lundoniae et Eburacae civitatis episcopos in posterum honoris ista distinctio (*Lit. Papae*) BEDE *HE* I 30 p. 64; **a799** quid sit ~er aeternum et sempiternum? ALCUIN *Ep.* 163; cum ~er has et illas [sc. litteras] tanta sit vicinitas ABBO *QG* 9 (22); essendi distantia ~er creatricem unitatem .. et ~er creaturam H. BOS. *LM* 1352A; differencia est ~er diametrum et axem ROB. ANGL. (II) 145 (v. 1 diameter 2a); is est sensus sermonis ['est ~er canem et lupum'] quia indistinccio sive indiscrecio est ~er canem et lupum ..; sicut hec oracio 'lupus est in fabula' transfertur a propria significacione ad impropriam, sic et ista oracio, significat enim quod crepusculum est BACON XV 176; omnis oppositio realis est ~er res OCKHAM *Quodl.* 549. **e** necessaria est magna discretio ut ~er suggestionem atque delectationem, ~er delectationem et consensum judex sui animus praesideat (*Libellus Resp.*) BEDE *HE* I 27 p. 61; **a1066** ego ~er utranque partem valde fluctuans hesito (*Lit. Abbatis*) ORD. VIT. III 7 p. 98; ut discernat ~er justum et injustum ANSELM (*CurD* II 1) II 97; BART. ANGL. II 3 (v. dividere 7e); mediator qui .. potuisset judicasse ~er perdere et salvare *G. Ed. II Bridl.* 70; primo igitur distinguit ~er illos conversos ex Judeis et ~er gentiles OCKHAM *Pol.* II 770.

3 (in temporal use) between: **a** (points of time); **b** (w. ref. to intercalation); **c** (events). **d** (prov., *~er canem et lupum*) at twilight (*cf.* OF *entre chien et leu*).

a **s879** ~er nonam et vesperam (v. 1 eclipsis a); **1250** ~er mediam noctem et gallicantum (v. gallicantus); **1297** ~er Pascham et Translacionem S. Benedicti *Rec. Elton* 50. **b** ~er kalendas BEDE *TR* 45 (v. embolismus 2b). **c** [Albanus] ~er sacram confessionem cruoremque .. miraculis .. adornatus est GILDAS *EB* 11; **1397** volo .. illorum [sc. jocalium] .. inventarium fieri ~er capellanum mortuum et alium immediate institutum *Lit. Cant.* III 56. **d** **1265**, etc. (v. canis 3b); BACON XV 176 (v. 2d supra).

4 between (numbers, degrees, qualities, or sim.).

quinarius, .. septenarius, .. novenarius, ~er quos duo intermissi signant duplicem naturam unius Jesu Christi ABBO *QG* 22 (48); color .. ~er album et rufum OSB. GLOUC. *Deriv.* 263 (v. gilvus); medium ~er caliditatem et frigiditatem *Ps.*-GROS. *Gram.* 21; **1316** homines .. ~er etates xvj et lx annorum (v. defensalis 1a).

5 between (parties to agreement or dispute); **b** (on a matter of fact).

foedera .. pacis sunt flammas inter et undas ALDH. *Aen.* 54 (*Cocuma duplex*) 6; oritur .. ~er eos .. sermonum concertatio et reciproca sententiarum disputatio *Id. VirgP* 35 p. 278; **705** ~er regem Uest Sexanorum nostrique pagi regnatores discordiarum jurgia .. pullulabant WEALDHERE *Ep.* 22; **c750** judicate .. ~er me et ~er populum erroneum BONIF. *Ep.* 91; **798** (12c) nulla .. ~er nos haeredesque nostros et Offae regis surgat controversia *CS* 291; **c1132** concordiam que facta est ~er priorem .. et ~er Hugonem (v. concordia 2b); **1221** hec est convencio ~er fratres hospitalis S. Marie de W. .. et ~er T. de Eboraco *Deeds Newcastle* 37–8; **1369** propter dubietatem ~er dictum abbatem et dominum Johannem de Burgo decidendam *ExchScot* 324. **b** constet ~er nos hominem esse factum ad beatitudinem ANSELM (*CurD* I 10) II 67.

6 **a** (*~er .. et ..*) including both .. and ..; **b** (in context where numerical sum is given) reckoning both .. and .. . **c** (*~er totum*) altogether, all told.

a omnes homines gentis suae .. ~er potentes et impotentes, ~er servum et liberum, ~er monachos et laicos, ~er parvum et magnum NEN. *HB* 48 p. 191. **b** **926** (12c) x li. ~er aurum et argentum *CS* 659; pasturae iiij quarantenae ~er longitudinem et latitudinem *DB* I 88vb; ~er pratum et pascua et piscarias et silvas exeunt xviij li. .. per annum *Ib.* 154va; in D. sunt x hidae ~er silvam et planum *Ib.* 174va; **a1128** ~er sochemannos et villanos reddunt x li. *Chr. Peterb. app.* 164; **c1150** xx celdr' ~er farinam et frumentum (v. caldaria 2a); DEVIZES 33 (v. dromo b); **s1224** suspensi sunt .. ~er milites et servientes .. viginti quatuor M. PAR. *Maj.* III 86. **c** reddebant lxj libras ~er totum *DB* I 1va.; ~er totum valet iiij libras *Ib.*; **a1128** summa ~er totum in denariis et bladis ccc et iiij^{xx} li. *Chr. Peterb. app.* 167; convenerunt .. tot etiam alii quot [v. l. quod] ~er totum quadringenta milia .. computati fuerunt G. MON. X 1.

7 (in local sense, *cf.* 1 *supra*; also in fig. context): **a** among, in the midst of; **b** (w. word indicating motion *etc.*) among, into the midst of, into.

a ~er idola vivere cupientes BEDE *HE* III 30 p. 200; homines inter moritura vivere vita ALCUIN *SS Ebor* 1002; **935** ~er rabidis rictibus crudeliter discerpatur *CS* 707; ut [Christus] nec mori dignus haberetur intra aliquem hominum habitationem, neque ~er homines nisi ~er execrabiles ANSELM (*Sacr.* 3) II 241; stat imperiose carnifices ~er .., et gladiis exsertis circumstant illi; et in medio .. H. BOS. *Thom.* VI 2 p. 493; **s1447** quo mortuo et apud Babwelle ~er Fratres Minores ibidem sepulto *Chr. Hen. VI & Ed. IV* 150. **b** nisi me ventus tuae postulationis a puppi praecelsa pavidum ~er marina praecipitasset monstra *Lib. Monstr. prol.*; crucis suae navim ~er mundi fluctibus gubernet EGB. *Pont.* 60; que fideliter tenenda .. W. in capitulo nostro juramentum prestitit, et se ~er manus nostras ad ecclesiam nostram dedit *AncD* A 3343.

8 among (group, class, or sim., or those constituting it): **a** (w. ref. to inclusion); **b** (w. ref. to preeminence); **c** among, in addition to (others in group, class, *etc.*; w. ref. to inclusion or preeminence, *cf.* a, b *supra*).

a ut ~er veridicas .. creaturas non pertimescas libertatis .. nota inuri GILDAS *EB* 1; xij annos paeniteat; iiij annos extra aecclesiam, et vj ~er auditores, et ij adhuc extra communionem THEOD. *Pen.* I 5. 10; hos inter quidam Julianus nomine martyr / horrida .. perfert certamina ALDH. *VirgV* 1257; proiciatur extra aecclesiam et ~er laicis [v. l. laicos] paeniteat EGB. *Pen.* 4. 8; rectam quoque voluntatem .. ~er rectas actiones, ni fallor, computare possumus ANSELM (*Ver.* 5) I 182; **1453** per literas .. de warranto .. ~er warranta de eodem anno .. remanentes (*DL Ac. Var.*) *JRL Bull.* XL 413. **b** merito Johannes precellit ~er natos mulierum ORD. VIT. I 3 p. 10; ~er omnia .. Hibernie flumina .. principatum Sinnenus obtinet GIR. *TH* I 7. **c** ~er cribrandum, clibanumque accendendum mundandumque .. presbiteratus caeremonias .. exercere non omisit *Hist. Abb. Jarrow* 4; ~er alia inenarrabilium scelerum facta .. et hoc addebant BEDE *HE* I 22 p. 42; ut metricae artis, astronomiae, et arithmeticae ecclesiasticae disciplinam ~er sacrorum apicum volumina suis auditoribus contraderent *Ib.* IV 2 p. 204; in libro .. quem ut ederem tu maxime ~er alios me impulisti ANSELM (*Orig. Pecc. prol.*) II 139; ~er cetera bona studia historiam sue gentis quinque libris ediderunt ORD. VIT. I 24 p. 153.

9 among: **a** (those affected by or participating in action, event, condition, *etc.*); **b** (those sharing in knowledge); **c** (those sharing in property, payment).

a dum .. esset ~er carnifices justa cunctatio BEDE *HE* I 7 p. 20; fornicatione pollutus est tali, qualem nec ~er gentes auditam apostolus testatur *Ib.* II 5 p. 90; OCKHAM *Pol.* II 669 (v. dissentire 1a). **b** **705** hoc tibi per litteras intimare curavi ne ~er plures devulgatum innotescat WEALDHERE *Ep.* 23. **c** regnum ~er patrem et filium dividitur ASSER *Alf.* 12; **1281** devidebatur baronia .. ~er v sorores *PQW* 426a; **1386** ad distribuendum ~er omnes fratres (v. extendere 8d); **1424** residuum .. expendi volo ~er pauperes (v. exsequi 5b); **1505** sol'· W. W. cum ij servientibus operantibus in *le guttersettyng* .. ~er se per diem xj d. *Ac. Durh.* 658.

10 among, out of (number, *sc.* w. ref. to proportion).

c1260 inter centum Anglicos non sunt duo tuti *Pol. Songs* 122.

11 **a** amid, in (circumstances, situation). **b** at the time of, during (action, event). **c** (w. gd. or gdv.) while (speaking *etc.*). **d** (*~er haec, haec ~er*) during this, meanwhile, in this connection.

a in cujus [sc. Dei] cultu ~er leta et tristia .. opto persistere ORD. VIT. II 4 p. 286; ~er crispatos modulos organaque multipliciter intricata .. consona redditur .. melodia GIR. *TH* III 11 p. 153. **b** quod etiam ~er verba orationis vitam finierit BEDE *HE* III 12 p. 151; ~er haec verba, ecce tres viri .. ante portum .. steterunt FELIX *Guthl.* 40; ut .. semetipsum acrius ~er missam cruciaret *V. Gund.* 10; ~er inicia conflictus MAP *NC* III 2 f. 37v. **c** cum sedens in tenui veste vir ita ~er dicendum .. sudaverit BEDE *HE* III 19 p. 167; Hlotheri .. vulneratus .. est .. et ~er medendum defunctus *Ib.* IV 24 p. 268; sic oraverunt, et ~er orandum clare viderunt OSB. *Mir. Dunst.* 131; ~er loquendum *V. Chris. Marky.* 80 (cf. ib. 61: ~er loquendo); visionum mentionem ~er narrandum fecit AD. EYNS. *Visio* 6. **d** haec ~er J. archiepiscopus ad caelestia regna sublevatus BEDE *HE* II 18 p. 120; ~er haec, cum magnam partem umbrosae noctis in illis adflictionibus exigebant, sistere illum paulisper fecerunt FELIX *Guthl.* 31 p. 102; haec inter majora dari stipendia poscit ALCUIN *SS Ebor* 67; ~er haec te scire volo quia 'debere' et 'non debere' dicitur aliquando improprie ANSELM (*Ver.* 8) I 188; ~er hec audiens quidam miles .. condonavit ecclesiam sancti Michaelis ORD. VIT. III 2 p. 38.

12 (w. refl. pron., expr. reciprocal relation) between or among themselves *etc.*, with or to each other.

fornicantur ~er se ipsos THEOD. *Pen.* I 2. 11; **705** ad conventum C. regis .. et ducum .. quem nuper .. ~er se habuerunt .. non veni WEALDHERE *Ep.* 23; habito ~er se consilio BEDE *HE* III 29 p. 196; **p1105** pacem ~er vos habete ANSELM (*Ep.* 403) V 348; ipsis ~er se sevientibus ORD. VIT. III 8 p. 105.

13 **a** in, within, upon (var. things or places). **b** within, inside (society, institution). **c** on, at (boundary, junction). **d** ? within, not exceeding (degree, quantity, size, or sim.). **e** (*~er vices*) by turns, in turn.

a infans ~er arta conditus presepia ORD. VIT. I 2 p. 8; **1283** ~er Dordoniam (v. feodum 6d); ~er furcas .. obdormierunt FAVENT 20. **b** Rivessala tenet W. .. omnino ~er aecclesiam *DB* II 254b; **1357** ~er

communitatem *IPM* 138/8 (v. essartum 1a). **c** **1265** super pontem .. sub villa de Sutbiry ~er limites comit' Huntingdon' et Bed[ford] *SelCCoron* 1. **d** Domina Akina habet ~er x libratas *RDomin* 34; dicit .. Aristotiles .. quando frons .. sit ~er mediocritatem parva [TREVISA: *whan he is meneliche litil*] signat bonitatem virtutis BART. ANGL. V 10; ~er sex digitos *Ps.*-RIC. *Anat.* 40 p. 24 (v. 1 digitus 2). **e** ~er vices detur tyriaca aut mitridatum GILB. II 105v. 1.

14 (peculiarities of style and grammar): **a** (*~er* repeated before second sb.); **b** (placed after sb.); **c** (w. abl.).

a multa est distantia .. ~er eos qui .. et ~er eos qui .. BEDE *Gen.* 125 (v. distantia 1c); **c750**, **c1132**, **1221** (v. 5a supra); H. BOS. *LM* 1352A (v. 2d supra); BACON *Maj.* II 177 (v. 1b supra); OCKHAM *Pol.* II 770 (v. 2e supra). **b** flammas inter et undas ALDH. *Aen.* 54. 6 (v. 5a supra); hos inter *Id. VirgV* 1257 (v. 8a supra); sceleratos vixerat inter *Ib.* 2515; haec ~er BEDE *HE* II 18, ALCUIN *SS Ebor* 67 (v. 11d supra); homines ~er *Ib.* 1002; FRITH. 211 (v. 1e supra); H. BOS. *Thom.* VI 2 p. 493 (v. 7a supra). **c** ~er laicis EGB. *Pen.* 4. 8 (v. 8a supra); *Id. Pont.* 60 (v. 7b supra); **935** (v. 7a supra); *V. Chris. Marky.* 61 (v. 11c supra).

interadicere [ML], to say in addition, interject.

crebro interadjiciens se hoc, sicut nec debere sustinere, nec posse H. BOS. *Thom.* III 24 p. 273.

interaffidatus [cf. affidare], bound by a pledge made with others.

1294 sunt similiter conspiratores ~i cum predicto R. *JustIt* 1095 r. 1*d*; Simon de D., cum fuisset ad discordiam cum Thoma D., post proclamacionem itineris concordati sunt et .. ~i *Ib.* r. 2.

interalligatus [cf. 2 alligare], allied with others, confederate.

1294 sunt similiter conspiratores et ~i *JustIt* 1095 r. 1; est conspirator ~us cum aliis conspiratoribus inter Use et Derewent *Ib.* r. 1d.

interambulatio [cf. CL ambulatio], a walk or way round boundaries.

c1300 in omnibus locis per antiquas metas et per ~ones inter campos ville et alios campos ex quacunque parte conjacentes *FormMan* 2.

interamen [LL], **~mentum,** inwards, entrails.

~en, *innifli GlC* I 115; ~entum, A. *entraylys WW*.

interamnia [LL *gl.*], (defined as) rope used on rivers.

interenna .. i. chorda que frequenter est inter amnes, sicut in piscaturis et in navibus OSB. GLOUC. *Deriv.* 36; interemna [MS: interemnia], chorda que frequentius est inter amnes *Ib.* 294.

interaneus [CL], internal, intestinal. **b** (as sb. n. pl.) internal organs, entrails, intestines. **c** interior parts.

pedes tantus tumor et rubor cum interraneo dolore invaserat R. COLD. *Godr.* 232 (cf. ib. 265: interraneus dolor viscerum). **b** per ~ea concisi piscis BEDE *Sam.* 530; vomebam .. sanguinem eo quod et ~ea essent ruendo convulsa *Id. HE* V 6 p. 290; ut qui .. aliquo ~eorum morbo agitaretur W. MALM. *GR* II 121; quod preruptam fossam sonipes transsiliens ~ea sessoris disruperit *Ib.* III 282; interraneorum molesta egritudine totis visceribus dissipatus R. COLD. *Cuthb.* 48; **1254** item de interraneis j bovis, viij d.; item de interraneis iij ovium, iij d. ob. *Ac. Bailiff Merton Coll.* (*Maldon*); ut optimum nutrimenti succum .. ~eis exugant D. EDW. *Anat.* B2; septum transversum .. interraneis supra exsuplicitrem firmat *Ib.* B 3v. **c** incipiente .. introitu .. ab ipso angulo et paulatim ad superiora cenaculorum per ~ea medii parietis procedente BEDE *Gen.* 90C.

interaperire [LL], to open slightly.

hostio ~to puerum .., quia duobus non potuit, oculo uno videre contigit T. MON. *Will.* II 9.

interappellare, to appeal jointly.

s1141 rex .. in possessionibus Eboracensis ecclesie eum [Willelmum] confirmavit ..; Henricus vero episcopus Wyntoniensis legatus ad audienciam domini pape eum direxit, ~abant enim adversus eum Willelmus abbas Rivall et Ricardus abbas de Fontibus .., viz. quod pecunaria sponsione ambierit ad hunc honorem H. CANTOR *Cont.* 221.

interaudire, to hear incidentally.

archipresul vero ~iens hec .. respexit discipulum qui scripsit hec H. BOS. *Thom.* IV 27.

interbajulus [cf. bajulus 5], bearer (of messages or sim.) between people (in quot., w. obj. gen.).

s1098 ei per filium suum, qui secretorum erat ~us, dicitur respondisse M. PAR. *Min.* I 105 (cf. id. *Maj.* II 76: qui secretorum erat bajulus).

interbibitio, (act of) drinking together (as pledge).

si uterque dicit simpliciter "osculemur" sive "bibamus nomine matrimonii" et sequitur osculum vel ~o de communi consensu J. BURGH *PO* VIII 3D.

interblandus [cf. LL interblandiri = *to interpose caresses*], intermittently seductive.

temptatio, ~a quedam mentis experientia ad decipiendum R. MELUN *Paul.* 208.

intercadens, (med.) intermittent.

iste febres quia dicuntur composite proprie dicuntur ~entes, aut suboccupantes. et dicuntur ~entes ut postquam finitus sit unus paroxismus, interposito aliquo temporis spacio, incipit alter paroxismus GILB. I 23. 1.

intercalare [CL]

1 to insert (day or month) into calendar, intercalate; **b** to interpolate, interpose; **c** (her.) to place between (in coat of arms).

quidve nasceretur erroris infesti, si non ipse dies bissexti suo juxta morem necessarium ~aretur in ordine BEDE *TR* 38; predictos dies xxix excrescentes †interscalaverunt BACON VI 68. **b** si .. quo modo cum ~ato caractere sit operandum dubitaveris THURKILL *Abac.* f. 61; interkalare T. MON. *Will.* II 5 (v. cudere 2d); sarcasmos et tropico flore venustatur, / sed nunc ad scematicas formas transportatur; / metaplasmo subditur quod intercalatur *Qui majora cernitis* 24; ~are metaplasmo dat male versus (GARL. *Compendium Gram.*) *Ib.* p. 183 (*gl.*: ~are est interponere). **c** Rogerus .. cum M. filiam W. de Bellocampo uxorem duxisset Bellocamporum cruces crucigeras .. argenteis suis leonibus ~avit SPELMAN *Asp.* 141.

2 to interrupt.

tempore jam ex illo usque ad Henrici septimi .. in Angliam adventum Britonum regnum Anglorum sevicia ~atum est ANDRÉ *Hen. VII* 10 (cf. ib.: Britonum regno intermisso).

1 intercalaris [CL], (of day or month) inserted into the calendar, intercalary.

dies .. ~es BEDE *TR* 11 (v. epagomenus).

2 intercalaris v. interscalaris.

intercalariter v. interscalariter.

intercanere, to sing or chant between.

post orationem dominicam ~itur [AS: *betwux si gesungen*] psalmus .. consequentibus precibus et orationibus *RegulC* 19.

intercapedinatus, spacious, extensive.

~us, spatiosus OSB. GLOUC. *Deriv.* 290.

intercapedo [CL]

1 break in continuity, interruption, gap. **b** (usu. w. gen.) interval, intermission, space (of time); **c** (metr.).

transmarina relatione, quae crebris inrupta ~inibus non satis claret GILDAS *EB* 4. **b** per simplam ebdomadis intercapidinem ALDH. *VirgP* 25; BEDE *HE* V 1 (v. evasio 1b); post paucorum annorum ~ines B. *V. Dunst.* 15; **c1022** sine aliqua ~ine demonstratur quod .. *CD* 736; **a1077** longa temporis ~ine LANFR. *Ep.* 16 (15); post hec octo dierum fluxit ~o W. MALM. *Wulfst.* II 10; **1282** ~o .. temporis (v. 2b infra). **c** amphimacrum sescupla divisione partimur, quia arsis et thesis bina et trina temporum intercapidine dirimuntur ALDH. *PR* 122.

2 interval of space, distance; **b** (w. gen. denoting that which lies between, or that which is distant) at intervals; **c** (*per ~ines*) at intervals. **d** passage (between walls).

a coelo in terram ~inem FELIX *Guthl.* 31 (v. clangisonus); vestrum hoc opus est innotescere auribus nostris quae non solum affinitate sed et potestate videris obpleta, nulla ~ine prohibente ÆTHELW. *prol.*; **c1080** quos corporalis absentia seu quaelibet localis ~o minime disjungit LANFR. *Ep.* 10 (23); quamobrem custoditur [sc. paradisus], si quidem pro custodia satis est quod ~ine dura semotus ignoratur? PULL. *Sent.* 747B. **b** **a754** nos .. amor peregrinationis longa et lata terrarum ac maris intercapidine separavit BONIF. *Ep.* 94; corpora nostra, quantacunque locorum ~ine separata EADMER *Beat.* 589C; Babiloniam a Judaea multa terrarum ~o dirimit ALEX. CANT. *Dicta* 5 p. 130; per tantam aeris et aque turbulentam ~inem GIR. *TH* I 16; **1196** inter claustrum vestrum et forum modica protenditur ~o parietum; habitatis quasi in medio Babylonis P. BLOIS *Ep.* 134. 403A; **1282** magnam sanctitatis vestre concepimus imaginem, quam nulla vobis poterit ~o corporis vel temporis abolere PECKHAM *Ep.* 272 (v. et. 1b supra). **c** muro urbis .. turrito ab aquilone per ~ines W. FITZST. *Thom. prol.* 5. **d** *stowwe, streyt passage betwyxte ij wallys or hedgys* ~o *PP*.

intercedere [CL]

1 to come between, intervene (in quots., w. ref. to time elapsing between events).

post haec aliquantula mora intercessit, et ecce truculentior .. demonum multitudo advolat ALEX. CANT. *Mir.* 52 (II) p. 266; nec multum temporis intercessit quod .. rex .. coronatus est W. MALM. *GR* II 228 p. 280; nec mora intercessit quin prosper flatus carbasa impleret *Ib.* III 238 p. 300; pauculis annis ~entibus, omnia immutata [sc. sunt] *Ib.* IV 314 p. 369.

2 (of event, action, or sim.) to come in (as external factor in situation), intervene (so as to bring about or hinder a certain result); **b** (w. ref. to divine intervention).

si .. non venerit .. emendet, nisi competens sonius ~at (*Leg. Hen.* 50. 3) *GAS* 573 (cf. ib. 581 [*Leg. Hen.* 61. 8a]: qui non venerit amiserit .., nisi sonius ~at); facinus miserabile et plus quam civile bellum fuisset, nisi maturiora consilia intercessissent W. MALM. *GP* II 199 p. 242. **b** ~ente Dei gratia, animus W. pacatus est *Ib.* II 74; divinitus intercessit patrocinium *Chr. Battle* f. 130v (v. deicere 3a).

3 (w. person as subj.; sts. w. final cl. or other expr. indicating purpose): **a** to intervene (on a person's behalf), plead (for a person); **b** to intercede in prayer (for a person, for salvation or (forgiveness of) sins *etc.*). **c** (w. final cl. as obj.) to beg, entreat (that).

a quatenus roget priorem et aliquos majores fratres ut .. pro eo ~ant apud abbatem pro .. professione suscipienda LANFR. *Const.* 170; **a1083** precati sunt me quatinus pro eis apud vos ~erem et mea eos intercessione monasterio .. reconciliarem *Id. Ep.* 49 (28); ~it pro .. episcopo, ut vivens pallio non exuatur W. MALM. *GP* I 11; **1355** supplicans .. quod pro eo apud dilectionem vestram ~ere curaremus *Lit. Cant.* II 333. **b** **c673** (13c) ut tam tu quam posteri tui pro animae meae remedio ~ere debeatis *CS* 34 p. 56; obsecro, cum ad limina beatorum apostolorum .. perveneris, pro me ~ere memineris BEDE *CuthbV* prol.; pro quo intercede, viator, / ut Deus .. illum conservet ALCUIN *Carm.* 99. 15. 11; **796** ut diligenter jubeatis ~ere pro anima illius *Ep. Alcuin.* 100 p. 146; **a975** (12c) mens praesulum pro nostris facinoribus ~entium *CS* 159 p. 413; **1104** orat vestra benignitas ut .. pro .. prole vestra et regni vestri statu ~am ANSELM (*Ep.* 321) V 251; omnes precamur .. ut propter illum apud omnipotentem Deum studeatis ~ere ORD. VIT. VII 16 p. 252; **1165** precor attentius ut pro me ~atis ad Dominum ne me supra id quod possum temptari patiatur J. SAL. *Ep.* 163 (151). **c** offero munera .., invocans humillime et devotissime ~ens quatenus ea non deacceptet paterna bonitas AMUND. I 152.

4 (w. thing or abstr. as subj.; some quots. may be referred to 3a–b *supra* w. personification of subj.) to count or work in (a person's) favour; **b** (with God).

cum pro ipso paenitente supplicat humilitas .., ~it vitae mutatio ANSELM (*Ep.* 65) III 185; ~ente pecunia apud dominum papam, [rex Anglie] et vota et juramenta illuserat R. NIGER *Chr. I* 94; **1409** (v. habilitas 4a). **b** da quesumus omnipotens Deus ut qui in tot adversis ex nostra infirmitate deficimus ~ente unigeniti Filii tui passione liberemur *Rit. Durh.* 23.

intercentus, (mus.) middle part, tenor voice.

mene of songe, introcentus [v. l. intercentus] *PP*; *a meyne*, ~us *CathA*.

interceptio [CL]

1 taking, capture, interception.

quod [sc. silentium matrone] .. pudori ascribunt ob ~onem MAP *NC* II 14 f. 28.

2 interruption.

ridiculosa quadam vocis ~one AILR. *Comp. Spec. Car.* II 23. 571C; fit .. quandoque in historia disgressio ad amplificandum opus, si breve sit, per descriptiones et alias ~ones P. BLOIS *AD* 64; acuta nimis est argumentacio / et insolubilis mortis objeccio, / cujus arguccio nulla distinccio / obstare poterit nec intercepcio WALT. WIMB. *Sim.* 101.

3 breach, infringement, violation.

1220 ~ones injurias et dampna illata .. hominibus de Caleis per barones nostros de Sandwic *Pat* 305; **1227** (v. intercipere 9); **1262** nos rogastis quod ~ones nuper factas .. contra formam treugarum inter nos initarum faceremus emendari *Cl* 128; **1262** si treugarum nobis vel nostris ~o imponatur *RL* II 233; **1274** cum diverse transgressiones injurie et ~ones facte sint in marchia Wallie contra formam pacis *Cl* 93 m. 19.

4 placing between, interposition.

'extra' dicit exclusum [? l. exclusionem] racione terminorum localium, 'intra' inclusionem, 'inter' ~onem racione duorum vel plurium a diversis partibus locatorum *Ps.*-Gros. *Gram.* 54; ~onem medii inter levia Wycl. *Log.* III 68 (v. extrinsio).

interceptor [CL], usurper, embezzler (in quot., *f. l.*).

consequenter processum est contra Nicholaum Brambre militem qui eidem dampnationi subjacuit, licet plures habuit [v. l. habuisset] †~ores [*MS BL Cotton Claudius B IX* f. 288vb: intercessores] *V. Ric. II* 101.

interceptum v. intersaeptum. **intercerere** v. 2 interserere.

intercessio [CL], intervention, intercession: **a** (with man); **b** (with God).

a dum magistrorum furor in pueros desaeviret, nec spes ~onis uspiam ulla suppeteret Osb. *Mir. Dunst.* 15; **a1089** quod homuncio .. quicquam sua ~one concedi quaerat Anselm (*Ep.* 11) III 115; ut mea ~one a domino meo rege recuperaret quod ejus jussione perdiderat *Id.* (*Ep.* 406) V 351; adjudicatus fuit perpetuo carceri in insula Mannie, prece et ~one dominorum, quia longevus fuit *Eul. Hist. Cont.* 375. **b** quod divina vobis misericordia per ~onem .. regis Osualdi .. conferre dignata est Bede *HE* IV 14 p. 234; tu infelicitati meae apud Jesum precibus succurre, .. cicatricum plagas antidoto ~onis tuae infuso obducito Ælnoth *Cnut* 78; cujus gloriosa ~o optineat nobis veniam omnium delictorum *Pass. Æthelb.* 8; ut .. beati Thome martyris .. ~one liberemur Diceto *YH* 371; per ~onem gloriose virginis Marie Coggesh. *Visio* 11; per ~onem [ME: *bone*] amaritudinis quam quis pro Deo patitur *AncrR* 147; sanctorum ~one interveniente *StatOx* 239.

intercessor [CL], one who intervenes, intercessor: **a** (with man); **b** (leg., w. ref. to guarantor, surety); **c** (with God).

a 825 quia hereditas et heres ejus ad ~orem et patronem [*sic* MSS] eum expetivit *CS* 384 p. 530; per quem facilius quod avet obtineat ~orem quaerit Gosc. *Mir. Iv.* lxxxiii; **s1157** absit hoc ab eo ut ~ore tali tam sacrum tamque magnificum ordinem adipiscatur *Chr. Battle* 76 (cf. ib.: pecunia mediante); **s1224** (v. excusatorius a); **s1459** princeps .. permultos .. ~ores habeat *Reg. Whet.* I 355. **b** absente .. reo, presens ~or jure .. convenitur Ric. Angl. *Summa* 41 p. 111 (cf. ib. p. 110: fidejussore; *Nov. Justiniani* IV 1). **c** Herebertus .. aequatus gratia suo ~ori Bede *CuthbP* 28; sancte Paule, veni ad te .. ut reus opus habens ~ore Anselm (*Or.* 10) III 37; [apostoli] devotorum pii adjutores assiduique ~ores Ord. Vit. II 13 p. 347; pii apud Deum ~ores mihi existere dignemini Edmund *Or.* 587; **c1330** dignetur .. innata vobis pietas .. devotis ~oribus vestris in suis pressuris conscendere J. Mason *Ep.* 15 p. 204; [Christus] lapsos penitentes / semper relevat / te [sc. BVM] intercessore Ledrede *Carm.* 17. 14.

intercessorius [ML], (*litterae ~iae*) letters intercessory.

archiepiscopo litteras domini pape ~ias et cardinalium plurimas porrexi Gir. *Invect.* I 5.

intercessus [CL]

1 interval (of time).

multi temporis ~u W. Malm. *GR* IV 388; ~u .. temporis *Id. GP* II 74 p. 150.

2 intercession, mediation.

s1324 non alia via salutem sperantes quam Hugonum ~u More *Chr. Ed. II* 305 (cf. Baker 103: per graciam comitum).

1 intercĭdere [CL]

1 to fall between (also w. dat.): **a** (in space); **b** (in series); **c** (in time).

a dico quia inter ipsam [lineam] et arcum *G A D* aliam lineam cadere impossibile; quod si est possibile, sit ~ens linea *D H* .. Adel. *Elem.* III 15. **b** Edelredo regi primo Edmundus deinde Edwardus successere filii, his Cnutus .. medius ~it Gosc. *Edith* 278; non ~ente [v. l. intercedente] numero reliquo qui ante se relictum numeret Adel. *Elem.* VII 1. **c** ab Octobre usque ad mensem presentem computandum est ..; si vero Februarius .. ~erit .. *Id. Elk.* 5; talis motus discontinuus est et non unus, eo quod quies ~it media Bacon XIII 424 (cf. ib. 423: in omni motu locali cadit quies media).

2 a to cease, lapse. **b** to be lost (from memory; in quot., w. dat. of person).

a licenciacione ~ente Wycl. *Civ. Dom.* III 333 (v. dispensarius 2). **b** si athomos genelliaco .. ~at J. Sal. *Pol.* 458C (v. genethliacus 1).

3 (cf. 1 incidere 3, 10): **a** (of person) to come by chance (into place). **b** (of event, circumstance) to occur, arise, intervene.

a est locus .. paludibus .. septus ..; ibi ex insperato rex Ælfredus ~it [*v. l.* incidit] solus *V. Neot. A* 12. **b** cum .. nondum ad peregrinandum propter ~entes necessitates expedirentur W. Cant. *Mir. Thom.* VI 144; illius .. beate vite gloria, nulla ~ente molestia, permanet perpes et continua Petrus *Dial.* 57 (*unless understood as absol. and referred to* 2 intercidere 2a).

2 intercīdere [CL]

1 to cut between, cut through, sever, separate (also absol. and fig.); **b** to cut open, lance (in quot., in fig. context).

interveniente quippe sancto Uuintonie pontifice Adeluuoldo, immo ~ente .. Christi gladio, qui divisor est parentum ac filiorum Gosc. *Edith* 42 (cf. *Matth.* x 34); in lapidibus .. siccitas .. agendo secundum extrema ipsius ~it, demum, cum percutitur, frangitur et non dilatatur *Quaest. Salern.* B 162; subtilitas ignea .. ~it et separat, et fiunt folia brevia, acuta et intercisa *Ib.* W 2. **b** ut .. ejus venenate presumpcionis ulcera ~eret [MS: intercisse] *G. Hen. V* 1 p. 4.

2 a to interrupt, cut short; **b** to abbreviate.

a vespera medium opus ~it Gosc. *Edith* 75; Petrus *Dial.* 57 (? v. 1 intercidere 3b); ego sum Thomas ille, cujus monumentum affectas visitare; iter istud ~e, et vade Melros J. Furness *Walth.* 132; vicarias salutationes presens et nunquam intercisa suppleat affectio P. Blois *Ep.* 26. 91A; **s1255** intercisa sunt verba ampulosa M. Par. *Maj.* V 530. **b** ne quis .. hoc opusculum calumpnietur, eo quod leges contineat intercisas, incivile enim est de lege judicare nisi tota lege inspecta, respondeo .. Ric. Angl. *Summa* 41 p. 113.

3 to cut out, exclude, omit (in quot., from series).

numeratio naturalis est omnium numerorum ab unitate quantumlibet [? l. quantorumlibet] nullo interciso continua progressio ut hic: 1, 2, 3, 4, 5, 6 etc. Odington *Mus.* 47.

4 (p. ppl. *intercisus* as adj.): **a** cut, split, (of leaf) lobed. **b** (spatially) discontinuous or interrupted. **c** (of period) interrupted. **d** concise, brief.

a fiunt folia ~a *Quaest. Salern.* W 2 (v. 1a supra); **1295** pannus frontalis, inferius de panno ~o *Vis. S. Paul.* 330. **b** item a caedo hic caesor, -ris, et caesius, -a, -um i. lenticosus .. quia qui lenticosus est, colorem non integrum sed ~um habet Osb. Glouc. *Deriv.* 105. **c s1137** duo anni .. prosperrimi fuerunt; tertius .. mediocris et ~us fuit; duo .. ultimi exitiales fuerunt et prerupti H. Hunt. *HA* VIII 5. **d** plura vellem scribere, sed quia .. mihi non licet, ista .., licet ~a, sine reprehensione suscipite Anselm (*Ep.* 132) III 275; ut .. ~a et brevis nostra sit oracio cessetque utrinque inter nos altercandi controversia Chaundler *Apol.* f. 26a.

intercilium [LL], space between the eyebrows; **b** (pl.) ? hair growing where the eyebrows meet.

hoc ~ium .. spatium frontis, quod est inter duo cilia Osb. Glouc. *Deriv.* 84; hoc ~ium, *entrecil Gl. AN Ox.* 17; spacium .. ~ii inter duos oculos palmalem latitudinem continebat Higd. VII 23 (= Brompton 1153: interculii); hoc ~ium, i. spacium inter cilia; *the space betwene the eyn .. betwyn the browes WW.* **b** ~ia significant hominem tenacem ..; cujus ~ia sunt longa valde, significant hominem .. subtilis intellectus M. Scot *Phys.* 63.

intercinere [CL], to sing between or in an interval.

cum precinentium et succinentium, canentium et decinentium, ~entium et occinentium premolles modulationes audieris, sirenarum concentus credas esse, non hominum J. Sal. *Pol.* 402C.

intercipere [CL]

1 to interrupt in motion, detain, arrest, trap, catch: **a** (person); **b** (animal).

a illum quoque ~ientes [*gl.*: i. e. circumvallantes; v. l. intercientes] acutis hastarum spiculis in auras levare coeperunt Felix *Guthl.* 34 p. 110; ferebantur .. multi .. per anfractus et semetra viarum intercepti perisse W. Malm. *GR* II 170 p. 199; fugam Normanni simulaverunt, et insequentes Anglos repente giratis equis interceperunt et inclusos undique mactaverunt Ord. Vit. III 14 p. 148; **s1098** (v. devexitas); [regina] transiens per Tamisium .. intercepta est a Londoniensibus Wals. *YN* app. 504. **b** militibus multis desideratis, jumentis interceptis W. Malm. *GR* IV 311; **s1392** delphinus .. a civibus visus et insecutus, sed difficiliter interceptus, revectus est Londonias Wals. *HA* II 204.

2 a to obstruct, block, stop (thing, in its course or passage); **b** (by warding off from the body); **c** (breath, or air breathed). **d** to catch or trap between.

a ita .. innumerabilem Pictorum delevit exercitum ut .. flumina cursu intercepto subsisterent W. Malm. *GP* III 100 p. 218; visum .. et vocem ~iebant *Lib. Eli.* II 109 (v. flexura a); nec est permittendum sanguinem fluere .. sed statim ~iendus est Gad. 122v. 2. **b** ad grandinum impetus .. ~iendos S. Sim. *Itin.* 15 (v. grando 2a). **c** aquam, que interiora repleverat et spiritum vivificantem interceperat, exire coegit *Mir. Wulfst.* II 12; doloris anxietas .. interceptam animam cogit a venis in cor Map *NC* III 3 f. 40; strangulatio hunc ~it spiritum vel apoplexia Alf. Angl. *Cor* 3. 3; neque subito, intercepto aere, deficit pulsus *Ib.* 10. 8. **d** duos ventos ex diversis mundi partibus venientes nubem aliquam ~ere et violento conflictu eam in spissiorem .. formam condensare Bern. *Comm. Aen.* 7; quando unum corpus cum alio confricatur, aer in medio ~itur *Quaest. Salern.* B 87.

3 a to enclose between or in the midst (also w. ref. to time); **b** (arc of circle, between specified points).

a motus ejus [sc. sagittae] non potest esse continuus, quoniam quies media ~itur in ejus motu Bacon XIII 423; distincta .. non possunt esse nisi per vacuum interceptum T. Sutton *Gen. & Corrupt.* 73; circa loca .. sex notentur, sc. quantitas, figura, qualitas, numerus, ordo et distantia intercepta Bradw. *AM* 7; **1424** pro toto tempore intercepto inter festum S. Marci et festum Pentecostis ejusdem anni (*Ac. J. Arundel*) Poole *Essays* 424. **b** arcus .. coluri qui ~itur inter punctum solstitii estivalis et equinoctialem Sacrob. *Sph.* 90; *Ib.* 115 (v. directio 1b); Bacon *Maj.* II 177 (v. inter 1b).

4 to interrupt: **a** (action, utterance, *etc.*, *sc.* by causing to stop or to be intermittent); **b** (person, *sc.* in activity).

a eas sillabas, quas superius diximus sinaliphae metaplasmum ~ere Aldh. *Met.* 10 p. 83; ruina corpus attrivit, adeo ut intercepto diutius anhelitu exanimis putaretur W. Malm. *GP* II 87 (cf. 2c supra); fraude .. intercepta T. Mon. *Will.* VI 13 p. 247 (v. derigescere b); insula est mundi gaudium quod †crebis [l. crebris] doloribus ~itur, sicut litus crebris undis inpetitur Hon. *Spec. Eccl.* 855D; forme .. tales sunt quarum una ~itur ab alia per totum motum et permiscetur eidem, ita quod una quasi videtur exire ab alia Siccav. *PN* 49. **b** respondere cepit, verum orto tumultu dissidentium interceptus conticuit Ord. Vit. XII 21 p. 378.

5 a to deprive of life, kill. **b** to destroy (in quots., w. plant as obj. in fig. context).

a quos .. insimulare nequibat, potionibus noxiis ~ere W. Malm. *GR* II 113 (cf. ib.: [adolescentulum] veneno sustulit); decessit .. apud Wdestoche, .. subito fato interceptus *Id. GP* IV 177; xxxvij in stagnis seu fluminibus homines limphis intercepti sunt Ord. Vit. XIII 16 p. 39. **b** neu .. justa .. plantaria cum malis pariter, secanti intercepta sarculo, eradicando praecidant B. *V. Dunst.* 1; heu quia vinearum istarum plerisque in locis flores fructusque variis ~iuntur periculis, cum aut gelu eos pregrande nimii torporis exurit, aut .. J. Ford *Serm.* 60. 6.

6 a to carry off, sweep away. **b** to remove (from view).

a multi fluminis Olne rapacitate intercepti quod in arcto locati equos ad transvadandos vortices instimularent W. Malm. *GR* III 230 (*unless referred to* 5a supra). **b 798** dictum est solis lumine in Cancro interceptam esse stellam Martis humanis obtutibus Alcuin *Ep.* 155.

7 to overcome, get the better of (person).

necessitas, qua intercepti erant, aluit et ministravit audaciam W. Malm. *GR* IV 376; gravissimus somnus eum intercepit G. Mon. X 2; **1260** quia predicta F. impetravit breve suum postquam idem G. iter suum arripuit versus Bononiam causa studii ut sic ipsum in absencia sua per defaltam interciperet *Cl* 182.

8 a to appropriate, seize, usurp (land, property; also intr., and w. *super*, *versus* indicating person dispossessed); **b** (by military action). **c** ? to misapply (word), or ? *f. l.*

a dim' car' de soca, quam Fulco .. habet interceptam super Gislebertum *DB* I 278rb; W. intercepit ij mansiones Ketel presbiteri pro una mansione Sterre .. . N. .. intercepit ij mansiones, sed dixit se eas reddidisse episcopo Constantiensi *Ib.* 298ra; **1164** omnes percapturas quas fratres interceperunt versus me in faciendo passagium suum .. quiete clamavi *Ambrosden* I 166; **1220** donec certificemur utrum perambulacio .. foreste juste facta fuerit .. et utrum milites jurati ad perambulacionem illam faciendam versus ne interceperint de ipsa perambulacione necne *Pat* 231. **b s1216** cepit castellum de R. .., et sic indies castella plurima intercepit *Meaux* I 396. **c** quidam .. exponunt mellicratum i. de melle et vino, sed hii exponunt vel ~iunt mellicratum pro ydromelle *Alph.* 12.

9 (intr., or w. n. pron. as obj.) to commit a breach (of truce), (w. dat., *contra*, or sim.) to commit an offence against (person *etc.*, *sc.* in breach of truce).

1177 exceptis .. divisis terrarum nostrarum de Berri, si homines nostri aliquid interceperint inter se vel adversus alterum nostrum (*Treugae*) GIR. *PI* II 5; **1194** si rex Francie contra regem Anglie .. ~eret (*Lit. de Treugis*) R. HOWD. III 260; **1227** treugas invivimus .. tali modo quod si in treuga fuerit interceptum, de interceptione emendenda sic erit *Pat* 134 (cf. ib.: ille cui fuerit forisfactum); **1242** quod libenter nobis et nostris faceret emendari quicquid per se .. nobis et nostris fuit interceptum *RGasc* I 27.

interciput, the middle of the head.

hoc intercipud est media pars [capitis] .. hoc ~ut .. *the myd parte of the hede WW*; cinciput est anterior pars capitis, ~ut media pars, occiput posterior pars *CathA* 179.

intercise [CL], discontinuously, with interruptions.

si lingua incognita aliquis loquitur vestrum, non loquatur in audientiam omnium, sed apud duos vel tres loquatur, et per partes, i. ~e LANFR. *Comm. Paul.* 204; sermones ~e et vix audiri poterant R. COLD. *Cuthb.* 70 p. 143; ad quorum instantiam quedam narrabat, non tamen seriatim sed quasi ~e COGGESH. *Visio* 8; dialectica, interrogatione et responsione interpositis, ~e ratiocinatur KILWARDBY *OS* 616.

intercisio [LL]

1 (act of) cutting between or through. **b** interspace, interstice. **c** ? (astr.) angular separation between points on spheres arising from slower rotation of inner sphere (*cf. incurtatio* 2), or ? *f. l.*

s1121 facto longa terre ~one fossato (v. fossatum 2d); si .. ignea humiditas commisceatur aeree et excedat in illa commixtione, generantur folia longa ex igneitate elongante, et acuta et intercisa ex subtilitate ignea subtiliorem partem aeree humiditatis consumente inter grossiores ipsius partes et intercidente, unde fit separatio et ~o, unde folia intercisa *Quaest. Salern.* W 2. **b** [arbores] minus habent humiditatis et plus admixte subtilitatis, unde inter partes subtiliatas calor consumendo valet ~onem facere *Quaest. Salern.* B 60; quod sicce sint aves ex specie, probatur ex ~one plumarum que, licet sensui pateant conjuncte, sine dubio ex omni parte intercise. et unde hec ~o nisi ex siccitate? *Ib.* N 57; modos .. et intentiones monstrat subjecta forma, sed hac arte ut cum tono differunt monstret spatium vacuum, cum autem semitonio differunt nulla sit ~o ODINGTON *Mus.* 88. **c** quod polus inferioris coeli deficit a completione circuli [Alpetragius] vocat ~onem [? l. incurtacionem] primam DUNS *Sent.* II 14. 2. 5 p. 656.

2 interruption.

quas adhibes curas vix interrumpe. laboris / difficilem rursus capit intercisio nodum HANV. VIII 201; sine .. ~one vel evacuatione *Meaux* III 39 (v. evacuatio 5).

3 *f. l.*

[Orosius] descripsit positionem orbis Oceani †intercisionem et Tanai limitibus intercisum DICETO *Chr.* 28 (= Gennadius *De Viris Inlustribus* 40: Oceani interfusione .. intercisam).

interclaudere v. intercludere.

interclausura, partition; **b** panel, cloison.

c1250 novum furnum in eodem pistrino construxit et ~am dicti pistrini reparavit *AncC* III 153; **1278** in maeremio empto ad duas parvas turrellas et ad ~as in eadem xxxij li. v s. iiij d. ob. *KR Ac* 467/7/4 m. 2. **b s1249** fabricato elegantissime ex auro et argento, insertis gemmis et crystallinis ~is adaptatis, feretro, iterato translatum est venerabile corpus .. beati Edmundi M. PAR. *Maj.* V 76.

interclinium, (defined as) forking of roads.

~ium, diversitas viarum OSB. GLOUC. *Deriv.* 295 (cf. *perh.* Isid. *Etym.* XV 16. 11: diverticula .. hoc est diversae ac divisae viae).

interclinus [ML *gl.* (Jan. etc.), *by misr. of* interclusa], (app. understood as) lying among or between.

clino, -as, quod non est in usu; sed inde dicitur .. ~us, -a, -um, unde Ambrosius super Hegesippum 'civitas prerupta undique †proprie [MS: prope] erat ~a rupibus' OSB. GLOUC. *Deriv.* 127 (cf. Hegesippus III 9. 5 [*CSEL* LXVI p. 202]: civitas praeruptis .. erat interclusa rupibus).

intercludere (-claud-) [CL]

1 a to close off, make impassable (way, path, access, or sim.; also in fig. context; freq. w. dat. of person); **b** to shut, close (gate or sim.).

a flammam vibrantem qua ingressum paradisi expulso Adam .. cherub custos ~it BEDE *Hom.* I 12. 60; qui .. iter illi caeleste ~ere contendebant *Id. HE* III 19 p. 165; **s1097** causa discidii .. ad omnem pro Deo loquendi aditum Anselmo ~endum malitiose composita EADMER *HN* 90; etsi vos aditum monasterii .. michi ~itis *V. Chris. Marky.* 8. **b** studeamus .. ut januam patriae caelestis quae nobis est divinis patefacta mysteriis humanis ipsis nobis non ~amus inlecebris BEDE *Hom.* I 12. 61; basilica .. communis est omnibus, sed .. pariete undique intercluso, non visis maribus nec auditis mulieribus *Canon. G. Sempr.* f. 53.

2 to stop (breath), to block (windpipe).

videas aliquando hominem aperto ore quasi intercluso halitu exspirare non cantare AILR. *Comp. Spec. Car.* II 23. 571C; intercluso gutture omnem propemodum loquendi .. facultatem ammiserat R. COLD. *Cuthb.* 120; gutturis quoque, qui interclusus fuerat, meatus reseratus et relaxatus est *Mir. Fridesw.* 33; intercluso meatu spirituum mortuus credebatur *Mir. Wulfst.* I 8; ~itur hanelitus [TREVISA: *þe breþ is istoppid*] et vita finitur BART. ANGL. IV 4.

3 to trap, prevent the passage or escape of; **b** to confine (person).

laboraverat insuper interclusa ventositate in tantum, quod singulis etiam membris cum dolore maximo tumescentibus .. *Mir. Fridesw.* 14; dum .. lapis cum lapide fortiter et subito colliditur, aer interclusus antequam possit exspirare accenditur *Quaest. Salern.* B 87; aer interclusus in liquore *Ib.* Ba 112. **b** quemadmodum oves in caulis, aut asini in stabulis, sic serviles omnes interclusi estis CHAUNDLER *Laud.* 115.

4 to enclose; **b** (in a letter).

in arce quamplures erant aule spaciose ac speciose et precipuis camere muris interclusе ORD. VIT. XI 26 p. 252. **b 1235** juxta formam quam vobis sub bulla nostra mittimus interclusam (*Lit. Papae*) M. PAR. *Maj.* III 317; **1239** in quandam formam pacis convenimus quam vestre sanctitati transmitto presentibus interclusam GROS. *Ep.* 81; **1265** transcriptum .. litterarum .. vobis mittimus presentibus interclusum *Cl* 120; **1294** quorum nomina continentur in cedula interclusa (*Breve Regis*) *Reg. Malm.* II 390; escaetori .. dederat in mandatis, quatinus omnes evidencias .. in cancellariam regiam .. sub sigillis suis .. transmitterent interclusas *Meaux* III 17; dicti J. supplicacionem presentibus interclusam *Dictamen* 353.

5 to separate, isolate, cut off.

886 nulla .. ~unt intervalla terrarum quos copulat verae dilectionis vinculum (*Lit. Archiep. Remorum*) *Conc. Syn.* 11; interclusas Oceano Britannias GIR. *PI* I 14.

6 to decorate (artefact, with specified materials) in cloisonné.

cum quodam cypho beryllino, argento et auro opere subtilissimo intercluso, ad x m. appreciato *G. S. Alb.* III 91.

7 (p. ppl. *interclusus, interclausus*, as sb. or adj.): **a** (as sb. n. or f.) partition, screen (arch.; *cf. Building in Eng.* 261); **b** partition (in barrel; *cf.* c *infra*). **c** (as adj.) partitioned (in quot., of barrel).

a 1239 cooperiri eciam faciatis omnes domos ejusdem castri et in eadem [*sic*] fieri unum interclausum una cum duabus furnes' in majori coquina *Liberate* 14 m. 23; **1253** quoddam interclusum de bordo ex transverso ejusdem garderobe *Ib.* 29 m. 12; **1260** ex utraque parte magni altaris capelle nostre de Windes' fieri facias unum interclusum de bordo cum hostiis competentibus *Ib.* 37 m. 15; **1273** in j coquina nova cum iij interclausis in eadem .. in iij interclausis in eadem coquina plastrandis (*Chilbolton*) *Ac. Man. Wint.*; **1286** in .. j interclauso in eodem [molendino] inter aquam et rotas de eisdem bordis faciendo *MinAc* 827/39 r. 4; **1320** in v cheveronis emptis pro interclausa x d. *KR Ac* 482/1 m. 1; **1329** circa construccionem cujusdam interclausi lignei .. ante hostium inferioris camere *Ib.* 467/7/1; **1374** in stipend' .. carpentariorum .. faciencium unam interclusam sub ponte juxta *le bay DL MinAc* 507/8227 m. 7; selaturam [*ed.*: coel-] et interclausas optime depictas *G. S. Alb.* III 443; in navi .. ecclesie intra clausum ibidem .. jacet .. R. B. ..; inferius etiam extra interclausum predictum in eadem navi ecclesie jacet W. G. AMUND. I app. 441; interclausum A. *an enterclos WW*. **b 1313** pro .. tribus paribus barill' cum interclaus' precii vj s. *KR Ac* 375/8 f. 11. **c 1313** pro .. tribus paribus barill' interclaus' precii vj s. *Ib.* f. 11v.

intercludo [ML *gl.* (Jan. etc.), *by misr. of* intercludi ne] (understood as) screen, barrier.

intercludo, -is, inde interclusor, -ris .. et interclusio .. et hec ~o, -nis, i. interclusio, unde Josephus in sexto 'pro presentibus ornamentis ciliciis ~ine solem viderent' OSB. GLOUC. *Deriv.* 107 (cf. Cassiodorus *Jos. Antiq.* XVI 204: uxores .. ciliciis intercludi, ne ..).

interclusio [CL]

1 partition, screen.

1314 pro quadam ~one facienda infra capellam Recepte *KR Ac* 469/13 m. 2.

2 the state of being shut in, confinement.

totiens erubescere debetis quotiens sepem illam intuemini, cum recolere per id valeatis ~onis ac incarceracionis vestre et pristine servitutis CHAUNDLER *Laud.* 115.

3 what is enclosed, enclosed part (in quot., of folded and sealed letter).

nunc de ~onibus, ut narracionibus viz. .. nunc de superaddicio [*sic*] T. SAMPSON *MD* 156.

4 (act of) excluding, preventing, rendering impossible.

defensio .. culpe ~o est venie H. READING (I) *Dial.* VII 1236B.

interclusor [LL], one who shuts off, confines, hinders.

OSB. GLOUC. *Deriv.* 107 (v. intercludo).

interclusorium, pinfold.

~ium, A. *a pyndefolde WW*.

interclusorius, a that shuts off, that partitions; **b** shut off, partitioned.

a et in eadem navi ecclesie, ex opposito ostio ferreo ~io capelle Beate Virginis .. jacet dominus W. W. AMUND. I app. 442. **b 1244** in qua marescalcia fient due camere ~ie ad utrumque capud ejusdem marescalcie *Liberate* 28 m. 13.

intercolumnium [ML], space between columns.

~ium, spatium inter columnas OSB. GLOUC. *Deriv.* 290.

intercommunicare [ML]

1 to have common intercourse, intercommunicate.

1382 quod mercatores et alii subditi utriusque partis ~are possint durantibus dictis treugis *RScot* 41b; **1401** ibidem morari, mercari, mercandisas licitas exercere, negotiari et ~are *Foed.* VIII 192.

2 to share rights of common.

13.. [*the .. vills have no mutual common rights*] non ~ant *Cart. Fount.* I 81; usi fuerunt ~are causa vicinagii *Entries* 625b; **1567** tenentes ~abunt in Baresfelde *Surv. Pembr.* 262.

intercommunicatio, common intercourse, fellowship, communication.

1382 mandamus quod .. treugas et ~onem mercatorum et subditorum nostrorum et ipsius consanguinei nostri publice proclamari .. faciatis *RScot* 41b; **1406** de ~onibus inter nos et subditos nostros *Foed.* VIII 458; **1440** contra formam treugarum et ~onis mercandisarum inter nos et illos de Flandria nuper initarum *Pat* 446 m. 23*d*.

intercontinuare, to be continuous.

muro .. ~ante W. FITZST. *Thom. prol.* 5 (v. duplare 4a).

intercopulare, to join, unite.

die noctuque sollicite volutabat quomodo illorum se ~aret casta monachorum clientello [*sic*] HUGEB. *Will.* 2.

intercurrere [CL]

1 to run or pass between, from one place to another; **b** (of report, message, or messenger).

folia [libelli] sepius digitis ~entibus hac illacque dispersit et revolvit R. COLD. *Godr.* 319; **1290** cum expensis diversorum ~encium garcionum *Ac. Swinfield* 186. **b** refovere nos poterit ~ens epistola GOSC. *Lib. Confort.* 27; **s1179** ut in epistolis ~entibus se fratres appellare decreverint DICETO *YH* 439; nunciis ~entibus GIR. *EH* I 10; **1297** rumor validus .. noviter ~it *Reg. Cant.* I 198; **1390** inter amicos absentes .. prosperi mutuo ~unt rumores *FormOx* 234.

2 a (of event, circumstance) to occur in the meantime, arise (in the course of events or in connection w. specified matter); **b** (of feast) to occur, fall (at or within specified time). **c** (of time) to elapse (between specified events), to intervene.

a nostrum ~ere poterat exitium ADEL. *QN* 72; crimen .. roberie sine specialibus ~entibus preteritur [i. e. *is not discussed here*] GLANV. XIV 5; **1286** nisi mortale vulnus vel dampnum corpori ~erit (*Pat*) *EHR* XVI 109. **b 1234** debet operari per tres dies in septimana, nisi festa ~ant quando debet operari *Cust. Glast.* 63; per octabas dicatur eadem missa nisi festum cum regimine chori ~at *Miss. Sarum* 156; per totam ebdomadam dicatur missa de Trinitate nisi [festum] sanctorum ~at *Ib.* 171. **c** diebus postmodum non multis ~entibus T. MON. *Will.* V 17; multo ~ente more spacio AD. EYNS. *Visio* 2.

3 to intervene (in events, so as to affect outcome).

1146 appellationis jam ~it auctoritas G. Foliot *Ep.* 55; nisi necessitas ~erit, que legem non habet Ailr. *Serm.* 19. 28.

4 to be situated between, in the midst.

insulis ~entibus Gerv. Tilb. II 10 p. 764 (v. girfalco b).

intercursor, courier, messenger.

1297 de his .. nobis .. per ~ores dignemini .. intimare *Reg. Cant.* I 219; satis per ~ores edoctus *Croyl. Cont. C* 574.

intercursus [CL]

1 (act of) going to and fro, (*mercium ~us* or sim.) commercial intercourse.

1462 ~um mercandisandi .. in tali forma qua primitus inter regnum nostrum .. ac .. dominia .. consanguinei nostri factus extitit .. prolongamus *Foed.* XI 497a; **1496** ad securiorem et firmiorem tam amiciciarum quam mercium ~us observanciam (*Tract.*) *Reign of Hen. VII* II 308; **1515** tractatus amiciciarum lige et confederationis ac mercium ~us *Foed.* XIII 527.

2 passage, interval (of time).

aliquot dierum modicus intercussus preteriit *Ps.*-Elmh. *Hen. V* 110.

intercus [CL] (med.), **a** intercutaneous, (*aqua ~us*) dropsy; **b** (as sb.) dropsy (N. B. variety of genders ascribed to *~us* in some quots. reflects sense a); **c** (adj. in fig. use).

a monachus quidam morbo ~utis aque languebat W. Malm. *GP* IV 181. **b** ~us, hydrops *GlC* I 346; hic et hec et hoc ~us, -utis, i. illa res quam patimur inter carnem et cutem, sicut infirmitatem vel malos humores .., unde Cato [*Orat. frag.* 8. 2 Jordan] 'intercutibus stupris obstinatus' Osb. Glouc. *Deriv.* 120; hic, hec †intereus [l. intercus], est morbus inter carnem et cutem *WW*. **c** ~utibus stupris (Cato) Osb. Glouc. *Deriv.* 120 (v. b supra).

intercussus v. intercursus.

intercusus [LL *gl.*], suffering from dropsy.

~us, hydropicus *GlC* I 345.

intercutaneus [LL *gl.*], (anat., med.) situated between flesh and skin, intercutaneous (freq. w. ref. to dropsy); **b** under the skin (in quot., as sb. n.).

ita ~eus humor occupaverat universa Senatus *Wulfst.* 108; circa guttur morbo ~eo laboraret Ailr. *SS Hex* 9; internus dolor viscerum ac ~eus livor humorum R. Cold. *Godr.* 291; vir quidam .. qui ventositate ~ea membrorum omnium officium prepediente vexatus fuerat *Mir. Fridesw.* 57; eadem hora evomuit .. quod ~eum virus irrepserat, eodem meatu potenter ejecit *Mir. Wulfst.* I 18; aquam salsam ~eam Gilb. VI 154. 2; quarta medicina est .. in scarificacione ~ea inter articulos pedis Gad. 32v. 2. **b** si .. ~ea illa et intestina consideres, quid aspectu turpius ..? Gir. *GE* II 4 p. 181 (cf. ib.: que intra cutem illam .. lateant).

intercutiare, to welt (a shoe).

to walte, ~are *CathA*.

intercutium, the welt of a shoe.

consuunt sotulares veteres, renovando pictacia et ~ia [*gl.*: *waltys rivés*, etc.] et soleas Garl. *Dict.* 125; *welt of a sho* .. ~ium -ii *PP*; hoc ~ium, A. *weltte WW*.

interdare [CL = *to place between*], to give to one another.

prius ~emus alterutrum dextras *V. Chris. Marky.* 10.

interdicere [CL]

1 to forbid, prohibit (action; freq. w. dat. of person): **a** (w. acc.); **b** (w. inf.); **c** (w. cl.).

a ~imus omnibus Christianis injusta conubia et incestuosa cum monialibus O. Cant. *Const.* 7; quamvis feratur Murcardus .. pro ~to navigio et mercimonio navigantium tumorem pectoris sedasse W. Malm. *GR* V 409; ingressum totius terre sue ei interdixerunt H. Cantor f. 18; quare post minutionem ~itur sompnus? *Quaest. Salern.* P 70; **s1209** rex Anglorum .. capturam avium per totam Angliam interdixit Wend. II 49; **1350** de modo ~endi festa nacionum *StatOx* 82. **b** **c798** ~tum esse presbyteris .. praedicare (v. diaco a); duriter eos increpans, et amplius talia perpetrare ~ens Dominic *V. Ecgwini* I 4. **c** ne amplius jam peccet ~it Bede *Hom.* I 25. 109; **c763** (12c) omnibus meis successoribus .. penitus ~o ne aliter .. de eadem terra .. agere audeant *CS* 194; sub eodem anathemate .. ~o ut numquam benedictionem episcopatus Eboracensis suscipias Anselm (*Ep.* 472) V 420; **c1145** ~imus ne quis ad hanc regulam destruendam .. huic carte nostre contraire presumat *Doc. Theob.* 198.

2 to deny, refuse (something to a person; freq. w. dat.): **a** (thing, w. ref. to its use or enjoyment); **b** (right); **c** (friendship, allegiance).

a crustu ~to Aldh. *VirgP* 58 (v. habitudo 1a); hanc [herbam diaboli] Deus .. primis humani generis parentibus interdixit *Simil. Anselmi* 38; aperietur tibi janua paradisi, hortus deliciarum, ubi .. ~te arboris pulchritudo non te fallat M. Rievaulx (*Ep.*) 65. **b** (*Quad.*) *GAS* 170 (v. hlafordsocna). **c** **s1138** regi more majorum amicitiam et fidem interdixit, homagio etiam abdicato W. Malm. *HN* 467; **s1141** nec .. more majorum amicitiam suam eis interdixerat, quod diffidiare dicunt *Ib.* 487.

3 to prohibit, forbid (person to take specified action): **a** (trans.; in quots., pass., w. cl. expr. action); **b** (intr., w. dat. of person and abl. of action).

a **1076** sacerdotum .. habentes uxores non cogantur ut dimittant, non habentes ~antur ut habeant *Conc. Syn.* 619; ~imur .. quod non communicabimus .. cum idolatris (Wyche) *Ziz.* 378. **b** consecratus est Eboraci ab eodem archiepiscopo, quod Cantuariensi Stigando Romanus papa interdixisset officio; causam interdictionis non est hujus temporis allegare W. Malm. *Wulfst.* I 12.

4 (eccl.) to place (person, church, country, *etc.*) under interdict (also absol.); **b** (p. ppl. as sb. m.) person placed under interdict.

1169 scio, scio, ~ent terram meam *Ep. Becket* 560; **c1184** si .. bona ecclesie sancte W. .. non restituerint, anathematizentur, et ecclesia cujus ipsi parochiani fuerint ~atur *Cart. Chester* 478 p. 278; **s1208** Anglia generaliter est ~ta *Ann. Exon.* 11v; **1217** presentibus .. inimicis nostris ~tis et excommunicatis .. divina celebrare non verentur *Pat* 111; archiepiscopus Cantuarie interdixit civitatem Londoniarum *Leg. Ant. Lond.* 108; nemo debet nisi in causa Dei excommunicare, suspendere, ~ere (Wycl.) *Ziz.* 250; bulla ne archiepiscopus .. possit monasterium ~ere Elmh. *Cant.* 433; per personas ~tas .. in locis ~tis Lyndw. *Prov.* II 7t (v. 6a infra). **b** liceat nobis .. clausis januis et exclusis excommunicatis et ~tis divina officia celebrare *Meaux* I 109; **1456** contra suspensos, excommunicatos, ~tos, irregulares *ObitR Durh.* 93.

5 (p. ppl. as sb. n.) prohibition; **b** (leg.) interdict.

uxore contra Christi .. ~tum depulsa Gildas *EB* 28; qui .. inebriatur contra Domini ~tum Theod. *Pen.* I 1. 6; amoenitate allecti contra ~tum relicto altari hostias offerebant Bede *Kings* 734B. **b** contra ~ta venerabilium canonum Egb. *Dial.* 7; olim quando quis voluerit intendere ~tum, debuit efflagitare a pretore et dabatur ei rescriptum Vac. *Lib. Paup.* 246.

6 (p. ppl. as sb. n. or ? m., eccl.) interdict (also *~tum Christianitatis*): **a** (var.); **b** (*~to subicere*, *sub ~to ponere*, or sim.) to place (person, church, *etc.*) under an interdict; **c** (*~tum ponere*) to lay an interdict (on).

a **1166** neque unquam ut .. in innocentes regni feratis sententiam ~ti precipitabo consilium J. Sal. *Ep.* 175 (176 p. 176); **1169** si quis inventus fuerit ferens .. aliquod mandatum archiepiscopi Cantuariensis continens ~tum Christianitatis in Angliam, capiatur (*Const. Regis*) *Conc. Syn.* 931 (cf. W. Cant. *V. Thom.* I 45); quod .. sub anathematis ~to fieri prohibuit G. Cold. *Durh.* 3; **s1214** relaxatur ~tum Anglie Johanni regi per solam treugam pape *Ann. Exon.* 12; Ockham *I. & P.* 13 (v. excommunicatio 1a); ~tum generale in Anglia *Feudal Man.* 96; quid est ~tum? .. est pena qua ea, que sunt sacri ministerii et divini officii, per personas interdictas vel in locis interdictis vetantur Lyndw. *Prov.* 7t. **b** **1164** licet eum sub ~to ponere *SelCh* 166; **1174** episcopi sub ~to ponent terram regis Scotie donec ad fidelitatem regis redeat (*Treugae*) Diceto I 397; reos extrahit et absolvit, et sub ~to Christianitatis curie mee subducit Grim *Thom.* 35; **1219** dominus legatus .. omnes terras vestras subiciat ~to *Pat* 224; **1229** propter quam capcionem decanus Norhamptone ~to supposuit villam Norhamptone *BNB* II 291; **14..** ecclesiam .. ecclesiastico supponere ~to *Reg. Brev. Orig.* 51v. **c** legatus posuit ~tum generalem [? l. generale] in civitate *Leg. Ant. Lond.* 92.

7 (gram.) mark indicating separation of words.

Bede *Orth.* 22 (v. diastole a).

interdictio [CL]

1 prohibition; **b** (w. obj. gen.).

†725 (12c) illud .. omnium sanctorum ~one prohibeo, ne .. *CS* 142 p. 208; **†971** (12c) hoc .. Dei ~one et nostra auctoritate .. prohibeo, ne .. *CS* 1277 p. 576; **1032** perpetue virginis ~one (*Ch.*) W. Malm. *GR* II 185. **b** primum itaque subjugati heretici arcendi sunt ~onibus errorum suorum R. Niger *Mil.* III 80.

2 (eccl.) interdict.

697 sub anathematis ~one sciat se praevaricari *CS* 97; W. Malm. *Wulfst.* I 12 (v. interdicere 3b); **1169** ne litterae ~onis ullatenus illuc deferantur *Ep. Becket* 598; **s1170** advenit nuntius domini pape Alexandri ferens his tribus litteras singulas quibus ~onis virga percussi sunt R. Niger *Chr. II* 172; si infra factam ~onem aliquis predicte ecclesie .. morte preventus in provincia sepeliri non possit *Chr. Battle* f. 25v.

3 ? second bet at dice.

[aleator] in secundis jactibus, secundas [*gl.*: quas Teutonici vocant ~ones] facit Neckam *NR* II 183.

interdictivus, pertaining to or resulting from an interdict.

excommunicationis ~e sentenciis .. irretiti *Meaux* III 269.

interdictus [LL *in abl. sg. only*], prohibition, interdict.

747 hoc scelus similiter synodali decreto et ~u scripturarum compescamus Bonif. *Ep.* 78; **†1042** (12c) meo atque meorum ~u pontificum .. anathematizatus *CD* 762.

interdiu [CL]

1 during daylight, by day.

[sol] non minore aerum spatio noctu sub terras quam supra terras ~u creditur exaltari Bede *Temp.* 5; rex ~u latens, [*some* MSS *add*: noctu per avia] .. cornipedem cursu exhaustum stimulans, Azotum pervenit W. Malm. *GR* IV 384; lucis .. ingentis facule, super locum sepulcri et noctu et ~u descendentis *Id. GP* IV 179.

2 **a** from day to day, day after day. **b** ? one day (unless quot. is referred to 1 *supra*).

a sicque ~u scevo exemplo in exorsis, die diem recrastinante, et regie opes que ad fabrice accelerationem cedebant pro libitu et dispensantur .. *Chr. Battle* f. 13v. **b** fossor .. ~u fodiebat ortulum, .. ciconiam ciconia violenter oppresit [*sic*] E. Thrip. *Collect. Stories* 230.

3 (in gl. expl. as): **a** sometimes; **b** for a long time.

a ~u, i. interdum Osb. Glouc. *Deriv.* 159 (v. interdius). **b** ~u, diu. Plautus [*Aul.* 72]: 'interdiu [*MSS of Plautus*: interdius] quasi claudus sutor domi sedet' *Ib.* 291 (cf. interdius).

interdius [ML *gl. as adj.* (cf. Jan.), cf. CL *adv.* interdius = *by day*], continuous, constant.

diu componitur aliquamdiu .. et interdiu, i. interdum; invenimus etiam ~ius, -a, -um, i. continuus, unde Plautus in Aulularia [72]: 'interdius quasi claudus sutor domi sedet' Osb. Glouc. *Deriv.* 159 (cf. interdiu 3b); †interduus [MS: ~ius], assiduus, continuus, jugis *Ib.* 290.

interduatim [? CL (v. *TLL*)], at times, meanwhile.

~im, interim, obiter, interdum Osb. Glouc. *Deriv.* 290.

interduca [LL v. l.], bridal attendant, matron of honour (in quots., as epithet of Juno; cf. Martianus Capella II 149: iterducam [v. l. ~am] et domiducam); **b** procuress. *V. et. introduca.*

hec ~a, -ce, i. Juno, que †imo [? l. Juno; MS *omits*] ~a dicitur quia intererat quando puelle maritabantur Osb. Glouc. *Deriv.* 161; ~a, nomen Junonis, que domum ducebat virgines *Ib.* 292. **b** *a baldestrot*, pronubus, pronuba, ~a, paranimpha, paranimphus *CathA*.

interdum [CL]

1 sometimes, occasionally, in some instances; **b** (*~m .. ~m, nunc .. ~m*) sometimes .. sometimes, on some occasions .. on others.

de congesta virtutum copia ~m efficitur verborum inopia Aldh. *VirgP* 35 p. 280; allocutionem .. admixtis ~m lacrimis eloquenter sic edidit Ord. Vit. VII 14 p. 228; quas contemnit opes sapiens, admittit ad usum, / querit et interdum, non tamen absque modo J. Sal. *Enth. Phil.* 1652; morbo .. gravissime ~m vexantur Gir. *TH* II 4; [homo] suo moritur interdum gaudio, / ut risu periit Philemon nimio Walt. Wimb. *Carm.* 329. **b** haec [sc. Britannia] .. ex quo inhabitata est, nunc Deo, ~m civibus .. ingrata consurgit Gildas *EB* 4; **1166** judex ~m assertionibus, ~m presumptionibus utens J. Sal. *Ep.* 193 (187 p. 238); pro qualitate .. numinum orantes ~m ima, ~m summa respiciebant Alb. Lond. *DG* 6. 34.

2 in the meantime, meanwhile (but quots. may perh. be referred to 1a *supra*).

cum pre foribus cantitans ~m quoque quateret dulci resonantia fila tumultu, facile admissus est W. Malm. *GR* II 131 p. 143; Franci .. incursus in hostes aliquando prudenter differre, gladiis ~m resistere Ord. Vit. IX 8 p. 509 (= Baldricus *PL* CLXVI 1085C).

interdutia, interval, passage (of time), or ? *f. l.*

c751 nec .. contemptui vel oblivioni tuam sinceram in Domino germanitatem deditam arbitreris, quamvis per interdutias [MS *corr. to* indutias] temporum corporali praesentia secernamur (LUL) *Ep. Bonif.* 100.

interduus v. interdius.

interea [CL; al. div.]

1 meanwhile, during this, at this time, in these circumstances (freq. used at transition in narrative); **b** (closely connected w. following *dum*) at the time, during the period (when).

~ea volente Deo purgare familiam suam .. rumoris penniger ceu volatus .. omnium penetrat aures GILDAS *EB* 22; quadam die .. juvenes .. scurilitatem agere coeperunt ..; ~ea quidam infans erat cum eis .. qui incipiebat constanter ad eum dicere .. *V. Cuthb.* I 3; ~ea, decursis quaternarum dierum articulis, dies Paschae pervenit FELIX *Guthl.* 50; **838** inter ea vero .. flagitatum est .. (*Conc. Kingston*) *Conc. HS* 617 (= *CS* 421 p. 588); cum puer essem, .. cantus in hac ecclesia discebamus. ~ea cum quadam nocte .. concineremus ex more, contigit .. GOSC. *Transl. Aug.* 39C; †interrea rex Edwardus Aldredum .. Coloniam .. direxit W. MALM. *Wulfst.* I 9; contigit ~ea *V. Merl.* 23 (v. habere 21c). **b** id quod ~ea dum peregrinabar in Perside observatum .. notavi MORE *Ut.* 64.

2 (w. ref. to limited period) in the meantime, in the intervening period (in quot., *~ea temporis*).

1549 post novendium ea [sc. pignora] distrahantur, nisi ~ea temporis pro mulcta satisfaciat *StatOx* 349.

interegermus v. intergerivus. **interemitio** v. interemptio. **interemna, ~ia** v. interamnia.

interemptio [LL]

1 killing, slaughter, murder.

martyrum temporalis ~o exitii WILLIB. *Bonif.* 8; tam .. cruente conquisitionis .. Christiane .. gentis ~one fedate GIR. *EH* II 9; **s1174** Flandrenses a suorum ~one deterriti DICETO *YH* I 393; rex .. in sancti Patricii ~onem consurrexit J. FURNESS *Pat.* 43; ducis ~o .. regis Ricardi finalem subversionem penitus invitavit *Meaux* III 258.

2 destruction, annihilation.

quantum bonum tibi videtur, cujus ~o tam mala est? ANSELM (*CurD* II 14) II 114; **1253** (v. deificatio); interempto genere, interimitur species et individuum; sed nunquam ad ~onem entis in anima sequitur ~o entis extra animam; igitur genus est extra animam OCKHAM *Sent.* II 232; corporum interemcio RIPLEY *Axiom.* 114 (v. fimum 1c).

3 (log.) refutation, denial (of argument, thesis, or sim.).

solvenda est objectio hec per ~onem; hec enim falsa 'si justum est istum esse puniendum, Deus hoc vult' NECKAM *SS* III 35. 2; respondendum est per ~onem quod non est proprium instrumentorum quod dictum est, sed etiam est commune aliis GROS. 124; respondent huic sillogismo per distinctionem majoris et ~onem minoris DOCKING 111; per ~onem propositionum falsarum BACON *Tert.* 104; respondendum est per interemitionem R. ORFORD *Reprob.* 125; hec questio .. solvitur per ~onem suppositionis T. SUTTON *Quodl.* 169.

interemptor [CL], killer, murderer; **b** destroyer.

nequitia scelesti ~oris BYRHT. *HR* 4; ~ores Christi ANSELM (*CurD* II 15) II 115; nonne si ~or defuisset, mortalium lege moriendo decessisset? PULL. *Sent.* 795A; tanquam furtivum ~orem J. FURNESS *Pat.* 163; hujus animalis ~or nunquid homicida dicetur? GIR. *TH* II 21. **b** quoniam talium pessimorum ~orum deiformitatis et deificationis .. introductores ipsis pessimis ~oribus sunt pejores GROS. *Ep.* 128 p. 435.

interemptorius [LL], destructive.

pena .. emendatoria potius †quem [l. quam] ~ia OSB. BAWDSEY clxxii (v. emendatorius a).

interenna v. interamnia.

interere [CL]

1 to crush, grind, make into paste (also in fig. context).

intrito universalitatis epithemate O. CANT. *Pref. Frith.* 43; *make paste*, ~o .. *PP*.

2 (p. ppl. as sb. f. or n.) paste, plaster.

tecta in planum subducta, quae intritis [*ed. 1516*: sementis (i. e. caementis)] quibusdam insternunt, nullius impendii, sed ea temperatura quae .. tolerandis tempestatum injuriis plumbum superet MORE *Ut.* 133.

interesse [CL; *also in tmesis*, v. 3a infra; ML *also pr. ppl.* interessens *or* interens, *gd.* interessendum]

1 a (of space or thing) to lie between. **b** (of time) to elapse between, intervene.

a nisi luteae ~essent salebrae que civitatem a castris dirimebant ORD. VIT. IX 9 p. 523 (= Baldricus *PL* CLXVI 1093B); neque ad invicem sedebunt, nisi ~ente columna vel loco habente spacium unius sedis *Cust. Westm.* 162. **b** obsecro ne sit longum tempus in medio .., obsecro ne amplius quam haec solummodo proxima nox ~sit BEDE *HE* IV 9 p. 223.

2 a to be among (as member of group). **b** to be concerned in, involved with (business).

a **s1399** inventoribus ~essente presencium compilatore AD. USK 26. **b** hostis .. fraudulenter inhiat tuus esse familiaris. cur hoc appetit? ut quanto tuis vicinior ~fuerit archanis, tanto .. ORD. VIT. X 8 p. 52.

3 to attend, be present (at place, event, or sim., as participant, witness, *etc.*): **a** (w. dat.); **b** (w. acc.); **c** (w. gen.; perh. in error for dat.); **d** (w. prep.); **e** (w. adv. of place); **f** (absol.).

a ~erat huic synodo BEDE *HE* IV 18 p. 240; his hodie festis inter solemnibus estis WULF. *Brev.* 642; sophiste .. qui regis Guillelmi curie diutius ~fuerunt ORD. VIT. IV 1 p. 162; multis .. lectionibus et disputationibus ~fui J. CORNW. *Eul.* 4; ut tanto negotio tractando in propria persona .. ~essem GIR. *TH* II 19; **1333** ad ~essendum parliamento ipsius regis Scocie *RScot* 259a; **1368** sacerdotes .. sepulture mee ~essentes (*Test. Episc.*) *Reg. Exon.* 1549; **1467** in presencia .. virorum .. dicte eidem processioni personaliter ~essencium *Pri. Cold.* 213; **1529** ~essendo omnibus aliis curiis *Reg. Aberbr.* 489. **b** **1218** fecit quandam cervisiam in domo sua et ideo inquiratur qui ~fuerunt cervisiam *Eyre Yorks* 311; **1227** non ~fuit desponsationem (*Eyre Yorks*) *BNB* III 646. **c** **1328** cum sigillis quorundam dicte inquisicionis [? l. inquisicioni] ~essentium patenter appositis *Reg. Dunferm.* 371. **d** **s1405** rege infra dictum manerium personaliter ~essente *Chr. Pont. Ebor. C* 432; **1429** Willielmum E. .. procuratorem nostrum .. facimus .. ad comparendum et ~essendum pro nobis .. in dicto capitulo *Pri. Cold.* 103; **1430** volo .. quod idem capellanus .. oneretur ad ~essendum in dicta ecclesia .. cotidie ad matutinas *Reg. Cant.* 550; **1437** capellanis .. ~essentibus ad exequias *Mem. Rip.* I 130; **1456** in hujusmodi eleccionis negocio ~essencium et vocem habencium *ObitR Durh.* 94; **1516** in choro ejusdem ecclesie erunt viginti vicarii .. juxta antiquas .. fundationes presentes et ~escentes *Reg. Aberd.* II 93. **e** **1434** ex assensu .. comburgensium tunc ibidem essencium *Doc. Bev.* 47; **1496** canonici ut ibidem ~essentes predicto insulto .. immunitatem petierunt *Sanct. Durh.* 64. **f** mirantibus omnibus qui ~erant FELIX *Guthl.* 47 p. 146; si tunc aliquis plegius ~sit .. (*Quad.*) *GAS* 49 [AS: *gif ðær ðonne oþer mennisc borh sy*]; si unquam .. ab his qui ~fuere veritatem accepero W. MALM. *HN* 524; **1220** offert hoc disrationare per corpus suum .. sicut ille qui ~fuit et hoc vidit *CurR* VIII 382; **1427** prout michi notario publico .. ~essenti et videnti satis constat *FormOx* 460.

4 to be present (as circumstance, element of situation).

1279 si contemptus ~fuit *RParl Ined.* 2; **1279** faciendo .. sectas ad curiam .. si breve domini regis ibidem ~sit *Hund.* II 656.

5 a to exist as a difference, be the difference, (*hoc ~est*) this is the difference, (*aliquid ~est*) there is a difference; **b** (*~est* w. cl. as subj.) it makes a difference.

a **c795** inter temporalia et aeterna hoc ~est, quod temporale aliquid .. vilescit .. cum adveneritt, aeternum autem ardentius diligitur adeptum quam desideratum ALCUIN *Ep.* 35; ~est .. aliquid: nam in personis hominum, si una est persona, unus est homo ..; in Deo vero, quamvis sint personae tres, unus tamen est Deus ANSELM (*Proc. Sp.* 16) II 217; ut ferrum adamas, humorem Delius, / sic mentes attrahit ipse denarius; / hoc tamen interest, quod nummus forcius / trahit quam adamas vel fervens radius WALT. WIMB. *Sim.* 25. **b** omnis sillaba in ultimo versu .. indifferenter accipitur, nec ~est utrum corripiatur an producatur ALDH. *Met.* 10 p. 82; OSB. GLOUC. *Deriv.* 161 (v. interduca); quid ~est, equos rapiatis an decimas? P. BLOIS *Ep.* 82. 254B.

6 (*~est*) it makes a difference (to), is of importance or matters (to), it concerns, it is in the interests (of) (freq. w. inf. or cl. as subj.): **a** (w. gen. of person *etc.* affected); **b** (w. acc.); **c** (w. abl. sg. f. of poss. adj.); **d** (w. adv.).

a currebatur ad eum ex urbibus et agris, ab illis precipue quorum non ~erat dare nummum, ut soboli sue mercarentur lavachrum W. MALM. *Wulfst.* I 7; **s1140** legatus qui nosset officii sui potissimum ~esse ut pax conveniret *Id. HN* 486 p. 45; is .. appellare potest cujus ~est RIC. ANGL. *Summa* 37 p. 83; **1345** ~est .. deputatorum habere custodiam .. (v. contratalea); **1376** que quidem .. statuta nostra ad omnium quorum ~est vel ~erit noticiam deducimus *StatOx* 169. **b** si ~est barones meos dominicos, tractetur placitum in curia mea *MGL* II 649. **c** **1095** quaeque inordinata, ut mea ~erat, ad ordinem debitum volui revocare ANSELM (*Ep.* 198) IV 89; esto .. ut [Augustinus] alias migraret; quid ad me ..? nichil enim mea ~est, nisi quia usus antiquitatis non patitur, si tu cum Lundoniensi pontifice primatus honorem partiaris W. MALM. *GP* I 41; mea vel aliorum non multum ~esse arbitror quid credatur J. SAL. *Ep.* 143 (209 p. 318). **d** publice .. ~est ut materiali gladio cohibeantur qui nec Deum timent nec deferunt ecclesie P. BLOIS *Ep.* 73. 227B.

7 (*quod ~est*) that to which one is entitled as recompense for loss or damage suffered, (*~est* in impers. use) there is an entitlement to recompense for loss or damage (w. constrs. as in 6 *supra*; *cf.* 8b *infra*).

invente .. sunt hujusmodi stipulationes .. ad hoc quod unusquisque sibi adquirat quod sua ~est, si contra ea agatur que in stipulationem deducuntur; et si res in stipulatione deducta alii detur, nihilominus ~erit stipulatoris, quia ille qui promisit tenebitur ad interesse vel ad penam si pena fuerit in stipulatione deducta BRACTON 100–100b.

8 (inf. *~esse* as sb., *cf.* ME *interesse*, AN *enteresse*): **a** (person's) interest (also w. ref. to legal right to property). **b** loss, damage, injury, or compensation for loss *etc.*, interest (as dist. from usury; *v. e. g.* W. J. Ashley *Introd. to Eng. Econ. Hist. and Theory* I (third ed., 1894) 196ff., II (1893) 397ff., *Cambridge Econ. Hist. of Europe* III (1963) 567–8, 673).

a **1228** tanquam prosequentes singuli proprium ~esse (*Lit. Papae*) M. PAR. *Maj.* III 155; **s1311** omnibus .. quorum ~esse vertebatur adunatis *V. Ed. II* 170; **s1401** isti liti dominus W. B. .. pro suo ~esse .. viriliter assistebat AD. USK 58; **1452** jus seu ~esse in hujusmodi bonis habentes *MunAcOx* 627; **1452** nullus comparuit qui ad .. eleccionis actum petiit se admitti aut in ea parte pretendebat aliquod ~esse *Reg. Whet.* I 14; **1456** caucione sufficienti, sc. pro privato ~esse x li. et pro ~esse communitatis c m. *StatOx* 277; **1456** de jure et titulo seu ~esse nostris in .. premissis *Reg. Brev. Orig.* 291; **1537** in quadam causa .. mota inter M. C. sponsam G. L. et ipsum G. pro suo ~esse actores ab una et M. R. sponsam D. G. et ipsum D. pro suo ~esse reos partibus ab altera *Offic. S. Andr.* 62. **b** si illud quod pro auro venditur habet aliquid auri, emptio est: sed tenetur ad ~esse in re, et ad ~esse extra rem, si sciens vendidit NECKAM *NR* II 179; **1232** si dicta pecunia .. non fuerit persoluta .. promittimus et tenemur per stipulationem legitimam dare et solvere predictis mercatoribus .. per singulos menses pro singulis x m. sterlingorum j m. .. pro recompensatione dampnorum, ~esse et expensarum *Pat* 514; BRACTON 100b (v. 7 supra); **1258** arreragia, fructus .. colligant, donec de predictis pecuniarum summis ac expensis damnis et ~esse .. ipsis .. fuerit plenarie satisfactum (*Lit. Papae*) *Flor. Hist.* III 351; **1263** petit rex Anglie predictos barones ad ~esse suum, quod estimat ccc m li. sterling, sibi condempnari *Powicke Studies* 238; mercatores .. exigentes .. ut persolvantur eis debita sua, que cotidie propter usuras, penas et ~esse non minima suscipiebant incrementa *G. S. Alb.* I 380; **1313** quousque .. c m. nomine expensarum et ~esse satisfecerit competenter *Reg. Carl.* 87; **1339** optulimus .. nimis amabiles vias pacis, non sine magno nostrorum jurium ~esse *G. Ed. III Bridl.* 140; **1443** quousque eiis tam de dampnis, expensis et ~esse quam de summa principali .. fuerit satisfactum *Reg. Aberbr.* II 75; **1536** H. G. in dampnis et ~esse passis per dictum R. .. ad summam sex librarum .. condempnamus *SelPlAdm* I 57.

interessentia [ML], presence, attendance, active participation.

c1270 capellanus qui ratione sue personalis ~e .. reciperet communas (*Stat. Lich.*) *MonA* VI 1260; **1393** [episcopus] protestatus est non esse intencionis sue quovismodo propter ~am suam pro hujusmodi eleccione fienda .. sibi vel successoribus .. aliquod prejudicium generari *Reg. Heref.* 55; **1410** lego cuilibet executorum meorum pro labore suo propter ~am c s. *Reg. Durh.* 127; **1418** sacerdotes quibus pro eorum ~a die sepulture mee superius non legatur *Reg. Cant.* 155.

interextendere, to spread out between.

cum .. loquendum fuerit ad exteros, exeant verba per fenestram, oculares radii interius recludantur et reprimantur, interextento panno visui nequaquam pervio J. GODARD *Ep.* 240.

interfectibilis [LL = *able to kill*], liable to be killed, mortal.

quis .. posuerit bestiam Deum suum .. aut rem irracionalem quamcunque, .. rem non omnipotentem, sed debilem, indigentem, passibilem, ~em, destructibilem eciam ..? BRADW. *CD* 10A.

interfectio [CL], the action of killing, slaughter (also in allegorical interp.). **b** destruction.

Heliae .. lugubrem ~onem vaticinantium conquerenti ALDH. *Met.* 2 p. 64; tribus annis post ~onem Pendan regis BEDE *HE* III 24 p. 180; **c793** '.. ad ~onem ejus [sc. filii tui] ne ponas animam tuam' [*Prov.* xix 18]. quid est ad ~onem filii animam ponere, nisi patrem .. filium abicere a se et salutem ejus neglegere ..? ALCUIN *Ep.* 70; ~o illius superat omnem multitudinem .. peccatorum quae cogitari possunt ANSELM (*Medit.* 3) III 87; **s1175** dampna sibi ac suis illata et ~ones .. ad memoriam revocantes WEND. I 102. **b 447** (c798) mors intervenit ~oni peccati (Leo Magnus *Ep.* 16. 3) ALCUIN *Ep.* 137.

interfector [CL], killer, murderer.

cum .. si qui propter ejus [sc. sacerdotis] imperitiam .. perierint, in die judicii de ejusdem manibus, veluti ~oris, animae exquirantur GILDAS *EB* 110; ~ores Christi Judaei BEDE *Hom.* I 23. 88D; Aldred .. ~or Thelredi regis BYRHT. *HR* 61; sanguinis effusor humani sanguine pallet; / interfectori sanguinis unda fluit WALT. ANGL. *Fab.* 58. 28; *Quaest. Salern.* B 162 (v. interficere 1d); supplicio mortis addicitur ~or P. BLOIS *Ep.* 73. 225A; ~ores patris sui .. occidit *Eul. Hist.* I 358.

interfectrix [CL], murderess.

quo [sc. rumore] excita ~ix iter illuc adoriebatur W. MALM. *GR* II 162 p. 184 (cf. id. *GP* II 87: Elfriða S. Eduardi ~ice; HIGD. VI 12 p. 36);

interfercularis, for side dishes. **b** (as sb. n.) side dish.

1267 de magna mea scutella argentea ~i *Ch. Sal.* 343. **b 1492** in *nombles* pro ~i ..; in ~i hordarii ..; in allecibus et congris recentibus pro ~i ..; in tucetis pro ~i .. *Comp. Swith.* 307; **1514** in *ryce*, pro ~i iiij[ti] prioris *Ib.* 40.

interferculum, a side dish. **b** (mon.) extra course (of fish or meat).

a 1237 duos magnos platellos ad ~a coram rege deferenda *Pipe* 81 r. 15; **1288** pro factura .. ij magnorum discorum pro ~is regis *TR Bk* 201 p. 11; **1290** pro uno casso magno de corio ferro ligato ad magnos discos de interfercul' que sunt in garderoba (*AcWardr*) *Chanc. Misc.* 4/5 f. 6d; **1300** duo disci argenti pro ~is facti *AcWardr* 343; **1367** aurifabro domini regis .. pro ponder' vj discorum argent' alb' magnorum pro ~is signat' .. in bordur' uno scuchetto de armis Anglie et Francie quartell' *KR Ac* 396/2 f. 38. **b 12..** item ferculum et ~um sicut duo monachi de pisce et nunquam de carne *DCCant.* D. E. 120; **1312** in festo quolibet natalis Domini, Pasche .. et festo omnium sanctorum unum ~um carnium vel piscium *Cl* 129 m. 10; sicut serviretur eisdem in conventu in ordine suo preter ~um prioris, quia illud .. nunquam habebit in presencia abbatis *Croyl. Cont. B* 499.

interficere [CL]

1 to kill, slay, murder; **b** (refl.); **c** (fig.); **d** (p. ppl. as sb. m.).

quos me .. duris verborum cautibus .. non ut corporaliter ~iantur, sed mortui vitiis vivant Deo .. necesse est .. lapidare GILDAS *EB* 65; interfecto in pugna Aeduino BEDE *HE* III 1 p. 127; siquis aliquem interfecerit intra curiam vel domum suam *DB* I 154vb; pecus ~i jubetur [*Lev.* xx 16] non propter culpam GIR. *TH* II 24; qui solum consilio committit homicidium .. nequaquam manu interfecit OCKHAM *Dial.* 682 l. 58; **1460** omnes fratres minores citra flumen Trent commorantes ~i facere *Paston Let.* 611; **c1487** M. W. cognovit se interfessere G. T. *Sanct. Bev.* 180. **b** seipsum .. interfecerit BRACTON 150 (v. felonia 2f); Herodes interfecit se ipsum cultella *Ann. Exon.* 5v. **c** verbis suis interfecit impium, cum docendo ab homine avertit impietatem ANSELM (*Proc. Sp.* 5) II 195; animam a parentibus vulneratam ego impius interfeci sanatam *Id.* (*Or.* 8) III 27; plures ~it [ME: *sleað*] lingua quam gladius *AncrR* 18. **d** spiritus interfectorum iiij *V. Greg.* 93; videmus fluentem sanguinem ex vulnere interfecti, interfectore prope transeunte *Quaest. Salern.* B 162; **1202** ad pacem reformandam inter ipsum et parentes interfecti *SelPlCrown* 22.

2 to destroy.

terra interfecta est ab habitatoribus suis [= *Is.* xxiv 5] GILDAS *EB* 44.

3 (bot.) *~ens patrem*, cuckoo-pint.

pes vituli .. alio nomine dicitur ~iens patrem, A. *stondenegousse Alph.* 140.

interficium v. interfinium.

interficus [cf. CL interficere], murderous, death-dealing, lethal.

enecat intuitus, oculis inserpit inurens / ira peremptivi radiis interfica [*gl.*: interficiens] visus HANV. I 295.

interfigere, ? to fix between, or ? to mark at intervals (with).

1320 per semitam lapidibus interfixam *Reg. Dunferm.* 592.

interfinium [LL]

1 (anat.) bridge or septum of the nose (cf. Isid. *Etym.* XI 1. 48).

ÆLF. *Gl.* 157. 16 (v. internasus); pirula obtusa, penulis retractis, ~io [*gl.*: *l' espasz intre lé narilz*] extante BALSH. *Ut.* 48; partes nasi sunt iste: pirula, naris [v. l. pirula nasi], ~ium [*gl.*: *le entre-pace. entr' espasce de nes*, etc.] GARL. *Dict.* 121; hoc ~ium, *entre les narines Gl. AN Glasg.* 19va; ~ium, A. *the grystell of the nose* .. hoc †interficium, A. *the bryd of the ne WW*; purula, pus nasi sunt, interfinia [*gl.*: *the brygge of þe nose*], naris *Ib.*; *the space betweyn' the nose thirlis* ~ium *CathA.*

2 partition in a structure, stall. **b** compartment in a bag, pocket.

1335 unum granarium vetus cum quatuor ~iis *DC S. Paul.* 38. **b 1341** in qua archa reperientes monetas infrascriptas in saccis lineis seu pochiis repositas, certisque cedulis superscriptas .. novies centum et duo scuto auri in eodem sacco cum ~io modico .. tresdecim coronas auri .. in eodem sacco cum ~io ligaturarum *Foed.* V 259.

3 boundary, border, march.

regni .. utriusque transitis ~iis, in provinciam Nordhumbriae .. fuit castra metatus *G. Steph.* 26.

interflectere, to intertwine.

1342 cum circulis quadrangular' factis de draconibus .. interflexis collis et caudis *KR Ac* 389/14 m. 2.

interfluere [CL]

1 (of river or other body of water) to flow between or through: **a** (intr.); **b** (w. acc.).

a qui lacus, ~ente Jordane, centum quadraginta stadiis in longitudinem .. extenditur BEDE *Luke* 381D; solitudo .. continuis paludibus atque ~entibus aquis irrigua FOLC. *V. Bot. Pref.* 373; rex Danorum .. infinita ~entis occeani longinquitate dirimatur *V. Ed. Conf.* f. 40; plures amnes ~ebant J. FURNESS *Pat.* 44; ~entis stagni fetores AD. EYNS. *Visio* 35; mulieres .. seorsum manent, ~ente Gangeo fluvio, ubi decidit in occeanum GROS. *Hexaem. proem.* 35. **b** mons .. illi imminet mari quod Hiberniam ~it atque Britanniam GIR. *TH* III 2.

2 (transf., of tears) to flow (during another action).

que inferius digesta sunt, ~entibus jugiter lacrimis et gemitu crebrius vocem absorbente, narravit AD. EYNS. *Visio* 8.

3 (of time) to flow by (between), to intervene.

abhinc modici temporis spatium ~xerat R. COLD. *Godr.* 164; *Id. Cuthb.* 27 (v. demum a).

interfluus [CL], flowing between or through (also fig.).

pratorum grata planities aquis fluvialibus ~is W. FITZST. *Thom. prol.* 6; sola superciliis labes interflua raris / audaci macula tenues discriminat arcus [Helene] J. EXON. *BT* IV 191.

interfoedare [ML], to disfigure in places.

~atus, varie maculatus OSB. GLOUC. *Deriv.* 290.

interfrettus [cf. 2 frettus], embroidered, woven between.

1388 quarta [capa brudata] cum castellis et floribus deliciarum interfrectis (*Invent. Westm.*) *Arch.* LII 258; pannus aureus cum binis literis y interfrectis *Ib.* 268.

interfrui, to enjoy mutually (w. abl.)

cum utrumque navigium ~erentur [*sic*] alterius optatibus *G. Hen.* V 21.

interfugium

1 subterfuge.

1254 promittentes quod .. debitum eisdem .. sine excepcione vel ~io aliquo solveremus *RGasc* I 334.

2 (pl.) refuge.

c1287 set interfugia querens in partibus aliis commoratus est (*Staple Certificate*) *PRO* C241/8/397.

interfulgere [CL], to shine amid.

excellentioribus caritate ~ente virtutibus BEDE *Sam.* 666C.

interfuse, interspersedly, patchily, here and there.

facie aliquantulum producta ~e subrubicundus R. COLD. *Cuthb.* 114 p. 258.

interfusus [CL], **a** poured or flowing between. **b** scattered here and there, interspersed.

a Britannia, que a quibusdam alter orbis appellatur, quod oceano †~a [version T: ~o, cf. Hegesippus II 9. 1 (*CSEL* LXVI p. 150)] non multis cosmographis comperta est W. MALM. *GR* I 54. **b** barba rubens, utrimque ~a canities GIR. *PI* III 22.

intergerere [CL], to interpose.

~it blandimenta mundi, rapturus gaudia celi, laturus cruciamenta inferni PULL. *CM* 203.

intergerinus v. intergerivus.

intergerivus [CL], party-wall.

†interegermus [MS: intergerinus], paries qui inter duas domos interseritur OSB. GLOUC. *Deriv.* 292.

interhabere [ML], to hold or maintain (space, land, *etc.*) between.

si qua propinquant / Frixei capiti vel Libre signa, paresque / interhabent arcus HANV. VIII 453; **1210** (1326) hec [ferlinga] jacent ita simul quod nemo aliquid ~et (*Lit. Abbatis*) *CalPat* 262.

interhiare [LL], to gape open, or ? *f. l.*

analogium .. juxta quod, parietinis interjacentibus vel ~antibus [*ed. Scheler*: parietinis interstantibus], patebat xenodochium BALSH. *Ut.* 50 (cf. *gl. Teaching Latin* II 44: interyantibus, *entre crevés*).

interhumerale, part of chasuble lying between the shoulders.

1245 casula .. cum nobili tassello in ~i *Invent. S. Paul.* 482; consuitur margarita †interhumeriale [MS: ~e] *Ib.*; casula .. cujus ~e crescit in arborem breudatam ramis .. circumflexis *Ib.* 483.

intericere (-jacĕre) [CL]

1 to throw or place between or in the way (also in fig. context); **b** to introduce (space, distance) between (in quot., pass.).

tantae .. fiduciae erat ut inter torridas tartari turmas sese contemto hoste injecerit [v. l. interjeceret] FELIX *Guthl.* 27; hec .. multiplicitas .. operis tanto spatio ab oriente ordita est veteris templi .. ut .. aliqua pars spatiose subiret ~jaciendi vestibuli *V. Ed. Conf.* f. 49v; ~jecto in media regione planetarum occursu ADEL. *QN* 72; quot obices, ne sic vivatur, varietas humane sortis ~jacit! J. SAL. *Pol.* 671D; juxta liciatorium orditur textor, duplicique ordine distincto stamini trama ~jecta maritabitur NECKAM *NR* II 171. **b** cubitali spatio ~jecto inter vinctos *Gl. Leid.* 35. 27.

2 (in temporal use): **a** to interpose (action *etc.*, *sc.* between others). **b** to allow (time) to elapse between, (in quots., pass., of time) to elapse between, intervene.

a juvenis .. inclinabat ac reclinabat se, sepe improvisos et occultos ~jaciens ictus *G. Herw.* 322; ~jectam quandam cantilene particulam .. quam refectoriam seu refractoriam vocant GIR. *GE* I 43. **b** parvo ~jecto tempore BEDE *HE* III 14 p. 156; ~jecto tempore aliquanto *Ib.* III 17 p. 160; ~jecto tempore .. interfeccionem .. vindicavit *Obsess. Durh.* 7.

3 (leg.) to interpose (appeal).

c1235 appellacionibus .. ex parte mea ~jectis renuncio *Ch. Chester* 459; **1332** appellacionum .. ad sedem ~jectarum [apostolicam] *Lit. Cant.* I 513; predicti .. libelli fuerunt appellaciones .. Michaelis pro fide catholica ~jecte OCKHAM *Pol.* I 296; **1342** (v. extrajudicialis).

interim [CL]

1 (indicating occurrence in or duration through an intervening period) meanwhile, in the meantime; **b** (foll. by conj. meaning 'until'); **c** (in course of narrative).

705 quanta et qualia inter regem Uest Saexanorum nostrique pagi regnatores discordiarum jurgia ~im pululabant WEALDHERE *Ep.* 22; hoc ~im mense Augusto, dum clementior aura componit pelagus, Emma ad fratrem naviget W. MALM. *GR* II 177 p. 209; ego .. ibo tibi hospitium procurare, et tu ~im hic sedens requiesce ORD. VIT. III 4 p. 66; ne si pater noster ~im venerit .. non inveniens claves ad manum moleste ferat *V. Chris. Marky.* 33; satis tempestive possum penitere .. ~im vita abutar NECKAM *NR* II 173 p. 287 (cf. ib.: in tempore intermedio); officium de S. Ricardo heremita, postquam fuerit .. canonizatus, quia, ~im, non licet publice .. cantare de eo horas canonicas *Offic. R. Rolle* xix. **b** quatinus .. potestis utramque linguam .. vestrae teneritudini inserere ~im usque quo ad perfectiora perveniatis studia ÆLF. *Gram.* 1; differentiam .. eorum que de aliquibus vera sunt juxta hec que dicta sunt quoquomodo ~im consideret, donec .. certior fiat talium cognitio BALSH. *AD rec.* 2 48. **c** me ~im ista inseruisse non piguit W. MALM. *GR* I 45.

2 (indicating simultaneity or duration through same period) meanwhile, at the same time; **b** (in introduction of new stage in narrative).

super altare pro defunctis honoratis sacrificium solet offerri, positis ~im in platea corporibus BEDE *HE* V 16 p. 317; *Inst. Sempr.* *lxvii (v. excussor a); **1295** tres psalmos .., tam clero quam populo ~im genuflexis, .. pronuncient *Reg. Cant.* 28; **1338** semper ~im (v. golvare); **1569** (v. gratiose 2c). **b** rumores ~im de transmarinis partibus diversi advolitabant ORD. VIT. IV 4 p. 177.

3 **a** (w. ref. to temporary state of affairs) for the time being, for a time; **b** (in course of narrative).

a legio .. eos [socios] .. ~im a dirissima depressione liberatos hortata est instruere .. murum BEDE *HE* I 12 p. 26; [ursus] die solemnitatis S. Firmini .. bestiali feritate ~im exuta se populo quasi mansuetum .. exhibebat GIR. *TH* II 28 p. 115; **1215** si .. exercitus .. inimicorum meorum non sit in presenti, nec opus fuerit, bene licet baronibus meis ~im ad domos suas redire et requiescere *Ch. Chester* 394 p. 390; **1317** si .. P. inveneritt tibi sufficientes manucaptores .. de capiendo eundem .. ~im supersedeas (v. hostagiamentum 1). **b** sed omissis ~im nostris audiamus potius quid prophetica tuba persultet GILDAS *EB* 50; melius est ~im spatiari in talibus quam immorari in .. rebus et ignavis et tristibus W. MALM. *GR* II 173.

interimere [CL]

1 to cut off from life, kill; **b** (fig.; in quot., w. ref. to capture of piece in chess); **c** (refl.); **d** (absol.). **e** (pass.) to die.

illa .. ictu gladii ~itur ALDH. *VirgP* 52; omnes .. cognati mei in illa sunt pugna interemti BEDE *HE* IV 20 p. 251; cui .. crudeliter interempto successit in regnum frater ejus WULF. *Æthelwold* 10; tu interemisti patrem PULL. *CM* 221; ALB. LOND. *DG* 9. 6 (v. interire 1a); queritur quare interfectore presente sanguis fluit interempti *Quaest. Salern.* Ba 82. **b** rochus rochum interimit se sequentem jugulans (*Vers. Wint.*) *Hist. Chess* 515. **c** propriis se cultris interemerunt ORD. VIT. V 7 p. 328 (v. figmentum 4c); Pilatus seipsum ~it DICETO *Chr.* 58. **d** magi .. violencia carminis ~unt, ut dicit Ysid[orus] [*Etym.* VIII 9. 9] WALT. WIMB. *Elem.* 323; J. HOWD. *Cyth.* 18. 12 (v. genuflexio). **e** abbas .. lugubri morte interemptus est BYRHT. *HR* 61; cum testiculi sint principalia et aliis principalibus membris perditis corpus hominis ~atur, quare ipsis incisis non ~itur homo? *Quaest. Salern.* B 111.

2 to destroy (abstr.).

difficultas nequaquam voluntatis ~it libertatem ANSELM (*Lib. Arb.* 7) I 218; OCKHAM *Sent.* II 232 (v. interemptio 2).

3 (log.) to deny, refute (in argument).

ad octavum dicendum ~endo PECKHAM *Puer. Obl.* 432 (cf. ib.: dicendum per interemptionem); BACON XV 359 (v. improbabilitas).

interior [CL]

1 further from the outside, nearer the centre, inner, interior: **a** (of part of body, object, or artefact); **b** (of structure); **c** (of place). **d** (as sb. n.) the interior, inner parts.

a pannus .. thecam ~orem sancti corporis .. exterius circumdederat; qui non ad ~ora sanctuaria pertigisse probabatur R. COLD. *Cuthb.* 42; testule ovi ~or tela *Id. Godr.* 112 (v. 2 expilare 3); ~ores [vestes] MAP *NC* I 25 f. 20 (v. decurtare 2a); in ~ori extremitate RIC. MED. *Anat.* 223 (v. dens 1a). **b** **747** per ~ora monasterii domuncula (*Clovesho*) *Conc. HS* III 369; **1305** murum ~oris ballii (v. depropе a); **1421** accesserunt in ~orem cameram *Mem. York* II 75. **c** in ~ore parte insule *V. Cuthb.* III 2; ~ores partes Francie *G. Hen. V* 8 (v. 2 dimittere 1c). **d** oves .. minans ad ~ora deserti J. FORD *Serm.* 103. 4; *Quaest. Salern.* B 137 (v. deflectere 1b); **13..** ab illa semita recte ad ~ora limitis vocata [*sic*] Herestret *Lib. Hyda* 204 (= *CS* 1194).

2 of or relating to the inside, internal.

1093 (12c) damus priori .. ut habeat .. facultatem plenariam .. ordinandi domum suam in ~oribus et exterioribus agendis suis *Ch. Durh.* 7 p. 55; ignis .. illarum [sc. stellarum] .. aut peremptorius dicendus est, ut ignis exterior, aut mulcebris et innoxius, ut ignis corporis nostri ~or ADEL. *QN* 74; GILB. IV 194v. 2 (v. 2 distentio a).

3 (w. *membra* or sim., or as sb. n. pl.) internal organs of the body, inwards, entrails; **b** (of animal, *sc.* w. ref. to offal); **c** (of plant).

viscerum ~ora BEDE *CuthbP* 8 (v. detumescere a); nequissimi spiritus .. inrepunt in ~ora corporis mei *Id. HE* V 13 p. 312; subito quiddam in se quasi avicula viva .. omnia ~ora ejus suo plausu concussit *V. Chris. Marky.* 33; membra ~ora BACON IX 129 (v. 1 deoppilatio); dicitur lienteria a levitate ~orum, i. intestinorum *SB* 27; **s1397** adjudicatus est tractioni, suspensioni, combustioni ~orum WALS. *HA* II 225. **b** **c1410** in ~oribus ovium emptis xj d. *Ac. Durh.* 53. **c** r[ecipiantur] feniculi, petro[selini], polipod[ii], agarici, squinanti[e], turbith, ~orum colloquin[thide], mirabol[ani] GILB. I 39. 1; BACON V 103 (v. dactylus 3b).

4 (w. ref. to emotion or spiritual life) inner, private; **b** (*homo ~or*) inner man. **c** (as sb. n. pl.) spiritual matters.

601 dum hiis aliqua exterius gaudia reservantur, ad ~ora gaudia facilius consentire valeant (*Lit. Papae*) *CS* 1328; ~or sensus ex quatuor continetur virtutibus, prudentia, temperantia, fortitudine atque justitia EGB. *Dial.* 411; mentis oculus ~or AILR. *Ed. Conf.* 768A (v. dormire 1d); edomatione passionum ~orum J. WALEYS *Compend.* f. 161v; ~orem .. deordinacionem anime PECKHAM *Exp. Thren.* 613 (v. deordinatio a); **1338** ~ori contemplacioni (v. elongare 4b). **b** ornetur .. beatae virginitatis integritas non exterioris hominis formosa venustate sed ~oris religiosa castitate ALDH. *VirgP* 55; sardonix constat tricolor; / homo fertur interior *Cives* 6. 2; GIR. *EH* II 11 (v. deformare 2a); WYCL. *Blasph.* 47 (v. damnabilitas a). **c** cum se .. ad exteriora sparserit, etiam cum ~ora appetit BEDE *HE* II 1 p. 74.

5 (intellectually) deeper, deep, (more) profound.

qui correctores si recurrerent ad ~orem logice considerationem .. ABBO *QG* 21 (45).

interire [CL]

1 (of living thing) to perish, die; **b** (spiritually). **c** (of life) to be extinguished, cease (in quot., w. ref. to life of soul).

serpentes, .. mox ut .. odore aeris illius adtacti fuerint, ~eunt BEDE *HE* I 1 p. 12; adhibe consilium .. aut aliter internis anxietatibus ~ibo G. MON. VIII 19; telis Dianae et Apollinis confixi ~ierunt *Natura Deorum* 71; [Orion] vel Diane sagittis vel scorpionis aculeo fingitur ~iisse; sed veri similius est, ut ait Servius [*Aen.* I 535], a scorpione interemtum esse ALB. LOND. *DG* 9. 6; morti nil debens, interis in tormento; / pena torqueris debita transgressori J. HOWD. *Cant.* 79. **b** ne penitus anima tanto tempore caelestis medicinae [*Bieler adds*: jejuna] ~eat GILDAS *Pen.* 1. **c** BERN. *Comm. Aen.* 5 (v. interitus 1b).

2 (of material thing) to be destroyed.

si religio non fuisset, civitas ~isset LUCIAN *Chester* 41; carbo, dum ~isse creditur, majoris fit virtutis, nam iterum incensus majori virtute calescit NECKAM *NR* II 50 p. 160.

3 to cease to exist, disappear, be dispersed; **b** (w. ref. to Holy Spirit's departure from person).

cum balliva potens floret, pomposa sequela / plebis eam sequitur; cum ballive dominatus / interit, interiet subito memorata sequela D. BEC. 1664; crux in Calvaria grandis erigitur / .. / in qua mors interit, dum vita moritur WALT. WIMB. *Carm.* 577; Augustinus, II soliloquiorum [II 15. 28], probat quod veritas non potest ~ire OCKHAM *Quodl.* 577. **b** **1170** nec moveat si Spiritum Sanctum, qui proculdubio immortalis est et beata vita justorum, dictum est in aliquibus ~ire J. SAL. *Ep.* 296 (300) p. 700.

interitus [CL]

1 (act of) perishing, death (freq. violent or premature); **b** (in spiritual sense; *cf.* 3 *infra*).

Uilfrid .. eam [gentem] .. a clade infanda temporalis ~us eripuit BEDE *HE* IV 13 p. 231; **985** (12c) quatinus [Ælferd] vita comite .. possideat; cum autem ~um communem advenire cognoverit .. haeredi post se commendet in propriam haereditatem *CD* 652; per cibum vetitum, / nobis interitum / constat inpositum (*Suscitatio Lazari*) HIL. RONCE. 77 (= *Drama* II 213); martyris interitum gladiis describere cesi GERV. CIC. *Vers.* xlvii; ecce jam imminet ducis [sc. Christi] interitus WALT. WIMB. *Carm.* 447; **s1415** ne .. subita et inopinata violencia lapidum .. dampnum, lesionem, vel ~um paterentur *G. Hen. V* 6. **b** intelligimus nativitatem pueri qui dicitur Eolus quasi eonolus, id est seculi ~us, quia nascente homine seculum, i. e. vita anime, interit, dum gravedine carnis oppressa a divinitate sua descendit BERN. *Comm. Aen.* 5.

2 destruction.

sed ipsi soli salvi erunt, terra autem erit in ~um [= *Ezech.* xiv 16] GILDAS *EB* 61; ut vindicta necis .. / interitus fieret Solimae populique ruina ALDH. *CE* 4. 7. 19.

3 eternal death, damnation.

ut quis usque ad .. perpetuum ~um hujus vitae vana sectatur ALCH. *Ep.* 299; **844** (12c) qui [sc. Christus] .. humanum genus .. ab eterna [v. l. eterno] ~u diabolice dominacionis .. liberavit *CS* 444; quid tibi [sc. diabolo] cum vita immortali, qui vivens mortuus es, et manens semper in ~um vergis? sed et ego, infelix et miserrima peccatrix, ~us tui particeps fuissem *V. Fridesw. B* 7; amarissima .. penitudo et resipiscencia in extremis .. tales .. interdum a gehennali suspendit ~u AD. EYNS. *Visio* 40; in anima [Christi] fuit triplex dolor .. tercius, de eorum ~u seu dampnatione [ME: *of hare forlurenesse*] qui eum interfecerunt *AncrR* 33; ut inopinate me pertrahant ad eternum ~um UHTRED *Medit.* 202.

interius [CL]

1 nearer the centre, further in, inland.

terra .. ~ius .. in colles varios .. erecta GIR. *TH* I 4.

2 on the inside.

haec domus interius resplendet luce serena ALDH. *CE* 3. 66; haec spelunca tota ~ius pretioso marmore tecta BEDE *HE* V 16 p. 317; *Mir. Montf.* 104 (v. gibbosus 1b).

3 inwardly, privately.

in testamento novo non tam quod exterius agitur quam id quod ~ius cogitatur .. adtenditur (*Libellus Resp.*) BEDE *HE* I 27 p. 56; *V. Gund.* 14 (v. exterius b); illa, quam ~ius conscientia turpis foedabat *Ib.* 18.

1 interjacĕre v. intericere.

2 interjacēre [CL]

1 **a** (intr.) to lie between, intervene; **b** (w. *inter* & acc.); **c** (w. acc.).

a Hibernia .. usque contra Hispaniae septentrionalia, quamvis magno aequore ~jacente, pervenit BEDE *HE* I 1 p. 11; nullum ~jacentis terrae marisque spatium ANSELM (*Ep.* 51) III 164; corporum formas aerem usque ad oculum ~jacentem informare ADEL. *QN* 23 p. 27; prato ~jacente in aquilonali parte *Danelaw* 11; ~jacente venella regia *Reg. S. Aug.* I 336. **b** **c1157** terram que ~jacet inter januam et viam juxta aquam *Cart. Osney* IV 406; GROS. *Hexaem. proem.* 47 (v. importuosus); PECKHAM *Persp.* I 65 (v. horizon a). **c** J. EXON. *BT* VI 680 (v. gemiscere); ecclesias terre sue maritime, Waterfordiam sc. et Weisefordiam ~jacentis GIR. *EH* II 20 p. 352; stagni illius, quod estus et frigora ~jacere supradiximus AD. EYNS. *Visio* 35 (cf. ib. 17).

2 to come between, intervene (in temporal sequence; in quot., w. acc.).

quietem ~entem duas accessiones RIC. MED. *Signa* 33 (v. 1 discretio 1a).

3 (of condition) to apply, be imposed (in quot., in connection w. a certain grant).

961 (12c) quandam ruris partem .. donare decreveram .., ea tamen ~jacente conditione, ut communi jugo subiciatur *CS* 1074.

interjectio [CL]

1 interposition.

ea [sc. corpora] non potest percipere propter ~onem .. muri BACON *Maj.* II 106.

2 interpolated utterance. **b** (gram.) interjection; **c** (in fig. context).

est autem mentis vox interjectio lete, / que grates donat GARL. *Myst. Eccl.* 629. **b** omnes ~ones, si monosyllabae fuerint, producuntur, ut 'heu' BEDE *AM* 107 (= Servius *De finalibus* p. 455); *woch, woch* .. quasi geminata dolentis ~o est GIR. *EH* II 30; ~o est pars oracionis indeclinabilis mentis affectum significans voce non disposita . . . hinc sunt ~ones 'euge', 'hay', 'atat', 'heu' *Ps.*-GROS. *Gram.* 59–60; BACON *CSPhil.* 510 (v. 2 a, ah). **c** martir participans, pronomen virgo pudica / .. / peccatum plangens est interjectio H. AVR. *Poems* 103 p. 59.

interjectus [CL]

1 placing between, interposition.

Thanatos insula est oceani parvula modico freti ~u [TREVISA: *wiþ a litil arme of þe see*] a Britannia separata BART. ANGL. XV 155.

2 introduction, passage (of time).

elapso .. modici temporis ~u P. BLOIS *Ep.* 211. 494A.

interkal- v. intercal-.

interlabi [CL]

1 **a** to slip or pass between (in quots., trans.). **b** to glide or flow between (in quot., absol.).

a obolum qui .. digitos ~ens .. visum possessoris evasit W. CANT. *Mir. Thom.* III 29; minuta .. missilia lorice maculas ~untur R. NIGER *Mil.* I 17 p. 106. **b** ad quem [lacum] alii pisces nunquam accedunt, licet tamen fluminis ~entis beneficio vias habeant commeabiles GIR. *TH* I 10.

2 (intr., of time) to elapse (between), to pass.

s1185 parvo tempore interlapso *G. Hen. II* I 338; duobus magnis cyclis, i. e. mille sexaginta et quatuor annis ~entibus *Chr. Angl. Peterb.* 57; non paucis ~entibus annis *Croyl.* 74.

interlaqueare [cf. CL laqueare]

1 (p. ppl.) joined, connected. **b** (of writ) hybrid, mixed.

inter binas trabes nequaquam ~atas *Chr. Evesham* 64. **b** breve ~atum ubi milites de duobus comitatibus convenire debent ad faciendam extensionem BRACTON f. 74b *tit.*; oportebit utrumque [coheredem] in uno brevi comprehendere, quod erit ~atum de natura brevis mortis antecessoris et brevis de avo *Fleta* 316.

2 interlaced.

1245 [capa] de panno serico rubeo flavo ~ato albis virgis *Invent. S. Paul.* 479; **1295** unum vas argenteum ad aquam benedictam, cum opere levato de ymaginibus, et ~ato vineis *Vis. S. Paul.* 311; dorsale †colaerigeratum [l. florigeratum] ~atum de fino auro *Ib.* 322; **1432** campum de rubeo serico ~atum cum viridi serico *Reg. Glasg.* 331.

interligare [CL]

1 to join together, interconnect.

sequitur de brevibus longis ~atis WALS. *Mus. Mens.* 76.

2 to bind together (by oath), link (person) in conspiracy (in quots., pass. or refl.).

1354 ad ipsos tenentes destruendum callide ~ati *Reg. Heref.* 208; **1397** se adinvicem cum pluribus aliis ignotis ~averunt et juraverunt ad manuten[en]dum quilibet alterum in omnibus querelis *Proc. J. P.* 408; **1417** cum nativi homines et terram native tenentes .. abbatis .. in diversis conventiculis adinvicem confederati et sacramento ~ati ad resistendum prefato abbati .. sint congregati *Pat* 392 m. 3d; **c1435** [*unlawfully interbound*] ~averunt [*themselves together combined pledged themselves and agreed*] affidaverunt et convenerunt *Rec. Norw.* I 346 n.

interligatio [ML], conspiracy.

1386 conspiracione et ~one habitis inter eos *IMisc* 234/10; **1386** covinas et ~ones cum Scotis inimicis .. fecerunt *RScot* 79a.

interliminium, division, cleft.

nux quodam ~o in modum crucis finditur HON. *Spec. Eccl.* 850B.

interlinare v. interlinearis.

interlinealiter [ML], between the lines.

1395 emanavit .. commissio aperte non clausa nec taliter sigillata quin pars adversa potuerit addere, diminuere, delere .., sicut reperitur ~iter, sine approbacione aliquali, nomen unius canonicorum *Reg. Heref.* 66.

1 interlineare [ML]

1 to interline, to fit (garment) with inner lining between stuff and outer lining.

1445 ad vj *doubletes* viz. iij de damasc' nigr' et iij de damasc' russet' lin' cum tela Flandr' et interlin' cum tela Brabanc' .. *KR Ac* 409/12 f. 68v.

2 to interline, write as insertion between lines of text.

1365 ego S. W. .. notarius .. rogatus .. si constat mihi nota de diccionibus ~eatis, viz. talis est supra tricesimam sextam lineam, [sc. dico *or sim.*] quod approbo *Cart. Mont. S. Mich.* 11 p. 13; **1376** memorandum quod alie litere de ista formula facte fuerunt in quibus ista verba ~eata non fuerunt contenta *RScot* 977a.

3 a to provide (book) with interlinear gloss or commentary; **b** to provide (document) with interlinear addition.

a 1295 psalterium totum ~eatum Anglico *Vis. S. Paul.* 324. **b** si instrumentum .. sit .. ~eatum *Praxis* 290 (v. de 7f).

2 interlineare v. interlinearis.

interlinearis [ML], **~ius**

1 interlinear, between lines: **a** (of space); **b** (of gloss in text, esp. Bible); **c** (of words inserted in document).

a longe littere se extendunt usque ad medium spacium ~e *Orthog. Gall.* S 24. **b** super 'superbiam' [*Is.* lx 15] glosa ~is apponitur, sc. 'dominationem et potestatem' GIR. *GE* II 6 p. 189; 'fuerunt ..' [*II Petr.* ii 1–3] ..; glossa ~is: 'concupiscentias predicant quibus carnales facile consentiunt' PECKHAM *Paup.* 16. p. 70; glossa ~is Anselmi: 'hec si dominaretur ..' NETTER *DAF* I 374a; **1501** epistole Pauli glosate glosa interliniari *Cant. Coll. Ox.* I 21. **c 1298** consimilis littera facta est, omissa clausula illa ~i [MS: ~is] *TreatyR* I 229.

2 (as sb. f. or n.): **a** space between lines. **b** interlinear gloss or commentary (on text, esp. Bible). **c** interlinear insertion (in document).

a 1242 iste due dicciones 'pro me' ponuntur in interliniari in eodem scripto *KR Mem* 20 m. 9. **b** istud capitulum figuris brevibus / .. / arctisque texitur ~ibus *Ps.*-MAP 14; ex his verbis Hilarii sumpta est scolastica ~is NECKAM *SS* IV 21. 3; secundum hanc ~em hoc dicitur .. alia ~is que est Augustini hec est .. S. LANGTON *Quaest.* f. 171ra; sicut ~es et glosse magistrales dicunt BACON *CSPhil.* 484; licet ~is Levitici hoc dicat *Ib.* **c 1302** predictum interlinare .. fuit appositum ante consignacionem hujus scripti *Ch. Coupar Angus* I 165; **1305** ipse J. diversos dies in placito et processu illo habitos per rasionem rotulorum et ~e mutavit in locis diversis *Mem. Parl.* 267; **1315** hiis premissis actis sine rasura seu interliniari scriptis signum meum pupplicum consuetum apposui *Cart. Glast.* I 44; **1388** constat de enterliniario 'et predicto Johanni in forma predicta' *Deeds Wards* 176/76; **1434** has rasuras et interliniaria fecimus manu propria, que approbamus (*Test.*) *Reg. Cant.* II 534; **1435** et constat mihi, notario predicto, de interliniario date 'quarto' (*Lit. Certificatoriae*) AMUND. II 31.

interlineatio, interlineation, writing between lines.

1420 constat michi insuper notario suprascripto de interlinacione harum diccionum *Reg. Cant.* I 71; **1428** constat michi notario publico .. de interliniacionibus diccionum .. inter secundam et terciam .. linias presentis instrumenti *Reg. Durh.* III 782 p. 120; **c1430** si .. ipse perceperit aliquam rasuram novam sive interliniacionem *Cop. Prior. S. Andr.* 14; **1465** constat michi .. de interliniatione hujus verbi 'absenciis', in .. tricesima octava [linea] (*Lit. Prioris*) *Reg. Whet.* II 39; probande sunt hujusmodi ~ones et rasure per testes, alias non valet instrumentum *Praxis* 290.

interlineatura, interlineation, writing between lines.

1283 pro suspicione interliniature et encausti .. diversi necnon et pro rasura manifesta in data litture supradicte PECKHAM *Ep.* 410; dupplicata ista cum ~a *TreatyR* I 213.

interlinere [CL]

1 to smear (with), besmear, blot; **b** (fig.).

interlitam, *bismiride GlC* I 204; nullatenus valui scrutari tuam litteraturam lituris interlitam M. RIEVAULX (*Ep.*) 74 p. 82. **b 717** precibus caritatis [? l. caritate] interlitis obnixe flagitantibus te implorare procuro, ut .. BONIF. *Ep.* 9; **c720** Deus .. testis est nobis, quas cernis interlitas lacrimis, quod .. *Ep. Bonif.* 14 p. 22; **747** litteras vestras fraterna caritate interlitas BONIF. 78 p. 162.

2 to add as interpolation, interpolate.

de hiis autem, que interleta sive superscripta dicis, non ad juris sollempnitatem sed ad fidei pertinent questionem RIC. ANGL. *Summa* 32 p. 56 (= *Codex Justiniani* VI 23. 12).

interlini- v. interline-.

interlitor [cf. interlitus *p. ppl. of* interlinere = *blotted or rubbed out*], killer, murderer (*cf.* Jan. *s. v. lino*).

~or, qui aliquem occidit OSB. GLOUC. *Deriv.* 293.

interlocutio [CL]

1 interruption, parenthetical remark.

[poematos genus] dramaticon .. in quo personae loquentes introducuntur sine poetae ~one BEDE *AM* 140 (cf. Diomedes *Gram.* I 482).

2 discussion, conference, parley.

s1141 ~o inter magnates facta est *Eul. Hist.* III 73; **s1334** habens .. crebras ~ones cum duobus fidis hominibus regis Scotie FORDUN *Cont.* XIII 29; **1450** perdonamus .. omnimoda murdra, insurrecciones, prodiciones .. conspiraciones, ~ones .. (*Carta Regis*) *Lit. Cant.* III 206.

3 (leg.) interlocutory sentence or decree.

RIC. ANGL. *Summa* 35 p. 70 (v. interlocutorius 2a); auctoritatem .. rei judicate non obtinet ~o *Ib.* p. 71; **s1203** data est ~o contra me, viz. me non habere personam standi in judicio quia excommunicatus eram *Chr. Evesham* 127.

interlocutor [ML], speaker in dialogue.

c1565 interloquitores: Misogonus, Eupelas, Oenophilus .. (*Misogonus* II 4 *tit.*) R. W. Bond *Early Plays from the Italian* Oxford, 1911, 203.

interlocutorie [ML], by interlocutory sentence.

s1281 sentencias eorum diffinitivas ~ie condempnatorum seu absolutorum GRAYSTANES 17 p. 62.

interlocutorius [ML]

1 of or relating to conversation, conversational. **b** (as sb. f. sg. or n. pl.) conversation, discussion; **c** (as sb. n.) room for conversation, parlour.

taceo de frequentibus et ~is juramentis atque perjuriis P. BLOIS *Serm.* 757B; intentionis nostre fuerat in accessu ut verbis interloquutoriis summo principi placeremus *NLA* II 72. **b 1293** prefixerunt diem Mercurii proximo subsequentem ad audiend' ~a super premissis *DCCant. Reg. Q* f. 51b; inter quos multa ~a habita sunt que non in communem venere noticiam *V. Ed. II* 163; **s1423** post plura ~a, cum quesisset abbas an aliquem famosum in partibus novisset medicum AMUND. I 135; **s1455** post paucula ~a de oblacione et postulacione inter ipsos .. habita, convenit cum ipso .. de paccionis precio *Reg. Whet.* I 188; **s1460** tandem, post varia multifariaque ~a, dabat eis dominus finale responsum *Ib.* 359. **c 1373** ~ium: item ibidem unum dorsar[ium], unum bancar[ium] .. j tabula j computorium .. j tabula pro ciphis vocata *cupbord* item in camera juxta ~ium .. (*Invent.*) *Pl. Mem. Lond.* A 18 m. 6.

2 (leg., of sentence or decree) interlocutory. **b** (as sb. f. or n.) interlocutory sentence or decree.

sententiarum .. alia est diffinitiva, alia ~a. interlocutioni judiciis, si honesta preceperit, obedire necesse est vel appellare, quanto fortius sententie diffinitive RIC. ANGL. *Summa* 35 p. 70; **1275** ad .. interloqutoriam et diffinitivam sentenciam audiendum *Reg. Heref.* 12; **1311** sentencias ~am et diffinitivam audiendi et appellandi *Reg. Aberbr.* I 280; **1442** dictas excepciones admittere atque per vestram sentenciam ~am pronunciare *FormOx* 468; summas .. diffinitivas et ~as ferri .. *Canon. S. Osm.* 9; decreto ~o *Praxis* 241 (v. definitivus 2a). **b** cum .. descidendis preesset causantium litibus, sicut aliis moris est ad formandas ~as interdum secedere AD. EYNS. *Hug.* V 16 p. 188; **1208** dictus episcopus .. ~am protulerit ut coram eo deberet in ipso negotio respondere *Melrose* 101; **1269** super hujusmodi libello .. excepcionibus quibusdam dilatoriis prepositis et per ~am cassatis *Kelso* 179; **1281** quod vos in ~a quam die hesterna .. tulistis .. dominum meum et ecclesiam Herefordensem injuste gravastis *Reg. Heref.* 279; **1282** commissarii nostri .. viam .. eis per ~am .. precludebant PECKHAM *Ep.* 215; **1289** appellacionem quam a quodam ejusdem magistri precepto seu interloqutoria ad .. curiam nostram interposuerant *RGasc* II 469; **1307** quam quidem deliberacionem seu ~am .. Willelmus B. nullatenus acceptavit *Reg. Cant.* 1175; **1549** si ab ~o appellatum fuerit .. *Conc. Scot.* II 126.

interlocuturum, discussion, conference, parley.

s1310 rex habuit sua ~a apud Northamthone, sed comites Lancastrie .. et Arundelie non interfuerunt *Ann. Paul.* 269.

interloignia, (falc.) ? leash for a hawk.

1235 (v. jectum).

interloqui [CL]

1 to discuss, confer, (leg.) to imparl: **a** (absol.); **b** (w. *de*, *super*, also w. *inde*); **c** (*s. pass.*) to be discussed.

a interdum assessores inquirunt et frequenter ~untur et causam ad libitum suum contrahunt pro munere vel ex gratia vel odio vel alio vitio R. NIGER *Mil.* IV 37; **a1440** ut .. sinistros et ~encium flatus contrario confusionis flatu velitis refellere (*Ep.*) *Reg. Whet.* II 413; **s1460** misso .. magistro J. P. .. cum potestate ad intractandum, ~endum, plenarieque .. ad concordandum *Ib.* I 360; **1556** idem R. .. petit diem ~endi hic *Law Merch.* III 83. **b** tunc recedant juratores et inde adinvicem ~antur *Fleta* 230 (= BRACTON 185b: habeant ad invicem inter se colloquium); **1289** tandem de multis ~entes intelleximus quod aliquid novum acturus est in brevi (*DCCant.*) *HMC Var. Coll.* I 255; injunxerunt .. recognitoribus .. ad ~endum super veredicto predicto *State Tri. Ed. I* 65; **1293** prior et capitulum dicebant se velle ~i super viribus procuratorii *DCCant. Reg Q* f. 51a; prefixus fuit inter partes dies alius ad ~endum super propositis *Meaux* II 77. **c 1282** volumus quod .. per scripturam obligetur ad ea firmiter observanda que inter vos et ipsum interlocuta et concordata fuerunt *RGasc* II 157; cum hoc pactum .. fuerat prelocutum [v. l. interlocutum], non tamen perfectum *Meaux* II 311.

2 (leg.) to pronounce an interim sentence; **b** (w. cl. indicating content of sentence).

1375 ~endo pronunciamus et decernimus *Reg. Aberbr.* II 32; **1442** licet .. debueritis .. [declarare] ipsam .. partem rectoris et collegii antedicti ab .. observacione judicii absolvendam fore et ~endo absolvere *FormOx* II 468. **b ?1181** cum .. judices delegati interlocuti fuissent privilegia exhibenda (*Bulla Papae*) ELMH. *Cant.* 444; **1233** (v. definitive 2).

3 (trans.): **a** to utter as an interruption, to interject. **b** to interrupt (person speaking).

a c1155 est sciscitatus episcopum, si quod de plano interlocutus fuerat jurisjurandi religione firmaret (*Cart.

Antiq.) *Lit. Cant.* III 366. **b** audi si potis es, nec me totiens ~ere Liv. *Op.* 120.

interloquium [LL = *interruption*], discussion, talk.

1393 venimus .. et ibidem diu diucius vos expectavimus pro ~o inter nos habendo *Reg. Heref.* 60; **s1294** post plurima ~a .. extitit concordatum Wals. *HA* I 45.

interloqutorius v. interlocutorius.

interlucere [CL], to shine forth between, gleam amid (also fig., and in tmesis). **b** to show light through, be translucent. **c** (fig.) to be clear (to a person).

cum rosetis, / quibus inter eburnea / lilia lucent linea (Æthelwald) *Carm. Aldh.* 2. 155–6; ephod est .. sacerdotale indumentum, quatuor insignissimis auro ~ente coloribus .. sacrosanctum Bede *Sam.* 666C; imaginem Salvatoris .. quam auro purissimo et argento ~entibus gemmis vestiri fecerat Turgot *Marg.* 4 (*unless referred to* b infra); junctura hec mirabilis feminum sponse [cf. *Cant.* vii 1], que in his verbis [*Zach.* vi 12–14] velut in umbra .. sublucida ~ere cernitur, me fateor movit J. Ford *Serm.* 67. 7. **b** manibus macris et niveis, longis quoque ~entibus digitis *V. Ed. Conf.* f. 40 (cf. Osb. Clar. *V. Ed. Conf.* 4: ~entes digiti). **c** aliquantisper .. et mihi haec ratio ~et: velim tamen plenius eam .. cognoscere Ailr. *Spec. Car.* 569A.

interluctare [LL *gl.*], to hinder, obstruct.

~are, impedire Osb. Glouc. *Deriv.* 291.

interludere [LL = *to disport at intervals*], to play an interlude. **b** (p. ppl. as sb. m. or n.) interlude (unless sb. m. of 4th decl. *interlusus*).

1466 cum ij s. datis iiij ~entibus et .. cithariste eodem festo [Epiphanie] (*Ac. Coll. Wint.*) *Med. Stage* II 247. **b** **1542** in vino dato interlusoribus post interlusum in cimiterio S. Cedde *Hist. Shrewsb.* I 330.

interludium [ML]

1 interlude, intermezzo; **b** (fig.).

s1348 ubi hastiludia prosequebantur, quasi in quolibet loco dominarum cohors affuit, quasi comes ~ii, in diverso et mirabili apparatu virili Knighton II 57; vobis opitulor ut michi velitis mittere ~ium vel duo vel tria ad ludendum in aula domini mei in festo natalis Domini *Dictamen* 380; hic transit Noe cum familia sua pro navi, quo exeunte locum ~ii subintret .. Lameth *Ludus Coventriae* f. 23; *interlege of a play* .. ~ium, ii *PP*; hoc ~ium, A. *entyrlute WW*; **1512** Petro Pyper pro *pypyng* in ~io nocte S. Johannis .. Johanni Tabourner pro lusione in ~io octavis Epiphanie (*Ac. Magdalen Coll., Oxford*) *Med. Stage* II 249; **1519** in regardo dato iiij interlusoribus comitis Arundelle ostendentibus .. diversa interluda [*sic*] *Hist. Shrewsb.* I 328. **b** ipse [sc. rex] multociens joculando, et talia verba asserendo ~ia fuisse vanitatis *V. II Off.* f. 6b; oportet .. omnem filium ecclesie concurrere ad ~ium .. hujus vite, cum secundum apostolorum .. 'spectaculum facti sumus huic mundo et angelis et hominibus' [*I Cor.* iv 9] Wycl. *Ver.* III 103; est dolorosum ~ium hominibus sapientibus, videre episcopos ludere cum Spiritu Sancto in collatione suorum ordinum *Ziz.* 361.

2 game, sport, play.

c1410 diversa per jocorum ~ia (v. candescentia); juvenes .. vidi ita strenue actus bellicos exercere, cantibus diversisque ludis et ~iis bellicis indulgere Upton *Mil.* 203.

3 incident, episode.

1301 ea que nobis commisistis de negociis gestis in curia Romana .. habemus accepta una cum ~io de Faveresham quod tam seriose et certitudinaliter nobis dictare curastis (*DCCant.*) *HMC Rep. Var. Coll.* I 263.

interludum v. interludium.

interluere [CL], (of river or sea): **a** to flow between (two places); **b** to flow through, wash (a place).

a in eo freto quod Italiam et Siciliam ~it *Lib. Monstr.* I 14; unum [maris brachium] Hispaniam ~it atque Britanniam Gir. *TH* I 2. **b** **c705** (11c) quem .. agrum fluvio .. constat ~i *CS* 123; hanc [sc. urbem] piscosa suis undis interluit Usa Alcuin *SS Ebor* 30.

interlunium [CL], period between the old and new moon. **b** month.

c935 (14c) post ~ium temporis *CS* 640; luna componitur illunis, i. sine luna .. semilunium, quando videtur dimidia, ~ium quando deficit, plenilunium, quando est plena Osb. Glouc. *Deriv.* 305; alterutrum quidem fore in causa, hoc est plenilunium aut ~ium, non erit dubium Linacre *Emend. Lat.* iiii. **b** *a munethe*, ~ium, mensis *CathA*.

interlusor, one who performs in an interlude, player, entertainer.

c1503 soluti ~oribus domini principis ludentibus in aula communi ij s. *REED Cambridge* 78; **1519** (v. interludium 1a); **1525** in regardo dato .. ~oribus ducis Suffolk *Hist. Shrewsb.* I 328; **1527** in regardo dato lusoribus et ~oribus domini regis ostendentibus et offerentibus joca sua *Ib.* 329; **1542** (v. interludere b).

interlusus v. interludere b.

interluvium [cf. LL interluvies], a strait.

Gosc. *Aug. Maj.* 60B (v. disterminare 1a).

intermandatum [cf. CL mandatum], (pl.) instructions between (correspondents), correspondence.

~a fratrum non latuerunt cancellarium Devizes 34v.

intermeare [CL = *to pass through*]

1 to travel between.

1166 utinam .. pax inter regnum et sacerdotium reformetur ut, si ~andi facultas patuerit .. possimus adinvicem exibere officia caritatis J. Sal. *Ep.* 195 (189); ?**c1173** ~antibus de gente in gentem sine dispendio salutis et vite periculo transire non liceat *Ib.* 322 (310); multis muneribus et nunciis occultis ~antibus *V. II Off.* f. 19b; ex ~ancium .. relacione veridica tenet cleri et populi fama, quod .. *FormOx* I 234; **1440** per ceteros ~antes viros, nos velitis de salute .. certiores reddere Bekynton I 106.

2 to act as intermediary, mediate.

s1252 postquam domino regi talia ex parte prelatorum nuntiarentur, et plenius ~ante episcopo Saresberiensi recitarentur M. Par. *Maj.* V 328; **s1230** ~antibus .. amicis, sedata est discordia *Flor. Hist.* II 199 (cf. M. Par. *Maj.* III 194: mediantibus amicis); **s1321** per aliquos ~antes inducti Trokelowe 111.

intermeatus, passing to and fro, coming and going, intercourse.

1195 vos tanquam mediator .. varios inter meatus et laboriosos frequentissime fecistis excursus P. Blois *Ep.* 124. 368A; **s1219** erit pax beata inter nos et eos, tutus ~us institorum M. Par. *Min.* II 236.

intermediare [ML]

1 to form a common boundary, meet.

1414 usque ad viam que ducit de Coventria versus Eyton', ubi ~ant parochie de Folkeshull' et Exall' *Leet Coventry* I 19.

2 to stand between, intervene: **a** (in good sense) to mediate, act as intermediary (also w. request as subj.). **b** (in bad sense) to interfere.

a pacis amatoribus .. ~antibus *Plusc.* VI 40; **s1454** hanc promissionem ab ~antibus audiens *Reg. Whet.* I 138; nullis ~antibus instanciis, mero suo motu ac solo nutu mandavit [puerum] in collegium suum .. assumi Bekynton *App.* 285 323. **b** **s1261** per talium pacis perturbatorum suggestiones rex sepe decipitur .. unde .. nunquam rex, talium consilio ~ante, suo poterit barnagio .. consentire *Flor. Hist.* II 467.

3 (p. ppl. as adj.) intermediate.

omnes alie partes ~ate orbis continentis Bacon IV 435.

intermediatio [ML], mediation, good offices.

1350 dicit quod ipse billam illam emit de quodam J. B. mercatore per ~onem et procuracionem cujusdam correttarii (*KR Mem*) *EHR* XLIV 441.

intermediator, intermediary.

s1454 revertentes .. ~ores .. ad patriam suam, redierunt .. ad partes iterum reportaruntque secum responsum *Reg. Whet.* I 139.

intermedium v. intermedius, internodium.

intermedius [? LL (v. *TLL*, cf. 5 infra), ML]

1 (w. ref. to space) intermediate, (placed or lying) in between, in the middle; **b** passing between one place and another. **c** (as sb. n.) intervening space.

ipsum radium necesse est pertransire omnes partes ~ias J. Blund *An.* 101; Bacon IV 435 (v. eccentricus a); partes cineris per adventum aque comprimuntur et aer ~ius expellitur *Id.* VIII 179; si .. ponantur duo elementa extrema, ut ignis et terra, necesse est ponere duo ~ia, quoniam, si ponatur nullum ~ium, aut vacuum esset inter ignem et terram .. aut ignis tangeret terram ..; oportet ergo ponere aliquod elementum medium Rob. Angl. (II) 149; omnes note quadrate ~ie habentes tractus ascendentes sunt semibreves Wals. *Mus. Mens.* 77; **1424** quod .. amoveant postem suum ~ium inter postes predictos *Mem. York* II 108; **s1105** utriusque exercitus erat super Renum, Reno ~io Capgr. *Hen.* 33. **b** **1280** nomen suum michi scribatis per proximum ~ium viatorem *AncC* 47/164. **c** **s1184** cognovit ab exitu navium ~ium vie quousque Flandrensium fines attingeret totum fere regis Anglie jurisdictioni suppositum Diceto *YH* II 29; magnum ~ium Gilb. III 145. 1 (v. dispissitudo); regnum .. Berniciorum a flumine Tyne usque ad mare Scoticum .. porrigebatur; totum enim ~ium ad regnum Berniciorum pertinebat *Eul. Hist.* II 165.

2 (w. ref. to time): **a** (of time or period) intermediate, intervening. **b** (as sb. n.) intervening period, interval, (*hoc ~io*) in the meantime. **c** existing or occurring in the intervening period; **d** (as sb. n.) intervening occurrence.

a quonammodo satis tempestive ducar penitentia, qui in tempore ~io hostis ero Dei mei? Neckam *NR* II 173 p. 287; tempus ~ium inter legem vadiatam et legem factam Bracton f. 366b; **1332** in rotulis annalibus de tempore ~io *LTR Mem* 105 m. 35*d*; per quingentos sexaginta octo annos ~ios Elmh. *Cant.* 135. **b** rex Merciorum hoc ~io cum Britonibus occupatus *Croyl.* 25. **c** **1252** propter quedam alia pericula ~ia (*Pat* 63 m. 7) *RL* II 388; inter vetustissimos et novellos ~ios [auctores] reperimus R. Bury *Phil.* 10. 161; **s1401** Isbella .., regis Ricardi olim Anglie uxor .., versus patrem, pluribus tractatibus ~iis ad hoc habitis, recessit Ad. Usk 63. **d** pleraque nos adjecimus ~ia ad calculum regum Scotorum Ferr. *Kinloss* 19.

3 (w. ref. to relation, degree) intermediate, middling; **b** (as sb. n.) intermediate thing.

ibunt ad altare Sancti Augustini, facientes inclinaciones ~ias *Cust. Cant.* I 7. **b** virtus .. sic non simpliciter propter se expetenda est; ~ia autem respective, respectu superioris propter aliud appetenda, respectu inferioris propter se Hales *Sent.* I 26.

4 (as sb. n. pl.) good offices, mediation.

a1440 in perquisicione manerii de Harpesfelde, per viam eschaeti, pro ~iis in ea parte factis (*Expensae Abbatis*) Amund. II 265; **s1454** sic .. importune instancias faciebat, ut per ~ia promitteret facere grandia, dummodo rursus posset recipi *Reg. Whet.* I 138; **s1455** gratiam .. bonorum .. virorum ~iis optinens *Ib.* 163.

5 ? (as sb. n.) distinguishing feature (w. gen.), or ? wrongly combined from *inter medium* (*cf. TLL* VIII 588. 38).

inter sanctum et pollutum non distinguebant et ~ium (*ed. Winterbottom*: inter medium) inmundi et mundi non dividebant [= *Ezech.* xxii 26] Gildas *EB* 90.

intermicare [CL], to shine or gleam between, in the midst.

eum fuisse .. oculo vario, quibusdam ~antibus guttis distincto W. Malm. *GR* IV 321; multitudo .. virginum niveis vestibus, auro et margaritis ~antibus, refulgentium Ad. Eyns. *Visio* 18.

interminabilis [LL]

1 that cannot be or is not bounded (spatially), having no (spatial) end; **b** (of God).

insolubilis, ~is, inextricabilis, *untosliten* vel *slopen* (*GlH, MS Bodl. Lat. misc. a.* 3. f. 49) *J. Eng. & Germ. Phil.* XL (1961) 447; Bacon VIII 60 (v. fluxibilis 1b). **b** Deus .. ipse solus incomprehensibilis est et ~is [Trevisa: *may not be biclipped*] Bart. Angl. I 16.

2 unending (in time), eternal, perpetual: **a** (var.); **b** (w. ref. to eternal life, damnation, or sim.); **c** (of God, Christ, or their attributes). **d** (as sb. n.) unendingness, eternal existence.

a **a984** ~e prosperitatis augmentum (Æthelwold *Ch.*) *Conc. Syn.* 129; **1192** hoc facinus ~em tibi maculam sinistre opinionis inussit P. Blois *Ep.* 89. 279C; motus circularis ~is est et perpetuus Bacon VIII 54; **s1381** dedecus inauditum et ~e Wals. *HA* I 465. **b** ut [Deus vos] .. ad sui manifestationem visionemque ~em introducat Egb. *Pont.* 71; **s972** momentanea morte vitam ~em commutavit *Chr. Rams.* 43; **c1151** W. .. Cestrensis episcopus omnibus .. ecclesie filiis .. salutem et eterne salutis ~em jocunditatem (*AncD* B 9226) *Ch. Chester* 100; finis eorum [dolorum] sine fine, eternus, ~is et indeficiens defectus et mors vitalis Ad. Scot *Serm.* 434D; mortem qua miserrimus ille spiritus in penas detruditur tam ~es quam ineffabiles Gir. *GE* II 3 p. 179; **1198** ecclesiam suam Deus future pacis ~i reservans quieti *Ep. Cant.* 453; processerat .. in diebus suis .. et .. ad ~is diei suspirabat ingressum Ad. Eyns. *Hug.* V 14; in illa ~i vacatione que erit sine fine in gloriosa resurrectione Gros. *Cess. Leg.* II 7. 4. **c** videtur .. ejus [sc. summae naturae] aeternitas esse ~is vita simul perfecte tota existens Anselm (*Mon.* 24) I 42; Deus .. qui ~is est Pull. *Sent.* 715D; arbiter universorum Deus ~is E. Thrip. *SS* IV 2; tu laus interminabilis J. Howd. *Cyth.* 3. 1; Deus .. ante tempora initialis, in tempore invariabilis, post tempore ~is Peckham *Serm.* 279. **d** et ~e sui ipsius et imprincipiatum τὸ ἀτελεύτητον ἑαυτοῦ καὶ ἄναρχον divinus amor ostendit differenter Gros. *Ps.-Dion.* I 223.

3 (loosely) interminable, inordinately long.

1122 perpes discordia et ~es inimicitie (*Ep.*) EADMER *HN* 351; ille contra cum ~i juratione protestatur quia nunquam archiepiscopatum redderet GRIM *Thom.* 44; **1407** postpositis disceptacionum ~ium amfractibus BEKYNTON II 127; cujus laudes si omnino vellem prestringere, opus attentarem ~e AMUND. II 303; per mortem .. Alexandri quasi immortalis lis et ~is discordia orte sunt FORDUN *Cont.* XIII 50.

interminabilitas [ML]

1 unboundedness, unlimitedness.

siccitas .., que non perfecte terminatur in proprio centro, est qualitatis humorose male in se terminabilis terminativa et sue ~atis finis immobilis BART. ANGL. IV 3.

2 endlessness.

Deus .. eternus quia ~atem duracionis simul habens sine potencia ad successionem DUNS *Prim. Princ.* 786.

interminabiliter [LL]

1 without limit.

proprietas .. illa [siccitatis] que habet desiccare principaliter partes humidas a circumferentia ad centrum retrahit, et ne ~iter [*ed. 1601*: interminaliter] fluxibilitate sue substantie res humida se diffundat quasi obicem se opponit BART. ANGL. IV 3.

2 without end, for ever.

id perdere irrecuperabiliter quod servari debet ~iter ANSELM (*Medit.* 2) III 80; Deum invocabat .. qui non sinat illam post virginitatis votum .. ~iter interire *V. Chris. Marky.* 44; †**1067** (1335) omnia .. perpetualiter possidenda .. ipse sanctus ~iter possideat *CalCh* 332; nonne igitur inconsolabiliter contristabor, incessabiliter querelabor, ~iter cruciabor? BRADW. *CD* 118E; una poena .. ~iter duratura *Ib.* 382 (*recte* 381) B.

1 interminare [LL], to define, determine, bound.

preter id quod B. Cuthberti ecclesie septa continuerant vel quod cimiterii spacia ~averant R. COLD. *Cuthb.* 65.

2 interminare v. interminari.

interminari [CL], **~are** [LL]

1 to threaten (sts. w. dat. or *in* & acc. indicating person threatened): **a** (w. acc.); **b** (w. inf.); **c** (absol. or w. ind. obj. only).

a ut .. ~er penam W. MALM. *GP* I 66 p. 124; [Thomas] in eum .. sententiam excommunicationis sub Alexandro papa .. ~averat W. CANT. *Mir. Thom.* V 3; elementa .. mortalibus mortem ~ando .. bonam valetudinem exterminant GIR. *TH* I 35; nec cessavit ille elevata securi mortem pueris acriter ~are *Id. IK* I 11. **b** suggerit injustum non esse nefariumve ~ans regis filiam licet monacham ad thorum regium evocare *V. Fridesw. B* 8. **c** si non aquiescitur monenti, credite ~anti GOSC. *Aug. Maj.* 78B; Buamundus .. captos quidem impunitos dimisit, sed ne suis de cetero nocerent ~ando compescuit ORD. VIT. IX 6 p. 496; indignatus rex episcopo ~atus precepit quatinus .. *Chr. Battle* f. 24v; si ~etur ei Pharaonis dissipatio et querat ejus interitum, fugiat .. ad judicium R. NIGER *Mil.* I 47.

2 to warn against, forbid (sts. w. dat. of person): **a** (w. *ne* or *ut* & neg.); **b** (in gl.).

a †**969** (13c) interminamur [v. l. intimamur] divina auctoritate et nostra ut neque nos neque successores nostri .. in .. basilicam .. ullam habeant potestatem *CS* 1264 p. 551; ~ante eis universa congregatione ne quemquam .. admittendum presumerent *Chr. Battle* f. 110v. **b** inhibere, prohibere, vetare, interdicere, ~are OSB. GLOUC. *Deriv.* 292; ~ari, vetare *Ib.* 293.

1 interminatio [LL], threat, warning. **b** (*sub ~one, sub ~onem*) under penalty, with threat; **c** (w. subj. gen.); **d** (w. obj. gen.).

~onem veram futurae incommoditatis sentiet HERM. ARCH. 5; perpendant .. contemptores tante ~onis quante subjaceant sententie excommunicationis W. MALM. *GR* II 149 p. 169 n.; s**1192** eum .. Anglie finibus mature excedere cum ~onibus preceperunt W. NEWB. *HA* IV 18; ~o .. idem est quod comminatio T. CHOBHAM *Conf.* 253; tonat illud ~onis prophetice tonitruum: 've pastoribus Israel' [*Ezech.* xxxiv 2] AD. MARSH *Ep.* 115; **1281** ~onis fulmine omni contrario rationi fratres minores .. excommunicando PECKHAM *Ep.* 202. **b** quem ritum si quis non observaret, illum de cetu sanctorum delendum sub gravi ~one audisti *Eccl. & Synag.* 106; sub ~one precepit ei ne alicui diceret quod acciderat FL. WORC. *Cont. A* 103; c**1160** sub eadem ~one clericos episcopatus nostri prohibemus .. injustis vexationibus opprimi (*Test. Theobaldi*) *Doc. Theob.* 28 (cf. ib.: sub anathemate); c**1211** viciosos prelatos puplice reos deferre sub ~one ibidem multis capitulis invitantur GIR. *Ep.* 6 p. 230. **c** omnes leges .. sub ~one regie majestatis observari precepit SILGRAVE 65. **d** se sub ~one pene dominum est prohibitus appellare J. SAL. *Pol.* 789C; rex .. prohibuit sub ~one mortis consimilis ne quis .. terram contingeret MAP *NC* I 11 f. 10v; **1236** in alia decretali sub ~one anathematis inhibetur nequis .. GROS. *Ep.* 72 p. 211; legatus .. episcopos Anglie sub ~onem sentencie ad se invitavit *Chr. Battle (1258–65)* 378; sub ~one divini judicii districtius inhibemus ne quis .. *Cop. Pri. S. Andr.* 117.

2 interminatio

1 unboundedness, unlimitedness.

quedam est causa infinita per incertitudinem et ~onem, et sic fortuna et casus BACON VIII 91.

2 endlessness, eternity. **b** unlimited number.

que in carne gesta recolere queant digna ~one aut exsultationis aut moeroris PULL. *Sent.* 740A. **b** dedit ei [sc. plante] natura ut habeat ~onem partium et potenciam generandi ubique BACON XI 225.

3 interminatio, ? connectedness, or ? *f. l.*.

omnis .. ordinacio diccionum est per inclinacionem naturalem et dependenciam unius ad aliud; et ideo cum inter duo recta substantiva nulla est dependencia nec interminacio [v. l. interimacio; ? l. inclinacio] cum utrumque sit absolutum naturaliter et in se independens quantum est a parte sua, ideo non poterit esse eorum inmediata ordinacio BACON XV 52.

interminatorius, threatening, minatory.

s**1462** [princeps Turcorum] ad sanctissimum patrem nostrum papam Pium ~ias misit literas, quod .. Romanam ecclesiam .. a Christianis eripere .. festinaret *Croyl. Cont. C* 533.

interminatus [CL]

1 unbounded, limitless.

LANFR. *Comment. Paul.* 346 (v. generatio 12); hoc parvum sine quantitate est .., infinitum, ~um [ἀόριστον] GROS. *Ps.-Dion.* 456; ~is [ἀτελευτήτοις] operationibus *Ib.* 539; dimensiones sunt ~e in materia et terminantur per formam KILWARDBY *OS* 183; ab illa densitate excludetur omnis opacitas, erit ibi claritas ~a PECKHAM *QA* 155; cum omne habens virtutem generandi in partibus ~is et ubique habet productionem partium ~am, habet partes ~as; planta est hujusmodi, ut dicit [sc. Aristoteles], si habebit partes ~as BACON XI 225; NETTER *DAF* II 121 (v. dimensionare).

2 unending, eternal, perpetual.

qui cum Deo Patre et Spiritu Sancto gloriaris per ~a saecula ANSELM (*Medit.* 1) III 79.

3 unfinished.

[placitum] ~um reliquit *Reg. Whet.* I 461.

interminus [CL]

1 boundless, unlimited, immeasurable; **b** (of God, Christ, or their attributes; some quots. perh. to be referred to 2a *infra*).

qui nosti, mundine intermina surgat / area HANV. I 177. **b** Deus .. illocalis, ~us, incircumscriptus .. ALCUIN *Dub.* 1032A; lux enim est intermina [sc. Christus], / frangens furoris fulmina, / ne vindicent nequicias J. HOWD. *Cyth.* 133. 10; sol [i. e. Christus], lux cujus manet intermina *Id. Ph.* 19; princeps intermine *Ib.* 882; hic magnus parvulus servus fit dominus / contentus continens, brevis interminus WALT. WIMB. *Carm.* 47.

2 unlimited (in time), endless, everlasting; **b** (in hyperbolic use) unending.

~o *endeleasum GlP* 786; pena reos claudit intermina, quos ab Averni / extricare potest carcere nulla dies GARL. *Epith.* I 599; [Jesus] digno vocatur nomine / vite vitis intermine J. HOWD. *Gaudia* 3. 7. **b** ~is deprecationibus nostri Redemptoris .. exoro clementiam H. LOS. *Ep.* 11.

3 *f. l.*

'.. absque liberis erit inter mulieres mater tua' [*I Reg.* xv 33]: .. tua [sc. praesumptionis] genetrix impietas †interminorum [l. inter minorum] facinorum captivata nutrices .. vitiorum .. subole carebit BEDE *Sam.* 602B.

intermiscere [CL]

1 to add by mixing, to mix in (sts. w. dat.): **a** (var.); **b** (noise).

a cui ~eatur de aqua .. *Inst. Sempr.* liv* (v. 1 hemina); R. COLD. *Godr.* 50 (v. fundamen 3); **1303** pro uno panno habente partem grani intermixtam *EEC* 347. **b** cynocephali .. quorum sunt canina capita et omne verbum quod loquuntur intermixtis corrumpunt latratibus *Lib. Monstr.* I 16.

2 (refl.): **a** to add oneself (to a company); **b** to interpose oneself, to interfere; **c** (w. *cum*) to meddle or interfere (with a person).

a **796** probavimus quosdam fraudolenter negociandi causa se ~ere [sc. peregrinis] *Ep. Alcuin.* 100. **b** ~uit se spiritus vertiginis et erroris H. BOS. *Thom.* III 24 p. 273. **c** **1282** Osbertus .. se ~ebat cum quodam Rogero .., ita quod .. predictum Rogerum .. cum baculo percuscit *IMisc* 41/16.

3 to mix together, commingle.

sequitur de rectis et obliquis intermixtis WALS. *Mus. Mens.* 78; ut .. decuriones .. cum Cartusiensis ordinis viris sanctis .. optata devocionis ~erent solacia *Ps.*-ELMH. *Hen. V* 13.

4 (w. abl.; in quots., pass.) to diversify by admixture (of), to mix or intersperse (with); **b** (w. acc. of part affected).

ymber .. intermixtus grandine *G. Hen. V* 25 (v. imber 1a). **b** martyr .. advenit paucis canis crines intermixtus W. CANT. *Mir. Thom.* III 12.

intermisse [ML], intermittently, from time to time.

voces altiores emittere quandoque et ~e .. trepidabat R. COLD. *Cuthb.* 20 p. 43; quoniam non ~e per te doctior fio, non immerito sine intermissione gratias ago PETRUS *Dial.* 15; mulier .. caput ~e excutiens, spumas ore habundanter emittens *Found. Waltham* 26.

intermissio [CL]

1 interruption, break, temporary cessation. **b** (*sine ~one* or sim.) without interruption, ceaselessly, constantly.

1168 ~onem officii .. inducit necessitas, non contemptus J. SAL. *Ep.* 266 (262); horrendum est .. illos cruciatus incurrere, quorum non est ~o neque finis P. BLOIS *Ep.* 14. 51B; AD. MARSH *Ep.* 97 (v. 2 decursus 2c); *a cessynge* .. ~o *CathA* (v. desitio a). **b** sine ~one oravit pro eo *V. Cuthb.* IV 7; sed [venari] non caret incommodo quia si careret sine ~one quivis hominum venari valeret ALEX. CANT. *Dicta* 5 p. 128; absque ulla ~one J. FORD *Serm.* 109. 5; hujusmodi fletum sequitur sine ~one letitia *Found. Waltham* 6; [angeli] semper nobis assistunt et nobis serviunt sine ~one [TREVISA: *withoute cessinge*] BART. ANGL. II 2.

2 intervention.

sciatis ~onis vestrae dilationem invasoris vestri imperii fieri cotidie soliditatem *Enc. Emmae* III 3.

intermissive, intermittently, from time to time.

successive et non ~e *Tri. W. Langton* 64.

intermissor v. intromissor.

intermittere [CL]

1 to cause to cease temporarily, interrupt, discontinue, (repeated or continuous activity, use, practice, or sim.). **b** to interrupt or discontinue the use of. **c** (w. ref. to activity not yet begun) to postpone, put off. **d** (w. inf.) to cease, give up (doing *etc.*). **e** (p. ppl. as adj.) interrupted, intermittent.

non .. in terreno conversatus palatio propositum vitae caelestis intermisit BEDE *HE* II 1 p. 75; coeperunt .. idolatriae, quam .. aliquantulum intermisisse videbantur, palam servire *Ib.* II 5 p. 91; nunc coeptum sermonem paulatim differendo ~o B. *V. Dunst.* 10; [ancilla] quod .. faciebat opus ~it *Simil. Anselmi* 88; ne ~atur aliquod vestigium [v. l. ali[qu]a vestigatio] .. priusquam omnis homo unam equitationem equitaverit (*Quad.*) *GAS* 176 [AS: *þæt man ne forlæte nane æscan*]; [Henricus] lucernarum usum noctibus in curia restituit, qui fuerat tempore fratris intermissus W. MALM. *GR* V 393; absit ut .. studia .. aut omissa depereant aut intermissa tepescant GIR. *EH pref.* p. 224; Saxonicum bellum, quod quasi intermissum videbatur, rursus inchoatum R. NIGER *Chr. II* 148. **b** in septuagesimo pinguedo ~itur *RegulC* 34; 'Gloria in excelsis Deo' ~itur in diebus adventus Domini ÆLF. *EC* 17; **1228** requisitus qualiter furce essent prostrate vel pola intermissa *Feod. Durh.* 269. **c** eo .. [sc. rege Stephano] prosperum flamen prope portum exspectante nuntius venit ..; unde intermissa navigatione Salesburiam reversus est ORD. VIT. XIII 24 p. 63; [rex] voti .. efficatiam, etsi animo non omisit, diutius tamen .. intermisit *Chr. Battle* f. 12. **d** praesul .. numquam eorum quibus praelatus est curam ~it habere BEDE *Tab.* 474; nec tamen ~ebat impudicus clericus sollicitare languentem [virginem] *V. Chris. Marky.* 45. **e** interpolationis quattuor sunt cause, sc. fluxus materie ad locum putrefactionis et paulatim et intermissus ..; intermissus autem est materia non collecta in aliquo membro GILB. I 10v. 1.

2 a to omit, leave out; **b** (item from series; in quots., w. ref. to numbers). **c** to leave behind. **d** to neglect to perform, leave undone.

a hujus, nomine intermisso, facit mentionem Abbo Floriacensis W. MALM. *GP* V 253. **b** inter quos [numeros, sc. v, vii, ix] duo intermissi [sc. vi, viii] signant duplicem naturam unius Jesu Christi ABBO *QG* 22 (48); triplus .. †intermissus duoque numerus [l. intermissis

duobus numeris] est reperiendus extracto solo ternario qui unum numerum ~it ODINGTON 49. **c** episcopus .. Podiensis et Tolosanus comes, sua iterum post se intermissa multitudine, aderant ORD. VIT. IX 6 p. 499 (cf. Baldricus *PL* CLXVI 1078A). **d** **803** (11c) ut sciant omnes qui ejus sunt successores quod ipse numquam ~it quod Weogernense [*sic*] aecclesiae ad utilitatem recte pertinet *CS* 309.

3 **a** to place between, insert. **b** to engage in during an intervening period.

a dum .. rex .. intermisisset cuneos sagittariorum suorum cuilibet aciei *G. Hen. V* 12 p. 82. **b** cum .. intermissis tractatibus pars Gallorum suasisset comiti ut .. se redderet .., emiserunt Galli .. multitudinem equitum *Ib.* 16.

4 to send (between), exchange: **a** (messenger or message); **b** (missiles, *sc.* in battle).

a **s1312** super quo nunciis intermissis .. negocium ad effectum deducitur TROKELOWE 71; **s1366** intermissis patri literis (v. conciliatorius). **b** cum .. intermissis telis lanceis ferro et lapidibus ac invasivis aliis efferbuisset bellancium feritas *G. Hen. V* 21.

5 (by conf. w. *intromittere*, unless *f. l.* for that word; *v. et. intromittere* 6b): **a** to admit (person), or ? *f. l.* **b** (w. *de*) to concern oneself with, or ? *f. l.*

a **1407** quod nullus inposterum †amittatur [l. admittat] nec †recipiatur [l. recipiat] eum pro cive nec inter cives †~eret [l. ~at] *BB Wint.* 93. **b** opus Marthe est cibare famelicos et opera misericordie inpendere quasi matrona; Maria autem de hiis non habet ~ere [ME: *to entremeatin*] *AncrR* 167.

intermixtim [ML], interspersedly, in between, mixed among: **a** (w. ref. to place); **b** (w. ref. to time).

a varietatis gratia perpulcre in panno purpureo emicat et respergentibus maculis ~im diversitatis quedam nova moderamina format R. COLD. *Cuthb.* 42; [homo] ~im subrufus *Ib.* 121 p. 267; [perquisivit] quamdam parcellam terre, jacentem ~im infra terras manerii *Reg. Whet.* I 465. **b** quod si aliis diebus ~im aliqua festivitas forte subriperet R. COLD. *Godr.* 128.

intermixtio [LL], admixture, intermingling.

1279 sine ~one placitorum extraneorum *PQW* 761; sine ulla scita ~one mendacii *Croyl. Cont. C* 575.

intermori [CL], to die down temporarily.

hoc [sc. genus carbunculi] habet peculiare quod jactatum in igne velud intermortuum extinguitur, contra aquis perfusum exardescit GROS. *Hexaem.* XI 19. 1 (cf. Pliny *Nat.* XXXVII 99, Isid. *Etym.* XVI 14. 2).

intermundicia v. immunditia.

intermutuabiliter, mutually, reciprocally.

1433 sigilla .. partibus istius carte indentate ~iter sunt appensa *Melrose* 516.

internamentum v. interramentum.

internasus, bridge or septum of the nose.

mento, barbae, supercilis, auribus, / genis, buccis, internasso [*gl.*: *naes gristlan*], naribus, / pupillis, rotis, .. / .. / clemens adesto tutamine (LAIDCENN MAC BAÍTH *Lorica*) *Cerne* 86 (cf. *Nunnam.* 92: internaso); ~us, vel interfinium, vel interpinnium, *nosegristle*, vel *middelflere* ÆLF. *Gl.* 157.

internecare [CL], to kill without exception.

~are, occidere; internectus, occisus OSB. GLOUC. *Deriv.* 289; internectis omnibus, solus in siccum projectus sum W. CANT. *Mir. Thom.* VI 161.

internecida (-nic-) [LL *gl.*], one whose false testimony causes another to be killed.

a cedo .. per compositionem hic internicida, -e, i. ille qui falsum testimonium commisit et ob id quempiam interfecit, et inde .. hoc internicidium, -dii, i. occisio, interitus OSB. GLOUC. *Deriv.* 105 (cf. Isid. *Etym.* X 149).

internecidium (-nic-) [ML], false testimony on account of which one is killed.

OSB. GLOUC. *Deriv.* 105 (v. internecida); internicidium, testamentum pro quo homo est occisus *Ib.* 294.

internecies (-nic-) [LL], death, destruction.

quicquid consequi possunt ad interniciem profligunt, et frequentes populos velut condensas segetes ferro vel igne demetunt GOSC. *Transl. Mild.* 5 p. 160; quasi .. jugulando eum usque ad interniciem prosternit *Simil. Anselmi* (*app.*) 193 p. 102; Willelmus .. regias copias .. tanta internicie cecidit ut nihil postea Francia plus metueret quam Normannorum ferociam irritare W. MALM. *GR* III 234; letum [MS: letus vel -tum], mors, nex, obitus, interitus, †internicius [MS: internicies, pernicies] OSB. GLOUC. *Deriv.* 323.

internecio (-nic-) [CL], slaughter, massacre, killing; **b** (w. *ad*) to the point of extermination; **c** (w. ref. to cattle).

crebra internicionis strage ALDH. *VirgP* 12; **786** quicunque ~onis dominorum causa fuere *Ep. Alcuin.* 3 p. 24; quid prestolamur preter infelicem exitum internitionis? *V. Ed. Conf.* 56; cum eorum ~o patrie non sit liberatio GIR. *EH* I 14; W. regis Merciorum .. qui quarto anno post patris sui .. ~onem paternum .. susceperat sceptrum WHITTLESEY *app.* f. IV p. 141; *CathA* (v. internecium). **b** ne ad ~onem usque delerentur GILDAS *EB* 25; provincias regni ejus usque ad internicionem vastare BEDE *HE* III 24 p. 177; veluti exterminationem hostium ad ~onem et demolitionem cultus eorum R. NIGER *Mil.* II 66; usque ad ~onem flagellatus est P. BLOIS *Ep.* 140. 418B; qui gladio Domini .. semievaginato, ne penitus extractus perinteret usque ad internitionem [*gl.*: i. mors], semet ipsum opponebat J. FURNESS *Kentig.* 26 p. 207; **1260** eadem [castra] .. usque ad interniscionem novissimam viriliter reservare (*Lit.*) *Ann. Burton* 493. **c** videns pestem .. subita ~one pascua pecoribus evacuare W. CANT. *Mir. Thom.* V 26.

interneciosus (-nic-), deadly, destructive.

pater .. confunditur moestitia .. pro carissimae natae interniciosa poena GOSC. *Mir. Iv.* lxii.

internecium [LL], death, destruction.

internicium, bellum dicitur quo nullus remanet ut *cualm GlC* I 461; *dede* .. intericio, interitus, internicio vel internecio, per e et non per i, .. ~ium *CathA*.

internecivus [LL *gl.*], half-dead.

internecius, qui nec vivus est nec mortuus OSB. GLOUC. *Deriv.* 291.

internectere [CL], to bind together, link, connect.

per clausulas non internexas VINSAUF *AV* II 2. 31 (v. emphaticus a); de ordinato gestu fratrum in eodem [sc. refectorio] .. cum aliis consuetudinibus internexis *Cust. Westm.* 98.

internexe, interconnectedly.

ex internexione [sc. sophisticum fiet principium] cum, licet non verba, ea tamen de quibus dicitur transposite et ~e sibi annecti licet, hoc modo 'aliqua absunt a locis in quibus sunt' BALSH. *AD* 102.

internexio, linking together; **b** (log.).

armatura .. animi virtutibus contexitur, armatura .. sensualitatis morum ~one componitur. nulla .. ~o fidelior quam morum et virtutum ad invicem R. NIGER *Mil.* I 15. **b** BALSH. *AD* 102 (v. internexe).

internic- v. internec-. **interniscio** v. internecio.

internodare [ML], to intertwine.

1245 capa .. leopardis et floribus ~atis breudata *Invent. S. Paul.* 475.

internodium [CL], (anat.) part of the body between nodes or joints: **a** (w. ref. to ligament, tendon, or muscle); **b** (w. ref. to kneecap).

a [Wlstanum] hostis invadit, duris ulnarum ~iis corpus jejuniis attenuatum astringens W. MALM. *Wulfst.* I 4 p. 10; acroteria, ligamenta articulorum, que etiam ~ia dicimus OSB. GLOUC. *Deriv.* 55; [paralytica] putabat .. que sanctis manibus attrectabantur hancharum suarum compagines et ~ia poplitum abrupta dissiluisse W. CANT. *Mir. Thom.* III 5; HANV. II 56 (v. corrugare a). **b** illud grossum os quod est in genu et dicitur ~ium quia nodat simul crus et tibiam OSB. GLOUC. *Deriv.* 380; musculum subsequitur poples et genu et ~ium [*gl.*: *le os de genul entre-space. entre-ordenement*, etc.] GARL. *Dict.* 121; ~ium, A. *the knepanne or wherlebon WW*; hoc ~ium, hoc vertebrum, *a knebone WW*; *a qwhirlbone*, †intermedium [v. l. ~ium], vertebra, vertibulum *CathA*.

internoscere [CL], **a** to distinguish between (one thing and another); **b** to distinguish, pick out (one from others); **c** (refl.) to recognize one another. **d** (w. acc. & inf.) to determine (whether .. or ..).

a per illud subdolum et bonum ~itur argentum vel aurum PETRUS *Peripat.* 98; possunt aliquibus signis ~i boni et mali? possunt HON. *Eluc.* 1150A; hinc sationales, inde pascuos .. secundum Maronis distinctionem ~ebam BALSH. *Ut.* 46 *gl.*: *je entreconisowe*]; *Id. AD* 22 (v. differenter b). **b** **p1169** monachi .. terram suam sibi restituissent, si eam ~ere .. potuissent *Lib. Eli.* III 115; ut satis ~at ab alieno illud quod suum invicem quisque privatum nominat MORE *Ut.* 106. **c** nec [lucerne] extinguantur donec fratres possint se mane ~ere *Ord. Ebor.* I 29. **d** dum .. vitam moresque ejus [sc. Mahometh] mea narratione digesta audieris, tunc me scire de eo quod verum est aut nescire facile ~ere poteris PETRUS *Dial.* 65.

internumerare, to reckon among, include (in a total).

Oswald cum regnasset ix annos, ~ato illo anno aliorum predicto, occisus est H. HUNT. *HA* III 39 (= R. COLD. *Osw.* 3: ~ato, BEDE *HE* III 9: adnumerato).

internuntium [CL], message, (pl.) exchange of messages.

cum ad consilium secessissent et inibi a vicecomite per ~ium conterriti fuissent *Text. Roff.* 175v (*unless referred to* internuntius); ibant et revertebantur inter eos in phaselis magnates et post multa ~a ad alterutrum altercatum est diu MAP *NC* II 23 f. 32; [Mercurius] dicitur deorum nuptiis interesse, quod in nuptiis sermo plurimum valet. ibi enim ~a vel missatica et id genus plurima discurrunt ALB. LOND. *DG* 9. 1.

internuntius [CL], messenger between two parties, go-between, intermediary.

964 (11c) per meos illud quod .. expetebam mihi concessit ~os id est .. archiepiscopum et .. Uuintonie episcopum (*Lit.*) *CS* 1136 p. 382; quam placitae [orationes] conscenderunt in conspectu Divinitatis, fidelibus .. perlatae ~iis FOLC. *V. J. Bev.* 11; **1106** ut .. anxietatem .. de vestra valetudine quolibet ~o .. securam reddatis *Ep. Anselm.* (400) V 344; **s1141** diversas partes .. per ~os ad pacem sollicitando W. MALM. *HN* 497; si meus ad illum ~us velles esse R. COLD. *Godr.* 222; inter eos [sc. seraphim] et Deum nulli angeli sunt ~ii [TREVISA: *none aungels mene*] BART. ANGL. II 8 (cf. Isid. *Etym.* VII 5. 24: nulli angeli consistunt).

internus [CL]

1 situated inside, internal.

966 sint prefati monasterii rura omnisque monachorum possessio in rebus magnis vel modicis, ~is vel externis .. eterna libertate .. ditata *CS* 1190 p. 462 (*unless referred to* 2a infra); ALB. LOND. *DG* 8 (v. hydatis).

2 relating to the internal affairs of a state or household, domestic. **b** privy to internal affairs, (having the status of) an insider. **c** (of association) intimate.

monasteria .. extrinsecis abundanter opibus et non minus locupletavit ~is *Hist. Abb. Jarrow* 20; ~is atque externis regiae potestatis sollicitudinibus ASSER *Alf.* 25. **b** quociens .. qui accessit verecundus et pavidus statim efficitur per confidentiam domesticus et ~us? LUCIAN *Chester* 59. **c** **928** (11c) meae ~ae familiaritatis ac olim amicabili ministro meo B. *CS* 663.

3 inner, internal (to person): **a** (w. ref. to body or sense, also fig.); **b** (of mental activity or spiritual characteristic); **c** (*judex ~us, arbiter ~us*) God as judge of the inner man.

a quid de sancto sacerdote dicat, si quantulumcunque adhuc ~i auditus in vobis remanet, auscultate GILDAS *EB* 89; ~as .. medullas W. MALM. *Wulfst.* I 15 (v. febris b); ~as .. vires corporis AD. EYNS. *Hug.* III 13 (v. diaeta 1c); ~am quandam egritudinem *Canon. G. Sempr.* 75v; hec domus est mentis thalamus .. / ..; / trabs, vigor internus, totam corroborat edem GARL. *Epith.* VI 499; ab ~is .. ossibus RIPLEY 123 (v. faex 4b). **b** mentem ab ~a gratia vacuam BEDE *HE* II 1 p. 80; ab ~is peccatorum vinculis *Ib.* IV 23 (25) p. 263; ~a fortitudine robustus FELIX *Guthl.* 21; discens .. lectione ~a quemadmodum mitis esse valeret et humilis corde *V. Gund.* 3; tali .. gestu, ~e voluntatis interprete W. MALM. *GP* I 48 p. 83; ~as et ineffabiles .. animi delicias GIR. *TH* III 11; evangelia ~is vocibus promere gestiebat cum celebrante BLAKMAN *Hen. VI* 6. **c** pro sola ~i judicis intentione BEDE *Tab.* 474; qui [sc. Aidanus] cujus meriti fuerit, etiam miraculorum signis ~us arbiter edocuit *Id. HE* III 15 p. 157; non tam quid fiat, quam quo animo quicquid fiat ~us arbiter contuetur OSB. *V. Elph.* 130; norint .. posteri .. nihil in Deo puritate tua innocentius, qua invitatus ~us arbiter te honorificaverit W. MALM. *GR* II 212.

4 (as sb. n. pl.): **a** inner organs, inward parts (in quot., of person). **b** one's inner or spiritual being. **c** the heart or essence of a matter.

a ejus ~a combustis OTTERB. 222 (v. exenterare a). **b** nec ~orum curam propter externorum occupationem diminuit *Canon. G. Sempr.* 61. **c** ut rei ipsius eviscerem ~a BEDE *TR* 46.

interoperatus, (of design) worked between (in quot., w. ref. to embroidery).

1416 lego ecclesie de K. unum par aureum vestimentorum meorum cum albis angelis ~atis (*Test.*) *Reg. Cant.* II 124.

interpati, to suffer on the way.

si [aer] statim patulo emittatur ore, utpote a calore veniens neque vim ullam ~iens, calidus sentietur ADEL. *QN* 33.

interpellare [CL], **~ari, ~ere** [cf. CL pellere]

1 to interrupt, break (sequence).

1300 ad minus triginta diebus continuis vel ~atis *Reg. Carl.* I 123; **1490** ultra unum mensem .. conjunctis aut ~atis diebus .. *StatOx* 296.

2 to hinder, impede.

pro consuetudine ingressus, nulla antea ~atus egritudinis molestia, subito .. spiritu vitali caruit W. Malm. *GP* II 75 p. 163.

3 to appeal to, call on, entreat (also w. abl. *precibus*): **a** (person or group); **b** (in legal procedure or sim.); **c** (saint). **d** (absol.) to make a request or entreaty, to plead (in quots., on another's behalf; *cf.* 5 *infra*).

a genetricem .. precibus ~ans Aldh. *VirgP* 42; **c797** nisi ~etur medicus, non curatur aegrotus Alcuin *Ep.* 131; ad quem ibit? quis ei auxilio erit? quem ~abit? Alex. Cant. *Dicta* 14 p. 163; **1165** si .. homines ~are tutum non fuerit, Deum queso devotius exoretis ut .. J. Sal. *Ep.* 163 (151). **b** regem .. justicie amatorem imprudentes timuerunt ~are Ord. Vit. XII 8 p. 332; habeat potestatem is qui est abjectus, ut episcopos finitimos ~et Bart. Exon. *Pen.* 118 (= *Conc. Serdicense*, v. *Canon. Turner* I 480); judices prescriptos .. super hoc ipsum secrecius ~ans [? l. ~andos] papa ejusdem consilio dedit Gir. *Invect.* IV 5; **c1240** illud .. per dictum thesaurarium vel successores suos cum legitime fuerint ~ati emendabitur *Ch. Sal.* 271; eo .. cum fuerit ~atus injuriam non emendante Bracton 171; archiepiscopus .. sedem apostolicam ~avit; episcopi etiam astantes .. sedem apostolicam et ipsi appellabant *Meaux* I 188. **c** hanc [sc. Mariam Magdalenam] .. assiduabat precibus, ~abat fletibus *V. Gund.* 33 p. 56. **d** ~ante .. conjuge sua, dedit ei locum mansionis Bede *HE* V 11 p. 302; modicitatem meam .. animavit ad ~andum benigne paternitatis clementia Ad. Marsh *Ep.* 2.

4 (w. var. structures) to ask, beg, request (person *etc.*, for something, or to perform specified action): **a** (w. *de*, also *de* & gdv.); **b** (w. *pro*); **c** (w. *ad* & gdv.); **d** (w. cl.).

a Ixion secretarius Junonis eam sepius de stupro ~avit *Natura Deorum* 7. 6 (cf. ib. 133. 1; Servius *Comm. Aen.* VI 286; *sim. Latin Stories* 64: miles .. multis blanditiis .. interpositis de amore ~avit eandem); filium suum .. sepelisset, nisi martyrem de sanitate ejus lacrymans ~asset W. Cant. *Mir. Thom.* VI 121; rex .. archiepiscopum de racione reddenda pro tempore cancellarie sue ~avit *Meaux* I 188. **b** **c1151** pro hac eadem elemosina predictum comitem obnixe ~avimus (*AncD* B 9226) *Ch. Chester* 100. **c** **?1260** quia ad talem ostensionem faciendam ab antecessoribus vestris nunquam fuimus ~ati *Ann. Durh.* 113. **d** te .. exorando ~o, ut .. *Nunnam.* 66 (v. exorare 1c); **1333** venerunt ad nos .. ~antes nos quod ad .. monasterium declinaremus *Lit. Cant.* II 40; **a1440** vestram dominacionem .. ~ans quatenus .. erga susurrancium sibulos .. clemencie aures obstruere dignemini *Reg. Whet.* II 412.

5 (w. *pro*; *cf.* 4b *supra*, 6, 7b *infra*): **a** to plead, intercede (on another's behalf); **b** (w. acc. or prep. phr. denoting person pleaded with) to entreat, plead with (person, on another's behalf).

a **s1258** ut ~antes pro eo ipsum in amicitiam regis .. pristinam concordantes restituerent M. Par. *Maj.* V 575. **b** Rogerius .. precatus est ut .. papa dignaretur Walterum ~are pro se Alex. Cant. *Mir.* 29 (II) p. 217; ~avit dominam Anglorum regina pro .. rege capto Fl. Worc. *Cont. A* 131; **1331** ad ~andum penes vestram clementiam pro amicis *Lit. Cant.* I 373; **1487** decani ~arunt penes custodem pro duobus baccalariis *Reg. Merton* I 95.

6 (w. *pro*) to intercede (with), pray (*sc.* to God, Christ, saint, on behalf of person, or for person's well-being or (forgiveness of) sins); **b** (w. acc. or prep. phr. denoting addressee of prayers).

704 (12c) ut .. orationum officia frequentantes .. pro nostra fragilitate ~are nitantur *Reg. Malm.* I 286; ~et .. pro me tua dulcis humanitas, commendet me Patri tuo tua .. pietas Ailr. *Inst. Inclus.* 31 p. 671; eum .. qui ex anima et carne subsistit ut pro nobis ~are possit Vac. *Assumpt.* 2. **b** **c803** [Dominus] semper vivus interpellans se [v. l. interpellasse] pro suis Alcuin *Ep.* 307 p. 470 (cf. *Hebr.* vii 25); ubi Christus pontifex ad ~andum Patrem pro nobis introivit Adel. Blandin. *Dunst.* 12; Mariam .. suum illum Filium pro hominibus ~antem Anselm *Misc.* 358; a quo ordinabimur ..? quis ~et pro nobis ad Dominum? Rhyg. *David Vesp.* 64; **s1291** rex .. eam [sc. reginam] plangebat et Jesum benignum jugis [*sic*] precibus pro ea ~abat Rish. 120 (cf. Wals. *HA* I 32: ~ebat); **c1237** Thoma, .. / .. / interpella pro peccatis / nostris Patrem glorie (*Offic. T. Com. Lanc.*) *Pol. Songs* 272; Deum et S. Edmundum pro filii sui salute ~ans *NLA* II 682.

7 **a** to beg, request (something); **b** (w. *pro* indicating person on whose behalf request is made). **c** (w. inf. as obj.) to require, demand (specified action; in quot, w. abstr. as subj.).

a **s1365** majores regni ~averunt auxilium regis Anglie Wals. *HA* I 302. **b** **s1244** in precibus et elemosinis Dei misericordiam pro eo ~avit M. Par. *Maj.* IV 284. **c** **1318** isti equidem concursui defuimus interesse . . . nec interfuisse ~avit necessitas quia per prius hec .. in nostra presencia fuerant communita (*DCCant.*) *HMC Var. Coll.* I 269.

8 (also dep.) to address, speak to (person).

a705 (v. 3 frunitus); Boamundus iteratis sermonibus Pirrum ~avit Ord. Vit. IX 9 p. 536 (cf. Baldricus *PL* CLXVI 1104B); **1157** abbas regem .. adiit atque super carta sua illum ~atus est *Chr. Battle* 62v; ~atam super hoc familiam Gir. *EH* II 12; quando mulier ~ebat [v. l. ~abat] et conveniebat eum virum, tunc ipsa discalciabat eum S. Langton *Ruth* 123.

9 (leg.; also transf.) to accuse, charge, sue (person): **a** (w. indication of offence); **b** (w. indication of matter in dispute).

a quicumque secundum episcopales leges de quacumque causa vel culpa ~atus fuerit *GAS* 485; earum [sc. litterarum] bajulum .. Gaufridum nomine de suppressione, quin potius de suffocatione ~o H. Bos. *Ep.* 1473C; ~abant .. eum .. quod pecuniaria sponsione ambierit ad honorem hunc *Hexham* I 139; **1285** quia multi .. procurant falsam appellationem fieri .., statutum est quod cum aliquis sic ~atus [*StRealm* I 81: appellatus] de felonia sibi imposita se acquietaverit .. (*Stat. Westm.*) *Reg. Malm.* I 85. **b** de rebus hereditatis sue ~atus *GAS* 578 (v. defensor 4c).

interpellate [ML], not consecutively, alternately, at intervals.

1455 unum mensem in anno continue vel ~e numerandum *Reg. Heref.* 28.

interpellatim [ML], not consecutively, alternately, at intervals.

1344 si .. per duos annos successive vel ~im .. se culpabilem reddiderit aliquis de .. capellanis (*Stat. Linc.*) *Eng. Clergy* 289.

interpellatio [CL]

1 interruption, intervention, hindrance.

a1087 quatinus .. ea quae ad Christianae religionis notitiam prodesse possunt sine ~one vel discussione aliqua a vobis audirent Lanfr. *Ep.* 27 (30); H. Hunt. *HA* VIII 11 v. l. (v. interpolatio 2a).

2 mediation, intercession: **a** (w. person); **b** (w. God or Christ).

a ipsum .. maxime tanti amici benivolentiae congratulantem ad regis ~onem celerem et ultroneum accipit comitem Gosc. *Transl. Mild.* 9; viro cui non opus est apud .. vestre paternitatis experientiam ~o commendaticia Ad. Marsh *Ep.* 192 p. 349. **b** cujus [sc. Christi] sacerdotii ~onem pro nobis pulcherrime commendans apostolus ait 'hic autem ..' [*Hebr.* vii 24–5] Bede *Tab.* 486B; emunda me Emmanuhel ab omni inquinamento carnis .. per tuorum innocentum ~ones purissimas Alch. *Or.* 145; [Christus] salvat per ~onem humanitatis suae Alcuin *Exeg.* 1067A; ad Creatorem meum abeundi licentiam postulo sitque uniuscujusque pro me ~o sedula Osb. Clar. *V. Ed. Conf.* 23; per ~onem [ME: *bone*] Marie aqua .. convertebatur in vinum *AncrR* 147 (cf. *Joh.* ii 3); quomodo infantula .. per devotam ~onem dicti gloriosi viri fuit a simili morte ad vitam pristinam reparata *Mir. Hen. VI* I *prol.* p. 15.

3 request, appeal.

s1093 districta ~one (v. 2 distringere 3d); **1339** ego decanus de H. ad specialem ~onem predicte Petronille et rogatum sigillum officii mei .. presentibus apposui *FormA* 348.

4 (leg.) appeal, plaint.

unde dominus tuus terram tuam .. occupavit, pensionem vertens in proprietatem, nec formidans ~onem W. Cant. *Mir. Thom.* VI 117.

interpellator [CL], one who intercedes or appeals.

his .. nominibus, 'postulator, ~or, advocatus' supponitur persona Neckam *SS* II 22. 3; quem invocaverit .. non potuit oblivisci; magis enim assiduus curabat ~or existere *Mir. Hen. VI* I 15 p. 43.

interpellatrix [LL], intercessor (f.).

quatinus .. tam assidua sis bonitatis ejus et clemencie collaudatrix, quam fueris ~ix hactenus indefessa *Mir. Hen. VI* V 166 p. 304.

interpellere v. interpellare.

interpercutere, (refl.) to exchange blows (with).

1276 interpercussierunt se in campis *Hund.* II 175.

interpetrator v. impetrator.

interplacitare, to interplead.

dies datus est prefato J. C. .. coram prefatis ballivis .. ad ~andum cum prefato R. *Entries* 207.

interplacitatio, interpleading.

occasione ~onis *Entries* 17.

interplangere, to lament intermittently.

similiter et propheta ~ens 'cor', inquit, 'meum dereliquit me' [*Psalm.* xxix 13] H. Bos. *LM* 1374A.

interplico [CL], to weave between.

item plico componitur .. ~o Osb. Glouc. *Deriv.* 454.

interpolare [CL]

1 to make as new, renew, restore: **a** (garment); **b** (other; in quot., in fig. context).

a **s1295** [Thomas Turbevile] distractus per civitatem Londonie, vallatus quatuor tortoribus larvatis et effigiatis in serabaris et pelliciis ~atis *Flor. Hist.* III 282. **b** **s1188** monachi .. die et nocte hostibus et armis undique septi, cum ~ato essent sub jugulo, animas suas et corpora ad .. maximas preparabant temptationes Gerv. Cant. *Chr.* 404.

2 to intersperse (with).

[corona] ~ata celaturis Ad. Scot *TT* 677B (v. interrasilis).

3 to interrupt, render discontinuous (action, process, or sim.); **b** (illness, *cf.* 4c *infra*). **c** (absol.) (app.) to enjoy a remission (of illness).

lumenque nox spirat novum / quod nulla nox interpolat [*gl.: betwuxsende*] *AS Hymns* 44; cum [Ethelredus] pusiolus in fontem baptismi mergeretur, .. alvi profluvio sacramenta ~avit W. Malm. *GR* II 164 (cf. Oxnead *Chr.* 14: interpollavit [*without obj.*]); tot virorum victoriam .. unus Noricus multa hora ~avit W. Malm. *GR* II 228 p. 281; fumositas retenta [in palea] non ~ata dissolutione [sc. pirorum] sed augmentata *Quaest. Salern.* C 29; ceterum valde vereor parum conferenti relatione sacrum studium vestrum et lectionis divine ~are delicias Greg. *Mir. Rom. prol.*; **1236** cum parere non sit instantaneum sed successivum, cujus motus potest etiam per quietem ~ari Gros. *Ep.* 23 p. 88. **b** nonnumquam .. ~abatur egritudo, et dilucidis .. gaudebat intervallis *Mir. Fridesw.* 95. **c** febris putredinalis interpolationem habet veram quemadmodum ~ant in febribus interpolatis Gilb. I 13v. 2; de die in diem diversimode ~ant *Ib.* 54v. 2.

4 (p. ppl. as adj.): **a** (of action, period of time, *etc.*) discontinuous, interrupted; **b** (*vicibus ~atis*, *temporibus ~atis*) at intervals, intermittently. **c** (of med. condition) intermittent, (as sb. f.) intermittent fever.

a ~atum aliquid Alf. Angl. *Cor* 16. 14 (v. ens 1c); non ~ata .. fidelis in exibicione servicii pertinacitas E. Thrip. *SS* XI 15; **1474** majorem ecclesiam Glasguensem .. per tres [dies] continuos vel ~atos .. devote visitaverint *Mon. Hib. & Scot.* 475; **1556** liceat ei per mensem continuum vel ~atum abesse *StatOx* 364. **b** te tribus premuniam signis .. tempore competenti vicibus ~atis ut inter singula spacium habeas penitendi Map *NC* IV 6 f. 48; **1415** volentes .. nostra prescripta .. sexies in anno, temporibus ~atis, .. publice .. legi *Lit. Cant.* III 136; **s1432** litteras .. acceptas ad dominum episcopum, ~atis tamen vicibus, pro exoneracione prioris deportare Amund. I 311. **c** minutio facienda est in ~atis ne .. febrem inducant *Quaest. Salern.* B 132; tremor .. est continuus et vomitus ~atus *Ib.* 313; febris quedam est continua, quedam ~ata ..; ~ata est que non continue affligit sed dimittit et invadit usque ad creticam sui determinationem Gilb. I 7. 2; hec febris non permanet in uniformitate ad solucionem sed quiescit, sicut in ~atis omnino *Ib.* I 14. 1; tipice febre [*sic*], i. ~ate *SB* 42.

5 to interpose, insert (in quots., w. ref. to time): **a** (action); **b** (period).

a scio quod te .. rapis in saltus ~ate meditationis et contemplationis J. Godard *Ep.* 220; ut per ~atas comestiones tardetur potus digestio Bacon V 73 n. **b** **s1187** non .. poterat nox ~ata tam animosum discrimen dirimere M. Par. *Min.* I 442; sicud .. progressus vel saltus per stadium requirit multas quietes interpollatas Wycl. *Log.* III 116.

interpolate [ML], interruptedly, discontinuously, at intervals, intermittently; **b** (in med. context).

[Agnus Dei] non debet dici continue sed ~e et mixtim cum oratione Beleth *RDO* 48. 55A; **1236** hanc penam evitabit qui per tertiam partem anni continue sive interpollate fecerit residentiam *Stat. Linc.* II 144; se .. suarum non ~e .. involvere .. in volutabro temeritatum E. Thrip. *SS* IV 1; oppidum ~ate fortissimum .. edificans Fordun *Chr.* I 14. **b** queritur quare quidam .. continue tremit et ~ate vomit, aliquando bis in mense, aliquando †plures [l. pluries] *Quaest. Salern.* B 313; si leucoflegmanticus febricitet continue vel ~ate Gilb. VI 254. 1; sanguis pulsatilis .. saltando exit ~ate, alius continue et quiete *Ps.*-Ric. *Anat.* 41.

interpolatim [ML], interruptedly, discontinuously, at intervals.

c1250 precentor, cancellarius .. tenentur residere per dimidium annum continue vel interpollatim *Reg. Aberd.* II 46; **1316** qui .. per v menses in anno continue vel interpollatim .. se absentat *Reg. Exon.* 306; habentes ~im nunc actum virtutis accensum et nunc extinctum WYCL. *Ver.* III 218; etsi est unica causa, et non plures, tamen in ea interpollatim plures actus exercentur PAUL. ANGL. *ASP* 1553 l. 25; hic .. continget reperire .. miraculorum gesta .., non tamen seriatim .. sed interpollatim excerpta ad majorem .. utilitatem .. legencium *Mir. Hen. VI* II *prol.* p. 78.

interpolatio [LL < CL = *act of touching up*]

1 interposition, addition.

nisi .. avaritie jugem esuriem frequenti beneficiorum ~one demulceas J. SAL. *Pol.* 488A.

2 interruption, break (freq. w. *sine*). **b** (med.) remission.

s1139 tot a juventutis exordio bona contigerant et sine ~one [v. l. interpellatione] in cumulum creverant H. HUNT. *HA* VIII 11; ne ex rigore ordinis fatigati sine ~one recreationis deficerent *Chr. Rams.* 112; tamquam infelicitatis sue gauderet ~one *Mir. Fridesw.* 107; quid .. mors aliud quam ~o quedam modicique temporis mora ..? GIR. *EH* I 9; sine vicissitudinis ~one GROS. *Cess. Leg.* I 4. 1; jugiter et sine interpollatione KILWARDBY *Temp.* 11; **s1416** audita sunt .. tonitrua .. velut sine ~one durancia WALS. *HA* II 316; **1423** (v. detractio 3b). **b** alienatio sequitur ex melancolico humore calefacto in stomaco et ascendente ad cerebrum, et non calefacto in ipso capite quod est ~o [*sic*] *Quaest. Salern.* Ba 43; fatuis naturaliter et furiosis non est danda [sc. communio] nisi in ~one furoris ROB. FLAMB. *Pen.* 341; **1245** frater J. .. laborat quartana .. quem diebus ~onis duximus usque ad Nogent GROS. *Ep.* 114; causa ~onis est sparsio materie in raritate membrorum GILB. I 7. 2; vera declinatio tritei dicitur dies ~onis *Ib.* I 10. 2.

interpoll- v. interpol-.

interpolus, ~a [CL], made as new, refurbished (in quot., of clothing); **b** (in gl., as sb. m. or f.) a turned garment.

cum .. admiraremur vestes .. primo intuiti sumus .. sericas, bombycinas ..; ~e [*gl.*: *refelipes. redubés. dras revoluté*, etc.] autem et pannucie deerant BALSH. *Ut.* 52. **b** *a turnyd cloth*, ~a, ~us *CathA.*

interponere [CL]

1 to place between or among, interpose, (pass. also) to lie or be situated between; **b** (w. *inter*, dat., or ? acc. indicating position); **c** (refl.) to place oneself between, come between; **d** to place at intervals, intersperse.

[elephanti] turres ad bella cum interpositis jaculatoribus portant *Lib. Monstr.* II 2; interposuit corpus suum ante ictum pungentis BEDE *HE* II 9 p. 99; inventum est sarcofagum illud congruae longitudinis ad mensuram corporis, adeo ut a parte capitis etiam cervical posset ~i *Ib.* IV 11 p. 227; mari interposito GERV. TILB. II 10 p. 764 (v. girfalco b); interposuit clipeum suum in quo mucro .. inhesit G. MON. IV 3; lunam eclipsari .. per umbram terre interposite KILWARDBY *OS* 497 (v. diametraliter). **b** ei [sc. soli] et videnti ~itur luna BALSH. *AD rec.* 2 151 (v. deficere 1d); ~itur .. aer inter rem videntem et speculum *Quaest. Salern.* B 172; offers si probātos, interponēre probātos H. AVR. *CG* f. 9v. 10 (*unless* inter *is separated from* ponere *and understood as prep.*); eclipsis solis est, ergo luna ~itur inter nos et solem; tamen licet videam eclipsim, non potest per hoc mihi probari interpositionem esse nisi sciam prius .. quod hec interpositio est causa eclipsis R. MARSTON *QD* 256; *AncrR* 142 (v. c infra). **c** vibrabat bipennem quasi percussurus eum, set amici utrorumque sese interposuerunt G. MON. II 3; cum timerentur duriora, ~entibus se amicis, ab invicem sunt divisi M. PAR. *Maj.* V 530; nostra verberatio super eum cecidit quia seipsum inter patrem et nos interposuit .., sicut mater propicia se ~it inter suum filium et patrem iratum [ME: *dude himself bitwenen .. deð hire betwenan*] *AncrR* 142. **d** licet .. additamenta crebro apud poetas .. necessitate metri ~antur ALDH. *Met.* 9; **c1315** croie .. interposite sint (v. frium).

2 a to place between or add (words, matter), insert (into discourse, text). **b** to insert (letter in word).

a placuit quasdam ex illis [sc. epistolis] in hoc opusculo ~ere in verbis istis .. *V. Gund.* 12; de sophisticis .. quid docendum prescripsimus; locorum in quibus latere sophisma accidit distinctionem interposuimus BALSH. *AD* 56; his .. occasionaliter hic interpositis, ad historie seriem revertamur GIR. *EH* II 31; sic .. ait Dominus .. '..', et paulo post '..', et paucis interpositis addit '..' GROS. *Cess. Leg.* II 3. 5; **a1440** taliter inter majorem extremitatem [syllogismi] et minorem interposuerat mediacionis terminum, ut .. *Reg. Whet.* II *app.* 453. **b** quandocumque M in aliqua dictione precedit hanc consonantem T, P debet ~i, verbi gratia '*comptoun*' *Orthog. Gall.* S 21.

3 a to allow (time, interval) to intervene, elapse between; **b** (pass., of time) to (be allowed to) elapse between, to intervene. **c** to intercalate (day).

a [S. Ecgwinus] non interposuit tempus medele, sed .. mox .. sanitatem .. superinfudit DOMINIC *V. Ecgwini* II 4 p. 44. **b** nec multo interposito tempore BEDE *HE* I 21 p. 39; interpositis paucis diebus post mortem ejus, Anselmus .. abbas est electus ORD. VIT. V 2 p. 306; admonebant .. ut .. tempus prelii .. commode protelaretur, ut procrastinatione interposita neutra pars confunderetur *Ib.* XIII 43 p. 126. **c** embolismos .. ~ere BEDE *TR* 45 (v. embolismus 2b); una dies interseritur quae jure bisextus, / sextis quod Martis prisco de more kalendis / interponatur, recto vocitamine fatur *Altercatio* 108.

4 (w. abstr. as obj.) to introduce (into situation), interpose: **a** (var.); **b** (condition); **c** (payment; also in fig. context); **d** (order, or sim.); **e** (appeal, plea, objection).

a c1188 utriusque partis fide interposita *Regesta Scot.* 260; **1258** unde super hoc dicto fratri nostro mittemus et penes ipsum ~emus efficaciter partes nostras quod .. *Cl* 315; **1483** (v. dimissio 3d). **b** juvenculus .. incolomitati .. donatur, sed ea conditione prius interposita, ut .. depeculata mulierculae redderentur ALDH. *VirgP* 37; his tamen condicionibus interpositis, ut .. BEDE *HE* IV 1 p. 202; **955** ruris particulam .., tenore tantum modo interposito ut .. binarum [cassatarum] usus vernantibus .. indiscussus perseveret .., concessi *CS* 903; nulla interposita conditione W. MALM. *GP* I 24 p. 40. **c** pro generali religionis Anglicane redempcione anime sue precium interposuit GERV. CIC. *Hom.* xlix; **1593** cautio .. infra triduum .. ~atur *StatOx* 449. **d a1380** in bonis eorum .. sequestrum ~imus *StatOx* 181. **e c1204** per appellationem interpositam (v. dormitare 2); **c1214** appellacionibus legitime interpositis GIR. *Ep.* 8 p. 264; **1239** absque omni exceptione, cavillatione et appelatione a nobis ~entibus *Cart. Beauchamp* 382; **a1350** appellaciones et inbrigationes calumpniose contingit ~i *StatOx* 92; *Praxis* 293 (v. delegare 2c).

5 a (refl.) to put oneself forward in a matter (in quot., w. compl.). **b** (refl. or absol.; sts. w. *de*) to concern oneself or interfere (with), to intervene (in). ?**c** (w. inf.) to intervene in order to (do something). **d** (*interposita persona*) 'mean person', intermediary.

a 1153 ego .. hanc conventionem firmam esse volens, interposui me fidejussorem *Ch. Chester* 106. **b** nec se .. debet in aliquo .. sacrista .. de .. altari ~ere *Cust. Westm.* 53; **1336** Johanni de Eure de dono ne ulterius ~eret de decima feni de Wascropheued, vj s. viij d. *Ac. Durh.* 532; **1343** quod si aliqui .. moveant guerram .., quod dicti reges se ~ere non habeant per se vel per alium, directe vel indirecte (*Treugae*) AD. MUR. *Chr.* 132; **1478** precipiens tibi .. quod neque de spiritualibus neque de temporalibus amodo ~as *Reg. Whet.* II 187. **c** decens est .. quod rex pro suis validis hominibus quantum ad eorum provisionem sufficientem ordinare ~at MILEMETE *Nob.* 94 (*unless* ad *governs inf.* ordinare, *and quot. is referred to* b supra). **d** vovens .. se quotannis limina martyris visitaturum, vel in propria persona vel interposita W. CANT. *Mir. Thom.* II 28; **1197** per nos vel per †interponitam personam *Ch. Westm.* 481; [Hugo] presentatus est .. regi per interpositas personas N. DUNSTABLE *Chr.* 12; *APScot* I 70 (v. debellare 3).

interpositio [CL]

1 the action of placing between, inserting, or introducing. **b** setting in (of cloth or garment). **c** (gram. & rhet.) parenthesis.

dactilo et spondeo circum se positis aut alterna ~one variatis ALDH. *Met.* 10 p. 82; sicut .. luna patitur eclipsim per ~onem umbre terre NECKAM *NR* I 13 p. 51; subtiles partes olei .., quarum ~one inter partes et partes salis fieret separatio et liquefactio *Quaest. Salern.* Ba 108; ?**1239** (v. incidentia 1); partes .. prius erant per ~onem humiditatis separate a centro in se juncte BART. ANGL. IV 2; R. MARSTON *QD* 256 (v. interponere 1b). **b 1580** pro ~one ij de lez *panes* de latitudine de la *velvet Ac. L. Chamb.* 9/71 f. 21v. **c** 'ipse enim' [*II Par.* xxxii 9]. et ideo misit et non ivit. ~o est S. LANGTON *Chron.* 195; sunt et alie due [sc. species hyperbati] nobis utiliores: ~o et sinthesis. .. quod apud nos ~o, hoc in figuris parenthesis nuncupatur. est igitur ~o quotiens unam orationem interserimus antequam alia finiatur [etc.] GERV. MELKLEY *AV* 80.

2 the action of introducing or intruding (person *etc.*, between others).

exegematicon [genus] .. in quo poeta ipse loquitur sine ullius ~one personae BEDE *AM* 140 (cf. Diomedes *Gram.* I 482: interlocutione); MAP *NC* III 3 f. 40 (v. detinere 2a); [angelus] cognoscit .. Deum super se in speculo eternitatis sine aliqua ~one [TREVISA: *wiþout any puttinge bitwene*] BART. ANGL. II 2.

3 (*fidei ~o*) pledging of faith, rendering of promise.

hanc .. conventionem fidei ~one affirmavit W. *Chr. Rams.* 305; **s1216** propositum .. mutuo juramento cum fidei ~one confirmatum *Flor. Hist.* II 163; nobis se fidei ~one obligavit quod .. *Meaux* I 375.

4 interposition (of a decree or appeal).

citacio cum ~one sequestri de bonis illius qui detinet bona cistarum universitatis *FormOx* 132; **1428** dicti decreti ~oni .. interfui *Reg. Cant.* 399; **1515** post multas altricaciones et appellacionum hincinde ad nos et sedem predictam ~ones (*Bulla papae*) *Dign. Dec.* 53 p. 57.

interpositive [ML], (rhet.) parenthetically.

presbiteri .. proponant quedam ypotetice, i. e. personaliter vel suppositive, quedam paranetice [*app. misunderstood as* parenthetice; cf. *gl.*: *entremettauntument*], i. e. †interponitive [*ed. Scheler, Hunt*: interpositive], quedam prophonetice, i. e. exclamatorie GARL. *Dict.* 133.

interpositivus, placed or situated between.

betwene, inter, ~us, interscalaris *CathA.*

interpositura [CL inter + positura, *app. coined as equivalent of* ἐπένθεσις], a placing between, insertion.

epentesis .. est figura quod est ~a BACON *Gram. Gk.* 135.

interpres [CL]

1 a one who speaks for another, spokesman, intermediary; **b** (transf., of organ of speech). **c** one who conveys (message or sim.) to another.

a frequenter .. per fidos ~etes et nota intersigna loquebantur adinvicem ORD. VIT. IX 9 p. 535 (= Baldricus *PL* CLXVI 1102A); assignant ei [sc. muto] ~etem et ducem fratrem suum minorem *Mir. Wulfst.* II 11. **b** fumositas .. rationis usum perturbat et linguam, rationis ~etem [TREVISA: *þat tellith what resoun meneþ*], .. contrahit BART. ANGL. IV 5. **c** caritatis hujus mutue nuntios, ~etes et incentores J. FORD *Serm.* 79. 7.

2 (freq. w. obj. gen.) one who expounds or explains: **a** (Scripture); **b** (divine will or sim.; also transf., of the laurel as assoc. w. Apollo and prophecy); **c** (action or motive).

a divinae legis ~es ALDH. *VirgP* 49 (v. desudare 3); **c803** Cassiodorus, eximius ~es psalmorum ALCUIN *Ep.* 307 p. 468; fidum .. ~etem H. BOS. *Ep.* 1. 1419B (v. dogmatistes); **1549** divinarum scripturarum ~es *Conc. Scot.* II 85. **b** vir Dei, velut divini oraculi ~es, pandere quae ventura essent sibi coepit FELIX *Guthl.* 49; vernat abies procera, cupressus / flebilis, interpres laurus, vaga pinus, oliva / concilians J. EXON. *BT* I 516. **c c1153** sinistri ~etes (*Lit. Archiep.*) *HMC Rep. V* 439a (= *Doc. Theob.* 37: †interpretres); nec aliquid malignitatis aut fraudis imponit [sc. puero], in partem bonam ~es optimus MAP *NC* III 3 f. 40.

3 (w. obj. gen.) person who, or thing which, indicates or expresses: **a** (of writing) expression (of); **b** (of var. things) sign, token (of); **c** expresser (of).

a dux Edesse urbis .. litteras necessitatis sue ~etes Baldewino misit W. MALM. *GR* IV 374 p. 435. **b** tali .. gestu, interne voluntatis ~ete, magis accendit decumbentis animos *Id. GP* I 48 p. 83; lacrimas .. amoris indices, pietatis ~etes *Ib.* I 55; erat vultus viri Dei fidus ~es hominis interioris J. FURNESS *Walth.* 47. **c** nomen honoris habes, [Honori,] sed factis nomen honoras, / nominis interpres, de nomine facta coloras NIG. *Poems* 399; oculi .. dilecti, amoris illices ejusque ~etes J. FORD *Serm.* 16. 1.

4 interpreter, translator (of foreign language); **b** *septuaginta ~etes*, the 'Septuagint' translators of the Greek Old Testament. **c** (representing or in transl. of surname Latimer or sim.).

[Hieronymus] qui fuit interpres .. / Ebrea Romanis vertens oracula verbis ALDH. *VirgV* 1623; ut evangelizante antistite, qui Anglorum linguam perfecte non noverat, ipse rex suis ducibus .. ~es verbi existeret caelestis BEDE *HE* III 3 p. 132; Titus iste ~es apostoli erat, et horum lingua expressius loquebatur quam apostolus LANFR. *Comment. Paul.* (*II Cor.* ii 13) 222A; rex .. quoniam perfecte Anglorum linguam eque ac propriam noverat, vigilantissimus in hoc concilio utriusque partis ~es extiterat TURGOT *Marg.* 8; precor .. quatinus in operibus Aristotilis .. notulas faciatis, eo quod ~etem aliquatenus suspectum habeo J. SAL. *Ep.* 211 (201); ~es debet scire scienciam quam vult transferre et linguam a qua transfert et aliam in quam transfertur BACON *Tert.* 33. **b** septuaginta ~etes, quos evangelista Lucas secutus est BEDE *Pleg.* 5; hoc testimonium et alia plurima .. a translatione veritatis Hebraicae .. ideo discordare videntur, quia aliquando auctoritates sunt a translatione septuaginta ~etum LANFR.

Comment. Paul. 109A; editio vulgata, que fuit septuaginta ~etum BACON *Min.* 336. **c** David ~es tenuit Pourtone *DB* I 83rb; Gillebertus qui cognominabatur Latemer, id est ~es *Chr. Abingd.* II 34.

interpressura [ML], breach (of truce).

1268 super quibusdam ~is treugarum inter nos et dictum regem Navarr' initarum *Pat* 86 m. 29.

interpretabilis [LL], that can be explained. **b** (*s. act.*) containing explanations or interpretations, detailed (in quots., w. *sermo*; *cf. v. l. Hebr.* v 11).

OSB. GLOUC. *Deriv.* 200 (v. enodabilis); hoc tarditati mee ~e verbum H. BOS. *LM* 1396C. **b** grandis nobis sermo esset necessarius et ~is, i. habens multas expositiones mysteriorum et allegoriarum LANFR. *Comment. Paul.* (*Hebr.* v 11) 387B; opus esset .. sermo longior et ~ior, sed importunitas occupationum prolixiorem excludit epistolam AD. MARSH *Ep.* 42; licet .. foret opus sermo longus et ~is, compescui calamum *Ib.* 115.

interpretali v. interpretari 3a.

interpretamentum [CL], interpretation, translation (in quot., as title of work by Jerome).

1510 item ~a Ebraicorum nominum (*Inv.*) *Cant. Coll. Ox.* I 45.

interpretari, ~are [CL]

1 a to expound, explain (text, or sim.; also absol.); **b** (w. indication of mode of explanation); **c** (w. indication of quality of explanation). **d** (w. complement, *cf.* 4b *infra*; also pass.) to explain (word *etc.*) as.

a scripturas sanctas .. ~antes BEDE *Ezra* 923 (v. erraticus 4); episcopum oportet judicare et ~ari EGB. *Pont.* 11; nemo potest finem ~ari nisi ipse rex in cujus curia fines fiunt BRACTON 106; **1286** quod dominus rex ~et cartam suam *PQW* 97 (cf. *ib.* 86: †interpetret). **b** moraliter ~atum GILDAS *EB* 70 (v. d infra); velim .. haec scripturae sacrae testimonia .. historico vel morali sensu ~ari *Ib.* 93; alia ratione alter scriptum ~ari nititur, alia alter ALCUIN *Rhet.* 9; **800** quaedam pravo sensu aliter quam ab eis [sanctis patribus] posita sunt interpraetare nititur *Id. Ep.* 202; **1285** cum .. verbum illud 'placitet' .. active ~etur et passive *BBC* (*Great Yarmouth*) 154. **c** quem versiculum imperiti et metricae artis ignari .. satis turpiter ~antur ALDH. *Met.* 133 p. 184; non audiat judex prave ~antem rescripta RIC. ANGL. *Summa* 32 p. 58. **d** post idolatriae luci, quod moraliter ~atum condensae et fuscae cupiditatis, succisionem silvae GILDAS *EB* 70; si mundum .. creatum esse monstravero, tunc Deum, qui creator ~atur, necessario esse concludam PETRUS *Dial.* 19; nonnulli Saturnum sacrum sensum, id est divinam providentiam omnia procreantem, sive satorem omnium ~antur ALB. LOND. *DG* 2. 6.

2 a to explain (event, omen, or sim.). **b** to give as explanation (in quot., w. *pro*; *cf.* 4c *infra*).

a per tres noctes hujusmodi signum .. manifestatum est in aere; diversis vero modis videntes hoc ~ati sunt ORD. VIT. XII 16 p. 350; rex nihil illorum intellegens, cum non esset qui ~aretur ei visionem R. HOWD. II 273; sompnia pessima ~atu BAKER 107. **b** **1187** judices delegati .. nimie simplicitatis .. sunt redarguendi, qui murorum constructionem, non canonicorum .. institutionem, pro ecclesia sunt ~ati *Ep. Cant.* 39.

3 to explain to oneself, understand (in specified manner or sense); **b** (w. *de*) to understand (as relating to).

Deus .. eam .. per visum confortavit oraculo ..; illa vocem .. ad omen bonum ~ata excussit soporem W. MALM. *GP* V 272; totum in suam ~atur pessimus augur injuriam MAP *NC* III 3 f. 39; 'nolo mortem peccatoris, sed magis ut convertatur et vivat' [cf. *Ezech.* xxxiii 11], favorabili presumptione atque probabili, que benignius in dubiis †interpretali [? l. ~atur] GIR. *Ep.* 4 p. 180. **b** cum .. responsum accepisset, nidos eorum [? l. earum, sc. avium] ubique destruendos .., de castellis Norwagensium hoc ~antes .. *Id. TH* III 42.

4 a to explain what is written or uttered in another language, to translate (text or sim.; also absol.). **b** (w. complement) to translate (word *etc.*) as (usu. pass.). **c** to give (word *etc.*) as translation.

a epistula cum .. esset .. diligenter .. in linguam ejus propriam ~ata .. BEDE *HE* V 21 p. 345; Ælfred .. legere et ~ari .. inchoavit ASSER *Alf.* 87; primo illo testimonio scripto, confestim legere et in Saxonica lingua ~ari .. studuit *Ib.* 89; scio multimodis verba posse ~ari, sed ego simplicem interpretationem sequor fastidii vitandi causa ÆLF. *Gram.* 1 (cf. ib.: ad vestram linguam transferre .. ad Anglicam linguam vertendo); ut nullus Anglorum fuerit vel in intelligendo acutior vel in ~ando elegantior W. MALM. *GR* II 123; ad ~andos Anglice libros *Id. GP* II 123 p. 132. **b** philargiria .. / interpretatur vitium quod forte cupido ALDH. *VirgV* 2572; Strenaeshalc, quod ~atur sinus fari BEDE *HE* III 25 p. 183; **798** cum Aegyptiis, qui tenebrae ~antur ALCUIN *Ep.* 145; in loco qui dicitur Æscesdun, quod Latine mons fraxini ~atur ASSER *Alf.* 37 (cf. *Enc. Emmae* II 9: in Aesceneduno loco quod nos Latini montem fraxinorum possumus ~ari); Effrata triplicem habet interpretationem; ~atur enim frugifera, vel speculum, vel furorem vidit S. LANGTON *Ruth* 91; mutato nomine ab Abra in Abraham, quod ~atur pater multarum gentium M. PAR. *Maj.* I 7; Judith, que ~atur [ME: *spelep*] confessio *AncrR* 117; stranguria ~atur guttatim urinae emissio involuntaria *SB* 40. **c** Simacus .. pro virgulto [*Is.* liii 2] ~atus est ramum GROS. *Cess. Leg.* II 5. 5.

5 ? to discuss (in quot., pass.).

811 inter alias .. diversarum rerum causas in illo habentes concilio interpraetatas *CS* 335.

interpretatio [CL]

1 (act of) expounding, explaining or construing, exposition: **a** (var.); **b** (of dream, omen); **c** (of action or motive).

a **671** ne ars opaca et profunda .. si vili ~onis serie propalata fuerit, infametur et vilescat ALDH. *Ep.* 1; multi secundum scriptorum vivunt ~onem, quicunque meruerunt inter homines vivere post mortem MAP *NC* V 1 f. 59. **b** ejus [sc. visionis] ~onem B. *V. Dunst.* 30 (v. exsolvere 1c); Joseph in Aegypto magnificavit ~o somniorum P. BLOIS *Ep.* 68. 193C (cf. WALT. WIMB. *Carm.* 254: illum oromatis interpretacio / .. laudat). **c** opiniones stultorum melioribus ~onibus lenientes W. MALM. *GR* II 202 p. 249; **1295** sinistra ~one (v. frateria); s**1406** maligna ~one (v. 2 dolus a).

2 (act of) interpreting or explaining, explanation, exposition: **a** (of Biblical or other text); **b** (of word, phrase); **c** (w. ref. to etymology; also *~o vera*).

a aequiperans interpretatio plebes / portendit geminas per sacramenta vetusta ALDH. *VirgV* 321; ut librum beati Job .. mystica ~one discuteret BEDE *HE* II 1 p. 75; allegoricas allegationes et idoneas humanis moribus ~ones studiosis rimandas relinquam ORD. VIT. VIII 16 p. 358; manifesta est parabola hec, nec obscura est ~o ejus J. FORD *Serm.* 76. 2; **1549** (v. emendatio 2b). **b** cum circumlocucio sit quasi diffinicio et quasi nominis ~o BACON XV 147; **1344** ~o istius termini (v. 1 dies 2c). **c** ubi nunc Gabriel, qui fortis dicitur, / interpretacio si vera creditur? WALT. WIMB. *Carm.* 443; est etymologia verus sermo ~onis alicujus vocabuli BACON *Gram. Gk.* 62.

3 (act of) interpreting or translating (from another language), interpretation, translation: **a** (of text *etc.*); **b** (of word, name).

a ~one .. Hieronimi *Hist. Abb. Jarrow* 37 (v. fons 7a); si alicui displicit, primum in ~one .. condat sibi altiore ~one librum, quomodo intellectui ejus placet ÆLF. *CH Praef.* I 2; ars grammatica .. non facile Anglicae linguae capit ~onem *Id. Gram.* 2; cum pro verbo verbum lege ~onis reddere studuerim J. CORNW. *Merl. pref.* **b** ferunt et hominum genus esse sub orbe, quos Antipodas vocant, et secundum †illa [? l. illius] Graeci nominis ~onem, imum orbis fundum ad nostra vestigia sursum directis pedibus calcant *Lib. Monstr.* I 53; cum uxore Godgiva ~onem sui nominis magnifice .. complente, interpretatur enim 'bonum donum' AILR. *Ed. Conf.* 760B; S. LANGTON *Ruth* 91 (v. interpretari 4b); exoticorum verborum ~ones R. BURY *Phil.* 12. 176.

4 (rhet.) repetition of same sense in different words.

~o est quando eadem oratio diversis verbis explicatur, ut hic: 'supplicium delicta vocant, vindicta scelestos / expectat ..' VINSAUF *CR* 325; ~o est sententie prius dicte diversis verbis iteratio GERV. MELKLEY *AV* 39.

interpretative [ML], by interpretation or explanation. **b** in effect, not actually, nominally. **c** by implication, implicitly, not by explicit statement.

1237 Romana ecclesia .. in speculo .. evangelii .. nil contrarium invenit, quod ~e vel dispensative .. in unitate fidei et spiritus non concordet (*Lit. Papae*) M. PAR. *Maj.* III 465. **b** dicuntur .. vere residentes qui personaliter in ecclesia morantur .. ~e autem, qui secundum consuetudinem ecclesie per xvj septimanas fuerint absentes, vel qui, petita licencia .., sunt in peregrinacione .. *Stat. Heref.* 48; quod .. S. Albanus protomartyr Anglorum notatur, .. hoc omnino dici oportet ~e, vel per anticipationem, quia necdum Angli in Britanniam venerant ELMH. *Cant.* 182. **c** Adam non appetebat equalitatem Dei directe et formaliter sed tantum ~e DUNS *Sent.* II 21. 2. 5 p. 144; **1309** moniales vere vel †interpretive [l. interpretative] professe *Reg. Cant.* 1026; tota ecclesia in illam licentiam .. consensit vere vel ~e, tacite vel expresse CONWAY *Def. Mend.* 1442 (*recte* 1342); unde, licet petere [debitum] non debent, reddere tamen tenetur sive petatur expresse sive ~e J. BURGH *PO* VIII 8B f. 132. 2.

interpretativus [ML]

1 a explanatory, expository. **b** significant, meaningful.

a hermeneticon, i. ~um GARL. *Dict.* 134 (v. didascalicus a). **b** [Adam] cujus dominationem notat nominis ejus ~a compactio; ut enim ait Augustinus [v. e. g. *In Psalmos* 95. 15] .. GERV. TILB. I 10 p. 891.

2 a implicit, not explicitly stated. **b** virtual, not actual.

a jussio potentis .. aut vera aut ~a NECKAM *NR* II 189 p. 342; quod si sit delectatio in parte rationali, utpote in cogitatione, sic non est peccatum mortale sine consensu vero vel ~o ..; consensus ~us est per torporem vel ignaviam delectationem sordidam minime prohibere PECKHAM *QR* 83; si .. nec peccet consensu ~o DUNS *Sent.* II 28. 1. 6 p. 258; cum nullus possit alium licite judicare nisi in ipsum aliquam habeat jurisdictionem ordinariam vel delegatam veram vel ~am J. BURGH *PO* V 14 J f. 61. 2; rex, cum sit persona publica, non potest se bello exponere sine populi consensu vero vel ~o MAJOR III 5. **b** quando .. intrinsecus quis perturbatur illicite, sic quod excidit a caritate fratris contra quem irascitur, committit spirituale vel ~um homicidium, quia se ipsum occidit spiritualiter WYCL. *Civ. Dom.* II 237.

interpretator [LL]

1 one who expounds or explains: **a** expositor (of leg. text or decision), judge. **b** interpreter (of dream).

a *GlH* D 699 (v. discursor). **b** dicit quod ~or est ille, cui largitur intellectus intenciones corporales, cui assimilantur in somno intenciones spirituales BRADW. *CD* 32D.

2 translator.

linguarum ~or peritissimus BACON V 39; linguarum ~or fidelissimus MILEMETE *Nob.* 162.

3 intermediary, intercessor.

ut liberandis animabus proprias animas .. discriminibus .. festinent exponere, quotiens †interpretores [l. interpretatores] animarum animarum pervasionibus comperiuntur imminere AD. MARSH *Ep.* 247. 44 p. 486.

interprisa [AN *entreprise*], attack, assault. **b** breach of truce. **c** usurpation.

1230 volumus .. omnes mercatores de terra vestra tutos esse .. per totam potestatem nostram, unde ~as ipsis mercatoribus vestris factas graviter .. sustinemus; .. vobis mandamus quod certificent se mercatores vestri de hiis qui dictas ~as eis intulerunt *Cl* 574. **b** s**1242** ut treugas initas teneret, et ~as emendaret, si que per ipsum vel per suos facte essent M. PAR. *Maj.* IV 185; **1308** serenitatem vestram regiam affectuose requirimus .. quatenus negotium ~arum et supprisarum [differre velitis] *Foed.* III 119; **1310** negocium de supprisis ante guerram .. et de ~is tempore treugarum .. hinc inde factis *RGasc* IV 428; speramus .. quod .. usurpata hujusmodi, surprisa et ~a amicabiliter expedientur *Ib.* 435; **1451** sed reparabuntur et reponentur .. ~e quecumque per conservatores et commissarios illius partis cujus subditi sic attemptaverint *RScot* II 351b. **c** **1499** si alique persone defamate vel suspecte de hujusmodi impetracionibus, prosecucionibus, gravaminibus, vel ~is .. non possunt arrestari *Entries* 467 (cf. *StRealm* I 386 [**1364**]: *entreprises*).

interpugna [ML], mutual conflict.

de mutuis .. ~is, alternis insultibus, frequenti strage .. plura interserere pretermittitur *Ps.*-ELMH. *Hen. V* 67.

interpungere [CL]

1 to divide, distinguish.

~ere, distinguere OSB. GLOUC. *Deriv.* 290.

2 (her.): **a** to divide (field) by (several) intercrossing lines; **b** to distribute (colours) across field so divided.

a cum .. subdividentes lineae a subdividentibus transigantur non in sectionum classe sed interpunctorum reponuntur, quod aream tanquam per puncta et periodos distribuunt, tessellas, maculas, cuneos, rhumbulos et hujusmodi vermiculato opere exprimentes SPELMAN *Asp.* 84; fusis interpunctae areae *Ib.* 86; restat alia ~endi ratio prioribus nec aetate cedens nec dignitate . . . a colorum vicissitudine variatam seu variegatam dixeris; id nomen etiam recte competeret aliis omnibus interpunctis, si non ex antiqua consuetudine huic proprie addicaretur *Ib.* 87. **b** arearum aliae simplices sunt, aliae compositae: simplices uno tantum colore inducuntur ..; compositae, pluribus, et vel dividuntur vel coloribus interpunctis discriminantur *Ib.* 78.

interpunctio [CL], division, distinction.

~o, distinctio OSB. GLOUC. *Deriv.* 290.

interragium [ML; cf. OF *enterrage*], interment fee.

c**1223** pro ~io corpus sepeliri non differatur; sed post sepulturam, si quid datum fuerit, in elemosynam recipiatur *Ch. Sal.* 136.

interramentum [AN, OF *enterrement*], funeral feast.

c**1421** pro ij sellis vapulat' de armis et bageis regis per prefatum Thomam operatis ad opus dicti regis pro internamento suo .. de omnibus parcellis panni adaur' .. et aliarum rerum ordinatarum et liberatarum pro et contra internamentum dicti regis *KR Ac* 407/5 m. 3; **1441** volo quod nullum interamentum teneatur pro me nisi tantummodo presbiteris, tenentibus meis et pauperibus *Reg. Cant.* II 624.

interraneus v. interaneus.

interrare [ML; cf. AN, OF *enterrer*]

1 to inter, bury.

~ent eum sicut Christianum (*Leg. Ed.*) *GAS* 667; **1234** placita .. de hominibus interfectis, visis et ~atis per servientes prioris *Feod. Durh.* 218; **1399** volumus .. quod corpus nostrum .. more regio vestiatur, et etiam ~etur, una cum corona et septro regiis deauratis (*Test. Ric. II*) *Feod.* VIII 76.

2 to pack with earth.

1278 in locatione vj hominum ad stagnum molendini emendandum, †interrendum [l. interrandum] et ramman-dum et in lutum ad dictum stagnum portandum *MinAc* 843/2.

interrasilis [CL], (of artefact) perforated; **b** (*corona ~is*, w. ref. to *Exod.* xxv 25, xxxvii 12).

scrinium S. Amphibali super tumbam albi lapidis operis interasilis AMUND. I 433. **b** c**1165** genus hominum .. ~i salvandorum corona decoratum J. SAL. *Ep.* 166 (140); erat corona .. ~is: id est, interpolata celaturis et plano; .. hanc coronam ~em, id est reticulatam AD. SCOT *TT* 677B; secunda corona ~is [est] canonum et constitutionis et decretorum R. NIGER *Mil.* I 56; pulcre .. corona dicitur ~is, id est interpolate distincta celaturis GROS. *Post. Mark* 358.

interratio, interment, (in quot. app.) funeral feast.

1420 lego .. pro lumine .., item pro interiacione mea inter amicos meos et pro presbiteris venientibus ad sepulturam meam .. l li. *Reg. Cant.* II 184.

interrex [CL], one appointed to rule in an interregnum.

~x, designatus rex *GlC* I 331; ubi ~x (haec aetas gubernatorem vocat) cunctis applaudentibus est declaratus BOECE 27v.

interribilis [LL], terrible, fierce, grim.

[spiritus] erant .. fronte torva [*gl.*: ~is] FELIX *Guthl.* 31 p. 102.

interritus [CL], not terrified, intrepid, fearless.

Parisius rector varios interritus audit / rumores, palme spemque fidemque tenens GARL. *Tri. Eccl.* 67; mortis interrite dura citacio / non parcit segregi neque gregario WALT. WIMB. *Sim.* 98.

interrivatus [LL], divided by a river.

Europa quamplurimis fluminum alveis ~a W. JUM. I 2.

interrogabilis [ML], that may be asked, (as sb. n.) question.

item ~e 'dubium' dicitur, et hoc ut solum interrogans dubius, non ut solus, sed ut soli dubitantes BALSH. *AD rec. 2* 52; *Ib.* 166 (v. elective a); hujusmodi .. ~ia .. ad disciplinalem .. commoditatem determinate multiplicia appellentur *Ib.* 171.

interrogare [CL]

1 to ask (question *etc.*; in a, b, freq. w. second acc. of person asked, or pass., w. person as subj., *cf.* 3 *infra*; occ. w. *ab* or ? dat.): **a** (w. acc. denoting question); **b** (w. dir. or indir. qu.); **c** (absol.). **d** (p. ppl. as sb. n.) thing asked, question.

a de eo, quod ~atus est, respondisse fertur illius loci heredem in gentili populo fuisse FELIX *Guthl.* 48 p. 146; videtur mihi difficile tibi esse plus te ~are CUTHB. *Ob. Baedae* clxiii; te semper idem ipsum ~ante, et me eadem respondente ANSELM (*Casus Diab.* 3) I 238; cujus rei causam si quis me ~et, non facile respondeam W. MALM. *GR* II 165 p. 190; quid .. ~etur BALSH. *AD* 13 (v. 2a infra). **b** Christus, apostolis suis ~antibus quis ibi [sc. in regno caelorum] sit major, respondit humilem *V. Greg.* 82; ~ans angelos qui essent hi ignes BEDE *HE* III 19 p. 165; incipiunt interrogationes ad confessionem dandam: primum ~es eum si teneat orationem dominicam et symbolum BONIF. *Pen.* 430; invitavit magos suos ut quid faceret ab eis ~aret NEN. *HB* 181; nunc cui sum locuta ~as? OSB. *V. Dunst.* 16; ipsam .. sic ~avit 'vivitne Buamundus dominus meus' ORD. VIT. VII 7 p. 182; ~averunt circumstantes quis esset G. MON. VI 17 (cf. *Eul. Hist.* II 282: ~averunt circumstantibus [v. l. a circumstantibus]); **1225** S. .. testatur .. quod E. frater occidit eum et quod hoc vidit. et ~atus quid tunc fecit dicit quod nichil *SelPlCrown* 118. **c** praefatio libelli quem pater Theodorus diversis ~antibus ad remedium temperavit penitentiae THEOD. *Pen. praef. tit.*; quomodo Ecgburge ~anti se respondisse fertur .. FELIX *Guthl.* 48 *tit.*; Dominus Jesus .. in medio doctorum sedit, nec docens sed ~ans inveniri voluit ORD. VIT. I 3 p. 10. **d** **1290** ad omnia ~ata bene et sapienter respondit *State Tri. Ed. I* 74; dialogice ad queque ~ata .. respondere BOWER VIII 11.

2 to ask (about), enquire (into): **a** (w. *de*; also pass. w. person asked as subj.); **b** (w. acc.).

a de occulto orbis terrarum situ ~asti *Lib. Monstr.* prol.; ~ans de longitudine vitae fratris sui *V. Cuthb.* III 6; [filius] ~atur .. de patre et fratre TURGOT *Marg.* 13; de quo et quid enuntietur vel ~etur BALSH. *AD* 13 (*cf.* 1a *supra*). **b** qui [sc. Deus] ~abit opera vestra et cogitationes scrutabitur GILDAS *EB* 63 (= *Sap.* vi 4); cum [aliquis] juxta vias residet, ut videat transeuntes et audiat et ~et rumores *Simil. Anselmi* 29.

3 to question, interrogate (person); **b** (judicially).

saltem ad discendum liceat servo vestro benignam vestram prudentiam humiliter ~are ANSELM (*Ep.* 122) III 263; confessio debet esse voluntaria .. dum scis aliud [? l. aliquid] dicere, dic non ~atus [ME: *unasked*]. non debet aliquis ~ari [ME: *aski*] nisi pro necessitate solum, quia ex interrogatione [ME: *askunge*] posset malum contingere nisi discrecior sit *AncrR* 130. **b** stridor impatientie et murmurationis non est in dentibus hujus cum dolore fortissimo ~aretur, magis autem patientia et pax J. FORD *Wulf.* 57; **1201** postea ~atus ubi ipse A. obiit dixit quod obiit apud Lond' *CurR* IV 239.

4 (leg.) to summon to court as preliminary to outlawry, to exact (*cf. exigere* 8d).

1201 G. S. qui fugit pro eadem morte ~etur in comitatu et .. utlagetur *Pl. K. or J.* 746; **1203** W. P. occidit W. G. et fugit, nulla habuit catalla, ~etur *SelPlCrown* 32; **1209** visi fuerunt ab hominibus de B., ubi occiderunt unam bissam . . . et fugerunt et evaserunt de hominibus illis et ~andi sunt per comitatum *SelPlForest* 5; **1221** Ivo le Messer .. occidit Segrun de Mukeletone .. et fugit; nullus alius malecreditur; judicium: ~etur et utlagetur *PlCrGlouc* 3 (cf. ib.: exigatur et utlagetur); **1221** A. fugit pro timore et non malecreditur et ideo non ~etur, et redeat et det plegios recti standi *Ib.* 48; **1233** preceptum fuit vicecomiti quod haberet corpora ipsorum, si invenirentur, alioquin quod faceret eos ~are donec per legem terre utlagarentur *CurR* XV 302; **1248** et si in balliva tua inveniri non possit, tunc ipsum interogari fac[ias] de comitatu in comitatu donec .. utlagetur *IMisc* 5/33; cum sciverit se esse appellatum et ~atum, ante utlagationem se reddiderit prisone domini regis, quia .. non erit ulterius ~andus BRACTON 127b; **1271** W. S. .. fuit quarto ~atus et non venit, nec aliquis manucepit. ideo per judicium comitatus utlagatus *SelCCoron* 20.

5 **a** to ask for, request, demand; **b** to claim, lay claim to (right, property or sim.; also w. *esse suum*). **c** (w. *pro*) to ask for (something; in quot., w. *de* indicating person).

a o frater carissime loquere, ~a necessaria tibi *V. Cuthb.* IV 9; sanguinem de manibus istorum ~avit BYRHT. *V. Osw.* 451; a**1099** precipio ut nullo modo amodo aliquod *geld* de Norteisa ~etur *Regesta* (*app.*) 137; **1224** debet .. venire ad curiam et interogare materiem et closturam et si inveniatur faciet hesiam, si non, quietus sit *Ch. & Cust. Caen* 91; **1227** debent .. ~are palefridum ipsius Roberti A. .. et tenere scrinium suum in ascendendo *Fines Ox* 78; p**1340** (v. foreinare). **b** a**1191** nec ego K. nec aliquis pro me in predicto mesuagio aliquid juris .. possimus ~are vel venditare *Bury St. Edm.* I p. 171; **1220** ad ~andum castrum illud in manum domini regis et ad opus suum *AncC* 1/155; **1220** ~aturus castr' et tenementa et catalla que fuerunt R. de B. *Ib.* 1/156; **1265** venit dominus N. de H. et ~avit dictum tenementum esse suum proprium *IMisc* 27/19. **c** **1577** de quodam Henrico W. .. ~avit pro clave tormenticuli *Pat* 1159 m. 11.

6 to seek, search out.

velut apis .. longo lateque gronnios ~ando discurrens ASSER *Alf.* 88.

interrogatio [CL]

1 act of putting a question, questioning; **b** (w. gen. of person *etc.* asked); **c** question, inquiry.

audivit ab eo repetita ~one quae et qualia essent quae .. videret BEDE *HE* V 12 p. 309; BONIF. *Pen.* 430 (v. interrogare 1b); ubi sanctum nomen ejus repetita ~one addidicit, clamare .. cepit GOSC. *Transl. Mild.* 23; per ~onem et responsionem ANSELM I 173 (v. discipulus 1); *AncrR* 130 (v. interrogare 3a). **b** per assiduam conscientie sue ~onem J. FORD *Serm.* 80. 3. **c** illa [sc. Aelfleda] .. rememoravit de Aldfrido .. fuisse dictum, .. addens quoque ~onem de eomet ipso *V. Cuthb.* III 6; quaecumque .. verba redduntur quaerenti 'quid facit?', ponuntur .. pro 'facit' in responsione, et 'facit' ponitur pro illis in ~one ANSELM *Misc.* 337; principium disserendi ab ~one vel enuntiatione BALSH. *AD* 11; *Ib. rec. 2* 127 (v. disciplinalis 1a); **13..** ~ones atque responsiones sanctorum patrum (*Catal. Librorum*) *Chr. Rams.* app. 361.

2 judicial questioning, examination, interrogation.

animarum de ergastulo carnis egredientium dira in tormentis ~o J. FORD *Serm.* 105. 6; tempore ~onis intret [testis] secretum judicis RIC. ANGL. *Summa* 30 p. 47; **1212** sine ~one que eis facta fuit *CurR* VI 215.

3 (leg.) summoning to court as preliminary to outlawry, exaction.

1221 mandatum est vicecomiti quod ~o et utlagacio ponatur in respectum quousque aliud mandatum habuerit *SelPlCrown* 85.

4 request, demand.

†c**1160** (14c) cum quietantiis [de] tailagiis et scuagiis et de omnibus aliis ~onibus *CalCh* IV 63; †a**1189** (13c) reddendo .. xxviij li. argenti de feodo firmo pro omnibus serviciis et pro omnibus ~onibus *Ib.* I 47.

5 discussion.

abbas .. cogitabat admittere illum ad consilii sui secretas ~ones W. DAN. *Ailred* 14.

interrogative [LL], interrogatively.

~e pronuntiandum puto BEDE *Luke* 604B; 'non bibam illum' [*Joh.* xviii 11] .. increpative vel ~e legendum est ALCUIN *Exeg.* 970D.

interrogativus [LL]

1 (gram. & rhet.) interrogative: **a** (of word, part of speech; also as sb. n., and w. specifying gen.); **b** (of sentence, discourse). **c** (as sb. n.) interrogative sentence, question.

a alia [nomina appellativa sunt] ~a, ut 'qualis', 'quantus', 'quot' ALCUIN *Gram.* 860B; *sume [naman] synd* ~a, *þæt synd axiendlice* ÆLF. *Gram.* 13; videbitur quod hoc nomen 'quis' sit ~um essentie NECKAM *SS* II 6. 2; ~a loci sunt quatuor, ut 'ubi', 'unde', 'qua', 'quo' *Ps.*-GROS. *Gram.* 59; ~um et responsivum debent esse ejusdem generis; ~um est adverbium, ergo et responsivum BACON XV 158; ex adverbiis .. per que convenienter respondetur ad questionem factam per hoc ~um 'quando' OCKHAM *Quodl.* 719. **b** primum [genus sermonis] est dragmaticon vel dicticon, id est imitativum vel ~um [*sic*] GARL. *PP* 100; aliquando est oratio plana aliquando est ~a BACON *Tert.* 252. **c** est enim 'quid est motus' ~um sophistice multiplex BALSH. *AD rec. 2* 146.

2 (of person) disposed to question or inquire (in quot., w. obj. gen.).

sit consiliarius assidue inquisitivus et ~us viarum et modorum quibus est contra papam hereticum proceden-dum OCKHAM *Dial.* 738.

interrogatorius [LL], (as sb. n. pl., leg.) interrogatories, questionings, cross-examinations.

1293 Galfridus quedam ~ia exhibuit super quibus peciit dictos testes examinari *DCCant. Reg. Q* f. 57; **1297** quod compareant coram nobis .. quibusdam ~iis .. responsuri *Reg. Cant.* I 191; potestatem .. nomine meo agendi, .. ponendi, posicionibus et ~iis respondendi *FormA* 348; **1426** ipsumque super nonnullis ~iis materiam concernentibus interrogavit *Reg. Cant.* III 143; **1434** posicionibus, articulis, ~iis, et objectis quibuscunque respondendi (*Lit. Procuratorii*) AMUND. I 388; **1435** quibusdam ~iis contemptum dicte curie concernentibus personaliter responsurum (*Decretum*) *Ib.* II 33; s**1458** post pauca ab ipsis ~ia de stando suo arbitrio, tulit arbitrium suum *Reg. Whet.* I 298; **1487** ~ia, super quibus persone fidedigne .. examinari debent, sunt infrascripta *Mon. Hib. & Scot.* 500; licet parti contrariae, quum testes producuntur, ministrare contra eosdem testes quaecunque interogatoria pertinentia ad causam institutam *Praxis* 38.

interrumpere [CL]

1 to impair the wholeness or integrity of. **b** to break the continuity of. **c** to breach, infringe. **d** (p. ppl., of arithmetical calculation involving figures represented by non-adjacent rods on an abacus).

manifestum .. est de lorica, quia, si fuerit interrupta, ad tuendum militem minus sit idonea *Simil. Anselmi* (*app.*) 193 p. 101; s**839** [Egbirhtus] decessit .. [filium] felicem fore pronuntians si regnum, quod multa texuerat industria, ille consueta genti illi non ~eret ignavia W. MALM. *GR* II 107. **b** ecce S. Bartholomaeus cum inmenso caelestis lucis splendore medias furvae noctis infuso lumine ~ens [*gl.*: i.

e. dividens; v. l. inrumpens] tenebras FELIX *Guthl.* 32; ne quis nos arguat semimutilatam historiam ~ere, regum succedentium nomina transcurram W. MALM. *GR* I 96; ne de nomine contentio discipline seriem ~at BALSH. *AD rec. 2* 126; 'Chus autem genuit Anob' [*I Par.* iv 8]. hic ~itur successio quia .. Hebrei dicunt quod Assur de Haala genuit Ethan et ille Chus S. LANGTON *Chron.* 88. **c** **937** ut nemo nostrorum successorum hoc nostrum donum .. vel ex minimo ~ere temptet (*Ch.*) W. MALM. *GP* V 250 (= *CS* 716: vel minime irrumpere); **c1140** qui .. hanc donationem aliqua perversitate interupit, .. sanguinis Christi reus sit *Ch. Westm.* 253. **d** in primis simplicem discant divisionem, postea compositam continuam, ad ultimum compositam interruptam THURKILL *Abac.* f. 57v; *Ib.* f. 59v (v. interrupte).

2 to break, interrupt, cut short; **b** to cause a temporary break in, disturb. **c** to halt, check.

subito, positis nobis in medio mari, interrupta est serenitas qua vehebamur BEDE *HE* V 1 p. 281; quando .. contemplationi intendis et alicunde non nihil molestie se interserit, scias Martham quietem Marie interrupisse PULL. *Sent.* 938A; convenit inter nos .. ut nec ego sermonem suum nec ipse meum .. ~eremus P. CORNW. *Disp.* 155; sanguinolentum divortium ipsam ~it desponsationem GIR. *TH* III 22; interrupto colloquio nostro necdum finito *Id. SD* 128. **b** qui gemitus, qui planctus psalmos et orationes ~ebant! GOSC. *Edith* 93; crebro verba ~endo ANSELM III 66 (v. erumpere 5c); **s1139** quamvis quidam comitum .. crebro loquelam ejus ~erent, probra in episcopum jacientes W. MALM. *HN* 472; nec bellum ad momentum ~ebatur ORD. VIT. IX 10 p. 550 (cf. Baldricus *PL* CLXVI 1116D). **c** feritas interrupta est invento usu frumentorum ALB. LOND. *DG* 7. 1 (v. feritas 1b); videtur etiam et vegetabilitatem egritudo ~ere, senectus corrumpere ALF. ANGL. *Cor* 1. 4.

3 (leg.) to interrupt the continuity (of possession).

civilis interruptio soli prodest ~enti, naturalis autem omnibus .. . naturaliter ~itur possessio cum quis de possessione vi deicitur vel alicui res eripitur RIC. ANGL. *Summa* 40 p. 102 (cf. *Dig.* XLI 3. 5); continuam dico [possessionem] ita quod non sit interrupta. ~i enim poterit multis modis sine violentia adhibita .. et per talem interruptionem numquam adquiret possidens ex tempore liberum tenementum BRACTON 51b.

interrupte [CL], at intervals.

de composita interrupta divisione sine differentiis: ubicumque in abaco divisores per quodlibet [i. e. quotlibet] arcus ~e, id est vel j vel ij sive quotlibet arcubus inter eos vacuis, ponuntur THURKILL *Abac.* f. 59v (cf. interrumpere 1d).

interruptim, interruptedly.

singultus cordis ~im verba loquentis abscidit R. COLD. *Godr.* 209.

interruptio [CL]

1 (act of) interrupting, interruption, delay (freq. w. *sine, absque*): **a** (var.); **b** (of speech, discussion); **c** (rhet., w. ref. to parenthesis); **d** (w. ref. to possession or enjoyment of rights or property); **e** (*~o temporis*).

a **1225** tantum .. faciemus quod non patietur ~onem (*Lit. Episc.*) *RL* I 253; vix raptim propter varias ~ones potui conficere presentia AD. MARSH *Ep.* 155; **1265** ex quo visitare inceperint, visitacionis officium sine ~one vel dilatione diebus continuis .. exercebunt *Reg. S. Thom. Dublin* 81; motus .. circularis potest perpetuari ut videmus in celo sine ~one BACON IV 310; **1435** [lanas] absque ulla ~one seu impedimento alienare et vendere permittatis *Cl* 285 m. 10; ego puer, quasi in cunabulis pacifice et sine omni ~one coronatus, approbatus fueram rex a toto regno BLAKMAN *Hen. VI* 21. **b** **s1245** magister .. W. .. volens hec predicta per ~onem differre .. conquestus est graviter quod .. *Flor. Hist.* II 293; **1432** aliorum vota publica absque interupcione pacienter audiat *StatOx* 247. **c** 'si tamen audistis' [*Eph.* iii 2]: ~o est sententiae usque ad aliam sententiam que sic incipit: 'hujus gratia ..' [*Ib.* 14] LANFR. *Comment. Paul.* 293A. **d** **1230** semper postea fuerunt in seisina de eadem terra sine ~one *CurR* XIII 2769; RIC. ANGL. *Summa* 40, BRACTON 52 (v. interrumpere 3); **1286** istis libertatibus hucusque usi sunt sine ~one *PQW* 86; **1433** continue, pacifice et absque ~one seisiti et possessionati fuerunt *Rec. Leic.* II 247; privilegiis .. libere pacifice et quiete absque ~one .. usi sumus hactenus et gavisi *Reg. Brev. Orig.* 41. **e** **c1311** per duos annos .. in .. universitate sine ~one temporis studuisse *FormOx* 11.

2 breach (of treaty).

1262 nolentes aliquam causam ~onis treugarum illarum .. posse nobis imputari *Cl* 137.

3 (spatial) separation, discontinuity.

medii ~one spatii PULL. *Sent.* 747A (v. disterminare 1b).

4 breaking in, incursion (*cf. irruptio*).

nequam ~onis insultum consuevit attemtare *Croyl. Cont. B* 516.

interruptivus [ML], that interrupts.

deploratio efficax non est nisi continuetur; unde ille a Domino consolari meretur, qui servat cor suum continue lacrymosum, nullum admittens ~um solatium PECKHAM *Exp. Thren.* I 47; requiem .. enervativam vel ~am *Ib.* II 38.

intersaeptum [LL = *barrier* < CL intersaepire], bridge of the nose.

hoc interceptum *for the brydge of the nose* STANBR. *Vulg.* 2.

intersagittare, (w. refl. obj.) to shoot at (each other) with arrows.

1227 quibus hoc idem [sc. esse malefactores] de .. hominibus de Preston' credentibus et ideo adinvicem se ~antibus .. *Cl* (*RC*) 165a.

intersartio [cf. CL inter + sarcire], patch (on garment or sim.).

textura fantastica [cf. *Conc. Syn.* (**1281**) 901]: est enim textura idem quod operimentum vel ~o qua aliquod, quod alias appareret, latenter absconditur LYNDW. 54r.

interscalare v. interscalaris 2.

interscalaris [ML]

1 (adj.) of a ladder (in quot., w. ref. to rungs, in fig. context); **b** (in gl. expl. as) ? (extending) between uprights of a ladder, (placed or lying) between.

quotquot .. judicia vel cerimonie adjecta sunt, tot gradus vel brachia ~ia dictis lateribus sunt inixa WYCL. *Ver.* III 129. **b** **1468** ~is, *betwyn styles* (*Medulla*) *MED* s. v. *stile n.* (1) b (cf. 2 infra); *betwene*, inter, interpositivus, ~is *CathA*.

2 (as sb. n.) rung of a ladder (also in fig. context).

ita per varias creaturarum species .. meditando currens, quasi per scalam aliquam variis distinctam intercalaribus Creatorem investigando conatur ascendere H. BOS. *LM* 1349D; **a1425** ~e, *a stile bytwene* (*Medulla*) *MED* s. v. *stile n.* (1) b.

interscalariter [ML], at intervals, by turn, alternately.

sicut doctrina illa in qua scribuntur aliqua de jure, aliqua de philosophia, esset speculativa et practica, sive scriberentur in distinctis libris sive ~er [vv. ll. inter stellariter, intus scalariter, etc.] et commixtim DUNS *Ord.* I 202 (= *Id. Metaph. prol.* 4 p. 256: intercalariter); **1443** j bankerium rubei et blodii coloris interstalariter *Cant. Coll. Ox.* I 7.

interscapulum [CL], **~ium** [LL], part of the body between the shoulder-blades.

[virgo] pulcra nive digitorum, / scapularum, lacertorum / et interscapulio WALT. WIMB. *Virgo* 93; *the space betwene sculders* .. ~um *CathA*.

interscindere [CL], to cut through, sever.

omnes .. res ab alto suspense, interscisso medio quo pendent, concito ad yma r[u]unt FORTESCUE *NLN* II 36.

interscribere [CL = *to insert in writing*], to mark at intervals, to stripe.

fasianus est gallus silvaticus, avis pulcra, valde pennis ~itur UPTON 195.

intersecare [CL]

1 to cut through, sever (also fig.).

duobus precedentibus cereis ~antibus mira luce noctis obscurum AILR. *Ed. Conf.* 770A; ~ta arteria ALF. ANGL. *Cor* 11. 6 (v. exinanitio 2a); a corde quoque ad cerebrum ad eundem effectum vene directe sunt; his enim ~tis non sentit animal *Ib.* 16. 17.

2 to divide, separate.

VINSAUF *PN* 564 (v. arcus 5a); inter has .. partes [sc. Africam et Europam] ab oceano mare magnum progreditur easque ~at *Eul. Hist.* II 10.

3 to intersect; **b** (refl.).

illorum orizon ~at equinoctialem et ~atur ab eodem ad angulos rectos sperales SACROB. *Sph.* 78; orizon illorum ~abit zodiacum in duobus punctis *Ib.* 108. **b** ~ant .. se circuli trium predictarum [*sic*] planetarum NECKAM *NR* I 7 p. 43; cum [radii luminares] incorporentur aliquomodo cum elementis et reflectendo ~ant se in puncto uno GROS. *Flux.* 464; **s1233** in celo quatuor soles adulterini preter verum solem cum quibusdam circulis sese prodigialiter ~antibus apparuerunt *Flor. Hist.* II 209 (= *Ann. Lond.* 32; cf. M. PAR. *Maj.* III 242); ibi est major aggregatio luminum sive radiorum solarium ~ium se, ex quorum intersectione generatur calor et multiplicatur DOCKING 116; certum erit quod radii BA et CA conveniunt ad punctum A et non sistunt in A sed transeunt ~ando se PECKHAM *Persp.* I 7 p. 74; possunt illi circuli ymaginarii extendi ad polos, in quibus se †intrinsecant [l. ~ant] BACON I 47; **1298** est dictum sigillum .. plenum quasi lineis sese transversaliter ~antibus cum quibusdam figuris rosularum interpositis *Reg. Cant.* II 1319.

intersectio [CL = *metope*], intersection; **b** point or place of intersection.

DOCKING 116 (v. intersecare 3b); hanc linearitatem per ~onem trium linearum ad angulos rectos [radius] in veram corpoream dimensionem protendit *Ps.*-GROS. *Summa* 541; radii pyramidis brevioris .. qui ante ~onem fuerunt contenti vel inclusi post ~onem fiunt includentes PECKHAM *Persp.* I 5; rotunditas incidentie causatur ex utroque ut viz. per ~onem habeat dilatationis magnitudinem sed per naturam lucis rotunditatis perfectionem *Ib.* I (7) p. 78. **b** ~o .. illa per quam movetur luna ab austro in aquilonem appellatur caput draconis SACROB. *Sph.* 114; oportuit .. celum per circulos distinguere, et unicuique stelle proprios dare circulos incessus sui, et notare circulorum ~onem KILWARDBY *OS* 106; trahantur radii ab ~one quantum est ab ~one ad solem BACON *Maj.* I 118.

interseminare [CL], to sow among or between (also fig.).

turpia facta inter venerabilia .. sicut zizania .. in tritici segetibus ~antur ASSER *Alf.* 95 (cf. *Matth.* xiii 25: superseminavit zizania); **s1234** per mendacia ~ata (v. elongare 4d).

†intersequi, *f. l.*

qui [sc. angeli] †intersequitur [MS: i't's't; ? l. intersunt] transsubstantiationi S. LANGTON *Quaest.* f. 207ra (*in left margin*).

1 interserere [CL], to sow or plant between (in quot., fig.).

spinis rosas ~is et albis atque nigris coloribus phantasma tuum depingis LANFR. *Corp. & Sang.* 409C.

2 interserere [CL]

1 to thrust or place between, insert. **b** (refl.); **c** (w. ref. to grafting of plants).

~e *ræc to GlP* 726; inter .. intestina lanam ~i GIR. *IK* I 9 (v. eviscerare 1a); et caput et collum manicis interserit amplis H. AVR. *Hugh* 1127. **b** ~uit se .. opacis *V. Greg.* 82 (v. frondeus). **c** [abundabant agri] consiti .. quarundam arborum surculis aliarum corticibus ~tis [v.l. codicibus intercertis; *gl.: entrelacez. entoys. entés*] BALSH. *Ut.* 46 (cf. *Teaching Latin* I 172).

2 (w. abstr. obj.) to insert, intrude: **a** (var.); **b** (refl.); **c** (into calendar, *sc.* w. ref. to intercalation, or into cycle of years).

a monacus .. alienis se negotiis, ut sua ~eret, libenter ingerens DEVIZES 34v; [Graeci] pro sex ~erunt novam figuram BACON *Gram. Gk.* 80 (v. episemon). **b** non nihil molestie se ~it PULL. *Sent.* 938A (v. interrumpere 2a). **c** tertio ante finem ogdoadis anno hanc ~endam censuit [sc. lunae mutationem] BEDE *Temp.* 42; quattuor annorum circis idcirco peractis / una dies interseritur quae jure bisextus / .. / .. fatur *Altercatio* 106.

3 (in speech or writing, *cf.* 4 *infra*) to insert, add, interpose, interject; **b** (w. dat. of person).

perfecto operi nova ~ere BEDE *CuthbP prol.* (v. 1 deliberare 3a); volunt hos .. versiculos ab Ezra .., cum scripturam sanctam restauraret, .. ~tos esse .. *Id. Sam.* 557A; digressionem .. ~ere ANSELM *Misc.* 342 (v. digressio); jocosa verba ~ebat G. MON. VIII 19; ibidem .. ~itur contra idolatrie cecitatem que et quanta sequerentur inconvenientia si dii plures essent PULL. *Sent.* 639C; equos abbatis et numerum illorum non requisitus ~it P. CORNW. *Rev.* I 205 p. 199; inter Chus et Jabes ~untur cognationes Arahel S. LANGTON *Chron.* 88; hic intercerere disposui quod in tempore suo pretermissum fuit (*Chr. Whalley Abbey*) *JRL Bull.* XIV 157. **b** non .. proposuimus tractare nisi de sola incarnatione Dei, et tu mihi ~is alias quaestiones ANSELM (*CurD* I 16) II 74.

4 a ? to link or mix together (in quot., topics in conversation). **b** to discuss (in quot., w. *de*), or ? *f. l.*

a nobis .. adinvicem confabulantibus .. et diversas ~endo questiones de vita presenti et de morte futura .. conferentibus P. CORNW. *Rev.* I 205 (*unless referred to* 3a supra). **b** de morbis vitiorum et virtutum remediis .. ~entes [v. l. inter se disserentes], diem cum noctibus continuabant *NLA* II 342.

intersertio [cf. CL 1 interserere], planting.

1457 pro .. ~one de *lez whyke* in prato *Ac. Durh.* 241.

intersessim, *f. l.*

s1464 item hoc anno †intersessim [MS: intensissimum] gelu et frigus asperrimum HERRISON *Abbr. Chr.* 8.

intersignum [LL]

1 boundary mark.

966 (16c) mariscos .. crucibus lapideis ac aliis ~iis [v. l. ~is] .. separatos *CS* 1178.

2 (her.) blazon.

s1419 elegerunt capitaneos qui .. singuli singulis turmis cum stantibus vexillulis et ~iis preessent BOWER XV 31.

3 token, countersign, credentials: **a** (as mark of identity, indication of will, sign that something is the case, *etc.*); **b** (as authorisation of payment); **c** (as sign of pledge or warranty); **d** (in extended use).

a intuere .. cujusmodi sit anulus iste, ut si absens aliquid tibi per hoc ~um intimavero, tu filiali non differas complere obsequio G. FONT. *Inf. S. Edm.* 1; **1164** licet eum ad plenum non cognoscerem, quia tamen ab eo multa audiebam de domo †vestre [l. vestra] ~a satis mihi nota .. ipsum abire permisi *Ep. Becket* 61; hec ad filios paterni mandati perfer ~a T. MON. *Will.* III 1; ego in visione mea quesivi a beato Laurentio signum aliquod, dicens quod alias mihi non crederetis; et .. dixit mihi pro ~o, quod .. W. FITZST. *Thom.* 123; o .. anima Christiana, quibus ~iis quibusve indiciis compertam habebo tuam salvationem? GERV. TILB. III 17; abbas .. cum certis inditiis et ~is que solus prior ejus noverat remisit fratrem illum ad priorem suum P. CORNW. *Rev.* I 203; vice legationis mee [sc. S. Johannis] ad ipsum [regem] fungi vos postulo, quem hujusmodi salutate ~o (*Mir. Ed. Conf.*) *Anal. Boll.* XLI 126 (cf. ib. 127: anulus iste tibi ab eo transmittitur in signum); **s1225** miles quidam simulans se comitem Baldewinum .. per multa argumenta ~orum et cicatricum corporis pro vero domino .. est approbatus *Ann. Dunstable* 94; videtur michi quod sufficit missio a Deo cum istis ~is ad hoc, quod liceat predicare WYCL. *Ver.* II 244. **b** **1236** mandatum est thesaurario et camerariis quod .. nullum denarium liberent sine certis et specialibus ~is litteris regis insertis *Cl* 310; **1429** per solucionem factam eidem J. .. de mandato regis facto computanti per ~ium Thome de R. *ExchScot* IV 483; **1454** per solucionem factam .. Alano L. de L., per †intersignuum cujusdam annuli et mandatum Roberti N. *Ib.* V 615. **c** **1266** A. postmodum dedit eidem J. ~a, sc. quod posuit manum suam in sinu suo *SelPlJews* 31. **d** **s1070** comes in illos subito irruit, et pro testimonio et †introsignis quod illic fuerat, multos de suis truncatos relinquere coegit *Ann. Wint.* 29.

4 example, symbol, sign (fig.).

quatinus quos hodie martir noster egregius roseo sui sanguinis thau Domino signatos commendavit ad Dominum per sue mortis ~a transmittat GERV. CIC. *Hom.* xlix; **c1314** sibi quisque caveat istis intersignis / jam fidem ne prebeat talibus indignis (*Bannockburn* 75) *Pol. Songs* 265.

intersimonium, wedge.

mallus [*gl.*: *bytylle*], intersimonium [*gl.*: *wegge*], meditilimumque (*Vers.*) *WW*.

interspatium [LL], intervening space, interval.

a space betwne, intercapedo, intervallium, ~ium, interstitium *CathA*.

interstalar- v. interscalar-.

interstinguere [CL *p. ppl. only*, LL]

1 to intersperse, diversify, interrupt (with); **b** (her.; in quot., w. ref. to field checky).

laudes Deo canunt quas musicis instrumentis ~unt MORE *Ut.* 295. **b** comitem Warenniae .. cujus insignia erant scutum aureum caeruleo interstinctum CAMD. *Br.* 265.

2 to place (distinguishing mark) in the midst (in quot., her., w. ref. to marks of difference).

discerniculis interstinctis SPELMAN *Asp.* 140 (v. indiscretus 1b).

interstitium [CL]

1 intervening space, gap, interval, distance. **b** (w. ref. to porosity of materials); **c** (w. ref. to wide spatial separation, esp. *~ium loci, ~ium terrarum* and sim.).

cum .. celle [cerebri] quibusdam licet tenuibus ~iis distincte sint ADEL. *QN* 18; pannum virgis distinctum [i. e. *the Exchequer cloth*], in cujus ~iis acervi numerales numerantur *Dial. Scac.* I 5 L (cf. ib. I 1 A: in spatiis); musculus est membrum exterius †et [l. ex] ligamentis et carne nervorum et ligamentorum ~ia replens [? l. replente] *Ps.*-RIC. *Anat.* 42 p. 28; equitas .. plures portas edificat et ~ia portarum adequat R. NIGER *Mil.* III 13; in aula sint postes debitis ~iis [*gl.*: *espaces. entrepaciis*] distincti NECKAM *Ut.* 109; ~ium inter duas ecclesias parochiales continet ccxxx gressus W. WORC. *Itin.* 160; *CathA* (v. interspatium). **b** omne corpus, metallicum etiam .., quoniam porosis ~iis subjectum est, .. subtilissimo aeri pervium est ADEL. *QN* 22. **c** rex .. vastis interstitiis segregatus *De lib. arb.* 117; nulla .. terrarum ~ia GOSC. *Lib. Confort.* 27; **1190** quantocumque locorum direpti fuerimus ~o J. EXON. *Ep.* 3; per tot .. tantaque locorum ~ia GIR. *TH* I 39.

2 a (astr.) (degree of) separation between heavenly bodies (also by metonymy to denote astronomy itself). **b** (mus.) interval of pitch.

a quod si fuerit eorum [sc. solis et lunae] locus penitus unus, habes quod queris, si vero non, subtrahendo minus a majori inveniatur ~ium, atque dimidium sexte ipsius ~ii postea ex utroque coacervatum diligenter retimendum; deinde utrum praecesserit captandum, praecedentis enim sive solis sive lunae dicitur ~ium ADEL. *Elk.* 31; Gerbertus .. vicit scientia Ptholomeum in astrolabio, Alandreum in astrorum ~io, Julium Firmicum in fato W. MALM. *GR* II 167. **b** aiunt .. astrologi primam celestem ex diapente diatesseronque constare, qui unum faciunt diapason, hoc est in numeris ex sesquialtera et sesquitertia, que duplam faciunt habitudinem ut patet posterius. hujusmodi certa sunt ~ia ODINGTON *Mus.* 44.

3 interval of time; **b** (*~ium temporis*).

iniquus et inimicus paratus erat ad praedam; qui post exiguum ~ium praedatus est a daemone BYRHT. *V. Ecgwini* 393; imperat .. sanctus .. mulierculae .. ut suapte revelet patri monasterii sine dilatione ullius ~ii HERM. ARCH. 20; inter me et fratrem meum Eadmundum qui patri defuncto successit diuturnum factum est ~ium, invadentibus regnum .. regibus Danorum OSB. CLAR. *V. Ed. Conf.* 6; **s1173** sub paucorum ~io dierum DICETO *YH* I 368; emensis expost plurimorum annorum ~iis WALS. *YN* 10. **b** omnium ~iorum loci et temporis exclusa molestia J. SAL. *Pol.* 385A; eo .. ~io temporis .. nemo .. ei quicquam loquebatur AD. EYNS. *Hug.* V 10; **s871** post aliquantulum temporis ~ium M. PAR. *Maj.* I 405; post prolixa temporum ~ia *Dictamen* 353.

4 (*~ium aeris*) zone of the air.

nix interstitium medium [aeris] sibi, grando supernum / vendicat NECKAM *DS* IV 208; calor .. sua presentia propellendo frigus ad unum locum intendit eum, sic ut medium ~ium aeris fit frigidum, et aque fontium frigide sunt in etate SICCAV. *PN* 140; est .. generacio nubis de vapore elevato de aquis et terra usque ad medium ~ium aeris, ubi est locus frigidus HOLCOT *Wisd.* 62.

5 (arch.): **a** partition. **b** floor (between storeys).

a **1250** desunt quinque ~ia inter dictos talamos .. item desunt decem ostia camerarum que sunt ad stagium et ~iorum (*Survey Rockingham Castle*) *CalIMisc* 30; **1327** parietibus et ~iis (*KR Ac*) *Building in Eng.* 189. **b** campanile .. nullo inferioris solarii ~io claudebatur *Croyl. Cont. B* 540.

6 interference.

remotis famulorum ~iis quisque nefas conceptum precurrit occupare *Chr. S. Edm.* 76.

interstrepere [LL], to make a loud noise among, join in the noise (quots. infl. by Vergil *Ecl.* IX 36: *inter strepere .. olores* misunderstood as *~ere*).

W. CANT. *Mir. Thom.* IV 48 (v. astrepere); dictent .. Bavius et Mevius, et me nihil ~ere prohibebit MAP *NC* IV 2 f. 44.

intersumere [LL = *to interrupt*], to adjourn.

s1377 ad parliamentum, quod ~ptum fuerat ex causis expressis superius *Chr. Angl.* 130.

intersus [2 in + *p. ppl. of* CL tergere; cf. ? intersus *p. ppl. of* LL intergere = *to wipe clean* (v. *TLL*)], not wiped clean.

Phebe ferrugine vultus / Ethiopes odit faciemque intersa [*gl.*: non tersa] lutosam / plena latet nodo HANV. V 450.

intertenementum [OF *entretenement*], (Sc.) maintenance, sustenance.

1510 pro reformatione, reparatione, et ~o praedictorum *RScot* II 574b (= *Ib.* 580a [**1512**]).

intertenere [ML; cf. OF *entretenir*], to maintain, sustain: **a** (Eng.); **b** (Sc.).

a **1462** pro bono ~ende et augmentacionis mercandise (*Tract.*) *Foed.* XI 497; **1516** (v. Helveticus). **b** **1518** sumptibus suis propriis alendi et ~endi (*Tract.*) *Foed.* XIII 646; **1534** (v. intertentio); **1567** ob ~endam politiam et bonum ordinem (*Carta Jac. VI*) *Scot. Grey Friars* II 235.

intertentio [ML], (Sc.) maintenance.

1534 quod .. bene liceat .. regi Anglie .. A., G. .. et A. .. recipere, .. manutenere, intertenere et alere .. et quod per hujusmodi retentionem, detentionem, manutentionem aut ~onem non derogetur .. dictis tractatibus (*Tract.*) *Foed.* XIV 538b.

intertexere [CL *p. ppl. only*, LL]

1 to interweave, intertwine; **b** (fig.).

vallos innumerabiles sudibus vi lentatis ~os [v. l. intextos] BALSH. *Ut.* 47 (v. et. intexere 3). **b** stabat hec [mulier] undique septem stipata virginibus, quarum facies, cum diverse essent, ita tamen ~te erant ut nulla intuenti pateret nisi cum omnes simul aspiceret ADEL. *ED* 5.

2 a to weave (thread *etc.*) into (in quot., fig.). **b** to decorate (garment *etc.*) by embroidery.

a transmisere brevi contexta volumine pape / sed nihil est intertextum de stamine falsi H. AVR. *Hugh* 1245 p. 51. **b** **1573** unam .. togam holosericam coloris nigri artificiose ~tam seu operatam vulgo dictam *a gowne of wroughte blacke vellet Pat* 1116 m. 30; fasciolae .. floribus .. ~tae SPELMAN *Asp.* 140 (v. fasciola c).

intertiare [LL, v. *TLL*; cf. AN, OF *entercier, entercer*], **~iari**

1 (act., pass., or dep.) to lay claim to (moveable goods asserted to be stolen, *sc.* as preliminary to their recovery by legal process); **b** (absol.); **c** (*~iare* or *~iari super*) to claim such goods from (their possessor).

de illis qui pecus ~iant [AS: *befehþe, befo*]: si quis pecus aliquod ~iet [v. l. ~ietur], nominentur ei quinque vicinorum suorum, et ex illis v perquirat unum qui cum eo juret quod in recto publico manum mittat ad propria (*Quad.*) *GAS* 155; si quis deprehendat quod amisit, .. veniat ubi primitus fuit ~iatum [AS: *befangen*] (*Ib.*) *Ib.* 226; aliquando fuit, quod ter advocandum erit ubi prius aliquid ~iabatur, et deinceps eundum cum advocante, quocumque advocaret (*Ib.*) *Ib.*; contingit ut hoc modo depositum pro furto et riefiaco et quoquo modo defraudato postea fuerit ~iatum et ad hoc denique comprobatum (*Leg. Hen.* 57. 7c) *Ib.* 576; plegios dare judici et calumniatori, ut, quando calumniator ad mansionem suam subsecutus eum fuerit, rectum ei faciet aut ad locum ubi res ~iata fuit redeat et catallum reducat *Sanct. Bev.* 23; si res furto ablata postea ~iata vel inventa fuerit, licebit illi apud quem res illa inventa est sacramento se purgare de furto UPTON 81. **b** de ~iare [AS: *be ðon þe man forstolenne ceap befelþ*] (*Quad.*) *GAS* 25; caveat ne injuste ~iet [AS: *befo*] (*Ib.*) *Ib.* 226. **c** si quid furtivum ~ietur [AS: *befo*] super mercatorem (*Ib.*) *Ib.* 101; si homo furtivus ~ietur super aliquem (*Ib.*) *Ib.* 113; nemo aliquid emat super iiij d. valens .. nisi habeat credibile testimonium iiij hominum ..; et si tunc super eum ~ietur, et tale testimonium non habeat, .. reddat repetenti captale suum (*Ib.*) *Ib.* 327 (cf. ib. *Inst. Cnuti*: in .. potestate ejus inventum fuerit; *Cons. Cnuti*: deprehensum fuerit; AS *gyf hit man .. befo*); *team*: quod, si aliquis aliquid ~iebatur [*sic*; v. l. ~iabatur] super aliquem et ipse non poterat warantum suum habere, erat forisfactura et justicia (*Leg. Ed.*) *Ib.* 647 (cf. *Leg. Ed. retract.* ib.: si quispiam aliquid ~ietur super aliquem et interciatus non poterit suum warantum habere); si aliquid fuit ~iatum super aliquem extra consuetudinem Sancti Johannis *Sanct. Bev.* 15; *Ib.* 23 p. 107 (v. farcire d).

2 to sue (person) for recovery of stolen goods found in his possession (in quot., p. ppl. as sb. m.).

~iatus *GAS* 647 (v. 1c supra).

intertinguere [LL v. l.], (p. ppl. *intertinctus*) variegated, checkered, dappled. **b** (of stone) veined with colour.

sete [hystricis] .. nigro et albo quasi intertincte W. MALM. *GR* V 409. **b** alabastrum est genus marmoris candidi variis coloribus intertincti BEDE *Luke* (vii 37) 423 (cf. BART. ANGL. XVI 3: alabastrus, ut dicit Isidorus .. [*Etym.* XVI 5. 7], est lapis candidus intertinctus variis coloribus [TREVISA: *wiþ strakes of divers colours*]); crisoprassus .. / .. / est intertinctus aureis / quodam miscello guttulis *Cives* 11. 3.

interturbare [CL], to disturb by interrupting, disrupt.

invidia macie, venus pallore, arrogantia indignatione, alia item aliter humane speciem serenitatis ~at PULL. *Sent.* 753A; quidquid .. te in quiete Marie ~at, de vicinitate Marthe ingeritur *Ib.* 938A; si qua forte raucius sonat chorda, et singulariter strepit, aliarum pacem turbans et consonantiam ~ans BALD. CANT. *Tract.* IV 433D; cum Christum .. in templo docentem .. ~aret mater GARDINER *VO* 78.

interula [CL], **~um**

1 undergarment worn by either sex, tunic, chemise or smock. **b** (w. ref. to BVM).

interulamque puer sancti sudore madentem / corripuit FRITH. 1362; induitur mundis vestimentis, i. e. ~a, cucula, caligis, calceis *RegulC* 66 (= *Comp. Swith.* 193); da mihi .. unum stropheum .. aut unum ~um ÆLF. BATA 16 p. 41; non habemus .. calidam aquam, non erunt nostra ~a lavata bene nec munda *Ib.* 25 p. 46; illa interni conscia habitatoris, conscia forte asperioris ~ae GOSC. *Edith* 70; abstracta siquidem et abjecta ~a, nude carni calibis duricies

copulatur *V. Har.* 6 f. 10v; Deianira Tirintium [i. e. Herculem] ~a vestivit; quem vestire debuit ~a, vestivit interitu MAP *NC* IV 3 f. 46v; pallio tenui solum et ~a indutus GIR. *IK* II 4; ~a [*gl.*: *smokke*] *WW*; **1550** quatuor ricas vocatas *kairchers* .. duas riculas vocatas *neckerchers* et unam inturalam vocatam *a smocke* .. felonice ceperunt *Pat* 830 m. 9. **b** **c1178** adductus est miser mutus .. et oculos et manus erigens in celum et ad capsam in qua est ~a, i. camisia beatissime Virginis J. SAL. *Ep.* (325); Virginis interulam tunc gessit signifer NECKAM *DS* V 675.

2 ? lining of garment (in quot., w. ref. to clerical vestments).

s1422 emit insuper pannos oloserícos falconibus aureis intextos, pro septem capis .. fiendis. sed .. ejus successor cum aurifrigiis et ~is eas ad perfectum plenarie consummavit *Croyl. Cont. B* 515.

interulus [CL], inward, inner.

dum crescit quantitas mellis interuli [i. e. *of Christ in the womb*], / cutis protenditur, crescunt orbiculi WALT. WIMB. *Carm.* 19.

interunitus, respective, corresponding.

1286 quintus [articulus] est, idemptitatem fuisse numeralem corporis Christi mortui cum ejus corpore vivo tantummodo propter .. idemptitatem materie et divisionum ~arum [PECKHAM *Ep.* 661: dimensionum interminatarum] et habitudinis ipsarum ad animam intellectivam que immortalis est (*Court of Arches*) KNIGHTON I 282.

interuter, each in turn.

[fortuna] hos premit, hos relevat, levat hos ut ad yma retrudat, / interutrumque jocat quos ad utrumque vocat GOWER *VC* II 188.

intervallatus [CL], separated by gaps, intermittent.

acetum cum multa aqua calida mixtum paulatim cum multis ~is bibitionibus sorbeatur GAD. 9v. 1.

intervallum [CL]

1 extent of space between things, distance; **b** intervening space, interstice; **c** (in mus. notation). **d** (*per ~a*) at intervals.

per tanta terrarum ~a ALDH. *VirgP* 37; multo ~o BEDE *HE* I 1 (v. Hispania 1); sicut rivus de fonte fluens extra fontem procedit et quodam ~o in lacum colligitur ANSELM (*Proc. Sp.* 9) II 204; **a1089** illos .. qui .. propter terrena lucra se amant ~a locorum quo prolixiora sunt eo a mutuo amore impensius separant LANFR. *Ep.* 10 (23); tanto ~o disjuncte PULL. *Sent.* 692C (v. dissultus); longo ~o mundi BRADW. *CD* 102D (v. exorbitatio 1). **b** si puncto punctum sine ~o addimus .. non fit nisi unum punctum ANSELM (*Proc. Sp.* 16) II 218. **c** in omni perfecta pausatione naturaliter debe[n]t tractus et ~um sive spatium inter duos tractus computari pro pausatione. in omni imperfecta tractus sine ~o debent computari GARL. *Mus. Mens.* VII 17–18; nota quod .. duplicis pausationis quidam computant ~um sive album inter duos tractus *Mens. & Disc.* (*Anon. IV*) 62. **d** turres per ~a ad prospectum maris collocant GILDAS *EB* 18; botrix arbor est fructuosa tota expansa super terram, colorem mellinum habens, per ~a furcata *Alph.* 23.

2 interval of time (also *~um temporis*); **b** period (of activity). **c** (*lucidum ~um* or sim.) lucid interval, period of temporary sanity. **d** (*per ~a*) at intervals, from time to time, by stages (also w. *temporum*).

tanto temporis ~o ALDH. *VirgP* 59 (v. evenire 3d); parvi temporis ~o [*gl.*: i. e. spatio] succedente FELIX *Guthl.* 36; illis exeuntibus de refectorio .. facto congruo ~o, pulsetur tabula, et vadant omnes ad collationem LANFR. *Const.* 117; galli .. tertiam et extremam noctis partem a duabus primis triplici ~o vociferando distinguunt GIR. *TH* II 25; utinam .. dormitanti anime mee saltem per noctium ~a aurora cotidiana proveniat J. FORD *Serm.* 58. 7. **b** peracto leccionis vel laboris ~o *Meaux* II 200 (v. 1 hora 7d). **c** GERV. TILB. *pref.* etc. (v. dilucidus c); HALES *Qu.* 1499, etc. (v. lucidus 5d). **d** **724** per ~a nostris .. hujuscemodi conparandae sunt dogmatibus superstitiones et quasi e latere tangendae *Ep. Bonif.* 23 p. 40; hec .. ori occurrebant exempla, que promebat per temporum ~a, prout leniebatur .. morbi angustia W. MALM. *GR* I 61.

3 (mus.) interval (of pitch).

differentia inter diapason et diapente, que dicitur ~um, est diatesseron. differentia vel ~um inter diapason et diatesseron est diapente *Mens. & Disc.* (*Anon. IV*) 67; qui .. diapason cum diatesseron dicunt symphoniam esse asserunt ~um illud duo habere medias, sc. diatesseron et diapason ODINGTON *Mus.* 77; spatium sive ~um inter duas voces TUNST. 227b (v. ditonus); ~a .. vocum perfecte pronuntientur, ut semitonium pro tono pleno non fiat *Ib.* 250.

4 break in continuity, intermission, respite (in quots., w. *sine* or *absque*).

tormenta sine fine, sine ~o, sine temperamento ANSELM (*Or.* 13) III 51; sub ipso oculo videres cutem sine ~o moveri *V. Chris. Marky.* 48; eterne laudationis opus .. vere unum est absque divisionis ~o J. FORD *Serm.* 99. 2; **1251** sine aliquo ~o (v. herciare 1a).

5 difference in quality or degree.

grande constat ~um .. inter divinae dilectionis munificentiam et infimi amoris diligentiam ALDH. *VirgP* 17; quosdam gradus et .. ~a ANSELM II 199 (v. gradus 6c).

6 partition.

abbates .. quos antiquitas veneranda in duobus lapideis crateris ex utraque parte altaris, dispositis inter cujusque ossa ligneis ~is, reverenter statuerat W. MALM. *GP* V 265.

intervenire [CL]

1 to come or go between; **b** (pr. ppl. as sb. m.) one who goes between, messenger.

s1338 certo die per ~ientes nuncios assignato AVESB. f. 87. **b** **1318** de vestra intencione petimus, per ~ientem aliquem, effici cerciores *Lit. Cant.* I 39; **c1390** per primum ~ientem .. curetis me reddere cerciorem *FormOx* 236; **c1410** deprecari non desino quatinus michi unum equm cum proximo ~iente mittere dignemini *Ib.* 419.

2 **a** to lie or be situated between. **b** (of period of time) to elapse between, intervene. **c** (of agreement, contract) to be in force or come into force (between).

a palus .. a Grontae fluminis ripis incipiens .., nunc stagnis, nunc flactris, interdum nigris .. laticibus necnon et crebris insularum nemorumque ~ientibus [v. l. interventibus] .. anfractibus, ab austro in aquilonem mare tenus .. protenditur FELIX *Guthl.* 24. **b** tempore .. ~iente aliquanto GILDAS *EB* 25; ~iente paululum mora (*Libellus Resp.*) BEDE *HE* I 27 p. 55; ~ientibus aliquorum dierum cursibus FELIX *Guthl.* 24; si .. medio quodam spatio ~iente prius intelligeretur esse Spiritus Sanctus de Patre quam de Filio ANSELM (*Proc. Sp.* 9) II 204; non ~iente multa mora *V. II Off.* f. 6b. **c** **c1228** requisitus cujusmodi compositio ~isset inter monachos et E. *Feod. Durh.* 248.

3 to intervene (in affairs), mediate, counsel.

rege, nobilibus magnatibusque ~ientibus, annuente, anchoras .. eripiunt ÆLNOTH *Cnut* 33; ~ientibus episcopis .. pace reformata GIR. *EH* I 3; **s1343** ob reverenciam sedis apostolice, ~ientibus .. cardinalibus .., treuge capte fuerant AVESB. f. 100; ~ientibus clero cum aliis regni obtimatibus *Plusc.* VI 19 (cf. BOWER VIII 4: clero consulente).

4 to intercede, plead (for person; also fig., w. thing or abstr. as subj.): **a** (with God); **b** (with person). **c** ? to plead, pray (for oneself; in quot., for [forgiveness of] one's sins).

a ut pro meis infirmitatibus .. apud supernam clementiam saepius ~ire meminerint BEDE *HE pref.* p. 8; HERM. ARCH. 49 (v. exauditor b); o beate Johannes .. non obtendo iniquitatis meae defensionem nec opto defendentem, sed prodo confessionem et quaero ~ientem [sc. te] ANSELM (*Or.* 11) III 44; **c1350** ejusdem [sc. Frideswide] ~ientibus meritis et precibus *StatOx* 62. **b** ille .. tam veris lacrimis instat, ut .. per se veniant ~iantque fletus illorum oculorum, quos contra se coegerat .. emittere lacrimas MAP *NC* IV 6 f. 50v; quos urget ad injuriam, / pro hiis Amor ad veniam / debet intervenire P. BLOIS *Carm.* 13. 54. **c** ~ite [*gl.*: *ȝebiddaþ*] pro vestris erratibus ÆLF. *Coll.* 103 (*unless vestris is understood reciprocally and quot. referred to* a supra).

5 **a** (of var. events, circumstances, *etc.*) to occur, arise (*sc.* usu. so as to affect situation, or further or hinder outcome); **b** (in abl. absol.). **c** (of feast) to occur.

a ~iens paupertas AILR. *Spir. Amicit.* III 63 (v. explorare 3d); nec sufficit probari dolum ~isse RIC. ANGL. *Summa* 38 p. 96; in nimia senectute omnis memoria labitur; qua lapsa, mors ~it ALB. LOND. *DG* 6. 7; si primo pactum ~erit ne peteret, et postea de eadem re ut peteret, primum pactum per posterius eliditur BRACTON 100b; AMUND. I 213 (v. intravenire); asserunt errorem inde in recordo et processu ~isse *Reg. Brev. Orig.* 131v. **b** quam .. libenter hoc in loco .. verecundia ~iente quiescerem GILDAS *EB* 65; **c1074** quisque .. uxorem nulla canonica causa ~iente relinquit LANFR. *Ep.* 38 (10); **a1162** ex speciali pacto, ~iente fidei vinculo et litterarum testimonio, obligatum J. SAL. *Ep.* 1 (63); **c1214** ~iente favore nonnullo seu prece seu precio suppressum est rescriptum et non comparuit GIR. *Ep.* 8 p. 280; ejusdem [sc. Christi] ~iente auxilio BART. ANGL. III *prol.*; **s1244** (v. excusatorius a). **c** paschali ~iente [*gl.*: *giðingende*] festivitate *Rit. Durh.* 31.

6 to travel (to), come (to); **b** (trans.).

1276 (v. cursus 4a); **1399** ad quatuor vias ducentes et deservientes pro ~ientibus de Dublin' usque ad Atheboy *Pat* 351 m. 4. **b** **1308** quum Anglici primo ~erunt terram Hibernie, tempore regis Henrici [II], .. plures terre et ecclesie fuerunt date prioratui vestro .. per illos qui terram Hibernie ~erunt *Lit. Cant.* III 363.

interventio [CL]

1 intercession, pleading (on another's behalf): **a** (with God); **b** (with person); **c** (iron., w. ref. to bribery).

a **748** sacris ~onibus sanctae suae genetricis semper virginis Mariae (*Lit. Papae*) *Ep. Bonif.* 80 p. 180; nos piis ~onibus ab ira judicantis tegite ALCUIN *Exeg.* 1128B; per ipsius [sancti] ~onem omnes curati sunt in spatio trium dierum LANTFR. *Swith.* 22; pro quo obsecramus .. ut sitis strenui interventores ad Dominum, sentiatque in ~one quibus fuerat unitus in ordinis communione *RegulC* 67; creditur .. rea anima fidelium ~onum flagitasse remedia GOSC. *Edith* 284. **b** EADMER *HN* 203 (v. interventrix 1b); **1184** rogamus .. quatinus ei ad ~onem nostram .. summam congruam .. decenter adaugeas (*Lit. Papae*) DICETO *YH* II 31; **1321** supplici nostrorum ~one rogaminum exorantes quatinus .. *FormOx* 73; **1440** favorabili vestre paternitatis mediacione ~oneque (*Lit. Regis*) BEKYNTON I 18. **c** **s1320** ad regis instanciam ac eciam pecunie non modice ~onem prefectus est H. de B. in episcopum *G. Ed. II Bridl.* 60.

2 intervention (of circumstance).

rex Francorum ei sanguinis propinquitate vicinus, pacis factus est ~one vicinior AILR. *Ed. Conf.* 745B.

3 hostile intervention, attack.

s1403 vix evadere potuerunt publicam ~onem WALS. *HA* II 260.

interventor [CL]

1 one who goes between: **a** envoy, mediator; **b** messenger.

a penuria .. victualium obsessus Burgundio ~ores pro clementia missitabat W. POIT. I 9 (*unless referred to* 2b infra); apostolos, tamquam Dei populares et amicos, elegit sibi ~ores legatorios GOSC. *Edith* (II) 53; **c1223** simoniaci, ~ores simoniacarum pactionum *Ch. Sal.* 129 (= *Conc.* I 573). **b** vestre sanctitatis eminentie sanctus convenit ~or BACON *Tert.* 62; **c1390** quid .. volueritis fieri .. per ~orem proximum me cerciorem reddere studeatis *FormOx* 237.

2 one who intercedes or pleads on another's behalf: **a** (with God); **b** (with person, or unspec.).

a tunc pius interventor humo prosternitur atque / .. Domino pro culpa supplicat illa ALCUIN *SS Ebor* 1357; adjuvet aecclesiam tuam tibi, Domine, supplicando beatus Andreus apostolus et pius ~or [*gl.*: *ðingere*] efficiat [? l. efficiatur] qui tui nominis extitit predicator *Rit. Durh.* 79; *RegulC* 67 (v. interventio 1a); **1444** ut apud Deum dignentur esse ~ores pro nobis [sancti] *Lit. Cant.* III 187. **b** quo boni praesto sunt ~ores, dulciores subsequuntur exauditores HERM. ARCH. 49; ipse ab impeditis requisitus, pius ~or fiducialiter ad eos [sc. regem et reginam] accedebat et opem misericordie .. ab eis sepius impetrabat *V. Gund.* 37.

interventrix [ML]

1 intercessor, pleader (f.): **a** (with God, Christ); **b** (w. person).

a Deo per sanctam ~icem Editham gratias cum sollemnibus donis rependit GOSC. *Edith* 279; **c1137** ora .. Annam ut .. apud Christum .. pro peccatis meis sedula mediatrix et propitia ~ix existat OSB. CLAR. *Anna* 46r (= *Id. Ep.* 12 p. 79); tantum illam apud Deum mereatur ~icem *V. Chris. Marky.* 57; [Æðeldreða] pro vestris apud Deum excessibus ~ix assidua *Lib. Eli.* II 133 p. 215; eam [sc. Dei genitricem Mariam] ~icem apud Dominum .. habere promeruit *Chr. Wallingf.* 41; ut apud filium suum [sc. beate virginis] piam ~icem ipsam mereantur invenire *Obs. Barnwell* 106. **b** [presbyteri] reginam adeunt et ~icem flagitant; illa .. timore constricta ab interventione arcetur EADMER *HN* 203.

2 (as f. adj.) pleading, interceding (on person's behalf; in quot., of tongue).

quae peteret videbat, sed qua peteret ~ix lingua defecerat GOSC. *Aug. Maj.* I 47. 85D.

interventus [CL; *usu. abl. sg.* ~u]

1 **a** intervention, mediation (of person). **b** intervention (of abstr.; in quots., ~u foll. by gen. virtually = 'by means of').

a **c1150** inter te [G. monialem] .. et ipsum [fratrem meum], cum adhuc esses septennis, parentum ~u contracta fuere sponsalia ARNULF *Ep.* 5; **a1170** supplicamus ut eum ~u comitis Flandrensis et vestro reconcilietis regi Anglorum J. SAL. *Ep.* 136 (143); bonorum virorum ~u et gratia desuper inspirante favorem GIR. *EH* I 10; utriusque regni magnatum ~u BOWER VIII 3. **b** quod .. in alterius manu et potestate consistit, ~u alicujus

negotiationis concesso vel dato vel promisso aliquo transit in alterius manum et potestatem R. NIGER *Mil.* IV 2; qui sacerdotio ~u pecunie fungebantur M. PAR. *Maj.* I 111; qui ambitiose et pecunie ~u fuerit episcopalem sedem adeptus OCKHAM *Pol.* I 54.

2 intercession, pleading, prayer (on another's behalf): **a** (with God or Christ); **b** (with person). **c** pleading (on one's own behalf).

a ut tuo [sc. Stephani] propitiatus / interventu [*gl.*: *þingraedene*] Dominus / nos .. / jungat caeli civibus *AS Hymns* 46; gratulare illum .. gloriam majestatis inspicere, et hoc jam ~us ope [v. l. ope divina] peragere quod hic .. non valebat perpetrare ÆLNOTH *Cnut* 5; divina clementia .. in eodem loco, sanctorum suorum ~u, opem misericoriae suae poscentibus conferre non desistit GOSC. *V. Iv.* 90C; implorabat respectum misericordie redemptoris cum ~u ipsius genitricis DOMINIC *V. Ecgwini* I 8; si de ingenii sui tarditate et lingue sue rusticitate ipsius [sc. S. Andreae] ~u absolvi meretur RIC. HEX. *Hist. Hex.* I 3 p. 11 (cf. EDDI 5: pro sua intercessione); abbatem .. in ~u strenuum, in bonitate conspicuum *Chr. Dale* 13. **b** **1166** precor ut contemplatione Dei et mearum ~u precum eum .. audiatis J. SAL. *Ep.* 178 (171); **c1192** quod .. mee petitionis ~u .. canonicos juvetis *Ch. Chester* 243; supplicamus .. quatinus pro Dei amore et nostro ~u aures benignas adhibeatis .. scriptis episcoporum *Canon. G. Sempr.* f. 92v; **c1212** qui magnorum virorum ~u flexisque genibus .. veniam petunt GIR. *Ep.* 5 p. 200; **s1384** nisi .. regina .. pro ejus vita .. supplicasset; cujus ~u rex concessit sibi vitam *Chr. Westm.* 145. **c** **1355** lamentabili supplicans ~u quod pro eo .. intercedere curaremus *Lit. Cant.* II 333; **c1410** pecuniam .. expendidi cicius quam putavi, quapropter vestram .. paternitatem supplici ~u deprecor .. quatinus michi .. xx s. dignemini destinare *FormOx* 419.

3 (*~us temporis*): **a** interval; **b** lapse or passage of time.

a post .. ~um temporis FELIX *Guthl.* 50. **b** quatenus ~u temporis manuesceret ira W. CANT. *V. Thom.* I 20.

4 *f. l.*

rex [Willelmus I] .. in Normannia obiit, cui successerunt filii ejus, Rodbertus †interventu Normannia [? l. in ducatu Normannie], Willelmus in regno Anglie H. CANTOR 2.

interversio [LL]

1 misapplication, misuse, perversion.

ne qua sit in oratione offensio vel in penitentia ~o R. NIGER *Mil.* I 54; ~o judiciorum et prevaricatio sacerdotum et judicum *Ib.* II 62; de confessione peccati et ejus ~onibus: confessio .. peccati multipliciter intervertitur .. *Ib.* IV 19; **1439** ex sinistra .. emulorum suorum machinatione ~oneve (*Lit. Regis*) BEKYNTON I 12.

2 alteration, change (in quots., for the worse).

s1189 [Ricardus rex] in carcerem est retrusus, ad redemptionem compulsus est, status ~onem incurrit DICETO *YH* 280; iste metus continere debet periculum salutis vel cruciatum corporis aut ~onem status VAC. *Lib. Paup.* 53.

intervertere [CL]

1 to misappropriate (in quot., w. dat. of disadvantage). **b** to misapply, misuse.

1286 quod non ~erent possessionem predicto filio in suo casu vel Margarite et comiti et successioni eorum *Reg. Gasc. A* I 178. **b** omnium .. occupationum jura alicujus vane vel prave necessitudinis causa ~untur, vel humani favoris aviditate vel opum cupiditate vel parentele nimis inordinata dilectione R. NIGER *Mil.* III prol.; quot .. occasionibus et modis et a manu et a lingua ~atur levitarum officium, vix aliqua scriptura posset determinari *Ib.* IV 16.

2 to change (something, *sc.* for the worse), distort, pervert. **b** (p. ppl.) twisted, contorted.

1165 ut nec propositum vestrum adversitatis austeritas ~at, nec .. ARNULF *Ep.* 42 p. 75; ut .. nec forma nec nobilitas .. nec cetera quibus pudicitia expugnatur propositum ~erent castitatis P. BLOIS *Ep.* 28. 97B; totum siquidem negotium brevibus verbis poteris ~ere, quod instanti vigilantia et propensiore cautela studii promovere *Ib.* 75. 230C. **b** vepres pungentes interversos et contorsos J. GODARD *Ep.* 221.

intervicinus, (of letter exchanged) between neighbours.

c1391 de modo dictandi .. tractaturus qualiter amici litteras interviscinas facient intendo .. explanare *FormOx* 411.

intervidere, to see one another.

nunquam amplius in hoc speculo se ~ebunt DICETO *Chr.* 12.

intervigilium [cf. LL intervigilare], light or fitful sleep, nap.

quodam quasi ~io sed sompno potius inquieto opinans se vigilare cum dormiat J. SAL. *Pol.* 429C; in ipsa .. tristitia quodam ~io vocem sibi manifeste dicentem audit *Id. Anselm* 1039C.

interviscinus v. intervicinus.

intervolare [CL], to fly or hasten between.

ensis acumen / erigit et certus dubios intervolat enses VINSAUF *PN* 654; **s1312** episcopis .. ~antibus, furorem eorum .. temperabant TROKELOWE 78.

intervolvere, (pass., of time) to elapse (in cycles) between.

deinde .., intervolutis quibusdam annorum curriculis, natus est .. filius R. COLD. *Godr.* 10; ut is dies qui Osmundum .. incolam fecit in celis idem, intervolutis plurimorum annorum curriculis, primus eum .. judicaret pro sancto venerandum *NLA* II 244.

intesillare [cf. OF *teseillier*], to gag.

1201 ligaverunt virum suum et intesiliaverunt et turpifaverunt *Pl. K. or J.* 734.

intestabilis [CL = *not law-worthy*]

1 unable to make or benefit from a will.

~is, qui testamentum facere non potest *GlP* 332; **1317** vassallos .. ~es, ita quod nec condere testamentum nec ad cujusquam ex testamento vel ab intestato possint successionem admitti (*Lit. Papae*) *Mon. Hib. & Scot.* 190.

2 infamous, shameful, detestable.

~is, .. *ascuniendlica GlP* 332.

intestare [OF *entester*], to club on the head.

1274 ~avit dictum garcionem cum quodam baculo quod cecidit *Hund.* I 174.

intestate [cf. CL intestato], without (having made) a will.

1377 de multis exheredatis et mortuis ~e (WYCL.) *Ziz.* 246.

intestatus [CL], **a** (of person) intestate. **b** (of goods) not willed. **c** (*ab ~o*) without a will.

a **s1189** qui .. ~us decessit, ejus bona confiscata sunt universa DICETO *YH* 68; res intestati cedunt heredis in usum NIG. *Paul.* f. 51 l. 734; **1291** (14c) si dicti burgenses .. testati vel ~i decesserint (*ChartR* 118) *EHR* XV 518; Willelmus rex .. obiit ~us R. NIGER *Chr. II* 162. **b** **1467** constituo Johannem B. .. et Ricardum B. .. meos veros executores ad disponendum omnia mea bona testata sive ~a *Wills Dublin* 5. **c** **1309** decedencium ab ~o (v. 1 eulogia 5); **1317** (v. intestabilis 1); **1345** scriptoribus mortuis, sive testato sive ab ~o *MunAcOx* 150; **1462** administracionem bonorum cujusdam Thome .. ab ~o decedentis *Ib.* 694.

intesticulare, to castrate.

1293 litem appellacionis .. quam G. de M., ~atus per sentenciam in .. castro, .. ducit *RGasc.* III 70.

intestinalis [LL *gl.*], of the intestine, intestinal.

poma silvestria .. curant dissinteriam et omnem fluxum ~em GAD. 6. 2; signa fluxus ~is .. sunt dolor intestinorum et punctura *Ib.* 57. 2.

intestinum, ~a [CL], **a** a part of the lower alimentary canal (duodenum, ileum, colon, *etc.*; *cf. e. g. caecus* 2, 1 *colon*, 2 *duodenus* 6, *extalis, ileum, jejunus* 2a, *longao*). **b** (pl.) intestines, bowels, guts; **c** (of beasts) inwards, offal. *V. et. intestinus* 2b.

a sunt .. ~a nostra .. sex, tria superiora et tria inferiora, tria grossa et tria gracilia .. et hec omnia ministrant prime digestioni RIC. ANGL. *Anat.* 224; inter grossa .. ~a [TREVISA: *guttis*] primum vocatur orbum BART. ANGL. V 42; notandum sex esse ~a, tria gracilia sc. duodenum, †jejunium [l. jejunum] et yleon, et tria grossa secundum [? l. sc.] orobum, colon et longaon GILB. V 225v. 2; yliaca est passio ~orum gracilium *SB* 25. **b** **11..** ~a, *eosne WW Sup.* 469; cujus [sc. Willelmi] magnitudinem futuram matris sompnium portendebat, quo ~a sua per totam Normanniam et Angliam .. dilatari viderat W. MALM. *GR* III 229; [coluber] ejus ~a rodere .. non cessavit GIR. *TH* I 31; sunt .. viscera sive ~a [TREVISA: *þe guttes*] involuta adinvicem et connexa BART. ANGL. V 42; cavendum est a potu .. faciente calida ~a J. GODARD *Ep.* 229; **s1326** fuit .. cuspis lancee fixus ~is ejusdem S. *Ann. Paul.* 320; membra spiritalia post ~as combusserunt BAKER 107v. **c** *GlC* E 469 (v. exitus 6); antequam offeratur hostia, diligenter omnia ejus ~a lavantur P. BLOIS *Ep.* 123. 362A; **1255** quedam bestia capta fuit sub W. cujus ~a inventa fuerunt in parco *SelPlForest* 23; **c1270** in ij ~is boum, x ~is porcorum xx d. *Ac. Beaulieu* 255; **1428** feditates, exitus, et ~a bestiarum .. ponantur et proiciantur .. procul a gardino predictorum fratrum minorum *Mem. York* II 70.

intestinus [CL]

1 occurring within a country, civil, internal. **b** domestic. **c** intimate.

s1138 ~is discidiis Anglia quatiebatur W. MALM. *HN* 467 p. 22; Normannia .. ~a peste demoliebatur ORD. VIT. V 10 p. 387; bello plusquam ~o tanquam in se conjurans immoderata corpus vexatione torquebat GIR. *EH* I 46 p. 302. **b** **c1211** ille domesticus hostis noster et ~us nobis apparuit *Id. Ep.* 6 p. 218. **c** velut instans / intestinus amans suus esset in omnibus ille D. BEC. 747.

2 inner, inward. **b** (as sb. n. pl.) interior parts (*v. et. intestinum*).

1095 specimen crucis vestibus insigniant, ut ~e fidei foris amorem pretendant (*Sermo Urbani II*) W. MALM. *GR* IV 347 p. 396; prudens Buamundus ~am letitiam caute celavit ORD. VIT. IX 9 p. 535 (cf. Baldricus *PL* CLXVI 1103A). **b** granum hordei .. in una aurium ipsius [juvenis] decidendo immersit, quod usque ad ~a cerebri se .. pertigisse ostenderit R. COLD. *Godr.* 607.

intexere [CL], **~are**

1 **a** (w. abl. or *cum*) to furnish or decorate (cloth, garment, *etc.*) with something inwoven or attached, to embroider with. **b** to introduce (design *etc.*) by weaving or embroidery, to weave or embroider into.

a hic .. coccus .. bis tinctus auro ~itur GOSC. *Edith* 69; pallium .. versicoloribus figuris pavonum .. ~tum W. MALM. *GR* II 184; vexillum .. auro et lapidibus arte sumptuosa ~tum *Ib.* III 241; togam auro et gemmis ~tam GREG. *Mir. Rom.* 22; **1501** [j vestimentum] ~atum cum bestiis aureis *DCSal.* 347. **b** **1453** pro j *banqwer* viridi cum armis ~tis .., vj s. *Ac. Durh.* 147; **1454** j lectus cum tapetis rubei coloris una cum arboribus et avibus in eodem ~tis; .. item j lectus cum tapeta viridis coloris cum pellicanis glaucis in eodem ~tis *Ib.* 148.

2 (w. abl.): **a** to inlay, stud, set (artefact) with. **b** to clothe with (in quot., fig.).

a crucem .. laminis aureis opertam et preciosis gemmis ~tam *Cart. Bath* 153. **b** o si texas cilicium, / laudis contexens pallium, / quo me velis intexere J. HOWD. *Cyth.* 143. 9.

3 to make (thing) by weaving together, to create (intricate pattern or arrangement).

domum illam Cretae [i. e. labyrinthum] .. quae mille parietibus ~tum errorem habuit *Lib. Monstr.* I 50 (v. error 1b); vallos innumerabiles sudibus vi lentatis ~tos [*gl.*: *tyssuré*] BALSH. *Ut.* 47 v. l. (v. *Teaching Latin* I 173; v. et. intertexere).

4 (w. ref. to speech or writing): **a** to insert or work in (topic, utterance, or sim.). **b** to weave together, compose (esp. in intricate manner).

a potui plura de scriptis patrum his ~ere ANSELM (*Ep.* 65) III 185; in epistola hac non unius tantum facultatis picturas ~ui, verum omnium septem liberalium artium quasdam descriptiones .. interserui ADEL. *ED* pref. p. 3; verba ejus [sc. Aldhelmi] hic aliqua ~am W. MALM. *GR* I 29; hunc sermonem debes in anno sepe repetere, sepe aliquod membrum de eo tuis sermonibus ~ere HON. *Spec. Eccl.* 861B; tunc in marginibus librorum .. notulas ~it CAPGR. *Hen.* 182. **b** versibus intextis vatem nunc jure salutat TATWINE *Aen.* (*Conclusio*) p. 208; [Aldhelmus] utriusque operis prefationem versibus recurrentibus ingeniose ~uit W. MALM. *GP* V 196; de beati Cuthberti .. sanctitate vos intexisse [*sic*] sermones audivimus R. COLD. *Cuthb.* 2 p. 5.

intextilis, inwoven.

fabrica ~is R. COLD. *Cuthb.* 42 (v. effigies 1b).

intextor [ML], embroiderer.

1547 W. M. nuper ~or .. principi nostro in garderoba sua robarum *Cl* 807 m. 33.

intextura [ML], embroidery.

matronam .. velatam caput niveo amictu distincto per latum aureis ~is *V. Chris. Marky.* 49; que [sc. mitra] cujus fili genere intexta sit, non facile patet, eo quod hujus temporis talis ~a non sit R. COLD. *Cuthb.* 41; ratem .., cujus vela .. mirabilis ~e choruscabant syderibus *Ps.-*ELMH. *Hen. V* 38.

inthamiatus v. intaminare.

inthronizare [LL < ἐνθρονίζειν; cf. AN *entronizer*]

1 to seat on a throne, enthrone; **b** (as bishop, or Jewish high priest; *cf.* d *infra*); **c** (as secular ruler); **d** (fut. ppl. act. in pass. sense).

apparuit .. multitudo angelorum, et in medio illorum mulier ~ata HIGD. IV 28 p. 176. **b** ad .. Wintonie pontificem proficiscitur Ælfuuinum, quem pro se gauderet

intronizatum Gosc. *Transl. Mild.* 9; ~atus in Trajectensis ecclesiae honore Folc. *V. Bot.* 402; **1109** Dorobernensi ecclesie et ejusdem ecclesie primati canonice electo .. et successoribus suis canonice intronizatis (*Professio Archiepisc. Ebor.*) Eadmer *HN* 253; Egbertus ~atus .. pallium .. throni apostolici .. reparavit W. Malm. *GR* I 65; hoc cantico solemus uti ad ~andos in sedes suas Beleth *RDO* 64. 71; [Hyrcanus] enthronizatus est iterato in sacerdotium R. Niger *Chr. I* 17; **s1317** W. de Meletone in archiepiscopum Eboracensem .. fuit solemniter intronisatus *G. Ed. II Bridl.* 54; **1410** Johannem XXIII .. quem cum intronizaverimus juxta morem coronacionis insignibus .. intendimus .. sublimare Bekynton II 110. **c** rex tota Anglorum patria est intronizatus *Enc. Emmae* I 5; **s1043** [Edwardus] die Paschali ~atur haereditarius rex Herm. Arch. 17; **s1141** episcopus .. Wintoniensis .. et alii .. ad dominam ~andam .. Londonias .. convenerant *G. Steph.* 62; **s1399** dux .. in sede regali .. intronizari optinuit Ad. Usk 33; **s1421** ~ate regine status plurimum gloriosus *Ps.*-Elmh. *Hen. V* 112. **d** **s1285** vigilia nativitatis dominice .. ingressus est primo A. Dunelmensis episcopus ecclesiam suam Dunelmensem post consecracionem suam intronizaturus *Ann. Durh.* 64.

2 to install (relic, in shrine).

ducebat hos [sanctos transferendos] .. processio ..; ipsisque coram altare †praesidiis Augustini [l. praesidis Augustini depositis], donec suis sedibus ~arentur, missa festiva celebratur Gosc. *Transl. Aug.* 24B (cf. *Acta SS. Boll. Maii VI* 417D).

inthronizatio [LL]

1 enthronement (eccl.).

de intronizatione Girardi venerabilis Eboracensium archiepiscopi electi (*Quad.*) *GAS* 544; **s1173** citra .. assensum ejus .. electiones, consecrationes, intronizationes fieri non debebant Diceto *YH* 372; **1290** pro .. equis .. oblatis archiepiscopo .. in intronizacione sua *RGasc* II 563; **1302** inthronisationis solemnia .. celebrare *Chr. Rams.* (*app. IV*) 374; electus in papam .. omnem potestatem .. habet quam est per ~onem in apostolicam sedem vel coronacionem .. adepturus Ockham *Pol.* I 145; archiepiscopus iste, immemor juramenti sui Deo et S. Petro die sue intronizacionis actualiter presititi *Chr. Pont. Ebor. C* 423.

2 installation.

1531 pro intronizacione organorum in choro, xx s. *Fabr. York* 105.

inthronizator, one who enthrones.

1317 installator seu intronizator dicit sic: ".. vos introniso seu installo" *Reg. Heref.* 32.

intib- v. intub-. **intig-** v. integ-. **intim-** v. et. niti.

intimare [CL]

1 a to make internal. **b** to make (person) intimate with (another), (refl.) to insinuate or ingratiate oneself (with). **c** to transfer to (person's) possession, to make over to. **d** to bring about, cause (feeling) in (person).

a impressioni sic ~are Duns *Ord.* III 316 (v. intime a). **b** pestifer hostis eis sese sic intimat hostem, / more canis cauda congaudet, dente caninat / subdolus D. Bec. 751. **c** vadit alius et dat suum captale pro eo tali pacto, ut idem transeat ei in manum, donec captale suum possit illi ~are [AS: *geinnian*] (*Quad.*) *GAS* 117. **d** ne lectoribus fastidium ~are viderer Elmh. *Cant.* 213 (cf. *V. Cuthb.* I 7: ne fastidium lectori ingererem).

2 (w. ref. to verbal communication) to make known, intimate, explain or communicate (to): **a** (w. acc. or rel. cl. as obj.); **b** (w. acc. & inf., or *quod*); **c** (w. indir. qu.); **d** (w. *de*); **e** (w. adv. alone, or absol.).

a **p675** ut .. eorum paternam petitionem salubremque suggestionem per scripturae stilum ~arem Aldh. *Ep.* 4 p. 481; quia .. numerum .. eorum .. palam cunctis praesentibus ~averit Bede *HE* IV 17 p. 244; **949** hoc pro certo ejusdem regis satrapa ore veridico potest †inumare [l. intimare] de perenni usurpacione hujus telluris *Ch. Burton* 8; que viderat viro Dei per quendam prepositum suum ~are curavit Dominic *V. Ecgwini* I 8; **c1210** si quis summo pontifici aliquod negocium ~are voluerit *FormOx* 274; **c1340** causam nobis certam et veram .. petimus ~ari *Pri. Cold.* 26. **b** de secundo [viro] breviter ~andum quod in episcopatum D. fuerit ordinatus Bede *HE* IV 21 p. 254; nescientibus ~andum est quod ille locus .. inaequalis erat Asser *Alf.* 39; **1216** ex parte H. .. nobis est ~atum quod .. *Pat* 5; rex per suas literas ~avit se velle observare dictas treugas (*Lit. Papae*) Ad. Mur. *Chr.* 181; **1389** vestre fraterne dileccionis integritati censuimus ~andum quod .. *Dip. Corr. Ric. II* p. 65. **c** tibi .. quibus haec .. auctoribus didicerim, breviter ~are curabo Bede *HE Praef.* p. 6; unum subjiciam .. ut in quibus lingua ejus .. versari solita fuerit paulisper ~etur Eadmer *V. Anselmi* II 10; [legati] quid contra hostes previdissent agendum Augusto sollerter ~arunt Ord. Vit. IX 7 p. 504; **s1141** commodum .. duxi paucis ~are, qui vel quanti coadjutores .. affuere *G. Steph.* 64; **1442** J. O. prior .. ~avit et declaravit qualiter .. ad prioratum .. fuit presentatus *Pri. Cold.* 142. **d** Bede *HE* IV 21 (v. b supra); **a797** de .. profectibus ~are (v. fiducialiter 3); **949** (v. a supra); **1261** de firmatione ville, de qua nobis per nuncium vestrum voce tenus ~astis *Cl* 502. **e** ut septem annos agant poenitentiam ita per omnia sicut prius ~avimus Bonif. *Pen.* 430; res .. nunc se ipsam animo ingerit, nunc ~ante alio declaratur J. Sal. *Pol.* 430B.

3 to urge, enjoin (on), to recommend (to): **a** (w. acc.); **b** (w. cl.); **c** (w. adv.).

a ille jam intrepida mente matri stabilitatem ~avit *V. Cuthb.* II 7; ut .. fratribus custodiam disciplinae regularis .. ~aret Bede *HE* IV 25 p. 270; ad inserendas et ~andas fratribus virtutes fervidus Ord. Vit. III 12 p. 127. **b** ?**1122** mando .. et ~o dilectioni tue .. ne hoc iter .. prepares *Doc. Bury Sup.* 21; **1455** [compotans] ~et eisdem quod veniant omni anno ad scaccarium domini regis *ExchScot* 100. **c** faciemus prout ratio nobis ~averit Ord. Vit. X 18 p. 100.

4 to show, reveal, manifest (to) (sts. w. writing, or abstr., as subj.): **a** (w. acc., also refl.); **b** (w. acc. & inf.); **c** (w. indir. qu.); **d** (w. adv., or absol.).

a anhelans perfectae aetatis pacatissimum fructum .. sub servitio Dei singulariter ~are *V. Cuthb.* I 7; quatenus ~aretur opera ejus qui est lux vera Bede *Gen.* 18B; dilecto affectum meum opulentius ~are non potui Anselm (*Ep.* 7) III 108; meum coepit fluctuare judicium, usquequo .. veritas ipsa .. sese tandem ~averit J. Cornw. *Eul.* 1055B; **1383** ~avit, exhibuit, et legi fecit quasdam cartas *Melrose* 485. **b** Spiritus .. illum [sc. Christum] Patri in divinitate aequalem esse credendum fidelium cordibus ~at Bede *Hom.* II 11. 162. **c** quanta sibi temptamentorum luctamina ingesserit sequens libelli hujus pagina partim ~abit B. *V. Dunst.* 7; quale .. desiderium cor meum gerat de vobis, ille .. cui soli notum est idem desiderium .. ~et et persuadeat vobis Anselm (*Ep.* 54) III 168. **d** prout divini spiritus michimet ~averit inspiratio Ord. Vit. I 24 p. 192; *demostrer* .. ~are *Gl. AN Ox.* f. 154; sicut subsequentia manifestius ~abunt Ciren. I 96.

5 (w. vessel as subj.) to contain, hold.

816 eucharistia .. cum aliis reliquiis conditur in capsela ac servetur in eadem basilica. et si †alii [? l. alias] reliquias ~are non potest .. *Conc. HS* 580.

intimas [ML], personal servant, chamberlain.

11.. hic ~as -tis i, *chamberlanc* et camerarius idem *WW sup.* 40.

intimatio [LL]

1 act of making known, intimating.

c1105 sic notum esse vestrae sanctitati existimo, ut nostra ~one non egeat Anselm (*Ep.* 340) V 278; **1339** ex nostra .. ~one frequenti apostolice sedi facta (*Lit. Regis*) Ad. Mur. *Chr. Cont. A* 91; **1424** non expectata decreti cujuslibet ~one Bekynton I 282.

2 injunction, warning.

c1180 statuentes, et sub anathematis ~one inhibentes, ne quis etc. *Lit. Cant.* III 374; **1559** monitio sive ~o concilii provincialis *Conc. Scot.* II 176; **1590** facta prius ~one .. per bedellum *StatOx* 443.

intimatorius [ML], (*littera ~ia*) letter giving intimation or notice (of; in quots., w. obj. gen. or *quod*).

litteras ~ias quod idem Geraldus est respersus heretica pravitate .. Benedicto XII et cardinalibus direxerunt Ockham *Pol.* III 266; **1416** littera directa domino regi ~ia confirmacionis ejusdem electi *Reg. Cant.* I 29; **1417** alia littera emanavit domino regi ~ia confirmacionis eleccionis *Ib.* 34.

intime [CL, *used as superl. of* interius], **~ius** [LL, *as compar. of preceding*], in the innermost part, inwardly, intimately (also fig.); **b** (w. ref. to thought, emotion) deeply, profoundly; **c** (w. vb. of addressing, requesting, or sim.) earnestly.

clericus exterius, monachus interius, ~e plus hiis heremita ciliciatus Gerv. Cic. *Hom.* xlix; cum latus detectum / jaculo transjectum / vides intime J. Howd. *Sal.* 10. 6; in isto occursu intellectus combibit illam intellectionem confusam et transmittit ad intima sua, et tunc recipit eam a se ~ius [v. l. vicinius] quam possit eam recipere ab objecto; illi etiam impressioni sic intimate occurrit intellectus secundo Duns *Ord.* III 316. **b** **1296** proponimus in posterum de vobis .. ~ius cogitare *RGasc* III 366; beata Virgo, que te ~e diligit *G. Roman.* 292; cogitans .. ac ~ius recogitans annos vite mee Uhtred *Medit.* 196. **c** ad primos [homines electos] clamat ~e [ME: *inwarðliche*] beatus Petrus .. 'obsecro vos ..' [*I Petr.* ii 11] *AncrR* 135; **c1380** Johannem commendamus vestro cetui venerando ~ius quo sufficimus *FormOx* 385; **1448** ~ius deprecor et exoro *MunAcOx* 584.

intimitas [ML]

1 inner part; **b** condition of being internal, inwardness.

gummi .. ab ~ate arboris exterius procedit Bern. *Comm. Aen.* 65. **b** in secunda [sc. diffusione], que est caloris ab igne, deficit ~as, quia calor non est intimus igni, sive ut ipsum informans sive ut ab ipso egrediens; est enim accidens ejus R. Marston *QD* 79.

2 intimacy, affection.

1370 rogamus .. cum summa cordis ~ate quatinus .. *Cant. Coll. Ox.* III 20.

intimus [CL]

1 furthest from the outside, inmost; **b** (of heart or mind as seat of emotion or thought); **c** (of action or emotion occurring in inmost part). **d** situated inside, interior (to) (in quot., w. dat.).

~us humorum Peckham *Persp.* I 30 (v. glacialis 2a). **b** quem vestrum, quaeso, talis ~o corde occupabit affectus ..? Gildas *EB* 99; **a705** ex ~o cordis cubiculo Aldh. *Ep.* 6 p. 497; ~o ex corde longa trahens suspiria Bede *HE* II 1 p. 80; **795** ~ae mentis affectum (v. fecundare 1b); ut quod in ~a mente formatum pariter gerimus, in carta scriptum videas Anselm (*Ep.* 59) III 173; qui .. fieri potest ut serviret vitiis qui medullas ~as hauriret, qui totas cogitationes consumeret in scripturarum expositionibus? W. Malm. *GR* I 59; Lutterell *Visio Beat.* 92 (v. illapsus). **c** **838** pro ~a [*sic*] caritatis affectu *Conc. HS* 617 (= *CS* 421); ~o cordis suspirio protestans Wulf. *Æthelwold* 29; Sancti Spiritus infusione et sui roris ~a aspersione Gosc. *Edith* 90; ~ae locutiones Anselm I 26 (v. creatrix c); clerici et monachi collectis viribus et ~is sensibus processionem ordinaverunt Ord. Vit. VII 16 p. 250; rex .. alacri vultu ~um furorem dissimulavit *Ib.* XI 2 p. 162. **d** calor non est ~us igni R. Marston *QD* 79 (v. intimitas 1).

2 (as sb. n., usu. pl.): **a** inmost part (of body or bodily organ); **b** (as seat of emotions); **c** (w. gen. *cordis* or sim.); **d** (of will, intellect, or sim.). **e** core, heart (of question). **f** internal or spiritual matter.

a subita illum ~orum stimulatio corripuit Felix *Guthl.* 50 p. 152; ejus [sc. mulieris] ~a splendore perfusa sunt Alcuin *WillP* 2; mea .. intima R. Cant. *Malch.* III 216 (v. 1 ficus 4a); ad ~a [Trevisa: *þe innermest parties*] .. nervorum penetrans Bart. Angl. IV 5 (v. furiositas c). **b** requiem quaerebam in secreto meo, et 'tribulationem et dolorem inveni' [*Psalm.* cxiv 3] in ~is meis Anselm (*Prosl.* 1) I 99; Domina, omnia ~a mea sollicita sunt ut tantorum beneficiorum tibi gratias exsolvant *Id.* (*Or.* 7) III 19; satis claret quanta opulentia se benignus ex ~o vester affectus effunderet *Id.* (*Ep.* 14) III 119; ab ~is lamentabatur Ord. Vit. IX 17 p. 619 (= Baldricus *PL* CLXVI 1151A); miseri .. projecerant ~a sua [cf. *Sirach* x 10], atque in reprobum sensum dati currebant effrenes P. Blois *Ep.* 152. 444C. **c** ut fallaces parasitorum linguae tuorum conclamant, summis tamen labiis, non ex ~o cordis Gildas *EB* 35; in ~is cordis multa secum conloquens Bede *HE* II 9 p. 100; dilectionem vestram in ~is cordis mei fervere non dubitatis Anselm (*Ep.* 199) IV 90; quatenus .. ~a medullarum nostrarum pertranseat admiratio J. Ford *Serm.* 4. 1; cum te cordis intima non affectant J. Howd. *Cant.* 327; pectorum ~a *Miss. Westm.* I 362 (v. flammare 2c). **d** [Deus] intentionum et voluntatum ~a penetrans J. Ford *Serm.* 108. 8; ad ~a sua [sc. intellectus] Duns *Ord.* III 316 (v. intime a). **e** evisceratis .. quaestionum ~is Abbo *QG* 23 (50) (v. eviscerare 2); questionis .. penetravit .. ~a W. Malm. *GP* I 53 (v. enubilare). **f** ipse prudens in seculo, simplex in Deo; extima providere, ~a non negligere W. Malm. *GP* II 76 p. 170; dum sese vitiis et mundo mortificaret et pro ~is ac supernis maxime laboraret Ord. Vit. IV 6 p. 210.

3 most intimate, closest. **b** (as sb. m.) most intimate associate, closest friend.

qui tuis eram ~us consiliis, cur a te divelli pateris? Ord. Vit. VI 9 p. 82; [Rodbertus] illos .. ~os sibi consiliarios et colonis presides prefecit innocentibus *Ib.* XII 24 p. 401; o Deus, Sancte Spiritus, / verus noster paraclitus / et consolator intimus Ledrede *Carm.* 45. 6; **a1394** prosperitatis vestre ~i zelatores sumus *Dip. Corr. Ric. II* p. 21. **b** ~i et forinseci me invaserunt; Robertus filius meus et tirones quos enutrivi .. contra me rebellaverunt Ord. Vit. VII 8 p. 190.

intinctio [LL]

1 dipping, immersion; **b** (eccl., in water at baptism); **c** (of the Host in the chalice).

tunice ejus [sc. Joseph] ~o [cf. *Gen.* xxvii 31] in sanguine corporis Christi aspersionem in sanguine premonstravit *Eccl. & Synag.* 104; is aureus erat de lancee cuspide percussus, que .. Domini Salvatoris perforavit latus. hujus ~one aquam sanctificatam muliercule direxit W. Malm. *Wulfst.* II 9; aqua rosacea et succo solatri .. pannorum ~one caput, frons et tempora mulceantur P. Blois *Ep.*

43. 127B. **b** in baptismo tria sunt, sc. aqua, ~o sive ablutio aquarum exteriorum, et character impressus anime S. LANGTON *Quaest*. 362; quantum [aque] sufficit pro ~one et baptismo principis W. SAY *Lib. Reg. Cap*. 69. **c 1175** non fiat ~o corporis in sanguine Christi *Conc. Syn*. 980.

2 dyeing, tinging with colour; **b** admixture, infusion.

ad .. ~onem plenam purpure sue, que est caritas J. FORD *Serm*. 78. 10; non loquitur .. de ~one, que est per mutationem coloris, quemadmodum cum vinum rubeum lymphatur totum apparet rubeum, sed [etc., v. b infra] OCKHAM *Pol*. III 240; **1441** pro ij *rollez* de *say* pro camera prioris, xvj s., et pro ~one eorum vj d. *Ac. Durh*. 627. **b** sed de ~one que fit per solam apposicionem et admixtionem vel conversionem unius in aliud OCKHAM *Pol*. III 240 (v. a supra).

intinctus [CL = *dip, sauce*], dipping, immersion; **b** (w. ref. to baptism).

sacrati ossis ~u conditum .. laticem W. MALM. *GP* V 269 p. 429. **b** Dominus sacrosancto sui corporis ~u baptismi lavacrum dedicavit BEDE *Hom*. I 12. 60A.

intingere, ~uere [CL]

1 to dip, immerse; **b** (w. ref. to baptism); **c** (w. ref. to intinction of the Host in the chalice).

princeps aqua digitos ~it OSB. CLAR. *V. Ed. Conf*. 13 (cf. W. MALM. *GR* II 222: digitis aqua intinctis); colores .. rhetoricos non attigimus, Parnasi montis studiis discipline calamos non intinximus R. COLD. *Osw. pref*. p. 326; [episcopus] vasculum aqua .. ~ens W. CANT. *Mir. Thom*. V 14; Achilles .. quem mater Stygiis aquis intinxit ALB. LOND. *DG* 11. 24; si negas misero, Maria, poculum, / intingat unicum saltem digitulum WALT. WIMB. *Carm*. 136 (cf. *Luc*. xvi 24); potest fieri vomitus levis .. cum penna intincta in oleo posita in gutture GAD. 5. 1. **b** videtur .. qui baptizatur in fontem descendere, videtur aquis ~ui, videtur de aquis ascendere BEDE *Hom*. II 18. 198D; puer Dei sacro est lavacro intinctus ADEL. BLANDIN. *Dunst*. 2; Salvator .. a Johanne baptismate intinctus aquas sanctificavit ORD. VIT. I 3 p. 10. **c** dispensatio ecclesie .. vitans effusionem ~ere pertimescit. intinctus panis intinctae inquinataeque mentis viro tradebatur Judae PULL. *Sent*. 964B (v. et. 4 infra); panem intinctum GIR. *GE* I 9 (v. degluttire 1b); non presumat aliquis panem infringere vel ~ere in vino, set per se panem et per se vinum sumant *Cust. Norw*. 84.

2 to steep, soak; **b** (fig.).

tantam vim ejus [sc. bestiae venenosae] venenum habere arbitrantur ut eo licet ferri acies intincta liquescat *Lib. Monstr*. II 23; tunicam ejus sanguine ~entes, eum Hismahelitis vendiderunt *Eccl. & Synag*. 104; cum feltreis togis pice et resina atque in thure intinctis *G. Herw*. 326b; sanguis defluit, sospitas redit, regalia vestimenta ~untur OSB. CLAR. *V. Ed. Conf*. 9; pannum .. aquis illis diluendo ~uere cepit R. COLD. *Cuthb*. 53; aspersorium in aqua benedicta intinctum in statera .. deposuit COGGESH. *Visio* 15; GILB. V 230. 2 (v. hadrianum). **b** si lavero me nitro, et multiplicavero mihi herbam borith [cf. *Jer*. ii 22], sordibus ~it me Dominus [cf. *Job* ix 31] P. BLOIS *Ep*. 123. 362C.

3 to colour, dye.

linteolum quod infusione vini paulo ante colore sanguineo fuerat intinctum ANSELM BURY *Mir. Virg*. 15; intincta precioso muricis sanguine .. purpura OSB. CLAR. *V. Ed. Conf*. 20; multa sunt vina, sc. alba, que .. non ~unt aquam, quamvis in magna quantitate apponantur OCKHAM *Pol*. III 240; posuit in vase suo ligneo .. wodam et cineres et alia ad hujusmodi tincturam pertinencia pro pannis laneis et lineis ~endis in eodem *Canon. S. Osm*. 78; **s1460** pluviam cadentem de celo ita sanguineam ut rubricaret et ~eret pannos *Reg. Whet*. I 386.

4 to taint, contaminate, poison (also fig.).

qui comedit et bibit intinctum a familiare bestia, i. e. cane vel catto EGB. *Pen*. 13. 4; intinctae .. mentis PULL. *Sent*. 964B (v. 1c supra).

5 *f. l.*

rex .. ut predicta fratrum commotio totaliter †intingueretur [? l. extingueretur] Radulphum Cantuarie archiepiscopum .. Abbendoniam destinavit *Chr. Abingd*. II 147.

intitubanter [LL], without hesitation or doubt, assuredly.

ut .. femina .., que nec prima litterarum elementa umquam attigerat, testimonia scripturarum prompte proferret, ut scripta erant, proprietate integra ~er expediens W. MALM. *Mir. Mariae* 215; ~er, indubitanter OSB. GLOUC. *Deriv*. 295.

intitulare [LL]

1 to engrave or inscribe. **b** to dedicate, address (book or letter).

[candelas] martiris nomine ~atas armario seorsum reposueram T. MON. *Will*. III 12 p. 140; **s1253** de tumba lapidea .. quam .. cupiebant ~are nomine Thome M. PAR. *Maj*. V 384; **s1262** sepultus est apud T.; de cujus virtute ac morum prerogativa, sic de eo illic heroice ~atur, 'hic pudor Ypoliti ..' *Flor. Hist*. II 475; **1295** psalterium H. decani glosatum, ~atum suo nomine *Vis. S. Paul*. 324. **b** auctor alicujus doctrine sepe licet alicui .. specialiter librum suum ~et, non tamen vult alios doctrina sua carere OCKHAM *Pol*. II 797; epistolas ~atas Jeronymo BRADW. *CD* 312C (v. epistolarius 1b); **1414** item lego domino meo duci Ebor' unum parvum librum de Gallico et de historia Britonum sibi ~atum *Reg. Cant*. II 38; conventui Hereford' .. lego libros et quaternos meos illi conventui ~atos extra de manu propria *Ib*. 39; **s1122** cui .. Bernardus .. illam solemnem misit epistolam que ~atur ad Henricum Senonensem CAPGR. *Hen*. 160 (*unless referred to* 2d infra); pro juvenum sensibus in lepida facundia [? sc. imbuendis] presens industria ~atur *Regina Rhet*. 183.

2 to name, call, entitle: **a** (var.); **b** (person or group); **c** (refl.); **d** (literary work).

a 1230 ~atur illud scutagium 'de dono' (v. donum 3a). **b s1240** vocatum est nomen ejus Margareta .. quia soror ipsius regine .. ipso nomine ~atur *Flor. Hist*. II 240; **s1216** [Henricus] dictus Tertius quia sicut [? l. sic] ~atur in chronicis OXNEAD *Chr*. 137; hic .. in catalogo Romanorum pontificum in plerisque chronicis non ponitur, sed sequens Leo ~atur in decretis *Eul. Hist*. I 229; aliquos status de ordinibus mendicancium approbavit, .. alios reprobavit ut Saxinos [v. l. Saccinos] qui ~antur [TREVISA: *were y-cleped*] de penitentia sive de valle viridi HIGD. VII 37. **c s1223** Bartholemeus .. se in primo salutationis alloquio ~at in hunc modum: 'Bartholomeus, servus servorum sancte fidei ..' WEND. II 272; **1439** stupore .. concutior, quod tam supercilioso stilo .. te ~as ut correctorem .. te appelles BEKYNTON I 116; **s1470** non aliter se ~ans nisi ducem *Croyl. Cont. C* 554. **d** [Anselmus] insigne volumen edidit quod 'cur Deus homo' ~avit EADMER *V. Anselmi* II 30; [liber] sextus de gloria justorum ~atur P. WALTHAM *Remed. prol*. 28; **1245** omelyarium quod ~atur parvum (v. homiliarius b); **s883** [Johannes Scottus] composuit .. librum, quem περὶ φυσικῶν μερισμοῦ, id est de nature divisione, ~avit M. PAR. *Maj*. I 416 (cf. W. MALM. *GP* V 240: titulavit); scripsit trinas lamentationes, que sic ~antur 'quomodo sedet sola civitas' *Eul. Hist*. I 53.

3 to set down in writing, record.

intitulata patent papalia jura GARL. *Tri. Eccl*. 3; **1280** compotus H. de Y., ballivi de S., de anno infra istum rotulum ~ato *Ac. Stratton* 116; sub pena excommunicacionis inferius ~ate *Fleta* 91; **s1274** multa .. scripsit que diligens lector invenire poterit ~ata in chronicis Nicholai Triveth RISH. 82; **1330** scrutato quodam libro .. in quo ~antur carte .. et alia munimenta *Cl* 149 m. 18; **1336** (v. intitulatio 3a); **1412** volo .. quod .. dies obitus mei .. in .. calendariis .. scribatur et ~etur *Reg. Cant*. (*Chichele*) II 34; **1415** lego .. omnes libros meos ~atos in quibusdam indenturis *Ib*. 81; **s1478** prioratui de T. de quo prior factus fuit, ut perantea ~atur *Reg. Whet*. II 182.

4 (esp. eccl. & mon.): **a** to enter (person, name) on list or roster, to assign or appoint to duty or office. **b** to prescribe, appoint (time, for an activity).

a 1237 capellano .. qui per episcopum .. cum approbatione decani .. et capituli idoneus officio tali ~abitur *E. Ch. S. Paul*. 71; [prenotarii] ad brevia scribenda secundum diversitates querelarum .. ~ati *Fleta* 77; **1296** [precentor] singulis sabbatis cantores ebdomodarios misse majoris .. mense lectorem .. et coquine servitorem debet ~are *Obs. Barnwell* 60; **1448** dicit .. nomen .. suum ~atum fuisse per registrarium .. inter nomina aliorum ad .. subdiaconatus ordinem promovendorum *Eng. Clergy* 222. **b** festis et profestis spirituali officio ~atis GIR. *GE* II 24 p. 284.

5 (leg.) to entitle: **a** to assign (property *etc*. to person) in rightful possession; **b** to establish (person) in rightful possession.

a non .. possunt habere communia mobilia vel immobilia communitati sue immobiliter ~ata PECKHAM *Paup*. 10 p. 36; **1294** de vadiis sibi ~atis et assignatis *RGasc* III 173a; **s1324** maneria et feoda domine Isabelle regine Anglie pro hospitio tenenda et ~ata *Ann. Paul*. 307; **14..** x cassatos .. ~at (v. intitulatio 4a). **b s1461** regem Edwardum quartum .. regem rectum, rectissimeque in regio jure ~atum *Reg. Whet*. I 419; ne .. contra jura .. Anglie aliquem per mulierem ad jus corone Anglie ~arent FORTESCUE *Tit. Edw*. 4; cum domina regina .. ~ata existat habere et gaudere .. omnes et singulas mineras *Entries* 410.

6 (eccl.): **a** to provide (person to a benefice); **b** to assign (benefice or church to a person).

a nepotum turba pullulat, / quos variis / ecclesiis / intitulat P. BLOIS *Contra Clericos* 1131C; **c1360** capellani .. in cantariis suis quibus ~ati existunt .. instituti *Eng. Clergy* 146 n.; **1439** nomina et cognomina omnium graduatorum et beneficiorum in quibus .. sunt ~ati *Reg. Cant*. III 281; **1526** sacerdotes non ~ati .. ter in ebdomada ad minus celebrare seipsos disponant (*Vis. Thame*) *EHR* III 714. **b s962** Dunstanus Lundoniensem ecclesiam commendatam habuit et ~atam DICETO *Chr*. 150; **1276** quod dominus W. R. predictam prebendam de Y. teneat ~atam *Reg. Heref*. I 87; viri ecclesiastici utuntur quibusdam ecclesiasticis beneficiis ~atis, quibusdam immobiliter tantummodo commendatis PECKHAM *Paup*. 10 p. 36; **1285** parrochialem Kavendisse Norwicensis ~atam [ecclesiam] *Mon. Hib. & Scot*. 129; in quibus patet expresse quod licet unam ecclesiam habere ~atam et aliam commendatam LYNDW. 137i.

7 to lay claim to (in quots., fig.).

omnia finis habet: aderat sic vespere tandem / cum solet occasus intitulare diem GOWER *VC* I 126; Gallica peccata, nuper quibus hii ciciderunt, / clamant jam nostras intitulare domos *Ib*. VII 158.

8 to make famous or glorious, celebrate, honour (also fig.).

gloria ne pereat que laudibus intitulatur NIG. *Poems* f. 43v; **s1242** inter omnes Francos gloriosus, et gestis magnificis ~atus *Flor. Hist*. II 258 (cf. M. PAR. *Maj*. IV 225: spectabilis); jussu cujus pratum flos infulat, / ramus virens nemus intitulat J. HOWD. *Ph*. 875.

9 to accuse, or ? *f. l.*

Alfredus .. hundredos et titingas instituit, ut si quis alicujus delicti ~aretur, ad hundredum exhiberet qui eum vadiarent SILGRAVE 46 (cf. W. MALM. *GR* II 122 p. 130: insimularetur).

intitulatio [ML]

1 inscription.

s1067 Normanni .. chartarum firmitatem cum cerea impressione per uniuscujusque speciale sigillum sub instillatione [v. l. intitulatione] trium vel quatuor testium .. conficere constituebant *Croyl*. 70.

2 name, title.

quas [candelas] .. per memoratam inscriptionis ~onem martiris esse cognovi T. MON. *Will*. III 12 p. 141; tabula ad inveniendum qua feria singuli anni Arabum incipiant, et singuli menses cujuslibet anni: [*headings of columns*:] anni Arabum collecti, ferie iniciales, ~ones; anni expansi, ferie iniciales, ~ones BACON VI 157.

3 entry in a document or register. **b** (eccl., mon., & acad.) entry on a list or roster.

1323 per ~onem in duabus billis *Cl* 140 m. 9; **1336** per datam testamenti ac ~onem obitus predicti A. quem intitulari fecerunt in missali ejusdem ecclesie *IPM* 49/1. **b 1394** a choro et a claustro te abstinere .. necnon a quacunque intytulatione cujuscunque tabule in conventu .. usitate *Comp. Swith*. 165; ut .. W. perpetuo exoneraretur ab omni secte prosecucione, laboribus et oneribus claustri, chori, capituli, ac ~one tabule capitularis *Meaux* III 115; **1434** de ~one et tabulacione decani ad supportand' †omnia [l. onera] in principalibus et aliis festis *Stat. Linc*. II clxvii (cf. ib. 189 [**1439**]: decanus non observat onera sibi incumbencia .. juxta quod intabulatur et intitulatur); **1506** determinatorum nomina .. in .. registro .. inserenda esse, scribamque †uniuseritatis [l. universitatis] ab unoquoque bacallariorum .. duos denarios .. pro dicta registracione et ~one recepturum esse *StatOx* 322.

4 **a** (leg., eccl.) grant of title or right (also w. gen. of person). **b** (eccl.) title to benefice or see.

a 1449 impedimentum, quod fortasse conti[n]gere possit ex ~one diversarum personarum in prepositura collegii vestri .. et vicaria ecclesie parochialis de Wye *Lit. Cant*. III 199; **14..** istius presentis graphii ~one Deo et ecclesie S. Eadwardi Eadgar rex x cassatos .. omni tempore suo intitulat dono *CD* 522 *app*. (III p. 465). **b 1327** ut .. ecclesie ipse uno et eodem antistite, simili quinimo pocius eadem ~one usuro, perpetuis temporibus gubernentur *Mon. Hib. & Scot*. 238b.

intolerabilis [CL]

1 physically or mentally unendurable, insupportable. **b** irresistible, invincible.

quantis semetipsos ~ibus scelerum fascibus falsi hi sacerdotes opprimant GILDAS *EB* 93; infernus, de cujus tormentis ~ibus narrari saepius audivi BEDE *HE* V 12 p. 305; **a1181** mandantes eidem electo consecrationis munus impendi si intollerabile sibi visum fuerit ad presentiam nostram venire *Reg. Glasg*. I 33; dolorem patitur ~em *Quaest. Salern*. B 311; ~i vexatione torquentur GIR. *TH* II 4; **s1246** gravamen ~e (v. gravamen 4a); dubitationes ~es BACON *Min*. 349. **b** ballaena quoque ~is fera in India nascitur *Lib. Monstr*. II 26; ut ~em assultum darent audacter incitabat ORD. VIT. VIII 13 p. 342; cum filius ejus .. cum ~i exercitu armatorum regnum jam videretur occupaturus *Chr. Battle* 276; [Jesus] dulcor intolerabilis J. HOWD. *Cyth*. III 9.

2 (morally) intolerable, reprehensible; **b** (of person).

in eodem veteri infaustoque ~ium piaculorum caeno GILDAS *EB* 63; **c1108** ad comprimendum tam ~em praesumptionem ANSELM (*Ep*. 464) V 413; ~em barbarorum immanitatem metuentes ORD. VIT. VI 10 p. 84. **b** de ipsius insolentia .. dicam, qua adeo ~is erat ut nec propriis affectibus parceret W. MALM. *GR* II 165 p. 190; vir pro incompositis moribus ~is *Id*. V 398 p. 475; quem [sc.

Robertum Belesmensem] .. malorum immanitas morum ~em .. clientibus faciebat ORD. VIT. VIII 24 p. 422.

3 unable to endure, impatient.

gens .. contra hostium injurias ~is et infesta *Eul. Hist.* II 64.

intolerabiliter [CL]

1 unendurably, insupportably.

716 intollerabiliter torquebar BONIF. *Ep.* 10; judex terribiliter districtus, ~iter severus ANSELM (*Or.* 13) III 50 (= BRACTON 2); quam ~iter a frigore nimio ad calorem nimium transeam AILR. *Ed. Conf.* 786A; si contigisset ei quod nobis ~iter et inmoderate doleret MAP *NC* V 5 f. 65v; quanto sunt despicabiles abjectius et ~ius improbi *Ib.* f. 66v; **1220** gravaminibus a magnatibus partium nostrarum ~iter oppressis *RL* I 139; **1247** gravatur ~iter ecclesia Anglicana in provisionibus infinitis (*Lit. Episc.*) *Flor. Hist.* II 334 (cf. M. PAR. *Maj.* VI 145: non mediocriter opprimitur).

2 intolerably, reprehensibly.

Pater coelestis .. ~iter blasphematur GILDAS *EB* 93.

intolerantia [LL < CL = *impatience*], intolerableness, unbearableness; **b** unbearable suffering.

pre doloris ~ia terribiliter clamans *V. Fridesw. B* 16; **s699** a vermibus consumitur et ob ~iam fetoris in Mosam fluvium dimergitur M. PAR. *Maj.* I 314 (= Sigebertus *Chron.*). **b** sciant tolerabilia perpeti, a nobis ~iam passis edocti MAP *NC* IV 13 f. 55r.

intoll- v. et. intol-.

intollum [Scot. *intoll*; *quot. of* 1464 *may contain pl. of the vernacular word*], (Sc.) in-toll, payment made on taking possession of burghal property.

1283 cum *in tolle* et *oute tolle Reg. Paisley* 385 (etc.; v. *Dict. of Older Scot. Tongue*); **1464** per unum denarium de ~is et alium denarium de outtollis secundum consuetudines burgorum *Reg. Aberd.* I 287 (cf. *Leg. IV Burg.* 52: dabit denarium pro introitu suo et saisina [v. introitus 2b]).

1 intonare [CL]. *V. et.* 2 *intonare.*

1 to thunder (also fig.).

Dominus .. de caelo ~at ut terrigenas ad timendum se suscitet BEDE *HE* IV 3 p. 211; Willelmo reverso, rursus tempestas ~uit, rursus procella odiorum inhorruit W. MALM. *GP* I 50 p. 91; multarum procella tribulationum ~uit ORD. VIT. X 24 p. 142.

2 **a** to speak thunderously or resoundingly; **b** (w. dat., *contra* or *in* w. acc.) to thunder at or against, inveigh against.

a a gente Romana, quae prae ceteris mundo ~at sublimius *V. Greg.* 100; infans / intonuit stolido doctis de pectore *Mir. Nin.* 167; ejus et eloquio lectorum corda virescunt / dulcisonos mirata modos, quīs intonat ipse *Ib.* 496. **b** auscultastis .. secundae lectionis apostoli Pauli verborum sonum .. vobis ~antis GILDAS *EB* 108; ut .. contra me probris et contumeliis ~aret P. BLOIS *Ep.* 124. 369A; in .. proceres .. minus acerrimis ~are cepit GIR. *EH* I 29; sepe juris justis sors intonat aspera GARL. *Tri. Eccl.* 5.

3 to sound thunderously, resound: **a** (of speech); **b** (of mus. instrument).

a putares ex evangelicis et propheticis aditis verba ~are que ille .. pronuntiabat W. MALM. *Wulfst.* I 8; dum grandisonus Johannis evangelii clangor mundo ~at HON. *Spec. Eccl.* 833A. **b** **1048** ~at buccina (v. erilis 1b); ideo tuba ~abit ut mortui resurgant PULL. *Sent.* 990B.

4 (trans.): **a** (w. utterance as obj.) to utter thunderously or resoundingly, to roar out; **b** (w. dir. speech as obj.); **c** (w. *ut*). **d** (w. topic as obj.) to speak of resoundingly.

a [libri] furores ~ant ut Tullius in invectivis et Philippicis W. MALM. *Polyh.* 37; sonos multiplices os unum ~at T. MON. *Will.* VI 5; **s1314** vidisses .. gentem Anglorum .. crapulam eructancium 'wassayl' et 'drinkhail' plus solito ~ancium BAKER 100v. **b** **793** huic evangelica auctoritas ~at '..' (v. evangelicus 2a); **985** (12c) quia mundana retinendo minuuntur, tribuendo multiplicantur, ~ante apostolica fone '..' *CD* 652; ille .. lingua precipiti et confusa atque clamore demoniaco ~abat: "veniet certe .." P. BLOIS *Ep.* 7. 19C. **c** ~uit ei vox angelica dum classem pararet ut ceptis suis desisteret G. MON. XII 17; preco .. vester in castris vestris ~et alta voce ut gens Francorum .. cras ingrediatur Sarracenorum terram ORD. VIT. IX 9 p. 536 (= Baldricus *PL* CLXVI 1104C). **d** sicut .. enervos solet animos satyricorum pagina reprehendendo deprimere, ita titulis honestatis non inglorios venustiores decet calamos altius ~are OSB. CLAR. *V. Ed. Conf.* 1.

2 intonare [ML < OF *entoner*, cf. CL tonus < τόνος; *identical in form w.* 1 intonare, N. B. *perf.* intonui]

1 to begin a chant, intone; **b** to begin (tolling of bell); **c** to begin to play (music; in quot., w. instrument as subj.).

angelicus ymnus 'Gloria in excelsis Deo' ~abatur GOSC. *Transl. Mild.* 24 p. 192; psalmum ipsum ~et *Offic. Sal.* 44; cantor .. psalmos debet ~are *Obed. Abingd.* 370; antiphona dicta quod sit vox reciproca, et per eam psalmus ~atus de choro ad chorum recitetur ODINGTON *Mus.* 100; TREVET *Ann.* 223 (v. cantorissa); [precentor] in choro residebit psalmos ~ando, antiphonas reinchoando *Cust. Cant.* 94; ~uit ipse rex .. 'Te Deum laudamus' percantatione devota et solemni *Ps.*-ELMH. *Hen. V* 79. **b** **1506** [sacrista] primum pulsum [campanarum] .. ~abit (v. 1 discretio 1a). **c** cithara .. vocale melos sine hominis digito ~uit W. MALM. *GP* I 19 p. 29.

2 to tune (mus. instrument).

1512 magna organa et mediocra organa fuerunt quasi de nova [*sic* MS] reparata et bene ~ata et sonorata *Reg. Butley* 28.

3 intonare [OF *entoner*], to put into barrel or cask. *V. et. intonellare.*

1279 inveniet ij homines ad poma colligenda et ciser[am] fac[iendam] donec cisera ~etur *Hund.* II 788.

1 intonatio [ML; cf. 2 intonare], (esp. eccl. & mon.) intoning, chanting.

in prelio clamosa utilis est adhortatio, quoniam in tumultu bellico non attenditur demisse [v. l. dimisse] vocis ~o R. NIGER *Mil.* I 39; post ~onem quarti psalmi *Offic. Sal.* 23; antiphona super psalmum Magnificat tota cantabitur ante psalmi ~onem *Brev. Sal.* I clxvii; ~o .. psalmorum primi toni in efaut gravi incipitur *Tonale Sal.* i; accidunt .. antiphone ~o, differentia, et neuma. ~o est levis psalmorum modulatio antiphonis aptata. et alia quidem ~o est sollemnis ut de psalmis evangelicis, sc. Benedictus et Magnificat, Nunc dimittis. alia ~o simplex, ut de psalmis propheticis. aliam enim habent ~onem evangelici et aliam prophetici in singulis tonis usque ad metrum quod dicitur comma in grammatica ODINGTON *Mus.* 102.

2 intonatio [cf. 1 intonare], noise like thunder: **a** (w. ref. to blaring of mus. instrument); **b** (w. ref. to loud or threatening speech).

a videres .. tubarum ~onibus .. audientium aures tinnire *Itin. Ric.* II 13. **b** fulminans comminationes renunciat eis. .. illi tamen grandes has ~ones et fulmina parvi facientes .. CHAUNCY *Passio* 84.

intondere [CL], to shave, shear.

GlH D 330 (v. detondēre).

intonellare [OF *entoneler*], to put into barrel or cask. *V. et.* 3 *intonare.*

1213 pro thesauro nostro imponendo et intunelando *Cl* 153; **1214** in l quarteriis frumenti molendini intonelandis et cariandis usque Portesmue *Pipe* 127.

intonellarium [cf. tonella], funnel.

13.. vinitarius habeat in cellario suo .. infusoria sive ~ia (*Nominale*) *Neues Archiv* IV 339.

intonizare, ~sare to intone (a chant); **b** ? to render musical, or ? to delight musically.

precentor ~zat psalmum Laudate *Ord. Ebor.* II 295; assistens ~zet psalmum, in cujus inceptione omnes genua flectant *Brev. Ebor.* I 375. **b** cantores .. quorum modulamina .. ascultancium auriculas spiritali pabulo ~sent *Regina Rhet.* 176.

intonizatio, intoning, chanting (*cf.* 1 *intonatio*).

1409 duo libri vocati tonarii sunt valde necessarii pro choro .. quia librorum hujusmodi defectus in intonizacione psalmodie inter psallentes in choro frequenter discordancias disseminant inhonestas *Fabr. York* 246.

intonsus [CL], unshorn, unshaven: **a** (of person or part of body, esp. head or face); **b** (of hair).

a "quando balneasti tu, puer? valde ~us es modo, crede mihi." .. "nimis ~um est caput meum et inrasum ..!" ÆLF. BATA 4. 25; superius labrum .. ~um W. MALM. *GR* III 239 (v. fruticare 2); penitentes et capti ac peregrini usualiter ~i erant ORD. VIT. VIII 10 p. 325; [penitentes] exterius hispidi et ~i coram hominibus ambulent *Ib.* XI 11 p. 207; [Phoebus] ~us pingitur, quod equales annis omnibus radios ministret ALB. LOND. *DG* 8. 4. **b** ~is in carcere crinibus manere solebat (*Ep. Ceolfridi*) BEDE *HE* V 21 p. 342.

intorquere [CL]

1 to churn, stir up.

ignis accensus turbine aeris concitati et intorti BALSH. *AD rec.* 2 175.

2 to twist in a plait. **b** to wind round. **c** (*crux intorta*, her.) corded or wreathed cross.

capillo .. filis aureis pulchre intorto W. MALM. *GR* II 134 p. 148; intortis virgulis R. COLD. *Godr.* 107; in cujus medietate cujusdam fili grossioris intorti lineaturam intexerat *Ib.* 153. **b** alter vestem lineam collo ejus intorserat, alter flagris terga expoliati urgebat W. MALM. *GR* III 235 p. 292; [Aesculapius] cujus manus .. sinistra .. baculum cum serpente gestabat intorto *Deorum Imag.* 20. **c** crux aurei et aerei coloris intorta SPELMAN *Asp.* 102.

3 to twist, wrench (body or part of body). **b** to contort, roll (eye). **c** (w. *ad*) to turn (one's gaze) upon (in quot., in fig. context).

spumante equo intorto collo turgidus ferebatur R. COLD. *Cuthb.* 67; volo, sicut luctator, ~ere [ME: *wrenchen*] in illam partem ad quam se magis trahit et proicere eum ex parte illa *AncrR* 80. **b** sanguineos ~ens oculos OSB. *V. Dunst.* 27 (v. 1 ganea 2); felleos .. ~ere oculos W. MALM. *Wulfst.* II 5 (v. felleus d). **c** ille [sc. homo] brutum quiddam desipuit .. non Minerve virtutem, non Junonis divitias respiciens, sed ad libidinem visus intorsit ALB. LOND. *DG* 11. 23.

4 to hurl, throw (missile; also fig.). **b** to hurl (word, insult, or accusation), to inflict (penalty).

venenata garrulorum jacula, quae de faretra obliqui livoris plerumque ~ere nituntur ALDH. *Met.* 142 (143) p. 201; contra hos et illos divini verbi jacula ~entes ALCUIN *Liturg.* 482A; in omnem illum pestiferum cetum Dominici verbi .. ardentia intorsit tela GOSC. *Transl. Mild.* 37 p. 209; cum .. fulmen excommunicationis intorsisset W. MALM. *GP* I 53 p. 100; funda lapidem ~ens fronti gentilis illisit *Ib.* III 100 p. 215. **b** matrona .. indignantia verba in sanctum intorsit *V. Kenelmi B* 82 r. 2; terribiliter ~ens in violatores .. perpetui anathematis ultionem W. MALM. *GR* II 149 p. 168 n.; crudeles minas ~ens *Id. GP* I 50 p. 94; **1156** cum admissi mei factum .. exprimunt, hec in caput meum ~ent J. SAL. *Ep.* 115 (19); **1172** presumpserat in personam ejus anathematis ~ere sententiam ARNULF *Ep.* 84; in regem .. avaritie notam ~ens GIR. *IK* II 12; mirantur .. tale improperium tanto principi ab homine tali fuisse intortum AD. EYNS. *Hug.* III 10 p. 117.

intorsio v. intortio.

intorticium [ML], sort of (twisted) candle.

1494 undique inter columnas imponuntur ~ea cerea, ponderis librarum quatuor *Conc.* III 638.

intortio [LL = *curling*]

1 rolling (of the eyes).

quorum [sc. oculorum] .. sanguinea ~one nos pueros semper territaret W. MALM. *GP* V 276.

2 hurling (fig., of accusation or charge).

omnes iste inique calumpnie aut procedunt ex falsi impositione criminis, aut .. ex intorsione particularis delicti in multitudinem innocentium PECKHAM *Paup.* 16 p. 87.

intoxicare [ML; cf. LL toxicare]

1 to injure by poisoning, to poison; **b** (fig.).

s622 periit .. Machometus ~atus et epilenticus et crapulatus M. PAR. *Maj.* I 271; **s1292** Salomon .. ~atus per officialem domini episcopi .. diem clausit extremum *Flor. Hist.* III 83; **s1316** homines ex ciborum corruptione ~ati TROKELOWE 94; si odio habeas bonum alienum, tiriaca te ~as [ME: *attrest*], unguento te vulneras *AncrR* 106; **1364** dedit prefato J. .. potum venenosum et ipsum J. per potum illum ibidem ~avit et eum sic felonice interfecit *Proc. JP* 287. **b** **1440** pestifera et virulenta dogmatizatione sua multas .. nationes et multos .. populos ~avit BEKYNTON I 188; justum regem veneno avaricie ~are *Plusc.* VII 19; in tantum .. eum ~averat Wycliviana invidia, quod .. *G. Hen. V* 1.

2 to render poisonous, contaminate with poison; **b** (fig.) to taint, corrupt.

s1242 rivos et fontes ~averant M. PAR. *Maj.* IV 225; **1489** (v. intoxicativus). **b** ut utramque causam .. ~aret GIR. *Invect.* I 12 (v. fictor 2); **c1213** ingratitudinis vitio venenosissimo res undique ~ante *Id. Ep.* 7 p. 258; fratres .. ~averunt regnum nostrum WYCL. *Trial.* IV 36 p. 374.

3 (p. ppl. as adj.) poisonous, tainted, corrupt; **b** (fig.).

s1321 ut .. leprosi .. ex letiferis venenis .. et tabo de propriis corporibus defluente pilas conficerent .. ~atas *Flor. Hist.* III 196. **b** [detractores] virus evomunt quantumcumque ad os ex corde ~ato [ME: *attri*] prosilit *AncrR* 23 (cf. ib.: venenatum cor); fui per tres dies in magna tribulacione et afflicione spiritus super illo juramento ~ato, nesciens .. quid facerem WYCHE *Ep.* 536.

intoxicatio [ML], (action of) poisoning, poison (also fig.); **b** (w. subj. gen.); **c** (w. obj. gen.).

1315 ad inquirendum .. ad quorum procuracionem ~o illa facta fuit *MonA* II 509; ipsum papam publice interficere volunt, vel occulte per ~onem GASCOIGNE *Loci* 152; **1489** quandam ~onem cum cervisia et risalgar .. confectam *Entries* 51vb. **b** comes Moravie per ~onem cujusdam femine Anglicane .. finivit vitam *Pri. Cold.* 251. **c 1309** rectatus super ~one Radulfi Wake *Cl* 126 m. 12; **1426** in subversionem catholici dogmatis et fidelis populi ~onem AMUND. I 226; **1587** perdonamus .. Petronille .. felonicas et proditorias ~ones, interfecciones et mortes predictas predictorum Willelmi et Johanne *Pat* 1303 m. 17.

intoxicativus, poisonous (sts. w. obj. gen.; also fig.).

s1254 quod Machometi lex spurcissima animarum est ~a M. PAR. *Maj.* V 425; venenum .. incolarum ~um *Plusc.* VIII 10; **1489** quendam potum .. felonice intoxicat[um] et confectum cum speciebus et pulveribus ~is, videlicet *ratsbane* et aliis pulveribus ~is *Entries* 51va.

intoxicator [ML], poisoner (in quot., fig.).

1457 ~or .. impiissimus, qui perfidie venenum imbiberat, ut ipsum .. effunderet iterum, ac populum simplicem in fide infective informaret *Reg. Whet.* I 288.

intoxicus [cf. ML intoxicum (*sb. n.*)], that poisons or taints, poisonous (in quot., fig., and w. obj. gen.).

1437 genus belli nequissimum et Christiane religionis ~um BEKYNTON II 39.

intra [CL]

1 (prep.) within, inside (enclosing barrier or sim.); **b** (boundary).

~a .. deserta moenia GILDAS *EB* 4 (v. extra 5a); habitabant .. ~a vallum BEDE *HE* I 11 p. 25; **839** †intua [l. intra] muros *CS* 426; ~a septa foreste *GAS* 626 (v. exquirere 1a). **b** archiepiscopum .. omnium prediorum que ~a terminos suos erant .. dicione privavit W. MALM. *GR* I 87; ~a terminos MAP *NC* I 25 f. 19.

2 a within, inside (defined area or space); **b** (w. vb. of motion) into, (to) inside; **c** within the extent of (abstr.).

a ~a absidem THEOD. *Pen.* I 13. 1 (v. apsis b); ~a cujuscumque episcopi diocesim ANSELM (*Ep.* 170) IV 51; **c1176** ~a villam vel extra villam *Regesta Scot.* 188; hyena ~a umbram suam non permittet canem latrare BACON *NM* 529. **b** vexati manum arripiens, ~a oratorium suum duxit FELIX *Guthl.* 41; illa .. puellam ~a lares suos receptam filie loco habuit W. MALM. *GR* II 139. **c** non repugnat lumini naturali fortificari ~a propriam naturam BACONTHORPE *Quaest. Sent.* 1B; manens ~a naturam suam *Ib.* 8B (v. fortificatio 3).

3 within (object).

lapis .. ~a se habens alium lapidem BART. ANGL. XVI 101 (v. hydatis); vacua ~a corpora T. SUTTON *Quodl.* 330.

4 within, inside, into (person, body or part of body, mind, *etc.*): **a** (w. ref. to location of part of body or external object); **b** (w. ref. to location of thought, emotion, or sim.); **c** (w. refl. pron.) within oneself, to oneself, privately.

a miseri, extreme inopie metu, mares ~a gingivas, femine ~a non dicenda, nummos absconderant W. MALM. *GR* IV 380; illa [virgo] .. aquam ~a palpebras ceci guttatim stillavit ORD. VIT. IV 15 p. 279; *Ps.*-RIC. *Anat.* 26 (v. degluttitio). **b** ~a .. animi conclave ALDH. *VirgP* 35 (v. haeresecere b); effundam animam meam et quae intra me sunt ante ipsum ANSELM (*Or.* 14) III 55; iram ~a fauces repressit W. MALM. *GP* I 49 p. 88; **s1139** cecum ~a pectora vulnus alebant invidie *Id. HN* 468; **?1246** ignem qui ~a vos clauditur (v. flabellare a). **c** inimicum .. ~a se .. devotabant WILLIB. *Bonif.* 6 (v. devotare 1); illud ~a se dicit ANSELM I 24 (v. faber 1a); **s1140** legatus se ~a se continuit W. MALM. *HN* 486 p. 44; ~a semetipsum sic cogitare cepit ORD. VIT. VIII 17 p. 371; reputabat .. ~a se quod .. COGGESH. *Visio* 6; ex hiis [virtutibus] fac tibi herbarium ~a temetipsum [ME: *inwið þe seolven*] *AncrR* 131.

5 within: **a** (specified distance from a place); **b** (specified degree; in quots., w. ref. to consanguinity).

a 1279 ~a xx leucas (v. glaiva c). **b** ~a sextam generationem .. ~a sextum geniculum *GAS* 290 (v. 2 geniculum 2); detestabilia sunt indubitanter eorum conubia, si ~a septem generationes sunt ANSELM (*Azym.* 7) II 231.

6 a between (spatially). **b** among (spatially). **c** among (w. ref. to inclusion in group).

a a1093 terras ~a Teisam et Tinam habent *Regesta* p. 133. **b** lollium .. nascitur ~a triticum *Alph.* 105. **c** angeli illi qui ceciderunt facti erant ad hoc ut essent ~a illum numerum ANSELM (*CurD* I 16) II 16; **c1090** ~a gregem, in quo lactatus et nutritus est, omni modo recolligi cupit *Id.* (*Ep.* 140) III 286; ~a castrorum captivos capta est Darii mater, et uxor M. PAR. *Maj.* I 62.

7 (w. ref. to time): **a** within, before the expiry of (period); **b** during, in the course of (period, event or sim.); **c** before, by (fixed time); **d** between (two times).

a ~a vij dies *GAS* 608 (v. defodere 3); nupsit ~a annum post mortem viri *DB* II 199; omne tempus quo Dominus noster in terris docuisse describitur ~a quadriennii spacia coartatur ORD. VIT. I 4 p. 12; si .. post tempus a se constitutum ~a decem dies .. non occurrat .. RIC. ANGL. *Summa* 12 (cf. *Novellae Justiniani* 53. 1). **b** ~a missarum agenda W. MALM. *GR* II 218 (v. agere 6a); ut se omni conjuratorum auxilio destitutos viderunt ~a mensurnam obsidionem, .. pacem fecerunt ORD. VIT. XII 34 p. 443; ~a illos annos M. PAR. *Maj.* I 11 (v. excretio). **c** ut ~a vesperam transire vix posset BEDE *HE* I 7 p. 20; **1323** omnes purpresture et occupaciones in dictis terris .. amoveantur .. ~a duodecimum diem Junii (*Treugae*) BLANEFORD 135. **d** inquiratur de hiis qui capiunt ostria seu musculos ~a primum diem Maii et festum exaltacionis sancte crucis *BBAdm* I 225.

8 (w. ellipse of sb., in quots. opp. to *extra*; unless understood as adv., *cf.* 9a *infra*).

siquis .. arborem stantem extra viam ~a prostraverit *DB* I 1rb; extra corpus utuntur foliis et radice, non ~a, quod mortifera est *Alph.* 11.

9 (adv.) within, inside (*cf.* 8 *supra*); **b** (*ab* ~*a*) from the inside. **c** (*ad* ~*a*) (to the) inside.

fons ~a nullus, sed cisternis ad hoc preparatis colliguntur latices W. MALM. *GR* IV 367; KILWARDBY *OS* 497 (v. extrinsecus 3b); **s1301** castellum, corpora, catalla et omnia que ~a erant in regis graciam offerebant *Eul. Hist.* III 171. **b** non ab extra sed ab ~a KILWARDBY *OS* 339 (v. illuminatio 4a); **1309** ab ~a .. subtrahuntur (v. 3 a 1c). **c** ad ~a WYCL. *Ente Praed.* 134 (v. facere 32); **1423** non intendimus excludere quin ad recreacionem monachorum conpetens vinum ipsis vendi possit ad ~a, quorum perfeccioni convenit ne ad extra pro talibus evagentur *Reg. Cant.* III 519; **1432** lego .. corpus meum ecclesiastice sepulture ubi misericors Deus .. et forsan extra regnum me subtrahi ab hac luce voluerit. quod si adintra discedam, .. *Reg. Cant.* II 485; ad ~a cucurrerat *Mir. Hen. VI* III 109 (v. flammeolus 3a).

intraclaudere, to enclose.

1441 lego domino meo .. parvam crucem meam cum parte ligni sancte crucis intraclausam *Reg. Cant.* II 581.

intractabilis [CL], unmanageable, intractable, that cannot be dealt with: **a** (of person); **b** (of condition).

a Franci .. ferociores erant et ~iores ORD. VIT. IX 4 p. 482 (cf. Baldricus *PL* CLXVI 1071D); per hoc eum durum intelligimus atque ~em R. MELUN *Sent.* II 20; instabilis, ~is, incorrigibilis, nulli tolerabilis P. BLOIS *Ep.* 18. 66B. **b** tempus ~e necesse est declinemus ORD. VIT. IX 12 p. 572 (= Baldricus *PL* CLXVI 1126A).

intractare [cf. AN *entreter*, OF *entretier*]

1 to treat, deal with (person or party).

s1453 tam blande suaviterque ~avit eum, ut tandem consentiret *Reg. Whet.* I 97; **s1458** mandavit singulis illis .. qui .. ardentiores .. credebantur esse zelatores pacis, ut .. in forma pacis ~arent partes dictas *Ib.* 297; **s1460** ceperunt in bello vivos, ipsosque .. multum ludibriose ~avere *Ib.* 382.

2 (absol.) to treat, negotiate, make terms.

s1460 misso .. W. suo archidiacono et magistro J. P. .., cum potestate ad ~andum, interloquendum, plenarieque .. ad concordandum *Reg. Whet.* I 360.

3 ? to treat (person) badly.

c1320 episcopis .. jurisdiccionem ecclesiasticam secundum canonica instituta exercentibus minas machinantur et intentant gravissimas, ad indictandum, vexandum, ~andum et imbrigandum in curiis secularibus *RB Ossory HMC* 231.

intractatio, entreaty, negotiation.

s1460 ita ut per proborum procerum ~onem .. in hanc demum condescenderet concordie conclusionem, ut .. *Reg. Whet.* I 380.

intractum [cf. OF *entrait*], ointment, salve.

1281 in pice et cepo ad ~um faciendum (*ReceiptR Wint.*) *EHR* LXI 103; **1357** pro uncto et entracto ad equos prioris, viiij d. *Ac. Durh.* 719.

intraesse, to be within.

primum .. motivum talis motus [sc. partium sonativi] non potest ~esse nisi ipsa anima, quia natura non potest esse principium primum talis motus GROS. 7.

intragium [ML < OF *entrage*], (fee for) right of entry (Gasc.).

1283 dabit venditor extraneus in die fori, pro leuda et ~io, ij d. *RGasc* II 211; **1291** pro xxv li. dicte monete de caruatico seu ~io [solvendis] *Ib.* III 37.

intrahere [CL = *to drag along*]

1 to bring in (crop).

1323 cum .. feno xxviij acrarum prati .. in orreis .. bene et fideliter collect' et intract' et in tassis collocat' (*Cart. Cant.*) *Arch. J.* XV 148; **1338** cum expensis autumpnalibus pro decimis garbarum et feni ~endis *Hosp. in Engl.* 120.

2 to lead to.

1217 dedi .. dim. acram terre in Sudlamhee .. ad entrahendum cursum aque de Winterburne usque ad Tamisiam *Ch. Westm.* 486.

3 to transfer to.

in loco judicis praesulis Aberdoniam intractum est negotium FERR. *Kinloss* 69.

intraillatus [OF *entreillier*], 'entrailed', interlaced.

1409 duo salsaria de argento deaurata et cum cervis et parcis pounceata et ~ata *Pat* 382 m. 16.

intrajacere, to lie between. *V. et.* 2 *interjacere.*

1430 tenent .. ij tofta jacencia simul super Northrawe .. excepta j placia vasta ~ente *Feod. Durh.* 65.

intrale [LL *pl. only*]

1 (pl.) entrails. *V. et intrallium.*

1247 invenerunt capud cujusdam zouris cum ~ibus *SelPlForest* 86; **1274** de exitibus, intestinis, suciduis et ~ibus predictorum bovum, vaccarum, porcorum et multonum *MinAc* 984/4 r. 5; **1289** de ~ibus porcorum ij s. iij d. ob. *Doc. Bec* 128; **1485** uxori Thome .. mundanti .. ~ia bestiarum infra coquinam .. occisarum *Comp. Swith.* 383.

2 (sg.) inner room, parlour.

1550 totam illam veterem coquinam .. ac introitum et passagium ei .. abuttantem supter ~e seu *le parlor* Johannis P. *Pat* 831 m. 32.

intralinearius [cf. CL intra + linearius], within a boundary.

a1282 predictum toftum .. Ricardo .. warantizabimus quamdiu donatores nostri warantizaverint et ejusdem loci conventus †intralunarius [MS: intraliniar'] est *Cart. Healaugh* 137.

intrallium [AN *entraille*], entrails. *V. et. intrale* 1.

1251 forestarii .. ibi invenerunt ~ium unius dame *SelPlForest* 97; **1379** ab eo emit .. ~ium omnium animalium suorum mortificatorum *Rec. Leic.* II 181.

intralunarius v. intralinearius.

intramanens, (Sc.) inhabitant, one whose property lies within a burgh (constr. as pr. ppl.). *Cf. extramanens.*

1475 nonaginta quatuor lastarum salmonum .. custumatarum et carcatarum extra regnum tam per extraneos quam ~entes dictum burgum *ExchScot* 319.

intramuralis [cf. LL intramuranus, ~eus], located within the walls.

1236 concessimus eidem B. et sociis suis quod aliquibus placeis, atriis, litiis, clausura ~i .. uti possint (*Pat*) *RL* II 11.

intrancia, a kind of plant.

campworte, ~ia *MS BL Additional 17866* f. 44v.

intraneitas [ML], interior nature, essence.

elementa sunt de †intravietate [l. ~ate] rei, hoc est de rei essentia GARL. *Mor. Scol. intr.* p. 180; quoddam est immediatum quod est de ~ate rei et principium ejus BACON VII 81; potencia [materie] consequitur eam [sc. creaturam] in quantum creatura est ex nichilo, et est imperfeccio de ~ate potencie *Quaest. Ox.* 343; licet quantitas sit principium individuacionis substancie materialis, tamen non est principium intrinsecum de ~ate substancie T. SUTTON *Quodl.* 147; quod genus non est de ~ate rei cujus est genus LUTTERELL *Occam* 242; nisi superius quod predicatur esset de essencia inferioris et de ~ate ejus de quo predicatur *Ib.* 243.

intraneus [LL]

1 situated inside, within.

dum vento diu persistente contrario extrinseca pars remigii ad istam [sc. partem] ~eam [MSS: †intravem, intvavem] venire non posset .. *G. Hen. V* 21.

2 indigenous, native, domestic. **b** (as sb. m.) indweller, inhabitant, native.

1306 [conquerenti] ~eo .. et domestico communis justicia exhibeatur *BBC* (*Swansea*) 224; quia sunt ~ei, et non venient a transmarinis *Pol. Poems* I 195; hic Scottus genere perturbat Anglicos / auferre nititur viros intraneos Tryvytlam *Laus Ox.* 454; **s1386** ordinare [sc. remedium] contra inimicos ~eos *Eul. Hist. Cont.* 359 (*opp. to* inimicos exteriores); **s1399** quod ipsi nec aliquis illorum .. nec faciat retinenciam hominum nisi officiariorum †intrariorum [l. intraniorum] in suis domibus et officiariorum extra ad gubernandum .. possessiones eorum et aliorum †intrariorum [l. intraniorum], prout racionabiliter pertinet .. statui personarum (*Judicium*) Wals. *HA* II 241 (v. et. 2b infra); **1436** rebellione ~ea (v. denigrare 2c). **b** **s1399** (v. 2a supra); **s1401** per ~eos aggressus .. in fugam pulsus est Ad. Usk 71; **1422** revocamus [naves] quas .. vendi volumus, set nullomodo extraneis vel extra regnum set successori nostro .. vel alicui alteri ~eo (*Test. Hen. V*) *EHR* XCVI 100; **1444** prepositus, socii, ac alii ~ei eidem collegio jurati *Stat. Eton* 591.

3 interior, internal, inward. **b** (as sb. n. pl.) bowels, entrails.

[nomen] denominativum .. sumitur a principio ~eo *Ps.*-Gros. *Gram.* 38; vigor ~eus *Ps.*-Gros. *Summa* 371 (v. causativus a); de ~ea racione virginitatis est votum continencie in futurum Holcot *Wisd.* 138. **b** fluxus ~eorum S. Durh. *HR* 115 (v. 2 fluxus 2b); antiquo ~eorum laborans incommodo W. Malm. *GP* V 267; quedam .. a nativitate ~eorum motum et dolorem diutinum perpessa R. Cold. *Godr.* 521.

intranominare, to name within.

1473 executoribus ~atis (*Test.*) *FormA* 436.

intranquillus [ML], disturbed.

s1381 omnia adhuc turbulenter fuerunt et ~a Wals. *HA* I 482.

intransalum v. transvertere.

intranseunter, not transiently or casually, not in passing, earnestly.

nihilo tamen segnius vel remissiori officio sancte Marie horas cantabat vel ~er salutabat W. Malm. *Mir. Mariae* 178.

intransferibilis, immovable.

potest .. homo ministrare alteri bona fortune .. ex titulo empcionis aut convencionis transferendo in dotarium civile dominium sive dominatum, sit res mobilis sive res ~is, ut predia Wycl. *Civ. Dom.* III 265.

intransgressibilis [LL], **a** that may not be gone through, impermeable. **b** that may not be gone beyond, unsurpassable.

a firmamentum .. terminus est aquarum que super ipsum sunt firmus et ~is Gerv. Tilb. I 1; vocatum est .. 'firmamentum' .. propter firmitatem inalterabilis essencie .. aut propter terminum aquarum ~em Gros. *Hexaem.* III 4. 1. **b** Deum .. nihil aliud decet, nisi ut ~i, imo, inaccessibili decoretur bonitate Pull. *Sent.* 675C.

intransgressibiliter [LL], without transgression, steadfastly.

649 nos .. consonanter et absque ulla novitate, sicut ab eis [sc. patribus] percepimus, ita ~er credimus unum eundemque Filium Dominum nostrum .. (*Synodus Lateranensis*) *Conc. HS* 145 (apud Hatfield [**680**], cf. Bede *HE* IV 15 p. 240).

intransibilis [LL], that cannot be crossed, impassable; **b** that cannot be overcome, insuperable.

s1141 cum .. consul .. paludem pene ~em vix transisset H. Hunt. VIII 13. **b** cum videret †sanctos [l. sanctus, sc. Antonius] illos ~es et inextricabiles laqueos [sc. diaboli], exclamavit "Domine, quis transibit laqueos istos?" P. Blois *Serm.* 655B.

intransibilitas, permanence, imperishableness.

quid .. aliud significat ~as, immutabilitas, stabilitas, firmitas verborum Christi ..? Bradw. *CD* 821A.

intransilis, that does not protrude.

erat .. dolii ipsius .. superficies juxta terre altitudinem ~is et coequata R. Cold. *Godr.* 79.

intransitio [LL]

1 (gram.) intransitivity, intransitive construction (*v. intransitivus* 1).

Neckam *SS* I 13. 7 (v. intransitivus 3); Spiritus Sanctus splendor est ..; et secundum hoc erit ~o cum dicitur 'jubar Sancti Spiritus.' potest etiam gratia creata .. dici jubar Spiritus Sancti, ut sit transitio *Ib.* I 16. 5; ~o duplex est, communiter et proprie Bacon XV 108 (cf. ib. 101 [v. intransitivus 1a]); in tali construccione secundum ~onem et transicionem est equivocacio Wycl. *Ver.* I 104.

2 *f. l.*

Ps.-Gros. *Gram.* 38 (v. l.; v. intentio 2b).

intransitive [LL]

1 (gram.) intransitively, in an intransitive manner or sense (*v. intransitivus* 1); **b** (describing construction of dependent genitive, *cf. intransitivus* 1b).

partes indeclinabiles construuntur ~e Bacon XV 101 (v. intransitivus 1a). **b** 'estis cives sanctorum et domestici Dei .. superaedificati super fundamentum' ~e, vel fidem 'apostolorum et prophetarum' [*Eph.* ii 19–20] Lanfr. *Comment. Paul.* 293; 'venit ira Dei super filios' ~e 'incredulitatis' [*Col.* iii 6] *Ib.* 327; 'verbum Christi habitet in vobis' .. [*Col.* iii 16] sermo iste ultimus potest dupliciter exponi ex hoc quod genetivus 'Christi' potest construi transitive vel ~e. si sumatur ~e, tunc est sensus: verbum Christi, hoc est verbum quod est Christus .. H. Hartlepool 193; 'quoniam Spiritus Domini replevit orbem terrarum' [*Sap.* i 7]: et potest legi hoc nomen Domini vel ~e, ut sit similis, Spiritus Domini, i. Spiritus qui est Dominus, vel transitive, i. e. Spiritus qui est a Deo Patre et a Deo Filio Holcot *Wisd.* 26.

2 without distinction, identically.

astringamus hereticum ad palpandum quod hostia illa sit corpus Christi ~e Netter *DAF* II f. 43 v. 1 (cf. ib.: identice).

intransitivus [LL]

1 (gram.) indicating absence of, or not indicating, transition or diversity, esp. between 'persons' or referents, intransitive, (*v. e. g.* Kneepkens *ap.* G. L. Bursill-Hall *et al., De Ortu Grammaticae* (Amsterdam and Philadelphia, 1990) 161–89; *Ps.*-Gros. *Gram.*, comm. pp. 198–200); **b** (describing construction of dependent genitive denoting entity not distinct from that denoted by the sb. on which it depends).

participium inventum est, ut in nominativo et vocativo sine conjunctione proferatur cum alio verbo ut .. 'legens fac' pro 'lege et fac', quae positio ~a est, hoc est, ipsam ostendit in se manere personam Alcuin *Gram.* 890A (cf. ib.: quod [obliqui casus participiorum] .. ad alias transeant personas, ut 'docentis potior' ..); hec obliquitas [sc. relativorum] minima est quia simul necesse est esse; unde eorum casualitas prima est, quia est media inter transitivum et ~um *Ps.*-Gros. *Gram.* 61; appositio inmediata est diccionum ad idem suppositum pertinencium inmediata et ~a conjunccio Bacon XV 44; ista conjunccio 'proch' non exigit hoc nominativum 'dolor' . . . et est construccio ~a inter illa secundum quod ~um communiter sumitur, prout negat transicionem, quia non est construccio inter illa, cum non est proprie ~a secundum quod partes indeclinabiles construuntur intransitive, quia proprie construccio ~a est inter talia quorum utrumque habet racionem persone quando cedunt in unum secundum suppositum, et talis non est nisi in partibus declinabilibus communiter *Ib.* 101; ['moris erat Persis ducibus ..'] 'est' .. hic .. non tenetur copulative, et quando sic est, tunc est transitivum adminus personarum, et construitur adquisitive, unde non est simpliciter ~um, set ideo dicitur ~um quia non est proprie transitivum actuum *Ib.* 133. **b** in sapientia Patris, id est in sapientia que est Pater, ut ~a sit constructio Neckam *SS* III 7. 1; indirecta .. partitio, quam nominant dialectici ~am constructionem genitivi Gerv. Melkley *AV* 43; est ergo sensus: 'decimas sanctorum' [*II Par.* xxxi 6], id est decimas sanctificatas, ut sit ~a constructio S. Langton *Chron.* 193; 'simillima est visio cogitacionis visioni sciencie' [Augustinus *De Trinitate* XV 11. 20] ..: iste construcciones sunt ~e; nam sicut 'visio cogitacionis' nihil aliud est quam cogitacio, ita 'visio sciencie' nihil aliud est quam sciencia Duns *Ord.* II 319.

2 (geom.) ? not passing through.

producatur .. ex *AB* [linea] superficies quolibet casu fiatque in superficie assignata differentia ~e linee communis sitque *GD* Adel. *Elem.* XI 18.

3 *f. l.*

vel sit †intransitivo [*MS BL Royal 7 F I (R)* f. 10. 2: int'ansit'o; l. intransitio] cum dicitur 'imaginem ipsorum' [*Psalm.* lxxii 20] sub hoc sensu, illos qui sunt imago tua .. Neckam *SS* I 13. 7.

intranslate, without transference, not metaphorically.

equivoce .. dicuntur omnia quorum duplex significatio, ut 'proprie' tum uni singulariter tum ~e [v. l. non translate], velut 'proprium' tum quod soli accidit tum quod non translatum Balsh. *AD* 53.

intransmeabilis [LL], impassable.

[Britannia insula, oceani] diffusiore et ut ita dicam ~i undique circulo .. vallata Gildas *EB* 3; gronna .. ~i Asser *Alf.* 92 (v. gronna); ~es naturae metas insolenter praeteriens O. Cant. *Pref. Frith.* 8; J. Furness *Walth.* 127 (v. exundatio); **s1140** paludem ~em audacter transivit M. Par. *Min.* I 264; **s1257** [Walenses] pontes confregerunt, vada quoque antris factis reddiderunt ~ia *Id. Maj.* V 639.

intransmutabilis [ML], that cannot be changed, immutable.

[primas substantias] incasualem semper et ~em [ἀμετακίνητον] habentes proprie deiformis proprietatis immixtissimam collocationem Gros. *Ps.-Dion.* 847; **c1250** finiat .. Salvator in salutem sempiternam ista tam ~ia vicissitudinum volumina Ad. Marsh *Ep.* 186 p. 339; 'sua immutabili essentia' [Sacrob. *Sph.* 79], i. e. per suam substantiam que est ~is Rob. Angl. (II) 149; forme rerum .. prout sunt in primo sunt idem quod ipsum, et habent esse ~e; prout autem in rebus sunt, habent esse aliud, sc. transmutabile, et sunt ab ipso diverse Bacon VII 127; impossibile est .. inveniri in creatura imaginem ~em modum sancte Trinitatis ostendentem Peckham *QA* p. 13; alii dicunt quod [elementa] sunt ~ia T. Sutton *Gen. & Corrupt.* 118; nichil potest incipere vel desinere esse. et per consequens nichil potest corrumpi vel moveri, et sic omnia sunt eterna, quia ~ia Wycl. *Log.* III 177.

intransmutabilitas, immutability.

quamvis uni sit naturalis hujus [sc. materie] ~as, alteri vero naturalis et necessaria transmutabilitas *Ps.*-Gros. *Summa* 315; de ~ate celi Bacon *Maj.* II 448.

intransumptus [cf. CL transumere], (rhet.) not involving a change of signification, not transferred.

transumptio est translatio vocis a propria significatione ad alienam per similitudinem ~am. ~a est similitudo que sumitur a vocis significatione quam habet ex principali institutione Gerv. Melkley *AV* 108; dicit .. Juvenalis [V 137–9]: '.. nullus tibi parvulus aula / luserit Eneas', id est filius. uterque [sc. Juvenalis et Virgilius (*Aen.* IV 328–9)] transumpsit, sed Juvenalis magis. similitudo enim Juvenalis non potest bene dici ~a *Ib.* 113.

intransvadabilis, unfordable, impassable.

cum omnes per illud ~e profundum transirent Gosc. *Aug. Maj.* 80C (cf. ib. 48C: intransvadibile profundum .. incolumes transierunt).

intransversum v. transvertere.

†intranudicialibus, *f. l.*

1444 †intranudicialibus [*ed. conjectures*: intra non judicialibus] tamen et divinis officiis nullatenus est vitandus (*Reg. W. Alnwick*) *Stat. Linc.* II 506.

intraponere (intro-) [ML], to place within.

[lapides] fecit deferri ad naves et introponi G. Mon. VIII 12; paratum est feretrum; .. intraposito itaque rege Verolamium perrexerunt *Ib.* VIII 22; **1362** captum .. est oppidum .. et opes introposite .. divise sunt *Eul. Hist.* II 306.

intrare [CL], **~ari** [ML; v. 18b infra]. N. B. *structures distinguished under* 1 infra *are generally not separated in sections* 2–10.

1 to go into, enter (a closed or defined space), to go in at (entrance): **a** (w. acc.); **b** (w. prep.); **c** (w. local adv.); **d** (absol.).

a maritus qui cum uxore sua dormierit, lavet se antequam ~et aecclesiam Theod. *Pen.* II 12. 29; exercitus .. naves suas ~ans [i. e. *boarding*] Asser *Alf.* 82 (cf. Fl. Worc. I 101 sub b infra); **c1214** si nunquam ~aturus amodo Walliam essem Gir. *Ep.* 8 p. 268; **1221** juratores .. dicunt quod .. Robertus occisus fuit set non viderunt eum ~are domum Rogeri nec exire *PlCrGlouc* 75; ~atus capitulum .. ac .. conventum alloquens *Meaux* III 260; **1381** ~avit hostium camere *Hal. Durh.* 168. **b** exercitus .. in ostium fluminis .. ~ans Fl. Worc. I 101; **s1200** predicti fratres [sc. minores] primo ~averunt in Angliam *Ann. Exon.* 11v; **1209** quidam cervus ~avit in balliva castelli de Bruges per posternam *SelPlForest* 8; **1245** quod .. in capella S. Stephani Westm', sicut ~atur in capella decendendo de aula, bene depingi faciat .. imaginem S. Marie *Cl* 287; quando infans nascitur ~at in mundum [ME: *whan they comyn into the world*] ad laborem et dolorem *Itin. Mand.* 110. **c** huc sine gallina gallus ~abit Gir. *TH* II 4. **d** ubi ~antes genu flectere .. deberent Bede *HE* III 17 p. 161; puer .. jacuit ad tumbam .., / cum subito intrantem .. vatem / conspicit *Mir. Nin.* 316; quicunque .. mansionem in eadem villa habebat, neque ~ans neque exiens theloneum dabat *DB* I 337ra; est ibi copia magna auri et argenti, pro quibus querendis sepius

~ant .. Christiani *Itin. Mand.* 104; **s1415** ~avit in crastino cum secrecioribus suis ad videndum oppidum ac populum *G. Hen. V* 8.

2 (for var. purposes): **a** (in invasion or forcible boarding); **b** (to commit crime); **c** (w. *frangere, effringere*); **d** (to distrain goods); **e** (to graze animals); **f** (to graze, *sc.* w. animal as subj.); **g** (to trade; in quot., pres. ppl. as sb. m. denoting persons who trade without enjoying municipal freedom).

a Hengist, qui cum filio suo .. Brittaniam primus ~avit BEDE *HE* II 5 p. 90; contra paganos pugnaturus in terram eorum .. ~avit ORD. VIT. XIII 4 p. 5; **1292** latrones .. ~averunt .. terram de Brakennok' (v. esceccor); **s1340** Anglici Gallicos devicerunt, et naves prime cohortis ~arunt AD. MUR. *Chr.* 106. **b** **?1201** ~avit in cameram suam et fregit archas suas et cepit coclearia sua argentea *SelPlCrown* 41; **1203** fregit ostia thalami et ~avit et dominum suum interfecit *CurR* II 195; **1221** venit .. W. cum quodam homine et ~avit domum et assultavit virum *PlCrGlouc* 32; **1272** ~averunt forestam .. cum arcubus et sagittis .. et occiderunt tres feras sine warento *SelPlForest* 38; **1313** J. C. ~avit domum M. .. noctanter et furatus fuit .. j gallinam *Eyre Kent* 70. **c** siquis alicujus curiam vel domum violenter effregerit vel ~averit *DB* I 154vb; **1440** domum .. felonice fregerunt et ~averunt *Pat* 446 m. 13. **d** **1515** liceat magistro T. B. .. de et in omnibus terris .. ~are, distringere, et inde levare et recipere ad faciendum obitum celebrari *Mem. Ripon* I 129. **e** **1258** ita quod non ~et bladum domini abbatis .. cum tauro .. ad pascendum *SelPlMan* 62; **1467** [in pratum] ~are cum bidentibus (v. fractio 6a). **f** **1207** sciatis nos concessisse .. J. de Hasting' et heredibus suis quod habeant canes .. in foresta nostra, extra defensas in quibus averia non †instrant [*sic* MS; l. ~ant] *RChart* 168a; **1320** habeant singulis annis in perpetuum xx averia ~antia .. in pratis *MonA* VI 255. **g** **1430** [*list of*] ~antes *Ac. Chamb. Cant.* 138b.

3 (w. thing or abstr. as subj.; also fig.) to enter: **a** (var.); **b** (of heavenly body); **c** (of ingredient entering mixture); **d** (mus., of voice which crosses into range of another).

a quibus mors ~avit per fenestras elevationis GILDAS *Ep.* 2 (cf. *Jer.* ix 21); sanguis sanctorum .. semper illos ~avit pannos utique tinctos *V. Greg.* 96; mors in humanum genus ~averat ANSELM II 51 (v. 1 genus 3a; cf. *Rom.* v 12); si caverne terre anguste sint, non magna vis aeris ~at BERN. *Comm. Aen.* 8; **1415** fluvius .. qui .. ~at divisim sub muris per medium ville in una janua fluviali et duobus collateralibus alveolis *G. Hen. V* 4; pestilencia .. ~avit villam Bodmine W. WORC. *Itin.* 94. **b** **798** [sol] ~at in Geminos (v. 1 geminus 1d); Saturnus cum ~at Aquarium BACON *Maj.* I 261 (v. gaudere 5). **c** in ea [sc. hyera pigra] ~at aloe GAD. 34. 1 (v. hieros 2f). **d** si .. aliquis cantus transcendat .. suum diapason .., unus ~at alium per viam accommodationis GARL. *Mus. Mens.* [*app. P*] 16 p. 97.

4 to enter (into body or mind of person or animal): **a** (var.); **b** (of weapon, *sc.* by piercing); **c** (of child, entering womb); **d** (w. ref. to sexual intercourse).

a ALCUIN *Carm.* 124. 4 (v. fatiscere 2a); quam penitus .. [Anselmus] archanos humanorum et divinorum sensuum sinus ~averit W. MALM. *GP* I 65; hinc licet ad nostras sermo strepat ipsius aures, / sepe licet tangat, non tamen intrat eas L. DURH. *Hypog.* 67; Jupiter / .. / sive Danes pluens aurum / ymbre dulci mulceat, / vel Europes intret taurum P. BLOIS *Carm.* 8. 7. 68; **s1415** diabolus .. ~avit in corda quorumdam qui prope erant a lateribus ejus *G. Hen. V* 2. **b** [aper] cadit intratos emittens arma per armos; / magnaque spectat herum portio, parva canes L. DURH. *Dial.* II 77. **c** dum .. veneranda Dei proles .. alvum incontaminatae puerperae .. ~aret ALDH. *VirgP* 7; mater .. sensit animam pueri quem gerebat in utero venisse et in eum .. ~asse WULF. *Æthelwold* 4. **d** cum .. vir ad eam [sc. feminam] ~at, virilis virga que ex nervis consistit matricem ~at *Quaest. Salern.* B 14; GAD. 75 (v. globosus 2); [vir] non potuit implere voluptatem suam cum illa puella .. ~ando in eam GASCOIGNE *Loci* 139.

5 **a** to enter (land, building, church, *etc.*) so as to take up residence or take possession; **b** to enter, take up (office; also absol.).

a ubi datum sibi mansionem ~averunt BEDE *HE* I 26 p. 46; ~avit in terras illas *Text. Roff.* f. 149v; **1224** B. .. ~avit hereditatem patris sui *CurR* XI 2033; **c1228** E. .. dicens se personam illius ecclesie, ~avit per suos in ecclesiam illam, et postea per se, et tenuit se in ea *Feod. Durh.* 248; **1267** mandatum est vicecomiti .. quod libertatem hundredi de B., quam propter defectum ballivorum .. hundredi nuper ~avit, .. in manum regis capiat *Cl* 344; **1271** post mortem ipsius W. filius .. ipsius ~avit in eodem tenemento *SelPlMan* 171; **1343** J. de S. ~avit libertatem ville .. et solvit pro introitu xl s. *RR K's Lynn* II 189. **b** non .. ~at monachus in abbatiam per rectitudinem, qui non ~at per regularem electionem ANSELM (*Ep.* 137) III 283; male quidem ~avi [sc. in episcopatum] confiteor, sed Dei gratia operante bene egrediar W. MALM. *GP* II 74 p. 152; sedem .. ~avit *V. Thom. B* 42 (v. hypapante 1); **1213** fidelis ero .. pape Innocentio tertio ejusque successoribus catholice ~antibus (*Ch. Regis*) *Conc. Syn.* 18; **a1316** obediens ero .. domino pape suisque successoribus canonice ~antibus *Chr. Rams.* 368.

6 to enter institution, so as to become a member: **a** (monastery, or sim.); **b** (guild).

a si quis laicus .. ~et in monasterium THEOD. *Pen.* I 3. 1; monachus fieri maluit ~avitque monasterium *Hist. Abb. Jarrow* 2; **c1130** non habeat potestatem .. abbas priorve .. aliquam ~are faciendi absque illarum voluntate et licencia que infra clause fuerint *Ch. Westm.* 249; **1153** noviciis religionem ~are volentibus [TREVISA: *þat schulde come to religioun*] HIGD. VII 20 p. 18; post hos ~avit frater J. de R. .. qui nobis omnis perfectionis exempla reliquit ECCLESTON *Adv. Min.* 24; viros illustres qui in etate tenera .. claustra religionis ~averant *Chr. Witham* 497. **b** **a1190** in gildam .. ~ent, **1259** ~avit in gildam (v. gilda 4d, 4g); **1262** R. .. ~at in gildam mercatoriam (v. 1 domus 10a); **1300** ~averunt gildam (v. finis 18a).

7 **a** to enter, fall into (condition). **b** to enter (heaven, eternal life or sim., or hell, damnation).

a ex tanta copia bonorum tantam indigentiam ~averat ALEX. CANT. *Mir.* 32 (I) p. 222. **b** cum .. ad requiem perpetuam .. ~aturi sint BEDE *Gen.* 94 (v. figurate); ad visionem Christi et gaudia regni caelestis ~abunt *Id. HE* V 12 p. 308; protinus intravit aetheris arce domum *Epigr. Milredi* 811; laetus et intrabit gaudia summa Dei ALCUIN *Carm.* 43. 28; in gaudium Domini sui ~avit OSB. *V. Dunst.* 44 (v. doctrina 1c); ~are gehennas (J. BRIDL.) *Pol. Poems* I 206 (v. gehenna d).

8 **a** to enter on, embark upon, begin (journey or other activity); **b** (mus. mode). **c** (acad.) to give introductory lecture on (specified subject, in faculty of theology).

a qui absque ullo labore angustum hoc iter Christianae religionis .. ~are se putant GILDAS *EB* 73; rem dilatam successor ejus non graviter explevit, utpote qui in labores alterius delicatus ~asset W. MALM. *GP* IV 177 p. 313. **b** tam subtiliter modulos ~ant et exeunt .. ut .. GIR. *TH* III 11. **c** **1357** de quodam .. magistro, qui .. Oxonie ~avit ad Bibliam (*Ashenden*) *Wycl. & Ox.* 103 n.; **1446** quilibet .. ad lecturam libri senienciarum admittendus infra annum sue admissionis ad eandem lecturam sentencias ~are .. teneatur *StatOx* 267.

9 to enter, turn to particular place (in astronomical or sim. table).

~abitur per locum solis prius examinatum in tabulam obliquationis ejus ADEL. *Elk.* 15; siquis ejus [sc. solis] verum locum precise habere voluerit, ~et cum annis Christi perfectis in tabulam N. LYNN *Kal.* 184; ~et tunc cum numero minori et propinquiori posito in tabula et illud quod in ejus directo fuerit sumat *Ib.* 187; eodemmodo faciat cum quantitatem temporis super *clok* in ortu solis scire voluerit .., ~ando tabulam ad illud tempus cognoscendum quod queritur ordinatam *Ib.* 189; WALLINGF. I 450 (v. denominatio 3a).

10 to become answerable for, accept responsibility for (esp. payment); **b** (w. inf.); **c** (absol.).

1196 sponte sua ~averunt scutagium, solvendi .. xx s. *CurR* I 16; **1198** W. .. ~avit ad predictum debitum solvendum *CurR RC* I 144; ~avit in solutionem versus dominum suum pro .. firmaculo et anulo *SelPlCrown* 81; **1218** Henricus .. appellat Stephanum .. quod .. robavit ei x marcas de denariis domini sui .. unde ipse ~avit in solucionem versus dominum suum de ij marcis et dimidia *Eyre Yorks* 268; **1218** ~avit in soltam erga dominum suum .. de quadam parte illius pecunie *Ib.* 393; **1219** finem fecit cum .. rege pro habendo manerio .. et ~avit in solutionem debiti quod Ricardus debuit *CurR* VIII 6; **1219** Radulfus .. dicit quod ipse non debet ei de terra illa respondere, quia ipse nichil inde tenet; immo .. Mauricius illam tenet; qui hoc cognovit, et ~avit in responsum et dicit .. *Ib.* 49; **1232** homines de Awelton' ~averunt in debitum illud *KR Mem* 11 r. 7; **1238** pro xj li. .. unde ~avit ad quietandum me de debito meo *KR Mem* 17 r. 3d; **1255** cum predicti cives noluissent ~are finem predictarum trium millium marcarum .. *Hist. Exch.* 491 (cf. *EHR* XXIV 493); **a1293** (v. damnum 2a). **b** **1230** cancellarius ~et reddere pro Rogero de T. xliiij li. *LTR Mem.* 11 r. 6. **c** **1255** misit P. L. .. ad recipiendum finem pro tallagio si ~are vellent sicut eis prius dictum fuit *Hist. Exch.* 491 (cf. *EHR* XXIV 493).

11 (of period of time) to begin.

s1180 vere .. sexti anni post incendium ~ante et tempore operandi instante GERV. CANT. *Chr.* I 22; **s1184** quarto die ~antis Novembris DICETO *YH* 30; **s1197** ~ante mense Augusti BRAKELOND 146; **1235** decimo septimo die ~antis mensis Aprilis *TreatyR* I 1 (i. e. *reckoning from the beginning?*); **1254** prima die ~ante Septembris *RGasc* I 542; **1309** anno Domini m° ccc° nono consecracionis nostre xvj° ~ante *Reg. Cant.* II 1112; **1415** anno ejusdem regis tercio ~ante *Ac. Obed. Abingd.* 78.

12 to bring or turn in (animals); **b** ? (w. double acc.); **c** (*~are in districtionem*) ? to surrender (cattle *etc.*) to be distrained, or ? to place in pound for distrained livestock.

ad averia sua ~anda *Cust. Bleadon* 201 (v. hamma); **a1293** ~avit quatervigintі averia .. pro quadam parte arreragiorum illorum *State Tri. Ed. I* 52; **1356** de xvij s. viij d. de pannagio porcorum ~atorum ad festum S. Martini *Crawley* 270. **b** **c1280** R. .. dabit .. pro vitulo j d. si ipsum vitulum ~at herbagium domini *Ib.* 233 (*unless vitulum is taken as nom., and quot. referred to* 2f supra). **c** **1275** grangiarius .. habet respectum ad ~andum ix averia capta prius in districcionem *CourtR Wakefield* I 25; **1275** manuceperunt pro domino Johanne .. ad finiendum pro defaltis suis vel ad ~andum quatuor boves .. in districcionem *Ib.* 63.

13 to bring in (crops).

1254 sciendum quod sumptibus suis, quando exierit, debet ~are blada, quia ~ata invenit *DCCant. Reg. H.* f. 179; **1263** ita .. quod terram excolere, blada et fena colligere et pacifice ~are possint *Cl* 244; **1279** habebit j carectam ad bladum ~andum *Hund.* II 487; **1281** quousque pratum domini totum ~etur *CoramR* 60 r. 33d; **c1310** quando ~avit [i. e. ~abit] fenum domini, tunc inveniet plaustrum suum .. ad ~andum .. vj carcata de feno de F. usque ad curiam de L. *Reg. S. Aug.* 198; **1342** in vadiis unius pastoris custodientis vij vaccas .. falcantis herbam, siccantis, facientis et ~antis fenum pro sustentacione dictorum animalium *MinAc* (*Trawden, Lancs*) 1091/6; **1388** nec respondet de .. precio lx quarteriorum frumenti .. que ~ata fuerunt in grangea de S. *LTR AcEsch* 10 r. 15d; **1390** cariabit blada domini donec totaliter ~antur *Crawley* 292.

14 (w. ref. to backgammon or sim. game) to place (piece) on board (esp. after its removal); **b** (absol. or intr.).

usque ~averit illum hominem captum, non potest ludere *Ludus Angl.* 162; cum .. unus homo invenitur solus in puncto, potest capi per adversarium, et tunc oportet eum iterato ~are *Ib.* 163. **b** tunc ille homo captus redibit ad paginam *TΦ*, et ~abit [sc. adversarius] cum vj in *T* et cum v in *V Ludus Angl.* 162; redibis ad paginam *FA* et ibi ~abis *Ib.* 163.

15 to enter in document, to record, register: **a** (var.); **b** (person).

a **1203** B. W. reddit compotum de xx m. de eodem, qui finis [? l. quem finem] ~avit per os justiciar' *Pipe* 100; **1204** quod debitum ~avit in rotulo *Pipe* 145; **1295** ut patet in .. xliij particulis prius ~atis et cancellatis et in una summa nova sua de novo ~atur in receptis suis *Prests* 134; defalta ~abitur sic: '.. consideratum est quod predictus R. recuperet seisinam versus eum per defaltam ..' HENGHAM *Magna* 11; **1349** decime de Northpetingdon .. ~antur in manerio de Petingdon *Ac. Durh.* 548; **1392** per dictam cartam .. ~atam in compoto custumariorum *ExchScot* 314; sacramentum quod ~atum sit in xxv° folio *MGL* I 39; **1460** pro septem martis .. ~atis in libris dietarum *ExchScot* 2. **b** **1300** omnes apprenticii qui .. non ~entur in papyro *MGL* II 93; xij aldermanni in pleno hustengo fuerint ~ati *Ib.* I 254.

16 (leg.) to enter (action, plea, or sim.): **a** (w. acc.); **b** (w. *in* & acc.).

a priori interdico ne placitum ~et sine me *FormA* 49; **a1182** si .. causam ~are maluerit, vos eandem causam diligentius audiatis (*Lit. Papae*) *Reg. Malm.* I 373; **1194** ~abit placitum et reddet terram in manu pretoris *BBC* (*Pontefract*) 66; **1280** essonium illud satis bene et competenter fuit ~atum *SelCKB* I 64; **a1293** die quo defensio illa ~ata fuit *State Tri. Ed. I* 21; **1391** quidam indictatus .. plegium pro se ipso non ~avit ad iter justiciarie *ExchScot* 266. **b** **c1193** ita ut nec erga eos nec erga aliquem alium in posterum ~ent in placitum de divisis illis *Regesta Scot.* 367 p. 364.

17 **a** to 'in', take in, reclaim (marshland). **b** to enclose (common land).

a **s1281** quod ipsi sumptibus suis infra annum proximo venturum ~abunt mariscum de P. THORNE 1930; **1322** pro terris ~andis et salvandis contra mare (*MS BL Cotton Galba E IV* f. 109) *Cant. Cath. Pri.* 189 n.; **1327** in marisco de Romene .. ccccxxxvij acre, precium acre si fuissent ~ate iiij s. *Lit. Cant.* I 245; **p1411** perquisivit licenciam predicti regis ad ~andum salsum mariscum *Cart. Bilsington* 140. **b** **1274** dominus P. B. ~avit in eadem villa xxx acras que soleba[n]t esse de communi *Hund.* I 137; cum abbas de Wautham habuit licenciam a domino rege ~andi x acras tantum, ~avit quinquaginta *Ib.*

18 (grammatical peculiarities): **a** (impers. pass.); **b** (depon.).

a ADEL. *Elk.* 15 (v. 9 supra); **1245** (v. 1b supra). **b** *Meaux* III 260 (v. 1a supra).

intrarius v. intraneus.

†intrastagnum, *f. l.*

1260 W. aurifaber .. facit omnia †intrastagnum [*sic* MS] operum aurifabri, viz. in emendand' in ecclesia et emendand' cyphos et clipsadra in freytur' super custus monachorum *Cust. Glast.* 191.

intratio [ML]

1 entering, entry (into enclosed space, in quot. w. criminal intent).

1583 ~ones domus (v. burgularia).

2 (leg.) entry (into possession of land).

1496 de fine quem fecit pro sua ~one in terras nuper patris sui absque licencia domini regis .. obtenta *L. & P. Ric. III – Hen. VII* II app. 311; **a1564** ~onem eorundem W. P. et R. in idem residuum *Entries* 61.

3 entry (into office).

1389 predicti clerici .. et eorum successores in primis ~onibus suis jurentur ad premissa omnia et singula .. tenenda *Chanc. Orders* 6.

4 entry (in register *etc.*); **b** (leg.) entry (of plea in court).

1417 Willelmus .. asserit se nuncquam jurasse custumariis super ~one bonorum suorum *ExchScot* 276. **b** de ~one placitorum hustengalium *MGL* I 402; **1498** ~ones placitorum *Entries* 5va.

intravenire, *f. l.*

s1426 in incepcione .. antiphonarum non prius presumat precentor tonare psalmum, nisi quatenus vocis indisposicio aut sciencie imbecillitas †intravenerit [MS: intervenerit], quam antiphonista plenum neuma .. cantaverit (*Ordin. Abbatis*) AMUND. I 213.

intravietas v. intraneitas.

intremere, ~escere (-isc-) [CL], to shake, tremble.

nervi vix ossibus haerent, / intremuere simul vexati corporis artus ALCUIN *WillV* 3. 3; hunc ego cognoscens praemiro lumine clarum / intremui gaudens ÆTHELWULF *Abb.* 773; rea, quasi deprehensa, altius ~uit GOSC. *Edith* 299; patiens .. pontifice viso, totis ~iscens membris, diros stridores intonare W. MALM. *Wulfst.* II 5; ursum .. cujus murmure tota litora ~ebant G. MON. X 2.

†intremidus, *f. l.*

reverendissime pater et domine ac sacrosancte ecclesie defensator †intremide [*sic* MS; ? l. intrepide *or* intremule] *Dictamen* 355.

intremulus [LL], not trembling, steady.

restitutis jam viribus, manibus ~is, res etiam ponderosas librabat *Mir. Frideswr.* 77; auditus penetrabilis, lingua diserta, manus ~a, pes solidus suum officium alteri Caleph non denegebant *Canon. G. Sempr.* 71.

intrepidanter [LL], fearlessly, dauntlessly.

s1141 fortiter in eos irruit et ~er *G. Steph.* 66; **s1417** ut .. servicium .. ~er Deo rependeret WALS. *HA* II 321 (= *YN* 478).

intrepide [CL], fearlessly, dauntlessly.

s1143 viriliter se semper et ~e accinxit *G. Steph.* 73; martir insignis ~e passus emicuit GIR. *EH* I 20; **1313** cauciones antedictas .. libere restituant, ~e tradant, et liberent indilate *Collect. Ox.* II 264; regem Eduardum .. ardua aggredientem ~e OCKHAM *Pol.* I 229; **s1379** cum .. viderent Urbanum papam .. in omnes simoniacos ~e terribiliter fulminare WALS. *HA* I 394; **s1415** nec unquam .. Anglos magis audacter, ~e seu voluntarie aggredi hostes suos *G. Hen. V* 13 p. 88.

intrepidus [CL], fearless, undaunted, brave.

ille .. ~a mente corporis infirmitatem revelans ait .. *V. Cuthb.* I 4; **798** sta ~us, linguas detrahentium contemnens et ora laudantium non curans ALCUIN *Ep.* 156; **961** (13c) ego A. pontifex testudinem [*sic*] agie crucis ~us hoc donum corroboravi *CS* 1067; ipse .. in laudem [v. l. laude] Christi .. manebat ~us B. *V. Dunst.* 16; pro salute errantis populi .. ad apostolicam sedem ~us ire disposuit DOMINIC *V. Ecgwini* I 5; quem .. rex .. quotidie fidum experitur in consiliis et discretum, in dubiis providum et ~um H. BOS. *Thom.* II 10; ascenso equo coram cunctis alacer et ~us .. se .. in aditum .. precipitavit GREG. *Mir. Rom.* 5.

intricabilis, entangled (fig.), involved, perplexing.

s1433 habetis .. causam arduam et satis ~em contra vos in curia de arcubus dependentem AMUND. I 372.

intricare [CL]

1 **a** to make tangled, intertwine, interweave, cross (also fig.). **b** to make (artefact) by intertwining or weaving.

a [virgo] sese plicat / et intricat / genua, / ne janua / pudoris resolvatur P. BLOIS *Carm.* 10. 69; sunt .. animalium quedam quibus ossa dorsi adeo multiplicitate nodorum ~antur .. ut .. *Quaest. Salern.* B 73; tanquam frutices increscentes et condensos, quasi sentes nodosos et ~atos, et veluti vepres .. interversos et contorsos J. GODARD *Ep.* 221; quid intrico tot scripturas / et extrico tot figuras? / hec [sc. Maria] est nobis omnia GARL. *Poems* 4. 13a; **s1244** ex laceratis lintheaminibus, tapetiis et mappis funem ~ando connodandoque longum contexuit *Flor. Hist.* II 272. **b** cilicium non, ut mos est, filis subtilibus intextum, sed ad instar rethis densissimi ~atum, quod nodos tam innumerabiles quam intollerabiles continebat *V. Edm. Rich B* 617.

2 **a** to entangle, impede (also in fig. context, and refl.). **b** (fig.) to involve (in difficulties, cares, or sim.), to perplex, bewilder; **c** (refl.) to involve oneself (in), meddle (with).

a animam .. que tot labyrinthis ~ata est necesse est frequentius ancillari P. BLOIS *Ep.* 16. 59C; pauperi parcit, erigit incurvatum, / .. / vinctos educit, erigit intricatum J. HOWD. *Cant.* 127; ~ant se ipsos WYCL. *Blasph.* 37 (v. dissolutio 3a); scrupulosum istud quo jam nepos regis quasi in domo Dedali ~atur legum conditores videntur providisse FORTESCUE *NLN* II 31; *to lett*, detinere, retinere .. impedire, ~are *CathA*. **b** mens hominis perplexa et anxia et humanis sollicitudinibus ~ata P. BLOIS *Ep.* 142. 426B; eum reciproco sermonis excursu .. suis ~avit et illaquiavit objeccionibus BOWER VIII 8; quid hiis scrupulosius nos difficultatibus arduis poterit ~are? FORTESCUE *NLN* I 43. **c** homo tota die se tradens et ~ans terrenis AILR. *Serm.* 429C; Anticristus .. ~at .. se cum laicis, sic quod necessitati sunt .. nimis attendere ad terrena WYCL. *Blasph.* 79.

3 (p. ppl. as adj.): **a** tangled, (fig.) complicated, intricate; **b** (of person) ? subtle (unless quot. is referred to 2b *supra*).

a proposui .. explanatiunculam super obscura .. scripta cudere, sed alta illius abissi profunditas et ~ata perplexitas .. [me] revocarunt ANDR. S. VICT. *Comm.* 272; notas [sc. *of music*] non simplices sed innodaciter ~atas R. COLD. *Godr.* 288; Antonius .. vidit omnes laqueos inimici, et erant valde ~ati et perplexi P. BLOIS *Serm.* 655B; difficilium questionum nodi ~atissimi resolvuntur *Id. Ep.* 19. 69C; cum hujusmodi fili [nervorum] †intrincati sint et mixti, oppilatio erit communis GILB. II 116. 1; si talis [cancer] inter nervos sit aut locis absconditis, sive intra corpus sive in junturalibus aut aliis locis nervis †intruncatis *Ib.* VII 329v. 2; questiones theologie ~atissimas OCKHAM *Pol.* II 536. **b** in isto sunt theologi ~ati de confirmacione intellectivarum et hominum WYCL. *Misc. Phil.* I 60.

intricatio [LL]

1 entanglement in a snare (usu. fig.).

nodum et totam ambiguitatem cum ~one sua per auditores suos transmittunt posteris dissolvendum J. SAL. *Pol.* 654B; cujus negotii, velut Dedalini labyrinthi, inextricabilem attendens ~onem HIGD. I 1 p. 8; post perplexas ~ones et scrupulosos causarum anfractus ac vix egressibiles rei publice labyrinthos R. BURY *Phil.* 8. 125.

2 implication in difficulties, intricacy (usu. verbal); **b** (leg.).

[Adam Parvipontanus] adeo .. expressit Aristotelem ~one verborum, ut .. J. SAL. *Met.* 917D; **1160** summa ejus intentio est aliter omnia dixisse quam ceteri, ideoque totum quod loquitur exquisita quadam ~one complicat et innodat ut rectius innodius quam Ennodius debeat appellari ARNULF *Ep.* 27; [magister] inducit vulgus in errorem et sapientes in magnam ~onem BACON *Tert.* 216; comites et barones morosis ac supervacuis verbosisque regis ~onibus exasperati *Chr. S. Edm.* 72; necessaria est absolucio quedam pro solvenda ~one et seduccione de mentibus simplicium (WYNTERTON) *Ziz.* 182; **1437** involuciones et ~ones conscienciarum Christi fidelium BEKYNTON II 84; **1483** tanta erat in compoto ejus ~o ut vix potuimus hoc anno secum compotare *Reg. Merton* I 17. **b 1432** quedam lis seu ~o sive controversia .. orta fuit *Reg. Heref.* 146.

3 winding, twisting and turning.

nec potest pars [exercitus] parti subvenire propter magnas variasque ~ones aquarum nisi circumgirato xv dierum spacio *Chr. S. Edm.* 68.

intricatorius, that ensnares (fig.), involved, intricate.

ad questionem ~iam Witcleff NETTER *DAF* II f. 87. 2B (cf. ib. f. 87. 2C: questionem intricatam).

intricatura, interlacing pattern, knot, plait.

tam delicatas et subtiles .. tam nodosas et vinculatim colligatas .. notare poteris ~as GIR. *TH* II 38; **1245** amictum .. cum duabus virgulis in medio elevatis ~is *Invent. S. Paul.* 489; *a plattynge*, ~a, intricans participium *CathA*.

†intricus, *f. l.*

hic dat perverse meretrix [*gl.*: quasi via †intrica; ? l. intricata] quod postulat Herse GARL. *Mor. Scol.* 78.

intriffuratus [cf. OF *trefoir*], ornamented with trefoils.

1388 [textus] tercius cum trinitate et laminis amelatis ~is argenteis et deauratis (*Invent. Westm.*) *Arch.* LII 235.

intrigre v. integre. **intrincatus** v. intricare.

†intringa, *f. l.*

laminas eris x in hac aqua extingue vel †intringa [? l. infrigida] et cola, sic enim ipsum durum et album in speciem meron te invenisse letaberis M. SCOT *Lumen* 266.

intrinsece [ML]

1 within one's community.

advertentes in gremio ~e se habere valentes theologie professores et baccalaureos *Hist. Durh.* 4.

2 (w. ref. to thought or emotion) inwardly.

alias .. aliter ~e primo sciret futura, secundo presencia, tertio vero preterita [sc. Deus] BRADW. *CD* 226D.

3 privately, intimately.

s1283 quod nuncquam .. in nacione Anglorum .. confidant aut in eorum confederacione .. aut matrimonii copulacione sibi invicem intrinsice nimium intromittentes immiscuant *Plusc.* VII 31.

4 intrinsically, inherently.

solus actus voluntatis est ~e laudabilis et vituperabilis OCKHAM *Quodl.* 256; primum agens essencialiter et ~e agit WYCL. *Quaest. Log.* 283; natura creata .. dicit se essencialiter ~e dum habet formam ostendentem se tamquam bonum *Id. Trin.* 60; si natura hominis in Christo sit persona Verbi, tunc in nullo in sapiencia proficere poterit plus quam ipsum Verbum: sed .. Verbum ~e proficere non poterit in sapiencia, ergo nec ipsa anima (WYNTERTON) *Ziz.* 209.

intrinsecitas, intrinsic nature.

chilus non transit in nutrimentum membrorum nisi per medium, unde non est res naturalis cum naturalis dicat ~atem et necessitatem *Quaest. Salern.* R 13.

intrinsecus [CL *adv.*, LL *also adj.*]

1 (adv.): **a** on the inside, within, inwardly (also fig.); **b** (w. ref. to society, organisation). **c** to the inside, inwards.

a ei [terrae aer] se .. ~us visceratim informat ADEL. *QN* 50; **c1180** si quid eruginis conscientie ~us adheserit seu deforis (v. deforis 1c). **b 799** quod tanta devotione ecclesias Christi a perfidorum doctrinis ~us purgare tuerique niteris quanta forinsecus a vastatione paganorum defendere .. conaris ALCUIN *Ep.* 171. **c** quando .. alios docebat seipsum pascebat et, sicut in Ezechiele [xl 43] legitur, 'labia reflexa ~us habuit per circuitum' *V. Edm. Rich B* 620.

2 (w. ref. to thought or emotion) inwardly.

repelle tu caliginem / intrinsecus [*gl.*: *piðinnan*] quam maxime *AS Hymns* 23; quanta superbia homo iste ~us elevatur, cum ei quasi totus mundus .. famuletur ALEX. CANT. *Mir.* 25 (II) p. 212; tactus dolore cordis ~us BOSO *V. Pont.* 398 (= *Gen.* vi 6; cf. *G. Hen. V* 18); **c1358** (v. difformis); **1358** [asina Balaam] licet esset ~us insensata *MunAcOx* I 208 (cf. *Num.* xxii); ~us .. sunt lupi rapaces ELMH. *Cant.* 242 (cf. *Matth.* vii 15).

3 intrinsically, inherently.

quattuor elementa, septem orbes planetarum proportionatis ~us certis distinctis numeris Conditor ipse consolidavit ODINGTON *Mus.* 44; terra est ~us subtilissima RIPLEY 319.

4 (adj.) inner, internal, interior. **b** (*angulus ~us*, geom.) interior angle.

intrinsicam compacturam [TREVISA: *inward stoppynge*] BART. ANGL. XVII 150 (v. compactura); luce .. ~a GILB. III 127v. 1 (v. disgregare 2c); **1297** cuidam carpentario pro uno axe ad molendinum apparando . . . eidem pro una rota ~a facienda *Rec. Elton* 52. **b** omnis .. trianguli angulus extrinsecus sicut duo anguli ~i ei oppositi ADEL. *Elem.* III 19.

5 being, lying, *etc.* inside (boundaries of local community), internal; **b** (w. ref. to feudal service or due); **c** *hundredum ~um*, inhundred; *v. et. inhundredum*; **d** (mon.).

1223 mandamus vobis quod ballium castri .. forinsecum et domos nostras ejusdem castri ~as reparari faciatis *Cl* 531b; **1294** omnes illos .. qui in tenementis suis forinsecis sic morantur in terris et tenementis suis ~is .. distringi faciatis *RGasc* III 215; quod ipsi non implacitent seu implacitentur alibi quam infra burgum predictum .. de aliquibus tenuris ~is *Reg. Brev. Orig.* 262 (*sim. BBC (Hull)* 155 [**1299**], *RScot* 428b [**1336**]). **b 1153** unam carrucatam terre .. liberam et quietam ab omni servitio ~o et forinseco *E. Ch. Scot.* 251; **a1201** ab omni terreno servitio forinseco et ~o *E. Ch. Waltham* 253; **c1240, 1292** (v. extrinsecus 5b). **c 1212, 1266** (v. 2 hundredum 1e); **1228** (v. extrinsecus 5a). **d** hostilarius .. parentibus et notis fratrum nostrorum advenientibus .. in omnibus necessariis, tam intus quam extra, tenetur providere, hoc est, in hostilaria ~a sive extrinseca *Cust. Cant.* I 142; directivum ~um ELMH. *Cant.* 309 (v. directivus b; *opp.* ib.: forinseca certitudine);

1473 reparaciones ~e et extrinsece (*Prior's AcR* XVII 12) *DCCant.*

6 (w. ref. to state, city, university, or sim.) being, arising, *etc.* (from) within (local community), internal, domestic, civil. **b** (of person) local, resident. **c** (of official or servant) concerned with internal affairs, domestic. **d** (as sb. m.) citizen, local resident. **e** domestic official or servant.

1223 Gallia .. preliis ~is occupata (*Lit. Papae*) *RL* I 538; **1270** de perquisitis curie ~e de S. *Ac. Stratton* 31; **s1297** ad ~am invasionem Scottorum repellendam *Meaux* II 270; **s1316** allegavit communitas libertatibus ville fore contrarium causas ~as ventilari judicio forensium *V. Ed. II* 220; **1318** ad effectum beatum pacis ~e confirmande (*DCCant.*) *HMC Var. Coll.* I 220; nos W. aldermannus gilde mercatorie de M., .. senescalli .. et tota communitas ~a .. ville *Reg. Malm.* II 153; **1433** ~am eleccionem *StatOx* 254 (v. electio 2e); **s1455** quis .., si insurgeret contra eum hostis ~us, ei assisteret ..? *Reg. Whet.* II 179. **b 1256** erit lottans et scottans ut burgensis ~us *Gild Merch.* 125; denarii .. levari debeant .. de carnificibus forensibus .. et non de carnificibus intrincesis *Mem. York* I 129; bona seu mercandizas mercatoris forinseci seu ~i *MGL* I 252; **1545** de omnibus navibus aut civibus tam forinsecis quam †intr[i]nsis [MS: intrusis, l. intrinsecis] *Gild Merch.* II 352. **c** ducet eum [sc. hospitem] hostillarius ~us .. ad abbatem *Cust. Westm.* 86; **1304** senescallo ~o (v. intendere 19a). **d 1303** de ~is et feoffatis *Gild Merch.* II 13; **1320** quod .. certum et separatum locum ab ~is .., ubi extranei et forinseci mercatores .. bona et victualia .. vendere possent, assignaretis *MunCOx* 32; **1329** (v. glanatio); **1340** concessimus .. quod illa inquisicio sit terminata per ~os ejusdem ville et non per alios *Cart. Glam.* IV 1241; **s1344** inter ~os gracias reportavit *Ad. Mur. Chr.* 155; ~um versus prefatum B. inde vocavit ad warrantum *Reg. Brev. Orig.* 5r. **e** officium .. marescalli aule est mensis preparatis, mappis stratis, ~os et extrinsecos secundum facultates suas evocare *Fleta* II 79.

7 intimately involved (in).

1421 concepimus .. vestram prestantissimam dominacionem in nostrorum nunciorum recepcione fuisse placabilem et benignam, in eorum prosecucione inclinabilem et honorificam et tandem in finali conclusione effectualiter ~am et gratissimam *Reg. Cant.* III 71.

8 (w. ref. to thought or emotion) inward; **b** (sb. n. pl.) inner thoughts or emotions.

quisquis .. per se sibi charus est, nec aliena nec ~a ope indiget ut ad se diligendum vehementius excitetur P. Blois *Opusc.* 876C; ~o lumine .. veritatis Bradw. *CD* 776A (v. fallibilis b); actus ~os Wycl. *Ente* 272 (v. inessentialis); sequeretur quod Deus posset proficere in cognicione rerum, et hoc cognicione ~a (Kyn.) *Ziz.* 10. **b 1296** eorum .. conscienciarum status tam prosperi quam adversi tanto fervencius .. nostra complectuntur ~a .. quanto .. (*Lit. Papae*) *Reg. Carl.* I 102; si videret ~a cordis nostri R. Bury *Phil.* 4. 61; **1380** ad propalandum plenius intrinceca cordis mei *FormOx* 325.

9 **a** intrinsic, inherent (esp. phil.); **b** (w. dat.). **c** (of question) deep, impenetrable.

a [cause] transeunt .. multis modis, alia ~is, alia extrinsecis accidentiis (*Leg. Hen.* 9. 4a) *GAS* 555; nihil primo aspectu concipimus nisi quanta, ut que quantitate continua mensurantur ~a Bacon *Tert.* 191; nihil aliud a Deo potest perfecte cognosci sine cognicione omnium causarum ~arum et extrinsecarum Duns *Ord.* III 186; volatus avium .. est naturalis quia est a principio ~o quod est anima T. Sutton *Gen. & Corrupt.* 172; causa ~a Ockham *Sacr. Alt.* 348 (v. extrinsecus 6b); res .. composita ex materia .. et forma .. tanquam suis principiis ~is et sic substancialibus Paul. Angl. *ASP* 1548. **b** quod substancia sit quanta per suas partes substanciales ~as sibi, sic ostendo Ockham *Sacr. Alt.* 322; causa .. realiter non plus habet in se effectum ante produccionem quam post; aliter enim producendo effectum perderet aliquam rem sibi ~am *Id. Quodl.* 741. **c** de ~is et difficilibus questionibus se intromittere nullatenus debuerunt Ockham *Dial.* 432.

intrinsic- v. intrinsec-. **intrinsus** v. intrinsecus 6b. **intrit-** v. interere.

†intrivitas, *f. l.*

quia in defendendo cartam predictam posset illis quorum interest memorie periculum atque predicti †intrivitate [MS: ? †internitate] temporis de facili posset corrodi [*sic*] *Cart. Mont. S. Mich.* 3 p. 4.

intro [CL] *V. et. deintro.*

1 (adv.): **a** (on the) inside, within. **b** (in transl. of AS *inne*); **c** (to the) inside.

a delituit senis annorum cursibus intro, / cisternae latebram descendens usque profundam Aldh. *VirgV* 1026; servientes sacriste tenentur esse ~o ad *covrefou Cust. Cant. Abbr.* 256; [v]ena in temporibus ~o incisa si fuerit deinceps, non fiet effusio spermatis *Tab. Phlebotomiae*. **b** si sit *east* ~o [v. l. intus; AS: *gif hit sy east inne*] (*Quad.*) *GAS* 145 (v. 2 intus 1d). **c** ille ~o in civitatem ingressus Byrht. *V. Ecgwini* 383; pervenit eo, petit colloquium presulis, admittitur ~o *V. Chris. Marky.* 30; [globus igneus] quasi penetrare culmen ecclesie et ~o cadere videbatur *Canon. G. Sempr.* 111.

2 (prep.) in, within, inside.

est rex .. in porticu S. Martini ~o ecclesiam .. apostolorum Petri et Pauli sepultus Bede *HE* II 5 p. 90; ~o .. ecclesiam *Ib.* III 17 p. 161 (v. destina a).

introagere, to drive in, introduce (in quot., w. abstr. as obj.).

1239 civitatem Castelle per ipsum introacte turbationis temporibus occupatam .. reddere recusavit (*Lit. Imp.*) M. Par. *Maj.* III 581.

introcentus v. intercentus.

introcurrere [CL], to run inside.

illi ~entes eum jam mortuum et totum corpus ejus pannis exspoliatum [viderunt] *Spec. Laic.* 20.

introduca [cf. LL iterduca], usher to a bride. *V. et. interduca.*

dicitur et Juno ~a, quod nubentes puellas introducat Alb. Lond. *DG* 4. 3.

introducere [CL]

1 to bring, lead (person) in, to let in, admit; **b** (w. ref. to presentation of offender in court).

summa .. cura fuerat camerario ut .. per singulas noctes pauperes ~eret Turgot *Marg.* 10; ad ipsum accedens eumque ~ens Gir. *GE* II 11 p. 218; Alb. Lond. *DG* 4. 3 (v. introduca); **1426** quod omnes pedestres et per vias equitantes in articulo necessitatis ~erent ad eosdem reficiendos de victualibus et potu *Cl* 276 m. 5. **b 1359** allocantur computanti, pro uno amerciamento unius serjandi transeuntis de licencia justiciariorum ad ~endum unum latronem in eodem itinere, xl s. *ExchScot* 587.

2 (w. indication of direction): **a** to bring, lead into (closed or defined space), to bring in at (entrance) (w. var. constrs.); **b** (w. *in* or *ad* & acc.); **c** (w. acc. denoting place). **d** to bring to (place).

a donec [species corporis gloriosi] caelis patentibus ~ta amplius .. videri non potuit Bede *HE* IV 9 p. 222; clero et populo comitantibus speluncam adiit atque ubi vij dormientes quiescebant cum aromatibus legatos introduxit Osb. Clar. *V. Ed. Conf.* 18 p. 101; secretarium ingressus est, illucque ~i lictores .. mandat W. Malm. *GP* I 6 p. 14. **b** qui .. in domus suas hujusmodi homines ~unt .. quinquennio paeniteant Theod. *Pen.* I 15. 4; perducta .. ad monasterium .., ~ta est ad cymiterium Bede *HE* IV 10 p. 225; qui non vult ecclesiae januam sponte humiliatus ingredi, necesse habet in januam inferni non sponte damnatus ~i *Ib.* V 14 p. 314; Anselm (*Ep.* 418) V 364 (v. claustralis 2b). **c c794** virgo .. magni imperatoris thalamum .. ~atur Alcuin *Ep.* 36; anima omnium vitiorum a contagione mundata paradisum ~itur Ord. Vit. VIII 17 p. 370; **s1213** quem .. archiepiscopus elevans .. fores ecclesie .. introduxit *Meaux* I 392. **d** Christus ~et .. Adam ad arborem misericordie *Eul. Hist.* I 118 (= *Descensus Christi rec. A* 3: .. Adam in paradisum ad arborem ..).

3 (w. thing as obj.): **a** to bring in, take in, introduce (thing); **b** (w. ref. to introduction of one branch of study by another regarded as prior); **c** (form, *sc.* in matter). **d** to bring in, lead in (crops, harvest).

a ~to aere, ignis evanuit W. Malm. *GR* II 206; Neckam *Ut.* 101 (v. inducere 2g). **b** ista .. sciencia, sc. de numero tam per se quam relato ad sonum, sic est secundum Alardum ~a Odington *Mus.* 47. **c** quando in materia ~itur forma, jam ipsa materia disposita, tunc est mutatio Bacon VIII 33; differt potentia nature a potentia materie artificialis, quia hec nullo modo disponit ut incidens forma ~atur *Ib.* 39. **d c1230** postquam blada plene ~ta fuerint (*Cust. Chisenbury*) *Doc. Bec* 54; **1285** metet iiij acras et dim. bladi, ligabit et coppabit et ~et *Cust. Suss.* (*Terring*) II 25; **1397** tenentes de gaveland' qui .. metent et ~ent iiij ^{xx} iij acras *IMisc* 267/20.

4 to introduce (person): **a** (into state, condition); **b** (to subject, study).

a c1130 ut claviger paradysi ~at vos ad misericordiam Christi *Ch. Westm.* 244; Thomas .. in ipsius [Theobaldi] notitiam ~tus W. Fitzst. *Thom.* 4. **b** quartum [tractatum] .. quem simili modo edidi, non inutilem ut puto ~endis ad dialecticam Anselm (*Ver. praef.*) I 173.

5 **a** to appoint (person). **b** (w. *in* & acc., or w. dat.) to appoint (to office).

a c1060 (v. extraneus 2c); imperator .. Hildebrandum [sc. papam] expulit, Guibertum Ravennatem introduxit W. Malm. *GR* III 262; illi .. in monasterium irruerunt et Poncium .. suosque violenter introduxerunt Ord. Vit. XII 30 p. 425. **b** vir celebratissime sanctitatis .. et in presulatum ~tus W. Malm. *GP* I 49 p. 90; legitime sedi ~tus et honorifice consecratus est *Ib.* IV 167.

6 to introduce (person or theme in discourse, text), to represent (in text).

anniversaria temporum vicissitudo, quam psalmista 'coronam anni benignitatis' [cf. *Psalm.* lxiv 12] ~it divinae benedictionis ubertate locupletatam Aldh. *Met.* 3; Bede *AM* 139 (v. interlocutio 1); cum nominantur tres virtutes, fides spes caritas, melius est dicere neutraliter 'major horum' quam 'major his est caritas' [cf. *I Cor.* xiii 13], ut non quartum aliquid ~as Abbo *QG* 19 (41) (cf. Ps.-Augustinus *Ars gram.* II 5: inducere); ut .. tandem hominem ipsum, tanquam digniorem operis partem, .. ~amus Gir. *TH* III *Intr.*; Pallas sine matre ~itur Alb. Lond. *DG* 10. 2; Aman introducimus atque Mardocheum *Carm. Lew.* 137; varia ~am Bacon *CSTheol. prol.* p. 26.

7 **a** to bring in, establish (practice, custom; also w. *in* & acc.). **b** to propose (idea). **c** to bring (charge). **d** to introduce (bill, into parliament).

a ne quid ille contrarium veritati fidei .. in ecclesiam .. ~eret Bede *HE* IV 1 p. 203; **c1230** tempore Ricardi abbatis ~ta est quarta precaria *Cust. Waltham* f. 210v; nulla consuetudine a quocunque prius ~ta resistente *Laws Romney Marsh* 47. **b** introduxerat octo opiniones erroneas .. easque minus sane .. ~tas sustinere non erubuit Wykes 307. **c 1342** si .. plura gravamina .. ~at (v. devolutio 2c). **d 1453** introduxit in domum dictam [sc. inferiorem parliamenti] billam quamdam *Reg. Whet.* I 92.

8 (math. & astr., of quantity) to be the value at which a table is entered (in quots., pres. ppl. as adj. or sb. n.; *cf. intrare* 9).

si .. fuerit .. argumentum ~ens nonaginta gradibus minus, erit ipsum ~ens a nonaginta minuendum Adel. *Elk.* 23; erit .. ille arcus significans minorationem Arietis quantum ad circulum equinoctialem pro gradu quidem ~ente *Ib.* 26a.

introductibilis, that can be established.

1395 esset .. hoc contra jus divinum .. ergo hoc nullo modo †et [l. est] tolerabile nec per consuetudines ~e *Reg. Heref.* 112.

introductio [CL]

1 bringing in, introduction (of person to place); **b** (of person in drama).

utrum prius erit, an malorum ad inferos precipitatio, an bonorum in celos ~o? Pull. *Sent.* 999C; expectat .. Pater, quam de filii recuperatione festivus tam de filii foris adhuc stantis ~one sollicitus [cf. *Luc.* xv 28] J. Ford *Serm.* 66. 7. **b** personarum .. ~o *GlC* D 366 (v. 2 drama).

2 appointment (of person to office).

[ecclesia] per rectorum ~onem elongata Oxnead *S. Ben. Holme* 299 (v. elongare 6b).

3 **a** bringing in, leading in (of crop, harvest). **b** acquisition (of land). **c** introduction (of abstr.).

a c1230 usque ad plenam bladorum ~onem (*Cust. Combe*) *Doc. Bec* 43. **b s1453** ~o terrarum et tenementorum olim Johannis S., jacentium infra et juxta villam S. Albani *Reg. Whet.* I 95. **c** hinc .. tam examinationis additio et subtractio quam argumentorum ~o, sed et ipsa locorum inventio ratione subnixa est Adel. *Elk.* 23; prima pars habet capitula decem: de utilitate arithmetice et ejus musice ~one .. Odington *Mus.* 44 (cf. introducere 3b); in ~one forme in materia Bacon VIII 41.

4 establishment (of custom), innovation.

1309 hoc [sc. spuere super crucem] fuit ex malis et perversis ~onibus et statutis fratris P. quondam magistri ordinis *Conc.* II 361a.

5 introduction (to subject, study), introductory treatise; **b** part of subject studied first, elements, rudiments.

isagoge ~ones dicuntur, quia per has repatriantes introducuntur (Hon.) *GLA* II 97; ysagoga, id est ~o S. Langton *Gl. Hist. Scol.* 43; ~onem et dialogos Fabri ad metaphysicen Aristotelis Ferr. *Kinloss* 44. **b s1248** (v. baculare 1).

introductivus [ML], which introduces or brings in (freq. w. obj. gen.); **b** (as sb. n.) introductory matter, introduction.

~o charitatis timore expulso, jam quodammodo nec amare non possunt P. Blois *Serm.* 752C (cf. ib. 752B: per timorem charitas .. introducitur); dicuntur active et ~e [sc. cause febris] Gilb. I 4. 2 (*dist. from* passiva; cf. ib.: introducitur putrida [sc. febris] .. introducitur effimera ..); in omni actione naturali aliqua radicalis convenientia, que sit quasi medium et ~a actionis .., necessario requiritur *Ps.*-Gros. *Summa* 497; ociositas est Sathane ad hostium cordis ~a J. Waleys *V. Relig.* I 220M.

b ad materiandum futuris correctoribus quedam ~a .. censui compilare HENGHAM *Magna pref.*

introductor [LL]

1 one who leads in, guide, usher: **a** (w. gen. of place); **b** (w. obj. gen. of person).

a Petrum .. / introductorem celi GARL. *Mor. Schol.* 156. **b 1253** talium .. interemptorum Deiformitatis .. in ovibus Christi in ecclesiam Domini ~ores .. interemptoribus sunt pejores GROS. *Ep.* 128 p. 435.

2 introducer: **a** (of idea); **b** (of subject; in quot., of the astrologer Abū Ma'shar (Albumazar) author of *Introductorius Major*, cf. introductorius 2b); **c** (of plea in court).

a 1286 eas [sc. opiniones] ipsas .. damnavit ..; ~ores, fautores earum .. excommunicationis vinculo innodavit WYKES 307; **1310** interrogatus .. de origine istorum errorum et de ~oribus eorundem, respondit quod introducti fuerunt .. in Angliam per fratres A. vel H. *Conc.* II 387. **b** maximus astronomus reputatus eram Tholomeus; / magnus et Albumasar introductor vocitabar *Vers. S. Alb. Libr.* 220. **c** clericus est alius introductor placitorum / non est ipse pius nisi pro spe denariorum (*Vers. Exch.*) *EHR* XXXVI 60.

introductorie [ML], by way of introduction.

tractat hic de multitudine et magnitudine ~ie propter difficultatem motus superiorum corporum ADEL. *Alch.* 16 n.

introductorius [LL]

1 that introduces, introductory, preliminary. **b** (w. *ad* or *in* & acc.)

[falco] descensibus quibusdam quasi ~iis .. se demittens NECKAM *NR* I 27 p. 80; revolvam .. aliquos articulos .. necessarios, ut .. stet persuasio ~ia, quatinus ad majora prudentes homines excitentur BACON *CSPhil.* 475; ea que pertinent ad levem et ~iam instruccionem legendi Grecum *Id. Gram. Gk.* 26. **b** tres [sc. arithmetica, musica, geometria] sunt ad quartam ~ie ADEL. *Alch.* 17; sunt .. poete ad philosophiam ~ii BERN. *Comm. Aen.* 36; regula ~ia in secretissimas conclusiones philosophicas WYCL. *Trin.* 62.

2 a (as sb. n.) introductory work, introduction; **b** (sb. n. or m. as title of book).

a ut per hec ~ia scolastice vite ruditas elimetur GARL. *Mor. Scol. prol.*; velut ~ium volui secundam parare scripturam, quatenus difficultas primi operis mitigetur BACON *Tert.* 5; **c1432** pro hujus sermonis examinatorii exili ~io *FormOx* 437 n. **b** Albumazar .. vj majoris ~ii differentia prima dicit quod .. BRADW. *CD* 73A (cf. *MLC* I 98 [**1372**]: ~ius major Albumazar continens viij tractatus; (*Catal. Librorum*) *MunAcOx* 763 [**1439**]: Albumazar in magno ~io; v. introductor 2b); **1372** item ~ium Alkabucii [*of Alcabitius or al-Ḳabīṣī*] *MLC* I 89.

1 introductus v. introducere.

2 introductus, introduction.

horum [familiarium] .. et patris ~u archiepiscopus sui gregis scripsit Thomam W. FITZST. *Thom.* 4.

introferre [CL]

1 a to bring or carry in. **b** to bring to (specified place *etc.*; in quot., pass. in middle sense, and fig.).

a precepit ministro ut ~ret et piscem R. COLD. *Godr.* 150. **b** magnus orator totus ~tur celestibus FOLC. *V. J. Bev.* 7.

2 to allow in, admit.

tollendusne est an ~endus tu videris, prudencia; verumptamen interroga quid velit CHAUNDLER *Apol.* 32.

introgredi [CL]

1 to go into, enter (defined space, area; also fig.): **a** (trans.); **b** (w. adv.); **c** (w. *per* indicating place of entry); **d** (absol.).

a introgressus cubiculum BEDE *CuthbP* 29; postquam nostram introgressus es domiculam LANTFR. *Swith.* 1; introgressus monasterium substitit in limine W. CANT. *V. Thom.* II 40. **b** sacra scriptura est petra olei perforata .. de qua Job [xxix 6] ..; perforatur autem per acutas et subtiles expositiones, ut anima devota intrinsecus introgressa in Christi amplexibus delectetur cum sponsa HOLCOT *Wisd.* 4. **c** ascendebant agmina letancium, mox ut fuissent per januam introgressi AD. EYNS. *Visio* 55. **d** S. Cuthberti limina adiit et repente introgressus in medio posterioris partis ecclesie proruit R. COLD. *Cuthb.* 126 p. 272; [imperator] introgressus introivit chorum R. NIGER *Chr. I* 45.

2 to enter upon (journey; in quot., fig.).

s1260 viam est universe carnis .. introgressus [v. l. ingressus] *Flor. Hist.* II 450.

introgressio, entry.

in opacitatem sacre scripture ~o GROS. *Hexaem. proem.* 4.

introicere, to throw in.

sic pulveribus introjectis [liber] tumescit R. BURY *Phil.* 17. 221.

introire [CL]

1 to go into, enter: **a** (w. acc.); **b** (w. *in* or *ad*); **c** (w. adv.); **d** (absol.).

a urbem ~iens magnifice susceptus est W. MALM. *GR* II 145; incunctanter montem ~iens *Ib.* II 170 p. 200; **s1261** rex .. castellum .. liber ~ivit *Op. Chr.* 9 (= *Flor. Hist.* II 470); aliquando aliqui ~ierunt regnum Dei sine omni baptismo OCKHAM *Quodl.* 586. **b** ne in aliquam domum ad se ~irent BEDE *HE* I 25 p. 45; ~eunte religioso viro ad regis praesentiam Æthelbyrhti BYRHT. *V. Ecgwini* 360; **s1141** auditum est .. regem ipsum in concilium ~isse W. MALM. *HN* 501; in malevolam .. animam sapientia non ~ibit GIR. *TH* I 13 p. 45 (= *Id. SD* 48, cf. *Sap.* i 4). **c** sequamur ad sancta sanctorum ubi Christus pontifex ad interpellandum Patrem pro nobis ~ivit ADEL. BLANDIN. *Dunst.* 12 p. 68; ut nullus episcopus illuc ~eat ordinaturus .. OSB. CLAR. *V. Ed. Conf.* 11 p. 90; omnia fervidus sonipes abigebat nec aliquod animal illuc ~ire sinebat ORD. VIT. V 10 p. 384; **s1147** in urbe Lincolniensi diademate regaliter insignitus est, quo regum nullus ~ire .. ausus fuerat H. HUNT. *HA* VIII 25 (cf. GERV. CANT. *Chr.* I 132). **d 8..** intro eas, *in ga WW*; **12..** copiam ~eundi (v. 1 copia 3a).

2 to enter with hostile intent, invade, occupy (w. var. constructions).

cum .. vidisset Hengistus quia insequeretur eum Aurelius, noluit ~ire oppidum G. MON. VIII 5; R. NIGER *Mil.* III *prol.* (v. expromissio); Gallorum cunei per portam secundi muri ~ierunt ORD. VIT. X 20 p. 124; amir Sanguin .. cum ingenti exercitu Turcorum fines Christianorum ~ivit *Ib.* XIII 33 p. 93; **s1190** cives .. advenienti portas clauserunt, ne civitatem cum suis ~iret *Meaux* I 254.

3 to enter: **a** (office); **b** (religious order); **c** (possession of inheritance or property).

a sufficit ad removendam rectitudinem quia non per oboedientiam [in abbatiam] ~istis ANSELM (*Ep.* 137) III 283; perjuriis .. et homicidiis coinquinatus erat, nec per hostium [cf. *Joh.* x 1] in archipresulatum ~ierat ORD. VIT. IV 6 p. 199. **b** a Mainerio abbate juvenis susceptus Dei ovile ~ivit *Ib.* V 18 p. 437. **c a1265** (1375) heredem .. in hereditatem suam per relevium xij d. libere ~ire (*Pat*) *EHR* XVI 103.

4 to enter (in book or register). *Cf. intrare* 4.

1409 J. de L. .. abduxit unam lastam et quinque coria, non ea custumariis †introendo [l. introeundo] nec pro eis custumam solvendo *ExchScot* IV 73; **1487** barilia allecum .. intraita in libris domicilii domini regis .. infra hoc compotum *Ib.* IX 544.

introitio [ML], introduction.

1559 piscium in aquis recentibus et per stagna ~ones *Dryburgh* 293.

introitus [CL]

1 (act or power of) going in, entry, entrance; **b** appearance (in court); **c** (leg.) right of entry; **d** (in spiritual sense) entry (of Christ or divine power *etc.*, or of the devil, into person); **e** entry (into state or condition); **f** entry (of playing piece on to game board).

huc .. gallus intrabit, ubi .. socie quoque suadet ~um, nec persuadet GIR. *TH* II 4; talem .. ab ipso viscerum maternorum ~u crucem Christus portavit J. FORD *Serm.* 83. 2; **s1189** ut .. averia sua retinerent ab ~u marisci (v. defensio 3c); **c1267** vocaverunt dictum R. dominum domus ad ~um habendum *SelCCoron* 8. **b 1318** sint amerciati tam indictatus quam plegii pro defectu ~us [Scot.: *for þe defalt of þe entra*] *APScot* I 108. **c 1153** dedi .. fratribus .. septem bovatas .. terre .. cum libero ~u et exitu per totum sibi et suis averiis *Ch. Chester* 107; **c1200** in ~ibus et exitibus et omnibus aliis aisiamentis *Ib.* 291; **a1232** [bovatas terre] habendas et tenendas de me .. in ~ibus in exitibus infra villam et extra et in omnibus aisiamentis *Cart. Blyth* 36 p. 40; **1265** per quam [placeam terre] clamabant .. ~um suum et exitum esse ad mariscum de E. cum animalibus suis *Feod. Durh.* 164 n. **d c798** Christo Deo nostro paretur ~us (v. exsufflare 3a); luci eterne et spiritui gratie liber ad eam [sc. mentem] ~us et exitus aperitur J. FORD *Serm.* 114. 10; si tu per negligenciam tepide defendisti te ipsam et hosti dedisti ~um [ME: *in ȝeong*] .. *AncrR* 111. **e** fonte baptismatis .. in quo solo didicerat generi humano patere vitae caelestis ~um BEDE *HE* V 7 p. 292; felicior est in bono dies exitus quam nativitatis. .. ille laetitiae ~us, iste doloris ALCUIN *Ep.* 198 (*unless to be referred to* 8a infra); sicut lignum vetite arboris in paradiso fuit Ade et posteris ejus ~us ad peccatum et mortem, ita lignum crucis fuit credituris exitus a peccato et morte ad gratiam et vitam *Eccl. & Synag.* 108. **f** in illa pagina fiat ~us si aliquis homo capiatur *Ludus Angl.* 164.

2 entry (into property, so as to take possession); **b** (w. ref. to payment of fine; *cf.* 4b *infra*). **c** (*breve de ~u*) writ of entry (leg.).

1176 (1331) quod .. teneant omnes terras .. quietas de sectis schirarum .. et de *tremingpeni* nisi in ~u *CalCh* IV 226; **a1187** (1286) quod .. possessiones .. teneant .. quietas de *mundbreche*, .. de *thidenpani*, nisi in ~u, .. *Ib.* II 334; **c1280** et quando aliquis .. capit ~um terre sue, non operabit pro terra sua ante falcationem prati *Crawley* 233; **1295** concessum est Rogero .. habend' ~um ad .. filiam Thome .. cum uno quarterio terre *SelPlMan* 121; **1325** primo anno ~us sui (v. husbondalis a); **1481** quod quilibet forincicus artifex qui .. tenet aliquam opellam, non monstrabit in eadem opella artificium suum in primo ~u suo *Gild Merch.* II 345. **b** dedit [pro] .. terra tenenda .. hordario xl s. pro ~u *Cust. Bleadon* 210 (v. hordarius b); unus [sc. qui vendit] dabit preposito j d. pro exitu terre, et alius [sc. emptor] dabit denarium pro ~u suo et saisina *Leg. IV Burg.* 52; **1290** R. de L. fecit fidelitatem .. priori .. pro quodam tenemento .. et recognovit se debere per annum v d. .. et solvit pro ~u xviij d. *Cart. Blyth* A 27 p. 372. **c** quilibet qui jus habet in tenemento per illud testamentum .. poterit illud petere per breve de recto vel per naturam brevis de ~u *Leg. Ant. Lond.* 41.

3 entry: **a** (into office); **b** (into religious order); **c** (into guild, or municipal privilege; *cf.* 4a *infra*).

a c1300 quicunque fuerit ballivus .. qui se intromittere debeat de rebus domini sui .., primo ponatur in suo compoto dies et annus sui ~us *FormMan* 12; **1412** compotum .. custumariorum burgi de Monros .. a tempore ~us sui in officium custumarii *ExchScot* 138. **b 1420** si filia mea velit esse religiosa, volo quod summa contingens partem suam remanens ultra competentem summam pro ~u suo dividatur inter fratres suos (*Test.*) *Reg. Cant.* II 185; ante ~um in religionem fuit .. armiger GASCOIGNE *Loci* 170 (v. dinoscere 2b). **c 1343** J. W. .. intravit libertatem ville .. et solvit pro ~u xl s. *RR K's Lynn* II 189; **1494** quilibet confrater, qui de novo recipietur in confraternitatem .. mercatorum et mercerorum, .. solvet primo anno ~us sui aldermanno et senescallis .. vj s. viij d. *Doc. Bev.* 79.

4 fine paid for admission: **a** (to guild); **b** (to possession of property).

a 1196 solvunt de ~u (v. 2 hansa 1b); **1198** quietus de ~u (v. 2 hansa 1a); **1302** W. .. dat P., fratri suo, unam gildam liberam mercatoriam; habeat et gaudeat, pro ~u dimidie marce *Gild Merch.* II 296. **b 1476** per intigras grassumas et diversos ~us omnium terrarum de S. *ExchScot* VIII 327; **1485** vj li. pro grassuma et ~u Willelmi domini B. ad assedacionem loci de C. *Ib.* IX 318.

5 (eccl.) introit of the mass (freq. *~us misse*).

cantor .. incipiat antifonam ad ~um missae EGB. *Pont.* 48; jam dicto ~u misse EADMER *HN* 343; ~us .. dicitur quia tunc primo sacerdos minstraturus ad altare debet intrare .. et dum cantatur ~us intrat ad altare BELETH *RDO* 35. 44; loco psalmorum ~us et tractus et offertoria de ipsis psalmis instituit GIR. *GE* I 7 p. 23; **c1266** tam ante evangelium quam post confessionem et ad ~um misse *Cust. Westm.* 3; **1362** ante .. ~um misse .. rogabit pro .. animabus nostris *Lit. Cant.* II 427; *offyce of þe messe*, officium, ~us *CathA*.

6 (acad.) introductory lecture (in theology, on Sentences or Bible).

1407 non replicet pluries quam semel ultra ~us librorum et cessaciones eorumdem, ~us enim et cessaciones librorum .. pro replicacionibus minime computantur *StatOx* 195; **1421** domino W. E. ad ~um sententiarum, xiij s. iiij d. *Ac. Durh.* 407; **1440** supplicat .. congregacioni regencium magister V. C. quatinus .. unus actus publicus .. post ~um sentenciarum stet sibi pro completa forma BEKYNTON I 225; **1456** supplicat .. W. T., monachus ordinis S. Benedicti et bacularius sacre theologie, quatinus viij argumenta, octo responsiones, ~us Biblie, lectura libri sententiarum .. possint sibi sufficere ad effectum quod possit admitti ad incipiendum in facultate sacre theologie *Cant. Coll. Ox.* II 259; **1459** ~us in iiij libros sentenciarum *Ib.* 260; **1463** tres responsiones, ~us Biblie, ~us libri sententiarum *Grey Friars Ox.* 337.

7 entry (into mathematical or similar table; *cf. intrare* 9).

hujusce .. tabulae ~us talis est: .. per annos Domini .. in annos Arabum sibi adjunctos intrandum erit .. ADEL. *Elk.* 2; fiet .. ~us secundus, gradu uno gradibus argumenti superaddito *Ib.* 23.

8 beginning: **a** (of activity or sim.); **b** (of season); **c** (of month, w. ref. to first half of the month, in which dates are reckoned from

the beginning; *cf. exitus* 3d). **d** introduction (to written work), prologue.

a erat .. talis cujus Deo devotae conversationis non solum exitus sed et ~us et processus sit jure sequendus *Hist. Abb. Jarrow* 1. **b** Hildefonsus .. Arragonum rex in ~u autumni obiit Ord. Vit. XIII 16 p. 43. **c** **1255** a tercia die ~us Januarii usque ad xxv diem Octobris *RGasc* I sup. 53; **1315** actum fuit tercia die ~us Marcii *Ib.* IV 1330; **1316** prima die ~us mensis Julii *Ib.* 1571; **1369** (1435) die Mercurii, viz. quinta introytus mensis Decembris *CalPat* 460. **d** ~us Andree in Ysaiam (*tit.*) Andr. S. Vict. *Comm.* 273.

9 a place of entry, entrance; **b** (w. ref. to drain). **c** ? passage, alley (*cf. OED s.v.* entry 7b).

a mensam removit ad cubiculum; .. et primo in ~u ejus nares odore panis suavissimi replete sunt *V. Cuthb.* II 2; in ~u portus de Dovere est unum molendinum *DB* I 1ra; **c1169** terram quamdam infra portam australem burgi de Edenburg proximam ipsi porte ex occidentali parte ~us *Regesta Scot.* 61; ~us et exitus occultos et arctos Gir. *EH* I 5; ad Stygis introitus perniciique lacus Garl. *Tri. Eccl.* 53; **1396** licenciam dedimus .. custodi et vicariis [ecclesie cathedralis] quod ipsi quendam ~um sive quoddam perambulatorium .. habere et tenere possint *Pat* 343 m. 9; cum ventum est ad turrim in ~u pontis, quasi ad ~um in potencias civitatis .. *G. Hen. V* 15. **b** **1586** presentant jur' quod quidam ~us vocatus *a throughe* in alta regia via .. positus sit .. ita quod acqua per eundem transire possit in fossatum totum (*CourtR West Ham*) *BL Add. Roll 56384*. **c** **1548** totum illud messuagium et tenementum nostrum ac duos parvos ~us nostros vulgariter vocatos *enteryes* et unam vacuam placeam terre [*in Old Jewry, London*] *Pat* 812 m. 27.

10 'entry', lodging or hostel (*cf. MED s. v. entre* 8; in quots., w. ref. to academic residences).

c1261 et de ~u domus ejusdem W. x d. *Cart. Osney* I 30; **1395** noctanter ~um vocatum Nevilesentre in Oxon' felonice fregerunt et bona et catalla .. principalis ejusdem ~us .. et .. scolarium ibidem morancium .. furati fuerunt *Pat* 342 m. 27; **1408** quilibet gardianus, prepositus sive custos .. inquirat diligenter in collegio, aula sive ~u cui preest, an aliquis scholaris .. *Conc.* III 318; **1432** quilibet principalis alicujus aule vel ~us saltem non collegii *StatOx* 244; **1438** p[rincipalis] ~us S. Johannis (*Reg. Cancellarii Oxon.*) *OHS* XCIV 1 p. 40.

11 entry in register or sim.

1455 ut patet in libris dietarum .. Willelmo Bonar, compotorum rotulatore, fatente ~um in dictis libris *ExchScot* 8.

12 'inning', reclamation (of land from sea or marsh), or land reclaimed (cf. *intrare* 17a).

1294 novus ~us *Cant. Cath. Pri.* 180; **1411** apud Apuldre ~us de *la becarde* lucratus de mari *Lit. Cant.* III 117; ~us pasture .. de mari *Ib.*

intromiscere [ML], to intermix, intermingle.

Deus aspera blandis provide ~et Ord. Vit. V 3 p. 14; **1526** evangelium .. in vulgare nostrum Anglicanum .. transferentes, ac .. opiniones erroneas .. ~entes *Conc.* III 706.

intromissator [ML], **~atrix,** (Sc.) intromitter, one who deals with another's property.

1522 ~tricem (v. factrix); executor nomen juris, ~tor nomen facti; hic in solidum pro debitis haereditatis tenetur, ille tantum pro viribus haereditatis *Jus Feudale* 252.

intromissio [ML]

1 admission (to office or possession).

11.. ecclesiam de R. .. canonicis .. confirmamus. .. facta est .. hec canonicorum ~io assensu .. Crispini sacerdotis *FormA* 292; **c1228** episcopus antequam recederet a Dunelmo, tempore ~onis sue, confirmavit dictam ecclesiam monachis in proprios usus *Feod. Durh.* 248.

2 intervention. **b** interference.

s1377 idem W. .. contractum usure cum .. R. fecit et adimplevit per ~onem et mediacionem dictorum brocariorum *MGL* I 397. **b** **1504** pro injustis ~one, occupatione, laboratione et manuratione terrarum de Moniabrok *Reg. Paisley* 62.

3 (right of) administration.

c1069 nec ullus aliquam omnino habeat ~onem .. nisi abbas et monachi ad utilitatem monasterii *Regesta* 120 (cf. ib. 129: [c1083]); **a1088** nolo ut aliquis ullam ~onem de illis .. habeat, nisi abbas et monachi ad usum monasterii *FormA* 36.

intromissor [ML], (Sc.) intromitter, one who deals with another's property.

1420 accusaverunt custumarios, tronatorem et clericum cokete ac alios ~ores de denariis qui exinde debebant regi provenire *ExchScot* 321; **1452** per familiares et ~ores .. dominorum *Melrose* 553; **1459** abbati et conventui et eorum ministris et ~oribus in omnibus et singulis .. †rendeant [? l. respondeant] *Reg. Dunferm.* 456; **1461** per solucionem factam ~oribus .. regis .. pro warda de D. *ExchScot* 99; **1518** ~ores decimarum jurium et emolumentorum *Form. S. Andr.* I 2; **1543** prelatiarum et beneficiorum hujusmodi fructuum ~ores et perceptores *Conc. Scot.* I p. cclv; **1549** defunctorum .. executores nominati et utcumque testantium et non testantium .. bonorum †intermissores *Ib.* II 111; **1559** ~ores bonorum talis defuncti *Ib.* II 167.

intromittere [CL]

1 (trans.) to send or pass in, to put in or into, to introduce.

illum in saccum intromisit Ord. Vit. III 3 p. 44; aperto ori tormentum quod vulgo *teseillun* dicitur intromiserunt T. Mon. *Will.* I 5; fenestra .. patente per quam necessaria ~erentur *Canon. G. Sempr.* 47; [pulvis] distilletur in aurem vel intromitatur cum licinio Gad. 116v. 1.

2 to admit, let in: **a** (person); **b** (abstr.); **c** (w. path or sim. as subj.; in quot., absol.).

a ut .. Saxones .. in insulam ad retundendas aquilonales gentes ~erentur Gildas *EB* 23; non debebant pagani Christianis communicare nec ~i quia lex Christiana prohibebat G. Mon. VI 13; ex insperato fidos sodales in turrim secum intromisit Ord. Vit. XII 7 p. 330; anus, aruspices, ariolos, institores gemmarum et sericarum vestium si intromiseris, periculum pudicitie est, si prohibueris, suspicionis injuria P. Blois *Ep.* 79. 244C. **b** quid .. deformius quidque iniquius potest humanis ausibus vel esse vel ~i negotium quam Deo timorem .. denegare ..? Gildas *EB* 4; utquid .. saeculi pompulenta vanitas in catholica Christi basilica ~itur? Aldh. *VirgP* 55. **c** unicus aditus per solidum ~it Ord. Vit. IV 5 p. 196.

3 a to admit or intrude (person into office; also refl.). **b** to admit (person to possession of property).

a urbani .., compatriotis suis faventes, cisalpinos ejecerunt, et augustales prefecti a Grecis et Siris intromissi sunt Ord. Vit. X 12 p. 71; **s1140** inter optimates de constitutione Salesburiensis episcopi lis orta est. Henricus .. Guentoniensis .. nepotem suum ~ere voluit *Ib.* XIII 42 p. 536; **1451** aliis officiis .. se .. ~ant (v. dedecere a). **b** **1449** quod .. W. .. inde non ~atur sed penitus inde forisjudicetur (v. forisjudicare 1b).

4 (refl. and intr.) to place oneself in the midst (of), to go among, associate or have dealings with (person or group).

ut infra eorundem turmas sese densa acie intromisit, non cessavit hostes prosternere G. Mon. I 12; intromisit se infra turbam pauperum *Ib.* XII 7; **s1283** intrinsice nimium ~entes (v. intrinsece 3); fuit .. Usk, serviens regis ad arma, tantum ~ens inter proditores quod pro suo gestu .. factus est vicecomes Middlesexie Favent 19.

5 (refl. and intr. usu. w. *de*, also w. *in, super, inde*, w. dat., or absol.): **a** to concern or occupy oneself with, to intervene in; **b** (w. internal acc.); **c** (w. implication of undesirability, freq. in prohibition) to interfere with, meddle with; **d** (w. *super* or *cum* indicating person who suffers interference). **e** (w. inf.) to set about (activity). **f** (*partes suas ~ere*) to do one's part (in action; in quot., w. *circa*).

a debet [episcopus] se magis de pluribus ~ere [AS: *hine .. teon*] ut melius sciat quomodo grex agat (*Quad.*) *GAS* 477; se correctioni clericorum .. ~ere aggressus est Eadmer *V. Osw.* 20; **1220** si ipsis mandaretis quod nisi aliter se haberent de ipsis non ~eretis, credimus quod aliud caperent consilium *RL* I 143; **1236** quando primo de dictis vinis se intromisit per preceptum regis, non intellexit quod inde compotum reddere deberet *KR Mem* 15 r. 16*d*; **s1298** non est tuum, episcope, docere nos in presenti de militia qui te ~ere debes de missa W. Guisb. 327; **c1300** se ~ere .. de rebus domini sui (v. introitus 3a); **1332** taliter occupati erant aliunde .. quod ad supervidendum hujusmodi mensuras seu ad se in aliquo ~endum intendere non poterant *LTR Mem* 105 r. 12; mercedem ab infirmis avide accipiunt et de infirmis se non ~unt J. Mirfield *Flor.* 134. **b** **a1161** ne domum archiepiscopi aliquam plumbo .. tegatis aut quicquam ~atis *Doc. Theob.* 30; **1327** de hiis que in ultima visitacione domini nostri Cantuariensis rite correcta fuerunt, nichil actenus intromisi *Lit. Cant.* I 240 (cf. ib.: nichil super hiis postea intromisi). **c** **1077** ne .. aliquis .. de omnibus quae ecclesiae illius sunt se .. ~at *Chr. Rams.* 203; **c1160** ut de boscis vestris et de garennia vestra nullus ~ere vel in illis quicquam capere presumat *Regesta Scot.* 189; **1167** cardinales .. jussi sunt .. Angliam non intrare neque ~ere se de consecrationibus episcoporum J. Sal. *Ep.* 242 (237); **1217** mandamus .. comiti Sar' quod manerium illud pertinens est ad castellar[iam] de Divis' et quod inde se non ~at *Cl* 340a; **1334** de .. peditibus sic eligendis .. nullatenus ~atis *RScot* I 295a; **1400** quod te de meremio .. nullatenus ~as (v. findula); **1533** conceditur .. seisina .. proviso semper quod predictus R. non ~at de aut in premissis durante vita predicte J. *Banstead* II 103. **d** **?1142** nullus sub aliqua occasione se ~at super eos de rebus eorum *Ch. Chester* 51; **c1149** nullus super monachos predictos se ~at de predicta elemosina *Ib.* 90; **1227** nullus vicecomitum nostrorum ~at in aliquo super eos de aliquo placito vel querela *BBC* (*Hertford*) 155; **1365** si .. ~erent cum eo in assignacionibus (v. defesantia a). **e** 'cum se moverit ad querendum panem' [*Job* xv 23], id est cum se intromiserit carnalem querere delectationem Ad. Scot *Serm.* 189A. **f** **a1259** partes suas circa expeditionem negotiorum vestrorum .. ~ent (v. effectuose 1a).

6 (Sc.): **a** (*se ~ere cum, ~ere cum* or *de*) to deal with (property, revenues, *etc.*, esp. of another), to intromit with. **b** (trans.) to handle, deal with, intromit with (property *etc.*; in quots., pass.).

a **1405** nullus Templarius debet se ~ere cum [Sc.: *intromet with*] aliquibus mercimoniis vel bonis pertinentibus ad gildam emendo vel vendendo .., nisi fuerit confrater gilde *APScot* I 340; **1460** regina habet easdem terras in conjuncta infeodacione, et officiarii .. regine .. se ~unt cum eisdem *ExchScot* VII 2; **1463** memorandum quod compotans non onerat se de firmis terrarum de P. de P. .. cum quibus intromisit magister J. T., et computandum est cum eo *Ib.* 182; **1469** licet computans solum intromisit in dicto officio de duobus ultimis terminis hujus computi *Ib.* 602; **1473** licitum erit .. Johanni .. cum predictis decimis ~ere .. donec .. de predicta summa .. eis .. fuerit satisfactum *Reg. Aberbr.* II 170; **1497** dictus A. non ~et .. cum hereȝeldis tenandorum suorum *Melrose* 594. **b** **1543** ad solvendum dicto J. K. summam centum librarum per eosdem appellantes intromissam *Offic. S. Andr.* 147; **1549** ad executionem nominatorum [sc. testamentorum] et bonorum †intermissorum [? l. intromissorum] conservationem *Conc. Scot.* II 111.

intron- v. inthron-. **introponere** v. intraponere.

introrsum, ~us [CL]

1 (adv.): **a** to the inside, inwards; **b** on the inside, within; **c** inwardly, privately.

a quis lapis ceteris amplius promineat vel quis occultius introrsus lateat demonstratur. lapis etenim prominens plumbo offendente ~um trahetur, et delitescens foras emittitur Anselm *Misc.* 317 (v. et. b infra); **1147** avirunatum .. ~us .. propellere (v. avironatus); qui spe salutis .. ~um confugerant *G. Steph.* 74; tibiis .. in arctum sinuatis, curvatis ~us pedibus, pedum plante mutuo se respiciebant Ben. Pet. *Mir. Thom.* II 27. **b** ~us lateat Anselm *Misc.* 317 (v. a supra); episcopi multam ibi ~us moram faciunt W. Fitzst. *Thom.* 48; subducti oculi [chamaeleontis] et recessu concavo ~um recepti Neckam *NR* I 21 (= Solinus 40. 21; *sim.* Neckam *DS* II 131); **1565** neque plures pannos quisquam ~um ingerat et infarciat [caligis], quo subligacula grandiora sint et tumescant *StatOx* 386. **c** se voces [sc. verbum et nomen] introrsus amant, licet exteriores / sint inimicitie Vinsauf *PN* 883 (cf. ib. 874–5: intus / est amor et concors sententia).

2 (prep.) into (unless quot. is to be referred to 1c *supra*).

introrsum celos Stephanus quasi viderit alter [cf. *Act.* vii 55], / pandit iter, parat ingressum, docet intus et ire / hic [sc. Thomas] urbem sanctam H. Avr. *Poems* 2. 159.

introsignum v. intersignum.

introspicere [CL]

1 (intr. or absol.) to look or peer in.

clanculo ad oratorium accedens et per fenestrellam ~iens *V. Wulf. et Ruff.* 22; J. Furness *Walth.* 71 (v. fenestrella); veniens .. ad arboris concavitatem et ~iens invenit ibidem apum examen Gir. *GE* I 11.

2 (trans.): **a** to peer into, inspect; **b** to look out over, look upon.

a omnis sciencia .. appetit quod suorum principiorum precordia, introspectis visceribus, pateant R. Bury *Phil.* 11. 171. **b** cum .. ascenderet turrim ad ~iendum civitatem Bower XV 35.

introsusceptio v. intussusceptio.

introvenire, ? to intervene, occur, arise (w. abstr. as subj.), or ? *f. l.* (*cf. intervenire* 5).

1254 voluntate et consensu expresso rectoris ecclesie de P. super hoc ~ientibus et prius requisitis *Ch. Sal.* 322; si .. servus tuus ea [judicia] libere et innocenter custodiet, de restitucione ~iat cogitacio [cf. *Psalm.* xviii 12] Chaundler *Apol.* 25a.

introvocare [CL], to call in, summon (inside).

Malchus adest porte, sed erat tunc obdita forte. / obdita pulsatur; patet, heros introvocatur R. Cant. *Malch.* I 96.

intruccare v. 2 intruncare. **intrucio** v. intrusio.

intrudere [LL; cf. CL trudere]

1 (trans.) to thrust (into); **b** (prison; also in fig. context); **c** (p. ppl. as sb. m.) person thrust into prison, prisoner. **d** to impel, drive (person, into state, action, *etc.*).

nos .. Domino nostro in multis offendimus, et in tantum, ut .. nos possit .. penis eternis ~ere ALEX. CANT. *Dicta* 1 p. 111; **1168** illos conjecit in lacum leonum, quorum consilio illuc detruserat et intruserat Danielem J. SAL. *Ep.* 233 (239). **b** judicatum est .. monachos .. reos .. carceribus ~i *Flor. Hist.* II 6 (cf. M. PAR. *Maj.* II 11: retrudi); [anima] in extraneo intrusa [ME: *iput*] carcere *AncrR* 45 (v. domus 2f); turri erat intrusus apud Londiniam *Hist. Durh.* 16; **s1386** diversis Anglie carceribus usque in parliamentum ad imponenda responsuri sub aresto ~i mandantur FAVENT 13; in turri ~untur *Ib.* 14. **c** **1206** si intrusi vel excommunicati sui [sc. archiepiscopi Eboracensis] .. se per censuram ecclesiasticam voluerint justificare .. *Pat* I 58. **d** haec et .. alia me ~unt in ambiguitatem quandam de potestate ANSELM *Misc.* 342; Liberium .. in exilium .. pergentem Fortunatus .. sollicitavit, et fregit, et ad subscriptionem hereseos intrusit M. PAR. *Maj.* I 166.

2 to intrude (person, into office or position, usu. w. implication of wrongfulness or usurpation): **a** (eccl.); **b** (civil); **c** (acad.).

a E. [episc. Wint.] .. paratis advocatis, quorum manus palpaverat .., Cantiam intrusus est W. MALM. *GP* I 17; clericum tanquam ~um ab ipsa ecclesia .. amovit *Chr. Battle* 92v; monachi sunt ejecti et .. tam clerici interius quam laici exterius violenter intrusi GIR. *IK* II 4; **1191** Osbertus tunc prior sed, prout nostis, ~us *Ep. Cantuar.* 354; intendit episcopare fratrem comitis, et ipsum reclamante capitulo violenter ~it P. BLOIS *Ep.* 9. 27C; ~ere pro pastore devoratorem AD. MARSH *Ep.* 247 cap. 16 p. 458; **s1167** Fredericus I .. scismaticum .. in ecclesiam sancti Petri vi et manu armata intrusit BOWER VIII 13. **b** **s1329** fecit homagium Philippo .. regi Francie ~o AD. MUR. *Chr.* 58; felonice et injuste intrusus est in regnum KNIGHTON I 7. **c** **1504** quod .. rectores .. auctoritatem haberent super ~endis scholaribus dicte domus seu collegii et scholares .. admittendi qui per electionem sociorum .. eis presentati forent (*Lit. Papae*) *Deeds Balliol* 311.

3 (refl. and intr.) to intrude oneself: **a** (into eccl. or civil office); **b** (into unlawful possession or illegitimate activity).

a E. .. se intrusit in abbathiam *G. S. Alb.* I 120 (v. exclamare 3); **s806** Cuthredus periit, Baldredus intrusit ELMH. *Cant.* 13; **s797** in regnum Cantie quidam alienigena nomine Ethelbertus intrusit *Ib.* 337; **s806** [Cuthredus] regno Cantie octo annis intrusit (*tit.*) *Ib.* 344; post mortem Rogeri comitis Marchie, a quo dictus ~ens Edwardus titulum suum pretendit FORTESCUE *Tit. Edw.* 13; neminem .. ad sacrum ministerium pro suo arbitrio et libidine posse se ~ere JEWEL *Apol.* B iiv. **b** **1199** in quam terram idem prior †intersit [l. intrusit] se *CurR* I 89; R. .. vi et injuste †intersit [l. intrusit] se in dominicum suum *Ib.* I 104; **1219** intrusit se in terram illam post mortem .. R. *Ib.* VIII 8; **1262** in quod .. manerium dictus J. .. injuste se intrusit *Cl* 178; **1292** quidam H. .. et N. .. intruserunt se in predictis tenementis *PQW* 117; **s1334** [comes Atholie] in terris .. se violenter intrusit FORDUN *Cont.* XIII 33; **1430** se ~unt .. in mercandisis tradendis (v. deservire 4b).

4 to enter (place) without permission: **a** (w. *in* & acc.); **b** (w. place as dir. obj.).

a **1206** in cameram domini sui nequiter intrusit, et robavit ei xl marcas *SelPlCrown* 50. **b** **1221** venit ipse et intrusit domum suam super eum et .. eum assultavit *Ib.* 107.

1 intruncare v. intricare.

2 intruncare [ML; cf. CL truncare = *to dismember*]

1 to abbreviate, mutilate (text).

sed hic sicut alibi dicta fratris Thome ~avit, ut appareret suum quod tamen ab eo est alienum R. ORFORD *Reprob.* 149.

2 to put into a trunk. **b** to put in stocks.

c1180 in hac excommunicatione mortua est illa adultera et post mortem ~ata et ad capellam leprosorum ubi non erat cimiterium deportata (*Lit. Episc.*) *Speculum* VII 391. **b** **1275** idem R. intruccavit Jach' Oky et cepit de ipso iiij s. idem R. cepit de Willelmo King iiij s. quia murmuravit quod dictus Jach' fuit inceptus *Hund.* I 510a (*Norf*); invenit quendam nomine T. L. in aqua predicta piscantem; et ipsum cepit et adduxit ad aulam predicte abbatie; et illum ibi .. intrunctavit et intrunctatum retinuit per duos dies *Ib.* 513b.

intruncatio, penning.

1452 pro expensis centum virorum congregatorum ad ~onem jumentorum domini regis .. infra comitatum de Marr, iiij li. x s. *ExchScot* 518.

intrunctare v. 2 intruncare.

intrusio [ML; cf. AN *intrusion, intrucion*]

1 intrusion (into eccl. office); **b** (w. gen. denoting person who intrudes another); **c** (w. gen. or poss. adj. denoting person who intrudes himself or is intruded).

s1142 malens exulare quam ~oni, qua Willelmus Cumin ad episcopalem dignitatem spiravit, acquiescere J. HEX. *HR Cont.* 312; solent .. plurimi .. ut manifeste ~onis evitent elogium, terroribus elicite electionis quasi honestam pretexere speciem W. NEWB. *HA* V 11; extraneum aliquem .. violenta ~one preficere volebant GIR. *RG* 113; [Odo] electus .. est [episcopus Parisiensis] votis omnium .. et commendabili quadam ~one adeptus est dignitatem P. BLOIS *Ep.* 126. 377A; **s1214** (v. electio 2c); **s958** thronum Cantuariensis ecclesie pecunie interventu conscendit. qui primo ~onis die abstinere non potuit quin furias .. evomeret M. PAR. *Maj.* I 461. **b** loco canonice electionis .. successit ~o principis GIR. *GE* II 34 p. 338 (v. electio 2c); **1393** fratrem suum .. ex violenta ~one domini patris sui eam [sc. domum Dei juxta Elgyn] pro tempore occupasse *Reg. Moray* 130. **c** hinc super militis violentia conquerens, inde super clerici ~one *Chr. Battle* 92; **1221** prior et canonici .. [ecclesiam de A.] contra nos .. injuste detinent occupatam; verum quia .. ad tuendum si possent ~onem suam litteras .. pape .. impetraverunt .. *Pat* 311; **1280** R. de V. propter ~onem ipsius in ecclesia de F. est excommunicacionis vinculo innodatus *Reg. Ebor.* 97; **1378** ista tua tam nefanda ~o in papatu (*Lit.*) WALS. *HA* I 383; **1494** penitenciam .. prefato Ricardo C. pro ejus ~one antedicta imponendam sibi reservavit *DCCant. Reg. S* f. 400v.

2 usurpation (of temporal power).

s1328 cui succurrit .. per ~onem et fraudem Philippus, filius .. Karoli de Valoys AD. MUR. *Chr.* 56; tempore ~onis istius Henrici Loncastrie BOWER XV 7.

3 unlawful entry into possession of land *etc.* **b** (*breve, querela de ~one* or sim.) writ, plea, suit of unlawful entry.

1198 R. in misericordia pro injusta ~one *CurR* I 57; **1218** de ij carrucatis terre .. in quas non habet ingressum nisi per ~onem quam fecit in eandem terram *ExcRFin* I 8; **1220** ab ~one sua de Wheatele et de Clawrth desistere et recedere *RL* I 103; ~o .. est ubi quis cui nullum jus competit nec scintilla juris possessionem vacuam ingreditur que nec corpore nec animo possidetur BRACTON II 160 (= *Fleta* IV 273); **1286** per ~onem factam post mortem predicti N. *PQW* 85; ~o terre quam amittat intrusor per assisam nove disseisine HENGHAM *Judic. Esson.* 134; **1320** ut tenementa per simplicem ~onem possint recuperare *MGL* I 448; **1452** perdonavimus .. abbati et conventui omnimodas ~ones et ingressus in hereditatem suam (*Pat*) *Reg. Whet.* I 89; **1478** omnimodas intruciones [et] ingressus in maneria .. predicta *ChartR* 541 m. 1. **b** breve de ~one BRACTON III 160b; **s1258** poterit illud [sc. jus] petere per breve de recto .. sive per querimoniam de ~one *Leg. Ant. Lond.* 41; peticio communitatis per querelam de ~one in placitis terre *MGL* I 678; breve de ~one in hereditatem *Reg. Brev. Orig.* 162.

4 illegal entering, trespass.

cum .. averia nostra .. per manuum ~onem illas terras ingrediantur, licebit .. burgensibus .. illa .. inparcare *Reg. Malm.* II 152.

intrusor [ML]

1 one who thrusts (another into office).

~oris illius archiepiscopi totiens et tot .. superintrudentis presumptio GIR. *Invect.* I 4 p. 96; ~ores prelatorum et rectorum et judicum et officiariorum GASCOIGNE *Loci* 56.

2 usurper: **a** (of eccl. or mon. office); **b** (of temporal power).

a **1281** priorem de novo missum .. tanquam ~orem absque canonica admissione feci denunciari excommunicatum *Reg. Heref.* 296; **1408** R. W. .. venit ut ~or [v. l. intreusor] per expressam rebellionem et prefatum priorem extra hospitale predictum expulit *Cart. Hosp. Essex* 957; **1440** abbatiam .. ut ~or occupat BEKYNTON I 52. **b** **s1308** Karolus de Valoys, frater regis Francie et pater Philippi primi ~oris BAKER 99b; **p1367** subdere colla minori / huic intrusori *Pol. Poems* I 114; solus conquestus non sufficit fundare titulum possidendi .. et patet quod requiritur caritas conquestoris, auctoritas Creatoris et indignitas ~oris WYCL. *Civ. Dom.* I 150; Ethelbertus ~or periit, Cuthbertus intrusit ELMH. *Cant.* 13; **s1416** capto Johanne ~ore regni *G. Hen. V* 17; S. Edwardum .. tanquam regni ~orem et usurpatorem injuste super Anglicos regnasse FORTESCUE *Tit. Edw.* 3.

3 unlawful claimant of land or property.

de ~ore .. dicitur: 'inutilem servum ejicite in tenebras exteriores' [*Matth.* xxv 30] GIR. *GE* II 34 p. 339; si male fidei possessor, sicut ~or vel disseisitor, in longa et pacifica extiterit possessione BRACTON 39; cum .. per predictam parvam intrusionem .. nulla fiat datio vel mutatio, sicut manifeste patet per hoc quod primus tenens, qui .. debet vocari ~or, .. recuperet seisinam suam versus heredem HENGHAM *Judic. Esson.* 136; **s1305** breve .. contra ~ores alienarum terrarum *Flor. Hist.* III 122; hujusmodi ~ores recentes ejecti fuerunt *MGL* I 447; hanc [sc. partem mundi] tenet intrusor modo set paganus GOWER *VC* III 655.

4 intruder, trespasser (also fig.).

non sis rudis intrusor thalamorum D. BEC. 1363; casti .. monile / argumenta tori, pectus clausura, retruso / intrusore, feret HANV. IX 340.

intrusorie, by usurpation.

jura hereditarea que ~ie occupant .. regi restituere *Ps.-*ELMH. *Hen. V* 14 p. 28.

intrusorius, that usurps or intrudes, (of possession) wrongful.

1313 pro possessione .. sic injuste adquisita et ~ia diucius continuanda *TreatyR* I 516; villa ipsa .. ab ~ia potestate in possessionem regiam liberatur *Ps.-*ELMH. *Hen. V* 62 p. 169.

intrussare [OF *entrosser*], to tie up, pack.

1284 pro cordis, paner' et canabo .. emptis ad intrussand' dictam pecuniam (*AcWardr*) *KR Ac* 351/9 m. 7; **1286** pro minutis cordis emptis ad ~andum plumbum *Ib.* 485/28 m. 3; **1286** pro uno sacco et cordis ad ~andos denarios cambiatos apud T. *Rec. Wardr.* 696; **1303** pro iij ciliciis .. ad .. liberacionem ~andam et involvendam iiij s. iij d. *KR Ac* 363/18 f. 10; **1342** pro quadam domo conducta apud Brugges in qua res predicte .. adunabantur, hospitabantur et ~abantur quousque mittebantur versus Angliam (*AcWardr*) *Ib.* 389/14 m. 8; **1342** pro viij ulnis canab' .. ad intrussand' easdem sellas xvj d. (*Ib.*) *Ib.* 389/14 m. 6; **1386** de .. iiij coffr' pro armatur' introssand' *Ac. Foreign* 20 G; **1423** j bagg' .. ad intrussand' diversas res de officio robarum (*AcWardr*) *KR Ac* 407/13 m. 22.

intrutinare [cf. CL trutinare], to weigh evenly (against), balance.

reatus / mundi compensat intrutinatque bonum GARL. *Epith.* II 502.

intua v. intra 1a.

intubum (-tib-), ~us [CL], **~a** [LL], endive, chicory (*Cichorium intybus*). **b** herb bennet, hemlock (*Conium maculatum*). **c** chickweed (*Stellaria media*) or scarlet pimpernel (*Anagallis arvensis*).

intiba NECKAM *NR* II 58, incuba *SB* 25, *Alph.* 53 (v. cichorea); incuba, sponsa solis, kalendula idem, A. *goldwort* vel *rodeuurt Alph.* 86; sponsa solis, eleutropia, solsequium, incuba silvaticum, cicorea idem G. et A. *cicoree Ib.* 178; **1428** in soluccione facta pro ~o ad usum regis et regine *ExchScot* 433; **1434** per solucionem factam .. pro incibo et cirpio pro camera dicti domini ducis *Ib.* 603; intubi TURNER *Herb.* B ii (v. dens 3c); intybus *Id. Herb Names* 44 (v. hortensis). **b** ligones quibus tirsos extirpet et ~a [vv. ll. ~as, incubas, *gl.*: *herbe beneit* sc. *humbelok*] NECKAM *Ut.* 111; cicuta, celena, incubus, coniza vel conium, herba benedicta idem. G. *chanele* vel *chanelire*, A. *hemelok* vel *hornwistel Alph.* 39. **c** **12..** intiba, i. *muruns*, i. *chicnemete WW.*

intueri [CL], **~ere** [LL]

1 to look at, gaze upon, inspect, see: **a** (trans.); **b** (intr., or absol.); **c** (*s. pass.*).

a nulla penitus signa palloris se ~entibus ostendens WULF. *Æthelwold* 19; iratus rex .. civitatem terribiliter ~ens, in ejus subversionem conjuravit *V. Fridesw.* 13; R. comes .. crinigeros Anglice Brittanie alumnos curiose ~ebatur ORD. VIT. IV 2 p. 168; arma sponsi sanguine respersa ~ens *Latin Stories* 133; qui sedet super cherubim et ~etur abbissos *G. Hen. V* 2 p. 18 (cf. *Dan.* iii 55). **b** coelo aperto .. spiritalibus oculis ~ens, sicut beatus Job [*Gen.* xxviii 12] .., angelos .. viderat *V. Cuthb.* I 5; a quodam fratre timide inspiciente proclamatur tumba vacua. ast aliorum cura perspicacius ~itā respondetur potius .. plena .. sancti corporis gleba GOSC. *Transl. Aug.* 37B (*unless construed* ~itā [sc. tumba] *and referred to* c infra); quibus desideriis ipsi ~iti sunt in terris ubi conversata est corporaliter Salus humani generis *V. Gund.* 4; dum ad oceanum ~eretur G. MON. IV 1; cujus oculi acute ~entur et studiose M. SCOT *Phys.* 64 (v. declinare 1a); ait, ~ens ad superna, "Deum testor .." *V. II Off.* f. 2b; [Octavianum] esse tante pulchritudinis, quod nemo in oculis ejus ~eri poterat *Eul. Hist.* I 314. **c** crasseta in dormitorio .. accendi debent quam cito ita tenebrescit quod per illius medium clare ab intrantibus non possit ~eri [*impers. pass.*] *Cust. Westm.* 48; *Ib.* 133 (v. coquina 1b); post capitulum [tabula] a fratribus sollicite ~ebitur *Cust. Cant.* 98; ut in eo [sc. throno] princeps residens clare ab omnibus possit ~eri *Lib. Regal.* 1; **1397** acta .. partibus libere ~enda ostendere *Conc.* III 233.

2 **a** to observe, witness; **b** (w. acc. and inf., or indir. qu.); **c** (*s. pass.*).

a solutus est in lacrimis vir Dei .. quod ~ens comes, quare faceret, inquisivit BEDE *HE* IV 23 p. 264; **799** nos .. diminutionem lunaris formulae perspicatius ~entes ALCUIN *Ep.* 170; si .. vulgus conspiceret nostri habitus virum, quasi ~eret lupum inter oves sic vocitatus est BYRHT. *V. Osw.* 444; in thecis latentia ~ebamus spicula

Balsh. *Ut.* 49 (v. gorytus). **b** aderat ferox hostium multitudo, quam adpropinquare ~ebantur Bede *HE* I 20 p. 39; jucundum est ~eri in Patre et Filio et utriusque Spiritu, quomodo .. nullus alium excedat Anselm (*Mon.* 59) I 70; etate et debilitate frangor, finemque meum michi jam imminere ~eor Ord. Vit. XII 35 p. 444. **c** hoc .. potest in bello luce clarius ~eri, quod .. contra rebelles gessi *Ib.* VIII 13 p. 338; **s1431** inutiles communicaciones non poterunt .. lucidius ~eri (v. garrulatio).

3 (w. ref. to mental activity): **a** to reflect upon, consider, pay attention to; **b** (w. indir. qu.). **c** to observe, have regard for (custom, right, or sim.).

a perpendo quod amisi, dumque ~eor illud quod perdidi, fit hoc gravius quod porto Bede *HE* II 1 p.74; ~ebuntur posteri eximium regalis pietatis exemplum W. Malm. *GR* V 403; temet ipsum ~ere Ord. Vit. X 23 p. 139 (v. exemplum 2a); si eventum rei diligentius ~eri instituteris G. Mon. III 7; J. Sal. *Pol.* 437C (v. composite b); ea que subtilius ~entibus et artis arcana acute discernentibus internas et ineffabiles comparant animi delicias Gir. *TH* III 11; **1437** (v. exardentia). **b** quid Zacharias .. propheta electus dixerit ~emini Gildas *EB* 57. **c** quidam a malo in bonum alterati eo perspicacius †ituentur [l. intuentur] et terunt bonitatis studium quo pervicatius foverunt vitium W. Malm. *Mir. Mariae* 177; pater Maurus .. ritus Gallorum .. pie ~itus est Ord. Vit. VIII 26 p. 438; **1281** ea que regis sunt et jura ipsius regis in omnibus semper intebatur [*sic* MS] *PQW* 429.

4 (pr. ppl. as sb. m.) one who looks, onlooker, observer.

passionum loca .. ~entium mentibus ardorem divinae caritatis incuterent Gildas *EB* 10; cum ~entium .. delectatione Gir. *TH* I 12 p. 38; Willelmus C. .. contractus ita enormiter .. sic ut horribile monstrum appareret ~entibus *Mir. Montf.* 107; **s1326** jacuerunt cadavera nuda .. in medio foro, horribile spectaculum cunctis ~entibus *Ann. Paul.* 316.

intui v. niti.

intuibilis, that can be seen, looked at, or inspected.

[virtus] cogitativa [sc. respicit subjectum] ut est receptibile, non tamen retentibile, sed ~e, ut ita loquar Knapwell *Not.* 195; primum ~e cui insit predicatum prime contingentis est primum subjectum omnium veritatum contingencium ordinatarum Duns *Ord.* I 113; cum veritates de preterito, de futuro, et alie quecunque sint ~es in verbo Wycl. *Misc. Phil.* I 46; articulus [fidei] non est nisi signum sensibile et .. clare ~e *Id. Trin.* 8.

intuitio [LL]

1 (faculty or act of) seeing.

c798 prius non apparet illa spiritalis imaginatio, quam corporalis adlata sit ~o Alcuin *Ep.* 135.

2 inspection, examination, scrutiny.

qui se ~oni divinae gratiae humiliter subdunt Bede *Templ.* 742B.

3 knowing, understanding, intuition.

estimatio non intueretur intentionem nisi ~onis similitudo prius fuerit constituta in sensu J. Blund *An.* 255; per memoriam fit ~o rerum prius apprehensarum *Ib.* 290; nonne essencia divina in intellectu beati est principium ~onis ..? Duns *Ord.* III 297; ponunt quod est invenire intuitivam sive ~onem falsam Lutterell *Occam* 20; vocetur .. prima sua [sc. Dei] sciencia sive noticia incomplexa, seu simpliciter apprehensiva aut intuitiva, vel simplex apprehensio aut ~o Bradw. *CD* 221A; magister meus [sc. Wyclif] ex ~one divina nitebatur probare posicionem suam (Kyn.) *Ziz.* 31.

intuitive [ML]

1 by seeing directly or immediately.

si aliquis videat ~e Sortem et albedinem exsistentem in Sorte, potest evidenter scire quod Sortes est albus Ockham *Sent.* I 6; Wycl. *Dom. Div.* 187 (v. facialiter a).

2 with understanding, intuitively, by intuition.

intellectus ille nihil intelligit nisi ~e, quia .. omnis intellectio abstractiva et non-intuitiva est aliquo modo imperfecta Duns *Ord.* II 352; illa [sc. distinccio objectorum formalium] nusquam est in cognicione intuitiva nisi sit in objecto ~e cognito *Ib.* IV 260; noticia abstractiva presupponit intuitivam; sed cogniciones intellectuales cognoscuntur abstractive: igitur cognoscuntur ~e Ockham *Quodl.* 78; omne reatum necessario est possibile, et per consequens ~e cognitum a Deo (Kyn.) *Ziz.* 11.

intuitivus [ML], that comes from direct seeing or immediate understanding, intuitive.

est in intellectu ista distinccio inter intellectionem ~am et abstractivam Duns *Ord.* II 23; oculus noctue non habet cognicionem nisi ~am et naturalem *Ib.* III 45; cognicio simplex propria singulari et prima tali primitate [sc. generacionis] est cognicio ~a Ockham *Quodl.* 73; visio ~a tam intellectiva quam sensitiva est res distincta loco et subjecto ab objecto viso. igitur ista visio potest manere visibili destructo Lutterell *Occam* 18; *Ps.*-Ockham *Princ. Theol.* 132 (v. abstractivus); Bradw. *CD* 221A (v. intuitio 3); **s1342** videbunt divinam essenciam visione ~a et faciali *Meaux* III 39.

intuitus [CL]

1 (act of) seeing, looking, look, gaze, inspection; **b** (w. obj. gen.).

actus praeteritos praesentes necne futuros / auctor sic hominum prospicit intuitu *De lib. arb.* 120; gallus / .. grandis .. intuitu Wulf. *Swith. prol.* 190 (v. 2 gallus 3; *unless understood as supine of* intueri); si ratio suscitaret animi motum, leonis spectaret ~um Osb. Clar. *V. Ed. Conf.* 4; [Cestria] orientem versus protendit ~um Lucian *Chester* 45; **s878** ante divine majestatis ~um, ubi humilis apparere deberes M. Par. *Maj.* I 412; o lacrimosus ~us, quo .. Socrates .. vispilionis addictus cernitur servituti R. Bury *Phil.* 7. 104; quantum .. visiva virtus distincte uno ~u comprehendit Bradw. *AM* 8; si irate respexerint aliquem, occidunt eum solo ~u [ME: *with a lokyng*] *Itin. Mand.* 110. **b** ad quarum [formarum diabolicarum] ~um usque ad animam juvenis conterritus .. Osb. *Mir. Dunst.* 19 p. 145; dracones .. ad quorum ~um .. nimio terrore concussi sunt *Eul. Hist.* I 73.

2 (faculty of) seeing, sight, vision; **b** (fig., w. ref. to spiritual capacity).

eum quem corporali ~u numquam viderunt Deum et hominem .. credunt ac diligunt Bede *Hom.* II 11 p. 255; adeo acutum esse aquile ~um, ut pro fulgentissimis solis radiis numquam deflectat obtuitum Alb. Lond. *DG* 3. 4. **b** ut de nocte in qua erant eruerentur, ut perditus in eis repararetur ~us *V. Birini* 10;

3 a (act or faculty of mental) contemplation, consideration, reflection; **b** (w. obj. gen.). **c** respect, regard, (*quodam ~u*) in a certain respect. **d** purpose, intention.

a alme mentis ~u *V. Greg.* 84; mundissimo mundissimi cordis ~u coelestem illum musicum intendens Osb. *V. Dunst.* 10; ut misterium .. puro cernamus ~u [*gl.*: *ymbseane*] et digno percipiamus effectu *Rit. Durh.* 35; an non possunt apud Deum secretiora esse quam noster ~us valeat penetrare? Pull. *Sent.* 694A; mentalis intuitus J. Howd. *Cant.* 94; **1299** admirari non sufficimus, cujus utilitatis consideratio .. vestros in eum affectionum ~us convertisset *Lit. Cant.* I 27; cognosceret per experienciam, vel, secundum illos, ~um, illam beatitudinem Wycl. *Misc. Phil.* I 46. **b** stipendiorum ~us in prelia destinat professum militiam L. Durh. *Hypog.* 62; habere debes etatis senilis ~um Gir. *GE* I 39 (= Leo I *Epist.* 159 [*PL* LIV 1138B], cf. Gratian *Decr.* II 26. 7. 2). **c** sicut .. quodam ~u homo est genus individuorum suorum .., ita quodam respectu .. W. Malm. *GP* I 41 p. 64. **d** **s1190** rex .. eo venit, ea sc. intentione et ~u ut .. litigantes pacificaret *Itin. Ric.* II 16 p. 160.

4 (*~u, pro ~u* w. gen.): **a** out of consideration for, for the sake of; **b** on account of, by reason of; **c** with the intention of.

a nec .. vel gradus, vel eruditionis, vel etiam nobilitatis suae ~u .. ab humilitatis statu valuit revocari *Hist. Abb. Jarrow* 4; **724** (15c) qui pro ~u caritatis .. subsidium .. tribuunt *CS* 141; **c767** pro Dei ~u *CS* 199; **796** quem [sc. Petrum] Christus .. ~u pietatis .. revocavit Alcuin *Ep.* 113 p. 165; **805** terram .. pro ~u aeternae mercedis fratribus nostris .. tradidit *CS* 319; **1187** hoc, quod Dei solius ~u et libertatis obtentu .. incepimus *Ep. Cant.* 50; si non facitis vestre utilitatis ~u, faciatis hoc .. sue conversionis et salutis obtentu P. Blois *Ep.* 24. 87A; **1266** (1281) †intuiti [MS: intuitu] diutini et laudabilis obsequii predicti J. (*Ch. Hen. III*) *PQW* 429b; **s1454** propter .. causas .. quas tui honoris ~u .. non detegimus *Reg. Whet.* I 130. **b** post hunc [resident] duo camerarii, prior autem qui ~u provectioris etatis venerabilior esse videbitur *Dial. Scac.* I 5B; patescebat nobis aditus facilis, regalis favoris ~u, ad librorum latebras .. perscrutandas R. Bury *Phil.* 8. 118. **c** **c1210** presertim cum conquerendi ~u .. et corrigendi .. et premuniendi ceteros .., cum hoc, inquam, affectu solum et proposito singula proponantur Gir. *Ep.* 2 p. 164.

intula, wallwort, danewort, dwarf elder (*Sambucus ebulus*), or ? *f. l.*

intula [? l. ebula *or* intuba *or* inula], *walhwyrt* *GlC* I 147 (cf. *WW* [**10..**]: intula, *walwyrt* .. intula *wealewyrt*; *Gl. Durh.*: intula, *ual uyrt*).

intumbare [ML; cf. LL tumba], to bury, entomb (in quot., fig., w. ref. to concealment of murder).

morti .. non homini parabat exequias, et eam caute coram omnibus ~at Map *NC* III 3 f. 39v.

intumescere [CL], **intumēre** [LL]

1 to become swollen, swell up: **a** (of bodily swellings, also w. acc. of respect); **b** (w. ref. to pregnancy); **c** (of sea, river, stream) to swell, rise up, flood (also w. ref. to stream of blood); **d** (fig.).

a qui .. per brachium illum apprehendit, et ter tam fortiter constrinxit, ut illae partes brachii non parum ~uerint Alex. Cant. *Mir.* 46 (II) p. 250; ancilla .. que .. brachium dexterum ~uerat, quod .. suspensum portabat a collo W. Cant. *Mir. Thom.* II 81; *Ib.* II 20 (v. fundamentum 4); cum .. pulmo debilis esset, tumorem suscepit .. ~uit etiam calore febris eum dissolvente et ipsius substantiam dissipante *Quaest. Salern.* B 91; ~uerant .. membra universa, ut mirarentur intuentes cutem sic extensam nec ruptam *Mir. Wulfst.* I 44 p. 144; pellis .. ~escens *Mir. Hen. VI* III 90 (v. 2 frons 1a). **b** uteri .. ~escentis L. Durh. *Brig.* 2 (v. exsistere 5b); [mulieres] usque ad pariendi articulum naturaliter ~escunt Gir. *TH* II 4; vellus celesti rore maduit dum puelle venter ~uit *Vers. Cant.* 13. **c** equora .. ~escunt Gir. *TH* II 3 (v. detumescere b); [Achelous] iratus aeri ~uit et undis et eas [Naiades] .. impetu suo in freta provolvit *Natura Deorum* 126; **s1237** [fluvii] civitates, pontes, molendina, ~entibus gurgitibus ex .. stagnis dilatatis, dissiparunt M. Par. *Maj.* III 387; sanguis emanans lacrimis intumescit J. Howd. *Cant.* 272 (cf. *Joh.* xix 34); in pluviis sunt eris tonitrua, et fulmina cadunt, inundant flumina, torrentes ~escunt Bacon V 53; **s1415** ex opturacione illa aqua ~uit in accessu nostro super omnia prata vallis *G. Hen. V* 5. **d** Gir. *GE* II 33 p. 329 (v. detumescere c); divicie faciunt ~escere Walt. Wimb. *Elem.* p. 322 (v. hydropisis 2).

2 to increase: **a** (in size or amount); **b** (in force).

a intumuisse ferunt pro pelle leonis asellum, / quam vix aptarat †arculus [l. artubus] ille suis Neckam *Avianus* 466; robusti fedant aurige sanguine currus / si loculi ductis †intumere [*MS BL Cotton Claudius A X* f. 12r: intumuere] viris Garl. *Epith.* II 182; comes paucos habuit armorum expertos; / pars regis intumuit *Carm. Lew.* 94; Israel ergo bravium apprehende / sinusque tuus premiis intumescat J. Howd. *Cant.* 232. **b** persecutionis procella, que in egressu suo ~uerat, nondum detumuerat *V. Edm. Rich P* 1809C; non tenet aura fidem; .. / intumet, iratam percutit ergo Tethim Garl. *Tri. Eccl.* 131.

3 to become puffed up, swollen (with pride, indignation, or sim.).

non .. ~eo .. nam honor iste meus non est, quia non pro me sed pro Deo .. exhibetur Alex. Cant. *Mir.* 25 (II) p. 212; Anglicus .. tirannus effuso fratris et hostis sanguine letus ~uit Ord. Vit. III 14 p. 145; **1168** ~escentes contra Dominum et ecclesiam Dei J. Sal. *Ep.* 235 (276 p. 584); quanto amplius ~uerunt adversus scientiam Dei, tanto gravius dejecit eos P. Blois *Ep.* 67. 212C; per superbiam ~escentes W. Macclesfield *Quaest.* 49ra; est tamen absurdum, cum quilibet ex alieno / intumet ulterius quam tumuisse decet Gower *VC* III 1374.

intumulare [ML; cf. CL tumulare], to bury, entomb.

neptim ducis quam .. hic ~avi G. Mon. X 3; **s1251** torques, monilia anulos .. que .. morituri circa se ligaverunt, ut postea inventi ab inventoribus ~arentur et exequie impenderentur M. Par. *Maj.* V 240; Lucas testatur quod post tormenta Johannis / Marcus qui fuerat intumulavit eum Garl. *Tri. Eccl.* 103; **1275** obiit R. .. et ~atus fuit in abbatia de Furnesio W. Newb. *Cont.* 568; in nocte .. aut in die Pasche si obierit, non debet corpus ~ari *Cust. Cant.* 366.

intumulatio [ML], burial, entombment.

1290 pro ~cione Galfridi aquarii coquine *Househ. Eleanor* 114.

inturala v. interula.

inturbate [cf. CL inturbatus], undisturbed.

1284 Parisien[ses] studium, et quedam alia .. ~e se haurire de fontibus sapientie gratulantur (*Lit. Archiep.*) *Conc.* II 112.

1 intus v. incus.

2 intus [CL]. *Cf. abintus, deintus.*

1 (adv.) within, (on the) inside. **b** within community, institution. **c** (*liber ad ~us*) ? account book recording internal transactions. **d** (geog.) within country, region, or sim.

antequam clausus obstructis januis ~us maneret *V. Cuthb.* III 5; utrum ipse ~us an foris noctem transigeret Bede *HE* II 12 p. 108; Egb. *Pont.* 46 (v. confessio 4); accidit .. dum monachi .. starent ad ingressum aecclesiae, clericos ~us finire missam Ælf. *Æthelwold* 13; de corio clipeum texit; caput Gorgonis ~us depinxit *Natura Deorum* 18; quod .. [oculi] habeant lippitudinem et extra fuerint euntes aut ~us nimis existentes J. Mirfield *Brev.* 56. **b** ?**853** (v. 2 foris 1b); **867** ab omni servitute regalium et saecularium difficultatum ~us et foras .. perenniter liberabo *CS* 516; Gir. *EH* I 15 (v. 2 foris 1b). **c** **1454** pro duodecim martis .. intratis in libris dietarum ad ~us et extra sine precio *ExchScot* 677. **d** si quis eum deinceps firmabit, emendet sicut liber judiciorum docet .. si sit hic ~us; si sit *east* intro [v. l. ~us], si sit *norð* ~us, emendet

sicut scripta pacis continent [AS: *herinne* .. *east inne* .. *norð inne*] (*Quad.*) *GAS* 145.

2 (to) within, inwards (also *ad ~us*).

clamaverunt me ~us, reserato ostio papilionis BEDE *HE* IV 17 p. 245; sunt quattuor responsiva loci, ut 'hic, hinc, hac, huc', .. sic '~us, deintus, intro, ad ~us' *Ps.*-GROS. *Gram.* 59.

3 within the mind or soul, inwardly, privately.

p782 qui foris .. ovis in vestimentis videri cupiat, ~us .. ante conspectum Dei .. esse contendat quod foris ante homines putari cupiat ALCUIN *Ep.* 51; presta .. ut per eum quem similem nobis foris agnovimus ~us reformari mereamur *Rit. Durh.* 2; intus amore leditur / foris telo transfigitur J. HOWD. *Cyth.* 134. 7.

4 (leg.) in possession (of land).

1219 venit ipse cum .. amita sua .. et sicut heredes ejus posuerunt se in tenementum illud, et ~us fuerunt et ceperunt inde expleta ad valentiam x s. *CurR* VIII 42; **1221** H. et alii .. cum eo fecerunt ei seisinam suam et idem S. ~us remansit *PlCrGlouc* 27.

5 (*~us ad unguem et in cute*) in intimate detail (*cf.* Persius 3. 30).

ut ad unguem ~us, sc. et in cute, vir virulentus dinosci possit GIR. *SD* 78; nosce te ipsum .. ~us ad unguem et in cute notum et notis hujus modi sepe notatum *Ib.* 128.

6 (prep.) within; **b** into.

in Hereford civitate .. erant c et iij homines commanentes ~us et extra murum *DB* I 179ra; **c1170** terram ~us Weflidegate *Ch. Chester* 161; nunc ~us nunc foris ecclesiam FLETE *Westm.* 39. **b** docet intus et ire / hic urbem sanctam H. AVR. *Poems* 2. 160 (v. introrsum 2).

intussusceptio, taking in, absorption (of rays into eye).

PECKHAM *QA* 164 (v. extramissio); ex istis imaginibus defluxis per introsuscepcionem NETTER *DAF* II 124VC.

intussuscipere, [al. div.], to receive into (eye).

si queratur an ad utendum visu aliquid per oculos emittatur, ut ait Plato, an intus suscipiatur BALSH. *AD rec.* 2 175; philosophi naturales tangentes id quod est ex parte visus naturale et passivum, dicunt visum fieri ~iendo GROS. 73; BACON *Maj.* II 51 (v. extramittere b).

intyb- v. intubum.

inuberare [LL], to flow, be abundant.

ubero .. quod non est in usu, sed componitur ~o .. i. lactare, et exubero .. OSB. GLOUC. *Deriv.* 617.

inula [CL < ἑλένιον], **a** elecampene (*Inula helenium*). **b** spring onion (*Allium cepa*). **c** dock (*Rumex*).

a †mula [l. ~a], *horshelne Gl. Durh.*; hec enula, *ealne Gl. AN Ox.* 638; oportet .. quod preparatio materie hujusmodi ad evacuationem sit .. ex herbis diur[eticis] .. ut enula, campana, rafano .. GILB. I 38v. 2; **12..** elna enula, i. *ialne*, i. *gretwurt* .. enula, i. *alne*, i. *horselne* .. *WW*; hec enula, *audne Gl. AN Glasg.* f. 18rb; elena campana vel enula, ortolana et campana differunt, ortolana major, elena campana minor, scabiosa maior idem. A. *horshelne SB* 53; ellenium multi simphitum vocant vel batum aut flomnum, Latini autem ynulam dicunt *Alph.* 54; enula campana, A. *horshelyn* .. hec elena campana, *horshalle WW*; *horselle*, herba, enula campana *CathA*; helenium, Latinis est ~a, officinis enula campana vulgo *allicampane* TURNER *Herb Names* B i v. **b** herba hinnula campana, *þæt ys spere wyrt Leechdoms* I 40; fiunt et areae ditatae cepulis, porris, alliis, peponibus, hinnulis [*gl.*: hec hinnula est scalonia] NECKAM *NR* 274; hinulas, porros, cepe et alia hujusmodi acrimonia, que suscitativa sunt inordinati appetitus .. devorantes J. GODARD *Ep.* 223; hec hinnula *escaloine Gl. AN Glasg.* f. 19rd; **12..** hinnula campana, i. *sperewurt WW*; ~e, G. *escaylonnes Alph.* 86; hec hinnula, *a scalyone WW*; *a scalyon*, hinula *CathA*. **c** †emula [l. enula], A. *a dokke WW*; *a dokan*, paradilla, †emula [l. enula], farella *CathA*.

inultus [CL]

1 (of person) unavenged; **b** (w. ref. to non-payment of wergeld).

Hirelgdas ne ~us permaneret si injuste interfectus fuisset G. MON. IV 8. **b** si occidatur, ~us [AS: *orgilde*] jaceat (*Quad.*) *GAS* 49.

2 (of crime, sin, or injury) performed with impunity, unavenged.

dicunt se nullatenus suas injurias posse dimittere ~as BEDE *Ep. Cath.* 107; ne peccatum eorum ~um existeret PETRUS *Dial.* 37; sed nos nostrae civitatis injuriam negligere vel ~am relinquere non debemus W. S. ALB. *V. Alb. & Amphib.* 38; M. PAR. *Maj.* III 547 (v. facere 42a); **c1298** numquid hec perfidia manebit inulta? (*Dunbar* 154) *Pol. Songs* 171.

inumare v. intimare 2a.

inumbrare [CL], to cast a shadow over (in quots., fig.).

[Osredus] annis undecim dictum regnum ~ans W. MALM. *GR* I 53; mentis inumbrat / laudis oliva rubum HANV. VI 212.

inumbratio [LL], overshadowing, darkness.

~o illa quae noctis natura est ita erigitur ut ad sidera usque videatur extendi BEDE *Temp.* 7 p. 193.

inumectatus, not moistened.

panis siquidem qui servis Dei deferebatur in aquis fuit, sed aquis intactus et inhumectatus mansit ORD. VIT. VI 10 p. 121.

inumectus [LL], not moist.

vellus infusum rore est Virgo sacra, fecunda prole. area inhumecta est virginitas ejus intacta HON. *Spec. Eccl.* 904C; [vellus Gedeonis] tota terra rore madente siccum vel inhumectum extitit [cf. *Jud.* vi 40] J. FURNESS *Pat.* 158.

inuncare [CL], to catch on a hook.

bicipitibus hamis ~abuntur OSB. BAWDSEY clxxviii (v. hamus 1b); ~are, decipere OSB. GLOUC. *Deriv.* 291; ~o, A. *to faste with an hoke WW*.

inunctio [CL]

1 application of ointment: **a** (med.); **b** (eccl., w. ref. to baptism or extreme unction); **c** (w. ref. to anointing of priest, bishop, king, or emperor).

a fiat frequens ~o GILB. I 78v. 2 (v. dactylus 3a); aperi poros cum ~one olei de camomilla GAD. 8. 1. **b** hortatur eos impendere sibi ministerium sacre ~onis EADMER *V. Osw.* 34; B. Clemens ex doctrina B. Petri ~onem chrismatis et olei addidit BELETH *RDO* 110. 113; extremam ~onem dare soli ex officio competit sacerdoti GIR. *GE* I 12; extremam olei sacri ~onem a presbitero acceperat *Canon. G. Sempr.* 153; officium ~onis seu anime commendacionis alicujus fratris *Cust. Westm.* 24; **1314** sicut in communicacione et ~one infirmancium fieri consuevit (*Rec. Ord. Praedic.*) *EHR* V 109. **c** peracto sollenniter ~onis offitio W. MALM. *GP* I 66; predicti .. reges non .. ~onis sacramento .. monarchiam obtinuerunt GIR. *TH* III 45; per ~onem et consecracionem [sc. imperatoris] OCKHAM *Pol.* I 90; regum Anglie coronacionem et ~onem *Meaux* I 190; **1423** in signum degradacionis .. tibi patinam et calicem auferimus ac loca manuum in quibus ~o facta est abradimus ac omni potestate missam celebrandi te privamus *Reg. Cant.* III 172; reges Angliae, qui hoc oleo inungentur, clementes erunt et pugiles ecclesie ~one sacramentali FORTESCUE *Tit. Edw.* 10.

2 ointment.

crismatica ~o contenta in vasculo de caelis †allatum [l. allata] est ei angelico ministerio *Flor. Hist.* I 240.

inunctuositas, oiliness.

livescit urina cum calor adurens plus dissolvit quam consumat de substantialibus humoribus et de ~ate sanguinis in venis contenti GILB. IV 191.1.

1 inunctus v. 1 inungere.

2 inunctus, not anointed.

s1066 Willelmus .. ex quo victoria usus est .. ~us permanens, in Nativitate Domini unctus est in regem EADMER *HN* 11.

inundanter, abundantly.

adventantibus hospitibus habundanter et .. infirmis petentibus ~er dolii ipsius larga plenitudo suffecerat R. COLD. *Cuthb.* 107; undanter, habundanter, .. uberose, ~er OSB. GLOUC. *Deriv.* 626.

inundantia [LL]

1 flooding, flood; **b** (fig. and in fig. context).

s1393 (v. demersio b); plaustris .. ex ~ia aquarum repente perditis et demersis OTTERB. 258. **b** non septigeno Niliaci fluminis gurgite, sed septiformi Sancti Spiritus ~ia ALCUIN *Ep.* 60; o bonorum tuorum ~ia et malorum meorum abundantia! ANSELM (*Or.* 14) III 57; unda [Vergil *Aen.* VI 174], ~ia adversitatis BERN. *Comm. Aen.* 61; cum quantis terribilium discriminum ~iis AD. MARSH *Ep.* 191.

2 downpouring, downpour.

prope fluvium .. qui tunc prae ~ia pluviarum late alveum suum .. transierat BEDE *HE* III 24 p. 178; ~ia pluviarum grandis et gravis erupit L. DURH. *Brig.* 11; ingruente .. ventorum rabie, imbrium ~ia T. MON. *Will.* VII 17; fluvium .. qui tunc pre ~ia pluviarum omnes metas suas transierat *Flor. Hist.* I 322; **s1315** (v. demergere 1d).

inundare [CL], **~ari** [LL]

1 (intr.): **a** (of river, sea) to flood, be in flood (in quots., dep.). **b** (of rain) to pour down. **c** (of tears or blood) to flow copiously.

a ostium fluminis illius fluit in Sabrina et quando Sabrina ~atur ad sissam, et mare ~atur similiter in ostio supradicti fluminis NEN. *HB* 214; quando mare ~atur, ad mallinam extenditur Sabrina super omnem maritimam *Ib.* 217. **b** ~antis pluviae tempestatem WULF. *Æthelwold* 5 (v. erumpere 2a); tanta .. pluviarum hic jam ~at ubertas GIR. *TH* I 33; propter nimias pluvias, que mense Februario, sole Aquarium tenente, ~are solent ALB. LOND. *DG* 8. 10. **c** GARL. *Tri. Eccl.* 135 (v. ensifer a); inundantes / tenera sanguinis in carne sudores J. HOWD. *Cant.* 90.

2 (fig.) to flood, flow copiously, come in great quantities or numbers; **b** (w. army, nation or sim. as subj.).

793 a diebus Aelfwaldi regis fornicationes, adulteria, et incestus ~averunt super terram ALCUIN *Ep.* 16; ANSELM III 57 (v. exundantia); ut michi sp[l]endoris abyssus inundet J. HOWD. *Cant.* 253. **b** confluit urbs tota, ~at Cantia, undique concurrunt populorum examina GOSC. *Transl. Aug.* I 18C; hostilis exercitus ~avit, sacerdotes jugulantur *Id. Transl. Mild.* cap. p. 154 (cf. ib. 5: exercitus .. Tanetum ac si mare effusum obruit).

3 ? to overflow (with), abound (in) (in quot., w. person as subj., and abl.).

[pontifex] in diluvio lacrimarum plorat, non .. Sancti Spiritus infusione et sui roris intima aspersione .. sed scilicet ejulatu magno et luctu ~at GOSC. *Edith* 90 (? l. ~ante *and* cf. 1c supra).

4 (trans.) to flood, inundate; **b** (fig.).

[juvenibus] inundato tractis e carcere L. DURH. *Dial.* II 314; Egiptus .. regio est quam ~at Nilus fluvius GROS. *Hexaem. proem.* 12; **1313** per quam obstupacionem .. aqua de M. ~at et submergit domos vicinorum valde noscenter *Leet Norw.* 59; **1353** pratum acosum et sepius enundatum *IPM* 124/4; **1403** prata, pasture ac terre semmate .. per excessivas exaltacionem et structuram gurgitum molendinorum .. impediebantur, ~ebantur, vastebantur [*sic*] et destruebantur *Cl* 251 m. 22d; foveam urbis profundam nimis et ~atam STRECCHE *Hen. V* 167. **b** quomodo tanta ferarum milia, que antea copioso grege universam terram affluenter ~arunt, tam repente fuerint adnullata *G. Steph.* 1; post S. Edmundi ~antem regna favorem GIR. *EH* I 45 p. 299; omnia regna .. Cristi que nomen inundat GOWER *VC* III 627.

5 *f. l.*

1218 inundabunt [l. mundabunt] stagnum molendini predicti quociens neccesse fuerit *Cart. Tutbury* 356.

inundatio [CL]

1 flooding, flood; **b** (fig. and in fig. context); **c** (w. ref. to invading army).

c1175 si stagnum illud occasione aliqua dirutum vel quassatum fuerit vel aque ~one debilitatum .. *Regesta Scot.* 168; propter frequentes et nimias ~ones, in medio fluminis [cruces] infigi non poterant RIC. HEX. I 14; **1277** cum .. bona .. per maris ~onem ad terram projecta essent *Law Merch.* III 139; **s1360** ~ones maritime (v. devoratio c); ponere et infigere hesias .. et claias, ad pisces suos salvandos .. sequendo tam ~onem quam retractionem aque illius marre *Meaux* II 151; ~ones .. Humbriae omnes terras nostras .. miserabiliter consumpserunt *Ib.* III 183; **1573** non sine magnis annualibus oneribus et expensis .. ab enundacione aquarum preservari possunt *Pat* 1094 m. 31. **b** [Johannes evangelista] ex quo .. flumina perenniter roriflua ~one manantia decurrunt ALDH. *Met.* 2 p. 65; etsi irruit ~o perfidiae non subruit domum fidei BEDE *Hom.* II 25. 436 (cf. *Luc.* vi 48); **1173** sophiste simulatores agmine et ~one verborum beati judicantur W. FITZST. *Thom. prol.* 9; **1188** (v. enavigare 2); consolationis larga ~o J. FORD *Serm.* 16. 6; fons legis naturalis et gracie, et ~o veritatis quasi scaturiens, ascendebat de terra cordis GROS. *Hexaem.* X 8. 8; symoniacus est quasi piscis captus in vasis diaboli, qui propter continuam ~onem peccati non redit per foramen quo ingressus est WYCL. *Sim.* 26. **c** tantam ~onem immanis exercitus per fines suos diffundi viderunt ORD. VIT. IV 12 p. 255.

2 **a** downpouring, downpour (of rain); **b** copious flow (of tears, blood).

a videres .. templum ejusdem [civitatis] pluvie ~one nec contingi EADMER *V. Osw.* 3; pluvialibus ~onibus pre aliis terris hec exuberat GIR. *TH* I 6; dum .. agellulum suum .. ab ~one aquarum pluvialium per rivulos evacuaret COGGESH. *Visio* 5; Inacum fluvium ingrossari ex ~one aquarum descendentium ex aere superiori GERV. MELKLEY *AV* 57; [phlegmaticus] somniat de aquarum, nivium et pluviarum ~one BART. ANGL. IV 9. **b** ~one lacrymarum OSB. BAWDSEY cxlv (v. diluere 3a); protinus subsecuta est sanguinis ~o, quod nullo potuit artificio restringi venarum incisio *Mir. Fridesw.* 110; lacrimarum crebra ~o *Canon. G. Sempr.* 71.

inundificare v. mundificare. **inune** v. inunis.

1 inungere, ~uere [CL]

1 to anoint; **b** (med.; also in fig. context); **c** (eccl., w. ref. to baptism or extreme unction); **d** (w. ref. to anointing of priest, bishop, king, or emperor).

palestra secundum quosdam dicitur a palude unde ~ebantur OSB. GLOUC. *Deriv.* 465. **b** a797 quatenus aeternae pietatis medicus collyrio suae misericordiae ~uat oculum iniquis obcaecatum cupiditatibus ALCUIN *Ep.* 86 p. 130; GILB. II 94v. 1 (v. discrimen 1b). **c** si infirmus magis ad mortem quam ad salutem tendere videatur, et se petat ~ui LANFR. *Const.* 180; inuncto crismate baptizato ponitur super caput ejus crismale BELETH *RDO* 110. 114; esto quod myrrha et aloe et balsamo ~aris, nonne in districto examine stabis rationem pro te redditurus? NECKAM *NR* II 187 p. 331; si .. aliquis frater inunctus fuerit aut defunctus *Cust. Westm.* 16; fratres in moriendo †injungere [l. inungere] et cum mortui fuerint circa eos commendacionem dicere *Cust. Cant.* I 74; expedit super infirmum presbyteros .. orare et eum ~ere ut possit salvari J. BURGH *PO* VII 2. f. 90b; si .. invalescente egritudine extrema sit ~endus unccione *Stat. Linc.* II 342. **d** regem eum .. sacravit et inunxit *G. Steph.* 5 p. 12; s1141 regem voluntate populi et assensu sedis apostolice inunctum W. MALM. *HN* 501 p. 63; cum quidam filius prophetarum venisset et inunxisset Jehu in regem [cf. *IV Reg.* ix 6] P. BLOIS *Ep.* 10. 32B; ~untur reges et prelati T. CHOBHAM *Praed.* 258; Christus nomen Grecum est et est idem quod unctus, et ibidem dicit quod solum ~i debent reges et sacerdotes in signum dignitatis H. HARTLEPOOL 196; *Lib. Regal.* 11b (v. disicere a); **1459** nos nichil mali .. intendere contra personam vestram inunctam *Reg. Whet.* I 341.

2 (*manum ~ere*) to oil the palm (in bribery).

nec ante in postulatione qualibet .. exaudiri quam, manu ejus inuncta, reum se presumptionis in publico proclamaret *G. Steph.* 13; S. SIM. *Itin.* 80 (v. 1 Florentinus).

3 to rub in, smear on (ointment or sim.).

succus vermicularis .. inunctus super dentes GAD. 127v. 1; flamula i. *sperewort*, †injuncta [l. inuncta] pulsibus febrem facit *Herb. Harl. 3388* f. 79v (v. flammula 2a).

2 inungere v. mungere.

inuniformis, not uniform.

partitionum alia uniformis, alia ~is: uniformis est que fit in idemptitate casuum ..; ~is est que non fit in idemptitate casuum. ~ium alia directa, alia indirecta: directa .. ut 'aliquis hominum', indirecta .. 'creatura salis' GERV. MELKLEY *AV* 43; cum tempora lunationum verarum multiformi inequalitate diversificentur tam propter motum solis verum ~em quam propter verum motum lune multo magis ~em BACON VI 240.

inuniformitas, lack of uniformity.

hec .. comparatio esset inutilis: 'veluti sine pollice Typhis, / vel lira que reticet, vel qui non tenditur arcus' [cf. Claudian *Carm.* 8. 222–3] propter ~atem GERV. MELKLEY *AV* 153; Albategni post Ptholomeum ~atem secundi motus tam secundum longitudinem quam secundum latitudinem deprehendebat BACON IV 424.

inuniformiter, not uniformly, without uniformity.

patet, cum [sol] uniformiter moveatur in suo ecentrico, quod necesse est ipsum ~iter moveri propter respectum ad zodiacum BACON IV 421; minus bene intelliguntur quando casualiter loquuntur et ~iter KILWARDBY *OS* 483.

inunis, not one (in etym. gl. on *inane*).

quibusdam placuit 'inane', littera mutata, dici quasi 'inune', sc. quod non est unum J. SAL. *Met.* 942A.

inunitus, not united.

colores ~i PECKHAM *Persp.* I 81.

inurbane [CL], without refinement or wit, inelegantly.

~ius aut diffusius aut simplicius me scribere oportebat P. BLOIS *Ep.* 1. 2A.

inurbanitas [ML], lack of refinement or wit, inelegance, rudeness: **a** (in behaviour); **b** (in speech or literary style).

a in quantum illorum ~as permittebat F. MALM. *V. Aldh.* 5. 79D; c1205 vos nec visitastis [me] infirmum nec .. michi revelastis adventum; sed .. ~atem .. vestram equa puniam talione P. BLOIS *Ep. Sup.* 52. 2; ~as, A. *vylonye WW.* **b** propter nimiam illic verborum ~atem et indecentiam H. BOS. *Thom.* IV 10; s1460 nil aliud nisi verba probrosa .. transmiserunt .. illis. de cujus ~ate transmissionis proceres .. irritati .. *Reg. Whet.* I 373.

inurbanus [CL], not refined or cultivated, inelegant, boorish: **a** (of behaviour or speech; also as sb. n.); **b** (of person).

a ~um foret vos in amicitia claudicare P. BLOIS *Ep.* 32. 108C; ~um .. est ut ei thorum violem quem .. ipse prestitit MAP *NC* III 5 f. 43; quamvis nullum falsum sequatur ex vero, tamen dissonum et ~um sequitur ex consono et urbano WYCL. *Ver.* I 289. **b** 1169 rex .. prorupit in contumeliam supplicantis, et inpudentia loquendi promeruit ut, qui antea minus verus, nunc a Francis habeatur et ~us J. SAL. *Ep.* 285 (288).

inurere [CL]

1 to burn, scorch, cauterize (in quots., fig.).

voce, manu, calamis nos ludit, plaudit, inurit, / frigora, flagra, famem, flere, dolere, pati L. DURH. *Dial.* II 447; **1166** hec cum dolore, lacrimis, singultibus et suspiriis loquimur, tanquam viscera nostra de claustro pectoris acerbitate ferri extracta ardore cauterii ~amus J. SAL. *Ep.* 151 (157).

2 a to brand (mark) on; **b** (fig.) to stamp (offence, disgrace, or sim.) on, to impute to.

a humero meo dextro candenti ferro signum crucis precor ~i, quod mihi, licet vestes auferantur, auferre nemo praevaleat BEN. PET. *Mir. Thom.* IV 2 p. 175. **b** nullum .. maledictionis genus vel perfidiae dimisit, quod nostro non ~eret nomini ALCUIN *Dogm.* 232B; pessimis consiliis ita est depravatus [Stephanus] ut .. persone regie inexpiabilem nevum ~eret W. NEWB. *HA* I 6; c1174 scitis equidem, quam periculosum sit homini innocenti notam tanti criminis ~ere P. BLOIS *Ep.* 45. 130C; **1192** hoc facinus interminabilem tibi maculam sinistre opinionis inussit *Ib.* 89. 279C; ecclesie Christi tributariis functionibus characterem servitutis ~ere *Ib.* 121. 355C.

3 to brand (person *etc.* with mark; in quots., fig. or in fig. context).

GILDAS *EB* 1 (v. decere 4); ne eum mutabilitatis nota .. ~ere videantur J. SAL. *Pol.* 445B; **1166** mundus .. professionem veritatis nota et nomine vanitatis ~it *Id. Ep.* 144 (161); **1167** suspicionibus ~endus (v. exacerbare 1a).

inusitate [CL], unusually, in unaccustomed manner, strangely.

1093 illi .. me ~e lugentem .. audientes accurrerunt ANSELM (*Ep.* 148) IV 4.

inusitatio, unusual story, rumour.

c1350 fuit enim magna ~o quod rex pater viveret *MS BL Cotton Faustina B V* f. 55v.

inusitatus [CL], not in use, unusual, unfamiliar, strange (also as sb. n.); **b** (w. ref. to linguistic or literary usage); **c** (mus.).

abbatem presbyterum, cujus juri .. etiam episcopi ordine ~o debeant esse subjecti BEDE *HE* III 4 p. 134; ~e indigentie barbariem expaverat GOSC. *Transl. Mild.* 22 p. 186; periculosum .. mihi esse tam †inusitatem [l. inusitatam] rem petere ANSELM (*Ep.* 186) IV 72; speratis vos a Deo ~um fieri miraculum PETRUS *Dial.* 5; ~ius .. est pro membris abscisis nova substitui quam ad vigorem debilitata restitui BEN. PET. *Mir. Thom.* IV 2 p. 173 (cf. *Mir. Wulfst.* II 16 p. 168: longe mirabilius quia omnino inusitasius [*sic* MS; l. inusitatius] pro membris abscisis .. nova restituere); ut nihil preter ~um et raro contingens vel pretiosum ducat vel admirandum GIR. *TH* I 15; ista ~a et cursui nature non consueta GROS. *Hexaem.* XI 5. 2. **b** multo .. minus ~a est locutio cum Christus dicitur exaltatus propterea quia mortem sustinuit ANSELM (*CurD* 9) II 63; hoc modo loqui non ~e consuetudinis est R. MELUN *Sent.* II 59; rex .. aliam [clausulam] antea ~am ipse dictavit *Chr. Battle* 121v; GARL. *Mor. Scol.* 7 *gl.* (v. dictio 3a); *Ps.*-GROS. *Gram.* 69 (v. dilucidus d). **c** iterato sunt et alii modi, qui dicuntur modi ~i *Mens. & Disc.* (*Anon. IV*) 23; quidam alius posuit quattuor proportiones [i. e. *musical intervals*] ~as in eadem [sc. antiphona] *Ib.* 64; ODINGTON *Mus.* 98 (v. falsus 6).

inustare, to brand.

1585 nares .. ferro calefacto ~atas, A. *seared Entries* 360a.

inustatio, branding.

1585 perscissionem et ~onem narium *Entries* 359vb.

1 inustus v. inurere.

2 inustus [LL], unburned.

[lignum] ~um apparuit H. ALBUS 53 (v. follicare b).

3 inustus v. muscus.

inusualis, unusual.

miraculum .. non inaudita res est sed ~is BYRHT. *V. Ecgwini* 359.

inusus, ? non-use, discontinuance, or ? *f. l.*

notatur quod finaliter specificat modum delendi occasionem ab ~u [vv. ll. ab usu, ab in visu] hominis ad terrestria, cum finaliter dicit 'delebo, inquit, hominem quem creavi a facie terre' [*Gen.* vi 7] WYCL. *Euch.* 44.

inutilis [CL]

1 (of person, body or part of body) unfit for action, (physically) incapacitated, disabled; **b** (w. dat. indicating scope of incapacity).

artus .. ~es pene sibi J. FURNESS *Walth.* 131 (v. fistula 5); s1198 ut seminecem relinqueret et †inutilum [MS: inutilem] M. PAR. *Min.* II 71; s1256 (v. 2 deturpare 2a). **b** semivir .. ~is matrimonio J. SAL. *Pol.* 752A (v. frigiditas 4b).

2 a useless, unprofitable, serving no good purpose; **b** (w. prep. phr.) useless (for specified purpose). **c** (of document, or legal transaction) invalid.

a cui tunc erit sera ~isque poenae oculata cognitio ac mali paenitudo GILDAS *EB* 36; vasa .. ~ia *GlH* F 746 (v. frigulum); silva per loca pastilis per loca ~is *DB* I 307vb; non enim sermo ejus fatuus vel ~is erat, sed sale spirituali conditus DOMINIC *V. Ecgwini* I 7; ea .. non ~e duxi in unum congerere GIR. *TH pref.*; infructuosa, tunc non habens fructum, sicut dicitur planta ~is et infructuosa dum est tenella S. LANGTON *Gl. Hist. Schol.* 45; 'cassa presidia' [Seneca *Troades* 793], id est ~ia auxilia, quia non possunt te juvare TREVET *Troades* 57; **1351** de firma j communis furni .. nichil hoc anno quia ruinosus et ~is *Rec. Elton* 365. **b** ad syllogizandum .. ~es KILWARDBY *OS* 545 (v. inutilitas). **c** 11.. epistola inutil' (WEALDHERE *Ep. in dorso*) *MS BL Cotton Augustus II* 18; **1157** quod rerum ecclesiarum venditiones emptiones donationes commutationes facte sine assensu et conscriptione cleri ~es et nullius momenti sunt *Doc. Theob.* 103.

3 (of person): **a** useless, worthless, idle. **b** (w. prep. phr.) incapable (in, of), incompetent (in specified activity).

a nugator, ~is, vanus *swæm GlP* 76; Childericus .. homo ~is omnino R. NIGER *Chr. I* 65. **b** timor .. doloris .. quasi ~em eum .. in divinis et humanis rebus .. effecit ASSER *Alf.* 74; **1200** grave .. gerimus quod sacerdotes .. ad animarum curam gerendam ~es interdum admittuntur et indigni *Conc. Syn.* 1073; **1399** se fuisse .. insufficientem .. et ~em ad regimen et gubernacionem regnorum (*Depositio Regis Ricardi*) *V. Ric. II* p. 207.

4 undesirable, harmful (sts. dist. w. difficulty from 2–3 *supra*); **b** (of person).

c1238 mentis .. ab ~ibus et immundis cogitacionibus GROS. *Ep.* 57 p. 175; cesset multiplicacio cavillacionum ~ium BACON *CSTheol.* 37. **b** 1316 preceptum est quod nullus amodo receptet Leticiam B. ac .. filium suum quia sunt ~es, secundum quod jurati presentant, sub pena xx s. *Rec. Elton* 234; s1376 ~is regi et regno (v. deponere 9d); per Hus hereticorum principem et per Petrum Clark Anglicum, magistrum artium ~em Oxonie GASCOIGNE *Loci* 5.

inutilitas [CL], uselessness, inexpediency.

quia non omnes [sc. combinationes] sunt utiles ad syllogizandum nec omnes inutiles, .. ideo exigebat ars illius processus ut utilitatem utilium mox ostenderet et ~atem inutilium KILWARDBY *OS* 545.

inutiliter [CL]

1 uselessly, unprofitably, to no good purpose.

s1141 Reinnulfus comes Cestrie tarde et ~iter advenit W. MALM. *HN* 499 p. 59; pauca que .. didici non ~iter ut mihi videtur apposui AILR. *Ed. Conf.* 740B; c1211 post digressionem longam, nec preter rem tamen aut ~iter factam GIR. *Ep.* 6 p. 238; multa parliamenta fuerunt ~iter celebrata AD. MUR. *Chr.* 13.

2 harmfully, inexpediently.

laborans .. die ac nocte incessanter ad quaeque ~iter succrescentia falce caeli resecanda FOLC. *V. Bot.* 9; **1152** monasterium in eadem causa ~iter fatigare et plurimum gravare dignosceris (*Lit. Papae*) ELMH. *Cant.* 400; impedimento .. fiunt clerici expeditioni, quia ~iter victualia consumunt qui in expeditione in nullo proficiunt R. NIGER *Mil.* IV 54.

Inuus [CL], a name of Pan, or woodwose (*cf.* Servius on Vergil *Aen.* VI 775; Isid. *Etym.* VIII 11. 103: Inui [v. l. invii]).

satyri vel fauni, *unfæle men*; ficarii vel invii, *wudewasan* ÆLF. *Sup.* 189 (*ed. suggests transposition of AS glosses*); Pan lingua Archadum ubi colitur deus Invius vocatur BERN. *Comm. Aen.* 124.

inuxoratus [ML], unwed man, bachelor.

1561 Philippus Cockuytsaet, ~us *Hug. Soc.* X 277; *unwyved*, ~us, coelebs LEVINS *Manip.* 51.

invacuum [CL; al. div.], unprofitably, in vain. *Cf. incassum.*

quorum laboriosi conatus consonant per orbem hos inimicantes ~um laborasse ad vestre regie majestatis plenarium decorem et victoriam eternalem *Regim. Princ.* 54.

invadabilis [ML], unfordable.

cerva .. illum .. ultra ~em fluvium dorso evexerit W. MALM. *GR* II 194.

invadare v. 2 invadiare.

invadere [CL]

1 to enter in hostile fashion, invade.

1249 convicti fuerunt quod de nocte invaserunt domum .. et unum hominem et unam mulierem .. vi ejecerunt *SelPlMan* 19.

2 to attack; **b** (mil.; also absol. and fig.).

Paulus vipera invasus nil adversi patitur BEDE *Luke* 465; †inconsuetare [l. insultare], insolenter ~ere *GlC* I 289; W. CANT. *Mir. Thom.* IV 28 (v. invasor 1); Tobias ~entem se piscem trahit in siccum AD. DORE *Pictor* 164; **1249** R. filius C. de nocte invasit Petrum et ad hostium suum jactavit lapides in felonia *SelPlMan* 19. **b** rex Ecgfrithus .. parva manu populi Dei contra inormem et supra invisibilem hostem .. invasit EDDI 19; Attila .. ut .. Europam excisis invasisque civitatibus atque castellis conroderet BEDE *HE* I 13 p. 29; ~entium furores G. MON. XI 2 (v. describere 3a); hostes ~ite OSB. BAWDSEY clxxiv (v. de 6e); magno cum impetu .. muros unanimiter invaserunt GIR. *EH* I 3; hostes invadat framea triumphalis J. HOWD. *Cant.* 15.

3 to set on, (also absol.) to come on: **a** (of natural force); **b** (of mental state).

a fames acervissima plebem ~ens impia nece prostravit BEDE *HE* IV 13 p. 231; reorum corpora satis ignis †invalsit [l. invasit] depascebaturque miserabiles artus edax incendium W. MALM. *Mir. Mariae* 208; igne ~ente HON. *Eluc.* 1140B (v. fortuitus 1); vitam morituram vis mortis invadit J. HOWD. *Cant.* 88. **b** aures horror invasit *V. Cuthb.* IV 15 (v. daemoniosus); omnes hujus rei cognoscentes miraculum magne admirationis stupor invasit WULF. *Æthelwold* 5.

4 to lay hands on, seize.

ipse abbas ferramentum fossorium ~it GOSC. *V. Iv.* 86A; ultro ferramentum ~it, ictum in tumbae frontem dedit *Id. Transl. Aug.* 17C; ~unt electi quatuor fratres exponendum lucis ferculum [i. e. feretrum in quo sancti corpus recubabat] *Ib.* 42A; MAP *NC* I 25 (v. invasor 1).

5 to seize possession (of land or its tenants). **b** to usurp (title or privilege).

673 ut nullus episcoporum parrochiam alterius ~at (*Conc. Hertford*) BEDE *HE* IV 5 p. 216; **725** si quis au[tem successorum meorum quod absit hanc donationem] meam in modico vel in magno minuere vel ~ere temptaverit .. *CS* 144; **948** si quis [rus liberum a tributo] .. violenter ~ere praesumpserit *CS* 869; huic terrae adjacet silva ad l porcos quos invasit Osmundus de Valle Badonis super regem W. *DB* I 133ra; hanc vero predictam medietatem istius terre et uxorem Siuuardi presbyteri invasit U. presbyter dum erat in saisitione regis propter xl solidos quos ipsemet rex imposuerat super Siuuardum presbyterum *Ib.* 336ra; **1196** possessiones .. ~ens (v. deforis 1a); s**1257** ecclesie .. invasit possessiones (v. defensare 1a); **1377** (v. detinere 3a). **b** Stephanus .. fretus .. vigore .. regni diadema audacia sua invasit *Ann. Cambr.* 39; iste Haraldus .. diadema ~ens se ipsum coronavit *Feud. Man.* 139.

6 to enter boldly or precipitately: **a** (place); **b** (person); **c** (state or condition).

a R. COLD. *Cuthb.* 68 (v. destina a). **b** ave [Jhesu] quem solum libere / gaudet amor invadere, / te lacerans ad libitum J. HOWD. *Cyth.* 71. 2; amor, qui sic invadere / non times, vis agnoscere, / quis est [sc. Jhesus] quem sic exsuperas? *Ib.* 129. 1. **c** qui in conversatione seculi diffidit exaltari, religionis habitum nonnunquam ~it PULL. *Sent.* 941A.

†invadiadium, *f. l.*

1365 quoddam †invadiadium [*conf. w.* invadiatio; ? l. invadiamentum] inter ipsos factum de certis convencionibus .. sub pena xx li. *Pl. Mem. Lond.* A 10 m. 8.

invadiamentum, pledging, mortgage.

1195 non remaneat pro dono vel ~o quod Nigellus vir ejus inde fecit postquam eam desponsavit *CurR PR* 8; **1198** de placito ~i terre *CurR RC* I 223; **1202** non habuit ingressum nisi de ~o Willelmi *Fines RC* II 89; **1220** credit quod pater suus intravit primo per ~um *CurR* VIII 376; **1226** manerium de Takkelie .. est vadium pro debito Judeorum ex ~o Roberti filii Nigelli *LTR Mem* m. 2/1d.

1 invadiare v. insidiari.

2 invadiare, invadare, ~ari [ML]

1 to pledge, put as surety, mortgage: **a** (livestock); **b** (money or moveable object); **c** (land); **d** (city or county). **e** (pr. ppl.) one who puts in pledge.

a **1205** G. de H. ~iavit xx s. et j taurum *Rec. Leic.* I 18; si .. averia hominum de S. .. intraverint et dampna fecerint in blado .. ea de causa non ~ientur, nec aliquas faciant emendas *Reg. Malm.* II 205. **b** tenetur creditor rem ~iatam ei sine aliqua deterioratione restituere GLANV. X 8; **1220** cognovit coram eis quod ei [sc. capa, supertunica, et toallia] ~iata fuerunt a quodam latrone qui suspensus fuit *SelPlCrown* 128; proposuit edictum ut nullus de cetero ornamenta ecclesiae ~iaret BRAKELOND f. 128v; **1278** tres libros .. ~iatos (v. glossare 2b); **1288** filia J. de S. furabat noctanter .. quendam bukettum et cordam et posuit ea in Judeismo et R. B. et L. de B. .. dixerunt quod inveniebant ea in Judeismo ~iata in Judeismo *Leet Norw.* 5; **1405** jocalia et vasa .. ~iata (v. depauperatio 1c). **c** in eadem lx acr[as] terrae [tenebat] j liber homo, quas habebat ~iatas de pluribus hominibus *DB* II 141b; ~avit eam [terram] idem Edricus pro j marca auri et pro vij libris in Sancto Benedicto *Ib.* 217; terras vel omnino distrahendo vel parvo pretio ~ando W. MALM. *GP* V 258; **1217** ~iare (v. invadiatio); **1248** poterit placitare absque brevi .. de feodo ~iato semper *Ext. Guern.* 28; **12..** si vero ipse .. predictam terram vendere vel inwagiare voluerit *Reg. S. Thom. Dublin* 442. **d** cum Robertus .. ducatum Normanniae Willelmo .. ~iasset W. JUM. VIII 9; ea [Normannia] .. pro pecunia ~ata W. MALM. *GR* III 274; s**1096** [W. Rufus] Normanniam fratri suo pro pecunia decem milium marcarum ~atus est *Ib.* IV 318; rex igitur Henricus Tholosanam civitatem, per avum uxoris suae ~iatam, vindicans TREVET *Ann.* 47; Robertus .. Normanniam pro x mille li. ~iavit KNIGHTON I 95; s**1393** dominium ville de Sherburghe .. quod ~iatum fuerat regi Anglie certis annis WALS. *YN* 365. **e** *Cust. Norm.* 4. 3 (v. invadiator).

2 to receive or hold in pledge.

ix acreas tenet idem Vlmarus quas ~iavit T. R. Willelmi in antecessore Rad. Pinel pro xxj s. *DB* II 445b.

3 a (*~iare duellum*) to wage judicial combat. **b** (*~iare legem* or *juramentum*) to wage one's law.

a **1199** de placito duelli ~iati *CurR* I 78; **1218** de predictis vij carucatis terre fuit duellum ~iatum et percussum *Eyre Yorks* 27; consideratum est quod duellum inde fiat inter eos, et Jordanus ~iavit duellum per plegium . . . veniant .. armati .. *Ib.* 299; **1226** duellum quod est ~iatum in comitatu suo *Cl* II 133b; placitum fuit inter eos .. et duellum ~iatum et armatum *Reg. Malm.* I 449. **b** **1198** ~iavit legem faciendam et defendendam summonicionem *CurR* I 58; ~iavit legem suam defendendi summonicionem *Ib.* 59; **1221** S. L. ~iavit legem gilde et finem fecit per iij s. *Rec. Leic.* I 25; **1227** R. .. ~iavit juramentum quod non erat plegius Hugonie *Ib.* I 31; **1258** J. non venit ad legem recipiendam de Ricardo de la B. prius sibi ~iatam *SelPlMan* 52.

4 to pay as duty.

to custome or to make custome, guadiare, ritare, inguadiare *CathA.*

invadiatio [ML], pledging, mortgage.

11.. confirmavi ~onem terre de Cumba *Cart. S. Nich. Exon.* 45v; **1199** H. defendit ~onem et dicit quod illam terram tenet in feodo *CurR RC* I 361; **1201** ratam habemus et firmam ~onem quam L. de F. faciet de terra sua *Pat* I 3b; **1217** de ~one Hethe Regine .. sciatis nos concessisse .. regine .. quod liceat ei invadiare .. Hetham Regine *Pat* 129; **1220** defendit falsinam, feloniam, loturam, et ~onem illius carte *SelPlJews* 4; **1232** quicquam inde capiet ex dono vel ~one ipsius absque licencia regis *Cl* 149.

invadiator [ML], mortgager, one who receives in pledge.

mercator vel ~or dotis vel maritagii vidue equivalens habebit excambium super hereditate heredis venditoris defuncti vel invadiantis *Cust. Norm.* 4. 3; **1205** confirmamus .. omnes .. donationes, venditiones et invadiationes .. sicut carte donatorum venditorum et ~orum .. testantur *RChart* 149b; **1219** rex prohibet ne abbas †ponantur [l. ponatur] in placito de aliquo tenemento suorum donatorum vel venditorum sive ~orum *Eyre Yorks* 69.

invadimoniare, to pledge, mortgage: **a** to put in pledge. **b** to receive in pledge.

a **1124** R. M. terram suam .. nepoti nostro .. propter xij m. argenti ~iavit *Regesta* II p. 351; Niellus presbiter vineam suam propter j marcham argenti habiens Jerusalem ~iavit .. ut si monachi .. a me vel ab aliquo heredum suorum [*sic*] eam redimere voluerit, in pace habeat *Ib.* p. 352; **11..** Rainaldus filius U. terram, quam .. in Gernerio possidebat, monachis S. Michaelis de Monte invademoniaverit pro c solidis Cenomannensium *CartINorm* p. 187; *Chr. Abingd.* II 29 (v. divadimoniare). **b** **1127** ~iavi ego Thomas terram Gathonis tali conditione quod si abbas vel monachi mihi .. iiij li. Cenomannensium reddere voluerint, in pace eam habeant *Regesta* II p. 352.

invaginare [cf. CL vagina], to sheathe.

exterorum plurima multitudo .. statuto die condicto placito se ingerunt, in cautelam et tutelam sui longos cultros ~atos in abscondito secum gerentes J. WORC. 45.

invalescentia [ML], growing power, increasing strength.

propter ~am caliditatis preexistentis BACON VI 26; **1433** notificatum erat .. de potencia et ~a inimicorum in regnis Francie et Scocie et quomodo cotidie multiplicabatur et fortiter invaluit eorum potestas *Reg. Cant.* III 250.

1 invalescere [CL], **invalēre**

1 to increase in physical strength or quantity (also fig.).

Saxones ~escebant in multitudine et crescebant in Brittannia NEN. *HB* 56; collectis in unum viribus, cum eo a quo contemptum est conflicturum, et contra eum invaliturum .. ANDR. S. VICT. *Comm.* 277; ?c**1260** invalescit extera gens et sublimatur *Pol. Songs* 122; gladius invaluit, multi ceciderunt *Carm. Lew.* 23; semper gaudium / cordis ejus crescit, / fere guttur rumpitur, / sic vox invalescit, / et quo cantat amplius, / et plus inardescit PECKHAM *Phil.* 8; **1433** invaluit .. potestas (v. invalescentia).

2 to increase in intensity: **a** (of natural force); **b** (of moral or physical condition).

a dura corripuit morborum varietas, que de die in diem tantum ~escebat ut fieret eciam immedicabilis *V. Chris. Marky.* 40; valida ~escente procella T. MON. *Will.* III 19; ibi calor plurimum ~escit P. BLOIS *Ep.* 43. 127B; sed eas [anchoras duas] procella ~escente ruptis funibus amiserunt *Mir. Wulfst.* II 10 p. 155; ~escente caliditate propter solis radiorum majorem rectitudinem BACON VI 26; ventus ille qui jam per biduam ~uisset insanire cepit in turbinem *G. Hen. V* 24 p. 164; ~escente interim turbine in elationes mirabiles denuo movebatur *Ib.* 25 p. 176. **b** possumus quoque odium Herodis .. specialiter accipere quando ~escente invidia praedicatores sunt verbi paene omnes expulsi de provincia BEDE *Hom.* I 10. 51; c**1167** ne facto isto inobedientium temeritas ~escat J. SAL. *Ep.* 216 (218); *Id. Met.* 922D (v. exordinare 1a); ~escente valetudine GIR. *TH* II 4; **1342** dierum ~escens malicia (v. 1 dies 3a); quando ~uerit temptatio carnis *Meaux* II 249 (v. abuti 1c); ~escente egritudine *Stat. Linc.* II 342 (v. 1 inungere 1c).

3 to increase in frequency or use.

1106 quaesivimus bona et ~uit turbatio *Ep. Anselm.* 386 V 329; nunciatur ab angelis, / — resurexit a mortuis — / fit gaudium Christicolis, / cum rumor invalescit LEDREDE *Carm.* 26. 6; rumor ~uit de Gaufrido BIRCHINGTON *Arch. Cant.* 10; *to abound*, abundare, exuberare, exundare, superhabundare, ~ere, luxuriare, superare, suppetere, uberare *CathA.*

2 invalescere [LL], **invalēre**

1 to decrease in physical strength or quantity.

edulitas ~escit P. BLOIS *Ep.* 143 (v. edulitas).

2 to be unfit, unable, incompetent.

de conjugio .. ~entis debitum reddere PULL. *Sent.* VII *prol.* 670.

invaletudinarius [LL *gl.*], **-itud-**

1 (as sb. m.) invalid, sick person.

item statutum de impotentibus et ~iis .. firmiter precipimus observari *Vis. Ely* 20; **1427** lego cuilibet infirmo sive invalitudinario infirmitatis, debilitatis, seu senectutis causa in hiis quinque hospitalibus existentibus .. *Reg. Cant.* II 357.

2 (as sb. n.) infirmary.

ad invalitudinarium properant, ubi sorte funeris egroti periclitabantur *Lib. Eli.* II 133 p. 215.

invaletudo, ~itudo [LL], **a** weakness. **b** illness, sickness.

a Samsonis valetudo esset ibi ~o HON. *Eluc.* 1171B; taurum .. quem cum armento non potuit, pre invalitudine, abigi in campo solus relictus est *Plusc.* IX 21. **b** adversus .. universas invalitudines et infirmitates membrorum EGB. *Pont.* 127; dum senserit se nimia invalitudine praegravari *RegulC* 65; materfamilias .. gravi corporis ~ine detinebatur FOLC. *V. J. Bev.* 6; egri salutem percipiunt ab invalitudine, fatigati requiem a tribulacione *Mir. Cuthb. Farne* 1; si contingat quod circuitum .. ob aliquam sui invalitudinem facere non possit *Cust. Westm.* 13 (= *Cust. Cant.* 78).

1 invalidare

1 (intr.) to grow in strength.

Scoti qui ad fugam parati erant, semper paulatim revenientes, ~antes et multiplicantes et Anglorum exercitum invadentes *Plusc.* X 9.

2 (trans.) to cause to increase in value.

1679 defendens resolveret eidem querenti tantas denariorum summas quant' pelles vitulini predict' probarent [? l. probarentur] fore invalidat', A. *too deare Court of Pleas Bedford*.

2 invalidare [ML], to invalidate.

1449 ipsas [literas] cassavimus, irritavimus, ac ~avimus, ac cassas, irritas, et invalidas fuisse et esse pronunciavimus *Conc.* III 557b.

invalidatio [ML], (act of) invalidating. **b** (state of) invalidity.

s1433 ut ad breve regium .. subtiliori modo quo sufficeret, rescriberet pro ~one ipsius AMUND. I 357. **b** 1438 nonnulla ad ~onem seu potius nullitatem .. abjecta fuerint BEKYNTON I 202.

invalide [2 in- + CL valide], weakly, feebly.

validus, invalidus, ~e adv. OSB. GLOUC. *Deriv.* 600.

invaliditas [ML], invalidity.

1455 de ~ate recepcionis eorundem *Melrose* 569; c1545 de et super .. nullitate et ~ate pretensarum collationum *Form. S. Andr.* II 338.

invalidus [CL]

1 weak, feeble, infirm: **a** (of man or animal); **b** (w. ref. to physical power); **c** (w. ref. to moral force).

a [bestia venenosa] in qua tantam veneni copiam adfirmant, ut eam sibi leones quamvis ~ioris feram corporis timeant *Lib. Monstr.* II 23; FRITH. 601 (v. 1 deligere 1c); Ossirienses in patrie defensione non ~os invenerunt GIR. *EH* I 4. **b** infantes qui nichil boni eligere nec mali respuere pro teneritudine ~ae aetatis adhuc possunt ASSER *Alf.* 93. **c** sentiat se .. ~um ad virtutes P. BLOIS *Ep.* 157. 451B; valorem autem illum apud viros eruditos valde revera ~um .. tempora forte futura videbunt GIR. *SD* 74.

2 (of artefact) lacking strength or firmness.

in villa quaedam domus sunt validae, plures vero ~e *Simil. Anselmi* 76.

3 invalid, lacking authority or integrity: **a** (of artefact); **b** (of leg. instrument or action); **c** (of log. argument).

a ~us .. denarius *Simil. Anselmi* 90 (v. falsitas 3a). **b** *GAS* 484 (v. defensor 4d); donacio ab inicio ~a fuit *Fleta* 417; 1433 si illa eleccio judicaretur ~a *StatOx* 255; s1456 cogebatur .. inducere provisionem dictam in curiam scaccarii .. examinata .. ibidem .. et impugnata, tandem insufficiens inveniebatur et ~a *Reg. Whet.* I 264; post resignacionem ~am regni Scocie *Plusc.* VIII 25; 1549 [assedationes] nullae et ~ae sint *Conc. Scot.* II 94; sententiam .. nullam erroneam et ~am fuisse *Entries* 139a. **c** excusationis causam ~am protulisti PETRUS *Dial.* 59.

invallare, to surround with a wall (also fig.).

hinc invallare res est includere vallo GARL. *Syn.* 1586C; 1443 ita fuerat ~atus et inclusus in ordinis artitudine *Paston Let.* 871; qualis est confidencia in confederacione inimicorum proditorum cohortibus ~atorum *Plusc.* VI 27; villam .. circum obsedendo ~avit *Ib.* X 1.

invalsit v. invadere.

1 invariabilis v. innumerabilis.

2 invariabilis [ML], invariable: **a** (of person); **b** (of abstr.); **c** (w. ref. to God).

a ut habitet in splendoribus sanctorum, .. ubi vivendi est ~is status et aeternus gaudiorum P. BLOIS *Ep.* 12. 39B; s1453 cum .. staret frater iste semper immobilis ~isque in suis dictis *Reg. Whet.* I 121. **b** illam invariabilem eternamque felicitatem GIR. *TH* I 12; acquirit scientiam que est cognitio certa et ~is KILWARDBY *OS* 561; motor celi .. separatus est causa prima, et hic omnino immobilis et ~is, et per se et per accidens BACON VII 142; jus naturale absolutum .. non variatur, sed ~e perseverat OCKHAM *Dial.* 879; ~is equitas ELMH. *Cant.* 148. **c** si substantia est [Deus], susceptibilis contrariorum est; qui ~is et immutabilis est PULL. *Sent.* 675A; cujus regnum et imperium ~e permanet AD. EYNS. *Hug.* V 17 p. 208; est ergo lex Dei ~is quod nemo beatifice premietur nisi prius debite mereatur WYCL. *Dom. Div.* III 4 p. 229.

invariabilitas [ML], invariability.

mutabilia in Dei notitia esse invariabilia, non propter rerum ~atem, sed propter scientie Dei inmutabilitatem GROS. 159 (= BRADW. *CD* 722A); illud sic extrinsecum oporteret esse notius ex natura rei secundum racionem ~atis DUNS *Sent.* II 2. 3. 2.

invariabiliter [ML], invariably.

libens adorator ~iterque continuus Dei E. THRIP. *SS* XI 14; sunt .. regulares feriales quidam numeri singulis mensibus anni solaribus distributi ~iter BACON VI 99; hec .. erant genera vestium .. quibus eciam ~iter uti oportuerit NETTER *DAF* 467B; s1437 si volueritis procedere, quomodocunque processeritis in arbitrio, volo pro parte mea ~iter obedire AMUND. II 144.

invariatio, unvarying nature.

de ratione eternitatis est interminabilitas, ~o, et simultas R. ORFORD *Reprob.* 92.

invariatus [ML], unvaried.

ordinem .. Cisterciensem quanta devocione complexus sit .., consueta vestium asperitas, suo ex appetitu ciborum ~a communitas, retenta etiam in clero circa has horas singulas regularium idemptitas indicabant *Ep. Glasg.* 311; *unvaried*, ~us, -a LEVINS *Manip.* 51.

invasio [LL]

1 entry in hostile fashion, (*~o domus* or *mansionis*) house-breaking, assault of person in his own home.

GAS 317, c1160 (v. 1 domus 2b); *GAS* 351, BRACTON 144b (v. impersolutus b); 1121 (v. assultus 2b).

2 (mil.) invasion, incursion.

donec .. gentem suam ab extranea ~one liberaret BEDE *HE* IV 26 p. 268; cum .. ~o Carausii Rome nuntiata fuisset G. MON. V 4; de ultima ~one Damiete per dominum regem Francie Lodowicum BACON *Tert. sup.* 19; 1325 de hostili .. ~one regni *Lit. Cant.* I 162; 1341 de elongando instaurum per metum ~onis Scottorum *Ac. Durh.* 539; s1174 Scoti .. affines Anglos .. insultibus et ~onibus occidunt *Plusc.* VI 26.

3 non-physical attack. **b** onset (of natural force or abstr.).

per mensuram praedicamus, quia ~onem non facimus LANFR. *Comment. Paul.* 247B. **b** mentis vaesania et spiritus inmundi ~one premebatur BEDE *HE* II 5 p. 91; HERM. ARCH. 6 (v. defervere 2c).

4 unlawful seizure, encroachment, trespass.

~ones super regem in Exsessa. in Horninduna invasit Goduinus Gudhen ij mansiones *DB* II 99; ~o. R. .., A. .. G., A. .., V. de B. .. tenent dim. hidam et vj acras et tenuerunt TRE. modo tenet eos G. de R. *Ib.* 101b; Eanbaldus .. ~onem quem Offa .. super Cantuariensem ecclesiam fecerat ad nichilum redegit W. MALM. *GP* III 113; 1278 quod ecclesia .. sit libera et absoluta ab omni ~one vel inquietudine omnium hominum cujuscumque ordinis *PQW* 275a; 1297 nobis litteris vestris significastis quod vicecomes Kancie misit ministros suos ad domos rectorie ecclesie de T. ad triturandum decimas ibidem repositas pro xxxvij li. quas petit .. tanquam bona .. forisfacta, et quod super hiis scriberemus dicto vicecomiti quod ab hujusmodi ~one dictorum bonorum ecclesiarum desisteret (*DCCant.*) *HMC Var. Coll.* I 262; 1330 pro ~one et violatione jurium et libertatum ecclesie *Lit. Cant.* I 313; 1446 injuriis, querelis, ~onibus *MunAcOx* 552.

invasive [ML], aggressively, by attacking.

s1433 ubi tam pluralis est potestas que ~e percutit AMUND. I 333.

invasivus [ML], (of weapon) offensive. **b** (as sb. n.) offensive weapon.

1340 arma defensiva vel ~a *FormOx* 171; plura sunt genera armorum. quedam ~a sunt ut arcus et sagitte . . . quedam vero defensiva, ut scuta, galee, cassides et lorice J. ACTON *Comment.* 86m.; armatura ~a, sc. gladium spiritus, quod est verbum scripture WYCL. *Ver.* I 182; 1403 (v. defensivus 1a); fecit proclamari, quod nullus de cetero arma ~a vel defensiva in parliamento gestaret *V. Ric. II* 132; 1430 (v. artillaria a); 1482 (v. 2 arma 1c). **b** intermissis telis, lanceis, ferro et lapidibus ac ~is aliis efferbuisset bellantium feritas *G. Hen. V* 21 p. 146.

invasor [LL]

1 intruder, one who enters with hostile intent.

quos tanquam fures invasurus, nisus est .. comprehendere; sed unus illorum jaciens sagittam guttur ~oris transfixit W. CANT. *Mir. Thom.* IV 28; omnis ~or aliquo modo miseretur et parcit; aut enim sibi detinet quod invadit .. aut spoliatum relinquid MAP *NC* I 25 f. 19; pestes nefarias demonialium nequitiarum loquor, viz. ovilium dominicorum pervicacissimos ~ores AD. MARSH *Ep.* 247. 19 p. 461; si quis *hamsoken* que dicitur invasio domus .. se defenderit et ~or occisus fuerit .. BRACTON 144b; 1286 ut liber non pateat aditus ~ori *Mon. Hib. & Scot.* 137.

2 attacker; **b** (non-physical).

hoc autem Herwardo per servum suum pene tarde comperto, in ictu jaculi lancea ~orem suum transfodit *G. Herw.* f. 321b; credunt quod liceret eis non tantum rapere et spoliare, sed et adversarios occidere .. ideo tales ~ores hominum sunt inexcusabiles apud Deum, et similiter raptores, donec satisfecerint RIC. ARMAGH *Serm.* 38. **b** humilis sane confessor virtutis proprie, sed non temerarius ~or aliene J. FORD *Serm.* 44. 2; 1329 [viros religiosos] contra suos ~ores et emulos pia defensione protegentes *Melrose* II 364; pro .. tuitione nobis contra ~ores nostri ordinis *Scot. Grey Friars* II 44.

3 invader; **b** (fig.).

797 sanctam sedem .. quam ad tempus propter impios ~ores regni dereliquisti ALCUIN *Ep.* 128; injustus regni ~or [sc. Haroldus] *Enc. Emmae* III 9; Julius et urbis et orbis ~or R. BURY *Phil.* I 20; Hercules .. Lybie ~or *Eul. Hist.* I 40; s1395 (v. duellum 2b). **b** si .. turri humilitatis vim inferre contendis et eousque in eam pius ~or et infatigabilis ascensor .. usque ad summum ejus ascendere decernis .. AD. SCOT *Serm.* 314C.

4 one who seizes unlawfully, usurper: **a** (of property); **b** (of title or office); **c** (of right or privilege).

a constat igitur tam violentum, tam impudentem rerum ecclesiasticarum ~orem in laqueos sententiae ex facto incidisse M. PAR. *Maj.* V 344; c1255 de .. rebellibus .. qui terram .. devastarunt, et ecclesiam S. M. et bona sua temporalia .. depredati sunt .. ad reprimendum rerum ecclesiasticarum ~ores *RGasc* I 437; OCKHAM *Pol.* I 132 (v. detentor 1a); patrimonii ejusdem ~orem, occupatorem, et depredatorem *Plusc.* VII 2. **b** s679 quidam mei episcopatus ~ores EDDI 30 p. 60; hoc tyrannus et ~or P. BLOIS *Ep.* 33 109C; tyrannicus papatus ~or *Flor. Hist.* I 386; fur erit et latro, et non imperator aut princeps, sed tyrannus erit et ~or OCKHAM *Pol.* I 97; de papatu ejectus tanquam ~or, factus est monachus *Eul. Hist.* I 248; Benedictus, sedis apostolice ~or *Croyl.* 66; ~oris regie dignitatis WALS. *HA* I 109. **c** 943 (14c) si quis .. nostrae dedicationis .. fuerit ~or *CS* 785; sui .. juris ~orem nusquam subsistere permittit GOSC. *Edith* 282; 1299 versus quosdam ~ores libertatis Cant' (*AcR Milton*) *DCCant.*; predones et ~ores alienarum rerum et jurium OCKHAM *Pol.* I 43; contra nostrorum jurium ~ores *FormOx* 262.

invastare [LL], (leg.) to commit waste on. *Cf.* *devastare* b.

nullus .. eos [sc. boscos] capiat vel ~et *Chr. Rams.* 278.

invasus [LL], invasion.

Robertus de Brutz fines Anglorum ~u incendit *Chr. Ed. I & II* II 265.

invectare [LL]

1 to bear in, import.

~are, portare OSB. GLOUC. *Deriv.* 295.

2 to impose.

1234 ita quod nec .. aliquod impedimentum .. ~emus .. vel .. quecunque .. secularis persona ~are possit, quominus .. (*Ch. Regis*) *Conc.* I 630a.

invectere [invectus, *p. ppl. of* invehere], (her.) to 'inveck' (*cf. invehere* 3b).

tractus aliquando ingradatur ex utraque parte et aliquando ~itur BAD. AUR. 197.

invectio [CL]

1 importation, bringing in.

1450 reedificacione, sustentacione, reparacione, et ~one ornamentorum et vestimentorum *Reg. Dunferm.* 434.

2 reproach, scolding, invective.

Johannes [Baptista] .. nuptiarum contubernia [Herodis] aporians asperrimae ~onis severitate coercuit ALDH. *VirgP* 23; aspera illos ~one corrigebat BEDE *HE* III 5 p. 136; sapientium autem poterit estimari judicio an justa sit mea super te ~o *Eccl. & Synag.* 53; a1082 praedictos clericos .. quietos ab omni ~one .. dimittatis LANFR. *Ep.* 19 (42); verbis Ciceronis in ~onibus contra Salustinum hic uti liceat GIR. *Invect.* I *proem.*; quod hoc pede ~ones vel detractiones implere poete usi sunt ODINGTON *Mus.* 90; hostilis vesane rabiei ~ones subite *Ps.*-ELMH. *Hen. V* 52.

invective [ML], reproachfully, with invective.

vulgari .. improperio in monachos hujusmodi a secularibus ~e et irrisorie dici solet .. in hunc modum GIR. *Spec.* II 1 p. 37; notabilem eam fecerat ~e et reprehensive M. PAR. *Maj.* III 185; de conjugio regis detestando murmur resonabat procerum et querimonia, de quo quidam ~e ait metrice et eleganter etc. *Flor. Hist.* I 220; ne ~e ei possit objici et dici quia .. *G. S. Alb.* I 201; s1257 ut papa, ~e rescribens monachis, eos filios inobedientie .. denominaret *Mon. Francisc.* II 270.

invectivus [LL]

1 that conveys.

[liber] qui vocatur Bellum Trojanum .. cum sit sensuum .. perfectorum totaliter ~us *FormOx* 238.

2 that inveighs, reproachful, invective.

c1155 litteras vestras, licet plurimum ~as, cum omni equanimitate et gratiarum actione suscepi P. Blois *Ep.* 6. 16C; epistolam .. principibus et prelatis terrarum transmisit ~am M. Par. *Maj.* III 590; rex .. sermone predixerat et ~o et yronico quod .. *Id. Min.* II 109; dicebantur probrosa verba .. et ~a Wals. *HA* I 370.

3 (as sb.) reproach, invective: **a** (of uncertain gender); **b** (f., by ellipsis of *oratio* or sim.); **c** (n., by ellipsis of *verbum* or sim.).

a hiis invectivis animos pars utraque sumit Garl. *Tri. Eccl.* 64; **s1459** quibus, cum aliis ~is variis, in eos exclamatorie dictis .. *Reg. Whet.* I 344. **b** cum Antonius linguam Ciceronis abscinderet, que in ipsum dictaverat ~as, dicitur ei Cicero respondisse .. P. Blois *Ep.* 77. 238B; quis horrende materie impares ~as ironice feritatis armaret aculeo? *Ib.* 238. 541B; erat dialogus in modum ~arum *Extr. Chr. Scot.* 95. **c** possemus in clericos ~a conicere R. Bury *Phil.* 5. 73; **s1433** in ipsum scripsit abbas paucula ~a Amund. I 365.

invector [LL = *one who brings in*]

1 (*manuum ~or*) one who lays hands on.

1373 violenti .. in clericos manuum ~ores (*Reg. Exon.*) *Conc.* III 95b.

2 one who inveighs against.

Christum .. gerebat in corde, per quem pius consolator miseris fuit et durus ~or potentibus Alcuin *Hag.* 9.

invegetare [cf. CL vegetare], to impart energy to, animate, quicken.

to quyken, animare, vivescere, viviscere, re-, revivere, vivificare, spirare, invegitare *CathA.*

invehere [CL]

1 to bring or carry in.

Basilissa .. sanctae messis manipulos .. horreis caelestibus condendos invexit Aldh. *VirgP* 36; in principalem .. ecclesiam .. virgo triumphalis Mildretha ~itur Gosc. *Transl. Mild.* 16; matri cui se plena deitate invexit [sc. Deus] W. Malm. *Mir. Mariae* 177; invexit et pontificalia Ferr. *Kinloss* 28.

2 to bring from abroad, import.

mus .. nec nascitur hic, nec vivit invectus Gir. *TH* II 6.

3 a to bring in, introduce (colour; in quots., in explanation of sense 3b *infra*); **b** (her., of arms or charge) invecked, provided with a series of convex lobes or notches, esp. as border.

a vocatur crux invecta pro eo quod in ea duo colores ~untur Upton 215; ista arma vocantur invecta quia colores ~untur rotundo modo *Ib.* 227. **b** vocantur arma invecta barrata quia sunt barrata cum diversis coloribus in ipsis barris invectis Bad. Aur. 136; [crux] dicitur invecta pro eo quod in ea duo colores vehuntur *Ib.* 193; Upton 215, 227 (v. 3a supra); *Ib.* 243 (v. fissura 2b); restat alia interpungendi ratio .. a colorum vicissitudine variatam seu variegatam dixeris .. sunt tamen qui invectam nuncuparunt. nos clypeum variegatum dicimus ex auro et cyaneo Spelman *Asp.* 87.

4 to introduce, state (argument or idea).

ratio hujus numeri, quam digne memorie Abbo super hunc invexit, libet libari Byrht. *Man.* 232; filius quam plurima mulierem viro innocencie tempore fuisse subjectam suadentia jam invexit Fortescue *NLN* II 39.

5 to inflict (wound or injury). **b** to impose (requirement or sentence).

illius enim mulieris que peperit Salvatorem privilegium sic habundat, quod in omnem sexum muliebrem ad expiandum dedecus quod prima invexerat mulier, gloriose redundat W. Newb. *Serm.* 826; et mors invehitur in mortis auctore J. Howd. *Cant.* 74; in partibus Aquitannie circa tabellionatus officium .. vulnus invexerit intestinum, presertim ex eo quia .. *RGasc* IV 395. **b** sententiam ~i juberet Eadmer *HN* 68 (v. discutere 4a); **1166** scribendi tamen necessitatem rumor tristis invexit J. Sal. *Ep.* 146 (165).

6 to bear away, carry along (fig.).

furia ~imur et impetu; presentia necligenter .. curamus Map *NC* IV 13 f. 54v; clerici enim furia invecti legatum .. querere non cessabant M. Par. *Maj.* III 483.

7 (*~i in* or *contra*) to inveigh against, attack verbally; **b** (act.).

primum sic instituamus titulum, ut contineat rationes, quibus in nos et in nostros ~eris doctores Petrus *Dial.* 6; in vatem invectus, verbum hoc indignanter emisit Gir. *EH* I 38; hic est ~endum contra duo genera senum, quorum aliqui senectutem accusant, nec eam sciunt sustinere, quam tamen semper appetierit habere Holcot *Wisd.* 178; Capgr. *Hen.* 31 (v. discidium 1c). **b** inducitur Hecuba mortem filie plangens, et facit tria, quia primo in crudelitatem Achillis ~it, secundo mortem filie plangit Trevet *Troades* 67.

invenditus [CL], unsold.

sanctorum enim patrum auctoritate, qui unum vendit, sine quo reliquum non provenit, neutrum ~um derelinquit P. Blois *Ep.* 95. 301B; bona et catalla illius adhuc remanent in manibus vicecomitis pro defectu emptorum ~a *Entries* 163vb.

invenenare [ML], to poison (also fig.).

1105 blandiendo, rogando, ut mentem vestram ~et Anselm (*Ep.* 344) V 281; filius Wortigerni fecit ~ari Aurelium Torigni *Chr.* IV 73.

invenialis [cf. LL inveniabilis], unpardonable, unforgiveable.

quorum culpa ~is, et discessus irrevocabilis est Colet *Sacr. Eccl.* 50.

invenibilis, that can be found, discoverable.

racio essendi est ~is, cum hoc genus sit plene causatum ex suis principiis Wycl. *Ente Praed.* 5 p. 36.

invenire [CL]. *V. et inventum.*

1 to find, encounter, come upon; **b** (in spec. condition).

veniens .. Ulixes ab expugnatione Trojae ~it unum ex his in quadam spelunca in Sicilia *Lib. Monstr.* I 114; forte in via quandam manicam de uncis pedibus corvi demissam ~isse se fatebatur Felix *Guthl.* 40 p. 126; si aliquis adduxerit aliquid in villam .. et dixerit se ~isse .. ante ecclesiam ducat et faciat venire sacerdotem etc., et ipsis congregatis, ostendat eis totum inventum, quicquid sit. .. et post testimonium ipsorum prefectus, de cujus dominio inventor est, custodiat inventum usque in crastinum diem (*Leg. Ed.*) *GAS* 649; Ricardus sibi, ab Istria paucis comitantibus evadens, ~it inimicos R. Niger *Chr. I* 101; ne de cetero consimilia pericula ibidem ~iantur *Laws Romney Marsh* 49; **s1460** post tribulacionem malorum que ~erunt eos nimis .. refocillati *Reg. Whet.* I 368. **b** ut .. insulam repetivimus, ~imus eum .. sedere in domo Bede *CuthbP* 37 p. 274; insulam devenientes, totum locum omnesque domus velut ambrosio odore repletas ~erunt Felix *Guthl.* 50 p. 160; [Heraclius] ~it rempublicam contritam et desolatam R. Niger *Chr. I* 56; **1202** in misericordia quia non levavit clamorem filio suo ~to mortuo et occiso *SelPlCrown* 23; **1221** quidam homo ~tus fuit occisus in bosco de G. templariorum *PlCrGlouc* 28; facta et casus qui quotidie emergunt et ~iunt [? l. ~iuntur] in regno Anglie Bracton 1b; quidam .. ~it quemdam hominem gula sua prope abscissa *Eyre Kent* I 93.

2 to find by searching, locate: **a** (person); **b** (place or object, esp. something lost or hidden); **c** (abstr.).

a martyres .. / .. / quos simul invenit sanctus .. / Ambrosius .. pausantes carne sepulta Aldh. *VirgV* 888; non ~it eum ibi nec vestigia pedum ejus *V. Cuthb.* II 2; intemeratum corpus ~ere Bede *HE* III 8 p. 144; **798** misi tibi .. litteras .. et nescio, si te ~erunt Alcuin *Ep.* 157; dux [sc. Austrie] igitur, suspicatus regem [sc. Ric. I] in terra sua transiturum, scrutatus est eum, et ~it, et occidere voluit R. Niger *Chr. I* 102; **1201** misit ad vicecomitem et ipse misit ad deliberandum eum et non fuit ~tus set evasit *SelPlCrown* 2; **1313** ~tus in magna aula hic contra formam proclamationis *Eyre Kent* I 62. **b** illi pauci ~ientes viam angustam amota spatiosa Gildas *EB* 50; si .. margaritam ~ire non possint *Ib.* 67; in ipsa aecclesia ~us est brevis cum sigillo R. E. *DB* I 78vb; si quivis pauperum ~iret thesaurum unde locuples fieret Alex. Cant. *Dicta* 20 p. 187; **1209** respondebit de precio trium equorum Petri de P. clerici sc. de tribus marcis pro arcu ~to in societate ipsius Petri *SelPlForest* 2; **1496** ad ~iendum .. insulas (v. discooperire 4b). **c** cum neque ibi quippiam requiei ~ire valerent .. Bede *HE* V 12 p. 305; solitudinem ~ire perrexit Felix *Guthl.* 24; cognovit ~tum olim quod perdidit lumen *Ib.* 53 p. 170; si monachus querens fornicationem et non ~erit Egb. *Pen.* 5. 12; **838** patrocinium ac protectionem .. semper ~ient *CS* 421 p. 588; nullum penitus ~i, preter ipsam inquisitionis diligentiam, extrinseci juvaminis adminiculum Gir. *TH intr.* p. 8; sciscitatur .. quis .. adquireret premium .. set non ~to, dolore cordis Athelstanus concutitur pro maximo G. Cornw. *Guy Warw.* 826.

3 to find, procure, provide: **a** (person); **b** (goods, payment, or service); **c** (abstr.).

a burgenses vero ~iebant stiremannum *DB* I 1ra; in servitio regis ~it j averam et inwardum sed injuste *Ib.* I 132va (v. et. 3b infra); **c1195** per liberum servitium ~iendi quendam hominem abbati Westmonasterii ad fenum suum levandum vel blada sua colligendum *Ch. Westm.* 405; **c1210** concedo quietanciam .. judicis ~iendi ad portmotum meum Cestrie et vigilie faciende et hospicii alicui inveniendi *Ch. Chester* 282; **1217** de residuis iiij marcis plegium ~it Johannem .. quod duas marcas reddet domino regi *Pat* 60; **1266** si .. vobis ~erit duodecim .. homines .. qui eum manucapiant habere coram nobis *Cl* 245. **b** pagani, equis ~tis, equites facti sunt Asser *Alf.* 62; *DB* I 132va (v. 3a supra); sint relevationes ita ~te, sicut modus sit (*Quad.*) *GAS* 357; **?1122** omnia tibi de meo necessaria ~irem *Doc. Bury Sup.* 21 p. 815 (= *Regesta* 1340); **1161** inde ~iet omni anno toti conventui in refectorio vinum et pitancium *Ch. Westm.* 283; **1205** rex vicecomiti Oxon' etc. ~i cariagium ccc bacon' a Wudestok usque Suhamt' *Cl* 25a; **1207** (v. hurdator); **1209** ~ient .. in marisco suo .. tam ad falcandum quam ad ducendum sumptibus abbatis Cestrie xxiiij carratas cooperimenti *Cart. Chester* 307 p. 201; rex .. contulit ecclesie Cantuariensi ad luminaria ~ienda annui census xl li. *Flor. Hist.* II 85; **13..** una navis portans xl dolea vini .. que vocatur Godhale ~ta apud Haveford *Chanc. Misc.* 2/16 no. 19; ille qui velit arcum habere ~iet liberam petram *MGL* I 322; **1453** in expensis per W. H. factis in sincacione trium puteorum et scrutacione facta pro carbonibus ~iendis in Spenyngmour, xxj s. iiij d. *Ac. Durh.* 713. **c** qui transgressorum crimina sic remisit, / ut pro hiis eciam preces inveniret? J. Howd. *Cant.* 274; securitatem per corporale sacramentum nobis ~erunt *Leg. Ant. Lond.* 135; **c1307** ut ipse ~iat Elene .. sustentacionem in victu et vestitu *Deeds Balliol* 56.

4 to provide for, pay for (person).

1249 idem R. ~it G. in domo patris sui ut nepotem suum astrarium et illum recepit penes se .. et nutrire fecit in domo sua *CurR* XIX 880; ~iet .. idem J. dicto R. .. in esculentis et poculentis tali apprenticio competentibus *Reg. Rough* 288; **1417** volo quod xx libre .. inter eos distribuantur ad scolas eos ~iendo in suum subsidium, juvamen, et tutelam *Reg. Cant.* II 109; **1427** ad ~iendum Oliverum filium suum ad scolas per vj annos *Ib.* 365; **1431** ut et ipsi cum dictis proventibus dictos filios meos honeste et discrete ~iant *Ib.* 444.

5 to find written or recorded.

primo loco spondeus ~itur ut 'Cartago premat Ausoniam nihil urbibus inde' Aldh. *Met.* 10 p. 90; codicem .. quem cum legissem, ~io omnia scelera .. descripta litteris Bede *HE* V 13 p. 312; seriem tamen regum, postmodum ~tam, non a Lucio, sed ab Ine, qui primus totius Anglie rex fuit, posui R. Niger *Chr. I* 99; sunt quedam longe .. prout in libris puri organi plenius ~iuntur *Mens. & Disc.* (*Anon. IV*) 44; item, ubicumque ~itur multitudo brevium, semper participant cum precedente Garl. *Mus. Mens.* VI 10; **1419** omnia sunt .. tam bona quam fuerunt in predicto statu ~ta *Ac. Durh.* 227.

6 to find out, discover by examination or discernment; **b** (absol. or intr.).

non tam dilator quam veritatis regulae executor ~iatur Gildas *Pen.* 27; si quis vir uxorem suam ~erit adulteram .. annis duobus peniteat Theod. *Pen.* I 14. 4; transtulimus .. diligentissime .. ne ~iremur aliqua haeresi seducti Ælf. *CH Praef. I* 1; **957** Adam .. culpa praevaricationis ~ta exinde pariter expulsus *CS* 995; quam veridicum de Brechene tunc decanum Ricardum ~imus Gir. *SD* 86; **1221** non potuerunt aliquid ~ire ad vendendum circa horam primam *SelPlCrown* 89; **c1230** cum inspexissem cartas .. et eas minus utiles quam oporteret ~issem *Ch. Chester* 274; proponimus .. si quid novi a nobis ~tum fuerit, bonis racionibus sustinere Hauboys 182; **c1356** cancellarius .. ea [pondera] que falsa ~erit .. destrui faciat *MunAcOx* I 178. **b** queritur quomodo ad illa tria sese habent ars ~iendi et judicandi, de quibus supra tactum est Kilwardby *OS* 536.

7 to find by calculation, to reckon.

ob .. diem Paschae ~iendum Bede *TR* 44 (v. decemnovennalis); ponatur linea assignata linea AB superficiesque cui ~ienda est alia equalis et conjuncta linee superficies G Adel. *Elem.* VI 27; ciclus aureus vel decennovalis firmus et certus ad ~iendum Pasca semper Lucian *Chester* 36; juxta vero computationem septuaguinta interpretum ~iuntur VMCCCXXX anni R. Niger *Chr. II* 107; Atreus apud Mycenas solis eclipsim primus ~it Alb. Lond. *DG* 8. 16; juxta circuli et diametri regulam diameter terre sic ~iri poterit Sacrob. *Sph.* 85.

8 to find by deliberation or legal judgement, conclude, determine: **a** (trans.); **b** (w. *quod*).

a cyrliscus homo, qui sepe fuerit accusatus de furto et deinceps ~ietur reus in captali vel in alia manifesta culpa (*Quad.*) *GAS* 97; **1281** si †jungerint [MS: invenerint] eas [braciatrices] delinquentes *PQW* 395b; **1336** si me per vos .. auscultatum culpabilem valueritis ~ire *Lit. Cant.* II 139; **c1350** si quis .. magistrorum regencium .. constitutionum transgressor ~iatur, ab officio legendi suspendatur *StatOx* 81; **s1458** propter .. transgressiones, suppositas et ~tas in .. sessionibus esse factas *Reg. Whet.* I 303. **b 825** omnis ille synodus ad aequitatem ~erunt huncque judicium unanimo consensu constituerunt, quod .. (*Clovesho*) *CS* 387; **1090** ~i in meo consilio quod concedam eam Deo et sanctae ecclesiae .. *Chr. Abingd.* II 20; habito .. diligenti tractatu, pro certo ~iunt quod .. Trokelowe 69.

9 to devise, contrive, plan.

pontificalis cathedrae apicem hac occasione ~ta relinquens .. heremi vastitatem petiit Aldh. *VirgP* 32; **930** inspirate atque ~te voluntatis scedula *CS* 1343; leges quas pater ~erat confirmavit G. Mon. III 5; **a1197** (v. ducere 5b); antiquos in humane vite commodis ~iendi viam ipsa necessitas urgens edocuit Gir. *IK* I 5; nulla igitur demum inter reges ~ta pace, hinc inde diutius dimicatum est R. Niger *Chr. I* 103; ut ex muro loquerentur ad regem, si quo modo posset via pacis ~ire [? l. ~iri] Knighton I 242.

10 to devise for the first time, invent.

prava .. consuetudo surrexit .. quod .. ex sola causa incontinentiae videtur ~tum (*Libellus Resp.*) BEDE *HE* I 27 p. 55; ALB. LOND. *DG* 7. 1 (v. feritas 1b); tempore hujus ~te sunt artes *Natura Deorum* 19. 2; BACON *Gram. Gk.* 138 (v. inventrix 3).

inventamentum v. incantamentum.

inventarium [CL], **~arius, ~orium,** inventory.

1220 ~arium factum apud Sunning per W. decanum Sar', A. D. MCCXX *Mon. Rit.* I ccxxv; cujus ~orium .. in scripto cirographato debet imbreviari *Fleta* II 159; **1280** omnium bonorum [catalogi] .. a tribus discrecioribus monasterii .. per modum ~arii fideliter conscribantur *Reg. Ebor.* 132; **1294** statutum est quod de libris ecclesie, ornamentis et vestimentis, et aliis in ecclesia existentibus et in thesauraria ejusdem, fiat ~orium solempne *Stat. Ebor.* 123; **1325** ~ario bonorum .. defuncti *Lit. Cant.* I 134; ~orio de omnibus confecto *V. Ed. II* 187; fecit ~arios .. de omnibus bonis monasterii *Hist. Durh.* 2 p. 131; **1408** testamenta .. defunctorum probandum ~aria bonorum suorum .. exigendum *Eng. Clergy* 190; **1439** ~aria plena et fidelia .. ~aria seu regestra *Stat. Linc.* II 213; **1522** cujus ~arium ipse dominus S. scripsit *Scot. Grey Friars* II 78.

inventicius [LL]

1 invented, fictitious.

995 quolibet ~io frivolae ac novellae adinventionis membranulo *Ch. Roff.* 31; multoties et a multis insultatur, cum penas infernales ante oculos ponimus, quod eis que de altero seculo proponimus frivola sunt, adjicientes ~ia esse GERV. TILB. III 103; condempnabuntne hoc verbum 'roseat'? quid de hoc verbo 'enucliat' pro 'manifestat'? videtur enim ~ium et ficticium GERV. MELKLEY *AV* 101; de diis .. artificialiter ~iis E. THRIP. *SS* IX 3.

2 foundling (also as sb. m.).

ad ~ii pueri victum (*Quad.*) *GAS* 101; comitem nullum secum adduxit preter supramemoratum ~ium *NLA* II 458; erat autem nomen servo Cokermay Doueni, quod lingua Scotensium '~ius David' interpretatur *Ib.*

inventinum v. inventivus.

inventio [CL]

1 action of finding, discovery: **a** (of place or object); **b** (as leg. right); **c** (eccl., of relic); **d** (of day of discovery, also ellipt.).

a **c1169** causa de ~one thesauri *Regesta Scot.* 80; miram fonticuli .. exposui ~onem T. MON. *Will. prol.* p. 7; item ~o altera sancto eodem sabbato pasche *Ib.* (*tit.*) p. 9; si inveneris sigillum in lapide sculptum .. hoc sigillum ad collum suspensum valet ad omnes plantationes et ad ~ones thesaurorum *Sculp. Lap.* 451; ad manus et possessionem predicti W. per ~onem devenissent *Entries* 5a. **b** **1106** sciatis me concessisse .. abbati .. sacam et socam .. et ~onem thesauri .. *Chr. Rams.* 214; **1286** rex concessit .. ~onem thesauri *PQW* 305a. **c** corpora .. recondita sunt et dies passionis vel ~onis eorum .. celebratus BEDE *HE* V 10 p. 301; ante ~onem sacratissimi corporis Swiðhuni antistitis, vir .. degebat .. caecatus LANTFR. *Swith.* 16; ab ~one vero ejus revelationes et prodigia, quae hic praecessor scribit, tam oculis visa quam fidelium testimonium comprobata .. GOSC. *V. Iv. prol.* 81A; **s1102** ~o sancte Milburge apud Weneloc *Chr. Clun.* p. 97; dies .. qua ~o sancti Stephani protomartyris celebratur J. FURNESS *Walth.* 90; de ~one sancti Amphibali cum novem sociis suis M. PAR. *Maj.* II 306. **d** ~o sanctae crucis *Cal. Willibr. Mai.* 7; LANFR. *Const.* 135 etc. (v. crux 3c–d); **1208** ab ~one s. crucis proxima .. usque in viginti annos completos *Ch. Chester* 355; in vigilia ~onis sanctae crucis *Cust. Westm.* 275; **1267** in festo ~onis sancte crucis *Cl* 372; **1401** in crastino ~onis sancte crucis BEKYNTON I 154.

2 finding, procuring, providing: **a** (of goods or services); **b** (of abstr.).

a **1335** ~onem et sustentacionem triginta et unius cereorum *Eng. Clergy* 263; **1405** in .. ~one portiforii et factura vj *qwysshyns Ac. Durh.* 400; **1457** ad ~onem et exhibicionem dictorum hominum sagittariorum *Lit. Cant.* III 227; **1523** item pro ~one pilii Thome Brown, vj d. *DCCant. MS C. 11* f. 136b. **b** nostis quam sit his diebus .. rara requisite probitatis ~o AD. MARSH *Ep.* 82.

3 finding out, discovery (of fact or idea).

NECKAM *NR* II 173 *gl.* (v. dulcarnon); quia talis est facta ~o, inter eos non mediocris versatur dissensio *Hist. Arthuri* 92; primus liber docet ~onem scienciarum via sensus, memorie, et experiencie BACON *CSTheol.* 36.

4 calculating, reckoning.

utrique non solum in difinitione et computo lunaris aetatis sed et in mensis primi nonnumquam ~one falluntur BEDE *HE* V 21 p. 338.

5 devising, planning, inventing; **b** (rhet. & log.).

705 ut postquam hoc dedicerim liberius consentissem si non aliorum ~one me prius miscuissem WEALDHERE *Ep.* 23; **p793** ut mala tollatur consuetudo et bona inferatur; ~o auferatur humana et evangelica custodiatur ammonitio ALCUIN *Ep.* 290. **b** artis rhetoricae partes quinque sunt: ~o, dispositio, elocutio, memoria, pronuntiatio. ~o est excogitatio rerum verarum aut verisimilium, quae causam probabilem reddant *Id. Rhet.* 4; versatur in his [sc. in topicis] ~onis materia, quam hilaris memorie Willelmus de Campellis .. diffinivit, etsi non perfecte, esse scientiam reperiendi medium terminum et inde eliciendi argumentum J. SAL. *Met.* 909B; hoc commentum .. i. carminis ~o OSB. GLOUC. *Deriv.* 332; ex primo autem de arte compertis plurium pluribus notitiam sumentibus, et posteriorum singulis priorum ~oni aliquid addentibus, diversorum diversis institutionibus plurima de arte ad disciplinam edisseri accidit BALSH. *AD* 5; de .. dictaminum ~onibus GIR. *DK* (*tit.*) 159; KILWARDBY *OS* 598 (v. dispositio 1b).

6 thing found.

~o in via tollenda est; si inventus fuerit possessor, reddatur ei THEOD. *Pen.* II 14. 8; da nobis portionem ~onis ALCUIN *Dub.* 1158B; **1191** concedimus etiam eis quod habeant ~ones in mari et terra *CalCh* III 220; **1205** damus eis ~ones suas in mari et in terra *RChart* 153a; **1278** habeant ~ones suas in mari et in terra *BBC* (*Cinque Ports*) 129.

7 thing procured, maintenance, support.

1459 Ricardo Roos x li. et ~onem suam ad terminum vite sue *Test. Ebor.* II 244.

8 discovered fact or idea.

MAP *NC* I 1 (v. devolvere 5c).

9 invented artefact, invention.

cum in humanis ~onibus, ut ait Priscianus, nichil sit perfectum THURKILL *Abac.* f. 55r; ad sanctarum scripturarum amplectendam veritatem, non ad poeticarum ~onum deridendam veritatem L. DURH. *Hypog.* 65; sexta et ultima nullius temporis, sed potius immensurabilis pausa appellatur. causa ~onis cujus, ut ubicunque inveniretur, penultimam notam designaret esse longam, licet penultima brevis vel semibrevis foret HAUDLO 160 (= HAUBOYS 336); Cayin et exitum ejus Dominus involvit undis diluvii, eorum tamen ~ones bonas aquis non extinxit; sed caros suos justos quos reservavit ab undis ditavit ~onibus malorum illorum quos submersit FORTESCUE *NLN* I 9.

inventivus [ML], inventive, that pertains to discovering or devising (rhet. & log.). **b** (as sb. m.) discoverer, inventor. **c** (as sb. n.) something that procures or provides.

manifestum est quod licet logica habeat partem ~am et judicativam .. KILWARDBY *OS* 531; virtus enim judicativa et ~a potior est in senibus quam in juvenibus PECKHAM *QA* 22; nove logice quedam pars est ~a, quedam judicativa .. ~a autem tres habet partes, sc. rhetoricam, poeticam, et sophisticam S. FAVERSHAM *Elench.* 28; *inventive*, ~us LEVINS *Manip.* 153. **b** ~us ex multis principiis sibi notis et ex multis habitibus particularibus invenit aliquam conclusionem extraneam de qua numquam prius cogitavit OCKHAM *Quodl.* 42. **c** tercium gracie †inventinum [MS: inventivum] est sancta oracio BRINTON *Serm.* 52. 231.

inventor [CL]

1 finder, one who encounters by chance or locates by search.

GAS 649 (v. invenire 1a); **1248** nomina plegiorum R. de W. ~oris .. cervi de veniendo coram justiciariis *SelPlForest* 87; **1255** primus ~or non venit nec fuit attachiatus quia viridarii .. testantur quod nullum fecerunt attachiamentum de ~ore .. occisi .. infra metas foreste .. *Ib.* 19; **1285** de ~oribus vicinis et aliis attachiatis villatis, iiij hominibus, et preposito decennario *Reg. Malm.* I 108; vicini et ~ores infortuniorum que acciderunt post ultimum iter *MGL* II 369; **1332** nullus ~or quia habuit jura ecclesiastica *SelCCoron* 83.

2 one who devises, contrives, or plans. **b** founder. **c** schemer, informer.

rumigerulus, rumoris ~or *GlC* R 220; **a1078** obscurata est falsitas et ejus ~ores ANSELM (*Ep.* 63) III 178; **1169** hujus pacis precipui ~ores fuerunt comes Theobaldus et frater Bernardus de Grandimonte J. SAL. *Ep.* 285 (288 p. 638); veterator, malorum ~or OSB. GLOUC. *Deriv.* 623; **1321** mendaciorum ~ores (*Cl*) *Foed.* III 879a. **b** ob merita pie recordationis magistri G[ileberti], fundatoris et ~oris ordinis de Sempingham *Canon. G. Sempr.* 161; magister Gilbertus de Semplingham, primus ~or et pastor illius ordinis .. obiit R. HOWD. II 354; Zenon .. philosophus, Cratis Thebani discipulus, stoice secte ~or W. BURLEY *Vit. Phil.* 94. **c** consuetudo civitatis est quod nullus ~or debet esse in civitate *MGL* II 378.

3 inventor; **b** (w. ref. to God); **c** (w. ref. to Satan).

p675 Simonem, magicae artis ~orem ALDH. *Ep.* 4 p. 482; metra vel a pedibus nomen accipere, vel a rebus quae scribuntur, vel a ~oribus, vel a frequentatoribus, vel a numero syllabarum BONIF. *Met.* 113; artium enim singularum a primis ~oribus posteriorum successioni paulatim innotuit notitia BALSH. *AD* 29; ~or fuit musice consonantie .. Jubal GIR. *TH* III 13; GROS. *Hexaem. proem.* 10 (v. figuratio 3a); mimus .. optimus fuisse fertur dictorum elegancium et rithmorum pulchrorum ~or *Latin Stories* 127. **b** nosmet ipsos sollicite commendavimus dignissimis apostolis, rogantes ~orem rutili luminis ut eorum precibus placitis placatus .. BYRHT. *V. Ecgwini* 378. **c** inde crevit ad cumulum sanctae celsitudinis unde fraudis ~or eum praecipitare voluit in baratrum confusionis *V. Gund.* 11.

inventorium v. inventarium.

inventrix [CL]

1 finder, one who encounters by chance or locates by search (f.).

tu crucis inventrix, hic cruce victor erat NECKAM *DS* V 802; **1221** ~ix venit et non malecreditur et ideo quieta *PlCrGlouc* 149; **1242** H. B. cecidit mortuus in campo .. . prima ~ix .. non malecreditur *AssizeR Durh.* 5; **1256** Angnes, filia ejus, prima ~ix, venit et non malecreditur *AssizeR Northumb.* 70; **1301** Alicia .. primo invenit ipsos mortuos ..; plegii predicte ~icis .. *DocCOx* 160; **1366** Christiana ~ix prima defuncti non potuit invenire manucaptores. juravit coram .. coronatore quod .. *SelCCoron* 56.

2 one who devises, contrives, or plans.

hujus enim artificii, aut potius maleficii legitur fuisse ~ix gens Thebana, feda parricidiis, detestanda incestibus, insignis fraude, nota perjuriis P. BLOIS *Ep.* 56. 170B.

3 inventor.

per Athenas sc. eloquentie matrem artiumque liberalium ~icem ORD. VIT. XI 28 p. 265; Sapho, puella quedam ~ix metri cujusdam, unde dicitur sapphicum metrum ab ea inventum BACON *Gram. Gk.* 138; cujus [Cleoboli] filia Cleobol[in]a ~ix enigmatum exametrorum fuit W. BURLEY *Vit. Phil.* 40; Semiramis .. prima fuit ~ix femoralium *Eul. Hist.* I 28; *Plusc.* VII 14 (v. directrix).

inventum [CL]

1 thing found.

GAS 649 (v. invenire 1a); male decimare, detinere legatum, ~um [ME: *fundles*] vel commodatum, nonne est cupiditas, furtum? *AncrR* 74.

2 thing devised, plan, undertaking.

tam vestri cupidus judicii quam nostri studiosus ~i T. MON. *Will.* I prol. p. 1.

3 discovery, invention.

si quando ~um proprium publicare voluerim ADEL. *QN intr.*

inventura, inventory.

quecumque ~a ac indentura et scripture predicte .. in .. registrum domus .. redigantur *Eng. Clergy* 288.

inverbis v. imberbis.

inverecunde [CL], without shame, shamelessly, immodestly.

963 in eisdem [turpitudinibus] secundum impoenitens cor eorum, ~e perdurantes (*Lit. Papae*) *Conc. Syn.* 112; in habitu saeculari ~e permanere ANSELM (*Ep.* 177) IV 60; ostiaria domus .., continentie virtus .. mox repelli tam crebro, tam importune et ~e pulsantia [sc. vitia] H. BOS. *Thom.* II 6; numquid non consultius mihi humiliter declinare a te quam me ~ius ingerere tibi? J. FORD *Serm.* 58. 10; ea autem turba que prope Turrim erat, ita inverecunda et insolens habebatur, ut victualia regis, que ad Turrim vehebantur, diriperet ~e WALS. *HA* I 458; **1440** (v. immo 4a).

inverecundia [CL], shamelessness, immodesty, impudence.

~ia significatur in anima GILB. III f. 157v. 2; scatet cathaclismus inconstantie, audacie, et procacitatis, ~ie mentiendi, fallendi M. PAR. *Min.* III 141; desiderium diviciarum generat ~iam BACON V 46 (cf. MILEMETE *Nob.* 166, *Quadr. Reg. Spec.* 33).

inverecundus [CL], shameless, immodest, impudent: **a** (of person or animal); **b** (of action).

a verecundus etenim super dictum sibi non leve patitur quia non fore sic rubicunda colore facies verecundie proxima monstrat. ~us autem non timet illata, negat omnia *Ep. ad amicum* 165; exiit in bivium ventrem purgare puella, / rustica nil reverens inverecunda deas NIG. *SS* 3388; non mansuescit obsequiis, beneficiis est ingratus, surdus ad preces, ad judicia sevus, infidus ad consilia, ~us ad turpia, temerarius in divina, .. P. BLOIS *Ep.* 18. 67A; **c1212** fidei ~us et impudens est transgressor GIR. *Ep.* 5 p. 194; [animalia] ~a ut rana, musca, asinus, porcus M. SCOT *Phys.* 21; hominem ~um *Ib.* 64 (v. dedignosus); sic ~us hospes angui in sinu et muri in pera meruit comparari M. PAR.

Maj. V 205. **b** illa [puella] non segnis gestibus inpudicis motibus ~is W. MALM. *Wulfst.* I 1 p. 6; super hac .. ~a ecclesie depressione *G. Steph.* I 13; istorum falsa et ~a .. assercio W. MACCLESFIELD *Quaest.* 52rb.

invergere [CL], to tip (liquid) upon.

~ere, inclinare OSB. GLOUC. *Deriv.* 291; in sacris etiam supernis vina fundebant ..; in inferis ~ebant, ut 'frontique invergit vina sacerdos' [Vergil *Aen.* VI 244]. est autem fundere supina manu libare; ~ere vero conversa in sinistram partem manu ita fundere, ut patera convertatur ALB. LOND. *DG* 6. 31.

inveridicus, that does not speak the truth.

1432 auribus nostris, fama non ~a pululante, extitit intimatum quod .. *FormOx* 439.

inveritare, to say as the truth, to verify, prove.

~et quod sepius non fuerint ibi (*Quad.*) *GAS* 111; ~ent hoc ipsi testes in fide Dei et domini sui, quod .. (*Ib.*) *Ib.* 327; si efficiat ut occidatur per hoc quod contra rectum resistat, si hoc ~etur, inultus jaceat (*Leg. Hen.* 11. 11c) *Ib.* 557; ~are tamen liceat arma sua commodanti quod nulla mali suspicione vel intentione commodaverit, si possit et velit (*Ib.* 87. 1b) *Ib.* 601.

inveritus, having no fear.

Robertus in tantum confisus in eum quem coluit ~us cum paucissimis .. inimicos .. de facili devicit BOWER X 20.

inversare [LL]

1 to turn inside out, invert.

locus .. ubi fit [cancer] .. ~atur et solum caro corroditur et non cutis GILB. III 154. 2; pulvis .. superaspergatur ~ato intestino quando assellat *Ib.* V 230. 1; oculi sunt rubei et lachrymantur, palpebre ~antur GAD. 46. 2.

2 to turn over (in the mind), ponder repeatedly.

summa sapientia est non Platonem legere, non Aristotelis versutias ~are, sed Christum diligere P. BLOIS *Serm.* 53. 718C; que utilitas est, schedulas evolvere, firmare verbotenus summas, et sophismatum versutias ~are? *Ib.* 101. 313C.

3 to twist (fig.), pervert.

in compellatione positorum, alie [sc. cause] per visum fiunt et auditum, .. alie per estimationem, que magis ad violentam usurpationem inprobis prelatorum conjecturis ~antur (*Leg. Hen.* 9. 1b) *GAS* 555.

inversatio

1 turning out (in quot., med., w. ref. to prolapse of rectum).

exitus ani est inferioris capitis longaonis egressus et ~o GILB. V 230. 2.

2 change (into something worse), inversion.

fit acetositas [vini]. .. ad hoc ut fiat ~o oportet quod tantus sit calor et subjectum inobediens quod calor ille sufficiat humiditatem resolvere sed non consumere *Quaest. Salern.* P 84.

inverse [LL], in inverted order, wrong way round.

~e ac praepostere ferrea pedum munimenta equis affigenda curat BOECE f. 310.

inversio [CL]

1 change of order, inversion.

transversio est exitus a verbo idemptitatis per vocalem aliquam commutationem. hec dividitur in ~onem et transmutationem. .. ~o est vocalium ordinis perversio per similitudinem proximantem sententiam efficiens dissimilem .. ut isti sunt juris 'perditi' qui leges legunt pro 'periti' GERV. MELKLEY *AV* 75.

2 use of words to convey something other than their overt meaning.

allegoria, id est ~o, aliud dicens aliud significans *Gl. Leid.* 28. 39.

inversivus, inverse.

nullis .. scedule sigillorum impressionibus sunt munite, quia .. ~as hujusmodi figurarum facies .. simplex illa antiquitas non habebat *Chr. Rams.* 65.

inversor, inverter, perverter.

a1078 verba praefati doctoris, quae praefatus ~or in ejus calumniam conatur invertere, haec in vestris litteris repperi LANFR. *Ep.* 50 (46).

invertere [CL]

1 to turn inside out, back to front, or upside down. **b** to turn over (ground by digging or ploughing). **c** to turn over violently, upset, roll. **d** to turn round, reverse the order or direction of.

quis inversis pedibus crucis affixus pro reverentia Christi patibulo .. extremum halitum fudit? GILDAS *EB* 73; ministrorum tumultu loricam inversam indutus casum risu correxit W. MALM. *GR* III 242; eidem duci lorica ad induendum porrigitur, ex inproviso inversa ipsi oblata est *Chr. Battle* f. 9v; UPTON 216 (v. 2c infra). **b** non licuit cultis committere semina sulcis / anne vacat saltem steriles invertere glebas? FRITH. 959. **c** trahit lignum secum usque ad mare magnum et spatium trium dierum in mare ~itur et in quarto die in supradicto fonte invenitur NEN. *HB* 72; offa quam in os miserat suffocatus oculos ad mortem ~it W. MALM. *GR* II 197; [porcus silvaticus] .. se spiculis ~it *Quaest. Salern.* N 57 (v. defervere 2b); autumant .. ordinem universi ~i S. SIM. *Itin.* 52. **d** 'vivaque sulphura' quem quidam ~entes sic legunt 'et sulphura viva' ALDH. *Met.* 10 p. 89; septem dormientes .. requiescere jam ducentis annis in dextro jacentes latere, sed tunc .. latus ~isse sinistrum W. MALM. *GR* II 225; ut .. non solum sine ejus [sc. Anselmi] precepto non surgeret [Edmerus], sed nec latus ~eret *Id. GP* I 65; aures frigide et inverse et contracte J. MIRFIELD *Brev.* 54; *to warp as wodde*, ~ere LEVINS *Manip.* 33.

2 (p. ppl. *inversus*): **a** (bot.) inverted. **b** (*de duplici ~o, de duobus ~is*) reversible material (cf. OF *à deux envers*). **c** (her. *crux ~a*) cross moline, cross recercelé.

a fabam inversam GERV. TILB. III 14 (v. faba 2d); bardana, i. lappa inversa sive lappa major, quod idem est *SB* 12; *SB* 20 (v. faba 2c); faberia inversa *Alph.* 61 (v. fabaria 2a); TURNER *Herb.* C IV (v. 1 crassula 1b). **b 1235** item de russeth' .. de duplici inverso, xiiij uln' *Chanc. Misc.* 3/3; **1239** in exitibus .. c et xij s. quos posuit .. in uno russetto xxv ulnarum de duobus inversis empto ad opus nostrum *Liberate* 13 m. 13. **c** portat unam crucem auri inversam in scuto rubeo. Anglice, *he berith of gowlis with a crosse inversid.* quia fines hujus crucis vertuntur ad modum cornuum arietis; ideo dicitur crux inversa BAD. AUR. 192; dicitur hec crux crux inversa pro eo quod hujus crucis fines undique ~untur ad modum cornu arietis et istis armis utentes portant unam crucem auream inversam in scuto rubeo. et Gallice sic, *il port de gowlez ung crois recercylee d'or* UPTON 216.

3 to turn inward (fig.), make secret.

artes difficiles, inversas et monachiles, / quas nemo scierit nisi sancte discere querit R. CANT. *Malch.* III 525.

4 to change into something else. **b** to pervert. **c** (p. ppl. *inversus*) perverted.

W. MALM. *GR* V 407 (v. inveteratus 3a). **b a1078** (v. inversor); verum scribe et pharisei hoc ~unt, et calumpniantur, assignantes expulsionem demoniorum Beelzebub principi eorum W. NEWB. *Serm.* 837. **c** quem gentis asperitas, barbara lingua, mores inversi .. non prevalebant a predicando repellere *V. Birini* f. 63v.

invertibilis [LL], that may not be turned aside or perverted, unswerving, unchangeable.

[primas substantias] a proprio per se mobili et eodem modo mobili secundum Dei ~e [κατὰ τὸ φιλοθέως ἄτρεπτον] ordinis ineffabiliter obtentas GROS. *Ps.-Dion.* 846; dicendum de imagine recreacionis quod non simile, quia imago iterationis ideo est corruptibilis, quia est in potencia vertibili, sc. libero arbitrio; imago autem creacionis in esse ~i PECKHAM *QA* 26; quid Tagi conferunt arene rutile? / quid vena Cesarum vel genus nobile, / cum fatum ferreum et invertibile / in omnes jaculum amentet simile? WALT. WIMB. *Sim.* 87.

invertibilitas [LL], incapacity to change direction, unchangeability.

potencia divinis attributis similior, que sunt puritas, simplicitas, ~as, prioritas, aptior est ad plus ascendendum R. MARSTON *QD* 331.

invertibiliter [LL], unswervingly, unchangeably.

quod autem dicit Damascenus non esse in creatura imaginem, intrinsecus intelligit id est ~iter PECKHAM *QA* 25.

invesiatus [AN *enveisié* < *invitiatus], cheerful, light-hearted (as nickname).

hidam .. Robertus ~us homo Roberti Grenonis praeoccupavit *DB* II 15.

investiceps [ML *gl.*], below the age of puberty, not yet mature.

ephebus, †invenis [MS: iuvenis], inpubes, pubeta, ~s, nephrendines [MS: nefrendines], imberbis OSB. GLOUC. *Deriv.* 193; ~s, i. qui barba nondum vestitur *Ib.* 607.

investigabilis [LL]

1 that cannot be found or searched out, untraceable.

per ~es et occultas vias GIR. *TH pref.* p. 20; prolem .. cujus esset exitus ambiguus et ~is tumulus .. predixit J. FURNESS *Pat.* 132; longitudo [muri] ejus erat ~is et altitudo infinita (*Mir. Ed. Conf.*) *Anal. Boll.* XLI 124; **s1250** ~ibus sedibus erumpentes, climata orientalium .. vastaverunt M. PAR. *Abbr.* 315 [= *Id. Min.* III 89: occultis sedibus exeuntes].

2 that cannot be examined, inscrutable.

625 invisibili atque ~i aeternitate consistit (*Lit. Papae*) BEDE *HE* II 10 p. 100; o mirandum negotium et propemodum ~e decretum ALDH. *VirgP* 31; Deus .. ~is AD. SCOT *Serm.* 277A; vir ~is versutie *Flor. Hist.* II 196.

investigare [CL]

1 to find by following a trail, track down (animal). **b** to seek (person).

[Cacus] eos [tauros et vaccas] per vim fortitudinis retrorsum, ne ~arentur, caudis traxit in antrum *Lib. Monstr.* I 31; qui furtivam carnem invenerit et celatam, si audeat, licet ei inveritare cum juramento quod sua sit. qui ~abit eam, habeat *þaet meldefeoh* (*Quad.*) *GAS* 97; de ~ando pecore furato (*Ib.*) *Ib.* 190; sicut canis per odorem narium vulpem sive leporem ~at *G. Roman.* 290. **b** cum autem mulier reverti tardaret, misit maritus servum qui eam per totam Greciam ~aret HON. *Spec. Eccl.* 1029C; ad ~andum capiendumque hereticos *Proc. A. Kyteler* 23.

2 to investigate, search out (matter, *sc.* intellectually; also absol.).

nulla participia .. ~are valui ALDH. *PR* 136; ne deinde cotidie inter nos sermocinando, ad haec ~ando aliis inventis aeque placabilibus testimoniis, quaternio ille refertus succrevit ASSER *Alf.* 88; ~atam .. questionem BYRHT. *Man.* 202 (v. 2 libere 2c); nunc ~andum est residuum primum ADEL. *Elem.* X 80; res quas natura creavit discutiunt, easque multipliciter ~ant J. SAL. *Pol.* 436D; si subtilius ~etur, non usquequaque immunis periculo reperitur GIR. *GE* II 30 p. 314; ~avi omnes causas errorum BACON *CSTheol.* 34; [Aristoteles] ~at proprium modum tactus T. SUTTON *Gen. & Corrupt.* 50.

3 to ask, enquire: **a** (w. indir. qu.; also w. person as obj.); **b** (w. dir. qu.); **c** (w. *de*).

a ~antes unde vel quis esset BEDE *HE* I 33 p. 71; unde autem numerus talia sumat vocabula, non est valde necessarium ~are THURKILL *Abac.* f. 56v; cibus .. an bene sit coctus ~at *Simil. Anselmi* 34; si quis .. unum dederit nummum, non est ~andus quare non dederit duos PETRUS *Dial.* 26; deinde quis vicinorum praesulum religiosior esset ~avit ORD. VIT. III 2 p. 26; ~atum est .. quo loco sepultus est *Lib. Landav.* 84; ~avit ab eo qui cecus fuerat quid faceret OSB. CLAR. *V. Ed. Conf.* 14; ~are ex aliis scipture locis quod signet ipsa circumcisio GROS. *Cess. Leg.* I 10. 8. **b** 'quid retribuam Domino ..?' [*Psalm.* cxv 12] devotissimus ~at psalmista R. BURY *Phil. prol.* 2. **c** de .. fautoribus .. hereticorum ~are propono OCKHAM *Dial.* 634.

4 ? to invest (with), or ? *f. l.*

ut .. ipse .. imperio se oblato viriliter ~aret [? l. investiret] *Flor. Hist.* II 428.

investigatio [CL]

1 tracking down (of animal). **b** seeking out (of person).

de ~one et quesitione pecoris furati (*Quad.*) *GAS* 191. **b** pro earundem [personarum] ~one, captione .. ac etiam in carcere .. detentione *Proc. A. Kyteler* 22.

2 (intellectual) investigation, search.

subtili cuncta ~one perquirite (*Lit. Papae*) BEDE *HE* I 28 p. 62; **801** haec etiam acutissimae sapientiae ~o disponat secundum rationis vivacitatem ALCUIN *Ep.* 211; sagatitas, ~o *Gl. Leid.* 2. 160; non inanis erit conceptio que totius ~onis sapientie expeditissimam parit viam J. SAL. *Pol.* 438A; conclusiones .. circa quarum ~onem utilis fuit labor doctorum et expositorum DUNS *Ord.* I 87; de proposicionibus de futuro .. solum est deliberacio que est perfecta ~o alicujus proposicionis mihi incognite vel dubie OCKHAM *Quodl.* 140; qui astrologie subtiles ~ones ignorant .. sunt puniendi ASHENDEN *AM* 1va.

investigativus [ML], investigative.

in sermocinalibus autem quiddam melius est inquisitio veri ignoti quam modus significandi jam notum, tum quia totius scientie ~a est et sine ea non est scientia, tum quia .. KILWARDBY *OS* 636; in eleemosynis conferendis dator non debet esse nimis ~us, ne forte, nimis metuens conferre indigno, contingat eum frequenter non conferre digno R. MAIDSTONE *PP* f. 162.

investigator [CL]

1 tracker, follower.

hac vero progrediens per angulorum basilicae diversoria, stupidus ~or semper eum scrutinii sui querulosum comitem existimabat R. Cold. *Osw.* 49 p. 377.

2 investigator.

a**754** de tractatibus, quos spiritalis presbiter et ~or sanctarum scripturarum Beda reserando conposuit Bonif. *Ep.* 91; Beatus .. Gregorius .. divinorum voluminum ~or Alcuin *Dogm.* 66D; secreta conscientiae / nostrae vides vestigia: / tu [sc. Domine] nostrorum pectorum / solus investigator [*gl.*: *aspyrigend*] es *AS Hymns* 33; hec ideo Dei viro summa erat opera, ne cui forte ~ori ejus perpatesceret notitia, fomitis etiam sic ab eo prudenter vitabatur jactantia *V. Neot. A* 2; sin autem .. quid sentiam scrupulosus ~or inquiras Gir. *IK* I 8; Deus .. ~or est cordis Holcot *Wisd.* 26.

investigatrix [LL], investigator (f.).

contra logice regulam, que est ~ix veritatis infallibilis M. Par. *Maj.* V 211.

investire [CL = *to vest, clothe*]

1 to invest (person, institution) with land, office, or stipend: **a** (w. ref. to etym.); **b** (king); **c** (layman); **d** (cleric or church); **e** (woman); **f** (fig.).

a **1262** rectorem instituit .. ipsum in eisdem ecclesiis .. per pillum corporaliter ~iendo *Reg. Ant. Linc.* III 111. **b** ut heres ejus vendico regnum unde ipse obiit ~itus, quod .. michi per eam descendisse debuit Fortescue *NLN* II 16. **c** rex .. manerio .. Gilebertum .. disseisivit .. et Petrum .. eodem ~ivit *Flor. Hist.* II 208; **1289** Guitardus .. fuerat ~itus de prepositura predicta pro jure dictarum sororum *RGasc* II 534b; c**1302** rex Willelmus Angliam armis adquisivit; comites subjugavit; comitatus ~ivit; indigenas exheredavit *Chr. S. Edm.* 76; feudum ligium est pro quo vasallus ~itus contra omnes homines fidelitatem domino debet Upton 36. **d** duos de clericis duobus episcopatibus ~ivit Fl. Worc. II 51; **1119** si de privilegiis ecclesie sue quicquam diminuat, et unde juste ab antiquo illam ~itam repperit, .. exspoliari permittit (*Lit. Archiep.*) *Hist. Church York* II 230; si .. non ~iret electum per baculum et anulum W. Malm. *GR* V 417; **1147** ipsos canonicos eadem ecclesia de Eslinges canonice ~imus *Doc. Theob.* 147; **1157** ego Walterum abbatem .. per manum A[delelmi] archidiaconi, sub multorum clericorum testimonio, ~ivi *Ch. Sal.* 27; parrochia de qua eum ~ivimus *Lib. Landav.* 36; evulso statim de terra brevi surculo, fratres in eadem area .. ~ivit *Mon. Francisc.* II 271; **1393** ad capellaniam .. praesentetur loci diocesano, preficiendus, instituendus, et ~iendus per eundem *Lit. Cant.* III 16; **1500** ipsum .. constitutum in corporalem possessionem per annuli nostri digito suo impositionem jure regali ~imus de eadem [prepositura] *Conc. Scot.* I cccviii. **e** **1255** ~ivimus .. uxorem Columbi .. de .. terra quam habebat *RGasc* I sup. 14a. **f** nil potest annotari magis proditorium quam sperantis fidem nequiter exheredare et veritatis novercam, discreto absque veritatis judicio, ~ire *Regina Rhet.* 205.

2 to grant by investiture.

[rex] duas abbatias .. propriis pastoribus ~ivit J. Worc. 59.

investis [CL]

1 below the age of puberty, not yet mature; (as sb.) youth. **b** unwed.

necnon investes .. / hoc est effebi Aldh. *VirgV* 1067; hunc igitur genitor florentem tempore proto / tradidit investem rethorum forte magistris *Ib.* 1126; ~is, sine barba *GlC* I 343; erat tum ille prime lanuginis ephebus; nec tamen ut ~is evi homo seculi luxibus consumebat operam W. Malm. *Wulfst.* III 2. **b** occurrit autem cum glore [*gl.*: femina fratris mei] mea, et cum adhuc ~e [*gl.*: non nupta] matertera sororis mea galus [*gl.*: soror mariti sororis mee] et ipsa adhuc ~is erat Balsh. *Ut.* 47.

2 bare, unclothed

~is, sine veste, nudus, glaber, glabellus, gymnus Osb. Glouc. *Deriv.* 290; mundo sum carus, dum molli murice clarus; / deseror investis – heu quam mendax amor est is! Walt. Wimb. *Scel.* 111.

investitio [ML], investiture.

post ~onem vero canonice consecrationem accipiant W. Malm. *GR* V 424 [= Fl. Worc. II 63, W. Coventr. I 130: investitutionem].

investitor [ML], one who makes investiture.

papa .. sententiam excommunicationis vibravit in laicos ~ores eclesiarum W. Malm. *GP* I 54.

investitura [ML]

1 (right of) investiture, formal installation; **b** (w. subj. gen.); **c** (w. obj. gen., feud., of land); **d** (eccl., of church or diocese); **e** (of bishop or abbot); **f** (of abstr.).

a**950** si ecclesiastici affirmaverint se patrocinium dare posse .. et ~am, rex, qui isto privilegio illos donavit, examinabit *Conc.* I 211b; redderet ipse ~as, si vellet W. Malm. *GP* I 42; s**1122** (v. controversia); privilegia .. que habuerant imperatores a tempore Caroli .. de ~is R. Niger *Chr. I* 88; institucio est juris alicujus beneficii verbalis collacio, ~a vero institucionis, seu collationis, confirmacio Paul. Angl. *ASP* II 1531; si ab alio domino Lucius postea feudum per ~am adquisierit, pro quo similiter ei contra omnes homines fidelitatem fecerit .. Upton 35; quodlibet feudum retinetur per institucionem, ~am, et missionem in possessionem . . . ~a est institucionis seu collacionis illius confirmacio, seu declaracio per quam inducitur confirmacio *Id.* 47; **1540** in ~ae signum coronam de capite sua evulsam et terram et lapidem dedit *Extr. Chr. Scot.* 184. **b** s**1048** per ~am regis E. Wulgatus factus est abbas Croylandie *Chr. Angl. Peterb.* 48. **c** duces Neustrie honoris sui ~am solebant percipere Ad. Eyns. *Hug.* V 11 p. 144. **d** ita scripsit apostolice Paschali de ~is ecclesiarum et datione baculorum .. (*Quad.*) *GAS* 544; excommunicationis sententiam in omnes laicos ~as ecclesiarum dantes Fl. Worc. II 43; ex eo .. quo W. Normannie comes terram illam .. sibi subegit, nemo in ea episcopus .. factus est, qui non primo fuerit homo regis, ac de manu illius episcopatus .. ~am .. susceperit Eadmer *HN pref.* p. 2; excommunicans electos qui ~as ecclesiarum de manu laici per anulum et baculum acciperent W. Malm. *GR* III 266; episcopatuum, abbatiarum ~am per manum laicam fieri penitus prohibemus Ord. Vit. XII 21 p. 392; in singulis cathedralibus ecclesiis, tanquam ~e cujusdam signum, missam celebravit Gir. *IK* II 1 p. 105 (= Higd. I 52 p. 114); professus est rex, se nihil juris vel sibi vel heredibus, in posterum, in ecclesiarum ~is vindicaturum Wals. *YN* 82. **e** **1119** ostendant .. alicujus episcopi suam ~am (*Lit. Archiep.*) *Hist. Church York* II 241; abbas Faritius .. constitutus, ~am, i. e. saisitionem, accepit per manum Picoti *Chr. Abingd.* II 59; papa Adrianus primus quod concesserat Karolo ~as prelatorum Knighton I 33. **f** quod .. episcopus vel abbas .. ~as alicujus ecclesiastice dignitatis de manu suscipiant laicorum M. Par. *Maj.* II 123.

2 (leg.) apprehension in the commission of a crime, being caught in the act.

in causis ubi judex fiscalis aliquem inplacitet de socna sua sine alio accusatore, sine sagemanno, sine ~a, si quis se tercio vicinorum suorum purget, satis est propter justicie reverentiam (*Leg. Hen.* 63. 1) *GAS* 583.

3 what covers the land, crop.

terram de S. .. in testamento reliquit, cum firma et consueto hominum servitio, cum omni ~a *Chr. Rams.* 175; **1222** si decesserit infra terminum pretaxatum salva sit ~a, siqua tunc ibi fuerit, eidem W. vel cui voluerit illam assignare *Reg. Ant. Linc.* IV 18; c**1230** decimationes .. quas habent .. salva capella S. Nicholai de Abbendon subladataria sive ~a quatuor acrarum duarum viz. de frumento et duarum de avena (*Ch.*) *MonA* IV 493a; donec ille ad quem transfertur perceperit inde tot ~as vel quamdiu tenementum illud possit excoli et bladum portare Bracton f. 176b; **1231** ante mortem ipsius G. fuit in seisina et expleta cepit et blada et ~am habuit *BNB* II 472.

investitutio v. investitio.

investura, investiture.

epicoporum ~as .. a papa recipiens Capgr. *Hen.* 38; s**1482** ejus admissionem, institucionem, et ~am [in rectoriam] *Reg. Whet.* II 251.

inveterare [CL], to become or be old; **b** (fig.).

carmina .. quae quondam cognita longo usu vel neglegentia ~are coeperunt .. renovarentur in statum Bede *HE* V 20 p. 331; vetus .. componitur ~o Osb. Glouc. *Deriv.* 602; ~o, A. *to be olde WW*; *to wex alde*, ~are *CathA*. **b** ordo autem inventionis .. forte ignoratur a modernis, nec mirum quia jam ~averunt scientie Kilwardby *OS* 626.

inveterascere [CL], to become old.

numquam inveterescat haec manus Bede *HE* III 6 p. 138; *to wex alde*, .. ~ere *CathA*.

inveterate, inveterately, as a bad habit.

†inveterare [l. inveterate], callide, malitiose *GlC* I 348.

inveteratio [CL]

1 becoming or being old.

vetus .. componitur .. ~o Osb. Glouc. *Deriv.* 602; si est hic aliqua innovacio et ~o circa idem manens, ergo illud proprie mutatur Duns *Sent.* II 2. 1. 10 scholium p. 22.

2 becoming or being habitual.

dotacionum et tradicionum humanarum defensio et consuetudinis hujus abusus ~o Wycl. *Blasph.* 8.

inveterator [LL], 'old hand', habitually evil old man.

vetus .. componitur .. hic ~or Osb. Glouc. *Deriv.* 602.

inveteratus [CL]

1 allowed to grow old, aged: **a** (of person or living thing); **b** (as sb. m.); **c** (*~us dierum malorum*, w. ref. to *Dan.* xiii 52).

a sicut homo novus ante peccatum et ~us fermento peccati nequaquam substantialiter differunt Anselm (*Azym.* 1) II 224; arbor florida et ~a R. Cold. *Osw.* 17; si genitor, genetrix annis sint inveterati D. Bec. 20; quod nova testa capit inveterata sapit Walt. Angl. *Fab. app.* 37. 4; ~um virum magne etatis *Plusc.* XI 3. **b** **1166** quis tuus et veterum sit status amicorum, nec sic veteres dixisse arbitreris, ut ~os in quibus caritas refrigescit dictos intelligas J. Sal. *Ep.* 153 (155). **c** veteri quodam et ~o dierum malorum .. se abbatem gerente Gir. *IK* II 4 p. 121; ~us ille dierum malorum, rupta fide, transtulit se ad regem Francorum Torigni *Chr.* 230; dictante vero ~o illo dierum malorum .. W. Newb. *HA* IV 10 p. 320; Saphadinus dierum malorum ~us *Flor. Hist.* II 168.

2 ancient, old. **b** decrepit.

ecclesiam laborantem contra ea, que sub pretextu juris ~i et antiquarum vel antiquandarum consuetudinum presumpta sunt, non erat qui adjuvaret J. Sal. *Ep.* 298 (296); D. Bec. 2607 (v. 2 excidere 3). **b** c**1300** tres casule ~e *Ch. Sal.* p. 370.

3 habitual, long-standing, inveterate. **b** (med.) chronic (also in fig. context).

inmutavit .. ~am illam traditionem parentum eorum Bede *HE* V 22 p. 346; ut ~um vestiendi .. inverteret morem W. Malm. *GR* V 407; a**1237** ira .. ~a solet appellari odium *Conc. Syn.* 217. **b** ~um superbiae nostrae languorem Bede *Hom.* II 20. 213; egritudo nervorum, si ~a fuerit, difficile curari potest quia vix vel nunquam *Quaest. Salern.* B 313; potuit esse causa nimia potatio si alienatio fuit momentanea. si ~a, potuit esse causa melancolia, sc. colera adusta vel sanguis *Ib.* Ba 30; si vero nimis fluant orificia venarum, restringantur restrictivis medicinis, paulatim tamen, maxime si fuerit morbus ~us Bart. Angl. VII 53; si .. ~e sunt pustule et egritudo illa Gad. 49. 1; *SB* 11, *Alph.* 52 (v. anchilops).

invicem [CL]

1 in turn, in succession, alternately.

concrepantibus ~em trompis *Itin. Ric.* II 13 (v. depressio 2).

2 reciprocally, mutually (can usu. be transl. 'each other, one another, to one another', or sim.); **b** (indicating reciprocal sense of accompanying refl. pron.).

supra punctum in quo due ille linee ~em dividunt Adel. *Elem.* III 10; injurias ~em illatas Gerv. Cant. I 145 (v. contradere 2d); **1324** suadet racio sacre religionis professores ab invicem distantes litteris consolatoriis ~em communicare *Lit. Cant.* I 124. **b** ab hac hora numquam iterum in hoc saeculo .. nos ~em erimus visuri *V. Cuthb.* IV 9; [sinus maris] quamvis ad se ~em pertingere non possint Bede *HE* I 12 p. 25; Anselm III 245 (v. ipse 18a); accidit .. hujusmodi traductionem fieri diversis sibi ~em quedam mutuantibus loquelis Balsh. *AD* 97; Deum .. naturas .. in se ~em permutare .. sicut uxoris Loth .. in statuam salis .. potentissimum esse .. credendum Gir. *TH* II 19 p. 106; sicut omnes se debent ~em supportare, ita pro invicem debent esse solliciti Ockham *Dial.* II 647.

3 (w. preceding preposition, freq. written as one word; *v. et. abinvicem, adinvicem, deinvicem, ininvicem, subinvicem*): **a** (prep. retains its force) (from, for, against, *etc.*) each other, one another; **b** (*~em* combines w. prep. in sense approximating to that of *~em* alone) mutually, reciprocally (sts. w. refl. pron., *cf.* 2b *supra*).

a ab ~em differunt Aldh. *VirgP* 58, etc. (v. abinvicem a; cf. e. g. Osb. *V. Dunst.* 38: divertunt ab ~em [v. divertere 3c]; Gir. *SD* 142: tam episcopi quam archidiaconi jura .. ab ~em distinximus; **1324** [v. 2a supra]); conferentes ad ~em Bede *HE* II 2 p. 83, etc. (v. adinvicem; cf. e. g. Ad. Scot *Serm.* 303A: ad ~em .. loquuntur [v. deinvicem]; Duns *Ord.* IV 237: cum res racionis ad ~em comparantur); c**700** circa ~em .. concordes (v. 1 circa 3a); contra ~em .. positis Bede *TR* 32 (v. contra 2a); c**1072** nostrarum .. conscientiarum de ~em Anselm III 104, de ~em loquuntur Ad. Scot *Serm.* 303A (v. deinvicem); non ergo hic est determinandum .. de quattuor elementis quantum ad eorum generacionem ex ~em T. Sutton *Gen. & Corrupt.* 47; contentione .. in ~em non injocunda *V. Ed. Conf.* 49v (v. ininvicem); maerentes pro ~em Osb. *V. Dunst.* 38 (v. divertere 3c; cf. Ockham *Dial.* II 647 [v. 2b supra]). **b** duas virgines .. sese .. ad ~em respicientes R. Cold. *Godr.* 109; constantius animati seque in ~em cohortantes *G. Steph.* 28 (cf. *Reg. Whet.* I 337 [s**1459**]: confederantes sese in ~em tres majores domini .. hujus

regni); rex et dicti domini subinvicem valefacientes *Croyl. Cont.* C 552.

4 together, simultaneously.

1423 aliquos .. plura beneficia ecclesiastica aut dignitates seu personatus obtinentes que nequeunt absque dispensacione ~em retinere .. quesivi *Reg. Cant.* III 511; ~em, A. *to geder, to hepe WW*.

invicit v. invocare 1b.

invicte [LL], in a manner not conquered or defeated; **b** (fig.).

~e se semper et fortiter accingebat *G. Steph.* 32; basilice, fortiter, ~e, inexpugnate OSB. GLOUC. *Deriv.* 80; qui pro illis jure et libertate regni inimicos ~issime expugnaret G. CORNW. *Guy Warw.* 826. **b** quot eciam viri et femine ejus temptacionibus invectissime restiterunt BRADW. *CD* 452D; **1530** ecclesiam .. contra hostes defendit, tam potenter et ~e, quod .. eternam gloriam .. promeruit *Conc.* III 742.

invictrix [LL], always victorious.

det .. vobis spiritalium virtutum ~icia arma EGB. *Pont.* 61.

invictus [CL]

1 unconquered in war; **b** (of royal person, usu. superl.).

acies ~a [Israelitarum] manuum sola intensa erectio fuerit GILDAS *EB* 1; **1313** primitus prosiliit Acteus invictus, / comes — heu! — Glovernie (*Bannockburn* 26) *Pol. Songs* 263; Heraudo milite ~issimo in transmarinis partibus agente G. CORNW. *Guy Warw.* 826. **b** Osui .. / .. / invictus bellis nec non in pace fidelis ALCUIN *SS Ebor* 571; basileo insigni atque ~issimo LANTFR. *Swith. pref.*; rege Eadgaro, .. prepotente ac ~issimo regis Eadmundi filio WULF. *Æthelwold* 13; ~issime Anglorum rex GIR. *TH pref.*; sustinete patientur, ~issime princeps, quod vobis ex sincera devotione propono P. BLOIS *Ep.* 95. 301D; ~issimi principis R. BURY *Phil.* 8. 118.

2 undefeated in argument.

Rannulfus clericus .. ~us causidicus W. MALM. *GR* IV 314 p. 369.

3 indestructible.

quantum .. ~issimae illi petrae adhaerent, labefactari nequeunt BEDE *Luke* 413C; vi crucis invictissime J. HOWD. *Cyth.* 45. 11.

4 unshaken in resolve, firm of purpose, resolute.

oportebat vos imitari illum .. humilitatis vere ~um exemplar GILDAS *EB* 74; ~ae mentis fundamina nequaquam .. subdiderat ALDH. *VirgP* 43; neque principatus neque .. quicquid usquam est eam separare posset a caritate Christi ~issima GOSC. *Edith* 85; semper ~o animo in incepto gratis perseveravit W. MALM. *HN* 503 p. 64; hunc .. dico .. probum, quia strenuus in agendis, .. executor ~us MAP *NC* V 3 f. 60v.

invide [LL], with ill will, malevolently.

nisi .. non minus non ~e quam invise matrem filia facta privigna supplantasset GIR. *IK* I 3 p. 38; quesivit a quodam rege juvenculam quam ~e dampnabat (*Aed* 28) *VSH* I 42.

invidenter

1 with ill will, enviously.

componitur etiam video prevideo .. invideo .. et inde ~er adv. et hec invidentia .. i. invidia, et invidus .. unde .. invidiosus .. unde invidiose adverb. OSB. GLOUC. *Deriv.* 596.

2 *f. l.*

quoniam .. clarescit malos eos esse qui pro aliorum [? *supply* bono] bene utiliterque gestis tam dire tamque †invidenter [MS: invident] inhumane mali, qui [? l. malique] nec mentione digni habentur OSB. GLOUC. *Deriv.* 330.

1 invidentia [CL], ill will, envy, jealousy.

hujus discrepantiae causam neque maliciae Judaeorum neque lxx interpretum .. errori vel ~iae .. adscribere BEDE *Pleg.* 10; cessent .. in vobis vaniloquia .. exterminetur ~ia ANSELM (*Ep.* 332) V 268; OSB. GLOUC. *Deriv.* 596 (v. invidenter 1); ab invidendo autem ~ia recte dici potest, ut effugiamus ambiguum nomen invidiae LINACRE *Emend. Lat.* lxv.

2 invidentia [ML], lack of vision, blindness.

aorasia est ~ia seu cecitas quedam BACON *Gram. Gk.* 70.

invidere [CL], to look at askance, regard with ill will, to envy, be jealous of: **a** (w. dat. expr. condition or thing); **b** (w. gen. or dat. of person); **c** (w. acc. of thing or acc. & inf.); **d** (absol.). **e** (impers. pass.).

a Hieronimus .. ut Homerum .. ~ere materiae dicat ALDH. *VirgP* 29; si quid est quod aut incolumitati habitantium ~et aut quieti, aspersione hujus aquae effugiat EGB. *Pont.* 35; alii ~entes diversis molestiis insecuti sunt ORD. VIT. III 2. 21; porro Goisfredus de Meduana tante felicitati ducis ~it *Ib.* III 8. 103; ~ent humane saluti panthere veloces GIR. *TH* I 36. **b** qui cum praesul post eum Romae constituitur, famae illius quia laudem habere nequivit ei ~isse ita pronuntiatus *V. Greg.* 104; scis quoque qualiter Joseph filio Jacob a patre ad visitandos suos fratres directo illi ~entes, ut eum occiderent, consiliati sunt *Eccl. & Synag.* 104; zelotypus .. i. amasius ~ens alterius OSB. GLOUC. *Deriv.* 582; D. quare seduxit eos diabolus? M. propter invidiam: ~it enim illis, ne ad honorem illum perveniret HON. *Eluc.* 1119A; Atreus .. cui ~ens frater ex urbe discessit ALB. LOND. *DG* 8. 16; eis ~et [ME: *for onde þ he haveð to ham*] *AncrR* 53; fuit quedam abbatissa .. que penitentiali zelo subjectam sibi congregationem secundum rigorem ordinis per omnia regulabat, quo fiebat ut moniales multe eidem ~erent *Latin Stories* 38. **c** [daemones] tantos .. viros ad recuperandam tendere populorum salutem ~erent BEDE *HE* I 17 p. 34; hos fructus intendentes vitam ei celibem ~erunt *V. Chris. Marky.* 20; florentis in ubere / campi canora residet / nec invidet / talia sororibus / nec sedibus / sororum P. BLOIS *Carm.* 1. 2. 29. **d** frater ~ens BEDE *Hom.* I 14. 7 (v. fratricida); loetifer invidit, conamina mille reclusit FRITH. 537; **a1237** ~et .. homo quando in animo suo tabescit ex aliquo bono quod videt in proximo et dicitur Anglice *nith* vel *onde Conc. Syn.* 216; LINACRE *Emend. Lat.* lxv (v. 1 invidentia). **e** nec condescendit vicio, / quia virtutum studio / videat invideri. / nec invidis materiam / demere nec invidiam / vult in se demereri P. BLOIS *Carm.* 27. 17. 99.

invidia [CL]

1 ill will, envy, jealousy; **b** (as personification); **c** (as mortal sin).

quibus communiter omnibus absque ~ia prout possum laboro THEOD. *Pen. pref.*; scientiam .. libenter ac sine ~ia .. communicare curavit BEDE *HE* V 22 p. 347; "tua curiositas te facit non amatum iri." "nec tua te †indivia [l. invidia] gratum iri" ALCUIN *Gram.* 881C (cf. ib. 862A: invidus, 882B: invidiosum); in ~iam [ducentur], si vis eorum, potentia, divitiae, cognatio, pecuniae proferentur *Id. Rhet.* 20 (=Cicero *De Inv.* I 22); videns quidam homo prosperitatem alterius ~ia torquetur alterius, unde cor constringitur et cerebrum *Quaest. Salern.* B 129; tunc temporis affossum est aurum, pro quo inter habentes et non habentes crevit ~ia, que adhuc durat, ex ~ia odium, ex odio bellum *Natura Deorum* 19; ~ia enim non pertinet nisi ad illa que voluntate subtrahuntur et voluntate possunt communicari, sicut non sum invidus si non facio te sapientem quia non possum facere scienciam in anima tua DUNS *Ord.* IV 88; **13..** modus est invidie semper, ut ab imis / sursum tendant, ultima contradicunt primis: / invidere negligit infimo sublimis. / invidus alterius rebus macescit opimis (*De studiis* 21) *Pol. Songs* 207. **b** saeculares viri .. ~iae rapacibus ungulis .. carpebantur GILDAS *EB* 21; faucibus invidiae sic gloria carpitur atris ALDH. *VirgV* 1647; denique crudelitas ut leo, calliditas ut vulpecula, ~ia ut serpens, iracundia ut rana .. conversantur ALEX. CANT. *Dicta* 1 p. 110. **c** si Deus temptet anachoritam .. aliquibus malis moribus spiritualibus sicut superbia, ira, ~ia [ME: *onde*] vel voluptatibus carnalibus *AncrR* 59; ~ia, quartum peccatum mortale (J. BRIDL.) *Pol. Poems* I 174.

2 (as affecting the object of the feeling) dislike, hatred.

quis .. eorum ob ~iam .. ut Abel occisus? GILDAS *EB* 69; nam et ~ias quorundam nobilium, qui regularem ejus disciplinam ferre nequibant, insecutionesque patiebatur accerrimas *Hist. Abb. Jarrow* 8; denique ex ~ia clericorum datum est episcopo venenum bibere ÆLF. *Æthelwold* 15; **s1139** molliens delationis amaritudinem, vel religionis in episcopis gratia vel, quod magis opinor, sue detractionis ~ia W. MALM. *HN* 468 p. 26; **p1298** acrius invidia nichil est, nil nequius illa (*Dunbar* 244) *Pol. Songs* 178; ~ia [? l. invida] ac tam detestanda imperitorum in astrologia detractatio ASHENDEN *AM* 1. 1; **c1440** odii plenus et invidii [*sic*] contra .. universitatis membra *FormOx* 466; *an hateredyn*, .. invidea, mistrum, odium, odiolum .., simultas *CathA*.

invidiose [CL]

1 so as to arouse ill will, envy, or hatred (also in gl.).

in propriis negotiis nihil profeci, nullum enim tentavi, ne inter cetera, que mihi post reditum meum ~e objecta sunt, objiciatur et illud, quod .. D. LOND. *Ep.* 15; OSB. GLOUC. *Deriv.* 596 (v. invidenter 1).

2 enviously, malevolently.

Willelmum .. fortune vicissitudo eo afflictaverat ~ius quo ante provexerat serenius W. MALM. *GR* IV 383; animadverti nullum esse discipline mee fautorem .. quin ab ipsis ~e circumveniatur OSB. GLOUC. *Deriv.* 137.

invidiosus [CL]

1 that arouses ill will, envy, or hatred.

corrosionis ~e morsus ADEL. *ED* 3; sustine ergo quod invidi et emuli tui se ipsos occidant, ut gladius eorum intret in corda ipsorum. .. cum hec pestis tolerabilior sit ~o quam invido P. BLOIS *Ep.* 80. 248B; [invidia] regem ejus Ninum in singulis ~um invenit, invidum reddidit, et qui fuerat orbis amator .. in odium ejusdem pervertit MAP *NC* III 3 f. 39; detrahe patri tuo invidiam odiumque quem jubes coli pena [cf. Seneca *Troades* 299–300], sc. quod ~um et odiosum est TREVET *Troades* 24.

2 envious, jealous.

si quis .. ~us .., iij annos peniteat EGB. *Pen.* 4; **a797** quodsi ~us aliquis suadet, ut repellas eam, timeat qui talis est, ne repellatur ab eo qui dixit .. ALCUIN *Ep.* 70; venditus est Joseph a fratribus invidiosis *Vers. Peterb. Psalter* 65.

invidium v. invidia.

invidulus, envious little person, one full of petty envy.

1517 hoc mendacium ab ~o quopiam est confictum .. sunt et alii qui invidia moti detrahunt (H. BULLOCK) *Ep. Erasm.* II 580.

invidus [CL], bearing ill will, envious, hostile; **b** (of abstr.). **c** (as sb. m.) envious person, enemy.

[diabolus] divinae bonitatis operibus ~us aemulusque consistit BEDE *HE* II 10 p. 103; **1171** plena dierum vetula, mors saeculi sc. anus improba, litigiosa, querula, importuna, ~a, inimica et subdola, cepit revolvere sarcinulas ejus P. BLOIS *Ep.* 27. 93B; quis erit ~us [ME: *ondful*] si respiciat oculis fidei quomodo Christus Jhesus Dominus non pro suo commodo sed pro alieno fecit *AncrR* 91; quando ~i [ME: *niðfule*] Judei optulerunt Christo in cruce potum illum amarum .. *Ib.* 160; quod videns quidam rex ~us et dolosus cogitabat eam de regno suo expellere *Latin Stories* 132; sunt enim ad omne malum proni, superbi, ~i, gulosi, et luxuriosi *Itin. Mand.* 76. **b** **796** ~a terrarum longinquitas ALCUIN *Ep.* 102; istorum .. causas inter arcana sui miracula .. ~a natura reservavit GIR. *TH* II 8. **c** molimen .. ut ne .. irruituris ~orum imbribus extet penetrabile GILDAS *EB* 37; testatur Petronius Arbiter, Prometheum primum idolum formasse, vulturique jecur prebuisse, eo quod ~i dente eum detractionis momorderint ALB. LOND. *DG* 10. 9; **1302** per quosdam quietis envios brigas licium appetentes *Reg. Cant.* 771; *Pol. Songs* 207 (v. invidia 1a).

inviduus v. individuus.

invigil [2 in- + vigil], unvigilant.

aestimat invigiles [*ed. translates 'watchful'*] prosternere fraudibus hostes; / fallere dum quaerit, fallitur atque ruit G. AMIENS *Hast.* 283.

invigilanter, vigilantly.

his .. papa ~er intendens respondit .. A. TEWK. *Add. Thom.* 24.

invigilantia, vigilance.

ipsius negligentie ~am explorando invenit R. COLD. *Cuthb.* 26 p. 59; sedulitatis ~a AD. MARSH *Ep.* 181 p. 326.

invigilare [CL]

1 to stay awake, keep watch (also fig.). **b** (eccl.) to perform a vigil.

'invigilant animi quibus est pia cura regendi', magnopere invigilandum mihi censeo in eo quod .. ASSER *Alf.* 90 (v. et. 2b infra); fides, vita, et sollicitudo ejus qui ~are debet .. ANSELM (*Ep.* 435) V 383. **b** Rachel .. ecclesiam figurate demonstrat cujus tota intentio ut videre Deum mereatur ~at BEDE *Hom.* I 10. 50; nonis invigilant populi plebesque kalendis *Kal. M. A.* I 100; furtivis intempeste noctis silentio ~abat supplicationibus *V. Neot. A* 2.

2 to watch diligently (over), be watchful (for), intent (on): **a** (w. dat. or abl.); **b** (w. prep.); **c** (w. indir. qu. or final cl.).

a **a705** vel lectionibus divinis vel orationibus sacris semper ~a ALDH. *Ep.* 8; tam suae quam omnium saluti jugiter ~ando GOSC. *V. Iv.* 83C; obstupescente navis rectore, qui ad aplustre residebat, ventis et astris ~ans W. CANT. *Mir. Thom.* IV 50; cum securitati .. tue .. modis omnibus ~averis GIR. *TH* III 20; de ciconiis et hic notandum duximus quod adeo nutriture pullorum ~ant ut in ipsa nutritura penne eis decidant adeo ut volare non possint *Id. SD* 74; ut saluti tocius orbis ~es LUCIAN *Chester* 51. **b** quam studiose erga salvationem nostrae gentis ~averit ostendit BEDE *HE* I 30 p. 64; ASSER *Alf.* 90 (v. 1a supra); in omnibus .. tam interius quam exterius ~aret W. MALM. *GR* I 149 p. 169. **c** sepius invigilo quot mille talenta minutis / constent, quam pedibus quot mihi versus eat L. DURH. *Hypog.* 65; ut litteris ac moribus excelleretis, tantis .. studiis ~avit GIR. *SD* 72.

invillicatio [cf. CL vilicatio], stewardship (w. ref. to *Luc.* xvi 2).

timens .. ~onis sue questionem incidere proposuit de pecunia domini sui sibi facere amicos qui in eterna eum susciperent tabernacula *Lib. Eli.* III 41.

invinare [ML], to incorporate (Christ or his blood) in eucharistic wine.

est calix sanguinis et vini vel sanguinis ~ati alicujus nove vindemie NETTER *DAF* II 111. 1; quod est Christum .. ~ari GARDINER *CC* 328.

invinatio, incorporation (of blood) in eucharistic wine.

WYCL. *Euch.* 221 (v. impanatio).

invincibilis [LL]

1 unconquerable: **a** (of person, army, or nation); **b** (of weapon); **c** (of place).

a quae [manus] praemissae adjuncta cohorti ~em fecit exercitum BEDE *HE* I 15 p. 31; **1088** Angli .. catervatim ad regem confluunt, et ~em exercitum faciunt (*Ch.*) W. MALM. *GR* IV 306; rex Ædmundus .. pugnandi strenuus et ~is erat hostibus TURGOT *Marg.* 2; gens Anglicana dum peregrinatur ~is est, sed in sedibus propriis facilius expugnatur *Eul. Hist.* II 170; quasi ~em exercitum ex duobus faceret WALS. *HA* II 167; victoriosissimis et ~ibus Scotorum gentibus *Plusc. pref.* p. 3. **b** te .. petimus, ut hoc scutum atque baculum istum dextera potentie tue benedicere digneris, ut sint arma ~a atque .. victricia (*Duellum*) *GAS* 430. **c** Aurelianus urbem Romam muris firmioribus cinxit, atque eam ~em fecit *Flor. Hist.* I 162.

2 (of debater or argument) irrefutable. **b** (*ignorantia ~is*) invincible ignorance, total ignorance for which one is not culpable.

nec aliter esse posse ~ibus approbans argumentis W. MALM. *GP* I 46; ejus ~es rationes attendentes GERV. CANT. *Chr.* I 204; per doctrinam sanam et disputationem tuam ~em et per misericordiam suam adduxit me Deus ad id quod sum P. CORNW. *Disp.* 152; doctor ~is [W. Ockham] WYCL. *Ver.* I 348 n.; ~is presumpcio est *Id. Sim.* II 20. **b** si ignorantia ~is est, non affert mortem J. SAL. *Pol.* 567C; **1256** cessante ignorantia ~i (*Const.*) *Conc.* I 718a; ignorancia ~is OCKHAM *Dial.* II 591.

3 irresistible.

~em sui ipsius triumphum AD. SCOT *OP* 608B; cum maxima difficultate purgantur propter compactionem et contradictionem ~em GILB. VII f. 297v. 2; quidam illas hereses colligentes fasciculis alligarunt ~i auctoritatis fune *Ziz.* 3; *Croyl.* 97 (v. fraxinus 1).

4 unshakeable in resolve, resolute: **a** (of person); **b** (of mind, virtue, or abstr.).

a veritatis assertores .. ~es efficiamini ALCUIN *Gram.* 854A; ad omnes fortune impetus ~is A. TEWK. *Add. Thom.* 34; disciplina militari coherens pariter et voluntate ~is perseverat *Itin. Ric.* II 8; securos et ~es *Obs. Barnwell* 232. **b** vocatur .. Petrus ob firmitatem fidei, vocatur Petrus ob ~e robur mentis BEDE *Hom.* I 16. 260; [rex] ejus .. ~i auctoritati contraire sciens periculum ADEL. BLANDIN. *Dunst.* 8; virtutem ~em AD. MARSH *Ep.* 4; Deus est .. principium primum .. ~e, inalterabile .. BART. ANGL. I 16; saltem hujus amoris retine amorem et illum ~em, ut viz. invincibiliter ames te amare unamquamque rem quantum et quomodo a te amari debet GROS. *DM prol.* p. 2; cum fortitudine ~i CIREN. II 15; **1437** ~i animo BEKYNTON I 6; scripturae, raciones, et jura superius adducta, meam ~em mentem ligant PAUL. ANGL. *ASP* 1541.

invincibiliter [CL]

1 unconquerably.

Redwaldus .. ~iter cum duabus aciebus perstitit H. HUNT. *HA* II 30; ~iter superando *Plusc.* IX 24.

2 irrefutably.

si panis materialis non manet post consecracionem, ~iter sequitur quod talis panis materialis non est post consecracionem sacramentum altaris *Ziz.* 191; hec racio cogit ~iter ad assensum PAUL. ANGL. *ASP* II 1556.

3 unshakeably, resolutely.

fides .. hanc [ecclesia] ~iter servat BEDE *Cant.* 1121D; GROS. *DM prol.* p. 2 (v. invincibilis 4b).

invinculare [ML], to enchain.

domino Wyllelmo Bagot .. secum ~ato ducto AD. USK 29.

inviola [2 in- + viola], white violet.

~a, *whyte violet MS Cambridge Univ. Libr. Dd 11. 45* f. 150r.

inviolabilis [CL]

1 that cannot be damaged or destroyed.

virginitatis stolam .. ~em conservavit ALDH. *VirgP* 46; credere .. sanitatem vite future ita jugem et incommutabilem atque ~em fore EADMER *Beat.* 5.

2 that cannot be infringed or violated; **b** (of agreement, law, or leg. instrument).

p**793** quicquid in illo amicitiarum esse coepit, ~i firmitate permanere necesse est ALCUIN *Ep.* 286; **1181** ~em firmitatem vobis .. mandamus (*Bulla Papae*) *Reg. Newbattle* 257; de pace ~i RIC. HEX. I 4. **b 948** condicio mea ~is perpetualiter enitescat *CS* 860; a**984** maneat .. prefate munificentie libertas .. ~is eterna libertate jocunda (ÆTHELWOLD *Ch.*) *Conc. Syn.* 130; hic ~e viget fedus materni fraternique amoris *Enc. Emmae* III 14; ~is permaneat usque ad consummationem seculi *AS Chr.*; c**1200** ut hec donacio rata et ~is permaneat *Cart. Chester* 314.

inviolabilitas [LL], inviolability.

usus et consuetudines suas una semper ~ate conservat (*Leg. Ed.*) *GAS* 657.

inviolabiliter [LL], inviolably, without infringement.

793 quod Deo vovistis ante altare ~iter custodiatur ALCUIN *Ep.* 19 p. 54; jurans .. fidem .. traditam ~iter te servaturum LANFR. *Corp. & Sang.* 409B; ibi namque jura legum ~iter servantur ALEX. CANT. *Dicta* 4 p. 125; ut .. fidelitatem Anglorum regi .. ~iter exhibendam sacramentis .. renovaverit GIR. *EH* II 13; **1220** tenemini formam illius treuge ~iter per omnia et integre conservare *DipDoc* I 65; **1336** statuta ~iter observentur *StatOx* 136; **1441** fideliter et ~iter observare BEKYNTON I 143; **1545** indifferenter et ~iter observandum *Conc. Scot.* I ccxc.

inviolare [CL], to harm, lay violent hands on.

crinem antistitis ~avit, strictumque mucronem vibrans "jam" inquit "morieris" *Meaux* I 151 (cf. W. MALM. *GR* V 439: involat).

inviolatio [ML], inviolate condition.

interrogantibus autem et de ~one virginis parientis ANSELM *Misc.* 303.

1 inviolatus [CL]

1 undamaged, unharmed (also in gl.).

vestis et ipsa sepulchro / inviolata nitet BEDE *HE* IV 18 p. 248; ~um, inpraesumptum *GlC* I 215; violo .. quod componitur ~us OSB. GLOUC. *Deriv.* 607.

2 not sexually violated.

virgo ~a *V. Kentig.* I.

3 not infringed, unimpaired.

943 (13c) ~um donum (v. fermentatio 2); **1081** quod sic stare et firmiter ~um a modo [v. l. manere] precipio *Doc. Bury* 8 (cf. *Regesta* p. 122).

4 morally uncompromised.

fidem Britanni .. ~am integramque quieta in pace servabant BEDE *HE* I 4; ~um spiritum Deo effudit W. MALM. *GR* I 97 (v. effundere 2c).

5 undisturbed, untroubled.

quia jugis ibi manet ~a serenitas ALEX. CANT. *Dicta* I p. 113.

2 inviolatus v. involare.

inviolentus [LL], not violent.

nisi .. in earum [sc. botarum] novitate aliqua eisdem casualis et ~a contingat ruptura *Cust. Cant.* 197.

invirtuosus [2 in- + LL virtuosus], powerless, weak.

inpos, non potens, debilis, inbecillis, ~us, eviratus, elumbis OSB. GLOUC. *Deriv.* 293.

inviscare [LL]

1 to entrap with bird-lime (also fig.).

viscus .. componitur ~o .. i. per viscum aliquid capere, inde ~atus, inviscatio OSB. GLOUC. *Deriv.* 619; c**1195** tu pennas contemplationis assumens haec mundana transcendis; me glutinum terrene habitationis adeo ~avit, quod volare non possum P. BLOIS *Ep.* 4. 11D; capiet omnes sicut aves ~atas BACON *Tert. sup.* 54; capiemus Anglicos, si permittant fata, / velut auceps volucrem cum sit †inniscata [l. inviscata] *Illust. Scot.* 67; hos .. ~at negociacionis glutino *Reg. Whet.* II 459.

2 to smear (with sticky substance).

in nocte propter frigiditatem habentem motum ad centrum nebularium fit inspissatio, vel ad suam ducitur originem vel contra superficiem terre ~ate non apparent *Quaest. Salern.* P 16; dicitur turdus a tarditate volatus. avis est pigra .. et ejus stercus est viscus, unde in proprio fimo ~atur MALACHY *Ven.* 13; ipsis .. repletis, statim recedunt quodammodo pinguedine ~ati, et alii accedentes de eisdem scutellis .. comedunt S. SIM. *Itin.* 55; lana succida aut lana ~ata que pendet in velleribus ovium circa crura *SB* 44.

3 (med.) to make viscous, (p. ppl. as adj.) viscous. **b** to incapacitate, disable.

colera que erat ~ata fleumati non poterat dissolvi *Quaest. Salern.* B 102; solet etiam ventri accidere dolor et tortura .. ex humoribus intestinis ~atis, sicut dolor iliacus, cholericus et consimiles passiones BART. ANGL. VII 48 p. 329; ventositas cibum elevat indigestum ab inferiori parte ad supremum, unde in sua concavitate ~atur et virtus digestiva confunditur GILB. II 104. 1; sunt que dissolvunt quod est ~atum et congelatum in membro GAD. 28. 1; cornea habet quatuor cortices, intra quas materia ~atur frequenter *Ib.* 108v. 1. **b** eadem .. nocte quedam mulier, dolore viscerum ~ata .. fortis oratrix est facta *V. Will.* 281.

4 to entrap (fig.), beguile.

quantum se ~aret nescius .. respondit W. MALM. *GP* I 6 p. 13; pecunia .. regiam sollicitudinem ~ans *Ib.* II 74 p. 151 (= *Eul. Hist.* III 54; cf. ELMH. *Cant.* 167 ~avit); timebam .. ne te teneret ~atum hereticus ille CRICKLADE *Spec. Fid.* III 5; in turbine populi quem per diversas partes Anglie pestis hujusmodi ~arat G. HEN. V I p. 4.

inviscatio

1 entrapment with bird-lime.

OSB. GLOUC. *Deriv.* 619 (v. inviscare 1).

2 (med.) blockage, obstruction.

laxativum .. hoc .. prohibet .. ~onem in villis ysophagi GILB. I 17v. 1.

inviscerare [LL]

1 to fix in the viscera (also fig.). **b** (fig.) to take to the heart, love dearly. **c** (p. ppl. as adj., of emotion) heartfelt.

viscus .. per compositionem ~o .. i. aliquid intra viscera ponere OSB. GLOUC. *Deriv.* 619; [natura] gemmas inviscerat undis; / phebificans auras, stellas intexit Olimpo HANV. I 239; pauperibus dandos reditus inviscerat et qui / cuncta dedit nulla contingit portio Christum *Ib.* V 67; egritudo solita ~ata plus solito, velut tortor sevissimus, totum hominem occupabat J. FURNESS *Walth.* 89; ydolatrie inveterate et ~ate *Id. Pat.* 36; heresis virulenta ~ata manet GERV. CANT. *Chr.* I 271; cibum sitit et lac inviscerat, / quod de mamme celo descenderat J. HOWD. *Ph.* 21; renascens proditor virus inviscerat / et onus olidum quod olim fuderat WALT. WIMB. *Sim.* 15. **b** certa debes spe presumere .. in presenti per penitentie fervorem te ~andum AD. SCOT *Serm.* 375D; legamus .. concellario nostro, quem jam diu nobis ~avimus, cuppam nostram R. BOCKING *Ric. Cic.* I 16. **c 1433** quem ad cathedram exaltari pastoralem .. tocius populi ~ata affectat adopcio *EpAcOx* 98.

2 to penetrate (something) to the viscera.

ut naturam humanam a peccati lege ~atam .. reconciliaret J. FORD *Serm.* 25. 7.

1 invise [LL], invisibly, secretly, so as to be unseen.

GIR. *IK* I 3 (v. invide).

2 invise, with ill will, malevolently.

a video visus .. quod componitur invisus, i. odiosus, unde ~e adv. OSB. GLOUC. *Deriv.* 596; cessante pestilencia .. pro quorum [serviencium] defectu mulieres et parvuli ~e missi sunt ad carucas et ad plaustra fuganda *Eul. Hist.* III 214.

invisere [CL], to go to see, visit (also in spiritual sense); **b** (w. abl.) to visit (with).

ut se ~endum adiri pateretur ALDH. *VirgP* 29; ecce Deus veniens aegrotum invisere mundum WULF. *Poems* 17; consecratus autem ex more propriam tendit ~ere sedem *V. Gund.* 16; parat se Walterus beati Petri apostoli limina ~ere, et profectus est ALEX. CANT. *Mir.* 29 p. 217; monasteria .. ~ere S. DURH. III 21 (v. imitatio 1a); ut cor meum ~eret et inhabitare dignetur spiritus almus EDMUND *Or.* 587. **b** quibus miraculorum novitatibus nostra tempora dignatur ~ere! R. COLD. *Cuthb.* 50 p. 104.

invisibilis [CL]

1 not seen, out of sight.

erat .. hoc omnibus ignotum et ~e GIR. *GE* II 10 p. 215.

2 that cannot be comprehended by the eye.

inormem et supra ~em hostem EDDI 19 (v. enormis 2b); GROS. *Hexaem.* III 8. 3 (v. galaxias a).

3 that cannot be apprehended by sight (also as sb. n.); **b** (of God or His attributes; also as sb. n.).

rigentis cippi duritia ~i contrita potestate ad nihilum redigitur ALDH. *VirgP* 35 p. 279; hostibus vel ~ibus vel carne conspicuis BEDE *HE* I 20 p. 39; **796** visibilia sunt sacerdos, corpus, et aqua, ~ia vero spiritus, anima, et fides. illa tria visibilia nihil proficiunt foris, si haec tria ~ia non intus operantur ALCUIN *Ep.* 113 p. 165; quos .. martir ~i nodo astrinxerat W. MALM. *GP* II 73 p. 144; sacramentum est ~is gratie visibilis forma S. LANGTON *Quaest.* 364; ad ~ium contemplationem ascendere BART. ANGL. proem. (v. dirigere 6a); sanctae anime ~is et illocalis presencia CIREN. I 351. **b** ~i atque investigabili aeternitate (*Lit. Papae*) BEDE *HE* II 10 p. 100; Deum .. humanis oculis ~em *Ib.* III 22 p. 172; scribitur in 'De ~ibus Dei' quia omnia immensitati divine comparata momentanea reputantur BACON VII 54.

invisibilitas [LL], invisibility, incapacity to be seen.

'invisibilia enim ipsius' [*Rom.* i 20] ~as ipsius LANFR. *Comment. Paul.* 109; divine nature ~ati communicans W. MALM. *GR* IV 347 p. 397; cum .. [Dei] immensitas sit essentia, similiter ~as essentia NECKAM *SS* II 64. 23; dicitque Augustinus in De divinitatis Dei essencia et de ~ate atque incommutabilitate primo sic de Deo .. BRADW. *CD* 147B; ~atem corporalem *Ziz.* 198.

invisibiliter [LL]

1 invisibly, in a manner that is not seen.

Deus qui ~iter omnia contines et tamen .. signa tuae potentiae visibiliter ostendis EGB. *Pont.* 31; **796** quod enim visibiliter sacerdos per baptismum operatur in corpore per aquam, hoc Spiritus Sanctus ~iter operatur in anima per fidem ALCUIN *Ep.* 113 p. 164; qui non timuit millia populi se circumdantis fretus ~iter praesidio supernorum civium BYRHT. *V. Ecgwini* 357; [officia] fiunt visibiliter ut ab his a quibus fiunt fiant per mundationem conscientiarum ~iter LANFR. *Cel. Conf.* 629C; Christus ecclesiam .. ~iter regit OCKHAM *Dial.* 788; nam ~iter sumitur quantum ad formam corporis sui .. sed visibiliter quoad substanciam sacramenti *Ziz.* 124.

2 so as not to be seen.

tabernaculum ex omni parte tegebatur sagis usque ad terram et nihil ex eo videbatur et tentorium, quod erat in introitu pretiosum, ~iter ibi erat, et cum sacerdotes intrabant tabernaculum .. necesse erat tollere saga AD. SCOT *TT* 675C.

invisitatus [CL], unseen, unvisited.

fas non est talem nos regni nostri ~atum preterire patronum KETEL *J. Bev.* 263.

invisor [CL], one who is jealous, hater (in quot., of Satan).

cumque veternus ~or .. comperiret quod .. Dunstanus .. turmas .. extorsisset .. B. *V. Dunst.* 16.

invisorius, jealous, envious, hating.

contra .. ~ios aemulos B. *V. Dunst.* 1 (v. favoreus).

1 invisus [CL], disliked, hated, odious.

Saxones Deo hominibusque ~i GILDAS *EB* 23; ad detestabile prostibulum et ~um lupanar ALDH. *VirgP* 42; quoddam ~um genus hominum in antris et concavis montium latebris nasci perhibetur *Lib. Monstr.* I 23; ~a *lap GlP* 45; solo ~us visu .. basiliscus GIR. *TH* I 36; de gente adultera .. arte invida et ~a ipsam turpiter adulterante naturam *Ib.* III 35.

2 invisus [CL], unseen, not seen. **b** previously unseen, not seen before.

obrutae, ~ae *GlC* O 92; tempestiva tibi funduntur lumina caelis, / inviso properat consueta porismate lampas FRITH. 845; minus .. ledunt avaros ~a suarum rerum detrimenta quam visa MAP *NC* IV 16 f. 58v; incolumis per medium eorum invissus per gratiam viri Dei evasit (*Coem.* 39) *VSH* I 253; thesaurus ~us .. nulla penitus invenitur BACON *CSTheol.* 28 (cf. *Sirach* xli 17). **b** MAP *NC* II 12 f. 27 (v. fatalitas 2); ~is immo inauditis apparatibus occurrerunt *Ps.*-ELMH. *Hen. V* 110.

invitabilis [CL = *attractive*; *but in quot. perh. from* 2 in- + vitabilis], ? attractive, inviting, or ? inescapable, unavoidable.

illius [sc. amoris] .. / .. telum invitabile, telum formidatum *Ps.*-MAP 26. 151.

invitamen [cf. CL invitamentum], inducement, invitation.

a vivo hec vita .. unde invitator, invitatus, invitatio, et hoc ~en OSB. GLOUC. *Deriv.* 597.

invitamentum [CL], inducement, invitation.

~um, invitatio OSB. GLOUC. *Deriv.* 293.

invitare [CL]

1 to entertain, treat, regale.

multiplicitas ~at oculum LUCIAN *Chester* 37.

2 to invite (to food, accommodation, or entertainment; also absol.). **b** (pr. ppl. as sb.) one who invites. **c** (p. ppl. as sb.) one who is invited.

Saxones .. quos .. sub unius tecti culmine ~abant GILDAS *EB* 23; veniens ergo ille ut ~atus est ad cenobium *V. Cuthb.* II 3; si aliquis ospes .. fuerit ~atus a prelato et comederit .. administrabitur ei de omnibus sicut uni de conventu *Cust. Swith.* 24; in conjunctione .. aque et terre, i. e. Thetidis et Pelei, Discordia sola non ~atur ALB. LOND. *DG* 11. 21; a cunctis enim ~aberis, et multa convivia tibi parabunt *Sculp. Lap.* 452; s**705** Justinianus .. papam Constantinum sibi Constantinopolim ~avit *Eul. Hist.* I 361. **b** invitati pauperes a divite habent licitam potestatem utendi cibis et potibus positis ante se; quos tamen ~ans ad placitum suum poterit amovere OCKHAM *Pol.* I 302 (v. et. 2c infra). **c** *Ib.* (v. 2b supra); dictis ~atis simul ad mensam .. discumbentibus AVESB. f. 135b; habent fortes custodes in ingressu portarum qui devote recipiant ~atos, qui promiserunt venire, qui sunt amici facientis festum, et alios non ~atos excludat HOLCOT *Wisd.* 75; *Ib.* (v. invitator a).

3 (of condition) to invite, attract, draw.

aura favorabilis .. classes .. ~abat *Ps.*-ELMH. *Hen. V* 19 (v. 1 elatio 2b).

4 to invite (to a course of action). **b** to summon; **c** (leg.); **d** (absol.).

hisne corrigeris qui se ipsos .. ad bona non ~ant ..? GILDAS *EB* 68; s**694** quando .. migret de seculo episcopus vel abbas vel abbatissa, ~etur [*corr. from* ~atur] archiepiscopus proprie parochie et cum ejus consilio et consensu quisquis dignus invenitur [*altered from* inveniatur] *AS Chr.* (cf. *CS* 91); ostendimus .. quomodo non sit supervacaneum homines ad fidem Christi .. ~are, quamvis non omnes hanc invitationem suscipiant ANSELM (*Praesc.*) II 273; ex votis et precibus quas fundebat quodammodo / ad religionem invitamur [v. l. incitamur] BERNARD *Comm. Aen.* 3; ad veram .. felicitatem animos .. ut provocet et ~et GIR. *TH* I 12; ODINGTON 100 (v. invitatorius 2a). **b** Hengistus etiam ~abat paulatim naves et cotidie numerum suum augebat G. MON. VI 13; J. FURNESS *Walth.* 8 (v. foedifragus b). **c** **12..** hec debet aliquem in sokna manentem ad regis placita ~are vel justitiam de eo facere, donec .. (*Consuet.*) *EHR* XVII 714. **d** **705** ideo ergo licet illis ~antibus nostrisque suplicantibus tui oris imperio obedire memet ipsum amplius paro WEALDHERE *Ep.* 23; episcopatum ipso rege ~ante recepit BEDE *HE* V 19 p. 327; vito quod invitat prorsus ad omne malum L. DURH. *Hypog.* 67; campana ~ans ad matutinas sonat *Found. Waltham* 28.

5 to induce, elicit. **b** to provoke.

fleubotomia / .. / .. invitat digestum D. BEC. 2691 (v. 2 digestus); ~ans .. responsum *G. Hen. V* 9 (v. duellum 2c). **b** s**1257** Walenses .. telis armorum et sagittarum .. turmas Saxonum ~averunt et inquietaverunt *Ann. Cambr.* 94.

6 to commend.

successus vero bellicos et prolis sue gloriam musis doctioribus ~avi, pro voto suscipiens si merum pacis rivulum nostro simposio propinavi (*Quad. praef.*) *GAS* 543.

invitatio [CL]

1 invitation: **a** (to food, accommodation, or entertainment); **b** (to a course of action).

a modo mittit servos suos predicatores ad invitandum ad cenam agni, sed in die judicii soli illi recipientur, qui suam ~onem admittunt HOLCOT *Wisd.* 75. **b** curam .. ~one Honorii .. suscepit BEDE *HE* II 20 p. 126; in Theophania amittimus [in]vitatorium, reducentes ad memoriam fraudulentam ~onem Herodis [v. *Matth.* ii 4] ÆLF. *EC* 20.

2 (leg., *~o placitandi*) summons.

c**1150** civis iterum si ad folchesimot vel ad husteng sine ~one placitandi venerit, non habet ibi alicui de qualibet querela respondere nisi gratis voluerit (*Lib. Lond.*) *GAS* 674.

invitator [CL], one who invites, inviter: **a** (to food, accommodation, or entertainment); **b** (to a course of action).

a Dominus peccatorum convivia frequentabat ut ~ores suos docendo invitaret ad epulas caelestes BEDE *Hom.* I 21. 254; ubi cum ad ministerium dedicationis aqua defuisset, et per hoc ~ori verecundia accessisset OSB. *V. Dunst.* 34; ~oris profuso favore susceptus W. MALM. *GR* IV 374; ab ~oribus suis Lundoniensibus susceptus MAP *NC* V 4 f. 61; istud invitatorium [sc. *Psalm.* xciv] non auditur in choro Christi .., sed qualiter isti ~ores se expediunt, satis declaratur Matth. xxii, ubi habetur de homine rege qui .. misit servos suos dicere invitatis "omnia sunt parata" HOLCOT *Wisd.* 75. **b** Britones .. Anglis famulabantur. hoc illi suis ~ibus offitii impenderant ut, occasionibus aucupatis, quos tutari venerant .. in confragosa .. loca immitterent W. MALM. *GP* V 215.

invitatorius [LL]

1 that invites, inviting, invitatory; **b** (of text).

jussitque lituo ~io .. quotquot voluerunt .. ad mensam suam pransuros convenire M. PAR. *Maj.* III 523; **1318** ad concordie unitatem ~ias .. voces .. audientes *FormOx* 43. **b** **799** misi hanc ~iam obviam illi cartulam ALCUIN *Ep.* 167; Anglos .. ~iis scriptis accersiit W. MALM. *GR* IV 306; dum psalmus canitur ~ius *Cust. Westm.* 53; **1326** littere .. ~ie *Lit. Cant.* I 202; dividitur autem ista oracio secundum doctores in prohemium et tractatum ~ium et prosecutorium, vel in captacionem et postulacionem. consistit autem prohemium vel ~ium in quo captamus benevolenciam Domini quem rogamus in hiis tribus verbis, "pater noster qui es in celis" WYCL. *Mand. Div.* 263 (v. et. 2b infra).

2 (as sb. n., eccl.) invitatory: **a** (*Psalm.* xciv with its antiphon recited at the beginning of the first Office); **b** (other).

a psalmo autem Domine quid multiplicati sunt dimisso cantor incipiat ~ium *RegulC* 426; in illis diebus [sc. passionis Domini] omittimus ~ium *Comp. Swith.* 183; in crastino ad ~ium duo fratres in albis, in sede episcopali in cappis LANFR. *Const.* p. 90; si defuerint matutinis, cantato versu ~ii, hostilarius hospitibus matutinas decantaturus egredietur *Obed. Abingd.* 412; ad nocturnas eciam vigilias post psalmum ~ii, sc. Venite exultemus Domino *Cust. Cant.* 38; ~ium dictum quod invitat pigros ad officium divinum, et hoc importat psalmus sequens, sc. Venite ODINGTON 100; **1388** albe pro ~iis sunt xxvij diversi operis (*Invent. Westm.*) *Arch.* LII 277. **b** nocturnali officio cum inciperent ~ium, sc. Christus apparuit nobis juxta quod competebat presentibus solemniis, erat enim infra octavas Epiphanie Domini, prememoratus senior cepit eis resistere, incipiens Regem martyrum Dominum [i. e. *invitatory for a martyr's festival*] W. CANT. *Mir. Thom.* I 10; †invictatorium *Obs. Barnwell* 102 (v. domina 4a); ~ium voluptuosorum ponitur ibi: Venite fruamur, etc. quando sic est quod homo intrat ecclesiam cathedralem, ut audiat matutinas de aliquo sancto statim per ~ium potest discernere in quanta veneratione sanctus ille habetur ibidem HOLCOT *Wisd.* 74; WYCL. *Mand. Div.* 263 (v. 1b supra).

invite [CL], unwillingly, against one's own will or that of another.

ad cujus [Christi] impetum voluntarius et invitus, sed voluntarie reddor invitus et ~e voluntarius J. GODARD *Ep.* 220; **1283** dicit quod uxor ipsius H. fuit et quod voluntatem ipsius H. coacta fuit et ~e facere tanquam ejus uxor *Gaol. Del.* 35 B m. 33*d*; equi ~e ceperunt intrare fretum (*Maedoc* 21) *VSH* II 148; **1340** citacio facta illi qui recessit et asportavit bona alicujus ~e *FormOx* 133; traditores contra regem suum quem secum ~e duxit *Plusc.* X 27; ~issime WHITTINGTON *Vulg.* 87 (v. 1 filia 7b).

invitiatus, uncorrupted.

incorrupta ~ata virgo LIV. *Op.* p. 155.

invitriare, to glaze.

to glase, ~are LEVINS *Manip.* 36.

invitus [CL]

1 (of person or animal) unwilling. **b** (abl. absolute).

si non lupus .. agnum .. te .. non vehementer ~um .. rapuisset GILDAS *EB* 34; quispiam mancipari ~us cogitur ALDH. *VirgP* 31; quod cum adversarii, ~i licet, concederent BEDE *HE* II 2 p. 82; quidam .. somno excitus lecto procumbebat ~us ABBO *Edm.* 15; s**1125** ~a .. imperatrix rediit W. MALM. *HN* 450; [aquile] teneros fetus ad idem erudiunt vel ~os GIR. *TH* I 13; **1298** [rex] postulavit quod .. clerum .. convocare vellemus .. quibus licet ab ~o .. congregatis venerunt duo milites .. *Reg. Cant.* 536; s**1320** cocus .. propter vitium sodomiticum commissum cum famulo suo in coquina, puero sc. xv annorum, ~o et reclamante *Meaux* II 321; jam ad quietem perveni quasi ~us propter certas causas urgentes *Itin. Mand.* 146. **b** tenet Rogerius .. ij hidas ~o abbate *DB* I 91rb; **1255** hoc fecit ~o abbate et nesciente *SelPlForest* 17.

2 (of part of body considered as possessing will).

1320 etc. ~is dentibus (v. dens 1c).

1 invius v. Inuus

2 invius [CL]

1 trackless, not affording a passage, impassable (also of path or way, and in fig. context).

per ~ios impeditosque scelerum calles GILDAS *EB* 93; fruticetis et scopulis ~iis se sepe deperdidit R. NIGER *Chr. II* 168; vere terra deserta, ~ia, sed aquosa [cf. *Psalm.* lxii 3] GIR. *TH* I 4; loca denique sibi suisque pervia hostibus ~ia reddens *Id. EH* I 5; secundum Grecam

derivacionem dicitur 'abissus' quasi ~ium et inpertransibile sive infirmum GROS. *Hexaem.* I 21. 4.

2 impenetrable, impregnable: **a** (of place); **b** (of virgin or virginity); **c** (as sb. n.).

a castellum .. quod pre menium validorum in rupis ligonibus ~ie supereditorum altitudine .. expugnacionis insidias irritare se posse existimat *Ps.*-ELMH. *Hen. V* 118. **b** pro 'sitienti' [*Is.* liii 2] Aquila interpretatus est '~ia', in quo insinuari potest virginitatis integritas GROS. *Cess. Leg.* II 5. 6; dat viris invia puella filium, / que nunquam noverat thori colludium, / et, ne grex hominum iret per dubium, / venit ad homines via per invium WALT. WIMB. *Carm.* 83 (v. et. 2c infra). **c** *Ib.* (v. 2b supra); nummus omnipotens nil sentit invium, / si michi creditur *Id. Sim.* 65.

3 (as sb. f. or n.): **a** trackless waste (also fig.); **b** (phr. *ab ~io erroris*, *cf. Psalm.* cvi 40); **c** (phr. *in ~io et non in via* or sim., *cf. Psalm. ib.*).

a oportet rursum a principio disciplinalium genera duo distinguere que menti, velut in ~io viam paranti, se presentant BALSH. *AD* 161; nulli .. silvestria et ~ia in agriculturam agendi potestatem concessit sine forestariis R. NIGER *Chr. II* 167; degeneravit .. methodus in ~ium NECKAM *Sal.* 29; pro unica enim bestiola, hinnulo vel lepore, licet in ~io errantibus, aliquem nobilissimum usque ad exinanitionem depauperavit, nec sanguini parcens vel fortunae M. PAR. *Maj.* V 137; manna manans in invio J. HOWD. *Cyth.* 5. 1; tua non spernit gracia, / nec ingratos per invia, / sed liberat ab invio *Ib.* 15. 11. **b** populum ab erroris ~io .. revoca WILLIB. *Bonif.* 8 p. 46; **1413** ad ipsum reducendum .. ab ~io erroris sui ad rectam semitam veritatis *Conc.* III 352b; *G. Hen. V* 1 p. 6 (v. fatuitas 1a). **c** videretur .. principes seduci .. errore, in ~io et non in via GILDAS *EB* 21; si excesseris, in ~o es et non in via J. SAL. *Pol.* 480D; equus mox in itinere positus semper ut amens in ~io et non in via divertere coepit R. COLD. *Godr.* 336; **1178** cum errarent in ~io et non in via P. BLOIS *Ep.* 48 142A; tunc [equus] te in ~ium vertit et non in viam J. GODARD *Ep.* 226.

4 (as sb. f.) ? blind alley.

invia quam cernis duplici ditatur honore: / haec [? l. hac] ad cauponem ducit potare volentem ALCUIN *Carm.* 111. 3.

invivescere [cf. CL vivescere], to become lively, to quicken (fig.).

ut suus amor solus penes te fervencior amodo ~at *Regina Rhet.* 200.

invivificabilis, (n. as sb.) something that cannot be made alive.

~ia .. damnat; in quibus sunt angeli illi decidui, et homines item qui Christum repudiaverunt COLET *In I Cor.* 266.

invocare [CL]

1 to summon. **b** (*~avit me* or *~avit*, beginning of introit for first Sunday in Lent, by metonymy for the day itself).

pulsatur duabus campanis, una ad ~andum, altera ad inchoandum BELETH *RDO* 86. 90. **b** ad diem Martis post ~avit me *FormMan* I 22; Dominicis, sc., Ad te levavi, Circumdederunt, ~avit, Letare, et in Ramis et in Albis, v sint scutelle *Reg. Pri. Worc.* 127a; proxima post †Invicit [? l. ~avit] *Ib.* 127b.

2 to call upon, invoke: **a** (God, His name or mercy); **b** (interceding saint or his power); **c** (sacred object); **d** (doc. as leg. evidence); **e** (absol. or intr.).

a ~antes divinae auxilium pietatis BEDE *HE* IV 24 p. 266; per te ~abam Dominum FELIX *Guthl.* 52 p. 164; **1189** Deum testem ~o J. EXON. *Ep.* 1. 21; monet ut, pari voto, unanimi consensu, Domini misericordiam ~arent *Found. Waltham* 5; **c1211** testem tamen illum ~amus, cui nuda et aperta sunt omnia [cf. *Hebr.* iv 13], quod .. GIR. *Ep.* 6 p. 226; pro te Dominus preces meas audivit ut invoces nomen ejus .. *V. Edm. Rich C* 594. **b** *Nunnam.* 87 (v. exaudire 2b); tunc vero erat videre virtutem virginis quam ~averat, et cujus auxilio huc evaserat GOSC. *Transl. Mild.* 23. **c** quemdam civium .. eam [sc. crucem] solam testem et quasi sponsorem ~asse GIR. *TH* II 44. **d** **1297** ~avit rotulos ad warentum *CourtR Hales* 372. **e** †inploraberis [l. imploraveris], ~aberis *GlC* I 64; ÆLF. *Ep.* 2. 118 (v. energumenus b); omnis ~ans cupit audiri *Prov. Durh.* 39; **1549** vetus et receptus ~andi modus *Conc. Scot.* II 116.

invocatio [CL], calling upon, invoking, invocation: **a** (of God); **b** (of interceding saint); **c** (of secular leg. authority).

a per ~onem nominis tui, Domine EGB. *Pont.* 127; tres homines .. cum ~one Sanctae Trinitatis baptizavit ALCUIN *WillP* 10; trium, id est Patris et Filii et Spiritus Sancti, et nominationes et operationes et ~ones et preconia tam in lege quam in prophetis multipliciter inserta video *Eccl. & Synag.* 73; faciunt .. ~ones ad Deum vivum et verum GIR. *DK* I 16. **b** nec .. signa virtutum ac sanitatum, quae per illum viventem Dominus hominibus donabat, per ~onem intercessionis ipsius ubique candescere praesentem ad usque diem cessaverunt FELIX *Guthl.* 53 p. 168; ad solam sancti illius ~onem OSB. *Mir. Dunst.* 26; orbatis lumine lumen ad ejus [sc. Ecgwini] nominis ~onem restituebatur DOMINIC *V. Ecgwini* I 18; ad ~onem sui nominis revixerunt *V. Edm. Rich B* 624; **1559** de sanctorum veneratione et ~one *Conc. Scot.* II 163. **c** una cum ~one brachii secularis *Ziz.* 433; **1549** cum ~one brachii secularis *Conc. Scot.* II 93.

invocator [LL], invoker, one who invokes.

~or angelorum W. MALM. *GP* V 249; quicumque pro curiositate futurorum .. ~or est demonum ROB. FLAMB. *Pen.* 334; demonum ~or et cultor OCKHAM *Dial.* 469.

involare [CL]

1 to fly (into); **b** (trans.) to fly in (place; in quot., pass.).

798 vermes fenestris ~ant (v. fenestra 1a). **b** avibus .. quibusdam, quibus alie regiones predite sunt, ~atur ista GIR. *TH* I 11.

2 to rush into or at (esp. to attack). **b** (pr. ppl. as adj.) rushing boldly.

furtive in alta pace regni appulsi, regium vicum, qui proximus, ~avere, villicum suppetias ferentem letho dedentes W. MALM. *GR* I 43; raptim apertis portis ruunt, equos ~ant, omnes cum episcopo vinctos abducunt *Ib.* IV 306; sub Stephano plures ex Flandria et Britannia, rapto vivere assueti, spe magnarum predarum Angliam ~abant *Id. HN* 483 p. 41; **s1141** Londonienses .. in hospitia ~ant *Ib.* 497 p. 57. **b** audax in periculis, in casus ~ans MAP *NC* V 3 f. 60v.

3 to swoop on (esp. to steal).

†abegelata, inviolata [l. abigeiata, involata] *GlC* A 8; abacta, †inviolata [l. involata] *Ib.* 21; abacta, ~ata vel exclusa *Ib.* 40; abigiata, ~ata *Ib.* 60; OSB. GLOUC. *Deriv.* 612 (v. involitare); pedissequarum que substantiam vorant et ~ant GIR. *GE* II 23. 278.

involitare [CL]

1 to fly or float (on; fig., of hair).

[mulieris] crinis solutus humeris involitabat, quem vitta aurea superne constrinxerat W. MALM. *GR* II 205 [= *Eul. Hist.* I 395: involutabat]; volo .. componitur ~o .. et per compositionem involare, i. aliquid in manu continere OSB. GLOUC. *Deriv.* 612.

2 to flee.

eques .. Lotharingus, qui in extremo agmine cum domino suo erat, a lateribus ~ans libertatem fuge et campos abstulit omnes W. MALM. *GR* IV 371.

1 involubilis [cf. CL volubilis = *rotating, rolling*], that involves or envelopes.

hic est motus communis divinitus ~is et tractus, unde per motum orbis primi trahuntur inferiores et involvuntur BACON VII 70.

2 involubilis [cf. CL velle], that cannot be willed.

hoc nunc non esse est volubile ab homine, et aliquando fuit volubile a Deo, quia non est simpliciter et per se non volubile seu ~e ab eo, et nunc non est volubile a Deo, sed non volubile seu ~e BRADW. *CD* 751A.

involubiliter [cf. CL volubiliter = *fluently*], without rolling over, stably.

cunabulum super undarum apices indissolutum et ~iter vehebatur *NLA* II 105.

involucrare, to wrap.

non caput involucres mantello templa subintrans D. BEC. 151; ~are [*s*]*truscer Teaching Latin* II 107.

involucres v. involucrare, involvere.

involucrum [CL]

1 wrapper, covering; **b** (w. ref. to the body, earthly possessions, or sins, as hindrance or impediment).

nullum igitur ~um, nullum integumentum relinquitur H. LOS. *Serm.* II 52; ubi crines deficiunt, ~a quedam innodabant W. MALM. *HN* 453. **b** deinde fidem qua viventem dilexerat defuncto quoque impendere studens, corporis ~um in sua suscepit, debitumque sepeliendi officium debito illi honore persolvit OSB. *V. Dunst.* 24; depositis olim ~is mundi *Id. GP* II 73 p. 146; malens habere servulos ab ~is liberos quam impeditos *Id. Mir. Mariae* 228; quaeso, ut antiquus peccator, priscis positis delictorum ~is, in novum revirescar hominem *Ib.* 234.

2 bag, pouch.

quod fluvio transvadato descendens ad equum suum stringendum et ~um suum quod grande fuerat equandum et firmandum, comperit se corrigiam xx marcarum et plurium ab ~o dilapsam amisisse GIR. *RG* II 21 p. 83; anus improba, litigiosa, .. cepit revolvere sarcinulas ejus, et scrupulosius explorare, si quid esset in illo meritorum ~o, quod ad ipsius dominium pertineret P. BLOIS *Ep.* 27. 93B; involucra, i. ludicra sicut anulos monilia et cetera hujusmodi quia involvuntur in saccis nec semper exponuntur emptoribus ne deturpentur pluvia et vento et alia intemperie, ~um vero proprie est *trusse GlSid* f. 144.

3 something covered or hidden: **a** hiding place (also fig.). **b** internal part of body. **c** (of abstr.); **d** (of object placed in a bag).

a abditum / .. caput / contentum involucris atque cubilibus [*gl.*: involuclis [*sic*] *anlutungum*] *GlP* 1011; privilegium testimoniale sub oblivionis ~o tanquam mortuum a corde non relinquemus *Mir. Wulfst.* II *prol.* p. 148; assignati temporis terminum .. sub tali ~o exspectabant *Ps.*-ELMH. *Hen. V* 53 p. 132. **b** cibus et potus bestie [sc. ranule quam deglutivit] teneri fuere ~a ventris W. DAN. *Ailred* 39; a pectore usque ad renes multis mediantibus ~is descendens *V. Edm. Rich C* 602. **c** de causarum ~is J. FORD *Serm.* 115. 7. **d** ~a i. ludicra *Gl. Sid.* f. 144 (v. 2 supra).

4 hidden meaning, veiled utterance. **b** allegory.

lingue ~um Latialiter Quiritibus evolvens W. MALM. *GR* II 211 p. 263; **1167** amotis omnium circumlocutionum ~is J. SAL. *Ep.* 213 (198); illa .. intricatis .. verborum ~is abdere GIR. *EH intr.* p. 208; illa subintulit ut Galonem fateri faciat .. illud archane meditationis ~um quod clam secum volutaverat MAP *NC* III 2 f. 36; plus datum est Augustino gratie a summo datore gratiarum, nosse sc. misteria theologie, in lucem producere ~a divinorum eloquiorum M. RIEVAULX 67; quando .. dedit ista signa incompleta sub quodam ~o verborum comunium per que discernit hereticum, scripsi sibi WYCL. *Ver.* I 365; de quocunque actu peccati, in quo desideratur finis bonus, et per consequens in quodam confuso ~o beatitudo et per consequens ipse Deus *Ib.* II 93. **b** integumentum est genus demostrationis sub fabulosa narratione veritatis involvens intellectum, unde etiam dicitur ~um BERN. *Comm. Aen.* 3; deriserunt eos Athenienses, fingentes sub quodam ~o Dardanum venatorem raptum ad pocula P. BLOIS *Ep.* 56. 170B; summa fenestrarum series nitet inclita florum / involucro mundi varium signante decorum H. AVR. *Hugh* 935; Christus .. mandavit illa, que sunt Cesaris, dari Cesari . . . et in illo ~o confirmavit secularia dominia subdominorum sub Cesare dominancium WYCL. *Chr. & Antichr.* 13.

5 unintelligible form.

per biennium sub ~o computavit *Cart. Glouc.* I 152; vicarii .. cantant simbolum non particulatim sed sub ~o *Fabr. York* 242.

involumen [LL *gl.*], involvement, entanglement.

ab omnium incursus latrocinantium ~ine .. illum Dominus custodivit R. COLD. *Godr.* 16.

involumentum [LL], swaddling cloth.

quod tibi dant *parun* dic involumenta notare (NECKAM *Corrog.*) *Teaching Latin* I 250.

involuntarie [LL], unwillingly, without an act of will. **b** (med.) involuntarily.

1285 ipsorum mendacia .. ~ie detegentes *Conc.* II 121a; [mulierem] corruptam inique et ~ie *Latin Stories* 79. **b** pre nimio timore, et dolore, et mortis angustia, cor constringitur, unde in majori quantitate spiritus emittuntur et ~ie, ut apparet in gementibus pre dolore *Quaest. Salern.* R 7; ne urina ~ie egrediatur a vesica GILB. VI 269v. 2.

involuntarius [LL]. (morally) unwilling (of person or action). **b** (med.) involuntary.

1239 compulsionis vexatio tandem dat intellectum, ut quod fuit ~ium, fiat voluntarium GROS. *Ep.* 127 p. 423; non igitur nolens et ~ius recipit possessionem rei PECKHAM *Kilw.* 138; "omne ~ium est triste"; nihil est triste in divinis, ergo nihil ~ium DUNS *Ord.* IV 88; letalis tristicia mentis pro .. aliquo ~io [ME: *for ani unþonch*] *AncrR* 71; incipiunt propter potenciam tyrranizare, et etiam ~iis dominari OCKHAM *Dial.* 795; pauperes ~ii, qui non virtute sed necessitate ad paupertatem coguntur HOLCOT *Wisd.* 35. **b** sternutatio est aeris in fantastica cellula cum sono ~o emissio *Quaest. Salern.* B 312; motu ~io GILB. I 15. 2; spermatis ~ia emissio *Ib.* II 110v. 1; infirmus .. emittit lacrimas ~ias J. MIRFIELD *Brev.* 56; *SB* 17 (v. dysuria); *SB* 18 (v. diamneticus).

involutare v. involitare.

involutarium, scarf wound round the hair, face, or neck.

faciale ~orium *Eul. Hist.* I 93 (v. facialis a); ~arium, A. *a voluper WW*.

involute [LL], in involved style.

Greci ~e .. dictare solent W. Malm. *GR* I 31; Greci ~e, Romani splendide, Angli pompatice dictare solent *Id. GP* V 196 p. 344; non ~e, non obscure sed manifeste et aperte Bald. Cant. *Sacr. Alt.* 766A; ista [definitio] dicit specialius et explicite que illa dixit generalius et ~e Kilwardby *OS* 490; **1235** fratrum .. minorum simplicitatem vituperans ~e dicit quia .. *Conc.* II 121b.

involutio [CL = *spiral, screw*]

1 (anat.) coil, twist.

Ps.-Ric. *Anat.* 35 (v. gibbosus 3a); *Ib.* (v. involvere 2a).

2 (act of) covering, wrapping up. **b** cover, wrapper. **c** (act of or place for) rolling about, wallowing (in).

cur ergo ex corruptibilis sudarii ~one quasi Christi protestamur infirmitatem et in hujusmodi tenebris involutionem, cum eum verissime protestamur Dei virtutem et mundi lucem? *Ep. Anselm.* II 236 (v. et. 3a infra); **1374** in uno coreo in quo involvebatur corpus domini J. F. prioris, et .. cuidam artifici pro labore suo circa eandem ~onem, v s. *Ac. Durh.* 581. **b** involucrum, cujusque rei ~o Osb. Glouc. *Deriv.* 290. **c** volutabrum, ~o luti *Ib.* 625.

3 (act or condition of) envelopment (also fig.). **b** (involving medium).

Ep. Anselm. II 236 (v. 2a supra); Misenus et Palinurus sepeliendi sunt, sc. ~o in oblivionem Bern. *Comm. Aen.* 79; in clibano vero ~o est ignis, et quocumque te verteris, sine igne non eris S. Easton *Psalm.* 8 p. 266; orbes inferiores duplici motu moventur, sc. motu proprio et motu ~onis vel saltem motu raptus Bacon XIII 420; omnes viantes propter ~onem in sensibus simul inspiciunt signum et signatum Wycl. *Ente Praed.* 76. **b** beatus sit, qui se continebit et allidet pravitates suas ad petram Christum; aspiret autem dies et inclinentur umbre, quae sanctae mentis desiderium tenebrosa noctis ~one prepediunt! (*Quad.*) *GAS* 544.

4 involution, complexity, obscurity. **b** allegory.

magna ~o invenitur apud lectores propter errorem magistri Bacon *Maj.* I 201; **1335** ne te regnumque tuum et subditos periculosis subicias ~onibus *Mon. Hib. & Scot.* 271b; attentis articulorum .. diversitatibus et ~onibus Ad. Mur. *Cont. A* 182. **b** per caput divinitas designatur, quia caput Christi Deus. ~o autem hoc significat, quia Christus, qui in humanitate habuit initium nascendo, et finem moriendo, in divinitate neutrum horum, sed semper esse habuit Alcuin *Suppos.* 1252C.

involvere [CL]

1 to (cause to) move by rolling, to roll along.

te tenebrosus tartari torrens ferali rotatu undisque .. accerrimis ~et Gildas *EB* 36; te sine nos ferimur turbata per aequora mundi, / te duce deserti variis involvimur undis Alcuin *SS Ebor* 1590; impetus .. omnia ~entis aque Ord. Vit. XIII 16 p. 42 (v. fluctuare 2).

2 to roll back on itself, coil, twist. **b** to wind about. **c** (p. ppl.) plaited, writhen. **d** (as sb. n.) rolled up object. **e** (anat.) ileum.

funem facit .. ~endo fides Bede *Prov.* 959 (v. 2 fides b); lana involuta est *Ib.* 1034 (v. filum 2a); ut involutus anguis Gosc. *Transl. Mild.* 23 (v. fenestra 1a). **b** marsum .. diris spiris [anguium] involutum perniciter eripuit Aldh. *VirgP* 52; est et alius lapis in quo habetur Mercurius, habens alas in dextra, et in sinistra manu virgam serpente involutam *Sculp. Lap.* 449. **c** hac responsione .. non est interrogationis nodus patenter solutus, sed veluti panucula quaestionis involuta Aldh. *PR* 138; sicut manus artificis que .. de eodem stamine .. nodos †involucres [*sic* MS; ? l. involutiores] vel ansas flexuose laxabiles facit R. Cold. *Cuthb.* 108 p. 245. **d** beatus Thomas quodam involuto, tanquam pomo jacinctini coloris, projecto, stertentis effluxa repercussit intestina W. Cant. *Mir. Thom.* II 85. **e** hoc [secundum] intestinum sequitur aliud quod dicitur yleon ab yle quod est confusum, sive involutum appellatur quia multas habet involutiones propter multiplicem ordinem venarum mesaraycarum ad ipsum descendentium *Ps.*-Ric. *Anat.* 35.

3 to bow down (intr. or refl.).

dux ~it ad pedes sancti Mochutu .. . tunc sanctus Mochutu calcavit collum ducis pede suo (*Car.* 13) *VSH* I 174; inveniens ipse urticam ~it se ipsum nudo corpore in eam (*Coem.* 4) *Ib.* I 236.

4 to (cause to) move in a circle, rotate, revolve. **b** (p. ppl.) involute.

cardines .. sunt .. ut ipsis caelum ~atur invisis *Gl. Leid.* 44. 10; Bacon VII 70 (v. 1 involubilis). **b** super quattuor centra in diametris accepta prope faciemus unum circulum involutum 32 revolucionum hoc modo Wallingf. *Alb.* I 324; circulus involutus continebit medium motum anni Mercurii, et medium motum anni Lune, et medium motum argumenti Lune *Ib.* 326.

5 to enclose in a covering, wrap up (also fig.). **b** to close (letter with wax). **c** to enclose, cover (space with arch). **d** to wrap (covering) around.

cum quo statim panis calidus et caro involutus in panne linea diligenter deorsum cadens emissus est [*sic*] *V. Cuthb.* I 6; **800** ut jubeatis ligare et ~ere et in modum unius corporis conponere has quaterniones Alcuin *Ep.* 201; nauci, pellicula que nucleum ~it Osb. Glouc. *Deriv.* 385; cetera .. ~untur in saccis *GlSid* f. 144 (v. involucrum 2); quod igitur considerat metaphysicus quantum ad substantiam quam abstrahit ab accidentibus est involutum in eo quod considerat mathematicus et physicus, et quod considerat mathematicus involutum est in eo quod considerat physicus et non e converso Kilwardby *OS* 206; tria paria litterarum que sub sigillis clause erant, quarum una utrinque gibbosa fuerat, habens interius grossum aliquid involutum *Mir. Montf.* 104; pallam in qua tenebat patenam involutam *Miss. Heref.* 137. **b** **1372** liberavit ei breve predictum non sigillatum set cum alba cera involutum *SelCKB* VI 165. **c** monumentum .. in aquilonali porticu ad australem parietem aecclesiae arcu involutum Gosc. *Lib. Mild.* 2; ecclesiam .. lapideis .. voltis primus ~it Gir. *Rem.* 22. **d** pellem .. fecit ~i circa cathedram *Eul. Hist.* I 57 (v. excoriare 1d).

6 to clothe (in act., w. person or garment *etc.* as subj.): **a** to swaddle. **b** to dress, wrap. **c** to shroud.

a pannis involutus a pastoribus visus es *Nunnam.* 63; ejus mater et Iosep .. eum sursum posuerunt in presepio pannis involutum [ME: *biwrabbed*] *AncrR* 96; vagientem aspexisti, / —parens partum peperisti— / menbra pannis involvisti, / Jesum, Dei filium Ledrede *Carm.* 31. 23. **b** c**795** melius est collo sapientiae monile suspendi, quam sirico vanitatis ~i Alcuin *Ep.* 34; Lanfr. *Const.* 150 (v. ferrum 9c); Pull. *CM* 210 (v. exuere 2c); caliendrum, quicquid caput ~it Osb. Glouc. *Deriv.* 138; pectus teneat involutum cum pelle eduli ne pectus possit subito infrigidari J. Mirfield *Brev.* 86. **c** linteamina .. quibus involutum erat corpus Bede *HE* IV 17 p. 246; quod surrexerit Dominus et jam non sit illo involutus *RegulC* 51; corpus ipsius honorabiliter .. involutum, ad Sancte Trinitatis .. ecclesiam deportavimus Turgot *Marg.* 13; quam reverenter Nicodemus et Joseph deposuerunt corpus Jesu de cruce, quam diligenter conditum aromatibus ~erunt in sindone S. Easton *Psalm.* 39; **1374** ~ebatur corpus (v. involutio 2a).

7 to envelop (with surrounding medium; also w. medium as subj.); **b** (of tears); **c** (of shadows).

[Hercules] sese moriturum flammis ad devorandum ~it *Lib. Monstr.* I 12; pisces in luto fecis et in lacu miserie videram involutos Wulf. *Æthelwold* 39; habet .. portus .. arenas salubres .. in quibus ~untur egroti, donec mare superveniens eos abluat Osb. Bawdsey cxlvi; applicato eo [ense] super crucem ligneam laminis argenteis fecit ~i *Found. Waltham* 12; †floscus .. laneus .. lacte .. involutus Gilb. II 94v. 1 (v. floccus 2); invenit in ea [plicatura littere] pixidem .. de metallo involutam *Mir. Montf.* 104. **b** gene vernantes fletibus involute / ictu cedencium avulse livescunt J. Howd. *Cant.* 83. **c** subitisque tenebris / involvit caligo virum ter quinque per annos Wulf. *Swith.* II 681; ut ante omnia se malum, i. e. peccatorem, ac per hoc tenebris involutum intelligat Eadmer *Beat.* 15 p. 288; totus .. mundus ~itur tenebris Ad. Eyns. *Visio pref.*; viteque lumen tenebrosis involvi J. Howd. *Cant.* 265.

8 to involve (usu. person in an affair or occupation). **b** to implicate. **c** to ensnare, entrap; **d** (fig.).

a**1080** longe ab urbe positum et multis hujus seculi negotiis involutum me vestrae litterae invenerunt Lanfr. *Ep.* 26 (45); Diceto *YH* I 339 (v. condicionaliter a); **1374** prior .. circa .. solucionem procurationum .. nimis est involutus, nec habet unde posset de suo .. solvere et postea a clero exigere *Let. Ch. Ch.* 4; **1377** supplicantes quatinus .. aurem innate vobis clemencie misericorditer ~etis *FormOx* 382. **b** non ista diligo, sed in eis involutum fratrem meum Anselm (*Ep.* 117) III 253; plures illa delatio ~it, innocentes plane et probos viros W. Malm. *GR* IV 319; Vituli, qui artissimarum necessitudinum parentes, .. erumpnis ceterorum ~i timerent *Id. HN* 522 p. 75; gens spurcissima, gens vitiis involutissima Gir. *TH* III 19; ut hoc vitio .. etiam alienigene .. ~antur *Ib.* III 24; ut quasi vobis fidelius obsequi viderentur et vos quoque firmius ~ere niterentur *Id. SD* 134; hinc sunt historie sensus, hinc allegorie; / hinc lex involvens, hinc gratia clausa resolvens *Vers. Worc.* 100. **c** receptis .. quibus praecipitanter ~i solent pingues tauri .. retibus Gildas *EB* 34; tricare, impedire, illaqueare, ~ere Osb. Glouc. *Deriv.* 591; marinas enim beluas easdemque immanissimas aut retibus ~it, aut hamo decepit, aut alio superat racionis ingenio Gros. *Hexaem.* VIII 13. 7. **d** c**705** si nullis te .. prolatae promissionis retiaculis perplexum involutumque reminisceris .. (Æthelwald) *Ep. Aldh.* 2 p. 496; s**1141** comes Cestrensis .. ancipiti periculo involutus W. Malm. *HN* 487 p. 47; **1182** planxit super Saul et Jonathan finem eorum deplorans, quos dominium mortis involuerat sine fine P. Blois *Ep.* 2. 6A; si quis caligine fumi Manicheorum involutus .. R. Melun *Sent.* II 17; a curia Romana rediit, non minimis debitis involutus et obligationibus innodatus M. Par. *Maj.* V 238; **1261** (v. gladius 6b); **1340** vinculo excommunicacionis majoris sententie .. sunt .. involuti *FormOx* 122.

9 to turn over in the mind, think about, consider.

cepit animo ~ere ut adduceretur ad comitem Symonem apud Evesham *Mir. Montf.* 109; quando fui minor ~ebam ignoranter universalia Wycl. *Univ.* 224.

10 to obscure. **b** (p. ppl.) involved, obscure, unintelligible. **c** (as sb. n.) obscure or unintelligible text.

librum beati Job, magnis involutum obscuritatibus Bede *HE* II 1 p. 75; libri .. mysteriis ~untur Hon. *Spec. Eccl.* 895C (v. folliculus 3a); sub fabulosa narratione veritatis ~ens intellectum Bern. *Comm. Aen.* 3 (v. involucrum 4b); et licet involvet arcanis vera figuris, / scindit vela tamen, et vetus umbra perit J. Sal. *Enth. Phil.* 1205. **b** perplexus, involutus *GlC* P 254; sophisma, sermo involutus Osb. Glouc. *Deriv.* 562; propter involutam verborum obscuritatem Alb. Lond. *DG* 9. 4. **c** Jeronimus tanta illum [sc. Isaiam] diligentia involuta queque et implicita patenter evolvens et explicans elucidavit .. ut .. Andr. S. Vict. *Comm.* 273.

involvulus [CL], caterpillar which rolls leaves of its host plant around itself, leaf-roller.

involvolus, quedam bestia que viso homine se involvit Osb. Glouc. *Deriv.* 292; hic involvolus .. i. quedam bestia que ut homines facilius decipiat involvit se in aliqua re *Ib.* 615.

invulnerabilis [CL], invulnerable.

Alb. Lond. *DG* 6. 25 (v. fustis 3); filius Neptuni nomine Cignus quem pater Neptunus ~em fecerat Trevet *Troades* 16.

invultuatio [cf. LL invultuare], witchcraft by injury to an image.

si quis veneno vel sortilegio vel ~one seu maleficio aliquo faciat homicidium (*Leg. Hen.* 71. 1) *GAS* 590.

inwagiare v. invadiare.

inwara [AS *in* + *waru*], internal military service. *Cf. utwara.*

c**1167** (1316) unam carucatam terre ad *inwara* et omnes ecclesias *CalCh* III 295; noveritis me dedisse .. in perpetuam et liberam et puram elemosinam .. iiij bovatas terre ad *inware* in campis de Kiluingholm *Danelaw* 218; quiete ab omni servitio, sc. de utwar et de *inwar Ib.* 224.

inwardus [AS *in* + *weard*], (service of) watchman.

habet rex .. ij caretas et ij sticas anguillarum pro uno ineuuardo *DB* I 11b; in servitio regis invenit j averam et ~um sed injuste et per vim ut scyra testatur *Ib.* 132va; alii homines non habentes integras masuras inveniebant ineuuardos ad aulam quando rex erat in civitate *Ib.* 179ra; TRE non reddebat vicecomiti nisi averas et inguardos, vel xij s. et viij d. *Ib.* 190ra; in Staplehou hund. et inguard. dim. hid. *Ib.* 190vb.

inwarennare [AN *engarrener*], to put (land) into warren status.

1259 cum .. Robertus .. perquisierit warennam in omnibus dominicis terris suis .. volens inwarrennare terras .. Radulfi .. que non fuit de feodo .. Roberti *JustIt* 873 m. 9; **1274** episcopus Wygorn' habet warennas in manerio suo de Hembur' .. et ballivi ejusdem episcopi excedunt fines et metas et volunt ~are terras militum et liberorum hominum in eadem libertate *HundR* I 168a; **1279** qui terras illas a tempore conquestus tenuerunt ~atas *PQW* 189a; **1279** engaranavit terras libere tenencium suorum *Ib.* 740a; **1292** predictus R. tenet terras liberorum vicinorum suorum ~atas que non sunt de dominicis terris suis *Ib.* 214a; **1293** terras illas tenet inwarrenatas (*PQW*) *MonA* III 503a.

inydoneus v. inidoneus.

io [CL < ἰώ], cry of triumph.

at at! femineus clamat timor, armiger ohe! / victor io! saliens, hei mihi! morte ruens Garl. *Tri. Eccl.* 14.

ion [CL < ἴον], (bot.) violet.

iu, i. viola *Gl. Laud.* 844; ion folia habet minora quam edera et nigriora in corio, hastam in medio in qua capitellum et flos odoratus et purpureus *Alph.* 84; iu, viola alba idem, et est alia rubea *Ib.* 86; yu, i. viola *Ib.* 198.

Ionicus [CL]: **a** (of school of philosophy) Ionian; **b** (of metrical foot) ionic.

a duo philosophorum genera traduntur: unum Ytalicum ex ea parte Ytalie que quondam Magna Grecia nuncupata est, alterum ~um in eis terris ubi et Grecia nunc nominatur Gros. *Hexaem. proem.* 10. **b** pedes qui dupla divisionis qualitate partiantur .. i. e. .. ~us minor, ~us major Aldh. *PR* 112; partimur ergo in aequo hos: .. ~um minorem ˘˘¯, ~um majorem ¯˘˘ Bonif. *Met.* 109; cum duas longas habet elevacio, duas autem breves deposicio, dicitur ~us major, sic: $\overline{1,1}\ \overline{1,1}\ \breve{1}\ \breve{1}$; et e contrario ~us minor, sic: $\breve{1}\ \breve{1}\ \overline{1,1}\ \overline{1,1}$ Odington *Mus.* 91.

iota [CL < ἰῶτα], tenth letter of Greek alphabet. **b** numeral (= 10). **c** (fig., *cf. Matth.* v 18) the least part, slightest portion, jot.

~a, i *Runica Manuscripta* 351; BACON *Maj.* I 75 (v. delta a); et habent duplex i, unum est sicut i nostrum et vocatur ~a et potest longari vel breviari sicut apud nos *Id. Gram. Gk.* 5; sunt iod et vav sicut apud Grecos ~a et ipsile *Id. Gram. Heb.* 205. **b** ~a .. x *Runica Manuscripta* 351; usque ad decimam litteram, que est ~a que significat decem HARCLAY *Adv.* 80. **c** ut nec ~a unum nec apicem pretereundum putent W. MALM. *GR* IV 336; **1166** ille non retulerit ~a vel apicem J. SAL. *Ep.* 193 (187 p. 230); nec unum iotha nec unum apicem subtraxi J. CORNW. *Eul. retractatio* p. 256; divine pagina mentis, / qua nec desit apex, nec iota superfluat una HANV. I 185; vi valeo tota, marcas do, subtrahe jota! NECKAM *Poems* 125; si .. volueris memorari in magno vel in parvo, cujusmodi sunt mundus, exercitus, civitas, milium, iotha aut vermiculus minimus .. BRADW. *AM* 123; dicens Gallice 'inter *prendre* et *pendre* unica duntaxat distat ~a' KNIGHTON I 217 (= *V. Edm. Rich P* 1807: nisi una littera; cf. *NLA* I 320).

ipa [LL = *rice*], sop in water (*cf. vipa*).

hic ipa, *a watyrsope WW*; *a soppe in water*, ipa *CathA*.

ipepurgium v. hypopyrgium. **iper-** v. hyper-. **ipi-** v. et. ephe-, epi-. **ipia** v. hippia. **ipipa** v. upupa. **ipo-** v. hippo-, hypo-. **ipoletum** v. hypelatum. **ipoquistidos** v. hypocisthis. **iposmia** v. hipposelinum.

1 ipotamus v. hippopotamus.

2 ipotamus, (? erron.) sturgeon.

a sturgeon [v. l. *sturion*], ipotamus *CathA*.

ipozima v. hipposelinus. **ippia** v. hippia. **ippirus** v. hippuris. **ippus** v. hippus.

ipse, ipsemet [CL. N. B. *nom. or acc. sg. n.* ~ud: *Ep. Bonif.* 84 (v. l. ~um), *CS* 475 (†**854** [12c]), 620 (†**909** [? 11c]), cf. ALCUIN *Orth.* 2338: '~um' neutro genere dicendum est, non '~ud'; ~e *as n.* NEN. *HB* 218 (v. 10d infra)]. (In adjectival use 1–9; in pronominal use 10–19; misc. 20–21).

1 (adj. in emphatic use): **a** himself, herself, itself, the actual, the very (as distinct from, or opposed to, others, concomitants, *etc.*); **b** (w. ref. to person or thing with whom or which writer is chiefly concerned); **c** (w. ref. to words exactly reproduced); **d** (w. ref. to cause or sign, which is sufficient of itself). **e** (*re ~a, ~o opere*) in actual fact, in reality.

a tonsuram eam quam magum ferunt habuisse Simonem, quis .. non statim cum ~a magia .. detestetur? (*Ep. Ceolfridi*) BEDE *HE* V 21 p. 343; ecclesiam non ~e Augustinus sed successor ejus .. consecravit *Ib.* I 33 p. 70; **964** (12c) cuncta que illi de ecclesia possederant [c]um ~a ecclesia .. trado *CS* 1135 p. 378; videndum .. quomodo intelligendum sit quando illa natura que est ~a justitia dicitur justa ANSELM (*Mon.* 16) I 30; non oramus ut ~a nobis peccata dimittantur sed debita que pro peccatis debemus *Id. Misc.* 348; altaris latera ~umque altare .. reliquiis .. aggerantur W. MALM. *Glast.* 18; carina .., cum pars navis sit, dicitur tamen pro ~a navi OSB. GLOUC. *Deriv.* 108; **1202** plegii sui [sc. Ade] sunt in misericordia .., ~emet Adam salvatur de placito *SelPlCr* 14; WYCL. *Apost.* 52 (v. distantialis). **b** illi qui eum [sc. Dominum] .. clarificatum viderunt, e quibus unus erat ~e Johannes BEDE *Cath.* (*I Joh.* i 1) 85; **944** (12c) sint terre .. libere .. ab omni kalumpnia .., set precipue ~a villa Glastonie .. prae ceteris sit liberior *CS* 794; eligitur Utherpendragon .. eligitur et ~e Merlinus, ut ipsius ingenio .. agenda tractentur G. MON. VIII 11. **c** hic est sensus, non autem ordo ~e verborum quae .. canebat BEDE *HE* IV 22 p. 260; c**850** de experientia .. maleficiorum scriptum quidem in sacris habemus canonibus ut ~a verba ponamus ita '..' (*Lit. Papae*) *CS* 456 p. 44; pontifex .. subjecit verba—verba ~a dicturus sum—"si miser ille .." W. MALM. *GR* II 175. **d** [Salomon] ~o proprii nominis vocabulo piae praesagia pacis .. figuraliter gestabat ALDH. *Met.* 2 p. 65; vi .. / cujus adhuc ipso latuit nos tempore nomen WULF. *Swith.* I 452; 'spondeus, Matheus ..', que non esse Latina monstrat pronuntiatio ~a ABBO *QG* 16 (36); dona Dei usitata assiduitate ~a vilescunt hominibus W. MALM. *GR* IV 379; nequaquam hoc ex doctoris ignorantia sed ex ~a potius Latinitatis contigisse natura OSB. GLOUC. *Deriv.* 485; ~o facto *StatOx* 49, etc. (v. facere 41c). **e** quod majus dicitur omnibus .. re ~a esse ex necessitate concluditur ANSELM (*Resp. Ed.* 5) I 135; hoc .. quod dico intelligere non poteris nisi in quantum ~o opere experiri volueris *Id.* (*Ep.* 232) IV 139.

2 (w. *et*) himself, herself, itself (as well as, in addition to, others).

illecebris carnis .. et sanguinis, in quibus et ~a sanguinis effusio .. adnumeratur BEDE *Cant.* 1194; [presbyter] cum .. ingressus ecclesiam aperuisset thecam .., contigit et ~um adulescentem .. in .. ecclesia adesse *Id. HE* IV 30 p. 280; **1106** non .. pertinet .. hujusmodi culpam vindicare nisi ad .. episcopos .., aut, si et ~i episcopi in hoc neglegentes fuerint, ad archiepiscopum ANSELM (*Ep.* 391) V 336.

3 (w. sb. or name signifying person, place, *etc.*, of distinction or eminence) (even ..) himself, herself, itself: **a** (w. ref. to God, Christ, other divine being, or their attributes); **b** (w. ref. to humans or their attributes); **c** (w. ref. to personified abstr.); **d** (w. ref. to place).

a ~e omnipotens Deus .. bonos pastores conservet GILDAS *EB* 110; **675** (15c) ab ~o judice omnium Christo *CS* 36; ipsius Altithroni .. nuntia dicor BONIF. *Aen.* 39; ut vox veridica jusserat ipsa Dei ALCUIN *Carm.* 9. 216; c**1104** ut .. unaqueque sic omnes motus .. corporis sui custodiat ac si ~um angelum custodem .. presentem videat ANSELM (*Ep.* 337) V 275; quam [sc. libertatem] si ~i dii conarentur nobis eripere, elaboraremus .. resistere G. MON. IV 2; ecce quam terribiliter Deus ~e [ME: *God seolf*] tibi comminatur *AncrR* 123. **b** cum .. omnis congregatio .. circumstaret, ~a autem abbatissa intus .. intrasset .. BEDE *HE* IV 17 p. 245; opprimit Osuualdi .. exercitus hostes / .. / donec ipse .. cecidit Caduuala [sc. dux] ALCUIN *SS Ebor* 262; ~a venerabilis domini .. archiepiscopi auctoritas .., ipsa, inquam, decernat utrum .. ANSELM (*Ep.* 44) III 157; prius ~i regi K., mox etiam omni provincie lavacrum salutare impertiit W. MALM. *GP* II 75 p. 158; ~i reges et comites et divites .. honorant eum [sc. religiosum] AILR. *Serm.* 46. 7. **c** sic ipse monebat / libertatis amor ALCUIN *SS Ebor* 59; †**793** (13c) et si ~a elemosina oret ad Dominum pro faciente *CS* 267 p. 374; judicium veritas ipsa produxit J. HOWD. *Cant.* 43; tunc me accusabit ~amet misericordia UHTRED *Medit.* 201. **d** ipsa, caput mundi, spectat te Roma patronum ALCUIN *Carm.* 45. 63; [Saraceni] magnam partem Asie et ~am Jerusalem relinquere coacti sunt W. MALM. *GR* I 92.

4 a (w. sb. signifying what is especially important or remarkable) (even ..) itself, the very ..; **b** (w. sb. signifying what is comparatively unimportant); **c** (app. w. reduced emphasis); **d** (adds emphasis to whole context, *sc.* in description of exceptional or surprising circumstances).

a an ne ~a quidem .. scelerum ac si pocula pectus tuum satiare quiverunt? GILDAS *EB* 29; et virtutum projectus et ~a fidei initia non nisi Domino largiente possumus habere BEDE *Cant.* 1210; **940** (12c) divitiae .. quae .. nec in ~a morte amittuntur *CS* 758; **960** (14c) et maxime ~e jam cosmus sua ipsa senectute deprimitur *CS* 1053; [praesentia alumni] aliquando .. erat ~a vita dulcior ABBO *QG* 1 (2); quos ab ~is mortis faucibus in siccum evexerit W. MALM. *GP* V 224 p. 378. **b** †**725** (12c) nichil de rebus ecclesie sed nec de ~is oblationibus ipse [sc. episcopus] sibi aliquid usurpet *CS* 142 p. 209. **c** homini ratio est data certa colendi / ipsa Deum ALCUIN *Carm.* 69. 18; [puella] petivit aquam, faciem sibi lavit, et ipsos / composuit crines *Id. SS Ebor* 333. **d** de ~is montibus, speluncis, ac saltibus .. continue rebellabant GILDAS *EB* 20; non solum haec [sc. agebant] saeculares viri, sed et ~e grex Domini ejusque pastores .. torpebant *Ib.* 21; visum .. caecis .. impertiendo .. ~os etiam fortunae casibus oppressos ad superos revocando ALDH. *VirgP* 34 p. 276; relictis omnibus quae habere videbatur ab ~a quoque insula patria discessit BEDE *HE* III 19 p. 167; ne laus quam quaerunt detrahat ipsa magis ALCUIN *Carm.* 42. 20; trahat ex ~a tribulatione consolationem ANSELM (*Or.* 53) III 168; animal .. quod auras ~as precurreret W. MALM. *GR* II 162 p. 184; supra ~a sanctorum corpora civilem libabant sanguinem *Ib.* IV 353; [Ebrulfus] etiam adhuc puer ~os magistros dicitur precessisse doctrina ORD. VIT. VI 9 p. 51 (= *Acta SS. Ben.* I 354).

5 (w. ref. to extremity, limit) itself, the very ..: **a** (w. sb. denoting temporal beginning or early stages, or w. adj. meaning 'first'); **b** (w. sb. denoting temporal end); **c** (w. sb. denoting spatial limit or very near or remote object).

a **679** in ~o mei adventus exordio (*Petitio Wilfridi*) EDDI 30; ab ~o [*gl.*: *selfan*] nascentis infantiae rudimento ALDH. *VirgP* 14; sub ~o pubertatis tirocinio *Ib.* 53 p. 311; aetatis ab ipso / tempore primevo WULF. *Swith.* I 1309; in ~o primo adventu *DB* I 1ra (v. 7a infra); aut infans statim ab ~a conceptione animam habet rationalem .. aut .. ANSELM (*Orig. Pecc.* 7) II 148. **b** Pilatus .. inibi .. usque ad ~um paene finem Tiberii perduravit BEDE *Luke* 351; [Stephanus] veniam rogitans inimicis morte sub ipsa [cf. *Act.* vii 59] ALCUIN *Carm.* 88. 6. 3. **c** conspexitque virum super ipsa cacumina stantem WULF. *Swith.* I 692; in ~is pene faucibus monachorum castellum construxit W. MALM. *GP* III 115 p. 253; letantium clamor ~a quatit sidera *Ib.* V 219 p. 367.

6 (in context specifying time of occurrence): **a** (w. sb. denoting time, esp. feast day) the very (day). **b** (w. sb. denoting action) the very (act of) . . .

a peremtus est .. in ~o tempore festi Paschalis BEDE *HE* III 24 p. 180; caecus .., / contigerat .. cui lumine solis in ipsa / paschali caruisse die WULF. *Swith.* II 1063; rex sub ~o [v. l. ~o noctis] crepusculo septimo kalendas Decembris .. naves solvit W. MALM. *GR* V 419 p. 496; in ~a nocte dominice circumcisionis ORD. VIT. VI 9 p. 82. **b** cum .. himnum diceret .., in ~a genuflexione vitali spiritu privatus est W. MALM. *GP* III 115 p. 250; eos .. inter amplexus ~os pugione confodit *Ib.* IV 181 p. 318; [Picti] in ~o prelio diverterunt se a Bassiano G. MON. V 3; ita ut sepe in ~o actu peccati doleat et lugeat AILR. *Serm.* 43. 15.

7 a this, that (previously mentioned or implied; freq. w. repeated sb.); **b** (w. proper name); **c** (w. adj. meaning 'aforesaid'). **d** that (of which we know). **e** (foll. by rel. cl.) that, the same (.. who or which, sts. in complement of *esse*).

a qui ordinati sunt a Scottorum .. episcopis .., adunati aecclesiae non sunt ..; similiter et aecclesiae quae ab ~is episcopis ordinantur .. aspergantur THEOD. *Pen.* II 9. 2; [provinciae septentrionalium Pictorum] ab australibus eorum sunt regionibus sequestratae; namque ~i australes Picti .. BEDE *HE* III 4 p. 133; exercitus .. ad Orientales Anglos perrexit ~amque regionem dividens coepit inhabitare ASSER *Alf.* 60; **948** (16c) in mariscis adjacentibus .. aquae de W., viz. ex una parte ab ~a aqua usque ad agrum de M., et ex altera parte ab eadem aqua .. *CS* 872 p. 21; Dovere TRE reddebat xviij li. ..; in ipso primo adventu ejus [sc. Willelmi] .. fuit ~a villa combusta *DB* I 1ra; diabolus convertit voluntatem ad quod non debuit, et ~um velle et ~a conversio fuit aliquid ANSELM (*Casus D* 20) I 265; Christus .. sicut suum .. perpetuum efficit gregem, ita .. etiam pastoralem ~a perpetuitate continuat ordinem ORD. VIT. X 11 p. 63. **b** hortatu .. ~ius Albini ut hoc opus adgredi auderem provocatus sum BEDE *HE praef.* p. 7 (cf. ib. p. 6: Albinus abba .. memorati abbatis Albini); **798** placuit mihi .. et C. abbatissae .. quatenus ~a C. .. daret mihi .. terram (*Clovesho*) *Conc. HS* 513 (= *CS* 291); Karolus Hlothuuici regis filius fuit; ~e vero H. [etc.] ASSER *Alf.* 70. **c** *CS* 34, ASSER *Alf.* 29 (v. 9b infra); **679** in ~a ante memorato [*sic*] die *CS* 45; **841** (11c) ~e .. supradictus E. abbas et illius .. congregatio *CS* 434 p. 9. **d** nec enumerans patriae portenta ~a [v. l. illa] diabolica paene numero Aegyptiaca vincentia GILDAS *EB* 4. **e** ~e de quo diximus rex Anglorum BEDE *HE* II 2 p. 83; locus .. iste florifer .. ~e est in quo recipiuntur animae *Ib.* V 12 p. 308; WULF. *Swith.* I 1524 (v. 9a infra); ~i appetitus quos apostolus carnem vocat ANSELM (*Orig. Pecc.* 4) II 144; *Id.* II 191 (v. 9b infra).

8 (w. greater emphasis on identity): **a** the (very) same, the identical; **b** (foll. by rel. cl.; sts. in complement of *esse*). **c** (*~e .. sicut*) the (very) same .. as.

a placuit .. ut lapis .. amoveretur et altius ~o in loco reponeretur BEDE *HE* III 8 p. 143; linteamina .. apparuerunt .. ita nova ut ~o die viderentur .. esse circumdata *Ib.* IV 17 p. 246; vita cito fugiet; / nec redit ipsa dies, mensis, nox, hora vel annus ALCUIN *Carm.* 48. 25; lancea .. percussus est ~oque die mortuus est ORD. VIT. VIII 12 p. 333. **b** quod [sc. Pascha] .. ~um est quod .. Johannes .. celebrasse legitur BEDE *HE* III 23 p. 184; ~a me, qua venimus, via reduxit *Ib.* V 12 p. 308; ipsa .. die qua gens susceperat illa / .. baptismatis undam, / descendit pluvia ALCUIN *SS Ebor* 595; ~ae leges .. erant ibi quae erant in aliis wichis *DB* I 268ra; ~o .. die quo in regem sacratus fuerat .. e medio quasi ludibundus proripuit W. MALM. *GR* II 147. **c** **675** (15c) terram trium aratrorum .. cum pratis .. et omnibus ad eamdem pertinentibus rebus in ~a quantitate sicut .. praedecessores mei .. tenuerunt, abbati .. concedimus *CS* 36 (*sim. CS* 35 [?**690** (15c)], 42 [?**691** (15c)]).

9 (reinforcing pron. or pronominal adj.; *cf.* 17–18 *infra*): **a** (*hic ~e, ille ~e, is ~e*) this or that very . . . **b** (*idem ~e, ~e idem*) that very same .. (also *~e idemque*). **c** (w. refl. pronominal adj., *~e meus, ~e suus, etc.*) my, his very own . . . **d** (w. sb. and dependent refl. pron.) the very .. (of himself, *etc.*).

a ecclesiastici .. in hanc ~am dissensionem .. inplicantur WEALDHERE *Ep.* 22; BEDE *Cant.* 1126, etc. (v. 1 is 21f); *Id. HE* V 17, ASSER *Alf.* 106 (v. ille 2b); **875** isti sunt termini .. marisci: .. in meridie, illa ~a terra *aet Hamme* *CS* 539; hac ipsa qua nocte advenerat illo WULF. *Swith.* I 1524; **1093** in hac ~a locutione qua vobis absens loquor ANSELM (*Ep.* 156) IV 18. **b** c**673** (13c) sunt .. diversa nomina de ~a eadem terra supradicta *CS* 34 p. 56; idem ~e praefatus ac venerabilis Ælfred rex ASSER *Alf.* 29; a**976** (12c) in ~a eademque libertate *CS* 1147 p. 400; eundem ~um Spiritum quem mittit Pater, mittit et Filius ANSELM (*Proc. Sp.* 4) II 191; in ~o eodem in quo ordinatus fuit vestimento W. FITZST. *Thom.* 151. **c** **960** (v. 4a supra); mentiri Deo .. ~a mea conscientia convincor ANSELM (*Or.* 15) III 62. **d** quod ille [sc. angelus malus] scit ~o sui experimento *Id.* (*Casus D* 25) I 272.

10 (pron. in emphatic use as predicate of subject, *cf.* 11, 18c, 20a–b *infra*) (he) himself, (she) herself, *etc.*): **a** (as distinct from, or opposed to, others); **b** (app. w. reduced emphasis); **c** (w. ref. to different actions of, or

events concerning, the same person); **d** (as well as, in addition to, others; usu. w. *et* or *quoque*).

a Paulus .. imitandus est, sicut ~e hortatur [sc. *I Cor.* xi 1] GILDAS *EB* 97; **c690** (15c) [terram] gubernatrici Æ. .. redegi ut teneat .. ac ~a semper successoresque ejus .. defendant *CS* 40; quo miserabilius ~e .. periret, sed viventibus .. causam salutis .. relinqueret BEDE *HE* V 14 p. 315; **748** tu ~a (v. 17a infra); **c790** (11c) Offa .. concessit .. ruris particulam .., eo videlicet tenore juris .. quo ~emet habuit *CS* 233; **961** (12c) ministro .. telluris particulam .. largitus sum .. ut ~e .. habeat et .. quibuscumque voluerit cleronomis .. derelinquat *CS* 1071; **c1107** paralysi .. dissolutus a fratribus, quoniam ~i illum tractare non poterant, feminis traditus est ANSELM (*Ep.* 425) V 371; si quid alii historiographi temere sunt professi, ~i viderint; mihi .. W. MALM. *GR* I 49 p. 53; a rege et ~e descivit et multos eodem susurro infecit *Ib.* IV 306 p. 360. **b** [tumba] extiterat multis optatae causa salutis, / atque aegris oculis praestaverat ipsa medelam ALCUIN *SS Ebor* 779; bonitas jam vestra fidelis / .. suscipit ipsa senem *Id. Carm.* 75. 2. 2. **c** [sacerdotes] egenis eleemosynam esse dandam .. praedicantes, sed ~i vel obolum non dantes GILDAS *EB* 66; ea quae agenda docebat ~e prius agendo praemonstrabat BEDE *CuthbP* 26; polluit ante alios quas ipse sacraverat aras ALCUIN *SS Ebor* 187 (cf. Vergil *Aen.* II 502); **c814** Wlfredus .. adjecit monachis .. domos suas quas proprio labore ~e construere fecit *CS* 345; Jordanis ad undam / venit ut acciperet, dare quod venit ipse, lavacrum WULF. *Swith. prol.* 426; sepulta .. in monasterio S. Petri .. quod ~a .. exstruxerat W. MALM. *GR* II 125; Babilonii .. regna sibi plurima subegerunt, sed post lxx annos ~i .. subjugati sunt ORD. VIT. IV 7 p. 229. **d** successit ei [Aidano] .. Finan, et ~e illo ab Hii .. insula destinatus BEDE *HE* III 17 p. 160 (cf. ib. III 3 p. 132: Aedan .. de insula quae vocatur Hii destinatus); quo [Aldhelmo] defuncto, pontificatum .. suscepit F., .. vir et ~e .. eruditus *Ib.* V 18 p. 321; [Benedicti] soror .. / jungitur hic fratri, nobilis ipsa, suo ALCUIN *Carm.* 89. 9. 4; tertium miraculum vadum est ibi; quando inundatur mare, et ~e [v. l. ~um] inundatur, et quando decrescit mare, et ~e [v. l. ~um] minuitur NEN. *HB* 218; pagam in duas se turmas dividentes .. testitudines parant ..; quod Christiani cernentes et etiam ~i exercitum in duas turmas .. dividentes .. ASSER *Alf.* 37; Saraceni .. qui Gothos subjugerant, ~i quoque .. victi Galliciam .. amiserunt W. MALM. *GR* II 167 p. 193; magis [dilexerunt] munera mea, nam abeuntibus muneribus et ~i abierunt G. MON. II 12.

11 a for his (her, *etc.*) own part (w. ref. to wish, intention). **b** in person (rather than through substitute or intermediary). **c** (w. *solus*) by himself (*etc., sc.* in isolation from others).

a [Paulinus] cum .. virgine ad regem Ædwinum quasi comes copulae carnalis advenit, sed ~e potius .. intendens ut gentem .. ad agnitionem veritatis advocans .. BEDE *HE* II 5 p. 98; hec vis [tentationis] non eam [sc. voluntatem] avertit a rectitudine, si ~a non vult quod suggerit tentatio ANSELM (*Lib. Arb.* 6) I 217. **b** [regnator Olympi] praesens ipse suis jugiter cultoribus, Almum / .. direxit .. Flatum FRITH. 17; **c964** (11c) equos prestent, ~i equitent *CS* 1136 p. 383; **1075** interrogati sunt senes .. quid vel ~i vidissent vel a majoribus .. accepissent *Conc. Syn.* 612; adest in visu antistiti beatus Dunstanus monens .. [ut] placitum mane ~emet hilaris intret EADMER *HN* 22. **c** peccans cum pecode, anno [sc. paeniteat]; si ~e solus, iij quadragesimas deluat culpam GILDAS *Pen.* 11.

12 (pron. in var. emphatic uses) he (the man) himself, she (the woman) herself, in person, the thing itself: **a** (as distinct from, or opposed to, others, concomitants); **b** (w. *et*, *sc.* as well as, in addition to, others).

a temetipsum GILDAS *EB* 32 (v. 18a infra); **c673** (v. 18a infra); cujus muneris beata possessio .. a Christo .. impetratur, ~o attestante [cf. *Matth.* xix 11] ALDH. *VirgP* 18 p. 247; BEDE *Prov.* 946 (v. 17a infra); **c1103** qualiter domnus W. .. de Anglia exierit non est opus .. ostendere, quoniam per ~um .. poteritis discere ANSELM (*Ep.* 273) IV 188; quecumque de eo [sc. Christo] predicarunt [prophetae], in ~o et ejus operibus paruerunt PETRUS *Dial.* 3; H., qui dono Guillelmi regis presulatum habuit, ~i filiisque ejus semper fidelis extitit ORD. VIT. VIII 11 p. 328; incolumis ad sua remeavit ..; hoc vero quod retulimus ex ~ius ore didicimus eique .. sine scrupulo credimus *Ib.* 19 p. 386; **1274** (v. 19a infra). **b** GILDAS *EB* 19 (v. 19a infra); venit .. pontifex .. Gallus ..; tandem rex .. subintroduxit .. alium .. episcopum .., et ~um in Gallia ordinatum BEDE *HE* III 7 p. 140; expectabit germanos, set et ~os postquam advenerint .. interficiet G. MON. VII 4 p. 393.

13 (w. *et*, introducing qualification of preceding sb.) and he (she, it) too .., and .. at that.

ut .. uno prelio, et ~o perfacili, servituti se .. pessundederint W. MALM. *GR* III 245 p. 305; unum edificium, et ~um permaximum, .. perfecit *Ib.* IV 321; clerici servientes vix ad quaternarium numerum assurgere poterant, et ~i cotidiani panis egentes *Id. GP* I 44 p. 72.

14 (as virtual equivalent of *ille, is*, or sim.) he, she, it, that thing: **a** (sc. previously mentioned or implied); **b** (w. same reference as, or in alternation with, other pronouns); **c** (in opposition to other pronouns); **d** (in resumptive use, freq. after rel. or similar clause); **e** (defined or explained by following rel. or other clause). **f** (n. *~um, non ~um*) it, not-it (log., representing indeterminate entity; see quot.).

a Joram .. fratres suos, ut pro ~is regnaret .., trucidavit [cf. *II Par.* xxi 4] GILDAS *EB* 41; nubibus e tetris vidi dilabere quendam [? l. quandam]; / ipsa velox cecidit *Aen. Laur.* 6. 2 (*Nix*); **c945** (13c) ccl oves et gregem porcorum et subulcum cum ~is *CS* 812; si .. vir ille cujus morti quesivit herbas ~is [v. l. ~is herbis] interfectus esset ANSELM (*Ep.* 175) IV 57; ~is eisdem ORD. VIT. XII 16 (v. 17d infra); [Dominus] mitis est ..; tu autem ~um non invocasti MAP *NC* V 6 f. 67. **b** alii post illum .. poemata facere temtabant, sed nullus eum aequiparare potuit, namque ~e .. divinitus adjutus .. canendi donum accepit BEDE *HE* IV 22 p. 259; altare .. fecit, vestivit et illud / argento .., / martyribusque .. dedicaverat ipsum ALCUIN *SS Ebor* 1502; Acce Fredebert, ei Tilbert, ~i quoque Ethelbriht successit; ad hunc .. est epistola Albini W. MALM. *GP* III 117/1 p. 255; ut pro illis [sc. pagensibus] callem divertamus aut cum ~is praeliari dubitemus ORD. VIT. XII 39 p. 458; defuncto C., successit ei R. filius ~ius G. MON. II 16; **1219** mittimus ad vos Johannem .., et ideo vobis mandamus quod ~um recipiatis et illi auxilium .. prebeatis *Pat* 196. **c** hoc Sirenarum et Scyllae disjungit naturam, quod ~ae .. carmine navigantes decipiunt et illa per vim .. *Lib. Monstr.* I 14; Bonifatio .. defuncto episcopus ~e [sc. Bisi] pro eo .. factus est BEDE *HE* IV 5 p. 217; ipse .. gaudet perferre labores, / tu .. Herebum .. pavesces FRITH. 1093; sicut sola est mens rationalis .. que ad ejus [sc. summae essentiae] investigationem assurgere valeat, ita .. eadem sola est per quam .. ~amet ad ejusdem inventionem proficere queat ANSELM (*Mon.* 66) I 77; illorum [sc. ducum] perfidiam sermo preoccupavit, de ~ius [sc. regis] insolentia nunc dicam W. MALM. *GR* II 165 p. 190. **d** summum satorem, solia / sedit qui per aethralia / .., / ipsum .. precibus / peto (ÆTHELWALD) *Carm. Aldh.* 3. 17; qui regit imperio pelagum .., / hanc regat ipse .. aulam ALCUIN *Carm.* 91. 1. 2; **c949** (13c) si quis .. hominum hanc meam donationem .. infringere certaverit, sit ~e .. gravibus .. depressus catenis *CS* 888; ANSELM III 157 (v. 3b supra); cuicumque obviabat, aut ~um aut ~ius equum .. interficiebat G. MON. X 11; seculares .. et qui amant istum mundum, ~i querunt consolationem in divitiis AILR. *Serm.* 26. 12. 341D. **e** si haec .. patiuntur qui verbis tantum subjectos .. emendant, quid ~is fiet [v. l. fiet de ~is] qui ad mala hortantur? GILDAS *EB* 76; hoc ~um .. si .. BEDE *HE* IV 26 (v. 17c infra); ipse tibi pacem tribuat .., / est qui sanctorum gloria pax et honor WULF. *Swith. prol.* 5; ANSELM I 15 (v. 17c infra); fac, Domine, ~um sollicitum esse pro nobis quem advocatum dedisti nobis *Id.* (*Or.* 17) III 69. **f** quidquid est preter relativa, aut tale est ut ~um omnino melius sit quam non ~um, aut tale ut non ~um in aliquo melius sit quam ~um; '~um' autem et 'non ~um' non aliud hic intelligo quam verum, non verum, corpus, non corpus, et his similia [etc.] ANSELM (*Mon.* 15) I 28.

15 (w. greater emphasis on identity) the (very) same person or thing.

accusationis catapultas .. in ~os a quibus diriguntur retorsit ALDH. *VirgP* 44 p. 298; habet isdem E. quater xx .. acras ..; ~emet tenuit TRE *DB* I 1vb (cf. istemet); si aliquid est chimera, ~um est compositum ex homine et bove OCKHAM *Quodl.* 557 (cf. ib. 556: ista vox 'chimera' et hec definitio 'animal compositum ..' idem significant).

16 (in pl., foll. by *de* w. name of place or group of persons) the people, inhabitants, men (of ..).

s1204 (v. de 14); **1278** cum .. ~i de Stanlowe peterent communam pasture *Cart. Chester* 309 p. 207; **1439** ~is de clero domus inferioris (v. 1 domus 5d).

17 (reinforcing pron. or pronominal adj.; *cf.* 9 *supra*, 18 *infra*): **a** (w. *ego, tu, etc.*) I myself, you yourself, *etc.* (*cf.* 20a *infra*). **b** (*meus ~ius, tuus ~ius*) my, your very own. **c** (w. *hic, ille, is, etc.*; usu. n.) this, that very (thing, *etc.*). **d** (w. *idem*) that very same (person, *etc.*).

a sapientia non a nobis ~is haberi potest sed a Domino datur BEDE *Prov.* 946; **748** (15c) in monasterio .. quod tu ~a .. construxisti *CS* 177; esto .. quarto .. paratus in anno; / ipse ego tunc iterum veniam te visere ALCUIN *SS Ebor* 638; **838** nos ~i nostrique heredes *CS* 421 p. 588; vos ~i judicate quid illi debeatis ANSELM (*Ep.* 32) III 140; dum patriam vestram facere tributariam et vosmetipsos subjugare affectarent G. MON. X 7; **c1230** (1400) sunt testes in primis ego ~e R. comes Cestrie .., J. constabularius, .. *Ch. Chester* 226; **s1251** mihi ~i Matheo qui et hec scripsi M. PAR. *Maj.* V 201. **b** tuo .. ~ius gladio occidere te multum cupio PETRUS *Dial.* 4. **c** *CS* 86, etc. (v. 1 is 21a–e); viam veritatis praedicabat errantibus, quod ~um [v. l. ~e] etiam B. .. facere consueverat BEDE *CuthbP* 9; hoc ~um .. orationis loco ducens, si infirmis fratribus opem .. tribueret *Id. HE* IV 26 p. 273; **748** pauci ad electorum numerum perducuntur, hoc ~ud [v. l. ~um] Domino promulgante 'multi sunt vocati ..' [*Matth.* xx 16] *Ep. Bonif.* 84; **c830** familiam rogabo quod .. intercessores .. existere concedatis, hoc ~umque posteris vestris observare .. praecipite *CS* 380; illud ~um, per quod cuncta sunt bona ANSELM (*Mon.* 1) I 15; Filium non solum eandem essentiam habere cum Patre, sed hanc ~am habere de Patre *Id.* (*Ib.* 45) I 62. **d** rerum exitus multum aliud ~is eisdem [sc. arrogantibus] suppeditavit ORD. VIT. XII 16 p. 350.

18 (reinforcing refl. pron. or pronominal adj.; *cf.* 9c–d *supra*): **a** (in agreement w. pron., *me(met) ~um, se(met) ~um, etc.*; sts. written as one word) myself, himself, herself, *etc.* **b** (*meus ~ius, suus ~ius, etc.*) my, his, her, *etc.* very own. **c** (not in agreement w. refl. word; usu. as predicate of subject) (I) myself, (he) himself, (she) herself, *etc.*

a derelinque .. temetipsum maceraturum .. furorem GILDAS *EB* 32; **c673** (13c) meipsum et unicum filium meum .. trado *CS* 34 p. 55; qui errantem corrigit, sibimet ~i .. gaudia .. conquirit BEDE *Cath.* 40; vincere nos ipsos non est victoria parva ALCUIN *Carm.* 85. 5. 8; **c929** parati sunt .. cum se ~is et uxoribus .. ire quo .. voluero *CS* 1340; sic fatur semet ad ipsum WULF. *Swith.* II 153; ut omnes se invicem diligant sicut se ~os [v. l. sicut se] ANSELM (*Ep.* 112) III 245; si .. dices non, tibi ~i contrarius eris PETRUS *Dial.* 128; voluntaria paupertas et sui ~ius despectus AILR. *Serm.* 6. 28. 243C. **b** comes Anschetillum .. dirigit epistolam de sua ~ius nece .. portantem W. MALM. *GR* II 145 p. 161; **†969** (12c) [ecclesia] ab ipso sancto Petro .. in suum ~ius proprium honorem dedicata *CS* 1228 p. 514. **c** haec .. ~e de se .. referre consuerat BEDE *HE* II 1 p. 74; haec .. prout vel ex litteris antiquorum .. vel ex mea ~e cognitione scire potui, .. digessi Baeda *Ib.* V 24 p. 357; [homo] fur erit ipse suus temporibus variis ALCUIN *Carm.* 9. 116; si [summa natura] nec ~a se fecit nec ~a sibi materia extitit ANSELM (*Mon.* 6) I 20; corpus beati Elfegi .. ~e suis manibus .. levavit W. MALM. *GR* II 181 p. 220; ~a se terra sponte subrigit in fructu *Id. GP* IV 153; ~o .. sibi non parcente, lesura .. insanabilis effecta est ORD. VIT. III 9 p. 111; ut ~i inter semetipsos civilem habeant discordiam G. MON. XII 12.

19 (used instead of refl. pron. or pronominal adj.; sts. w. contrastive force or to avoid ambiguity) himself: **a** (w. ref. to subj. of same cl.); **b** (in subordinate cl., w. ref. to subj. of principal cl.).

a cives ab inimicis discerpuntur ..; nam et ~os [v. l. ~is, se ~os] mutuo .. latrocinando temperabant GILDAS *EB* 19; cuncta ferebant .. / et ipsorum et omnium / matri Christo credentium (ÆTHELWALD) *Carm. Aldh.* 2. 181; nec illum quoquam discedere sivit ab ipso / donec .. ab eo vix impetraverat .. WULF. *Swith.* I 141; **1274** dictus J. nec aliquis nomine suo nec per ~um boscum suum pessum dabit *SelPlJews* 80; [rex] ~ummet deposuit et fratrem suum .. coronavit *Eul. Hist.* II 246; priorissa .. asseruit ~am .. respondere non debere *Reg. Brev. Orig.* 5b. **b** nullum se ledere velle, / hunc [? l. hic] nisi primum per jurgia lederet ipsum WULF. *Swith.* II 978; postulavit ut aliquis .. susciperetur qui pro salute ~ius conjugisque sue Deum .. deprecaretur ORD. VIT. V 17 p. 435; [Aman] estimabat .. quod neminem nisi ~um honorare vellet rex AD. SCOT *OP* 599B (cf. *Vulgata Esth.* vi 6: nullum alium .. nisi se); **1327** si .. scolaris .. convictus justiciam de ~o .. fieri non permittat *StatOx* 130.

20 (exx. illustrating var. syntactical matters): **a** (as subj. pred., w. vb. of first or second person) I myself, you yourself (*etc. sc.* in person, as dist. from others, *etc.*); **b** (retained as subj. w. gd.); **c** (abl. in absol. construction referring to subj.).

a novi .. ~e fratrem, quem utinam non nossem BEDE *HE* V 14 p. 313; *Ib.* V 24 (v. 18c supra); non, sicut [MSS: ut] ipse putas, istic infernus habetur ALCUIN *SS Ebor* 919; haec monui semper, haec vobis ipse frequenter / opposui FRITH. 1350; sic in Adam omnes peccavimus .. non quia tunc peccavimus ~i sed quia de illo futuri eramus ANSELM (*Orig. Pecc.* 7) II 148; ut .. horas .. aliquas vobis surripiatis, quibus aut ~i legere aut legentes possitis audire W. MALM. *GR* V 447. **b** interpellando ipse patrem pro interfectoribus suis, quam pius esset innotescebat [cf. *Luc.* xxiii 34] BEDE *Hab.* 1238. **c** **774** (11c) abbatissae .. eam [terram] trado, ita tamen ut ~a vivente habeat .., et post obitum ejus ad aecclesiam .. reddat *CS* 217; **1269** cum rex, ~o ultimo existente apud Winton', .. capi fecerit .. ibidem vina ad opus regis *Cl* 60.

21 (in verse interpolated into text of inscription; v. G. B. de Rossi, *Inscriptiones Christianae Urbis Romae* II 1, 1888, 285).

Simplicio nunc ipse dedit sacra jura tenere ALCUIN *Carm.* 114. 3. 2.

ipsile v. psile. **ipsilon** v. upsilon.

ir [ML < χείρ], palm of the hand.

in vola manus, que a quibusdam dicitur ir NECKAM *NR* II 152; mox rex pro villis prope Nel misit redimendis; / non respondetur pir [*gl.*: ignis] datur inde per ir [*gl.*: manus] ELMH. *Metr. Hen. V* 424; hec palma, bola, et ir, idem sunt .. hoc ir, irris, *the lone of the hande* .. hoc ir, *the palme of the hand WW.*

ira [CL]

1 anger, rage, indignation; **b** (of animal); **c** (of element or natural force).

si [quis] per iram [hominem occiderit] iij annos [peniteat] THEOD. *Pen.* I 4. 7; ira succensus nimia BEDE *HE* I 7 p. 19; placidissimam .. mentem .. et ab omni ira remotam *Ib.* IV 22 p. 262; ipse vero pendebat iras eorum, sed oportebat omnibus obsequi regis nutui H. HUNT. *HA* VI 39; **s1163** ira regis Anglie contra Thomam archiepiscopum *Ann. Exon.* 10; **p1298** (14c) ira, si duraverit, transit in livorem; / .. / ira odium generat, concordia nutrit amorem (*Dunbar* *5) *Pol. Songs* 161; ira, sextum peccatum mortale (J. BRIDL. *gl.*) *Pol. Poems* I 174. **b** parcere prostratis scit nobilis ira leonis ORD. VIT. VIII 2 p. 275; [leo] in tantam commotus iram ut ausus accedere nemo fuisset GIR. *TH* II 24. **c** placaverat sibi iras maris *V. Birini* f. 65v.

2 righteous anger. **b** wrath (of God). **c** (*filius ~ae*) child of wrath (cf. *Eph.* ii 3).

Furias, i. deas irarum *GlH* F 992; interdum aliorum peccatis, suis vero semper, irascebatur, ira illa laudanda TURGOT *Marg.* 4; cives .. urbis .. ad quam omnium pessimorum de ethnicis seu falsis Christianis refugium erat, metuentes tam magnanimi principis iras ORD. VIT. XIII 8 p. 17. **b** videtis .. pro quibus peccatis ira Dei potissimum consurgat GILDAS *EB* 103; ALDH. *VirgV* 296 (v. horrifer); gravem Dei iram super genus humanum impendere priores prophete sentiebant *Eccl. & Synag.* 121; **9..** (14c) ut .. iram Judicis aeterni .. incurrat *CS* 1061; **957** (14c) si quis .. hanc cartam infringere conaverit iram Sanctae Trinitatis incurrat *CS* 995; ira et .. furore Dei PULL. *Sent.* 642A (v. furor 2); dies .. ire P. BLOIS *Caro & Spir.* 1130A (v. dies 9b). **c** quamvis omnes filios Adae – excepto virginis filio – 'peccatores' et 'filios irae' in scriptis suis pronuntiet ANSELM (*Orig. Pecc* 22) II 162; hoc peccatum .. originale .. aliud intellegere nequeo in eisdem infantibus, nisi ipsam quam supra posui factam per inobedientiam Adae justitiae debitae nuditatem, per quam omnes filii sunt ire *Ib.* 170; filium irae tuae fecisti filium gratiae tuae *Id.* (*Or.* 8) III 27.

3 anger (as phys. condition or its effect), choler.

ira est cum audito aliquo, quod displiceat, verbo colera rubea, id est fel, fervet et super epatem diffunditur et sanguini commiscetur. inde siquidem homo calescit et in facie pallescit PETRUS *Dial.* 14; ira .. est calor cordis ab interioribus ad exteriora prorumpens *Quaest. Salern.* B 280; colera acutior, ex qua pungente cor magis deberet dilatari et sic ad iram et audaciam excitari *Ib.* N 57; similis sit ira igni NECKAM *NR* II 191 (v. 2 farrago a); ira est ascensus sanguinis circa cor J. BLUND *An.* 377.

4 grudge, resentment.

qui iram corde multo tempore retinet, in morte est GILDAS *Pen.* 17; ira longo tempore EGB. *Pen.* 1; Northanhimbri .. timentes ne diu conceptam iram in ipsos effunderet, tandem .. faverunt deditioni W. MALM. *GR* II 107; **1389** pro antiqua ira precogitando mortem .. R. percussit eum cum quodam gladio *SelCCoron* 100.

iraber v. ciconia 1b.

iracunde [CL], angrily, irately.

neque ~e aut indignando *Cust. Westm.* 163 (v. despicabiliter a); quam indignanter, derisorie, et iracundie [*sic* MS; ME: *on scarn*] loquitur *AncrR* 29; **1366** (v. debatum b); **1455** (v. furibunde).

iracundia [CL]

1 readiness to anger, quick or hot temper. **b** (of animal) fierceness, proneness to aggression.

da mihi voluntariam paupertatem, cohibe iracuntiam meam et accende in me nimiam suavitatem *Nunnam.* 59; si ergo contingat nativitas pueri .. in constellatione Martis, ~ie vicium et vesanie et temeritatis [accedit] BERN. *Comm. Aen.* 5; **1178** ~ia ejus manuescit in gratiam (v. decrudescere). **b** hec bestiola [sc. mustela] .. vindicis est ~ie, et renovate potius quam continue GIR. *TH* I 27; leones calidissimi et siccidissimi sunt natura quod satis ostendit eorum mobilitas, fortitudo, ~ia *Quaest. Salern.* B 58; pelicanus est avis ita iracunda quod ~ia [ME: *o grome*] pullos suos interficit *AncrR* 35.

2 anger, indignation, resentment; **b** (w. *flagellum*).

judex repletus ~ia dixit .. BEDE *HE* I 7 p. 19; †iracuntia *GlC* D 168 (v. desaevire 2); **800** ~iae flammis incanduit ALCUIN *Ep.* 200; ~ia in felle est ALB. LOND. *DG* 6. 5 (v. fel 3); ~ie calore fremens in semetipso *V. II Off.* f. 2a; **s1340** regem ad ~iam excitarunt AVESB. 93v. **b** flagella tuae ~iae [AS: *suyppa ðines uraððo*] *Rit. Durh.* 8; ~ie sue flagellum ORD. VIT. III 1 p. 6.

iracundie v. iracunde.

iracundus [CL]

1 prone to anger or aggression, hot-tempered, fierce.

[presul] licet crudelis et ~us, largus tamen et plerumque jocundus ORD. VIT. X 19 p. 108; [homo] audax est ut leo, timidus ut lepus .. ~us ut canis BACON V 143; qui habet foramina nasi gravis apercionis .. irascibilis est et .. qui habet ampla foramina ~us est *Ib.* V 168.

2 angry, enraged.

fervida i. .. ~a *GlH* F 217 (v. fervidus 3); furiosus, ~us, rabidus .. *Ib.* 914; dominus rex, qui primo ecclesie apparuit ~us, tam apparet mitis et mansuetus et sic paulatim suam duriciam emollivit S. LANGTON *Serm.* 2. 21; GILB. III 158. 1 (v. irascibilis 1); ~a [ME: *wreaðful*] *AncrR* 35 (v. iracundia 1b).

iraghtus [Ir. *urraigh*], under-chieftain.

1299 Donald Roth' Macarthy .. de fine pro se et ~o suo pro perdonacione secte pacis habenda *KR Ac* 233/7 m. 11.

irasci [CL], to be angry, indignant. **b** to become angry, fly into a rage; **c** (w. ref. to wrath of God). **d** (pr. ppl. as sb. m.) angry man. *V. et. iratus.*

799 vereor ne Homerus ~atur contra cartam prohibentem spectacula et diabolica figmenta ALCUIN *Ep.* 175; ~itur .. si videt ullum ab ullo amari plus quam se ANSELM (*Ep.* 117) III 254; TURGOT *Marg.* 4 (v. ira 2a); rex .. contra salubria .. hortamenta ~ebatur ORD. VIT. X 3 p. 13 (v. hortamentum a); si quis .. de nece marytrum .. narrationem ceperit ordinare, mox qui eorum felicitati invident, ~i, fremere, et usque ad mortem persequi consueverunt W. S. ALB. *V. Alb. & Amphib.* 2; peregrinus vadens in via mundi .. vana videt et audit et quandoque loquitur, ~itur [ME: *wreððeð*] pro injuriis et multa eum retardare possunt a sua dieta *AncrR* 137. **b** ad ~endum facilis BEDE *Prov.* 991 (v. facilis 4b); ~eretur alius, sed Anselmus imperturbatus manens benedictionem suam regi .. obtulit W. MALM. *GR* I 50; [Robertus] auditis sive visis que nolebat ad ~endum festinus ORD. VIT. III 3 p. 61; felle ~imur; hoc pro colera accipitur .. quia, caliditate veniente ad cor, sui acumine pungit cor *Quaest. Salern.* B 177; **1301** W. capellanus ~ebatur, cepit unum baculum .. et percussit eum J. in capite *SelCCoron* 69. **c** Deus qui sperantibus in te misereri potius eligis quam ~i [*gl.*: *iorsiga*] *Rit. Durh.* 18; dicunt eum [sc. Deum] de tali re ~i de quo se non possit ulcisci PETRUS *Dial.* 14; ~i dicitur [Deus] et furere propter odium malicie BART. ANGL. I 20; **1415** ne ~atur Dominus ingratitudini nostre et a nobis avertat .. victricem suam manum *G. Hen. V* 14. **d** necesse est ut ~entis motus deferveat, quoniam jam adversarium non invenit quem feriat ANSELM (*Ep.* 9) III 112; quare ~ens tremit? .. ~ens volens accipere vindictam de injuria sibi illata, subit mentem quod possit ex vindicta mortis periculum incurrere .. et ita ex ira mixta timori fit tremor totius corporis *Quaest. Salern.* Ba 40.

irascibilis [LL]

1 prone to anger, irascible.

cum facies hominis ebrioso assimilatur, ebrius est: cum iracundo, ~is est GILB. III 158. 1; BACON V 168 (v. iracundus 1).

2 (phil.) irascible (of part or faculty of the soul, sts. dist. from *concupiscibilis*).

ALCUIN *Moral.* 639D, GROS. 4 (v. concupiscibilis 2a); vis movens et imperans motui quedam est vis concupiscibilis, quedam est ~is. .. vis ~is est vis respuitiva ejus quod putatur esse nocivum, vel quod putatur esse corrumpens spem vicendi .. . ab Aristotele .. quandoque hec vis appellatur animositas J. BLUND *An.* 55; anime .. sensibilis sunt due vires sub vi affectiva, concupiscibilis et ~is *Ps.*-GROS. *Gram.* 59; quia soloecismus est tam in discrepancia vocis quam disconveniencia parcium et earum accidencium, potest talis discrepancia cum discrecione fieri ad excitandum virtutem irrascibilem *Ib.* 73; nota hic quod simile propter evidentiam temporis, et est illud quod in homine triplex motor; est .. quidam imperans, et est hic ~is et concupiscibilis .. BACON VII 40; cum anima habeat tres partes .. sc. unam considerationem veritatis que vocatur ratio, aliam que desiderat et amat veritatem, que vocatur voluntas, et tertiam que operatur secundum vias veritatis que dicitur ~is *Id. CSPhil.* 406; si loquamur de primo velle inordinato amicicie, potest dici quod non erat actus, nec passio ~is, sed concupiscibilis DUNS *Sent.* II 6. 2. 18.

irascibilitas

1 proneness to anger, irascibility.

malis pretendit ~atem, bonis apponit concupiscentiam, utrisque animositatem BERN. *Comm. Aen.* 63.

2 (phil.) 'irascibility' (as faculty of the soul distinct from the ability to desire).

appetitiva .. et animositas dicantur concupiscibilitas et ~as inferiores que insunt anime irrationali sicut et rationali NECKAM *SS* III 90. 9; sic .. fit descensus ad naturas inferiores. sic .. erit vis irascibilis vis concupiscibilis, non tamen concupiscibilitas est ~as *Ib.* 92. 6.

irascitivus [LL], that provokes to anger.

sentimus quod, virtute concupiscitiva excitante quenquam fortissime ad movendum .., ipse per judicium et voluntatem racionis libere se refrenat, quod eciam eadem virtute concupiscitiva, seu ~a, sive fugitiva retrahente quenquam .. ab .. opere difficili .., ipse nihilominus libere facit illud BRADW. *CD* 86C.

irate [CL], angrily.

me .. ~e despexit MAP *NC* V 6 f. 67; hominem auditis accusatum et coram invidis suis et detractoribus ~e loquentem *Ib.* V 6 f. 70.

iratus [CL], angry, furious (also as perf. ppl. of *irasci*); **b** (of countenance); **c** (of animal); **d** (of God, Christ); **e** (fig., of inanimate object). **f** (leg. phr. *~us et pacatus*) whether in legal dispute or not.

~us est valde quod ad se venire .. peregrini non permitterentur BEDE *HE* V 10 p. 300; H. vehementer ~us est ORD. VIT. VI 10 p. 95 (v. furibundus 3a); fingens se ~am cum Jasone *Natura Deorum* 87 (v. fingere 6a); cum .. hec interpretatio ostensa esset abbati .. valde ~us est BRAKELOND f. 153v; **1339** (v. grossus 29a). **b** ~o nimis vultu PETRUS *Dial.* 32. **c** pestis [sc. anguis] ~a cibo potuque carens agros scintillantibus peragravit oculis *Lib. Monstr.* III 5; leo ~us *Latin Stories* 54 (v. extrahere 3a). **d** **833** (15c) confiteor Domino .. quoniam .. ~us est mihi *CS* 409; †**868** (16c) necessarium nobis .. piis .. precibus eleemosinarumque liberis largitionibus ~um Dominum placatum reddere *CS* 521; **937** (14c) Christum .. judicem ~um *CS* 713; tibi nunc imputat ~us factusque terribilis quod ipsum dedignanter repulisti dum fuit placabilis MAP *NC* V 6 f. 67; [Christus] in eodem instanti et justis placatus, et injustis irratus apparebit ROLLE *IA* 259. **e** scuta, galeas et loricas ~o mucrone .. penetravit ORD. VIT. III 14 p. 149. **f** **1278** cum .. concesserimus .. ut .. G. de S. miles .. fortalicium .. facere possit .. ita quod ~us et pacatus .. fortalicium nobis .. teneatur restituere *RGasc* II 43.

ircocervus v. hircocervus. **ircus** v. hircus.

ire [CL. *Fut. pass.* ietur: COLET *Sacr. Eccl.* 5 p. 49. *Orthog.*: *pres. ppl.* ehuntibus: *MinAc* 768/5 m. 2 (**1270**). Deponent use *v.* 22c *infra.*]

1 to go, make one's way; **b** (w. indication of means of travel). **c** (*ire ad largum*) to go at large, go freely. **d** (pres. ppl. *iens* as sb.) one who goes, traveller, passer-by.

[Christus] incolomem ducat te, teque reducat euntem ALCUIN *Carm.* 53. 14; ibat et inpransus .. venit / ad sanctum WULF. *Swith.* II 770; sequitur surgens a puppi ventus euntes *Ib.* 1055; ubicumque .. vel eundo vel morando sum ANSELM (*Ep.* 118) III 255; dum itur W. MALM. *GR* II 202 (v. 22a infra); ut, porrectis funibus, quo eum [sc. daemoniacum] eundi tulisset impetus, pedes impedirent *Id. GP* V 261. **b** vadere nec plantis, equitando nec ire valebat WULF. *Swith.* I 102; navigio .. ire ORD. VIT. III 4 (v. 7b infra); eundo vel equitando .. ibat *Ib.* III 10 (v. 4a infra); quorum [sc. aviorum] asperitas .. peditem eum ire compellit *Ib.* IV 5 p. 197; pedibus itur GIR. *EH* II 38 (v. difficile); **1194** cum batellis .. ire (v. 3b infra); **1211** (v. 7a infra); **1350** pons pro hominibus euntibus super pedibus (*CoramR*) *Pub. Works* II 173. **c** **1433** W. ex prisona .. episcopi .. evasit et ad largum ivit *Langley app.* 254; **1515** permis' porcos suos ire ad larg' in regia strata *CourtR Ottery St. M.* m. 105. **d** quo labor aeternus requiem non praestat eunti ÆTHELWULF *Abb.* 168; W. MALM. *GR* IV 348 (v. 2a infra); hauriebat auribus letos euntium strepitus *Id. GP* V 273 p. 436.

2 (w. notion of setting out, or leaving a place) to go forth, go away: **a** (var., w. person as subj.; also pres. ppl. as sb., *cf.* 1d *supra*); **b** (w. ref. to advance in battle; in quot., w. implication 'go forward ahead of speaker', opp. *venire*); **c** (w. ref. to death); **d** (w. plough or team as subj.); **e** (w. thing or abstr. as subj.). **f** (leg., w. person as subj., *ire sine die*) to be discharged (cf. *dies* 11a).

a praesul venerandus euntem [sc. famulum] / confirmat dictis ÆTHELWULF *Abb.* 120; compulit ire carentem / hospitis auxilio FRITH. 945; "vade .."; ivit ille .. W. MALM. *GR* IV 313; in .. Jerosolimitanum iter esuritur; gaudium erat euntibus, meror remanentibus *Ib.* 348 p. 399; unum petendum est, licentia videlicet eundi [v. l. abeundi] G. MON. I 10. **b** Willelmus .. nobiliter exercitum duxit .. sepius clamans ut venirent quam jubens ire ORD. VIT. III 14 p. 149. **c** vos equidem fratres pridem revocastis euntem; / parcite jam, quaeso, superum jam scandere regnum / me juvat FRITH. 1338. **d** **1373** dicunt quod caruc' debuissent ire in autumpn' et quia non fecerunt *Hal. Durh.* 120. **e** i liber .., i pede fausto; / perge foras, jubeo, scripte labore meo R. CANT. *Malch. epist.* 23 p. 44; ibat fama viri prenuntia W. MALM. *GP* I 51 p. 95 (cf. Vergil *Aen.* XI 139). **f** **1196** ipsi eant sine die et talem qualem habere debuerit recuperationem [*sic*] *CurR* I 19; **1198** B. eat inde sine die *Ib.* 35; **1202** P. et alii appellati de vi sine die eant *SelPlCrown* 15; **1219** W. eat sine die cum terra sua in pace *CurR* VIII 43; **1232** consideratum est .. quod decanus et capitulum eant inde sine die *BNB* II 532 (*sim. State Tri. Ed. I* 5).

3 (opp. *redire*) to go forth (as dist. from returning). **b** (*ire et redire*) to go and return, go back and forth.

[angelus] propere qui semper te, rex, deducat euntem / et redeuntis iter protegat ALCUIN *Carm.* 45. 77; ut, sicut vestra eunt jussione, ita vel maneant vel redeant .. vestra dispositione ANSELM (*Ep.* 90) III 217; Mathiellus quidem dum iret in Apulia decessit; Matthildis vero dum rediret Joppe obiit ORD. VIT. V 17 p. 437. **b** non expedit .. monachum ire et redire tam longo itinere ANSELM (*Ep.* 111) III 243; prebendam .. equo suo iens habebit et rediens *Chr. Battle* f. 19; DEVIZES 26r (v. 25b infra); **1194** ut cum batellis et mercaturis suis ire valeant et redire *BBC* (*Drogheda*) 200; **1203** mandamus vobis quod M. mercatorem permittatis sine impedimento ire et redire per totam terram nostram, cum .. mercandisis suis *Pat* 24b; prospiciendi causa dominos eundo et redeundo a parliamento FAVENT 17.

4 to go on foot, walk (*cf. peditem ire* sim. 1b *supra*): **a** (as dist. from riding, *etc.*); **b** (w. ref. to phys. capacity); **c** (w. animal as subj.).

a eundo vel equitando quo sibi jubebatur ibat ORD. VIT. III 10 p. 115; **13..** quod appenticia sint ita sublimia quod homines potuerint faciliter sub illis ire et equitare *MGL* I 259. **b** [puer aeger] ut bibit hunc [calicem], statim sanus surrexit et ibat ALCUIN *SS Ebor* 1173; ut nusquam ire nec etiam movere sine bajulo sese posset ORD. VIT. III 13 p. 138; nimie crassiciei pondere pregravatus vix ire poterat *Ib.* IV 7 p. 219; dux ita egrotavit in itinere quod neque ire neque equitare [ME: *neiþer go ne ryde*] potuit HIGD. VI 19; [Amazones] vel transmittunt eum [sc. masculum] ad patrem cum ceperit ire [ME: *til it can gon*] .., vel eum occidunt *Itin. Mand.* p. 82. **c** adduntur .. calcaria ad eundum ipsum equum excitandum valde necessaria *Simil. Anselmi* (*app.*) 193 p. 97.

5 (in var. exprs. concerning agriculture): **a** (w. person as subj., *ire ad carucam, ad* (*juxta*) *herciam*) to go with, follow, the plough or harrow. **b** (w. animal as subj., *ire in caruca*) to draw the plough. **c** (*ire in pastura*) to go to pasture.

a **1251** ego mallem ire ad carucam meam quam servire de tali officio *SelPlForest* 101; **1280** in locacione j hominis euntis ad carucam dum j carucarius cariavit fenum .. xx d. *Ac. Stratton* 111; **1323** in eunde [i. e. eunte] ad hercias ad utrumque seminem .. viij opera *Estates Crowland* 245 (cf. ib. 253 [**1323**]: in eunde ad carucam dum famuli iverunt ad carectas fimales .. cvj opera; ib. 279 [**1362**] in eunte ad carucas et hercias xxij opera); **1338** ivit juxta herceam suam (v. hercia 1a). **b** **1220** equa ivit in caruca Philippi per duos annos *CurR* VIII 277; **1323** vacca ivit in caruca *Estates Crowland* 246. **c** **a1250** boves de caruca ibunt in dominica pastura cum bobus domini (*Cust. Bledlow*) *Doc. Bec* 123; **1276** de pastura .. lxx ovium euncium in communi pastura in ieme *Ac. Stratton* 72.

6 (w. var. accompanying exprs.): **a** to go (a certain distance, at a certain speed, in a certain manner). **b** to go (in a certain condition, under certain circumstances). **c** (w. abl. of gd.) to go (while performing a certain action; sts. in virtual periphrasis for the other vb.; *cf.* 1b *supra*). **d** (*ire comitem*) to go as companion (to), to accompany (w. dat.). **e** (*ire* (*in*) *obviam*, or w. pred. adj. *ire obvium*) to go to meet (usu. w. dat.; also fig.) to counter (argument or sim.). **f** (*ire pessum*) to go to the bottom, sink, (fig.) to be ruined. **g** (*ire ante*) to go before, go ahead.

a it citus ad regem WULF. *Swith.* I 814; ibunt usque ad P., non longius *DB* I 1rb; lateraliter ire ORD. VIT. IV 5 (v. 22a infra); illuc festinanter ivimus sed inde festinantius redivimus *Ib.* XII 21 p. 383; **†664, 1289** (v. 22b infra); **1255** cum festinancia iverunt illuc ut .. bersatores caperent *SelPlForest* 28; recte ire BACON VIII 89 (v. deviare 1a). **b** in itinere illi duo familiariter ibant ALCUIN *Rhet.* 27; **a1079** quamquam se sub archiepiscopi .. tuitione ire clamaret ANSELM (*Ep.* 55) III 169; ad suspendium nudus ibat W. MALM. *GR* IV 319; tam nos quam omnia nostra incolumes et jocundi ieramus DOMINIC *V. Ecgwini* I 9; ite securi pace mea ORD. VIT. X 20 p. 122; ut in ipsos inermes et sine ordine ituros inopinam irruptionem faceret G. MON. I 5. **c** custos .. quo necesse est sub silentio vel psalmodiis inserviendo cum benedictione eat [AS: *he fare*] *RegulC* 11; non coram domino discinctus eas famulando D. BEC. 1174; **1223** (v. jolivare); **1265** per vesperas ivit ludendo in curia .. J. patris sui *SelCCoron* 1; **1266** ivit seminando terram suam *Ib.* 3; **1354** (v. dammicula). **d** [graculus] pavonum .. gregi non timet ire comes WALT. ANGL. *Fab.* 34. 4. **e** esto paratus / .. / obvius ire / Omnipotenti / pectore gaudens ALCUIN *Carm.* 54. 27; viso .. exercitu nostro, suos esse sperantes, .. obviam ibant W. MALM. *GR* IV 381; ibisne his verbis obviam, referesne adversa? *Id. GP* I 41 p. 64; Brennius .. scivit .. germanum .. contra se venire; ivit in obviam illi in nemore G. MON. III 3. **f** [Britones] profecto pessum issent, nisi Ambrosius .. barbaros .. pressisset W. MALM. *GR* I 8; decidit peritia nautarum, et jam pessum ibant *Id. GP* V 224 p. 377. **g** equus domini ibit ante et franget terram *Reg. S. Aug.* 204.

7 to go (to, from, through, *etc.*, a place or in a direction, mentioned or implied): **a** (var., w. person, animal, *etc.*, as subj.); **b** (by water or through the air; *cf.* e *infra*); **c** (to heaven, hell, or sim.; *cf.* 8b *infra*); **d** (to destination which implies a certain activity); **e** (w. ship or other vehicle as subj.); **f** (w. thing or abstr. as subj.).

a ut quo eum [sc. equum] duxerit angelus Dei, illuc eat ALDH. *VirgP* 25 p. 259; Romam iturus BEDE *HE* V 19 p. 326; ite per Hespericas, Musae, .. urbes ALCUIN *Carm.* 45. 5; *RegulC* 33, ORD. VIT. IV 5, *etc.* (v. 22a infra); **c1092** has .. litteras ad .. concilium a vestra sanctitate portari aut, si forte non iveritis, .. mitti deposco ANSELM (*Ep.* 136) III 281; unde et quo et qua irent, sub celo essent *Id.* (*CurD* I 15) II 73; "vade Wintoniam .."; ivit ille .. W. MALM. *GP* I 75 p. 167; noli .. quoquam ire, sed in loco mane *Ib.* IV 145; tota die per .. arduum .. iter iverunt ORD. VIT. IX 14 p. 593 (cf. Baldricus *PL* CLXVI 1137A); [draconem] retro ire coegit G. MON. VII 3; **1211** ipse sicut potuit ivit domum pedibus et manibus *CurR* VI 137; jacet sepultus .. ad australem plagam ecclesie .., a dextra parte inter eundum [*when one goes*] ad revesterium *Hist. Durh.* 5. **b** **s1000** exercitus .. Danorum jam paulo ante ierant trans mare in regnum Ricardi *AS Chr.*; navigio per pontum ire decreverant ORD. VIT. III 4 p. 65; [Bladud] paratis sibi alis ire per summitatem aeris temptavit G. MON. II 10; **1219** navem .. sibi parari fecit .. ad eundum in partes Bristoll pro victualibus et armis *Pat* 185; **1457** (v. furere 3a). **c** ALDH. *VirgV* 795 (v. excelsus 3c); '.. nescit quo eat ..' [*I Ioh.* ii 11] it [vv. ll. id, ita] enim nescius in gehennam BEDE *Cath.* 91; **958** (12c) de lacrimarum valle ad celestia regna nos ire feliciter *CS* 1027; **1095** ne .. eant in perditionem ANSELM (*Ep.* 195) IV 85. **d** qui multa mala fecerit .. eat in monasterium et peniteat usque ad mortem THEOD. *Pen.* I 7. 1 (i.e. *let him become a monk there*; cf. ANSELM (*Ep.* 113) III 248: si ad aliud monasterium ire voluerit); ?**1095** [abbas] monachos suos hortatur ire in Hierusalem [*on crusade*] *Id.* (*Ep.* 195) IV 85; minus malum est non ire ad ecclesiam quam ire illuc propter fornicationem T. CHOBHAM *Praed.* 66; **1256** ivit in lectum suum *AssizeR Northumb* 83; **13..** burgenses non ibunt ad molendinum .. nisi ubi eis placuerit (*Cust. Preston, Lancs*) *EHR* XV 498. **e** **a1195** reddendo .. pro unaquaque quadriga que ad nemus ibit ij d. *Boldon Bk. app.* xl; **1236** quod naves possint ire et redire etc. (v. fossatum 2d). **f** correctos .. sibi quaerant .. libellos / tramite quo recto penna volantis eat ALCUIN *Carm.* 94. 6; plausu exceptum est verbum, ibatque clamor celo W. MALM. *GP* I 48 p. 80 (cf. Vergil *Aen.* V 451).

8 to go (to a person, sts. w. implication of a certain activity); **b** (to God; also fig.).

WULF. *Swith.* I 814 (v. 6a supra); ut [Benedictus] iret ad seculum ad nescio quam mulierem AILR. *Serm.* 37. 13; **1185** sicut .. proditor ivit ad inimicos meos (v. 1 felonia 1); dicunt quod ire ad tales [sc. Sarracenos] non esset ire ad predicandum sed ire ad moriendum T. CHOBHAM *Praed.* 86. **b** monachi .. secularem habitum .. reliquerunt et .. per arduum iter ad Dominum ire aggressi sunt ORD. VIT. III 12 p. 130; ut [Petrus] aperte ostenderet se per illam passionem iturum ad Dominum AILR. *Serm.* 18. 25. 302.

9 to go (to event, activity, about business, or sim.): **a** (var.); **b** (to court, ordeal, or sim.); **c** (to war, on military service, or sim.; *cf.* 10a *infra*); **d** (on non-military service, on business).

a [Christus] iturus ad passionem ANSELM (*CurD* I 8) II 60; cum ad missam .. iero W. MALM. *GR* III 281; dum .. ad colloquium cum A. .. securus isset ORD. VIT. V 9 p. 362; suggerit nobis cogitatio nostra ut eamus ad illum vel ad illum laborem AILR. *Serm.* 19. 26. 307D. **b** ibat ad judicium, pretor quod maximus omni / egredienti anime discernit ÆTHELWULF *Abb.* 337; **a1097** ire ad schiras vel ad hundreda (*Ch. Will. II*) *Regesta* p. 135; **c1105** (v. 22d infra); eat ad triplex judicium [*Quad.*: ordalium] (*Inst. Cnuti*) *GAS* 333 (cf. *Cons. Cnuti*: triplex Dei judicium adeat, AS: *ofga man þæt þryfealde ordal*); **1161** (v. 22a infra); qui invenietur per sacramentum predictum retatus .. eat ad juisam aque *Assize Clar.* 2; **1224** ire ad comitatum (v. harnesium 2a); vidit .. hominem .. judicatum in curia episcopi ut iret ad polam, et ivit et liberatus est *Feod. Durh.* 227. **c** **961** (12c) cum qua [sc. expeditione] .. patrem meum ire opportuit *CS* 1065 p. 286; siquis in expeditionem summonitus non ibat, totam terram suam .. forisfaciebat *DB* I 56va; quando rex ibat in exercitu per terram *Ib.* 230ra; si cui [praepositus] jubebat in suum servitium ire *Ib.* 269vb; quando ivit ad bellum .. cum Haroldo *DB* II 15r; ad certamen ire ORD. VIT. III 11 p. 122; si quis neglexerit emendationem civitatis vel pontis aut ire ad bellum (*Inst. Cnuti*) *GAS* 353 (cf. *Conc. Cnuti*: exercitus itineracionem, AS: *fyrdfare*, *Quad. gl.*: id est in exercitum ire); **1166** ire in servicio [regis] (v. forestagium); **a1190** ad exercitum ire (v. eswarda 1); **c1200** si dominus .. ierit ad parliamentum vel in exercitum, tunc eant burgenses illi cum eo *BBC* (*Haverfordwest*) 92; **1262** torneare aut aventuras querere aut aliquo modo alio ad arma ire *Cl* 133; **1293** ire contra regem ad guerram (v. dubitare 4c); **s1296** (v. 22d infra). **d** qui .. ire non possunt [sc. *to perform service of average*] finient denariis cum coquinario *Cust. Abingd.* 307; **1224** (v. 22c infra); **a1250** si prepositus ierit circa negocia domini super equum suum (*Cust. Bledlow*) *Doc. Bec* 123; R. .. debet ire .. ad omnia negocia abbatis *Cust. Battle* 35.

10 **a** (*ire in*, w. acc., *contra, super*) to proceed against, (mil.) to march against, attack. **b** (*ire super*) to enter into (land, *sc.* in order to take possession). **c** (*ire super*) to descend upon (person or place, *sc.* so as to be burdensome).

a in hostem cum eis ibant *DB* I 208rb; si .. per mare contra hostes suis ibat rex *Ib.* 238ra; totis viribus in hostes alacriter itum, acriter certatum W. MALM. *GR* IV 384 p. 450; **1215** nullus liber homo capiatur .. nec super eum ibimus, nec super eum mittemus, nisi per legale judicium parium suorum *Magna Carta* 39; **1265** parati .. in manu forti ire nobiscum super inimicos nostros *Cl* 124; **1293** (v. 9c supra). **b** dicunt rectum esse ut ipsi eant super ipsam terram et partiantur eam recte *DB* I 377ra. **c** **c1158** ita quod nullus vestrum eat super homines eorum et terras in *coneveth Regesta Scot.* 181.

11 **a** (*ire post*) to go after, follow (*cf.* 19b *infra*). **b** (*ire inter*) to go among, associate with. **c** (*ire cum*) to go with, accompany.

a eum .. post Theodorum ire permisit BEDE *HE* IV 1 p. 204; **1233** dicebant quod fuerunt cum domino rege et venerunt de Wallia et ituri fuerunt post dominum regem *CurR* XV 214. **b** vos inter nullus hic alienus eat ALCUIN *Carm.* 98. 1. 4. **c** **1202** iverunt cum Osberto .. in forest' *Pipe* 257; **c1230** si vacce habeant vitulos ibunt cum ipsis usque ad tempus quo vacce ponuntur ad presepe (*Cust. Ogbourne St. George*) *Doc. Bec* 34.

12 (*ire ad, pro, propter*) to go for (the sake of obtaining, catching, *etc.*), to go to fetch.

1219 (v. 7b supra); **1224** ire propter ij m. allecis (v. gavelmannus); **1267** in ij carett' emendandis euntibus ad firmum *MinAc* 984/1; debet ire pro j careata meremii ad faciendum aratra, ubi precipitur *Cust. Battle* 29; **s1268** rex .. nuncios suos, qui pro auxilio iverant, exspectavit *Flor. Hist.* III 15.

13 (foll. by another vb. in coordination, with or without conjunction) to go and (do, *etc.*; freq. in command, exhortation, or sim.).

jussit ire ministram et capsellam .. adducere BEDE *HE* III 11 p. 150; i celeriter et adfer ÆLF. BATA 5. 1, etc. (v. et 8b); ite et prosternite ignavas gentes W. MALM. *GR* IV 347 p. 396; illuc .. ibo et coepiscopos .. minabo ORD. VIT. XII 21 p. 381; ite dominique vestro .. dicite ut .. *Ib.* XIII 34 p. 102; quare non dixit 'ite prĕdicate penitentiam ..'? [cf. *Marc.* xvi 15] T. CHOBHAM *Praed.* 125; eamus et deambulemus J. GODARD *Ep.* 223 (v. deambulare 1b).

14 to go (for a specified purpose): **a** (w. supine; *cf.* 23 *infra*); **b** (w. *ad, causa, pro* and gd. or gdv.); **c** (w. *ad, pro* and sb. or pron; *cf.* 12 *supra*); **d** (w. inf.); **e** (w. gdv. or fut. ppl. in agreement w. subj.).

a dum iret cubitum BEDE *HE* III 2 p. 130 (cf. W. MALM. *GR* II 111 [= Hariulf, *Chronicon* III 21, *Visio Caroli*]: dum irem repausationis cubitum); huic .. preceperat ut illam iret speculatum W. MALM. *GR* II 157; equitatum isset DOMINIC *V. Ecgwini* II p. 59 (v. elementalis b); A. ibi .. predatum ierat ORD. VIT. IV 5 p. 192; ut .. in civitatem B. abbatem .. perditum irent G. MON. XI 13; ibunt .. locutum cum domno G. *V. Chris. Marky.* 31 p. 88; permissis semel scolaribus ire lusum *V. Edm. Rich C* p. 593. **b** 'vade cum eis': .. ad praedicandum ire jubetur BEDE *Acts* (x 20) 968; nec .. a praeparando itinere, quo ad gentes docendas iret, cessare volebat *Id. HE* V 9 p. 297; diabolus per peccati suggestionem cotidie it ad venandum ANSELM *Misc.* 299; ite confidenter ad inimicos Dei persequendos W. MALM. *GR* IV 347 p. 394; **c1162** (v. inhospitare 4); T. CHOBHAM *Praed.* 86 (v. 8a supra); **1304** iverunt in campis .. causa ludendi cum leporariis suis (*CoramR*) *SelPlForest* cxxxi; **s1353** dum iret in Britanniam pro .. redempcione sua providenda AVESB. 122v. **c** peractis pro quibus ierat .. in Normanniam remeare disposuit ORD. VIT. VIII 4 p. 291; imperfecto ad quod ierant negocio *Ib.* IX 6 p. 499 (= Baldricus *PL* CLXVI 1078B). **d** ire parabat / visere .. vicum WULF. *Swith.* II 786; nunc ibo tibi hospitium procurare ORD. VIT. III 4 p. 66; **s1191** comes ab ante diem armatus ierat Londoniam capere DEVIZES 36; **1238** S. .. ibat querere viridarios *SelPlForest* 69. **e** [Berctualdus] trans mare ordinandus ierat BEDE *HE* V 11 p. 302; Hardecnut .. regnum .. Danorum procuraturus ierat *Enc. Emmae arg.* p. 6; **1255** post prandiam ivit ad boscum suum de M. spaciaturus *SelPlForest* 34.

15 (w. internal acc.): **a** (*iter ire*) to go one's way. **b** (*fugam ire*) to take to flight, flee.

a [mea camena] jam recreata sequens promptior ibit iter L. DURH. *Hypog.* 68; **c1213** in procinctu itineris eundi in Angliam fore se finxit GIR. *Ep.* 7 p. 252; **1239** ipsum .. affidare fecerunt .. quod incontinenti iret iter suum *SelPlForest* 71. **b** **1375** fugam extra patriam ivit *SessPLincs* I 208.

16 (w. weakened sense of motion, virtually equivalent to vb. of being or becoming): **a** (w. pred. adj. or sb.) to go (in a certain condition),

go (as ..), be . . . **b** (*ire pro*) to go instead of, be substituted for.

a nudus eat hospes, placeat cui ludere mecum / atque fovere meo corpora fonte sua ALCUIN *Carm.* 92. 1. 1; ierunt tam delicata corpora equoreis crudelia pabula monstris W. MALM. *GR* V 419 p. 497 (cf. Statius *Thebaid* IX 300); si malus es, conversus eas D. BEC. 27; si precentor eas, ita providus esto canendo / ut .. *Ib.* 167. **b** ut si [puer] quamlibet ex eis [ovibus] perderet, anima hujus pro anima illius iret ANSELM *Misc.* 295 (cf. ib. 296: erit anima mea pro anima ejus).

17 (describing position rather than motion) to be (in a certain position; in quot., *ire extra*, 'to stick out, protrude').

quod .. [oculi] habeant lippitudinem et extra fuerint euntes aut intus nimis existentes J. MIRFIELD *Brev.* 56.

18 (fig.): **a** (of time) to pass by, elapse. **b** (of currency) to circulate, be in use. **c** (of verse) to flow. **d** (of machine or sim.) to work, operate.

a eunt anni more fluentis aquae ALCUIN *Carm.* 80. 1. 2 (= Ovid *Ars Amatoria* III 62); ter centum luces decies sex perdimus et sex, / si bissextilem dicimus ire diem GARL. *Tri. Eccl.* 18. **b** ut .. per totam gentem una moneta eat omni falsitate carens (*Cons. Cnuti*) *GAS* 315 (cf. *Inst. Cnuti*: vadat, *Quad.*: teneatur, AS: *gange*). **c** L. DURH. *Hypog.* 65 (v. invigilare 2c). **d** **1296, 1321** (v. forgea c); **1352** de xvj li. receptis de quadam forgea apud les Haselen Schagh' eunt' super mortuum boscum in Lyme *MinAc* 802/8; **1415** duarum carucarum euncium (v. carruca 2a; cf. 2d supra).

19 (w. var. accompanying exprs., in fig. senses; *cf.* 6e–f *supra*): **a** to behave (in a certain manner). **b** (*ire post*) to depend upon, be governed by (*cf.* 11a *supra*). **c** (*ire simul*) to be mutually compatible, go together. **d** (impers., w. adv.) to turn out (in a certain way).

a qui .. eos [sc. Britones] secundum normam divine legis et humane rationis ire cogerent ORD. VIT. IV 17 p. 291; mentiri est contra mentem ire, id est contra conscientiam T. CHOBHAM *Praed.* 291 (cf. ib.: vadit contra conscientiam suam; BRACTON 289: falsum sequi poterit judicium, si contra mentem ierit). **b** **s1308** rex alienigenam .. magnatibus preposuit universis, adeo quod tota terre disposicio post eum ivit TROKELOWE 66. **c** [Lanfrancus] indubitatum tenens quod simul ire non posset monachi ocium et archipresulis negotium ORD. VIT. IV 6 p. 212. **d** sic eat ut .. pietas Christiana de tuis erratis te secure compellet W. MALM. *GP* I 6 p. 13 (cf. Lucan V 297).

20 (w. *in* & acc., in var. fig. senses): **a** (of person) to enter into (state, condition), proceed to (action). **b** (of topic or sim.) to get into (book, *etc.*). **c** to turn into, change into. **d** (of situation or sim.) to reach (a certain outcome). **e** (*ire in infinitum*, log.) to enter an infinite regress. **f** (in var. idioms).

a **a1079** fratri .. F. frater Anselmus sic ire de virtute in virtutem ut videat Deum [cf. *Psalm.* lxxxiii 8] ANSELM (*Ep.* 55) III 169; **1203** robavit ei .. xv marcas argenti .., unde ipse iit in solutionem erga dominum suum *CurR* II 180; **c1213** nonne qui hec .. perpetravit totus in trenos [i. e. threnos] .. ire valebit? GIR. *Ep.* 7 p. 258 (sim. *Id. SD* 150, *JS* 7 p. 347); quibus ex causis in possessionem eatur [= *Digest* XLII 4 tit.] RIC. ANGL. *Summa* 41 p. 109; COLET *Sacr. Eccl.* 5 (v. 22a infra). **b** ibunt .. in istas paginas quedam que sub eo [rege] .. acciderunt .., presertim de peregrinatione Christianorum W. MALM. *GR* IV prol. p. 358. **c** isset in helleborum L. DURH. *Dial.* I 162 (v. d infra); cum puer in juvenem tener ire videret ephebum, / cepi maturos vincere velle senes *Ib.* III 435 (cf. ib. 438: in juvenem vado repente puer); pars ibi [sc. in caelo] prefecto cedet; spes ibit in actum *Ib.* IV 499. **d** opus miror, amice, novum. / iret et in risum si non boreale Cuminum / isset in helleborum *Ib.* I 161 (v. cyminare 1). **e** accipietur una premissa per accidens, et illam concludens per aliam; ergo est ire in infinitum in proposicionibus per accidens DUNS *Metaph.* IV 2 p. 160a; si nullum sit predicatum substanciale, sed accidentale omne, itur in infinitum *Ib.* p. 160b. **f** (ire in infitias, *to deny*; v. infitia a). (ire in manus, *to give oneself up, surrender*) si velit in manus ire [AS: *gif he wille onhand gan*] et arma sua reddere (*Quad.*) *GAS* 75; *Ib.* 183 (v. deducere 2a). (ire in plegium, *to give surety; in quot., w.* quod) eat cognatio ejus in plegium quod deinceps abstineat (*Quad.*) *GAS* 151. (ire in repulsam, *to refuse, reject*) ossa .. cum regina .. monasterio .. inferre vellet, iverunt in repulsam monachi parumper W. MALM. *GR* I 49 p. 53 (cf. BEDE *HE* III 11 p. 148: noluerunt .. excipere); ut ipse, magistri sui voluntati resultans, in repulsam decretorum iret W. MALM. *GP* I 41 p. 65.

21 (w. *ad, per*, or adv. of direction, in var. fig. senses; *cf.* 8b *supra*): **a** (feud., w. *ad* or adv.) to pass, place oneself (under a feudal lord; *cf. abire* 2). **b** (w. ref. to discourse, in quots. w. *ad* or *per*) to pass to, go through, *etc.* (topic or sim.). **c** (w. *ad*) to proceed to (action). **d** (of goods or money, w. *ad*) to pass to or into the possession of.

a ij homines tenentes dimid' solin' qui poterant TRE ire quolibet sine licentia *DB* (*Kent*) I 6ra (cf. ib. 6rb: potuit se vertere quo voluit); ibidem habet episcopus .. ij hidas .. quas Aluric tenuit .. et cum eis potuit ire quo voluit *Ib.* (*Surrey*) 31rb; antecessor ejus tenuit de abbatia, nec poterat alias ire sine abbatis licentia *Ib.* (*Surrey*) 32vb; sex sochemanni tenuerunt de rege E. et potuerunt ire quo voluerunt *Ib.* 35vb; omnes qui has terras TRE tenebant poterant ire ad quem dominum volebant *Ib.* (*Dorset*) 84vb; ire ad quemlibet dominum *Dom. Exon.* 215 (v. homo 13a). **b** "vincimur; ad reliquas pergito victor opes" / "ibo .." L. DURH. *Dial.* II 155; **c1220** quid irem per singula? colligam summatim (*Contra Avaritiam* 63) *Pol. Songs* 17. **c** **1358** quia .. universitatem .. vexavi .., ideo ire ad satisfaccionem offero juxta vires *MunAcOx* I 210. **d** eat [AS: *ga*] omne cyricsceattum ad matrem ecclesiam (*Quad.*) *GAS* 197.

22 **a** (impers. pass. *itur*) one goes, a journey is made (also in fig. use); **b** (in topographical description). **c** (dep.) to go. **d** (gdv. *eundus*, of person) obliged to go.

a cui [sc. sancto] ecclesia .. ad quam itur [AS: *to pære byþ gan*] dedicata est *RegulC* 33; dum itur multaque confabulatione via fallitur W. MALM. *GR* II 202 p. 250; *Ib.* IV 384 (v. 10a supra); itur per silvas .. artissimo tramite, qui binos lateraliter ire non patiebatur ORD. VIT. IV 5 p. 195; **1161** itum est ad judicium *Ch. Sal.* 21 p. 19; J. GODARD *Ep.* 237 (v. dissimilitudo b); **1243** (v. alura a); in quam veritatem ietur aliquando, ut opus a Deo coeptum in terris perficiatur COLET *Sacr. Eccl.* 5 p. 49. **b** de templo Domini itur ad ecclesiam Sanctae Annae SÆWULF 844; in strata publica qua Romam itur W. MALM. *GR* II 171; †**664** (12c) ad W., atque inde sicut itur tribus leugiis versus cursum magistre aque usque ad T. *CS* 22A; **1289** a via antiqua per quam solet iri de C. versus B. usque ad metam de L. .., et dehinc prout rectius itur ad combam *RGasc* II 473b. **c** **1224** episcopus itur in servicium domini regis ad curiam Romanam *BNB* II 719. **d** **c1105** summoniti sunt eundi ad .. hundreta (v. 2 hundredum 2c; *unless* eundi *is gen. sg. of gd.*, cf. *perh. SelPlCrown* 15 [**1202**]: si francum plegium suum summonitum fuit veniendi in wapentacum etc.); **s1296** provisionem et ordinacionem .. aldermannorum factas pro hominibus eundis ad equos et arma cum domino Edwardo *MGL* II 73.

23 (w. supine, *cf.* 14a *supra*) to set about (doing, *etc.*), be about (to do, *etc.*): **a** (act. inf. *ire*, forming virtual equivalent of pres. or fut. inf. act. of the other vb.); **b** (pass. inf. *iri* in impers. use, forming fut. inf. pass. or the equivalent of pres. inf. pass. of the other vb.). **c** (*perditum ire*) to go to ruin (unless quot. is referred to b *supra* w. reading *iri*).

a **956** (13c) interdiximus .. neminem ausum ire hoc factum subvertere *CS* 930; Patrem et Filium docere quod solus Spiritus Sanctus doctum ire promittitur [cf. *Joh.* xvi 13] ANSELM (*Proc. Sp.* 11) II 208; satis scire potestis quid vos aliquando factum ire desideremus *Id.* (*Ep.* 66) III 187. **b** qui in praesenti suas ultum iri vult [vv. ll. ultum ire vult, ulcisci vult, vult vindicare] injurias BEDE *Prov.* 998; ut languoribus variis pressi de longinquo id ipsum mandarent, sibi ab illo subventum iri nullo modo diffidentes EADMER *V. Osw.* 27; apud Coventreiam se tumulatum iri precepit W. MALM. *GR* IV 341; qui meminerit .. nec omnia que noveram scriptum iri debuisse *Ib.* V *prol.* p. 465; mente imaginabatur monasterium cupiditate pecuniarum predatum iri *Id. GP* V 255. **c** monasterium de E., olim perditum ire [*sic* MS: *Anglia Sacra* II 419: iri] regia potestate paratum, viriliter retinuit GIR. *Rem.* 26 p. 40.

24 (var. uses of inf. in indir. speech): **a** (*ire*, in place of *esse*, w. fut. ppl. in fut. inf. act.); **b** (*iri* as equivalent of *fore* w. adjectival complement); **c** (*iri*, w. perf. ppl. in place of supine, in fut. inf. pass.).

a †**937** (11c) si quis .. nostram donationem ammoverit, sciat se Deo contra iturum ire non mihi *CS* 721 (= *Ib.* 942 [**956** (13c)], 1103 [**963** (?11c)]); confido .. eum [sc. ignem divini amoris] caminum futurum ire in proximo GIR. *Symb.* 17 p. 248. **b** nusquam .. credidit elemosinam magis iri salvam quam ubi infirmus sexus .. penuriarum sentit angustiam *V. Ed. Conf.* f. 49v; totum corpus mensium perpendere haberemus tribulatione languidum iri *Ib.* f. 56v. **c** **1585** pollicetur .. decreta .. abolita iri, etc. (v. Hanseaticus).

25 (inf. *ire* as sb.) (act of) going. **b** (w. *liberum, salvum*, or sim.) (right of) free or safe passage.

a quamdiu vivit homo, non facit nisi ire ANSELM (*Ep.* 420) V 365; attamen ire tuum prorsus abire fuit NECKAM *DS* II 512 p. 385; actus .. potest .. esse laudabilis et vituperabilis ..; patet de ire [v. l. eunte] ad ecclesiam OCKHAM *Quodl.* 254. **b** **a1190** ad habendum liberum ire et venire sibi et suis ad abbatia usque ad molendinum *Danelaw* 177; ire .. sibi liberum et redire redemit xv m libris argenti DEVIZES 26r; **1199** sciatis nos concessisse .. salvum ire et salvum venire per totam terram nostram cum merchandiis *RChart* 16b; **1215** omnes mercatores habeant salvum et securum exire de Anglia et venire in Angliam et morari et ire per Angliam tam per terram quam per aquam *Magna Carta* 41.

26 *f. l.*

†ivit [l. init] *Kal. M. A.* I 418 (= 331 McGurk; v. fulvidus, inire 1a); **s1183** †iret [? l. viveret] (v. dotarium 1); ita quod quilibet plus proficeret in una hora quam in septem ante quoad longum †ire [? l. etc.] *Mens. & Disc.* (*Anon. IV*) 50.

iregeron v. erigeron.

irenmangeria [cf. ME *irenmongere*], ironmongery.

1490 qui decetero shoppam in arte irenmangarie erexerit *Mem. York* I 203.

Irensis, Irish (also as sb.).

s1098 Magnus .. contra ~es insurrexit ORD. VIT. X 6 p. 26; rex contra ~es surrexit et cum sua classe littoribus Hibernie applicuit *Ib.* XI 8 p. 193.

ireos v. iris.

Ireschius [AN, ME *Ireis, Iresche*], Irish.

1263 Irechia (v. 1 hachia 1b).

ireticus v. criticus. **ireus** v. iris.

iria, hyssop.

iria major et minor Galielni [v. l. Galieni], ysopus idem *Alph.* 87.

iriana, sowthistle (*Sonchus*).

~a, *thow thistell MS Cambridge Univ. Libr. Dd 11. 45* f. 107rb.

irilion, sort of ointment or salve.

primo .. sunt cause morbi mitigande dissolvende et destruende per balneationes, calefactiones, dissolutivas et liquefactivas unctiones, ut est anacison, ~ion et hujusmodi BART. ANGL. VII 48 p. 332.

iringus v. eryngion.

irinus [CL < ἴρινος], made from the plant iris, of iris.

olei ~i vel de lilio GAD. 40. 2; yrinum olivum, i. de yri illirica *SB* 25.

irio [CL = *hedge-mustard*], winter-cress (*Barbarea vulgaris* or sim.).

irio *is named in Greeke erisimon in Englishe wynter cresse* TURNER *Herb Names* D 7.

iris [CL < ἶρις]

1 (*iris*, gen, *iridos*; in quots., also gen. *iris*, acc. *irin, irim*): **a** a rainbow; **b** the goddess Iris (personification of the rainbow); **c** iridescent stone, prismatic crystal (*cf.* Pliny, *Historia Naturalis* XXXVII 136).

a apte autem arcus caelestis, quem ~n vocant, in signum divinae propitiationis ponitur BEDE *Gen.* 110; yris vel arcus, *renboga* ÆLF. *Gram.* 306; sic caput ecclesie duo candelabra serenant, / vivis et variis imitata odoribus irim; / .. nam sol, / quando repercutitur in nubibus, efficit irim H. AVR. *Hugh* 906, 908; scis unde veniunt nix, quando pluvia, / yris et tonitrus assunt et talia WALT. WIMB. *Carm.* 387; in conclusionibus naturalis philosophie et perspective que sunt veritates sciende circa ~dem et circulos coloratos circa lunam et solem et stellas BACON *Tert.* 43; comete et ~des *Ib.* 106; **a1414** plures .. colores habet [imago], campum viz. fuscum, limbum quoque ad instar iris [*ed.*: iridis] habentem, ex ereo et subrufo colore compositum (*Invent.*) AMUND. II app. 333; usus armorum erat post diluvium cum tunc primo apparuit arcus celestis, id est, ~s, diversi coloris . . . dicitur autem ~s ab er, quod est lis, quia raro mittitur nisi ad litem et discordiam concitandum BAD. AUR. 144. **b** dicuntur pedisece et comites ipsius Yris et subpedisece Junonis BERN. *Comm. Aen.* 6; huic [sc. Junoni] et ~dem, i. e. arcum celi, ministram assignant. est autem iris nubes aquosa ALB. LOND. *DG* 4. 2; nunciam .. Junonis populis [? l. populus] Yridem appellabat WALS. *AD* 33. **c** ibi quoque gignitur lapis sexagonus, sc. ~s HIGD. I 32 p. 336; ~s est gemma crystallo similis, secundum nonnullos radix crystalli, frequenter exagonus reperitur in Arabia *LC* 246.

2 (*iris*, in quots. gen. *ireos, ireus, iris*, abl. *iri*; also *ireos*, gen. *irei, iri*) (bot.) plant of the family *Iridaceae*, iris, orris, fleur-de-lis: **a** (var.); **b** (*~is Illyrica, v. et. Illyricus* b); **c** (*iris* and *ireos* distinguished, esp. w. ref. to colour of flowers); **d** (*radix ireos*) orris-root.

a confice ru[bri] storacis cal[idi], yrei an[a] 3 quattuor et semis, opii, olibani, masticis .. GILB. II 119v. 2; recipe ..

grana vij apii, agarici, .. hyris *Ib.* III 174. 1; supponatur vel de yri cocta vel de ficubus immaturis *Ib.* III 175. 1; cum fecibus olei yris *Ib.* VII 323. 1; maturativa que sunt .. semen lini, ireos, radix lilii GAD. 28. 1; yris *SB* 9 (v. acorus); **1415** ireus ij unc' prec' j d. *Invent. Med.* 5; **1439** [pro iij bal' de] erios (*KR AcCust*) *Port Bk. Southampt.* 94 n.; herbarum nomina: .. hyrios [*gl.*: *floure delyce*] STANBR. *Vulg.* 11. **b** herba ~s Illyrica *Leechdoms* I 60; **10..** ~s Illirica, *hwatend WW*; *Gl. Laud.* 852 (v. Illyricus b); yris Illirica, i. gladiolus ortensis *SB* 25; yri Illirica *Ib.* (v. irinus); *Alph.* 196 (v. c infra). **c** ~s purpureum florem gerit, irios [v. l. ivos] album NECKAM *NR* II 166; yreos, i. herba similis gladiolo, habens radicem odoriferam et florem inter album et citrinum, magis tamen album . . . yris Ylirica folia habet silphio [l. xiphio] similia vel gladiolo sed majora et vastiora et pinguiora; florem habet purpureum ad modum agurii, radicem habet odoriferum *Alph.* 196; ~s A. dicitur *flourdelys* et ~eos A. *gladyyn WW*; ~s est herba que ab officinis in gignendi casu ireos dicitur TURNER *Herb.* B 2. **d** radix laureole, radix ireos, ciclamen, faba lupina [etc.] GILB. III 174v. 2; radix rafani yreos et etiam squilla ut est radix fraxini et tamarisci *Ib.* VI 238. 1; yri, i. radicis que yreos appellatur *SB* 25.

Iriscus, Irish.

1269 Irisca (v. 1 hachia b).

Irlanda, ~ia [AS *Irland*], Ireland.

hic filiam regis ~e uxorem duxerat ORD. VIT. X 6 p. 29; **1260** pannum de bono albo Irland' sufficientem ad unam robam *Cl* 220; ex Hybernia, quam nunc ~iam vocant FERR. *Kinloss* 21.

irmacius v. erinaceus. **irmina** v. ermina.

iron [εἴρων], one guilty of false modesty. (*Cf.* Aristotle *Eth. Nic.* 1127a 20–32).

jactator vituperabilior est quam eyron, et sicut ipse dicit ibidem jactator est qui majora fingit de se quam in eo sint, et eyron qui negat in se esse bone [l. bona] que tamen sunt in eo MIDDLETON *Sent.* III 463a; jactator magis videtur opponi veridico quam eyron *Ib.*

ironeus v. erroneus.

ironia [CL < εἰρωνεία]

1 irony, sarcasm. (*Cf.* Aristotle *Eth. Nic.* 1108 a 22, 1124 a 30, *etc.*)

ut illud veraciter impleretur quod per ~iam a poeta fallaciter cautum est ALDH. *VirgP* 56; ~ia est tropus per contrarium quod conatur ostendens BEDE *ST* 162 (= Donatus *Ars Gram. ed.* Keil p. 401); irronia verborum et subsannatione ludibriorum plurima evomendo ingeminabat R. COLD. *Cuthb.* 87 p. 183; miratur solito majorem sibi veneracionem exiberi, timet yroniam MAP *NC* I 20 f. 14v; antifrasis est unius verbi yronia GERV. MELKLEY *AV* 155; s**1249** Franci .. invidebant et obloquebantur, consuetas ~ias cum cacchinis et blasphemalibus juramentis ebullientes M. PAR. *Maj.* V 77; allegoriam .. vocant figuram cum contrariis utitur .. dicendo unum et innuendo contrarium, aut utrumque dicendo, et uterque modus est ut magis pateat quod dicere intendit .. hec figura yronia appellatur *Ps.*-GROS. *Gram.* 74; hucusque per yroniam locutus est et debet exponi per oppositum ac si diceret: ne faciatis hoc TREVET *Troades* 16.

2 dissimulation, self-depreciation, false modesty.

inter jactantiam et eyroniam sunt multe veritatis [i. veritates] MIDDLETON *Sent.* III 464a; cum 'omne mendacium opponitur veritati', contingit ipsum tripliciter dividi, primo modo secundum quod transcendit veritatem in majus, quod pertinet ad jactanciam, vel secundum quod deficit a veritate in minus, quod pertinet ad yroniam .. WYCL. *Ver.* II 12.

ironice [LL], ironically.

quos magister meus .. tum .. nomine Pharaones, tum yronice fratres suos appellare consuevit J. CORNW. *Merl. pref.*; yronice S. LANGTON *Chron.* 63 (v. 1 germanus 1d); quam honorifice vel quam honeste, quatinus aliquid pronuntietur ~e, Wygorniensem ecclesiam .. gubernavit GIR. *Spec.* II 25 p. 79; s**1054** ad quem rex ~e loquens respondit M. PAR. *Maj.* I 523; apostolus .. loquentur ergo sic ~e, hoc est contrarium innuendo OCKHAM *Pol.* II 811; s**1345** dici potest ~e illud verbum AD. MUR. *Chr.* 175; s**1378** quorum rex, licet ~e, vocabatur a nonnullis proceribus WALS. *HA* I 370.

ironicus [LL < εἰρωνικός]

1 ironical, sarcastic, mocking.

de censura civium, ~a tamen quam seria magis GIR. *TH* II 44 (cf. id. *GE* I 52 p. 155); quas cedit ~a voce Philippus ei GARL. *Tri. Eccl.* 56; s**1207** rex .. sermone predixerat et invectivo et yronico quod .. M. PAR. *Min.* II 109.

2 pretended, feigned, mock.

quis horrende materie impares invectivas ~e feritatis armaret aculeo P. BLOIS *Ep.* 238. 541B; alios allegat scriptura ut testes, loquendo ad hominem vel secundum sensum yronicum suasum vel opinatum WYCL. *Ver.* I 241; [symoniaci] benedicunt populum ad sensum ~um *Id. Sim.* 112.

irosus [ML], angry.

persona ex cogitatu tristis: facile ~a M. SCOT *Phys.* 44.

irpex v. herpex. **irquus** v. hircus.

irradere [CL = *to scrape or grate* (*on to a thing*)], (her.) to cut (charge) with jagged edge, 'erase'.

sunt et alia arma quarteriata irrasa .. . et portat de argento et rubeo in campo quarteriato irraso. et Gallice sic, *il port quartele rase d'argent et goules* BAD. AUR. 128; vocantur arma quarteriata irrasa quia colores ~untur quasi si unus color ~endo abstratur [*sic*] ab alio UPTON 224.

irradiare [CL]

1 to light up, illumine (also fig.). **b** (w. dat.) to shine (on). **c** (absol.) to shine forth. **d** (p. ppl. in middle sense) shining.

inradiaret HUGEB. *Will.* 3 p. 92 (v. hibernalis a); lumina .. ecclesiam suis fulgoribus ~iarent G. COLD. *Durh.* 7; interponitur .. aer inter rem videntem et speculum, forma aeri imprimitur, soliditas speculi obstat radiis visibilibus ne penetret claritas ipsius, et aerem ~iat *Quaest. Salern.* B 172; instrumentum est humor cristallinus in utroque oculo collocatus, clarus et rotundus .. ut sua claritate spiritum et aerem oculus ~iet BART. ANGL. III 17; dum sol irradiat pisces GARL. *Tri. Eccl.* 136. **b** medium ostioli fenestella aperit per quam lumen operanti ~iavit OSB. *V. Dunst.* 13; toti regno suo .. Henricus in divinis legibus et secularibus institutis, sciitis et bonorum operum exhibitionibus ~iat (*Leg. Hen. proem.* 1) *GAS* 547 (cf. (*Leg. Ed.*) *Ib.* 659); lucerna super candelabrum posita gloriosius cunctis ~iet P. BLOIS *Ep.* 126. 378A. **c** ~iantibus verae lucis radiis WILLIB. *Bonif.* 6; rumor et irradiat magnus ubique tuus WULF. *Poems* 15; ~iante festo die GOSC. *Transl. Mild.* 36; ~iare ceperunt miracula in honorem gloriosi martyris Thome DICETO *YH* I 272; hec .. imago enea tota auro imperiali deaurata per tenebras iradiabat GREG. *Mir. Rom.* 6; agmen irradians ut turma stellarum J. HOWD. *Cant.* 256; s**1135** alii eum tribus ~iasse splendoribus asserebant CAPGR. *Hen.* 67. **d** stella maris claris irradiata genis GARL. *Epith.* VI 180.

2 to enlighten (mind, spiritual life); **b** (w. divine light or inspiration).

beatissimum Martinum Galliae deduxit in partes, ut populos tetra caligine torpentes luce veritatis ~iaret ALCUIN *Hag.* 658D; claritate religionis terras istas ~ians W. MALM. *GR* II 163; cenobite pauperis orbem ~iat studium GIR. *IK* I *praef.* p. 5. **b** gratia Spiritus Sancti .. eorum pectora luce scientiae inradiavit BEDE *Hom.* II 17. 194C; [Deus] corda vestra ipsius illustratione ~iet EGB. *Pont.* 8; gratiam Dei multam optinuit, illustratione veri luminis et Sancti Spiritus aspiratione ~iatus DOMINIC *V. Ecgwini* I 1; Christi lampade mundum illuminante lucidius et ~iante GIR. *Spec.* IV 15 p. 291; Deus .. semper quosdam ~iet, ad quam irradiacionem confert sanctitas vite WYCL. *Ver.* I 380.

irradiatio [LL]

1 irradiation of light, shining, illumination; **b** (of precious stones) radiance; **c** (fig.).

de die occultantur minores stelle propter ~onem solaris splendoris D. MORLEY 111; dicit .. spiritum visibilem, oculum et aerem corpora esse clara que ~one quadam mutua se invicem irradiando immutant BART. ANGL. III 17; hujusmodi ~onem nihil aliud esse quam spiritus irradiatos GILB. II 116v. 1; sol .. radios .. emittit, qui propter fortem ~onem calorem majorem efficiunt BACON VIII 118; †irradicacione WYCL. *Log.* III 84 (v. differentiare). **b** hec gemmalis irradiatio J. HOWD. *Ph.* 416. **c** ?**1240** suavis dilectionis vestrae super nos ~o nostrae tenebrositatis est purgatio GROS. *Ep.* 311.

2 spiritual or mental enlightenment.

spiritualem ~onem totius provincie, que hujuscemodi signo preostensa est, materialem civitatis arbitratus concremationem *Mir. Fridesw. prol.* 5; celestis virtutis ~one BACON V 23; WYCL. *Ver.* I 380 (v. irradiare 2b).

irradicare v. eradicare. **irradicatio** v. eradicatio. **irradicibilis** v. inedicibilis.

irrapere, to snatch away, carry off.

1278 ibidem ~uit unum lignum de quercu in muro aule affirmatum *Hund. Highworth* 76.

irrasibilis [ML], impossible to erase, indelible.

ex scripture libri vite immortalis, indelebilis, ~is, incancellabilis, ac indefectibilis insolubili et necessaria firmitate BRADW. *CD* 821C.

irrasus [CL], unshaven, unshorn.

per tres priores hebdomadas sint inrasi *RegulC* 35; jam olim est quod non balneavi, et nimis intonsum est caput meum et inrasum ÆLF. BATA 4. 25.

irratio [ML]

1 want of reason, unreason.

qui fuerant homines prius innate racionis / brutorum species iraciones habent GOWER *VC* I 178.

2 unreasonable or unlawful act.

1194 qui negaverit injuriam vel ~onem vel pacem .. judicabitur in jura pretoris *BBC* (*Pontefract*) 147.

irrationabilis [CL]

1 not exercising reason, unreasoning, irrational: **a** (of person or group; also as sb.); **b** (of animal; also as sb.); **c** (of inanimate).

a [murus] vulgo ~i .. factus GILDAS *EB* 15; hic inrationabilis populi et superborum principum unanimem collectionem .. describit *Eccl. & Synag.* 114; s**1237** si talem excitaret seditionem in vulgo ~i et protervo M. PAR. *Min.* II 347. **b** factus est homo ad imaginem Dei in quo inrationabilibus antecellit BEDE *Gen.* 30; qui ~ia [sc. animalia] gubernat, rationabilia curare non desinit *Id. Luke* 488; dicitis gallum, ~e [v. l. irrationale] animal, ipsius hore punctum cotidie scire PETRUS *Dial.* 15; animalium ~ium ALEX. CANT. *Dicta* 17 p. 174; per hoc .. differunt animalia ~ia ab homine BACON VIII 122; pastor fidelium Christi pastori ovium ~ium .. assimilatur OCKHAM *Dial.* 857; nullus unquam in ~i pecude tantam sapienciam repperit *Arthur & Gorlagon* 18; ~ium bestiarum (*Lit. Abbatis*) *Reg. Whet.* II 392. **c** nonnumquam rationabilis creatura ~ium gestu et personis utitur et e diverso ~is sensusque vivacitate carens intellectualium gestu et voce fungitur, quemadmodum .. diversa lignorum genera .. loquentia .. ALDH. *Met.* 7.

2 (of thought, word, act, or procedure) lacking rational foundation, unreasonable. **b** (as sb. n.) irrational thing; **c** (math.) irrational quantity.

patet .. error inrationabilis eorum qui praefixos in lege terminos .. transcendere praesumunt (*Ep. Ceolfridi*) BEDE *HE* V 21 p. 337; cum ad tam ~is conclusionis diffugium vestrum deviet argumentum .. PETRUS *Dial.* 7; cum ~i causa exigat tributum G. MON. IX 16; s**1141** vir audacie ~is H. HUNT. *HA* VIII 17; canes irrationibilis usus ad rabiem tumultus inflammat LUCIAN *Chester* 40; ~e est quod aliquid .. casuale .. induceret .. organizacionem membrorum in materia T. SUTTON *Gen. & Corrupt.* 140; **1311** et hoc statutum est .. inrationabile *Collect. Ox.* II 218; s**1302** rejiciente .. tanquam ~em illam excepcionem GRAYSTANES 25; dicunt ipsa [sc. verba] tam ~ia esse OCKHAM *Pol.* I 45; **1350** nec ficcionem aliquam vel causam aliquam ~em absencie adinvenire *StatOx* 57. **b** non sum tibi debitor ~ium, sed rationabilium et eorum quae regulis subjaceant ALCUIN *Gram.* 882B. **c** DUNS *Sent.* II 2. 9. 13 (v. irrationalis 3b).

3 (of animal) uncontrolled, unrestrained.

1477 J. W. tenet ij porcos irracionabil' infra forestam *DL Forest Proc.* 2/8 r. 6; C. P. tenet .. j suem et iij *spenynges* infra dictam forestam irracionabil' ad magnum detrimentum fundi et soli foreste *Ib.* r. 6; **1530** suem ~em (v. anserulus).

irrationabilitas [LL], unreasonableness, irrationality.

Oza .. archam boum lasciva ~ate paululum inclinatam irreverenter sustentasset *Mir. Wulfst.* I 41 (cf. *II Reg.* vi 6); **1268** ut recusso acumine rationis, et contra mala statuta ~atis virga conjuncta, nihil putetur iniquum *Conc.* II 13; sunt octo vie eas [sc. hereses] racionabiliter convincendi, que sunt .. racionabilitas contentorum et ~as singulorum errorum .. DUNS *Ord.* I 61; ex ipsarum [sc. allegacionum] ~ate veritas contraria clarius elucescit OCKHAM *Dial.* 869; est impossibile quod Deus sic ordinet, propter impossibilitatem et ~atem ordinacionis WYCL. *Log.* II 208; s**1381** quos dudum nimius dolor afflixerat de ~ate villanorum *G. S. Alb.* III 322 (= WALS. *HA* I 422).

irrationabiliter [LL], in an unreasoning or irrational manner, irrationally. **b** without reason or cause, unreasonably.

si de his non ~iter egero ADEL. *QN Intr.* p. 5; s**662** nil agere .. preterquam ~iter edere et bibere, domique morari DICETO *Chr.* 112; Orpheus .. homines ~iter viventes ex feris et immanibus fecit mites et mansuetos *Deorum Imag.* 18; heresim .. eandem .. ~iter defensare OCKHAM *Dial.* 458; **1374** (v. diaetare 1a). **b** si quis frater .., contempto proprio episcopo, inrationabiliter rerum properat optinere ea que sibi .. vindicat EGB. *Dial.* 407; s**1253** qui [sc. abbates] responderunt se non posse regem certificare si forte renuisset quod profecto timebatur, quia sic commodare foret et ~iter dare OXNEAD *Chr.* 195; huic divisioni quidam interponunt eciam dies non ~iter BACON VI 87; quidam .. non ~iter preponerent addiscentibus ethicam philosophie speculative KILWARDBY *OS* 639; **1408** ornamenta ecclesie .. ad aliqua minus utilia in gravamen conventus .. ~iter instituta (*Vis. Durh.*) *Eng. Clergy* 294.

irrationalis [CL]

1 not possessed of or exercising reason, unreasoning, irrational: **a** (of man, soul, or sim.); **b** (of animal); **c** (of the world).

a sic interrogas quasi [homo] aliquando habuerit animam ~em AILR. *An.* I 48; homo ~is est animal DUNS *Ord.* II 142. **b** commoda infima et immunda quibus ~ia animalia delectantur ANSELM (*Casus Diab.* 14) I 257; animal ~e, omni penitus tam ratione quam oratione carens GIR. *TH* II 21; *Ps.*-GROS. *Gram.* 61 (v. divisivus b). **c** accidit .. interrogari et alia multiplicia ut 'an mundus sit rationalis vel ~is an non' BALSH. *AD rec. 2* 170.

2 (of faculty or act) lacking rational foundation, irrational, unreasonable. **b** (as sb. n.) unreasonable thing.

nam ~is canum natura dilectionem mihi humanitatis blandiendo exhibuit OSB. *V. Dunst.* 11; **s1190** stupendus plane ~is ille rationalium in semetipsos furor W. NEWB. *HA* IV 10 p. 320; potentia .. quedam est rationalis et quedam ~is; rationalis est tantum in animatis, ~is est in animatis et inanimatis SICCAV. *PN* 139; sonus .. animalis est duplex, sc. racionalis et ~is BACON V 133. **b** si [impregnata] appetat ~ia, fiat ei syrupum ex nuce mus', goriot' ligno, .. GILB. VII 306v. 1.

3 (math.) irrational.

totus decimus Euclidis destruit illam composicionem linee ex punctis, quia nulla esset omnino linea ~is sive surda, cum tamen principaliter tractet ibi de irrationabilibus sicut patet ibi de multis speciebus ~is linee DUNS *Sent.* II 2. 9. 13.

irrationalitas [LL v. l.], irrationality.

nonne enim rationalitas preminet et potentia et dignitate ~ati? NECKAM *SS* I 12. 1; in quocumque gradu intelligatur animalitas, non propter hoc intelligitur rationalitas vel ~as DUNS *Ord.* IV 221; infirmam naturam rationalem .. in ~atem delapsam COLET *Sacr. Eccl.* 52.

irrationaliter [LL], irrationally, unreasonably.

licet ipsa mota habeant aliqualiter principia suorum motuum in ipsis, propter que aliqui eorum nonnumquam nec ~iter dicantur naturales SICCAV. *PN* 176; non quicquid papa .. ligat in terris, ligatum est a Deo in celo; vel Deus ligat ~iter, et contradictorie agit contra seipsum (PURVEY) *Ziz.* 390.

irratus v. iratus.

irreatus [cf. CL reatus], absolution.

dicitur inmunis sic quod immunitas opponatur reatui, ad quem sensum ex nullo humano privilegio sequitur in criminoso immunitas aput Deum, sed ex privilegiacione sequitur ~us pene quoad principem libertantem WYCL. *Eccl.* 239.

irrecessibiliter, without means to withdraw.

quod videtur .. ipsum [sc. Deum] invitum in carcere compedire ~iterque vincire BRADW. *CD* 180D.

irrecitabilis, unfit to be recited, unspeakable.

s1226 oriebatur interim rumor ~is ac sinister M. PAR. *Maj.* III 119; **s1250** cum juramentis ~ibus delirans *Ib.* V 122; **s1251** cepit multas ~es abusiones reboando ebullire *Ib.* V 250.

irrecitabiliter, in a way that cannot be recited, unspeakably.

ipsis .. deficientibus ignorantie caligo nepotes obtexit, et indaginem transactorum †irretitabiliter [l. irrecitabiliter] abdidit ORD. VIT. VI 9 p. 74.

irreconciliabiliter, irreconcilably.

jacturam tam spiritualium quam temporalium bonorum .. ~iter incurrere formidabat *Ps.*-RISH. 535.

irreconciliatus [ML], not reconciled, unforgiven.

825 omniaque supra scripta injuria ~a permanere (*Clovesho*) *CS* 384; **c1150** mortui sunt in peccatis suis .. alii versi in amentiam, alii cladibus diversis extincti, omnes fere ~i (*Electio Archiep.*) *MonA* V 302b.

irreconvincibilis [cf. LL convincibilis], not refutable, utterly convincing.

1255 caritatem .. quam ~ia precedentium operum testimonia manifestant *Mon. Hib. & Scot.* 65.

irrecordari [cf. CL recordari, LL irrecordabilis], to forget.

s1455 quasi illius esset oblitus penitus et ~atus *Reg. Whet.* I 203.

irrect- v. et. irret-.

irrectificabilis, that cannot be rectified, irreparable.

perniciem forsitan inrectificabilem generant GILB. V 217. 2.

irrectitudo [ML], injustice.

s1294 libertates ecclesie tuebatur, quousque maxima vi ~inis ad curiam Romanam fuerat citatus *Flor. Hist.* III 90.

irrectus, unjust.

s1093 ~as leges destruere .. promisit FL. WORC. II 30.

irrecuperabilis [LL]

1 from which one cannot recover, irremediable: **a** (of wound, illness, or sim.); **b** (danger, damage, or sim.).

a in desperacione ~i cecidit *Plusc.* X 11; Roulandum in corpore bis vel ter cum uno le *dager* felonice plagas ~es imposuit, ex quibus idem Roulandus incontinenter obiit *Sanct. Durh.* 46; debilitatem ejus corporis ~em *Reg. Brev. Orig.* 28v; mortem ~em incurrisse cognoverat *Mir. Hen. VI* III 111 p. 202. **b** exercitus provincialibus ~i dispendio .. erat W. MALM. *GR* II 165 p. 189; [aer exiens] omnia que ibi invenit ponderosa ~i voragine absorbet D. MORLEY 87; **1242** incurrere .. jacturam .. ~em *RGasc* I 3; **1252** ne .. imineat .. vobis dampnum gravissimum et forte ~e *Cl* 207; **s1303** in extremam et ~em .. vastitatem FORDUN *GA* 109; **1377** in .. collegii destruccionis ~is periculum *FormOx* I 251.

2 that cannot be recovered, irrecoverable.

1438 de secundis decimis sibi debitis de firmis dicti comitis ~ibus *ExchScot* 61.

irrecuperabiliter [ML], without means of recovery or restoration, irrevocably, irretrievably.

ut conscientiam nostram .. ~iter inquinari non permittas ALCUIN *Liturg.* 502B; nemo jure possit ~iter perdere vel forisfacere placitum domini sui (*Leg. Hen.* 61. 12) *GAS* 582; qui .. decanus hec jurare nollet .. decaniam ~iter perderet EADMER *HN* 232; pretiosissimum virginitatis thesaurum qui .. tam ~iter amittitur AILR. *Inst. Inclus.* 15; terras et possessiones .. inrecuperabiliter perdiderunt H. ALBUS 65; mali angeli .. ~iter in .. aere caliginoso .. sunt reclusi BART. ANGL. II 20; **1302** manerium .. in curia domini regis nuper ~iter perdidistis *Reg. Carl.* I 204.

irrecusabiliter [LL], without demur, irresistibly.

s1308 alter alterius illius horribilis et tremendi concubitus vitio, viz. sodomitico, .. requisitus se ~iter exponet *Flor. Hist.* III 332.

irreddibilis [LL], that cannot be given back or restored.

suadet enim natura Deo et parentibus exhibere reverentiam: quia beneficia eorum sunt ~ia HOLCOT *Wisd.* 166.

irredibilis [LL *gl.*], unable to return (of time).

tempus ~e est viventium in tempore consumptio J. WALEYS *V. Relig.* I 1 f. 218v. 2.

irredibilitas, inability to return (of time).

tempus sic breve et volatile est, ~ate irreparabilę J. WALEYS *V. Relig.* I 1 f. 218v. 2.

irredicibilis v. ineradicabilis.

irrediturus [ML], destined not to return.

dum peregrinatur per amaras equoris undas / truta gygantis init irreditura gulam GARL. *Epith.* VIII 548; **s1227** rex .. fratri suo precepit, ut .. a regno Anglie irrediturus [v. l. non rediturus] exiret M. PAR. *Maj.* III 124; **s1222** multi tamen per fugam evaserunt ~i *Id. Min.* II 252 (= WEND. II 267: nunquam postea sunt reversi); **s1190** iter arripuit Jerosolimitanum, ~us, quia obiit in Terra Sancta *Flor. Hist.* II 104; recedo a vobis, ~us *G. S. Alb.* I 246; **s1204** adjungens quod nisi in causa proprietatis obtinerem ~us irem *Chr. Evesham* 142; **s1224** Falcasius .. captus est et ductus Londonias, abjurans regnum, ~us *Ann. Lond.* 26.

irreductus, (of piece in board game) not brought back into play.

facere quod [adversarius] habeat unum hominem in T et alium in U .. et septimum adhuc ~um *Ludus Angl.* 163.

irreferibilis, (phil.) that does not refer to anything beyond itself.

neque debet hic intelligi quietacio summa, quia omni quietacione vie sequitur major patrie, sed propter actum ~em acceptantem objectum DUNS *Ord.* II 122; appetitus sensitivus .. non inheret objecto tamquam ~i quia, licet ~i a se, hoc est impotencie naturalis in ipso, non bonitatis objective vel in acceptacione potencie *Ib.* 123; nullum .. possideo amicum de cujus persona tam solide in amoris vinculo, irreferabilibus pro honestatis articulis, cupio alligari *Regina Rhet.* 194.

irreferibiliter, (phil.) without reference to anything beyond itself.

appetitus sensitivus licet aliqualiter alicui inhereat propter se .. quia non est ejus referre ad aliud, non tamen contrarie, quia non appretiatur objectum ut non-referibile ad aliud; ideo abusive dicitur frui propter non-relationem, non tamen proprie, quia non ~iter inheret DUNS *Ord.* II 119.

irreflexus [LL], not bent, not turned back, (w. *ab*) not turned away (from).

ut arca Dei a dextris et a sinistris inreflexa [v. *I Reg.* vi 12] GOSC. *Edith* 45; innexuntur ad invicem isti sancti, quasi duo cherubyn in templi Domini sanctuario habentes vultus suos irreflexsos a propiciatorio J. FURNESS *Kentig.* 23 p. 200; qui [sc. Hercules] .. collo ~o celum describitur sustulisse R. BURY *Phil.* VIII 108; stetit elevatum in alta brachium, plurima diei parte ~um *NLA* I 14.

irreformatus [ML], uncorrected, unpunished.

1501 nonnulla homicidia, depredationes, spolie .. per subditos utriusque regni .. commissa hactenus remanent ~a ac indecisa *RScot* 545b.

irrefracte [ML], without refraction.

secunda visio est per refraccionem, quando ad medium partes radiorum hinc inde declinant a rectitudine, perpendiculari penetrante continue ~e WYCL. *Dom. Div.* 187.

irrefragabilis [LL]

1 indisputable, irrefutable, incontrovertible.

668 ~i ratione volumus ut .. perpetua stabilitate [statuta] muniantur (*Lit. Papae*) W. MALM. *GP* I 33; quas Tanetus misisset quas Augustinia thesaurizasset gemmas intuitus testis erat ~is GOSC. *Lib. Mild.* 19 p. 87; dubitare quenquam arcet illius dicti irrefragibilis veritas W. MALM. *GR* I 59; residui .. principes .. eidem jus ~e contulerunt GIR. *EH* II 33; divine dilectionis ~e querimus argumentum P. BLOIS *Serm.* 706D; **1296** de fratrum nostrorum consilio ~i constitucione statuimus *Reg. Carl.* I 95; **p1333** inrefragabile testimonium, brevia sigillata, que sic esse confirmant, reservantur *Reg. Pinchbeck* f. 180a.

2 steadfast, fixed, inviolable.

s694 cartula, que ~is sua firmitate muniat[ur] *AS Chr.*; est jejunium contra omnia tentamenta impenetrabile scutum, in omni tribulatione utile refugium, orationibus nostris ~e fulcimentum AILR. *Inst. Inclus.* 11; **1220** ~em amicitie copulam *RL* I 165; **1235** ad hujus rei ~em observanciam *Reg. Dunferm.* 179; **p1342** adquisita irrefrag[abili] et inviolabili securitate firmavit *Chr. Rams.* app. 349; **s1416** finiebat [parliamentum] .. in conclusione ~is propositi regii transfretandi .. ad retundendam .. duriciam Gallicorum *G. Hen. V* 25 p. 180.

3 irresistible.

unica .. malorum ~ium medicina est oblivio ADEL. *QN* intr. p. 1; ~is, irresistibilis OSB. GLOUC. *Deriv.* 294; **1297** ne ~i subversione confracti .. naufragent *Reg. Cant.* I 177.

irrefragabiliter [LL]

1 indisputably, irrefutably, incontrovertibly.

subtiliter et ~iter est disputatum GIR. *Spec.* IV 15; **1322** efficax probatio ~iter haberetur *Mon. Hib. & Scot.* 218; nisi .. ~iter possit ostendi OCKHAM *Dial.* 838.

2 steadfastly, inviolably.

797 tibi .. omnes Anglorum ecclesias .. ~iter jure esse .. detinendas *Conc.* I 161 (cf. DICETO *Chr.* 128: irrefragabili jure); **s1189** votum .. jam factum ~iter est solvendum *Itin. Ric.* II 4; **s1189** omnia .. commercia .. per totum regnum constituta sunt legaliter et ~iter unius ponderis et mensure M. PAR. *Min.* II 10; **s1227** †irrefragaliter Franciscus novus Dei tyro ordinasset *Id. Maj.* III 136; **s1087** stetit ~iter religio circa altaris sacramentum Christiana *Flor. Hist.* II 18; **s1264** statuta .. omnibus Anglie magnatibus ~iter servanda OXNEAD *Chr.* 225; **s1265** donec statuta Oxonie pro voto †irrefrangibiliter firmarentur *Ps.*-RISH. 538.

3 irresistibly.

dum itaque iam propemodum precipicio collisus in medias faces tedasque flammigeras ~iter se suspicatur illapsum .. senciit repente vim quandam invisibilem se retrahentem sublevantemque *Mir. Hen. VI* II 54 p. 140.

irrefragaliter v. irrefragabiliter. **irrefragibilis** v. irrefragabilis. **irreframatus, irrefranatus** v. irrefrenatus. **irrefrang-** v. irrefrag-.

irrefrenabilis [LL], unrestrainable.

1456 convenit .. tuos garritus .. effrenes veritate ~i refrenare (*Lit. Papae*) *Reg. Whet.* I 273.

irrefrenabiliter, unrestrainably, or *? f. l.*

s1305 qui juramentum regi Anglie factum ~iter [v. l. irrefragabiliter] conservarunt *Flor. Hist.* III 323.

irrefrenatus [ML], unbridled (fig.), unrestrained. **b** (of number) unlimited, inordinate.

ne potentia sua maneat ~a *Fleta* I 16; propter concupiscentiam ~am T. SUTTON *Quodl.* 462; illorum ~a malitia *Meaux* III 129; **s1381** dum .. ~as discursandi possidere posset habenas WALS. *HA* II 45; **s1394** propter .. hostium potenciam ~am nihil inde venit *Id. YN* 367. **b 1331** alios panellos illicitos, †irreframatum [l. irrefrainatum] numerum hominum continentes *SelCKB* V 67 (cf. ib. 68: irrefranatum numerum); **c1250** ~a judicum multitudo *StatOx* 89.

irrefugium, lack of help or protection.

un helpe [i. e. *unhelpe*], ~ium, patrocinium [*sic*] *CathA* 182.

irregere, *f. l.*

si .. me talibus ausis abstinuissem, devicisses Cassibellaunum, cui post triumphum suum tanta †irrexit [v. l. irrepsit] superbia G. MON. IV 8.

irregimen, indiscipline.

1472 per .. intrusiones .. populorum de irrigimine obstinate disposicionis *Enr. Chester* 144 m. 7.

1 irregistratus, enregistered.

1285 convencio ista ~ata est in rotulis domini regis *JustIt* 622 m. 3; **1449** preconizatio prelatorum juxta ordinem kalendarii ~ati *Cap. Aug.* 119.

2 irregistratus, unregistered.

1457 facta .. ~ata (v. communis 4b).

irregressibilis [LL], of or from which there is no return, irreversible. **b** who will not return, not likely to return.

privatio et habitus habent fieri in eodem et circa idem tempore determinato, ordine ~i W. CANT. *Mir. Thom.* II 69; inter privationem et habitum est ordo ~is J. BLUND *An.* 131; **s1253** de viris .. sanctis et eleganter literatis, qui seculum ordine ~i pro Deo imitando reliquerunt M. PAR. *Maj.* V 406. **b s1194** qui, sera sibi penitudine imputans ~is captivi elapsum, precipitem motum in innoxios obsides transtulit W. NEWB. *HA* IV 41.

irregularis [LL]

1 irregular, not uniform or consistent with norm; **b** (of natural force); **c** (gram.); **d** (mus.); **e** (geom.).

sincera rationis intellectusve contemplatione, beatitudinis propriorum peremptione parvulorum rudis et anomale procacitatis examine frivola funditus et ~is inconvenientia convenientie competenti solidetur in apparentia E. THRIP. *SS* IV 14; tam ~is, tam enormata regula BRADW. *CD* 64A (v. enormare b). **b s1250** omnia hoc ultimo anno elementa insolitum et ~e passa sunt detrimentum M. PAR. *Min.* III 96; queritur de motu regulari qui fit supra lineam rectam, utrum magis sit unus quam [motus] ~is BACON XIII 309. **c** volo, vis, verbum anomalum, i. ~e OSB. GLOUC. *Deriv.* 603; omne verbum inpersonale habet intellectum complete oracionis, sive sit activum sive passivum, sive regulare sive ~e BACON XV 81. **d** dicuntur modi inusitati, quasi ~es, quamvis non sint, .. cum dicunt longa, longa, brevis, longa, longa, brevis *Mens. & Disc.* (*Anon. IV*) 23; in quodam modo ~i, ut canunt Anglici ..: duas longas et unam brevem *Ib.* 54; de modis ~ibus, qui modi dicuntur voluntarii et sunt multiplices *Ib.* 84; *Ib.* 85 (v. festinare 8); ~is .. est omnis cantus plagalis qui ad octavam vocem ascendit supra finalem ODINGTON *Mus.* 123. **e** figurarum .. quadrilaterarum: .. quadratum .. elmuain . . . quecumque .. preter has quas exposuimus quadrilatere fuerint vocabuntur ~es ADEL. *Elem.* I def. 23; secundum rationem inscriptionis geometrice non possunt figure ~es inscribi nec figure rotunde BACON *Maj.* I 119.

2 a (of person) acting or being in breach of rule, esp. of monastic rule or canon law (*cf. irregularitas* 2a); **b** (in pred. use, esp. w. *tenere, efficere, fieri, esse, etc.*). **c** (of action) contrary to rule, esp. to monastic rule or canon law.

a 1217 [canonici Carleolensis ecclesie] dicuntur regulares, cum sint prorsus ~es et ecclesie Romane inimici et inobedientes *Pat* 111; multi pape ~es per imperatores depositi (WYCL.) *Ziz.* 256; **1439** si hujus nostre regularis prohibicionis frater aliquis transgressor inventus fuerit aut contemptor ~is .. maneat claustraliter in monasterio .. in quo irregulariter sic deliquerit (*Ordinationes Abbatis*) AMUND. II 209. **b** posset .. episcopus latronem fugientem ad ecclesiam impune expellere, et ita quod ~is non teneretur si latro exire nollet et stare judicio regis et regni BRACTON 443b; **s1238** legatus .. omnes, qui in ipsum insultum fecerunt, publice excommunicavit .. et ~es promulgavit *Flor. Hist.* II 225; caveat sacerdos ne ponat .. puerum in aquam si fuerit baptizatus a laico vel sacerdote, ne fiat ~is, et puer similiter, secundum decretum *Spec. Eccl.* 63; **s1300** nisi prosecuti fuerimus nostras appellaciones .., ~es erimus, inhabiles et infames *G. Durh.* 43; **1327** T. de S. nuper confrater et commonachus .. nunc autem apostata et fugitivus .. non petita licentia .. de monasterio nostro, excommunicatus, perjurus, et ~is latenter recessit *Lit. Cant.* I 230; per istam racionem omnis prelatus, qui quemcunque clericum .. tradit curie seculari, ~is efficitur, quia causam proximam dat homicidio, sed constat quod tales non efficiuntur ~es, ergo ista racio non procedit OCKHAM *Dial.* 696; **1537** homicidium patravit .. in claustro sui monasterii. quare factus ~is FERR. *Kinloss* 33 (*unless to be referred to* 3 infra, i. e. *through expulsion*). **c s1205** perquisivit .. indulgentiam quod liceret ei .. corrigere ~es excessus monachorum suorum *Chr. Evesham* 145; videtur quod sit ~is eleccio et frontosa WYCL. *Chr. & Antichr.* 676; **s1426** nunquid suppriores .. cum maturitate ~es insolentiarum corrigerent excessus AMUND. I 206.

3 (mon.) not subject to the rule of an order, secular.

fit canonicus .. regularis inter ~es EADMER *V. Osw.* 5; tu, Domine Jesu .., per illos homines ~es et vagos [i. e. clericos] thesaurum tuum .. in lucem propalasti W. MALM. *GR* II 147 (= *Id. GP* V 251); **s1306** a cunctis cathedralibus, conventualibus regularibus et ~ibus, ecclesiis et prioratibus *Flor. Hist.* III 136; **s948** collegium regularium vel ~ium *Croyl.* 40.

irregularitas [ML]

1 deviation from the norm, irregularity.

mortis ~as de suo more perverso pervertit ordinem P. BLOIS *Ep.* 174. 469B; et iste ordo dicitur solus ordo, quia secundarium ordinem non habet, ut modi supradicti, nisi fuerit per ~atem vel adjunctionem alicujus modi supradicti *Men. & Disc.* (*Anon. IV*) 31.

2 breach of rule, illegality (esp. w. ref. to canon law, *sc.* as impediment to exercise of priestly functions; *v. e. g. Lexikon für Theol. und Kirche* V (Freiburg im Breisgau, 1960) 766); **b** (person's condition of) being in breach of rule.

1198 nec nostre intentionis sit, quod dictus predecessor noster tante ~ati, nisi circumventus, auctoritatem prestiterit *Ann. Burton* 194; **c1218** (v. dispensabilis 2); in hoc .. numero [sc. binario] bigamie ~as denotatur GROS. *Hexaem.* III 13. 1; **1472** ne .. aliquis ipsius professus ballivi vel forestarii officium quod ~ati vicinat .. exerceat *Melrose* 577. **b** cum ordinarii timent ~atem et laici excommunicationem BRACTON 136; **s1378** querebatur a cancellario universitatis quare non punivit derisores regis. respondebat cancellarius quia timuit ~atem *Eul. Hist. Cont.* 349.

irregulariter [LL]

1 not consistently, irregularly.

aqua tardius et ~ius movetur in sphera sua quam alia corpora mundi BACON *Maj.* I 139; descendit autem ad C et ad E ascendit et aliquando ad G, sed ~iter ODINGTON *Mus.* 123.

2 (leg.) unlawfully, illegally. **b** (eccl.) in breach of canon law, uncanonically. **c** (mon.) in breach of the rule of an order. **d** without being subject to monastic rule.

nec licet sibi [sc. imperatori] eas [sc. leges suas] ~iter transgredi OCKHAM *Dial.* 924; **1401** Deus, judex justus, permittit plebeios, tanquam feras bestias, ~iter et irrationabiliter judicare BEKYNTON I 153. **b** nonne credimus tales prepositos hereticos qui in excommunicatione tam diutina ita ~iter ministrant? WYCL. *Ver.* III 306. **c s1238** nonnulli [monachi] sunt qui .. professionem .. monasticam non fecerunt; unde .. habent proprium et alias ~iter vivunt M. PAR. *Maj.* III 504; AMUND. II 209 (v. irregularis 3b). **d** causa clericorum ~iter regularium, sc. cannonicorum DEVIZES 40v.

irregulatio, irregulation, nonconformity with rule.

bonum enim rei est conformitas ejus ad suam regulam, et malum ~o, in hoc quod non conformatur R. ORFORD *Sciendum* 221.

irregulativus, irregular.

videtur esse modus ~us quoad modos supradictos ipsius discantus, quamvis in se sit regularis etc. *Mens. & Disc.* (*Anon. IV*) 82.

irregulatus, a (of person) not subject to gild rules; **b** (of behaviour) unregulated, disorderly.

a 1327 (1440) cum .. per hujusmodi extraneos ~os et ex eorum defectibus non correctos dampna quamplurima .. evenerint *Pat* 446 m. 20. **b 1554** taliter se habentes et exercentes in et secundum tales malos mores et irrigulatos quales fuerunt et existunt in magnum scandalum dictorum mercatorum (*Pat* 875 m. 12) *Gild Merch.* (*Chester*) II 360.

irreiterabilis [ML], that cannot be repeated, non-repeatable.

1287 sacramentorum quedam sunt ~ia, ut baptismus, confirmatio, et ordo, que semel allata minime reiterantur *Conc.* II 131.

irrelevantia, irrelevance.

ut sunt exceptiones dilatorie, que libelli ineptitudinem et ~iam arguunt *RegiamM* I 11 (*annot.*).

irreligio [LL], want of religion, irreligion.

episcopos .. tante ~onis studiis .. intentos fama publice declamabat *G. Steph.* 78.

irreligiose [CL], impiously, irreligiously.

quod quam ~e, quam contra monachicum propositum et contra regulam .. faciatis, videt ipse Deus ANSELM (*Ep.* 251) IV 162; clamamus .. de abbata coenobii S. Ebrulfi, qui quendam suum insipientissimum juvenem .. inordinate et ~e in ecclesia S. Eadmundi pro abbate ingessit *Ib.* (*Ib.* 271) IV 186.

irreligiositas [LL], disregard for religion, impiety.

cupiens ~atem corrigere EADMER *V. Osw.* 14; religiosus .. unde .. componitur irreligiosus .. et ~as OSB. GLOUC. *Deriv.* 502; **s1404** narrans ei [sc. regi] suorum familiarium ~atem WALS. *HA* II app. 419.

irreligiosus [CL], (of person or abstr.) irreligious, impious. **b** not religious, profane, secular.

tuam .. sanctitatem decet cum religioso rege nostrae gentis ~a et iniqua priorum gesta atque scripta convellere BEDE *Egb.* 11; ~us episcopus de Anglia expulsus est ORD. VIT. VIII 2 p. 278; justitia insignis mitibus et justis placuit, ~is autem et ex legibus terribilis ut fulgur incubuit *Ib.* XIII 15 p. 34; qui vero an Deus sit deducit in questionem .. non modo ~us sed perfidus est J. SAL. *Pol.* 649B. **b** si non fecero, videbor ~is hoc facere volentibus laxare accedendi indigne ad dignitates audaciam ANSELM (*Ep.* 389) V 334; J. SAL. *Pol.* 694A (v. exigere 6b); in templi magnifica structura et eorum quae illic [sc. in templo] visuntur ad rem sacram faciendam [? *supply* e. g. facie] non ~a FERR. *Kinloss* 63.

irremeabilis [CL], from which one cannot return.

o inremeabilis dementia, quae alienum caducum tanto amore diligit ALCH. *Ep.* 299; carcer ~is apertus ANSELM (*Or.* 13) III 50; sciebas quia es 'spiritus vadens et non rediens'; et in peccati abyssum ~em et sine fundo te jecisti *Ib.* (*Ib.* 14) III 59; ~i descensu et irreparabili jam casu versus ima .. dilapsus GIR. *EH* II 11; per ~es semitas tenebrarum P. BLOIS *Ep.* 131. 391A; carcerem gehenne apertum et ~em S. EASTON *Psalm.* 9.

irremeabiliter [LL], without hope of return.

extranei divitiis Anglie ditabantur, pro quibus filii ejus .. extorres per extera regna ~iter fugabantur ORD. VIT. IV 7 p. 223; sine dubio velut aqua defluens ~iter transeunt *Id.* VI 8 p. 50; **s1248** J. B. convictus, irremediabiliter exheredatus et ~iter exul adjudicatur M. PAR. *Maj.* V 34.

irremeaturus, bound not to return.

s1307 positis .. custodibus per totam Scociam, rediit in Angliam, hiematurus [v. l. irremeaturus] in ea AD. MUR. *Chr.* 7.

irremediabilis [CL], against which there is no remedy, incurable. **b** irreparable, irrevocable. **c** implacable.

nocivo et ~i pulmonum vitio laborantem BEDE *HA* 10; hoc †irremedicabili dolore affligitur OSB. CLAR. *V. Ed. Conf.* 13; is ergo frater hac specie ~i laborans, [cum] omnem humanam annullatam sibi sentiret et sciret medicinam, corde contritus, confugit ad divinam J. FURNESS *Walth.* 112; **s1273** parentum .. mors ~is est, quia nequeunt restaurari RISH. 78; *NLA* II 529 (v. gehennalis a). **b** †irremedicabile [v. l. irremediabile] Saxoniae periculum ASSER *Alf.* 12; ut .. sacrilegos sacrarum violatores rerum ~is, nisi a reatu resipuerint, feriat maledictio ORD. VIT. VI 5 p. 28; tanta tam ~i malitia GIR. *TH* I 36; unde necessario contingat eum .. ~i dispendio subjacere AD. EYNS. *Hug.* IV 5; spoliationi ecclesiarum .. dixerunt se non assentire .. tanquam ~is inperpetuum incommodi occasioni GRAYSTANES 6. **c** vidimus hic ~es inimicos convenisse qui .. reconciliati sunt GOSC. *Transl. Aug.* 19A.

irremediabilitas [ML], irremediability, incurability.

omne .. peccatum alicujus peccatoris perdurans usque ad terminum vie est irremediabile; et qualiter ista ~as sit tantum ex lege Dei .. dicetur DUNS *Sent.* II 6. 2. 17; primo agit de istius pene causalitate, secundo de ejus ~ate HOLCOT *Wisd.* 614.

irremediabiliter [LL], irremediably, incurably. **b** irreparably, irrevocably, without hope of relief. **c** implacably.

a primo papa symoniaco usque ad novissimum .. omnes percussi sunt quasi ~iter ista lepra WYCL. *Sim.* 62; *Id. Ver.* I 317 (v. gravefacere); **s1385** quidam ~iter lesi WALS. *HA* II 130; cernens pater puerum ~iter elanguere, gemitu lamentabili cepit celestis Patris efflagitare clemenciam *Mir. Hen. VI* IV 143. **b** divitem purpuratum ~iter apud inferos tortum BEDE *Luke* 533D; pari .. cum victis

contritione torti ~iter gemunt in cloacis Erebi ORD. VIT. IV 8 p. 230; quicquid .. ab avido rictu attrahitur ~iter periclitatur MAP *NC* IV 12 f. 54v; **s1234** villas suas igne crematas ~iter M. PAR. *Maj.* III 265; natus [sum] .. cum importabili pondere originalis peccati, quod ad chaos inferni teterrimum .. ~iter me tractabat UHTRED *Medit.* 196; **s1388** ne forte archa totius fidei ecclesie talibus impulsionibus .. ~iter quateretur KNIGHTON II 263. **c** utrinque pugnabatur ~iter ORD. VIT. IX 10 p. 560; **s1066** ut nullus ad eum impune accederet, quin statim ~iter equitem, vel saltem equum, animo debacchanti in duo separaret *Flor. Hist.* I 595.

irremediatus, uncured.

langor unicus qui doloribus ~is non cessat affligere MAP *NC* IV 3 f. 46.

irremedicabilis v. irremediabilis.

irremissibilis [LL]

1 unpardonable, unforgivable.

impenitentia ceteris ~ior peccatis BEDE *Luke* 490B; damnabile et ~e peccatum ALEX. CANT. *Mir.* 22 (I) p. 202; **1170** absit .. ut .. peccatum ~e commiserit quis in vobis J. SAL. *Ep.* 296 (300 p. 702); peccatum sic commissum est peccatum malicie .. et ideo ~e juxta sententiam Salvatoris UHTRED *Contra querelas* 334; **s1432** inseruit, in ultionem peccati quasi irremiscibilis, in suis literis dicti prioris nomen AMUND. I 302.

2 unremitting, unwearying, relentless.

?**1239** virtutum vestrarum infrangibilis et ~is constantia GROS. *Ep.* 76 p. 246; ad eternas et ~es penas *Id. Hexaem.* II 7. 2; **c1250** sensum infallibilem, zelum ~em AD. MARSH *Ep.* 4; nisi .. ~is emulacio enervate assentacionis blandicias decutiat *Ib.* 77 p. 193; **1530** poenarum .. ~is executio cunctos in officio contineat *Conc.* III 722.

irremissibiliter [LL]

1 without hope of forgiveness, unpardonably, irrevocably.

c966 infernalibus incendiis .. damnandos .. ~iter deputamus (*Censura Ecclesiastica*) *Croyl.* 44; ut .. ~ius quam in Spiritum Sanctum credant se peccasse P. BLOIS *Opusc.* 1043B; quod peccati genus .. ad mortem sui perpetratores dicebat ~iter adstringere AD. EYNS. *Hug.* IV 5.

2 without remission, relentlessly.

illuc de omni Gallia impacabiles inimici confluxerant .. et ~iter Cesarem irritaverant ORD. VIT. XII 23 p. 396; Gualterium .. ingeniosa manus uncis ferreis implicuit, ~iter extraxit, captumque .. adduxit *Ib.* XII 39 p. 456; **s1147** turris .. a tribus eorum fundis ~iter per dies noctesque concussa OSB. BAWDSEY clxvii; **1518** sub pena quinque millium ducatorum .. ~iter persolvendorum *Form. S. Andr.* I 50.

irremissus [LL], relentless, ceaseless.

quam inremisso [*gl.*: †dissolubili (? l. indissolubili) vel insegni] famulatu Deo servierat FELIX *Guthl.* 51 p. 162; pertinacem et inremissum cum regis insectatoribus habuit conflictum *G. Steph.* 52; ?**1239** quam [sc. dilectionem] non possumus non credere erga nos inconcussam et etiam ~am perseverare GROS. *Ep.* 76 p. 246; **c1250** sensus indeceptus, et zelus ~us in Christo AD. MARSH *Ep.* 95.

irremote, closely.

Hugo .. preeuntis Martini vestigiis ~e doceatur .. adhesisse AD. EYNS. *Hug.* V 18.

irremotus [LL], not removed; **b** (from office). **c** not removed (fig.), immovable, constant.

utrum in sepulchro suo presenti collocatus, ~us sic admitteretur J. FURNESS *Walth.* 123. **b** nullus prepositus ultra unum annum remaneat ~us *Fleta* II 170. **c** quae filia, quae cultrix et imitatrix extitit ~a GOSC. *Edith* (II) 55; ut ipse comes ~us in Jerusalem cum illis veniret ORD. VIT. IX 12 p. 571.

irremunerare [LL *p. ppl. only*], to leave unrewarded. **b** (p. ppl.) unrewarded.

c1342 sumptus et labores .. servientis .. ~antes *FormOx* I 178. **b** ut si quid ei muneris .. daretur, nequaquam inremuneratum dimitteret *Hist. Abb. Jarrow* 22; jussit .. distribui .. aurum optimatibus .. ne se ~atos quererentur W. MALM. *GR* IV 357; quamquam .. per invidiam vestra sit hactenus animositas ~ata GIR. *EH* II 15; MAP *NC* IV 6 f. 49v (v. impunitus b); **s1423** qui .. penas dispensat et premia, nullumque bonum ~atum relinquit (*Lit. Abbatis*) AMUND. I 133.

irremutabilis, that cannot be changed back, irreversible.

videsne mutabilis error et insipiens iniquitas de ~i veritate et sapienti et clementi equitate quam temerarii affert judicium? ANDR. S. VICT. *Comm.* 285.

irrentare, to record (as rent).

1276 modo inrotulati dicti x s. et inrentati quasi redditus *Hund.* I 8.

irreparabilis [CL], that cannot be recovered, irretrievable. **b** that cannot be repaired or restored, irreparable.

inreparabile vite sue incurrit detrimentum OSB. CLAR. *V. Ed. Conf.* 18 p. 102; tempus .. ~e J. WALEYS *V. Relig.* I 1 (v. irredibilitas). **b** defectum inducit ~em ruine semper exposita officiosa fragilitas *Ep. Glasg.* 309; lepre mundacio et hujusmodi defectuum naturalium per opus nature et medicine ~ium GROS. *Cess. Leg.* III 6. 2; **1264** irreperabile dampnum *Cl* 401; vas istud adeo fragile est ut vitrum, quia ejus integritas sicut et vitri ~is est [ME: *nebið hit neaver ne hal as hit ear wes*] *AncrR* 54; peccatum malicie .. quomodo peccaverunt angeli, propter quod sunt ~es a peccato UHTRED *Contra querelas* 333; **s1416** in afflixionibus et mortibus Christianorum et dampnis ~ibus [v. l. irrecuperabilibus] inde secuturis *G. Hen. V* 18.

irreparabilitas, irreparability.

si Deus ipsis angelis qui erant futuri mali certam prescientiam de suo lapsu et ~ate dedisset, ipsos desperare coegisset MIDDLETON *Sent.* II 71b.

irreparabiliter [LL], irreparably, irretrievably, utterly.

multi immenso conatu nituntur ut bene vivant, et .. nihil proficiunt, aut post profectum ~iter deficiunt ANSELM (*Praesc.* 10) II 278; scripta .. de gestis eorundem patrum .. in tantis motionibus tam periculosis ~iter perdita sunt ORD. VIT. VI 10 p. 84; famam erga populum ~iter vulneravit GIR. *Invect.* I 7; **1322** Scoti .. nostram diocesem ~iter distruxerunt *Reg. Carl.* II 217; **1328** terras .. inundaciones maris in salsuginem ~iter transtulerunt *Lit. Cant.* I 262.

irreparatio, disrepair.

s1328 penas et commissas pro ~one ecclesiarum GRAYSTANES 41; **1528** super ruina, defectibus, decasu, deformitate et †irrepacione cancelli ecclesie de S. .. †mecnon [l. necnon] mansi rectoris, horreorum edificiorumque dirutorum ~oni incuria magistri R. *Reg. Heref.* 202.

irreparatus [ML], in disrepair, unrepaired.

1324 plures perticate predictorum fossatorum fracte sunt et ~e *Terr. Fleet* lviii; **1349** abbas .. tenetur reparare quandam viam .. que .. ~a est *Pub. Works* I 224; **c1375** [via] extitit ~a per septem [annos] *Ib.* 182; **1417** defectus .. dimisit incorrectos et ~os *Reg. Heref.* 96.

irrepercussus [LL], not rebutted or refuted.

dum jugiter dilectum cogitans intencione ~a se erigit ad superos ROLLE *IA* 186.

irrepere [CL]

1 to creep, advance cautiously. **b** to crawl.

duo nequissimi spiritus .. cum magno tormento inrepunt in interiora corporis mei BEDE *HE* V 13 p. 312; in cenaculum contra fratres suos ~ere acceleravit ORD. VIT. IV 19 p. 296; canis nigerrimus permaxime magnitudinis .. per parietem ~sit R. COLD. *Cuthb.* 17 p. 33; nunquam exinde aliqua silvestris bellua infra sepis illius septa ausa est ~ere *Id. Godr.* 140. **b** vermis .. ~sit *G. Steph.* 77 (v. incestor).

2 to spread (by imperceptible degrees).

s1300 kokedones .. paulatim .. loco ~serant sterlingorum (v. cokedo).

3 to creep up (on), to steal in (to): **a** (of sleep, disease, or death; also trans. and fig.); **b** (of abstr.).

a cum scabies morbi pulpas irrepserit aegras ALDH. *Aen.* 94. 5; ne omnis laborum nostrorum fructus post ~ens vanae gloriae morbus evacuet ALCUIN *Moral.* 636D; inter psallentia verba levis soporis dormitio inrepserat ipsum B. *V. Dunst.* 17; hec meditanti sopor ~sit W. MALM. *GR* II 221; testans tibi a quatuor annis retro lepram ~sisse W. CANT. *Mir. Thom.* II 57 p. 219; ne qua mors possit ~ere et ad thesaurum reconditum mittere manum suam J. FORD *Serm.* 4. 5; **1437** ne .. in sanctuarium Dei hec virulenta pestis ~at BEKYNTON II 85. **b** inrepit ossa vigor totis virtusque medullis ALCUIN *WillV* 31. 14; **956** (12c) excepto homine .. per quem omnis adversitas inrepsit in genus humanum (*Carta Regis*) *CS* 971; G. MON. IV 8 (v. irregere); barbarie etiam irrepente [v. l. irrumpente] jam non vocabuntur Britones set Gualenses *Ib.* XII 19; errores forte, si qua ex parte ~serint GIR. *TH* I 6.

4 to worm one's way, insinuate oneself (into).

ejusdem episcopus provincie .. ex ipsis ecclesie gazis surripiens unde datoris manum suppleret, unde pape occupationes falleret, unde aviditati Romanorum ~eret W. MALM. *GR* IV 341 (cf. id. *GP* IV 173); **1165** facile crediderim eos [sc. episcopos] libenter velle ~ere [in ecclesias vestras] quocumque modo, ut .. dicere possint se possedisse J. SAL. *Ep.* 138 (144 p. 34); **a1181** cum .. auctoritate vestra in ipsam [sc. ecclesiam] ~ere .. attemptaverit G. FOLIOT *Ep.* 248.

5 (trans.) to creep into, invade, occupy.

802 simoniaca heresis .. ramos usque ad ecclesiasticas tendens personas, ita ut qui spinas eruere avaritiae debuerunt, spinis punguntur acerbitatis, quae .. crescentes pene apostolicam inrepserunt sedem ALCUIN *Ep.* 258; mentem .. hirtus luxurie .. tentet ~ere ALEX. CANT. *Dicta* 1 p. 114 (v. hircus 1b).

irrepio, ? creeping in, or ? *f. l.*

quo si fiat irrepio [? l. irreptio] / cum sim fenestra pervia [sc. oculus], / si quod recepi nuntio, / quae putatur injuria? *Ps.*-MAP *Poems* 94.

irreplebilis, that cannot be filled or satisfied.

vere Roma, nimis est; eris sitibunda, / vorax, irreplebilis, inferis secunda *Poem. S. Thom.* p. 89.

irreplegiabilis [cf. replegiabilis, AN *irreplegiable*], not eligible for bail, not subject to replevin.

1285 si iterato ille qui replegiaverit fecit defaltam .. remaneat districcio illa imperpetuum ~is *StRealm* II 73; sint hujusmodi incarcerati ~es *Ib.* 81; **c1291** dimisit illos per plevinam qui per commune breve sunt ~es *State Tri. Ed. I* 61; **1322** qui pecuniam extorserint pro prisones dimittendis per plevinam, cum de jure fuerint ~es (*Articuli Itineris*) *MGL* II 356; irepleggiabilium *Fleta* 28 (v. dimissio 2b); de replegiabilibus injuste detentis et ~ibus dismissis *Ib.* 113; districciones sic captas ~es retinere usque ad plenariam solucionem THORNE 2143; quod illi qui per probatores appellati sunt vivente probatore nisi bone fame sint ~es existunt *Reg. Brev. Orig.* 269b; tibi precipimus quod eidem T. retornum porcorum pred' ~e .. habere facias *Ib. Jud.* 27b.

irreplegiabiliter, without bail or replevin.

1285 remanent districtio illa imperpetuum, ~iter (*Stat. Westm.*) *Reg. Malm.* I 70 (= *StRealm* II 73: irreplegiabilis); precipiet rex vicecomiti quod talem capiat et in prisona ~iter retineat *Fleta* 438.

irreplegiare [cf. replegiare], (leg.) to render (goods) incapable of being recovered by replevin (in quots., gdv. and p. ppl. only).

1276 mea mobilia et immobilia .. capienda et ~ianda ac pro voluntate eorum vendenda *Reg. Newbottle* 187; **1289** ea bona propter contumaciam ipsius J. ~ata diversis creditoribus .. liberaverunt *Doc. Scot.* I 76.

irreprehensibilis [LL], irreproachable, blameless, faultless: **a** (of person or group); **b** (of abstr.).

a ac si dixisset apostolus eum [sc. episcopum] esse omnibus ~iorem debere GILDAS *EB* 108; **634** ejus oratio .. vos .. Deo inreprehensibiles repraesentet (*Lit. Papae*) BEDE *HE* II 17 p. 119; **722** ut inreprehensibile placidumque fiat corpus ecclesiae (*Lit. Papae*) *Ep. Bonif.* 18; quem digne carum et ~em sciunt MAP *NC* IV 15 f. 55v; **s1087** hic nepos fuit Arthuri .. facetus et ~is M. PAR. *Min.* I 33. **b** **797** praedecessores vestri .. fontem veritatis auriebant et inreprehensibilem orthodoxamque fidem *Ep. Alcuin.* 127; mores erant probi et ~es EADMER *V. Anselmi* I 1; est .. horum primi et secundi et tertii et septimi et octavi [generum interrogationum] usus secundum locutionem expeditior et ~ior BALSH. *AD rec. 2* 132; **s1191** propter manus sue irreprensibilem largitatem *G. Ric. I* 200; ~i ratione GILB. I 46. 1; **1280** ad minus inde fiant tria assaia ~ia *RBExch* 1006; nec ipsa policia Aristotelis est ~is DUNS *Ord.* I 41; **s1247** ~em vitam ducens *Croyl. Cont. B* 480.

irreprehensibilitas [LL], irreproachable condition, blamelessness, faultlessness.

debet esse ~as conscientie sive cordis J. WALEYS *Commun.* VI 5. 8 f. 130G.

irreprehensibiliter [LL], irreproachably, blamelessly, faultlessly.

804 quatinus venerabilem gradum .. ~iter valeam custodire (*Professio Episcopi*) *CS* 315; quatenus .. inreprehensibiles in actu et dictu internis externisque appareant .. tibique .. inreprehensibiliter .. servire valeant EGB. *Pont.* 17; de quibus .. confideret dum ~iter se haberent AD. EYNS. *Hug.* V 13; **s1220** omnia, quae ad artificium thece .. necessaria fuerant, ~iter parabantur M. PAR. *Min.* II 242; **p1280** cum tria assaia ~iter facta fuerint *RBExch* 1006; **1347** quanto ecclesiarum prelati debent ~ius vivere *Mon. Hib. & Scot.* 286.

irreprehensus [CL], not censured, blameless.

astabant mense monachi satis irreprehense R. CANT. *Malch.* M. 307; culpe suspensos nos esse fac irreprehensos *Id. Poems* 287. 25; MAP *NC* V 5 f. 64 (v. inconfusus 2); **1285** ~am .. veritatem (v. imperterrite).

irreprens- v. irreprehens-.

irrepressibilis, irrepressible.

~i conflagratione AD. MARSH *Ep.* 48 (v. conflagratio).

irreprobabilis [LL = *that cannot be reproved*], that cannot be refuted.

quoniam tu easdem probationes asseris ~es ANSELM (*Gram.* 2) I 146 (cf. ib.: argumenta .. necessaria sunt).

irreprobabiliter [LL], in a way that cannot be blamed or reproved, irreprovably.

est .. elocutus .. utilitatis .. contemplans ~iter incitativa E. THRIP. *SS* XIII 1.

irreprobare [1 in + reprobare], to reprove or condemn utterly.

[papa] ~at etiam temeritatem ipsius atrocissimi legati FORTESCUE *Tit. Edw.* 10.

irreprobatus [2 in- + p. ppl. of reprobare], unreproved.

nec illud, ut conjecto, .. de facili pertransires ~atum, quod .. E. THRIP. *SS* IV 20.

irreptor [LL], intruder.

matrona .. cui communis domus custodia fuerat delegata ~orem violentum compressit R. COLD. *Cuthb.* 110.

irrepugnanter, without inconsistency or contradiction.

quicquid enim proprie est intensum, ~er posset remitti BRADW. *CD* 20A; quod ista ~er stant simul Deus scit et vult hoc fore, esse, vel fuisse, et hoc non erit, est aut fuit *Ib.* 701C.

irrepugnantia, absence of inconsistency or contradiction.

hec [sc. factio] correspondet potencie absolute et ~ie supradicte, secundum quam etiam illud quod est aliquale .. potest fieri a Deo .. non tale BRADW. *CD* 863B.

irrequies [LL = *unrestful*], unrest.

irrequies mentis, lis proxima, mortis amica, / perfida mens, racio devia, vanus honor GOWER *VC* III 713.

irrequietus [CL]

1 taking no rest, tireless. **b** uninterrupted, unceasing.

s1250 insidias .. Sarracenorum .. nocte dieque toleravit [rex Francorum] ~us M. PAR. *Maj.* V 116. **b** sic ~is clamoribus praeoccupabat faciem Domini GOSC. *Aug. Maj.* I 50. 90B; par est homicidii crux irrequieta *Poem. S. Thom.* 78.

2 deprived of rest, unrested, restless.

cruciatus et ejulatus misero somnum ademerant, noctes et dies inrequietus erat GOSC. *V. Adr.* 21; bella secunda movet amor irrequietus habendi / succendens animas pronus ad omne nefas J. SAL. *Enth. Phil.* 88; quo et spiritus anhelus .. adhuc ~us et fessus, in robur respiret AD. EYNS. *Hug.* V 1; indeficientes singultus ~a erumpunt pectora *Ps.-*ELMH. *Hen. V* 129.

irrequisitus [LL], **a** (of person) not consulted. **b** (of permission or sim.) not sought.

a **1195** prior et monachi Dunolmenses clandestinam electionem nobis inconsultis et ~is facere presumpserunt (*Lit. Regis*) DICETO *YH* II 128; **1228** possimus .. †irrequitis [? l. irrequisitis] patribus abbatibus abbatias plures in unam conjungere *Cart. Glam.* III 336; **1279** cum .. inhibitum fuisset ne ~o rege reeligerent, iidem nichilominus .. reelegerunt *RParl Ined.* 2; **1330** nullus vicecomes .. terras vel libertates .. decani et capituli .. ipsis ~is ingrediatur *PQW* 625; contra ipsas [sc. leges] .. venire valeret, eciam summo pontifice ~o OCKHAM *Pol.* I 281. **b** **c1201** ~o ejusdem [sc. thesaurarii] et capituli Eboracensis assensu *Cart. York* 17; **c1218** ~a prelati sui licentia *Conc. Syn.* 66; ?**1236** cassatis .. electionibus .. ~o penitus ejus [sc. regis] consilio GROS. *Ep.* 30 p. 116; **1257** ~a .. convenientia (v. convenientia 1a); **1325** ~o consensu cancellarii *MunAcOx* I 113.

irresistibiliter, irresistibly.

in homine et cum homine, sed prius naturaliter homine irresistabiliter, et indefectibiliter operatur BRADW. *CD* 418A.

irrespective, irrespectively, without consideration or regard of other things.

tertius [modus] irregularis est una longa nimia cum duabus longis tardis (~e breves dicuntur) *Mens. & Disc.* (*Anon. IV*) 84.

irresponsibilis, (leg.) not requiring answer.

1291 cum ipse in respondendo eis ad breve originale dixit quod ipsi sunt adventicii et quod, verificato dicto suo, remanebunt ipsi villani sui, et sic in respondendo quod sunt adventicii facit ipsos ~es, unde petit judicium *PlRCP* 89 m. 118d.

irrestaurabilis [ML], that cannot be restored, irreparable, irretrievable.

melius igitur mihi est coram Deo, ut possessionem terrarum ecclesiae non sic teneam .. quam ut illam imminutam tenendo, ~em faciam ejus imminutionem ANSELM (*Ep.* 176) IV 60; **s1145** numquam sine utriusvis partis .. inrestaurabili damno *G. Steph.* 92; **s1095** triginta milibus trucidatis .. jacturam incurrebat ~em *Flor. Hist.* II 28; **s1229** dampna ~ia incurrentes M. PAR. *Maj.* III 189; quorum jactura erat ~is *G. S. Alb.* I 10; **s1383** damna ~ia per insurreccionem communium WALS. *HA* II 97.

irrestaurabiliter, a irreparably. **b** irrecoverably, irretrievably.

a **s1250** ipsa capa nobilissima conculcata et distracta ~iter violabatur M. PAR. *Maj.* V 122; **s1375** nisi terruisset eos regia prohibicio, dictam abbathiam ~iter devastassent WALS. *YH* 323; jactitaverant nempe Galli se nemini velle parcere, preterquam dominis et ipsi regi; reliquos immisericorditer perempturos, vel membris ~iter mutilaturos *Id. HA* II 311; **s1385** coquina ~iter est confracta *Ib.* II app. 400. **b** magnam partem exercitus .. amisit ~iter M. PAR. *Maj.* III 618; **s1216** apud Wellestrem bigas suas et quasdam clitellas, quas terra absorbuit, ~iter amisit *Flor. Hist.* II 161; Saracenos omnes .. ~iter devicerunt *G. S. Alb.* I 90.

irresuscitabiliter, so as to be incapable of reviving.

Deus .. insanabiliter vulneraretur, incurabiliter mutilaretur, ac ~iter mactaretur BRADW. *CD* 844D.

irretardibilis, that cannot be slowed.

stelle, aque que nunc festinant cursu ~i HON. *Eluc.* 1168C; hoc punctuale temporis est velut transitus ~e J. WALEYS *V. Relig.* I 1. f. 218. 2.

irretire [CL]

1 to catch in a net or snare, to ensnare, entangle; **b** (fig.).

ut avicula ~ita GOSC. *Edith* 287; catenarum nexibus teter ille jacet ~itus W. S. ALB. *V. Alb. & Amphib.* 8; omnes irreciunt Parcarum recia WALT. WIMB. *Sim.* 150. **b** laqueus tibi tua vita, inretiris velis nolis ALCH. *Ep.* 298; **s1141** comes Gloecestrie .. non passus etiam ullo exprobrationis convitio illum [regem] ~iri [v. l. procindi] W. MALM. *HN* 489 p. 49; vos aliis cum exercitu vestro infestationibus ~iri estimant ORD. VIT. X 8 p. 40; si vinculo consuetudinis quis fuerit ~itus, in omnibus debilis inermis AILR. *Serm.* 465A; nisi quia fallere volunt et ad viam veritatis pedes gradientium ~ire R. MELUN *Sent.* I 42; **1183** Johannes filius E. et Alexander frater ejus .., qui fuerunt ~iti de servitute, quieti sunt per patriam *Boldon Bk.* 3; fluxe ferventisque juvente tam laqueis illectus quam stimulis ~itus GIR. *TH* III 52; in sacris magicis, que Didonem Virgilius, ut suo Aeneam ~iret amore, inducit facientem ALB. LOND. *DG* 9. 11; ad instar Johannis Baptiste mulieris laqueis ~itus *V. II Off.* 24.

2 to trap (with words). **b** to perplex.

ut ipsum caucius ~iat MAP *NC* V 4 f. 62v; statim apprehendens eum [taurum] deosculata est eum, et procaci vultu blandiebatur, ~ivit eum multis sermonibus, et blandiciis labiorum suorum pertraxit illum *Latin Stories* 3. **b** **s1416** ne paciens et benignus Deus tociens ex contempto judicio ~itus tandem .. se .. vindicet *G. Hen. V* 17.

3 **a** to implicate, involve (in wickedness, crime, or sim.; usu. pass.); **b** (act., w. crime as subj.).

a qui beatum Loth in tenebris noctis multum laborantem ac renitentem suis flagitiis inretiri [vv. ll. inretire, interire] temptaverunt BEDE *Gen.* 177; episcopi multis ~iti facinoribus BOSO *V. Pont.* 356b; qui cogunt ad pravitatem hereticam pertinaciter defensare [? l. defensandam], sunt simili pertinacia ~iti OCKHAM *Dial.* 461; **1362** nullo .. crimine ~itus *Lit. Cant.* II 433; **1383** gravo crimine .. ~itus *Ib.* xxxii; **s1424** judicaverunt eos reos mortis et crimine lese majestatis †erriticos [vv. ll.: irrititos, erritatos] *Plusc.* 373; **1499** nec ullis criminibus irritatum monachum *Reg. Aberbr.* II 309. **b** qui [sc. Pontius Pilatus] male judicat, male sentenciat / cum nullum facinus Jhesum irreciat WALT. WIMB. *Carm.* 573.

4 (w. *de, super*) to charge with (offence) or in connection with (occurrence) (*cf. irrettare*).

1255 clericum .. de morte hominis ~itum in prisona vestra detentum *AncC* 3/192; **1262** cum R. de H. capellanus Lincolniensis diocesis ~itus esset super crimine homicidii *Cl* 30; **1266** cum J. .. clericus .. irrititus esset super crimine furti .. *Cl* 272; **1300** ad recipiendum omnes clericos .. super criminibus furti, homicidii et .. aliis ~itos *Reg. Carl.* I 130; **1340** idem W. .. de eo quod ipse fratrem R. de K. commonachum .. usque ad mortem vulnerasse debuerat irrectitus *RScot* 580b; **c1541** dominum W. T. .. super crudeli homicidio .. infamatum delatum et ~itum *Form. S. Andr.* II 152.

irretitabiliter v. irrecitabiliter.

irretitio [ML], ensnarement (fig.), entanglement, hindrance.

1284 cure ~o pastoralis PECKHAM *Ep.* 530 p. 696; **1439** quanta ~o quantaque procrastinacionum inculcacio .. emerserint BEKYNTON I 99.

irretitor, one who ensnares or traps.

irretio .. unde ~or, irretitus OSB. GLOUC. *Deriv.* 501.

irretitus, ensnarement (fig.), entanglement, hindrance.

omnia .. sine ~u imaginationis distincte cognoscere ADEL. *ED* 12.

irretornabilis, (of writ) non-returnable.

1301, **1327** brevia ~ia *KR Mem* 74 m. 61, *Ib.* 103 m. 242.

irretractabilis [LL], that cannot be retracted, irrevocable.

veritatis sententia manet ~is J. SAL. *Pol.* 499C.

irretractabiliter [LL], irrevocably.

1208 ut inter eos contentionis voluntas ~iter quiescat *Couch. Furness* I 438.

irrettare [cf. rettare], to bring to justice, arraign, accuse. *V. et. arrettare, irretire* 4.

s1284 irrectati fuerunt plures de morte suspensi *Ann. Lond.* 92; **1507** ad quoscumque clericos de quocumque crimine coram domino rege hic impetitos sive irritatos calumniandos petendos et recipiendos *Entries* 55vb.

irrevelatus, unrevealed.

nec aliquem totius vite sue nevum ~um observat MAP *NC* IV 11 f. 53v.

irreverberate, without being dazzled.

c1240 superferat vos sapientia in ipsam simplicem deitatem ut .. ipsam lucem primam .. pure et ~e contemplemini GROS. *Ep.* 90 p. 284.

irreverberatus [LL], that is not beaten back or deflected. **b** (of eye or face) not deflected, not dazzled; **c** (of perception, contemplation).

delectatur in Deo sine resistencia, contemplatur cum ascencione ~a ROLLE *IA* 194 (? l. attentione *and refer to* c infra). **b** patebant hiantes oculi .. immotis pupillis, ~is palpebris GOSC. *Wulsin* 23; percunctantibus .. quid ita ~o lumine caelum aspectaret, respondit .. W. MALM. *GP* III 115 p. 250; [aquile] in ipsos solaris corporis radios ~o lumine aciem defigunt oculorum GIR. *TH* I 13 p. 39; aquila .. solem .. ~is oculis in sue rote circumferencia intuetur BART. ANGL. XII 2; quidam frater .. affirmabat .. regis peticionem justam esse, cujus se justiciam coram summo pontifice defensurum ~a fronte protestatus est *Chr. S. Edm.* 66; quos [sc. pullos aquila] videt ~is oculis intueri solem J. SHEPPEY *Fab.* 72. **c** perspicaci et inreverberata cordis acie divina meditando, semper ad celestia per contemplationem volavit WULF. *Æthelwold* 3; contra aquilas ipsum solem ~o visu intuentes ANSELM (*Incarn. B* 1) II 8; cum .. ad hoc humana sit creata natura ut in Deo fixa maneret eumque ~o videret intuitu .. G. STANFORD *Cant.* 230; cum .. divina ac celescia ~o ac libero corde sicienter cogitet ROLLE *IA* 255.

irreverens [CL], irreverent, disrespectful.

ut .. rapacitates cum incendiis ~ti conatu agitarentur ORD. VIT. VIII 4 p. 291; ut .. ab ~ti populo debita veneratio .. exhibeatur GIR. *TH* II 55; mors .. / non enim hominis personam accipit / tantum irreverens et ceca desipit WALT. WIMB. *Sim.* 97; **s1378** ~tiores (v. ethnicus 2c); **1437** dicti ministri ~tes sunt circa sacramentum et ejus elevacionem *Stat. Linc.* 394.

irreverenter [CL], without showing due respect, irreverently. **b** without receiving due respect. **c** without fear, intrepidly.

officia canonica et orationes atque psalmodias vel lectiones negligenter atque ~er in conspectu Dei effudi, et multa dimisi, quae non solvi ALCUIN *Liturg.* 499C; ad corpus Christi .. sumendum tanquam ad epulum cotidianum ~er accedunt GIR. *GE* II 39; **1231** in ecclesias de terra nostra ~er irruere .. non formidans *RL* I 400; **1235** ceperunt .. villanos .. et ipsos turpiter et ~er tractaverunt *CurR* XV 1437; ~er †appropiens CAPGR. *Hen.* 3 (v. 1 appropiare 1e). **b** duobus monachis .. Johannes [sc. Baptista] caput suum absconsum revelavit quia ~er latuit *Eul. Hist.* I 78. **c** tam ~er in hostes irruit et tam secure se ingessit in medios MAP *NC* II 17 f. 29v.

irreverentia [CL], lack of respect, irreverence.

illa .. adoranti exprobrabat ~iam ordinis ipsius *V. Chris. Marky.* 43 p. 114; non quidem ~ia in causa est H. BOS. *Ep.* 2. 1423A; tam ~iam postmodum et indevotionem .. quam pravam quoque grassandi ulciscitur voluntatem GIR. *PI* I 17 p. 61; cur dehonestati honoris ~iam non percipitis? (J. BRIDL.) *NLA* II 69; **1429** (v. exercere 8a).

irrevereri [*backformed from* CL irreverens; cf. revereri], to show no respect for, 'unworship'.

†irreveror, A. *to unworshepy WW*.

irreversibiliter, irreversibly.

[Deus] omnium est unius ~iter causalis BRADW. *CD* 160A (= Ps.-Dion. *tr.* ERIUG.; cf. inegressibiliter).

irreversurus, that will not return.

1264 si quis eam [sc. gildam] de cetero teneat, extra communitatem ejusdem ville .. ejiciatur irreversurus *Gild Merch.* II 31.

irrevertibilis [LL], irreversible.

?**1122** barones terre tue .. supplicati sunt .. ne hunc discessum tuum, quem ~em existimant, ulla occasione consentiam *Doc. Bury Sup.* 21.

irrevocabilis [CL]

1 that cannot be summoned or brought back.

insidiosos observatores .. de choro fratrum exturbavit sicque ~es ejecit GOSC. *Lib. Mild.* 26; non in voce ~i nec in scriptura putribili sed in aeternae plenitudine felicitatis mercedem vestram novimus consistere ANSELM (*Ep.* 141) III 287; lapis a vertice abruptus totum lapsus ad ima decurrit ~is MAP *NC* IV 6 f. 49v; fratres vero, quod semel emissum fuit ~e verbum ex ore sancti, pro vero et fixo habuerunt J. FURNESS *Walth.* 73.

2 that cannot be held back or averted, inevitable.

cum cunctos maneat sors inrevocabilis hore ÆLF. *Regul. Mon.* 193; o ~ia seria fatorum que solito cursu fixum iter tenditis G. MON. II 12.

3 that cannot be reversed or altered, irrevocable.

tunc Rodbertus audita patris ~i deffinitione ait .. ORD. VIT. V 10 p. 380.

irrevocabiliter [LL]

1 so as not to be summoned back; **b** (w. ref. to past time).

ruit .. plerumque humanus impetus ~iter GOSC. *Transl. Aug.* 33B; compelluntur ~iter exulare GIR. *TH* I 12 p. 35; †s**1260** [recte **1257**] omnes alienigene .. jussi sunt ad propria expedicius repedare et Angliam ~iter evacuare *Op. Chr.* 5 (cf. *Flor. Hist.* II 417: sine mora regnum Anglie penitus evacuarent); s**1217** Ludowycus .. ad Galliam ~iter properavit *Ann. Lond.* 21. **b** c**1211** res etenim redeunt, sed ~iter tempora pretereunt GIR. *Ep.* 6 p. 220.

2 irreversibly, irrevocably.

s**1093** scribitur edictum .. quatinus .. omnia debita ~iter remittantur EADMER *HN* 37; quamdiu te videbimus in presumptionis tue amentia ~iter induratum AD. EYNS. *Hug.* IV 6 p. 30; quod ergo sanctus predixit ~iter evenit J. FURNESS *Pat.* 125; alii in suspicionem pessimam ~iter [TREVISA: *withouten recovere*] incidunt BART. ANGL. IV 11; **1283** dominus archiepiscopus .. priorem .. ~iter et †insolidum [l. in solidum] officialem suum creabit in civitate et dioecese PECKHAM *Ep.* 494 p. 633; **1451** habentes et habituri ~iter pro perpetuo totum *Reg. Dunferm.* 436; **1488** ~iter eximimus et totaliter liberamus *Mon. Hib. & Scot.* 502; **1497** cognicionem arbitrio .. principum .. per presentes committimus atque in eorum manus ~iter deponimus *RScot* 526a.

irrevocatus [CL], not cancelled, unrevoked.

a**1223** ut .. hec remissio .. rata sit et inrevocata *E. Ch. Waltham* 240.

irridenter [CL], mockingly, jeeringly (but in quot. perh. used erron. in sense 'so as not to return' [*cf. redire*] or ? *f. l.*).

s**1240** exulatur ~er beatus Aedmundus OXNEAD *Chr.* 167.

irridere [CL]

1 to laugh at, make fun of, mock: **a** (trans.); **b** (w. dat.); **c** (absol.).

a a**1081** Berardus .. nostras .. literas tibi detulit quas .. procaciter irrisisti LANFR. *Ep.* 23 (47); quod in cruce ~endus esset, per psalmistam dicit .. *Eccl. & Synag.* 101; Dominus tuus inhonoratus, sputis dedecoratus, palmis virgisque cesus, †coronea [l. corona] spinea irrisus, ad ultimum inter flagiciosos cruci affixus PULL. *CM* 207; c**1212** tamquam iniquus [*sic*] et obstinatus dignus habeatur hostiliter ~eri GIR. *Ep.* 5 p. 204; vulpes, ostendens cibum ciconie, ~ebat eam. sed postea ciconia .. melius irrisit ei WALT. ANGL. *FabP.* 27. 3 (v. et. 1b infra); [Minerva] quum in convivio deorum concinuisset ejusque tumentes buccas dii omnes irrisissent .. ALB. LOND. *DG* 10. 7; **13..** clericos irrideo / suos (*De Judicibus*) *Pol. Songs* 230; **b** WALT. ANGL. *FabP.* 27. 3 (v. 1a supra); pro Deo noli mihi amplius ~ere *Latin Stories* 37. **c** quasi temptans et ~ens stultis precipitavit sententiam labiis MAP *NC* IV 6 f. 50v; ~eant heretici S. LANGTON *Gl. Hist. Schol.* 46; aliis vero ~entibus ac subsannantibus COGGESH. *Visio* 9 (cf. *II Par.* xxx 10); alio quoque tempore quedam prostituta ~endi animo suis ait comitibus .. *V. Edm. Rich P* 1791D; catus irrideat Cato vel Scevola WALT. WIMB. *Palpo* 172.

2 to make a fool of, deceive (esp. w. ref. to *Gal.* vi 7).

quia Deus non ~etur ORD. VIT. XI 24 p. 241; **1167** timorem pretenditis; at profecto Deus non ~etur J. SAL. *Ep.* 205 (243).

irrig- v. et. irreg-.

irrigare [CL]

1 to make wet, drench. **b** (fig.) to refresh, revive (as with water). **c** to water (land), irrigate (also fig.).

surculamen .. venenatis imbribus ~atum GILDAS *EB* 28; reus .. / irrigat et salsis oculorum fontibus ora ALDH. *VirgV* 965; si crucem sic recolerem / quod cruci me conjungerem, / quam irrigassent lacrime J. HOWD. *Cyth.* 45. 6; videt Jesum Christum astantem .. manibus pedibusque vulnerum [? *supply* e. g. cruore] ~atis et in sinistra crucem tenentem *Spec. Laic.* 20; s**1309** rivulo facies suas lacrimarum .. irrigebant *Flor. Hist.* III 145. **b** scientiae salutaris cotidie flumina inrigandis eorum cordibus emanabant BEDE *HE* IV 2 p. 204; **800** inriga salutiferi fontis unda pectora nostrae parvitatis arentia ALCUIN *Ep.* 196; tonithrua fulminabant in improbos .. imbres ~abant electos W. MALM. *Wulfst.* I 8 p. 14; fons legis naturalis et gracie .. ascendebat de terra cordis, hoc est de interiori mentis, et ~abat eum totum GROS. *Hexaem.* X 8. 8. **c** innumerabiles per mundum illorum inrigati imbribus verborum fructum adferunt in patientia *V. Greg.* 79; et quatuor flumina paradisi ad inrigandam universam terram EGB. *Dial.* 411; egrediatur fluvius de loco voluptatis, ad ~andum paradisum AD. SCOT *QEC* 2. 806C; ut intellegeretur illa terra sitiens non ~ata. si enim est invia, quis eam ~aret? GROS. *Cess. Leg.* II 5. 6; quis eo terram virginem irrigavit J. HOWD. *Cant.* 298; ipsius terre coloni cum bobus rotas trahentibus aquam de ipso fluvio .. haurientes .. ad ~andam totius terre superficiem .. educunt S. SIM. *Itin.* 42.

2 (of land) to flow (with water), be watered.

Coemgenus .. invenit quadam die vallem .. ~antem .. pulcris aquis (*Coem.* 6) *VSH* I 236.

irrigatio [CL], watering, irrigation; **b** (fig.).

si irrigatio adfuerit aquarum, .. terra ultro fructificat BEDE *Gen.* 40; tunc fluenta aquarum, que diversis mundi partibus sive hominum usui sive telluris ~oni discurrunt, quiescent PULL. *Sent.* 981D; denique ad ~onem ejus [sc. verbi Domini] pro saliunca ascendet abies et pro urtica crescet myrtus [cf. *Is.* lv 11, 13] G. HOYLAND *Ascet.* 265A; in terra .. sine aratione et insertione et plantatione et ~one GROS. *Cess. Leg.* II 5. 6; terra non germinat absque frequenti ~one DASTIN *Ros.* 13. **b** nonnullas plantas, que virtutis fructum ~one apostolica faciunt J. SAL. *Pol.* 431C; 'undis', ~onibus doctrine BERN. *Comm. Aen.* 84.

irrigator [LL], waterer, irrigator.

rigo componitur irrigo .. unde ~or OSB. GLOUC. *Deriv.* 498.

irrigatrix, one who refreshes, refresher (f.).

[scientia] descendit ut pluvia / mentis ~ix GARL. *Poems* 6. 20.

irrigescere [LL], to become stiff, stand rigid.

[milvus] membris omnibus statim ~uit GIR. *TH* II 29; boves immobiles ~uere *NLA* I 503; ~uit demoniacus, clamans se fortiter obligatum *Latin Stories* 100; et cum [rex] moveret ad percuciendum sanctum velut lapidea statua ~uit *Reg. Clogher* 256.

irriguitas [LL], a watering.

fontium ~ate *Jus Feudale* 1.

irriguus [CL]

1 (s. pass.): **a** watered, irrigated (also fig.). **b** wet (with specified liquid); **c** (with tears).

a [insula] lacubus frigidum aquae torrentem vivae exundantibus ~a GILDAS *EB* 3; solitudo .. interfluentibus aquis ~a FOLC. *V. Bot. Pref.* 373; [Britannia] piscosis fluviis ~a est G. MON. I 2; felicia tempora quando universa facies terrae ~a erit, et superne ~a G. HOYLAND *Ascet.* 264B; ecclesia est ortus ~us WYCL. *Ver.* II 140. **b** anguis .. uberibus [bubalorum] ~is lacte se innectit BART. ANGL. XVIII 8 p. 1002. **c** [episcopus] inter missarum agenda lacrimis ~us W. MALM. *GP* IV 167.

2 (s. act.): **a** (of liquid) watering, irrigating, flowing; **b** (of tears, also emotion *etc.*). **c** ? nourishing (as with milk; in quot., fig.).

a irriguum madido distillas in grege rorem R. CANT. *Poems* 261; [flumina] ex .. ~is fontium venis .. emersa GIR. *TH* I 7. **b** **939** nisi prius inriguis penitentiae gemitibus .. emendaverit *CS* 734; tactus sum rore celesti et fervore ~o flevi GOSC. *Lib. Confort.* 28; quorum precibus et ~is fletibus egregius dux ille motus *Found. Waltham* 21. **c** [Pallas] irriguo sacras haurit de pectore voces J. EXON. *BT* II 320 (A. K. Bate [Warminster, 1986] *tr.*: '*wisdom-giving*').

3 (as sb. n.) watering, irrigation, spring; **b** (fig.). **c** (*~um superius, ~um inferius; cf. Jud.* i 15) stimulus to salvation: 'upper spring' *i. e.* love of God, 'nether spring' *i. e.* fear of hell.

[urbs] nec fluminis ~o .. indiga W. MALM. *GP prol.* p. 3; irriguum rogat illa daturque rogatum NIG. *Paul.* f. 46v l. 189; loca circa ecclesiam .. de Bello nimis erant arentia, et pratorum ~is minus abundabant *Chr. Battle* 31; levi compluitur tellus ~o WALT. WIMB. *Carm.* 85; c**1435** nec est .. qui subministrat †irrigium [l. irriguum] arescenti *FormOx* II 449. **b** s**1407** de cujus caritatis ~o *Chr. S. Alb.* 15. **c** a Christo Domino ~um superius et ~um inferius ABBO *Edm. praef.*; fletus .. pro nostris .. peccatis .. ab ~o est inferiori, fletus .. pro desiderio celestis patrie ab ~o est superiori ANSELM *Misc.* 328; s**974** vir domini Oswaldus et gloriosus dux Aethelwynus .. novam nuptam [sc. ecclesiam] utriusque ~i, hic inferioris, ille superioris, donario dotaverunt *Chr. Rams.* 44; Sanctus .. Oswaldus .. locum ipsum orationum suarum .. patrocinio .. perpetue valituro ad superioris ~i felicitatem communivit *Ib.*; erat .. videre ab ~o inferiori ~um emanare superius *Mir. Wulfst.* I 7a p. 120; per ~um superius et per ~um inferius plene purgatus, in tantam resedit gracilitatem ut .. *Ib.* I 44 p. 145.

4 ? *f. l.*

quos [sc. Jesum et Mariam] jungit sanguinis vena conspicua / .. / conjungat, obsecro, crux individua / commixti sanguinis †liquor irrigua WALT. WIMB. *Carm.* 606 (ir *written above the line in MS*; ? l. liquore rigua).

irrisio [CL], mockery, derision; **b** (pl.).

[oratio] quamvis expolita, si indecenter pronuntietur, contemptum inrisionemque mereatur ALCUIN *Rhet.* 40 (= Julius Victor *Ars Rhet.* p. 96. 16); nonnullos .. majori inrisioni reservabant *Enc. Emmae* III 5; melius est contra falsum risum .. ex voluntate flere quam sub vera ~one ex necessitate lugere ANSELM (*Ep.* 8) III 111; crucis insuper signum cum magna ~one ostentare nostris OSB. BAWDSEY clxvi; c**1214** juxta Augustini de talibus ~onem GIR. *Ep.* 8 p. 268 (= id. *JS* 1). **b** inter convicia et ~ones inimicorum BEDE *Sam.* 657C; inrisiones et obprobria pro illo libenter .. sufferre (*Ep. Ceolfridi*) *Id. HE* V 21 p. 343; Judeorum ~ones confutare AILR. *Serm.* 314D; inimicorum opprobria et ~ones GROS. *Cess. Leg.* II 6. 1; **1319** universitatis membra .. ~onibus impetere *FormOx* I 51; s**1414** ipsi vero Galli †turphis [v. l. truphis] et ~onibus tardabant nuncios CAPGR. *Hen.* 114.

irrisor [CL]

1 mocker, derider.

et post ~orem ejus irrideatis ANSELM (*Ep.* 2) III 101; sceptrans harundo stimulat irrisores J. HOWD. *Cant.* 65; *Id. Sal.* 34. 10 (v. irrisus); **1284** Cham paterne ~or dedecentie (v. dedecentia).

2 one who fools, tricker, deceiver.

eadem peccata que abjuravi et plura alia enormia, tamquam non penitens, sed ~or, in dies repeto et resumo UHTRED *Medit.* 200.

irrisorie [LL], in mockery, jeeringly.

quasi ~ie .. cum eo cepit loqui ORD. VIT. VI 10 p. 130; s**1191** in verba prorupit contumeliosa, dicens nunciis regis ~ie *Itin. Ric.* II 32; illud .. Augustini .. ironice et ~ie dictum GIR. *Symb.* I 28 p. 301; [Christum] genu flexo ~ie salutaverunt GROS. *Cess. Leg.* II 6. 3 (cf. *Matth.* xxvii 29); si purpurea fuisset vestis Christi, non ei crucifixores sui ~ie clamidem coccineam circumdedissent PECKHAM *Paup.* 12 p. 59.

irrisorius [LL], mocking, ironical. **b** (as sb. n.) mockery, gibe.

doctorum ergo tuorum nec reprehensibilis vita fiat tibi narratio ~ia PULL. *Sent.* 933C; cum multo cacchino et ~ia subsannatione COGGESH. *Visio* 14; in spinee corone impositione, in genuflexione ~ia, in purpuree atque albe vestis injectione J. FORD *Serm.* 10. 2; corpus immaculatum lacerantes flagellis et funibus, purpura induentes ~ia, spineam coronam capiti impresserunt S. EASTON *Psalm.* 35; chlamys rubens et irrisoria J. HOWD. *Ph.* 608; sed hoc obsequium / non verum credimus sed irrisorium WALT. WIMB. *Carm.* 524. **b** parum .. attendens illud ~ium, cujus mentio fit in evangelio *G. S. Alb.* I 218 (w. ref. to *Luc.* xiv 30).

irristiticus, *s. dub.*

a martinett, irristiticus, et dicitur de irriguo *CathA*.

irrisus [CL], mockery, derision.

qui nudus sub pallio / sic irrisus perferebat / ut nec reprehensio / irrisores arguebat / set nec contradicio J. HOWD. *Sal.* 34. 8.

irritamen [CL], stimulus, incentive.

OSB. GLOUC. *Deriv.* 501 (v. irritator).

irritamentum [CL], inducement, stimulus (to appetite): **a** (for food); **b** (for sin).

a quid sapidis epularum ~is jam fastiditum pregravas stomachum ..? PULL. *CM* 210; cibos Aegiptios et eorum condimenta et ~a BALD. CANT. *Sacr. Alt.* 761B; non saporibus et gularum ~is coquina gravatur GIR. *DK* I 10; in ~um gule cogitantur J. GODARD *Ep.* 222. **b** nonnulli .. ~a peccati procurant BALD. CANT. *Tract.* 463B; deformitatemque sanctitatis sue fidem quam formam aliene libidinis ~um esse maluit J. WALEYS *Brev. Virt.* III 1C f. 209; inordinatos .. pecorinos appetitus variis ~is et titillationibus procreant J. GODARD *Ep.* 224; ~a carnis lasciva et quasi infatigabilia sunt FORTESCUE *LLA* 39.

1 irritare v. irrettare.

2 irritare [CL]

1 to annoy, goad, provoke (to anger).

poetae .. depromunt .. quod eum [sc. Alciden] inritatum ille [sc. Cerberus] contumax insanis provocavit latratibus *Lib. Monstr.* II 14; licet antea e tumultuantis populi conflictibus nimium esset ~atus B. *V. Dunst.* 37; qui in ecclesia vigilant, non manducent .. nec bibant. quod si faciunt, Deum ~ant ÆLF. *Ep.* 3. 26; ille qui sic me ~avit .. sciet quam offenderit GOSC. *Lib. Mild.* 21; nos ~are et exacerbare non cessastis GIR. *SD* 62; loris quasi rinosceros irritatur J. HOWD. *Cant.* 6; impius hujusmodi ~at [ME: *gremeð*] Deum *AncrR* 128.

2 to stimulate, arouse, induce. **b** to prevail upon, persuade (by inducement).

fontes .. leni murmure manantes pignus .. soporis in ripis accubantibus ~ant G. MON. I 2; ~at ausu temerario Salvatoris clementiam, quam suscepte peregrinationis devotione placare debuerat *Mir. Fridesw.* 46; que .. tantum demissa per aures, quia segnius ~ant, horum non assertor sed recitator existo GIR. *TH* II *pref.*; hiis invitat / et irritat / amor me blandiciis P. BLOIS *Carm.* 14. 3a. 47. **b** quando judex irritatur / ut offensa remittatur / excute marsupium WALT. WIMB. *Van.* 54.

3 to aggravate, make worse.

morbus ille .. ~atus et exacerbatus *V. Chris. Marky.* 48.

4 to spoil (crops).

786 ut si qua zizania messem .. inritasset, funditus eradicare .. studuissemus ALCUIN *Ep.* 3 p. 20.

3 irritare [LL *backformed from* CL irritus]

1 to make void, invalidate, cancel: **a** (leg.); **b** (eccl.); **c** (fig.).

a non poterit aliquis heres remotior donationem ipsam ~are GLANV. VII 1; **1199** predictam concessionem omnino ~amus *RChart* 64; **a1230** ne .. ista mea quieta clamacio possit ~ari *CarT. MONt. S. Mich.* 81; **s1264** in quo dictu seu arbitrio .. ~avit omnes provisiones Oxonienses *Chr. Clun.* 102 f. 31; **1306** volentes omnimodas occupaciones .. hactenus introductas irrittari imposterum *BBC* (*Swansea*) 15; **1381** dictas litteras .. ~avimus WALS. *HA* II 21. **b** **1187** si quid .. contra nostram prohibitionem fuerit attemptatum, apostolica auctoritate ~amus (*Lit. Papae*) DICETO *YH* II 49; litteras domini pape super ~andis resignacionibus persecutionis tempore factis .. furtive subtraxistis GIR. *SD* 36; **1245** si .. contigerit predicti domini episcopi ordinationem ~ari *Ch. Sal.* 294; **1295** immunitates .. ~avimus *Reg. Carl.* I 51; unde et eam [sc. eleccionem] ~amus GRAYSTANES 3 p. 37. **c** insane proditor .. / .. / .. irrita stultum commercium, / et Jhesum iterum duc ad emporium WALT. WIMB. *Carm.* 462.

2 (pr. ppl. as adj., Sc. law) invalidating, 'irritant'.

ipso jure nulle existant et invalide cum decreto ~ante *Conc. Scot.* II 169.

1 irritatio [CL], incitement (to anger), provocation, baiting.

in impii judicis ~one W. NEWB. *Serm.* 887; ut .. nulla amicorum .. adulatione vel hostium ~one descendat de cruce J. FORD *Serm.* 99. 4; **1292** in verberatione seu ~one ursi *SelCCant* 554.

2 irritatio [ML], invalidation, cancellation.

1340 ~onem et annullacionem *Reg. Brev. Orig.* 52v; **1451** nulli .. nostre reservacionis, cassacionis, ~onis .. infringere *Mon. Hib. & Scot.* 386.

irritator [CL], one who incites, instigator.

irrito .. i. provocare .. et inde ~or .. et irritatus .. et hec irritatio .. et hoc irritamen OSB. GLOUC. *Deriv.* 501.

irritatorius, inciting, provocative.

quomodo [Cristianus] verbis ~iis gigneret pugnas WYCL. *Ver.* II 98.

irritatrix [LL], inciting (to), encouraging.

habebat .. penes se, rege inscio, literas domini pape .. facte jam concordie ~ices W. NEWB. *HA* II 25 p. 161.

irritt- v. irrit-.

irritus [CL]

1 invalid, not ratified, (made) void. **b** (*~um facere*) to make void, cancel. **c** (*~um habere*) to treat as void, to consider invalid. **d** (*in ~um*) to no effect.

Gabaonitarum ~um foedus, calliditate licet extortum, nonnullis intulisse exitium GILDAS *EB* 1; si jusjurandum vel votum quod puella in domo patris, nesciis parentibus, .. volens fecerit judicatur ~um .. W. MALM. *GR* III 238; quicquid imperatori verbo seu scripto concesserat ~um esse debere .. censebant ORD. VIT. X 1 p. 6; secundum solitum ordinem judiciorum procedat, alioquin ~a vel nulla erit sententia RIC. ANGL. *Summa* 35 p. 74. **b** **615** nostra decreta si quis .. ~a facere temptaverit (*Lit. Papae*) W. MALM. *GP* I 30; **675** (12c) si quis haec scripta .. ~a facere nitetur *CS* 37; ut factum .. ~um faciam BEDE *HE* II 12 p. 108; **858** hoc infringere vel ~um facere *CS* 496; si quid .. per placitum factum est, stare non debet et ego ~um facio ANSELM (*Ep.* 331) V 265; omnes eorum allegationes instantia sua dissolvit et ~as fecit W. MALM. *GP* III 125. **c** **813** si quis .. constitutionem inritam habere et in oblivionem deducere .. *CS* 342; **1102** ut fides inter virum et mulierem occulte et sine testibus data de conjugio .. ~a habeatur *Conc. Syn.* 677; ne imposterum hec conventio ~a habeatur *Cart. Colne* 30; malens .. verbum .. quam factum ~um habere GIR. *EH* I 46. **d** **680** (14c) ut nullus post obitum nostrum hoc donativum in ~um facere praesumat *CS* 47; religionem in ~um redegissent et in confusionem *Tract. Ebor.* 664; **1138** etc. (v. devocare 2b); factum proprium in ~um revocare voluit NECKAM *NR* II 123 p. 202; **s1241** consideravit nempe si totam severitatem expenderet, forsan legatus pape qui tunc aderat in ~um duceret, regemque ad deteriora provocaret HIGD. VIII 232.

2 (of effort or enterprise) ineffectual. **b** (of person) thwarted in purpose.

nolo fidem frangas, licet irrita dicta putentur ALDH. *Aen.* 41. 1; **1126** nunc pater cave, ne preces nostre que, ut estimamus, tibi transeunti profuerunt, causa tui ~e videantur *Ep. Anselm. Bury* 97; **s1135** omnes ejus conatus ~i fuissent nisi .. W. MALM. *HN* 460; sed gravis in nihilo labor irritus ille resedit L. DURH. *Dial.* II 409. **b** preter assultus quos regiis castellis ~us fecerat W. MALM. *GR* V 397; hunc [sc. regem Adalgisum] ad necem vel expulsionem viri Dei Ebroinus epistolis cum temptasset .. ~us fuit *Id. GP* III 100 p. 221; **s1139** castellum Hunfridi de Buhun, .. vocabulo Trobrigge, invasit, set ~us abiit *Id. HN* 479.

irrogare [CL]

1 to inflict, impose (punishment, violence, insult, *etc.*). **b** (w. inanim. subj.) to wreak (damage); **c** (w. double acc.).

686 injuriarum sibi injuste ~atarum [immemor] THEOD. *Ep.* 171; 'pravum judicet inrogetque mortem' inroget, inferat, *tobringe GlP* 237; calumnia hujus contumeliae Deo ~atae ANSELM (*CurD* 22) II 90; cumque multa convitia ~arent, adolescens ille non respondit eis verbum W. S. ALB. *V. Alb. & Amphib.* 6; agricole .. boves inique stimulando ob vindictam alicujus rei sibi a dominis ~ate exagitant COGGESH. *Visio* 26; **1289** violentiam .. ~averint (v. civitatensis); **s1308** blasplemiam in †Deo [? l. Deum] ~atam (v. blasphemia 1); enormes injurias ~avit OCKHAM *Pol.* III 300. **b** **s1173** mare erupit .. ~ans enormia damna W. CANT. *Mir. Thom.* VI 161. **c** **s1247** mare etiam, contra suum morem consuetum, non ascendit vel refluxit per duos dies, et tertio solitas metas transiens dampna finitimas ~avit non minima M. PAR. *Min.* III 20.

2 (leg.) to impute, allege, bring (charge); **b** (p. ppl. as sb. n.) charge, allegation.

detrahendo et improperia ~ando, aut contra eos alios provocando OCKHAM *Dial.* 707; inter mulierem et sacerdotem litigium erat, et a sacerdote sibi generi homicidium ~atur *Latin Stories* 60. **b** si quis a nativitate surdus et mutus sit, ut sua vel alterius nequeat ~ata confiteri, emendet pater ejus forisfacta sua (*Leg. Hen.* 78. 6) *GAS* 595.

3 to attribute, ascribe.

993 et cunctis mulieribus nitidis praedictis taumatibus decus ~atur *Chr. Abingd.* I 359; dum invento corpori, quod prorsus ignorat, Miltrudis nomen pro Mildretha ~at GOSC. *Lib. Mild.* 12 p. 81.

4 ? to attach.

aspiciendi sunt nodi illius umbellici qui irrogitur matrici M. SCOT *Phys.* 19.

irrogatio [CL], infliction (of injury).

injusticia in duobus versatur: in injurie ~one et in injurie irrogate negligentia W. DONC. *Aph. Phil.* 6. 9; **1163** in ~one damnorum (v. dilapidare 2c).

irrollare [AN *enroller*, OF *enrouler* < inrotulare], to enter on roll or register, enrol.

justiciarii autem assidentes verumdictum illorum inrollaverunt BRAKELOND 139; solebat ponere homines suos in plegios et ~are et renovare singulis annis (*Reg. Bury S. Edmunds*) *MonA* III 164.

irrorare [CL]

1 to bedew, moisten (w. dew or water); **b** (w. tears, blood, humour, or sim.); **c** (fig.).

de aqua ro[sarum] .. ~etur GILB. II 94v. 2. **b** caput .. fletibus ~atum *Ep. Anselm.* (149) IV 9; faciesque lacrimis .. ~abant R. COLD. *Godr.* 302; quedam fumositas .. siccitatem eorum [sc. spiritum] ~at *Quaest. Salern.* B 77; sudor sanguineus et cutis irrorans J. HOWD. *Cant.* 329; ~ate ergo terram et mundate nigredinem DASTIN *Ros.* 10. **c** doctrina Dei .. / arida divinis irrorans corda scatebris ALDH. *CE* 4. 10. 14; .. fragili da verba poetae / irrorans stolidum vivaci flumine pectus ALCUIN *SS Ebor* 5; proflua predicatione populum ~avit W. MALM. *Wulfst.* I 14; nova conspersio non jam finitimas set et exteras nationes sic ~averat *Mir. Wulfst.* I 17; ut moveat lacrimas, animos emolliat, agrum / pectoris irroret, funde salutis aquam GARL. *Epith.* II 498; Christi serotinus nos ymber irroret J. HOWD. *Cant.* 28; ROLLE *IA* 145 (v. 1 cauma b).

2 (trans.) to sprinkle like dew. **b** (intr. w. dat.) to fall like dew (upon).

praesul .. sacratas aquas debilitato ~at corpori FOLC. *V. J. Bev.* 253; HERM. ARCH. *prol.* p. 24 (v. guttatim); myrrha .. de labiis Jesu non corporibus sed animabus medendis ~atur J. FORD *Serm.* 23. 91. **b** Caecilia flammivomis balneis includitur, sed fonte vitae ei ~ante non comburitur HON. *Spec. Eccl.* 1030A.

3 to water, feed, nourish (also fig.).

ast ubi credentes inrorat dogmate claro *Mir. Nin.* 158; ut opus meum sanguine ipsius ~aretur et staret G. MON. VI 19; hujusmodi [humoris] autem fomento ager humane nativitatis [i. e. *the womb*] ~atur [TREVISA: *is ifed and inorischid*] BART. ANGL. VI 3.

irroratio [LL], bedewing, sprinkling; **b** (fig.).

tergo verso non est ~o timenda G. MON. IX 7; sicut ~o fabri carbones fortiter accendit FISHACRE *Serm.* 2. 131; triumphantes tres in incendio, / quibus ignis est irroratio J. HOWD. *Ph.* 929; ~o aque rosate in faciem est conveniens in humoribus crudis GAD. 6. 1. **b** **1239** cum R. clericus .. mee parvitatis parvula sit portiuncula, rogo .. quod et ipsa a vestre dilectionis ~one non sit exclusa GROS. *Ep.* 78; radices suas ad humorem celestis ~onis emisit *Mir. Hen. VI* II *prol.* p. 77.

irrotulamentum

1 entry on roll, enrolment, record: **a** (of royal administration); **b** (leg.); **c** (of parliament); **d** (mun.); **e** (man.).

a **1270** prout patet in alio ~o anni .. quinquagesimi secundi *Cl* 241; **1278** Elias venit et dicit .. quod .. sit vocatus ad warrantizandum ~um cancellarii domini regis inde factum *PQW* 185; **1332** quod ~um inde, in rotulis Cancellarie factum, a rotulis illis retraheretur *G. S. Alb.* II 260; **1353** visis indenturis et literis nostris predictis vel ~is eorundem in Scaccario predicto *RScot* 759b; **1504** inspeximus tenorem ~i cujusdam bille *Pat* 593 m. 11. **b** sequens ~um invenietur in rotulo placitorum de Scaccario *Chr. Peterb.* 127; et si [defendens] per veredictum juratorum vel forte per ~um scripta illa verificavit *Fleta* 232; tale factum fuit ~um .. *State Tri. Ed. I* 30; si .. per ~um scripta illa verificaverit *Reg. Brev. Orig.* 200v; **1542** recorda et ~a curie augmentacionum *Deeds Balliol* 164. **c** duo clerici immediate subjecti regi et parliamento suo .. nisi forte unus justiciarius vel duo assignentur eis ad examinanda .. eorum ~a *Mod. Ten. Parl.* 15. **d** **1201** (14c) comes [Norfolcie] habet transcriptum hujus ~i penes se (*Ipswich Little Domesday*) *Gild Merch.* II 124. **e** **1359** pro copia hujus ~i habenda iij s. iiij d. *Cart. Glam.* II 11.

2 (*sensu latiore*) written record.

1291 ad investigandum .. cartas, instrumenta .. rotulos et ~a .. nos et regnum quoquo modo tangentia *RScot* 3a; **c1430** sicut tapitarii hujus civitatis habent ex recordo et ~o hic in camera *Mem. York* I 191.

irrotulare

1 to enter on roll, enrol: **a** (of royal administration); **b** (leg.); **c** (parliament); **d** (mun.); **e** (eccl. & man.).

a **1182** O. O. r. c. de dim. m. pro cyrographo inrotulando *Pipe* 107; **1218** mandatum est E. thesaurio .. quod hanc concessionem inrotulari faciant *Pat* 154; debita .. in nostro scacario .. faciant ~ari *Leg. Ant. Lond.* 104; **1295** cujus littere transcriptum ~atum est in Garderoba regis, et non hic (*Cl*) *Foed.* II 673; recepit .. rex homagium resignatum et precepit ut inrotularetur in rotulis Cancellarie sue W. GUISB. 276; **1415** breve regis .. ~atum in memorandis *Analog. Cant. Pilg.* 1. **b** **1203** cirographum .. quod in loquela illa inrotulatum est *CurR* II 300; **1227** mandatum est justiciariis .. quod .. faciant ~ari quod domum predictam eis quietam reddidit *Cl* 6; **1236** carta illa inrotulata fuit coram eisdem justiciariis *BNB* III 187; **1286** istud starrum recognitum est et ~atum inter starra de termino S. Trinitatis *Starrs* I 20; **1286** ista confirmatio est inrotulata ad bancum regis *Deeds Balliol* 9; **1291** justiciarii .. calumpniam non admiserunt nec ~averunt *State Tri. Ed. I* 2; scriptum obligatorium .. coram justiciariis .. in banco

communi ~atum *Meaux* III 15. **c** quarum litterarum una liberabitur clericis de parliamento ad ~andum *Mod. Ten. Parl.* 2. **d** inrotulatum est in rotulis camerariorum civitatis *Leg. Ant. Lond.* 149; **1303** per testamentum .. Osberti, probati et ~ati [? l. probatum et ~atum] in hustengo Londoniis *MGL* I 122; **1304** composicio ista in paupiro Guyaule Londonie .. fuit inrotulata *BB Wint.* 11; **1369** presens testamentum .. in magno papiro aule gilde ~atur *RR K's Lynn* II 93; **1412** ~ari in .. rotulo (v. 2 buffettum b). **e 1236** pax formata est .. super quibusdam libertatibus et consuetudinibus .. et sic inrotulatum est *Cust. Battle* 136; **1269** essoniis .. seriatim ~atis, .. primo optulationes partium inscribantur *CBaron* 83; **s1274** taxaverunt bona spectancia huic domui ad mm m., cujus decima fuit .. cc m. et ~averunt tantam summam, cujus irrotulacionis transcriptum hoc est *Chr. Peterb.* 21; **1291** W. pro premissis in plena curia recordat' et inrotulat' dat domino x s. *SelPlMan* 40; **1441** omnia facta et munimenta subscripta pro terris .. in dominio de Ogmore ~entur in hiis verbis *Cart. Glam.* II 144.

2 (w. *contra*) ? to enter on a counter-roll. (*V. et. contrarotulare* b).

1302 Waltero clerico domini J. de Kingeston' ~anti contra Robertum de Wynepol clericum domini regis pro expensis suis *KR Ac* 482/20 r. 3.

3 to enter in book or register, to record, list.

1238 hec concordia indentata non habet sigillum quia forte ~atur in Domesday *Cart. Chester* 121 p. 138; istud est ~atum in Domesdeye de Scaccario *Reg. S. Aug.* I 8; **s1070** inrotulans episcopatus et abbatias pro voluntate sua, quot milites sibi .. voluit a singulis exhiberi M. PAR. *Min.* I 13; **1376** liber .. memorandorum civitatem Ebor' tangencium et in hoc volumine ~atorum *Mem. York* I 1; **s1402** capto .. presbytero apud W. qui scripserat nomina multorum in matricula .. et cum interrogatus fuisset quare tales ~asset, dixit .. WALS. *HA* II 249.

irrotularius, enroller, registrar.

1338 domino W. de E., ~io, vj s. viij d. *Gild Merch.* II 334.

irrotulatio, enrolment, record: **a** (of administration); **b** (leg.); **c** (mun.); **d** (eccl. & man.).

a 1215 inspectis .. scriptis et ~onibus *Cl* 202a; **1255** inrotulacionem illam, factam in rotulis, extrahi et .. cassari faciat *RGasc* I 434b; pro fine facto in Cancellaria, et pro ~one ejusdem .. l li. ix s. AMUND. II 295. **b 1230** cujus loquele ~o est plenius in rotulo de termino S. Trinitatis proximo *CurR* XIV 862; **1237** (v. imbreviare a); super istam falsam ~onem *State Tri. Ed. I* 63; **1382** sicut ex literis eorum et ex irrotulatione curie clare patet *Reg. Aberd.* I 149. **c** ille major contra .. ~onem et contra mandatum .. regis a .. civibus magnam pecuniam extorqueri nitebatur *Leg. Ant. Lond.* 149; exigebant ab eodem quandam pecunie summam contra .. ~onem *Ib. app.* 241; aldermanni .. nihil solvere solebant pro ~onibus chartarum sive factorum *MGL* I 35. **d s1274** (v. irrotulare 1e); **1275** H. E. dimisit .. Willelmo Fabro dim. acram prati .. et pro hac inrotulacione .. W. dat domino ij s. *SelPlMan* 28; **1341** pro ~one quiet' clam' Roberti de Leham pro Bernewelle ij s. (*Ac. Ramsey*) *MinAc* 1259/7 m. 7; **1421** J. B. pro ~one placitorum et pro diversis brevibus .. iij s. vij d. captis inter .. episcopum et R. T. cujusdam inquisicionis de manerio de F. *Ac. Durh.* 618.

irruere [CL]

1 to rush (toward or into): **a** (person or place); **b** (condition).

a cum .. tumultus inruentium turbarum non facile ferret BEDE *HE* III 19 p. 167; ~unt alii in ecclesiam, alii non valentes ingredi propter condensum populum *V. Edm. Rich P* 1818A; doloris gladius pertransit animum / et meror irruit in cordis intimum WALT. WIMB. *Carm.* 264; turbis ~entibus ad Jesum *Eul. Hist.* I 75. **b** quorum [sc. doctissimorum] .. multos sacerdotio ~entes GILDAS *EB* 66.

2 to rush (forward with hostile intent). **b** to charge, attack (trans., also absol.).

persecutores ~unt et comprehendunt, gaudentes sicut exultant victores capta preda GOSC. *Transl. Mild.* 23; ~ens cum suis in Roberti consodales *G. Steph.* 51; cum grandi exercitu convenit ut in terram nostram .. ~ant ORD. VIT. VIII 11 p. 330; ad litus proximum certatim ~entes GIR. *EH* I 3; **1280** in familiam et crucem meam [sc. archiepiscopi Ebor.] .. ~it violenter, ipsam crucem in partes .. confringendo *Conc.* II 43; ribaldus .. paravit in militem ~isse WALS. *HA* I 464. **b** vidit .. draconem ursum sepius ~entem G. MON. X 2; a vultu tremo pavidus irruentis / qui ad rapiendum se semper extendit J. HOWD. *Cant.* 351.

3 (of natural force) to rush down, fall (upon); **b** (of emotion).

quis usquam ~ente incendio domum suam, eo presente ea indefensa, longe peregrinatur ad extinguendum alienum incendium? R. NIGER *Mil.* III 82; aer tonat, terra nutat, desuper crebro ~unt tempestates, fulgura choruscant *Hist. Arthuri* 90; **s1271** ventus .. super ecclesiam .. ~it (v. campanarium a); nimis splendor ~it super imperatorem *Ann. Exon.* 5. **b** timor ingens ~it in Lollardos STRECCHE *Hen. V* 148.

4 to ruin, destroy.

petens posset interim decedere, et sic breve et processus ~entur de toto HENGHAM *Magna* 11.

irrugare [CL], to wrinkle, crease.

~are, hirsutum facere OSB. GLOUC. *Deriv.* 297; gratior irrugat ritu lascivia braccas / Teutonico HANV. II 112.

irrugire [LL], to cry out in pain, lament, wail.

~ire animo cepit ac flens largius cum gravi suspirio dixit .. R. COLD. *Godr.* 272; vocem cum fletu elevans ~iit ululatu vehementi J. FORD *Wulf.* 59; dolorosis ~iens gemitibus MAP *NC* IV 6 f. 50; **s1134** quasi alto vulnere saucius ~iit M. PAR. *Min.* I 248; mater .. ubi .. erumpentes lacrimas continere penitus non valeret, ~iit *Mir. Hen. VI* III 90.

irrumpere [CL]

1 to force a way or burst into (place). **b** (intr.) to force a way or burst (into).

ut numquam ulterius serpens irrumperet antrum ALDH. *VirgV* 2405; domum ab undique inrumpentes [v. l. interrumpentes] variorum monstrorum diversas figuras introire prospicit FELIX *Guthl.* 36 p. 114; **802** nec equi indomiti inrumpant ostia camerae ALCUIN *Ep.* 244; inrupit altum limen, ~it *inbræc GlP* 330; illas [sc. domos] .. quas firmas invenit, postquam eas ~ere nequit, ad extremum invitus dimittit *Simil. Anselmi* 76. **b** illuc pervolans pulsatas fores irrupit, ~ens ad cubile pervenit G. CRISPIN *Herl.* 51.

2 to rush in on or against (an enemy). **b** (intr.) to rush (in on or against an enemy).

anxius esset quod circumvallantem exercitum ~ere .. non posset ORD. VIT. XIII 34 p. 100. **b** in eum ~unt ASSER *Alf.* 97 (v. despoliare b); Offa .. per medium miserorum ~it MAP *NC* II 17 f. 29v (v. harundinetum a); "hoc ego sum" ait Luelinus, "quem multi .. conabuntur opprimere, et semper contra omnium vota violenter ~am" *Ib.* II 23 f. 31v; **s1403** H. Percy .. irrupit in exercitum regis (v. deambulatorius 2d).

3 to invade, breach, make incursion against; **b** (intr.).

advecti navibus inrumpunt terminos BEDE *HE* I 12 p. 26 (cf. GILDAS *EB* 16: rumpunt terminos); insulam Tanetum .. insperati ~unt GOSC. *Transl. Mild.* 3; partes Anglicanas irrupit W. CANT. *Mir. Thom.* VI 92 (v. Flandrigena); juvenem quemdam cum armata manu Guaterfordie muros violenter irrumpentem GIR. *EH* II 17. **b** Christianos violenter in urbem irrupisse viderunt ORD. VIT. IX 15 p. 607; a finibus aquilonis irrupit barbarica rabies OSB. CLAR. *V. Ed. Conf.* 3 p. 72; **c1168** in orientem irrupisset (v. facies 11b); **1415** construi .. fecit consimilia munimenta pro hiis qui die noctuque in adversum dicti fortissimi fortalicii, ne ab eodem hostes ~erent, vigilabant *G. Hen. V* 6.

4 **a** to intrude into, to usurp. **b** to intrude into, desecrate. **c** (intr.) to intrude (into).

a †**663** [for ?**693**] (14c) isti praefati [sc. testes], ne sequentium rapacitas praecedentium ~eret instituta, hiis verbis inhibucionem indidisse videntur *CS* 121; **1257** suam libertatem .. pertinaci temeritate ~entes *Mem. S. Edm.* II 263. **b** me .. magno terroris impulsu ecclesiam irrupisse scio GOSC. *Transl. Mild.* 19; sanctuarium .. ~ere AD. MARSH *Ep.* 147 (v. furere 1b). **c** episcopi .. fere omnes intruduntur et regia violentia in ecclesias cathedrales ~unt GIR. *GE* II 34 p. 338.

5 to penetrate, extend into.

alter [sinus] .. Brittaniae terras longe lateque inrumpit BEDE *HE* I 12 p. 25.

6 (fig.) to intrude into, make inroad into. **b** (intr.) to intrude (into).

his duobus spiritualibus inquinamentis auctor inquinationis mentem ~it W. CANT. *Mir. Thom.* IV 1. **b** si detur possibilitas ~endi in pudicitiam integritatis tue *V. Fridesw.* 11.

irrumpibilis [LL *gl.*], unbreakable (fig.).

sacramentum .. ecclesie omnino est ~e VAC. *Mat.* 6.

irrupatio v. irruptio.

irruptio [CL]

1 breaking or bursting in (of natural force).

diluvii ~onem ALDH. *VirgP* 29; **1358** monasterium .. ex incendio maneriorum .. et irrupacione [*sic*] subitanea stagnorum aquaticorum piscabilium .. ad .. inopiam est redactum *Eng. Clergy* 110; de ~one aquarum Humbrie in grangiam nostram *Meaux* III 182; per ~ones et reverberationes valvarum contra aquam Humbrie *Ib.* 184.

2 assault, violent attack; **b** (fig.).

monachum .. ab eorum molestissima ~one liberatum OSB. *Mir. Dunst.* 26; cujus [sc. regis Libie] ~o illos quos ducebat omnino disgregavit G. MON. X 9; nitebantur .. Christicolas ad ~onem illicere contra primas cohortes ORD. VIT. XIII 10 p. 20. **b 688** quod si quis superba praesumpserit inruptione infringere aut minuere per tyrannidem hanc a me actam donationem sit separatus ab omni societate Christiana *CS* 72; rursum adloquitur omnes .. ne rupto interius foedere fraternitatis pandatur exteris janua nocivae inruptionis, juxta exemplum Hebreae plebis *Hist. Abb. Jarrow* 25.

3 invasion, incursion.

inde barbarorum inruptio timebatur BEDE *HE* I 12 p. 27; **s793** paganorum ~o totam regionem .. depredavit *AS Chr.*; barbarorum ~one G. MON. XI 10 (v. delere 2b); borealibus insule partibus per crebras Dacorum .. ~ones valde corruptis GIR. *DK* I 6; ob arcendam ~onem Pictorum J. FURNESS *V. Kentig.* 11 p. 183.

4 bursting asunder, breaking; **b** (fig.).

quod et venis incisio / necnon nervis irrupsio [v. l. necnon et nervis rupcio] / certis apparent litteris J. HOWD. *Cyth.* 56. 5. **b c802** cum .. liqueat cum eodem homine amorem discordiae ex inruptione caritatis de hoc loco veluti egredi *Ep. Alcuin.* 247.

irruptor [ML], one who breaks in (to steal).

fur argutissimus et vehementissimus in alienas ~or opes MAP *NC* II 23 f. 31v.

irrutilare [LL], to shine or glow red. **b** (transf.) to shine out, shine forth.

crinibus irrutilet color auri VINSAUF *PN* 564; sive quod mundi hujus tenebris velut sol quidam jugiter oriens ~are habeat J. FORD *Serm.* 67. 9. **b** nisi quod in sponse sue facie, velut in speculo suo sponsi decor clarius ~at *Ib.* 5. 1; lumen porto quod nubilus aer / irrutilare vetat H. AVR. *Poems* 6. 110.

irudo v. hirudo. **irundo** v. hirundo.

1 is, ea, id [CL Cf. eapropter, ejusmodi, eocirca, eousque. *Orthog.*: *besides CL forms, dat. sg.* eii *SelCCoron* 9 (**1267**), hei *CS* 467 (?**853** [9c]), 507 (**863** [9c]); *dat. or abl. pl.* eiis *Regesta Scot.* 17 (c**1168**), 160 (c**1175**), is ORD. VIT. XIII 26 p. 68 (v. et. 18 infra). *Pros.*: īd ALDH. *VirgV* 2576 (v. 5a infra); eorum *as disyllable by synizesis Ib.* 1924: ubĭ est deus eorum (= *Psalm.* lxxviii 10)].

1 (pron., w. ref. to person, thing, *etc.* already mentioned or implied, or understood in context) he, she, it, that person, that thing, *etc.*; **b** (illustrating redundant or resumptive use); **c** (exx. illustrating var. anomalies of gender or declension); **d** (ex. illustrating anacoluthon); **e** (w. ref. to preceding dir. speech); **f** (after rel. pron. or adv., *cf.* 9 *infra*); **g** (after *si quis*, *quisquis*, *quicumque*, or sim.).

Deo gregique ejus GILDAS *EB* 32; haec .. lecta [sc. sunt] ut ea .. custodiretis *Ib.* 107; carnifex .. pedibus ejus [sc. Albani] advolvitur ..; dum ergo is [sc. carnifex] .. factus est collega .. fidei .. BEDE *HE* I 7 p. 20; intrare ad eam et benedicere illam *Ib.* V 3 p. 285; quercus vix flectitur .. / sed frangit hominis dextra .. eam ALCUIN *Carm.* 93. 10; contra sex naves .. belligeravit, et unam ex eis cepit ASSER *Alf.* 48; mino oves meas ad pascua et sto super eas [AS: *ofer hig*] ÆLF. *Coll.* 91; ego do regi quicquid capio, quia sum venator ejus [AS: *hys*] *Ib.* 93; [mercator] cui vernula quidam / .. fuit subjectus, eumque / dilexit nimium WULF. *Swith.* II 303; **1104** gratias ago .. celsitudini vestre, amando eam ANSELM (*Ep.* 321) V 250; Saxones decretum .. protulerunt, sed id Ethelwulfus .. infirmavit W. MALM. *GR* II 113 p. 118; successit Gregorius [papa], ei item Johannes .., illi Silvester *Ib.* II 167; .. ut archiepiscopi consensus eliceret; is quominus haberetur, nichil dubitandum *Id. GP* I 44 p. 71; Guillelmus Rufus .. obiit, eoque .. sepulto Henricus .. sceptrum regni suscepit ORD. VIT. V 9 p. 375; bonitas Deus est, isque dat omne bonum L. DURH. *Dial.* IV 266; venit ad Nordwic et eam predatus est H. HUNT. *HA* VI 3. **b** sunt homines quos .. historiae ora non habere perhibent .. et nullis eos cibis vesci *Lib. Monstr.* I 21; cujusdam comitis .. uxor ejus [v. l. uxor] .. languore detinebatur *V. Cuthb.* IV 3; hanc terram misit extra firmam et cuidam suo homini dedit eam *DB* (*Gloucs*) I 162vb; mutatum .. Cuminum / .. tam cito miror eum L. DURH. *Dial.* III 260; **1237** quod .. lampredas .. perquirat ponendas in pane .. et eas .. regi mittat dum rex fuerit ita remotus a partibus illis; et, cum appropinquaverit ad partes illas, eas recentes ei mittat *Cl* 420; **1255** dictum hominem .. super unam herciam eum ponens magnas penas ei intulit *SelPlForest* 20. **c** dum hujusmodi apta reppertaque persona fuerit, eum .. dirigemus .. (*Lit. Papae*) BEDE *HE* III 29 p. 198; **670** (14c) multatus sit infernalis ergastuli poena demersus. quam eo [*for* ei] daemon .. paravit *CS* 25; hoc altare maneat, vel haec altaria maneant .., ut quidquid .. super

eum vel eos oblatum .. fuerit .. EGB. *Pont.* 42; hoc corporale .. seu haec linteamina .. consecra, quatenus super eum vel super haec .. *Ib.* 44. **d** miles .. videns quod ex pia causa domina hoc fecerat, ei placuit et eam .. visitavit *G. Roman.* 412. **e** ".. super aethera vitam." / vix ea fatus erat .. WULF. *Swith.* II 502. **f** **679** unde normam sacrorum canonum .. emanare cognosco .., ex eo meae humilitatis justitiae censuram .. praestolor conservari (*Petitio Wilfrithi*) EDDI 30; ut cui .. in terris servivimus, ad ejus videndam claritatem pariter transeamus ad coelos BEDE *CuthbP* 28. **g** quanto quis tempore moratur in peccatis, tanto ei augenda penitentie est GILDAS *Pen.* 14; **673** ut, quaeque monasteria Deo consecrata sunt, nulli episcoporum liceat ea .. inquietare (*Conc.*) BEDE *HE* IV 5 p. 216; in quocumque membro quis .. peccaverit, in eo ampliora .. patietur tormenta *Id. Prov.* 997; **821** (12c) si quis .. donationem infringere temptaverit, auferatur ab eo requies perpetua *CS* 367; quisquis bene vivere novit / scit bene, Petre, more, nec moriens is obit L. DURH. *Dial.* IV 322.

2 (used instead of refl. *se* or *suus*): **a** (w. ref. to subj. of same cl.); **b** (w. ref. to subj. of principal cl.).

a mulier quae vovit ut post mortem viri ejus non accipiat alterum THEOD. *Pen.* II 12. 13; **736** (8c) potestatem habeat .. cuicumque voluerit, vel eo vivo vel certe post obitum suum, relinquendi *CS* 154; **766** (11c) partem aliquam agelli .. Milredo .. largitus sum .., ut eo vivente bene utens possideat *CS* 221; occisis filiis ejus coram eo ipse .. traductus est in Babylonem [cf. *IV Reg.* xxv 7] R. NIGER *Chr. I* 9; ei videbatur spiritum emittere, nisi cum sorore sua libidinem suam posset implere *G. Roman.* 399; [rex] adduxit .. cum eo .. fratrem suum KNIGHTON I 241; **a1380** quidam in eorum primo adventu .. ordinis scolastici .. formam ignorantes *StatOx* 178. **b** habentes defensorem .. qui eos .. protegeret BEDE *HE* II 2 p. 84; contribulibus suis coepit invidere, quod eo plus fervent in Dei amore ORD. VIT. III 2 p. 21; rex .. ferens indigne quod .. R. regnum suum .. impugnaverat, eo non diffidato nec certiorato, .. DICETO *YH* II 55; precepit ut omnes .. ad eum .. convenirent CIREN. I 22.

3 (w. conj. *et* or *-que*, introducing further qualification of preceding sb.) and he (too) .., and that (too) .. (*etc.*).

[amicitia mundi] terrena bona ad tempus et ea [v. l. eo] cum dolore amittenda tribuit BEDE *Ep. Cath.* 33; divinitas .. miracula multa et ea permaxima ostendens W. MALM. *GR* III 253; gazas in quattuor divisit, unam et eam optimam portionem Romane dandam ecclesie *Id. GP* III 109 p. 243; ipsa se terra sponte subrigit in fructus, eosque sapore .. prestantes *Ib.* IV 153.

4 (n. sg.) that fact, action, circumstance, or sim. (previously mentioned or implied); **b** (in apposition to preceding indir. qu.; *cf.* 11e *infra*). **c** (*eo* preceded by correlative *quo*) by that fact, action, *etc.*, by so doing (*cf.* 11f *infra*). **d** (*ob id*) on account of that, therefore, consequently (*cf.* 11b, g *infra*). **e** (*sub eo*) (app.) under that condition.

'[Hierusalem] ad Deum suum non accessit' [*Soph.* iii 2], et id quare ostendit: 'principes ejus ..' GILDAS *EB* 87; "auctoritates inducam". "id est quod .. desidero" PETRUS *Dial.* 38; quidquid obstantia penetrat, .. id celeritate sumpta .. efficit ADEL. *QN* 67; multa offerre, plura polliceri; ubi id parum procedit, .. insidias temptat W. MALM. *GR* II 167 p. 194; Brennius .. Romam adivit ..; id autem Itali scientes deseruerunt Germanos G. MON. III 9; si .. Brito querere nodum / estuet in scirpo, quis moveatur eo? L. DURH. *Dial.* III 208; o quam .. honorificum est regi abstinere a multiloquis, nisi id [sc. multum loqui] necessitas requirat *Quadr. Reg. Spec.* 34 (cf. BACON V 49: nisi necessitas hoc deposcat). **b** utrum plures [sententiae] verae esse possint, id quidem dubito, falsas autem omnes esse id non juro ADEL. *QN* 76 p. 68. **c** quo .. averterant [sc. auditum], eo sese aeternae morti destinabant BEDE *Prov.* 945A. **d** multae .. veritatis vir et ob id .. honorabilis BEDE *HE* III 15 p. 157; maxime pars Britonum Severum deseruit ..; nec ob id ab inceptis suis destitutus est Severus G. MON. V 2. **e** **1255** dedit ei quinque solidos quod posset sub eo quietus recedere *SelPlForest* 20.

5 (*id est* introducing explanation, definition, translation, specification, or sim.) that is, that is to say (sts. written *idest*); **b** (*id sunt* in sim. use); **c** (*id erat*).

radios suos .. indulget, id est sua praecepta, Christus GILDAS *EB* 8; diem unum jejunet in ebdomada, id est usque ad vesperum THEOD. *Pen.* I 2. 20; microcosmum, id est minorem mundum ALDH. *VirgP* 3; comites pravos, īd est [vv. ll. idem, hoc est; *Canisius*: itidem] mendacia mille, / fraudes .. *Id. VirgV* 2576; gustavit [*Prov.* xxxi 18] .. id est aperte didicit BEDE *Prov.* 1033; pro utriusque regis, id est et occisi et ejus qui occidere jussit, salute *Id. HE* III 24 p. 180; iij canonici .. idest S., G., et S. *DB* I 2rb; *Ealdechirche* id est vetusta ecclesia W. MALM. *GR* I 20; arcuo, -as .. i[d est] curvare OSB. GLOUC. *Deriv.* 8. **b** **833** (14c) ut [terra] .. ipsis postsessoribus quorum propria hereditas, id sunt tres sorores B., A., W., assignata permaneat *CS* 410. **c** pro rescissione privilegii .., id erat ut abbas .. episcopo .. [non] subitiatur W. MALM. *GP* I 56 p. 107.

6 (n. sg. abl. in phr. *eo amplius*) more than that (following numerical expr.).

spatio bilustri temporis vel eo amplius praetereuntis GILDAS *EB* 1; **803** (11c) xxx annis et eo amplius *CS* 309; dimidiam .. servitii suam partem custodire cupiens et eo amplius augere ASSER *Alf.* 105; percunctationum alia simplex est .., alia duplex .. aut triplex .. aut eo amplius multiplex BALSH. *AD rec. 2* 157; ex decem et eo amplius solidis W. MALM. *HN* 483 p. 42; per quaterdenos vel eo amplius annos AD. EYNS. *Hug.* I 13 p. 40; 'iste vixit centum annos et eo amplius'; ad quod refertur hoc pronomen 'eo'? .. relativum refertur ad spacium centum annorum, etc. BACON XV 160.

7 (n. w. prep. in var. temporal exprs.): **a** (*ante ea* for *antea*) previously, before. **b** (*post ea* or *post eo* for *postea*) afterwards, later. **c** (*ex eo*) from that time, since then.

a **742** (9c) sit .. alienus a †regna [l. regno] Dei, nisi ante ea satisfactione emendaverit quot .. iniqui egessit [l. inique gessit] *CS* 162 (sim. *CS* 203 [**770** (8c)]; *CS* 247 [**785** (?9c)]). **b** **742** (9c) post eo hoc privilegium lecta .. fuisset [? *for* postquam .. lectum ..] *CS* 162; **804** (11c) si non habeat patrocinium in civitate W., post ea primum quaerat ad archiepiscopum *CS* 313; **811** (9c) sed post eo rex Offa .. terram .. abstulit ..; sed post ea .. *CS* 332 p. 462–3. **c** rex .. obiit, et ex eo usque nunc aecclesia terram perdit *DB* I 252vb.

8 (w. ref. to something about to be mentioned) this, this thing (which follows).

?**904** (12c) ne [omnia dicta aut facta] aut fusca oblivionis caligine oblitterata vel, incuria scriptorum .. id agente, ignorata regnantibus .. ad lites .. devenirent *CS* 612; W. MALM. *GR* I 5 (v. 13e infra).

9 (foll. by rel. pron. or adv; *cf.* 1f *supra*) he, she, that person (who, whom, *etc.*), that, that thing (which, from which, *etc.*); **b** (*id quod*, w. ref. to circumstance *etc.* indicated by adjacent cl.); **c** (*id quod* (*est*) introducing indeclinable or undeclined words).

eos qui se putant justos GILDAS *EB* 10; [Deus] non patitur nos temptari supra id quod possumus sustinere BEDE *Cant.* 1151 (cf. *I Cor.* x 13); figura .. metonimia .. vocatur, dum per continentem id quod continetur ostenditur *Id. Hab.* 1244; *Id. HE* II 7 p. 94 (v. 13b infra); ea quae nunc promittis adimplere ne differas *Ib.* II 12 p. 109; ut ad id unde digressus sum redeam ASSER *Alf.* 73; ABBO *Edm.* 12 (v. 13b infra); ejus .. quod nec fuit nec est .. nullum verbum esse potest ANSELM (*Mon.* 32) I 50; cum iis de quorum electione nemo fidelis dubitat *Id.* (*Ep.* 2) III 100; rex .. de terris eorum habet relevamen qui habent suam sacam et socam *DB* I 1rb; is qui cordis humani archana rimatur ORD. VIT. II 2 p. 226; Haimo .. eum quem nobilem noverat detinuit *Ib.* III 13 p. 134; Vitalianus .. ordinavit episcopum Theodorum eum qui scripsit librum penitentialem R. NIGER *Chr. I* 60; **1269** replegacionem predictam, ut eam que minus juste .. impetrata fuit, duximus revocandam *Cl* 97 (cf. ille 12b). **b** **884** si quis, id quod non optamus, corrumpendo foederaverit .. [? l. foedaverit, sc. hanc traditionem] *CS* 552. **c** pro eo quod est Latine 'obviare' in Graeco scriptum est ὑπαντῆσαι BEDE *Retract.* 1025; omnis grammaticus dicitur grammaticus in eo quod quale [i. e. *the category of quality*] ANSELM (*Gram.* 6) I 150; causa ejus quod est A est causa necessaria GROS. 196.

10 (m. pl., foll. by place name in gen.) the people, inhabitants (of ..).

vel Mercenses vel eos Westsexe H. HUNT. *HA* IV 19 (cf. ib.: Westsexenses, Westsexas).

11 (n. *id*, sts. after prep., related to var. following clauses): **a** (*id quod*) the fact, circumstance, *etc.*, that . . . **b** (*pro* (*ex*) *eo quod* in causal sense) on account of the fact that .., because. **c** (anticipates epexegetic cl. w. *ut* (*quatenus*), indir. qu., or acc. & inf.) this, this fact, matter, question, *etc.*, the following. **d** (*eo*, *ob id*, foll. by causal cl.) for the reason that ..) (*cf.* 12d *infra*). **e** (*eo*, *ob id*, or sim. foll. by final cl.) to the end (that ..). **f** (*eo*, foll. by correlative *quo*) by this means, by the act (of ..) (*cf.* 4c *supra*). **g** (*eo* w. prep., foll. by *quo*, in var. uses). **h** (*ad id* foll. by consec. cl.) to such a point (that ..) (in quot., w. gen. *locorum*; *cf.* 13b *infra*).

a [ecclesiam] fuisse .. terrori .. per id maxime probatum est quod ei bellum .. indictum est BEDE *Cant.* 1206; sapientiores sunt .. in eo quod .. caelestia bona sapiunt *Id. Prov.* 1026; magnopere invigilandum mihi censeo in eo quod .. similitudinem .. composuerim ASSER *Alf.* 50; **1160** quod ex eo probare nitebatur quod testes apparebant .. J. SAL. *Ep.* 89 (131 p. 230); **1285** cum questio verteretur .. super eo quod consules .. asserebant quod .. *RGasc* II 263; **1340** (v. decipere c); **1450** eo quod .. expressa mentio .. non existit non obstante *Lit. Cant.* III 207. **b** Heli .. pro eo quod non .. severe in filios .. ultus fuerat, .. damnatur GILDAS *EB* 76; ex eo catholica cognominatur ecclesia quod per totum orbem diffusa in una pace versetur BEDE *Retract.* 1018; hoc faciebant pro eo quod eis perdonaverat saccam et socam *DB* I 1ra; **1278** (v. coifa 1a). **c** c**692** (11c) me .. id voluisse facere ut ei .. terram .. darem *CS* 76; **706** ut [terra] .. ab opere regio sit libera .., excepto eo ut .. pastus regi concederetur *CS* 116; 'conservatam in vobis' dicit [*I Petr.* i 4] pro eo ut diceret [*instead of saying*] 'conservatam vobis' BEDE *Cath.* 43; id dubitabile est, cur marina aqua affecta sit amaritudine ADEL. *QN* 51; magnum id et laudandum, ut .. W. MALM. *GP* I 44 p. 72; ferunt quidam, incertum unde id assumpserint, fuisse nepotem Ine *Ib.* V 188; postulat id pagina presens .. quatinus propalatur GIR. *Ep.* 4 p. 188; c**1211** libet nobis .. id recolere, quam varie nobis .. responsum fuit *Ib.* 6 p. 214. **d** quos Graeci Sciapodes appellant eo quod se ab ardore solis pedum umbra .. defendunt *Lib. Monstr.* I 17; quos ob id gentiles in mari deos invocant quia .. BEDE *Acts* 993; s**887** eo quod [AS: *forþæm, forðon*] nullus tam prope esset regio genere *AS Chr.*; nolo pascere eos [sc. pullos] in estate, eo quod [AS: *forþamþe*] nimium comedunt ÆLF. *Coll.* 96; R. COLD. *Cuthb.* 47 (v. eapropter a); **1421** G. U. .. tenuit .. castrum de H. .. eo quia .. *Cl* 271 m. 5. **e** ut ob id maxime insequendos .. doceret hereticos ne fidem ecclesiae .. eorum infestatio scinderet BEDE *Cant.* 1114; quod eo commemmorare volui ut scire posset lector .. *Id. Retract.* 1028; a**717** (11c) quotquot [i. quodquod] .. concessum fuerit .. ad id ut .. *CS* 91 p. 129; preces fundebat pro eo ut introduceretur *G. Roman.* 81 p. 406. **f** W. MALM. *GP* V 274 (v. decimatio 3a). **g** in eo isti .. desperatius errant quo [*edd.*: quod] .. a .. diabolo .. emunt sacerdotia [i. e. *in the act of buying*] GILDAS *EB* 67; ex eo statim conjunx fuit quo .. sese conjugem esse consensit [i. e. *from the time when* ..] J. SAL. *Ep.* (131 p. 229). **h** ad id locorum venimus ut Karoli magni mentio ultro se inferret W. MALM. *GR* I 67.

12 (*eo* w. compar.) to that degree, in that measure, by so much, all the (more, *etc.*): **a** (preceded by correlative *quo*, the latter w. compar. in quots.); **b** (*eo* w. superl. instead of compar.); **c** (foll. by *quo*, the latter freq. w. compar.); **d** (*eo* .. *quia*, or sim.; *cf.* 11d *supra*); **e** (without correlative).

a quo amplius auctori mortis serviunt, eo gravius vitae largitorem offendunt BEDE *Prov.* 987; quo malis praesentibus durius deprimebatur, eo de aeterna certius praesumtione respirabat *Id. HE* II 1 p. 77. **b** sed quo suppliciis animo mordacius instant, / prorsus eo minimum se profecisse stupebant FRITH. 892. **c** eo magis illum [sc. Deum] diligunt, quo majora illius dona percipiunt BEDE *Cant.* 1087; ut eo minus terrenis rebus animum subponant, quo se patriam in caelis habere meminerint *Id. Cath.* 52; c**804** ut eo cautius .. dignitatem .. servare studeant quo se .. ea quae aequitati congruebant firmius promisisse cognoscunt *Conc. HS* III 550 (= *CS* 315; *cf. ib.* III 591 [= *CS* 375, c**820**]: eo cautius .. quo .. firmiter); ?**956** (13c) ut eo fidelior quisque existat quo liberior .. apparet *CS* 930; c**957** (12c) eo festinatius proficisci adgrediamur quo finem mundi jam credimus appropinquasse *CS* 936; *Itin. Ric.* I 66 (v. desperabiliter). **d** ?**795** (13c) eoque delectabilius hanc donationem perficio quia .. *CS* 264; **823** (9c) meam donationem eo firmior scribendam dictam quam [? l. quod] ab eo placabilem pecuniam accepi *CS* 373; c**1168** nominalium .. eo michi minus placere sententiam quod .. utilitatem rerum non assumpserit J. SAL. *Ep.* 240 (238 p. 450). **e** **692** (11c) ut elemosina mea .. eo amplius et altius coram Deo adcrescat, terram illam .. donabo *CS* 77; a**780** (11c) ut .. munificentia nostra .. eo firmiore stabilimento .. permaneat, testium .. nomine .. adnotare curavimus *CS* 246; **799** (11c) dedit terram .., ut eo firmius .. hoc decretum permaneat *CS* 295; **805** (9c) rogamus .. amicos .. ut .. augere his fratribus .. suum bonum dignentur, et certe credimus eo magis Deum .. illis augere aeterna bona *CS* 319; hauriebat .. letos euntium strepitus, eoque magis pectus succutiebat fletibus W. MALM. *GP* V 273 p. 436.

13 (n. sg. w. gen.): **a** (*id* (*eo*) *temporis* or sim.) (at) that time (etc.). **b** (*id* (*eo*) *loci* or sim.) (in) that place, region. **c** (*id aetatis* or sim.) of that age, time of life. **d** (*id generis* or sim.) of that kind (etc.). **e** (*id* w. var. sbs.) that manner (of) (used as periphrasis).

a multae [animae] .. quae arduis caeli id temporis .. veherentur GILDAS *EB* 24; per id temporis ferebatur eum in .. elationem corruisse EADMER *HN* 115; per id seculi [v. l. temporis] W. MALM. *GR* I 19 p. 23; [civitas] ad id temporis a Britannis possessa *Ib.* I 47 p. 47; cum .. suos, quantum per id noctis poterat, ad bellum acueret *Ib.* II 131 p. 143; eo .. temporis .. terra .. nemoribus fuerat obsita GIR. *TH* III 2 p. 141. **b** †**664** (13c) ut perficiatur eo loci .. [voluntas] vestra *CS* 22 p. 39; erat .. eo loci [v. l. loco] ubi flammarum impetus maxime incumbebat martyrium BEDE *HE* II 7 p. 94; ad id loci .. quo .. ABBO *Edm.* 12 (v. 1

devenire 1a); W. MALM. *GR* I 67 (v. 11h supra); per id locorum commemorat pacem Christianos .. habuisse *Ib.* IV 367 p. 423. **c** **1073** id aetatis homo .. temptationibus .. laniatur LANFR. *Ep.* 18 p. 96; id etatule pusio W. MALM. *GR* III 275; cum .. id etatis esset *Id. GP* IV 137; adolescens .. qui lascivus fuerat, ut id etatis habet W. CANT. *Mir. Thom.* II 37 p. 197. **d** capreas multasque id generis bestias W. MALM. *GP* II 92; homines id generis et scientie *Ib.* V 261. **e** hi quibus id muneris est .. ramos solent succidere *Id. GR* I 5; non destitit .. regem ad id operis solicitare FERR. *Kinloss* 22.

14 (adj., w. ref. as in 1 *supra*) that (person, thing, *etc.*); **b** (in opposition to *hic*); **c** (w. repeated sb.); **d** (w. repeated proper name); **e** (in expr. of time). **f** (*ea de causa*) for that reason (already stated), therefore.

ceteras .. copias .. delevit; extinctos in ea pugna ferunt .. viros circiter mille ducentos BEDE *HE* II 2 p. 84; non nona suam pervenit ad umbram; / .. / expectemus eam .. horam WULF. *Swith.* II 736; erant .. duo clerici .. presbyteri; id officium .. precario .. exegerant W. MALM. *GR* III 237 p. 295; episcopum cum agmine .. supervenisse rati sunt, eaque formidine .. se dejecerunt ORD. VIT. IV 3 p. 174; "quis procerum vestram vobis patefecerit urbem / nosse peto." "procerum nullus id egit opus" L. DURH. *Dial.* III 226; s**1151** dux novus duxit eam ..; ea tamen desponsatio .. H. HUNT. *HA* VIII 31; **1166** multiplicitas occupationem, quibus id tantillum subripui [sc. *to write this letter*] J. SAL. *Ep.* 168 (167 p. 100); cui dompnus .. injunxit in correctionibus eorum sibi commissorum faciendis se pio animo gerere *Vis. Wells* 212. **b** has mea mens et eas admittere nescia curas / insimul L. DURH. *Hypog.* 66. **c** **7..** (14c) terram .. condonabo .. in loco qui appelletur P. .., ita tamen ut in eo loco .. *CS* 145; Johanni .. cessit ut in villa sua .. estum etatis vitaret; ea villa .. W. MALM. *GP* I 52 p. 98. **d** Sigebertus cognomento Parvus .. reliquit regnum Sigeberto Sigebaldi filio ..; is Sigebertus .. W. MALM. *GR* I 98; .. postquam Cedwalla .. Edelwalk bello fudit; is Edelwalk .. *Id. GP* II 96. **e** ex eo tempore nunc cives nunc hostes vincebant GILDAS *EB* 26; erat eo tempore rex Aedilberct .. potentissimus BEDE *HE* I 25 p. 44; ea tempestate spes .. Anglorum in illo site W. MALM. *GR* I 48; sub ea tempestate ORD. VIT. III 5 p. 72; commansit .. rex ea nocte cum Ygerna G. MON. VIII 19. **f** **1409** (v. cokettare).

15 (*id genus*): **a** (w. dependent gen.) that kind (of) (already mentioned); **b** (w. ref. to following rel. cl.). **c** (attrib.) of that kind (already mentioned; *cf.* 13d *supra*).

a propter quam [sc. abundantiam] multo magis id genus despectae monasticae vitae fieri existimo ASSER *Alf.* 93; nullo se amplius pacto id genus cibi comesurum W. MALM. *GP* IV 137. **b** tenebat / id genus uvarum, *cyresan* quod nuncupat Anglus WULF. *Swith.* I 1053. **c** astrologiam et ceteras id genus artes W. MALM. *GR* II 167 p. 193; [monachi] frugalitatem nescire, parsimoniam abnuere, et cetera id genus *Id. GP* I 44 p. 70; plures id genus debiles *Ib.* V 273.

16 (used predicatively) that, of that kind, such (as already described).

omnes .. frugalitati .. studebant ..; is erat modus et haec erat forma in Jerusalem ambulantium ORD. VIT. IX 14 p. 594 (= Baldricus *PL* CLXVI 1137C).

17 (in indef. sense) such and such.

eo die GLANV. III 3 (v. ibi 1d).

18 (w. forward ref.) this, the following.

947 (?14c) isque terminibus predicta terra circumgirata esse videtur [*foll. by bounds in AS*] *CS* 821 p. 587 (*sim. CS* 887 p. 44 [**950**]; *in both exx. perh.* his *intended*).

19 (foll. by rel. pron. or adv.) that (person, *etc.*, who .., thing, *etc.*, which ..); **b** (*eum* used w. n. sb.); **c** (sb. placed after rel. cl.); **d** (in exprs. of time); **e** (in exprs. of manner).

ei regum omnium regi, qui te .. fecit .. editiorem GILDAS *EB* 33; **673** ut .. monachi .. in ea permaneant oboedientia quam .. promiserunt (*Conc.*) BEDE *HE* IV 5 p. 216; si non vult habitare cum eo viro cui est desponsata THEOD. *Pen.* II 12. 34; non eo animo bona nostra facimus quo facienda sunt BEDE *Cath.* 104; **838** (10c) is testibus consentientibus .. quorum infra nomina taenentur *CS* 418; negavit ille id se exemplum secuturum quod .. esset vetitum W. MALM. *GR* III 266; ditasti me .. agris, nec tamen eo honore quo ducem decuerat G. MON. VI 11; id tantillum honoris quod ei remanebat *Ib.* XII 2; OCKHAM *Dial.* 792 l. 44 (v. communitas 2a); **1549** (v. 1 commentarius b). **b** ad eum habitaculum [= v. l. *in* Constantius, *Vita Germani* 16] in quo idem jacebat BEDE *HE* I 19 p. 37. **c** ad eam quae finem nescit requiem BEDE *Cant.* 1154; eas Vuilbrordus quas habet arces FRITH. 666; quod nullatenus eo quo dicis modo fieri possit mortuorum resurrectio PETRUS *Dial.* 57; viri illustris adventum ea qua decuit humanitate suscepit W. MALM. *GP* V 218. **d** eo tempore quo haec Salomon praecinebat BEDE *Cant.* 1095; ab eo tempore quo tecum .. habitare coeperam FELIX *Guthl.* 50 p. 156; **743** eā horā qua .. (v. 1 designare 2b); **1107** ea die qua concessi .. *Regesta* II p. 319. **e** genealogia .. ad Joseph descendit, .. ea dumtaxat ratione qua .. BEDE *Cant.* 1186; tentabo .. quod queritis .. tecum querere, sed eo pacto quo omnia que dico volo accipi, videlicet ut .. ANSELM (*CurD* 2) II 50; PETRUS *Dial.* 57 (v. c supra); qui [lapides] si eo modo quo ibidem positi sunt .. locabuntur .. G. MON. VIII 10.

20 (related to var. following clauses; in b–d, usu. in abl.): **a** (foll. by *quod* cl. expressing fact, circumstance); **b** (foll. by causal cl.); **c** (foll. by epexegetic cl. w. *ut, quatenus, quo*). **d** (*eā causā, eo consilio* foll. by final cl.) for the purpose (of ..), with the intention (of ..). **e** (foll. by consec. cl.) of that kind, such (.. that ..).

a nos .. ea potissimum causa .. disputare coegit quod nonnulli .. confidunt .. ALDH. *VirgP* 13 p. 242. **b** digiti [*Prov.* xxxi 19] .. intentionem discretionis .. insinuant, ea nimirum ratione quia .. BEDE *Prov.* 1034. **c** juvenculus .. incolomitati .. donatur, sed ea conditione prius interposita ut .. direpta .. redderentur ALDH. *VirgP* 37 p. 286; **724** (12c) a quibus id praemium .. quaero ut memores mei .. sint *CS* 141; **796** (12c) ea .. ratione concedo terram .. ut .. servicius libera sit *CS* 279; **825** (13c) eo tenore .. quatenus .. *Conc. HS* III 602; ejus servitio me devovi ea condicione ut .. cum eo commanerem ASSER *Alf.* 79 p. 65; c**929** (12c) eo tenore quo .. *CS* 1341; **947** (14c) Edulfo .. x mansas tribus .., eo pacto ut .. possideat quamdiu vivat *CS* 824 p. 590. **d** a**705** ea .. causa id facias ut .. intellegas .. ALDH. *Ep.* 8 (11) p. 500; operatur .. eo utique consilio ut .. mereatur audire .. BEDE *Prov.* 1031; nec ea de causa venimus ut Britanniam bello subjugaremus G. MON. V 10. **e** animum .. ad eam magnitudinem ac pulchritudinem procedere dicit ut Sancti Spiritus sit dignus auxilio BEDE *Cant.* 1069; LANFR. *Const.* 149 (v. custodia 8b); quod ea sit natura conditorum corporum ut .. nervi ossa contineant W. MALM. *GR* II 206; nec vobis .. ea vis est ut .. resistere queatis G. MON. I 10.

21 (pron. or adj. w. *ipse*; sts. written as one word): **a** (n. pron. *id ipsum*) that very thing, the very same thing (as ..); **b** (w. gen., *cf.* 13 *supra*). **c** (*eo ipso*) by the very fact (that ..), by that very fact. **d** (*eo ipso* w. compar.) to the very same degree, in that same measure (in quots., w. correlative *quo*; *cf.* 12 *supra*). **e** (*in id ipsum*) together (*cf. TLL* VII 2. 353. 62). **f** (adj.) the very same.

a **694** (13c) signum sanctae crucis .. expressi, sed et K. id ipsum fecit *CS* 86; quatinus .. unum atque id ipsum sentiamus EGB. *Dial. praef.*; non judicat Deus bis in id ipsum *Id. Pen.* 5. 1; fulgor est idipsum aut non est idipsum quod splendor ANSELM (*Gram.* 6) I 150; ut .. ortus signorum .. scias, tabula id ipsum determinans supposita est ADEL. *Elk.* 26a; *Id. QN* 76 (v. dissentire 2); in nichilum fatigabatur, cum eo ipso quod pro se paraverat convinceretur W. MALM. *GP* V 223; quod aliquid unum numero idipsum per essentiam sit pars tam diversorum KILWARDBY *OS* 280. **b** circiter idipsum temporis GIR. *Spec.* 3 (v. Cartusiensis). **c** eo ipso quod [v. l. quo] verbum Dei audire eos contingit, offendunt animo dum nolunt credere quod audiunt BEDE *Cath.* 50; eo ipso .. non erant .. liberi, quo necdum superna .. gaudia videre .. meruerunt *Id. Retract.* 1001; **1279** ut quicumque .. plura beneficia .. receperit .., eo ipso sit privatus omnibus .. beneficiis *Conc. Syn.* 840; WYCL. *Act.* 97 (v. cognitivus). **d** omnis essentia eo ipso magis est et prestantior est, quo similior est illi essentie ANSELM (*Mon.* 31) I 50; **1077** eo ipso quo magis exaltatus est. majori tribulatione gravatur *Id.* (*Ep.* 78) III 200. **e** o miranda impudentia hominum qui potestatem Dei contempnentes insurgere potuerunt in idipsum *V. Chris. Marky.* 19. **f** ea ipsa .. caritate qua pro nobis passus est BEDE *Cant.* 1126; eo ipso tempore quo .. *Id. Cath.* 110; eo ipso modo quo .. AILR. *Serm.* 12. 11. 279D; s**1360** idipsum juramentum .. prestiterunt J. READING 173v; infans qui eoipso die primo editus est in mundum BEKYNTON I 113.

22 (*eo* as local adv.): **a** to that place, thither. **b** (fig., freq. foll. by *ut*) in that direction, to that result, to the result (that ..), to the point (where ..).

a Herodes .. raptus est .. eo ubi .. ignis ejus non extinguetur [cf. *Is.* lxvi 24] BEDE *Prov.* 972; confluentem eo de cunctis .. locis plebem Christi *Id. HE* II 14 p. 115; a**940** (13c) ambo eo se contulerunt *CS* 736 (cf. *CS* 735: *ðærto*); qui .. legata referre / vellet eo qua canonicus habitaverat WULF. *Swith.* I 113; donec venirent eo quo minime disturbationem Romanorum timuissent G. MON. X 4. **b** omne desiderium ejus eo tendit .. ut .. aeternae mortis carcere claudatur BEDE *Prov.* 976; uterque [sensus] eo pergit ut dilectionem in opere nostro .. circumferamus *Id. Cant.* 1214; eo .. res processit ut nihil magis Scotti .. caverent W. MALM. *GR* I 6; adeo .. sacerdotes erant .. ab avaritia immunes ut nec territoria, nisi eo acti [v. l. coacti], acciperent H. HUNT. *HA* III 44.

23 (*eo* in var. uses illustrated above can be regarded as adverbial): **a** thereby, by this means (*v.* 4c, 11f). **b** for this reason (*v.* 11d). **c** to this end (*v.* 11e). **d** by so much (*v.* 12). **e** at that point (w. ref. to time or place; *v.* 13a–b).

2 is [Heb. *ish*], man.

NETTER *DAF* II 218 (v. issa).

isada v. incida.

isagoga [CL < εἰσαγωγή], introduction (to subject of study), preliminary treatise.

11.. Liber ysagogarum Alchorismi in artem astronomicam a magistro A. compositus (*MS Paris BN Lat. 16208* f. 67, *tit.*) *EHR* XXVI 494; **11..** ysagoga minor Japharis matematici in astronomiam per Adhelardum Brathoniensem et Arabico Sumpta. .. horum .. singula in ysagoga majore dicta sunt ADEL. (*MS Bodl. Digby 68* f. 116 *tit.*) *Ib.* 495; unde quoniam ad alia introductorius est, nomine ysagogarum inscribitur J. SAL. *Met.* 874A; cum vero predicta et cetera talium in hunc modum necessario evenire in ysagogis †Japharis [? l. zaphiris] auditoribus suis affirmaret Girardus Toletanus D. MORLEY 192; a**1332** ysagoge J. Damasceni ad tegni Galieni. .. ysagoge Johanicii *Libr. Cant. Dov.* 56; logicam Aristotelis juxta Porphyrii .. ~as .. tradebat *Croyl. Cont. A* 114; **1396** ysagoge de sacramentis *Meaux* III lxxxviii.

isagogicum, isagogium [LL < εἰσαγωγικός], introduction.

1439 ~icum moralis discipline (*Catal. Librorum*) *MunAcOx* II 771; ut dicit Leonardus Aretinus in ysagogico moralis discipline FORTESCUE *LLA* 4; **1501** liber ~ii Johannicii Alexandrini super librum tegni *Cant. Coll. Ox.* I 26.

Isaianus, of Isaiah.

quominus illud Isaianum .. caveamus GILDAS *EB* 37.

isatis [CL < ἰσάτις], the plant woad, *Isatis tinctoria*.

herba ~is *Leechdoms* I 30.

isbaa [Ar. *iṣba' = finger, pointer*], (of astrolabe) scale used in taking heights.

termeni arabici in instrumento astrolabii .. isbaa est scala rectanguli sive quadrati ad capiendum altitudines W. WORC. *Itin.* 240.

iscalidus v. squalidus. **ischia, ischiadicus** v. scia, sciaticus.

ischiasis [LL < ἰσχίασις], sciatica. *V. et. sciasis.*

unde Macer de viribus herbarum: arteticos, inquit, ~imque juvat OSB. GLOUC. *Deriv.* 8.

ischuria [LL < ἰσχουρία], retention of urine.

si .. appetit mingere et non potest aliquo modo, .. tunc vocatur suria GAD. 98v. 1.

isculus [? cf. σκώληξ], earth-worm.

~i, i. lumbrici terrestris GILB. VI 281. 2; ysculi sunt vermes terre, i. lumbrici *SB* 26; ~i, vermes sive lumbrici terreni .. A. *angeltwychches* vel *maddokkes Alph.* 87.

iscumque, (indefinite adj.) whoever, whatever (it may be), any. *Cf. quicumque.*

s**1286** in non modicum ipsius et successoris sui ejuscunque dispendium *Ann. Durh.* 182.

isde v. iste 10e. **isdem** v. idem.

isemerinos [LL < ἰσημερινός], aequinoctial.

isymerinos *GlC* A 296 (v. Graece).

isic, isicius, isicrus v. esicius. **isida** v. incida. **isiophagus, isophagus** v. oesophagus.

isita, snake.

~a, serpens idem *Alph.* 88.

Islanda, ~ia, Iceland.

Orcades insulae et Finlanda, ~a quoque et Grenlanda ORD. VIT. X 6 p. 29; **1224** ~ia (v. girfalco b); a**1263** misimus .. aucupes in Illandiam *RL* I 486; ~ia insula habet ab austro Noruegiam HIGD. I 31.

Islandensis, of Iceland, Icelandic.

1154 insulas ~ium et Grenelandie episcopatus (*Lit. Papae*) *Chr. Man. app.* 278; **1169** girfalconem ~em (v. girfalco b).

Islandicus, Icelandic.

a**1263** aves Illandicas *RL* I 486; externos aliquos [canes] et eos majusculos, ~os dico et Lituanicos, usus dudum recepit: quibus toto corpore hirtis, ob promissum longumque pilum nec vultus est nec figure corporis CAIUS *Can.* 10.

Ismaelita [LL = *Ishmaelite*], Saracen.

reversi sunt ad ~arum tentoria diripienda ORD. VIT. IX 17 p. 622.

Ismaeliticus, 'Ishmaelitic', Islamic.

1184 aut convertantur ad Ysmaeliticam religionem nostram R. Howd. II 298.

ismus v. mus. **isocheles** v. isosceles.

isoperimeter [ἰσοπερίμετρος], of equal perimeter.

omnium corporum ~rorum spera maximum [v. l. maxima] est Sacrob. *Sph.* 80; **1271** sententia .. patet intellecta expositione hujus vocabuli ysoperimetrum, et dicitur ab idos, quod est forma, et peri, quod est circa, et metros, quod est mensura, quasi omnium formarum circularium mensurabilium maxima Rob. Angl. III 153; inter omnes figuras ~as sphera ipsa maxime capit Bacon *Maj.* I 154; isoperimentrorum Peckham *Persp.* I 29 (v. dimensionabilis); omnium ysoperimetrorum figura circularis sit capacissima Wycl. *Log.* III 105; oportet mundum esse sphericum, cum inter omnes figuras ysopometras illa sit capacissima *Id. Apost.* 139.

isophagus v. oesophagus.

isopleurus [LL < ἰσόπλευρος], equilateral (also as sb.).

cathetus igitur ysopleuri sic queratur Adel. *Alch.* p. 15; hisopleros figura est plana et recta super in solidum constituta Bart. Angl. XIX 127; detur foramen triangulare equilaterum, id est ysopleurus, .. Peckham *Persp.* I *7.

isopus v. hyssopum.

isora, cuckoo-pint (*Arum maculatum*).

~a, barba Aron, pes vituli, .. *jare, yekesters,* jarus idem *MS BL Additional 15236* f. 177v.

isosceles [LL < ἰσοσκελής], having two equal sides, isosceles (also as sb.).

linee tres que in triangulo cognoscuntur secundum quod ipsum, quia in illa tota continetur, in ysochele autem cognoscitur in parte vel secundum partem, quia .. partialiter continetur Bacon VII 96; ut sunt figura plana et triangulus, vel triangulus et ~es Kilwardby *OS* 109; omnis triangulus est figura, ~es est triangulus, ergo est figura *Ib.* 550; omnis isocheles rectilineus est triangulus rectilineus Wycl. *Log.* I 85.

isotheus [LL isotheon < ἰσόθεον = *equal to god*], (name of ointment).

ysocheus, i. deo equalis *Alph.* 198.

isqualidus v. squalidus.

Israel [LL < Ἰσραήλ < Heb.], Israel. **b** (*lapis Israel, de Israel*), engraved gem, cameo.

Samuel .. omni populo Israhel veridicus propheta Gildas *EB* 38; quae fuit Israhel claro de germine gentis / desponsata .. virgo Aldh. *VirgV* 1676; canebat [sc. Cædmon] .. de egressu ~el ex Aegypto Bede *HE* IV 22 p. 261; lumen ad revelationem gentium et gloriam ~el Sanctus Symeon exultando proclamabat Osb. *V. Dunst.* 4; judicans duodecim tribus ~el Ailr. *Ed. Conf.* 760A; licuit .. et filiis ~el ad Terram Promissam proficiscentibus Ægyptios spoliare Higd. I 9 p. 16. **b 1388** [crux] de lapide calcidonia cum duobus lapidibus de ~el rubeis in medio (*Invent. Westm.*) *Arch.* LII 226; **1411** item ij anuli cum capitibus de lapide ~el *Invent. Ch. Ch.* 107; **14..** item quidam lapis de ~ell exprimens majestatem Dei, albi coloris (*Invent. S. Paul.*) *Hist. S. Paul.* 338.

Israelicus, Israelitic, Israelitish.

secunde .. persone superaddita est secundum partem ~am pro suo tempore lex scripta Wycl. *Ver.* III 126.

Israelita [LL], Israelite.

hec annotatur petitio vere ~e sine dolo Gosc. *Edith* (II) 55 (w. ref. to *Joh.* i 47); longitudo Saulis ab humero usque ad sursum super alios ~as celestis electionis pretendebat insigne *Collect. Ox.* I 43; frigida ~arum corda H. Bos. *Ep.* 5 1431A; ~a Garl. *Tri. Eccl.* 109 (v. defoedare).

Israeliticus [LL]

1 Israelitic, Israelitish.

~ae arenti viae minusque tritae .. simile iter ignotum trans Tamesis nobilis fluvii alveum Gildas *EB* 11; Israhelitici populi Aldh. *Met.* 2 (v. expiatio 2); Israheliticae plebis *Hist. Abb. Jarrow* 6 (v. ducatus 3a); canem inpudentissimum convertere Israheliticam possit in ovem Bede *Hom.* I 22 104D; fides ~i populi Alcuin *Dogm.* 51B; in memoriam illius rei qua Israheliticus populus processerant [*sic*] obviam Domino cum ramis palmarum Ælf. *Regul. Mon.* 184; fidem centurionis ob id maxime Israeleticae religioni novimus ab ipso Christo prelatam, quod .. Ailr. *Ed. Conf.* 787A; ~us .. populus Ælnoth *Cnut* II 32; verba hujus scripture signant res creationis aut res conversationis populi ~i prophetalis Gros. *Cess. Leg.* I 9. 6.

2 (*lapis ~us*) engraved gem, cameo (also ellipt.).

1383 item j album caput de lapide ~o cum ymagine crucifixi in dorso *Ac. Durh.* 427; capud album ~um *Ib.* 436.

Israelitis, Israelitic, Israelitish.

vesania .. longe gravius quam filius mulieris Isrelitidis .. punienda *G. Hen. V* 1.

isruna, ~um, runic equivalent of the letter I.

quod per 'i' solam scribitur ~a vocatur, quod per lago lagoruna quod per hagal hagalruna *Runica Manuscripta* 118; iisruna dicuntur quae 'i' littera per totum scribuntur, ita ut quotus versus sit primum brevioribus 'i', quae autem littera sit in versu longioribus 'I' scribatur; lagoruna dicuntur quae ita scribuntur per 'l' litteram *Ib.* 120–1.

issa [Heb. *isha*], woman.

vocans eam a viro virginem, vel ut in Hebreo habetur ab is ~am Netter *DAF* II 218.

issaccum [cf. OF *issue*], (Gasc.) petty custom in Bordeaux on export of wine.

1255 in ~o tabernarum *RGasc* I *sup.* 25; **1267** magnam custumam Burdegale de avalagio vinorum et yssak' et custumam reyam ibidem *Pat* 85 m. 29; **1289** illa qui tenet costumam yssaqui vinorum que venduntur ad tabernam *RGasc* II 299; de .. costuma .. Burdegale et per consequens de yssaco sint .. quita et libera cum fideidatione *Ib.* II 331; **1292** super custuma vinorum et issaco, que .. per .. constabularium consueverunt .. recipi *Ib.* III 53; **1304** supplicavit .. quod nos custumam seu balliviam vocatam de parvo issaco Burdegale eis concedere dignaremur *Ib.* III 424 (cf. *AncPet* 338/1230: *la petite custume de Burdeux qe est apelle le shak*); **1308** illam custumam vinorum ad tabernam venditorem in civitate nostra Burdegal' que vocatur issak' *Ib.* IV 85; **1313** super dicta custuma [vinorum] et hichaco *Ib.* IV 993; super dicta custuma et hychaco *Ib.* IV 1044; **1359** lx libras annuas quas B. .. nobis pro eisaco vinorum in civitate .. Burdeg' .. tenetur reddere *Pat* 258 m. 15.

isserellum [cf. OF *hisser*], hissing or whistling sound.

c1310 fecit sibi pluries ysserellum et succussit eum viliter per suas spatulas *DipDocE* 1475/1.

issicius v. esicius.

istac [CL], **ista** [*cf. TLL* VII 2. 514. 14]

1 this (that) way, in this (that) direction. **b** (*illac et ~c* or sim.) this way and that.

sunt quattuor responsiva loci, ut .. istic, istinc, ~c et istuc *Ps.*-Gros. *Gram.* 59; ~c, A. *herawey WW.* **b s1349** (v. 2 flagellum 1b); **s1389** nunc isthac nunc illac (v. illac 2b).

2 in this place, here.

fraternis fueram manibus mox conditus ista, / hic mihi perpetua est .. requies Alcuin *Carm.* 113. 25; comes .., proposite profectionis frustratus effectu, fecit ~c [i. e. *in England*] quod potuit Devizes 39r p. 61.

iste, ~a, ~ud, istic, ~aec, ~uc [CL *as pron. and adj.*; *these uses are not distinguished in all sections below. Forms of* istic *include nom. sg. n.* istuc: W. Malm. *GP* IV 148; *gen. sg.* istiusce: Byrht. *V. Osw.* 466; *nom. pl. n.* istec: *Mir. Hen. VI* I prol. p. 8, isthac: Ferr. *Kinloss* 78; *acc. sg. n.* ~um *for* ~ud: *CD* 770 (v. exenium g), *also* v. l. *in* Alcuin *Ep.* 254 p. 412; *orthog.*: *gen. pl. m.* isdorum *CS* 341 (**812**). *Cf.* istiusmodi.]

1 a (adj.) this, that (w. ref. to person or thing present, whether nearby or at a distance); **b** (w. sb. expressing dislike or contempt). **c** (pron., w. ref. as in a *supra*) this (that) person or thing.

a quibus caelicola .. serta .. obtulit "~as", inquirens, "coronas .. custodite" Aldh. *VirgP* 40; locus .. ~e florifer, in quo .. hanc juventutem .. fulgere conspicis Bede *HE* V 12 p. 308; praesul dextram [regis] comprendit et infit / "incorrupta, precor, maneat manus ista per aevum" Alcuin *SS Ebor* 300; cum .. mater .. librum quem in manu habebat ostenderet, ait "quisquis vestrum discere citius ~um codicem possit, dabo illi illum"; .. [Ælfredus] inquit "verene dabis ~um librum ..?" Asser *Alf.* 23; non patiatur Deus ut ~am offam transglutiam, si .. W. Malm. *GR* II 197 p. 240; sic Deus me adjuvet et ~i sancti [*from oath taken on relics*] Ord. Vit. IX 3 p. 471; in quodam proximo colle .. clamabant "domine rex Henrice, noli proditoribus ~is credere" *Ib.* XI 3 p. 174; multi sunt in ~a congregatione qui .. Ailr. *Serm.* 1. 34. 215D; astitit ei [sc. regi] vir quidam ..; rex autem dixit .. militi .. "inquire a rustico ~o an .." Higd. VII 22 p. 48 (cf. Knighton I 146: a rustico illo). **b** proditores ~os viriliter invadite G. Mon. IX 3; ut quid muliebres ~os permittitis illesos abire? *Ib.* X 11 (cf. ib.: semiviri ~i). **c** satrapa .. scribitur dixisse "~a aut magica arte nos superant aut .." Aldh. *VirgP* 51; quod habet nomen ipsa provincia de qua ~i sunt adlati? Bede *HE* II 1 p. 80; ~a omnia quae vidisti *Ib.* V 12 p. 308; haec porta est caeli .., / ista viatorem ducit ad astra suum Alcuin *Carm.* 88. 7. 2; vidi ibi duo dolia .. bullientia; "~a" inquit "sunt tibi praeparata" W. Malm. *GR* II 111 p. 115 (= Hariulf *Chronicon* III 21, *PL* CLXXIV 1289B); ~a est illa contracta, modo sana *Id. GP* V 273 p. 436; hic cum Hengistum .. aspexit .. in hunc modum locutus est: "et si omnes ~um liberare niterentur, ego eum in frusta conscinderem" G. Mon. VIII 7; dicit viator .. civitatem interdum ingrediens "~ud est hospicium meum" Ockham *Pol.* II 420.

2 a (w. ref. to place, country, *etc.*, where writer is, or nation to which he belongs); **b** (w. ref. to this world or thing pertaining to it, as dist. from heaven *etc.*); **c** (w. ref. to bearer of letter).

a ut in ~a gente experiretur Dominus .. praesentem Israelem Gildas *EB* 26; **716** de transmarinis partibus ad ~as pervenit regiones Bonif. *Ep.* 10 p. 8; inque locis istis monachorum examina crebra / colligit (*Epitaph. Wilfridi*) Bede *HE* V 19 p. 330; transvolat hinc .. ad praemia caeli, / ultima caespitibus istis vestigia linquens Alcuin *Carm.* 86. 6; milites / quos jam regit cum ista / perfecta Saxonia / .. rex Æþelstanus (*Vers.*) *ASE* IX 98; **956** (12c) ego Eaduuig rex .. ~ius insule *CS* 964; sint omnia communia fratribus istiusce loci Byrht. *V. Osw.* 466; misero mihi quo [Deus] succurrat in isto / carcere Wulf. *Swith.* II 905; Helenam .. hereditario jure regnum ~ud possidere G. Mon. V 11. **b** pro fragilitate corporis ~ius aeri Gildas *Pen.* 1; sex diebus mundus est ~e formatus Bede *Acts* 971; **904** (12c) ~is caducis temporalibusque divitiis *CS* 613; ab isto / corpore mortali .. migrans Wulf. *Swith.* I 487; fortunati qui meditantur ~a prelia ut illa consequantur premia W. Malm. *GR* IV 347 p. 398; transeamus ~a terrena et caduca Ailr. *Serm.* 22. 31. 321D; ut de ~o paradiso ad illum transeamus in quo ipse [Jesus] .. vivit *Ib.* 39. 20 (cf. ib.: hunc paradisum); momentaneam ~am .. post vitam Gir. *TH* intr. p. 3. **c** clericus ~e .. venit ad vos desiderans vobiscum .. conversari Anselm (*Ep.* 234) IV 141; **c1105** quedam alia per ~um nuntium viva vobis voce referenda mandamus *Id.* (*Ep.* 322) V 252; **a1118** sciatis quod ~e Jordanus altare sancti Petri .. requisivit *Ch. Westm.* 240 (cf. ib. 239: *this man R.*).

3 a (w. ref. to document, literary work, inscription, *etc.*) this, the present (letter *etc.*). **b** (w. ref. to a preceding word, text, *etc.*) this, the foregoing. **c** (n. *~ud* qualifies word repeated from preceding text).

a c690 (13c) ad confirmacionem ~ius cartulae *CS* 40; **c770** ~arum .. litterarum portitorem *Ep. Bonif.* 139; continet iste decem naturae verba libellus Alcuin *Carm.* 73. 1; multis .. legentibus ista *Id. SS Ebor* 786; **801** (13c) in margine ~ius pagelle *CS* 282; **873** (9c) testibus .. quorum [h]ic nomina infra in scedula ~a karaxantur *CS* 536; **925** (14c) imperavimus ~um hereditarium librum ita noviter scribere quia illum antiquum hereditarium librum non habebamus *CS* 642; **c953** (14c) ~ud est testamentum Edredi regis *CS* 914 (cf. *CS* 912: *ðis is Eadredes cinges cwide*); ~as meas litteras precipio tibi .. ut ostendas .. Airardo Anselm (*Ep.* 431) V 377; vivit ad hunc quo ~a scriptitamus annum W. Malm. *GP* V 278; en tegit iste lapis hominem magnae probitatis (*Epitaph.*) Ord. Vit. IV 16 p. 289; si forte contingat ut [studiosi] ~ud dignentur inspicere *Ib.* VII 12 p. 205; proposueram .. illam [historiam] prius perficere ~udque opus subsequenter explicare G. Mon. VII 2; **1218** mandamus vobis quod statim visis litteris ~is liberetis .. *Pat* 142; qui chronicam ~am scripsit Trevet *Ann.* 279; ~is nostris .. laboribus Ferr. *Kinloss* 3. **b** in geminas istud nomen [sc. 2643: tristitia, cf. *II Cor.* vii 10] se findere partes / creditur Aldh. *VirgV* 2661; **861** (13c) ~a omnia verba supradicta fixa permaneant *CS* 855; "ille ego sum sanctus .. / .." aeger ad ista: / "dic, rogo .." Wulf. *Swith.* II 1013; de veritate significationis .. ~a sufficiant Anselm (*Ver.* 2) I 179; neque .. fas est credi sanctum virum aliter fecisse quam docuit ..; et ut assertio ~a omnem dubietatis deprecetur offensam, audi .. W. Malm. *GP* V 213; **1391** ubi in brevi originali .. esset talis clausula '.. per liberum servicium unius denarii', ~ud verbum 'denarius' deficit *CoramR* 522 *r.* 21 m. 3*d.* **c** qui cum sorore fornicatur, xv annos peniteat, eo modo quo superius de matre dicitur; sed et ~ud 'xv' alias in canone confirmavit Theod. *Pen.* I 2. 17.

4 a (w. ref. to period of time incl. the present, or to event or sim. now occurring) this, the present. **b** (w. ref. to period extending up to the present) this, the most recent, the last.

a ~ius aeri sacerdotibus Gildas *EB* 97; istam nempe diem .. / nativitate sua sacravit virgo Maria Aldh. *CE* 3. 59; tempore ~o nocturnae quietis Bede *HE* IV 23 p. 264; **790** novitas regni nostri me retinet adhuc in ~o anno Alcuin *Ep.* 10; vade in pace, in ~a hora morieris Nen. *HB* 33; **1103** ~o tempore nullus peregrinus vadit Anselm (*Ep.* 286) IV 205; in diebus ~is Ord. Vit. VIII 10 p. 324; ~as festivitates suorum [i. e. Christi] fidelium Ailr. *Serm.* 26. 4. 340C; **c1330** ista vero opera supra dicta mutata sunt in pecuniam, et sic ~o die [*nowadays*] non faciunt opera sed solvunt *Growth Eng. Ind.* 586. **b 640** [haeresis Pelagiana] per ~os cc annos abolita est (*Lit. Papae*) Bede *HE* II 19 p. 123.

5 this (of mine, *sc.* present here or experienced by me); **b** (w. ref. to body or soul of speaker

or writer); **c** (w. sb. denoting speaker or writer himself).

quid sunt ~a, Deus, .. quae sic animam meam obtenebrant ..? forsan hec sunt peccata mea ANSELM (*Or.* 14) III 58; ~as meas litteras *Id.* V 377 (v. 3a supra); tam incorrupta mens potest esse sub ~is vestibus quam sub tuis discissis pellibus W. MALM. *GR* II 218 (sim. *GP* II 87); suos .. consolabatur dicens ".. vacent fletus, non est enim ~a vite amissio sed vite commutatio" *Id. GP* IV 148; deprecor te sancte E. .. ut me de ~a captivitate eripias ORD. VIT. VIII 19 p. 385; FERR. *Kinloss* 3 (v. 3a supra). **b** non vobis ultra forma conjungat in ista FRITH. 1341; manus ista WULF. *Swith.* I 302; istam / tolle animam .. hoc de corpore *Ib.* II 499; memento, fili, .. uberum ~orum que suxisti G. MON. III 7. **c** ~e peccator, ~e indigens, ~e tuus licet indignus .. vicarius ..; ego scilicet inutilis persona .. ANSELM (*Or.* 17) III 68.

6 that (of yours); **b** (w. ref. to arguments, statement, or sim. of person addressed).

morbo nunc confortaberis isto / pro meritis .. Mariae ALCUIN *SS Ebor* 632; ~a Judith quam tuo federasti lateri W. MALM. *GP* I 6 p. 13; ~ud .. regnum quod possides G. MON. VI 4; nichil paterne .. gravitatis scurilitas ~a pretendit GIR. *SD* 24. **b** versibus ~is quos exempli gratia protulisse visus es ALDH. *Met.* 10 p. 85; "veritas est rectitudo .." ".. nec plus nec minus continet ~a definitio veritatis quam expediat .." ANSELM (*Ver.* 11) I 191; neque ~a tua ratio .. accusat Deum *Id.* (*Casus Diab.* 20) I 266; perplacet .. sophisticus ~e loquendi modus OSB. GLOUC. *Deriv.* 61.

7 that (which you know), the well-known.

propterea quod .. ~is forensibus .. curis me tradere non nossem W. MALM. *GR* IV prol. p. 357.

8 (w. ref. to person or thing already mentioned or implied) this, that: **a** (adj., sts. w. proper name); **b** (pron.; n. sts. in sense 'that fact'); **c** (adj. or pron. w. word meaning 'aforesaid'); **d** (pron. in resumptive use after rel. or similar cl.).

a scelerati ~i GILDAS *EB* 38 (cf. 37: contumacibus .. hujus aetatis principibus); caelicolas ista prostravit belva superbos ALDH. *VirgV* 2743 (cf. 2732: monstrum); c**695** (11c) ut ei .. terram .. darem, id est ea conditione ut .. terra ~a .. *CS* 76; '.. ad Jacobum' [*Act.* xxi 18]: Jacobus ~e frater Domini est BEDE *Acts* 987; c**829** (9c) ~am meam devotam familiam *CS* 380 (cf. ib. supra: ~a praedicta familia); s**892** flumen superius dictum fluit de .. silva in mare; per ~ud flumen [AS: *on þa ea*] .. *AS Chr.*; c**950** (14c) dono ~as terras *CS* 806 (cf. *CS* 804: *þes landes*); **956** (12c) haec ~a mea donatio data est anno .. dcccclvi *CS* 953; forsitan dicet aliquis "~ud esse [*that existence*, sc. *which you assert*] .. inane quiddam est" ANSELM (*Orig. Pecc.* 23) II 163; legimus quia 'insufflavit' [*Joh.* xx 22] Dominus ..; quid sibi vult ~a insufflatio? *Id.* (*Proc. Sp.* 5) II 194; ossa .. Gloecestriam translata; locus ~e .. W. MALM. *GR* I 49 p. 54; R. .. puellam .. desponsavit ..; ~e siquidem R. .. principatu Antiochiae potitus est ORD. VIT. X 24 p. 158; nepos ~e noster GIR. *SD* 142; anno Domini mccv ordinatio .. pape ..; ~o anno ..; eodem anno .. *Feudal Man.* 120. **b** 'servite Domino ..' [*Sap.* i 1]; heu quis victurus est .. quando ~a .. perficiantur ..? GILDAS *EB* 62; p**675** cccxviii patrum regulam non sectantur [sc. sacerdotes quidam] ..; porro ~i .. quarta decima luna cum Judeis paschale sacramentum celebrant ALDH. *Ep.* 4 p. 483; s**970** Aednothus primus abbas; ~e venit Ramesiam .. *Chr. Rams. app.* 339; c**1054** (11c) qui .. ~ud frangere aut minuere temptaverit *CS* 1006; exceptis his, G. de B. et G. C. ..; super ~os habet rex forisfacturam de capitibus eorum *DB* I 1rb.; si haec sunt impossibilia, impossibile quoque est unde ~a sequuntur ANSELM *Misc.* 341; ille [sc. moriens] pro aliis se oraturum pollicebatur; quid istuc est miraculi? W. MALM. *GP* IV 148; ter .. apparente prefato sidere perculsi sunt omnes metu .. qui ~ud inspiciebant G. MON. VIII 15; veredarii .. jurgia .. serebant; porro .. H. ~ud advertit ORD. VIT. X 19 p. 114; expugna gulam et luxuriam .. et attende quod, cum ~a sint turpia in omni homine .. T. CHOBHAM *Praed.* 126. **c** ?**693** (14c) ~i praefati .. inhibucionem indidisse videntur *CS* 121; **814** (9c) ad ~am praenominatam terram *CS* 348; **825** prae ~a supradicta increpatione *Conc. HS* III 597 (= *CS* 384 p. 529); **831** (9c) donationem nostram histius suprascripti [*sic*] terrae *CS* 400; **941** (15c) ~am terram praesignatam *CS* 769; a**1158** omnes .. terre ~e predicte *Ch. Westm.* 269; neuter ~orum [MS C *omits*] predictorum .. asserit .. T. CHOBHAM *Praed.* 81; c**1330** (v. 4a supra). **d** si vero quisquam chordarum respuit odas / .. / mulceat auditum ventosis follibus iste ALDH. *VirgV* 72; animae quotquot agnitionem percepere sacrae legis, si perfectio .. sequitur .., ~ae .. ad caelestes nuptias .. intrabunt BEDE *Cant.* 1181; flumina qui metuat modica sulcare carina / grandia .., / iste .. placidas .. pernaviget undas ALCUIN *Carm.* 76. 2. 3.

9 this, the more (most) recently mentioned, the latter; **b** (dist. from *ille*, occ. from other pronouns).

surrexere patriarche: Cirillus .., Modestus; ~e constitutus est patriarcha ab Heraclio W. MALM. *GR* IV 368; hi fuerunt episcopi B., .. D., O., A., W.; ~i tres fuerunt archiepiscopi *Id. GP* IV 136; ab hoc .. nomine quod est 'primus' .. 'primum' adverbium, et ab ~o extremo dicitur 'primulum' OSB. GLOUC. *Deriv.* 406. **b** ALDH. *VirgP* 17, etc. (v. ille 17a); BEDE *Cant.* 1142 (v. 14a infra); ille genuit E. et A.; ~e .. comitatum Bononie suscepit, ex altero sunt hodie comites Flandrie W. MALM. *GR* II 123; non eram .. injuste tractandus qui tunc illud obsequium nunc ~ud inferre poteram G. MON. IV 9; cum et veteres eorum [sc. Romanorum] .. avos ~orum [sc. Britonum] .. infestarent et ~i libertatem quam illi eisdem demere affectabant tueri instarent *Ib.* X 12.

10 (w. ref. to person or thing about to be specified) this, the following: **a** (adj.); **b** (pron.); **c** (adj. or pron., w. ref. to following dir. speech or quot.); **d** (w. ref. to following indir. speech); **e** (w. ref. to following rel. cl.); **f** (w. ref. to following cl. w. *ut*, *quatenus*, or sim.).

a c**704** (11c) ~is terminis praefatum rus cingitur: in primis .. *CS* 123; **759** (8c) ~i testes consenserunt: ego Offa etc. *CS* 187; isto .. modo quae vidit ferre solebat: "splendidus" inquit .. ALCUIN *SS Ebor* 904; **839** (?9c) histis terminibus circumjacentibus: in oriente etc. *CS* 426. **b** **788** (12c) hujus .. terrae termini sunt ~i: ab oriente etc. *CS* 253; **833** (14c) territoria .. hujus agelli ~a sunt: primitus [*foll. by bounds in AS*] *CS* 410; habeurunt ~i sacham et socam: B. C., A. de E. .. *DB* I 1va; libertas .. ~a est: potestas servandi rectitudinem voluntatis .. ANSELM (*Praesc.* I 6) II 256; c**1120** ~i sunt testes ..: comes D., H. .. *Regesta Scot.* 5; dandus est intellectus questionis, qui est ~e: utrum sc. .. OCKHAM *Quodl.* 51. **c** misit .. litteras, quarum ~e est textus: .. BEDE *HE* I 24 p. 43; ~a .. sunt ejus verba ..: "haec" inquit .. W. MALM. *GP* V 190; hec .. per ~os versus possunt discerni: .. T. CHOBHAM *Praed.* 56vb; veritas contingens de Deo, puta ~a 'Deus est incarnatus' OCKHAM *Quodl.* 492; ~a clausula legatur ..: "magister, tu jurabis .." *StatOx* 19. **d** ~ud .. vellem scire, quo magisterio .. illos [sc. angelos] videre .. valerem PETRUS *Dial.* 70; quilibet miles .. jurabat ~a: signa secuturum, ducibus pariturum .. DICETO *YH* II 96 (*in marg.*); ~ud est generaliter verum, quod .. OCKHAM *Quodl.* 268. **e** **812** pro agellorum transmutatione .. isdorum qui in partibus suburbanis .. fieri videbantur *CS* 341; **891** (14c) ~is consentientibus testibus quorum nomina subtus notantur *CS* 564; ~e syllogismus quem modo proposui ANSELM (*Gram.* 7) I 151; cum ad ~os qui modo dissident ordine venero W. MALM. *GP* I 28; †itae [l. iste, sc. partes] que subjunguntur OSB. GLOUC. *Deriv.* 628; ~ud [v. l. illud] .. ab homine colitur quod pre ceteris ab ipso diligitur T. CHOBHAM *Praed.* 253. **f** **601** sit .. inter .. episcopos .. ~a distinctio, ut .. (*Lit. Papae*) BEDE *HE* I 29 p. 64; **780** (11c) dabo terram .. ~a ergo conditione .. conposita quatinus .. *CS* 236; lex staret ut ista / .., quo .. / fur .. / .. crudelia dampna subiret WULF. *Swith.* II 441; ~ud dabo ut in universo opere magis efficientem spectes causam quam materiam ADEL. *QN* 69 p. 62; is .. ~a prosecutus est, ut Turchi .. terras .. evacuent W. MALM. *GR* IV 364; **1458** sub ~a conditione, quod .. *MunAcOx* II 739.

11 (in place of spec. term): **a** (pron.) such and such a person or thing, so and so, this or that (sts. alternating w. *ille*); **b** (*~e vel ille*); **c** (*~e vel ~e*). **d** (adj.) such and such (a ..).

a dicimus .. "~e quiescit sicut ille facit" .. cum .. quiescere sit nihil facere ANSELM (*Prosl.* 7) I 105; querenti quando sit ~ud hic et ubi sit ~ud nunc respondetur ~ud nunc esse hic BALSH. *AD rec. 2* 154; ut cum dicitur "illud intelligitur mistice .." vel "~um dictum est parabolice .." [v. l. ~ud .. illud] T. CHOBHAM *Praed.* 10. **b** filii ~ius vel illius S. LANGTON *Chron.* 102 (v. ille 5d). **c** potestas papalis potest dupliciter considerari, vel ut est in se vel ut est in ~o vel in ~o N. FAKENHAM *Concl.* 122; est [anima intellectiva] in ~o vel in ~o *Ib.* **d** debet .. cogitare "hodie fuit sanctus ~e decollatus .." T. CHOBHAM *Praed.* 252; OCKHAM *Quodl.* 558 (v. ille 5d).

12 (*hic* .. *~e*, *~e* .. *ille*, *~e* .. *alter*, or sim,. in indef. use) one .. another, (pl.) some .. other(s): **a** (pron.); **b** (adj.).

a ~e se magistrum .. sequi promittit nec permittitur, alter sequi jussus nec ad patris sepulturam petitas accipit indutias [cf. *Matth.* viii 19–22] BEDE *Acts* 978; cum .. alios considero, in uno nobilitatem, in altero militiam, in ~o litteraturam, in illo justitiam .. invenio W. MALM. *GR* V 446; quedam .. occuluit memorie vetustas, quedam constructionis novitas, ~a provintie longinquitas, illa sanctorum .. obscuritas *Id. GP* III 116/1 p. 254; illis vulneratis et ~is occisis, omnibus autem reliquis .. vinculatis *G. Steph.* 43. **b** sacros honores ecclesiarum hos sibi pecunia comparans ~os aliis lingua venditans W. MALM. *GP* I 23 p. 35; castella .. ~a ad regales validius arcendos, illa ad suos impensius tutandos passim formavit *G. Steph.* 69.

13 (w. contrastive force, *cf.* 12 *supra*): **a** (*hic* .. *~e*) this .. this other. **b** (*~e* .. *ille*) this .. that (person or thing), the one .. the other, (pl.) these .. those, the one group (*etc.*) .. the other. **c** (in var. use, freq. dist. from *ille*; usu. indicates person or thing considered nearer, more immediate, or focus of attention).

a "hic" dextrum ostendens "est Birinus .., ~e" et ostendit sinistrum "est Swithinus" W. MALM. *GP* II 75 p. 164. **b** procuratum est divinitus ut cum illi exitum ejus de hac vita viderent, tunc ~i introitum ejus in perpetuum .. vitam cognoscerent BEDE *HE* IV 23 p. 258; hostiles .. acies, illi perperam agentes, ~i pro .. patria pugnaturi ASSER *Alf.* 39; bonus .. angelus et malus .., quod ille [sc. malus] scit ipso sui experimento, hoc ~e [sc. bonus] didicit solo alterius exemplo ANSELM (*Casus Diab.* 25) I 272; modo illis modo ~is vincentibus W. MALM. *GR* IV 307. **c** ceteri fideles audituri, ~i sancta modulaturi sunt carmina ALDH. *VirgP* 7 p. 235; sicut in versu superiore pro causa .. pauperis os aperire praecepit, ita in ~o [*Prov.* xxxi 9] ipsum pauperem .. judicare .. ammonet BEDE *Prov.* 1029; Stephen .. vidit caelos apertos .., at contra faber ~e .. vidit aperta tartare *Id. HE* V 14 p. 314; **925** (v. 3a supra); quando justus ab iniquo percutitur, quia nec ~e percuti nec ille percutere debet .. ANSELM (*Ver.* 8) I 187; nihil actum morte patris, si quos ille [sc. pater] vinxerit ~e trucidet W. MALM. *GR* IV 306 p. 360; Balduinus .. genuit R. et G., R. nothumque Guigerium; ~i nimirum .. probitate viguerunt .., Wigerius autem .. ORD. VIT. VIII 13 p. 344; G. MON. VII 2 (v. 3a supra).

14 (exx. illustrating use of other pronouns as equivalent to, or with same reference as, *~e*): **a** (*hic*); **b** (*ille*).

a nec repugnat quod supra sponsae labia vittae et nunc comparantur favo, cum hic .. delectet, illa .. constringat, ~e intus reficiat, illa foris liget BEDE *Cant.* 1142; 'hic est virtus Dei' [*Act.* viii 10]: 'hic' .. pronomen est, quasi diceretur '~e est virtus Dei' *Id. Retract.* 1016; ALCUIN *Carm.* 88. 7. 2 (v. 1c supra); c**894** si .. quivis hominum contra hec aliquando niti ac imminuere ~a temptaverit (*Lit. Papae*) W. MALM. *GP* I 38; ANSELM III 58 (v. 5a supra); *Id. Misc.* 341 (v. 8b supra); predones abstulerunt omnia [sc. praedia] preter ~a, licet et de his partem vellicaverint W. MALM. *GP* V 211; AILR. *Serm.* 39. 20 (v. 2b supra); R. NIGER *Chr. II* 141 (v. 1 hic 2b); dicitur "hic est finis hujus agri", id est, hic terminatur ~e ager T. CHOBHAM *Praed.* 182; cum ~a exclusiva ".." convertitur hec universalis ".." et ~a exceptiva ".." WYCL. *Log.* I 153. **b** **802** deprecor ut .. [opusculum] mox remittatur nobis .., quia aliud [v. l. alium] non habeo nisi ~ud [v. l. ~um] tantummodo ALCUIN *Ep.* 254 p. 412 (cf. ib. supra: aliud [v. l. alium] non habeo nisi illud [v. l. illum] tantum); a**1129** in C. sunt .. xx villani .. et quisquis illorum operatur j die per annum in ebdomada. .. et omnes ~i adducunt de bosco lx careatas *Chr. Peterb.* app. 159; prefectus, in alios .. immanis, in ~um .. lenis, nil illi tormenti preter tenebras ingessit W. MALM. *GP* III 101 p. 230.

15 **a** (adj., w. poss. adj. or gen. of pers. pron.) this (that) .. (of mine, yours, his, etc.). **b** (adj. *hic ~e*) this (very). **c** (adj. *~e idem*) this (very) same. **d** (n. sg. as pron. w. gen.).

a †**716** (12c) volo quod .. monachi habeant ~a dona mea *CS* 135; c**829**, **956** (v. 8a supra); c**980** (12c) ~a nostra donatio *CS* 1133; ~a tua ratio ANSELM I 266 (v. 6b supra); c**1109** ~a ejus calumnia *Id.* (*Ep.* 467) V 416; c**1135** precor vos .. quatinus ~am meam elemosinam manuteneatis *Ch. Chester* 19; GIR. *SD* 142 (v. 8a supra); FERR. *Kinloss* 3 (v. 3a supra). **b** **816** (11c) propter hanc videlicet libertatem ~am [v. l. ~e] episcopus et ejus familia mihi tradiderunt xiiij manentes *CS* 357; **956** (v. 8a supra). **c** in ~o eodem concilio pronuntiatum est .. ut .. W. MALM. *GR* III 300; **1301** pro expensis equorum regis, de quibus .. A. respondet superius ~o eodem titulo *KR Ac* 360/14 m. 1d. **d** W. MALM. *GP* IV 148 (v. 8b supra).

istemet [CL iste + *enclitic particle* -met], that person (sc. previously mentioned).

tenet A. iij virgatas ..; ~emet tenuit TRE *DB* I 1vb.; tenent iij homines j hidam de rege ..; ~imet tenuerunt TRE et vendere potuerunt *DB* I 153rb.

isterologia v. hysterologia. **isthac** v. iste. **isthic** v. 2 istic.

isthmus [CL < ἰσθμός], (anat.) narrow passage, esp. throat.

catarrus fluens ad uvulam vel ysmon vel stomachum GILB. III 151. 1; forsitan deviaret materia ad ysmon vel gulam *Ib.* IV 276v. 2; †ysinon [l. ysmon] est inter ysofagum et tracheam arteriam *SB* 26; pirichuma est apostema juxta †ysinon *Alph.* 145; hoc esmum, *a trype WW*.

1 istic v. iste.

2 istic [CL]

1 in this place, here; **b** (in this country); **c** (in this world, as dist. from heaven); **d** (in this passage; in quot., dist. from *ibi*).

hic Christi vernae corpus sub marmore jacet; / supremus mundi concludit terminus isthic / .. famulam *Epigr. Milredi* 815; protegat .. haec loca Christus, / laus, honor et cultus istic sit semper et illi ALCUIN *Carm.* 101. 2. 13; hoc .. castrum .. quod pater suus .. tenuit et ~c obiit ORD. VIT. VIII 5 p. 298; ille locum istum edificabit .. diesque suos ~c consummabit J. FURNESS *Pat.* 136;

Ps.-Gros. *Gram.* 59 (v. istac 1a). **b a690** (v. istinc a); habemus ~c apud nos ex Mauretania cercopithecum quendam Caius *Anim.* 15. **c** regnator mundi .. / .. conferre mihi dignetur in aethra / cum sanctis requiem, quos laudo versibus istic Aldh. *VirgV praef.* 6; nos pietas precibus simul adjuret istic, / ut nobis tribuat Christus bona dona salutis Alcuin *Carm.* 109. 20. 3; **940** (10c) licet primi protoplasti facinore violata inprobis successionibus deterioranda ~c degentibus vilescerent *CS* 748. **d** [Petrus] tangit evangelicam parabolam [sc. *Luc.* xv 4] ..; nam quod ibi dictum est .., hoc ~c .. praemisit dicens quia 'peccata ..' [*I Petr.* ii 24] Bede *Cath.* 54.

2 in that place (at a distance, or already mentioned), there; **b** (in that book, poem, or sim.).

qui evectus .. / paradisi cespitibus / .. / regnat, istic per saecula / carpens aeterna gaudia (Æthelwald) *Carm. Aldh.* 2. 93. **b** istic queque scripta vides, sunt aniles fabule (*Vers. de Brendano*) *VSH* II 293.

3 (*illic* .. ~*c*): **a** in one place .. in another. **b** in the former place .. in the latter, (fig.) in that respect .. in this.

a illic .. insidias texere, ~c .. terras .. nudare *G. Steph.* 42. **b** Dunstanus .. multe in seculo potentie, magne apud Deum gratie, illic Martham, ~ic exhibebat Mariam [cf. *Luc.* x 38] W. Malm. *GR* II 149 p. 166.

istinc [CL], **a** from this place, hence, from that place (at a distance, or already mentioned); **b** (from this world or life). **c** (~*c illincque*) from this side and that.

a omnitenens Dominus .. / .., / ne concedas [nos] trudendos hostibus istinc Aldh. *VirgV praef.* 13 (cf. ib. 8: [Deus] tradidit his [sanctis] caeli .. scandere limen); jubet .. vatem Constantinus .. / .. arcessi porro de finibus istinc [*ed.*: istuc, *but* cf. *TLL* VII 2. 516. 72] *Ib.* 1004 (*refers to* ib. 971: Memphitica tellus); **a690** Hibernia, quo .. ~c lectitantes .. confluunt *Id. Ep.* 5 p. 492 (cf. ib.: istic, fecundo Britanniae in cespite); hec [sc. porta] aliis augusta magis fastigia prefert / ..; / circinus et rapide licet ille volubilis unde / istinc .. deviet .., / est tamen .. / murus L. Durh. *Dial.* I 354; isthinc, ex ista parte Osb. Glouc. *Deriv.* 295; *Ps.*-Gros. *Gram.* 59 (v. istac 1a). **b** defunctum cadaver .. suscitavit, qui omnem ~c [*gl.*: ex hac vita. *heonan*] eundi tragoediam et illinc redeundi clementiam .. patefecit Aldh. *VirgP* 36 p. 283. **c a690** creber meatus est ~c illincque istuc illucque .. aequoreas fretantium .. gurgites *Id. Ep.* 5 p. 490.

istiusmodi [CL; al. div.], of this (that) kind.

illae 'filiae frustra congregaverunt divitias' ..; sed omnes istius modi filias ecclesia catholica supergreditur [cf. *Prov.* xxxi 29] Bede *Prov.* 1040; ~i cogitationes magne violentie sunt Ailr. *Serm.* 17. 12 (cf. ib.: istas, tales).

istoria v. historia.

istorsum [CL], in this (that) direction.

horsum .. componitur illorsum .. et ~m i. ad istam partem Osb. Glouc. *Deriv.* 398.

istrio v. histrio. **istrix** v. hystrix. **istronda** v. stranda.

istuc [CL], **a** to this place, hither (*cf. istinc* a). **b** (~*c illucque*) in this direction and that.

a sumus angelicis missae de sedibus istuc [v. l. istic] Aldh. *VirgV* 728; **a690** postquam vestram repedantem ~c ambrosiam ex Hiberniae .. insulae climatibus .. territorii marginem Britannici sospitem applicuisse .. comperimus *Id. Ep.* 5 p. 489; *Ps.*-Gros. *Gram.* 59 (v. istac 1a). **b a690** (v. istinc c).

1 ita v. eta.

2 ita [CL]

1 in this way, in such a way, to such an extent, so: **a** (*sc.* as is seen, known, *etc.*; freq. attached closely to adj. or adv.); **b** (introduces remark explaining what precedes); **c** (in neg. context w. implied comparison). **d** (*non ita* w. adj. or adv.) not so .., not all that .. (also in question w. *num*).

a 925 (v. iste 3a); occurrunt familiares .. et dicunt "ita relinquis nos? ita dividemur?" Ailr. *Serm.* 24. 30. 332C; [Benedictus] tam viriliter restitit, tu ita molliter succumbis *Ib.* 37. 3; **1220** ita vetus (v. falsina b); M. Scot *Phys.* 14 (v. extraneus 1a); cum David ita .. impie peccasset .. dormiendo cum Bersabee [*II Reg.* xi 4] T. Chobham *Praed.* 257; non decet te respondere ita summo pontifici (*Mchg.* 21) *VSH* II 175. **b** [corpus] venerationi visentibus fuit, ita perspicuo nitore gemmeum, ita miranda puritate lacteum erat W. Malm. *Wulfst.* III 22; nec si vellet multos parituros inveniret, ita .. omnes illi erant infensi *Id. GR* III 239. **c** nemo .. illum [sc. Christum] .. ita amavit, ita desideravit [sc. sicut Maria] Ailr. *Serm.* 45. 7. **d** non ita omnes episcopi vel presbyteri, ut superius comprehensi, quia non scismatis .. infamia maculantur, mali sunt Gildas *EB* 69; non ita aperte Beleth *RDO* 123. 130B (v. draco 3); num est ita grave peccatum non confiteri in hoc seculo? (*Lug.* 30) *VSH* II 216.

2 in this way, in such a way, so (*sc.* as has been or is being related; w. ref. to manner of action *etc.*, or to mere fact of its occurrence); **b** (expr. conformity w. prediction, prophecy, or sim.); **c** (expr. conformity w. order, request); **d** (w. vb. of narrating, or sim., w. ref. to preceding text); **e** (introducing generalization after particular case; in quot., w. enclitic particle *-ne*). **f** (*itatenus*) in this way.

rectores sibi relictos .. leaena trucidavit dolosa; quibus ita gestis .. Gildas *EB* 6; [carmen] in lxx coaequantium vorsuum formulas, casu ita obtingente, .. divisum *Ep. Aldh.* 7 p. 496; quod si ita intellegitur, merito ammonet sinagogam Dominus .. Bede *Cant.* 1213; neque .. ob id tantum in coronam adtondemur quia Petrus ita adtonsus est (*Ep. Ceolfridi*) *Id. HE* V 21 p. 343; **738** (12c) donavi .. Ealdulfo [terram] ..; hujus vero terrae possessionem ita praedicto episcopo largitus sum .. *Ch. Roff.* 3; .. ut .. Æthelbaldum .. expellere vellent; sed ille [Æthelwulf] .. ita fieri noluit Asser *Alf.* 13; virumque / cernentes ita seminecem languore gravari Wulf. *Swith.* I 579; manifestum est quia .. gloriaris ..; quodsi .. ita de te estimas .. Anselm *Misc.* 300; diu suspexit celum ..; percunctantibus .. quid ita irreverberato lumine celum aspectaret, respondit .. W. Malm. *GP* III 115 p. 250; respondit .. senex .. "non ita fiet, set sicut ego dixi, sic erit .." (*Barr.* 14) *VSH* I 72; sine mensura corpus tuum affligis jejuniis, et ne ita facias (*Ita* 10) *Ib.* II 119. **b** pontifex .. ait "numquam inveterascat haec manus"; quod et ita .. provenit, nam .. Bede *HE* III 6 p. 138; ex aquila delato pisce cibandum / se .. praedixit, et est ita factum Alcuin *SS Ebor* 700; abbas ait ".. quod noles patieris"; quod et ita contigit, nam .. Ord. Vit. III 3 p. 52; "piscem dabit tibi Deus .."; piscis ita more michi missus .. ablatus est mihi *Lib. Landav.* 3. **c** jussit ut .. hoc facere meminissent; fecerunt autem ita Bede *CuthbP* 42; **909** (12c) rogaverunt episcopi .. eam [terram] accommodandam illis, et ipsi ita fecere *CS* 624 p. 294; addens / ut .. sexus simul omnis et aetas / .. / obviet .. sancto .. patrono / ..; est ita quod factum Wulf. *Swith.* II 35. **d** his ita [v. l. itaque] relatis, ad incepta redeamus Asser *Alf.* 97; Balsh. *AD* 10 (v. expedire 5a). **e** prevaluit tandem pecunia; itane omnia superat .. nummus! W. Malm. *GP* I 54 p. 102. **f** iter istud non inconsultus aggredere, dum ita tenus absque dubio quod proposuisti reperies Ciren. I 269.

3 a (in comparison w. fact, situation, *etc.*, previously related) so (also), similarly, likewise, (w. neg.) not so, otherwise. **b** (*ita est, ita fit* in impers. use, sts. foll. by prep.) so it is, so it happens also .. (*cf.* 6a *infra*). **c** (w. ellipse of vb., sts. foll. by prep.) so also .. (*cf.* 6c *infra*).

a parvissimo spatio .. excurso [passer] .. tuis oculis elabitur; ita haec vita hominum ad modicum apparet Bede *HE* II 13 p. 112; confitemur .. nec posteriorem Filium esse Patre ..; ita quoque .. nec posteriorem eum [Spiritum Sanctum] Filio fatemur Anselm (*Proc. Spir.* 8) II 200; ita .. et cum queritur "quid movetur?", de rebus queri videbitur quid earum movetur Balsh. *AD rec. 2* 150 (cf. ib.: similiter); miser est homo cecus ..; ita et spiritualiter cecus semper est in tenebris T. Chobham *Praed.* 101. **b 799** (10c) in aquilone puplica stratus [*sic*], in oriente ita est *CS* 296; **1215** foreste .. deafforestentur, et ita fiat de ripariis *Magna Carta* 47; caritas semper debetur .., sed non est ita [v. l. ita est] de aliis virtutibus T. Chobham *Praed.* 197. **c** eodem modo in plurali numero [amphimacri] reperiuntur, ut 'margines ..'; ita quoque singulari 'pontifex ..' Aldh. *PR* 122; [Adulfo] pro sanctitate ignoscitur quod .. duas sedes tenuerit ..; Wlstano non ita W. Malm. *GP* III 15 p. 250; et ita in ceteris *Ps.*-Gros. *Summa* 343 (v. denominabilis); et ita sapor et ita de aliis dimensionalis *Ps.*-Ockham *Princ. Theol.* 111 (v. dimensionare); [vasa cibariorum] inveniebantur plena, ite et de potu per multos dies (*Alb.* 13) *VSH* I 51.

4 a in consequence (sc. of event, circumstance, or sim., previously related), consequently, therefore; **b** (in logical inference). **c** by (means of) this action, by so doing. **d** (equivalent to hypothetical conditional clause) if this were so, in this way, then.

a 901 (14c) 'generatio .. venit et generatio vadit' [*Eccles.* i 4] ..; ita universa facultas divitiarum .. incertis heredibus .. relinquitur *CS* 588 p. 231; radat capillos suos .. et ita calvus sit Ailr. *Serm.* 36. 18; simul habebit homo gaudium et afflictionem, et ita [v. l. simul] gaudebit et dolebit T. Chobham *Praed.* 174. **b** *Quaest. Salern.* Ba 97 (v. 1 defluere 1e); Duns *Metaph.* VII 1. 350b (v. definibilis); *Id. Ord.* IV 137 (v. effectivus 1b); Bacon VIII 223 (v. discontinuare 1). **c** Johannes .. omnia dimiserat .. personis fidelium divitum quatenus ita eos alacriores reddat ad miserandum pauperibus Bede *Cath.* 123; incepit .. omnes .. accusare et ita [Fl. Worc. I 76: sic] .. potestate .. privare Asser *Alf.* 14; **a940** (13c) idcirco tam firmiter hoc privilegium observari praecepimus, ut ita .. possimus simul coelorum regni gaudia assequi *CS* 736; credunt, et ita de jugo ipsius [diaboli] exeunt Petrus *Dial.* 120; superbia .. omnes alios vult gravare et deprimere ita sub se T. Chobham *Praed.* 128. **d** [nepos pape] non habebit prioratum illum nisi fecerit se monachum; ita enim posset papa conferre quamlibet abbathiam .. secularibus Graystanes 27 p. 84.

5 in these circumstances, after these events (*sc.* previously related); **b** (in bounds) then, next.

quos [angelos] de Domino interrogans .. ita demum [Maria Magdalena] ad ejus visionem pervenit Bede *Cant.* 1120; [Theodorus] ordinatus est .. et ita .. Brittaniam missus est *Id. HE* IV 1 p. 203; quis enarrare sufficit quam grave homicidium perpetrat monachus sacerdos fratrem odiens? et si ita .. sacrificat .. Ord. Vit. III 7 p. 98; melius illis esset non videre Christum quam videre et ita contemnere Ailr. *Serm.* 30. 15; Glanv. I 7 (v. 1 dies 11a). **b a776** (?11c) sic extenditur in *hæthihtan leahge* et ita in *fulan sloh CS* 219; **801** (13c) ita ad supra dictum locum circum girando .. revertit *CS* 282; per eandem .. aquam usque L., et ita per stratam usque C., ab eo usque S. *CS* 922 p. 94.

6 (w. *esse*, or in elliptical cl., in statement that something is (not) the case; *cf.* 3b–c *supra*): **a** (*ita est, non ita est*) it is (not) so, it is (not) the case; **b** (w. n. pron. as subj.); **c** (w. ellipse of vb.). **d** (*ita est quod* ..) it is the case that . . .

a scio quod me haec insana mente loqui arbitramini, sed jam nunc non ita esse cognoscite Bede *HE* IV 8 p. 221; tu dicis ibi nostrae fore pondera gazae? / credere non valeo, non est ita Wulf. *Swith.* I 334; "queris quomodo peccavit [diabolus]." "ita est" Anselm (*Casus Diab.* 4) I 240; **c1106** si vobiscum bene est gaudeo, et ut ita sit multum desidero *Id.* (*Ep.* 376) V 320; "quomodo .. te video eam [legem] esse transgressum ..?" "non est ita, sed .." Petrus *Dial.* 5; [dubitabile] est utrum peccet mortaliter quicumque predicat pro questu ..; videtur quod ita sit T. Chobham *Praed.* 59; **s1164** (v. exsufflare 4a); **1258** (v. dominicus 4c); **s1406** (v. dedecus c). **b** cum hoc, an ita esset, quibusdam venisset in dubium Bede *HE* IV 17 (19) p. 243; intelligitur aliud esse spiritum corporalem, aliud animam rationalem; quod si ita est .. Petrus *Dial.* 48; **1201** hoc testatur per juratores ita esse *SelPlCrown* 2. **c** itane, ita viro [i. e. vero] *GlC* I 498; itane, putas sic? *Ib.* 500; nonne 'dignus est operarius cibo suo' [*Matth.* x 10]? ita quidem, sed .. Gir. *GE* II 32 p. 323; num .. hoc calamus noster omittit opus? / non ita, namque .. L. Durh. *Hypog.* 66; fertur et Egisthus quod sit male factus adulter; / cur ita? causa datur: desidiosus erat *Ib.* 67. **d a889** (14c) si ita fuerit quod ipsae has terras .. retinere voluerint *CS* 555 p. 185; antiquitus ita fuit quod nullus predicaret nisi haberet curam animarum T. Chobham *Praed.* 54; **1297** si ita sit quod id [castrum] prius .. non tradideritis *RGasc* III 353a; **1415** (v. gersum 4).

7 (pred.) so, in such a state, position, *etc.* (*sc.* as previously related; usu. w. ref. to subj. of verb of being or remaining; *cf.* 6b *supra*).

673 quod si quisquam propriam expulerit conjugem, .. nulli alteri copuletur sed ita permaneat (*Conc. Hertford*) Bede *HE* IV 5 p. 217; quasi mortuus jacebat ..; cumque ita .. quatriduo perseveraret .. *Ib.* V 19 p. 328; rex E. condonavit ut [Alwarestoch] esset pro x hidis, et ita est modo *DB* I 41va; **a1158** volumus .. ut ista donatio rata sit, quia ab omnibus nobis ut ita sit confirmata est *Ch. Westm.* 252; **1311** ita est consuetudo (v. deponere 9d); amare flevit et postea subrisit; discipuli .. videntes eum ita esse mirati sunt (*Barr.* 5) *VSH* I 67; erat petra multum nocens hominibus .. in via illa; quem cum ita vidisset .., jussit ei .. ire ad alium locum (*Colmanus* 30) *Ib.* 271.

8 (equiv. to neuter pron., obj. clause or name) so (*sc.* as has been, or is being, related): **a** (w. *facere, fieri, contingere*); **b** (w. vb. of considering, believing); **c** (w. vb. of naming, calling; *cf.* 9b *infra*); **d** (w. var. vbs.). **e** (*ut ita dicam* or sim.) so to speak.

a Bede *CuthbP* 42, *etc.* (v. 2c supra); Alcuin *SS Ebor* 700 (v. 2b supra); Asser *Alf.* 13 (v. 2a supra); **c1106** ut .. eo me modo .. informare dignemini quo presentem, si ita contigisset, consolaremini *Ep. Anselm.* 433 p. 380; *VSH* II 119 (v. 2a supra). **b 705** si ita justum judicaveris (v. 8d infra); "si justitiam .. servasset .. [non] miser esset" "ita credimus" Anselm (*Casus Diab.* 4) I 240. **c** [Justus] merito justitiae a Romanis .. ita cognominabatur Bede *Retract.* 1026; Angeronia quedam dea ita dicta quod videatur angores pellere Osb. Glouc. *Deriv.* 46; vasa vinaria: hemina, .., cylicia ita dicta *Ib.* 262. **d 705** ut vel consentiam voci deprecantium, si ita placuerit, vel .. me ipsum .. subtraham, si ita justum judicaveris Wealdhere *Ep.* 23; custos .. cum tota schola, si res rationabilis ita exigerit [ita *lacking in F*; AS: *gif þing gesceadlic swa gyrnþ*], quo necesse est sub silentio .. eat *RegulC* 11 (= *Conc. Syn.* 141); **c1077** vestram .., quoniam ita res exigit, rogamus benignitatem quatenus .. Anselm (*Ep.* 107) III 240. **e** [oceani] diffusiore et, ut ita dicam, intransmeabili undique circulo Gildas *EB* 3; **672** rus .. vernans .., ut ita dixerim, .. numerositate lectorum Aldh. *Ep.* 5 p. 492; ab ipso, ut ita dicam, mortis limine revocans Bede *HE* V 6 p. 289; **929** (11c) quod .. impletum nos, ut ita dicam, esse in nobis experti sumus *CS* 665; justus ab ipsa origine, ut ita dictum sit, natus est Anselm (*Orig. Pecc.* 20) II 160;

quasdam, ut ita dicam, venas orationum AILR. *Serm.* 21. 45. 360B; ut ita loquar KNAPWELL *Not.* 195 (v. exhibilis).

9 (w. ref. to what follows) in the following manner, thus; **b** (w. vb. of naming; *cf.* 8c *supra*); **c** (w. vb. of saying, understanding, or sim., foll. by dir. speech or quotation); **d** (foll. by *quod*, *quia*); **e** (foll. by *quasi*, *cf.* 10c *infra*).

ita .. agebatur regulis familiaritas tribus .. vicissitudinibus: in tribus namque cohortibus .. satellites .. dividebantur .. ASSER *Alf.* 100; Pipini genealogia .. contexitur ita .. W. MALM. *GR* I 68 p. 71 (v. genealogia 1a). **b** **799** terram .. reddo ubi ita nominatur *æt Ciornincge* xxx aratrorum *CS* 293; **904** (12c) lx manentes in .. locis quae Saxonice ita nominantur, id est x manentes *æt Crauuancumbe* [etc.] *CS* 612. **c** illud Salomonis ita dicentis: 'qui dicit ..' [*Prov.* xxiv 24] GILDAS *EB* 36; ponitur loco primo dactilus ita: 'in cruce..' ALDH. *Met.* 10 p. 84; potest et ita intelligi 'verte impios et non erunt' [*Prov.* xii 7]: converte eos ab impietate, et non erunt jam impii BEDE *Prov.* 975; ita matri respondens .. inquit "verene ..?" ASSER *Alf.* 23; ita dicite in cordibus vestris: vult Deus ut hoc velim, an non? ANSELM (*Ep.* 414) V 360. **d** versiculum ita exponit quod ficus protulerit grossos suos .. BEDE *Cant.* (ii 13) 1112; quod ita solvitur, quia .. *Id. Retract.* 1002; potest ita intelligi illa gratia .. quod .. AILR. *Serm.* 13. 17. 286; ita distinguendum est quod quidam orant .. bene .. T. CHOBHAM *Praed.* 64. **e** quod ait ecclesia 'tenui eum ..', non ita intellegendum quasi dimissura sit ipsa Christum .., sed ita potius quod .. eum .. diligat BEDE *Cant.* (iii 4) 1119; Petri sententiam ita intellegunt quasi diceret *Id. Cath.* 81; quod .. dixi, cum monachus vapulat hoc a sua voluntate discordare, non ita intelligas quasi nolit hoc .. portare, sed quoniam .. ANSELM (*Ep.* 233) IV 141; neque hoc ita dico quasi debeamus exspectare .. securitatem de salute nostra, sed quia .. AILR. *Serm.* 34. 27.

10 (foll. or preceded by compar. cl.) in the same way, so, as (.. as); (as ..,) in the same way, so (also) (freq. closely attached to adj. or adv., or to following correlative, *e. g. ita ut* 'as, just as'): **a** (w. correlative *ut*, *sicut*, *velut*); **b** (w. var. correlatives). **c** (w. correlative *quasi*, *ac si*, *tamquam*) so, in such a way (.. as if).

a sicut agni a lanionibus, ita [v. l. ita ut] deflendi cives ab inimicis discerpuntur GILDAS *EB* 19; **675** (15c) ita ut praedixi *CS* 36; hoc opusculum .. ita perniciter ut sategistis dictare ALDH. *VirgP* 59; [Deum] ita amare ut patrem filii BEDE *Cath.* 98; **798** (12c) Offa .. cenobium C. sicut sine litteris accepit, ita .. detinuit (*Clovesho*) *CS* 291 p. 406 (= *Conc. HS* 513); quod non ita ut putabant evenit, nam .. ASSER *Alf.* 54; **938** (?11c) [Christus] sicut tempora temporibus ita etiam dat regna quibus vult regibus *CS* 727 p. 435; **1098** si ita vitam praesentem, sicuti eram, ibi finirem .. ANSELM (*Ep.* 206) IV 100; frenans, ut populos armis, ita legibus arma ORD. VIT. IV 1 p. 165; velut aper .. in venatorem, ita irruit .. in regem G. MON. X 3; cum .. nichil sit ita bonum .. sicut virtus T. CHOBHAM *Praed.* 187; AILR. *Serm.* 15. 20 (v. 17a infra); **1356** dedimus .. Edwardo regnum .. Scocie [etc.] .. ita plene et integre sicut aliqui .. progenitorum nostrorum .. ea .. tenuerunt (*Cart. Edwardi de Balliolo*) AVESB. 452; sicut .. inter discipulos Christi orta est contentio .., ita similiter inter discipulos Endei (*Enda* 19) *VSH* II 68. **b** c**705** quemadmodum te viva voce .. ammonere curavi, ita etiamnunc absentem .. litteris exhortari non piget ALDH. *Ep.* 11 p. 499; Spiritus adventu non ita ait juvari animum quo modo flamma .. caligosam juvat domum .. sed ita potius quo modo .. BEDE *Cant.* 1065; maxima pars .. funditus deleta .. est, ita qualiter nunquam .. in una die .. occisam esse audivimus ASSER *Alf.* 5; quomodo in vita sua sese dilexerunt, ita et in morte separati non sunt ORD. VIT. II 3 p. 249; quem debemus ita libenter sequi quam istum puerum ..? AILR. *Serm.* 1. 44. 217; *Ib.* 46. 7 (v. 17a infra); bestiam .. oculos ita magnos habentem in modum vasis vitrei (*Bren.* I 75) *VSH* I 138. **c** quod ita .. contemnitur quasi non audiretur GILDAS *EB* 108; eos ita Mosaica decreta tamquam idolatriae dogmata damnasse BEDE *Retract.* 1029; cum sedens in tenui veste vir ita .. quasi in mediae aestatis caumate sudaverit *Id. HE* III 19 p. 167; sed quasi nullam .. consolationem haberet .., ita tamen .. gemebat ASSER *Alf.* 76 p. 60; [puer] ita sanus .. extat / ac si .. nullum persenserit ictum WULF. *Swith.* II 808; *GAS* 365 (v. githserus); [Stephanus] pene omnia ita perperam mutavit quasi ad hoc tantum jurasset ut .. W. MALM. *HN* 465.

11 (spec. uses of the above): **a** (*ut*, *sicut* .. *ita* w. weakened compar. force) not only .. but also, though .. yet also. **b** (w. var. correlatives, modifying vb. of being or remaining) in the same state, condition (as ..) (*cf.* 6a, 7 *supra*). **c** (*ita ut est*, *etc.*) just as he is (*etc.*). **d** (*ita* .. *sicut* in adjuration) so (let him .., *etc.*), as (he hopes to .., *etc.*).

a jocunditatem ut perturbationis immunem ita etiam libertate gaudentem BEDE *Cant.* 1068; [Hibernia insula] sicut contra Aquilonem ea [sc. Britannia] brevior, ita in meridiem se .. plurimum protendens *Id. HE* I 1 p. 11; sicut .. cruciatus .. patitur, ita .. eternis premiis .. letabitur (*Com.* 57) *VSH* II 20. **b** lapides quomodocumque et ubicumque .. positi fuerint, ita ibidem .. perdurant BEDE *Cath.* 48; c**964** (11c) quomodo sui velle sit inde, ita stet *CS* 1136 p. 383; ut asseris, ita est PETRUS *Dial.* 56; **1220** P., quesitus si ita sit sicut W. .. narravit, dicit quod ita est *SelPlCrown* 138; sub sindone ita manserunt [sc. mori] ut erant illo die (*Ciaran* 16) *VSH* I 224. **c** praecepit equum, ita ut erat stratus regaliter, pauperi dari BEDE *HE* III 14 p. 156. **d** †**716** (15c) ut hanc .. censuram meam ita observent inviolatam sicut voluerint recipere debitae justitiae praemium *CS* 135 p. 200.

12 (foll. by consec. cl. expressing result) in such a way, to such an extent, so (.. that) (freq. closely attached to adj. or adv., or to correlative, *e. g. ita ut* 'so that'): **a** (w. correlative *ut* (*non*), *ne*); **b** (*quod*); **c** (*quis*); **d** (*quo*).

a ita .. degeneraverat tunc vinea illa .. ut raro .. videretur .. racemus GILDAS *EB* 24; cicatrices poenitudinis medicamento ita salubriter curavit ut .. doctricem .. ad martirii palmam praecederent ALDH. *VirgP* 47 p. 302; linteamina .. apparuerunt .. ita nova ut ipso die viderentur .. ejus membris esse circumdata BEDE *HE* IV 17 (19) p. 246; intantum .. inmensa dementia vexabatur ita ut membra sua .. laniaret FELIX *Guthl.* 28; in paupertate .. vitam duxit ita ut .. miserabiliter moreretur ASSER *Alf.* 15; **995** (13c) status cosmi .. quatitur, sed .. ita tamen heroum fulcimento roboratur ne .. pessundari .. videatur *CD* 692; **1104** cum res ita aperta fuerit ut a malitia excusari non possit ANSELM (*Ep.* 313) V 240; quis potest ita custodire atrium istud ut .. non intret inimicus? AILR. *Serm.* 32. 17; s**1252** negotio proprio .. intendebat .. ita ut .. parvo tempore abundavit saginatus M. PAR. *Min.* III 127. **b** dentes sibi [Og] .. ita [v. l. adeo] sunt adaucti quod .. sublevare [lapidem] minime potuit PETRUS *Dial.* 30; quos Britones .. despoliavit, ita quod maxime pars eorum ultro protendebat manus suas G. MON. X 12; **1219** numquam fuit inde seisitus .. ita quod finem facere possit de terra illa *CurR* VIII 19; [porci] ita incorrigibiles sunt .. quod nullus profectus posset esse T. CHOBHAM *Praed.* 86; ita dare uni quod non possis dare alii stultum est *Ib.* 194; c**1256** ita quod eum exoculavit (v. exoculare 1a); papa habet talem plenitudinem potestatis .., ita quod nec imperator nec alius habet aliquam jurisdictionem .. nisi ab ipso OCKHAM *Pol.* I 20; a**1350** ista forma ita stricte servabitur quod cancellarius contra ipsam .. non poterit dispensare *StatOx* 30; stes ita magnanimus quod .. / terreat has partes hostica nulla manus GOWER *Carm.* 344 l. 43; [Christiani] sunt ita superbi [ME: *so proude*] .. quod .. *Itin. Mand.* 76. **c** nullum esse .. fautorem qui .. originem .. ita queat propalare quin .. invidiose circumveniatur OSB. GLOUC. *Deriv.* 137; non est aliquis ita dives quin possit in casu esse pauper T. CHOBHAM *Praed.* 30; angelus .. numquam eum [hominem] ita derelinqueret quin sit paratus ei redire *Ib.* 141. **d** **961** (12c) contigit .. Godonem coram rege ita inculpari quo .. judicatus sit perdere omnia *CS* 1065 p. 286 (cf. AS *ib.* 1064: *se cyningc Godan oncuþe swa swyþe swa* ..).

13 (foll. by consec. cl. w. var. functions and introduced by var. correlatives): **a** (consec. cl. describes or specifies action or sim. already indicated) in the following manner (namely that ..). **b** (consec. cl. indicates terms, conditions or sim.) on the following terms (namely that ..; *cf.* 14b *infra*). **c** (consec. cl. has substantival function).

a fornicatione pollutus est tali qualem nec inter gentes auditam apostolus testatur [*I Cor.* v 1], ita ut uxorem patris haberet BEDE *HE* II 5 p. 90; potest et ita distingui ut 'causa' nominativus casus sit LANFR. *Comment. Paul.* 387; dubitantes ita roboravit ut panem altaris versum in carnem .. ostenderet W. MALM. *GP* I 17; **1214** communia .. annuatim dabit lij s. .., ita scilicet quod xxvj s. solventur annuati, in festo omnium sanctorum .. *MunAcOx* I 2. **b** **675** (15c) terram .. abbati .. concedimus .., ita ut nec nobis .. diminuere aliquid de donatione nostra liceat *CS* 36; **732** (?8c) hanc .. terrulam .. tibi .. ita tribuo .. ut .. vestrae sit potestatis eam semper habere *CS* 148; **789** (11c) ita finem composuerunt .. ut W. terram possideret tamdiu viveret .. *CS* 256; c**795** (?8c) terram .. sub hac condicione libens concedo, ita ut ab omni tributo .. sit .. libera *CS* 274; a**1063** concedo .. mansam .. unam .., ita scilicet ut .. sit illa .. mansa .. monasterio W. .. deputata *CS* 1006; fossa et via .. custodiuntur, ita ut siquis impedierit transitum navium .. emendare habet *DB* I 280ra; locum .. ita liberum tradiderunt .. ut nec sibi nec aliis .. aliquam consuetudinem .. liceret .. exigere ORD. VIT. III 2 p. 18; c**1160** do eis communem pasturam .., ita ne ullus eos disturbet *Regesta Scot.* 168; **1253** ita convenerunt .. quod (v. 2 gabulum a); **1325** ita quod unusquisque [cotagium] teneat ad terminum vite sue *CBaron* 142. **c** si ita placuerit archiepiscopo .. ut augeatur numerus episcoporum (*Petitio Wilfridi*) EDDI 30; vitae .. illius haec inmota ortonomia fuit ita ut [v. l. fuit ut] .. in pelliciis vestibus omnes dies .. exigebat FELIX *Guthl.* 28.

14 (foll. by correlative *ut*, *ne*, *quod* w. limiting or adversative cl.; sts. w. *tamen*): **a** (following cl. indicates circumstance *etc.* in contrast w. what precedes) in such a way (*sc.* as not to exclude or (w. neg.) to imply some other action, *etc.*). **b** (following cl. indicates restrictive condition, proviso, or sim.) on the following condition, with the following restriction (that ..) (freq. attached to correlative, *e. g. ita quod* 'on condition that'. *Cf.* 13b *supra*).

a [lector] ita botrum carpat ut et spinam caveat BEDE *Cant.* 1065; [Dominus] superbientes angelos ita .. damnavit ut eosdem .. graviores reservet ad poenas *Id. Cath.* 125; ita .. mentio fit diei xiiij[ae] ut non tamen in ipsa die xiiij[a] pascha fieri praecipiatur (*Ep. Ceolfridi*) BEDE *HE* V 21 p. 334; [sacerdos] licite derelinquit eos [parochianos], ita tamen quod .. paratus sit ad eos redire T. CHOBHAM *Praed.* 80. **b** facite .. si vultis, ita tamen ut H. ab illo se certamine .. abstineat BEDE *HE* V 6 p. 289; a**745** (11c) terram .. comiti .. concedo, ita tamen ut .. reddatur *CS* 166; †**964** (12c) habeat ipse episcopus .. omnia .., ita tamen ne ipsi .. monachi .. quicquam perdant *CS* 1135 p. 380; ita .. quatinus *DB* I 43va (v. 2 dimittere 7e); terram tenebat T. .. ita quod non poterat eam separare ab aecclesia *Ib.* 196va; **1103** quod [privilegium] ita mitto vobis ut illud nec in publicum efferatis nec .. ANSELM (*Ep.* 307) IV 230; a**1116** ut faciat exitus in muro castelli mei .., ita tamen ne murum .. delitetur *Reg. Ant. Linc.* I 21; **1263** concesserunt .. terciam partem .. aque .., ita tantum quod cursus .. nullam putredinem appropinquet *Cart. Harrold* 185* p. 121; **12..** negotium .. exponat .. ita quod .. literarum [pape] tenorem nullatenus excedat *Conc. Scot.* II 25; **1415** lego Katerine .. tenementa .., ita quod .. heredibus meis integre revertantur *Wills N. Country* I 9.

15 (foll. by final cl.) so (as to bring it about that ..; in quots., usu. w. (*ut*) *ne*); **b** (in asseveration).

quibus [oraculis] .. opusculi nostri molimen, ita ut ne .. invidorum imbribus extet penetrabile, .. contegatur GILDAS *EB* 37; ita erga illum circumspecte .. age ne quid .. unde amplius peccet inveniat BEDE *Prov.* 994; ita Domini misericordiam deprecabatur quatenus .. Deus .. stimulos praesentis infirmitatis .. mutaret ASSER *Alf.* 74 p. 55; *GAS* 576 (v. dimissio 3a); GLANV. IX 8 (v. contenementum); **1237** (v. brustare); **1285** faciatis .. justicie complementum, ita ne oporteat nos ulterius inde sollicitari *RGasc* II 257b. **b** unus ita, ne lare crepitante torreretur, veraciter se fari testabatur, alius ita, ne [etc.] ALDH. *VirgP* 32 p. 271 (cf. Rufinus *Historia Ecclesiastica* VI 9. 5, *TLL* VII 2. 526. 61).

16 **a** (foll. by conditional cl.) under the following circumstances (namely if ..; also in proviso, *cf.* 14b *supra*). **b** (preceded by conditional cl.) under those circumstances (already indicated), then. **c** (preceded by causal cl.) because of that, therefore.

a ita solum veraciter ejus [sc. Christi] sollemnia celebramus si per fidem .. pascha .. facere curamus (*Ep. Ceolfridi*) BEDE *HE* V 21 p. 340; ita orantes exaudimur a Domino si .. *Id. Ep. Cath.* 116; pauperem .. successoribus suis .. pascere praecepit, ita tamen si [v. l. ut] illa terra .. deserta non esset ASSER *Alf.* 16. **b** si .. dederit homo omnem substantiam domus suae pauperibus pro [*instead of*] dilectione .., ita despiciet eum .. judex BEDE *Cant.* 1214. **c** quia dederat exemplum damnationis .. ita dat exemplum poenae illorum qui .. *Id. Ep. Cath.* 126; quia .. qui ubique est nusquam est, ita qui omnia vult nichil vult T. CHOBHAM *Praed.* 119.

17 (in redundant use): **a** (*ita tam* foll. by compar. cl.); **b** (after *hic*, *tantus*, *talis*, or sim., foll. by consec. cl.).

a nihil ita tam dulce videbatur ei sicut illud nomen AILR. *Serm.* 15. 20; nullus ita tam vilis est .. quam ille qui deserit ordinem suum *Ib.* 46. 7. **b** FELIX *Guthl.* 28 (v. 13c supra); *Ib.* 41 (v. 12a supra); c**795** (v. 13b supra); G. MON. III 6 (v. familiaritas 2a); *Ib.* IX 11 (v. facetia 2); OCKHAM *Pol.* I 20 (v. 12b supra).

itae v. iste 10e.

Italice [ML], in the Italian language, in Italian.

1168 ut neminem permitterent egredi qui ~e loqueretur J. SAL. *Ep.* 244 (272 p. 558).

Italicus [CL], of or belonging to Italy or its people, Italian. **b** (as sb. m.) native of Italy, Italian.

fluctibus ~i maris BEDE *HE* II 20 p. 126; ~is .. terminis incognitus non erat ÆLNOTH *Cnut* II 27; viginti milia Sarracenorum ~o littori applicuerunt ORD. VIT. III 3 p. 54. **b** in loco ejus Micahel, natione ~us, .. est promotus ORD. VIT. IV 2 p. 171.

Italus [CL], of Italy or its people, Italian, (as sb. m.) native of Italy, Italian.

Tubal a quo Hiberei et Hispani et Itali NEN. *HB* 161; non solum ~i et Pelasgi sed et alie gentes ORD. VIT. VII 13 p. 68; diptannus agrestis dicitur artemideoncre. alii dicunt bubulcosticon. .. ~i tussella rustica *Gl. Laud.* 516; saxifragia ~orum TURNER *Herb Names* H ii v.

itane v. 2 ita 2e.

itaque [CL]

1 accordingly, and so, therefore.

716 illas ~e animas .. splendentes esse dixit BONIF. *Ep.* 10 p. 12; respondebant Scotti quia non ambos eos caperet insula .. . ~e patentes Britanniam Picti habitare per septentrionales insulae partes coeperunt BEDE *HE* I 1 p. 12; fuit ~e in eisdem fere temporibus .. quidam juvenis FELIX *Guthl.* 41 quidam ~e .. crucem .. non horruit rapere ALCUIN *WillP* 30; **948** ~e ut hec condicio mea inviolabilis perpetualiter enitescat *CS* 860; c**1069** concedo illis ~e in eodem manerio sacam et socam cum toll et team et latrone *Regesta* p. 120; rationales sunt que dicunt quod aliqua sentencia est facta credita vel opinata apud animam per aliam, ut ergo, igitur, ~e, alioquin *Ps.*-GROS. *Gram.* 57.

2 (= *ita*) in that manner, thus.

1303 nos precipua cura solicitat qualiter .. immunitas eisdem mercatoribus .. preparetur, ut ~e vota ipsorum reddantur ad nostra .. servicia promptiora *EEC* 260.

itaricus v. taricus. **itatenus** v. 2 ita 2f.

itea, ~on [ἰτέα, ἰτεών], willow, withy, osier.

~a, i. jaris vel herba Aaron .. i. *sacherey MS BL Sloane 420* f. 118r; ithea *MS BL Additional 27582* f. 16r; ~a, *wilwe MS Cambridge Univ. Libr. Dd 11. 45* f. 107rb; *Alph.* 160 (v. 1 dia 1).

item [CL]

1 in the same way, similarly, likewise.

qui sepe cum masculo .. fornicat, x annos ut peniteret judicavit. ~m aliud .. THEOD. *Pen.* I 2. 3; scripsit ergo de loco dominicae nativitatis .. scripsit ~m hoc modo de loco passionis .. illius BEDE *HE* V 16 p. 317; ~m qui .. quod in penitentiale scriptum est implere potuerit bonum est EGB. *Pen.* 13. 11; **875** ~m ad stabilitatem ejusdem donationis ego P. .. consensi et subscripsi *CS* 539; duo hec primo docendum .. reliqua .. duo separatim ~m posterius BALSH. *AD* 15; constat ītem vulgo quod motus in aere velox / languet aquis NECKAM *DS* 608; in cellis ītem cum terra subtrahit ipsum / centrum, num motus orbicularis erit? *Ib.* IV 616; o utinam vitem semper contemnere vitem! / que faciunt ditem, pocula dentur "item"! *Id. Poems* 118; breve .. regis in se nullam continere debet falsitatem, ~m nullum errorem BRACTON 413b.

2 furthermore, moreover, in addition.

798 (12c) ~m B. et I. archiepiscopi .. questi sunt de injuria ecclesiae *CS* 291; **1303** ~m exceptis collacionibus fratrum de claustro et extra *Ac. Durh.* I 113.

3 also: **a** (as introduction to chapter or heading); **b** (in list or document).

a ~m de hippotamis *Lib. Monstr.* II 17; ~m, dominus Edwardus tercius .. in Flandriam est reversus AVESB. 93. **b** **1253** (17c) ~m [MS: iterum] si aliquis burgensis aliquem burgensem implacitaverit de aliquo debito (*Ch. Bolton*) *EHR* XVII 291; ~m in H. sunt xxxviiij acre et valet quelibet acra vj d. *FormMan* 25; **1314** sicut continetur in rotulo precedenti .. in 'item Londoniarum' *MGL* II 145; **1353** ~m summo altari in ecclesia .. ~m luminari altaris S. Katerine .. ~m capellanis et clericis .. do et lego (*Test.*) *Feod. Durh.* 6; inprimis remitteret eis transgressiones .. ~m, quod faceret interdictum Flandrie relaxari AVESB. 112; **1460** ~m, idem onerat se de xviij li. receptis a senescallo de K. *ExchScot* 6.

iter, itiner [CL; gen. iteris, itineris]

1 act of travelling, journey. **b** (*boni itineris*) well-travelled. **c** (*in itinere, per iter*) en route, on the way. **d** (fig.).

pro intentione itineris THEOD. *Pen.* I 9. 7; equo .. fatigato causa itineris *V. Cuthb.* I 6; medio itinere torpentia lecto / membra ferunt BEDE *CuthbV* 588A; quam vir sanctus secum in itenere portare solebat ALCUIN *WillP* 30; a**797** ex itenere (v. 2 fessus 1b); de calamitate jactitantes qui de longe itineribus [AS: *hwon gelpeð se þe wide sipað*] *Prov. Durh.* 46; de itinere reversus monachus LANFR. *Const.* 162; s**1140** laborem itineris transmarini aggressus W. MALM. *HN* 486 p. 45; is [sc. monachus] regi notus .. / hinc magis est iteris dulcior ipse labor STEPH. ROUEN II 1286; post longi iteneris consumptum laborem IRELAND *Imm. Conc.* f. 3b. **b** hominem .. boni itineris M. SCOT *Phys.* 91 (v. fatigosus). **c** **1274** pro cervisia empta per iter inter Lotgershale et Roucestr' *Househ. Henr.* 407; a**1388** littere .. in itinere sunt amisse *Dip. Corr. Ric. II* 43. **d** a**786** istius vitae in itenere (v. dejudicare 2b); in hoc mortis itinere J. HOWD. *Cyth.* XXXVIII 4.

2 (in verbal phr. denoting to travel).

ingrediens itiner, pluviens concluditur Euro BEDE *CuthbV* 579C; iter faciens juxta ipsum locum *Id. HE* III 10; *Ib.* V 6, etc. (v. agere 1b); *G. Herw.* 325, etc. (v. arripere 3a); **1375** iter suum paravit usque Newerk *SessPLincs* 204.

3 (mil.) expedition, march, advance.

se comitantibus praecepit ut ducem alium itineris sui elegissent FELIX *Guthl.* 19; **943** pontis arcisve constructione et promptissimum itiner expeditionis exercitatio *CS* 780; Indos cum Parthis, itiner nostrum prohibentes / in campis Arabum fudimus STEPH. ROUEN II 1195; s**1415** in crastino iter arripuit versus Calesiam *G. Hen. V* 15.

4 pilgrimage. **b** crusade.

si in itinere pergens inveniretur .. ore illius se benedici gaudebant BEDE *HE* III 26 p. 191; ?**1144** hec autem donatio facta est in eodem anno quo ipsemet Willelmus comes Lincolnie redivit de itinere S. Jacobi apostoli *Ch. Chester* 70; **1200** R. Brito ess[oniavit] se .. de itinere S. Jacobi *CurR RC* II 268. **b** papa omnes palam anathematizavit .. qui crucem Domini gratis acciperant, et itinere non perfecto remeaverant ORD. VIT. IV 20 p. 118; **1147** Leowycus rex Francie iter Jerosolimitanum aggressus est *Regesta Scot.* 43; c**1169** iter .. Jerosolimitanum .. a regibus dispositum est J. SAL. *Ep.* 287 (287 p. 632); **1220** die quo iter suum arripuit versus terram Jerosolim *Ib.* IX 65; **1221** dicit quod ipse est cruce signatus et iter suum arripuit *PlCrGlouc* 57; s**1177** extunc preparavit se .. ad iter Jerosolimitanum .. arripiendum *Flor. Hist.* II 89; s**1147** iter Jerosolim' predicatur *Ann. Exon.* 10.

5 course or route (leading to place), path, way (also fig.). **b** course of action.

iter ignotum GILDAS *EB* 11 (v. Israeliticus 1); iter illi caeleste intercludere contendebant BEDE *HE* III 19 p. 165; Romam veniendi iter repetit *Ib.* V 19 p. 326; terram precingunt cerula [i. e. *tidewaters*] sanctam, / atque itiner cupidum pandunt cum litora nudant ÆTHELWULF *Abb.* 98; lex naturalis, conscriptaque lex breviatam / sunt iter in legem qua reparetur homo L. DURH. *Hypog.* 68; presbiteri .. vite viam ceteris et iter exempli prebere tenentur GIR. *SD* 100. **b** tumidum .. iter ingressus, pertinaciam sepius subrogat constancie *V. Chris. Marky.* 55.

6 road, highway; **b** (*iter regalis*); **c** (*iter altus*). **d** means of access, right of way, path, passage.

11.. que terra jacet in orientali veteris itineris *Cart. S. Nich. Exon.* 41v; debent .. facere ladas in itineribus episcopi *Boldon Bk.* 16; **1288** pro factura itineris, viz. chaucedi facti in castro *KR Ac* 352/14 m. 2. **b** **1276** fecit purpresturam super dominum regem in quodam itinere regali extra portam orient[alem] Ivelcestr' *Hund.* II 131; **1279** precludunt iter reale quod ducit de Smethefeld versus la Baylie *Lond. Ed. I & II* II 147; T. N. .. arravit iter regale *CourtR A. Stratton* 52; aliud capud [abuctat] super iter regale *FormMan* 7. **c** **1271** in alto itinere domini regis *SelCCoron* 18. **d** **1279** R. P. tenet j messuagium .. excepto columbario quodam et itinere ad idem columbarium *Hund.* II 849; **1286** W. janitori pro mundacione itineris inter duas partes portarum ubi gentes pergunt *Rec. Wardr.* 536; illud iter sit novem pedum in latitudine *Cart. Chester* 413 p. 258.

7 water-way.

1157 iter de Trent liberum esse debet navigantibus *BBC* (*Nottingham*) 199; usus aque sicut itineris est quedam quasi possessio VAC. *Lib. Paup.* 253.

8 channel, duct.

pervium iter auditui quod obstruxerat patefecit *Canon. G. Sempr.* 157v; tu quem nec supera / latere poterunt, immo nec infera, / subtilis explica ductus itinera WALT. WIMB. *Carm.* 394; reprobi .. iter vocis veritatis omnino claudere machinantur WYCL. *Ver.* II 44.

9 circuit (of judges, esp. of justices for common pleas), eyre. **b** (*iter commune*). **c** (*rotulus itineris, de itinere*) eyre roll. **d** (*articuli, capitula itineris*) articles of the eyre. **e** forest eyre.

1198 recognitio de morte antecessoris summonita fuit inter eos in itinere justiciariorum *CurR* I 49; **1199** O. est in servicio domini in itinere justiciariorum *Ib.* 79; de itinere M. de Pateshilla in comitatu Herefordie BRACTON 13; **1221** post iter justiciariorum nullam fecit ibi purpresturam *SelPlCrown* 113; s**1271** cum in itinere magistri Rogere de Seyton repertum fuisset .. THORNE 1928; **1277** quod justiciarii .. itinera sua de cetero teneant in eodem burgo *BBC* (*Windsor*) 239; c**1291** de Ricardo .. nuper justiciario domini regis ad placita corone in itinere Gloucestrie *State Tri. Ed. I* 5; s**1312** (v. 3 errare a). **b** **1261** comune iter de itinere justiciariorum itineraturorum ad communia placita in comitatu Norhampt' summonitum est coram justiciariis domini regis apud Norhampt' *Cl* 474. **c** **1222** in ultimo rotulo de Warr' de itinere apud Warr' *CurR* X 293; **1331** scrutatis rotulis itineris *PQW* 20; **1256** rex .. providit quod dilectus et fidelis suus P. de Percy .. habeat custodiam tertii rotuli .. itineris *AssizeR Northumb* 33. **d** **1321** capitula itineris (v. capitulum 2d); **1455** deodanda, vasta, impeticiones, et omnimodos articulos itineris (*Lit. Regis*) *Reg. Whet.* I 196. **e** **1334** de R. .. pro una quercu x denariorum, unde viridarii sunt onerati in rotulo de precio viridis. et pro transgressione in misericordia nunc in itinere *SelPlForest* 67.

10 (Scot.) **a** (*iter justiciariae*) justiciar's court, 'justice-ayre' (cf. Fr. *eire de justice*). **b** (*iter camerariae*) chamberlain's eyre.

a pro sustentacione justiciarii quolibet die itineris sui (*Leges Malcolmi Makkenneth*) *APScot app.* IV 345; **1347** intelleximus quod vos iter justiciarii in villa predicta [sc. Berewico] intenditis in proximo tenere *RScot* 695a; **1358** expense .. de exitibus itineris justiciarie *ExchScot* I 557; **1361** in partem solucionis expensarum suarum temporis itineris sui justiciarie, tenti apud Edynburgh *Ib.* II 82; **1429** ad placita vestra et itinera justiciarie nostre *Melrose* 509; **1448** ad expensas justiciarii in itinere justiciarie tento apud Peblys *Ib.* 320; **1449** cujuslibet finis seu financie itineris justiciarie tenendi *Reg. Dunferm.* 425. **b** **1362** c s. sterlingorum percipiend' de finibus amerciamentis seu escaetis itineris camerarie nostre *RMS Scot* 65; **1390** pro exitibus unius itineris camerarie tenti infra burgium de Edynburgh *ExchScot* III 237; **1401** idem dux non oneravit se de aliquibus exitibus itinerum camerarie sue *Ib.* 534; **1459** instrumentum Camerariatus ad tenendum iter camerarie in civitate Brechinensi *Reg. Brechin* I 188; **1479** de exitibus unius itineris camerarie *ExchScot* VIII 639.

iterabilis [LL], that may be repeated, repeatable.

hoc sacramentum non est ~e, sicut nec baptismus S. LANGTON *Quaest.* 367; nec sunt plures modi communicandi possibiles nec istorum aliquis est ~is, quia iteratio est ex imperfectione R. MARSTON *QD* 27; **1308** cum non sit ~e .. sacramentum [confirmacionis] *Conc.* II 293; actus confessionis est ~is meretoria, quantum ad expressionem peccatorum et penitenciam RIC. ARMAGH *Def. Cur.* 1395 (*recte* 1295).

1 iterare [CL]

1 to repeat, perform again (action, also absol.). **b** (eccl., w. ref. to sacrament).

si puer sit, primo duobus annis [paeniteat]; si ~at quattuor THEOD. *Pen.* I 2. 7; quod nunquam ulterius crimen quoddam .. ~aret *V. Gund.* 18; philosophi palingenesiam, id est ~atam generationem, vel μετεμψύχωσιν, id est transitionem anime deprehenderunt ALB. LOND. *DG* 6. 21; crebroque verbera / misellam bestiam .. / .. et ictus itera WALT. WIMB. *Carm.* 241; latum .. fluvium, fluxus et refluxus tociens ~antem *Ps.*-ELMH. *Hen. V* 64 p. 182; cum consuetudo ex ~is actibus et longevitate temporis .. excrescat FORTESCUE *NLN* I 10. **b** thalamos iterando ÆTHELWULF *Abb.* 343; circa sacramentum extreme unctionis .. videndum est .. an sit ~andum S. LANGTON *Quaest.* 366.

2 to repeat, say again, reiterate; **b** (leg.); **c** (w. ellipsis of *promissus* or as sb. m.) repeated statement.

mendacia ea nemini ~anda putassem *Lib. Monstr. prol.*; dulce melos iterans vario modulamine Musae ALCUIN *Carm.* 61. 9; ?**798** non erubesco prius dicta rescribere et ~are quae ante direxi *Id. Ep.* 161; Buamundus ~atis sermonibus Pirrum interpellavit ORD. VIT. IX 9 p. 536; hinc laudes dantur Domino, grates iterantur NIG. *Paul.* f. 49 l. 485; etsi [verbum] in oratione non ~etur *Lib. Eli.* III 108 p. 357; **1335** nos ad ~atam requisicionem nunciorum predictorum suscepimus .. *RScot* 388a. **b** **1267** bis vel ter ~etur breve (v. diffortiator 1). **c** s**893** confirmant ~i pacem ÆTHELW. IV 3 p. 50.

3 to renew, revive, bring into existence again. **b** to refill, replenish. **c** to rebuild (structure). **d** (absol.) to reminisce.

denuo virescens ex ~ato succo OSB. CLAR. *V. Ed. Conf.* 21 p. 108; sequenti anno Helias post Pascha ~are guerram cepit ORD. VIT. X 10 p. 56; quintus tomus .. refert .. regis iram ~atam et ~ate [sc. ire] causam H. BOS. *Thom.* I *argumentum* p. 158; dum vepris vulnus ~at J. HOWD. *Cyth.* 57. 9; **1335** salvus conductus pro R. .. et aliis ~atus *RScot* 386b. **b** illi hilares iterant calices J. EXON. *BT* I 261 (v. hilaris 2b). **c** templa domosque fervens fidelium devotio presumit prosternere, quemque melioranda renovando ~are ORD. VIT. X 19 p. 115. **d** de locis sanctis quae se lustrasse juvenem meminit loqui et iterare delectabile habebat BEDE *Hom.* I 13. 228.

4 (*~ato vice*) on a repeated occasion, again. **b** (ellipt.) for a second time. **c** repeatedly.

838 ego Ceolnoð .. hanc reconciliationem ~ato vice confirmens signum sanctae crucis exaravi *CS* 421; **1428** fatebatur .. se .. recepisse in domos suas vicibus ~atis hereticos *Heresy Tri. Norw.* 60; **1460** bubo .. volavit .. ~atis vicibus sub equo suo inter tibias *Paston Let.* 612. **b** nuntiatur .. Pelagianam perversitatem ~ato .. dilatari BEDE *HE* I 21 p. 39; **1167** illi presentientes adventum comitis ~ato cesserunt J. SAL. *Ep.* 222 (223); GIR. *GE* I 3 (v. eucharistia 2e); dies locusque apud Londonias conveniendi remque confirmandi utrique parti ~ato prefigitur *Chr. Battle* 98; **1200** summoniti sunt ~ato *CurR* I 132; **1239** et preterea iterato [MS: itinerato] insultavit ei inter Edelmescote et Warewik' *CurR* XVI 958; semel, ~ato, tertio, quarto, multipliciter studuit dictos monachos ammonere S. LEXINGTON *Ep.* iv. **c** **1315** pro eo quod ex parte ipsius J. accepimus ~ato quod .. *Law Merch.* 34.

2 iterare [LL], to go on a journey, travel.

~antes [AS: *sipigende*] vero non juvenculos sed adultos .. in comitatu ducant *RegulC* 11.

3 iterare v. 2 itinerare.

iterarium [LL *gl.*], itinerary.

od[o]eporicon, viaticum, ~ium *GlC* E 320.

1 iteratio [CL]

1 repetition (of action). **b** repeated use (of implement).

tanta subsequitur delectatio quod frequentem hujus actionis et ab illo ~onem appetit *Quaest. Salern.* B 12; quod autem intelligendum sit de peccato quod est in ~one S. LANGTON *Quaest.* f. 171va; ~o voluntatis PAUL. ANGL. *ASP* 1553 (v. habitualis 1). **b** calcarium crebra ~one NECKAM *NR* II 159.

2 reiteration (of word or statement): **a** repetition (of same thing); **b** restatement (in other form).

a cujus reversionis prius Domino in se loquente sancta mente per unam locustam agnovit ~onem *V. Greg.* 86; **c797** in Deo ~o non est, sed semper Trinitas similis in aeternum perfectio est *CS* 298; **c1155** post plurimarum querimoniarum ~ones *Doc. Theob.* 274; murmurosa atque confusa ~o P. BLOIS *Ep.* 86. 270B (v. fartura 1); iterato, iterato, iterato, cum eisdem sonis vel diversis, quod intelligimus in omni ~one supradictorum et postpositorum *Mens. & Disc.* (*Anon. IV*) 34. **b** ~o legis *GlC* D 155 (v. Deuteronomium b); **1160** ad intelligenda que scripta sunt singula multis et tediosis oporteat ~onibus replicari ARNULF *Ep.* 27; interpretatio est sententie prius dicte diversis verbis ~o GERV. MELKLEY *AV* 39; sermo enim dicentis 'homo' et 'unus homo' aut 'iste homo' idem significat, et non significat diversa apud ~onem, et non est differentia inter dicere 'homo iste' et 'homo', neque in generatione neque in corruptione SICCAV. *PN* 93.

3 renewal, reviving, recreation.

dicendum de imagine recreationis quod non simile, quia imago ~onis ideo est corruptibilis, quia est in potentia vertibili sc. libero arbitrio PECKHAM *QA* 26.

2 iteratio [cf. 2 iterare]

1 (mil.) expedition.

si quis urbis refectionem sive pontis refectionem sive exercitus ~onem [AS: *fyrdfare*] neglexerit (*Cons. Cnuti*) *GAS* 353.

2 circuit of a judge, eyre.

s1315 justiciarii in Cantia itinerantes apud Roffam tunc extiterant ~onem terminantem *MS BL Cotton Faustina B V* f. 2.

iterativus [LL], (gram.) frequentative; **b** (as sb. n.).

verba .. ~a BONIF. *AG* 520 (v. frequentativus). **b** 'hio' cujus frequentativum vel ~um est 'hieto' ALDH. *PR* 113.

iterum [CL], **itero** [LL]

1 again, once more, for a second time. **b** (*semel et ~um, ~um ~umque*, or sim.) again and again, repeatedly. **c** back (to original position or state), again.

si quis ab hereticis ordinatus fuerit, ~um debet ordinari THEOD. *Pen.* I 5. 1; cum ne adhuc quidem talia loquenti quisquam responderet, ~um dixit BEDE *HE* IV 8 p. 221; sciendi studio velut jam ~um incipiente BALSH. *AD* 7; cum meatus est angustus non potest grossus cibus facile transire et ideo redit ad dentes ut ~um masticetur *Quaest. Salern.* P 4; consors meus jam secundo bellissime melioratus ~oque competentissime .. modificatus E. THRIP. *SS* XII 1; accipe cancros fluviales et decoquantur sub cineribus donec caro resolvatur .. et ~um decoquatur in aqua J. MIRFIELD *Brev.* 84. **b** **1075** semel et ~um te invitavi ut ad me venires LANFR. *Ep.* 41 (33A); incepit ~um ~umque a capite, et quod mirabile est, totum bene et clara voce dicebat ALEX. CANT. *Mir.* 28 (I) p. 216; capud ~um ~umque concuciendo J. FURNESS *V. Kentig.* 24 p. 202; ~um et ~um [ME: *eft & eft*] illud perpetravit *AncrR* 99; summam precipuamque in Dei matrem, in virginem beatam, regii tui animi devocionem ~um atque ~um mecum revolvi IRELAND *Imm. Conc.* f. 3b. **c** pergentem ac ~um revertentem EDDI 6; **749** (12c) ei .. ex eo quod accepi ~um retribuo *CS* 178; de his fuerunt xvj hidae missae in m[anerium] Burne; modo ~um sunt in Estone *DB* I 24ra; ablata fuit de ecclesia et jacet ~um in manerio *DB* II 1b; thesaurus facile profunditur si nullis ~um pecuniis restauretur GIR. *EH* I *pref.*

2 also, in addition. **b** (*quid ~um?*) what else?, what more?

838 pro ampliore itaque confirmatione ~um adducta est haec scedula *CS* 421; et ~um novimus omnes .. BACON *CSTheol.* 32. **b** audisti; quid ~um vis audire? PULL. *Sent.* 792C; vis posse quid sit iterum? J. HOWD. *Cyth.* 130. 1.

3 yet, however.

incipiebat constanter ad eum dicere "esto stabilis .." et ~um negligenti eo verba precepti ejus .. quem .. nullus consolari potuit *V. Cuthb.* I 3.

itidem [CL]

1 just so, in the same way.

sic itidem propria dixerunt voce Latini ALDH. *Aen.* 60. 11; ~em facere permoneo B. *V. Dunst.* 1 p. 4; prout dabit eloqui qui dedit verbum evangelizantibus virtute magna, ~em stilum non pigritamus reflectere *Mir. Wulfst.* II 1 p. 150.

2 in like manner, similarly, also.

Juvencus .. notitiam pandit .. sedulius ~em in praefatione metrica .. ALDH. *Met.* 10 p. 85; **a984** rex ~em terrenus caelestis castra regis .. roborans (ÆTHELWOLD *Ch.*) *Conc. Syn.* 129; **1166** ipse .. in persona nostra patrem suum ~em fidelem contempsit et pastorem J. SAL. *Ep.* 151 (157); ille ~em eadem se fatigari molestia confessus est *Canon. G. Sempr.* 40v.

itidentidem [LL *gl.*], again and again.

intactae virginitatis gloriam .. venerari nitebar, sic ~em ALDH. *VirgP* 60.

itiner v. iter.

itineralis [LL = *moveable, indicating movement*], of or for a journey.

1470 provisis .. ~ibus expensis *Pri. Cold.* 218.

itinerantia, circuit of judges, eyre.

1275 ita presentatum est ad omnem ~am justiciariorum *Hund.* II 177.

1 itinerare v. 1 iterare.

2 itinerare, ~ari [LL]

1 to go on a journey, travel. **b** (gd. abl.) on or during a journey. **c** (pr. ppl. as sb. m.) traveller. **d** vagabond, vagrant.

1208 sturmannis et marinellis et mercatoribus Anglie per mare ~antibus *Pat* 81b; **1220** potuit ~are et terram suam defendere *CurR* VIII 236; **s1261** rex .. versus .. Doveram ~avit *Flor. Hist.* II 467; **1317** si peregrini, vel clerici mendici, seu ceteri indigentes, per idem hospitale forte ~arent *Mem. Ripon* I 212; si in exteris regionibus ~assent *Eul. Hist.* I 4. **b** contigit monachum .. Gloverniam ~ando venire GIR. *Spec.* II 26 p. 82; expensas quas in ~ando facturus est *Obs. Barnwell* 48; **1336** licet dictis hominibus .. vadia sua apud villam N. .. ~ando versus partes Scotie solvere ordinaverimus *RScot* 418a; **s1368** sicut erat per stratam regiam ~ando versus Otteford BIRCHINGTON *Arch. Cant.* 47; **s1322** in ~ando vero monasterium Sancte Crucis depredatum est *Plusc.* IX 21. **c** inter apparatus ~antium W. MALM. *GR* II 134; ubi .. omnium pene ~antium posset esse diversorium *Id. GP* II 89; hoc .. pertinet ad felicitatem, si columbe .. ~antes precedant J. SAL. *Pol.* 409B; inveniunt hospicium beati Juliani quod ~antes [ME: *weifarinde*] diligenter inquirunt *AncrR* 135; **s1093** ~antibus terra vel mari nihil obfuit FORDUN *Chr.* V 21. **d** **1201** non habuit catalla, et fuit ~ans nusquam manens *Pl. K. or J.* 257; fuerunt ~antes in nulla tethinga *Ib.* 321; **1221** R. clericus de S. occidit W. L. et fugit et fuit ~ans *PlCrGlouc* 68; **1221** quidam latro ~ans *Eyre Worcs* 593.

2 (mil.) to advance, march, go on expedition. **b** to go on crusade.

illa munitio inexpugnabilis erat .. propter paludes et aquas et alia quedam ~antibus contraria ORD. VIT. VIII 23 p. 408; dum die quadam cum militibus suis ~aret T. MON. *Will.* VI 9; **1242** nisi seditionem .. declinassemus, tota nocte et tota die †iterando [MS: itinerando] cum exercitu nostro versus Blaviam *RL* II 28. **b** **s1187** [Salaadinus] magistrum militie Templi cum fratribus lx et Christianorum multitudine ~ando peremit M. PAR. *Min.* I 440; **s1287** ~antibus Christianis tempus clarum in nubilum est conversum *Ann. Exon.* 15v; rex Francie Philippus in sanctam terram .. professus est ..; cum quo rex Ricardus Anglie ~are promisit *Plusc.* VI 34.

3 (of official) to move from place to place, be itinerant. **b** (leg.) to make a (judicial) circuit, go on eyre. **c** (*justitiarius ~ans*) justice in eyre. **d** (*baillivus ~ans*) bailiff errant.

1230 dictus R. ad sumptus domini comitis ~abit una cum ballivis comitis, quousque negotium istud .. fuerit consummatum *Ch. Chester* 433; **1243** advocatus ~ans (v. 1 advocare 16a); [quando] senescallus novus factus fuerit vel ~ans debet premunire ballivos hundredi vel maneriorum J. OXFORD 69. **b** **1220** coram justitiariis domini regis dum ~ant per regnum *RL* I 163; **1228** postquam justiciarii ultimo ~averant in comitatu illo *Pat* 219; cum tu ~averis dudum per diversus [*sic*] comitatus nostros et placita de forestis nostris tenueris .. *KR Mem* 15 m. 23d; **s1261** non permiserunt justitiarios, qui missi fuerant per regnum ad ~andum, facere officium suum *Leg. Ant. Lond.* 49; **1264** justiciariis regis proximo ~aturis ad placita foreste in comitatu Northampt' *Cl* 5; **1279** justiciariis domini regis de foresta proximo ~aturis in comitatu Gloucestrie *Reg. Heref.* 211; in diversis comitatibus, in quibus justiciarii ~ant *Reg. Malm.* I 83. **c** erant regis justitiarii ~antes aliquando apud Dunstaplam W. FITZST. *Thom.* 34; **1199** coram justiciariis ~antibus *CurR RC* I 370; P. BLOIS *Ep.* 95. 298B (v. 3 errare a); **1292** rex vult .. quod vos et ceteri justiciarii ~antes ad communia placita, in singulis comitatibus ubi itineraturi estis, habeant plenam potestatem inquirendi *RParl* I 86a. **d** **1304, 1461** baillivi ~antis (v. baillivus 2c); ballivo domini regis et ipsius vicecomitis in comitatu predicto ~anti *Entries* 245a.

4 (of horse or cart) to go to and fro.

dextrario ~anti NECKAM *NR* II 158 (v. dextrarius a); **1228** carectas ~antes (v. carretta 1a); **1232** equum .. ~antem (v. 2 equus 3a); **1246** sciatis nos .. dedisse .. unum equum sumerium .. ~antem ad siccum boscum .. in foresta capiendum (*Ch. Regis*) *MonA* VI 679.

5 (of machinery, esp. of forge or mint) to move about, function in various places. **b** (pr. ppl.) moveable.

1220 quod nulla fabrica ~aret in dicta foresta nisi fabrice nostre *Cl* 433a; **1226** ita quod nulla earum [forgiarum] decetero ~etur sine precepto domini regis *Cl* 120a; **1237** perdentes sumus quod cunei illi non ~ant (v. cuneus 3b). **b** **1220** donec ostensum esset coram nobis .. quem warantum et qualem haberent de fabricis suis ~antibus *Cl* 433a; **1226** etc. (v. forgea d).

itinerarium [LL], journey, voyage. **b** (mil.) march, expedition; **c** (w. ref. to crusade). **d** itinerary, literary account of journey. **e** book that prescribes rules for travelling.

de ~io fugientis et egressu calamum ad modicum suspendamus H. BOS. *Thom.* IV 1; ut describerent et mensurarent terras, aquas, nemora, plana, concava, montes, colles atque ~ium maritimum HIGD. I 5. **b** ubicunque autem in hoc ~io hostium terras reperit, direptioni eas dedit W. COVENTR. 231. **c** **s1270** isto ~io deficiente prolongatum est passagium *Leg. Ant. Lond.* 131. **d** ~ium Petri ALDH. *VirgP* 25 (v. 1 elimare b); unde idem opus ~ium Petri nominavit ORD. VIT. II 2 p. 229; GIR. *DK* I *pref.* p. 155 (v. educere 6a); quorum passionis ordinem refert frater Odoricus in suo ~io *Mon. Francisc.* I 527. **e** in tercia parte sunt auctoritates collecte pro secularibus quando religiosi egrediuntur, et ad perfeccionis vite ipsorum egrediencium informacionem; que potest dici ~ium J. WALEYS *V. Relig. prol.* f. 217v. 2.

itinerarius [LL]

1 of or relating to journey or voyage. **b** (as sb. m.) traveller.

798 unum adhuc ~io labore obtarem vestrum inire sudorem ALCUIN *Ep.* 159; ut Jerosolimam iret ubi labore ~io .. Dei sepulcrum videret W. MALM. *GP* IV 145; qui .. possit .. ~ias citra difficultates dirigere gressus E. THRIP. *SS* III 46; **1289** de qualibet nave .. ~ia in saffariam *RGasc* III 581. **b** **s1188** vehicula vero quamplura propter ~ios aegrotantes constructa fuerant *Itin. Ric.* I 19; cum .. Jesus .. civitatem Naym .. ingrederetur salutaris tunc ~ius E. THRIP. *SS* X 22;

2 such as can be taken on a journey, portable.

a multis pontificibus .. multa altaria tabuleque ~ie consecrate sunt ORD. VIT. VII 12 p. 211.

itineratio

1 journey. **b** (mil.) march, expedition.

OSB. GLOUC. *Deriv.* 172 (v. diaeta 2a); **s1259** (v. colligere 9); **s1423** rogamus .. ut Deum pro hiis ~onis successibus assidue exoretis (*Lit. Abbatis*) AMUND. I 128; **1431** quodsi .. corporale impedimentum ab ~one vos .. excuset *Conc.* III 519; **1481** ante ~onem N. Sheldwych et W. Bele versus London pro arduis negociis civitatis predicte *Ac. Chamb. Cant.* 135. **b** **s1461** paratis .. parandis .. pro feliciori expeditione sue ~onis *Reg. Whet.* I 408.

2 circuit of a judge, eyre.

1218 post ultimam ~onem justiciarum in partibus illis *Cl* 380b; **1268** ~o justiciariorum regis *Cl* 427; **1275** in ultima ~one justiciariorum sedencium apud Exon' *Hund.* I 72b; **1287** in qua ~one S. M. venit coram justiciariis *Reg. Heref.* 145; **1333** recordum [placiti] .. post ~onem justiciariorum fiet (*Cust.*) *CartINorm.* p. 2.

itinerator, traveller.

nocturnus ~or, quo venerat de intus, revertitur eo HERM. ARCH. 18

itio [CL], the act of going.

inter crebras regum minas ac repulsas atque ~ones frequentes ad apostolicam Rome reclamationem GOSC. *Transl. Aug.* 41A; 'in creditum ire': in creditum ~o, si non in juris effectu sed in facto accipias, convertibilis est cum mutui datione, sc. si re in creditum eas VAC. *Lib. Paup.* 109; posito quod omnis ~o qua itur ad ecclesiam sit mala NECKAM *SS* IV 25. 15; in continua ~one a priori ad posterius SICCAV. *PN* 162.

itueri v. intueri.

itura, rampart-walk.

1250 desunt septem gradus de petra circa ~as [*interl.* aluras] in turre et quatuor tabulamenta inter gradus circa ~as [*interl.* aluras] turris *IMisc* 4/12; **1250** ~as turris (v. fustum 3).

iturire, to wish to travel.

1517 dilatus ac procrastinatus Polgravi nostri quotidie ~ientis discessus effecit ut et meas literas et aliorum serius .. acciperes (MORE) *Ep. Erasm.* III 623.

itus [CL]

1 action of going, movement.

quemadmodum cibarium per itum partim digeritur et per balnea SICCAV. *PN* 182.

2 departure (as dist. from return).

hujus .. tam velocis itus et reditus ratio perfectio corporis est ADEL. *QN* 25; ipse itum et reditum suum Deo commendaret W. MALM. *GP* V 217; **1168** det obsides quod nec in itu nec mora nec reditu ipse vel sui aliquam eis inferet lesionem J. SAL. *Ep.* 244 (272 p. 568); ut ad eum clerici illi accederent, salvo itu, statu, reditu W. FITZST. *Thom.* 9; quam velox in itu, .. quam in reditu tarda! MAP *NC* III 2 f. 35.

iu v. ion.   **iucca** v. yucca.

iva, herb ive, buck's horn plantain (*Plantago coronopus*) cf. *cornu* 13. *V. et. herba* 3.

9.. iva *ive WW*; confice cum succo yve vel feni. propter defectum yve et succo yve non invento pulverem yve sicce appone GILB. VII 315v. 2; coriandri, molene, herbe ive, lavandule GAD. 38v. 2; pulvis confortativus a tota proprietate quem voco pul[verem] saracenicum: recipe pulveris herbe ive .. *Ib.* 39. 1; si pulvis ive sibi soli permisceatur *Ib.* 39. 2; herba yve, respice in cornu cervinum *Alph.* 80 (cf. ib. 46: cornu servinum, G. et A. *erbeyve*).

ivena [cf. ML avantia, AN *avance*]

1 ? wood avens, herb bennet (*Geum urbanum*).

1414 ~e ij unc' prec' j d. *EschF* 1066/1.

2 moss.

mosse, muscus, ~a *CathA*.

ivernagium v. hibernagium.

ivo, ? ivory or ebony.

1332 vagena de argenti .. et ivone cisso et trussato (*KR Ac* 386/7) *Arch.* LXXVII 138; ivone gravato *Ib.* 139 (v. 3 gravare 1a).

ivorium [AN *ivori*, OF *ivoire* < ebur], ivory.

1298 j cultellus cum manibrio de ~io vetere, ij d. *Rec. Leic.* I 364.

ix, the letter x.

'ix' est duplex consonans BACON *CSPhil.* 501; in Latinis diccionibus utuntur ix litera pro xi *Id. Gram. Gk.* 33; licet tantum sit in hoc nomine xi sicut in hoc nomine ix quia vocalis et consonans *Ib.* 34.

ixion [LL < CL ixia < *ἰξία*], thistle.

Alph. 27 (v. chamaeleon).

izanium v. xenium.

J

J, J (letter of alphabet, representing consonantal I).

BEDE *AM* 83, BACON *Tert.* 247 (v. I 1b); apud nos potest J esse consonans sequenti vocali et ideo cum iota, quod est vocalis. .. sed turpis error est quia J consonans non potest aspirari BACON *Gram. Gk.* 79.

Ja, Jove [Heb.], Yah, Yahweh (the name of God).

'alle' Patrem, 'lu' Filium, 'Ja' Spiritum Sanctum *V. Greg.* 87; alleluia .. est neutri generis .. et est compositum ab 'allelu', quod est idem quod 'laudate' et 'Ya', quod nomen est Dei S. LANGTON *Chron.* 121; semper tueris conspicuum Jovae vultum serenum ROBERTSON *Rolloc* 72.

jabora [Heb. *jabruach*], (root of) mandrake.

jabrot, i. radix mandragore *SB* 24; ~a, est mandragora *LC* 286.

jabularius v. gabularius 2.

jacea, (bot.): **a** (*~ea alba*) greater knapweed (*Centaurea scabiosa*) or silverweed, goose tansy (*Potentilla anserina*). **b** (*~ea nigra*) lesser knapweed (*Centaurea nigra*).

a 13.. ~ia alba, *scabiose*, et nigra, *madefelon Herb. Harl. 3388* 81; ~ia alba, scabiosa *SB* 24; ~ea alba, scabiosa idem G. *scabiose*, A. *scabwort Alph.* 83; ~ia alba, *scabyus PP*. **b** non detur tyriaca per os, sed datur ~ea nigra, i. matefelum, quod crescit in segetibus GILB. IV f. 173v 2; post purgationem .. intrent bal[neum] dissintericorum ex †lacea ni' [l. jacea nigra] *Ib.* V 125. 1; **13..** ~ia nigra, *madefelon*, herba venti idem *Herb. Harl. 3388* 81; recipe .. ~ee nigre, consolide, utriusque plantaginis GAD. 129v. 2; ~ia nigra, *matfelonn SB* 24; ~ea nigra, G. *mathfelonn*, A. *bulwed* vel *hardhaw Alph.* 83; matefelon, herbe: ~ia nigra, -ae -gre; fem., prime, et dicitur alba *scabious or cowede PP*; *mattefelon*, ~ea, herba est *CathA*.

1 jacēre [CL]

1 to be in recumbent position, to lie prone or supine. **b** (pr. ppl., her.) couchant. **c** (mus.) lying on its side.

examen apum .. / .. / .. replebant ora jacentis [infantis Ambrosii in cunis] ALDH. *VirgV* 661; juxta parietem in solis ardore ~ens *V. Cuthb.* I 4; ante altare jacens lacrimas effundere dulces ALCUIN *Carm.* 101. 8; ~ebat illa ante crucifixum solo equata W. MALM. *GP* V 273; ut disciplinatus prostratus ~eat *Cust. Cant.* 125 (v. disciplinare 2b); interrogavit .. Samtannam .. an ~endo vel sedendo aut stando orare oporteat (*Sam.* 20) *VSH* II 259. **b 1349** infra quemlibet circulum j leo ~ens (*KR Ac* 391/15) *Arch.* XXXI 54; in armis. sunt .. leones saltantes, ~entes, sedentes, rapaces. et G. sic, *un leon saliant, un leon seiant, un leon couchant et un leon rampant* BAD. AUR. 141. **c** nete diezeugmenon, que est ultima divisarum, phy ~ens et en inversum deductum WILL. 20.

2 to lie in reclining position: **a** (for rest or sleep); **b** (for sexual intercourse); **c** (for childbirth); **d** (in illness).

a [genus .. hominum] quos Graeci Sciapodas appellant .. se ab ardore solis pedum umbra ~entes resupini defendunt *Lib. Monstr.* I 17; cum domi soporatus ~eret W. MALM. *GP* III 130; sed piger ad lectum piger est consurgere lecto, / serō sedere facit mane jacere dīū L. DURH. *Dial.* II 6. **b** temptatio monacho sugessit ut monialem prope se ~entem cognosceret (*Boe.* 29) *VSH* I 96; quid tibi dabo ut una nocte mecum ~eas? *Latin Stories* 114. **c 1289** ad expensas Isabelle P. ~entis ibidem in puerperio *KR Ac* 352/14 m. 2; **s1341** regina .. ~uit in decubiis (v. decubiae); **1461** date Margarete S. ~enti in puerperio *ExchScot* 68. **d** portavit [aquam] ad cubiculum ubi illa velut mortua ultimum spiritum trahens ~ebat *V. Cuthb.* IV 3; puerulus .. tactus infirmitate non pauco tempore recubans in lectulo ~ebat BEDE *HE* IV 14 p. 233; **a797** licet ille egrotus ~eat et iste sano vigeat corpore ALCUIN *Ep.* 56; in Guintonia urbe morbo gravatus ~ebat G. MON. VIII 14; **1212** G. fuit infirma antequam per dimiduum annum et eo amplius ita quod una die ~uit in lecto suo et alio die ivit per villam ut sana *SelPlCrown* 108; ~entis in lecto ultime egritudinis *Feod. Durh.* 236.

3 to lie prostrate (usu. fig.), to be brought low.

transgressor velut quadragenariam perfectionem debilis ~endo transcendit BEDE *Acts* 953; plurima per plateas inopum tunc turba jacebat ALCUIN *SS Ebor* 294; cum .. diu in poenis ~uisset damnatus .. Æthelwoldus .. ait illi 'miser cur tanto tempore sic in trunco ~es extensus?' WULF. *Æthelwold* 46 (cf. ÆLF. *Æthelwold* 28); in vitiis ~ebant BYRHT. *V. Ecgwini* 357 (v. durus 3a); miser peccator .. nihil tibi remanet nisi .. semper in miseria tua ~ere ANSELM (*Or.* 10) III 35; **1209** R. diu ~uit in prisona *SelPlForest* 4; cum sors dura ferit, pauper jacet atque jacebit WALT. WIMB. *Scel.* 99; qui in ignem ardentem cecidit, nonne amens est si ~eat [ME: *lið*] et deliberet quando surgere voluerit? *AncrR* 124; pudor qui provenit ex diu ~ere [ME: *to ligge*] post casum *Ib.* 125.

4 to lie dead; **b** (in state); **c** (in grave).

lectum in quo corpus Domini ~ebat HUGEB. *Will.* 4 p. 97; ~eat .. fur ubi ~ebat (*Quad.*) *GAS* 230 (v. defodere 3); si is contrarius rebellare armis nititur et sic occiditur ~eat semper absque redditione *GAS* 257; H. HUNT. *HA* VI 7 (v. dense); **1212** invenit eam ~entem mortuam et vestitam super lectum suum *SelPlCrown* 64. **b 1313** fregit hostia domus J. de R. dum ~uit in feretro *Leet Norw.* 59; **s1416** W. Wendovere obiit .. et ~uit supra petram inter commendacionem STONE *Chr.* 8; **s1426** corpus eodem die inter commendacionem in capella infirmarie nuda facie ~uit *Ib.* 13; **s1456** obiit frater W. H., diaconus, .. et ~uit in choro per totam noctem et habuit psalmos l *Ib.* 65. **c a700** Silius ic ~et (*Inscr.*) *Conc. HS* I 162; Cirusius hic jacit [*sic*] Cunomori filius (*Ib.*) *Ib.* 163; hic Paulinus jacit [*sic*] cultor pientisimus aequi (*Ib.*) *Ib.* 164; Cunocenni filius Cunoceni hic jacit [*sic*] (*Ib.*) *Ib.* 167; ubi Petri corpusculum / jacet tellure conditum (ÆTHELWALD) *Carm. Aldh.* 2. 82; hac jacet egregius nivea sub mole sacerdos BONIF. *Carm.* 7. 7; qui jacet in tumulo, terrae de pulvere surge ALCUIN *Carm.* 123. 21; **c1000** corpus Sifordi presbiteri Sancte Elene et Sancte Margarete titulatus hic ~et *Arch. Aeliana* 5. 2 XXIII 108.

5 (of object or artefact) to lie. **b** (of ship) to lie (at anchor or sim.).

ipsam [navem] in latus ~entem inter undas relinqueret BEDE *HE* V 9 p. 298; ÆLF. *Æthelwold* 25 (v. exsufflare 2c); nemo opponat quod arbor ad quamcumque partem ceciderit, ibi ~ebit PULL. *Sent.* 945B; cultura .. i. pulvinus qui sub nobis ~et, quod Gallice vocatur *cuilta* OSB. GLOUC. *Deriv.* 94; locus calvarie appellatur propter sc. calvarias abscisorum capitum que ibi ~ebant *Ib.* 99; invenerunt arborem ~entem in via transversam (*Rua.* 20) *VSH* II 249; libri .. ~ebant exanimes R. BURY *Phil.* 8. 120 (v. exanimis 1b); bona .. in profundo ~encia *BBAdm.* I 223 (v. fluctuare 2). **b 1413** balingere ac alia vasa Anglica .. in aliis partibus aquarum ibidem ~entia .. *Cl* 263 m. 33; **1438** navem .. per ancoram ~entem (*KR Mem*) *Bronnen* 1117; **1553** naves .. ad ancoram ~entes (v. feriagium).

6 to be inactive or idle, to loiter. **b** to lurk.

841 non semper licet gaudere, fugit hora qua jacemur [*sic*] *CS* 434; **†974** (v. catascopus); exulat hinc civis, miles jacet, aestuat heros, / dux, consul, dives, servit, obedit, eget. / si gaudet, miser est; si ridet, flenda revolvit; / si jacet, urgetur L. DURH. *Dial.* IV 241, 244; ~entes in .. somno mentis AD. SCOT *Serm.* 253B (v. deceptorius a); accidiosus ~et [ME: *lið*] et dormit in gremio diaboli *AncrR* 76. **b** ~et periculum WYCL. *Sim.* 51 (v. elaboratio a).

7 to remain in one place, lodge, be domiciled or kept: **a** (of person); **b** (of animal); **c** (of machine); **d** (of doc.).

quando rex ~ebat in hac civitate *DB* I 252ra; injuste ~et inter latrones *GAS* 666 (v. dirationare 1b); **1212** (v. clavarium); **1221** revera ipse scivit quod ~uit in domo sua et cognovit quod scivit ipsum esse utlagam *SelPlCrown* 94; **1240** (v. dealbare 1a); ne .. hospitia teneant ad comedendum et ~endum *MGL* II 69; die dominica ~uit ad villam de Roche Fouchant .. die lune ~uit princeps ad unam villam vocatam Boy. die Martis ~uit ad Sanctum Claye *Eul. Hist.* III 226. **b 1209** dicit quod canes W. de P. solebant ~ere in domo sua *SelPlForest* 3; **1277, 1278** (v. falda 1a); **1383** nullus eorum permittat aliqua averia sua exire villam noctanter, nec ~ere in alta via infra villam *Hal. Durh.* 183. **c 1383** Dederico carpentario, pro opere et artificio suo exponendo .. usque quo idem Dedericus fecerit ipsam machinam sufficienter ~ere per tres vices *ExchScot* 665. **d 1430** ut patet per cartam .. cujus copia ~et inter dimissiones *Feod. Durh.* 27.

8 to lie, be situated: **a** (of land); **b** (of topographical feature); **c** (of architectural feature or artefact).

a [Brittania] sub ipso septentrionali vertice mundi ~et BEDE *HE* I 1; ipse sibi patriam praesul non longe jacentem / adquiret FRITH. 956; Croland est una insularum ~entium in illo tractu orientalium stagnorum W. MALM. *GP* IV 182; ab aquilonari .. parte .. Yslandia ~et GIR. *TH* I 1; **c1209** in terra sua que ~et vicina terre Philippi de O. *Ch. Chester* 231; **1235** e quibus xxiiij acre simul ~ent in campo qui vocatur Ailwines feld .. contra portam Sagari *Starrs* I 84; **1374** terras ~entes vel abuttantes super .. fossatum (v. fronterium 2); **1444** in .. parcella .. ~ente .. versus orientem (v. abuttare a). **b 858** terminibus antiquitus circum ~entibus *CS* 496; hic fruges, ibi vina, jacent, hic potus avene L. DURH. *Dial.* I 407. **c** haec circa aerea rota ~et usque ad cervicem alta BEDE *HE* V 17; transtra, tabula; quae ~ent in transversu navis in quibus sedent remigantes *Gl. Leid.* 15. 9; linee recte non est pars in plano ~ens et pars in altum surgens ADEL. *Elem.* XI 1; quidam non quadrata, sed per modum quadranguli vel quadrangulorum ita, quod longitudo stando sit longior longitudine ~endo vel protrahendo, sive fuerit cum tractu vel sine *Mens. & Disc.* (*Anon. IV*) 41; **1313** (v. dormantus); **1404** *Ac. Durh.* 395 (v. fenestra 1b).

9 to lie (in the demesne of), to belong (to): **a** (of person); **b** (of custom); **c** (of land).

a in hoc manerio sunt ij sochemanni; unam hidam et dimidiam tenent; non ~uerunt ibi T. R. E. *DB* I 143va; in hoc manerio ~et et ~uit quidam burgensis de Oxeneford reddens ij solidos *Ib.* 143vb; manerio .. ~ent vij homines *DB* II 206 (v. falda 2). **b** de his terris semper ~uerunt consuetudines et servitium in T. *DB* I 87va. **c 1082** plures de illis Anglis qui sciunt quomodo terrae ~ebant prefatae ecclesiae die qua rex Edwardus obiit *Regesta* I 155 p. 43; de isto manerio habuit episcopus unam culturam terrae quae ante et post mortem Godae ~uit in ista aecclesia *DB* I 34rb; j hida .. non ~et ulli manerio *Ib.* 35va; ibidem una virga terrae ~et ad forestam et reddit xij denarios *Ib.* 167va; silva .. in monasterio de Torni ~uit *Ib.* 211ra; ~uit in aecclesia *DB* I 209, ~et ad Wackefeld *Ib.* 373v (v. elemosina 4a); ~ent ad ecclesiam *DB* II 31v (v. defensor 2a); pratum .. quod ~et ad firmam de Norhamt' *RDomin* 22.

10 a to lie, be assigned for use (as). **b** to be assessed (as).

terra ~et in pastura et reddit xij d. *DB* (*Som*) I 95vb; **1266** terre ~uerunt vaste (v. defectus 3a); **1296** homines solebant habere communam in le Grenside quando terra citra le Grenside ~uit warectata *Hal. Durh.* 12; **1310** dicta placea litigiosa .. ~ebit inculta *Cart. Chester* 344 p. 228; **c1321** inclusit landam que prius ~uit velut pastura WHITTLESEY 154; **1365** ~entes ad warectam, xxxix acre *DL MinAc* 242/3888 m. 2*d*; **1368** R. .. habet unum tenementum vacuum ~ens per quod communis transitus fit *Hal. Durh.* 74; **1377** permisit unam selionem de terra domini ~ere pro via *Ib.* 140. **b** molendinum de Wy ~et pro uno jugo, et reddit .. xxij solidos *Cust. Battle* 127; **1326** assignantur eidem Alicie due crofte .. sicut includuntur cum alneto adjacente et ~ent pro vij acris *Cl* 143 m. 10*d*; super plus iiij milites, quos domino regi debet, ~et super dominium suum *BBExch* 339.

11 (leg.) to lie, be judged valid; **b** (phr. *~ere in ore*).

1201 W. essoniavit se de malo lecti et [essonium] non ~uit *CurR* II 88; **1214** essoniaverunt se A. de D. .. et quum ipsi G. et R. fuerunt in custodia consideratum fuit quod nullum essonium ibi ~uit *SelPlCrown* 75; **1218** assisa non ~et quia tenementum .. est de vilenagio domini regis *Eyre Yorks* 14; **1219** Matillis .. petit versus Reginaldum .. terciam partem maneriorum .. et Reginaldus petit visum. set quia ipsa petit simpliciter terciam partem .. maneriorum et nullus nominat pertinentias, consideratum est quod visus non ~et *CurR* VIII 11; **1221** quia istud appellum dependet de alio appello quod non ~et *PlCrGlouc* 17; ~ent duo [essonia] BRACTON 347 (v. diffortiator 1); **1279** bene ~et visus (v. dimissor); parati sunt defendere se per legem civitatis, si lex ibi ~et *MGL* I 108; **s1429** quod ~eret inter causas mortuas (v. desperabilis). **b 1295** cum ipse advocat predictam districcionem super alium quam super predictum priorem, petit judicium si ~eat in ore ipsius prioris cum sit extraneus etc. ad ipsum Robertum de serviciis suis de quibus idem Robertus est seisitus .. extraneandum etc. *CP* 40/110 m. 223; cum non ~uerit in ore tenentis *Fleta* 106 (v. dedicere 4).

12 (trans.): **a** to lay, set (trap). **b** to lay out (goods for sale). **c** to set at risk (life or limb).

a c1150 concedo .. potestatem .. ~endi borechas (v. burrochius). **b 1445** omnes .. cives et extranei cultellos aut gestra stallantes ~entes et vendentes *Mem. York* I 136.

c non deberent jurare .. nisi ubi ~entur vita et membra *Leg. Ant. Lond.* 31.

2 jacĕre [CL]

1 to cast, hurl, propel through the air (also fig.); **b** (absol.).

Ulixes magnum burdillum jecit in oculum ejus [Cyclopis] *Lib. Monstr.* I 11+; haec virosa malae jaciens tum tela pharetrae FRITH. 604; unum tamen de lapidibus ~iendis scio, quia ad effugandum demones ista se facere dicunt PETRUS *Dial.* 69; Turci .. satagebant .. ignem .. Grecum .. in machinam ~ere ORD. VIT. IX 13 p. 580; utque pilam numerosa manus sibi mutua certans / ludicra sepe rapit, sepe jocando jacit L. DURH. *Dial.* IV 224; lingua nocens planos incrustat, sancta prophanat / semper et in cunctos toxica saeva jacit J. SAL. *Enth. Phil.* 1736; David funda ~iens uno lapide Goliam prosternit AD. DORE *Pictor* 154; volavit .. flamma ultrix peccatorum usque ad castrum regis, quod tunc fuit in ipsa civitate, quantum potest arcus quinquies ~ere sagittam M. PAR. *Maj.* V 35; stillam in mare †jaceo [l. jacio] *Pol. Poems* 247; *Ps.*-ELMH. *Hen. V* 94 (v. dirutivus). **b** ~it, mittit *GlC* I 7; cum tribus jaculis quadratis aut quatuor ad ~iendum *G. Herw.* f. 326b; conicere, simul ~ere OSB. GLOUC. *Deriv.* 154; ad spacium magnum quod forte arcus ~ere potest *Latin Stories* 110.

2 to throw down, drop. **b** to throw (dice), cast (lots). **c** to sow (seed). **d** to cast (hook or anchor).

arbor .. / .. / puniceosque jacit cumulos *ond hyt nypertorfap GlP* 166; in peccati abyssum .. sine fundo te jecisti ANSELM (*Or.* 14) III 59; nec mora: dives opum nos sponte vocavit [Cuminus] egenos. / distulimus, queritur; venimus, arma jacit. / fastum, celsa, decus, ponit, dediscit, abhorret L. DURH. *Dial.* III 244; hujus sorores gemmeis guttis lucentibus .. fraterna deplorant incendia, sucinaque diruptis ~iunt inaurata corticibus ALB. LOND. *DG* 8. 14; **1271** (v. duitus). **b** sortes ~iunt R. COLD. *Cuthb.* 28 (v. 2 festucula); ut fidem adagio facerent, crebro jactu jaci aliquando Venerem MORE *Ut.* 73. **c** de ~tis in petrosa seminibus ait .. BEDE *Prov.* 1090; Philippus .. trans oceanum sermonis semina jecit W. MALM. *GR* I 19; semina verbi Dei olim .. ~ta in terra Anglorum *Ib. GP* I 38. **d** confestim anchora ~ta W. POIT. II 7; cum desperaret in terra salutem, in altum ~tis anchoris processisse W. MALM. *GR* III 291; frustra fiunt insidie, tenduntur retia, ~iuntur hami MAP *NC* IV 11 f. 53.

3 to throw out, emit, give off, send forth: **a** (fluid); **b** (light or flame); **c** (shadow).

a vix sanctus verba expleverat cum miser illi .. dentibus stridere, spumas ~ere, crinem rotare cepit W. MALM. *GP* IV 142; et fons es amoris, / rivos jaciens J. HOWD. *Sal.* 46. 6. **b** lucem solaris ~iebat radius W. MALM. *GP* IV 186; serpens .. flammas de ore et naribus ~iens R. NIGER *Chr. II* 173; sol .. radios ~it ALF. ANGL. *Cor* 11. 12 (v. emicatio). **c** tunc in mane ~itur umbra eorum versus occidentem SACROB. *Sph.* 3 p. 105; sol justiciae et veritatis .. ejusdem hierarchiae umbram ~uit in terras COLET *Eccl. Hier.* 234.

4 to set, put (something on something else). **b** to lay (foundation; also fig.). **c** to throw up, pile up (earth).

nutus superbie .. nutritur gestibus .. sicut .. manu derisorium signum facere, tibiam super tibiam ~ere, sedere vel stare rigide .. *AncrR* 69. **b** velut ~tis jam rethoricis fundamentis et constructis prosae parietibus ALDH. *VirgP* 60; fundamenta ecclesiae, quae nobiliter ~ta vidit BEDE *HE* II 4 p. 87; nam fundamen ovans a cardine jecit Eoi, / porticus ut staret aedificata Deo WULF. *Swith. pref.* 113; nova fundamenta ~ta, culmina erecta W. MALM. *GP* I 72 p. 138; pro nichilo namque cementarii labor computaretur si fundamentum ~eret et parietes erigeret nisi manus artificis tectum superapponeret *Quaest. Salern.* B 1; ~iuntur festinato ecclesie amplioris fundamenta *V. Har.* 3 f. 5b. **c** **1374** fodiet .. fronteram .. et jac' .. terram .. super .. fossatum (v. fronterium 2).

5 to set, fix, establish, confirm.

firmissimum .. fedus jecit W. MALM. *GP* III 102; mens mea inter angelos in celo fuit; a die qua in celestibus cogitationibus jeci iterum in terrenis cogitationibus non deduxi eam (*Cain.* 16) *VSH* I 158.

6 to throw off, utter (remark), to hurl (abuse).

s1139 probra in episcopum ~ientes W. MALM. *HN* 472 p. 31; probra, risus, ut jacula jaciuntur J. HOWD. *Cant.* 65; a quo [sc. Christo], cum leto leditur, / nec verbum ire jacitur, / set migrat equanimiter *Id. Cyth.* 127. 11.

7 to hit, strike.

ut aves .. possim ~ere [*gl.*: *warpan*] ÆLF. BATA 4. 16 (v. 1 funda 1a); **1271** jecit dictum W. cum manu sua dextra sub auditum a parte sinistra cum una petra que vocatur *coilun RCoron* 19; **1308** R. J. per viam transiens canem matris dicti R. G. cum una petra jecit (*AssizeR* 262 m. 1) *EHR* XL 418.

jacia v. 1 cacia 3a, jacea.

jacinthinus [LL < CL hyacinthinus < ὑακίνθινος]

1 of 'hyacinth', made from hyacinth flowers.

valet oleum camomellinum in quo coquantur flores jacinthi crescentis in campis, et voco istud oleum ~um GAD. 39v. 2.

2 of 'jacinth', made from jacinth stones.

stat ibidem regia columpnis elata, / cujus substat jaspide basis solidata; / paries jacinctinus, tecta deaurata .. (*Metamorphosis Goliae Episcopi* 39) *Ps.*-MAP 22 (cf. *Exod.* xxvi 1); **1245** in .. interhumerali [casule] breudatur flos vinealis, appositis lapidibus jacinctinis *Invent. S. Paul.* 482; tu stella matutina / .. / visio saphirina, / sintilla jacinctina J. HOWD. *Viola* 71.

3 blue, hyacinth-colored, like the flower or the gem. **b** blue-black.

tonica coccinea sive jacintina [*gl.*: *hæwen*] ALDH. *VirgP* 58; aeri, jacinctini *GlC* A 356; summi pontifices .. spe debent radiare celesti, quod representat tunica jacinctina OSB. CLAR. *Ep.* 9 p. 73; fimbrias jacinctinas ANDR. S. VICT. *Comm.* 126 (v. fimbria 2a); exornat vestis hunc duplex, serica primo, / jacinctina sibi nomen vocat altera ferri GARL. *Myst. Eccl.* p. 148; 'habebant loricas igneas et jacinctinas et sulphureas' [*Apoc.* ix 17] .. glossa .. inquit, per jacinctum intellige simulationem justitie PECKHAM *Paup.* 16 p. 72; **1432** item j vestimentum .. de jacinctino cerico (*Invent. Ch.*) *Reg. Glasg.* 333; jacinctinus, A. *ynde colour WW*; **1553** de jacinctina saiea (v. frengia). **b** *VSH* II 248 v. l. (v. jacinthus 4b).

4 (as sb. m. or n.) seed of a blue flower, ? blue poppy, cornflower, or flax.

seminavit jacintinum ibi contra voluntatem beati Albei .. et illud jacintinum versum est in linum (*Alb.* 30) *VSH* I 58.

jacinthus [LL < CL hyacinthus < ὑάκινθος]

1 'hyacinth', a blue flower. *V. et. hyacinthus* 1.

nomen jacincto prebet flos nominis hujus, / solatur maestos leticiamque fovet NECKAM *DS* VI 207; inter jacinctos quos vestit purpura vernans / Jacinctum puerum fata dedere neci *Ib.* VII 361; GAD. 39v. 2 (v. jacinthinus 1); **13..** jacinctus flos est, A. *bleu popi* .. vel *langworte* et crescit inter frumentum et alia blada et dicitur jacinctus quia assimilatur cuidam lapidi qui sic vocatur *Herb. Harl. 3388* f. 81; jacinctus equivocum est ad lapidem et florem *SB* 24; jacinctus herba est florem habens purpureum et radicem similem bullo; pueros a pubertate retinet. item jacintus est quidam lapis *Alph.* 83.

2 'jacinth', a blue gem, sim. to but dist. from sapphire. **b** (*~us marinus*) ? aquamarine. **c** (fig.). *V. et. hyacinthus* 2.

jacinctus est ceruleus *Cives* 12. 1; ignis .. jacincti quoque speciebus efficitur concolor J. SAL. *Pol.* 542D; **1165** jacinctus (v. floreus 1a); lapis agapis [attrahit] paleas, smaragdus divicias, jacintus tempestatem *Quaest. Salern.* Ba 32; jacinctus lapis est ceruleus et saphirei coloris BART. ANGL. XVI 52; **1245** morsus .. decani .. ornatus iv magnis lapidibus, sc. ij jacintiis et ij almandinis *Invent. S. Paul.* 481; fluxus sanat .. cum empiricis .. ut jaspide, jacincto, corallo, etc. GILB. III 153. 1; si inveneris in jacincto albo equum sculptum .. sigillum in omnibus placitis .. valere cognoscas *Sculp. Lap.* 451; ex quibusdam rebus et medicinis .. separari non potest velut de omnibus illis que sunt spisse substancie, ut metalla, et que sunt de genere lapidis ut coralli, jacinti et similia. et hee subtiliter sunt terende in mortario BACON IX 16; septem lapides capiunt suos colores et quandam proprietatem a .. planetis .. jacinctus a mercurio, margarita sive berillus a luna BAD. AUR. 147; lapis calcidonius .. qui .. terreum habet colorem medium quasi inter berillum et jacinctum purpureum UPTON 120; hic jacinctus, A. *a precious stone WW*. **b** si inveneris sigillum in jacincto marino .. sculptum, semifeminam viz. et semipiscem .. hoc sigillum in auro obrizo pone *Sculp. Lap.* 452. **c** purpura membra domat, bissus sua pectora mundat; / jacinctus semper summa vir iste [sc. Cuthbertus] cupit L. DURH. *Hypog.* 70.

3 the colour blue; in quots. ? blue fabric. *V. et. hyacinthus* 3.

curtinae .. ex auro, ~o [*gl.*: *of wade*; *hæwenre dæage*], purpura, bis tincto cocco ALDH. *VirgP* 15; cervical .. quod ex purpura et bysso coccoque bis tincto et jacintho satis operosa [l. operose] fuerat contextum AD. EYNS. *Hug.* V 18 p. 215; **s1405** cum capicio jacincti coloris sive consimilis coloris circa humeros suos pendente *Misc. Scrope* 307.

4 (as adj.): **a** blue, hyacinth-coloured, like the flower or the gem. **b** blue-black.

a vir Deo plenus benedixit faciem pueri et oculos, et ilico toto corpore et facie habens jacinctos oculos, pulcerrimus apparuit (*Com.* 49) *VSH* II 18. **b** Jesus Christus equum formosum jacinctum cum capite albo misit ad sanctum Finanum (*Fin. C.* 12) *VSH* II 90; alius equus jacinctus a Deo missus (*Maed.* 53) *Ib.* 160; triginta equi jachincti [vv. ll. jacinti, jacintini] coloris apparentes de mari (*Rua.* 18) *Ib.* 248.

Jacobinus [ML], designating a Jacobite friar, Dominican, member of order established in Paris on the rue St. Jacques. **b** (as sb. m.).

fratres ~i *Chr. Ed. I & II* I 207. **b** tertius error est predictorum Jacobitarum seu ~orum .. quod .. M. PAR. *Maj.* III 401; **s1314** illa nacio nefandi generis ~orum *Flor. Hist.* III 161.

Jacobire [cf. LL Jacob < Heb.], to play the role of Jacob, to deceive.

cucullatum cave, quoniam suspirat hanelat cupit et ambit, utinamque longum ab ore, totis ad hoc nisibus per fas omne nefasque contendendo, ut te ~iret, emittit GIR. *Invect.* I 9.

Jacobita, ~us [ML]

1 Syrian Monophysite follower of Jacob Baradaeus.

~e autem sunt heretici, a quodam Jacobo dicti, circuncisionem predicantes, Christumque non Deum, sed hominem tantum justum .. credentes PETRUS *Dial.* 65; OCKHAM *Dial.* 760 (v. Georgianus c).

2 pilgrim to Santiago de Compostela.

est in Thoma supplice Jacobite status, / conchis his [et] vasculis remeat ornatus *Poem. S. Thom.* 92.

3 Jacobite friar, Dominican, member of order established in Paris on the rue St. Jacques.

exortum est in Italia novum genus Predicatorum, qui ~e voluerunt appellari, eo quod vitam coeperunt apostolicam imitari M. PAR. *Maj.* II 443; patriarcha ~arum Orientalium .. hoc anno venit adorare in Jerusalem *Ib.* III 397; ordo predicatorum .. qui ~e voluerunt appellari DICETO *YH* 159; Cordati similiter atque Jacobite / quanquam distant jugiter, quanquam bone vite / .. / tenebunt finaliter modum vie trite PECKHAM *Def. Mend.* 301; **s1312** fratribus ~itis (v. habitaculum 1b); nam sunt qui non sapiunt nisi cor superbum, / Jacobiti scilicet, per hanc eruditi, / lacte matris optime pessimi nutriti *Superst. Pharis.* 55; Cicestrensis obit presul, frater Jacobita *Mem. Hen. V* 132; capella S. Michaelis et omnium angelorum; ~i deserviunt ibi WEY *Itin.* 33.

Jacobitanus, Jacobite friar, Dominican, member of order established in Paris on the rue St. Jacques.

hic Jacobitani primo crevere GARL. *Tri. Eccl.* 104.

jactabilis [LL]

1 that can be thrown, throwable.

necnon accipiens lapidem unum ~em, in eum projecit B. *V. Dunst.* 9; **1337** pro petris per ingenia ~ibus faciendis (*KR Ac*) *Cal. Scot.* 366.

2 that can be boasted of.

ut .. nihil habeant in aliquo Grecorum ~e vel eminens MAP *NC* II 19 f. 30.

jactabunde, boastfully.

nil arroganter, nil superbe, nil ~e, de gente sua vir pius et mitis emittere voluit GIR. *PI* III 30 p. 318; aureos in manibus anulos .. ~e preferentes *Id. Spec.* II 29 p. 92.

jactabundus [CL]

1 heaving, jerking, tossing.

R. COLD. *Cuthb.* 114 (v. diffluus b).

2 boastful.

jocos cum parasitis suis et cachinnos ~us exercebat ORD. VIT. VIII 24 p. 422; ~us heros lugubrem matrem .. compescuit *Ib.* IX 10 p. 545; puellari verecundia nec ~us nec verbosus existens GIR. *EH* I 4 p. 235; eo preoccupatus spiritu verecundie, quod nec ~us nec joculabundus egregia sua opera in medium proponeret *Reg. Whet.* I 471.

jactaculum

1 act of throwing.

hoc jactamen et ~um .. quod et pro jactatione OSB. GLOUC. *Deriv.* 283; ~um, jactus *Ib.* 289.

2 (falc.) jess.

et plr. hec ~a, *get de faucun Gl. AN Glasg.* f. 21vc; plr. hec ~a: *gentifaucun Gl. AN Ox.* 491; *jeshys, to bryng with hawkys*, in plurali ~a, -orum *PP*.

jactamen [ML]

1 act of throwing.

OSB. GLOUC. *Deriv.* 283 (v. jactaculum).

2 throwing down, collapse.

1351 exceptis .. ~inibus dicti tenementi pro debilitate meremii grossi in dicto tenemento existentis *Deeds Coventr.* 14.

3 setting: **a** laying (of foundation). **b** heaping up (of earth), heap.

a 1412 fundi jactamine texto R. ESK 24 (= *Couch. Furness* I 21). **b** quid urbium, castellorum tectorumque fastigia, nisi scrobes, cespites et pulverulenta talparum ~ina? GOSC. *Lib. Confort.* 86.

jactanter [LL], arrogantly, boastfully.

quatenus centenae frugis copia ubertim locupletatus nequaquam sexagenis manipulorum fasciculis ditatum ~er parvi pendere praesumat ALDH. *VirgP* 13; potest .. quilibet oculos ~er extollere, lingua mentiri, homicidio pollui BEDE *Prov.* 961; notandum .. quod jactare dicitur pro vantare et tunc inde venit ~er adverb. OSB. GLOUC. *Deriv.* 283; GIR. *GE* I 51 (v. dialecticus a); non mea ~er jaculans nec aliena joculanter jugulans [v. l. joculans] HIGD. I 5.

jactantia [CL]

1 throwing, heaping, shifting.

hiis temporibus gens Flandrie, propter desolacionem patrie sue per ~iam equoree arene diu vagabunda BROMPTON 1003.

2 boasting, bragging.

inde heresis glescit necnon jactantia crescit ALDH. *VirgV* 2698; ut professus est .. non propter ~iam, sed propter aedificationem multorum *V. Cuthb.* II 2; quid putamus fieri de illis qui non solum otiosa sed et criminosa loquuntur qui impudicitiae, ~iae, blasphemiae, et quod maxime nimis libet detractionis sermonibus servire non timent BEDE *Hom.* II 6. 236; pompose ~ie fomitem evitare *V. Neot. A prol.*; W. MALM. *GP* I 42 (v. facetiari); pre arrogantia pariter et Normannice verbositatis ~ia GIR. *GE* II 36 p. 348; quia dicis "aliis se preferunt" imponis in his verbis ~iam PECKHAM *Kilw.* 142; mendacium .. secundum quod transcendit veritatem in majus, quod pertinet ad ~iam WYCL. *Ver.* II 12.

3 ostentatious display.

dicebant .. illos .. omne hominum robur ad suam ~iam .. non ad regium honorem possidere *G. Steph.* 34 p. 74; et ~ia divitiarum quid contulit nobis? H. BOS. *Hom.* 1408D; quid profuit tibi, miser, fictitie nobilitatis magnificare ~iam, et pauper amico notam quasi criminose paupertatis objicere P. BLOIS *Ep.* 3. 8B; HALES *Sent.* IV 303 (v. dissimulatio 1).

jactanticulum, little boast, petty ostentatious display.

tota haec superstitio et solennitatum insolentia, quibus hi pusillis viribus ~i rude vulgus attrahere sibi contendebant, pontificali auctoritate interdicta subsedit GOSC. *Lib. Mild.* 1.

jactare [CL]

1 to cast, hurl, propel through the air; **b** (as sport); **c** (absol.).

in ardentes thermarum vapores .. inclementer ~ari imperantur ALDH. *VirgP* 51; [Colossus] in quem se dolore marcescens moriturum ~avit *Lib. Monstr.* I 3; inmundi spiritus unum de eis quos in ignibus torrebant ~averunt in eum BEDE *HE* III 19 p. 166; jussit .. scoriam .. candentem super tecta domorum a balistariis impetuose ~ari ORD. VIT. X 10 p. 57; 1220 nec super eum stramen †jactuuit [l. jactavit] nec ignem apposuit *BNB* III 400; 1323 in aqua ~anda super carucam ad semen fusarum, lx opera (*Ac. Man. Oakington*) *Estates Crowland* 253; manus que homagium fecerant precidit et diabolo ~avit, qui accipiens omnino dilaceravit *Eul. Hist.* I 256; 1391 Barbour assuetus est ~are sanguinem corruptum in regia via in abhominacionem *Leet Norw.* 70. **b** c1450 Ricardus de Montefixo .. Romanam curiam devote peregrinando visitavit, et ibi usurpavit sibi nomen fortitudinis in ~ando lapidem in civitate Romana ultra omnes nationes *MonA* VI 77. **c** 1249 longius quam putabatur, quod aliquis arcus posset ~are *IMisc* 3/26.

2 to throw down: **a** to drop, cast (offspring in parturition). **b** to throw or roll (dice). **c** to sow (seed).

a 1385 ~o vitulum *MFG.* **b** ~ans decios *Chester Plays* XVI A 120 (v. decius). **c** semen ~at in terram BEDE *Prov.* 988.

3 to cast out. **b** to cast, throw off (falc.).

si vero paganus sit, mundari et ~ari foras melius est THEOD. *Pen.* II 1. 5; sicca pruinosam crebris effundo fenestris / candentemque nivem jactans de viscere furvo ALDH. *Aen.* 67 (*Cribellus*) 2; cujus corpus .. quasi illic occisus esset in meretricando ~arent ASSER *Alf.* 96; 1499 pro nive extra ~anda (v. extra 3). **b** 1250 ~avit unum austurum ad aquam de Haselmere *IMisc* 4/19; 1333 falcones .. ~atos (v. 3 errare c).

4 to set, lay down. **b** to lay (foundation). **c** (to pile up).

Lib. Monstr. I 3 (v. 1 dolor 1); Tobias venit in domum suam et cum ~asset se juxta parietem obdormisset .. stercora deciderunt in oculos ejus BEDE *Tob.* 925; pone .. mortuum filium tuum ante pedes Christi .. . immo ~a illum in sinum pietatis ejus ANSELM (*Or.* 10) III 41. **b** ~ato .. de lapidibus fundamento secus flumen Araris viam altius sustulit ORD. VIT. VI 3 p. 10; abbas inchoavit novam ecclesiam et ~avit fundamentum octavo Idus Martii H. ALBUS 98; ecclesiam in loco isto fundare volens primum lapidem ~o R. BOCKING *Ric. Cic.* I 304. **c** 1032 (12c) jubentur ~ari munuscula (v. gazophylacium 1b); si conjuga dive / gaudia, nuptarum dotes et pignora jactant J. EXON. *BT* II 340.

5 to pour (fluid, also fig.). **b** to puddle (clay). **c** to cast (molten metal in mould).

sum fervens .. / rixarum jactans jugiter per corda venenum BONIF. *Aen.* 373; ad incendium sopiendum voces et aquam ~arent W. MALM. *GP* III 100. **b** 1370 in luto ~ando pro vj furnis tegular' juxta le Nackolt, vij s., pro furno xiiij d. *MinAc* 899/23; 1371 in luto ~ando pro iiij furnis *Ib.* 900/1 m. 2. **c** 1211 in plumbo empto et ~ando, ij s. viij d. *Pipe Wint.* 109; 1222 pro iij carectatis de bosco ad plumbum ~andum *KR Ac* 491/13; 1259 Johanni G. et Willelmo de S. pro viij char' plumbi ad tascham fundendis, ~andis, et cubandis ultra cameram senescallorum xl sol. precium char' v sol. *Ac. Build. Hen. III* 338; 1299 Robertus tenet j fabricam ad plumbum ~andum *RB Worc* 182; 1320 in stipendiis Ricardi T., Johannis S. et Roberti de C., servientibus Petro le Plumber, qui est ad vadia domini regis, ~anti pannos plumbi pro dictis turell' et capella *KR Ac* 482/1 m. 3; 1320 circa facturam j patelle ferr' pro plumbo ~ando de xxj peciis de ferro .. iiij s. iij d. *Ib.* 482/1 m. 4; 1338 de plumbo ~ato et non ~ato xxiiij[xx] petre *Ac. Durh.* 376; ad ~andum plumbum *Ac. Obed. Abingd.* 30.

6 to brandish, flourish, wave.

1211 ipse retro se ~avit manum suam cum cultello et eum percussit *SelPlCrown* 104.

7 to drive to and fro, to toss (ship or sailor). **b** to harass, torment, trouble.

si marinis fluctibus ~atus .. quiescerem GILDAS *EB* 65; puer ventis per caerula puppes / jactatas precibus revocabat ab aequore quinas ALCUIN *SS Ebor* 690; s1141 omnes [naves] preter duas tempestate coorta in diversa ~ate W. MALM. *HN* 519 p. 72; ~atur Eneas tempestatibus BERN. *Comm. Aen.* 4; eversa est navicula et ejecti sunt qui inerant .. hinc inde procella ~ati *NLA* II 669. **b** animabus .. quae vicissim huc inde videbantur quasi tempestatis impetu ~ari BEDE *HE* V 12 p. 305; cum .. Guthlac inter dubios volventis temporis eventus et atras caliginosae vitae nebulas, fluctuantes inter saeculi gurgites, ~aretur FELIX *Guthl.* 18; in quadam casula .. pernoctans maestam mentem huc illucque ~abat *Ib.* 52 p. 164; 849 (11c) mentes .. ~ant (v. 1 fatum a); 1166 quamvis sors mea periculis cunctis exposita sit et ~ata procellis indesinentibus J. SAL. *Ep.* 146 (165); pergravi rerum ~or discrimine D. LOND. *Ep.* 2.

8 to throw off (remark), to say. **b** to toss back and forth (fig.), to discuss. **c** to utter with force.

hoc enim de Paulo ~averunt non illi qui intellegebant quo animo a Judaeis fidelibus observari tunc ista debuerint BEDE *Acts* 987; ut .. / .. plurima verborum vacua jactasset ab ore B. *V. Dunst.* 4; illud Virgilianum me posse ~are 'primus ego in patriam mecum modo vita supersit' [*Georg.* III 10] W. MALM. *GP* V 190; [fama] de qua numquam vel parum sinistra ~ata sit opinio *Ib.* 223; ~at .. gens hec .. episcopum quemdam ecclesie istius .. a decessoribus suis interemtum GIR. *IK* II 4 p. 121. **b** 1370 veniant die Dominica ad preceptum prepositi ad ponend' et ~and' reparacionem molend' *Hal. Durh.* 103; 1373 ordinatum est ex communi assensu quod .. conveniant prox. die festi et ~ent quod averia possunt sustentari infra camp' de Edmondbirs et ponent quolibet ten' ad certum numerum ita quod illum numerum nullus excedat, et presentant ad prox. *Ib.* 118. **c** conglobat .. sophistas / gymnica qui jactant ventoso dogmata fatu ALDH. *VirgV* 620; voces ~are execrabiliter OSB. *Mir. Dunst.* 19 (v. exsecrabiliter); nisi omnem a pectore tuo perturbationem dimoveris, .. in vacuum verba ~abimus PETRUS *Dial.* 4.

9 **a** to boast of, brag about (w. acc.). **b** to boast (of), brag (about) (w. prep.). **c** (refl.); **d** (w. acc. & inf., ppl., or indir. statement); **e** (dep.); **f** (pr. ppl.) boastful, bragging, exultant. **g** (intr.) to behave arrogantly.

a haec .. ipse de se non profectum ~ando virtutum sed deflendo potius defectum .. referre consuerat BEDE *HE* II 1 p. 74; jacio .. inde .. jactuarius, -rii, i. ille qui sua ~at OSB. GLOUC. *Deriv.* 283. **b** hoc mirifico ingenio suo sanctus agnoscendo Gregorius, non de se ~ando sed de alio sancto locutus .. inquit .. *V. Greg.* p. 108; cum quis ~at de bono, sicut faciunt superbi in confessione, que necessitas est eos juvandi? *AncrR* 127. **c** quidam ex Judaeis .. ~are se coeperunt et dicere .. BEDE *Retract.* 1025; cum aliquis aliquam non vult praelationem quae sibi offertur, et ex hoc ipso se attollens meliorem arbitratur et inde se ~at, ita tamen ne advertatur *Simil. Anselmi* 22; Osmundus .. Willelmum .. qui sese de stupro filie ejus .. arroganter ~averat inter manus Rodberti .. occidit ORD. VIT. III 3 p. 53; secunda species est jactancia, quando homo se ~at et superbit de bono quod habet ex alio *Spec. Eccl.* 49; David loquitur ei qui solet in abscondito bene operari et postmodum aliqualiter se ~at [ME: *on summe wise uppeð*] et opus ostendit *AncrR* 47; a1400 quod nullus se ~at verbis ampullosis .. *Gild Merch.* I 27. **d** cum .. copiis quibus nihil resistere posse ~abat BEDE *HE* III 1; 800 ne aliquo adversarius in loco suas ~et propositiones permanere indiscussas ALCUIN *Ep.* 202; quasi ego me ~em semper servasse legem Dei ANSELM (*Ep.* 330) V 263; sociis in via ~averat se examinaturum utrum idem vera potiretur an simulata religione ORD. VIT. IV 15 p. 275; non modo credaris, quod scripsit, nosse, sed omne, / quod voluit, jactes dogmatis esse tui J. SAL. *Enth. Phil.* 106; de quadam etiam turpi muliere legimus que ~avit se quod non esset aliqua ita religiosus quem non posset decipere *Latin Stories* 18. **e** accidit quod ex nostratibus quidam improvide ~arentur nos chartam regiam adeptos fuisse super condonatione .. taxae *Meaux* III 297. **f** gallus / .. / heu jactans audaxque nimis multumque superbus / insidiante lupo excipitur ALCUIN *Carm.* 49. 10; 796 exaltatio inmoderata vocis ~antis signum est *Id. Ep.* 114 p. 169; meruit sane quo letior abiret Osricus multumque, ut gentilis ait, 'aliis ~antior umbris', quod Chelwulfum .. vivens sibi successorem adoptaverat W. MALM. *GR* I 53. **g** 1268 fregerunt portas .. et in curia ~averunt et intraverunt felonice *Rec. Norw.* I 204.

10 to cast (sum), to reckon (account).

1235 vicecomes .. habet diem ad ~andam summam in octabis Omnium Sanctorum *KR Mem* 14 m. 1d; 1260 mandatum est baronibus de scaccario quod Willelmum de Notingham', clericum suum, ad predictum compotum pro eo [i. e. vicecomite] reddendum et summam suam ~andam loco ipsius .. admittant *Cl* 51; 1262 scrutatis rotulis nostris et ~ato et assummato valore omnium terrarum *Cl* 150; a1410 qui summas cunctas jactans totale probabit (*Versus de Scaccario*) *EHR* XXXVI 60.

11 to throw at and hit.

1221 W. molendinarius ~avit N. molendinarium cum quadam petra ita quod obiit; et fugit *PLCrGlouc* 57.

12 to cast lots for.

1204 ~avit totam terram et partivit terram in tres et tunc miserunt sortem et due partes remanserunt W. et tercia pars R. et Y. *CurR* III 143.

13 to cast in metal.

1293 pro iij parvis imaginibus pro regina faciendis et ~andis de proprio metallo *Manners* 128.

jactarius [ML]

1 one who throws, heaps, or shifts.

1278 in iiij ~iis de sablone *KR Ac* 486/22 m. 2.

2 one who boasts or brags.

jactuarius OSB. GLOUC. *Deriv.* 283 (v. jactare 9a); *a boster*, ampullator, ~ius, pompator, jactator *CathA.*

jactatio [CL]

1 act of hurling or throwing through the air. **b** action (of sea) of tossing (water or debris). **c** action of shifting, shovelling.

1436, 1442 (v. gaddum 2b). **b** 1275 de ~one mar[is] (v. forestallum 1b). **c** 1335 Willelmo Makejoye et sociis suis jactitor' granar' pro ~one et remocione dictorum quarteriorum frumenti, avene et pis' in omnibus granariis .. capiendo .. pro qualibet ~one xij d. .. pro xxx scopis .. emptis pro ~one dictorum bladorum existencium in granar' *KR Ac* 19/3 m. 7.

2 emission, spewing out (of fluid). **b** puddling (of clay). **c** casting (of molten metal). **d** casting (of artefact in molten metal).

si frequenter accidit ei [epileptico] morbus, vel raro et cum spume ~one vel vocis confuse emissione, omnino debet cessare a celebratione misse ROB. FLAMB. *Pen.* 174. **b** 1370 in ~one luti pro predictis vij furnis in le Nackolt, nihil hoc anno *MinAc* 899/23; 1371 in ~one luti pro predictis x furnis *Ib.* 900/1 m. 2. **c** 1320 in stipendio Ade le Plumer operantis circa ~onem xij pannorum plumbi *KR Ac* 482/1 m. 3; 1329 pro .. factura seu jattacione ejusdem plumbi in novas telas ad reponendum ibidem *Ib.* 467/6/1. **d** 1339 pro .. ~one .. bolestarum (v. 2 fundatio 1a); 1410 Thome Hauelyn plumbatori .. pro tempore quo fuit occupatus apud castrum de Kermerdyn circa ~onem et facturam gutterarum pro turri *MinAc* 122/10 m. 3.

3 frequent changing (of mind or attitude).

hic sensus dum nova et ideo delectabilia capit precipiti et inordinata ~one corpus moveri facit BERN. *Comm. Aen.* 78.

4 boast.

vanis ~onibus vesanos ydolatras in Christum excivit ORD. VIT. IX 10 p. 544.

jactator [CL]

1 hurler, thrower, one who causes to fly through the air.

fundabalista .. i. funde ~or OSB. GLOUC. *Deriv.* 225.

2 (*~or murorum*) one who flings plaster at a wall, dauber, pargeter.

comp' in viij ~oribus parietum et murorum alias vocatis et exist' *dauberes* .. ad lathandum et daubandum unum magnum gabulum occidentale aule predicte et de novo lathand', dauband', et parietand' unam parietem domus vocat' *le Almushus KR Ac* 490/4 m. 2.

3 boaster, braggart.

si probus es, non sis jactator de probitate D. BEC. 93; verbosi, ~ores, enormium juramentorum auctores GIR. *EH* II 37; WALT. ANGL. *Fab.* 23. 11 (v. derisor); *CathA* (v. jactarius).

jactatrix [ML], who boasts or brags (also as sb. f.).

tenues jactatrix gloria fructus / cum luctu lucrata perit J. EXON. *BT* VI 139; dici potest .. ~ix Normannia propter .. Normannicos jactatores VINSAUF *PN* 292; jactatrix Gallia verbis / propugnat GARL. *Tri. Eccl.* 42.

jactatus [CL], action of moving, swing (in quot., of thurible by thurifer).

c1444 memorandum .. quod decanus, presente episcopo, habeat tres ~us ab utroque thurribulario *Stat. Linc.* II 467 cf. ib. 510: canonicos .. tribus thuribulorum jactibus incensent).

jactio [ML], action of casting, hurling, or tossing.

1275 ex ~one maris accumulant harenam et lapides, per quam accumulacionem Willelmus le Fort .. incepit edificare villam que vocatur Ravenesodd *Hund.* I 402a (cf. ib. 292a: jactatione); per jectionem aque GAD. 44v. 2 (v. flabellatio).

jactitare [CL]

1 to cast, hurl, throw through the air.

jusum saxa ~abant ingentia ORD. VIT. IX 13 p. 579.

2 to throw away, cast aside, reject.

949 si quis .. hanc meam donationem cum stultitiae temeritate ~ando infringere certavit *CS* 877.

3 to move vigorously, wave.

palmas alternis motibus ~abant R. COLD. *Godr.* 136.

4 to throw off (remark), to say. **b** (leg.) to affirm, swear.

quod fama de *biscepes truue* ~at non tacerem W. MALM. *GP* V 230; patre .. audiente ~are proverbium solitus "rex illiteratus asinus coronatus" *Ib.* V 390; **a1158** non solum spumantia verba sed et tumida ~are G. FOLIOT *Ep.* 128 p. 166; **1167** absit ut de eo [papa] tam sinistra credamus quam perversa ~ant adversarii nostri J. SAL. *Ep.* 202 (212 p. 344); **1170** ~abatur .. regis nuntios absolutionem episcopi Lundoniensis et omnium aliorum optinuisse *Ib.* 293 (298 p. 694); [dominus Senonensis] frequenti suggestione tua propositum revocavit, et sicut publice ~asti, me illuso in spem meam alium introduxit P. BLOIS *Ep.* 72. 221C. **b** *Praxis* 109 (v. jactitatio 2).

5 a to boast of, brag about (w. acc.). **b** to boast (of), brag (about) (w. prep. or absol.); **c** (refl.); **d** (w. acc. & inf. or ppl.). **e** (w. indir. statement).

a P. BLOIS *Ep.* 3. 8A (v. 1 genus 1a); jactitat imperium / triumphans proles Veneris / de superis, / cum cogatur iterum / rex superum / mugire *Id. Carm.* 1. 4. 59. **b** [d]e calamitate ~antes [MS: lactitates; *gl.*: *gelpeð*] qui de longe itineribus *Prov. Durh.* 46; cepit de privilegiis antiquis ~are GERV. CANT. *Chr.* I 74; *to boste*, ampullare, ascribere, jactare, ~are *CathA.* **c** expositorem te alienorum dictorum ~as, cum vix unquam tua recte proferre potueris ALCUIN *Dogm.* 216A; stultum est enim, cum aliqua vilis persona per ignorantiam assidet dignam; sed stultius est, cum inde se ~at dignam *Simil. Anselmi* 25; se ~antes quod eum celeriter de stallo extraherent *G. Durh.* 38. **d** quas illi ex sua subtili natura ad deceptionem stultorum se scire .. ~ant *V. Greg.* p. 89; Robertus .. ~ans se pronepotes suos coronaturum W. MALM. *GR* II 180; **s1140** ~are [v. l. jactare] non dubitavit se totam regionem .. occupaturum *Id. HN* 485 p. 44; Cistercienses .. sese sancti Benedicti regulam per omnia servaturos ~ant ORD. VIT. VIII 26 p. 443; hic est .. qui se solum servare coronam / et legum regni jacticat esse patrem J. SAL. *Enth. Phil.* 1364; ~ans se arduum et non scurrile velle et scire dare consilium M. PAR. *Maj.* III 246; **1319** scelera .. ~ant se fecisse *FormOx* 52. **e** cumque oppidani fiducia menium ~arent ideo urbem Durachium nominatam quod contra omnes obsidiones imperterrita duraret W. MALM. *GR* IV 387; **c1212** dicit et publice ~at, quia medietatem redditum suorum, .. ad nos vincendum expenderet GIR. *Ep.* 5 p. 200.

jactitatio [ML]

1 boast.

legitur de Mario, quod cum plurima fecisset egregie, una sui ~one gloriam fame perdidit P. BLOIS *Ep.* 94. 297A; **c1213** juxta suorum ~onem GIR. *Ep.* 7 p. 246.

2 (leg.) public declaration, jactitation.

si reus vocatus .. in causa ~onis matrimonii intendit justificare ~onem libellatam, id est, quod vere et juste dixit, et jactitavit se matrimonium cum actore contraxisse, proponere potest materiam .. justificatoriam *Praxis* 109.

jactor, (med.) organ which emits eggs, ovary.

prope os matricis ponuntur duo ~ores quasi duo ova, sc. testiculi, qui sc. aliquantulum sunt latiores quam testiculi maris *Ps.*-RIC. *Anat.* 40.

jactura [CL]

1 action of throwing.

et broncus Stephanus ab aula pellitur / justeque lapidum jactura plectitur WALT. WIMB. *Palpo* 39.

2 jettison, (leg. right to) jetsam.

c1077 sacam et socam, *tol* et *theam* et latrocinium et ~am maris apud Ringstede et Bramcestre *Chr. Rams.* 205; de ~a navium naufragis restituenda GIR. *PI* I 20 (*rub.*) p. 120.

3 casting (of metal).

1465 pro ~a plumbi et coopertura ambulatorii *Ac. Churchw. Glast.* 237 (cf. ib. 239: pro dicto plumbo jactando).

4 jetty, part of structure that projects or overhangs.

1335 hujus edificii sex domus habitabiles erunt sub una tectura et habebunt ~as suas ex utraque parte viz. versus venellam continentes duos pedes .. [solar.] habebit eciam ~as suas ex utraque parte viz. versus venellam et versus stratam et dicta ~a continebit quatuor pedes versus venellam et versus stratam totidem *DCEbor.*

5 throwing away, wasting: **a** (of obj. or commodity); **b** (of abstr.).

a requisito medicorum auxilio .. spe recuperande sanitatis vel aliquo pristine valetudinis remedio ne inani sumptuum ~a conquerebatur *Mir. Frideswide.* 103; quanta nobilis materiei ~a erat AD. EYNS. *Hug.* V 18 (v. diptycha a). **b** **672** Theodorus .. ~a dispendii carens rebelles falanges discutit ALDH. *Ep.* 5 p. 493; ~a siquidem annorum, quod circa curiam in nugis consumpsi, estimationem non recipit P. BLOIS *Ep.* 14. 50C; longi temporis ~am fructuoso penitentie compendio redemisti *Ib.* 131. 389C.

6 deprivation, loss, damage; **b** (w. obj. gen.). **c** (w. *de*, equivalent to gen.).

~as, damnis *GlC* I 6; ~a, *lyre* ÆLF. *Gram.* 303; faces .. quae cinerem aedificiis, ~am civibus minantur OSB. *V. Elph.* 129; **1286** domino G. de A. militi pro hujus ~a quam sustinuit cum dicto domino rege ad torniamentum de M., unde reddidit scriptum suum etc., xxv li. Turonensium *Rec. Wardr.* 637; **s1382** terre motus .. maximis edificiis in partibus australibus grave dampnum intulit et jactura [*sic*] *Chr. Kirkstall* 124; propter varias oppressiones et ~as .. in dictam communam *Hist. Glouc.* I 36; ne in illa vestra tam estuosa re publica iaicturam [*sic*] aliquam feceris FREE *Ep.* 57; ex quo sc. nescio qua illum necessitate olim equitantem contigerat e caballo infaustam valde perpeti ~am *Mir. Hen. VI* II 56 p. 144. **b** neque teres lunaris globi circulus ~am propriae pulchritudinis patitur ALDH. *VirgP* 9; ut nulla possit ecclesiarum vestrarum ~a .. provenire (*Lit. Papae*) BEDE *HE* II 18; Etheldritha .. sine ulla pudoris ~a W. MALM. *GR* II 214; 'Ideum': Paridem in Ida nutritum. per hunc accipiuntur hii qui ~am patrie dum injuriam alicui inferunt non respiciunt BERN. *Comm. Aen.* 98; tam suorum ~a quam victualium defectu .. deficientes GIR. *EH* I 22; saxa non sustinent dolorem virginis, / sol flentem adjuvat jactura luminis WALT. WIMB. *Carm.* 622. **c** **c1380** timeat .. ~am de rebus suis (v. de 13a).

7 penalty.

mortis ~a restitutionis beneficium non admittit P. BLOIS *Ep.* 12. 36B; **1265** in nullo participes extiterunt turbacionis .. aut .. regno nostro nocivi, per quod .. heres ~am exheredationis debeat incurrere *Cl* 45; magna et miserabilis ~a [ME: *lure*] quam peccator incurrit, quia nichil quod agit Deo placet *AncrR* 125; **1426** ad omnem crudelitatis et vindicte ~am bestialiter inclinantur, non faciliter quietandi *Conc.* III 475a.

8 outlay, expense, cost.

regem quidem liberari cupientes, set citra suas in pecunie amissione ~as W. MALM. *HN* 507.

jacturale [cf. jactare 10], counter (for reckoning).

1494 pro pergameno ad rotulos et ~ibus, de mandato dicti compotorum rotulatoris, xxx s. viij d. *ExchScot* 463.

jactus [CL]

1 action of throwing. **b** range of a missile.

~us fulminum ABBO *Edm.* 7 (v. gratia 1a); mulier .. in solum prostrata .. ubi frequenti aque ~u resumpsit .. oravit veniam W. MALM. *GP* V 276; ~u lapidum OSB. BAWDSEY clxiv (v. fundifer); sordium ~u GIR. *IK* I 12 (v. dehonestare 1b); fundibulorum ~ibus WYKES 194 (v. fundibalus b); ut oneratos dapibus stomachos vel saltu vel ~u vel aliquo alio exercitio attenuarent *Eul. Hist.* I 393. **b** insula .. habet ingressum amplitudinis quasi ~us fundae BEDE *HE* IV 13 p. 232; quantum sagittae ~us permetiri potest W. POIT. II 27; **s1139** Rogerius Salesberiensis .. apud Malmesberiam, in ipso cimiterio, ab ecclesia principali vix ~u lapidis, castellum inchoaverat W. MALM. *HN* 468 p. 25; palacium Diocleciani columnas habet ad ~um lapilli tam altas .. quod a centum viris per totum annum operantibus vix una earum secari possit HIGD. I 25 (*recte* 24) p. 214; distat ~u unius arcus sagitte W. WORC. *Itin.* 22.

2 action of throwing down (from raised position).

~us, jactatus, casus *GlC* I 11; se in ima fossae velut ab alta rupe in baratrum proicit. cumque a tanto ~u ante posset extingui quam a terra suscipi, quasi divae virginis subvectus manicis nil pertulit dampni GOSC. *Transl. Mild.* 23.

3 throw (of dice). **b** move, turn.

fatalis alea incertis ~ibus in hujus vite tabula mortales eludit W. MALM. *GR* I 17; alea fortune incertis ~ibus volvitur *Ib.* III 270; animam meam quasi sub ~u alee posui P. BLOIS *Ep.* 102. 316C; cum minus ei arridet dominatrix ipsius fortuna, superos jurat esse fallaces. in secundis ~ibus, secundas facit NECKAM *NR* II 183. **b** *Ludus Angl.* 163 (v. evacuare 5a); *Ib.* 165 (v. imaginari 4a).

4 flowing, tossing, heaving (of sea).

1315 per ~us .. maris (v. essewerare).

5 sprinkling.

a desperato morbo per aque benedicte ~um convaluit W. MALM. *GP* I 46 p. 77.

6 swinging.

1444 ipsum decanum in stallo suo decanali existentem quatuor thuribulorum ~ibus eorum uterque viz. incenset *Stat. Linc.* 510; in dubium fuit revocatum, an singuli sic incensandi pluribus thuribulorum ~ibus quam superius est expressum deberent, vel possent, incensari *Ib.* 517.

7 catch, quantity of fish taken by a cast of a net.

ut de lapidibus in mari ~um fecerunt . . . si enim essent in portu et ~um facerent, prestarent fortuitum casum VAC. *Lib. Paup.* 115; cum quidam a piscatoribus ~um emisset, extracta magni ponderis aurea tabula, orta est controversia affirmantibus, hoc fortune ductum [se] emisse dicente W. BURLEY *Vit. Phil.* 4.

8 (falc.) jess.

~i [*sic*] primum faciendi qui hoc modo fiunt, ut nec nimis si[n]t stricti nec nimis sint lati, inferius tamen ex parte pedis largiores ADEL. *CA* 9; hinc avium jactus sustollitur, ardea scandit, / accipiter jaculi, dum cadit, instar habet *Chr. Steph.* II 769; **1205** (v. 2 lanerius); **1214** pro ij ~is falconum laneriorum *Cl* I 174b; **1235** [comitis]se Warenn' ij paria jectorum ad austurcos de serico et aurifil' cum noelect' aur' plen' ambr' et cum turett' semiaureis et semicalcheis et loigniis et interloigniis de serico et aurifil' *Chanc. Misc.* 3/4.

jaculabilis [CL], that may be hurled or thrown.

jaculabilis hasta J. EXON. *BT* VI 227 (v. 1 exire 2b).

jaculamen, action of hurling or throwing.

OSB. GLOUC. *Deriv.* 283 (v. jaculatio).

jaculari [CL], **~are**

1 (intr.) to throw a javelin.

Turci .. sagittando vel ~ando .. Christianos acerrime infestabant ORD. VIT. IX 8 p. 509.

2 (tr.) to aim, shoot, hurl: **a** (weapon or blow); **b** (weaver's shuttle); **c** (abstr.).

a sed procul excussit jaculatas fraude sagittas ALDH. *VirgV* 1157; Dominus .. ~atur fulgora BEDE *HE* IV 3; sagittam .. ~avit FELIX *Guthl.* 29 (v. defigere 1b); **s1141** ex turre pontificis ~atum incendium in domos burgensium W. MALM. *HN* 499 p. 59; ictus pervalidos cepit in illos vibrando ~are R. COLD. *Godr.* 262. **b** ut manus altera textoris naviculam ~etur usque in sociam manum NECKAM *Ut.* 107. **c** furorem suum super pagenses ~ati sunt ORD. VIT. XIII 37 p. 108; ei quicquid dare solet dilectio negat, quicquid odium infligere ~atur MAP *NC* IV 11 f. 53.

3 to shoot out, emit.

quoque magis haec balsamatica apotheca reserabatur, eo profusius odor coelestis ~abatur GOSC. *Transl. Aug.* I 18A; splendor .. faculas luminis ~abatur W. MALM. *GR* II 135 (v. facula 1c); utrum in fenestris per quod radius lucis ~atur .. HON. *GA* 586B; [amnis] precipitem jaculans sepe profundus aquam L. DURH. *Dial.* I 340.

4 to utter, ejaculate.

quia ab uno et intimo judice in reum sententia sumpta ~atur BEDE *Acts* 961C; in altercationibus multiflue ~abantur sententie ORD. VIT. XII 21 p. 389; injuriosa regi verba ~ari presumpsit *Ib.* XIII 37 p. 113; verba ~avit R. COLD. *Cuthb.* 65 (v. favilla b).

jaculatio [CL], action of hurling or throwing.

talibus vero piorum conaminibus non defuere iniquae venena ~onis, quae semper adversus filios Dei per filios diffidentiae telis invidiae armatur BYRHT. *HR* 3 p. 5; a jacio hoc jaculum, -li, unde jaculor, -ris, et inde jaculator, jaculatorius, jaculatus, ~o, et hoc jaculamen OSB. GLOUC. *Deriv.* 283.

jaculator [CL], one who hurls or throws.

elephanti .. turres ad bella cum interpositis ~oribus portant *Lib. Monstr.* II 2; **1112** Atselmus cementarius. Wluuardus ~or *Doc. Bury* 172; OSB. GLOUC. *Deriv.* 283 (v. jaculatio).

jaculatorius [CL], used for throwing javelins or sim.

nunc capite sursum rejecto quasi sublimis graditur, nunc brachiis hac illacve dependentibus modos ~ios variare videtur *Mir. Wulfst.* II 15 p. 165; amentatus .. i. ~io filo ornatus OSB. GLOUC. *Deriv.* 57; ducenta capita Turchorum .. machinis ~iis in urbem praecipitari fecerunt M. PAR. *Maj.* II 73; quinque machinis ~iis non cessantibus .. lapides in eos mittere W. COVENTR. II 227; castrum illud fortissimum, quasi inexpugnabile machinis et tormentis ~iis WALS. *YN app.* 549.

jaculum [CL], **1 jaculus**

1 javelin (also fig.); **b** (w. ref. to shaft of light or fire).

ut illi [sc. prophetae] .. oraculorum suorum ~a .. librent GILDAS *EB* 76; contra .. venenata garrulorum ~a ALDH. *PR* 142 (143) p. 201; prece posco prout nosco / caeli arce, Christi, parce / et piacla, dira jacla, / trude taetra tua caetra *Anal. Hymn.* LI 229; [ratis] ocior et jaculo fertur, agente Noto L. DURH. *Dial.* III 120; utuntur .. lanceis non longis, et jaculis binis, in quibus et Basclensium morem sunt imitati GIR. *TH* III 10; rapit nobis ludere / dictis livor emulis, / nos obliquis ledere / gaudens lingue jaculis P. BLOIS *Carm.* 7. 4. 32; ydre dolosa jacula non horrebit J. HOWD. *Cant.* 108; de quadam turre .. ~us quidam est emissus *Meaux* I 262; ~um, darte .. hoc telum, A. *darte.* hoc jaculum, idem *WW*; **1456** (v. garritus 1). **b** arebant astra ignito / torrentis globi jaculo (ÆTHELWALD) *Carm. Aldh.* 4. 44; ignita ~a mittens tanta virtute institit quod viri fortitudinem penitus expugnavit *V. Chris. Marky.* 43; dicitur et auricomus a splendore aureo; itemque sagittarius a radiorum ~is, quibus omnem penetrat mundum ALB. LOND. *DG* 8. 4; cumque torrida lampas solis ferventius solito radiorum ~a funderet .. *V. Edm. Rich P* 1814D; subtractis .. caloris ~is *NLA* II 69 (v. deliberatorie).

2 arrow, or bolt of a cross-bow.

sagitarii ~is .. instare W. MALM. *GR* IV 369 (v. 1 funditor); vel arcuum ~is vel balistarum spiculis .. interire GIR. *PI* I 17; balistarii .. ~a *Itin. Ric.* II 38 (v. disciplinariter a); wlneratus est predictus rex ~o baliste *Leg. Ant. Lond.* 2; sagittarii .. emisere ~a WALS. *YN* 466 (v. grandineus 1b).

3 pin on which the needle of a compass swivels. **b** thread drawn through the eye of a needle.

qui .. munitam vult habere ratem .. habeat .. acum ~o [*gl.*: *fuscilett*] suppositam. rotabitur et circumvolvetur donec cuspis orientem resspiciat NECKAM *Ut.* 188. **b** hic jaclus, *a thred in a nedyl WW*.

4 casting-net.

ÆLF. *Gl.* 118, NECKAM *Ut.* 97 (v. 1 funda 2); rex .. largitus est, M. usque ad paludem nigrum inter silvam et campum et aquam et ~um Constantini regis .. trans Guy amnem *Lib. Landav.* 72.

1 jaculus v. jaculum.

2 jaculus [CL], snake that darts on to its prey from trees.

jaculi velox impetus esse solet NECKAM *DS* IX 302; serpens qui dicitur ~us volat ut jaculum, exilit enim de arboribus BART. ANGL. XVIII 8; hic ~us, *a flyande eddyre*, .. *a flyyn nedere WW*.

jagga [ME *jagge*], ornamental slash in clothing.

UPTON 248 (v. jaggare).

jaggare [ME *jaggen*], to cut, slash (clothing for ornament).

si quis .. vult ~are vel scindere superiorem partem sue tunice et dictas jaggas sive scissuras modicum elevare et eas cum parvulis campanis vel aliis .. pulverizare UPTON 248.

jaguntinus [cf. jaguntius], 'jacinthine', blue like the jacinth.

columpnam .. viderunt cujus materia tota †jaguntia [l. jaguntina] saphir erat (*Bren.* 37) *VSH* II 283.

jaguntius [AN *jagunce* < jacinthus], 'jacinth', a blue gem.

topasiis et grisophrariis, ~iis et calcedoniis, smaragdinibus et sardoniis, jaspidibus et amatistis, oniclis et cristallis, berillis cum aliis lapidibus preciosis .. murus .. radiabat (*Bren.* 54) *VSH* II 291; **1245** amictis .. breudatis cum auro puro et esmallo et ~iis *Invent. S. Paul.* 490.

jahunum v. jaunum.

jaia [OF, ME *jai*], kind of bird, jay (*Garrulus glandarius*), magpie (*Pica caudata*), or woodpecker (of family *Picidae*).

9.. picus, *higera* vel gagia *WW*; gaia vel catanus, *higere* ÆLF. *Gl.* 132; avis quaedam picae similis, lingua Britannica ~a TURNER *Av.* H 3v.

jaiola, jaola v. gaola.

jakkum [ME *jakke* < OF *jaque* < Arab. *šakk*], sleeveless defensive tunic, quilted or lined with iron plates.

1401 item lego .. omnem armaturam meam et unum jakk' de Feris' (*Reg. Episc.*) *Lincolnshire Archives Office Episcopal Reg. XIII* f. 36v; **1451** vi et armis, viz. gladiis, ~is, salettis, arcubus et sagittis, clausum et domum .. felonice fregerunt *Pat* 473 m. 5.

jalnetum v. jaunetum. **jalo** v. galo.

jam [CL]

1 at this point in the passage of time, now; **b** (as was not the case before); **c** (*jamjam*, *jamjamque*, or *jam nunc* as intensive); **d** (marking the beginning of an action extending into the future).

age jam .. quid stupes ..? GILDAS *EB* 29; sceptra .. diversis vidit jam praesagata metallis ALDH. *VirgV* 337; jam eos nudos spoliarem? EADMER *HN* 51 (v. decoriare c); **1381** jam mendicantes lacerant (v. depravare 2). **b** quid tu .. canescente jam capite .. stupide riges? GILDAS *EB* 31; videns eum melius habentem ac loqui jam valentem BEDE *HE* V 19 p. 329; **933** somata jam rediviva *CS* 696; non jam hostes sed homines GIR. *EH* I 14 (v. debellare 2a); **1219** jam advocavit debitum (v. deadvocare e); aureusque splendor solis serenans motus etheris meridiem mundo reduxit, cum jam crepusculum videretur *V. Edm. Rich C* 605; **1461** de firmis .. quas A. .. recepit .. et nichil habet distringibile jam in dictis terris .. *ExchScot* VII 63. **c** nostris jam nunc obvallatis .. lateribus GILDAS *EB* 65; jamjamque divino cibo satiatus et suffultus, in fortitudine ejus glorificans Dominum prospere proficiscebat *V. Cuthb.* I 6; desine grandevos jam jam vexare poetas *Altercatio* 56; sed Gualthamensi puer, ut puto, flumine potus / jam nunc eructas qualia tunc biberas L. DURH. *Dial.* III 330; viribus .. opus esse jamjam animo concipiens GIR. *EH* I 7; ipse vero, sicut accepimus, jam nunc in Wallia pupplice jactitat quod .. *Id. SD* 108; jam nunc, A. *rygth nou* vel *nou nou WW*; quem ipsa mox intuita, cum hactenus quasi mentis quodam excessu teneretur et exstasi, evigilans ilico torporem excussit, jamjamque in se reversa ipsis eciam oculis corporeis stantem prope conspexit et obstupuit *Mir. Hen. VI* I 9 p. 33. **d** jam referam verbis tibi quod vix credere possis ALDH. *Aen.* 85. 1; biblos *ic nu sceal*, .. / *geonges geanoðe geomres* jamjamque, / *secgan soð* (*Aldhelm*) *ASPR* VI 97; sic incarnatum mundo jamjamque futurum / precurrens Dominum WULF. *Brev.* 332; tandem autem sciendi studio velut jam iterum incipiente, attentioni neglecta repetenti plerisque artium institutionibus eorum ad que artes notitiam redintegrari accidit BALSH. *AD* 7; ut jam patebit KILWARDBY *OS* 504.

2 all this time (from a point in the past up to and including the present).

†705 jamdudum .. constitutus (v. abbatatus); vel incredulos ad Christum convertit vel jam credentes amplius in fide atque amore Christi confirmavit BEDE *HE* III 19 p. 164; **798** necessarium est .. viros qui jam multo tempore .. miserabiliter laboraverant corrigere *CS* 291; hos denarios jam per plures rex non habuit *DB* I 100rb; usque ad nostra jam tempora GIR. *TH intr.* p. 8; jampridem ADEL. *QN* 74 (v. 2 disparare 1a); **1316** jam diucius .. debellarunt (v. debellare 1); **1333** a jam diu, viz. ab anno (v. 3 a 2e).

3 (implying completion of an action or existence before the time indicated). **b** (*jamdictus* or sim.) foresaid, previously mentioned.

ex eo tempore .. usque ad annum .. quique quadragesimus quartus .. orditur annus mense jam uno emenso GILDAS *EB* 26; ALDH. *CE* 3. 34, etc. (v. dudum b); BEDE *HE* IV 2 p. 206, etc. (v. diu 2a–b); sicut jam paulo ante commemoravimus ASSER *Alf.* 102; quartum post decimum jamjam transegerat annum FRITH. 58; et arte ista et ceteris ex ista multipliciter et velut jam satis ad cognitionem explicatis BALSH. *AD* 6; R. CANT. *Malch.* IV 166 (v. curare 3a); filii jam nati BRACTON 63 (v. illegitimus 2); **14..** Nicholaus in maturitate sua fuit compos mentis et sane memorie usque jam tarde *IPM* 26/49. **b 858** terra .. jam dicta sit inperpetuum libera *CS* 495; **s999** hic jam dictus exercitus venit in Tamisiam *AS Chr.*; ad sacerdoti gradum disposuit jamfatum promovere Dei famulum *V. Neot. A* 4; **c1160** confirmamus eandem abbatiam in perpetuum jam dicto abbati *Doc. Theob.* 2; **c1193** sicut carta jamdicti S. testatur *Regesta Scot.* 367 p. 364; **1339** expressam de jamdicto monasterio faciant mentionem *Reg. Aberbr.* I 225; **1438** inter dictas jam partes (v. 2 dicere 2a).

4 (implying imminence of action) at any time now.

non ignoti rumoris penniger ceu volatus arrectas omnium penetrat aures jamjamque adventus veterum [inimicorum] GILDAS *EB* 22; cumque jaceret explosa et jamjamque videretur moritura BEDE *CuthbP* 15; venit nox in qua jam velut exspiratura ab omnibus observabar GOSC. *Transl. Mild.* 30 p. 198; egro .. jam jam .. morituro LANFR. *Const.* 182; **s1139** serebantur in Anglia rumores jam jamque adventurum .. comitem R. W. MALM. *HN* 468 p. 25.

5 at this point in development, at this stage in a sequence.

digesto .. libello .. stilus jam finem quaerit ALDH. *VirgP* 59; ego jamjamque .. depotavi eum *V. Cuthb.* IV 7 (v. depotare); concedo. jam interrogare tibi liceat de quacumque re vis sapere PETRUS *Dial.* 4; hec de Virginis porta tetigisse sufficiat. nunc jam ad portam Angeli veniamus LUCIAN *Chester* 60; perpendebantque jamjam veracissime, non sine causa exilio lachrymabili, ipsam, ut predictum est, fuisse condemnatam *V. II Off.* f. 11b.

6 further, moreover, besides, even.

quid celabunt cives quae non solum norunt sed exprobrant jam in circuitu nationes? GILDAS *EB* 26; quid prodest vulnus manu .. palpare .. quod tumore jam vel fetore sibi horrescens .. medicamine eget? *Ib.* 108; ille .. homo Dei Cuðberht .. ad mare usque ad lumbare in mediis fluctibus, jam enim aliquando usque ad ascellas tumultuante et fluctuante tinctus est *V. Cuthb.* II 3.

jamba v. gamba. **jambera** v. gambera. **jambicare** v. iambicare. **jambus** v. iambus. **jamnum, jampnum** v. jaunum. **jancium, jancum** v. jaunum. **janettum** v. jaunetum. **janitarius** v. genetarius.

janitator, door-keeper, gate-ward, porter.

1242 liberate Hugoni ~i nostro .. liberationes suas *Liberate* m. 11.

janitor [CL]

1 door-keeper, gate-ward, porter: **a** (of fortress, city, prison, or palace); **b** (of Temple, w. ref. to *IV Reg.* xxii 4 *etc.*); **c** (of mon.).

a atriensis, ~or *GlC* A 871; **1130** W. filius A. r. c. de firma terre ~orum et vigilum *Pipe* 142; **c1175** R. ~or castelli de Edenburg' *Regesta Scot.* 174; **1276** concessum est baronibus London', quod quamcito incipere debent placita coram justiciariis, quod habeant extra januas Turris ~orem suum et ~or domini regis sit infra januas (*Eyre Lond.*) *Lond. Ed. I & II* II 129; **1353** ~orem .. palacii (v. custos 2d); **1389** ~ori de castro ad natale xviij d. *Ac. Durh.* 596; **1400** (v. gaiolarius); **1459** (v. granatarius a); **1465** (v. ferreus 4a). **b** hostiarii in ecclesia vicem tenent ~orum templi. ~orum enim officium erat templum claudere et aperire BELETH *RDO* 13. 27; constituti ~ores observant ad ostia templi Domini AD. DORE *Pictor* 155; [filii Asaph] fuerunt cantores. non nocet si supra legitur Yditun ~or, quia idem erant ~ores et cantores diversis vicibus pro varietate ministerii S. LANGTON *Chron.* 134. **c a1205** confirmavi Adam ~ori de Oseneia .. *Cart. Osney* IV 68; **1308** cuidam ~ori de Fynchall x s. *Ac. Durh.* 5; W. R., qui erat tunc senescallus archiepiscopi et ~or abbatie THORNE 2056; **1439** decanus non cohibet servientes suos impedientes ~orem clausi quominus valeat portas clausi debito tempore claudere ut deberet *Stat. Linc.* II 190; **1537** sol. .. ~ori abbathie .. xx s. *Ac. Durh.* 703.

2 (eccl., as minor order).

benedicere digneris hunc famulum tuum .. ostiarium .. ut inter ~ores aecclesiae pareat obsequio EGB. *Pont.* 12; Thomas de Lincolnia canonicus .. misit ei zonam et aquam benedictam, per Petrum ~orem et per patrem ipsius Alexandri . . . Petrus ~or juratus dixit quod attulit aquam benedictam cum patre ejusdem Alexandri *Canon. G. Sempr.* 144v; janitor et lector, post exorcista venire / debet et acolytus GARL. *Myst. Eccl.* 373.

3 a (of Cerberus as porter of underworld); **b** (of St. Peter as porter of heaven). **c** (of St. Paul as most prolific writer of New Testament, guardian of the heavenly library).

a ~orem Cerberum BERN. *Comm. Aen.* 87; ~or est Orci *Ib.* 88; Cerberus, ~or inferni OSB. GLOUC. *Deriv.* 204;

Cerberus tria habens capita Tartaree sedis ~or *Natura Deorum* 137; in introitu inferni invenit canem Cerberum ~orem WALS. *AD* VII 7 p. 112. **b** Petrus .. / .. / janitor aeternae recludens limina vitae ALDH. *CE* 4. 1. 3; ~oris [*gl.*; i. e. Petri] eximii caelestis gloriae BYRHT. *V. Osw.* 451; celestis aule ~or in ulteriore ripa fluvii Tamensis astitit OSB. CLAR. *V. Ed. Conf.* 10 p. 84; celestis potencia ~oris LUCIAN *Chester* 49; quicumque hec que nostra vel cunctorum fidelium donacione beato Petro consecrata sunt auferre vel diminuere presumpserit, ipse ~or celi diminuat ejus partem in retribucione eterna H. ALBUS 13; a**1332** sermo [sc. Edmeri] de beato Petro, apostolo, celorum ~ore *Libr. Cant. Dov.* 46. **c** a**797** ut ~or coelestis bibliothecae et vas electionis praedicator egregius apostolus Paulus dixit .. *CS* 1007 (= *Ib.* 434 [**841**]); **966** sagax divine [*sic*] sermonis sophista celestique [*sic*] bibliotece ~or *CS* 1189; in principalem celestium ~orum Petri et Pauli ecclesiam GOSC. *Transl. Mild.* 16.

janitrix [CL], door-keeper (f.), portress (fig.). **b** (*~ix caeli*) the Virgin Mary.

hec ~ix, -cis, i. illa que observat januam OSB. GLOUC. *Deriv.* 285; pigricies mane sompnolenta ociositas que / mater viciorum omnium est janitrix dicta *Dietarium* 57. **b** dedit locum ~ici celi claviger paradisi pulchro inter celicolas commertio W. MALM. *GP* III 115 p. 248.

jannetum v. jaunetum. **jannum** v. jaunum. **jant-** v. et. want-. **janta** v. canthus, 1 ganta, jaunum. **jantaculum** v. jentaculum. **jantare** v. jentare.

janua [CL], **~uum**

1 door, doorway, entrance, portal. **b** (*~ua fluvialis*) water-gate. **c** (*~ua saltabilis*) leap-gate. **d** (*~ua caeli* or sim.) gate of heaven. **e** (*~ua inferni* or *orci*) gate of underworld. **f** (*in ~uis*) on the doorstep, at the gates, imminent.

procidens ante ~uam pronus in terram, oravit in silentio *V. Cuthb.* II 7; aperiens ~uam monasterii exivit ipsa BEDE *HE* III 11 p. 149; cum pervenerint ad chori ~uam post finem antifone, dicat diaconus .. ÆLF. *EC* 41; **1200** fregit ~uas suas et hostia domus sue *SelPlCrown* 38; infra burgi ~uas *Leg. IV Burg.* 72 (v. forestallator); **1279** in siatura j ligni ad ~uam faciendam *Ac. Stratton* 222 (= ib. 102: in una porta de novo facienda); **1291** in turre ~ue exterioris castri (v. 2 gistare); c**1372** in emendacione ~ue thoralis cum ij seris emptis de novo pro eadem xij d. . . . in reparacione portarum del *spitell* de Wytton, x s. *Ac. Durh.* 577; adversa navalis potentia .. conclusisset ~uam portus de P. adhibita diligenti custodia ne portio nostri navigii existentis H. exire posset ad portionem residuam nec portio illa reliqua ad istam intrare *G. Hen. V* 20 p. 140; c**1440** pro reparacione ~ue novi pontis in Dunelm *Ac. Durh.* 304. **b** in una ~ua fluviali *G. Hen. V* 4 (v. alveolus b). **c** **1525** preceptum Joh. Webbe de Tydryngton fecere ~ua saltabilia apud Adleymede (*CourtR Cromehale*) *MS Glouc RO D6742/M* 33. **d** a paradisi ~uis ALCUIN *Exeg.* 525A; ~ua poli W. MALM. *Mir. Mariae* 236 (v. januatrix); ~ua celi prius ex peccato generi humano clausa PULL. *Sent.* 830A; ut vestris precibus celestis janua / Gautero pateat et vite pascua WALT. WIMB. *Palpo* 159; inferna patent spolia, / dies venit, dies tua, / aperti celi janua, / gaudet mater ecclesia LEDREDE *Carm.* 27. 17. **e** ab ~ua inferni *Lib. Monstr.* II 14; BEDE *HE* V 14 p. 314 (v. damnare 3a); Cerberus .. ~uam Orci custodit BERN. *Comm. Aen.* 88; reversus est abducto cane qui custodivit limen et ~uam inferni TREVET *Troades* 53. **f** cibum majori in quantitate sumas mors in ~uis GIR. *TH* I 35; **1196** leo in ~uis est ut te rapiat P. BLOIS *Ep.* 134. 402A; c**1210** quod regni jam divisio / et finis est in januis (*In Episcopos* 50) *Pol. Songs* 8; ista et consimilia non solum signant mortem futuram sed mortem in ~uis J. MIRFIELD *Brev.* 56; s**1376** regis .. mors erat in ~uis *Chr. Angl.* 92; **1586** calamitatem regni in ~uis esse praedixit *Scot. Grey Friars* II 181.

2 (applied to part of body; also fig.).

ad insinuationem sui [sc. Dei] reseratis cordis ~uis .. secreta humanis mentibus .. infundit (*Lit. Papae*) BEDE *HE* II 10 p. 101; omni namque tempore menstruo, dissolutis naturaliter membrorum compagibus tam in virginis quam in femine ~ua patulus patet semper introitus *V. Kentig.* 3; sese plicat / et intricat / genua, / ne janua / pudoris resolvatur P. BLOIS *Carm.* 10. 4a. 71.

3 gateway (fig.), means of access.

cunctis gentibus ad se confluentibus ~uam lucis aperuit BEDE *Hom.* I 6. 334; aperi mihi quaeso pulsanti ~uam vitae *Nunnam.* 77; [Maria], porta vitae, ~ua salutis, via reconciliationis ANSELM (*Or.* 7) III 20; non claudetur nobis misericordie ~ua, nisi prius ex nostra fuerit clausa malitia GIR. *Ep.* 4 p. 180; post ejus decessum ad Dei gloriam et sancti laudem hoc signum patefacta ~ua veritatis reseravit J. FURNESS *Walth.* 78; interdicitur insuper etiam compaternitas ne hac via scandali ~ua reseretur, sicut insuper hoc ipsum jura monachis interdicunt PECKHAM *Paup.* 11 p. 54.

4 way of approach, initial stage: **a** (of learning, achievement, or sim.); **b** (of period of time).

a .. mihi paucis tuis responsionibus ~uas rhetoricae artis vel dialecticae subtilitatis claustra partim aperuisti ALCUIN *Rhet.* 1; hujus questionis tue solutionis ~uam pande PETRUS *Dial.* 36; c**1218** primum [sacramentum] est baptisma quod est ~ua omnium sacramentorum et prima tabula post naufragium, sine quo non est salus *Conc. Syn.* 65; patet in II Metaphysice, quod prima principia, que sunt quasi ~ua, sunt per se nota DUNS *Ord.* II 129. **b** quidam autumant Januarium nuncupatum ex eo quod limes et ~ua sit anni BEDE *TR* 12 p. 322.

5 Genoa.

1321 veniente .. mercatore de ~ua (v. dromo b); fundus ~ue S. SIM. *Itin.* 27 (v. 2 fundus 8); s**1459** de urbe ~ue (v. grandis 2a).

januaris v. Januarius.

Januarius [CL]

1 (as adj.) of January.

[Sarraceni] apparebant .. mense ~io BEDE *HE* V 23 p. 349; Berctuald archiepiscopus .. defunctus est die iduum ~iarum *Ib.*; Kalendas ~ias EGB. *Pen.* 8. 4 (v. 2 causa 2d); **802** paginam .. scribi precepimus mense ~io (*Lit. Papae*) W. MALM. *GP* I 37 p. 59; frigus nobis et pluvias mensibus viz. Februario et ~io provenire .. sentimus WALS. *AD* I 1 p. 6.

2 (as sb. m.) January.

BEDE *TR* 15 (v. December); **742** Kalende ~ii (v. daps a); **1116** Nonis ~ii (v. dare 13a); ~io mediante Wlstanus transiit W. MALM. *GP* IV 165; Capricorni .. signum ab inferis partibus ad superiora remittit .. duodecimo kalendis ~ii solstitio brumali WALS. *AD* II 1 p. 50.

3 door-keeper, gate-ward, porter.

ibi sedit abbas .. et ille ~ius aecclesiae HUGEB. *Will.* 4 p. 99; ~ius, *getweard* ÆLF. *Gram.* 314; credimus divinitus procuratum ut ad horam ~ius loco suo cederet W. CANT. *V. Thom.* I 31; atriensis, janitor, ostiarius, exclusarius, †patigitrarius [MS: patigiarius], †januaris [MS: januarius] OSB. GLOUC. *Deriv.* 48; c**1220** sigillum Ade ~ii *Cart. Osney* II 424 n. 2; **1344** ad quandam portam civitatis predicte progressi et ~ium ejusdem porte .. vi fugaverint *Pat* 212/12*d*; Rogero ~io *Foed. Durh.* 130.

januator [ML], door-keeper, gate-ward, porter.

dum ipsi expectarent ~orem, ut nuntiaret illis sermonem tyranni NEN. *HB* 173; janitor .., i. ille qui observat januam, qui etiam hic ~or dicitur OSB. GLOUC. *Deriv.* 285.

januatrix, door-keeper (f.), portress (partly fig.).

Maria, ~ix, vel potius janua poli, introduce me ad gaudia paradisi W. MALM. *Mir. Mariae* 236.

Januensis [cf. janua 5], **a** of or from Genoa, Genoan. **b** (as sb. m.) man of Genoa. **c** the Genoan, John of Genoa.

a stolus navium ~ium et Pisanorum Laodiciam applicuerat W. MALM. *GR* IV 380; **1295** una casula de panno †Jauvensi *Vis. S. Paul.* 330; s**1321** navem ~em (v. dromo b); **1378** navis ~is (v. familia 6b); ex ~ibus galeiariis WALS. *HA* I 446 (v. 2 galearius). **b** innumero succinctus milite precipueque ~ibus et Pisanis W. MALM. *GR* IV 388 p. 459; **1169** quamdam Genuensium navem quam ceperant Siculi pirate P. BLOIS *Ep.* 90. 282B; s**1459** expeditio .. de Hispanis et Jannensibus [? l. Januensibus] (v. gratiosus 1c). **c** Ugucio .. et .. ~is .. inquiunt *Ziz.* 22 (v. deesse b); secundum ~em in suo Catholicon *Ziz.* 9, intencio ~is *Ib.* 462 (v. extendere 9a); **1419** duos libros meos vocatos ~is in dominicalibus et in opere quadragesimali *Reg. Cant.* II 163; **1434** unum librum vocatum ~is super evangeliis dominicalibus *Ib.* 514; secundum ~em LYNDW. 34z (v. fascia 1b).

Januinus [cf. janua 5], of or from Genoa, Genoan.

1292 Nicholao de Chartres armigero pro mercede sua xxiiij li. x s. ~orum et unum equum precii xij florinorum *KR Ac* 308/15 m. 9.

Janus [CL]

1 name of Roman god of doorways and gates.

~i porte, idest porte templi ~e [*sic*] dei paganorum *Gl. Leid.* 36. 1; in honore bifrontis ~i G. MON. II 14; alii dicunt .. ~um duas habere facies ALB. LOND. *DG* IV 9; **15..** amat convivia Janus (v. fabrilis 1b).

2 name of month January.

octonisque pares menses sunt idibus omnis, / Janus et Agustus semper mensisque December BYRHT. *Man.* 42; prima dies Jani est qua circumciditur Agnus *Kal. Met.* 1; principium Jani sancit tropicus Capricornus *Miss. Leofric* 23; membra / deposuit Jani duodena luce peracta ORD. VIT. XII 32 p. 437; sic igitur vestes varians per tempora tellus, / in Jano viridem sibi circumponit amictum, / indignante gelu H. AVR. *Hugh* 28.

janyta v. 1 ganta. **jaonetum, jaoneum** v. jaunetum.

Jar [Heb.], Yiar (Jewish month).

secundus eorum [Hebraeorum] mensis Jar Maio .. comparatur BEDE *TR* XI p. 313; Hebr' Jar, Aegyp' Pacho, Gr' Antemiseos, Lat' Mai *Miss. R. Jum.* 13.

jara, jarda v. jarra. **jardin-** v. gardinum. **jarell-** v. garillum. **jares** v. jarra. **jarill-, jarol-, jarouyl-** v. garillum.

jarra, ~um, ~us, ~is [Ar. *jarra*], jar, liquid measure smaller than a barrel.

1244 xij paria costerellorum xij barillos ferreos et xij jares ferreos .. appreciari .. faciat et eos liberet *Cl* 202; **1245** pro xij jaris ferreis ad opus nostrum *Liberate* m. 7; a**1310** pro xxxj jardis olei pr. xxxj s., viz. qualibet jarda xij d. *EEC* 354; **1313** pro .. ccclxviiij ~is vini acris, precium ~e ij s. *KR Ac* 375/8 f. 7; **1392** pro portagio xx ~orum aque ad mare *Ac. H. Derby* 228; **1421** pro ij pipis vinegre, j barello iij ~is olei .. *EEC* 505.

jarrul-, jarruyl- v. garillum. **jartenus** v. garterium. **jarul-** v. garillum. **jarum** v. garum.

1 jarus, calf's-foot, cuckoo-pint (*Arum maculatum*).

yersa fit ex yaro vel de vitiscella sicut de serpentaria GILB. III 168. 2; recipe pulveris radicis yarri prius bene mundate et ad solem siccate 3 iiij *Ib.* 169. 2; malum terre, ~us, alumen, etc. *Ib.* VII 330. 1; *SB* 9 (v. arum); ~us, barba Aaron, pes vituli idem; cornuta habet folia, i. *ȝekesterse SB* 24; *SB* 24 (v. gersa 1); pes vituli similis est ~o in foliis, nisi quod ~us habet cornuta folia et pes vituli varia; alio nomine dicitur interficiens patrem A. *stondenegousse Alph.* 140; ~us, A. *cokkupyntel*, et A. *calvysfote WW*.

2 jarus [Heb. *ya'ar = wood, forest, thicket*], (fig.) hair.

ut non tetrae daemones in latera / mea librent, ut solent jacula [*gl.: scytas*], / gygram [*gl.: hnoll*], cephalem [*gl.: heafud ponnan*], cum jaris [*gl.: mid loccum*] (LAIDCENN MAC BAÍTH *Lorica*) *Cerne* 86 (= *Nunnam.* 92).

jasperinus, jaspertinus, jaspery, resembling jasper.

depicto colore albo marmoreo et viridi ~ino *G. Hen. V* 15 p. 104; quasi colorum albi marmorei, viridisque et coccinei ~ini *Ib.* p. 108; **1432** prospiciebat castrum ~tinum subtili mechanica practicatum *MGL* III 462.

jaspis [CL iaspis < ἴασπις], chalcedony, jasper; **b** (dist. by colour); **c** (w. ref. to supposed virtue).

~is, nomen gemmae *GlC* I 3; cujus menia sunt onix, berillus, / jaspis crisolitusque sardiusque GOSC. *Edith* (II) 97; ALB. LOND. *DG* 8. 7 (v. dendritis); **1315** ~is j rotundus *Invent. Ch. Ch.* 72. **b** jaspis coloris viridi / profert virorem fidei *Cives* 2. 1 (v. et. c infra); ~is est coloris varii et plus potest in argento quam in auro. castimoniam diligit, febres fugat, partum juvat et sanguinem restringit R. NIGER *Mil.* II 8 (v. et. c infra); jaspidis est species intenso grata virore NECKAM *DS* VI 167; **1215** cum xj ~idibus viridibus (v. deguttare 2a); vir justus, rara volucris, quasi jaspis in alga, / cedrus in alneto, Phebus in imbre micat GARL. *Epith.* I 303; si inveneris sigillum in ~ide rubeo sculptum .. *Sculp. Lap.* 451. **c** *Cives* 2. 1 (v. b supra); nec mirum nec immerito ipsum ~is fidei, saphyrus supernae fidei .. condecorant J. FURNESS *Walth.* 93; R. NIGER *Mil.* II 8 (v. b supra); inspectus lapis iste potest suspendere mentes, / ambiguas utrum jaspis marmorve sit; at si / jaspis, hebes jaspis; si marmor, nobile marmor H. AVR. *Hugh* 880–1; igne castissimo fornax succenditur / aurumque virginis mollescens solvitur; / soluto numinis jaspis immittitur / et sacer anulus sponse conficitur WALT. WIMB. *Carm.* 182; quod .. ~is restringit sanguinem non potest reduci T. SUTTON *Gen. & Corrupt.* 170.

jauncum v. jaunum.

jaunetum [jaunum + -etum], place in which furze grows, furze-brake, gorse-land.

in eodem hundredo tenet .. Hugo unam partem jaonei quae nichil reddit *DB* (*Kent*) I 13vb; c**1180** omnia habeant .. cum toftis .. bruariis et jannetis (*Cart. Cleeve, Som*) *MonA* V 732a; **1204** nos confirmasse .. ecclesie .. de Tantona .. pasturam et galnetum de Kingeshell' .. pasturam sc. et galnetum que solebant reddere ad firmam nostram de S. xvj d. per annum *RChart* 135b; **1210** terram de Karsbroch et Adheling et le Swelet, cum jaoneto circa *Cal. Pat.* *1324–27* 262 (*Devon*); **1230** canonicis de Tanton' xvj d. in pastura et jalneto de Kinggeshull' *Pipe* 37; **1334** tam in turbariis quam in calnetis et herbagiis et omnibus aliis ejusdem terre aisiamentis *ChartR* 121 m. 6 (*CalCh* IV 315; cf. ib. 313: pastura de galneto); **1365** ego R. B. .. concessi .. manerium de U. cum omnibus .. pertinenciis ut in mesuagiis, terris, pratis, boscis, pasturis, moris, janettis, redditibus .. *Cl* 203 m. 21*d*; *an heath*, †calvetum [l. jalnetum] LEVINS *Manip.* 213.

jaunum, ~a, jao [OF *jaune, galne* < galbinus], furze, gorse (*Ulex europaeus*), or broom (*Sarothamnis scoparius*).

1207 de iij s. de janno vendito et de xxvj s. .. de bosco vendito *Pipe* 222 (*Cornw*); a**1242** in .. turbariis et pasturis et jahunis (*Hon. Dunster*) *Som Rec. Soc.* XXXIII 32; **1244** in eadem landa crescit ganga quod vendere solebat in anno aliquando pro vj d. *KR Forest Proc.* (*Forest of Dean*) 1/25 m. 3; c**1250** (v. genesta a); habebit geonem in brueria contra hostium suum .. ad cebum suum faciendum et panem furnandum *DCChich. Liber P*

f. 36v; **1251** pro ~is et herbag' *JustIt* 1178 r. 1d (*Som*) (cf. ib. r. 2: asportavit jaonem); **1251** permittat custodes .. capere .. jannum et subboscum *Cl* 433; **1268** ad capiendum jampnum et turbas *Cart. Chester* 457; **1275** subexchaetor .. vendidit jehennam in †ciminario de M. [*Norf*] *Hund.* I 495a (v. cuningaria); **1275** janta et alia in eadem pastura crescentia (*Cart. Newenham*) (cf. ib. jaunt'; 196: janct'); **1281** capiant jampnum et brueram *Cart. Chester* 453; a**1283** cum sufficienti inseccione gaunarum et gorstarum *Ib.* 214 (cf. ib. 381: cum .. i[n]seccione cannarum et gorstarum); **1290** estoverium .. de jawonibus *AncD* 8639 (v. blesta a); **1291** s. de xxix acris jaunci in foresta et jaunco in Fethrifeld' in grosso venditis; de jaunco in nova foresta .. nichil hoc anno *MinAc* 894/13 r. 3 (*Forest of I. of W.*); **1296** de blestis et jaonibus *CatAncD* IV A 10353 (*Cornw*); **1297** de jaon', jenect' et veteri feno nichil *Ac. Cornw.* II 230 (v. genesta a); **12..** [*a load*] de geone *Cust. Suss.* I 14 (*Tangmere*); **1302** vadit misericordiam pro x gamnis furatis in bosco domini *CourtR Hales* 450; **1305** [1 acre] janciorum *Cal. IPM* IV 196 (*I. of W.*) **1318** estovarium de ~is, brueriis, et turbariis *CatAncD* A 10057 (*Cornw*); **1345** de blest' et javonibus *AncD* A 9954 (*Cornw*); **1349** cum tercia parte more, alneti, feugere, et jancorum ibidem [*I. of W.*] *IPM* 106/4; **1353** habere jamnum et feugerum et communem pasturam *MonA* IV 242a; **1389** cum estaveriis suis de .. turbariis et javun' *AncD* A 8698; **1538** pasturas, mariscos, boscos, jampna, bruere, communias .. (*Bisham, Berks*) (*Pat*) *MonA* VI 529a; **1540** necnon .. domos, edificia .. boscos. subboscos, communias, jampna, brueras *Cart. Glam.* V 1919; **1544** c acras prati, cc acras pasture, c acras jampnorum et bruerorum (*Pat*) *Foed.* XV 59a; m acras jampnarum et bruere *Entries* 233.

jaunus [OF *jaune, galne* < galbinus], yellow.

1286 ad opus .. ad faciendam partem iij pannorum ~orum [v. l. crocei coloris] (*AcWard*) *Arch.* LXX 51.

jauvensis v. Januensis. **jaux** v. 2 faux. **javunum** v. jaunum. **jawo** v. jaunum. **jeburus** v. geburus. **jecor** v. jecur.

jectigatio [cf. *DuC* s.v. jectigare], (med.) jerking, tic.

tremor et ~o morbi sunt ex causis oppositis GILB. II 124. 1; habet .. aliquando colicam et saltum et ~onem in membris GAD. 36. 2.

jectus v. jactus 8.

jecur [CL], **~or**

1 liver.

11.. ~ur, *livere WW Sup.* 120; jecori camomilla medetur NECKAM *DS* VII 109; Prometheus in Caucaso monte distentus ~ur ab aquila roditur *Natura Deorum* 5; quasi agnus lasciviens .. donec transfigeret sagitta ~ur ejus *Latin Stories* 3.

2 gizzard.

animalia quae lapillis arenisque vivunt, stomachum non habent, sed quiddam durius habere necesse est, ~ur dico ADEL. *QN* 11; avis eadem [sc. grus] tam calidum, tam igneum ~ur habet ut ferrum forte ingestum transire nequeat indigestum GIR. *TH* I 14; hoc ~ur, *giser Gl. AN Glasg.* f. 19vb; ~ur, A. *the mawe, maw* .. hoc gecur, A. *maw* .. hoc ~or, *a mawe WW*.

3 (med. & anat., as source of blood or heat or as seat of emotions).

non gressu tepuit aequoreum jecur / te WULF. *Poems* 166; ut iniquius ~ur tuum ira ulceret et crudelius anxient P. BLOIS *Ep.* 14. 50B; calor ergo naturalis per virtutem animalem excitatus, actione utriusque coadjutus, humorem sc. sanguinem existentem in epate, id est in ~ore, movet, et movendo calefacit *Quaest. Salern.* B 16; queritur quare corde sapimus, ~ore amamus .. *Ib.* 177; dicit namque, Tityum, vulturibus jecur laniandum dantem, amorem esse, hoc est libidinem, que ita secundum physicos in ~ore, sicut risus in splene, iracundia in felle est ALB. LOND. *DG* 6. 5; quid ~ur? custodia caloris W. BURLEY *Vit. Phil.* 384; ~ur sanguinem gignit D. EDW. *Anat.* B 1; a ~ore ad renes *Ib.* B 2v (v. emulgere b); dum lucido jecur [Christe] succendis amore J. HOWD. *Cant.* 319.

jehenna v. gehenna, jaunum. **jehennalis** v. gehennalis.

jejunabilis [ML], on which fasting is appropriate.

1464 in vigiliis sanctorum .. ~ibus *MunAcOx* 710.

jejunalis, ~ialis [ML], on which fasting is appropriate.

prohibemus ordalium .. justis diebus ~alibus (*Leg. Eccl. Cnuti*) *Conc.* I 303b; quamcitius .. ad sacros ~ialis abstinentie dies attigerat GIR. *Spec.* II 24 p. 69; **1429** dixit .. quod melius esset cuilibet comedere carnes remanentes .. de fragmentis in diebus ~alibus quam ire in mercatum et indebitare se emendo pisces *Heresy Tri. Norw.* 46.

jejunare [LL], **~iare**

1 to fast, abstain from food or drink. **b** (*~are in pane et aqua*) to fast on bread and water. **c** (pr. ppl. as sb.).

~avit in deserto BEDE *Hom.* II 16. 186; quia magni ducatus divitias in nugis et vanitatibus dissipat, ipse pro penuria panis ad nonam usque multoties ~at ORD. VIT. XI 11 p. 206; ita ut .. usque ad crepusculum ~ent GIR. *TH* III 27; nos debemus quarta feria semper ~are et abstinere a carnalibus BELETH *RDO* 91. 93; Dominum .. ~asse, temptatum fuisse, simul et miraculum vini fecisse *Flor. Hist.* I 104; ipse [sc. valectus refectorarii] .. in die vigilie, quum conventus ~iat, .. inveniet salgiam, mentam, et persilium *Cust. Swith.* 24; **1525** votum ~iandi .. observare non vales *Form. S. Andr.* I 276. **b** in pane et aqua ~avit *Canon. G. Sempr.* 156v; **1250** convocavit omnes vicinos ut comederent secum predicto die [sc. parasceve]; et ipsi noluerunt eo quod jeunabant pane et aqua *CurR* 140 r. 1; ter in pane et aqua ~ant singulis septimanis *Flor. Hist.* III 166; **1428** per vij annos .. ~et in pane et aqua *Heresy Tri. Norw.* 40. **c** unde in sanis ~antibus, in secundo die jejunium ex defectu spiritus pulsum minorem et tardiorem reddit *Quaest. Salern.* K 2; cum subtrahitur nutrimentum ut in ~antibus GILB. III 140. 1; jejunium nil nisi poenam confert ~anti FORTESCUE *NLN* II 59.

2 (tr.) to keep as a fast; **b** (impers. pass.).

iij dies ~et THEOD. *Pen.* I 8. 9 (v. excitare 2a); **798** audivi .. quod orientales populi novem ebdomadas et Greci octo et Latini septem ~are soleant ALCUIN *Ep.* 143 p. 225; tribus vigilatis noctibus totidemque ~atis diebus W. MALM. *GP* V 275; in qualibet illarum sex septimanarum ~antur sex dies KILWARDBY *Jejun.* 174; **1397** festis .. apostolorum, quorum vigilie ~antur *Conc.* III 231a; cum Christus talia tempora non ~averit *Ziz.* 427. **b** praecedente Sabbato sicut in vigilia ~etur LANFR. *Const.* p. 91; instituit in quadragesima ~ari, quum ante ecclesia semper jejunaret R. NIGER *Chr. II* 116; ~atur hoc anno per totam septimanam Pasche veram BACON *Tert.* 289; diebus .. quibus ~atur *Cust. Westm.* 63; feriam quintam in quadragesima per totam Christianitatem ~ari precepit *Eul. Hist.* I 231.

jejunator [LL], one who fasts.

non solum salutare jejunium aspernatur, sed et ~ori claudit P. BLOIS *Serm.* 759C.

jejunialis v. jejunalis. **jejuniare** v. jejunare.

1 jejunium [CL], fast, fasting, abstinence from food or drink; **b** (dist. by duration or occasion). **c** (*~ia quatuor temporum* or sim.) Ember Days. **d** (*~ium quadragesimale*) Lent. **e** (*caput ~ii*) Ash Wednesday. **f** (*dissolutio* or *fractio ~ii*) breaking of fast, breakfast.

post famis, ~ii, vigiliarum labores GILDAS *EB* 73; gula .. / .. / jejunii validis pellax prosternitur armis ALDH. *VirgV* 2493; triverat hic soles nullamque adsumpserat escam / jejunium referens ÆTHELWULF *Abb.* 414; ~iorum diebus *RegulC* 59, etc. (v. 1 dies 8b); avibus istis .. viri religiosi ~iorum tempore sine delectu vesci solent GIR. *TH* I 15; queritur quare senes facilius ferant ~ia quam pueri? *Quaest. Salern.* B 186; auctoritas loquitur de istis operationibus exterioribus, que sunt ~ia, vigilie et oraciones DUNS *Ord.* I 188. **b** absque cibo plures degebam marcida menses, / sed sopor et somnus jejunia longa tulerunt ALDH. *Aen.* 47 (*Hirundo*) 2; **722** ordinationes vero presbiterorum seu diaconorum non nisi quarti, septimi et decimi mensum ~iis (*Lit. Papae*) *Ep. Bonif.* 18; cotidiana ~ia BEDE *HE* V 12 p. 310 (v. domare 1c); triduano indicto ~io W. MALM. *GR* II 193; BELETH *RDO* 11. 25 (v. alteritas c). **c** a**605** sunt quatuor ~ia, quatuor temporum anni; id est, veris, aestatis, autumni, et hyemis *Conc. HS* III 52; quatuor temporum ~ia veteres patres instituerunt .. nos .. in aecclesia Anglorum .. primi mensis ~ium .. in prima epdomada quadragesimae servamus; .. ~ium quarti mensis .. B. Gregorius .. in plena EGB. *Dial.* 16; in quatuor legitimis ~iis (*Quad.*) *GAS* 79; ~io quattuor temporum in Junio ad tumbam S. Judoci vinctum perduxerunt ORD. VIT. III 13 p. 140. **d** **10..** ~ia quadragessimalia *GAS* 253; sicut in quadragesimali ~io (*Quad.*) *Ib.* 53; ~ium quadragesimale BACON *Tert.* 289; ~ium quadragesimale *Eul. Hist.* I 166. **e** caput ~ii EGB. *Pont.* 61, etc. (v. 2 caput 16f); soluto .. in capite ~ii quod ad diem pertinebat *Ep. Glasg.* 311. **f** a**1470** dissolucio ~ii *MS Oxford, Merton Coll. E. 2. 1*; **1480** fraccio ~ii (v. fractio 7c); **1481** (v. jentaculum b).

2 jejunium v. jejunus.

jejunus [CL]

1 having consumed no food or drink, fasting, hungry. **b** of a fasting person; **c** (of abstr.).

quia in omni septimana diem cum nocte ~us transiret BEDE *HE* III 27 p. 193; geminant visus odorque famem. / sic vulpes jejuna redit WALT. ANGL. *Fab.* 33. 11; *Quaest. Salern.* B 28 (v. dolere 1b); dicimus itaque quod saliva hominis superfluitas est totius corporis quasi venenosa .. maxime si saliva fuerit ~i hominis *Ib.* 275; H. AVR. *Hugh* 978 (v. esca 1c); Anglici ~i .. erant prae longa mora Francos expectando KNIGHTON II 37; **1384** (v. dare 1f). **b** aquam si .. potes vel corruptam ~is naribus olfacias, mors imminet GIR. *TH* I 35; ~o pectore et arida lingua SICCAV. *PN* 110; ~o stomacho BACON IX 51 (v. depositio 5b). **c** integritas jejunis viribus obstat ALDH. *VirgV* 2539.

2 (*~um intestinum*) the jejunum; **b** (ellipt. as sb. m. or n.).

[mel] vi sua penetrativa et vicinitate ~i intestini venit ad umbilicum ejus qui comedit *Quaest. Salern.* Ba 34; jejunium [? l. jejunum] GILB. V 225v. 1 (v. 2 duodenus 6); est igitur duodenum primum et gracile intestinum, in quo parum immorans succositas descendit ad ~um intestinum in secundum; et ideo ~um dicitur, quia in mortuo animali invenitur vacuum RIC. MED. *Anat.* 224; post illud intestinum sequitur aliud intestinum quod ~um appellatur quia in animalibus mortuis vacuum invenitur *Ps.*-RIC. *Anat.* 35; *Alph.* 100 (v. 1 lien 2); mesontrion [v. l. mesentrion] i. intestinum ~um *Ib.* 113. **b** ~us: hoc dicitur quia numquam quid stercoris in se continet sed protinus ad inferiora dimittit *Gloss. Poems* 103; radix ejus masticata in ~o idem facit GAD. 119. 2; D. EDW. *Anat.* A4v (v. dissector).

3 deficient in goodness, barren, unproductive. **b** (w. ref. to style) thin, uninteresting, jejune.

nec potuerunt esse ~a predicationis semina; que tam peritus sevit agricola W. MALM. *Wulfst.* II 4 p. 28. **b** eruditis auribus .. ~a verborum macies que propinabit? GIR. *TH* intr. p. 6; haec ad te nunc scribo, vir gravissima [*sic*], partim ut amoris erga te mei testimonium haberes, partim vero exercicii causa, ut hunc ~um et rusticanum sermonem verbis corrigas ac urbanum reddas FREE *Ep.* 62.

4 defective in intellect, simple.

impubes et filius familias et filia sine licentia parentum non debent jurare, nec uxor sine viri licentia nec monachus sine licencia abbatis nec aliquis non ~us ROB. FLAMB. *Pen.* 299.

jemalis v. hiemalis. **jenecta** v. genesta. **jenetta** v. 1 geneta. **jenisis** v. genesis 2.

jentaculare [ML], to breakfast.

1263 G. et quidam garcio .. gentaculaverunt in villa de C. et post gentaculum .. abierunt *JustIt* 874 r. 27; **1274** reddit inde unum ollum vini quocienscumque dictus Johannes .. gentaculare vel comedere in insula Exoniensi voluerit *IPM* 133/6(1) m. 8.

jentaculum [CL], light early morning collation, breakfast. **b** mid-day meal. **c** collation provided by new member of guild.

1249 in uno gentaculo iij nunciorum regis *DCCant* MS D. E. 1; unum panem †agentaculis [l. a gentaculis] sive dignariis superveniencium .. assignatum *Cust. Westm.* 98; debent .. omnes .. habere .. eo die jantaculum quo incipiunt seminare *Cust. Battle* 67; ?c**1283** debent etiam falcare pratum domini et habere primo die ad gentaculum panem et caseum (*Cart. Battle*) *Augm. Bk.* 57 f. 48; **1286** v archeriis regis pro gentaculo suo et aliis minutis expensis .. per diem ob. *Rec. Wardr.* 492; peciit iste se admitti per totum diem, et in crastinum, usque ad jantaculum GRAYSTANES 44; c**1410** escas mane datas propter jantacula pones (*Versus de scaccario*) *EHR* XXXVI 61; c**1440** duos pulsatores in jantaculo sive refeccione matutinali duntaxat pascere sit astrictus *Stat. Linc.* II 326; **1480** in jantaculo (v. fractio 7c). **b** hoc jantaculum, *a dynere WW*; **1481** fractio jejunii, jantaculum, cena *Ac. Chamb. Cant.* 144b. **c** **1361** ad istam gildam venit W. .. et solvit iij s. iiij d. quos recepit de J. H. pro ~o suo *Gild Merch.* II 93; **1364** dies datus est H. C. ad inveniendum taurum suum et jantaculum usque ad proximam gildham *Ib.* 96; **1373** fines pro tauro et jantaculo *Ib.* 102.

jentamen v. jentare.

jentare [CL], **~ari,** to breakfast.

hic altare vides pictum, super hoc Busirides / immolat et gentat hominumque cruore cruentat R. CANT. *Malch.* IV 353; †jentamen [? l. jentamus] mane, jentacula dicimus inde GARL. *Syn.* 1584D; peccatum est mane ~antium qui †preneniunt [l. preveniunt] et tempus et appetitum: vel prius vadunt ad tabernam quam ad eclesiam MALACHY *Ven.* 20; **1308** celerarius intrinsecus .. eis .. si jantari voluerint, cibum sufficientem .. inveniet .. *Doc. W. Abb. Westm.* 238; singule warde dederunt justiciariis et clericis suis .. ad ~andum, quod constitit aliquibus duodenis v marcis *MGL* II 370; portantes cervum in aula ~abantur GRAYSTANES 22; pernoctando ibi et jantando in crastino *Ib.* 44; veneris predicto jantavi apud Taunton et et applicui ad noctem ad villam W. WORC. *Itin.* 38.

jenuculum v. 2 geniculum.

jepson [ME *ȝepson, ȝespon*], quantity that can be contained in two hands held together to form a cavity, handful.

habebit tot fabas sicut prepositus vel messor potest accipere duabus manibus junctis de fabis domini ter, sc. tres yepsones fabarum *Cust. Bleadon* 202; habebit ij zepsones avenarum *Cart. S. Fridesw.* II 197.

Jerosolim- v. Hierosolim-. **jersa** v. gersa. **Jersolima** v. Hierusalem. **Jerusalem** v. Hierusalem. **jesa** v. gaesum.

Jesse [LL < Heb. *Jisai*]

1 name of Jesse, father of David King of Israel (usu. w. ref. to *Is.* xi 1, *Matth.* i 5).

de radice ~e ALDH. *Met.* 1 (v. 1 designare 4b); *Id. VirgP* 13 (v. 2 descendere 6a); a radice ~e egressa *MGL* III 462 (v. generatio 12); Jesse virgula LEDREDE *Carm.* 13. 4 (v. gravidus 1a).

2 representation of the Tree of Jesse illustrating descent of Jesus from prophets, priests, and kings of the lineage of David.

1245 ~e, quam dedit Rex in dedicatione ecclesie *Invent. S. Paul.* 484; ista capella ex lapidibus et lignis constructa plumbo cooperta, et fenestris vitreis decenter ornata, ymaginem dicte Virginis gloriose una cum genealogica circa eam descripta, que ~e nuncupatur, honorifice fieri fecit WHITTLESEY 149.

Jesseus, of Jesse.

providit .. dorsalia, quorum optimum ~am tenet historiam J. GLAST. 139.

Jesualis, of Jesus.

940 (14c) (v. 1 eulogia 4c, gymnasium 3c).

Jesuita, follower of Jesus.

ut ~ae simus in ipso COLET *Eccl. Hier.* 200.

Jesulus, little Jesus.

singulis membris hujus ~i nostri oscula innumerosa libabat J. FURNESS *Walth.* 22.

Jesus [LL < Ἰησοῦς < Heb.]

1 name of Joshua son of Nun.

quis eorum .. ad constabilitionem spiritalis Israel pro eis ~um Nave imitatus est? GILDAS *EB* 70.

2 name of Jesus.

679 in nomine domini nostri salvatoris Jhesu Christi *CS* 45; erit .. in ea nomen domini ~u Christi magnificum ALDH. *VirgP* 25 p. 259; **800** ~um (v. deitas 1a); **836** Jhesus (v. desiderare 1c); **949** Jhesu (v. discoriare b); duo intermissi signant duplicem naturam unius ~u Christi ABBO *QG* 22 (48); habebis nomen ~u, scilicet gis. dicet autem quis hanc vocem gis non satis aperte exprimere nomen ~u. sciendum tamen me scripto commendasse gis ubi deberem scripsisse iis [v. l. hiis] NECKAM *NR* I 1 p. 8; ~u LEDREDE *Carm.* 38. 5 (v. dromas); **1543** Athanatos, Kyrios, theos panton craton, et Ysus *Mon. Rit.* I 66.

3 voc. *Jesu* as name of staff, w. play on *gaesum* 2.

de S. Patricio .. qui .. venenosas vermes .. per increpationem suam et baculi, quem ~u dicunt, bajulationem omnes ab insula propellendo perpetua deportatione damnavit GIR. *GE* I 43 p. 161.

jettea v. geteia. **jeunare** v. jejunare. **Jewdaismus** v. Judaismus. **jimix** v. 2 junix. **jing-** v. zinz-. **jocabulum** v. rutabulum.

jocalicus, valuable, precious.

quem .. cancellarius .. in episcopum consecravit, datis sibi ultra hoc ~is muneribus MYLN *Dunkeld* 73.

jocalis [LL = *playful*]

1 valuable, precious.

1520 de xiiij d. receptis tunicis ~ibus hoc anno prestatis *REED Devon* 123.

2 (as sb. n.) valuable object, treasure. **b** artefact of precious metal. **c** precious stone, jewel. **d** (w. ref. to book).

1205 mandamus quod regalia et ~ia nostra que habetis in custodia mittatis nobis *Pat* 48b; **1221** cum .. ~ibus, balistis, et ceteris rebus nostris *Ib.* 321; mittimus ad vos viij coffinos cum ~ibus nostris, mandantes quatinus eos salvo reponi facias in turri nostra *Cl* 257; petiit ab eo sibi commodari quedam ~ia, sc. zonam et †frimaculum [l. firmaculum] T. CHOBHAM *Praed.* app. p. 304; **1290** (v. girfalco a); **1293** vi et armis accedentes ipsum MacDuf .. ~ibus, armaturis, et aliis bonis et catallis .. depredatus fuisset *RScot* I 202; bona sua .. et ~ia .. confiscata sunt GRAYSTANES 27; **1434** vestimentum integrum sive aliud ~e valoris x marcarum *Reg. Cant.* II 592. **b** **1259** mandatum est .. quod ~ia regis aurea et argentea que sub sigillis .. impignorata fuerunt .. liberent .. *Cl* 360; legavit etiam eidem abbati unum ~e argenteum pro corpore Domini reponendo, seu deferendo, habens beryllum in medio, et crucem in summitate ejusdem, cum quadam parte ligni et sepulcri Domini inibi inclusa TROKELOWE app. 437; quoddam ~e argenteum et deauratum formatum ad modum navis, vocatur discus elemosynarum HIGD. *Cont. A* 79; **1409** (v. 2 collare 3c); **1410** ~ia: una crux argentea et deaurata *Ac. Durh.* 403; **1410** cum .. rex .. universitati ~e quoddam et memoriale solenne satis, crucem sc. magnam deauratam, contulerit graciose *StatOx* 209; mucronem et coronam inter cetera ~ia uno cum tota supellectili depredantes *G. Hen. V* 12 p. 84; in uno ~i precioso, pro reliquis deportandis ordinato *Croyl. Cont. B* 514; **1461** (v. cochlear a). **c** **1287** (v. flacellum); **c1400** (v. ficale); **1401** affixum fuit j ~e simile *blodeyrn Ac. Durh.* 451; **1425** lego .. optimum ciphum meum deauratum cum uno ~i altaris *Reg. Cant.* II 312; UPTON 85 (v. factio 1c). **d** librorum ~ibus ditaremus R. BURY *Phil.* 18. 232; **1419** lego .. Bibliam meam quod est melius ~e quod habeo *Reg. Cant.* II 163.

3 plaything, toy.

parvuli .. matrum ruunt in amplexus, quibus tunc vel ~ia solebant conferre vel si ablactati non fuerint mamillam prebere *Medit. Farne* f. 23.

jocaliter [LL], jocularly, playfully, in jest.

hoc secundum morem Francorum ~iter est prolatum M. PAR. *Maj.* V 263.

jocamen [ML], playing, jesting, buffoonery.

~en, ludus, jocus, joculamen OSB. GLOUC. *Deriv.* 289; *a jugulynge*, gesticulacio, ~en *CathA*.

jocanter [ML], jocularly, playfully, in jest.

quasi ~er ea dixerat R. COLD. *Godr.* 167.

jocari [CL], **~are**

1 to joke, jest; **b** (w. prep.); **c** (w. acc. & inf.).

dicator, qui verbis bene ~atur *GlC* D 311; jocista, qui verbis ~atur *Ib.* I 477; sic sum cum rideo, sic sum cum ~or ANSELM (*Or.* 13) III 51; cui ille: "non ~or" inquid "sed serio tecum ago" *V. Chris. Marky.* 17. **b** cum .. una cum eis .. loquerentur ac ~arentur BEDE *HE* IV 22 p. 261; *GlH* D 439 (v. dicax a); si cum parvulis ~averit, vel eos osculatus fuerit *Cust. Cant.* 251; HIGD. VII 4 p. 310 (v. grossities 2a). **c** nonnumquam vero manu illius cum nummis comprehensa, adductam, meo judicio, ream esse ~abatur TURGOT *Marg.* 9.

2 to rejoice, take delight.

super illorum splendore ~antes vehementer gaudebant *NLA* II 486; quo dux laudatur regnumque per omne jocatur GOWER *CT* III 181.

3 to jest, play, sport; **b** (sexually); **c** (tr.) to play or toy with, to treat lightly.

†garret [? l. garrit], ~atur *GlC* G 25; possimus ~are ÆLF. BATA 4. 9 (v. 2 flagellum 1a); non igitur phaleras in nostro carmine queras. / simplicibus tantum rudimentis more jocantum / hoc opus excudi R. CANT. *Poems* 14. 48; Ernaldus .. quadam die dum apud monasteriolum ~aretur, et cum quodam forti juvene luctaretur, forte super quoddam acutum scannum lapsus est ORD. VIT. III 2. 25; et moralibus et monasticis instituit disciplinis, ita quod pueros a ~andi et vagandi libertate cohercitos cogeret *Canon. G. Sempr.* 39v; ~ari, ludere, lusitari, joculari OSB. GLOUC. *Deriv.* 288; de tauro ~aturus abscessit R. COLD. *Cuthb.* 85; quidam milites Anglici strenue nimis et delectabiliter, ita ut omnes alienigene ibidem presentes admirarentur, ~abantur M. PAR. *Maj.* V 318; ego remaneo visurus qualiter / jocatur parvulus cum matre dulciter WALT. WIMB. *Carm.* 222; ne ~ando anulum suum nuptialem amitteret BROMPTON 950. **b** de procuratoribus: si quis ex juvenibus vel aliqua suspiciosa persona cum parvulis ~atus fuerit, diuturna penitentia maceretur ROB. FLAMB. *Pen.* 295. **c** dum Maro Cartaginis alte ~aretur hospitium J. SAL. *Pol.* 391A (v. dum 1b); interutrumque jocat [sors] quos ad utrumque vocat GOWER *VC* II 188 (v. interuter).

4 to dart about, flick, 'play'.

hujus manus pessimo gravabantur morbo adeo ut preter ulcera nigra .. tremulo sinuamine ~arentur nervi W. MALM. *GP* V 274; vel quod delfines ludunt vel nubila scandit / ardea vel summa pluma jocatur aqua L. DURH. *Dial.* III 136.

jocatio [CL], playing, jesting, buffoonery.

jocus .. inde .. ~o OSB. GLOUC. *Deriv.* 282; **1237** ne .. faciant domum risus et ~onis in multiplicationem peccaminum *Conc. Syn.* 204.

jocator [LL *gl.*], entertainer.

jocus .. unde ~or, -ris, et jocatorius, -a, -um, et inde jocatorie adverb. OSB. GLOUC. *Deriv.* 282.

jocatorie, in the manner of an entertainer.

OSB. GLOUC. *Deriv.* 282 (v. jocator).

jocatorius, of an entertainer.

OSB. GLOUC. *Deriv.* 282 (v. jocator).

jocendus v. jucundus. **jocenet-** v. pocenett-.

jocista [LL *gl.*], jester, joker, entertainer.

a690 ~ae scurraeque ritu (v. dicacitas); **c738** hos namque versus ~ae more caraxatos repperietis BONIF. *Ep.* 98 p. 220; ~a, qui verbis jocatur *GlC* I 477; ~a, ille qui ludit, qui et ludius dicitur et joculator OSB. GLOUC. *Deriv.* 288; ~a, qui verbis ludit *Ib.* 291; *a player*, ~a, lusor *CathA*.

jocose [CL], jocosely, playfully, in jest.

R. qui pro magnitudine capitis et congerie capillorum ~e cognominatus est Caput Asini ORD. VIT. VIII 10 p. 321; dicterium, verbum ~e prolatum OSB. GLOUC. *Deriv.* 172; cum loquitur rigide, tum prosopopeia jocose VINSAUF *PN* 514; quod .. sint duo peccata quando aliquis ~e mentitur T. CHOBHAM *Praed.* 290; igitur in hiis viij figuris totum pondus erit significandi, aut sumptum per differencias vocis que sunt asperum, leve, fortiter sonare et exiliter, ~e aut misere *Ps.*-GROS. *Gram.* 70; ~e vel officiose mencientes non asserunt illud falsum quod dicunt cum in mente ubi solum esset assercio contradicunt WYCL. *Ver.* II 7.

jocositas [ML], jocosity, play, jesting.

jocus .. unde .. hec ~as OSB. GLOUC. *Deriv.* 282.

jocosus [CL]

1 fond of jesting, jocose, joky (also as sb. m. or n.). **b** witty.

discolis .. et ~is nebulonibus .. munuscula non erogabat ORD. VIT. V 19 p. 448; ~os, nitore carnis elatos, omni levitate seculi facetos, quorum mala collo[quia] corrumpunt mores bonos, admitteb[ant] ultro *V. Chris. Marky.* 8; semper comes postea, caute seria commutans in ~a, ait .. *G. S. Alb.* I 175. **b** reverendus vir .. erat tamen in communi sermone ex sui cordis puritate atque letitia tam ~us, ut .. ALEX. CANT. *Mir.* 33 p. 224; verba jocosa tua sint queque, faceta, polita D. BEC. 664; ~a .. insimulatione NIG. *Ep.* 20 (v. extirpare 2a).

2 joyous, delightful. **b** valuable, precious (also as sb. n.).

convivia praepararent effrenatos laetitiae cachinnos et ~os ludorum amplexus miscentes ALDH. *VirgP* 35 p. 78; ~a miraculorum exhibitione ALEX. CANT. *Mir.* 33 p. 225 (v. exhibitio 3b); deducunt vitam jocundam, nosque jocosam: / est autem jocus ille salus, jocus iste voluptas H. AVR. *Hugh* 292; apricus .. i. delectabilis et ~us OSB. GLOUC. *Deriv.* 38; commutacionis optande memento, / qua lux donabitur pro luto jocosa J. HOWD. *Cant.* 234; decor tuus [sc. pavonis] Indicus pennis est jocosus, / et quasi gemma micas, satis inter aves speciosus *Latin Stories* 162. **b** nam adeo angusta est veteris ac novi testamenti series, quatinus honestum et utile postponentes in adinventionum turpitudine nummos ut aiunt ~os effundamus? AD. DORE *Pictor* 142; qui de ~is et jocalibus suis ei [sc. Saladino] remiserunt BROMPTON 1202.

3 playful, sportive.

nil canescentibus intendo cudere / sed pusionibus qui volunt ludere, / qui trocos scutice jocoso verbere / solent inaniter in orbes cogere WALT. WIMB. *Palpo* 179; magnum hastiludium et ~um *Chr. Ed. I & II* I 138.

joculabundus, jocular, playful.

vir .. quod nec jactabundus nec ~us egregia sua opera in medium proponeret *Reg. Whet.* I 471.

joculamen [ML], playing, jesting, buffoonery.

jocamen, ludus, jocus, ~en OSB. GLOUC. *Deriv.* 289.

joculanter [LL v. l.], jocularly, playfully, in jest.

qui laqueare studet alios dictamine fraudis, / fraus joculanter eis obvia sepe venit WALT. ANGL. *Fab.* 43. 24.

joculari [CL]

1 to joke, jest, be joyful.

jocari, ludere, lusitari, ~ari OSB. GLOUC. *Deriv.* 288; ~antes unde flendum esset MAP *NC* I 25 f. 20v.

2 to perform as an entertainer.

potuit .. fieri ut David .. sic se portaret manibus suis more joculantium [vv. ll. jocantium, jactantium] AD. DORE *Pictor* 148; **1448** pro expensis circa ornamenta ~ancium et ludencium coram domino rege in una camera in festo Nativitatis Dominice *ExchScot* 318; *to jugille*, ~ari *CathA*.

jocularis [CL]

1 jocular, joyous.

'quid stamus? cur non imus?' istud ~e inceptum justo Dei judicio miserabile nobis est factum. istud carmen .. per continuum redintegravimus annum GOSC. *Edith* 288; in convivio ~i ORD. VIT. XI 12 p. 212 (v. fabula 2a).

2 of an entertainer.

cavillo mimico, i. illusione scurili vel ~i *gliwlicre hypsinge GlP* 619.

3 (as sb. n.) valuable object, artefact of precious metal, jewel.

si das †almerium [v. l. almiolum, ? l. allverium, i. e. alloverium] cuiquam, joculare sit intus, / aureus anulus aut firmacula vel speciata D. BEC. 909; due corone auree .. et plura alia ~ia inventa sunt B. COTTON *HA* 172; exceptis thesauro, armatura et equitatura, ~i, auro et argento *Ib.* 178; **1309** de forcerio suo furato cum pluribus ~ibus *CourtR Wakefield* II 208.

jOculariter [CL], jocularly, playfully, in jest.

1069 haec donatio facta est per unum cultellum quam praefatus rex ~iter dans abbati quasi ejus palmae minatur infigere *Regesta* I 29; visum .. quod cum mane ad sodales detulisset ludo, ab illis non ~iter exceptum .. W. MALM. *GR* II 139; cum una habitu rejecto ~iter discurrens aufugit GIR. *GE* II 17 p. 248.

jOcularius [CL]

1 jocular, joyous, (as sb. f.) something playful.

c1168 inportuna narratio instar est musice in luctu funeris ~iam exercentis J. SAL. *Ep.* 258 (255).

2 of an entertainer. **b** (as sb. m.) entertainer.

Alfredus .. regis Danorum sub specie mimi subiens tentoria, ut ~ie artis professor SILGRAVE 45. **b** garritores, joculatores, histriones, pantoludii, jociste, ~ii OSB. GLOUC. *Deriv.* 263.

jOculatio [ML]

1 jocularity, jollification, play.

afflictiones abstinentie usque in horam convenientem prorogatas vigorose patiente leta ~one illido et eludo J. GODARD *Ep.* 222; **1350** nec †inter sint [l. intersint] publicis morando potationibus aut societatibus, vel aliis ~onibus utendis locis publicis *MonA* V 256.

2 entertainment, performance.

1521 in vino expendito †par [l. per] ballivos et compares suos videntes lusum et ~onem dicti joculatoris (*Ac. Salop.*) *Med. Stage* II 252.

jOculator [CL], entertainer; **b** (as employee of a lord); **c** (as musician or minstrel); **d** (as actor or mime); **e** (as buffoon, conjurer, jester, or juggler); **f** (as exhibiting reprehensible behaviour).

1166 Seman ~or r. c. de dim. m. *Pipe* 26; **a1183** dedit .. H. de G. .. unam acram terre quam tenuit T. ~or *Act. Hen. II* II 190; Claudius Tiberius .. eleganter a ~oribus Claudius Biberius ob meri violentiam nuncupatus est GIR. *PI* I 17 p. 64; M. SCOT *Part.* 298 n. (v. 1 delectus); **c1238** ne mimis, ~oribus, aut histrionibus intendant GROS. *Ep.* 52 p. 159; **1521** (v. joculatio 2); **1540** cuidam ~ori ludenti coram ballivis *Hist. Shrewsb.* I 331. **b** Berdic ~or regis habet iij villas *DB* I 162ra; **c1142** iste Folebarba est meus ~or et homo meus *Ch. Heref.* 15; **1422** dat. histrioni domini episcopi Wynton' et ~ori ejusdem quinto die Januarii, cuilibet xx d. *Med. Stage* II 246; et postea omnes ~ores a curia sua amovit BROMPTON 934; **1447** factam Roberto Makgye, Marco Trumpate, et Ade Rede, servitoribus et ~oribus regis *ExchScot* 263. **c** non ibidem buccinae sonitus audita est, vel salpinx ~oris BYRHT. *V. Osw.* 438; rasit capillos suos et barbam, cultumque ~oris cum cithara cepit G. MON. IX 1; vulgo canitur a ~oribus de illo [S. Willelmo] cantilena ORD. VIT. VI 3 p. 6; admissus aule, ~or manu psallebat in tympano et cithara et letificabat regem et palatinos ejus omnibus diebus festivis nativitatis dominice J. FURNESS *V. Kentig.* 37 p. 226; **1338** cantabat joculator quidam .. canticum Colbrondi, nec dum gestum Emme regine a judicio ignis liberate, in aula prioris (*Reg. S. Swithin*) *Med. Stage* I 56 n. 6. **d** emelicus, mimus, ~or OSB. GLOUC. *Deriv.* 195; hic pantomimus, -mi, i. ~or, et quasi magister mimi *Ib.* 449. **e** talorum lusor, pacis turbo, joculator D. BEC. 48; chiromanta, -e, i. ~or quilibet, qui manu sua ludit cum cultellis OSB. GLOUC. *Deriv.* 106; ~or debet ligare capistra equi circa testiculos, et sic portare debet extra portam *Leg. Wall.* A 116; ~oris desipientis M. PAR. *Maj.* V 329 (v. desipere a); ~orum illusiones et ingenia BACON *Tert.* 47; sunt aliqui ~ores [ME: *juglurs*] qui nescium alium histrionatum nisi mutare vultus, curvare os, obliquare oculos *AncrR* 75. **f** hic manducus, -ci, i. ~or turpiter mandens OSB. GLOUC. *Deriv.* 336; quintum genus [mendacii] est cum menciens pretendit placenciam in suaviloquio persone .. in quo genere laborant ~ores et ministralli WYCL. *Ver.* II 11; Philippus .. pepulit .. omnes scurras, illusores, ~ores, prestigiosos, aleatores .. iniquitatis filios, ludicros, et nimium jocosos FORDUN *Cont.* IX 14.

jOculatorius [CL v. l.]

1 jocular, playful, sportive.

fornicatio autem et omnis immunditia aut avaritia nec nominetur in vobis .. aut scurrilitas: ~ia verba LANFR. *Comment. Paul.* 301; si quis .. arte ~ia aliquid vocale sonaret, statim illud in divinas laudes effigiare W. MALM. *GP* III 116; aut alicujus ~ie rei vel immunde aut inhoneste *Cust. Cant.* 208.

2 of an entertainer. **b** (as sb. m.) entertainer.

Elfredus .. ut ~ie professor artis .. in secretiora triclinii admissus .. W. MALM. *GR* II 121 p. 126; GIR. *Spec. Eccl.* II 4 (v. gerere 12a). **b** pantomimus, joculator, ludius, ~ius OSB. GLOUC. *Deriv.* 478.

jOculatrix [ML], who entertains (f.). **b** (as sb. f.) female entertainer.

qui duxit in uxorem vilem mulierem videlicet ancillam ~icem J. BURGH *PO* 99vb. **b** Adelina ~ix unam virgam quam comes Rog' dedit ei *DB* I 38vb; ludia, ~ix, que et lena dicitur OSB. GLOUC. *Deriv.* 324; ~ix, magistra mimorum *Ib.* 449; [comes] hospitatus est quendam joculatorem cum uxore sua pulchra; quo mortuo .., comes habuit eam nolentem ..; comes .. mandavit regi .. quod daret ei ducentas libras .., ~ici autem centum libras, et eam daret in conjugem diviti burgensi BRACTON 147b.

jOculus

1 little joke, little game.

jocus, -ci, inde hic ~us, -li, diminut. OSB. GLOUC. *Deriv.* 282.

2 (as sb. n.) little treasure, small precious object.

1480 vasa et ~a .. argentea in pecunias convertit *Conc.* III 613b.

jocund- v. jucund-.

jOcus [CL], **~um**

1 joke, jest; **b** (personified).

facetias †jocus [l. jocos] *GlC* F 54; ironia, mendax ~us *Ib.* I 483; cotidie vero simul loquebantur, et mutuo minitabantur, sed ~a minis plerumque miscebantur ORD. VIT. X 18 p. 100; non dabitur ~um et cachinnum set profundum gemitum et lamentum LUCIAN *Chester* 42; OSB. GLOUC. *Deriv.* 158 (v. dicterium); J. EXON. *BT* IV 116 (v. discingere d). **b** ubi ergo invenies Venerem uxorem Vulcani matrem ~i et Cupidinis, intellige carnis voluptatem, que naturali calori conjuncta est et jocum et coitum parit BERN. *Comm. Aen.* 10.

2 game, sport, play. **b** (*~us scaccorum*) set of chessmen. **c** (*~us partitus*) divided game, jeopardy, even chance.

in loco ~i quasi in stadio triumphans *V. Cuthb.* I 3; stadium, ubi ~us agitur *Gl. Leid.* 4. 47; ~os *plegan GlP* 121; **1168** nam et in rithmacia ludentium hoc indicat ~us, ubi quociens aufertur piramis intercepta, totiens concidunt latera ejus J. SAL. *Ep.* 249 (273); ibique ~is et crapula lascivientes, marcentes animas sompniorum inertiis relaxarunt R. COLD. *Cuthb.* 65 p. 132; addiscunt .. ibi .. tripudiare ac ~os singulos nobilibus convenientes exercere FORTESCUE *LLA* 49; **1540** Johannes Chypley custodit ~a illicita in domo sua contra preceptum curie . . . Thomas More et Johannes Turke ludebant ad ~a illicita vocata *russhe CourtR* 198/24; **1551** R. C. manutenet diversos suspectos in domo sua ludendo ad ~a illicita et lege prohibita temporibus illicitis et prohibitis *Leet Norw.* 86. **b** **11..** vas argenteum ad aquam benedictam, cum duobus ~is saccorum *MonA* II 437. **c** vice versa si [juratores] dicant ipsum esse liberum quod procedebat assisa, nec erit in hac parte locus joco [v. l. loco] partito nec etiam convictio propter mutuam utriusque voluntatem BRACTON 200b; [ballivus] non potest transigere nec pacisci nec ~um partitum facere nec aliud quo magis [v. l. minus] dominus suus seisinam amittat *Ib.* 212b; si contentio habeatur quantum terre positum fuerit in visu, aliquando fit inde ~us partitus *Ib.* 379b; quo casu fieri poterit jocus [v. l. locus] partitus si partes consenserint sub tali periculo *Ib.* 431b.

3 trick, stunt, antic; **b** (of or involving animal).

GlH F 901 (v. funambulus). **b** spectabat silvas cursusque jocosque ferarum *V. Merl.* 141; pro ludibrio scurrilitatis de tauro ~um facere deliberabant R. COLD. *Cuthb.* 85; **1526** in regardo dato custodi cameli domini regis ostendenti ballivis et comparibus suis ~a illius cameli *MS Shropshire RO 438* f. 144.

4 play-acting, dramatic representation.

quod scenico ludorum ~o gestum decretis sinodalibus serio confirmatum est ALDH. *VirgP* 32; quoniam precipuus illis in locis ~us erat et novus *G. Herw.* f. 323b; **1441** omnes .. qui ludunt in festo Corporis Christi bene et suficienter ludant, ita quod nulla impedicio fiat in aliquo ~o *Leet Coventr.* I 195; **1533** lusoribus et interlusoribus domini regis ostendentibus et offerentibus ~a sua *Med. Stage* II 253; **1545** officium magistri ~orum, revelorum et mascorum nostrorum (*Lit. Regis*) *Foed.* XV 62.

5 trifle, thing of no value or importance.

luxus, ~us, saltus, libido, luxuria certe evanuerint ALCH. *Ep.* 299; **975** (12c) omnes [*sic*] gloria et ~us h[u]jus mundi peribit *CS* 1316; *Obs. Barnwell* 32 (v. dissolutio 4b).

jod [LL < Heb.], yod, tenth letter of Hebrew alphabet.

ioth *Runica Manuscripta* 350 (v. daleth); joz NECKAM *NR* I 1, iot BACON *Maj.* I 74 (v. aleph); habent vero diptongos sicut Greci et finales litere sunt jod et vav sicut apud Grecos iota et ipsile BACON *Gram. Heb.* 205; si in lamina aurea mitre supremi patris pontificis scribebantur quattuor littere magni nominis Dei in tetragrammaton, ioth, heo, wach, hoth PALMER 421; iot J. YONGE *Vis. Purg. Pat.* 10 (v. he).

joellum [AN *jovel* < jocale], valuable object, jewel.

1223 de muneribus et ~is vestris, quos nobis transmisistis, quantas possumus referimus vobis grates *RL* I 210.

Johannes [LL < Ἰωάννης < Heb.]

1 the name John.

~es, sacer materna nondum editus matrice profeta . . . ~es quadripertitae scriptor historiae et verax evangelicae relationis tetrarcha ALDH. *VirgP* 23; *Jone, propyr nam*, ~es, ~is *PP.*

2 statue of St. John.

contigit et crucem .. et ~em .. omnia prius sublata esse BRAKELOND f. 152.

3 gold coin, *ecu d'or*.

1359 reddendo .. mille scutos aureos vocatos ~es per manus receptoris nostri in ducatu [Britannie] (*Lit. Regis*) *Foed.* VI 153.

Johannita [ML], supporter of Pope John XXII.

raciones ~arum confutat OCKHAM *Dial.* 761.

Johannitius [ML], title of the *Isagoge in artem parvam Galeni* of Honein ben Ishak.

studium medicine usibus filiorum Ade perutile subire quis desirans audiat Ihohannicium NECKAM *Sac.* 374.

joinatio [ME *joining*, cf. AN *joinant*], joinery.

1419 Johanni G., *joynor*, pro joynacione tabularum pro libraria et planacione et *gropyng* de *waynscott* .. xvij s. viij d. *Fabr. Ebor.* 39.

jolivare [OF *joliver*], to make merry, gallivant.

1223 adamavit aliam feminam quam suam et ivit ~ando de loco in locum *CurR* XI 163.

jomellus v. gemellus.

jomyn [Ar. *yawm bi-laylatihi*, transl. νυχθήμερον = *a night and a day*], equation of days.

separemus ABD spacium cum margine, et marginem ejus dividemus per unam tabulam ad hoc factam que intitulatur tabula motus jomyn equanti WALLINGF. *Alb.* 312.

joncaria v. 1 juncaria. **jondericia** v. genderata.

jonetta, ~us, ~um [ME *jonette* < OF *johanenc, joanet*], a pear ripe by St. John's Day, early-ripening fruit.

1313 apothecario London' pro piris de calvell' .. et jonett' *KR Ac* 374/19 f. 6; **1316** in viij c jonet' (v. frasa).

jonettarius [cf. jonetta], of a pear ripe by St. John's Day.

1252 item per manum Johannis fructuarii pro d piris janettar' ij s. *KR Ac* 349/10.

joppa, ~us [ME *jape*], jape, foolishness, trickery.

joppe or folte, ~us .. ~a *PP.*

jopperia, [ME *japerie*], japery, foolishness, trickery.

joppery or follery, ~ia *PP.*

Jordanes [CL], **~us** [ML]

1 name of a river in Palestine, the Jordan; **b** (fig.).

terminos trans ~em .. ostendit GILDAS *EB* 70; inormem ~is gurgitem dirimit ALDH. *VirgP* 20; Spiritus .. in ~e super eum descendit *V. Cuthb.* II 4 (v. epiphania 2a); funiculus .. supra Jordannem HUGEB. *Will.* 4 (v. derivatio 1b); placidam Jordanis ad undam WULF. *Swith. pref.* 425. **b** fluenta .. novi ~is W. CANT. *Mir. Thom.* II 56 (v. dysis).

2 (as name of a man) Jordanes, Jordan.

~es historiographus Gothorum W. MALM. *GR* II 116; **a1140** accrevit Jurdanus .. pratum (v. fractitius b); **a1166** ~us frater suus (v. doarium); **1169** dissaisivit ~um F. (v. dissaisire 1a); **1222** ~us de Bosco (v. de 16b); **1224** ~us pater suus (v. exspectare 3d).

3 chamber pot, jordan.

1385 j mortarium ereum cum pila ferrea; j stillatorium plumbeum cum olla erea sibi convenienti. j postenet, j jurdanus, j dorsorium antiquam *Ac. Durh.* 265; equinaque cauda commissa suis manibus loco freni, et due olle, quas ~es vulgo vocamus, ad ejus collum colligantur WALS. *HA* II 63; hic jurdanus, A. *jurdan WW.*

jornalis [OF *jornal* < diurnalis]

1 daily, kept day by day. **b** worn by day.

1363 in papiro, parcamene cum incausto et cera emptis pro jornal' compoto et aliis necessariis superscribendis et sig' per tempus compoti v s. xj d. *KR Ac* 464/6 f. 7d; **1462** de lxxviij s. vij d. recept' de precio diversarum parcellarum truncorum .. ac aliorum estufforum pontis .. ut patet particulariter in libro ~i intrat' et onerat' *Ac. Bridge House* f. 52. **b 1301** ~ia calceamenta *Reg. Cant.* 861.

2 (as sb. n.) day-book: **a** account book kept day by day. **b** service book of day-hours.

a 1354 in ij quaternis paperi emptis ad jornal' contrarotul[atoris] inde faciend' *KR Ac* 471/6 m. 11. **b 1384** lego .. unum jurnale et ordinale *Reg. Heref.* 66; item jurnale ex dono domini Johannis Yve, secundo folio post kalendarium 'diligunt' HEETE *Catal. Coll. Wint.* 63; **1432** lego domino W. S. commensali meo parvum jurnale meum quod ipsemet scripsit *Reg. Cant.* II 492; **1466** lego .. meum jurinale .. et lego eidem loco unum librum vocatum Medulla Grammatie *Test. Ebor.* II 282.

3 amount of land worked in one day.

1280 quandam peciam nemoris cum fundo continente centum et sexaginta ~ia ad ~e de Cresciaco *Pat* 100 m. 22; **1289** exceptis .. sexaginta ~ibus terre .. que sibi in pura proprietate remaneant sicut ante *RGasc* II 313b.

4 candle that burns for one day.

1371 in uno cereo empto ad ~e, viij d. *Ac. Churchw. Bath* 11; **1441** pro cera empta ad jurnallum *Ib.* 51; **1460** Simoni Wexmakere pro j jurnale erga festum Natalis Domini *Ib.* 54; **1477** pro jurnello j anno ardente xv d. *Ib.* 72.

jornantia [OF *jornee* < diurnus + -antia], amount of land worked in one day.

1414 numerus .. artificum et laboratorum, per ~ias laborantium, vocatorum *journemen* (*Lit. Regis*) *Foed.* IX 117.

jornata, ~eta [OF *jornee*], amount of land worked in one day.

quod per ~etam suam capere poterit de bestiis insaysonatis *RChart* 44b; et unam ~etam et dimidiam metendi et unam ~etam et dimidiam falcandi et dimidiam jurnetam cariandi *Cart. Blyth* 74; cum quatuor ~etis terre assignari eidem ecclesie dedicande *Reg. S. Thom. Dublin* 283; **1281** pro sexcentis triginta tribus ~atis nemoris in foresta de Cressiaco *Pat* 100 m. 14; **1289** concedimus ut grangiam .. cum tot ~atis terre quot continentur in litteris abbatis .. retineant libere et quiete *RGasc* II 438b; pro custagio ~ate xx s. *Fleta* 65; **1331** cum .. emisset in foresta nostra de Cressy duodecim jorneas bosci et dimidiam *Pat* 176 m. 8.

jornus v. jortus.

jortus [? cf. W. *iort* = *diligent* + -us *adjectival suffix*], diligent. (*V. ALMA* LII (1994–5) pp. 281–5).

nomine, tuque piger, recto vocitaris Iorvet [recte Iorvert], pervertens †iornum [*sic* MS; ? l. iortum] falso sintagmate verum [*"and you, 'sluggard', are called by a right name 'Iorvert', perverting* [*the word*] *'iort'* [*'diligent'*] *with the* [*in your case*] *false composition 'true'*] *Altercatio* 55.

josanus [cf. josum], lower, inferior.

susane dicuntur partes corporis superiores, jusane inferiores *Alph.* 180.

josum [CL var. deorsum], downward; **b** (*sursum ~um*) upwards or downwards (from a number), more or less.

vidit equum .. tecta casae .. ore jusumque trahentem BEDE *CuthbP* 5; inde cadens josumque cavavit leniter asprum / duca super terram BONIF. *Carm.* 6. 4 p. 22; iter asperum arripuit; nunc susum nunc ~um progrediens BYRHT. *V. Ecgwini* 364; versa vertice josum scandens perlege susum OSW. *Vers.* 21; monstrum illud [vermis] nunc sursum, nunc jusum, nunc hac, nunc illac se retorquens morsus infigere querit J. WORC. 39; lupus posuit se in situlam, que erat supra et descendit †insum [l. jusum]; vulpecula in alia †sicula [l. situla] ascendit susum O. CHERITON *Fab.* 19; **1373** Johannes Sawere saltat in predicta navicula, ita quod predicta navicula jusum vertit et sic predictus Sawer se ipsum demersit *RCoron* 255/8 m. 1; susum jusumque prope deambulabat *Mir. Hen. VI* II 37 p. 100. **b** fecit .. janus numero ccclxv sursum jusum in exteriora atria DICETO *Chr.* I 93.

jota, ~um [cf. ME, OF *joute*], pot-herb, vegetable.

da mihi cibum, panem et pulpa[m], et jus, i. jotum *Early Schol. Coll.* 1. 16 p. 6; humectativis utatur .. et brodiis, nunquam herbis vel juribus vel ~is nisi petrosil. gariof. et similibus GILB. VI 281. 2; ~a, jora, est viride rama *LC* 246.

joudericia v. genderata. **jousta** v. 3 justa. **joustare** v. justare.

Joveus, of Jove, (*mons ~eus*) the Alpine range.

Longobardorum regnum obtinuere a discrimine ~ei montis ÆTHELW. IV 3.

Jovialis

1 of Jove. **b** of the Alps (*cf. Joveus, Jupitereus*). **c** (*stella ~is*) the planet Jupiter.

1169 archiflaminem gloriatur sedisse dum ~is religio colebatur J. SAL. *Ep.* 289 (292 p. 666); ridet aula Jovialis, / ether expolitur P. BLOIS *Carm.* 1. 2. 21; antiquos ritus, Jovialia numina, vatum / relliquias, tociens quid repetisse juvat, / si novitas vulgo sordet squalentque moderni? GARL. *Epith.* I 29; ut .. conjectabat antiquitas arbitrio numinis ulciscente ~is injurias .. interiit E. THRIP. *SS* III 9. **b** transmissis tandem Jovialibus aeque cavernis, / macharii penetrant rutilantia dindima Petri FRITH. 1136. **c** quos enim ~is stelle afflaverint radii procul dubio vivent ALB. LOND. *DG* 3. 3.

2 jovial, of character influenced by Jove (also as sb. m.).

Arabes .. planetas nativitatum dominos vocant, unde et a Saturno Saturnini, a Jove ~es .. dicuntur . . . Jupiter autem .. facit reges religiosos, sapientes, honestos, in ira moderatos, .. misericordes, letos, jocosos et mundos D. MORLEY 184; quibus nunc sodalibus utitur, sin abhorret a venereis atque bacchanalibus ..? jurisconsultis, ~ibus, disertis viris LIV. *Op.* p. 39; tua ~is humanitas ANDRÉ *Hen. VII dedic.* p. 4.

Jovinianista [ML], supporter of the monk Jovinian.

hac enim arte et se et auditores suos instruxit ad cedendum qua ~a ille hereticus NETTER *DAF* I 2v. 1.

Jovinianus [ML], supporter of the monk Jovinian.

sive ~i, vel Albigenses, vel aliis heresibus maculati M. PAR. *Maj.* III 520.

Jovis [CL]

1 Jove, Jupiter, Italian sky-god commonly identified with Zeus; **b** (as the heavens, the aether). **c** (*sub ~e*) in the open air.

[Alloidae] caelum manibus adgressi essent distruere, ut ~em pro flammea regnandi cupidine summo detruderent Olympo *Lib. Monstr.* I 55; olympias dicitur spatium quattuor annorum . . . hoc spatio peracto solverent ludos ~i Olympico ABBO *QG* 20 (43); Jupiter quia juris pater vel Jupiter quasi juvans pater et ~is quasi yavis, id est universalis vis, est summus deus BERN. *Comm. Aen.* 56; ~em et Junonem .. germanos esse dixerunt ALB. LOND. *DG* 3. 1; Ganymedem raptum portabat .. ut ~i poculum propinaret *Deorum Imag.* 2. **b** Saphon unicus rebellem ~em sustinebat alligatus ligno quod porrectum in proram ex laterali transtro carine extenso rostro lambit mare ventumque admittit ex obliquo W. CANT. *Mir. Thom.* II 30; ~e .. tonante GIR. *TH* II 54 (v. fulminare 2a); nam ~is sive Juppiter ipse est ether, Juno vero aer ALB. LOND. *DG* 3. 2; vocatur .. Jupiter vel ~is in ethere, Juno in aere WALS. *AD* I 1 p. 4. **c** sepe sub algenti pastor Jove noctibus errat L. DURH. *Hypog.* 66.

2 the planet Jupiter.

de sublimatione et submissione planetarum: .. ~is autem signa v, gradus xxij, dakaicae xxxij et nichilum ADEL. *Elk.* 18; D. MORLEY 184 (v. Jovialis 2); dono Jovi bissex annos, trigintaque patri, / ut valeant ciclos hiis peragrasse suos GARL. *Tri. Eccl.* 34; GROS. 43 (v. 1 domus 17).

3 (*dies ~is* or sim.) Thursday.

gentiles .. primam videlicet diem soli, secundam lunae, tertiam Marti, quartam Mercurio, quintam ~i, sextam Veneri, septimam Saturno dicantes .. BEDE *TR* 8; *GAS* 53, etc. (v. 1 dies 5f); W. MALM. *Glast.* 118 (v. 1 dies 5d); **1549** die ~is decimo quarto mensis Augusti proxime futuri *Conc. Scot.* II 127.

4 (in plant names): **a** (*barba ~is*) jubarb, houseleek, sengreen (*Sempervivum tectorum*). **b** (*glans ~is*) walnut or walnut tree (*Juglans regia*).

a NECKAM *NR* II 166, etc. (v. 1 barba 2f); hec jovisbarba: *jubarbe Gl. AN Ox.* 623; hec jovisbarba, *jusbarbe Gl. AN Glasg.* f. 18rb. **b** nuces in tutela sunt Jovis, unde et juglandes quasi ~is glandes dicte sunt ALB. LOND. *DG* 4. 4; nux est arbor cujus fructus simili nomine nuncupatur .. quam multi Latini alio nomine juglandem vocant quasi ~is glandem BART. ANGL. XVII 108.

5 (*~is* or *filius ~is*) tin.

M. SCOT *Lumen* 240 (v. filius 8b); antiqui metalla nominibus septem planetarum vocaverunt, ut plumbum Saturnum, stannum ~em, ferrum Martem, aurum solem, aes Venerem, vivum argentum [Mercurium, argentum] vero lunam *Ps.*-GROS. *Summa* 636; virtutis istius elixiris ad album est quod convertit Mercurium, ~em, Saturnum, Martem et Venerem in veram lunam; et virtus medicinae perfectae ad rubeum est quod praedicta corpora et lunam convertit in solem CUTCL. *LL* 9; recipe ~em calcinatum et pone in cucurbita vitrea RIPLEY 337.

jpopanti v. hypapante.

juba [CL]

1 mane.

fiunt generaliter colore fulvo .. cum ingentibus ~is leones *Lib. Monstr.* II 1; narratur: mihi quod dorsum, juba, hinnitus aeque / assimilatur equo HWÆTBERHT *Aen.* 53 (*De yppopotamo pisce*) 2; *Quaest. Salern.* B 134 (v. equa a); GERV. TILB. III 73 (v. equinocephalus); hec ~a, *a hors mane WW*.

2 crest.

gemini serpentes a Tenedo insula .. ~as habebant sanguineas *Lib. Monstr.* III 10 (cf. Vergil *Aen.* II 206); hec ~a, crista *WW*; *CathA* (v. jubatus).

jubar [CL]

1 first light of day.

eoas partes amo dum jubar inde meabit / finibus Indorum, cernunt qui lumina primi ALDH. *Aen.* 81 (*Lucifer*) 4; conversum stabat ad orientem habens ostium contra ortum ut statim exortus cuncta ejus interiora suo ~are perfunderet BEDE *Hom.* II 1. 119.

2 radiance: **a** (of heavenly body or light); **b** (of person); **c** (of abstr. or unspec.).

a cum evangelii splendor auroresceret et ~ar lucis aeternae rutilaret ALDH. *VirgP* 60; Titan .. / cujus per mundum jubar alto splendet ab axe *Id. VirgV* pref. 26; vivensque solebat ut ante / signorum monstrare jubar sub celo coruscans *Mir. Nin.* 460; virtus tua .. ipso solis ~are clarius lucet *Enc. Emmae prol.*; cometa .. splendorem quasi fulguris emittens, sed majorem et continuato ~are plus durantem GIR. *PI* III 28 p. 306; WALT. WIMB. *Carm.* 302 (v. 1 excutere 4a); ut nocti necessarius est lunae splendor, quem ipsa non effundit nisi ex virtute ~aris solaris .. sic .. FORTESCUE *NLN* II 29. **b** id sole clarius ~ar sanctae scripturae et sanctorum saepe auctorum in se narratio rerum rite motarum demonstrat *V. Greg.* p. 107 (v. et. 2c infra); ut Petrum sedemque Petri rex cerneret hospes / .. / splendificumque jubar radianti carperet haustu BEDE *HE* V 7 p. 293; **799** beatus quoque Isidorus, ~ar aecclesiae .. in libro Ethimologiarum dicit .. *Ep. Alcuin.* 182 p. 303; ipse fuit jubar in oculis et dulcor in aure VINSAUF *PN* 390. **c** *V. Greg.* p. 107 (v. 2b supra); signorum .. jubar BEDE *CuthbV* 845 (v. 1 fungi 2); jubaris .. nectar opimi FRITH. 1160 (v. 2 ephoebus); pretendit mores hominum / perfecte sapientium, / qui septiformis gratie / sacro splendescunt jubare *Cives* 8. 6; quantus vero in tota vita, charitate, benignitate, pietate, .. omnique virtutum ~are claruerit GOSC. *V. Iv.* 84A; femineumque jubar GARL. *Epith.* I 322 (v. fulcimen 1b); ista luna juvat pectus, / jubar enim intellectus / dat ei qui judicat WALT. WIMB. *Van.* 49; florem paris, sed in partu / neque florem nec jubar tu / pudoris obliteras *Id. Virgo* 24.

3 nape, or ? *f. l.*

hoc jubar, *a neppe* [? l. hec juba, *a nappe*] *WW*.

jubarba [OF, ME *jubarbe* < Jovis barba], jubarb, houseleek, sengreen. (*Sempervivum tectorum*).

hoc jurbarium, A. *a silfgrene WW*.

jubatus [CL], having a mane, crested.

mulier .. barbata et in tergo ~ata GIR. *EH* I 11; *a creste*, conus, crista, juba; cristatus, ~atus, et jubosus participia *CathA*.

jubelaeus [LL < ἰωβηλαῖος < Heb. *jōbēl*]

1 (in Jewish Law): **a** (of year) fiftieth, following seven weeks of years (7 x 7), in which land reverts to original owners and slaves are freed. **b** (as sb. m. or n.) fiftieth year, jubilee.

a legimus quinquagesimum annum in lege ~um, hoc est dimittentem sive mutatum, jussum esse vocari in quo omnis populus ab universo labore terrae quiesceret BEDE *Tab.* 429; **799** nam in lege Domini dicitur: 'sic tibi servus in saeculum', id est, usque in jubileum annum ALCUIN *Ep.* 163 p. 264; sexta vero species ebdomadis constat ex vij ebdomadibus annorum, hoc est ex quadraginta novem annis quibus expletis, quinquagesimus annus erat jubileus GROS. *Cess. Leg.* II 7. 3; jubeleus annus in secunda syllaba habet E non I BACON *CSPhil.* 446; annus jubileus secundum Magistrum in historiis est annus quinquagesimus septimana hebdomadorum annorum continens, in quo omnes destrucciones rerum ad pristinos redibant (J. BRIDL.) *Pol. Poems* I 201. **b** ~orum festivitas ALDH. *Met.* 1 (v. festivitas 2b); tercio etiam modo ebdomada erat, que ex septies septem, id est simul quadraginta novem annorum comprehensione terminabatur, que ad ~um pertinere dicebatur *Eccl. & Synag.* 94; nec ob hoc quero quia septimus annus septime decadis ibi dicitur jubileus .. sed quia certum est Judeos nunquam jubileum, id est quinquagesimum, celebrasse J. SAL. *Ep.* 284 (271 p. 548); anno gracie xxxij principium

fuit vicesimi jubilei, secundum Hebreos *Flor. Hist.* I 107; ipse .. dies in ortu fuit Judaici jubilei *Meaux* I 243.

2 (of commemorative anniversary or year of office) fiftieth. **b** (as sb. m. or n.) fiftieth year, jubilee.

paucos invenies imperatores .. qui ultra prescriptum anni jubilei numerum vite longevitatem perduxissent Gir. *GE* II 8 p. 205; annus Domini mccclxxvij erit annus jubileus regis Edwardi, qui coronatus fuit anno Christi mcccxxvj (J. Bridl.) *Pol. Poems* I 201. **b** jubileus tauri erit annus quinquagesimus regni sui (J. Bridl.) *Pol. Poems* I 201; **s1361** in suo jubileo populo suo se exhibuit graciosum Ad. Mur. *Cont. A* 198; **1454** per omnem quinquagesimum annum passionis ipsius martyris, qui et jubileus sacris litteris nominatur *Lit. Cant.* III 216.

3 (eccl.): **a** of a year of remission, in which indulgence is granted. **b** (as sb. m. or n.) jubilee, year of remission, or indulgence granted in such a year; **c** (w. ref. to heaven).

a satisfacto de culpa querenda est in integrum restitutio, que non fit nisi in anno jubileo R. Niger *Mil.* II 27; **1220** annus quinquagesimus jubileus est *Lit. Cant.* III 27; terminantur hic Mathei / cronica, nam jubilei / anni dispensatio / tempus spondet requiei *Flor. Hist.* II 375; **s1300** tunc temporis accidit annus ~us, in quo tanta multitudo penitencium curiam Romanam querebant absolucionis gracia *Ann. Ed. I* 448; ut .. daret indulgenciam que habetur Roma in anno ~eo Gascoigne *Loci* 120; **1454** anni jubilei indulgencias (*Lit. Papae*) *Mem. Ripon* I 301; **1501** de publicacione anni ~i *Cant. Coll. Ox.* I 21. **b** septimo autem anno, cum redeunte quasi jubileo termino poenitentiae tempus exactum fecisset .. Osb. *V. Dunst.* 35; annos remissionis vel jubileos a remissione vel a jubilo scimus esse dictos, annos sc. remissionis et gracie Map *NC* I 15 f. 12; **s1189** hec persecutio in ortu jubilei sui, quem annum remissionis appellant, inchoata, vix per annum conquiescere potuit M. Par. *Maj.* II 350; **s1389** papa Urbanus .. constituit jubileum fieri, qui inciperet a Natali sequenti et in eternum postea semper revolutis triginta tribus annis cunctis Christicolis volveretur, indicans viz. annos etatis plenitudine [v. l. plenitudinis] Christi mysticos et idoneos ad renovandum jubileum *V. Ric. II* 113; **1451** de pecunia collecta tempore jublei *Reg. Glasg.* 391; **s1464** jubileus mutatur .. de xxv in xxv annum (v. favor 2b); **1474** annum jubilei .. ad annum vigesimum quintum .. reduxit *Mon. Hib. & Scot.* 474a; jubileus mutatur per Clementem VI de quinquagesimo in quinquagesimum *Eul. Hist.* I 284; dederunt autem nobis .. ramusculos, bullas, jubilaea, indulgenteas Jewel *Apol.* E viij; jubilaea, gratias immunitates .. vendidisse *Ib.* G viij. **c** quatinus .. resurrectione renovati ~aei remissione dilati ad gaudia sine fine mansura perveniatis Egb. *Pont.* 85; vivere studuerunt virgines .. ut .. acquirerent fructum ~i, hoc est, annum aeternae felicitatis Byrht. *HR* 2; palefridum retinui, quem reddet tibi aequissimus Judex .. in ultimo jubileo ubi omnibus sua omnia restituentur H. Los. *Ep.* 19 p. 38; succedatque spei res, optate speciei / visio grata Dei, requies anni jubelei Nig. *Paul.* f. 49v l. 526; scit quia celitus intrat hic inditus ad jubeleum *Ib.* f. 50v l. 652; dies de die, gloria jubilei, / fructus terrestris qui ad summa levatur J. Howd. *Cant.* 692; ave, virgo, per quam rei / consequntur jubelei / sempiternam feriam Walt. Wimb. *Virgo* 102; o unitas in substantia, et triplex in Deitate / hierarchici jubilaei gratulans glorificatio Ripley 7.

4 joy, rejoicing, celebration of jubilee.

reducto diu afflictis Anglis barbarica servitute redemptionis suae ~o, instat .. dux Godwinus .. *V. Ed. Conf.* f. 9v; cum maximo tripudio et jubileo *Leg. Ant. Lond.* 27.

jubelare v. jubilare.

jubelatus [cf. jubelaeus], (one) who has completed a jubilee, who has fulfilled a span of fifty years.

1586 pater jubilatus in ordine et sacerdotio (*Chr.*) *Scot. Grey Friars* II 182.

jubelenarius [cf. jubelaeus], veteran, recipient of privilege, esp. of residence.

1519 poterit gaudere privilegio jubilenarii, Anglice *a stager Vis. Linc.* II 111.

jubenter v. jubere.

jubere [CL]

1 to direct, tell, order (someone to do something): **a** (w. acc. of person & inf.); **b** (w. dat. of person & inf.); **c** (w. acc. of person & *ut*); **d** (w. dat. of person & *ut* or *quod*). **e** (w. acc. of person & *ad* & ger.). **f** (pass. w. inf. act. or pass.).

a [tyrannus] metallum / imperio terrente jubet venerarier omnes Aldh. *VirgV* 371; jussit Augustinum .. ad suum .. advenire colloquium Bede *HE* I 25 p. 45; obsecro te .. ut quandocumque juseris me ab hac lutea corporis habitatione exire dirigas angelum pacis *Nunnam.* 74; Ecgfridam .. episcopus .. jussit .. Dunelmum venire *Obsess. Durh.* 3; orbes meabiles mensura locatos / debita jubet currere mocione J. Howd. *Cant.* 118. **b** si .. abbas jusserit monacho suo pro hereticis mortuis missam cantare Theod. *Pen.* I 5. 11; jussit sociis destruere .. fanum Bede *HE* II 13 p. 113; jussit proceribus regni ibidem convenire *Flor. Hist.* I 252; Helias .. jussit populo .. apprehendere prophetas Baal Ockham *Dial.* 623; **s1452** jusserunt duobus notariis .. circuire .. quaerereque a nobis .. quem etc. *Reg. Whet.* I 15. **c 604** eosque jussi ut mecum idem facerent *CS* 3. **d** Hengistus omni familiae suae jussit ut unusquisque .. poneret Nen. *HB* 46; S. Bartholomaeus catervis satellitum ~et ut illum [sc. Guthlacum] in locum suum .. reducerent Felix *Guthl.* 33; ~et inimico ut abeat W. Malm. *GP* IV 142; **s1240** jussit camerario .. ut arderet cilicium (v. cilicium b); rex jussit plebeiis quod statim et ante recessum convenirent de locutore parliamenti Ad. Usk 10. **e 1221** jussit idem abbas ipsum et alios servientes suos ad capiendum mesagium *PlCrGlouc* 16; **1382** jussi ad respondendum .. super conclusionibus *Conc.* III 161b. **f** quando sacerdotes missas offerre jubentur Aldh. *CE* 3. 82; non Moyses indumento hoc vestire Aaron et filios ejus ~etur Bede *Tab.* 484; **802** quod malum nimie inter Christianos viget, quia, qui propria spernere ~entur, aliena cum iniquitate rapiunt Alcuin *Ep.* 254; magis ex occasione quam ex veritate sanctam regulam sepius †jubenter [v. l. videntur, l. jubentur] audire Serlo Gram. *Mem. Fount.* 12; jugum domini portare ~emur Pull. *CM* 216; pecus interfici ~etur Gir. *TH* II 24; licet adversarii ~eantur mitti in possessionem bonorum Ric. Angl. *Summa* 41 p. 109; **s1417** jussus est trahi et suspendi super furcas Wals. *YN* 486.

2 (without acc. or dat. of person ordered): **a** (w. inf.); **b** (w. acc. of thing or acc. & inf.); **c** (w. *ut*, *quod*, or *ne*); **d** (pass.).

a famulas Dei .. in medio Tiberis alveo .. mergere jussit Aldh. *VirgP* 51; Domine .. ~e venientes ad te sereno vultu suscipere Egb. *Pont.* 117; ~e novam componere candelam Lantfr. *Swith.* 32; est enim unum verbum jubeobenedicere compositum, et sic declinatur: jubeobenedicere, jubesbenedicere, jubetbenedicere, jussibenedicere et sic deinceps et est idem quod benedico T. Chobham *Summa* 134; verbum est compositum jubeosalvere, jubessalvere, jussisalvere et significat idem quod saluto .. -tas .. -tavi .. -tast *Ib.* 134; Nero .. jussit apprehendere Petrum M. Par. *Maj.* I 109. **b** munus obedientiae meae, quod ~ere estis dignati, promptus solvere non distuli Bede *CuthbP prol.*; **a1089** rogamus .. si vobis oportunum est Bercinge eatis et auditis utrinque querelis abbatissam esse abbatissam et priorem esse priorem ~eatis Lanfr. *Ep.* 31 (59); omnia eici .. decimari ~eret W. Malm. *GP* V 274 (v. 1 decimare 6a); J. Furness *Kentig.* 36 (v. exenterare c); ego ista omnia inviolabiliter ~ebo et procurabo fieri imperpetuum *Chr. Dale* 12; **1334** velimus .. terras .. restitui ~ere (v. escaetor c); direxit se ipsum ad manerium archiepiscopi de Lambeth' quod pro receptione sua propria jusserat venustari *G. Hen. V* 18 p. 130. **c** utque [v. l. atque] illum secum Romam perduceret [v. l. perducere] jussit Bede *HE* V 19 p. 323; repetit presul edictum et, ut primo, ~et ne transgrediatur Eadmer *V. Anselmi* I 12 p. 22; ~etur ergo ut .. *Ib.* II 16 p. 85; ~ens ut .. specularetur W. Malm. *GP* I 6 (v. de 1d); **c1155** volo et ~eo quod idem W. de V. teneat predictum forum *Regesta Scot.* II 3; **1269** vicecomes .. jussit quod talis caperetur ubicumque inveniretur excepta ecclesia et cimiterio *CBaron* 86; **s1417** jussit ergo regni Rector, ut responderet conformiter ad objecta Wals. *YN* 485. **d 749** (12c) quae .. edicto regis facienda ~entur *CS* 178; omne servitium quod eis ~ebatur faciebant *DB* I 174vb; ~eretur ensem reddere W. Malm. *GR* IV 388 (v. diloricare); Frigius modus .. ab aula Grecie .. jussus est J. Sal. *Pol.* 403B.

3 (absol.); **b** (pr. ppl. in abl. absol.).

si episcopus ~erit, non nocet illi, nisi ipse similiter faciat Theod. *Pen.* I 1. 4; sanxit, jussit *GlC* S 28; quia ~etis Anselm III 176 (v. exhibere 1c); domne, ~e R. Partes 227 (v. dominus 6); *comander* ~ere *Gl. AN Ox.* f. 153v; sacerdotes summi veteris legis .. poterant contra legem Dei ~ere Ockham *Dial.* 475. **b** Habraham Deo ~ente optulit filium Gildas *EB* 69; Chrisantus ~ente Claudio .. torquendus traditur Aldh. *VirgP* 35 p. 278; **705** huic autem concilio illis rogantibus nostrisque juvenibus .. Wealdhere *Ep.* 22; ipso ~ente fabricata sunt ornamenta Wulf. *Æthelwold* 10; precipio, quatinus prelationem .. retineas, nec eam nisi tuo ~ente abbate quomodolibet deseras Eadmer *V. Anselmi* I 12 p. 22; te stellifer orbis jubente rotatur J. Howd. *Cant.* 54; Moyse .. jubente Gower *VC* II 261 (v. eremus 1a).

4 (p. ppl. *jussus* as sb. n.) order, command.

prima praecepti complevi jussa parentis Aldh. *Aen.* 64 (*Columba*) 3; palam se jussis illius parere nolle pronuntiabat Bede *HE* I 7 p. 19; jussa vestra Gir. *Invect.* II 7 (v. expedibiliter); summum leserunt cui jussa decem ferierunt (J. Bridl.) *Pol. Poems* I 173.

jubi v. jujubinus.

jubil', *s. dub.*

1295 de .. vj jug', x jubil' et alio attilio carucarum *MinAc* 1090/3 r. 2.

jubilamen, shout of joy, hymn of praise.

~ina Deo magnifice libantur *Chr. Evesham* 50; Osb. Glouc. *Deriv.* 286 (v. jubilum 2); *joy*, .. jubilacio, jubilus, ~en *CathA.*

jubilare [CL]

1 to shout, whoop, halloo.

homines loquuntur, rustici ~ant Aldh. *PR* 131.

2 to shout in exultation, joy, or triumph: **a** (intr.); **b** (w. acc. & inf.); **c** (tr.).

a coepitque Deo jubilare tonanti, / in se sperantem qui numquam deserit ullum Wulf. *Swith.* II 610; ut jocundetur in exultatione populi letitia, et sanctificatio cleri ~et in confessione et magnificentia R. Niger *Mil.* III 16; plebsque reducta gaudio jubilabit J. Howd. *Cant.* 239; *elecer*, .. ~are *Gl. AN Ox.* f. 154v; rutilat ecclesia, / jubilat in mente, / rutila, jubila, semper attente Ledrede *Carm.* 33. 2; **1427** non .. nostra jubelare debet universitas de .. exaltacione pontificis *EpAcOx* 32. **b** progreditur jubilans mortis se evadere poenas Wulf. *Swith.* II 912. **c** unde .. "domina, salve" in hymnis ~amus Alb. Lond. *DG* 6. 2; **s1218** rediit .. archiepiscopus .. omnibus .. exultantibus et iterum atque iterum ~antibus "benedictus qui venit in nomine Domini" *Chr. Melrose* 134.

3 to shout in mus. context, to sing: **a** (intr.); **b** (tr.).

a cimbalicae voces calamis miscentur acutis, / disparibusque tropis dulce camena sonat, / insuper et cleri jubilat plebs omnis et infans, / et deitatis opem machina trina tonat Wulf. *Swith. pref.* 241; jubilantibus una / voce Deo monachis cum concrepantibus ymnis *Ib.* II 251; ecclesia vel metrice psalleret vel melice ~aret Gir. *LS* 418; *chanter*, ~are *Gl. AN Ox.* f. 153v; scriptura enim plena est vocabulis musicalibus, sicut ~are, exultare, cantare, psallere, cythara, cymbala, et hujusmodi diversi generis Bacon *Maj.* I 237; **1320** ipsius .. laudabiles actus .. fidelium corda ~ant, labia pandunt (*Lit. Prioris*) *Conc.* II 500b. **b** post modulationes musicas .. Kyrieleyson altissimis ~are vocibus incipiebat R. Cold. *Godr.* 273; David, cum .. carmina .. ~aret J. Ford *Serm.* 10. 1 (v. epithalamium c).

4 (mus.) to sing a melisma at the end of *Alleluia*.

Alleluia .. in cujus fine neumatizamus [*PL adds*: hoc est ~amus, dum finem protrahimus et ei velut caudam accinimus] Beleth *RDO* 38. 46.

jubilatio [CL], shouting, whooping, jubilation: **a** (in exultation, joy, or triumph); **b** (in mus. context).

ascendit Deus in ~one Bede *Hom.* II 18. 200; **801** hae sacratissime vicissitudines diem et noctem ducant in ~onem Alcuin *Ep.* 228; una omnium ~o, una vox exultacionis et salutis, unica omnes tripudia ingeminant .. Gosc. *Transl. Mild.* 16; credo quod etiam ad nomen securitatis mota est in te quaedam ~o cordis Eadmer *Beat.* 13; tantus clangor tubarum et tubicinum et exaltatio vocum pre gaudio .. clamantium, quod conventus de choro ad chorum non audiretur ~o *Flor. Hist.* III 132; Deus infundit ipsam ineffabilem ~onem amantibus ipsum Rolle *IA* 215; adhuc a memoria non rediit ~o illa populorum Capgr. *Hen.* 127. **b** geminis concentibus osanna persultans cum jocundae ~onis melodia concelebrat Aldh. *VirgP* 30; **937** (v. hymnidicus 2); hymnum .. ~onis Byrht. *V. Osw.* 458 (v. dulcibilis); alte vocis cum ~one tripudians cantavit 'Te Deum laudamus' Ord. Vit. X 8 p. 41; cum ymniloga angelorum ~one Hon. *Spec. Eccl.* 863B (v. hymnilogus).

jubilitare, to sing.

~are, cantare Osb. Glouc. *Deriv.* 291.

jubilum [CL], **~us** [LL]

1 shout of exultation, joy, or triumph.

~um, sibilum laudis *GlC* I 520; ~o, laetitia quae non potest verbis exponi *Gl. Leid.* 19. 28; Alberht abbas Hripensis ex rapidis flatibus hujus seculi spiritum emisit ad superos aeternae felicitatis ~os Byrht. *HR* 54; regnum pacis et quietis, ~i et exultationis *G. Steph.* 37; thesaurum inventum cum maximo secum animi ~o reportat Map *NC* IV 9 f. 51v; non faciet ~um seu gaudium cum gallo (J. Bridl.) *Pol. Poems* I 213; quod obfuscat conceptum cordis mei ~um Wals. *YN* 3; regalia magne exultacionis ~o .. acceptantur edicta *Ps.*-Elmh. *Hen. V* 59 p. 161.

2 joyful song.

exultant jubilo miscentes organa sistro Frith. 345; jubilos lirico modulamine mixtos / intonat ipsa novis musica nostra modis *V. Ed. Conf.* f. 38; ~us .. i. argutus cantus, inde jubilo .. et inde jubilator, jubilatus, jubilatio, et hoc jubilamen .. et jubileus .. i. annus requietionis Osb. Glouc. *Deriv.* 286; videres .. crebra ubique miracula fieri, Deo cantus et ~os reddi Torigni *Chr.* 151; in ~is et psalmis et canticis Bacon *Tert.* 234; ad jubilum tendo, gallo mea carmina pendo (J. Bridl.) *Pol. Poems* I 201.

3 (mus.) melisma at the end of *Alleluia*, sts. sung at the ends of other texts.

neuma in feminino genere est ~us sicut in fine antiphonarum, pneuma etiam in neutro genere Spiritus Sanctus BELETH *RDO* 38. 46; incepit 'Te Deum l[audamus]', quod quidem in ~o cantatum est *Found. Waltham* 26; in hiis festis subjungitur pneuma vel ~us in fine principalium antiphonarum (*Ord. Gilb.*) *HBS* LIX 8; in quadragesima dicitur completorium cum majori ~o quam ceteris anni temporibus *Obs. Barnwell* 104; ad Alleluia et ad ~um stabunt chorus ad chorum *Ib.* 116; in fine antiphone fit neuma seu ~us, quod idem est; .. et fit neuma in unica et finale litera antiphone *Ord. Ebor.* I 14.

jubosus [cf. CL juba], having a mane, crested.

CathA (v. jubatus).

juchiare v. juncare.

jucundabilis (joc-), pleasant, agreeable, delightful.

in etatis nostre jocundabili flore librum tibi epigrammaton poetice composui H. HUNT. *CM* 298.

jucundare, ~ari [LL], **(joc-)**

1 (tr.) to entertain, please, give delight (to): **a** (act.); **b** (dep.); **c** (absol.).

totum ~abat discubitum H. BOS. *Thom.* III 16 (v. discubitus); sacra solemnitas mentem ejus plurimum ~abat AILR. *Ed. Conf.* 771B; GIR. *TH* III 12 (v. delectare a); melos .. solitarium jocundat ROLLE *IA* 181 (v. dulcifluus 2a). **b** c**795** hae sunt epulae in quibus illos jocundari [v. l. jucundari] amavi ALCUIN *Ep.* 34; sumpsit secum ex more cytharam suam quam lingua paterna hearpam [v. l. harpam] vocamus, quo se temporibus alternis mentesque ad se tendentium jocundaretur in illa B. *V. Dunst.* 12. **c** inter laeta ministrantium ac jocundantium convivia eundem quem dixi regem somno sopitum obdormisse *Ib.* 32; omnis sciencia jocundatur et appetit quod suorum principiorum precordia .. pateant R. BURY *Phil.* 11. 171.

2 (intr.) to rejoice, take delight (in): **a** (act.); **b** (dep.).

a nam nobis mundum tribuisti in corde sacellum, / quo jucundantes semper laetabimus ambae ALDH. *VirgV* 724; **798** varietate florum scripturarum jocundantes delectemur *Ep. Alcuin.* 144 p. 230; ~abit [? l. ~abitur] eternitas, eternabitur felicitas H. LOS. *Ep.* 22 p. 44; cum eis incipiam militare et jocundo cum eis ludere *Flor. Hist.* III 77; alii cum aleis ceterorumque jocorum diversitate, spaciantes et jocundantes, quod diei restabat, postposita lite, preterierunt RISH. 396. **b** locus .. in quo pulcherrimam hanc juventutem ~ari [v. l. ~are] ac fulgere conspicis BEDE *HE* V 12 p. 308; omnia .. magnificis ~antur auxiliis ALCUIN *WillP* 32 p. 139; si in ejus laudibus, per cujus patrocinia vos ad eandem gloriam perventuros confiditis, jocundamini EADMER *Wilf. Brev.* I 228; anima namque carnis bene dicitur anima carnis voluptatibus subjecta; esse vero in sanguine est jocundari in peccato. anima igitur carnis est in sanguine cum anima carnis voluptatibus subjecta jocundatur in peccati delectacione GROS. *Cess. Leg.* I 10. 14; **1313** felicibus successibus jocundari *TreatyR* I 209; speramus .. in pacis tranquillitate .. jocundari (*Lit. magnatum*) *Conc.* II 543b; ut in eorum perceptione gratissima in Domino jocunderis *Ann. Ed. I* 465.

3 to jest, joke.

vulgares de nobis jocundantur, dicentes "malus monachus bonus clericus est" GIR. *Spec.* II 26.

jucunde [CL] **(joc-),** pleasantly, agreeably, delightfully.

alii ex frequentibus jocunde ridere, alii pie compati, omnes vero gratulari cepere de miraculo tam spectabili GOSC. *Transl. Mild.* 21 p. 185; interrogatus .. jocunde respondens, "nulla", inquit "lex tam bona .. ut est psalmus 'Miserere mei Deus'" *Chr. Battle* f. 130v; etenim cum gloriam sponsi hinc inde exquisitam ~e suaviterque cecinisset J. FORD *Serm.* 35. 185; sani .. oculi ab eodem sole .. jocunde et delectabiliter illustrantur GROS. *Cess. Leg.* IV 7. 12; secundo ad vinum addunt unguenta, id est, electuaria ad jocunde bibendum HOLCOT *Wisd.* 76.

jucundiolum (joc-) [cf. jocus 5, jucundus], little treasure, pleasing trifle.

1185 pro .. jocundiolis (v. firmale 1); **1188** pro .. auro et jocundiolis ad opus regis ccc m. *Pipe* 28.

jucunditas (joc-) [CL]

1 pleasing quality, agreeable nature (of things affecting the senses); **b** (w. ref. to spiritual condition or heaven).

a**797** sufficiat unicuique communis vitae jocunditas, seu in vestimentis, seu in cibi potusque religiositate ALCUIN *Ep.* 54; fit dicto citius magna tranquillitas, mira serenitas, atque a periculo gratior multo securitatis jocunditas GOSC. *Transl. Mild.* 11; Ecgwinus, postposita secularis fastus ambitione et bonorum temporalium jocunditate, paupertatem voluntariam propter Deum appetivit DOMINIC *V. Ecgwini* I 3; aures angelice vocis mulcebat jocunditas FLETE 36. **b** electis.. congruit qui sibi ipsi laetitiam spiritalem jocunditatemque fructificant BEDE *Cant.* 1112; **933** perfruendamque infinitae laetitiae jocunditatem *CS* 694; ad lucem beata atque aeterna jocunditate praeditam pervenit OSB. *V. Dunst.* 120; ipse suae religionis modus non minus auditores ad ~atem movebat ALEX. CANT. *Mir.* 33 p. 224; ad Paradisi celestis jocunditatem M. PAR. *Maj.* III 171; qui considerant antiquos patres .. ad supernam jocunditatem feliciter migrasse WALS. *YN* 492.

2 pleasing disposition or manner (of person).

maxima et incomparabili contra omnes homines affabilitate atque jocunditate .. ASSER *Alf.* 76; **1073** fratris mei filium .. caritati tuae commendo, rogans sicut rogari a me oportet jocundissimum filium fratremque meum, quatinus cum magna animi tui jocunditate eum diligas LANFR. *Ep.* 45 (20); inerat enim reginae tanta cum jocunditate severitas, tanta cum severitate jocunditas ut .. TURGOT *Marg.* 4; [musica] supercilium ponit, austeritatem reponit, jocunditatem exponit GIR. *TH* III 12; quoniam ipse mundificat sanguinem a melancholica superfluitate cujus est inducere tristitiam. inde ergo nascitur contrarium, sc. jocunditas *Quaest. Salern.* B 285; confitemur etiam primum simplicissimum esse, et solum ipsum esse in fine simplicitatis, nobilitatis et jocunditatis SICCAV. *PN* 120.

3 cheerfulness, jollity, joy. **b** (*focus ~atis, ignis ~atis*) bonfire.

regnum .. in parva laetitia et jocunditate tenens FL. WORC. I 56; c**1183** (v. dulciloquium); celebri itaque cantu et inenarrabili joconditate GREG. *Mir. Rom.* 22; mirabili jocunditate perfruens ROLLE *IA* 218; fuit .. jocunditas sine murmuratione AD. MUR. *Cont. B* 232; cum jocunditate se vino letificantes *Plusc.* IX 27; **1521** (v. abbas 2). **b** focos ~atis *Plusc.* IX 39 (v. focus 4c); ignibus jocunditatis *Ib.* XI 5 (v. ignis 5b).

jucundulus (joc-), pleasant little, delightful little, agreeable (dim.).

canna vocans somnos, faciens syringa sopori, / lite graves aule, jocundula nabla querelis HANV. IX 416.

jucundus (joc-) [CL]

1 pleasing, agreeable, delightful: **a** (of things affecting the senses); **b** (of act, condition, or experience); **c** (iron.).

a humanis faucibus et mortalium palato omne quicquid jocundum ac delectabile illatum sentitur ALDH. *VirgP* 7; odoris jocundi BEDE *Cant.* 1167 (v. hyacinthus 1); ut nihil esset aut inventu sapientius, aut dictu ornatius, aut auditu jocundius OSB. *V. Dunst.* 34 p. 109; nisi aeris parum tunc jocunda serenitas ab hac sententia revocaret AILR. *SS Hex* II p. 180; jocendum quod amor, quod amo jocendius, illud / est alienum sed hoc liquet esse meum R. PARTES 234; ~am efficiunt harmoniam BROMPTON 1075 (v. efficere 3a). **b** in modum jocundae pubertatis .. virescit ALDH. *VirgP* 18; a**800** in quo ego de patrum libellis laboro expositionem brevi sermone peragere: opus necessarium vobisque jocundum, si donante Deo perficiatur et ad vos pervenire poterit ALCUIN *Ep.* 209 p. 349; **957** maneat igitur meum hoc immobile donum aeterna libertate ~um *CS* 988; magis exultavit super jocundo Dei miraculo GOSC. *Edith* 75; nichil .. vita prestantius, nichil jocundius censeo G. MON. I 11; o quam jocundum est cogitare dies festivos! CAPGR. *Hen.* 15. **c** veniamque petens et laqueo pendens occubuit guttere scisso. ecce quam bonum et jocundum est sublimari ad honores! FAVENT 18.

2 (of person) pleasant, companionable, congenial.

vir mente Deo devotus et ore jocundus BEDE *CuthbV* 216; rex .. et aspectu venustus .. et affatu ~us *Id. HE* III 14 p. 155; a**797** esto justus in judiciis et misericors in debitis; magister virtutum, moribus honestus, verbis jocundus, vita laudabilis, in omni opere Dei devotus ALCUIN *Ep.* 74; quis unquam vel leni jocundior vel gravi maturior? GIR. *TH* III 51; [domine] ~e GERV. TILB. III 43 (v. deliciari b).

3 cheerful, happy, joyous.

faustus, jocundus *GlC* F 6; FRITH. 120 (v. expromere 3); **1220** leto regni nostri successu efficimur jocundiores *Pat* 267; **1335** erimus .. effecti leti pariter et jocundi *Lit. Cant.* II 106; rex .. hilaris efficitur et jocundus AD. MUR. *Chr. app.* 246; canite, canite / vultu jocundo LEDREDE *Carm.* 47. 2; jocundus et hilaris sibi apparuit *Plusc.* VI 21.

4 (as sb. n.) pleasure, delight.

cupiensque .. ad commodum discipline, jocundum cohabitationis tam graciosi hominis experiri *NLA* II 330; c**1380** me .. amenis verbis familiaribusque jocundis .. recreando *FormOx* 324.

Judaearia [ML], Jewish quarter, Jewry.

1221 Jacobus Crispin Judeus dat domino regi x marcas pro habenda sibi et heredibus suis domo in Judaeria Londonie in parochia Sancti Olavi *LTR Mem* m. 4/2.

Judaeculus, little Jew.

femina Christiana, que contra canones in eadem domo nutrierat ~os DEVIZES f. 40r p. 69.

Judaeus [CL < Ἰουδαῖος]

1 of Judaea or its people, Jewish.

ALDH. *CE* 4. 7. 4 (v. fullo a); **1168** episcopus Ju[de]us (v. episcopus 4a).

2 (as sb.): **a** (m.) Jew; **b** (f.) Jewess.

a Judas .. adiit ~os ut Deum venderet GILDAS *EB* 107; si pro dampnatione diei jejunaverit, sicut ~us abhominetur ab omnibus aecclesiis catholicis THEOD. *Pen.* I 11. 3; importuna ~orum garrulitas fribula falsitatis deleramenta confingat ALDH. *VirgP* 21; **1178** etc. (v. episcopus 4a); ~us quidam, Deus-cum-crescat vocabulo, (sic enim orationibus, loco proprioorum nominum utuntur ~i) filius Moysi de Walingeford, hominis minus quidem ceteris ~is detestandi .. verbis blasphemis virtutes divinas irridebat *Mir. Frideswide.* 39; **1198** custodes ~orum (v. custos 5e); **1251** unum apenticium ante hostium turris ~orum fieri .. facias *Liberate* 27 m. 4; **1265** de quibusdam Judiis .. arestandis *Cl* 57; **1279** justiciarii ad custodiam Judeorum [MS: judorum] *RParl Ined.* 3; precipimus, ut ~i utriusque sexus super vestes exteriores duas tabulas laneas habeant alterius coloris ad pectus consutas, quarum latitudo digitorum ij et longitudo iiij sit ad minus *Conc. Syn.* 1045. **b** voluit tandem ~a prestigiis contra solitum potentibus Christinam ledere *V. Chris. Marky.* 23; ~a .. convertitur ac .. [vir] conversionem suam distulit in contumeliam Christi P. BLOIS *Ep. Sup.* 57. 20; **1277** (v. elephas c).

Judaice [LL], in the manner of a Jew, as a Jew.

gentiliter et non ~e vixit GROS. *Cess. Leg.* I 10. 15 (v. gentiliter); **1277** non gerebat se ~e (v. gerere 8b); nec .. ~e appetant post ollas carnium *Reg. Whet.* II 388.

Judaicus [CL < Ἰουδαϊκός]

1 originating in Judaea, Jewish.

~ae gentis BEDE *Mark* 261C (v. exterminium 1b); alienos dicit Pilatum et ejus milites, qui non erant de gente ~a *Eccl. & Synag.* 99; in unitate fidei catholicae coadunavit populum gentilem et ~um ANSELM *Misc.* 314; Deus ~am noluit perdere gentem PETRUS *Dial.* 39; Dominus in quodam ~e pravitatis homine in ipsa civitate Oxenefordie .. Virginis sue vindicavit injurias *Mir. Frideswide.* 39; dissipatio populi ~i GROS. *Cess. Leg.* II 9. 2; Judaicum scelus WALT. WIMB. *Carm.* 488 (v. 2 dissilire 1a); ~o populo GASCOIGNE *Loci* 127.

2 (in names of plants or products): **a** (*bitumen ~um*) mineral pitch, asphalt. **b** (*herba ~a*) goat's beard (*Tragopogon pratensis*), cleavers, hayrif (*Galium aparine*), or hemp-nettle (*Galeopsis tetrahit*). **c** (*lapis ~us*) Jew's stone, marcasite, or sim. **d** (*lapis ~us*, bot.) spurge.

a bitumen ~um *SB* 12 (v. bitumen 1a). **b** herba ~a, tetrahit idem *SB* 24; tetrahit, herba ~a est, rubea minor *SB* 42; *Alph.* 184 (v. frenum 2a). **c** lapis ~us, i. agapis vel agatis *SB* 27; lapis ~us duplex est, major et minor. major est similis glandi et lineis quasi torno ductis quemadmodum egregie describitur a Dioscor[ide]. vocatur etiam thecolithos ..; minor est in forma cylindro similis, fractus resplendet .. *LC* 248. **d** lapis ~us, *sporge MS Cambridge Univ. Libr. Dd 11. 45* f. 108ra.

3 resembling Judas.

ut ~o more dominum suum .. proderent ASSER *Alf.* 96.

Judaismus [LL < Ἰουδαϊσμός], **~um**

1 Judaism, religion of Jews.

745 Clemens .. inferens etiam Christianis ~um *Ep. Bonif.* 59 p. 118; metuens ne conversi noviter, videntes afflictionem nostram, ad suum .. ~um .. converterent LANFR. *Comment. Paul.* 237B; Judei .. ad eum convenere conquerentes nonnullos ex suis .. Christianos .. noviter factos fuisse, atque rogantes ut sumpto pretio illos, rejecto Christianismo, ad ~um redire compelleret EADMER *HN* 113; ~um vitemus, ut et sabbatismum caveamus PULL. *Sent.* 779C; ad ~um .. conversi R. NIGER *Mil.* I 83 (v. gentilitas 3a); relicta ~i cecitate, ad fidem Trinitatis .. sunt conversi *Flor. Hist.* I 183.

2 Jewry: **a** Jewish quarter. **b** Jewish community.

a c**1183** recepimus de capitulo Sancti Pauli London' ecclesiam Sancti Olavi in ~o *E. Ch. S. Paul.* 188; **1217** domos que fuerunt Thome de N. in ~o Lond' *Cl* I 346a; **1237** Leo episcopus Judeus et cyrographarius de ~o Eboraci *Couch. Furness* II 448; **1258** invenit in Judeismo Oxonie quasdam pecias, videlicet xxiij de biblia fratris J. de B. *Cl* 206; s**1263** ~um in Londoniis (v. despoliare a); ex inopinato per vetus castrum intravit, qui et villam [sc. Wigornie] destruxit ac ~um evertit *Flor. Hist.* II 487; cum cepissent civitatem Lincolniensem et spoliassent ~um TREVET *Ann.* 271; **1330** in parochia sancti Edwardi in parvo ~o *Cart. Osney* I 345; c**1350** in Judaissimo est terra .. et eam tenet Judeus *Reg. S. Aug.* 342; in veteri ~o *Entries* 668vb. **b 1232** concessimus .. Petro .. custodiam ~i nostri Hiberniae ita quod omnes Judei Hibernie sint ei intendentes et respondentes *RL* I app. 519; **1253** quilibet burgensis burgagium suum potest .. vendere cuicunque voluerit exceptis viris religiosis et ~o *BBC* (*Bolton*) 89;

1257 rex .. vult quod Judei .. exhibeant secundum legem et consuetudinem ~i *Cl* 23; **1266** tempore quo ~us noster extitit in manu Edwardi primogeniti nostri *Cl* 205.

3 indebtedness to a Jew.

1236 quia fuit in ~o et quia oportuit ipsum .. denarios recipere ad se acquietandum de ~o *BNB* III 160; **1258** ad acquietandum eos de ~o versus Salomonem le Evesk et Aaron filium Abrahe .. *Cl* 346; **12..** noveritis quod pardonavi .. totum jus et clamium quod unquam habui vel habere potui vel potero nomine ~i in totis terris *Starrs* I 30; wardam de Mikelsfeld a domino abbate .. optinuit, et pro ea persolvit c m. comiti Cornubie Ricardo, de quibus eandem terram a ~o liberavit *Flor. Hist.* II 437; **1279** pro xv marcis quas ei dederunt ad quietand' se de Jewdaismo *Hund.* II 358a; **1284** Maning de Stamford Judeus seisinam habuit secundum statuta ~i pro debitis in quibus dictus Robertus dicto Judeo tenebatur *Law Merch.* III 5; **1288** filia J. de S. furabat noctanter .. quendam bukettum et cordam et posuit ea in Judeismo et R. B. et de B. dixerunt quod inveniebant ea in Judeismo invadiata in Judeismo *Leet Norw.* 10; ad aquietanda vadia nostra que erant ~o inpignorata *FormMan* 7; summa pecunie quem ei ad acquietandum se de ~o dederamus *Meaux* II 25; nullum factum fuit attachiamentum quia illud accidit in ~o *MGL* I 99.

Judaizare [LL < Ἰουδαΐζειν]

1 to behave like a Jew (esp. of a gentile in interpretation of texts and observance of rites).

cum scita legis Mosaicae juxta litteram servaret, ~ante adhuc in multis ecclesia BEDE *HE* III 25 p. 185; docens vos ~are LANFR. *Comment. Paul.* 251; si autem dicunt quia ~amus, dicant similiter Christum ~asse ANSELM (*Ep. de Sacrif.*) II 225; non ~emus cibos a cibis distinguentes, quoniam in lege Christi, teste apostolo, 'omnia munda mundis' (*Tit.* i 15) PULL. *Sent.* 779B; ~are tu niteris ANDR. S. VICT. *Comm.* 136 (v. exsequi 6b); [Hen. II] Judeorum legem Christianismo preposuit et eis succedens usuras capiendo Judizavit R. NIGER *Chr. II* 168; ejus [sc. Machometi] sequaces a vino et a porco abstinent, in quo .. videntur ~are HIGD. V 14 p. 38; unctio .. consecratio et coronatio .. non sunt institute in veteri Testamento—tunc enim ecclesia exercens hujusmodi ~aret OCKHAM *Pol.* I 162; apostoli tempore primitive ecclesie laborarunt ad destruendum ~antes quoad ritus legales WYCL. *Ver.* III 163; dum ipse minus recte ad Christi evangelium ambulans, gentibus ~are in consilio persuadebat AMUND. I 80.

2 to convert to Judaism, become a Jew.

~ant aliqui, paganismum inducunt plurimi GERV. CANT. *Imag.* 78; ne civitas Londoniarum, que hactenus talis pestis fuit ignara, ut scilicet Christiani sic ~arent, tali tabe commacularetur M. PAR. *Min.* II 383.

3 to lend money at interest.

1275 quidam Christiani de comitatu Norff' .. ~antes ac pecuniam et bona alia Christianis aliis indigentibus mutuo committentes terminis statutis *Pat* 95 m. 36*d*.

Judaizatio [ML], Judaization, observance by gentiles of Jewish customs.

ut de nostra quasi ~one gloriari queant PULL. *Sent.* 973A.

Judas [LL < Ἰουδας < Heb.]

1 given name of the fourth son of Jacob, applied to the tribe of Judah, Judas Maccabaeus, Judas Iscariot, and St. Jude, among others.

praedixit Spiritus Sanctus per os David de ~a GILDAS *EB* 107; *Ib.* 108 (v. 1 effectus 5a); solus de tribu ~a leo fortissimus bestiarum ALDH. *Met.* 2 p. 65; Thaddeus .. / .. / .. nomine Judas, / cujus praesenti laudes celebrantur in aula *Id. CE* 4. 12. 8; dum Judas Scarioth strofa deceptus iniqua / culmen apostolici celsum perdebat honoris *Ib.* 5. 5; ~as Machabeus BEDE *Hom.* II 24. 248 (v. emundare 2b); si factum ~e merito detestamur eumque veritas judicat, cum se laqueo suspendit GROS. *DM* V 2.

2 (wooden holder for) a paschal candle.

1310 computant .. in carpentariis conductis pro feretro et herciis una cum ~asiis faciendis pro cereis v s. j d. *Ac. Exec. Ep. Exon.* 22; **1377** pro candelis de ~as ad festum Pasche *Ac. Churchw. Bath* 13; **1389** quod .. in festo Concepcionis Beate Marie vel die Dominica proximo sequente .. omnes insimul offerrent unam grossam candelam vocatam ~as in honore Beate Marie *Guild Cert.* 41/181; **1403** in j ~as de novo facto ad serviendum in choro per iij dies *Mem. Ripon* III 212; **1452** ad faciendum de novo xl ~aces ligneas ad †pertandum [l. portandum] luminaria stantia coram alta cruce *Ac. Churchw. Som* 185.

judex [CL]

1 judge, person appointed to decide a case at law; **b** (dist. by place); **c** (*~ex deambulatorius, errans, perambulans, perlustrans*) justice in eyre; **d** (dist. by grade); **e** (*~ex a quo*) judge appealed against; **f** (*~ex ad quem, ~ex appellationis*) judge appealed to.

reges habet Britannia sed tyrannos, ~ices habet sed impios GILDAS *EB* 27; **705** omnes advenissent reges ambarum partium episcopi et abbates ~icesque WEALDHERE *Ep.* 22; ad ~icem vinctus perductus est BEDE *HE* I 7 p. 18; **811** placuit pio regi Coenuulfo cum consilio .. principum, ducum, ~icumve majorumque natu *CS* 335; non enim sacerdos constitutus est ad hoc ut sit ~ex furum aut latronum ÆLF. *Ep.* 3. 81; in Eboraco .. fuerunt vj scyrae .. in his nemo alius habebat consuetudinem nisi ut burgensis .. praeter iiij ~ices quibus rex dabat hoc donum per suum brevem et quamdiu vivebant *DB* I 298ra; nullus dominus, nulla potestas stultos aut improbos ~ices [AS: *deman*] constituat (*Quad.*) *GAS* 475; regis ~ices sint barones comitatus, qui liberas in eis terras habent, per quos debent cause singulorum alterna prosecucione tractari. villani vero vel cotseti vel ferdingi vel qui sunt hujusmodi viles et inopes persone non sunt inter legum ~ices numerandi (*Leg. Hen.* 29, 29. 1a) *GAS* 563; **c1198** testibus hiis .. Constantino ~ice *Inchaffray* 3; **c1223** quietanciam secte comitatus Cestrie et hundredi de D. et de uno ~ice, quem nobis debuit de terra sua de C. *Ch. Chester* 402; ~ices sunt thronus Dei GROS. *DM* VIII 1; causa .. est inter episcopos Sanctiandree et Brechinensem .. litigiosos coram nobis tamquam ~ice compromissario ventulata *Reg. Brechin* I 19; ~ex, *juge WW*; hic ~ex, *a domsman WW*; **1503** nunquam aliquam sui causam coram majore aut balivis attemptet, nec coram eorum aliquo tanquam suo ~ice respondebit *StatOx* 309. **b** *scirman*, i. ~ex comitatus *CS* 1098 (v. comitatus 3); tunc erant xij ~ices civitatis, et hi erant de hominibus regis et episcopi et comitis *DB* (*Cheshire*) I 262vb; **c1128** Constantinum comitem de Fyf, magnum ~icem in Scotia *E. Ch. Scot.* 80; Rannulphus .. totius Anglie ~ex *V. Chris. Marky.* 5; ~ices provinciales multa ecclesie detrimenta intulerunt R. NIGER *Chr. I* 32; **1216** si aliquis ~ex aut sectarius hundredi aut comitatus in curia mea in misericordiam incident .. *Cart. Chester* 104; **1417** hec indentura facta inter T. de T. .. ex una parte, et J. C. ~icem Mannie *Stat. Man.* 2. **c** deambulatorios vel perlustrantes ~ices *Dial. Scac.* I 8 D (v. deambulatorius 1b); proferuntur minores quique perambulantium ~icum rotuli, ex quibus excipiuntur que in singulis comitatibus domino regi debentur labore et industria ipsorum *Ib.* II 1 C; rex .. eligens discretos viros secuit regnum in sex partes ut eas electi ~ices, quos errantes vocamus, perlustrarent et jura destituta restituerent *Ib.* II 2 F. **d** **1043** prior S. Gregorii et decanus Cantuariensis et magister P. Lombardus, prioris S. Augustini principalis ~icis subdelegati ad totam causam *Reg. Roff.* 457; **1130** vicecomes r. c. de ccc et xxxvj m. argenti et v s. et vj d. de minutis ~icibus et juratoribus comitatus *Pipe* 28; ad majorem ~icem RIC. ANGL. *Summa* 81 (v. appellatio 3a); **1290** dominus rex qui est summus ~ex *SelCKB* II 12; a summo justitiario usque ad minimum pedaneum ~icem *Chr. Ed. I & II* II 239; ordinarii sublimitas pedanei ~icis non attingit judiciarem potestatem *Reg. North* 367; appellatio a gravaminibus dicitur quando ~ex inferior utpote episcopus .. intulit aliquod gravamen actori *Praxis* 242. **e** pars contra quam lata est sententia potest .. viva voce apud acta coram judice ferente sententiam, qui dicitur ~ex a quo, in hunc modum appellare *Praxis* 234; ~ex a quo est appellatum *Ib.* 298. **f** **1325** ~ices appellacionis dicto majori .. datos et assignatos *MunAcOx* 114; quamvis ~ex appellationis reformabit decretum taxationis expensarum interpositum per judicem a quo .., tamen .. idem ~ex ad quem taxabit ac parti appellatae allocabit .. debitas suas expensas *Praxis* 250.

2 (dist. as secular or eccl.). **b** (*~ex coronae*) coroner. **c** (*~ex Christianitatis*) the pope. **d** (*~ex delegatus*) judge delegate. **e** (*~ex ordinarius*) judge ordinary.

W. CANT. *V. Thom.* I 19 (v. degradatio 1b); potest .. bene abolere vel ~ex secularis vel ~ex ecclesiasticus T. CHOBHAM *Conf.* 66; **1236** ante civilem ~icem (v. civilis 2b); **1239** (v. electio 2d); GROS. *Ep.* 72* p. 226 (v. 2 decidere 4); **a1300** tria sunt quibus rex carere non potest ..: sacerdos familie .. et ~ex curie ad causas judicandas et ad dandum consilium .. *Leg. Wall.* B 199; ~ex secularis OCKHAM *Dial.* 407 (v. derelinquere 2b); **1476** religiosum .. coram secularibus ~icibus eorumve officialibus deputatis sine missis accusare *MunAcOx* 349; insuper hoc eorum utrique ex aequo competit, quod tam officialis de Arcubus quam ~ex audientiae poterit citare quemcunque *Praxis* 3. **b** nec est .. aliquis ~ex corone, qui vulgo dicitur *coroner* THORNE 2145. **c** tandem controversie sue et itineris causa coram ipso Christianitatis summo ~ice recitata .. DOMINIC *V. Ecgwini* I 7. **d** coram ~icibus delegatis GIR. *GE* II 27, etc. (v. delegare 2c); **c1211** novimus .. amplum et latum esse ~icis officium, tam ordinarii sc. quem delegati GIR. *Ep.* 6 p. 214; ~ices delegati RIC. ANGL. *Summa* 22 p. 29; ~ex autem delegatus a papa precipere potest ordinario judici loci ut sententiam exequatur *Ib.* 35 p. 78; vobis .. est obediendum missis a principe, hoc est a papa precellenti, qui est judex ordinarius singulorum .. et maxime cum quilibet ~ex delegatus a papa major sit quam ordinarius aliquis in illa causa .. (W. DROGHEDA) *EHR* XII 652. **e** **c1211** etc. (v. 2d supra); si tertio moniti per ecclesiasticum ~icem ordinarium ipsos a se non abjecerint .. M. PAR. *Maj.* III 432; jurisdictioni .. ~icis ordinarii vel delegati *FormA* 86; **1260** ego Jacob Thome sancte Romane ecclesie notarius et ordinarius ~ex (*Lit. Papae*) *Mon. Hib. & Scot.* 84; **1300** episcoporum et aliorum ~icum ordinariorum *MunAcOx* 79; **1418** in .. causis .. movendis coram quibuscumque ~icibus ordinariis sive delegatis aut arbitris nocionem aut jurisdiccionem habentibus qualemcumque *Reg. Cant.* I 50.

3 (bibl.): **a** judge (among Israelites). **b** (*Liber ~icum* or ellipt.) Book of Judges.

computantur ergo inter duces propter strenuitatem sicut et Delbora inter ~ices enumeratur S. LANGTON *Chron.* 75. **b** capitula lectionum in Pentateucum Mosi, Josue, ~icum BEDE *HE* V 24 p. 358; hec patent .. ex libro .. ~icum xj .. nam quod abstulit terram filiorum Ammon habetur ~icum xj BACON *Maj.* I 329; Deuteronomius, Josue, ~icum, et Ruth *Meaux* III p. lxxxiv.

4 **a** (of God); **b** (of Christ); **c** (of abstr.); **d** (of mythological person).

a quid pro hoc solo retributionis a justo ~ice sperares ..? GILDAS *EB* 33; se pro illo puniendum a districto ~ice timebat BEDE *HE* IV 23 p. 263; **947** per gratiam superni ~icis *CS* 820; districti ~icis examine GIR. *TH* II 54; vindicabit hec omnia pater orphanorum, et ~ex viduarum P. BLOIS *Ep.* 102. 319B; expectat clauso judicis ore diem GARL. *Tri. Eccl.* 75; justus et sapiens ~ex [ME: *deme*] diem prefixit ad jus discernendum inter vos *AncrR* 107; coram summo ~ice *Eul. Hist.* I 354 (v. judicare 1c). **b** **853** coram Christo ~ice *CS* 467; similiter hoc nomen "redemptor" et hoc nomen "~ex", prout dicitur de Christo secundum quod homo S. LANGTON *Quaest.* 139. **c** ait .. vulturem jecur immortale tondentem prave conscientie sese jugiter damnantis significare tormenta lege hac, qua se ~ice nemo nocens absolvitur, nec de se suam potest vitare sententiam ALB. LOND. *DG* 6. 6; et judex pietas promat judicia WALT. WIMB. *Carm.* 286. **d** judex sit Radamantus (v. demere 2b).

5 person appointed to adjudicate, esp. in a contest, judge, umpire.

disceptator, i. .. ~ex *GlH* D 562; Paris .. qui dicitur dirus ~ex TREVET *Troades* 9; **s1391** duellabat .. ~icibus comite Archebaldo de Douglas Nigro cum domino Henrico Percy, Northumbrie comite *Plusc.* X 11.

6 witness.

tria secreta colloquia debet rex sine ~ice habere: cum sacerdote, cum muliere, cum medico *Leg. Wall.* A 129.

judicabilis [LL], that may be judged.

LANFR. *Comment. Paul.* 114 (v. damnabilis 3); ab hoc nomine .. jus .. judicarius, -a, -um, et hic et hec judicialis, .. unde judicialiter adverb. .. et inde judicator, judicatus, judicatio, ~is, et hoc judicamen .. et hoc judicatorium .. i. judicum locus, et judiciarius, -a, -um OSB. GLOUC. *Deriv.* 281.

judicamen [ML], decision made in a court of law, judgement, verdict.

OSB. GLOUC. *Deriv.* 281 (v. judicabilis).

judicamentum [ML], decision made in a court of law, judgement, verdict.

Heraldus abstulit Sancto Petro injuste j hidam terrae pro qua W. rex praecepit ~um teneri et secundam per justiciam resaisiri *DB* I 121ra; hic consecratur et profitetur non ~o sed voluntate regis H. CANTOR 48; **1287** per quos aliquod ~um de jure fieri potest *PQW* 6a; **1383** in assisa ~orum *Reg. Heref.* 44.

judicare [CL], ~iare

1 to judge, try: **a** (w. acc. of person); **b** (w. dat. of person); **c** (pass.); **d** (w. acc. of case judged or pass.).

a episcopos Galliarum ~are non poteris (*Libellus Resp.*) BEDE *HE* I 27 p. 53; ~a, Domine, nocentes me *V. Kentig.* 6; reos .. ~antes BRACTON *proem.* 1b (v. dominabilis 1); **1330** attribuens potestatem ~are furem (v. 2 dominium 5a); OCKHAM *Pol.* III 317 (v. degradare 1b); in die judicii cum Dominus apparuerit ~are vivos et mortuos *G. Roman.* 380. **b** [Deus] ~abit nobis, sicut ante ~avimus eis, quibus in terris judicium superhabebimus (*Quad.*) *GAS* 479. **c** qui nuper Romam accusatus a suis atque ab apostolica sede ~andus adveniret BEDE *HE* V 19 p. 328; **903** spiritus redeat ad dominum .. ut ~etur secundum opera sua *CS* 894; hanc terram calumpniatur esse liberam Ulchetel, homo Hermeri, quocumque modo ~etur, vel bello vel juditio *DB* II 213; nec .. ~etur [episcopus] *GAS* 551 (v. damnare 1a); **1284** latro debet judiciari in hundredo (v. 2 hundredum 2e); **s1292** interrogati .. per quas leges .. debent ~ari (v. diversificare 1b); **1331** habere imperpetuam .. forisfacturas .. de omnibus placitis ubicumque fuerint ~iati sive in curia domini regis sive in alia *PQW* 32b; visionem vidit, quasi astaret coram Summo Judice, propter demerita ~aturus *Eul. Hist.* I 354. **d** praetor, in cujus domo judicium ~atur *GlC* P 620; si illi judices profiterentur propterea se talia ita ~asse eo quod nihil rectius de his rebus scire poterant .. ASSER *Alf.* 106; **1176** super re jam ~ata (v. frustratorius 2); **1182** contentio .. ~abitur (v. duellum 3a); **1331** purgatio .. favorabiliter ~atur (v. erga 3c); si sententia lata fuerit contra res prius †inductas [l. judicatas = Gratian *PL* 187. 636B] OCKHAM *Dial.* 529; ~a causam nostram FORTESCUE *NLN* II 1 (v. 2 heia a).

2 to judge: **a** (w. pred. nom. or acc.); **b** (w. acc. & inf.); **c** (w. indir. statement).

a negligentie reatus ~atur PULL. *Sent.* 847A (v. desidia b); convictus .. vita ~atur indignus *Dial. Scac.* II 10 B–F (v. escaeta 1); qui scripturam suspectam profert, nisi veram probaverit, falsarius ~abitur RIC. ANGL. *Summa* 31 p. 53; non minor auctoritas requiritur in ~ante papam hereticum quam in ~ante alium episcopum hereticum OCKHAM *Dial.* 584. **b** **1282** Willelmum .. ~avit esse in possessionem .. inducendum (v. defectus 4b); necesse est appellare, ne non appellans favere heresi ~etur OCKHAM *Dial.* 532. **c** qui sepe cum masculo aut cum pecude fornicat, x annos ut peniteret ~avit THEOD. *Pen.* I 2. 2.

3 (absol. or intr.) to make a judgement (esp. leg. & rhet.). **b** (impers. pass.). **c** (pr. ppl.) judge (in quot., of God).

quomodo tibi nunc videtur ille clericus de quo hesterno die ~are promisisti? FELIX *Guthl.* 47 p. 144; judices .. interrogabat quare tam nequiter ~assent ASSER *Alf.* 106; unde judicium non dixerunt, sed ante regem ut ~et dimiserunt *DB* I 58va; quia durum erat eis suscipere leges et ~are de eis, quas nesciebant (*Leg. Ed.*) *GAS* 661; *GAS* 532 (v. declamatio 1a); qui injuste ~abit *GAS* 558 (v. dignitas 4b); c**1211** ~et ille [sc. Christus] cui datum est a Patre judicium omne GIR. *Ep.* 6 p. 238; probationum usus ita causis est necessarius quod in solis notoriis sine illis ~amus RIC. ANGL. *Summa* 29 p. 39; incivile enim est de lege ~are nisi tota lege inspecta *Ib.* 41 p. 113; oportet in syllogismo .. ~are .. de modo .. KILWARDBY *OS* 505 (v. dispositio 1b). **b** per ejus verumdictum scietur utrum illi liberi homines sint an non, et secundum hoc dictum ~abitur GLANV. V 4. **c** cum .. terrorem .. ~antis, qui aequa .. bilance singulorum facta trutinabit .. exponeret ALDH. *VirgP* 49.

4 a to condemn (a person) judicially: **b** (w. acc. of person & dat. of penalty); **c** (w. prep. & acc. or abl. of penalty). **d** (transf.) to condemn, disapprove of.

a Geta hostis publicus ~atus interiit BEDE *HE* I 5 p. 17; **1253** (v. forinsecus 5b); juva, rex glorie, me pondus inclinat, / tu qui triumphas eciam judicatus J. HOWD. *Cant.* 350; illa te tenerum fovebat dulciter; / si tali merito matrem atrociter / torquendam judicas, reclamo fortiter, / contra sentenciam appellans acriter WALT. WIMB. *Carm.* 276; s**1382** (v. distractio 2). **b** milites .. capti fuerunt et morti ~ati AVESB. f. 77; s**1382** ~atus est traditor distraccioni (v. distractio 2). **c** ad mortem ~abatur latro *DB* I 268rb (v. homicidium a); sicut vulgo in terra dicitur, de omni mobili suo in regis misericordia ~atus est H. BOS. *Thom.* III 33; **1219** si latro ~etur ad suspensionem (v. fossa 3a); **1229** ~atus fuerit ad pillorium (v. exsecutio 3a); si aliquis hominum .. homicidium perpetrasset .. debet ~ari sive ad ignem sive ad aquam *Couch. Kirkstall* 335; Johannes Holdcastel .. ut proditor et lollardus ad mortem fuit ~atus STRECCHE *Hen. V* 149. **d** quod ut hominum .. eum ~antium de hoc quod ipse asinavit *Latin Stories* 129; fili, ex isto vides quod quicquid feceris ~aberis *Ib.*

5 to impose or award judicially. **b** (p. ppl. as sb. n.) debt imposed judicially.

decennium ~atur THEOD. *Pen.* I 14. 24 (v. decennium); hoc .. ~avit *Ib.* I 14. 29 (v. 1 deferre 7); *overseunesse* ~etur *GAS* 565 (v. denarius 2b); prout ~abitur mihi emendet EADMER *HN* 92 (v. emendare 5b); **11**.. pro .. forisfacto inter illos ~ato (v. forisfactura 1); regnum illud fratri regis illius diffinitiva sententia ~atur FORTESCUE *NLN pref.* **b** qui autem suo nomine convenitur, '~atum solvi' non cavebit sed 'judicio sisti' RIC. ANGL. *Summa* 17; hec autem satisdatio, sc. ~atum solvi, tres habet clausulas *Ib.* 20 p. 25; defendere potest quilibet, dummodo satisdederit ~atum solvi *Ib.* 38 p. 90; **1311** pro eisdem eciam ~atum solvi si necesse fuerit bona fide promittimus *Reg. Aberbr.* I 280.

6 to decree (law or regulation).

a**797** hoc .. firmo foedere ~avi *CS* 272; ?**1072** leges .. emendandas ~avi (v. emendare 2b); si lex inde jam ~ata sit, sit coram regis ministro causa finita (*Leg. Hen.* 26. 4) *GAS* 562; c**1132** sacramentum quod ~atum fuerit (v. dirationare 2b); leges .. ~ant furtum .. per reddicionem .. expiari FORTESCUE *LLA* 46 (v. furtum 1a).

7 to be a judge over, to administer justice to. **b** (intr.) to be a judge (over), to administer justice (to). **c** (w. ref. to bibl. Judges).

in proverbio antiquo dicitur, quando de judicibus vel regibus sermo fit: '~avit Britanniam cum tribus insulis' NEN. *HB* 8; Brittones olim implentes eam a mari usque ad mare ~averant *Ib.* 9; provincie .. ~abantur HIGD. I 49 (v. Danelaga); capitolium .. quasi speculum mundi in sublimi erectum fuit, ubi consules et senatores urbem et orbem ~abant *Eul. Hist.* I 411. **b** super c friborgas ~abant *GAS* 652 (v. centenarius 4b). **c** Othoniel .. ~avit R. NIGER *Chr. I* 6 (v. judex 3a); Jepte .. ~avit Israel vij annis *Eul. Hist.* I 43.

8 to consider, deem, judge. **b** (w. inf.) to deem fit (to), to decide (to). **c** (p. ppl.) judged to be, deemed fit.

705 me ipsum a conloquio hujus concilii subtraham si ita justum ~averis WEALDHERE *Ep.* 23; tantae ergo fidei fuit ut mortem .. velut requiem .. ~aret FELIX *Guthl.* 50 p. 154; cum trepidi partes suas pene inpares ~arent .. BEDE *HE* I 20; deceptorias illas lacrimas ~abimus? AILR. *Spec. Car.* II 17. 565B; quelibet res ~ata solum ~atur esse illud quod est KILVINGTON *Soph.* 121. **b** **601** te volumus episcopum mittere, quem ipse ~averis ordinare (*Lit. Papae*) BEDE *HE* I 29; Christiani .. multo melius ~antes aut mortem aut victoriam mereri .. ASSER *Alf.* 54; ~atum est duello rei certitudinem experiri GIR. *IK* I 7 (v. duellum 3f); te susceptum deponere ~amus officium *Flor. Hist.* II 434. **c** hic ab omnibus qui novere dignus episcopatu ~atus est BEDE *HE* IV 1 p. 202; **963** presul ~atus (v. ergo 1a); **1407** (v. expedire 8a).

9 to recognize as, diagnose as: **a** (gram.); **b** (mus., also absol.). **c** (med.).

a quod nonnumquam Romani superfluas litteras ~ent quae hoc motu carent ut H, K, Q ABBO *QG* 11 (25). **b** tunc ~a tamquam cum proprietate et perfectione *Mens. & Disc.* (*Anon. IV*) 47; due vero sequentes minores ~antur, si sola semibrevis divisa sequens inveniatur HAUDLO 148. 8. **c** ~aretur moriturus W. CANT. *Mir. Thom.* VI 81 (v. eousque 1a); cum aeque ~etur filius *Quaest. Salern.* B 321 (v. filius 8a); ~atur pulsus BART. ANGL. III 23 (v. frigidus 2a); GILB. VII 283v. 2 (v. grossitudo 1b); duodenum .. porta stomachi inferior ~atur RIC. MED. *Anat.* 224 (v. duodenus 6); ~a quod dislocata est GAD. 127v. 2 (v. dislocare 1a); sanguis ~ari [ME: *juge*] non potest dum est calidus antequam frigescat sic nec peccatum dum cor bullit per iram non recte judicatur [ME: *nis nan richt dom*] *AncrR* 36.

10 (intr.) to exercise intellectual judgement.

†sentensiosus [l. sententiosus] integre †judicanis [l. judicans *or* judicians] *GlC* S 279; debeo apud lectores bonam, si recte ~abunt, pacisci gratiam W. MALM. *HN* III *prol.* p. 46; nec ignoro, / quo laboro, / set ut de me judico / vel egrotus / magis notus / michi sum quam medico P. BLOIS *Carm.* 12. 9. 78;. simulque queritur quomodo ad illa tria sese habent ars inveniendi et ~andi KILWARDBY *OS* 526; cognoscendo albedinem et nigredinem per unum actum possumus .. ~are inter albedinem et nigredinem OCKHAM *Quodl.* 5; ~are est suppremum quod operatur spiritus [humanus] FORTESCUE *NLN* II 8.

11 (astr.) to prognosticate, predict. **b** (intr.) to make a prognostication, to utter a prediction.

Zodiacus .. non .. ~at flexus .. planetarum FORTESCUE *NLN* I 43 (v. 2 flexus 2). **b** certior est via ~andi de futuris quam per astronomiam, et hoc est per experientiam BACON *Tert.* 44; in hoc modo ~andi magnum secretum est, quod latet astronomos *Id. Tert. sup.* 14; vulgus mathematicorum ~antium et operantium per stellas magnas non multum proficiunt *Id. NM* 527.

12 (third person sing. perf. *~avit* as name of a writ).

1304 pretextu cujusdam brevis nostri de prohibicione quod dicitur ~avit vobis directi *Cl* 121 m. 6.

judicarius [LL], of a judge or a court of law.

praetorium, domus ~ia *GlC* P 622; **799** insuper et in aliis legebam canonibus apostolicam sedem ~iam esse, non judicandam ALCUIN *Ep.* 179; **801** in sede ~ia sedentem *Ib.* 234; nomium sedentem in civili [l. curuli] i. e. ~ia sella J. WALEYS *Commun.* 1. 2. 2; a generali concilio—quod etiam super papam hereticum habet ~iam potestatem OCKHAM *Pol.* I 60.

judicatio [CL]

1 action or power of deciding a case at law.

nec summorum quispiam minorum ~one dispereat (*Leg. Hen.* 32. 1a) *GAS* 564; juris demonstratio querit honestatem, / .. / dum deliberacio vult utilitatem, / librat judicatio rei veritatem GARL. *Epith.* III *Summa* 12; nec est credendum quod ~o, promulgacio, vel sentenciacio prelati facit talem esse hereticum, .. sed quia prius ex sua malicia est hereticus WYCL. *Ver.* III 302.

2 exercise of judgement.

et mulieres immunde et carnales ~ones interimende sunt maxime, quoniam ille fecerunt populum Dei peccare R. NIGER *Mil.* II 62; solet esse apud prudentes viros in operibus elaboratis ~o restriccior, in rebus subitaneis venia prolixior W. BURLEY *Vit. Phil.* 254.

3 (rhet.) question to be decided.

est ex ratione deducta summa hujusmodi: rectumne fuerit ab Oreste matrem occidi, cum illa Orestis patrem occiderit .. ALCUIN *Rhet.* 10; ~o: possitne quisquam de filii pupilli re testari; an heredes secundi ipsius patris familias, non filii quoque ejus pupilli heredes sint *Ib.* 11; ~o est: cum summae virtutis celebrandae causa Grai de Grais aeternum inimicitiarum monumentum statuerunt, recte an non fecerint? *Ib.* 12.

judicativus [LL]

1 judicative, of the making of judgement.

noticia causanda in angelo quedam est apprehensiva et quedam ~a OCKHAM *Quodl.* 42; alius actus potest dici ~us, quo intellectus non tantum apprehendit objectum sed etiam illi assentit vel dissentit *Id. Sent. prol.* 16; cum .. secundum Aristotelem ibidem bellatores constituendi sunt in juvenili etate, quando viget fortitudo, consiliativi et ~i in provecta etate, quando viget prudencia, sed honorabilissimi viri in ultima etate WYCL. *Civ. Dom.* IV 436.

2 decisive, of the making of prognosis.

creticorum dierum alii sunt indicativi, alii ~i. indicativi sunt illi dies in quibus indicia future crisis apparent, ut 4, 7, 17; ~i sunt illi dies in quibus fit crisis, ut 4, 9, †14 [l. 19] BACON IX 203; astronomie vulgate .. hec pars ~a habet quatuor radices principales seu scientias secretas *Id. Maj.* II 216.

judicator [LL]

1 judge, lawman, doomsman, doomster.

1130 vicecomes r. c. de xxxj m. argenti de ix ~oribus comitatus de eisdem placitis *Pipe* 27; c**1227** quas tenet de domini rege .. pro xix d. et medietate unius quadrantis et inveniendi [*sic*] sextam partem unius ~oris *Fees* 367; **1278** cum ~ores petuissent respectum ut judicio inde faciendo (*CoramR* 37) *SelCKB* I 44; **1287** abbas Cestr' dicit quod .. ad ipsum [sc. justiciarium] non pertinet inde judicii reddicio, set ~oribus comitatus, qui de judiciis placitorum in comitatu coram eis deductis reddendis onerantur, unde bene dicit quod ipse fuerunt judices sui *PlR Chester* 3 r. 6*d*; **1295** tenuit de prefato manerio de Weverham .. sex bovatas terre .. per servicium inveniendi unum ~orem in curia dicti abbatis de Weverham pro afforciamento illius curie ad judicia ob difficultates seu ambiguitates in eadem curia respectuata circumspeccius reddenda *IPM* 70/1 m. 6; **1309** ne ~ores incurrant infamiam perjurii *PQW* 826b; **1361** tenetur invenire unum ~orem in portmoto Cestr' *Reg. Black Pr.* III 409.

2 one who exercises judgement.

hii veri ~ores dicuntur mathematici a mathesi .. hec mathesis est doctrina Latine vel disciplina BACON V 2.

judicatorius [LL = *judicial*]

1 (as sb. f. or n.) court of law.

OSB. GLOUC. *Deriv.* 281 (v. judicabilis); ~ium, locus judicii *Ib.* 291; **1517** pretensam diffinitivam ad ~iam super monasterio et pretenso spolio predictis *Mon. Hib. & Scot.* 530.

2 (as sb. n.) faculty or principle of judgement.

conjungi .. potest actio volendi cum actione intelligendi penes superiorem partem rationis, ubi conscientie locus est naturaleque boni moralis et mali ~ium, quod theologi synderesim dicunt *Ps.*-GROS. *Summa* 477; consciencia .. est .. naturale ~ium WYCL. *Quaest. Log.* 247 (v. electorium).

judicatrix [CL], judge (in quot., among Israelites).

hec est palmae nuntiatrix, / hec sub palma judicatrix / manu forti Delbora GARL. *Poems* 4. 8b.

judicatum [CL]

1 judicial decision, legal judgement.

1315 super fructibus rerum secundi ~ati a tempore moti litis usque ad dictum ~um .. stetur ordinacioni .. senescalli [Vasconie] *RGasc* IV 1327.

2 judicially imposed sentence, penalty, punishment.

ut jocundior esset miserationis materia, ab optimatibus ~um clementer absolvit totumque vicum .. officio ejus addixit W. MALM. *GR* II 178; **1279** ~um solvi promittimus (v. hypotheca).

judicatura [ML]

1 judicial decision, legal judgement.

1426 vel alicujus parcelle inde in predicta ~a specificata *Reg. S. Aug.* 364.

2 judgeship, office or jurisdiction of a judge.

1289 in terra et ~a terre Agennensis *RGasc* II 297; **1289** si contingat .. Iterium .. judicem nostrum Petragonicensem dimittere ~am eandem *Ib.* 376.

judicialis [CL]

1 of a judge or court of law. **b** of or for legal proceedings. **c** of an ordeal; **d** (of a person to be subjected to a trial or an ordeal).

censor, dignitas †judicalis [l. judicialis] *GlC* C 270; judiciale forum A. MEAUX *Susanna* 43 (v. 1 forum 6a); cum .. [senescallus] in aula .. ~ali sua teneret placita *Proc. A. Kyteler* 13; circa cathedram ~em *Eul. Hist.* I

57 (v. excoriare 1d). **b** indebite retenta repetere coepit modeste tamen et ~i placito W. Malm. *GR* V 397; brevia .. ~ia Bracton 413b etc. (v. brevis 11); brevia faciunt ~ia *Fleta* 86 (v. cursorius 5e); **1303** absque strepitu ~i (v. dirimere 2); †**1307** (recte **1305**) ad primam diem ~alem (v. adjornare a); **1315** de brevibus ~ibus (v. 1 exire 5b); **1356** ~alem requirunt indaginem (v. diaeta 2d). **c** offam ~em sumat *GAS* 287 (v. eucharistialis a); interdicimus etiam ~em probacionem (*Cons. Cnuti*) *GAS* 297; lege .. ~i *GAS* 555 (v. frangere 6b); ferrum ~e *GAS* 586 (v. ferrum 4a). **d** quomodo clerici, temptantes divino judicio verum videre quod falsum de beatae Mildrethae praesentia noverant, ~i puero non valente mergi nil ipsius virginis habere se invenerint Gosc. *Lib. Mild.* 19 p. 69; si beata Mildretha apud ipsos corporaliter esset, aqua ~em personam naturali usu mergendo admitteret *Ib.* 20 p. 88; ut populum sibi ~em justiciabilem in suis curiis in tramite juris foveant et protegant *Fleta* III 183.

2 of a legal decision or judgement, valid (also eccl.). **b** (as sb. n.) legal decision or judgement. **c** book of legal judgements.

nec opus est aliquo libro ~i preter hoc fatigari (*Quad.*) *GAS* 45; emendetur sicut ~is liber dicit (*Ib.*) *Ib.* 153; ad cautelam princeps ~e quoque scripsit examen Gir. *EH* II 31; confessio ~is Conway *Def. Mend.* 1312 (v. extrajudicialis); legibus .. ~ibus latis Bekinsau 746 (v. caerimonialis 1). **b** multa sunt ibi [sc. in Deuteronomio] ceremonialia et sacramentalia et ~ia Ockham *Pol.* I 39; prompcius ut crimen judiciale ferat Gower *VC* VI 710. **c** p**1440** ~e juris secundo folio 'superiorem' (*Catal. Librorum*) *JRL Bull.* XVI 474.

3 of or for administration of justice. **b** (as sb. n.) right or instrument of administration of justice.

1296 in furcis ~ibus, **1306** furce ~es (v. 1 furca 4b). **b** dicant si habeat ~ia ut furcas pillorium et tomborale *Fleta* II 74; **1310** non habet tumbrellum quod est proprium ~e ab inicio institutum *PQW* 505a; **1330** ~ia executoria *PQW* 642b (v. exsecutoria 2a); **1388** dominus habet .. ~ia (v. emendatio 6d).

4 (rhet.) of forensic pleading.

ars rhetorica in [genere] .. ~i Alcuin *Rhet.* 5 (v. deliberativus); philosophi tria esse genera causarum dixerunt, sc. demonstrativum, deliberativum, et ~e. .. ~e quod tendit ad finem justitie T. Chobham *Praed.* 269.

5 (log. & phil.) pertaining to rational or intellectual judgement. **b** (as sb. n.) rational or intellectual judgement.

cum .. separatur a corpore, potest advertere corpus in quo est, et per consequens omne corporale in ipso, quoniam omnem cognitionem †indicialem [l. judicialem] precedit cognitio experimentalis Peckham *QA* X 96. **b** pluribus exemplis natura juvat racionem, / doccius unde suum judiciale regat Gower *VC* III 1692.

6 (astr.) prognostic.

summa astrologiae ~is de accidentibus mundi Ashenden *AM* 1. 1 *tit.*

judicialiter [LL], judicially, by correct judicial form or procedure.

1221 si .. super hoc ~iter in capitulo convictus fuerit *Ch. Sal.* 116; de forestis procerum suorum .. voluntarie et non ~iter, multos supplantavit M. Par. *Min.* I 255; regem interpellavit, ut .. Gilebertum .. secundum leges et regni consuetudines, tractaret ~iter *Flor. Hist.* II 209; s**1294** statuerunt ~iter procedi contra eundem militem W. Guisb. 246; **1319** judicari deberent ~iter et sentencialiter *Reg. Dunferm.* 352; **1382** ~iter vel extrajudicialiter *Ziz.* 310; s**1457** opiniones hereticam pravitatem sapientes .. in forma canonica ~iter abjuravi *Reg. Whet.* I 287.

judiciare v. judicare.

judiciarius [CL]

1 of a judge or a court of law. **b** of or for an ordeal (by water or iron); **c** (by combat); **d** (of abstr.) judicial.

ordine ~io *Cust. Norm.* 22. 1 (v. divestitus); coram Dei ~ia sede Lucian *Chester* 50; ~ia definitio Ad. Eyns. *Hug.* IV 5 (v. definitio 4a); sive conventione ~ia sive precibus principi oblatis judicique insinuatis Ric. Angl. *Summa* 11; tandem ~io officio ejusdem terre suppremo diu functus est Fortescue *NLN* II 10. **b** [Wulfredus] qui ipsum ~ium alveum albatus consecravit Gosc. *Lib. Mild.* 20; de fossa ~ia R. Cold. *Cuthb.* 32 p. 74 (v. fossa 3a); a**1185** supra foveam ~iam (v. fovea 4). **c** pugne ~ie Upton 72 (v. duellum 2a). **d** ~ia districtione Bede *Hom.* I 24. 96 (v. 3 districtio 4a); de cujus ~ia potestate multo ante in psalmis praedixit Alcuin *Dogm.* 196D; et omni ~ia dignitate privetur (*Leg. Hen.* 34) *GAS* 565; interrogantibus sedes in regeneratione promisit et ~iam quam cum eo habituri sunt potestatem J. Sal. *Pol.* 499D; vindicta, -e, que aliquando pro quadam virga ~ie potestatis dicitur Osb. Glouc. *Deriv.* 618; **1236** non regiam vel ~iam potestatem abjecit Gros. *Ep.* 23 p. 93; actuali paupertati debetur ~ia paupertas Ockham *Pol.* II 23 p. 477.

2 that enables the making of judgements. **b** (*liber ~ius*) Domesday Book.

unde constat, totam vim illam †indiciariam [l. judiciariam] spiritus, .. singulis membris hominibusque esse presentem Colet *Ep.* 194. **b** hic liber ab indigenis *Domesdei* nuncupatur id est dies judicii per metaphoram . . . ob hoc nos eundem librum ~ium nominavimus, non quod in eo de propositis aliquibus dubiis feratur sententia, set quod ab eo, sicut a predicto judicio, non licet ulla ratione discedere *Dial. Scac.* I 16 B.

3 (astr.) judicial, prognostic.

astrologia ~ia fatua est Kilwardby *OS* 99 (v. fatuus 2); si voluntas humana posset necessitari per aliquam causam secundam, hoc plurimum videretur per stellas et virtutes celestes que videntur habere efficaciam maximam in subjecta, eciam in homines, in tantum ut periti in astrologia et aliis scientiis †indiciariis [l. judiciariis] in influencia celesti fundatis videantur frequenter predicere ipsorum mores et actus. sed istud non congruit rationi Bradw. *CD* 449; Joannes Kyllyngworth .. scripsit tabulas astronomiae †indiciariae [l. judiciariae] seu canones tabularum Bale *Index* 223.

4 (as sb. m.) judge.

1276 volumus etiam firmiter precipientes ~io nostro Mechliniensi quotiens .. *Gild Merch.* I 298; facta est itineratio ~iorum Fl. Worc. *Cont. C* II 220; ordinavit ~ios .. ad castigandum malefactores Ad. Mur. *Chr.* 8.

judicium [CL], **~ia**

1 legal proceedings before a judge or judges, court action, trial.

p**675** retributio aequissimis ~ii lancibus trutinabitur Aldh. *Ep.* 4 p. 486; Alcuin *Rhet.* 16 (v. defensor 4a); **948** [Deus] me .. ~ii .. et legum constituit discretorem *CS* 860; omnis ordinis clericos ad secularia ~ia trahentes H. Bos. *Ep.* 16. 1441A; si in ecclesiastico ~io convinceretur [clericus] Gerv. Cant. *Chr.* 174; **1291** sine strepitu ~ii, etc. (v. figura 9c); littera .. pro .. heretico, ~io seculari committendo *MGL* I 616.

2 panel of judges, court, tribunal. **b** place in which judge sits, site at which judgement is made.

rex .. decreta illi [genti] ~orum, juxta exempla Romanorum, cum consilio sapientium constituit Bede *HE* II 5 p. 90; mando .. ut nullus episcopus .. causam quae ad regimen animarum pertinet ad ~ium saecularium hominum adducant (*Leg. Will.*) *GAS* 485; debent episcopi cum seculi interesse ~iis, ne permittant, si possint, ut illinc aliqua pravitatum germina pullulaverint (*Quad.*) *Ib.* 478; si quis baro comitatus contra vicecomitem placitet, potest retinere suos homines a ~io maxime si tantum de eo teneant (*Leg. Hen.* 30. 1) *Ib.* 563; in quibusdam locis utrimque eligitur ~ium, medietas ab eis quorum est negotium, et ibi testes nominati et electi sunt habendi (*Ib.* 31. 8) *Ib.* 564; et si justicia habet eum suspectum, expurget se ~io hundredi vel syre (*Leg. Ed.* 28. 4) *Ib.* 649; expurget se ~io comitatus (*Ib.* 38. 3) *Ib.* 669. **b** precepit abbas ut illud sedile .. allatum poneretur in medio super tapetium, quem locum "~ium" appellamus *G. S. Alb.* I 245.

3 exercising of judgement, deciding of a question; **b** (by God); **c** (w. ref. to the Last Judgement). **d** (w. ref. to representation of Last Judgement).

Britannia .. judices habet, sed impios .. in sede arbitraturi sedentes, sed raro recti ~ii regulam quaerentes Gildas *EB* 27; in ~iis saepius quid aequum sit quaeritur, in demonstratione quid honestum sit intelligitur, in deliberatione quid honestum et utile sit consideratur Alcuin *Rhet.* 5; illaborato ~io non contentus, superate difficultatis non solum effectum sed et effectivum debite circumspiciat Balsh. *AD rec. 2* 124; tale est et illud septemplicis indiculi memoriale quod ~ii in exemplaribus directivum constituimus 'que cui, a quo, qualiter, qua occasione, quo proposito, qua spe dicantur' *Ib.* 164; non enim in ratiociniis, sed in multiplicibus ~iis excellens scaccarii scientia consistit *Dial. Scac.* I 4C. **b** sciebam misericordiam Domini, sed et ~ium timebam Gildas *EB* 1; Daniel .. praesago nominis vocabulo ~ium Dei Aldh. *VirgP* 21; [Ecgfridus] postremo tamen secundum praedestinatum ~ium Dei superandus et occidendus *V. Cuthb.* IV 8; postea vero iidem Gothi rebellaverunt, quibus quum occurreret Valens, victus est, et deprehensus fugiens ab hostibus, in villula quadam igni consumptus est, justo Dei ~io R. Niger *Chr. I* 43; qui wlt in districto ~io [ME: *domes*] invenire misericordiam et graciam *AncrR* 51. **c** in die ~ii Gildas *EB* 28 etc. (v. 1 dies 9b); ut corda eorum in memoriam futuri ~ii revocet Bede *HE* IV 3 p. 211; de omnibus judiciis suis redditurus erit racionem in novissimo tremendoque ~io *Cust. Westm.* 267; anime sanctorum in celo non vident Deum nec visure sunt ante †idem [? l. diem] ~ii generalis Ockham *Pol.* III 14; expectant post ultimum ~ium .. Dei visionem *Ib.* 762; in extremo ~io [ME: *an domesdei*] *AncrR* 14; visio et fruicio [sc. divine essencie] .. continuabitur [sc. sanctis] usque ad finale ~ium *Meaux* III 39. **d** **1250** mandatum est .. quod in capella Beati Stephani depingi faciat imagines apostolorum in circuitu ejusdem capelle, et ~ium in occidentali parti ejusdem et iconiam Beati Marie V. in quadam tabula similiter pingi faciat *Cl* 311; **1251** in gabulo ejusdem capelle tremendum ~ium depingi .. facias *Liberate* 28 m. 17; **1443** j tabula parva cum ~io finali depicto *Cant. Coll. Ox.* I 1.

4 ordeal; **b** (spec. by form).

audiens igitur senior illius quod ipse servus in vinculis teneretur sub diris custodibus, festinantius quam potuit illo perrexit, exposcens regis praefectum ut dimitteret ~ium et servili prescriptum condicione famulum possideret illesum Lantfr. *Swith.* 25; volunt defendere per sacramentum aut per Dei ~ium quod ille .. liber homo fuit *DB* (*Hants*) I 44vb; **10..** ~ium quippe quod Anglice *ordal* dicitur *GAS* 253; si anglicus nolit se defendere per bellum vel per testimonium, adlegiet se per Dei ~ium (*Leg. Will.*) *GAS* 484; Offam judicialem sumat et in ea divinum ~ium subeat (*Inst. Cnuti*) *Ib.* 287; qualiter .. presbiter Godwinus .. ipsos .. reos esse se per Dei juditium probatum obtulerit T. Mon. *Will.* 9. **b** **1080** qui intentum sibi crimen .. negans ferri ~io convincitur .. similiter [emendabit] (*Stat.*) Ord. Vit. V 5 p. 322; **1082** (v. ferrum 4a); *GAS* 163 etc. (v. aqua 2c); si aque ~ium sit, calefiat donec excitetur ad bullitum, et sit alfetum ferreum vel ereum vel plumbeum (*Quad.*) *GAS* 386; adverte autem justitias hic usualiter nuncupari prolati in aliquos juris executiones, ~ia vero leges candentis ferri vel aque *Dial. Scac.* II 7 A; per Dei ~ium, sc. per calidum ferrum vel per aquam Glanv. XIV p. 173; nisi ferri calentis vel aque frigentis ~io probatum fuisset Gir. *SD* 68.

5 power to make judicial decisions, authority, jurisdiction; **b** (iron.).

si quis occiderit monachum vel clericum, arma relinquat et Deo serviat vel vij annos peniteat. in ~io episcopi est Theod. *Pen.* I 4. 5; regis subire ~ium singuli subarabant Asser *Alf.* 106; clamores .. dimittuntur in ~io regis *DB* (*Yorks*) I 377va; (*Quad.*) *GAS* 479 (v. judicare 1b); si barones sunt qui ~ia non habeant (*Leg. Ed.*) *Ib.* 633; divisiones scirarum regis proprie cum ~io iiij chiminorum regalium sunt (*Ib.*) *Ib.* 640; pax data manu regis .. unam mensuram habent emendationis, et hoc ~io quod majus habetur in scyra, ubi pax fuerit fracta (*Ib.*) *Ib.* 651; dixerunt quod non tenentur viri ecclesiastici ~io subici laicorum M. Par. *Maj.* III 200. **b** nunc in ~io [AS: *dome*] porci dixit maritus sedens in apro *Prov. Durh.* 10.

6 decision made in a court of law, judgement, verdict; **b** (eccl.). **c** (collect.) corpus of law.

qui superfuerant .. se occultavere, expectantes a justo rectore omnium Deo carnificibus severa quandoque ~ia Gildas *EB* 11; omnia pene totius suae regionis ~ia quae in absentia sua fiebant sagaciter investigabat Asser *Alf.* 106; habuerunt consuetudines suas ~io baronum regis qui placitum tenuerunt *DB* (*Kent*) I 2ra; constitui .. recta ~ia [AS: *cynedomas*] *GAS* 89 (v. celebrare 2a); **1215** nullus liber homo capiatur vel imprisonetur .. nisi per legale ~ium parium suorum vel per legem terre *Magna Carta* 39; **1219** de placito falsi ~ii et recordi *CurR* VIII 47; s**1260** ~ium dare (v. colludere c); **1278** videbatur Radulpho de Hengham, qui associatus fuit justiciario Cestrie .. quod predictum ~ium non fuit consonum ~io usitato in regno Anglie (*CoramR* 37) *SelCKB* I 44; c**1350** abbas et conventus clamant .. quod aldermannus .. habet reddere singula ~ia suo proprio et omnium burgensium periculo *Bury St. Edm.* 19; **13..** sunt quidam ad hanc curiam / qui exprimunt juditiam; / dicuntur relatores, / ceteris pejores (*De Judicibus*) *Pol. Songs* 227. **b** **705** memor sum quomodo in †praesentis [MS: praeteriti] anni sinodo statutum est illis non communicandum si non tuum ~ium in ordinatione episcoporum implere festinarent Wealdhere *Ep.* 22; instrue eum, quod non est licentia de aliis peccatis ~ium accipere, .. antequam ipsum malum redderit aut ejecerit Bonif. *Pen.* 430; s**1139** non esse regis set canonum ~ium W. Malm. *HN* 470 (cf. ib. 472: canonicum ~ium). **c** quia, ex quo per juramentum adjudicatum est, non potest abjudicari per ~ium [OF: *par le jugement*] Anglie (*Leis Will.*) *GAS* 509.

7 judicially imposed sentence, penalty, punishment. **b** (*~ium mortale*, *~ium sanguinis*) capital punishment, death sentence. **c** (*ad ~ium de* or ellipt.) judgement given against, sentence imposed upon.

populum .. non tam ferro, igne, machinis .. quam solis minis vel ~iorum concussionibus .. subjugavit Gildas *EB* 5; si secundo in idem forisfactum ceciderit duos solidos pacabit, si autem tertio .. ~ium sustinebit *BBC* (*Kilkenny*) II 216; **1220** Elias habeat ~ium suum in curia domini regis. consideratum est quod amittat pedem et sciendum quod misericorditer agitur .. cum majorem penam de jure demeruisset *SelPlCrown* 127; in eum, qui adversus ea fecerit, quinquaginta aureorum ~ium datur Ric. Angl. *Summa* 14; frater .. ~ium susceptum .. virga .. verberetur *Cust. Westm.* 191; **1315** in tertio suo transgressu habeant ~ium de tumbrelle *MunCOx* 29; **1322** J. de S., pistor, habuit ~ium pilorie *MGL* III 415; **1350** W. B. pro falsitate committatur prisone et ~io pillorelle *Leet Norw.* 80. **b** c**1155** clerici, qui cum praelatis ecclesie conversantur, curiales non sunt; nec enim apud eos ~ium sanguinis exercetur P. Blois *Ep.* 6. 17A; homicidium quam sit detestabile deteximus in clericis, et ex hoc satis apparet, quod nec ~ium sanguinis eis agitare licet Bart. Exon. *Pen.* 47; proposuit etiam, quod episcopi quidam ejus suffraganei, neglecta pastorali cura, sedebant ad scaccarium regis, laicas

causas ventilantes et ~ia sanguinis exercentes M. PAR. *Maj.* III 205; v ~iis mortalibus torquebatur *Fleta* 16 (v. dismembrare 1a); **1330** si in ~io sanguinis presentes fuerint, vel ~ium sanguinis procuraverint *Lit. Cant.* I 321; Anglie cancellarius, nomine Cleri, in pleno parliamento allegavit illos non posse ullomodo de hujusmodi causis intromittere neque interesse velle tempore quo aliquod ~ium sanguinis agitatur FAVENT 15. **c 1202** ad ~ium de vicecomite qui non incarceravit attachiatos .. cum sint appellati de morte hominis *SelPlCrown* 13; **1221** ad ~ium de juratoribus qui presentaverunt loquelam que non pertinet ad coronam *PlCrGlouc* 63; **1237** vicecomes non venit ad diem sibi datum et ideo ad ~ium *KR Mem* 15 m. 6*d*; **1269** quia idem P. denarios illos .. injuste cepit, ideo de ipsis denariis respondeat; et ad ~ium de eo pro injusta capcione *SelPlForest* 48; **1291** ambo ad ~ium quia primus causa mortis *Eyre Kent* I 109.

8 formal or authoritative decision. **b** testament, will.

omnium ~io .. in episcopatum .. electus ac .. ordinatus est BEDE *HE* IV 21 p. 255; in capitulo ante abbatem in conventu fratrum examinetur et communi ~io frater ille corporalem disciplinam acriter patiatur LANFR. *Const.* 100; adduntur hec verba '~io capituli' capitulo cum eo jus dicente, cujusmodi exposicio usui convenit atque juri *Stat. Linc.* I p. lxxxii. **b 1268** de executione testamentorum (*tit.*); libertatem extremi ~ii sicut multa favoris prerogativa muniunt legitime sanctiones, ita ipsius executionem convenit adjuvare, ne quis impedire valeat arbitrium testatoris *Conc.* II 8b.

9 considered opinion, informed judgement.

a**705** quod nostrae parvitatis ~io dignum esse visum est (ÆTHELWALD) *Ep. Aldh.* 2 p. 497; cum oculos intendo, aliquando super eis, quae video, ~ium habeo, ut sc. intelligam, album est, quod vidi, vel nigrum ADEL. *QN* 13; pre omnibus autem titulis, meo ~io, de musicis instrumentis et arte musica tractatus pro sui captu laudabilior GIR. *TH app.* 204; de semibrevibus autem verum et ~ium bonum dabimus in hoc opere sequente HAUDLO 108; idem est ~ium de longis erectis, ut hic: HAUBOYS 222; ~io defecatissimi intellectus WYCL. *Ver.* II 64.

10 (astr.): **a** instrument of judgement, spec. astronomical tables. **b** prognostication.

a si .. caelestium corporum motus et naturas et proprietates et loca .. et alia ad ~ia necessaria commoverimus, plenam et profundam scientiam in terrenis actibus certissime consequamur ADEL. *Alch.* 17; incipiunt ~ia Alkindi astrologi Rodberte de Ketene translatio ROB. ANGL. (I) *Alch.* 63; unde utentes ~iis dicunt A esse litteram Solis, E Jovis, etc. *Ps.*-GROS. *Gram.* 21. **b** [astronomie] partes .. octo sunt, sc. scientia de ~iis, scientia de medicina, scientia de nigromantia secundum phisicam .. D. MORLEY 158; astrologia practica .. preparat vias ad ~ia facienda de omnibus inferioribus et ad opera mira et utilia in hoc mundo, que fieri habent in certis electionibus constellationum BACON *Tert.* 107; vulgus mathematicorum judicantium et operantium per stellas magnas non multum proficiunt .., quamvis peritissimi .. possent multas utilitates facere tam per ~ia quam per opera in temporibus electis *Id. NM* 527; ~io stellarum quo peritus fuerat fugientem insequitur *Meaux* I 269; **1439** item Zaael de ~iis astrorum *MunAcOx* 763; de pluribus †indiciis [l. judiciis] astronomorum qui .. multa futura predixerunt quorum contraria oculis nostris vidimus GASCOIGNE *Loci* 7 (cf. ib. *tit.*: astronomorum judicia).

Judius v. Judaeus. **Judizare** v. Judaizare. **Judus** v. Indus. **juga** v. jugis, jugum.

jugabilitas [cf. LL jugabilis], condition of being linked, conjunction.

herbarum .. et florum .. arbores sorores sunt, que una eademque fervoris humorisque ~ate gignuntur ALB. LOND. *DG* 8. 14.

jugabiliter, as if bearing a yoke.

ab hoc nomine .. jugum .. ~iter adverb. OSB. GLOUC. *Deriv.* 280.

jugalis [CL]

1 bearing a yoke.

~is, sub jugo positus OSB. GLOUC. *Deriv.* 288; equi .. ~es currui suppositi J. FURNESS *Pat.* 135.

2 marital: **a** of the celebration of marriage, nuptial. **b** of the yoke of marriage, conjugal.

a quamvis Blesellam saecli fortuna sororem / necteret ad thalami copulam taedasque jugales ALDH. *VirgV* 2126; si vero nollent ritum complere jugalem / mox tormenta jubet sanctas perferre puellas *Ib.* 2206; Malchus, virgo jugalis R. CANT. *Malch.* III 1. **b** denique nonnullos sortitur vita jugalis, / qui recte vivunt concessa lege tororum ALDH. *VirgV* 87; fortasse .. numquam bellandi adesset finis, nisi .. hujus nobilissimae reginae ~i copula potiretur *Enc. Emmae arg.* p. 6; contra ~e vinculum adulterinis amplexibus militem quemdam adamavit GIR. *IK* I 2.

3 (as sb.): **a** a yoked animal. **b** mate, spouse.

a terit hic in frena jugales / non longum mansurus eques J. EXON. *BT* I 320; fraxinus ictum / sicca redire negans reperit figitque jugalem / implicitum domino *Ib.* VI 260. **b** plurima maturans antiqua recurrit ad arma, / corrupitque levem regis morbose jugalem FRITH. 603; turtur si forte suum ~e perdidit H. LOS. *Serm.* 3 p. 78; rex .. ~is sue importunitate subactus *Mon. Francisc.* II 271.

jugalitas [LL], yoke of wedlock.

legitima ~atis fecunditas ob liberorum posteritatem sumpta ALDH. *VirgP* 9; virginitas aurum, castitas argentum, ~as aeramentum *Ib.* 19; **1012** (12c) legitimo ~atis vinculo mihi astrictae Ælfgyfae *CD* 720.

jugamen, condition of being linked, conjunction.

~en, sociamen, conjunctio, copulatio, glutinum OSB. GLOUC. *Deriv.* 288.

jugamentum [LL], condition of being linked, conjunction.

ab hoc nomine .. jugum .. hoc jugamen, -nis, i. conjunctio, unde hoc ~um OSB. GLOUC. *Deriv.* 280.

jugare [CL]

1 to yoke (animal); **b** (fig., of person).

porro boves ipsius qui eo die ~abantur ad vehicula omnia lora et juga excutientes ita dispersi sunt, ut deinceps inveniri non possent *V. Kenelmi* B 82r 2; quadriugus .. i. cum quatuor ~atus OSB. GLOUC. *Deriv.* 486. **b** ennea si melico chelim michi carmine tangam, / septenasque jugem ciclico dulcore sorores FRITH. 1312; cives sua colla jugarunt / illius imperio, telis opibusque juvantes J. HERD *Hist. IV Regum* 26.

2 (p. ppl. as sb. f. or n.) measure of land, yoke.

1193 A. de B. debet xl s. pro habenda saisina j ~ate terre et dimidie *Pipe* 171; **1205** iiij ~atas .. terre (v. gavelikinda a).

jugatio [CL = *trellising*], yoking.

1312 herciabit a jungacione caruce domini usque disjungacionem ejusdem caruce per unum diem (*Cust. Tolleshunt Tresgoz*) *Essex RO* D/DC 21/12.

jugator [LL], one who yokes, yoker.

ab hoc nomine .. jugum .. ~or OSB. GLOUC. *Deriv.* 280; *a yoker*, ~or *CathA*.

juger, ~era v. jugerum. **jugeratim, jugeratio** v. junchera. **jugere** v. vigere.

jugeria [ML < OF *jugerie*], jurisdiction of a judge.

1199 ~iam de homicidio (v. furtum 1a).

jugerum [CL], **~era** [LL], **~er** [ML]

1 tract of ground, expanse of land (esp. arable).

glebulis ~erum ALDH. *VirgP* 31 (v. deperire 1c); **864** cum pratis, cum pascuis, cum ~eris, cum segetibus *CS* 509; **956** ~era adjacent ~eribus (v. dirimere 1a); vidit agrum siliginis .. invenit eam in quodam ~ere *Canon. G. Sempr.* f. 167v; ~er, *tertre Teaching Latin* II 23; citra plenam exaracionem ~eris *Reg. Whet.* II 417 (v. exaratio 1b).

2 measure of land, 240 x 120 Roman feet, about two thirds of an acre.

724 tria ~era prati in loco qui dicitur Hammespot dedi *CS* 141; **732** dedi ei centum ~era ejusdem ruris in loco qui dicitur Sandtun *CS* 148; **789** aliquam particulam terrae juris mei, id est quasi unius et semis ~eri in civitate Hrofi *CS* 255; **814** xxx ~era (v. gremialis 1); x ~era vinearum, x ~eres vel diurnales *Gl. Leid.* 13. 15; **10..** ~eri *æceras WW*; **1151** terra sua sc. v ~era in campo et in villa tres toftas et dimidiam *Doc. Theob.* 300; quot hyde, id est ~era uni aratro sufficientia per annum H. HUNT. *HA* VI 36 (v. 1 hida 1a); c**1155** dono etiam eidem ecclesie xx et tria ~a terre *Regesta Scot.* 118 p. 182; ~er, -ris, G. *un arpent de terre*, spacium quantum unus bos potest arare de die *Teaching Latin* II 34; a**1244** illam culturam .. continentem octodecim ~era *Cart. Beauchamp* 24. p. 12; *an akyr of lande*, acra, jugus, ~er, jugum *CathA*; *butte of land*, ~erum LEVINS *Manip.* 195.

3 (as linear measure) length of a *jugerum*, 240 Roman feet.

per viij ~era porrectum *Lib. Monstr.* I 47 (v. extendere 4a); sive stadium, sive ~erum, sive perticam .. partiri opus habes BEDE *TR* 4 p. 185; viridis arbor quelibet a corporis sui succidatur medio, et tribus portio abscisa ~eribus separetur a trunco OSB. CLAR. *V. Ed. Conf.* 21 p. 108; arbor quelibet viridis, a suo trunco decisa, cum ad trium ~erum spacium a radice separetur .. resumptoque succo virens floruerit *Feudal Man.* 137.

jugilare [LL], to utter the call of a kite.

milvi jugiunt vel ~ant vel luriunt ALDH. *PR* 131.

jugire [CL], to utter the call of a kite.

ALDH. *PR* 131 (v. jugilare).

jugis [CL]

1 continuing without intermission, constant, continual: **a** (of action or mental state); **b** (of med. condition); **c** (of period of time).

a 672 ~i meditatione .. ~i conamine orthodoxiae aperito gurgitem ALDH. *Ep.* 5 p. 491; ~e studium impendit BEDE *Tab.* 472; nec tacebat interea ~is psalmodia GOSC. *Transl. Aug.* 17D; post ~em .. orationum instantiam GIR. *TH* III 27; egrescit .. ingenium, nisi ~i lectione reparetur *Id. EH pref.* p. 222; Henricus .. Angliam .. rexit ad honorem Dei subjectorum divicias multas et ~em leticiam MAP *NC* V 5 f. 63; hec sunt Cantorum: juga [*sic*] dogmata, bal baculorum, .. *Staura Civ.* 19. **b** ~i et immedicabili .. dissenteria GOSC. *Edith* 277 (v. immedicabilis a); horrendis dentium stridoribus, torvis et minacibus oculis, ~is capitis agitatione, feralibus etiam conatibus, furoris impetum demonstrabat *Mir. Fridesw.* 25; ut sanie cum pruritu defluente ~i scabie laborare crederetur *Ib.* 82. **c** mulier quaedam .. per ~e †qua triennium [l. quadriennium] sic continuo tumore ventris *Ib.* 27.

2 endless, eternal, perpetual.

~em memoriam perpetuae .. claritatis in coelesti patria BEDE *Tab.* 473; sed jŭge restat iter quod non finitur in annis HWÆTBERHT *Aen.* 10 (*De sole*) 3; lux .. jugis WULF. *Poems* (v. 2 flamen 3a); erit ibi nobis ~is et indefessa sempiternitas G. HOYLAND *Ascet.* 257A; [Jhesu] novem laus jugis ordinum J. HOWD. *Cyth.* 51. 3.

jugitas [ML], continuance, continuity, constancy.

745 (13c) incessabili ~ate (v. dein c); quies .. religiosa quantum possibile est in ~ate .. sed quia nemo diu valet quietus ~atem tenere ROB. BRIDL. 156; ut erasa omni corruptela, imo corpulentia, spiritalis poculi ~ate redundet quasi aquarum viventium puteus G. HOYLAND *Ascet.* 276C; vices ascendendi in montem et descendendi ad planitiem indefessa frequentans ~ate AD. MARSH *Ep.* 8 p. 89; inter ~ates occupationum *Ib.* 51.

jugitatio, continuance.

praecepta .. Dei .. habeat quidem ~onem quod detineant, et contineant in labore, sed cum suavitate GARDINER *VO* 731.

jugiter [CL]

1 constantly, continually, without interruption. **b** habitually.

617 injuncto ministerio ~iter persistentes (*Lit. Papae*) BEDE *HE* II 8 p. 96; nos geminas olim gemuit natura sorores, / quas jŭgiter rectae legis censura gubernat ALDH. *Aen.* 23 (*Trutina*) 2; **704** ut firmior hujus donationis largitio ~iter servaretur *CS* 111; corvi in nave circa corpus ejus ~iter affuerunt GIR. *TH* II 28 p. 114; dixit quod .. in infirmaria tanquam leprosa ~iter per xij annos moram fecisset *Canon. G. Sempr.* 147v; fonte ~iter scaturiente NECKAM *Ut.* 104; **1283** tempore lane tondende, debent jungiter interesse ad oves congregandas *Cust. Battle* 30; in .. obsidione .. ~iter occupati AVESB. f. 95b; universa armorum genera invasiva et defensiva ad bellum apta rex fieri fecit et ~iter jussit fabricari STRECCHE *Hen. V* 150. **b** moestam ~iter faciem humectare .. lacrymis non desinens BYRHT. *V. Osw.* 415; mortificantes ~iter membra sua LANFR. *Corp. & Sang.* 429C; hore nocturne vigiliae preveniens prout sue consuetudinis ~iter esse solebat EADMER *V. Osw.* 37; que cum illa ~iter gradiuntur *V. Chris. Marky.* 23; nudis pedibus ~iter incedens, corpus etiam jejunio macerabat *Mir. Fridesw.* 44; Scoti partes Anglie boreales ~iter prostraverunt (J. BRIDL.) *Pol. Poems* I 132.

2 endlessly, eternally, perpetually.

Arbiter aetherio jŭgiter qui regmine sceptra / .. / disponis ALDH. *Aen. pref.* 1; **705** orantem pro nobis almitatem vestram divina Trinitas ~iter tuere dignetur WEALDHERE *Ep.* 23; **956** ~iter mansura regna Dei *CS* 978; gratia divini amoris ut in vobis ~iter maneat EADMER *Wilf.* 53; per te Patri gloria / datur infinita, / per te stat ecclesia / jugiter munita PECKHAM *Poems* 6. 1.

juglans [CL], walnut or walnut-tree (*Juglans regia*).

~tes, quasi Joves [*sic*] glandes *GlC* I 509; ~s, castanea, quae et heracleotica et mollusca dicitur OSB. GLOUC. *Deriv.* 288; sub nuce cui dives prebet natura jŭglandem / ne somnum capias NECKAM *DS* VIII 111; ~des ALB. LOND. *DG* 4. 4, ~dem BART. ANGL. XVII 108 (v. Jovis 4b).

jugosus [CL], mountainous, hilly, ridged.

hoc jugum, -gi, pro monte, unde .. ~us, -a, -um, i. montuosus OSB. GLOUC. *Deriv.* 280; ~us, montuosus, altus, editus, sublimis, excelsus, arduus *Ib.* 288.

jugula v. jugulum.

jugulamen, ~entum, slaying, slaughter, esp. by cutting the throat or strangling.

hic jugulus, -li, i. guttur, unde .. hic jugulator, -ris, et jugulatorius, -a, -um, .. et hec jugulatio .. et hoc ~en OSB. GLOUC. *Deriv.* 280; *werying*, ~en, ~entum, sufficamen *CathA*.

1 jugulare [CL]

1 to kill, slaughter: **a** (by cutting the throat or stabbing); **b** (by strangling); **c** (unspec.).

a ego econtra stans subito ~avi [AS: *ofstikode*] eum [sc. aprum] ÆLF. *Coll.* 93; invadunt itaque universum ovile Christi cruentissime bestie, sagittant, ~ant, transfigunt omnesque pariter nuptos et innuptos GOSC. *Transl. Mild.* 5 p. 161; cum ferro .. ~atus fuisset GIR. *IK* I 4 p. 52; †ingulandi [l. jugulandi] regis [sc. Christi] os siluit J. HOWD. *Ph.* 510. **b** ~o, *estrangler* GARL. *Unus gl.* 164; **1307** majorem nostrum cum capucio suo fere ~avit *Pat* 128 m. 34*d*; **1496** quamdam cordulam .. circa collum Willelmi Bawderik ligaverunt et Willelmum adtunc et ibidem jocaleverunt felonice interfecerunt et murderaverunt *Anc. Indict.* 410 m. 82. **c** repellunt barbari ad mare, repellit mare ad barbaros; inter haec duo genera funerum aut ~amur aut mergimur GILDAS *EB* 20; pueros senes cum junioribus in plateis civitatis obviam factos ~at ABBO *Edm.* 5; [Scironem] Theseus vel adorantem vel pedes lavantem suo ~avit gladio *Natura Deorum* 113; non cecidit David pro quo Saul hos jugulavit *Vers. Cant.* 2 p. 14 (= *Vers. Peterb. Psalter* 46: †ingulavit).

2 to pierce.

quippe meam gracilis faciem jugulaverat hospes TATWINE *Aen.* 13 (*De acu pictili* 4; notas quasdam apposuit .. ad significandam que erant confodienda et ~anda, et que ad evidentiorem intelligentiam apposita R. MELUN *Sent.* 190.

3 (fig.) to destroy, put an end to, dispatch; **b** (chess piece); **c** (abstr.).

ut .. Angliam .. ~aret *G. Hen. V* 19 (v. gladius 1b). **b** rochus rochum interimit, se sequentem jugulans *Vers. Wint.* 515. **c** ingratitudinem aliorum innata benignitate ~ans W. DAN. *Ailred* 2 p. 5; Judas .. jura jugulat WALT. WIMB. *Sim.* 12 (v. 2 excidere 5b).

2 jugulare [cf. CL jugum], to put a yoke upon.

1523 omnes inhabitantes in Wymbuldon anulabunt et ~abunt porcos suos citra festum S. Martini *CourtR Wimbledon* 78.

jugulatio [CL], slaying, slaughter.

s1323 propter .. nobilium terre ~onem WALS. *HA* I 167; **s1420** filius ducis Burgundie qui et heres patris cupiens ulcisci ~onem .. *Chr. S. Alb.* 124.

1 jugulator [LL], slayer, esp. cut-throat or strangler.

D. BEC. 46 (v. gulosus 1a); OSB. GLOUC. *Deriv.* 280 (v. jugulamen); sic infantis jugulator / est peccati demonstrator / et sanus efficitur GARL. *SM* 319; missi sunt subdoli sicarii et potionatores ac ~ores M. PAR. *Min.* III 299; **s1390** ut nullus occultus ~or quales *mordrerers* appellant Anglici WALS. *HA* II 196; *Feud. Man.* 137 (v. frustulum 1); nomina ~orum: .. hic gladiator, *a swerdplaer WW*.

2 jugulator [ME, AN *jugulor* < joculator], entertainer, minstrel, juggler.

1311 cuidam ~ori domini regis, v s. *Ac. Durh.* 508; nomina ~orum: hic ~or, A. *a jogoler*; hic citharista, A. *a herper*; .. hic saltator, *a tumbler WW*.

1 jugulatorius [cf. 1 jugulator], of a slayer, murderous.

OSB. GLOUC. *Deriv.* 280 (v. jugulamen).

2 jugulatorius [cf. 2 jugulator], of an entertainer, juggler-.

nomina †jugulatarum [l. jugulatoriarum] mulierum: hec citharista, *a herper*; .. hec saltatrix, *a tumbler WW*.

1 jugulatrix [LL], slayer (f.).

est tamen valde noxialis, nutrix malitie, justitie ~ix ALEX. CANT. *Dicta* 7 p. 143.

2 jugulatrix [cf. 2 jugulator], entertainer, minstrel, juggler (f.).

hec ~ix, *a jugoler WW*.

juguliettum [cf. jugulum 2], neck, throat.

1242 captus fuit .. tractus, divisus est in quatuor partibus .. socii .. sui fuerunt ~o suspensi *Ann. Dunstable* 159.

juguludium [cf. jugulum + ludus + -ium *by anal. w.* hastiludium], killing-game (nonce word).

quoddam hastiludium .. quod in fine vertebatur in ~ium BOWER IX 59 p. 178.

jugulum, ~us, ~a [CL]

1 little yoke.

jungula, *geocboga GlC Int.* 185; **10..** ~a, *iucboga WW*.

2 clavicle, collar-bone. **b** (astr., pl.) stars of the constellation Orion (orig. those of the clavicle or shoulders). **c** little ridge or hill.

tege jugulam [*gl.*: *ðearmgewind*], pectusculum, mamillas, stomachum, et umbilicum (LAIDCENN MAC BAÍTH *Lorica*) *Cerne* 44a (= *Nunnam.* 127); **11..** ~um, †*þearnimid windle* [corr.: *þearmwind*] *WW Sup.* 453; os ~i GILB. IV 180v. 1 (v. disjungere 2e). **b** ~e, stelle que †originem [*sic* MS: ? l. Orionem] ostendunt OSB. GLOUC. *Deriv.* 288. **c** hoc jugum, -gi, pro monte, unde hoc ~um, -li, diminutivum *Ib.* 280.

3 front of the neck above the collar-bone, the throat (as the part exposed to weapons).

cervix vel ~um, *hnecca* ÆLF. *Gl.* 158. 1; ~us, guttur, frumen, gula OSB. GLOUC. *Deriv.* 288; stat Dardana pubes / pro jugulis armata suis J. EXON. *BT* I 389; ambitio .. / .. / in Magni jugulos animavit Cesaris enses HANV. IV 119; sponte sua ~um laqueis muliebribus illigavit P. BLOIS *Ep.* 79. 243B; ~us, G. *gorge* GARL. *Unus gl.* 164; hic ~us: est gula pars colli, vicium gula restat edendi *WW*.

4 slaying, slaughter: **a** (by cutting the throat or stabbing); **b** (unspec.).

a **7..** ~um *sticung Catal. MSS AS* 38; collum mansuetum ad ~um cedis extendere R. COLD. *Cuthb.* 50 p. 104; bestiarum ibi ~um querere *Ib.* 50 p. 105. **b** consultum communis crederem esse utilitatis tuae, ut aut eos in longinquum dirigi exilium jubeas regionis, aut citissime tradi mihi sinas ~is BYRHT. *HR* 3 p. 7; quorum quidam ~um proditionis imperatori struxerant ADEL. *ED* p. 20; Constantinus obivit / ipsius que nepos scelerata sorte Conanus / per patrui jugulum sumpto diademate rex est *V. Merl.* 435; ?**1312** beatus manus jugulans! / beatus jubens jugulum! (*De Morte P. de Gaverstone*) *Pol. Songs* 259; carceracionem et ~um virorum illustrium *Flor. Hist.* III 203; Calisiis actum sceleris fuit hoc malefactum, / regis precepto. jugulo qui gaudet adepto GOWER *CT* II 98.

1 jugulus v. jugulum.

2 jugulus, cut-throat, slayer.

Isaiae complens oraculum / jugulandum sequens agniculum, / non objurgas injustum jugulum, / obmutescens ad leti jaculum J. HOWD. *Ph.* 130; electus ~us eum calce pulsavit ut surgeret, dicens "surge et flexo genu tende cervicem" *NLA* II 355.

jugum [CL], **~us, ~a**

1 yoke by which cart or plough is drawn.

~um *iuc GlP* 496; se ~o sponte supposuit et bovi perdito quasi vicarius ad trahendum devotusque successit GIR. *TH* II 28; **1277** (v. 2 haia); **1287** custus carucarum: .. in ij ~is iij d. .. in j ~a j d. ob. *Rec. Elton* 13; **1439** (v. ferralis); **1454** x ~a bovina *Ac. Durh.* 150; **1475** (v. flaka).

2 yoke of servitude, subjection, or bondage (also fig.); **b** (w. ref. to marriage); **c** (w. ref. to spiritual or eccl. authority).

Romani .. Italiam petunt, suorum quosdam relinquentes praepositos indigenarum .. cervicibus ~um GILDAS *EB* 7; verbalia .. masculina .. epitriti quarti subjectionis ~um ferre non recusant ALDH. *PR* 126; quos .. humanae ~o servitutis absolvit BEDE *HE* IV 13 p. 232; **952** set autem predicta tellus libera omni ~o servitutis *CS* 895; villa vanitatis, et ~um quinarie curiositatis, et uxor voluptatis AD. SCOT *QEC* 2. 806B; expers esse jūgi Veneris nequeo prece jūgi SERLO WILT. 2. 48; quociens autem recalcitrandi et ~um ac frenum modi modestieque detrectandi vos libido perculerit GIR. *SD* 136; aggravantibus ejus [prioris] ~um guerris GRAYSTANES 30. **b** maritali .. ~o *Enc. Emmae* II 16 (v. convinculare); dicitur conjunx quasi ejusdem ~i OSB. GLOUC. *Deriv.* 280; fideles cum infidelibus non debent idem ~um ducere OCKHAM *Dial.* 874. **c** servitutis Christi ~um .. susceperat *V. Cuthb.* II 2; ~um obediente P. BLOIS *Ep.* 11. 33B; **1232** qui, cum venerint, vivant regulariter sub ~o discipline et prioris Spaldingensis *Ch. Chester* 431; sic ruralis adhuc pugnas et equitia damnat, / culpans quorundam pontificale jugum GARL. *Tri. Eccl.* 35.

3 pair of draught animals.

~a boum quinque, decem boves *GlC* I 524; **1295** xij d. in ~is conductis pro dicto meremio cariando de dicto bosco usque aquam (*Ac. Galley York*) *KR Ac* 5/8 m. 1.

4 measure of land, orig. equivalent to one day's ploughing: **a** area 240 x 120 Roman feet, about two thirds of an acre. **b** (in Kent and Sussex) one fourth of a sulung, one half of a plough-land, about fifty acres.

a *an akyr of lande*, acra, ~us, juger, ~um *CathA*. **b** **832** reddo .. unum ~um quod jacet in australi parte Limene et ab incolis nominatur Lambaham *CS* 402; tenet .. dimidium solin et dimidium ~um *DB* I 1vb; de isto solino tenet R. de C. j ~um et dimidium, quod valet et valuit semper x solidos *Ib.* 10vb; tria ~a sunt infra divisionem Hugonis et quartum ~um est extra *Ib.* 13ra; **1181** pro habenda recognitione .. de ~o terre *Pipe* 151; **c1283** quilibet wendus faciet x averagia .., scilicet quodlibet ~um j averagium (*Cart. Battle*) *Augm. Bk.* 57 f. 66; xxiij ~a et dim. de Godmersham *Cant. Cath. Pri.* 210; tenere solent .. ij ~a de veteri terra *Reg. S. Aug.* 242; A. de H. et pares de dimidio ~o iiij d. *Ib.* 255.

5 artefact shaped like a yoke: **a** horizontal beam. **b** chevron. **c** the letter yogh, 3.

a **c1175** non faciemus .. stagnum molendini de solis vel plankys vel grossis lignis nec de aliis nisi tantum de palis et jugis *Reg. Wetherhal* 111; **1443** (v. 2 holta). **b** [fastigii] ~um manet in erecta per centrum linea SPELMAN *Asp.* 96 (v. fastigium 1b). **c** rumpe jugo cor avens, res dabit ulta sonum [*gl.*: 'Ricardus' syllabicatur per primas literas diccionum, et 'Yorc' in 'cor', remota prima litera 'c', ut ultima apponatur; preposita litera Anglica, sc. 3, que '~um' sonat ELMH. *Metr. Hen. V* 224.

6 topographical feature shaped like a yoke, mountain, hill, ridge.

nimphas / quas dicunt Elicona jugum servare supernum ALDH. *VirgV* 25; ferunt enim ~a peragrasse montium et capite sublimia caeli nubila pulsasse *Lib. Monstr.* I 56; montium ~is BEDE *HE* III 4 (v. horrere 1c); nunc montium ~a transcendens GIR. *EH* I 46 p. 302; prospere tamen direxit Deus diris in cotibus per ~a Alpium, ubi nix in pendulo *Mir. Wulfst.* I prol. p. 116; et erat Apollo inter duo ~a montis Parnassi sedens, de quo et fons Castalius scaturiebat *Deorum Imag.* 4.

Jugurthinus [CL], of Jugurtha (in quot., w. ellipsis as sb.).

Salustius .. dicit in Jugurtino [sc. libro] BACON *CSTheol.* 27.

jugus v. jugum.

juisa, ~um, ~ium [OF *juise, juis* < judicium]

1 trial by ordeal.

1166 qui invenietur .. robator vel murdrator .. eat ad ~am aque *Assize Clar.* 2; **1167** in custamento v ~orum (v. diffacere a); **1168** pro fossa ~ii facienda iij s. *Pipe* 198; **1169** pro fossa ~e paranda ij s. vj d. *Pipe* 24; **1185** T. de E. r. c. de xx m. pro ~a portata apud Sudfled *Pipe* 230; **1296** adjudicati sunt ad ~am et positi in compedibus *SelPlMan* 45; **1364** per ~ium ignis et aque [clamat] prout per communem legem intencio vocabulorum adjudicatur *PlRChester* 68 r. 41.

2 instrument of punishment.

1166 pro polis parandis ad ~ium latronum *Pipe* 72; **1275** priorissa de Scapeia levare fecit unum †inwisum [l. juwisum] quod vocatur Sean in predicto hundredo in prejudic' regis *Hund.* I 216; **1290** que terre tenentur invenire homines ad ~am dampnatorum apud Makelisfeld' faciendam *Eyre Chester* 12 r. 11*d*.

3 right to conduct ordeal or administer punishment.

1167 pro fine ~ii (v. 1 finis 10b); **1279** in Godestowe est quedam abbatia .. et habet *infongene þef* et *outfongene þef*, et †inwysam [l. juwysam] faciunt inde *Hund.* II 857; **1285** salva michi et heredibus meis ~a tantummodo dampnatorum *ChartR* 22.

jujuba [OF *jujube* < CL ziziphum < ζίζυφον], jujube tree (*Zizyphus*) or its fruit.

si videantur abundare humores acuti, purgatur cum apozimate de mirobolanis, citrinis, violis, ~e, .., et similibus *Quaest. Salern.* L 2; cum sirupo dentur ~e GILB. I 32. 2; si sanguis sit subtilis, debet ingrossari cum ~is, sebesten et lentibus GAD. 19v. 2; ~e, i. poma sancti Johannis, fructus est calidus et humidus in primo gradu *SB* 26; ~e est fructus quidam major fabis *Alph.* 85.

jujubinus, (med.) made of jujube.

sirup' jujubin' GILB. I 31. 2; si fiat ex debilitate matricis offeratur dyarodon †jubi [l. jujubinum] mane et sero, et sequatur usus syrupi qui fit ex menta et balsamita et hasta regia GILB. VII 301v. 1.

julab [Ar. *julāb* < Pers. *gulāb* = *rose-water*], julep.

in calidissima regione solus syrupus ~ap ex aqua et succare vel ~em sufficit in augmento . . . conficitur .. ~ap ex aqua et succara vel aceto malorum granatorum GILB. I 27v. 1; detur .. syrupus ~em, sapa mali gra[nati] oxisaccar

Ib. IV 199v. 2; detur ~ab cum aqua frigida *Ib.* 202. 2; ptisana autem ordei et ~ep cum aceto et sirupus acetosus valet GAD. 11. 1; sirupus simplex et ~ep de aqua et çuccaro *Ib.* 22. 2.

Julius [CL]

1 of the Julian *gens.* **b** of Julius Caesar. **c** of a prince; princely.

divi genus: ~ii generis BERN. *Comm. Aen.* 124. **b** legis ~ie *Melrose* 327 (v. fundus 6c). **c** te Deus omnipotens conservet semper ubique, / Julius o juvenis, spes amor atque decus ALCUIN *Carm.* 12. 2.

2 a (as adj.) of July. **b** (as sb.) July.

a **601** Kalendarum ~iarum (v. dare 13a); ~ius mensis nomen Quintilis quod a numero sumpserat BEDE *TR* 12 p. 206; **1474** mensis ~ii (v. effluere 3b). **b** in honorem Julii Caesaris .. ~ius vocatus est BEDE *TR* 12 p. 206; ista domus Domino Christo sanctisque dicata est / ardentis Juli quinis et idibus olim ALCUIN *Carm.* 103. 3. 2; Julius in quadris bis gaudet ferre kalendis / Jacobum *Kal. Met.* 42; namque quadris constat nonis concurrere menses / omnis excepto Marte et Maio, sequitur quos / Julius et October: senis soli hi moderantur BYRHT. *Man.* 42; **1176** causa igitur Cantuariensis ecclesiae Deo et nostro martyri commendata, ~io ingrediente, cum febre gravissima curia sum egressus P. BLOIS *Ep.* 158. 453D; mense ~ii GROS. 50 (v. disponere 2d); **1474** mensis ~ii (v. effluere 3b).

3 occurring in or appropriate to July.

detur dyarodon ~ii GILB. IV 199v. 2 (v. Idia 1); ~ia fera, A. *a young hynde WW.*

jumenta v. jumentum.

jumentarius [CL]

1 domestic draught animal or beast of burden.

s1290 maneria .. cum carrucis et ~iis, sibi seisivit *G. S. Alb.* II 5; *a beste*, animal, .. ~ius, pecorosus, pecorius, participia *CathA.*

2 one who tends domestic beasts.

1171 in liberatione ~iorum regis quando missi fuerunt ad custodiendas equas *Pipe* 29; juvamentum, -ti, et hic dicitur hoc jumentum, -ti, per syncopam, i. per medie syllabe substractionem, eo quod nos juvet, et inde hic ~ius, -rii, i. jumenti custos OSB. GLOUC. *Deriv.* 279.

jumentinus [cf. LL jumentivus], of a domestic beast. **b** (as sb. f.) domestic beast, mare.

hanc .. formam [sc. deiformem] exuit homo per peccatum, et induit formam †jumentitiam [v. l. jumentinam] T. CHOBHAM *Praed.* 146; detur lac asininum vel ~um GILB. VI 267. 2; **s1245** carnes comedunt ~as, caninas, ac alias quascunque, humanas etiam in necessitate, non crudas tamen sed coctas *Ann. Burton* 273; concordat lex .. milites nostros .. uno die lardum, biduo carnem sumere ~am UPTON 25. **b** sola ejus Arabica ~a excepta, quam .. comes de Ærescot concupierat OSB. BAWDSEY clxxviii.

jumentitius v. jumentinus.

jumentum [CL], **~a** [ML]

1 domestic draught animal or beast of burden, esp. ox, horse, or ass. **b** (as dist. from *bestia*); **c** (as type of beastliness).

[mures] qui morsibus pestiferis homines et ~a lacerabant *Lib. Monstr.* II 29; dum .. egressus esset ad stabula ~orum BEDE *HE* IV 22 p. 259; ÆLF. *EC* 39 (v. impetigo 2); solent .. in arandi consuetudine ~i preeuntes hilarius laborare notis subsequentium vocibus confortati *Chr. Rams.* 104; **1280** de j [pullano] de exitu, quia iiij ~a steriles *Ac. Stratton* 113; **1328** duo ~a, precii x s. .. item j taurus .. *Reg. Exon.* 571; **c1350** hoc ~um, *jumente* ~a sunt equi et asini (*Nominale*) *Medium Ævum* III 15; hoc ~um, quoddam animal adjuvans *WW.* **b** sunt agrestia et gressibilia, sc. homines, reptilia, bestie, et ~a [TREVISA: *bestes wilde and tame*] BART. ANGL. XVIII proem.; differentias, ~orum .., reptilium, et bestiarum GROS. *Hexaem.* VII 2. 1 (v. differentia 5a). **c** [Britones] comparati ~is insipientibus strictis GILDAS *EB* 22; secunda causa [jejunii] est ut dometur ~um, ne lasciviat caro et recalcitret T. CHOBHAM *Conf.* 276; homo .. in medio creatus est ut esset inferior angelo superiorque ~o BART. ANGL. III 13; comparatus est ~is [insipientibus] et similis factus est illis *Chr. Kirkstall* 137.

2 horse (as dist. from cattle and sheep). **b** (spec.) mare.

772 ad pascendum porcos et pecora et ~a in silva regali *CS* 207; **a787** tam in possessionibus agnorum quam in ~is et peccoribus *Ep. Bonif.* 137; **1168** si vero rusticus habuerit iij boves vel iij asinos vel ~um cum quibus aret, pro uno animali nichil dabit, eo excepto quod si ~um vel roncinus per se fecerit aratrum, tunc tantumdem dabit quantum et jugum boum *Act. Hen. II* I 426; aquas .. ~is .. et pecoribus .. pestilentes GIR. *TH* II 7; *Itin. Ric.* I 67 (v. dextrarius b); catalla Aldredi attachiata fuerunt, sc. vj boves, ij vacce, et j ~um *PlCrGlouc* 71. **b** *Gl. Leid.* 12. 35, GIR. *Spec.* II 29 (v. emissarius 2b); GIR. *IK* I 2 (v. emissarius 2c); simul furati fuerunt duos equos et duas vaccas et unam ~am *PlCrGlouc* 17; **1236** quadam ~a (v. excoriare 1c); **1250** Simon fecit capere averia ipsius Ricardi, sc. duas ~as *CurR* 143 m. 15*d*; **1290** ij equi .. duo ~a, precio xij sol., j pullus *Reg. Wint.* 704; **c1300** habuit .. j ~am debilem pretii ij s. vj d., j vaccam pretii v s., j porcum pretii xviij d. *RParl* I 245a; **c1300** compotum reddit .. de iiij pullanis provenientibus de exitu dictarum ~arum quorum ij masculi et ij feminei *FormMan* 40; **c1380** in panello equorum et ~orum (v. deonerare).

3 licentious woman, prostitute.

GARL. *Mor. Scol.* 242 (v. 2 focarius 4a); sum turpe ~um [ME: *stodmare*], fetida meretrix *AncrR* 121.

jumex v. 2 junix. **jumperus** v. juniperus. **junagerium** v. junchera.

juncare, ~iare [cf. CL juncus]

1 (intr.) to cut rushes.

c1325 de diversis consuetudinibus viz. *presentsilver, gryvespound*, ~andi, triturandi (*MinAc* 1141/1) *Oxford Studies in Soc. & Leg. Hist.*) ed. P. Vinogradoff (Oxford, 1910) II 108 n. 7.

2 (tr.) to strew with rushes.

1222 juncum .. ad cameras nostras .. junchiandas *Cl* I 493a; **1245** mitti faciat .. unam bonam navatam boni junci ad domos regis ibidem [Westminster] juchiandas *Liberate* 29 m. 7.

3 (p. ppl. as sb. n.) place in which rushes grow, rush-bed.

c1160 ab illo loco ubi marescum est cum quodam ~ato ad caput bovarii sui *E. Ch. Yorks* XI 269; **c1200** usque ad junctatum subtus *le Cundos Cart. Newm.* 77.

4 (p. ppl. as sb. f.) curd cheese made in a rush basket, junket.

bred ches, juncta, -te *PP*; ~ata, A. *juncade*, sive *a crudde ymade yn ryshes WW*; *lopyrde mylke*, junctata [l. junccata] *CathA.*

1 juncaria [cf. CL juncus], **~ium,** place in which rushes grow, rush-bed.

c1180 habeant .. in piscariis .. mariscis et ~iis *MonA* VI 881; **1200** in stagnis et joncariis in mariscis *RChart* I 78b; **c1245** iij geyris sub junctario [? l. junccario] (v. gara); **1309** de duabus acris pasture, mone et junkarie *JustIt* 1349 r. 15*d*; **1327** Runham .. est ibidem quedam junkeria cujus pastura valet per annum x s. *IPM* 3/14; una acra ~ie *Reg. Brev. Orig.* 1v.

2 juncaria [cf. ME *junkerie, jonkerie* '*banquet*', OF *joncherie* '*strewing with rushes*'], good-natured deceit, mendacious pleasantry, joke.

1370 venire fecit per ~iam, conjecturam, et decepcionem quendam extraneum *Cal. Pl. Mem. Lond.* II 115; captum pro ~ia, decepcione, et falsitate per ipsum factis *Ib.* 116.

juncca, junccus v. juncus.

juncetum [CL], place in which rushes grow, rush-bed.

jungetum, *riscðyfel GlC* I 510; **c1130** inde usque S. inde per ~a .. *MonA* IV 634; **c1151** (1328) de decem junctis salis (v. finstallum); **1210** liberam communem in juncheto proximo eidem cappellae *Fines RC* II 99; **1316** junctii (v. felgera 1b).

junceus [CL]

1 made of rushes.

~eis vasis recte comparantur electi BEDE *Mark* 208.

2 resembling a rush, upright.

in cubilibus in quibus prius dracones habitabant, exoritur viror calami et junci, ut expulso diabolo, calamo divino scribatur lex Domini in corde mundato, quam die et nocte meditetur instantia fructificatura in tempore suo, et ~ea rectitudo, et attenuata disciplina, Domini sanctitudo, viridescat in corpore castigato, et vigore pudicitie refloreat caro GOSC. *Lib. Confort.* 102.

juncheium [AN *junchee* < juncetum], place in which rushes grow, rush-bed.

medietatem de Wiggepictel cum ~o quantum est de feudo nostro *Cart. Colch.* 617.

junchera, ~ia, ~is [OF *joncherie* < juncaria]

1 place in which rushes grow, rush-bed.

c1182 herciare totum junagerium [vv. ll. jugeratim, jugerationem] *RB Worc.* 276; **1243** M. petit .. terciam partem xv acrarum terre, v acrarum cujusdam ~e et duarum acrarum marisci *CurR* XVII 2219; **1243** petit .. medietatem .. unius acre ~e et dimidie *CurR* 130 m. 3; **1282** sunt ibidem vj^{xx} acre pasture que valent per annum lx s. .. juncher' que valent per annum xxx s. *IPM* 29/3 (9); **1284** de R. W. v d. annui redditus pro una acra et una roda terre et tribus peciis jungerie que .. tenuit in predicta villa *AncD* E 40/3137.

2 rush.

1274 computatis .. stipendiis ij hominum qui falcaverunt in autumpno jenceres ad comburend' in castro *MinAc* 984/3 r. 8.

3 strewing with rushes.

c1250 habeant .. cirpos ad †ninchuram [l. junchuram] domorum suarum *MonA* VI 1575.

juncifacere [cf. CL juncus + CL facere], to value as a reed, to set at nought.

OSB. GLOUC. *Deriv.* 385 (v. juncipendere).

juncipendere [cf. CL juncus + CL pendere], to value as a reed, to set at nought.

naucipendere, naucifacere, vilipendere, floccifacere, ~ere, juncifacere OSB. GLOUC. *Deriv.* 385; ~o, -is, omnia pro parum appretiari *Ib.* 446.

1 junco, reed-bunting, reed-sparrow (*Emberiza schoeniclus*).

ego igitur quum nullam aliam noverim aviculam, juncis et harundinibus insidentem, praeter Anglorum passerem harundinarium, illum ~onem esse judico TURNER *AV* F 1v.

2 junco v. juncus.

juncosus [CL], abounding in rushes, rushy.

precabatur virum, ut .. non pigritaretur ad proximum accedere ~um locum et de juncis ibidem radicitus evulsis afferre sibi fasciculum J. FURNESS *Pat.* 115; **1325** sunt ibidem lix acre prati falcabilis .. precii acre xv d. et non plus, quia juncos' et undos' *Cl* 142 m. 4.

junctarium v. 1 juncaria. **junctarius** v. junctor. **junctatio** v. imitatio 1a.

juncte [CL]

1 jointly, in conjunction, taken together.

MK et KG ~e linea MG longiores ADEL. *Elem.* III 8.

2 side by side.

766 ubi justorum animae simul cum angelis ~e fulgent in gloria *CS* 221.

junctim [CL], side by side, jointly, in conjunction.

802 hos versus sic ~im posui, quia nihil mihi dulcius videtur cantandum in orationis conpunctione, quam hos ita conpositos ALCUIN *Ep.* 253; OSB. GLOUC. *Deriv.* 280 (v. junctio); **1558** auctoritatem suam ~im et divisim exercere possint et valeant *ActPCIr* 61.

junctio [CL], joining together, combination.

jungo .. inde .. hec ~o .. et junctim adverb. OSB. GLOUC. *Deriv.* 280; ~o ista potest esse mediata et immediata: immediata sine tractu, mediata cum tractu etc. *Mens. & Disc.* (*Anon. IV*) 42; principium quinti [modi] perfecti procedit per longas sine ~one et sine pausatione sub impari numero etc. *Ib.* 55.

junctium v. juncetum.

junctor [CL], one who joins, joiner; **b** (of tallies in the Exchequer); **c** (of wooden artefacts).

Heber, id est "~or", quia populum Dei servicio junxit S. LANGTON *Chron.* 90; **1482** *where it pleasede .. your nobull grace .. to graunte to your said servaunt the office of your chyeff joynourschypp wythin your toure of London .. this worde* junctarii *specified in the sayde lettres patentez shulde be* junctoris (*Petition*) H. C. Maxwell-Lyte: *Historical notes on the use of the Great Seal of England* (1926). **b** in altera Scaccarii parte quae Recepta dicitur .. sunt officiarii .. ~ores talliarum duo CAMD. *Br.* 142. **c** **1253** Jacobo ~ori pro tabulis ad cameras domini regis et regine *KR Ac* 467/1; **1279** Stephano ~ori pro diversis tabulis et formis ad opus regis et regine, viij li. vj s. ix d. *Ib.* 467/6/3; **1313** ~oribus operantibus adhuc circa eosdem panellos jungendos *Ib.* 468/20/1; Waltero le Joynour et Ricardo de Dounegate, ij ~oribus *Ib.* 468/20/2; hic pandoxator, ibi streparius, ibi junctor; / est ibi pomilio (R. MAIDSTONE) *Pol. Poems* I 285; **1476** ad carpentarios, ~ores, pictores, candelatores, qui in hac parte necessarii fuerint *Foed.* XII 28a; **1488** carpentarios, plumbarios, positores, vitriatores, ~ores, tegulatores, fabros, plastratores, alios artifices et operarios *Pat* 567/20/7*d*; **1598** concedimus .. officium capitalis ~oris omnium et singulorum operum, edificiorum, et operorum nostrorum infra regnum Anglie *Pat* 1166/42.

junctum v. juncetum, jungere.

junctura [CL]

1 point at which one part of a structure is joined to another, joint: **a** (anat.); **b** (arch.); **c** (gram. & rhet.); **d** (mus.).

a emicranii ~am BEDE *HE* V 6 p. 291 (v. hemicranium); vigiliarum assiduitate maceravit, ut vix ossa arentia dissipatis ~is sibi adhaererent ALCUIN *Hag.* 690A; pene omnibus ossuum ~is confractis et dissilientibus semivivus occubuit R. COLD. *Cuthb.* 68 p. 139; strictis venis, molli carne, occultarum ~arum, gracilium ossium etc. GILB. VII 211. 1; vicinitas .. ~arum sese invicem fricantium *Ps.*-RIC. *Anat.* 2; ?**1312** est precisum caput ei de junctura corporis (*De Morte P. de Gaveston*) *Pol. Songs* 260; arthetici sunt qui paciuntur in ~is *SB* 11; hoc anno .. in quo fecisti plurimos homines mori in Anglia emittendo sanguinem per os, per nares, per oculos, per ungues, per ~as, et per secessum GASCOIGNE *Loci* 12. **b** ~ae valvarum FELIX *Guthl.* 31 (v. ingressus 1a); ita juste composito ordine lapidum ut ~a perstringat intuitum W. MALM. *GR* V 408; primo usque ad trabes, dein eciam usque ad laquearium ~as superiores W. DAN. *Ep.* f. 62a; [navis] tabulati ~a .. disploditur CIREN. I 372 (v. discissere); **1495** reparaciones domini regis empte .., viz. .. j duodena ~arum ix d. *L. & P. Ric. III – Hen. VII* II 305. **c** ~a incompetens est J. SAL. *Met.* 842D (v. discohaerentia a); intellegat ubi finiatur ~a, ubi adhuc pendeat oratio, ubi sententia extrema claudatur ROB. BRIDL. *Dial.* 108; verba .. eleganti quadam ~e fuerint ratione conserta GIR. *EH intr.* p. 208. **d** omnes ordines primi modi perfecti sub numero impari accipiuntur ante pausationem procedendo semper per longam brevem pro pede suple[to], quamvis frangat ~am *Mens. & Disc.* (*Anon. IV*) 24.

2 artefact that fastens: **a** (link of a chain). **b** (fastener, clasp, hinge, lock). **c** (harness).

a in cathena materiali, si hamus unus vel ~a dematur FORTESCUE *NLN* II 86 (v. hamus 3). **b** veterem .. ~am calce ligatam quadam cum asciola rumpere .. non tardabant ORD. VIT. VII 12 p. 210; **1307** in crocis, hengl', haspis, stapl', ~is, et tahettis, iiij s. *KR Ac* 501/22 m. 3; **1350** in ~is .. pro fonte (v. 3 hopa a); **1375** pro factura ij ~arum unius pixidis .. pro factura ij ~arum mitre preciose cum pede *Fabr. York* 127; **1384** per conclaves et ~as illius ciste (v. conclavis 2); **1419** custus ferri .. in ix paribus ligaturarum, iij seris et i pari ~arum emptis de eodem, iiij s. viij d. *Fabr. York* 41; **1434** Roberto Lokesmyth pro emendacione ~arum ferri et serure ad altare S. Nicholai, xvj d. *Ib.* 54; **1437** cum iiij ~is et j sera cum ij clavibus emptis pro armariolo in solerio caritatis *Ac. Durh.* 233; **1519** pro alia sera et ~is ferreis pro hostio nove domus infra clausum .. *Fabr. York* 98. **c** sicut .. jumentum inquietum in ~a non trahit sed turbat BALD. CANT. *Tract.* 10. 26. 497.

3 act of joining.

~a, *foeging GlC* I 523; creator contrariorum ~a mirabili, spiritum carni connectit GIR. *TH* I 23; o partium / disparium / mirabilis junctura P. BLOIS *Carm.* 21. 1. 10; quis ejus lege singula circumvolvit, / qua stabilivit universi juncturam J. HOWD. *Cant.* 299.

4 that which is joined, in quot. plough team.

1319 dabit pro quolibet capite ~e sue j d. *MinAc Essex* (*Ashdon*).

5 condition of being joined: **a** (by birth); **b** (by marriage).

a firmiore ~a GIR. *EH* II 4 (v. 1 genus 1b); quanto necessitudo sanguinis minor et genialis ~a remotior, tanto et gratia major ac cumulatior et gratitudo debetur obligatior *Id. SD* 72. **b** non amo viventis juncturam, sed morientis R. CANT. *Malch.* III 424; horreo carnalem, desidero spiritualem. / juncturam tecum hac esse potes quoque mecum *Ib.* p. 165 l. 549.

6 (leg.): **a** joint contract. **b** joint tenancy. **c** jointure of a widow.

a ~a, ut si plura pacta de eadem se deducantur in stipulationem BRACTON 100b; **1312** omnia acta .. in hanc publicam formam redegi et in ~is eorum signum meum apposui consuetum in testimonium premissorum *Collect. Ox.* II 262. **b** **1438** concessimus eisdem Johanni et Johanne .. custodiam manerii ibidem ducatui nostro Lancastr' pertinentem .. aceciam ~am parci de Byflete in comitatu Surr' cum vadiis ij d. per diem *Pat* 443 m. 27. **c** **1544** in plenam recompensacionem .. tocius ~e et dotis sue que ipsa .. clamare potest .. racione .. matrimonii inter nos et ipsam .. solempnizatam [*sic*] *Pat* 738/32/9; **1545** ut de feodo tam in accomplementum et plenam execucionem cujusdam ~e maneriorum .. annui valoris lxxx librarum .. fiende domine Elizabethe tunc uxori ejusdem *IPM* 72/91 (1); **1573** tenendum .. ad opus et usum prefati Ricardi Brackyn et Alicie uxoris sue pro termino vite .. utriusque eorum diucius viventis nomine ~e dicte Alicie ac in allocacionem dotis sive tercie partis omnium terrarum et tenementorum dicti Ricardi *Pat* 1121/17.

juncturalis, (anat.) of a joint. **b** (as sb. n.) joint.

nascitur [fistula] aliquando in locis carnosis, aliquando in locis nervosis et ~ibus GILB. III 153v. 2; in locis ~ibus *Ps.*-RIC. *Anat.* 9 (v. glandula a). **b** spina dorsi et vole manuum et plante peduum et ~ia inungantur cum unguento isto J. MIRFIELD *Brev.* 86.

junctus v. juncus, jungere.

juncus [CL], rush; **b** (used in plaited artefact); **c** (used as cover for bed or floor); **d** (used as thatch); **e** (used as wick); **f** (used as pen); **g** (as type of worthlessness).

~us .. super aquas nasci consuevit BEDE *Mark* 208; ibi crescit sandix, caula vel magudalis, .. ~us vel syrpus, et cetera multa ÆLF. BATA 6 p. 99; ~us, *risce Gl. Durh.* 303; **a1128** et j carreatam ~i et vij carreatas herbe *Chr. Peterb. app.* 161; **1206** falcare in marisco .. junctum (v. gladiolus 2a); **1267** dicunt eciam quod ad dictum manerium pertinent viij acre †juctarum [l. junccarum] falkabil' *IMisc* 15/2 (5); ad modum ~i in aqua, qui ex sua mollicie et flexibilitate sequitur motum aque *Ps.*-RIC. *Anat.* 41; ciperus, †junctus [l. juncus] triangularis *SB* 15; hipporis .. nascitur in locis humidis .. folia sunt acuta tenera et †juncto [junco] similia *Alph.* 82; et licet dicatur corona spinea, fuit tamen de ~is marinis albis que non minus pungunt quam spine *Itin. Mand.* 6; hic junccus, *a rysche WW*; *squinant, herb*, ~us odoratus LEVINS *Manip.* 25. **b** garilum, pelleum pastoralem quod [j]unco factum est *GlC* G 27; OSB. GLOUC. *Deriv.* 207 (v. fiscina a); **1218** falkare unam trussam ~i *Eyre Yorks* 83. **c** ALDH. *VirgV* 2780 (v. filix a); sedilia refectorii, capituli, claustri tegantur bancalibus. sternatur ~us LANFR. *Const.* p. 127; ambas manus ~o, quo pavimenti pulvis cavebatur, implevit W. MALM. *GR* III 229; publico strato .. ~is solum tenuiter insertis panno quoque duro .. superposito .. accumbunt GIR. *DK* I 10; **1195** pro junccis emptis ad cameras baronum *Pipe* 113; coram altaribus et capitulo stramen vel junctum invenire *Stat. Linc.* I 286. **d** **1212** non cooperiat .. de ~o (v. detorchiare); **1352** in falcacione jungcorum pro coopertura molendini *MinAc* 802/8. **e** materia duplici palmis plasmabar apertis. / interiora mihi candescunt: viscera lino / seu certe gracili junco spoliata nitescunt ALDH. *Aen.* 52 (*Candela*) 3. **f** antiqui in ~is scribebant OSB. GLOUC. *Deriv.* 67. **g** **c1218** annulum de ~o vel alia vili materia (v. anulus c).

jungatio v. jugatio.

1 jungere v. invenire 8a.

2 jungere [CL]

1 to yoke: **a** to put an animal in a yoke. **b** to fit a plough with a yoked team.

a bigae, ubi duo equi curru ~untur *GlC* B 115; cum ornamentorum decora varietate ~unt boves xij rubeos, jungunt et hiis totidem vaccas niveas *Found. Waltham* 9; **1232** quilibet bos et vacca juncti ad carucam arabunt j acram dim. episcopo *Crawley* 201; **1283** animalia juncta carruce (v. grasacra); **1285** boves ~untur (v. disjungere 1). **b** **1224** carucam .. junctam, etc. (v. carruca 2b); **1251** de qualibet caruca juncta inter Pascha et Pentecosten unum denarium qui dicitur *ploualmes Cart. Rams.* I 282; **1275** distringens eos pro arruris faciendis, habeant carucas sive non, ubi non debent arare nisi sicut ~untur *Hund.* I 522; **1306** quelibet caruca debet ~i de iiij bovibus *Ext. Hadleigh* 230; **1325** quelibet caruca juncta de custumariis in B. arrabit ij acras *Banstead* 321.

2 to fasten, attach (one thing to another or two things together): **a** (part of body or created world); **b** (artefact, esp. wooden); **c** (stone); **d** (doc. or tally); **e** (math., point or line); **f** (mus., written note or rest).

a quicquid .. junxit natura ADEL. *ED* 7 (v. disjungere 3b); pes .. versus calcaneum ~atur GILB. VII 385. 2 (v. disjungere 2e); omne quidem quod junctum est natura dissolubile, at vero quod bona racione junctum atque modulatum est dissolvi velle non est Dei GROS. *Cess. Leg.* I 2. 12; est et alia arbor habens folia sua ~encia et ejus palmites exceduntur super terram BACON V 121. **b** THEOD. *Pen.* II 1. 3 (v. ecclesia 5a); velum malo ~atur NECKAM *Ut.* 115 (v. extremitas 1b); **1253** item Jacobo junctori pro tabulis ~endis lxiiij sol. ij d. *Ac. Build. Hen. III* 232; **1296** in stipendiis trium garcionum deservencium carpentariis in wrangis ~endis *Ac. Galley Newcastle* 172; **1313** junctoribus operantibus adhuc arca eosdem panellos ~endos *KR Ac* 469/16 m. 1; clavi quibus carine fabrica ~ebatur *Mir. Hen. VI* III 124 (v. fabrica 4c); **1551** (v. 2 framea b). **c** **1332** pro j lib. cere empta pro cemento ad petras jungend' faciendo *KR Ac* 469/12 m. 6; cum cemento aut glutino asseres labiplubis faber aut latomus ~ere non valebit FORTESCUE *NLN* II 9. **d** **1355** folia talliarum .. ~enda (v. 1 folium 5c); que quidem convencio et confirmacio ~untur cum predicta carta *Cart. Chester* 213 p. 171; (*Vers. Scac.*) *EHR* XXXVI 60 (v. 1 folium 5c); **1526** uni clericorum ad tall' jungend' ex parte G. comitis Salop' .. unius Camerariorum de recepta .. c s. *SP Hen. VIII* 37 p. 93 (cf. *L. & P. Hen. VIII* IV 1939 (9)). **e** ~e igitur xl ad xvj, et occurrent tibi lvj THURKILL *Abac.* f. 57v; erit linea reliqua surda diceturque juncta cum rationali faciens totum mediatum ADEL. *Elem.* X 72; nulla linea linee juncte mediato unde totum mediatum conjungitur nisi linea una tantum donec in termino earum fiant ante separationem *Ib.* X 79 def. 1; ~atur H cum G et D cum Z *Ib.* XI 4. **f** figura ligata est, ubicumque fit multitudo punctorum simul junctorum per suos tractus GARL. *Mus. Mens.* 2; sume trapum unum certum, prout puncta vel soni vel meli in gradali plenius ~antur *Mens. & Disc.* (*Anon. IV*) 24; deinde longa pausatio fiat trium temporum, subsequenter tria conjuncta et tria conjuncta cum pausatione unius temporis, deinde duo juncta, tria juncta, unaque cum pausatione duorum temporum *Ib.* (*Ib.*) 28; HAUDLO 150 (v. jungibilis).

3 to place side by side, to join together, clasp (part of body). **b** (*osculum ~ere*) to kiss. **c** to join in sexual connection.

xl simul .. homines .. junctis .. manibus .. fluctibus absorbendi deciderent BEDE *HE* IV 13 p. 231; **a1087** junctis manibus (v. feodalis 1b); tres digitos simul junctos *Eng. Weights* 4 (v. granum 5a); ecce columbam .. junctis alis sese totam immergere *V. Chris. Marky.* 1; junctis manibus GIR. *Symb.* I 7 (v. hominum 1); junctis manibus J. OXFORD 78 (v. homagium 1a); cum junctis lateribus, sed multum imparibus, diutissime se invicem afflixissent *G. Hen. V* 24 p. 162. **b** Moyses et Aaron sibi obviantes in monte Dei oscula ~unt AD. DORE *Pictor* 151. **c** per coitum michi jungi R. CANT. *Malch.* III 415 (v. 1 fungi 2); **1209** gercie juncte ovibus (v. gercia).

4 to place near, make contiguous, juxtapose. **b** (pass., of land or building) to be contiguous, to adjoin. **c** (pr. ppl.) contiguous, adjoining. **d** (p. ppl.) adjacent, near.

Persius Flaccus binis versibus junctis ait .. ALDH. *Met.* 10 p. 88; prestat in ede fōcis jungi quam per mare fōcis SERLO WILT. 2. 44. **b** istae terrae junctae cum Tornecrofte .. defendebant se pro xxv hidis *DB* I 35 va; †**1093** (12c) dedit .. chotam Ordrici .. et quendam campum junctum huic chote *Ch. Chester* 3 p. 5; cumque sic hinc domus atque domus jungantur et edes / edibus, inde tamen pars ibi nulla vacat L. DURH. *Dial.* I 409 (cf. ib. 403: hic thalami thalamis sociantur et edibus edes). **c** **1385** dicunt quod habetur quedam villa vocata Woyne in comitatu predicto ~ens et contigua predicte ville de Treverbyn *PlRCP* 496 r. 350. **d** sectio .. / .. / junctior Arturis habitatur quarta HANV. IX 58.

5 (gram.) to combine (elements to form word). **b** to connect (words) by conjunction. **c** to compose. **d** (log.) to connect (abstr. or idea).

'am' prepositio significat 'circum', et ~itur cum multis partibus OSB. GLOUC. *Deriv.* 27; *Pol. Poems* I 135 (v. Gallice). **b** [conjunctiones] dictiones ~ant ALCUIN *Gram.* 895B. **c** pangit .. carminat, ~it *GlC* P 153; si rebus propositis eundem casum [sc. ablativum] comparativo junxeris extra ipsas res erit quod idem gradus intulerit ABBO *QG* 19 (41); futurus enim participii activi, cum ejusdem significationis verbo junctus, suggerit consequentiam cujusdam competentis ordinis conditionaliter, ut vix possibile sit alterum fieri, nisi alterum precesserit *Ib.* (42); "quam" electiva subjunctivo ~itur LINACRE *Emend. Lat.* xix. **d** ~e has duas propositiones ita integras ANSELM (*Mon.* 4) I 148.

6 to unite (one person to another): **a** (by kinship); **b** (by marriage); **c** (by friendship or loyalty). **d** (p. ppl. as adj.) united, intimate.

a erant juncti bitumine / germanitatis viscide (ÆTHELWALD) *Carm. Aldh.* 2. 75; rex .. cognatione junctus est regibus Cantuariorum BEDE *HE* II 9 p. 97; cum mihi .. junctus sis J. SAL. *Ep.* 166 (147) (v. facies 1). **b** si quis maritus aut mulier votum habens virginitatis, ~itur matrimonio, non demittat illud, sed peniteat iij annos THEOD. *Pen.* I 14. 5; **1101** si eam vellet ~ere inimico meo (v. defendere 9b). **c** Johannes / quem germana simul junxit concordia Christo ALDH. *CE* 4. 5. 2; ut sponsi thalamis caeli qui regnat in arce / jungantur jugiter *Id. VirgV* 2288; ut ad sodalium suorum colloquium veniret, quos sibi eximiae fraternitatis caritas in gremio catholicae congregationis ~ebat FELIX *Guthl.* 26; **a1089** eos .. caritas ~it (v. disjungere 3a). **d** **799** sed, tu carissime! et omnium sacerdotum Christi cordi nostro junctissime! obsecro intercessiones facere pro nobis ALCUIN *Ep.* 173; nam nobis es [Christe] intimior / et caritate junctior / quam nobis nos, fons venie J. HOWD. *Cyth.* 145. 5.

7 to associate, add to a group; **b** (w. abstr. obj.).

integritas quoque virtutum regina vocatur, / pingitur angelicis dum castā sponte maniplis ALDH. *VirgV* 186; decies senas junxere puellas, / quae precibus crebris laudarent voce Tonantem *Ib.* 2413; **1209** cx sunt gercie juncte ovibus (v. gercia); HALES *Sent.* IV 3 (v. drachma 1b); jungitque lacrimas / expensis WALT. WIMB. *Carm.* 617 (v. expendere 3a); **1283** reddit .. de iiij annalibus de remanenti . . . et de iij junctis de vitulis remanentibus. de quibus .. juncti boviculis iij (*MinAc*) *Surrey Rec. Soc.* XV 52; dies fortunata, bonum est ~i cum .. senibus BACON V 112; **c1312** jercie que ~ebantur .. non ponebantur ad hurtandum (v. 1 hurtare). **b** Saxones Pictique bellum adversum Brettones junctis viribus susceperunt BEDE *HE* I 20 p. 38; peccatum quod cum foeditate sua dolores aeternos ~it ANSELM III 59 (v. foeditas 3); necessitati ~it consensum J. SAL. *Pol.* 496D (v. gratanter 2a); turbis jungit eremum *Poem S. Thom.* 79 (v. eremus 3); [luna] juncta malo BACON V 113 (v. fortuna 1b); timor .. humanus junctus diffidencie OCKHAM *Dial.* 735 (v. 1 diffidentia 1b).

8 to enter into, form (pact) by joining.

gens Anglorum .. juncto cum his foedere in socios arma verterit BEDE *HE* I 15 (*tit.*); amicitiis firmiter junctis GIR. *TH* III 20; compaternitatis federa ~unt *Ib.* III 22 (v. desponsatio 2b); **1227** de federatione inter inperium et nos ~enda *Cl* 210.

9 to perform or experience together. **b** (*duellum ~ere*) to duel.

juncto .. funere J. EXON. *BT* VI 225 (v. glandifluus); concordantia dicitur esse quando due voces ~untur in eodem tempore ita quod una vox potest compati cum alia secundum auditum GARL. *Mus. Mens.* 9; quotiens ascendimus per tonos integros et postea ~endo semitonium, in tonum convertitur *Ib.* 15. **b** ~unt duellum BRACTON 137 (v. duellum 3b); licet magnam assisam vel duellum ~ere non possint per verba consueta, jungi tamen possunt per verba satis apta *Reg. Malm.* I 72.

10 (*feodatio juncta*) jointure, holding of estate in joint tenancy.

1434, 1464 (v. feodatio b).

11 to enjoin.

ecclesias .. frequentabat .. et ignotarum rerum investigationi solerter se ~ebat ASSER *Alf.* 76; cum sis legatus properes legata referre, / que tibi sunt juncta, non addens falsa relatis D. BEC. 1335; [juratores] certificabunt justiciarios super veritate exitus sic juncti FORTESCUE *LLA* 21; **1505** relicto exitu .. junct[o] (v. exitus 10b).

12 (p. ppl.) connected to something else, complicated.

statim placet considerare, utrum quaestio causae simplex sit an juncta ALCUIN *Rhet.* 8.

13 (p. ppl. as sb. f., anat.) joint.

1199 digitus ejus abscisus est et juncta parvi digiti *CurR* I 91.

14 *f. l.*

1352 †juncti [MS: minuti] ferri *Cal. Pl. Mem. Lond.* II 149.

jungeria v. junchera. **jungetum** v. juncetum.

jungibilis [ML], that may be joined or connected.

optimum est denique notas jungibiles jungere, disjungereque nonjungibiles HAUDLO 150.

jungibilitas, capacity to be joined or connected.

cum sermo de sermone, ~atem quandam terminorum vere affirmationis innuit .. J. SAL. *Met.* 887D.

jungiter v. jugiter. **jungiva** v. gingiva. **jungula** v. jugulum.

junior [CL]

1 junior in age, younger: **a** (distinguishing a member of the same generation); **b** (distinguishing a member of a more recent generation); **c** (as sb.) descendant.

a nati sunt .. filii .. Æthelweard omnibus ~ior ASSER *Alf.* 75; **1213** inter M. seniorem de M. et M. ~iorem fratrem ejus de comitatu de M. *Regesta Scot.* 519; **1353** ~ior masculus (v. 1 decedere 2b); scitis quod pater, qui habet multos filios mittendos ad scholas, .. seniori dat pecuniam pro omnibus: non quoniam plus eum diligat: quia fortassis plus diligit ~iorem sed quia senior plus est expertus de seculo HOLCOT *Wisd.* 94. **b** Theodosius ~ior .. regnum suscipiens BEDE *HE* I 13; filium tuum in quantum te ~ior est eligo ASSER *Alf.* 15; **c1140** ego Ranulphus ~ior comes Cestrie *Ch. Chester* 44; **1199** (v. abastardare); **s1386** missi sunt ad loci tutelam cum domino Henrico Persy ~iore .. multi .. *V. Ric. II* p. 73; **1448** redditum .. per Johannem de Dalrympil ~iorem nomine dictorum ballivorum *ExchScot* 322. **c** hec sunt pacis agenda, que A. et G. .. constituerunt .. pro se ipsis et ~ioribus suis, progenitis et ingenitis (*Quad.*) *GAS* 127.

2 junior in rank, subordinate; **b** (eccl. & mon.); **c** (acad.).

733 ut nullus .. theloneariorum, vel etiam ~iorum quilibet ipsorum *CS* 149 (= *CS* 152: [734]); **845** pastu regis et principis vel ~iorum eorum *CS* 450; si horum aliquid coram regis aldremanno ~iore contigerit aut coram presbitero regis, sit wita xxx s. (*Quad.*) *GAS* 73; ego .. mando et precipio omni populo seniorum ac ~iorum .. quod .. (*Ib.*) *Ib.* 187. **b** monachus furatus vestem .. ij annis poeniteat si ~ior sit, si senior anno integro GILDAS *Pen.* 6; quidam de fratribus senior .. cum alio ~iore BEDE *HE* IV 7; praecedant .. cantores, extremis prioribus et praecedentibus ~ioribus, sicut est ordo eorum LANFR. *Const.* 122; ~iores canonici *Offic. Sal.* 12 (v. forma 7c). **c** a**1350** duo ~iores magistri (v. glomeria); **1502** incipiendo scrutinium .. a ~iore bacalario et sic ascendendo usque ad seniorem doctorem *StatOx* 304; **1549** assumpto ~iore doctore theologiae .. *Ib.* 350; **1549** inter baccalaureos .. ~ior (v. declamatio 1a).

3 earlier in time, more ancient.

dampnavit scelera tunc terra junior, / et favet sceleri nunc terra senior WALT. WIMB. *Carm.* 492.

4 later in time, more recent.

sicut antiquos .. ipsa necessitas urgens edocuit, sic ~ioribus industria sedula plurimum contulit GIR. *IK* I 5 p. 57.

juniparus v. juniperus.

juniperinus, of juniper.

oleo ~o GILB. I 36. 1.

juniperius v. juniperus.

juniperus [CL], juniper tree, its wood or fruit; **b** (w. ref. to *III Reg.* xix 4–5).

~um, similis taxo *GlC* I 508; †jumperum [l. juniperum], genus ligni *Ib.* I 525; his ~erus, -ri, i. quedam arbor cujus cineres pleno anno servant ignem, et dicitur ~erus quasi gignens πῦρ, i. ignem OSB. GLOUC. *Deriv.* 428; ignea juniperus tendens in acinum olivum / usibus eximium dat, Galiene, tuis NECKAM *DS* VIII 131; ~us dicitur a *pir*, quod est ignis *Id. NR* II 82; accipe ~erum GILB. VII 307. 2 (v. hemionion); **12..** ~ii, i. *geneivre*, i. *gorst WW*; hec ~is, †*suinere* [? l. *guinevre*] *Gl. AN Ox.* 575; arcenton est genus ligni quod est ~us BACON *Gram. Gk.* 70; ignis enim cineribus coopertus optime servatur, maxime ~i HOLCOT *Wisd.* 61; alhel, i. fructus ~i *SB* 10; ~us, A. *quikentre*. grana ~i, uva et semen ejusdem *SB* 26; agnus, fructus ~i idem *Alph.* 11; juniparus, *jenupyrtre* .. hec ~us, parva arbor spinosa *WW*. **b** sub cinere ~i ignis per annum conservatur O. CHERITON *Par.* 146; quid ergo estimas post mortem miseri? / miser cum venerit ad portas inferi, / ipsum non proteget umbra juniperi, / quando perpetuo tradetur carceri (*Vers.*) *Medium Ævum* XXXVI 250; Elias .. dimittens puerum suum (puerilem viz. sensum), pergit ad latibula deserti, et projiciens se, dormit in umbra ~i AD. SCOT *QEC* 7. 813B; **1170** Elias .. projecit se subter unam ~um P. BLOIS *Ep.* 22. 80C; dormit Elias sub umbra ~i, fugiens Jezabel uxorem Achab M. RIEVAULX (*Ep.*) 63.

Junius [CL], of June. **b** (as sb. m.) June.

704 tertia decima die mensis ~ii *CS* 111; pervenit .. Theodorus ad ecclesiam suam .. sub die kalendarum ~iarum dominica BEDE *HE* IV 2 p. 204; consecratus est .. die decima ~ii mensis *Ib.* V 23 p. 350; **1357** per iij dies mensis ~ii (v. discoriare c); die undecimo exeunte mense ~io GRAYSTANES 26. **b** Romulus .. Maium tertium [mensem], quartum ~ium posuit, in honorem viz. majorum ac juniorum in quos divisit populum BEDE *TR* XII p. 206; Junius in nonis mundo miratur ademtam / et summis Tatberhti animam trans [s]idera vectam *Kal. Met.* 30; at contra cu[r]runt bis nonis rite quaternis. / Ju[n]ius, Aprelis, September et ipse November BYRHT. *Man.* 42; dehinc pullos pro matre [lupi] petunt, quos proximus ante / Junius ediderat, diripiunt et edunt L. DURH. *Dial.* II 224; **1532** ~ii (v. 2 descendere 8a).

1 junix v. 1 injunctus, injux.

2 junix [CL], young cow, heifer.

datur huic quoque tantus / cum junice pati R. CANT. *Malch.* II 68; dicimus .. hec ~ix, -cis, pro parva juvenca OSB. GLOUC. *Deriv.* 279; †jumex [junix], i. vacca juvenis *SB* 26; †jimix [junix], vacca juvenis idem *Alph.* 84; hec junix, A. *que WW*.

Juno [CL], Juno; **b** (as the lower air).

ALB. LOND. *DG* 3. 1 (v. Jovis 1a); NECKAM *DS* IV 488 (v. gravidus 1c); OSB. GLOUC. *Deriv.* 161, ALB. LOND. *DG* 4. 3 (v. domiduca); BRADW. *CD* 8D (v. deus 1a). **b** ~o inquit [Macrobius] aeris est arbitra OSB. GLOUC. *Deriv.* 39; est autem aer superior, qui a poetis Jupiter dicitur; est et inferior, quem ~onem dixerunt NECKAM *NR* I 18; Juno, i. e. aer, dicitur, quia ex eadem materia constat; conjux Jovis quia ab eo calorem et accipit et eidem subditur BERN. *Comm. Aen.* 4; ~onem, i. e. .. aerem ALB. LOND. *DG* 3. 1 (v. 1 germanus 2d); *Ib.* 3. 2 (v. Jovis 1b).

Junonius [CL], of Juno. **b** (*ales ~ius, avis ~ia*) peacock.

a juvo .. hec Juno, -nis, et inde ~ius, -a, -um OSB. GLOUC. *Deriv.* 279. **b** has [sc. divitias] olor, has cignus, avet has Junonius ales NIG. *Poems* 400; quare laudatus expandit alas avis ~ia quas si quis tacitus aspiciat recondit? *Quaest. Salern.* N 28.

jupa [ML < Ar. *jubba*], frock, gown, tunic.

dipplois atque †căpā [v. l. jupe] poterunt illam comitari D. BEC. 1198; perhendinaturus ~am [*gl.*: *jupe*] habeat penulatam NECKAM *Ut.* 98; **c1200** sed ipse R. nullam copiam bladi habere potuit nisi juppam suam in vadimonium .. poneret (*DCCant.*) *HMC Rep. Var. Coll.* I 238; **1231** mandatum est Willelmo scissori regis quod .. ad nundinas Sancti Edmundi .. ad opus regis emat unam robam de scarleto integram furratam de bissis .. et unam ~am de scarleto furratam de rubeo griso *Cl* 4; **1235** Ysabelle sorori domini regis .. ad duas chupas de skarl' ad surgend' de nocte, v uln' iij quar' quarum una fuit lineata cum j cend[all] et alia fur[rata] cum j b[issa] *Chanc. Misc.* 3/3; **1392** (v. denigrare 1b); **1397** quod non utantur .. ~is, A. *gounes MonA* IV 194; **1400** unum *cloth'sakke*, septem ~as diversarum colorum et facture, quinque lintheamina de toille de champayn *Pat* 359 m. 18 (= *CalPat* 244: †nipas); **1405** lego .. Thome Langeford unam ~am ferid' duplicatam cum carde *Reg. Exon.* 385; **1460** (v. diplois a); **1471** lego x m. ad emendum pannum laneum et lineum ad vestiend' pauperes in ~is et camisiis *Wills Dublin* 9; lego Thome H. .. meam curtam ~am blodii coloris *Ib.* 10; ~a, *a chymere WW*.

jupartia [AN *jupartie* < jocus partitus], jeopardy.

de juperdia Roberti Prendergest FORDUN *Cont.* XIII 42 *rub.*

jupellum, ~ium [cf. jupa], little frock, gown, tunic.

c1320 Y. H. tulit j haketonam .. preter j ~um cum *braceres* ferreis precii xl s. *RR K's Lynn* I 102; **1327** de .. viij jupell' carda indea coopertis cum armis regis ex utraque parte *KR Ac* 16/27 m. 8; **1332** onerat se de .. peciis per arreragia, que expenduntur in uno coopertorio ~ii domini regis . . . onerat se de j pecia .. de qua, pro linacione ~ii domini regis, dimidium pecie *ExchScot* 433; **1340** pro burgaria camere S. de Drayton .. ac asportacione unius ~i et unius gaumbesonis *Pat* 197 m. 44.

juperdia v. jupartia.

Jupiter, Juppiter [CL]

1 Jupiter, Jove, Italian sky-god commonly identified with Zeus; **b** (as the heavens, the aether).

non nos Saturni genuit spurcissima proles / Jupiter, immensum fingunt quem carmina vatum ALDH. *Aen.* 79 (*Sol et Luna*) 2; igneus en genitor fertur mihi Juppiter esse BONIF. *Aen.* 6. 1; BERN. *Comm. Aen.* 56 (v. Jovis 1a); NECKAM *NR* I 10 (v. feria 3a); WALT. ANGL. *Fab.* 22. 18, BRADW. *CD* 8 (v. deus 1a); Juppiter *Natura Deorum* 29 (v. Europa 1). **b** NECKAM *NR* I 18 (v. Juno b); Juppiter .. aether ALB. LOND. *DG* 3. 2, Jupiter in aethere WALS. *AD* I 1 (v. Jovis 1b).

2 the planet Jupiter.

Juppiter frigore Saturni et ardore Martis hinc inde temperatur BEDE *TR* 8 p. 196; ~er .. propitius et salubris tanteque benignitatis in omnes ut nec de malitia patris nec Martis ferocitate subjecti quemquam offendat J. SAL. *Pol.* 440D; ~er in cancro ROB. ANGL. (II) 169 (v. exaltare 6); hic Jubiter, *a daysterre WW*.

3 (alch.) tin.

~er est frigidus et humidus in tertio gradu, id est stagnum M. SCOT *Alch.* 152; plumbum dicitur Saturnus, stannum Jubiter, ferrum Mars BACON *Tert. sup.* 83; ~er est corpus, in quo est argentum vivum purum et mundum, non ad complementum per ductum a natura RIPLEY 338; ~er, est stannum *LC* 246.

Jupitereus, of Jupiter, (*montes ~ei*) the Alps.

juxta ~eos montes ÆTHELW. *prol.*

jupo, ~onus [OF *jupon* < jupa]

1342 ad facturam ij ~on' pro domino rege, viz. j ~on' de virid' velvetto operat' cum ij rotulis de auro .. et alterius ~on' de viridi camoca .. bordurat' cum labell' *KR Ac* 389/14 m. 7; **1382** unam tunicam ejusdem panni foderatam cum panno viridi et unum gipponum de alia forma *Foed.* III 139a; **1398** worstedam pro uno ~one .. tres ruellas sargie vel worsted' *Cl* 242 m. 10; **1438** pro panno laneo pro capucio, tunica, caligis, et pellibus rubeis pro jappone, liiij li. iiij s. *ExchScot* 34; **1454** pro expensis diversarum vestium, viz. jupponum, caligarum .. domini regis *Ib.* 621.

Juppiter v. Jupiter.

juramen [ML], swearing, an oath.

juro .. inde juratus, juratio, et hoc ~en, .. et hoc juramentum OSB. GLOUC. *Deriv.* 282; *a swerynge*, fidacio, juracio, ~en, juramentum *CathA*; fidei .. ~ine vinctus J. HERD *Hist. IV Regum* 60.

juramentalis [ML], of swearing, of an oath, binding.

et ~i voto de novo affirmasti *Form. S. Andr.* I 263.

juramentum [CL], swearing, an oath; **b** (dist. by form, grade, condition, or penalty); **c** (to tell the truth); **d** (to keep the peace); **e** (to maintain loyalty, fidelity, homage, or obedience); **f** (made formally in contact with sacred object); **g** (made informally, casually, or profanely).

Constantinus hoc anno post horribile sacramentum ~i, quo se devinxit nequaquam dolos civibus .. facturum GILDAS *EB* 28; et juramenti nodosis vincla catenis / nititur imprudens verbis constringere falsis ALDH. *VirgV* 936; **p793** sint tibi verba simplicia sine ~o ALCUIN *Ep.* 281; **1197** prestito etiam ~o per os et manum W. capellani nostri *Ch. Westm.* 481; **1222** dominus comes supradictus et Lewelinus eam [sc. convencionem] ~is suis et sigillis suis .. confirmarunt *Ch. Chester* 411; maximum causarum

dirimendarum remedium et refrenatio litium est ~um RIC. ANGL. *Summa* 28 p. 37; **1395** nichil inde venit per tempus compoti, ut dicit computans in ~o suo *ExchScot* 366. **b** si Anglicus non audeat eum probare per bellum defendat se Francigena plano ~o, non in verborum observantiis (*Leg. Will.*) *GAS* 484; ita autem acquiratur illud triplex judicium: accipiat secum quinque, et sit ipse sextus et sic jurando acquirat triplex judicium aut triplex ~um (*Ps.-Cnut*) *GAS* 622; **1197** concessi .. ut dimidium ~um et dimidiam forisfacturam faciant *Regesta Scot.* 388; **1317** per ~um in animam nostram prestandam *RScot* I 179b; **1407** ~um principale ad observandum statuta *StatOx* 198; **c1410** bedelli, in prima recepcione officiorum suorum, ultra ~a consueta speciale juramentum prestare teneantur *Ib.* 208; **s1453** affirmantes ~is maximis se nihil ulterius .. habere *Reg. Whet.* I 118. **c 1487** ~um de calumpnia et veritate dicendum *Conc. Scot.* I ccxl; **1556** possit etiam medio ~o ad veritatem dicendam compelli *StatOx* 369. **d** quodsi ~um pacationis exigitur, juret .. (*Leg. Hen.* 36) *GAS* 566; ~um pacis jurabis etiam quod pacem istius universitatis per te non perturbabis .. *StatOx* 19. **e** †**1163** faciendo inde michi servitium et ~um fidelitatis *Regesta Scot.* 238; **1296** prior Sancti Andree ad pacem nostram existens nobis fidelitatis prestitit ~um tibi praecipimus quod .. *RScot* I 24b; **s1333** recepto prius ab eodem [sc. Edwardo le Bailolf] homagio et fidelitatis ~o ad reddendum regi Anglie regnum Scocie post vitam suam *Ann. Exon.* 21v; **s1399** obediencie ~um (v. diffidere a); fidelitatis ~um *Meaux* I 118. **f 1218**, **s1330** (v. corporalis 1d); ~um est assercio vel negacio sacre rei attestacione affirmata *Spec. Laic.* 67; **1401** tactis sacrosanctis evangeliis, corporaliter prestitit ~um *Mem. York* II 122; **1428** prestito per eandem ~o corporali de peragendo penitenciam *Heresy Tri. Norw.* 43. **g** enormium .. usus ~orum GIR. *Symb.* I 15 p. 243; per nascentiam, inquit, Dei (tali enim ~o consuevit confirmare verbum suum) .. J. FURNESS *Walth.* 45; **1278** ~um a monachis non aliud quam "crede michi", "plane", "certe" .. audiatur *Doc. Eng. Black Monks* I 99; **s1349** Scoti .. sumpserunt in ~um .. sub hac forma quando jurare volebant: per fedam mortem Anglorum, Anglice *be the foul deth of Engelond* KNIGHTON II 62; non solum viri, sed quedam mulieres, tantam habent jurandi consuetudinem, quod vix .. sine ~o loqui possunt *Latin Stories* 61.

jurare [CL]

1 (absol.) to take an oath, swear; **b** (as an oath-helper); **c** (as one of a group); **d** (pr. ppl.) one who swears, juror.

e quorum numero procedens primitus unus, / quamvis juraret, pellaci fraude fefellit ALDH. *VirgV* 928; quod veros promit jurans sententia fatus *Ib.* 934; hanc terram dicunt homines qui ~averunt non pertinuisse ad Ulf *DB* I 277vb; **s1126** de sacramento quod primates Anglie fecerunt imperatrici: ~averunt ergo cuncti, quicunque in eodem concilio alicujus viderentur esse momenti W. MALM. *HN* 452; **1168** burgenses Novi Castelli r. c. de xx m. de misericordia quia coegerunt milites ~are *Pipe* 171; **1220** commisit equam illam Elie Picon qui se facit warantum ut sic posset secure ~are, et benedicunt quod non fuit equa ipsius Elie nec illam duxerat in partes illas *SelPlCrown* 126; statutum est ut statim post litem contestatam principales persone ~ent RIC. ANGL. *Summa* 28 p. 37; imperator non tenetur ~are summo pontifici tanquam vasallus OCKHAM *Pol.* I 90. **b** si ~are pro eo non audeant, vadat ad triplex ordalium (*Quad.*) *GAS* 219; **1350** fiat .. inquisicio .. per principales et mancipia ad hoc specialiter ~atos de perturbatoribus pacis *StatOx* 88. **c** sacerdos, qui regularem vitam ducat, in simplici accusatione solus. in triplici cum duobus ordinis sui ~et (*Leg. Hen.* 64. 8) *GAS* 585; presbiter ab episcopo .. suo accusatus se sexto ~et sacerdotum legittimorum sicut ad missam paratorum (*Ib.* 64. 8c) *Ib.* 585; cum xv ex eis [sc. consacramentalibus] quos justicia selegerit, sextus decimus ~et sicut causa dictabit (*Ib.* 66. 9a) *Ib.* 586; **1225** faciatis ~are ad arma .. omnes illos singulos et universos qui superstites sunt et ad arma ~ati fuerunt tempore domini J. regis, patris nostri *Pat* 503; si omnes summonitiones negaverit, pro qualibet, ~abit duodecima manu *RegiamM* I 7. 11; quod et ipse petens, sic esse juramento suo, una cum duobus aliis id audientibus, et cum eo ~antibus, probabit *Ib.* III 21. 3; ~abit cum testibus suis, sc. duobus quod illud animal. fuit ab eo elongatum, sicut ostendebant in clameo suo *Quon. Attach.* 10; **1452** magister T. C. detulit juramentum praefatis Johanni Browne et ejus uxori, ut ~arent ipsi, et alter eorum ~aret cum manu duodena vicinorum *MunAcOx* 632. **d** procedet quidem recognitio [de recto] presente utraque parte per juramentum duodecim ~antium, et juxta eorum veredictum judicabitur uni vel alii saisina GLANV. 13. 11 p. 155.

2 (pass.): **a** (impers.) to take an oath, swear. **b** (pers.) to be sworn, to have an oath administered to.

a jure vero canonico non aliter de calumpnia ~atur, nisi specialiter precipiatur RIC. ANGL. *Summa* 28 p. 39; in tantum sub suo imperio vivere secure jam ~ati reputant ut sibi servire regnare feliciter arbitrentur *Ps.*-ELMH. *Hen. V* 47. **b** tu .. dotata Spiritu Sancto, in Christiana professione ~ata, virgo fuisti ANSELM (*Medit.* 2) III 80; sorte potius quam electione ~aturi (*Leg. Hen.* 66. 10) *GAS* 586 (v. electio 3a); testes ~atos tam religiosos quam seculares, tam clericos quam laicos, tam viros quam mulieres .. diligenter examinavimus *Canon. G. Sempr.* 131v; **1200** xij capitales portmenni fuerant ~ati *Gild Merch.* II 118; de ballivis, prepositis .. providendis et ~andis *Reg. Malm.* I 202; **1345** non teneantur ~ari .. *Ib.* 151; **c1410** bedelli .. ~entur quod si .. aliquis eorum noverit .. revelabit *StatOx* 207; **1563** (v. discredere 2).

3 (act.): **a** (w. inf.); **b** (w. acc. & inf.); **c** (w. acc. & fut. ppl. or gdv.); **d** (w. *quod* & ind.); **e** (w. *quod* & subjunctive); **f** (w. *ut* or *ne* & subjunctive).

a ~avit .. oboediens in omnibus esse ASSER *Alf.* 46; juravit pactos numquam dissolvere nodos FRITH. 969; **1214** cum .. mandatis ecclesiae .. stare ~assetis *MunAcOx* 1; ~avit honores, jura, et possessiones Romane ecclesie .. servare ac protegere *Flor. Hist.* II 298; **1446** treugas .. ~amus facere .. observari (v. de 3c). **b** exscriptum litterarum domini pape vobis transmitti precepimus, quas penes se bullatas esse ipse et Jord(anus) presbiter ~averunt *Ep. J. Sal.* 83 (67); ego ~o per Patrem et Filium et Spiritum Sanctum me pro nullius favore persone, neque commodo aliquo interveniente, testari (*Forma juramenti*) DICETO *YH* I 390; **1215** nec ego nativos eorum ad arma ~are faciam *Ch. Chester* 394 p. 389; ~avit se nunquam arma portare contra vexillum Willielmi *Eul. Hist.* III 33; **s1397** ~arent se .. statuta .. observare (v. dominius b). **c** pagani .. ~averunt se citissime de suo regno exituros ASSER *Alf.* 56; **c1195** hanc .. concessionem sine .. dolo tenendam .. ~avi *Ch. Westm.* 382; **1200** hanc conventionem fideliter tenendam ~averunt *Ch. Chester* 318; **s1204** confidens de pecunia quam se ~avit ab Anglia extorsurum *Flor. Hist.* II 129; qui ~at se perjuraturum bene jurat—id est, secundum quid—bene autem non jurat simpliciter KILVINGTON *Soph.* 148. **d** sacramento facto ~avit quod .. suas consuetudines quietas habuerunt *DB* I 1a; **c1180** fratres .. ~averunt quod hanc conventionem .. sine arte et malo ingenio firmiter tenebunt *Ch. Westm.* 288; ~ent preterea quod propter hoc nihil dederunt vel promiserunt judici RIC. ANGL. *Summa* 28 p. 38; testes .. debent ~are quod non testificantur gratia vel odio vel commodo vel timore *Ib.* 30 p. 43; **c1320** ~entur .. conventui quod bene .. servient *Cant. Cath. Pri.* 218; **1420** tu ~abis quod habes habitum *StatOx* 227. **e** cum vj ~et quod hoc non fecisset (*Leg. Hen.* 66) *GAS* 585; **s1141** ~avit et affidavit imperatrix episcopo quod omnia majora negotia in Anglia .. ejus nutum spectarent W. MALM. *HN* 491 p. 50; eligendi sunt quatuor viri Deum timentes et ordinem zelantes, qui inspectis sacrosanctis ~abunt, quod assument ad se ix viros *Inst. Sempr.* *xxx; ~are testes debent quod nullum falsum depromant RIC. ANGL. *Summa* 30 p. 43; **c1268** ~abunt .. quod omnes libros veteris logice ad minus bis audierint *StatOx* 26. **f s1376** dominus rex Francie ~are me compulit ne literas revelarem *Chr. Angl.* 83; **1444** pandoxatores ~averunt .. ut salubriter pandoxarent *MunAcOx* 541.

4 (w. prep. & gd. or gdv.).

qui in susceptione pallii inter cetera de appellationibus deferendis Romano pontifici expressim ~averunt H. BOS. *Thom.* III 29; **12..** ~abit quilibet ad dicendum veram causam adventus sui *Ch. Westm.* 349; **c1400** cancellarius in sui officii admissione ad .. statutum .. observandum sit ~atus *StatOx* 19; prius ~averant ad pacta servanda *G. Hen. V* 8 p. 52; *botelmakers* et *shethers* ~ati ad regulandum misterum suum *MGL* I 654; **1428** ~avit de admittendo et adimplendo penitenciam .. injungendam *Heresy Tri. Norw.* 34; **1429** ~avit ad sancta Dei evangelia .. de veritate dicenda *Ib.* 43.

5 (w. prep. & sb. acc. or abl.): **a** (indicating what one swears by); **b** (indicating where one swears); **c** (indicating what one swears to undertake or uphold).

a qui autem in manu hominis ~at, apud Grecos nihil est THEOD. *Pen.* I 6. 3; in omnibus reliquiis .. in quibus nec alicui genti prius ~are voluit ASSER *Alf.* 49; super sanctum presentis Kenelmi corpus ~ando *V. Kenelmi B* 82 r. 2; ~et per [v. l. cum] lx hidas quod ea mortua manus vendidit ei (*Quad.*) *GAS* 113; **c1168** (reciting charter of **1137**) ~averunt .. electi senes .. super textum evangelii quod a majoribus suis audierant et intellexerant *Reg. Plympton* 162; domnus prior Rogerus .. in animam suam ~atus, dixit se vidisse .. ventum validum et tempestuosum subito mutatum *Canon. G. Sempr.* 116; dii .. per rem nature sue contrariam ~ant ALB. LOND. *DG* 6. 3; **1235** ut nomine nostro et in anima nostra ~ent quod nos eandem domicellam vi uxorem legitimam ducere debeamus *TreatyR* I 23; omnes sibi suspectos .. super lignum sancte crucis ~are fecit, quod .. *Flor. Hist.* I 401; **1353** ipsum super quendam gladium ~are cogerunt quod hoc nec causam ejusdem alicui revelaret *Pat* 239 m. 22*d*; **1446** ~avit .. ad sancta Dei evangelia .. (v. corporaliter 1d). **b** inter altaria ~ando demorantes GILDAS *EB* 27 (v. demorari 1a); **c1150** sicut in libro eorum scriptum est .. et ~averunt apud Aberdon *E. Ch. Scot.* 223; **1366** ~avit coram dicto coronatore quod .. *SelCCoron* 56. **c** non est tempus leges faciendi .. vel jus ~andum pro fidelitate domini (*Leg. Hen.* 62) *GAS* 583; et qui minus in catallis habuerit quam xx marcatas, ad gladios, cultellos et alia arma minuta sint ~ati *Fleta* I 36; **1292** ~et sic admissus de fideli servitio suo ac indifferenti cuilibet de communi bursa *MunAcOx* 58; **1490** antiquum statutum .. ad quod omnes .. in suis admissionibus fide prestita sunt ~ati *StatOx* 297; **1516** sive sit ~atus ad libertates ville *Ib.* 332.

6 (trans.) to swear: **a** (an oath); **b** (w. acc. of thing promised); **c** (w. pers. object) to promise in marriage, to betroth.

a Constantinus .. se devinxit nequaquam dolos civibus, Deo primum jureque ~ando sanctorum demum .. choris .. comitantibus fretis facturum GILDAS *EB* 28; paganorum .. exercitus .. sacramentum .. ~avit .. citissime de regno suo se exiturum esse ASSER *Alf.* 49; ~ant fidelitatem W. POIT. II 28 (v. fidelitas 3a); **1093** an putant me ~asse vobis servitutem per nomen Domini? ANSELM (*Ep.* 156) IV 20; **s1173** fidelitatem .. ~averat (v. dejerare 2); **1199** feneratores et feneratrices non ~abunt hoc sacramentum (*Assisa London'*) *Lond. Ed. I & II* 52; **1283** novus adveniens .. ~abit feuditatem domino *Cust. Battle* 94. **b** fidejussor .. i. fidem pro aliquo ~ans OSB. GLOUC. *Deriv.* 207; primates Anglie regnum ~averunt imperatrici DICETO *Chr. I* 245; Haroldus .. regnum tibi [sc. Willelmo] ~averat Anglicanum *Flor. Hist.* I 590; qui vobis coronam tocius regni predicti dedit et regnum predictum vobis ~are fecit (*Leg. Angl. Lond.*) *GAS* 664; **1280** ~avit nobis .. obedienciam (v. decanatus 1a). **c** [filia Willelmi I] Aldefonso Gallicie regi per nuntios ~ata virgineam mortem impetravit a Deo W. MALM. *GR* III 276; ut .. sororem in conjugem ~aret GERV. TILB. II 20 (v. ducissa 2a).

7 to swear to, vouch for.

1184 fuerunt ~ate et perambulate divise de Mordwheit *Regesta Scot.* 252; que terra fuit ~ata ad valenciam xv li. *RDomin* 57; **1231** ~abunt autem treugam istam ex parte regis Anglie comes R. frater ejus et H. de Borc, justicia Anglie *Ch. Chester* 436; **1347** treugas .. ~averunt (v. corporaliter 1d).

8 to swear (casually, profanely, or falsely); **b** (w. compl.).

Britannia .. judices habet .. crebro ~antes, sed perjurantes GILDAS *EB* 27; qui ludit, bonus est; qui jactat feda, facetus; / qui non jurat, hebes; qui bene potat, eques L. DURH. *Dial.* II 506; miles .. burgensem, quia enormiter de Deo ~avit, .. cum pugno percussit O. CHERITON *Par.* 85; terrarum principes alii, in omni sermone sacramentis enormibus utentes, per mortem Dei, per oculos, per pedes et dentes, per gorgiam atque strumellos, fatue nimis et indiscrete ~are presumunt GIR. *PI* III 30 p. 318; ad precium duplum Fraus ponit singula, dicens / "ita Parisius Flandria sive dedit." / quod minus est in re suplent jurancia verba / propter denarium vulnerat ipsa Deum GOWER *VC* V 759; si quis ante eum ~aret, statim ferule vindicta sequebatur *NLA* II 526; non solum viri, sed quedem mulieres, tantum habent ~andi consuetudinem, quod vix etiam sine juramento loqui possunt, quin aliquod juramentum pretermittant *Latin Stories* 61; hoc anno .. in quo fecisti plurimos homines mori in Anglia emittendo sanguinem per os, per nares, .. et per secessum, sc. in illis partibus corporis per quas horribiliter ~are consueverant: sc. per oculos Christi, .. per sanguinem Christi .. GASCOIGNE *Loci* 12. **b** ~avit ille et ait 'per Deum, non egrediar' PETRUS *Dial.* 32.

jurata [ML]

1 what is sworn, an oath.

1196 R. de N. in misericordia quia ipse non requisitus dixit pro ~ata verum dictum suum *CurR* I 28; **1198** ipse liber homo est in ~ata domini regis ad arma habenda ut liber homo *Ib.* 45.

2 jury, group of men sworn to utter a verdict or the proceedings of their inquiry; **b** (dist. by composition, location, or function). **c** case presented to a jury.

1196 (v. dominicus 4b); **1209** per falsam ~am (v. eicere 4); **1219**, **1304** (v. capere 12a); BRACTON 216, 216b (v. cadere 4d); **1265** (v. 1 assisa 6h); preceptum est vicecomiti .. quod venire faciat .. Ricardum hic .. ad audiendum ~am *State Tri. Ed. I* 9; convictum est per ~am in quam .. prior de Shuldham .. et Ricardus .. se posuerunt quod etc. *Ib.* 16; **1352** processu inter partes predictas per ~as positas inde inter eas in respectum *Reg. S. Aug.* 334; inquisiciones et ~e .. capiende *Reg. Brev. Orig.* 186 (v. examinatio 5b). **b 1167** A. de M. r. c. de xl s. quia nec interfuit ~ata de feodo militis *Pipe* 45; **1178** per scriptum justiciarum errantium et ~atam hominum ejusdem patrie *Pipe* 74; inquiruntur autem hujusmodi propresture vel in capitali curia, vel coram justiciis domini regis ad tales inquisitiones faciendas in diversas partes regni transmissis per ~am patrie sive visneti. et qui per ~am ipsam aliquam hujusmodi fecisse propresturam convictus fuerit, in misericordia domini regis remanebit de toto feodo quod de eo tenet, et quod occupavit reddet GLANV. IX 11; **1201** (v. discarcare 1c); **1203** ~a civitatis L. dicit quod non sunt culpabiles de morte illa *SelPlCrown* 37; **c1220** quedam ~ata per breve meum de morte antecessoris capta fuit in comitatu meo Cestrie *Ch. Chester* 397. **c 1203** pro habenda ~ata .. utrum P. .. debueret .. debitum illud .. vel non *Pipe* 99; **s1228** (v. gardinum 1b); omnia placita terre .. in hustengo placitantur exceptis brevi de dote, ~ata de utrum *MGL* II 369; **1429** ~ata inter J. .. et J. .. de placito detencionis cujusdam pixidis sigillate .. ponitur .. pro defectu juratorum quia nullus venit *PlRLancaster* 2 m. 8.

juratio [LL]

1 swearing, an oath; **b** (made informally, casually, or profanely).

vos a ~onis culpa compesco BEDE *Ep. Cath.* 38; foedus, pactum, ~o *GlC* F 266, jusjurando, ~o *Ib.* I 513; **844** hanc ~onem juraverunt *CS* 445; **c943** de ~one quae fiebat Eadmundo regi *SelCh* 77; **1080** inquire .. per ceteros qui terras S. Aetheldrithe scribi et ~ari fecerunt, quomodo jurate fuerunt, et qui eas juraverunt et qui ~onem audierunt *Lib. Eli.* II 125; jusjurandum, juris ~o OSB. GLOUC. *Deriv.* 288; facta est Londoniis .. ~o de fidelitate observanda regi Ricardo *Flor. Hist.* II 107; sicut enim professio et juramentum, ita ~o et abjuratio voluntatem supponunt firmatam OCKHAM *Dial.* 443; nam ~onis .. oblitus ELMH. *Cant.* 212. **b** ~o ejus est "Amen dico vobis" BEDE *Luke* 590; **797** regnum .. pene periit propter dissensiones intestinas et fallaces ~ones ALCUIN *Ep.* 122; falsa fides, falsa juratio, falsa loquela D. BEC. 738; per idola designantur inutilia juramenta de Deo facta et contumeliose ~ones in opprobrium Dei facte ROB. BACON *Psalt.* 10 no. 5; decernunt pariter meretrices omnes ab exercitu sequestrari, adulteria et fornicationes, ebrietates et comessationes, aleas et fallaces ~ones, simul et omnes fraudes interdicere universis M. PAR. *Maj.* II 69.

2 body of sworn men, group who have taken an oath: **a** jury. **b** group of jurats.

a **1203** B. frater A. Judei Linc' debet xx m. pro habenda ~one secundum consuetudinem Judeorum ad convincendum si Ursellus Judeus hinc' sit falsonarius tali viz. ~one quali alii Judei falsonarii convinci solebant *Pipe* 99. **b** **1226** legitimorum virorum patrie electa fuit ~o *RL* I 286.

jurativus [LL], (gram., of adv.) jurative.

'sic' quoque ~um est [adverbium] ALCUIN *Gram.* 883A; *sume synd* ~a, *þæt synd swerigendlice* ÆLF. *Gram.* 227.

jurator [CL]

1 one who swears an oath; **b** (informally, casually, or profanely).

s1094 hoc pactum juraverunt xij principes vice regis, xij vice ducis . . . cum ergo fratres simul venissent ~ores omnem culpam regi imposuerunt H. HUNT. *HA* VII 4; **s1190** ~ores in causa divortii fuerunt Balisant .. DICETO *YH* II 86; **1297** et Robertus et Elena nec se optulerunt nec parati fuerunt nec aliquos jur[atores] secum habuerunt ad legem faciendam *PlRCP* 118 m. 57. **b** **1167** falsa esse et mendacissima que Joannes ille ~or de Oxenfordia et alii nuntii regis predicaverant BECKET *Ep.* 348 p. 295; **1167** pretereo quod insignis ille ~or quasi re bene gesta de manu vestra decanatum accepit J. SAL. *Ep.* 198 (213 p. 348); **1460** eorum ministri detestabiles, necnon falsi ~ores *Conc.* III 577; noluit habere ~ores neque mendaces neque *meyntours* W. WORC. *Itin.* 356.

2 juror, juryman.

1130 de minutis judicibus et ~oribus comitatus *Pipe* 28; de matre .. nesciunt ~ores an sit in donatione domini regis *RDomin* 10; GLANV. II 19 etc. (v. convincere 6a); **1202** etc. (v. 2 dicere 6a–b); **1218** etc. (v. attingere 8b); **1221** testatum .. per xij ~ores (v. dedicere 1c); **1384** ~ores .. de veredicto .. concordati (v. dare 1f); ~ores qui summonentur in inquisicione non amercientur ultra iij denarios *MGL* I 178; **1452** xxiiij ~ores impanellati (v. exigere 8c); postquam ~ores illi .. super veritate exitus hujusmodi .. colloquium habuerint .. in loco eis ad hoc assignato, revenient illi curiam et certificabunt justiciarios super veritate exitus sic juncti FORTESCUE *LLA* 26 p. 60.

3 jurat.

1281 vobis mandamus quod dicta die dominica .. vestros pares et ~ores faciatis, et duobus de ipsis juratis vice nostra illa que spectant ad officium dicte majorie committatis *RGasc* II 137; **1292** ~ores certificent de valore in omnibus exitibus .. et ~ores testantur, quod tolnetum intrinsecum et forinsecum valent per annum triginta et quinque libras *PQW* 121a; **1298** lestus marisci de Romenal tentus .. coram communi ballivo et xxiiij ~oribus marisci *Reg. S. Aug.* 610; **1315** (v. eswarda 1).

juratorie, on oath, by oath.

cum semper omnia vera sciat, possibile est ipsum nunc scire distincte oppositum ejus quod nunc ~ie asserit BRADW. *CD* 788A; virum .. nobis fidejussorie, ~ieque obligatum *Reg. Whet.* II 434.

juratorius [LL]

1 of an oath.

?**1170** verba tamen episcoporum, qui apostolorum sunt filii et heredes, vim ~iam in se habent, ut in eis jusjurandum sit, quod est verbum simplex in aliis P. BLOIS *Ep.* 51. 155A.

2 confirmed by oath; **b** (dist. from other forms of surety).

~iam .. cautionem H. BOS. *Thom.* IV 29 etc. (v. cautio 1b); **a1160** accepta ab eo ~ia cautione J. SAL. *Ep.* 57; **1281** per judicatum predictum et declaracionem ~iam dicti vicecomitis *RGasc* II 134. **b** **1151** supportandos eos esse putamus, ut fidejussoriam prestantes cautionem, vel ea deficiente ~iam *Doc. Theob. sup.* I p. 548; **1213** prestiterunt .. ~iam et litteratoriam caucionem *RChart* 193b; per judicatum predictum et declaracionem ~iam dicti vicecomitis *RGasc* II 134; 'nuda promissio' vocatur, que non est ~ia OCKHAM *Pol.* II 597; nullam ab eo obedientiam divisim vel conjunctim manualem aut ~iam exacturis *Stat. Linc.* II 328; **1520** obedientiam nostram manualem et ~iam *Conc. Scot.* I ccxliii.

juratura, jury, group of men sworn to utter a verdict, or the proceedings of their inquiry.

a1470 aliquis .. in aliqua ~a (v. discooperire 4c).

juratus [CL]

1 sworn: **a** (of promise or undertaking); **b** (of person or group making a promise).

a sub tanta ~issime firmitatis obligatione AD. MARSH *Ep.* 247. 19. **b** **1280** precipimus .. quod in infirmaria nullus .. extraneus seu laicus, nisi medicus fuerit vel ~us, veniat *Reg. Ebor.* 146; **1308** R. et E. ~i et separatim examinati, bene dicunt quod ipsi interfuissent capcioni predicti prati in manum domini regis *Year Bk. Ed. II* I 19; ~us et requisitus, dicit quod .. *Feod. Durh.* 220; per ballivos vel eorum servientes presentatos in curia et ~os *Quon. Attach.* I 311.

2 (as sb. m.) man who has sworn an oath.

cum enim ex unius ~i testimonio procedat duellum, duodecim ad minus hominum exigit constitutio juramenta GLANV. II 7; servientes meos .. et etiam ~os convocari precepi, eosque vi sacramenti quo mihi tenebantur adjurans, utrum elemosina illa de feodo meo esset .. inquisivi *Act. Hen. II* II 165; **1415** specialiter interrogatus iste ~us, dicit, quod .. *Conc.* III 373.

3 liege man, subordinate, vassal. **b** (*~us ad arma*) man at arms.

a1140 [*Ingelram de Scotney and his sworn man*] ~us [*gave a dwelling in Esteda for the soul of his brother and himself*] *Cart. Chich.* 945; erat tunc .. comes .., qui licet Alani ~us esset et ejus homo, insolenter tamen se habebat MAP *NC* IV 15 f. 55v; recepta suis ~is sibi custodienda delegavit DEVIZES f. 39r; **1214** illi fuerunt de privata familia domini regis ~i quod si illi aliquid audirent quod fuisset contra domini regem quod domino regi illud intimarent *SelPlCrown* 70; "audio" inquit "quod contra magistrum Giraldum, cujus et clericus sum et ~us, hic agitur" GIR. *SD* 134; **1281** portas fregit .. manerii et .. servientes .. verberans de .. manerio .. ejecit eisque claves .. abstulit, et ~os suos nomine custodie dimisit ibidem, manerium .. occupans *RGasc* II 148; **1427** volumus insuper ut residuum .. inter pauperes tocius regni Francie dividatur tam viros quam feminas, amicos et inimicos, ~os et non ~os *Reg. Cant.* II 396. **b** **1242** constituatur unus capitalis constabularius ad cujus mandatum omnes ~i ad arma de hundredo suo conveniant *Cl* 483; **1252** omnes vicecomites, et eorum ballivi constabulari, ~i ad arma M. PAR. *Maj.* VI 209; **1261** quod omnes ~i ad arma habeant arma sua prompta ad que sunt jurati, et eos, qui non sunt ~i ad arma et ad ea jurari debent. sine dilacione jurari facias ad arma *Cl* 476.

4 juror, juryman.

respondere debent ~i de singulis Wapentacis et Hundredis *Chr. Peterb.* 105; **1253** (v. discutere 4a); **1309** (v. diu 3c); **1313** jurati hundredi de P. dicunt quod predictus H. culpabilis est de latrocinio et quia H. indictatus est de pluribus feloniis et transgressionibus factis in diversis hundredis et remittatus [*sic*] prisone *Eyre Kent* I 72; **1320** in panello occurrunt nomina xxiiij †inratorum [l. juratorum] pro hac inquisicione facienda *MunCOx* 35; **a1470** in aliqua .. inquisicione ~us (v. discooperire 4c).

5 jurat.

1206 rex majori et ~is et omnibus fidelibus hominibus suis de Burdeg' salutem *Pat* 63a; **1249** Henrico .. major et ~i communie Aquensis, omne servitium *RL* II 51; **1257** super omnes illos qui ad reparacionem predictarum wallarum et watergangarum alias obligati sunt vel tenentur et eisdem xxiiij ~is per litteras nostras patentes nuper concessimus quod pro securitate dicti marisci [*Romney, Kent*] districtiones .. fieri facerent *Pat* 71 m. 10d; **1313** et cum necessitas eveniret cujus accione oporteret periculo et impetui maris obviare vel resistere pro reparacione wallarum .. convenire debent predicti xxiiij ~ati ad vidend' per que loca predicta imineret necessitas *CourtR* (*Dunge Marsh, Kent*) 180/57 m. 2; **1314** per majorem et ~os (v. facere 39d); **1315** (v. eligere 3d); ~os quoque civitatis et juris regni apprenticios .. interfecerunt KNIGHTON II 136; **1371** ~is, paribus, prepositis, ballivis, et fidelibus suis in ducatu Aquitanie *Reg. Brev.* 26.

jurbarium v. jubarba. **jurcellum** v. juscellum. **Jurdanus** v. Jordanes.

jurea [OF *juree* < jurata], jury.

1180 de terris recuperatis per ~eam *RScacNorm* I 1; **1195** pro fine sua de ~ea facta super eam *Ib.* 145; **1203** recognitum fuit per ~eam quod ea habuit *Ib.* II 557; per ~eam xij legalium hominum in vi[si]neto monstrabit saisinam patris, qualis fuit die que obiit *Cust. Norm.* 7. 1.

juredictio v. jurisdictio.

jureta [OF *juree* < jurata], jury.

1293 preceptum est vicecomiti quod venire faciat ~am .. coram rege *Reg. Cont.* I 319.

jurgare [CL], **~ari** [LL], to contend, dispute, quarrel, wrangle: **a** (act.); **b** (dep.).

a iniquum penitere doceas quam ~are J. SAL. *Pol.* 531C; scatet civitas Londoniarum non jam tantum Pictavensibus, Romanis, et Provincialibus, sed Hispanis, qui Anglis, maxime civibus Londoniensibus, nocumenta machinantur, adulterando, fornicando, ~ando, vulnerando, et interimendo, rege eos minime refrenando, sed potius defendendo M. PAR. *Maj.* V 531. **b** Laban jurgatur cum Jacob in monte Galaad AD. DORE *Pictor* 155; ~ati sunt contra eum Maria et Aaron *Eul. Hist.* I 39; contra Moysen ~atur *Reg. Whet.* II 462.

jurgator [LL], contentious or quarrelsome person.

convenerunt ad eum ~ores predicti, fingentes juramentum falsum factum fuisse *Chr. Abingd.* II 228.

jurgatrix [LL], contentious or quarrelsome person (f.).

judicium de *Thewe* quia ~ix *MGL* I 603; *stryvare*, .. contentrix, -cis, rixatrix, -cis, ~ix, -cis *PP.*

jurgillare v. girgillare.

jurgiosus [CL], contentious, quarrelsome: **a** (of person, usu. f.); **b** (of act).

a Xantippen, uxorem admodum morosam, ~am et que .. muliebribus scatebat molestiis J. SAL. *Pol.* 565D; Socratis uxor admodum morosa fuisse fertur et ~a DICETO *Chr.* I 40; cum .. Alcipiades interrogaret eum .. quare Xantippem, uxorem ~am, que eum die noctuque muliebribus exacerbabat molestiis, de domo non abigeret, ait .. W. BURLEY *Vit. Phil.* 116; interrogavit eum quare Xantippem uxorem suam ~am non cohiberet *Eul. Hist.* I 423; sic .. Agar ~a fieret, et rebellaret contra dominum *Reg. Whet.* II 407. **b** **s1429** bello ~e placitacionis ad tempus semoto AMUND. I 265.

jurgium [CL]

1 conflict, quarrel, dispute: **a** (between persons); **b** (between natural forces).

a ebrietate .. tumore, ~iorum contentione .. carpebantur GILDAS *EB* 21; **705** nostrique pagi regnatores discordiarum ~ia interim pullulabant WEALDHERE *Ep.* 22; evulsis discordiarum vituperationum ~iorum murmurationum ceterorumque fructetis vitiorum BEDE *Hom.* I 1. 26; muliercule optemperans lacessitus ~iis *V. Neot. A* 12; qui facile ad iram movetur, pro re parvula scandalizatur, tumultuatur, ~ia conserit, injuriam facit ALEX. CANT. *Dicta* 20 p. 191; **1160** interfuerint in initio ~iorum J. SAL. *Ep.* 124 p. 209. **b** ante chaos, jurgium indigeste molis *Poem S. Thom.* 70.

2 abuse, invective, vituperation.

cepit cum ~io conqueri. dicens "quid ad te, Martine, attinet presbiter iste?" ALEX. CANT. *Mir.* 47 (II) p. 255; cetera ~ia fecit in aerem, nam illa .. disparuit MAP *NC* II 12 f. 27v; primum enim .. est non pausando furiam concipere, secundum in vocem erumpere, tertium ~ium protelare ALB. LOND. *DG* 6. 23; postquam ab ipsis ventum est ad ~ia verbis, et a ~iis ad pugnam pugnis susceptam *Natura Deorum* 130; et lingua non est in jurgio relaxata J. HOWD. *Cant.* 70; Johannes setiger setoso jurgio / regem exasperans truncetur gladio WALT. WIMB. *Palpo* 42.

3 dispute at law, legal proceedings.

jusserunt indere libris / more Cleanteo solitis bullata sigillis / .. ut dirimant odii crudelia jurgia prisci FRITH. 1222; ut nec neglectu nostro sui juris detrimentum incurrant nec adverse pacis [? l. partis] astutia longis ~iorum debeat protractionibus fatigari *Lib. Eli.* III 110; da tu judicium, / judex clemencia, solvetque jurgium / inter puerpere servum et filium WALT. WIMB. *Carm.* 283.

juri- v. et. juris-.

juridice [ML], in legal form, by law, legally.

te gentibus ceteris immerito, non ~e .. praeferebas ÆLNOTH *Cnut* 59; si .. judex deponit aut sententiat ~e, Deus prius testatur et sententiat illud idem WYCL. *Civ. Dom.* I 26; cum orthographia, congrua sentencia et ceteris ~e requisitis *FormOx* 334; juritice FAVENT 16 (v. 1 deferre 8b); **1424** cum ipsa villa sit dos, sive gleba, ejusdem ecclesie, que ab ipso alienari non potest ~e ullo modo *Pri. Cold.* 98; **s1455** populo .. tranquille, pacifice, ac ~e gubernato *Reg. Whet.* I 159; **1456** si unica aut bina appellacionis usitatio ~e .. interponatur *StatOx* 278.

juridicialis [CL], of the administration of justice.

constitutio generalis .. habet partes duas, ~em et negotialem ALCUIN *Rhet.* 11; ~is [pars constitutionis] est, in qua aequi et iniqui et praemii aut poenae ratio queritur *Ib.* 12.

juridicus [CL]

1 (as adj.): **a** (of person) concerned with administration of justice. **b** (of doc. or procedure) lawful, legal. **c** (*dies ~us*) day appointed for administration of justice, law-day.

a s1456 viro sic justo et ~o quod insit sibi constans .. voluntas *Reg. Whet.* I 218. **b** nec contra eum processerunt modo caritativo nec ~o *Ziz.* 305; **s1408** quia dicte excusaciones non videbantur ~e, surrexit magna presumpcio contra papam Gregorium *Chr. S. Alb.* 32; modo et forma electionis ~e ELMH. *Cant.* 294; fiat eis tunc ~a protestacio per illos *Mon. Francisc.* II 83; **s1461** cum bella talia .. sint nedum licita, quin eciam justa et ~a *Reg. Whet.* I 404. **c** ita quod proximo die ~o veniat coram senescallo *Fleta* II 131. quando dies ~us [ME: *dei of richt*] vel judicii prefigitur, nonne injuriatur judici qui citra diem prefixum treugas rumpit et se de alio vindicat? *AncrR* 107; **1321, 1593** die ~o (v. 1 dies 11b); quarto die ~o post festum Sancti Valentini *Chr. Ed. I & II* I 129; die veneris proximo post festum tale, si juridicus fuerit, alioquin proximo die ~o extunc sequente *Dictamen* 352.

2 (as sb.) judge.

hoc apprenticiis ad barros ebore munus / gratum juridicis utile mittit opus HORN *Mir. Just.* 4; Franci juridici tauro fient inimici *Pol. Poems* I 144; que ~i in custodia habuerunt WALS. *HA* I 457; *Ib.* 464 (v. escaetor a).

jurigenius [cf. CL primigenius], law-engendering, that begets rule.

eandem insuper voluntatem docet esse principium originale et ~ium actus boni preveniente eum gracia Dei in racione motivi NETTER *DAF* I 72 B 1.

jurilentus v. jurulentus.

juriparere [al. div.], to obey the law.

1218 T. .. de ~endo minime cautionem prestare curavit *Reg. S. Thom. Dublin* 288; **1362** episcopus Ergadiensis .. citatus ad comparendum .. responsur', etiam ~itur', dicto die non comparuit *Reg. Paisley* 145.

jurisclamium [2 jus + clamium], claim of right, claim at law.

1543 renunciavit .. omne jus, jurisclameum, titulum *Scot. Grey Friars* II 40.

jurisconsultus [CL; al. div.], learned in law, (as sb. m.), jurist, lawyer, jurisconsult.

671 qui .. cuncta ~orum secreta .. scrutabitur ALDH. *Ep.* 1 p. 476; in reddendis et prosequendis causis advocatus disertissimus et ~i peritus in curia Romana fuit J. HEX. *HR Cont.* 321; jurisconsultos consule, tutus eris NECKAM *DS* I 138; tanquam / jurisconsultus consulo jure tibi *Ib.* IV 523.

jurisdicere, juridicere [ML], to utter a judgement, (pr. ppl.) one who utters a judgement.

1298 ne trahantur extra regnum Anglie ad causas per litteras apostolicas petitionum copie presentium litterarum ~ent *Hist. Glouc.* I lxxxiii; insuper nos Prior et Conventus de Pontefracto predicti pro nobis et successoribus nostris, ex mera et spontanea voluntate nostra, palam et expresse renunciamus, omni provocacioni .. editis vel edendis, et specialiter juridicentium generales renunciationes non valere, editis vel edendis decretis *Mem. Ripon* I 180.

jurisdiciarius [ML], of the administration of justice.

super Egyptios .. Moyses nullam ~iam habuit potestatem OCKHAM *Dial.* 543.

jurisdictio [CL], **juridictio** [ML]

1 (authority for) administration of justice, jurisdiction; **b** (Gasc., dist. as *alta* or *bassa*); **c** (eccl., dist as *ordinaria* or *peculiaris*); **d** (mon., dist. as *regularis*).

751 Fulda privilegii sedis apostolicae infulis decoretur, ut sub ~one sanctae nostrae, cui Deo auctore deservimus, ecclesiae constitutum nullius alterius ecclesiae ~onibus submittatur *Ep. Bonif.* 89; firmiter confirmavit, ita ut nec regi nec regiis ministris homines villam inhabitantes aut alterius precepto pareant, aut juridictioni preterquam abbatis principaliter .. *Chr. Abingd.* I 20; **1267** nullus .. distringat aliquem ad veniendum ad curiam suam qui non sit de feodo suo, aut super ipsum habeat ~onem per hundredam vel ballivam que sua sit (*Stat. Marlb.*) *StRealm* I 20; **1275** in omnibus jure diocesano et jurediccione episcopali inperpetuum (*Concordia*) DOMERH. *Glast.* 555; **1282** in prejudicium nostrum .. et facturam non modicam ac juredictionis nostra contemptum *RGasc* II 150; **1330** *infangthef* est .. ~o regalis (v. 2 dominium 5a); queritur utrum papa et Romana ecclesia ex institucione Christi habeat quod committat imperatori et aliis principibus secularibus, ~ones temporales OCKHAM *Pol.* I 95. **b 1285** si veniat incursus in feudis .. que tenentur .. a baronibus etc. .. in quibus non habent altam ~onem *RGasc* II 270; **1309** ut .. altum justiciatum .. excercere faciatis prout ab antiquo fieri consuevit, in bassa ~one .. defendentes eundem [priorem] *Ib.* IV 297; **1313** super alta ~one (v. debatum a). **c 1259** capellas .. que ab omni ~one ordinaria libere sunt et immunes *Cl* 427; pro peculiari ~one *Val. Eccl.* II 220b (v. ecclesia 4c). **d 1232** salva dicto abbati et successoribus suis .. ~one regulari in dicto prioratu tanquam abbatibus suis secundum ordinem monachalem *Ch. Chester* 430.

2 territory in which jurisdiction is exercised.

si autem vocatus non venerit, aut est de ~one vocantis aut non RIC. ANGL. *Summa* 15; naves .. et omnes merces ad regnum vestrum Anglie transvehendo, quas in vestra ~one receptastis .. scienter *Flor. Hist.* III 269; **c1340** in tota ~one predicta publice denunciatus *FormOx* 137; **c1400** practizantes .. infra ~onem Oxonie *StatOx* 191; ad conducendum dictas gentes per territorium sive ~onem principis certe obediencie ad illas partes desideratas UPTON 86; partes ubilibet per dioecesim et ~onem spiritualem subjectas Orcadensi ecclesiae *Conc. Scot.* II 111.

jurisdictionalis [ML], relating to jurisdiction, jurisdictional; **b** (as sb. n. pl.) jurisdictional affairs.

sunt .. duo ordines in ecclesia dignitatum; sc. ~is et evangelicus. ille est superior in ordine ~i; cujus jurisdiccioni alter supponitur, ut patet de papis, archiepiscopis, et rectoribus; dignitas vero secundum ordinem evangelicum stat in humilitate officiosius ministrandi .. WYCL. *Civ. Dom.* III 369; potestatem ~em ligandi et solvendi *Ziz.* 422; illa .. que sunt ~is exercitii, et in quibus character non imprimitur, nec certum de necessitate requirunt ordinem PAUL. ANGL. *ASP* 1536. **b 1333** omnia alia ~ia ad capitulum nostrum sede vacante infra archidiaconatum spectantia *Pri. Cold.* 20.

jurisdictionaliter [ML], with respect to jurisdiction.

de preeminencia potestatis pape ~iter coactive .. NETTER *DAF* I 244.

jurisdiscretus [2 jus + discretus, *p. ppl. of* discernere], (as sb. m.) man distinguished in knowledge of law.

habito consilio cum ~is replegiavit calumniatoribus illos xx denarios BRAKELOND f. 142v.

jurisperitus [CL; al. div.], learned in law, (as sb. m.) jurist, lawyer.

convocatis in urbe Londoniensi ~is et sapientibus regni totius ordinis utriusque viris GIR. *EH* II 31 p. 377; **1247** causas finiant .. per alios viros jurumperitos *Conc. Syn.* II 414; diversis ~is apud London' per manus J. G. *Ac. Durh.* 144; **1452** de Johanne .. ~o *Test. Ebor.* III 142.

jurisprudentia [CL; al. div.], jurisprudence.

Leges Civiles dicunt quod ~ia est divinarum atque humanarum rerum notitia FORTESCUE *NLN* I 46.

jurista [ML], jurist, lawyer.

perversi ~e destruunt studium sapientie BACON *CSPhil.* 418; cavillationes et fraudes ~arum *Id. Tert.* 85; non enim serpens seducendo Evam manifeste temptavit in principio suadendo, sed interrogando prius sicut ~e procedunt S. GAUNT *Serm.* 210; **1300** secundum quod vulgariter dicitur, ~e et advocati non mediocriter lites et contenciones affectant *G. Durh.* 41; ~is universitatis *Ziz.* 312; ausi sunt de cavernis egredi ~e WALS. *HA* II 17; GASCOIGNE *Loci* 109 (v. defensor 4c); mussitatores enim sui ubique ferme theologos et ~as nostros incusant quod sc. perverse interpretentur, quae in dicto Reginaldo non nisi rectissime denunciant exarata J. BURY *Glad. Sal.* 573,

juritice v. juridice. **jurnale** v. jornalis.

jurulentus [CL], containing juice or gravy, of broth.

c1300 pane, potu, jurilento unoque ferculo .. pauperes pascerentur *MonA* II 312.

1 jus [CL]

1 (bot.) fluid, juice. **b** (*jus viride*) verjuice.

nunc a viminibus pampino coetanis jus deposcit extortum, nunc uvarum liquorem desiderat primitivarum DICETO *YH* I 294; ladanum dicitur nasci de rore celi, unde dicitur quod ladanum est jus coagulatum cadens super prunas et est calide et sicce complexionis *SB* 27. **b** hoc jus viride, A. *warins WW*.

2 (alch.) verdigris.

jus collex est genus cujusdam collirii fragile et subrubeastrum *Alph.* 85; juscalcus *Ib.* (v. eventatorius).

3 (anat.) joint-oil, synovia.

si quis vulneratus fuerit in scapulis, ita ut jus, i. e. *mæri* [AS: *liðseaw*] exeat, xxx s. emendet (*Inst. Cnuti*) *GAS* 81 [= (*Quad.*) *Ib.*: glutinum].

4 broth, soup, gravy.

ALDH. *Aen.* 40. 4 (v. battuere b); nec saltem pingue jus [AS: *broþ*] potestis sine arte mea habere ÆLF. *Coll.* 98; fac inde jussum *Leechdoms* I 376 (v. conferva); apozema, jus coctarum herbarum OSB. GLOUC. *Deriv.* 56; de jure .. quo lavatur .. ore tantum circumquaque haurit et bibit GIR. *TH* III 25; comedenti sit sine jure, / cum sale simpliciter, vel jure cibus sale mixto D. BEC. 2634/5; carnis jus pingue recentis *Id.* 2654; questio .. que fercula molli / jure natent, que sicca gule trudantur Averno HANV. II 189; **12..** jus, quandoque dicitur pro elixatura carnis quod Anglice *broth* vocatur *Teaching Latin* I 382; de juribus non detur jus cicerum nec caulium nec piscorum si sit fluxus ventris GAD. 22v. 2.

2 jus [CL]

1 law, rule, ordinance.

671 qui .. legum Romanorum jura .. rimabitur ALDH. *Ep.* 1 p. 476; 'carus sit tibi quoque proximus ut tu.' hoc pactum jus omne tene BURGINDA 10; **798** sua monastica jura studeant observare *CS* 290; si .. per alium se defendere elegerit et idem interim moriatur, quero quid juris ibi sit, utrum is qui tenet possit se per alium defendere an loquelam debeat amittere an tantum saisinam? GLANV. II 3; **1389** invenit plegios de veniendo ubi et quando et ad faciendum omnia que jura fuerint *SelCCoron* 94; **1407** volentes in hac parte facere quod est jurium, omnes fructus redditus .. sequestrandos *Lit. Cant.* III 99; **1446** ad cetera facienda et recipienda que juris sunt (*Court Bk. Linc.*) *Eng. Clergy* 207; probat legem nature formasse contractus hominum .. diu antequam jus gentium incepit FORTESCUE *NLN pref.*

2 legal code, corpus of laws.

742 canonica jura (v. canonicus 1b); [pars negotialis] habet in se inplicatam controversiam civilis juris ALCUIN *Rhet.* 11; **s1139** alioquin jure gentium dissaisiti non placitabunt W. MALM. *HN* 474; **c1168** consilio et assensu hominum suorum ad quos jus illius terre spectabat *Ch. Westm.* 282; jure civili Romanorum R. NIGER *MR* 250 etc. (v. civilis 2a, b, c, d); jus commune W. DROGHEDA *SA* 412 etc. (v. communis 7a, b); humano jure cautum est ut delatori vel lingua capuletur vel capud amputetur [cf. *GAS* 67, 203, 321, 566] . . . unde et in jure scriptum est 'satisdatio malivolum tutoris propositum non mutat' [*Digest* 26. 10. 6] GIR. *SD* 116; consuetudinario et seculari jure quam ecclesiastico P. BLOIS *Ep.* 25. 89D etc. (v. consuetudinarius 1b); de jure canonum RIC. ANGL. *Summa* 4 (v. 1 canon 1a); intitulata patent papalia jura GARL. *Tri. Eccl.* 3; utriusque [i. e. civilis et canonici] juris perito OCKHAM *Err. Pap.* 964; duo bachelarii milites, cum uno juris terreni perito AD. MUR. *Cont. B* 229; tam Cesareo quam pontificio jure prestantissimum ANDRÉ *Hen. VII* 113; jus etiam regni hujus municipale, quod jus est altercantium hominum ridiculae sententiae COLET *Ep.* 263; **1549**, CAMD. *Br.* 144 (v. ecclesiasticus 1c).

3 (*jusjurandum*, usu. treated as one word) formula to be sworn to, oath: **a** (w. declension of one element); **b** (w. declension of both elements).

a s876 eodem .. anno exercitus Danorum in Anglia Ælfredo ~um super sacrum armillum fecerunt *AS Chr.*; nisi ~o affirmaret quod .. ~o facto .. *Enc. Emmae* II 16; quid aliud promittere potest? naturale jus corrupit, ~um violavit *Simil. Anselmi* 73; ne quis alii faciat injuriam vel perperam agat in ~o vel in ordalio (*Quad.*) *GAS* 477; ~um ab eo hujusmodi ceperunt: "jura", inquiunt, "his verbis" GIR. *GE* II 17 p. 246; **1236** de jusurando [*sic*] suo transgresso *CurR* XV 1580. **b 726** quilibet sacerdos a populo accusatus, si certi non fuerint testes, qui crimini inlato approbent veritatem, jurejurando erit in medio et illum testem proferat de innocentiae suae puritate *Ep. Bonif.* 26; Eadfrid .. contra fidem jurisjurandi peremtus est BEDE *HE* II 20 p. 125; ille dato jurejurando ut rediret .. venit .. *Ib.* IV 20 p. 251; abnegat archiepiscopus, sub jurejurando asserens se neminem alium in regem .. laudare *Enc. Emmae* III 1; sibique illa vendicando quod suum est, cum jurisjurandi sacramenta recipiat *GAS* 213; vera fuisse cum jurejurando coram pluribus satis asseruit R. COLD. *Cuthb.* 129 p. 278; **1269** de jure jurandi *CBaron* 76; unde rex, graviter erga ipsum in animo commotus, jurejurando affirmavit quod nunquam cum illo nisi gladio mediante in vita sua pace pertractaret STRECCHE *Hen. V* 178.

4 place in which justice is administered.

eum ad rectum [v. l. jus] publicum representet [AS: *he hine to folcrihte læde*] (*Quad.*) *GAS* 155; **c1192** in curia Christiana juri debent parere *Regesta Scot.* 312; **1198** juri stabunt (v. funtor); **c1213** neque nos neque procuratores nostri unquam in jus super hoc vocati fuerimus aut citati GIR. *Ep.* 7 p. 246; vocari vocareque in jus possunt qui lege non prohibentur RIC. ANGL. *Summa* 14.

5 area subject to a particular jurisdiction, region in which a code of laws is observed.

in corde suo cogitabat paterna rura deserere, jura celestia quaerere EDDI 2; Hii .. quae videlicet insula ad jus .. Brittaniae pertinet BEDE *HE* III 3 p. 132; municipatus, jus [ipsius municipis] *GlC* M 322; civitatem Cricheladam et .. municipium quod Burtuna dicitur, que tunc regii habebantur juris *G. Steph.* 107; **c1173** ecclesias sive capellas

in Galweia, que ad jus abbatie de Hij Columchille pertinent *Regesta Scot.* 141.

6 that which is just, principle of law, the right. **b** (abl. or w. prep. & abl.) justly, in accordance with the law, by right. **c** (*jus est ut* or sim.) it is right that.

si non te .. perditorum infaustus pater .. contra jus fasque rapuisset GILDAS *EB* 34; temnere personas et jus servare solemus ALDH. *Aen.* 23 (*Trutina*) 3; fas erat, jus erat vel justum erat *Gl. Leid.* 35. 96; quod contra jus factum est non valet, ut x Di.: vides, fili carissime, quia quod contra leges accipitur per leges dissolvi meretur [*Digest* 10. 10] RIC. ANGL. *Summa* 32 p. 54; quis vitam [sc. meruit]? justus; jus quia salvat eum GARL. *Hon. Vit.* 25; **1290** si .. vallettus .. querelam fecerit, sibi faciatis breve jus et maturum, secundum leges *RGasc* II 548b; ille contra quem geritur justum bellum, offert jus et vult satisfacere OCKHAM *Pol.* I 132; magistrum et scolares ad jus faciendum pauperibus scolaribus .. excitare .. velitis *FormOx* 231. **b** omnia, quaeque polo sunt subter et axe reguntur, / dum Pater arcitenens concessit, jure guberno ALDH. *Aen.* 100 (*Creatura*) 19; hujus doctrinam .. Scottorum traditionibus jure praeferendam sciebat BEDE *HE* III 25 p. 182; quem [sc. Deum] bene quisquis amat felix habet; hunc et habendo / omne quod optandum jure videtur habet L. DURH. *Dial.* IV 278; cujus nutui et auctoritati se de jure totus inclinat mundus A. TEWK. 19; **c1193** salvo servitio meo de illis de quibus servitium de jure habere debeo *Regesta Scot.* 367 p. 365; **1299** ecclesiam de B. .. vacare comperimus ipso jure *Reg. cant.* 338; si contra non adquiescentes sententiam aliquam protulisset .. ipso jure nulla fuisset juxta regulam illam OCKHAM *Pol.* I 104; depositio .. Michaelis .. de facto processit et nulla modo de jure *Ib.* 293; **1354** alioquin sit eis institucio nulla ipso jure *Lit. Cant.* II 325. **c** haec omnia si canonici haberent sicuti jus esset, valerent ill[a] lx libras *DB* I 2b; **c1298** jus est ut dominio tuo [Waleys] jam priveris (*Dunbar* 219) *Pol. Songs* 177.

7 law as custom or convention, sts. unwritten.

totius germanitatis jura propemodum calcitrante ALDH. *Met.* 2 p. 69; maluit .. occumbere quam pudicitiae jura profanando vitam defendere *Id. VirgP* 31; fidei et castimoniae jura susceperant BEDE *HE* II 5 p. 90; quamvis sepe et jure poli et fori ei supradicta auferre possent RIC. HEX. *Hist. Hex.* II 8; hoc nomen jus aliquando accipitur pro jure fori, aliquando pro jure poli OCKHAM *Pol.* II 573; **1347** vobis mandamus quod .. G. le Conte .. arestetis et ipsum prefato Guillelmo de Wyncheles liberetis, tenend' sicut prisonem suum prout secundum jus armorum et formam treugarum predictarum fuerit faciendum *TreatyR* 25 m. 8; cum naves fuissent capte jure belli, .. ipse eas abire dimisit, accepto ab eisdem vino et pecunia *Chr. Angl.* 77.

8 law considered as imposed by God or inherent in nature.

humanae penitus naturae jura resolvens ALDH. *CE* 4. 7. 28; contra jus divinum et fas humanum *Id. VirgP* 54; ?**1175** jus autem civile naturale corrumpere non potest, cum jus civile a naturali aliquando tollatur P. BLOIS *Ep.* 70. 218B; [Lazarus] ille qui vita est in morientibus, aut jam mortuis, jura mortis evacuavit *Ib.* 110. 333D; [Hen. II] omne jus poli jure fori demutavit R. NIGER *Chr. II* 168; ne ledas jus nature vel jus positivum NECKAM *DS* I 135; si aliquod est animal quod hujusmodi erga prolem non facit, fedus juris naturalis rupit quod natura omnia animalia docuit GROS. *DM* IV 29; GOWER *VC* III 818 (v. caelicolus); cui catholici per preceptum juris Dei communicari non debent OCKHAM *Dial.* II 938; pontifices ex fide regulam vivendi ad vitam eternam posuerunt, a quo etiam jus positivum dicitur COLET *Ep.* 263.

9 that to which one is entitled, right, privilege. **b** property to which one has a right. **c** fee to which one has a right.

732 jus regium in ea deinceps nullum repperiatur omnino *CS* 148; sepulturas et quaedam ad jus sacerdotum pertinentia audacter usurpantes ANSELM (*Ep.* 336) V 272; qualitas causarum multa est: emendabilium et non emendabilium, et que solum pertinent ad jus regium (*Leg. Hen.* 9) *GAS* 554; ADEL. *ED* 8 (v. dictatura a); iste vir [sc. Ranulfus Flambard, episc., ob. **1128**] hoc habuit quod poscunt jura Dunelmi, / mentem magnificam, munificamque manum L. DURH. *Dial.* II 239; **p1147** jus vel clamium etc. (v. clamium 1a); **1226** erimus .. duci .. adjuvantes .. ad jura sua defendenda et perquirenda *Pat* 153; **1301** ad conservacionem jurium corone (v. concelare a); duos etiam consules .. Lucio Hiberio direxit ut suggererent ei quatenus recederet a finibus Gallie, aut postera die ad expetendum veniret quis eorum majus jus in Galliam haberet *Eul. Hist.* II 342; **s1367** in .. prejudicium jurium ecclesie (v. dilapidatio b); jus regis .. est potestas regia quam regaliter dominans exercere poterit super populum suum FORTESCUE *NLN* I 27. **b 675** concedo .. terram .. almae Æbbae abbatissae atque carnali propinquitate proximae in Deoque matri monasteriali juri dono perpetuo *CS* 35; **736** agrum .. quem .. C. in jus ecclesiasticam .. donavi *CS* 154; peto versus N. feodum dimidi militis .. sicut jus meum et hereditatem meam GLANV. II 3 p. 23; **1205** me concessisse .. Gisleberto de B. totam terram, que fuit Ricardi de Warewico, tanquam jus uxoris sue, filie predicti R. de W. *Ch. Chester* 296; **a1221** vendidi .. jus meum (v. 1 colus c); recognovit .. tenementa .. esse jus .. abbatis *FormA* 226; ut .. manerium .. esset jus ecclesie nostre *Lit. Cant.* III 317. **c 964** ut pleniter persolvant omnia que ad jus ipsius ecclesiae juste competunt scilicet ea que Anglice dicuntur *ciric sceott*, et *toll*, id est *thelon*, et *tacc*, id est *swin sceade*, et caetera jura ecclesiae *CS* 1136; **c1200** protestantes nos nunquam vel super proprietate vel super possessione earundem decimarum et juris parochialis eis aliquam controversiam esse moturos *Cart. Osney* IV 62; **1230** salvo jure meo, scilicet xij den. *BBC* (*Salford*) 145; castrum de Dynbeyg cum suis juribus valorum duarum milium librarum *Flor. Hist.* III 209.

10 basis of entitlement, ground on which one's right is based; **b** (w. defining adj.); **c** (w. defining sb. gen.).

c1211 dum ea, que juris exilis sunt, promovere et, ediverso, que juris evidentis fuerint, perturbare prevalent et impedire GIR. *Ep.* 6 p. 214. **b 690** jure hereditario etc. (v. hereditarius 2b); **762** homo ille qui hanc terram in qua molina est, tributario jure tenerat *CS* 191; **1174** de hiis qui sunt irregulares et suspensi mero jure *Conc.* I 477 n. a.; **1287** cum accio sua non sit de jure, mero set de jure mixto cum possessione et per breve quod sapit naturam transgressionis, in quo non est ei necesse verba ad jus merum spectancia pronunciare (*CourtR Chester*) *Chetham Soc.* NS LXXXIV 59. **c c1200** relaxavi eis totam calumpniam et totum clamum et totum jus nativitatis quod unquam habui *Couch. Kirkstall* 299; **a1221** [terram] jure coli adquisivi (v. 1 colus c); **c1240** quietum clamavi .. totum jus dotis quod habere clam' .. in j dimidia acra terre *Cart. Mont. S. Mich.* 27; sanguis facit heredem propinquiorem et jus sanguinis excludit masculum et perfert feminam BRACTON 65; **1295** quietum clamavi omne jus proprietatis et possessionis quod habui .. in tota terra ville de L. *Cart. Mont. S. Mich.* 90; habend' et tenend' ut de jure viduae *Hal. Durh.* 56.

11 right to do something: **a** (w. sb. gen.); **b** (w. gd. or gdv.); **c** (w. inf.).

744 si deberes in Baioariem provinciam jus habere predicationis .. *Ep. Bonif.* 58; **940** in cunctis vero successoribus hoc jus donationis augendo amplificando satagerint *CS* 748 p. 469; †**1141**, **1177** jus advocationis (v. advocatio 6b); **1178** de jure patronatus ecclesiae de *Reg. Aberbr.* I 7; sacerdotia etiam gentilia, hoc est quae episcoporum vel nobilium propria essent, qui a vulgo de jure patronatus vocantur .. P. VERG. XXVII 1663. **b** jure dominandi BEDE *HE* I 11 p. 25 (v. dominari 1a); **c1213** nec aliquo repetendi jure .. fultus GIR. *Ep.* 7 p. 256; a jure possidendi nulla vis potest habentem jus privare GROS. *DM* VII 4; **1293** H. P. melius jus habet tenendi predictum tenementum quam nullus alius et quod propinquior heres est ut de jure sanguinis *SelPlMan* 166; **1326** nec in terrario specificatur illud jus communicandi *CBaron* 147; **1543** in ipso jure doctorandi (v. doctorare b). **c** aliquis habens jus aproviare se *Reg. Malm.* I 111.

12 authority. **b** (*jus suum* or sim.) one's own authority.

abbatem .. cujus juri .. ipsi etiam episcopi ordine inusitato debeant esse subjecti BEDE *HE* III 4 p. 134; eidem genti sacerdotali jure praefuit *Ib.* III 7 p. 140; **744** non solum suam animam juri diabolico tradens, sed et populorum corda in interitum demergens *Ep. Bonif.* 57; **838** sub jure .. abbatum (v. 2 dominium 1c); **s1141** legatus .. concilium pro jure legationis sue apud Westmonasterium .. coegit W. MALM. *HN* 501 p. 62; **c1270** (v. episcopalis 1e). **b** quamvis ex parte sui sint juris BEDE *HE* V 23 p. 351; *GlC* 804 (v. conciliabulum a); **946** cartam hanc jure meo conscriptam *CS* 818; cum .. liberum sit cuilibet juri suo renunciare GIR. *TH* III 9; **1268** dominus rex tunc temporis fuit in custodia comitis Leye' et non sui juris *JustIt* 618 r. 15*d*; si non tenerentur injuriam sustinere et fraudem pati et vellent jus suum .. constituerent inter se judices .. apud quos .. jus suum acquirerent OCKHAM *Pol.* I 47; si se haberet in suo jure discessisset utique FLETE *Westm.* 41.

13 agreement, pact, promise, undertaking.

625 ut .. jura teneas maritalis consortii (*Lit. Papae*) *CS* 17; evolutis ergo aliquorum temporum curriculis, quibus se conjugalis juris conditionibus indidissent, contigit .. ut concipiens pregnasset FELIX *Guthl.* 4; [rex coronatus] tria, interrogante archiepiscopo, jura promisit se servaturum. "in primis promitto .. aliud promitto .. tertium .. ." explicitis promissionibus .. BYRHT. *V. Osw.* 473; **1298** quod rex Francie amicicias copulavit cum rege Scotie .. et cum eo juras [*sic*] et confederationes fecit contra regem Anglie .. (*Chanc. Misc.* 29/4/9) *EHR* XLII 582.

14 (*jus ecclesiae* or *ecclesiasticum*) rite of extreme unction.

675 pro absolutione peccatorum meorum ecclesiastico jure concedo quandam terram .. *CS* 35; **1267** *Mir. Montf.* 106 (v. ecclesiasticus 1d); **12..** eum percussit cum quadam bescha super caput ita quod obiit die tercia, set habuit jus suum ecclesiasticum *SelCWW* cciii; **1298** habuit jura ecclesie et obiit *Rec. Leic.* I 359; **1313** E. dictum J. quodam cultello percussit ita quod iiij die obiit et habuit jura ecclesiastica *Eyre Kent* I 75.

jusanus v. josanus. **juscalcus** v. 1 jus.

juscellatus [LL], made into a broth.

caro bovina ~ata GILB. VII 315v. 1.

juscellum, jussellum [LL], soup, broth, gravy.

jussellum, quidam cibus factus ex ovis et lacte, A. *jussell WW*; fercula .. jurcellum, *jursylle WW*.

jusjuramentum [LL; al. div.], oath.

s871 eique statuunt ~um in eorum armilla sacra ÆTHELW. IV 3.

jusjurandum v. 2 jus. **jusquiamantissimus, jusquiamatidare** v. jusquiamatizare.

jusquiamatismus [? ἐγχυματισμός conf. w. jusquiamus], (med.) injection.

Alph. 85 (v. jusquiamatizare).

jusquiamatizare [? ἐγχυματίζειν conf. w. jusquiamus], (med.) to inject.

jusquiamatido, -tizas, idem est quod inicio, inicis, unde jusquiamatismus [v. l. jusquiamantissimus, i. injectio] *Alph.* 85.

jusquiamus [LL < ὑοσκύαμος], henbane (*Hyoscyamus niger*).

~us vel simphoniaca, *hennebal Gl. Durh.* 303; discat jusquiamum fervens laudare podagra NECKAM *DS* VII 275; BART. ANGL. XVII 87, *Alph.* 30 (v. calycula); his ~us, *chenilé Gl. AN Ox.* 625; recipe semen ~i i. *heneban Pop. Med.* 234; BACON *Tert.* 91 (v. cassilago); accipe summitates ramorum ~i GAD. 27v. 2; *Alph.* 84 (v. dens 3a); TURNER *Herb.* A2v (v. hyoscyamus).

jussellum v. juscellum.

jussio [CL]

1 a command or commandment, an order: **a** (of secular authority); **b** (eccl.); **c** (divine).

a qui per ~onem domini sui occiderit hominem, xl diebus abstineat se ab ecclesia THEOD. *Pen.* I 4. 6; pyram .. basiliscum .. scandere terrificae ~onis imperio compellens ALDH. *VirgP* 29; appropiaverunt undique praepotentes viri, quia ~o regis urgebat BYRHT. *V. Ecgwini* 379; quoniam ad ~onem regis quosdam episcopos .. consecrare noluit M. PAR. *Maj.* II 123; ad ~onem domini mei regis *Croyl.* 15. **b 705** (v. famulari 1a); venerat a Roma per ~onem papae BEDE *HE* IV 16 p. 241; curam archiepiscopatus .. quam etiam Lanfranco vivente ex ~one ipsius et gratia habuerat *V. Gund.* 30; ipse .. Anselmo jura totius Christianitatis in Anglia exercende se relicturum, atque decretis et ~onibus apostolice sedis se .. oboediturum. summo opere promittebat EADMER *HN* p. 145; ut omnis homo .. canonicis ~onibus obediat W. MALM. *GP* I 36; per ~onem pape Agathonis ELMH. *Cant.* 114. **c** quid .. fecit? .. ~onis ex parte mutationem GILDAS *EB* 38; quae sunt Creatoris nostri ~oni contraria (*Libellus Resp.*) BEDE *HE* I 27 p. 53; fecisti homicidium aut casu aut per ~onem Domini tui aut publico bello vel facere voluisti et non potuisti BONIF. *Pen.* 431; ad faciendam voluntatem et ~onem Dei PETRUS *Dial.* 27; divina ~one neglecta (KILWARDBYI) PECKHAM *Kilw.* 146.

2 command, bidding, authority.

cum suae potestatis ~one in opus evangelii direxit ALCUIN *WillP* I 8; summus pontifex subjectum se ~oni imperatorio .. asseruit *Tract. Ebor.* 5. 685; armata est majorum petitio et cognatissima ~oni GERV. CANT. *Chr.* I xxxviii; secundum .. dominationis vestrae ~onem AD. MARSH *Ep.* 3 p. 83; cladem maximam Britonibus intulit, qui, republica relicta, Carausii se commiserant ~oni *Flor. Hist.* I 166; ut ejus informacione et exhortacione, immo si necesse fuerit ~one secularis potestas .. teneatur extrahere [gladium] OCKHAM *Pol.* I 247; et naturae vox et divina ~o in unum convenientes GARDINER *VO* 86.

jussitio, a command or commandment, an order.

ibi vidit et audivit quod propter moniciones, ~ones et comminaciones eorum duo monachi qui erant ibidem exire noluerunt *Feod. Durh.* 239.

jussor [LL], commander, one who bids or gives orders.

[Dunstan] suffragator hominum, tortor daemonum, dampnandum liberator animarum, ~or creaturarum, mutator naturarum (*Serm.*) *Mem. Dunst.* 455.

jussum [CL], a command or commandment, an order.

ut duo jusa colas tabulis conscripta lapideis: dilegite mente Deum .., carus sit tibi quoque proximus ut tu BURGINDA 10; mandata: cogentia ~a: quandoque enim monet, quandoque quasi invitum trahit "precibusque minas regaliter addit" BERN. *Comm. Aen.* 53; jussaque sancta Dei GARL. *Tri. Eccl.* 88.

jussus [CL], a command or commandment, an order.

tunc jussu patris convivia larga puellae / diliciasque ferunt ALDH. *VirgV* 1149; de aulis .. suo ~u mirabiliter constructis ASSER *Alf.* 91; B. *V. Dunst.* 27 (v. dapsilis b); ~u regis *DB* II 381 (v. dirationare 1a); ORD. VIT. V 9 p. 346 (v. exarchus a); c**1164** testibus .. R. filio G. et R. capellano, qui hanc cartam ~u comitis fecit *Ch. Chester* 150.

1 justa v. 2 gistac.

2 justa [ML, *ellipt. form of* mensura justa]

1 (mon.) just or lawful measure of drink; **b** (spec.).

recipiet a coquinario v allecia et j panem, et ~am cervisie *Cust. Abingd.* 309; c**1190** illi tres fratres qui pascendi sunt habeant cotidie singulos panes de pane conventus et singulas ~as cerevisie de cerevisia eorum (*Cart. Tavistock*) *EHR* LXII 370; **1255** ~ie monachorum ita sint modeste et conformes quod non excedant mensuram lagene *Doc. Eng. Black Monks* I 54; habeat .. gustam de cervisia mixta *Reg. Pri. Worc.* 124a; **1322** (v. bracinum 2); a**1422** quilibet monachus .. solebat percipere unam ~am in refectorio AMUND. II 314; c**1450** debet habere de cellario panem et ~am ad opus piscatorum *MonA* II 24. **b 1206** duas ~as cerevisie quarum quelibet continebit duas caritates, quarum caritatum sex faciunt sextarium regis (*Cust.*) *Chr. Evesham* 218 n.; c**1330** (v. dolium 2a).

2 just, flagon, vessel.

omnia vasa celarii et coquinae et sciphos et ~as et caetera vasa refectorii LANFR. *Const.* 152; fratres .. medonem habuerunt in ~is W. MALM. *Glast.* 119. 20 (v. caritas 4b); **1143** unam ~am ad modum galli .. que ponderavit vij marcas (*Invent.*) *Cart. Rams.* II 274; p**1252** W. le Butiler tenet j tenementum et venit et implet ~as et servit in aula domini et lavat dolea in celario *Cust. Glast.* 190; allocet unum panem pro locione ~arum in die rasturi *Cust. Swith.* 24; singuli monachi singulas ~as vel lagenas, ciphos, coclearia, et parapsides habebant argenteos *Flor. Hist.* III 312; **1328** una †vista [l. justa] costata argentea *Reg. Exon.* 569.

3 justa [AN *juste*, OF *jostee, joustee* < juxta], joust, tournament.

s**1141** temptavere primo regii proludium pugne facere, quod ~am vocant, quia tali periti erant arte; at ubi viderunt quod consulares, ut ita dictum sit, non lanceis eminus, set gladiis cominus rem gererent, .. W. MALM. *HN* 489 p. 49; **1280, 1299, 1306** (v. burdeicium); **1301** (v. gropa 1); **1333** circa facturam diversorum harnesiorum pro ~is et turniamentis regis *LTR Mem* 105/111; **1341** (v. exercere 10a); breve pro defensione ~earum et turneamentorum *MGL* I 625; ne quis dominus, miles, nec alius praesumat .. ~as facere .. sine mandato regis *Ib.* I 629; s**1430** appellans, qui fuit predo, ~a grave omen sustinuit *Chr. S. Alb.* I 47; item, xiiij alia scuta in faccione targiarum, composita cornu nigro pro joustis, appretiata insimul, xxx li. T. *Collect. W. orc.* 573.

4 justa v. juxta.

justare [ML], to joust.

1249 J. K. et R. .. de A. volebant ~are et per infortunium cecidit predictus R. de equo suo antequam tangeretur a predicto J. *JustIt* 776 m. 28*d*; **1270** per defectum torneamenti .. ~averunt *Cl* 207; **1319** quidam ad torneandum et ~andum .. in proximo sunt venturi *Foed.* III 758; iiij .. selle pro joustando, cum bassis sedibus *Collect. W. Worc.* 573.

justarium [cf. 2 justa 2], receptacle or cupboard for a just or flagon.

Roberto de Aune pro emendacione viij hanaperiorum de butellaria regis et †insteriorum [l. justariorum] ad picherios aureos, iiij s. *Rec. Wardr.* 566.

justarius v. justitiarius.

justata [OF *justee, p. ppl. of juster, 'to verify (a measure)'*], (mon.) just or lawful measure of drink; **b** (spec.).

c**1180** tenendum a nobis jure hereditario cum omnibus bonis consuetudinibus quas habuit pater ejus .. exceptis ~is novi bracinii quas aliquando calumpniatus est *Reg. Malm.* II 318; **1233** ~e cervisie singulis diebus et terciam partem trium gustatarum cervisie de quolibet bracinno quod fuerit braciatum in abbatia de Evesham *CurR* XV 738; garcio panem cum ~a [habet] *Cust. Westm.* 50; tres ~as .. habebunt *Ib.* 81 (v. faventer); percipit .. vj ~as de meliori cervisia *Reg. Pri. Worc.* 107a; **1308** unam ~am cervisie .. habiturus est *Doc. W. Abb. Westm.* 236. **b 1358** habeat .. singulis diebus .. unam gustatam cervisie melioris de qua conventus bibit continentem unam lagenam et dimidiam *Pat* 284 m. 24.

juste [CL]

1 in accordance with law, legally, legitimately.

tenet quoque v acras terrae quae ~e pertinent uni aecclesiae *DB* I 2ra; c**1192** qui postea propter suam contumaciam aut propter aliud delictum ~e fuerint excommunicati *Regesta Scot.* 312; c**1199** sicut carta predicti Umfridi ~e testatur *Ib.* 413; **1236** (v. damnum 3); **1337** allocantur computanti xxxiij li. iij s. iiij d., de quibus minus ~e oneratur per Willelmum Boner, constabularium de Kyngora *ExchScot* 452; **1490** baleria et alia pisces .. emere seu alias ~e perquirere (*Tract.*) *Foed.* XII 382;

2 in accordance with justice, rightfully. **b** deservedly.

an alio modo ~e punis malos, et alio modo ~e parcis malis? ANSELM (*Prosl.* 10) I 108; *GAS* 309 (v. erigere 7); cum .. uxor omnia ista marito narrasset, ipse dixit, "~e petit" *Latin Stories* 109. **b** ne forte nos [Deus] .. temporalibus damnis ~e saeviens affligat BEDE *HE* IV 23 p. 266; merito, ~e *Gl. Leid.* 2. 108; ~e ventrem nulla corrumpi putredine qui nulla sit aculeatus unquam libidine W. MALM. *GR* II 218.

3 with good reason, justifiably, correctly.

sed plebs Aegipti rubro sub gurgite mersa / .. / ingluviem ventris juste signare potestur ALDH. *VirgV* 2484; **799** (v. deputare 2b); de mutis .. dicendum est in commune quod satis ~e agunt qui ipsis eundem sonum in fine partium tribuunt ABBO *QG* 9 (21).

4 justly, honourably.

et juste vivunt castorum jure tororum ALDH. *VirgV* 242; **798** tibi scripsimus .. precantes quatenus .. benigne et ~e respondeas (*Lit. Regis*) W. MALM. *GR* I 88; caste et ~e vivant et exemplum castitatis et sanctimonie .. prebeant ORD. VIT. IV 9 p. 241.

justea v. 3 justa. **justia** v. 2 justa.

justificabilis [ML], that justifies, verifies, or vindicates (a claim): **a** (of person); **b** (of document).

a 1254 si R. .. invenerit regi .. securitatem per bonos et salvos plegios ~es quod stabit consideratum curie Wasconie *RGasc* I 435b. **b 1361** que est alia materia ~is quam fuit materia prime responsionis (*CoramR*) *Law Merch.* II 105.

2 subject to jurisdiction, liable to justice.

1408 ero ~is et obediens .. custodibus ville B. *Doc. Bev.* 14.

justificare [LL]

1 to justify (person), to make (one) righteous (by the grace of God). **b** (p. ppl. as sb. m.) justified man.

~amur juxta illud prophetae et apostoli 'justus autem ex fide vivit' BEDE *Cant.* 1212; **796** Spiritus Sanctus animam fide ~at ALCUIN *Ep.* 113 p. 165; si enim omnes peccatores puniisset, non esset qui in hoc tempore ~ari posset LANFR. *Comment. Paul.* 117A; et quid amor? totam justificavit eam [sc. BVM] L. DURH. *Dial.* III 310; quos .. ~asti, illos et magnificasti AD. SCOT *TGC* 828D; sepeli eum juxta me, ut quos ~avit gracia non dividit sepultura *Eul. Hist.* I 187; PAUL. ANGL. *ASP* 1543 (v. gratificari 2b). **b** Saducei, ~ati *GlC* Int. 297; Zacheus, ~atus *Ib.* 339; ~atis patrie portam celestis aperiam AILR. *Ed. Conf.* 753B; **1293** (v. glorificatio 2a).

2 to bring (person) to justice, to try. **b** (refl.) to present oneself (in court to answer charge). **c** to bring (place) within jurisdiction.

1101 quod nisi ita factum fuerit, tu, Haimo, ~a inde adversarios (*Ch. Regis*) ELMH. *Cant.* 357; **1239** ad distringendum quosdam de balliva sua qui nolunt per ipsos ballivos ~ari *KR Mem* 17 m. 8*d*; imperator scripsit eis persuadens .. ut non videretur eis grave expectare, donec .. rebelles Italiae ~asset *Flor. Hist.* II 233; si quis nollet per dictos episcopos ~ari excommunicaretur *Leg. Ant. Lond.* 70; **1322** de tercia querela non vult ~ari *Gild Merch.* II 316; s**1364** rex E. concessit Londoniensibus potestatem impios eorum malefactores ~andi et incarceratos infra civitatem liberandi justiciariis regis WALS. *HA* I 299. **b 1221** ipsi qui faciunt panem et cervisiam non permittant se ~ari secundum consuetudinem ville quando delinquunt *SelPlCrown* 97; **1270** dicti .. non justificant se per primos plegios et sunt melius distincti *Law Merch.* I 3; fuit .. serviens attachiatus .. quousque voluit se ~are ad respondendum .. Johanni *State Tri. Ed. I* 6; **1340** ipsum verberaverunt, vulneraverunt, et male tractaverunt contra pacem .. et noluerunt ~are se coram constabulariis .. unde coram prefatis justiciariis indictati sunt *SessPCambs* 16. **c 1227** per castra vestra, cum perficiantur, tota terra vestra in illis partibus ~abitur *RL* I 318; rex de verbis suis expavescens totum sibi regnum commisit ad ~andum salvo regio sibi nomine *Eul. Hist.* II 275.

3 to exonerate, vindicate, declare innocent. **b** to 'justify' (by special pleading or specious argument).

audientes verbum illius [sc. Christi] ~averunt Deum BEDE *Cant.* 1172; rex .. Anglie respondit .. quod R. filius suus nihil horum fecerat per consilium .. ipsius et quod ipse eum ~are non potuit *G. Hen. II* II 36; **1206** si intrusi vel excommunicati sui quos sententia excommunicationis innodavit se per censuram ecclesiasticam voluerint ~are *Pat* 58b; rogantes .. quatinus .. velitis virum .. justum, injuste accusatum, ~are plenius in opinione vestrae .. sanctitatis *Reg. Whet.* II 367; dicti quinque domini caram justiciariis se statuerunt et in omnibus eis impositis ~antur *Eul. Hist.* III 366. **b** ~are etiam manifesti sacrilegii reum, presertim cum regula divini juris sit non remitti peccatum, nisi restituatur ablatum H. BOS. *Ep.* 5. 1431; s**1377** miserunt de .. viris .. qui vel ~arent quod acciderat vel se excusarent penes regem *Chr. Angliae* 127; Normanni mutuo federati predas et pressuras, caedes et .. injurias .. contra Croylandenses ~ant et acceptant *Croyl.* 72; Cobham scelus omne recusat, / justificans factum GOWER *CT* II 224; quomodo .. dictos reservatores [sc. beneficiorum] ~are poteris ..? PAUL. ANGL. *ASP* II 1532; **1456** quid est quod tu solus ~are conaris tam detestabile factum? BEKYNTON II 158.

4 to condemn (to death), to execute.

1455 onerat se .. de vij li. xij s. de eschaetis David Matilland et Johannis Matilland, ~atorum in dicto itinere *ExchScot* 97; eos, crimine lese majestatis irrititos, ad mortem ~are poterat *Plusc.* VII 2; **1489** pro suis demeritis et criminibus convicti et ~ati sunt *Reg. Glasg.* 467.

5 to compel (person to perform legal duty).

facias abbati .. servitium et auxilium quod ei juste facere debes .. et nisi feceris ipse te ~et per pecuniam tuam donec facias *Chr. Rams.* 232; a**1108** qui noluerint ~et eos abbas ut veniant (*Ch.*) *EHR* XXIV 427; a**1130** nisi feceritis ipse ~et vos per pecuniam vestram donec ita sitis. et si ipse vos non poterit ~are vicecomites mei .. *MS BL Additional 28024* f. 53d; **1133** ipsa abbas et ministri ejus ~ent vos per pecunias vestras donec veniatis (*Ch.*) *EHR* XXIV 428; **1209** quod ~etis omnes milites .. in baillivis vestris quod ad summonitionem suam ei faciant servicium suum *Pat* 88b.

6 to justify, establish (claim).

967 mansiones .. quas E. injuste ad .. monasterium dereliquid quod ego iterum et episcopus Eteluuoldus ~avimus et ad monasterium proprium .. commendavimus *CS* 1195; **1166** scripti vestri verba sunt hec pro rege, cujus causam notarius vester ~are conatur J. SAL. *Ep.* 184 (174); c**1211** causas etiam adversariorum nostrorum per omnia ~ando et nostram in omnibus intentionem depravando GIR. *Ep.* 6 p. 208; **1295** ut .. ~aturi sentencias .. ac jurisdiccionem vestram super hiis defensuri .. intersitis *Reg. Cant.* 1311; ~atam causam nostram *G. Ed. III Bridl.* 145; s**1453** jus suum [sc. in tenementis] contra ecclesiam .. ~are *Reg. Whet.* I 96.

7 to put right, correct: **a** (weight or measure); **b** (abstr.).

a mensure et pondera ~entur, et omnis injusticia deinceps opprimatur (*Quad.*) *GAS* 315. **b** destructa renovare, neglecta quaeque ~are, loca sancta ditare, justos amare, errantes ad viam revocare .. B. *V. Dunst.* 28; culpa quam .. charitas ~at GOSC. *Transl. Aug.* 27C; p**1175** horribilia supradicta conatus es ~are *CollectOx* I 48.

justificatio [LL]

1 act of making just or righteous, justification (by the grace of God).

propter ejus quoque ~onem a morte resurrexit BEDE *Cant.* 1097; **798** Christus .. resurrexit .. propter ~onem nostram ALCUIN *Ep.* 143 p. 227; in .. peccatorum purgationem atque ~onem designans ait .. *Eccl. & Synag.* 117; caritas Dei .. est .. summa causa .. omnis ~onis nostre J. FORD *Serm.* 13. 2; HALES *Qu.* 1017 (v. gratificatio 2); ~onis peccatoris CONWAY *Def. Mend.* 1316 (v. figura 7); creacionem, redempcionem, peccatorum ~onem *Meaux* II 198.

2 (leg.) act of testifying, oath or testimony (of oath-helper).

quique huic ~onis operi fuerit electus et prepositus, juret quod nullo modo .. quicquam aliud testificare velit nisi que, auribus audierit vel oculis viderit (*Quad.*) *GAS* 211; **1295** nec in .. ~onibus quibuscunque admittantur testes .. excommunicati, infames vel perjuri *Conc.* II 210b; **1334** de libellis, ~onibus, exceptionibus, et propositionibus singulis in judicio faciendis fiant tres scripture *Ib.* 573a.

3 exoneration, vindication, declaration of innocence. **b** 'justification' (by special pleading or specious argument).

s**1240** quedam magistri Simonis ~o (*tit.*); hic tamen unum laudabile fecit M. PAR. *Min.* II 440; ut in suis [sc. regis] ~onibus exercerer ELMH. *Metr. Hen. V* pref. p. 80; s**1432** qui nequaquam in suis ~onibus minimis, sed in vestris miseracionibus multis, presumit AMUND. I 306; s**1437** ~onem harum [sc. furcarum] prostracionum inter acta anni vicesimi *Ib.* II 132 n. in marg. **b 1239** verenda mea velet non pallio adulatorie excusationis seu false ~onis que dicit malum bonum GROS. *Ep.* 71 p. 200; **1456** conici potest te sensum amississe .. quod scripseris .. .in ~onem ejus quod pridem scripseras BEKYNTON II 173.

4 condemnation, punishment.

de ~one impii BACON *Tert.* 145; pro ~one facienda super traditoribus regni *Ziz.* 273; **1451** (v. abusus 2a).

5 justification, verification (of claim).

1295 de ~one sentenciarum commissarii sede vacante *Reg. Cant.* 1311; loca .. muniunt .. volentes, quasi modo hostili, ~oni nostre feodi resistere *Flor. Hist.* III 269; **1418** pro ~one processus predicte eleccionis fuerunt exhibita *Reg. Cant.* I 45; **1442** ad que se refert pars appellans .. pro ~are predicte appellacionis *FormOx* 469; **s1452** charta libertatis regie .. impugnabatur multum graviter, stabatque quasi in puncto annullationis. facit utique pater noster .. quicquid ipse potuerat facere pro ~one ipsius *Reg. Whet.* I 26.

6 that which makes just by its observance, precept, law.

ipsi .. obaudiant animarum nostrarum custodibus, videlicet episcopis, quibus incessanter in cunctis ~onibus obedientes esse debemus (*Quad.*) *GAS* 209; **1167** recurrebant illi ad tabernaculum federis ubi sancta sanctorum servabantur, id est, mandata Dei quae cunctis ~onibus antecellunt J. Sal. *Ep.* 219 (219 p. 372); incessit in omnibus mandatis et ~onibus Domini sine querela Ad. Scot *Serm.* 290C; in via ~onum tuarum, Domine, delectate sum J. Ford *Serm.* 89. 4; qui ex toto corde clamat ad Dominum his exauditur, hic ~ones consequitur que habentur ex lege Gir. *Symb.* I 21 p. 256; **1355** [Deus] ~ones suas potenti virtute mirificans, quos vult subjicere, subjicit *Conc.* III 34a.

justificator [LL], one who executes justice: **a** judge, justiciar. **b** advocate.

a a**1100** Willelmus rex Angliae H. camerario et ~oribus suis *Regesta* 448 (= *Chr. Ramsey* 211); a**1125** Stephanus comes Moritonie omnibus ~oribus et omnibus baronibus suis (*Ch.*) *Eng. Feudalism* 264; **1135** testimonio Ricardi Basset ~oris regis *Doc. Bury* 155 n. **b** s**1196** inficiabantur ista Willielmi ~ores atque maligne conficta dicebant *Meaux* I 283.

justificatorius, (leg.) that justifies (a claim).

1390 postea pars dicti Johannis Curteys petebat probare materiam suam ~iam predictam per eum superius deductam *SelPlAdm.* I 13; **s1428** cum quadam materia ~ia quam proposuit in scriptis, cujus tenor est talis Amund. I 241; **1507** materiam ~iam (v. 1 exclusorius 1); si reus .. intendit justificare jactitationem libellatam, .. proponere potest materiam sive allegationem ~iam seu defensivam *Praxis* 146.

justificia v. justitia.

justifluus, flowing with justice (fig.).

Melitus ~um Justum secundum suam successionem sibi accommodat ad caput Gosc. *Transl. Aug.* 21B.

justinum, sort of electuary.

petras ~um dissolvit [*gl.*: a Justino imperatore: a Justo imperatore] Garl. *Mor. Scol.* 598; si in vino illo resolvatur †instinum [l. justinum] Gilb. VI 273. 1.

justitia [CL]

1 **a** fairness, equity, quality of being just. **b** (in leg. context) justice (esp. as administered by king or court). **c** (in theol. context) righteousness; **d** (as attribute of God). **e** (*~ia naturalis*) natural justice (as exhibited by created order); **f** (as dist. from *misericordia*); **g** (personified, esp. as one of the cardinal virtues).

a justitiae normam si servent more sororum Aldh. *Aen.* 23 (*Trutina*) 5; **849** ut habeant et perfruant cum ~ia et post numera [*sic*] dierum illorum sine aliqua dissensione et sine conflictu reddatur ad supra dictam aecclesiam *CS* 455; videri etiam poterit tantum unam ~iam esse et illam in omnibus esse vel, quamvis sint in singulis singule, ob indifferentem tamen similitudinem unam et eandem virtutem in omnibus esse, quoniam ~iam sicut unum et eundem colorem in omnibus albis quoniam albedinem Balsh. *AD rec. 2* 119; queritur in qua virium anime sit ~ia. si in vi rationali, potest ostendi quod est in vi irascibili, quia non est consequi ~iam sine fortitudine J. Blund *An.* 79; ~ia est voluntas reddendi unicuique quod suum est Gros. *Quaest. Theol.* 204. **b** in secularibus [sc. negotiis], postquam aliquis vocatus venerit et in foro placitari ceperit, non licet ante peractam causam recedere, etsi inde ~iam convenerit (*Leg. Hen.* 5. 4) *GAS* 549; in liberatione portarii civitatis xx s., quia facit ~iam comitatus *Pipe* 101; **1303** si vicecomites et major eis non fecerint .. celeris ~ie complementum *MGL* II 208; c**1318** exurgat igitur quesumus rex noster et dominus .., et cujus est facere judicium et ~iam in terra, dexteram .. potenter extendat J. Mason *Ep.* 205; nos Henricus rex .. diligenter et fideliter pro posse nostro laborabimus et faciemus quod ~ie complementum administrabitur et fiet in .. regno Francie secundum leges, consuetudines, et jura ejusdem regni *Ps.*-Elmh. *Hen. V* 141; quo locus sit administrandi ~iae quam obscurare vel potius tollere conetur bellorum inconsulta vanitas Ferr. *Kinloss* 5. **c** sanando paenitentiae medicamine stupri affectum .. ut per hoc in aevo reputaretur illi ~ia Gildas *EB* 70; justitiae vero solem septemplicis aethrae / .. / .. cernere Aldh. *VirgV* 1030; duxit .. vitam in magna .. continentiae, simplicitatis et ~iae perfectione Bede *HE* III 27 p. 193; [Pelagius] docuit, homines sine gratia Dei suis meritis posse salvari, unumquemque ad ~iam propria voluntate regi *Flor. Hist.* I 201; quia silencium preparat et colit ~iam [ME: *richtwisnesse*] que culta profert sempiternum alimentum anime *AncrR* 20. **d** diligerent utique fontem quodammodo et originem totius ~iae Deum Gildas *EB* 62; **941** ~ia ipsius manet in saeculum saeculi *CS* 769; ~ia est commendacio sive condicio laudabilis de proprietatibus Altissimi simplicis et gloriosi Bacon V 123; postea dicit quod lex nature et ~ia naturalis sunt unius essencie Fortescue *NLN* pref. **e** munificentia tanto virtus antiquior quanto naturali ~ie, que omnibus omnia prestat, accommodatior Gir. *PI* I 8 p. 30; legitimam Venerem legimus esse mundanam musicam, id est equalem mundanorum proportionem, quam alii Astream, naturalem ~iam, vocant Bern. *Comm. Aen.* 9. **f** p**798** populo ~ias faciens, pauperibus misericordiam Alcuin *Ep.* 302; hi sunt .. omnes viri misericordiae, quorum ~iae oblivionem non acceperunt Gosc. *Transl. Aug.* 26B; et quos salvaverit Dominus per misericordiam suam et ~iam eorum, quieti sint .. (*Leg. Ed.*) *GAS* 633; ille misericordia conspicuus, iste ~ia Gir. *TH* III 51. **g** injustitiam ~ia excludit . . . he sunt quattuor virtutes .. cardinales J. Sal. *Pol.* 538A; Gir. *PI* I 11 etc. (v. cardinalis 2a); de discordia hominis in Deum. querimonia †justificie [l. justicie] fugientis Garl. *Epith.* I a 223 (*tit.*).

2 one who executes justice, justiciar, judge, magistrate; **b** (dist. by authority to whom or territory for which judge is responsible). **c** judge of a superior court, of the King's Bench, Common Pleas, or Exchequer. **d** (*~ia errans* or sim.) justice in eyre. **e** (collect.) judiciary.

in aliis etiam omnibus causis .. respectari licet generaliter et simpliciter omne placitum .. si sit ab eis sine ~ia positum (*Leg. Hen.* 59. 4a) *GAS* 578; mittit eciam hec curia quos vocat ~ias, vicecomites, subvicecomites, .. ut scrutentur argute Map *NC* I 10 f. 8; comes autem Legecestrie, qui ~ia et judex aderat, eorum videns opiniones variare, nihil super hoc judicare presumpsit *Chr. Abingd.* II 229; **1320** Thome, Yngglesthorpe nuper assignati justic' pacis *RParl* I 379a. **b** ille autem qui vocatus ad ~iam episcopi venire noluerit, pro unaquaque vocatione legem episcopalem emendabit *GAS* 485; nisi intra vij dies reddatur malefactor ~ie regis (*Leg. Hen.* 75. 6a) *Ib.* 592; c**1129** (v. curia 5a); qui eam [decimam] detinuerit, per ~iam sancte ecclesie et regis .. ad redditionem cogatur (*Leg. Ed.* 8. 2a) *GAS* 632; c**1140** testibus .. Adam ~ia comitis *Cart. Chester* 351 p. 234; c**1145** D. Dei gracia rex Scottorum ~ie sue .. salutem *Regesta Scot.* 31; a**1165** rex Scott' justicie sue de Fif *Ib.* 214; a**1166** G. comes Mellenti omnibus ~iis et ministris suis de Esturmenstre *Eng. Feudalism* 265; **1283** ~iam de Lengone super Amaneum de M. .. per Guitardum de B. .. seisitam tenent *RGasc* II 172; **1285** in emolumentis .. parve ~ie de Lingonio *Ib.* 255a; ita dirationatum est inter homines de Lundonia et hominis abbatis Wydonis .. coram ~ia ejus apud Estanores Elmh. *Cant.* 360. **c** omne placitum inter quoslibet habitum et ab eisdem, sine ~ie majoris auctoritate, si opus est, respectari potest (*Leg. Hen.* 59. 3) *GAS* 578; cum causa eadem coram ~iis qui vice regis in ejus curia presidebant *Chr. Battle* f. 86; Glanv. XI (v. 2 bancus 3a); capitalis .. ~ia *Dial. Scac.* I 4B (v. capitalis 7a, forum 6a); **1314** coram ~iis domini regis de Banco *Deeds Balliol* 52. **d** ~ias .. errantes J. Sal. *Pol.* 576C etc. (v. 3 errare a).

3 office or court of a judge.

a**1132** R. .. in presentia tocius ~ie reddidit sancto Stephano terram .. et decimas (*Emptio*) *EHR* XXIV 215; **1141** concedo .. ut sit capitalis ~ia in Essexa hereditabiliter mea *Mandeville* 92; **1142** concedo eidem Gaufrido quod habeat hereditabiliter ~iam Lund[onie] et Middelsex' et Essex' et de Hertfordscira *Ib.* 167; **1269** cum .. Ricardus .. a nostra fidelitate numquam recesserit .. propter quod si in sua ~ia deesse non possumus, sicut nec debemus *Cl* 134.

4 executed judgement, decree, sentence.

dedit vadem de ~ia facienda *DB* II 133; **1091** hec est ~ia domini Normannie quod in curia sua vel eundo ad curiam vel redeundo de curia nullus homo habuit gardam de inimico suo (*Consuet. Norm.*) *EHR* XXIII 506; adverte autem ~ias hic usualiter nuncupari prolati in aliquos juris executiones, judicia vero leges candentis ferri vel aque *Dial. Scac.* 127; **1189** sciatis nos de communi proborum virorum consilio fecisse has ~ias subscriptas (*Ch. Regis*) *Foed.* I 65; **1232** W. G., R. de D. .. constituti sunt justiciarii ad ~iam tenendam de Roberto *Pat* 521; **1243** R. de C. dat v marcas pro habendis iiij ~iis *RGasc* I 239b; **1265** sedeant ad placita regis tenenda et ad ~iam faciendam conquerentibus *Cl* 19; **1270** sex solidos et octo denarios per quos finem fecit nobiscum pro quadam ~ia habenda *Cl* 188; **1279** Radulfus de Hengham et socii sui audiant recordum .. et exhibeant ~iam *RParl Ined.* 5.

5 punishment.

raptum qui fecerit, non fit emendatio alia nisi de corpore ~ia *DB* (*Worcs*) I 172ra; *DB* II 312 (v. corporalis b); c**1100** (v. falsonarius a); **1100** si quis captus fuerit .. ~ia recta inde fiat (*Ch. Regis*) *GAS* 522; debet autem de convictis ~ia fieri (*Leg. Hen.* 49. 7) *Ib.* 572; **1154** excepta ~ia mortis et membrorum *Cart. Host. Essex* 7 (= *Regesta* 866); **1254** habet ibi dominus ~iam sanguinis et murdri *Pat* 66 m. 5*d*; **13..** si aliquis captus pro latrocinio vel pro aliqua infidelitate [et] indicatus fuerit, ille qui sequitur faciet ~iam (*Cust. Preston*) *EHR* XV 497.

6 authority, privilege, right.

dimidiam partem omnium divitiarum quae annualiter ad eum cum ~ia moderanter acquisitae pervenire consueverant Asser *Alf.* 99; c**1072** omnes illos qui sub ballia et ~ia tua sunt (*Lit. Regis*) *EHR* VII 17; **1144** salva episcopi nostri canonica ~ia ac reverentia et apostolice sedis auctoritate *E. Ch. Scot.* 130; ut .. archiepiscopus se minorationem sue ~ie sustinere .. nullatenus conqueratur Gerv. Cant. *Chr.* I 163; **1279** ~iam altam (v. bassus 2b); **1283** habeant bassam ~iam (v. altus 7c); primus titulus ~ie cujuscunque civilis dominii est a Deo Wycl. *Civ. Dom.* I 7; per Deum qui custodiet eum ad vendicandum ~iam suam in Francia (J. Bridl.) *Pol. Poems* I 172; nullus mercandiset .. nisi fuerit de ~ia civitatis *MGL* I 655.

7 amount justly owed (by right or as penalty).

961 dedi .. x mansas .. in ea ratione ut reddat ~iam aecclesiae, id est j *cyrisceat* et v scindlas, et j bord. omni anno *CS* 1077; **1230** in ~ia facienda et pro ferramento prisonum xj s. et ix d. *Pipe* 267; **1283** in v s. pro ~ia puniatur *RGasc* II 210a; **1283** ballivus noster non debet recipere ~iam neque gagium, quousque fecerit solvi rem judicatam parti que obtinuerit *Ib.* 211a.

8 (mon.) vessel containing a lawful amount of ale, joust, flagon.

ingressi .. et considentes sumant .. potu quem super ~ias suas a refectorariis in sciphis positum invenerint Lanfr. *Const.* p. 107; proferens .. laguncυlam vini quam ~iam dicimus J. Ford *Wulf.* 40; **1214** [habebunt] et duas ~ias cervisie et duas petras salis ad Pascham *Pri. Cold.* 239; recipiat .. de refectoria unam ~iam cervisie *Ann. Durh.* 91; in ~iis et ciphis conversorum emendandis xxj d. *Ac. Beaulieu* f. 48r; ~ias per menses disponere et preparare *Ib.* f. 48v; suppriori ad suam ~iam in refectorio residenti vinum presentavit Graystanes 14.

justitiabilis [ML], justiciable, subject to jurisdiction.

et si postea furetur, reddat eum cognacio illa ~em .. preposito (*Quad.*) *GAS* 174; si a parentibus murdriti sit ante reddicionem interfectus, ut ~is reddi nequeat .. (*Leg. Hen.* 92) *Ib.* 607; **1194** ~es erunt domino regi (*Lit. Regis*) Diceto II lxxxi; **1274** justizabilem se reddidit (*Chanc. Misc.*) *Soc. Jers.* II 47; ut populum sibi judicialem ~em in suis curiis in tramite juris foveant et protegant *Fleta* III 6 p. 183; **1374** juravit tactis per ipsum sacrosanctis ewangeliis quod ipse erit ~is domino priori et conventui Dunelm' *Hal. Durh.* 123.

justitialis [ML], justiciable, subject to jurisdiction; **b** (as sb. m.) man subject to jurisdiction.

quod ei ~es erunt *G. Hen. II* II 75; **1309** homines sui de predicta insula sint ~es domino regi coram ballivo suo *PQW* 824a. **b** **1152** nihil .. a meis ~ibus capi patiar *Ch. Sal.* 23.

justitialiter [ML], as a judge or justiciar, judicially.

s**1326** coram .. justiciario .. et aliis magnatibus .. ~iter sedentibus *Ann. Paul.* 319.

justitiarcha, justiciar, (chief) justice.

episcopum Dunelmi in primis toti regno prefecit ~am Devizes f. 26r.

justitiare [ML]

1 to have within one's jurisdiction, to bring to justice: **a** (person); **b** (place). **c** (refl.) to present oneself for trial. **d** (*~ies*) name of a writ granting jurisdiction.

a c**1080** ballivus statim ~iabit omnes qui in arreragiis fuerint *MonA* I 103; habitatores terre habeat sub se et ~iet [v. l. justificet] *G. Hen. II* I 102; **1269** postquam aliquis fuerit sumonitus vel per pleggios ~iatus ad instantiam partis poterit primo die essoniari *CBaron* 83; **1294** excommunicatum .. per te ~iari precepimus *Reg. Wint.* 493; **1297** ad malefactores hujusmodi arrestandos et ~iandos *RScot* I 41b; **1309** quod curia domini regis fit eis in auxilium ad ~iandum socios eorum nunc absentes *PQW* 830b; **1319** J. M. fecit distringi J. de E. per ballivos abbatis de Rameseye ubi potuit ipsum ~iasse hic in curia domini in prejudicium domini *CBaron* 126. **b** ad urbem ~iandam et si opus fuerit defendendam (*Cl*) *EHR* XIX 218. **c** **1231** juxta morem scholarium se ~iari non permittunt *RL* I 396; quidam eorum se ~iari non permittant per ministros domini regis *Leg. Ant. Lond.* 227; **1340** Willielmus in custodia secundum formam regule sue castigandus, detentus se ~iari et castigari non permittens .. *RScot* I 581a; si .. satisfacere contemnendo nolens se ~iare *MGL* I 407; si quis ad pacem se ~iare noluerit, omnes sint parati .. ad eum arestandum *Ib.* I 641. **d** **1255** homines Salopp' habent returnum brevium domini regis et hoc ab antiqua consuetudine, sc. breve quod dicitur ~ies *Hund.* II 78b; **1287** clamant placitare brevia .. que dicuntur ~ies *PQW* 241b.

2 to compel by judicial authority (to perform legal duty).

c1145 precor episcopum et obnixe requiro et justiciam meam Cestrie .. precipio quod illum ~iet donec ad dignam satisfaccionem veniat *Cart. Chester* 12 p. 70; *Const. Clar.* 13 (v. diffortiare 1a); **1164** W. de L. debet vij li. de veteri Danegeldo sed sunt in Westmariel' quos non potest ~iare *Pipe* 13; si .. convictus fuerit tenens .. exheredabitur, sin autem non poterit quis tenentes suos ~are tunc demum ad curie refugium GLANV. IX 1; **1191** quod ~ietis .. quod .. faciant (v. franctenens); nisi feceritis, vicecomites in quorum bailliis estis vos ~ient donec faciatis *Chr. Abingd.* II 235; **1277** recipimus tibi quod ~ies S. .. quod juste .. reddat .. viginti libras *Reg. S. Aug.* 325.

3 to punish.

1231 occasione precepti regis quod ei fecit de ~iando Hugonem de L. per corpus suum secundum consuetudinem Anglie *Cl* 548; **1263** quia .. R., quem .. tanquam claves ecclesie contempnentem per corpus suum secundum consuetudinem Anglie precepimus ~iari, absolucionis beneficium meruit .. *Cl* 280; **1318** ~andos et puniendos (v. demerere 2e); tibi precipimus quod .. corpora sua .. ~ies *Proc. A. Kyteler* 25; **1388** homines ville de S., qui .. malefacta hujusmodi .. perpetrarunt, .. debite ~iare curetis *Dip. Corr. Ric. II* p. 55; quandocunque sibi placuerit removere .. justiciarios suos et ipsos pro delictis ~iare et punire WALS. *YN* 352; **s1435** nec se vult per censuram ecclesiasticam ~iari AMUND. II 82.

4 to justify, defend (claim to something).

1315 non habebit aliquod ~iatum (v. herbergamentum 1); cum archiepiscopus Robertus .. a rege calumpniaretur, et objecta non posset justiciare .. ad pedes regis pronus cadens .. THORNE 2004.

justitiaria

1 office of a justice or justiciar, judgeship; **b** (dist. by rank or function); **c** (w. ref. to territorial jurisdiction).

1236 constituimus vos justitiarium nostrum .. rogantes quatenus onus .. ~ie .. vobis ad presens assumere velitis GROS. *Ep.* 27 p. 105; **1259** quod de cetero non committantur speciales ~ie nisi personis subscriptis *Cl* 485; **1278** cum .. ad cancellariam nostram .. venerit et quandam ~iam sub nomine suo .. impetraverit pro fine xl li. quas .. exigi facitis ad opus nostrum *Cl* 6 m. 10; **1312** domino H. B. justiciario Laudonie vicecomiti Berewici super Twedam, capienti de domino regi officium ~ie per annum, xl marcas pro feodo sui utriusque officii *Cal. Scot.* III 395; **1456** testante clerico ~ie (v. clericus 3); **1569** J. B. .. nostre ~ie clerico *Scot. Grey Friars* II 210. **b 1358** allocantur computanti xxxv li. xiij s. iiij d. de diversis remissionibus, factis per regem, de exitibus itineris prime ~ie *ExchScot* 562; **1396** amerciamenta ad ~iam pacis .. pertinencia et de eadem ~ia .. proveniencia *Mem. York* I 159. **c** concessit Hugoni .. ~iam a flumine Humbri usque ad terram regis Scotie *G. Ric. I* 106; **1221** reddidit nobis .. terram nostram Hybernie, que fuit in manu sua, et ~iam ejusdem terre *Pat* 316; obtinuit ~iam a flumine predicto usque ad mare Gallicum B. COTTON *HA* 83; **1318** (v. justitiarius 3d); **1339** cum .. fidelis Ricardus Talbot assumpsisset custodiam .. Berewici una cum ~ia ejusdem ville *RScot* I 566b.

2 session of justices.

debet summonire .. omnes homines suos ad laghdaghes, curias et ~ias *Cust. Glast.* 177; **s1261** rex .. rotulos de ~ia sibi mandavit restitui *Flor. Hist.* II 470 (= *Op. Chr.* 9); **c1283** mandamus vobis quatinus fieri faciatis unam ~iam ad deliberandam gaolam de Somerton' et scribatis quod duo justiciarii procedant non expectata presencia tercii *PS* 1693/58; in qua ~ia domnus abbas de Gamages festum solenne et sumptuosum tenuit .. in curia abbatie *Hist. Glouc.* I 38; in extractu ~ie *RegiamM* II f. 69 (v. 1 extractus 1).

†justitiaris, *f. l.*

1267 habent litteras quod [MS: q', l. que] ponantur per ballium usque ad adventum justiciarium [MS: justic'] *Cl* 340.

justitiarius [ML]

1 (as adj.) just, righteous.

rex .. valde nobilis, ~ius, pius, prudens, et benignus erat *Plusc.* VII 32.

2 pertaining to the administration of justice.

1194 pax terre nostre non infringetur nec potestas ~ia minorabitur (*Lit. Regis*) DICETO II lxxx.

3 (as sb. m.) a justice, justiciar, judge; **b** (royal, Eng.); **c** (Ir.); **d** (Scot.).

vulgus clamat ~io: "crucifige" R. BURY *Phil.* IV 53; justiciarius est; sub tali nomine fallit / qui sine justicia nomen inane gerit GOWER *VC* VI 417; ~ius factus loco collobii clamide FORTESCUE *NLN* 51; ~ius, A. *a justyse WW*. **b a1100** misit rex litteras sigillatas ad ~ios suos de Anglia *Regesta* p. 137; **1100** sicut dirationatum fuit apud Writele ante ~ios meos .. ubi tu ipse fuisti unus ex judicibus *E. Ch. S. Paul.* 17; **1263** quod etiam ~ii minores qui jus reddere debent tam regi quam aliis omnibus de regno in judiciis suis ponuntur per eosdem consiliarios cum dominus rex eos ponere consueverit et amovere ad voluntatem suam (*Gravamina*) *Powicke Studies* 238; coram ~iis domini regis tunc sedentibus in villa de Dereby *Mir. Montf.* 88; clericos convictos coram ~iis regis FLETE *Westm.* 34. **c 1199** mandatum est Meylero filio Henrici, ~io Hibernie, quod .. rectum et consideracionem in curia domini .. regis ei .. habere faciat *ROblat* 36; Meilerius Henrici filius, qui et postea ~ius Hibernie fuit GIR. *SD* 68; **1221** providimus .. ut illi qui nunc in Hybernia solus est ~ius itinerans duo socientur ~ii, viz. miles unus et clericus unus *Cl* 451a; sub sigillo capitalis ~ii de Hibernia *State Tri. Ed. I* 46; **1299** (v. 2 bancus 3c); **1333** dxxx li. .. quos recepit .. ad solvendum inde vadia I. de B. ~ius Hibernie hominibus ad arma .. in comitiva ejusdem ~ii *LTR Mem* 105 m. 125*d*; **1558** ad mandatum locumtenentis deputati seu ~ii Hibernie pro tempore existentis *ActPCIr* 48. **d c1148** D. rex Scottorum .. ~iis, baronibus, .. salutem *Regesta Scot.* 42; **a1166** Malcom' rex Scotorum ~iis, baronibus, vicecomitibus, ministris *Ib.* 258; **1197** teste .. comite de Fife ~io Scotie *Ib.* 388; **1318** quod ballivus in cujus ballia talis malefactor moratur habeat mandatum ~ii infra cujus justiciariam transgressio facta fuit quod sit attachiatus *APScot* I 107a.

4 **a** chief justiciar; **b** (dist as. *~ius capitalis, praecipuus, praesidens, summus,* or sim); **c** (of King's Bench); **d** (of Common Pleas); **e** (*~ius errans itinerans*, or sim.) justice in eyre.

a Odo episcopus Baiocensis, ~ius et princeps totius Anglie .. H. HUNT. *HA* VI 40; **1182** coram R. Wintoniensi episcopo et Rannulfo de Glanville ~io domini regis *Ch. Westm.* 287; Ricardus de Luci ~ius Anglie *G. Hen. II* I 94; Walterus .. specialis Anglie ~ius DICETO *YH* II 112; nunciaret R. de G. ~io Anglie, mortem abbatis BRAKELOND f. 122v; cum esset familiaris domini ~ii Anglie .. Londonie indutus est ECCLESTON *Adv. Min.* 19; teste .. H. le Despenser ~io Anglie *MGL* II 665. **b a1119** non ponantur in placitum de aliquo tenemento suo nisi coram me vel capitali ~io meo *CalCh* V 266; majores ~ios (*Leg. Ed.*) *GAS* 652 (v. centenarius 4b); G. de G. et R. de B. .. quos rex precipuos Anglie ~ios constituerat in regni negotiis, rebellantes convocant ad curiam regis ORD. VIT. IV 13 p. 262; Rannulfus Flambardus .. summus regiarum procurator opum et ~ius factus est *Ib.* X 19 p. 107; ad dextram presidentis ~ii residet primo loco nunc Wintoniensis episcopus *Dial. Scac.* I v B; capitalis ~ius Anglie, ille sc. qui tenet placita coram rege *Mod. Ten. Parl.* 33; **1333** constituimus .. Willielmum de Denum capitalem ~ium nostrum ad placita in .. Berewici *RScot* I 257b. **c 1201** clerico .. tradatur rotulus iste et si non inveniatur .. tradatur uni clericorum ~iorum de banco *SelPlCrown* 7; **1210** de quodam placito quod fuit coram ~iis in banco a die Pasche in xv dies *CurR* VI 66; **1245** etc. (v. 2 bancus 3b); **1304** quod ~ii de banco eant tempore vacationis ad juratas et inquisiciones capiendas de placitis *RParl* I 161a. **d 1205** ~ii de banco, **1244** ~ii in banco, etc. (v. 2 bancus 3a); **1225** ponitur in respectum usque in adventum ~iorum ad omnia placita *SelPlCrown* 117; **1252** constituti sunt ~ii ad communia placita in comitatu Oxon' *Cl* 247. **e** P. BLOIS *Ep.* 95. 298B etc. (v. 3 errare a); **1220** etc. (v. 1 assisa 8a); **1236** constituimus vos ~ium nostrum ad itinerandum GROS. *Ep.* 27; **1271** (v. capitaneus b); **1305** (v. 1 coronator 2a).

5 **a** (*~ius forestae* or sim.) justice of the forest. **b** (*~ius pacis* or sim.) justice of the peace. **c** (*~ius ad gaolam deliberandam*) justice of gaol delivery. **d** (*~ius de trailbastone*) justice of trailbaston. **e** (*~ius operariorum* or sim.) justice of labourers. **f** (*~ius Judaeorum* or sim.) justice of Jews.

a 1232 summone .. archiepiscopos .. manentes infra metas foreste nostre .. quod sint .. coram .. ~iis foreste nostre ad placita foreste nostre .. *Cl* ~137; **s1236** (v. dexter 1c); **1252** nullus eorum occasionetur ab aliquo ~io nostro foreste *BBC* (*Bristol*) 106; **1260** mandatum est T. de G., ~io foreste regis citra Trentam, quod .. *Cl* 22; **1270** capitali ~io foreste *Cl* 291; **1285** quod ipse et heredes sui .. habeant ad requisicionem suam in cancellaria .. certos ~ios .. ad placita forestarum .. quociens opus fuerit ad transgressiones sibi factas in chaceis vel parcis suis audiendas et terminandas *SelPlForest* cxii; **1560** capitalis ~ius omnium forestarum, parcorum et chacearum nostrarum citra Trentam *ActPCIr* 83. **b 1379** (v. capitaneus b); **a1392** placita coram H. de G. et sociis suis ~iis pacis (*AssizeR Bucks*) *EHR* XXI 535; **1443** cancellarius .. est .. ~ius pacis *MunAcOx* 535; **s1448** ~ii nostri ad pacem in comitatu predicto *Reg. Whet.* I 41; CAMD. *Br.* 143 (v. eirenarcha). **c** captus fuit pro morte et ductus coram ~iis missis ad gaolam deliberandam et ibi cognovit mortem et suspensus est *PlCrGlouc* 35; **1255** R. filius G. et R. G. convicti fuerunt de latrocinio coram G. de L. ~io ad gaollam deliberandam de N. assignato, et per judicium suspensi *SelPlForest* 34; comparuerunt coram .. ~io ad gayolam deliberandam assingnatum *Leg. Ant. Lond.* 99; **1300** facimus A. de N. et W. de C. .. procuratores nostros ad petendum .. a .. militibus, ~iis ad gayolam deliberandam in comitatu Cumbrie .. deputatis omnes clericos comprehensos *Reg. Carl.* I 130; ~ii apud Neugate pro gaola deliberanda *MGL* I 159. **d 1319** quod .. convictus fuisset de conspiracione coram Willelmo de Ormesbi et sociis justic' de treilbaston' *DocExch* 26; **1319** indictatus fuisset de morte .. coram J. B. et sociis justic' de trailbaston' *Ib.* 29; ~ii de traylbaston AD. MUR. *Chr.* 7; ordinavit ~ios de traylebastown *Ib.* 8. **e 1350** recordum ~iorum de operariis pro Petro Semere (*Placitum*) *EHR* XXI 528; **1351** coram J. de S. et sociis suis ~iis domini regis super laborarios et artificiarios apud Chelmsford (*AssizeR*) *Ib.* 528; **1352** ~ii de hujusmodi servientibus operariis, et artificibus (*Lay Subsidy*) *Ib.* 529; **1355** ~ii operariorum *Ib.* 529. **f 1220** dies datus est .. ad habendum coram ~iis Judeorum .. Willelmum de Mandeville *SelPlJews* 5; **1227** mandatum est ~iis ad custodiam Judeorum assignatis quod J. de predito debito quietum faciant *Cl* 2; **1279** mandetur ~iis ad custodiam Judeorum assignatis .. *RParl Ined.* 3; **1283** quatinus fieri faciatis breve domini regis dominis Hamundo Hauteyn et Roberto de Lutham ~iis Judeismi quod Floria que fuit uxor magistri Elys Judei et familia sua possunt esse in pace in domibus suis et quod deliberent dotem suam *PS* 1690/23.

6 (non-royal or local official).

c1140 Rannulfus comes Cestrie constabulario, dapifero, †justiciaris [l. justiciario] et nominatim vicecomitibus *Ch. Chester* 23 [= *Cart. Chester* 7 p. 52: justiciario]; **1279** (v. duellum 3b); **1327** justic' pavilonis predicti episcopi [*at St Giles's fair, Winchester*]; cf. *CalPat* 293; **1432** in contribucione facta .. alteri domini episcopi ~iorum *Ac. Durh* 231; **1439** ~ius vicecomitum (v. escaetor a); **s1448** justiciariis ad pacem conservandum .. ac ~iis sewerarum *Reg. Whet.* I 53.

7 (as surname).

c1250 Robertus dictus ~ius *Cart. Boarstall* 38.

justitiatio [ML], (exercise of) judicial authority, jurisdiction.

1293 volentes .. ~oni nostri feodi resistere *Reg. Wint.* 487.

1 justitiatus v. justitiare.

2 justitiatus [ML]

1 (authority of) judgeship; **b** (dist. as *altus* or *bassus*).

1501 exercitus omnis ~us et cancellariatus (*Assignatio dotis*) *Foed.* XII 781. **b 1281** nos gravaret si vobis .. super feodo, et alii vel aliis super alto ~u terrarum nostrarum haberemus parere *RGasc* II 136b; **1285** altum ~um et bassum ibidem habere *Ib.* II 283b; **1291** in parvo ~u illius partis parochie .. in qua .. altum ~um .. retinuimus *Ib.* III 5a; **1309** de et super valore annuo predicti alti et bassi ~us (*Concessio*) *Foed.* III 136; **1313** senescallus Vasconie .. dictum altum ~um per modum sequestri posuit ad manus [regis] *RGasc* IV 1016; cum .. tenuisset .. altum et bassum ~um parochiarum earumdem tanquam de pertinenciis vicecomitatus *Ib.* 1018.

2 territory subject to jurisdiction of a judge.

1277 terra quam tenet de nobis .. in ~u nostro Blanhadesii *RGasc* II 39b.

1 justitium [CL], cessation of judicial and other public business in the event of national calamity, spec. the death of a king; the grief on such an occasion.

ad ~ium totius patriae, haec regni subsecuta est perturbatio *V. Ed. Conf.* 74; justiciam dum justicium migrare cohercet, / ad dominum prohibet vita tenere forum GARL. *Epith.* I 115.

2 justitium [LL *gl.* = *justice*]

1 judgement, session of justices.

dum hi Hors fratrem Hengestii, illi Catigis alterum regis filium magno justitio [v. l. judicio] desiderarent W. MALM. *GR* I 8.

2 judgement, justly awarded fine.

exigetur hoc ~ium HERM. ARCH. 27 (v. decuplus b).

justitius

1 fair, just, right.

~ius, A. *ryghtful WW*.

2 (as sb. m.) one who executes justice, justiciar, judge, magistrate.

1253 volumus .. quod ~ii nostri .. veniant ad predictum burgum *BBC* (*Scarborough*) 165.

justorium, clapper of a mill.

~ium, A. *a clappe of the mylle WW*.

justus [CL]

1 sanctioned by law, legal, legitimate. **b** (of person) legally appointed.

c1182 possessiones quas ex .. ~is titulis rationabiliter sunt adepte *Ch. Chester* 202. **b a1158** predicta A. filia fuit ejusdem W. et ~issima heres ipsius *Ch. Westm.* 254.

2 to which one is entitled, rightful, due. **b** (of reward or punishment) deserved, merited.

~a possessione GOSC. *Mir. Iv.* lxxvii (v. dominari 1b); **1375** in ~a peticione (v. debere 7a). **b** confovebatur .. ultionis ~ae praecedentium scelerum causa .. ignis GILDAS *EB* 24; utrumque .. impia manu sed ~a ultione peremit BEDE *HE* III 1 p. 128; ~a retributio MAP *NC* III 2 (v. dictare 3b, duellum 2b).

3 impartial, just, fair: **a** (of person making judgement, esp. w. ref. to cardinal virtue); **b** (of artefact for weighing or measuring); **c** (of judgement or action).

a expectantes a ~o rectore omnium Deo carnificibus severa quandoque judicia GILDAS *EB* 11; hec sunt .. gaudia quibus .. gloriosus cesar Henricus .. irradiat moderatus, prudens, ~us, fortis (*Leg. Hen. prooem.*) *GAS* 547; viros ~os, notabiles, prudentes *Ps.*-ELMH. *Hen. V* 47. **b** trutinat electos sed justae lance libellae ALDH. *VirgV* 734. **c** ut servilis berna famulari jubetur ~o valde judicio *Id. VirgP* 31; pater .. ~o judicio regnare debuerat ASSER *Alf.* 12; dispensatio ~a H. AVR. *Poems* 27. 7 (v. dispensativus 1); **1300** ~am consideracionem (v. divisibilis 3).

4 having good cause, justified, correct, valid, sound. **b** (*~um est* sts. w. inf. or *ut*) as is right, it is right to .., it is right that . . . **c** (as sb. n.) what is correct, justified.

dum .. esset inter carnifices ~a cunctatio BEDE *HE* I 7 p. 20; Augustinus ~a necessitate conpulsus flectit genua *Ib.* II 2 p. 82; durior ~o indoctis auditoribus fuisti *Ib.* III 5 p. 137; nisi ~o errore falsum confiteatur RIC. ANGL. *Summa* 34 p. 68; si autem rediens probaverit se ex ~a causa abfuisse *Ib.* 41 p. 112; **1333** ~as diffenciones (v. defensio 6); litigia ~a OCKHAM *Pol.* II 809 (v. dissuasibilis); tres enim sunt cause ~e pugne, pro fide, pro jure, et pro patria STRATFORD *Serm.* 86; **1398** pro eorundem defecto amplius inde ~am queremoniam non audiamus *Reg. Paisley* 96. **b** ~um non est ut ingressu ecclesiae privetur BEDE *HE* I 27 p. 55; ~ius multo est de incognitis bonum credere quam malum *Ib.* III 25 p. 187; **798** decretum est ~um esse ut .. ecclesia .. cenobium .. habeat *CS* 291; Æthelbald .. est .. sepultus et Æthelberht frater suus Cantiam et Suthrigam .. suo dominio, ut ~um erat, subjunxit ASSER *Alf.* 18; **s1139** 'et esto' inquit '~um sit ut habeant, ..' W. MALM. *HN* 475 p. 33; **s1229** (v. 2 fastus). **c 705** tuque, obtime pater, utere prudenti consilio ut vel consentiam voci deprecantium si ita placuerit vel subter fugiam et me ipsum a conloquio huis [*sic*] concilii subtraham si ita ~um judicaveris WEALDHERE *Ep.* 23; solebat .. abbas dextrarios nutrire, et in equis elegantioris forme plus forte ~o gloriari P. CORNW. *Rev.* I 205 f. 125rb; neque per habitare neque per ~orum participare est quis civis W. BURLEY *Pol.* 277.

5 righteous. **b** (as sb. m.) righteous man.

qui se putant ~os GILDAS *EB* 10; *þus me gesette* sanctus et justus / *beorn boca gleaw*, bonus auctor, / *Ealdelm, æþele sceop* (*Aldhelm*) *ASPR* VI 97; nos patimur .. levius non esse sapientes quam insipientes dici et non esse ~os potius quam injustos ABBO *QG* 21 (46); non omne quod ~um non est injustum est, cum omne quod injustum est, necessario constet quia ~um non est *Ib.* 47; ~um sanguinem effundendo Deo reverentiam non exhibuerant DICETO *YH* I 349. **b** quis .. liberato ~o .. exercitus .. benedixit? GILDAS *EB* 69; **675** in resurrectione ~orum *CS* 41; factum est ut agnitionem humanam, quam nostra crudelitas prius abstulerat, oratio ~i denuo repararet W. S. ALB. *V. Alb. & Amphib.* 36; **a1237** ~us, id est confitens, primo debet accusare seipsum [cf. *Prov.* xviii 17] *Conc. Syn.* 221; beati in celo atque ~i omnes sunt boni OCKHAM *Dial.* II 853; adducunt angeli justos ad Deum *Vers. Cant.* 7 p. 20.

6 (as given name).

cui statim successit in pontificatum ~us, qui erat Hrofensis ecclesiae episcopus BEDE *HE* II 8 p. 95.

7 expected, ordinary, usual.

[staturam] ~am W. MALM. *GR* II 134 (v. deducere 7b).

jusum v. josum.

1 juta, soup, stew.

jowtys, potage .. ~a, -te *PP.*

2 Juta, ~us, inhabitant of Jutland, Jute.

de ~arum origine sunt Cantuari et Uictuarii BEDE *HE* I 15 p. 31; sunt .. in proximam ~orum provinciam translati *Ib.* IV 14 p. 237; Gothus erat natione, ortus enim erat de Gothis et ~is ASSER *Alf.* 2; Cantuarii de Giotis traxerunt originem ÆTHELW. I 3; in quibus vero locis Britannie Angli vel Saxones vel ~e habitationem locaverunt, Beda non tacet W. MALM. *GR* I 5; advenerunt autem de tribus Germanie populis fortioribus, id est, Saxonibus, Anglis et ~is M. PAR. *Maj.* I 188; Guti vero similiter .. suscipi debent et protegi in regno isto sicut conjurati fratres nostri .. de nobili sanguine Anglorum *MGL* II 637; Juttorum WALS. *HA* II 14 (v. explanare 2b); ~um, A. *Jutus WW.*

juttare [ME *jutteien*], to jutty, jut, protrude.

~o, A. *to jutteye WW.*

Juttus, Jutus v. 2 Juta.

juvamen [LL], help. aid, assistance; **b** (phr. *auxilium* or *consilium et ~en*); **c** (financial); **d** (med.); **e** (intellectual or spiritual); **f** (divine); **g** (astr.).

corda fame tabent, hominumque juvamina desunt BEDE *CuthbV* 264; boum ~ine solet ager exerceri *Id. Hom.* II 1. 116; **956** pontis et arcis et expeditionis ~ine *CS* 952; existimante abbate illum hoc cum solatio et ~ine alterius ministri facere W. MALM. *GP* II 83; nullum .. extrinseci ~inis adminiculum GIR. *TH intr.* p. 8; super lanceas suas, cum alterutro ~ine, ripas transierunt RISH. *app.* 413; luminibus oculorum ceterorumque membrorum ~ine privatos *Flor. Hist.* III 207. **b 1217** efficax impendatis consilium et ~en *Pat* 35; imperatori consilium impenderent aut ~en M. PAR. *Maj.* III 183; **1279** auxilium et †juramen [l. juvamen] (v. impertire 5c); ut .. auxilium preberet et ~en *State Tri. Ed. I* 59; **1318** in nostre defensionis auxilium et ~en defensionis *FormOx* 38; inhibitum fuit .. fratribus .. ne .. sororibus .. prestarent .. consilium aut ~en *Mon. Francisc.* II 281. **c s1249** ~en pecuniare M. PAR. *Min.* III 43 (cf. id. *Maj.* V 49: ut .. juvarent .. auxilio pecuniari); residuum librorum nostrorum juris aut materie scolastice in theologia, legamus comuni librarie universitatis Oxonie ad cujus constructionem ~en prestitimus *Test. Hen. V* 94. **d** deposcit opem medicantis. / .. / passibus approperat conferre juvamen anhelis FRITH. 872; NECKAM *DS* VII 37 (v. habrotonum); pro eo ~ine in arte sua physica *Entries* 187b. **e 795** obsecro .. ut .. ego animae meae salutem fraternae intercessionis ~ine habere merear ALCUIN *Ep.* 90; **800** cui labori, vestrae magis pietatis jussione animatus quam propriae confisus peritiae ~ine, libenter succubui *Ib.* 202; secundum vestre stulte explanationis seriem, que et scripture et rationis ~ine caret .. PETRUS *Dial.* 6; modicum adhibuit ei cura parentum ~en ad disciplinam *Canon. G. Sempr.* 38v; majus ~en in vita habemus quam ipsi philosophi BACON *Maj.* II 255; tam corporali quam spirituali ~ine *Ziz.* 265. **f** augmentum superni ~inis .. acceperit BEDE *Luke* 331A; nunc quia permodicum Christi jūvamine carmen / .. finivimus WULF. *Brev.* 690; **962** ego Oswoldus superni rectoris fultus ~ine *CS* 1089; **1295** divino ~ine *Reg. Cant.* 26; invocato Sancti Spiritus septenario ~ine *Croyl. Cont. A* 126. **g** solsticiale juvamen GARL. *Tri. Eccl.* 12 (v. aequidium).

juvamentum [LL], help, aid, assistance; **b** (med.); **c** (intellectual or spiritual).

rex est in regno sicut pluvia in terro, que est Dei gracia, celi benediccio, terre vita, vivencium ~um et munimentum BACON V 53; **1314** timentes .. quod vestrum .. a nobis avertat animum benivolum et beneficii retardaverit †juramentum [l. juvamentum] *FormOx* 11; ad compressionem infinitorum malorum maximum ministrari poterit ~um .. OCKHAM *Pol.* I 281; Deus .. dedit ei jumenta, quasi ad opus suum ~a *Eul. Hist.* I 9. **b** melancholia .. penetrat secum ad membra, causa et necessitatis et ~i BART. ANGL. IV 11; nullum ~um aque inveni, nisi quod in acutis bibitur morbis GILB. I 26. 1; mulieribus affert proficuum decoris et ~i *Ib.* II 78. 1; ipsius [nuche] ~um erat per spinam transire .. juvando retentionem spondilium et spine *Ps.*-RIC. *Anat.* 13; *Ib.* 28 (v. emunctorium 3); ossium durities .. ~um .. digestionis BACON VIII 205; invalescente .. morbo .. nec volente cedere medicorum ~o ullo *Reg. Whet.* I 115. **c** licet geometria et arithmetica et musica dent maxima et quamplurima ~a BACON *Maj.* I 390; si vero discrepent a tuo arbitrio, tunc est tuum examinare et considerare, et si est ~um et utile super eo quod considerasti, amplectere ipsum *Id.* V 139; quia nec artes operative nec considerative complentur nisi per ~um prioris ad sequentem SICCAV. *PN* 132; quando autem accidit nature ~um extrinsecum .. non dicimus hoc esse a casu *Ib.* 203.

1 juvantia [LL], an act of helping or assisting, helpfulness.

patet eciam quod generalis amicicia, que est mutua ~ia, requirit graciam in altero extremorum, ut dampnati non juvant se mutuo sed impediunt WYCL. *Civ. Dom.* I 89.

2 juvantia v. juvare.

juvare [CL]

1 to help, aid, assist (person): **a** (w. dat.); **b** (w. acc. or inf. or acc. & inf.); **c** (w. prep. & gd.); **d** (pr. ppl.) helping, assisting; **e** (pr. ppl. in abl. absol.).

a 1255 renuntiantes .. omni exceptioni juris quod nobis ~are posset et sibi nocere *RGasc* I sup. 33a; **13..** garcio debet ~are servientibus de thesaurar' ad districciones faciendas *DCCant. Reg. J.* f. 283; aliquid sibi ~are possunt *Eul. Hist.* I 18; Christianitatem vix in regno suo palpitantem †innuit *Ib.* II 163 (cf. W. MALM. *GR* I 76: juvit). **b** numquam dormire juvabit ALDH. *Aen.* 100 (*Creatura*) 5; quid plus caelicolas juvat in certamine nostro? *Id. VirgV* 140; si .. dii aliquid valerent, me potius ~are vellent BEDE *HE* II 13 p. 111; juvavi mortale genus virtutibus almis BONIF. *Aen.* (*Caritas*) 4; **743** vestris sacris interventionibus ~atus exercitior inveniar *Ep. Bonif.* 54; primo Beccenses juvisti, post Cadomenses *V. Gund.* 49; [Willelmus et Radulfus] postmodum in Apulia et Sicilia Rotbertum Wiscardum Calabrie ducem multum ~erunt ORD. VIT. III 2. 30; zelantes in bonum .. aliquatenus in religionis conversatione ~i AD. EYNS. *Visio* 27 p. 332; M. SCOT *Phys.* 12 (v. glutho); **1253** nos .. Amaneum et terram suam ~abimus deffendere tanquam nostram *RGasc* I 286b; quod idem episcopus ipsam versus predictos Ricardum et Erneburgam in predicto placito †junaret [l. juvaret] qui ipsam in nullo †innavit [l. juvavit] *Tri. W. Langton* 282; lupus .. quem in captionis periculo miles contra canes juvit et liberavit *Latin Stories* 126. **c c1192** quod .. canonicos ~etis et promoveatis ad habendum ecclesiam de C. *Ch. Chester* 243; **1295** cuidam fabro ~anti Ricardum fabrum ad fabricandum circulos †ferreis [*sic*] cum cranp' ad virgas dictas molendini tenendas *KR Ac* 462/14 m. 1. **d** eos .. imperiali auctoritate ~ans BEDE *HE* V 10 p. 299; vocatur ut Juppiter ~ans pater ALB. LOND. *DG pref.*; **1420** clerico cokete, percipienti .. unum denarium de quolibet sacco lane ponderato de primo anno hujus compoti quo fuit juvens, lvj li. x d. *ExchScot* 322. **e** Christo Domino ~ente THEOD. *Pen. epil.* p. 204; Domino ~ante conpletum est BEDE *HE* V 7 p. 292; ~ante gratia ejus, viveremus *Id. Cant. prol.* 1070; Anglicus a proavis, privatus conditione, / fortuna locuples, ere juvante potens L. DURH. *Dial.* I 246; dum fraude sua ferus ille Cuminus / hunc adit, Albano rege juvante, locum *Ib.* I 424.

2 to promote, assist (activity); **b** (w. inf. or acc. & inf.); **c** (w. prep. & gd.); **d** (absol.).

oraculum caeleste .. non minimum ad .. intelligenda doctrinae monita salutaris sensum juvit illius BEDE *HE* II 12 p. 107; quid detestabilis ~at poenitentia quando nec occisis suis propinquis succurrere valent ASSER *Alf.* 91; cujus praedicationem maxime juvit sanctus antistes Suuithunus WULF. *Æthelwold* 26; [Minerva] spopondit ei [Prometheus] quicquid vellet de donis celestibus ad opus suum ~andum ALB. LOND. *DG* 10. 9; quedam exemplaria discussionem hujusmodi placitorum ~antia .. inferius suis locis continentur HENGHAM *Magna intr.* **b** quem vero mulierem seu pecuniam contemplari delectat, huc luxuria, illuc tractus avaricia, non ut utrumlibet habeat, verum quia cernere ~at PULL. *CM* 202; **1285** ut .. domine .. obediant .. possessionemque .. omnium .. supradicto pignori .. datorum .. ingredi et apprehendere ~ent *RGasc* II 246b; **1393** missam cantare ~abunt. si vicarius .. divina cantaverit *Lit. Cant.* III 18; **1453** alias penas .. infligi ~abunt juxta posse *StatOx* 246. **c 1283** siquis .. habent .. jumentum ad carrucam ~andum, ~abit arrare *Cust. Battle* 78; **s1387** †innuit [MS: juvit] insuper ad sedandum turbam furentem interventus cujusdam de vicecomitibus Londiniarum qui eos sua suasione mitigavit WALS. *HA* II 158; ~at ad communicationem illius actus PAUL. ANGL. *ASP* II 1552. **d** *aider*, ~are *Gl. AN Ox.* f. 153r; **1397** capellanus .. in divinis officiis .. in choro ecclesiae de Bockyng .. ~et *Lit. Cant.* III 56.

3 to improve, strengthen..

1336 ~antibus conductum aque de Eluethas per ij dies, xij d. *Ac. Durh.* 529.

4 to do good to, benefit.

[v]ena in extremitate nasi incisa ~at cerebrum et purgat memoriam *Tab. Phlebotomiae.*

5 to please.

~at, dilectat .. ~avit, dilectavit *GlC* I 506, 511; et si non aliis, mihi sic carmina mea prosunt: / et, quia sic prosunt, me quoque jure juvant L. DURH. *Hypog.* 68; musice sonoritatis dulcedo non tantum delectat modulis, quinimmo ~at et commodis GIR. *TH* III 12.

juvativus, helpful, beneficial, useful: **a** (of activity or abstr.); **b** (of medicine or remedy).

a c1245 est igitur, ut in eadem litera tangitur, utrumque utriusque ~um: ex quo evidenter sequitur quot neutrum neutrius est ~um GROS. *Ep.* 124 p. 348; **1262** precamina sua et dilecte filie vestre regine Navarie neptis nostre in dicto negocio plurimum ~a censemus *Cl* 121; ut .. cognoscat in eis ~a et nociva BACON V 134; cum miraculis ~is pre ceteris *Ib.* 164; si quis querat causam prophetarum .. et vere visionis cum miraculis ~is BRADW. *CD* 32D; omnis constitucio retardans a legis Christi observancia est sibi contraria; nulla talis est statuenda quia iniqua; ergo nulla tardativa sed ~a est racionaliter statuenda WYCL. *Mand. Div.* 66. **b** omnia ~a ad generationem sanguinis GILB. VII 311. 2; medicina que est valde ~a in eo quod volumus BACON IX 109; item brodium decoccionis arietine carnis ~um est et nutrit ptisicos J. MIRFIELD *Brev.* 84; ille qui melius digeritur, melius est corpori ~us *Id. Flor.* 154; herba que dicitur euphorbia .. contra serpentum ictus mire ~um *Eul. Hist.* II 45.

juvenalis [CL]

1 (of part of body) of a young man or woman, youthful. **b** (*vena ~is*) vein behind the ear.

~ia et juvenilia unum est *GlC* I 529. **b** si incidantur vene ~es retro aures, homo non generat GAD. 37. 2.

2 (of emotion, behaviour, quality, or sim.) characteristic of a young man or woman (usu. pejorative).

BEDE *HE* V 6 (v. juvenilis 2); ~i dilectione KETEL *J. Bev.* 282 (v. 2 dilectio 1b).

3 (of age) young.

vertice Castalidum juvenali et pangite stemma ALCUIN *Carm.* 14. 7; exaudi preces nostras super hunc famulum tuum ~is aetatis [*gl.*: *gigoð*] *Rit. Durh.* 97.

4 (as given name, spec. of CL poet) Juvenal.

antepaenultimam producat ~is in satiris ALDH. *PR* 133; ~is: testiculi postquam coeperunt esse bilibres / tonsoris Licini dampno rapit Heliodorus ABBO *QG* 16 (37); ~is cecum quandam Neroni dixisse in libro suo commemorat G. MON. IV 16; OSB. GLOUC. *Deriv.* 217 (v. 1 forulus 1); respice enim ad Horatium, ~em et Stacium, Vergilium. in omnibus se imitantur BERN. *Comm. Aen.* 75.

juvenalitas, the period of youth, the state of being young.

a juvo hic .. juvenis .. unde .. hec ~as, -tis OSB. GLOUC. *Deriv.* 279.

juvenari [CL], to behave like a young man.

quare aut ~atur aut non habet sillosmum J. SAL. *Met.* 913D; majores natu, patres, et divites urbis, in equis spectatum veniunt certamina juniorum, et modo suo ~antur cum juvenibus W. FITZST. *Thom. prol.* 13; juvenantur corda senum P. BLOIS *Carm.* 24. 6. 43.

juvenca [CL], young cow, heifer.

1233 r. c. de ij annalibus .. unde alter est boviculus et altera est juventa *Crawley* 211; **1271** custodivit ibidem vaccas et ~as *SelCCoron* 30; **1322** (v. juvencula 1); **c1350** hec ~a, *jenise* (*Nominale*) *Medium Aevum* III 16; **1374** (v. husbonderia 3); **a1444** una ~a brendit precij. v s. *Paston Let.* I 19; ~a, *hayfare WW*.

juvencella, young cow, heifer.

1230 pro tribus bovettis et ~is lvj s. et ix d. *Pipe* 2.

juvencellus, young man, lad, youth.

non desinam facere voluntatem meam magis pro te, quam pro ~o illo BRAKELOND f. 160v.

juvencula [LL]

1 young cow, heifer.

1185 de .. xxx ~is venditis *Pipe* 27; ~as et vaccas *Fleta* 166 (v. falda 1b); **1275** de j ~a etate j anni et dimidii *Ac. Stratton* 66; vaccis, bovettis, et ~is *Reg. Malm.* I 202; **1322** liberarunt .. eidem priori .. j juvencam precii iiij s. et eidem iiij ~as precii in toto xij s. *Ext. Alien Pri.* 7/18 (8); **1414** lego H. .. unam ~am *Reg. Cant.* II 3; habent .. duodecim boves viginti et octo vaccas, cum exitibus unius anni, viginti et octo boviculos et ~as, unum taurum .. *Reg. Brev. Jud.* f. 38b.

2 young woman; **b** (fig.).

et sequitur Dominum devota juvencula Christum ALDH. *VirgV* 1743; merito in collo pondus langoris porto, in quo ~am me memini supervacua moniliorum pondera portare BEDE *HE* IV 17 p. 264; maluit sponsare ~am B. *V. Dunst.* 7 (v. fovere 4); in alloquio ~arum rectissime juvenis de omni castitate admonetur LANFR. *Comment. Paul.* 355; *V. Kentig.* 5 (v. fecundare 2); si quis .. ~arum .. oculis .. ad interiora transpenetraret GIR. *Spec.* II 28 p. 90; kalendula est herba .. portans florem rubeum .. de quibus floribus faciunt sibi ~e coronas *SB* 26; **1415** recipiantur ~e literate .. in literatum imbuende *Lit. Cant.* III 134. **b** anicula [sc. civitas Bizantium] surrexit et facta est ~a pulcherrima velut rubicundo venustae pubertatis flore rubescens ALDH. *VirgP* 25.

juvenculus [LL]

1 (as adj.) young: **a** (of animal); **b** (of person).

a ~i .. animalis carnis humiditas est naturalis et viscosa *Quaest. Salern.* N 63. **b** Julianus cum ~o filio ALDH. *VirgP* 36; virgo ~a BEDE *Hom.* I 4. 15; monialem ~am formosam et famosam GIR. *GE* II 17. 249; dum uxorem ~am vehementius emulatur W. NEWB. *HA* I 31; Henrico jam militi ~o GERV. CANT. *Chr.* I 142; ne sponsum vel sponsam ~am .. exprobret *G. Herw.* f. 323.

2 (as sb. m.) young male animal: **a** bullock. **b** fawn.

a **1316** de coriis .. v juvencorum, ij ~orum (*MinAc Wiston*) *Econ. Condit.* 45; *a styrke*, ~us, juvencula *CathA*. **b** **1494** interfecit unum ~um dictum *la fowne* cum barselettis (*DL Forest Proc.* 3/16) *Pickering* I 146.

3 young man, lad, youth.

quidam ~us rabidis molosi rictibus in vesaniam versus ALDH. *VirgP* 37; non ~os sed adultos .. in comitatu ducant *RegulC* 11; ~um violenter e cubiculo abstraxit W. MALM. *GR* II 147; nec fuit qui adjuvaret nisi ~us quidam puer portarii de Melros et nuntius J. FURNESS *Walth.* 77; ~us annorum sex decim OXNEAD *Chr.* 8; **1318** in cervisiis misso [*sic*] infirmario et juvencullis die Innocentium xij d. *Comp. Swith.* 404; BLAKMAN *Hen. VI* 12 (v. expedire 4b).

juvencus [CL]

1 young bull, bullock; **b** (as emblem of St. Luke the Evangelist).

reddite nunc viduae sublatum fraude juvencum ALDH. *VirgV* 1487; ~us, taurus *GlC* I 505; ~os septem: ~i qui ad diversa trahunt sunt septem motus qui ad diversa corpus ducunt BERN. *Comm. Aen.* 39; **1201** sex vaccas et j juvincum *CurR* I 388; **1211** de instauro .. de ij adjunctis de instauro. de j †juvente [l. juvenco] *Crawley* 199; **c1350** hic ~us, *torel* (*Nominale*) *Medium Aevum* III 16; hic ~us, *a bullok WW*. **b** Lucas .. / .. / aligeri faciem novit gestare juvenci ALCUIN *Carm.* 71. 1. 14.

2 (as given name, spec. of LL poet) Juvencus.

~us Hispanus primo prologi versu hujus rei notitiam pandit ALDH. *Met.* 10 p. 85; quid quoque Sedulius, vel quid canit ipse Juvencus, / Alcimus et Clemens ALCUIN *SS Ebor* 1550.

juvenescere [CL], **juvenēre**

1 to become a youth, to grow up. **b** to grow old (also fig.).

viret etenim semper etate ~escitque cotidie nullamque generositas sua rugam contrahit aut maculam OSB. CLAR. *V. Ed. Conf.* 1; qualis enim puer, talis et puber: unde et, a simili, qualis adolescens et ~escens, talis credendus fore senescens et a natura non recedens GIR. *SD* 30. **b** annus in estatem nec juvenescit adhuc: / et puer et tener est, et adhuc est roboris expers L. DURH. *Dial.* I 8; HANV. IX 444 (v. dematurescere).

2 to behave as a youth (usu. pejorative).

usu compescas tibi motus ne juvenescas [*gl.*: tu vetus non ludas cum pueris, ne habearis pro stulto] GARL. *Mor. Scol.* 44.

3 to become young again, to regain one's youthful vigour (also fig.).

?**1197** membra frigescunt, cupiditas fervet, caro senectute opprimitur, et ambitio ~escit, vix imponet avaritie finem vite finis P. BLOIS *Ep.* 141. 424B; unde emissis superfluis pilis, incipiunt alia crescere, et sic depuratur et mundificatur, et ita videtur ~escere *Quaest. Salern.* Ba 11; res jubet annosas juvenescere temporis auctor, / res sua quem peperit, res nova, virgo parens GARL. *Epith.* I 33.

4 to be young.

hec schola sic juvenes voluit juvenescere semper, / ut dedignentur nosse vel esse senes J. SAL. *Enth. Phil.* 127; hospitium tutum tibi queras dum juvenescis, / quo tutus sopire queras, si forte senescis D. BEC. 1301; *to be yonge*; inpubere, .. ~ere, ~escere *CathA*.

juvenester, youngish.

per informacionem Bertholomei Rossynell de civitate Develyn mercatorem ~estrum W. WORC. *Itin.* 168.

juvenilis [CL]

1 (of part of body) of a young man or woman, youthful. **b** (*vena ~is*) vein behind the ear; **c** (ellipt. as sb.).

cum .. ~i in pectore egregius dominandi amor fervesceret FELIX *Guthl.* 16; ~e cor spiritali doctrina imbutum vix ejus dulcedinem perdit *Simil. Anselmi* 142; tanquam Phebo .. ~ibus jam estuante medullis GIR. *TH* I 40; mulier quedam .. habebat generum ~i specie decorum (*Fiacre*) *NLA* I 443. **b** per venas que sunt post auras que vocantur ~es GILB. VII 282v. 2. **c** ~ibus inscissis GILB. VII 283. 2 (v. generatio 1).

2 (of emotion, behaviour, quality, or sim.) characteristic of a young man or woman (usu. pejorative).

non adhuc animum .. a juvenilibus [*v. l.* juvenalibus] cohibens inlecebris BEDE *HE* V 6 p. 289; p**793** noli pueriliter agere et desideria ~ia sectari ALCUIN *Ep.* 281; dum ~e robur attingere vidit, ad arma .. sustulit ORD. VIT. VIII 1. 267; **1166** nisi forte R. de S. ~i alacritate diligentie tue preripiat palmam J. SAL. *Ep.* 157 (153); ~is etenim excusabilis est levitas, cum laudabilis fuerit ipsa maturitas GIR. *SD* 138; iste juvenis [sc. Justinianus], etiam ~i consilio usus, concordias, quas pater firmaverat, rupit R. NIGER *Chr. I* 62; vicium ~e est non posse regere impetum, id est animum impetuosum TREVET *Troades* 22.

3 (of age) young, youthful, (of period) early: **a** (w. ref. to person); **b** (w. ref. to animal); **c** (w. ref. to artefact).

a recordare patrum fratrumque tuorum .. ~em inmaturamque mortem GILDAS *EB* 30; in annis ~ibus ALDH. *VirgP* 37; ~is aevi viridante vigore florebat FELIX *Guthl.* 3; **a1081** olim quidem ~em aetatem in his detrivimus LANFR. *Ep.* 33 (49); inberbes pictor .. depingit eos [angelos] quia eorum virtutem quasi ~em statum considerans BART. ANGL. II 3; hic tener etate dum vixerat in juvenili WYKES *Vers.* p. 128; o! quanta diligencia placendi Deo in tam sublimi et ~i persona reperta est! BLAKMAN *Hen. VI* 5; dominus W. Wendover in annis suis ~ibus in studio monasterii scienciis adornatus *Meaux* III 277. **b** **1204** tres vituli hujus anni et vij ~ia animalia *RNorm* 128. **c** bursa placet juvenilis / si sit feta, sed anilis / propter rugas spernitur WALT. WIMB. *Van.* 70.

4 (as sb.) young man or woman.

WALS. *Mus. Mens.* 74 (v. facultas 6g).

juveniliter [CL], in the manner of a young man or woman (usu. pejorative).

Reimundi nepotes .. ~iter ut moris est per campana ludentes GIR. *EH* II 15; a juvo hic .. juvenis .. unde ~iter adverb. OSB. GLOUC. *Deriv.* 279; juveniliter esse jocosum GOWER *VC* VI 1057.

juvenis [CL]

1 young, youthful: **a** (of person or part of body); **b** (of animal or bird); **c** (of plant).

a sicque licet quod eram juvenes lanugine malas / floridus, usque tamen sic gravitate senex L. DURH. *Dial.* I 497. **b** **790** da illis libram argenti et meum ~em equum ALCUIN *Ep.* 8; **1204** averia tam vetera quam ~ia *RChart* 129a; vitulina caro valde ~is GAD. 10v. 1; **1404** ij brodgeys et iij juvines, una gallina et x pulle *Ac. Durh.* 398. **c** **1334** placie terre .. plene alnetis ~ibus (v. 2 friscus 2); vos estis plantule ~es [ME: *ȝunge*] in orto Dei plantate *AncrR* 148; sambuco ~i *Alph.* 62 (v. fraxinaria).

2 (as sb.) young man or woman, youth. **b** (spec.) person between 22 and 42 years old.

interea juvenis patris praecepta facessit ALDH. *VirgV* 1286; congregati sunt .. multi ~es in campi planicie *V. Cuthb.* I 3; relicto regno ac ~ioribus commendato BEDE *HE* V 7 p. 294; o inclite ~is BURGINDA 10; rex W. dedit Ricardo cuidam ~i uxorem ejus et terram *DB* I 167rb; ~is egregius .. pre aliis omnibus more impatiens GIR. *EH* II 7; ~is [ME: *ȝeung of ȝeres*] secessit in solitudinem *AncrR* 52; ~es .. fratribus confitentur: qui ~es fratrum fraudibus .. allecti .. eorum ordines ingrediuntur RIC. ARMAGH *Def. Cur.* II 1397 (*recte* 1297); pro minacione xxiiij martarum .. de K. .. usque S. .. pro laboribus factis circa quemdam juvinem cum litera domine regine .. de M. usque S. .. pro pabulo vaccarum etc. *ExchScot* 277. **b** Osuiu, ~is xxx circiter annorum BEDE *HE* III 14 p. 154; neque enim puer neque ~is neque senex, qui ad puerilem redit naturam, constantiam habet naturalem BERN. *Comm. Aen.* 16; in pueritia .. in adolescentia .. antequam ~is fieret cepit meditari de Deo W. DAN. *Ailred* 2.

3 (as surname, representing Le Jeun, Young, or sim.).

Ricardus [*gl.*: ~is] tenuit TRE *DB* I 177va; **1230** Alexander ~is r. c. de dim. m. pro habendo brevi *Pipe* 121; **c1240** (v. extra 7b, 1 finabilis).

1 juventa v. juvenca.

2 juventa [CL]

1 the period of youth; **b** (fig.).

namque senescenti spoliabor pelle vetustus / atque nova rursus fretus remanebo juventa ALDH. *Aen.* 88 (*Basiliscus*) 7; **1071** dum virili robore atque ~a viguit LANFR. *Ep.* 2; HANV. I 216 (v. dumescere c); fluxe ferventisque ~e .. stimulis irretitus .. sicut viridis ~e propria, sic et sequentium etatum jura sequetur GIR. *TH* III 52. **b** senecta brumali deposita, mundus vernali vestitus ~a, in plagam orientis ituros invitabat W. MALM. *GR* IV 349.

2 (collect.) youth, young men.

et seri licet inde senes sua seria tractent, / hinc instet variis laeta juventa jocis L. DURH. *Hypog.* 67; tenditur in campum muro latus undique tutum, / quo tenuit letos sepe juventa jocos *Id. Dial.* I 440; sic consiliante juventa *V. Merl.* 1476.

juventas [CL], the period of youth, the state of being young.

GlC I 527 (v. juventus 2).

juventiculus, young man, lad, youth.

a yowthe, adolescencia, juventus, juventa, juventilitas, indoles, ~us, pubertas *CathA*.

juventilitas [cf. juvenalitas, LL juvenilitas], the period of youth, the state of being young.

CathA (v. juventiculus).

1 juventus v. juvencus.

2 juventus [CL]

1 the period of youth, the state of being young. **b** (spec., usu.) the period between 22 and 42 years of age.

lascivam ~utis petulantiam refrenarunt ALDH. *VirgP* 21; omni pene ~utis suas tempore .. crebris viscerum doloribus cruciabatur BEDE *HE* II 1 p. 77; in primaevo ~utis flore, antequam propriam conjugem duceret ASSER *Alf.* 74; a

nobis sapimus, docuit se nostra juventus, / non recipit veterum dogmata nostra cohors J. SAL. *Enth. Phil.* 45; in hoc quarto volumine natura ~utis exponitur mistice BERN. *Comm. Aen.* 23; renovato ~utis beneficio GIR. *TH* I 13; Hebe, filia Junonis, dea ~utis ALB. LOND. *DG* 15. 11; malignus spiritus dicit homini quod potest lascivire in ~ute sua et quod bene potest penitere, cum veniret ad senilem etatem S. GAUNT *Serm.* 213; in ~ute [ME: ʒueðe] fiunt mirabilia *AncrR* 73; **1337** ut de periculis †juventibus [l. juventutis] taceamus *FormOx* 95.　**b** sunt .. qualitantes [*sic*] vel aetates hominum, id est, pueritia, adolescentia, ~us et senectus .. autumnus et ~us consociantur .. ~us sicca et frigida .. colera nigra, id est melancolia, in transgressoribus viget, id est qui in ~ute sunt BYRHT. *Man.* 10; ANSELM *Misc.* 318 (v. decrepitas); si ~utem pro senectute aut pro puericia commutat, commutanda sunt tempora et transmutanda *Ps.*-GROS. *Gram.* 70; ~em dicit calidum et siccum .. et terminatur in 35 anno vite, seu ad plus in 40, .. dicta ~us a juvamento nature BACON VI 6.

2 (collect.) youth, young men.

Britannia .. ingenti ~ute spoliata GILDAS *EB* 14; filii .. regis .. cum magna nobilium ~ute .. exulabant BEDE *HE* III 1 p. 127; ~us, multitudo juvenum, †juventus [? l. juventas], ipsa aetas *GlC* I 527; ALCUIN *SS Ebor* 1408 (v. 3 gressus 3b); ORD. VIT. III 14 (v. 1 flos 10); jubente marchione ~us quaedam insana et quasi furialibus stimulis agitata per universam urbem cursitant FREE *Ep.* 53.

3 young animal.

omnis decimatio ~utis [AS: *geoguðe teoðung*] reddita sit ad Pentecosten (*Quad.*) *GAS* 197; que sunt aratri elemosina post xv dies post Pascha, ~utis decimatio [AS: *geoguþe teoðunge*] ad Pentecosten (*Cons. Cnuti*) *GAS* 291 [cf. *GAS* 292 (*Quad.*): decime de novellis gregibus].

juvere v. jubere.

juvetta [cf. juvenca, 2 bovetta], young cow, heifer.

1225 Matilda habet v vaccas .. habet ~as iiij quelibet earum ad pretium xviij d. habet iiij vitulos istorum duo viij d. duo [..] d. *SubsidyR* 9.

juvincus v. juvencus.

juxta [CL]

1 (as adv.) near by, in close proximity.

residet in prora, sederunt ~a diacones *Hist. Abb. Jarrow* 26; **1279** per viam veterem que ~a est *Cart. Chester* 308 p. 205; **c1300** ballivus stetit ~a et dixit .. *Year Bk. Ed.* I 30–31 app. II 534.

2 alike, equally, as much, so.

ad verbum servi Dei ~a factus est solis occubitus et regis triumphus EADMER *V. Osw.* 2; ita contingit de vicino in vicinum; sed non est ~a inter dominum et hominem *Cust. Norm.* 40. 2; **1376** in factura j *louer* pro cotagio ~a, vij d. *Ac. Obed. Abingd.* 30.

3 (as prep.) in the vicinity of, next to, beside: **a** (place or artefact, in acc.); **b** (in abl.); **c** (undeclined); **d** (person, in acc.); **e** (place identified with owner).

a dasia est qualitas sillabe ~a sonitum spirantis, ut est hŏmo, hăbitans, hăbens; psili est qualitas sillabe qua ~a extremitatem labiorum profertur, ut ŏrator, ădiit, ŏrare ALDH. *PR* 141; **679** ~a notissimos terminos a me demonstratus *CS* 45; in Oriente, ~a Oceanum Indicum, ad posteritatis memoriam construxit *Lib. Monstr.* I 12; foris deportatus ~a parietem in solis ardore jacens, vidit hominem honorabilem *V. Cuthb.* I 4; positus est in ecclesia .. ~a altare BEDE *HE* V 20 p. 330; ~a oppidum de Notingham, non longe a Lincolnia GIR. *GE* II 18 p. 254; **1390** curia admirallitatis lenta .. apud Lostwythiell ~a fluxum maris *SelPlAdm* I 3.　**b** c850 (10c) in villa †qui ~a flumine qui dicitur From †situm est *CS* 429; **939** (v. derivativus 1); sedes mutant confinium ~a Lindissi urbe ÆTHELW. IV 3; **1382** pro novo muro faciendo ~a martirio *Invent. Ch. Ch.* 136.　**c** de hoc manerio tenet Ausgot ~a Rouecestre tantum terrae *DB* I 2va; relinquitur .. *D Z H* sicut ille [angulus] qui ~a *L* ADEL. *Elem.* IV 3; **1109** Steintuna justa Langwat *Surv. Linc.* f. 21 p. 255; **1160** cum tofta que est justa ecclesiam et alteram toftam in eadem villa juxta Tuede *Regesta Scot.* 174; **1406** in solucione facta magistro hospitalis Sancti Laurencii ~a Hadyngtoun *ExchScot* 21.　**d** ut si aliquis se estimet dignum sedere ~a episcopum *Simil. Anselmi* 23; ~a vos sedens GIR. *SD* 96; **1214** venit quedam sagitta subito ~a ipsum H., ita quod illa volavit ~a manum illius qui portaverat candelam *SelPlCrown* 115.　**e** **1241** una dimidia acra in mora ~a fabrum *Cart. Osney* 508; ~a Fratres Praedicatores *MGL* I 554.

4 close to the moment of, on the point of (time).

~a moderna tempora GIR. *IK* II 1 p. 107; licet gravida, licet ~a partum MAP *NC* V 5 f. 64.

5 according to: **a** (person); **b** (text); **c** (form of reckoning); **d** (manner of interpretation or ability to understand).

a de aequinoctis ~a Anatolium BEDE *HE* V 24 p. 359; stultus stulta aestimat, cui tamen ~a Salomonem respondendum est, ne sibi sapiens videatur ALCUIN *Rhet.* 31; **c1100** est .. modius .. justa quosdam sextariorum xvj, justa alios xxij, apud alios vero xxiiij *Eng. Weights* 3; **c1100** justa Gallos (v. denarius 10); ~a eum [sc. Porphirium] .. Moyses senior invenitur DICETO *Chr.* I 29; ait enim ~a quosdam philosophos .. ALB. LOND. *DG* 6. 6.　**b** ~a vaticinium patriarchae ALDH. *Met.* 2 p. 65; **676** ~a sinodalia decreta *CS* 43; ita ut ~a legem .. dedimus .. daret BEDE *HE* IV 27 p. 276; ~a Bede assertionem GIR. *TH* I 3; Ganymedes in celum ~a fabulam translatus ALB. LOND. *DG* 3. 5; ~a statutum domini regis *State Tri. Ed.* I 54; pro minori mundo major efficitur, ~a illud: major serviet minori *Eul. Hist.* I 13; juxte [*sic*] seriem scripture BRINTON *Serm.* 12 p. 43; **1546** ~a statuta .. universitatis *StatOx* 340.　**c** ~a lunarem Ebreorum calculationem ALDH. *Met.* 2 p. 69; ~a aestimationem Anglorum BEDE *HE* IV 16 p. 237 (v. aestimatio 1); ~a multitudinem et paucitatem substantiarum ipse substantie ad unius substantie similitudinem erunt tractande ROB. ANGL. *Alg.* 68; ~a numerum BRACTON 185b (v. effortiare 4a); **1340** ~a ratam antedictam *Rec. Leic.* II 53; erant enim ex eis ~a propriam numerationem plusquam lx milia educencium gladium *G. Hen. V* 14 p. 94.　**d** rerum figura futurarum ~a anagogen .. manifestatur ALDH. *Met.* 2 p. 70; cuncta autem quae de justitia vel martyrio Abel et de pravitate ac damnatione Cain ~a litteram dicuntur, mystice dominicae passioni .. testimonium ferunt BEDE *Gen.* 69; ~a consuetudinem aestimationis *Id. HE* I 25 p. 45; loquere nobis ~a nostrum intellectum, et possumus intelligere que loqueris ÆLF. *Coll.* p. 100; ille ~a etymologiam nominis sui OSB. *V. Dunst.* 23 p. 96; ipsa vero talaria aurea ~a allegoriam ut ait Remigius, competentius argentea dicerentur ALB. LOND. *DG* 9. 5; ~a sapientis consilium R. BURY *Phil.* 10. 158.

6 in accordance with (requirement or possibility): **a** (sb.); **b** (inf.); **c** (phr.).

a ~a ritum caeremoniarum ALDH. *Met.* 2 p. 65; ~a metricae artis disciplinam *Id. PR* 142 (143); ~a honorem tanto viro congruum BEDE *HE* I 34 p. 71; cum scriptura sonum mutavere, ~a proprietatem utriusque linguae ABBO *QG* 11 (26); mane ~a condictum rediit OSB. *V. Dunst.* 16 p. 88; ea quoque quae extra claustrum sunt si abbas deest, ~a ipsius arbitrium disponuntur LANFR. *Const.* p. 143; **c1211** ~a spem GIR. *Ep.* 6 p. 218; **1218** ~a sui possibilitatem eisdem abbati et canonicis .. existet *Reg. S. Thom. Dublin* 287; **1296** volentes dictam domum et ejus statum ~a officii nostri debitum visitare *Ch. Sal.* 368; **1298** quod .. libertatem ville predicte se maritare possint *BBC* (*Yarmouth*) 98; Deus .. misit .. subsidium .. ~a votum AVESB. f. 90; **1419** eorum contumacias .. ~a juris exigenciam canonice puniemus *Reg. Cant.* III 53; **1502** ordinaciones nostras .. ~a vim, formam, et effectum earundem .. fideliter observabit *StatOx* 306.　**b** ~a posse BACON V 43; hic .. tyrannias, et insolentias quasque damnavit, sed tamen eo truculentior ~a posse aut tyrannior nemo fuit *G. Hen. V* I p. 10.　**c** penitentia ejus est .. ~a quod conponi possit quibus nocuit THEOD. *Pen.* I 3. 3; ~a quod testamenti veteris brevis epitoma .. testatur ALDH. *Met.* 2 p. 65; ~a quod in Cantia fieri viderat BEDE *HE* III 25 p. 181; **795** cujus faciem, ~a quod in Job legitur, egestas praecedit ALCUIN *Ep.* 43 p. 89; ~a quod narratum est factum est W. CANT. *Mir. Thom.* VI 166; **c1214** denarios enim ad oves emendum, ~a quod anno preterito dederat, dare nunc iterum .. oportebat GIR. *Ep.* 8 p. 266; ~a quod regularis exigit institucio J. MASON *Ep.* 215.

7 in addition to, beside.

1456 si dicte possessiones sic retente nolunt attingere ad summam xm m. annuatim ~a hereditamentum principis, tunc regina aliter erit recompensata ad plenam performacionem xm m. *FineR* 263 m. 4 [= *RParl* V 302b: *beside the Princes enheritaunce*].

juxtaponere [ML; al. div.]

1 to place near by: **a** (place); **b** (person).

a **c1146** retineo in boscis illis aisiamenta maneriorum juxtapositorum, sine wasto et sine venditione *Ch. Chester* 82.　**b** rex .. archiepiscopum Angliam .. exire coegit. qui .. in Franciam secessit ubi per aliquod tempus demoratus .. ad sanctum Audomarum revocatus est, ut eum juxta positum regii nuntii facilius possent adire GERV. CANT. *Chr.* I 135.

2 to bring together, juxtapose (ideas or arguments).

nec dubium quin, si Deus potest unum punctale producere, potest et quodlibet ~ere. nec dubium quin situs essent correspondenter juxtapositi cum situs sit subjectus situari WYCL. *Log.* III 34; ~antur argumenta quibus probaretur verborum ecclesie constancia *Id. Ver.* II 55; vellem quod infideles et heretici, si auderent, ~erent suam fidem de quidditate hujus venerabilis sacramenti (*Id. Conf.*) *Speculum* VIII 507.

juxtapositio [ML], juxtaposition.

tunc in mixto non esset nisi ~o elementorum OCKHAM *Quodl.* 221; patet igitur ex ~one glosarum evidencia responsionis predicte WYCL. *Ente* 256.

juxura v. ruscura.

K

K [CL]

1 K (letter of the alphabet).

de decimo quod K appellatur tractatura elemento OSB. GLOUC. *Deriv.* 296; Jeronimus dicit in interpretacionibus quod Latini non utuntur K littera nisi in kalendis BACON *Gram. Gk.* 51; item *que* vel *qui* consuevit olim scribi cum K secundum usum veterem, sed secundum modernos commutatur K in Q exceptis propriis nominibus et cognominibus .. Kateryne de Kyrkeby *Orthog. Gall.* S 10.

2 musical letter.

ODINGTON *Mus.* 83 (v. F 2).

kaabulum v. cabula a.   **kablum** v. 1 cabulum.   **kacabe, kacabre** v. cacabre.   **kadellus** v. kidellus.

kadi [Ar. *qāḍī*], cadi, judge.

s**1391** hi quatuor fuerunt martyrizati Jerosolymis .. a ~i legis Saracenorum sc. episcopo sive pontifice *Mon. Francisc.* I 527.

kaer- v. ker-.   **kaeta** v. escaeta 2a.

kaeum [< Old Cornish **cae*, Middle Cornish *kee* = hedge], bank.

1262 fossatum vel ~um *Cart. Mont. S. Mich.* 35.

kagia v. cagia.   **kai-** v. et. cai-.   †**kailagium** v. caiagium.   †**kaira** v. carrus 2a.

kairos [καιρός], the right or proper time (for action), season.

kayros quidem appellant Greci tempora, non tamen que in spaciorum voluminibus, sed in re, que habet ad aliquid opportunius, senciuntur, sicud est messis et inportunis videmia, calor, frigus, pax, bellum, si qua similia HARCLAY *Adv.* 69.

kakabe v. cacabre.

kakia [LL < κακία], evil, wickedness.

inimica seges igni tradenda perenni, / non contenta suae virus fudisse kakiae FRITH. 649.

kakodaemon v. cacodaemon.   **kalandra** v. chelindra.

1 kalare v. 1 calare.

2 kalare [καλεῖν], to call, name.

†**903** (16c) manerium quod ~atur [*gl.*: vocatur] Ceoseldene *CS* 602; reboare, resonare, clamare †karalo [MS: kalare] OSB. GLOUC. *Deriv.* 508; vocitare, vocare, ciere, nuncupare, ~are *Ib.* 625.

kalbrates v. kallirates.   **kalcia** v. 1 calcetum.   **kalcophanus** v. chalcophonos.   **kald-** v. cald-.

kalenda [CL *pl. only*]

1 (pl.) first day of a solar month. **b** first day of a Hebrew lunar month. **c** (w. name of solar month as adj.); **d** (w. name of solar month as sb. gen.). **e** month.

si .. scire vis cujuslibet mensis ~e quota sint feria proventure .. BYRHT. *Man.* 54. **b** in scriptura sacra ~as cum legimus, nihil aliud quam novae ortum lunae intelligere debemus, juxta illud Numerorum [xxviii 11]: "in ~is autem", id est in mensium exordiis, "offeretis holocausta Domino" BEDE *TR* 13 p. 210. **c** 993 die xvj ~arum Augustarum *CD* 684 p. 267; s**1139** pridie .. ~arum Octobrium W. MALM. *HN* 478; **1168** innovationem senatorum qui in ~is Novembribus urbis regimen accepturi sunt J. SAL. *Ep.* 261 (280 p. 610); festum .. gloriosissime virginis Marie et omnium sanctorum, quod in capite ~arum Novembrium .. celebratur *Mir. Hen. VI* I 8 p. 27. **d** fecisti aliquid paganias, quae in ~is Januarii faciunt in cervulo aut vegula BONIF. *Pen.* 433; ~ae Novembris si die dominica evenerint, festivitas omnium sanctorum solenniter agatur LANFR. *Const.* 88; (*Leg. Ed.*) GAS 655, 657 (v. caput 16e); circa ~as Augusti GIR. *EH* I 2; Mar. Ma. Jul. Oc. senas, reliquis quater imprime nonas, / octo sunt idus, subsequiturque kalon [? l. kalen'] GARL. *Tri. Eccl.* 88; incipientibus ~is Augusti iter versus Britanniam arripiunt *Eul. Hist.* II 336. **e** 705 ante paucos dies hoc placitum communi consensione condixerunt et in idus ~arum Octobrium in loco qui dicitur B. omnes advenissent WEALDHERE *Ep.* 22.

2 (in date reckoned backwards from the first day of the following month).

[Angli] incipiebant annum ab octavo ~arum Januariarum die ubi nunc natalem Domini celebramus BEDE *TR* 15 p. 211; sex decimas Antonius obtinet aeque kalendas *Kal. Met.* 4; diem festum celebramus .. / .. Valentini sedenis sorte kalendis *Ib.* 11; una dies interseritur quae jure 'bisextus' / (sextis quod Martis prisco de more kalendis / interponatur) *Altercatio* 107; que lucifera translato acta constat .. die quinto decimo ~as Junii GOSC. *Transl. Mild.* 17; s**1139** circa octavum ~as Julii .. pontifices advenerunt W. MALM. *HN* 469; [die] quarto sidera in firmamento celi posuit, qui nunc quantum per conjecturam equinoctii colligitur duodecimus ~arum Aprilium dies vocatur M. PAR. *Maj.* I 2.

3 (sg.) day.

maximum omnium que referuntur ad has passiones temporis est de ~a et lunatione dominice passionis BACON *Tert.* 221; de ~a .. consimilis vel major dubitatio. nam Theophilus .. scripsit quod decimo kalendas passus fuit .. *Ib.* 223; tali ~a obiit frater N., conversus ad succurrendum ecclesie beatorum apostolorum Petri et Pauli, sanctique Augustini Cantuarie *Cust. Cant.* 365.

4 (pl.) starting-point.

in omnibus enim istis oportet esse symoniam, cum exorbitant a lege Christi, et sic pravitas symoniaca est in eis ~e [v. l. causa tollende] debilitationis vel ruine future WYCL. *Sim.* 10.

kalendare, to list (documents).

1295 non citatus quia non ~atur *TR Bk* 275 f. 170.

kalendaria

1 first day of a month.

1354 datum apud Romene iiij^to ~ie Julii *Reg. Rough.* 235.

2 narrative of events of one month, narrative related by the month.

~ia, que narrat gesta unius mensis vel plurium infra annum, ut historia Judith S. LANGTON *Gl. Hist. Schol.* 44.

kalendaris [ML]

1 of or relating to the calendar, (*mensis ~is*) calendar month.

1411 non ultra mensam in toto anno ~em (*Lit. Papae*) *Lit. Cant.* III 128; **1457** Scotorum rex maneat, sit, et stet vigore presencium firmiter astrictus ad easdem treugas per sex menses integros ~es post diem liberationis *RScot* 379b.

2 (as sb. n.) calendar (of dates or contents).

a**1332** collecta de phisica. in hoc vol. cont.: .. ~e cum regula *Libr. Cant. Dov.* 60; **1380** oportet respicere ~e [videndo] quot sunt septimane operibus yemalibus *Reg. Rough* 231; **1416** lego unum missale meum, cujus secundum folium post ~e incipit 'Ad gradum chori' *Reg. Cant.* II 80; libellum .. de predictis memorandis per modum ~is extraxit *MGL* I 529.

kalendarium [CL], **~ius**

1 calendar (of dates).

Pascha et Pentecoste .. in ~iis nostris ad certum diem adnotantur BELETH *RDO* 113. 117; in ~io dies fuit mala quando rex [Ric. I] coronatus est *Leg. Ant. Lond.* 200; Julius [Cesar] .. ~ium emendavit *Eul. Hist.* I 63; **1387** istud ~ium .. habet sibi suppositas duas tabulas parvas ostendentes aureum numerum et litteram dominicalem pro omni tempore .. et adjungitur sibi tabula festorum mobilium ELVEDEN *Cal.* 5; hic calendarius, *a calendar* WW; hoc callendarium, *A. a calendere* WW.

2 list, table: **a** (of dates or names); **b** (of contents of a book); **c** (of matters for consideration or sequence of procedure).

a mandate nobis nomen et diem obitus ejus, ut in nostro ~io scribatur ANSELM (*Ep.* 29) III 137; **1245** (v. cyrie); camerarius diem illum in suo ~io notabit *Stat. Ebor.* 101; **1365** protulit quandam commissionem cum quodam ~io et aliis memorandis deliberacionem gaole predicte .. tangentibus *SelCKB* VI 147; **1412** dies obitus mei in omnibus libris .. pro servicio divino constitutis in diversis et omnibus calendariis librorum predictorum scribatur et intituletur (*Test.*) *Reg. Cant.* II 33; **1449** tunc immediate subsequetur precognizacio prelatorum juxta ordinem ~ii irregistrati (*Osney*) *Cap. Aug.* 54. **b 1419** (v. deforis 2a); item, jurnale ex dono domini J. Y. ij° folio post ~ium, 'diligunt' HEETE *Catal. Coll. Wint.* 63. **c** negotia pro quibus parliamentum summonitum est debent deliberari secundum ~ium parliamenti *Mod. Ten. Parl.* 18.

3 account-book.

descriptio generalis per hundredos de letis et sectis, de hidagiis et *fodercorn*, de gallinis reddendis et aliis consuetudinibus et redditibus et exitibus .. hunc autem librum vocavit ~ium BRAKELOND 128v; a**1432** perlegit acquietancias alias in plenariam solucionem per cameram apostolicam suis predecessoribus concessas; revolvit insuper Albertinorum ac Florentinorum kalendinaria (*Lit. Episc.*) *Reg. Whet.* II 370; **1519** pro scriptura unius calendarii in pergamino / ad dictum collegium vj s. viij d. *Midlothian* 185.

kalendratio v. calendratio.

1 kalendula [cf. kalenda]

1 marigold (*Calendula officinalis*).

distinguunt .. inter solsequium et solsequium nostrum quod calendula dicitur NECKAM *NR* II 166; de succo ~e inungatur GILB. II 81v. 2; calendula contrita cum albu[mine] ovi commixta *Ib.* III 139. 2; solsequii, i. calendule, licet aliqui male vocant primulam veris calendulam GAD. 28v. 2 (v. et. 2 infra); ista calendula crescit in hortis, portans florem rubeum vel croceum, de quo flore faciunt puelle coronas *Ib.* 84. 2; calendula, i. solsequium *SB* 14; ~a est herba crescens in hortis portans florem rubeum vel croceum de quibus floribus faciunt sibi juvencule coronas, solsequium idem *SB* 26; incuba, sponsa solis, ~a idem, A. *goldwort* vel *rodeuurt Alph.* 86; caltha, que ab officinis calendula vocatur, est lutea illa herba quam vulgus appellat *a marygolde* TURNER *Herb.* A 3v.

2 primrose.

GAD. 28v. 2 (v. 1 supra); *primerose*, primula .. calendula *PP*; calendula, i. ligustrum, *primerole MS BL Sloane 962* f. 10v.

2 kalendula, plover.

de avibus: .. hec calendula, *calandre Gl. AN Glasg.* f. 21vc; canendula .. hec calendula .. hic calendula, *a plover WW* (cf. ib.: talendiola .. *a holste* [< AS *hulfestre = plover*]).

kali [cf. alkali], wood ash, potash.

chali *SB* 15 (v. clavellatus).

kalix v. calix.

kallirates [cf. καλλίροος], beautiful precious stone that confers eloquence.

~es †chabrates [v. l. kalbrates, TREVISA: kallirates] est lapis translucidus crystallo similis, qui creditur dare eloquentiam, honorem, et graciam et defendit a noxiis et venenosis et curat tumorem epatis et splenis ut dicit Dyas BART. ANGL. XVI 58.

kalodaemon v. calodaemon.   **kalon** v. kalenda.

kalus [cf. χωλός = *lame*, CL calo = *awkwardness*], lame, maimed.

~us: *me yv inweth efrethek, am esely podrethek* ['I also am maimed, my limbs rotten'] *Beunans Meriasek* 20.

kalverius v. calvarius.   **kamacu, kamaetus, kamahutus** v. camahutus.   **Kamber** v. 1 Cambrus.   **kamberlencus** v. camberlengus.   **kame** v. camahutus.   **kameka** v. camoca.   **kamelinus** v. camelinus.   **kamen** v. camahutus.   **kanabus** v. cannabis.   **kanardus** v. canardus.   **kanebis** v. cannabis.   **kanell-** v. 1 canella.   **kanevec-** v. canevacius.   **kanevillum** v. †canevillum.   **kanill-** v. 1 cavilla.   †**kanna** v. cannabis.   **kannagium** v. 1 canagium.

kannettus [ME *kannette*, OF *chenette*, AN *chanut* < canutus], sort of grey cloth. (*Cf. OED s.v.* kennet²).

1313 pro ij pannis .. de camelino kaynetto *KR Ac* 374/19 f. 13.

kanon, kanon- v. canon, canon-.   **kantaredus** v. cantredus.

1 kappa v. cappa.

2 kappa [*κάππα*], kappa, tenth letter of Greek alphabet. **b** numeral (= 20).

~a, 'k', K. *Runica Manuscripta* 351; nomen patris scribitur per capa et mi, id est per K et M S. LANGTON *Chron.* 204; BACON *Maj.* I 75 (v. delta); HARCLAY *Adv.* 80 (v. labda b). **b** ~a .. xx *Runica Manuscripta* 351; HARCLAY *Adv.* 80 (v. labda b).

kapsa v. capsa. **karaba** v. 1 carobia. **karabe** v. cacabre. **karacter** v. character. **karagium** v. caiagium. **karalare** v. 2 kalare. **karavannus** v. carvanna. **karaxare** v. charaxare. **karcare** v. carcare. **karchesia** v. carchesium.

kardaga [Ar. *kardaja* < Pers. < Sanskrit *kramajyā*], (math.) interval in columns of tables, orig. of sines and equations.

omnium ~arum conjunctim et divisim sinum rectum investigare facile est WALLINGF. (*Quad.*) I 32; *Ib.* (v. gradus 14a).

karea v. carrea. **karect-** v. carrett-.

†karella, *f. l.*

c1520 una †karella [MS: karolla] cum contentis. in primo unus ciphus argenteus (*Invent.*) *Arch. Cant.* XLIII 108.

karet-, karett- v. carrett-. **karexare** v. charaxare. **kariagium** v. carriagium, carrucagium. **kariare** v. 1 carriare. **karica** v. carraca.

†karikaristo, *f. l.*

altitudo †cogitandi [l. cogitanda] / tu †in accessibili [l. inaccessibilis] / invisibile profundum / angelorum oculis / †karikaristo menitrotoche partine [? l. kai kekaritomene / theotoke parthene /, i. e. *καὶ κεχαριτωμένη θεοτόκε παρθένε*] sancta Dei genitrix, ora pro nobis (*Process. Chester*) *HBS* XVIII 19.

karisma v. charisma. **karistia** v. 2 caristia. **karit-** v. carit-. **karkellus** v. scarcellus. **karkia** v. carca. **karkosium, karkoysus** v. carcosium. **karmell-** v. carmellus. **karmen** v. kermon. **karmerus** v. carmerus.

karmesit [Ar. *kazmāzik* < Pers.], fruit of the tamarisk.

~it, i. fructus tamarisci *Alph.* 88.

karnalare v. carnellare. **karnell-** v. carnell-. **karnollare** v. carnellare. **karnus** v. kernus. **karol-** v. carol-. **karopos** v. charopos. **karra** v. 2 carra, carrus. **karrea** v. carrea. **karreagium** v. carriagium. **karret-** v. carrett-. **karrica** v. carraca.

karro, *f. l.*

c1170 decimam cendrariorum et †karronum [v. l. kronum, ? l. carbonum] suorum in omnibus silvis suis *Act. Hen. II* I 552.

karru- v. et. carru-. **karrum** v. 2 carra. **kart-** v. et. chart-. **kartamus** v. cartamus. **karuc-, karuch-** v. carruc-. **karui** v. carui. **karus** v. carus. **karvan-, karvann-, karvarn-** v. carvann-. **karvela, karvella** v. carvella. **kasketum, kaskettum** v. caskettum. **kata-** v. et. cata-. **Katalonicus** v. Catalaunensis. **katapos** v. charopos. **kataracta** v. cataracta. **katarticus** v. 3 catharticus. **kathmath-** v. camahutus. **katholic-** v. catholic-. **katia** v. 1 cacia. **kaudera** v. caldaria. **kauma** v. calamus, camahutus. **kaumia** v. calamus.

kaute [*καὐτή*, i. e. *καὶ αὐτή*], itself too.

semper jactas te, spernens me, qui neque caute / vivis nec caste: vocet amodo vox mea kaute, / hoc nomen grecum non exponendo, tibi ne / displiceam M. CORNW. *Hen.* 178.

kavilla v. cavilla. **kay-** v. et. cai-. **kaynettus** v. kannettus. **kazzorius** v. cacior b.

kebba [ME *kebbe*], keb, old or useless ewe that produces a still-born lamb.

1308 de lxiij multonibus venditis quia fuerunt *coebbes*, precium capitis j s. vij d. .. et .. de ij ovibus matricibus venditis quia fuerunt debiles et *coebbes* (*Ac. Combe, Hants*) *Doc. Bec* 160; in vendicione post toncionem 1 *coebbes Ib.* 167; **1345** de xix multonibus kubbis post tonsuram venditis .. de xiij matricibus kubbis post tonsuram venditis *Comp. Swith.* 147; **1372** in [multonibus] venditis .. post tons[ionem] quia kebb' et putrid' mense Septembris, x *MinAc* 1156/15 m. 1*d*; **1393** xx oves matrices kebb' *IMisc* 253/6; **1410** de ij hurtardis et lxv matricibus †kebbatis [MS: k'] venditis precium capitis xiiij d. *Crawley* 297; **1411** de xx s. de lactagio clx matricium vendito ut redditur pro ove j d. ob. et non plures quia lxv †kebbate [MS: k'] non lactabant *Ib.* 306; **1449** de xl multonibus †kebbatis [MS: kelb'] *Ib.* 478; **c1472** pro viij ovibus .. vocat[is] *kebbys* viij s. (*Rec. Andover*) *OED* s. v. keb.

kebbata v. kebba.

kebicen [Ar. *kabīs* = *intercalated*], intercalary day in leap year.

secundum hoc igitur residuum in tabulam bissectorum quos Arabes ~en vocant, intrato, et quomodo bissextus ad annum presentem se habeat apparebit ADEL. *Elk.* 5.

kebulus [Ar. *kābulī* = *of or from Kabul, Afghanistan*], species of myrobolan.

et notandum quod mirabolani .. coleram purgant, et citrini et ~i, sed citrini maxime *Quaest. Salern.* N 48; purgatur cum decoctione viol' prunorum mirabol' .. kebu bell' et embli GILB. I 41. 2; recipe corticis mirab', citri, kebul', bdell', embli' Indi' ana 3 ij [etc.] .. in melancolia duplica sene et Indos' in flegmate duplica ~os *Ib.* III 141. 1; aliis lenibus [sc. laxativis] sicut cum mirabolanis, ~is vel de aliis generibus BACON IX 49; fieri potest laxativum de .. prunis, tamarindis, mirabolanis, Indis, citrinis, ~is GAD. 4v. 2; cortices mirabolanorum, chebulorum Indorum *Ib.* 43. 2; ~i species est mirabolanorum *SB* 26; mirabolanorum species sunt quinque bonorum citrinus, †ebulus [l. kebulus], bellericus, emblicus, Indus *Alph.* 117.

kedellus v. kidellus. **keicetria** v. keysetria. **keira** v. 2 carra.

keiri [Ar. *khayrī, -īrī*], wallflower.

Haly regalis ubi tractat de regimine senum, dicit quod senes sunt inungendi cum oleo inquiriri [v. l. ingriri] et violarum mixtis cum oleo camomille et aneti BACON IX 68; ~i, i. violaria. crescit super muros cum floribus croceis in Aprili *SB* 26.

keisim [Ar. *kāshim*], lovage.

keysim i. levisticum *SB* 26; ~im i. levisticus *Alph.* 88; levisticus, ~im idem A. *loveache Ib.* 98.

kekengi [Ar. *kākanj* < Pers.], species of nightshade, winter cherry (*Physalis alkekengi*). *V. et. alkekengi.*

kekingi species est solatri *SB* 26.

kekus [ME *kek*], rubbish.

Staura Civ. 4 (v. Eboracensis a).

kela [ME *kel*], small ship, barge, lighter. *Cf. chyla, cyula.*

locacione duarum kel[ar]um cum bosco .. usque harangariam *DCDurh.* (*Ac. Wardley, sched.*); **1340** quod omnia blada per aquam ad villam de Lenna in ~is veniencia vendi debent apud *le cornsondes* et non alibi *RR K's Lynn* II 193; **1351** in portagio dictorum xxj carcosiorum .. de dictis granariis in villis Cant', Ely, et Wysbech' usque ad ~as in aquam ibidem .. et in portacione .. frumenti .. de predictis viij ~is in aqua apud Lenn' usque predicta granaria *KR Ac* 552/33m. 7 (cf. ib.: pro denagio cujuslibet *kely*); **1367** in xxxiij ~is et una batella cum hominibus .. viz. in qualibet ~a v homines .. qualibet dictarum ~arum continente xx celdros *MED s. v.* kele.

kelagium [kela + -agium], 'keelage', due levied on ship entering harbour.

1227 (1340) de muragio, panagio, kaiagio, kilagio de rebus bonis et mercimoniis *ChartR* 127 m. 14; **1271** et eorum tenentes de Lemynton' quieti ab omni tolneto, stallagio, oneragio et culagio ubicumque super terram meam sive emant sive vendant *KR Ext. & Inq.* (E. 142) 85/9; **1291** cariate [vinorum] usque W. x dolia .. item in vendicione .. x dolia. item in culiagio j dolium *EEC* 201; **1293** killagium sc. de qualibet navi cum batello applicante ibi viij d. *PQW* 604; **1295** quedam Alicia de T. et antecessores sui ac homines eorum de Coleheye [= *Colway, Dorset*] .. quiete esse solebant de teolonio, stallagio et culagio *IMisc* 55/6; **1309** rex habet de tenentibus ejusdem terre pasuagium et cullagium et alibi in feodo illo *S. Jers.* XVIII 140; **1332** si .. burgenses [de Melecombe, *Dorset*] quo [mi]nus cullagium et alias minutas custumas de navibus in portu predicte ville .. levare et percipere possint impediti existant .. *IMisc* 124/19; **1337** burgenses .. de Lostwythiel .. clamant percipere .. de qualibet navicula applicante in portu de Tawe et †discarcanta [l. discarcante] ibidem batellum non habente iiij d. pro quadam custuma vocata cullagium *Capt. Seis. Cornw.* 39; **1346** confirmavimus .. burgensibus quod ipsi .. sint quieti de .. ancoragio, culagio, pontagio *ChartR* 128 m. 9; **1359** de iij s. receptis de killag' navium extraneorum proven' per tempus compoti unde de qualibet nave batell' habente xvj d. *MinAc* 817/7 r. 4*d*; **1367** cum .. naves, craiere et batelli .. ad eandem villam de Melcombe .. venerint et applicuerint et cullagium et alias custumas de bonis et rebus in eisdem .. existentibus solverint *Pat* 275 14*d*.

Keledeus [OIr. *céle Dé* = *client of God*], Culdee, orig. hermit or anchorite, subject to strict rule; later, canon of unreformed collegiate church (Scot.).

a955 contulit insulam Lochlevine Deo omnipotenti et S. Servano et ~is heremitis ibidem commorantibus *Reg. S. Andr.* 113; **c1050** contulit K. .. ~is praefatae insulae *E. Ch. Scot.* 5; **†c1080** Ivo Kelledeorum abbate *Reg. Dunferm.* 595; **1147** statuimus ut decedentibus ~is loco eorum regulares canonici subrogentur (*Lit. Papae*) *E. Ch. Scot.* 181; **1150** concessisse .. canonicis S. Andree insulam de Lochleven ut ipsi ibi instituant ordinem canonicalem et ~i .. si regulariter vivere voluerint in pace cum eis et sub eis maneant (*Lit. Regis*) *Ib.* 232; **c1157** excepta rectitudine quam ~i habere debent *Regesta Scot.* 118 p. 183; **c1157** conventionem factam inter canonicos S. Andree et Keldeos ejusdem ecclesie, sc. de Stradkines et de Lethin *Ib.* 173; **c1160** et .. Stradkines pro commutatione de Kynninis et de Lethis quas Kelledei habent *Ib.* 174 (cf. ib. 28: **c1167** quas ~i habent); **c1168** controversia .. super terra de B. in qua canonici de S. Andrea jus clamabant per ~os de tempore regis David .. terminata est *Ib.* 35; **c1192** G. abbas et conventus Kyldeorum S. Andree *Ib.* 347; **a1185** Willelmus rex Scotie .. sciatis me concessisse .. episcopis et Keldeis de ecclesie de Brechine *Reg. Brechin* I 3; GIR. *TH* II 4 (v. caelicola c); erant autem ibi [in Venedotia] clerici Deo devote servientes sanctoque coetu in commune viventes et more apostolico nil proprium habentes, nulli quidem ordini monastico vel canonico specialiter addicti, sed tamquam celibes sive Colidei, hoc est Deum colentes, dicti *Id. Spec.* III 8 p. 167; **c1220** Mallebryd priore Kelledeorum nostrorum *Reg. Brechin* II 270; **1235** ego A. prior ~orum de Abernethyn subscribo *Cart. Lindores* 51; **1250** fratres qui consueverunt esse in ecclesia Brechinensi, ~i vocati fuerunt, nunc, mutato vocabulo, sunt canonici nuncupati (*Lit. Papae*) *Ib.* 99; rex .. Constantinus .. regno sponte dimisso, religionis in habitu Deo serviens apud S. Andream, Killedeorum abbas effectus FORDUN *Chr.* IV 23; **14..** rex Athelstanus, videns in .. ecclesia Eboraci viros sancte vite .. dictos adhuc Colideos, qui multos sustentabant pauperes .. concessit Deo et Beato Petro Eboraci et Colideis predictis .. de qualibet caruca arante in episcopatu Eboraci unam travam bladi (*Reg. S. Leonard, York*) *MonA* VI 608.

kella [ME *calle*], caul, hairnet, *Cf. OED s. v.* kell.

1327 unam ~am deauratam precii ij s. *Cl* 146 m. 4.

Kelledeus v. Keledeus. **kem-** v. et. chem-. **kembelina, kemelinus, kemelingus** v. cumelina.

kempus [ME *kemp*], kemp, a measure of fish.

1317 ostendit ei tres *kempes* boni allecis *Law Merch.* 102; consimile illis tribus *kempes* [MS: kemp'] *Ib.*; **c1325** de vendicione ~orum qui dicuntur *pympirnoles* non respondet hoc anno, eo quod nulli ibidem capti fuerunt propter ciccitatem temporis *LTR Ac* 16 r. 6; de m[l]cxxxv kemp' anguillarum que dicuntur *pimpernoles* et viij shastel nichil hoc anno quia expenduntur in hospicio regine *Ib.* r. 3 (cf. ib. r. 5: de iij bindis anguillarum ibidem venditis); **1335** in v ~is allec' rub' emptis pro eodem *Sacr. Ely* II 65.

kencha [ME *kench*], strip of land. *Cf. OED s. v.* kench.

1396 omnia predicta falisca et unam domum vocatam *lymhows* et unum *lympette* cum viis et ~is ad predicta falisca, domum seu *lympette* pertinentibus *AncD* (*Kent*) C 5364.

kenchia, (land along) the river Kinzig in Germany.

1285 de eodem j pannus de ~ia xvj s. (*KR Ac*) *Arch.* LXX 36.

kenelinus, kenelium, kenellium, kenilia, kenylya v. canile. **kenettus** v. canettus.

kensus, *s. dub.*

1291 [lestagium] de quolibet tonello asceri, iiij d. .. de quolibet skipon' de ~is, iiij d. ob.; de qualibet centena de cheverennis, xij d. *CoramR* 129 r. 15*d*.

Kereticus, of or belonging to Ceredigion (Cardigan, S. Wales).

GIR. *RG* I 3, *David* 1 (v. Demeticus).

kermon [? Ar. *qarīṭiqūn* < *σέσελι κρητικόν* = *Cretan seseli*], species of seseli.

~on, karmen, i. silex montanum *SB* 26.

kernarius [cf. kernus < MIr. *ceithern*], (Ir.) kerne, vagabond, ruffian. *Cf. kernus.*

c1390 *statutes .. against* kernarii *and importunate and wicked seekers, or rather extorters, of gifts Reg. Armagh* 11.

kernect- v. carnett-. **kernel-, kernell-** v. carnell-. **kernet-, kernett-** v. carnett-.

kernia [cf. kernus < MIr. *ceithern*], (Ir.) band of kernes, armed retainers.

1295 communitas multoties gravata est per magnates et alios habentes kaernias venientes continue sumptibus alienis tam in marchiis quam in terra pacis *Anal. Hib.* VI 325; **1297** concordatum est .. quod nullus decetero .. teneat kaernias seu homines ociosos plures aut alios quam ipsemet poterit et voluerit de suo proprio sustinere *StatIr* 202; **1297** *certain men whom T. led with him there in his train* (~ia) *Cal. Just. Ir.* 140; **1300** *J. with his men* (~ia) *Ib.* 299; **1365** quedam vacaciones de hominibus ad arma, sagittar', hobelar', et hominibus de *kerne* peditibus inveniuntur, eidem W. vadia pro eisdem hominibus ad arma sagittar', hobelar', et peditibus de *kerne* .. allocari distulistis *Cl* 203 m. 29.

kerniator [cf. kernus < MIr. *ceithern*], (Ir.) kerne.

1306 *G. drew to him many young men of his race, of whom he began to make kernes* (†kerinatores [l. kerniatores]) *Cal. Just. Ir.* 252.

kernus [MIr. *ceithern*], (Ir.) kerne, lightly-armed foot soldier or retainer.

1331 quod nullus manuteneat nec ducat ~os nec gentes vocatas *idelmen* nisi in marchiis suis propriis et ad custus eorundem, nec faciat prisas *StatIr* 328; tertius ordo comprehendit alios etiam pedites, ac levis armaturae machaerophoros: ab Hibernicis karni dicuntur STANIHURST *Hib.* 42; proverbium est Hibernico sermone celebratum, quoties de rebus deliberatis diffidunt: posterior karnorum consultatio *Ib.*; militia eorum [Hibernicorum] constat ex equitibus, triariis quos *galeglasios* appellant, .. et †leviores [l. leviori] armaturae peditibus qui karni dicuntur et jaculis amentatis et machaeris dimicant CAMD. *Br.* 791.

kerra v. 2 carra.

kerse [Ar. *qirfa*], cinnamon.

kerse, i. cinamomum *SB* 26.

kersenaria v. cressonaria.

kersetum [MSc. < ON *kyrrseta = sitting in peace, freedom from disturbance*], (Sc.) 'kirset', exemption from burgage tax.

1221 concessi .. ~um a Pentecoste anno gracie mccxxj usque ad terminum quinque annorum *BBC* (*Dumbarton*) 140.

kersimera v. cressonaria. **kersumia** v. gersuma. **kertell-** v. kirtell-. **kervela, kervellum** v. carvella.

ketelhattum [ME *ketelhat*], kettle-hat, helmet shaped like a kettle.

1377 ketelhatt' (v. escuratio b); **1380** capelli de calibe dicti ketilhattis, viij l. (*Ac. Chamb. Scot.*) *ExchScot* 654; **1386** super .. reparacione loricarum, ketilhattorum, bacynettorum, platanum et aliarum diversarum armaturarum *Ac. Foreign* 20G.

ketellus [ME *ketel*], kettle.

1537 in j patella, j cawdrena et j ketyllo *Ac. Churchw. Bath* 114.

ketha, stall, booth, or ? *f. l.*

1365 tercia pars redditus exeuntis de kethis [? l. bothis] quondam Thome de Snape apud Fissh Shameles *IPM* 182/7 (cf. ib.: scoppis, *IPM* (*Exch.*) 24/7: bothis).

ketheranus, kethranius, kethranus v. cateranus. **ketil-, ketyl-** v. ketel-. **kevell-** v. 1 cavilla. **kever** v. kiver. **keveragium** v. coveragium. **keverchebium** v. coverchevium. **kevero** v. chevero.

kevescis [AN *chevés*], headland. *Cf. chevicium.*

a**1223** et omnes †kevestes [l. kevesces] septem selyonum que se extendunt de Eldewio versus magnum quercum *Cart. Beauchamp* 216.

kevescium v. chevicium. **kevild-, kevill-** v. 1 cavilla. **key-** v. et. cai-.

keyens [Ar. *kanāyis, pl. of kanīsa = church, synagogue*; cf. Heb. *knesset*], mosque.

ecclesias [Saraceni] nominant sive oratoria keyentes, que non sunt ecclesie sed synagoge Sathane S. SIM. *Itin.* 28.

keysetria [W. *cais, ceisiad*], (W.) serjeanty of the peace, office of *cais*. (*Cf.* W. Rees, *South Wales and the March* Oxford 1924, pp. 103–4).

1360 et de xl s. de firma serjancie et ~ie ibidem [*Radnor*] *IPM* 154 m. 30; de firma principalis serjantie patrie cum firma ij garcionum dicte principalis serjantie et cum firma keysetr' .. nichil reddit, eo quod nullus eandem ballivam conducere voluit *MinAc* (*Radnor*) 1209/15 m. 7; reddit vj li. de firma officiorum prepositur[e], ring[ildrie] et keicetr[ie] istius comoti et Pullith' de annis ix° et x° .. pro eo quod dicte ballive, prepositur', ring' et keicetr' in comotis predictis concesse fuerunt .. Mered' ap Madoc locum tenenti et rec[eptori] de Mellennyth *Ib.* 1209/16 m. 3; Warthereignon' .. et de xxxiij s. iiij d. de medietate firme ij keycestr' et serjanc' pacis hujus ballive *Ib.* 1209/17 m. 1; de firma medietatis ij keicestr' tocius commoti predicti *Ib.*

keysim v. keisim.

kia [χειά], hole.

craticulam vero utriusque altaris, sive auream, sive aeneam, dicunt esse opus quoddam, undique foraminibus plenum, quod ad similitudinem earum, que in ecclesia sunt, kias appellant AD. SCOT *TT* 666C.

kianos, †kiayos v. cyanos.

kicirdei [? cf. Ar. *daqīq 'flour' and* CL hordeum], ? ground barley.

~ei [v. l. kycirder], i. ordeum fractum *Alph.* 88.

kidda [ME *kid*], 'kid', faggot.

1553 decimas granorum, lini .. bosci kyddarum .. et alias decimas [*in Leighton, Chesh.*] *Pat* 861 m. 29.

kidellus, ~um [ME, AN *kidel*], kiddle, fence or weir fitted with stakes and nets for catching fish. **b** kiddle-net. **c** ? mobile fence or weir.

1180 de exitu batellorum et ~orum et *folesreiz RScacNorm* I 53; **1196** ~i qui sunt in Ramisia amoveantur .. et ne decetero ~i alicubi ponantur in Thamisia *BBC* (*London*) 200; **1215** omnes kydelli de cetero deponantur penitus de Thamisia, et de Medewaye, et per totam Angliam, nisi per costeram maris *Magna Carta* 33; **1243** diligenter inquiras que piscarie sunt levate .. postquam fecimus defendi kydellos, que quidem piscarie .. magis sunt ad detrimentum nostrum quam tunc fuerunt kydelli *Cl* 128; **1275** kydalus *MFG*; c**1283** redditus de kydellis *Cust. Battle* 50; redditus de kadellis ad eundem terminum *Reg. S. Aug.* II 23; **1313** de exit' kidellorum *MinAc* (*Hadleigh, Essex*) 843/4; **1388** per levacionem .. stagnorum, pilorum, palorum et ~orum *Mem. York* I 217; **1391** cum .. contineatur quod .. concesserimus quoddam sabulum in mari vocatum Colnebench' .. ad faciendum ibidem ~os pro piscibus capiendis [etc.] .., constat quod loco dictorum verborum '~os', '~is' et 'i' .. debent inferi hec verba 'gurgites' et 'gurgitibus' *Cl* 232 m. 21; p**1391** quidam R. B. .. de novo facit quendam kedellum in aque de Trent .. per quod nullus batellus .. ad .. villam de N. venire possit *Pub. Works* 112; unum kedellum Anglice vocatum *were Cl* 291 m. 39*d*; si quis in grossis rivis levavit molendina, kydellos [v. l. ~a] seu alia instrumenta quae navigantibus seu navibus communiter sunt nocumenta *BBAdm.* I 224; **1506** duo ~a inter predictam aquam vocatam a Goore et predictam [aquam] sive rivolum vocat' Grymesdyke *Pat* 599 m. 19/3. **b** **1253** omnes ~os .. capiat in manum regis et firmiter prohibe et .. ne aliquis hujusmodi retibus, sc. ~is, decetero utatur *Cl* 450; **1260** quia rex intellexit quod kydelli et alia hujusmodi minuta retia tenentur in aqua de Usa *Cl* 42; s**1254** R. fecit comburere .. retia sua que ~os vulgariter appellamus B. COTTON *HA* 131. **c** ceperunt omnes nautas in kidellis stantibus per Tamisiam et adduxerunt cum retibus suis ad Londonias et incarceraverunt eos *Leg. Ant. Lond.* 7; c**1390** [que quidem] *lokke* est ita stricta et periculosa vi aque currentis quod homines cum *shotes barchett* nec kedellis ibidem transire [nequiunt] *Pub. Works* II 126.

kiet- v. carrett-. **kikelota** v. rikelota. **kilagium** v. kelagium. **kili, kilis** v. coele. **kilio** v. chelo. **Killedeus** v. Keledeus.

killus [κίλλος], ass (fig.).

†lempiris crutton empiris et utique †lillo [? l. killo] [i. e. ἔμπειρος κρύπτων ἐμπείροις κίλλος] *Altercatio* 96.

Kimber v. 1 Cambrus. **kimbilis** v. cimbix. **kimelingus** v. cumelingus. **kimelinus, kimenellus** v. cumelina. **kimothus** v. 1 commotus.

kinda [ME *kinde*], kinship.

1312 nativi .. cum decederint, illi qui post eos per propinquitatem et kundam clamaverunt, facient finem pro ingressu *Cust. Battle* (*Limpsfield, Surrey* 156.

kinelis, (*vena ~is,* med.) *vena cava. Cf. coele.*

embrio sanguine nutritur mediante kili seu ~i vena que non est in viris. ista vena ortum habens ab epate .. dividitur in duas, quarum una superior bifurcatur et una earum mittitur ad mamillam dextram alia ad sinistram GILB. VII 304v. 1.

kini, [Ar. **qīnī < misr. of* φήνη], bird of prey, ? bearded vulture or lammergeyer.

avis kyni [v. l. kini; TREVISA: *byni*] que Arabice dicitur cebar nutrit pullos suos casualiter ab aquila sic rejectos BART. ANGL. XII 1.

kinpulus v. cnipulus.

kipa [ME *kipe*], container.

1292 custus dayrie, in ij stopp' emptis, ij d. ob. in j kyp' ad lac empt' iiij d. in ij chern' emptis ix d. *MinAc* 894/8.

kipclutum v. chipclutum.

kippare, ~ere [cf. kippum], ? to sort (hides) into bundles or 'kips'. *Cf. kippum.*

1409 S. A. .. iiij dacras coriorum .. in domo Petri Thomsoun duxit, et unus R. M. ~it ea *ExchScot* 73; **1440** officia paccacionis omnium .. pellium .. cum. *kippyng'* et *powderying'* de eisdem pellibus .. et aliarum mercandisarum que in London' .. erunt paccate, ~ate, vel powderate *Pat* 448 m. 14; **1449** cum *kippyng* et *pouderyng* de eisdem pellibus .. que in London' aut in suburbiis ejusdem erunt paccate, ~ate, vel powderate *Cl* 299 m. 16*d*.

kippeclutum v. chipclutum.

kippecorda [ME *kippe-* + corda], 'kipstring', part of harness used for drawing a cart.

1287 in ij cordis ad carectas, iij paribus tractuum et ij ~is xxjd ob. *Rec. Elton* 21 (cf. *Ac. Durh.* 568: in *kypstringes* pro carectis ..).

kippelinea [ME *kippe-line*], 'chip-line', part of the harness of a cart-horse.

1268 carette .. in ij werbond' et kippel' et duvelegg' emptis, iiij d. *MinAc* (*Bungay, Suffolk*) 991/16; **1297** in uno †bypbynea [MS: kyplynea] ad carectam j d. *MinAc Wistow* 6 (cf. ib. 28 [**1307**]: in j *kyppelyne*; ib. 61 [**1351**]: in vj tensis de *kyppelyne* emptis).

kippum [ME *kip*], 'kip': **a** hide of young animals. **b** bundle or measure of hides. **c** bundle or measure of laths.

a **1340** licet ipsi nuper unum lastum et xxvj dacr' coriorum et ~orum in dicta terra nostra Hibernie emissent *Cl* 167 m. 11; licet ipse nuper quatuor dacras coriorum et unam dacram ~orum in dicta terra nostra Hibernie emisset *Ib.* **b** **1393** sex kipp' de wildware et due ulne .. canavacii apud Dele *Cl* 235 m. 24 (cf. ib. m. 3 [**1394**]: de uno vate de *wyldeware*, viz. de *Cristygrey, fyn grey, pople, bys, ermine* et *letuse*); **1420** xvj dolia olei attach' in custodia E. S. .. et m et di de *Smoleymwerk* in iiij barellis, xxvj ~is de *ruskyn*, ij pec' de argento .. *Pl. Mem. Lond.* A48 m. 3. **c** **1347** in j kyppo lathorum empto ad idem ij d. ob. *MinAc* (*Bridgwater* 968/17.

kiprus, ~a [ME *kipre* ? < AS *cypera*], salmon in the breeding season, app. of either sex, 'kipper'.

1333 idem abbas [Ebor'] per omnes seisonas anni, tam tempore vetito et in defenso posito quam aliis temporibus, cepit et capere fecit omnes salmones, tam ~os quam alios, in aqua et exclusagio predictis *Cl* 153 m. 22; capcionem hujusmodi salmonum et ~arum *Ib.*

kirfa [ME *kirf*], measure of cut turf.

c**1182** ad fodiendum .. septies viginti kirvas turbae in marisco *FormA* 251 (cf. *MonA* III 286 n. 62 [c**1300**]: kyrvis); **1286** reddunt vj kirvas et dimidiam turbarum; et valet kirva ij d. ob. *IPM* 45/3 m. 5; **1295** in vj kyrvis turbarie emptis ad ignem potagium famulorum faciendum *MinAc* (*Long Benington, Lincs*) 1090/3 r. 3; **1296** et iij s. iiij d. in x kyrvis turbarum emptis *DL MinAc* 1/1 r. 7.

kiri- v. et. cyri-. **kiripium** v. liripipium. **kirius** v. choerus. **kirnell-** v. carnell-. **kirrius** v. choerus.

kirtella, ~um [ME *kirtel* < AS *cyrtel*], kirtle.

1393 item in furrura duarum curtell' pro domino cum furr[a] agu[i] x s. *Ac. Dom. Ep. Wint.*; **1420** lego Beatrici filie Margarete sororis mee c s., unam camisiam, unum ~um .. togam, capicium, caligas et sotilares de novo *Reg. Cant.* II 219; **1457** unum kertell' panni lanei rubei coloris precii xij s. .. furata fuit *Pat* 484; **1476** habet .. precedere processionem nudis pedibus, in kirtela *Mon. Rit.* I cxxviij; **1531** et eidem senescallo per annum pro ~a et furrura *Househ. Bk. Durh.* 9; **1532** pro kyrtella x s. *Ib.* 91.

kist [Ar. *qisṭ* < ξέστης < CL sextarius], measure of capacity.

panis competens in tertiana colerica est de ordeo vel avena; et hoc est quod vocat Avicenna kist ordei GAD. 10v 2; kyst *SB* 26; kist, i. mensura *Alph.* 88.

kistis v. cystis.

kitran [Ar. *qiṭrān*], resin of cedar. *V. et. alchitram.*

~an, i. e. pix *Alph.* 88; picis multa sunt genera et quando simpliciter ponitur pro usuali intelligitur, kitram idem est *Ib.* 145.

kittum [ME *kitte* < MDutch], 'kit', pail.

1306 custus dayerie .. et in .. j tina, iij ~is pro unguento includendo *MinAc* 1079/17 r. 3*d*.

kivell-, kivill- v. 1 cavilla.

kiver [ME *kivere*], 'kiver', tub.

1407 et pro novo cowele empto ix d. et pro novo kevere me empto viij d. *OED s. v.* kiver; **1429** debiti vj s. viij d. per j kevir allecium (*CourtR St. Ives*) *Law Merch.* 121.

klammator v. hlammator. **kni-** v. cni-.

knollum [ME *knol*], knoll, hill-top.

c**1230** super longum ~um de Cope (*Ch. Kniveton, Derb*) *Free Peasantry* 168.

knoppum [ME *knoppe*], ornamental knob.

c**1410** una crux argentea et deaurata cum j hasta argentea et ~is argenteis *Ac. Durh.* 403; a**1413** ~is argenteis (v. hasta 2b); **1413** unum ciphum deauratum coopertum cum ~o albo (*Test.*) *Reg. Cant.* II 24.

kny- v. cni-. **kockus** v. 1 cogga. **kocus** v. coquus.

kodesh [Heb.], consecrated, sacred.

igitur in nomine jot, he, vau, hecados, adonay, alpha et ω, quod est ubi, ebuy, rahot kodes, sequere me J. Yonge *Vis. Purg. Pat.* 10.

kof [LL < Heb.], koph, nineteenth letter of Hebrew alphabet.

cof *Runica Manuscripta* 350 (v. daleth).

koga v. 1 cogga.   **kogga** v. 2 cogga.   **koketa, kokettus** v. cokettus.   **kokillus** v. cokilla.

kokobecus [cf. *DuC kokbon*], cereal used in making bread.

panis de ~o decoctus oxomie non valet, quia est nimis salsus Gad. 33v. 1.

kokodo v. cokedo.

koloius [κολοιός], jackdaw.

similem ad similem, ut koloyum ad koloyum [Aristotle *Eth. Nic.* VIII 1. 6: κολοιὸς ποτὶ κολοιόν] Bradw. *CD* 445C.

kondesium, kondosium v. condorsum.

koppa [κόππα], letter between pi and rho in early Greek alphabets, displaced by kappa, represented in Latin as Q. **b** numeral (= 90).

a ϙ, lxxxx *Runica Manuscripta* 351.   **b** *Ib.* (v. a supra).

kosetla v. 2 cotsetla.   **kota** v. 2 cota b.   **kotlande** v. cotlanda.   **koverlettus** v. coverletum.   **koyfa** v. coifa.   **koygnerius** v. coignerius.   **kranagium** v. cranagium.   **kranus** v. crana.   **krisma** v. chrisma.   **kromios** v. crommyon.

kuarris [? cf. W. *cwar, cwarre*], quarry.

1316 terre morose et ~es *Med. Bor. Snowd.* 48.

kubba v. kebba.

kufordarsen [Ar. *qirfa* = bark, peel + darsen], inferior variety of cinnamon.

kufordafin, i. cinamomum *Alph.* 88.

kumerus v. 1 cambrus.   **ky-** v. et. ki-.   **kyanos** v. cyanos.

kycec [Ar. *qatād misr. as qitād*], gum tragacanth.

kycec, i. frutex cujusdam gummi dragagantum *Alph.* 88.

kycirder v. kicirdei.   **Kyldeus** v. Keledeus.   **kylis** v. chilus.   **kymba** v. cymba.   **kymelinus** v. cumelina.   **kynosbiton** v. cynosbatos.   **kyntallus** v. quintallus.   **kyr-** v. cyr-.   **kyvill-** v. 1 cavilla.

L

L [CL]

1 L (letter of alphabet).

'camelus' per unum L scribendum BEDE *Orth.* 18; liquentes litterae quattuor LMNR *Id. AM* 85; in quibus licentia poetica, subtracta e nomine sancti priori L littera, ut versus staret, ingeniaverat. in neutro enim insculptum erat 'Aldhelmo', sed 'Adelmo' W. MALM. *GP* V 255; de sal salis salio sale derivatur, / nec in istis video quod L geminatur; / in primevo stipite L non duplicatur / nec in sale salio L bis reportatur *Qui majora cernitis* 54–6; prime aut medie sillabe habentes L post A vel E vel O sillabatam dum tamen alia consonans post L sequitur immediate ipsa L debet quasi U pronunciari verbi gratia *altrement, malveis, tresmaltalent Orthog. Gall.* S 11.

2 numeral (= 50).

nam Latino more computando D notat quingentos, I unum, C centum, L quinquaginta BACON *Gram. Gk.* 82.

3 musical note.

ODINGTON *Mus.* 83 (v. F 2).

1 la, (mus.) sixth note in hexachord.

GARL. *Mus.* 160 (v. 2 descendere 5b); UT queant laxis REsonare fibris / MIra gestorum FAmuli tuorum, / SOLve pollutos LAbii reatus, / Sancte Johannes BACON *Tert.* 301; ODINGTON *Mus.* 96 (v. fa); omni antiphona que finitur in re, cujus seculorum incipit in la, primi toni est. .. omnis antiphona que finitur in mi, cujus seculorum incipit in la, quarti toni est. .. omnis †antiphoni [l. antiphona] que finitur in fa, cujus seculorum incipit in la, sexti toni est TUNST. 233.

2 la v. le.

labana, sort of woollen cloth.

~a, i. grossus pannus laneus *Alph.* 89.

labar, (bot.) laver, water-plant.

~ar nascitur circa aquam et in ipsa aqua, habet folia pusilla et rotunda et flocellum [v. l. floscellum] exalbidum *Alph.* 89.

labararius v. laborarius.

labare [CL]

1 to totter, stagger, be about to fall or collapse. **b** (trans.) to make unsteady, to cause to fall. **c** (intr., of army in battle) to waver, give way.

machina celsa labat, cum culmina fracta fatescunt ALDH. *VirgV* 1386; ne sub insueto ~aret onere W. MALM. *Wulfst.* I 12; multi .. abibunt qui nunquam redibunt, donec ad proprias absides astra redeant, unde nunc ut nobis videtur liquido ~ant ORD. VIT. IX 2 p. 462; L. DURH. *Dial.* III 165 (v. fatiscere 1a); cum post vina làbes, non vini sed tua làbes SERLO WILT. 2. 63; HANV. VIII 346 (v. circummordere); pes in descensu sepe labando cadit H. AVR. *Poems* 20. 126. **b** [Christus] qui ambitus civitatis et munus, nullo ariete ~ari, nullo adversariorum impulsu potest impelli DOMINIC *V. Ecgwini* I 14. **c** legio tota cepit ~are, nec bucina nec timphanum .. poterat eos revocare ORD. VIT. IX 10 p. 561; precipui pugiles capti sunt, et cunei nostri magna ex parte ~antes diminuti sunt *Ib.* XII 18 p. 360.

2 to falter (in resolve or purpose), to waver (in opinion). **b** (pr. ppl. as sb. m.) falterer, doubter.

ne ruat in praeceps mentis statura labentis ALDH. *VirgV* 2656; veritatis notitia ~at in dubio *Ib.* III 287. **b** que [sc. femina] cum antea virum ad hoc audendum incitasset, tunc merentem verbis lenire, ~antem exemplis erigere *Ib.* I 37; his verbis ~antes nitebatur erigere *Id. GP* V 192 p. 338; occurrit ~anti pietas sancti, ut dubietatis nubilum depelleret *Ib.* V 265.

3 to fade, disappear (from memory).

?c**790** (11c) ideo sunt omnes nostrae seriae litterarum apicibus confirmandae, ne posteris ex memoria ~are possit *CS* 1007; ~antem veritatem dictorum que proposuimus, in libro quem de antiquitate ejusdem ecclesie scripsimus .. testimoniis fulciemus W. MALM. *GR* I 20; ubi fuerit archiepiscopatus tempore Britonum cognitio ~at, quia vetustas consumpsit nostri seculi memoriam *Id. GP prol.* p. 3.

labarum [LL], ~a

1 banner, standard (orig. as borne by Constantine at the Battle of the Milvian Bridge). **b** (~*um Christi* or *crucis*) banner bearing a cross. **c** (other; also fig.). **d** (~*um Christi*) cross as written mark.

tene [sc. Constantine] ~um tuum, quod signo Christi ex auro et gemmis est pictum ALDH. *VirgP* 25 p. 259. **b** Christi ~o tutus et Christi vexillo armatus *Ib.* 23 p. 255; adversus omne scandalum / crucis feramus labarum [AS: *guðfana*] *AS Hymns* 80; protodoctoribus et in fide Christi protopatribus cum triumphali crucis ~o ingredientibus GOSC. *Aug. Min.* 749D. **c** illaesae castitatis ~a laeti gestabunt ALDH. *VirgP* 22; dum Christi populo per mundum ~a porto BONIF. *Aen.* 40; concede .. ut haec arma, gladios viz. vel lanceas sive loricas aut galeas labraque benedicere .. digneris EGB. *Pont.* 131; 10.. ~a, segnes, guðfana .. ~a, gegyrele *WW*; cujus signo in ~o tuo tot hostium millia vicisti is hoc fore nobis praedixit BEKINSAU 747. **d** 955 (12c) ~um Christi praescribentibus conscribens impressi *CS* 905.

2 sailyard or sail.

10.. ~a *segelgyrd WW*; 10.. larbanum, *segl WW*.

labascentia, labescentia, falling.

fata .. rote alciorem partem cum .. sua ~escencia lubrica infimam girare videntur *Regina Rhet.* 189.

labascere [CL], labescere

1 to fall to pieces, collapse, disintegrate.

donec edificatio super arenam fundata decidat et ~escat HIGD. VII 44.

2 to stumble, slip, slide (also fig.).

oculorum lenocinio captus in luxum ~escit, ut cera ante larem liquescit ALDH. *VirgP* 50 p. 305; ut culpa quam nox intulit / lucis labascat [AS: *aslide*] munere *AS Hymns* 15; 10.. ~escit, *aglad WW*; mirum ergo est quod humanum cor in nefas tam facile ~ascit ORD. VIT. VIII 8 p. 314; si aliquis ~escat [ME: *ʒef ani feð to sliden*] alius eum erigit priusquam omnino cadat *AncrR* 93.

3 to waver, falter.

801 unde caritas proficit, inde invidia ~escit et lacteam dulcedinem nigro inficit veneno ALCUIN *Ep.* 214; pre labore et metu viri ~ascunt ORD. VIT. IX 15 p. 606; spes eorum paulatim ~ascit et deficit BALD. CANT. *Tract.* 204C.

labastes v. 2 lapates.

labda [CL < λάβδα], lambda, eleventh letter of Greek alphabet. **b** numeral (= 30).

lauta, 'l', Λ, xxx *Runica Manuscripta* 351; nete hiperboleon iota habens acutam et lambda jacens habens acutam WILL. 20. **b** *Runica Manuscripta* 351 (v. a supra); xi^{ma} littera, sc. kappa, significat 20 et [*ed.*: 12, sc. lambda; MS: 21] 30 HARCLAY *Adv.* 80.

labdacismus [LL < λαβδακισμός], lambdacism, excessive use of the letter l.

scopulosas quoque ~i colliciones et myotacismi voragines ALDH. *VirgP* 59.

labecula [CL], stain, mark.

a labor secundum quosdam hic labyrinthus, i. domus Dedali, eo quod erratilis erat ad labendum facilis, et hec labes, unde ~a OSB. GLOUC. *Deriv.* 300.

labedo [cf. labes], stain, blot.

ut honor sine pudoris ~ine observetur *Regina Rhet.* 179; ~o, A. *a blotte WW*.

labefacere [CL]

1 to make unsteady, shake, cause to fall. **b** (intr., or pass. *labefieri* in middle sense) to slip, stumble, fall.

~tus *onsliðen GlS* 214; animus .. ad prava corpus firmum flebiliter labefecit et ex ~to incommoda multa suscepit. corpus labefit aut etiam cadit PULL. *Sent.* 754C (v. 1b infra); ~tum *Natura Deorum* 28; 1335 ~ti (v. haereticus 1a). **b** PULL. *Sent.* 754C (v. 1a supra); lienteria est fluxus ventris .. et dicitur lienteria a levitate interiorum, i. intestinorum, ideo cibus cito ~it a stomacho *SB* 27.

2 (fig.) to weaken, undermine (force of concept or ideal, strength of purpose or sim.). **b** to thwart.

nocte veniens juxta eum accubuit, nec ejus continentiam in aliquo labefecit J. WALEYS *Brev. Virt.* III 1 f. 209rb; de quorum numero videntur esse divitias impudenter commendantes et paupertatem pro viribus ~ientes PECKHAM *Paup.* 71; ne quid ex corruptis in stomacho humoribus usque ad domicilia animi redundaret et constanciam vigoremque mentis ~eret W. BURLEY *Vit. Phil.* 214. **b** cruenta tortorum severitas reciprocis vicibus toties elisa et ~ta nec mitescere nec miserescere novit ALDH. *VirgP* 51.

labefactare [CL]

1 to weaken, loosen, make unsteady: **a** (building or sim.); **b** (person).

a s**1092** violentia fulminis apud Salesbiriam tectum turris ecclesie omnino disjecit maceriamque ~avit W. MALM. *GR* IV 325; in castrorum constructione tanto artificio ligna connectunt ut nec aque stilla penetrando subintret, nec procelle vis ~ando concutiat GIR. *IK* II 3 p. 116. **b** [Wlstanus] totus membris ~atus ex concussione demonis W. MALM. *GP* IV 142; liquet ergo spiritu corpus ~ari et ex labefacto quamplura sibi incommoda referri PULL. *Sent.* 755C.

2 to shake, undermine, weaken: **a** (person, his authority, confidence, or will); **b** (abstr.).

a milites machinis comitis ~ati et consternati W. MALM. *HN* 522; nullius umquam oratio voluntatem meam ~abit *Id. GP* I 48 p. 80; p**1161** hec vobis, quem video in multis ~atum, propono J. SAL. *Ep.* 177 (208); **1166** imperatorem ex causa scismatis .. cotidie ~ari conspiciunt *Ib.* 178 (171). **b** dignitatem Cantuarie ~atam refecit W. MALM. *GP* I 95; justitiam ~are conatur *Ib.* V 448; preceptum vestrum nec mediocriter ~avit metus *Id. Wulfst. ep.* p. 1.

3 to destroy.

fructus et fruges igne vel aqua ~ari jubet W. MALM. *GP* III 99 p. 208.

labefactio [LL < CL labefactatio], weakening.

s**1219** ut in fine Sarraceni, in confusionem universalis ecclesie et fidei Christiane ~onem, triumpharent M. PAR. *Abbr.* 244.

labella, ~um, ~us [AN labelle, OF label, lambel ? < Frk. labba]

1 narrow strip (of cloth), ribbon, tassel, fillet: **a** (on banner or standard); **b** (on gown); **c** (eccl., on mitre or vestment).

a et, clypeum rapiens, hastam fremit, exit, eique / vexilli feriunt longa labella manum L. DURH. *Dial.* II 526. **b** 1342 ad facturam .. alterius jupon' de viridi camoca .. bordurat' cum labell' operat' cum compass' auri et serici *KR Ac* 389/14 m. 7. **c** 1238 faciat .. fieri duos lambellos et duos pugnales de consimili apparatu ad eandem albam *Liberate* 12 m. 9; 1241 faciat .. M. de S. E. xv m. pro quodam offeretorio, paruris, stola, phanus', amicto, lambell' et puctis emptis ab ea ad opus nostrum *Ib.* 15 m. 11; 1253 pro opere iiij lambellarum de auro ad preciosas stolam et fanulam .. et pro xxiiij butonibus de minutis perlis ad predictas lambellas *Ib.* 29 m. 10; 1380 ~e ejusdem [sc. mitre] ornate sunt perillis margaritis (*Invent. Westminster*) *Arch.* LII 220; 1402 j mitra .. cum duobus ~is ejusdem secte *Invent. S. Paul.* 515; capellum cum duabus ~is ad modum mitre episcopalis AD. USK 92.

2 (her.): **a** label (mark of cadency consisting of band with dependent points or lambeaux). **b** dependent point of label, lambeau.

a s**1260** reges Siculorum gestare ceperunt arma regis Francie cum ~is RISH. 4; **1387** cum uno ~o de argento (v. differentia 4); **1394** habeat justum titulum hereditarium ad portandum, pro cresta sua, unum leopardum de auro, cum uno ~o albo *Foed.* VII 763; sunt .. ~e in armis quorundam et ille semper sunt differentie signorum .. primus filius .. putabit integra arma paterna et durante vita patris aliqua modica cruce vel parva differentia uti debet. .. secundus filius portabit arma patris sui integra cum una

~a, que ~a tres habebit pendulas, G. *pendauntes* Bad. Aur. 134. **b** sunt .. diversi nobiles qui portant lingulas sive ~as, ut hic [sc. *in illustration*]; .. secundus .. frater portabit .. arma paterna integra cum tribus lingulis sive ~is ad differentiam [etc.] Upton 255.

3 label (of box or container).

1496 quod quidem hanaperium habet quoddam ~um supra notatum tali signo prout patet in capite (*TR Bk* 273) F. Palgrave *Ancient Kalendars* III 58.

1 labellulum [ML; dim. of 2 labellum], lip.

allicit verbis dulcibus / et osculis / castigate tumentibus / labellulis P. Blois *Carm.* 4. 4b. 62; junguntur sepius inpressis osculis / materna filii labra labellulis Walt. Wimb. *Carm.* 48; noli labellula, Maria, tergere / beati parvuli sed magis lambere *Ib.* 227; teneris impressit oscula Katerinae ~is *Ps.*-Elmh. *Hen. V* 77.

2 labellulum [dim. of 1 labellum], narrow strip of material attached to garment, label, tippet.

Fortescue *LLA* 51 (v. colobium a).

1 labellum v. labella.

2 labellum [CL], lip, mouth.

Aldh. *VirgP* 26 (v. frequentare 4c); conquinisce, precor; foedum jam claude labellum *Altercatio* 68; adhuc de umbris habeo que dicerem, sed quoniam in *ezic* sufficienter diserta sunt ~um comprimam Adel. *Astr.* (*EHR* XXVI) 494; digito compesce labellum D. Bec. 1921; lector .. nunc ~um porrigit Gir. *EH Intr.* p. 207.

labeo [ML], innkeeper.

hic ~o i. tabernarius Osb. Glouc. *Deriv.* 300; *a taverner*, caupo, caupona, cauponius, labio, merothecarius, tabernio *CathA*.

†laberellum, *f. l.*

1436 item unum jocale eucharistie de argento deauratum ad modum castri cum †laberello [l. le berello] *Reg. Aberd.* II 144 (cf. ib. 160 [**1464**]: cum le barillo; ib. 168 [**1496**]: cum berillo).

laberinthus, ~tus v. labyrinthus.

labes [CL]

1 subsidence, collapse, ruin.

[ecclesia] nec in duobus incendiis que totum cenobium .. consumpserunt, ullam ~em tulerit W. Malm. *GP* V 216 p. 363.

2 physical defect, mark (of disease or corruption). **b** disease, infection, corruption (also fig.).

nosti faciem quia presserit olim / labes acerba meam Bede *CuthbV* 964; †lobe, sorde *GlC* L 260; corporis .. qui in sepulchro requievit sine lave corruptionis *Nunnam.* 77; sed et oculi dextri ~e purgata, ciliorum deformitate detersa, .. sanitatem .. sortita est *Mir. Fridesw.* 92. **b** Bede *CuthbP* 42 (v. deponere 3b); penetravit labes illa in ossa W. Malm. *Wulfst.* I 4 p. 10; cum redit illa lues Europe noxia labes [i. e. *the Danes*] (*Vers.*) *Id. GR* II 135 p. 151; de hoc Virgilius, ut gentilis, nescivit causam reddere, sc. unde hanc ~em, sc. a corpore, traherent Bern. *Comm. Aen.* 122 (cf. ib.: a tabe illa); cunctis communi ~e infectis Gir. *EH* I 7.

3 stain, taint (of dishonourable act or sim.); **b** (w. ref. to heresy); **c** (w. ref. to simony).

volente Deo purgare familiam suam et tanta malorum ~e infectam Gildas *EB* 22; refert Augustinus nec angelum post conversionem, sive consummationem nec hominem post resurrectionem labe peccati posse contaminari Pull. *Sent.* 724B; Serlo Wilt. 2. 63 (v. labare 1a); **1178** tuo te regas aptius officio, et pulso procul vitio mundus a labe criminis P. Blois *Ep.* 15*. 58C; a ~e mundi .. purgatorum Gir. *GE* 24 (v. holocaustum b); J. Howd. *Cont.* 10 (v. emundator b). **b** audiens Theodorus fidem ecclesiae Constantinopoli per heresim .. esse turbatam, et ecclesias Anglorum .. ab hujusmodi ~e immunes perdurare desiderans Bede *HE* IV 15 p. 238; **1335** hec ~es heretica intermixta fidelium cetibus fedat illos *Mon. Hib. & Scot.* 269b; nemo qui fuit ~e heretica fedatus, est catholicus reputandus Ockham *Pol.* III 77. **c** **1198** in diocesi tua .. simoniaca ~es prevaluit *Ep. Innoc.* III 3.

labescere v. labascere.

labi [CL], **~ere**

1 to move smoothly, slip, slide (also fig.).

serpens .. lubrico laterum sinuamine ~ens *Lib. Monstr.* III 8 (v. globosus 1a); Gros. 141 (v. fluxibilis 1b); lingua .. ~itur [ME: *slideð*] a paucis verbis in multa *AncrR* 19.

2 to move from higher to lower place, to descend.

nuntius e caelo pinnatus labitur alto Aldh. *VirgV* 2368; vox .. de sursum lapsa est, dicens *Canon. G. Sempr.* 104v; in quibus fructibus humor aquosus et liquidas abundat, ~itur ad inferiora unde fructus fit longus, ut cucurbita *Quaest. Salern.* Ba 24; contingit intestina inferius ~i Bart. Angl. VII 55 (v. 1 hirnea c).

3 (of heavenly body) to sink (toward horizon), set.

labente sub equore sole L. Durh. *Dial.* III 77; sed quia jejunos labentia sidera ludunt, / surgite: vos olim mensa parata manet *Ib.* III 541.

4 (of liquid) to flow (down).

rivulus juxta saltum venationis feracem ~itur W. Malm. *GP* II p. 203; de rivo qui ~itur juxta aquilonarem partem prati *Feod. Pri. Durh.* 101.

5 (of time) to slip by, pass.

c**790** (11c) saeculi namque laventis tempora umbrae fugientes *CS* 283; paucis ~entibus annorum curriculis Wulf. *Æthelwold* 7; non multo post lapso tempore W. Malm. *HN* 461; s**1400** in festo Sancte Petronille jam ultimo lapso Ad. Usk 57; Fortescue *NLN* II 35 (v. hiems a).

6 **a** to slip, fall. **b** to stagger, totter. **c** to collapse.

a dum .. equus .. quoddam .. concavum .. transiliret, lapsus decidi Bede *HE* V 6 p. 290; animam pastoris ab arbore lapsi Alcuin *SS Ebor* 724; labens in fluctu transvexit honus sine luctu *V. Anselmi Epit.* 87; manus cujusdam quam non videret nisu, pendula pergentis terga, me retro ~eretur sustentante W. Malm. *GP* I 19 p. 31; atrum silicem semper lapsurum et cadenti similem Alb. Lond. *DG* 6. 6 (cf. ib. 6. 5: jam casurus imminet lapis). **b** me gravat ille lābor, pro cujus pondere lābor Serlo Wilt. 2. 56. **c** Parisius lapsa est fratrum domus alta minorum Garl. *Tri. Eccl.* 99; Johannes T., abbas [ob. **1434**], .. renovavit lapsa, construxit et perquisivit nova edificia *Chr. Rams.* app. 345.

7 (of thing) to loosen grip or hold, slip. **b** (of intention or purpose) to yield, give way.

anchorae lapserunt Sæwulf 838 (v. funis 2a). **b** s**1414** tractatum est de nuptiis hujus inclitissimi regis, qui ~ente animo in illas consensit Capgr. *Hen.* 114.

8 (of person) to slip away, escape.

ferunt de his qui ad orandum venerant .. solum l fuga esse lapsos Bede *HE* II 2 p. 84; fuga lapsi sunt de insula, et in proximam Jutorum provinciam translati *Ib.* IV 16 p. 237; inter plurimos gentis Anglorum vel interemtos gladio .. vel de terra Pictorum fuga lapsos *Ib.* IV 26 p. 267.

9 (of living creature) to slip (from life), pass away; **b** (of material thing or abstr.) to slip by, pass away, fade, disappear. **c** (pr. ppl. as adj.) transient, fleeting. **d** (pr. ppl. as sb. n.) transient thing.

Ledrede *Carm.* 18. 12 (v. fragilis 3b). **b** †**841** (11c) et ideo sunt omnes nostrae series litterarum apicibus confirmandas ne posteris ex memoria ~ere possit *CS* 434; proposui que in antiquis .. auctoribus me legisse pro certo habui et, ne vestra memoria ~erentur, etiam litteris digessi Abbo *QG* 2 (5); Lanfrancus .. gesta scripto excepit, ne si preterirent et ~erentur recentia, rerum necessariarium posteri frauderentur notitia W. Malm. *GP* I 42 p. 65; meretricum amor citissime ~itur Alb. Lond. *DG* 11. 9 p. 234; cyrographo .. confirmatum [est], quo firmius pactio staret et tardius a memoria ~eretur P. Cornw. *Rev.* I 205 p. 198; c**1212** tunc quidem ad minus tempore fuit lapsa fides Gir. *Ep.* 5 p. 194. **c** ~entis mundi prosperitas Aldh. *PR* 142 (*recte* 143); ut .. nulla ~entium rerum contrarietate terrente .. a fidei firmitate divellamur Bede *Hom.* I 16. 261; **836** vos qui hanc ~ens regnum post me obtineatis *CS* 416; post finem hujus vitae ~entis Alch. *Or.* 156; qui dum lābentem mundum retinere laborant, / cum lābente labant, cumque ruente ruunt Nig. *SS* 2051–2; mundi labentis palee cur delectant? J. Howd. *Cont.* 327; ut dulce videretur mihi delectabilia mundi, que pauca ac cito ~ia sunt, fugere Rolle *IA* 178. **d** in monasterio, ubi ejus animo ~entia cuncta subterfuisse ipse designat *V. Greg.* p. 75 (= Bede *HE* II 1 p. 74).

10 (of dye) to run, (of colour or coloured fabric) to fade.

1270 nullus capellum .. tingere faciat in nigro .. quod cum venerint in pluvia, ~untur, et amittunt colorem *MGL* II 101; lapsus a colore suo naturali Gad. 72. 2 (v. distemperantia b).

11 to sink (into inferior state), to weaken: **a** (w. ref. to physical state or order); **b** (w. ref. to moral state).

a G. Hoyland *Ascet.* 267A (v. fulcimentum 3a); Map *NC* I 25 f. 19 (v. fulcimentum 2); istud potest dari sanis lapsis et egris mel[anchol]icis de mense in mensem, et etiam febricitantibus Gilb. II 98 r. 1; sunt quatuor prime et principales [qualitates] sc. caliditas, frigiditas, siccitas, humiditas, que dicunt prime, quia primo ~untur [Trevisa: *sliden*] ab elementis in elementata Bart. Angl. IV 1; **1339** ne [regnum] .. sub feminea fragili gubernacione ~atur (*Lit. Regis*) *G. Ed. III Bridl.* 141. **b** **1342** mundus in deteriora .. ~itur (v. 1 dies 3a).

12 to fall into error, make a mistake. **b** (theol.) to fall from grace. **c** (p. ppl. *lapsus* as adj.) fallen. **d** (as sb. m.) one who has fallen, sinner. **e** one who has lapsed from the faith, heretic.

J. Sal. *Pol.* 458C (v. genethliacus 1). **b** nomine facinoris notandus est, qui aut in actum ~itur aut in malitiosa intentione deseritur Anselm (*Ep.* 132) III 275; 'numquid et ad geneses ejusque superstitiones / lapsus es?' iste procul, sit procul iste furor L. Durh. *Dial.* IV 118; **1171** nec .. postquam semel lapsus est, captus insidiantium dolo, induci potuit ut aliquid eorum que ab ipso exigebantur promitterat J. Sal. *Ep.* 304 (305 p. 726); dedit vobis Dominus linguam eruditam, ut sciatis eum sustentare qui lapsurus est verbo P. Blois *Ep.* 151. 442B; magis videntur insinuare quod si non esset lapsus homo, non esset Deus homo Gros. *Cess. Leg.* III 1. 2; que conceptu sola non laberis J. Howd. *Ph.* 6; Walt. Wimb. *Virgo* 150 (v. 2 fulcrum 3). **c** ~os angelos .. ordinavit Deus ad eternas et irremissibiles penas Gros. *Hexaem.* II 7. 2; a**1332** sermo ejusdem [sc. Ambrosii] ad virginem ~am *Libr. Cant. Dov.* 22; a**1332** tractatus S. Bacharii ad fratrem ~um *Ib.* 31; propter diversitatem inter statum innocentie et nature ~e Ockham *Dial.* 879; in statu .. nature ~e fuit matrimonium institutum et in officium et in remedium Holcot *Wisd.* 156 (*opp.*: in statu innocencie). **d** ne .. / lapsus in ignivomae rueret tormenta Gehennae Wulf. *Swith.* II 148; ut .. [hostis antiquus] proniore casu in ima vitiorum ~os gravius allidat et confringat Gir. *TH* I 22; his temporibus surrexerunt Novatiani, qui negarent ~is penitentiam post peccatum R. Niger *Chr. I* 29; contritos corde mederi desiderat atque ~os erigi et perversos corrigi spiritu lenitatis R. Bury *Phil.* 6. 85; virgo celica / sola spes lapsorum Ledrede *Carm.* 11. 30. **e** **1510** item Crisostomus de reparacione ~i *Cant. Coll. Ox.* I 46.

labiare [CL labrum], to mouth.

o piscatores inertes! solis retibus alienis utentes, qui .. aliorum sapientiam superficialiter theatrali strepitu ~iatis R. Bury *Phil.* 6. 96.

labidus [CL], slippery.

qui non doctrinarum sed felicitatis presidiis se putat esse vallatum ~is in itineribus ambulans non stabili sed infirma flectitur via W. Burley *Vit. Phil.* 290.

labilis [CL]

1 that moves smoothly, slippery, sliding. **b** (*porta ~is*) sliding gate, siege engine.

serpens etiam, sicut scitis, valde ~is est, et ubi primo potest caput mittere, facile totus ingreditur Ailr. *Serm.* 297C. **b** **1300** Robertus de B. debet respondere de .. ij cabulis pro porta ~i tractanda *Pipe* 145 r. 2.

2 (of liquid) that flows.

Neptunus .. habet tridentem qui signat naturam aque triplicem; nam est ~is, nabilis, potabilis *Natura Deorum* 15; *sclidere* .. ~is, lubricus; versus: labilis est fluvius, dicatur [v. l. dicetur] lubricus anguis; / et tamen utrumque a labor laberis exit *CathA*.

3 (of time) that slips by, passing.

nec habere praeteritum aut futurum, nec temporale, hoc est, ~e praesens, quo nos utimur Anselm (*Mon.* 24) I 42; hec juvenem didicisse decet, non discere; tempus / labile parcendum suggerit esse sibi L. Durh. *Dial.* IV 160.

4 tottering, unsteady, liable to slip. **b** unstable, likely to give way.

scabellula pro bacillis suppeditabant manibus et egre sustentabant ~e corpus *V. Kenelmi B* 82vb. **b** labina, i. terra ~is Osb. Glouc. *Deriv.* 300.

5 (of earthly life or the world) fleeting, transitory. **b** (of mind or memory) that falls into error, that lapses, unreliable, defective. **c** (of praise, favour, fortune, or sim.) liable to change, fickle. **d** (as sb. n. pl.) transitory things.

concede nobis, .. / .. / post cursum vite labilis / consortium in superis *Cives* 16. 3; mortalium robur ~e est Ord. Vit. III 5 p. 73; **1196** nunquam delectavi in eo quod est ~e et caducum (*Lit. Archiep.*) Diceto *YH* II 14; qui .. / et timet in mundi labilis alta fugit Gower *VC* IV 522; s**1430** domina de T. .. valefecit huic seculo misero et ~i *Chr. S. Alb.* 47; **1451** inter felicitates quas mortalis homo in hac ~i vita ex dono Dei nancisci potest *Mon. Hib. & Scot.* 383A. **b** habui enim .. animum velocem, ingenium preceps, ~em memoriam *Ep. ad amicum* 164; cum alium videas tam tenacis esse memorie alium tam ~is Ailr. *An.* I 41; donec hominis memoria ita ~is esset quod .. Gros. *Cess. Leg.* I 7. 2; hinc est quod lex Dei dabatur in scriptis, ut magis maneret mentem humanam ~em et distractam *Spec.*

Incl. 2. 3 p. 103; notabilitates medicinales .. quas nunc tenet ~is memorie J. MIRFIELD *Brev.* 46; **s1438** cum in tantum ~is et instabilis sit memoria hominis, ut .. AMUND. II 201. **c** frequentius hoc .. in Christi fiebat honore quam pro aliquo hominum ~i favore *V. Ed. Conf.* 46; **s1151** an sit magis in fide stabilis an in sermone ~is DICETO *YH* I 294; pro laude ~i LUCIAN *Chester* 62; alea, labilis es: in te nihil est nisi labes NECKAM *NR* II 183; fortune labilis favor a funere / non potest divitem securum facere WALT. WIMB. *Sim.* 72; quam ~is et mutabilis sit fortuna *Dictamen* 357. **d** sagax humanae curiositatis industria, dum jugiter aggeratim sibi provideat ~ia O. CANT. *Pref. Frith.* 7; contemptis ~ibus ORD. VIT. VI 7 p. 36; hic .. cuncta ~ia .. cunctaque transitoria GIR. *Spec.* IV 19 p. 304.

6 (theol.) liable to fall (into error or sin).

nec Petrum praesumptione ~em sed fide stabilem .. emulabatur GOSC. *Aug. Maj.* 74C; sepe animus hominis momentane ~is, meditationis studio renovatur R. COLD. *Godr.* 301; sunt carne fragiles, spiritu debiles, in peccatum ~es P. BLOIS *Serm.* 736C; magis temptantur boni qui ascenderunt in altum quam alii ~es [ME: *þe wake*] *AncrR* 59; videtur quod iste prelatus sit manifestissime ~is in peccatum WYCL. *Chr. & Antichr.* 677.

labilitas [ML]

1 smoothness, slipperiness.

a sclidyrnes, ~as *CathA*.

2 ability to flow.

terra omnibus se communicat per supportacionem, aqua per suas proprietates: natabilitatem, potabilitatem et ~atem DOCKING 113.

3 passage (of time); (*~as vitalis*) the course of life, lifetime.

[Deus] tantorum miraculorum perlustratione mirifica vitali ~ate nostrum sanctum decoravit (*V. J. Bridl.*) *NLA* II 75.

4 tendency to fall.

superiores aque .. sunt naturalis ~as angelice nature a formacione que formatur in conversione ad Deum. licet enim confirmati sint angeli in bono, habent tamen secundum primam condicionem ~atem a bono: alioquin illorum quidam non cecidissent. inferiores .. aque sunt ~as angeli a bonis naturalibus in quibus fuit conditus GROS. *Hexaem.* III 14. 3; *Ib.* IV 11. 1 (v. defectibilitas).

5 fleeting condition, transitory nature. **b** tendency to lapse, unreliability, defectiveness. **c** liability to change, fickleness.

in decursu fluminis mundane ~atis quasi cadendo pereunt ALEX. CANT. *Dicta* 11 p. 153. **b** quia scriptura frequenter et propere remorat [v. l. rememorat] ea que per ~atem ingenii .. sepius subsidunt et vacillant HENGHAM *Magna pref.*; ut infirmitatem et ~atem [ME: *wacnesse*] nostram agnoscamus *AncrR* 84; ~atem humane memorie R. BURY *Phil.* 15. 189; ad ~atem mee memorie J. MIRFIELD *Brev.* 48; ~as humane memorie *MGL* I 3. **c** quantacumque sit ~as subjectorum J. SAL. *Pol.* 448B.

labina [LL], founderous place, marsh, fen. **b** quicksand.

cum multa morarentur .. inter ~as [*gl.: waciaus, vaseus, le mareys*] arborum recidiva gressum BALSH. *Ut.* 45; ~a, i. terra labilis OSB. GLOUC. *Deriv.* 300; ave, stella matutina, / que nutantes in labina / vite regis lubrice WALT. WIMB. *Virgo* 74; *ffen*, ~a .. palus .. *myre or maryce*, ~a .. *quave of a myre*, ~a *PP*; **1447** diversi ligei nostri .. si ipsi ibidem hospitalitatem non haberent, in aquis, ~is et mariscis sepissime periclitarentur (*Pat*) *MonA* VI 614; ~a, [A. *a myre*] .. *a fenne WW*; *a maras*, ~a, palus, tesqua, palustris *CathA*. **b** *a quyksande* .. ~a, sirtes *Ib.*

labion, kind of bee, or ? *f. l.*

est autem unum genus apum quod dicitur labion [? l. crabro] et interficit apes mellificantes et destruit earum domos BART. ANGL. XVIII 11 f. 201v. 1.

labirintus v. labyrinthus.

1 labium, ~ia [CL]

1 lip: **a** (of person); **b** (of animal); **c** (w. ref. to *Exod.* vi 12, 30). **d** (*~iis tortis*) with twisted lips, falsely.

a cujus ~ia mundata sunt igni caelesti *Nunnam.* 59; quedam muliercula, dum quadam oscitaret nocte nec sanctam .. crucem .. in ejus figeret stomate, in tantum percussa est ab impurissimo demone ut inferius ~ium dissoluta penitus mandibula a labro disjungeretur superiore LANTFR. *Swith.* 33; quem paulo ante videbatis vix ~ia moventem OSB. *Mir. Dunst.* 20 p. 152; ~ia turgente sanie putredinis distendebantur R. COLD. *Cuthb.* 69 p. 141; motus ~iorum in psalmodia *Canon. G. Sempr.* 58; [angeli] ora, linguas et ~ia habere sepius memorantur BART. ANGL. II 3. **b** insueta labia [sc. hippocentaurorum] humanae locutioni nullam vocem in verba distinguunt *Lib. Monstr.* I 7. **c** circumcisis ~iis res honesta poterit venusta verborum vernulitate depromi GIR. *TH* III 25. **d** **1325** Robertum .. carcerali pene subeunde non decrevimus, prout vobis tortis ~iis est suggestum *Lit. Cant.* I 151.

2 speech, language; **b** (w. ref. to *Gen.* xi 9).

a705 transmitte sermunculos illius pulcherrimae ~iae tuae (CELLANUS) *Ep. Aldh.* 3 (9) p. 499; rectissime id quidem, et ipse praecepit, et synodus assensit, et tu exsecutus es, si ~ium dolosum in corde et corde locutus non fuisses LANFR. *Corp. & Sang.* 415C. **b** merito confusum est ~ium in dispersionem BEDE *Gen.* 126A; cum tota terra esset unius ~ii J. SAL. *Pol.* 394B; quum ab edificata turri Babel facta est confusio ~iorum R. NIGER *Chr. I* 3; vocatumque est .. Babel, id est, confusio, quia ibi confusum est ~ium universe terre M. PAR. *Maj.* I 6; cum omnis terra esset ~ii unius, in turris aedificatione confuse sunt lingue *Eul. Hist.* I 30.

3 lip, edge, rim; **b** (anat.).

habuit .. eadem mensa ~ium aureum per gyrum, cui ~io facta fuit corona interrasilis quatuor digitis alta AD. SCOT *TT* 657D. **b** ~ia culi M. SCOT *Phys.* 24 (v. ferire 4b); si ~ia vulneris sint multum dependentia, opus quod suantur GAD. 9v. 2.

2 labium [LL], basin, bowl.

'facies et labium aeneum .. accessuri ad altare' [*Exod.* xxx 18–20]: potest quidem hoc ~io sive labro ut in sequentibus [e. g. *Exod.* xxv 16] appellatur principaliter aqua baptismatis intellegi cujus lavacro necesse est purgentur omnes qui ecclesiae januas ingrediuntur BEDE *Tab.* 495.

1 labor v. labi.

2 labor [CL]

1 labour, toil, work; **b** (w. subj. gen.); **c** (w. obj. gen.). **d** (*domus ~oris*) workshop.

non licet homini a servo tollere pecuniam, quam ipse ~ore suo adquesierit THEOD. *Pen.* II 13. 3; quoties a ~ore et ministerio verbi vacabat BEDE *HE* IV 3 p. 207; ?**956** proveniente pio ~ore *CS* 915; messem sudati ~oris B. *V. Dunst.* 1 (v. falcicula); Birinus sacris ~oribus emeritus W. MALM. *GP* II 75 p. 158; ~ores manuales in monacho nec arguere nec laudare presumo P. BLOIS *Ep.* 97. 306A; sic disposuit Deus .. ut unusquisque propriam mercedem accipiat secundum suum ~orem [ME: *swing*] *AncrR* 27; amator ~orum [Gk. φιλόπονος] W. BURLEY *Vit. Phil.* 156; **1374** in uno coreo in quo involvebatur corpus domini J. F. prioris, et cuidam artifici pro ~ore suo circa eandem involucionem v s. *Ac. Durh.* 581. **b** **796** ex ~ore manuum ALCUIN *Ep.* 111 (v. gloriari 1d); formice .. labores D. BEC. 2145 (v. formica 1b); boum ~ores ALB. LOND. *DG* 8. 12 (v. exercere 7); tam animi quam corporis ~orem semper abhorruit GIR. *SD* 46. **c** **804** labor .. monachicae vitae (v. fructuosus 3); cum deterreret teneros annos ~or discendi, qui gravius solet affligere pueros *V. G. Sempr.* *v; **c1340** (v. cathedralis). **d** **1388** in domo ~oris caruce ij cum toto apparatu pro xvj bobus *Augm. Bk.* 52 f. 17.

2 exertion, effort, industry. **b** practice, performance. **c** exercise.

qui absque ullo ~ore angustum hoc iter .. intrare se putant GILDAS *EB* 73; videte fratres quomodo iste [sc. Cuðberhtus] antequam per ~orem operum suorum agnoscatur, per providentiam Dei electus ostenditur *V. Cuthb.* I 3; cum magna ecclesiam Anglorum cura ac ~ore gubernarent BEDE *HE* II 7 p. 94; pro rescissione privilegii abbatie S. Edmundi, quod B. abbas illi cenobio .. multis ~oribus adquisierat W. MALM. *GP* I 56; hec sunt que intellecturis ad sic sine difficili ~ore id comperiendum communicare curavi BALSH. *AD* 54. **b** nota quod precedentes figure juxta modos diversos in ~ore et quiete possunt intelligi *Mens. & Disc.* (*Anon. IV*) 45. **c** cum voluntas comedendi tibi affuerit juxta horam consuetudinis, utere ~ore corporis modico scilicet equitando vel deambulando vel tale aliquid simile faciendo BACON V 71.

3 specific task, duty, service.

ne .. hanc legentibus epistolam ~orem injungam quaerendi alia scripta ANSELM (*Incarn. B*) II 21; W. MALM. *GP* I 48 (v. hebere 2); nedum uterque ~or incumberet, sensus meus ad singula minor fieret G. MON. VII 2.

4 labour due, service; **b** (phr. *~or vitae mortalium*). **c** (*~or communis* or *triplex*) threefold 'common' service of *fyrd*, *burhbot*, and *bricgbot*. *Cf. necessitas.*

1202 salvum ~orem vestrum (v. gaudenter 1b); **a1240** de servicio vel tallagio vel ~ore (v. geldare 2a); **12..** (1375) concessimus .. quietanciam cariagii messionis .. et omnium aliorum ~orum molendinis vel domibus vel terris nostris pertinencium (*Pat*) (*Ch. Tenby*) *EHR* XVI 102. **b** **940** (12c) hoc quod concessi terre prenotatum a cunctis ~ibus vite mortalium permaneat abdicatum *CS* 761; **943** (14c) a cunctis ~oribus vite mortalium .. abdicatum preter id quod nobis omnibus indigeri videtur *CS* 782; **956** (12c) ~oribus vitae mortalium .. abdicatum *CS* 931. **c** †**710** (12c) excepto communi ~ore, viz. expeditione pontis arcisve constructione *CS* 127; †**909** (12c) expeditionis ~orem pontis arcisve restaurationе tantummodo persolvat *CS* 625; **940** liber ab omni mundiali censu .. excepto communi ~ore *CS* 748; **956** (12c) careat .. omni mundano servitio excepto triplici ~ore expeditione pontis arcisve constructione *CS* 976; **963** excepto communi ~ore expeditione pontis arcisve constructione *CS* 1118; **1001** tribus tantummodo exceptis communium ~orum utilitatibus, si contingat expeditionem promoveri, arcem pontemque construi *MonA* II 480.

5 product of labour, produce.

sane ~orum vestrorum quos propriis manibus vel sumptibus colitis, sive de nutrimentis animalium vestrorum, nullus a vobis decimas exigere .. praesumat *Cart. Cockersand* 4; **1259** ut de terris, vineis et aliis ~oribus nostris .. nullus a nobis decimas exigere vel extorquere valeat *Cart. Mont. S. Mich.* 33.

6 hardship, difficulty, trouble; **b** (w. ref. to travel or pilgrimage); **c** (w. ref. to war).

non enim mihi ~or est ad Dominum meum, cui servivi, in requiem venire aeternam FELIX *Guthl.* 50 p. 154; maximo cum ~ore baculo innitens domum pervenit BEDE *HE* IV 29 p. 278; ~ore senectutis ORD. VIT. III 4 p. 66 (v. frangere 13a); SERLO WILT. 2. 56 (v. labi 6b); et quis est qui sedat labores agonum? J. HOWD. *Cant.* 352; **s1356** graves ~ores (v. hucusque). **b** **596** (v. 2 deterrere 1a); ne in itinere incepto propter imbecillitatem et infirmitatem corporis mei nimio ~is gravamine deficiam ANSELM (*Ep.* 301) IV 322; ut Jerosolimam iret, ubi ~ore itinerario vel Dei sepulcrum videret, vel felicem manu Saracenorum mortem anticiparet W. MALM. *GP* IV 145; peregrinus ei quidam astitit, ibique quasi ~ore itineris fessus resedit ORD. VIT. VI 10 p. 111; itineris ~orum *Ep. ad amicum* 124 (v. grossities 3); mater vidit in somnis in sinum suum .. aquam Tamensis fluminis influxisse quo illa .. suspicata ~orem quempiam peregrinum GRIM *Thom.* 2. **c** divinum munus bellicosis ~oribus nundinatus W. MALM. *GP* I 42 p. 66; Egbirhto regi Cantuaritas et Orientales Anglos bellicis subegit ~oribus *Ib.* II 79 p. 175; si ~orem preliorum meorum communicaveritis G. MON. VI 10 p. 368; Normanni .. jamdudum bellico ~ore per plures annos vehementer attriti sunt ORD. VIT. V 10 p. 390.

7 (*~or solis* or *lunae*) eclipse (of sun or moon).

solis lunaeque labores ALCUIN *SS Ebor* 1440 (v. harmonia 2e).

laboramen [ML], labour.

labor .. vel labos. inde laboriosus .. et laboro .. unde verbalia. et hoc ~en OSB. GLOUC. *Deriv.* 307; *a travelle*, labor vel -bos, sudor, vexamen .. angor, ~en *CathA*.

laborare [CL]

1 to labour, toil, work; **b** (of draught animal); **c** (pr. ppl. as adj.) hard-working, industrious. **d** (pr. ppl. as sb. m.) one labouring, labourer, workman.

Greci et Romani dant servis suis vestimenta et ~ant sine Dominico die THEOD. *Pen.* II 8. 3; nec ipse, quamvis multum ~ans, proficere aliquid valebat BEDE *HE* III 11 p. 150; **c794** nunc est tempus ~andi, tunc quiescendi ALCUIN *Ep.* 76; plures ibidem monachi usque hodie permanserunt et in cultu divino pie ~averunt ORD. VIT. V 19 p. 445; **1296** in mercede xx marinariorum ~antium assidue per tres dies per quos dies galea fuit in trahenda ad aquam *Ac. Galley Newcastle* 174; **1397** in solucione facta de mandato regis, cuidam medico ~anti quondam domino R. de D., x s. *ExchScot* 422. **b** **1273** avena: .. in prebenda iij affrorum iiij quar. dim. et iij bus. et ideo plus hoc anno quia multum ~averunt in fimo cariando *Ac. Stratton* 44. **c** ORD. VIT. III 1 p. 4 (v. emittere 8); manibus ~antibus *Ziz.* 426 (v. generosus 3a). **d** **601** cum certum sit pro omnipotente Deo ~antibus ineffabilia .. praemia reservari .. (*Lit. Papae*) BEDE *HE* I 29 p. 63; **1368** pro una celdra et octo barellis salis, missis in C., cum naulo et costagiis illuc ~ancium .. vj l. ij s. *ExchScot* 308; **1373** diversis ~antibus et operantibus ibidem per idem tempus xvj s. iiij d. *Ac. Durh.* 210; **1400** in *reward* diversorum cocorum et aliorum servientium et ~antium .. *Test. Ebor.* III 19.

2 to work, plough, till, cultivate. **b** (trans.) to work (land). **c** (pr. ppl. as sb. m.) field-labourer, husbandman.

~at cum propriis car[rucis] *DB* I 139ra; nostrum est ~are et seminare, Dei vero est incrementum et effectum dare ANSELM (*Ep.* 186) IV 72. **b** **s1076** si forte homines sui aliam terram ~averint, sic omnino decimam habeant monachi ORD. VIT. V 19 p. 442; **1289** sadones .. debet .. ~asse (v. exsartare). **c** instanter ~antium [AS: *tiligera*] diutissime stat domus *Prov. Durh.* 33; ibi sunt inter burgum c burgenses v minus et xv extra burgum terram ~antes *DB* I 108va; **1559** tenentibus et ~antibus earumdem [sc. terrarum] *Conc. Scot.* II 169; nimio tempore longo ~abant antequam scirent bene aliquid quod nunc ex levi ab omnibus ~antibus circa talia percipitur *Mens. & Disc.* (*Anon. IV*) 50.

3 to work at or on, be engaged in (physical or intellectual task), take pains with (person); **b** (w. dat.); **c** (w. prep.); **d** (w. abl. of gd.); **e** (p. ppl.) worked at, wrought.

1447 procuratori nostro in curia Romana, ad assidue solicitand' et ~and' negocia monasterii .. xxiij s. iiij d. *Ac. Durh.* 631. **b** novi .. in Anglia homines pessime promotos, qui habuerunt licenciam a rege Henrico VI ut ~arent pape Romano pro provisione GASCOIGNE *Loci* 26. **c** **1100** qui pro hoc negotio cum rege .. ~averunt (*Lit. Papae*) *Conc.* I 379; ne sine causa ~averimus in vobis [cf. *Gal.* iv 11] GIR. *SD* 44; **1262** vos .. rogamus quatinus .. ad predictum regem [Francie] ~are velitis petituri et recepturi .. pecuniam *Cl* 122; si forte .. thesaurarius .. ad hoc ~are noluerit vel non potuerit .. *Ib.*; per xx annos .. specialiter ~avi in studio sapiencie BACON *Tert.* 59; **s1300** circa .. electionem .. ~antes (v. frustratorie 2); **13..** nonne, circa logicam si quis laborabit, / spinas atque tribulos illi germinabit (*De studiis* 34) *Pol. Songs* 207; **1409** uxori predicti T. ~anti ad *le strynghert h* vj d. et uxori J. G. ~anti ad *le blomeherth* ij d. (*Ac. Durh.*) *EHR* XIV 525. **d** socios per urbem discurrentes et allophilos necando ~antes adjuvit ORD. VIT. IX 15 p. 608. **e** siquando ~ate arti nichil deesset W. MALM. *GP* III 101 p. 231; stagnum valet ad faciendum vasa et aptandum ferrum ~atum M. SCOT *Part.* 295.

4 to strive, exert oneself, labour: **a** (w. *ut*); **b** (w. inf. or acc. & inf.); **c** (w. gdv. or prep. & gd.); **d** (absol. or intr.).

a ~ant ut inique agant GILDAS *EB* 68; diu ~avit fortuna ut insontem terrae restitueret W. MALM. *GR* II 139 p. 156. **b** **a705** si quid .. praeterea saecularium litterarum nosse ~as ALDH. *Ep.* 8 (11); cunctis quae dicebat contradicere ~abant BEDE *HE* II 2 p. 83; qui [sc. Cumin] decus affectans et episcopus esse laborat L. DURH. *Dial.* I 251; meam laboro fieri / que nec se flectit Veneri / nec muneri / sese spondet P. BLOIS *Carm.* 12. 3. 19; vitam emendare et vas mundare ~et GIR. *SD* 102; ne quis secundum ignotiora noscenda distinguere ~et BALSH. *AD rec.* 2 44. **c** in dejiciendis et extenuandis malis ~ans W. MALM. *GR* IV 316; omnes uno nisu ad eum litori restituendum ~ant *Id. GP* V 266; **1432** in contribucione facta C. B. alteri domini episcopi justiciariorum ~anti pro concordia facienda inter dominum priorem et dominum W. B. militem *Ac. Durh.* 231. **d** ne Christus .. [ovem] perditam quaerendo et inventam reportando frustra ~asse videatur ANSELM (*Ep.* 197) IV 87; quinque Flandrenses .. sarcinulas deportatas ad ecclesiam ob pacis et rerum conservandarum remedium arriperent, ad asportandas eas hostia ecclesie ~ando queritarent *Found. Waltham* 31.

5 to struggle, be in difficulty. **b** (w. inf.) to struggle (to), to have difficulty (in).

contra nascentem heresim novam ~are contendit BEDE *HE* II 1 p. 776; **796** (v. germanitas 1c); respice, benigne pastor, commissi tibi gregis ovem et miserare miserabiliter ~antem ANSELM (*Or.* 9) III 30; bello intestino diu ~avit Normannia W. MALM. *GR* IV 307; ~anti justitiae prebebat manum ne laberetur in preceps *Id. GP* I 44 p. 72; Guillelmus rex .. multis procellis tribulationum contra eum insurgentibus vehementer ~avit ORD. VIT. VII 10 p. 194; penitencia nobis ob hoc injuncta, sub jejuniis adhuc et disciplinis ~amus GIR. *SD* 92; speculum .. cum magnis expensis et laboribus factum est: nam artifex damnificatus est in c li. Parisiensibus et pluribus annis ~avit BACON *Tert.* 116. **b** fari .. ~o R. CANT. *Malch.* V 313 (v. hagius).

6 to suffer physical stress or pain. **b** (w. abl. or prep. & abl.) to suffer (from), be affected (by disease; also fig.). **c** (*in extremis ~are*) to suffer on the point of death.

1200 cum ipsa de partu ~aret ipse venit in domum suam et eam per pedes extraxit *SelPlCrown* 39; post alia quomodo ipse in sero sue vite ~avit [ME: *swonc*] in dura cruce *AncrR* 95. **b** per sex continuos annos eadem molestia ~are non cessabat BEDE *HE* IV 23 p. 256; *Mir. Cuthb. Farne* 4 (v. gradus 11); pre omni alio populo, zelotypie vitio laborat hec natio GIR. *TH* III 26 p. 172; cum a pueritia sua lepre macula ~asset *Canon. G. Sempr.* 147v; ille qui ~at in acuta infirmitate BRACTON 150 (v. felonia 2f); porcelliones .. morbo regio ~antem liberant *Alph.* 150. **c** etsi in extremis videret filium suum ~antem nec aliud nisi instantem mortis horam prestolantem *Found. Waltham* 27; jacuit [manutergium] supra pectus magistri G. ~antis in extremis *Canon. G. Sempr.* 149v; **1226** quingentas marcas quas vobis legatas fuisse a .. patre nostro in extremis ~ante nobis datum est intelligi *Pat* 103; **1314** ex personis secularibus dabatur inteligi quod in extremis ~arunt (*Rec. Eng. Dominicans*) *EHR* V 109; rex Robertus [I] in extremis ~ans *Plusc.* IX 26 (cf. FORDUN XIII 20: in extremis agens).

7 (intr.) to be vexed, perplexed, troubled. **b** to cause trouble. **c** (tr.) to vex, perplex, trouble.

sive adhuc ad lucem redierit sive non: .. sentio plures in eadem ~are questione ANSELM (*Incarn. B* 1) II 6; **s1416** cum .. ~asset vulgus in ambiguo quis preficeretur ad custodiam ejusdem *G. Hen. V* 23; **1433** qui circa examinacionem ejusdem Willelmi diversimodo extitit ~atus *Cl* 283 m. 4d. **b** **s1236** (v. 2 dimittere 1f); **1276** si dedit farinam Christine .., prout fama ~avit quod furtive fecit *Hund. Highworth* 39; **1278** ibi malefecit prout fama ~avit usque hodiernum diem *Ib.* 86; **1296** fratres qui sibi objecta negaverunt, si de hujusmodi objectis fama ~avit, tunc inquisivit per octo vel sex fratres inde veritatem *DCCant. Reg. Q* f. 28; **1309** presumpcionem que ~at contra ipsos ex proprio juramento *Reg. Cant.* II 1127; **1397** P. H. capellaunus perjurus est publice in curia regali prout fama ~at (*Vis. Heref.*) *EHR* XLIV 281; **s1416** de quo nulla usque venimus Dovoriam et tunc nisi modica et multum ambigua ~avit opinio *G. Hen. V* 23; **1554** de et super eisdem ~arunt et impresenti ~ant publica vox et fama *SelPlAdm* II 92. **c** **c1350** [*for troubling the mayor and community*] ~and' majorem et communitatem *Rec. Leic.* II 75.

8 to travel.

1258 relicta ejusdem adeo senex sit et debilis quod ad regem ~are nequit *Cl* 204; **1307** W. de M. .. tam gravi langore detinebatur quod non potuit ~are *Cl* 124 m. 6; **1361** N. de L. in complementum expensarum suarum, tempore quo ~averat versus Londonios in negociis regis *ExchScot* 83; **1384** eadem Isabella adeo gravida et partui vicina existens quod absque inevitabili mortis sue periculo usque Westmonasterium ad diem predictum ~are non possit (*Common Pleas Writs*) *Medieval Legal Records in memory of C. A. F. Meekings*, HMSO, 1978 p. 284; **1387** pro magistro N. de F. et W. de C. ~antibus London pro parliamento, iiij l. xvj s. .. domino J. de M. ~anti versus Beverlacum pro capitulo ad convocacionem ibidem tentam .. vij s. vij d. *Fabr. York* 128; **1398** ad expensas comitis de Carric, ~antis ad partes boreales in negociis regni *ExchScot* 442.

laboraria, labourer (f.).

1375 Matillis Gamel ~ia recessit a servicio Johannis Brounaleynson, et assignata fuit ei per constabularium *SessPLincs* 33.

laborarius [ML], workman, labourer.

1284 recepimus .. mmcclxx libras Turon. pro soldo xlj militum, de quibus erant vij banereti, et pro soldo l labror [MS: labr'] et ix scuteriorum pro lx diebus (*TR Bk* 275) *Foed.* II 265; **1351** coram .. justiciariis domini regis super ~ios et artificiarios (*JustIt* 267 m. 9d) *EHR* XXI 528; **1361** R. le G. ~ius vadit ad alios ~ios et illos monet et consulit quod nullum eorum capiat per diem minus quam iij d. *Proc. J. P.* 356; **s1353** quod servientes, operarii, ac artifices cujuscunque artis manualis et ~ii agrorum .. plus .. stipendii quam solebant .. non recipiant J. READING 164; **s1340** exceptis mendicis, ut cottariis, et ~iis ad predictam quintam decimam non taxatis KNIGHTON II 15; **1400** ij ~iis .. pro factura sepulchri (*Invent.*) *Test. Ebor.* III 18; **1419** ordinaciones .. de ~iis *MGL* I 251; **1514** in expensis factis circa novam edificationem .. in singulis artificibus et ~iis *Ac. Durh.* 664; **1533** tribus †laboriis conductis ad scopandam ecclesiam *Comp. Swith.* 218 (cf. ib.: T. B. ~io).

laboratio [ML], work, labour. **b** cultivation, ploughing.

videntes quod quantum ad suum propositum laboratio [v. l. labor omnis] perierat et inpensa GERV. CANT. *Chr.* 587. **b** **1413** poterunt .. facere eorum culturas et ~ones (*Cl*) *Foed.* VIII 772; **1504** pro injustis intromissione, occupatione, ~one et manuratione terrarum *Reg. Paisley* 62.

laborator [LL], labourer, worker; **b** (eccl.). **c** (*~or terrarum*) land-worker, husbandman; *cf. elaborator* b.

duos tantum ~ores mulier hec habuit GIR. *Hug.* I 4; **1374** tot carpentarios, latomos .. et alios ~ores quot pro reparacione et emendacione castri .. sufficientes fuerint *RScot* 963b; **1378** ad inquirendum [MS: enquirendum] de artificibus, labaratoribus, et eorum excessibus (*AncIndict* 80 m. 1) *EHR* XXI 535; **1380** de Johanne B. labaratore xij d. *DocCOx* 33; **1393** justiciarii ~orum serviencium et artificiariorum *Mem. York* 144; **1418** tot carectas, batella et naves, una cum marinariis et ~oribus quot .. necessarie fuerint (*Pat*) *Foed.* IX 542; **1440** ordinaciones de artificibus et ~oribus, servientibus et vitellariis (*Ch. Regis*) AMUND. II 227; **1542** solut' G. E. .. pro se .. et suo ~ore .. ij s. xj d. *Ac. Durh.* 742. **b** **796** efficacissimus divini operis ~or ALCUIN *Ep.* 113; suspicor .. tres ordines fore in ecclesia Dei: ~ores, bellatores, oratores ÆLF. *Ep.* 2a, 14; **1492** ~ores bonorum dictarum ecclesiarum *Mon. Hib. & Scot.* 507a. **c** **1559** ex dictis tenentibus et terrarum ~oribus *Conc. Scot.* II 169.

laboratorium [ML], workplace.

hoc ~ium .. i. locus laborantium OSB. GLOUC. *Deriv.* 307.

laboratorius [ML], of a villein, (of land) in villein tenure (Gasc.).

~ie sc. terre et casalia ~ia *V. Montf.* 305 (v. casale c).

laboratrix, labourer (f.).

sit hec polus, tu sidus marium, / laboratrix hec, et tu premium J. HOWD. *Ph.* 418; **1347** ita quod mulieres ~ices non admittantur nec ponantur in gardinis nec aliis officinis ad laborandum si masculi ad hoc apti poterunt .. inveniri *Norw. Cath. Pri.* 113; **1375** Johanna de Malthous communis ~ix attachiata fuit per .. constabularium .. ad metendum blada cum Stephano Wodman *SessPLincs* 45; de Alicia K. ~ice [MS: ~ix] *DocCOx* 33.

laborerium [ML], act of working, labour.

in ~io tenax et largus cum ratione M. SCOT *Phys.* 33; hebes est in ~io, pedes frigidi sunt multum *Ib.* 43.

laborinthus, ~tus v. labyrinthus.

laboriose [CL]

1 with much effort, laboriously.

primo fodiens non invenit .. quod querebat; sed secundo ~ius fodiendo .. inventum .. thesaurum .. secum asportavit *V. Greg.* 92; regni .. sedem .. per annos xxviij ~issime tenuit BEDE *HE* III 14 p. 154; W. MALM. *GP* V 190 (v. fructuose); videbis ista ~e nimis queri J. SAL. *Pol.* 672C.

2 with hardship or suffering.

HERM. ARCH. 9 (v. ferreus 3b); qui pro nomine Christi contra paganos ~e dimicabant ORD. VIT. XIII 15 p. 36.

laboriositas [ML], laboriousness, toilsomeness.

labor .. inde laboriosus .. unde laboriose .. et hec ~as OSB. GLOUC. *Deriv.* 307.

laboriosus [CL]

1 that requires effort, laborious, toilsome, wearisome. **b** (as sb. n. pl.) efforts, labours.

sanctus pater Augustinus hunc ~i ac longi certaminis finem fecit BEDE *HE* II 2 p. 81; alii tam ~um opus inire dissuadebant ORD. VIT. III 11 p. 122; cum nihil ~um videri possit quod jocundum GIR. *TH intr.* p. 7; controversias hic determinare longum esset et ~um GROS. *Hexaem.* V 15. 2; ~i exercicii KYMER 3 (v. fornicatio 2). **b** ad exercitium spirituale cum subjectis commanebat, ad ~a etiam juniores interdum preibat ORD. VIT. VI 4 p. 15; multa ~a, nolente Deo, frustra commentatus est *Ib.* VII 5 p. 167.

2 hard-working.

798 ~as piscatoris manus (v. hamus 2a); prevalente plurimorum sententia, tredecim ~is et strenuis hominibus curiose fodere jussum est ORD. VIT. IX 10 p. 553.

3 that involves hardship, pain, or suffering. **b** (as sb. n. pl.) troubles, suffering.

Dominus Jesus, cum famulum suum de ~a hujus vitae servitute ad perpetuae beatitudinis requiem adsumere voluisset, .. FELIX *Guthl.* 50 p. 152; **a796** in via divisionis iter agimus ~um ALCUIN *Ep.* 86; annis .. senilibus et ~is GIR. *Ep.* 4 p. 188; eatis nunc libencius viam difficilem et ~am [ME: *swingful*] *AncrR* 64. **b** non egebat Deus ut tam ~a pateretur, sed indigebat homo ut ita reconciliaretur ANSELM (*Medit.* 3) III 86.

laboritium [ML], labour.

quod in manuali ~io est minor distraccio a contemplacione quam in civili dominio WYCL. *Civ. Dom.* IV 382; cum laicorum sit ~io et gladio legem Christi defendere .. *Id. Ver.* I 289; nulli tali est eleemosyna conferenda qui habet sufficienter unde vivere possit vel de seculari patrimonio vel de beneficio ecclesiastico vel de ~io manuali R. MAIDSTONE *PP* f. 161r; vixit donis fidelium / sive per laboricium *Pol. Poems* I 244; Fraunces laboravit, / ut posteri sic facerent primus exemplavit, / tacto laboritio *Mon. Francisc.* I 597; ecclesia Christi .. vixit ~io manuali NETTER *DAF* I 481.

labra v. libra. **labrescura** v. lambruscura.

labro [cf. 1 labrum], one who swears falsely, perjurer.

fforswerare .. swerare .. ~o, -is *PP*.

labrosus [CL], thick-lipped.

~us, grandia labra habens OSB. GLOUC. *Deriv.* 329; *blabyrlyppyd*, broccus, ~us *CathA*; ~us, *babyrlypped* (*Medulla*) *Ib.* 34.

1 labrum v. labarum.

2 labrum [CL]

1 lip.

labris oscula trado / dulcia ALDH. *Aen.* 80 (*Calix vitreus*) 7; lingua siluit; ~um obmutuit FELIX *Guthl.* 50 p. 160; LANTFR. *Swith.* 33 (v. 1 labium 1); ~a instar duorum panum protuberantia *Mir. Wulfst.* II 6; barbam a dextris per ~i utriusque et menti medium .. habebat GIR. *TH* II 20; materna .. labra WALT. WIMB. *Carm.* 48 (v. labellulum).

2 rim, edge (of vessel).

1430 lego .. j ollam cruceam vocatam *gyngyll* fractam in ~o *Test. Ebor.* II 9.

3 brink, edge: **a** (of volcanic crater, w. play on sense 1); **b** (of shore).

a impexe per colla jube terrore tuentes / prosternunt: mediis faucibus Ethna tonat, / ferrea labra tument rubigine squalida, quorum / oscula Persiphone suscipit ore pari GARL. *Epith.* II 37. **b** cum ab ostio litoris prefati pregnans juvencula duceret, omnes pisces ejusdem ~i marini .. illam velut dominam comitabantur *V. Kentig.* 7.

3 labrum [CL *contr. from* lavabrum]

1 basin, bowl.

BEDE *Tab.* 495 (v. 2 labium); BALSH. *Ut.* 51 (v. alveus a); **1496** ~um .. de stagno (v. gutturanum).

2 (*~um Veneris*) sow-thistle, teasle.

Herb. Harl. 3388 79v (v. faenucardo); **13..** ~um Veneris, i. *southistill*, et semen fert nigrum et dicitur semen S. Marie. valet contra epilacionem [? l. opilacionem] *Ib.* 81v; ~um Veneris, cardo idem, folia habet lata et maculas albas in foliis, valet contra opilacionem splenis et epatis, semine utimur, A. *sough thistil Alph.* 89; **c1475** ~um Veneris, *sowthestell* (*MS Bodl. Bodley 536*) *OED*; TURNER *Herb Names* C8 (v. dipsacus).

labrusca [CL]

1 wild vine; **b** (fig.). **c** fruit of the wild vine, wild grape; **d** (w. ref. to *Is.* v 2).

lambo -bis ..; inde hoc labrum .. et hec lambrusca, -ae, i. vitis silvestris OSB. GLOUC. *Deriv.* 321; vinea non putata in ~am silvescit NECKAM *NR* II 167 p. 275; vitis agrestis est ~a, sic dicta quia in terre marginibus crescit BART. ANGL. XVII 178; ampelion .. vitis agrestis que ~a dicitur *Alph.* 6. **b** simonicare letiferas necromantiae ~as radicitus exstirpantem ALDH. *VirgP* 25 p. 257. **c** lambruscas, malas uvas *Gl. Leid.* XIII 14; J. HOWD. *Ph.* 709 (v. felleus c). **d** cum exspectarem, ut faceret uvas, fecit autem ~as BONIF. *Ep.* 78 p. 165; ne in tempore vindemie facias ~as MAP *NC* IV 3 f. 46v; vineam rami nobiles ornavere, / que post labruscas fuerat editura: / non enim erat germinis ei [sc. Israel] cura, / cujus labruscas intima protulere J. HOWD. *Cant.* 213.

2 black bryony.

12.. ~a i. *hundesberien WW*.

labruscare v. lambruscare.

labruscosus, full of wild vine.

wylde vyne, labrusca, ~us *CathA*.

labulla, spurge (*Euphorbia*). *V. et. anabulla.*

~a vel anabulla idem. genus est titimalli majoris cujus lac expellit serpentem et aufert verucas manibus frequenter intinctis. lac dico desiccatum a sole quod dicam universos expellit lumbricos *Alph.* 88.

labum v. libum.

labyrintheus [CL], of a labyrinth, labyrinthine.

quia per illum duceris in ~eas infernorum penas W. MALM. *GR* II 111 p. 113.

labyrinthicus, of a labyrinth, labyrinthine.

labyrinthus .. domus Dedali, et dicitur labyrinthus quasi laborem habens intus; et inde ~us OSB. GLOUC. *Deriv.* 307.

labyrinthus [CL]

1 building or place from which it is difficult to escape, labyrinth, maze; **b** (spec. the labyrinth of Daedalus).

labor: unde laborintus quasi labor intus BERN. *Comm. Aen.* 37; ingreditur, sed ei specus est labirintus NIG. *Paul.* f. 48v l. 400. **b** [minotaurus] inclusus laberinto tam clamore quam mugitu ingemuisse describitur *Lib. Monstr.* I 50; itaque Dedali seculi ingenium, qui Theseum de ~o filo eduxit previo W. MALM. *GR* II 170 p. 199; OSB. GLOUC. *Deriv.* 307 (v. labyrinthicus); *Natura Deorum* 121 (v. filum 2a); velut Dedalini ~i [v. l. Dedali in laberintho] HIGD. I 1 p. 8.

2 intricate construct, complex composition.

unde etiam ille ~us oritur, ut in subjecto idem sit et significans et significatum ADEL. *ED* 18; res que in ceco hactenus †retrusa [l. retruse] laberyntho delitebant, in lucem nobis effunde OSB. GLOUC. *Deriv.* 182; anima .. ~is intricata est P. BLOIS *Ep.* 16. 59C (v. habitatio 2b); circumplectentibus dialecticorum, laberintis rethorumque, sillogismis eloquencie leporum illitteratos seu simplices fallentibus STUDLEY 1.

3 (fig.) difficult position or situation, lengthy, tortuous, or complex undertaking; **b** (w. ref. to court).

laborum ejus inextricabiles ~os singillatim evolvere non fuit consilium W. MALM. *GR* II 121 p. 124; licet inexplicabili quodam laberintho negotii quidem mihi satis insoliti me nuper inplicaverit L. DURH. *Ep.* 263; **1166** bellum quod adversus Christum et ecclesiam exercet, ulterius pregravat et ei videtur inextricabilis laberinthus J. SAL. *Ep.* 145 (168 p. 108); laboris iterati laberintum incum T. MON. *Will.* VII *prol.*; ad subeundum tam laboriosi et horridi itineris laberinthum J. EXON. *Ep.* 3. 39; **1196** sollicitari cum Martha .. et transire de Marie otio ad quemdam anime ~um P. BLOIS *Ep.* 134. 397C; in laqueos heresis et laberinta cadent M. SCOT *Proph.* 160; **s1307** ipsum [sc. Petrum de Gavastone] permiserunt altius extolli .. ut in laborintum celerius a sullimi caderet dampnatorum *Flor. Hist.* III 140; **s1106** Henricus Quintus tunc cecidit in laborinthum CAPGR. *Hen.* 35. **b** ?**c1200** sane periculosum est in curia mori, nec leviter ascendet ad eminentiam perfectorum, qui se castrensibus alligavit vinculis, et curialem incidit ~um P. BLOIS *Ep.* 150. 440B; qui vos de fornace curarum curialium, quasi de gravi ~o .. revocavit *Ib.* 240. 545A; **s1255** J. de G. .. se subtrahit a consiliis regis et curialis laberinto M. PAR. *Maj.* III 504.

1 lac [CL]

1 milk.

coquere farinam tritici simul et lac et cum calido unguens linire debes *V. Cuthb.* I 4; ut .. non aliud quam panem ac lac tenuissimum .. gustaret BEDE *HE* III 27 p. 194; **c1211** dum percipere lac et lanam cum cathedrali honore pariter et pontificali nimis avide concupiscunt GIR. *Ep.* 6 p. 236; **1339** in lxiv lagenis lactis .. pro agnis *Ac. Durh.* 310.

2 (dist. as): **a** (human); **b** (of cow); **c** (of sheep or goat); **d** (of ass or horse).

a mitigativa sunt lac asininum vel muliebre GILB. III 132. 1 (v. et. 2d infra); intellige igitur, quod multa sint lactis genera, videlicet lac virginis, lac mulieris, atque etiam lac hominis. etenim cum primum in unum conjunguntur, et mulier facta fuerit gravida ex conceptu, tum infans de lacte nutriri debet; tum autem intelligere poteris, quod hoc lac non est lac virginis, sed potius lac hominis et mulieris RIPLEY 109. **b** lac vacce nutrit, confortat membra D. BEC. 2753; lac vaccinum GAD. 73. 1 (v. ebutyrare). **c** vide ne alios imiteris, qui lac et lanam querunt in ovibus P. BLOIS *Ep.* 10. 31A; lac caprinum multum habet de butiro et lac ovinum parum *Quaest. Salern.* B 127; ergo michi prestat nutriri lacte caprino WALT. ANGL. *Fab.* 26. 11; lac caprinum *G. Hen. V* 25 p. 180 (v. devorare b). **d** GILB. III 132. 1 (v. 2a supra); lac asininum vel jumentinum *Ib.* VI 267. 2; BACON *Maj.* II 368 (v. immunde).

3 (in phr.): **a** (*lac dulce*) sweet or fresh milk; **b** (*lac acetosum, acidum*) sour milk; **c** (*lac coagulatum*) curdled milk; **d** (*lac tudiculatum*) churned milk; **e** (*vacca ad lac*) milch-cow.

a D. BEC. 2228 (v. gremiare); **c1230** (v. dulcis); evitet anguillas, carnes bovinas, panem et serviciam de siligine, lac dulce, et sanabitur *Pop. Med.* 241. 53. **b** falcatores debent habere matinellum suum in prato: j panem, cervisiam, caseum, lac acidum *Cust. Waltham* f. 210; non bibat novam serviciam nec acetosum lac, i. *sour milk Pop. Med.* 235. 14; lac acetosum *SB* 9 (v. ahoho); oxigalac, i. lac acetosum *Ib.* 32. **c 9..** lac coagulatum, *molcen WW*; GIR. *IK* II 11 (v. coagulare a); lac coagulatum: *let collé Gl. AN Ox.* 285. **d** †lec tidiclatum [l. lac tudiculatum], *gepuorne flete GlC* L 133; **9..** †lectidiclatum, *geþroren flyte* .. †lactudiclum, *geþroren flyte WW*. **e 1457** lego .. vj vaccas ad lac *Test. Ebor.* II 212.

4 (fig.).

non eis juxta apostolicam disciplinam primo lac doctrinae mollioris porrexisti BEDE *HE* III 5 p. 137; qui sophiae libros primis lac ore sub annis duxisti ALCUIN *Carm.* 32. 7; [monasteriales viri] qui ab ipso pubertatis tyrocinio cum lacte carnis genetricis eorum lac sugxerunt aecclesiae catholicae BYRHT. *Man.* 234; utilior magnis Furvus, sed lacte Capella / plenior est, parvis sensibus apta magis J. SAL. *Enth. Phil.* 211; numquid sic mori decuit / quem lac pudoris aluit J. HOWD. *Cyth.* 62. 8; mors .. / et puellas speciosas / aliquando percutit, / lacque colli populando WALT. WIMB. *Van.* 144.

5 the juice of a plant or fruit. **b** (*lac papaveris*) opium.

lac amygdalarum GILB. I 27v. 2 (v. amygdalatus); potus sit ptisana, vel lac iiij seminum frigidorum *Ib.* I 72. 2; cum succo flammule vel lacte ficus *Ib.* II 97. 2; BART. ANGL. XVII 56, *SB* 42 (v. anabulla); *NLA* II 397 (v. amygdala); **s1405** ad providentiam lactis amigdalor[um] *Croyl. Cont. B* 497. **b** GILB. I 65. 2 (v. decoquere 1a); lac papaveris, i. opium *SB* 27; opium .. tebaicum .. fit de lacte papaveris nigri *Ib.* 32.

6 (*lac virginis, philosophorum*, alch.) *aqua vitae.*

lac virginis artificiale, quod faciunt archimiste et alii satis communiter GAD. 131. 1; quia facta est mentio de lacte virginis artificiali, ideo pono hic receptam communem, que est: recipe aluminis plume partem 5, camphore partem 1 [etc.] .. ex quibus mixtis fiet ad similitudinem lactis *Ib.* 131. 2; da ignem et ascendet stilla roris madii in modum aque vite, lucida lacryma oculi, lac virginis, purissima lapidis materia occulti ultima preparacione perfecta CUTCL. *CL* 192; vocatur etiam lac virginis, nam quamdiu non conjungitur cum sole et luna, nec cum quovis alio, exceptis solummodo his, que sui generis sunt tam diu virgo vocari potest RIPLEY 108; tum vero post conjunctionem, que ex matrimonio sit, generant aquam vite, et quibus augmentabis et cibabis lapidem tuum in perpetuum *Ib.* 110.

2 lac [Ar. *lakk* < Pers. *lāk*], lac, gum-lac. *V. et.* 2 *lacca.*

et si piper vel cuminum vel gingiber vel alumen vel brasil' vel lacem vel thus attulerit (*Lib. Lond.*) *GAS* 675.

lac- v. et. lacc-.

Lacaena [CL]

1 Spartan woman.

~e: ~a quasi laceneos, id est latens novitas interpretatur. Helena ~a dicitur quia propter opulentiam nova absconduntur BERN. *Comm. Aen.* 101.

2 hybrid of dog and fox.

nec aliud genus ullum [habemus] praeter ~am et Urcanum, illam ex cane et vulpe .., hunc ex urso et cane catenario CAIUS *Can.* 9b.

lacanceman, lacantemon v. leucanthemon.

1 lacca, laccum [ME *lak*], shortfall, deficiency or loss: **a** (of weight of coinage or metal); **b** (of commodity).

a et diximus de mercatoribus, qui falsum et lacum [vv. ll. laccum, lactum] afferunt ad portum, ut advocent, si possint (*Quad.*) *GAS* 236; **1189** Brunus Judeus [debet] x li. pro ~o predictarum cccc l. *Pipe* 229; **1205** de lacto octave partis denarii *Pat* 54b; **1207** in ~o post combustionem .. auri (v. combustio 3f); **1242** de remanenti ~i denariorum *Pipe* 105; ?**1250** de illis qui lacum ceperunt de tertiadecimo *MGL* I 118; **1253** provisum est .. quod quelibet libra nove monete .. habeat de lacto [MS: lacco] sex denarios *Cl* 2. **b 1266** (17c) recepte ejusdem in ordeo xxxviij celdre. expense in servicio regine vj celdre et dim. inde decidunt per lacam iij celdre et ita debet xxviij celdras et dim. ordei *ExchScot* 29; **1328** computat .. R. de M., provisori .. vj celdras et iiij bollas [sc. farine] de quibus respondebit. et per lacam in cariagio per mare, iiij bollas *Ib.* 120.

2 lacca [Ar. *lakk* < Pers. *lāk*], lac, gum-lac. *V. et.* 2 *lac.*

similiter substantia epatis creata fuit solida spissa ut in se melius retineret calorem unde fervit stomacho ipsum amplectendo et confortando unde competunt ei similia ut rosa, ~a et spodium GILB. VI 238. 1; ~a est gumma herbe *SB* 27; bovis †lacta [l. lacca], orobo idem *Alph.* 23; †lacta [l. lacca] alio nomine dicitur orobus orobonis, gumma est de qua †urina et humana fit per carminum [l. et urina humana fit carminum] *Ib.* 93.

laccagium [cf. 1 lacca], ullage, (payment for) loss of transported liquor by leakage or absorption.

1405 in towag' iij doliorum j pipa vini de Fawy usque Lostwithiell .. in ullag' et lecag' eorundem vj lag' precio iiij s. pro lag' viij d. *MinAc* 819/15; **1444** in .. expensis .. circa provisionem et cariagium vini .. cum frectagio, lecagio, et aliis expensis *Comp. Dom. Buck.* 16; **14..** in dolio vini sunt ccl lagene; unde †debet [l. debent] allocari pro tasto, vasto, †lactagio, et fecibus, xxx lagene *Eng. Weights* 8; **1453** computat .. in lecagio predictarum ccclxxiiij piparum [sc. cervisie] in cariagio earumdem .., viz. de qualibet pipa ij lagene, cciiij[xx]vij lagenas *Ac. H. Buckingham* 37.

laccare [ME *lakken*], to fall short, be deficient in weight.

1205 libra que plus lactaverit *Pat* 54b; **1224** bursa civitatis Wigorn' lacat ij d. ob. .. illa que ~at (v. fortis 4b); **1229** [denarii] .. lacaverunt in primo assaio (v. dealbare 2b).

laccarides v. lathyris.

lacchea [ME *lacche*], latch, fastening for a door or window.

1297 in gunphis, †vercenellis [l. vertevellis], sapellis, et haspis et *lacche* ad portam gardini *Ac. Cornw.* 135; **1299** expensa forinseca .. in xxiiij ~eis et xij annulis ferreis ad hostia et fenestras emptis, iij s. iiij d. (*Chilbolton, Hants*) *Ac. Man. Wint.*; **1348** pro ij anulis cum ij lach' et ij clach' emptis pro hostis supradicti portici *KR Ac* 471/1 m. 2; **1343** in ij hominibus faciendis lacch' et stanchons ad idem unum diem v d. (*MinAc, Kent*) *Arch.* LXIV 148.

lacchetum v. lachettum.

laccia, chevin, chubb.

a cheven, ~ia LEVINS *Manip.* 60.

1 laccus [cf. 1 lacca], deficient in weight.

1205 unde quelibet libra sit lacta ij sol. vj d. ad plus *Pat* 54b.

2 laccus v. locca.

1 lacea v. jacea.

2 lacea, ~eus [AN, ME *lace* < CL laqueus]

1 lace, tie, fastener.

1220 pro ~iis (v. attachia); lx s. de j lecto quo dominus communiter utebatur cum lecis, pilleis, cuffis, calligis et sotularibus assignatis camerario *Ac. Exec. Ep. Exon.* 6.

2 tie-beam.

1232 mandatum est G. E. quod .. faciat habere priori et canonicis S. Margarete .. quatuor postes, quatuor sullivas, quatuor pannas et xx cheverones ad latias faciendas ad quoddam clocherium .. erigendum *Cl* 16; **1233** mandatum est P. de R. quod habere faciat fratri G. elemosinario regis sex postes tortos, duas pannas et tres trabes et latias .. ad cariandum usque K. ad quandam elemosinariam .. faciendam *Cl* 199; **1267** copulas cum ~iis et omnibus aliis apendiciis .. ad fabricam ecclesie *Cl* 309; **1313** carpentario .. pro quibusdam brachiis, ~eis, postibus, punsonis, gutteriis, confractis in eadem [turri] reparandis *KR Ac* 468/20 f. 4*d*; **1321** postes et ~eas et cheverones de quercu *JustIt* 546 r. 44*d*.

laceare [cf. 2 lacea, AN *lacer*], to lace, lash, tie, fasten. **b** to decorate with a fringe, to trim with lace.

1199 r. c. de x m. pro cervo mortuo lasciato cum corda de quo malecreditus fuit *Pipe* 83. **b** **1188** pannos .. ~eatos (v. 2 decidere 2a); **1229** manicas laciatas vel sotulares laciatos *Conc.* I 624.

laceatorium [cf. 2 lacea], web-beam, roller in loom on which the web is wound as it is woven.

1286 de latrocinio j pocenerett' et j laciator' fur' prope pontem de Flete .. et inde habuit partem suam et aliis diversis roberiis ut de fact' fur' prope fratres minores et alibi in Lond' *Gaol Del.* 36/1 m. 19; hoc laciatorium, A. *a webbeme WW*.

laceatura [cf. 2 lacea], lace.

1245 capa .. breudata laciatura cum leonibus in orbicularibus *Invent. S. Paul.* 478.

Lacedaemonius [CL], of or belonging to Lacedaemon or Sparta, Spartan, (as sb. m.) Spartan man. **b** (*marmor ~ium*) variety of marble.

Chilon ~ius causa ineunde societatis et amicitie missus ad Corinthum P. Blois *Ep.* 74. 228C. **b** marmor lacedemonum viride et preciosum Bart. Angl. XVI 69.

lacena v. 1 lacinia.

lacer [CL]

1 mutilated, torn, rent.

~eros i. laceratos *geslitene GlS* 211; ut apes lanient alienas / stirpis et exortes cogunt laceras dare mortes R. Cant. *Malch.* IV 117; nec mora: turbo rapax percussa nave rudentes / avellit laceros et rotat usque ratem L. Durh. *Dial.* III 156.

2 (s. act.) lacerating, rending.

laceris .. creagris Frith. 187.

laceramen [ML *gl.*], tear, laceration.

lacero .. inde laceratus, laceratio et hoc ~en .. et hoc laceramentum Osb. Glouc. *Deriv.* 317; *a ryvynge*, ~en *CathA*.

laceramentum [ML *gl.*], tear, laceration.

Osb. Glouc. *Deriv.* 317 (v. laceramen).

lacerare [CL]

1 to lacerate, mangle, mutilate (body or limb).

pater familias filium suum a demonio fatigatum vociferantem et lacrimantem, ~antemque corpus suum in plaustro ad insulam nostram vehebat *V. Cuthb.* IV 15; retecto vestimento quantis esset verberibus ~atus ostendit Bede *HE* II 6 p. 93; c**793** ne aliquam ex ovibus .. lupi calliditas ~et Alcuin *Ep.* 67; c**944** ne aliquis per incuriam pastoris .. lupinis pateat morsibus ~andus O. Cant. *Const.* III 948B; ejus intestina rodere dentibus et ~are non cessavit Gir. *TH* I 31; genas ~are in luctu mulieribus mos est Bart. Angl. IV 7.

2 to tear apart, shatter (artefact), to rend (cloth).

illa [Scylla] per vim fortitudinis marinis succincta canibus miserorum fertur ~asse naufragia *Lib. Monstr.* I 14; conspiciunt corvicinae sobolis atrum praedonem [sc. *a jackdaw*] .. inprobo forcipe manicam ~are Felix *Guthl.* 40 p. 124; vestibus ~atis *Canon. G. Sempr.* 167v.

3 to torment, torture, cause anguish to.

morsu livoris ~atus vita prioris *V. Anselmi Epit.* 24; in resurrectione diei judicii, quando caro nostra fulgebit clarior quam sol, si hic ~etur [ME: *toren*] cum dolore et erumpna *AncrR* 141.

4 to damage, ravage, spoil: **a** (people, country, or possession); **b** (art).

a crebris eruptionibus Romanos graviter ac saepe ~abant Bede *HE* I 2 p. 14; **800** quae terra .. tirannorum .. fuerat, qui Romanum saepissime imperium ~are solebant Alcuin *Ep.* 200; **1317** omnes .. qui in maneriis episcopalibus episcopum spoliaverint .. ~ando domos, prescindentes sylvas, destruendo cunicularia .. sint excommunicati *RB Ossory HMC* 231. **b** sola .. medendi est ars quam sibi omnes passim vendicant, hanc universi presumunt, ~ant, atque docent J. Mirfield *Brev.* 46.

5 to attack with verbal abuse.

Aldh. *VirgV* 2729 (v. homo 6a); c**1213** qualiter .. nos in presentia sua conviciis quandoque ~ari turpibus et in domo sua .. quasi sub silentio preterivit Gir. *Ep.* 7 p. 256; **1442** decernere .. pretenso libello non .. esse respondendum ipsumque fore repellendum, reiciendum et ~andum *FormOx* 468.

laceratim, with laceration, in shreds.

tusim, minutim, fractim, scissim, ~im, dilaniatum, carptim, discerptim Osb. Glouc. *Deriv.* 589.

laceratio [CL]

1 laceration, mangling, mutilation.

per quandam picturam Graeci operis didicimus quod homines quos caerulei canes prima ~one non devoraverunt .. *Lib. Monstr.* II 32; plus enim inimicus noster spiritualis animarum dampnationem quam carnis ~onem desiderat Ord. Vit. VI 10 p. 127; non absque plurima hostium .. caninis morsibus ~one Gir. *IK* I 7.

2 splitting (wood).

1499 pro lasceracione cc[ma] asserum pro fenestris coquine, viij d. *Ac. Durh.* 101; **1506** pro adquisicione et lasseracione xxx *le sparrys* aput Beaurpairke *Ib.* 103; **1532** pro ~one m asserum *Househ. Bk. Durh.* 85 (cf. ib.: lasseracio).

3 torment, torture, anguish.

GAS 553 (v. grafio); manet mihi decoris mei integra nihilominus incorruptio, nec de ~onibus hominum aliquantulum ejus dispendium sentio F. Ford *Serm.* 80. 6.

lacerator [LL]

1 one who lacerates, mangles, mutilates, or tears.

s**1438** quo me dente teris, simili tu fauce tereris / immo mihi qualis lacerator, erit tibi talis (*Verse*) Amund. II 202; *a ryver*, ~or *CathA*.

2 one who attacks verbally or maligns.

1520 literarum raptores, captores, detentores, ~es, et earundem executionis impeditores *Conc. Scot.* I cclxxx.

lacerdus v. lacerta.

lacerinus, *s. dub.*

Alph. 26 (v. bdellium).

lacerna [CL], mantle, cloak.

a**787** haec .. modica munuscula, id est vj ~as, almitati tuae mitto *Ep. Bonif.* 131; **10..** ~a, *hacele, oððe lotha WW*; adde quod obscenas festiva lacerna catenas / crebraque vel tenues flagra merentur opes L. Durh. *Dial.* II 59; hec ~a, A. *mantylle WW*.

lacernatus [CL], dressed in a mantle, wearing a cloak.

~atus, lacerna indutus Osb. Glouc. *Deriv.* 327.

lacerta, ~us [CL]

1 lizard, newt.

de saura ~o Hwætberht *Aen.* 50 *tit.*; ~a, *aðexe GlC* L 45; ~a, *efete* Ælf. *Gram.* 310; ~a *efette*, lesarda (*Ib.*) *Teaching Latin* I 25; **9..** ~us, *efete WW*; [Hibernia] habet et ~as, sed has prorsus innocuas Gir. *TH* I 28; adhesit scapule sue infixitque ~a dentes et digitos Map *NC* II 5 f. 25; lucerte et aves M. Scot *Phys.* 21 p. 14A; ~a sumatur in diebus veris, et maxime ~i viridis Gad. 77. 1; stinctus piscis est similis ~e aquatice *SB* 41; hec ~a, *a newtt WW*.

2 form of disease, plague.

clades magna quam venenosam ~am vocant, longe lateque morte amara habitatores terrae interfecit Alcuin *Hag.* 692A; lacerdus, clades inguinaria Osb. Glouc. *Deriv.* 329.

lacertatus [ML], muscular.

~us, magnos habens lacertos Osb. Glouc. *Deriv.* 327.

lacertosus [CL], of muscle, muscular. **b** strong, tough.

~a humiditas Gilb. I 70. 2v; non fiat sutura profunda nisi in loco non musculoso vel ~o Gad. 123. 2. **b** ~is viribus dimicandum est Aldh. *VirgP* 11; efficax, fortis .. virilis, virtuosus, ~us, agilis Osb. Glouc. *Deriv.* 198.

lacertula [ML], small lizard.

contra tales angues pugnat saura bestia sc. modica, id est ~a [Trevisa: *a litel euete*] Bart. Angl. XVIII 8 p. 1000.

lacertulus, small arm or muscle.

a lacero, hic lacertus, i. brachium, eo quod ad lacerandum sit habilis; et inde hic ~us Osb. Glouc. *Deriv.* 317.

1 lacertus v. lacerta.

2 lacertus [CL]

1 arm from shoulder to elbow. **b** armpit. **c** elbow.

ossibus et pedibus geminisque carebo lacertis Aldh. *Aen.* 43 (*Sanguisuga*) 4; **9..** ~um *earm WW*; tela licet validis veniant excussa lacertis; / queque sagitta venit viribus egra venit L. Durh. *Dial.* I 283; brachium ipsius fabri manu apprehendens ita fortiter strinxit, ut .. movendis malleis minus apta foret aptitudo ~i *Found. Waltham* 4. **b** ~us: *an arm hole* (*Medulla* 36a/b) *MED s. v.* armhole; hic ~us, *a harmehole WW*. **c** **11..** ~us, *earmboge WW Sup.* 449.

2 muscle, sinew.

validi qui tunc me forte lacerti / longius attigerint contis seu qualibus astis, / torpescerent Hwætberht *Aen.* 55 (*De torpedo pisce*) 4; Bart. Angl. VII 57 (v. grossus 3); ~i .. id est carnes ille nervose omnibus ossibus circumvolute, sunt numero quingenti et lxxix Ric. Med. *Anat.* 218; est idem musculus quod ~us; et dicitur ~us quasi laceratus, id est divisus *Ps.*-Ric. *Anat.* 42 p. 29; spasmus est extensio vel contractio nervorum et ~orum *SB* 40.

3 measure of forearm, cubit.

a cubit, ~us, cubitus *CathA*.

4 strut, beam of timber, tie-beam, *cf.* 2 *lacea*.

1233 ~os et brachia (v. bracchium 10d).

lacesca v. lycisca. **lacescere** v. lacessere, lassescere. **lacescibilis** v. lassescibilis.

lacessere [CL], **~ire** [LL]

1 to rouse, provoke to hostile response.

~it, *gremið GlC* L 19; †lactescit *Ib.* L 97 (v. exasperare 5); **1071** nec existimet sancta colendaque beatitudo vestra quod .. quibuslibet injuriis ~itus .. [rex] hoc facere velit Lanfr. *Ep.* 2; concurrunt undique .. caterve et .. maximam pugnam lacescunt G. Mon. X 9; asinino more ~itus, stimulo urgente *Found. Waltham* 4; Ord. Vit. XII 17 p. 352 (v. gyrus 2d); Offa igitur, magis ~itus et calore audacie scintillans .. in eosdem audacter irruit *V. II Off.* f. 3b.

2 to harass, vex, worry; **b** (verbally).

hic [sc. Severus] natura saevus, multus semper bellis ~itus Bede *HE* I 5 p. 16; qui cum sepius bello ~iti se et suos defensarent fortiter Abbo *Edm.* 1; data Deiopia Eneas periculis ~itur Bern. *Comm. Aen.* 10; importunitate querelarum offensus, ~itus injuriis Map *NC* V 6 f. 68; **1296** dispendiosis incommodis atteritur et variis exteriorum injuriis ~itur *Reg. Cant.* I 144 (= *Conc.* II 219: lacescitur); ut quid tunc, mater et fili, lite hac conamini judicem amplius ~ire? Fortescue *NLN* II 57. **b** nec turbulento spiritu indormientem efferatus pulsabat pede, †lacessabat [*sic*] voce W. Malm. *Wulfst.* III 9; P. Blois *Ep.* 7. 20A (v. 1 gleba 1a); te contumelie probrose latescunt J. Howd. *Cant.* 83; si quis modestie nescius pudoris et ignarus improbo petulantique maledicto nomina nostra crediderit lacescanda E. Thrip. *SS* 2. 8.

3 to assail (w. repeated blows).

9.. ~ant, *sliten oððe gremeden WW*; nemo qui ad servum Dei ~iendum interfuit ad oppidum Novi Castelli vivens redire prevaluit R. Cold. *Godr.* 108.

lachea v. 1 lata.

lachettum [OF, ME *lachet, lacet* < CL laqueus]

1 strip or loop of cord as tie or fastener. *Cf.* 2 *lacia* 1.

1290 pro xxv duodenis boton' deaur' et lachett' empt' ad copas clausas et mant' trium filiarum regis *Chanc. Misc.* (*TR Bk*) 4/5 f. 3; **1290** pro reparacione robarum .. cum serico, filo, ~is, candel' et aliis necessariis *Ib.* (*Ib.*) f. 11d.

2 strip of wood, lath. *Cf. lata*.

1303 in clavis ferr' emptis ad eandem [sc. capellam] in j homine ponente lachett' super capellam *MinAc* (*Suff*) 991/26 m. 2; **1304** in clavis ferreis emptis de Brod pro lachet' tachiand' super grangiam feni *Ib.* (*Suff*) 997/15 m. 1; **1304** lacchet' (v. dressor b); **1313** in vj quere' emptis pro lachett' inde faciendis, xxiiij s., in mmmdccc lachett' inde faciendis, ix s. vj d. *Ib.* (*Essex*) 843/4.

3 (of metal) strip as fastener, staple. *Cf. MED s.v.* lachet.

1420 in ~is ferr' emptis ad veterem carectam ij s. j d. (*Ropley, Hants*) *Ac. Coll. Wint.*; **1446** in x lachetis (v. gropa 1).

lachry- v. lacri-. **laciatorium** v. laceatorium.
laciatura v. laceatura. **laciatus** v. laceare. **lacimare**
v. lacunare.

lacina, goldfinch.

a golde finche, credula, carduelis, ~a *CathA.*

lacinatorium v. licinitorium.

1 lacinia [CL]

1 border of garment, edge, fringe, hem.

vestimentorum ejus ~am [canes] invadendo corroserant
R. COLD. *Cuthb.* 17 p. 32; apprehensa planete ~ia
quam sibi ministraturus superinduerat W. CANT. *Mir.
Thom.* VI 25; Joseph, cujus ~iam apprehenderet adultera
P. BLOIS *Ep. Sup.* 5. 2; habeat .. tunicam manubiis
et birris, ~iis munitam NECKAM *Ut.* 98; ministro ~iam
casule sustentante *Lib. Evesham* 8; **1565** caligas confici
praecipimus, ut neque scissura, neque pinctura, neque ~ia
.. ornatus causa .. in eis reperiantur *StatOx* 386.

2 strip of cloth.

hanc .. donationem cum duabus crucibus aureis et
duabus ~iis pallii sui pretioso opere auri et gemmarum
contextis .. ecclesie Eliensis investivit *Lib. Eli.* II 62 p. 135;
quatuor pecias latenarum de cerico coloris purpull' vocat'
lases Pat 529 m. 19 [*Cal.:* †lacenarum]; ~ia, A. *a gore WW.*

3 scrap, fragment (in quot., fig.).

nostra vero ~ias illius [sc. Bede] carpet et componet
oratio W. MALM. *GR* I 47.

2 lacinia v. lascivia.

laciniare [ML], **lacinare**

1 to tear in pieces, rend, pierce.

to ryve carriare .. ~iare *CathA; garded, cote* ~iatus
LEVINS *Manip.* 49.

2 to slash (garment as decoration or embellishment).

to jag, ~are LEVINS *Manip.* 10; *ragged,* ~iatus, infulatus
Ib. 49.

3 (p. ppl., her.) gobonated.

symbolis istis seu tesseris spaciantibus sua quedam
competit seccio que licet transversarie racionem imitetur
sub ea tamen specie non reponitur, utpote cum crux vel
limbus uti per frusta distinguitur: non partitum dicimus
e transverso; sed Gallice *gobbone,* nos ~iatum SPELMAN
Asp. 88.

lacininas v. lamina.

laciniola, (her.) cotise.

leo puniceus ad eundem modum dispositus cum duobus
~is cyaneis in clypeo argenteo Marshamiorum tessera
est gentilitia UPTON *app.* 49; fascia aurea quae habet
~as binas ejusdem metalli cum adjectis tribus cuniculis
argenteis equestris et antiquissimae Coniorum familiae in
agro Lincolniensi icon est tesseraria *Ib.* 58.

laciniosus [CL]

1 having jagged edge, fringed, shredded.

cincinosus, pannosus, ~us, tunicosus OSB. GLOUC.
Deriv. 142; ~us, laceratus *Ib.* 327; ~us, pannosus,
pannucius, fimbriosus, ligulatus *Ib.* 329.

2 having many elements, too elaborate.

c**721** pro his .. omnibus miseriarum necessitatibus, quae
~o sermone enumeravimus *Ep. Bonif.* 14; abjicere ~ae legis
praecepta ALCUIN *Exeg.* 680B; quibus .. moris est cum
evangeliis bucolica meditari, Horatium cum prophetis, cum
Paulo Tullium lectitare .. ~is .. carminibus amatoria texere
vel invectionibus invicem provocare AILR. *Spec. Car.* II 24.
573C.

lacissa v. lycisca. **lacitare** v. latitare. **lacivia**
v. lascivia.

1 Laco, ~on [CL < Λάκων; *in quots. Greek acc.
pl.* ~ones], (pl., astr.) the Spartans, the Dioscuri,
Gemini.

Junius aequatos caelo videt ire Laconas *Kal. M. A.*
I 408 (= ib. III 440, cf. II 427; *Miss. Westm.* I p. x:
†locanas); hujus germanos geminos agnosce Laconas, / his
par splendor inest, forma, figura, decor NECKAM *DS* I 440.

2 laco [*for CL* calo, v. infra], menial servant.

~ones duce Sanga turmatim premittet ad pugnam
J. SAL. *Pol.* 594C; Philippus .. equitibus non amplius
quam singulos ~ones habere permisit *Ib.* 603C [v. *Ps.-*
FRONTINUS *Strat.* 4. 1. 6 singulos calones habere permisit].

3 laco v. lectio 1.

---

laconice, laconically, in the manner of Spartan
speech, with few words.

1517 quia nunc sum paululum occupatior, vel ~e mihi
scribendum putavi, ne consulentem amicum silens videar
negligere *Ep. Erasm.* II 572.

laconicus [LL < Λακωνικός], laconic, like a
Spartan in speech.

1516 per epistolam saltem salutavi, imo per epistolium
quoddam ~um nam longiori non suppetebat tempus *Ep.
Erasm.* II 388.

lacontrapis, worm, earthworm.

9.. lacontrapis, *angeltwecca WW.*

lacrima [CL]

1 tear; **b** (fig.). **c** (*vallis ~arum* w. ref. to *Psalm.*
lxxxiii 7) vale of tears, earthly life. **d** (*~ae siccae*)
crocodile tears. **e** shedding of tears, weeping.

Eustochium lacrimis virgo non sensit amaris ALDH.
VirgV 2134; fletuque ac ~is multum perfusa [cf. *II Macc.*
xi 6] BEDE *HE* IV 23 p. 257; me .. fateor .. vidisse ..
manuum illius opera, peccatricibus manibus contrectasse ..
~is rigasse [cf. *Luc.* vii 38, 44] OSB. *V. Dunst.* 13; MAP
NC III 3 (v. 1 defluere 1b); lachrima GILB. III 125v. 2
(v. lacrimabilis 3a); sed si [vir sanctus] habeat profundam
foveam, profunde viz. humilitatis, et cum hoc aquam
~arum [ME: *teares*] .. AncrR 90. **b** et crebro lacrimae
[sc. candelae] stillant de frontibus udae ALDH. *Aen.* 52
(*Candela*) 6. **c** exemplum obedientiae mortalibus in valle
~arum degentibus praebet *Id. VirgP* 6; **957** (14c) de ~arum
valle ad coelestia regna *CS* 988. **d** M. PAR. *Maj.* V 519
(v. Cahursinus). **e** si probatus fuerit in omni penitentia,
in ~is et orationibus, humanius circa eum episcopus potest
facere THEOD. *Pen.* I 8. 12; hinc dolor, hinc lacryme AILR.
Ed. Conf. 761D; habent mali suis votis duo tempora: unum
ludorum, alterum ~arum; in uno plaudant [*sic*], in altero
plorant LUCIAN *Chester* 73; c**1298** quam brevis est risus,
quam longaque lacrima mundi! (*Dunbar* 148) *Pol. Songs*
171 (= VINSAUF *PN* 430).

2 juice, gum (of plant).

balsama cingebant fontem, que nectaris instar / fundebant lacrimas fontis in ampne suas A. MEAUX
Susanna 45; cujusdam herbe .. ~a BART. ANGL. XVII
78 (v. ammoniacus b); vel lac ficus vel titimalli vel rostri
porcini vel lachryma vitis vinifere GAD. 29. 2; scamonea
frutex est .. ~a plena *Alph.* 163; thus ~um est arboris que
libanus Grece dicitur *Ib.* 188.

3 urine.

comprimit hec telam, cito quod strepitat bene stilla, / ut
vir credat eam mittere sic lacrimam *Latin Stories* 175.

4 (*~a oculi,* alch.) *aqua vitae.*

CUTCL. *CL* 192 (v. 1 lac 6).

5 measure of lead.

1305 [*purchase of lead at Southampton*] j ~a ij s. iij d. *Hist.
Agric.* II 532.

lacrimabilis [CL]

1 accompanied by tears, tearful.

raptam Eurydicen ~i deflevit carmine *Lib. Monstr.* II 7;
~i voce FELIX *Guthl.* 35 p. 112; a**1075** auribus summi
pontificis ~em queremoniam intulisse LANFR. *Ep.* 30 (25);
1168 ~i supplicatione deposcens J. SAL. *Ep.* 261 (280
p. 610); ejusdem lachrimabiles supplicationes GIR. *GE* II
11 p. 219; **1398** persecucionum mearum ~es spectatores *Lit.
Cant.* III 70.

2 worthy of tears, pitiful, mournful,
lamentable; **b** (w. ref. to *Psalm.* lxxxiii 7).

rem ut erat miserabilis et ~is omni familiae .. episcopo ..
revelavit *V. Cuthb.* IV 3; quid hac conditione ~ius .. quam
ut quis usque ad corruptionem et perpetuum interitum
hujus vitae vana sectatur? ALCH. *Ep.* 299; sors lacrymabilis
accidit EADMER *V. Osw.* 2; unde et plerumque in rebus
humanis illud lacrymabile accidit, ut .. H. BOS. *Thom.* III
3 p. 187. **b** c**795** iter agimus laboriosum et per vallem
~em ad incertum properamus ALCUIN *Ep.* 86 p. 130.

3 (*angulus ~is,* anat.) tear-duct. *V. et.
lacrimalis.*

nunquam per substantiam oculi transit lachrima sed per
angulum lachrimabilem GILB. III 125v. 2.

lacrimabilitas [ML], lamentable condition.

.. vetus namque proverbium est: contraria contrariis
sanantur .. †lacrimabilite [? l. lacrimabilitate] ÆLF. *EC* 34.

---

lacrimabiliter [LL]

1 with tears, tearfully.

in haec verba lacrymabiliter erupit OSB. *Mir. Dunst.* 17;
1117 quasi pedibus pietatis vestrae prostrati lacrymabiliter
supplicamus (*Lit. ad Papam*) H. CANTOR f. 13v; **1174**
R. Pictavie comes ~iter manus dedit GERV. CANT.
Chr. 250; filii .. erga ipsum inpietatem ei ~iter indicavit
GIR. *SD* 16; **1300** sibi peciit a nobis ~iter aliquo remedio
subveniri *Reg. Cant.* II 710.

2 in a manner worthy of tears, pitiably,
lamentably.

1230 subjectionem .. ecclesie inauditam, cum aliis multis
periculis .. que ex eo ~iter sequerentur (*AncC* VI 130) *RL*
I 380; **1401** spes remedii a cordibus hominum recessit ~iter
BEKYNTON I 153.

lacrimabundus [CL], weeping, tearful.

~us lugubriter flevit ALDH. *VirgP* 32 p. 272.

lacrimalis [ML]

1 that produces tears. *V. et. lacrimabilis* 3.

in radice nasi sunt duo foramina exeuntia ad angulos
~es oculorum quibus exeunt lacrime *Ps.*-RIC. *Anat.* 28;
aliquando contingit [lachryma] .. a profunda incisione in
angulo lachrymali GAD. 109v. 1; pumex .. pulverizatus
in oculis lachrymalibus ardorem patientibus ponatur *Ib.*
110. 1; lachrymali *Ib.* 121. 2 (v. fistula 4a).

2 worthy of tears, pitiful, mournful,
lamentable.

sequitur pro funere plangens / gens querulo planctu,
lacrimalia tempora ducens D. BEC. 338.

lacrimanter, with tears, tearfully.

15.. lachrymanter [*as stage direction*] (*Birth of Hercules*)
Malone Soc. (1911) 19, 50.

lacrimare, ~ari [CL]

1 to shed tears, weep: **a** (act.); **b** (dep.); **c** (of
eye); **d** (of artefact).

a ~ans aiebat .. FELIX *Guthl.* 52 p. 164; ecce
conquerentium et ~antium pauperum turba me coram
imprimitur *Ep. ad amicum* 9; si lachryme alique essent
voluntarie, tunc possemus lachrymare quando vellemus,
quod falsum est GAD. 109v 1. **b** quem dum presbyter
.. quare ~aretur interrogasset BEDE *HE* III 14 p. 157;
1160 ad omnem querelam familie presens non cogeris ~ari
J. SAL. *Ep.* 59 (124 p. 205); licet singulis diebus lachrymata
fuerit, tunc amplius et fere usque ad effusionem oculorum
GIR. *GE* I 50 p. 141; [hypocrite] simul rident et ~antur,
histrionibus .. consimiles NECKAM *NR* II 185. **c** oculi
lacrymantur ad presentiam fumi R. ORFORD *Sciend.* 212.
d a**1500** procedit ita ulterius ascendendo versus austrum
usque ad crucem lacrymantem (*Bury St. Edmunds*) *OED.*

2 (trans.) to weep for, bewail, mourn.

et lacrimer patrie gesta nefanda mee (*Vers.*) H. HUNT.
VIII 12 p. 267; excitat ad lacrimas facies lacrimantis
amicum J. SAL. *Enth. Phil.* 1447; heroicum carmen
lacrimabor eum lucubrandum *Pol. Poems* I 219.

lacrimatio [CL], the shedding of tears,
weeping.

miserabit ~one .. venio *Ep. Anselm.* V 344; in tristia et
gaudio fiat ~o *Quaest. Salern.* N 56; lachrymatio est ex
superfluitate humidi superflui non apprehensi GAD. 109v 1.

lacrimose [CL], tearful.

sedula femina tandem parochianum suum lacrymose
requirit presbyterum, nomine Elselmum GOSC. *Mir.
Aug.* 12.

lacrimositas, tearful condition.

lachrymositas multa et aqueitas oculorum GAD. 45v. 2.

lacrimosus [CL]

1 tearful. **b** (as sb. m.) tearful man.

~o clamore FELIX *Guthl.* 30; ~is precibus auxilia
flagitabat BEDE *HE* I 12 p. 26; ~is deplorare singultibus
GIR. *IK* VII pref.; **1262** ~a plebis desolate suspiria *Cl* 111;
'spargetque lacrimas nostras', id est dividet ab invicem nos
lacrimosas TREVET *Troades* 74. **b** lacrimans .. restituit
~o leticiam MAP *NC* V 6 f. 70.

2 dripping, flowing, exuding: **a** (of plant);
b (of artefact).

a idalie mirti lacrimosaque ficus ab Adam GARL. *Epith.*
IV 155. **b** **928** (v. forceps 4).

3 *f. l.*

†lacrymosum W. MALM. *Dunst.* p. 252 (v. lacunosus).

lacrimula [ML], little tear.

hec lacrima .. unde hec ~a OSB. GLOUC. *Deriv.* 316.

lacrimulus, of tears.

intuentes ipsius faciem lacrymulis stillicidiis perfundi BYRHT. *V. Osw.* 468.

lacrimum v. lacrima.

lacrum, unit of land measure.

a1131 sciatis me concessisse .. unum lacrum [*sic* MS] de prato in Spinttemore versus petram *Cart. Blyth* 133.

lacry- v. lacri-.

lacsugo [cf. CL lac, salsugo], whey.

hic lacsugo, A. *way WW*.

lact- v. et. lacc-.

lactabilis [CL], (of mammal) producing milk, in milk.

12.. quamdiu vacce et oves sunt ~es *Conc. Scot.* II 51; **1453** vacce ~es *Ac. H. Buckingham* 46.

1 lactagium v. laccagium.

2 lactagium [cf. CL lac]

1 produce of milking, milk.

1307 de ~io vendito computato xij s. x d. ut vacce et oves respondentur supra *Crawley* 257; **1307** de ~io iemali vendito (*Ac. Combe, Hants*) *Doc. Bec* 146; **1308** de ~io vendito a tempore quo non fecerunt caseos usque diem hunc proximam post festum S. Michaelis (*Ib.*) *Ib.* 159; **1320** [caseis] factis de ~io vj vaccarum *Cant. Cath. Pri.* 161 n.; **1399** in casio et lactag' emptis, iij s. *MinAc* (*Surrey*) 1015/4 m. 2.

2 income derived from the rent or produce of milking.

1299 de xxiij s. iiij d. de ~io vij vaccarum dimisso ad firmam hoc anno (*Ac. Middleton*) *DCCant.*; **1308** habeat et percipiat opera .. costomariorum .. et eciam lectagium provenient' [*sic*] de ovibus nostris (*Anc. Ext.* 9 m. 12) *DocExch* 178; **1317** in ~io vaccarum suarum ministrare sicut alii nativi ministrare permiserunt (*CourtR Chatham Hall, Essex*) *EHR* XX 483; **1341** emergit taxa .. de feno decimali, oblacionibus, obvencionibus, ~io et aliis proficuis et commoditatibus *Inq. Non.* (*Wistow, Hunts*) 425; **1356** onerantur de xxiij s. de ~io super compotum ut oves reddunt de ij d. cum ij caseis datis de consuetudine precium xij d. *Crawley* 277; **1364** respondit .. de x s. de firma ~ii et vitulorum ij vaccarum ad firmam .. et de x s. x d. de firma ~ii lxv ovium matricium lactancium hoc anno pro capite ij d. *Banstead* 339; **1398** in liberatis [frumenti] j bidello .. j daie existenti firm[ario] de ~io et vaccario, ij fug[atoribus] *Ac. Man. Coll. Wint.* (*Harmondsworth*); **1419** computat .. in ~io liberato in cameram domine .. xv s. *MinAc* (*Suff*) 1249/4 m. 1; **1449** de ~io ovium matricium nichil quia non lactabantur hoc anno *Crawley* 478.

3 manorial due for pasturage of dairy animals.

1302 r. c. .. de ~iis xxxj vaccarum episcopi defuncti commorancium ibidem in pastura per xlj dies (*Rot. Vac. Bath & Wells, MinAc* 1131/3) *Cust. Rents* 78; pro ~io vitulorum et decimis privis *Val. Eccl.* II 64; vicaria de Carnerwell' .. liber pascalis cum decima vitulorum et lactag' valet c s. *Ib.* 65; vicaria de Wansworth' .. pro lactag' per annum xx s. *Ib.* 66.

lactaneus [LL], of the temperature of milk, lukewarm.

~ea, id est tepida *Alph.* 93.

1 lactare [CL], to flatter, wheedle, entice.

8.. ~es, *gæl* [*gl. Prov.* xxiv 28] *WW*; si quis adulator te lactat, credere noli H. CANTOR *Vers.* 222; ne credas adulatoribus, qui te ~ant P. BLOIS *Ep.* 3. 11A; prelatus .. rarissime invenitur, qui collaterales non habeat assentatores sibi, qui eum ~ant et palpant *Ib.* 15. 55B; vanis lactat fabulis *Id. Carm.* 15. 2. 7.

2 lactare [LL < CL *pr. ppl. only*]

1 to give milk to, to suckle, nurse, nourish; **b** (fig.). **c** (pr. ppl.) producing milk, in milk; **d** (p. ppl.).

despiciunt ~are quos gignunt (*Libellus Resp.*) BEDE *HE* I 27 p. 55; o gloriosa femina, / excelsa supra sidera, / qui te creavit provide / lactas [AS: *thu sycst*] sacrato ubere *AS Hymns* 75; hoc precipue existimamus fieri in ~antibus pueros *Quaest. Salern.* B 296; **1211** expensa: .. in agnis ~andis, xij d. *Pipe Wint.* 123; tanquam lamia ~ans catulos suos PECKHAM *Kilw.* 136; ex propria matre .. ~atus est *Eul. Hist.* I 38; **s1422** quam prave perverseque sit generationis .. dominam contemnere que te ~averat (*Lit. Abbatis*) AMUND. I 93. **b** philosophie uberibus ~atus PETRUS *Dial.* 3 (cf. J. SAL. *Pol.* 386C); gremio matris Ramesie exceptus, ~atus uberibus, monastice scientia discipline decenter imbutus *Chr. Rams.* 89; **1228** ecclesia, cujus uberibus ~atus sum (*Lit. Episc. ap. Reg. S. Osm.*) *Conc.* I 564; **1281** attendimus quod verba Eboracensis ecclesie que ~astis .. vos commovent et invitant *Reg. Ebor.* 281; **1298** degeneres filios .. ecclesia regenerans et eos suis ~ans uberibus *Reg. Cant.* I 225. **c** feminis ~antibus GERV. TILB. III 85. **d** simia lactata dicetur clunagitata .. i. regina predicta, vel alia mulier habens conditiones simie ~ate, vel habens lac in uberibus suis (J. BRIDL.) *Pol. Poems* I 159. 160.

2 (of infant or young mammal): **a** (intr.) to suck milk (from breast). **b** (tr.) to suck milk from (breast). **c** (pr. ppl.) sucking, unweaned, infant. **d** (pr. ppl. as sb. m.) unweaned child.

a 1449 ymago Beate Marie Virginis .. cum suo filio ~ante super mamilla dextra *Test. Ebor.* II 151. **b 1329** sicut pie matris ubera filiis exhibent se ~anda *Lit. Cant.* I 304. **c 1258** staurus: .. remanent in curia .. viij porcelli ~antes *Ac. Wellingb.* 3; habens filiam ~antem et reptantem *Mir. Montf.* 86; **c1308** in .. j vacca cum vitulo ~ante *LTR Ac* 19 r. 41; matrona .. parvulum ~antem tenens in manibus *Eul. Hist.* I 151. **d** de quo ~antes evangelici .. cecinerunt ALDH. *VirgP* 30; BEDE *CuthbV* 73 (v. 2 flatus 2b); infantes .. in aera pro signo attolluntur; ~antes ad saxa alliduntur GOSC. *Transl. Mild.* 5 p. 160; mors gravi viridem etatem copulat; / .. / lactantes laniat, lallantes jugulat WALT. WIMB. *Sim.* 122.

3 to milk (animal, also absol. & intr.).

1264 (v. 2 daia); **1275** in liberacione anelle ~antis oves, vij busselli *Ac. Stratton* 65; **1277** in liberacionibus iij mulierum ~ancium vaccas et oves matrices *Ib.* 85; **1285** iij mulieres de villa ydonee ~abunt oves domini per dim. annum *Cust. Suss* (*Loventon*) II 21; oves .. ~ari non permittantur *Fleta* 167; *Form. Man.* 21 (v. bukettus b); **1306** in stipendiis xxvj feminarum ~ancium oves et vaccas *MinAc* (*Yorks*) 1079/17 r. 3*d*; **1319** de v vaccis .. conductis ad ~andum in estate *Cant. Cath. Pri.* 164 n.

4 (p. ppl. as sb. n.) milk drink, posset.

hoc ~atum, *a poset WW*.

lactaris v. lathyris.

lactarius [CL = *giving suck*], for milk.

retribuet .. refectorarius pomario obbatam cervisie de vase cervisatorio. identidem faciet vaccario pro duobus vasis ~iis *Obed. Abingd.* 402.

lactatio [LL]

1 act of giving suck, suckling, nursing.

heu me, inquit, fili mi dulcissime, heu ~io et nutrimentum meum suave *V. Kenelmi B* 80v. 2; sicut nullus virorum potuit ille communicare in tanti filii generatione, sic nec aliqua mulierum in ejusdem ~one W. NEWB. *Serm.* 827; diem natalicium Verbi incarnati pieque ~onis illius J. FORD *Serm.* 95.6.

2 act of milking (dairy animals).

1268 pro ~one ovium ij s. *Ac. Wellingb.* 5; **1316** in ij bokkettis emptis pro ~one vaccarum v d. *Cart. Glam.* I 217.

lactativus, having the property of milk, milk-like, nourishing.

lactativa bibit veteris precepta Minerve HANV. VIII 7.

lactator, one who milks an animal, milker (m.), milkman.

1293 item j pastori agnorum, .. ij ~oribus *Ac. Wellingb.* 63.

lactatrix [ML]

1 one who gives milk, suckles, or nourishes: **a** (of woman, esp. BVM); **b** (of female mammal).

a altrix reparatoris carnis meae, ~ix Salvatoris ANSELM (*Or.* 7) III 19; virgo lactatrix genitrixque pudica GARL. *Epith.* I 331. **b 1205** xvj vacce unde xj sunt ~ices et xiij sunt pregnantes *RNorm* 141.

2 one who milks an animal, milker (f.), milkmaid.

1272 siccatricis brasei et ~icis ovium *Ac. Wellingb.* 13; **1276** in liberacionibus iij ~icium *Ac. Stratton* 195 (= ib. 76: in liberacionibus iij mulierum lactancium); **1277** in ~icibus post festum S. Michaelis, ij busselli [ordei] *Ib.* 205.

lactea v. lacteus.

lacteolus [CL], milk-white.

~us vultu BYRHT. *V. Osw.* 409; cum vidisset W. Wintonie ad consecrandum duci cesarie ~um, vultu roseum W. MALM. *GP* III 132; WALT. WIMB. *Carm.* 36 (v. glebula d).

lactēre [CL]

1 (of infant or young mammal): **a** (intr.) to suck milk (from breast). **b** (tr.) to suck milk from (breast or female mammal). **c** (pr. ppl. as adj.) sucking, unweaned, infant (also fig.). **d** (pr. ppl. as sb.) unweaned child.

a nominis, quod est Athena, secundum Grecos interpretacio est .. a 'non ~endo' quia nata fuit .. de capite Jovis sine matre GROS. *Hexaem. proem.* 15; sunt ~entes, mendaciis conniventes ut defendant temporalia perquisita; ipsa .. sunt .. abortiva monstra usque ad mortem ~encia et usque ad inferum trahencia WYCL. *Ver.* I 327. **b** [suilla] canem forte ~uerat .. cujus mamillis apposita fuerat GIR. *IK* I 2 p. 28; non potest vendere pullanum suum masculum sibi pullenatum nisi dum ~eat matrem *Cust. Bleadon* 204. **c** qui [sc. S. Petrus] ~entis ecclesie rudimentis vivens Clementem prefecerat W. MALM. *GR* III 266; **1211** de j pullo masculo ~ente *Pipe Wint.* 177. **d** ~ens sponsam duxit lacteam GOSC. *Edith* 46; non est victoria qua ~entium perimitur innocentia OSB. *V. Elph.* 135.

2 to milk (animal).

quando hora venerit ~endi matrices [oves] *Cust. Bleadon* 207; **1351** in liberacione j mulieris ~entis oves matrices *Rec. Elton* 379.

lacteria, ~is v. lathyris.

1 lactescere v. lacessere.

2 lactescere [CL], to begin to produce milk; **b** (w. ref. to juice or sap of plant).

una virgo ab aeterno inventa est in utero habens, et eadem sola inventa est in pectore ~escens. unde in utero habens, inde in pectore ~escens. .. opere quippe nature non potuit virgo ~escere, sicut nec in utero habere W. NEWB. *Serm.* 828. **b** hic lacturnus .. i. qui putabatur preesse segeti ~enti OSB. GLOUC. *Deriv.* 315; †lactessit (v. l. lactescit) *Alph.* 49 (v. dens 3c).

lacteus [CL]

1 of or for milk, full of milk; (of food) made of milk; **b** (fig.). **c** unweaned, sucking.

rex iste, cum puer esset, .. erat ~eo nutritus cybo *V. Greg.* 99; ~eis .. cibariis utentes et in pultis modum quasi croco confectis GIR. *IK* I 8 p. 75; iste caseus est ~eus, id est de lactis materia GERV. MELKLEY *AV* 139; in lactea Israel terra ditescit, / limitante funiculo distributa J. HOWD. *Cant.* 212; **1627** (v. 1 domus 15a). **b** velut ab ipsis tue pietatis uberibus ~eum exordium incipiam sugere CHAUNDLER *Apol.* 24b. **c** teneros illos et adhuc pene ~eos puerilis corpusculi artus seva diversarum egritudinum occupaverat et infesta crudelitas *Mir. Hen. VI* II 42.

2 like milk, milky. **b** (of colour) milk-white. **c** spotless, pure. **d** kindly, gentle.

lactea currebant tunc flumina, mella fluebant GREG. ELI. *Æthelwold* 1. 4; lacteus .. sapor NECKAM *DS* VI 315 (v. galactites); ~eus humor *Ps.*-RIC. *Anat.* 36 (v. 4 infra). **b** ~is, albis *meolchwitum GlP* 683; barba canitie ~ea OSB. CLAR. *V. Ed. Conf.* 4; cervices lacteas WALT. WIMB. *Sim.* 109 (v. faciecula); **c1432** [stabant] vij .. virgines ~eis liliate vestitibus *MGL* III app. 459. **c** saepe unde caritas proficit inde invidia labescit et ~eam dulcedinem nigro inficit veneno ALCUIN *Ep.* 214; sistitur .. bima infantula ut in florido prato hostia ~ea, ut in divina libra dragma aurea GOSC. *Edith* 44; corpus .. ita perspicuo nitore gemmeum, ita miranda puritate ~eum erat W. MALM. *Wulfst.* III 22. **d** hilari vultu et ~eis oculis ac mansueta voce DOMINIC *Mir. Virg.* 141a; ita ut in latitudine ~ei cordis non odium non rancorem teneret W. DAN. *Ailred* 2.

3 (w. *circulus*, *galaxias*, *via*, or sim., astr.) Milky Way.

signifer ~eum circulum in Sagittario recipit et Geminis BEDE *TR* 16; agmine stellarum multo varioque refulget / celestis via, que lactea nomen habet NECKAM *Poems* 114; OSB. GLOUC. *Deriv.* 260; J. SAL. *Pol.* 613B; BACON *Maj.* 100; *CathA* (v. galaxias a).

4 (as sb. f., med.) lacteal, lymphatic vessel of the mesentery.

kilis vena .. dirigitur ad ipsum cor; ibi autem ramificatur interius in concavitate que ~ea appellatur, quia quasi lacteus humor est ille quem sugit ab intestinis et a stomacho *Ps.*-RIC. *Anat.* 36; quas .. venulas et meseraicas et mesentericas Graeco vocabulo nominare licebit. Latini eas ~eis vocant D. EDW. *Anat.* B 2.

lacticapium, milk-pail.

vasa ubi mulgetur, uter mulgarium, mulctrum, sinum, cimbia, ~ium, lactigerulum OSB. GLOUC. *Deriv.* 262.

lacticinium [ML]

1 food composed of milk or milk products.

ad alimenta monachorum juniorum, ~iis alendorum, conferebatur *G. S. Alb.* I 54; [butyrum] componitur de tyros et bos .. et est ~ium quod a bove venit BACON III 114; religiosis qui vivunt de piscibus et ~iis et similibus frigidis GAD. 4v. 2; s**1399** nec carnes aut ~ia comederunt WALS. *HA* II 243; **1436** vesci butiro et lacte vaccineo et aliis ~eis confect' *Stat. Linc.* 475; **1451** (v. esus 1a).

2 milk-yield, dairy produce; **b** (as tithe).

1329 agni dictarum ovium et ~ia liberabuntur pastoribus earundem pro cibis et mercedibus *ExchScot* 225; **1352** x s. de ~io vaccarum .. ad firmam dimissarum *Ac. Durh.* 207; **1388** (v. 2 firma 1f). **b** s**1343** percipiunt .. ~ium et alias hujusmodi decimas THORNE 2078; **1345** percipiant .. decimas .. casei ~ii aucarum *Reg. S. Aug.* 348; **1347** [tithes of .. milk] †lactunii [? l. lacticinii] *Reg. Coventry* (apud R. W. Gyton *Shropshire* VII 314); a**1380** in decimis bladorum .. lactis, ~ii piscariarum (*Lit. Papae*) *Rect. Adderbury* 95.

3 white meat.

nec in adventu Domini non comedetis lacticinis [ME *ne schule ʒe eote nan hwit*] *AncrR* 165; hoc ~ium, A. *wyttemet WW*; lactissinium, A. *whyt mete WW*; hoc †lacticium, *wyte mete WW*; *milke mete*, ~ium *CathA*.

lacticium v. lacticinium.

lacticulosus [CL], milky, unweaned.

milke .. lacteus, lacticolosus, mulcereus, lactiosus *CathA*.

lactifluus, flowing with milk, giving milk.

pinguibus pascuis, gregibus ~is GOSC. *Aug. Maj.* 51B; occurrent due fere ~e, quas tractabiliter mulgentes *MonA* II 177 (= *NLA* II 468); civitas .. circumdata .. gregibus ~is *Chr. Abingd.* I 6; sicque facta est abbatissa dux siderea et mater ~a septuaginta virginum THORNE 1907.

lactigerulus [cf. LL lactiger], milk-pail.

OSB. GLOUC. *Deriv.* 262 (v. lacticapium).

lactiosus, full of milk, milky.

CathA (v. lacticulosus).

lactiphagus [cf. γαλακτοφάγος], milksop.

a milksoppe, lactiphagus LEVINS *Manip.* 169.

lactirias v. lathyris.

1 lactis [CL *pl.* = *small intestines*], rennet.

~is, A. *rennet, or rennynge WW*; hec ~is, *a cheslepe WW*; *a cheslep*, ~is *CathA*.

2 lactis [ML]

1 soft roe or sperm (of fish), milt.

et genitor lactes ovula mater habet NECKAM *DS* III 392; ~es, A. *roof of fyshe, or mylke of fyshe WW*.

2 milter, male fish in spawning time.

nomina piscium marinorum: .. hec ~is, *mylkere WW*.

lactissinium v. lacticinium.

lactitarium, 'charlet', sort of custard.

~ium, A. *charlet WW*.

lactopos v. lagopus.

lactrix, (of female mammal) that produces milk. **b** (as sb. f.) female mammal that produces milk.

cum tempore pasture [prepositus] bonas vaccas ~ices ab aliis separavit *Fleta* 166; **1323** quarum quidem vaccarum tres erant ~ices et quatuor steriles *MinAc* (*Yorks*) 1146/18; preter quinque vaccas ~ices *Pat* 239 m. 20. **b** c**1230** debet pannagiare quotquot habet porcos excepta sue ~ice (*Cust. Swyncombe, Oxon*) *Doc. Bec* 87.

lactualis, (as sb. n.) tithe from dairy produce (W.).

rectoria de Llysvayn valet in .. ~ibus et aliis minutis decimis vij s. iiij d. . . . inde in reprisis viz. ~ibus episcopo solutis iiij s. *Val. Eccl.* (*St. Asaph*) IV 443; **1588** ac de et pro .. rectore de Bettus predict' vj s. v d. et j ob. et xlij s. iiij d. et j ob. pro lactual' ac xxxj s. et ij d. procurat' et sinodal' *Pat* 1318 m. 9.

lactuarium [cf. electuarium, lac], electuary, compound ointment.

a pinso pisticus .. i. conmixtus ex diversis, sicut ~ium, vel preciosum unguentum, ex diversis conmiscetur speciebus OSB. GLOUC. *Deriv.* 416; plasma, factura, vel ~ium *Ib.* 478.

1 lactuca [CL], lettuce. **b** (~a agrestis, silvestris, or sim.) wild lettuce, endive. **c** (w. ref. to *Exod.* xii 8).

herba ~a leporina, *pæt is* ~a *Leechdoms* I 44; sciens quod asino cardones edente, indignam habent labia lattucam MAP *NC* I 31 f. 23v; ex ~a humor generatus totus transit in coleram, que tamen similitudo ~e vel alterius rei ad colere transit consistentiam *Quaest. Salern.* B 136; **12**.. ~e i. *letue*, i. *slepwurt WW*; de quadam moniali ~am comedente, signo crucis non facto *Spec. Laic.* 22; **13**.. ~e semen compescit sompnia vana cum vino bibitum *Herb. Harl.* 3388 81v. **b** herba ~a silvatica, *pæt is wudu lectric Leechdoms* I 18; preceptum est illis .. comedere et ~as agrestes et carnes agni ad vesperam ÆLF. *EC* 14; ~a silvatica, *uude lectric Gl. Durh.* 303; ~e agrestes quas rustici vocant scariolas BACON V 77; **13**.. ~a, *letuse, slepwort* idem; domestica et campestris *Herb. Harl.* 3388 81v; lactuce silvestris GAD. 112. 1 (v. acorus); ~a agrestis, i. scariola *SB* 26; ~a silvestris, i. endivia *SB* 27; *Alph.* 57 (v. endivia); ~a, hujus sunt due species, s. domestica et agrestis, endivia agrestis idem *Ib.* 93; TURNER *Herb.* B i (v. endivia). **c** si Deus precepit agnum paschalem .. comedi .. cum ~is agrestibus GIR. *GE* I 50 p. 141; olim paschalis agnus non comedebatur nisi cum ~is agrestibus et amaris P. BLOIS *Ep.* 123. 359B; renes accincti filii Israel comedunt carnes agni paschalis cum ~is agrestibus AD. DORE *Pictor* 160.

2 lactuca v. leticia.

lactucella [cf. CL lactuca], wild lettuce, endive, sow thistle.

si datur ~a, curatur .. longa et rotunda ~a venenum destruit GILB. VII 350v. 1; ~a, endivia, scariola, *sowethistel* idem sunt secundum quosdam *SB* 27; scrophularia quasi ~a habens testiculos, G., A. *medwert Alph.* 177.

lactudiclum v. 1 lac. **lactum** v. 1 lacca. **lactura** v. lathyris. **lactus** v. 2 lectus.

lacualis [ML]

1 of or belonging to a lake.

regio .. lactis et lane dives, piscibus marinis, fluvialibus, et ~ibus multiplex opulenta FORDUN *Chr.* II 8.

2 (w. ref. to the pit of Hell) infernal.

~is et infernalis eques J. FURNESS *Walth.* 66.

laculus [ML], small pit or cavity.

descendit Dominus in ventris laculum / ibique vertitur in ministerculum WALT. WIMB. *Carm.* 20.

1 lacum v. 1 lacca.

2 lacum [cf. laqueus]

1 snare, trap.

hec tendicula, hoc ~um, *panter Gl. AN Glasg.* f. 20vb.

2 lace, tag: **a** (for clothing or eccl. vestment); **b** (for attaching seal to document).

a c**1250** casulam de serico cum ~is aurifrigiis *Vis. S. Paul.* 14; lx s. de j lecto quo dominus communiter utebatur cum lecis, pilleis, cuffis, calligis et sotularibus assignatis camerario *Ac. Exec. Ep. Exon.* 6; **1337** in carde sindone filo serico et ~is empt' pro casickis et cappis emendandis *Sacr. Ely* II 79; **1337** (v. frengia); **1423** in xiij ulnis de carde cum ~is de serico et filo et factura albarum *Ac. Durh.* 407. **b 1365** in dim. uncio viridis cerici pro lac' fac' pro confirmacione cart' regis Scocie x d. *Ac. Durh.* 567.

lacuna [CL]

1 cavity, hollow, pit.

he [terre, sc. Anglia et Normannia] quicquid pecuniarum avidis faucibus insorbuerint in unam ~am defluit W. MALM. *GR* II 207; quando sedebat ad mensam nec ventris ingurgitabat ~am nec abstinentis incurrebat pompam *Id. GP* II 76 p. 170; cum sit fraudis laqueus, / viciorum puteus, / sordium lacuna P. BLOIS *Carm.* 25. 19. 111; erat intra ceptum pene sub ipso sterquilinio fossa quedam sive ~a, quo sordes .. vi proruencium imbrium confluebant *Mir. Hen. VI* III 109 p. 194.

2 pool of water, pond (also w. ref. to sea).

Junius aequatos caelo videt ire lacunos *Miss. R. Jum.* 14; in hac ~a pelagi GOSC. *Transl. Mild.* 11; Isis .. omnium ~arum fluentiam ostendit ALB. LOND. *DG* 7. 4; hec ~a, *a playche of water WW*.

3 extremity: **a** edge, hem, border; **b** utmost place.

a hec ~a, est extremitas vestis *WW*. **b 1276** rex regum .. personam vestram, tamquam lampadem oleo sacre doctrine refertam, .. in ejus [sc. ecclesie] ~a sublimiori constituit (*Lit. ad Papam*) *Foed.* II 63.

lacunalis, of or relating to a pond or pool.

similiter perdices valent et aves ~es cum suis pedibus sicut tatelle GAD. 10v. 1; non parvarum avium nec ~ium cum pedibus continuis *Ib.* 43. 1.

lacunar [CL], ~arium [LL]

1 panel covering gap in the framework of a ceiling, a panelled ceiling. **b** (fig.) ceiling or lid of a coffin.

in -ar .. neutra, ut .. ~ar TATWINE *Ars* 99 [gl.: *first, frist ASE* VI 78]; lucunar, camera *Gl. Leid.* 46. 12; pulchritudinis gratia sollicitabat oculos ad ~aria W. MALM. *GP* I 43 p. 70; aque superjectus undat in ~ari J. SAL. *Pol.* 542D; si ructare velis, memores spectare lacunar D. BEC. 1049 (cf. Juvenal *Sat.* I 56); in aula mea hec architectari feci: .. ~aria [gl.: *furstys*], tigna, lodia, trabes, latas, laquearia [gl.: *lasys*] GARL. *Dict.* 137. **b** pectusque lacunar / opprimit, et latera paries constringit utrimque D. BEC. 341.

2 clothes press (imagined as a hollow wardrobe or panels for flattening cloth).

a presse for clathe [v. l. *clothis*], lucunar [v. l. lacunar], panniplicium, vestiplicium *CathA*.

3 (by metonymy of sense 1a): **a** brace, beam. **b** hanging lamp; *v. et. TLL s. v.* 2 lacunar.

a ~ar, A. *a lase WW*; *a bande of a howse*, ~ar, ~arium, laquear, laquearium, loramentum *CathA*. **b** crepusculo noctem prenuntiante .. sunt accensa ~ia [v. l. lucunaria; *gl.: chandelabres, sim.*], lugubre sive crucibolis laterne, cerei .. BALSH. *Ut.* 53.

4 cavity, hollow, pit (? conf. w. *lacuna* 1a).

hyena .. / artubus humanis cupiens implere lacunar / ventris NECKAM *DS* IX 93.

5 pool of water, pond (? conf. w. *lacuna* 2).

†lanucar [l. lacunar], *flode GlC* L 37 (cf. *WW* [**10**..]: lucunar, *flode*).

lacunare [CL], to hollow out, make a hole in.

depescer, frangere, laniare, ~are *Gl. AN Ox.* 18; *to cruke*, curvare .. divaricare, flectere, †laciamare [? l. lacunare] *CathA*.

lacunarium v. lacunar.

lacunosus [CL], empty, hollow.

non fuit consilium quin esset lacrymosum [l. lacunosum] et vanum W. MALM. *Dunst.* p. 252.

lacunus v. lacuna 2. **lacura** v. lathyris.

lacus [CL], ~a

1 lake, pond: **a** (as fourth decl.); **b** (as second decl.).

a unus piscator habens j sagenam in ~u ejusdem villae [*Ely*] *DB* I 192rb; hii sunt termini possessionum et stagnorum et paludum et ~uum H. ALBUS 10; oritur .. ex ~u quodam maximo et pulcherrimo GIR. *TH* I 7 p. 31; **1260** assignavimus .. terciam partem ~us qui dicitur Langthwat et ~um de W. cum pertinenciis *Cl* 97. **b** hucque / dulcia piscose flumina raucit aquae, / secessusque laci penetrant secreta domorum WULF. *Swith.* pref. 39; immensis paludibus .. una cum stagnis et ~is H. ALBUS 11; super ripam i DICETO *Chr.* 13; Lucrinus [v. l. Lucernus] et Avernus sunt ~i Campanie *Eul. Hist.* II 7; **1375** (v. eruptio 3).

2 (cf. ME *lough*, OI, Scots Gaelic *loch*) loch, lake, or arm of the sea.

c**1195** cum dimidia piscatura in exitu laci de Loucwynhok *Regesta Scot.* 378; **1460** ex utraque parte ~us de Taya *ExchScot* I.

3 (cf. ME *lech*) 'leach', muddy pool or ditch, stretch of river.

c**1193** hec est conventio facta .. de piscariis eorum in Tamera et earum pertinenciis, sc. quod laka que est inter piscariam predicti Rogeri et terram prenominati abbatis debet esse vij pedum ad pedes lake et in capite ejusdem lake v pedum in latitudine (*Cart. Tavistock*) *EHR* LXII 371; a**1201** juxta ~am que currit per medium pratum *E. Ch. Waltham* 253; c**1210** de ~o ubi descendit in brocum .. qui vocatur Bradalebroc *Cart. Cockersand* 653 (cf. *ib.* 652: sikum); a**1226** et tunc sequendo haiam usque in nigram ~am *Ib.* 717; a**1243** sequendo le hanulache subtus sepem usque in profundam lakam *Ib.* 648; *a lache*, ~us LEVINS *Manip.* 5.

4 artificial water course: **a** channel. **b** moat.

a 1367 jurati presentant quod stallagium, stopla, et ~a ad tenementum J. Wodlok sunt confracte *CourtR Winchester*; **1373** jurati presentant quod J. Trip habet unum ~um confractum *Ib.* **b** castrum .. murorum fortitudine et altitudine ~uum .. munitum *Ps.*-ELMH. *Hen. V* 49.

5 pit, hollow, sink. **b** (*~us bituminalis*) coal-pit. **c** (w. ref. to *Dan.* vi 7 *etc.*) (lion's) den. **d** (w. ref. to pit of death or hell).

congregabuntur in congregationem unius fascis in ~um et clauduntur ibi in carcerem GILDAS *EB* 45; in lacum quem molimine suo aperuit inscius .. se involvit R. COLD. *Cuthb.* 88 p. 187; sex quippe ultra pedum mensuram habebat ipsa ~i concavitas *Mir. Hen. VI* II 29 p. 87. **b** in ~u bituminali .. se precipitem dedit R. COLD. *Godr.* 108. **c** Danihel .. bis liberatus est de ~u leonum *Nunnam.* 59; ille refecit unum Dei hominem in ~u leonum WULF. *Æthelwold* 5; cum Danielem in ~um misisset DOMINIC *V. Ecgwini prol.*; novit Deus quod lacum nescio / neque locum de quo fit mencio HIL. RONCE. 15. 283; Danielis qui fuit in ~u leonum *Chr. Rams.* 325; ecce lacu Daniel ascendans iste leonum *Vers. Peterb. Psalter* 49. **d** vere detracta est ad inferos superbia ejus in profundum ~i concidit cadaver illius OSB. *V. Dunst.* 7 p. 76 (cf. *Is.* xiv 15); insensibilem .. jacere, donec illum vendatis mercatoribus inferni, qui meras suas comportant in ~um mortis ANSELM (*Or.* 10) III 35; philosophus Varro, Petrus piscator; et ecce / optinet iste polum, possidet ille lacum NECKAM *VM* 194; non consentias carni fatue, que se et te pariter trahit in ~um gehennalem P. BLOIS *Ep.* 11. 34B.

6 (fig.). **b** (*~us miseriae*) sea of trouble, pit of wretchedness.

de cenosissimo ~u conscientie P. BLOIS *Ep.* 87. 274C; deitatis Virgo signifera / lacu carnis clausos considera J. HOWD. *Ph.* 1109. **b** quid est ~us miserie nisi profunditas cupiditatis mundane ELMER CANT. *Record.* 717D; clementissimus humani generis rector .. emeritos .. quosdam de ~u miserie et convalle lacrimarum consortio mortalium exemit ORD. VIT. VIII 6 p. 303; **1237** sperantes dictam ecclesiam .. posse de ~u miserie respirare (*Lit. Papae*) *Reg. Aberbr.* I 177; CHAUNDLER *Apol.* 23b (v. furtim 2).

lacustris [ML], of or pertaining to a lake.

~em avem TURNER *Av.* G2 (v. 1 butor).

1 lada, ~us, ~um [AS *lad*]

1 leat, watercourse, channel; **b** (as element in place-name or surname). *V. et. leta.*

1192 omnes ~e quas monachi de Saltreya fecerant in illo marisco obstupabuntur, excepta illa magna ~a .. per quam .. adducent lapides et cetera necessaria ad constructionem monasterii sui *Cart. Rams.* I 166; **c1200** juxta latam que currit per medium pratum (*MS BL Harley 391* f. 88) *Cart. Waltham Abbey*; **1270** dedi .. ij partes ij acrarum prati in Dynemere juxta latam Thome K. *RChart* 60 m. 11; **1236** cum una ~a latitudinis viginti pedum a magna ripa usque ad predictam vaccariam *ChartR* 29 m. 3; **1239** debent per finem illum tres battellos de jure in ~a de H. *CurR* XVI 680; **1270** dedi .. ij partes ij acrarum prati in Dynemere juxta latam Thome K. *RChart* 60 m. 11; **1279** verterunt cursum aque extra riparium domini regis in uno loco qui dicitur Bechelode, et dicta loda est fracta .. in xj locis *Hund.* II 498; **c1300** residuum illius ~e .. usque magnam ripam sit communis piscaria *MonA* II 573b; **1342** (v. deobstruere a). **b** **1222** Euech ad ~am tenet x acras pro xvj denariis *Med. E. Anglia* 260.

2 act of carrying (as feud. service).

villani .. debent .. facere ~as in itineribus episcopi et preterea iij ~as per annum ad vinum et ad alleces et ad sal ferendum *Boldon Bk.* 16; parant piscarium et faciunt ~as usque ad Novum Castellum et usque ad Fenwyc et non ulterius *Ib.* 38; **c1280** reddendo annuatim dicto abbati xij d. in Annunciacione Dominica et xij in festo S. Michaelis quos predicto R. solvere consuevit tam pro ~a Cestrie quam pro omnibus aliis serviciis *Cart. Chester* 185 p. 161; **1382** et unaqueque bovata unam quadrigatam de *wodelade*, et facere ~as in itineribus episcopi, et preterea iij ~as per annum ad vinum, allec et sal ferendum *Cust. Rents* 63 n.

3 load.

p1163 debui dominis meis .. quatuor ~as de frumento *Ch. & Rec. Heref.* 20; **1169** v ~as frum' appreciatas iiij s. ij d. *Pipe* 143; **1296** de una loda de lodwar' venali, unum obolum *Pat* 115 m. 8; **1303** si quis .. †huit [? l. habuerit] piscem ad vendendum, debet obolum pro ~o *Doc. Scot.* II 460; **1473** pro duobus lodis de zabulo x d. (*DCChich.*) *HMC Rep. Var. Coll.* I 198.

4 measure of ore or metal, usu. lead, tin, or iron, usu. divided into nine dishes.

1212 in ccxij lodis mine (v. deultra a); **1243** summa ~i (v. discus 3d); **1287** sex lode et sex disci mine, precium lode ij s. iij d. *IMisc* (*Derb*) 46/17; **1297** idem r. c. de ciiij^{xx}jx ~is viij discis et dim. mine tam nigre quam albe receptis a minerariis *KR Ac* (*Devon*) 260/18 m. 1; **1298** de singulis xiij ~is reddent regi unam ~am viz. terciamdecimam ~am secundum consuetudinem munere regis (*Pipe*) *VCH Derb* II 328; **1300** (v. discus 3d); **1305** Thome R. et sociis suis pro una ~a iij discis nigre mine vj s. vij d. *KR Ac* (*Derb*) 260/28 m. 2; **a1307** in clix ~is v discis mine lote et mensurate ..... novem disci faciunt ~am *KR Ac* (*Devon*) 260/19 m. 3; **1309** emendo ab eodem .. ~am ejusdem minere pro majori precio quam valebat *Cl* 126 m. 11; **1322** in dcxxj lodis iij discis quarter' minere emptis de diversis operariis in wapp' de Wirk' *MinAc* (*Derb*) 1146/11 m. 12; **1323** ~a [nigre mine] continente ix discos *Pipe* (*Devon*) 170 r. 53; **c1366** in una ~a ferri mollis, xiij s. x d. *Ac. Durh.* 568; **1409** liberavit domino T. R., supervisori operum dictorum, xij lodas continentes cc^{m}xl petras ferri (*Auditor's Rec. Durh.*) *EHR* XIV 529.

2 lada [AS *lad*], (leg., oath of) purgation, exculpation; **b** (dist. as *simplex*, *triplex*, *plena*).

qui super id ~am [AS *lade*] prorogat (*Quad.*) *GAS* 232; si cacepollum advocet, quod ei teloneum dedit, et ille neget, perneget ad Dei judicium et in nulla alia ~a (*Ib.*) *Ib.* 234. **b** et inducatur simplex ~a [AS: *anfealde lade*], id est purgatio, simplici prejuramento, triplex ~a [*ðrifealde lade*] triplici prejuramento (*Ib.*) *Ib.* 325; Francigena si compellatur juret se sexto, Anglicus liber triplici ~a plane vel simplici frangenti, vel judicio neget (*Leg. Hen.* 18. 1) *Ib.* 559; et sit omnis homo credibilis, qui non fuerit accusationibus infamatus et neutrum ei fregerit vel juramentum vel ordalium, in hundreto simplici ~a dignus (*Ib.* 64. 9) *Ib.* 585; emendet .. vel plena ~a perneget (*Ib.* 66. 3) *Ib.*

ladaninus, of ladanum.

confice omnia trita cum oleo lapdanino et unge GILB. II 79. 1; *Ib.* (v. ladanum); cum oleo laudanino GAD. 49v. 1 (v. ladanum).

ladanum [CL < λάδανον, λήδανον], **~us,** gum resin exuded from plants of the genus *Cistus.*

virginis almipare tellus vulgaria spernens / producit ladanum: ros liquet illud ibi; / reumaticos ladanum solo restaurat odore: / hoc tibi, si fuerit frigida causa, facit GARL. *Epith.* IV 270–1; est .. quedam species ipsius edere super cujus folia cadit ros et inviscatur ac in ~um commutatur [TREVISA: *tornep to glu*] BART. ANGL. XVII 53; oleo lapdanino quod sic fit: accipiatur ~u j lapdani et lib. j olei laur' vel saltim communis si laur' deficiat coquantur simul GILB. II 79. 1; fumigetur lapdano et storace .. *Ib.* VII 297v. 1 (v. embotum); inungatur cum oleo laudanino, quod sic fit: recipe olei laurini lib. j laudani ʒ j et bulliant simul tres partes olei olive cum quarta parte laudani GAD. 49v. 1; ~um dicitur nasci de rore celi, unde dicitur quod ~um est jus coagulatum cadens super prunas, et est calide et sicce complexionis *SB* 27; ~um vel ~us dicitur nasci de rore celi, et restringit reuma capitis *Alph.* 89.

ladasca v. liscasda.

ladelus [ME *ladel* < AS *hlædel*]

1 ladle; **b** (as a measure of salt).

1314 in iiij discis et j ladlo emptis, j d. quad. *Pipe Wint. Hants RO* 11 M 59/B1/69 m. 15; **1337** quatuor ladel[i] parvi, cum ysopo *Lit. Cant.* II 157; **1436** de quodam ladillo ferreo *KR Ac* 53/5 f. 22; **1481** solutum pro novo ladyll' de auricalco ad coquinam ix d. *Cant. Coll. Ox.* II 209. **b** **1299** ladellus salis estimatur ad j estricam salis *RB Worc.* 182.

2 implement used in making mortar.

1323 in iiij ~is pro cementariis j d. *Sacr. Ely* II 34; **1324** pro iij bollis iij treiis et iiij ladlis pro mort[erio] intus portando et ponenda *KR Ac* 469/8 m. 2; **1325** Johanni Dissher .. pro xij treiis pro mort' intus portand' .. xviij d. eidem pro iiij ladlis, ij d. *Ib.* m. 13; **1344** in .. iiij trowell', vj hirdell' pro *lymeputtes* .. xxx ladlis pro cemento fundendo *Pipe* 189/45.

3 floatboard of a waterwheel (cf. *MED s. v. ladel* d).

1398 in iiij *bordes* emptis pro ladel' xiiij d. *Ac. Man. Coll. Wint.*

ladiare [AS *ladian*; cf. 2 lada], (leg.) to defend (oneself) against charge.

si dominus ejus accusetur .. assumat secum v tainos et idem sit sextus et ~iet se (*Quad.*) *GAS* 219 (cf. (*Leg. Hen.* 65. 4) *Ib.* 585: se purget); si quis audito clamore non exierit, reddat ouerseunessam regis, aut plene se ~iet (*Leg. Hen.* 65. 2) *Ib.* 585; **1189** (v. ferdellarius).

ladum, ~us v. 1 lada.

laedere [CL]

1 to injure, harm, hurt (person, animal, or faculty; also fig.). **b** (w. dat.). **c** (p. ppl. *laesus* as sb. m.) wounded or injured man.

eam [sc. salamandram] nulla vis flammarum ~ere possit *Lib. Monstr.* III 14; ne Scottiam nil se ~entem inpugnaret BEDE *HE* IV 24 p. 267; hortor sanctitatem vestram ut nullo modo tribulationem putetis quod nec corpus nec animam ~it *V. Gund.* 19; continuata punctione caro gravius ~eretur *V. Edm. Rich C* p. 602; unicornis .. qui fert cornu seu spinam super nasum et ~it [ME: *asneseð*] quicquid attingit *AncrR* 70; ~itur visus propter majorem attencionem, immo, .. unus oculus magis attentus posset multum offendi in visione alicujus in qua alius minus offenderetur DUNS *Ord.* III 281; vadit in obliquum: cum ledere vult inimicum / lex sibi jure datur (*Vers. Corpus*) *Hist. Chess* 519. **b** ne .. sibi ipsis [v. l. se ipsos] ~erent *V. Cuthb.* III 2; in bonis illorum ~entibus mihi reddidi *Nunnam.* 69; ledere fas est huic qui possit raro juvare WALT. ANGL. *Fab.* 13. 13. **c** pauperi parcit, erigit incurvatum, / leso se pium exhibet adjutorem J. HOWD. *Cant.* 127; **c1307** ~us .. mortuus est. .. vicecomes .. inquisitionem fecit utrum tali vulnere obierit vel non *CBaron* 86.

2 to damage (artefact).

qualiter corvus cartulam inter undas stagni dimisit nec illam aquae ~ere valuerunt FELIX *Guthl.* 37 *tit.*; multas ecclesias insani leserunt *Carm. Lew.* 54; lesa lampas J. HOWD. *Ph.* 488 (v. facula 1b).

3 to vex (person), to hurt, offend (sensibility).

cor meum ~ere ANSELM III 239 (v. laesio 4); circa ea que dicimus, dubitabilibus nec omnino intactis (ne subito occurrentia impremunitum ~ant) nec plene hic discussis .. BALSH. *AD rec. 2* 144.

4 to damage the interests of, wrong. **b** (*famam ~ere*) to harm reputation.

vitam / liquerat .. / qui sanctam voluit maculoso laedere gestu ALDH. *VirgV* 1964; hec [sc. detractio] quam multis noceat, quam latenter varieque ~at ALEX. CANT. *Dicta* 7 p. 144; nulla .. suspicione lesa W. MALM. *GR* V 418 p. 494; **c1212** si lesi fuissent a nobis et graviter lesi vel dicto, ut aiunt, vel scripto GIR. *Ep.* 5 p. 190. **b** magis volo ut illa [sc. placita] dimittatis, quam quod animam aut famam vestram ~at faciatis ANSELM (*Ep.* 119) III 257; quod soleat populus litteratorum famam ~ere W. MALM. *GR* II 167 p. 195; **c1210** cum .. pleraque videantur inserta que .. ingrati famam et opinionem non inmerito ~ere possint GIR. *Ep.* 2 p. 164 (cf. ib. p. 166: fama ipsius apud probos omnes et discretos .. graviter ~i poterit et obfuscari); **1418** (v. fama 3b).

5 to break (oath, agreement, treaty, or sim.). **b** (p. ppl. *laesus* w. *pars* or as sb. m., leg.) aggrieved or injured party.

non diu barbaricus animus in sententia, quin et sacramentum ~eret, et dominum irritaret W. MALM. *GR* II 141; qui sperato ejus discessu pacem laeserant *Ib.* IV 374 p. 436; R. NIGER *Chr. II* 168, **1219** (v. 1 fides 7e). **b** **1246** si aliquis .. captus fuerit in parco vel vivario .. habebit prisonam domini regis .. et postea debet redimi modo predicto; et ex illa redemptione habebit dominus rex medietatem et ~us aliam M. PAR. *Maj.* (*additamenta*) VI 117 (cf. ib.: ille cui transgressus fuerit); sumptus et costagia parti ~e .. solvendo *BBAdm* I 227 (v. fatigatio 3b).

6 (*~ere majestatem*) to infringe, usurp (the right of the sovereign). **b** (*laesa majestas*) *lèse-majesté*, offence against sovereign authority, treason. **c** (w. ellipsis of sb. or adj. denoting guilt).

s1179 ut .. fiscalia supprimentes et que principis ~erent majestatem, regiam incurrerunt indignationem DICETO *YH* I 434. **b** **1167** hec [sc. ecclesia] in potestate regis Anglorum colliditur et tanta premitur servitute, ut etiam mentionem fecisse libertatis lese majestatis videatur esse reatus J. SAL. *Ep.* 201 (234 p. 428); crimen quod in legibus dicitur crimen lese majestatis, ut de nece vel seditione persone domini regis vel regni vel exercitus .. GLANV. I 2; [Hen. II] transgressores tanquam reos lese majestatis punivit R. NIGER *Chr. II* 167; rex .. accipitrem proditionis arguit, censens eum reum lese majestatis eo quod dominum suum interemisset NECKAM *NR* I 24; ponamus militem aliquem erga regem suum deliquisse et reum lese majestatis et ob reatum suum privatum prediis et castris et possessionibus aliis GROS. *Cess. Leg.* IV 1. 12; si quis modo regis facta / que rex esse vult intacta / presumit arguere, / .. / crimen lese majestatis / dicitur committere WALT. WIMB. *Van.* 122; **s1411** qui captivos secum traxerant, qui rei lese majestatis erant, eosdem captivos extemplo judicialiter punire temptabant *Chr. S. Alb.* 61; **s1417** lectum fuit indictamentum .. de hostili insurrectione contra regem .. et aliis offensis lese majestatis WALS. *YN* 485; **1573** crimina lese magistatis *Pat* 1106 m. 3. **c** **1361** ille [sc. epicopus] priorem fecit lese majestatis condemnari muneribus suis (*Chr. R. Abingd.*) *EHR* XXVI 73.

laedibilis, injurious, harmful (to one's interests).

quod predictus .. actus .. non esset aliqualiter ~is aut prejudicialis *Entries* 102vb.

laena [CL], cloak, mantle.

a626 vobis direximus camisia cum ornatura in auro una et lena Anciriana (*Lit. Papae*) BEDE *HE* II 10 p. 104; cum .. ~as sive saga, quibus in hospitale utebatur, in mari lavasset *Ib.* IV 29 p. 278; ~a, sagum, .. ~am, pallam *GlC* L 105, 125; **1299** nigris ~is et ejusdem precii *Reg. Cant.* II 828; Christi ciclas, Christi lena WALT. WIMB. *Virgo* 15; ~e sive linee due, quas sc. sudaria seu pannos rasure vocamus *Cust. Cant.* 401; capite ~a vel sudario capucioque furrato vel hujusmodi cooperto *Ib.* 419.

laenerius v. 2 lanerius.

laero [AN *lerun, loiron*; cf. OF *loir* < CL glis], kind of fur-bearing animal, perh. marten or dormouse, or its fur or pelt.

penula mantelli sit .. ex cuniculis vel ex ~onibus [*gl.*: *letruns* (? l. *leiruns*). *de lerouns* (etc.)] NECKAM *Ut.* 99; pelipari .. carius vendunt cisinum et urlas de sabelino et ~one [*gl.*: *lerun*, G. *loiron*, G. *rat sauvage*, (etc.)] GARL. *Dict.* 125; laerones [DuC: †lareones] *Id. Syn.* 1588A (v. choerogryllus b); cisimus alluget spolio levisque laero / cumque sabellino pauper in ampne bever *Id. Epith.* III 515; **13..** pellipiarius habeat pellicia, penulas, fururas ex pellibus agninis vel foleis .. ex cuniculis, laironibus, †edulline [? l. hedulinis] ex pellibus ovinis (*Nominale*) *Neues Archiv IV* 342; *ffoyyn furrowr*, ~o *PP*; ~o, .. est quoddam animal pilosum ut cuniculus *WW*.

laesibilis [LL = *injurious*], subject to harm or injury.

corpus coruptibile est et ~e KILWARDBY *SP* f. 24vb; natura non deficit in necessariis; ergo, si hujusmodi natura est maxime ~is, deberet natura abundare sufficientibus remediis, quod non contingit R. MARSTON *QD* 156.

laesio [CL]

1 (act of) injuring, harming, hurting (also w. obj. gen.). **b** (mil., act of) attacking, assaulting.

ut non tam de puerorum ~one cogitare quam de sua liberet confusione tractare OSB. *Mir. Dunst.* 15; **p1183** a lesione membrorum non desistet A. TEWK. *Ep.* 3 p. 37; **s1190** pons ille cecidit non sine ~one virorum ac mulierum *G. Ric. I* 112; **1281** omnis injusta persone ~o inhibetur *Conc. Syn.* 902; Gregorius [I] monasterium Ariminensis civitatis .. exemit a Castorio, ejusdem civitatis episcopo, ut cunctam ~onis auferret funditus potestatem ELMH. *Cant.* 117. **b a787** nemo miles sarcinis alienis onustus ad bella procedit .. vel ad defensionem sui vel ad ~onem adversarii ALCUIN *Ep.* 1; **s1119** feliciter respiravit, et ex ~one, more leonis, efficacius dimicavit M. PAR. *Min.* I 227.

2 injury, harm, hurt. **b** wound (also fig.).

716 a lesione flammarum tutum reddidit BONIF. *Ep.* 10 p. 9; quia quibusdam non dantibus [munera] ~ones exquirerent dubium non erat BEDE *Mark* 247A; aut ideo beatus evangelista Johannes venenum sine ~one non bibit OSB. *Mir. Dunst.* 1; et solute sunt manus ejus et pedes sine lexione aliqua (*Passio S. Margaritae*) *PMLA* XXXIX 534; fetus teneros ~one quacunque mortificatos GIR. *TH* I 27 p. 60; **1255** si clericus inferat gravem .. ~onem laico (*Ch. Regis*) *MunAcOx* 776; quanto caro vivacior, tanto ~o [ME: *hurtunge*] sensibilior *AncrR* 33. **b** si vel collo vel capite .. vulnus acceperit, pede posteriori lingue beneficium .. transfert ad ~onem GIR. *IK* I 7 p. 72; **s1260** utrum ipse ex illa ~one vel morte sua naturali obiit nescitur *Leg. Ant. Lond.* 46; **1272** non obiit de dicta ~one set alia infirmitate eo quod pregnans erat *SelCCoron* 24; [pavo] casu pede conculcato unde per ambas partes capitis sanguis exivit, mensuratus ad comitem Symonem, sine mora et ~one convaluit *Mir. Montf.* 89; **1441** videmus manifesta vulnera et lesiones enormes que domus S. Antonii .. perpessa est BEKYNTON I 234.

3 damage, destruction (of object or artefact). **b** pollution.

ventus .. vim sui furoris a ~one locorum quae contra erant abstraxit BEDE *HE* II 7 p. 94; unusquisque homo ostendit se ea diligere quorum ~onem pati non potest sine tristicia *V. Gund.* 19; domum .. nil ~onis pati mirantes aspiciunt EADMER *Wilf.* 715A; **c1167** absque dampno .. et ~one segetum pratorum *Melrose* 39; **1283** invenimus abbatem .. super multiplici bonorum ecclesie ~one notatum PECKHAM *Ep.* 488; de librorum armariis .. fabricandis, ubi ab omni ~one salventur securi R. BURY *Phil.* 17. 227. **b** subitanea pestis, / aure fetor, aque lesio, febris hians GARL. *Tri. Eccl.* 66.

4 hurt, offence (to sensibility).

quanto verius intueor, tanto rectius ~onem cordis vestri cor meum laedere debere confiteor ANSELM (*Ep.* 146) III 293.

5 detriment; **b** (w. ref. to the Crown). **c** (~*o majestatis*) *lèse-majesté*, offence against sovereign authority, treason (*cf. laedere* 6b); **d** (w. ref. to reputation or character).

desine nobis .. injuriam facere. non enim propter lessionem tui sed propter necessitatem nostri ad horam in pascuis quiescere voluimus ALCUIN *WillP* 20; adeo ut fructuosa videretur esse jactura, jocunda ~o et grata injuria J. SAL. *Ep.* 284 (271); **s1144** ad ~onem et detrimentum ecclesie *Chr. Rams.* 334; **1219** placuit universis, ut prelati de terris .. monasterii ad manifestam ~onem, perpetuam alienationem facere non presumant *Doc. Eng. Black Monks* I 9; **s1252** in ~onem nundinarum Elyensium OXNEAD 190; **1340** cum ~one gentis nostre modica (*Lit. Regis*) AVESB. 90. **b 1194** R. .. disseisivit injuste .. R. de libero tenemento .. in ~onem regis *CurR RC* I 31; **1228** ita quod hujusmodi concessio nostra .. nec in posterum in nostre dignitatis cedat ~onem *Cl* 32; **1321** redundat in .. ~onem corone domini regis (*Eyre*) *MGL* II 300; **1341** in .. dignitatis regie ~onem AVESB. 97; **s1387** se nunquam aliquid in regis ~onem machinatum fuisse WALS. *HA* II 162. **c c1150** in personam ejus anathematis sententiam .. proferamus sine ~one apostolice majestatis differre nec dissimulare poterimus *Doc. Theob.* 238; cum accusatus esset de ~one majestatis *G. Hen. II* I 249; in maximam philosophie destructionem, deinde in ~onem theologice majestatis, et in damna ecclesie BACON *Maj.* I 248. **d 1446** in ~onem bone fame seu libere condicionis .. cedere vel redundare *Pri. Cold.* 155.

6 violation, breach, infringement: **a** (of treaty, agreement, oath, or sim.); **b** (of law); **c** (of the peace); **d** (of conscience or religious faith).

a malum .. transgressione pacti et fidei acceleravit ~one AILR. *Ed. Conf.* 777D; **1201** implacitavit eum super ~onem fidei sue de quodam escambio terre *CurR* I 405; propter ~onem juramenti R. NIGER *Chr. II* 160; **1219** (v. fides 7e); reprehensus constanter super .. ~one charte per ipsummet abbatem confecte *G. S. Alb.* I 255; **1269** si .. in aliquibus contra hanc convencionem venerint .. tenentur .. Johanni in mille marcis .. solvendis .. infra annum .. post ~onem hujus convencionis inexecute *Cl* 113; **1333** vicecomes dictum breve non est executus prout debet in ~one sacramenti sui *LTR Mem* 105 m. 23. **b 1322** oblationes .. hucusque totaliter perceperunt de eis disponendo pro sue libito voluntatis in sancte ecclesie nostreque domus prejudicium et juris ~onem (*Lit. Prioris de Pontefracto*) *Yorks Arch. Journal* IX 440; promittens .. quod de cetero .. statuta Sancti Edwardi sine ~one observaret *Eul. Hist.* III 95. **c** causa prior gemitus est fracte lesio pacis GARL. *Tri. Eccl.* 21; pro pacis regis ~one appellatus est de pace infracta *G. S. Alb.* I 317; **1336** in nostri dedecus et contemptum pacisque nostre ~onem *RScot* 448b. **d 1223** absque conscientie sue ~one *Ch. Sal.* 148; **s1238** matrimonium, quod non sine ~one conscientie contraxerat cum Alienora *Flor. Hist.* II 227; **1270** (v. 2 gravare 5); **1333** ut secure sine ~one conscientie nostre agere valeamus *Lit. Cant.* II 40; **1388** hereses et errores .. in fidei catolice ~onem (*Pat* 326 m. 20) *Peasants' Rising* 41.

7 intention to wound (fig.), malice.

si quis ammodo .. injustum judicium judicet. pro ~one [AS: *for læððe*] vel aliqua pecuniae susceptione (*Quad.*) *GAS* 319 (cf. (*Inst. Cnuti*) *Ib.*: causa odii); **c1212** lesa caritate, que ~o gravis est nimis et periculosa penitusque saluti contraria GIR. *Ep.* 5 p. 198.

8 interruption, break (in activity).

domino dictante missarum celebris sine aliqua ~one compleverat B. *V. Dunst.* 38.

laesivus [ML]

1 that causes injury, injurious, harmful.

cum sompnus repletivus est reumatis, quandoque ~us est capitis *Quaest. Salern.* B 311; post peccatum [hominis] .. eedem species secundum easdam quas prehabuerant figuras et qualitates facte sunt ~e et nocive GROS. *Hexaem.* IV 27. 3; talis species, cum sit lesiva, non fit in anima naturaliter, cum nihil intendat se ipsum ledere per naturam R. MARSTON *QD* 380; discrasia illa si sit ~a ledit membrum GAD. 20. 1; quum .. operatio vehementium luminum in oculos sit ~a sensibiliter ac dolorosa .. PECKHAM *Persp.* I 43; excessus objecti super potenciam non reddit potenciam improporcionabilem sibi, nisi quoniam excessus est ~us potencie BACONTHORPE *Quaest. Sent.* 8E.

2 harmful to one's interests, prejudicial; **b** (w. ref. to the crown).

s1456 proviso .. quod presens actus .. non sit ~us aut prejudicialis .. abbati *Reg. Whet.* I 259. **b s1326** quod .. nullum facinus ~um regiam magestatem ordiretur BAKER 105 (= MORE *Chr. Ed. II* 310: facinus ~um regie majestati).

laesor [ML]

1 one who injures, injurer, attacker.

a lesore suo lesos non vindicat, ecce, / torpor H. AVR. *Hugh* 560; Ludovicus .. mortuo ~ore rege Johanne, inglorius ad patriam remeavit M. PAR. *Abbr.* 316; abegit bestias, volens hunc tueri, / nec permiset [*sic*] eum quoquam lesore moveri *Latin Stories* 153.

2 one who infringes.

s1244 ~or regie dignitatis M. PAR. *Maj.* IV 35 (= *Ann. Lond.* 43).

laesura [CL]

1 act of injuring, damaging, or harming.

a ~a fratrum jam cessare precepit BEDE *CuthbP* 20.

2 injury, hurt, harm. **b** wound (also fig.). **c** sign or mark of wound.

gladio caput sacerdotis Christi percussit; sed .. nullam ex ictu ferientis ~am sustinuit ALCUIN *WillP* 14; **1240** percussit eum .. in capite, quod extra[x]it sanguinem. et dictus P. ita percussus .. venit ad ballivum conquerens tam de ~a quam de detencione pecunie *CurR* XVI 1285 p. 240; **1467** nomine emende pro gravaminibus suis et ~is *MunAcOx* 723. **b** primo ~e postmodum ori et naribus quasi inspirando .. florem apponit GIR. *TH* I 27 p. 60; vultus suavissimos pallor obducit, / et furit in flore vernante lesura J. HOWD. *Cant.* 98; ~am faciat .. computrescere .. in saniem (*Lit. ad Episc.*) *Reg. Whet.* II 468. **c** [puer] cecidit in ignem .. et sic fuit in oculis .. adustus . . . curatus est sine omni ~a *Mir. Montf.* 85; ave .. mortua, dilacerata et medietate comesta .. sine ~a resuscitata est *Ib.* 88.

3 damage (to object or artefact).

semen quod secus viam cecidit duplici ~a disperiit BEDE *Luke* 430A; adeo incolume vas illud repertum est, quod .. nulla .. in eo videretur ~a DOMINIC *V. Ecgwini* I 20 (v. fractura 1c); **s1303** post redundacionem lapidis stetit ille .. cum manutergio, et extersit ~am de muro in subsannacionem .. exercitus Anglicani *Flor. Hist.* III 311.

4 detriment, loss; **b** (w. ref. to Crown).

c1273 absque ~a libertatum suarum [sc. burgensium] *BBC* (*Congleton*) 49; **s1453** non modicum dampnum, injuriam, et ~am inferri monasterio *Reg. Whet.* I 92. **b 1296** in ~am et detrimentum sue regie majestatis (*Lit. Regis*) FORDUN *Cont.* XI 26.

5 breach, infringement, violation.

et sic sine ~a fidei mee cum amore meo ad ecclesiam suam transire .. poterit H. CANTOR 19v; **1272** pro transgressione effusionis sanguinis vel per †lesum [? l. lesuram] concelamenti sanguinis dabit .. pro misericordia v s. *Cl* 510; **1423** cupientes contra ~am .. regulariter protegere pecora nostri gregis, prohibemus .. colloquia .. monialium AMUND. I 112.

laetabilis [CL]

1 that may be rejoiced at, that may give joy.

nec aliquid dicat ei nuncius ~e, acceptabile, risibile GAD. 11. 1.

2 that may rejoice, capable of joy.

credentes .. ipsum [sc. Deum] .. esse mitabilem, irascibilem, placabilem, tristabilem, ~em aut passibilem BRADW. *CD* 4E.

laetabiliter, joyfully.

suspexit celum, ~iter illacrimatus W. MALM. *GP* III 115 p. 250.

laetabunde [ML], joyfully, happily.

mande vel ede ~e, i. libenter, et bibe gratanter .. quicquid tibi proferimus ÆLF. BATA 5. 12.

laetabundus [CL], joyful, rejoicing.

inter haec .. agmina ~a spirituum beatorum BEDE *HE* V 12 p. 309; refectionis domum ~us ingrediens OSB. *V. Dunst.* 43 p. 123; voce ~a canorus exultat GIR. *TH* III 12 p. 156; et cor illustras lumine letabundum J. HOWD. *Cant.* 326; in hac carne ~a .. canora ROLLE *IA* 200 (v. fungi).

laetalis, joyful.

dies .. anniversarius Cesaree coronacionis, quando fiebat solempne convivium, ~e tripudium, generale solacium cunctis venientibus *Wager* f. 42b.

laetamen [CL], manure, dung.

putidum ~en velut timiama .. redoletur ALDH. *VirgP* 51; fimus, i. erimus, .. vel ~en, stercus *GlH* F 396; proximum sibi agrum una nocte manu magna et bigis multis ~ine consperserunt MAP *NC* I 25 f. 20v; adeo ut ejus [sc. lune] detrimenta et augmenta .. etiam ~ina sentiant, que in lune crementis ejecta vermiculos hortis parturiunt ALB. LOND. *DG* 7. 2; urina ejus .. ~inum more terram fecundant NECKAM *NR* II 161; ponatur in ~ine pecudum M. SCOT *Lumen* 259; *donge, muke*, fimus, -i, .. ~en *PP*.

laetania v. litania.

laetanter [LL], gladly, joyfully.

patienter .. simul et ~er solis ortum exspectabat OSB. *Mir. Dunst.* 13; **c1250** ~er .. presenti supersedeo prosecutioni AD. MARSH *Ep.* 12; jugoque quod molestiam / ignorat et duriciam / colla letanter [v. l. latenter] subdite J. HOWD. *Cyth.* 118. 12; **s1323** cui [sc. regi] major Londoniensis et cives ~er obviaverunt *Ann. Lond.* 305; **s1461** ab omnibus .. ~issime suscipitur *Reg. Whet.* I 404.

laetari [CL]

1 to rejoice, be delighted or glad; **b** (w. gen.); **c** (w. inf. or acc. & inf.); **d** (w. abl. or prep. & abl.); **e** (w. gd.). **f** (pr. ppl.) joyful, glad (also as sb. m.).

residebat, vescabatur, bibebat, ~abatur, quasi unus e convivis agebat BEDE *HE* V 5 p. 288; adveniente Guillelmo rege .. tota ~ata est Normannia ORD. VIT. IV 2 p. 168; famulus Dei mire ~atus eum .. Ramesiam dirigit EADMER *V. Osw.* 20 p. 25. **b s1312** ~atur .. comes adepte custodie, sed plus jocundabatur .. de sarcinulis exhauste pecunie *Flor. Hist.* III 151. **c** ~abatur cuncta sufferre BEDE *Hom.* II 22. 217 (v. fimitas 2b); G. MON. IV 5 (v. fulminare 2a); quis ejus imperio vinctos eduxit, / pro quorum se sterni salute letatur J. HOWD. *Cant.* 293.

d ~abantur de patrocinio .. patris BEDE *HE* V 22 p. 348; in ejus ~atus adventu ALCUIN *WillP* 12; ~abor in misericordia ejus O. CANT. *Ep.* 3; 'subrepo' quoque, si a verbo quod est 'repo' componitur, productione ~atur, sin a 'rapio', corripitur, et illud preteritum 'subrepsi', istud facit 'subripui' ABBO *QG* 6 (17); aeris caliditas vernalibus pluviis temperatur, et de temperie sua quasi ~ari videtur ALB. LOND. *DG* 4. 2; ut in jubilo perhenni leteris J. HOWD. *Cant.* 107; **1363** nisi ipsius corporali possessione ~etur *Melrose* 467; tunc rex letatur super hoc quod fortificatur GOWER *CT* I 33. **e** letor gesta canendo sua GARL. *Tri. Eccl.* 2. **f** erant in hoc campo .. sedes .. plurimae agminum ~antium BEDE *HE* V 12 p. 307; agricolis ~antibus ALCUIN *SS Ebor* 600 (v. frugifer 1b); letantium clamor W. MALM. *GP* V 219 p. 367; quis referat quot fuerint plausus ~antium *Id.* V 273 p. 436.

2 (of plant, w. abl.) to thrive (on), flourish (in).

platanus vino letatur, fraxinus apta / bellis humano leta cruore madet NECKAM *DS* VIII 53–4; tritici grana que .. in terram cadencia fenore cum multo fructum afferunt et felici fecunditate ~antur GIR. *Æthelb.* 1.

3 (imp. *~are* or *~are Jerusalem*, beginning of the introit for the fourth Sunday in Lent, as sb.): **a** Sunday in mid-Lent. **b** payment due to archdeacon on Sunday in mid-Lent, offering made by parishes to mother church.

a colloquium .. apud Wintoniam ad ~are Jerusalem DEVIZES f. 31v; **1201** die Mercurii proxima post ~are Jerosolim *CurR* I 413; **12..** (v. frigere 3a); **1270** infra diem Jovis instantem ante ~are Jerusalem *CartINorm* 179. **b** **1222** inter abbatem et conventum de O. .. et archidiaconum Oxonie .. lis moveretur .. super .. annuo redditu qui dicitur ~are Jerusalem *Cart. Osney* II 436; **1225** redditus qui dicitur ~are Jerusalem solvatur eidem archidiacono de ecclesiis eorum in archidiaconatu *Ib.* 438; **1282** vicarius solvet ~are Jerusalem, sinodalia et procurationem archidiaconi *Reg. Linc.* II 19; **1286** vicarius .. onera ordinaria et debita .. utputa procurationem archidiaconi, Quasimodo, ~are Jerusalem, et si qua sint similia .. inveniet *Ib.* 77; **1321** solvetque idem vicarius sinodalia et ~are ac vinum inveniet et oblatas *Reg. Ant. Linc.* II 144.

laetator, one who rejoices, rejoicer.

s**1196** populo Dei non predicatorem verbi Dei sed placitatorem, ne dicam ~orem, preesse conspicimus GERV. CANT. *Chr.* 540.

laete [CL], joyfully, gladly.

a**796** (v. hilarescere 1); leprosos ~ius et libentius exhibebat quam alios pauperes MAP *NC* V 5 f. 66; c**1298** Scoticani proceres jurant omnes lete (*Dunbar* 113) *Pol. Songs* 169.

laetifer(us) v. letifer(us).

laetificare [CL], ~ere

1 to fertilize (land or crop).

stercorare agros .. aut creta ~are [*gl.*: *marler*] NECKAM *Ut.* 113.

2 to gladden, cheer, make joyful. **b** (refl.) to enjoy oneself, make merry. **c** (pass.) to be made glad.

ecclesias quas presentia sua non visitavit muneribus missis ~avit ORD. VIT. IV 2 p. 168; G. .. cujus opera mirifica .. vos quoque .. credimus ~atura *Canon. G. Sempr.* 118v; c**1211** non vinum ad ~andum sed letale venenum magis ad suffocandum ori nostro propinavimus GIR. *Ep.* 6 p. 218; temptationes .. ita vehementer timet [anachorita] quod nulla spiritualis consolatio eam poterit ~are [ME: *gladien*] *AncrR* 60. **b** BYRHT. *V. Ecgwini* 390 (v. gratulanter); ~are te, venerabilis pater GOSC. *Transl. Mild.* 8. **c** ab invicem debemus ~ari ANSELM (*Ep.* 50) III 163; ecclesia Dei .. in illis qui hoc amant et desiderant ~etur *Ib.* (*Ib.* 369) V 313; quibus [sc. preconiis] ille laetifactus [*sic*] R. COLD. *Godr.* 136.

3 (intr.) to rejoice.

letifices super hiis D. BEC. 404 (v. defatuare).

laetificatio [LL], act of making glad.

deferentes in sono tubae preconium modulationis, per psalterium exultationem, .. per cymbalum ~onem EGB. *Pont.* 118.

laetificatrix, one who makes glad (f.).

obsecro te, dulcissima .., splendidissima, celestis civitatis ~ix Maria, quatinus .. S. EASTON *Medit.* 413.

laetificus [CL], that makes glad.

inter .. formidinis angustias et latitudines expectationis ~e AD. MARSH *Ep.* 143 p. 271.

laetitia [CL]

1 joy, delight, gladness. **b** source of delight, entertainment.

GlC G 31 (v. garrulitas 1b); sit modesta in conviviis lautitia, sit casta in jejuniis ~ia ALCUIN *Ep.* 114; **1073** fratris mei filium quem .. cum ingenti ~ia suscepistis LANFR. *Ep.* 43 (18); quatuor sunt genera ~ie: est namque ~ia perniciosa, est superstitiosa, est fructuosa, est gloriosa W. DAN. *Sent.* 62; otium versum est in negotium, .. in luctum ~ia GIR. *EH* II *pref.* **b** illa .. episcopo poculum ~iae dedit, qui sibi exspiranti calicem mortis auferebat *V. Cuthb.* IV 3; cum esset ~iae causa decretum ut omnes .. cantare deberent BEDE *HE* IV 22 p. 259.

2 (*~ia Galeni*, med.) cordial, stimulant.

de compositis ~ia Galieni, diacameron, dianthos, omnis quoque res hillarem animam et refectam faciens, viribus tribuit vigorem BACON IX 138; [cordialia] composita calida sunt ~ia Gal[en]i, diamargariton, tyriaca, metridatum GAD. 68. 2.

laetus [CL]

1 **a** (of crop) abundant. **b** (of ground) fertile (also transf. fig.). **c** (of period of time) productive.

a ~a .. totam patriam vestivit seges W. MALM. *GP* II 73 p. 146. **b** qui segetum glumas et laeti cespitis occas / depopulare studet ALDH. *VirgV* 225; campus .. latissimus ac ~issimus .. fragrantia vernantium flosculorum plenus BEDE *HE* V 12 p. 307; Sirius autumno segetes coquit ubere laeto WULF. *Swith.* II 516; [provincia] ubere glebae satis admodum loeta ABBO *Edm.* 2; agros ~os pascuis W. MALM. *GP* III 99 p. 208; letum cubiculum WALT. WIMB. *Carm.* 29 (v. floreus). **c** rediit viridantibus arvis annus ~us et frugifer BEDE *HE* IV 13 p. 231.

2 (of person) joyful, happy, glad; **b** (w. ref. to countenance); **c** (w. ref. to mental disposition). **d** 'merry', drunk.

omni hora hilaris et ~us *V. Cuthb.* III 7; ipsa libero pedum incessu domum ~a reversa est BEDE *HE* IV 10 p. 225; c**800** nauta .. ~a (v. grammaticus 2a); ab erumnis hujus seculi ~i discedunt GIR. *TH* I 19; letus cum letis, tristis cum tristibus esto D. BEC. 1776; reus letum ~us evasit AD. EYNS. *Hug.* V 9 (v. indemnis 2); dicunt .. quod nullus deberet coram principe venire nisi ~ior recedat quam accessit *Itin. Mand.* 30. **b** ~o vultu salutans eum BEDE *HE* II 12 p. 109; GARL. *Mor. Scol.* 444 (v. hilarare b); p**1298** Anglis in auxilium veni [Deus] vultu leto! (*Dunbar* *166) *Pol. Songs* 172. **c** ut veniente domina sua in manerium praesentaret ei xviij oras .. ut esset ipsa ~o animo *DB* I 179vb; bono et ~o animo, sine omni rancore et murmuratione ANSELM (*Ep.* 436) V 384; id oppidani ~is animis conspicati W. MALM. *GR* II 127 p. 138; Cador, dux Cornubie, ut erat ~i animi, in hunc sermonem cum risu .. solutus est G. MON. IX 16 p. 461. **d** a domo et mensa vestra nuper egrediens magister P. mihi via publica incedenti, ~us, et longe ~ior quam expediret, occurrit P. BLOIS *Ep.* 7 19B.

3 associated with or full of joy: **a** (of place); **b** (of occasion).

a ad mansiones illas ~as spirituum candidatorum BEDE *HE* V 12 p. 308; locus .. vocatur Gladeleye, quod lingua eorum locus ~us interpretatur .. unde nota hic quod letus .. Anglice dicitur *glad* (J. BRIDL.) *Pol. Poems* I 143. **b** ~am inde noctem duximus in proximis villulis *G. Hen. V* 11.

4 (w. abl. or prep. & abl.) delighting in, joyful at.

ipse de ostensa ac promissa sibi aeternae vitae gloria ~issimus efficitur OSB. *V. Dunst.* 17; discesserunt omnes, vestibus ornati, nummis et calceis ~i, omnes ventribus suffarcinati W. MALM. *Wulfst.* III 19.

5 fortunate, prosperous, successful.

letus eris semper, Ælfred, per competa atel [i. e. leta] *ASE* IX 82; *Mem. Dunst.* 375 (v. fulcimen 2).

6 favourable, propitious.

serenitas maris vos ~a prosequetur BEDE *HE* III 15 p. 158; nunquam .. omen ~ius Dani viderunt W. MALM. *GR* III 259; jam in altum promotus, cum serenum salum puppis ~a sulcaret *Id. GP* II 75 p. 157.

7 that gives joy, pleasing, delightful (also as sb.).

quae a viris justis sibi inter angelos apparentibus ~a vel tristia cognoverit BEDE *HE* III 19 p. 165; munera ~a *Ib.* IV 18 p. 248 (v. 2 festivus 1a); s**1344** ab histrionibus summa fit melodia, ~aque diversa AD. MUR. *app.* 231; **15..** pocula ~a (v. fabrilis 1b).

laevigare v. 1 levigare.

laevorsum [CL], to the left.

~um in sinistra parte, quod et sinistrorsum dicitur OSB. GLOUC. *Deriv.* 325.

laevus [CL]

1 left.

~a parte *Obed. Abingd.* 400 (v. cochleatorium); pugnat utraque manu, dextra, leva GARL. *Tri. Eccl.* 63.

2 (as sb. f.) left hand.

dextera .. fortior levam infirmiorem adjuvare non cesset (LUL) *Ep. Bonif.* 92 p. 210; albam leva stolam fert, virgam dextera solam R. CANT. *Poems* 7. 15; inter ejusdem dilecti ~am et dexteram dormire AD. SCOT *QEC* 28. 851B; GIR. *GE* I 54 (v. ardea); TREVET *Troades* 4 (v. 4 infra).

3 (as sb. f.) left-hand side: **a** (abl. or *in* & abl.) on the left; **b** (*a* & abl.) from the left; **c** (*ad* & acc.) to the left.

a aurea crux .. in dextra, calix aureus in ~a GOSC. *Transl. Mild.* 22 p. 186; dextra ~aque impressione facta OSB. BAWDSEY cliii; in membris tam in dextera quam in ~a *Mir. Montf.* 69; in levaque ejus sedet cancellarius de scaccario *Fleta* 82. **b** Munemute castrum .. longe a ~a relinquentes GIR. *IK* I 5 p. 55. **c** ad ostium fluminis Wyri ad ~am BEDE *HA* 4; [vallis] ad ~am nobis sita *Id. HE* V 12 p. 305.

4 sinister, harmful, unfavourable.

cavi .. ne .. vir optimus ~um aliquid audiret .. quod ei posset esse mortis occasio MAP *NC* V 5 f. 66; nec metuit deos ~os, id est sinistros per adversitatem fortune, cujus dextra prosperitatem, leva adversitatem significat TREVET *Troades* 4 (*v. et.* 2 *supra*).

laga [AS *lagu* < ON]

1 (customary) law; **b** (of England or part of England); **c** (of the people); **d** (of King Edward the Confessor).

1100 cum illis emendacionibus ~arum et consuetudinum quas ego dedi .. baronibus meis (*Rot. Lib. S. Paul.*) *Tout Essays* 52; **1102** de terra sua sine judicio exierunt et sine ~a (*Regesta* II 590) *Selden Soc.* LXXVII 449; **1103** quicunque sine diraciocinacione [*sic*] et sine ~a de terra sua exierunt (*Regesta* II 642) *Arch. Aeliana* 4th *ser.* VII 51; ubi vero aliquis eorum opcionem habet per justitiam, amicitie vel lage [v. l. laghe], et amiciciam eligit, stet hoc ita firmum sicut ipsum judicium (*Leg. Hen.* 54. 3) *GAS* 574 (cf. (*Quad.*) *Ib.* 232); **1511** ut ~arum si que in ipsum J. hiis accionibus .. fuerint promulgata *Reg. Heref.* 102. **b** hoc est consilium quod .. rex et sapientes sui condixerunt .. apud Wudestoca in Mircena lande .. post Anglie ~am (*Inst. Ethelredi regis*) *GAS* 217; si quis ammodo .. *unlagam* (i. e. non legem) erigat vel injustum judicium judicet .. sit erga regem cxx s. reus in Anglorum ~a (*Quad.*) *GAS* 319 (= *Inst. Cnuti*: in lege Anglorum); Anglorum ~a [AS: *Engle lage*] *GAS* 353 (v. Danelaga); aliquando fuit in Anglorum ~a, quod populus et leges consilio regebantur (*Quad.*) *GAS* 457 (cf. *Inst. Cnuti*: antique lex Anglorum fuit); regis simplum weregildum est sex thainorum weregildum in Mircenorum ~a [AS: *Myrcna lage*] (*Quad.*) *GAS* 463. **c** inprimis juxta rectam populi ~am debet prolocutor occisoris in manum dare cognationi, quod rectum ei per omnia faciet (*Quad.*) *GAS* 189. **d** **1100** ~am regis Eadwardi vobis reddo cum illis emendationibus quibus pater meus eam emendavit (*Ch. Coron. Hen. I*) *GAS* 522; ea quae amodo facta fuerint juste emendentur secundum ~am regis Eadwardi (*Ib.*) *Ib.*; [Hen. I] non solum ~am regis Eadwardi nobis reddit .. sed beati patris ejus emendationibus roboratam (*Quad.*) *GAS* 535.

2 privilege, right, liberty maintained by law.

omnis emat sibi ~am [AS: *lage*] xij oris, dimidium landesrico, dimidium wapentako (*Quad.*) *GAS* 228; omnis monetarius qui infamis sit redimat sibi ~am xij oris (*Ib.*) *GAS* 230; **1101** sciatis quod ego vobis concedo tales ~as [v. l. leges], rectitudines, et consuetudines quales etc. *Reg. Ant. Linc.* I 47; c**1177** ne aliquis .. coria .. emere presumat nisi fuerit in luna et lagha burgensium W. *BBC* (*Wells*) 212.

†lagabulum, *f. l.*

1279 pro †lagabulo [l. hagabulo] et langabulo *MonA* VI 88a (= *Hund.* II 356b).

laganarium [cf. 1 laganum], griddle.

lagano ex avenis ad ignem super ~io formato FERR. *Kinloss* 70.

1 laganum, ~us [CL], **~a** [LL], **~ea,** unleavened cake cooked in oil, pancake, fritter.

~a oleo lita offerimus BEDE *Tab.* 486; diabolus: artocreas facio, parat ovia lagana Bruno J. BATH 279; pani tenui et lato .. cujusmodi in veteri instrumento ~a dici solent interdum pulmentaria supponunt GIR. *DK* I 10 p. 184; **12..** singulis grangiis aliquam porciunculam simile in Carniprivio ad ~as faciendas *Ac. Beaulieu* 291; in pauperculis mulieribus brodium epuli herbarum. et cibi paste, ~earum, pulvis cristalli, semen fenugreci .. M. SCOT *Phys.* 13; **13..** wafelarius habeat wafelas vel ~a in ferris vel in urnis decoctas (*Nominale*) *Neues Archiv* IV 341; fecit quendam ~um et posuit in eo lij m. *Latin Stories* 27; *ffrytowr, kake*, ~a *PP*; FERR. *Kinloss* 70 (v. laganarium).

2 laganum [ME *lagan* < AS *lagu*], (*~um maris*, also ellipt.) law of the sea governing right to flotsam.

haec sunt jura, que rex .. solus et super omnes homines habet in sua terra .. thesaurus inventus, naufragium, maris ~um [MSS: algarum] (*Leg. Hen.* 10. 1) *GAS* 556; quid si [res] in mari longius a litore inveniantur ..? tunc quidquid ita inventum fuerit erit inventoris, eo quod in nullius bonis esse dicatur, et dicitur a nautis *lagan* BRACTON f. 120b; **1448** concessimus quod .. habeant .. wreccum, maris lagan' .. hankeragium, kayagium, et groundagium *ChartR* 190 m. 46.

laganus v. 1 laganum, lagonus.

lagaros [LL < λαγαρός], form of verse, 'thin' or 'slack' with a short syllable in place of a long.

671 septenae divisionis disciplina .. acephalos, ~os, procilios, cum ceteris qualiter varietur ALDH. *Ep.* 1 p. 477; pathos .. Latina lingua passiones dicuntur, sunt autem numero sex: acefalos, procefalos, ~os *Id. Met.* 10 p. 94.

lagedaia, ~us, ~um [ME *lauedai*], law-day, day for the semiannual meeting of a hundred court, at which the presiding sheriff of the county held a view of frankpledge. *V. et. lagedies.*

1255 quiete sint .. de visu franci pleg' et lawedayorum (*Ch. Regis*) *MonA* IV 289; **1257** faciendo sectam ad predictum hundredum nostrum de Middelton' ad duas laghdayas, viz. die hunc proxima post diem que vocatur Hokeday et die hunc proxima post festum S. Michaelis *Cart. Antiq.* II 11; **1260** reddit .. sectas ad ij laghedaghas *Cust. Glast.* 191 (cf. *ib.* [**12..**]: *laghdaghes*); **1275** Ricardus de Pevenes' ballivus inpedit communem justiciam, eo quod tenet laghedayum bis in anno ante turnum vicecomitis et gentes qui sunt atachiabiles capit et inprisonat in castro de Pevenes' donec finem fecerunt cum eo *Hund.* II 205b; **1276** cum omnibus sectis laghedayorum que .. tenentes debuerunt ad laghedaya mea de N. *Reg. S. Aug.* 277; **1277** facient sectam ad curiam .. exceptis lagedaiis *Ib.* 254; **1278** una cum omnibus sectis lagedayorum, que prior de L. et omnes alii eorum tenentes debuerunt ad laghedeya mea de N. per tenementa que de ipsis tenent in hundredis predictis (*Ch.*) THORNE 1927; **1312** quieti sint .. de sectis .. lawedayorum *PQW* (*Kent*) 330b; essent quieti .. de sectis shirarum, hundredorum, lestorum, et lagedeyorum *Ib.* 331a; **1319** per servicium .. duorum adventuum ad duos laghedaios ibidem per annum (*Kent*) *Cl* 137 m. 18.

lagedayum, -deyum v. lagedaia.

lagedies [ME *laue, lagh* + CL dies], law-day. *V. et. lagedaia.*

c**1245** debent ipsi facere duas sectas [hundredi] per annum ad duos laghedies *Cart. Glast.* 639; c**1275** in curia eorum de Uplyn unam sectam tanquam ad laghdiem singulis annis facere *Ib.* 582.

lagehundredum [ME *lauehundred*], law-hundred, sheriff's tourn, meeting of a hundred court presided over by the sheriff of the county.

1222 veniet baillivus manerii cum duobus hominibus ville ad duo lagehundred', sicut continetur in cyrographo .. de placito secte hundredi *Dom. S. Paul.* 86; **1227** ad duo ~a per annum venire debent omnes homines predicte ville de capitalibus decennis *CurR* XIII 88; **1238** de ~o .. per ballivos archiepiscopi apud Terring' [*Suss*] tenendo *Pat* 96 m. 16; **1248** concessit quod .. ipse R. et homines sui facient sectam ad duo ~a *Cl* 94; ?**12..** de omnimodis sectis curiarum, hundredorum, lawehundredorum, syrorum *FormA* 162; **1258** dictus R. [etc.] .. warantizabunt dictis abbati et conventui .. et defendent ab omnimodis sectis curiarum, hundredorum, et lauhundredorum *Ib.* 161.

lagemannus [ME *laueman*], 'lawman', magistrate or alderman in certain boroughs at the time of King Edward the Confessor (*Cf.* A. Ballard *Domesday Boroughs* Oxford, 1904 pp. 51–3).

de harieta ~orum habuit isdem Picot viij li. et unum palefridum et unius militis arma *DB* (*Cambs*) I 189ra; in ipsa civitate [*Lincoln*] erant xij lageman' idest habentes sacam et socam *DB* I 336ra; in Stanford .. erant xij ~i qui habebant infra domos suas sacam et socam et super homines suos *DB* (*Lincs*) I 336vb; in Dunilanda tenuit laghemannus j virg' *DB* (*Essex*) II 95b; postea inquiret justicia per ~os [vv. ll. lagamannos, laghemannos, lagahemannos, lakemannos] et per meliores homines de burgo (*Leg. Ed.*) *GAS* 669; **1219** factum est inde assayum per †lapmum [? l. *laȝemon*] regis assayatorem monete regis, et concordat cum standardo *Reg. Pinchbeck* f. †117b [recte 217b] (cf. ib.: factum fuit unum assayum per predictum †lapnum); **1275** dicunt quod xij sunt homines in Stamford' qui vocantur ~i, eo quod antecessores sui fuerunt antiquo tempore judices legum in eadem villa, qui tenent de domino rege in capite quo servicio nesciunt, quia sic tenuerunt a tempore conquestus; set potest inquiri per Domesday *Hund.* (*Stamford, Lincs*) I 354a; **1419** in legibus Sancti Edwardi .. justiciarii .. vocabantur ~i, a *lage* Saxonice quod lex est Latine, unde ~us qui legis homo, quem dicimus nunc jurisperitum vel melius legislatorem *MGL* I 33.

lagena, ~oena, ~ona, ~una [CL < λάγυνος]

1 bottle with a narrow neck, flask, flagon. **b** bucket, pail. **c** pint-pot.

~oenas viris tenentibus egregias in manibus GILDAS *EB* 70; laogoena, *crog GlC* L 21; **9..** lancona, *cille WW*; **10..** lancona, *cylle WW*; de littera G scitote quia si non sequatur U, propter diptongum non impinguatur ut "~oena, tragoedia" ABBO *QG* 12 (28); ~ena, *crocc Gl. Durh.* 303; languena *Quaest. Salern.* Ba 112 (v. 2 fundus 1a); non minus alienum .. hoc esse videtur .. quam si ~ena vel olla, contra figulum insurgens et intumescens, super racione reddenda cur vel amplam ipsam in imo fecerit vel artam in summo .. convenire contendat GIR. *SD* 118; dum fellis lagena / turbat vineam J. HOWD. *Sal.* 9. 2; **1275** in uno busello, una ~ena ligand' cum ferro *MinAc* 991/17; **1371** in primis in aula j olla erea, iiij ~ene *Ac. Durh.* 129. **b** o balneatores! habetis .. aut dolium aut ~enam aut pelvim ad portandum aquam ad balneum nostrum? ÆLF. BATA 4. 25; languena, *buc WW*. **c** **1553** de .. tribus ~enis de metallo vocato *pewter*, Anglice *thre pynte wyne pottes of pewter Pat* 852 m. 29.

2 gallon, (vessel containing) standard measure of one gallon. *Cf. galo* 1.

s**1256, 13..** (v. galo 1); **1280** quintam ~enam cervisie braciate .. in dicto hospitali .. habeant dicti languidi *Reg. Ebor.* 138; custodia mensurarum regis que pro standardis et exemplaribus habentur, ulnarum, viz., ~enarum, ponderum, bussellorum *Fleta* 71; **1300** de R. de W. quia habet unam falsam ~enam *Leet Norw.* 52; c**1307** presentant quod eadem A. utitur falsis ~enis, potellis, et quarteriis *CBaron* 100; **1386** item R. filio meo .. viij ollas *potellers*, iiij ollas ~enas, xxiv peces (*Test.*) *FormA* 427; **1399** unum bussellum eris, dim. bussellum et pek ligni, tercia pars ~ene, ~ena *Mem. York* II 10.

3 gallon, unit of capacity: **a** (unspec.); **b** (of wine, ale, or cider); **c** (of other); **d** (as dry measure, 1/8 bushel).

a **1364** de una olla enea continente ij ~enas et dim. *Banstead* 351; **1404** (v. flakettus); **1442** lego .. j ollam eream de j ~ena *Wills Richm.* 2; **1455** una olla erea continens .. tres ~enas *Test. Ebor.* II 179. **b** **1221** solebant castellani capere cervisiam per villam primo die vendicionis et habere xxviij ~enas pro ij d. de uno bracino *PlCrGlouc* 108; **1256** (v. broculatrix); c**1256** quod .. non possimus capcionem de bracino .. facere preter viginti ~enas *BBC* (*Dunster*) 330; **1270** preter iiij ~enas sicerre *Ac. Stratton* 33; **1298** xx ~enas vini *Doc. Scot.* II 327; s**1303** quod ~ena boni vini, mensure Scoticane, pro iiij d. venderetur FORDUN *GA* 109; duos prichpottos octo ~enas cervisie continentes *Chr. Evesham Cont. A* 283; **1460** pro iiij ~inis cervisie ad implendum dictas pipas *ExchScot* 3; precium .. ~ine servic' *Valor Eccl.* II 57 (v. galo 2a). **c** **1265** et pro iiij[xx] ~enis [*cancelled, and* galonibus *added above line*] olei comestibilis emptis *Pipe* 109 (Warw & Leic) m. 1; **1285** reddit compotum de xxxij ~enis butiri *Ac. Stratton* 158; **1290** pro uno barillo viniacri continente xv ~onas *Doc. Scot.* 139; **1296** in tribus ~enis olei .. ad ungendum bordas galee ante R. *Ac. Galley Newcastle* 175; c**1299** una ~ena de oystres pro ij d. *MGL* II 199; **1303** de stauro regis .. dim. lag' mellis, iij lag' aceti, dim. lag' vini acri, j lag' verg' *KR Ac* 365/12 m. 3; **1312** in j ~ena bytuminis empta ad predictas rotas unguendas iiij d. ob. *Rec. Elton* 167; **1320** in dim. ~ena olei emptis [*sic*] pro eodem coreo inde conreando vij d. ob. *KR Ac* 482/1 m. 1; **1453** pro cl ~inis cinapii .., precio ~ine iiij d., .. pro viij ~inis oleo *Ac. H. Buckingham* 22; pro lx ~enis mellis .., precio ~ene x d. *Ib.* 23. **d** sciat quantum bladi teneat ~ena et quantum bussellus *Fleta* 72; **1321** bussellus civitatis continet aequaliter octo ~enas sicut de jure debet *MGL* II 382; viij libre faciunt ~enam .. et viij ~ene faciunt busshelum Londonie, quod est viij pars quarterii *Eng. Weights* 7.

lagenalis, containing a gallon.

1448 item ij ollas ~es unius forme deauratas (*Invent. All Souls, Oxon*) *Arch. J.* LI 120.

lagenarius [ML], containing a gallon.

1441 duas ollas ~ias *Reg. Cant.* II 578.

Lagenia, Leinster.

c**1210** consuetudines quas barones de ~ia burgensibus suis concesserunt *BBC* (*Kells*) 33; **1226** omnes fideles vestri Hiberniae Anglici, preter barones ~ie *RL* I 291; in ~ia est unum stagnum HIGD. I 35 p. 368.

lagha v. laga, lage-.

laghalmotus [ME *laghalmote*], law-hallmoot, guild meeting for reading the laws of the trade.

13.. debent habere duos laghelmotos in anno *MGL* I 373 (v. halimotum c).

laghdies, laghedies v. lagedies. **laghe-** v. et. lage-. **laghedagha, -daius, -daya, -dayum, -deya** v. lagedaia. **laghelmotus** v. laghalmotus. **lagoena, lagona** v. lagena.

lagonus, ? medicinal plant.

nam tumet ecce genu, nullis quod cura medentum / tempore jam multo valuit mollire lagonis [*gl.*: medicinis vel cataplasmatibus, herbis] BEDE *CuthbV* 85; ethnica sed nullis molliri corda lagonis / cedebant FRITH. 1077; libano, que est laganu *Gl. Laud.* 930.

lagopus [CL < λαγώπους]

1 hare's-foot trefoil.

lagopas dicitur a similitudine pedis leporis; nascitur in pratis et locis ubi olive habundant *Alph.* 89; *harefoote, herb*, ~us LEVINS *Manip.* 178.

2 wood avens, herb bennet.

lactopus, i. pes leporis vel *avence MS BL Sloane 420* f. 118r.

lagos [λαγώς], hare.

lepus, vel ~os Gr., *hara* ÆLF. *Gl.*

laguna [F. *lagune* < lacuna], pond, pool.

1289 versus ~am curvam *RGasc* II 440.

laguncula [CL], **~us**

1 small bottle or flask; **b** (w. ref. to *Job* xxxii 19); **c** (for carrying light).

~a[s], vasa fictilia *GlC* L 41; langunculam i. parvam hydriam *Gl. Bodl.* 57; **1239** si ij d. et ob. de unaquaque pandoxatione accipiat, ~am decimalem ecclesie persolvat *Conc.* 665; **1480** pro uno ~o vini *Ac. Chamb. Cant.* 135 (cf. ib.: una ~a malvesini); ~a, A. *a potel WW*. **b** factus est venter ejus quasi mustum absque spiraculo quod ~as novas dirumpit W. NEWB. *Serm.* 824; spiritus meus est quasi mustum quod novas dirumpit ~as P. BLOIS *Ep.* 236. 538C; en venter ejus quasi mustum absque spiraculo quod langungulas [v. l. langunculas] novas dirumpit *Plusc.* VI 30 (cf. FORDUN *Cont.* VIII 26: lagunculas). **c** leviathan tu fortis ferula, / hostes sternis, lucens laguncula; / reflorescens tu vatis virgula, / nucem portas cibantem secula J. HOWD. *Ph.* 234; *Ib.* 488 (v. facula 1b); tenentes lampades in medio ~arum FORDUN *Cant.* X 17.

2 unit of capacity: **a** (w. ref. to *Is.* v 10) 'bath', liquid measure of about 6.5 gallons; **b** (as liquid measure) 2 gallons; **c** (as dry measure) quarter-bushel, peck.

a quando decem jugera vinearum faciunt ~am unam AILR. *Serm.* 373A; vaticinium Ysayae .. ait decem jugera vinearum faciunt ~am unam MORE *Chr. Ed. II* 214. **b** **1482** (v. dulcis 1b). **c** **1532** unum modium continentem iiij ~as *Wills Wells* 35.

lahceapum [AS *lahceap*], payment for recovery of lost legal right.

et landcopum et domini donum, quod per rectum habeat dare, et lahcopum [v. l. lahceopum] et witword et gewitnessan, hoc ita permaneat ut nullus evertat (*Quad.*) *GAS* 228.

lahslita [AS *lahslit*], fine for breach of law (in Danelaw).

si duo fratres vel duo cognati cum una aliqua fornicentur, emendent in omni mansuetudine sicut eis permittetur, sic wita sic ~e [v. l. lashlita] secundum modum facti (*Quad.*) *GAS* 131; qui ordinis infracturam faciet, emendet hoc secundum ordinis dignitatem; wera, wita, ~a [v. l. laslita], et omni misericordia (*Leg. Hen.* 11. 12) *GAS* 557 (cf. (*Cons. Cnuti*) *Ib.* 319: legis fracturae [AS: *lahslites*] reus).

1 laia [OF *laie*], wild sow.

1210 concessisse .. totam Borcherdale cum cervo et bissa, apro et ~a, osturco et espervario et cum omni venatione et omnimoda salvagina *Couch. Furness* 569; **1213** decimam venacionis [nostre] capte in comitatibus Noting' et Dereby, sc. de cervis et bissis et damis et damabus, porcis et ~is *RChart* 189b; **1214** mandamus vobis quod cum canibus nostris capiatis in foresta de Pikering C. inter porcos et layas *Cl* 181b; **1217** quod eum capere permittatis x porcos et x ~as in foresta de W. *Cl* 330a; **1243** mittimus venatorem .. usque forestam de S. B. ad capiendum in ea xl porcos et xl layas *RGasc* I 258; **1292** habeurunt liberam chaceam in .. vallo de Wygemme ad cervum, bissam, aprum, layam et loutre *PQW* 267a.

2 laia [ME *lai* < AS *lagu*, OF *laie* < CL lacus], ? reserve in woodland, or ? pond.

12.. piscare .. in omnibus aquis et lays *IMisc* 20/14; **1466** in spinis pro sepibus gardini includendis . . . et in factura layarum, vij d. *Ac. Churchw. Bath* 64.

laicalis [LL]

1 (of person or group) lay, not in clerical orders. **b** (*ordo ~is*) lay (as dist. from clerical) order, the laity.

vulgus laicale revello GARL. *Mor. Scol.* 556; provisum est illud tempus ruine, quo turbe ~i lesio nulla posset inferri *Mir. J. Bev.* 347; **s1294** concessa est regi a populo ~i dena FL. WORC. *Cont. C* 275; **1377** ~ibus personis (WYCL.) *Ziz.* 269; **c1401** et scio, dixi, quod totus populus laycalis ita credidit WYCHE *Ep.* 539. **b 887** viris utriusque ordinis, clericalis quam ~is *Conc.* 197; cum catholica ecclesia dividatur in clericalem ordinem atque ~em LANFR. *Corp. & Sang.* 414A; ipse ~is ordo libens ac promptus debite institutum religionis exsequebatur DOMINIC *V. Ecgwini* II 1 (= *Chr. Evesham* 40); a pluribus tam clericalis quam ~is ordinis .. rogatus est ORD. VIT. XI 10 p. 199; **c1256** jacet ordo clericalis / in respectu laicalis (*In Episcopos*) *Pol. Songs* 45.

2 of or belonging to a layman. **b** characteristic of layman, simple, unlearned.

qui in habitu ~i .. in eadem ecclesia ad amorem sancti contulerat se HERM. ARCH. 34; quia ~i sensu et equestri probitate .. pollebant ORD. VIT. XII 18 p. 357; **c1218** sacerdotibus .. inhibemus ne testamenta sua ordinent per manum ~em *Conc. Syn.* 91; ad statum ~em degradatus est *Eul. Hist.* I 247; de ~i patronatu *Reg. Brev. Jud.* 82v; infra circumferentiam ~em est artior circulus sacerdotum COLET *Ep.* 264. **b** papa cepit simpliciter et sancte ~ibus verbis evangelium explanare ORD. VIT. XII 21 p. 375; quod ~i ruditate turgescit non habet effectum BACON *CSPhil.* 395.

3 (of service or obligation) lay. **b** (of fee or tenure) held for secular service.

c1214 super feodo prebende de Brewidi in militare et ~e obsequium nota satis et inhonesta causa converso GIR. *Ep.* 8 p. 262; **s1163** feudum illud totum in servitio ~i ad regem .. pertinere M. PAR. *Min.* I 322; **12..** ecclesiam de B. .. liberam ab omni exactione et ~i servitio *Reg. S. Thom. Dublin* 122. **b 1222** etc. (v. feodum 9); **1309** cognicio omnium placitorum de transgressionibus .. illatis in insulis et de debitis et catallis ~ibus .. spectet ad coronam et dignitatem .. regis *PQW* (*Jersey*) 833b.

4 (of court, law, authority, or power) secular, civil.

c1140 ab omni jugo et jure ~i *Reg. S. Osm.* I 340; quosdam violentia laycali .. allicere .. voluit BOSO *V. Pont.* 399; in ~i episcopi curia GIR. *Symb.* I 31 p. 318; **1236** ut cum [clerici] impetuntur in actione personali ~is potestatis subeant judicium GROS. *Ep.* 28 p. 109; **1253** in foro ~i vel ecclesiastico *Reg. Aberbr.* I 227; **s1343** visitacionem .. episcopi subire .. recusarunt, ecclesiam ac monasterium et palacium episcopi per potenciam ~em et firmitates alias munientes AD. MUR. 147; parliamentum praedictum sortitum est nomen parliamenti ~is OTTERB. 250.

5 (as sb. m.) layman.

ne diutius in ecclesiam Dei .. ~ium iniquitas malignetur *G. Ric. I* 223.

laicaliter [ML], in the manner of a layman, in lay fashion.

si ~iter placitare vellet *MonA* I 245; secunda pars moralis philosophie dat leges publicas .. sed dolendum est quod hec pars philosophie non est apud Latinorum usum nisi ~iter, secundum quod imperatores et reges statuerunt BACON *Tert.* 50; et, dum psalletur, tondeantur clericaliter sc. vel ~iter *Cust. Cant.* 405.

laicanus, lay.

c1334 gens ~a *FormOx* 110.

laicatura, status of a layman.

cum inauditum esset ut quis a subdiaconatu ad ~am trahi deberet *Chr. Wallingf.* 19.

laicatus [ML]

1 (as adj.) of or pertaining to laity, lay.

ligna aecclesiae non debent ad aliud opus jungi nisi ad aecclesiam aliam .. et talia in ~o opere non debent procedere THEOD. *Pen.* II 1. 3.

2 (as sb. m. collect.) the laity.

sicut enim in re publica Christiana civitas est Jerosolima et templum in ea veluti ~us in populo et clerus in eo R. NIGER *Mil.* III 4; **s1440** heu! plebs in clerum laicatus et in monachatum / sic furit AMUND. II 221.

3 status of a layman, secular condition.

fiant et vela et tentoria, ut .. inter religionem et ~um in introitu tabernaculi tentorium R. NIGER *Mil.* I 63; **1451** nec .. de ~u ad clericatum ascendat sine etc. *Mon. Francisc.* II 83.

laicus [LL < λαϊκός]

1 (of person) lay, not in clerical orders. **b** (*ordo ~us*) lay (as dist. from clerical) order, the laity. **c** (w. ref. to lay member of religious community).

s1099 in hoc concilio papa .. sententiam excommunicationis vibravit in ~os investitores ecclesiarum W. MALM. *GP* I 54 p. 103; nulli ~e persone nisi regi subdatur (*Lit. Papae*) AILR. *Ed. Conf.* 752C; **c1187** concessisse .. omne jus .. in ecclesia de W. quantum ad ~am personam pertinet *Cart. Colne* 27v; matricularii ~i qui firmant et aperiunt ostia ecclesie non habent speciale aliquod officium T. CHOBHAM *Summa* 116; **1380** de qualibet persona ~a homine et femina etatim xv annorum excedente xij d. *DocCOx* 8; **1413** gentes ~i (v. gens 6a); **c1550** garciones ~os (v. garcio 1). **b** persone .. ~i ordinis preeminebant ORD. VIT. III 11 p. 121. **c** ~um conversum beatus Benedictus non praecipit taliter promoveri LANFR. *Const.* 175; erant .. in congregatione .. viri tam clerici quam ~i mire sanctitatis et gravitatis AD. EYNS. *Hug.* I 10; GIR. *Spec.* III 15 (v. frater 10); STUDLEY 1 p. 367 (v. fons 3a); frater laycus de eodem cenobio *Mir. Montf.* 84; *Obs. Barnwell* 170 (v. frater 10).

2 of or pertaining to a layman, lay.

vir in ~o habitu BEDE *HE* V 13 p. 311; celibatum Deo voventes, Edfleda in sacrato, Ethelhilda in ~o tegmine W. MALM. *GR* I 126; secularium legum peritiam ad patrie sue morem intentione ~a fervidus edidicit ORD. VIT. IV 6 p. 209; **1200** omnes res tam ecclesiasticas quam ~as *Lit. Cant.* III 360; **1220** inventi fuerunt in ~o habitu et sine tonsura *SelPlCrown* 132.

3 (of fee) held for secular service.

c1130 de ~o feodo (v. faldsoca); **1164** etc. (v. feodum 9); cum omnibus terris et tenementis ~is *Pat* 138; **12..** domos aut possessiones ~as *Conc. Scot.* II 17; **1380** super ~o tenemento *Ib.* I ccxxxviii.

4 (of court, law, authority, or power) secular, civil.

1102 si virgam pastoralitatis signum .. tradit ~a manus, quid in ecclesia pontifices agunt (*Lit. Papae*) W. MALM. *GR* V 415; ~a manu ecclesiasticarum rerum investituram fieri non debere R. NIGER *Chr. II* 88; **1198** super questionibus que ~am non contingunt potestatem *Ep. Cant.* 478; promulgatum est .. tam a monasteriis quam ecclesiis tertiam decimam exigi, et quosque reluctantes ad solvendum ~a violentia compelli G. COLD. *Durh.* 17; **1242** mandatum est vicecomiti Wiltes' quod non permittat quod R. de W. ejiciatur ab ecclesia sua de P. per vim ~am *Cl* 438.

5 (as sb. m.): **a** layman. **b** (*~us capite*) untonsured man. **c** lay brother of religious order.

a si ~us fidelis pro ebrietate vomitum facit, xv dies peniteat THEOD. *Pen.* I 1. 5; omnes .. sive adtonsi seu ~i BEDE *HE* III 5 p. 136; **742** ~us quidam magne persone ad nos veniens dicebat sibi ab apostolicae sedis pontifice sanctae memoriae Gregorio datam fuisse licentiam, ut in matrimonium acciperet viduam avunculi sui BONIF. *Ep.* 50 p. 83; nullus ~orum habeat dominium super monasterium *Comp. Swith.* 192; et laicum monacho Gualtham permuto Dunelmo L. DURH. *Dial.* III 439; effectus laicus fuit hic in tempore doctor / Oxonie GARL. *Tri. Eccl.* 53; **1268** ~i idcirco dicuntur, quod popularibus sunt ministeriis derelicti *Conc. Syn.* 777; **1391** J. S. laycus Lyncolniensis diocesis *MunCOx* 173. **b** adhuc enim ~us capite .. Deo serviebat EDDI 2. **c** primoque [abbas] aliquantum dure in monachos agebat, quod essent hebetes et .. barbari, et omnes terras .. auferens, pauculumque victum per ~os suos exiliter inferens W. MALM. *GP* 90 p. 195; applicuerunt primo fratres minores in Angliam .., quatuor sc. clerici et quinque ~i ECCLESTON *Adv. Min.* 7; jubeo .. fieri ~os [Eng.: *laye bretherne*] ut vocant monachos MORE *Ut.* 74.

6 person who exhibits behaviour attributed to a layman: **a** simple, unlearned, or ignorant person. **b** unskilled labourer.

a ~is hec et parum literatis edita principibus plano facilique stilo GIR. *EH Intr.* p. 207; et ~i faciunt sibi medicinam de vitell' ovorum GAD. 6v. 1; et iste aque .. sunt secrete .. nec debent doceri ~is, quia sunt de secretis meis maximis, quia si scirent vilipenderent medicos *Ib.* 33v. 2; **1311** hereses abjurarunt .. sacerdotes in Latino et literati, ~i in lingua Gallicana *Conc. Syn.* 1314; multi ~i et illiterati puplice practisantes in .. facultate [medicine] *StatOx* 191; laicus tractat victricia prelia regum *V. Ed. Conf. Metr.* 30. **b 1360** onerant se .. de omnibus bonis, bladis, firmis, redditibus laycorum et artificium *ExchScot* 41.

lairo v. laero.

laissa [OF *laisse* < laxa], leash, lead.

1202 debet .. x ~as leporarium *Pipe* 65; **1203** Rogerus constabularius Cestr' debet d m. et x palefridos et x ~as leporariorum pro habenda terre *Pipe* 210; habebant tres leporarios extra lessam et quinque lepores *SelPlForest* 8; **1209** pro uno sacco de corio vacc' ad imponend' leissas et colaria *Misae* 144; **1210** ad reparand' lessias *Ib.* 164; **1218** ducens secum iiij leporarios qui tum in lessa erant *Cl* 380a; **1224** tres leporarios sine lescia absque waranto *Cl* 580a; **1248** duxerunt tres leporarios in lesso *SelPlForest* 77; **1248** venit et, jurata, dicit quod nescit utrum leporarii evaserunt a lescia an spontanea voluntate *Ib.* 87; **1248** intrabunt in .. boscum .. tantummodo .. cum tribus lessiis leporariorum *Fines* 283/12/225; **1281** si contingat quod leporarii .. per rupturas coleriorum vel lessiarum suarum a manibus custodum suorum evadant *Pat* 100 m. 2; **1281** unam lesam leporariorum pulchrorum et bonorum (*Ext. Banham*) *Arch. Soc. Norf.* XIV 35; **1284** pro .. lessiis ad leporarios emptis *KR Ac* 351/11 m. 1 (v. 2 collare 1c); j lessa pro canibus pro j d. *Rec. Leic.* I 363; **1290** cathene ferree, colarii et lecie *Chanc. Misc.* (*AcWardr*) 4/4 f. 55*d*; **1293** ceperunt leporarios ibidem ductos sed non in lessia *Reg. Cant.* I 316; **1328** una lessa Scottica, bene felerata .. xviij d. item alia lessa Scottica, sine hernasio, precii iij d. *Reg. Exon.* 565; **1472** cum leporariis et lescis infra warrennam Domini apud Lygh venatus fuit *CourtR Lygh.*

laissare [cf. laissa], to put on a leash.

lesco, *to leshe WW.*

laka v. lacus. **lakemannus** v. lagemannus.

lallare [CL = *to sing a lullaby*], to suck.

Latias olim lalando papillas FRITH. 1192; [puer] ~are [mammas] non destitit donec laxatus aqualiculus maris non caperet excrementum W. CANT. *Mir. Thom.* II 12; mors .. / lactantes laniat, lallantes jugulat WALT. WIMB. *Sim.* 122.

1 lama [CL]

1 marshy place, bog, slough.

1239 quedam monasteria, videlicet Millitensis .. et Sancti Johannis in ~is, bonis suis spoliavit M. PAR. *Maj.* III 535.

2 place made founderous by broken (and therefore sharp) stone.

hec ~a, -e, i. lapis abrutus [MS: abruptus] in via, eo quod viatores faciat lamentari OSB. GLOUC. *Deriv.* 317 (*sim.* ib. 327. Cf. Jan.: ~a .. est locus voraginosus vel lapis in via abrutus vel obrutus ..).

2 lama [OF *lame* < lamina]

1 plate or sheet of metal; **b** (used in torture).

hec lamma, -e, eo quod lata sit, et inde hec lamina OSB. GLOUC. *Deriv.* 317; lameas NECKAM *Ut.* 118 (v. l.; cf. lamina 1a); **1237** pro xxiiij lamiis ferr' v s. iij d. ob. *KR Ac* 476/3 m. 2; ~a, *a plate* [*later hand adds*: item ~a, *sleybrede*] *WW.* **b** ante coquam mammas, calidas addens mihi lammas, / ante latus fodiam telo, quam pronuba fiam R. CANT. *Malch.* III 218 p. 86.

2 a ? piece or strip of metal (or other substance) woven into or attached as adornment to cloth. **b** ? cloth with metal threads or strips woven in or attached (but perh. 'gravestone', *cf. lamina* 2a).

a 1516 xxxiij coopertoria unde xiiij rubea, j rubeum et album cum avibus .., j cum albis et glaucis ~is in latum, ij magna coopertoria alba cum *le orfrays* ex glauco et rubeo *Ac. Durh.* I 253. **b 1275** H. B. cepit de H. C. .. injuste, quia duxit extra portam .. unum sarcofagum cum ~a [*erased in HundR Lincoln* 26b m. 2: coopertorio] et non dedit inde toloneum dim. m. *Hund.* I 356a.

3 slay, weaver's instrument for beating the weft.

textrix percutit tramam cum ~a [v. l. lana; *gl.*: ~a dicitur Gallice *lamna*, sc. id instrumentum quo percutit fila; *slay on la leme*; *slebret* (etc.)] GARL. *Dict.* 135; **1342** de ~is xxiij textorum hoc anno vij s. viij d. *MinAc* 1006/12; *WW* (v. 1a supra); hec lamia, *slay WW* (cf. ib.: hec lanea, *a slaye*); *a slay*, pecten, lania *CathA.*

3 lama, ~us, *s. dub.*

1158 in quibus [possessionibus, etc.] hec propriis duximus exprimenda vocabulis: .. Cocolariam ~i piscatoriam Zamedelle, mansum in capite ~as communis HADRIAN IV 174. 1549A.

lamba (~um?) [ME *lamb, lomb*], lamb (quot. occurs in passage of mock-Latin).

snyger snagoer werwolfforum / standgardum lamba beffettorum *Digby Plays* 64.

lambas v. lampas.

lambatus [dub.], ? decorated (with).

13.. sellarius .. habeat scuta listata flosculis, avibus, bestiunculis, quaturnata, moncellata, ~a rosis (*Nominale*) *Neues Archiv IV* 342.

lambda v. labda. **lambella, ~us,** v. labella.

lambĕre [CL], **~ēre** [LL]

1 a to pass the tongue over, lick; **b** (fig.). **c** (transf. to action of touching with lips, kissing). **d** to suck (breast or sim.). **e** to fawn over. **f** (intr.) to fawn.

a venerunt .. animalia .. ~entes [v. l. ~entia] pedes ejus *V. Cuthb.* II 3 (v. humiliter a); mulier paupercula .. nummum, quem ante deposuerat fidelis illa matrona, ~ens lingua ab altari furtive asportavit *Found. Waltham* 26; **1200** post primam celebrationem .. absorbeantur stillule de calice, et digiti sugantur vel lingua ~antur et laventur *Conc. Syn.* 1061; prodest .. boves .. stergere cum vispilione. eo quod affectius se ~ebunt *Fleta* 166; [canes] pedes sancti Coemgeni et vestimenta .. auribus et naribus ac lingua ~ebant (*Coem.* 27) *VSH* I 248. **b** fusa solo supplex plantas tu [sc. cartula] lambe sacratas ALCUIN *Carm.* 4. 31; est grave mellitam lambenti lambere spinam D. BEC. 2322. **c** hunc genibus flexis rex ecce volutus adorat / imperiumque regens Petri vestigia lambit WULF. *Brev.* 390; si de labris carpere detur favum mellis. / os dilecte lambere roseum labellis P. BLOIS *Carm.* 5. 8. 4; crucem .. amplexatur, pedes lacrimis et osculis rigat et ~it AD. EYNS. *Visio* 5; [Judas] lambit lucentem flosculum [cf. *Matth.* xxvi 49] J. HOWD. *Ph.* 102. **d** J. GODARD *Ep.* 223 (v. 2a infra). **e** s**1251** hic .. cum primum curiam regiam ~ere cepisset vix duas terre carucatas dinoscitur habuisse M. PAR. *Maj.* V 242; lingua Gnatonicus lambit innocua / que peccant Cesares WALT. WIMB. *Palpo* 131. **f** pavones .. ante pedes ejus [sc. Junonis] ~ebant, qui a dextris et sinistris domine stabant *Deorum Imag.* 11.

2 to lick so as to taste or drink, to lick up; **b** (fig.; *cf.* 4 *infra*).

bibe, ~e *lapa GlP* 727; de his .. qui antequam masticent id quod mordent .. quasi suggendo vel ~endo in os trahiciunt, sicut infans qui, etiam dum lac educere non curat ab ubere, papillam .. lambit J. GODARD *Ep.* 223; lohoc, i. confectio que ~i dicitur *SB* 28; Gedeon quondam amota multitudine per ccc viros qui aquam ~uerant de multis triumphavit [cf. *Jud.* vii 5] KNIGHTON I 165; [murilegus] linguam habet longam et flexibilem .. cum qua bibendo ~it UPTON 167. **b** permissus ~ere sum vescentum abjectas uti catellus esuriens miculas B. *Ep.* 386; Dei animalibus sal ad ~endum datur dum eis .. vita sanctorum pronuntiatur HON. *GA* 636B; felices pulli aquilarum illi qui .. depascunt carnem [Christi] et sanguinem ~unt [cf. *Job* xxxix 30] J. FORD *Serm.* 8. 2; [adulator] sordes lambit has quas princeps vomuit WALT. WIMB. *Palpo* 86.

3 a (w. fire or flame as subj.) to lick, play upon. **b** (w. river as subj.) to flow past, wash (town or sim.). **c** (w. tall or elevated thing as subj.) to touch (sky, clouds, or stars). **d** (w. inanimate subject) to touch lightly.

a piper album, quod incenso loco .. homines nigrum flammis ~entibus deripiunt *Lib. Monstr.* III 6; cum me flamma undique ~eret [rec. prior: circumveniret, undique], combureret ALEX. CANT. *Dicta* 5 p. 133; ignis invadit plateas civium, incipit ~ere lucella temporum et annorum LUCIAN *Chester* 55; flamme .. / lambunt WALT. WIMB. *Carm.* 88 (v. fumidus). **b** s**1256** Bedefordia, quam fluvius ~it Usa dicta M. PAR. *Maj.* V 561. **c** rorifluas muri cernuntur lambere nubes ÆTHELWULF *Abb.* 707; ut fumeorum voluminum orbes etiam sidera ~erent W. MALM. *GR* IV 333 p. 378; montes .. / quorum vertex astra lambit WALT. WIMB. *Van.* 98; arx lambens sydera *Id. Sim.* 124; hastulis maritate penne ~ebant ethera *Ps.-*ELMH. *Hen. V* 45 p. 110. **d** **1160** [pluviale] in humeros suos tanta festinatione conjecit ut herentibus collo finbriis pavimentum ~eret pars superior indumenti ARNULF *Ep.* 29 p. 45; WALT. WIMB. *Carm.* 178 (v. flucticulus); vitta coccinea rubore lustrata / lambit et ambit lilia labiorum J. HOWD. *Cant.* 318.

4 (w. person as subj.) to experience, 'taste' (state, condition, treatment at hands of others, or sim.).

principes .. / iter agens lambis ludibrium J. HOWD. *Ph.* 176; plerique in formam femineam non figuntur, neque luxuriam ~unt ROLLE *IA* 149; **13..** multos fallit seculum / et trahit in periculum, / mundi ob favorem, / ut lambeant honorem (*De Judicibus*) *Pol. Songs* 224.

5 (in glossaries).

GlP 727 (v. 2a supra); ~o, -bis, lampsi, verb. neut. et caret supinis OSB. GLOUC. *Deriv.* 321.

lambitio, action of licking.

Balac [*Num.* xxii 2 etc.], quod est 'elidem' vel 'involutus' vel 'in ~one' R. NIGER *Mil.* II 56; sal in solidam petre materiam animalium infirmorum ~oni profuturum vertitur R. BOCKING *Ric. Cic.* 286C.

1 lambra, ~us [ME *laumbre* < OF *l'ambre*], amber (resin).

1295 in qua navi inveniebatur .. xiiij barilli de ~o *KR Misc.* 2/1 (4); **1349** lego Magote L. j par *bedes de lambre BBWint.* 117; cacabre vulgo dicitur ~a *SB* 14.

2 lambra v. 2 lambrus.

lambrechura, lambresc(h)ura, lambrichura v. lambruscura. **lambriscare, lambrissare** v. lambruscare.

1 lambrus v. 1 lambra.

2 lambrus, ~a [cf. lambere 1–2], lewd or gluttonous person, lecher, glutton.

vinum .. gariofilatum, ~is [*gl.*: *a lecchurs, a glutuns*] et ambubagis .. appetibile NECKAM *Ut.* 98.

lambrusca v. labrusca.

lambruscare [cf. OF *lambruschier, lambrisser*] to wainscot, panel (room or sim.).

1180 in labruscandam capellam et parvam cameram de Valon' *RScacNorm* I 31; in lanbruscanda capella xxvij s. et v d. *Ib.* 52; **1228** facias habere eidem constabulario unam quercum .. ad capellam Havering' ~andam *Cl* 136; **1233** cameram regis ~atam *Liberate* 10 m. 6; **1242** in .. celario illo ~ando, lineando, dealbando *Pipe* 176; **1243** (v. depictura); **1251** dictum thalamum scindulis cooperiri et lambriscari faciatis *RL* I 66; **1252** bassam cameram ~ari faciat in qua depingatur historia S. Eustachii *Cl* 290; **1265** faciat habere constabulario de L. quatuor fagos ad scindulas faciendas ad cameram regis .. inde ~andam *Cl* 59; **1275** pro xxvj mutis ad lambrissand[um], lxv s. *KR Ac* 467/6/2 m. 11.

lambruscatio, wainscotting, panelling, or action of lining a room, *etc.*, with the same.

1239 pro xxxvij li. .. positis in .. dealbacione et lineacione capellarum .. et lambruschacione et fenestris vitreis earundem *KR Mem* 18 m. 14.

lambruscatura, wainscotting, panelling.

1260 faciat habere visoribus operacionum regis de Havering' duas veteres quercus ad faciendum inde ~am ad capellam regine apud Havering' *Cl* 68.

lambruschacio v. lambruscatio.

lambruscura [cf. OF *lambrus*], wainscotting, panelling.

1233 lambrescuram ejusdem [sc. camere] depingi faciat de viridi colore *Liberate* 10 m. 5; **1237** visores operis de Wudestok, sc. .. lambrechure et picture camere regis *KR Mem* 15 m. 15; **1237** lambreschuram (v. daubatura); **1243** lambruschura (v. depictura); tegmine .. quodam quod vulgariter labrescura vel celatura dicitur, quo trabium seriem cooperuit, ecclesiam .. venustavit abbas W. [a**1235**] *G. S. Alb.* I 287; **1266** quod .. faciat habere .. episcopo .. sex quercus aptas ad meremium ad lambuscuram capituli sui Bath' inde reparandam *Cl* 161; **1276** pictura lambrichure camere domine regine de viridi colore et tencellata de auro .. custabit ix m. *Chanc. Misc.* 3. 48 (2).

lambuscura v. lambruscura. **lamea** v. 2 lama, 2 lamia. **lamech** v. lamed.

lamed [LL < Heb.], Hebrew letter lamed.

~ech *Runica Manuscripta* 350 (v. daleth); Babel scribitur per duo b sive beth et per ~ed BACON *Gram. Heb.* 206 (cf. id. *Min.* 350: lamech).

lamen [ML < lamina]

1 plate or sheet of metal; **b** (used to adorn artefact); **c** (used to adorn vestment).

accipe laminas factas ex Marte [*iron*] .. et dimitte ibi [sc. in aqua] per ix dies ..; et ipsis ~inibus extractis .. debes accipere pannum lineum .. M. SCOT *Lumen* 249; **1325** expense orologii: .. in uno ~ine cupreo cum deauratura ad solem xj d., item in ij tenuibus ~inibus eris xv d. .., item in magno ~ine ad diale iiij li. vij s. (*Comp. Norw.*) *Arch. J.* XII 176; **1503** solutum pro parvo ~ine pleno uncis ferreis ad pendendas ollas xij d. *Cant. Coll. Ox.* II 237; **1510** obicimus tibi .. quod tu unum instrumentum dictum *a lamina* pro opere conjuracionis .. aptum .. fabricasti; fatetur se fecisse ~ina, facta quadrata de plumbo sculpta hominis ymagine *Arch. J.* XVI 73; dicit quod ~en est instrumentum ad conjuracionem *Ib.* **b** **1245** cruces .. cooperte ~inibus argenteis (v. crux 5a); **1315** pecten .. eburneus cum ~ine argenteo et deaurato *Invent. Ch. Ch.* 74; a**1414** textus cum ~ine argenteo (v. imago 3a). **c** **1388** casula .. cum uno aurifragio ex parte anteriori contexto laminis aureis, lapidibus et perillis, de quibus deficiunt quindecim ~a (*Invent. Westm.*) *Arch.* LII 257.

2 ? thin piece of wax forming seal.

1505 litteras .. nostro .. sub sigilli communis ~ine .. sigillatas *Cl* 370B m. 5.

lamenta v. lamentum.

lamentabilis [CL]

1 (*s. act.*) expressing grief or sorrow, mournful, lamenting.

canticum ~e ALDH. *VirgP* 13 p. 242 (v. epicedion; cf. *WW* 430. 22 [**10..**]: ~e, *heafsang*); **947** (12c) psalmista .. conquerelando ac ~i voce ita protulit .. *CS* 831; clamor in Bethleem crebrescit flebilis, / in Roma resonat vox lamentabilis [cf. *Matth.* ii 18] WALT. WIMB. *Carm.* 247.

2 (*s. pass.*) fit to be grieved over, deplorable, lamentable.

regum .. infesta ambitio minabatur eos .. ~i disperdere exterminio G. FONT. *Inf. S. Edm.* 6; funus .. ~e GIR. *IK* II *pref.* (v. exsequiae a); s**1334** annus .. Scotis ~is et dolorosus WALS. *HA* II *app.* 377; **1432** lacrimabiles .. discidiorum erumpne in ~em .. studii enervacionem .. detestabiliter inoluerunt *StatOx* 238.

lamentabiliter [LL]

1 (*s. act.*) in a sorrowful or mournful manner, lamentingly.

[corvus] sparsis ~iter pennis et summisso ad pedes ejus capite .. veniam precabatur BEDE *CuthbP* 20 p. 224; queram, petam, pulsabo et ~iter clamabo quousque per aliquid fuero confortatus *Spec. Incl.* 3. 1 p. 111; **1393** ad querelam dilecti ligii nostri .. ~iter asserentis .. mercatores .. navem .. spoliasse *Dip. Corr. Ric. II* 121; **1448** fatebatur ~iter cum lacrimis se .. in sacros .. ordines fuisse promotum *Eng. Clergy* 224.

2 (*s. pass.*) in a manner which is to be deplored or lamented, lamentably.

s**1234** per quam guerram .. honorem meum amisi ~iter M. PAR. *Maj.* III 294; in carcere ~iter diem clausit extremum *Flor. Hist.* II 8; s**1314** cum .. comes .. tam infausto conflictu tam ~iter corruisset WALS. *HA* I 142; ~iter extra pacem remanent morientes ELMH. *Cant.* 200.

lamentari [CL], **~are** [LL]

1 (intr.) to express or feel grief or sorrow, to lament, mourn: **b** (w. ref. to sorrowful manner of singing); **c** (in glosses).

illis .. lacrimosis luctuum singultibus lugubriter ~andum et .. flebiliter ingemescendum autumo, qui .. ALDH. *VirgP* 10; **799** nec cantante [sc. me] saltatum est nec plangente ~atum ALCUIN *Ep.* 175; innuit eis [sc. aviculis] dicens "jam satis ~ate estis" ALEX. CANT. *Mir.* 42 (I) p. 242; plures .. pro suo dampno ~ati sunt, et alii econtra pro insperato emolumento letati sunt ORD. VIT. XIII 16 p. 38; Dominus .., cernens tristem turbam flebiliter ~ari, cepit et ipse simul lacrimari HON. *Spec. Eccl.* 916C; quem videns pene mortuum .. amarissime flevit et in amplexo ejus quasi deficiendo ~abat [v. l. ~abatur] *Eul. Hist.* I 163. **b** choro .. submissa voce cantante vel potius ~ante hoc responsorium 'tenebre facte sunt ..' *Miss. Heref.* 95. **c** ~or, -aris, verb. deponens; inde lamentator, lamentatio, lamentatio et hoc lamentum, -ti et hec lamia .. et hec lama OSB. GLOUC. *Deriv.* 317; ~or, G. *waymenter* (GARL. *Unus gl.*) *Teaching Latin* II 165.

2 (trans.) to grieve or express grief over, to bewail, mourn: **a** (person, esp. when dead, or body); **b** (death or other occurrence, circumstance, deed). **c** (w. acc. & inf.) to complain (that ..).

a quam cum omnis parentelae pia propinquitas .. velut Proserpinam .. a Plutone raptam lacrimosis singultibus lugubriter ~aretur .. ALDH. *VirgP* 44; ~abantur .. pauperes verum Dei pauperem, divites divitem, pueri patrem, senes senem ORD. VIT. VI 9 p. 81; ave, videns natum / ligno disclavatum / expallescere, / corpusque nudatum / a te lamentatum / obrigescere J. HOWD. *Sal.* 38. 5; Joseph et fratres ejus patrem Jacob mortuum .. multo tempore ~arunt *Chr. Ed.. I & II* II 7. **b** Heliae .. scelera populi crudelis ~anti et lugubrem interfectionem vaticinantium conquerenti ALDH. *Met.* 2 p. 64; **1460** de dominorum fidelium .. morte satis injuriosa multiformiter ~anda *Paston Let.* 617 II p. 222. **c** **1104** [ut] multitudo hominum .. propter me tribulationem se pati ~etur ANSELM (*Ep.* 311) V 236.

lamentatio [CL], passionate expression of grief or sorrow, plaint, lamentation (also transf. to grief itself); **b** (w. ref. to *Lamentations of Jeremiah*); **c** (w. ref. to obituary oration; in quot., as title).

ut per breves vitae hujus miserias paupertatemque ac ~onem transitoriam ad gaudia caelestis regni sempiterna pertingatis BEDE *Ep. Cath.* 34; **938** (12c) si quis .. hoc donum violari .. consenserit, consideret .. penis atrocibus se esse passurum si non antea corporea ~one emendaverit *CS* 730; rusticus quidam astitit ante januas cum ~one petens ut sibi auxiliaret ALEX. CANT. *Mir.* 44 (I) p. 245; threnara, carmina ~one plena ..; unde et Threnas i. Lamentationes Hieremie dicimus OSB. GLOUC. *Deriv.* 592; inter lugubres funerem planctus musicas efferunt ~ones GIR. *TH* III 12 p. 157; Offanus .. oculos patris sui pie claudens ~ones mensuras cum magnis ejulatibus, lacrimis, et specialibus planctibus .. lugubriter pro tanto funere continuavit *V. II Off.* f. 5b. **b** J. SAL. *Ep.* 143 (v. hagiographa a); OSB. GLOUC. *Deriv.* 592 (v. a supra); quem .. Adremon planxit et Jeremias, ~one facta sub quadruplici alphabeto R. NIGER *Chr. I* 9; **13..** item glose super ~ones (*Catal. Librorum*) *Chr. Rams. app.* 361. **c** ~o sive planctus in laudem Radulfi prioris *ObitR Durh.* 45.

lamentativus, pertaining to, or characteristic of, lamentation.

'tempus plangendi et tempus saltandi' [*Sirach* iii 4]: in verbo isto ostenditur hujus operis causa materialis, in planctu sc., et formalis, quia modum habet ~um; .. forma .. ~a tota deducitur cum questionibus et indignationibus metrice compositis PECKHAM *Exp. Thren. prooem.* 1 p. 607a.

lamentator [LL], one who laments or mourns; **b** (w. ref. to Jeremiah as supposed author of *Lamentations*).

OSB. GLOUC. *Deriv.* 317 (v. lamentari 1c); **s1246** David de medio sublatus in morte sua paucos .. meruit habere ~ores *Flor. Hist.* II 308. **b c1155** ~or ille Jeremias propheta P. BLOIS *Ep.* 6. 18C; **1196** ita estis secularium importunitate obsessi ut cum ~ore propheta deplorare possitis 'edificavit ..' [*Thren.* iii 5] *Ib.* 134. 403A.

lamentatorie, lamentingly.

presbiter .. gemat trenetice, id est ~ie [v. l. lamentorie; *gl.*: *plorablement*] GARL. *Dict.* 133.

lamentatrix [LL], one who laments (f.), (hired) female mourner.

homo se fingit dolere .., sicut ~ices que conducuntur ut mortuum plangant AILR. *An.* III 16.

lamentatus [LL], lamentation.

OSB. GLOUC. *Deriv.* 317 (v. lamentari 1c).

lamentorie v. lamentatorie.

lamentosus, ~uosus [ML], expressing lamentation, sorrowful.

illo [sc. abbate] .. defuncto, conventus .. ordinavit literas satis querulosas et ~uosas ad dominum regem THORNE 1871.

lamentum [LL < CL *pl. only*], passionate expression of grief or sorrow, wailing, weeping, lament (also transf. to grief *etc.* itself); **b** (w. obj. gen.).

~orum fletibus incumbere .. et lacrimarum imbribus vultum rigare ALDH. *VirgP* 10; ~a paenitentiae BEDE *Prov.* 1021; videmus nos in illud Jeremiae incidisse ~um quod dicit 'si egressus fuero ..' [*Jer.* xiv 18] ALCUIN *Liturg.* 486B; **946** (13c) in quandam ollam Vulcani .. proitietur .., nisi hoc ante mortem penetentie ~is emendaverit *CS* 818; mater .. passa est dolorum ~a GOSC. *Transl. Mild.* 27 (*opp.*: gaudiorum oblectamenta); o nox .., gemitus, lamenta, dolores, / planctus et lacrimas Malchi .. / ne reticere velis ..; / digere lamentum Malchi Malchaeque dolentum R. CANT. *Malch.* III 99, 102; jugiter dicunt ~um et ve H. BOS. *Hom.* 1404C; **s1258** a regno Anglie .. ejecti cum dolore, ~o, et confusione repatriaverunt ad propria *Ann. Tewk.* 165. **b** [Deus] flectat superbum arbitrium ad culparum suarum ~um R. BURY *Phil.* 20. 247.

lamentuosus v. lamentosus.

lameres, *s. dub.*

lameres, *elmawes WW*.

Lamfrancus v. Lanfrancus. **lamgabulum** v. landgabulum. **lamgravius** v. landgravius.

1 lamia v. 2 lama.

2 lamia [CL], lamia, evil female being described var. as goddess, monster, or witch; *cf. laminia*; **b** (w. allusion to tearing of victims, or to supposed deriv. from *laniare*, cf. Isid. *Etym.* VIII 11. 102); **c** (w. ref. to *Is.* xxxiv 14); **d** (w. ref. to *Thren.* iv 3).

~ia dea silvae dicitur .. *GlC* L 29 (v. dea a); lamentor .., inde .. hec ~ia, -e, i. quedam crudelis bestia OSB. GLOUC. *Deriv.* 317; **11..** hec ~ia, i. *estrie WW Sup.* 95; ~ie dicuntur esse mulieres que noctu domos .. penetrant .., infantes ex cunis extrahunt, luminaria accendunt et nonnumquam dormientes affligunt GERV. TILB. III 85; ~ia quasi lama, A. *mare* (GARL. *Unus gl.*) *Teaching Latin* II 164; ~ia, G. *strie*, G. [*sic*] *wyche Ib.* 172; hic antepos, hec ~ea, A. *ffayery WW*. **b** infantes exponi ~iis, et nunc frustratim discerptos .. in ventrem trajectos congeri, nunc .. in cunas reponi J. SAL. *Pol.* 436B; ~ias, quas vulgo mascas aut in Gallica lingua strias nominant physici dicunt nocturnas esse imaginationes ..; dicuntur autem ~ie .. vel potius lanie a laniando, quia laniant infantes GERV. TILB. III 86; quando ~ie volunt aliquem hominem comprehendere primo muliebri facie ei blandiuntur et secum coire compellunt .. et .. ipsum dilaniant et .. manducant BART. ANGL. V 2; similes sunt lanie, qui [*sic*] proprios filios, lania[n]t in hoc quod nutriunt alienos O. CHERITON *Fab.* 42A; WALT. WIMB. *Palpo* 166 (v. discerpere c); ~ia est monstrum habens caput virgineum, corpus porcinum, et pedes equinos, crudelissimum, dictum a laniando quasi lania PECKHAM *Exp. Thren.* IV 3. **c c1176** in hac fovea [scandalorum], sicut propheta dicit, 'cubavit ~ia et invenit sibi requiem' P. BLOIS *Ep.* 100. 310C. **d** dulciora sunt equidem mihi verbera vestra quam ubera eorum qui lacte ~iarum vos pascunt *Ib.* 130. 385A; **a1197** Sion in sinu lamie / catulos lactant hodie (*Pol. Poems*) *EHR* V 319; errat natura in quibusdam animalibus monstrosis, sicut patet in ~ia, que secundum glossam super Trenos caput virgineum habet, corpus beluinum BART. ANGL. V 2; cum tanquam ~ia lactans catulos suos tu novitios tuos inbuas perpetua materia contendendi PECKHAM *Kilw.* 136.

lamicus v. lanutus.

lamina, lammina [CL]

1 metal plate or sheet, thin piece of metal (of var. sizes; freq. w. specification of a metal); *cf.* 2 *lama*: **a** (in var. uses); **b** (used in ordeal or torture); **c** (in personal adornment or decoration of garment or vestments); **d** (in chain mail); **e** (in roofing or covering walls, *etc.*, of building); **f** (as seal of document); *cf. lamen* 2; **g** (bearing epitaph or other inscription).

a hos [libros] .. praevehat ductilis auri / lamina ÆTHELWULF *Abb.* 640 (cf. *Vis. S. Paul.* 313b [**1295**]: textus evangelii .. ornatus in parte anteriori cum ~a argentea); **9..** brateolis, ~is, *platungum WW*; in capulo [ensis] .. super crassas auri ~as clavum ferreum affixum cerneres W. MALM. *GR* II 135 p. 150; contigit .. fabrum .. cultelli ~am fabricare BEN. PET. *Mir. Thom.* IV 69; aurifaber .. habeat .. malleolum ad bracteas creseas formandas, quandoque ~as [v. l. lameas; *gl.*: *plates*] argenteas, quandoque fereas .. NECKAM *Ut.* 118; M. SCOT *Lumen* 249 (v. lamen 1a); ~a .. ferrea, de qua panes de clibano tollebantur (*Car.* 49) *VSH* I 189; **1440** (v. gurges 5a); altera rotarum ferreis clavis ~isque armata *Mir. Hen. VI* III 111 p. 200. **b 11..** si quando tractandum est placitum interesse daretur, candentem ferri ~am .. amplecterer, nihil hesitans *Cart. Glouc.* II 115; ad miserum infernales malleatores cum .. tribus ~is ignitis, triplici ordine clavatis, accesserunt .. COGGESH. *Visio* 21; supplicia martirum, sc. carceres, cruces .., fustes, ~as [v. l. †lacininas]; *gl.*: *plates, platains*], serras .. GARL. *Dict.* 137 (cf. *Teaching Latin* I 202). **c** auri obriza lammina [v. l. ~a] ALDH. *VirgP* 15 (v. 1 dracontia); petalum, ~a aurea in fronte in qua scribitur nomen Dei tetragrammaton *GlC* P 240 (cf. *Gl. Leid.* 4. 34: petulum, lumina aurea); mater illi .. non aurea lammina vel gemmis in fronte dependentibus arcem crucis obnubilare GOSC. *Edith* 49; **1388** (v. lamen 1c). **d** loricas .. circumsquammatas ex ~is [*gl.*: *plates de fer*] BALSH. *Ut.* 49; viri bellicosi .. ferro vestiti, alii loricis longis, alii ~is ferreis arte consutis GIR. *EH* I 21; **1328** j [par] sirotecarum de ~is *Gild Merch* (*Andover*) II 322. **e** ut illae trabium partes .. auri essent lamminis textae [cf. *II Par.* iii 7] BEDE *Templ.* 752C; ablata harundine plumbi lamminis eam [sc. ecclesiam] totam, hoc est et tectum et ipsos quoque parietes ejus, cooperire curavit *Id. HE* III 25 p. 181; culmen [basilicae] levavit, levatum plumbeis ~is ab injuria procellarum munivit W. MALM. *GP* III 100 p. 217. **f** locus .. libertatis suffultus privilegiis .. que ~is aureis sigillata inibi usque hodie conservantur H. ALBUS 46; non potest loculus leto resistere / nec plumbi lamina papalis littere WALT. WIMB. *Sim.* 72. **g** *GlC* P 240 (v. c supra); hoc distichon ~is ereis impressit .. W. MALM. *GP* V 255; epitaphium .. ejus .. in cupri ~is ex auro sic scriptum est .. ORD. VIT. IV 2 p. 169; **1368** rogo quod scribatur in plumbilamina [l. plumbi ~a] cum corpore reponenda sic: 'hic jacet ..' (*Test. Episc.*) *Reg. Exon. app.* 1557.

2 (denotes a thin piece of other materials): **a** (w. ref. to stone) slab, facing. **b** slickstone, stone used in polishing. **c** (w. ref. to leather) sheet.

a nepos ejus lapidea sarcofagum ~a cooperuit ORD. VIT. VIII 28 p. 454; polita de albo lapide ~a tumulum operit *Ib.* XI 4 p. 185. **b** *a sleght* [v. l. *slyght*] *stone*, ~a, licinitorium [v. l. limatorium], lucibriciniculum *CathA*. **c 1279** in x corii laminis pro semellis, xlj s. j d. *Comp. Worc.* I 2.

3 lobe of ear.

ruptis in ambabus auriculis quasi quibusdam nervis, exfluentque ex utroque foramine super velamen lamine sanie *Canon. G. Sempr.* 163v.

laminatim, piece by piece.

~im, G. dicitur *de pece en pece* (GARL. *Dict. gl.*) *Teaching Latin* II 155.

laminatus [ML], coated with metal, plated. **b** covered with metal plates, mailed.

1388 quinque hastillia pro crucibus deferendis, quorum tria sunt ~a cum argento et duo depicta (*Invent. Westm.*) *Arch.* LII 226; muscarium .. est unum argento in manubrio ~um *Ib.* 238; ciphos murreos argento interius ~os *Meaux* III 225. **b** loricas, galias .., capita lancearum, cirotecas ~as [*ed.*: cirotecas], gladios .. et universa armorum genera STRECCHE *Hen. V* 150.

laminia [cf. LL lamina], a kind of monster, lamia, or ? *f. l.*

quedam [animalia] efficiuntur monstruosa propter diversitatem complexionis nature ut minotaurus, ipocentaurus, laminia [? l. lammia] et sirena M. SCOT *Phys.* 21.

laminosus [LL], consisting of, or characterised by, thin plates or scales, scaly, flaky; **b** (med., w. ref. to wasting disease).

accipe litargiri ~i et subtilis .. libram semis GILB. VII 336v. 2. **b** si fiat resolutio superficialis .., fit ~a resolutio que nominatur petaloydes; si vero profundetur in membra panniculosa, tunc fit ~a res majoris spissitudinis ad formam furfuris *Ib.* I 67. 2.

laminum v. Lanuvinus. **lamma** v. 2 lama. **lammina** v. lamina. **lamna** v. lanna. **lampa** v. lampas.

lampabilis [LL], shining, radiant.

mittitur e .. caelo / archanus Michael, nitido lampabilis ore FRITH. 1245.

lampada v. lampas, lampreda.

lampadarium [LL lampadarius = *torch-bearer*], candelabrum, chandelier.

1242 liberate .. dim. m. ad sustentandum magnum lampadar' quod pendet in ecclesia B. Petri apud Westm' *Liberate* 16 m. 6; **1243** provideat quod magnum ~ium quod est in ecclesia predicta [de Westmonasterio] tunc accendatur et ardeat *Cl* 41.

lampadeus, ~ius, (of oil) for use in a lamp.

de redditu .. ij lagenarum olei ~ii annuatim ad sustentandum luminare in eadem lampade ibidem ardend' *Entries* 78vb; iij lampades vitree, vj lagene olei ~ei *Ib.* 79va.

lampare [LL *usu.* = *to shine* < λάμπειν], to illuminate (also fig.).

Creator .. tenebras effugans / aquis adhuc absconditum / lampavit orbem lumine BEDE *Hymn.* 1. 3; ut lampet omnes gratia *Ib.* 7. 3 (v. descensio b).

lampas [CL < λαμπάς], **lampada** [? CL, LL], **lampa, lampis** [ML]

1 a torch. **b** lamp, lantern (also in allegorical interp.; some exx. perh. refer to a *supra*); **c** (in church); **d** (w. ref. to *Matth.* xxv 1–13; in quots., fig., or interpreted allegorically); **e** (*os ~adis* 'mouth of the lamp', as interp. of, or substitute for, 'Philippus', representing Hebr. *pe lapiyd*; cf. Jerome *Hebraica Nomina*, *CCSL* LXXII 146, Isid. *Etym.* VII 9. 16). **f** light of candle, lamp. **g** (as sb. m.).

a torrentes ~adarum flammas applicavit ALDH. *VirgP* 47 p. 301; haec ~as, facula *GlC* H 29; ~ades, faces *Ib.* L 53; tedae, ~ades *Ib.* T 110. **b** cujus [sc. candelabri] vij lucernarum lichini flammivomis ~adibus coruscantes [cf. *Exod.* xxv 37] ALDH. *Met.* 2 p. 66; videbam innumerabilibus ~adibus et luminaribus arborem totam ardere *V. Kenelmi A* 7; nullo morietur lampada fungo FRITH. 1195; **10..** ~as vel lucerna vel laterna, *leohtfæt WW*; sparsim micuere coruscae / lampades, adveniunt .. fideles WULF. *Swith.* I 927; ~as [*Cant.* viii 6] .. carnis pudicitia est, vas certe vitreum, quod levi impulsu .. integritatis sue jacturam incurrit J. FORD *Serm.* 107. 1; ~ades lumen habent in vitro ex oleo et funiculo in eo accenso T. CHOBHAM *Praed.* 211; **1280** in j ~a cum corda ad idem ad vaccariam .. in oleo ad idem (*Ac. Ruckinge*) *DCCant.*; **1286** eidem H. .. pro reparacione mute spervariorum, j ~ade empta ibidem pro lumine imponendo .. xvj d. *Rec. Wardr.* I 2165; **1296** pro ~adis reficiendis *Obs. Barnwell* 168; **1308** in oleo empto ad unum ~adem in bercaria tempore agnellacionis iij d. *Rec. Elton* 139; hic ~as, A. *lampe WW*. **c** contigit ut lichinis et ~adibus ecclesiae pinguis olei liquor oportunus defuisset ALDH. *VirgP* 32 p. 271 (cf. id. *VirgV* 907: oleum in vacua defecit lampade vitri); lampas rutilat luce perenne simul ALCUIN *Carm.* 89. 11. 4; per omnem ecclesiam .. divinitus accense sunt ~ades W. MALM. *GR* IV 379; unam ~adem ante magnum altare .. tenetur invenire [thesaurarius] *Stat. Lich.* 19; **1242** [executores] invenient unam lambadem vel cereum ardentem juxta corpus ejusdem episcopi in ecclesia Sancti Pauli Lond' *Cl* 416; **c1270** ad sustentacionem unius ~adis coram crucifixo .. pro animabus .. fidelium defunctorum *Cart. Osney* IV 135; **1512** pro emendacione lampidis et empcione unius cordule iiij s. *Midlothian* 164. **d** [virgines] coruscis pudicitiae ~adibus et lichinis oleo castimoniae conflagrantibus sponsalia servantes decreta ALDH. *VirgP* 16; ne ~ades absque oleo, id est ne bona opera sine caritate, feram BEDE *Cant.* 1200; **801** senioribus [necesse est] .. suas sollicita cura ~ades ornare, ut dignus .. efficiatur lucentibus ~adibus occurrere caelesti sponso ALCUIN *Ep.* 236; ~adem defers vacuam, si non habes oleum charitatis P. BLOIS *Ep.* 36. 115B. **e** Philippus interpretatur os ~adis, pulcherque est sensus quod os ~adis suum aperiret os dum obscura prophetiae in scientiae lucem proferret BEDE *Acts* [viii 35] 963; Philippus, os ~adis *GlC Int.* 241; lampadis os [i. e. Philippum] socium ludere nolo meum L. DURH. *Dial.* II 426. **f** ~as, *candeles leoma* ÆLF. *Gl.* 154. 15. **g** GILDAS *EB* 10, *V. Greg.* 104 (v. 3b infra); **1308** *WW* (v. b supra); **1476** (v. facies 8a).

2 (transf., poet.): **a** lamp or light (of sun, moon, or stars). **b** (supernatural) light in sky.

a est inimica mihi .. / .. lampas Titania Phoebi ALDH. *Aen.* 97 (*Nox*) 8; totidem torrentibus / septem latet lampadibus / Pliadis pulchra copula (ALDH.) *Carm. Aldh.* 1. 76; **10..** ~as Titanea, *þæt sunlice leohtfæt WW*; humor quem siccat lampade luna nova GARL. *Tri. Eccl.* 31 (v. decrescere 1b); lampas .. solaris algori medetur J. HOWD. *Cant.* 119. **b** lampas .. / caelitus enituit FRITH. 37 (v. enitere a).

3 (fig.) source of (moral, spiritual, intellectual) illumination: **a** (denotes abstr.; in quots., w. defining gen.); **b** (denotes person, incl. Christ, BVM).

a quis .. sacerdotum .. ut lux clarissimae lucernae .. bonorum operum ~ade luceat? GILDAS *EB* 93; ut .. eadem [secreta scripturarum] .. ~ade planae expositionis inlustret BEDE *Acts* 984; exempla dabat doctrinae lampade fulgens ALCUIN *SS Ebor* 1016; magne nobilitatis ~ade cluebat ORD. VIT. IV 2 p. 170; abbas debet excellere in lumine sanctitatis .., supprior autem in ~ade fervoris LUCIAN *Chester* 71. **b** [Deus] clarissimos [v. l. clarissimas] ~ades sanctorum martyrum nobis accendit GILDAS *EB* 10; Dei ~adem singulari ab eo lumine accensum [sc. Hieronymum] *V. Greg.* 104; Anglum tum gemina fulgebat lampade regnum: / pontifices regis consulto digna gerebant, / rex quoque praesulibus latria servibat honora FRITH. 529; o ~as luminosa, domine Jesu J. FORD *Serm.* 108. 7; sine, quod celi lampada [sc. Mariam] laudet humus GARL. *Epith.* I 20.

lampates v. 2 lapates. **lampereda** v. lampreda.

lamperia [cf. AN *lampereie*, ME *laumperei*], lamprey.

murenas, sc. ~ias GARL. *Mor. Scol.* 385 *gl.*

lampis v. lampas. **lamprad-** v. lampreda.

lamprea [cf. AN *lampreie*, ME *laumprei*], lamprey.

1207 quod a tempore quo ~ee primo capiuntur in anno nulla vendatur ultra duos solidos usque post Febr', et deinceps vendatur pro minore precio *Pat* 68b; **1302** pro una pitancia de ~eis .. x s. x d. *Sacr. Ely* II 17; **1342** in ~eis emptis et missis dominis episcopo et priori .. j li. v s. *Ib.* 114.

lampreda [LL *gl.*], **~us** (*also forms of 3rd decl. as if from* lampres *or sim.*), lamprey: **a** (w. ref. to larger and costlier fish, sea-lamprey; uncertain exx. also quoted here); **b** (w. ref. to smaller fish, river-lamprey, lampern, perh. also fry of sea-lamprey); **c** (equated w. *murena*). **d** ? limpet.

a **1180** pro crasso pisce et ~is et j careta ad opus regis, viij li. *Pipe* 150; si fuerit presens majestas numinis hujus [sc. Bacchi], / lampredas nulli posse nocere reor NECKAM *Poems* 120 l. 108; **1205** comes Cestr' debet j bonum palefridum pro j lamprida quam rex ei dedit *Pipe* 33; ?**1219** in allece xvj d., in luceo ij s., in lampereda xiij d., in ostreis xij d. (*Chanc. Misc.*) *Househ. Ac.* 123; **1233** probi homines de Glouc' reddiderunt regi .. xij ~as *Cl* 209; **1237** *Cl* 420, *Liberate* 11 (v. galatia 1); **1242** in quater xx et viij lampadis et lvj alosis .. xij li. vij s. et iij d. ..; et in xv salmonibus .. *Pipe* 252; **1258** (v. alausa); **1258** pro tribus solidis et una ~a .. abbati .. annuatim solvendis *Cart. Osney* IV 199; **1274** (v. lampredula); **c1283** emant mangones .. ~am unam de Nauntes in primo Adventu .. pro xvj d. ..; item friscam ~am de Sabrina et Thamisia .. pro iiij s. *MGL* II 120; **1290** lxix pisces duras, lix morutos, xxv lamprades (*AcWardr*) *Doc. Scot.* 96 p. 143; **1290** pretium lampridi ij s. vij d. ob. *Doc. Scot.* 117 p. 188; **1290** (v. lamprunculus); **1338** (v. lamprenus); **1345** in xij anguillis xlviij s.; item in xij laumpredis c s. viij d.; item in xij salmonibus xiiij s. v d. *Rec. Leic.* II 67; **13..** (v. lampredula); **1356** (v. gurges 4); vipera .. volens copulari cum ~a *G. Roman.* 333; **c1396** ingenia per que *frye* et *brode* de salmonibus lampredibus seu de aliqua alia pisse possent esse destructa (*AncIndict* 174 m. 10) *Pub. Works* II 10; lampridus AMUND. *app.* II 317 (v. lampro); **1453** Nicholao P. pro sturgeonibus .. et uno lampredo cxviij s. ix d. *Ac. H. Buckingham* 50; hec lampada, *A. lampray*; hec ~a, *a lampray*; hec murenula, *a lamprum WW*. **b** **1107** millenarium de lampridis (v. farra); ?**c1283** emant mangones .. centum meliores ~as .. pro viij d. .. et centum minores pro vj d. *MGL* II 119. **c** ?**10..** murena vel murina vel ~a, *merenaeddra WW* (cf. *PP* 257: *lawmpry*, murena .., ~a). **d** **10..** lemprida, *lempedu WW*.

lampredarius, lamprey-keeper.

1282 in expensis unius hominis ad custodiendas lampredas et gurgites .. et in roba ad opus ~ii *MinAc* 854/3 (*Gloucs*); **1289** in vadiis ij s. Roberti ~ii garcionis et equi sui .. in eundo versus Ambresbur' cum lampredis *Ib.* 854/5; **1291** in vadiis Roberti ~ii et Johannis ~ii .. et in aliis necessariis circa lampredas positis *Ib.* 854/6.

lampredula, ~us [ML, *dim. of* lampreda], small fish of lamprey family, prob. lampern or river-lamprey, or young of sea-lamprey.

piscaria de mille anguill' et mille lampridul' *DB* (*Surrey*) I 32vb; nec valent pisces hic nisi ~e cum gelatina bona et perchia et lucius GAD. 40v. 1; **1257** quod provideant regem de octo vel decem milibus ~orum, et de luciis, rochis, daris et alio genere piscis aque dulcis *Cl* 153; **1274** ne paciantur aliquos piscatores lampredas, salmones, aut ~as in grosso emere ad lucrandum *Cl* 91 m. 12; **13..** murenas sive lampridas murenulas sive lampridulas (*Nominale*) *Neues Archiv* IV 340; *lawmpron*, ~a *PP*.

lampredus v. lampreda.

lamprenus [cf. OF *lamproyon*, *lampreon*, AN *lampron*, *lamperone*, ME *laumproun*, *laumpren*], lampern, river-lamprey.

1338 in j lampreda viij s., in j quarterio ~orum x d. (*Househ. R.*) *Som Rec. Soc.* XXXIX 139.

lampres v. lampreda. **lamprid-** v. lampred-.

lamprilla, ~us [cf. OF *lamprillon*, E. Mod. E. *lamprel*], small lamprey.

de anguillis de Grantebrigge salsis et de murenulis sive ~is ac de gobionibus recencium anguillarum *Cust. Westm.* 76.

lampro, lamprona, ~onus [cf. OF *lamproyon*, AN *lampron*, ME *laumproun*, *laumpron*], small lamprey, lampron.

1234 burrocie .. ad capiendum tantummodo ~ones et barbellos et non majores piscos [*sic*] *E. Ch. S. Paul.* 260; **1265** alleces, m de stauro; pisces, xvij s.; ostrea, ij s. iij d.; lanpreones, vij s. j d. (*Rot. hospitii*) *Manners* 15; **1296** reddendo inde annuatim .. v^{xx} ~ones et l *smeltes IPM* 133/76 (8); **1299** de xl s. de piscaria ~onum hoc anno *MinAc* 978/19 m. 1; **1322** exceptis ~onibus (v. hiltra); **1329** onerat se de j barella de sturjone, j barella de ~onnis, c iiij^{xx}xix anguillis *ExchScot* I 200; **1339** in *stokfysh* ij d. ob., in *plays* iij d., in ~onibus iij d. ob., in uno pickerello xv d., in anguillis vj d. *MunCOx* 266; **a1377** in *sperlyng* xiij s. xj d. in lampron' iiij li. xvj d. *Ac. Obed. Abingd.* 38; *nal*, *nel*, lamprones, *kele* et *mele*, *salt*, salamones *Staura Civ.* 5; **1419** de firma leirarum ~onum *MinAc* 978/21 m. 2; unum *stikke* anguillarum, vel sexdecim grosse anguille, vel sexaginta ~ones ..; item unus magnus lupus aquaticus, vel duo mediocres, vel unus lampridus AMUND. *app.* II 317.

lamprunculus [*dim. of* lampro], small lamprey, lampern.

1289 in ccc lamprunc', ij s. vj d. *Ac. Swinfield* 3; **1290** in j lampreda iiij s. ij d., in dccc lampru[n]c' ij s. xj d. *Ib.* 55; **1290** in ij salm' .. ij s.; in lampruncul', iiij d. ob. *Ib.* 99.

lamprus, lamprey, lampern, or ? *f. l.*

1290 in missione salmonum et ~orum [? l. lampronum], pipere, et in pane ad pastellos, xxiij s. vij d. ob. *ExchScot* I 39.

lampsus v. 2 lapsus 6c. **lamsta** v. 1 lanista 1. **Lamulus** v. Lanuvinus. **lamus** v. 3 lama.

1 lana [CL], **~um**

1 (sheep's) wool, piece of wool, fleece: **a** (as natural covering of animal; also in gl.); **b** (when removed from animal); **c** (w. ref. to preparation, spinning, dyeing, or sim.); **d** (w. ref. to trade); **e** (subject to or levied as tithe, tax, *etc.*); **f** (as material for garment or in other uses).

a numquid .. Deus hirsutas bidentum ~as .. non potuit .. fuco inficere .. ? ALDH. *VirgP* 56; BEDE *Prov.* 1031 (v. 3a infra); ~a, *uul GlC* L 84; cortex .. ambit arborem .., et ~a ovem, pilusque jumenta et bestias KILWARDBY *OS* 360. **b** ~am ovium regina habebat *DB* I 162vb; **1211** de vj s. viij d. de ~a que cecidit de ovibus *Pipe Wint.* 93; **1228** bona in nave .. debent solvere sub hac forma: .. j sacca ~i iiij d. .. (*Torksey*) *EEC* 157; **1262** mentionem fecit de ~a ab ovibus suis tracta et furata in falda *SelPlMan* 180; **1324** (v. evellerare); linum, lana [*gl.*: *wolle*], canapus, bumbax, stupa ceriumque *WW*; **1481** discretoris ~arum (v. discretor 2). **c** in colo .. ~a involuta est quae filo ducenda et nenda transeat in fusum BEDE *Prov.* 1034; carpere nunc lanam, nunc pectere .. / monstrat R. CANT. *Malch.* III 543; NECKAM *Ut.* 107 (v. granum 8); **c1270** in .. iij petris grosse ~e pectinandis *Ac. Beaulieu* 220 (v. 2 fides b); **1271** [mercatores] ~as .. non ducerent (v. corporalis 1d); **1291** ~as paratas, bursatas et ponderatas *Cl* 108 m. 9*d*. (v. bursare 1); **1336** nullus .. siccat ~as (v. drapa); ~a .. carminata GAD. 82v. 2 (v. hypostasis 1b); **1351** (v. 1 filatio 1a). **d** **s1270** (v. de 10a); **1294** vasa maritima apta .. pro ~is in eisdem cariandis et .. ad partes Hollandie .. ducendis *RGasc* III 214a; **1336** quod ~as coria seu aliquas pelles lanutas .. nullatenus transire permittatis antequam .. *RScot* 464b; **1375** emptor .. ~e (v. filum 2a); **1388** habuit .. iiij petras ~i precii petre xvj d. *IMisc* 332/25; **1458** ccxx saccos lane vocate *sleyghtwolle* .. fraudulentes paccavit ad eos extra regnum Anglie traducendum (*KR Mem*) *Bronnen* 1478. **e** **c1076** monachis .. dedit totam decimam de terra sua .. viz. de annona, de vino .. de ~a .. (*Ch.*) ORD. VIT. V 19 p. 442; **c1156** decimam de molendinis suis .. et de ~a ovium suarum et caseorum suorum *Act. Hen. II* I 128; **1297** nihil capiatur de cetero .. occasione male tolte de sacco ~e *SelCh* 494; **s1338** concessu fuit ~a domino regi .. ad gravissimum onus populi AD. MUR. *Chr.* 85; **s1341** venit .. ad regem offerens se multa facturum .. dum tamen haberet pecuniam, et .. finaliter habuit multas ~as *Ib.* 122; **1352** fratres .. de decimis, quintisdecimis, nonis, ~is, auxiliis et aliis oneribus .. quieti fuerint (*Cl*) *MonA* VI 296; **1410** (v. decimalis 3a). **f** non sum setigero lanarum vellere facta ALDH. *Aen.* 33 (*Lorica*) 2; ovis ~am dat, tante vestium varietatis materiam NECKAM *NR* II 161; artem operativam vestium de ~a et pilis KILWARDBY *OS* 358; **1270** (v. deceptuose); **1331** (v. floccus 2).

2 (w. adj. or other descriptive qualification): **a** (var.); **b** (indicating colour); **c** (indicating quality); **d** (*~a sucida*) unwashed, greasy wool (esp. in medical use; *cf. MED s. v.*). **e** (*~a reginae*) 'queen's wool', ? wool of highest quality (*cf. DuC*). **f** (*~a de refuso* or sim.) scrap wool.

a **1248**, **1270** ~e agnine (v. 2 grossus 14d); **c1250** ~a ventris *MinAcEssex* (*Hatfield*; cf. *MFG* 20); **1250** reservatis .. quinque marcis in ~a pacabili vel agnis et decimis garbarum *Reg. Aberbr.* 173; **1264** etc. ~a fracta (v. frangere 6e); **1280** et reddent dictos quinque saccos .. in bona ~a matricia de collecta de Bannebyr' *PLRExch* 8 m. 3*d*. (cf. T. H. Lloyd *Eng. Wool Trade*, 1977, 299); **1299** in ~is filaciis (v. filacius); **1303** pro xxx libratis ~e Hispannie *EEC* (*Sandwich*) 269; **1345** tres saccos mere ~e precii sacci x m., et sex saccos ~e pellic' precii sacci viij m. *Pat* 214 m. 8. **b** GIR. *SD* 38 (v. 3b infra); **1263** (*recte* 1264; v. grisus 3a); neque ~am operatam vel aliam quam albam .. emant aut recipiant *Leg. IV Burg.* 66; **1270** quod nullus capellum factum de alba sive grisa ~a tingere faciat in nigro *MGL* II 101. **c** **1194** ovis ~e grossioris, **1196**, **1209** ~e crispe et grosse (v. crispus 1c); **1209** in xxxvj ulnis dim. de *canevaz* ad ~am subtilem inponendam vj s. j d. *Pipe Wint.* 53; mantellis subtilissime ~e J. FURNESS *Walth.* 46 (v. 3 furrare 1a); **s1242** vendidimus quemlibet saccum de bona ~a de Dunstaple pro centum solidis et quadraginta denariis .., grossam ~am et laccos vendidimus in universo pro novem marcis *Ann. Dunstable* 160; **1248** etc. (v. 2 grossus 14d); **1280** (v. 1 cottum); **1291** tam ~am communem dicte domus quam ~a tailler' ejusdem *Cl* 108 m. 9*d*; quemlibet succum bone ~e .. pro xviij m. .., quemlibet saccum mediane ~e pro xiv m. *Ib.*; **1296** (v. bursare 1); **1300** mala ~a (v. deinter 3); **1341** quod .. lx saccos de hujusmodi ~is debilibus .. ad portum de K. .. ducere .. possint *Cl* 168 m. 38; malactica, i. ~a mollisima *Alph.* 109; videt ornatos splendere manus digitosque / lanaque nec mollis mollior astat eis GOWER *VC* V 96. **d** **10..** ~a succida vel sucilenta, *unawæscen wull ÆLF. Sup.*; accipite ~am succidam ovis et oleum olive et ponite in plagis GILB. II 83 (*recte* 87). 1; ~a succida est ~a inviscata que pendet in velleribus ovium circa crura *SB* 44; ~a succida, i. ~a non lota *Alph.* 89. **e** habet H. camerarius unum villanum in custodia causa coadunandi ~am reginae *DB* (*Surrey*) I 30va; **1238** faciendo inde debitum servicium, sc. colligere ~am regine per loca debita .. vel solvere per annum ad .. scaccarium xx s. *KR Mem* 17 m. 3*d*. **f** **1314** de xxiiij saccis ~e bone de Pecco [*High Peak, Derbs*] et ij saccis ~e de refuso (*MinAc*) *EHR* XLII 197; **1425** de ~a refuse vendita .. hoc anno (*Comp.*) *Ambrosden* II 250.

3 **a** (in comparison, allegorical interpretation, or sim.); **b** (fig.).

a ut sit virginitas purpura, castitas rediviva, jugalitas ~a ALDH. *VirgP* 19; possunt .. mystice in ~a, qui ovinus est habitus, omnia pietatis .. opera .. accipi BEDE *Prov.* [xxxi 13] 1031; crimen coccineum dealbas ut nives, / et rubri candescunt ut lana reatus J. HOWD. *Cant.* 357 (cf. *Is.* i 18). **b** **747** lac et ~as ovium Christi BONIF. *Ep.* 78 (v. decimus 4a; cf. *Ezech.* xxxiv 3, P. BLOIS *Ep.* 10. 31A: vide ne alios imiteris, qui lac et ~am querunt in ovibus, non salutem); [Anselmus] "et ego" inquit "sum ovis vetula, qui .. operimento ~e aliquibus possem .. non ingratus esse" W. MALM. *GP* I 48 p. 81; sub mercede modica spes cassatur vana; / curia Romana non querit ovem sine lana (*Divers. Ordin.* 32) *Ps.*-MAP 230; ~a agni hujus [cf. *Joh.* i 29] humilis mansuetudo est J. FORD *Serm.* 31. 3; respondit mixturam .. in eo [viro] male factam .. fuisse, nimium enim de grisia ~a appositum fuisse dicens et de nigra nativa parum asserens .., alludens mixture lanarum colorum diversorum ex quibus Haverfordie panni fieri solent GIR. *SD* 38; WALT. WIMB. *Virgo* 119 (v. floccare 1).

4 (denotes other similar substances or materials): **a** (silk); **b** (flax or cotton); **c** (mould); **d** (byssal filaments of certain mussels; *v. et.* *melotida*; *cf. TLL* VII 2. 915. 16).

a lana ostri elabitur / vermiculo, cum vertitur (ÆTHELWALD) *Carm. Aldh.* 2. 141; bombices .. i. vermes ex quorum egestione ~a conficitur unde purpura et atrum texitur OSB. GLOUC. *Deriv.* 72. **b** byssus: in terra Affricana crescit in arbustis ~a alba sicut nix *Gl. Leid.* 39. 51; cur tumes .. venenis Tiriis / vel lana frondium sive de spoliis / sumptis ab ovibus vel a conchiliis? WALT. WIMB. *Carm.* 428. **c** situs, ~a que crescit in loco que caret sole *Gl. Leid.* 46. 24. **d** ~a que †mostruis [l. in ostriis] reperitur GILB. III 146. 1; si aqua .. intus aurem inciderit, ~a que in conchis margaritarum invenitur que melotida dicitur optime exhibetur *Ib.* 148. 2.

2 lana [AS, ME *lane*], lane.

hec sunt Londonis: .. / Chepp, stupha, Coklana [*Cock Lane*] *Staura Civ.* 2.

3 lana, *s. dub.*

1355 major et ballivi .. deliberaverunt .. cancellario .. bona et catalla subscripta .. viz. .. j sigillum plumbeum .., item j par lane de vitro in j pixide, item j par tabularum manualium .. *MunCOx* 131.

4 lana v. 2 lanerius.

5 lana v. lanna.

lanaculus v. lanoculus.

lanaquum, *s. dub.*

c1380 cepit per extorcionem executoribus .. pro probacione testamenti .. unum lanaquum precii dimidii marce [*ed. understands: blanket*] *SessPWarw* 51.

1 lanarius [CL]

1 (adj.) pertaining to wool (in quot., *domus ~ia*, wool-house, wool-store).

1385 illam cameram situatam inter domum lanar' ex parte boriali et portam abbacie ex parte australi *Pat* 321 m. 30.

2 (as sb. f. or n.): **a** wool-house (*cf.* 1 *supra*); **b** (w. mention of wool-working); **c** (w. mention of storage).

a c1270 frater J. custos ~ie et vestiarius reddit compotum suum *Ac. Beaulieu* 219; **1279** ad opus officii conversi de ~ia [*ed. translates: the lay-brother for wool-working*] *Cart. Fount.* I 255; **1391** quedam domus ibidem continens cameram senescalli *wolhous, deyhous*, et lanar' .. *IMisc* 246/16; *a wolle house*, ~ium *CathA*. **b 1290** lanaria in qua dicte lane preparabuntur .. taliter preparetur *Cl* 108 m. 9*d*; ~ia lapidea apud W. constructa est et plumbo cooperta, sed postea .. lateribus operitur; ibi .. omnes panni quibus monachi .. utebantur fiebant *Meaux* II 63; *Ib.* 65 (v. fullare 1). **c 1299** totam predictam lanam in ~ia in pila cuband' *MinAc* 1079/16 r. 2; **1303** priorissa et conventus .. cariabunt dictam lanam apud Thorpe ad ~iam de Bella Landa (*PlRExch*) *Law. Merch.* II 69.

3 (as sb. m.): **a** wool-worker. **b** wool-merchant, woolmonger.

a ~ius, qui lanam carpit Osb. Glouc. *Deriv.* 176. **b 1230** Lebentus lanerius x m. de eodem *Pipe* 106; **1258** pannerii sint ex parte australi, et ~ii ex parte boriali *Rec. Leic.* I 80; **1275** levaverunt gravissimum tallagium .. ad opus ~iorum ad restituend' eisdem dampna et jacturas suas habitas in partibus transmarinis pro lanis suis arestatis *Hund.* I 403b; **s1298** major summonire fecit ~ios .. pro lanis .. ponderandis *MGL* II 107; **1452** W. Cawche civis et ~ius London' *Cl* 303 m. 25*d*.

2 lanarius v. 2 lanerius.

3 lanarius v. linarius.

lanator [ML *elsewhere 'wool-worker'*], wool-merchant.

1275 dicunt quod leniatores se miserunt in graciam domini regis . . . inquisicio facta per duodecim juratores de nominibus leniatorum subscriptorum, sc. qui duxerunt lanas suas ad partes transmarinas *Hund.* I 421; **1322** responderunt .. quod W. de D. unus ~orum de balliva sua est in partibus transmarinis (*Chanc. Misc.*) *EHR* XXXI 605 (cf. ib.: mercatores lanarum).

lanatus [CL], covered with wool, woolly (*Cf. lanutus*): **a** (in phr. *pellis ~a*, 'wool fell'); **b** (w. adv. denoting quality of wool).

a 1277 respondet de viiij pellibus ~is et de vij pellettis et xxvj pellibus agnorum *Ac. Stratton* 209; **1278** de xvij pellibus ~is venditis *Ib.* 211; **1282** de qualibet centena pellium ovium ~arum *Pat* 101 m. 14; **1308** de iiij pellibus multonum ~is venditis (*Ac. Combe*) *Doc. Bec* 160; **1330** nullus forinsecus mercator emere debet in grosso vina, lanam, pelles ~as, corea .. (*PQW*) *Gild Merch.* (*Derby*) II 52. **b 1287** de uno vervece male ~o, ij s. *Rec. Elton* 20.

lanbruscare v. lambruscare. **lanca** v. 1 lancea, lanx.

Lancastrensis, Lancastrian, adherent of Lancastrian cause.

dux quos minavit Lancastrensis feriavit *Pol. Poems* I 95; Camd. *Br.* 174 (v. Eboracensis b).

1 lancea [CL]

1 lance, spear; **b** (w. ref. to Holy Lance, *cf. Joh.* xix 34); **c** (as equipment for a cannon); **d** (fig.). **e** (*homo ad ~eam*) soldier equipped with lance, lancer (*cf.* 2a *infra*).

accepit ~eam in manu et ascendens emissarium regis pergebat ad idola ..; nec distulit ille .. profanare illud [sc. fanum] injecta in eo ~ea Bede *HE* II 13 p. 113; in contis, in ~is [cf. *Judith* ix 9] *Gl. Leid.* 21. 9; ~ea in manibus tenetur ut inde hostis adhuc longe semotus transfigatur *Simil. Anselmi app.* 193 p. 98; utuntur .. ~eis non longis et jaculis binis Gir. *TH* III 10 p. 151; ~eas [*gl.: lances, lances de fer*] hastas et contos Garl. *Dict.* 130; **1322** inventus fuit occisus .. habens quandam plagam per medium corpus cum una ~ia, unde mortem recepit *SelCCoron* 75; Anglice proverbium habetur '*begge spere of side ohther bere*', hoc est, 'eme ~iam a latere aut fer' Knighton I 84; **1386** in uno *jak*, x s., j ~ia xiv d., j *brestplate* v s., ij capitibus pro launciis ij s. *Ac. Durh.* 391; **1502** quemdam C. V. .. percussit et pectus ejus ~ea, A. *launcestaff*, perforavit et vulneravit *Sanct. Durh.* 84 p. 36. **b** Bede *Luke* 630 (v. 1 forare 2); cum ferre non posses vulnerari ~ea latus tui salvatoris Anselm (*Or.* 2) III 7; spinea corona, .. lignum Domini, clavi, ~ea, sanguis, .. sudarium sepulture ejus *Descr. Constant.* 245; per ~eam Dei, nomen tuum de cetero mutabitur *G. S. Alb.* I 175; matris prolem virginee / fenestratam mucrone lancee J. Howd. *Ph.* 566; una pars corone spinee et unus clavorum et ferrum ~ee [ME: *the spere hed*] .. sunt in Francia in capelle regia ..; haftam ~ee [ME: *the spere shaft*] habet imperator Alemannie *Itin. Mand.* 6–8. **c 1353** in centum minutis ingeniis vocatis ribaldis .. axibus, clavis, ~eis ferr' .. pro eisdem emptis (*Pipe*) *ArchJ* XIX 73 (cf. *EHR* XXVI 688); **1353** c ingenia vocata ribardos et mille ~eis ferri pro eisdem (*Pipe*) *EHR* XXVI 689. **d** justum et impium .. famis ~ea eque transfixit Ord. Vit. IV 5 p. 196; erit .. ~ea in manu tua, ~ea acutissime utique compunctionis ad transverberandum cor tuum J. Ford *Serm.* 30. 5. **e 1334** ad eligendum .. centum homines pedites viz. quinquaginta homines ad ~iam ac quinquaginta homines sagittarios *RScot* 279b; **1362** de hominibus ad ~eas (v. homo 11d).

2 a soldier equipped with lance, lancer. **b** troop consisting of several soldiers.

a insequebatur eum locumtenens regis cum viginti quatuor ~eis *Hist. Durh.* 1 p. 127; impositis sub capitaneo certis baronibus .. cum ccc ~eis et nongentis sagittariis *G. Hen. V* 9 p. 58 (cf. *ActPC* II 184: iij[c] *hommes darmes*); **1434** episcopus Wintoniensis ibidem capitaneus, habens sub se iij ~eas equestres, x ~eas pedestres, et xxix *archiers Collect. W. Worc.* 541. **b 1509** J. et heredes sui masculi invenient et sustentabunt unam suffultam ~eam, viz. tres sufficientes equestres pro quibuslibet decem libratis terrarum .. dietis nostris tempore guerre *ExchScot* 329 n.

3 a lance, pole or staff bearing pennon or banner; **b** (as eccl. ornament). **c** (*~ea tincta*) ? lance with coloured pennon.

a ~eam .. vexillum preferentem Ad. Eyns. *Hug.* V 11 (v. 1 ducatus 4a); **1295** viij d. in iiij ~eis emptis pro baneris galee *KR Ac* 5/8 m. 11; **1390** pro *pensels* ~earum (v. 2 grossus 26c). **b 931** (12c) ego Æthelstanus rex do sancto Cuthberto .. duo vexilla et unam ~eam et duas armillas aureas *CS* 685; **1368** ornamenta ejusdem [ecclesie] i. .. frontellum, spurula, vexillum cum ~ea, campane manuales .. *Invent. Norw.* 15. **c 11..** pro hoc .. servicio quod ~eas meas tinctas a Londoniis .. usque ad domum meam de Kinesberi .. asportabit *BM Ch* 12; **1243** feofati fuerunt .. de una carucata terre .. in Kinesbir' per servitium deferendi .. ~eas suas tinctas per totam Angliam *CurR* 131 m. 16.

4 (arch.) shaft of column.

1293 Willielmo de B. cementario pro cariagio quatuor imaginum ad crucem Norhamtone et pro cariagio capitis et ~ee ejusdem crucis de Londonia usque Norhamtonam lxxiij s. iiij d. *Manners* 127.

5 aculeus or sting of insect.

quo modo fieri possit, enuclea, / ut cavus alveus sit pungens lancea? Walt. Wimb. *Carm.* 400.

6 (as name of plant): **a** plantain, ribwort, (*Plantago lanceslata*). **b** vervain (*Verbena officinalis*).

a crescit borago .., buglosa, la[n]cea [*gl.: lancelé, matefelum* (cf. jacea)] et cetere herbe que valent corporibus humanis Garl. *Dict.* 136; hec ~ea, A. *a robworte* [? = *ribwort*, cf. *OED* s. v. *robwort*] *WW*. **b** vervina, ~ea Osb. Glouc. *Deriv.* 627.

2 lancea v. lanx.

lanceagium v. landsettagium.

lanceare [LL]

1 (trans.): **a** to strike or pierce with a lance; **b** (w. ref. to *Joh.* xix 34). **c** to attack (person) with a lance. **d** to pierce (tumour) with surgical lancet.

a procurrit in hostem, / casurique iterum lanceat exta viri Garl. *Epith.* I 566; legatum .. ferit interimitque pium; / lanceat huic pectus sacrum *Id. Tri. Eccl.* 70; *to strike with a spere*, ~eare, di-, lancinare, di-, vel est cum lancea [*MS BL Additional 15562 reads:* ludere] vel confringere *CathA*. **b** cum [Christum] .. flagellari, derisui haberi, ad ultimum crucifigi ~eari et sepeliri viderent Bede *Hom.* II 13. 155; ~eatus de latere corporis sui duo sacramenta .. nobis eduxit Beleth *RDO* 29. 40C; cum .. ~earent pectus imaginis [sc. cruci fixi] .. de vulnere illo exivit sanguis et aqua Gir. *GE* I 30 p. 102; inclitum tuum conspice lanceatum J. Howd. *Cant.* 264; cui Dominus postea in visu apparens manus et pedes perforatos cum latere ~iato ostendit *NLA* II 81. **c s1192** quis .. crederet lxxx milites .. potuisse .. tot insultum ictibus impeti, tot jaculis ~eari, ut non solum illesi evaderent sed nec de prima statione sua .. retrocederent ..? Oxnead *Chr.* 84. **d** morbus .. ad inferiora membra descendit ibique demum ~eatus cito devanuit, et ulcus sc. et vesica *Mir. Hen. VI* III 88.

2 to throw, hurl.

1147 (1332) avirunatum unum octo pedibus longum introrsus de deverso ~eando propellere *Pat* 178 m. 1 (cf. *MonA* V 522b).

3 (intr.): **a** to wield or throw a lance. **b** ? to lunge (at someone with an object).

a dum .. cum consodalibus suis sese ~eando exercuisset, eum armiger ejus, dum incaute missile jaceret, graviter percussit Ord. Vit. III 2 p. 29; quasi sub pace prelia dum cogitant nunc ~eando nunc sagittando bella preludunt Gir. *DK* I 8 p. 181. **b 1257** Hugo .. capit quamdam bescam et eadem besca ~iavit versus predictum Robertum *IMisc* 10/28.

4 (w. land or sim. as subj.) to project (into or towards), to abut (on).

a1248 unum forarium in Dygfurlong super quod Lincroft ~eat *MS BL Lansdowne 391* f. 25 (cf. *Cart. Harrold* 105); unam dim. acram terre .. cujus capud orientale ~eat super Westbrok *Cart. Nativ.* 306; **a1300** unam dimidiam acram terre .. cujus capud australe ~eat super stratam *Ib.* 335 p. 106; **12..** unam rodam .. que ~eat in viam de Sidenfen et jacet inter terram .. canonicorum et terram Henrici de R., et unam dim. acram .. que ~eat usque in pratum .. et unam buttam .. que ~eat .. versus Bruggegreve *Cart. Darley* I 307; **1318** unam placeam terre mee jacentis .. inter fossatum del Petedelf, sicut ~eat in Chirnet, ex parte una et terram quam H. de C. tenet .. ex parte altera *AncD* A 11297.

5 (p. ppl. as adj. or sb.): **a** armed with a lance. **b** (as sb. m.) lancer. **c** shaped like a lance, lanceolate.

a 1291 in vadiis diversorum balistariorum ~eatorum et sagittariorum peditum *Pipe* (*Chanc.*) 84 m. 1 (cf. Oxnead *Chr. app.* 334; **s1415** in medio pontis .. duo stant propugnacula, in quorum uno a dextris unus leo ~eatus et in altero antelupus cum armis regis circumcollatus Ad. Usk 128; P. V. .. homo guerre in Francia, nobilior armiger ~eatus inter omnes alios, fuit occisus W. Worc. *Itin.* 204. **b** Bacon V 153 (v. 1 genus 7); nullus ducat secum ~eatos vel arcitenentes equitando per patriam (*Stat. David II* 45. 2) *RegiamM* II 56v; cum .. tertius dies torniamentorum adventasset .. tandem ~eati ipsi lanceis depositis gladiis assumptis .. dimicantes .. *Spons. Mariae* 28; **1557** per .. J. H. unum ~eatorum ville nostre Cales' *Pat* 912 m. 13. **c** reaccedentes vipere [i. e. *Becket's enemies*] .. virus suum per linguam suam ~eatam evomentes terribiliter intonant H. Bos. *Thom.* VI 15 p. 521.

lancearius [LL]

1 (adj.) armed with a lance (in quots., *vir ~ius*; *cf.* 2a *infra*).

s1297 missis viris ~iis occupaverunt pedem pontis W. Guisb. 301; ingressi sunt ad eos viri lanciarii vibrantes eis lanceas *Ib.* 305.

2 (as sb. m.) soldier armed with lance, lancer (unless quot. is referred to 1 *supra*).

s1338 omnes qui possent ad bella procedere equites ~ios et sagittarios *G. Ed. III Bridl.* 135.

3 (sb. of uncertain gender) 'lancet-loop', loophole in wall of castle for thrusting lance.

c1219 (v. arbalistaria b).

lanceatio [ML], (act of) piercing with a spear (in quot., w. ref. to *Joh.* xix 34).

manuum et pedum ejus .. perforacio et conclavacio ad patibulum, lateris et cordis ejus immanis ~io [v. l. sauciacio] Uhtred *Medit.* 197.

lanceator, lance-maker.

1354 Petro de Loco lanciat[ori] regis in turri London' *KR Ac* 26/1 (cf. ib. [**1356**]: compotus Petri de Lieu, factoris lancearum regis).

lancect- v. landsett-.

lanceiceus, *s. dub.*

1230 xij lesta coriorum .. videlicet, iiij lesta salata et octo lesta lanceicea *Pat* 382.

lancelata v. lanceolatus.

lancella [LL], small balance, auncel.

1363 emit .. per *balaunces* et communiter vendit per ~as contra assisam *Proc. J. P.* 374.

lanceola [CL]

1 a small spear or lance. **b** surgical lancet. **c** shuttle. **d** pole (supporting canopy).

a *Enc. Emmae* III 5 (v. heros 2); arma vilissima, ensem scilicet rubiginosum et ~eolam et arcum aspernabilem ORD. VIT. IX 10 p. 544 (cf. Baldricus *PL* CLXVI 1109C); [simie] ~eolis confractis gladios eduxerunt NECKAM *NR* II 129 p. 211; cultellis ~eolisque quod reliquum erat corporis confodiunt W. S. ALB. *V. Alb. & Amphit.* V 39 p. 158C. **b** habens .. barberius ~eolam in manu apposuit eam sibi in ore M. SCOT *Intr.* 289 n. 108; *a bluderyne*, fleubotomum, ~iola *CathA*; *a lawnce for a wounde*, ~eola *Ib.* **c** illam sedendo quasi jam orditam [telam] oppositis ~eole jactibus .. texere mireris GIR. *IK* I 2 p. 33. **d** c**1450** de uno instrumento quadrato de *wayscot* ordinato pro feretro servando ab umectate et pluvia una cum iiij ~iolis .., precium v s. viij d. *REED York* 632; **1465** ij panni parvi de *bukysyn* depicti cum calicibus deauratis pro dicto bajulatorio cum una celatura lignea quadrata et cum quatuor ~is, appreciantur iiij s. *Ib.* 639.

2 aculeus or sting of insect.

culex lanceola solet perfodere / cutem, et sanguinem eadem sugere WALT. WIMB. *Carm.* 403.

3 (as name of plant) ribwort plantain (*Plantago lanceolata*). **b** (*~eola aquatica*) ? spearwort (*cf. lanceolatus* 2c).

de herbis: .. hec ~eola, *lancelee Gl. AN Glasg.* f. 18rb; quinquenervia ~eola, lanceolata, plantago minor, centumnervia idem, G. *launcele*, A. *ribbeuurt Alph.* 152; *rybworte, herbe*, ~iola *PP.* **b** corrosiva fortia sunt .. alumen, celidonia, ~eola aquatica, limatura eris .. GILB. III 134 v. 1.

lanceolatus [LL]

1 (adj.) having small lances: (*~a plantago*) ribwort plantain (*Plantago lanceolata*).

r[ecipe] ~e plantaginis, apii, bismalve, betonice .. GILB. II 85v. 1 (*unless punctuated* ~e, plantaginis *and referred to* 2a infra).

2 (as sb. f., as name of var. plants with lanceolate leaves): **a** ribwort plantain (*cf.* 1 *supra*). **b** 'hound's tongue' (? *Cynoglossum officinale*). **c** (*~a aquatica*) 'spearwort' (?*Ranunculus lingua* or *R. flammula*).

a lancelate, i. *ribbe GlM* 73a. 5; utraque plantago laudem .. meretur; / dicitur hec major, lanceolata minor NECKAM *DS* VII 62; **12..** ~a i. *launceleie*, i. *ribbe WW*; **13..** ~a, quinque nervia, *lancele* et *yuleworte* idem, agni lingua *Herb. Harl. 3388* 81v; quinquenervia, ~a, plantago minor idem *SB* 36; plantago minor, quinquenervia et ~a sunt idem; G. *launcelee*, A. *ribbewort Alph.* 14; **1516** de ~a .. *longe plantayne is good against fystales* (*Grete Herbal* cccxlv) *OED* s. v. 1 *plantain* 1b. **b** lanciolata, *undestunge* [i. e. *hundes tunge*] *GlM* 66. 9. **c** *borith*, †nonaclum [l. novaclum] cirurgie, ~a aquatica idem, A. *sperewort Alph.* 23 (cf. ib. 124: novaculum cirurgie, ~a aquatica idem).

lancet-, lancett-, v. landsett-.

?lanceus, ? soldier or troop of soldiers armed with lance, or ? *f. l.*

1434 declaratio hominum armorum ~eorum [? l. lancearum] et sagittariorum existencium in castris .. in ducatu Normanie *Collect. W. Worc.* 540 (cf. ib. 545: summa omnium lancearum equestrium, *and* 1 lancea 2).

lancia v. lancea, lanx.

lancifer [ML], lance-bearer, lancer.

~eri Anglici dedicioni se ultro dedissent, nisi quod .. BOWER XV 35.

lancinare [CL], to tear to pieces, tear apart (in Fr. gl. *infra* understood as 'to throw, hurl' *cf. lanceare*).

~at, bellicat [i. e. vellicat] *GlC* L 58; deartuare, dividere, exossare, lacerare, ~are .. OSB. GLOUC. *Deriv.* 179; persecare, laniare, discerpere, ~are *Ib.* 483; lancea de lance, sic lamina, lancino dico GARL. *Unus* 42 (cf. *gl.*, *Teaching Latin* II 164: ~o G. *launcer*).

lancona v. lagena.

lancula [CL], plate (but in gl. interpr. as *lagena, q. v.*).

lancola, *cellae* [i. e. *cylle*, '*flask*'] *GlC Int.* 197.

landa, ~ea, ~ia [AS, ME *land, lond, also* ME *laund*, OF *lande*]. *V. et. lundum.*

1 piece of open and usu. uncultivated land, laund, glade; **b** (dist. by name or location); **c** (w. indication of land-use).

ibi parva ~a silvae. wast' fuit; modo reddit lxiiij denar' *DB* (*Salop*) I 254vb; c**1159** terram quam habebat in suo dominio .. et prata et londam propinquam *Act. Hen. II* I 298; **1167** R. archidiaconus r. c. de c s. pro domo quam fecit in ~a regis *Pipe* 179; **1200** plus quam c acras tam de bosco quam de ~a de foresta domini regis *CurR RC* II 158; **1227** heremitorium S. Hilde in foresta .. cum ~a quam R. G. quondam heremita illius loci tenuit *ChartR* 18 m. 9; **1229** ubicumque [pro presture] facte fuerint, sive in bosco sive extra boscum, sive in ~is, brueriis, mariscis, turbariis et glebis *Pat* 287 (cf. *Fleta* 89: †blandis); **1337** (1358) pascuis, pasturis, molendinis, vastis, ~is, moris, mariscis alnetis .. *Pat* 254 m. 13; **1399** cum .. pratis, pasturis, boscis, parcis, chaceis, †laudis [l. landis], warennis, assartis .. *Foed.* VIII 95; **1435** pro emendacione palicii laundee infra parcum *DL MinAc* (*Forest of Bowland*) 76/1499. **b** **1148** me .. concessisse .. ~am de Wlsingham et de Fetherstanesfeld .. et quantum continent fines earundem ~arum *Ch. Durh.* 38; c**1150** me dedisse .. ~am illam que vocatur C. .. infra forestam meam *Dryburgh* 109 p. 78 (= *E. Ch. Scot.* 237 p. 190); c**1200** illam ~am que appellatur Ruestoching per divisas suas sicut fossatum vadit in circuitu *Cart. Wardon* f. 29; **1230** tenens ~am de Grenewra [*Cumb*] debet ij s. de firma ejusdem ~e *Pipe* 183; **12..** donationem .. sex carucatarum terre in plano, sc. in †landiio de †Nannach [MS: in landiis de Stannach] *Reg. S. Thom. Dublin* 160 (cf. ib. 356 in landiis de Stannach); **1315** habere solebant .. puturam suam in foresta predicta [de Galtres, *N. Yorks*] et eciam duas ~as que vocantur Hanterwayth' et Ercedekneclos (*Cl*) *SelPlForest* xxi n.; **1378** concessimus ei custodiam ~e nostre de Ingolthwait in foresta predicta [de Galtres] *Pat* 302 m. 38; **1588** parcellam parci sive ~e nostre vocate Plompton infra forestam nostram de Inglewood *Pat* 1321 m. 19. **c** c**1165** dedit eidem capelle S. Marie .. ~am Frigidi Montis ad ignem ipsorum monachorum *CartINorm* 206 p. 288; c**1180** concessi .. eis [sc. burgensibus] ut habuerint pasturam meam in ~is de Parkehurst *BBC* (*Newport, I. of W.*) 252; a**1215** cum hac terra dedi eis ~as et *halghes* ex aquilonali parte fluminis Ar' quas voluerint excolere *Melrose* 66 p. 55; **1258** mandatum est custodi foreste .. quod in boscis regis .. faciat habere firmario .. meremium quantum necesse fuerit ad reparacionem domorum .. et in ~a de A. cooperaturam ad domos predictas *Cl* 262; inclusit ~am que prius jacuit velut pastura ad sustentationem ferarum WHITTLESEY 154; **1353** parcus inclusus in quo sunt iiij[xx] acre bosci .. quarum xl acre sunt extra covertum bosci ut launda pro sustencione ferarum *IPM* 123 (10); **1378** quod idem R. tantum de herba in ~a predicta crescente annuatim falcare possit quantum commode poterit falcari absque .. destruccione ferarum nostrarum ibidem *Pat* 302 m. 38.

2 strip of cultivated land. **b** (*~a capitalis*) headland.

a**1160** ij culturas terre, una[m] de vj ~is et aliam de vij de inlanda *Cart. Burton* 37; a**1243** dedi .. duas londas terre mee .., quarum una est in Somerbrocfurlang *Cart. Cockersand* 206; a**1260** aliam ~am super Dicfurlong, cujus una extremitas buttat usque ad foveam monachorum .. *Ib.* 86; ?**12..** dedi .. terram .. cum duobus *brerilondes* .. et unam londam et unum buttum in Salteres Halek *AncD* A 6958; **1352** duodecim londis (v. fethera a); **1587** sex selliones sive ~as terre arrabilis jacentes in campis de Drayton Parva in comitatu nostro Salop' *Pat* 1266 m. 43. **b** a**1280** aliam [sc. landam] .. in longum a capitali ~a Roberti de M. usque ad terram Thome de R. *Cart. Cockersand* 543.

3 a (sg., in place-names); **b** (in surname). **c** (pl.) Les Landes, district S. W. of Bordeaux near Bay of Biscay.

a **1229** locus .. qui vocatur ~a Dei [*Landieu, Durh*] *Feod. Durh.* 216; **1254** canonici de Alba ~a [*Blanchland, Northumb*] *Val. Norw.* 208; **1254** prior de ~a [*Launde, Leics*] *Ib.* 263; **1289** apud Montem Securum [*Monségur, Gironde*] et hospitale de ~a [*Lalande, Tarn-et-Garonne*] *RGasc* II 415b; **1303** ad lanariam de Bella ~a [*Byland, N. Yorks*] *Law Merch.* II 69. **b** **1242** Willelmo de ~a x li. xvij d. in eadem villa *Pipe* 215; **1283** procuratorem Galhardi de ~a *RGasc* II 196a (cf. ib. 54b: G. *de la Launde*). **c** **1220** compotum ipsius R. de hiis que posuit in opere remanenti in castris de ~is Burdegale *Pat* 245; **1242** redditum nostrum de ~is nostris Burdegalensibus *RGasc* I 53b; **1311** commisimus .. valletto nostro B. C. ballivam de H. F. .. cum pertinenciis simul cum herbagio ~arum *Ib.* IV 470; **1315** senescallus noster de ~is *Ib.* 1447 (cf. ib. 1459: *de les Landes*); **1317** de redditibus et dominicis regis in partibus ~arum *Reg. Gasc. A* I 15.

landagium [cf. ME *londing*], landing (of cargo).

1453 xxvj s. solutis pro fretagio, londagio, *wharfage, cartyng'* et *piklyng'* allecii albi et rubei *Ac. H. Buckingham* 26 (cf. ib. 13: pro fretagio alleciorum, *londyng, piklynge*, ..).

landaria, office of laund-keeper, parkership.

1399 officium ~ie parci nostri de Claryngdon' ac custodiam ferarum et cuniculorum lande de Claryngdon' *Pat* 352 m. 22.

landarium v. lardarium.

landarius, laund-keeper, parker. *Cf. landinarius.*

1340 concessimus .. Philippo de B. officium essendi ~ius in parco nostro de Clarydon *Pat* 199 m. 39; **1363** una cum balliva ~ii de Plumpton' in foresta de Ingelwode *Cl* 201 m. 40; **1378** ita quod .. vadia racionabilia uni ~io sive parcario solvere teneatur *Pat* 302 m. 38; **1440** officium ~ii parci nostri de Claryngdon' una cum custodia bestiarum et cuniculorum lande predicte .. una cum tribus personis vocatis *stikkers* infra parcum predictum transeuntibus ad siccum subboscum ibidem .. colligendum *Pat* 448 m. 10; **1606** (v. deambulator b); **1661** rangeatores et landeros foreste nostre predicte [de Wichwood] (*Pat*) *House of Commons Journal* XLVII 242a.

landcopum [AS *landcop, landceap*], tax or fine paid on purchase of land.

~um [v. l. landceapum; AS: *landcop*] et domini donum .. et lahcopum et *witword* et gewitnessam, hoc ita permaneat ut nullus evertat (*Quad.*) *GAS* 228.

1 landea v. landa.

2 landea [ME *land* + *ea*], (in marsh) ditch, drainage channel (taking away water which comes down from surrounding areas; *cf. Gl. Arch.*).

1359 de walliis, ~iis, watergagiis .. *Laws Romney Marsh* 69 (v. fovea 8d); facere dammas .. in aliquibus ~eis *Ib.* 71 (v. 2 damma).

landebota, ~um, ~us [cf. ME *land* + *bote* '*advantage*'], ? intake of land added to existing tenement (Devon; v. *ArchJ* V 23–4, *Doc. Wreyland* lxix).

12.. *lambote* de Sydemue [*Sidmouth*] .. parve augmentationes ad voluntatem domini (*Rent.*) *ArchJ* V 23; **1328** concessimus Edwardo .. quod ipse .. teneat in villenagio totum illud tenementum cum landebocis adjacentibus *Reg. Exon.* III 433; **1486** Radulfus G. .. tenuit de domina unum mesuagium unam clawam terre et unam parcellam terre de *landebote* in Northcallewelegh secundum consuetudinem manerii *Doc. Wreyland* 39; **1504** de iij d. de novo redditu ij acrarum terre more de foresta domini sic dimisse .. tenend' nomine laundebote secundum consuetudinem foreste (*CourtR Lidford*) *ArchJ* V 24.

landefricus v. landesricus. **landegravus, ~ius** v. landgravius.

landella [cf. OF *landelle*], small piece of land.

c**1200** unam sedem molendini super Maffat cum proxima ~a duarum acrarum *Reg. Moray* 455.

†landena, *f. l.*

1234 de aliis serviciis, ut de †landenis [MS: handenis], arura ad precariam .., faciet per omnia sicut Willelmus Spede *Cust. Glast.* 150 (cf. ib. 149: Willelmus Spede .. debet facere ij handenas [etc.]).

landerus v. landarius. **landesettus** v. landsettus.

landesmannus [AS *landes mann*], inhabitant (of a spec. place), native (in quot., w. ref. to Englishman, as dist. from Dane). *Cf. landhomo.*

si dicatur in compatriota [AS: *landesmann*] quod furtum fecerit vel hominem occiderit, et hoc dicat unus sceidmannus et unus ~us [AS: *landesman*], tunc non sit aliqua negatione dignus (*Quad.*) *GAS* 224.

landesricus [AS *landrica*], landed proprietor, landlord.

o et omnis emat sibi lagam duodecim oris, dimidium ~o [AS: *landrican*] dimidium wapentako (*Quad.*) *GAS* 228; ~o [v. l. †landefrico] id est terre domino *Ib.* 230 (v. dominus 4).

landgabulum [AS *landgafol*, cf. 1 gabulum], land-gavel, rent or tax on land (form in *lam-*, expl. in *Cust. Rents* 81 as 'rent paid in lieu of lambs', is prob. orthographic variant).

de consuetudinibus hujus villae [*Cambridge*]: vij li. per annum, et de *landgable* vij li. .. *DB* I 189ra; c**1110** langabulum *Lib. Wint.* f. 1 (v. brugabulum); [villanus] in quibusdam terris debet dare landgablum [v. l. lang-, AS: *landgafol*] et *gærsswin*, id est porcum herbagii (*Quad.*) *GAS* 445; a**1135** (1232) liberi et quieti ab omnibus scottis et geldis et landgavels et omnibus aliis consuetudinibus *CalCh* I 152; c**1138** v s. v d. ob. quad. que michi reddere solebant de langablo infra burgum Oxen' de terra illa .. *Cart. Osney* IV 83; c**1157** hanc terram concessi .. ecclesie Linc' .. quietam de langabulo et percagio et omnibus aliis rebus (*Ch.*) *EHR* XXIV 306; **1188** concessi .. eis omnes tenuras suas .. tenendas in liberum burgagium sc. per

servitium ~i quod reddunt infra muros *BBC* (*Bristol*) 40; **1200** tenuras .. tenendas in liberum burgagium sc. per servicium langabuli quod reddunt infra muros *RChart* 79a (*Dublin*); c**1225** H. .. et heredes sui aquietabunt nos de quatuor denariis de londgabulo versus capitalem dominum ipsius feodi *Cart. Glouc.* I 175; **1253** domus ille valent per annum j m. excepto longabulo xiij d. quos [G. de R.] debet annuatim domino regi *IMisc* 8/5; lamgabulum eodem die [S. Johannis Baptiste]: de Willelmo Yvone parcenariis j d. .. *Reg. S. Aug.* 222 (cf. ib. 221: gabulum .. hellgabulum .. morgabulum); **1289** de .. archidiacono .., pro quinque denariis de ~o domini regis .. injuste detento, dim. m. *Leet Norw.* 21; **1317** viij s. vj d. ballivis Oxonie pro longabulo pro diversis domibus *Cart. Osney* III 147; **1365** xxxiij redditus .. in Gloucestr' qui de nobis tenetur per servicium xvj d. in burgagium ad longabulum *Pat* 271 m. 29; **1401** langabull' (v. giva); cum longabulo burgi Gloucestrie quod solebat colligi .. ad terminum vocatum *hokkeday* sed modo colligitur ad festum S. Michaelis Archangeli per ministros ad usus ballivorum *Rent. Glouc.* 1; **1527** de eodem tenemento pro longabulo domini regis semel in anno j d. ob. *Ac. Churchw. Bath* 109.

landgavel v. landgabulum.

landgravia, ~issa [cf. landgravius]

1 wife of landgrave, landgravine, countess.

in Alemannia sancta Elizabeth andegravia de Duringe, sanctus Augustinus in Norwegia .. miraculis illustrantur M. PAR. *Abbr.* 318 (= *Flor. Hist.* II 373); **1082** rex .. suscepit in protectionem .. dominam lantegravissam de Lucernbergh *Foed.* VII 343a.

2 ? landgrave, or ? *f. l.*

s**1219** sancta Elizabeth .. ~ie [? l. landgravii] Thuringie sponsa M. PAR. *Maj.* III 51.

landgravius, ~gravus [MHGerm. *lantgrave*, cf. OF *landgrave*; *forms without initial l from* OF *l' andegrave*], landgrave.

vir .. potens .., quem lingua Teutonica ~um dicunt, quod juxta rationem nominis 'terre comes' quasi per excellentiam dictum sonare videtur *Itin. Ric.* 68; ~us de Alemannia *G. Ric. I* 148; s**1218** obiit landegravius Thuringie vir sc. sancte Elizabeth M. PAR. *Maj.* III 37; s**1243** in regem Alemannie .. virum eleganten .. andegravium de Duringia .. sibi elegerunt *Id. Min.* II 475 (cf. WYKES 93: ~ium Thuringium; W. GUISB. 181: ~ium Thuringie; *Eul. Hist.* I 390: ~um [v. l. langrawym] Turingie); claruit sancta Elixabeth .. que fuit uxor lamgravii ducis Thuringie *Meaux* I 385; **1440** Frederico duci Saxonie .. ~io Thuringie BEKYNTON I 105; **1505** Georgius .. dux Saxonie, lantgravius Thuringie, marggravius Missne *Foed.* XIII 120a; manent .. suo loco .. reges Anglie .., marchiones Brandeburgici, lantgravii Hessie .. JEWEL *Apol.* C 8 v.

landhomo [AS *land* + CL homo], inhabitant (of a spec. place), local person. *Cf. landesmannus.*

si vestigium furati pecoris minetur de loco in locum, tunc committatur ipsum vestigium ~inibus [AS: *landesmannum*] (*Quad.*) *GAS* 375.

landia v. landa, 2 landea. **landiio** v. landa 1b.

landimera [AS *landgemære*], boundary.

inprimis de nostris ~is [v. l. commarcionibus; AS: *landgemæra*]: sursum in Tamesi et tunc superius in Ligam .. (*Quad.*) *GAS* 127.

†**landinale3**, *f. l.*

rectoria predicta [de Gatyshed], viz. in situ mansionis dicte rectorie .. xx s., decim' lan' xxvj s. xj d., .. feno dec' cvij s., †landinale3 xxiij s. .. *Val. Eccl.* V 313a.

landinarius, laund-keeper, parker. *Cf. landarius.*

1335 quod .. Ricardo Bloundel', landinar' parci nostri predicti [de Claryndon'], tres denarios per diem pro vadiis suis .. solveret *Cl* 156 m. 15.

landioca, ~um [? Old Cornish *lan 'enclosure'* + *dioc 'husbandman'* (cf. *Old Cornwall* 4 (1943–51) 418–23, 480), *or* ? ME *land* + *yok*], a form of land-holding or tenement, perh. taken in from waste (*cf. Capt. Seis. Cornw.* lxiv - lxv).

1297 r. c. de vj d. de Waryno M. pro una landiok' habenda ..; et de vj s. viij d. de Radulpho S. per sic quod possit reddere quoddam ~um in manum domini [etc.] *Ac. Cornw.* 225; **1338** tenet .. xvj acras terre in j landiok' terre in Guspernek *PRO* E. 120 r. 14r (cf. *Capt. Seis. Cornw.* 69); **1356** Alpeston': viij acr' vasti in landyokis apud Alpestoun quas Radulfus Johan et socii sui ceperunt etc. per redditum x d. etc. *AssessR Cornw* 1 r. 6d; viij acre vasti in landiokis quas R. W. et W. P. ceperunt etc. *Ib.*

landirectum [AS *landriht*], obligation or charge imposed on land.

de multis terris majus ~um [AS: *landriht*] exurgit ad bannum regis, sicut est *deorhege* ad mansionem regiam et sceorpum in hosticum .. (*Quad.*) *GAS* 444.

landlesmannus [AS *landless mann*], 'landless man' (in quot., w. ref. to a class of tenant; *cf. Cust. Rents* 174).

1222 de libere tenentibus ..; de consuetudinariis ..; de ~is: Adam .. tenet xv acras pro duobus solidis ..; de operariis ..; de toftlandis ..; de censuariis .. (*Ext. Walpole, Norf.*) *Med. E. Anglia* 260; (cf. *MS BL Cotton Claudius C XI* f. 186 [*Surv. Walpole*, ?**1250**]: de cons[uetudinariis] et cens[uariis] qui vocantur *landlesemen*).

landmariscus [AS *land* + mariscus], inland marsh.

12.. quandam terram in ~o de Stebeh' [*Stepney*] *AncD* A 7317.

landonus, ~ius [OF *landon*], clog, block, stick or sim. placed round animal's neck to impede movement.

1286 in .. iij carucis, viij jugis et xij laundon' faciendis, cum stipendio fabri *MinAc* 827/39 r. 1 (*Devon*); **1303** in ij palis pro ~iis faciendis, ob. *Ib.* 875/17 (*Bythorn, Hunts*); **1323** in duobus *sweypetres* j d., in uno pari lindon' [*ed. understands 'one pair of sheets'*] j d. ob., in v capestris et ij reynis iij d. *Ac. Wellingb.* 123.

landsergens v. landserjans.

landserjans, ~jantus [ME *land* + *sergaunt*, *serjant*, < OF *serjant*], 'land-sergeant', officer of the peace (prob. in rural area). *Cf. landserviens.*

a**1246** idem P. et heredes sui quieti erunt de multura et de pannagio et de puttura et *withnesman* ~jandorum et forestariorum meorum *Cart. Cockersand* 1051; **1298** debet pusturam forestar' ~gantorum et serviencium regis *IPM* 83/14 (*Cumb.*); homines .. Roberti .. debent pascere ad turnum suum unum ~gentem et hominem suum et equum suum .., et debent invenire testes predicto ~genti usque ad proximam villam *Terr. Fleet* 108 (cf. ib. 110: passent unum ~jantem).

landserviens [ME *land* + CL serviens, *pr. ppl. of* servire], 'land-sergeant', officer of the peace (prob. in rural area). *Cf. landserjans.*

1203 debet habere iiij ~ientes, custodes sc. pacis patrie .., et .. duos .. debet ipse hospitari et pascere et invenire eis sectam ad testandum malefacta pacis *CurR* II 273.

landsettagium [cf. landsettus], tenure of land held by *landsettus*, or land held under such tenure (E. Anglia).

?**11..** G. [tenet] xij acras in lanssettagio pro ix d. ob. et xij acras de dominio pro xij d. (*Ext. Elton, Hunts*) *Cart. Rams.* III 260; W. vidua [sc. tenet] duodecim acras que fuerunt in lansetagio et duodecim acras in dominio pro iv s. (*Ext. Brancaster, Norf*) *Ib.* 262; ?**11..** W. [sc. tenet] unam croftam et duodecim acras pro ij s., que fuerunt antiquitus de landsetagio *Ib.* 265; viiij acre, unde iiij acre fuerunt libere et v lancettagii (*Reg. Cellarii Bury St. Edm.*) *Villainage in Eng.* 146; **1239** G. P. .. recognovit xxiiij acras terre, quas tenet de domino abbati, esse lancectagium abbatis, et quod debent omnes consuetudines serviles *Cart. Rams.* I 424; **1240** S. C. recognovit .. quod xxiiij acre quas tenet sunt in †lanceagio domini abbatis *Ib.* I 411; **1240** [domus] est de lancettagio abbatis *Ib.* I 412; **13..** dant gersumam pro filiabus suis quia tenent de lancettagio (*Cust. Bury St. E.*) *MS BL Harley* 3977 f. 53v (*Groton, Suff*).

landsettagius [cf. landsettagium, landsettus], servile tenant (E. Anglia).

1239 W. M. reddidit tres acras terre in manu abbatis quas pater ejus .. emit de Symone .. lancectagio abbatis .. et .. fecit finem cum abbate .. quod tenebit eas de cetero de abbate, faciendo inde omnes consuetudines serviles sicut alii lancectagii *Cart. Rams.* I 426.

landsettus, ~a [cf. AS *landsetla*, OFris. *landseta*, OIcel. *landseti*], settler, tenant, (esp.) one who holds land by servile tenure (E. Anglia; *cf. Villainage in Eng.* 146, *Med. E. Anglia* 48–9, *Econ. HR* N. S. X 202).

a**1107** do .. conventui de Wymondeham [*Norf*] .. decem homines lancetos in Suthwode .. et xiij libratas terre arabiles .. cum quadraginta lancetis et tenementis eorum .. et xviij liberos homines cum servitiis et tenementis eorum *MonA* III 330a; amerciamenta hominum suorum tam liberorum quam lancetorum *Ib.* 330b; c**1160** teneat .. in dominio suo omnes terras landesettorum suorum et terras lueicias et sokemannos suos in eisdem villis *Reg. S. Ben. Holme* 35 p. 22; A. de P. tenet v carucatas terre et de illis habent dominium suum et lansetti sui feffati sunt inde *Kal. Samson* f. 83v; isti sunt homines residentes in sochagio de Hopetone [*Hopton, Suff*] quos A. .. clamat versus dominum abbatem tanquam lancettos suos *Ib.* f. 99r; omnes debent eadem libertate frui infra bannam leucam, preter lancettos de Herdewic [*Hardwick, Suff*] BRAKELOND f. 149v; **1240** S. .. lancectus natione et hoc proprio ore recognoscens *Cart. Ramsey* I 411; in socha de Hecham [*Hitcham, Norf*] sunt xxiiij lancete; consuetudo eorum est ut unus quisque eorum debet operari .. unaquaque hebdomada per unam diem .. (*Cust. Lewes*) *Gl. Arch.* s. v. lanceta.

landyok- v. landioca. **lanea** v. 2 lama, laneus. **lanearius** v. linarius. **laneficium** v. lanificium.

?**laneretta** [cf. lanerettus], (female) lanner falcon.

1395 duabus ~is (v. lanerettus).

lanerettus [AN, OF *laneret*], male or tercel of lanner falcon, lanneret (also by tautology *tercellus ~i*).

1367 cum .. uno falcone, quatuor ~is *Pat* 276 m. 4*d*; **1382** ad capiendum .. rectas prisas nostras falconum, austurcorum, sacrorum, sacrettorum, lanerorum, ~orum, tercelletorum gentill', tercellorum austurcorum, gerfalconum, et tercellettorum gerfalconum venalium, viz. pro falcone gentili xx s., pro tercelletto generoso x s., pro austurco xiij s. iiij d., pro tercello austurci, sacretti, laneri, ~i [cf. b infra] pro quolibet vj s. viij d., pro gerfalcone xxvj s. viij d. et pro tercello gerfalconis xiij s. iiij d. *Pat* 313 m. 26; **1395** pro uno falcone et duabus [? l. duobus] ~is emptis .. xxiiij m.; .. pro uno ~o .. vj m.; pro uno lanero .. vj m. *IssueR* 554 m. 18; **1399** pro tribus ~is precii xij li. .. datis .. regi Naverr' *Ib.* 561 r. 14.

1 lanerius v. 1 lanarius.

2 lanerius [OF *lanier*], (*falco ~ius* or *~ius* as sb. m.) lanner falcon (also in phr. *genus ~ium*).

falcones Hibernia preter generosos non habet; desunt enim degeneres illi quos vulgari vocabulo ~ios vocant GIR. *TH* I 23 (cf. HIGD. I 32 p. 338, BROMPTON 1073: laniarios); **1205** debet .. j jactum falconum †lanarum [MS: lanar'] *Pipe* 128; **1210** (v. 2 falco 1c); **1213** ad j girfalc' et duos falcones ~ios *DocExch* 251; **1215** (v. gruarius a); ?**1219** in cordis ad laneri' iiij d. (*Chanc. Misc.*) *Househ. Ac.* I 119; **1253** falcones lanarios ardearios (v. ardearius); **1279** ij falcones layner', c**1285** ij falcones laenerios (v. heironarius b); **1287** pro putura duorum falconum lanor' *KR Ac* 351/24 m. 2; **1288** pro putura vij leporariorum et iij falconum regis laneriorum [*Gl. Arch.* s. v. putura: falconum et alanerariorum] *KR Mem* 61 r. 10*d*; **1290** (v. cornailarius); **1313** duorum ~iorum heironariorum (v. heironarius a); **1315** unum falconem laner' vocatum (v. 2 falco 1c); **1337** (v. 2 falco 1b); **1340** ad scrutandos .. nidos falconum nostrorum lanariorum .. et ad pullos inde capiendos *Pat* 197 m. 6; **1382** lanerorum (v. lanerettus); primum [genus falconum] appellatur lanarium, cujus duo sunt genera: unum caput et rostrum grossa habet, pedes ut aquile, quod .. habilitatum .. egregium est in volatu; aliud vero genus lanarii stature minoris est et minoris reputacionis UPTON 188.

lanerus v. 2 lanerius. **lanes** v. lanx.

laneus [CL]

1 consisting of wool, woollen: **a** (var.); **b** (of clothing). **c** (*pannus ~eus, tela ~ea*) (piece of) woollen cloth.

a ~ea filorum stamina ALDH. *VirgP* 9 p. 236; lineum, *linen*; ~eum, *wyllen* ÆLF. *Gl.* 151. 17; **1080** dorsalia ~ea *Lib. Eli.* II 114 (v. dorsalis 3a); NECKAM *Ut.* 107, GILB. II 84v. 1 (v. floccus 2); **1250, 1286** (v. fusillare 2); **1533** lodices ~eas (v. flocceus). **b** lanea villosi sprevit velamine pepli / linea brumosis sumens mantilia flabris ALDH. *CE* 4. 7. 11; quia .. numquam lineis sed solum ~eis vestimentis uti voluerit BEDE *HE* IV 17 p. 244; **790** dirigite .. triplicia vestimenta caprina et ~ea ad puerorum opus .., et linea ad reum opus ALCUIN *Ep.* 8; **799** vestitum linium ~iumque *Ib.* 184; non ~eis vel lineis sed pelliceis solummodo tegminibus indutus est ORD. VIT. IV 15 p. 270; vestis .. ~ea asperior, linea mollior est, sed ~ea vestis frigus expellit, linea contra hiemis injuriam non satis sufficit AILR. *Serm.* 21. 38. 359; **1457** (v. duplicium a); **1532** (v. 1 filtrum 2b). **c** GERV. TILB. III 55 (v. hexamitum 1); **1308** in panno ~eo empto ad lac purgandum iij d. (*Ac. Combe*) *Doc. Bec* 162; **1331** (v. exercere 10a); **1382** unum pannum ~ium viridis coloris (*Cl.*) *Foed.* VII 356a; **1392** pro vj peciis panni albi ~ii in j *pynnok* (*KR AcCust*) *EEC* 551; **1406** (v. familiaris 1b); quod nullus pannus ~us tingatur in nigro nisi in wysda, sub forisfactura *MGL* I 723; **1481** pro quatuor ulnis .. nigri panni ~ei Flandrie *ExchScot* 154.

2 (as sb. n.) woollen cloth, or article made of wool.

~eis .. induti ÆLF. *EC* 45 (v. exspectare 2e); nihil pellicium aut lineum vestiunt, nec illud quod subtiliter texitur ~eum, quod nos staminium vocamus W. MALM. *GR* IV 336; **1558** (v. filetum 1a).

Lanfrancus [Germ. *land* + *franc*, cf. 1 Francus]

1 (personal name) Lanfranc (esp. Archbishop of Canterbury, *ob.* 1089). **b** (*mensura ~i*) Lanfranc's measure (Cant., dist. from *mensura regis*).

~us indignus .. Dorobernensis aecclesiae antistes .. fratribus .. salutem LANFR. *Const.* 85; *DB* II 381 (v. dirationare 1a); Landfranco FL. WORC. II 7 (v. Langobardus 1a). **b** c**1300** xx summe [frumenti] secundum mensuram ~i *DCCant. Reg. J* 282 (v. mensura).

2 ? allowance of ale, perh. distributed on obit-day of Archbishop Lanfranc (Cant.).

a**1290** pro Lamfrancis, familia et mandato lx li., ad vinum emendum l li. *Cant. Cath. Pri.* 221; **12..** scutilator j ~um [sc. habet] *DCCant.* D. E. 120.

langablum, langabulum v. landgabulum.

langagium [OF, ME *langage*]

1 language, tongue.

c**1395** multe [materie] .. in nostro proprio ~io [sc. declarate sunt], quas vellemus ut essent communes toti populo Christiano *Ziz.* 369; sunt .. plures patrie diverse et †diverse [l. diversa] languagia [ME: *dyvers langagis*] *Itin. Mand.* 8.

2 manner of expression, form of words.

1428 non [ponere fidem] in papa aut in suis falsis legibus vel in subtili languagio exsecrabilis conventus Antichristi *Ziz.* 424; s**1390** qui .. multis nobilibus .. presentibus in hujusmodi ~io domino Willelmo prorupit dicens .. BOWER XV 5.

langellum, ~us [OF *langel*, cf. ME *langel*], woollen blanket, garment, cloth, or sim. (in quots., for use of monks, friars, *etc.*). *Cf.* *lanugea.*

1218 habere faciatis fratri R. .. duas ulnas de russetto ad unum scapularium faciendum et tres ulnas de russetto ad unum ~um faciendum ad opus suum *Cl* 382a (*cf.* ib. 446a [**1221**]); [fratres leprosi] ad vestiendum .. suscipiunt .. capam, tunicam et pallium duo etiam langeola et omnia lanea *MonA* IV 43b; **1301** fratres .. paria ~orum in quarto anno ad minus recipiant *Reg. Cant.* II 861; pro labore circa corpus adhibito [MS: adhibitum] percipient medietatem precii ~i, crepitarum aliarumque rerum *G. S. Alb.* I 453; **1325** expens': lanugell'; pannus pro stam'; linea tela [*and further headings*] *Ac. Durh.* 165; **1363** panni etc. pro noviciis: in linea tela, *worsett*, .. vj zonis, liij uln' blanketti pro lanugellis .. *Ib.* 178; s**1311** abbas ordinavit .. quod singulis annis .. augeantur xx stragule, quinque copertoria, quinque lingelli ultra antiquam liberacionem, ita videlicet quod sint .. xv longelli ad distribuendum fratribus [etc.] THORNE 2011; duo coopertoria addita sunt singulis annis .. et duo ~a de sancto Albano et decem parva, et decem panni ad radendum .. et decem tunice .. et decem capucia ..; ~orum precium ij s. et vj d. .., parvorum ~orum precium viij d. *MonA* II 39b–40a; **1416** lego .. lectum .. ij longellos, ij paria linthiaminum, j materas .. *Reg. Cant.* II 103; *blanket, lawngel*, ~us *PP*.

langeolum v. langellum. **langetta** v. languetta.

Langobardus [CL], ~a *V. et. Lombardus.*

1 (sb. m. or f.) member of Lombard nation, inhabitant of Lombardy, Lombard. **b** (sg.) the (famous, well-known) Lombard, *sc.* Peter Lombard (*ob.* 1160), author of *Sententiarum libri quatuor.* **c** (dist. from *Lombardus*) Lombard of southern Italy (*cf. Lombardus* 1c).

Longobardorum regi Liudbrando *Hist. Abb. Jarrow* 32; **796** Carolus .. rex Francorum et ~orum *Ep. Alcuin.* 100 *tit.*; NEN. *HB* 17 (v. 2 infra); a**1090** jussio vestra de conductu Longobardorum .. servabitur ANSELM (*Ep.* 124) III 264; Landfranco Cadomensi abbate, genere Longobardo FL. WORC. II 7; successit ei filius Pontius ex Longobarda W. MALM. *GR* IV 388 p. 459; Sarraceni .. vectigal .. a desidibus ~is et Grecis Calabriam incolentibus inpune accipiebant ORD. VIT. III 3 p. 53; in Longobardos .. non ad prelia tardos GARL. *Tri. Eccl.* 90; a**1332** historia Longobardorum libri vj *Libr. Cant. Dov.* 33; **1518** (v. Lombardus 1a). **b** a**1332** sentencie Longobardi *Libr. Cant. Dov.* 52. **c** ORD. VIT. IX 4 (v. Lombardus 1c).

2 (proper name of eponymous founder of Lombard nation).

Armenon .. habuit quinque filios: .. Burgundus, Longobardus [v. l. Lango-, *also* ~um]; .. ab Armenone autem quinque [sc. gentes ortae sunt]: .. Burgundi, Longobardi [v. l. Lango-] NEN. *HB* 17 p. 160.

langoldus [ME *langald*], langle, hobble, device used to fasten legs of animal.

1434 item pro hames, ~us, et *chaculs* xiiij d. *Househ. Ac.* II 447.

langor v. languor.

langra [dub.], ? fruit of crab-apple.

langra, i. pomum silvestre [v. l. langa i. pinum sylvestre] *Alph.* 94.

langravus, ~ius v. landgravius. **languagium** v. langagium. **languena** v. lagoena.

languere, ~escere [CL]

1 (w. person, animal, part of body, or sim., as subj.) to be or become weak, faint, feeble: **a** (physically; also in fig. context); **b** (psychologically or spiritually).

a videbantur brachia remigum ~escere et navis resistere velle GOSC. *Transl. Mild.* 15; in capitis languore secus est; eo enim male se habente .. ~ent sensus ALF. ANGL. *Cor* 10. 11; palatum .. carnalium sapore infatuatum eorumque appetitu ~escens ad gustus suavissimos vere hujus sapientiae .. fugit J. FORD *Serm.* 110. 12; caro congelascet, crura rigescent .., pectus anhelabit, cervix ~escet, spumabunt labia P. BLOIS *Ep.* 117. 348B; bibam, et utinam sitis sic urgeat / ut bibens sitiat et semper langueat WALT. WIMB. *Carm.* 169. **b** ~escit .. graviter anima quae magnis est vitiorum subacta ponderibus BEDE *Cant.* 1204; vilis mens mea .. bonae .. voluntatis ~et imbecillitate ANSELM (*Ep.* 50) III 163; divina virtus .. incommutabilis est ad perseverandum, ut non ~eat [TREVISA: *weariep nou3t*] seu infirmetur .. temporis diuturnitate BART. ANGL. II 16; ex hoc .. ceperunt inclusorum pectora timore ~escere *Ps.*-ELMH. *Hen. V* 123 p. 321.

2 to be or become (physically) sick, unwell; **b** (w. indication of illness or cause, usu. in abl.). **c** (*in extremis ~ere*) to suffer one's last illness, to be sick and at the point of death. **d** (pr. ppl. m. or f. as sb.) sick person, invalid, (w. abl.) person suffering from specified disease.

~entes homines aut pecudes .. sanitati restituuntur BEDE *HE* III 2 p. 129; adulescentem cui oculus ~ebat *Ib.* IV 30 (32) p. 280; mulier totis paralitica menbris / continuis semper septenis langûit annis ALCUIN *WillV* 30. 2; languentis pueri *Mir. Nin.* 309 (v. 6a infra); lunatici .. qui .. pro lune augmento cerebro excrescente ~escunt GIR. *TH* II 3 p. 79; **1313** verberavit Robertum .., per quod idem Robertus ~ebat per quindenam *Leet Norw.* 58. **b** estne aliquis .. adhuc pestilentia ista ~ens ..? *V. Cuthb.* IV 6; febre puer quidam jacuit .. / .. languens ALCUIN *SS Ebor* 381; W. POIT. II 27 (v. dysenteria); plus quam vij annis calculi molestia ~it ORD. VIT. V 18 p. 438; **1266** per aliam infirmitatem .. ~it (v. 2 flexus 2b); **1298** sic inde ~ebat (v. 3 firmatio); **1457** capiendo quolibet anno .. octo marcas .. sive sanitate gaudeat sive infirmitate ~eat *Wills Richm.* 3. **c** *AncrR* 120 (v. extremus 3c); in extremis ~iens .. viam universe carnis est ingressus (*Anon. chron.*) *Illust. Scot.* 9; **1370** prout T. .. filius ejus ~ens in extremis fatebatur *Hal. Durh.* 97. **d** qui primus e ~entibus descendisset, unus sanabatur [cf. *Joh.* v 3–4] BEDE *Cant.* 1193; cum plura videret / agmina languentem dubia sub morte gravari WULF. *Swith.* II 247; propriam sepe scutellam .. mittere festinabat cuipiam ~enti *V. Gund.* 29; variis ~entes infirmitatibus .. optatam recipere sanitatem consueverant GIR. *IK* I 2 p. 32.

3 a (w. ref. to spiritual sickness or affliction); **b** (w. ref. to var. types of suffering).

a ~escens [v. l. ~ens] anima peccatis .. sanctorum exemplis convalescit BEDE *Acts* 966; pontificali cura mederi ~entibus studuerunt ORD. VIT. VII 7 p. 177; ~eo .. et in .. expectatione convalescentie mee contabesco J. FORD *Serm.* 22. 7. **b** ut [rex] ~enti ecclesie Dei misereque regioni suffragaretur lacrimabiliter postulaverunt ORD. VIT. XI 10 p. 199; dumque cupis nec amata capis, quo vulnere languet, / qua, precor, afficitur morte fidelis amor! L. DURH. *Dial.* IV 467; **1188** (v. frixorius c); sanitas [sc. Christus] languet ut saneris J. HOWD. *Cant.* 342 (cf. WALT. WIMB. *Carm.* 636: languescit sanitas et vita moritur).

4 a to be weak or sick (with love or desire), to yearn, long (freq. w. *amore* or other abl.). **b** (w. *post, pro*) to yearn (for), long (for). **c** (w. *ut*) to long (to). **d** to be in mourning, grieve. **e** (trans.) to mourn (the dead).

a ~et .. amore anima quae .. sui auctoris caritatem veraciter degustat BEDE *Cant.* [ii 5] 1105; vestro .. amore ~eat cor meum, liquefiat anima mea, deficiat caro mea ANSELM (*Or.* 7) III 24; non dixit 'amore egroto' vel 'amore infirmior' sed 'amore ~eo' [*Cant.* v 8], diuturnam videlicet innuens egritudinem J. FORD *Serm.* 1. 5; desiderio ~ens *Ib.* 38. 7; P. BLOIS *Carm.* 11. 3. 24; (v. languor 2c); *to longue*, ~ere, appetere LEVINS *Manip.* 167. 5. **b** miserare, domina, animam post te anhelando ~entem ANSELM (*Or.* 7) III 21; si homo esset .. peregre profectus, et si diceretur quod .. sponsa sic pro eo ~eret [ME: *murnede efter him*] quod sine eo in nulla re delectaretur .. *AncrR* 143; [anima] post eum [sc. Dominum] ~et *Ib.* **c** ex ipsius [sc. amoris] .. influencia ~it anima mea ut te videat quem optavit ardenter ROLLE *IA* 35 p. 247. **d** nunc, Auguste, [Roma] tuo funere languens / bino se viduam lumine plangit (*Vers.*) W. MALM. *GR* II 194. **e** quod [pellicanus] interficit filios suos eosque per triduum ~et, deinde .. aspersione sui sanguinis pullos vivificat BACON *CSPhil* 488 (cf. Isid. *Etym.* XII 7. 26: eos .. lugere).

5 a (w. person, attribute, mind, or sim., as subj.) to be or become idle, sluggish; **b** (w. *ad* or *in* specifying area of inactivity). **c** (w. emotion as subj.) to lack or lose vigour, fervour, to be or become cool.

a ehu, quanto tepore ~et mens mea! ANSELM (*Or.* 14) III 57; at ille non impari calliditate .. 'vetito' instantes 'passus languescere bello' [Lucan *Bellum Civile* IV 281] W. MALM. *GR* IV 381; LUCIAN *Chester* 42 (v. frigus 5); s**1438** illa torpens et ~ens hebetudo claustralium AMUND. II 197. **b** monachus .. ad omne utile exercitium ~escit et nulla bonorum operum ubertate ditescit ANSELM (*Ep.* 37) III 146; licet tam arduis virtutum vacaret exercitiis, in litterarum tamen non ~ebat studio [*dist. fr.* viguit] *V. Edm. Rich P* 1786A. **c** haec .. est natura irae ut dilata ~escat et pereat, prolata vero .. conflagret BEDE *Prov.* 976; ut bene vivendi studium .. nullatenus ~escat sed .. fervescat ANSELM (*Ep.* 167) IV 42; passus est ardores eorum ad tempus negata preda ~escere W. MALM. *GP* I 51 p. 96; ubi .. amor fervet .., ubi non ~et affectio J. FORD *Serm.* 34. 2.

6 (w. inanimate subj.): **a** (of daylight or sun) to be or become dim, faint. **b** (of plant) to droop, wilt. **c** (of sail, banner, or sim.) to droop. **d** (of water) to be motionless, stagnant. **e** (of activity) to proceed sluggishly.

a languescente die linquebant saucia membra / languentis pueri *Mir. Nin.* 308; splendor solis electro Mercurii ~ebit (*Proph. Merlini*) G. MON. VII 4; WALT. WIMB. *Van.* 50 (v. furvescere). **b** rosa languescit saucia dolaturis J. HOWD. *Cant.* 100; c**1435** arbor .. devirata ~escit (v. devirare 2). **c** aura cadit, languent vela, carina riget L. DURH. *Dial.* III 88; J. EXON. *BT* VI 7 (v. draco 2d). **d** languentis .. arva profundi L. DURH. *Dial.* III 105. **e** ~it opus *G. S. Alb.* I 219 (v. domitialis 2).

7 *f. l.*

†languens [l. longaevus], valde senex *GlC* L 282.

languetta [OF *languete*, cf. ME *langet*]

1 'tongue' or projecting piece of land.

1238 Ricardus posuit in visu suo quandam terram arabilem et quandam langettam bosci; et de langetta dicunt .. *JustIt* 174 m. 2*d*; ex altera parte ripe est quedam ~a marisci inter Cloggesmere et magnum pontem, et est communis (*Cust. Ely*) *Terr. Fleet* 168.

2 tongue-shaped metal artefact, perh. spatula or sim.

1300 duos ciphos argenteos cum pedibus argenteis .. et unam ~am argenteam et duodecim coclearia argentea *Cl* 117 m. 8; **1303** cyphus auri cum pede et cooperculo aymell' cum langett' *DocExch* 281.

languide [CL], feebly, weakly (in quot., app. w. ref. to moral weakness of action).

[rex] meritum tulit inmature periclum; / ultrices etenim patiens in corpore poenas, / cernere collibuit quem dudum languide sprevit FRITH. 1277.

languidule [cf. CL languidulus], feebly, without energy.

1520 [ut videatur] consilia .. non ex aliena conditione ~e sed ferventer admodum ex suo ipse metu, spe, periculo, felicitate metiri (MORE) *Ep. Erasmi* (*ed. Allen*) 1106.

languidus [CL]

1 weak, feeble; **b** (of abstr.)

Turci .. exploraverunt .. que tentoria [*military encampments*] ~iora reperirentur; quadam die .. irruerunt ORD. VIT. IX 9 p. 522 (cf. Baldricus *PL* CLXVI 1093A); s**1174** (v. enervis a). **b** caritas .. ~ior fit J. FORD *Serm.* 7. 1 (v. emori b).

2 ill, sick, diseased; **b** (w. abl. or *de* indicating illness); **c** (w. ref. to essoin *de malo lecti*). **d** (as sb. m. or f.) sick person, invalid.

multis vestigia languida curat *Mir. Nin.* 253; sustentans geminis sua languida membra bacillis WULF. *Swith.* II 1107; medici .. qui ~um principem custodiebant ORD. VIT. VII 16 p. 244; in humano corpore membrum .. quanquam saucium, quanquam ~um .., non statim tamen .. precidendum GIR. *PI* I 10 p. 34; **1252** venit .. videre patrem suum qui infirmabatur et ~us fuit *SelPlForest* 103; **1466** hominibus ~is vocatis *bedredmen IPM* 21/44 (cf. *Paston Let.* 900 p. 555). **b** **1389** aliquem .. ~um .. infirmitate (v. demembrare a); **1394** ipse J. nimis ~us fuerat de quadam infirmitate vocata *le stane Mem. York* II 17. **c** **1200** [Jocea] ~a dicitur per milites ad eam missos *CurR* I 160; **1204** dicunt quod ~us est et quod dederunt ei diem .. a crastino S. Dunstani .. in unum annum *Ib.* III 111;

1219 quatuor milites missi ad Dymisiam P., que ~a est, ad audiendum quem ipsa loco suo attornare voluerit *Ib.* VIII xii; **1269** item de malo lecti sic: A. qui ~us est apud N. de malo lecti versus B. de placito terre (*Modus tenendi curias*) *CBaron* 82; si .. petens sive reus langidus fuerit HENGHAM *Magna* 7 p. 19. **d** languidus .. oculis tangens oraria vatis, / illius ex visu .. caligo recessit ALCUIN *SS Ebor* 734; meritis sancti Suuithuni .. idem / languidus a Domino fuerat curatus WULF. *Swith.* I 722; ~um morti vicinum W. MALM. *GP* I 46 p. 76; quandam ~am que per veram [crucem] .. curabatur *Flor. Hist.* I 182 (cf. M. PAR. *Maj.* I 160: feminam .. gravi infirmitate confectam); ~is et confectis senio .. unum panem frumenteum .. fecerat assignari BIRCHINGTON *Arch. Cant.* 13.

3 (w. ref. to spiritual or psychological affliction) sick, grieving.

potio doctrinae .. quae animam diu ~am .. velut soporatam huic mundo .. reddat BEDE *Cant.* 1204; anima mea morbis vitiorum ~a ANSELM (*Or.* 5) III 13; ~us, -a, -um, *sorounde WW*.

4 inactive, sluggish, torpid, slow-moving; **b** (of abstr.); **c** (of ship); **d** (of sea).

elucus, semisomnis vel ~us OSB. GLOUC. *Deriv.* 194. **b** languida segnicies .. / .. dilatrix operum, dissuada laborum HANV. I 7. **c** incumbunt remis, vexatur languida puppis FRITH. 363. **d** languida marmorei dum nos ligat area ponti L. DURH. *Dial.* III 107; mare ~um fuerat, quod .. negabat progressum (*Bren.* II 32) *VSH* II 281.

languire v. languere 2c. **languncula, langungula** v. laguncula.

languor [CL]

1 (physical) illness, sickness, disease (also fig.); **b** (w. gen. indicating part affected); **c** (w. gen. or adj. indicating the disease). **d** (w. ref. to essoin *de malo lecti*) illness (because of which attendance at court is excused).

matrem .. fessam ~ore cruento ALDH. *VirgV* 1788 (cf. id. *VirgP* 42: valitudine fatigatam); quomodo cureris ab hujusmodi molestia ~oris BEDE *HE* III 12 p. 151; ingens .. patrem arripuerat ~or WILLIB. *Bonif.* 1 p. 6; etsi bona opera .. impediantur in ~oribus ANSELM (*Ep.* 425) V 371 (cf. ib.: egritudines); perpetui ~oris compede detenti W. MALM. *GR* II 161; corpus [sc. Anglie] maculatur .. lepra nequitie, et a capite usque ad pedes occupavit illud ~or malicie ORD. VIT. X 15 p. 85; rex .. egrotavit, et crescente ~ore .. hominem exivit *Ib.* XIII 32 p. 88; [bestie] ex tali nimietate sepe incidunt in morbos et ~ores T. CHOBHAM *Praed.* 249. **b** ut de ligno crucis .. quidam a dolentis brachii sit ~ore curatus BEDE *HE* III 2 tit. p. 128; sensit dimidiam corporis sui partem .. paralysis ~ore depressam ..; crescebat morbus paulatim *Id. HE* IV 29 p. 278; puella / tabida paralysis gelido languore jacebat ALCUIN *SS Ebor* 325; ALF. ANGL. *Cor* 10. 11 (v. languere 1a); ~or ossium *Mir. J. Bev. C* 330 (v. exsugere a); hominem unum vidi, quem ~or fistulosus diutine demolitione vexaverat AGNELLUS *Hen.* 267. **c** uxor ejus pene usque ad mortem infirmitatis ~ore detinebatur *V. Cuthb.* IV 3; ~ores podagre, arthletice, sciatice GILB. II 120. 1. **d** precipio tibi [*the sheriff*] quod .. mittas quatuor legales milites de comitatu tuo ad videndum si infirmitas N., unde se essoniavit versus R. in curia mea, sit ~or an non GLANV. I 19; **1185** R. de C. r. c. de v m. quia non presentavit ~orem forestarii sui *Pipe* 121; **1194** *Fleta* 393 (v. essoniare 1b); **1196** W. se essoniavit malo lecti et langor ei datus est *CurR* I 20; **1221** jacuit in domo sua .. ~ore qui ei adjudicatus fuit per iiij milites de comitatu ad eum missos *SelPlCrown* 106; videndum erit utrum talis infirmitas sit malum transiens vel ~or ..; si .. ~or, tunc dabitur ei unus annus et unus dies BRACTON 344b.

2 (w. ref. to suffering): **a** sickness (of spirit, mind, *etc.*). **b** sorrow, grief. **c** longing, love-sickness.

a [ecclesia] a longo perfidiae ~ore exsurgens BEDE *Hab.* 1246; obstructi sunt sensus anime mee vetusto ~ore peccati ANSELM (*Prosl.* 17) I 113; pallescit .. caritas nostra ad varios ~ores suos, nunc dolore, nunc torpore, nunc metu J. FORD *Serm.* 12. 8. **b** ne in nuptiali hoc carmine tedii seu tristitie ~or pessimus vobis obrepat *Ib.* 23. 1; comes regine ~oribus pre ceteris condolens .. nuncios sibi destinavit ipsam consolando TROKELOWE 75. **c** qui amico fruitur non sentit ~orem anime carentis ANSELM (*Ep.* 130) III 273; quod non licet aueo, / quod volo non valeo, / nisi relativus langor / sanet hunc [sc. languorem] quo langueo P. BLOIS *Carm.* 11. 3. 23; o radix cordis mei .., vides .. quod vulneror vitaliter specie preclara, et langor non relaxatur ROLLE *IA* 35 p. 245.

languosus, ill, sick.

s1093 rex Willelmus .. vehementi percussus infirmitate .. per totam Quadragesimam ~us jacuit; qui cum se putaret cito moriturum .. FL. WORC. II 30 (cf. DICETO I 217; W. COVENTR. I 107).

lania v. 2 lama, 2 lamia.

laniare [CL]

1 **a** to tear, rend, lacerate (person, animal; also in more general use w. ref. to destruction, and absol.). **b** to tear (one's own body, hair, clothes, *sc.* in grief or madness). **c** to tear up (document). **d** to break up, hack, chop.

a corvi .. ~iant BEDE *Hom.* I 15. 76 (v. laniatus); homines servitio premere, tormentis ~iare et morte perimere *Id. Prov.* 1003; canem .. laniare ferocem *Altercatio* 3; te morsibus .. cruentis / .. lanient ursique lupique, / et genus omne canum .. / .. te laceret WULF. *Swith.* II 177; Danica .. clades .. dominicas oves lupino more ~iaverat seu dispersat ORD. VIT. I 24 p. 165; persecare, ~iare, discerpere, lancinare OSB. GLOUC. *Deriv.* 483; [mors] lactantes laniat, lallantes jugulat WALT. WIMB. *Sim.* 122; parcere vivis et solum ~iare [ME: *toteoron*] cadavera mortuorum *AncrR* 22. **b** dementia vexabatur ita ut membra sua propria ligno, ferro, unguibus dentibusque .. ~iaret FELIX *Guthl.* 41 p. 128 (cf. ib.: se ipsum .. decerpebat); quidam [heremite] noxie titillationis hora se vepribus .. undique ~iandos ingerebant GIR. *GE* II 2 p. 176; parentes ejus ejulabant, ~iabant capillos *Mir. J. Bev. C* 329; ~iantem vestes suas *Canon. S. Osm.* 42 (v. furiosus 1). **c** **1259** reddidit .. quasdam alias litteras .. que ibidem ~iate fuerunt et dampnate .. per .. clericos de cancellaria regis *Cl* 261; **1317** quasdam earum [sc. litterarum] furore rabido ~iaverunt (*Lit. Papae*) *Mon. Hib. & Scot.* 198b. **d** multis securium ictibus .. statuam ~iaverant W. MALM. *GR* II 169; **1510** ~iando fraccinas arbores (v. fraxinus 4).

2 (in var. non-physical senses): **a** to taunt (person). **b** to hurt deeply, torment (person or feelings). **c** to attack savagely, pull to pieces (book).

a pueros stolidos, sanctum qui carpere vatem / et laniare student [cf. *IV Reg.* ii 23] ALDH. *VirgV* 293. **b** **1073** id aetatis homo multis .. temptationibus .. intrinsecus ~iatur LANFR. *Ep.* 43 (18); falsum 'ave' .. / cor revera sacrum plus laniat / quam cum rosam grando digladiat J. HOWD. *CA* 105; amor, qui celer saucias / et cor suave lanias, / donans dulce suspirium *Id. Cyth.* 103. 2. **c** [scripta] sicut nunc undique mordaci dente roduntur et ~iantur, sic dignis tunc demum laudibus .. extollentur GIR. *Ep.* 3 p. 174.

1 laniarius v. 2 lanerius.

2 laniarius [ML; cf. CL laniarium], pertaining to a butcher (in quots., w. ref. to 'butcher-dog', bandog, mastiff).

[villaticum genus canum] dicitur et ~ium, quod eorum usus multus sit laniis, agendis et capiendis bestiis CAIUS *Can.* 8 (cf. *OED* s. v. *butcher* (*sb.*) 6 [**1576**]: canis ~ius).

3 laniarius v. linarius.

laniatim, by tearing, rending.

OSB. GLOUC. *Deriv.* 145 (v. fractim).

laniatio [LL], act of tearing, rending.

lanio, -as .. inde laniator, laniatus, ~io .. OSB. GLOUC. *Deriv.* 312.

laniator [LL], butcher (also fig.).

ad gemitus .. morientium evigilant ceteri, visisque ~oribus velut oves .. a lupis occupate stupefacti fiunt G. MON. I 9; carrinatores .. i. carnium ~ores vel lanarum carptores OSB. GLOUC. *Deriv.* 107; lanio, ~or, lanista, lanius idem sunt *Ib.* 326.

laniatorium [LL *gl.*], meat-market, shambles.

item lanio hoc ~ium, -rii, i. macellum ubi carnes laniantur OSB. GLOUC. *Deriv.* 312; lanitorium, *a fleshe stalle Medulla* f. 36b (v. *MED* s. v. *stalle* (*n.*) 2); *a fleschewyre*, carnificium, carnarium, ~ium *CathA*.

laniatus [CL], act of tearing (flesh).

corvi .. laniant, quod columba omnino non facit ..; columba [? l. columbae] autem natura quae a ~u innocens est illis innocentibus .. congruit qui .. BEDE *Hom.* I 15. 76 (cf. Augustinus *In Evang. Joh.* 6. 4); OSB. GLOUC. *Deriv.* 312 (v. laniatio).

1 lanĭcus [cf. *Jan.*], woollen, woolly.

lanītus .. dicitur a lana, i. laneus, quod et lanĭcus dicitur OSB. GLOUC. *Deriv.* 313; lanitus, laneus quod et ~us dicitur lana intextus *Ib.* 326.

2 lanicus v. lanutus.

laniena [CL = *butcher's shop, slaughter*]

1 slaughter, (fig.) destruction, ruin.

hoc [sc. regnum Francorum] unicum pene e Christiani orbis regnis, preter hoc nostrum, ejus [sc. pontificis Romani] ~am evasit *Jus Feudale* 13; **1610** in ~a sub Carolo nono comminisci aliquid oportuit quo stragem tam nefandam palliarent L. ANDREWES *Responsio ad apologiam Bellarmini* (1610) 300.

2 infirmary (*cf. Jan.*).

a lanio .. hec ~a, -e, i. domus medicorum ubi laniantur infirmi; unde Prudentius in libro hymnorum [*Peristephanon* X 498] 'laniena quando sevit †hypocrita [MS: Ypocratica]' OSB. GLOUC. *Deriv.* 312 (*sim.* ib. 326, *CathA*: *a leche house*, ~a quia infirmi ibi laniantur).

lanifer [LL], wool-bearing.

aries est animal ~erum UPTON 148.

lanifex [CL], wool-worker.

hic et hec ~fex, -cis, qui lanam facit OSB. GLOUC. *Deriv.* 313; *a clathe maker*, ~fex *CathA*; *a wolle maker*, ~fex *Ib.*; **1563** Petrus C., ~fex, Artesius (*SP Dom. Eliz.*) *Hug. Soc.* X 1 p. 290.

lanifica v. lanificus.

lanificare [LL *gl.*], to work in wool.

~o, -as i. lanam facere OSB. GLOUC. *Deriv.* 313.

lanificium [CL]

1 (art or practice of) wool-working.

hoc ~ium, -cii, i. ipsa lane operatio OSB. GLOUC. *Deriv.* 313; Minyeides .. Bacchus intempestivo ~io sua festa perturbantes mutavit in vespertiliones *Natura Deorum* 34. 1; [*Charlemagne*] filias ~io assuescere fecit ne otio torperent R. NIGER *Chr. II* 149 (= *Id. Chr. I* 70: exercuit .. filias suas .. ~iis); si forte quis nominaret illam artem quam Hugo vocat ~ium artem vestivam vel coopertivam KILWARDBY *OS* 374; artes mechanice sunt laneficium, armatura, navigacio, venatio, agricultura, medicina BACON XV 193; ~ium comprehendit multos artifices .. incidentes, consuentes, tondentes, colorantes barbas radentes .. et lanam LYNDW. 303b.

2 **a** ? woollen article. **b** 'wool-house'.

a **1156** plenum rectum ei facias de decimis [*space of one word*] et ~iorum de Cadomo secundum assisam meam *Act. Hen. II* I 115. **b** hoc lanifisium, *a wulhowse WW*.

lanificus [CL]

1 (adj.) wool-working.

Ysis lanifica dea Lini GARL. *Tri. Eccl.* 131.

2 **a** (as sb. m. or f.) wool-worker. **b** (as sb. f.) art or practice of wool-working.

a mulier ista fortis non solum ~a sed linifica est [cf. *Prov.* xxxi 13] AILR. *Serm.* 21. 42. 360A; **s1302** pugnat lanificus, Francus ruit hinc inimicus (*Vers.*) RISH. *app.* 432. **b** *Ps.*-GROS. *Gram.* 15 (v. familiticus).

lanigenus, (*pellis ~a*) wool-fell.

1276 quoniam de pellibus ~is .. oriuntur .. questiones, statuendo sanximus quod tam de pellibus ~is .. quam de agnis tonsis .. decima integra persolvatur *Conc. Syn.* 819.

laniger [CL], wool-bearing.

septem [*ed. adds*: milia] ~erarum pecudum [cf. *Job* i 3: ovium] ALDH. *Met.* 2 p. 64; gazas omnimodas, oves ~eras, jumenta innumera .. in civitatem detulerunt ORD. VIT. IX 10 p. 561 (cf. Baldricus *PL* CLXVI 1124B); vellus lanigeris redde pecudibus, / fucum conchiliis ..; / jam nudo corpore par eris vermibus WALT. WIMB. *Carm.* 429.

lanigo v. lanugo.

lanio [CL], butcher. **b** slaughterer (of people).

GILDAS *EB* 19 (v. discerpere a); Dei contemptor .., Cuneglase, Romana lingua ~o fulve *Ib.* 32; †lanioses, qui berbices incidunt *GlC* L 2; ~o qui lacerat *Ib.* L 17; **10..** ~o *slaga* .. ~o *flaescmangere WW*; ~io vel lanista vel carnifex vel macellarius, *hyldere* vel *cwellere* vel †*flaectawere* [l. *flæsctawere*] ÆLF. *Sup.* 189. 17; hic ~o, -nis, i. ille qui laniat, et qui etiam hic lanista dicitur et hic lanius, -ii OSB. GLOUC. *Deriv.* 312; macellio, macellarius, carnicida, ~o, lanius, lanista, carnifex *Ib.* 363; **c1560** Johanni G. ~oni burgensi de Edinburch *Midlothian* 71 p. 125. **b** nihil .. indolis tue nobilitate gloriosius, qua irritatus infestus ~o te mortificaverit W. MALM. *GR* II 212 (cf. id. *GP* IV 161); diris conatibus .. prefati ~onis Neustria sepe turbata est, et Cenomannica regio .. predis ac cedibus incendiisque feraliter profligata est ORD. VIT. VIII 24 p. 424.

lanioses v. lanio a.

1 lanista [CL]

1 master or manager of gladiators, (loosely) gladiator.

†lamsta [l. lanista], magister gladiatorum *GlC* L 14; ~ae, gladiatores *Ib.* 18.

2 (senses arising from assoc. w. *laniare*): **a** butcher. **b** one who hacks, mangles (a person's body; in quot., w. obj. gen.). **c** torturer, executioner. **d** slaughterer, murderer, cut-throat.

a lanistra, macellarius in macello carnes dividit *Gl. Leid.* 45. 19; ÆLF. *Sup.* 189. 17 (v. lanio a); boscida, qui boves scindit, ~a, macellarius OSB. GLOUC. *Deriv.* 79; *Ib.* 312, 363 (v. lanio a); *Ib.* 326 (v. laniator); *a fleschour*, carnifex, bubalus, ~a, boviscida, lanio, macellarius, macellio *CathA.* **b** cur .. se moriens .. excarnificaret ipse sui corporis horrendus ~a, nisi novi sceleris conscius esset? W. MALM. *GR* II 167 p. 195 (cf. ib. 172: se dilaniari .. jussit). **c** cum .. nec sic Hinguar furcifer eum ~is assensum prebere conspiceret .., lictori mandat .. ut amputet caput ejus ABBO *Edm.* 10; miser mori quam fuscatus vivere maluit, et ~is perurgentibus in quantum potuit ad detrimentum sui obstitit ORD. VIT. XII 39 p. 461 (cf. ib.: carnifices); matrem cum filio lanista laceret, / eisdem fodiat clavis et vulneret WALT. WIMB. *Carm.* 613 (cf. ib. 611: carnifex). **d** licet jam exspoliatus, jam protenso jugulo, miseratione ~arum Anglie sue reservatus est W. MALM. *GP* III 100 p. 14 (cf. ib.: carnifices); cruentissimus nutricius .. fossam parat in qua eum citius obruat; verum .. puer expergiscens consilium prevenit ~e *V. Kenelmi B* 81r 1; sevus ~a .. in Normannos furibundus irruit, rura eorum .. conflagravit, et milites .. usque ad mortem .. cruciatibus afflixit ORD. VIT. XI 3 p. 177; inconsultum erat .. inter tot pedestris multitudinis ~as longe imparem militie sue cuneum obviam exponere *G. Steph.* 89 p. 172; adhuc .. laborabant ~e iniqui ne .. corpus martyris sepulture .. traderetur M. PAR. *Maj.* I 399; iratus acuit lanista [sc. *Herod*] gladium, / ut tollat teneram turmam infancium WALT. WIMB. *Carm.* 231.

3 (in derogatory uses derived from 1 or 2 above).

imperatoris judicium .. sequendum, non ~arum ['*butchers*'] vel pellificum Romanorum W. MALM. *GR* III 289; hunc .. balburrum, susoronem, ~am [gl.: *bucher u pendur de laruns, macecrer, turmentur*, etc.], abigium nolo ut cognoscas BALSH. *Ut.* 48.

2 lanista [ML], wool-merchant.

s**1294** induxit mercatores Anglie ad concedendum regi quadraginta solidos de quolibet sacco lane ..; et quia contra ~as peccavit, in navi onusta lanis a fluctibus est absorptus *Ann. Dunstable* 389.

lanistarius [cf. 1 lanista], (*schola ~ia*) school for training fighters.

1570 nulla gladiatoria ~ia aut saltatoria schola nec domus aleatoria .. aut ursorum vel taurorum pugna intra oppidum Cantabrigiam sit *REED Cambridge* 259.

lanistra v. 1 lanista. **lanitorium** v. laniatorium. **lanitus** v. lanutus.

lanium, tending of sheep.

~ium, cura ovium OSB. GLOUC. *Deriv.* 328.

1 lanius v. laneus.

2 lanius [CL], butcher.

OSB. GLOUC. *Deriv.* 312, 363 (v. lanio a); *Ib.* 326 (v. laniator).

lanix v. lanx.

lanna [cf. Eng. dialect *lanes*, Scot. *lan(d)*], part of plough, perh. S-shaped hook or cleek attached to swingle-tree (*cf.* Wright *Eng. Dialect Dict. s. vv.* land sb. 2, lanes, *Dict. of Older Scot. Tongue s. v.* land n. 4).

1273 carucarii invenient ferros et omnia necessaria ad carucas reparandas preter trabes, cultra, vomeres, juga, et lan' *Ac. Man. Wint.* (*Little Hinton, Wilts*; cf. ib. [**1282**]: lann', [**1299**] lamnas [*perh.* lannias]); **1292** in virgis emptis pro ropis et ~is, ij d. ob. *Ac. Man. Coll. Wint.* (*Durrington, Wilts*); **1311** (v. haspa e); **1311** in capp' anul' et happ' ferreis ad lann' carucarum faciendis de proprio ferro, xj d. ob. *Ac. Man. Wint.* (*Alton Priors, Wilts*); **1315** in cappis et anulis et catenis ferreis ad lann' faciendis et fabricandis, vij d. *Ib.* (*Enford, Wilts*); **1324** in iij lann' ad carucas fractis reficiendis *Ib.* (*Wroughton, Wilts*); **1325** in stipendio unius carpentarii pro mermemio pro jugis, lanis, et arquillis cindendis *MinAc* 1148/6 m. 1 (*Ightenhill, Lancs*); **1333** in jugis et lanis nichil, quia per famulos (*Comp. Holcombe Rogus*) *Devon RO DD* 54876; **1336** custus carucarum ..: xij d. in lanis emendandis cum veteri ferro domini *DL MinAc* 242/3886 m. 2 (*Sutton, Lincs*); **1407** in lam' stapul' et anul' ferr' defract' emend' per vices viij d. (*Comp. Holcombe Rogus*) *Devon RO DD* 54918.

lannera [ME *lainer* < OF *lasniere*], thong, strap.

1228 ligatus fuit ~a sua propria et capistro equi sui *CurR* XIII 169; **1444** quod nullus de mistera predicta [sc. *leather sellers*] .. punctos seu leyneras nisi bene et sufficienter facte essent neque fibulas de corio ovino seu vitulino .. operaretur *Pat* 458 m. 6.

lannia v. lanna.

lanoculus [CL], (person) wearing woollen eye-patch.

hic lanaculus, qui fert lanam ad oculos tergendos [? l. tegendos] *WW* (cf. Paulus *Excerpta Festi* p. 118: ~us qui lana tegit oculi vitium).

lanor- v. 2 lanerius.

lanosus [CL], abounding in, consisting of, or similar to, wool, woolly.

1303 tele ~e *CourtR Ingoldmells* 20; **1303** pelles ~e de sesena det centum iiij d. *EEC* 166 (?*Ipswich*); **1309** adduxit iij fardellos panni ~i continentes cl remenanta *Ib.* 373 (*Southampton*); folia .. similia lappacio agresti sed paulo nigriora et ~a *Alph.* 26; folia .. ~a *Ib.* 51 (v. dictamnus).

lanpium, *f. l.*

†lanpium, pulpitum, analogium, lectrum OSB. GLOUC. *Deriv.* 329 (*om.* MS; ? l. laupium, '*portico, gallery*', cf. *DuC* s. v. laupia, *NGML* s. v. laubia).

lanpreo v. lampro.

lansalis, (*pannus ~is*) ? woollen cloth, ? lawn.

1358 volo quod xij pauperes induantur panno ~i pro anima mea ita ut quilibet eorum habeat quatuor ulnas et unum par sotularium *Test. Karl.* 20 p. 23.

lanset(t)-, lanssett- v. landsett-.

lantala [ME *lantale* (v. infra) < *land* + AN *taille*], ? tenure of land held in tail, or ? liability to tallage, tax.

1269 abbas et conventus .. concesserunt .. vicario decimas bladi omnium croftarum .. dumtaxat que non sunt de ~a in tota parochia de Shapwyk [*Shapwick, Som*] que prius ad ipsos pertinebant, excepta crofta Walteri .. et crofta Reginaldi [etc.] .. eo quod omnes he [MS: hec] crofte sunt de ~a *Cart. Glast.* I 37; ?**12..** me .. concessisse .. vicariam in ecclesia mea de Hamme [*High Ham, Som*] .., que consistit in toto attelagio ejusdem ecclesie .. et in decimis garbarum .. et in omnibus croftis tam in magnis quam in parvis, sive sunt in *lantale* sive extra *lantale* .. *Ib.* (xi).

lantapodion v. leontopodion. **lantegravissa** v. landgravia.

lanterna, laterna [CL], **~um** [LL *gl.*]

1 lantern; **b** (fig. and in proverbial expressions).

nec lanterna [v. l. laterna] tibi vilescat vitrea, virgo ALDH. *VirgV* 209 (cf. ib. 212: lucerna, 213: lichinus); ~a, vas lucernae *GlC* L 23; laterna .. ex lignis et cornibus .. facta, noctuque candela in eam missa, .. lucida ardebat ASSER *Alf.* 104; si fratrem invenerit somno oppressum anteponat illi laternam [AS: *leoht fæt*] *RegulC* 57; accendatur et candela in laterna ut si forte in eundo extinguatur cereus ex ea accendatur LANFR. *Const.* 118; malo navis sue ~am appenderat que lumen et ducatum preberet sociis navibus W. CANT. *Mir. Thom.* VI 146; sint [sc. in dispensatorio] .. cultelli .., candelabrum, absconsa, laterna [*gl.*: *lanterne. lantre*] .. NECKAM *Ut.* 98; **1253** (v. coigneia); ~am .. pyxalem *G. S. Alb.* I 60; **1299** in ~a cemiterii scuranda ad tascam *Fabr. Exon.* 10. **b** universae ecclesiarum ~ae [v. l. lat-; cf. *Apoc.* i 20] ALDH. *Met.* 2 p. 66; regulam .. velut quoddam atrae caliginis chaos adhibitis documentorum ~is [v. l. lat-] luculente illustrasti *Id. PR* 140 p. 199; ipse nunquam sine laterna et custodia .. sibi ipsi credebatur ANSELM (*Ep.* 266) IV 181; compertum habeo non posse tibi vesicam pro laterna restitui ADEL. *QN* 34 p. 40; audistis quod dicitur in proverbio cum emptori displicet res emenda: "vos venditis mihi vesicam pro ~a" S. LANGTON *Serm.* II 11.

2 (through supposed deriv. from *latere*) hiding-place, recess (cf. *ALMA* XXV 74).

ardent excoctis fibrarum omenta lāternis / abdita [v. l. excoctis omenta latentia fibris, / ah mihi], conceptis dum detrahor, optime, votis FRITH. 122.

3 receptacle, vessel.

lenternas melle plenas .. evacuasse *Lib. Landav.* 15.

lanternula [ML *gl.*], small lantern or sconce.

sconce, sconsa vel absconsa .., ~a *PP.*

lantgravius v. landgravius. **lanucar** v. lacunar.

lanugea, ~eum [? cf. OF *lange* < CL laneus, *or* OF *lanu*, AN *lanu*, *lanuga* < LL lanutus], woollen blanket or garment. *Cf. langellum, lanugo* 5d.

1337 in .. panno tondendo vj d.; in j pari ~earum empto pro priore x s., in xij paribus caligarum .. *Comp. Swith.* 248; **1341** viij ~ia, ij chalones et iij tapetia *Ac. Durh.* 117.

lanugellum v. langellum.

lanuginatio [cf. lanugo], ? rough projecting fibres on wool, nap.

lanugo [*Sap.* v 15] et †aluginatio pene idem est, squalor lanugo in carne *Gl. Leid.* 11. 3 (cf. ib. p. 137 [*MS Cambridge Univ. Libr. Kk 4. 6*]: lanugo vel ~io pene idem sunt idest squalor lanugo in carne, ~io in vellere).

lanugo [CL]

1 soft or woolly hair, down (on human body): **a** (w. ref. to first hair of beard); **b** (w. ref. to pubic hair, also by extension to pubic region); **c** (w. ref. to hair on head).

a nec culter malas vestis lanugine rasit ALDH. *CE* 4. 7. 16; ~o, prima capillatio barbae, quasi a similitudine lanae *GlC* L 3; erat tum ille prime ~inis ephebus W. MALM. *Wulfst.* III 2; cum jam in ejus facie pubescentis adolescentie ~o vernaret P. BLOIS *Ep.* 126. 377B; hec lanigo, *prime barbe Gl. AN Glasg.* f. 20ra. **b** hec pubes, -is, i. inferior ~o OSB. GLOUC. *Deriv.* 409; pubes, que vix pullulat / in virgine / tenui lanugine P. BLOIS *Carm.* 8. 6. 55; hec pubes, hic ~o, A. *schere WW.* **c** Ethiopes ferrugineam capillorum ~ine fuliginem pretendentes W. MALM. *GR* IV 377.

2 **a** thistledown or sim. **b** down on fruit.

a finem malorum honorumque .. praetendens ait [*Sap.* v 15]: 'quoniam spes impii tamquam ~o est quae a vento tollitur ..' GILDAS *EB* 62. **b** ~ine, lana supra poma *GlC* L 64.

3 (transf. to other substances of similar texture).

nec crocea Seres texunt lanugine vermes ALDH. *Aen.* (*Lorica*) 4 (cf. BONIF. *Aen.* 352: vestis, lanugine texunt / quam Seres vermes; GIR. *TH* I 34 [v. fucare 1a]); ferrum candens .. pilorum in arida veterum ~ine imbricum .. figebant ORD. VIT. VIII 13 p. 341.

4 a downy plant, prob. great mullein (*Verbascum thapsus*).

a cattyle [v. l. *catalle*], ~o herba est *CathA.*

5 (in accordance w. deriv. from 1 *lana*): **a** wool, lock of wool, fleece. **b** nap of wool. **c** wool used as dressing or bandage (in quot., fig.). **d** woollen garment, blanket, or sim. (*cf. lanugea*).

a a**746** casulam non olosiricam sed caprina ~ine [v. l. lanigine] mixtam et villosam BONIF. *Ep.* 63 p. 131; ~ine, *flyse WW*; ~o, A. *a loke of wulle WW.* **b** **10..** ~o wullknoppa *WW*; idem pallium .. jam plurium annorum vetustate omni pilorum ~ine consumpta .. deportans R. BOCKING *Ric. Cic.* I 44 p. 294F. **c** **1171** nisi pia clementis medici cura languentis vulneri .. ~inem obduxisset .. G. FOLIOT *Ep.* 218. **d** **1343** viij par ~inum *Ac. Durh.* 117; nomina vestimentorum: .. hic pannus, *clothe*; hec ~o, -nis, *walkyng* [?]; hec camisia, *a sark WW.*

6 *s. dub.* (see quot. *s. v. lanuginatio*).

lanuinus v. Lanuvinus.

lanula [CL], (small piece of) wool.

nascatinion affertur ab Yndia et est quasi cortex similis ~e .. *Alph.* 123.

lanum v. 1 lana.

lanutus [LL *gl.*]

1 having much wool, woolly: **a** (of unshorn animal); **b** (*pellis ~a* or sim.) wool-fell. **c** (of article made from sheepskin; but quot. perh. to be referred to 2 *infra*); **d** (defined).

a **1315** multo ~us crassus pro xx d., multo tonsus crassus pro xiiij d. [sc. vendatur] (*Breve Regis*) *Ann. Lond.* 233 (= *MGL* II 678). **b** **1270** de .. xiij pellibus ~is, xij pellectis, xx pellibus agnorum .. venditis *MinAc* 984/2 r. 3; **1275** habuit in manum suam j pellem lanicam ad vendendum *SelPlMan* 141 (*unless referred to* 1 lanicus); c**1285** de pellibus non lanitis, coriis cervorum et vitulorum superanuat' de quibus pellibus non lanitis petitur custu[m]a *KR Ac* 234/19 m. 3; **1297** pelles: idem r. c. de cxxv pellibus ~is multonum, ovium matricium et hoggastrorum mortuorum de morina ante tonsionem *Ac. Cornw.* 67; **1300** capiatis .. de qualibet centena .. pellium ovium. †lamicarum [MS: lanutarum] et caprarum venali, j d. (*Pat* 120 m. 30) *Reg. Carl.* I 115 (= *Reg. North.* 139; cf. *Pat* 124 m. 2a [**1304**]: de centena pellium ovium ~arum, caprarum ..); **1307** magna custuma lanarum, pellium ~arum et coriorum *BBC* (*Berwick upon Tweed*) 324; **1336** in navi que vocatur M. .. iiij dacre coriorum, xxj pelles lanut' *KR Ac* 331/21 m. 7 (= *Cal. Scot.* III 343: †lanutarum); **1370** custumam .. de lanis pellibus et coriis ~is *RMS Scot* 340; **1391** R. L. assuetus est vendere *carkeys* ovium et boum et similiter corea boum et pelles ~as in domo et non in mercato *Leet Norw.* 71; **1443** de .. pellibus ~is et pellibus

nudis *Ac. Durh.* 82. **c** **1303** in iiij paribus de Cyrothecie ~is ij s. iiij d. *Ac. Durh.* 503. **d** lanitus Osb. Glouc. *Deriv.* 313, 326 (v. 1 lanicus).

2 consisting of wool, woollen (in quots., w. ref. to woollen cloth; see also 1c *supra*).

1336 (v. drapa); **1340** j ulnam et dim. panni ~i *SessPCambs* 36; **1344** unum packum pannorum ~orum (*AssizeR*) *Law Merch.* II 103.

Lanuvinus [CL], of Lanuvium, town in Latium: **a** (w. ref. to Lanuvian pear, cf. Macrobius *Saturnalia* III 19. 6, but assoc. by false etym. w. *lanugo*); **b** (as sb. m., virtually = 'opponent, rival', from Luscius Lanuvinus, adversary of Terence).

a est et †laminum [*MS Heref.* f. 56rb: lanuinum] pirum, eo quod veniant spisse sicut lanugo Osb. Glouc. *Deriv.* 197. **b** verear .. ne †aemuli [*MS Vat.*: †lamuli; *MS Heref.* f. 135rb: lanuini] nostri .. acrius solito .. deseviant *Ib.* 485.

lanx [CL], **lanca, lancia** [? LL; v. *TLL*]

1 a plate, platter, dish; **b** (for use in religious ceremony; esp. in Christian context, paten). **c** ? shovel, peel.

a effuso rubuerunt sanguine lances [cf. *Matth.* xiv 11] Aldh. *VirgV* 446; *GAS* 530 (v. Epicureus 1b); hec ~x, -cis, i. discus latus Osb. Glouc. *Deriv.* 317; fabam tunicatam .. non nisi de paraside fraxinea .. vel ~ce tornatili limpidiore, ad oris hiatum presento J. Godard *Ep.* 222; hec ~x, ~cis, hec parapsis *escuele Gl. AN Glasg.* f. 20rc; **1388** viij ~cias precii vj s. viij d. *IMisc* 332/46; lanix, A. *a sherde WW*; **1499** pro novis ~ciis coquinariis et scutellulis, v s. *Cant. Coll. Ox.* II 227. **b** ~ces, vasa quibus sacrificentur *GlC* L 13; nitidam super ardua lancis / invenit oblatam in formam remeasse priorem *Mir. Nin.* 446 (cf. ib. 428: in disco). **c** **1283** in ~cis, clavis ferreis ad torallia et cribra et in aliis rebus emendandis in bracino, iij s. j d. ob. (*Compotus bracini*) *Dom. S. Paul.* 167.

2 a pan or scale of balance, (pl. also) pair of scales, balance. **b** (sg. denoting complete apparatus) scales, balance. **c** (*par ~is*) pair of scales.

a argenti .. libella, / uncia .. quam pensat lancibus Aldh. *VirgV* 206; *GlH* E 406 (v. examen 3a); **10..** justa ~ce, *mid þa efnan helurblede*; .. ~ces, *wægscala WW*; qui ponderant aliquid in ~cibus [*edd. adds*: et] non permittunt ~cem descendentem tantum descendere quantum .. T. Chobham *Praed.* 214; libra librans trutina pensum pondusque statera / lanx simul examen erit equilibris in istis Garl. *Syn.* 1588B; **1326** gestans in manibus †lanes [l. lances] equo appendebat libamine *Lit. Cant.* III 402. **b** tunc pari lance limpida / Librae torpebat trutina (Aldh.) *Carm. Aldh.* 1. 81; ~x, *heolar GlC* L 36; auri / ter centum libras aequa sub lance probatas Wulf. *Swith.* II 6; †**709** (12c) pensum librae auri purissimi quod aequa ~ce trutinatum ponderatumque praecipuum reddidit talentum *CS* 124; dicitur quoque ~x pro libra .. et tunc inde venit hec lancea, -e, quod equa ~ce sit Osb. Glouc. *Deriv.* 317. **c** **1460** pro uno pari ~cis ad ponderandum pulveres pro bumbardis *ExchScot* VII 33.

3 (fig.) balance, or pan of balance; **b** (spec. w. ref. to justice, equity).

arsis et thesis .. quibus temporum ~cibus trutinantur Aldh. *PR* 116 p. 160; Rob. Angl. (I) *Alg.* 96n. (v. diminutivus 2d); appensa est ecclesia .. in ~ce una, et caritas .. se appendit in ~ce altera J. Ford *Serm.* 13. 8; sedule discretionis ~x penset ipsum usum J. Godard *Ep.* 234; collis opperiens trementi placeret, / cum examinatrix lanx sancta probabit J. Howd. *Cant.* 135; lance suam reputat quisque tenere necem Gower *VC* I 1246. **b** p**675** supremum .. examen, quando singulis quibusque .. dispar retributio aequissimis judicii ~cibus trutinabitur Aldh. *Ep.* 4 p. 486; **930** alta media infima justa invictae fortitudinis ~ce treutinata gubernat *CS* 669; cum .. vigorabili tui potentatus ~ce largissima regnorum .. sinuamina prudentissimo aequitatis disponantur libramine .. Byrht. *HR* 3 p. 6; eis [sc. Anglis] equitatis ~ce suffragari despiciebant Ord. Vit. IV 3 p. 171; **1406** cartarum .. virtute manifesta .. equa justicie ~cea ad plenum investigata *Melrose* 528 p. 529; ut eorum et mors et vita ~ce justicie pensari deberet *Mir. Hen. VI* II 40 p. 108.

4 (abl. w. adj., in fig. use indicating manner of action): **a** (var.). **b** (*aequa ~ce, pari ~ce*, or sim.) in a balanced manner, equally, equitably, impartially, indifferently.

a tuos tamen bona ~ce constructos legimus fastos (Cellanus) *Ep. Aldh.* 9 p. 498; ut [Dominus] .. spiritus singulorum quid in occulto cogitent certa ~ce discernat Bede *Prov.* 986; rationem rei quam petebantur diligenti ~ce pensantes W. Malm. *GP* I 49 p. 83. **b** omnia quae displicuerunt Deo et quae placuerunt aequali saltem ~ce [v. l. lanice] pendebantur, si non gratiora fuissent displicentia Gildas *EB* 21 (cf. G. Mon. XII 6); semispera .. id est dimidia pars poli supra aut infra terram aequis ~cibus librata Aldh. *Met.* 10 p. 95; censuum successum bifarie primitus ministros suos dividere aequali ~ce imperavit Asser *Alf.* 99; aliquamdiu varium se prestitit equali ~ce vitiorum atque virtutum W. Malm. *GR* IV 312; omnia lance pari male ponderat, omnia turbat, / omnia confundit plebs mala L. Durh. *Dial.* I 67; se semper spei metusque medius .. equa ~ce libravit Map *NC* II 17 f. 28v.

5 a measure (in general). **b** (w. gen. indicating length of time measured out or allotted) measure, span, space.

a ~ce, mensura *Gl. Leid.* 41. 20. **b** unius ambo sub lance diei / decedunt mundo Bede *CuthbV* 653 (*sim.* Wulf. *Swith.* I 1477); hunc inibique novem servant in lance dierum, / quaerentes medicum *Ib.* 589; **982** ut .. post vitae suae ~cem cuicunque sibi placuerit .. derelinquat *CD* 633.

laogoena v. lagena.

laos [ML < λαός], people.

capella est parva ecclesia, quasi capiens laos id est populum D. Bec. 1744 *gl.*

lapa v. lappa. **lapacia** v. lapathium. **lapaciolum** v. lapathiolum. **lapacium, lapadium** v. lapathium. **lapanarius** v. lupenarius. **lapanas** v. lupanar.

1 lapates (lapp-) [LL < Heb. *'food eaten with slice (of bread)'*; cf. *Vulg. Judith* x 5 *with* v. ll., *TLL* s. v. lapatis], **a** dish made from herbs or vegetables, vegetable soup, or sim. **b** cabbage (*Brassica oleracea*).

a lappates cibus est ex quibusdam herbis domesticis recentibus lappaciis similibus compositus .. unde Alexander Nequam ait 'lappates cibus est et olus componit eundem'. secundum alios [etc.; v. b infra] Bart. Angl. XVII 94; lappates dicitur cibus ex oleribus factus, A. *jutes WW* (cf. *CathA*: *iowtes*, lappates; *OED* s. v. *joute*). **b** secundum alios lappates genus caulis habens folia lata, ut lappa, sed folia lappatis sunt mollia et crassa .. Bart. Angl. XVII 94; lappates, *cabbochewort MS Cambridge Univ. Libr. Dd 11. 45* f. 108rb.

2 lapates [LL *gl. by metathesis from* palatha < παλάθη, cf. *TLL* X 1. 109. 52; *perh. infl. by* 1 lapates], (cake of) dried fruit, esp. figs.

labastes: in similitudine *sculdre* de ligno duas tales [? l. taleas] faciunt interponentes ficos ne citius putrescant *Gl. Leid.* 21. 20 (*Judith* x 5); *a dry fige*, carica, lampates *CathA* 129.

lapathiolum [ML], medicinal plant, perh. common or sheep's sorrel (*Rumex acetosa* or *acetosella*).

lapacioli, politrici, carduncelli .. Gilb. VII 316v. 2.

lapathium [CL < *λαπάθιον], **~ia** [LL]. *Cf. lapathum.*

1 plant of dock family (genus *Rumex*): **a** (without epithet, used generically or w. ref. to certain species); **b** (with epithet, esp. *~ium acutum* [prob. wood dock, *Rumex sanguineus*, or water dock, *R. hydrolapathum*] and *~ium rotundum* [prob. broad-leaved dock, *R. obtusifolius*]).

a lapatium, *lelodrae GlC* L 44; cinaglossa vel plantago vel lapatium, *wegbraede* Ælf. *Gl.* 134. 13; **10..** lapadium, *leloþre WW*; **10..** lappatium, *docce WW*; lapatium, *uude docce* [*wood dock*] *Gl. Durh.* 303; **12..** lappatium, *red doc* [? *wood dock*] *Teaching Latin* I 50; lapacium, A. *dock*: hujus sunt ij species, sc. acutum et rotundum; quando simpliciter, acutum intelligitur *SB* 26; lapacia, A. *the rededokke WW*. **b** accipiatur radix rafani, lapacii acuti .. Gilb. I 65r 1; radix lapatii acuti et folia ejus decocta in aceto .. contra tumorem .. splenis optimum Gad. 17r 2; **13..** lappacium acutum, i. *red doke*; lappacium domesticum idem *Herb. Harl. 3388* 81v; lapacium, parella idem, G. *parele*, A. *docke MS BL Additional 15236* f. 4v–5r; *rede docke*, lappacium, *ruge parell*, rubea parella *MS BL Additional 17866* f. 4v; lappacium acutum, parella, paradella idem, G. *parele*, A. *reddokke*; .. lappacium rotundum et singulatum idem, crescit in terris aquosis; lappacium aquaticum i. lappacium majus [*water dock*, Rumex hydrolapathum], A. *waterdokke* vel *edokke* ..; lappacium ortense vel lappacium ortolanum [*patience dock*, Rumex patientia], paciencia idem, folia habet ad modum lappacii aquatici *Alph.* 94.

2 burdock (*Arctium minus* or *A. lappa*; *cf. lappa*).

inter optima frumenta aliquando herba mortifera invenitur, ut lolium, lappacium [Trevisa: *cocle and ray* (= *darnel*)] et hujusmodi Bart. Angl. XVII 65 (cf. Pliny *Nat. Hist.* XVIII 153: lolium .. lappasque); secundum Platearium lappa sive lappacium est herba calida et sicca *Ib.* XVII 93; hoc lapatium, *gletuner Gl. AN Glasg.* f. 18rb.

lapathum [CL < λάπαθον], sorrel (*Rumex acetosa* or *R. acetosella*).

~on, Romani rumicem vocant, Angli *a doc* Turner *Herb.* B2v; **1565** cantherinum ~um Plin. [Pliny *Nat. Hist.* XX 231], *wilde sorrell* Thomas Cooper *Thes. Ling. Rom. et Brit.*

lapatium v. lapathium. **lapd-** v. lad-.

†laphi [*corruption of* elaphi < ἔλαφος], deer.

targa laphi [i. e. terga elaphi; *gl.*: i. cervi] dorceque latus delata popine *WW*.

lapicedina v. lapicidina.

lapicida [CL], one who cuts stone, mason, quarryman.

hii [sc. martyres] .. fuerunt ~e qui venerant ad construendum templum Diocletiani Beleth *RDO* 162. 164B; rex igitur det opes, presul det opem, lapicide / dent operam; tribus hiis est opus ut stet opus H. Avr. *Poems* 20. 205 (cf. M. Par. *Maj.* III 190); **1377** [*they account for* 2s. 10d. *paid to two masons*] ~is [*working at Whetstone on the common oven for three days and a half*] *Rec. Leic.* II 158; **1431** diversis operariis et lapiscidis operantibus .. circa fabricam dicti palacii *ExchScot* 530; *quarryers or hewers of stones* .. ~e vel lathomi Whittington *Vulg.* 67.

lapicidarium [cf. lapicidarius], quarry.

1438 pro cariagio lapidum de ~io de Kyndromy, viij s.; .. et pro feodis duorum serviencium vocatorum *formen* .. operancium in pomerio et ~io .. xx s. *ExchScot* 58.

lapicidarius [ML *as adj.*], pertaining to stone-cutting, (as sb. m.) stone-cutter. *Cf. lapicidarium.*

1438 Gilberto ~io, pro feodo suo .. v li. vj s. viij d. *ExchScot* 58.

lapicidina, ~dicina [CL *pl. only*, LL *gl. also sg.*], **~dicinia, ~dicinium** [ML], **~dicinum, a** quarry. **b** masons' workshop or lodge.

a ~cedina, locus ubi c[a]editu[r] lapis *GlC* L 72; ~dicina vel lapidicedium, *stanhywet* Ælf. *Gl.* 112. 10; ~dicina Merulensis unde quadrati lapides advehuntur Ord. Vit. III 12 p. 128; **1189** concessi .. eis in ~dicinia mea de H. accipere omnia necessaria sua *Cart. Sallay* 623; de .. insitione ~scedinarum *Chr. Rams.* 166; unam [sc. crucem] .. fecit a latomis de ~dicino .. secari J. Furness *Kentig.* 41 p. 233; **1237** nec tales homines determinent .. utrum dande sint decime de ~cidinis vel silvecediis .. (*Petitio*) *Ann. Burton* 254; **1294** liberam et plenam potestatem .. ~dicinia frangendi tam ad edificandum quam ad calcem comburendam *Reg. Paisley* 93; **1323** cum necesse fuerit novam ~dicinam effodere pro operibus ecclesie (*Chap. Lichfield*) *MS Bodl. Ashmole 794* f. 5v; **1348** faciet *scuwes* dictorum *botras* de lapide ~dicine [*ArchJ* LXXXVII 22: †lapidiane] de Bernaco *Building in Eng.* 437 (*Sandon, Herts*); ~dicina, fossata et muros facere *Meaux* I 379; *a quarelle of stone*, ~dicina, lapidicium *CathA*; ~cidinas cum fundo transire sine controversia est, sic et cretefodinas et marmorifodinas *Jus Feudale* 190. **b** hec ~dicina -e, i. locus vel domus ubi ceduntur lapides Osb. Glouc. *Deriv.* 312; *masonys logge*, ~dicina *PP*; hec ~disina est domus latamorum vel est ubi lapides ceduntur *WW*; *a luge for masons* ~dicina, lapicidium *CathA*.

lapicidium [ML], **a** quarry. **b** masons' lodge.

a **1459** circa preparacionem .. ~ii (v. fabrica 5a); **1460** unum ~ium seu plura ~ia super fundo meo de S. *Melrose* 556 p. 563; **1466** licenciam .. lapiscidium faciendi, lapides lucrandi *Reg. Aberbr.* II 153; **1466** in .. turbariis, carbonariis, ~iis, lapide et calce fabrilibus .. *Kelso* 531 p. 424 (*sim. Reg. Newbattle* 309 [**1528**: v. carbofodina]; *Dryburgh* 296 [**1559**]: in .. nemoribus et virgultis, lignis, ~iis ..); ~ium, A. *a quarry WW*; **1466** me .. dedisse .. abbati et monachis .. licenciam .. lapiscidium faciendi, lapides lucrandi .. *Reg. Aberbr.* II 153. **b** *CathA* (v. lapicidina b).

lapicinium, quarry. *Cf. lapicidina, lapicidium.*

1268 in campo juxta lapicinum [MS: ? lapicinium] ij acras et dimidiam *Reg. S. Thom. Dublin* 1 p. 3.

lapicinum v. lapicinium.

lapidalis [ML], stony, consisting of or resembling stone.

olus sine sale, servisia novale, stratum ~e, stabulum sordidale W. Worc. *Itin.* 2.

lapidare [CL]

1 a to stone (a person; freq. w. implication of putting to death). **b** (w. *de*) to drive away (from a place) by stoning.

a quis eorum, ut magister gentium dixit [*Hebr.* xi 37] .. ~ari, secari, totius mortis genere .. attemptari .. perpessus est? Gildas *EB* 72; beatus Stephanus orat pro eis a quibus ~atur [cf. *Act.* vii 59] Bede *Cath.* 118; [Elphegus] ab ipsis Danis ~atus animam celo dedit W. Malm. *GP* I 20 p. 33;

lapidabitur propter blasphemiam WALT. WIMB. *Palpo* 37; beatus Stephanus .. lapides quibus ~atus est [ME: *þe stanes þæt me steanede him wið*] eos gaudenter suscepit et .. pro ~antibus oravit [ME: *ham þe schenden him*] *AncrR* 37; Jacobus ~atus est, sed non toto extinctus *Ann. Exon.* 6. **b** **s1382** [mulieres ville] ipsum lapidibus impetere et de villa ~are proposuerunt KNIGHTON II 189.

2 (w. abl. instr. or *de*) to pelt (with); **b** (in allusion to *Sirach* xxii 2; usu. fig.).

s1252 istum .. capellanum .. vidimus ~antem .. regem .. cespitibus, lapidibus et pomis M. PAR. *Maj.* V 329. **b** stercoribus boum, id est turpi increpatione, ~andus est piger P. BLOIS *Ep.* 9. 25B; DEVIZES f. 41 (v. Francigena 2a); **c1241** num etiam stercore bovino .. ~ari deberent et dehonestari qui terras ecclesiasticas .. venundare .. [non] verentur? GIR. *Ep.* 8 p. 262.

3 (fig.) to assail (with words).

quos me secundum legem .. duris verborum cautibus .., non ut corporaliter interficiantur sed mortui istiis vivant Deo, .. totis necesse est viribus ~are GILDAS *EB* 65; qui tam gravi dicto se sentirent ~atos W. MALM. *GR* II 190; P. BLOIS *Ep.* 9 (v. 2b supra).

4 (med.) to make (tissues or sim.) stony, to (cause to) petrify (in quots., pass.).

debes cavere ne materia ~etur in juncturis, quoniam ista materia obediens est lapideitati GILB. VII 320 r. 2 (cf. ib.: partes .. grossiores .. petrificant[ur]); non cesses uti istis donec dissolvatur apostema; et si ~eatum [*sic*] fuerit ex eo aliquid medicabitur cum istis medicinis *Ib.* 323v. 1.

lapidarius [CL]

1 a (adj.) pertaining to, or used in, stone-working. **b** (as sb. m.) stone-worker, mason. **c** (as sb. f.) chisel or sim. tool used in dressing stone.

a dolabra, ascia ~ia *GlC* D 355. **b** coadunatis ex diversis patriis cementariis jussit turrim construere; convenientes igitur ~ii ceperunt eam fundere G. MON. VI 17 (cf. *Eul. Hist.* II 281). **c** **10..** ~ia, *cweornbill* [*'quern-bill'*] *WW*.

2 pertaining to (precious) stones, (as sb. m. or n.) book about precious stones, lapidary.

~ius anglice et gallice (*Catal. Librorum Croyl.*) *Festschr. J. Vorstius* (Leipzig, 1954) 295; fisonomiam et ~ium et librum Petri Alfunsi, unum volumen DOMERH. *Glast.* 318; libri Gregorii prioris: .. Grecismus, doctrinale, poetria, ~ium, visio Joachym, in uno volumine *Chr. Rams. app.* 365; plures virtutes ipsius [berilli] habebitis in ~io Marbodii UPTON 104.

lapidatio [CL]

1 a act of throwing stones, stoning (of a person). **b** (*~io grandinis*) hail-storm.

a timentes ~onem BEDE *Luke* (xx 6) 574; **s34** conversio S. Pauli et ~io S. Stephani [AS: *her wæs .. Stephanus oftorfod*] *AS Chr.*; qua .. presumptione alium lapidat qui se dignum ~one cognoscit? [cf. *Joh.* viii 7] P. BLOIS *Opusc.* 1096A; fortior post ~onem et persecutionem Paulus [cf. *Act.* xiv 18] GIR. *IK* I 5 p. 59. **b** **s1222** concomitabatur ventus furibundus cum .. grandinis maxime ~one M. PAR. *Min.* II 252.

2 (med.) formation of stones (in bladder *etc.*), lithiasis.

linchiasis [i. e. λιθίασις] i. ~io *Alph.* 104.

lapidator [CL]

1 one who throws stones, stoner.

quasi alter Stephanus pro suis exorans Dominum ~oribus [cf. *Act.* vii 59] *V. Neot. A* 16 (*sim.* HON. *Spec. Eccl.* 832A); OSB. GLOUC. *Deriv.* 312 (v. 3 lapidatus).

2 ? squanderer, wastrel (*cf. dilapidator*), or ? *f. l.*

asserens priorem ~orem [? l. dilapidatorem] et diversis criminibus irretitum GRAYSTANES 46 p. 114.

1 lapidatus v. lapidare.

2 lapidatus, seated on a stone.

s1292 rege .. novo in lapide [*the stone of Scone*] posito missarum solempnia incepta peraguntur, et preterquam in elevacione corporis sacri semper mansit ~us W. GUISB. 239.

3 lapidatus [ML], (act of) stoning.

lapido, -as, unde lapidator, ~us, lapidatio OSB. GLOUC. *Deriv.* 312.

lapideare v. lapidare.

lapideitas [cf. CL lapideus], condition of being stony, stoniness: **a** (med., w. ref. to formation of stones in the body); **b** (phil., as a form).

a debes cavere ne materia lapidatur in juncturis, quoniam ista materia obediens est ~ti GILB. VII 320 r. 2. **b** differt .. animalitas a ligneitate et lapiditate et similibus formis generalibus .., sed non ita a corporeitate ..; ligneitas et ~as eadem in omnibus lignorum et lapidum speciebus *Ps.*-GROS. *Summa* 333; elementa .. materia lapidum sunt, sed ~as forma *Ib.* 607.

lapidescere [CL], to become stony, turn to stone; **b** (fig.).

si .. [pulvis] aqua mergatur, solidatur et ~escit GREG. *Mir. Rom.* 30 (cf. Isid. *Etym.* XVI 1. 8: lapis fit). **b** prelia crudescunt et corda metu lapidescunt GARL. *Mor. Scol.* 117; nunc, pie pater, excites ejulatum / ne cor adversum impie lapidescat / sed ut .. / .. eliquescat J. HOWD. *Cant.* 282.

lapideus [CL] *V. et. lapidior.*

1 a made or built of stone. **b** (*opus ~eum*) stonework. **c** (as sb. n.) piece of stonework (if correctly read).

a ~eam .. urbem et scopulosa litora *Lib. Monstr.* prol.; evasit .. ignem altare, quia ~eum erat BEDE *HE* II 14 p. 115; catinum, discum modicum ligneum vel ~eum *Gl. Leid.* 25. 1; ~eam domum ORD. VIT. XII 11 p. 340; circumcidit Josue secundo cultris ~eis filios Israel [cf. *Jos.* v 2–3] AD. DORE *Pictor* 157; **1288** murum ~eum *Leet Norw.* 15; ipse [Christus] erat .. in ~eo [ME: *stanene*] tumulo *AncrR* 148; **1404** una fenestra nova ~ia *Ac. Durh.* 395 (v. fenestra 1a). **b** aliud addiderunt opere ~eo oratorium B. *V. Dunst.* 3 p. 7; *Mir. J. Bev. C* 345 (v. fabrica 2a). **c** ventus .. ecclesiam de K. ita mirabiliter concuciebat ut parva ~ea erecta super orientalem partem navis ecclesie .. summitasque campanalis lapidei .. dejicerentur *Meaux* III 193.

2 a consisting (naturally) of stone. **b** abounding in stone(s). **c** having the quality of stone. **d** characteristic of stone. **e** pertaining to stones.

a durissimam et ~eam rupem *V. Cuthb.* III 1; GIR. *TH* II 7 p. 86 (v. eximere 1); illa substantia .. que non est plus substantia triticea quam ordacea vel ~ea M. SCOT *Sol* 715; **1285** (v. figulus 2). **b** **c1190** hogam ~eam *Kelso* I 86 (v. 1 hoga 2). **c** quod vero [sc. in aere] solidissimum est .., actione ignis induratur et in ~eam substantiam deducitur *Quaest. Salern.* N 4; **c1249** concessi .. monachis .. totum carbonem ~eum [i. e. *mineral coal*] totius terre mee *Cart. Glam.* 564; dicit Ovidius [*Metam.* XV 314] .. quod .. quidquid intingitur in illa aqua fit ~eum HOLCOT *Wisd.* 81. **d** [ligna] occulta quadam .. gravitate ligneeque nature nimis aliena ad fundum fluminis ~eo statim tam more quam mole descendunt GIR. *TH* II 7 p. 88. **e** **c1333** in batello ~eo [i. e. *for transporting stone*] de novo facto .. xxvj s. ob. *Ac. Durh.* 521 (cf. ib. 554 [**1354**]: in invencione batelli ~ei; ib. 695 [**1404**]: j [sc. batellam] pro lapidibus cariandis).

3 (fig., of person, mind, or sim.) hard, obdurate, unfeeling.

793 carneum non habet cor sed ~eum ALCUIN *Ep.* 18 p. 52 (cf. *Ezech.* xi 19); perversum .. cor meum ad deploranda perpetrata peccata ~eum est et aridum ANSELM (*Or.* 15) III 62 (*dist. fr.* molle); qualis oculus intuentium tam durus atque ~eus a fletu se posset retinere? SÆWULF 837; audires eum flebilibus vocibus animos etiam ~eos ad pietatem flectere *Mir. Fridesw.* 10.

lapidiana v. lapicidina.

lapidicaedium, quarry. *Cf. lapicidium.*

lapidicina vel ~ium, *stanhywet* ÆLF. *Gl.* 112. 10.

lapidicaedius, stone-cutter.

lapis componitur hic ~ius -dii, i. lapidis cesor, qui etiam lapidicida [MS: lapicida] dicitur [MS *adds*: et lathomus ..] OSB. GLOUC. *Deriv.* 312; †lapidicaeditis [MS: ~ius], lapidum cesor .. *Ib.* 326.

lapidicaesor [LL], stone-cutter.

1187 opus ligneum conversum est in lapideum, et qui prius fuerat ligni vectores facti sunt ~ores *Ep. Cant.* 66 p. 52.

lapidicida [LL], stone-cutter.

OSB. GLOUC. *Deriv.* 312 (v. lapidicaedius; *sim.* ib. 326).

lapidicin- v. et. lapicidina.

1 lapidicinus [ML], stone-cutter, mason.

artifices congregavit, id est ~os [v. l. lapidarios], et ligna et lapides congregavit NEN. *HB* 40 p. 182.

2 lapidicinus, (built) of stone.

s1334 nova grangia ~a apud Thorp facta fuit WHITTLESEY *Cont.* 231.

lapidicius [ML], stone-cutter, quarryman.

a quaryour, ~ius *CathA.*

lapidicus, one who studies stones.

DUNS *Metaph.* VI 1 (v. elementicus).

lapidificativus, concerned with the making of stone(s), stone-producing, petrifactive.

virtus empirica sive mineralis .. triplex: alia enim est ~a, alia metallica, alia .. media. sed et ~a alia est lapidum in quorum materia vincit terra, alia in quorum materia dominatur aqua, qui sunt magis lapides pretiosi et perspicui *Ps.*-GROS. *Summa* 594.

lapidior, ? stonier (compar. of *lapideus*), or ? *f. l.*

si quis convictus fuerit .. quod .. aliquid fecerit vel inmiserit per quod aqua fluat vel pressior, alcior, rarior, vel rapidior [*ed.; MS and ed. 1647*: lapidior] *Fleta* 271.

lapidisina v. lapicidina.

lapidista, ? stoneware vessel (*cf. lapista*).

sint in eis [sc. oppidis] .. / ignis, pistrinum, pix uncti cum lapidistis D. BEC. 1872.

lapiditas v. lapideitas. **lapidius** v. lapideus.

lapidosus [CL]

1 a abounding in stone(s). **b** consisting of stone. **c** having the character of stone. **d** (*piscis ~us*) ? fish living in stony stream (perh. spec. w. ref. to trout).

a chelydri .. in algidis et ~is nascuntur terris *Lib. Monstr.* III 16; declina ad viam illam ~am *Latin Stories* 63. **b** dant gratum miraculum ~a obstacula impellentibus .. cedentia GOSC. *Transl. Mild.* 13. **c** congelabis argentum vivum in ~am substantiam RIPLEY 343. **d** cibetur cibis calidis et humidis .. ut est panis .. fermentatus bene et pisces ~i, carnes pullorum et ale anserum BACON IX 96.

2 (med.): **a** pertaining to or consisting of the substance of stone (in bladder *etc.*). **b** (as sb. m.) person suffering from the stone.

a colicus [sc. dolor] incipit subito .., et ~us fit paulatine [? l. paulative] GAD. 94r 2; si .. vis scire an harene [sc. in urina] sint ~e vel non, coletur urina .. *Ib.* 96v. 2. **b** ad lapidem probandum ibi esse, resupinetur ~us et eleventur anche ejus .. *Ib.* 98r 1.

lapidumlazuli, lapis lazuli, or ? *f. l.*

si videtur impetuosa esse illa fumositas, purgetur cum theodoricon et trifera .. mixtis et acutis cum lapidumlazuli [? l. lapide lazuli] *Quaest. Salern.* L 1.

lapifodina [ML; cf. CL fodina, aurifodina, etc.], quarry.

1226 decime .. de ~is, sepis, et molendinis *Reg. Linc.* II 212; **c1280** de B. usque in rubeam ~am ex parte orientali, et de rubea ~a usque in via, de H. *Kelso* 124 p. 95; hec ~a, hoc saccifragium, *a stonquarelle WW*.

lapifodium, a (act or right of) quarrying. **b** quarry.

a **c1240** habeant .. liberum ~ium ad petras frangendas extrahendas et domini sue vehendas cum libera porta exeundi .. et redeundi *MonA* VI 1574b (*Hulne, Northumb*). **b** **1425** de xvij d. ob. pro victualibus hominibus laborantibus ad ~ium in *breking* et *rudying Ac. Churchw. Bath* 32.

lapillulus [LL], **a** small stone, pebble. **b** small precious stone, jewel. **c** stone (of fruit). **d** (fig., *~us offensionis*) 'stone of stumbling', stumbling-block (*cf. Is.* viii 14 *etc.*).

a rotundos scruporum ~os [*gl.*: *popelstanes*] de arenosis litorum sablonibus adductos ALDH. *VirgP* 23 p. 254; tot .. milia / quot habent nemora frondes et folia, / litus lapillulos, et guttas maria WALT. WIMB. *Carm.* 5. **b** **1222** capa una .. cum morsu argent' in quo continetur lapis unus cameu et alii xiij et ~i ix a latere *Reg. S. Osm.* II 129 (= *Process. Sal.* 171); ~i diversi generis lvij *Ib.* **c** pleno .. sex mensium intervallo fixus ad intra ~us [sc. pruni] medium fere ipsius capitis occupasse credebatur *Mir. Hen. VI* III 94. **d** timent in modico etiam verbo .. ad ~um alicujus offensionis impingere J. FORD *Serm.* 65. 10.

1 lapillus [CL]

1 (small) stone, pebble; **b** (in proverbs and fig.).

scrupulus, ~us brevis *GlC* S 140; veteres Romani dies felicitatis ~is albis, dies infelicitatis nigris designabant W. DONC. *Aph. Phil.* 5. 11; dum mihi vita inerit, non auferent nobis etiam minimum ~um coree G. MON. VIII 12; per vicos spatians caveas jactare lapillos D. BEC. 1356; Golias prosternitur projectu lapilli [cf. *1 Reg.* xvii 49] *Carm. Lew.* 149; quanta dearmarunt regis de luce lapilli [*gl.*: bombardorum], / tanta rearmata nocte fuere loca ELMH. *Metr. Hen. V* 323; videbis in fundo ~um vel ~os residentes claros et perspicuos ad instar vitri RIPLEY 203. **b** 'cras in ollam candidi dimittentur ~i', urbanum sane proverbium

quod in prosperis agendorum dicitur successibus *V. Chris. Marky.* 63; **c1199** omnes dies meos meliore ~o felicique transactos auspicio computabam P. Blois *Ep.* 151. 442C (cf. Persius *Sat.* II 1, *also* A. Otto *Sprichwörter der Römer* (1890) 64, W. Donc. *sub a supra*); invisum et inauditum procurat facinus, omne[m] satagit movere ~um Map *NC* III 3 p. 250.

2 (precious) stone, jewel (sts. w. adj. *pretiosus*).

vestivit et illud [sc. altare] / argento puro pretiosis atque lapillis Alcuin *SS Ebor* 1501; **p936** scematicis ornarier .. lapillis (*Vers.*) *CS* 710 (cf. *ASE* IX 95); regina .. circumamicta varietate ~orum et margaritarum Byrht. *V. Osw.* 438; ~os .. pretiosos F. Malm. *V. Aldh.* 77B (v. ementare); epistides est ~us [Trevisa: *a litel stone*] rutilans et rubicundus Bart. Angl. XVI 43.

3 stone (of fruit).

~us .. dactili ex palma nutritur Rob. Angl. (I) *Alch.* 513B (cf. *Mir. Hen. VI* I 14: lapidem instar ~i dactilici); injectis in os digitis cerasi ~um extraxit Ben. Pet. *Mir. Thom.* II 64; prunorum ~um unum nari sue minus caute imposuit *Mir. Hen. VI* III 94.

4 (med.) stone (in bladder *etc.*).

subsidebat a renibus in virgam virilem profluens ~us W. Cant. *Mir. Thom.* II 64 p. 223 (cf. ib.: lapis, calculo).

2 lapillus [? cf. lappula, *TLL* s. v. lappella], sorrel (*Rumex acetosa* or *acetosella*, or *Oxalis acetosella*).

~us, accedula, A. *sowredoke MS BL Sloane 3149* f. 8 (cf. *Plant Names* 154).

lapis [CL]

1 a a stone, piece or block of stone, rock. **b** stone, rock (as substance, material; *cf.* 2d–e *infra*). **c** (as type of hardness, insensibility, *etc.*). **d** (kind of) stone.

a ruit in praeceps .. / congeries lapidum liquefactaque viscera montis Aldh. *VirgV* 1774; fuit .. ~is in interiore parte insule quem vehere .. iiij fratribus .. praecepit *V. Cuthb.* III 2; erat .. illo in loco ~is terrae aequalis obtectus cespite tenui Bede *HE* V 6 p. 290 (cf. Alcuin *SS Ebor* 1187); per caloris actionem aurum .. et cetere metallice species de ~ibus [Trevisa: *stones*] educuntur Bart. Angl. IV 1; ad eam [sc. armaturam] spectat omnis materia ~idum, lignorum, metallorum .. Kilwardby *OS* 365; his ~is, hec petra, hoc saxum *a stonne WW*. **b** dei creandi materiam lignum vel ~idem esse non posse Bede *HE* III 22 p. 171. **c** non .. nos beatus Petrus [*I Petr.* ii 5] talium [sc. materialium] ~idum duritiam et insensibilitatem vult imitari, sed .. Bede *Ep. Cath.* 48; si cor meum esset ~ide durius et glacie frigidius Anselm (*Ep.* 85) III 210; ~ides sunt, et non vivunt *Quaest. Salern.* B 23; et sciebat contristari / lapidum duricia J. Howd. *Sal.* 37. 11. **d** tharsis .. apud Hebreos nomen est ~idis qui apud nos calcedonius vocatur Bede *Cant.* 1167; alabastrum proprium nomen ~idis, et vas sic nominatur de illo ~ide factum *Gl. Leid.* 24. 13; in interiori parte domus carbunculus, ~is inprimis nobilis et parvus inventu, tenebras noctis fugabat W. Malm. *GR* II 169; gypsus, ~is cognatus calci Osb. Glouc. *Deriv.* 263.

2 (w. ref. to quarrying, or use in buildings, *etc.*: *cf.* 16 *infra*): **a** a (piece or block of) stone; **b** (w. ref. to foundation stone); **c** (used in decorated floor, mosaic, or sim.). **d** stone (as material); **e** (of specified kind). **f** (*~is francus, liber, Parius*) (block of) freestone.

a qui [sc. manus] .. factus non tam ~idibus quam cespitibus non profuit Gildas *EB* 15 (cf. Bede *HE* I 5); duae fossae ~idum *DB* I 35ra; lapidicina .. unde quadrati ~ides advehuntur Ord. Vit. III 12 p. 128; rex .. jussit .. viam ex cemento et lapidibus fabricari G. Mon. III 5; **c1159** iiij jugera terre, unde ~ides extrahuntur ad opus monasterii *Act. Hen. II* I 280; secundum [sc. mirabile] est apud Stanhanges ubi ~ides mire magnitudinis .. in modum portarum elevati sunt R. Niger *Chr. II* 137; minere ~idum et metallorum Kilwardby *OS* 47; sicut ~is [ME: *stan*] a cemento solutus proicitur a summitate turris *AncrR* 83; **1355** in uno ~ide marmoreo empto pro tumulo .., xxv s. *Ac. Durh.* 555; **1448** de xiv s. rec' de ~idibus muralibus venditis *Ib.* 236; quarinam de ~idibus tegulatis [*tilestones*] *Val. Eccl.* II 202b. **b** ?**1159** Ebo .. concessit mihi quod facerem removeri ~idem quem ipse posuit in fundamento ecclesie Varennensis *Act. Hen. II* I 231; **c1240** ~ides .. in fundamento ponendi Gros. *Ep.* 123; **s1421** (v. 2 fundalis); **1457** (v. erectio 2). **c** notare licet in pavimento vel per triangulum vel per quadratum ~ides altrinsecus ex industria positos W. Malm. *Glast.* 18; ostracus, i. pavimentum quoddam ex minutis testis vel ~idibus factum Osb. Glouc. *Deriv.* 396. **d** curavit .. augustiorem de ~ide fabricare basilicam Bede *HE* II 14 p. 114; pavimentum ~ide constratum W. Malm. *Glast.* 18; de fragmentis .. que latomi de informi ~ide .. evulserant Ord. Vit. XI 27 p. 262; **c1247** aulam ~ide coopertam *Cart. Osney* I 94; **1302** capiunt .. in eisdem marlera et quarera marlam et ~idem cum necesse habuerunt *CourtR Hales* 457. **e** **1241** precipimus quod .. venire facias totum grisium ~idem quem invenire poteris usque turrim Londonie *Liberate* 15 m. 17 (cf. grisus 5a); **1312** in v^m de *sclat* emptis apud Suthorp et missis ibidem ix s. vj d.; in j nave conducta ad cariandum dictum ~idem apud Rames' xvj d. *Rec. Elton* 185; **1398** [murus] erit exterius de puro ~ide vocato *achiler* plane inscisso, interius vero de fracto ~ide vocato *roghwall* et de bono calce .. compositus *Hist. Durh. Script. app.* clxxx. **f** quod in summis .. montium verticibus .. Parii ~ides reperiri soleant, qui et liberi vulgo dicuntur Gir. *IK* I 3 p. 45; **c1212** (v. 1 liber 14); **1258** (v. 1 Francus 10); **1261** (v. 1 liber 14).

3 a (serving as boundary stone, landmark, or sim.); **b** (in place name); **c** (as tombstone, gravestone); **d** (as monument).

a **774** (10c) ab austro terra regis Aduni .. usque in ~idem adpositum in ultimo terrae *CS* 214; **801** (13c) juxta uno acerbo ~idum quem nos Stancestil vocamus *CS* 282; ~is quem ipse pro limite .. posuit Ord. Vit. IV 16 p. 280; **1159** transiendo recto tramite illam moram usque ad tres magnos ~ides ex altera parte existentes *Regesta Scot.* 131 p. 193; Osb. Glouc. *Deriv.* 329 (v. limitanus 2); **1236** Bracton 167 (v. 1 finalis 1); **c1270** inde sequendo terminum monachorum, sc. ~ides stantes, usque in Couepul *Couch. Furness* II 538 (cf. *Cumb & Westmor Antiq. Soc.* 79 (1979) 57; **1396** pro meliore notificacione perpetua bundarum predictarum habenda positi sunt quatuor ~ides *Cart. Osney* I 331. **b** in loco .. qui dicitur Degsastan [? *Dawston Rig, Roxburghshire*], id est Degsa ~is Bede *HE* I 34; in locum qui vocatur Ad ~idem [? *Stoneham, Hants*] *Ib.* IV 14 (16) p. 237 (cf. *VCH Hants* III 478); **c1302** usque ad Cornesauuoche, sc. ~idem aucipitris *Ch. Coupar Angus* I 157. **c** placuit .. ut lapis, quo monumentum tegebatur, amoveretur Bede *HE* III 8 p. 143; bene .. apparet in sepulcrali ~ide quod .. Gosc. *V. Iv.* 89C; en tegit iste lapis hominem magne probitatis (*Vers.*) Ord. Vit. IV 16 p. 289. **d** manent omnes cruces .. vocanturque *biscepstane*, id est ~ides episcopi W. Malm. *GP* V 230 p. 384; erexit ~idem in signum triumphi sui G. Mon. IV 17.

4 a (thrown or shot); **b** (in game of putting the shot, or sim.); **c** (in stoning person or animal); **d** (as weapon, propelled by hand, sling, *etc.*); **e** cannon ball.

a **1212** (v. 1 felonia 2e); **1214** jactando quendam ~idem per infortunium occidit quandam garciam *SelPlCrown* 67; **1225** Mabilia .. lusit cum quodam ~ide .. et cecidit ~is super capud Walteri C. *Ib.* 119. **b** alii cum hasta, alii ponderosorum ~idum ictu .. contendentes G. Mon. IX 14. **c** densis .. ~idum imbribus obruti crudele mortis spectaculum praebuerunt Aldh. *VirgP* 44 p. 298 (cf. *Dan.* xiii 62); en Stephanus lapides suffert, Laurentius ignes [cf. *Act.* vii 57] Alcuin *Carm.* 114. 6. 1; curatorem suum ~idibus contrucidarunt W. Malm. *GP* II 76 p. 171; nisi .. eos [canes] immissi ~idis impetat ictu Osb. Glouc. *Deriv.* 278. **d** Bede *Kings* 719, etc. (v. 1 funda 1a); interea funditores ~idibus, sagittarii jaculis .. instare W. Malm. *GR* IV 369 p. 427; jactis missilibus et ~idibus hostes relisit Ord. Vit. VIII 12 p. 334; balearis, funda que plures †similes [MS: simul] jacit ~ides Osb. Glouc. *Deriv.* 76; ~ides .. pugillares Gir. *TH* III 10 p. 151 (v. expedite 1). **e** **a1388** pro iiij canonibus grossis .. factis pro ~idibus rotundis jactandis *Tout Papers* II 269; **1418** pro factura septem millium ~idum pro gunnis de diversis sortibus *Foed.* IX 542a; **s1422** bombardica ad emittendum ~idem preparata Bower XV 35; **1435** item unum magnum voglare .. portans ~idem de undecim pollicibus in cruce ..; item unum aliud voglare .. ordinatum pro trahendo ~ides ferreos ardentes [etc.] *Collect. W. Worc.* 566; Strecche *Hen. V* 162, 163, 183 (v. facula 2c, falarica 2).

5 (in var. uses); **b** (in milling, grinding, or sim.); **c** (in ordeal). **d** (*~is pacis*) osculatory, pax, paxbred (*cf.* J. Braun *Das christl. Altargerät*, Munich, 1932, 562). **e** (*~is calculatorius*) counter, ? abacus.

agricolae virgulta .. acutis ~idibus .. solent incidere Bede *Cant.* 1098; *GlC* H 145, Osb. Glouc. *Deriv.* 272 (v. hostimentum 2a); **s1344** (v. habere 31b); **s1384** imponentes super ventrem ejus ~idem .. (v. 3 districtio 1a); ejus fiducia ~idis contemnunt hiemem More *Ut.* 32 (cf. ib.: tradito magnetis usu); **1516** (v. 2 deliberare 3d). **b** in aliquo .. angulari latibulo ~ides molares erexit ubi grana .. molendo .. comminuebat R. Cold. *Godr.* 68 p. 79; villani .. quadrigant .. ~idem molendini apud Dunelm' *Boldon Bk.* 36 (cf. ib. 37: molam molendini); **1229** (v. emolere a); **1295** ij d. in quodam ~ide qui vocatur *grindingstan'* portando *KR Ac* 5/8 m. 3; **1362** in j par ~idum molarium empt' ad molend' de S. xiij s. iiij d. *Ac. Durh.* 126; ocra eligenda est .. sine ~ide fricabilis *Alph.* 127. **c** in aqua fervente accipiat homo ~idem, qui per funem suspendatur in simpla probatione per mensuram palmae, in tripla autem unius ulnae (*Jud. Dei*) *GAS* 407; si *anfeald tihla* sit, inmergatur manus post ~idem [AS: *æfter þam stane*] .. usque ad *wriste* (*Quad.*) *GAS* 386. **d** sacrista .. recipiat .. aquam benedictam et ~idem pacis, quem circumferat monialibus et sororibus incipiens semper pacem dare in dextro choro *Inst. Sempr.* lxxx*. **e** **c1374** quadrans, chilindrum, .. tabula ymaginum celestium, carta maris, ~is calculatorius Wallingf. app. III 133; Killingworth *Alg.* 714 (v. calculatorius b).

6 milestone (in quots. w. cardinal or ordinal numerals, virtually = 'mile').

a .. monasterio hec distat heremus decem fere ~idibus [v. l. milibus] *V. Neot. A* 5; pervenit in villam .. quinto ~ide remotam W. Cant. *Mir. Thom.* II 82.

7 a stone-weight, piece of stone or metal weighing a stone (in sense b), used as measure or standard. **b** (unit of weight for dry goods) stone (equivalent to a variable number of pounds, *cf. petra* and R. E. Zupko *Dict. of Eng. Weights and Measures*, Madison, 1968, *s. v.* stone).

a **a1153** de pondere petre: .. ~is [Scot.: *þe stane*] ad lanam et ad alias res ponderandas debet ponderare xv lib. (*Assisa de Mensuris*) *APScot* I 673; quilibet burgensis potest habere .. in domo sua .. ulnam, ~idem et pondus ad ponderandum [Scot.: *a stane and punde wecht for til wey*] *Leg. IV Burg.* 48. **b** accidit .. virum quendam .. creditori suo x ~ides lane debere Gir. *RG* I 3 p. 25; **1359** in tribus ~idibus cere et dimidio, xxj s. ij d. *Pri. Cold. app.* xxxv.

8 a (precious or miraculous) stone, gem; **b** (w. adj. *pretiosus* or sim); **c** (kind of stone or gem specified; *cf.* 9 *infra*).

a [Lucifer] novem lapidum forma faleratus amoena Aldh. *VirgV* 2737; **a1085** omnem ~idum pretiositatem Anselm (*Ep.* 84) III 209; textum evangeliorum auro argentoque et ~idibus ornatum Ord. Vit. V 13 p. 405; in quocunque ~ide inveneris .. sagittarium insculptum, illi ~ides ignei sunt et orientales et se ferentes faciunt Deo .. gratos *Sculp. Lap.* 450; **1295** crux .. cum duobus camahutis in brachiis et duobus magnis ~idibus superius et inferius .. et aliis multis ~idibus et perlis in circuitu *Vis. S. Paul.* 312; **1338** ij parve capselle cum .. fragmentis .. ~idum que cadebant de ornamentis ecclesie *Ac. Durh.* 376. **b** hi pretiosi lapides / carnales signant homines *Cives* 14. 1; copia .. auri et argenti, ~ides preciosi, purpura et sericum Ord. Vit. XI 26 p. 252; **s1235** tolle ~idem preciosum quem gero circa collum M. Par. *Min.* II 385; carorum .. lapidum Walt. Wimb. *Sim.* 115 (v. granulum 3a); **1404** j baculus pastoralis cum capite eburneo et ~idibus preciosis *Ac. Durh.* 395. **c** nisi .. crustam metalli obumbret honor ~idum, vel topaziorum flamma vel ametistorum viola .. W. Malm. *GR* IV 337 p. 384; **1290** (v. asininus); **1380** item .. persone de M. unum anulum cum uno ~ide vocato *saphir*, et est ~is veritatis *Test. Karl.* 144.

9 (in var. combinations that denote particular kinds of precious or non-precious stones, or stones of a particular provenance): **a** (w. adj., or sb. in apposition. *V. et.* (*e. g.*) *achates* 1, *alabastrites*, *Armenicus* c, *beryllus* a, *calminaris*, *chalcedon*, *chelidonius* 1, *chrysolithus*, *citrinus* 2b, 2 *corallus* b, *crystallinus* 1a, *crystallum* 2c, d, *cyaneus* b, *esmeraldus*, *exhebenus*, 2 *focarius* 2, *gagates* 1a, b, *galactites*, *hephaestitis*, *Heracleius*, *Israeliticus*, *Judaicus* 2c, *magnes*, 1 *medus*, *molybdoides*, *onychinus*, *Parius*, *Phrygius*, *pyrites*, *sanguinarius*, *sapphirus*, *smaragdus*, *topazion*, and 2f *supra*). **b** (w. dependent gen., or *de*. *V. et.* (*e. g.*) *Israel* b, *lazulum* b, *lynx* 2).

a **1215** recepimus de jocalibus .. unum scrinium .. cum diversis lapidibus continens .. unum ~idem pregnantem et unum ~idem bedewin' et j ~idem citrinum *Pat* 147b (cf. Beduinus 2); **1241** (v. 2e supra); **1313** unum plaustrum ~idum ardentium [= *coals?*] *MS BL Additional 24467* f. 182; **1355** *Val. Eccl.* II 202b (v. 2a supra). **b** addunt .. ~idem lazuli Gilb. I 84v. 2; **c1275** unam placiam terre in qua ~ides ferri [*ironstones*] quondam fodebantur [*sic*]) *HMC Rep.* LXIX 75; **1370** (v. 2 corallus a); **1397** j ~is de berillo *Ac. Durh.* 445; **1414** unum anulum aureum in quo includitur unus ~is albus de Jerosalem [= ~is de Israel] in quo figuratur facies hominis *Reg. Cant.* II 37; **1483** ultra lv doliis ~idum de Cane [*Caen*] .. et xxxiij doliis de *touchstone KR Ac* 496/26 m. 3.

10 a hailstone (sts. w. *grando* in context). **b** (w. ref. to thunderbolt).

a percussio fulminum, impetus ~idum, lesio tempestatum Egb. *Pont.* 119 (cf. ib. 118: fragor grandinum .., impetus tempestatum); **c798** grandinum ~ides (v. ferire 1a); Walt. Wimb. *Carm.* 520 (v. grando 2a). **b** que lapidis sit origo patet, qui robora †fingit [l. findit], / fortia vi multa dejicit, alta ferit Neckam *DS* IV 180 p. 424.

11 (med.) stone, morbid concretion in body of human or animal, (also) disease of the stone, lithiasis.

calculum [*sic*] dicitur infirmitas ejus qui non potest mingere, quasi ~is †obdurat [*altered from* obturat] virilia *Gl. Leid.* 39. 48; habebat .. ~idem in vesica *Mir. Fridesw.* 110; generantur in renibus ~ides ex viscosis et spissis humoribus W. Cant. *Mir. Thom.* IV 16 (cf. ib.: calculo vexabatur); [malva] scrofis et lapidi, morsibus apta salus Neckam *DS* VII 96 p. 474; sentiens molestiam ~idis per viij annos *Mir. Montf.* 71; est .. ~is materia indurata in .. meatibus membri officialis operacionem impediens Gad. 96r 2; vidi in ore patris mei sub lingua ~idem *Ib.*; *Ib.* 96v. 1 (v. harenula); viscago .. valet contra ~idem *Alph.* 91; si

~idem in ventre habuerit [falco], da ei butirum comedere UPTON *Mil.* 191.

12 testicle (of man or animal).

R. COLD. *Cuthb.* 103 (v. conquassare a). vocat hic ~ides tauri testiculos ejus *Pol. Poems* I 160.

13 stone of fruit. **b** (*~ides cerasorum*) (game of) cherry-stones.

S. SIM. *Itin.* 46 (v. dactylus 3a). **b** **s1255** [pueri] ludebant ad ~ides cerasorum *Meaux* II 133.

14 (in names of plants).

SB 27 etc. (v. Judaicus 2c–d).

15 (alch.): **a** philosophers' stone (freq. *~is noster*, *~is philosophorum*). **b** (in broader use, denoting var. substances on which alchemical procedures are carried out).

a in hoc .. ~ide quatuor continentur elementa, assimilaturque mundo ROB. ANGL. (I) *Alch.* 515b; ista .. operacio, sc. convertere corpus in spiritum, a multis ~is sapientium philosophorum appellatur M. SCOT *Sol* 717; ~is vero preparatus est medicina inde facta, quod est ipsum elixir, potens transmutare metalla viliora in nobiliora BACON *Tert. sup.* 85; ~is .. Aristotelis, qui non est ~is *Id. NM* 547 (cf. Philippus ap. BACON V 114: ~idem animalem, vegetabilem et mineralem, qui non est ~is .. et dicitur minor mundus; *LC* 247a: ~is non ~is, ~is de virtute et efficacia, non ~is substantia; Avicenna vero et Kodar asserunt quod ~is non ~is sit elixir); ~is noster a philosophis dicitur omnis res que habet in se et de se omnem rem necessariam ad sui perfectionem DASTIN *Ros.* 5 p. 313a; ~idem magnum quem omnes philosophi quesierunt CUTCL. *CL* 190; ~is noster nihil aliud est quam masculus et femina .., sulphur et mercurius RIPLEY 149; ~is occultus, id est benedictus, id est ovum *LC* 248b; ~is philosophorum .. vocatur elixir et medicina universalis *Ib.* 249a. **b** dicunt .. philosophi quod sunt corpora spiritus et planete et ~ides et multa BACON *Tert. sup.* 83; aurum .. aliquando deignatur per ~idem vel corpus Hiberi fluminis vel Pactoli vel Tagi vel alterius, quia in istis reperiuntur grana auri; et quia Hybernici dicuntur ab Hybero fluvio .. ideo aurum vocatur corpus Hybernicum vel ~is Hybernicus *Ib.* 84 (cf. id. *NM* 548: pro Hibero ~ide; ib. 550: cum vapore margarite vel ~idis Tagi); dicuntur .. ~ides illa super que operatio fit in principio; sed sunt ~ides non preparati, ut sunt spiritus, si super eos fiat operatio, vel partes animalium, sicut sunt sanguis, capilli et ova; ~is vero preparatus (etc., v. a supra) *Id. Tert. sup.* 85; *Ib.* (v. herbalis 2); sint sex ad ~idem Tagi et quinque ad ~idem unionis *Id. NM* 550 (cf. id. *Tert. sup.* 84: argentum vocatur margarita .. et unio dicitur); sunt usi sapientes .. ~ide quadrato nobilis animalis [i. e. *human blood?*] *Id.* IX 58; totum beneficium ~idis vegetabilis adipiscimur per virtutem ignis nature RIPLEY 163; ut .. revelemus .. secretum ~idis animalis .., nempe intellegere quid sit et quando debeat elixirari *Ib.* 173; ~is in chymia est omnis res fixa, quae non evaporat *LC* 247a.

16 (fig., prov., and in allegorical interpretation. N. B. most quots. depend on senses 1a, 2a–b, 8a–b *supra*): **a** (var.); **b** (w. ref. to Christ); **c** (*~ides vivi*, w. ref. to persons; *cf. I Petr.* ii 5); **d** (in proverbial expr.). **e** (*~is offensionis*) stone of stumbling, stumbling-block (*cf. I Petr.* ii 8, etc.).

a ~ides saeculi justos et fide fortes appellat BEDE *Prov.* (xvi 11) 987; cur ~ide justitie perstringis ossa ejus? [sc. animae meae; cf. *Luc.* xi 11] ANSELM (*Or.* 9) III 33; huic sanctorum choro, ut regis eterni diademati .., adicit inestimabilis glorie ~ides .., Adrianum dico .. et Mildritham W. MALM. *GP* I 2; noster Henricus .. quasi ~is angularis utrumque populum copulavit AILR. *Ed. Conf.* 774B; **a1160** ad ~idem adjutorii [cf. *I Reg.* vii 12], successorem Petri, confugere cogitur J. SAL. *Ep.* 38 (48); quod .. ponatur super eum [hominem] ~is obstinationis T. CHOBHAM *Praed.* 98; **c1240** ~ides .. fundamentales edificii .. libri sunt prophetarum GROS. *Ep.* 123; delucet ~is corone tue politissimus [i. e. *your brother has been killed*] *Ps.*-ELMH. *Hen. V* 115; ne alius forte ad hunc ~idem imprudenter impingat FERR. *Kinloss* 52. **b** **a705** Winberhto Aldhelmus .. in angulari duorum testamentorum ~ide [cf. *Is.* xxviii 16, *Eph.* ii 20, etc.] .. salutem ALDH. *Ep.* 10 (13) p. 502; [Judaei] pervenerunt ad ~idem angularem qui duos parietes amplecteretur, id est, invenerunt .. Christum .. venturum BEDE *Acts* (iv 11) 952; sine Domino Jesu Christo, ~ide sc. vivo [cf. *I Petr.* ii 4], nulla spiritalis aedificatio stare potest *Id. Cath.* 48; lapidem findit alapa preciosum J. HOWD. *Cant.* 63; cum hoc precioso ~ide [cf. *I Petr.* ii 6] hunc preciosum tractatum finire RIPLEY 178. **c** clades .. quae .. vivos ecclesiae ~ides .. ad aedificium caeleste transferret BEDE *HE* IV 3 p. 207; lapides vivi pereunt altaria circum ALCUIN *Carm.* 9. 201; vivi ~ides .. variis infortuniorum tunsionibus .. poliuntur P. BLOIS *Ep.* 12. 36D. **d** nullum non movent ~idem quo patent se nos a proposito nostro posse deflectere [cf. Eng. *to leave no stone unturned, and sim.*] CHAUNCY *Passio* 110. **e** absit ne sim fratribus meis occasio mortis, ne sim illis petra scandali et ~is offensionis ANSELM (*Or.* 19) III 74; in montis hujus .. ascensu, cum iter sit arduum, plurimus est ~is offensionis in ipso J. FORD *Serm.* 14. 1.

lapiscedina v. lapicidina. **lapiscida** v. lapicida. **lapiscidium** v. lapicidium.

lapista, ~ra [ML], stone water-vessel or mortar.

hec ~a, -e, i. genus vasis lapidei et aquarii OSB. GLOUC. *Deriv.* 312 (*sim.* ib. 326); ~a, *mortir* (GARL. *Unus gl.*) *Teaching Latin* II 165; *a morter*, mortarium, mortariolum, ~a, pila, ptipsanarium *CathA*; **1560** costus panatrie et butlarie: .. pro ~ris, xviij d. *Ac. Coll. Wint.*

lapistratum, ? quarry.

1316 sic per dictum rivulum usque ad foveam que ducit ad magnum ~um *Reg. Aberd.* I 44.

lapistrum [ML; cf. Isid. *Etym.* XVII 10. 20: lapistrus], **~tum,** burdock. *Cf. lapathium* 2, *lappa.*

hoc lapistum, *gletonere Gl. AN Ox.* 642.

lapitos v. leptos. **lapmum, lapnum** v. lagemannus. **lapoiada, laporada** v. poyada.

lappa [CL]

1 burdock (sc. greater, *Arctium lappa*, or lesser, *A. minus*), or similar plant: **a** (var.); **b** (in glossaries *etc.*); **c** (fig. or in fig. contexts; regarded as useless or noxious).

a ibi crescit sandix .., modera, ~a, helena .. ÆLF. BATA 6 p. 99; carduus et lappa constant mihi carior esca NIG. *SS* 695; ~a .. in altum crescens et sese extendens fructus perimit NECKAM *NR* II 68 p. 169; ~a [TREVISA *adds*: *þe clote*] est herba habens folia lata et spissa circa terram, habens in summitatibus hastularum quedam capitella spinosa et aculeata sed recurva que vestibus transeuntium solent adherere. unde dicit Isidorus [etc., v. *Etym.* XVII 9. 66–7] ..; cujus species duplex, acuta et rotunda, ad similitudinem pedis caballi disposita, unde et a multis vocatur ungula caballina, et utriusque folia .. horribilis sunt odoris .., ut dicit Dioscorides BART. ANGL. XVII 93. **b** ~a, *clate Gl. Leid.* 18. 2; blitum vel ~a, *clate* vel *clyfwyrt* ÆLF. *Gl.* 134. 3; **10..** lapa, *clife WW*; OSB. GLOUC. *Deriv.* 259 (v. 2 glis); ~a genus tribuli; Virgilius [*Georg.* I 153]: 'lappaeque tribulique' *Ib.* 328; GILB. V 225v. 1, *Alph.* 85 (v. illapheos); **12..** ~a i. *bardane* i. *clote WW*; ~a, *gletenere Teaching Latin* I 123; ~a est quedam herba et dicitur quasi lata apparens *Ib.* I 338. **c** Vuilfridum .. / [qui] lilia suppressis .. norit comere lappis FRITH. 311; ut .. innascatur michi ~a vane glorie, paliurus elationis, carduus superbie, tribulus fastuositatis J. GODARD *Ep.* 230; sub lappa lilia lesa dolent GARL. *Tri. Eccl.* 70.

2 (dist. by epithet; *cf.* 3a *infra*, BART. ANGL. XVII 93 *sub* 1a *supra*, also *Plant Names* 154–5): **a** (var.). **b** (*~a inversa*) ? greater burdock.

a ~a major *Herb. Harl. 3388* 81v, *Alph.* 84 (v. illapheos); ~a caprina similis est equine sed tamen folia ejus multo sunt majora *Ib.* 94. **b** succus cauliculi agrestis vel lape inverse GILB. II 121v. 1; coquatur radix bardane, i. ~e inverse GAD. 97v. 2; ~a inversa, i. bardana, A. *clote* vel *burr' MS BL Sloane 405* f. 12r; *SB* 25, *Alph.* 85 (v. illapheos); ~a inversa lata habet folia ad modum [*ed. wrongly adds*: admodum] scuti [MS *adds*: G. *gletoner*, A. *clote*] *Ib.* 94.

3 (identified w. var. plants): **a** ? agrimony (*Agrimonia eupatoria*; but see *agrimonia*). **b** mint, pennyroyal (*Mentha pulegium*), or sim.

a argimonis i. †lapsa inversa *Gl. Laud.* 94; **13..** ~a eversa, agrimonia *Herb. Harl. 3388* 81v; ~a incisa, i. agrimonia *SB* 26. **b** ~a i. me[n]ta *Gl. Laud.* 918; gliconium .. ~a, burdana, pulegium regale *Herb. Harl. 3388* 80 (v. glechon).

lappacium v. lapathium.

lappadarium, ? quarry, or ? *f. l.*

item solut' cuidam supervidenti lappadarium [? l. lapidarium] prope Oxon' pro stipendio annuatim xiij s. iiij d. *Val. Eccl.* II 287b.

lappago [CL], **a** burdock, or similar plant; *cf. lappa.* **b** teasel.

a *Alph.* 84 (v. illapheos). **b** **1589** *maiden lips, or tasil*, ~o *OED* s. v. *maiden sb.* 10b.

lappana [cf. lappa], burdock.

14.. ~a, i. glis, A. *schalgras* ['*scale-grass*'] *MS BL Sloane 405* f. 12v.

lapparia v. lipara. **lappates** v. 1 lapates. **lappatium** v. lapathium.

lappatus [CL *lappa*], shaggy, rough (*sc.* like a bur ?).

pullus ~us [*gl.*: i. villosus] et hirtus (*Distigium*) *WW* (cf. *Teaching Latin* I 337: ~us, *raggyt. gletoné. Ib.* 338: a lappa dicitur lappatus, -ta, -tum i. idem quod villosus *Ib.* 338 n. 96: ~us G. *flocuné*).

lappetum [ML], place where burs grow.

a burre hylle, ~um, est locus ubi crescunt lappe *CathA.*

lappula [LL], a plant producing burs (in quot., perh. cleavers, *Galium aparine*).

~a quasi cicuta est sed habet florem album minutum, et heret pannis *Alph.* 94.

lapsa v. lappa.

lapsana [CL < λαψάνη], **~sina** [LL *gl.*], an edible wild plant, perh. charlock (*Sinapis arvensis*).

arboracia vel ~a, *cal* ÆLF. *Gl.* 136. 28; lapsine i. ~a *Gl. Laud.* 916; lassana similis est rapistro sed habet acuciora folia superius *Alph.* 95.

lapsanium [LL < *λαψάνιον], an edible wild plant, perh. charlock (*Sinapis arvensis*).

summe reputabantur delitie, si herba sale condita, quam †lapsamum [l. lapsanium] vocant, .. ad refectionem fratrum apponeretur *NLA* I 177.

lapsare [CL], to slip, fall, swoon (also fig.).

nunc saltem satirica fatuitate gressuque ~anti quasi minus sapiens vacillando incedam B. *V. Dunst.* 1 p. 4; ~antem amicum quis fere est qui relevet, cum domum ruentem nemo non suffulciat? G. HOYLAND *Ep.* 1. 289C; [nepotem] inter manus lugubrium ~antem .. pallido vultu tremulisque genibus tortionum signa proferentem conspicit W. CANT. *Mir. Thom.* II 15 p. 172.

lapsascere [CL lapsare, labascere], to begin to slip, (fig.) to waver (in one's beliefs).

qui intra ecclesiam sunt parvuli et aliqua parva fidei opinione ~unt NETTER *DAF* II 18r 2A.

lapsim [ML *gl.*], in an unstable manner, waveringly.

labor, -ris .., inde .. ~im adverbium, i. labiliter OSB. GLOUC. *Deriv.* 300.

lapsina, lapsine v. lapsana.

lapsio [CL], act of slipping, falling.

labor .., inde .. hec ~io, -nis OSB. GLOUC. *Deriv.* 300; lapsio de labor [*gl.*: *esculurgement, escolurjous*] GARL. *Unus* 40.

lapsum [? *p. ppl. of* labi *as sb. n.*], 'top' of flax, quantity of flax placed on distaff for spinning (*cf. OED s. v. top* (sb. 1) 2).

hoc ~um, *a top of lin WW* (cf. ib.: hoc asperum, A. *a top of lyne*).

lapsura [LL *gl.*], action of slipping, falling, (fig.) moral failing, sin.

c1225 moneantur .. laici in principio quadragesime confiteri et cito post ~as *Conc.* I 615a (cf. 2 lapsus 4a).

1 lapsus v. labi.

2 lapsus [CL]

1 a action of slipping or falling, fall (also in fig. context). **b** falling down, collapse, collapsed state (of building). **c** falling out (in quot., of teeth).

a **796** si gaudendum est de ascensu, timendum est de ~u, quia de altiore loco periculosior est ~us ALCUIN *Ep.* 116; alterius miserandus exitus superstitem instruxit quam fuerint antea in inferni ~um ambo precipites W. MALM. *GR* III 237 p. 295; fune ad solum usque non pertingente, gravi ~u corpulentus flamen ruit ORD. VIT. X 19 p. 109; ut .. ~us ingens immineret arboribus *Ib.* XII 1 p. 312; inter lapides est facilis ~us et ruina difficilis J. FORD *Serm.* 14. 1. **b** **c1174** ecclesie ~um et desolationem, .. officinas ymbribus .. pervias, et ruinas edificiorum *Ep. J. Sal.* 310 (322 p. 788). **c** si in juventute .. ~us dentium fiat .., aut raro aut nunquam dentium fiet restauratio *Quaest. Salern.* B 71.

2 a (fig.) downfall, ruin (of person or abstr.); **b** (w. ref. to death); **c** (assoc. w. immoral behaviour); *cf.* 4 *infra.*

a aurea quadrupes .. mugitum reboasse describitur significans idolatriae ~um [*gl.*: ruinam, detrimentum, *forwyrd* vel *s[l]ide*] ALDH. *VirgP* 20; hoc .. infelix presagium .. in ~u principis manifeste detectum est ORD. VIT. XIII 43 p. 129 (cf. ib.: infortunium regis); GARL. *Epith.* I *Summa* 19 (v. declinare 1c); sic .. procuratus

est ~us cleri, ruina populi et casus regni BOWER XI 33. **b** cives .. audito .. ~u principis valde territi sunt ORD. VIT. VII 16 p. 249 (cf. ib.: fama de morte regis); Tirellum ut pro ~u sui defensoris membratim discerperent .. quesierunt *Ib.* X 15 p. 90; si .. ferro interierint inimicorum, nullus nobis est dolor pro ~u alienigarum *Ib.* 24 p. 146. **c** cum omni peccato per penitentiam medeamur, solus ~us virginum restitutionis remedium non meretur P. BLOIS *Ep.* 35. 114C.

3 a (theol.) the fall (of Adam and Eve, or of humanity), fallen state (*cf. Gen.* iii). **b** falling away, lapse (from the faith or from religious order).

a ~us Adam prevaricatoris tui [sc. Dei] J. FORD *Serm.* 84. 4; post humani generis ~um GROS. *Cess. Leg.* I 3. 3; si .. de tempore ~us hominis aliquid determinacius quesieris KILWARDBY *Jejun.* 167; si post ~um omnes homines secundum racionem viverent, omnia deberent esse communia OCKHAM *Dial.* 932 l. 58; usque ad passionem Domini dies precessit noctem, in signum ~us humani *Eul. Hist.* I 66; [Paulus, sc. *Rom.* vii 24] considerans .. inobedienciam [corporis] pro statu ~us WYCL. *Innoc.* 489 (*opp.*: pro statu innocencie); **1423** (v. 2 gloria 5a). **b** c**1150** (v. degradatio 1a); s**323** [Donatus] catholicos post ~um baptizandos predicabat M. PAR. *Maj.* I 159.

4 a moral failing or error, sin. **b** (*~us carnalis, ~us carnis*) sin of the flesh. **c** (*~us linguae* or sim.) lapse of the tongue (*etc.*; in quots., w. ref. to use of rash or foolish words).

a impossibile .. est quemlibet sanctorum non aliquando in minutis peccatis .. ~um incurrere BEDE *Cath.* 89; **956** sagaci providendo intuitu casus ~usque naturae humanae *CS* 965; imbecillis et fragilis ad ~um peccati eram ANSELM (*Medit.* 3) III 90; quique per lapsum / meruimus baratrum, / per vos celorum / mereamur aditum ORD. VIT. II 11 p. 345 (= *Brev. Sal.* III 950); dux .. improvidus erat et instabilis, ad ~um facilis, ad tenendum justicie rigorem mollis ORD. VIT. VIII 5 p. 299; **12..** moneantur .. laici in principio quadragesime confiteri et cito post ~us *Reg. Aberd.* II 26 (= *Conc. Scot.* II 32; cf. lapsura). **b** carnalis ~us prohibet ad sacros ordines accessum et reditum ANSELM (*Ep.* 65) III 183; **1303** me convinci posse .. super incontinencia vel ~u carnis committendis cum aliqua de filiabus Thome de V. .., cum quibus .. fateor me peccasse *Mem. Beverley* I 17; **1340** si .. aliquis sociorum .. gravem ~um carnis vel notam turpitudinis aliquam incurrat .. *Deeds Balliol* 293; suspicari quod .. episcopus in ~um carnis inciderit OCKHAM *Dial.* 667. **c** 'si quis in verbo non offendit ..' [*Jac.* iii 2] .., quod est aperte dicere, si quis ~um linguae .. cavet BEDE *Ep. Cath.* 26; sub his non subiit lapsum labiorum [cf. *Job* i 22] *Poem S. Thom.* 76; c**1358** si ex ~u lingue vel animi levitate aliqua verba .. incaute emiserant .. (*Lit. Regis*) *Reg. North.* 404.

5 a gliding (of bird in flight). **b** flow, flowing (of water); **c** (fig., w. ref. to eloquence).

a ac si stridulo cavum ~u aerem valide secantem .. columbam GILDAS *EB* 34. **b** de madido nascor rorantibus aethere guttis / turgida concrescens liquido de flumine lapsu ALDH. *Aen.* 62 (*Famfaluca*) 2; dulcibus illisa ~ibus alludebat unda littoribus W. MALM. *GR* II 170 p. 199 (cf. id. *HN* 521); fluvium Exam qui muros [civitatis] ~u suo allambit *Id. GP* II 94 p. 201. **c** si eloquentiam exigas, melleo quodam ~u ex ejus ore fluit oratio *Ib.* I 67 p. 126.

6 (w. ref. to time): **a** lapse, passage. **b** expiry (of time, also of truce or sim.); **c** (spec., w. ref. to exercise of eccl. patronage).

a **1156** ne ~u temporum quod .. per nos .. factum est in irritum posset revocari *Doc. Theob.* 117; Deus a principio et ~u temporis paucis dedit veritatem philosophie BACON *CSTheol.* 33; clericus corone .. ~u duarum horarum predictos articulos festinanter lectitando antestetit FAVENT 15; **1541** in quas [enormitates] monachorum vita .. longo temporum ~u .. exorbitaverat (*Pat*) *MonA* I 106a. **b** **1230** (v. abbreviare 1b); s**1217** post ~um treugarum Lodovicus .. rediens .. castrum .. obsedit TREVET *Ann.* 200; **1333** si quos inveneris post ~um .. duorum dierum infra ballivam tuam moram facientes *RScot* 244b; **1352** ut pecuniam .. infra mensem post ~um dicti termini rectori .. deferat (*Reg. Cant.*) *Conc.* III 27b. **c** post ~um anni durante .. decani contumacia .. ipsum L. .. in corporalem miserunt possessionem *BNB* II 153; ubi episcopus presentaverit per ~um temporis *Fleta* 330; GRAYSTANES 25 (v. episcopalis 2b); **1583** ecclesiam parochialem de Th. .. jam per lampsum temporis aut aliter de jure vacantem *Pat* 1236 m. 24.

7 ? befalling, falling out, occurrence (of event).

quisque dictorum dominorum .. cum sua acie .. ad modum belli rite se propalavit, volentes ex a[b]rupto vel ausu temerario pro ~u casuum civitatem introire FAVENT 12.

8 (app.) device to facilitate transport of heavy object, perh. slide, roller or sim. (*cf. NGML s. v. lapsus* 4).

ubi turba virorum ~ibus et cordis .. sarcofagum enisi sunt transducere, tanto affixum est pondere .. ut ne ad modicum quidem moveri posset GOSC. *Wulfh.* 14.

lapwinga [ME *lapwink, lapwing*, < OE *hleapewince*], lapwing, peewit (*Vanellus vanellus*).

literatores .. Britannici upupam eam nominant avem quam barbari .. vannellum nuncupant et ipsi sua lingua ~am vocant TURNER *Av.* I 8 (s. v. upupa).

laquamen v. liquamen. **laquar(e)** v. 1 laquear. **laquealus** v. 2 laqueare 3a.

laqueamen, snare, trap.

versus ad insidias tendit laqueamina mille [sc. diabolus] NIG. *Laur.* 36b. 1.

laquear, ~eare [CL], **~earium** [LL], **~earia**

1 a ceiling, esp. panelled ceiling (usu. coll. pl.), panel of ceiling. **b** wooden panel (? for use in choir-stalls). **c** roof.

a tectorum laquearia / horrisonis fragoribus / concuti (ALDH.) *Carm. Aldh.* 1. 142; ~earia sunt tabulata quae supposita trabibus adfiguntur clavibus decoremque picturae suae solent .. praemonstrare BEDE *Kings* 722 (cf. *III Reg.* vi 9); duae .. fari suis quaeque suspensae ad ~earia [v. l. ~aria] catenis *Id. Temp.* 26; ~earia, celum ex lignis *Gl. Leid.* 3. 41; ALCUIN *SS Ebor* 1510 (v. 1 emicare 3a); cantus / .. insonuit laquearibus altis ÆTHELWULF *Abb.* 672; pluviae quacumque vagantur, / pendula discissis fluitant laquearia tignis FRITH. 443 (*gl.*: ~earia, catenae aureae vel funes lucernae; cf. 3c infra); lignum trabale in quo ~earia tecti templi seriatim figerentur GOSC. *Transl. Mild.* 34; OSB. GLOUC. *Deriv.* 311 (v. laquearius); ~earia insidias aeris expellant NECKAM *Ut.* 110 (cf. 2a, 3a infra); laqueare sciat splendescere / velut poli sidus in vespere J. HOWD. *Ph.* 629. **b** **1521** item nova ~earia pro choro vel dorsoria *Cant. Coll. Ox.* I 58. **c** ultra ripam vallis et fluminis ~earia candidatarum domorum planius aspexit R. COLD. *Cuthb.* 112 p. 252.

2 (arch.) cruck, truss, tie-beam (*cf. laqueus* 5); **b** (with numeral) indicating length of building.

10.. ~ear, *ræsu WW*; [caeca] ad fenestrarum dependentia foris ~earia .. capud .. consuevit illidere R. COLD. *Cuthb.* 121 p. 266; superponitur tectum, tignis et ~earibus obnoxium NECKAM *NR* II 172 p. 282; ~earia, *las* NECKAM *Ut.* 110 *gl.* (cf. 1a supra); in aula mea hec architectari feci: .. lacunaria, tigna, lodia, trabes, latas, ~earia GARL. *Dict.* 137 [*gl.*: *lasys, laces*, etc.; cf. 3a infra]; in cella novitiorum ignis .. usque ad ~earium [v. l. ~earum] juncturas seviens vehementer prevalebat *NLA* I 41; carpentarii .. tigna majora et ~earia in altum sublevare et in reparaturam conati sunt collocare *Bannatyne Misc.* II 17. **b** c**1360** tenentes debent cooperire .. unam grangiam preter boveriam xxvj ~arum et pistrinum *Reg. S. Aug.* I 194; **1432** [*to rebuild a certain house .. and to make it*] de viij ~earibus contiguis, Anglice viij *crukkes* H. Ling Roth *The Yorkshire Coiners* (Halifax, 1906) 155.

3 a (*gl. var.*); **b** building with vaulted roof. **c** chain supporting lamp (by metonymy of sense 2a or misunderstanding of Vergil *Aen.* I 726; *cf. TLL s. v. laquearia*).

a ~ear, *first hrof* [*Lindsay*: *first*, [lacunar] *hrof*] *GlC* L 35; ~earia, *firste Ib.* L 87; ~earia, *upflora GlM* 27. 45 (*refers to* Prudentius *Peristephanon* XI 219: laquearia [*'panels'*] tecti); **10..** ~earea, *fierste WW*; ~earia, *chevrons, cuples de mesun* NECKAM *Ut.* 110 *gl.* (cf. 1a supra); ~earia, *cowplis* GARL. *Dict.* 137 *gl.* (cf. 2a supra); de qualibet furca, sc. que ~ear sustinet, id est *nenbren Leg. Wall.* B 236 (cf. 1 furca 3a); hoc ~ear, A. *postband WW*; hoc ~iare, A. *a postbondde WW*; *a bande of a howse*, lacunar, lacunarium, ~ear, ~earium, loramentum *CathA*. **b** hoc ~ear, -ris i. domus †testitudineata [MS: testudineata], et ad instar laquei curvatim facta, unde ~earium, -rii, quod idem significat OSB. GLOUC. *Deriv.* 305; ~ear, domus testudineata, quod et ~eare et lacunar dicitur *Ib.* 324. **c** ~earia, †fenes [l. funes] lucernae, id [est] catenae aureae *GlC* L 27; FRITH. 443 *gl.* (v. 1a supra).

4 tie, lace (of garment). *Cf. 2 lacea, laqueus* 3b.

1290 in vestibus .. faciendis una cum ~earibus et serico xij s. viij d. *Ac. Swinfield* I 122.

1 laqueare v. laquear.

2 laqueare [CL]

1 a to tie, fasten (with straps or sim., *sc.* clothing, armour, *etc.*). **b** to hang up, suspend (as from a noose). **c** to tether (animal).

a ~eatus, ligatus, inplicitus, conexus .. OSB. GLOUC. *Deriv.* 329; ~eo, G. *alacer* (GARL. *Unus gl.*) *Teaching Latin* II 165; ~eo, *lacer Ib.*; statuto .. loco .., et [? l. cum] jam ad ~eandas galeas utrobique pervenirent partes .. M. PAR. *Maj.* I 204 (cf. id. *Min.* I 294: cum .. galee essent annectende); s**1388** arma super se ~iare (v. firmaculum 1a).

b **1263** per servicium inveniendi *harde* ad ~eand' pecias carnium in coquina domini regis *IPM* 28/2. **c** **1612** item quod nemo custodit sive ~iat aliquas equas sive bestias in campis seminatis .. sub pena .. iiij d. (*CourtR Ledston, Yorks*) *W. Yorks Archive Service, Leeds, LD Add. III/5*; **1615** ~ieverunt equos suos *Ib.*

2 a to ensnare, trap (animal); **b** (fig., in quots., w. person as obj.). **c** to beset (a place) with snares, lay snares in (in quot., fig.).

a **13..** logicus aranee potest comparari: / .. / est precium musca, si forte queat laqueari (*De studiis* 76) *Pol. Songs* 210. **b** cave temet, frater, in te ne confidas, quia a te ~earis nec a te solo solveris ALCH. *Ep.* 298; **849** (11c) si quis fringerit [sc. meam donationem], sciat se aeternis maledictionibus .. undique ~eatum *CS* 455(2); WALT. ANGL. *Fab.* 43. 23 (v. dictamen 3b); statim in amorem ejus [sc. puelle] ~eatus [v. l. illaqueatus] est *Eul. Hist.* II 221; c**1370** Simon .. / ecclesias rapiet cum muneribus laqueatus (J. BRIDL.) *Pol. Poems* I 138 (cf. ib. 140: quia sicut laqueus retinet avem .. ita munera retinent ecclesias simoniace); dicentes se esse sapientes, stulti facti sunt, propriis funiculis ~eati WYCL. *Apost.* 166. **c** non laqueare venit iter humanam pius ille / Cristus, set planam dirigit ipse viam GOWER *VC* III 251.

3 a to furnish (garment, armour, shoe, *etc.*) with a strap or lace (freq. p. ppl. as adj., 'laced'). **b** to embroider (cloth or sim.).

a muniantur pedes estivalibus vel calceis ~eatis [*ed. Wright*: †laquealis; *gl.*: *a las. lacees* (etc.)] vel consutilibus NECKAM *Ut.* 99; **1291** cum sotularibus ~eatis, decollatis, rostratis vel aliter deformatis *Stat. Ebor.* 115; **1299** sotulares ultra medium tibie coreo circa tibiam ~eatos *Reg. Cant.* 328; **1342** pro ij coriis cervi, .. x pell' roan' .. emptis pro diversis armaturis regis ~eand' et garnissand' *KR Ac* 389/14 m. 3; ita quod manubria tunice sint clausa .. non nodulis vel filo .. ~eata *G. S. Alb. app.* II 504; capuciis parvulis, que scapulas tegere valebant, ~eatis cum alis botenatis mento strictissime J. READING f. 186; **1397** (v. furratura 1b). **b** **1444** lego .. j lectum plumarum .. cum j pulvinare laquiat' cum *crules Test. Ebor.* II 100.

laquearia, ~earium v. laquear.

laquearius [LL], pertaining to or consisting of panelling, (*opus ~um*) panel-work.

hoc lacunar, -ris, i. strata tabulatio in domo .., quod etiam laquear dicitur; et inde ~ius, -a, -um, unde Josephus in octavo [*Antiq. Jud.* VIII 68 *transl.* Cassiodorus] 'de lignis celatis opere ~io †auro [MS: auroque] vestitus' OSB. GLOUC. *Deriv.* 311.

laqueatio, (action or right of) tying up or tethering (animal).

1602 laquiacionem unius equi vel eque in communibus campis et locis consuetis (*CourtR Ledston, Yorks*) *W. Yorks Archive Service, Leeds, LD Add. III/3*.

laqueator [? LL (v. *TLL*), ML *gl.*], one who sets snares (in quot., fig., w. ref. to Devil).

c**1430** ut .. significemus .. quam plenus sit fraudibus ~or ipse (*Lit. Abbatis*) *Reg. Whet. app.* II 450 (cf. ib. 459: fallaces captivacionis laqueos, quos .. venator invidus posuerat).

laqueatura [cf. *DuC*], lace, lacework.

1245 item due stole et duo manipuli veteres ornati breudura et ~a in fine *Invent. S. Paul.* 490.

laqueolus [? LL (v. *TLL*), ML *gl.*], **a** (in gl., as diminutive of *laqueus*). **b** (little) snare, trap. **c** lace (for fastening garment).

a OSB. GLOUC. *Deriv.* 305 (v. laquetismus). **b** anathem [i. e. anatem] vel ~o comprehensam vel obvolutam reticulo devote requirunt DICETO *YH* I 294. **c** cilicium ex parte anteriori fuit apertum et ~is hinc inde appositis arcius colligatam *Canon. Edm. Rich* 190 (*sim. V. Edm. Rich P* 1784E: ~is .. connodatum).

laqueosus, full of coils, like a noose or snare.

nexuosus, nexibus plenus, quod et ~us dicitur OSB. GLOUC. *Deriv.* 383; c**1430** ut .. de laqueo loquamus libidinis .., hic est etiam ~us ille funiculus qui fortem Sampsonem innexuit [cf. *Jud.* xvi] (*Lit. Abbatis*) *Reg. Whet. app.* II 460.

laquetismus [ML *gl.*], noose, snare. *Cf. TLL s. v. lacatismus.*

hic laqueus -ei, unde hic laqueolus, -li, et hic ~us, -mi i. tendicula; et dicitur ~us quasi laqueus tensus OSB. GLOUC. *Deriv.* 305; ~us, laqueus tensus, decipula, pedica .. *Ib.* 324.

laqueus [CL]

1 noose (freq. w. ref. to use in strangling or hanging); **b** (in fig. context). **c** (transf.) coil (of snake).

[Judas] laqueo suspensus ab alto ALDH. *CE* 5. 8 (cf. *Matth.* xxvii 5; BEDE *Acts* (i 18) 944: ut .. guttur quo vox proditionis exierat ~ei nodus necaret); in laqueo,

reus ut fur, pendeo longo *Aen. Laur.* 10 (*Lucerna*) 3; ab ipsis latronis faucibus resolvebatur ~eus si promisisset regale commodum W. MALM. *GR* IV 314 p. 369; furacis monachi brachia invisibilibus ~eis verbo irretivit *Ib. GP* II 75 p. 168; **1221** homo ignotus inventus fuit strangulatus quodam ~eo *PlCrGlouc* 446 p. 106; te dignum laqueo facit innoxium WALT. WIMB. *Palpo* 29 (v. garrulus 1c). **b** que cerebrum tuum exturbavit Erinnys, ut gutturi tuo ~eum inextricabilem injiceres ..? P. BLOIS *Ep.* 79. 243C. **c** ~eos, nodos, *slitas GlP* 980 (*refers to* Prudentius *Contra Symmachum praef.* 23–4: vipera / sarmentis laqueos corporis inplicans).

2 snare, trap; **b** (fig., in var. use); **c** (w. defining or similar genitive); **d** (*~eus diaboli* or sim., *cf. I Tim.* iii 7); **e** (*~eus mundi, saeculi,* or sim.).

quantum avis de ~eo .. quaerit evadere .. BEDE *Prov.* (vi 5) 960; multis modis decipio aves, aliquando retibus, aliquando ~eis [AS: *mid grinum*], aliquando glutino .. ÆLF. *Coll.* 95; *Lib. Eli.* II 105 p. 180 (v. ermina a); que multa evaserunt aves retia, modico tandem capiuntur in ~eo MAP *NC* III 5 f. 42; [rusticus] habeat .. casses et retia et reticula et ~eos [*gl.*: *las, scnares*] extensos ad circumvolvendem lepores, damas .. NECKAM *Ut.* 112; **1270** tetenderunt ~eos ad ipsas [feras regis] capiendas *SelPlForest* 56; his ~ius, A. *a snare WW.* **b** ~us tibi tua vita, inretiris velis nolis, in te habes quo compediris ALCH. *Ep.* 298; soror mea, illaqueata es; hoc ~eo Christus trahit animam tuam ex una parte, diabolus .. ex altera ANSELM (*Ep.* 169) IV 50; [puella] conubalia vincula .. abhorrens .. doceri .. deprecatur quomodo ab his ~eis et naufragio eruatur GOSC. *Transl. Mild.* 37; tot ~eis in aula expositus [sc. est] a malitia inhabitantium in ea, ut eum .. tederet vivere J. SAL. *Thom.* 7; [officiales] tendunt ~eos et pedicas in capturam pecunie P. BLOIS *Ep.* 25. 90A; ad instar Johannis baptiste mulieris ~eis irretitus *V. II Off.* f. 20a. **c** sibi perditionis ~eos impia temeritate nectunt BEDE *Ep. Cath.* 77; **c747** fornicatio .. veraciter dici potest ~eus mortis et puteus inferni .. BONIF. *Ep.* 73 p. 149; superbia atque libido proceres .. in nequitiarum ~eos precipitantes ORD. VIT. III 1 p. 6; cum sit fraudis laqueus, / viciorum puteus .. P. BLOIS *Carm.* 25. 109; libidini datus et ~eis illectus amoris GIR. *TH* I 22; apostasie ~eis irretiti *V. Edm. Rich P* 1821C. **d** ut [inimici] .. resipiscant a diaboli ~eis BEDE *Ep. Cath.* 110; ~eis .. diabolicis B. *V. Dunst.* 2 (v. factura 3b); mundus .. eorum [sc. daemonum] .. ~eos devitat ANSELM (*Or.* 7) III 20; quamdiu [homo] ambulat inter ~eos diaboli AILR. *Serm.* 33. 16; [humilitas] ~eos diaboli [ME: *þe deofles grunen*] conterit *AncrR* 104. **e** antiqui hostis insidiis vel hujus saeculi ~eis circumfusus BEDE *Acts* 964; Deus vos .. inter hujus mundi ~eos custodiat ANSELM (*Ep.* 145) III 292; res .. quas non poterit prescire anima terrenis ~eis impedita ASHENDEN *AM* 1 v. 1.

3 a strap, band, cord, ribbon (in var. uses, also fig.). **b** cord, lace (for tying or adorning garment or shoe). **c** draw-string (of purse). **d** (falc.) jess. **e** tag, lace (for appending seal to document).

a **1290** (v. forguarium); **1296** in ~eis ferr' ad *le cruper* emptis, v d. ob. *MinAc* 997/11 m. 2; **1316** ij curtine albe cum rubeis ~eis *Invent. Ch. Ch.* 74; libidinem tam firmis ~eis secum inherentem BERN. *Comm. Aen.* 96; **1465** lego annulum .. ad pendendum super ~eum olosericum circa collum ymaginis .. Salvatoris *Test. Ebor.* II 271; hec restis est corda .., hic ~eus idem *WW.* **b** intra / calceus admisso spacio discedit, et ambas / alterno laqueus morsu complectitur horas HANV. II 101; acus .. grossiores ad ~eos [*gl.*: *las*] inducendos NECKAM *Ut.* 101; **1213** in iij peciis ~eorum .. et in xij ~eis cum auro ad supertunicam, et in xij ~eis sine auro ad supertunicam *Cl* 128b; sotulares ad ~eos [*gl.*: *a laz*] GARL. *Dict.* 122; **1274** pro iij ~eis sericis ad easdem [capellas] xviij d. *Househ. Henry* 406; **1335** in j capello .., xiiij d., in j ~eo de nigro serico ad idem empto, xviij d. *Comp. Swith.* 236; **1563** vij par' de ~eis pro *parteletts Ac. L Chamb.* 57 f. 27v. **c** sicut loculi aliqui solent ~eis claudi et restringi P. CORNW. *Rev.* I 16 f. 27va. **d** [accipiter] caput erigens et in pedibus consistens ~eos admisit W. CANT. *Mir. Thom.* V 21. **e** **1182** pro cera et ~eis ad faciendas cartas episcoporum iiij s. et vj d. *Pipe* 159; **1299** clerico scribenti dictam cartam vj s. viij d.; in ~eis sericis viridi cera et pixide, xxij d. *Ac. Durh.* 499.

4 lace (as fabric).

1562 *edged* cum ~eo *nedlework* alb' *Ac. L. Chamb.* 56 f. 24v (Eng.: *white needlework lace*); **1580** xiij virg' di. ~ei de opere acuo alb' *Ib.* 71 f. 13 (Eng.: *fyne white nedlework lace*).

5 (arch.) tie-beam, truss (*cf.* *laquear* 2; *Building in Eng.* 204).

1235 quod faciat habere fratri G. .. quatuor postes et quatuor pannas et ~eos ad hoc necessarios ad opus fratrum .. ad .. coquinam erigendam *Cl* 75; **1236** vj fusta ad vj postes et fusta necessaria ad pannas faciendas .. et iiij trabes et ~eos necessarios ad predictum meremium ad .. domum .. faciendam *Cl* 250; **1284** in uno carpentario locato facienti novos ~eos in columbar' *MinAc* 1027/17 r. 2; **1292** in lij magnis petris emptis ad corballos ad portanda ligna que vocantur ~ei juxta muros turris *KR Ac* 460/29 m. B3 (cf. *Building in Eng.* 108); **1373** pro viij peciis meremii emptis pro ~eis et brachiis long' utriusque per se xxij ped' *KR Ac* 469/13; **1439** de xl d. solutis tegulatori operanti ad domum nuper Johannis P., et de viij d. ob. pro ~eis ad idem, et de x d. ob. pro *lathnayles* ad eandem domum *Ac. Churchw. Bath* 48.

laquiare v. 2 laqueare.

laquinus [cf. lacuna 3, lacunar 3, laquear 2, laqueus 5], (arch.) tie beam, truss.

1297 r. c. de iiij^{xx}x *ring.* ij bu. per taskam de meya cum cumulo in capite aquilonare majoris grangie plena fere ad ~os *Econ. Condit.* app. p. 10.

laquius v. laqueus.

lar [CL]

1 household god (of the ancient Romans).

lares, dii domestici *GlC* L 60.

2 home, abode, household (usu. pl.); **b** (w. gen. or adj. indicating possession); **c** (in phr. *lares* or *larem fovere, tenere*; *cf. fovere* 5c); **d** (w. ref. to church, monastery, or sim.; *cf.* g *infra*); **e** (w. ref. to tomb as abode of the dead); **f** (of animal; in quot., w. ref. to shell of oyster); **g** (fig.; in quot., w. ref. to 'bosom of the church').

culmen, opes .. / .., moenia, castra, lares, / .. / .. liquit amore Dei (*Epitaph.*) BEDE *HE* V 7 p. 293; quaerentes .. / divitias, sedem sibimet, lucrumque laremque ALCUIN *SS Ebor* 37; erat .. ejus provincie incola femina, cui non inops substantia familiares lares impleverat W. MALM. *Wulfst.* II 4 p. 27; fertilitas laribus si prevalet hec comitari, / hospitio poterunt venientes letificari D. BEC. 2234. **b** paternorum penatibus larum H. LOS. *Ep.* 29 (v. exhereditas); puellam intra lares suos receptam filie loco habuit W. MALM. *GR* II 139 p. 155; intra patrios lares ORD. VIT. V 10 p. 380 (*opp.* ib.: in exilio); lares egrorum et debilium .. beneficiis visitabat J. SAL. *Thom.* 11 p. 307 (*sim. V. Edm. Rich P* 1806C); nocte profunda de loco potationis proprios lares propriumque cubile repetens AD. EYNS. *Visio* 21 p. 317; mors lares omnium furtim ingreditur WALT. WIMB. *Sim.* 184. **c** jejunia continuans lares fovit et custodit ORD. VIT. VI 3 p. 11; **1281** etc. (v. fovere 5c); **1439** non sunt ultra numerum xliiij hospitum sive lares fovencium in villa illa *Pat* 444 m. 11*d*; **p1524** sexaginta honestos pauperes focum domum et larem in civitate Glasguensi tenentes *Reg. Glasg.* 540. **d** [Petrus] abbas egregius primus laris extitit hujus R. CANT. *Poems* 29. 50; ad virgineos [sc. S. Werburgae] ~es LUCIAN *Chester* 59. **e** revixit a funere et prodiit .. a sepulcrali lare J. FURNESS *V. Kentig.* 7 p. 174; corpus [Christi] .. / .. / in saxosi laris / specu deici J. HOWD. *Sal.* 42. 5. **f** cancer .. lapidem inter testas ostrei projicit ..; sicque fit preda alterius pisciculus qui in lare recluso tutius latuisset NECKAM *NR* I 36 p. 149. **g** **1237** ad profugandum a laribus ecclesie putridum illud turpitudinis libidinose contagium *Conc. Syn.* 252.

3 a house (considered as building rather than residence). **b** (interior of) building.

a domus vel lar, *hus* ÆLF. *Gl.* 124. 14; largus ..; hinc .. dicitur hic lar, -ris, pro domo, quod etiam pro igne dicitur, unde in antiquo proverbio dicitur 'vidi larem in laribus' OSB. GLOUC. *Deriv.* 320; in lare quid sonuit? mihi fit pruritus in aure *Babio* 81. **b** universum larem, tam chori quam transversarum capellarium, ecclesie, .. ac eciam inferius capitulum pavimentis .. complanavit FORDUN *Cont.* VI 57 p. 375; larem dormitorii per lateres et alia pavimenta perpulchre .. perfecerunt *Ib.* p. 376.

4 a (also pl.) (domestic or other) fire, flame. **b** (destructive) fire, conflagration. **c** 'fire', light (of star). **d** (fig.) fire (of passion).

a praeses .. in luxum labescit, ut cera ante larem liquescit ALDH. *VirgP* 50 p. 305 (cf. Vergil *Ecl.* 8. 82: igni); ceu laris accensi crepitant incendia flammis *Id. VirgV* 2620; tum laribus torrent epulas BEDE *CuthbV* 286; larem, ignem *GlC* L 61; **10..** laribus, *fyrum*; larem, *fyr WW*; medium fornacis intrat .., carbones .. proicit .., lares aptat et intromittendis panibus temperat ORD. VIT. VI 3 p. 11; OSB. GLOUC. *Deriv.* 320 (v. 3a supra). **b** ALDH. *VirgP* 32 (v. ita 15b); en lare torrenti testis conflagrat iniquus *Id. VirgV* 950; incubuit precibus, ventosque laresque retorquens / voce pericla fugat BEDE *CuthbV* 335. **c** veluti .. / astra Olimpi .. / ardui orbi vegeto / larem librant lucifluam [*sic*] (ÆTHELWALD) *Carm. Aldh.* 4. 19. **d** corpus perspicuis castum purgabat in undis, / ingeniti fervore laris ne corruat ustum FRITH. 566.

lararium [LL = *shrine of household gods*], closet (in quot., denotes private chapel).

1591 pro ~io vulgo vocato *clausett* ejusdem domine regine *KR Ac* 432/10 r. 2.

larax [*prob. from corruption of* (ve)l anax (= anas)], duck.

?**10..** aneta, *ened*; larax, *ened WW*; **11..** ~ax, *enede WW Sup.* 132.

larb- v. et. larv-. **larbanum** v. labarum.

larbasum [LL larbason < λάρβασον, cf. CL larbasis], antimony.

stibeus ..; hunc multi perlati obtalmon aut laurosum nominant *Alph.* 175.

larcheretice [? *corruption of* eucharistice], ? graciously, ? with gratitude, or ? *f. l.*

presbiter .. interdum loquatur ~e [vv. ll. larchetice, largetice; *gl.*: *graciusement*], i. gratificative [*gl.*: *merciable-ment*] GARL. *Dict.* 133.

larchetice v. larcheretice. **larcitor** v. largitor.

larcus [λάρκος; *app. not found in* CL, LL, ML], receptacle for coal.

1552 *panne for coales*, ~us, -ci R. Huloet *Abecedarium Anglico-Lat.* (cf. *OED* s. v. *pan, sb.* 1, 1a).

larda v. lardum. **lardan-** v. lardin-.

1 lardare [ML; cf. OF *larder*]

1 a to lard (meat *etc.*). **b** to fatten.

a assate, bene lardate, carnes .. aprine [sc. sint] D. BEC. 2637; cibaria pinguia et ~ata [sc. nocent] GAD. 60v. 2. **b** *to make fatte*, crassare .. ~are, saginare *CathA* 123.

2 to grease, smear.

GILB. I 48. 1 (v. helleborus b); ~etur allium cum myrrha vel thure, et sub cinere coquatur in stupa, et eo contuso inungatur pars dolens *Ib.* III 160. 2.

3 to 'make larder' (*cf. lardarium* 3).

to make la[r]der, ~are *CathA* 208.

2 lardare, larder.

1363 vel cariabunt [sc. virgatarii] salem domini de foro ubi emptus fuerit ad ~e domini *Cart. S. Frideswr.* II 113 (cf. *Cust. Rents* 39).

lardaria v. lardarium.

lardariulus [? *dim. of* CL lardarius], titmouse, tit.

laudariulus, *frecmase GlC* L 91; **10..** lardariulus, *frecmase* .. de avibus: .. sigitula, *frecmase WW.*

lardarium (-der-) [ML], **~ia, larderia** [cf. ME *larderie*]

1 a room or building used for storage of meat (occ. of fish *etc.*); store of meat *etc.* or department of household responsible for its administration, larder; **b** (w. ref. to payment of tithe); **c** (in surname). **d** (stored) meat. **e** (fig.) store.

a ~arium, *spichus* ÆLF. *Sup.* 184. 36; hic laridus .. et inde hoc laridarium OSB. GLOUC. *Deriv.* 23; serviens de pistrino .. habet .. cervisiam in aula et companagium in ~ario *Chr. Abingd.* II 240; ~earium novum sibi construxit abbas in curia, et vetus ~earium conventui ad opus camerarii dedit BRAKELOND f. 148; carnifices .. servient burgensibus .. de carnibus suis preparandis et conficiendis in ~ariis [Scot.: *in þar lardyner*] *Leg. IV Burg.* 64; **1308** in xx carkasiis bydencium emptis .. et missis apud Rames' ad ~erium domini abbatis xx s. *Rec. Elton* 133; **1336** in .. craticulis et vasis ~arii et coquine emendendis [*sic*] ix d. *Househ. Ac.* 194; **s1327** coquinas abbatis et conventus cum †landario necnon omnes seruras .. fregerunt (*Chr. Abingd.*) *EHR* XXVI 733; duxit .. eum [lupum] vulpes ad ~arium cujusdam divitis J. SHEPPEY *Fab.* 50; **1390** clerico coquine .. pro labore suo operante in †~ero [*ed.*; MS: larder'; ? l. ~erio] *Ac. H. Derby* 22; ~rium, *a lardere Medulla* (v. *MED* s. v. *larder* 2a); hoc ~arium, S. *lardyrhouse WW*; hoc ~uarium, A. *a lardyr WW*; **1533** de stauro domini iiij bucculi pro jugis ad xvj s. et ij bucculi pro ~aria ad xij s. *Househ. Bk. Durh.* 205; **1535** pro cultellis emptis pro ~ario carnium et ~ario piscium, *slaughterhouse Ac. Durh.* 112. **b** **c1150** dono .. monachis .. decimam ~arii de Haya *MonA* III 264b; **a1240** dedi .. eis .. decimam de ~erio meo apud Lenhale *Ib.* VI 399b. **c** **1221** plegii in misericordia, sc. S. M., E. C., .. Gaufridus de ~erio .. *PlCrGlouc* 270 p. 66; terras et tenementa Benedicti de ~ario in Abbendone (*Chr. Abingd.*) *EHR* XXVI 731. **d** **1297** de blad', equis seu carettis, ~io, cariagio vel aliis bonis aut catallis .. prioris *Cl* 114 m. 19; **1325** in j quarterio grossi salis empt' London' pro ~ario saliendo *MinAc* 1126/5 r. 5; **1400** r[espondent] pro j doleo pro sale, et j *fat*, et j cultello pro *drissing* ~arii, et ij mortariis lapideis *Test. Ebor.* III 15. **e** ave, doxa virginalis, / vas arvine spiritalis / gracie lardarium [v. l. lardaruum] WALT. WIMB. *Virgo* 47.

2 (w. ref. to royal larder): **a** (of Eng. king); **b** (w. ref. to serjeanty, *cf. lardarius* b); **c** (of Scot. king).

a de dispensatoribus ~arii: magister dispensator assiduus ~arii, sicut magister dispensator panis et vini *Domus Reg.* 131 (cf. ib.: dispensatores ~arii per vicem servientes .. hostiarius ~arii); caretarius ~arii *Ib.* 132; **c1160** habet anno quoque .. in natali duos porcos in meo ~ario Rothomagi

Act. Hen. II I 350; **1237** quod salem .. pertinentem ad ~erium nostrum de Clarendon' faciatis habere Henrico de D. *Cl* 465; **1251** G. de L. fecit capere cum mota sua in pinguedine .. ad ~arium domini regis in foresta de R. xxxiiij damos *SelPlForest* 98; **1266** quod .. cervos illos bene saliri .. faciat, liberandos custodi ~arii nostri *Cl* 207; **1321** de alecia et moruca remanentibus in ~aria regis (*LTR AcWardr*) *Med. Admin. Hist.* II 364. **b 11..** (v. larderarius b); **1193** Willelmus de C. r. c. de x m. pro habenda saisina de terra sua de Eston' que est serjanteria ~arie domini regis *Pipe* 147; **1198** Laurota P. tenet dimidiam carucatam .., et valet per annum vj li. per servicium serviendi ~erie regis *Fees* 10; **1212** (v. lardarius b); **1250** serjantia Ricardi D. .., pro qua debuit custodire ~arium domini regis *Fees* 1225; **1280** per serjantiam custodiendi hostium ~arii domini regis (*PlR Hants*) *King's Serjeants* 238. **c 1329** in portagio carcosiorum eorundem [martorum] in ~arium, xij d.; item in expensis factoris dicti ~arii, ij s. et vj d. *ExchScot* I 126; **1329** computat [martos] interfectos in ~ario apud Cardros ad festum S. Martini .. lxj *Ib.* 134; **1331** onerat se .. de ij^c^lxij [salmonibus] .. de providencia domini regis facta in ~ario apud Perth *Ib.* 406; **1373** in una magna mensa .. pro ~ario ij s. viij d. *Ib.* II 450; **1429** per liberacionem factam decem seldrarum salis grossi ad ~riam regis in Invernes *Ib.* IV 509; **1456** cuidam servitori de ~aria venienti pro martis in Galvidia *Ib.* VI 203.

3 (*facere ~ium*) to 'make larder', prepare meat *etc.* for storage (by slaughtering, salting, *etc.*), lay in supply of meat (or other provisions); **b** (w. ref. to serjeanty).

1214 illos [porcos] occidi facias et inde bon' lardar' nobis fieri facias *Cl* 176b; **1229** ad boves et animalia que ad porcos illos mittentur ad impinguandum contra hyemem ad ~erium domini regis faciendum *Cl* 240; **1240** lviij boves et cclxvj oves .. interfici, bene saliri, ~arium inde fieri, et salvo custodiri faciatis *Liberate* 15 m. 23; **1264** in xij^xx^ carcosiis vaccarum emptis ad ~erium faciendum .. cum x bollis salis emptis, liberatis lardinario *ExchScot* 12; **1331** per unam celdram et duodecim bollas salis pro ~ario faciendo, xxvij s. *Ib.* 365; [carnifices] faciunt ~arium [Scot.: *mak lardnar*] in grosso *Iter Cam.* 8 (v. grossus 26b); piscatores non debent facere ~arium [Scot.: *mak lardnare*] *Ib.* 20. **b 12..** antecessores David de Lardin' habuerunt tales libertates quod facere debuerunt ~arium domini regis et custodire prisonas de foresta *IMisc* 21/3; **1246** W. de P. tenet j carucatam terre .. per servicium faciendi ~erium domini regis in castro Lancastrie *Fees app.* 1391; **1250** de David le Lardener pro ij carucatis terre de serjantia domini regis faciendi ~arium domini regis apud Eboracum in Thorp Boystard' .. x s. per annum *Fees* 102.

4 (w. ref. to larder-rent, larder-silver, *sc.* money rent paid app. in commutation of food rent or of service in larder; *cf. Cust. Rents* pp. 32, 58): **a** (in var. phrs.); **b** (*~arium* by metonymy in sense 'larder-rent').

a c1235 A. S. tenet dim. virgatam, et inde reddit ad quatuor anni terminos xxx d. de gabulo assiso et ad ~arium xij d. *Cust. Glast.* 18; non [erit quietus] de dono ad ~arium *Ib.* 57; solvit de gabulo iiij s. et ad ~arium xij d., et dat *hertpeny Ib.* 74; **1300** ad festum S. Martini ad auxilium ~arii, vj d. *IPM* 95 m. 7*d*; **c1302** et de lix s. de certa consuetudine custumariorum debita ad ~arium ad festum S. Michaelis *Cust. Rents* 58 n. 8 (*Hanbury, Worcs*). **b c1235** summa gabuli xl s., summa ~arii xv s. et vj d. *Cust. Glast.* 19; **1274** tallagium eorundem [villanorum et coterellorum] quod appellatur ~arium valet per annum xl s. *IPM* 6 (1) m. 18; **1290** ~arium solvendum ad festum S. Michaelis iij s. ij d. ob. *Ib.* 58 (4) m. 2; **1294** ~arium ad festum S. Martini valet xv s. vij d.; item captugium garcionum valet .. *IPM* 68 (5) (*Kynemersdon, Som*); **1300** summa totius redditus assisi et ~arii cum chersete et cum consuetudinibus et serviciis, xxvj li. .. *IPM* 95 m. 7*d*.

lardarius [CL = ? *dealer in bacon*], keeper of larder, larderer; **b** (royal, Eng.; *cf. King's Serjeants* 233–43, E. G. Kimball *Serjeanty Tenure* Yale, 1936, 44–50); **c** (royal, Scot.).

in Grafham habet Eustachius dim' hid' et Oilardus lardar' de eo *DB* I 206rb (*Hunts*); **1299** in vij bobus et vaccis emptis .. per Thomam ~ium (*Ac. Comitis Linc.*) *Househ. Ac.* 167; **1322** ~ius qui est primus cocus conventus, pro se et garcione suo *DCCant. Reg. J* p. 511; *a larderere*, ~ius *CathA*. **b c1110** et in capite coquine reg' tenet Henricus lard' ij forgias *Lib. Wint.* f. 4b (*unless expanded* lardinarius); W. Malm. *GP* IV 166 (v. larderarius b); **1166** illustri regi Anglorum David ~ius suus salutem et fidele servitium *RBExch* 428; **1212** domina L. tenet in Sculeton [*Scoulton, Norf*] c solidatas terre per serjanteriam existendi ~ius in lardaria domini regis *Fees* 132; **1250** serjantia Ranulfi de M., pro qua debuit esse ~ius domini regis singulis diebus *Ib.* 1230. **c** ordinaverunt .. pro feodo ~ii quinque libras (*Leg. Malc. II* 6. 9) *RegiamM* I f. 3v.

lardatorium [ML], larder.

1327 item unus modellus in ~io precii xij d. (*Invent. Clonaul*) *RIA Proc.* XXVI 373.

lardearium v. lardarium. **lardecus, lardeicius** v. lardicia. **lardenar-** v. et. lardinar-.

lardenaremarta [MSc. *lardenaremart*; *all quots. below may contain the vernacular word*], 'larder-mart', cow or ox fattened, slaughtered, and stored as provisions (*cf. Dict. of the Older Scot. Tongue s. v.* lardenaremart). *Cf. marta*.

1456 allocate eidem pro xxxvij martis vocatis lardenare martis, precium pecie v s., debitis domino regi de dominio Galwidie, ix li. v s. *ExchScot* VI 200 (cf. ib. 349 [**1457**]: martis que dicuntur *lardenare martis*); **1460** lardenaremartis *Ib.* VII 7; **1471** lardenermartis *Ib.* VIII 89; **1476** lardiner martis *Ib.* 345; **1480** lardnaremartis *Ib.* IX 21.

lardeneria v. lardinaria. **lardenermarta** v. lardenaremarta.

larderarius [ML], larderer; **b** (royal, Eng., sts. w. ref. to serjeanty; *cf. lardarius* b).

a1098 facito abbatem .. resaisiri de dimidia hida .. unde H. ~ius eum desaisivit *Chr. Rams.* 213. **b s1102** [rex] duos de clericis duobus episcopatibus investivit .., Rogerium ~ium suum pontificatu Herefordensi Fl. Worc. II 51 (*sim.* Eadmer *HN* 161, S. Durh. *HR* 184 p. 235; cf. W. Malm. *GP* IV 166: R. quidam lardarius); **a1121** (1414) concedo .. abbatie S. Marie de Euerwic imperpetuum habere totam decimam totius venationis mee .. et ~ii mei eis liberent totam *CalCh* V 472; **11..** (1385) sciatis me [sc. Stephanum regem] .. concessisse Johanni ~io meo de Eboraco .. terram .. quam tenet de me in capite cum ministerio suo de lardario *Pat* 320 m. 34; **1285** W. le M. tenere solebat manerium de S. .. per serjantiam quod esse ~ius regis *PQW* 254a.

larderia, larderium, larderum v. lardarium.

lardicia, ~cius, ~cus (-dec-, -deic-) [? cf. OF *lardé*], chine, saddle, loin (as joint of meat).

1214 siquidem grassum cervum ceperint, latera, hanchias, et caudas ad opus nostrum bene reservari faciatis, linguas autem et lardecios mittatis domine regine *Cl* I 169b; **1239** x s. et iiij d. quas posuerunt in lardecis et loyniis xv damarum et xij capriolorum positis in pane *Liberate* 13 m. 12; **1242** venationem .. quam vobis liberabunt ab eis cum loigniis et ~ciis et aliis escaetis .. recipiatis et eam bene saliri .. faciatis *Ib.* 17 m. 4; **1296** de iiij cervis, viij damis, j costa, ix haunchis, j cauda cervi, ij caudis damorum, lxviij *loyns* lardycie de lardar' comitis venditis *DL MinAc* 1/1 r. 11*d*.

lardinaria, ~ium [cf. ME *lardiner*], larder; **b** (royal, Eng.; freq. w. ref. to serjeanty, *cf. lardarius* b); **c** (royal, Scot.; also *domus ~ia*).

caseus in ~anario debet incidi *Obed. Abingd.* 404; construxit .. aulam cum ~naria et granariis Myln *Dunkeld* 16 (cf. *Extr. Chr. Scot.* 204). **b c1211** W. de C. Estone [sc. tenet] per serjanteriam ~enarie vel j militis *RBExch* 537; **1212** G. de M. tenet duas hydas terre .. de domino rege per servicium de ~eneria *Fees* 124; **1305** de medietate cujusdam domus in civitate nostra Ebor' que vocatur prisona ~inarie *FineR* 103 m. 5 (cf. *IPM* 116/17: domum .. que vocatur prisona ~inar' ubi habuit custodiam de transgressoribus in foresta domini regis de Galtres); **1327** per serjantiam essendi in coronacione regis hostiarius panetarie et ~enarie regis (*AncPet*) *IHR Bull.* XIV 5. **c 1380** de iij^xx^xiij martis receptis ad ~enarium regis apud Methffen *ExchScot* III 40; **1460** pro firmis trium domorum, viz. averie, carbonarie et ~inarie in Perth *Ib.* VII 4; **1463** quarum [sc. martarum] restant tres in ~inaria de R. et alie quindecim locantur in herbagio *Reg. Brechin app.* II 424; **1465** pro firma domorum ~inarie et granalis et pro carbonibus conservandis in villa de Perth *ExchScot* VII 342; **1490** Jacobo B. tunc in gardiroba, Jacobo D. in panitria, Roberto R. in ~inaria .. in feodis suis .. lxiiij li. *Ib.* X 186.

lardinarius [cf. AN, ME *lardiner*], lardiner, larderer; **b** (royal, Eng.; *cf. lardarius* b); **c** (royal, Scot.).

1148 Herebertus ~inar' *Lib. Wint.* f. 15; **a1190** ~enarius habet panem monachi et j ferculum et cervisiam de aula *Chr. Abingd.* II 238; refectorarius .. et ministro suo et curiario et ~anario caseum ponderabit *Obed. Abingd.* 403; **1322** celerarius habet tallias pro robis W. ~inarii, W. le Whyte .. *Lit. Cant. app.* III 381. **b** lardenarii [v. l. lardarii] qui per vicem serviunt, consuetudinarium cibum *Domus Reg.* 131; **1164** et David ~inario vj li. .. *Pipe* 11; **a1180** ex dono Johannis ~inarii regis *Cart. Whitby* 6; **a1190** (1308) sciatis me .. monachis Eboraci confirmasse .. decimam totius venationis mee .. imperpetuum habendam, in carne sc. et coriis .., et ~enarii mei eam eis liberent totam *CalCh* III 112 (*sim. RChart* 80b [**1200**]: laudenarnii); **1212** David ~inarius tenet j serjantiam et est custos gayole foreste et venditor averiorum pro debitis domini regis *Fees* 350 (cf. ib. 247: D. le Lardiner); **c1285** Nicholaus de rege in capite [sc. tenet Felmersham] per servicium essendi ~inarius in hospitio regis *Aids* I 4; [thesaurarius convenire debet] duos magistros coquorum, lardenar', poletarium, scutellarium, salsar', et clericum coquine *Fleta* 78; **1327** per parvam serjantiam essendi ~inarius de feodo ad coronacionem (*AncPet*) *IHR Bull.* XIV 5; **1329** per servicium essendi lardinar' [*Cal. IPM* VII 261: †lardonarius] domini regis ad coronacionem suam *IPM* 20/8; breve de custodia gaole de Neugate concessa ~inario regis *MGL* I 620. **c 1264** (v. lardarium 3a); **1266** cum sale empto et liberato ~inario *ExchScot* 26; **1327** per ccclxiiij salmones .. liberatos Thome de W., ~enario domini regis apud Sconam *Ib.* 66.

lardinermarta v. lardenaremarta.

lardinus [ML], fat, full of lard. **b** obtained from lard (or other animal fat).

1239 et de x s. de ix porcis lurdenis captis in forestam (*Pipe*) *CalPat* 44 (cf. *Pipe* (*Chanc.*) 32: lurdais). **b** [Karolus Magnus] optinuit a Leone papa .. usum sanguinis cismontanis monachis, impetrans eis oleum ~um quia non haberent laurinum ut transmontani Map *NC* I 24 f. 16v.

lardnaremarta v. lardenaremarta. **lardnaria** v. lardinaria.

lardo [ML; cf. OF *lardon*], piece of bacon fat, lard (in quots., used in medicine).

si collum ex utraque parte .. telo sit perforatum, ~onem unum ex una parte et alium ex altera immittere curemus per os vulneris usque ad tertium diem quousque saniem emittat Gilb. IV 179. 2; si .. telo perforata fuerit homoplata, ~onem ibi immittimus *Ib.* 180v. 2; cum emplastro Jannensi vel cum ~one inungantur tuberositates nodose Gad. 48v. 2.

lardonarius v. lardinarius. **lardria, larduarium** v. lardarium.

lardulum [ML *gl.*], ? supply of fat bacon, pork, *etc.*, or ? larder.

CathA (v. lardum 1c).

lardum, laridum [CL], **~us** [LL], **~a**

1 a (piece of) fat bacon or pork (this sense not always easily dist. from 2 *infra*); **b** (expl. etymologically). **c** ? supply of fat bacon, pork, *etc.*, or ? room where such meats are stored, larder.

a 790 benefacite viduis et orfanis nostris de frumento, vino et ~do Alcuin *Ep.* 8; **832** (12c) praecepit dari .. ad manducandum cuique panem unum et caseum aut ~dum *CS* 402 p. 559; **10..** ~da,. *spic WW* (cf. ib.: ~dum, *spic*); naves .. suppeditaverant .. frumentum et vinum, caseum et oleum, fabam et ~dum, et totius ubertatis mercatum Ord. Vit. IX 14 p. 591 (= Baldricus *PL* CLXVI 1136B); gallina, .. si assata sit, crebris gutticulis ~di [*gl.*: *de lard*] refficiatur Neckam *Ut.* 102; **1225** cervisia iiij d., panis ob., boves xiij d., ~dum iij d., in multone xxij d. ob. .. (*KR Ac*) *Househ. Ac.* 135; omnes empciones ~darum, stauri allecis et piscis duri .. ad cellerarium precipue pertinent *Obs. Barnwell* 180. **b** secundum Macrobium de Saturnalibus [VII 12. 2] hic ~idus, -di dicitur ab areo, eo quod sit large aridus; et inde hoc laridarium Osb. Glouc. *Deriv.* 23; hic lar .. etiam pro igne dicitur .., et inde dicitur hic ~dus [cf. Isid. *Etym.* XX 2. 24] .. eo quod igne consumatur *Ib.* 320. **c** hic baco, A. *bacon*; hec perna, A. *flyk*; hoc ~dum, A. *lardyre WW*; *a lardere*, lardarium, ~dum, lardulum *CathA*.

2 rendered fat of swine, lard: **a** (in var. or unspec. use); **b** (in med. use). **c** (*~dum baconis*).

a in adventu Domini pinguedo interdicitur, sc. ~di [AS: *spices*], nisi festivis diebus *RegulC* 30; **1207** pro unguento et ~do iij ob. (*Chanc. Misc.*) *Househ. Ac.* 111; **1240** facias habere J. de M. fabricanti quarellos nostros .. ~dum *Liberate* 15 m. 23; **1299** in lacte xviij d., in caseo iiij s., in pinguedine ix s., in ~do vj s. *Househ. Ac.* 169. **b** si ferrum ad interiora non penetraverit, abstracto ferro ~dum immittatur ..; si etiam ad interiora penetraverit .. stuellus intromittatur de ~do peruncius Gilb. IV 182v 2; ungue .. plantam pedis dextri infirmi de ~do, et istud prohice cani; et si hoc comedat .., vivet infirmus ille J. Mirfield *Brev.* 66. **c** carnes non comedunt .. preter ~dum baconis quo inpinguant pulmentaria sua in minima quantitate Fortescue *LLA* 35.

3 animal fat used in making candles, tallow.

1242 in filo, ~do, et opere .. cereorum et candelarum *Liberate* 34 m. 11 (v. 1 filare 4).

4 ? *f. l.*

1274 multones: .. in ~do [MS: lard'; ? l. lard(arium) *or* lard(ario)] ante tons' ij *Ac. Stratton* 56.

lardura, larder.

1405 de ead' pisc' de lardur' ejusdem j barell' plenum cont' lxvj lag' et saltat' *MinAc* 819/15 (*unnumbered rotulet*, m. 1; *Cornw*).

lardus v. lardum. **lardycia** v. lardicia. **lareones** v. laero. **lares** v. lar. **larga** v. largus 4c, 6a.

largare [LL], **~iare, ~ire** [cf. OF *largir*], to broaden, lengthen, enlarge, extend (*v. et. largiri*): **a** (building or other construction); **b** (the air, *sc.* w. ref. to diffusing action of sun); **c** (mus. note or interval).

a 1258 in grangia cooperienda .. xiij d., et in j bercaria ~ienda in longitudine cum iiij furcis, xx d. *Crawley* 225;

1297 largiend' (v. gula 4); 1299 in monte circa idem molendinum ~ando (*Ac. Milton*) *Ac. Man. Cant.* **b** aere largato per Phebi spicula, grando / turget GARL. *Tri. Eccl.* 54. **c** quotiens ascendimus et iterum descendimus, ascensus ~iatur GARL. *Mus. Mens. app.* 15 p. 95.

large, largiter [CL; *in quots., positive* ~iter *is more common than* ~e *under* 1, ~e *alone occurs under* 2, 3, 4]

1 a generously, liberally, munificently. **b** copiously, abundantly, in abundance.

a [reges] eleemosynas ~iter dantes GILDAS *EB* 27; tu [Deus] largiter almus, / omnia tu dederas nobis ALCUIN *Carm.* 100. 1. 3; **1012** (12c) cuidam ministro meo .. decem cassatos .. ~iter tribuo *CD* 1307; premia militibus .. ~issime distribuit ORD. VIT. IV 5 p. 199; quod tibi nil constat dare largius ipse memento L. DURH. *Dial.* II 105; munificenter, ~e, munifice, dapsiliter .. OSB. GLOUC. *Deriv.* 363; cum loculus risum dat coram judice, nisum / perdent obstantes nisi large distribuentes WALT. WIMB. *Scel.* 73. **b** cunctis .. quae necessitas poscebat itineris, ~iter subministratis BEDE *HE* V 19 p. 324; largiter his lacrimas tergit ab ore suas [sc. Dominus] (*Inscr.*) ALCUIN *Carm.* 88. 3. 6; diffusius, i. habundantius .., ~ius *GlH* D 451; spiraculo ineffabili dum forent ~e afflati .. proceres [cf. *Act.* ii 4] BYRHT. *Man.* 244; et [prophetae] solo sermone solo dant largiter [MS: †lagiter] imbrem WULF. *Brev.* 294; **c1102** ut in alimentis sumendis sorpori ~ius indulgeam ANSELM (*Ep.* 243) IV 153; ferunt [regem] .. ~iter epulatum crebrioribus .. poculis frontem serenasse W. MALM. *GR* IV 333 p. 378; in .. camisiis aqua ~iter humectatis ORD. VIT. VIII 24 p. 413.

2 (in weakened sense) to a great extent, (w. adj.) very.

enixius .., ~ius *GlC* E 208; ~e aridus OSB. GLOUC. *Deriv.* 23 (v. lardum 1b).

3 broadly, widely, extensively.

c687 (12c) his xx hidis quos [*sic*] ego ipse modo partim equitando, modo partim navigando ~e mensus sum *CS* 844; suam .. mentem necesse est .. ingressui gratiae caelestis ~ius dilatet BEDE *Cant.* 1159; **1111** terram quam Serlo habuit, sicut melius et ~ius unquam habuit ipse vel aliquis antecessorum *Cart. Colne* f. 1.

4 a (w. vb. of speaking) expansively, at length. **b** with a broad view, generally. **c** (w. ref. to use or understanding of words) in a broad sense, broadly.

a quicquid ille ~ius dixerat in artum contrahens defloravit W. MALM. *GP* IV 164. **b** ut ~ius dicamus T. CHOBHAM *Praed.* 275. **c** Augustinus stricte sumit 'desiderare' [*Phil.* i 23: desiderium habens], Ambrosius ~e pro voluntate S. LANGTON *Quaest.* 141; dicitur .. 'evangelium' ~e et stricte .. T. CHOBHAM *Praed.* 16; ita ~e accipitur hic 'justitia' quod omnis virtus justitia potest dici *Ib.* 132; *Ps.*-GROS. *Gram.* 64 (v. essentialis 1b); 'dominium' .. dupliciter accipi potest, communiter sc. sive ~e, et specialiter sive stricte OCKHAM *Pol.* I 306; ~issime accepto nomine 'regis', imperatores, reges .. et patres familias possent vocari reges *Ib.* II 673.

largeari v. largiri 2a. **largetice** v. larcheretice.

1 largiare v. largare.

2 largiare, *s. dub.*

1336 cribr' et ter' br' pro blad' ventend' et largiand' [*or* clargiand'] *DL MinAc* 242/3886 m. 3 (*Lincs*).

largibilis, capable of being given freely.

[Christus] procatur .. eam [sc. ecclesiam] isto modo: 'amor tuus .. aut est omnino ~is [ME: *fo[r] to ȝeoven*], aut vendibilis, aut potest violenter rapi *AncrR* 157; si dilectio tua non sit ~is [ME: *nis naut to ȝeoven*], quia non vis ut donetur .. *Ib.*

largiffluus v. largifluus.

largificus [CL], abundant, bountiful, munificent (in quot., of gifts).

?**733** (13c) ~a munera .. Christi libenter ecclesiis Dei inpendo *CS* 150.

largiflue [ML], abundantly, liberally, bountifully.

949 (13c) Ealdredus rex .. ~e cristicolis .. lucra confert *Ch. Burton* 8 (= *CS* 876); **c970** (12c) maneat .. haec nostra ~e renovata dapsilitas .. fixa per evum *CS* 1152; †**854** (12c) terrena .. lucra ~e dantes *CS* 475; DOMINIC *V. Ecgwini* I 21 (v. gratifice 1b); **1293** bene meriti de manu Domini ~e accepistis *Conc.* II 194a; ad structuram .. lateris claustralis quadraginta libras ~e conferebat *Croyl. Cont. B* 497.

largifluus [CL]

1 (of liquid) flowing copiously.

960 (14c) nisi .. ~o lacrimarum rivo emendaverit quod contra nostra instituta agere presumsit *CS* 1053.

2 copious, abundant: **a** (of material things or their supply); **b** (of expenses); **c** (qualifying sb. w. sense 'generosity', 'liberality'); **d** (w. var. abstrs.; some quots. perh. to be referred to 3 *infra*).

a ~uis architenencium tractibus *Ps.*-ELMH. *Hen. V* 75 p. 215; aqueductum atria .. fertilitate ~a .. vina compluunt *Ib.* 110 p. 298; ?**1451** butiri et aliorum lacticiniorum, de quibus .. ubertas habetur ~a et admodum copiosa, usus et esus (*Bulla Papae*) *Reg. Dunferm.* 433 p. 319. **b** **1322** domus de Pontefracto oppressiones .. sustinuit, ~as necessario effudit et expensas *Arch. Soc. Yorks J.* IX 439. **c** **841** (11c) ego Berhtuulf ~a Dei munificentia rex Merciorum *CS* 434 p. 10; **930** (12c) [Dei] ~ae liberalitatis munificentia *CS* 667 p. 346; a**985** quod .. a catholicis .. hominibus ~a concessum est dapsilitate *Conc. Syn.* 129 (= *CS* 1190 p. 462). **d** **680** ut vos ~a pietatis benevolentia confirmare dignemini quae .. erga meam parvitatem decreta sunt (WILFRIDUS) W. MALM. *GP* III 105; secundum ~am misericordiam tuam .. veniam tribue, .. Christe *Nunnam.* 81; **926** (13c) ~a Dei largiente gratia *CS* 659; **956** (13c) ego Eadwig ~a summi tonantis providentia rex *CS* 941; per ejus [sc. BVM] ~am bonitatem OSB. *V. Dunst.* 15 p. 86; **1297** quantum [BVM] .. ad ~am exaudicionem petencium se pronam .. exhibeat *Reg. Cant.* 1318.

3 liberally given, generous: **a** (of human gift); **b** (of divine gift).

a **811** (12c) hanc meam largiffluam munificentiam quisquis violare presumpserit .. *CS* 336; **964** (12c) hanc ~am donationem crucis signaculo roboravi *CS* 1142 p. 393; **971** (12c) ut .. firmior [*sic*] esset ~um hujus telluris donum *CS* 1270; [imperator] extitit .. munificus sua dapsilitate, pro qua ~a donatione eum reges .. magnifice laudabant BYRHT. *V. Osw.* 435; cella .. ~is exhibitionibus .. crevit ORD. VIT. V 19 p. 466; ~is .. muneribus liberaliter omnibus prestitis ANDRÉ *Hen. VII* 38. **b** **957** (v. hierarcha 2a); per ~um gratie sue donum AD. EYNS. *Hug.* IV 3 p. 12.

4 liberal in giving, generous, bountiful, munificent: **a** (of human); **b** (of God or BVM); **c** (*~a manus, ~a mens*).

a **956** (14c) rus quod ego .. ~us concessi *CS* 920; *Chr. Rams.* 139 (v. dispensator 1a); GARL. *Hon. Vit.* 297 (v. dapifer e); virum reverendum atque ~um *Chr. Melrose* 190; in tantum largus ~usque factus fuerat ac eciam liberalis ut nullum .. sperneret *Reg. Whet.* I 249. **b** gratias egit ~o Domino GOSC. *V. Iv.* 85D; [haereticus] expuit atra venena / in faciem summi largifluique boni GARL. *Tri. Eccl.* 71; bonitatem / .. et sublimitatem / virginis largiflue *Id. SM* 150. **c** ?**824** (12c) ego Ecgberhtus Occidentalium Saxonum rex ~a Dei et dapsili manu *CS* 377 p. 515; **958** (12c) ruris .. particulam .. ~a mente .. concedo *CS* 1042; ad opera caritatis .. manus ~as .. extendere *Chr. Rams. app.* 406; **1433** quatinus .. subsidium .. conferre vellet manus ~a prelatorum *Reg. Cant.* III 247.

5 ? great in importance, glorious, magnificent (unless quot. is referred to 3 *supra*).

955 (12c) ego B. episcopus ~i signum trophaei equiperans consignari *CS* 905.

largipotens, mighty in giving, munificent.

dives largipotens si sis, non tanta propines / munera .. cuiquam .. / quod valeat .. tibi dampna referre D. BEC. 2332.

largire v. largare, largiri.

largiri, ~ire [CL; *act. and pass. forms are distinguished in* 1b, 2b, *and indicated* ad loc. *in* 3–4]

1 (w. dir. obj., or partitive *de*, expressed or understood) to give generously, bestow (land, wealth, material goods, or their ownership): **a** (dep. and ambiguous forms); **b** (act. and pass. forms).

a **c692** (8c) quotiens sanctis .. locis vestris aliquid offerre videmur, vestra vobis reddimus, non nostra ~imur *CS* 81; [Deus] homini Dei .. carnes ~itus est *V. Cuthb.* II 4; multi ~iuntur de suo sed ~iendo Dominum non honorant BEDE *Prov.* 950; quo [rege] .. possessionem terrae ~iente ipsum monasterium fecerat *Id. HE* IV 16 (18) p. 241; **745** (v. dapsilis b); **c790** (13c) aliquem portionem .. principi meo sempiternaliter possidendam ~itus sum *CS* 258; **940** (13c) successorum .. cui se libuerit menti libero [*sic*] dono ~iatur [sc. terram] *CS* 761; **948** (v. divitiae a); pauperibus victum, nudis largiris amictum WULF. *Swith. prol.* 315; de suis abundantiis monachis .. affluenter ~iti sunt ORD. VIT. VIII 8 p. 312; debes .. ~iri bona tua .. hominibus indigentibus BACON V 43 (cf. *Quadr. Reg. Spec.* 31: debes .. largire dona). **b** **675** (15c) quicunque .. haec quae ~ita praediximus sub pia protectione custodierit .. *CS* 36; qui semetipsum occiderit .., pro eo .. licet .. tantum orare et elemosinas ~ire THEOD. *Pen.* II 10. 3; ea .. quae sibi a divitibus donaria .. ~iebantur BEDE *HE* III 5 p. 136; non perdit pietas quicquid largire [v. l. donare] videtur ALCUIN *Carm.* 62. 33; **c970** (12c) quoddam rus .. aecclesiae eterna ~itum est dapsilitate *CS* 1151; constituit ut .. eis [sc. leprosis] de cellario .. panis et potus .. cotidie ~iretur ORD. VIT. III 7 p. 101; *Quadr. Reg. Spec.* 31 (v. a supra).

2 to give generously, bestow (immaterial things): **a** (dep. and ambiguous forms); **b** (act. and pass. forms).

a bene norunt ~iri spiritalia conservis suis .. cibaria GILDAS *EB* 92; balbis .. rectitudinem liquelae ~iendo ALDH. *VirgP* 34; [Deus] gaudium vitae ~itur aeternum BEDE *Cath.* 33; Deus, .. / criminibus .. suis veniam largire benignus ALCUIN *Carm.* 20. 6; **858** livertatem huic eodem agellulo .. liventer ~itus sum *CS* 496; aeternam largire mihi .. vitam WULF. *Swith.* II 501; malivolus .. comprobari potest qui persuasionem, ut proprias regiones .. devastares, tibi ~itus est ORD. VIT. VI 10 p. 93; cum nominum suorum indicia rebus ~irentur extantibus, perpetuam sui memoriam .. sunt inde sortiti GIR. *TH* III 2 p. 141; GILB. VI 271. 1 (v. dialecticus c); [Christus] vite dulcioris / nobis donum largiens J. HOWD. *Sal.* 46. 11; **1515** plenam potestatem .. juris remedia .. concedendi et ~eandi [*sic*], quemadmodum prius cancellarius Parisiensis concedebat et ~iebatur *TreatyR* 197 m. 9 (cf. *Foed.* XIII 519b). **b** ac si nihil mundo medicinae a vero omnium medico ~iretur GILDAS *EB* 21 (cf. G. MON. XII 6); ut .. populo Christiano pacem .. ~ire digneris EGB. *Pont.* 30; virorum descruptiunculas .. de dono nostro mero sibi ~iri postulabant GIR. *LS* 413; si ~iri debeat [sc. amor tuus; ME: *ȝef hit is forte ȝeoven*] *AncrR* 157.

3 (without dir. obj.; *cf.* 4b–c *infra*): **a** (absol.) to be generous in giving, to bestow largesse. **b** (in glossaries or sim.).

a dapsilis his .. per omnem / exstiterat vitam, miseris largitur [v. l. largitus] egenis ÆTHELWULF *Abb.* 476; paterna vestra dilectio nescit non esse mihi, et cum non ~itur, munifica ANSELM (*Ep.* 49) III 162; est .. ~iendum, sed diligenter et moderate; plures enim patrimonia sua effudere inconsulte ~iendo W. MALM. *GR* IV 313; ut [Dominus] inveniat occasionem ~iendi [ME: *forto ȝeovene*] *AncrR* 127. **b** dispensare, ~iri OSB. GLOUC. *Deriv.* 173; munificare, locupletare vel ~iri .. *Ib.* 367; *doner*, dare, donare, †langiri .. *Gl. AN Ox.* f. 154r; ~ior [*dep.*] *je done*, [*pass.*] *je su duné Teaching Latin* II 17.

4 to allow freely, grant generously (that something should occur, be done, *etc.*): **a** (w. *ut*, inf., or acc. & inf.); **b** (action *etc.* allowed is understood from context); **c** (abl. absol. *Deo ~iente* or sim.).

a cui [sc. Guthlaco] ex divina donatione ~itum est [*pass.*] ut verba absentium quasi scripta videret FELIX *Guthl.* 46 p. 142; aecclesiam tuam .. crescere dilatarique ~iris EGB. *Pont.* 19; ~ire [*gl.*: *forgyf*] cunctis servulis / .. / nescire lapsum criminum / nec ferre mortis tedium *AS Hymns* 25; **13..** ~ire sensibus nostris, omnipotens Pater, ut .. mundentur .. †polliciones [l. polluciones] mentis (*Ord. Sal.*) *HBS* XXVII 3. **b** **c1081** communicando passionibus ipsius [sc. Christi], in quantum .. divina ei [sc. fideli] gratia ~iri dignatur LANFR. *Ep.* 33 (49 p. 158); cum .. ad amorem Dei, quantum ~iri dignata est superna clementia, profeceris ANSELM (*Ep.* 43) III 155. **c** fidei initia non nisi Domino ~iente possumus habere BEDE *Cant.* 1210; a**738** (11c) ego Æthilbalth .. Mercensium .. divina ~iente gratia rex *CS* 157; **956** (14c) ego Eadwig rex Anglorum Deo ~iente *CS* 968; Christo ~iente ABBO *Edm.* 16; multis .. carismatibus, ~iente Deo, vigetis ORD. VIT. VII 7 p. 185.

largiriae v. philargyria. **largisculus** v. largiusculus.

largissim, abundantly, generously.

?**939** (13c) Edelstan .. larga manu confert lucra ~im *Ch. Burton* 4 (= *CS* 746).

largitari [ML]

1 to give or grant generously.

†**903** (16c) omnipotentia divine magestatis .. cuncta gubernante ego Edwardus ipso [*sic*] ~ante .. ad regalis solii fastigium sublimatus .. *CS* 602.

2 *f. l.*

H. BOS. *Ep.* 11 (v. largitor b).

largitas [CL]

1 liberality, generosity, munificence (as quality, or habitual action, of donor); **b** (w. *vestra*, in honorific address); **c** (descr. as excessive, prodigal); **d** (in ironic or paradoxical use).

ineffabili conditoris nostri .. ~ate BEDE *Cant.* 1189; ut .. propalarem, quam profusus in ~ate ille sit ASSER *Alf.* 81; Dominus .. ~atis suae conferre dignatus est gratiam B. *V. Dunst.* 4; elemosinas pauperibus .. porrigebat, ~ate et dapsilitate .. vigebat ORD. VIT. V 3 p. 312; sunt .. due virtutes, ~as et parcimonia .. et duo vitia, prodigalitas et avaritia GIR. *PI* I 8 p. 29; Cesaris ~as [ME: *freolec*], Alexandri fama, Moysi sanitas *AncrR* 158. **b** **c925** ut non nostri obliviscatur vestrae [sc. Adelstani] felicissimae

~atis magna misericordia (*Ep.*) W. MALM. *GP* V 249 (= *CS* 643); pro magnis muneribus que suscepimus de vestra ~ate ANSELM (*Ep.* 14) III 119; **1101** cujus petitioni ~atem vestram favere .. flagitamus *Id.* (*Ep.* 214) IV 114. **c** hoc dispendium .., i. nimia ~as, quod pro damno dicitur OSB. GLOUC. *Deriv.* 446; **s1023** prodiga ~ate (v. dilapidatrix). **d** impia .. ac misera ~ate .. de uno omnes calice inebriantur in pena J. FORD *Serm.* 105. 4; **s1257** comes de M. ex ~ate uxoris sue veneno hausto intoxicatus .. interiit *Plusc.* VII 22.

2 (also pl.) act of generosity, or generous gift.

949 (10c) ego Wulfstan .. huic ~ate [*sic*] crucem asscripsi *CS* 880 p. 35; **949** (14c) [rex] ruricolis .. infert perhenniter ~ates *CS* 884; **957** (14c) magnates qui me ad hanc ~atem donandam incitaverant *CS* 1000 p. 197; baronem .. omnes planxerunt qui ~ates ejus et facetias .. noverunt ORD. VIT. IV 8 p. 236.

3 (as quality of that which is given) lavishness, generosity, munificence.

verbum effusionis ostendit muneris ~atem BEDE *Acts* (ii 17) 948; **a717** (11c) nisi [ecclesie] .. ex ~ate beneficiorum quid facere velint *CS* 91 p. 130; oremus .. ut huic viro .. benignitas .. Dei gratiae suae tribuat ~atem EGB. *Pont.* 1; **a795** (v. gaza a); **847** (v. elemosina 1a); unus alium .. festinabat .. elemosinarum .. ~ate digniter superare ORD. VIT. III 1 p. 12.

4 **a** great size or extent, magnitude. **b** (med.) distension. **c** (specified) size, width, depth, *etc.*

a soccus est pallium .. quo simul pectus et humeri .. amiciuntur ..; succedit igitur soccus ephot et logion sui ~ate R. NIGER *Mil.* II 3; de mari stillam haurio / cujus me terret largitas J. HOWD. *Cyth.* 43. 12; cujus [sc. Christi] non est limitata / largitas potencie *Id. Sal.* 49. 11; **1379** propter distanciam et ~atem comitatus predicti *Rec. Leic.* II 188. **b** in uvea sunt ~as et constrictio ..; ~as fit vel ex relaxatione uvee .. vel ex ventositate distendente GILB. III 139v. 2. **c** ut [radii] profundius per duorum digitorum ~atem attingere valeant in seminando *Fleta* 163; mallia .. retiorum .. deberent esse ~atis duorum pollicum ad minus *MGL* I 385.

largitatio, (act of) giving generously, largesse.

cum illis opus sit .. terreri damno rerum .., attrahi ~one temporalium, ut Domini jussa vel sic ament PULL. *Sent.* 777A.

largiter v. large.

largitio [CL]

1 (act of) giving liberally or generously, largesse; **b** (w. obj. gen.); **c** (w. gen. indicating recipient); **d** (descr. as imprudent, excessive).

[liber] per ejus est ~onem etiam minoribus ad legendum contraditus BEDE *HE* V 15 p. 317; **745** exemplar hujus ~onis promulgatum est anno .. dccxlv (*Ch.*) W. MALM. *GP* V 233 (= *CS* 170); illustrioribus ~onibus se gratias relaturam [sc. regina promisit] GOSC. *Transl. Mild.* 18 p. 178; ubi regnat estus avaritie, deest ~o cum bona voluntate et compassio egestatis aliene *Simil. Anselmi app.* p. 95; [papa] habet .. ex munifica ~one principum .. imperii regalis insignia J. FORD *Serm.* 67. 10; **1439** jocalia que .. ecclesie .. ex ~one nobilium .. legari continget *Stat. Linc.* II 213. **b** ?**690** (13c) hanc terrarum .. ~onem .. confirmamus *CS* 42; sedula elemosinarum ~one BEDE *Cant.* 1176; de veniae ~one ALCUIN *WillP* 32 p. 140 (v. fluctuare 4a); **1101** ut pallii ~one a vestra benignitate .. honoraretur ANSELM (*Ep.* 214) IV 114; ut [sacerdos] viatici ~one [i. e. *by administration of the last rites*] beneficium consummaret GIR. *TH* II 19 p. 102; in has partes .. terrarum et urbium nobis et nostris perpetua ~o nos advexit *Id. EH* I 9 p. 242; **12..** ut hec mea donacio et elemosine ~o stabilis .. permaneat *Reg. Tristernagh* p. 21. **c** **1357** in elemosina et ~one pauperum .. lxiij s. iiij d. *Ac. Durh.* 718. **d** tua .. avaricia et fratris tui injusta ~o est bonorum tuorum justa perditio ALEX. CANT. *Mir.* 32 (I) p. 223 (cf. ib. II: datio indiscreta); ceca ~o GIR. *TH* III 48 (v. exter b); **s1456** (v. defalcare 2).

2 that which is freely bestowed, (generous) gift.

divinorum munerum in se ubertim confluens .. ~o W. MALM. *GR* V 417; aram .. quam E. .. ex procuratione sua fideliumque ~onibus edificavit ORD. VIT. XII 35 p. 448; **1300** ~onibus .. per obedienciarios claustralibus collatis *Vis. Ely* 8 p. 9; elemosinarum ~ones .. destribuere *Plusc.* VII 18 (v. elemosinarius 4b).

3 (as quality of person) liberality, generosity.

cui naturalis inest ~o cum probitate .., nullatenus .. continua paupertas ei nocebit G. MON. IX 1.

largitiuncula, small gift.

964 hi testes praefatae videbantur ~ae quorum inferus .. nomine caraxari videntur *CS* 1134.

largitor [CL], one who gives generously, bestower, benefactor (freq. w. obj. gen.): **a** (human); **b** (divine).

a **738** (12c) praesidente meo ~ore Eadberhto *CS* 159; cum, dono concesso, astantes suggerent ut pedem ~oris oscularetur .. W. MALM. *GR* II 127 p. 139; [Lanfrancus] ut meriti clari sanctum cepit venerari, / et tulit erroris veniam largitor honoris *V. Anselmi Epit.* 43; virum hunc illustrem, ~orem optimum et liberalem GIR. *EH* I 9 p. 242. **b** **694** (13c) ne ingrati beneficiis videremur ~oris nostri *CS* 86; quo amplius auctori mortis serviunt, eo gravius vitae ~orem offendunt BEDE *Prov.* 987; **764** (12c) ~or bonorum omnium Christus Dominus *CS* 195; **861** (13c) bonorum omnium larcitori Deo *CS* 855; †**956** (12c) ego Eadgar rex Deo ~ore Anglicae gentis *CS* 1183; **c1102** Christo, qui hujus doni auctor et ~or est ANSELM (*Ep.* 243) IV 153; totius charitatis †largitari [l. ~ori] H. BOS. *Ep.* 11. 1435B; quam sit [Deus] ~or magnificus in bonis celestibus conferendis EDMUND *Spec. Relig.* 132.

largitrix [LL], one who gives generously (f.), bestower, benefactress.

dextra illa regalis, tantarum eleemosinarum ~ix W. MALM. *GR* I 49 p. 52; quo bone ~icis nacta famam suorum parvi pensaret contumeliam *Ib.* V 418 p. 495; Camenam, diuturnitatis ~icem H. HUNT. *HA* V 17 p. 158; semen .. cuculi qui, cum vires acceperit, virium ~icem nutriculam suam necat R. BURY *Phil.* 4. 44.

largitudo [CL], liberality, copiousness.

OSB. GLOUC. *Deriv.* 320 (v. largiusculus).

largiusculus [LL], somewhat copious.

largus .., unde .. hec largitudo, -nis, et †largisculus [MS: ~us], -a, -um, i. aliquantulum largus OSB. GLOUC. *Deriv.* 320; ~us, aliquantulum largus *Ib.* 328.

largus [CL]

1 liberal in giving or spending, generous, munificent: **a** (of human; also as sb. m.); **b** (of God or Christ); **c** (*~a manus*, *~a mens*, or sim.); **d** (of quality, action, or sim.); **e** (w. prep. or gen. indicating scope of generosity); **f** (in glossary or sim.).

a pauperibus .. humilis, benignus et ~us fuit BEDE *HE* III 6 p. 138; **s900** erat .. rex [Alfredus] .. ~issimus distributor elemosinarum *Chr. S. Neoti*; sunt .. duo omnino genera ~orum: alteri prodigi, alteri liberales dicuntur W. MALM. *GR* IV 313 p. 367; erat .. munerum .. dator ~issimus ORD. VIT. VII 5 p. 168; dat largus danda, retinet que sunt retinenda; / prodigus effundit que sunt sua D. BEC. 2200; rex avarus sibi et ~us subditis BACON V 42. **b** Christo .., / fercula qui dapibus largus complevit opimis ALDH. *VirgV* 1604; **814** (9c) ~us largitor omnium bonorum Deus *CS* 348 p. 485; Deus qui est .., ut habeantur bona desiderata, ~issimus administrator ASSER *Alf.* 76 p. 61; cogitare debes quam sit ~us et munificus [sc. Deus] EDMUND *Spec. Relig.* 132. **c** quidquid habebat, / distribuit larga mente in donaria Christi ALCUIN *Carm.* 66. 2. 9; sit .. nostra manus miseris largissima semper *Ib.* 100. 1. 10; larga salutiferi .. pectora Christi WULF. *Swith.* II 363; militibus .. ~a manu stipendia data sunt ORD. VIT. IV 2 p. 167; quam ~a manu .. pauperum necessaria procurabat *V. Gund.* 17; larga manus, pietas, animi prudentia, notum / gratum discretum reddit R. PARTES 231. **d** **a705** inceptum ~ae institutionis beneficium .. comple *Ep. Aldh.* 2 p. 496; **c730** (11c) terram .. ~a mentis benevolentia donans concedo *CS* 157; benedicto Christi / .. largissima ALCUIN *WillV* 17. 6; **969** (11c) ~a munificentia regum *CS* 1229; **c1100** ejus [sc. archiepiscopi] benigna largitate et ~a benignitate sustentor ANSELM (*Ep.* 210) IV 106; ~a .. laudabilique liberalitate GIR. *TH* III *praef.* p. 139. **e** tu .. insularis draco .., multis .. ~ior in dando, profusior in peccato GILDAS *EB* 33; [Osuui] fuerat .. / .. donorum largus miseris ALCUIN *SEbor* 572; in victu sibi parcus aliisque ~us ORD. VIT. VI 4 p. 16; meditare quam ~us sit Deus in .. virtutibus tribuendis EDMUND *Spec. Relig.* 132; vide qualiter [Deus] est ~us de bonis temporalibus .., deinde vide quomodo est ~us ad .. dimittendum peccata *Spec. Eccl.* 132; **s1251** (v. dare 1g). **f** *GlC* F 333, *GlH* F 795 (v. frugalis 2c); liberalis, ~us *GlC* L 185; prodigus, profusus, ~us *Ib.* P 583; *GlH* D 505, OSB. GLOUC. *Deriv.* 180 (v. dilargus); ~us vel dapsilis, *cystig* ÆLF. *Gl.* 165. 12; prodigus .., i. ultra modum ~us OSB. GLOUC. *Deriv.* 30; munerosus, ~us .. *Ib.* 363.

2 (of gifts, alms, or sim.; some quots. perh. to be referred to 3 *infra*) liberally given, generous, munificent: **a** (of material goods, money); **b** (of immaterial goods); **c** (as sb. n.).

a dapes lautas et munera larga ciborum ALDH. *VirgV* 1592; **949** (16c) rex confert .. ~a lucra lictoribus *CS* 882; largas .. / inpensas eleis palmis fundebat apertis FRITH. 1132; multa flagitia commisit, sed postea .. eleemosynis ~issimis .. quedam delevit W. MALM. *GR* II 178 p. 211; nobiles ~as faciunt elemosinas [ME: *makeð large relef*] *AncrR* 55. **b** **798** ego Athelhardus ~a .. Dei gratia annuente metropolitanus (*Clovesho*) *Conc. HS* 512 (= *CS* 291 p. 405); **962** (11c) ego Oswald ~o Christi carismate praesul dicatus *CS* 1091; Cunctitonans .. / respexit hominis beneficia larga WULF. *Swith.* I 231; invitatus .. ut .. ~am clementiam Anglorum experiretur W. MALM. *GR* II 228 p. 281. **c** nos tui servi tua larga, Christe, / corde rogamus ALCUIN *Carm.* 89 p. 313.

3 (w. ref. to quantity or magnitude) abundant, copious, ample, great: **a** (of var. material things); **b** (of wealth, expense, or sim.); **c** (of event, action); **d** (of var. abstrs.); **e** (in hypallage).

a convivia larga puellae / .. ferunt ALDH. *VirgV* 1149; complentur valles, et larga fluenta redundant *Ib.* 2046; quis .. numero conclusit .. / .. pluvie largas .. guttas? WULF. *Brev.* 76; populus .. ~o et luxurianti superbus sanguine W. MALM. *GR* IV 347 p. 396. **b** [aemulus hostis] largissima lucra ministrat FRITH. 1349; comes .. ~is sumptibus milites suos continebat W. MALM. *GR* III 238 p. 298; princeps .. suo infert erario ~as opes ORD. VIT. VIII 8 p. 312; capiunt ~iorem custumam [Scot.: *mar custom*] quam concessum est *Iter Cam.* 12. **c** in caput sancti peditat benedictio larga ÆTHELWULF *Abb.* 518; [rex] nihil tale hostem ausurum timens ~e quieti indulsisset W. MALM. *GR* II 131 p. 143; dicta episcoporum ~is suspiriis excipiens *Id. GP* I 49 p. 90; ~ior profectus PECOCK *Abbr.* 618 (v. frequentatio 3b). **d** grande .. intervallum et ~a spatiosae intercapidinis differentia ALDH. *VirgP* 17; otium .. et remotio .. ~am scribendi materiam .. conferunt *Ib.* 59; **798** ~a benedictionis tuae ubertas W. MALM. *GR* I 88 p. 87 (= *CS* 287). **e** Egfridus imperii largas retinebat habenas FRITH. 541.

4 (w. ref. to spatial dimensions) extensive, spacious, large, (also) broad (from one side to the other), wide; **b** (of metal, w. ref. to ductility, malleability; but perh. 'yielding, not rigid'). **c** (as sb. f.) ? a measure of land (of unknown dimensions).

sibi .. predia ejus et ~os honores [*estates*] adipisci cupiebant ORD. VIT. IV 14 p. 266; [sunt equis] pectora larga, jacens parvus ubique pilus L. DURH. *Dial.* II 200; **1236** (v. fossatum 2d); **1263** unam ~am viam continentem quatuor perticas in latitudine *BBC* (*Agardsley, Staffs*) 377; ~iorem marginem R. BURY *Phil.* 17. 222 (v. glossator 1b); ecce fores large, quas servat janitor arte GOWER *VC* III 841; nunc curtis, nunc longis, nunc ~is utuntur vestibus *Itin. Mand.* 76; **s1381** quemdam .. decollaverunt in ~a terra ante januas abbathie WALS. *HA* I 471; **1441** xij disci largi de argento *Test. Ebor.* II 188; ~iorem meatum *Plusc.* IX 30 (v. degradare 2); [Wokyhole] est ita ~us sicut Westminsterhalle W. WORC. *Itin.* 290; **c1520** vestes .. cum manicis longis latis et ~is *Conc. Scot.* I cclxxvii. **b** **1165** aurum .. ~um ad dilatationem (v. incontaminabilis). **c** **1476** onerat se .. de xxxiij s. iiij d. de firmis de duabus ~is terrarum jacentibus infra vicecomitatum de Invernes *ExchScot* 365.

5 (of discourse) lengthy. **b** (as sb. n.: *ad ~um*) at length, in full.

in illo sermone dulcissimo ac ~issimo quem .. ultimum ante passionem habuit [Christus] BEDE *Cant.* 1208. **b** **1567** ut ad largum in dicta indentura .. patet *Surv. Pembr.* 394.

6 (mus.): **a** (sb. f.) 'large', note or rest equal in duration to two or more *longae*, or character representing such note (also superl. *~issima*, signifying note longer than *~a*). **b** (adj.) having the duration of a 'large' or (superl.) of a *~issima* (*v.* a *supra*; in quots., of rest).

a ex maxima quadrata solum una species [sc. notarum] constat, que ~a vocatur TORKESEY 58; illa nota que vocatur ~a bene .. posset appellari longior .., et .. illa que ~issima vocatur .. longissima posset appellari proprie *Fig.* 44; sunt octo species figurarum, sc. ~a, duplex longa, longa, brevis, semibrevis, minor, semiminor, minima HAUBOYS 192; ~a aliquando valet novem longas, aliquando octo .., aliquando quatuor *Ib.* 198; duplex longa .. a quibusdam ~a vocatur *Ib.* 218; potest .. pausa ~e perfici, ut pausa ante ~am vel ante largam pausam *Ib.* 340; prima [nota] dicitur ~issima, secunda ~a, tercia longa, quarta brevis, quinta semibrevis, sexta minuta, septima minima sive simpla sive crocheta, secundum diversitatem loquencium WILL. 24; ~issima perfecta est figura quadrangularis .. *Ib.* 26; WALS. *Mus. Mens.* 74 (v. figura 2e). **b** ante ~am pausam HAUBOYS 340 (v. a supra); ponenda est figura .. Johannis de Torkesey cum addicione ~issime pause WILL. 29.

7 **a** free, at liberty, unconfined (in quot., of animal) **b** (of right of way, access) free, unrestricted.

a corruit in terram, largus [v. l. lapsus] aberrat equus NIG. *SS* 1434. **b** **1248** ita quod .. habeant liberum et ~um ingressum et regressum *MonA* V 357b; **13..** ~am liberam et racionabilem viam *Ib.* VI 288b (v. faleisia a).

8 (as sb. n. in var. phrases; *cf.* 5b *supra*): **a** (*~um suum habere*) to have the freedom or opportunity (to do, etc.). **b** (*ad ~um*, *ad ~a*) at liberty, at large. **c** (*ad ~um esse ad*) to be at

liberty, be free (to do, etc.; in quot., foll. by gdv.).

a **1433** nunquam aliquem habere ~um suum .. rasuram fecisse permisit nisi solomodo predictum W. *Cl* 283 m. 4*d*. **b** **1331** J. ad ~a jam se spaciatur infra civitatem predictam *Cl* 150 m. 14*d*; **1349** J. fuit ad ~um et extra quamlibet prisonam *SelCKB* VI 68; **1384** ipsum N. cum vinis suis .. ad ~um posuimus *IMisc* 234/2 m. 3; quod canes non circumvagent in civitate ad ~um *MGL* I 349; tibi precipimus quod prefatum J. a prisona .. deliberari facias et ad ~um, quocunque voluerit, transire permittas *Reg. Brev. Orig.* 80r; **1433, 1515** (v. ire 1c); **1475** (v. escapere 2); **1516** permiserunt porcos suos euntes ad ~um in regia strata non anulatos (*CourtR Ottery St. M.*) *Devon RO CR 1288* m. 108. **c** **1432** omnes illi qui aliquas assignaciones .. habent .. sint ad ~um ad novas assignaciones .. prosequendas *Cl* 282 m. 4.

larid- v. lard-.

larus [LL < λάρος], sea-mew, gull (also identified as other birds in gl.).

~us, *meau GlC* L 50 (*sim. GlM* 35. 5, *WW* [**10..**]; ~um, *hragra* [*heron*] *GlM* 36. 16; ~us .. G. *ralle* [? *water-rail*] *Teaching Latin* I 393; ibi milvi, ibi accipitres, ibi ~i, ibi herodii H. Bos. *LM* 1320C.

larva [CL]

1 ghost, spectre, (evil) spirit, goblin, demon.

linquentes larvam [v. l. larbam] furvum fantasma putabant Aldh. *VirgV* 2244; tremulos terret nocturnis larba latebris *Ib.* 2856; larba, umbra exerrans *GlC* L 69; limuruae [? l. lemuriae], ~ae *Ib.* L 221; Frith. 14 (v. l., v. dissaepire); ejus in occursum festinat belua, larva; / turpior huic hominis species .. Nig. *Paul.* 297 (cf. ib. 301: est facies hominis, sed cornibus aspera binis; 304: deformem .. similemque ferarum); Gerv. Tilb. III 86 p. 989 (v. fada); sacerdos .. in theatrali ludibrio coram monstruosis ~is .. sistitur Coggesh. *Visio* 22; *WW* (v. 2a infra).

2 mask, visor; **b** (fig.); **c** (app. in more general sense) disguise.

quidam [histriones] transformant .. corpora sua .. induendo horribiles ~as (T. Chobham) *Med. Stage* II 262 (cf. *Doc. Francisc.* 108); **c1250** ut ne quis choreas cum ~is .. in .. plateis ducat vel sertatus .. incedat *MunAcOx* 18; in .. turpibus ludis, in quibus denudantur corpora vel induuntur ~e Docking 108; ~as, *vyseres*, quoddam monstruosum positum in facie hominis ut pavorem inferat hominibus *Teaching Latin* I 42; **1284** (1389) hoc [sc. defuncti nocturnis vigiliis interesse] fieri permittatur, dumtamen .. nec monstra ~arum †indutere [? l. inducere] .. nec ludos alios inhonestos presumat aliqualiter attemptare *Chanc. Misc.* 45/392 (*Ludlow, Salop*; cf. *Eng. Gilds* 194 n.); hec ~a, A. *a visere*, .. *a dewylle* [1a supra], .. *a selerelle* [3 infra]: 'larva †fugit [l. fugat] volucres, faciem tegit, est quoque demon' *WW*. **b** **1166** in procella turbinis hujus ~am quisque deposuit quam induerat J. Sal. *Ep.* 155 (170); qui dat fronte bona, multum dat opimaque dona; / tristicie larva facit omnia munera parva Walt. Wimb. *App.* 2. 9. 23 p. 310; ~a vetustatis deposita R. Bury *Phil.* 8. 142. **c** **1169** aptate manus adhibite [*sic*] custodiam, ne sub ~a aut quoquomodo suborbatus evadat (*Ep.*) *Becket Mat.* VII 77.

3 scarecrow.

~am [*gl.*: *visere*] Neckam *Ut.* 113 (v. larvaticus); *WW* (v. 2a supra); *skerele*, ~a *PP*.

4 derisive act or utterance, derision, mockery (in quots., pl.).

quid .. de ~is dicemus et irrisionibus vestris ..? nunquam pater vester larvosus fuit, numquam enim .. illum .. ~am facere vidimus Gir. *SD* 30; ~as vestras derisorias *Ib.* 32 (v. delarvare); per discursus leves et scurilitates, per ~as crebras et larvosas derisiones *Ib.* 60; preter ~as occultas risusque malignos et furtivos *Ib.* 132.

5 skein (in quot., of silk).

1533 arrestarunt .. xix ~as Anglice vocatas *skeyns* de nigro cerico *KR Mem* 311 *Hilary Recorda* r. 6.

larvalis [CL], **~aris** [ML]

1 **a** of, or resembling, ghost, spectre, evil spirit, demon, *etc.*, ghostly, deathly, devilish. **b** hideous, repulsive (in appearance).

a horrens larvaribus insula flabris / arcebat humana minis consortia caecis Bede *CuthbV* 392 (cf. *GlM* 9. 8: larvaribus flabris, *deoflicum*, i. diabolicis, *gastum*); **c897** augusta Samu- cernentis rupis eris -elh, / larvales forti beliales robure contra (*MS Bodl. Rawl. C* 697 f. 78v) *ASE* IX 72; hujuscemodi armis [v. l. figuris] ~ibus sepe seductor antiquus .. Dunstanum .. fatigant B. *V. Dunst.* 17; ~is umbra .. acri .. fetore vicinum turbans aerem, in auras .. evanuit W. Malm. *Wulfst.* I 4 p. 10; ~i monstro .. signaculum sancte crucis opposuit R. Cold. *Godr.* 51 p. 64; aves .. noveris esse demones .. animam ad inferos deportantes; ipsam animam ~e corpus .. exprimit *V. Edm. Rich P* 1781A. **b** illud [miraculum] de .. homine monstruoso et ~i effigie deturpato, set per venerabilem patrem sanato W. Dan. *Ep.* f. 61b; sue ~is faciei horrorem J. Furness *Pat.* 83 (cf. ib.: deformitate sua).

2 (as sb. n.) mask, visor.

a visor, ~e, -is, hoc Levins *Manip.* 171. 2.

larvare [CL ~atus *as adj.*, ML *also verbal forms by back-formation* (*but* cf. *TLL* s. v. larvans)]

1 (*~atus*): **a** afflicted or possessed by evil spirit, demon, (as sb. m.) demoniac. **b** of, or resembling, ghost, spectre, demon, *etc.*, ghostly, devilish. **c** ugly, hideous.

a ~atos et comitiales ac ceteros valitudinarios pristinae sanitati restituit Aldh. *VirgP* 52 p. 310. **b** ut procul effugeret facies larvata [v. l. larbata] nefandi *Id. VirgV* 2252 (cf. id. *VirgP* 50 p. 306: atrum nebulonis fantasma). **c** **10..** larbatos, *hreofe WW*; **10..** larbata, *se unfægera WW*.

2 (*~atus*) masked, disguised (also of abstr., and fig.). **b** (*jocus ~atus*) masked play. **c** (as sb. m.) masked player.

quid scelus Eutrapeli brumet, nescit nisi lesus; / ejus larvatos [v. l. larvosos] mores fugias scelerosos [v. l. sceleratos] D. Bec. 1233 (cf. Horace *Ep.* I 18. 31); ~atam ymaginem Priapi Neckam *Ut.* 113 (v. l., v. larvaticus); frontis nulla fides cum de mente ~a facies menciatur Garl. *PP* 18; **s1295** tortoribus ~atis (v. effigiare 4); sic dicitur quosdam incarnatos dyabolos esse juvenes dyabolos vel ~atos, et quosdam inveteratos dyabolos suam maliciam detegentes Wycl. *Pol.* I 363; larvata facie sic fallitur ordo paternus Gower *VC* III 1265; *visored*, ~us -a Levins *Manip.* 49. 44. **b** **1515** Johanni F. custodi vestu[r]arum sive apparat[u]um omnium singulorum jocorum ~atorum vocatorum *maskes, revelles, and disguysings* J. P. Collier *Eng. Dramatic Poetry* I 1879, 79 (cf. *Med. Stage* I 402). **c** contigit ut .. ~atorum .. et verbis et actu fieret representatio dominice resurrectionis *Mir. J. Bev. C* 328.

3 (var. forms) to mask, disguise, conceal.

hunc .. quem religionis amictus / larvat Gower *VC* IV 310; pauperis in specie sibi sic elemosina predas / prebet, et ora lupi vellere larvat ovis *Ib.* 1120; nisi cautelis larvare sciat sibi leges [sc. causidicus] *Ib.* VI 33.

larvaricus, devilish, diabolical.

931 (12c) si quis .. ~o instinctus spiritu hoc donum violare .. temptaverit .. *CS* 680 (*sim. CS* 919 [**956**, 12c], etc. Cf. *CS* 1076 [**961**, 12c]: ~o inflatus spiritu); **959** (12c) [Adam] ~a .. seductus cavillatione .. pomum momordit vetitum *CS* 1046 p. 253; **986** (12c) si quispiam ~o instinctus afflatu .. *CD* 655; **994** (? 10c) ima terra ~a latibula, ubi et Lucifer .. de caelo ruit *CD* 686 p. 275 (= *MonA* II 535a); ?**1005** (13c) si .. uspiam quis ~o attactus instinctu .. *CD* 672 (*sim. CS* 849 p. xii [†**795**, 13c]).

larvaris v. larvalis.

larvaticus [LL = *epileptic*], ? masked, or ? hideous.

aculeum, traham et larvam et ~am [v. l. larvatam; *gl.*: *babywnen. viseré*] ymaginem Priapi .. ad presens omitto Neckam *Ut.* 113.

larvatio [*occurs as* f. l. *in* Isid. *Etym.* IV 7. 6], epilepsy.

epilepsia vel caduca vel ~o vel comitialis, *bræccopu, fylleseoc* Ælf. *Gl.* 112. 26.

larvatus v. larvare.

larveolatus, simulated, pretended (as by putting on of mask).

si fueris tutus quod te sint dampna secuta / per socium pictum [v. l. fictum] vel amicum larveolatum [v. l. lavicolatum] .. D. Bec. 826.

larvosus, a devilish, diabolical. **b** hideous, ugly. **c** ? masked, disguised, or ? *f. l.* **d** mocking, derisive.

a ~am vidit imaginem illam quasi in ipsum impingentem Ben. Pet. *Mir. Thom.* II 31 (cf. ib.: humani generis hostem .. sibi occurrere putabat). **b** [natura] partu .. timendo / lineat anomalos, larvosa puerpera, vultus Hanv. I 247. **c** D. Bec. 1233 (v. l.; v. larvare 2a). **d** considerantes .. capud [vestrum] oblongum .. occulosque leves .. et os ~um moresque perversos Gir. *SD* 24 (*unless referred to* b supra); *Ib.* 30, 60 (v. larva 4); consobrinus .. vester nature perverse ~us et derisor est *Ib.* 30.

larvula, larbula [ML], **a** ghost, spectre, dreadful apparition. **b** object of terror, bugbear.

a segnior est nullus, quoniam me larbula [v. l. fantasmate; *gl.*: tala masca, *puca*] terret Aldh. *Aen.* 100 (*Creatura*) 9; larbula, *egisgrima GlC* L 11; **10..** larbula, *grima WW*. **b** lege fui quondam cunctis jam larbula servis Tatwine *Aen.* 9 (*Crux Christi*) 2.

lasanum [CL], chamber pot.

schytynge, or kukkynge vessel, †lassarium *PP*.

lasar v. laser. **lasciare** v. laceare.

lascive [CL], lasciviously, wantonly.

W. Donc. *Aph. Phil.* 3 (v. frangere 13b); latentius delectant ~iusque demulcent Gir. *TH* III 11.

lascivia [CL]

1 frisking, jesting, play.

dives .. locus conferret otium pro uberitate redituum .. tenuis e contra pro laboribus ~iam excuteret W. Malm. *GP* I 45; **1262** pretextu alicujus ociositatis vel lacivie puerilis *Cl* 273; [Plato et Homer] valde fuerunt consimiles in corpore et sciencia et in ~iis *Eul. Hist.* I 425.

2 unrestrained or licentious behaviour. **b** sexual wantonness.

†**964** (12c) eliminatis clericorum neniis et spurcis ~iis *CS* 1135; copia rerum, quas reliquit pater, incitavit in ~iam W. Malm. *GP* V 257; Constantinopolim quam possidet imbellis populus deliciisque serviens et ~ie Ord. Vit. VII 7 p. 184; **1298** fabulis .. ociosis vel laciviis .. inhonestis *Reg. Cant.* II 820; †lacinia *Pol. Poems* I 156 (v. 3 lastus). **b** ut sanctas viragines propriis exutas cicladibus obscenae cupiditatis spurcitia succensus et petulantis ~iae [*gl.*: *wild, leohtbrædnesse*] facibus inflammatus luxuriosis obtutibus contemplaretur Aldh. *VirgP* 50; alter Joseph muliebrem ~iam .. compescuit W. Malm. *Wulfst.* I 6; Christus concipitur sine †lacinia [l. lacivia] *Ps.*-Map 193; carnis ~ias Ad. Marsh *Ep.* 246. 2 p. 421; ~ias carnis J. Waleys *Commun.* f. 30v (v. disciplinabilitas).

3 lack of formal artistic restraint, linguistic or literary licence.

cum .. gnarus folia volveret, pretium effringeret, barbari eum nautica ~ia convitiis aggrediuntur W. Malm. *GP* V 224; vagis et pollutis cogitationibus distrahor; verborum ~iam studiosus amplector; opera nostra .. Deo displicent J. Exon. *Ep.* 2; omnem vero ~iam verbo et opere .. declinaverat Blakman *Hen. VI* 7.

4 lushness, luxuriousness.

coruscantibus armatorum coetibus ruris florigeri gratulabatur ~ia *Ps.*-Elmh. *Hen. V* 42 p. 101; mox urbs castrorum edificatur amplissima, quorum tecta jacinctorum ~ia *Ib.* 75 p. 218.

5 swelling, swollen condition.

puerum in mortem intumescentem, cui virosos molares anguis infixerat, erexit incolumem, cutis ~ia sedata et ad proprium modum edomita W. Malm. *GP* V 247.

lasciviosus [LL], playful, unrestrained, wanton, licentious.

panagericum, licensiosum et ~um genus dicendi *GlC* P 81; **c790** non decet te rusticum esse moribus vel verbis ~um Alcuin *Ep.* 61.

lascivire [CL], **~iare**

1 to frisk, jest, play, sport, take pleasure.

Turchi .. pridie circa montem discursibus ~ierant W. Malm. *GR* IV 376 p. 440; jam primum vulgus verborum novitate ~iens rumoribus percutitur *V. Chris. Marky.* 76; ibique jocis et crapula ~ientes R. Cold. *Cuthb.* 65 p. 132; vos in laborem eorum non ad laborandum, sed .. ad ~iendum, ut .. temperantius loquar, ad ludendum et feriandum introistis Ad. Eyns. *Hug.* IV 11; **1280** qui optant extra colegii ambitum et claustri custodiam exterius ~ire Peckham *Ep.* 73.

2 to act without restraint, to be undisciplined or licentious. **b** to be sexually wanton, to behave lewdly. **c** to copulate.

libet quid quantumque his supradictis ~ientibus insanisque [equis] satellitum Faraonis Gildas *EB* 37; ~ientibus rusticis Bede *Pleg.* 1 (v. decantare 5b); **966** possessionem Domini usurpare non sustinens clericos ~ientes *CS* 1190; ad id flagitii ~iendo prorupit ut .. Abbo *Edm.* 16; res est non pertrita, sed 'corvo rarior albo' [Juvenal *Sat.* VII 202] hominem abundare divitiis et nolle ~ire vitiis W. Malm. *GR* I 49 p. 53; illo [sc. rege Johanne] enerviter ~iente .. ducatus Normannici .. ditionem amisit Ad. Eyns. *Hug.* V 11 p. 144. **b** ~ientis ob ludum puellae capite truncatus est Bede *Luke* 312B; contribulaciones que lacivientem carnem lacerabant *V. Chris. Marky.* 44; quocunque modo ~iando se gessit finem felicem fecit [Edgar] *Eul. Hist.* III 20. **c** ~ientem juvenculum violenter e cubiculo abstraxit W. Malm. *GR* II 147; nolens ut equus et mulus .. turpiter ~ire, generosam virginem .. desponsavit Ord. Vit. X 16 p. 95; inspicientes ergo pulchritudinem earum, ~ire cum eis voluerunt G. Mon. V 16; quia more pecudum ~ient *Ib.* VII 4; eque ~iunt mira fecunditate Osb. Bawdsey clv (v. Favonius 1a); Gir. *GE* II 10 (v. exaestuare b).

3 to lack formal artistic restraint, to be linguistically or literarily licentious.

alliga sermonem tuum ne luxuriet, ne ~iat et multiloquio sibi peccata colligat Alex. Bath *Mor.* I 13 p. 128.

4 to be lush or luxuriant.

ipse suis manibus comam ~ientem secaret W. MALM. *Wulfst.* I 16; insigni lascivit regia cultu / sollempni J. EXON. *BT* I 215; corona aurea preciosa, gemmatum ~iente corea *Ps.*-ELMH. *Hen. V* 12 p. 23.

5 to swell.

ut pote .. capud infando tumore ~iat, lingua extra palati concavum promineat W. MALM. *Wulfst.* II 9.

6 (trans.) to make wanton, arouse (erotically).

si domini conjux in te sua lumina vertat / sepius, et turpes in te lasciviat ignes / te faciens scire tecum se velle coire D. BEC. 1897.

lascivitas [LL], wantonness, licence, luxuriousness.

c**1415** alia .. temporis brevitas, more non puerpera lacivitas, ad presens scribere non permittit *FormOx* 433.

lascivulus [CL], rather lascivious, somewhat luxuriant.

teretisque licencia clivi / non nimis ausa brevi sinuatur fine, decenti / monticulo surgens, humili lascivula dorso HANV. I 469.

lascivus [CL]

1 frisky, playful, lively; **b** (as nickname or surname).

hic etiam, cum esset familiaris domini justitiarii Anglie .. licet laicus et †latinus [? l. lacivus], ut putabatur, existeret et in arte scissoria famosissimus ECCLESTON *Adv. Min.* 19. **b** Robertus ~us invasit *DB* II 66b; **1166** Gaufridus ~us (*KR Misc.*) *EHR* XXVIII 224.

2 (of person, mental state, or action) unrestrained, undisciplined, licentious. **b** sexually wanton, lewd, bawdy.

ipse ~o superatus animo non me potui cohibere sed .. ludentibus me miscui BEDE *HE* V 6 p. 290; familia ~a nimis et petulans erit, nisi ejusdem patris rigore coercita ac disposita fuerit ANSELM *Misc.* 355; Oza .. archam boum ~a irrationabilitate paululum inclinatam irreverenter sustentasset *Mir. Wulfst.* I 41; temperancia .. omnes motus ~os referat GROS. *Hexaem.* XI 24. 6; c**1298** de pusillis fontibus magni surgunt rivi: / sic de gente Scocie conatus lascivi (*Dunbar* 74) *Pol. Songs* 166; ut ~us animus lascivioribus delectatur modis, asperior autem mens asperior, seu incitatoribus emollitur modis ODINGTON *Mus.* 87 (v. et. 3 infra); ex complexione corporis .. medici indicant aliquem esse jucundum, tristem vel lassivum W. WORC. *Itin.* 322. **b** siquis .. ~us scortator .. lupanar ingredi maluisset ALDH. *VirgP* 35 p. 280; W. MALM. *Wulfst.* I 1 p. 6 (v. gestus 1a); oscula ~a GIR. *GE* II 4 p. 182; carnis attrivit ~i [*ed.*: ? l. ~e] vias *Offic. R. Rolle* xxx.

3 lacking formal artistic restraint, artistically licentious.

ne ~a poetarum carmina legat W. MALM. *GP* V 213; hilarodes, ~i carminis cantor OSB. GLOUC. *Deriv.* 276; omissis ~ioribus cantilenis P. BLOIS *Ep.* 57. 172C; ODINGTON *Mus.* 87 (v. 2a supra); ex hiis itaque semibrevibus proveniunt hoketi ~i quamplures in hoc more HAUDLO 104; si tamen in hoc more ~o tres breves inter duas longas inveniantur, ambe longe erunt perfecte *Ib.* 106; ~iam musicam R. BURY *Phil.* 5. 79.

4 lush, luxuriant (also fig.).

vestis .. non ~a sed moderata et clericalis *Canon. G. Sempr.* 43v; ~us .. frutex ambitionis G. HOYLAND *Ascet.* 277A (v. frutex 1b); in vestibus aut ~is aut nimis humilibus .. tunicamque sub toga nec pauperem nec ~am, sed proprie mediocritatis decenter ornatui competentem *V. Edm. Rich C* p. 591.

5 erratic, capricious.

in .. ~a lune evagatione W. DONC. *Aph. Phil.* 3. 37 (v. evagatio 1b).

laser, ~ar [CL]

1 gum-resin of the silphium plant, asafoetida.

in India serpentes .. ~ere quoque et albo pipere pascuntur *Lib. Monstr.* III 11; opium quirinaicum, i. ~ar *Gl. Laud.* 1103; silfiu, i. ~ar vel radix ~aris *Ib.* 1350; ~ar, i. asafetida *SB* 27; asar lazarum, quinancium, sulphitum sanancium .. asafetida *Alph.* 15; ~ar lacrinum *Ib.* 92 (v. ferula 1a); opium quirrinacium, lesera [v. l. lesara], quinleya, succus jusquiani *Ib.* 130; silphii radix .. cujus lacrimum lacrimum lazar nominatur *Ib.* 173.

2 cockle (plant).

9.. lassar vel æsdre, *gybrife WW*.

lashlita, laslita v. lahslita.

lassabundus [LL], tired, weary.

horrorem deserti non ~is, sed indefessis viribus tolerans ALDH. *VirgP* 38 p. 287; jam ~us paulatim quievit ab opere R. COLD. *Godr.* 100.

lassana v. lapsana.

lassare [CL]

1 to make weary, tire, wear out; **b** (pass.); **c** (p. ppl.).

quatinus vita tua non tantum amantium te linguas laxet .. quantum admirantium te voces ~et *V. Gund.* 13; totam statione continua curiam ~are consueverat GIR. *EH* I 46 p. 303; episcopus .. nimio licet sudore lassessceret .. socios meando ~abat AD. EYNS. *Hug.* V 14 p. 165. **b** omnes tota vi trahendo ~antur GOSC. *Transl. Mild.* 23; ut cum ex illis .. sententiarum copia ~atus fueris in istis reclineris W. MALM. *Polyh.* 37; [filiam] in secreciori loco crinibus arreptam quamdiu ~ata est verberavit *V. Chris. Marky.* 23; ~atur animus, ~atur caro, sed numquam pium ~atur propositum W. NEWB. *Serm.* 869; lassantur demones qui totis noctibus / blasphemis Dominum pulsabant vocibus WALT. WIMB. *Carm.* 559; ~abar in tot oscula, sc. dum osculabar sobolem meam TREVET *Troades* 68. **c** marcidus, gravatus, ~atus *GlC* M 53; leges a senibus patribus auctas, / quas lassata diu raserat aetas (*Vers.*) W. MALM. *GR* II 194; cum ~atas feriendo manus ab ictibus jam suspenderent GIR. *EH* I 13; propter .. reparacionem corporum ~atorum diurnis operibus GROS. *Hexaem.* V 6. 5; cum ipsa [sc. filia Alicia] post multos clamores et tumultus ~ata decubuisset *Canon. S. Osm.* 41.

2 to be or grow weary (of): **a** (w. gen.); **b** (w. inf.).

a miramur Cestrenses monacos, quia jugi jocunditatis sue opere non ~antur LUCIAN *Chester* 57. **b** **1220** fovere non ~amini quos semel intra sinum .. susceperitis *Pat* 268.

1 lassatus v. lassare.

2 lassatus, weariness.

s**871** oppressi ~u desistunt pugnae ÆTHELW. IV 3.

lasserare, to be or grow weary.

ut si homo congruo tempore de una [arbore] comederet, nunquam amplius esuriet, congruo tempore de alia nunquam amplius sitiret; si de alia vero nunquam ~atur HON. *Eluc.* 1117D.

lassescere [CL]

1 to become or grow weary, tired. **b** (w. *ab*) to grow tired (of); **c** (w. inf. or prep. & gdv.).

venit et ad quandam lascescens vespere villam ALCUIN *SS Ebor* 342; ~entibus membris pro nimia laboris diurnturnitate BYRHT. *HR* 10; **1196** aggredientibus iter arduum .. Dominus .. tanquam innixus adhuc scale Jacob, manum consolationis porrigit ne lacescant (*Lit. Archiep.*) DICETO *YH* II 144; hic hilarescit / et pre letitia currens lasscescere nescit NIG. *Paul.* f. 48v l. 404; episcopus .. nimio licet sudore ~eret AD. EYNS. *Hug.* V 14 p. 165; s**1434** nec aliquid unquam admittunt onus grave in quo .. non cito †lacescescere [ed. lacescere] solent AMUND. I 373. **b** ne ergo in temptacionibus deficiamus, / ab omni terrena cupidine studeamus lacescere ROLLE *IA* 221. **c** qui nunc pro virginitate servanda nequaquam ~ere videbitur ALDH. *VirgP* 18 p. 248; **1254** nostris obsequiis .. intendere non lacessit *RGasc* I 337.

2 to weaken, slacken, fail. **b** (w. ref. to the body) to grow weak, sicken, become ill.

vocabulum quorum [sc. angelorum] proprium est semper omnipotentem Deum in caelis laudare et non deficere, quia non ~unt in laude *V. Greg.* 87; videmus multos .. magnis vitae meritis excellere et alios a prima aetate spiritali studio ferventes ad extremum otio torpente ~ere BEDE *Mark* (x 31) 234; **799** tu meam .. socordiam castiga .. ut fraternae dexterae ducatu non ~at in via veritatis ALCUIN *Ep.* 167; impetus boni quem in initio episcopatus habuit, procedentibus annis desperatione ~ens, paulatim elanguit W. MALM. *GP* II 73 p. 146; a**1441** non prius lacescant vestre vires, aut tepescant incendia voluntatis, quam .. (*Lit. Abbatis*) *Reg. Whet.* II 416. **b** ~entem moriturumque sui itineris socium relinquentes BEDE *Sam.* 709A; lassiscebat BEDE *HE* II 1 p. 77 (v. frangere 13a); solet plerumque ~enti [MS: lassascenti] stomacho obesse dapium plenitudo *Mir. Hen. VI* I *prol.* p. 10.

lassescibilis, likely to grow tired.

s**1434** qui sunt instabiles et lacescibiles in singulis sibi commissis oneribus AMUND. I 373.

lassitudo [CL], weariness, tiredness.

consueto equorum more quasi post ~inem in diversum latus vicissim sese volvere BEDE *HE* III 10 p. 146; nimio solis fervore ac longi itineris ~ine constrictus ALEX. CANT. *Mir.* 21 (II) p. 197; videres .. equos .. pre ~ine deficere *G. Steph.* 66; quantoque hanc escam paraveris nobis contra ~inem subsidio et contra hostes presidio J. FORD *Serm.* 41. 8.

lassivus v. lascivus.

lassus [CL], weary, tired. **b** (w. abl.) weary of.

†arcius [? l. marcidus], ~us vel †grabatus [l. gravatus] *GlC* A 820; quamdiu requiem do ~o corpori BYRHT. *V. Ecgwini* 358; apprehensis capillis utraque manu, dilaceravit eos in quantum potuit, et in fine ~us ejecit eum W. GUISB. 382. **b** ~us venatione revertebatur W. MALM. *GR* II 162; c**1211** ~i seculo GIR. *Ep.* 6 p. 236; quadam venatione ~us SILGRAVE 59.

lastadium v. lastagium.

lastagiare [cf. lastagium], to take ballast on to.

1347 de custuma proveniente de lastag' ix navium in dicta portu per idem tempus se ~iancium, viz. de qualibet navi ij d. *MinAc* (*Sandwich*) 894/30 m. 2.

lastagium, lestagium [AN *lastage, lestage*, ME *last, lest* < AS *hlæst* + -agium]

1 lastage, duty or toll levied on goods by the load or 'last'.

1087 murdro, et lestagio, et opere pontium *Regesta* I 290; **1130** vicecomes r. c. de lestagio civitatis [Exonie] *Pipe* 153; sciatis me concessisse .. lestagia sua per totam costam maris quieta *BBC* (*York*) I 6; **1168** W. filius D. debet xlj s. et iiij d. de veteri lestagio *Pipe* 193; **1171** quod ipsi sint quieti de tallagio et stallagio et ~io et de omni theloneo in omni foro et in omnibus nundinis *BBC* (*Malden*) 185; **1185** W. de G. tenuit quoddam estagium .. pro vj li. .. et istud estagium [de Dunewich] colligitur in iij comitatibus *RDomin* 52; **1200** [homines] de Berverlac' .. sint .. quieti de telonio et pontagio .. lastigio, stallagio *RChart* 53b; **1253** item tenet ~ium consuetudinale de Sancto Botulpho; et valet xij libras; et tenet illud ~ium per servicium recipiendi presentaciones domini regis tam falconum quam aliarum rerum *IPM* 14/16; **1267** concesserimus .. leystagium de Lenn' una cum feodi firma leystagii de Gernem' et Gippewic' *Cl* 340; **1286** concessit quod dictus prior et homines sui .. sint quieti per totam terram in mercatis et nundinis et in omni transitu viarum et pontium, de thelonio .. et ~io *Ann. Dunstable* 331; **1300** recepta custume ~ii de Sandwyco .. de v pisis casei, v d. *EEC* 203; **1337** in tronagio, lystagio, shippagio, et cariagio usque Ely viiij s. vj d. *Sacr. Ely* II 97; **1342** in j fother et vj petris plumbi empt' apud Lenne cum listagio ij li. iij s. viiij d. *Ib.* 109; **14..** (v. bulcagium); **1530** item computat [ballivus Sandwici] pro ancaragio et ~io .. viz. de qualibet nave in portum predictum applicante infra spacium predictum iiij d. *EEC* 197.

2 ballast (of ship).

1283 (v. 1 fluctus 2b); **1338** de vij s. iij d. pro lastag' navis apud Southt' post vacuacionem navis una vice de certis doliis vini conquestis super mare *KR Ac* 20/27 r. 1*d*; **1346** pro iiij tribulis emptis pro lastag' jactand' in eadem navi *Ib.* 25/7 m. 2; **1367** ubi marinarii navium in portu ville predicte [N. C. super Tynam] .. applicancium que ~io indigebant .. quamlibet navem de hujusmodi ~io ibidem pro iiij d. tantum semper hactenus carcare solebant *Pat* 275 m. 15*d*; **1392** cum omnibus amerciamentis aliarum navium proiciencium aliqua ~ium, fimos seu feditates infra aquam [Thamisie] *Pat* 334 m. 10; **1434** ad eiciendum, hauriendum, et extrahendum ~ium, zabulonem et aquam extra dictam navem *KR Ac* 53/5 f. 5; a**1470** inquiratur de hiis qui jactant in chanellis portuum ~ium in dampnum eorumdem et detrimentum *BBAdm* 229.

3 measurement of weight or capacity, load (of merchandise). *Cf.* 1 *lastum*.

1417 de diversis mercatoribus pro frettagio xlj ~iorum et dimidii de Bordio et j pecie bituminis *Ac. Foreign* 54 r. (4?) D m. 1; **1443** cum nave sua .. capacitatis lxv lastadiorum, in qua habuit lv lastadia allecum .. dim. lastadium butiri (*DipDocE* 1287) *Bronnen* 790.

lastagius [cf. 2 lastus], cottar (Norf).

1280 ibidem [*Swaffham, Norf*] sunt cottarii qui dicuntur ~ii qui debent ccccxlviij opera et valent xviij s. viij d. *Reg. Richm.* app. 47.

1 lastus, ~a, ~um [AN, ME *last, lest* < AS *hlæst*], last, load, measure of weight, capacity, or quantity: **a** (of hides); **b** (of wool); **c** (of fish); **d** (of bacon); **e** (of corn or flour); **f** (of beer); **g** (of cheese); **h** (of tallow or suet); **i** (of pitch or tar); **j** (of turf); **k** (of thread).

a **1199** de placito duorum lestorum coriorum *CurR* I 74; **1215** quod hac vice possit ducere ab Anglia septem lesta coriorum quo voluit *Pat* 158b; **1232** de quolibet lesto coriorum venali .. iij d. (*Murage, Bristol*) *Pat* 483; **1286** de ~o coriorum xvj d. *PQW* 302b; **1294** de quolibet ~o cariorum v sarcas (*Breve Regis*) B. COTTON *HA* 246; **1329** per vendicionem unius ~e et duarum dacrarum et sex coriorum *Cal. Scot.* III 316. **b** **1166** unam lestam lane (*KR Misc.* 1/1b) *EHR* XXVIII 224; due waye lane faciunt unum saccum et xij sacca faciunt unum lestum *Fleta* 73; **1323** de quolibet ~o lane unde x sacci faciunt ~um vj d. *EEC* 208; **1460** de custuma ij ~arum vj saccorum et xvij petrarum lane *ExchScot* 32. **c** **1232** rex .. providit .. quod alie vij leste allecis dentur certis domibus religionis *Cl* 33; **1258** habeant [venditoris] de qualibet ~a allecis duodecim denarios pro suo labore *BBC* (*Grimsby*) 300;

1264 in vij ~is allecum, cum una ~a quam vicecomes habet in custodia *ExchScot* 4; lestus allecii consistit ex x miliaribus *Fleta* 73; **1333** tibi precipimus quod .. xxx ~as allecis .. emi et provideri *RScot* 227b; **1438** quatuor ~as de *sperlyng* (*AssizeR Suff*) *Law Merch.* III 165; **1460** onerat se .. de iij ~is salmonum *ExchScot* 22; **1525** pro decimis salmonum de B. unam ~am salmonum bori et sufficientis mercimonii *Reg. Aberbr.* II 452. **d** **1291** de quolibet ~o baconum, unde xl faciunt ~um, xij d. *CoramR* 129 r. 15*d*; **1323** de ~o baconum unde xl bacones faciunt ~um xij d. *EEC* 209. **e** ?**1303** ~us molarum manualium, sive xl mole *EEC* (*KR AcCust* (*Ipswich*) 157/12) 160 (*cf. Fordwich Customs ap. MonA* I 143); **1404** v ~as minus iij modiis tritici .. ix ~as siliginis *Lit. Cant.* III 82; **1455** pro ij ~is farine .. ad municionem castri de D. *ExchScot* 3. **f** **1461** in solucione .. ij ~arum birri (v. 3 bera). **g** a**1204** de lesto lane vel casei vel sepi vel uncti vel fileti vel de quolibet ~o .. duos denarios *Reg. Wint.* II 742. **h** a**1204** (v. g supra). **i** **1404** viij ~as et viij tunnas terebinti, seu picis liquide *Lit. Cant.* III 82. **j** **1337** in di. ~o turbarum pro coquina iiij s. ij d. *Househ. Ac.* 204. **k** a**1204** (v. g supra).

2 lastus, ~um [ME *lest* < AS *læð*]

1 division of a county, comprising several hundreds, lathe; **b** (as fourth decl. sb.). *Cf.* 1 *leta* 1.

1086 has .. leges regis concordant homines de quatuor lestis, hoc est Boruuar Lest et Estrelest et Linuuartlest et Wiuuartlest *DB* (*Kent*) I 1rb; et hoc debet fieri de Æilesforde et de toto illo lesto quod ad illud manerium pertinet (*Text. Roff.*) *CS* 1321; a**1110** (1347) omnibus hominibus .. de lesto de Eyleford *CalCh* 61; **1203** eidem W. vj li. in lesto ejusdem ville [*Aylesford*] *Pipe* 23; **1241** lestus de Sutton' .. heredes E. W. .. tenent per serjantiam quod sint servientes de lesto de Sutton' (*AssizeR Kent*) *Fees* 1379; **1275** item dicunt quod H. M. dedit pro comitatu Kancie tenendo c li. ad dampnum patrie, et tradidit ~um S. Augustini et Hedeling cum hundredo de Bregg' .. pro xxxij li. ad dampnum patrie; et modo T. de S. ea tenet *Hund.* 201a; ~us de Sutton' solebat tradi ad firmam per vicecomitem Kancie pro xij li. *Ib.* 233a; c**1287** (v. geteia 2); **1346** in ~o Sancti Augustini continetur .. *Reg. S. Aug.* 63. **b** **1332** in subsequenti sunt summe quindecime domini regis per omnes ~us et hundredos *Reg. Rough* 108.

2 lathe-court (also *~us hundredorum*). *Cf.* 1 *leta* 2.

1175 quieta a syris et hundredis et †leftis [MS: lestis] hundredorum *CalCh* 347 (= *Cart. Antiq.* I 92); **1189** (1270) quieta .. de shiris et hundredis, de lestis et wapentachis *CalCh* 138; **1218** quietus sit de sectis comitatuum et hundredorum, et lestorum *Pat* 160; **1222** mandatum est vicecomiti Kancie .. de amerciamentis de itinere justic' et de comitatibus, hundredis, et lestis *Cl* 486b; ante justiciam regis faciant rectum in hundredo vel in wapentagiis [MS *gl.*: id est lestis] vel in syris (*Leg. Ed.*) *GAS* 648; **1252** ubi major pars eorum numero consenserit stabitur electioni in ~is tenendis apud D. vel N. *Laws Romney Marsh* 63; c**1260** (1434) in .. ~is hundredorum in quibus terras habent *CalPat* 421; **1279** quieti sint de schyris et hundredis et de ~is hundredorum *PQW* 348a; **1300** excepto quod sequetur shiros et ~os *DCCant. Reg. J* 40; **1315** ad quem ~um idem G. .. cum quatuor homines .. ad presentaciones faciendum .. venire consueverunt *Year Bk* 83; s**1316** ad presentationem faciendam in ~o domini regis vel alibi THORNE 2034.

3 lastus [*by misreading of* fastus], arrogance.

nil prodest fastus dum deficit undique pastus. / nam propter fastum patietur Gallia vastum. / Gallorum lastum vix perquiret sibi pastum. (J. BRIDL.) *Pol. Poems* I 153; 'Gallorum lastum', i. †lacinia [l. lacivia] vel superbia *Ib.* 156.

lasulum, lasurium v. lapis.

1 lata v. 1 lada.

2 lata, ~us [ME *lat, latte* < AS *lætt*], lath.

1130 in scedulis et ~is ad cooperiendas domos regis de Udestoc xlvij s. *Pipe* 128; **1176** pro .. iiij miliariis ~harum ducendis de Wareng' ad Godestow' *Ib.* 131; clavis, asseribus, cidulis et ~is opus est NECKAM *Ut.* 109; **1208** in faciendo v^m ~arum et in carpentariis ad lattandum predictam grangiam *Pipe Wint.* 35; **1236** ij tortos postes, vj ~ios et vj clavuns ad emendationem unius coquine (*at Windsor*) *Cl* 394; a**1253** per servitium x solidorum, salva etiam litera pro camera regis Scaccarii ad ~os cum ad Rotingham evenerit *Cart. Beauchamp* 239 p. 137; **1253** Ade Meren' pro bordis et ~eis *KR Ac* 467/1 m. 1 (*recte* 3); **1278** in vij^c et quarterio ~orum .. lij s. vij d. ob. *Ac. Stratton* 213; **1284** David de W. .. pro vj dol' emptis ad ~has faciend' iij s. *KR Ac* 351/9 m. 12; **1285** x ~os viij pedum prec' j d. (v. chevero 1b); **1293** in mmmm ~orum faciend' v s. *KR Ac* 260/3 m. 2; **1297** in c parvis clavis emptis ad lacheas j d. *Ac. Cornw.* 73 (cf. *ib.* 133: lathos); **1298** bordorum et ~horum pro coopertura capelle *Doc. Scot.* II 320; in sclatis, ~this .. ferro et ligno .. emptis ad aulam gilde *Rec. Leic.* I 248; **1310** in ~heis emptis pro eisdem [sc. sclatis] iij s. iiij d. *Comp. Swith.* 390; **1318** in liberatione j tassatoris .. ad latt' faciendum *DL Cart. Misc.* (*Essex*) 1/94; **1403** custus domorum .. in stipendio Johannis Partrych scindentis ~heas per ij dies, viij d. (*Chilbolton, Hants*) *Ac. Man. Wint.*; **1409** in iij m ~heis emptis xv s. ix d. *Comp. Swith.* 211.

latamus v. latomus.

1 latare [ML < CL latus = *wide*], to become wide, broaden.

nusquam scienciam mensura metitur, / que se perhenniter latando profundat J. HOWD. *Cant.* 179.

2 latare [cf. 2 lata], to cover with laths.

1208 (v. 1 lata); **1225** in iiij mill' clavorum ad ~tandum *Pipe Wint.* 11 M 59/B1/11 m. 15; **1237** in parietibus studiendis et ~andis et plastrandis *KR Ac* 501/18 m. 3; **1300** item in xviij m. de *prig* emptis ad lactand' aulam et cameras et parietes *Ib.* 479/16 m. 1; **1306** in prigg' emptis ad grangiam ~tandam (*Ac. Milton*) *DCCant*; **1307** in stipendio j carpentarii ~hentis bercarium (*Chilbolton*) *Ac. Man. Wint.*; **1324** in stipendiis j carpentarii findentis et facientis *latthes* de una predictarum quercul' .. pro parietibus et tignis dictorum penticii et porchee inde ~tandis *MinAc* (*Skipton, Yorks*) 1147/23 m. 3; **1331** operario operanti super predictam novam domum .. et eam ~hanti et cum arundine cooperiend' *KR Ac* 469/12 m. 5; pro mmm de *lathnail* pro dict' domo ~hando [*sic*] *Ib.*; **1346** in c latthis emptis pro ij peciis pistrine ~thandis vj d. *Rec. Elton* 323; **1372** in j sclattat' conducto ad ~handum et sclattandum de novo totam predictam bercariam *MinAc* (*Brecon*) 1156/13 b. 2; **1446** pro eadem domo ~handa *MinAc* (*Pontefract*) 508/8235 r. 7.

3 latare v. natare.

latarius [cf. 2 lata, 2 latare], lath-layer.

1354 ij latheriis latthantibus parietes et super coopertur' dicte nove log' *KR Ac* 471/6 m. 9.

latatio [cf. 2 lata, 2 latare], covering with laths.

1345 cuidam latthanti et tegulanti capellam .. capieni pro latthacione et tegulacione cujuslibet m^l vij d. *MinAc* 1120/12 r. 2 m. 1*d*; **1373** idem computat in denariis solutis J. A. pro lathatione et cooperatura cum tegulis magne aule .. cvj s. viij d. *Banstead* I 352.

latator, lath-layer.

1366 in vadiis latthat[orum] operancium et latthancium muros domorum *KR Ac* 493/22 f. 7.

late [CL]

1 over a wide area, widely. **b** (*longe ~eque*) far and wide.

tempestas .. cladis ~e cuncta depopulans BEDE *HE* IV 7 p. 219; inter nobiles orbis urbes .. civitas Londonie .. una est que famam sui ~ius diffundit, opes et merces longius transmittit W. FITZST. *Thom.* 2. **b** GILDAS *EB* 6, etc. (v. longe 2c).

2 over a wide range, extensively, fully.

utrum ille homo filius Dei fuerit ~ius postea disputare oportebit PETRUS *Dial.* 38; hec de vita patris Gundulfi nunc quidem prosa ~ius disseruimus *V. Gund.* 49; hec in volumine sequenti .. ~ius expedientur W. MALM. *HN* 524; Risebi per se est una leta de qua ~ius in sequentibus dicemus *Kal. Samson* f. 89.

latea v. 2 lata.

latebra [CL]

1 hiding-place, place of concealment or refuge. **b** hole, den, lair (of animal or primitive man). **c** obscure or concealed space, recess, secret room.

errantesque cavis terrae per opaca latebris WULF. *Brev.* 481; ante vesperum codex redditus est; muliercule cujusdam indicio, quae furem arguit, ~am prodidit W. MALM. *Wulfst.* III 25; ecce, palam stat, ~as degeneres non querit W. CANT. *V. Thom.* II 41; aliis in paludibus ~as querentibus GIR. *EH* I 4. **b** [Aethopies] a vapore ardentissimorum siderum terrarum defenduntur ~is *Lib. Monstr.* I 9; quoddam invisum genus hominum in antris et concavis montium ~is nasci perhibetur *Ib.* I 23; [gigantes] quorum ossa in litoribus et in terrarum ~is ad indicium vastae quantitatis eorum saepe reperta leguntur *Ib.* I 54. **c** a**690** (v. clancule); cisternae latebram descendens usque profundum ALDH. *VirgV* 1027; ~as vel lacunas *heolstru GlP* 710; s**1136** turrim .. apud Broctone fabricavit, multas ~as et diverticula in ea constituens *Chr. Rams.* 325.

2 (fig.) hidden thought, desire, meaning or sim., secret.

ut nullus praesentium ~as ei sui cordis celare praesumeret BEDE *HE* IV 25 p. 269; **1168** electus .. utpote vir prudentissimus, volens verbi ~as sibi profundius aperiri J. SAL. *Ep.* 244 (272 p. 568); **1290** sine omni simulatione et fictionis ~is PECKHAM *Ep.* 710.

3 (pl., fig.) darkness.

heu! chaos immensum clauderet cuncta latebris ALDH. *Aen.* 79 (*Sol et Luna*) 10; nectare sed fetor cedit ceu luce latebrae *Id. VirgV* 1232.

latebrosus [CL]

1 containing hidden or secret places.

de ~o leti barathro ALDH. *VirgP* 26.

2 hidden, secret, obscure.

hic et alibi traxi stilum per ~issimas historias, quamquam mihi non hic affluat eadem copia scientie que in Gestis Regum W. MALM. *GP prol.* p. 4.

lateicium v. laticium. **latena** v. lacinia. **latenia** v. litania.

latenter [CL]

1 without being perceived, in concealment.

crescere solet antiqui hostis invidia quia vel per se ipsum ~er vel per homines suae malignitati subditos patenter inchoata pietatis germina conatur obruere BEDE *Hom.* II 16. 183; vermis .. per aulas jugiter sed ~er serpens et serpentine latens. qui .. eo ~ius quo interius pungit et corrodit H. BOS. *Thom.* II 12; est .. caliditas .. formarum et specierum potentia in materia ~er existentium [TREVISA: *þat beþ ihid in materes*] ad actum deductiva BART. ANGL. IV 1.

2 secretly, privately.

a**705** licentiam dedit baptizari .. sanctimonialem clam et ~er ALDH. *Ep.* 6 p. 497; accedunt illuc ~er et multum callide *Simil. Anselmi* 72; furtivo inito consilio, misit quampiam ad illam ~er mulierem *V. Kentig.* 1 p. 246; ~ius delectant lasciviusque demulcent GIR. *TH* III 11; R. NIGER *Mil.* IV 23 (v. furari 3a).

latentia [ML], concealment, hiddenness.

est .. corruptio alia .. per subitam ~iam forme substantialis vel ejusdem subtractionem *Ps.*-GROS. *Summa* 369; causa hujus ~ie vulgi apud omnes sapientes fuit quia vulgus deridet sapientes BACON *NM* 543; unde solum exirent de ~ia ad apparentiam *Id.* VIII 21; propter istam ~iam modi cointelligendi unum cum alio, docuit Aristoteles ducere ad nugationem apparenter in nominibus passionum et relativorum solum SICCAV. *PN* 66.

latenus v. 3 latinus.

later [CL], brick, tile; **b** (for producing oil); **c** (phr. *lutum et ~er*) mud and brick (as type of something contemptible).

forte ideo ~eribus pro saxis et bitumine utebantur pro caemento quia .. murum lateritium periculo ignium fortius obsistere noverant BEDE *Gen.* 124; **10..** †luteres, *tigelan WW*; lateros [? l. lateres] punicos, nitidos, plano tabulatu contextos GOSC. *Transl. Aug.* 27A; AILR. *Serm.* 496D (v. dialecticus a); sed dudum tenebras paleam lateremque lutumque / liquimus Egypti NECKAM *DS* III 263; c**1400** (v. adustor); tegula, A. *teylle*, hoc ~er, idem *WW*; hic ~er .. *a tylle WW*. **b** sicut enim per vias alkimie extrahitur oleum benedictum a ~eribus BACON IX 156. **c** degens ergo mundano carcere / luto licet pressus et latere, / letus ero J. HOWD. *Ph.* 306; quecunque prius didicerat theologie collata lutum et ~erem reputavit *V. Edm. Rich C* 600.

latera v. 3 latus 7a.

lateralis [CL]

1 of, on, or from the side, lateral.

stuphas undique videas ..; ~ibus quibusdam et preangustis spiraculi viis .. calorem exhalantibus GIR. *IK* I 5 p. 56; crux est virga petram feriens, qua prosilit unda, / dum reficit Christi nos lateralis aqua GARL. *Tri. Eccl.* 46; BACON *Maj.* I 153 (v. gibbosus 3a); pyramis brevissima, que veniat a tota chorda minoris portionis, est illa cujus linee ~es sunt contingentes spheram in terminis illius chorde *Ib.* II 498; R. BURY *Phil.* 17. 223 (v. detruncare 1c).

2 alongside, adjoining, nearby. **b** attendant upon, close to (w. gen. or dat.).

frater P., qui ~is mihi consederat R. COLD. *Osw.* 45; **1295** morsus .. argenteus .. cum ymaginibus Salvatoris .. et Petri et Pauli ~ibus *Vis. S. Paul.* 310; **1346** ne .. ad loca alia ~ia .. se .. divertat *Conc.* II 731. **b** aliquos etiam barones et clericos ~es regis .. / excommunicavit W. FITZST. *Thom.* 87; s**1338** per majores prelatos ~es regi AD. MUR. *Chr.* 86 (*v. l.*).

3 of minor importance, peripheral, concerned with side-issues.

nec aliqua ~ia verba profert, ex quibus possit racionabiliter elici alius intellectus BRADW. *CD* 573D; accipit proposiciones ~es et impertinentes CONWAY *Def. Mend.* 1424 (recte 1324); c**1378** receptis .. literis .. ~es litere posterioris date transmisse eidem domino .. fuerant .. perlecte *FormOx* 232.

4 (as sb. m.) associate, companion, friend, side-kick.

primus successor [Augustini] et ~is Laurentius GOSC. *Transl. Aug.* 21A; hi sunt qui crebris muneribus visitant potestatis, ~is eorum et familiares sollicitant J. SAL. *Pol.* 681B; Pauli quidem socii, Petri laterales PECKHAM *Def.*

Mend. 6; **1341** contra nos et ~es nostros in elacionis spiritu .. telam orditur (*Lit. Regis*) BIRCHINGTON *Arch. Cant.* 37.

5 (as sb. n.) corset.

~e, A. *a corset WW*.

lateraliter [ML]

1 on or from the side.

c**1430** canes sunt, non homines, qui applaudenti oblatrant, degeneresque filii .. qui paterna viscera ~iter sic corrodunt (*Lit. ad Episc.*) *Reg. Whet.* II 435.

2 alongside, by the side. **b** side by side.

s**1171** falconem nobilem in saxo quodam sedentem cum forte conspiceret, eundem ~iter ambiendo, accipitrem .. quem gestabat leva projecit GIR. *EH* I 29; [fluvius] civitatem .. ~iter permeans *Id. TH* I 7; adjacent .. insule Britannie tres ~iter diversis ex partibus insule *Id. IK* II 7 p. 127; Cestrie provincia, Lime nemoris limite ~iter clausa LUCIAN *Chester* 65; **1294** platia jacet ~iter juxta murum mesuagii sui *Chr. Peterb.* 130; miles Scotus .. ex ala ~iter secessit *Extr. Chr. Scot.* 200. **b** itur .. artissimo tramite qui binos ~iter ire non patiebatur ORD. VIT. IV 5 p. 195; caput .. Oswaldi juxta .. Cuthberti caput ~iter in ejusdem patris sepulcro .. collocatur R. COLD. *Osw.* 51; W. FITZST. *Thom. prol.* 11 (v. ambulare 2); **1339** quia vos .. estis in partem .. consilii .. pontificis .. evocati, sibique ~iter .. assidetis (*Lit. Regis*) AD. MUR. *Chr.* 99.

3 sideways, laterally, obliquely. **b** peripherally, as an aside.

cursum fluminis ~iter obliquans .. ad oppositam indemnis ripam .. transvectus GIR. *EH* II 7; sed dum non possit adherere propter rotunditatem ipsius, circumfunditur ~iter cum impetu *Quaest. Salern.* B 176; ascendunt ergo et descendunt et ~iter distenduntur nervi ad diversa loca RIC. MED. *Anat.* 218; quando ultimus punctus recte steterit et conjunxerit, si conaliter non recte supponendo, sed ~iter, perfectionem ejus denotat *Mens. & Disc.* (*Anon.* IV) 43; s**1298** cometa .. emittens radios ~iter versus orientem ignivomos *Flor. Hist.* III 105; tunc sol est descendens debito cursu a sede sua meridionali perfecte naturalis et lucidus per grossam solutionem in pallidum occidentem imperfectus RIPLEY 148. **b 1377** ista conclusio fuit ~iter dicta uni doctori magnificanti cartas hominum (WYCL.) *Ziz.* 246.

4 to one side.

videres .. navem .. nonnumquam ~iter inclinari ad equora R. COLD. *Cuthb.* 75 p. 155.

Lateranensis, Lateran: **a** of the basilica of St. John Lateran. **b** of the council held in the basilica of St. John Lateran.

a 709 scripta [est] hec epistola anno dominicae incarnationis DCCIX in ecclesia Salvatoris ~i (*Lit. Papae*) *CS* 126; in concilio quod in ~i palatio .. convenerat AILR. *Ed. Conf.* 758A. **b** in ~i concilio circiter eadem tempore celebrato GIR. *RG* I 3; propter lapsum temporis de constitucione ~i *Fleta* 321.

lateraneus, (as sb. f.) queen-consort.

964 (13c) ~ee mee mihique dilecte cui nomen Ælfþryt *CS* 1143.

Lateranus, Lateran, of the cathedral church or palace of the pope as bishop of Rome. **b** (as sb. n.) the Lateran. **c** (in locative case in dating clause).

†**709** (12c) acta sunt haec anno Dominicae incarnationis DCCIX in aecclesia Salvatoris ~a *CS* 125. **b** feria quinta in coena Domini hora sexta celebratur missa ad ~is [*sic*] sic incipiens EGB. *Pont.* 120. **c 1139** data ~i per manum A. .. diaconus cardinalis (*Lit. Papae*) ELMH. *Cant.* 372; **1217** datum ~i v calendas Februar' pontificatus nostri anno ix *Conc.* I 559; **1276** datum ~i ij kalendas Maii, pontificatus nostri anno primo (*Lit. Papae*) *EHR* XXXII 66.

laterare [LL]

1 to pass by the side of, to skirt.

Walliam quasi ~ando et per australem maritimam .. versus Meneviam tendendo GIR. *RG* II 18.

2 to run along the side of, to line. **b** (intr.) to run alongside. **c** (w. *ad* or *inter*) to adjoin.

horrende profunditatis fossata, utrimque muris validissimis .. ~ata *Ps.*-ELMH. *Hen. V* 95 p. 276. **b 1275** habet iiij domos fundatas super murum regis; ~ando in longitudine se extendit super dictum murum per xl pedes et amplius *Hund.* I 224b. **c 1248** vj acre .. ~ant versus boream ad campum qui vocatur Wetefeld *Cart. Bilsington* 99; c**1260** sexaginta et tres acras .. que capitant .. ad viam .. et ~ant versus orientem ad terram que vocatur K. *Ib.* 91; **1354** de uno messuagio .. ~ante inter messuagium heredis S. .. et messuagium heredis J. *Reg. Rough* 67; **1397** unam rodam terre .. ~ando ad cimiterium .. versus austrum *Lit. Cant.* III 52.

lateratim [ML], on the side.

singulis autem castris sue applicantur petrarie, et ~im assistunt *Itin. Ric.* I 36; quatuor Octobris lateratim pone kalendis / in quartis nonis duodeni denique mensis BACON VI 257.

1 lateratus v. laterare.

2 lateratus [cf. later], made of bricks.

1239 ponamus .. in una vinea speculam unam magnam que formetur sicut pyramis ~a GROS. *Ep.* 127 p. 400; si sit portio spere, ut in spericis, tunc multiplicacio erit secundum figuram partis, et erit columpna rotunda, sicut in predictis erit columpna ~a et istud necesse est, quia multiplicacio fit secundum lineas rectas in corpore unius dyaphaneitatis et secundum perpendiculares ad basim a qua exeunt BACON II 37.

3 lateratus [cf. 2 latus], provided with sides.

circularis figura .. ex paucioribus componitur lineis quam triangulus et quelibet alia figura ~ata *Comm. Sph.* 259.

1 laterculus [CL]

1 small brick, tile.

9.. tegulae, imbrices, lateres vel ~i, *hroftigla* ÆLF. *Gl.* 147.

2 brick-shaped object, (in quots.) register, list, table. **b** number. **c** calculation, reckoning, calculated or reckoned period.

grammaticorum regulis et metrorum pedibus qui septies .. quaternario concluduntur ~o ALDH. *PR* 141 (*recte* 142) p. 201; nec ~o [*gl.*: *of gerime*, ~us *gerim*] dinumerari nec calculo computari .. valet quanta multitudo .. confluxit *Id. VirgP* 35 p. 278; ~us, codex membranaticius, illic sunt nomina promotorum *GlC* L 9; **9..** ~us. *talu WW*. **b** quis numerus capiat vel quis laterculus aequet ..? ALDH. *Aen.* 73 (*Fons*) 4; adveniente identidem tempore pasturiendi sus secreta petivit dulcia, quae .. progressa est, eundem ~um quem antea habens, qui omnes albi erant exceptis auribus et pedibus BYRHT. *V. Ecgwini* 364; si diviseris hunc calculum quem quidam rhythmum, nonnulli ~um dicunt, invenies fructum opimum *Ib.* 386. **c 680** (v. hendecas); hic .. septiformis ~orum numerus ab ipso nascentis mundi primordio sacer oriundus extitit ALDH. *Met.* 2 p. 62; decursis lxxvij generationum ~is *Ib.* 2 p. 68; decies .. septenis annorum ebdomadibus, quo supputationis ~o [*gl.*: numero, *tele*] cccxc anni calculantur *Id. VirgP* 21; **766** (11c) per innumera saeculorum ~a *CS* 221; **949** (13c) tercio annorum ~o quo regalia sublimavit diademata *Ch. Burton* 8; **951** (13c) sexto quoque quo sceptra regebat regalia annorum ~o *Ib.* 11; **956** (13c) nono annorum ~o *Lib. Eli.* II 28 (= *CS* 1346); **987** (11c) regnante .. Jhesu Christo, cujus incarnationis humanae anni ~o dcccclxxxvij indictione vero xv .. *CD* 661.

2 laterculus [LL *gl.*], (bot.) henbane (*Hyoscamus niger*).

9.. ~um, *beolone* .. *belene WW*.

3 laterculus [*dim. of* 3 latus], small side or flank (of body).

infans .. pavimento extenditur; manus et ~i in regulam suam diriguntur GOSC. *Transl. Aug.* 41; hic nanum miserum cujus laterculi / vix grossitudinem habent digituli WALT. WIMB. *Palpo* 101; cervici lacteae matris laterculum / innectit parvulus dulceque collulum *Id. Carm.* 224.

latercus, (supposed Egyptian name for) calculation of time.

compotus, Grece ciclus aut rithmus, secundum Egiptios ~us, juxta Macedones dicitur calculus BYRHT. *Man.* 2.

latere [CL]

1 to be in hiding, lurk, skulk: **a** (of person or animal); **b** (of inanim. or abstr.).

a [Sirenae] squamosas tamen piscium caudas habent, quibus semper in gurgite ~ent *Lib. Monstr.* I 6; clericus .. in scopulosis locis ~ens, visu pavidus et tremebundus *V. Cuthb.* II 3; ~ens anguis GIR. *EH* II 16 (v. herba 2b); a**1270** nulla bestia potest ibi ~ere (v. frequentatio 4); aliquem falsarium inter fratres ~uisse *G. S. Alb.* I 222 (v. falsus 3b); adolescens jussu domine sue cellarium ut vinum afferet ingreditur et mox a ~entibus strangulatur *Latin Stories* 60. **b** *Simil. Anselmi* 90 (v. falsitas 3a); in tanta preda parvum latrocinium posse ~ere W. MALM. *GR* II 169; ~et .. sub otio .. plerumque virtus GIR. *TH intr.* p. 5.

2 to take refuge or shelter, reside.

a**705** (v. 1 Francus 1b); monasteria .. construxit; unum in Adelingia, ubi eum ~uisse superior relatio meminit W. MALM. *GR* II 122 p. 130; edem tam magnam facere ut .. ossa seu mausolea sanctorum que ibidem ~ent semper honorifice contineret ORD. VIT. III 5 p. 79; AD. MUR. *Chr.* 102 (v. fortis 2b).

3 to be out of sight, be invisible. **b** to be latent.

[lapis] in medio campi latuit ALCUIN *SS Ebor* 1187 (v. harena 3a); lucerna quae ad tempus sub modio ~ebat WULF. *Æthelwold* 42 (cf. *Matth.* v 15); ~ent gramina priusquam fructus producant, .. ALB. LOND. *DG* 7. 2; fractura ~ens *Regim. Princ.* 109 (v. fractura 1c). **b** ~entemque in litteris sensum perscrutantes ALDH. *Met.* 4; uno modo dicitur aliquid fieri ex eo in quo prius erat ~ens BACON VIII 20; oriuntur forme ab efficiente et materia nec ~ent in materia *Ib.* 21; latitatio proprie est quando plura sub actibus propriis et formis in aliquo ~ent *Ib.*; sciendum est etiam quod brevis altera ~et aliquando in ligatura rectarum brevium et in obliquitate, ut hic: HAUDLO 138.

4 to escape notice, to be uncelebrated: **a** (of person); **b** (of action).

a ipse sum Yvo episcopus, qui hic cum beatis sociis hactenus ~ui simulatus GOSC. *V. Iv.* 85A; ferebatur Wibertus, pictore Romam misso, imaginem ejus in tabula pingi fecisse, ut quocumque se habitu effigiaret, non ~eret W. MALM. *GP* I 55 p. 103; [Aldhelmus] semper infra meritum jacuit, semper .. inhonorus ~uit *Ib.* V *prol.* p. 330; cum ~eant et pateant hodieque multi qui etiam in seculari conversatione Deo placiti inventi sunt *Canon. G. Sempr.* 34v. **b** quem quomodo abjeceris quidve passa sis vel quid feceris non ~et, sed nimis apertum est ANSELM (*Ep.* 168) IV 43; ea que Dominus pro dilatanda sui nominis gloria .. manifestare dignata est non sunt digna ~ere sub modio *Canon. G. Sempr.* f. 122; c**1298** dolus in domesticis latens occultatur (*Dunbar* 150) *Pol. Songs* 171; s**1378** mala que fiunt in terra .. pro †sui magnitudine ~ere non debent WALS. *HA* I 376; *Ib.* II 165 (v. latitare 1b).

5 (trans.) to escape notice or attention of, be unknown to. **b** (w. acc. & inf.); **c** (w. *quod* or *quia*); **d** (w. indir. qu.); **e** (ellipt.).

profeticae divinationis oracula, quae reliquos ~uerunt ALDH. *VirgP* 29 p. 268; si invidiae persecutione carere vultis .. locum ubi ~eatis vitiosos invenite ANSELM (*Ep.* 63) III 179; hoc autem quam patens sit mendatium nullius oculi aciem ~et PETRUS *Dial.* 29; ne veritas gestorum ~at posteros W. MALM. *HN* 498 p. 57; notandum quod hec naturalis scientia pro maxima parte ~et homines KILWARDBY *OS* 75; s**1399** quod illum [Ric. II] minime latuit *Chr. Northern* 279. **b 1337** vestram .. ~ere sanctitatem nullatenus arbitramur apud nos cotidie nova magistrorum pululare genimina *FormOx* 89. **c** nec vos ~eat quod .. ABBO *QG* 8 (19); vestram non ~et prudentiam quia .. ANSELM (*Ep.* 113) III 247; c**1213** discretionem itaque vestram ~ere non debet quod .. GIR. *Ep.* 7 p. 242; **1319** vestram magnificenciam volumus non ~ere quod .. *Foed.* III 771. **d** s**1355** (v. declinare 5). **e** nunc austri nequeunt secreta latere, / cujus accipitres doctrina plumescunt J. HOWD. *Cant.* 123 (cf. *Job* xxix 26).

latericius [CL], made of or constructed in brick, tiled. **b** of brick, brick-,

murum ~ium BEDE *Gen.* 124 (v. later a); notet qui voluerit hanc columnam .. ejus continere ~iam tumbam GOSC. *Transl. Aug.* 27B; Pharao filios Israel .. ~iis muris urbes edificare coegit AILR. *Serm.* 487C; in aliqua materia inscripta, lapidea sc. vel ~ia GIR. *TH* III 1; abbas .. totam ecclesiam .. opere construxit ~io *G. S. Alb.* I 54; **1573** laterica (v. fornax 1e). **b** *bryckelayers* .. stratores ~ii WHITTINGTON *Vulg.* 67.

laterna v. lanterna.

latero, (her.) cotise.

~onibus .. cinctus SPELMAN *Asp.* 95 (v. festuca 5).

laterrina v. latrina.

1 latescere v. lacessere.

2 latescere [CL], to beome hidden.

~ere, latere *GlC* L 77.

latex [CL]

1 water.

impellunt violentis pugnis a tergo et capite, resistitur a ~ice velut a solida glacie GOSC. *Lib. Mild.* 20; stagnum .. teterrimo ~ice horrendum AD. EYNS. *Visio* 17; D. BEC. 2661 (v. acetum); GIR. *GE* II 22 (v. haustus 2b); transibit .. Falernum in ~icem NECKAM *Sal.* 29.

2 stretch of water, stream, brook, pool or sim. **b** the sea.

lurida per latices cenosas lustro paludes ALDH. *Aen.* 43 (*Sanguisuga*) 1; nigris fusi vaporis ~icibus FELIX *Guthl.* 24; †**701** (12c) juxta ~icem qui vocatur Redburna *CS* 103; **10..** ~ex, *burna oððe broc WW* 326. 3 (cf. ib. 593. 22: locax, A. *a brace*); est .. acerrima palus, que .. nunc stagnis, nunc flactris, interdum nigris ~icibus .. protenditur ORD. VIT. IV 15 p. 270; item est unum forlangum exiguum ex parte australi manerii ultra ~icem currentem quod vocatur Litele Lillars *Cart. Carisb.* f. 96v. **b** sic augmenta latex redundans gurgite perdit ALDH. *Aen.* 6 (*Luna*) 4; **10..** †lutex, *sæ WW*.

3 (fig.); **b** (w. ref. to Christ).

evangelista, tropicus florentis paradisi ~ex ALDH. *VirgP* 253; **687** (12c) ut meorum criminum incendia elemosinarum ~ice, juxta Salomonis sententia, valuissem extinguere *CS* 89; c**738** splendida virginitatis castimonia florentis preditae lymphaque superni ~icis melliflua (*Lul*) *Ep. Bonif.* 98 p. 218; **1335** ~ex gracie (v. dulcor 2). **b** fontes ipsius [sc. Domini] visita [sc. ecclesia] delicate / ut sacieris latice voluptatum J. HOWD. *Cant.* 227; flos frangitur per fruticem, / dum latus templi laticem / fundit, fossum mucronibus *Id. Cyth.* 80. 8.

4 juice, liquid; (w. *vineus* or sim.) wine.

Bachum, ~ex, vinum *GlC* B 22; ~icis, liquoris *Ib.* L 73; melleos Bacchiosque ~ices gustare ADEL. *ED* 9; si tedet dominam quod servus vineum / deposcit laticem WALT. WIMB. *Carm.* 161.

latha v. 2 lata. **lathamus** v. latomus. **latherius** v. latarius.

lathnailum [ME *latthenail*], lath-nail, small nail for fastening laths.

1346 in c clavis lattherell' emptis *MS BL Additional Ch.* 62471 m. 1; **1445** in vj m lathenaylis .. emptis *Comp. Swith.* 447; **1449** in iij m. latthnayllis .. precium mille xiiij d. iij s. vj d. *Crawley* 480.

lathomia v. lautumiae. **lathomus** v. latomus.

lathyris [CL < λαθυρίς], caper spurge (*Euphorbia lathyris*) or its seed. **b** spurge laurel (*Daphne laureolae*) or its seed. *Cf. elaterium.*

aut yera Salerni qua recipe piperis ni[gri] lon[gi] .. mirre ana ʒ ij, lacterides, aloe, succi. absin[thii] .. ana ʒ ij GILB. II 80. 2; oximel Juliani .. recipe aceti acris sextarià x .. acori, lacterides ebuli, cimarum sambuci corticis .. ʒ xvj *Ib.* VII 316. 1; lactarides sunt catapucie secundum quosdam *SB* 27; lacura [v. l. lactura] †crissiculum [l. thyrsiculum] habet oblongum vastitate digiti unius, cavum, et in summo gerit ramulum diffusum et folia oblonga, fructum in summitate ramorum habens triangulum et subrotundum in modum capparis *Alph.* 92; lacterides *Ib.* 93 (v. catapota b); *tytuvalle* [? l. *titimalle*] *or favtoris gresse*, timimallus .. lacteria *PP.* **b** herba tytymallus calatites *þæt ys* lacterida *Leechdoms* I 44; herba lactyrida *þæt is ȝiþ corn Ib.*; lactirias vel lactirida, *gyth corn* vel *lib corn Gl. Durh.* 303; laccarides, semen laureolae *SB* 27.

Latialis [CL], of or relating to Latium or ancient Rome, Latian, Latin: **a** (language); **b** (style of clothing).

a heri nos lusitavimus ad invicem ~ibus (i. verbis) rematibus ÆLF. BATA 5. 11; ubi partibus ~ibus affluenter imbutus? OSB. GLOUC. *Deriv.* 3; innotescendum est in primis, partes ~es aliquando secundum litteram tantum, aliquando autem secundum litteram et sensum *Ib.* 5; quibusdam ascendendi gradibus ad summam ~is scientie attingitur *Ib. pref.* 275. **b** dominam preambulam vates gravestelli cygnino capellicio candidantes, penulas ~es induciati [*gl.*: camisias latinas induti] OSB. GLOUC. *Deriv.* 2.

Latialiter, ~ariter [LL], in Latin. **b** from Latium (in quot., on papal errand).

nos pueri rogamus te, magister, ut doceas nos loqui ~iter recte ÆLF. *Coll.* 89; iniquae involucrum ~iter Quiritibus evolvens W. MALM. *GR* II 211 (cf. id. *GP* IV 156: v. l. Latiariter); s**1139** processit deinceps in concilio sermo ejusdem [sc. episcopi Wintoniensis], ~iter ad litteratos habitus, de indignitate captionis episcoporum *Id. HN* 471 p. 29; Laciatim, Latine, ~iter OSB. GLOUC. *Deriv.* 329. **b** s**1179** Albertus [Alexandri pape nuncius] ~iter incedens per Angliam DICETO *YH* I 430.

Latiatim [cf. CL Latium], in Latin. **b** in the Roman manner, according to Roman custom.

OSB. GLOUC. *Deriv.* 329 (v. Latialiter a). **b** ignarasque suis ~im sane rubricas FRITH. 155.

latibulum [CL], **~us, ~a**

1 hiding-place. **b** den, lair.

emergentes de ~is quibus abditi fuerant BEDE *HE* I 16 p. 33; insulani .. qui per diversa ~a mortem evaserant ad proprios recursant GOSC. *Transl. Mild.* 5 p. 162; H. HUNT. *HA* IV 27 (v. divortium 1); venitur ad locum quem de ~is insidiantium recte dicunt Vallem Demonum LUCIAN *Chester* 64; in ~a petre *Eul. Hist.* I 58; ad investigandum previe omnem latebrosum dicte turris ~um FAVENT 13. **b** illa vero ingressa ~um beluae ALDH. *VirgP* 52 p. 309.

2 shelter, refuge. **b** (w. abstr.) cover (of darkness, silence, *etc.*).

~um, defensaculum *GlC* L 74; repetitis quantotius notis silvarum ~is ABBO *Edm.* 6; silvarum quesiere ~a AILR. *Gen. Regum* 355; **12..** etsi diligentius †clam destino [l. clandestino] celle ~o latere studeret, fama tamen conversationis ejus eum nullatenus delitescere permisit *Chr. Witham* 501; in ipsius anime exitu tanta lux supercelestis circa eum enituit, quod intuitus nostri aciem reverberans diffugia et ~a querere compellebat *Latin Stories* 102; succisa sunt nemora in Wallia, que prestabant indigenis ~a tempore belli *Feudal Man.* 148. **b** Narcissum .. sub silenti ~o delitescere non feram ALDH. *VirgP* 32 p. 270; prolatis exemplorum formulis stolidae obtrusum ignorantiae ~um illustrantibus *Id. Met.* 10 p. 84; nocte rapiens filium, fuge petiit ~um F. MALM. *V. Aldh.* 4. 78C; s**1286** caballus regis [Alex. III] ex improviso, ~o noctis tibiis anterioribus in sabulo infossatis, titubavit *Plusc.* VII 32.

3 sequestered place, inmost recess, depths.

in latebrosum lautumiae ~um ALDH. *VirgP* 35 (v. lautumiae 1c); c**680** ut .. monasterii .. ~o divino servicio sedule deditus .. disciplinam exerceas ad deserviendum adtencius Deo (*Lit. Papae*) *CS* 56; de abyssi ~is B. *V. Dunst.* 34 (v. guttatim).

laticium, ~ia [cf. 2 lata], lattice. *V. et. latix.*

1240 facias .. quoddam ~ium ligneum in duabus fenestris coram camera regine nostre *Liberate* 15 m. 23; **1243** coram .. altari unum decens lateicium cum hostio *RGasc* I 240; **1244** fieri faciat quatuor magnos cereos .. ponendos circa corpus beati Willelmi Ebor' quolibet sc. angulorum lateicii circa idem corpus unum cereum *Liberate* 20 m. 5; **1251** quod .. novum ~ium ante capellam beati Stephani fieri .. facias *Ib.* 27 m. 3; **1291** in lathis ad ~iam ejusdem introitus, v d. *KR Ac* 486/7; **1297** magistro carpentario .. facienti; ~ium infra portam *Ac. Cornw.* 133; **1305** in laticis super gradus solarii comitis emendand', iij d. . . . in j fenestra super domum poletr' de laticis de novo faciendis *MinAc* (*Suffolk*) 991/27; **1325** pro quibusdam ~iis in fenestr' thesaurar' faciendis xx d. *KR Ac* 469/7 m. 8; **1353** in stipendio ij cementariorum .. cubantium dictum reredos [in coquina] et facientium desuper unum parietem de petra pro dubio foci eo quod paries prehabitus fuit de ~io *Ib.* 490/30 m. 2.

laticosus [ML], wet, watery.

~us, aquosus, aquatilis, aquaticus OSB. GLOUC. *Deriv.* 324; *wate* .. lymphaticus .. ~us *CathA.*

laticulosus, wanting milk.

~us, lac desiderans OSB. GLOUC. *Deriv.* 329.

latificare [LL], to widen, broaden, enlarge (sound or voice); **b** (fig.).

[lingua] poterit .. claudi ad parietes palati et aperiri in principio ita tamen prope palatum quod vocem ~et et hec est formacio S *Ps.*-GROS. *Gram.* 23. **b** ~ando tamen istud mandatum ad hunc sensum WYCL. *Serm.* I 106.

latigrossus, large.

ballivi ville J. .. presentaverunt ad presenciam matris regis ad monasterium de H. ordinis etc. cum presente ~o viz. unius piscis Anglice *a purpeys* W. WORC. *Itin.* 346.

latima v. latrina.

latimarius, latimer, ~erius [AN, ME *latimer, latinier* < latinarius], interpreter, translator; **b** (as surname). *V. et. latinarius.*

1212 debet esse de servicio ~arius inter Angliam et Walliam *Fees* I 147 (cf. ib. 348: Wrennocus .. per serjantiam ut sit ~erus inter Anglos et Wallenses); **1212** x s. in soldea ~eri *Pipe Ir.* 46; **1292** in expensis predicti N. et unius nunciatoris cum duobus ~eris et tribus equis de Sevasto usque Trapesund' cxviij asper'. item liberat' Martino ~erio pro ejus servicio ccl asper' *KR Ac* 308/13 m. 2. **b** in Pherneham [*Essex*] tenuit liber homo xxx acras; modo tenet R. ~arus set celavit *DB* II 100; Rodberti ~arii *Text. Roff.* p. 198; **1167** homines Willelmi ~eri r. c. de ij m. *Pipe* 47; **12..** Gilbertus qui cognominabatur Latemer, id est interpres *Chr. Abingd.* II 34.

latimus v. latomus. **latin-** v. et. lativ-.

Latinalis, Latin.

lege ~es, lege Grecas historias CHAUNDLER *Laud.* 109.

Latinaliter, in Latin.

s**1299** littera papalis, ~iter ad literatos, patria lingua ad illiteratos, lecta *Ann. Ang. & Scot.* 389.

Latinare [LL], to translate into Latin.

Girardus Tholetanus qui Galippo mixtarabe interpretante Almagesti ~avit D. MORLEY 40.

latinarius [ML], interpreter, translator; **b** (as surname). *V. et. latimarius.*

c**1200** Ricardus, ~ius de Willielmo *Cart. Glam.* I 41; **1212** Griffinus tenet R. .. per servicium de esse ~ius inter Angliam et Walliam *Fees* I 147; **1212** cibus Hybernensium: .. de cibo latinnarii et Hybernensium *Pipe Ir.* 44. **b** Hugo ~ius *DB* (*Hants*) I 50b.

1 Latine [CL], in Latin: **a** (of spoken language); **b** (of literary language or written text); **c** (compar.) in better, more correct, or more stylish Latin.

a BEDE *HE* III 2 p. 129 (v. caelestis 4a); et Grece instructus et ~e *Ib.* IV 1 p. 202; 'cratera', 'statera', 'panthera', seu Grece seu ~e declinentur, penultimas productas invenio ABBO *QG* 16 (35); 'pronoea', que ~e 'providentia' vocatur BALSH. *AD rec. 2* 133; **1199** usque ad viam que dicitur ~e Alba Via, Anglice *Withe Weia RChart* 12b; liber Genesis Ebraice dicitur *bresith*, Grece .. γένησις [*sic*] .., ~e 'generacio' GROS. *Hexaem. proem.* 66. **b** quid est eptimemeris? ~e semiseptenaria appellatur caesura ALDH. *Met.* 10 p. 95; a**1332** Brutus ~e *Libr. Cant. Dov.* 40. **c** ~ius H. BOS. *Thom.* III 19 (v. banleuca b).

2 latine v. lative.

latineus v. 3 latinus.

Latinismus [ML], Latin idiom.

GARL. *Mor. Scol.* 360 (v. Graecismus a).

1 Latinista [ML], one who speaks or writes Latin.

ibi ~a, ibi sophista, ibi quilibet scriba indoctus aptitudinem penne probat R. BURY *Phil.* 17. 222; *latonyster or he that spekyth Latyn*, ~a *PP.*

2 latinista [cf. 2 lata], maker of latten.

hic ~a, *a latynmaker WW.*

Latinitas [CL]

1 Latinity, correct Latin usage or style, the Latin language.

in tam densa totius ~atis silva et nemorosis sillabarum saltibus ALDH. *Met.* 8; libros Dialogorum Gregorii papae et Petri sui discipuli de ~ate primus in Saxonicam linguam .. interpretatus est ASSER *Alf.* 77; plurima affati sumus, que iterum placet renovari nostro eloquio, ut, qui ~atis elogium non potuerint, sumere accipiant saltim vulgarem nostrum sermonem BYRHT. *Man.* 58; quatinus .. ad altissimam ~atis turrim tandem facilius perveniatur OSB. GLOUC. *Deriv. pref.* 275; **12..** si queratur si hec ~as sit bona .. (*MS Worc. Cath. Q* 50 f. 133rb) *OHS* XVI 175*n.*; *FormMan* 1 (v. falsus 5a).

2 Latin Christendom.

fiducialiter asseruit ~as ANSELM (*Proc. Sp.* 13) II 211; ~as omnis ejus [sc. Bede] fidei et magisterio palmam dedit W. MALM. *GR* I 59 p. 63; ~as omnis in liberalium artium scientiam per doctrinam ejus [sc. Lanfranc] se incitabat *Ib.* III 267; totam ~atem reliquit et baptizatorum gregem formidans inter Allophilos diutius exulavit ORD. VIT. IX 15 p. 598; Urbanus [II] papa generali sanxerat auctoritate, et apostolico jussu inviolabiliter teneri coegerat in omni ~ate, ut .. *Ib.* X 12 p. 68; **1169** quod tota fere novit ~as BECKET *Ep.* 555 p. 61.

Latinobarbus, (adj.) barbarous Latin, dog Latin.

1520 a quo exemplo [*of Plautus*] non multum, opinor, abest si quis in eo scripti genere quod prope accedit ad comicum, fratrem id genus producat in proscenium lingua loquentem sua, hoc est ~a (MORE) *Ep. Erasm.* IV 1087.

1 latinus v. lascivus 1a.

2 Latinus [CL]

1 of or relating to the people of Latium or Rome, Latin, Roman; (*festum S. Johannis ante portam ~am*) the feast of S. John before the Latin gate, 6 May. **b** (as sb. m. sg.) name of a mythical king of Latium. **c** (as sb. m. or f. pl.) the Latins, Romans, people speaking or writing Latin; **d** (w. ref. to western Christendom).

1235 in crastino octabarum sancti Johannis ante portam ~am *Cart. Burscough* 14; **1236** in Festo Sancti Johannis ante portam ~am *Starrs* I 2; **1274** die dominica ante festum S. Johannis ante portam ~am *Househ. Henr.* 418; **1341** die Lune prox. post festum Sci. Joh'is ante portam ~am *Ac. Durh.* 540. **b** Aeneas .. post mortem ~i regnum obtinuit Romanorum vel Latinorum NEN. *HB* 150; G. MON. I 3 (v. honorifice 2a); prevaluit Eneas .. et Laviniam filiam ~i adeptus est *Ib.* **c** nepa mihi nomen veteres dixere Latini ALDH. *Aen.* 37 (*Cancer*) 1; [Brittania] quinque gentium linguis unam eandemque .. scientiam scrutatur .. Anglorum viz., Brettonum, Scottorum, Pictorum, et ~orum, quae meditatione scripturarum ceteris omnibus est facta communis BEDE *HE* I 1 p. 11; transtulimus hunc codicem ex libris ~orum, scilicet sancte scripture in nostram consuetam sermocinationem ÆLF. *CH Praef. I* 1; fuerunt ibi †maritane [v. l. maritate] nobilioribus Trojanis, quorum cubilia et ~e et Sabine diffugiebant G. MON. II 8; Virgilius ~orum poetarum maximus BERN. *Comm. Aen.* 1; sibilate vero per solos angulos et apud ~os figura F non est nisi quedam circuli apercio ipsius P *Ps.*-GROS. *Gram.* 25; dolendum est quod hec pars philosphie non est apud ~orum usum nisi laicaliter BACON *Tert.* 50.

d in monasterio ~orum sancte Dei genitricis jacet sanctus Macharius heremita *Descr. Constant.* 259; **1171** cum .. per orbem ~um .. sit nota et vulgata materia J. SAL. *Ep.* 304 (305 p. 726; = *Id. Thom.* 22); tantam .. habebat cancellarius domandi gratiam, ut amor et deliciae totius orbis ~i reputaretur W. FITZST. *Thom.* 23; propter regnum dissidentibus Tripolitano comite Reimundo, et qui dona ~orum rege octavo *Itin. Ric.* I 5; **s1299** regis Edwardi magnificentia, per orbem ~um dilatata RISH. 192; **c1350** omnium .. inter ~os nunc extancium studiorum universitas Oxonie fundacione prior .. invenitur *StatOx* 17.

2 (of language): **a** (as adj.) Latin, (superl.) the best, most correct, or most stylish Latin; **b** (w. ellipsis of *lingua*); **c** (w. ellipsis of *litterae*); **d** (as sb. n. sg.).

a prorsus Achivorum lingua pariterque Latina / mille vocor viridi folium de cespite natum ALDH. *Aen.* 50 (*Myrifyllon*) 1; verbo parum ~o W. MALM. *GR* IV 314 (v. firmarius 2c); vitam enim Sancte Brigide, quam pater tuus et ipse quidem amicus meus mihi attulit semibarbaram, tibi etsi non potui ~issimam, sane transmitto vel ~am L. DURH. *Ep.* 263; Carmentis nimpha invenit litteras ~as anno mundi 3080 W. WORC. *Itin.* 176; **1580** de ~a versione quorumdam statutorum *StatOx* 419. **b** Grecam quoque cum ~a didicit linguam BEDE *HE* V 23 p. 348; Gaufridus Arthurus .. historiam Britonum de lingua Britannica transtulit in ~am M. PAR. *Maj.* II 188. **c** **1419** lego H. P. quaternum meum de litteris missivis in ~is (*Test.*) *Reg. Cant.* II 164; **1423** pro sermone ad clericos .. in ~is dicendo *Doc. Eng. Black Monks* II 156; **1442** lego Thome K. .. meum psalterium in ~is discriptum *Reg. Cant.* II 617; **1465** solempnem in ~is fuit sermonem *Reg. Whet.* II 30. **d** itinerarium .. elimavit Rufino in ~um ex Graecorum bibliothecis vertente ALDH. *VirgP* 25; [*greve*] videtur nobis compositum esse ex *grith* Anglico .. et 've' Latino *Leg. Ed.*) *GAS* 654; **1292** omnes socii domus sepe ~um loquantur ut eis in disputatione et aliis locis opportunis facilior et promptior et honestior modus loquendi habeatur *MunAcOx* 60; **1325** que .. cedule .. in incongruitate ~i, in orthographia [etc.] .. concordant cum .. littera famosa *Lit. Cant.* I 148; ex fabulis Esopi .. quas transtulit Romulus quidam in ~um J. SHEPPEY *Fab.* 417; **1384** si qua infra ambitu collegii proferant eloquio, fruantur ~o, extraneis et laicis dumtaxat exceptis *Cant. Coll. Ox.* III 176; **1427** proclamaciones .. inter scolares habite .. fiant .. sub ~o *StatOx* 233.

3 latinus [ME *latin, latoun*, AN *latein, laton*], of latten. **b** (as sb. m. or n.) latten.

1286 pro uno forcero latuno (v. forcerum 1); **1434** item pro uno pyxide ~o ad ponendum Corpus Christi *Ac. Churchw. Som.* 175; **1553** de .. uno lavar' ~eo, Anglice *one laver of latten*; octo pelvibus latenis, Anglice *eight basens of latten Pat* 852 m. 29. **b** **1287** pro uno forcero de ~o ligato *KR Ac* 351/28 m. 3; **1291** factori imaginis domini Henrici regis patris regis de latuno *Cl* 108 m. 6 (sched.); invenientibus metallum de latuno ad imaginem domini H. regis .. inde faciendam *Ib.*; lattrinum, A. *laton WW*.

4 latinus v. lativus.

5 latinus v. linter.

latio [CL]

1 formal proposal or establishment (of law). *Cf. legislatio.*

nam si absque lege non esset salus ~o legis proposita fuisset universis PULL. *Sent.* 771A; declarat differentiam ~onis novi et veteris testamenti, notaris quomodo lex vetus scripta fuit in tabulis, et quando et ubi BUTLER 409.

2 (act of) carrying, lifting, raising.

corpus Christi, dicunt theologi, moveri per accidens ad ~onem hostie consecrate WYCL. *Univ.* 280; **1410** pro ~one arcus ac eciam sagittacione *StatOx* 205; **1432** pro ~one armorum *Ib.* 242; **1457** J. B. .. convictus de ~one armorum *MunAcOx* 668.

3 movement in space, locomotion.

dies, annus, et hujusmodi nichil sunt nisi ~o solis super terram; set ~o est motus, quare ad predicamentum motus debeo reduci BACON XIII 251; quia ~o solis super terram est causa diei R. ORFORD *Reprob.* 76; removemus a Deo quidquid est imperfeccionis. probacio antecedentis, quia ~o et alteracio .. non ponunt tantam imperfeccionem quantam ponit generacio, et ideo multa entia perfecta possunt alterari vel localiter ferri que non possunt generari DUNS *Ord.* II 254.

latis v. lis.

latitanter, secretly.

vipereo latitanter oviliet actu D. BEC. 1910; **1333** datum est .. intelligi quod diversi homines .. per ballivam tuam de die in diem ~er transiunt [ed.: *sic*] *RScot* 252a; que nocturna solent latitanter furta parari, / illa dies clara tunc manifesta parat GOWER *VC* I 481.

latitare [CL]

1 to be in hiding, lie hidden, hide, lurk, skulk: **a** (of person or animal); **b** (of inanim. or abstr.).

a draconem in clandistino criptae speleo ~antem ALDH. *VirgP* 25 p. 258; **799** qui in montanis ~ant cum Felice ALCUIN *Ep.* 166 p. 271; pisciculos in fundo fluctuum ~antes GIR. *TH* I 16; **1327** rediit infra regnum Anglie absque gracia regis etc. [et] ~at et discurrit in comitatu .. dampna et facinora plura perpetrando *SelCKB* V 6. **b** rex iratus ab ea recessit, detestans tantos et tales laqueos occultos in muliere ~asse *V. II Off.* f. 19b; dic, lacrima, quo latitas? J. HOWD. *Cyth.* XXXV 1; ecce tegunt nigre latitancia sidera nubes GOWER *VC* I 137; hoc tamen ad Cristi legem latitante figura / presbiteris nostris mistica jura notat *Ib.* III 1837; **s1387** non ~avit dolus ibi, set apud Westmonasterium *V. Ric. II* 92 (= WALS. *HA* II 165: latuit).

2 (trans.) to hide: **a** (person, also refl.); **b** (inanim. or abstr.).

a **1308** †lacitavit se in domibus (v. effraiare a); me veluti in quodam radioso speculo illuxisti, qui annis meis prioribus in philosophorum nugis me quasi ita in quadam tenebrosa caligine ~asti RIC. ARMAGH *AP* 20; si pistor se ~at et non poterit inveniri, tum panis suus capiatur *MGL* I 703. **b** **c798** quod tantum inter familiares aures ~ari velim, quia me publico magnorum doctorum judicio praesentare non audeo ALCUIN *Ep.* 133; **1288** capiunt [bladum] occulte in foro et illud ~ant et deducunt extra forum in schoppis suis *Leet Norw.* 12.

3 ? to conceal (the entrance to), block up.

in xj doleis emptis ad latitand' cameram liberorum regis, precii dolei x d. .. in ij doleis vacuis emptis ad ~andum, summa x d. *KR Ac* 467/20 m. 2.

latitatio [CL]

1 act of hiding, lying low.

1166 post ~onem aliquantulam a regno clam transmeastis G. FOLIOT *Ep.* 170 p. 239; virilitatis immemor sibi quisque per fugam consulere conatur vel ~onem E. THRIP. *Collect. Stories* 221; sola fuga non sufficit per se vel ~o sine contumacia ad aliquem utlagandum BRACTON 126.

2 (phil.) latency (esp. of forms).

utrum igitur sit ponere ~onem formarum, dicendum quod non proprie, quia ~o proprie est quando plura sub actibus propriis et formis in aliquo latent BACON VIII 21; *Ib.* (v. habilitas 2); sequitur ergo ~o, et quod generans et generatum non sunt unum in forma et specie, et duo in numero, sed unum in numero SICCAV. *PN* 178; quia ista non sunt in semine eo modo quo postmodum sunt futura in actu non convenit eis quae diximus ponere ~onem *Ib.* 183; et sic ~onem formarum quas agens solus duxit in manifestum R. ORFORD *Correct.* 300.

latitudinalis [ML], across the breadth or width, transverse, horizontal. **b** (astr.) of latitude, latitudinal.

in omnibus his [sc. partibus cerebri] sunt longitudinales [nervi vel fili] et ~es et texentes i. transversantes GILB. II 115v. 2; materia enim spasmi est siccior et imbibitur in filis texentibus, i. ~ibus et .. contrahuntur fili secundum longitudinem et extenditur materia in filis secundum latitudinem *Ib.* 116. 1. **b** ad primum dicitur quod conclusio est probabilis, cum †qualibet [l. quelibet] pars ~is spere celestis mote sequitur ad aliam, et movetur versus oriens, occidens et versus meridiem, et sic de infinitis sitibus WYCL. *Log.* III 18.

latitudinaliter, breadthways, latitudinally.

~iter secundum extensionem mundi WYCL. *Ver.* II 259 (v. longitudinaliter); **14..** iiij grana ordei ~iter faciunt digitum *Eng. Weights* 6.

latitudinaris, latitudinal.

1523 prout aqueductus discedens a molendino de E. antedicto et decurrit in orientali fine lacus de G. inter finem terre culte de B. ad toream et finem orientalem dicti lacus ad orientem progrediendo in eodem usque ad mediam ~em *Form. S. Andr.* I 52.

latitudo [CL]

1 transverse extent, breadth, width: **a** (of land); **b** (of sea); **c** (of solid body); **d** (of mus. notation); **e** (of geom. figure or sim.).

a **868** (v. longitudo 1c); Ninus civitatem aedificans Babyloniam nuncupari fecit .. quae in longitudine et ~ine aequali mensura extendebatur BYRHT. *V. Ecgwini* 382; quarta pars silvae pastilis ejusdem villae cujusdem longitudo est j leu' et ~o dim. leu' *DB* I 278ra; septem climata terre distinguit astronomus cum certa quantitate docens quot milaria longitudinis et ~inis habeat unumquodque KILWARDBY *OS* 105; unam perticatam in ~ine .. nobis concessit *Meaux* I 226. **b** interposito pelago ~inis trium milium BEDE *HE* IV 14 p. 238; maris .. ~inem sive profundum nemo est qui judicet ALEX. CANT. *Dicta* 149; GIR. *TH* I 2 (v. arctous). **c** erat .. ipsius corporis longitudo l pedum et inter humeros vij ~inis habuit *Lib. Monstr.* I 13; rationem nosse desidero quomodo omne corpus longitudine, ~ine, et altitudine constans compositum sit PETRUS *Dial.* 21; corpus est cui est longitudo, ~o, et altitudo ADEL. *Elem.* XI def. 1; [capri] nec pectoris habent eminentiam nec ungularum ~inem *Quaest. Salern.* B 76; ODINGTON *Mus.* 45 (v. figurare 3a). **d** simplex pausatio vel tractus materialis [fit] secundum distantiam ~inis unius spatii et est unius temporis tantum *Mens. & Disc.* (*Anon. IV*) 60; si fuerit tractus secundum longitudinem ~inis omnium spatiorum, talis tractus finis clausulae vel puncti dicitur *Ib.* 61; duplex longa est illa, quando ~o transit longitudinem GARL. *Mus. Mens.* II 14; recta brevis est tractus respiciens longitudinem secundum ~inem unius spatii *Ib.* VIII 4. **e** **p675** corona ~o aurea est circuli ALDH. *Ep.* 4 p. 483; linea est longitudo sine ~ine ADEL. *Elem.* I def. 2; quarum (sc. quattuor arearum) singularum longitudo longitudini unius radicis quadrati A B equalis erit, ~o etiam singularum 2 et medium, ut jam dictum est, demonstrat ROB. ANGL. (I) *Alg.* 78; evidens .. est quod linea longitudo est sine ~ine DUNS *Ord.* II 134.

2 latitude: **a** (geog.) angular distance of a place on its meridian north or south of the equator (cf. longitudo 5a). **b** (astr.) angular distance of a heavenly body from the celestial equator or from the ecliptic, declination (cf. longitudo 5b).

a nota quod longitudo climatis ab *elmuchre* orientali vel occidentali usque ad locum, ~o vero ab *Arin* usque ad locum dicitur aequidistanter *Elkuscus* vero longitudinem arguit ADEL. *Elk.* 7; BACON *Maj.* I 187 (v. aequinoctialis b); deinde altitudo solis subtrahatur ab xc gradibus et residuum erit ~o regionis: hoc est distantia zenith ab equinoctiali vel elevatio poli ROB. ANGL. (II) 181; [tabulae astronomicae] in ~ine a Ptolemaeo plurimum discrepant, inter se fere conspirant . . . in longitudine autem nullus consensus CAMD. *Br.* (*Ep. ad lectorem*). **b** notitia ~inis lune sic habetur: loco lune primum invento addetur draconis *elwacat*; inde autem coacervatum est argumentum, per quod in ~inem lune intrabitur, sumeturque quod in ~ine lune invenietur ADEL. *Elk.* 16; WALLINGF. (*Rect.*) I 424 (v. declinatio 2b).

3 broad space, wide area, region. **b** (fig., w. ref. to Bible).

sunt homines in oriente in cujusdam vasta ~ine morantes *Lib. Monstr.* I 18; triquadra mundi ~o ALDH. *VirgP* 18; **799** per aridos Belgicae ~inis .. campos ALCUIN *Ep.* 170; **s1245** (v. Christianitas 2b); tui sunt celi, terrea latitudo J. HOWD. *Cant.* 20. **b** vagando vadis quaerere testimonia per ~inem sanctae scripturae ALCUIN (*Adv. Elipand.* I 19) *Dogm.* 254C.

4 breadth, wideness, extent.

Iafeth, ~o *GlC Int.* 153; **799** divina te gratia his duobus .. ditavit muneribus, i. e. terrenae felicitatis imperio et spiritalis sapientiae ~ine ALCUIN *Ep.* 178; AD. MARSH *Ep.* 143 (v. laetificus); **c1250** letificet vos letitia sempiterna ~inis immense AD. MARSH *Ep.* 235; **1280** intimare quod ut credo ante revolutam [*sic*] anni periodum sciet seculi ~o PECKHAM *Ep.* 121; in tertio capitulo, obiicitur pro ~ine potestatis pape PAUL. ANGL. *ASP* 1552.

5 width (as measure of cloth).

1197 constitutum est ut lanei panni, ubicunque fiant, fiant de eadem ~ine, sc. de duabus ulnis infra lisuras (*Assisa Mensurarum*) R. HOWD. IV 34; **1202** ut possint sine dampno emere tinctos pannos de qualicumque fuerint ~ine vel strictitudine *Pipe* 178; **1215** sit .. una ~o pannorum tinctorum et russetorum et halbergectorum, sc. due ulne infra listas *Magna Carta* 35; **1221** assisa de ~ine pannorum non est servata in C. et ideo in misericordia *PlCrGlouc* 7; **1230** Simon mercator debet dim. m. pro ~ine pannorum non observata *Pipe* 80.

6 broad or wide board (as book-cover, by assoc. of ME *brēd* = 'wooden board, plank' w. ME *brēde* = 'breadth').

c1450 unum librum Anglicanum ligatum cum duobus ~inibus (*Test.*) *Lancet* CCXXV (1933) 1513–4.

7 range (in which something may vary).

uniformiter .. remittitur motus .. cum in quacunque equali parte temporis equalem deperdit ~inem velocitatis. difformiter vero intenditur aliquis motus .. cum majorem ~inem velocitatis acquirit vel deperdit in una parte temporis quam in alia sibi equali HEYTESBURY *Reg.* 241–2; sit ~o illa GQ, cujus ~inis gradus medius sit N. DUMBLETON *Summa* 321; probatur quod omnis ~o motus terminata ad quietem et uniformiter adquisita *Ib.* 322; si in isto instanti Socrates erit albior quam Plato erit albus in aliquo istorum, igitur per aliquam partem ~inis albedinis erit Socrates albior quam Plato KILVINGTON *Soph.* 16.

1 latius v. 2 lata.

2 Latius [CL], of Latium, Latin.

ipsi postquam principatum adepti sunt, secundum ritus ~ios clerum et populum disponere decreverunt ORD. VIT. X 24 p. 141.

lative [cf. lativus b], in a manner that entails (as dist. from one that causes).

nota quod hoc 'quo' non tenetur †latine [l. lative] sed causative, unde 'que' non 'quia' BACON VII 19.

lativus [cf. CL latio, latus, + -ivus], **a** that bears or carries. **b** that brings or entails.

a pontem hominum et jumentorum †latinum [l. lativum], habentem pro fundamento et columpnis naves *Ps.*-ELMH. *Hen. V* 121. **b** meritamque ut naufraga [pecunia] poenam / naufragii nec lativa ferat HANV. VI 279.

latix [ME *latice*, OF *latiz*], lattice. *V. et. laticium.*

1267 unum chamah' cum ~icibus et curru in capsa aurea *CalPat* 138; **1490** pro uno ~ice empto ad cameram *Cant. Coll. Ox.* II 222.

lato, ~on, ~onia [ML], latten, brass. *V. et.* 3 *latinus.*

noster quidem ~o, quamvis primum sit rubeus, tamen est inutilis; sed, si post rubedinem in album vertatur, multum valebit . . . si autem ~on cum sulphure comburatur .. ejus natura de bono in melius .. convertetur . . . alius quoque philosophus ait quod Azoc nequit substantialiter ~oni suum auferre colorem ROB. ANGL. (I) *Alch.* 514b; **1222** corone ij de ~one *Reg. S. Osm.* II 129; sunt fabricatores false monete sine cuneo, et sunt monetarii regis qui ultra assisam licitam argento ~onem [v. l. lacom] inponunt *Fleta* 32; assa ~onem donec exiccetur et fiat corpus novum DASTIN *Ros.* 14; in composicione regularum ex ~one [v. l. ex ere] tibiis applicandarum WALLINGF. *Rect.* 410; **1382** xiij candelabra de ~onia, ij vasa de eodem metallo *Foed.* VII 357; **p1422** unum [*sic*] pelvem cum lavacro de ~one (*Invent. S. Paul.*) *Camd. Misc.* IX xviii; **1429** j magna pelvis de laton' continens vj lagena *Ac. Obed. Abingd.* 110; judicium pillorii pro annulis .. deauratis .. de ~one venditis pro auro *MGL* I 602; **1452** duo candelabra de ~one (*Test.*) *MunAcOx* II 642; ibi est domus pro mercatoribus Anglie, et porte et janua eorum sunt cum ~one et cupro deaurate W. WORC. *Itin.* 192; quarto patet in cupro mutato per tutiam in letonem et aurichalcum, et per capillos in aurum, .. RIPLEY 185.

latoma v. latomega.

latomega, mason's axe.

hec [partes aule] fabricantur .. cum calce lathomorum, cum lathomega [*gl.*: *ston ax, trouel, trulle, truel*] GARL. *Dict.* 137; latoma, A. *a stonax WW*; hec ~a, *a mason ax WW*; *a mason axe*, ascis, asciculus, lathomega *CathA.*

latomia, ~ae v. lautumiae.

latomicus [λατομικός], of masonry.

1455 opere ~o pro reparacione ruderis infra coquinam *Cant. Coll. Ox.* II 178.

latomus [LL < λατόμος], stone-cutter, mason; **b** (dist. as freemason, stone-layer, 'ligier'); **c** (as surname).

octoginta millia portantium onera et ~orum BEDE *Templ.* 743C; viribus ingenii reparare peribula templi / incumbunt fessi vasto sudore latomi FRITH. 447; **c1150** inde sunt testes: Radulfus magister ~us .. *Dom. S. Paul.* 135; ubi a lathomis et cementariis fossa preparata T. MON. *Will.* III 1 p. 123; **1362** ~os vocatos *hardehewers Pat* 265 m. 16; **1366** de vij li. xv s. vj d. mutuatis de .. J. D. latamo *Pri. Cold. app.* l; **1384** Johanni de S., lathomo seu cementario, conducto ad opus castri de Edynburgh *ExchScot* 117; **1381** in stipendiis latamorum sarantium et cubantium dictam petram (*Ac. Malthall*) *DCCant*; **1413** solutum ij lathamis ponentibus j ortium in muro rectorie per iij dies x d. *Rect. Adderbury* 8; **1415** magistro fabrice, viz. Johanni de S., lauthomo principali .. liberate lxvj li. xiij s. iiij d. *ExchScot* 227; **1419** item de xij d. solutis ij ~is pro emendacione voraginis (*Ac. Chamb.*) *MunCOx* 281; **1423** pro mercede ij latamorum .. pro obturandum sepulchrum *Test. Ebor.* 83; hic latamus, *a mason WW*; **1457** pro .. quinque libris datis latimis de Kelso *ExchScot* 298; **1496** presentibus .. W. B., R. B., et W. C. .. latimis, testibus *Sanct. Durh.* 29; **1521** duas tercias partes terrarum .. quas J. Y. latimus et S. S. habuerunt *Reg. Aberbr.* II 433; in occupatione unius †latomii vocata *a mason Entries* 421b. **b** **1380** tam ~os vocatos *fremasons* quam ~os positores *CalPat* 455; **1396** concessimus .. archiepiscopo Cantuar' quod .. viginti et quatuor lathomos vocatos *ffre maceons* et viginti et quatuor lathomos vocatos *ligiers* .. capere .. possit (*Ch. Ric. II*) *OED* s. v. *freemason*. **c** **c1346** ad vos remittens magistrum Hugonem Lathomum *Lit. Cant.* II 279.

latonarius [cf. lato], pertaining to work in latten.

1452 corpus .. meum ad sepeliendum .. prope patrem meum dudum in dicta parochia artis ~ie (*Test.*) *MunAcOx* 640.

latonia v. lato.

lator [CL]

1 carrier, bearer, bringer; **b** (of doc., esp. in phr. *praesentium ~or litterarum* or sim.).

s1126 ~or .. crucis .. extra capellam cum cruce ejectus est FL. WORC. *Cont. A* 84; precedens post aque ~em per medium chori et ad fontes *Offic. Sal.* 79; **p1298** (14c) lator homicidii levavit vexilla (*Dunbar* *11) *Pol. Songs* 161; **c1334** Herford vexilli ~or, dux ille sinister *FormOx* 110. **b** **596** insinuantes ~em praesentium Augustinum, servum Dei (*Lit. Papae*) BEDE *HE* I 24 p. 44; **c1073** terminum hujus consecrationis ~or vobis praesentium indicabit LANFR. *Ep.* 12 (13); [hec] melius disces per hujus scedule ~orem quam per epistole scriptorem *V. Gund.* 12; **c1161** precipio quatinus tradatis hujus presentis carte ~ori partem ecclesie de K. de sagimine craspesiorum *Regesta Scot.* 177; **1216** liberetis .. Elie .. ~ori presencium Agatham uxorem .. Engelardi *Pat* 2; **1376** unde isti probi homines sunt sic concordati ad respondendum ~ori predicte litere *Mem. York* I 33; **c1387** Henricus B., ~or presencium litterarum *Dip. Corr. Ric. II* p. 50.

2 one who institutes, introduces or establishes: **a** (law); **b** (custom).

a GILDAS *EB* 1 etc. (v. legislator a, b, c, d, e); THEOD. *Pen. pref.* (v. figuraliter 4); [Christus] figuraliter expresserit .. se esse .. legis pariter ~orem et gratie BEDE *Hom.* I 25. 109; ave, cama Jesu Christi / .. / que latoris es fiscella / nove legis et cistella WALT. WIMB. *Virgo* 63; **p1420** ~or inquit jurium, et canonum auctor, dignus est operarius mercede [*Luc.* x 7] *Reg. Whet.* II 411. **b** annus .. quo juniorem Willelmum regem Anglia, et Widonem abbatem hujus festi ~orem Augustinia habuit GOSC. *Transl. Aug.* 30A.

3 writer, deliverer, or reader (of document).

c1205 testibus .. T. clerico presentis ~ore et multis aliis *Ch. Chester* 336; ast evangelium cum dicitur est quoque standum, / .. / hoc ideo legitur lator de parte sinistra GARL. *Myst. Eccl.* 150; **1460** scriptum festinissime infra quarterium hore presentis ~ore nimis sponsalium causa festinante *Paston Let.* 606.

4 deliverer, upholder, supporter (also fig.).

Luca fidelis lator Christi dogmatis *Anal. Hymn.* LI 107; lator justicie languore marcescit J. HOWD. *Cant.* 89; vere lator justicie quid commisit / ut in latronum crucibus interiret? *Ib.* 274; **c1280** ecce pacis pereunt legisque latores [AN: *de pes e de la ley li sustenanz*] (*De temporibus* 26) *Pol. Songs* 135; sunt laudis ~ores, famam hominum ferentes per universum mundum BACON V 50; **c1330** ad instanciam beatissimi doctoris Anglorum Augustini, ~oris fidei Christiane J. MASON *Ep.* 14 p. 203.

5 (med.) medium.

cum humores sint ~ores virtutum augmentatis humo[ribus] augmentantur spiritus GILB. II 101v. 1.

latrabilis [LL], capable of barking, that barks.

quod Hecuba in canem versa fingitur, ad aliud spectat. ideo enim in animal ~e deformata dicitur ALB. LOND. *DG* 9. 8; provideat sibi quisque de bono cane ~i *Fleta* 167; unde canis stella et canis ~is non sunt duo canes, sed canis dupliciter dictus R. ORFORD *Reprob.* 134; animal ~e est canis OCKHAM *Quodl.* 355; accidit .. execrabilis et enormis infirmitas .. adeo quod .. homines emiserunt vocem ~em acsi esset latratus canum KNIGHTON II 23.

latralis, that barks.

dicitur canis equivoce de stella mordente in effectu, de animali ~i morsivo et pisce marino morsivo WYCL. *Ente Praed.* 19.

latramen [ML latramentum], (act of) barking.

a barkynge, latratus, ~en *CathA.*

latrare [CL]

1 (of dog) to bark; **b** (w. ref. to *Is.* lvi 10); **c** (fig.). **d** (pr. ppl. as sb. m.) dog.

ALDH. *PR* 131 (v. baubare); et genus omne canum, tenebrosa nocte latrantum WULF. *Swith.* II 178; canibus contra se ~antibus B. *V. Dunst.* 6; ponderosus canis, cum quempiam juxta se transeuntem audient, semel vel bis post eum ~ans, statim, quiescit *Simil. Anselmi* 40; canes ville sequebantur eum et ~abant magnaliter *Ghost Stories* 418. **b** **804** qui sunt canes muti, nisi pastores tacentes, contra diabolicas insidias per praedicationem ~are non valentes ALCUIN *Ep.* 267; non solum contra seu fures nocturnos seu latrones diurnos canis ad ~andum erat DOMINIC *V. Ecgwini* I 4. **c** optimos grammaticos .. ~ando quidem sed non mordendo molestans GIR. *GE* II 36. **d** pedes ~antium truncabuntur (*Proph. Merlini*) G. MON. VII 3; tuti latrantes [*gl.*: canes] in vico sint spatiantes GARL. *Mor. Scol.* 99.

2 (of person) to shout out, bawl (in the manner of a barking dog). **b** to make importunate demand, to clamour.

latratus catulorum .. significat quod post obitum tuum .. nondum nati nebulones contra Dei ~abunt ecclesiam W. MALM. *GR* II 154 p. 176; heresis ~at Novatiana, que rebaptizabat. .. ~at heresis Pauliana, dicens Christum non semper fuisse R. NIGER *Chr. II* 121; Egyptus ~at errore Dioscori *Ib.* 132; miratur audiens ille Judaicus / conventus discolus, et latrat mordicus WALT. WIMB. *Carm.* 143; quando voles litigare / .. / si te juvant duo fratres [sc. aurum et argentum], / quantumcunque male latres, / eleganter loqueris *Id. Van.* 46; si ~es [ME: *ȝef þu berkest*] contra, canine nature es *AncrR* 37. **b** ~ante stomacho et hiante gula J. GODARD *Ep.* 221.

3 (of door) to creak.

WALT. ANGL. *Fab.* 12. 11 (v. immurmurare 1c).

latratio [LL *gl.*], (act of) barking.

[diabolus] venit ad eum in balatione ovium, in ~one canum BYRHT. *V. Osw.* 417.

latrator [CL], one who barks, one who shouts or bawls.

garrulus ac nebulo, barritor necne latrator, / finibus in patriis suetus servare suillos *Altercatio* 18.

latratus [CL]

1 barking (of dog; also fig.).

cynocephali .. quorum sunt canina capita et omne verbum quod loquuntur intermixtis corrumpunt ~ibus *Lib. Monstr.* I 16; namque canes crebro stipant latratibus aprum ALDH. *VirgV* 1649; crudeli ~u hunc invaserunt B. *V. Dunst.* 6; quandoque ~us caninos ab ore emittebat *Mir. Fridesw.* 27; ecclesiastici pastores lupos divinis ab ovili ~ibus arcent GIR. *TH* I 14; **1269** percipiens per ~us canum extraneos fore in curia sua *CBaron* 75.

2 shouting, bawling (of person).

eum [Cerberum] invitatum ille [Hercules] contumax insanis provocavit ~ibus *Lib. Monstr.* II 14; in primo limine novellae religionis contra orthodoxam fidei regulam caninis ~uum rictibus ab eodem coetu nefandi Nicolaitae nascuntur ALDH. *Met.* 2 p. 71; **931** diris obscenae horrendaeque mortalitatis circumsaepta ~ibus *CS* 677; **1153** lividorum ~uum Scillas undique erumpentes audimus G. FOLIOT *Ep.* 103; **1283** ~us retundere emulorum PECKHAM *Ep.* 407.

3 whirring, creaking, or ? *f. l.*

tumque lana, latratibus [? l. jactatibus *or* rotatibus] / fusi valde volantibus / filatim quae revolvitur / veluti setis torquitur (ÆTHELWALD) *Carm. Aldh.* 2. 145.

latrex v. latrix.

latria [LL < λατρεία], worship (of the highest form).

~ia vocatur servitus illa quae soli divinitatis cultui debita BEDE *Luke* 368D; **s725** [etc.] (v. dulia); **a973** (11c) illis .. qui Deo ~iam [MS: quidōlatriam] exhibentes .. sunt adstricti unanimitate *CS* 1139; nonne diligis deitatem super omnia? nonne ei exhibetur ~ia NECKAM *SS* I 33. 1; Filius Dei .. adorandus adoratione que est ~ia GROS. *Cess. Leg.* III 2. 3; **1426** divinitatem placare muneribus primiciarum .. curabant, ~ie cultum solventes mundi domino *Reg. Cant.* III 135.

latricubitum, (geom.) solid with cubit-long sides.

corpus .. habet sub se species specialissimas, sc. cubum, piramidem, ~um et stingnum BACON XV 220.

latrina, ~um [CL], privy, closet; **b** (fig.).

viscera foeda / .. / quae cava per criptas complebant antra latrinae ALDH. *VirgV* 978; in ~io ALCUIN *Carm.* 96. 2 (*tit.*); ?**9..** latrena, *genge WW*; tunc pergamus sic ad ~am propter necessitatem corporis nostri ÆLF. BATA 4. 1; nequissimus .. spiritus aut totus verteretur in stercus aut ipsas ~as secum ferret ejectus *Lib. Eli.* II 129; prior inveniet meremium ad reparandum capellam sancti Edmundi et ad ~am dependentem super dictam cameram *Norw. Cath. Pri.* 118; **1399** pro communi ~o apud Kyngsmell viij s. (*Rec. Civ. Cant.*) *HMC Rep.* IX app. 1 137b; **1409** fetoris ejusdem ~e (v. exprecari); ~um, *gong WW*; hec laterrina, *a prewy WW*; **1514** super le *byer* .. et domum †latimarum [? l. latrinarum] voc' Westhous *Ac. Durh.* 161 (cf. ib.: volte ~arum de le Gesthous). **b** in peccati stercore et ~a immundicie .. delitescit R. COLD. *Cuthb.* 17 p. 33.

latrinalis, of or serving as a latrine.

non latrinalis thalami sit ad hostia lectus / patroni .. / fetidus et nocuus aer solet inde venire D. BEC. 1290.

latrinarius, one who cleans a latrine.

~iis, *lungainers* (GARL. *Comm.*) *Teaching Latin* I 231; **1520** quid potuit dici spurcius, odiosius, virulentius? aut quis rabula, quis scurra, quis mimus, quis ~ius tam foeda expurgasset in quemquam? *Ep. Erasm.* IV 1061.

latrinium, latrinum v. latrina.

latritare [cf. CL latrare], to bark repeatedly.

to woff like a dog, ~are LEVINS *Manip.* 156.

latrix [LL]

1 carrier, bearer (f.; also fig.). **b** mother. **c** BVM (as bearer of the Word).

ut quos animorum corruptrix temeritas precipitat, eos morum ~ix verecundia compescat OSB. *V. Elph.* 131; lucis allatrix, medicina morbi, / scelerum latrix, lavacrum reorum, / gratie mater, genetiva pacis / surgit oliva GARL. *Poems* 2. 3; lux pupille latricis luminis J. HOWD. *Ph.* 773; raritas lucis, densio tenebrarum, / translucidi dies, et noctes umbrose, / vices versatiles, latrices horarum, / temporis hore modice seu morose *Id. Cant.* 567; WYCL. *Dom. Div.* 210 (v. datrix); ipsa gracie ~ix nobilissima Katerina *Ps.*-ELMH. *Hen. V* 88 p. 246. **b** plena metu mulier, defunctae funera prolis, / sandapilam fugiens, fessis ostentat in ulnis. / .. / .. temeraria latrix, / pronior incubuit, luctum singultibus auxit FRITH. 500. **c** tu divini verbi latrix *Anal. Hymn.* XL 92.

2 carrier (of letters, esp. in phr. *~ix praesentium*).

c**1159** ~ix presentium a clerico cui matrimonio juncta erat derelicta J. SAL. *Ep.* 67 (99 p. 153); **1234** mittimus ad vos ~icem presentium Johannam conversam *Cl* 469; **1242** Juliane et Matildae, presentium ~icum *RGasc* I 73; **1250** pro Alicia .. ~ice presentium AD. MARSH *Ep.* 87; **1418** filiarum .. W. N., ~ium presencium *Reg. Aberd.* 217.

3 one who takes away, stealer, thief (f.) (cf. latrona, latronissa).

1256 Margareta de P. venit .. sicuti latrex ad noctem et furavit supertunicam *CourtR Ramsey* 41; **1286** Enot Blogkerning est custumaria ~ix aucarum et gallinarum *Eyre Chester* 12 r. 4; **1395** ipsa est communis ~ix garbarum in autumpno *Proc. J. P.* 131.

latro [CL]

1 mercenary soldier. **b** armour-bearer, squire.

omnes latrones numerantur sex legiones, / in tot glutones fulgura, Christi, tones W. PETERB. *Bell. Hisp.* 116. **b** armiger, A. *sqwyere*. ~o, idem est *WW*.

2 robber, thief; **b** (w. obj. gen.); **c** (dist. as day-thief or night-thief). **d** (*~o communis, publicus*) common thief. **e** (as sb. f.). **f** (w. *homicida* as attrib.) murderer.

legentes in scriptura .. ~onem confessione in paradisum translatum GILDAS *Ep.* 6; sicut ~o in hora ultima confessione .. meruit esse in paradiso THEOD. *Pen.* I 8. 5; Habraham equos, capras, et porcasque benedic latrinibus [*gl.: from ðeafum*] *Rit. Durh.* 119; de ~one qui judicatus est ad mortem *DB* I 1rb; nemo potest habere curiam suam de probatore et ~one cognoscente BRACTON 154b; **1279** ad summonicionem ballivorum de Kyngeston' pro †latrocinibus [MS: ~onibus] judicandis *PQW* 741b; **1391** quedam mulier manens in domo J. de L. est receptatrix ~onum *Leet Norw.* 15. **b** **1225** dicunt quod .. Henricus C. est ~o agnorum *JustIt* 863 r. 5; non utique legislator sed legislatro merito est dicendus FORDUN *Cont.* X p. 39. **c** DOMINIC *V. Ecgwini* I 4 (v. diurnus 1a); GARL. *Syn.* 1585C (v. fur); **1276** (v. burgare 1a); hic et hec ~o, *a day-thefe WW*. **d** **1279** R. le C. captus pro receptamento W. .. publici ~onis *Gaol. Del.* 35B m. 50*d*; **1391** J. F. depredavit unum equum de G. C. .. et est communis ~o *Leet Norw.* 74. **e** inter eas [sc. ancillas] quandoque est ~o quedam *Simil. Anselmi* 88; *WW* (v. 1c supra). **f** quodsi venefici aut magi vel ~ones-homicide sive meretrices .. reperiantur (*Cons. Cnuti*) *GAS* 311 (= *Quad.*) *Ib.*: murdri operarii; AS: *morðwyrhtan*).

3 jurisdiction over thief arrested within a lord's liberty, infangthief.

c**1069** ut bene et quiete .. illud habeant, cum saca et socna et *toll* et *team* et ~one et cum omnibus legibus .. que ad me pertinent *Regesta* p. 120; istae consuetudines pertinent ad Tantone, *burgheristh*, ~ones, pacis infractio .. *DB* (*Somerset*) I 87va; lagemanni .. habebant infra domos suas sacam et socam et super homines suos .. forisfactura corporum suorum .. praeter ~onem *DB* (*Lincs*) I 336vb; a**1098** omnes leges et consuetudines .. hoc est sacam et socam, *toll* et *team*, ~onem *Regesta* app. p. 135 (cf. ib. [c**1097**]: *tol* et *team* et *infangentheof*); a**1107** ~ones in terra capti *Regesta* 817; **1189** (1406) ut habeant eorum †seccam et socnam et pacis fracturam et pugnam in domo factam et vie assaltus et ~ones in terra sua captos ~onumque susceptionem *CalCh* 434; **1228** suum ~onem ubicumque captus fuerit, *infangethef* et *outfangethef* (*DL 41/6/1*) *Mem. Ripon* I 51; dicitur *infangenethef* ~o captus in terra alicujus de hominibus suis propriis seisitus de latricinio. *utfangenethef* vero dicitur ~o extraneus veniens aliunde de terra aliena, et qui captus fuerit in terra ipsius qui tales habet libertates BRACTON 154b.

latrocinalis [CL], of or pertaining to a robber.

s**1303** ~em predam et cedem in populum Anglicanum frequentabant *Flor. Hist.* III 311.

latrocinari [CL], **~are** [LL]

1 to harry, raid, loot. **b** (pr. ppl. as sb. m.) harrier, raider, looter.

ipsos mutuo .. ~ando GILDAS *EB* 19; dum [pirate] maria ~andi et predandi studio pervagantur GOSC. *Transl. Mild.* 3; [Romulus] cum inter pastores ~aret .. urbem exiguam in Monte Palatino constituit *Eul. Hist.* I 306; CAPGR. *Hen.* 172 (v. furescere). **b** eas [ecclesias] .. contingere nulli ~ancium presumunt R. COLD. *Cuthb.* 129 p. 278.

2 to steal, pilfer.

~ari, clepere, furari, depilare, expilare OSB. GLOUC. *Deriv.* 324; nec molindinarius farinam et bladum in molendino ~ans huic ludibrio defuit COGGESH. *Visio* 26.

latrocinator [ML], plunderer, robber.

cognatis, amicis, sive ~oribus stipatus in regiam impetum facit LIV. *Op.* 300.

latrociniter, in the manner of a thief, thievishly.

1275 bona asportata ~iter *CourtR A. Stratton* 27; eam vulneravit et asportavit ~iter catella sua *Hund.* II 177a.

latrocinium [CL], **~ia**

1 larceny, robbery, theft; **b** (w. obj. gen.); **c** (dist. as *~um commune, magnum, minutum*) common, grand, or petty larceny.

latro nequaquam pro furto vel ~io furem alium damnat GILDAS *EB* 100; famis periculum ~io ac rapacitate mutua temperabant BEDE *HE* I 12 p. 28; *DB* I 56va (v. emenda 2c); furta autem et †latronicinia omnia radicitus absistant, vel ea perpetrantes multi modis penis punientir *GAS* 255; a**1153** *APScot* I 319 (v. furca 4d); **1218** captus fuit pro ~ia et suspensus *Eyre Yorks* 276; **1220** furatus fuit unam equam .. nequiter et in felonia et ~io *CurR* VIII 271; **1309** de .. quasi innumeris latronibus de diversis †latrocibus [MS: ~iis] indictatis *PQW* 826a; **1313** de quodam latrone suspenso pro ~io *Eyre Kent* I 146. **b** **1225** (v. 4 infra); **1278** Ricardus B. culpabilis fuit de ~io unius vacce *JustIt* 110 r. 10 (*Cornw*). **c** **1276** attachiato cum manuopere de magno ~io *Hund.* I 13b; **1308** dicunt quod G. M. est communis latro de meremmio et de aliis minutis ~iis (*JustIt* 262 m. 1) *EHR* XL 418; **1398** perdonavimus Thome P. .. pro omnimodis feloniis per ipsum .. perpetratis, prodicione, murdro, raptu mulieris, et communi ~io exceptis *Pat* 49 m. 24.

2 right to apprehend a thief or levy fine for theft. **b** fine levied for theft.

c**1069** [*manor of Islip .. to be held with sac and soc, toll and team and*] ~ium *Regesta* 52; c**1077** sacam et socam, tol et theam et ~ium *Chr. Ramsey* 205; de quibus habet archiepiscopus iij foresfacturas, ~ium, pacem fractam, foristellum *DB* I 4va; isti soch'i dicunt se habuisse legreuuitam et blodeuuitam et ~ium suum usque ad iiij d.; et post iiij habebit abbas [de Ramesyg'] forisfacturam ~ii *DB* I 204rb; **1092** (v. fractura 8b); dedit eidem ecclesie .. leugam circumjacentem .. cum saca et socna et *thol* et *theam* .. et ~io *Chr. Battle* f. 24; **1560** ecclesiam nostram nuper monasterii beati Petri Westmonasterii .. unacum omnibus capellis .. pistrinis, brasuris, molendinis equinis, ~iis, granariis .. *Pat* 958 m. 15. **b** c**1130** quieti de .. omnibus aliis exactionibus et querelis excepto murdro et ~io probato *CalCh* 418; c**1156** sint liberi .. de syris et de hundradis .. et de murdro et de ~io et de *daneget Act. Hen. II* I 151; c**1170** (1317) tenementa .. quieta ab omnibus geldis et danegeldis et scutagiis et murdro et ~io *CalCh* 342; **1287** quieta et libera de murdro, ~io, placitis, et querelis *PQW* 2b.

3 (collect.) gang of thieves.

c**1196** sequendo vestigia ~ii sui *Regesta Scot.* 406.

4 (transf.) stolen goods, loot.

si ~ium invenitur in manu vel in potestate alicujus, qui se non poterit excusare (*Inst. Cnuti*) *GAS* 327; **1212** ipse R. habuit ad partem suam de ~io illo j pallium .. et quandam penulam *CurR* VI 338; **1225** Simon B. .. rectatur de latrocinio ovium; Ricardus Caretarius .. rectatur de receptamento ~ii *JustIt* 863 r. 5 (v. et. 1b supra); **1257** judicium latronum interceptorum cum ~io *CalCh* 68; **1269** illum .. cepimus et cum illo ~ium *CBaron* 74; **1283** restituat ~ium cui furatum fuerit *RGasc* II 210; **1340** cum idem G. quemdam S. .. felonice deburgantem grangiam ipsius prioris de B. .. cepisset .. et ipsum ibidem cum ~io illo inprisonasset *SessPCambs* 12; nullus defamatus tanquam receptator ~ii debet puniri antequam malefactor fuerit convictus vel attayutus de ~io illo *Quon. Attach.* 83.

latrona [ML], thief, robber (f.).

similitudo obedientie et licentie inter matronam et magistram, et filiam et ancillam et ~am, vocantur matrona veritas, et magistra prelatio, filia obedientia, ancilla importuna licentia, ~a inobedientia ANSELM *Misc.* 306; **1243** quedam ~a que quesivit victum ad opus latrocinii .. *JustIt* 756 r. 25*d*; **1288** Isabella .. receptat quandam mulierem ~am ut credunt *Leet Norw.* 15; **1351** Custanciam .. receptavit, sciens ipsam esse ~am et dicta bona esse furtive furatam *SessPEssex* 127.

latronalis, of a thief, of a robber.

s**1238** corpus in tres partes divisum est. quelibet .. pars per unam de majoribus Anglie civitatem pertracta est, et postea cruci appensa ~i M. PAR. *Maj.* III 498.

latronicinium v. latrocinium.

latronicus, of a thief, thievish.

c**1410** dictarum parcium alter alterius mortem, non tantummodo per diem set modo ~o noctivagorum, .. disperquirunt *FormOx* 424.

latronissa [ML], thief, robber (f.).

1175 pro habenda curia sua de ~a *Pipe* 26; **1198** Hawis quedam ~a huic facto consensit (*JustIt* 559 m. 1*d.*) *Selden Soc.* LXVIII 9; **1221** testatum fuit .. quod predicte due femine ~e fuerunt *PlCrGlouc* 86; **1276** occidit quamdam mulierem ~am et levavit hutesium postquam eam occiderat *Hund.* I 112a; **1281** ipsa fuit ~a de predicta fardella *PQW* 401a; **1293** (v. 1 felonia 2a); **1300** Robertus H. non defamavit Allotam de L., vocando ipsam ~am *Rec. Elton* 90.

latronus, thief, robber.

1199 de placito ~i suspensi *CurR RC* I 413.

latruncula, petty thief, robber (f.).

Carmentis ~a fuit Cadmi R. BURY *Phil.* 4. 70; **1443** ~a *MFG.*

latruncularius [LL], like a board for the game *latrunculus*, chequered.

de area tessellata, latrunculoria, loculosa, proprie emblemate SPELMAN *Asp.* 85.

latrunculose, in the manner of a brigand or thief.

regem percipiens fatigatum irruit in eum et ~e illum occidit *Eul. Hist.* II 258.

latrunculus [CL]

1 brigand, thief, robber.

David .. an ~os persequi debeat Dominum consulit BEDE *Sam.* 705C; a ~is viarum gnaris trucidabantur W. MALM. *GR* IV 362; pagenses nempe ~os fugiendo seu divertendo devitare possunt ORD. VIT. XII 34 p. 440; s**1190** brigi fecit patibula .. ad suspendendos in eis ~os et predones DEVIZES 29; prohibet Helyseus regem Israel ne occidet hostes suos ~os Syrie AD. DORE *Pictor* 160; **1375** R. de F. recepit *thefbote* quod A. G. habuit ex quodam ~o injuste *Leet Norw.* 63.

2 young robber, petty thief; (as term of contempt) rascal, scoundrel.

s**1256** cum [sis] ~us et latronis famulus M. PAR. *Maj.* V 577 (cf. ib.: fur es et servus furis); **1284** non intendimus decetero tali sollicitudine tot calumniis obnoxia, tot infructuosis laboribus onerata, per delegatos ~os totiens in irritum revocata .. diutius occupari PECKHAM *Ep.* 576; s**1299** tradet Dominus ~os istos in munus tuas sicut oves *Ann. Ang. & Scot.* 403; sicut n. parvus ~us per fenestram immittitur HOLCOT *Wisd.* 19; Parisius .. garciones servientes scholarium, qui omnes fere ~i solent esse, habebant quendam magistrum qui princeps erat hujusmodi latrocinii *Latin Stories* 113.

latt- v. et. lact-, lat-.

lattera [? cf. ME *ladder*], a measure of rope.

1324 custus carect'. item computat in servicio j hominis operantis ij petras canobi de decima et j petram comarum equorum de stauro manerii sc. in viij theris pro equis singulis ex longitudine vij ~arum et j corda pro carect' ex longitudine xiij ~arum .. vij d. ob. (*MinAc Little Kelk, Yorks*) *MS Univ. of London Libr. Fuller 21/6a* m. 1 (cf. *Arch. Soc. Yorks J.* LXIII (1991) 66).

latth- v. lat-. **lattrinum** v. 3 latinus. **lattus** v. 2 lata.

latula [cf. 1 lata], small lath.

1306 in parvis clavis emptis ad latilas, iij d. ob. *MinAc* (*Glos*) 856/15 m. 2; **1311** in c ~is emptis x d. in .. clavis ad ~as viij d. *Ib.* 856/17 m. 2.

latunus v. 3 latinus b.

latura [cf. 1 lata], lath-work.

1280 in lattura stabuli prope cymiterium cum clavibus emptis *MinAc* (*Norf*) 935/7; **1325** in *lathneil* emptis pro emendacione latthure dicti loci *MinAc* (*Yorks*) 1147/23 m. 11.

laturia v. litania.

laturitorius, ? *f. l.*

1483 dimedium quintum cotagium de Vuthirmucty quas [*sic*] habuit W. B. nunc cum consensu ejusdem laturitoria [? l. latericii = *brickmaker or* lateritorio = *neighbourly*] assedatur L. G. *ExchScot* 593.

1 latus v. 2 lata.

2 lātus [CL]

1 broad, wide; **b** (w. spec. measurement); **c** (of shape or cut of garment).

per ~am diversorum vitiorum morti proclive ducentem .. discurrebant viam GILDAS *EB* 22; ac lata argento pulchre fabricata patena ÆTHELWULF *Abb.* 650; servat ab hoste lātus artum clipeus michi lātus SERLO WILT. 2. 58 (v. et. 3 latus 6); lapis pirites, i. lapis milvaris, quem quidam dicunt de lapide ~o supra quem solet ignis construi *Alph.* 91; **1455** onerat se .. de ij monilibus aureis, ij libris piperis, vj capitibus ~arum [sc. sagittarum] *ExchScot* 101. **b** murum .. viij pedes ~um et xij altum BEDE *HE* I 12 p. 27. **c** dalmatica, tunica ~as manicas habens *GlC* D 10; ephod, vestis linea ~as manicas habens *Ib.* E 233; zonas ~as de crudis animalium coriis GIR. *TH* III 26; **1260** cum ~ioribus aurifragiis que in civitate regis London poterunt inveniri *Cl* 63.

2 (of part of the body) broad, wide. **b** (of lip) thick. **c** (of heart, fig.) large, generous.

sentit .. quasi magnam ~amque manum caput sibi .. tetigisse BEDE *HE* IV 29 p. 279. **b** labro ~o FELIX *Guthl.* 31 p. 102. **c** c**1250** liberalitas ~i cordis AD. MARSH *Ep.* 77 p. 190.

3 covering a wide space, extensive, widespread. **b** (of pulse) widely spaced.

cum ~is divitiis oneratis GILDAS *EB* 42; dilectus Deo et hominibus sanctus pater non solum a primatibus hujusce ~ae patriae et fertilis diligebatur, .. sed etiam regibus BYRHT. *V. Ecgwini* 361; c**1207** cum studia litterarum per orbem ~um floreant *Dign. Dec.* 1 p. 1. **b** pulsus illius cui accedit nocumentum propter elleborum est in principio ~us rarus valde debilis valde tardus GILB. VII 352. 2.

4 having a wide scope, wide-ranging.

de quo nos convenit .. ~iorem .. facere sermonem BEDE *HE* II 1 p. 73; quis quanto nexus forcior circumcingit / libertas has lacior tanto serenat? J. HOWD. *Cant.* 292; **1301** (v. credentia 1).

5 (as sb. n.): **a** width; **b** wide expanse; **c** flat (of sword). **d** (*in ~um, in ~o, de ~o*) in width or breadth, along the side. **e** (*in longum et in ~um*) everywhere.

a vij minutas mansiones continentes l pedes ~i *DB* (*Yorks*) I 298ra; hae ij villae habent j leugam ~i et j longi *Ib.* 298rb. **b** alta poli vel lata soli vel mersa profundi / quis dimensus erat ..? WULF. *Brev.* 73. **c** rex eum cum ~o gladii sui verberans gladium suum fregit *G. Ric. I* 125 (= BROMPTON 1180). **d** Britannia insula .. octingentorum in longo milium, ducentorum in ~o spatium GILDAS *EB* 3; a**1158** †quondam [l. quandam] partem terre sue de W. .. iiij perticarum in ~o coram molendino et octo in longo secus viam *Ch. Westm.* 268; a**1190** terram xxiiij pedum in longum et xiiij in ~um *Danelaw* 121; a**1222** hec terra habet .. in ~o xxv pedes ante in fronte *AncD* A 2025; [membrana] que mirabiliter creverat in ~um et longum *Mir. Montf.* 105; **1283** de quocumque solo quatuor brassatis de ~o et amplitudine et de duodecim de longitudine *RGasc* II 209; ij perticatas in ~um et xliiij perticatas in longum *Meaux* I 226; **1516** (v. 2 lama 2a). **e** episcopus vadat .. spargendo per medium aecclesiae in longum et in ~um EGB. *Pont.* 38.

3 lătus [CL]

1 side, part of the trunk of the body. **b** (*ferreum latus* or sim.) Ironside (as nickname of Edmund II). **c** shoulder. **d** side, half a carcass divided head to tail.

sunt mulieres .. quae .. caudas boum in ~ibus et camelorum pedes habent *Lib. Monstr.* I 28; ut alius .. anthletarum luctamina cum aemulo sinuosis ~erum flexibus desudans .. exercere studeat ALDH. *VirgP* 2; sensit nescio quid frigidi suo ~eri adjacere BEDE *HE* III 2 p. 130; sancti vij dormientes, apud Ephesum, in monte Celio introeuntes speluncam, super dextrum ~us quiescentes in pace condignam meruerunt sepulturam OSB. CLAR. *V. Ed. Conf.* 18 p. 99; unde [i. e. *compensation for manslaughter*] Anglice proverbium habetur *'begge spere of side ohther bere'*, hoc est, 'eme lanciam a ~ere aut fer' KNIGHTON I 84; cum ego videam gladios acutos ad ~us meum affixos *Latin Stories* 93. **b** HERM. ARCH. 9 etc. (v. ferreus 3b); Edgarum Clitonem filium Eduardi regis Hunorum filii Edmundi Irneside, id est Ferrei ~eris ORD. VIT. III 14 p. 154. **c** sepius dicte capelle aditus ita fuit brevis et angustus ut in eam nullus intraret nisi ~ere premisso uno summo conamine virium et ingenio subintroduceret alterum *Hist. Arthuri* 88; **1349** ubi [corrigiatores] solebant vendere unum ~us corei vaccinei pro ij s. ad plus modo ipsi coriagiatores vendunt unum ~us corei vaccinei pro iij s. vj d. *Pl. Mem. Lond.* A6 m. 3 (cf. ib.: unum humerum corei vaccinei). **d** **1251** leporarii domini R. B. cucurrerunt ad cervum et .. idem R. habuit unum ~us predicti cervi *SelPlForest* 99.

2 side: **a** (as indication of proximity); **b** (as indication of confidentiality or intimacy). **c** (as indication of remoteness: *a ~ere*) from outside, as a third party.

a c**1213** decanus ex uno episcopi ~ere sedens GIR. *Ep.* 7 p. 244; **1292** Theobaldus .. cepit per breve domini regis xij feras .. et eodem tempore Stephanus .. per advocacionem ipsius Theobaldi cepit a ~ere viij feras vel plures et inde fecit voluntatem suam *IMisc* 51/19. **b** s**1164** directi sunt .. ad dominum papam a regis ~ere Eboracensis .. Londoniensis [etc.] episcopi A. TEWK. *Add. Thom.* 18; de ~eribus potestatum, quorum necessitas explenda est, malitia reprimanda J. SAL. *Pol.* 563A *tit.*; placuit .. me .. in Hiberniam a ~ere vestro [sc. Hen. II] transmittere GIR. *TH pref.* p. 20; s**1311** idem Petrus [de Gaviston] .. ita ~eri domini regis †adheruit quod barones Anglie non potuerunt ei appropinquare *Ann. Exon.* 20; **1378** quidam tamen juxta ~us avi nostri [Edwardi regis] predicti tunc existentes lucraque et commoda propria pro viribus querentes *IMisc* 216/5; s**1414** rex nonnullos suo ~eri speciales ad quemcunque .. pecuniosum misit AD. USK 124. **c** assisa ultime presentationis inter priorem de W. et Rogerum de Q. et Simonem de C. qui venit a ~ere BRACTON 16b (cf. *CurR* XV 1405); confirmatio .. nihil novi attribuit, sed jus vetus consolidat et confirmat, si a capitali domino vel ab alio non domino facta fuerit a ~ere *Ib.* 58; sive tenementum tenuerit in manu sua .. sive alios feoffaverit a ~ere unum vel plures *Ib.* 391b; si item non obsisteret infirmitas vel indevotio subditorum, nunquam vellem quenquam a ~ere venientem, absque ejus requisitione, aliquam subditorum ipsius confessionem audire PECKHAM *Paup.* 62.

3 associate, companion.

1168 quid ergo superest a Domino exspectandum, nisi ut ei compereant ~era sua: et quos complices habuit in errore, comites habeat in ruina? J. SAL. *Ep.* 249 (273); surrexit interea rex novus qui ignorabat illum, qui prava habens ~era patrem persequebatur in suis *Dial. Scac.* I 6E; **1299** R. de Brok venit .. per appellum R. de Bakewelle et dicit quod clericus est. dicit eciam quod ~us est et quod fuit in societate J. de H. probatoris apud H. .. ubi deberent depredasse quendam hominem *Gaol. Del.* 37/4 m. 3; quod scutum istud non habet latera [ME: *siden*] est ad significandum quod sui discipuli, qui stetisse debuerunt juxta eum [sc. Christum] et fuisse ipsius ~era [ME: *siden*] omnes fugerunt *AncrR* 154 (v. et. 7a infra).

4 side of immediate family; **b** branch of extended family.

ex utroque ~ere sanguinis nobilitate fulsit ingenuus OSB. CLAR. *V. Ed. Conf.* 2. **b** s**1286** [mortuis] cunctis legitimis heredibus et cognatis a rege Willelmo avo suo linealiter, vel a ~ere quomodolibet descendentibus FORDUN *Cont.* XI 1.

5 party, faction.

s**1141** quia in neutro ~ere fidus videretur esse W. MALM. *HN* 487 p. 47; si amplioribus Anglorum viribus ~us stipari procuraverit GIR. *EH* I 12; **1301** ac etiam aliis ~eris conducticiis contra nos (*Lit. Regis*) *Ann. Lond.* I 119; **1326** expedit quod vos et alii prelati .. officium pastorale viriliter exequamini, non ex parte Domini Regis vel suo nomine, sed ex mero officio vestris ~eribus inherente *Lit. Cant.* I 195.

6 column (of troops), flank (of army).

SERLO WILT. 2. 58 (v. 2 latus 1a); latera michi loricata prosterne; / agmina rumpe latera malignantis J. HOWD. *Cant.* 175; s**1346** reparato ponte, dominus rex per Picardiam fecit viam suam, et adversarii in ~ere sequebantur AD. MUR. *Chr.* 216; s**1415** ~era utriusque aciei, nostre viz. et adversarie, immergebant nemoribus que erant ad utrumque ~us exercituum *G. Hen. V* 13; Gallorum equites ordinati a ~eribus irrupciones fecerunt in sagittarios nostros *Ib.*

7 side, lateral surface of artefact or object; **b** (of geom. figure or sim.); **c** (of mus. note). **d** (*~us ad ~us*) side by side.

aperi codicem .. recurre ad paginam. .. circumfer oculos ad ~era BEDE *TR* 19; ipsam [sc. navem] in ~us jacentem inter undas relinqueret *Id. HE* V 9 p. 298; in una latera [*sic*] caminate ejus jussit altare conponere HUGEB. *Wynn.* 9; *AncrR* 154 (v. 3 supra); moxque suscepta [petre] virgine ante aperta conclusit *NLA* I 112; ~era foliorum *Libr. Cant. Dov.* 437; A. primum ~us folii et B. secundum denotet (J. WHYTEFELD *Pref. Catal.*) *Ib.* 408; **1346** in stipendio j carpentarii supponentis australe ~us aule .. ij d. *Rec. Elton* 322; [ara] circa quam ex utroque ~ere erat ignis accensus, qui perpetuo servabatur, quem extingui nullatenus fas erat *Deorum Imag.* 17; c**1468** sol. J. S., latamo, pro emendacione diversorum defectuum .. tam in ~ere australi quam in ~ere boriali dicti cancelli *Ac. Durh.* 642; vasis ~era abstergantur RIPLEY 205; antiqua dorsoria ad letera aule *Cant. Coll. Ox.* 55; **1533** ut patet ex paginae istius ~ere *Househ. Bk. Durh.* 192. **b** quatuor et non tribus vel v hec figura ~eribus conscribitur *Alea Evang.* 174; figurarum trilaterarum alia est triangulus habens equalia ~era .. alia est triangulus trium inequalium ~erum ADEL. *Elem.* I def. 21; hujus probatio est, ut quadratum cujus ~era ignorantur, proponamus ROB. ANGL. (I) *Alg.* 76; BALSH. *AD rec. 2* 170 (v. diagonicum); quando ponitur quo si A dividat B uniformiter in una hora, tunc A dividens in fine hore intercipietur inter ~era partium B KILVINGTON *Soph.* 54. **c** primus punctus habet tractum in ~ere sinistro descendendo ex sui proprietate et alterum tractum in dextera parte .. *Mens. & Disc.* (*Anon. IV*) 41; omnis figure descendendo proprietas est, ut primus punctus habeat tractum a ~ere sinistro GARL. *Mus. Mens.* II 26. **d** p**1305** utrum videlicet ~us ad ~us cum crovis meis esse voluerint aut inter crovos hominum meorum *Ch. Coupar Angus* I 179.

8 edge or extremity of an area or region. **b** coast, shore. **c** margin (fig., *de ~ere*) as a side issue.

[Naxia] in cujus ~ere est Creta memorabilis insula SÆWULF 834; physice dicitur esse sol in Ariete, quia vernali equinoctio usque ad autumnale currit per dextrum ~us hemispherii ALB. LOND. *DG* 15. 1; c**1205** duas acras que jacent a ~ere predicti mesagii *Ch. Westm.* 466; divertensque se ad euro austrum loci sub montis ~ere *Chr. Dale* 3; igitur potest Deus .. conservare celum et partes ejus in eodem situ sine motu locali. sed, hoc posito, ~era celi non concurrerent nec se tangerent et inter ~era celi tunc non esset aliquod medium positivum nec corpus OCKHAM *Quodl.* 46. **b** **1278** quod sabulonem .. juxta ~us maris caperet *JustIt* 110 r. 9 (cf. ib. r. 10: sabulonem .. juxta litus maris); s**1416** verterunt se silenter ad ~us maris *G. Hen. V* 16; *Ib.* 25 (v. dispergere 1b). **c** **1169** fortasse ecclesie negotium adeo humile est, ut non nisi de ~ere et ex incidenti tractari debeat J. SAL. *Ep.* 295 (297 p. 686).

9 aspect, side (of question or argument).

ita pertractavit questionis ~era W. MALM. *GP* I 53; *Ps.*-GROS. *Summa* 377 (v. immaterialitas).

latusculum [LL], little side.

~um .. i. parvum latus OSB. GLOUC. *Deriv.* 316; concepit, peperit intacta masculum, / que nusquam masculi sensit latusculum [v. l. opusculum] WALT. WIMB. *Carm.* 20.

laubus v. 1 lembus.

1 lauda v. landa.

2 lauda [cf. CL alauda], lark.

~ae, *laurice GlC* L 31; *a larke*, alauda, cirris, ~a *CathA.*

3 lauda, *s. dub.*

veniunt iterum ei [sc. lingue] alii duo musculi a parte superiori ~e directe subintrantes ipsam ..; veniunt iterum duo ei ab inferiori parte ~e ex transverso subintrantes ipsam .. venit iterum ei unus musculus a superiori parte ~e attingens usque ad medium lingue faciens motum retardationis *Ps.*-RIC. *Anat.* 29.

4 lauda v. laudum.

laudabilis [CL]

1 praiseworthy, laudable: **a** (of person); **b** (of creature); **c** (of action or abstr.). **d** (w. ref. to God).

a qui laudat aliquem se ipsum ut laudetur exhibeat ~em OSB. CLAR. *V. Ed. Conf.* 1 p. 66; sicut mali deterrimi sunt, et nusquam pejores, ita et bonis ~iores non reperies GIR. *TH* III 27. **b** quamvis agricolis non sim laudabilis hospes ALDH. *Aen.* 34 (*Locusta*) 1. **c** ~is scientiae *Ep. Aldh.* 2 (7) p. 496; **798** sunt qui sibi laudem quaerunt ex alterius reprehensione et haec est infirma laus et non valde ~is ALCUIN *Ep.* 149; **1073** et [eum] ad vitam ~em .. informare non desinas LANFR. *Ep.* 45 (20); contigit .. laudibili plane spectaculo ut .. W. MALM. *GP* II 75 p. 158; latet ob hoc sub otio ~is plerumque virtus et eruditio GIR. *TH intr.* p. 5; **1339** pro bono et ~i servicio .. *Reg. Kilmainham* 105; omnis alius actus voluntatis est acceptabilis et ~is non nisi virtute ejus DUNS *Ord.* II 86; **1460** laudabyli (v. l., v. 1 impendere 7a). **d** ?**1173** ab ortu solis usque ad occasum sit ~e nomen Domini P. BLOIS *Ep.* 46. 136B.

2 of excellent quality: **a** (med.) healthy. **b** (of food) good, wholesome. **c** (math. & astr.) favourable, propitious.

a [pulsus] consideratur secundum tempus motuum et .. dicitur velox, tardus et medius. .. medius .. ~is est habendus BART. ANGL. III 23; signa igitur digestionis quocumque tempore apparuerint bona sunt et ~ia RIC. MED. *Signa* 35. **b** si itaque tales carnes assuntur cito comedantur et tunc ~iores sunt BACON V 89. **c** dies ~is, bonum est jungi justis judicibus et querere quod justum est et ~e in omni tempore *Ib.* V 112; BRADW. *CD* 120C (v. articulus 2).

laudabilitas [LL], praiseworthiness, merit.

progenuit reges cujus ~atem in religione divina et regni gubernatione mundi lingua non tacebit W. POIT. I 22 p. 50.

laudabiliter [CL], in a praiseworthy manner, with merit.

in consortio catholicorum ~iter degebat ALDH. *VirgP* 47; reverendus vir licet virtute abstinentie, orationis instantia, eleemosinarum largitione ~iter effulserit .. ALEX. CANT. *Mir.* 33 (II) p. 224; M. PAR. *Maj.* III 547 (v. facere 42a); **1506** qui eorum [bacallariorum] suas determinationes ~iter compleverunt, quive non *StatOx* 321.

laudabundus [LL], bound to be praised, praiseworthy.

in cujus typum temporis et ~ae nostrae quietis ultimi septem psalmi .. alleluia titulo praenotantur BEDE *Hom.* II 16. 185.

laudamen, praise, homage.

nullo vel certe parvo ~ine dignus B. *Ep.* 385; ~ina et alia servicia per quoscumque subditos nostros in dicto ducatu Aquitanie nobis debita (*Ch. Hen. V*) *DuC sup.* s. v. retrovenda.

laudare [CL]

1 to praise, approve, commend. **b** to praise (God, as form of worship). **c** (w. pred.) to praise as (also iron.). **d** to praise (as form of bewitchment). **e** (gdv.) that should be praised, praiseworthy. **f** (p. ppl. *laudatus*) praised, valued, prized.

versibus egregiam nitor laudare puellam ALDH. *VirgV* 1674; quae laude sunt digna in ejus actibus ~ans BEDE *HE* III 17 p. 161; ~etur .. animus liber GIR. *TH intr.* p. 8; homo, qui nec ~at nec vituperat, non approbat, tamen non reprobat BACON *Tert.* 26. **b** vita mea ~abit Dominum eo ipso jugi laudacioni sufficiens W. NEWB. *Serm.* 872; ~ate Dominum in timpano et choro *Mens. & Disc.* (*Anon. IV*) 48. **c** MAP *NC* V 3 f. 61 (v. donator a). **d** *Mir. Wulfst.* II 4 (v. fascinare 1a). **e** in istis ~andus pontifex ducebat dies suos *V. Gund.* 24; nimis deliciose fecit melos canendo apparere, qua de causa fuit valde ~andus Parisius, sicut fuit magister Petrus Trothun Aurelianis in cantu plano *Mens. & Disc.* (*Anon. IV*) 50. **f** equi emissarii ~issimi GIR. *IK* II 12 p. 143.

2 (w. *ut*, *quod*, *quatenus*) to advise, recommend (that); (w. *ne*) to advise (that not); **b** (w. gdv.). **c** to endorse, approve (treaty, agreement, settlement or sim.).

c**1083** non ~o ut in Angliam terram venias LANFR. *Ep.* 59 (52); ~o ut petamus ab illo filiam suam .. ad opus ducis nostri G. MON. I 10; fuerant .. qui ~abant ut filiam suam alicui nobilium Romanorum .. maritaret *Ib.* V 9; ~atum est regi, quatinus consuetudines justas et sapienter deductas non auferret (*Leg. Ed.*) *GAS* 670; s**1139** 'hoc' ait '~at vobis rex, ne quisquam vestrum presumat facere' W. MALM. *HN* 476; **1198** ~amus et consulimus vobis quod .. compromittatis .. (*Lit. Regis*) GERV. CANT. *Chr.* 564; s**1208** quamvis hec omnia alias dixerim, ~o quod dissimuletur me hec dixisse *Chr. Evesham* 228. **b** xij triduana pro anno pensanda, Theodorus ~avit THEOD. *Pen.* I 7. 5. **c** aliter pactum non ~o *Enc. Emmae* 13; **1281** nos, P. R., judex et procurator .. arbitrium, ordinacionem et dictum .. episcopi .. auctoritate .. domini regis, ~amus, omologamus ac .. approbamus *RGasc* II 122; **1289** quod vendiciones facte .. per dominos rerum .. ~entur infra novem dies *Ib.* 423.

3 (leg.) to decree, ordain: **a** (w. acc. or gdv.); **b** (w. *quod*).

a **1335** premissa .. ordinamus, .. statuimus, dicimus, ~amus, pronunciamus, diffinimus *Eng. Clergy* 261; **1413** pronunciavit et declaravit .. fraxinum omnesque alias arbores et herbas .. prostrandas *Reg. Bath* II 135; **1427** potestatem .. concessit .. cognoscendi, decernendi, ~andi, arbitrandi .. ac partes concordandi *FormOx* 458. **b** **1294** (1368) Christi nomine invocato, ~amus, ordinamus, atque precipimus quod .. (*Vis. Norw.*) *KR Misc. Bks.* 30 f. 23; **1298** de ablatis non extantibus sed deperditis et consumptis ~amus quod rex Anglie .. satisfieri faciat (*Lit. Papae*) W. GUISB. 320; **1465** volumus, ordinamus, statuimus, ~amus, et arbitramur, quod etc. (*Lit. Episc.*) *FormA* 105.

4 to name.

1166 nec ego illas scripsi . .. fortasse Benedictus ipse me litterarum ~avit auctorem J. SAL. *Ep.* 160 (162).

laudariulus v. lardariulus.

laudatio [CL], praise, commendation.

a**797** magis haec potest esse confusio quam ~o ALCUIN *Ep.* 58; Jhesu, tua laudacio / de cordis domicilio / facit ingens palacium J. HOWD. *Cyth.* 101. 1; omnis celi simphonista / te collaudat, sed nec ista / sufficit laudacio WALT. WIMB. *Virgo* 137; tales autem correlationes, ut est ~o-passio, non exigunt subjectum eternum aut ens aut aliquid extra laudantem, quia ~o-passio non est causata a ~one activa sed solum est denominatio W. ALNWICK *QD* 167.

laudator [CL]

1 one who praises or extols, praiser, eulogist.

fautorem, ~orem *Gl. Leid.* 48. 46; ite potius ad vendentes [*Matth.* xxv 9], sc. ad ~ores vestros, qui vobis oleum letitie [*Psalm.* xliv 8] ac laudis vendiderunt ALEX. CANT. *Dicta* 11 p. 153; qui laudat aliquem se ipsum ut laudetur exhibeat laudabilem, et ex alterius pendeat ~or sententia qualis obscurari debeat ex ejus imitatione disciplina OSB. CLAR. *V. Ed. Conf.* 1; D. BEC. 91 (v. culpator); laudabilius digne ab aliis in laudem efferri quam dignus aliorum ~or haberi GIR. *EH intr.* p. 213; nec ad ipsam virginem cujus laudis plena est terra sufficit copia ~oris J. WALDEBY *Ave* 82.

2 one who pronounces an award, arbitrator. *Cf. laudare* 4, *laudum*.

c**1300** in arbitrum, arbitratorem, ~orem diffinitorem .. et pronunciatorem super reformanda pace (*Lit. Papae*) KNIGHTON 397; s**1434** qui ipsum dominum officialem in arbitrum .. ~orem et determinatorem .. elegerunt et assumpserunt AMUND. II 98; **1439** ego J. D. .. vos reverendum patrem .. ~orem .. eligo et assumo *Stat. Linc.* 203; **1454** (v. definitor a).

laudatorie, eulogistically.

OCKHAM *Pol.* II 795 (v. commendatorie).

laudatorium, psaltery.

tribus autem linguis iste liber sic nominatur; nabla Ebraice, psalterium Grece, ~ium vel organum Latine RHYG. *Psalt.* 119.

laudatorius [LL], laudatory, of praise, eulogistic.

s**1458** epistolam ~iam *Reg. Whet.* I 312.

laudedignus [ML], praiseworthy.

1423 de ceteris meritis et operibus ~is *Reg. Cant.* III 163.

laudennarius v. lardinarius.

laudifluus [ML]

1 flowing with praise, full of praise.

plaudentes domino pectore ~o WULF. *Swith. prol.* 82; ROB. BRIDL. *Dial.* 99 (v. gratulabundus 2a); ovanter hos ymnos ~os .. decantavit *V. Kentig.* 8; sanctissimi viri gloriam multis et ~is extulere preconiis *Mir. Hen. VI* II 47.

2 praiseworthy, esteemed.

cum adminiculo septimi libri Cistrensis ~i cronographi KNIGHTON I 2; c**1403** cujus .. fame ~e .. veridici testes sumus *FormOx* 199; c**1412** ut .. universitas virtutibus et fame sue preconiis vivescere valeat et laudiffluis documentis *Ib.* 424; **1424** fama ~a *EpAcOx* 14.

laudisone [ML], in a manner resounding with praise, with exaltation.

hymnum Ambrosianum decantant ~e GOSC. *V. Iv.* 88C.

laudisonus [ML], resounding with praise, laudatory.

~us ymnus resultantis choree in astra tollitur GOSC. *Transl. Mild.* 16; preces et hymni ~i gratificant *Id. V. Iv.* 88B; cum clamosa ammiratione et laudissona in celum benedictione *Lib. Eli.* II 144; que [sc. ecclesia] quam grata beate virginis Marie extiterit sua .. ~a frequentia signorumque evidentia sepius claruit *NLA* II 178; post ~a initia, epistolam hortatoriam et blandifluam .. misit Gregorius ELMH. *Cant.* 102.

laudula, bird with a crest.

item quedam [aves] habent cristam ut gallus, et quedam galeam ut upupa, ~a et pavo M. SCOT *Phys.* 21 p. 15.

laudum, ~a [ML], (leg.) award, finding, judgment. **b** (*~um facere*) to pronounce an award.

1279 arbitrio, dicto, ~o [arbitratoris] *RGasc* II 73; **1281** cui ~o et arbitrio utraque pars acquieverunt *Law Merch.* II 37; **1298** in omnibus .. arbitratis .. et pronunciatis in presenti arbitrio atque ~o (*Lit. Papae*) W. GUISB. 320; **1314** promittentes .. eorum .. ~um dictum seu diffinicionem eis prolatum omologare (*Pat*) *Collect. Ox.* II 267; nos .. ordinacioni, decreto, et ~o .. archiepiscopi .. submisimus *Meaux* III 164; **1438** ~um quoddam seu arbitrium edidisse BEKYNTON I 199; **1465** a tempore hujus ~e date *MunAcOx* 713; **1505** sic quod dicti arbitri seu arbitratores ferant ~um et arbitrium hujusmodi *Cl* 366 m. 28*d*. **b** judicamus, ordinamus, ~um facimus, et decernimus AMUND. II *app.* 281.

lauhundredum v. lagehundredum. **laumpreda** v. lampreda. **launcia** v. lancea. **laund-** v. land-. **laupium** v. lanpium.

laurea [CL]

1 laurel wreath (symbolising triumph). **b** crown. **c** crown (of thorns, *cf. Matth.* xxvii 29 *etc.*).

985 (v. flavere 2a); huic ancillaris et flexo poplite servis. / papa triumphavit, vincenti laurea cedit M. RIEVAULX (*Vers.*) 23. 40; lauream addet glorie permansuram, / qua triumphantes inclite coronabit J. HOWD. *Cant.* 37; s**1415** stetit ymago .. Sancti Georgii armata, excepto capite quod ornabat ~ea conserta gemmis interlucentibus ad instar lapidum preciosorum *G. Hen. V* 15. **b** ~ea, A. *crowne*, .. corona regis *WW*. **c** et laurea caput [sc. Christi] spinosa subduxit, / dum caligaret visio madefacta J. HOWD. *Cant.* 338.

2 victory, triumph.

ut inde conferret vitam nobis unde daemon mortem intulit, inde trophaeum unde supplicium, inde aeternitatis laetitiam unde dampnationis poenam, inde ~eam unde ruinam LANTFR. *Swith. pref.*; laudo, .. inde laureus, -a, -um, et hec ~ea, -e, i. victoria, et hoc laureolum, -li, i. discus OSB. GLOUC. *Deriv.* 319; duplicis ~ee triumphalem titulum acquisivit J. FURNESS *Walth.* 17; virginitatis nitor angelicus, res celica, Christum / parturiens, virtus primaria laurea summa est M. RIEVAULX *app.* 1.

3 university degree.

1549 examinentur et ne ad baccalaureatus seu magisterii ~eam recipiantur, nisi prius .. *Conc. Scot.* II 105; ~ea [? l. ~eam] quam magistralem vocant, donavit ROBERTSON *Rolloc* 7.

laureare [LL]

1 to crown or wreathe (with laurel or sim.); **b** (w. ref. to BVM); **c** (w. ref. to crown of thorns). **d** (w. ref. to crown of martyrdom). **e** (p. ppl. or gdv. as sb. m.) martyr.

palmatus, coronatus, ~iatus *GlC* P 105; reginam suis insignibus ~eatam G. MON. IX 13; *coroner*, coronare, ~eare *Gl. AN Ox.* f. 154r; s**1415** que omnes ~eate succincte zonis aureis cum calicibus ex auro in manibus *G. Hen. V* 15 p. 110. **b** laurearis vernanti lilio J. HOWD. *Ph.* 5 (v. grandescere 1a); [BVM] laureata lilio *Id. Sal.* 44. 11. **c** ave, cujus nati / spinis laureati / frons confringitur *Ib.* 8. 2. **d** martyr Stephanus paradysum ~eatus ascendit *Trop. Wint.* 7; quod sanguine ~eati regis curia mesta redierit in sua *Pass. Æthelb.* 9 *tit.*; Christiani .. exterminio mortui sunt, qui, ut credimus, felici martirio ~eati sunt ORD. VIT. IX 7 p. 505; sanctorum martirum consortes .., qui effuso sanguine pro Christo feliciter in celis gaudent ~eati *Ib.* X 20 p. 130; **1174** Cantuariensis ecclesia, que .. martirum sanguine ~eatur *Ep. J. Sal.* 318 (312). **e** pauperes Christi christo Domini [viz. archipresuli] triumphanti ~eatum magis exhibuerunt quam ovatum H. BOS. *Thom.* V 7 p. 478; et laureandorum jam parce pressuris J. HOWD. *Cant.* 264.

2 to honour, distinguish. **b** to confer (a degree), to award (a title). **c** (p. ppl. as sb. m.) man on whom a degree has been conferred, doctor. **d** (*poeta ~eatus*) poet laureate, title granted to a distinguished poet, conferred sometimes by universities (cf. *OED s. v.* laureate A 2b).

a**779** vive Deo felix, Christi laurate triumphis (*Vers.*) *Ep. Bonif.* 124; quis vinctos [? l. victos] ejus premio laureavit, / vinci ab eo statuens gloriosum? J. HOWD. *Cant.* 290; **1430** quem concors scienciarum chorus mirifice ~iavit *EpAcOx* 60; vos [sc. Hen. VI] qui hoc nomine ~amini CAPGR. *Hen. pref.* 2; **1543** Paulus .. papa tertius, ad cujus providentiam spectat .. illos qui circa juris utriusque disciplinam continuis studiis .. insudarunt .. apostolica auctoritate ~eare *Form. S. Andr.* II 313. **b** hoc in agone mecum certasse putaverim omnes quotquot ~eatos Scripturarum titulos asportarunt J. BURY *Glad. Sal.* 572. **c** quatinus Willelmum .. judicatis coram nobis et ad instanciam ~eatorum T. SAMPSON *MD* 162. **d** **1486** cum nos .. concesserimus Bernardo Andreae poetae ~eato quandam annuitatem *Foed.* XII 317; hexastichon Anemolii poetae ~eati MORE *Ut.* xciii *tit.*; Joannes Skeltonus, poeta ~eatus .. BALE *Index* 253.

3 (intr.) to win a victory.

~eare, coronare vel victoriam adquirere OSB. GLOUC. *Deriv.* 329.

laureatio, crowning with laurels.

nonne ~o deliciosa fuit victoriae remuneratio? NECKAM *NR* II 155; equus nobilem strenui triumphatoris currum trahit, tam in ovationibus quam in ~onibus [*gl.*: minores triumphi ovationes, majores ~eationes] *Ib.* 158.

laureator, one who crowns or gives wreaths (for victory).

certe, Jesu, laurus es civium, / laureator et triumphantium J. HOWD. *Ph.* 574; *a crowner*, coronator, ~or *CathA*.

laurentia, lavender (*Lavandula officinalis*).

~ia, *lavendre MS Cambridge Univ. Libr. Dd* 11. 45 f. 108ra.

laureola [CL = *little branch or laurel*], spurge laurel (*Daphne laureola*).

quare si sambucus, ~a, vel aliquod tale radatur superius provocat vomitum, si inferius assellationem *Quaest. Salern.* P 59; flegma .. purgatur cum pulvere ~e in crispulis aut lecta titimalli GILB. I 35. 2; si sit fortis rusticus, ponantur aliqua folia ~e GAD. 7. 1; allepiados, ~a idem *SB* 10;

coconidium, se[men] lauriole *SB* 16; herba catholica, i. ~a, vel secundum quosdam idem est quod atriplex *SB* 23; allipiados, anglica, herba catholica, ~a idem similis est lauro in foliis cujus semen coconidium appellantur [*sic*] .. G. et A. *lauriole Alph.* 4; [l]aureola, alipiados, angelica, lepidon, [herba catholica], gingelide idem, semen ejus dicitur conconidium et est similis lauro in foliis, cortice et semine utimur, G. *laureole Ib.* 95; hec loriala, *loryalla WW*; daphnoides aliquibus lupatalon nonnullis camedaphne dicitur, herbarii ~am appellant, vulgus autem *laury* aut *lauriell* aut *lowre* TURNER *Herb.* A4v. ~a florens, *laurell, or spurge laurell flouring* (GERARDE *Herbal*) *OED* (s. v. spurge laurel).

1 laureolum [LL], surgeon's knife, scalpel.

[diminutiva] neutroroum vij sunt formae, ut .. ~um ALCUIN *Gram.* 861.

2 laureolum [cf. CL Laureolus = *name of a bandit*], (by misr. of Juv. 8. 187) disc.

OSB. GLOUC. *Deriv.* 319 (v. laurea 2); ~um, discus *Ib.* 328.

lauretum [CL], laurel-grove.

~um, locus ubi lauri crescunt OSB. GLOUC. *Deriv.* 329.

laureus [CL]

1 of laurel.

OSB. GLOUC. *Deriv.* 319 (v. laurea 2); **s1174** (v. fructifer a); corona ~ea HOLCOT *Wisd.* 142 (v. fruitio 2).

2 adorned with a laurel wreath, honoured, victorious.

cum tibi Laurenti vigilat plebs sobria Christi / [Maurilius] transit et in celis laurea festa colit (*Vers.*) ORD. VIT. IV 2 p. 169; ave [Jhesu] conventus laurei / dux J. HOWD. *Cyth.* 79. 1.

3 (*pirum ~eum*) species of pear.

est et ~eum pirum, eo quod sit minutum sicut loligines qui sunt pisces parvi OSB. GLOUC. *Deriv.* 197.

lauriger [CL], laurel-bearing, who wears a wreath of laurel, (in quot.) honoured, victorious, distinguished; **b** (as sb. m.).

carmina dilecto faciat mea fistula David: / laurigero David carmine dignus erit ALCUIN *Carm.* 45. 2. **b** mores enim laurigeri / orto non decet inseri / cordis inculti penitus J. HOWD. *Cyth.* 111. 4.

laurinus [CL], of laurel; (*oleum ~um*) oil of laurel.

oleum ~um [*gl.*: *eule de lorere*] NECKAM *Ut.* 110; impetrans eis [cismontanis monachis] oleum lardinum, quia non haberent ~um ut transmontani MAP *NC* I 24 f. 16v; dixerunt quidam quod oleum balsami mixtum cum oleo ~o et inunctum aufert cutis corrugationem BACON IX 73; pro guttis frigidis: fiat unguentum sive confectio de subscriptis gummis: baucon, marciaton, oleum ~um *Pop. Med.* 234. 5; cum oleo masticino vel ro[sino] vel ~o vel nardino conficiatur; et erit emplastrum pro divitibus GAD. 7v. 2.

lauriola v. laureola. **laurosum** v. larbasum.

laurum, (naut.) luff, tack.

1216 [homines] qui sciant quantum valeant anchore et ~um magne navis *Cl* 246a.

laurus [CL], laurel tree, bay-tree (*Laurus nobilis*); **b** (leaves used as medicine); **c** (as symbol of victory).

~us, arbor est unde milites coronas sibi faciunt in victoria *Gl. Leid.* 37. 19; ÆLF. *Gl.* (v. daphnis); **a1184** quicquid ecclesia Plimton' de feudo meo habebat super altare mitterem libenter adquieri et super altare una cum matre mea Mabilia per ramum cujusdam ~i misi [*sic*] in festo sancti Cuthberti *Reg. Plympton* 159; **s1292** eodem tempore vere incipiente, arbor que vocatur ~us viridosa [propter] continuam viriditatem, recentivo odore grata .. surdo data subvenit OXNEAD 284; ~us alia est latiorum foliorum, alia tenuiorum sed utraque virtutis ferventis sunt atque recorporative *Alph.* 95; laurus [*gl.*: *baytre*], lignum, ramus, radix sunt arbore, frondes *WW*; ~us, A. *a loreytre*; hec laurus, -ri vel -rus, *a loryltre WW*. **b** unguentum calidum contra paralisim specialiter: recipe duas libras de salvia, .. unam de foliis ~i i. *lorer* et *origani* .. *Pop. Med.* 229. 37. **c** laurum speramus gaudii J. HOWD. *Cyth.* 96. 12; [Jhesus] qui laurus est victorie, / laurus inquam qua fungitur / et qua virere cernitur / celi senatus curie *Ib.* 134. 9, 10; rex, quem laurus decuit, / spinas portat irrisoris *Id. Sal.* 23. 7; **c1298** vix est mure melior Walays aut Gilmaurus, / ad quorum victoriam nunquam crescet laurus (*Dunbar* 202) *Pol. Songs* 175.

laus [CL]

1 praise, commendation; **b** (w. ref. to God or a saint); **c** (in exclamatory phr.). **d** (phr. *causa ~dis*) for the sake of praise, by courtesy.

et laus almorum mulcatur fraude malorum ALDH. *VirgV* 1648; cujus fidei et saluti congaudens, quamque digna ~de commendans BEDE *HE* II 1 p. 78; laudis munera dat dictanti scansio lucens OSW. *Vers.* 4; qui largitur dona sua non indigentibus nullam acquirit ~dem BACON V 43 (= *Quadr. Reg. Spec.* 31: qui bona sua dat ..); de ~de hostium ex toto non sileam *G. Hen. V* 6 p. 38. **b** quis valet urbane laudes sermone polito / fari sanctorum ALDH. *VirgV* 1072; coepit cantare in ~dem Dei Conditoris versus BEDE *HE* IV 22 p. 259; **804** (11c) si ausus est aliquis confirmationem istam infringere, deletur de ~de Dei si non satisfactione emendaverit *CS* 313; explicit ~s de Domino Salvatore vel meditacio que Cythara nominatur J. HOWD. *Cyth.* p. 175; **c1316** ~dis Deo persolvimus acciones *FormOx* 14; **c1327** Trinitati laus et honor, virtus et potencia, / Patri, Proli, Flaminique Sacro sit per secula (*Offic. T. Com. Lanc.*) *Pol. Songs* 271. **c** nunc video (~s sit Deo!) quod volicio eterna eternaliter est causata ab effectu .. temporaliter existente WYCL. *Dom. Div.* 161. **d** **1343** unum mesuagium et una carucata terre .. in Hertrugg' in dicto comitatu Berk' causa ~dis vocate manerium de Hertrugg' *Cl* 174 m. 24.

2 praise as enjoyed by recipient, reputation, renown.

cum horrende magnitudinis sint, ~s artificis in his apparet GREG. *Mir. Rom.* 6; **c1298** tanquam nardus redolet laus regis Anglorum (*Dunbar* 37) *Pol. Songs* 164; multi modum habent sic peccata dicendi quod equipollet secrete jactancie, venationi ~dis [ME: *hereword*] majoris sanctitatis *AncrR* 127; **s1418** ~dis sue gloriam merito cumulavit ELMH. *Hen. V Cont.* 124.

3 cause of praise, good quality, virtue, merit.

793 quorum [sc. monachorum] ~s est omnia temperanter agere et religiose vivere ALCUIN *Ep.* 21; omnia in promptu habere, studiosis animis non ultima ~s est GIR. *TH intr.* p. 7.

4 (eccl. & mon.) divine office celebrated before dawn, lauds (usu. pl.); **b** (dist. as *nocturnalis* or *matutinalis*, *nocturnus* or *matutinus* or sim.); **c** (*~es omnium sanctorum*) office of All Saints. **d** (*~es defunctorum*) office of the dead. **e** (gen.) service of divine praise or worship (in quots., masc.).

post hoc sequantur diei ~des [AS: *lofsangas*] *RegulC* 19; canantur ymni dominicis diebus usque ad adventum Domini, ad nocturna 'Primo dierum omnium', ad ~des 'Aeterne rerum conditor' LANFR. *Const.* 87; ita horam matutinarum temperant, ut ante ~des lucescat .. . statim post ~des primam canunt W. MALM. *GR* IV 336; percantatis ~ibus, omnes accessimus ad disciplinas suscipiendas BRAKELOND 154; **s1236** habeantur candele ardentes, dum .. divinum officium celebratur viz. .. ad nocturnos, et ad ~es, et ad missas *Ann. Wav.* 317; **s1415** post Dei ~des et missas auditas *G. Hen. V* 49. **b** sub ordine nocturnae ~dis dicebant psalmum quinquagesimum BEDE *CuthbP* 40; a tempore matutinae ~dis .. ad diem usque *Id. HE* III 12 p. 151; fratres .. / evigilant in honore viri, celebrantque beati / cantica psalmorum, nocturnae laudis et ymnos / laetitiae et jubilum matuta laude canendum WULF. *Swith.* I 934; decantatis matutinalibus ~dibus *Comp. Swith.* 177; tribus psalmis totidemque lectionibus cum responsoriis agitur nocturna ~s *Ib.* 191; signum nocturnalium ~dum GOSC. *Mir. Iv.* lxiii; **s1130** visus est a duobus presbyteris et totidem clericis apud Herefordiam a ~ibus nocturnis exeuntibus splendor insolitus J. WORC. 31; miraculum .. quotidie in eorum representatur ecclesia ante ~des matutinales R. NIGER *Chr. II* 119; qualiter estatis tempore agatur nocturna ~s *Ac. Durh.* 717. **c** post quas eundum est ad matutinales ~des de omnibus sanctis [AS: *to uhtlicum lofsangum be eallum halgum*] *RegulC* 19. **d** post quas ~des pro defunctis [AS: *lofsangum for forþfarendum*] *RegulC* 19. **e** ea die rex beatus divinis ~dibus devotus assistebat AILR. *Ed. Conf.* 748D.

5 (*~des Judeorum*) texts enclosed in a phylactery (*Exod.* xiii 1–10, 11–16, *Deut.* vi 4–9, xi 13–21).

[doctores Judei] dixerunt Deum .. in cesarie pixidem gestare ligatam corrigia, ipsiusque corrigie nodum a postera capitis parte sub cerebro firmatum, intra pixidem vero quatuor esse cartulas Judeorum ~des continentes .. cartamque ibi esse continentem omnes ~des que in predictis quattuor scripte dicuntur PETRUS *Dial.* 6.

6 (bot., *~s tibi*) narcissus.

respondebat omnes herbam [sc. narcissum] vocari ~s tibi, nec aliud nomen potui ab illis expiscari TURNER *Herb.* B iii v.

7 (pl.) estate. *Cf.* 1 *honor* 6.

Edverdus .. / licet ante suis repetitum regna sonabat / se venisse, tamen .. nunc .. / Eboracenses tantum se poscere laudes / predicant. heredis debent que jura teneri / ex Eboracensi quia sit genitore creatus J. HERD *Hist. IV Regum* 29.

lausa [laudare, cf. Fr. *lods*], land held by consent. *Cf. DuC* 3 *laudare, laus* 7.

c1255 quando milicie succedunt laborantibus ballivi petunt ab eis recta milicie quatinus ipsos teneant, ut dictum est, in ~as (*BL Add. Ch.* 11236) *V. Montf. app.* 305 (cf. *ib.*: *lauces*).

lausare [ML], to praise.

to prayse, .. commendare, .. laudare, ~are *CathA*.

lauscea, (*lauscea rustica*) hemp (*Cannabis sativa*).

~ea rustica, *hemp MS Cambridge Univ. Libr. Dd 11. 45* f. 108ra.

lauta v. labda.

laute [CL], sumptuously, extravagantly.

~issime, habunde *GlC* L 86; uberius in schola et solito ~ius in hospitiis me oportuit, et adhuc oportet, habere D. LOND. *Ep.* 1; splendide nimis et ~e procurati GIR. *IK* II 12; corpus bene cures / si corpus laute recreas NECKAM *Poems* 452; **a1238** circa crapulam .. ~e ut Judei in deserto qui petierunt carnes a Domino, non contenti manna *Conc. Syn.* 223.

lauthomus v. latomus.

lautia [CL = entertainment], sumptuousness, luxuriousness.

hec ~cia .. i. epularum magnificencia OSB. GLOUC. *Deriv.* 319; ~cie, mundicie *Ib.* 329.

lauticosus, sumptuous, luxurious.

jantaculum de cibariis ~is ac vino .. unum festum ~um de opimis vinis et cibariis W. WORC. *Itin.* 346.

lautifice, sumptuously, luxuriously.

ad hoc sumptus ~e eis presanxit necessarios *V. Neot. A* 21.

lautitia [CL]

1 sumptuousness, luxuriousness.

lauticiae, munditiae *GlC* L 24; **796** sit modesta in conviviis ~ia, sit casta in jejuniis laetitia ALCUIN *Ep.* 114; ~iam cibariorum quaerimus NECKAM *NR* 137; nec enim libido ad illum pertinet nec epularum ~ia nec opes HOLCOT *Wisd.* 184; **s1416** tam de comitiva dominorum et procerum pro vultu faciendo quam ceteris humanitatibus et ~iis *G. Hen. V* 23; **a1510** corpora sua talibus cibariis et ~iis refocillanda *Gild Merch.* II 128.

2 (by misinterp.) sort of dough.

a laudo lautus .. i. laudatus per syncopam .. et hec ~ia, -e, i. aqua farina conspersa OSB. GLOUC. *Deriv.* 319 (cf. PAUL. *Fest.* p. 118M: lauticia farina appellabatur ex tritico aqua consperso).

lautor v. lotor.

lautorium

1 lavatory, wash-room. *Cf. lavatorium* 2.

~ium, *wæscern* ÆLF. *Sup.* 185.

2 vessel for washing of hands at mass. *Cf. lavatorium* 3b.

1368 unum ~ium eneum *Invent. Norw.* 132.

lautumiae, latomiae [CL < λατομίαι], **~ia, ~ium**

1 quarry; **b** (as site for stone-cutting or craft of masonry); **c** (as prison); **d** (as form of punishment).

dicitur lautomium a 'laos', quod est lapis, et 'tomos', quod est divisio BELETH *RDO* 117. 121; latoma, ubi lapides ceduntur OSB. GLOUC. *Deriv.* 329. **b** **1439** hec indentura, facta inter Universitatem Oxoniensem ex parte una et Thomam Elkyn, lathomum, ex parte altera, testatur quod dictus Thomas manucepit edificacionem novarum scolarum sacre theologie in Universitate predicta in quantum pertinet ad lathomiam *EpAcOx* 192; *a masonry*, lathomia *CathA*. **c** ille in latebrosum ~iae latibulum .. ferro constrictus mittitur ALDH. *VirgP* 35 p. 279; ~iae, carceres *GlC* L 6; **10..** lautune, *carcerne WW*; lautomia .. i. e. gaole captivorum et omnia genera carcerum .. lautomium .. accipitur pro gaola captivorum BELETH *RDO* 117. 121. **d** ~iae, verbera *GlC* L 25; lautomia .. omne genus patibuli BELETH *RDO* 117. 121; ~ium, genus supplicii ad verberandum OSB. GLOUC. *Deriv.* 328.

2 chain, fetter.

carpebant placida libratis aequora velis / figitur et notis vehemens lautomia harenis FRITH. 1127; †lautumne [MS: lautumnie], cathene .. vinculum .. †laconia [? l. latoma], genus catene OSB. GLOUC. *Deriv.* 329; pedem suum liberum sentiens, quem ~iis adjuta catena tenuerat W. CANT. *Mir. Thom.* III 19; ille cum .. vincula tenacia vexaret, nodos et ~ias agitaret *Ib.* III 47; spiritum immundum conceperat, qui singula membra tabernaculi sui pervertebat, donec in ~ias conjiceret se ad injuriam vasis sui *Ib.* III 48.

3 dove-cot.

lautomium proprie est locus ubi aves nutriuntur ut pinguiores fiant BELETH *RDO* 117. 121; †lautumne [MS: lautumnie] .. columbaria OSB. GLOUC. *Deriv.* 329.

4 dunghill, or ? *f. l.*

a dungil [or ? misr. of *dungin* = 'dungeon'] latomia LEVINS *Manip.* 128.

lautus v. lavare.

lavacrum [CL]

1 place for washing, lavatory, bath.

s**1200** frater T. de F. de piscina communis ~i in claustro lavatorium ad vestibulum advexit *Mon. Francisc.* I 511 (= *Ib.* 508: lavatorii); **1259** eidem super tascha de guttera circa ~um curie facienda *Ac. Build. Hen. III* (*Westminster Palace*) 314; **1369** in reparacione ~orum in claustro *Ac. Durh.* 575; s**1422** renovata sunt ~a in claustro *Mon. Francisc.* I 511.

2 vessel for water for washing: **a** ewer, pitcher, water jug. **b** basin, bowl, wash-stand. **c** (gen.) vessel.

a lavacra [AS: *thwealu*] puri gurgitis / celestis Agnus attigit, / peccata que non detulit / nos abluendo sustulit *AS Hymns* 52; dedit unum pavonem, sc. unum lavachrum mirabile .. quod similtudinem pavonis in forma ostendebat M. PAR. *Maj.* V 489 (= *Id. Abbr.* 344: ~um); **1306** reddunt compotum de j cacabo, j olla enea, .. j ~o cum pelve *Crawley* 248; **1392** pro ij pelvibus, j ~o .. *Ac. H. Derby* 153; **1446** pro una pelvi de auricalco empta pro scaccario, cum emendacione unius ~i *Ac. Durh.* 86; **1455** lego unum ~um fabricatum ad similitudinem viri equitantis *Test. Ebor.* II 179 (cf. ib. [**1580**]: *a brasyne laver lyke unto a horse*); c**1527** nonnulli iniquitatis filii calices cruces phiolas lavachra et pelves .. furtive abstulerunt *Form. S. Andr.* I 202. **b** **1451** lego successori meo .. unum ~um pendens in aula (*Test.*) *Reg. Cant.* II 450; **1432** unum ~um cum le *synkestane Test. Ebor.* II 23; **1442** lego .. j ~um pendens *Wills Richm.* 1; **1455** unum ~um pendens *Test. Ebor.* II 179. **c** **1406** ij ~a ad tenend' vinum argent' *Pat* 255 m. 32.

3 (eccl.) font.

donec ipsa [virgo] salubris ~i latice lustratur ALDH. *VirgP* 35 p. 278; ante ~um baptismatis BEDE *HE* I 27 p. 51; nomen habere bonum lavācri cui in fonte dedisti WULF. *Brev.* 15; s**878** rex .. suscipit baptismatis fontem, quem .. de ~o sumit rex Aelfred ÆTHELW. IV 3; postquam ascenderint de ~o, debetis signare eos in vertice cum oleo crismatis ÆLF. *Ep.* 3. 6 (cf. *Cant.* iv 2, vi 5); instrumenta ecclesiastica sunt hec: ~um [*gl.*: *founs*] sive fons .. NECKAM *Ut.* 119; libertates quasdam a papa procuravit pro ~o quod collocavit .. in ecclesia Dunelmensi *Hist. Durh.* 6; s**1400** in ejus parochia natum et in ~o baptizatum aput Usk AD. USK 46.

4 water used in washing.

de .. fossa in qua ~um corporis sancti nostri post obitum ejus †effusus [v. l. effusum] est *V. Cuthb.* IV 15; abluitur facies ~o salutari AILR. *Ed. Conf.* 763D; portionem aque qua fuerat lux ceco restituta .. credens .. etiam in plurimis operatum iri .. adhibito ~o tenebrosas pauperum facies lavit *Ib.* 765B; ut unum de ossibus .. in aqua benedicta abluere deberet mulierique de ipso ~o dare, ut inde oculos suos lavaret S. DURH. *HR* 38.

5 the action of washing, bathing. **b** (eccl.) washing of hands (after offering of oblations in the Mass, during recitation of *Psalm.* xxv 6). **c** (ritual) washing (of feet).

~um capitis potest in Dominica esse, et in lexiva [v. l. lisciva] pedes lavare licet THEOD. *Pen.* II 8. 8; de corporis seu capitis sui non curabat ~o, satis esse arbitrans, si inesset mundities cordi suo *V. Edm. Rich P* 1794E; Naaman lepre stigmatibus ~o Jordanis purgavit (Isidore) *Flor. Hist.* I 36. **b** **1471** et post primum ~um cujuslibet misse dicat De profundis *Reg. Glasg.* 419; **1490** unam missam de requie cum psalmo De profundis ad primum ~um *Reg. Aberd.* I 323. **c** p**675** nec manibus lomentum .. exhibetur neque pedibus ad ~um pelvis apponitur ALDH. *Ep.* 4 p. 484; pauperes affectuose colens, quibus dominici sequax mandati et victum cotidianum et pedum exhibebat lavachrum W. MALM. *Wulfst.* I 10.

6 purification, spiritual cleansing.

sui .. est sanguinis ~o mundatus BEDE *HE* I 7 p. 21; nec non terra micat caelestibus inclyta signis, / corporis, ut dixi, quae sancti lota lavacro est ALCUIN *SS Ebor* 393; tuis objectionibus monita recolo quanta me benignitate in mea dejectione respexit et gratie sue ~o mundatam quam gratuita largitate in regnum glorie provexit *Eccl. & Synag.* 54; hujusmodi ~o .. est extincta libido GIR. *GE* II 10 p. 214; Christus .. aquam et sanguinem in redempcionem affluere permisit, aquam in ~um, sanguinem in redempcionem BRINTON *Serm.* 8 p. 25; s**1422** quenam, fili, ibi invenire poterimus lacrymarum ~a (*Lit. Abbatis*) AMUND. I 94.

7 feast of John as Baptist, 7 January.

post festum stelle [i. e. Epiphania] non pascit epistola Pauli, / mundandi [i. e. S. Johannis Baptistae] lavacrum, dum septuagesima monstrat, / ad Moysen tempus ab Adam notat illud, in illo / mors regnum tenuit GARL. *Myst. Eccl.* 359; hinc antris latitat, clam perquirendo favorem, / in †Lanacri [l. Lavacri, *gl.*: in festo Epiphanie] luce concipiendo dolum ELMH. *Metr. Hen. V* 106; insidiando cohors in gurgitis arce †Lanacri [l. Lavacri, *gl.*: in Epiphania] concutiens chrisma [*gl.*: ecclesiam] *Ib.* 109.

lavamentum [LL], washing.

lacrymarum .. ~o sua opera purgare BEDE *Mark* 199A; recedente adultero statim adultera [sc. ciconia] in fonte eminus se mergebat purgabatque se per aquam. cumque reverteretur a pastu compar femine non advertebat in conjuge scelus adulterii aque ~o deletum UPTON 182.

lavanda [ML], lavender.

lavender is called in Latine ~a *or* lavendula (*Heresbach's Husb.*) *OED* s. v. *lavender sb.* A 1.

1 lavandaria [CL]

1 laundry; **b** (in surname).

1148 †lavencleria [l. lavandaria] (*Lib. Wint.*) *VCH Hants* I 537; **1206** servientes .. de infirmaria, sartrina, lavendria [v. l. lavenderina] *Chr. Evesham* 208; quotiens .. mappe de refectorio abluuntur servientes de lavendrina panem monachilem de cellario habere habent *Ib.* 220; **1241** rex dedit Andree de G. officium ~ie in prioratu Sancti Swithine Winton' *Cl* 374; **1265** item, pro lavenderia .. xv d. *Manners* 41; lavendria .. xvj d. *Ib.* 77; **1304** servientes .. de sutrina et lavendria *Reg. Whet.* II 318; **1322** tres servientes in lavendria *DCCant. Reg. J* p. 517; **1417** de x s. receptis de prato lavandrie *Comp. Swith.* 364; c**1430** in factura, sive in renovatione, lavandrie AMUND. *app.* II 274. **b** **1220** Ricardum de Laviendria [v. l. Lavandria] *CurR* VIII 346.

2 launderess.

lavenderia habet conredium in aula, quando portat mappas lavandas *Chr. Abingd.* II 242; **1268** legamus .. lavanderie de .. et aymentento parvo xx s. *Test. Ep. Heref.* 5.

2 lavandaria [LL], lavender.

lavandria, quedam herba OSB. GLOUC. *Deriv.* 328.

lavandarius [ML], launderer.

1252 ~ius pannorum ecclesie percipit in campis de Northwode duas acras frumenti *Cart. Rams.* I 351; **1376** tres lavendarii, et balnearius [MS: valvarius] .. custodient .. fratres in cameris *Lit. Cant.* III 4; **1418** lavendario pro filo xviij d. *Ac. Obed. Abingd.* 86; in stipendio cissoris per annum xij s. lavendr' per idem .. xij s. cordubanerio ibidem .. xiij s. iiij d. *Ib.* 88.

lavander, launderer.

ille lavander adest, etiam que focarius ille ALCUIN *Carm.* 8. 5.

lavandria v. lavandaria.

lavandula [ML], lavender.

lavendula, *lavendre Gl. Durh.* 303; ex granis pionie, salvie .. lavendule .. GILB. II 111. 2; **12..** lavendula, i. *lavendre WW*; si sit dolor in causa frigida vel in febre flegmatica vel melancolica tunc betonica lavendula et camomilla rosarum pre ceteris valet electuarium GAD. 6. 1; **13..** labendula, *lavendyr Herb Harl. 3388* 81v; lavendula, G. et A. *lavendre Alph.* 93; *lavandre*, lavandria, lavendula *CathA*; pseudonardus est nostra ~a, vulgo dicitur *lavander* TURNER *Herb.* B iv v; lavendula *OED* s. v. *lavender sb.* A 1 (v. lavanda).

lavare, ~ere [CL]

1 to wash with water: **a** (produce, object, or artefact); **b** (cloth or clothing); **c** (by misr. of *Luc.* v 4); **d** (the body or its parts); **e** (animal, esp. sheep). **f** (fig., of the sun washed by the sea).

a aecclesia .. rasis vel lotis lignis ejus reaedificetur THEOD. *Pen.* II 1. 4; **800** putans aurum e stercore tulisse ~atumque dominicis indidisse thesauris ALCUIN *Ep.* 203; ea die post tertiam fratres discalciati ~ent pavimenta ecclesie, sacerdotibus .. aqua sacra altaria ~antibus ÆLF. *EC* 9; *Id. Ep.* 3. 27 (v. lavatio 1a); transeuntem quoque eum ~ans olera Diogenes increpavit W. BURLEY *Vit. Phil.* 144; **1582** pro j par cirothecarum lavat' liberat' ad usum muliercule (Eng.: *one payre of washed gloves L. C.* 5/35 p. 306) *Ac. LChamb.* 73 f. 29 (cf. ib. 72 f. 19 [**1581**]: un' par cirothecarum †lavatur' supposit' cum laqueo aur' et argent' = *L. C.* 5/35 p. 257: *one payer of washen glovis*). **b** cum .. saga quibus in hospitale utebatur in mari ~asset BEDE *HE* IV 17 p. 244; ut .. soccos furtim noctu surriperet et diligenter lotos et inunctos lectis rursus apponeret W. MALM. *GR* II 217; ibi .. est mansura .. ubi ~antur vestes monachorum *Chr. Battle* 20v; **1379** quod nullus eorum ~ent pannos nec aliqua utensilia ad fontem communem *Hal. Durh.* 161. **c** ~a nunc, inquit, retia ad capturam AILR. *Ed. Conf.* 756D (cf. *Luc.* v 4: laxate retia .. in captandum). **d** THEOD. *Pen.* II 8. 8 (v. lavacrum 5a); ~atis manibus et pedibus *V. Cuthb.* II 2; eorum [sc. pauperum] miseriis adeo compatiebatur ut eorum infirmiora ~aret, lotisque postea manibus statim missam decantatum iret *V. Gund.* 10; pars barbe lymphis istis lota canis incanduerat GIR. *TH* II 7; A. filia sua remansit et ~it pedes R. *PlCrGlouc* 32; hunc pupilla flebat / quem uber alebat / lotum lilio J. HOWD. *Sal.* 34. 6; tu ~as [ME: *wescheð*] manus bis in die et ~are non vis animam tuam *AncrR* 124. **e** **1247** non venerunt ad lavand' oves domini *SelPlMan* 10; c**1250** debet et ~are bidentes domini et tondere *Cust. Taunton* 27; **1285** ~abit et tondet oves; si intrat aquam dum ~at habebit j scutell' ordei *Cust. Suss.* 4; et tondent oves domini et ~ent *DCCant. Reg. J.* p. 46; c**1300** in xxiiij mulieribus conductis ad ~andum et tondendum bidentes *FormMan* 33; **1314** in bydentibus ~andis et tondendis ex consuetudine *Rec. Elton* 218. **f** dicitur Sol in oceanum mergi, et ibi fatigata reficere lumina, indeque mane lotus emergere ALB. LOND. *DG* 8. 16.

2 (intr. or pass. in middle sense) to wash (oneself), bathe.

quia .. raro in calidis balneis .. ~ari voluerit BEDE *HE* IV 17 p. 244; hac sola vice antequam ~ent pectunt capita sua. alio tempore prius ~ant, postea pectinant LANFR. *Const.* 93–4; cui [sc. balneo] insidens, .. [rex] de jure quo ~atur .. bibit GIR. *TH* III 25; qui rigat, ille lāvit; qui mundavit, bene lāvit SERLO WILT. 2. 60; habet fabula, Actaeonem Dianam se ~antem vidisse ALB. LOND. *DG* 7. 3.

3 to wash (ore to extract metal).

pallidus argenti scrutator viscera terre / permeat et massam sudat abinde rudem; / quam lavat et tunsam fornacibus ingerit, ignem / supponens et eum follibus acer alens L. DURH. *Dial.* II 173; iterum plumbum eo ~atis et mundificatis, ut sit proxima argento BACON *NM* 551; lapis molipddides similem virtutem habet scorio plumbi et ~atur similiter *Alph.* 91.

4 (fig.): **a** to wash (by baptism), baptize. **b** to wash (with the blood of Christ).

a hunc .. nondum baptismate lotum ALDH. *VirgV* 679; EGB. *Pont.* 53 (v. fons 4b); quos :. / .. / ecclesia gignente lāvit babtismatis unda WULF. *Brev.* 322; in ejusmodi enim sive lotis sive etiam illotis, alterius aut beneficium attendo aut maleficium PULL. *Sent.* 866B. **b** nos quasi pupillam benigne conserves, / quos pio lotos sanguine gratularis J. HOWD. *Cant.* 171.

5 to wash away, wipe clean: **a** (knowledge of something from memory); **b** (sin or guilt).

a c**790** (11c) decreta patrum Graecorum .. litteris tradunt ne ex memoria ~etur *CS* 283. **b** ~a lacrimis culpam tuam ANSELM (*Ep.* 168) IV 46; dictum cum solvat confessis pura reatum / et lavet internus crimina cuncta dolor J. SAL. *Enth. Phil.* 474; [sc. Christus] fons est, si tu consideres, / reatus lavans veteres J. HOWD. *Cyth.* 128. 5; dives peccavit, set crimen munere lavit WALT. WIMB. *Scel.* 11; ~at [ME: *weosseð* = *wescheð*] peccata prius commissa *AncrR* 61.

6 (p. ppl. *lautus, lotus*): **a** (of person) noble, honourable. **b** (of object or artefact) sumptuous, lavish, splendid, excellent; **c** (of abstr.).

a ecce sacerdotis pandam praeconia lauti ALDH. *VirgV* 1619; virum probum, sanctitate lautum F. MALM. *V. Aldh.* 65D. **b** lauta qui regnat in arce ALDH. *VirgV* 1393; cum cibum .. sensisset lautiorem *V. Gund.* 29; et placet, ut nobis, lauta culina sibi J. SAL. *Enth. Phil.* 1570; cum vinum poto faciem lavo corpore loto NECKAM *Poems* 453; aut cibos lauciores sibi praepari *Ord. Ebor* I 146; WYCL. *Blasph.* 3 (v. esibilis). **c** lautam Anglicane mense copiam .. admirantes GIR. *EH* I 33.

lavarium, ~orium [ML], **a** wash-room, lavatory. **b** laver, wash-basin.

a **1289** pro opere petre marmoree lavor' in parva aula, ubi capita deaurata et ymagines apponuntur *KR Ac* 467/17 m. 7; p**1296** aqua .. fluebat in ~arium *Reg. Malm.* II *app.* 361. **b** **1296** ~orium honestum de metallo *Obs. Barnwell* 192; **1553** uno lavar' (v. 3 latinus a).

lavatio [CL]

1 act of washing with water: **a** (produce or artefact); **b** (item of clothing); **c** (the body or its parts); **d** (animal, esp. sheep); **e** (ore or sim.).

a calices debent omni ebdomada lavari, et ipsa aqua ~onis fundi circa altare ÆLF. *Ep.* 3. 27; **1289** in ~one et spitacione et suspensione [allec'] *DCDurh.* (*Ac. Wardley*) *sched.* **b** **1278** in oleo, thure, ~one vestimentorum *Ac. Durh.* 486; **1348** pro ~one et emendacione vestimentorum

in ecclesia *KR Ac* 462/16 f. 4v. **c** consuetudo Romanorum non haec ~io pedum THEOD. *Pen.* II 8. 8; ~o pedum BEDE *Hom.* II 5. 132; post pedum ~onem lavent etiam calceos *RegulC* 26; postque corporis ~onem missas celebrare B. *V. Dunst.* 11; lavat pedes discipulorum .. hec ~o non solum est significatio magne rei, sed etiam exercitium humilitatis AILR. *Serm.* 274C (w. ref. to *Joh.* xiii). **d** c**1270** in ~one et tonsione ovium manerii de Farendone vij s. ix d. *Ac. Beaulieu* 165; **1466** in bidentibus domini lavandis preter *wascheyngpens*, ij d. solut' pro ~one bidentum domini de Bigg', ij s. iij d. (*MinAc, Hunts* 885/35) *Econ. Condit.* 95. **e** **1278** (v. arsio b).

2 (fig.) washing away (of sin).

hominem peccati sorde maculatum sive omni ~one, id est absque omni satisfactione ANSELM (*CurD* I 19) II 85; sic a mortuo perit ~o, sic lavo laterem, et dum plus sordes excutio, plures excessus inveniens P. BLOIS *Ep.* 123. 362C; illi etiam qui cadit in tantum peccatum non prodest ~o S. LANGTON *Quaest.* 296.

lavativus, cleansing.

Ps.-GROS. *Summa* 643 (v. corrosivus 1c).

lavator [LL], washer, launderer, fuller; **b** (of sheep).

inter .. sartores, ~ores, sutores .. et hi omnes ministrant sancto et abbati et fratribus [*of Bury St. Edmunds*] *DB* II 372v; duo ~ores in balneario *Cust. Westm.* 74; c**1270** in pitancia dubbatoris lana et ~oris pellium xiiij d. *Ac Beaulieu* 165. **b** **1567** inveniet ij ~ores et .. ij tonsores [ovium] *Surv. Pembr.* (*Wilts*) 85.

lavatorium [LL *gl.*], **~ia**

1 place for washing, lavatory, bath; **b** (mon., situated usu. in cloister).

1184 in operatione ~ii in aula regis apud Westmonasterium xxviij li. *Pipe* 136; **1259** conductum aque que sub terra ducitur ad ~ium regis .. emendari faciat *Cl* 380. **b** deinde ad ~ium vadant et prius lavent se, et postea pectinent LANFR. *Const.* 87; ejus [sc. abbatis Ade, ob. **1191**] tempore .. aqueductus et ~ium .. facta sunt *Chr. Evesham* 100; misit quendam qui de ~io monachorum potum ei portaret *Mir. Wulfst.* II 11 p. 159; **1278** in reparacione ~ii ad hostium refectorii xvij s. *Ac. Durh.* 486; aquaductum de piscina communis ~ii .. adduxit *Mon. Francisc.* I 508 (= *Ib.* 511: lavacri); p**1410** via de ecclesia ad dormitorium, cum reparatione ~ii ibidem *Lit. Cant.* III 115; fecit .. ~ium ante ostium ecclesie in claustro *Chr. Evesham Cont. A* 270.

2 (eccl.) piscina (for liturgical washing of hands or rinsing of vessels at mass).

1417 lego .. corpus meum ad sepeliendum in ecclesia parrochiali S. Thome de Lymyngton' juxta ~ium alti altaris ibidem *Reg. Cant.* II 138; et uno pari pelveorum argenteorum ad lavandum [v. l. pro ~io] coram altari *Chr. Evesham Cont. A* 301; **1503** presbiter .. sic celebrans evangelium .. misse .. antequam ad ~ium se divertat, psalmum De profundis .. dicet *FormA* 339.

3 ewery, department of royal household dealing with water jugs, table linen, *etc.*

1508 in consideracione veri et fidelis servicii quod humilis serviens noster J. W. garcio ~ii nostri nobis impendit *Pat* 605 m. 13.

4 vessel for water for washing: **a** ewer, pitcher, water jug; **b** basin, bowl, wash stand.

a **1214** dedimus .. abbati et domui Sancte Crucis de Waltham stagneum ~ium quod levatum fuit in domo nostra apud Westm' *Cl* 140b; ~ium sive labrum dicitur vas GILB. XIX 245v. 1; **1368** ~ium eneum ad modum capitis *Invent. Norw.* 27; **1375** H. T. fecit rescussum J. de E. taxatori communis taxationis de uno pelvi et una ~ia *Leet Norw.* 67; s**1392** pelves et ~ia de fulvo metallo .. donaverunt WALS. *HA* II 211; ij parvos pelves argenteos sine ~io FLETE *Westm.* 136. **b** serviens ecclesie respondeat sacriste de sacris vestimentis, de sacris calicibus, phialis, ~iis, ac lampadibus *Croyl.* 104; **1341** omnia vasa argentea .. viz. iiij *chargeours*, ix discos, iiij duodenas salsariorum, j magnum salsarium cum cooperculo .. iij ~ia, vj discos vocatos *fruytdisshes Pl. Mem. Lond.* A5 m. 18 (cf. *Cal. Pl. Mem. Lond.* 203); **1373** defectus cujusdam ~ii de *pewter* longi cum pipis *Pl. Mem. Lond.* A8 m. 5d. (cf. *Cal. Pl. Mem. Lond.* 264); **1393** item unum ~ium cum una stipite de plumbo precii ij s. vj d. *Ib.* A33 m. 2 (cf. *Cal. Pl. Mem. Lond.* 209); **1395** coquina .. item j ~ium pendens *Test. Ebor.* III 6; ~ium, *a lavyre WW.*

lavatorius [ML], for washing.

vasa ~ia BACON III 224; s**870** decem .. calices cum ~iis pelvibus *Croyl.* 22; **1383** obduxit unam petram ~iam de messuagio predicto ad valenciam xij d. *IMisc* 229/14; **1393** due tuailles ~ie *Lit. Cant.* III 22.

lavatrix, washerwoman, laundress.

de ~ice in dubio est *Domus Reg.* 133; lavo .. inde lavator .. et hec ~ix .. et hoc lavatorium OSB. GLOUC. *Deriv.* 321; c**1270** in stipendiis j ~icis vj d. *Ac. Beaulieu* 121.

lavatur' v. lavare 1a.

lavatura [LL]

1 (act of) washing.

~a manuum ejus .. leprosus luridam cutem exuit W. MALM. *GP* I 76.

2 water that has been used for washing (esp. for sacred purpose). **b** dirty water, slops.

nec vacavit a virtute ~e reliquiarum ejus pulvisculus W. MALM. *GR* I 49 p. 54; adolescentula .. jussa sompnio ~am manuum regis exquirere, curiam ingreditur *Ib.* II 222; de ceco per aquam ~e regis in ejus absentia sanato OSB. CLAR. *V. Ed. Conf.* 14 *tit.*; de ceco per manuum ejus ~am sanato AILR. *Ed. Conf.* 762B *tit.*; **1296** mappulas .. separatim lavare, et singulo ~as in sacrarium versare *Obs. Barnwell* 70; ipsam manuum suarum ~am faciet infirmarius vel in igne prohici vel in sacrarium deferri *Cust. Cant.* 334. **b** vidit fluvium .. rapidum .. in quem confluebant omnium fluxuum purgature et quarumque rerum terre lavature EADMER *V. Anselmi* I 21 (= *NLA* I 56: omnium rerum terre sordes et ~e).

lavend- v. lavand-.

laver [CL = *water plant*], water-parsley.

~er cratevae, *great water parsley.* ~er minus, *small water parsley* (LYTE *Dodoens*) *OED* s. v. *water-parsley.*

lavernum [ML], tool, implement.

~a, ferramenta latronum *GlC* L 65; penguastraut [*the chief groom*] debet habere a regina braccale cum ~is *Leg. Wall.* 116.

lavorium, laver, basin.

impluvium, ~ium OSB. GLOUC. *Deriv.* 295.

lavura, (act of) washing.

c**1230** de .. herciaturis, ~is, tonsuris [ovium] (*Cust. Combe*) *Doc. Bec* 44.

lawe- v. lage-.

laweare [ME *lauen*], to law, make lawful, licence (an animal).

1548 annulare et ~eare porcos (*MinAc Essex*) *MFG.*

lawehundredum v. lagehundredum.

lax [LL], purslane.

lax simpliciter bonum est solutorium ventris et bonos nutriens humores *Alph.* 93.

laxa [ML], leash, lead (*cf.* *laissa*).

†c**1120** reddendum inde michi et heredibus meis ~am leporariorum et hoc nisi semel vita hereditarie UPTON *app.* 86; W. FITZST. *Thom.* 18 (v. copulare 1a); **1243** tenet in Eland' unam carucatam terre pro quibusdam albis cirotecis et una ~a *Fees* 1125; **1279** pro illo tenemento solebat tenere unam ~am leporariorum quando dominus de Waddon' venari voluerit *Hund.* II 336b; ~a, A. *a lees WW*; *a lese*, ~a *CathA.*

laxabilis, [cf. laxa], like a leash.

R. COLD. *Cuthb.* 108 p. 245 (v. flexuose).

laxamen [cf. laxa], leash, run.

~ina, habenae OSB. GLOUC. *Deriv.* 329.

laxamentum [CL]

1 release of tension, relaxation.

si vero .. tensum animum ad inferiora quaedam ac jucunda laxemus, sint ~a ipsa plena honestatis vacua levitatis, etsi careant nimio pondere, non tamen careant edificatione AILR. *Spec. Car.* III 40. 620B.

2 release, discharge, exoneration.

1195 R. P. debet dim. m. pro ~o sacramenti *Pipe* 7 (cf. ib. [**1198**] 202).

laxare [CL]

1 to spread out, extend: **a** to unfurl (sail). **b** to cast (net; also fig.).

a cum totos laxando sinus et suppara veli / pandens summa, Notum nauta rudente legit L. DURH. *Dial.* III 79; surgimus et tristes discurrimus; atque volanti / plurima laxamus vela repente rati *Ib.* III 144; s**1416** vela ~avimus versus Dovorriam *G. Hen. V* 25. **b** sagena est fides catholica .. hec in mari ~atur dum in toto mundo a doctoribus predicatur HON. *Spec. Eccl.* 1028C; fit jus ex injuria, / postquam judex recia / laxat in capturam P. BLOIS *Carm.* 25. 21. 123; **1262** mundane fabrice recta providus et opifex sublimis qui rete sui piscaminis per Petri ministerium ~avit in capturam *Cl* 111.

2 to loosen, untie, undo (also fig.). **b** to take apart, disintegrate (partly fig.).

W. MALM. *GP* III 110 (v. dimittere 6b); arctaque laxantes vincula tortor adit L. DURH. *Dial.* II 312; ad ~andum dubietatis nodum R. NIGER *Chr. II* 152; loricas laxant GARL. *Epith.* I 577 (v. duplex 5a). **b** munimenta virtutum ~amus R. NIGER *Mil.* I 33 (v. fluidus 3); pira .., que post cibum sumpta laxant ponderositate sua, ante cibum constipant NECKAM *NR* II 78; s**1435** cum .. Zephyrus annum ~asset horridum (v. floriger 1a).

3 to free, release, let loose.

ad nomen almum virginis absolvendi prepotentis ~atur hic [captivus] custodiis GOSC. *Transl. Mild.* 23; s**1087** fratrem suum .. et omnes quos in Anglia vel Normannia custodiae mancipaverat, ~avit FL. WORC. II 20; infernum superavit, mundum sibi subjugavit, captivos de inferno ~avit HON. *GA* 652D; rarior Argolicas ferro populante catervas / agmina laxabat miles J. EXON. *BT* V 358; nec multo post ab hostibus ~atus W. MALM. *GR* I 15; **1440** (v. elargare 3); ~atis manibus et pedibus per fenestram in domum cecidit *Latin Stories* 25.

4 to release the tension of, slacken, loosen. **b** (*~are frenum, habenam,* or sim.) to loosen harness (also fig.). **c** to relax (part of body). **d** (absol.).

et jam cute, que distenta fuerat, ~ata, ulcerem arescente sanie, spem perfecte curationis omnibus eam intuentibus interventu beate Virginis prebuit *Mir. Fridesw.* 80; dixit se socios indicare velle, sed expediret ut tyrannus eum secrete audiret, ~atoque eculeo, aurem tyranni morsu corripuit W. BURLEY *Vit. Phil.* 306. **b** laxantur frena rigoris ALDH. *VirgV* 1591 (v. festus 2); c**798** animi mei habenas in laetitiam ~avi ALCUIN *Ep.* 139; natura .. / cunctaque disponens proprias laxabit habenas *Altercatio* 12; quibus dictis ~ato freno iter arripuit et bestiam ultra persequi clara voce canibus interdixit *Simil. Anselmi* 701A; cogitis in lachrymas laxare doloris habenas L. DURH. *Dial.* II 35; dum quis trans pontes equitat, laxentur habene D. BEC. 1475; ~atis lacrimarum habenis *V. Edm. Rich B* 623. **c** quasi in somnum ~atus deposuit caput BEDE *HE* III 2 p. 150; coepit in quietem membra ~are *Ib.* III 27 p. 193; GARL. *Epith.* III 381 (v. 1 excutere 1d); vix una brevissima hora transierat, cum ~atis subito meatibus illis inferioribus nedum urine abundanciam, sed pergrandem ejecit et lapidem, instar lapilli dactili *Mir. Hen. VI* I 14. **d** siccitas juncta calori magis ~at, juncta vero frigiditati magis constringit BART. ANGL. XIX 44; aloes iij sunt species, .. epaticum cicotrinum et catallinum, hoc ultimo non utimur ad ~andum *SB* 9; molochia .. a potu ~andi nomen molochia[m] accepit *Alph.* 120.

5 to relax (the mind, seat of thought or emotion). **b** to loosen, free (the tongue or mouth for utterance). **c** to utter.

laxato mentis .. gremio ÆTHELWULF *Abb.* 406 (v. gremium 7d); concedo, domine, quia fratri jussisti ~anda viscera ANSELM (*Or.* 12) III 49; AILR. *Spec. Car.* III 40. 620 (v. laxamentum 1); insuper et in explanatione sanctarum scripturarum ingenii sui ~abat acumen *NLA* I 108. **b** quatinus vita tua non tantum amantium te linguas ~et quaedam laudanda exhibendo, quantum admirantium te voces lasset se simul ingerendo *V. Gund.* 13; c**1176** estis .. fabula in ore hominum, studiumque omnium fere commune est linguas procaces ~are contra vos in detestandum susurrium P. BLOIS *Ep.* 5. 14C; s**870** cum .. ad regem .. pervenisset, in hunc modum ora ~avit M. PAR. *Maj.* I 396; labia sua turpissime ~ans ad iniqua *NLA* II 675. **c** et quid dicam de tanto nomine / redundante jugi dulcedine? / hoc os Dei laxato carmine / nominavit cum modulamine J. HOWD. *Ph.* 354; diebus autem nostris sunt magis ~ata mendacia WYCL. *Apost.* 66.

6 to lessen, reduce, lift (guilt, penalty, or sim.).

dum sceleratorum clementer crimina laxat ALDH. *VirgV* 493; BEDE *CuthbV* 974 (v. exorator); agnus mittitur / laxare [*gl.*: *forgyfan*] gratis debitum [*gl.*: *gylt*] *AS Hymns* 37; sed si diligit, cui per lenitatem poenam ~at, profecto magis odit, cui per rigorem aeternam miseriam prorogat PULL. *Sent.* 700D; **1214** cum interdictum fuerit ~atum *MunAcOx* 3; dies longior hebetat ~atum dolorem GIR. *TH* III 12 p. 156; sacerdotem .. pro xx sol. de debita .. pena ~avit *Id. GE* II 27 p. 303.

7 (w. inf.) to allow.

te requiem fessis Christus concessit in orbe, / te saucis medicum statuit regnator Olimpi, / claudum laxatis, confessor, currere plantis / protinus instaurans tu fac virtute superna *Mir. Nin.* 305; episcopum ad sedem suam ire ~avit W. MALM. *GP* I 6 p. 13; rupta cathena suum laxat abire canem GOWER *VC* I 400.

laxatio [CL]

1 (act of) loosening.

ante cibum licite fiat laxatio zone D. BEC. 994.

2 (med.) loosening (of part of body or its contents), evacuation, emission, discharge.

Ep. ad amicum 17 (v. laxativus 1a); humiditas .. naturaliter est mundificativa, nam sua remollitione et partium, per quas diffunditur ab invicem, ~one partes sordidas dividit et divisas lubrificando removet et abstergit Bart. Angl. IV 4; laborandum est ergo circa eductionem et suarum ~onem Gilb. I 31v. 2; *Ib.* II 117v. 2 (v. gonorrhoea); *Ib.* V 221. 1 (v. gummositas).

3 (~*o linguae*) (what issues from) loosening of the tongue, utterance, pronouncement.

nam tante est potentie, / quod solvit vim sententie / Dei, ejus absolutio, / clavem exsolvit venie, / portas celestis curie / ejus lingue laxatio (*In Lollardos*) *Pol. Poems* 239.

4 relaxation, dispensation, exoneration.

1209 concedimus et .. confirmamus eidem H. ~onem operationum *RChart* 184b; **1284** facientes importunitati vestre quandam ~onem Peckham *Ep.* 589 p. 815; pro juris ~one [dispensacio] Paul. Angl. *ASP* 1558; ~o rigiditatis Fortescue *NLN* I 24 (v. epieikeia).

laxativus [LL]

1 (of food or med. treatment) soothing, alleviating, laxative. **b** (as sb. n.) laxative.

at laxativum composuere cibum. / unus in adverso positus conviva requirit: / "quis cibus ille fuit?" aio: "laxatio renum / que ventrem solvit et gravitate levat" *Ep. ad amicum* 17; plures alias minutiones ex opposito facere pariter, et ~as quasdam et violentas medicinas accipere D. Lond. *Ep.* 4; nec purgando superflua sicut faciunt ~e medicine M. Scot *Sol* 722; magis ferunt ~a cibaria in frigidis regionibus quam in calidis *Quaest. Salern.* Ba 42; hec scientia .. facit omnia ista, et astronomia ei deservit in hoc casu, sicut deservit medicine in electione temporum pro minutionibus et medicinis ~is Bacon *Tert. sup.* 53; medicinis ~is *Alph.* 79 (v. eupatorium). **b** Gilb. I 26v. 1 (v. far a); quod sola virtus ~orum debeat exhiberi absque suo corpore Bacon IX 22; quidam voluerunt quod .. radix ~orum esset diagridium *Ib.* IX 108; quod non potest dari ~um in tertiana, quia non est medicina purgativa sanguinis Gad. 3. 2; acantum est semen urtice, multum est ~um *SB* 9; katarticum, i. ~um *SB* 26.

2 (alch., *medicina* ~*a*) elixir, philosopher's stone.

medicinam ~am compone Bacon *NM* 548; medicina, vel medicina ~a, vocatur que projecta in plumbum liquatum, convertit illud in aurum *Id. Tert. sup.* 84.

laxe [CL], loosely.

Gir. *DK* I 17 (v. flexibiliter).

laxis [cf. 2 lesca], slice.

nomina pertinencia coquine: .. hec ~is, hec aspiculna, *a sclys WW.*

laxitas [CL], spaciousness.

tanta cripte ~as, tanta superioris edis capacitas W. Malm. *GP* II 73 p. 145.

laxivolus, slack-willed, or ? *f. l.*

dum vixi nimis loquacitatem dilexi atque verba vana et ociosa ad rem non pertinencia et mendacia et laxivola [? l. lascivola] de quibus non fui confessa *Spec. Laic.* 4.

laxonatis v. linozostis.

laxus [CL]

1 wide, spacious.

1257 cum parva dilatatione ad ingressum suum ~iorem faciendum in fronte versus stratam publicam *Cart. Osney* II 345.

2 loose, slack, not taut (also fig.); **b** (w. ref. to vocal cords).

laxis .. habenis Aldh. *Aen.* 80. 3 (v. fornax 1d); catena ~ior W. Malm. *GP* III 101 (v. 2 grossus 1b); ~iores habenas P. Blois *Ep.* 132 343A. **b** Walt. Wimb. *Virgo* 30 (v. fibra 4d); Odington *Mus.* 96 (v. fa).

3 weak, flabby.

tunc corpora precedenti durata sunt frigore, que autumnus corrumpit, ~iora inveniens estatis calore Alb. Lond. *DG* 8. 15; omnis ergo egritudo, que fit in corpore calido macro habente carnes mollas et ~as Ric. Med. *Signa* 38.

4 (w. ref. to conduct, discipline, or morals) slack, lax, loose; **b** (as sb. m.) man of loose conduct.

~iores custodias et remissiores excubias fecere W. Malm. *HN* 524; **1178** tue proprium est parentele, motus adolescentie sequi, atque ad tempus ~ioribus indulgere desideriis P. Blois *Ep.* 15. 56B; *Croyl.* 40 (v. exhibitio 6a). **b** *Poem. S. Thom.* 78 (v. 2 dissecare 1d).

5 unrestricted, unimpeded.

p**675** solutis et ~is cincinnorum crinibus Aldh. *Ep.* 4 p. 485; cum ~os crines effusior flamma produceret, tota depascens moenia .. W. Malm. *GR* II 120.

lay- v. et. lai-. **laya** v. laia. **layare** v. leiare. **laycalis** v. laicalis. **layner(i)us** v. 2 lanerius. **lazar** v. laser.

lazaricus [cf. Lazarus 2], of a leper, leprous.

~a cutis emundatur Ælnoth *Cnut* 70.

lazarius v. Lazarus. **lazarum** v. Lazarus, laser.

Lazarus [LL < Ἐλεαζαρ < Heb.]

1 (as given name) Lazarus: **a** (w. ref. to *Luc.* xvi 20–5); **b** (w. ref. to *Joh.* xi 1– xii 17).

a 799 (v. 2 gutta 1c); ~us mendicus .. Dives epulosus *Reg. Whet.* I 129. **b** Martha ~i germana .. obsequium .. praefigurat Aldh. *VirgP* 29; resuscita[tu]rus ~um gaudebat propter discipulos ut crederent Bede *Cant.* 1165; *Poem S. Thom.* 84 (v. evinculare); **1201, 1257** (v. 2 hospitalis 9a); **1293** (v. frater 9); *AncrR* 125 (v. fremere 2); resuscitacio ~i Conway *Def. Mend.* 1316 (v. figura 7).

2 (as reflex of 1a *supra*) leper.

languidis ac destitutis se impendit, ~os Christi regum natis preponit Gosc. *Edith* 63; a**1128** (v. 2 clausura 5c); **1212** ~i de Lincolnia [tenent] in Askeb' j carucatam terre in puram elemosinam *Fees* I 166; **1415** lego ~iis ad quamlibet portam Norwici xx d. *Reg. Cant.* III 409 (cf. ib. 412 [**1415**]: lego leprosis ad quamlibet portam civitatis Norwici xij d.); **1467** cuilibet ~o iiij domorum extra suburbia *Test. Ebor.* III 160; primus ~us: .. *clevyon deberthys ny yw* [*'separated lepers are we'*] *Beunans Meriasek* 122.

lazulaeus [cf. lazulum], azure.

si aspexerit colorem ~eum Bacon *Maj.* II 31.

lazulum, -us [Ar. *lāzurd* < *lāzuward*, *-award* < Pers. *lāzhward*, *lājward*], lapis lazuli (as stone, or pigment derived from it), azure. **b** (w. *lapis*). *Cf.* lapidumlazuli.

erit in colore ut ~um Alf. Angl. *Plant.* II 14; [saphirus] invenitur .. aliquando in venis minerarum ubi lasurium [Trevisa: laxurium] etiam invenitur Bart. Angl. XVI 87; lasurium *Ib.* XVI 103 (v. infra b); in sapphiris orientalibus et hyacinthis, talis etiam color reperitur in lasurio [Trevisa: *azure*] *Ib.* XIX 21; ~us quod est azurium Bacon II 2; color lac ~ulus *Id.* XIV 75 (v. azurum a); videtur esse color ~i *Id. Maj.* II 193; ~um, A. *azure WW.* **b** zimiech est idem quod lapis lasurii .. unde fit lasurium, ut dicitur, in lapidario Bart. Angl. XVI 103; addunt .. lapidem ~i Gilb. I 34v. 2; lapis ~i, i *pere WW*; *Alph.* 90 (v. achates c); lapis ~i vena terre est de qua fit lazulum quod multum assimulatur [in aspectu] celesti coloris *Ib.* 91.

le, la [OF *le, la* < CL ille, illa]

1 (as def. art. before Latin sb.): **a** (declinable); **b** (indeclinable); **c** (log. & phil., before word or phrase being specifically considered; cf. τὸ).

a c**1135** usque ad la brutasca (v. bretescha); **1390** la barella (v. 1 barellus 2); **1392** le florenus (v. florenus 2e); **1460** le dosserum (v. dorsarium 1b); *DCCant.* (*HMC*) 127b (v. empyema); **1516** pro iij quar. *les* auri (v. deauratio 1a). **b 1291** super le affidavit (v. frotare); ea que ly 'Convenit' voluit Graystanes 11; **1354** pro exemplificatione del Convenit (v. exemplificatio 3a); **1458** propter quam causam ipse vellet voluntarie, quod le Scire Facias, vel aliqua alia accio, esset prosecuta nomine nostro .. *Reg. Whet.* I 306. **c** solus Pater est pater .. . ly solus potest teneri cathegoreumatice Middleton *Sent.* I 197a; hec [sc. propositio] est duplex 'voluit mundum fieri ab eterno vel creare', eo quod hec determinatio 'ab eterno' potest determinare le 'velle', et sic est vera, quia voluit ab eterno. cum ejus voluntas impermutabilis [sit]; vel potest determinare le 'fieri' vel 'creare', et sic non est vera Bacon XIII 374; cum dico 'animal, homo', li 'homo' non stat pro 'animali racionali mortali', set solum pro isto 'racionali mortali' *Id.* XV 44; in ista proposicione 'omne universale est ens' li 'ens' supponit personaliter pro omnibus universalibus Ockham *Quodl.* 532; hec est distinguenda 'Pater est equalis Filio sine equalitate', ex eo quod li 'equalitas' potest stare materialiter vel significative *Ib.* 685; si queritur: quid intelligo per ly, sic dicitur, quod Deum et omne ens et ex parte rei preter modum signandi signi non aliter aliqualiter intelligo adequate Wycl. *Ver.* I 82 (cf. ib. II 115: demonstrando per ly sic suam significanciam); in illa propositione 'possibile est hominem currere' ly 'possibile' non est pars subjecti, sed ly 'hominem' est solummodo subjectum (Lavenham) *Med. Stud.* XXXV 56.

2 (as def. art. before French or English sb.); **b** (before surname); **c** (before place-name).

1243 serjantiam de *la huse Fees* II 862 (v. hosa 3b); **1283** *lo hot* (v. 2 feria); **1303** die de *la Hokk'* (v. hockdies); **1308** de feodo de *le rangh* (v. exitus 6); **1376** pro *le rerdos* (v. extra 1a); **1378** bargea .. vocata *la Petir* (v. 2 frettare 2a); **1395** exitus piscium vocatus *la frygh'* sive *la shead* (v. exitus 5b); c**1430** de *les over leders* (v. denariata 1a); c**1435** pro purgacione de *le goters* (v. evacuatio 3c); **1446** *le waterwall*, **1533** *lez pyllars* (v. emendatio 3a); **1446** cum emendacione de *la faltrowe* (v. 2 grossus 25c); **1472** pro factura *del milniryns* (v. evacuatio 3c); **1473** super quo *le eaxeltre* jacet (v. divertere 4a); **1476** *le drawkyng* unius *lymekiln* (v. exstinctio 1d); **1489** ad inspiciendum *le fischgarth* (v. debatabilis a); **1495** pro nova factura unius gradus et unius *del buttres* ad magnum orrium cum *layng lez tabilstonez* super predictum orrium, xiiij s. viij d.; pro *le settyng* magni plumbi voc. *le Buruleid*, iiij s. *Ac. Durh.* 653; **1498** *la sperys* (v. daubarius); **1507** pro *ly wrytte* (v. concernere 2b); quemdam Robertum Hause .. cum quodam *le wodknyf* .. percussit *Sanct. Durh.* 27; **1532** pro exacuacione *le pykka* (v. exacuatio); **1533** pro *ly casting of ledde* (v. deambulatorius 2a); **1541** cum singulis molendinis, castellis .. nemoribus et piscationibus ac *lie outsettis* pendiculis tenentibus tenendriis et liberetenentium servitiis earundem [sc. terrarum] *Form. S. Andr.* II 231. **b 1204** J. le Stiward (v. ejurare); **1212** Hugonis *le Scaldur* (v. escaldarius); **1236** Roberti le Eschanjor (v. essaiator b); a**1238** W. le FizNel (v. damnabilis 1a); c**1280** Willelmo le Daubour (v. emplastrare 2); **1275** Johanni le Fruter (v. enta); c**1277** J. le Pee (v. emendare 6); **1338** expulsit .. Johannem le Harpour (v. expellere 3); s**1388** dominus le Bewmont (v. hastiludium e). **c 1196** unam hidam terre in la Herst (v. frussatum); **1220** in la gyhaulla (v. gildhalla c); **1268** in la Mullelond .. sub la Knolle (v. forertha); **1357** ad introitum de *la Gloriet'* (v. folium 8a); **1366** apud *le Northgayt* (v. evacuare 3b); **1375** apud *le Stathe* (v. evacuare 1c); **1378** ad *le ymppeyard* (v. deambulatorius 2b); ex transverso marisci usque ad *le Commun on Kynges Delf Tract. Peterb. & Ramsey* 198; **1415** a .. porta vocata la Watergate (v. distrahere 2); **1462** in le North Orchard (v. demanda c); **1526** *le Moredyk*, **1535** *le Lordes Dyke* (v. essewera 2); **1539** (v. fabrica 1).

1 lea [CL], lioness.

R. Cant. *Malch.* V 321 (v. 2 hirtus c); hec lea, A. *a lyonys WW.*

2 lea v. leta.

leaena [CL], lioness; **b** (fig.).

lena Hwætberht *Aen.* 46. 1 (v. 3 lena); Hon. *Spec. Eccl.* 897A (v. efferre 1); uncia est animal calidissimum et sicissimum, furiosum, procreatum a ~a et leopardo *Quaest. Salern.* N 2; Offa strenuissimus, et ex hostium cede cruentus, hausto spiritu alacriori, in hostes more leonis et ~e sublatis catulis, irruit truculenter *V. II Off.* f. 3b; **1243** custodi ~e nostre .. ad sustentacionem ejusdem ~e *Liberate* 20 m. 20; qui predas aptat venatrici leene, / catuli cujus epulis adimplentur J. Howd. *Cant.* 124; mater .. hoc audiens, quasi ~a rumpens rete, ita scissis vestimentis, coma dissoluta ad celum oculos levabat *G. Roman.* 298; hec ~a, A. *a leonys WW.* **b** inmundae ~ae Damnoniae tyrannicus catulus Constantinus Gildas *EB* 28; suspiria sanctorum .. vice immanis ~ae dentium ossa tua quandoque fracturae *Ib.* 32; ~a vocatur .. propter .. rapacitatis studium Bede *Sam.* 620.

leafgabulum [ME *leve, leaf* + 1 gabulum], payment for leave (to plough between Michaelmas and Martinmas).

de xij li. iij d. ob. de annuo redditu assise cum ~o ad terminum S. Martini *Gavelkind* 27.

leaga v. leuga. **learefones** v. leontophonus.

lebes [CL], **lebeta** [LL], cauldron.

coepit quasi limphaticus .. denigratos ~etes et .. caccabos .. basiare Aldh. *VirgP* 50; mittens manum suam ad imum ~etis abstraxit frustum fervidum Wulf. *Æthelwold* 14 (= Ælf. *Æthelwold* 10); elixas in ~etibus Lanfr. *Corp. & Sang.* 422B (v. elixus); fratrem .. juxta ferventem ~etem stantem W. Malm. *GP* II 83; bos in frusta concisus, quem cocus .. super ignem in ~ete creagra circumterebat Map *NC* II 23 f. 31v; **1218** in quadam [*sic*] ~ete (v. extrare); quem [calorem] ei ministrat suppositum in dextra parte epar in modum ignis, qui supponitur ~eti Ric. Med. *Anat.* 223; proprium est habere accusativum pluralem in -as, ut colcyntidas et ~etas, crateras et hujusmodi Bacon *Gram. Gk.* 72; **1468** ad emendandum ~etam in castro de Edinburgh *ExchScot* 591.

lebitonarium [LL < λεβητονάριον], sort of sleeveless garment.

~ium *slefleas ancra scrud* Ælf. *Gl.* 151; ~ia *escapeloris Teaching Latin* II 50; ~ia *gunele Ib.* 164; *tonycle*: ~ium *PP*; *huke*: livitonare *PP.*

lec v. 1 lac. **leca** v. lacea.

lecacitas [LL *gl.*], gluttony, lechery, wantonness.

sanatus est non solum demone, sed, quod prestantius dicas, ~ate W. Malm. *GP* V 275; incontinentes de ~ate sua redarguebantur Ord. Vit. IX 14 p. 594; lenocinium .. i. lenitudo, quod et pro ~ate dicitur Osb. Glouc. *Deriv.* 304; parasitis quidam Golias nomine .. gulositate pariter et ~ate famosissimus Gir. *Spec.* IV 15; *an harlottry*, ~as, inurbanitas, nugacitas, rusticitas, scurrilitas *CathA.*

lecaciter [ML], gluttonously, lecherously, wantonly.

lenocinari, ~iter vivere Osb. Glouc. *Deriv.* 324.

lecagium v. laccagium.

lecator [LL], glutton, lecher, wanton person.

terras et pecunias in ~orum suorum abusus consumpsit W. MALM. *GP* II 91; opes .. lenonibus aliisque ~oribus distribuet ORD. VIT. V 10 p. 385; OSB. GLOUC. *Deriv.* 253 (v. gulo); hic popino, -nis, i. leccator, qui frequentat coquinam *Ib.* 424; 'pantomimum': id est ~or bonus VAC. *Lib. Paup.* p. 152 *gl.* [c1200] n. 29; hystrionum, i. lenocinium ~orum *GlSid* f. 143v; quedam puella, quia quidam lechator infamiam sibi imposuerat, .. vilipendebatur O. CHERITON *Par.* 84; scortator, i. e. lettator GARL. *Mor. Scol.* 553 (gl.); parasytus est ~or in cibo BACON *Gram. Gk.* 64; sexto, quia reprobi fuerunt voluptuosi †lectatores [l. leccatores], ideo conterentur sine condonatione HOLCOT *Wisd.* 200; duo leccatores *Latin Stories* 66 (v. hasardum); *an harlott* .. versus: .. est epulo, nebulo, parasitus, scurra, ~or *CathA.*

leccator v. lecator.

lecebra [LL *gl.*], temptation.

et demunt proprias devota mente lecebras / mundanae licita spernentes gaudia pompae ALDH. *VirgV* 122.

lecencia v. licentia.

lecha, ~ia [OF *leche*], sedge. **b** place in which sedge grows, sedge-bed.

1234 si debet colligere ~iam in moris pro handena, colliget lx garbas *Cust. Glast.* 160; **1243** abbas .. bene concedit quod dicti homines habent communam in predicto marisco ad averia sua sed non ad lesham colligendam ad ignem suum *JustIt* 756/6*d*; focalium suum colligendum de leche quod crescit in eodem marisco *Ib.*; **1307** herbam, roscum, et ~eam .. in eisdem pratis, mariscis, et pasturis tunc crescentes .. falcaverunt *Pat* 128 m. 4*d*; **1316** B. G. consuetus est asportare lesch' diversorum .. J. F. est communis malefactor de virgis et de ~ia et pisce in marisco. J. de E. querens .. quare ix[c] lesch[ie] sue car[iavit] et ei injuste detinet *CBaron* 123; **1323** in leschis empt. pro calectis .. streminand' *Sacr. Ely* II 27; **1331** communarii .. proficuum arundinis et leschie .. in eisdem [mariscis etc.] habentes *Cart. Rams.* III 145; **a1423** omnes turbas fossas, roscum et leschiam falcatas vel messas in predictis vastis et mariscis .. *Terr. Fleet* 170; licenciam operandi ~iam et roscum *Ib.* 171. **b** c**1138** usque ad unum ~a [*sic*], et sicut illa ~a vadit usque Wdedig *Cart. Newm.* 1.

lechator v. lecator.

lechefrita, lechefrium [OF *lechefrite, lechefris*], dripping-pan.

1252 mandatum est Eduuardo de Westmonasterio .. fieri eciam faciat unum conveniens ~ium de argento ad opus regis *Cl* 281; **1265** de j lechefrid' argenti ponder' xj lib. iij x. vj d. *Pipe* 113 r. 2*d*; **1300** in coffro de pannis ad aurum: due lechefrith', tres panni ad aurum *KR Ac* 357/10 r. 1; in coffro de pannis ad aurum: due lecheffrithes arg', unus textus super quem magnates solent jurare *Ib.* r. 2.

lechia v. lecha. **lechina, ~us** v. lychnus. **lechitus** v. lecythus. **lecia** v. laissa. **lecisca** v. lycisca. **lecithus** v. lecythus.

lectalis, of a bed, (as sb. n.) bed, bedding.

1435 omnia et singula hustilmenta, ornamenta, utensilia, indumenta, ~ia, mappalia, jocalia et vasa aurea, argentea deaurata ut non deaurata ad meum domicilia pertinencia sc. pro aula, camera, dispensatoria, coquina et aliis officiis hospicii mei *Reg. Cant.* II 519.

lectarcula, (bot.) henbane (*Hyoscyamus niger*).

~a, *henbane MS Cambridge Univ. Libr. Dd 11. 45* f. 108ra.

1 lectaria, ~ium [ML; cf. CL lectarius = *one who makes couches*]

1 couch (as chair, litter, or carriage).

1329 in empcione duorum equorum pro ~io portando *ExchScot* 215.

2 straw: **a** (as litter for animal); **b** (as covering for floor or bedding for person); **c** (as fuel).

a **1209** in ferrura equorum et in ~ia apud Meauton' *Misae* 138; **1290** in falcacione prati et reparacione feni et leterii, cum cariagio eorundem ad damas in hieme *Exch. Scot.* 38. **b** lectulum a monachatu nunquam habuit, ~ia nescivit H. READING (I) *Adjut.* 1349A; **1315** tenebitur invenire .. focale, foragium, leterium .. *Reg. Aberbr.* I 295; **1317** invenient .. honestum hospicium .. lecterium, stramentum in aula et camera *Ib.* I 301; **1342** inveniunt .. lettirium et focale *Ib.* II 17; **1434** pro letteria ad cameras regis et dominorum de castro de Strivelyne, et ad usus stabulorum regis et regine *ExchScot* 593. **c** **1322** focale lectirium per octo dies *Reg. Aberbr.* I 306.

2 lectaria, payment made by teacher for pupils.

1424 summa communiarum, preter ~iam ix s. x d. ob. q[a] (*Doc. Barnstaple*) *HMC Rep.* IX 205b.

lectator v. lecator. **lecterinium** v. lectrinum. **lecterium** v. 1 lectaria.

lecternum, device upon which to read books: **a** book-rest. **b** lectern.

a **1443** tria ~a super altaria *Cant. Coll. Ox.* I 3; **1510** tria lectarna super altaria *Ib.* 52. **b** **1303** de iij s. de uno panno ad ~um vendito *Ac. Exec. Ep. Lond.* 49; **1484** magnum ~um ereum per me datum *Reg. Brechin* II 119.

lectica [CL]

1 couch: **a** (as chair, litter, or carriage); **b** (as bed); **c** (as bier or coffin); **d** (as reliquary or shrine).

a ~a, qua consules portantur *GlC* L 151; cum eger pedes parrochias ~a circuiret, ad oram rapacissimi amnis forte devenit W. MALM. *GP* II 73 p. 143; **1160** ex quo autem ~am ascendit, aliquatenus videtur confortatus J. SAL. *Ep.* 59 (124 p. 215); Adam de S. .. inveniet ~am domino episcopo in suis itineribus apud D. *Boldon Bk.* 18; juxta lectum cathedra locetur ad pedes .. cui scabellum substituatur cui ~a [*gl.: chautlit, cherie a dame*] associetur NECKAM *Ut.* 100; in ~a vel carpento vehi consuevit de loco ad locum M. PAR. *Maj.* V 431. **b** hec ~a est lectus vel thorus *WW*; *a bedstoke*, sponda, fultrum, ~a, pluteus *CathA.* **c** cadaver .. ~am vacuam poterat onerare *Flor. Hist.* II 256 (v. hereditarius 2c); s**1345** portantes corpus .. in ~a (v. 2 equus 2b). **d** [in translatione reliquiorum] dum miles .. quidam manum .. apposuisset .. ad sancti ~am .. HERM. ARCH. 48; lesamque protendens ad ~am sancti simpliciter dexteram *NLA* II 628.

2 straw: **a** (as litter for animal); **b** (as bedding for person).

a **1234** haywardus .. debet cariare ~am ovium (v. falda 1a). **b** pro lecto lectica datur, pro murice murus, / pro pulvinari pulvis, pro sindone saccus H. AVR. *Hugh* 289.

3 counterpane, cover, or curtain for a bed.

a lego hec ~a, -e, .. dicitur .. pro cortina OSB. GLOUC. *Deriv.* 297; hoc ~a est .. curtina circa lectum *WW*; *a curtyn*, anabat[r]um .. lectuca *CathA.*

lecticinium, lecticium, bed, bedding.

1487 firmarius inveniet senescalo .. pro dominio et stauro supervidendis †lecticuna [l. lecticinia] .. et litturam *Crawley* 468; **1574** sufficiencia esculencia, poculencia, et ~ia pro senescallo et supervisore .. invenient *Pat* 1111 m. 8; **1583** sufficien' esculent', poculent', et lecticium pro senescallis .. providebunt *Pat* 1235 m. 20.

lecticulus [CL], little bed.

a bedde, .. clinosus, †~is [? l. ~us] .. *CathA.*

lectidiclatum v. 1 lac.

lectiferum, (place for) a bed.

hoc ~um, est lectus stratum vel locus ubi lectuli sternuntur, vel stramenta lectorum *WW*.

lectio [CL]

1 taking, (jurisdiction over) thieving, or ? *f. l.*

a**1190** cum murdro et morte hominis et plaga †nichaim [l. mehaim] et sanguine et duello et lectione [? l. latrone] et aqua et rapo (*Ch. Regis*) *Hist. Harcourt* IV 1411 (cf. ib. III 183: †duelle et lacone).

2 act of instructing, instruction. **b** specific teaching, interpretation, a reading. **c** what is learned from teaching, lesson.

Christi Jesu, cujus tota actio nostre instructionis est ~o GIR. *GE* II 9 p. 211; **1239** Jesus Christus cujus omnis actio nostra est ~o et instructio GROS. *Ep.* 127 p. 418. **b** juvit .. causam absolutionis ejus ~o synodi .. papae Agathonis BEDE *HE* V 19 p. 327; Rabanus dicit quod per hominem istum decalogus designatur, per uxorem synagoga, sed hec ~o non procedit S. LANGTON *Ruth* 89. **c** nobis suis discipulis cottidie ~ones dabat CUTHB. *Ob. Baedae* clx; discens ab eo ~one interna quemadmodum mitis esse valeret et humilis corde *V. Gund.* 3; [falco] e vicini aeris partibus se demittens .. per .. foramen in partes inferiores descendere consuevit. hanc ~onem cotidie pluries repetens, descensus solitos iteravit NECKAM *NR* I 27.

3 act of reading.

ipsam verborum Dei ~onem .. refugiunt GILDAS *EB* 98; **671** calculi supputationes, quas partes numeri appellant, ~onis instantia repperi ALDH. *Ep.* 1 p. 477; virum .. scripturarum ~one sufficienter instructum BEDE *HE* III 28 p. 194; hominem .. quem ad ~onem longe ante promoverat ASSER *Alf.* 106; hec quatuor capita referimus ad totidem sancte religionis exercitia .. ~o, meditatio, oratio, actio AD. SCOT *QEC* 15. 826C; ~o seu auditio versuum GERV. MELKLEY *AV* 215; medicina superbie est humilitas, odii socialis amor, ire paciencia, accidie ~o [ME: *redung*], varia opera, spiritalis comfortacio *AncrR* 102; **1549** primum annum .. Institutionum ~oni .. impendet *StatOx* 345.

4 public reading, lecturing, course of lectures.

eorum utique super hiis questionibus scripta non legi, sed multis eorum ~onibus et disputationibus interfui J. CORNW. *Eul.* 4; **1235** preeligitis ad presens ~oni magis insistere quam onus cure pastoralis subire GROS. *Ep.* 13 p. 57; in ~onibus, predicationibus, et collationibus publicis et privatis BACON *Maj.* I 248; magistri quoque artium ~ones suas habeant a tempore sue inceptionis usque ad finem trium annorum integre sequentium KILWARDBY *Injunc.* 15; **1432** scolares .. artem scribendi .. Gallicum .. addiscentes ordinarias ~ones artistarum .. frequentent, eis tanquam propriis magistris cumulando *StatOx* 240; **1438** magister P. N., sacre theologie professor, ~onem suam ordinariam nobiscum resumpsit; occasione cujus lecture dictus frater Willelmus cum ceteris pregravatus, ex post contra dictum doctorem quandam in scolis legit ~onem *EpAcOx* 162.

5 (acad.) lectureship, readership.

Oxonie .. legebat Grostest .. cui successit in ~one magister Petrus *Mon. Francisc.* I 549; regia majestas ~onem suam in academia instituerit .. ASCHAM *Ep.* 96; **1556** arbitrio cancellarii .. ~one privetur *StatOx* 373; **1567** lector theologicus ~onis comitissae Richmond *Ib.* 397.

6 passage read in a book, lection; **b** (liturg.); **c** (mon., during work or collation); **d** (facet. & fig.).

videamus quid in ejusdem [epistolae Petri] secunda ~one contineatur GILDAS *EB* 106; *V. Greg.* p. 102 (v. evangelicus 2a); adsertiones molestissimas ~onum testimonia sequebantur BEDE *HE* I 17 p. 35. **b** laicus non debet in aecclesiis ~onem recitare THEOD. *Pen.* II 1. 10; in aecclesia .. [presbyteri] in dominicis noctibus et festivis debent habere novem ~ones cum novem responsoriis .., cum monachi xij ~ones cum xij responsoriis teneant ÆLF. *Ep.* 2. 136; ad missam .. ~o apostolice epistole Pauli recitabatur GOSC. *Transl. Mild.* 24 p. 192; cantor, quamdiu abbas in monasterio est conventum sequens, non scribatur in tabula ad ~onem vel ad responsorium LANFR. *Const.* 147; lectio tota fuit perlecta, legensque 'tu autem' / dixerat, et pueri vox resonarat 'amen' NIG. *SS* 1439; sensit se .. super gradus pulpiti quo matutinarum leguntur ~ones consistere *V. Chris. Marky.* 80 p. 186; c**1238** in ecclesia quoque divinum officium integre fiat et devote; ut viz. ~ones .. et alia quae in Dei laudem recitantur in ecclesia, integram habeant verborum prolationem GROS. *Ep.* 52 p. 156; iste in dominicis et simplicibus festis novem ~onum sive duodecim tamen privilegio amoris meruit psalmum habere proprium ODINGTON *Mus.* 113. **c** cum fit opus manuum, ipsius est aut legere aut magistro infantum ostendere, quo in loco infans debeat ~onem incipere LANFR. *Const.* 148; *Cust. Cant.* 7 (v. discooperire 1b). **d** hoc veterum nos scripta docent ipsique probamus / et super hoc nobis lectio viva sumus L. DURH. *Dial.* III 274; *þe lesson I woll expresse, / lyke as longyth for þe servyse of þis day:* / leccyo Mahowndys, viri fortissimi Sarasenorum: / glabriosum ad glumandum glumardinorum *Digby Plays* 64.

7 period during which lection is read. **b** day dist. by number of liturgical lections appropriate to it.

prohibebat in ~one processum G. COLD. *Durh.* 16 p. 21; **1289** in ~one evangelica .. debita reverentia observetur *Mon. Hib. & Scot.* 142. **b** nunquam mutabunt pannos suos nisi in tribus ~onibus, et hoc non feria sexta nec in vigilia xij ~onum, nisi fuerit urgens necessitas *Cust. Cant.* 10.

lectionale [ML], lectionary, book of lections.

~e de sancto Furseo *Invent. Ch. Ch.* 75; a**1332** ~ia: ~e primum [etc.]; ~e sextum; ~e parvum Fruntardi *Libr. Cant. Dov.* 52.

lectionarius [LL]

1 that contains lections.

vetus liber ~ius cum missis intersertis per loca de usu monachali *Vis. S. Paul.* 7.

2 that supports a lectionary.

ut .. in templo Domini super mensam ~iam .. apponatis *Croyl. Cont. A* 108.

3 (as sb. m. or n.) lectionary.

c**750** quod nobis predicantibus habile et manuale utillimum esse videtur, super ~ium anniversarium et proverbia Salomonis BONIF. *Ep.* 91; ÆLF. *Ep.* 2. 137 (v. epistolarius 3b); ~ii duo ad matutinas in duobus voluminibus *Text. Roff.* f. 229v; libri officii ecclesie, ut ~ius, antiphonarius, baptisterium, gradale, missale GROS. *Templ.* 10. 3; **1368** j ~ium in ij voluminibus cum responsoriis et antiphonis *Invent. Norw.* 40; ~ius in duobus voluminibus *Cart. Reading* 122.

4 cushion for a lectionary, lectern cloth.

1397 ij *curtyns* de *tartaryn* ..; j lectrionar' de eadem secta . . . j lectrionar' de panno lineo *IMisc* 266/12.

lectionatim, in lections, lecture by lecture.

1409 jurabunt .. libros logicales .. se ~im integre audivisse *StatOx* 200.

lectirium v. 1 lectaria.

lectisternium [CL = *banquet at which couches were spread for gods*]

1 couch: **a** (for dining); **b** (as bed); **c** (as deathbed or bier).

a ~ia, in quibus discumbendum erat, simplis et amphitapis ornata erant BALSH. *Ut.* 47; parant epulum multiplex, ~ia capacissima W. FITZST. *Thom.* 117. **b** quam felicia quiescentis ~ia, ubi servus secum somni carpit otia HERM. ARCH. 11; **1463** pro uno novo ~io ex asseribus in eadem [sc. camera] x d. *Cant. Coll. Ox.* II 184; *a bedde*; .. ~ium *CathA*. **c** introduxerunt illum [ducem Gloucestrie] .. sine lumine in .. cameram, ubi ~ium .. paraverunt, dicentes ei "festina, dispone pro anima tua, quia tempus resolutionis tue jam instat .." *V. Ric. II* 161.

2 what is spread on a couch or bed: **a** (as mattress or underlay); **b** (as cover).

a retecto ~io cui supersedebat ostendit ibi caepas quinque BEDE *CuthbP* 37; aliam partem mattarum pro ~io habuit, aliam vero pro operimento sibi retinuit R. COLD. *Cuthb.* 82 p. 174; ad noctes pertrahendas insomnes ~ia pulices vendicabant DICETO *YH* I 416; ~io laneo mediante sic super stramenta residebat *Canon. G. Sempr.* 60v; jacere super terram sine culcitra vel ~iis GAD. 52v. 1; **1445** Willelmum B. .. projecit in holam sive concavum navis predicte, ubi eum sine alimento et licesterio quocumque jacere precepit *BBAdm* I 254. **b 747** ad indicium quoque intimae caritatis ~ia caprina .. vobis direximus BONIF. *Ep.* 76; variis vestibus ac decoris cum pretiosis ~iis .. more comitum potius quam monachorum vitam agebant EADMER *Mir. Dunst.* 16 p. 238; ejectis a conclavi regio clitellis suis, cum ~iis et libris et indumentis preciosis M. PAR. *Maj.* III 629; **1331** ~ium croceum item *quilte* album item ~ium de *morre* (*Invent. Cant.*) *Arch. J.* LIII 272; ~ium, A. *bed clothes WW*; *a coverlyt*, ~ium, coopertorium, torale, supellex *CathA*.

lectitare [CL], to read repeatedly.

ALDH. *VirgP* 35 (v. haerescere b); ut .. edicta .. conciliorum .. sepius ~entur ALCUIN *Ep.* 3 p. 22; ~abat quotidie, instanter cupiebat fore Dei cola BYRHT. *V. Ecgwini* 354; Horatium cum prophetis, cum Paulo Tullium ~are AILR. *Spec. Car.* II 72. 573; nomen audio Marie Virginis / vel sacris lectito scriptum in paginis WALT. WIMB. *Carm.* 208; **13..** vere pestilencie cathedra tu sedes / qui Thebanas lectitas vel Trojanas cedes (*De studiis* 46) *Pol. Songs* 208; non eram nescius, pater dignissime, quando anteaquam haec ~ares, novi pontificis creationem apud vos esse vulgatam FREE *Ep.* 52.

lectiuncula [CL], little lection, short lesson.

commemorate modo lecti[un]culas vestras corde tenus ÆLF. BATA 5. 4; ~a siquidem reperitur apud Resbacum quam non satis approbo ORD. VIT. VI 10 p. 86; hanc ~am de Merlini libello excerpsi *Ib.* XII 47 p. 492; lectio .. unde hec ~a, -e, diminut. OSB. GLOUC. *Deriv.* 297; ~a, A. *a lessun WW*.

Lectona [AS *leac* + *tun*], (place-name) Leighton: **a** Leighton Buzzard, Beds; **b** Leighton Bromswold, Hunts. *Cf. PN* III 129, 245.

a Lestone dominicum manerium regis *DB* I 209rb; **1194** legalium hominum maneriorum de Hocton [*Houghton*] et Lecton *CurR PR* 39; Lectona manerium .. Lectona Busard in Bedeford scyre *Stat. Linc.* I 302. **b** in Lectone habet Turchillus Danus xv hidas *DB* I 203vb; **c1163** libertatem .. ecclesie Lectunie que ad subdecanatum pertinere dinoscitur .. concedimus (*Cart. episcopi*) *Stat. Linc.* I 310.

lector [CL]

1 reader.

gnarus quos poterit per biblos pandere lector ALDH. *Aen.* 81 (*Lucifer*) 10; cetera .. silentio pretereo, ne fastidium ~ori ingererem *V. Cuthb.* I 7; auditoribus sive ~oribus hujus historiae BEDE *HE pref.* p. 6; GIR. *TH intr.* p. 7 (v. excitare 2a); conversationis nostre pagina .. erit .. indecora presertim oculis ~oris interni J. FORD *Serm.* 4. 4; hic ~or, *a redere WW*.

2 one who reads aloud, esp. as teacher.

672 Hibernia .. vernans .. pascuosa numerositate ~orum ALDH. *Ep.* 5 p. 492; **747** obsecro ut mihi de opusculis Bedan ~oris aliquos tractatus conscribere .. digneris BONIF. *Ep.* 75 p. 158; de Hyglaco presbytero atque ~ore ÆTHELWULF *Abb.* 16 *tit.*; illo tempore ~ores boni in toto regno Occidentalium Saxonum non erant ASSER *Alf.* 24; **1091** (v. archischola); D. BEC. 172 (v. lectrinum); ROB. BRIDL. *Dial.* 109 (v. femineus a); sustinebo pacienter tetrici ~oris examen dummodo aliquis assit judex candidus NECKAM *NR* II 173 p. 307.

3 (eccl.): **a** member of the second of minor orders. **b** official, esp. of papal curia. **c** (mon.) reader of lessons during liturgy in church and during meals in refectory.

a Arsenius .. in pulpito ~oris officio fungebatur ALDH. *VirgP* 32 p. 273; BEDE *CuthbP* 16 (v. cantor 2a); in pulpito, in gradu, ubi ~ores legunt *Gl. Leid.* 1. 65; de vij gradibus aecclesie quos implevit Christus: .. ~or fuit quando aperuit in sinagoga Judeorum librum Isaiae prophetae et legit . . . sunt igitur ~ores qui verbum Dei predicant EGB. *Pont.* 10; septem igitur sunt ecclesiastici gradus. .. secundus ~or, qui in ecclesia legit ÆLF. *Ep.* 2. 117; episcopus ordinat ~ores in ecclesia AD. DORE *Pictor* 156; janitor et lector GARL. *Myst. Eccl.* 373. **b 786** perreximus adsumptis nobiscum viris inlustribus, legatis regis et archiepiscopi, Alquinium viz. et Pyttel ~ores *Ep. Alcuin.* 3 p. 28; **1072** sancte Romane ecclesie ~or et .. Alexandri pape legatus *Lit. Cant.* III 352; ubi [sc. apud curiam Romanam] cum pape se presentasset, factus est ~or sacri palacii et commensalis ejusdem *V. Ric. II* 16; frater Johannes .. magister in theologia, et ~or curiae *Mon. Francisc.* I 533. **c** et lector lectrixve volumina sacra revolvant ALDH. *CE* 3. 58; fratribus inmixtus psalmorum concinat odas / dulcisono antiphonae modulantur carmine fusae. / ast lector melos voce articulata resultans / predoctus biblis ad gaudia magna refundit ÆTHELWULF *Abb.* 499; mense ~or et tres coquine servitores, post primum 'Agnus Dei' decantatum, a choro rite exibunt ad sumendum mixtum *Cust. Cant.* 163; de cereis ardentibus coram cruce in medio refectorii coram ~ore in die Jovis absoluti *Cust. Swith.* 19; **1451** ~ores .. mense, qui fuerint .. negligentes, jejunio .. puniantur *Mon. Francisc.* II 119.

4 (acad.) reader, lecturer.

beatus Edmundus, ~or in theologia Oxonialis M. PAR. *Maj.* V 691; primo custos Parisius, postea ~or Turonis est positus et Bononiae et Paduae ECCLESTON *Adv. Min.* 35; **1317** sub aliquo sacre pagine magistro ~ore *FormOx* 27; ~ores vel bachelarios theologie OCKHAM *Dial.* 696; **1549** philosophicus ~or .. Platonem .. doceat *StatOx* 344; **1564** artium .. et triplicis philosophiae .. singuli ~ores sunto *Ib.* 389.

lectoratus [LL], (eccl.) office or order of lector or reader.

1200 dandi monachis .. tuis duos minores ordines, ostiaratum viz. et ~um (*Lit. Papae*) *Reg. Dunferm.* 279; **1245** dandi .. minores ordines, ostiariatum viz. et ~um *Mon. Hib. & Scot.* 44.

lectoreus [ML], of a reader, pertaining to reading.

quoniam .. assidua artis ~eae non adsit instantia .. B. *Ep.* 386.

lectorium [LL], lectern.

analogium, ~ium ligneum in quo leguntur libri *Gl. Leid.* 2. 6; in evangelio, quod non super altare, sed super asserem vel ~ium aliquod versus ad aquilonem legere debet BELETH *RDO* 37. 45; DICETO *Chr.* I 93 (v. expendium 1); novicius .. qui martilogium legit inclinabit ante ~ium *Cust. Westm.* 182; ~ia posita erant cum eis aurea, quibus superpositi erant libri *NLA* II 310; **1417** lego .. corpus meum ad sepeliendum .. in choro cancelli ibidem subtus ~ium *Reg. Cant.* II 125; unum parvum ~ium pro missali portando *Ib.* 144; *PP* (v. lectrinum).

lectricinium, lectern.

1514 pro reparacione j ~ii camere regis, vj s. *Ac. Durh.* 160.

lectricum, ~ium [ML], lectern.

item pelvesii, item ~um unum. item fialae ij stagnee et pixis una *Process. Sal.* 300; **1268** in choro et in loco qui est inter ~ium et columpnam vel candelabrum cerei paschalis (*Test. Episc. Heref.*) *Camden Misc.* XIV 2; tuallia una ad ~um aquile *Reg. S. Osm.* II 131; ~ium capituli ipse fecit *Chr. Evesham* 101.

lectrina v. lectrinum.

lectrinalis, that rests on a lectern, (as sb. n.) book of music kept on a lectern.

item j liber vocatus lectrinal' qui incipit cum invitatoriis et Venite per totum annum *Invent. Norw.* 6; item j lecturnal' notatum *Ib.* 20.

lectrinum, ~a, ~ium [ML], lectern.

esto lectrinum coram lectore legente D. BEC. 172; **1243** mandatum est W. de H. thesaurario regis, quod duas pelves argenteas et duo ~ia argentea .. fieri faciat *Cl* 141; **1244** fieri faciat duo ~a argentea ad supportandum missale capelle regis super altare *Liberate* 20 m. 4; **1259** ferruram ~ii (v. ferrura 1c); **1260** ~um ferreum (v. 1 frustum 4); **1300** archam eciam vel ~am cum clave nullus habere presumat *Vis. Ely* 9; **1371** in emendacione ~e in choro iij s. iiij d. *Fabr. York* 12; **1415** libros meos, missales et chorales, lectos, lecterinia, mappas, manutergia, et alia .. vendant *Reg. Cant.* II 40; *leteron or leterun, deske*, ~um .. lectorium *PP*; **1438** unum ~ium, viz. cum cistula et cum quatuor tabulis antiquis superpositis *MunAc* 515; *a lettron*, ambo .. ~um *CathA*.

lectrix [CL]

1 (as adj.) of or appropriate to a reader (in quot., n. pl.).

a705 domino lectricibus ditato studiis (CELLANUS) *Ep. Aldh.* 3 (9) p. 498.

2 (as sb.) reader (f.).

et lector lectrixve volumina sacra revolvant ALDH. *CE* 3. 58; nec minus eum [Gerbertum] promovet leccio lectoris in studio quam ~icis in lecto MAP *NC* IV 11 f. 53.

lectro, lectern.

in meremio ad ~onem apud Sanctum Albanum iiij s. iiij d. *Ac. Build. Hen. III* 236; **1300** unum manutergium curtum sutum de auro et serico pro ~one *AcWardr* 352.

lectrum [LL *gl.*], **~ium,** lectern.

~um, analogium super quod legitur OSB. GLOUC. *Deriv.* 323; floridiores / fiunt doctores et lectris utiliores [*gl.*: ad legendum super ~a] GARL. *Mor. Scol.* 352; posito .. libro super ~um *Cust. Westm.* 182 (= *Cust. Cant.* 223); **1405** unum ~um, duo *desques*, et tria paria tristellorum (*Pat*) *Foed.* VIII 384; *a pulpyte*, ambo, .. ~um *CathA*; **1521** iiij ~ia super altaria *Cant. Coll. Ox.* I 58.

lectualis [LL], of or for a bed. **b** (as sb. n. pl.) furnishings for a bed, bedding, bed-hangings.

vestimenta ~ia *Cust. Westm.* 79 (= *Cust. Cant.* 136); **1452** do et lego .. omnia mea vestimenta ~ia *MunAcOx* II 638. **b** AD. SCOT *OP* 533C (v. habitus 2c); **1288** sub aliis ~ibus ita sint cooperti ut a nemine ibidem possint videri *Cap. Aug.* 45; **s1298** requiescebant in terra componentes scuta pro cervicalibus .. pro ~ibus arma W. GUISB. 326; **1303** ~ia legata. iidem respondent de una coopertura ad lectum .. una culcitra .. duobus lintheaminibus .. *Ac. Exec. Ep. Lond.* 57; **s1387** currus .. onustos cum .. vasis .. aliisque vestualibus, ~ibus, mensalibus utensilibus KNIGHTON II 254; **1458** (v. aularis 2).

1 lectuarium [cf. LL lectuarius = *of a bed*], bed.

c1220 ad ~ium autem semper [habebunt] post triennium unum chalonem et semper post biennium duo lintheamenta .. quando novos pannos lineos et nova calciamenta recipiet, reddet sursum vetera *Cart. Osney* III 56; in ~io ad opus domini vj d. *Househ. Ac.* 120.

2 lectuarium [cf. LL lectorium, ML lectarium], cushion for a lectionary, lectern cloth.

1423 pro ij frontellis et j ~io de panno lineo *Test. Ebor.* III 76; **1518** quod iconomi provideant .. pro uno panno lineo pro ~io *Vis. Linc.* 21.

3 lectuarium [cf. LL electuarium], electuary, medicine meant to dissolve in the mouth.

senior quidam misit ei ~ium quod vino †desperatum [? l. distemperatum] et sic potatum .. extirparet .. passionem *V. Chris. Marky.* 48; proferre pixidem in qua ~ium attulerat insolite fragrancie .., dicentem .. "noli ~ium et laborem tuum perdere" *Ib.* 49; **1349** in factura unius *spatour* pro ~iis in garderoba prioris de pixidibus evellendis, v d. *Ac. Durh.* 549.

lectuca v. lectica.

lectulus [CL], **~um** [LL], little couch, bed: **a** (for rest or sleep, or unspec. purpose); **b** (for study or meditation); **c** (for sexual intercourse; also fig.); **d** (as childbed); **e** (as sickbed); **f** (as deathbed, bier, or shrine).

a ~um conscendens coepit in quietem membra laxare BEDE *HE* III 27 p. 193; nec decuit modio abscondi tam clara lucerna [cf. *Matth.* v 15], / lectula nec supter subicienda fuit ALCUIN *WillV* 34. 54; pergite ad ~os vestros et requiescite ÆLF. BATA 4. 12; quodam vespere post completorium dormiturus ~o accubuerat GOSC. *Lib. Mild.* 19; *Chr. Kirkstall* 123 (v. dormitorium 1a). **b** querit eum in ~o secrete et sedule meditationis J. FORD *Serm.* 1. 3. **c** ambiens .. sui ~um Salomonis, hoc est animam suam, confingens utique ejus amore omnes carnes suas *Ib.* 33. 7. **d** WALT. WIMB. *Carm.* 29 (v. florens 1b). **e** tactus infirmitate .. recubans in ~o jacebat BEDE *HE* IV 14 p. 233; dixit se vidisse predictum Willelmum infirmantem et in ~o magistri G[ileberti] positum *Canon. G. Sempr.* 152v; **1426** quod invenirent in eodem manerio quinque ~os egrotorum et in quolibet lecto duo egrotos cum sufficientibus victu et vestitu *Cl* 276 m. 5. **f** ~um sepulchri BEDE *Sam.* 636 (v. hispidus 1d); vidique elevatum de tumulo et positum in ~o corpus sacrae Deo virginis *Id. HE* IV 17 p. 245; inque loco sancti quo stant sacra lectula patris / saepius aetherium lumen venisse videtur ALCUIN *WillV* 28. 1; loculus .. et ~us sepulcri angustissimus est J. FORD *Serm.* 99. 5; [Dominus] adest Marie ploranti, ut in ~o pristine mortalitatis adhuc querenti illum *Ib.* 99. 8.

Lectunia v. Lectona.

lectura [ML]

1 a act of gathering. **b** what is gathered, straw, litter. **c** what is picked up, couch, litter.

a **1420** item pro ~a ejusdem [straminis] ij d. *Ac. Churchw. Bath* 27. **b** **1416** navis ecclesie patitur defectus in meremio et ~a una cum porticu ad hostium dicte ecclesie *Fabr. York* 249. **c** **1350** in una ~a fecit se deportari *MS BL Cotton Faustina B V* f. 6v.

2 a act of reading aloud; **b** (eccl., esp. by lector). **c** (acad.) formal reading of or lecturing on curricular texts.

a ad modicam balbutientis pre timore ~am judicis potestas dissolvitur R. BURY *Phil.* 4. 55; literas legi fecit; ex quarum ~a omnes dicebantur offensi AD. MUR. *Chr.* 149; **1471** post .. commissionis .. ostensionem et ~am *Scot. Grey Friars* II 220; idem T. lecture et expositioni ejusdem scripti fidem adhibens *Entries* 181a. **b** **1342** pro ~a ewangelii x d. *Sacr. Ely* II 121; **s1426** plurime ordinaciones ibidem legebantur in capitulo Sancti Albani per ~am R[oberti] W[are] *Chr. S. Alb.* 10; **1439** in ~a et cantu competenter instructis *Stat. Linc.* II 223; in quadam fabrica lignea pro posicione organorum et ~a leccionum AMUND. II 259; ex eis ipsarum sacrarum ~is *Conc. Scot.* II 105. **c** **1305** cessante .. magistro Roberto a ~a magistrali juris civilis (*Deed New Coll.*) *Cart. Osney* I 111; **1311** prius .. oportet scire intellectum lictere quod fit per ~am bib[lie quam tractare di]fficiles questiones quod fit per ~am sententiarum *CollectOx* II 218; **1350** cancellarius .. statuit quod .. ab hujusmodi ~a desistant *StatOx* 23; [Robertus] ejusdem ecclesie .. officiis deservivit devote, ~am theologie ibidem ordinare resumendo BIRCHINGTON *Arch. Cant.* 12; **1402** licenciati ad ~am libri sentenciarum *StatOx* 191; **1450** quod possit admitti ad ~am alicujus libri facultatis artium *MunAcOx* 731; **1502** lector .. de ~a sua .. cesset tempore quadragesimali *StatOx* 302.

3 (eccl. & acad.) lecture; **b** (as genre of written text).

1306 cum nuper W. B. bacularius in jure civili .. scolas competentes pro ~a sua non invenerit, in dicta aula cursorie legere proposuit *Cart. Osney* I 118; **1350** quilibet incipiens in jure canonico artetur ad ~am biennalem *StatOx* 47; **1382** in proxima ~a inibi facienda *Ziz.* 299; **1438** magistrum Philippum Norris .. in sua ~a ordinaria nobiscum recitata *EpAcOx* 159. **b** **1302** quesitum fuit ab eisdem quare nominatus non venit personaliter .. et responderunt quod si venisset cessatum fuisset in ipsius absencia a ~a per alios magistros professionis sue (*Reg. Linc.*) *EHR* XXVI 508; alia .. inveniuntur sibi attributa que .. non scripsit: .. ~a super Epistolam ad Corinthios TREVET *Ann.* 289; **c1490** solutum pro ~a domini abbatis super quinque libros decretalium cum tabula, empta ad mandatum .. prioris li s. viij d. *Cant. Coll. Ox.* II 270.

4 (acad.) lectureship.

1502 unam ~am perpetuam unius lectoris perpetui sacre theologie .. fundare *StatOx* 300; **1502** quociensque ~a predicta de lectore .. vacaverit *Ib.* 305; **1504** ~am sacre theologie per predictam saluberrimam dominam Margaretam .. fundatam *Ib.* 310.

lecturire [LL], **a** to desire to read. **b** to desire to lecture. **c** (gram., as paradigm of meditative verb).

a quippe ante non inveniens quod legerem, quam ~ire desinerem W. MALM. *GR* II *prol.* p. 104; ~ire, legere desiderare OSB. GLOUC. *Deriv.* 323. **b** **s1256** magister Christianus, canonicus Beluacensis, qui maximus quasi philosophus emeritus, postquam in artibus rexerat, in theologia ~ivit M. PAR. *Maj.* V 599. **c** meditativa [verba] in -urio desinunt et quartae conjugationis sunt, ut ~io ALCUIN *Gram.* 878A; verba .. meditativa .. frequenter inveniuntur, ut ~io, docturio *Ps.*-GROS. *Gram.* 52.

lecturnalis v. lectrinalis.

lecturum, ~ium, lectern.

cum .. sacerdos .. altare thurificaverit .. subsacrista eidem ab altari usque ad ~um reverso .. absconsam .. porriget *Cust. Westm.* 54; **1384** retro ~ium ubi legitur epistola *Reg. Heref.* 66.

1 lectus [CL *p. ppl. of* legere]

1 chosen, select: **a** (of person); **b** (of animal).

a sic soboles Paulae degit lectissima virgo ALDH. *VirgV* 2158; tu, Xenophon, uxorem ~issimam maxime vis ALCUIN *Rhet.* 30 (= Cicero *Inv.* I 52); nunc memorare libens semper, lectissime presul, / .. / mercedem ÆTHELWULF *Abb.* 4; quisquis erat in curia ~issimus miles vel capellanus W. MALM. *GR* V 419 p. 497; ~issimorum militum, quos ibi rex locaverat, munitione *Id. HN* 522 p. 75; potatores ~issimos DEVIZES 41 (v. exebriare). **b** tres equos ~issimos .. amisit W. MALM. *GR* III 244; ovibus .. ~is ALB. LOND. *DG* 6. 32 (v. eximius 1b).

2 (as sb.) collected object (in quot., gleanings).

1453 lxvj s. viij d. pro certis ~is bladii et alia stuffura ejusdem Johannis combustis in eadem domo (*DL Ac. Var.*) *JRL Bull.* XL p. 424.

2 lectus, ~um [CL]

1 couch, bed: **a** (for rest or sleep); **b** (for billeting); **c** (for dining); **d** (for study or meditation); **e** (for sexual intercourse); **f** (sickbed, esp. as *~us aegritudinis, doloris, infirmitatis, languoris, etc.*); **g** (deathbed, bier, esp. as *~us mortalis*); **h** (*malum ~i*) illness which confines one to bed.

a ~um non multo feno instructum habeat GILDAS *Pen.* 1; puber / lecto sopitus cum somno membra dedisset ALDH. *VirgV* 1275; cum .. post caenam in ~o membra posuisset BEDE *HE* III 11 p. 149; quamdiu dormierit in ~o suo .. LANFR. *Const.* 141; **1277** centum et octo coffras .. quindecim ~a *Law Merch.* 139; **1388** unum aliud ~um .. iij ~a integra *IMisc* 332/12; **1404** bona et mercandisas .. videlicet, pecuniam numeratam, pannos laneos, ~us, carbones maritimos *Lit. Cant.* III 79. **b** **1370** injunctum est omnibus tenentibus ville quod prestent lect' terrario aut bursario sub pena dim. m. *Hal. Durh.* 101; **1373** quod quilibet eorum prestant lect' *Ib.* 120; **1380** quia noluerunt accomodare ~os domino, prout presentatum est per cursorem scac. *Ib.* 166. **c** triclinium, ubi tria ~a sternuntur, cenaculum *GlC* T 282; ~us servorum, discumbentium grabatum *WW*. **d** de molendino ad ~um, de utroque ad agrum transitus esse potest; non autem de agro ad ~um, im[m]o de neutro ad molendinum redire licet PULL. *Sent.* 934A. **e** †genialis [l. geniales] ~i, qui sternuntur puellis nubentibus *GlC* G 50; D. BEC. 2025 (v. futuere); OSB. GLOUC. *Deriv.* 240 (v. genialis 1); ut sit ejus .. copia similis glorie Salomonis .. et ~i secura letitia non minor MAP *NC* IV 11 f. 52v. **f** tactus infirmitate decidit in ~um BEDE *HE* V 13 p. 311; decubuit in ~o egritudinis jacens fere xv diebus *Canon. G. Sempr.* 154v; **1160** archiepiscopum in ~o languoris decumbentem J. SAL. *Ep.* 78 (128 p. 223); ut opem ferat dilectus dilecte super ~um doloris sui? J. FORD *Serm.* 1. 4; de ~o tam diuturni consurgentis languoris sponsus ipse juxta inolitam pietatem suam non continebit viscera sua *Ib.* 64. 8; **1241** tres ~os .. in hospitali (v. constituere 4d); **1293** commonachum in celario ejusdem loci ~o infirmitatis tunc inventum *DCCant. Reg. Q* f. 14b. **g** feretrum, ~um mortuorum *GlC* F 124; **1220** nunquam in ligia potestate sua eam [cartam] fecit; immo eam fecit in ~o mortali, si facta fuit *CurR* VIII 190. **h** **1194** de malo ~i (v. essoniare 1b); de malo ~i HENGHAM *Parva* 1, *CBaron* 81 (v. essonia 1b).

2 a (dist. by sort). **b** (*~us campester*) camp-bed. **c** (*~us plumalis* or sim.) featherbed. **d** (*~us plecticius*) folding bed. **e** (*~us rotalis*) trundle-bed, truckle-bed.

a circulatorius .. i. ille qui ~os tornatiles facit OSB. GLOUC. *Deriv.* 118; hec camma, -e, i. ~us tornatilis *Ib.* 134; **1421** pro predictis iij ~is de sargia embroudata cum celoris et curtinis continentibus iiij ~os duplices *EEC* 464; cum .. ij ~is Wyntonie *Ib.* 477; **1457** in j *sylour* cum lez *curtyns* emp' pro principali ~o in le *Waterchambr*, x s. *Ac. Durh.* 151. **b** **1610** ~us campester *LTR AcDecl* 3084. **c** utensilia, viz. .. ~um plumalem *RegiamM* II 125; **1298** habuit in bonis .. ij ~os plumiales debiles *DocCOx* 175; **1370** ~um plumale (v. flammeolus 3b); **s1399** cooperientes eum cum ~o pennato [v. l. penulato] A. *a fetherbed*, steterunt super eum, et conculcantes suffocaverunt *V. Ric. II* 162; **1403** j ~us de plumis *Ac. Durh.* 217; **1444** lego .. j ~um plumarium *Test. Ebor.* II 101. **d** **1209** pro ~o domini regis plecticio *Misae* 21. **e** **1459** sint duo lecti principales, et duo ~i rotales, *trookyll beddys* vulgariter appellati *Stat. Coll. Ox.* (*Magd.*) II 72.

3 furnishings for a bed, bedding, bed-hangings.

1248 fieri faciat quendam ~um .. de meliori panno retato quem invenire poterit sine auro *Cl* 86; **1349** ad faciendum unum ~um pro rege solempne de velvett' diversorum colorum de armis regis quartell[at'] cont[inentem] j coopertorium, j dorsarium, j *materaz*, j celaturam, iij curtinos (*KR Ac* 391/15) *Arch.* XXXI 36; **s1381** magnum .. thesaurum pecunie, jocalia, vasa argentea, †lactos [MS: lectos], et aulas preciosas .. in aquam .. submercerunt *Chr. Kirkstall* 125; **1388** unus ~us cum bordura cum armis regis Scocie; alius vero ~us rubii coloris cum magnis circulis et magnis leonibus binis infra circulos (*Invent. Westm.*) *Arch.* LII 268; **1391** pro catenis et *hokes* ad pendendum ~um domini in le *caban Ac. H. Derby* 76; **1454** j ~us cum tapetis rubei coloris, una cum arboribus et avibus in eodem intextis *Ac. Durh.* 148.

4 place for cultivation of living things, (*~us anguillarum*) eel-bed.

sub quo [dumo] ~us anguillarum reperiretur W. CANT. *Mir. Thom.* VI 149.

5 (topog.): **a** (*~us fluminis*) river bed. **b** (*~us lapidicinii*) quarry bed.

a sicut est cursus aquarum super terram et origo fontium ~us fluminum et multitudo lacuum et stagnorum M. SCOT *Part.* 297. **b** **1431** quod omnia ostia .. et decem fenestras computando duas minores pro una ex bonis lapidibus et durioribus de inferiori ~o lapidicinii Philippi Grove .. dolabit (*Indent.*) *Archit. Hist. Cambr.* I 72.

6 (w. ref. to artefact): **a** (*~us molaris, molendini*, or sim.) base on which millstone rests. **b** (*~us ad carrettam*) base-frame, chassis of a cart. **c** saddle, seat.

a **1283** in molaribus dictorum molendinorum corrigendis et cariandis et debite in ~is eorum ponendis (*AcR Merstham*) *DCCant.*; in j novo ~o pro molendino aquatico (*Ib.*) *Ib.*; **1383** in mosso colligendo pro lecto molar' et capit' stagnorum dicti molendini in eo cubando, xij d. *MinAc* 1209/15 m. 8. **b** **1287** in j ~o ad carett[am], j pari bas', j collar' *MinAc* 843/32. **c** si vir es electus bene tectus sit tibi lectus GARL. *Mor. Scol.* 568; **1285** (v. contracingulum); depinge in eo [anulo] .. inter manus suas septem homines inberbes habentes alas et inclinantes ad ipsum inter manus suas. deinde depone septem ~os de substancia cujuslibet [sc. planete] BACON V 163.

7 (W.) (unit of land held by) several generations of one family, gwely.

1272 villa de Travenen et ~us, sc. stirps, Wyn Du in villa de Fenclu debent custodire et nutrire catulos domini *Cl* 511; **1301** sunt ibi lij liberi tenentes de montana Wallens' de uno ~o et debent xiij s. et iiij d. .. pro omnibus, et sunt ibi xx liberi Wallenses de alio ~o et debent x s. .. pro omnibus *IPM* 101/6 m. 2; **1326** sunt tres lecti qui vulgo vocantur *gwele BB St. Davids* 268; *Surv. Denb.* 157 (v. 2 gavella); villata de Wyckewere .. consistebat temporibus principum ante conquestum in octo ~is .. de primo ~o, quod consistit totaliter in tenura liberorum et quod est in omnibus villis et hamellis, fuerunt tria ~a seu tres gavelle *Ib.* 211; **1352** tota villata de Penman tenetur in quatuor ~is et omnes inde tenentes sunt nativi, viz. Gwele Ithyle .. *Rec. Caern.* 90; **1355** proprietarios et coheredes illius ~i vocati Gwely Gwarthloet in villa de Bryngwynes (*Indent.*) *Tribal System* app. 106.

lecythus [CL < λήκυθος], oil-flask (also fig.); **b** (w. ref. to *III Reg.* xvii 12).

habemus .. oleum in lechito ÆLF. BATA 6 p. 101; hic lechitus olei vasa poscens plura *Poem S. Thom.* 91; orca .. fidelia, obba, ~us, omnia ista dicuntur pro parvis vasculis OSB. GLOUC. *Deriv.* 402; non imminutus est lechitus olei consolacionum ejus in domesticos *Mir. Cuthb. Farne* 1; tu lechitus es olivi, / tu vitalis via rivi, / Dei brevigerula WALT. WIMB. *Virgo* 64; hic lichitus, *for a eylepott WW*; lechitus, *oylepott WW*; **15..** item unum mergulum cum lichito *Reg. Aberd.* II 189. **b** lecithum olei et pugillum farinae ab Helia profeta .. refertos ALDH. *VirgP* 38 p. 291; talis .. virtus inexhausti poculi legitur .. qua beata Vulfilda tam sibi assimiletur, in eadem affectione quam Heliae prophetae in lechito olei et hidria farinae GOSC. *Wulfh.* 6; ita vasculum permansit imminutum ut mulieris Sareptene vel hydriam farine vel ~um olei putares OSB. *V. Dunst.* 15; tanquam ~i oleo, veri Helisei beneficio, pauperi muliercule multiplicato GIR. *IK* I 7 p. 68; ecce miserator et misericors Deus per famulum suum Walthenum iterabat in panum cophino, quod quondam per Eliam prophetam in hydria farine fecerat et olei ~o J. FURNESS *Walth.* 55; quod idria farinule non deficiet nec minuetur lechitus olei *Reg. Whet.* II 405.

leda v. 1 leta. **ledda** v. legga.

ledena [ME *leden*], vessel made of lead.

1471 in solutis pro j ledina empta pro domo Sancti Johannis *Ac. Chamb. Winchester*.

ledga v. legga.

ledgreveus [ME *leðgreve*], 'lathe reeve', royal officer who administers a lathe. *Cf.* 1 *leta, graphio.*

intersint autem episcopi, comites et vicecomites .. leidgrevei, .. (*Leg. Hen.* 7. 2 v. l.) *GAS* 553 *n.* g.

lednaila [ME *lednail*], nail for fastening lead sheets.

1337 in vj c de lednayl' empt. prec. c. j d. ob. *Sacr. Ely* II 90.

ledo [LL], **~on, ~ona, ~onis**

1 neap tide, or tide decreasing towards neap. **b** ebb, flow of the tide toward the sea. **c** (erron.) high or incoming tide.

ut non tardior solum quam pridie, verum etiam major minorve quotidie redeat aestus. et crescentes quidem malinas, decrescentes autem placuit appellare ~ones BEDE *TR* 29 p. 234; ~o, *nepflod GlC Int.* 196; propter inmensas ~onis ac malinae inruptiones quae .. aquarum diminutiones infusionesque commovent WILLIB. *Bonif.* 9; Lindis dicitur flumen quod excurrit in mare, duorum pedum latitudinem habens, quando ~on fuerit, id est, minor aestus BYRHT. *HR* 56; sicut ipsa per quatuor celi vagatur partes, ita et maris estus in malinas mutatur et ~ones, majores sc. et minores cursus PETRUS *Peripat.* 103. **b** ita in die naturali bis ~ones et †malitie [l. maline] juxta nominationem divi Augustini fiunt, id est accessus et recessus *Ps.*-GROS. *Summa* 622; *ebbe of the sea*, .. ~ona, -e *PP*; hec ~onis, A. *a sulse WW*. **c** hec ~o, -onis, i. maris exundatio, sicut malina est ejusdem retractio OSB. GLOUC. *Deriv.* 311.

2 flood, tidal bore.

fluctus marinus, quem Greci euripum, nos ~onem vocamus, mirum in modum excrevit, quantum nulla hominum memoria potest attingere; ita ut villas ultra multa miliaria submergeret et habitatores interceptos necaret W. MALM. *GR* II 179; exorta maxima tempestate, similiter et ~one in naviculam irruente transmissus monachus .. apud Wodelode est submersus *Croyl.* 72; *a fluynge*, exundacio, fluxus, inundacio, ~o *CathA*.

lefselum [ME *lēfsele* < AS *lēafsele*], bower of leaves, shelter of foliage, as bush for a tavern sign.

1380 jurati presentant quod Willelmus Ingge non amovit lefecallum suum infra octo dies sicut ei preceptum fuit sub pena xij d. *CourtR Winchester*; ocupat solum domini regis cum uno lifcell' in summo vico ad nocumentum vicinorum *Ib.* (cf. ib. [**1365**] tabernator de la Cheker fixit quendam *lifsele* super solum domini Regis in summo vico ad nocumentum vicinorum).

leftum v. lestum.

1 lega [ME *leie, lega*], lea, natural glade or clearing in woodland, fallow or untilled ground; **b** (in surname); **c** (in place-name).

1172 in quibus hec propriis duximus exprimenda vocabulis: .. ~am in foresta de Bottewode et Bechtote cum omnibus pertinentiis suis *Papsturkunden in England* I 382 n. 114; **1184** usque in mediam moram de A. et usque in primas ~as de Mosewode *Rec. Templars* 257; **1193** (v. escaëta 1); **1320** et de dicta cruce equaliter transeundo ultra ~am de Lattwayt usque Gretepull *Cart. Cockersand* 298; **1531** prata et pasturas .. cum una ~a vocata Legge *Reg. Heref.* 260. **b** **1169** Willelmus de ~a r. c. de viij li. *Pipe* 53; **1229** Stephanus de ~a *Pat* 299; **1242** Alanus de Leya *Pipe* 130; **a1278** omnibus Matildis de ~a salutem *Cart. Osney* II 431. **c** **a1097** pater meus concessit Lidiard et ~am ecclesie sancti Petri de Wintonia et Walkelino episcopo (*Ch. Wint.*) *EHR* XXXV 388; **a1107** apud ~am *Chr. Abingd.* II 115; **c1183** Richardo de Cokelea *Cart. Osney* IV 443; **c1187** ad .. priorem de Huraleya *Ib.* 430; **c1189** testibus .. abbate de Nutleia *Ib.* 442; **1257** de dono A. .. terram de bosco, Langam Leyam, Curtam Leyam, croftam Hardewyni (*Ch.*) *MonA* IV 230a.

2 lega [MSc. *lay, ley* < AN *alay*, OF *aloi* < alligatum], degree of purity or mixture of gold or silver.

1438 (v. 1 carat).

3 lega v. legga.

legabilis, that may be bequeathed, that may pass by bequest.

1309 de domibus et molendinis ac similibus judex ecclesiasticus non potest cognoscere an sint ~ia *Reg. Cant.* 1016; **1315** dicunt .. quod .. duo mesuagia sua in civitate Linc' .. legavit .. et quod predicta duo mesuagia .. sunt ~ia *IPM* 40/1 (13); **1374** omnia terre et tenementa in eadem civitate in testamento tanquam catalla sunt ~ia per cives et alios tenentes ejusdem civitatis habenda et tenenda in feodo simplici vel aliquo alio modo prout eis placuerit (*Mich. Recorda*) *KR Mem* r. 20; **1408, 1431** (v. divisabilis); **1588** (v. divisibilis 2); per testamentum divisibilia et divisa ac ~ia et legata *Entries* 143a.

1 legalia, legal authority or system.

sic ~ia regis nostri non presupponit particularia dominia WYCL. *Ver.* III 20.

2 legalia v. legalis.

legalis [CL]

1 legal, of or pertaining to law; **b** (of a statute or code of law). **c** (*dies ~is*) law day, day appointed for legal proceedings.

Christi .. justitiae quam non humana prudentia repperit nec ~is institutio docet BEDE *Ep. Cath.* 68; ~is discipline studio FORTESCUE *LLA* 49 (v. 2 ferialis 1b, festivalis 1b). **b** contra apostolica statuta et ~ia scita ALDH. *VirgP* 55; haec itaque ~ia statuta vel decreta .. litteris infixi *GAS* 257; **1130** siquis eum appellaverit defendet se ~i lege *Pipe* 102; etas .. intimat .. operationem decalogi ~is ORD. VIT. I 3 p. 11; BRADW. *CD* 234A (v. epieikeia). **c** **1375** (v. 1 dies 11e); *Quon. Attach.* 2, 60 (v. 1 dies 11c).

2 of a court of law; **b** (w. ref. to court leet, hall-moot, hundred-court, *etc.*). **c** (*homo ~is* or sim.) law-worthy man, man fit to bear witness or serve as juror in a court of law, man possessing legal rights (*cf.* 8 *infra*). **d** (of doc. or form of words) fit for use in a court of law.

1201 offert domine regi ij marcas pro habenda ~i inquisicione visneti utrum athia sit vel non *SelPlCrown* 43; **1215** per ~e judicium (v. dissaisire 1a). **b** **1283** etc. (v. 2 hundredum 2g); **1299** curia ~is de Burgo tenta .. anno regni regis E. xxvij° *CourtR* 192/59 r. 1; **1303** (v. hockdies); **1330** (v. halimotum a); **1394** Somerton': curia ~is termini Michaelis cum visu franci plegii ibidem tenta *CourtR* 200/31; **1451** (v. curia 5c); **1485** (v. curia 5e); **a1159, 1223** (v. halimotum a). **c** utitur solummodo quarundam vilium testimoniis personarum, etiam non ~ium, dictis bacularium HERM. ARCH. 25 p. 60; *GAS* 511 (v. franciplegia b); **1130** H. et W. filius suus r. c. de liij s. et iiij d. ut audiretur si ille qui appellabat filium suum ~is erat *Pipe* 136; **1274** duo alii de ~ibus et discretioribus Christianis et duo alii de ~ibus Judeis Londoniarum *Leg. Ant. Lond.* 237; iiij ~es milites GLANV. II 11 (v. electio 3c); illa pars .. fuit mala et injusta .. alie partes .. fuerunt bone et ~es *Leg. Ant. Lond.* 116; **1369** (1435) bonus et legualis, hobediens et fidelis *CalPat* 460; **1467** liberos et ~es homines de villa *MunAcOx* 726. **d** **1339** in expresso ~i (v. exprimere 7b); **1400** prestitit sacramentum quod omnes summe in eisdem [rotulis] contente vere sunt et ~es et debito modo posite *KR Ac* 479/23.

3 according to law: **a** (of personal status or condition) lawful. **b** (of observance or event) sanctioned by law. **c** (*moneta ~is* or sim.) legal tender. **d** as required by legal arrangement, in fulfilment of legal agreement.

a legitimum ~is tori conubium ALDH. *VirgP* 8; ut in toto regno Anglie ~i sue conditionis dignitate privetur W. MALM. *GP* I 64 p. 120; fidem .. suam nequiter prodendo ~is eri fedus disrumpere ORD. VIT. XII 39 p. 460; hec pellex .. illa que relinquitur pro ~i conjuge OSB. GLOUC. *Deriv.* 305; **1384** filius ~is (v. filius 2a). **b** ALDH. *Met.* 1 (v. festivitas 2b); de tempore Paschae ~is (*Ep. Ceolfridi*) BEDE *HE* V 21 p. 336; data est enim lex, ut praedestinati ad vitam per ~es observantias salvarentur LANFR. *Comment. Paul.* 123; non effusionem fraterni sanguinis sitiebant, sed ~i triumpho .. tripudiabant ORD. VIT. XII 18 p. 361; **1281** in sabato ~i (v. feriari 1c). **c** **1198** (v. 1 essaium 2b); **1242** quingentes marcas bonorum et ~ium sterlingorum *RGasc* I 66a; **1250** moneta .. debilis fuit nec ~is *FormOx* 488; isti sunt tonsores vel falsarii monete ~is HOLCOT *Wisd.* 39; **1581** pro fine quatuor librarum ~is monete Anglie *Pat* 1205 m. 8. **d** Deus, qui ~ium differentias hostiarum in unius hujus sacrificii protectione sanxisti EGB. *Pont.* 51; juge sacrificium, ~e officium *Gl. Leid.* 16. 24; reddendo .. per annum duas marcas argenti et v salmones ~es *Reg. Malm.* I 457; quod [salmones] competentes, sc. ~es, exhibere non poterat, competentiores ad terminum S. Andreae persolvat *Ib.* 458; GERV. CANT. *AP* 388 (v. ferrum 4b); **a1250** pro precio ~i (v. elevare 3c); qui legem complent, legalia premia sument GARL. *Hon. Vit.* 76; **1281** juxta ~em extentam (v. extendere 6e); **1295** (v. fidelis 2d); **1313** ~is ponderis (v. florenus 1); **1486** in debito et ~i tempore (v. declamatio 2).

4 of the Law (of the Old Testament, esp. as dist. from the grace of the New Testament).

cum .. Joseph ~ia veterum volumina .. praeconiorum .. celebrent ALDH. *VirgP* 53; cum doctores ecclesiae vel in figuris ~ibus vel in dictis propheticis .. suavitatis copiam inesse demonstrant BEDE *Cant.* 1142; **796** illi [apostoli] perscribentes unanimo consilio statuerunt, ut nil molestiae ~is inponeretur cervicibus eorum ALCUIN *Ep.* 111 p. 160; ~is sacerdos GIR. *GE* II 24 (v. incensum a); flos preclusus sub torpore / pagine legalis / se fatetur in tepore / gracie vitalis P. BLOIS *Carm.* 17. 1. 2.

5 that observes the rules (of the arts).

ideo constituerunt semibrevem accipere pro momento digiti et oculi atque mentis sicut vox que significatur per cantum ~em HOTHBY *Cant. Mens.* L 58.

6 loyal.

ero fidelis, ~is, fidelitatemque et legalitatem servabo Edwardo regi Anglie TREVET *Ann.* 350; ero fidelis et ~is fidemque et legalitatem servabo WALS. *YN* 203.

7 sound.

1211 eam [matrem] ligavit et taliter tractavit quod nunquam postea ~is fuit corpore *SelPlCrown* 58.

8 (as sb. m.) law-worthy man.

delatum est juramentum per consensum utriusque partis sexdecim ~ibus de hundredo BRAKELOND f. 137v; **1267** per sacramentum proborum et ~ium de balliva vestra *Cl* 325; **1289** per juramentum quatuor proborum et ~ium *RGasc* II 385a.

9 (as sb. n. pl.) laws, acts prescribed by law; **b** (of the Old Testament); **c** (dist. as *mortua* or *viva*).

diversis etiam ~ium consuetudinibus utebantur (*Cons. Cnuti*) *GAS* 618; OCKHAM *Pol.* II 657 (v. evacuatio 6). **b** quamvis ritus sacrificiorum inter ~ia primatum obtinuerit PULL. *Sent.* 771; hee .. auctoritates .. que .. precipiunt ~ium observacionem vel sine termini prefinicione vel cum sempiternitatis adjunccione, videntur astruere ~ia perpetuo esse observanda GROS. *Cess. Leg.* I 2. 10. **c** si aliquo istorum trium temporum mortua sunt ~ia, ipse Christus et discipuli ejus fecerunt et observaverunt ~ia mortua, cum Christus et discipuli ejus post mortem Johannis agnum paschalem commederunt *Ib.* IV 1. 2.

legalitas [ML]

1 legality, lawful behaviour.

plures ad Dei cultum ac ~atis observantiam inclinari nolunt (*Leg. Hen.* 11. 16) *GAS* 557; infractio pacis vel ordinis vel Christianitatis vel ~atis (*Ib.* 21) *Ib.* 560; (*Leg. Ed. Conf.*) *Ib.* 669 (v. exlegalitas); **1199** carta illa loquitur de ~ate et de trespassagio conventus *CurR* I 85.

2 law-worthiness, state of being law-worthy.

dignitatem suam ~atis semper amiserit (*Quad.*) *GAS* 319; non sit amplius dignus stare aut portare testimonium, quia ~atem suam perdidit (*Inst. Cnuti*) *Ib.* 339; inveniat fidejussores de pace et ~ate tenenda (*Leg. Ed.*) *Ib.* 643; quodsi testati fuerint eum de ~ate (*Ib.*) *Ib.* 669; ORD. VIT. XI 16 (v. derogatio a); non sit dignus imposterum stare aut portare testimonium, quia ~atem suam perdidit (*Ps.-Cnut*) *GAS* 623; contigit ipsum Radulfum furti crimen admittere, propter quod suam ~atem perdidit *Chr. Abingd.* II 104.

3 loyalty.

H. ALBUS 127 (v. homagium 2c); **1289** confisi de prudencia et ~ate .. Mauricii .. nostrum in ducatu Aquitannie locum tenentis *RGasc* II 539b; fidem seu ~atem portabo vobis et heredibus vestris OXNEAD *Chr.* 286; TREVET *Ann.* 350, WALS. *YN* 203 (v. legalis 6).

legaliter [LL]

1 legally, lawfully.

absque .. conjuge, quam ubique sibi jussit inquirere, ut inventam hanc ~iter adquireret *Enc. Emmae* II 16; nemo ~ius [v. l. validius] vel litteratius rempublicam amministravit W. MALM. *GR* II 132; omnis fides que cuivis homini ~iter promittitur ex fide Dei roboratur EADMER *HN* p. 97; **a1158** quamdiu hos v solidos bene et ~iter reddiderit *Ch. Westm.* 260; **1204** quod .. assisam ~iter tenuerint *Pat* 42b; **1309** monetis ~iter currentibus (v. 1 fumagium b); precipio quod ubique ~iter tractentur *MGL* II 48; ut .. ita eos ad solvendum debitum ~iter coartaret AMUND. II 127.

2 about law, in legal matters.

habet .. rex clericos in officio illo ~iter expertos *Fleta* 77.

legambilis [OF *le gambillon*], lining of armour.

Osbertus Giffard .. sompniavit quod comes Symon apparuit sibi dicens ei quod aciperet ~em "quod habuistis de me in bello" .. . evigilans dixit ministris suis ut investigarent de armaturis que jacebant ad pedes lecti sui; qui .. invenerunt ~em *Mir. Montf.* 92.

legancia v. ligantia.

legardus, servant.

1390 in quinque pannis pro garcionibus et legard' .. viij li. v s. *Ac. Durh.* 596; **1396** pro lagardis di. pannus de stragula et di. coloris, prec. xxx s. *Ib.* 599; **1421** *blonket* et *lyght grene* pro vestura legard' et garcionum domini erga Natale *Ib.* 617.

legare [CL]

1 to send as an envoy or legate. **b** (gen.) to send, transmit.

Rhodii quosdam ~arunt Athenas ALCUIN *Rhet.* 14 (= Cicero *Inv.* II 87); '~o', '~as', quod est 'legatione fungor', unde '~atus', id est 'missus', longam habet 'le-' ABBO *QG* 6 (16); commilitones .. suos in Hyberniam ~averunt G. MON. IV 16; legati dicuntur a ~ando, ad diversas sc. orbis partes a domino papa propter ecclesie negotia destinati GIR. *PI* I 19 p. 108. **b** ~at, mittit *GlC* L 145; si tua scripta lĕgo, lege scriptum quod tibi lēgo SERLO WILT. 2. 54.

2 to dispose of by legacy, to bequeath: **a** (money or property or absol.); **b** (body or soul at death).

a ~at, testamento donat *GlC* L 144; **a1191** cuicunque et ubicunque et proutcunque dare, ~are vel assignare voluerit *Bury St. Edm.* 1; **a1216** ~avit runcinum (v. favellus); **1301** W. U. quondam adquisivit dictas placiam et grangiam et eas ~avit in morte sua *SelPlMan* 125; **1384** W. dicit quod .. J. C. .. in testamento suo ~avit predicte A. certa bona et catalla . . . et J. H. et E. non cognoscendo legatum predictum .. dicunt .. *PlRCP* 495 r. 486 (v. et. 5a infra); **1415** residuum .. omnium bonorum meorum .. ~o in manus executorum meorum ad funeralia mea peragenda *Reg. Cant.* III 408; **1460** si pecunia ~ata in ultima voluntate suis servientibus non fuerit in larga habundancia distributa .. *Paston Let.* 612. **b** ~amus corpus nostrum ad sepeliendum in ecclesia (*Test. Hen. V*) *EHR* XCVI 89; **1444** in primis, ~o animam meam omnipotenti Deo, beate Marie, et omnibus sanctis, et corpus meum sepeliendum *Paston Let.* 12.

3 (p. ppl. as sb. m.) envoy, legate: **a** (of private person or unspec.); **b** (of the state, royal, or imperial); **c** (eccl., of bishop); **d** (w. ref. to pope); **e** (*~atus apostolicae sedis, ecclesiae Romanae*, or sim.) papal legate; **f** (*~atus a latere*

or *missus*) papal legate with plenipotentiary or ambassadorial power; **g** (*~atus natus*) archbishop or bishop with local legatine authority.

a neque ~atus neque alius homo venit ex parte sua qui derationasset hanc terram *DB* II 25b; ab hac injusta exactione ~atum appello P. BLOIS *Ep.* 133. 396C; ~atus, *a legat WW.* **b** mittuntur queruli ~ati .. inpetrantes a Romanis auxilia GILDAS *EB* 17; ~atus suae gentis ad Aldfridum regem missus BEDE *HE* V 21 p. 344; ibi viij acrae prati quae solebant esse ~atorum regis *DB* I 2ra; ~ati Romane reipublice P. BLOIS *Ep.* 119. 351A; **1225** significavit nobis .. ~atus missus in Franciam quod a latere nostro tales ad eum mitteremus ad tractandum .. *Pat* 552; isti sunt tonsores vel falsarii monete legalis, impeditores ~ati regalis HOLCOT *Wisd.* 39. **c** finito cantu secundae stationis episcopus si adest vel ~atus ejus in loco et statione abbatis eum statuat LANFR. *Const.* 140. **d** per te papa fit legatus, / primas suffraganeus WALT. WIMB. *Virgo* 126. **e** **742** servus et ~atus apostolicae sedis esse dinoscor BONIF. *Ep.* 50 p. 83; hic Britannie primus et apostolice sedis ~atus G. MON. IX 12 p. 453; Wintoniensis episcopus Heinricus, non tunc sed nunc Romane aecclesiae ~atus J. WORC. 38; Romane sedis ~atus GIR. *TH* III 17; Theobaldus .. successit, consecratus .. ab Alberico .. apostolicae sedis ~ato ad altare Christi .. BIRCHINGTON *Arch. Cant.* 7. **f** ~atus .. a latere nostro missus *Reg. Malm.* I 360; **1218** nemini liceat nisi Romano pontifici vel ~ato ab ipsius latere destinato in regnum Scocie interdicti vel excommunicacionis sententiam promulgare *Anglo-Scot. Rel.* 15; nulli legato respondere, nisi ~ato a latere domini papae misso BRAKELOND f. 145; **s1255** increbuerunt [enim] insuper rumores teterrimi, viz. quod ~atus, vel clericus Papalis, armatus ~ati potestate, a latere venerat domini Pape destinatus, qui jam in foribus apparens tantum prosperum ventum expectabat M. PAR. *Maj.* V 514; **1437** ~atus de latere, cum prelatis et theologis BEKYNTON II 2; GASCOIGNE *Loci* 17 (v. legatia a); **1520** sanctitas vestra dignetur .. committere ~ato de latere .. vel alicui prelato, ut .. *Lit. Cant.* III 345. **g** **1300** ab omni jurisdictione .. ~atorum natorum dicte sedis *MunAcOx* 79; GASCOIGNE *Loci* 17 (v. legatia a); **1520** domino W. .. archiepiscopo Cantuariensi ac ~ato nato *Lit. Cant.* III 343; **1536** Jacobus .. archiepiscopus Sanctiandree .. apostolice sedis ~atus natus *Conc. Scot.* I ccxlvii.

4 (p. ppl. as sb. n.) command delegated through an envoy, embassy, errand.

auscultare pii tempsit legata ierarchi WULF. *Swith.* I 161; cum sis legatus properes legata referre, / que tibi sunt juncta, non addens falsa relatis D. BEC. 46.

5 legacy, bequest. **b** (eccl., *~atum altaris*) legacy due to church, mortuary; **c** (dist. as *primum* or *secundum*).

alioquin non dixisset apostolus velut paternum ~atum suis successoribus derelinquens .. GILDAS *EB* 110; VAC. *Lib. Paup.* 247 (v. Falcidius a); **1220** est ibi quedam cista, de ~ato cujusdam muliercule nomine Emeline *Reg. S. Osm.* I 312; **1225** reddet .. persona .. medietatem principalis ~ati de tota parochia .. qualitercunque fuerit legatum, tam infra castrum quam extra *FormA* 29; **1328** Douenaldo Bard et Johanni de Fyfe, ex ~ato domine regine, xiij s. iiij d. *ExchScot* 116; primo conqueruntur de falsis executoribus. nam malorum executorum quidam differunt et prolongant ~ata HOLCOT *Wisd.* 152; **1384** (v. 2a supra); volumus quod neque abbatissa .. ex ~ato nostro habeant libros aliquos (*Test. Hen. V*) *EHR* XCVI 100; ex ~ato domini N. S. HEETE *Catal. Coll. Wint.* 73. **b** omnia ~ata altaris Eveshamie *Chr. Evesham* 211. **c** hoc .. est .. altare et secundum ~atum *Reg. S. Osm.* I 277; **1311** primum ~atum (*Reg. Bath*) *Som. Rec. Soc.* LIV (1939) 97.

legatarie, ~orie

1 as an envoy or legate.

ad Honorium papam a .. Cantuarie archiepiscopo ~orie missus *Leg. Ant. Lond.* 219.

2 by bequest, in a will.

1290 lapidem .. detinet dictoque militi ~arie restituere contradicit *Reg. North* 90.

legatarius, ~orius [CL]

1 (as adj.) like an envoy or legate, legatine.

senatores sidereos et in capitolio celesti patres conscriptos apostolos, tamquam Dei populares et amicos, elegit sibi interventores ~orios GOSC. *Edith* (II) 53; non advertentes auctoritatem ~arie potestatis dicti archiepiscopi THORNE 1807.

2 (as sb. m.) envoy, legate.

missis ~ariis spoponderunt .. ALDH. *VirgP* 288; missis Romam ~ariis epistolam privilegii a beatae memoriae papa Sergio petiit *Hist. Abb. Jarrow* 20; regressi itaque ~arii intimant Dei inimicis quae sibi responsa reddita sint a juvenibus nobilissimis *Enc. Emmae* III 4; Angli et Daci in unum conspirantes assensum, ~arios honorabiles in Flandriam propter Hardecnut transmiserunt *Chr. Rams.* 149; quam [sc. quaestionem] .. mero motu per suos ~arios sibi solvit ELMH. *Cant.* 80; **1549** inter tales ~arios et scribas officialium *Conc. Scot.* II 112.

3 executor.

ut si quid in testamento suo corrigendum esset, .. ~arii sui juxta equilibritatem conscientie sue potestatem haberent corrigendi, minuendi, vel supplendi COGGESH. *Chr.* f. 106b; mobilia vero et personalia, que permanentia non sunt, .. non semper ad heredes, sed sepe ad executores, fidei commissarios, ~arios ordinariosque FORTESCUE *NLN* II 33.

4 legatee.

VAC. *Lib. Paup.* 247 (v. Falcidius a); [potentes] Diti divitias legaverunt; o nobilis ~arius, sed legatum codicillis non est exceptum NECKAM *NR* II 188; **1317** potestatem hujusmodi legata solvendi singulis ~ariis ad plenum vel pro parte *MS BL Cotton Faustina B V* f. 31; **1452** A. H. debet .. Ricardo ex legato testamenti fratris sui .. x m. .. sicut factum est aliis ~ariis in testamento *MunAcOx* 656; **a1522** debita .. et legata dicte N. testatricis creditoribus et ~ariis suis .. dandi *Form. S. Andr.* I 175; **1549** ut provideatur super indemnitate prolium, pupillorum, ~oriorum et aliorum interesse habentium *Conc. Scot.* II 111.

legatia, office or authority of a legate. **b** (temporal or territorial) jurisdiction of a legate.

1167 suspensam esse et ~iam et jurisdictionem nostram BECKET *Ep.* 285; dicebat enim episcopatum suum pertinere ad ~iam Rogeri *G. Hen. II* I 167; archiepiscopus jure ~ie venit in capitulum BRAKELOND f. 121v; B[aldewinus] .. pallium suscepit et ~iam M. PAR. *Maj.* II 324; papa Martinus excommunicavit eos [episcopos] et archiepiscopum Cantuariensem suspendit a sua ~ia, qua est legatus natus in Anglia sed non legatus missus GASCOIGNE *Loci* 17; presentes literas .. nostri .. sigilli ~ie quo utimur jussimus .. appensacione communiri *Offic. S. Andr.* 162. **b** missus est a domino papa, ut legationis officio fungeretur, in partes Gallicanas magister Romanus. qui .. fecit generaliter praedicari per totam ~iam suam de cruce contra comitem Tholosanum assumenda *Flor. Hist.* II 186; dominus papa concessit eidem Conredo tocius Teutonici regni quamdiu vixerit ~iam BROMPTON 1130.

legatinus, legatine.

1426 statutis .. papalibus, †legativis [l. legatinis], vel aliis *Conc.* III 469b; constituciones ~ias LYNDW. 154e (v. constitutio 4b); **1526** prima[m] injunctione[m] nostram immoverius ~am in qua inter alia cavetur .. (*Vis. Worc.*) *EHR* XL 90.

legatio [CL]

1 act of sending.

801 litterarum ~o non est spernenda, ubi linguae officium .. longinquitas terrarum abstulit ALCUIN *Ep.* 224.

2 duty of an envoy, office of a legate, embassy, errand: **a** (w. ref. to envoy of private person, or unspec.); **b** (of the state, royal, or imperial); **c** (of bishop); **d** (of pope); **e** (of God or Christ; in quots., w. ref. to mission of Christ or divine messenger, or duties of pope).

a ABBO *QG* 6 (16) (v. legare 1a); **c1102** harum .. †elegationum [MS: a legationum] prolata necessitate prudens colligat animus H. LOS. *Ep.* 6 p. 11; eorum extasis .. quorum spiritus .. ad corpora .. completa ~one revertuntur GIR. *TH* I 20; me grex faunorum mittit, legatio quorum / est mihi multorum famulanti causa laborum NIG. *Paul.* f. 48 l. 341; Jeremie .. tanquam prophete .. fuit ~o specialis injuncta OCKHAM *Pol.* I 249. **b** suspicabatur eum habere aliquam ~onem imperatoris ad Brittaniae reges BEDE *HE* IV 1 p. 203; ardebat .. animo fratris injurias ultum ire, immo etiam matris ~oni parere *Enc. Emmae* III 8; presbiteri harum aecclesiarum ferunt ~ones regis in Wales *DB* I 179rb; si tibi ~o etiam impossibilis a rege injungitur, sponte te offers, magna dicis et majora promittis P. BLOIS *Ep.* 14. 46D; legimus quod legati Romane reipublice .. cum graves injurias accepissent, ita ut unus eorum respergeretur urina, ~onem tamen suam pergentes de illatis injuriis nihil conquesti sunt *Ib.* 119. 351A (cf. Valerius Maximus II 2. 5: ~onem .. peregerunt). **c** Kenellus .. reddit xvj d. et vadit in ~onibus episcopi *Boldon Bk.* 5. **d** **1187** tu .. qui a latere summi pontificis missus es, ut ~one fungaris pre Christo P. BLOIS *Ep.* 23. 85C; **a1269** [mater ecclesia] onus grave super humeros nostros imposuit commisso nobis legacionis [MS: ligacionis] officio (*Lit. Cardinal.*) *EHR* XV 115; de sentencia publice promulgata cardinalium infra ~onem suam OCKHAM *Dial.* 659; **1462** eciam si ~onis .. sedis apostolice fungantur officio *Mon. Hib. & Scot.* 437b; **1545** jure ~onis apostolice de latere *Conc. Scot.* I cclxi. **e** **802** hoc vero maxime tua bona providentia prohibeat omnibus tuae venerandae veritatis ~onem spectantibus ALCUIN *Ep.* 254 p. 411; **802** [Deus] dedit vobis gratiam in conspectu patris apostolice ~onis *Ib.* 255; de visione quam rex in agonia positus vidit. . . tunc insignes supreme ~onis heroes .. me .. hoc dignati sunt responso OSB. CLAR. *V. Ed. Conf.* 21 p. 108; papa generali ~one Christi fungitur in terris OCKHAM *Pol.* I 250; Christus absoluta in terris ~one ita mundum reliquit ut .. GARDINER *CC* 15.

3 report of an envoy, message of a legate.

795 deprecor .. ut .. cabballos tres .. hujus portitori indiculi praestari facias ut eo facilius possit .. cum ~onibus Albini magistri meisque ad patriam venire *Ep. Alcuin.* 46; **803** inter alias necessarias ~ones etiam discissionem injuste factam archiepiscopalis sedis narravit *CS* 310; revocatis itaque internuntiis, "vestris", inquit rex, "o juvenes, ~onibus consentio" *Enc. Emmae* II 13; quicquid a pio genitore ~onibus vel alloquutionibus postulasset, hoc precordiale erat, ut eclesias multiplicaret .. GOSC. *Edith* 64; quicunque abbati vel priori seu alicui de claustro loqui vult, ~onem suam huic [fratri] debet injungere LANFR. *Const.* 153; ad auditam nuntiorum ~onem (*Mir. Ed. Conf.*) *Anal. Boll.* XLI 127.

4 (act of) making a bequest or testamentary direction; **b** direction, order.

G. filius Hamonis concessit et confirmavit ~onem terre .. quam Willelmus de Celario legavit .. monachis Cestrie *Cart. Chester* 453 p. 272; **1457** aliqua assignatione seu ~one in contrarium non obstantibus *Wills Richm.* 2; **1486** in complementum predicte ~onis *Reg. Merton* 94. **b** **a984** ego Ælfðryð legitima prefati regis conjuncx mea ~one monachos eodem loco rege annuente constituens crucem inpressi (ÆTHELWOLD *Ch.*) *Conc. Syn.* 131.

5 legacy, bequest.

1303 quam quidem medietatem dicti mesuagii habui ex ~one et assignacione Henrici Gamage in ultima voluntate sua *Deeds Balliol* 50; **1376** de ~one Thomae G. .. xl s. *Ac. Obed. Abingd.* 25; **1413** de vexillo in septimana Pent. vij s. viiij d.; de ~one unius fabri de Standrop .. vj s. *Ac. Durh.* 458; **1430** ibidem jacet aliud burgagium vastum, quondam Hugonis K., nunc in manu bursarii, per ~onem T. R. *Feod. Durh.* 92; **1518** solutum Richardo T. pro sua exhibicione ex ~one domini cardinalis Mortone lxvj s. viij d. *Cant. Coll. Ox.* 273.

legativus v. legatinus.

1 legator [CL], one who bequeaths a legacy.

lego .. unde ~or OSB. GLOUC. *Deriv.* 297; expirante ergo ~ore expirat legatum VAC. *Lib. Paup.* 69.

2 legator [cf. CL lex], lawyer.

GlH C 637 (v. facundus).

legatorie, ~ius v. legatarie, ~ius.

legatura, reading.

1320 nullus tenens de cetero aut suus prolocutor habeat necesse defendere jus demandantis ad primam ~am brevis *Reg. Aberbr.* I 256.

1 legatus v. legare.

2 legatus, embassy, errand.

~u Willelmi regis et Thome archiepiscopi semel ad Eboracum ante Pascha proficissens, ut ibi crisma benediceret W. MALM. *Wulfst.* II 21.

legeamentum v. ligiamentum. **legeantia** v. ligantia. **legenda** v. legere.

legendarium, ~ius, legendary, book of lives of the saints.

de ~io BELETH *RDO* 62. 69 *tit.* (v. app. crit.; cf. ib. vv. ll.: de libro qui ~ius dicitur; de legendis [etc.]; cf. legere 11b); **1396** ~ia quattuor *Meaux* III lxxxiii; **14..** unum scriptorem, qui scripsit mihi unum ~ium *Mon. Francisc.* I 520; **1510** item ~ium *Cant. Coll. Ox.* I 53.

legendum, -us v. legere. **legentia** v. ligantia.

legere [CL]

1 to gather, collect.

~o, congrego *GlC* L 146; arma legit, naves per aquas nugando suaves R. CANT. *Malch. pref.* 5; murilegus .., i. catus quia mures ~it, colligit OSB. GLOUC. *Deriv.* 342.

2 to glean (in quots., w. ref. to *Ruth* ii 3).

Booz cum Ruth .. post messores suos ~entem spicas alloquitur AILR. *Spir. Amicit.* 694C; Ruth in agro spicas legit GARL. *Poems* 4. 6a.

3 to choose.

ANSELM IV 45 (v. consecrare 3d); non decet illa lēgi que sunt contraria lēgi SERLO WILT. 2. 55; noluit monarchiam suam in aliquem transferre ne aliquis par ei in potentiam apud posteros ~eretur *Flor. Hist.* I 65.

4 to choose one's way over, to traverse, cross. **b** (intr.) to make one's way, cross.

quidam armis projectis, quidam armati, turpiter ~entes vadum consuluere fuge OSB. BAWDSEY clxxvi; miles [sc. in scaccis] .. partim obliquans cursum, partim directo tramite ~ens iter NECKAM *NR* II 184 p. 325. **b** [latrones] abstrahunt qui exuvias / legentibus per avias (ÆTHELWALD) *Carm. Aldh.* 2. 58.

5 to make one's way over (a text), to read (a script); **b** (w. acc. & inf. or sim.); **c** (w. *quia*); **d** (absol. & intr.).

a705 hanc .. epistulam .. inter ceteros quos ~is libros habere non omittas ALDH. *Ep.* 8 p. 500; nullus eorum librum teneat, nullus in libro aliquid ~at aut inspiciat LANFR. *Const.* 173; in egregiis ~itur poetarum libris 'Denique ..' [Statius *Theb.* XII 818] GIR. *TH intr.* p. 3; nam rex omnis regitur legibus quas legit *Carm. Lew.* 445; tu tibi scripta lege, lecta, relecta rege R. PARTES 223. **b** GILDAS *EB* 1 (v. desiderabilis 1a); cum .. evangelii lectio recitaretur, in qua Dominus noster Jesus Christus post resurrectionem suam discipulis apparuisse .. ~itur OSB. *V. Dunst.* 42 p. 121; in vita Aristotelis ~itur Plato dixisse .. BACON *CSTheol.* 29. **c** nonne ~isti quia, qui Deo puro spiritu copulatur, omnia sibi in Deo conjunguntur? FELIX *Guthl.* 39 p. 122. **d** libros .. ad ~endum .. praebere curavit BEDE *HE* III 27 p. 192; memini me hesterno dixisse anno, cum tecum aliquot diebus ~endi gratia in monasterio tuo demorarer *Id. Egb.* 1; Dei hominem .. repperit .. ~entem WULF. *Æthelwold* 35 [= ÆLF. *Æthelwold* 24]; talesque nationes abundant plurimae .. quae antichristum, ut ~imus, secuturae sunt ante omnes gentes ABBO *Edm.* 5; in quibus si quae forsan leviuscula tuaque gravitate et lectu et auditu indigna inseruimus .. FREE *Ep.* 55.

6 to read aloud; **b** (to secure benefit of clergy). **c** (eccl.) to read (liturgical lection).

nolentesque tantum latere thesaurum, in auribus populi cuncta ~erunt AILR. *Ed. Conf.* 761B; de legendis, de audiendis versibus essent regule prenotande. quidam enim sunt qui sic ~unt fere ut scandunt nec ~endo sciunt distinguere ubi versus, ubi clausula finiatur GERV. MELKLEY *AV* 215; ergo, benigne pater, exoro legatis in aures / cum ducis ad vultum venerit istud opus *Pol. Poems* I 101; **1502** distincte ~et (v. 1 distincte b). **b 1433** J. et W. coram eisdem justiciariis tunc clamaverunt privilegium clericale et per ordinarium examinati ~erunt *Langley app.* 255. **c** presbiter si responsoria cantat in missa, vel quicunque cappam suam non tollat, sed evangelium ~ens super humeros ponat THEOD. *Pen.* II 2. 11; librum super quem ~i solet in nocte .. et librum super quem lecciones ~i solent in sabbatis quatuor temporum *Cust. Westm.* 49; **1376** (v. dehonestas); **1409** pars Biblie et libri sermonum super quibus legenda ~itur in choro in plurimis partibus suis ubi lecciones ~untur sunt caduci et defectivi *Fabr. York* 245.

7 (pres. ppl. or fut. ppl. as sb. m.) one who reads or will read, reader.

epitaphium in ejus monumento scriptum, in quo .. et ~entes quoque vel audientes exemplum facti ad studium religionis accenderet BEDE *HE* V 7 p. 293; nec obscura posuimus verba, sed simplicem Anglicam, quo facilius possit ad cor pervenire ~entium vel audientium ÆLF. *CH Praef. I* 1; nomen meum meritis ~encium conscribi faciat Altissimus in libro vivencium *Chr. Dale* 1; cum conventu .. usque in chorum processione incedent, atque, egresso inde lecturo ad servitores, ipsi .. eum subsequentur *Cust. Westm.* 118; ut lecturorum conceptus de protoducis nostri .. fortuna limpidius explanarem ELMH. *Cant.* 141; in Francia quomodo se habuit, ut in sequentibus patebit ~entibus STRECCHE *Hen. V* 146.

8 (acad.): **a** (intr.) to (engage in) study. **b** (intr.) to lecture, teach. **c** (trans.) to read, lecture on (prescribed author or text).

a a1078 audivi quod ~as a domno Arnulfo. .. praecipio quatenus quidquid ab eo ~eris .. declinare studeas ANSELM (*Ep.* 64) III 180; **1189** Remis .. moram facio ibidem per annum instantem .. lecturus, mallem tamen theologie et decretis .. studiosus insistere J. EXON. *Ep.* 1. **b 1140** precipio .. ut .. sentenciam anatematis in eos proferatis qui sine licencia Henrici magistri scolarum .. ~ere presumpserint *E. Ch. S. Paul* 217; **1214** magistri .. qui .. irreverenter ~erunt Oxonie, suspendentur .. ab officio ~endi *MunAcOx* 3; **1235** dilectionis vestre literas recipimus, continentes quod cum simul ordinarie Parisius legere et curam animarum habere, preeligitis ad presens lectioni magis insistere, quam onus cure pastoralis subire GROS. *Ep.* 13; arcium liberalium doctor effectus .. solo divino instinctu et zelo pietatis ductus, supra morem tunc legentium, quin pocius modernorum, missam diebus singulis audire consueverat *V. Edm. Rich B* 616; magister Johannes Blundus, apud Oxoniam studens et ~ens in theologia *Flor. Hist.* II 204; ~it ita apud Dunestapliam, expectans scholam Sancti Albani *G. S. Alb.* I 73; **a1275** (v. audire 4); **1305** etc. (v. cursorie c); **a1356** (v. continue 1a). **c** ECCLESTON *Adv. Min.* 65 etc. (v. cursorie); **1291** propositum mei fuerat in studio Bononiensi per aliqua tempora in jure canonico studuisse ac demum juxta consilium vestrum Oxon' transtulisse ac ~isse decretales (*DCCant.*) *HMC Rep. Var. Coll.* I 260; **1311** nullus ~at bibliam biblice nisi prius ~erit sentencias *Collect. Ox.* II 218; **1350** regentes in decretis duas lectiones ~ere non debent. sed, si duas voluerint in scolis ~ere, secundam ~at sicut potest in facultatibus illis aliquis de conscolaribus *StatOx* 59; **1350** ~ens decretales ordinarie percipiat .. ad minus xl d. *StatOx* 47; **1376** ad ~endum sententias in studio Oxoniensi pro suscipiendo gradum magisterii deputatus extiterit *Mon. Hib. & Scot.* 357; **1407** per quantum tempus possunt magistri arcium ~ere logicalia *StatOx* 192; transferat ad ~endum naturalia *Ib.* 193; **1451** septem artes liberales et tres philosophie .. a magistris arcium .. pro forma scolarium ~antur *Ib.* 235.

9 to read about.

sic legimus prisco vulgatum tempore Saulum ALDH. *VirgV* 479; in oriente quoque juxta oceanum formosum genus hominum ~imus *Lib. Monstr.* I 26; in quodam quoque deserto ignei montes ~untur in quibus nascuntur homines toto corpore nigri *Ib.* I 30; cum enim priscorum monachorum solitariam vitam ~ebat FELIX *Guthl.* 24; multa parvus, multa adultus / signa fecit caelitus, / quae latent et quae leguntur / coram multis testibus *Anal. Hymn.* LI ii 214. 11; et punitus legitur David mox ut egit / contra legem *Carm. Lew.* 447; Salomon .. a Deo ~itur .. commendatus, cum dixit sibi Dominus OCKHAM *Dial.* 875.

10 to choose, read: **a** (as one among variant readings of a text); **b** (as one among different interpretations of a passage).

a 'vivaque sulphura' [Vergil *Georg.* III 449] quem quidam invertentes sic ~unt 'et suphura viva' ALDH. *Met.* 10 p. 89; in ultimo capitulo, ubi prius ~ebatur 'nec tamen dico simpliciter Filius Dei est creatura', rectius hodie ~itur 'nec tamen hic dico simpliciter Filius Dei est creatura' J. CORNW. *Eul. Retr.* **b** nota quod moderni Hebrei aliter ~unt hunc locum S. LANGTON *Chron.* 91.

11 (gdv. as sb. f., m., or n.): **a** lection that is to be read, legend, life of a saint. **b** book of lections that are to be read, legendary.

a notandum hic autem quia Barnabas, sicut in ~enda ipsius habetur, evangelium Matthei super aegros ponebat et curabantur GIR. *IK* I 5 p. 58; de isto [sc. Elle] invenitur in ~enda beati Gregorii R. NIGER *Chr. II* 136; volet autem quis astruere nobilitatem generis dignam esse commendacione, eo quod in ~endis sanctorum inter titulos praeconiorum ponatur NECKAM *NR* II 155 p. 244; **1324** ~endam de festo concepcionis B. Marie quam in libris .. vidimus contineri *Lit. Cant.* I 128; hic ~endus, *a legend* .. hec ~enda, *a legend WW*; **1469** creditur .. historiam de translatione .. martyris vel ipse scripsisse, vel scriptam ab .. incerto auctore ut .. in officio ejusdem festi legeretur, approbasse, in qua ~enda de .. jubilaeo hec verba habentur 'pensemus ..' *Lit. Cant.* III 247. **b** ~enda vocatur liber ubi agitur de vita et obitu confessorum BELETH *RDO* 62. 69; **c1250** item ~enda bona et sufficiens in uno volumine, temporale scilicet et sanctorum *Vis. S. Paul.* 6; **1300** parochiani tenentur invenire .. ~endam, antiphonarium, gradale *Reg. S. Aug.* 357; **1342** ~enda temporalis corrosa et male ligata, ~enda sanctorum insufficiens et defectiva (*Vis.*) *EHR* XXIV 124; **1368** ~endam integram in uno volumine (*Test. Episc.*) *Reg. Exon.* 1552; **1401** (v. evangelarium); **1423** pro uno libro vocato ~enda Aurea *Test. Ebor.* III 74; **1446** W. R. .. dedit et legavit usui capellanorum Sancti Willelmi super pontem Use unum librum vocatum ~endum pro toto anno, et unum alium librum vocatum Gradale *Mem. York* II 113.

legergeldum [AS *leger + geld*], (leg.) payment for a man who lies dead. *Cf. geldum.*

siquis Dei fugitivum habeat injuste, reddat eum ad rectum, et persolvat ei cujus erit et regi emendet secundum legergildum (*Leg. Hen.* 11. 14) *GAS* 557.

legergildum v. legergeldum. **leȝerlegga** v. legga.

legerwita, ~um [AS *legerwite*], (leg., right to) payment for illicit sexual lying with a woman, fine for fornication; **b** (in formula of acquittance).

legrewitam *DB* I 204 (v. blodwita); ~am *GAS* 561 (v. fihtwita a); **1252** dat talliagium cum villata merchetum et leyrwitum pro filia nata in dicta terra *Cart. Rams.* I 356; **1279** si filia ejus in adulterio pregnans fuerit, dabit leirwitam ad voluntatem domini *Hund.* II 768b; **1283** leyrwita per annum valet xxxiij s., aliquando magis, aliquando minus *IPM* 35/4 m. 14; **1294** de Katerina filia R. fabri pro leyrwyta vj d. *Rec. Elton* 46; de xviij d. de leerwyto Maggote molendinar' *Ac. Cornw.* II 205; **1297** idem r. c. .. de v s. j d. de Waltero de Alet pro leytherwyta *Ib.* 235; **1307** si aliqua earundem filiarum convicta fuerit de fornicacione, dabit domino ij s. nomine leirwyte *IPM* 127/14; **1325** de marchett', leghirwit', bonis nativorum defunctorum ibidem nichil hoc anno *MinAc* 1148/6; **1334** filie vero liberorum si convicte fuerint super transgressionem luxurie vel adulterii dabunt pro leirwyto x s. .. item filie sive uxores nativorum si transgresse fuerint ut supra dabunt pro letherwito v s. *Surv. Denb.* 47–8; **1334** pro letherwito .. pro letherwyto (v. amobrium); **1341** si filia sua deflorata fuerit, dabit domino leirwitt' secundum quod taxari contigerit *Doc. Leeds* 98; **1504** si nativus maritaverit filiam suam, dabit domino ij s. nomine lerewite (*Ac. Kidwelly*) *DL Rent. & Surv.* 12/14 f. 40. **b 1176** leerwita, **a1199** leirwita, **1200** leirwitta, **1286** leyrwita (v. fihtwita b).

legeus v. ligius.

1 legga, ~um, ~ea [ME *legge*]

1 transverse or diagonal brace, ledge: **a** (on a door, gate, or shutter); **b** (on a cart).

a 1279 in meremio, bordis et legis emptis ad duas portas *KR Ac* 467/7/4; **1279** in syatura ligni ad januam xiiij d., pro cursu j d. in siatura ~orum ejusdem ij d. *Ac. Stratton* 229; **1302** pro factura .. cc ~earum in bosco .. pro targiis *MinAc* 771/2 m. 7; **1304** pro c bord' et c legiis emptis pro targiis inde faciendis *Ib.* 771/4 m. 6; **1316** in bordis pro postiis aule et legis *Rec. Leic.* I 297; **1323** in iij ligaturis pro magnis portis et ~is et clavis emptis *Ac. Wellingb.* 125; **1413** item pro ledgis emptis pro eisdem ostiis, j d. *Ac. Churchw. Bath* 21. **b 1273** in iiij ferris pedalibus que vocantur legg' [ad carucas], x d. *MinAc* 859/18; **1276** in ligno empto ad limones karrorum faciendos, ij s. in siatura ejusdem, silicet ad ij leddas, silicet pro cursu ij d., viij d. *Ac. Stratton* 189.

2 (in comp.) plate or band on a wheel, cart, or plough.

1270 caruce: .. in iiij lestleg' emptis x d. *MinAc* 859/17; **1308** ij lustlegg .. v d. *Hist. Agric.* II 569; **1316** in j vetere carecta emendanda cum grossis clavis et lurleggis ferreis et vengroppis ad idem emptis, xvj d. *Ac. Man. Wint.* (*Alton*); **1318** in stipendio fabri pro j vetere carecta emendand' cum ferr' bend' et iiij groppis et iij lurleggis, viij d. *Ib.* (*Overton*); **1344** item in xij leȝerleggis emptis pro eisdem [rotis] ligandis (*Ac. Dublin*) *R. Soc. Antiq. Ir.* 31; **1394** in vj gropis iiij lurlegg' cum clavis ad idem pro rota carectaria reparanda, iij d. *Ac. Man. Wint.* (*Silkstead*); **1395** in *lurligge* empt' pro caruc' vij d. (*Comp. Holcombe Rogus*) *Devon RO* CC 54907; **1402** in x circulis ferreis et viij lerlegg' emptis pro trabibus predictarum ij novarum carucarum ligandis, xij d. *Ac. Man. Wint.* (*Moundsmere*).

2 legga v. logia.

1 legia [ML], boat.

a lego .. hec ~ia, -ae, navis, eo quod legat, i. colligat ante se aquas OSB. GLOUC. *Deriv.* 297; linter vel lintris, navis, .. lembus, lembulus, caupulus, ~ia, liburnis *Ib.* 325.

2 legia [cf. liga, ligula], lobe of the ear.

est cartilago, sic legia [*gl.*: *lap of þe ere*], sic genuinus *WW*; *a lappe of þe ere*, cartilagia, legia *CathA*.

3 Legia, (name of the river) Lea.

fluvio piscium uberrimo qui ~ia dicitur ornatus [sc. locus] *Found. Waltham* 10.

4 legia v. legius.

legibilis [CL]

1 (of letter or script) legible, that can be read.

scripto ~i GERV. CANT. *Chr.* I 566; cum litera ~i et grossa GIR. *JS* IV 234; quandoque I stat immediate ante vel post M, N, vel U, potest mutari in Y, ut ~ior sit, vel stare in sua natura *Orthog. Gall.* S 17; **1295** in aperta et ~i litera .. conscribantur *Conc.* II 205a; manus Gallicana .. magis ~is *Croyl.* 85 (v. 2 Gallicanus 2a).

2 (of book) that may be read (profitably), fit to be read.

si .. non habueris experientiam figurarum, principium usque ad figuras se prebet magis ~e BACON *Min.* 317.

3 (acad., *dies ~is*) day appointed for lecture or disputation.

a1350 etc. (v. 1 dies 8e); **1438** legere teneantur per majorem partem dierum ~ium cujuslibet termini predictorum duorum annorum *Reg. Cant.* III 276; **1593** (v. 1 dies 11c).

legibiliter [ML], legibly.

1188 in rotula conscripta ~iter et vere *Ep. Cant.* 246; in quo ~iter fuit scriptus .. psalmus WALS. *HA* I 185.

legifer [CL]

1 (as adj.) law-giving.

lex gracie non conferebatur in Christo ~eris ministris BUTLER 410.

2 (as sb.) law-giver; **b** (w. ref. to Moses); **c** (w. ref. to Christ).

ut in agnum irruant lupi circumfusi, / tractant de legifero, legibus abusi *Poem. S. Thom.* 74; condecet regem ~eros honorare, religiosos venerari, sapientes sublimare BACON V 48; illa auctoritas .. neque de judice seculari .. neque de ~ero .. seculari .. potest intelligi OCKHAM *Pol.* III 698; lex ~eri et ipse ~er debent eque laute diligi WYCL. *Pol.* 477; legiferi tales super omnes sunt speciales GOWER *CT* I 180; degener discipule, noveque ~er apostasie *Reg. Whet.* II 427. **b** si quis objecerit non aequinoctii memoriam .. posuisse ~erum BEDE *Temp.* 61; per Moysen ~erum famulum tuum EGB. *Pont.* 118; cornuta facie legifer ipse pius ALCUIN *Carm.* 69. 72; legifer hanc Moyses petiit GARL. *Tri. Eccl.* 23; 'legifer instituit', i. Moyses ordinavit (J. BRIDL.) *Pol. Poems* I 146. **c** est mediator Dei et hominum, legis lator et judex, Dominus ~er noster AILR. *Serm.* 28. 7; lex Christi debet proporcionaliter diligi ut ejus ~er WYCL. *Ver.* II 129; salvator noster et ~er Christus Jesus ELMH. *Cant.* 242.

3 man of law, legal official.

1393 ibidem sexcenta quarteria brasii et non alibi exoneravit prout certa veredicorum v ~eri et duorum proconsulum [*sic*] predicte ville Bergensis michi satis lucide declaravit *AncC* 47/46 (cf. *Diplomatarium Norveg.* XIX 741); temporalis dominii possessores .. in majori parte ..

vel sunt aulici .. vel ~eri, sive legisperiti .. vel saltem milites etc. *Reg. Whet.* I 186; **1476** per solucionem factam ~ero domini regis infra dominium de Orknay, vulgariter nuncupato *lawman ExchScot* 364.

legio [CL]

1 largest unit of the Roman army, legion, comprising 4200 to 6000 men; **b** (in place-names) (~*o*) Leon; (*Civitas ~onum*) Chester, or Caerleon; (*Urbs ~onum*) Caerleon.

Britannia .. cui mox destinatur ~o GILDAS *EB* 14; ~o, sex milia *GlC* L 131; phalanx, pars exercitus ita ut ~o *Ib.* P 379; dicitur autem Kaerleun Legionum urbs .. solent quippe ~ones, a Romanis in insulam misse, ibi hiemare GIR. *IK* I 5 p. 55 (v. et. 1b infra). **b** passi sunt .. Aaron et Julius ~onum Urbis cives BEDE *HE* I 7 p. 22; ad Civitatem ~onum, quae a gente Anglorum Legacaestir, a Brettonibus autem rectius Carlegion appellatur *Ib.* II 2 p. 84; ~onum Civitas que nunc simpliciter Cestra vocatur W. MALM. *GR* I 47; postquam .. Romani venerunt .. vocata est Urbs ~onum, vocabulum trahens a Romanis legionibus que ibidem hiemare solebant G. MON. III 10; GIR. *IK* I 5 (v. 1a supra); **c1211** apud Urbem ~onum *Id. Ep.* 6 p. 216; GERV. TILB. II 10, II 17 (v. Legionensis); domino Alfonso .. Castelle et ~onis regi AD. MUR. *app.* 269; domino Johanni Dei gratia preclarissimo regi Castellie et ~onis *Ziz.* 292.

2 large military unit, host, army; **b** (fig.).

672 utpote belliger in meditullio campi arcister ~onum falangibus saeptus ALDH. *Ep.* 5 p. 493; pagani .. xxx ~ones ducibus nobilissimis instructas in bello habuere BEDE *HE* III 24 p. 178; suam omnem per ~ones disponens multitudinem, contra catholicum castra movet populum *V. Neot. A* 15; intrando per ~ones vicissim *Plusc.* I 241. **b** nusquam .. videas extorrem tam densis exercituum agminibus tamque spissis ~onum cohortibus constipari ALDH. *VirgP* 6.

3 group of supporters: **a** (of God or heaven); **b** (of Satan).

a **c750** angelicis .. legionibus (v. 1 dialis); cum angelicis ~onibus ad inferna descendens LANFR. *Comment. Paul.* 325B; te lucis legio / veneratur supplex vestigio J. HOWD. *Ph.* 29. **b** si .. nosse desiderat quantae ~onum turmae .. spiritalium nequitiarum ducibus .. famulentur ALDH. *VirgP* 13; qui [sc. Satan] vindemiat hanc [vitem] cum legione sua GARL. *Tri. Eccl.* 79.

legiola [cf. legia], little boat.

navicella, navicula, puppicula, carinula, ~a, lembulus OSB. GLOUC. *Deriv.* 382.

legionarius [CL], legionary soldier, member of an army.

~ii .. in fugam adversarios repente miserunt *G. Steph.* 15.

Legionensis, of Caerleon (*cf. legio* 1b).

porro tempore Britonum tres erant in Britannia metropolite, ~is, que preeminebat in Cambria, cujus sedes apud Caerleum, Civitatem Legionum .. GERV. TILB. II 10 p. 917; tres archiepiscopos statuerunt, Londoniensem, Eboracensem, et ~em, que Civitas Legionum super flumen Oscam in Glamorgantia sita fuit *Ib.* II 17 p. 934.

legirupus [LL], law-breaker.

1012 (12c) si cuilibet [*sic*] ~i rancor multipetax .. hoc privilegium .. frustrare desudabit *CD* 720; legirumpi [v. l. legisrumpi, *gl.*: frangentes legem, *pesçures de ley*] .. puniantur NECKAM *Ut.* 105.

legisdoctor [ML; al. div.], teacher of law.

Esdras .. scriba legisque doctor BACON *Gram. Heb.* 202 (v. daleth); Johannes vicesimus secundus .. stultus factus est volens esse ~or OCKHAM *Err. Papae* II 958.

legishomo, in quot., *f. l.* (but *cf. homo* 9e).

1190 †legishomines [? l. legii homines] (v. homo 13c).

legislatio [LL; al. div.]

1 law-giving, enacting of law.

in ~one per Moysen, in sedula .. exhortatione per prophetas BEDE *Hab.* 1252; t[h]esmaforia, ~o *GlC* T 73; in proximo .. esse videbantur quorum erat testamentum et ~o et obsequium et promissa AILR. *Serm.* 390C; hanc itaque differentem legis lationem per Moysen servum et per Christum, Filium et Dominum, explanat nobis Johannes GROS. *Cess. Leg.* IV 8. 12.

2 legislation, enacted law.

1238 omnis enim ~o videtur his viris animali similis, et quasi corpus habere verba sonantia, velut animam vero in verbis sonantibus invisibilem intellectum GROS. *Ep.* 57 p. 177; per 'divites' [*Is.* liii 9] .. Judei [sc. intelligendi sunt], quorum erat testamentum et ~o et prophete *Id. Cess. Leg.* II 6. 11; **1317** veteris testamenti ~o *FormOx* 30.

legislator [CL; al. div.], legislator, law-giver; **b** (of Moses); **c** (of God or Christ); **d** (of pope); **e** (of king).

accidit .. ut cuidam viro inculpabili obiceretur crimen latrocinii; qui mox comprehensus a nefandis criminatoribus et condemnatus a ~oribus, caesus LANTFR. *Swith.* 26; juridicus, jura dicens, causidicus, ~or OSB. GLOUC. *Deriv.* 288; omnes .. ~ores oportet esse virtuosos HOLCOT *Wisd.* 164; ut ~or prohibet homicidium WYCL. *Ente* 239; hoc solum efficiat ut homines fiant virtuosi, ymmo et illud fit finis omnis legis latoris FORTESCUE *NLN* I 44. **b** legebam .. admirandum ~orem ob unius verbi dubitationem terram desiderabilem non introiisse GILDAS *EB* 1; procidere archisinagogum ad pedes Jesu est legis latorem cum tota progenie patrum mediatorem Dei et hominum longe sibi dignitatis gloria praeferendum esse cognoscere BEDE *Mark* 179D; Moyses noster ~or Deo precipiente ita genti mee nuntiavit *Eccl. & Synag.* 60; sicut vobis promisit legis lator dicens 'eris perditus' [*Deut.* xxviii 37] PETRUS *Dial.* 39; Moyses .. ~or [v. l. legis dator] totius extitit populi *Ib.* 54; cum divinissimo ~ore .. vices ascendendi in montem et descendendi ad planitiem .. frequentans AD. MARSH *Ep.* 8 p. 89. **c** AILR. *Serm.* 287 (v. legifer 2c); hinc etiam de Christo ejusdem ~ore canit ecclesia OCKHAM *Pol.* I 278; natus tuus legislator / adimplevit ut amator, / exemplum dat verbi sator LEDREDE *Carm.* 40. 21. **d** lex debet a solo Deo revelari et uni ~ori perfecto qui est vicarius ejus in terra BACON *Tert.* 51. **e** J. LOND. *Commend. Ed. I* 6 (v. discernere 4b).

legislatrix, legislatrix, legislatress, law-giver (f., fig.).

ipsa [BVM] quippe vere est mater, sicut de ea ecclesia canit, pulchre dilectionis, .. ipsa hujus ~ix J. FORD *Serm.* 70. 1.

legisperitus [LL; al. div.], man experienced in the law, lawyer, jurisconsult; **b** (w. ref. to the Law of the Pentateuch).

postquam admissum est jus civile, surrexit ordo legis peritorum, vel potius legis picatorum R. NIGER *MR* 250; multis legis peritis et prudentibus ascitis deducti sunt ad me duo Valdesii MAP *NC* I 31 f. 23v; loquebar equidem ~is in illis predictis exhortationibus de terribili sententia districti et extremi judicii P. BLOIS *Ep.* 8. 23B; **s1152** jam ~us effectus est, diadema Anglie, ut subsequenter dicetur, suscepturus, Jacob resuscitatus, supplantator redivivus, occupator ambitiosus M. PAR. *HA* I 31; **1441** [lego] Johanni Wenslawe ~o unum equum *Test. Ebor.* II 82; **1453** pro .. solucionibus diversis hominibus ~is pro avisamento et consilio suo habendis (*DL Ac. Var.*) *JRL Bull.* XL 421; **1471** (v. 2 deliberare 2c); **1505** magistro Empson, legis perito ac regis consiliario .. xl s. *Ac. Durh.* 306. **b** docentibus scribis et ~is BEDE *Hom.* II 20. 212; **s1190** surrexit quidam ~us et ait "viri Israelite .. melius est nobis nobis mori [? l. est nobis mori] pro lege nostra .." *G. Ric. I* 107.

legisrumpus v. legirupus.

legista, ~us [ML], legist, one who has studied or practised law; **b** (dist. from *decretista*).

a797 Moises, dux et ~a Israhelitici populi et ipsius Dei eloquio dignus ALCUIN *Ep.* 69; nonne venies in numerum ~arum? NECKAM *NR* II 174 p.311; sicut moris est ~arum prostantium munera diligere *G. S. Alb.* I 243; amicos carnales promovent ac dolosos ~as BACON *CSPhil.* 399; cum leges ~ae sustinere tenentur, leges totaliter destruunt et confundunt *Flor. Hist.* II 150; **s1378** J. Wicclif .. dicens .. quod Johannes papa fuit grossus ~a, nesciens quid diceret in theologia *Eul. Hist. Cont.* 345; ~ae cupidi cum eis manentes occisi fuerunt, et incarcerati, et de bonis spoliati GASCOIGNE *Loci* 42; ~i dicunt leges civiles prevalere in his judiciis suis FORTESCUE *LLA* 42; hic ~a, *a legister WW*. **b** AD. EYNS. *Visio* 26 (v. decretista); **a1350** (v. hebdomadarius 3); idem videtur de ~is et decretistis WYCL. *Ver.* II 233; decretiste vero et ~e super tapetia in area sedebant *Eul. Hist. Cont.* 337.

legistarius, one who has studied or practised law.

1297 convencio facta fuit inter rectorem de B. et rectorem de N. .. attestante ~io archiepiscopi Cantuariensis *Cart. Bilsington* 147.

legister, legist, one who has studied or practised law.

ex institutis, quo legum summa tenetur, / legister replicat que sibi digna videt STEPH. ROUEN I 1541; sed per legatos proprios hos prevenit alter, / legistrisque favent rhetoricisque tubis *Ib.* III 424.

legisticus, of a legist, lawyerish.

ut et judiciali suo sic sane negociari studeat in officio, ~ique tramitis sic proficisci perseveret in directorio E. THRIP. *SS* II 21.

legistus v. legista.

legitera [cf. legere + iter], (factitious word to explain etymology of *littera*).

littera est quasi ~a, quia legentibus iter praebet ALCUIN *Gram.* 855A; dicitur littera quasi ~a, eo quod legendi iter prebeat OSB. GLOUC. *Deriv.* 297.

legitimare [ML]

1 to confirm by law: **a** (person); **b** (abstr.).

a **1305** ut te [B. de L.] .. de subdiacono et libera procreatum ~are in temporalibus .. dignaremur *RGasc* III 445; temporalibus et spiritualibus potest subditos imperatorum et regum ~are .. papa OCKHAM *Dial.* 513. **b** decapitabit eam [sc. Venerem] nivea munita bipenni / virginitas sponso legitimata Deo GARL. *Epith.* III 396; et calor et dulcor et odor speciebus amica / lege maritantur legitimantque fidem *Ib.* VIII 140.

2 to legitimate (bastard).

natus es in fornicatione; .. post triginta annos contrahent pater tuus et mater, tunc ~aberis ad ordinandum ROB. FLAMB. *Pen.* 167; **1232** quod .. archiepiscopus de mandato .. pape .. ~averit .. Radulfum filium .. fidelis nostri S. .. de Amabilia .. susceptum *Pat* 475; **1236** vis igitur matrimonii ~at prolem ante matrimonium natam GROS. *Ep.* 23 p. 78; **s1397** factum fuit parliamentum Londoniis, in quo dux Lankastrie ~ari fecit sobolem quam susceperat de Katerina Sywnforde WALS. *HA* II 222; **s1251** per magnum sigillum legittimare proposuit sororem regis notham BOWER X 4; filius naturalis bastardus, licet postea fuerit legittimatus *Plusc.* I 128.

legitimatio [ML]

1 act or process of declaring someone legitimate, legitimation.

1220 qualemcumque .. optinuerit .. ~onis indulgenciam, cum non fuerit ab ipso domino papa electio sua confirmata .. *Cl* I 428a; **1232** pacati fuerunt in curia Romana pro ~one Ricardi de Sancto Johanne capellani obtinenda *Cl* 122; ne scilicet illegitimi prelatias vel ecclesiastica beneficia, nisi adepta a sede Romana ~onis dispensatione, optineant M. PAR. *Maj.* III 328; **1386** littere .. dispensacionum super matrimoniis et ~onibus .. consignate *Reg. Heref.* 101.

2 state of being legitimate, legitimacy.

1236 proles nata ante matrimonium inter parentes ejus contractum per matrimonium subsequens nanciscitur ~onem GROS. *Ep.* 23 p. 77; **1249** R. objecit [Ade] quod nullum jus clamare potuit eo quod bastardus fuit et .. idem Adam probavit ~onem suam per literas episcopi B. patentes *CurR* XIX 1097; **1406** Alicia .. se legitimam allegavit et ~onem suam .. per legitima documenta .. probavit *Reg. Heref.* 31; propter .. eorum ~onem sibi disponsavit *Plusc.* X 10.

legitime [CL]

1 as the law prescribes, in correct legal form.

GILDAS *EB* 13 (v. decenter a); **c1200** pro me et heredibus meis ~e affidavi hanc conventionem tenendam *AncD* A 2658; propono quod cum non .. juxta formam mandati apostolici legittime sit inquisitum in forma juris, .. *Chr. Peterb.* 49; **1293** nec ipse umquam aliquem dimisit abire .. nisi ligitime acquietatum in curia sua *PQW* 219a; **1376** nisi ipse possit ~e probare quare debeat a predicta servitute liberari *Hal. Durh.* 137; **1443** Luciam .. coram officio judicialiter et alias legittime convictam *MunAcOx* 534.

2 as the law allows, legitimately.

c800 nullus miles coronabitur, nisi que ~e certat ALCUIN *Ep.* 210; vidua si alicui se non ~e commiscebat xx sol' emendabat *DB* I 262va; Nestam .. sibi ~e copulandam petiit et obtinuit GIR. *EH* II 4; pugna ~e ut triumphes P. BLOIS *Ep.* 159. 455A; **1430** heredibus suis de se ipsis ~e procreatis *Feod. Durh.* 73.

3 by rule of custom or art, duly.

anapestus ~e generatur .. si masculina .. fuerint primae .. declinationis ALDH. *PR* 119; scematum species, quae ordine praepostero poeticis versibus prolatae sunt, per ordinem ~e quinquies quadrare absurdum non opinor *Id. Met.* 10 p. 88; antiquo fuerat famosus tempore quidam / legitime Christo famulans bernaculus alto *Id. VirgV* 1451; reverentia ab omnibus ~e [AS: *æwunga*] teneatur *RegulC* 17.

legitimitas [ML]

1 legitimate state, legal fitness.

a1260 perquirat sacerdos .. de ~ate sponsi et sponse qui debent conjungi *Conc. Syn.* II 643; ne .. sacerdos aliquid exigat pro matrimonio celebrando vel pro testimonio ferendo de legittimitate sponsi et sponse *Ib.*; **1342** nec eis .. credatur super ~ate et sufficiencia .. propositionum .. nisi .. *Conc.* II 693a; **1418** producti fuerunt certi testes ad probandum ydonietatem et ~atem electi et eligencium *Reg. Cant.* I 45.

2 legitimacy (as dist. from bastardy).

1223 ut in foro ecclesiastico de ejus bastardia sive ~ate cognosceretis *Cl* I 629a; **1231** W. bastardus fuit .. set ~as nondum probata fuit *BNB* II 473.

legitimus [CL]

1 required by law, fixed by statute, legally prescribed. **b** (as sb. n.) law, statute, precept.

primus occurrit nobis Samuel jussu Dei ~i regni stabilitor GILDAS *EB* 38; **798** miror, cur pueri vestri annum ~um a mense Septembrio incipere velint ALCUIN *Ep.* 145 p. 232; **1169** gomor ~um (v. gomor); **1325** item alias [expensas] ~a vice, viz. circa festum S. Andree .. pro justiciariis itinerantibus *Ac. Durh.* 168; **1391** ex .. ~a deposicione (v. 1 depositio 8b); **1585** corria .. ~a secundum formam statuti (v. exscrutari). **b** si enim necessitas cogit famis, non nocet, quoniam aliud est ~um, aliud quod necessitas cogit THEOD. *Pen.* I 7. 6; ad docendum homines .. ~a Dei terrae illius, sc. legem Moysis R. NIGER *Chr. I* 11; [annum] legitimum quo utuntur in ~is GERV. TILB. I 6 (v. annus 1b); ergo ~um sabati non est temporale, sed omnibus et ubique semper tenendum GROS. *Cess. Leg.* I 2. 8.

2 legitimate, law-worthy: **a** (of person); **b** (of testimony); **c** (of doc. or form); **d** (of cause).

a ne .. Sarabaitae vel ferae potius quam monachi aut homines viderentur ~i [AS: *æwlice*] *RegulC* 6; **1100** uxor sua sive liberi aut parentes aut ~i homines ejus eam [pecuniam] pro anima ejus dividant (*Ch. Regis*) *GAS* 522; legittimos accusatores *GAS* 551; GLANV. VII 6 (v. facere 5b); **1201** habeat testes, sc. legittimum Christianum et legittimum Judeum *SelPlJews* 1; **1246** ~o denuntiatore cessante (v. denuntiator). **b** non admittatur deinceps in ~um testimonium (*Quad.*) *GAS* 339. **c** qua [carta] ille sub silentio lecta, voce quantum potuit exaltata dixit non esse ~am, nec que deberet in tanto .. conventu recitari W. MALM. *HN* 496; appellacionem ~am OCKHAM *Dial.* 536 (v. 1 deferre 9d); **1406** (v. legitimatio 2); per ~a documenta *G. Hen. V* 20 (v. documentum 3); **1517** exceptionem ~am (v. declinatorius a). **d** **1326** causa sit ~a (v. 2 disparare 1c); ex ~a causa GRAYSTANES 37 (v. 1 forum 7); ~a causa emergente WYCL. *Compl.* 91 (v. dirigere 2c).

3 (of legally defined condition) legitimate: **a** (*aetas ~a*) legal age, age of majority; **b** (of wife, marriage, or widowhood); **c** (of child; also ellipt. as sb. m. or f.); **d** (of heir or inheritance); **e** (of title or office); **f** (of people).

a legittime etatis *Dial. Scac.* II 10C (v. aetas 2a); **1220** custodiam heredis .. ante etatem ~am *CurR* VIII 297; usque ad legittimam etatem Galfridi filii et heredis *Chr. Peterb.* 74; dum infra etatem exstiterat, usque ad ejus ~am etatem *Meaux* I 98; usque ad plenam et ~am etatem .. heredis *FormA* 331; P. VERG. XX 2 (v. aetas 2a). **b** ~a uxore .. depulsa GILDAS *EB* 28; non ex intimo cordis .. ~o .. conubio *Ib.* 35; ~um conjugium THEOD. *Pen.* II 12. 7 (v. conjugium a); ut .. ~a jugalitatis fecunditas .. squalescat ALDH. *VirgP* 9; ~as uxores W. MALM. *GR* V 400 (v. domesticus 4b); **1232** in legittima viduitate sua *BNB* II 523; de legittimo matrimonio procreatum *Cust. Cant.* 26. **c** naturali ejusdem filio et quanquam non ~o in sua tamen gente pervalido GIR. *EH* I 3; s**1237** (v. 2 dispensare 3c); annon legitimus est iste filius WALT. WIMB. *Carm.* 477; **1375** quendam scolarem liberum utique et ~um .. vobis duximus offerendum *FormOx* 227; **1396** sine ~is vel ~o (v. 1 femina 2b). **d** ~ae hereditatis jure ALDH. *VirgP* 12 (v. derelinquere 3a); c**1127** ~us heres (v. forisjurare); heres .. ~us GLANV. VII 15 (v. gignere 1e). **e** ut duos imperatores ~os .. pelleret GILDAS *EB* 13; non esse eum ~um pastorem .. Christianum *Ib.* 92; ~us rex Victred BEDE *HE* IV 24 p. 268; **1279** Gastoni .. super possessione .. predictorum, secundum foros et consuetudines parcium illarum, faciatis justicia complementum, ordinato tamen pro nobis aliquo ~o defensore *RGasc* II 63; **1365** titulum suum ~um esse *Cart. Mont. S. Mich.* 11 p. 11. **f** ipsa est terra de qua legis lator ad gentem ~am dicit "Dominus Deus tuus .." AD. MARSH *Ep.* 246. 8 p. 432.

4 permitted by law, lawful.

sacerdotes .. ecclesiasticos .. gradus .. nec .. ~is moribus illustrantes GILDAS *EB* 66; potest ad opera ~a recipi BACON VI 5 (v. aetas 2a); dum .. Katerina in sua pura viduetate et ~a potestate exstiterat *FormA* 392.

5 prescribed by custom or rule of art.

isti sunt specialiter ~i grammaticorum pedes ALDH. *PR* 112; verba .. acuto accentu pronuntiari ~a grammaticorum suadet regula *Ib.* 115 p. 159; super ~os pedes BONIF. *Met.* 113 (v. hypercatalectus); sonus sub uno tempore [acceptus] potest dici sonus acceptus sub tempore non minimo, non maximo, sed medio legittimo breviter sumpto *Mens. & Disc.* (*Anon. IV*) 23; ordo ~us dictionum LINACRE *Emend. Lat.* lix v. (v. hyperbaton 1).

6 properly so called, genuine, real.

ecclesia .. hereditariam ~ae aeternitatis sobolem casto verbi fecundat semine ALDH. *VirgP* 5; nequaquam .. bene armatus esse poterit .. nec proprie dici poterit miles ~us, quia adhuc erit imperfectus *Simil. Anselmi* (*app.*) 193 p. 98; propter ~um impedimentum BRACTON 70 (v. deadvocare 1b).

legitorium, lectern.

1432 ex cautoribus qui prope ~ium chori consistunt *Reg. Glasg.* 356.

legitt- v. legit-. **legius** v. ligius. **legula** v. ligula.

leguleius [CL], one expert in legal technicalities.

quod et etiam animadvertit ~us quidam apud Anglos Nicolaus Adamus *Jus Feudale* 37.

legumen [CL], **a** leguminous plant with edible seeds. **b** fruit of leguminous plant, edible seed, pulse, or food prepared from this.

a lentis, ~en *GlC* L 128; *Inst. Sempr.* *xli (v. dica 1a); **1198** videnda sunt .. essarta .. et quo blado vel ~ine inbladata sint (*Assisa Forestae*) R. HOWD. IV 65; imbrium inundationes continuae annonam, fructus, et ~ina iterum suffocarunt M. PAR. *Maj.* V 728. **b** vilibus .. ~inibus vitam .. lascivam .. refrenarunt ALDH. *VirgP* 21; p**795** ligumen ad sufficientiam ab unoquoque presbitero ALCUIN *Ep.* 298 (v. hortus 4); ut .. fratribus ad prandium poma ac diversi generis ~ina prepararet WULF. *Æthelwold* 9; Danieli et tribus pueris dantur ~ina ad vescendum et aqua ad bibendum M. RIEVAULX (*Ep.*) 63 p. 177; de fabis et pisis in †legiemine [l. legumine] *FormMan* 15; ~ina nocent eis, sicut faba, pisa, frumentum GAD. 34. 1; ligumen, A. *grewell* .. hoc ~en, .. A. *potage WW*.

leguminarius [CL *as adj.*], one who grows or sells leguminous plants or their fruits.

hoc legumen .. unde hic ~us, -rii, i. hortulanus vel leguminis venditor OSB. GLOUC. *Deriv.* 297.

leiare [ME *leien* < AS *lecgan*], to lay (baulks of timber).

1400 in stipendio .. carpentariorum .. carpentancium de novo *pyles, balkes, howetrees, soiles* et *sporres* [molendini fullereticì] layancium et extrahencium .. totum vetus meremium ejusdem operis *Doc. Leeds* 122.

leidgreveus v. ledgreveus. **leilo** v. selio.

leina [ME *leine*], (*~a ostrearum*) oyster bed.

1366 leyna ostr[earum] (*Cricksea*) *MinAc Essex*.

leinagium [cf. leina], revenue from oyster bed.

1345 redditus batell' et leynag': de leynag' in Utmerssh' per annum xiiij s., de iiij^{m} et dim' ostr' proven' de reddditu ix batell' qui sunt de libertate domini vend' iiij s. vj d., prec' m^{l} xij d., viz. de quolibet batello j buss' per certitudinem de quibuslibet ij buss' fac[ientibus] m^{l} ostr': summa xviij s. vj d. (*MinAc Langenhoe*) *Essex RO* D/DE l M 221 m. 1; **1396** de iij d. rec' de linagio ostrearum in Owtmersch hoc anno (*Comp. Langenhoe*) *Essex RO* D/DC 2/16.

leira [ME *leir*], lair, (*~a lampronum*) lamprey trap.

1419 de xxxij s. xj d. de firma ~arum lampronum per annum .. cum vj d. de redditu Roberti Peper pro vj *stakes* ad leir[as] lampronum *MinAc* 978/21.

leissa v. laissa.

lembulus [LL], small fast-sailing boat.

~o *bate GlP* 841; OSB. GLOUC. *Deriv.* 325 (v. 1 legia); o tu qui remigas secundo ventulo / et sulcas maria secundo lembulo WALT. WIMB. *Palpo* 120; *Id. Carm.* 63 (v. enavigare 1a).

1 lembus [CL], small fast-sailing boat.

~us, brevis navicula *GlC* L 123; **802** iste suo placidas lembo pernaviget undas / currentes inter florida prata pie ALCUIN *Ep.* 251; mater .. missa est in †laubo [l. lembo], viz. scapha ex corio confecta *V. Kentig.* 7; ~o .. utebatur atque per alveum .. deferebatur R. COLD. *Godr.* 137; ~um de corio factum J. FURNESS *Pat.* 154; vidi per mare has naves: .. ~os [*gl.*: ~us dicitur quasi leviter per aquam mordens et est parva navicula], privas, liburnas et triremes GARL. *Dict.* 137; impedimenta navium, schoutorum et limborum ac aliorum omnium vecturarum per fluvios et rivos †indales J. READING f. 164; **1374** alius magnus limbus cum mastis et *saylȝerd* cum antiquo velo tantum *Pri. Cold.* app. lxxvii; pro ij limbis portantibus necessaria nostra de galea usque ad Kairam, iiij duc. BRYGG *Itin.* 387; hec ~us, *a bote.* nos vestit limbus, nos vectat per mare lembus *WW*.

2 lembus v. 2 limbus.

lemiculus v. lemnisculus.

lemma [CL < λῆμμα], theme, intended subject.

optabatque gravem silicernius affore mortem. / corruit, et subitus praeclusit limmata [*gl.*: resolutiones, cogitationes, temptamenta] morbus FRITH. 1303.

lemnia v. lemnias, Lemnius.

lemnias [CL = *Lemnian f.*], (compound of) yellow arsenic, trisulphide, orpiment.

~ia, i. auripigmentum *Gl. Laud.* 892; athanasia, i. immortalis, proprie valet contra fluxum sanguinis mulieris .. . recipe cinamoni .. simphiti, lempnias, assari .. GILB. V 223. 1; lempnias, auripigmentum idem *SB* 27; lompnias *Alph.* 13 (v. arsenicum); lempnias, i. arsenicum vel auripigmentum, sed lempnia frigdos terra est sigillata, licet quidam exponunt lempnia frigdos pro auripigmento *Ib.* 96.

lemniscatus [LL], decorated with a ribbon, adorned with a pendant, (her.) supplied with a label exhibiting dependent points.

fratrem primogenitum lemniscis seu virgula ~ata donant SPELMAN *Asp.* 140.

lemnisculus [cf. CL lemniscus], little ribbon, pendant.

13.. dedit .. capam .. cum morsu .. et .. lemiculis ex aurifrisio preciose intextam *Cart. Bath* 808 p. 155.

lemniscus [CL < λημνίσκος]

1 ribbon or pendant. **b** (her.) label on upper part of shield, a band exhibiting dependent points.

a lana .. hic ~us, -ci, i. fasciola ex lana OSB. GLOUC. *Deriv.* 313. **b** ~is usi sunt fratres primogeniti vivente patre, sed non soli, nam sic et juniores, sed in numero discrepantibus. et primogenitum ex secunda uxore quintuplici donant ~o SPELMAN *Asp.* 139; *Ib.* 140 (v. fasciola c); *Ib.* (v. lemniscatus).

2 (med.) roll of lint dipped in medicine.

lempniscus, tenta idem *Alph.* 96.

3 the mark ÷ used by scribes and scholiasts.

hic limniscus, -ci, i. virgula inter duos punctos OSB. GLOUC. *Deriv.* 318; †gniscus [l. lemniscus] est virgula inter duos punctos in locis que interpretes eodem sensu sed diversis sermonibus translulerunt S. LANGTON *Chron.* 67; *streke or poynte betwyx ij clausys in a boke*, limniscus *PP*.

Lemnius [CL]

1 (*terra ~a*) Lemnian medicinal earth (also ellipt. as sb.).

~a fragilis terra est ex elamita sordida ubi miscetur sanguis caprinus *Alph.* 96 (v. fragilis 1); *Ib.* (v. lemnias).

2 Lemnian: **a** (as epithet of Vulcan). **b** (by assoc. w. λίμνη as type of earthiness). **c** (as type of volcanic, as dist. from celestial, fire).

a Vulcanus .. fingitur in Lemnum insulam cecidisse et a Lemno primitus nomen ~ius accepisse ALB. LOND. *DG* 10. 4; Vulcanus .. fingitur a Lempno primitus nomen Lempnius accepisse WALS. *AD* I 10 p. 20. **b** Vulcanus .. ~ius, i. e. lutosus dicitur, quia obscena voluptas nonnisi in lutosis mentibus versatur; λίμνη namque lacus interpretatur ALB. LOND. *DG* 10. 4; Vulcanus .. ponitur in specie terreni ignis sicut Jupiter in significationem celestis .. et Lempnius dicitur, i. e. lutosus WALS. *AD* I 10 p. 20. **c** qua Leo sit zona, qua Sirius atque corona, / qua Procyone furit, qua Lemnius ignifer urit R. CANT. *Malch.* V 24; Lemnia flamma NECKAM *DS* IV 15 (v. heterogeneus).

lemo v. 2 limo.

lempeta [ME *lempet* < AS *lempedu*], limpet.

1313 in crevese', in ~is, *wylkes Ac. Durh.* 10.

lempiris v. empirus. **lempniscus** v. lemniscus. **Lempnius** v. Lemnius.

lemures [CL], malevolent spirits of the dead.

W. CANT. *Mir. Thom.* V 8 (v. insuere 1a); cepisti .. inquirere .. quid sentirem de ejusmodi ominosis occursibus, de somniis, et ~ibus, de volatilibus, de sternutamentis P. BLOIS *Ep.* 65. 191A; dicunt eciam quod collo suspensus onix digitove ligatus in sompnes [? l. insompnes] ~es et tristia cunta figurat, multiplicat lites et commovet undique rixas GROS. *Hexaem.* XI 18. 1; ~es sunt spiritus elementi aeris, quanquam ethnici umbras et manes defunctorum interpretati sint *LC* 249.

Lemuria [CL], festival held in May to appease the spirits of the dead.

~ia, dies festus laetitiae *GlC* L 140.

1 lena v. laena.

2 lena v. leaena.

3 lena [CL], bawd (f.; also fig.).

seva mihi genetrix atroxque est lena decreta, / crudelisque pater pardus pardaeque maritus HWÆTBERHT *Aen.* 46 (*De leopardo*) 1 (*w. play on* leaena); carisa, -se, i. vetus ~a et litigiosa OSB. GLOUC. *Deriv.* 87; hec ~a, -e, i. joculatrix *Ib.* 304; ~a, G. *puteyne* GARL. *Unus Omnium* 168; ~a, stupri consiliatrix, *baudistrot Teaching Latin* I 141; ~a, A. *a bawde* WW.

lenca v. 1 leuga, linca.

lendex [ML *gl.*], maggot, worm. *Cf.* 1 *lens*.

hec ~ex, -cis, *a mowght* WW; *a mawke*, cimex, ~ex *CathA*.

lendicosus [cf. lendex, 1 lens], wormy, nit-ridden.

hec lens, -dis, i. fetus pediculorum et inde †lenticosus [MS: lendicosus], -a, -um, i. lendibus plenus OSB. GLOUC. *Deriv.* 319; ~us, i. lendibus plenus *Ib.* 327.

lendina v. 1 lens. **lenepina, lenepyna** v. linpinna. **lenetare** v. lenitare. **leneus** v. Iacchus, lineus. **lenga** v. 1 linga. **lengator** v. lingator. **leniator** v. lanator.

lenificare [LL]

1 to make soft.

~antur .. villi transversorii et asperantur latitudinales GILB. V 218v. 1; BART. ANGL. IV 3 (v. asperativus); primus gradus sue preparacionis est ut fiat Mercurius; nec fit hoc donec ~es per aque dominium et caloris motum continuum DASTIN *Ros.* VI p. 314.

2 to alleviate, mitigate.

tribulaciones .. quas omnes amor ~at WYCL. *Civ. Dom.* III 344.

lenificativus [cf. LL lenificare, lenificus], that makes soft, smoothing.

humiditas est naturaliter ~a [TREVISA: *moisture makeþ kyndeliche þinges smeþe*] BART. ANGL. IV 4.

lenimen [CL]

1 (med.) agent or medium that softens or soothes.

camomilla .. / lenimen sedans frigora febris erit NECKAM *DS* VII 112.

2 alleviation, consolation, solace.

cum in omni fere literarum studio dulce laboris ~en .. insitum considerem H. HUNT. *HA prol.*; **1140** te ~en sibi lamenta deposcunt G. FOLIOT *Ep.* 2; judex .. iram lenit ipsa sua bonitate; lenit inquam, quia est benignus; punit autem quoniam est justus; ~ine quidem minimo, quia misericordiam non fecerunt PULL. *Sent.* 704C; ~en tamen nisi incorrigibiles sint habebunt etiam hi, et duplex BALSH. *AD* 136; sic patitur penas quasi sint lenimina blanda NIG. *Paul.* f. 45v l. 24.

lenimentum [CL]

1 agent or medium that softens or smooths.

†lermentum [l. lenimentum], species quae lenit, ut lima *GlC* L 152.

2 alleviation, consolation, solace.

aegroti mandata acceperunt non ad restitutionem salutis, verum ad ~um damnationis PULL. *Sent.* 772C; hec est .. petra aquosa ad potandum, petra mellosa ad cibandum, petra olei perforata ad ~um penitencium HOLCOT *Wisd.* 3.

lenire [CL]

1 to soften, smoothe.

GlC L 152 (v. lenimentum 1).

2 to calm, placate, comfort (person).

insanientis animam nullo modo linire potuit ALCUIN *WillP* 15; *GlC* D 168 (v. desaevire 2); ~irent, *afroebirdun GlC* L 155; ut prediorum suorum vectigalia ~ito intercessionibus suis rege levigaret W. MALM. *GP* I 48 p. 79; *Lib. Eli.* III 60 p. 310 (v. curatrix 2); quam gementem [i. e. Europam] ~ivit quia a nomine suo tertiam partem mundi denominavit *Natura Deorum* 29; lenis Assuerum / ligasque severum / sceptrum osculo J. HOWD. *Sal.* 24. 4.

3 to assuage, alleviate (med. or psychological condition).

mulcet, ~it, friat *GlC* M 350; iram ~it PULL. *Sent.* 704C (v. lenimen 2); firmis solidatur salus, aliis autem languor aut ~itur aut curatur *Ib.* 772C; [musica] morbos ~it et languores GIR. *TH* III 12 p. 156.

4 to mitigate, palliate (circumstance).

1141 fuge sue obprobrium ~ire conabantur W. MALM. *HN* 499 p. 59.

---

1 lenis [CL]

1 (of movement) slow.

prohibuit .. eos ~i motu manus *V. Cuthb.* III 5.

2 (of natural force) gentle, not violent or intense.

aura .. paululum ~iori tota nocte navigantes ad portum .. directe tendebant *Mir. Wulfst.* II 10; ignis .. ~is DASTIN *Ros.* 6 (v. dealbatio 2b).

3 (impinging on the senses) gentle: **a** (to touch) soft, smooth. **b** (to sight) easy to look at, not garish. **c** (to hearing) melodious, soft.

a sceptrinae virgae, quae prius nodosa duritia rigebant, pluma molliores et papiro effectae sunt ~iores ALDH. *VirgP* 35 p. 279; ut plumae mollescunt vimina sancto / lenia, ceu viridis lentescit papirus amne / *Id. VirgV* 1219; moxque jugo Domini subclinat lenia colli FOLC. *Carm.* 9; ficus maturae dulces ad edendum et ~es et molles ad tangendum *Simil. Anselmi* 15; quid durum, quid molle sit, quid ~e, quid asperum, quid ponderosum, quid leve, .. tactus discernit J. SAL. *Pol.* 437A; haec omnia ad mortem spectant, quam minatur pilosus ~i, Esau Jacob AD. SCOT *QEC* 13. 823C; non reducit Aristoteles asperum et ~e T. SUTTON *Gen. & Corrupt.* 127. **b** lenibus .. flavoribus FRITH. 582 (v. flavor). **c** Brittannia .. ornata .. rivis ~i murmure serpentibus GILDAS *EB* 3; minus .. ~is est versus qui quinto loco spondeum habuerit ALDH. *Met.* 10 p. 83; spiritus est productio vocis; aut citata aut ~is de ore profertur *Id. PR* 141 p. 200; BACON *Gram. Gk.* 31 (v. exilis 3b).

4 (of person or character) moderate, lenient, mild.

~is et affabilis, mitis et amabilis, injuriarum .. indultor GIR. *TH* III 49 p. 194.

5 easy to bear, tolerable (also as sb. n.): **a** (of condition); **b** (of word or remark).

a lenior ut fieret dolor intolerabilis illi WULF. *Swith.* II 284. **b** posset quidem ~ior fieri increpatio GILDAS *EB* 108; ut [Anglorum gentes] .. ora sacerdotum per lenia verba ligarent WULF. *Swith. pref.* 521; licet interdum aspera dicantur erudiendis, ubi per ~ia non proficitur GIR. *SD* 22.

2 lenis v. 1 levis.

lenitare [LL *gl.*], to soften.

1346 in *carlokys* calmandis et ordeo lenetando lx opera *Rec. Elton* 336.

lenitas [CL]

1 mildness.

mentem Deo dicatam nec .. blandimentorum ~as demulcet ALDH. *VirgP* 33; *AncrR* 42 (v. deliciosus 2).

2 (to the senses) gentleness: **a** (to touch) softness, smoothness. **b** (to hearing) softness, melodiousness.

a ~atem tactus BEDE *AM* 98 (v. 1 levitas 4); [anima mea] gustat et non cognoscit saporem tuum [sc. Dei]; palpat et non sentit ~atem tuam ANSELM (*Prosl.* 17) I 113; cum autem [voluntas propria] Dei voluntati non subditur, herbae similis odoriferae merito dicitur, quae pro sui specie et ~ate concupiscibilis est ad tangendum, sed constat quia mortifera est ad absorbendum *Id. Misc.*; GIR. *IK* II 3 (v. hispiditas a); habet enim sensus vim percipiendi .. asperitatem, .. ~atem, .. spissitudinem BERN. *Comm. Aen.* 27; vinum fundens et olei ~atem J. HOWD. *Cant.* 8. **b** dicimus quod lenitas vocis fit temperantia et lenitate trachee arterie *Quaest. Salern.* R 7.

3 mildness of character: **a** (in good sense) gentleness, leniency. **b** (in bad sense) pliability, want of rectitude.

a E. et Æ. .. ad omnes indigenas et alienigenas humilitate, affabilitate, et etiam ~ate .. perseverant ASSER *Alf.* 75; ille vae laudabilis .. iste severitate spectabilis GIR. *TH* III 51; P. BLOIS *Ep.* 100 (v. 3b infra). **b 1176** significatur in melle blanda et dissoluta ~as prelatorum. amice, est lenitas, et est ~as. est lenitas necessaria, et ~as dissoluta P. BLOIS *Ep.* 100. 309A (v. et. 3a supra).

leniter [CL]

1 with gentle movement, gently, not violently.

~er *lipelice GlP* 872; EADMER *V. Anselmi* I 22 (v. discernere 4a); confestim mittunt se ~iter infra castra G. MON. I 9; ipsos [canes] manu ~iter annuens GIR. *IK* I 11; si episcopi possunt sic curam agere facerent, quia onus divisum ~ius portarent quando unusquisque debito modo proprio officio vacat GASCOIGNE *Loci* 23 (cf. ib. 30: ut levius onus portaret).

---

2 with smooth sound, softly.

musicanter, ~iter *GlC* M 298; similiter hamo in hoc nomine hamus aspiratur fortiter, sed in hoc verbo amo profertur ~iter et debiliter BACON *Gram. Gk.* 5.

3 with gentle effect, mildly.

Jeremiam .. audite hoc modo ~iter verba initiantem GILDAS *EB* 47; ut quidam damnis, quidam vero verberibus, et quidam districtius, quidam autem ~ius corrigantur (*Libellus Resp.*) BEDE *HE* I 27 p. 50; illa aliquando inibi fortius firmavit de pessimis, aliquando vero ~ius, ut sibi videbatur, modum inposuit pusillanimis THEOD. *Pen.* I 7. 5; ~iter docendo, adulando, hortando ASSER *Alf.* 91.

lenitio

1 smoothness.

lenio .. i. mitescere, inde lenitus .. et hec ~o OSB. GLOUC. *Deriv.* 303; sospitate morbos lenit / olei lenitio *Miss. Ebor.* II 48.

2 medicament that alleviates pain or distress.

dolor, tenasmon et alia accidentia .. sedentur cum emplastris et ~onibus et fomentationibus GAD. 58. 2.

lenitivus [ML]

1 that causes smoothness.

Ps.-GROS. *Summa* 525 (v. asperativus); virtus sua munera dat informativa. / .. / ossa quedam perforat, lenit lenitiva, / viget vis assimilans cum asperativa GARL. *Epith.* V *Summa* 27.

2 that comforts or consoles.

ut legem Christi doceat arguendo instanter malos secundum legem correpcionis fraterne et consolando bonos secundum regulas sapiencie ~e WYCL. *Civ. Dom.* I 139; post aspera affluunt linitiva [l. lenitiva] THORNE 2150.

3 (med.) that assuages or alleviates, (as sb. n.) medicament that soothes.

nulla fiat purgatio, sed solis mollificativis et ~is est insistendum GILB. IV 183v. 1; item [cibaria unctuosa] membrorum spiritalium sunt ~a ut patet in butyro BART. ANGL. XIX 43 p. 1174; sicut imperitus medicus humanis artubus rodentia pro ~is .. unguenta perfundit NETTER *DAF* II 32. 1.

lenitorium [cf. lenis], stone used for smoothing or polishing.

slekston, ~ium PP.

lenitudo [CL], (excessive) gentleness.

hec lenitas, et hec ~o .. lenocinium, -nii, i. ~o, quod et pro lecacitate dicitur OSB. GLOUC. *Deriv.* 304.

leno [CL]

1 bawd.

Christi tiruncula .. nec ~onum fallaci lenocinio .. inflecti valuit ALDH. *VirgP* 42; ~o, qui puellas conparat in prostibulo *GlC* L 141; nam a quodam sue proprie gentis ~one constuprata et demum palam deprehensa, imperio Karoli de monasterio est ejecta GIR. *Æthelb.* 13; dum egreditur sponsa de thalamo, conjugem noli maritum credere sed ~onem J. SAL. *Pol.* 504D; ad lupanar tracta multas sustenebis integritatis tue injurias vel invita, ~onibus ludibrium facta *V. Fridesw.* B 8; tot fornicarias fetidi lenones / ad se convocaverant, usque septingentas *Carm. Lew.* 152; hic ~o, -nis, *baustrott* WW.

2 one who blandishes or allures, charmer, flatterer.

~ones, venenosi suasores *GlC* L 98.

lenochides v. linozostis.

lenocinari [CL]

1 to behave as a bawd, to live unchastely.

c675 ut nequaquam prostibula vel lupanarium nugas, in quibus pompulentae prostitutae delitescunt, ~ante luxu adeas ALDH. *Ep.* 3; ~ari, lecaciter vivere OSB. GLOUC. *Deriv.* 324; ecclesiam, militibus multis .. refertam, oppressam a sagittariis, a ~antibus conculcatam DICETO *YH* I 380; ~abuntur, i. exercebant lenocinium, i. libidem [sic] *GlSid* f. 144va; res ecclesiasticas consumpsit ~ando *Eul. Hist.* I 417; res etiam ecclesie †leocinando [l. lenocinando] consumpsit BROMPTON 978.

2 to blandish, allure, charm, flatter.

~antes, conciliantes .. †lemociniat, conciliat *GlC* L 108, 153; ubi ~ante splendore fucorum ars spectabilis rapiebat animos W. MALM. *GP* I 43; **c1184** ~antis seculi .. vanitatibus *Ep. J. Exon.* 4 p. 226; 'sopori tuo ~abuntur' [Sidon *Ep.* II 2. 14], i. allicient te sopori quoniam lenones Romanice sunt *amacheurs GlSid* f. 144va.

lenocinatio [LL], behaviour of a bawd, unchaste living, or persuasion to this.

lenocinor .. unde lenocinator, lenocinatus, ~io OSB. GLOUC. *Deriv.* 304.

lenocinator [LL]

1 bawd.

agagula, ~or, pantomimus OSB. GLOUC. *Deriv.* 50.

2 one who entices, allures, cajoles, or persuades.

sanctissimus publici amoris ~or W. MALM. *GR* I 35.

lenocinium [CL]

1 behaviour of a bawd, unchaste living.

cum .. flammis carnalibus succensus lupanar .. aggrederetur ut virgini sacratissimae spurca ~ii ludibria labris procacibus irrogaret ALDH. *VirgP* 45; ~ium, *tyhten GlC* L 116; inepta .. mulier cum adulta filia per nefandum familiaritatis ~ium sectando inhaerebat B. *V. Dunst.* 21; adulterina ~ia .. committere *G. Steph.* 13; cum filium suum in pueritia sua sanctis et honestis moribus informare debuerit, ingenium illius exercitavit in alea, variaque ~iorum turpitudine depravavit P. BLOIS *Ep.* 74. 228A.

2 blandishment, allure, charm, flattery.

oculorum ~io captus in luxum labescit ALDH. *VirgP* 50; animus multiplici ~iorum fraude captus J. SAL. *Pol.* 389B; licet .. ei mundus in omnibus ~iis suis adulari et applaudere videretur *Id. Thom.* 7; vitiosorum ~ia zelo pastorali demetere J. HEX. *HR Cont.* 304; concupisciencie ~ium sub pallio necessitatis J. GODARD *Ep.* 224.

3 house of a bawd, brothel.

~ium, habitatio meretricum *GlC* L 143.

†lenocitas, *f. l.*

malam verbositatem et gentilitatem super animositatem et †lenocitatem [? l. lenocinium *or* lenositatem] Dei praeceptorum *Cerne* 93.

lenosus, like a bawd, as a flatterer.

in vendendo ~us, perjurus, et adulator R. COLD. *Godr.* 255.

1 lens [CL], **lendina,** nit, egg of a louse.

lendina, *hnitu GlC* L 127; hec ~s, ~dis, i. fetus pediculorum OSB. GLOUC. *Deriv.* 319; ignoret lendes cum plumis barba, capillus D. BEC. 1190; cornu cervini limatura cum vino potata lentigines vel ~dines esse non patitur GILB. II 81v. 2; blete succus ~des .. occidit *Ib.* III 143. 2; interulas .. quas .. nullus, ut assolet, inhabitabat ~s, pulex sive pediculus *V. Edm. Rich C* 602; GAD. 29v. 2 (v. 2 lens 1b); ~s, A. *a nyte WW.*

2 lens [CL], **lentis** [? CL (v. *TLL*)]

1 lentil: **a** (plant); **b** (edible seed).

a ~tis, legumen *GlC* L 128; ~s, ~tis, genus leguminis *Ib.* L 134; legumine ~te vel faba *GlP* 152 n.; speragus .. confert .. florem mellinum sicut leucium [v. l. lentium] *Alph.* 168; hec ~s, A. *lentylle* .. hoc ~s, -tis, quoddam genus liguminis *WW*; ~tes A. *fichez MS BL Royal 12 G IV* f. 135va; ~tes G. et A. *tilles MS BL Sloane 964* f. 72v. **b** Esau pro edulio ~tis primogenita dedit P. BLOIS *Serm.* 737A; plus nutrit, turbatque minus lens, pisa, lupinus NECKAM *DS* VIII 19; ne male intelligatur de ~te est versus: lens lendis capiti, lens lentis convenit ori GAD. 29v 2; ~tes cocte in aquis .. et vocantur ~tes Anglice *tiles Ib.* 41v 1; **1457** vj bus. ~tium *Ac. Durh.* 636; **1553** de quibus avenis vj bolle conficerentur in ~tes, vulgo *lie grottis*, ad eorum uluscula quolibet anno *RMS Scot* 746.

2 (*~s palustris*) duckweed.

~s palustris creditur esse herba quam vulgus appellat *duckes meat* TURNER *Herb.* B iii.

lenta v. lonta.

lentare [CL], to bend.

sudibus vi ~atis [*gl.*: *turneys*] BALSH. *Ut.* 47 (v. intertexere 1a).

lentator [cf. CL lentare], one who bends (a bow), one who draws (a bowstring).

Lamec lentator arcus celerisque sagittae GARL. *Tri. Eccl.* 26.

lente [CL], slowly.

Gallica detentus ponto dum rura vagatus / temperiem lente speraret adesse jocundam FRITH. 398; hec lens, -tis, i. quoddam genus leguminis, eo quod ~e surgat OSB. GLOUC. *Deriv.* 319; ~e agunt penitentiam T. CHOBHAM *Praed.* 35.

lentecula v. lenticula.

lentefirma [ME *lente* + 2 firma], Lent farm, farm paid during Lent.

Slepe [reddet] firmam duarum ebdomadarum, unius ebdomade plenam firmam, et alterius ~am *Cart. Rams.* III 230; villa que reddit ~am unius ebdomade, omnino sicut plena firma unius ebdomade reddet, exceptis quinque pensis lardi et quinque pensis casei, quas non dat, sed pro eis xl s. in denariis *Ib.* III 233; **1346** pro operibus vinee et lentonefaris xxiiij opera *Rec. Elton* 335.

lentere, ~escere [CL]

1 to move slowly, to become slower.

ne inerti otio ~escere velis BEDE *Cant.* 1113; ab hoc nomine, quod est lentus, .. ~eo, ~es, i. tardare, unde ~esco, -cis, verbum frequentativum OSB. GLOUC. *Deriv.* 319; ut acedia et quodam tedio ~escere incipias in via Domini P. BLOIS *Serm.* 684B.

2 to become viscous or sticky; **b** (fig.).

mel lentescens ALDH. *VirgV* 1599 (v. destillare 2a). **b** concatenatae dilectionis viscus .. glutinosius ~escit *Id. Met.* 5.

3 to become soft, pliable, supple; **b** (fig.).

ALDH. *VirgV* 1219 (v. 1 lenis 3a); ~iscere, molliscere *Gl. Leid.* 34. 18. **b** bibam ut spiritus liquore lenteat, / vel, quod est dulcius, ex toto liqueat WALT. WIMB. *Carm.* 167.

4 to become less intense, to slacken (also fig.).

nec ergo desperatione torpeas .. nec meritorum fiducia ~escas PULL. *CM* 207; cum soleat accessu temporis a suo rigore frequenter mens humana ~escere W. S. ALB. *V. Alb. & Amphib.* 14; nec remissa liberalitas ~escat in teporem GIR. *EH* I 1 p. 227; **c1199** redde testimonium fidei tue, et in Christi negotio ulterius non ~escas P. BLOIS *Ep.* 112. 335B; rebellionis insaniam ~escere statuentes *Ps.*-ELMH. *Hen. V* 63 p. 175.

lenterna v. lanterna. **lenticinus** v. lentiscinus.

lenticosus [cf. lenticula 3], spotted, speckled, variegated in colour.

~us .. a scindendo dictum, quia quí ~us est colorem non integrum sed intercisum habet OSB. GLOUC. *Deriv.* 105; cesius, ~us †hynniosus [MS: herniosus] *Ib.* 142.

lenticula [CL], **~um**

1 lentil plant or its edible seed. **b** (*~a aquatica, fontis* or sim.) duckweed. **c** (*~a silvatica*) wild lentil.

~a *piose GlC* L 147; hi, suscepto argento ut ~a Esau, discedunt GOSC. *Edith* 274; olus apte minuatur et lecticula [*v. l.* lenticule; *gl.*: *lentil*] et pise et pultes NECKAM *Ut.* 96; **1296** de iij bus' ~arum, vj quart' iiij bus' et dim' avene *DL MinAc* 1/1 r. 18; ~a frequenter comesta caliginem oculis facit et indigestibilis est. G. *lentillis Alph.* 97. **b** ~am fontis in pulverem redige et eam supersperge et sanabitur ADEL. *CA* 3; ~a aquatica GILB. III 131v. 1; *endemete for doklyngis*, ~a, ~e *PP.* **c** facusaria, i. ~a silvatica *Gl. Laud.* 694.

2 small lentil-shaped vessel.

Helias legitur cumulasse propheta / lenticulae crassum fecundans ore liquorem ALDH. *VirgV* 1618 (cf. *III Reg.* xvii 16); ~um dicitur vasculum aureum olei modicum, quadrangulum, in latere apertum, a liniendo dictum *GlC* L 124; capsaces, ~a, idest vas vitreum simile flasconi *Gl. Leid.* 37. 5; ~a, vas olearium OSB. GLOUC. *Deriv.* 328; Saul quoque die illa, qua olei ~a a Samuele perfusus est [cf. *I Reg.* x 1], mutatus est in virum alium P. BLOIS *Ep.* 10. 28C; ~a, A. *a pekke* item est vas oliarium ex auro et argento *WW*; *a vesselle for oyle*, ~a *CathA.*

3 (anat.): **a** freckle. **b** plague-spot.

a hec ~a, *a frakyn, frakkynne* .. hec lentecula, *a frekyn WW.* **b** pestilencia communis regnat Oxonie impetuosa, qua plurimi divites et egentes ulceribus et ~is percussi viam universe carnis sunt ingressi *Dictamen* 374.

lenticularis [CL], lenticular, lentil-shaped.

figure .. alie que maxime competerent essent vel ovalis figure vel consimiles ei vel ~is BACON *Maj.* I 153; si .. describeretur situs mundi teres vel ~is et non sphericus WYCL. *Log.* III 97.

lenticulatus, lenticular, lentil-shaped, or ? speckled, spotted.

1291 de ordeo ~o in grangia *MinAc* 1294/1 r. 7.

lenticulosus [ML], lenticular, lentil-shaped, or ? speckled, spotted.

1295 in xxij quar. et dim. ordei, xij quar. vj buss. ordei ~i *MinAc* 1090/3 r. 4; vj acras et dim. ordei, x acras ordei ~i, v acras drag' *Ib.*; de xij quar. vj buss. ordei ~i receptis de exitu grangie *Ib.* r. 4d; de v quar. iiij buss. ordei ~i *Ib.* r. 5.

lenticulum v. lenticula.

lentiginosus [CL], freckled. **b** plague-spotted.

vir subrufus, ~us, oculis glaucis GIR. *EH* I 27; 'cum fortem ~um in dextrales Britones irruere videris' .. et fortem noverant et ~um [sc. Henricum secundum] *Id. IK* I 6 p. 62. **b** divitum et pauperum corpora .. ~a scabies maculavit *Flor. Hist.* III 127.

lentigo [CL]

1 lentil plant, (*~o aquae* or sim.) duckweed.

rosa .. cum ~ine aque pistata supra oculos ponatur GILB. III 131v. 1; GAD. 86. 1 (v. 2 infra); ~o super aquam crescit, A. *enedmete SB* 27; ~o natat in aquis, cibus anatis est. G. *gardre* vel *janney*, A. *enedechede Alph.* 97; hec lentige, *a nedmet WW.*

2 freckle or spotty eruption.

hec ~o, -ginis, i. vestigium parvarum macularum OSB. GLOUC. *Deriv.* 319; ~ines, pupule, hyrne, apostemata extra cutem *Ib.* 329; quedam post partum ~ines in facie habuit. .. cura ~inum: misceantur simul sinapis, albumen ovorum, et cum oleo roseo terantur *Quaest. Salern.* Ba 58; color rubeus .. in facie compositus ex albedine cum multis lintiginibus significat calidam complexionem M. SCOT *Phys.* 25; ~ines .. in facie aut in cute ex colera adusta vel calore solis fiunt ad modum lentiginis aque divise secundum divisionem materie per minuta GAD. 86. 1 (v. et. 1 supra); hec ~o, *a frakkyne WW.*

lentilla [OF *lentille* < lenticula], edible seed of lentil plant.

1203 de .. x boiss[ellis] lentill', et ij bois' fabarum, et iij quart' ibraie *RScacNorm* II 569; **1289** de iij quart' j bus' lentill' ix s. iiij d. ob., prec' quart' iij s. *Doc. Bec* 136; de lentillis, v quart' *Ib.* 143.

lentiscinus [CL]

1 of the mastic tree.

secunda [resina] est ~a, que mastix vocatur BART. ANGL. XVII 139.

2 of the birch tree.

byrke, lentiscus, lenticinus participium *CathA.*

lentiscus [CL]

1 the mastic tree, its wood, leaf, resin, or seed.

~us, arbor folia modica habens et fructus sine grana, i. muras rubras *Gl. Leid.* 16. 5; scino, i. ~um *Gl. Laud.* 1378; ~i cortex resinam sudat NECKAM *DS* VIII 133; ~us est arbor humilis et medicinalis, que a Grecis et Hebreis σχῖνος alio nomine nuncupatur BART. ANGL. XVII 90; ~i semen folia corium et rami unam habet virtutem cum radice, i. stipticam *Alph.* 97.

2 tree (var.).

prinus, i. ilex arbor vel ~us *Gl. Laud.* 1214; **1372** item iij^{xx} arbores lentisc', precii cujuslibet iiij d., .. sunt elongati extra castrum [de Baumburgh'] *IMisc* 202/5; **1374** habebunt quolibet anno boscum ~orum, corulorum, et aliarum minutarum arborum vocatarum *undrewodd' Doc. Leeds* 110; **1384** quod .. Henricus .. arbores .. viz. quercus, fraxinos, querulos [*sic*], ~os, et bulos .. succidit *PIRCP* 495 r. 205; **1386** forestario .. foreste de Mara .. cum .. dederimus .. viginti ~os infra forestam nostram predictam .. viz. pro *scafaldes* de eisdem ~is pro operibus ecclesie predicte faciendis *Enr. Chester* m. 4d; ~us, A. *a beeche* .. ~us, *burche, byrketre, byrktre WW*; *CathA* (v. lentiscinus 2).

lentitudo [CL], slowness in action, dilatoriness.

lentus comparatur lentior .. lente, lentius, lentissime, et hec ~o OSB. GLOUC. *Deriv.* 319; nec temperantia in ~inem vertitur vel teporem GIR. *PI* I 11.

lentonefaris v. lentefirma.

lentrix, prickly shrub.

lentrix sentibus hirta riget NECKAM *DS* VIII 136.

lentula [cf. 1 lens], nit, louse.

vermes cutis, ascarida, costus, pediculus, ~a OSB. GLOUC. *Deriv.* 276.

lentulus [CL], somewhat slow (to understand or respond), rather dilatory.

~us fias amicus, factus autem perseverare nitaris, eque enim malum est nullum habere amicum et multos mutare et alterare W. BURLEY *Vit. Phil.* 102.

lentus [CL]

1 flexible, pliant, supple, not brittle.

cum colaphis caedunt et lento vimine flagri ALDH. *VirgV* 2251; ~um vimen, *toh gaerd GlC* L 138; fortior interdum distensus redditur arcus, / qui, nisi desistas tendere, lentus erit L. DURH. *Hypog.* 68; hec lentiscus, -ci, quedam arbor eo quod ejus cuspis sit ~a, i. flexibilis OSB. GLOUC. *Deriv.* 319.

2 viscous, glutinous, sticky.

cum sim .. / dulcior in palato quam lenti nectaris haustus ALDH. *Aen.* 100 (*Creatura*) 31.

3 slow in movement, sluggish; **b** (of fire or heat). **c** (of fever) slow to come to crisis, prolonged.

quales stragis acervos / a rege spreto pateretur lentus in aula [sc. Nabal, cf. *I Reg.* xxv] ALDH. *VirgV* 2531; ~a, tarda *GlC* L 107; ad vicina redit lentis habitacula plantis FRITH. 1153; ~as apponit ad cibaria manus E. THRIP. *Collect. Stories* 217; quis pre pudore potest accidiosus, ociosus vel ~us [ME: *slaw*] existere qui respicit quam sollicitus in terra extitit Dominus noster? *AncrR* 95. **b** est autem grossities hec aliquando cum multa humiditate et ~o calore .. *Quaest. Salern.* B 63; pone [ampullam] in cineribus bene clausam et da ~um ignem per unam diem M. SCOT *Lumen* 268; sit ergo ignis ~us ita ut per se totum opus ascendat et descendat libere DASTIN *Ros.* 9; cum igne ~o exibit aqua nature RIPLEY 154. **c** ~is quidem sed tamen continuis febribus anhelabat BEDE *HE* II 1.

4 slow-witted, slow to understand or respond (also as sb.).

ubi quisque lentorum ab alio magis dura verborum domini quam a se desiderat impleri BEDE *Sam.* 531.

lenullus [CL], little bawd.

lenulus, parvus lecator OSB. GLOUC. *Deriv.* 324.

lenunculus [CL], little bawd, pander.

furunculus, carbunculus, ~us ALDH. *PR* 132; ~us, parvus lecator OSB. GLOUC. *Deriv.* 324.

leo [CL]

1 lion. **b** (phr. *in ore leonis* or sim.) in (from) a perilous situation. **c** lion (as type of var. vices and virtues).

Ignatius .. ob testimonium ejus [sc. Christi] leonum molis Romae confractus est GILDAS *EB* 74; leonem, quem regem bestiarum .. poetae .. fingunt *Lib. Monstr.* II 1; tyrannus, cum Danielem in lacum leonum misisset .. DOMINIC *V. Ecgwini prol.*; leo cum cauda delere propria vestigia consuevit BART. ANGL. II 5; **1303** Ade de L., custodi leonis principis, .. pro stipendio unius carette portantis eundem leonem per vices .. in itinere principis .. x s. *KR Ac* 363/18 f. 6 (cf. ib. f. 9*d*: pro putura .. leonis); **1474** (v. custos 3a). **b 966** surgens a mortuis .. predam de perfidi leonis ore tulit *CS* 1190; papa .. civium severitatem, sciens quia in ore leonis manus ejus tenebatur, prudenter mitigavit M. PAR. *Maj.* V 238; 'Dominus .. liberavit me de manu Herodis et de ore leonis', i. e. de potestate inimici mei spiritualis GASCOIGNE *Loci* 81. **c** leo .. et ursus quamvis uterque dolo simul et virtute praemineat plus tamen fraudis ursus, plus habet leo fortitudinis, atque ideo hic fraudulentiam, violentiam ille, uterque nequitiam daemoniorum figuraliter exprimit BEDE *Sam.* 617 (cf. *I Reg.* xvii 34); officium sacerdotis .. debet esse leonem crudelitatis .. aliaque bestialia vitia in se occidere *Simil. Anselmi* 94; in hoc deserto sunt plures fere male, leo superbie [ME: *leuns of prude*], serpens invidie, unicornis ire *AncrR* 67.

2 (fig. or allegorical, w. ref. to brave, powerful, or cruel person); **b** (of Henry I or Henry II). **c** (of devil, w. ref. to *I Petr.* v 8).

catuli leonis in equoreos pisces transformabuntur (*Proph. Merlini*) G. MON. VII 3. **b** illustris rex Anglorum Henricus, leo justitie J. SAL. *Met.* 867B; **s1154** hic .. Henricus propter suam feritatem leo dictus est *Plusc.* VI 18. **c 892** vigilate contra leonem qui circuit 'quaerens quem devoret' (*Lit. Papae*) *CS* 573; ipse [diabolus] draco est et leo. .. leo erit in tempore Antichristi, quia tunc .. deseviet BELETH *RDO* 123. 130B.

3 image or figure of lion: **a** (as decoration); **b** (processional banner); **c** (as heraldic device); **d** (as container).

a erat cernere leones auro fusiles in puppibus *Enc. Emmae* I 4; quid fructuosius, speculari circa Dei altarium .. unius ejusdemque capitis leones quatuor AD. DORE *Pictor* 142; **1243** faciat ij leones .. in gabulo occidentalis camere regis *Cl* 20; **1245** vestimentum .. habet paruras .. breudatas leonibus .. et griffonibus *Invent. S. Paul.* 487; **1352** (v. esmallare); **1415** (v. 3 gravare 1b); **1445** j frontale de panno damasceno aureo .., lionibus argenteis contextis *Invent. S. Paul.* 522. **b** in principio processionis deferatur Draco, secundo Leo, tercio vexilla cetera *Miss. Sarum* 150; *Process. Sal.* 92 (v. draco 2c). **c 14..** (v. 1 campus 5b); SPELMAN *Asp.* 118 (v. exsultare b). **d 1383** leo de †linono [? l. limono] in quo continetur os S. Jeronimi *Ac. Durh.* 431.

4 (astr.) Leo.

quintum leonis signum a parte quod sol in medio Julii .. circumagitur inchoat oriri BEDE *TR* 16 p. 214; comitantur .. arietem pisces atque libra cum virgine, taurum autem leo atque scorpius cum aquario .. ADEL. *Elk.* 25; habes craterem Liberi patris in regione inter cancrum et leonem positum BERN. *Comm. Aen.* 67; signum leonis dicunt ob illius mensis, id est Augusti, ferventissimum tempus ALB. LOND. *DG* 8. 13; cum sol in anno gratiae 1249 mense Julii fuerit in leone GROS. 50.

5 (Sc.) chief herald, 'Lyon king of arms'.

1377 in solucione facta .. de mandato regis leoni heraldo et Ade de F. *ExchScot* 553; **1381** concessimus et licenciam dedimus leoni heraldo .. quod ipse .. ducere possit in terram Scocie quinque valettos suos *RScot* II 35b (cf. ib. 63b [**1384**]: *lyons* haraldum de Scocia); **1388** solute leoni regi haraldorum pro feodo debito de terminis elapsis *ExchScot* 170; **1464** leoni regi armorum percipienti annuatim xx m. *Ib.* 243.

6 (alch., *leo viridis*) 'green lion'.

leo viridis est vitrum ROB. ANGL. *Alch.* 518b; nullum corpus immundum, excepto uno, quod vulgariter a philosphis vocatur leo viridis, quod est medium conjungendi tincturas, inter solem et lunam cum perfeccione, intrat magisterium nostrum RIPLEY 110; leo viridis philosophorum est illud per quod omnia virescunt et crescunt per virtutem suam attractivam ex visceribus terre elevate [v. l. atque elevatam] ex hyemalibus cavernis *Ib.* 139.

7 (*leo formicarum* or sim.) kind of insect, ant-lion.

dudum compositis ego nomen gesto figuris: / ut leo, sic formica vocor sermone pelasgo / tropica nominibus signans praesagia duplis ALDH. *Aen.* 18 (*Myrmicoleon*) 2; myrmicaleo, formicaleo vel formicarum leo *GlC* M 379; mirmicoleon, i. leo formicarum *SB* 30.

8 (in plant name): **a** (*dens leonis*) dandelion (*Taraxacum*). **b** (*pes leonis, pedeleonis*) lady's mantle (*Alchemilla vulgaris*). **c** (*leo terre*) spurge (*Euphorbia*; χαμελαία conf. w. chameleon χαμαιλέων).

a *SB* 16 etc. (v. dens 3c). **b** sume de radicibus pede leonis *Pop. Med.* 246. 82; pes leonis, similis est pedi corvi *SB* 33; pes leonis unum habet stipitem magnum, alios minores, folia quae sunt juxta terram sunt rotunda *Alph.* 141. **c** *Alph.* 9 (v. anabulla).

9 coin: **a** (Sc., of gold). **b** (base or counterfeit coin).

a 1432 item in pecunia .. computando dimidium pro viij solidis et leonem pro v solidis *Reg. Glasg.* 330. **b 1299** a die natalis Domini pollardi et crocardi denarii cum aliquibus leonibus atque rosis .. vim denarii perdiderunt *Ann. Worc.* 543.

10 (as name): **a** (as given name); **b** (as surname); **c** (as place-name).

a dominus Leo papa [quartus] .. Ælfredum .. unxit in regem ASSER *Alf.* 8; **s964** Johannes papa infamatur; et, quum ad excusandum venire cunctaretur, Leo quidam laicus ei substituitur a Romanis R. NIGER *Chr. I* 79; *Ib.* 125 (v. 3 Gallus); **1259** de debitis in quibus ipse tenetur Hagino filio Mossei et Leoni filio Pretiose Judeis London' *Cl* 6; pro xvij marcis argenti quas pro me pacaverunt Leoni Judeo Ebor' *Feod. Durh.* 135 n; Leone de Heriz *Ib.* 19 n. **b 1209** in moltura Rogeri Leonis *Pipe Wint.* 79; **1288** inter .. Ricardum de Leonibus et Emmam *Cart. Osney* IV 254; **1437** Johanne Leonis, Johanne de Backenstein .. decretorum doctoribus BEKYNTON II 31. **c** de transitu per .. Leonis monasterium [*Leominster, Heref*] GIR. *IK* 11; **1315** extenta facta de burgo ville et castri ~onis [*Holt, Denb*] (*Ext. Bromfield & Yale*) *Cymmrodorion Rec. S.* XI 38; hec sunt Londonis: .. Cokland, Dolium, Leo [? *inn, or* ? *Lion Tower*] verbaque vana *Staura Civ.* 2.

leocinari v. lenocinari.

leofa [? cf. ἔλαφος], deer.

Christus .. resurgens a mortuis quaerit duntaxat pulmentarium, non leopham, non aprum, non capream H. BOS. *Thom.* III 15; habeat [sc. scriptor] .. dentem verris sive apri sive liofe [v. l. leofe; *gl.*: hec leoffa, -fe, est ales habens longos dentes et est nomen Grecum; *de cele beste*] ad polliendum pergamenum NECKAM *Ut.* 116.

leogantia v. ligantia.

leona [cf. leaena, AN *leune*], lioness.

1484 officium custodie leonum, ~arum et leopardorum infra turrim nostram London' *Pat* 554 m. 25; hec liona, A. *lyonys WW*; superabat quippe furoris magnitudine tigrides fortitudineque leonas *Mir. Hen. VI* III 119.

leonalis, resembling a lion, lion-like.

ferus .. similis quidem forma et fortitudine leoni .. . .. continuo .. ~is bestia furens de sua spelunca in agro odorans hominem ibi accedere venit (*Abb.* 15) *VSH* I 13.

leonculus, leoniculus v. leunculus.

leonicus, of a lion (in quot., w. ref. to Richard the Lionheart).

in vultu letus fuit et fortisque facetus, / blandi sermonis, ditatus corde leonis. / Scotia, Wallia, Neustria, Gallia, conticuerunt, / arma Britonica quando leonica visa fuerunt UPTON 131.

leoninus [CL]

1 of a lion, lion-like.

quid tu quoque .. catule ~e, Aureli Canine, agis? GILDAS *EB* 30; qui prius ~a feritate fulminans ipsis omnia abstulerat, nunc mitis agnus .. omnia posse reddere letatur G. MON. IV 5; [Robertus dux] ore ~us, corde leporinus H. HUNT. *HA* VIII 17; dum tamen penitus odor exulet ~us GERV. MELKLEY *AV* 220 (*w. allusion to* 4 infra); truculentia ~a, rapacitate lupina AD. MARSH *Ep.* 147 cap. 43; ~i pectoris animum erigit *Ps.*-ELMH. *Hen. V* 64 p. 177.

2 (*lepra ~a*) kind of leprosy, leontiasis.

W. CANT. *Mir. Thom.* IV 20, **1468** (v. alopecia a); lepra .. que est ex sanguine colerico adusto .. vocatur ~a GILB. VII f. 340. 2; lepra cedit leonina, / sua victa medicina GARL. *SM* 304; lepre .. tercia species fit de colera adusta et vocatur ~a propter ferocitatem similem ferocitati leonis GAD. 45. 2.

3 (as sb. f.) base or counterfeit coin. *Cf. leo* 9b.

s1299 mercatores .. introduxerant in Angliam monetas .. pessimi metalli .. aquilarum, ~arum, dormiencium et aliorum diversorum nominum W. GUISB. 333.

4 (of rhyme or verse) leonine, in which syllables before the caesural pause and at the end of the line rhyme.

leonitas est consonantia in duabus ultimis sillabis. .. hec faciunt versus ~os, quos vix contingit in aliquo opere auctentico nisi casualiter invenire GERV. MELKLEY *AV* 17; apposuit epitaphium scriptor, non ~a dictatum cantilena, sed simplici commendatum stilo *Chr. Evesham* 15; ~am consonantiam GARL. *Mor. Scol. prol.* (v. consonantia 1c).

5 Leonine, of the quarter of Rome fortified by Leo IV (ellipt. as sb. f.).

Fredericus imperator .. ~am obsedit et cepit TREVET *Ann.* 59.

leonissa [ML], lioness.

ipsa est quasi ~a [ME: *leunnesse*], leonis socia *AncrR* 69; **1453** de firma domus ~e de dicto termino Penthecostes .. xvj s. *ExchScot* 590; hec ~a, *a leonys WW*.

leonitas

1 nature of a lion.

magis igitur distant divinitas et humanitas, que in nullo communicant, quam humanitas et ~as, que in plurimis communicant GROS. *Cess. Leg.* I 8. 18.

2 nature of leonine verse.

sunt enim quidam colores qui adeo decorant ipsam vocem quod etiam non intelligentes alliciunt ad auditum, ut picta annominatio, ~as et hujusmodi GERV. MELKLEY *AV* 9; similitudo literarum vel sillabarum in fine parit tum consonantiam, tum ~atem *Ib.* 16; *Ib.* 17 (v. leoninus 4).

leonius, lion-like, of a lion; **b** (as given name).

in octavo [loco] nunc ~ius catulus, quorum verborum comparatur numerus adjecto Paulo apostolo (ALCUIN *Inscriptio*) *PL* CI 729C. **b** pausant duo corpora patrum, / .. / inclaususque pater meritis Leonius almis ALCUIN *Carm.* 99. 9. 3; ij bovatas terre in villa de Claxtone dicto ~io et heredibus suis, quas ~ius avus suus assignavit dicte capelle ad sustentacionem capellani *Feod. Durh.* 26 n.

leontopedion v. leontopodion.

leontophonus [CL < λεοντοφόνος], insect said to kill lions (*cf.* Isid. *Etym.* XII 2. 34).

est .. una bestiola .. que vocatur learefones que portat quoddam venenum quod leonem et leenam interficit UPTON 125.

leontopodion [CL < λεοντοπόδιον], (bot.) lion's foot.

~ium *leonfet Gl. Durh.* 303; leontopedion *Alph.* 96 (v. brumaria).

leonus, lion-like (*cf. leoninus*).

sua mihi .. persuasit assercio te Appolline doctiorem, Jove leniorem, Marte ~iorem MAP *NC* III 5 f. 43.

leoparda, leopardess.

hec ~a, uxor ejus [sc. leopardi] .. hic leopardus, A. *a lebard*, hec ~a idem est *WW*.

leopardarius, leopard-keeper.

1292 in expensis lipardarii pro lipardo *KR Ac* 308/15 m. 1; in .. carne pro lipardo, liparderio et Saracenis *Ib.* m. 2.

leopardus [CL]

1 leopard. **b** leopard skin.

mulieres .. nascuntur, .. barbam usque ad mammas prolixam habentes, quae sibi, dum venatrices sunt, tigres et ~os et rapida ferarum genera pro canibus nutriunt *Lib. Monstr.* I 22; de ~o: seva mihi genetrix atroxque est lena decreta, / crudelisque pater pardus HWÆTBERHT *Aen.* 46 (*tit.*); si ~us aliquem mordicus attigerit W. MALM. *GR* III 291; uncia est animal calidissimum et siccissimum, furiosum, procreatum a leena et ~o *Quaest. Salern.* N 2; **1292** lipardi (v. 1 garbia); **s1378** quos .. cordis magnitudo equaverat ~is WALS. *HA* I 373; **1453** per deliberacionem .. senescallo principis, ad expensas suas et sue familie .. et pro sex barellis cervisie et expensas leopardy, xv li. x s. vj d. *ExchScot* 551. **b** **1440** pro j fardell' de *peletory* continente xj mantellis de lebard', val. iij li. *Port Bk. Southampt.* 68.

2 image or figure of leopard: **a** (as decoration); **b** (as heraldic device).

a tertiam [capam] de viridi examito cum angelis thurificantibus et ~is et floribus aureis *Chr. Evesham* 263 n; **1295** (v. frontalis 2); de j coopertorio cum j testura .. cum capite libardi .. *Arch. Bridgw.* I 268; **1388** (v. deliciae 2b); **1402** una longa parura .. ejusdem coloris cum lepardis aureis *Invent. S. Paul.* 508; **1436** de ~o ligneo pictato *KR Ac* 53/5 f. 31; **c1500** lex cape del *bawdekyn* cum libertis passaunt de auro ac floribus operatis *Fabr. York* 229; **1501** iiij panni .. cum leoperdis singulis circumcept' *Cant. Coll. Ox.* I 33. **b** **s1235** in clipeo regis Anglorum tres ~i figurantur M. PAR. *Min.* II 380; **c1320** (v. gerere 1e); domini portantes ~os in scuto suo (J. BRIDL.) *Pol. Poems* I 197; stant tribus Anglorum leopardis lilia Franca ELMH. *Metr. Hen. V* 1160; **1449** cum peditante ~o aureo *Exc. Hist.* 48.

leoperdus v. leopardus.

leopos [cf. CL leo + pes], (as etym. gl. of *lupus*).

lupus quasi ~os, quia in lupo tanta quasi inest virtus in pedibus sicut leoni UPTON 165.

leouua v. leuga. **lepa** v. 2 lepus. **lepararius** v. leporarius. **lepardus** v. leopardus. **leperarius** v. leporarius.

lepidare, to speak elegantly, charmingly or wittily.

~o, *to speke fayre WW.*

lepide [CL], **a** charmingly, pleasantly. **b** elegantly, wittily.

a en ipsius factum quem excusamus, et cujus mirabile tirocinium attentius meminisse ~ius delectat W. POIT. I 12; Arturus equo vectus ingressus eum [sc. regem] ~e cum convivantibus salutabat *Arthur & Gorlagon* 3. **b** comiter, facete, urbane, ~e OSB. GLOUC. *Deriv.* 143; satis ~e a quodam responsum est: "mirum .. quod lupus ovem recusat" GIR. *GE* II 33 p. 325; nemini dubium fuit quin ~e simul et verecunde successorem illa voce non vinum elegisset, sed Theofrastum W. BURLEY *Vit. Phil.* 282.

lepiditas [ML], elegance, charm, wit.

796 paululum propter refectionem animi rethorica lusi ~ate ALCUIN *Ep.* 97.

lepidium [CL < λεπίδιον], pepperwort, dittany.

lepidum quam multi gingion appellant herba est cujus folia virtutem habent viscidam et vulneranciam *Alph.* 96; ~ium .. *is called wyth a false name dittany, Duche men cal it pfefferkraut* TURNER *Herb Names* Ei.

lepido, elegance, charm, wit.

quoniam .. assidua artis lectoreae non adsit instantia, quae dogmatizando conferat ~inis adesse peritiam, cunctis tamen conceditur facilis faciendi facultas B. *Ep.* 386.

lepidos v. lepis.

lepidulus, rather elegant, somewhat charming, a bit witty.

~us, aliquantulum lepidus OSB. GLOUC. *Deriv.* 324; verbosi rethoris lingua lepidula / sine marsupio plus vilet hinnula WALT. WIMB. *Sim.* 47.

lepidum v. lepidium.

lepidus [CL]

1 agreeable, charming.

p745 fidelibus ac ~is ministrat servitiis *Ep. Bonif.* 85; et licet sanum ubique consilium in sue majestatis luce viguerit, pro modo .. concausantium informari ~a moralitate non nocuit (*Leg. Hen.* 3. 1a) *GAS* 547; sum Brito; nec moveor si saltet asellus et optet / Anglicus in lepidum versus abire virum L. DURH. *Dial.* III 211.

2 (of style or sim.) elegant, witty.

~a urbanitatis facundia ALDH. *VirgP* 60; ~o facilitatis eulogio B. *V. Dunst.* 1; lingua tibi lepida, / modestum alloquium HIL. RONCE. 4. 35; lex equidem secularis gloriosa supellectili verborum ~aque orationis urbanitate lasciviens me vehementer allexerat et inebriaverat mentem meam P. BLOIS *Ep.* 26. 91C.

lepiletum v. lupuletum.

lepis [CL < λεπίς], scales or flakes of metal.

emplastrum apostolicon . . . recipe litargiri .. sarcocolle ~idos calcis i. batiture eris GILB. VII 359v. 2; ~idos calcis, i. squama sive batitura eris *SB* 27; ~ida, sc. squama, inde ~idos calcis, i. squina eris vel scoria, i. batitura *Alph.* 95; †lirista [? l. λεπὶς χαλκοῦ] i. flos eris usti *Ib.* 99; ~os calcis, est pulvis aeris *LC* 248.

lepor v. 2 lepos.

leporare [ML], to hunt hares.

1190 Galfridus filius Walteri de Grimeston' debet dim. m. quia ~avit in foresta *Pipe* 65; **s1378** plures domini de regno cum eo retenti erant sub annua pensione ~are KNIGHTON II 127.

leporaria [CL = *bird that kills hares, eagle*], dog that kills hares, greyhound bitch.

~ia quedam .. catulos habens GIR. *GE* II 11 p. 226; **1200** j leporarium et j ~iam in foresta .. ad capiendum wlpem et leporem *ChartR* 49; **c1255** pro quo dedit eidem abbati .. unam ~iam desiderabilem *G. S. Alb.* I 40; **c1350** (v. brachetta).

leporarius [LL], dog that kills hares, greyhound; **b** image of greyhound.

Domus Reg. 135 (v. canis 2a); **c1157** etc. (v. brachettus); interfecto juvene quodam .. leporarius ejusdem inventus est per octo fere dies absque cibo domini cadaver non deserens GIR. *IK* II 10; **c1195** concedo eciam eidem W. ut habeat quatuor ~ios et cum eis venetur in feudo de Kynne *Regesta Scot.* 335; **1284** pro putura iiij falconum lan[eriorum] et vj lepor[ariorum] aquatic[orum] regis *KR Ac* 351/11 m. 1; Scoti, quasi lepores ante ~ios, in momento dispersi sunt RISH. 442; **1310** de ij colariis leperariorum *Ac. Exec. Ep. Exon.* 2; **1367** Thome Prest [et aliis] pro xxx multonibus et una vacca mactatis, cum ~iis regis .. in recompensacionem dampnorum suorum *KR Ac* 396/2; **1397** in campis de Ridmerley intraverunt et ibidem cum ~iis duos lepores et ij cuniculos ceperunt *Proc. J. P.* 404; **1469** de xij columbariis leparariorum *ExchScot* 648. **b** j vestimentum .. de panno blueti et albi *baudekyn* cum ~iis et serpentibus *Invent. Norw.* 127.

leporinus [CL]

1 of a hare, a hare's; **b** (w. ref. to timid behaviour).

vetulas quasdam .. se in ~am transmutare formam GIR. *TH* II 19 p. 106; sis doctus .. / noscere vulpinas fraudes, cursus leporinos D. BEC. 1767; habeat pedem ~inum quo .. tergere possit superficiem auri NECKAM *Ut.* 118 (*but* cf. 1 lepus 4); in quodam secreto celatus celario latitabat, more tectus ~o M. PAR. *Maj.* III 293; **1303** similiter pelles ~e, centum [debet] iij d. *EEC* 167; abstineat .. a carne melancolica, sicut bovina, cervina, ~a, anserina GAD. 121v 2. **b** corde ~us H. HUNT. *HA* VIII 17; sic sacerdos in odore confessionis vulpinas calliditates .. et ~as timiditates .. investigat *G. Roman.* 290.

2 (*herba ~a*) a kind of plant, perh. orchid (also ellipt. as sb. f.; cf. Isid. *Etym.* XVII 9. 43).

satyrion, priapismus, herba ~a idem sunt *SB* 37; ~a, priapismus, saturion *Alph.* 95.

leporiter, gracefully, courteously.

~iter accipitrem cum anate ad manum Morcant regis attulit, illumque tali facinore non minimum letificavit (*Cadoc* 62) *VSB* 130.

leporium, hare warren.

1205 habeant .. in bosco .. in vivariis, et ~iis (*Ch.*) *MonA* VI 2. 1137b.

1 lepos v. lepis.

2 lepos [CL], **lepor** [LL]

1 charm, attractiveness.

tribunos .. atque centuriones .. convocat suos, homines quidem omni facetiarum ~ore rudes et incultos *V. Neot. A* 15; hinc licet ut credam quod libet. et quid id est? / debuit esse lepos. hic Atticus, ut puto, non est; / Anglicus esse potest. cedo. facetus ades L. DURH. *Dial.* I 201; suadet, et hunc utinam persuadeat ipsa leporem. / est, est, Petre, Deum pulcher amare lepos. / quisquis amat, lepidus, qui non amat est onerosus *Ib.* IV 293–4; suavitatis theologice ~or P. BLOIS *Ep.* 76. 234B.

2 elegance, cleverness (of speech or literary style).

metrica ~oris elegantia et rethoricae disertitudinis eloquentia ALDH. *VirgP* 60; cavens ne quis .. estimaret Anselmum ex materiae quidem formositate illud composuisse, ex dictaminis vero vilitate, quo mentis illius perspicacia et ~os eloquii evanuerit, mirum duxisse EADMER *Beat.* 15 p. 291; sic callidus ~os Romanorum novit se ad oratorum convertere versutias W. MALM. *GP* I 70; fateor ~orem inesse verbis, sed non ita sententie saporem NIC. S. ALB. *Concept.* 94; ~or eloquentie P. BLOIS *Ep.* 26. 91C; beatus Hieronymus fere usque ad internecionem flagellatus est ab angelo, quia rhetorici ~ore sermonis illectus vanitati operam dabat *Ib.* 140. 418B; circumplectentibus dialeticorum laberintis rethorumque sillogismis †eloquencie [? l. eloquencia] ~orum illiteratos seu simplices fallentibus STUDLEY 1; omnis lepor oratoris / nascitur ex loculo WALT. WIMB. *Van.* 27.

leppitudo v. lippitudo. **leppus** v. 2 lepus.

lepra [CL], **leprum**

1 leprosy or other skin disease; **b** (w. ref. to *IV Reg.* v *etc.*); **c** (fig.).

excolorata cute erupuerunt pondera lepre *Mir. Nin.* 331; mulier leprosa .. ~am deposuit, cutem .. mundum induit GOSC. *Mir. Iv.* lix; licet .. agnoverint .. ipsos ~a percussos atque morituros .. *Simil. Anselmi* 38; curat .. omnem ~am, non modo tyriam, leoninam, sed elephantiam et alopeciam, et siquid aliud lepre genus physicus excogitat W. CANT. *Mir. Thom.* IV 20 p. 333; at lepra, cui nomen prebet leo, flammea restat NECKAM *DS* IV 842; qui simul lac et pisces comedunt, sepe ~am aut albam maculam incurrunt BACON V 83; porro plaga porriginosa est contagiosa valde et pestifera, tantamque vicinitatem habens ad ~am, ut ea quomodolibet maculatos, tam abhominabiles reddat, tamque intolerabiles et vitandos, eciam suis carissimis, ut leprosos *Mir. Hen. VI* V 154. **b** quis .. discipulum .. etsi non perpetua ~a, ut Helisaeus, saltim expulsione multavit? GILDAS *EB* 72; lurida ~ae spurcitia ALDH. *Met.* 2 p. 69; exemplum de Ozia .. ~o percusso [*II Par.* xxvi 21] GIR. *GE* II 7 p. 195; lepra Syri vulneratur P. BLOIS *Carm.* 24. 3. 20; petit Naaman ad ostium domus Helysei ut curetur a ~a AD. DORE *Pictor* 157; Giezi ~a percussi *Reg. Whet.* II 387; Iezi filium Elizaei percussum ~a PAUL. ANGL. *ASP* 1543. **c** curat et spiritualem ~am, quod majus est, varietatem sc. vitiorum sinceritatem animae commaculantium W. CANT. *Mir. Thom.* IV 20 p. 333; moriatur in te .. ~a luxuriae AD. SCOT *Serm.* 122D; anima pulchra per peccati ~am infecta pristinam pulchritudinem habere non poterit, nisi per altos gemitus *G. Roman.* 420 tit.

2 disease (that renders meat unfit for human consumption).

carnifices .. vendentes carnes grossas bovinas et ovinas et porcinas aliquando ~a percussas [*gl.*: *sursamis, surseney, with lepur*] GARL. *Dict.* 127.

leprosare, to afflict with leprosy.

omnia membra fetus corrumpuntur et ~antur GILB. VII 337. 2.

leprosaria, ~ium [ML], lazar-house.

1230 capellano leprosorie Circestr' *Pipe* 7; **1257** in dono ~ie, quia lepram habuit *MinAc* 1094/11; **1267** prope ~ium de N. .. ante dictam ~iam *Cart. Mont. S. Mich.* 39; **1279** nota de hospitalibus et ~iis *EHR* XXXII 86 n. 61; *spytyl hows*, leprosorium *PP*.

leprosarius [ML], leper.

1417 lego .. ~iis .. in hospitali .. habitantibus .. vj s. viij d. *Reg. Exon.* 417.

leprose, as if with leprosy, leprously, diseasedly.

anima sic ~e tumescens superbia .. deficiet WYCL. *Innoc.* 488.

leprosia, lazar-house.

1279 de .. redditibus ~iarum (v. 1 domus 7c); **1338** de ~ia, pro tercia parte lepros', vj d. *Cl* 161 m. 12.

leprosius, of lepers.

de redditu et proventibus ~iarum [v. l. ~orum] domorum Dei que [v. l. qui] .. in usus leprosorum infirmorum .. convertuntur (*Bulla Papae*) B. COTTON *HA* 192.

leprosoria, ~ium v. leprosaria.

leprosus [LL]

1 afflicted with leprosy or other skin disease; **b** (fig.); **c** (as sb. m. or f.) leper.

horrida leprosis explodens ulcera squamis ALDH. *VirgV* 558; non solum ~us sed et plenus lepra describitur BEDE *Luke* 385; mulier ~a .. ad salutiferum sancti .. monumentum venit GOSC. *Mir. Iv.* lix; queritur si aliquis leprosus concumbat cum muliere, quare mulier non efficitur ~a; sed si aliquis alius concubuerit proximo concubitu efficitur ~us? *Quaest. Salern.* B 33; item experimentum ad probandum utrum homo sit ~us a natura, hoc est si infirmitas traxit originem a parentibus vel si homo sit ~us a casu, hoc est a causa accidentali *Pop. Med.* 250. 113; noscat Deus .. quod mallem quod essetis omnes ~e [ME: *spitel uuel*] quam essetis invide et crudeles corde *AncrR* 92. **b** ~us in mente ab obsequiis Dei repellitur ALEX. BATH *Mor.* III 89 p. 137. **c** **726** ~is autem, si fideles Christiani fuerint, dominici corporis et sanguinis participatio tribuatur *Ep. Bonif.* 26; ALCUIN *Hag.* 685 (v. elephanticus); ligneas domos .. ad opus ~orum delegavit EADMER *HN* 19; lavatura manuum ejus in potum sumpta, ~us luridam cutem exuit W. MALM. *GP* I 46; **1205** quod facias habere liprosis de B. saisinam terrarum *Cl* 59b; amittet carnes illas et dabuntur ~is vel canibus ad

manducandum *Leg. Ant. Lond.* 172; quod nullus ~us sit vadens in civitate *MGL* I 250.

2 (of animal or meat) diseased.

1256 de xiij eschinis porcorum .. quilibet j d. quia ~i *Crawley* 215; **1388** xxiiij cujuscumque generis porcorum .. quia pro majori parte eorundem sunt ~i *IMisc* 322/12; aperiunt pisces et non inspiciunt utrum sint ~i vel non *Iter Cam.* 20; **1417** perne baconum: .. computantur non expense hoc anno viij quia ~e *Househ. Ac.* II 515.

leprum v. lepra. **leprus** v. lepus. **leptacareon** v. leptocaryon. **leptiuticus** v. leptynticus.

leptocaryon [LL < λεπτοκάρυον], kind of small nut.

leptacareon, i. nux muscata s. avellana *Alph.* 97.

leptofilos v. leptophyllos.

leptomeres [LL < λεπτομερής], consisting of fine particles (in quot. as sb.).

†leptoneries [l. leptomeres], i. subtilis substancie medicamen *Alph.* 97.

leptoneries v. leptomeres. **leptopericia** v. leptopyretia.

leptophyllon [CL < λεπτόφυλλος], **a** mugwort. **b** hemlock.

a leptofilos, *mug uyrt Gl. Durh.* 303 (cf. *Leechdoms* I 13). **b** leptafillos, A. *hemlok MS BL Sloane 405* f. 12; filon interpretatur folium, inde .. quidam cicutam dicunt leptafilon quod habet minuta folia et acuta *Alph.* 66; leptofili, [id est] tenuis folii *Ib.* 97.

leptopyretia [LL < λεπτοπυρέτια], light fever.

leptopericia, diminucio ignis *Alph.* 97.

leptos [λεπτός = *small, slight*], (understood as) diminution, lessening.

lapitos interpretatur minucio *Alph.* 95; ~os interpretatur minucio *Ib.* 97.

leptynticus [LL < λεπτυντικός], that makes thin.

virtus est ei calida leptiutica *Alph.* 171 (v. epispasticus).

1 lepus [CL], hare.

~orem licet comedere et bonum est pro desintiria THEOD. *Pen.* II 11. 5; **751** quae [sc. aves] omnino cavendae sunt ab esu Christianorum. etiam et fibri atque ~ores et equi silvatici multo amplius vitandi (*Lit. Papae*) *Ep. Bonif.* 87 p. 196; medicina de ~ore *Leechdoms* I 342 (*tit.*); **1155** prohibeo ne quis in ea [sc. warenna] fuget vel ~orem capiat *Act. Hen. II* I 96; lepus levis D. BEC. 1206 (v. bos c); ~ores .. minuti, cuniculis .. delicata pilositate consimiles GIR. *TH* I 24; **1243** pellibus .. leprorum *Pat* 54 m. 10; ~us et corvus magnum cor habent secundum mensuram sibi proportionalem, tamen timidi sunt *Ps.*-RIC. *Anat.* 41; quidam canis vicarii fug[abat] sepius ~ores in campo *CBaron* 131.

2 a poisonous fish, sea-hare.

cum canis equoreis preda potiatur in undis, / audax sepe lepus associatur ei NECKAM *DS* III 458; sic interficiens ut ~us marinus GILB. VII 348v. 2; delfinus et ~us marinus et animalia alia que sunt terre et mari communia que Arabice cenealia vocantur *Ps.*-RIC. *Anat.* 25; [venenum] corrodens et putrefaciens sicut ~us marinus GAD. 104v. 2.

3 the constellation Lepus, the Hare.

hinc Aries, Virgo, Serpens, .. / .. Cygnus, Lepus R. CANT. *Malch.* V 44.

4 (*~oris pes*) hare's-foot clover.

~oris pes, *haran hig Gl. Durh.* 303.

5 dog that kills hares, greyhound. *Cf. leporarius.*

c1198 dedit mihi in gersuma duos ~ores nomine Lym et Libekar *Ch. Chester* 271; **1424** habet venatorem et j *mut* de canibus venaticis et iiij ~ores causa recreacionis .. *Reg. Heref.* 66.

2 lepus, ~a [ME *lep* < AS *leap*]

1 basket.

hoc est stauramentum: .. una tina et due ringe et due leppe, tres carri *Cart. Rams.* III 253; **1435** in vj spartis cum ij lepys empt. pro cova, vj s. iiij d. *Ac. Durh.* 232.

2 a dry measure, leap (in quots. of 1277, 1285 = two thirds of a bushel).

1224 reddendo in die S. Martini vj ~os frumenti de mensura que fuit tempore Henrici regis *CurR* XI 1600 (*Oxon*); **1277** Willelmus le Cupere tenet ferlingum unius virgate continentem xiiij acras pro xviij d. solvend' .. et colliget de nucibus in bosco comini tertiam partem unius mensure que vocatur *lepe*, quod est tertia pars ij bussellorum, et valet quad. (*Ext. Tarring, Sussex, DCCant.*) *DuC* IV 70a; **1279** debent predicti firmarii .. solvere x ~os aven' per veterem mensuram *Hund.* II 771 (*Gangsdown Hill, Oxon*); **1285** habebit .. ad Natale de domino ix ~ores .. unde xij faciunt j summam ordei (*DCCant.*) *Cust. Tarring* (cf. *Sussex Rec. Soc.* LVII 26); **1557** redditum unius leppi ordei .. in Heen et Tarryng in comitatu Sussex *Pat* 909 m. 15; debet triturare iij bussellos frumenti et dimidium ~ae vel v bussellos fabarum, pisarum vel vescarum SPELMAN *Gl. Arch.* 354.

lepusculus [CL], a young or little hare, leveret; **b** (fig.).

etiam fuit tantae misericordiae, ut canibus sequentibus ~um imperaverit stare ALCUIN (*V. S. Martini*) *Hag.* 661; ~us ab hostibus circumventus .. salvus effugit W. MALM. *GP* I 66; turbam canum figit, ~um a dentibus eorum eripit HON. *Spec. Eccl.* 1026A; ~us .. horti illius olera depascendo corrodere consueverat R. COLD. *Godr.* 139; infelicem bestiolam, ~um timidum, tanto fortasse predabitur apparatu J. SAL. *Pol.* 391C; omni urbanitate precisa et velut ~us fugitivus fugata, sicud canes vel porci vilissimi [Saraceni] comedunt S. SIM. *Itin.* 55. **b** **798** quid valet infirmitas Flacci inter arma? quid inter apros ~us? ALCUIN *Ep.* 145 p. 235; quis inter tot argutissimos venatores ~us delitesceret? R. BURY *Phil.* 8. 134.

lerca [ME *lerke, larke* < AS *lawerce*], lark.

galeritam hanc majorem Angli proprie ~am nominant TURNER *Av.* E1.

lerecen v. lyricen. **lericina** v. lyricina. **leripipium** v. liripipium. **leripopaeus** v. liripipium. **lerlegga** v. legga. **lermentum** v. lenimentum. **lesa** v. laissa. **lesara** v. laser.

1 lesca v. laissa.

2 lesca [OF *lesche*, ME *leche*], slice.

non tibi sorbenti pulmentum palma reservet / discum, nec lesca panis circumrotet illud D. BEC. 1046; si accipiatur ~a casei recentis et liniatur melle GILB. VII 331v. 2; **1251** duo homines tres panes habebunt, cervisiam, carnem recentem et unam ~am casei *Cart. Rams.* I 289; **1364** quilibet capit .. j panem .. et j ~am casei, precium oboli, vj s. x d. *MinAc Wistow* 79; hec ~a, *a schefe of brede WW*.

lescare v. laissare. **lescha, ~ia** v. lecha. **lescia** v. laissa. **lesciva** v. lixiva. **lesenga** v. losenga. **lesera** v. laser. **lesha** v. lecha.

lesna, lesuna, market-due (Gasc.; *cf. leuda*).

1255 retinentes nobis .. plateam ad faciendum forum .. furna et molendina, mercatum, et lesnam, et lumbos porcorum *RGasc* I *sup.* 43b; retinentes nobis .. furna et molendina, mercatum, et lesunam, et lumbos porcorum *Ib.*

1 lessa v. laissa.

2 lessa [OF *les, leis*], grant.

1162 quando elemosinas suas dividerent, darent ~am de testamento suo ad pontem faciendum *Act. Hen. II* I 366; eleemosynas quas mei homines facient de suis decimis, atque ~as de suis substantiis, Deo et S. Nicolao concedo *MonA* VI 996.

lessia, lessus v. laissa. **lesta** v. 1 & 2 lastus. **lestagium** v. lastagium.

lestarium, ? *f. l.*

1268 custodiam terrarum et tenementorum et †lestariorum [? l. blestariorum] et heredum Thome de Havill' *Pat* 86 m. 17.

lestleg- v. legga.

lestrum [Ir. *lestar, lestrae*], container, vessel.

1404 sciatis quod .. nos .. concessimus .. certas custumas et theolonium de mercandisis .. et bonis venalibus ad dictam villam de Drogheda venientibus .. viz. .. de quolibet dolio butiri venal' iiij d., de quolibet ~o butiri j d. *ChartR* 174 m. 1.

lestus v. 1 & 2 lastus. **lesuna** v. lesna.

lesura [AS *lesua, læs*], leasow, rough pasture.

1541 de redditu .. terrarum, tenementorum, lezur', pasturarum, pascuorum [etc.] (*MinAc, Yorks*) *Rutland MSS* r. 37; **1547** triginta et una ~as sive pasturas vocatas le Cussoners lesues *Pat* 806 m. 13; **1552** viginti acras et unam rodam leazur' cum eorum pertinenciis *Ib.* 844 m. 6; novem acras sive seliones terre et lezure *Ib.*; dim. acram terre et lezure *Ib.* m. 7; **1583** gardina, toft', croft' curtilagia, terras, prata, pascua, pasturas, lezur', bruer', turbar' *Ib.* 1234 m. 8; **1587** ~am .. vocatam Croked Leasowe in comitatu nostro Heref' *Ib.* 1301 m. 35.

1 leta, ~um [ME *leð* < AS *læð*]

1 division of a county smaller than a hundred. *Cf. 2 lastus 1.*

hundredum de Grenehou de xiv ~is *DB* II 119b; de x leitis *Ib.* 212b; de trehingis et ledis (*Leg. Ed.*) *GAS* 653 v. l. n. 20 (= *Ib.* 671 n. 45); in hundredo de T. sunt xxiiij ville ex quibus constituuntur vj ~e que dicuntur ville integre *Kal. Samson* f. 81r; hec sunt *ferderinges* in Babenberge quas in aliis hundredis vocamus ~as *Ib.* f. 102v; facta, eo jubente, descriptio generalis per hundredos de ~is BRAKELOND f. 128v; **1379** pontem .. infra ~um de Munsterworthe *Cart. Glouc.* III 259; **1558** extra hundredum rapam wapentagium vel latham *Entries* 464va.

2 court leet. *Cf. 2 lastus 2.*

1107 habeant .. omnia amerciamenta hominum suorum tam liberorum quam lancetorum in ~a mea, in foro, in curia *MonA* III 330; **1198** quieta .. de clausuris, hidagiis, schiris, leis [? *pl. of* ME *word*], hundredis *CalCh* II 355; **1275** R. de E. clamat habere libertatem ~e, ut assisam panis et cervisie et hujusmodi, quo waranto nescitur .. Alicia de Playz clamat habere ~am suam in Thoft et war' in j bosco qui vocatur West Rys, et propter dictam ~am dat domino comiti War' xij d. *Hund.* I 452; **1287** quieti de schiris wapentachiis et leth[is] et placitis et querelis *PQW* 289b; **1297** Willelmus concessit .. quod omnes homines sui in Magna Ravele residentes, tam cotarii quam custumarii sui, de cetero venient ad ~am ipsius abbatis tenendam semel tantum in anno apud Upwode, ad recipienda et facienda omnia que ad ~am pertinent *Cart. Rams.* II 358; **1306** idem respondet de x li. xj s. ix d. de perquisitis curie hoc anno. et de vij s. ij d. de ~a burgi hoc anno et non plus, quia firmarius burgi habet jurisdiccionem pistorum et braciatorum *MinAc* 991/28; **1326** item una ~a bis per annum, viz. ad le Hokeday et ad festum S. Michaelis; et quilibet existens in decena dabit domino ad utrumque ~am j d. *Cl* m. 1*d*; **1346** in expensis senescalli pro ~a tenenda iij s. x d. ob. *Rec. Elton* 325; **1402** visibus franciplegii, ~is, hundris, wapentachiis *RScot* 163b.

2 leta [ME *lete* < AS *gelæt*], leat, watercourse, channel. *V. et. lada.*

1389 dicit quod idem Ricardus divertit aquam et fregit tias .. et ~as duceret ad opus suum stann' *Rec. Stan.* 65; fregerunt ~am aquarum operis stannar' eorundem *Ib.*; extenderetur .. fossatum .. usque prope ledam de Swyna *Meaux* I 412; molendinum aquaticum et ledam cum muris lapideis FLETE *Westm.* 135.

1 letabundus v. laetabundus.

2 letabundus [cf. CL letum], deadly.

~is ictibus FELIX *Guthl.* 41 p. 128 (v. limalis).

letalis [CL]

1 of or associated with death.

imminente letali articulo GIR. *TH* I 19; imminente puncto ~i *Id. SD* 112; virga Mercurii .. ex una parte ~is fuit, ex altera vite collativa NECKAM *NR* II 108; liram exasperat letale lamentum J. HOWD. *Cant.* 270.

2 deadly, fatal.

et aeternae vitae participem esse facere sine illorum impedimento loetali *Cerne* 80; esu interdictae arboris ~is pomi EGB. *Pont.* 115; loetalis, mortiferis [*sic*] *GlC* L 263; lethales pestes LANFR. *Corp. & Sang.* 428B; insequitur clamorque virum, stridorque rudentum. pro ludo subiit ~is terror, pro gaudio plangor GOSC. *Transl. Mild.* 11; percussus est lethali sagitta egritudinis *Id. Transl. Aug.* 33B; loetali ibidem correpta est egritudine *Id. Wulfh.* 9; quid meruit regis filia ut tot mala subeat ~ia? *V. Kentig.* 6; quoddam ~e toxicum H. BOS. *Thom.* III 14; ~i bello contra me .. dimicantem M. PAR. *Maj.* III 523; insidie mutue, ~es guerrae, hostiles inimiciciae utrunlibet exercentur *Ps.*-ELMH. *Hen. V* 52.

letaliter [CL], lethally, fatally.

draco qui pestiferum praevaricationis virus .. de venenosa fauce ~iter evomuit ALDH. *VirgP* 12 p. 241; **10..** loetaliter, *deadlice WW*; ad compunctionem ~iter percussus in pectore *Ep. Glasg.* 312; letalem hostem ~iter extinctum GIR. *TH* I 31; illa remanserat .. salubriter debilis, que sub impetu .. morbi extiterat prius lethaliter fortis AD. EYNS. *Hug.* V 8; corpus infrigidare letaliter CAPGR. *Hen.* 66; contigit .. largissima quadam cathapulta, ferro sc. armata bipenni, sese ~iter vulnerare *Mir. Hen. VI* I 4.

letania, ~ium v. litania. **letargia** v. lethargia. **letargion** v. lethargion. **letegiosus** v. litigiosus. **letenia** v. litania. **letera** v. latus, littera. **leterium** v. 1 lectaria. **letha** v. 1 leta.

lethaeus [CL < λήθαιος]

1 of or belonging to Lethe.

Stigia Lētheaque palude ALDH. *Aen.* 53. 9 (v. et 2b); Letheis mergatur [res] aquis ne fama futuris / talia temporibus tamque nefanda ferat L. DURH. *Dial.* II 373; animam vero ex ~eo flumine bibere nil aliud est quam animam existentem incorporari BERN. *Comm. Aen.* 115; respersus ramo lethei fluminis unda NECKAM *DS* III 359; PULL. *CM* 202 (v. lethargus b).

2 like that induced by the waters of Lethe.

vir bone, Lethei cognata papavera somni / proxima nequaquam cena fuere mihi L. DURH. *Dial.* II 13; papaver / cui vis lethei multa stuporis inest NECKAM *DS* VII 191; quia hoc mirabile .. diatim in effectu suscepit diminutionem, ~ee traditum est post pauca temporis spatia tam incurie quam oblivioni M. PAR. *Maj.* V 303.

lethalis, lethaliter v. letalis, letaliter.

lethargia [CL < ληθαργία], lethargy.

non tam somno quam lectulo ~ia depressus resupinus stertit in lectulo ALCUIN *Liturg.* 489; flegmon, apoplexis, reuma, liturgia, spasmus *Gloss. Poems* 104; quamplura emergunt incommoda ut .. melancolia et litargia et multa alie passiones *Quaest. Salern.* B 120; queritur quare in patiente litargiam fiat urine inspissatio? in litargico, licet aliorum humorum in multa quantitate fiat generatio, precipue tamen humoris fleumatici *Ib.* B 321; in stupore mentis et litargia GILB. I 31v. 1; **1288** abbas T. de L., egritudinis gravissima, que letargia dicitur, vexatus .. *Cart. Osney* I xiii; accipiantur capilli humani et comburantur et odor applicetur naribus; et est quasi eadem cura sicut in litargia GAD. 10. 1; litargia est passio capitis in parte posteriori subter craneum, vel sic, litargia est oblivio mentis quae fit ex flemate replente partem cerebri superiorem. litargia dicitur oblivio cum sompno, et a quibusdam dicitur subeth *SB* 27; hec litergia, i. infirmitas *WW*.

lethargicus [CL < ληθαργικός]

1 lethargic, characterized by lethargy; **b** (as sb. m.).

igitur diversum verum et non verum esse quis est qui non agnoscat, nisi litargico et frenetico laboret in morbo? ALCUIN *Haer.* 35; quare quidam in estate dormiens expergefactus statim factus est litargicus? *Quaest. Salern.* P 94; de sua litargica mora et tarditate permaxima *Cop. Pri. S. Andr.* 10. **b** H. BOS. *Thom.* II 6 (v. dormitatio e); letargicos excitat W. CANT. *Mir. Thom.* II 56; quibus in cervice vene apprehenduntur, insensati fiunt; ideoque litargicos phisiologi vocant ALF. ANGL. *Cor* 8; in litargico *Quaest. Salern.* B 321 (v. lethargia); qui freneticum ligat et qui letargicum excitat, ambobus molestus, ambos amat GIR. *SD* 24; de cepa .. succus ejus litargicis subvenit BART. ANGL. XVII 42; per quod differunt a litargico GILB. I 60v. 1; ista excitant seu litargicum seu habentem subeth vel somnum profundum GAD. 10. 1.

2 forgetful.

litergitus, -a, -um, i. obliviosus *WW*.

lethargion, sleep-inducing drug or drink.

constat nichilominus nobis multos, sumpto potu oblivionis quem fisici letargion vocant, obdormisse J. FURNESS *Kentig.* 1 p. 163.

lethargus [CL < λήθαργος], lethargic. **b** (as sb. m., or w. *morbus*) lethargy, illness involving loss of memory or drowsiness.

hoc excitat illum, sc. litargum vel somnolentum GAD. 10. 1; **1509** lucidis gaudet intervallis et .. tunc .. devenit litargus et non compos mentis existit *Cl* 375 m. 15*d*. **b** jam memor esto tui, loethargum subrue, fili FRITH. 920; quatenus liberius ~um morbum expellerent, per quem oblivio nascitur mentis BYRHT. *V. Osw.* 433; anteque lethargum vitiet praecordia largus R. CANT. *Malch.* III 217; numerum .. excedunt que exulanti anime quasi lethea potacione ~um infundunt PULL. *CM* 202; aut frenesi premeris, aut te letargus obegit, / aut furis, aut Lethes infatuaris aquis *Babio* 291; preterea ~um patiens, sic statim oblivioni cuncta tradiderat ut vix etiam se nomen habuisse meminisset GIR. *TH* III 34; letalem morbum quem dat letargus NECKAM *DS* VII 151; in hac [cellula memoriali] prop[r]ie fit letargus, communis illusarum mentium morbus, et tunc comparatur homo jumentis insipientibus RIC. MED. *Anat.* 217; hic litergus, i. infirmitas *WW*.

Lethe [CL < λήθη], a river of the underworld, the waters of which confer oblivion. **b** (fig.) oblivion.

quattuor etiam fluvios in eis assignabant: .. Leten oblivionem mentis majestatem sue divinitatis obliviscentis .. BERN. *Comm. Aen.* 29; o vetus Henrice, .. / .. jam Lethes pocula gustas, / oblitus, quicquid artis partisque sciebas M. CORNW. *Hen.* 290; Lethes dicitur fluvius infernalis *Alph.* 96. **b** Lites, i. oblivio, inde litargia, i. labor obliviosus *Ib.* 96.

Lethes v. Lethe. **lethos** v. lotos. **lethum** v. 1 leta.

leticia, ~ium [OF *letice*], kind of animal fur, lettice.

1220 pro duabus penulis et dimidia de ~iis vij m. *Cl* 424b; **1232** viij penulas de minuto vario et unam penulam de letic' *Liberate* 10 m. 6; **1237** pro ij penulis de ~io et quater xx et xvij penulis de grisio et minuto vario *Pipe* 81 r. 13; **1341** empcio erm' et lactucarum pro liberis regis: Willelmo .. scissori domine Johanne .. pro xv erm[inis] ..; eidem Willelmo .. pro xlix lactuc' ad opus dicte domine .. pro purfilamento supertunice clause iiij erm[ine] et iij lactuce *KR Ac* 389/9 m. 2.

letifer [CL], bringing death, fatal; **b** (as sb. m.) the deadly one, *i. e.* the devil.

quamvis squamigeros discerpam dira colobros, / non mea letiferis turgescunt membra venenis ALDH. *Aen.* 31 (*Ciconia*) 5; genuinis / loetiferae libidinis / luridaeque cupidinis (ÆTHELWALD) *Carm. Aldh.* 2. 55; decidens loetiferum incidit in languorem BEDE *Kings* 723; hac face letiferas pepulit puer iste tenebras / cordibus e multis FRITH. 47; loetiferas vero scrobibus versute latentes / decipulas *Ib.* 654 (v. decipula b); his .. verbis accensa fides in eo extinxit ~erum haustum quem bibebat ÆLF. *Æthelwold* 15; post sufficientem mense humanitatem, nocte insecuta, puellam hospitum natam ~er languor corripit et per momenta invalescens tenera membra exedit GOSC. *Transl. Mild.* 28; sed mirum in modum, continuo pustularum tumor desedit; ~erum virus effluxit W. MALM. *Wulfst.* II 7; laetifer in bellis labor est GARL. *Tri. Eccl.* 57. **b** loetifer invidit, conamina mille reclusit, / rumperet ut sanctam perverso schismate pacem FRITH. 537.

letifere, fatally.

fuit pestis boum, qui tam ~e fuerunt infecti ut .. corvi .. mortui caderent WALS. *YN* 252; cum Cyro aurum ~e hauriunt, quia aurum proprietarie sitiunt *Reg. Whet.* II 387.

letrofilon v. lutronphilon. **lettera** v. littera. **letteria** v. 1 lectaria. **lettirium** v. 1 lectaria.

lettrura [AN *lettrure* < litteratura], letters, learning, ability to read or write.

1383 quod W. G. probator captus et in gaola domini regis detentus et laicus erat tempore capcionis corporis sui et jam per assensum et licenciam Johannis Darcy gaolar' et janitoris ibidem irruditus est et informatus de ~a per Johannem vicarium ecclesie de la Roundechirche in villa de Cantebrigge *KB* 27/490 rex 3.

letuarium v. electuarium.

1 letum v. 1 leta.

2 letum [CL], death.

672 letotenus servanda condentes abdunt ALDH. *Ep.* 5 p. 491; dicens se spreta pace sequestra ~o tenus pugnaturum *Id. VirgP* 38 p. 289; sed gracilis grandes soleo prosternere leto, / quod letum proprii gestant penetralia ventris *Id. Aen.* (*Scintilla*) 93. 4–5; [Christum] victorem loeti ac vitae BEDE *Sam.* 626; s**993** in hoc aerumnoso dejectus saeculo ~um promeruit perpetuum *Chr. Abingd.* I 359; 'abba pater', prout infit Christus dum loetum lueret crucis [*Marc.* xiv 36] ÆLF. BATA 5. 13 p. 74; **1152** ne oblivionis ~o deleatur, et ob hoc inter posteros altercationis scrupulus oriatur, ego Alienors .. significo tam presentibus quam futuris quod .. *Act. Hen. II* I 30.

letus v. laetus.

letusa [AN, ME *letuse* < CL lactuca], lettuce.

1414 ~e ij lb., iiij d. *EschF* 1066/1; hec ~a, A. *letuse WW*.

leuca v. 1 leucus, leuga. **leucata** v. leugata. **leucis** v. leucoium. **leucoflantia** v. leucophlegmatia.

leucoium [CL < λευκόϊον], a kind of sweet violet.

leucis in floribus habet distanciam quod mellinum et album et purpureum florem ostendit, sed mellinus color medicine necessarius est *Alph.* 97; leucis, i. viola alba, projectorie est virtutis et extenuatorie sed flos plus. decoctio autem herbe menstrua provocat *Ib.* 98; ~ium bullosum praecox. *timely flouring bulbus violet* (GERARDE *Herbal* I 78. 121) *OED* s. v. summer sb. ¹ 6b.

leucoma [λεύκωμα], leucoma, a disease of the eye.

~a, i. albugo oculorum *Alph.* 97; orminon .. facit autem ad oculorum argema vel ~ata *Ib.* 137.

leucophlegmatia [λευκοφλεγματία], dropsy, characterized by a flabby, tumid condition of body, leucophlegmacy.

leucoflancia et hyposarcha J. FURNESS *Walth.* 112 (v. hydropisis); leucoflantiam significat longo tempore precedente GILB. I 33v. 2; in leucoflegmantiam vel yposarcam vel anasarcam sunt proni *Ib.* VI 235. 2; ut illi speciei [hydropisis] que est ex flegmate attribuant nomen leucoflegmancia a leucos quod est album et flegma quasi album flegma *Ib.* VI 248v. 1; succus ebulli .. valet contra leucophlegmantiam, i. e. hydropisim ex phlegmatica causa BART. ANGL. XVII 60; iposarca .. vocatur ab aliquibus flegmonantia vel leucoflegmantia, quia est de flegmate albo vel aquoso, a leucos 'album' et flegma GAD. 30. 2.

leucophlegmaticus, person affected with leucophlegmacy.

alia agraciliantur et arescunt, quia nutrimenti habent inopiam, sicut in paralitico et leucoflecmatico apparet et multis aliis RIC. MED. *Anat.* 227; [medicina] ducit leucoflegmaticos et similes GILB. II 97. 1; purgat .. urina camelorum flegma racione proprietatis, et succus sambuci aquam citrinam in leucoflegmantico *Ib.* VI 253. 2.

leucopiper, white pepper.

costi, ~eris, macropiperis GILB. I 49v. 1; mirre ~eris longi *Ib.* V 215v. 2; justinum optimum ad dolorem renum .. recipe cinamomi .. pentafilon, leucopipe[ris], petro[silli], orobi *Ib.* VI 273v. 1; ~er, i piper album. Greci autem pro albo pipere accipiunt quoddam minutum planum sine rugis quod invenitur in pipere nigro, sed apotecarii nostri pro eo utuntur quibusdam cathapuciis magnis *SB* 27.

leucos v. 1 leucus.

leucosericus, of white silk.

vestes .. tramosericas, ~as, byssilineas BALSH. *Ut.* 52.

leucrocota [CL], a fabulous monster (*cf.* Pliny *Nat.* 8. 72).

in India nascitur bestia nomine leucrota, que velocitate precedit feras universas *Best.* f. 14b.

1 leucus [CL < λευκός]

1 white.

leucos quod est album GILB. VI 248v. 1, GAD. 30. 2 (v. leucophlegmatia); leucos .. album interpretatur *Alph.* 97.

2 in plant names: **a** (~*a*) white poplar. **b** (*acantha ~a* or sim.) kind of thistle; *cf.* CL *leucacantha*.

a ~e duo sunt genera, una est montana, et ortina [i. e. hortina] *Alph.* 98. **b** herba acanta ~a *Leechdoms* I 58; acantus leuce *Alph.* 1 (v. acanthus).

2 leucus v. leuga.

leuda [OF *laide, laude, leide, lesde*], payment: **a** market-due (Gasc.; *cf. lesna*). **b** compensation paid to kinsmen of a slain man.

a **1156** tertiam partem omnium ledarum fori et nundinarum HADRIAN IV 113; **1238** omnes consuetudines et ~as juri suo pertinentes pro rebus suis vendendis et emendis *Cl* 129; stalla .. ad vendendum carnes .. nobis retinemus .. et vendam et ledzam *RGasc* I sup. 15b; de omnibus que vendent vel ement intus vel exterius .. de ~a et pedagio sint immunes *Ib.* II 14b; **1283** pro ~a (v. intragium); census, feoda, pedagia, leydam, vendas, nundinas *Ib.* II 207a; quicumque furatus fuerit ledam, in x solidis puniatur *Ib.* II 210b; quicunque ~am furatus fuerit, in decem solidis puniatur *Ib.* II 353a; quilibet extraneus .. veniens ad mercatum et nundinas ad vendendum boves .. solvat pro leda sive venda .. unum denarium *Ib.* IV 473b; pro pondere unius hominis rerum predictarum solvetur obolus in diebus fori, et in diebus nundinarum unus denarius: et predicte lede seu vende levabuntur per bajulum *Ib.* IV 474a. **b** Willelmus vestris parebat semper mandatis, vestris existit obsequiis mancipatus similiter et vobis conjunctus in liuda parentele ad deliberacionem suam T. SAMPSON *MD* 156.

leuga [CL < Celtic]

1 measure of distance, league (variously reckoned; cf. R. E. Zupko, *Dict. of Eng. Weights and Measures* Univ. Wisconsin, 1968, 98–9).

800 me vero, iter agentem de palatio, sexto kal. Jul. quarta leouua a Sancto Amando in mansiuncula Sancti Martini invenit fidelis vester famulus Dominicus ALCUIN *Ep.* 207 p. 343; **819** sylvam et mariscum duarum leucarum in longitudine *CS* 365; †**975** (14c) pastura unius leuci dimidii longitudine dimidii leuci latitudine *Ib.* 1313; de callibus rectis extra civitatem usque ad unam ~am et iij perticas et iij pedes *DB* I 2ra; silvae iiij lewedes *Ib.* 174rb; x leuugas longitudinis *Ib.* 268v (v. habere 6c); Rattesdene .. habet j ~am et iiij quarentenas in longo et x quarentenas in lato *Inq. Ely* 522b [*cf. DB* II 381b: Ratesdone .. habet xvj quarentenas in longo et x in lato]; c**1100** due leuue sive miliarii, tres apud Germanos, unam ~am faciunt *Eng. Weights* 4; currit ad revelata sancti sociorumque corpora, in ipsam ejus villam Slepe, octo leucis Anglicis a Ramesia GOSC. *V. Iv.* 86A; leuca miliarium OSB. GLOUC. *Deriv.* 328; et haec levia, -e, i. terre mensura, que secundum Isidorum [*Etym.* xv 16: leuga] finitur quingentis passibus *Ib.* 306; Bethlem est in australi parte civitatis duo ~as ubi Dominus natus fuit *Descr. Const.* app. 263; inde in directum usque ad locum, via decem ~iarum, quem Cuggedic nominant H. ALBUS 11; ~a autem Anglica duodecim quarenteinis conficitur, quarenteina vero quadraginta perticis *Chr. Battle* f. 15; que sunt milliaria .. non Italica sed longe majora, que sunt centum leuce Germanice juxta Albertum *Ps.-*GROS. *Summa* 514; Reyslepe, que villa distat a Londoniis .. per spatium xij leucarum *Leg. Ant. Lond.* 154; **1282** est ibidem quidam boscus qui vocatur W. et continet in longitudine quartem partem unius luce *IPM* 31 (3) m. 2; stadium passus cxxv; miliarium stadia viij; leuca miliarium unum et dimidium BACON XVI 79; mariscus ille .. continet quartam partem unius †lencae [l. leucae] in longitudine et tantum in latitudine *Couch. Furness* I 525; **1319** duas vel tres leagas *Conc.* II 489; **13..** v pedes faciunt passum et cxxv passus faciunt stadium et viij stadia faciunt mileare Anglicum et xvj stadia faciunt miliare Gallicum, quod vocant Gallici unam leucam *Eng. Weights* 7; levia, A. *a spanne WW*; *a mile*, luca, miliare, milium, miliarium *CathA*; iter suum arripuit de manerio suo de S. in com[itatu] W., qui distat de L. lxxx lucas *Entries* 585b.

2 lowy, area extending about a league outside town, castle, church, within which certain liberties or privileges were granted.

1067 ~am cum sanguine et teloneo et mercatum de cruce *Regesta* 6a; Ricardus de Tonebrige quod in sua

~a tenet appreciatur x li. *DB* I 3rb; ecclesia illa, cum ~a circumquaque adjacente *Pl. Anglo-Norm.* 15; liberas consuetudines et regales infra leucam circa villam de Rypon' *Mem. Ripon* I 292; in ecclesia sancti Martini de Bello omnibus in tota ~a commanentibus et extra eam etiam quamplurimis ad eandem parrochiam pertinentibus servitium fiebat *Chr. Battle* f. 26; H. Bos. *Thom.* III 19 (v. banleuca b); **1271** ponit quod abbas et conventus .. sunt exempti infra leucam de Bello ab ordinaria jurisdiccione *SelCCant* 181; **1274** eam deforciant, asserentes quod terra est infra leucam libertatis castri de Pevenese, propter quod custodia dicte terre ad alium quam ad dominum ipsius castri non debet [*sic*] ut dicunt *IPM* 8 (7) m. 1*d*.

3 measure of time (in wh. one can go a league).

1276 cum predicta Agnes commorata esset in seysina .. bene per spacium unius leuce *SelCKB* I 28; **1306** per moram j leuce forestarii adventum expectat *Cart. Glam.* 1351.

leugata [ML]

1 measure of distance, league.

una ~a terrae in longo et dim. in lato *DB* II 118b; unam ~am infra profundum mariscum usque T. *Danelaw* 378; **a1215** postquam infra unam leucetam prope Perth venerint *BBC* (*Perth*) 199; **1279** easdem [acras] inforestavit et attraxit ad leucatam suam de Tonebrigge *PQW* 339a; villam .. muratam per unam leucatam ad latus sinistrum *G. Hen. V* 12 p. 76.

2 lowy, area of jurisdiction extending one league around town, castle, or church.

c1080 maneria tenet .. comes .. cum pertinenciis et totam leucatam *MonA* I 104; **1130** ~a terre sue circa abbatiam suam .. sit quieta et libera ab omni episcopali et seculari potestate *Cart. Rams.* I 243; ad scaccarium quamdiu sederit detinebitur, fide data .. quod a ~a ville nisi baronum licentia non recedet *Dial. Scac.* II xxi A; **s1190** omnia vetantur emenda in villa et infra leucatam ville *G. Ric. I* 131; **1275** ad liberam leucatam de Tunsbrygge *Hund.* I 219b (cf. ib. 220b: ad libertatem suam in Tunebrigg' quam vocant la Laure).

3 measure of time (*cf. leuga* 3).

eum duxit in .. herbarium .. et detinuit ipsum ibi per spacium unius leucate vie *State Tri. Ed. I* 7.

leugia v. leuga.

leuncellus

1 small or young lion, lion cub.

Athamas uxorem suam leenam et filios suos ~os credens alterum de filiis sagittavit *Natura Deorum* 35.

2 image or figure of a lion cub.

1215 zonam de rubeo corio cum menbris et ~is *Pat* 145b; **1245** duo baudekina .. cum .. rotis aureis et ~is inter rotas *Invent. S. Paul.* 491.

leuncia v. lynx.

leunculus [ML]

1 small or young lion, lion cub.

quare ~us mortuus generetur, et tertio die rugitu patris suscitetur? *Quaest. Salern.* N 66; jam ex leunculo factus agniculus Walt. Wimb. *Carm.* 22; audit rugientis / rugitum leunculi *Latin Stories* 153; ne de ~o leo evadat indomabilis *Croyl.* 49.

2 image or figure of a lion cub; **b** (w. ref. to *II Par.* ix 19).

per ~os, qui labrum illud Salomonis supportant .. exprimuntur *G. Steph.* 78 p. 156; parte nihilominus posteriori binis aureis sese respicientibus hirriendo ~is *Itin. Ric.* II 36; capa una que fuit R. thesaurarii brodata cum leuncul' *Process. Sal.* 172; pannus de aresta rubeus, cum circulis minutis, infra quos sedent reges super ~os *Invent. S. Paul.* 493; unus ~us ligneus depictus *Reg. S. Osm.* I 295; **13..** item habeat cingulas et sellas verniculatas, albas vel auro vel cinoplo coloratas, flosculis leoniculis vel alicujus hystoria depictis [? l. depictas] vel protractas (*Nominale*) *Neues Archiv IV* 342. **b** duodecim leonculi illius magni leonis de tribu Juda Ailr. *Serm.* 485B; xij ~i super sex gradus ante thronum Salomonis Ad. Dore *Pictor* 156; nota quod nec in Exodo in constructione tabernaculi, nec in templo Solomonis alicubi leguntur facti leones vel ~i. .. Salomon .. fecit vij ~os hinc et inde S. Langton *Chron.* 140; cum duodecim ~is aureis Ad. Marsh *Ep.* 77.

3 as dim. of surname Lee used disparagingly.

1520 non patitur noster ~us .. ut Latina lectio excutiatur ad Graecam Lupset *Ep.* 308.

leura [AN *leure, lure*], (falc.) lure.

1333 falconem predictum sic eirantem .. per ~as suas alleurarunt et illum sibi apud Egham .. per ~as suas vi et armis attraxerunt, ceperunt et asportaverunt *CoramR* 294 r. 62.

leuua, leuuga v. leuga.

levabilis [cf. CL levare]

1 that can be lifted, (*pons ~is*) drawbridge.

1395 ad quendam pontem ~em de novo construendum cum quadam domo vocata *wyndynghous* super novum pontem de Rouchestre *Pat* 341 m. 17; **s1415** in medio pontis [Londoniarum], ante ejus ~em pontem, duo stant propugnacula Ad. Usk 128.

2 (of debt or tax) that can be collected, leviable.

1327 de debitis nostris tunc ~ibus *KR Mem* 103 m. 242*d*; **1333** necnon de debitis regis ~ibus in eisdem comitatibus *LTR Mem* 105 m. 49*d*; **1404** in denariis ~ibus *Ac. Durh.* 399; **1425** preter clxxvij li. ij s. vj d. ~es in manibus diversorum debitorum *Reg. Cant.* 334; **1464** summa .. arreragiorum ~ium *Feod. Durh.* 210; **1472** de diversis debitis domino regi nunc ~ibus infra libertatem ville illius *Law Merch.* II 122.

levadicius v. levaticius.

levagium [cf. levare], (toll paid for) lifting, loading or unloading of cargo.

1199 concedimus de ~io salis duas partes, tercia retenta *RChart* 9a; **a1217** quietantiam .. de theloneo, pontagio .. ~io, lestagio, et sollagio *BBC* (*Helston*) 189; summa ~ii recepti de predictis xiiij navibus transeuntibus cum lanis Lumbardorum xxvj s. v d. ob. *EEC* 520; **1300** eisdem pro stouag', levag', lodmannag', batell', portag' et aliis minutis custibus appositis circa idem allec' *AcWardr* 55; **1338** item pro stowag' et levag' [lanarum] in navibus intrand' et exeund' *KR Ac* 457/7; **1343** officia curetagii .. et ~ii omnium lanarum *Pat* 210 m. 37 (v. corretagium); **1433** de quadam custuma vocata ~io, viz. duobus denariis de quolibet pondere dolii cujuscumque mercandise in quocumque vase in portu .. levate in terram vel de uno vase in aliud capiende *Gild Merch.* I 27.

levamen [CL]

1 that which alleviates, relief, solace.

ipsa unctio olei fessis et dolentibus solet adferre ~en Bede *Hom.* 25. 106; regina quidem faustum conferre levamen / .. valens Frith. 89; ~en *help GlP* 907; corda mox exoptata experiuntur ~ina *V. Neot. A* 21; quibusdam pro miraculo, nonnullis pro jocoso ~inis spectaculo fuit R. Cold. *Cuthb.* 111; quanta sufficiebant ad comportandum jugum ex lege libertatis in ~en oneris servorum Gros. *Cess. Leg.* IV 8. 37.

2 levying (of sum of money).

1427 cujus summe ~en facere cancellarius teneatur *StatOx* 232.

levamentum [CL]

1 assistance.

magnum ei ~um ad scolas regendas fuit W. Malm. *GP* I 45.

2 leaven.

hoc ~um, A. *lewan WW*.

levanum [OF *levain*], leaven.

unum obolum pro gesto vel ~o *Fleta* 72.

1 lĕvare [CL]

1 to raise, lift up; **b** (part of body). **c** (*opus ~atum*) embossed work, relief (on artefact). **d** (*panis ~atus*) raised or light bread.

illum .. in auras ~are [*gl.: he*] coeperunt Felix *Guthl.* 34 p. 110; florigerasque levant capiti sine fine coronas Æthelwulf *Abb.* 182; nil ego sponte lēvo, quod sit lateri grave lēvis Serlo Wilt. II 57; **1265** pater .. ~avit ipsum de aqua et credebat salvare eum; non potuit set statim .. obiit *SelCCoron* 1; **1311** cum duabus navibus velis ~atis ad predictam navem .. cum magno impetu navigantes *Cl* 128 m. 4*d*; **1351** in stipendiis ij hominum ~ancium garbas ad carectas per totum autumpnum v s. *Rec. Elton* 374; **1379** nullus homo trahat cultellum vel ~at [*sic*] baculum sub pena xl d. *Hal. Durh.* 154. **b** cum parumper a pariete fessos humeros ~aret Felix *Guthl.* 50 p. 154; peregrini .. nolentes respicere in circuitu nec oculos ~are ne forte aliquid videa[n]t quod posset impedire suam devocionem *Itin. Mand.* 92. **c** **1245** in cujus [sc. calicis] pede ~antur opere ~ato flores glageoli *Invent. S. Paul.* 465; *Vis. S. Paul.* 310 (v. 3 gravare); **1295** una cupa argentea tota deaurata cum opere ~ato de leunculis et aliis bestiis *Ib.* 311; *Ib.* (v. interlaqueare 2). **d** **1293** panis *coket*, i. panis ~atus, .. ponderabit plus quam wastellus per ij solidos *MGL* III app. 411; **1419** de quibus facient wastellum, panem ~atum, et panem bissum *Ib.* I 350.

2 (in idiomatic expressions).

—(~are calcaneum contra, ~are caput in, *to rebel against*) **s1136** primus .. Baldewinus .. caput suum ~avit in regem, firmato contra eum castello Exoniensi Gerv. Cant. *Chr.* 95; **s1239, 1242** (v. calcaneus 2c); **s1323** ~avit calcaneum contra regem qui illum de pusillo magnum creaverat Wals. *HA* I 168; —(~are cornu, *to raise the hue and cry*) debet ~are cornu super illum de illo deforciamento (*Stat. Wilhelmi*) *RegiamM* II f. 3; —(~are crucem, *to inaugurate a crusade*) **1377** [papa] ~aret crucem ad demoliendum Angliam (Wycl.) *Ziz.* 264; —(~are wantum, *to signal the start of a fair*) **c1205** secundum consuetudinem feriarum ~atur wantus in feriis nostris *Cart. Mont. S. Mich.* 8; —(~are de fonte *or sim.*, *to raise from the font, to stand as godparent at baptism*) in tantum .. amorem illius amplexata est ut cum filium genuisset, ipsi specialiter baptizandum et de sacro fonte ~andum commendaret *V. Gund.* 37; inter patrinos eundem puerum de sacro fonte ~antes compaternitas contrahitur Gir. *GE* I 13 p. 46; spirituales filii nostri sunt quos de sacro fonte ~amus *Ib.* I 14 p. 47; **a1223** ad ~andum vero puerum de fonte tres ad plus recipiantur (*Const. Lond.*) *EHR* XXX 290; **1239** infantulus, regis filius .. a dominis .. a sacro fonte est ~atus M. Par. *Maj.* III 540; astantibus ante hostium ecclesiae qui infantem debent ~are *Lib. Evesham* 18.

3 (refl.) to raise oneself, to rise. **b** to rise in revolt. **c** to remove oneself, withdraw.

modicum requietus ~avit se et coepit abire Bede *HE* IV 20 p. 250 (cf. M. Par. *Maj.* I 306: levavit et abire cepit); fumus in altum se ~at J. Worc. 51 (v. effumigare); armoniam cum cantu se .. levare Hon. *Spec. Eccl.* 863B. **b** **1405** supponebatur quod prefatus Thomas contra nos cum Henrico Percy se ~asset *Cl* 278 m. 31. **c** **1440** idem Johannes ab obsidione predicta se ~aret *Cl* 290 m. 3.

4 (intr.) to rise, get up; **b** (from bed). **c** (*~ans et cubans*, leg.) levant and couchant. **d** to rise in revolt. **e** (of judge) to rise (at end of term).

diaconus dicit: "flectamus genua". et post paululum dicit: "~ate" Egb. *Pont.* 38; M. Par. *Maj.* I 306 (v. 3a supra). **b** assideri debet .. in warda in qua vestitus ~averit et discubuerit *MGL* I 594. **c** **1207, 1223** (v. cubare 1c); **1226** etc. (v. cubare 1b); **1230** deliberari .. faciat B. de R. .. si ipsum securum fecerit quod homo eorum proprius fuerit ~ans et cubans *Cl* 428; **1289** de ~antibus et cubantibus ibidem *RGasc* II 365a; **1448** vicarius .. capellanum parochialem, quem .. suis sumptibus .. cubantem et ~antem invenire et exhibere tenetur, subtraxit *Eng. Clergy* 232; habere consueverunt communiam pasturae ad omnia .. averia sua in eadem parochia ~antia et cubantia *Entries* 559b. **d** **1381** et fac' jurare diversos homines ad eos ut levav' contra dominum regem *AncIndict* 43/2; pro resistentia quorumcunque contra pacem nostram .. ~antium Wals. *HA* II 17. **e** **1291** justiciarii de banco .. jam ~arunt de banco tanquam pro fine termini *SelCKB* 61.

5 to raise, set up, construct: **a** (building); **b** (earthwork); **c** (artefact).

a **1195** ~averunt quendam murum in libera et communi pastura *CurR* I 67; **1209** (v. bovaria 2); **1219** ~avit domos infra predictas xvj acras terre *CurR* VIII 41; **1223** si voluero .. vaccariam ad opus meum proprium ~are juxta illam terram *Cart. Sallay* 32; T. queritur quod .. abbas .. ~avit quoddam molendinum ad quod predicti homines faciunt molere *BNB* II 538; in capella de novo ~ata apud Clarendon' *LTR Mem* 12 m. 4; **1258** venit et bene cognoscit quod ~are fecit predictum turnum, set dicit quod hoc fuit precepto domini regis, set nullum inde ostendit warantum *SelCWW* 86; **1278** seldas quas .. ~are potuerint in foro *BBC* (*Pontefract*) 337; *Cust. Battle* 56 (v. falda 1a); casa vel casula sine labore ~ari [ME: *areaeren*] non potest *AncrR* 140; **1320** circa tectum camere regine ~andum *KR Ac* 482/1 m. 3; **1351** in expensis carpentarii et aliorum convocatorum ~ancium pistrinam *Rec. Elton* 370; **1356** Edwardus B. tenet j latrinam supra dictum fossatum ~atam (*CoramR*) *Pub. Works* II 35. **b** **1200** jurati dicunt quod predicti ita ~averunt fossatum illud *SelCivPl* 2; **1200** de stangno quodam ~ato et fossato *CurR* I 185; **c1250** ~ata fuit quedam minera apud Rothelouwe . . . et post defecit pro aqua intrante *DL Forest Proc.* 1/3 r. 12; **1284** ~avit novam foveam *CourtR A. Stratton* 84; quod .. canonici possint ~are et firmare ripam et vada *Reg. S. Thom. Dublin* 327. **c** **a1195** (v. crux 7d); **1234** quare ~averunt furcas et quemdam hominem mortuum suspenderunt in warrenia *BNB* III 131; S. de la C. ~avit quandem [*sic*] sepem super terram domini. ideo prosternatur *SelPlMan* 6; **s1253** ~averint arietes (v. aries 2c); **1265** intendit ~are quendam pontem *Cl* 95; molas manuales in domibus suis conati sunt ~are *G. S. Alb.* I 410.

6 to establish, start, hold, keep up: **a** (place or organization); **b** (market or fair); **c** (session of court or legal proceeding); **d** (war).

a **1264** cum .. gildam novam ~assent *Gild Merch.* II 31; de hiis qui ~averint warrennas in terris suis sine warranto *MGL* II 351; **1417** apprenticius qui .. shoppam ~averit et in arte occupaverit hic ut magister, quod solvat in prima levacione vel occupacione sua .. xiij s. iij d. *Mem. York* I 156. **b** **1220** ~avit quoddam mercatum .. ad nocumentum mercati comitis *CurR* VIII 267; **1242** mercatum .. et feriam .. ibidem teneri et ~ari faciatis *RGasc* I 135a; Bracton 235b (v. diaeta 2c); **1260** in loquela que est coram rege de quadam feria ~ata ad nocumentum predicte civitatis *Cl* 218; **1272** loquela .. inter .. regem et .. abbatem de quadam feria ~ata apud Leministr' *Cl* 563; concessit .. quod predictus abbas de R. ~are possit unum mercatum *Chr. Peterb.* 32. **c** **1462** racione cujusdam querele de transgressione ~ate coram uno vicecomitum civitatis predicte apud Gwehaldam civitatis predicte *Cl*

313 m. 11*d*; major Londoniarum potest capere coram illo querelas et placita ~ata coram vicecomitibus *MGL* I 177; **1630** quoad triandum separales exitus predictos .., ~etur inde jurata *Law Merch.* II 144. **d** **1451** proditione insurrexerunt .. et guerram .. contra nos ~averunt *Pat* 473 m. 16.

7 to lift (voice or pitch), to raise (sound or song). **b** (*~are clamorem, hutesium*) to raise the hue and cry.

~averunt fletum et ululatum magnum BONIF. *Ep.* 10 p. 13; nulli licet cantum ~are, nisi ipse [sc. cantor] prius incipiat LANFR. *Const.* 147; **s1243** cum .. inimici ejus exultantes clamorem exultationis ~assent M. PAR. *Maj.* IV 267. **b** **1194** ~avit clamorem (v. clamor 1c); **1206** etc. (v. huthesium a, b).

8 to raise, elevate, promote.

~ato in regem .. filio ejusdem BEDE *HE* III 24 p. 180; **s1006** archiepiscopus ~atus est ADEL. BLANDIN. *Dunst.* 8; **s1016** cives Londonienses .. Eadmundum Ferreum Latus dictum .. regem ~avere DICETO *Chr.* 169; Osricus in regem ~atur SILGRAVE 29; [Darius] in regem ~atus est *Eul. Hist.* I 58.

9 to raise (money), levy (tax or due) (also absol.). **b** to take (goods as tax or due). **c** to levy (fighting man), to raise (as an army). **d** (p. ppl. as sb. f.) levy.

1202 G. C. ~avit novas consuetudines aliter quam debet *SelPlCrown* 21; †**1230** super forisfacturam meam decem librarum ad ~andum nobis et heredibus nostris, quocienscumque fecerint in contrarium *Ch. Chester* 241 p. 241; **1275** de Willelmo Sonnel ut supra causa ~andi vj solidos de Willelmo Annore de debito suo *CourtR A. Stratton* 111; ne .. auxilia .. citius vel gravius quam justum sit ~entur *Fleta* III 198; de hiis qui ~averunt escapium latronum vel felonum antequam adjudicati fuerunt per justiciarios itinerantes *Eyre Kent* I 41; **1327** solvit xij li. .. per unam talliam ~atam xiiij die Julii *LTR Mem* 99 m. 130; **1360** allocantur computanti, pro diversis decidenciis de bonis alienatis ante recepcionem literarum ad ~andum, xlvij s. et ij d. *ExchScot* 36; partem bonorum suorum vendidit et monetam ~avit *Ghost Stories* 86; **1483** taxae non ~abantur in regno *Plusc.* XI 2; **1459** ~avit integrum extractum (v. extractus 2). **b** donec per rationabilem extentam .. catalla sua ~ari possint *Leg. Ant. Lond.* 236; **1306** preceptum est preposito et bedello ~are de Ricardo preposito et Johanne A. duo quarteria frumenti ad opus domini Roberti de H. *Rec. Elton* 115; **1308** preceptum est ~are de eadem R. iiij capones de arreragiis duorum annorum *Ib.* 151 (cf. ib.: quod arreragia ~entur); **1331** ad .. palfridum ~andum .. tenentes nostros .. cohereatis *Lit. Cant.* I 364. **c** **1316** ad .. omnes homines defensales inter etates sexdecim et sexaginta annos contra .. inimicos nostros ~and' *RScot* 160a; **1337** plenam .. potestatem ~andi et arraiandi omnes homines defensabiles *Foed.* IV 781. **d** **1254** ne quis .. presumat .. facere .. confratriam .. nec conjuracionem, nec inprisiam aliquam, vel ~atam modo aliquo vel ingenio *RGasc* I 519a; **1292** de omnibus excessibus et ~atis ballivorum qui .. tenuerunt ballivus predictas *Ib.* III 46a; recipio compotum de omnibus fructibus, explectis et ~atis factis per ballivos *Ib.* 47b; **1311** non recipit prepositus .. ab hominibus dicti loci nisi ij ~atas caseorum *Reg. Gasc. A* I 278.

10 to lift off, remove: **a** (fruit or harvested crop); **b** (w. field as object); **c** (cadaver by translation). **d** (leg. *~are a sacramento, ~are de lege*) to levy (a man) from an oath or the law, to charge with perjury before the taking of an oath.

a **c1195** ad fenum suum ~andum vel blada sua colligendum *Ch. Westm.* 405; **1219** invenire unum hominem ad fenum ~andum *CurR* VIII 150; **1324** item, ~antibus mala domini regis, per iij vices, iij s. *ExchScot* 126; **1334** ~antibus fenum in prato de Fery ex gracia, xij d. *Ac. Durh.* 117; et eorum fructus morabuntur ipsis qui eos ~averunt J. READING 146; **1429** in herbagio unius acre prati .. vertendo, ~ando, tassando *Ac. Obed. Abingd.* 108. **b** falcabant omnes ix operaciones et ~abunt totum pratum *Rec. Templars* 9; quilibet .. falcabit .. in prato .. et simul ~abunt dictum pratum et cariabunt fenum *Cust. Battle* 74; **1284** xlv homines .. debent falcare prata et non ~are .. et xxviij homines residui debent ~are prata et non falcare *Reg. Wint.* 672; **1343** in pratis falcandis, spargendis et ~andis .. vij s. v d. *Ac. Durh.* 204. **c** ut ejus sacrae reliquiae a terra ~arentur BROMPTON 884; **s1445** post pauca tempora ~are faceret eam et apud sanctum Dionysium .. collocari *Plusc.* XI 7. **d** nisi plegii ipsi eum velint a sacramento ~are GLANV. X 5; **1221** C. adjudicatus fuit ad quandam legem faciendam .. idem A. ~avit eum de lege .. et sicut debuit facere legem venit idem A. et ~avit eum *PlCrGlouc* 6.

11 to relieve of a burden, disencumber, make lighter.

in tempestate maris ~ande navis causa ejiciuntur GIR. *PI* I 20 p. 120 (v. eicere 3d).

12 to relieve, lessen, mitigate (condition or mental state).

nostrum, Petre, malum nulla medela levat L. DURH. *Dial.* II 398; nec filii nec familie consolacione ~atur MAP *NC* III 4 f. 41v; ad ~andum noctis hiemalis .. tedium GIR. *GE* II 37 (v. divinatio); ut .. carnis vitium animi virtute ~aret *Id. EH* I 46 p. 302.

13 to draw up, produce (a document); **b** (*~are finem* or *finalem concordiam*) to produce a settlement. **c** (intr. or refl., of a settlement) to arise, be produced.

postquam cyrographum in curia domini regis inter nos de predicta terra fuerit ~atum *Reg. Malm.* II 128; **1268** quam cicius breve domini regis commode ~are poterint ad dictam concordiam in curia domini regis cyrographandam. quod quidem ~are iidem .. fideliter promiserunt in primo adventu justiciarium. .. ita quod ~ato cyrographo statim teneantur eis in universo solvere triginta et tres marcas *Reg. Ant. Linc.* IV 251; **1269** venire faciet .. uxorem suam in curiam domini regis .. ad cyrographum super hiis .. faciendum et ~andum *Cl* 113; **c1270** cyrograffum inter partes ad custum utrorumque inter eos ~etur *Cl* 298; **1514** litere exoneracionis et dischargii non fuerint ~ate *Foed.* XIII 462; **1559** literas monitoriales .. ~ent, impetrent, et executioni demandari curent *Conc. Scot.* II 174. **b** **1198** finis inde ~abatur anno dicti regis octavo inter S. abbatem et cetera et G. P. de servicio duorum militum *Doc. Bury Sup.* 16; **1270** si finis inde ~atus fuerit .. tunc tenementum .. dicto Johanni .. remaneat quietum *Cl* 279; **1274** super quam [terram] ~ata est finalis concordia in curia regis *G. S. Alb.* I 451; deduxerunt .. Johannem .. coram justiciariis et ibidem .. fecerunt quemdam finem ~ari absque examinacione justiciariorum *State Tri. Ed. I* 24; finem super dicta donacione .. in curia domini regis .. ~ari procurabit *FormA* 91. **c** **1279** dicunt quod licet predictus finis ~avit, tamen tempore quo levatus fuit, fuit ipse R. ydeotus *CoramR* 50; **1292** ~avit inde inter eos quidam finis *PQW* 125; **1315** ~avit quidam finis inter predictum T. .. querentem et .. Nicholaam impedientem *Year Bk* XVII 35; **1389** finis se ~avit inter R. de la F. A. de B. et T. C. querentes et J. de B. et J. uxorem ejus deforciantes *IMisc* 241/20 (4) *recte* (5); cum quidam finis ~asset in curia domini Edwardi quondam regis Anglie *Reg. Brev. Jud.* 12b; finis ~asset inter praed' H. de S. querentem et .. W. de S. et ipsam I. tunc uxorem ejus deforciantes *Ib.* 14; **1433** quidam finis ~avit in curia nostra coram justiciariis nostris de Banco apud Westmonasterium *Cl* 283 m. 5.

2 lēvare [CL], to make smooth.

~are dicitur quandoque pro planare, prima syllaba producta OSB. GLOUC. *Deriv.* 306; SERLO WILT. *App.* II a L 6 (v. 1 levigare a).

1 levarium [cf. levare 6c], (*breve de ~io*) licence to appear in court.

perquisivit breve de leverio suo postquam languor ei adjudicatus fuit *CurR* II 91.

2 levarium v. levarius.

levarius, ~um [cf. CL levare], tool that lifts: **a** lever, crowbar. **b** pulley, derrick-crane.

a **1185** pro xxx picosiis et iij malleis ferreis et iiij ~iis missis ad Wudestoc' *Pipe* 144; **1223** fieri facies centum picosios ferreos et viij malleos et viij levorios et xx cuneos bene aceratos .. *Cl* 564b. **b** **1275** de ligno de alneto empto ad levoria et scaffot' *KR Ac* 467/7 m. 3; **1279** pro meremio empto de alneto ad levoria et *buturs Ib.* 467/7 m. 7; **1289** in meremio tam de quercu quam de alneto empto ad levoria et scaffota ad opus carp' inde faciendum *Ib.* 467/19 m. 2.

levaticius, (w. *pons*) drawbridge.

1281 concessimus .. Amaneo quod domum ligneam .. possit perficere .. sine .. clausura .. palis et ingenio et ponte levadicio *RGasc* II 125b; **1289** de fossatis, palis lineatis, ponte ~io *Ib.* II 418b.

levatio [CL]

1 raising, lifting up, elevation; **b** (of the host). **c** (*~o de fonte*) lifting from the font, baptism. **d** (*~o wanti*) raising of a glove (as signal for start of fair). **e** (*~o crucis*) inauguration of crusade.

1448 ad hoc faciendum predicti Jacobus et Andreas per suarum manuum ~onem fide data obligantur *ExchScot* 327; in cranatione et ~one dicti le *butt de sack Entries* 3b. **b** **1518** vicarius non vult permittere parochianos ad intrandum cancellum ut videant ~onem *Vis. Linc.* I 132. **c** in ~one pueri de fonte sacro *Conc.* II 131. **d** **c1205** omnes costumas quas ipse et antecessores sui dicebant debere accipere in feriis nostris ante ~onem wanti et post deposicionem wanti *Cart. Mont. S. Mich.* 8. **e** nunc interdictis, crucis ~onibus et aliis censuris sophisticis comminando WYCL. *Ver.* II 135.

2 rising, getting up; **b** (from bed); **c** (of the sun).

fiat prostratio usque ad inceptionem Agnus Dei et tunc fiat ~atio usque Miserere Nobis, et ibi prostratio *Miss. Heref.* 3. **b** **1423** erga horam ~onis AMUND. I 105. **c** **1279** injuste ibidem detinuit a dicta hora ~onis solis usque horam post nonam *Hund. Highworth* 130.

3 uprising, rebellion.

1382 ne quis hujusmodi conventicula, congregaciones seu ~ones contra pacem nostram seu in turbacionem populi nostri faciat *RParl* 494a; quod hujusmodi ~ones, congregationes, et damna .. minime processerunt .. WALS. *HA* II 17.

4 raising, setting up, construction.

1198 pro injusta ~one muri *CurR* I 58; **1239** [per] ~onem illam arcata est communis via *BNB* III 267; **a1250** interdicimus ~ones arietum super rotas (v. aries 2c); **s1286** super novella ~one cujusdam caye et domus THORNE 1941; **1336** pro stipendiis xiij hominum .. auxiliancium in ~one ejusdem pele *Cal. Scot.* III 367.

5 establishing, starting, beginning: **a** (of place); **b** (of session of court or legal proceedings).

a **1417** in prima ~ione vel occupacione (v. levare 6a); **1424** si quis .. shoppam levare voluerit .. solvat ad suam primam ~onem xx s. *Mem. York* I 193; in prima ~one sua shoppe *Ib.* **b** super ~one auditorum *State Tri. Ed. I* 13; **1523** tempore ~onis querele predicte *Law Merch.* II 136; ante ~onem querele assise predicte *Entries* 73.

6 raising (of money), levying (of tax).

1260 firme vestre ~one *RL* II 166; **1332** et vicecomites et ballios dictorum comitum ad quos ~o dictorum debitorum spectat plenarius onerandos *LTR Mem* 105 m. 4*d*; **1369** Robertus [de Bruys] super ~one dicte contribucionis seriandum deforciavit: super quo consulendus est rex *Exch Scot* 334; **1377** computanti, pro multiplicibus laboribus factis, tam in ~one pecunie, quam alias pro negociis regis, xiij li. vj s. viij d. *Ib.* 568; **s1433** ad exonerandum dictos abbatem et priores .. de collectione et ~one dicte medietatis decime AMUND. I 323; **1456** de xvij li. ij s. iij d. de castriwardis terrarum de le Mers, que spectabant ad ~onem quondam dicti David Cherynside, restantibus ut supra *ExchScot* 256; **1551** sub poena sex solidorum .. ad quorum ~onem atque inductionem procuratores .. astringentur *StatOx* 361.

7 lifting off, removal: **a** (of mown hay or harvested crop); **b** (w. field as obj.).

a **1285** dominus dabit falcator' ij pratorum pro ~one feni iiij s. (*Tangmere*) *Cust. Suss.* II 12; **1344** in falcacione cimiterii ecclesie .. cum sparsione et ~one feni et herbagii .. *Pri. Cold. app.* lxix p. cvi; **1388** pro operibus .. ~onis, tassacionis et cariacionis feni xxiij s. *IMisc* 239/3m; **1390** de l operibus falcacionis, spargacionis, ~onis †mulliones [? l. mullinacionis] cariacionis et tassacionis *Crawley* 290; **1439** pro .. ~one .. feni *Ac. Durh.* 72. **b** **1282** faciendo .. unam ~onem prati et unam messionem in autumpno *AncD* A 7981; **1307** valent eorum omnium predictorum opera in falcacione et ~one prati xij s. ij d. ob. *IPM* 128/15; **c1315** (v. adunatio 2a); falcacionem, ~onem, cariagium, et tassacionem prati *Gavelkind* 187.

8 (*~o finis*) drawing up of a settlement, production of agreement.

venit in curiam .. et ibi fuit in ~one .. finis et .. consenciebat *State Tri. Ed. I* 25; **1330** a tempore ~onis finis *PQW* 578; **c1343** ad ~onem finis illius *Reg. Brev. Orig.* 13v; **1384** nec .. de manerio predicto unquam seisiti fuerunt ante ~onem finis predicti *RParl* 199b.

levator [CL]

1 tool that lifts. lever, crowbar.

1224 venire facias .. omnes quarreatores et scissores lapidum .. cum ~ibus, martellis, malleis, cuneis et aliis utensilibus necessariis ad petras faciendas *Cl* 608a; **1313** fabro operanti circa ~ores (v. caciator 2).

2 one who raises, constructs, builds.

1195 omnes ~ores muri in misericordia *CurR PR* 67.

3 one who levies (tax).

1457 quondam David C. per dominum regem constitutus ~or firmarum predictarum fuerat *ExchScot* 334.

levatorium [ML], lever.

~ium, -rii, cum quo aliquid levatur OSB. GLOUC. *Deriv.* 306; **1328** in prostracione fraxinorum .. pro xxiij ~iis inde faciendis ad tendend' [sex] springaldos predictos *LTR Mem* 109; oportet .. foramina facere in craneo .. et tunc cum ~io levare non tangendo duram matrem GAD. f. 124v. 1; **1491** octo ~ia de auricalco *Pat* 572 m. 15 (22).

levatura [cf. levare 1c], (in artefact) embossed work, work in relief.

in circuitu .. feretri .. fecit vitae Beati Martyris seriem .. eminentibus imaginibus de argento et auro, opere propulsato quod vulgariter ~a dicitur evidenter effigiari *G. S. Alb.* I 189; due pelves argenti in ~a in fundo *TR Bk* 203 f. 157.

levatus [ML], lifting, translation of body.

bullata per orbem / schedula fert Thome tempusque diemque levatus H. AVR. *Poems* 2. 60; Cancia .. / dicior hiis tribus est in Thome facta levatu *Ib.* 253.

levefacere v. levifacere.

leverarius [AN *leverer* < leporarius], greyhound, harrier.

hunc [canem sagacem] ~ium vocitabimus, ut universum genus in certas species atque nomina reducamus CAIUS *Can*. f. 2.

leverium v. 1 levarium. **levex** v. levir. **levia** v. leuga.

leviare [LL]

1 to make lighter in weight, to lighten.

pondus minoratur et sic substancia rei ~atur [TREVISA: *is þe more li3t*] BART. ANGL. IV 1.

2 **a** to alleviate, assuage (mental suffering or moral condition); **b** (trouble, labour, or sim.).

a agniculos a peccatorum prius ponderibus ~atos B. *V. Dunst*. 38 p. 51; datusque ei episcopatus Rofensis, quo ~aret verecundiam W. MALM. *GP* I 21; ~abatque spe prophetie omne genus erumne *Ib*. III 145; nam moriente viro dolor absenti leviatur NIG. *Paul*. f. 49v. 576. **b** musica languores lenit leviatque labores GIR. *Symb*. 384; pondus non leviabit honor GOWER *VC* V 662; consilium volutabatur ut pecunia bellum ~aretur CIREN. II 142.

3 to relieve (person, animal, of pain, disease, or sim.).

quatenus .. impensura medicina celerius foret ~andus HERM. ARCH. 26 p. 63; Androclus stipem ingentem vestigio leonis herentem revellit .. opera cujus .. ~atus .. leo recubuit et quievit DICETO *Chr*. I 41.

Leviathan [LL < Heb.], aquatic monster (*cf*. *Job* xl 20, *Is*. xvii 1); **b** (as type of Satan).

956 Leviatan saltem adhuc Jordanen expectans omnes tunc ore aperto vorabat *CS* 921; serpens de genere pessimi illius ~an anguis oceanalis GERV. TILB. III 85; corpus ~an .. sicut scriptum est squamis prementibus condensatur J. FURNESS *Kentig*. 2 p. 165; ~an, serpens vetus R. BURY *Phil*. 20. 249. **b 956** timendum est ne nos cupido hujus mundi vel pompa immittat in os ~an *CS* 973; si magis eum sequi voluissent ad gloriam perpetuae felicitatis quam ~an tortuosum serpentem ad poenam aeternae perditionis BYRHT. *V. Ecgwini* 352; **†990** (12c) quo .. valeamus .. ~an luridi Theo protegente phalanges evincere *CD* 673; visitabit [Deus] super ~an serpentem veterem in gladio suo AD. MARSH *Ep*. 76 p. 187; heu! quot Leviathan sibi junget carmine, penis, / blanditiis, bellis, munere, fraude, minis GARL. *Tri. Eccl*. 79.

leviatio, relief (of med. condition).

creticus [sc. fluxus sanguinis] .. bonus est cum venit guttatim et ~one [? l. cum ~one] infirmi GILB. III 152v 2.

leviculus [CL]

1 light in weight.

melotida .. cedat dolorem posita super aurem cum aliquo ~o ut albumine ovi *Alph*. 114.

2 slight, trivial.

1516 quanquam adversa tua valetudo nonnihil sollicitat .. ~am non gravem eam Petrus refert *Ep. Erasm*. II 430.

levidensis [CL], lightly woven; (also as sb.) fine cloth, say.

~is, vestis levis eo quod sit filis densata OSB. GLOUC. *Deriv*. 329; vestes .. ~es BALSH. *Ut*. 52; *say*, ~is, sagena, sagum, sagulum *CathA*.

levifacere [LL], to make light in weight (also fig.).

levefaciencium WYCL. *Ver*. I 327 (v. gravefacere); nisi forte .. levifecerint hominem ut .. evolet in Christum COLET *In I Cor*. 175.

levificabilis [ML], that can be made light.

ergo habens illam activam per se est levificativum, ut ita loquar, potest autem ista forma esse in aliquo ~i DUNS *Metaph*. IX q. 14 p. 585; idem sine contradictione potest esse levificativum et ~e *Ib*.

levificare [LL], to make light.

non est contradictio, quod ipsa [forma] insit generato, ~ante non inexistente DUNS *Metaph*. IX q. 14 p. 585.

levificativus [ML], that makes light.

DUNS *Metaph*. IX q. 14 p. 585 (v. levificabilis).

leviga [cf. CL levigare], tool that makes smooth, carpenter's plane.

1389 vj levig' iij axhelvis *Ac. Obed. Abingd*. 58; *plane, instrument*, ~a, -e *PP*; hec ~a, *a plane WW*; *a plane*, instrumentum, dolabrum, .. ~a, planatorium *CathA*.

levigabilis [cf. 2 levigare], that can be lightened, alleviated.

1276 vicarium [Christi] .. onus ex humano defectu importabile, divina tamen omnipotentia ~e portaturum (*Lit. Papae*) *Foed*. II 66.

1 lēvigare [CL], to make smooth; **b** to plane, polish (wood). **c** to work (stone).

in corporibus ~atis J. SAL. *Pol*. 408C (v. cyathus a); [castores caudam] planam habent et ~atam GIR. *TH* I 26; pro supporto lēvo, pro lēvigo dicito lēvo SERLO WILT. *App*. II a L 6; crus vestitum moderata / tenerum pinguedine / ~atur occultata / nervorum compagine / radians candore P. BLOIS *Carm*. 8. 6. 58. **b** ligna arcae ~ata BEDE *Tab*. 444 (v. bituminare); **s1190** portans in manibus tria flagella facta de virgis laevigatis *G. Ric. I* 146; materiam de lignis ~atis R. NIGER *Chr*. I 2; livigentur [*gl*.: *seient planiez*] NECKAM *Ut*. 114; trabibus laevigatis R. BURY *Phil*. VII 114. **c 1494** lapidibus ~atis opere caementorum *Hist. Durh*. 153.

2 lĕvigare [LL]

1 to make light in weight, to lighten (also in fig. context).

dum subintrat poros largos et amplos calibs non elabitur, sed infixa et ab aliis impulsa, calibem ~at et non cedit, unde calibs non immergitur *Quaest. Salern*. N 65; cum .. aquosa essentia resolvitur, oportet calore fieri partes extenuante et rarefaciente et sic substantiam ~ante *Ib*. P 81; triplex est causa fortitudinis; calor vivificans, humor nutriens et perdita reparans, spiritus ~ans *Ib*. W 11; apud quosdam ~abat pondus miraculi cum abstinentia temporis tanti vis dysenterie AD. EYNS. *Hug*. V 19 p. 219; facta evacuatione spirituum sit frigiditas naturaliter gravativa, accidentaliter tamen ~at BART. ANGL. IV 2; si aque iste .. in tantas minucias possunt dividi et tantum subtiliari et aliqua vi impressi caloris vel alio modo in tantum ~ari .. GROS. *Hexaem*. III 3. 1.

2 to relieve, alleviate: **a** (med. condition); **b** (legal or financial burden); **c** (moral condition); **d** (person or institution of burden).

a si infirmitas [fratris] ~ata fuerit [AS: *geleohtud byþ*] *RegulC* 65 (= ÆLF. *Regul. Mon*. 192); paulisper ~ata infirmitate, missam auditura oratorium intravit TURGOT *Marg*. 13; dolor apparuit ~atus, unde emplaustro deposito apparuerunt pedes .. sanitati restituti *Mir. Montf*. 80. **b** ut prediorum suorum vectigalia .. ~aret W. MALM. *GP* I 79; quo eorum servitutem in aliqua parte ~amus *Croyl*. 17; quo excessivam taxationem temporalium .. monasterii .. ~aret *Meaux* III 247. **c 796** ut vel poena ~etur vel beatitudo augeatur ALCUIN *Ep*. 105; onus prioratus .. ex ejus adventu ~atum vobis perhibuistis LANFR. *Ep*. 43 (18); onus amicis postulationibus ~are tentamus ANSELM (*Ep*. 29) III 137; sub istius exspectationis dulcis et incerte solatio tediosa delectant, gravia ~antur, amara dulcescunt P. BLOIS *Ep*. 14. 45A; clericos quinquaginta .. et tot per tres dies presbyteros missarum celebratores applicate, qui feroces ~ent adversariorum [sc. daemonum] incursus *Flor. Hist*. I 421. **d** expedita, libera, ~ata, *alihte, gehypegode GlP* 223; ut .. monasteria que prius in Anglia fundaverat a gravi tributo regio ~aret KNIGHTON II 98.

3 to treat lightly or contemptuously; **b** to make light of, extenuate.

externas .. indecenter ~antes GILDAS *EB* 66. **b** palpo Diogenis contempnens olera / laudat vel levigat tiranni scelera WALT. WIMB. *Palpo* 90.

levigatio [LL]

1 lightening (of weight).

ut primum aer dissolvatur et partium aeris fiat transpositio, ex transpositione subtiliatio, ex subtiliatione ~o *Quaest. Salern*. P 15.

2 relief, alleviation (of burden).

ad aliquantulam sarcine mee ~onem debitique mei solutionem qualemcumque prevenire curavi faciem tuam, o Domine J. FORD *Serm. prol*. 3.

levigatura [cf. 1 levigare], act of making smooth.

NECKAM *NR* II 172 (v. caementarius 1a).

levinarius, kind of dog, leash-hound, limer.

quod [canum genus] .. genere et compositione corporis medium est inter sagacem illum et leporarium, et a levitate appellatur ~ius, a loro, quo ducitur, lorarius CAIUS *Can*. f. 3b; a levitate *leviner*, a loro *lyemmer* appellatur is quem ~ium et lorarium Latine nominavimus *Ib*. 11b.

levipendere [ML; cf. CL parvipendere], to value lightly, consider of little account (also in tmesis).

cuncta levipendit qui semper se moriturum / cogitat H. CANTOR *Vers*. 228; sic et amans non ipse levi tua pectora pendo L. DURH. *Dial*. I 157; tantum successum ~ens quod casualiter .. provenisset MAP *NC* V 5 f. 66; causa barbare litere fuerant jam a longe ~ensa et despecta *Croyl*. 98.

levir [CL], brother-in-law.

~irum a superstitiosa delubrorum cultura convertens ALDH. *VirgP* 40 (v. fortuna 3); sic devota Deo convertit femina sponsum / necnon et levirum solvens errore vetusto *Id. VirgV* 1732; ex eo composita ut semivir, duumvir, ~ir ALCUIN *Gram*. 864C; ~ir, uxoris mee frater OSB. GLOUC. *Deriv*. 325; ~irum suum .. afficere damno cupiebat W. CANT. *Thom*. V 1; hic ~ir, est frater in lege *WW*; hic levex, i. frater mariti uxoris *Ib*.

1 lēvis [CL]. *V. et. levipendere*.

1 light in weight. **b** underweight, not fully grown. **c** (of bread) light (because leavened or raised). **d** (of coin) containing less than the standard weight.

~em materiam attrahit GOSC. *Aug. Maj*. 52A (v. gagates 1a); ~is et imponderosus OSB. GLOUC. *Deriv*. 224; multacium, quedam ~is vestis *Ib*. 365; non honerosa lēvis res est, non aspera lēvis SERLO WILT. II 59; eadem ratione videtur quod non sit ~e quia non est aucta levitas post consecrationem FISHACRE *Quaest*. 51. **b** avena .. que ~is ante fuit GIR. *Symb*. II 35 (v. grossescere 1a); ~is haye *Doc. Bec* 67 (v. 1 haia 1a). **c** in albo pane empto ultra ~em panem datum per homines ville iij s. vj d. *Househ. Ac*. 253. **d 1467** decem libras in ~iori moneta ad gagias verletorum in Methven *ExchScot* 587.

2 lacking in density.

potus .. natura ~ior *Quaest. Salern*. P 20 (v. ferire 3a); aer .. subtilis, levis NECKAM *DS* IV 20 (v. diaphania); nix est gutta levis *Ib*. 189 (v. gelu a); levis nubecula WALT. WIMB. *Carm*. 96 (v. exiguus 4).

3 light, nimble, fleet: **a** (of person, animal); **b** (of action or movement).

a ex his vero tribus suggestio est velut canis ponderosus, delectatio ut ~is et acer catulus, consensus autem quasi canis fortis et immensus. .. catulus .. ~is et acer et instat acriter et, ni cito repercussus fuerit, acrius mordet *Simil. Anselmi* 40; gens hec ~is et agilis, gens aspera magis quam robusta GIR. *DK* I 8. **b** ex qua ~i titillatione delectatio sequitur, quod satis apparet in motu sonitus qui est in psalterio *Quaest. Salern*. B 161.

4 (mil.) lightly constructed: **a** (of armour); **b** (of fortifications or defences).

a a ~is armature hominibus W. MALM. *HN* 463 (v. genus 7); velites .. milites, sc. ~is armaturae OSB. GLOUC. *Deriv*. 615; armis utuntur ~ibus, agilitatem non impedientibus GIR. *DK* I 8; lineis et ~ibus armaturis cooperti M. PAR. *Maj*. 550. **b 1261** bretachiam ~em (v. bretescha a); **1261** bene volumus quod aliquem ~em firmaturam que valere possit ad defensionem ville fieri faciatis *Cl* 502.

5 having little force.

favonius .. i. ~is ventus et instabilis OSB. GLOUC. *Deriv*. 224.

6 (of sleep) light, gentle.

cum .. ~is mihi somnus obrepsisset BEDE *HE* V 9 p. 297.

7 easy to perform or accomplish, requiring little exertion; **b** (w. *ad* & gdv.). **c** (*de ~i*) easily (*cf*. OF *de legier*).

~iori cursu ALCUIN *Ep*. 43 (v. facilis 2c); erat .. locus qui dicitur Eoveshamm ..; quem ego ~i petitione a rege Æthelredo Dei amico adquisivi BYRHT. *V. Ecgwini* 363; **s1136** hi omnes gratanter principi assenserant, quem ~i negotio ad sua commoda inflectere possent W. MALM. *HN* 463; ~i conamine erectus resedit in feretro G. MON. VIII 23; *esy*, .. ~is et suavis *CathA* (v. ediosus). **b 12..** item, quod palea deputata ad fimum amoveatur a curia dum ~is fuerit ad cariandum *Cart. Glouc*. III 219; perpendens morbum predictum parvum et ad sanandum ~em *Reg. Brev. Orig*. 112. **c 1217** cum terre nostre tranquillitas adhuc tenera sit, et de ~i .. possit perturbari *Pat* 116; quod .. de ~i in putridam posse converti GILB. I 4. 1; consuetudo est Romanis de ~i causas adinvenire M. PAR. *Maj*. III 23; de ~i potest sciri et per cetera signa apprehendi an in rege sapiencia vel insipiencia dominetur BACON V 47; **1325** in responsionibus meis .. de ~i possim .. decipi, et oblivisci *Lit. Cant*. I 153; **s1461** de ~i curabiles (v. 8b infra).

8 easy to bear, mild, gentle, not severe: **a** (of illness or wound); **b** (of medicine or cure); **c** (of moral rebuke or corrective penance).

a ~iori infirmitate ASSER *Alf*. 74; ~is quaedam febris subito irruens ANSELM (*Ep*. 142) III 288; quod quedam [? l. quidam] vulnera ~iora inferentes et minus periculosis locis semper interficiant *Quaest. Salern*. B 56; potest fieri vomitus ~is GAD. 5. 1 (v. 1 ebulus). **b** potest fieri ~issima medicina GAD. 4v. 2 (v. dens 3c); **s1461** quos de levi curabiles conspexit, in ipsos ~i utebatur medicamine *Reg. Whet*. I 411. **c** ~ior erit penitentia THEOD. *Pen*. I 4 (v. dimidius 2); sanctus .. alitem ~i sermone conprimebat

FELIX *Guthl.* 40; **796** ~ioribus .. verborum fomentis (v. fomentum 1b).

9 (of price or value) low.

cum †favonibus .. ~is pretii *Lib. Eli.* III 50 (v. fano); codicem precio ~issimo comparandum VAC. *Lib. Paup.* 1; **1279** ut ipsi custumarii .. locarent eidem preposito ~i precio terras eorum *Rec. Elton* 6; quod michi ematis x virgas blanketi scientes quod nullo anni tempore existit pannus †lenioris [l. levioris] precii *FormOx* 315; **1448** artifices .. ~iori precio quo poterint conducant *StatOx* 270.

10 slight, insignificant. **b** (of crime or sin) minor, venial.

omissis domesticis ~ioribusque, si tamen aliqua sint ~ia GILDAS *EB* 33; ~iore discretu *Lib. Monstr.* I *pref.* (v. 2 discretus); non ~is mutatio ADEL. *QN* 13 (v. definitio 2a); eodem anno .. Frisones, homines rudes et incultos ac indomitos, ~i nacta occasione, cepit hostiliter impugnare M. PAR. *Maj.* V 550; ~is materia R. BURY *Phil. prol.* (v. 11a infra); ~issime deperditionis AMUND. I 256 (v. deperditio). **b** ~iores erratus BEDE *Mark* 184 (v. erratus); si culpa ~is est LANFR. *Const.* 159 (v. culpa 1b); ~e peccatum ANSELM (*Ep.* 321) V 251; ~i mendacio salvare vitam fratris WYCL. *Ver.* II 22; **1311** pro ~i transgressione *MunCOx* 21.

11 intended for amusement, light. **b** light-hearted, lacking seriousness, frivolous.

pono igitur primo ea que necessaria sunt pro ~i lectura et scriptura BACON *Gram. Gk.* 4; tractatum parvulinum edidimus stilo quidem ~issimo modernorum; est enim ridiculosum rhetoricis quando levis materia grandi describitur stilo R. BURY *Phil. prol.* **b** quidam presbyter Anseredus nomine .. vitam ~em pluribus modis ducebat ORD. VIT. III 2 p. 43; hilarior factus est et ~ior G. MON. XII 4; sit ~is sed levitati non consentanea J. FORD *Serm.* 47. 6; habitum religionis, sed ~em, susceperunt M. PAR. *Maj.* IV 278.

12 capricious, unstable.

GlH F 758 (v. frivolus 3c); velut ~is juvenis vagatur per domos et ludit alea ANSELM (*Ep.* 195) IV 85; Afros versipelles, Graecos ~es, Gallos pigrioris videmus ingenii, quod et natura climatum quadam ex parte facit ALB. LOND. *DG* 6. 10; [honor mundi] est inanis et exilis, / brevis, levis, vanus, vilis, / mendax ac sophisticus WALT. WIMB. *Van.* 3; inicium et radix totius mali fuit ~is aspectus [ME: *aliht sihðe*] *AncrR* 12; rex non debet esse ~is in gestu *Plusc.* VII 20.

2 lēvis [CL]

1 free from irregularities of surface, smooth. **b** (fig.) smooth, calm.

R. CANT. *Malch.* II 150 (v. discus 1); in aquarum levi superficie .. repercussiones fiunt ADEL. *QN* 29; non aspera levis SERLO WILT. II 59 (v. 1 levis 1a); plena, tenella, teres surarum pagina leves / pumicis attritus refugit HANV. II 49; est aqua .. levis / tangenti, dulcis gustanti H. AVR. *Poems* 36. 16. **b** tu precellis aquam, nam levi levior es tu *Ib.* 36. 18; murmure levis / est aqua, tu mente *Ib.* 20.

2 (of the body) free from coarse hair, smooth.

Jacob .. et Esau .. cum unus esset ~is et alter pilosus GROS. *Hexaem.* V 9. 2.

3 avoiding harsh sounds, smooth. **b** (of stop) voiceless.

per differencias vocis, que sunt asperum, ~e .. *Ps.*-GROS. *Gram.* 70 (v. fortiter 1). **b** nos, quia humanus spiritus tres earum sine aspiratione ~es cum aspiratione asperas facit, id est C, P, T, quarum medium optinent tres relique [sc. G, B, D], ipsarum mediarum voces in dictionibus positarum exprimimus sono ~ium, dum in finibus partium sunt ABBO *QG* 9 (21); item harum .. novem mutarum, tres sunt ~es, sc. π, κ, τ BACON *Gram. Gk.* 7.

levisticus, ~a, ~um [LL < CL ligusticum], lovage (*Levisticum officinale*). **b** (as adj.) of lovage.

libestica, *lufestice* ÆLF. *Gram.* 310; ibi crescit sandix, caula vel magudalis, algium, dilla, libestica, febrifugia .. ÆLF. BATA 6 p. 99; lubestica, *luvestice Gl. Durh.* 303; panaca i. radix luuestici *Gl. Laud.* 1162; cataplasmentur virilia .. et statim mingat. hoc idem fiat de ~o GILB. I 74v. 1; hec luvestica, *luvesche Gl. AN Glasg.* f. 18ra; hoc lovesticum *lovache Gl. AN Ox.* 603; **12..** ~um, i. *luuesche*, i. *luuestiche WW*; ut paritaria ~us furfur GAD. 32v. 2; herba ive et radix ~i que valent in catalensia *Ib.* 63v. 1; apium ~um, i. *loveache SB* 11; leviticus, A. *louache Alph.* 95; *loveage* .. †lenisticus [l. levisticus] *PP*; si valde sitit [falco] accipe pulverem caulis ~i UPTON 190. **b** pallere facit faciem nimis exhausto sanguine, / coctione levistica, vel alio molimine (*Vers.*) *EHR* V 322.

levita, ~es [LL < Heb.]

1 Levite, member of the Israelite tribe of Levi designated as minister of the sanctuary.

956 cum nec ~a nec sacerdos subvenire sufficerent, Samaritanus tamen semivivi .. dignatus est misereri *CS* 921; certe Oza ~es dum quod sui non erat officii archam boum lasciva irrationabilitate paululum inclinatam irreverenter sustentasset, percussus est a Domino [v. *II Reg.* vi 7] *Mir. Wulfst.* I 41; ~is, qui portabant arcam federis AD. SCOT *TT* 657; Dominus in libro Numeri circa tabernaculi ministerium diversa distinguit officia, ut sint alii ~e, alii Merarite, alii Gersonite, alii .. P. BLOIS *Ep.* 123. 366B; a Levi filio Jacob ~e, id est assumpti, denominantur, per quos cuncta sacrificia sub sacerdotibus administrabantur GIR. *PI* I 19; tercius liber Ebraice dicitur *vagetra*, quem nos dicimus Leviticum, eo quod ~arum ministeria et diversitatem victimarum exequitur, et totus ordo Leviticus in eo adnotatur. ~e autem dicuntur a Levi filio Aaron GROS. *Hexaem. proem.* 68.

2 (eccl.) deacon.

~arum obsequio deputatis WILLIB. *Bonif.* 8 p. 48; sic meritis crescens annis et mente sagaci, / jam levita sacer condigno est ordine factus ALCUIN *SS Ebor* 1422; **957** ecce testes conscribentes presbiteri et ~ae et clerici *CS* 993; quintus subdiaconus, qui est subminister, qui oboedit officiis ~arum ÆLF. *Ep.* 2. 120; ad subdiaconum, inquit, pertinet calicem et patenam ad altare Christi deferre, et ~is tradere, eisque ministrare LANFR. *Ep.* 13 (14); Thomas itaque noster, ~a jam quasi deposito, cancellarium agens H. BOS. *Thom.* II 10; **1188** ~a, imo archilevita sum P. BLOIS *Ep.* 20. 73A; sacerdotes et ~e, amicti stolis albis, signum Crucis mirabile bajulantes M. PAR. *HA* I 121; levitae e manibus calicis vas sume, sacerdos GARL. *Myst. Eccl.* 391; sacerdotibus et ~is legis gracie *Ziz.* 419; *a dekyn*, diaconus, .., ~a *CathA*.

1 lĕvitas [CL]

1 lightness (of weight).

quae quidem forma vel causa in igne, cum sursum fertur, vocatur ~as ADEL. *QN* 60; quanta erit ~as resurgentium corporum PULL. *Sent.* 672D; Ilia succingit levitas tractusque lacertos J. EXON. *BT* IV 187; musca .. formicam voce fatigat. / .. / "torpes mersa cavis, levitas michi queritur alis" WALT. ANGL. *Fab.* XXXVI 3; attractio fit .. lege ~atis *Quaest. Salern.* B 162 (v. gagates 1a); ~as .. sequitur calorem et gravitas frigiditatem T. SUTTON *Gen. & Corrupt.* 82.

2 easiness. **b** (*de ~ate*) easily.

tanta cum ~ate excitabatur ut vix crederes sonitum ab alio posse deprehendi *V. Chris. Marky.* 75. **b** subdita plebs viciis de levitate cadit GOWER *VC* III 172.

3 lack of seriousness, frivolity.

ideo me superna pietas dolore colli voluit gravari, ut sic absolvar reatu supervacuae ~atis BEDE *HE* IV 17 p. 246; numquam viderunt se nudos nec tetigerunt / cautus uterque satis cavere notas levitatis R. CANT. *Malch.* III 502; hic et Mala Corona vocabatur, eo quod in juventute sua militaribus exercitiis et ~atibus detinebatur ORD. VIT. III 2 p. 28; legavi pueris hec puerilia; / illi me faciant precum instancia / repuerascere non impericia / vel †levititatibus [l. levitatibus] sed innocencia WALT. WIMB. *Palpo* 161; de inventione dictorum et rithmorum, et talium quae ad mimorum pertinent ~atem *Latin Stories* 127; quod [rex] caveat ~atem verborum et morum (Bridget of Sweden *Lib. Celestis*) BOWER X 8.

4 instability, inconstancy, fickleness.

'~as', si instabilitatem mentis designat aut pusillitatem ponderis, brevis est 'le-'; si lenitatem tactus, unde ligna in aedificio levigata dicuntur, longa est 'le-' BEDE *AM* 98 (cf. 2 levitas a); **s1139** noverca enim feminea ~ate fidem .. fefellerat W. MALM. *HN* 478 p. 35; vado .. ad curiam de reditu nescius, utpote regiam verens ~atem *V. Chris. Marky.* 74; mundi volo vanitatem / et fortune levitatem / breviter describere WALT. WIMB. *Van.* 1; ex ~ate animi domum suam exuerat *Hexham* I app. p. xxx; si ex lapsu linguae vel animi ~ate aliqua verba .. incaute emiserant *Reg. North.* 404.

2 lēvitas [CL]

1 smoothness, evenness. **b** (med.) lubricity (of bowels). **c** (fig.).

~as .. si .. designat .. lenitatem tactus BEDE *AM* 98 (v. 1 levitas 4); in tali [spiritus visibilis] reditu tam corporis ~as quam ejusdem densitas .. notanda est ADEL. *QN* 29; propter ~atem superficiei montium GROS. 68 (v. concavitas 1a); alibi potest esse talis planities inter eos et solem, et a posteriori talis montium laevitas BACON *Maj.* I 307; sensata .. oculi sunt visibilia que sunt .. asperitas, ~as .. *Id.* V 133. **b** lienteria est fluxus ventris .. et dicitur lienteria a ~ate interiorum, i. intestinorum, ideo cibus cito labefecit a stomacho *SB* 27. **c** si quid asperum [sc. in nobis est], ad ~atem spiritualis gratie complanetur P. BLOIS *Serm.* 564A.

2 smoothness of sound, absence of harshness.

per acutum accentum significatur asperitas, per circumflexum ~as *Ps.*-GROS. *Gram.* 70.

leviter [CL]

1 with little force or violence (partly fig.). **b** lightly, quietly.

[Thurkil] dicens eum [sc. Cnutonem] ~iter illos [sc. Anglos] posse superare *Enc. Emmae* II 3; si .. multas pecunias ab Africe navibus et Hispanie mercatoriis ~iter extorquerent .. OSB. BAWDSEY clvii; populum rusticorum .. quos Maximianus ~iter compescuit *Eul. Hist.* I 335. **b** quasi ~iter obdormiens BEDE *HE* IV 11 p. 226.

2 easily, without difficulty.

nos patimur, etiam ab inimicis, ~ius non esse sapientes quam insipientes dici et non esse justos potius quam injustos ABBO *QG* 21 (46); quod non aliquo percipitur sensu corporeo, effugari ~iter nequaquam potest PETRUS *Dial.* 69; Trojani ceperunt ad eum confluere, orantes ut, ipso duce, a servitute Grecorum liberarentur. quod ~iter fieri asserebant *Flor. Hist.* I 20; posset .. papa, si fieret occultus hereticus, .. ~iter exponere totam Christianitatem periculo OCKHAM *Dial.* 784.

3 slightly, to a slight degree.

~iter .. gelu solidata NECKAM *DS* IV 189 (v. gelu a); nullus fuit .. vulneratus mortaliter, sed pauci solummodo ~iter AVESB. f. 113; videtur minus malum, ~iter mentiri quam destruere in se vel proximo tam bonum nature quam bonum moris WYCL. *Ver.* II 22.

4 without suffering, bearably, not severely.

qui dimiserat uxorem suam, alteri conjungens se, vij annos cum tribulatione peniteat, vel xv ~ius THEOD. *Pen.* I 14. 8; videbatur illa per biduum aliquanto ~ius habere, ita ut multi putarent quia sanari posset a languore BEDE *HE* IV 17 p. 245; adholescentes ~iter verbis eos castigate ÆLF. BATA 4. 32; queritur quare quislibet ~ius moritur ex nimio gaudio quam ex tristitia? *Quaest. Salern.* B 191.

levitersus [ML], rubbed smooth, (as sb.) polished object.

reflexio perceptibilis tantum fit a ~o DUNS *Metaph.* V q. 7 p. 53.

levites v. levita.

levitiana [cf. LL levita], cemetery consecrated for deacons, burial-ground for clergy.

venit sanctus Mochutu ad .. sanctum Colmanum .. ut veniens secum ~am signaret in suo monasterio (*Car.*) *VSH* I 180; humus ~e in qua ipse requiescet, super filium mortis non exibit. et utinam ego in illa sepulta essem *Ib.* 181.

1 leviticus v. levisticus.

2 leviticus [LL]

1 Levitic, of a member of the Israelite tribe of Levi.

~i generis BEDE *Sam.* 517 (v. gloriatio 1); sacerdotes ~i generis GROS. *Ep.* 72* p. 221 (v. diversificare 2); a sacerdotio ~o [non] licebat Judeis recedere OCKHAM *Dial.* 816.

2 (as sb.): **a** Levite, member of the Israelite tribe of Levi. **b** (w. ellipsis of *liber*) Leviticus, third book of the Pentateuch.

a mos erat ~is, ut illi detraherent pelles holocaustorum S. LANGTON *Chron.* 190. **b** **798** in ~o sepissime .. peccator ad sacerdotem mittitur ALCUIN *Ep.* 138; **1223** quod in ~o legitur 'sancti estote' *Ch. Sal.* 128; tercius liber .. quem nos dicimus ~um GROS. *Hexaem. proem.* 68 (v. levita 1); non ponitur ~i vicesimo tertio cum aliis ferialibus diebus BACON *Tert.* 217; precepta contenta in .. ~o OCKHAM *Pol.* II 747; dicitur in ~o quod mundatus .. *Meaux* II 198.

3 (eccl.) of a deacon, diaconal.

has stolas sive planetas ~ae ac sacerdotalis gloriae ministris tuis. frequentandas .. benedicere .. digneris EGB. *Pont.* 16; haec vestimenta sacerdotalia seu ~a *Ib.* 17; ut qui in diaconatus ministerio es constitutus, ~e benedictionis ordine clarescas *Ib.* 18; gradus altioris dignitatis consequutus est, ordinem sc. ~i honoris assumendo BYRHT. *V. Ecgwini* 354; Wintoniensis, Helyensis episcopi .. sicut in ecclesia ~i ordinis sorte pariter insigniti .. DICETO *YH* I 395; gradum invitus ascendit ~um AD. EYNS. *Hug.* I 4; **1414** vestimenta sacerdotalia et ~a .. benedicendi .. vobis .. committimus potestatem *Reg. Cant.* 326.

levitissa, wife of a Levite.

~a, i. levitae uxor OSB. GLOUC. *Deriv.* 306.

levitonare v. lebitonarium.

leviusculus, trivial, unimportant.

qui .. regem .. in bellis semper invictum rebus ~is remuneraret REDMAN *Hen. V* 24; quem res ~e commoverent *Ib.* 35.

levorium, ~us v. levarius. **levus** v. laevus. **lewa** v. leuga. **lewedes** v. leuga.

lex [CL]. *V. et. legisdoctor, legislatio, legislator, legisperitus.*

1 law, statute; **b** (eccl.).

948 (12c) judiciique et legum constituit discretorem *CS* 860; has infra scriptas leges regis concordant homines de iiij lestis *DB* I 1; incipiunt leges Henrici regis Anglorum (*Quad.*) *GAS* 544; petistis a nobis leges Romanas et Cesaris vobis transmitti, quibus in regno Britannie uti voluistis. leges Romanas et Cesaris semper reprobare possumus, legem Dei nequaquam (*Leg. Ed.*) *Ib.* 636 (v. et. 3d infra); **1249** quia nullus de regno Anglie vel de regno Scoccie, licet terras habet hinc vel inde, per leges dicte Marchie debet alibi implacitari *IPM* 65; licet largissime dicatur lex omne quod legitur, tamen specialiter significat sanctionem justam, jubentem honesta, prohibentem contraria BRACTON 2; sancivit primum leges in Britannia Dunwallo Molmutius, cujus leges Molmutine dicebantur HIGD. I 50; possunt .. statuta facere, dum tamen legibus generalibus non obsistant (LYNDW.) *EHR* XI 458; jus se habeat ad legem ut genus ad speciem FORTESCUE *NLN* 30; hujus conditionis leges erant civiles, et suae cujusque civitatis municipales COLET *Rom. Exp.* 258. **b** quicumque secundum episcopales leges de quacumque causa interpellatus fuerit (*Artic. Will.*) *GAS* 485; multipliciter commendavit leges papales WYCHE *Ep.* 583.

2 body of law, constitution. **b** (w. ref. to spec. application of the law); **c** (spec. of written law); **d** (unwritten or common law, based on custom); **e** (*lex terrae*) law of the land.

volo, ut omnes habeant et teneant legem Eadwardi regis (*Leis Will.*) *GAS* 488; secundum legem Normannie (*Quad.*) *Ib.* 683; de libro Theodosiane legis (*Leg. Hen.* 33. 4) *Ib.* 565; secundum legem Saligam (*Ib.* 87. 10) *Ib.* 602; secundum legem Ribuariorum (*Ib.* 90. 4a) *Ib.* 605; lege fori, non lege poli, procedere temptat L. DURH. *Dial.* I 253 (v. et. 3d infra); videres confusam legem poli et soli, et domum orationis factam speluncam latronum W. CANT. *V. Thom.* 56; W. NEWB. *Serm.* 888 (v. imperialis 2b); **1201** poneret se super legem Cantie *CurR* II 50; nos non faciemus justiciarios, constabularios, vicecomites vel ballivos, nisi de talibus qui sciant legem regni et eam bene velint observare *Magna Carta* 45; si contencio super hoc orta fuerit, tunc inde fiat in marchia per judicium parium suorum [i. e. Walensium], de tenementis Anglie, secundum legem Wallie, de tenementis marchie secundum legem marchie *Ib.* 56; lex duodecim tabularum RIC. ANGL. *Summa* 17 p. 17; dicitur vulgariter 'ut rex vult, lex vadit' *Carm. Lew.* 871; octo shire .. judicabantur olim lege Marcia HIGD. I 49; juravit coram .. coronatore quod in omni loco erit parata ad faciendum et sustinendum ea que sibi incumbent et lex exiget *SelCCoron* 56; processit rex in Hiberniam cum plebe maxima, statuitque ibidem legem Anglicanam et ut omnia eorum judicia secundum eandem legem vel Anglicanam consuetudinem terminarentur KNIGHTON I 190. **b** non eodem modo quo lex publica fornicarios puniri percensuit EGB. *Dial.* 407; **1277** quia .. [non] constare potest utrum natus fuit vivus puer vel non .., non videtur curie quod predictus Johannes tenere debet hereditatem predicte Margerie per legem Anglie racione predicti pueri *SelPlCR* 33; **1293** ipse [Georgius] de eadem Johanna prolem procreavit, per quod terre et tenementa de quibus eadem Johanna fuit seisita .. die quo obiit .. eidem Georgio ad vitam suam per legem Anglie debent remanere *IPM* 66 (3); lex Anglie est ut si quis uxorem haereditatem habentem duxerit .. si liberos inter se habuerint ex justis nuptiis procreatos, si ipsa premoriatur, remanebit viro terra mulieris tota vita ipsius viri *Fleta* 444. **c** hoc habet lex *G. Hen. II* I 150 (v. habere 33a); nephariam .. operationem necat et hoc lege scripta que mucro Mercurii est BERN. *Comm. Aen.* 73; utramque legem scriptam debuit antecedere lex naturalis non scripta GROS. *Cess. Leg.* I 4. 1; homini existenti in paradiso .. oportuit non dari .. lex scripta *Ib.* I 5. 6; habent .. Anglici plura ex consuetudine que non habent ex lege BRACTON 1; rex .. gratiam suam, tam de lege communi quam de speciali, .. clero universo interdixit *Meaux* II 264. **d** preter communem legem *Dial. Scac.* II 23A (v. communis 7a); leges namque Anglicanas licet non scriptas leges appellari non videatur absurdum GLANV. *prol.*; **1268** hiis exceptis que contra pacem nostram fieri contingent que secundum legem regni nostri communem terminari soleant in partibus ubi transgressiones ille facte fuissent *BBC* (*London*) 148; **1282** petit judicium si ad tale breve, quod non est de communi lege, debeat de libero tenemento suo respondere *SelCKB* I 105; **1312** ipsos .. contra vadium et plegium et communem legem terre illius in carcere detinendo *RScot* 111a; quia hoc esset directe contra legem communem regni Angliae *Ann. Lond.* 128; consuetudinariam legem damnat WALS. *HA* I 203 (v. consuetudinarius 1c); lex consuetudinis litteras nesciens et lex nature que tot milibus annorum scripturam non sensit a legendo non dicuntur sed a ligando, quia ligant et non semper leguntur FORTESCUE *NLN* I 30. **e** **1209** heredes sui capient inde rationabiles emendaciones secundum legem terre *Fines RC* II 11; **1220** dicit eciam quod secta fuit facta secundum legem terre *SelPlCrown* 120; **1230** contra legem terrae distrinxit ipsum Andream pro tam parvo servicio *BNB* II 375; **1327** idem Thomas erronice et contra legem terre .. morti extitit adjudicatus *RParl* 5a; **1382** omnibus justiciariis .. ad legem terre gubernandum assignatis *SelCExchCh* 4; suis propriis costagiis placitum retrahendo et amovendo a lege terre coram admirallo pertractabunt *BBAdm* I 227; s**1451** dicit quod materia per .. abbatem .. allegata non est sufficiens in lege. ad quam .. per legem terre respondere non .. tenetur *Reg. Whet.* I 66.

3 law: **a** (dist. as *humana* or *temporalis*); **b** (*lex factorum, positiva*) positive, explicit law; **c** spec. law or commandment given by God; **d** body of divine law, God's commandments to man; **e** (*lex naturae* or *naturalis*) natural law, conceived as enacted in the structure of the universe; **f** (as determining human condition or behaviour).

a lex temporalis GROS. *Cess. Leg.* I 2. 8; a lege humana [v. l. christiana] actus exteriores plus puniuntur OCKHAM *Quodl.* 105; que cadunt vel cadere possunt sub lege humana *Id. Pol.* III 187 (v. cadere 4c); lex humana GASCOIGNE *Loci* 94 (v. epieikeia); lex humana J. BURY *Glad. Sal.* 591 (v. dictamen 3b); **1515** quia pro fractione et evasione hujusmodi carceris legem temporalem subire timet *Sanct. Durh.* 179. **b** lex .. factorum ab extra debet ei [sc. creature rationali] dictari. non enim scire posset quid de indifferentibus vellet auctor suus ipsam agere, nisi illud ei dictaret GROS. *Cess. Leg.* I 5. 2; legimus .. quod Dominus non scripto, sed precepto, dedit illi legem positivam, ut videlicet non commederet de ligno scientie boni et mali *Ib.* I 5. 6; cum homo prevaricatus fuit peccando tam legem naturalem quam positivam *Ib.* I 6. 19; agenda vel non agenda, que non cadunt sub lege divina nec sub lege nature, sed sub lege humana positiva OCKHAM *Pol.* III 187; lex etenim Cristi fuit hec quam gracia mulcet, nostra set ex penis lex positiva riget GOWER *VC* III 256. **c** legum hec inplecio [cf. *Math.* iv 17] / legis est dimissio P. BLOIS *Carm.* 23. 4. 22 (v. et. 4b infra); quecumque anima ad supereminentem illam Christi caritatem anhelat, hanc sibi primitus scribi legem requirat in medio cordis sui J. FORD *Serm.* 91. 7; alterum vero quod est temporale et transiens, sicut lex circumcisionis et sabati et cetera cerimonialia GROS. *Cess. Leg.* I 10. 28; in nova lege clementiae MORE *Ut.* 62. **d** lex Dei BEDE *Gen.* 165 (v. feriari 2b); lex sancta Tonantis ALCUIN *WillV pref.* 21 (v. grate b); **961** ego O. legis Dei catascopus *CS* 1066; legem Dei *GAS* 636 (v. 1a supra); lege poli L. DURH. *Dial.* I 253 (v. 2a supra); impleatur perfectius lex Dei, convertens animas ab universis AD. EYNS. *Visio* 23; duplex est lex: temporalis viz. et eterna GROS. *Cess. Leg.* I 2. 8; a ministris legis divine, cujusmodi fuerunt sacerdotes et levite in veteri testamento et persone ecclesiastice in novo OCKHAM *Pol.* I 160. **e** prima saeculi tempora lege naturali per patres, media lege literali per prophetas .. illustrare dignatus est BEDE *TR* 64 (v. et. 6a infra); lex naturalis conscriptaque lex breviatam / sunt iter in legem qua reparetur homo L. DURH. *Hypog.* 68; **1182** scio quod pium est flere mortuum, et hujusmodi mestuosos affectus lex nature indicit P. BLOIS *Ep.* 2. 4A; c**1211** preterea fecit contra legem nature decipiens fratrem suum, lex enim nature est: 'non facias alii quod tibi non vis fieri' *Id. Ep. Sup.* 58. 3; GIR. *TH* III 35 (v. exlex 1); GARL. *Mor. Scol.* 66 (v. genialis 3a); patet quoque legem naturalem lege positiva naturaliter esse priorem GROS. *Cess. Leg.* I 5. 6; postea dicit quod lex nature et justicia naturalis sunt unius essencie, licet accidentalis, et inter cetera quod lex illa est a justicia, ut splendor a lumine .. FORTESCUE *NLN pref.*; **1438** nature lex est ut capitis habitudo bona (v. habitudo 2c). **f** homines .. qui ad arbitrium Rogeri laudabiliter vivebant sub lege conjugii *V. Chris. Marky.* 43; c**1210** nec mirari quoque vel indignari quispiam debet si nos, provocati scriptis injuriosis, .. verbis verbo rependimus et talionis lege respondimus GIR. *Ep.* 2 p. 162; rex Ricardus, lege mortis compellente, viam universe carnis ingrediens, mundo valefaceret STUDLEY 4; originale peccatum .. viciosa lege propagationis a primo parente usque ad filios traducitur GROS. *DM* I 28 p. 20; non lege propagationis ex semine viri de muliere, sed lege productionis rami de arbore *Ib.* II 5. 5; ideo lex matrimonii requiritur in hominibus ad consequendum debitum finem generationis humanae HOLCOT *Wisd.* 79.

4 corpus of Jewish law: **a** decalogue, ten commandments; **b** as given in the Pentateuch; **c** (dist. from Christian doctrine); **d** (pl.).

a lex datur Moysi AD. DORE *Pictor* 157 (v. exspectare 2e); datur lex in monte Synai *Ib.* 163 (v. fumare 2); in duabus tabulis lex digito Dei scripta memoratur J. FORD *Serm.* 114. 10. **b** cum scita legis Mosaicae juxta litteram servaret BEDE *HE* III 25 p. 185; [Moysen] legis latorem et maximum doctorem *Eccl. & Synag.* 70; ad ostendendum Judeos de tota lege Moysi nichil nisi parum observare et illud parum Deo non placere PETRUS *Dial.* 2; ipsa lex dicit 'si dimiseris virum dignum morte' [*III Reg.* xx 42] (*Leg. Hen.* 72. 1e) *GAS* 590; legis est dimissio P. BLOIS *Carm.* 23. 4. 22 (v. 3c supra); allegorice acetum est lex que prius bonum fuit vinum, sed per traditiones Judeorum degeneravit in acetum S. LANGTON *Ruth* 105; traditiones humane commixte legi Moysayce WYCL. *Ver.* II 129; **1520** in lege anno jubileo onera et servitutes consueverunt populo remitti *Let. Ch. Ch.* xlvi. **c** disparuit illa vetus lex, / et mundo nova lex, nova lux, novus emicuit rex P. BLOIS *Euch.* 1140A; fuerunt plurimi in primitiva ecclesia qui astruerunt sacramenta veteris legis simul cum sacramentis nove legis observanda esse GROS. *Cess. Leg.* I 1. 1; si sacerdoti in veteri lege fuit dictum .. a Deo 'ecce ..' [*Jer.* i 10] .. multo magis credendum est hoc esse dictum summo sacerdoti in nova lege OCKHAM *Pol.* I 17; lex .. Christiana ex institutione Christi est lex libertatis, ita quod per ordinationem Christi non est majoris nec tante servitutis quante fuit lex vetus *Ib.* 230. **d** illae leges divine specialiter de hereticis perturbantibus ecclesiam habentur, Deut. xiii et xvii OCKHAM *Dial.* 622.

5 (w. ref. to the Bible) scripture, testament.

antiquae .. littera legis ALDH. *VirgV* 244 (v. antiquus 1a); **732** istam artem ab Eadburge magisterio didici, quae indesinenter legem divinam rimare non cessat *Ep. Bonif.* 29; peritus in scientia utriusque legis nove et veteris *Lib. Landav.* 2; juxta divine legis edictum [*cf. Prov.* xxii 10] RIC. ANGL. *Summa* 27 p. 37; duplex ala sonans lex est nova lexque vetusta GARL. *Myst. Eccl.* 29; non omnium contentorum in lege divina verum intellectum esse omni tempore necessarium ad salutem OCKHAM *Dial.* 829; ut prophetatum est de ipso [Christo] in veteri lege WYCL. *Chr. & Antichr.* 681.

6 (w. ref. to period of history) dispensation: **a** (*lex naturae* or *naturalis*); **b** (*vetus lex, lex litterae* or *scripturae* or ellipt.); **c** (*lex gratiae*).

a BEDE *TR* 64 (v. 3e supra); **956** per tempora legis naturae (v. gratia 5a); sanctus Thomas de veritatibus theologie quod totum tempus postquam Deus fecit mundum dividitur in tres partes que sunt iij leges viz. lex nature, lex scripture, lex gracie MELTON 248. **b** ?**800** filii Israel Moysen lugebant; sed in lege, non in evangelio ALCUIN *Ep.* 198 p. 327; tria sunt tempora hujus seculi: ante legem, id est tempore patriarcharum; sub lege, tempore prophetarum; sub gratia, tempore Christianorum ÆLF. *Ep.* 2. 4; due ebdomade passionis Christi duo tempora sunt hujus mundi ante legem et sub lege *Comp. Swith.* 183; trium temporum, sc. ante legem, sub lege, sub gratia DICETO *Chr.* I 3; desiderabat dilectus domini imitari jejunio mistico Moysen adhuc naturali tantum lege constrictum vel pocius Heliam prophetam sub lege constitutum J. FURNESS *Pat.* 173; semper enim ante legem ab aliquibus nacionibus eciam dicitur sabbatum fuisse observatum *Eul. Hist.* I 13. **c** dictum est a Deo in veteri lege, pontificatu fungenti: 'ecce constitui te super gentes' .. ergo et papa in lege gracie habet talem plenitudinem potestatis OCKHAM *Pol.* I 248; **1396** sacerdotibus et levitis legis gracie *Conc.* III 230.

7 religious system or teaching: **a** (w. ref. to Judaism); **b** (w. ref. to Christianity); **c** (w. ref. to Islam).

a Judeis in Anglia commorantibus .. legis Moysaice professoribus legem novam sancivit WYKES 266; **1277** petitum fuit .. utrum se voluit tenere ad legem Christianam vel Judaicam *SelPlJews* 96; lex vero Judeorum est Saturni, et lex Christianorum mercurialis dicitur ab astronomis BACON *Mor. Phil.* 194. **b** cumque notum esset Judeis .. quod legem et fidem accepissem Christianorum et unus essem eorum, quidam eorum arbitrati sunt me hoc non fecisse nisi quia adeo omnem abjeceram verecundiam quod et Deum et legem contempseram PETRUS *Dial.* 2; lex nostra triumphet ORD. VIT. X 1 p. 3 (v. gens 5b); adunatio .. legis Christianorum GIR. *PI* III 18 (v. adunatio 3); hostes / legis lex reprobat GARL. *Tri. Eccl.* 130; si .. predicaret Christum non fuisse natum de virgine, aut legem Christianorum esse falsam OCKHAM *Dial.* 602; **1451** contra legem catholicam ac leges et consuetudines regni nostri .. insurrexerunt *Pat* 473 m. 16. **c** de Sarracenorum lege destruenda PETRUS *Dial.* 2; legem Moumeti .. vociferando *Expug. Terrae Sanctae* 249 (v. cassinus); preco legis Mahumelice eminentem Calvarie rupem conscendit *Itin. Ric.* I 9; causa quidem precipua, quare lex Machometica invaluit, dicitur fuisse quidam monachus .. M. PAR. *Maj.* III 352; dicunt enim omnes, qui tenent eorum legem, per intercessionem Machomet apud Deum salvandos et nunquam puniendos *Ib.* 353; immergunt se illecebris voluptatum, ut Sarraceni, qui uxores multiplicant quantum volunt, secundum legem suam BACON *Mor. Phil.* 190; si unus predicaret legem Christianam et alius legem Mahometi alicui pagano totaliter indifferenti, .. ille non teneretur assentire legi Christiane plus quam legi Saracenorum OCKHAM *Quodl.* 324.

8 canon law. **b** (*in lege*) in-law, relative by marriage, with reference to degrees of affinity within which marriage is prohibited by canon law.

958 ea que secundum legem canonicam ac disposicionem ordinantur *CS* 1033; hec sunt denique beata pacis .. gaudia, quibus toti regno suo .. in divinis legibus et secularibus institutus .. [rex] irradiat (*Leg. Hen. proem.*) *GAS* 547; Ra[dulph]us erat tunc .. archiepiscopus in utraque sciencia divine scilicet legis et seculi .. eruditus *V. Chris. Marky.* 29; c**1160** precipimus in Domino quatinus .. decimas vestras .. persolvatis .. sc. de blado, de lino, de lana, .. de quibus lex Christiana decimam dari postulat *Regesta Scot.* 258; in sapiencia divina et lege Dei debet esse peritior OCKHAM *Dial.* 875. **b** **1225** patrem suum in lege (*Misc. Ch.* 6926) *DCDurh.*; **1419**, *WW* frater in lege (v. frater 3).

9 law as academic discipline or profession; **b** (w. defining word indicating particular code or discipline).

GAS 377 (etc., v. homo 9e); **1304** legum doctores *RGasc* III p. clxxvi (v. doctor 4b); **1367** presbyteris legem vel physicam audientibus *Conc.* III 73; in legibus doctoris

Reg. Whet. II 244 (v. doctor 4c). **b** c**1220** secundum legem marisci (v. foreloda); **1268** exceptis placitis de mercandisis que secundum legem mercatoriam terminari solent in burgis et feriis *BBC* (*London*) 148; **1286** dimisit ei medietatem illius navis tantum .. secundum legem marinam pro suo dando *JustIt* 578 r. 81; **1292** ad faciendum quod lex compoti requirit *RScot* 10b; **1361** felonie transgressiones seu injurie super mare facte non coram justiciariis nostris ad communem legem sed coram admirallis nostris juxta legem maritimam deducantur et terminentur *Cl* 199 m. 28*d*; **1584** damus .. potestatem et auctoritatem utend' et extend' infra regnum nostrum predictam legem mariscalcialem sive marcialem *Pat* 1302 m. 10*d*.

10 method of legal proof, trial.

hoc contradicit Rogerus de R. omni lege *DB* II 337b; hoc vult probare contra totum *hundret* omnibus legibus *Ib.* 371; v villani de eodem manerio testantur ei et offerunt legem qualem quis judicaverit *Ib.* 393; si quid bello vel lege sacramentali plana vel frangenti vel etiam judiciali repetatur (*Leg. Hen.* 9. 6) *GAS* 555; si lex inde jam judicata sit, sit coram regis ministro causa finita (*Ib.* 26. 4) *Ib.* 562; precedere debet feudatus testem suum ad bellum vel aliam legem (*Ib.* 48. 12) *Ib.* 572; **1194** lex adjudicata fuit illi (v. adjudicare 1a); **1221** lex ei adjudicata fuit, et ei datus fuit dies ad comitatum ad faciendam legem suam et tunc venit cum lege sua *PlCrGlouc* 6; **1434** (1260) si .. legem sacramenti facere recusaverit *CalPat* 421.

11 oath or pledge, wager of law; **b** (w. *magna, media, parva, etc.*, indicating seriousness of charge made against defendant). **c** (*facere legem*) to take an oath, come to trial with a certain number of compurgators.

si lex domino vadietur, differat cetera placita, donec lex deducatur (*Leg. Hen.* 46. 1a) *GAS* 570; et postquam aliquis dissaisitus legem vel rectum domino suo vadiaverit et plegios .. addiderit, saisitus esse debet (*Ib.* 53. 6) *Ib.* 574; a**1135** per legem se defendat burgensis, nisi sit de proditione, unde debeat se defendere bello *SelCh* 134; **1247** Bartholomeus Chaloner, qui fuit in lege contra Reginaldum filium Sueyn, defecit in lege *CourtR Tooting Beck* 234; **1250** de placito capiendi legem (v. capere 4f); **1258** idem J. non venit ad legem recipiendam de R. de la B. prius sibi invadiatam *SelPlMan* 52; **1269** dicit quod nullos corbellos suos cepit nisi in aqua sua propria et inde profert legem per plegium Messoris et J. P. ad terciam manum *CBaron* 135; major et cives .. debent eligere .. purgatores per quos lex debet fieri *MGL* I 57; vadiat ei inde legem suam .. et veniat cum lege sua *Entries* 112b. **b** in istis placitis vadiavit W. B. magnam legem *Leg. Ant. Lond.* 10; prima [purgatio] est de morte vel de murdro; et ista purgacio vocatur lex magna. secunda purgacio est de mahemio et vocatur lex media; tercia .. oritur de insultis, baturis, toltis .. et iste purgacio vocatur lex tercia *MGL* I 56; **1321** potest se acquitare si velit per quamdam legem civitatis que vocatur media lex, viz. per decem et octo homines ex utraque parte rivuli predicti [de Walebrooke] *PQW* 451b; J. H. defecit de magna lege sua facienda pro morte L. *Ann. Lond.* 27; voluerunt se defendere pro simplici transgressione per parvam legem septem hominum *Ib.* 127. **c** **1166** ante justitias facient legem *SelCh* 170; **1198** invadiavit legem faciendam et defendendam summonicionem se xij manu *CurR* I 58; illi qui facient suam legem et mundi erunt per legem R. Howd. II 251; **1221** cum venirent parati leges suas facere ipse quietas clamavit eis leges *SelPlCrown* 39; **1256** *JustIt* 872 m. 15 (v. gisina); **1262** *Gild Merch.* II 5 (v. gildanus); **1275** Judeus fecit legem suam sicut Judeus facere debet versus Christianum, videlicet, se sola manu super librum suum *SelPlJews* 89; **1294** non potuit facere inde legem *Cuxham* 610; **1365** dies datus est omnibus tenentibus ville ad faciend' legem unam quod nec ipsi nec uxores sui [*sic*] nec servientes sui succiderunt infra boscum nec aliquid viride in eodem bosco asportaverunt, quilibet eorum in prox' curiam cum sexto [*sic*] manu *Hal. Durh.* 45.

12 ordeal.

adverte autem justitias hic usualiter nuncupari prolati in aliquos juris executiones, judicia vero leges candentis ferri vel aque *Dial. Scac.* II 7A; per legem apparentem purgandus est Glanv. XIV 1; **1199** r. c. de x m. pro condonamento legis aque, quia incertum erat utrum porcus quem ceperat silvester an suus *Pipe* 225; **1202** fiat lex, et in electione appellati sit portare ferrum vel ut A. illud portet *SelPlCrown* 10; **1202** quietavimus Nicolao de Savigniaco legem aque quam debuit fecisse, et volumus et precipimus quod propter hoc non remaneat quin libere possit duellum facere per terram nostram *Pat* I 15b; per quod alicui judici debeat lex apparens Bracton 125 (v. 3 apparere 5d); capiatur et legem aque subeat *APScot* I 371.

13 (*venire cum lege* (*sua*) or *cum legibus suis*) to come (to court) with one's compurgators.

1221 venit cum lege sua *PlCrGlouc* 6; veniat cum legibus suis *BNB* II 150; **1419** veniat cum lege in octabas istius electionis *MGL* I 104; veniat cum lege sua *Entries* 112b.

14 action in a court of law, law-suit. **b** (*in lege, ad legem*) at law, involved in a law-suit. **c** (*ponere ad legem*) to force to come to trial.

omni domino liceat conqueri hominibus suis et amicis, si quis ei malefaciat, set non percipere sine lege vindictam (*Leg. Hen.* 86. 1) *GAS* 601; **1130** H. J. r. c. de ij m. argenti ut rex condonaret ei quod fugit de captione, et haberet rectam legem *Pipe* 92; **1209** de xij d. de Henrico C. pro lege relaxata *Pipe Wint.* 28; **1378** inter quos lex et contentio moventur *Hal. Durh.* 147. **b** **1246** R. M. in lege contra dominum quod non abstulit servientibus domini namia sua ad dampnum et dedecus xx s. *SelPlMan* 8; R. P. in lege contra N. C. quod ipse non interfecit pavonem suum nec aliquis de suis *Ib.* 9; Everandus .. est ad legem quod .. *CourtR A. Stratton* 172; **1294** Willelmus dedicit totum et est ad legem ad proximam curiam *Rec. Elton* 43; **1380** W. Glaunmylle est ad legem suam versus W. Shanke *CourtR Winchester*. **c** **1215** nullus ballivus ponit de cetero aliquem ad legem simplici loquela sua, sine testibus fidelibus ad hoc inductis *Magna Carta* 38; **1247** consideratum est quod appellum ipsorum nullum per quod idem Henricus debeat poni ad legem *JustIt* 455 r. 1*d*.

15 that which is lawful or just.

lex, licentia, rationabile jus *GlH* F 22 (v. fas a); cras faustum mihi queque dies, et mane cupitum / vespera promittens spem sine lege dabat L. Durh. *Dial.* III 60; c**1298** pravis enim displicet vite rectitudo, / lex in eis leditur et est lis pro ludo (*Dunbar* 14) *Pol. Songs* 162.

16 right, privilege. **b** (*lex terrae*) right to serve as a witness or juror.

a**1077** ille .. qui vocatus ad justitiam episcopi venire noluerit pro unaquaque vocatione legem episcopalem emendabit *SelCh* 100; a**1087** ego A. abbatisse .. concedo .. omnes leges suas in civitate et extra civitatem sicut unquam eas melius habuit altera abbatissa *CalCh* V 284; ad honorem seculi taini lege dignus sit (*Quad.*) *GAS* 290; **1131** de terris, de quibus ad me clamaverint, rectum eis tenebo lege civitatis (*Ch. Regis*) *Ib.* 525; c**1156** sciatis me concessisse .. Hugoni episcopo omnes terras et consuetudines et leges et quietudines de quibus omnibus seisita erat predicta ecclesia *CalCh* V 292; **1194** concessi eis liberam legem Britolli *BBC* (*Drogheda*) 30; privilegia singulorum communem legem non faciunt Gir. *GE* II 15 p. 237; **1205** per legem Bretoll' .. et legem Anglischerie *BBC* (*Shrewsbury*) 137 (v. Anglescheria b); ut maneat in civitate et legem civitatis habeat *MGL* I 9 1; **1372** contra omnes personas, cujuscumque gradus, legis, dignitatis, status vel conditionis existant *Foed.* VI 271. **b** ille campio tamquam victus omnem legem terre amittet, sc. quod in curia numquam de cetero admittetur ut testis, et ita dirationationem pro alio per duellum de cetero facere non poterit Glanv. II 3 p. 25; perpetuam infamiam incurrunt et legem terre amittunt et ita quod numquam postea ad sacramentum admittentur .. quia qui semel convictus est de periurio presumitur quod iterum velit peiorare Bracton f. 292b.

17 authority, controlling force.

non debet monasterii monachus satisfaccionem cause mortis humane vel solvere vel deprecari, quoniam ipse egreditur de lege cognacionis, cum regule legem subit (*Cons. Cnuti*) *GAS* 287; quisque sibi lex erat Osb. Bawdsey clv; ipsa liberata a lege viri nubat cui vult P. Blois *Ep.* 19. 71A; non tibimet lex sis sed legis jussa sequaris D. Bec. 24; legibus uxoris succumbit quisque maritus *Ib.* 1951; si quis ergo Eneida legere studeat, ita ut ejus voluminis lex deposcit, .. Bern. *Comm. Aen.* 1; Dei gracia dilatatur uberius ut, servata lege concordie, bene se habeant habitator et locus Lucian *Chester* 72; divinam legem qui sine lege legunt Garl. *Tri. Eccl.* 79; sic in humana genere factum est, cujus infantia regebatur lege nature, sequens etas sub pedagogo lege timoris, tercia etas ab adventu salvatoris lege dileccionis et libertatis Gros. *Cess. Leg.* I 8. 17; imperator lex animata vocatur Ockham *Dial.* 871 (v. animare 1c); secundo per legem animatam, viz. cum superior ex causa dispensat et hoc per episcopos & papam, .. tertio per legem inanimatam et hoc multipliciter (Hilton) *MS BL Royal 6 E III* f. 118ra.

18 rule, principle; **b** (of behaviour, morality); **c** (of grammar, metre, *etc.*; also fig.).

quod vera lex historiae est, simpliciter ea quae fama vulgante collegimus .. litteris mandare studuimus Bede *HE pref.* p. 8; **10..** omnis equitandi lex (v. eques 3a); nisi lex epistolae cogeret me brevitatem non excedere Anselm (*Ep.* 101) III 233 (v. excedere 3b); ?**1173** lex enim celestis est, et regula divini judicii, quod exitus hujus vite infelices habebit, qui mundane dominationis obtentu Christi militiam derelinquit P. Blois *Ep.* 42. 124D; indignanter rapit decios fallacie fortune proditores, quatit acriter duos, tercium in fraudem legis ludi posituros argute Neckam *NR* II 183. **b** ei [sc. regi] sanctorum preferens leges J. Sal. *Thom.* 8; docti .. a Spiritu Sancto de legibus caritatis non que sua sunt querere sed que aliorum [*cf. I Cor.* xiii 5] J. Ford *Serm.* 17. 10; naturalis amicicia modestie legem sepe transgreditur P. Blois *Opusc.* 876A; c**1220** lex est ista celebris, quam fecerunt scribi: / si tu michi dederis, ego dabo tibi (*Contra Avaritiam* 75) *Pol. Songs* 18; item papa prohibet omnibus prelatis / legem simoniacam, sed hanc tenent gratis (*Divers. Ordin.* 14) *Ps.*-Map 229. **c** miror valde, quare multi corripiunt sillabas in prosa, quae in metro breves sunt, cum prosa absoluta sit a lege metri Ælf. *Gram.* 2; hujus grammatici [sc. mortis] lex L. Durh. *Dial.* IV 37; haec tibi lege metri vitam producere curat *Ib.* 39; in proposicione .. observatur lex accidentis, i. predicati, convenientis nature subjecti Neckam *NR* II 173 p. 293.

19 way, manner.

ea lege .. ne .. B. *Ep.* 387 (v. ignis 4a); c**1074** fornicaria lege (v. fornicarius 1a); [Orpheus] uxorem recipit .. hac lege quod eam perdat si retro respiciat Bern. *Comm. Aen.* 55; Gower *VC* VI 537 (v. campester).

20 territory governed by particular body of law.

in lege Cantia æcclesia Christi et rex et archiepiscopus habent similem et eque carum despectum (*Inst. Cnuti*) *GAS* 615; erat etiam lex Danorum Norþfolc, Suþfolc, Grantebriggescyre (*Leg. Ed.* 33) *Ib.* 660; tres leges dicuntur, scilicet Essexenelaga, Mircenelaga, et Denelaga *MGL* II 624.

21 alloy (cf. OF *aloi*).

monetam .. in falsa lege *Dial. Scac.* I 3 F (v. falsarius 2a); ut monetarii sub eo constituti legis constitute fines non excedant *Ib.* I 7 D; **1228** monetam .. fieri faciatis de lege et pondere Turonensi *Pat* 199; **1253** debent [monetarii] .. facere et operari denarios Burdegalenses ad quatuor denarios minus una pogeta, de lege et de argento sterlingorum *RGasc* I 273b.

lexio v. laesio.

lexis [CL < λέξις], word, expression; **b** dialectic; **c** (*figura ~eos*) figure of speech.

sive .. dicatur [dialectica] a Greco ~is, quod locutio interpretatur, sive .. J. Sal. *Met.* 860C. **b** grammaticam sequitur diasirtica, synthesis illam, / lexis eam, rhesis posteriore gradu *Id. Enth. Phil.* 360; sintesis et lexis fugiunt a sepe repexis Garl. *Mor. Scol.* 545. **c** quum fit in Grecis synecdoche tropi species, non ~eos figura Linacre *Emend. Lat.* lxxiii.

lexiva, ~us, lexivia v. lixivia. **lexivatorium** v. lixivatorium. **lexivium, lexivum** v. lixiva. **leyrwita, leyrwyta, leytherwyta** v. legerwita. **lez** v. le. **lezura** v. lesura. **lhoga** v. logia. **lhunca** v. linca. **li** v. le.

Lia [LL < Heb.], Leah, name of the eldest daughter of Laban and first wife of Jacob, usu. as type of a blear-eyed condition or the active life, as dist. from Rachel as type of the contemplative life.

Gir. *TH* III 28 (v. lippitudo a); S. Langton *Ruth* 124 (v. fecundus 1b); *an acctyfe lyfe*, vita activa, Martha, Lya, activus; vita contemplativa, Maria, Rachelle *CathA*.

liardius v. liardus.

liardus, ~ius [OF *liart*]

1 (of a horse) dapple-grey, flecked with grey; **b** (as sb. m.).

1198 dedit .. j palefridum liard' *Fines RC* I 161; **1210** ~us chascurus (v. cacior b); **1300** pro uno equo ~o *pomele* .. pro uno equo grisio ~o *AcWardr* 77; **1311** pro restauro .. unius equi russi ~i .. x l. *Cal. Scot.* III 398; unum equum ~ium *RGasc* III p. clxxiv; **1316** pro restauro .. unius equi nigri ~i .. unius equi albi ~i .. unius equi rubii ~i bauszandi *Ib.* IV 1679; **1415** unum equum ~um Furnevale vocatum *Reg. Cant.* II 89. **b** en Saffadinus vidit quando Saladinus / ictu Ricardi petiit postrema Liardi Upton 131.

2 (sb.) small coin.

pro ~o centum alleca recentia [habebis] Major I 6 p. 22.

liatia, ~ius [OF *liaz* < ligatus], bundle, sheaf. *V. et. ligatia.*

1225 in lxxvij ~iis cordarum quarum quelibet continebat xij cordas *Cl* 65a; **1246** breve est in ~ia mea *LTR Mem* 20 r. 8; **1286** ponantur [contratallie] in quodam ~io seorsum *Cl* 103 m. 7; **1296** item una ~ia veterum brevium regis que resident penes clericum in Scaccario *Cl* 113 m. 1*d*. (sched.); **1297** unam ~iam brevium *Doc. Scot.* II 164.

liba [λοιβή], offering, sacrifice.

Frith. 151 (v. enormis 2c); verbigena, sceptrum, rex, pontifex et ~a, eleyson *Miss. Ebor.* II 252.

libamen [CL]

1 sacrificial offering (of wine, praise, *etc.*). **b** celebration of the Eucharist.

cum supra sancta ejus altaria ei in ~en ob sanctificationem illorum offerebantur reliquiarum [*sic*] *V. Greg.* 96; corporis sacri et praetiosi sanguinis repleti ~ine Egb. *Pont.* 26; libamina consecrat aris Frith. 354 (v. eucharis b); omnium offerencium ad tabernaculum Domini tuum est votiva ~ina suscipere Gosc. *Edith* 34; [Christe] libamen et libacio / laudis et jubilacio J. Howd. *Cyth.* 150. 1; quarto senectus est veneranda quia est ~en penitentie; est enim ~en sacrificium, et libare idem est quod sacrificare, sicut dicit Hugo Holcot *Wisd.* 178. **b** sacerdotes cum comministris sacrorum inter sua ~ina mactantur Gosc. *Transl. Mild.* 5 p. 161.

2 drink.

non ullius inebriantis liquoris aut alicujus delicati ~inis [v. l. liquaminis] haustum .. gustavit FELIX *Guthl.* 20; hujus .. fluenta .. animantibus ~ina propinant venenosa GIR. *TH* II 7.

libamentum [CL], sacrificial offering (also fig.).

oblata et ~a EGB. *Pont.* 120; acerba quidem et aspera ~a premisit GIR. *SD* 142.

libanochis, libanotid- v. libanotis.

libanotis [CL < λιβανωτίς], aromatic plant, rosemary.

libanotidos, i. dactulorum, A. *nedilwort MS BL Sloane 405* f. 12r; libanotides, i. ros marinus *SB* 28; libanotidos, rosmarinus, dendrolibanum *Alph.* 98; libanochis, i. flos roris marini *Ib.* 99; libanotidis tria sunt genera *Ib.* 102; salvia borago libatonis [*gl.*: E. *rosemary*] STANBR. *Vulg.* 11.

libanum [cf. CL libum], flat cake, pancake.

~o que est laganu *Gl. Laud.* 930.

libanus [CL < λίβανος]

1 Mount Lebanon. **b** (gen.) hill.

cedros ~i MAP *NC* IV 3 (v. fescenninus 1); a cedro Libani R. BURY *Phil.* 7. 110 (v. hyssopum 1b). **b** *hyl*, ~us *PP*.

2 frankincense: **a** (tree). **b** (aromatic gum).

a ideoque [sponsa Christi] describitur in sacro eloquio quasi cedrus, quasi cypressus, .., quasi ~us non incisus [*Sirach* xxiv 21] P. BLOIS *Ep.* 97. 305B; stat Libano libanus, thuris odora parens NECKAM *DS* VIII 42; thus lacrimum est arboris que ~us Grece dicitur *Alph.* 188. **b** jusquami, stringui, boli, ~i etc. GILB. II 85v. 1; olibanum, ~us, thus, libanotides *Alph.* 128.

3 aromatic plant, rosemary.

~us, i. ros marinus *MS BL Sloane 405* f. 12v.

libardus v. leopardus.

libare [CL]

1 to offer (as libation, sacrifice).

~ent ut, i. sacrificent, *þæt ofriað GlP* 534; ~are, sacrificare, immolare, victimare OSB. GLOUC. *Deriv.* 326; 'aulai in medio libabant pocula Baccho' [Vergil *Aen.* III 354], inferis vero ~antes etiam vasa in ignem mittebant ALB. LOND. *DG* 6. 31; ~are idem est quod sacrificare HOLCOT *Wisd.* 178 (v. libamen 1a).

2 to taste (also fig.).

ut [triticum] .. a fidelibus cottidie debeat ~ari *V. Greg.* 110; logicam .. solo ~avi auditu W. MALM. *GR* II *prol.*; si gaudere lĭbet, ut amans mea gaudia lībet SERLO WILT. II 52; vix numquam rebibo, vix Bachi pocula libo NECKAM *Poems* 453; ave [Jhesu] curvans imperia / mortis cum in angaria / leti libasti calicem J. HOWD. *Cyth.* 85. 3; liba libens libo; post liba libencius ibo W. WORC. *Itin.* 82.

3 (*~are osculum* or sim.) to kiss.

a797 desiderabilemque optate salutis sospitatem patris agnoscens, in illis mox singulis literarum apicibus osculo ~abam ALCUIN *Ep.* 86; post ~atum pacis suae et caritatis osculum OSB. *V. Dunst.* 42; pedibus et manibus et singulis membris hujus Jesuli nostri oscula innumerosa ~abat J. FURNESS *Walth.* 22; dum post ~ata oscula porrectum .. poculum avide hauriret SILGRAVE 59.

4 to touch upon, mention briefly.

et supra paucis ~avimus, et nunc necessario repetimus, quod .. W. MALM. *GR* I 44; cum ipsa via per quam ascenderant et quam fecerant innumerabiles sicut supra ~avimus perierunt *G. Herw.* 332.

libatio [CL]

1 sacrificial offering.

sit tibi [Jhesu] jubilacio, / laudis vera libacio J. HOWD. *Cyth.* 50. 5; *Ib.* 150. 1 (v. libamen 1a).

2 (*~o osculi*) kiss.

unius ~o osculi tam diuturne despectionis opprobrio me non quivit absolvere J. FORD *Serm.* 95. 7; qualis osculorum ~o, quam dulcis unio spirituum que tot modis adheret sponso suo *Ib.* 97. 2.

3 selection.

nomina eorum qui solverunt mortuaria post mortem comitisse; unde prior petit .. quod prior intersit ~oni animalium pro domino et pro se *Cart. Carisb.* f. 78v.

libatonis v. libanotis.

libatorius [LL]

1 of or assoc. w. sacrificial offering.

lucebat area purpurata ut Tempe vernantia, .. ut ~a tabula .., ut varia oblectamenta humanos oculos et mentes gratificancia GOSC. *Edith* 44.

2 (sb. n.) place of sacrifice. **b** vessel used in celebration of Eucharist.

~um, locus ubi sacrificatur OSB. GLOUC. *Deriv.* 326. **b** inde effertur in meridianam porticum Gabrielis archangeli, et velut ~um aureum sacrificii archangelico imponitur altari GOSC. *Edith* 269; tu vasa et ~a domus hujus sanctifica *Pont. Bernham* 15a.

libedo v. libido.

1 libella [CL], half a pound (in weight).

~a, parva libra OSB. GLOUC. *Deriv.* 326; **14..** ~a est dimidium libre, sembella est medium ~e *Eng. Weights* 6.

2 libella [cf. CL libellus]

1 charter, deed.

789 ut .. terras atque ~as cum semetipso redderet *CS* 256; **804** ut liber essem terram meam atque ~as dare quocunque volui *CS* 313.

2 defamatory publication, libel.

cedula .. cum sit ~a famosa UHTRED *Contra Querelas* 332 (v. fama 3a).

libellare [LL]

1 to put in writing, record in a document.

s1426 ~atis responsibus ad hec et alia petita varia AMUND. I 209.

2 (leg.) to bring an action, make a charge. **b** to challenge in court. **c** (*tempus ~atum*) the time when the cause of action arose.

procurator ad ~andum super illo cum suis dominis petit inducias GRAYSTANES 43; **1342** si .. promotor .. ~are noluerit contra eum *Conc.* II 694; **1516** dictus Gilbertus ~ans *Offic. S. Andr.* 6; **c1517** a prefato D. ~ante *Ib.* 11 (v. insufficientia 1b); **1572** subdole ~ando versus eundem W. in curia Christianitatis predicte pro subtractione decimarum *Entries* 490; quid faciendum sit si actor in die assignato ad ~andum non curaverit dare libellum *Praxis* 26. **b** si reus vocatus .. intendit justificare jactitationem ~atam *Praxis* 109 (v. jactitatio 2). **c** **1548** A. F. tempore ~ato dominum .. navis supradicte .. ac T. B. similiter tempore articulato ejusdem navis sub Deo magistrum *SelPlAdm* II 3.

libellio [CL], bookseller.

quantum regiis pro diplomatibus ac caeteris literis ~onibus, tabellariis, lictoribusque solvendum foret instituit BOECE 254.

libellulus [CL]

1 small book.

ut hujus ~i epilogum .. concluderet *RegulC epil.* 69; prima facies hujus ~i DICETO *Opusc.* 275; in .. xix ~is rerum naturalium proprietates summatim .. continentur BART. ANGL. *proem.*; **s1423** quod nos in religionis ~o lectitantes quotidie AMUND. I 108; proficiscere igitur hujus tractatus ~e, et concito urbem pete FORTESCUE *NLN* II 70; non .. sine aliquot ~is meis indonatos abire FERR. *Kinloss* 52.

2 small document, charter.

c896 siquis autem cupiditatis flamma accensus hunc nostrum ~um frangere temptaverit, sit dampnatus *CS* 581; **a1440** super accommodato nobis ~o (v. fractura 8a).

libellum [cf. CL libum], small cake.

gustu lībellum, visu cognosce lĭbellum (SERLO WILT.) *Teaching Latin* I 129 [*gl. ib.* 133: ~um, G. *wastel*]; *a wastelle*, libum, ~um, placencia *CathA*.

libellus [CL]

1 small book or part of a book; **b** (w. gen. or adj. indicating contents).

incipit praefatio ~i quem pater Theodorus .. ad remedium temperavit penitentiae THEOD. *Pen. pref.*; sicut ~us de vita ejus conscriptus sufficienter edocet BEDE *HE* III 19 p. 164; titulus ~i talis est Speculum Stultorum NIG. *Ep.* 17; ut nihil in ~o apposuerim cujus veritatem .. non elicuerim GIR. *TH* II *pref.*; **c1220** incipiunt institutiones de ordine fratrum laicorum. .. ~i vero nulli permittantur eis *EHR* LII 274; hec .. pars prima sive ~us primus habet capitula BACON *CSTheol.* 26. **b** legat .. ~um vitae ejus [sc. Fursei] BEDE *HE* III 19 p. 165; **801** de ordinatione et dispositione missalis ~i ALCUIN *Ep.* 226; vite illius ~us *Feod. Durh.* xxxviii; **c1350** ~um Institucionum .. cum glosis et exposicione textus *StatOx* 44; **1417** ~um Institucionum (v. forma 7d).

2 document: **a** deed, charter. **b** (*~us fidei*) episcopal profession. **c** petition. **d** plaintiff's statement of complaint.

a **798** ex eadem terra cespitem et cunctos ~os praememorati cenobii per venerabilem virum Cuðbertum archiepiscopum misit *CS* 291; **759** scripsit ~um alium donacionis hujus *CS* 186; **801** trado terram hujus ~i pro remedio animae meae *CS* 303; **828** terram .. lxxxv segetum cum ~o ejusdem agelli *CS* 523; **895** quicquid concedendum est fidelibus regali dono ~o litterarum muniri debetur *CS* 581. **b** **804** quatinus .. ~os fidei suae pariter et obedientiae sinceriter offerant *CS* 315; **816** mos .. inolevit ut .. episcopus ~um suae confessionis suaeque fidei atque ejus obedientiae sinceriter suo metropolitano debuisset offerre *CS* 355. **c** **1181** Samuel Judeus r. c. de v m. auri de misericordia pro ~o repudii *Pipe* 71; compatior filie Sion pro ~o repudii, quem sponso meo prior quidem ipsa .. contumaciter dedit J. FORD *Serm.* 30. 6; quia priori nupte ~um repudii dedit *Ib.* 66. 12; **1286** idem procurator ~um obtulit, in quo petebat predictam electionem .. confirmare *Mon. Hib. & Scot.* 135. **d** ~us qui dicitur conventionalis RIC. ANGL. *Summa* 3 (v. conventionalis); **1247** ~um conventionalem contra .. priorem (v. conventionalis); in uno ~o possunt duo contineri actiones BRACTON 103; **1375** cum .. comparuerit ac ~um in causa ipsa receperit *Reg. Aberbr.* II 32; copia ~i *Reg. Brev.* 58; petiit sibi ~um de eo, ad quod in praemissis responderet *Entries* 487b.

3 defamatory publication, libel.

c1210 epistolam nostram nepoti nostro transmissam et exuberante materia in librum conversam famosum, ut fertur, ~um vocant GIR. *Ep.* 2 p. 160; scedulas, billas, seu ~os diffamatorios, famosos vulgariter nuncupatos .. conficere .. moliuntur (*Cl*) *Foed.* XI 268.

libens [CL], (w. quasi-adverbial force) glad, willing; **b** (*~ti animo*) gladly, willingly.

~s ibi morabor BEDE *HE* IV 26 p. 271; fatigatur uterque ~s terra marique discrimine multo *V. Gund.* 4; **1157** ~s pareo, etiam ubi non proficit cura mea J. SAL. *Ep.* 113 (28); ego tibi cuncta ~s expono MAP *NC* IV 11 f. 52v; vina libens libo, tunc audax carmina scribo NECKAM *Poems* 453. **b** **805** ~ti animo hoc modo donamus *CS* 321; **858** liventi animo *CS* 496; ~ti animo exordinari concedo EADMER *Wilf.* 17 (v. exordinare 2).

libenter [CL], gladly, willingly.

ejus admonitionibus humiliter ac ~er .. auscultans BEDE *HE* III 3 p. 132; ~issime est ab illo susceptus, ~ius auditus *Ib.* V 15 p. 316; **858** cum consensu ac licentia meorum optimatum liventer largitus sum *CS* 496; **a1089** ~er facerem quod tibi posse placere intelligerem LANFR. *Ep.* 51 (60); nisi si quis de propinquis se pro eo morti voluntarie obtulisset; quod uxor ejus ~issime fecit ALB. LOND. *DG* 13. 3; **1220** Thomas dixit ei quod habuit sitim et quod ~er biberet *SelPlCrown* 131; canis †liberter [l. libenter; ME: *bluðelich*] intrat ubi ostium invenit apertum *AncrR* 14; eatis nunc ~ius [ME: *gledluker*] viam difficilem *Ib.* 64.

1 līber [CL]

1 free, possessing the social and legal status of a free man; **b** (of a free woman); **c** (as sb. m. or f.); **d** (*~er tenens*) free tenant, freeholder (*v. et.* libertenens).

c740 puerulos .. quos ego Lul et pater noster ~eros dimisimus Romam destinantes *Ep. Bonif.* 49 p. 79; ~er homo *DB* I 44v (v. defendere 6c); **1130** per tale servitium quale alius ~er homo fecerit de terra sua *Pipe* 142; se purgare .. per ferrum calidum si fuerit ~er homo GLANV. XIV 1; et R. offert probare per quendam ~erum hominem A. qui filiam suam habet in uxorem *SelPlCrown* 7; **1201** ~er civis Lincolnie (v. defensio 6); **c1210** notum sit vobis me dedisse .. ~eris burgensibus meis .. has libertates subscriptas *Ch. Chester* 349 p. 348; **1269** presentatum est et convictum per viridarios regardatores et duodecim tam milites quam ~eros et legales homines *SelPlForest* 44; **c1300** concessi .. P. filio W. nativo meo liberari et omnibus libertatibus fungi que pertinent ad ~erum hominem pro c marcis sterlinguorum quas S. et M. N. .. mihi .. solverunt ut ipsum de servitute mea redimerent et de nativo ~erum facerent *FormMan* 3; natura primeva omnes homines ~eros protulit AMUND. II *app.* 364. **b** quod tenuit Alveva ~era femina *DB* II 80; tenuerunt ij puellae ~erae *Ib.* 81b; ~era femina *Ib.* 125 (v. defensor 2a); ~era mulier *Ib.* 312b. **c** THEOD. *Pen.* II 13. 4 (v. ingenuus 2); super hos ~eros habebat rex E. socam *DB* II 131; omnis ~er *GAS* 323 (v. decimatio 5); si ~er servum occidat (*Leg. Hen.* 70. 4) *Ib.* 588; qui servum suum liberat .. lanceam et gladium vel que ~erorum arma sunt in manibus ei ponat (*Ib.* 78. 1) *Ib.* 594; cum essem ~er, in omnibus omnium servus esse P. BLOIS *Ep.* 139. 414B; voluisti contrahere cum ~era et comperta est esse ancilla ROB. FLAMB. *Pen.* 37; **1276** tam in terra ~erorum quam villanorum *Hund.* I 16; **1375** est ~er .. et non nativus *Hal. Durh.* 126; hic ~er, A. *freman WW*. **d** **12..** nisi fuerit ~er tenens *Conc. Scot.* II 44; **1295** (v. littera 8d); multi magnates Angliae feofaverunt milites et ~eros tenentes suos B. COTTON *HA* 119; ~eri tenentes qui vocantur *fresokemen EHR* I 737; **1337** ~eri tenentes *Capt. Seis. Cornw.* m. 18; **1368** preceptum est distringere ~eros tenentes ad reparandum molendinum aquaticum *Hal. Durh.* 73.

2 pertaining to the social and legal status of a free man. **b** (*servitium ~erum*) service due from freeholder.

1308 S. dicit quod ipse est liber homo et ~ere condicionis *Year Bk.* I p. 13. **b** Robertus de M. tenet residuum ville in ~erum [v. l. ~errimum] servicium *Boldon Bk.* 12; **c1200** per ~erum servitium predictorum iiij solidorum et vj denariorum reddendorum *Ch. Westm.* 346.

3 (of land or property) free from obligation or servitude.

†838 (11c) ita ut predicta terra sit ~era omni regali serbitia [*sic*] *CS* 418; **†964** (12c) terras ipsius aecclesiae quae hactenus regiae exactioni subjacebant, ab hac die in perpetuum liberabo et †liberus [l. ~eras] esse concedo et precipio eas viz. quae sunt ultra Avene flumen *CS* 1135; **1044** sit autem istud praefatum rus ~errimum ab omni mundiali obstaculo *CD* 772; hec mansio fuit ~era in die qua rex Eduuardus fuit vivus et mortuus; modo est addita ad terras Bristrici *Dom. Exon.* 396b; ut .. habeat idem locus ~erum precinctum, id est ambitum et cimiterium mortuorum circa se absque episcopali vel cujuslibet respectu vel exactione (*Lit. Papae*) AILR. *Ed. Conf.* 759C; **1231** quod villa de Salford sit ~er burgus *Ch. Chester* 435 p. 433; **1236** R. de P. tenet tria juga et unam virgatam inter ~era juga, set per redditum quem reddunt juga servilia *Cust. Battle* 131; **1312** non alienabit dimidiam acram terre ~ere quam habet de dono et feoffamento Johanne le Milnere nec aliam terram ~eram, si quam habeat, sine licencia domini speciali *Rec. Elton* 201.

4 free (from obligations, tolls, *etc.*): **a** (w. ref. to persons liable); **b** (w. ref. to object on which toll is paid).

a **1130** precipio quod abbacia de Monteburgo teneat omnia sua ita bene et quiete et honorifice sicut ~erior abbacia tocius Normannie .. (*Breve Regis*) *EHR* XXIV 220; **c1178** precipio quod idem P. sit ~er custumarius ex hac terra et heredes sui post ipsum et habeat plenariam consuetudinariam libertatem in feudo et hereditate *Ch. Chester* 192; **1208** ~era .. de canibus suis expedendis (v. expedare a); **c1210** volo quod predicti burgenses mei sint tam ~eri ut sunt ~eriores burgenses de aliquo burgo de Staffordesira *Ch. Chester* 349 p. 348; **1544** pro diversis personis non ~eris transfretantibus per spacium predictum, viz. de qualibet persona ij d. *EEC* 198. **b** **c1137** ita ~eram eam habeat sicut aliquam prebendam ecclesie illius habet ~eriorem *Ch. Chester* 21 p. 32; **1329** Willelmo Fox, mercatori, per xx saccos lane ~eros a custuma *ExchScot* 171.

5 (w. ref. to right or privilege); **b** (*~era elemosina*) frank-almoign; **c** (*~er bancus*) free bench, widow's dower.

c1172 unum plenarium toftum in ~ero burgagio in Karel *Regesta Scot.* 131; **c1175** precipio ut predicti monachi predictam terram .. teneant in ~erum forestum *Ib.* 154; **?1178** concedo etiam eis in terra sua ~eram curiam suam *Ib.* 197 p. 252; **c1180** ~erum ansum suum *Ib.* 153; **1199** me .. concessisse .. canonicis de Lylleshulle .. donationem quam Robertus Bardulf eis fecit de quadam placea in Wicho Mauban ad faciendam ~eram salinam *Ch. Chester* 306; **c1200** notum sit vobis omnibus me dedisse .. Rogero .. unum ~erum batellum in fluvio de De apud Cestriam *Ib.* 313; **c1210** quieti sint per idem tolneium quod in aliis ~eris mercatis datur in comitatu Staffordie *Ib.* 349 p. 348; **c1300** dedi .. j carucatam terre .. in ~erum socagium *FormMan* 3; **c1300** dedi .. P. de G. in puro et ~ero maritagio cum A. filia mea (vel sorore mea) unam carucatam terram [*sic*] *Ib.* 4. **b** **c1125** ut elemosinam ~eram *Cart. Chester* 6 p. 47; **c1150** prout ~era exigit elemosina *Ch. Chester* 98; **c1155** (v. elemosina 3b); **1201** possideant in puram et perpetuam elemosinam ~eram *Ch. Chester* 332. **c** **1246** salvo ~ero banco (v. bancus 4); **1265** utrum [sc. mulier] possit habere ~erum bancum suum et dotem suam simul et semel? decretum est quod non habebit *Borough Cust.* II 121 (*Exeter*); **1357** habeat ipsa uxor .. ~erum .. bancum suum (v. bancus 4).

6 unfettered, released from confinement or imprisonment, at liberty. **b** (*~era custodia, ~era prisona*) (app.) confinement, or prison, in which freedom of movement is allowed.

cujus erat meritis a compede libera WULF. *Swith.* I 1193; *Ib.* II 597 (v. 2 excedere 2a); similitudinem ~eri stupent et ligati MAP *NC* IV 6 f. 49; **1202** eum invenerunt ~erum et jocantem in domo ipsius W. *SelPlCrown* 21; latro .. ~er emittitur WALT. WIMB. *Carm.* 566 (v. emittere 3); **s1295** ~er dimittitur RISH. 152. **b** solutus est sanctus et in ~era custodia tentus W. MALM. *GP* III 101; ab hominibus ejus captus, in ~era custodia habebatur *Id. GR* IV 349; **1333** nullus patriota debet imprisonari in castro, nisi in casu criminali vitam vel membrum tangenti, .. sed in aliis ~eris prisonis ad hoc deputatis (*Cust.*) *CartINorm* p. 3.

7 not subject to compulsion, possessing freedom of action. **b** (*~era voluntas, ~erum arbitrium*) free will. **c** (*~erum est* w. dat. & inf.) one is free to.

ut .. ~era ibi mente Domino deservirent BEDE *HE* II 5 p. 91; **855** sint .. †liberii [l. liberi] suam propriam terram ad perfruendum *CS* 490; ~er est ille, qui cogi non potest ad ea quae nolit nec prohiberi ab eo quod velit *Simil. Anselmi* 53; laudetur .., mancipato servituti corpore, animus ~er GIR. *TH intr.* p. 8; homo est agens ~erum OCKHAM *Quodl.* 276; oportet quod totus sit ~er, et operetur secundum suam voluntatem J. MIRFIELD *Flor.* 138. **b** ANSELM II 257 (v. arbitrium c); ~erum arbitrium J. BLUND *An.* 401 (v. facultas 1b); queritur qualiter Deus scit ea que contingunt a casu vel ex ~era voluntate GROS. *Quaest. Theol.* 196; inique agant ex ~eri sui arbitrii depravatione *Id. DM* I 25; voluntas ~era non conformatur voluntati naturali OCKHAM *Quodl.* 7; *Id. Dial.* 492 (v. arbitrium c). **c** **1163** (v. chrisma 1a); **1168** ~erum est archiepiscopo procedere de vigore litterarum J. SAL. *Ep.* 261 (280); **1439** quod ~erum sit decano intrare in quecunque loca repositoria capituli *Stat. Linc.* II 230.

8 (of action) free, unrestricted.

c1168 ~eram .. prioris sui electionem *Regesta Scot.* 28 p. 137; **1262** quasdam terras et tenementa .. in manum vestram cepisti et ad custodiam eorundem predictum S. filium P. posuisti quominus idem R. ~eram administracionem habere potuit de predictis terris et tenementis suis *Cl* 51.

9 unlimited, unstinted.

subjectis populis idola colendi ~eram dare licentiam BEDE *HE* II 5 p. 91; **688** (12c) †libertam [v. l. ~eram] a me habeatis licentiam donandi, commutandi *CS* 72; **?859** liveram .. potestatem *CS* 497; cum archiepiscopus ~erae potestatis esset W. MALM. *GP* I 65; **c1168** licenciam et ~eram potestatem vendendi et emendi *Regesta Scot.* 94; tenens liberam / jugis virgam dominatus J. HOWD. *Sal.* 48. 7.

10 clear, unobstructed: **a** (of a way, passage); **b** (of a view).

a **†c1192** concedo etiam predictis monachis et hominibus suis ~erum transitum per totam forestam meam *Ch. Chester* 240; **c1202** ~eram viam eundi et redeundi pacifice ab abbacia usque ad aquam de B. *Ib.* 330; quia peregrinationis sue non invenisset ~eram viam R. NIGER *Chr. I* 95; **1277** cum ~ero introitu et exitu sine impedimento, facto, opere aut machinacione quacunque *Cart. Chester* 306 p. 197; **c1300** cum ~eris introitibus et exitibus (*Carta generalis*) *FormMan* 2; **c1300** cum libertate habendi ~erum transitum cum omnibus mercimoniis sive mercaturis per omnes burgos et civitates Anglie sine tolloneo et cum libertate habendi ~erum transitum ad omnes nundinas *Ib.* 5. **b** ~er pateat eis aspectus TREVET *Troades* 76.

11 unencumbered, free or exempt from (something cumbersome or objectionable); **b** (w. abl. or *ab* & abl.); **c** (w. gen.).

801 ~er viator felicius vadit quam sarcinarum magnitudine onustus ALCUIN *Ep.* 226. **b** ab omnibus mundi rebus ~er in anchoretica conversatione vitam finire disposuit BEDE *HE* III 19 p. 168; omnes qui ab Hiensium dominio erant ~eri *Ib.* V 15 p. 316; [populus] ab omnibus ~er [AS *gl.: frio*] offensis *Rit. Durh.* 8; **1093** abbathia .. ab omni calumnia .. ~era (v. exhinc 1); tolle / luxum: regnabit liber ab hoste pudor J. EXON. *Virg.* 98; **c1210** utrum, suo judicio, / sint liberi a vicio (*In Episcopos* 161) *Pol. Songs* 13; a viciis igitur liber, gaudere teneris H. AVR. *Poems* 42. 3; testis sit Glovernia, ubi quod juravit / liber ab angustia statim revocavit *Carm. Lew.* 438; nam quod rei rapuimus / liber reatu solveras J. HOWD. *Cyth.* 121. 6; [Christe] crimine liber crucibus anxiaris *Id. Cant.* 358. **c** liber avaricie, largus ad omne bonum GOWER *VC* VI 776.

12 open, candid.

timebant conscii, ceteri ~era fronte et vividis luminibus .. acclamabant W. MALM. *GP* I 55; laudes .. sancta quadam superbia vel, ut mitius dicam, dedignatione ~era contempsisti LUCIAN *Chester* 39; ~era frons H. AVR. *Hugh* 174 (v. disgregare 2c).

13 bold, outspoken, loud.

ut nec ~era vox dolori concedatur W. MALM. *GP* II 79; **s1213** ~era voce latam in eum sentenciam denunciaverunt BOWER IX 19.

14 (*~er lapis, ~era petra*) freestone.

lapides .. qui et ~eri vulgo dicuntur, quia secabiles, ferroque quodam modo polibiles sese quasi liberaliter prestant GIR. *IK* I 3; **1212** sculptores lapidum ~erorum *MGL* II 86; **1261** cepit ~eros lapides de aula gilde et eos carriavit usque ad domum suam *Rec. Leic.* I 96; **1320** in ~eris petris emptis xij d. *Ib.* 327; **1341** (v. caementarius 3b).

2 lĭber [CL]

1 inner bark of a tree.

libris corrosis et cortice vescor amara ALDH. *Aen.* 56 (*Castor*) 9; et ~er dicitur pro interiore arboris cortice OSB. GLOUC. *Deriv.* 307; arborum .. oculis cum adherente ~ro ad aliarum ramusculos translatis BALSH. *Ut.* 46; Robertus filius Alexandri per serjant' inveniendi libr' ad pasnagium regis et custodiendi porcos donec appretientur *KR Misc. Bks.* 6 (*Testa de Nevill*) p. 700; hic ~er, interior pars corticis *WW*; *a barke*, cortex, ~er, codex .. pars prior est cortex, liber altera, tercia suber *CathA*.

2 book, written work.

~rum .. male de Greco translatum BEDE *HE* V 24 p. 359 (v. emendare 2a); **735** sive solamine ~rorum sive vestimentorum adjuvamine pietas tua tristitiam meam consolata est BONIF. *Ep.* 35; custos ~rorum debet habere congregatos ~ros in capitulo super tapetum extensum LANFR. *Const.* 98; non in ~ris, sicut fieri solet, dialecticam didicit, sed in schedulis et quaternis P. BLOIS *Ep.* 101. 312C; in egregiis legitur poetarum ~ris GIR. *TH intr.* p. 3; fracturas ~rorum reficiet *Obed. Abingd.* 371 (v. fractura 1c); **1367** statutum universitatis, cujus originale inventum est in nova cista ~rorum universitatis *StatOx* 165; **1511** ~ros .. ac codices cujuscumque facultatis impressos *Ib.* 326; quia sicut videmus quod ~er componitur ex litteris alphabeti sic passio Christi, que est liber laicorum, potest cognosci per litteras alphabeti MELTON 251 (v. et. 13 infra).

3 (w. ref. to spec. book or work): **a** (learned, eccl., or acad.); **b** (leg.); **c** (Domesday Book); **d** (Red book of the Exchequer).

a in ~ro De laude virginum ABBO *QG* 20 (43); per ~rum regulae sumat monasterii societatem LANFR. *Const.* 176; in ~ro Cur deus homo, quem ut ederem tu maxime inter alios me impulisti ANSELM (*Orig. pecc. prol.*) II 139; **10..** Beda de temporibus. ~er proemiorum veteris et novi [sc. Isidori] (*Catal. Librorum*) *EHR* XXXII 389; Posteriorum Analeticorum ~er J. SAL. *Met.* 919D (v. demonstrativus d); a Boetio habemus in ~ro Consolationum .. quod mundus habeat animam J. BLUND *An.* 357; in ~ro Sententiarum habetur quod liberum arbitrium est facultas rationis et intellectus *Ib.* 401; Ptolemeus igitur in ~ro Almagesti posuit .. GROS. 25; major patet in ~ro Posteriorum BACON VII 2; ~ro De pomo Aristoteles .. definivit R. BURY *Phil.* XI 170; **1446** quilibet .. ad lecturam ~ri Senenciarum admittendus *StatOx* 267. **b** ex ~ris Digestorum Justiniani VAC. *Lib. Paup.* 1 (v. 1 decerpere e); **1303** quemdam ~rum Codicis (v. fruncina). **c** **c1100** facite ut monachi Sancti Petri de episcopatu Wintoniense habeant in pace terram de H. quam Imma regina eis dedit, sicut ~er regius hoc testatur (*Ch. Wint.*) *EHR* XXXV 389; **c1112** per ~rum de Thesauro disratiocinavit quod Levecanora manerium suum nihil omnino debet in hundredo de Perituna facere *Chr. Abingd.* II 116; hic ~er ab indigenis *Domesdei* nuncupatur *Dial. Scac.* I 16 B (v. dies 9b); nos eundem ~rum judiciarium nominavimus *Ib.* (v. judiciarius 2b); **1347** ~rum de *Domesday* sive feodorum vocat (v. fabricare 4b). **d** **1333** secundum tenorem statuti inde in Rubeo ~ro Feodorum hujus scaccarii annotati *LTR Mem* 105 m. 203; pars istius cirograffi consuta est in Rubio ~ro de scaccario Westmonasterii circa finem *EHR* XVIII 513; **1377** in Rubeo ~ro de scaccario domini regis *MGL* II 471.

4 (w. adj. or gen.) book on particular subject or collection of certain sort of writings; **b** (eccl.); **c** (mus.); **d** (book of accounts or sim.).

c798 etc. (v. epistolaris 2b); **12..** fuit mihi quidam ~er decretalis (v. decretalis 2b); **1252** ~ros naturales, qui fuerant Parisius prohibiti GARL. *Tri. Eccl.* 97; **1407** ~rum aliquem logicalem, naturalem, metaphisicalem vel moralem *StatOx* 192; **c1451** ~ros meos physicales, nomen unius Trefolium *MunAcOx* II 614; **1504** in ~ris statutorum universitatis *StatOx* 310. **b** presbyter debet habere .. spiritalia arma, id sunt divinos ~ros, sc. missalem, lectionarium, quod quidam vocant epistolarium, psalterium, nocturnalem, gradalem, manualem, passionalem, paenitentialem, compotum et ~rum cum lectionibus ad nocturnas ÆLF. *Ep.* 2. 137; inter alphabeti litteras scribuntur hee note in ~ris pontificum BACON *Gram. Gk.* 83; veniat sacrista literatus cum ~ro collectuali *Stat. Linc.* I 373; ~rum dormientem *Obs. Barnwell* 78 (v. dormire 5b); ad ~rum vero minutorum unam qualibet nocte ponet candelam *Cust. Cant.* 102; **1396** ~er ympnorum glosatus *Meaux* III p. xcvi; **1424** pro ~ro mortuorum et uno missali *Ac. Durh.* I 271; **c1455** ~er sequentiarum glossatus *MunAcOx* II 663; **1526** instituimus etiam quod regula divi patris Benedicti, ~er usuum .. annuatim .. perlegantur *EHR* III 715. **c** magister Leoninus .. qui fecit magnum ~rum organi de gradali et antifonario *Mens. & Disc.* (*Anon. IV*) 46; **1345** ~er alleluiaticus (v. gradaliticus); ~er organicus fratris W. de Chiltham *Chr. Rams.* 367; **1388** uni ~ro organi, iij s. iiij d. *Ac. Durh.* 134; **1452** ~er de cantu fracto (v. frangere 10g). **d** **1450** in ~ris dietarum et receptarum (v. diaeta 4a); **1453** pro papiro empto pro ~ro thesaurarii in domo computatorii *Ac. H. Buckingham* 27; **1460** pro iij pipis vini .. non intratis in ~ris domicilii *ExchScot* 8; **1468** prout patet in ~ro curie particulariter examinato super computum *Ib.* 524; **1576** cum .. tradiderimus .. decimas .. una cum proficuis ~ri Paschalis pertinentibus ecclesie parochiali Marie Magdalene in villa de Bridgenorthe *Pat* 1148 m. 24.

5 subdivision of written text; **b** (of the Bible).

historiam ecclesiasticam nostrae insulae ac gentis in ~ris v BEDE *HE* V 24 p. 359; vestri doctores in doctrine ~ro tercio .. asserunt PETRUS *Dial.* 13; octavum ~rum Almagesti BACON *Tert.* 201; **1434** sextum ~rum et Clementinas in uno volumine (v. decretalis 2b). **b** ~er Psalmorum BEDE *Gen.* 99; ~er Philonis, sc. Sapientie qui appellatus est Salomonis BELETH *RDO* 146. 150D; ~er Dierum NECKAM *Sac.* (*extr.*) 375 (v. dies 3c); in secundo ~ro Paralipomenon BRACTON f. 106b; ~ros prophetales BACON *Maj.* III 72; Stephanus Cantuariensis archiepiscopus obiit, qui .. ~ros Regum exposuit KNIGHTON I 211.

6 Bible (as used in oath-taking): **a** (Latin Bible as used by Christians); **b** (Hebrew Torah as used by Jews).

a **1199** Simon et filius suus et W. arripuerunt ipsum J. per manum dextram extensam ultra ~rum *CurR* I 451; **1297** honerari ad sacramentum prestandum super ~rum in inquisitione *CourtR Hales* 352; **1398** quod .. sacramentum .. capi non potest pro eo quod non habetur ~rum vocatum *jurybook* (*PlRChester* 102 m. 14) *EHR* XLVIII 269; **s1417** juravere super ~rum Wals. *HA* II 320; **1526** apposita in ~rum manu (*Vis.*) *EHR* III 708. **b** **1201** et si Judeus ab aliquo appellatus fuerit sine teste, de illo appelatu erit quietus solo sacramento suo super ~rum suum *SelPlJews* 1; **1275** Judeus fecit legem suam sicut Judeus facere debet versus Christianum, viz. se sola manu super ~rum suum *Ib.* 89.

7 mass book (as used in ritual of excommunication).

1255 W. de L. et W. et alii venerunt ad forestarios cum ~ris et candelis volentes ipsos excommunicare nisi G. a prisona liberassent *SelPlForest* 13; venerunt W. capellanus de H. et alii cum ~ro et candela volentes excommunicare omnes qui manum imposuerunt in dictum G. *Ib.* 78; **s1379** (v. campanula c).

8 charter, deed (cf. AS *bōc*). **b** document.

824 qui monasterium et agellum cum ~ris haberet *CS* 379; **878** contigit anno eclipsi solis perditio prioris ~ri, nunc autem nostra licentia et confirmatione anticus praescribitur ~er *Chr. Abingd.* I 45; **942** ideo scripsimus novam cartulam quia antiquum ~rum non habebamus *CS* 801; **988** (12c) si autem .. contigerit .. aliquem antiquiorem ~rum producere, pro nichilo computetur *CD* 662; hoc attestantur scripta vetustissima que lingua Anglorum *landbokes*, id est, terrarum ~ros vocant *Gavelkind* 209; si Deus omnem ~rum, omnem pactum, quodlibet chirographum .. possit .. recidere Bradw. *CD* 802D (v. falsare 2b). **b** in reconciliatione veteris nupte cui datus est olim repudii ~er J. Ford *Serm.* 64. 2.

9 bill, receipt, record of goods received.

1444 omnimodos ~ros et evidencias quoruncumque mercatorum .. hujusmodi bona sive mercandisas qualitercumque tangentes *Pat* 458 m. 11; **1535** pro bonis aut rebus in navibus suis invectis .. que in ~ro raciocinii Anglice *the boke of ladyng* .. non inscribuntur *SelPlAdm* I 44.

10 (*~er vitae, viventium*) book of life (w. ref. to *Apoc.* iii 5 *etc.*): **a** record of those who are to inherit eternal life; **b** (fig., w. ref. to God or Christ).

a **757** si quis .. hanc nostrae donationis elemosinam minuere voluerit et delere, auferatur et deleatur memoria ejus de ~ro vitae *CD* 126*; **842** augeat Deus partem ejus in ~ro vitae *Ch. Roff.* 21; †**948** (v. de 1b); **c1135** qui autem hanc meam donationem cassare temptaverit, nomen ejus de ~ro vite deleatur *Ch. Durh.* 29; de ~ro vite non auferas obsecro quod tuis desudatum est laudibus J. Ford *Serm. prol.* 7; ~er vite recipit deletiones S. Langton *Quaest.* f. 279v (v. deletio); de ~ro viventium conscientia non delet iniqua Ockham *Dial.* 459; **1430** cujus laus etsi hucusque inscribatur in ~ro vite *Reg. Whet.* II 393. **b** ~rum autem vitae praescientiam Dei .. de illis quibus aeterna dabitur vita Bede *Apoc.* 194B; an ~er vitae sit Filius Dei et secundum quam rationem Hales *Qu.* 700; altissimus, lumen luminum, ~er vitae R. Bury *Phil.* I 17; Deus .. est immensus ~er vite in quo sunt omnes veritates incluse Wycl. *Ente* 109.

11 (*~er vitae, commemorationum*) record of those to be commemorated in prayer.

~er vitae ecclesiae Dunelmensis *Surtees Soc.* XIII *tit.*; **1090** ut simus scripti omnes in ~ro commemorationum, et ut sit factum tale obsequium pro nobis, quale debet fieri pro uno fratre de ecclesia, ubicumque moriamur *Chr. Abingd.* II 20.

12 (*~er mortis*) ? record of those condemned to die.

1203 Henricus appellat plures de forcia quorum nomina sunt in ~ro mortis *CurR* III 63 (cf. ib. p. 451 n.; ib. IV 177 [**1206**]: quorum nomina sunt in libro Martini).

13 (fig.).

erat omnibus .. speculum honestatis, religionis ~er, pagina sanctitatis *V. Birini* 2; dominus rex .. cujus erga vos dilectionem lego assidue in ~ro experientie P. Blois *Ep.* 5. 15B; ~er creature .. inscripta continens invisibilia Dei J. Ford *Serm.* 104. 4; **1203** nosti .. utpote qui hoc in ~ro experientie cotidiane legisti .. *Ep. Innoc. III* 19 p. 58; liber cordium J. Howd. *Cant.* 130 (v. ingerere 7); fit sempiterni federis / liber membrana lateris [sc. Jhesu] / cujus rubet inscripcio *Id. Cyth.* 56. 8; frontis [sc. Christi] librum respiciat / spina scriptum multiplici *Ib.* 69. 11; ex ~ro dierum meorum Ad. Mur. *Chr. prol.* 4 (v. dies 3d); Melton 251 (v. 2 supra).

3 Līber [CL], wine god, often identified with Bacchus (also in name of constellation). **b** wine.

~er quoque invenitur pro Baccho Osb. Glouc. *Deriv.* 307; ut in Macrobio [*Somnium Scipionis* I 12. 8] habes craterem ~eri patris in regione inter Cancrum et Leonem positum Bern. *Comm. Aen.* 67; Garl. *Syn.* 1590A (v. Iacchus); **1282** sacerdos parochialis .. Priapi prophana parans, congregatis ex villa puellulis, cogebat eis, choreis factis, ~ero patri circuire *Lanercost* 109. **b** ~er Bacchus respicitur et in ventrem traicitur nocte dieque R. Bury *Phil.* 5. 78.

4 liber v. liberi b.

5 liber v. libra.

libera v. libra. **liberabilis** v. liberalis.

1 liberalis [CL]

1 (of studies *etc.*) appropriate to a free man, gentlemanly, liberal, classical; **b** (sb. pl., *sc. artes*) liberal arts.

~ibus litterarum studiis Aldh. *VirgP* 34 (v. gymnosophista a); [Eugenia] litteris ~ibus imbuta *Ib.* 44 p. 296; scripturarum .. tam ~ium quam ecclesiasticarum .. eruditione mirandus Bede *HE* V 18 p. 321; artes .. et ~es dicte sunt, vel ex eo quod antiqui liberos suos his procurabant institui, vel ab hoc quod querunt homines libertatem, ut curis liber sapientie vacet J. Sal. *Met.* 839D; profuit mihi frequenter inspicere Trogum Pompeium, Josephum .. Titum Livium qui omnes .. multa ad morum edificationem et ad profectum scientie ~is interserunt P. Blois *Ep.* 101. 314B; cetere artes, non solum ~es, sed etiam mechanice, non possunt haberi sine doctore Gros. *Hexaem. proem.* 4; doctor noster venerabilis in hac arte ~i Hauboys 186. 2. **b** statuentes .. quod in posterum nullus incipiat in theologia nisi prius inceperit in ~ibus *Mon. Francisc.* I 346.

2 generous.

~es sunt qui .. aut inopes sublevant aut es alienum amicorum suscipiunt W. Malm. *GR* IV 313; animus ~is et liber Gir. *EH pref.* 223 (v. gloriari 1b); [provinciales] videntur .. hospicio ~es Lucian *Chester* 65; bonus et †liberabilis [l. liberalis] abbas *Latin Stories* 40 (v. benevere); in actibus humanis ~is est ille qui agit vel dat non exspectans retributionem Duns *Ord.* II 268.

3 noble, having status of thegn.

tam de dominio ~is hominis, id est *þegnes* quam de terra villanorum (*Inst. Cnuti*) *GAS* 197; cujuscumque homo sit, regis, comitis aut ~is hominis quem Angli *þegen* vocant (*Ib.*) *Ib.* 293; comiti et villano, ~i et subliberali (*Ib.*) *Ib.* 457; et si ~is homo ita ascendisset ut comes fieret (*Ib.*) *Ib.* 459; **c1145** vir nobilis et ~is (v. feodum 3a).

4 free, not subject to compulsion.

~e electorium Wycl. *Quaest. Log.* 247 (v. electorium).

5 legitimate.

alios vero ~es filios educandos direxerunt Normanniae *Enc. Emmae* II 18.

2 liberalis v. libralis.

liberalitas [CL]

1 generosity of spirit, magnanimity, kindness.

?**1075** cum .. perpauci sint qui verbis detrahentium ingenita ~ate contradicant Lanfr. *Ep.* 58 (37); **1166** quod ex ~atis tuae indicio ei innotuit, quem ad me et meos affectum habeas J. Sal. *Ep.* 187 (178).

2 generosity, liberality. **b** (*ex ~ate*) freely, without desire for recompense. **c** instance of generosity.

munifica ~ate restitui W. Malm. *GR* I 174; quominus Anglorum dapsilem ~atem et liberalem dapsilitatem experirentur *Id. Wulfst.* I 10; larga .. ~ate .. gratis acceptum cum sui incremento gratis impendunt Gir. *TH* III *intr.*; avaritia quippe semper indiga est, ~as autem suis inexhausta divitiis J. Ford *Serm.* 69. 3; ut .. statutas ex ~ate regis liberaciones haberent Map *NC* V 5 f. 63; **s1282** Edwardus .. rex Anglie noluit quod illa ~as quam abbas Cestrie sibi fecit trahatur ad consuetudinem, viz. ei subveniendi in expedicione sua in Walliam per homines suos et equos et carettas *Cart. Chester* 316 p. 212; dilectio est senescallus celi propter suam magnam ~atem [ME: *freolec*], qui nihil sibi retinet sed largitur quicquid habet, etiam se ipsam *AncrR* 152. **b** agens agit ex plenitudine perfectionis et dicitur agens ex ~ate Duns *Ord.* II 268. **c** non .. inveni pontificem .. adeo in omnes munificentias et ~ates effusum P. Blois *Ep.* 20. 73C.

3 status of thegn.

et careat ~ate eorum, quod Angli vocant *þegenscipe* (*Inst. Cnuti*) *GAS* 289; si minister altaris homicidium fecerit .. careat et ordine et ~ate sua et vadat in exilium (*Ib.*) *Ib.* 341; si mercator ter mare transisset suo proprio sumptu, talis deinde erat ~ate dignus, quod dicunt *þegenrihtes wurðe* (*Ib.*) *Ib.* 459.

4 free will.

si de ~ate a puella consensum obtinere nequiret, ipse cum ea rem ageret violenter Wend. II 293.

5 privilege, or ? *f. l.*

a1130 cum omnibus ~atibus [? l. libertatibus] eidem terre pertinentibus *CalCh* III 336; **c1150** quod abatissa .. teneat terram suam et .. ~atem [? l. libertatem] curie sue sicut antecessores sue unquam melius vel liberius tenuerunt *Ib.* V 57.

liberaliter [CL]

1 freely, without stipulation.

796 concedo meo fideli principi iij cassatos .. ~iter ad possidendum *CS* 277; **931** ille eam [sc. telluris particulam] sine jugo exosae servitutis .. ~iter ac aeternaliter .. habeat *CS* 677; tenet Alnodus monachus j hidam ~iter de abbate concessu regis *DB* I 90; **c1124** concessi ~iter in elemosina eidem ecclesie .. omnem decimam pasnagii mei et piscinam; et dominici porci ejusdem ecclesie et dominica animalia .. ~iter habeant pascua cum dominicis meis *Regesta Scot.* 7 (cf. ib. 21 [**c1140**]); totum se ~iter impendit .. non ut emolat aut lucretur Map *NC* V 3 f. 60; nullum autem agens ~iter agit quod ex actione sua exspectat perfici Duns *Ord.* II 268.

2 without compulsion.

Gir. *IK* I 3 (v. 1 liber 14); donum illud ~iter et bona voluntate sine aliqua coactione concessit Bracton 321b.

1 liberare [CL]

1 to grant freedom to, manumit, free (slave).

si puellam Dei maculaverit iij annos peniteat .. si ancilla ejus sit, ~et eam et vj menses peniteat Theod. *Pen.* I 14. 12; pro virga .. qua servi percussi ~abantur Osb. Glouc. *Deriv.* 618.

2 to deliver: **a** to set free, liberate, release (from grasp, restraint, arrest, or captivity; also fig.). **b** to relieve (from hostile action or siege). **c** to cure (disease or person suffering from disease). **d** to keep free, preserve (from contagion, sin, death).

a [Theseum] quem et ipsum jam in mortis periculo constitutum adveniens Hercules ~avit *Lib. Monstr.* I 36 p. 190; Ric. Hex. *Hist. Hex.* 54 (v. 1 liberatio 1); [Bacchus] dicitur Liber .. quia hic deus mares, missis seminibus, ~et. nam per Junonem feminae, per Liberum mares ~ari dicuntur et purgari. Liber etiam vocari meruit, quod a curis homines ~et Alb. Lond. *DG* 12. 1; qui sic percussus, nisi citius dicat "*liveret*", ad penitentiam recurrendo, dicet ei diabolus, "*mact*", animam secum ad tartaram deducendo a quo nec ~abitur prece vel pretio J. Waleys *Schak.* 465; **c1342** de manu calumpnie ~are *FormOx* 142; intellectus autem cum fuerit adeptus, tunc per intellectum agentem tanquam per propriam formam intelligit omnia entia, et ita formas penitus ~atas a materia Baconthorpe *Quaest. Sent.* I 3a. **b** suam gentem ab hostili paganorum depopulatione ~avit Bede *HE* III 24 p. 179; ~atur [ME: *is arud*; *gl.*: *deliverid*] urbs prius obsessa *AncrR* 114. **c** et cum in juncturis idropisis exiverit apostema aut in pede, ~abitur post mensem a die quo apparuerit J. Mirfield *Brev.* 70; porcelliones .. cum vino bibiti .. morbo regio laborantem ~ant *Alph.* 150. **d** qui .. es .. ~andus a morte Bede *HE* IV 14 p. 234; Dominus suo mundum sanguine a peccatorum tenebris ~avit *Ib.* V 21 p. 338; nemo liber est a peccato nisi Deo ~ante Anselm (*Orig. Pecc.* 25) II 168; quilibet istorum [lapidum] ligatus in anulo et suspensus collo intrantis civitatem in qua est infirmitas *tamon*, ~at eum ab infirmitate illa Bacon V 175; **1504** ~a me Domine de morte eterna *StatOx* 318.

3 to deliver, empty: **a** (hospice by removing occupants from it for billeting); **b** (gaol by removing prisoners from it for trial).

a infra muros civitatis nullus hospitetur, neque de mea familia neque de alia vi alicui hospitium ~etur (*Ch. Hen. I Lond.*) *GAS* 525. **b** **1309** (v. gaiola 1b); **c1320** pro ~ando Oxonie carcere regio *FormOx* 67; **1340** ad ~andam gaolam *CBaron* 99.

4 to acquit, discharge, free (person) from liability. **b** to exempt (land) from obligation.

rex favore sanctissime adjutricis clementer omnia donat et ultro sontem ~at Gosc. *Transl. Mild.* 23 p. 190; qui ad dampnum vel malum aliquem duxerit, ~et eum advocacione vel emendacione vel participacione (*Leg. Hen.* 85. 1) *GAS* 600; ab hoc crimine [*forgery*] se ~at qui exhibet eum a quo instrumentum accepit Ric. Angl. *Summa* 31 p. 53. **b** **858** hanc terram .. ab omni servitute regali operis .. liverabo *CS* 496; requisitus an tenementum Henrici sit drengagium, dicit quod non, sed thenagium, sed pater Henrici ~avit illud a thenagio, et fecit quod ipse et heredes tenerent illud ad feudofirmam *Feod. Durh.* 224; ?**c1300** confirmavit sex selliones et dimidiam in Eltona, quas H. filia Willelmi de T. contulit, ~ans ab omni servicio *Cart. Chester* 427 p. 264.

5 to discharge (debt or duty). **b** to renounce (homage or fealty).

aquiter, acquietare, evadiare, luere pignus, ~are *Gl. AN Ox.* f. 153r. **b** Patricius .. qui homo regis Anglie prius effectus est, in perjurium lapsus, homagium et fidelitatem suam que ei fecerat per nuntium in scriptis ~avit *Meaux* II 374.

6 to deliver, hand over, entrust, convey: **a** (kingdom); **b** (land, manor, tenant, or sim.); **c** (castle or town); **d** (ship); **e** (seisin, possession, right of inheritance or sim.); **f** (goods or animals); **g** (doc.); **h** (keys; also as token of surrender).

a **s1272** papa regnum Sicilie, quod Manfredus injuste detinebat, Karolo .. fratri regis Francie ~avit *Eul. Hist.* I 392. **b** **794** (11c) Bynna, comes regis, sustulit sine recto hanc terram aet Austan v manentes, quod Aeðelbald rex ante ~avit *CS* 269; **941** (15c) librata est in hoc graphio ista terra *CS* 769; tenet .. j hidam et dim. .. quam ei ~avit episcopus Baiocensis *DB* I 202va; Grafham [*Hunts*] dicunt socam regis fuisse et esse, nec brevem nec saisitorem vidisse qui ~asset eam Eustachio *DB* I 208ra; j liber homo ~atus pro terra sed non pertinet manerio *DB* II 416b; hec ij mansiones fuerunt ~ate ea die qua rex Edwardus fuit vivus et mortuus *Dom. Exon.* 217; **c1193** terram .. memorato David in vadium ~avi *Ch. Chester* 266; **1276** ~avit dicta maneria .. regine Anglie consorti regis cum omnibus rebus in eisdem inventis *Banstead* I 309; **1334** tibi precipimus quod mesuagia .. et redditum predicta cum pertinenciis .. prefato Ade ~es *RScot* 265a. **c** **1216** de castris ~atis .. sciatis quod tradidimus .. comiti de Ferariis castrum nostrum de Pecco *Pat* 1; **s1353** ut .. quedam castra .. ~asset Avesb. f. 123; **s1356** villam et claves .. ~ando .. reddiderunt *Ib.* 132. **d** **1336** vobis mandamus quod quandam aliam navem .. provideri et .. ~ari .. faciatis *RScot* 476a. **e** quando hereditatem suam de D. Deus sibi ~averit *Cart. Chester* 124 p. 140; **1341** petit ipsum D. ad hospitale illud admitti et possessionem ejusdem sibi ~ari *Mem. Ripon* 214; **1354** inde seisinam fecerimus ~ari (*Ch. Regis Scot.*) Avesb. f. 133; dicta vero sceptra liverabuntur statim .. abbati Westmonasteriensi *Lib. Regal.* 30. **f** et si dominus in cujus terra [animal] inventum est non habet consuetudines suas, sc. *sache* et *sochne*, omnia ~abit prefecto hundredi (*Leg. Ed.*) *GAS* 650; **1255** catalla ejus illa occasione confiscata ei ~ata fuerunt *SelPlForest* 25; **c1266** refectorario [candelas] ~abit [sacrista] *Cust. Westm.* 43; **1300** siquis monachus .. nimis curioso .. apparatu uti presumat, viz. zonis aut bursis de serico .. statim ~entur priori *Vis. Ely* 10; **1313** de R. M. quia receptavit unam aucam venientem de Strahie nec ~avit illam ballivis *Leet Norw.* 58; **1453** computat se ~asse diversa jocalia subscripta tam domine regine ad manus proprias quam diversis dominis .. ac aliis ex mandato dicte regine (*KR Ac* 410/11 m. 1) *JRL Bull.* 123. **g** **1170** litteras vestras Willelmo .. ~avimus *Ep. Becket* 389; **c1210** in hujus rei warantizatione et firmiori securitate, cartas antecessorum meorum, quas habui de prenominata terra, memorato conventui ~avi *Ch. Westm.* 461; **1214** cartam .. episcopo .. ~abitis *MunAcOx* I 3; **1218** extensiones .. ~ate sunt Stephano de S. *BNB* II 5; coram Johanne .. qui tunc brevia judicialia .. fecit et ~avit *State Tri. Ed. I* 26; duo clerici principaliter irrotulent omnia placita et omnia judicia in principali rotulo parliamenti et eosdem rotulos ~erent ad thesaurarium regis *Mod. Ten. Parl.* 377. **h** **1212** G. J. testatus fuit in pleno hundredo [quod] ~avit clavem predicto R. S. et A. T. *CurR* VI 293; **s1356** (v. 6c supra); **1366** injunctum est predicto J. quod ~et claves predictis plegiis et quod amoveat manum suam de arrestu predicto *Hal. Durh.* 57.

7 to deliver (into custody or prison).

1194 corpus suum arestabunt et bailivo domini regis ~abunt (*Lit. Regis*) Diceto II lxxxi; **1209** W. filius S. de B. ~atur in prisona *SelPlForest* 2; **1214** vicecomes et coronarii in pleno comitatu ~averunt Henrico de P. et Alano de D. predictos R. et G. in custodiam *CurR* VII 170; **1221** N. captus fuit et ~atus Roberto de W. officiali archdiaconi Covintrensis et abbati Leircestrie .. ut eum haberent coram justiciariis *SelPlCrown* 103; **1275** ~abatur vicecomiti ad gaholem *SelCCoron* 35; **s1327** R. de B. .. fuit carceri episcopi Herefordiensis ~atus Ad. Mur. *Chr.* 50.

8 to hand over, pay (money); **b** (imp.; *v. et.* 10a *infra*); **c** (dep.).

1217 trescentas marcas quas .. rex .. ei ~ari precepit *Pat* 48; ~avit omnes obvenciones venientes ad dictam ecclesiam .. Elye servienti de H., per talliam .. *Feod. Durh.* 266; **1292** de predicta pecunia ~anda *RScot* 6b; **1364** quos denarios ~avit .. receptori regine per unam talliam *Banstead* I 343; **1400** Roberto .. ultra xiij s. iiij d. sibi prius ~atos, xij s. *Test. Ebor.* III 21; **s1399** petit .. feoda et remuneraciones .. sibi tradi et ~ari Ad. Usk 35. **b** item ad hunc [scriptorem cancellarie] pertinet brevia regis de exitu thesauri scribere .. est autem hic tenor: 'H. rex etc. N. thesaurario et illi et illi camerariis, salutem. ~ate de thesauro meo illi vel illi hanc vel hanc summam' *Dial. Scac.* I 6A; **1204** ~ate de thesauro nostro W. O. .. ij m. *Cl* 12a. **c** **1467** eo quod aliquos .. denarios ad manum dicti receptoris generalis compoti minime ~atus fuerit (*TR Bk* 207 p. 6) *JRL Bull.* 226.

9 (p. ppl. *liberatus* as sb. f., m., or n.) what is handed over: **a** allowance, payment, provision (of food, goods, clothing, or money) made to servant or retainer. **b** badge, uniform, livery (also her. & fig.). **c** (acad.) corrody, stipend, or sim. **d** livery for horse. **e** possession, seisin (of land), or ? *f. l.*

a **1168** v militibus que morantur in castello de Doura c s. de prestito super ~atam suam per breve Ricardi de Luci *Pipe* 210; **s1399** ordinatum fuit quod domini regni pannorum .. sectam aut ~atum de cetero alicui .. non conferrent Ad. Usk 39; [abbas Johannes, ob. **1401**] ~atam .. robarum suis familiaribus .. contulit *G. S. Alb.* III 435; **1423** ut primus tam victum quam vestitum accipiat ab abbate; secundus vero victum a priore sed ~atum ab officiariis conventus Amund. I 107; *lyvery of cloth, or oder ȝyftys*, ~a *PP*; pro vectura librate serviencium collegii .. viij d. *Cant. Coll. Ox.* II 156; jurabit etiam, quod ex tunc non recipiet ipse ab aliquo, preterquam a rege feodum aut pensionem aliquam, seu ~atam Fortescue *LLA* 51 (cf. ib. 50: libratam magnam panni); *a lyveray of clothe*; ~ata; liberatalis *CathA* (cf. ib.: *a liveray of mete* .. corrodium); **1545** archiepiscopus dabit ~atas seu liberaturas panni (*Pat*) *Foed.* XV 76. **b** hec ~ata est antichristi introducta, in sanctam ecclesiam ad colorandam otiositatem (R. Dymmok) *EHR* XXII 297; **1406** concessimus .. Johanni D., uni servientum nostrorum ad arma, quod ipse ~atam nostram le *colere* nuncupatam, prout armigeri nostri gerunt, et similiter ~atas omnium liberorum nostrorum in singulis locis tam in presencia nostra quam in absencia nostra gerere et eis uti possit *Pat* 375 m. 16; aldermanni .. cum vicecomitibus et quotquot fuerant de ~ata majoris *MGH* I 24; **1425** volo et ordino quod in die sepulture mee invitentur omnes homines de ~ata mea et alii amici et dilecti ad prandium (*Test. Episc.*) *Ib.* 351; post tanta regalis convivii solennia, novelli milites, ipsa pallia exuentes, vestes de ~ata regia ejusdem secte preciosas nimium induebant *Ps.*-Elmh. *Hen. V* 10; ista signa ut predixi regia prout signum accipitur pro sua ~ata non sunt arma vel bagia set solummodo ~ate et sic sunt signa per que ipsorum nobiles .. cognoscuntur. ex quibus jam insurgit questio utrum nobilitatus per unum principem et racione feudi suus vasallus portans ~atam ejusdem poterit alterius principis vel domini ~atam recipere Upton 35; **1542** et eisdem septuaginta hominibus dare possit septuaginta ~atas panne lanie, vel signa seu bagias cuicumque qui de ipso recipere voluerit eadem †libertates [l. ~atas] signa vel bagias ad ipsum serviendum (*Pat*) *Foed.* XIV 764. **c** **1450** qui secundum formam statutorum tenerentur dare ~atam et convivare regentes *MunAcOx* 731; **1458** secunda [condicio] est quod det ~atam, id est cultellos, ut antiquitus fieri solebat, omnibus regentibus *Ib.* 755. **d** **1453** in precio ccx carectarum feni .. venditarum super expensam equorum domini ibidem ad ~atum stancium *Ac. H. Buckingham* 11. **e** **1204** et vicecomes non misit nomina juratorum, set mandavit quod ecclesia illa est in ~ata [*sic* MS; ? l. libertate] archidiaconi Wellensis *CurR* III 140.

10 writ of *liberate*. *V. et.* 8b *supra*: **a** (imp. as sb. n.); **b** (p. ppl. as sb. n.).

a **1230** thesaurario et camerariis .. venit de domino rege breve quod vocatur ~ate de liberando .. magistro J. de A. quadraginta marcas *LTR Mem* 11 m. 9; **1242** quia .. asserebat .. decem marcas solutas fuisse ad scaccarium, fiebat ei illud ~ate *RGasc* I 34; **1249** quod de primis denariis receptis ad scaccarium nostrum Pasche reservarentur mille libre ad expensas hospitii nostri, unde habetis breve nostrum de ~ate (*AncC* II 93) *RL* II 54; **1274** pro expensis T. clerici petentis j ~ate de xx li. apud London' per viij dies ij s. *Househ. Henr.* 402; **1289** habuit .. regina .. litteram de ~ate directam thesaurario .. de ix^c^x li. vij s. viij d. *RGasc* II 428; **1344** ipse brevia illa xx die Decembris proximo preterito, statim viz. post ~ate eodem die factum, prefato nuncio .. liberavit *PlRExch* 70 r. 16*d*. **b** **c1253** vestram precor discretionem quatenus ~atum de vinis istis erectum [*sic* MS] domino P. L. thesaurario .. mihi .. transmittere velitis (*AncC* VI 169) *RL* II 100.

2 liberare [cf. 1 deliberare], to deliberate, consider.

s1384 dux cepit per consilium suum ~are qualiter possit ligenciam suam salvare et vitam suam non perdere *V. Ric. II* 57.

3 liberare v. 2 librare.

liberatarius [cf. 1 liberare 9], one who receives an allowance.

1343 in ij carcos' et iij quar' boum .. empt' de lardario pro liberacionibus factis diversis ~iis *Ac. Durh.* 39.

1 liberatio [CL]

1 the act of setting free, liberating, releasing.

redemtionem totius mundi, quae in antiqui Dei populi ~one .. praefigurata .. est (*Ep. Ceolfridi*) Bede *HE* V 21 p. 341; **a1155** Turbernus de Welda misericordiam Dei et altarem S. Petri atque sepulcrum regis Edwardi ad ~onem sui requisivit *Ch. Westm.* 272; de manu .. Ricardi de M. .. ecclesiam H. liberavit, consensu quoque ipsorum canonicorum, in predicta Eboracensi ecclesia, unam portionem de communi eorum, pro ~one ipsius, illi dedit Ric. Hex. *Hist. Hex.* 54; ~o humani generis et janue paradisi apercio, per Christi passionem Gros. *Cess. Leg.* I 3. 3; **s1416** suspenso ad tempus laborioso et quam necessario processu circa ~onem universalis ecclesie a sinagoge imperio *G. Hen. V* 18.

2 delivery, emptying: **a** (of hospice by removing occupants from it for billeting); **b** (of gaol by removing prisoners from it for trial).

a **a1155** homo qui de curia sit regis vel baronum in domo alicujus civis Lund' vi vel ~one vel consuetudine, nisi gratis hospitis, hospitari non debetur (*Libertas Londoniensis*) *GAS* 673; **1155** nemo capiat hospitium per vim vel per ~onem marescalli *BBC* (*London*) 87; **1201** quod infra burgum illud [sc. Grimesby] nemo capiat hospitium per vim vel per ~onem marescallorum *RChart* 91a; **1258** cum nulla ~o hospiciorum uncquam fieri solebat nec capi ab aliquo contra voluntatem hominum de Suthwerke nisi per dominum regem *JustIt* 873 m. 8*d*; **1262** (1312) quod nullus marescallus .. temporibus itinerum .. ~onem aliquibus faciat contra voluntatem earum domus et hospicia illa fuerint (*Pat*) *ChartR* 98 m. 9; **1336** quod nemo capiat hospitium infra eundem burgum [sc. Berewicum] per vim vel per ~onem marescallorum *RScot* 429a. **b** **1296** justiciariis ad ~onem gayole .. assignatis *Reg. Cant.* I 70.

3 quittance, discharge (of debt).

s1247 ad ~onem debitorum quibus .. ecclesiam Cantuariae predecessores sui .. obligarunt M. Par. *Maj.* IV 636.

4 delivery, handing over, conveyance: **a** (of land); **b** (of goods, produce, or sim.); **c** (of distrained chattels or captured weapons).

a [manerium] modo tenet W. G. per ~onem regis *DB* (*Norf*) II 112; ex hoc fuit saisitus R. G. et R. P. eum tenet et R. de R. de prima ~one et hundredum testatur quod sibi prius liberatum fuit *Ib.* 352 (*Suff*); in Ciltuna et in Torstuna tenet Hugo in dominio ex ~one, ut dicit, xvj soc' qui pertinebant in Tornei manerio regis *Ib.* 409; **1336** xl m. in extenta dicte ville [de Berewico] per dominum Edwardum regem Scotie .. super ~one ejusdem ville et aliarum terrarum et tenementorum in Scotia nobis per dictum Edwardum concessorum facta deducte sunt et nobis allocate *RScot* 416b; literas patentes regis habuit ad eschaetorem citra Trentem pro ~one maneriorum *Hist. Roff.* f. 7v; **1583** (v. caria 5b). **b** **1234** debet habere *wudetale*, sc. quartam partem unius ligni et *husbote* et *haybote* per visum ballivorum et per ~onem eorum *Cust. Glast.* 89; **c1283** habebit .. prepositus de consuetudine j acram de frumento non firmatam per ~onem et discretionem servientis *Cust. Battle* 66; terram .. que olim ad feodam firmam pro xxx minis frumenti fuerat dimissa, ~one donata in pristinum dominicum revocavit Oxnead *Ben. Holme* 299; **1353** per assessionem aut liveracionem .. decime et quintedecime ratione bonorum et catallorum *Reg. Rough* 48; **1400** concessimus .. vj damos percipiendos tempore seisone in foresta nostra .. per ~onem magistri forestarii (*Pat*) *Foed.* VIII 150; **p1465** declaracio bonorum mobilium Johannis Fastolf militis ad manus Johannis Paston .. deveniencium .. tam ex ~one T. H. rectoris de P. unius executoris dicti militis quam ex rapto aliorum hominum *Paston Let.* 906. **c** quia .. contigit quod tenens, postquam replegiaverit averia sua, averia illa vendit aut elongat quominus retornum inde fieri possit domino distringenti, si retornum sibi inde adjudicetur, provisum est .. ne vicecomites .. recipiant a conquerentibus solummodo plegias de brevi prosequendo .. sed eciam de averiis retornandis si retornum adjudicetur eorumdem, antequam ~onem faciant averiorum *Fleta* 96; **s1407** concordatum .. est quod predictus R. et predicti complices sui .. tempore reddicionis ejusdem castri facient .. ~onem plenam canonum seu instrumentorum anglice *gunnes* vocatorum *Chr. S. Alb.* 25.

5 delivery (into custody).

1257 cum contingit clericum pro delicto foreste defamari .. vocatur coram justitiariis; et licet ab ordinariis repetatur, nisi prius carceri laicali mancipetur, suo ordinario nulla[tenus] liberatur; et post ~onem factam episcopo, per inquisicionem factam per laicos pena pecuniaria condempnatur M. Par. *Maj.* VI 357 (cf. *SelPlForest* xc); **s1299** rogantes ut Johannem quondam regem Scocie sue liberarent custodie, spondentes quod regem et regnum ab omni quod posset per hanc ~onem contingere periculo reservarent *Eul. Hist.* III 170.

6 act of paying, handing over (of money).

1155 nullus vicecomes vel baillivus noster, vel alius capiat equos vel caretas alicujus pro cariagio faciendo, nisi reddat ~onem antiquitus statutam; sed et pro careta ad tres equos x d. per diem, et pro careta ad tres [? l. quatuor] equos, xiij d. per diem (*Ch. Regis*) *DuC* IV 96; **1266** audito compoto .. allocaciones quas per mandata nostra tam de feodo suo annuo percipiendo quam de aliis ~onibus et expensis factis per preceptum nostrum de exitibus predictis .. Willelmo fieri faciatis *Cl* 283; **1336** assignavimus vos ad supervidend' omnes operationes nostras in omnibus .. castris et pelis nostris in terra Scotie et expensas ac ~ones quas circa operationes illas fieri contigerit *RScot* 466b.

7 what is handed over: **a** allowance, payment, provision (of food, goods, clothing, or money) made to servant or retainer; **b** (for attendance at

court or royal service). **c** (eccl. & acad.) corrody, stipend. **d** livery for horse.

a **1130** in ~one famulorum et solidatione eorum per parcos et maneria et victu volucrum xxxiiij s. *Pipe* 135; camerarius sine ~one in domo commedet, si voluerit *Domus Reg.* 133; **s1202** resecante abbate tam hospitibus quam servientibus .. ~es, multi fame periissent *Chr. Evesham* 122; **1212** eisdem cc li. ad ~ones nautarum et galiotarum *Cl* 126a; **c1257** blada de dominico castri ita expendita fuerunt in autumno .. quod ballivi .. vix invenerunt unde dominici possent seminari et ~ones famulorum .. possent sustentari (*AncC* IV 3) *RL* II 125; **1276** in ~one unius porcarii .. per xxv septimanas j quarterium vj buselli et dim. [ordii] *Banstead* I 309; quanquam retracta fuisset quedam ~o panis et cervise .. iste abbas J. de M. [ob. **1308**] dictum dominum R. .. inde reseisivit *G. S. Alb.* II 82; **1340** sabbato in ~onibus iij s. iij d. qa. viz. Domui Dei ij s. [etc.] *Ac. Durh.* 36; per ~onem factam .. garcioni .. vij d. MYLN *Dunkeld* 121. **b** **c1157** si amplius fuerint in servitio meo plenariam ~onem habebunt (*Ch. Regis*) *BBC* (*Hastings*) 90; **a1160** sciatis me concessisse .. abbati .. quotiens venerit ad curiam nostram, talem ~onem ut singulis diebus habeat iij s. (*Ch. Will. com. Bolonii*) *Couch. Furness* I 127; item officium ejus est ut cum ad scaccarium stipendiarii regis venerint pro stipendiis .. computet eorum ~ones et de retractis fidem suscipiat et residuum solvi faciat *Dial. Scac.* I 5 F; scriptas habebat domus .. consuetudines .. ut .. ad eam venientes singuli, quos barones vocant, terre primates statutas ex liberalitate regis ~ones haberent MAP *NC* V 5 f. 63; **1213** precipias ex parte nostra magistris omnium navium illarum et illis quorum naves sunt, quod .. habeant illas apud Portesmuthe in media quadragesima .. ituri in servitium nostrum ad ~ones nostras (*Lit. Regis*) WEND. II 66; **1327, 1329** (v. clericus 3). **c** **1260** domino H. .. regi Anglie .. abbas S. Johannis Colecestr' salutem. .. Henrico P., servienti elemosinarie vestre, ~onem qualem habet unus de liberis servientibus nostris in domo nostra .. concessimus *Cl* 108; **1268** quidam abbates, priores et aliarum ecclesiarum rectores .. interveniente pretio .. ad certum tempus vel ad vitam illorum quibus fit concessio, certum quid, quod communiter ~ones appellant, vendunt et assignant pro vite necessariis singulis diebus, vel certis temporibus exsolvendis *Conc. Syn.* 788; **1299** comperimus .. hospitale per ~ones extra concessas et habitus .. difformes .. a statu congruo multipliciter jam eductum *Reg. Cant.* II 827; **1300** nos recepisse .. c marcas sterling' pro quodam corradio sive ~one assignata Alano de M. .. [in] domo nostra (*Reg. Battle*) *Chr. Battle* (*ed.* Brewer) app. p. 186; **1347** ~ones cistarum in statutorum offensione .. tardebantur *StatOx* 150. **d** caretarius consuetudinarium cibum et equis suis ~onem *Domus Reg.* 133; et ij summarios cum ~onibus *Ib.*

8 hand-out, dole (to the sick or poor).

1167 in ~one constituta infirmis Lund' lx s. *Pipe* 2; ~onum .. quedam sunt indigentium, cum ex solo caritatis intuitu ad victum et vestitum alicui a rege denarius diurnus, vel duo, vel plures constituuntur *Dial. Scac.* II 6; **1234** elemosinarius omnem elemosinam provenientem de cibis et potibus .. colligat et recipiat, et .. taliter et integre in clericos et scolares, reclusas et ~ones assisas et in pauperes mendicantes exspendat (*Vis. Bury St. Edm.*) *EHR* XXVII 736.

9 fitting-out, equipping (of ship).

c1156 sciatis me .. concessisse Willelmo etc. .. ministerium meum de esnecca mea cum ~one que pertinet (*Ch. Regis*) *EHR* XXIV 230; **1174** ad faciendam ~onem esnecce *Pipe* 133; in ~one exnecce vij li. *Ib.* 135.

2 liberatio [cf. 1 deliberatio], deliberation, consideration.

de generibus causarum [v. l. de causarum ~one] (*Leg. Hen.* 4 *rub.*) *GAS* 547; habita tandem ~one, major Londoniarum exiit *V. Ric. II* 98.

liberativus, that liberates.

est insuper triplex effectus [baptismi] quia est anime mundativus, celorum reservativus et ab inferis ~us *Spec. Laic.* 12.

liberator [CL]

1 deliverer, liberator; **b** (w. ref. to Christ).

~orem patrie, fundatorem pacis .. inspector agnoscit J. SAL. *Pol.* 385B. **b** quum .. aurea floruissent regna et omnia in nativitate nostri ~oris essent renovata .. BYRHT. *V. Ecgwini* 351; ille haud immemor ~oris sui cum omnibus ad precellentissimum Augustinum contendit GOSC. *Transl. Mild.* 12; liberatus petit ~orem, ne iterum permittat eum induci in temptationem ANSELM *Misc.* 331; obstupescens ad magnitudinem gracie, ~i suo cum lacrimis offerebat hostiam laudis *V. Chris. Marky.* 46; sacramenta legalia et mandata veteris legis positiva in Christi passione debuerunt cessare, ut potestativa benignitas ~oris esset manifestior et amor liberati ardentior, et sic beneficentia major GROS. *Cess. Leg.* I 8. 14.

2 deliverer, one who hands over, entrusts or gives: **a** (land); **b** (tax); **c** (doc.).

a *DB* I 1ra (v. dator b); de hac terra desaisivit Anculfus Willelmum de C. .. injuste .. et sine ~ore regis vel alicujus *Ib.* 148vb; non habet advocatum nec ~orem *Ib.* 191rb (v. advocare 18b); et reclamat ~orem ad feudum antecessoris *DB* II 291. **b** **1279** mandamus quod exitus provenientes de focagio de B. .. colligantur, ita quod constabularius Burdegale .. ~or sit et receptor *RGasc* II 53. **c** **1315** ~ores hujusmodi brevium *RParl* I 322b.

liberatrix [CL]

1 **a** (as adj. f.) that saves. **b** (as sb.) deliverer, saviour (f.); **c** (w. ref. to BVM).

a illa .. persona ~ix est messias, sponsus ecclesie WYCL. *Ver.* III 129. **b** alterius ferrum, de exeso brachio penitentis excussum, super ipsius sancte ~icis evolavit scrinium GOSC. *Edith* 293; a tante turbe tumultu ac strepitu accurrit claviger ecclesie, sua sc. ~ice capto auxilium ferente *Id. Transl. Mild.* 23; exhibito prius ~ici venerationis offitio W. MALM. *GP* IV 172 p. 309; ~icem suam ad judicium desolatam astare contemplatus doluit ORD. VIT. X 24 p. 149; natus est ex illa ~ice sua tiranno filius MAP *NC* V 5 f. 64; affuit illa pia compeditorum ~ix *Mir. Margaretae* f. 29. **c** beate Dei genitricis Marie ~icis et auxiliatricis P. CORNW. *Rev.* II 577; *Latin Stories* 39 (v. criminatrix).

2 one who hands over (f.).

1291 ipsa est venditrix et ~ix latrociniorum suorum *SelCCoron* 128.

liberatura, a allowance, payment, provision (of food or clothing) made to servant or retainer. **b** badge, uniform, livery.

a de tot ulnis [mapparum] cum trite fuerint ibidem facere restitucionem elemosinario ad elemosinam ~is *Fleta* 80; **1380** quilibet scolarium predictorum de ~a sua sibi fieri faciat robam talarem, decentem et honestam pro statu clericali (*Pat*) *Foed.* VII 242; **1432** de exitu cujusdam ~e panis pro v pueris de monasterio *Ac. Durh.* 231; **1472** pro iij ulnis panni ~e valectorum liberate firmariis domus tannatoris v s. vij d. ob. *Ib.* 94; **1537** et in denariis solutis rectori de M. pro ~a frumenti sui .. xiij s. iiij d. *Ac. Durh.* 706; **1545** ad aliquod tempus imposterum durante vita sua dabit aliquas liberatas seu ~as panni (*Pat*) *Foed.* XV 76; **1583** vadium et feodum .. unius robe sive ~e *Pat* 1234 m. 30. **b** **1430** lego ~am meam argenteam Anglice *cressaunt* et ~am meam Anglice *coller* ad feretrum Sancti Wilfridi *Test. Ebor.* II 13; **1509** recepimus optimam ~am de *vyolett* emptam .. pro xviij sociis tunc existentibus .. hac lege quod omnes socii utantur ipsa ~a in festo .. S. Johannis Baptiste *Reg. Merton* 388.

1 libĕre [CL]

1 as a free man.

Northanhimbri .. factum apud eum excusant; se homines ~e natos, ~e educatos, nullius ducis ferociam pati posse W. MALM. *GR* II 200 p. 246.

2 freely, at will, without hindrance or impediment; **b** (w. ref. to natural phenomena); **c** (w. ref. to free will).

ibi quippe unus dactilus inter spondeos admissus omnibus quinque locis ~e ALDH. *Met.* 10 p. 84; eos .. ad suas ecclesias ~e instituendas redire praecepit BEDE *HE* II 6 p. 93; monasterium, in quo ~ius caelestibus studiis vacaret, construxit *Ib.* III 19 p. 164; angelis nihil obsistit, nec aliquid eos impedire vel constringere potest, quin pro velle suo cuncta ~rime penetrent EADMER *Beat.* 4; ~e sancti Dei, si voluerint, infernum intrabunt, ~e per ignem et ardentem picem transibunt, ~e quantum voluerint, ibi morabuntur absque lesione ALEX. CANT. *Dicta* 5 p. 131; malivoli fures desiderabant illum diem videre quo res alienas ~e possent furari seu rapere ORD. VIT. XIII 22 p. 59. **b** dum adhuc collibus incumbunt, nebule nuncupantur; altius elevati, et a terreno contagio ~e sublimati, nubes vocantur GIR. *TH* I 6 p. 27; oceanus .. ~e vagari non permittitur *Ib.* II 3 p. 80. **c** quominus seculo, et his que seculi sunt, non solum per affectum, sed et per actum intenditis, eo ~ius et purius, eo sincerius et suavius .. soli Deo intendere potestis AD. SCOT *QEC* 12. 822B; voluntas est libera et tamen non est activa: igitur non est ~e activa OCKHAM *Quodl.* 87.

3 (leg.) freely, fully, without obligation or restriction; **b** (*~e tenens*) one who holds tenement freely, freeholder.

675 (15c) sicut .. predecessores mei .. ~e tenuerunt *CS* 36; **a1071** (v. honorifice 2b); de his v hidis dedit suis x liberis hominibus ~e iiij hidas et j retinuit in dominio *DB* II 47b; abbas .. [habet] iij aecclesias et j domum ~ae *Ib.* 119; **a1087** feodo ~e preter sex regales forisfactiones recepto *Doc. Bury* 168; contra antiquam consuetudinem quam ecclesia nostra ~e et quiete possedit ANSELM (*Ep.* 170) IV 51; data .. potestate ut per totum regnum primatus sui jus exerceret ~e W. MALM. *GP* I 49 p. 90; **c1182** (v. geldatio); **a1190** qui gabulant ~e (v. franclingus a); **1327** quod possit ~e .. fodere et faleare in marisco de B. (v. fodere 6a); conventum est .. quod incolarum facultates .. apud suos possessores ~e et integre remanerent *Ps.*-ELMH. *Hen. V* 53 p. 132; **1508** quod .. dotalicium .. vestimenta .. et jocalia sibi pertinentia .. ~e habeat (v. gratuitas 2c). **b** **c1103** precipio eciam ut omnes ~e tenentes in viij hundredis et dimidio veniant ad magna placita abbatis S. Edmundi (*Ch. Regis*) *EHR* XXIV 426; **1187** vicecomes r. c. de vj li. et vij s. et iiij d. de ~etenentibus ultra Ædenam pro respectu rewardi *Pipe* 95; **1214** coram .. vicecomite et .. coronario comitatus et multis militibus et ~e tenentibus apparuit ibi B. T. *SelPlCrown* 68; **1315** cum serviciis ~etenencium *Melrose* II 416; **1415** in oneracionem liberitenencium eorum qui nunquam transgressi fuerunt *Rec. Leic.* II 226; **1524** curia .. pro vocatione ~etenentium tenta apud palatium *Reg. Aberd.* I 389.

4 openly, frankly, without concealment. **b** shamelessly, flagrantly.

GILDAS *EB* 26 (v. disceptare 1a); **705** ~ius consentissem si non aliorum inventione me prius miscuissem WEALDHERE *Ep.* 23; ut videatur quam ~e arguat vitia jam in gente Anglorum inolevisse W. MALM. *GR* I 79; in ipso eodem loco Henricus ~e custoditus est, ne servatorum diligentiam effugio luderet *Ib.* V 392 p. 468. **b** dicitur quod viri ita ~e et publice uxores suas uxoribus aliorum commutant ANSELM (*Ep.* 435) V 382; ut non solum presbiteri sed etiam presules ~e uterentur thoris concubinarum ORD. VIT. V 12 p. 397.

2 libēre [CL]

1 to be pleasing, desirable (freq. w. dat. of person, rarely w. acc.): **a** (w. pron. n. as subj.); **b** (w. inf.); **c** (w. ellipse of vb.; freq. follows relative adv., *cf. e. g. quomodolibet, ubilibet*).

a Domine .. mee hactenus potestatis eram, quodque mihi ~ebat bonum malumve, faciebam *Simil. Anselmi* 84; **s1150** qui vero volebant sibi posse licere que temere ~ebant, ab eo declinabant (J. HEX.) *Hexham* 162; quicquid ~et licere videtur GIR. *TH* III 24; putant ne prelatis cuncta licere que ~ent *Id. Symb.* I 7 p. 218; quicquid libet licitum dicit *Carm. Lew.* 443 (v. explicare 2b). **b** si 'liquor' verbum fuerit tertiae conjugationis vel tertii ordinis, ut Valerio grammatico vocare ~uit ALDH. *PR* 113 p. 153; aliquid memoriae dignum lectoris legendi manibus inponere me ~et HUGEB. *Will. prol.*; ALCUIN *SS Ebor* 1407 (v. 3 gressus 3b); investigatam diutissime hanc questionem a patrum dictis, ~et ad alia celeriter properare BYRHT. *Man.* 204; numquam eum inde ~eat redire *Simil. Anselmi* 76 (v. dunjo); *Chr. Battle* f. 12 (v. examussim). **c** potuit ire quo ~uit *DB* I 8rb; libere ad ecclesias infra castellum quo ~ebat ibat, et quibuslibet loquebatur W. MALM. *HN* 506 p. 66; si ~et apponit [clericus] sigillum *Dial. Scac.* I 3 A (v. 1 forulus 2b); quidlibet ut ~et agimus MAP *NC* IV 2 f. 44 (v. et 5b); nactus .. es tantam in dicendo vim, tantam copiam, ut omnes in stuporem ducas qui te audiunt et quocumque lubet eorum possit [? l. possis] vectitare †montes [l. mentes] FREE *Ep.* 54; **1558** convenient ad villam predictam .. et sedebunt quamdiu eis ~uerit pro executione premissorum *ActPCIr* 60.

2 (pr. ppl. *libens* as adj.) cheerful, glad. **b** ready, willing. **c** (w. adverbial force) willingly.

~enti animo EADMER *Wilf.* 17 (v. exordinare 2). **b** populus .. ad loquendum procax, et ad deridendum ~ens *Eul. Hist.* II 99. **c** progeniemque libens exoptat gignere stirpis ALDH. *VirgV* 128; BEDE *Hymn.* 10. 7 (v. 1 desecare b); FRITH. 472 (v. deflorare 2c); E. THRIP. *Collect. Stories* 216 (v. diverticulum 1c); M. RIEVAULX 46. 16 (v. gliscere 3a).

3 (p. ppl. *libitus* as sb. n.) pleasure, will; **b** (w. *ad, in, per, pro*, or *secundum*) at (one's) pleasure, at will.

1033 (12c) disponens omnia sibi ~ito uti competit divinae dominationi ejus *CD* 752; **12..** tunc faciant Adam et heredes sui de terra ~itum suum *Reg. S. Thom. Dublin* 432; **1340** sed ~itum refrenantes sub licito AVESB. 88v; **1472** ac navem .. de bonis et mercandisis .. discarcendo et ea vendendo et ~itum suum de eis faciendo *RScot* 432b. **b** **s1006** Dani libere omnia secundum ~itum fecerunt *AS Chr.*; habuit pro xvj ludis ad ~itum Heraldi *DB* I 32rb; paucissimis ibi clericis, qui pro ~ito viverent residuis W. MALM. *GP* IV 178; **1200** fit in ~um appellati (v. fidelis 2a); **1213** per ~itum vicecomitis (v. abbreviare 1c); **c1222** licenciam assartandi in predictis boscis .. ubicumque voluerit pro ~ito suo *Ch. Chester* 408; primum autem est agens per ~um sue voluntatis BACON XIII 371; **1418** ambassiatas suorum adherentium et fautorum pro ~ito destinarunt BEKYNTON II 131; **1559** licitum erit mihi .. super predictis terris ad nostre ~itum voluntatis disponere *Dryburgh* 296.

liberi (pl.), **liber** (sg.) [CL *freq. in pl., sg. once*], sons and daughters, children, (sg.) son, child: **a** (pl.); **b** (sg.).

a ut .. terram, substantiolam, conjuges, ~os .. totis viribus vindicaret GILDAS *EB* 18; alii ~i ejus de Aedilberga regina progeniti BEDE *HE* II 14 p. 114; perditis eorum patribus, conjugibus, ~is ASSER *Alf.* 91 p. 79; ex Egelswitha .. tulit ~os, Ethelswidam et Edwardum qui post se regnavit W. MALM. *GR* II 121 p. 129; **c1150** me .. concessisse .. Willelmum etiam molendinarium cum uxore sua et ~is suis in perpetuam elemosinam *Regesta Scot.* II 1; ~os suos venales exponere .. consueverant GIR. *EH* I 18. **b** **1271** cum .. Florencius de W. .. quendam ~um suum cum liberis .. domini Edwardi .. habeat .. commorantem .. (*Lit. Regis Francie*) *Leg. Ant. Lond.* 134.

liberitenens v. 1 libere 3b.

libertare [LL]

1 to free (from arrest), release.

quo, Domino indicante, ~ato, uxor rustici a ministris artatur WALS. *YN* 15 [= W. JUM. II 20: liberato].

2 to exempt.

1433 si rex ex sua posset prerogativa personam unam infra episcopi diocesim taliter ~are per locum AMUND. I 330.

3 to permit, license.

s1461 erant omnes ~ati licentiatique .. per reginam ad rapiendum et capiendum quicquid alicubi locorum citra Trentam invenire poterant *Reg. Whet.* I 394.

libertas [CL]

1 the state of being free, freedom, liberty: **a** (as dist. from imprisonment); **b** (as dist. from servitude); **c** (as status of a free man). **d** monetary value of a man of free status, wergild.

a c1100 precamur ut ~atem sui corporis et pacem regis habeat *Ch. Westm.* 240 (cf. ib. 248 [**c1130**]). **b** protervo ~atis fastu intumescens legitimae servitutis jugo subdere colla contemnat ALDH. *VirgP* 16; quos .. ~ate donando humanae jugo servitutis absolvit BEDE *HE* IV 13 p. 232; **1205** quum servi manumittuntur Romane ~ati donantur *Chr. Evesham* 156; est .. ~as evacuatio servitutis BRACTON 56; ~as a Deo hominis est indita nature .. hoc considerancia, Anglie jura in omni casu ~ati dant favorem FORTESCUE *LLA* 42. **c** careat liberalitate [v. l. ~ate] eorum, quod Angli vocant *þegenscipe* (*Inst. Cnuti*) *GAS* 289; erat liberalitate [v. l. ~ate] dignus, quod dicunt *þegenrihtes wurðe* (*Ib.*) *Ib.* 459; si non compareat carta set ab illo qui inservire vult disfacta sit, weregildum ejus componat .. et iterum per preceptum regis ~atem ipsam componat (*Leg. Hen.* 89. 2b) *Ib.* 605; si liberalis sit, amittat ~atem et omnia sua (*Ps.-Cnut*) *Ib.* 623; **1275** B. filius S. .. nullam ~atem contra voluntatem domini in nullo tempore vendicabit *SelPlMan* 26; **1278** presentatum est per predictos jur' quod R. filius B. injuste dedicit esse unus de xij jur' allegando ~atem *Ib.* 94. **d** ut omnis liber homo qui voluerit esse dignus purgatione et ~ate [*Quad.*: *wera*; *Cons. Cnuti*: redempcione], quod Angli vocant *lade wurþe* et *weres wurþe*, sit in hundredo et in plegio; aliter, si occisus fuerit, .. non erit ulla liberalitate [v. l. ~ate] dignus [*Quad.*: non sit aliqua liberorum rectitudine dignus] (*Inst. Cnuti*) *GAS* 323.

2 freedom (from physical constraint or restriction). **b** freedom from work, leisure.

in aeris ~atem volatu se transferunt GIR. *TH* I 15 p. 47. **b** solum otio dediti, solum desidie dati, summas reputant delicias labore carere, summas divitias ~ate gaudere *Ib.* III 10 p. 152.

3 (phil.) freedom of will, thought, action.

~atis siquidem tres modos dicimus esse: ~atem viz. actionis, quam omnes volunt; id est, ut libere facere possint quae volunt. dicitur etiam ~as intelligentiae, quam non omnes volunt. est etiam ~as rectae voluntatis, quae semper est bona ANSELM *Misc.* 299; aderat ei in cunctis divine gratie liberalitas; ne vacillaret arbitrii ~as W. MALM. *Wulfst.* I 1 p. 6; GROS. 235 (v. 1 complacere 2c); necessitas naturalis non stat cum ~ate .. quia natura et voluntas sunt principia activa habentia oppositum modum principiandi DUNS *Ord.* II 60; ~as .. voluntatis non solum est, ut non cogatur velle aliquid, sed eciam ut non cogatur non velle illud T. SUTTON *Quodl.* 422; aliquis odiens aliquem potest eum diligere .. solum ex ~ate voluntatis OCKHAM *Quodl.* 68.

4 authority, prerogative.

in potestate et ~ate est monasterii susceptio infirmorum in monasterium THEOD. *Pen.* II 6. 14; **1024** si tempore contigerit aliquo quempiam hominum aliquem antiquiorem librum contra istius libri ~atem produc[ere irritum] conputetur .. (*Ch. Regis*) *CD* 741; tunc fuit consuetudo regum Anglie, quod dabant episcopatus vacantes quibus vellent . . . sed Thomas istam consuetudinem .. de cetero abrogavit; in quo summe promovit Romanam et totam universalem ecclesiam, quantum ad illam ~atem HARCLAY *Thom.*

5 privilege, right, franchise, liberty; **b** (royal); **c** (territorial or manorial); **d** (of the forest); **e** (of university); **f** (*~as chemini*) right of way; **g** (*~as gladii*) palatine privilege (Ches).

si quis eorum qui habent *soche* et *sache* et *tol* et *them* et *infangenetheof* implacitetur .. erit ejus forisfactum .. xl *ores* in Danelahe; aliorum autem, qui non habent hanc ~atem, erit forisfactum .. xxxij *ores* (*Leis Will.*) *GAS* 495; S. testatur quod A. habebat .. hec tria maneria .. in propria ~ate de rege Edwardo .. et unum manerium .. tenebat de fratre suo B. in presto *DB* (*Lincs*) I 376va; **1088** (v. dignitas 4b); item sciat que consuetudines sunt in illo comitatu, hundredo, curia vel manerio et que ~ates ad premissa pertineant J. OXFORD 68; si aliquis contra hoc venisset et super hoc convictus fuisset, statim capitalem subiret sententiam non obstante aliqua ~ate sua *Leg. Ant. Lond.* 74; **c1300** cautus sit clericus qui cartas componere debeat inquirendo de omnibus circumstanciis ~atis, consuetudinis, et legis *FormMan* 1. **b 1134** concedimus etiam monachis ut habeant .. omnes regias ~ates, murdrum, mortem hominis, plagam [etc.] (*Ch. Hen. I*) *EHR* XXIV 210; **1313** qui clamant .. ~ates regias ut furcas, emendas assise panis et servicie, et alia que ad coronam pertinent, et a quo tempore (*Articuli Itineris*) *Eyre Kent* I 35; rege eis de privilegiis et ~atibus debitis et requisitis providente *Plusc.* VII 339. **c c795** terram .. in ~atem perpetuam .. concedo *CS* 274; **943** (15c) xj mansas .. perpetuali ~ate donavi *CS* 781; Rogerus dedit cuidam Ricardo dim. virgatam terrae in solida ~ate *DB* (*Wilts*) I 180vb; **1106** terram .. cum omnibus consuetudinibus et ~atibus suis *Ch. Sal.* 3 (cf. *Regesta* 735); **11..** Idon rex, filius Ynyr Guent, pro commercio eterne patrie, unam de domibus suis .. cum omni territorio suo .. immolavit, cum omni sua ~ate et cum refugio ecclesie S. Petri de Landavia, archiepiscopo Teliavo *MonA* VI 1221 (= *Lib. Landav.* 121); **1220** cum omnibus pertinenciis et ~atibus et juribus que ad predicta maneria pertinent *CurR* 251; comes R. factus canonicus regularis in monasterio Leycestrensi .. et .. dedit illis ad sustentacionem suam manerium de Stocton cum suis ~atibus KNIGHTON I 147. **d c1185** cum omnibus ~atibus foreste inter Galeghe et Ledre *Regesta Scot.* 265; **s1286** lectis cartis ~atum de foresta *Chr. Peterb.* 138. **e 1564** (v. expungere 1a). **f 1215** de boscis illis .. attrahere possint et attrahi facere libere et pacifice cum ~ate chemini absque reclamacione .. forestariorum *Reg. Ant. Linc.* I 130. **g 1242** (v. gladius 5c).

6 (w. specification of franchise): **a** (of buying or selling); **b** (of water); **c** (of mill); **d** (of warren); **e** (of view of frankpledge); **f** (var.).

a *tol*, quod nos vocamus theloneum, sc. ~atem vendendi et emendi in terra sua (*Leg. Ed.*) *GAS* 647. **b c1168** ~atem aque a fossa de Lidel usque ad ecclesiam de Lidel *Regesta Scot.* 62 p. 165; **c1215** ~as aque de Tamisia (v. durare 4a). **c c1173** cum ~ate molendini *Regesta Scot.* 145; **c1347** (v. dominius). **d 1286** J. E. .. W. de I. .. clamant habere ~atem warenne in terris suis infra warennam .. domini regis *SelPlForest* 130; **1313** si vidua dotata de ~ate ut de warenna vel hujusmodi si inde calumpnietur petet auxilium de herede *Eyre Kent* I 92. **e 1368** in j collistrigio et j *cukkyngstol* propter ~atem visus franciplegii per convencionem in grosso x s. (*MinAc Essex* 844/27) *EHR* XXVI 336. **f c806** ut habeat ~atem commutandi vel donandi in vita sua *CS* 318; **1164** hanc .. eis concedimus ~atem ut nullus super eorum homines et terras *coneveth* aliquando capiat, nisi .. *Regesta Scot.* 243; **1197** perpetuam ~atem quod nunquam inter eos bellum habebunt *Regesta Scot.* 388; **1198** (v. faldagium b); **c1211** ~atem capiendi omne genus bestiarum silvestrium in terram aut feodum de B. intrancium *Ch. Chester* 357; **c1235** me dedisse .. Hugoni de P. ~atem ad parcum faciendum *Ib.* 455; dant multuram et heriectum et forisfactum et commune auxilium, absque tamen ~ate tabernarum *Feod. Durh.* 23; **1500** quoad habendum ~atem quod non respondeant coram justiciario, vicecomite sive ministris aliis quibuscumque, dicunt quod .. (*MS PRO Ches 34/4* m. 45) *Ch. Chester* 198.

7 liberty, privilege granted to citizens, city, or borough (*cf.* J. Tait *The Medieval English Borough* Manchester 1936, pp. 194–220); **b** (of market). **c** (payment made for) freedom of city or borough (conferring licence to trade); **d** freedom or membership of a guild; **e** (w. ref. to) guild merchant.

c1185 sciatis me concessisse .. burgensibus de Covintre omnes ~ates et liberas consuetudines quas R. comes Cestrie racionabiliter eis concessit (*Ch. Hen. II*) *EHR* XVI 98; **1200** debent .. disracionare se secundum ~ates et leges civitatis Lond'; et ipsi petunt illam ~atem *SelPlCrown* 39; **1221** ~as sua [sc. de villa] talis est quod [burgenses] possunt edificare super aquam dummodo nullum de predictis dampnis faciant *PlCrGlouc* 115; **1225** nulla assisa mortis antecessoris capi potest de aliquo tenemento infra burgum de Lichefelde pro ~ate burgi de Lichefelde et pro lege Bretoyll' (*Abbr. Plac.* 102a) *EHR* XV 315; **s1319** allegantes ~atem civitatis de non comparendo ibidem [sc. apud scaccarium] *Ann. Paul.* 285; **s1341** quia Londonienses noluerunt permittere quod justiciarii .. in civitate sederent, contra ~ates eorum, ordinavit rex justiciarios itineris in turri Londoniarum sedere AD. MUR. *Chr.* 118; **s1381** quin quandam chartam antiquam reposcerent de ~atibus villanorum WALS. *HA* I 475; **1516** nullus officiarius universitatis .. se .. ingerat in ~ates ville .. sive liber homo fiat sive sit juratus ad ~ates ville *StatOx* 332. **b 1313** si .. capiatur ~as mercati in manu domini regis *Eyre Kent* I 44. **c 1200** P. venit et defendit roberiam de verbo in verbum ut ille qui est de ~ate civitatis Lincolnie *CurR* I 292 (cf. *SelPlCrown* 39: ut liber civis Lincolnie); **c1206** concessi burgensibus meis quod possint per viginti pedes terre liberos facere tenentes suos ita quod communem habent cum burgensibus ~atem *BBC* (*Kilkenny*) 50; **1288** dicunt quod T. le A. .. et W. de C. .. emunt et vendunt mercimonia sua ad talliam et non sunt de ~ate et nunquam fecerunt ingressus *Leet Norw.* 8; **1294** si filii vel filie burgensium dantes ~atem per annum, sc. iij d., sibi burgagia adquisierint vel de dono, legato, empcione aut de jure aut aliquo alio modo, tunc non dabunt amplius iij d. ad ~atem per annum *BBC* (*Chesterfield*) 135; **1374** J. intravit ~atem ville et juratus est et non finivit quia apprenticius Johannis B. et terminos decem annorum bene et fideliter complevit *RR K's Lynn* II 115; **1419** nullus alienigena admittatur in ~atem civitatis nisi in hustengo *MGL* I 142. **d 1263** quod plegii habeant ~atem dicti R. quousque eis satisfecerit *Gild Merch.* (*Andover*) II 8; **1316** non cooperuit alios custumarios per ~atem suam *Ib.* (*Andover*) II 308; **1328** J. .. optulit se versus J. de W. et J. S. non apparentes. ideo preceptum est quod ~ates eorundum capiantur in manu domus *Ib.* (*Andover*) II 324; **1329** cooperuit custumarium sub ~ate sua (cf. **1327** cooperuit T. .. custumarium sub gilda sua) (v. 2 cooperire 7a). **e 1255** burgenses .. habent quandam ~atem inter se que dicitur gilda marcatoria *Gild Merch.* (*Totnes*) II 236; **1340** nec aliquis teneat celdam apertam de aliquibus merchandisis nec tabernam nec *corf* faciet in villa nostra [*Cardiff*] .. nisi fuerit .. infra gildam ~atis eorum [burgensium] receptus (*Ch.*) *EHR* XVI 557 (cf. *ib.* 1413 [**1397**]: guldam mercatoriam).

8 (eccl. & mon.) right, privilege, immunity, protection; **b** (*~as clericorum*) benefit of clergy.

petiit et accepit ab eo [sc. papa Agathone], in munimentum ~atis monasterii quod fecerat, epistulam privilegii ex auctoritate apostolica firmatam BEDE *HE* IV 16 p. 241; **770** cogitavi ut .. aliquid .. in usus aeclesiasticae ~atis erogarem *CS* 203; **c1105** me concessisse .. episcopo Wintoniensi W. monachisque suis ~atem ac omnes consuetudines quas a tempore regis Edwardi eadem ecclesia habuit .. in terris (*Ch. Hen. I*) *EHR* XXXV 389; **c1163** has .. ~ates .. impetrabit mihi prior et conventus de W. ab abbate monachorum Cluniacensium *Reg. Paisley* 2; Eboracensis archiepiscopus hos duos tantum habet suffraganeos: Durhamensem, qui tot gaudet privilegiis Romane ecclesie, quod jam in plenam se recepit ~atem .. GERV. TILB. II 10 p. 917; archiepiscopus Baldewinus vendicabat sibi ~ates ecclesie nostre BRAKELOND f. 134v; **1234** volumus etiam ut ~ates et possessiones sui monasterii pro posse suo teneat (*Vis. Bury*) *EHR* XXVII 729; **a1273** de firma civitatis Londoniarum allocentur vicecomitibus annuatim .. septem libre pro ~ate Sancti Pauli Londoniis (*Ch. Hen. III*) *MGL* II 137; **s1300** aliis contrarium asserentibus talem ecclesie ~atem .. nullatenus deserendam *G. Durh.* 3; commisit custodiam omnium temporalium et ~atum .. priori et conventui FLETE *Westm.* 138. **b** tonsuram habeant et ~ate gaudeant clericorum T. CHOBHAM *Conf.* 376.

9 (*~as Angliae*) courtesy of England, the right of a husband after his wife's death to hold land inherited by her.

1325 dicunt quod tenuit terciam partem manerii .. per ~atem Anglie ut de jure Margerie uxoris sue *IPM* 89/1.

10 immunity, exemption, freedom: **a** (from tax or due); **b** (from sin).

a †**1042** (12c) ut prefatae telluris ruricolae inviolabile robur ~atis semper obtinere valeant, regali ~ate sunt praesepta [? l. praesepti] ab omni saeculari jugo *CD* 762 p. 65; **1153** dono eis et hominibus suis ~atem tolnei et omnium exaccionum per totam terram meam in burgis, in castellis et passagiis *Ch. Chester* 109; **c1191** cum ~ate multure sue *Regesta Scot.* 292; **c1192** volo .. ut omnia ad abbatiam pertinentia in burgo et extra burgum .. sint soluta et quieta et ita libera, ut nichil †libertatus possit addi eis ulterius *Ch.* (= *Cart. Chester* 18 p. 74: ~atis); **c1210** ~atem tolneti *Ib.* 282; **1289** super ~ate magne custume nostre Burdegale, quam prior .. de vinis .. hospitalis asserit se .. habuisse *RGasc* II 382. **b** BRADW. *CD* 455D (v. eligibilitas).

11 (w. ref. to the Exchequer): **a** exemption or privilege granted to those sitting as barons of the Exchequer. (*Cf. Dial. Scac.* I 8 D.) **b** exemption from debts arising within liberties whose lords were entitled to the profits of royal justice.

a 1191 vicecomes reddit compotum de j m. de Ædwinestrehundredo pro falsa presentatione .. et in perdonis per ~atem scaccarii episcopo Lond' v s. *Pipe* 31; **1198** in perdonis Warino f. Geroldi camerario xiiij s. et iiij d. per ~atem de scaccario *Ib.* 192. **b 1191** et in perdonis per ~atem carte regis episcopo Lond' iij s. et viij d. *Ib.* 30; **1229** debita et parcialia et ~ates de Ely et Sancti Edmundi et episcopi Norwicensis nondum in rotulo *Ib.* 73 r. 9 m. 2d.

12 deed, charter.

801 ego Coenuulfus .. rex Merciorum propriae donationis meae ~atem signo sanctae crucis subscribo *CS* 201; **840** (11c) suas ~ates et cartulas .. secum habentes *CS* 430; **841** (11c) ista ~as scripta est in loco qui dicitur .. *CS* 432; **933** ~atem cum sigillo .. confirmavi *CS* 694; †**969** (v. agalma); **1167** Bricht Waleston' abbatis de Bello r. c. de dim. m. per ~atem cartarum ecclesie de Bello. inde quietus est *Pipe* 8.

13 district whose lord or inhabitants enjoy certain rights or privileges, liberty, franchise; **b** (city or borough); **c** (hundred); **d** (manor or lord's territory); **e** (belonging to church or religious house); **f** (Cinque Ports); **g** (area free from forest law).

1202 comitatus finem fecit ante judicium pro cc li. exceptis ~atibus *SelPlCrown* 16; **1285** retornavit ballivis alicujus ~atis (*Stat. Westm.* II) *StRealm* I 90; **1291** cum dominus rex omnes croceas tam in ~atibus quam extra sibi specialiter retinuerit, videtur prelatis quod laici tenentes de crocea et eciam clerici coram senescallis ~atum respondere non debent *StatIr* 182; **1400** vicecomitis vel ballivi ~atum, hundredorum seu wapentachiorum *Rec. Leic.* II 217. **b** **c1275** eo quod ballivi Vointon' non habent ingressum in illam ~atem ad districtiones faciendas *Gild Merch.* (*Winchester*) II 254; **1292** non determinetur aliquo loco nisi infra ~atem ville predicte *BBC* (*Overton, Flint*) 155; **1313** mulier indictata coram custodibus pacis et vicecomite de homicidio facto in ~ate de Wy *Eyre Kent* I 83; **1333** rex dilecto et fideli suo Johanni Darcy domino ~atis de Werk in Tyndale vel ejus locum tenenti salutem *RScot* 226b; infra ~atem vestram [sc. episcopi] Dunelmensem *Reg. Brev. Orig.* 7. **c** **1313** judicium super hundredum [de Middletone], et quia ~as fuit in manu domine regine capiatur nunc in manu domini regis *Eyre Kent* I 80; **1313** ~as de M. capta fuit in manu domini regis eo quod quedam mulier dampnata fuit coram justiciariis et liberata fuit Rogero de T. ballivo ejusdem ~atis .. et ipsa evasit *Ib.* 82; **1322** N. G. ballivus ~atis hundredi de Fallewesele [*Wilts*] (*Chanc. Misc.*) *EHR* XXXI 601. **d** ?**c1140** quod nos vel successores nostri vel nostri ballivi nullum ingressum habeamus infra ~atem predicti manerii de D. ad districtiones vel ad aliquas submonitiones faciendas *Ch. Westm.* 271; *Chr. Rams.* 160 (v. ejectus 2); **1221** quidam homo .. occisus fuit .. in ~ate comitis mariscalli *PlCrGlouc* 94; **1283** nec possunt maritare filium .. sine licentia domini extra ~atem (*Brithwalton, Berks*) *Cust. Battle* 67; **c1290** pro transgressione facta per servientem .. Roberti infra ~atem .. Willelmi de D. *State Tri. Ed.* I 6; **1306** de iij d. de R. E. pro annua recognicione ut possit servire extra ~atem et sequi decennam suam *Crawley* 242; **1316** eodem modo mandatum est assignatis in locis subscriptis viz. .. Johanni de D. in ~ate Thome comitis Lancastrie *RScot* 165a. **e** **1004** (13c) offero ipsi Domino nostro Jhesu Christo ~atem monasterii cujusdam vulgari usu æt Burton, ut sit semper cum omnibus quae sibi subjacent villulis .. liberrimum *CD* 710; **1196** abbas de Burgo conqueritur quod cum mercatores .. intravissent .. in suam ~atem, baillivi de Stanford ceperunt consuetudines quas ipse abbas et ballivi sui capere debuerunt *CurR* I 20; **s1254** eo quod homines abbatis non venerunt coram eo extra ~atem Sancti Albani *Flor. Hist.* II 398; **1310** de peditibus in ~ate episcopi Dunelmensis eligendi *RScot* 89b; **1526** recreationes honestae et religiosae .. fiant infra ~ates monasterii (*Vis. Thame*) *EHR* III 715. **f** in comitatu Cantie infra ~atem quinque portuum BRACTON 117b; **1313** quidam commisit feloniam in comitatu isto et idem captus et detentus in ~ate v portuum *Eyre Kent* I 89. **g** **1252** dicunt .. quod homines comitis de Ferr' .. fugaverunt unum brokettum dami infra ~atem usque ad aquam subtus Wodeford' [*Northants*] *SelPlForest* 105; **1255** dicunt .. quod melius putant dictam damam fuisse bersatam in ~ate quam in foresta *Ib.* 44; per tumultum quem fecit taborando in stabilia sua exierunt plures fere de foresta in ~atem *Ib.*; **s1286** consueti fuerunt currere cum canibus suis sine warento, et capere venationem in quadam ~ate, quam abbas de burgo Sancti Petri habet in foresta tantum pro se et libere tenentibus suis non aliis *Chr. Peterb.* 138; **1286** presentatum est .. quod abbas .. clamat quamdam ~atem infra metas foreste, viz. circa abbatiam suam .. quam vocat banleucam, ita libere quod nullus forestarius regis se debet intromittere *Cart. Ramsey* I 213.

14 payment of money, gratuity: **a** allowance, livery. *Cf. liberatio* 7. **b** income (from avowry).

a **1219** sciatis me .. concessisse .. Thome .. ministerium quod fuit .. patris sui .. cum ~ate illa quam pater suus inde habebat, sc. v denariis in die .. ita bene .. sicut .. pater suus umquam melius habuit cum ~ate sua predicta *Eyre Yorks* 419; **1438** tria millia Turonensium grossorum in inceptionibus .. expendere; que summa satis racionabilis esset, si sumptus preter necessarios, quos .. in distributione, ~ate, et aliis quam multis faciunt, mitigare vellent *Conc.* III 531 (cf. *Reg. Cant.* III 277). **b** **c1359** et habere omnia proficua et ~ates quas ad eas advocarias pertinent (*PQW Chester*) *EHR* XXIX 44.

15 free festival, Saturnalia.

utor ergo ~ate Decembri, et jussis tuis obtemperans, quod me et te urit beneficio juris arguo J. SAL. *Pol.* 710B; BELETH *RDO* 120. 123C (v. Decembrica).

16 generosity, liberality, or ? *f. l.*

855 (11c) si quis hoc donum cum bona ~ate [? l. liberalitate] ac voluntate augere voluerit .. *CS* 488; **1327** (v. degluttire 2b).

libertatinus, libertarian, freedom fighter (as member of Jewish sect).

Josepus .. dicit quod apud Judeos quatuor philosophie et philosophorum species habebantur, Pharisei, Sadducei, Essei sive Esseni, et Judaici a quodam principe suo Juda, sive ~i, quia pro libertate certantes [cf. Josephus *Ant. Jud.* XVIII 23], qui et ideo 7 de Bello Judaico [*Bell. Jud.* VII 253 etc.] sicarii nominantur BRADW. *CD* 77A.

libertatio [ML]

1 emancipation.

obtinuit .. ut ecclesia dicta, que prius .. fuerat .. ancilla .. fieret .. domina .. sponsumque haberet in rectorem, qui gauderet nomine abbatis .. cujus ~onis, sive manumissionis processus .. hic jam subsequitur *Reg. Whet.* I 150.

2 privilege, exemption, liberty.

1433 propter ~onem suorum fundatorum limitacionemque sedis apostolice, non poterunt episcopi .. minimum jurisdiccionis actum juridice exercere AMUND. I 343.

libertatus v. libertare, libertas.

libertenens [cf. 1 liber 1d], free tenant, freeholder.

1369 cum .. servitiis ~entum totius terre de Kyntolanch *Mon. Hib. & Scot.* 351a.

liberter v. libenter.

libertinus [CL], manumitted man, freedman; **b** son of a freedman.

surrexerunt quidam de synagoga ~orum, id est manu missorum, qui primo fidei Christi restiterunt *Canon. G. Sempr.* 67; fiunt etiam liberi qui dicuntur ~i, illi viz. qui ex justa servitute manumissi sunt. et dicitur ~us quasi liberatus a servitute BRACTON 5; **1388** onerat se .. de ij s., per vendicionem trium librarum cere redditus assise, debitarum ad festum Sancti Andree, pro libertate quorundam ~orum infra balliam suam *ExchScot* 165; *ffrankelyng*, ~us *PP*; ~us, A. *a frankelayn* .. hic ~us, ille qui fit liber *WW*. **b** ~us, liberti filius OSB. GLOUC. *Deriv.* 325.

1 libertus v. leopardus.

2 libertus v. 1 liber.

3 libertus [CL], freedman.

in tanta expeditione nullus inveniebatur servus, nullus ex servo ~us *Enc. Emmae* II 4; secretarius ilico adducit virginis ~um in ipsius requietionis templum GOSC. *Transl. Mild.* 23 p. 190; sic est servus ~us Domini [cf. *I Cor.* vii 22] ANSELM (*Ep.* 17) III 123; ~um meum, cujus possessionem numquam habui, sic peto P. BLOIS *Ep.* 71. 220B; ~i quoque in servitutem revocantur GIR. *SD* 60.

libescere, lubescere [*inceptive form of* CL libēre], to be or become pleasing.

item a libet ~o .. verb[um] inchoativ[um]. et notandum quod antiqui dicebant lubet et lubesco pro libet et ~o; unde nos utimur composito ejus allubesco .. i. obedire, assentire OSB. GLOUC. *Deriv.* 314.

libestica v. levisticus. **libetina** v. libitina.

libidinicola, one who cultivates pleasure, voluptuary.

gulosos ventricolas appellat apostolus, quare et libidinum sectatores ~as non diceremus? H. LOS. *Ep.* 6 p. 12.

libidinose [CL], libidinously, lustfully, wantonly.

ut cum sponsus sponsam amplectatur aut aliud ab alio ~e tangitur *Simil. Anselmi* 17; contigit .. sagittarium quendam mulierculam .. ~e violasse GIR. *TH* II 52.

libidinosus [CL]

1 self-willed, wilful.

Pirrus volens propositum suum auctoritate legis defendere .. dicit "licet victori", sc. facere de victo, "quodcumque libuit", id est ~o impetu placuit "facere" TREVET *Troades* 27.

2 libidinous, lustful, wanton. **b** (as sb. m.) one who indulges in wanton behaviour.

p792 non permittas .. vanitates vestimentorum et luxoriantes ebrietates et ~as voluptates ALCUIN *Ep.* 282; nacta demum opportunitate voluptatis ~e propositum actu illecebroso perficitur *Mir. Fridesw.* 46; pater admirans .. cepit eam incestu ~o concupiscere *V. II Off.* f. 6a; velle enim habere divitias vel voluntarie habere eas per se infirmum et inperfectum est, et tamen peccatum non est, nisi ~us sit appetitus PECKHAM *Kilw.* 143; tales fuerunt illi duo senes judices qui Susannam adjudicaverunt morti, quia eorum ~um amorem contempsit HOLCOT *Wisd.* 11. **b** producit eam, ~is exponit et .. prostituit J. SAL. *Pol.* 504D; o ~e, queso dic ubi sunt imperatores, reges, principes, et ceteri amaziarum amatores J. YONGE *Vis. Purg. Pat.* 9.

libido [CL]

1 immoderate desire, passion, greed; **b** (w. gen.; in quots., gen. of gd.).

genuinis / loetiferae libidinis / luridaeque cupidinis (ÆTHELWALD) *Carm. Aldh.* 2. 55; cum res ~ini serviunt in voluptatem transit affectus J. SAL. *Pol.* 815A; Aldelini filio .. aurum .. sitibunda ~ine congregante GIR. *EH* II 15; lupi ergo omni formidine adempta, omne quod in gregibus illis erat, non pro satietate, sed pro ~ine lacerarunt HOLCOT *Wisd.* 197; animo ab omni libedinis labe .. libera erat *Offic. Kentig.* xcvi. **b** si vobis tanta et tam effrenis detrahendi ~o est .. P. BLOIS *Ep.* 40. 120C; **c1211** unde dominandi tanta ~o? GIR. *Ep.* 6 p. 232; quociens recalcitrandi et jugum ac frenum modi modestieque detrectandi vos ~o perculerit *Id. SD* 136; expulso Lodovico .. qui illud [sc. regnum] undequaque contractis copiis ~ine regnandi invaserat *Mir. Wulfst.* II 15 p. 163; ~ine transeundi *G. Hen. V* 11 (v. glomerare 2a).

2 sexual appetite or desire, lust, licentiousness. **b** sexual act, copulation, coition.

ALDH. *VirgP* 45 (v. furibundus 3b); et non solum jubemur lumbos nostros praecingere, in quibus ~o est, sed etiam cor nostrum ÆLF. *Ep.* 2. 29; te postulamus affatim / absit libido [AS: *galnyss*] sordidans / omnisque actus noxius *AS Hymns* 3; excecavit oculus [? l. oculos] principum fumus luxurie, ut in masculos magis quam in sexum femininum ~o despumaret R. NIGER *Chr. I* 96; in ~inem pronior, conjugalem modum excessit, formam quidem in hoc tenens avitam W. NEWB. *HA* III 26 p. 280; lenocinabuntur i. exercebunt lenocinium i. †libidem [l. libidinem] sed in hoc loco dicitur sopori tuo lenocinabuntur i. allicient te sopori quoniam lenones romanice sunt *amacheurs GlSid* f. 144v; cum amor inordinatus amor non sit sed ~o GROS. *DM prol.* p. 2; ~o excedens si est causa movens ad actum carnis inter conjuges est peccatum mortale HOLCOT *Wisd.* 158. **b** [bernace] in nullis terrarum angulis vel libidini vacare vel nidificare videntur GIR. *TH* I 15.

libidus v. lividus.

Libitina [CL], **~um**

1 goddess of funerals (in quot. by transf. death).

quid enim ~a distat et epilensia? W. CANT. *Mir. Thom.* II 6.

2 funeral bier. **b** funeral canopy.

~as fieri imperavit, quibus .. corpora .. ad .. coenobium allata sunt *Pass. Indracti* f. 101v; hic, Augustine, micat aula tuae libithinae R. CANT. *Poems* 29. 5; **s1183** corpus .. in ~a reponitur, et impositum humeris commilitonum .. deportatur DICETO *YH* II 20; **1433** ~as sive feretra in quibus corpora defunctorum .. afferuntur .. percipiet *Reg. Heref.* 164; **1441** pro j formula et j lebitina ab eo emptis *Ac. Churchw. Som.* 180; pro una ~a lignea *Ib.* 183; hic loculus, *a bere*; est loculus bursa, parvus locus et lubitina *WW*; hec libetina, A. *a bere WW*; **1504** habere ~am, Anglice *a heeler*, ornatam nobilioribus ornamentis universitatis coram crucifixo in ede beate Virginis *StatOx* 320. **b** **1368** iiij corporalia, ij ~a, ij ciste pro vestimentis *Invent. Norw.* 127; **s1396** super feretrum sub *herse* perpulchro, sub ~a pannis aureis undique decorata *G. S. Alb.* III 422; remansit loco corporis cista ~e supposita *Ib.* 423.

libitum v. 2 libere.

1 libitus [LL; cf. 2 libere 3], pleasure, will. **b** (*pro* ~*u*) at will, for pleasure, (w. gen.) at the wish or request of.

blandimentorum lenocinio natum ad suos ~us flectere nititur ALDH. *VirgP* 35 p. 278; quo cum ~u regis letitia fuit genialis HERM. ARCH. 54; illico regi mandat se ultroneo ~u affuturum W. JUM. IV 14 [= WALS. *YN* 33]; juxta suos .. ~us vivere decernentes *Ib.* V 2 [= DICETO *Abbr. Norm.* 253]. **b** ille, qui regna pro ~u suo transfert *V. Ed. Conf.* 39; pro ~u potius quam ratione J. SAL. *Pol.* 653D; **s1191** castella que pro ~u suo cancellarius custodie familiarium suorum commiserat DICETO *YH* II 100; **c1285** pro ~u suo quociescumque voluerint *Cart. Chester* 565a p. 325; si per annum in Roma pro ~u meo me vivere sinitis .. *G. Roman.* 431; **s1294** ut .. pro ~u regis Francorum obsides traderentur WALS. *HA* I 45.

2 libitus, *f. l.*

orcus, †libitus [v. l. blitus] idem *Alph.* 131.

libium v. libum.

liblacus, ~um [AS *liblæca, liblæc*], **a** sorcerer, witch. **b** sorcery, witchcraft.

a decrevimus etiam de sortilegis et ~is et mortem dantibus, si hominem occidant et negare non possint, vitae suae culpa judicetur (*Quad.*) *GAS* 153. **b** qui falsum jurabunt vel liblatum facient, sint in eternum a Dei consortio segregati (*Ib.*) *Ib.* 187.

liblatum v. liblacum.

libra [CL]

1 pound, measure of weight or capacity: **a** (~*a minor, parva,* or *subtilis*) apothecary's or troy, cont. 12 oz. or 20 s.; **b** (~*a Londoniae, mercatoria,* or *parva*) London or mercantile, cont. 15 oz. or 25 s.; **c** (~*a magna* or *usualis*) avoirdupois, cont. 16 oz. or 26 s. 8 d.; **d** (~*a grossa* or *magna*) cont. seven 'small' pounds; **e** (signifying more than

one of the above); **f** (w. ref. to standard weight used in the Exchequer).

a ~a vel as sive assis: xij unciae BEDE *TR* 4 p. 184; **11..** xij uncie ~am xx solidos continentem efficiunt *Eng. Weights* 5; centena cere, zucarii, piperis, cumini, amigdalorum et aloigne continet xiij petras et dim., et quelibet petra continet viij libras .. et quelibet libra [consistit] ex pondere xxv s. [= *StRealm* I 205, ?**1267**]; ~a vero auri, argenti, electuariorum et hujusmodi apotecariorum confecte consistit solummodo ex pondere xx s. sterlingorum *Fleta* 73; est libra triplex, viz. ~a subtilis, que constat ex xx solidis; et est libra usualis, que constat ex duabus marcis; et est libra grossa, que constat ex septem ~is subtilibus *Cust. Cant.* 33; nostri apotecarii qui emunt ad unam mensuram et vendunt ad aliam habent ut dicitur libre ij [*sic*], sc. libra magna et ~a minima. libra magna ponderat xxvj s. et viij d. sterlingorum et habet ℥ xvj; sed ~a parva non ponderat nisi xx s. sterlingorum et habet ℥ xij; .. et per libram magnam deberent venderi [*sic*] omnia liquida, sc. syrupos, olera et hujusmodi; et per ~am minorem omnia sicca ut zinziber gariofili et hujusmodi J. MIRFIELD *Brev.* 92. **b** uncia debet ponderare viginti denarios. et quindecim uncie faciunt ~am Londonie *Eng. Weights* 9; quelibet ~a [consistit] ex pondere xxv s. *Ib.* (v. 1a supra); **1300** quelibet ~a plumbi ponderat xxv s. sterlingorum *Pipe* 145 r. 22 m. 1*d*; **1300, 13..** ~a parva (v. 1d infra). **c** ~a usualis *Cust. Cant.* 33, ~a magna J. MIRFIELD *Brev.* 92 (v. 1a supra); cum ~am dico, uncias sedecim intelligo CAIUS *Anim.* 10b. **d** **1300** pensa [lane] continet xxvj ~as magnas, quarum quelibet continet vij libras parvas et quelibet parva libra ponderat xxv sterlingos (*MS BL Additional 6160* f. 85) *Cant. Cath. Pri.* 154; ~a grossa *Cust. Cant.* 33 (v. 1a supra); **13..** pensa casei secundum pondus regis continet xxvj ~as magnas; et quelibet magna ~a continet vij parvas libras; et quelibet parva libra continet xxv s. sterlingorum *Eng. Weights* 31. **e** est ~a triplex *Cust. Cant.* 33, ~e ij J. MIRFIELD *Brev.* 92 (v. 1a supra). **f** ad ~am scaccarii *Dial. Scacc.* I 3 D (v. 3c infra).

2 (as measure of commodities): **a** (fluid or liquid); **b** (seed, spice, electuary, or sim.); **c** (tallow or wax); **d** (bread); **e** (wool); **f** (metal; *cf.* 3a *infra*); **g** (hair, thread, or fabric); **h** (glass).

a ?**1267** viij ~e faciunt galonem vini (v. 1a supra); **14..** una ~a facit j *pynt* .. ij ~e faciunt unum quart' .. viij ~e faciunt j galon' *Eng. Weights* 36. **b** **a1155** si piper vel cuminum vel gingiber vel alumen vel brasil' vel lacem vel thus attulerit, non minus quam xxv libr' simul vendat (*Lib. Lond.*) *GAS* 675; r' vitrioli Romani ~a j, salis nitri ~a j, salis armoniaci ℥ iij M. SCOT *Lumen* 266; **1259** tenet x acras .. per unam liberam cymini *Cl* 487; ~a .. electuariorum et hujusmodi apotecariorum *Fleta* 73 (v. 1a supra); **1290** respondet de ix ~is zinziberis reductis, apreciatur ~a ad xij d.; et de xj ~is piperis, apreciatur ~a ad x d.; et de v ~is cumini, apreciatur ~a ad ob. et quad.; et de lxiij ~is de *rys*, apreciatur ~a ad ob. quad. *KR Ac* 4/26; **1308** in iij ~is de semine porrettorum emptis vj d. *Rec. Elton* 138; **1453** de precio xiiij ~arum *clowes*, precio ~e ij s. ij d.; .. de precio vj ~arum *maces*, precio ~e ij s. ij d.; .. de precio ccclx ~arum amigdalorum jardini, precio ~e ij d. ob; x s. de precio lvj ~arum *dates*; vj s. viij d. de precio unius ~e croci; .. de precio vij^{xx} ~arum piperis, precio ~e ix d. ob.; .. de precio l ~arum sinamomi, precio ~e ij d.; .. de precio lij ~arum et vj unciarum sugri de iij cutis, precio ~e xx d.; .. de precio ix^{xx}vj ~arum sugri de ij cutis, precio ~e xij d. *Ac. H. Buckingham* 18. **c** **1196** ita sane ut .. cereum unum duarum ~arum inde persolvat *Ch. Westm.* 313; **1298** in ij ~is candele et iij ~is cepi ad candelam .. vj d. *Rec. Elton* 69; **1384** (v. cera 1b); **1410** lego .. ceriis faciendis vj †labras cere *Test. Ebor.* III 44. **d** **1267** panis quadrantis de wastello ponderabit sex ~as et sexdecim solidos (*Assisa Panis et Cervisie*) *StRealm* I 199. **e** **c1300** et de ij s. x d. ob. quad. receptis de xv ~is lane fracte venditis *FormMan* 30; **13..** quando ~a lane venditur pro j d., petra venditur pro xiij d. et sacca pro xxx s. iiij d. (*Leic. Vellum Bk.*) *EHR* XIV 505. **f** **840** (v. cornu 3a); **1300** (v. 1b supra); **1329** in duobus ~is foliorum aureorum .. emptis *ExchScot* 150; **1441** et sol' J. R. .. pro ij lib' ligature pro aqueductu de B. ij s. iiij d. *Ac. Durh.* 627. **g** **1348** in xxij ~is de pilo empt' pro cordis springaldorum predictorum *KR Ac* 462/16 f. 6v; **1351** in dim. ~a de *cotoun* empta pro candela facienda ad manerium ix d. *Rec. Elton* 371; **1374** in xv lib' canobi empt' pro aqueductu xvij d. *Ac. Durh.* 580; **1404** item j lib' fili albi et colorati *Ib.* 395. **h** **13..** centum ~e albi vitri per majorem centenam valent viij s. item major centena vitri continet xxiiij pensas vitri. item quelibet pensa vitri continet v parvas ~as *Eng. Weights* 31; **1422** in emendis fenestris vitriar' cum factura fenestrarum novarum et lvj ~is vitri colorati emptis *Ac. Durh.* 407.

3 pound (as unit of exchange or money): **a** (of precious metal, *cf.* 2f *supra*); **b** (sterling, or unspec.); **c** (divided into 20 s. of 12 d. each); **d** (divided into 48 s. of 5 d. each).

a **686** (13c) praetium competens acceperim, hoc est argenti ~as decem *CS* 67; **814** vij ~as auri et argenti *CS* 348. **b** viij virgatas terrae .. reddentes xj ~as de gablo *DB* I 56rb; ?**c1119** illa maneria que longinqua sunt et hoc reddere non poterint reddent pro tota septimana viij †libros [l. ~as] et x solidos *Ch. Westm.* 339; **c1166** Alselmus Candaveine vj^{es} xx ~as et vj ~as sterlingorum et xlv marcas ad magnum pensum super redditum suum de Anglia [*in Essex*] (*KR Misc.* 1/18) *EHR* XXVIII 222; H. Bos. *Thom.* III 34 (v. argenteus 2b); **s1260** Owinus filius Maredut .. statim Madocum .. de carcere liberavit .. et centum ~as ei donavit *Ann. Cambr.* 98; **1344** ~as bonorum et legalium sterlingorum *FormA* 92; **s1381** jocalia .. quorum pretium excedebat mille ~as monete WALS. *HA* II 4. **c** ~a marcam et dimidiam continet THURKILL *Li.* p. 127; camerarius ad libram scaccarii [cf. 1f supra] ponderat quantum oportet in trutina; quod si numerus xx solidorum plusquam sex nummis excreverit respectu ~e [i. e. *if there are more than 246 pence making up 20 s. by weight*], indigna recipi dicitur [pecunia numeranda] *Dial. Scac.* I 3 D. **d** *twelfhindi* hominis weregildum est *twelfhund scillinga* (id est duodecies c solidi), qui faciunt ~as viginti quinque (*Quad.*) *GAS* 393.

4 (Sc.) pound sterling, from the twelfth century equivalent to an English pound, but from 1367 debased.

1234 abbas et conventus .. annuum redditum sex decim ~arum sterlingorum .. assignarent *Inchaffray* 52; **1419** ducentarum ~arum sterlingorum antiquorum *Pri. Cold.* 91; rex Scotie [Willelmus I] sibi solveret quatuor mille ~as BOWER VIII 71; **s1224** rex .. imposuit auxilium terre sue decem milia ~arum *Ib.* IX 43 [= *Plusc.* VII 10: ~arum stirlingorum]; **1469** in quadraginta ~is levioris monete *ExchScot* 657; **1542** decem millium ~arum usualis monete regni Scocie *Conc. Scot.* I ccliv; **1564** ad summam decem ~arum monete Scotie *Scot. Grey Friars* II 5.

5 (Cont.): **a** (of Tours, *livre Tournois*); **b** (of Anjou); **c** (of Bordeaux); **d** (of Paris); **e** (of Flanders); **f** (var.).

a **1230** l ~as Turonensium *Pat* 385; **1268** damus tria milia libras Viennenses et duo milia ~as Turonenses eidem ecclesie *Test. Ep. Heref.* 3; **1272** (v. Byzantus 1); **1274** custume navium transeuncium per dictam insulam [*Guernsey*] vel applicancium in ea volentes annuatim xj^{xx} ~as Toronenses (*Chanc. Misc.* 10/5/1) *S. Jers.* 11; **1294** quatuor ~is Turonensium parvorum (*Lit. Papae*) B. COTTON *HA* 259; **1308** decem ~as bonorum parvorum Turonensium *CartINorm* 163. **b** **1156** invadiavit omnem terram suam usque ad vj annos pro xvij ~is Andegavensium *CartINorm* 241; **1200** dabit predictus W. predicto comiti c ~as Andegavensium *Ch. Chester* 318. **c** **1277** in xviij mill' xxxviij ~is .. Burd[egalensibus] receptis de thesauro regis *Pipe* 121 r. 22; **1289** quingentas ~as Burdegalensis monete *RGasc* II 301. **d** **s1180** statuens quod septem ~as Parisinorum ad quotidianum victum solveret BEN. PET. I 246; **s1279** recepturus annuatim de scaccario Rothomagensi .. xxx ~as Parisiacenses FL. WORC. *Cont. C* 222. **e** **1469** (v. grossus 10c). **f** lxx ~as denariorum Rodmensium *DB* I 104 (v. denarius 2a); **c1090** de conventione ista et caritate fecit R. abbas et monachi caritatem comiti lx ~arum Cenomanensium *Cart. Mont. S. Mich.* app. II p. 62; **1130** Jordanus filius Alani debet j dextrarium qui valeat xx ~as de Renneis *Pipe* 11; ORD. VIT. VIII 24 p. 424, **1156** (v. Cenomannus); **1283** solvit R. de M. P. .. quinquaginta ~as Morlanorum *Foed.* II 237; **1289** m ~as Arnaldensis monete *RGasc* II 327; **1289** [etc.] (v. Chipotensis); **1327** cum idem G. .. in partibus Bononie in Lombardia de mercandisis suis ad valenciam md ~arum Bononiensium, que sunt in sterlingis cxxv libre, depredatus fuisset *RParl Ined.* 166.

6 **a** (*~a alba, arsa, blanca, candida*, or sim.) 'blanched' pound, pound tested by assay. **b** (*~a numerata, ad numerum*) pound reckoned by tale. **c** (*~a pensata, ad pensum, -am, ad pondus*) pound reckoned by weight.

a reddit xxx ~as arsas et pensatas, et xxiiij libras ad numerum *DB* I 2ra; *Ib.* 16rb (v. arsura 2c); hoc manerium cum suis pertinentibus reddit lxv ~as albas *Ib.* 75rb; hoc manerium .. modo valet xxij ~as candidas *DB* II 29; valet .. modo xl ~as blancas *Ib.* 30b; *Dom. Exon.* 85 (v. combustio 3f); **1225, 1297** (v. albus 6a). **b** tempore regis Edwardi et post valuit xv ~as ad numerum *DB* I 30rb; tempore regis Edwardi reddebat civitas de Glowecestre xxxvj ~as numeratas *Ib.* 162ra; hae xvij ~ae ad pensum et xvj ~ae ad numerum sunt de placitis comitatus *Ib.* 172ra. **c** xxx ~as .. pensatas *DB* I 2ra (v. 6a supra); c ~as ad pensam *Ib.* 38rb; reddit viij ~as ad pondus et arsuram *Ib.* 20ra.

7 one pound's worth (of land, w. ref. to annual rental), librate. *V. et.* 2 *librare* 8c.

in dominio ecclesie quattuor carruce et quattuor ~e [terre] *Lib. Landav.* 88; **1168** Osberto janitori et A. uxori ejus l s. per breve regis in molendino de H. ad perficiendas x libr' terre quas rex dedit eis pro servitio suo *Pipe* 204 (*unless* libratas *is understood*); **s1256** ut quilibet qui haberet xv ~arum [*sic*; ? l. libratas] terre et supra cingulo militie donaretur OXNEAD *Chr.* 206 (cf. *Cl* 293 [**1256**]: qui habent xv libratas terre).

8 any unit divided into 12 parts (in quot., w. ref. to time).

11.. xij uncie libram xx solidos continentem efficiunt .. ~a dicitur quicquid per duodenarii numero perfeccionem adimpletur. nam ~a potest dici annus, qui constat ex iiij temporibus et ex xij mensibus et lij ebdomadis et die vel quadrante. ~a esse potest equinoctialis dies, sine sua nocte qui constat xij horis *Eng. Weights* 5.

9 instrument for measurement, (pair of) scales, balance. **b** (fig., w. ref. to sound judgement, discernment, merit or sim.); **c** (w. ref. to divine justice).

~a, *wæg GlS* 212; **1385** iij mantelli .. et ij duplicati, j par ~arum *Ac. Durh.* 265; **1404** pro uno pari ~arum, iiij d. *Ib.* 455; **1418** j magnam archam, j *purpeynt* et j par ~arum pendentium (*Bury Wills*) *OED s. v. pourpoint.* **b** non omnibus ergo in una eademque ~a pensandum est, licet in uno constringantur vitio, sed discretio sit unumquodque eorum [*sic*] EGB. *Pen.* 417; erudito lectori multum dissimiliter sapit stilus et stilus, qui omnem literam componit ad ~am LUCIAN *Chester* 54; quando ante summum pontificem .. clericos locabit ~a meritorum *Ib.* 68; sub libra pondero / quid melius, / et dubius / mecum delibero P. BLOIS *Carm.* 14. 2b. 33; si discretionis ~a defuerit J. GODARD *Ep.* 234; festinavi facere canonem tue clemencie, qui tibi erit ~a ponderans cuncta tua opera, suplens vices meas, et regula certissima ad omnia que volueris BACON V 40. **c** sistitur bima infantula ut in florido prato hostia lactea, ut in divina ~a dragma aurea GOSC. *Edith* 44; cernens exitum patere, ponit animam suam in alea et ~a superne misericordie *Id. Transl. Mild.* 23; datores non fraudabuntur mercede sua, viderint isti quomodo eorum intentiones olim examinentur in divina ~a W. MALM. *GP* II 84 p. 186; advenies, judicii / libram tenens eximii J. HOWD. *Cyth.* 90. 7; tenens libram et pondera, / scandenti supra sidera, / nobis remittat scelera, / secum ducens ad supera LEDREDE *Carm.* 44. 32.

10 the constellation Libra, seventh sign of the zodiac, or a picture or symbol resembling it.

septimum ~ae [signum] ab ea [parte] qua [sol] in medio Septembri circumagitur inchoat oriri BEDE *TR* 16 p. 214; est tamen .. / collis non magnus declivo tramite flexus, / quo sol consurgens trutinantis timpora Librae / pervolat ÆTHELWULF *Abb.* 133; Octembrem Libra perfundet lampide mensem *Kal. M. A.* I 415; equat et October sementis tempore Libram *Ib.* 416; duo prima puncta Arietis et ~e PETRUS *Dial.* 12; comitantur enim Arietem Pisces atque ~a cum Virgine, Taurum autem Leo atque Scorpius cum Aquario, Geminos autem Cancer atque Capricornus cum Sagittario ADEL. *Elk.* 25; GIR. *PI* III 20 (v. 2 librare 4b); si inveneris lapidem in quo sit ~a, Gemini et Aquarius, tales lapides calidi sunt et erei et occidentales *Sculp. Lap.* 450; **1455** tempore .. eo quo sol a lance ~e recesserat peragratisque signis mediis pene usque Capricornum appropinquabat *Reg. Whet.* I 199.

libralis [CL]

1 of one pound in weight.

infirmarius debet habere de sacrista quindecim libras de candela et octo cereos ~es (*Cust. Bury St E.*) *HBS* XCIX 53; abbas recipiat de sacrista .. duos cereos liberales *Ib.* 105.

2 assessed on each pound sterling.

1346 xj li. iiij s. viiij d. de et pro quadrantibus †libréalibus [MS: libralibus] spiritualium et temporalium .. domini episcopi et aliorum virorum ecclesiasticorum (*Edyngton*) *Reg. Wint.* no. 81 (= *Hants RO* 21M 65/A1/8 p. 24).

libramen [LL]

1 (act of) weighing, putting into a balance. **b** (fig.) considering, deliberating, judging.

a cowntynge .. a weynge, ~en, librare, libramentum, librarium, appensio, pensio *CathA.* **b** longo ~ine examinans quid circa manerium conventus suus decerneret faciendum *Croyl. Cont. A* 124; raciones .. has et illas, hinc inde justo ~ine ponderetis BRADW. *CD* 59C; **1437** his .. meritis, que .. estimari queunt in cujuspiam recto ~ine principis Christiani BEKYNTON I 6; Dei dona tam preciosa sunt cotidie, sicut tunc erunt, si justo ~ine ponderentur *Spec. Incl.* 4. 1; id cum magno ~ine et pensiculatim fieri debet MAJOR II 6.

2 state of being balanced, equilibrium, equipoise: **a** (w. ref. to object or space); **b** (w. ref. to time); **c** (w. ref. to abstr.).

a terra .. medio inter Islandiam frigidam et Hispaniam torridam ~ine porrecta, a contrariis hinc inde contracta temperantia GIR. *TH* I 3; **c1488** eidem patri in tribus nature donis aptissime poterit aquila convenire; viz. animi regimine, visus acumine, et alarum ~ine *Reg. Whet.* I 454. **b** tum lux enituit mediae libramine noctis, / quo puer effebus tenebris arcentibus intus / jacuit ad tumbam morbo depressus acerbo *Mir. Nin.* 313. **c** inter utrosque eam [sc. caritatem] excessus, gaudii viz. et tedii, medio quodam ~ine regens, ut neutri cedat periculo J. FORD *Serm.* 46. 6.

3 balance, pair of scales (freq. fig., esp. assoc. w. personified Law or Fortune).

ut et aequa ~inis moderatione exemplar nobis aeternitas et patens fiat apostolicae eruditionis norma WILLIB. *Bonif.* 3; **798** etsi vestrae mentis nobilissima stabilitas .. in medio aequitatis ~ine inconcussa fortitudine vigeat ALCUIN *Ep.* 149; prudentissimo equitatis .. ~ine BYRHT. *HR* II 1; fortune ~ine multa moveri non possum .. non arbitrari GIR. *Galf. Intr.* I p. 358; dividit ergo acies equi libraminis instar / Alcides J. EXON. *BT* I 349; ab utriusque luminis

/ confinio / moderati libraminis / indicio / naris eminencia / producitur venuste P. BLOIS *Carm.* 4. 4a. 51; vacillantis trucine / libramine / mens suspensa fluctuat *Ib.* 14. 1a. 2; **1284** adjectione penarum decretum suum temperato ~ine roborando PECKHAM *Ep.* 608; **1325** quod omnia .., absque prejudicio juris alieni justo ~ine disponantur *Lit. Cant.* I 137; **1423** quatenus cum rationis limite et ~ine religionis poterimus AMUND. I 114; sine discressionis ~ine AD. USK 67.

4 instrument determining the horizontality of a surface, level.

a layvel, ~en LEVINS *Manip.* 56.

5 sort of waggon (w. play on etym. of AS *wæge* 'weight' and *wægen* 'wain').

de veho vehiculum, quod versibus est alienum. / horum do species hic que subscripta sequuntur: / reddas [i. e. raedas] quadrigas, carpenta, vel esseda, bigas, / istis pilentum, fartagum [? l. sarragum, i. e. serracum] junge libramen GARL. *Syn.* 1584B.

libramentum [CL]

1 counterweight (of balance).

cowntyrpeyce, hostimentum .. ~um *PP.*

2 state of balance.

~um, equatio OSB. GLOUC. *Deriv.* 326.

1 librare v. liberare.

2 librare [CL]

1 to make level or horizontal.

HUGEB. *Wynn.* 11 (v. definire 1a).

2 to direct, steer.

murum .. a mari usque ad mare .. ~ant GILDAS *EB* 18; patriam cui proras ~abat *Ib.* 23; ~ant ad summum vela naute gratulantes GOSC. *Transl. Mild.* 11; ~ant ventis salubriter spirantibus vela W. JUM. IV 16; ~atis sursum oculis *Ib.* IV 20; recessit et versus aethera gressus sursum ~avit J. FURNESS *Walth.* 98.

3 to brandish (weapon). **b** to throw (weapon), strike (blow; also absol.).

clamabat in abbatem ~ata cuspide GOSC. *Transl. Mild.* 15; bipennem inter fugientes cohortes ~ans G. MON. I 12; OSB. GLOUC. *Deriv.* 309 (v. librilla 3). **b** ut non tetrae daemones in latera mea ~ent [*gl.*: *cueccen*] *Cerne* 86; nam si lapidem ~es in aera nonne mox .. proprio pondere se deponit ad solida? AILR. *Spec. Car.* I 21. 524; ~ato ictu ejus capiti WALS. *HA* I 465.

4 to bring to equilibrium, balance, poise (also fig.); **b** (astr., w. ref. to equinox in the sign of Libra). **c** (intr.) to be in the sign of Libra.

Brittania insula .. divina .. statera terrae totius ponderatrice ~ata GILDAS *EB* 3; in hoc revera res admiratione digna monstrata est, quod corigia delicata tanti corporis molem tanto ~avit tempore *Mir. Fridesw.* 39; equa se inter Kambros et Anglos trutina ~antes GIR. *IK* II 12 p. 145. **b** jam .. Libre signum quadam equalitate temporum diem noctemque ~abat GIR. *PI* III 20; lucis proporcio librata procedit, / et tractus horarum statera coaptat J. HOWD. *Cant.* 115. **c** estati dantur Cancer, Leo, Virgo; calorem / tempore disponunt plusve minusve suo. / autumpnus librat, post pungit, et inde sagittat; / sed tribus hiis frigus temperat ipse suum GARL. *Tri. Eccl.* 12.

5 to weigh, measure (also fig.).

tribunal judicis singulorum facta justa discretionis lance ~antis ALDH. *VirgP* 22; nam si scientiam juste libraveris, / non penset athomum id quo sustolleris WALT. WIMB. *Carm.* 382; non ad verum pretium, nec ad verum spatium nostrum monasterium ~abant, misericorditer precaventes in futurum regiis exactionibus et aliis oneribus *Croyl.* 79; forma liberatur in materia sicut pondus in appendiculo, et illa liberacio, que est composicio vel unio materie cum forma vocatur pondus WYCL. *Trin.* 51.

6 to consider, ponder, deliberate.

suspendebaturque et ~abat cogitationis ambiguum W. MALM. *Mir. Mariae* 225; pectore consulta libres, librata reveles D. BEC. 122; vix primos belli motus libraverat heros J. EXON. *BT* I 306.

7 (p. ppl. *libratus* as sb. f.) what has been weighed, one pound in weight.

s1398 rex extorsit .. a qualibet ~ata ponderis omnis mercimonii .. duos solidos AD. USK 18.

8 one pound's worth: **a** (of bread, victuals, or other goods); **b** (of rent, w. ref. to land producing such rent annually); **c** (of land, w. ref. to annual rental) librate.

a **1258** mandatum est ballivis W. quod .. fieri faciant .. xv ~as boni et pulchri panis ad opus regis .. eodem modo mandatum est ballivis de A. de c solidatis panis *Cl* 309; **1336** tibi precepimus quod centum ~as frumenti et aliorum victualium juxta ordinacionem .. J. de N. admiralli flote .. emi .. faceres .. si predicta victualia nondum provisa fuerint .. centum libre in pecunia numerata .. liberentur *RScot* 452b; **1380** novas custumas .. de qualibet ~ata carnium boum, porcorum et ovium, vj d. .. de qualibet ~ata coriorum equorum, cervorum, affrorum .. vj d. *StatIr* 478. **b** **1185** non habuit nisi xxxv ~atas et x solidatas, quia .. dicta terra non potest plus valere *RDomin* 15; **s1174** concessit .. donationem .. viz. mille ~atas reddituum in Anglia *G. Hen. II* I 78; **1228** mandatum est vicecomiti N. quod habere faciat Olive .. xx ~atas redditus in manerio de O. *Cl* 68; **1307** exceptis .. xxv ~atis redditus cum pertinenciis in eodem manerio *Year Bk.* 1; **1531** acquitancia .. de summa mmm li. recepta .. pro hujusmodi centum ~is annui redditus *Reg. Aberd.* 400; **1586** xlv librat' et x solidat' redditus *Pat* 1301 m. 24. **c** **a1088** de portione sua ducentas ~atas terre dederunt archiepiscopo *Regesta* I 264; unum est permaximum quo peccavit, quod ad ccc ~atas terre monachis auferens, suis .. usibus implicuit W. MALM. *GP* II 77; **1187** iiij li. et x s. ad perficiendas c †libratias [MS: libr'] terre *Pipe* 205; **1236** dedit in liberum maritagium xl ~as terre in villa de N. *Cart. Beauchamp* 379; provisum est quod de feodo unius militis integro xx s. tantum tribuantur et leventur de xx ~is terre quam quis tenuerit in sokagio xx s. *Fleta* 198; **1299** quantum pertinet ad triginta solidatos redditus unde centum ~ate terre faciunt feodum unius militis *Couch. Furness* II 466; **1332** terras .. dedimus et concessimus .. in valorem duorum milium ~atarum terre per annum in partem satisfactionis trium milium librarum *LTR Mem* 105 m. 8*d*; **c1518** fieri faciatis A. latori presentium decem ~atas terre in villa de C. *Form. S. Andr.* I 252.

libraria [CL], library: **a** (as collection of books); **b** (as container, room, or building for collection of books); **c** (dist. as *privata* or *communis*).

a sanctus iste .. nec in schola philosophorum nec in ~ia Justiniani sapientiam quesivit, eam tamen invenit P. BLOIS *Serm.* 717A; **1325** libros .. de ~ia conventus .. alienavit *Lit. Cant.* I 151; **1380** item [lego] ~ie Beate Marie Karl' duos libros *Test. Karl.* 131; studium, seu ~iam, suam, multimodis libris .. nobiliter augmentavit *G. S. Alb.* III 389; et est ille liber in ~ia conventus sed non in ~ia studencium, due enim sunt ibidem ~ie inter fratres minores Oxonie GASCOIGNE *Loci* 103. **b** **s1421** incepit novam ~iam, posuitque primum lapidem .. xxj die Octobris *Mon. Francisc.* I 519; **1424** pro constructione et nova edificacione cujusdam ~ie de novo edificande (*Test.*) *Reg. Cant.* II 299; **1449** pro lapidibus ad novam ~iam *Cant. Coll. Ox.* II 173; **1450** (v. discus 4b); ~iam .. perficit .. tam in tecto quam etiam in muris *Reg. Whet.* I 423. **c** facultatem .. visitandi .. et venandi quasi saltus .. delicatissimos tum privatas tum communes .. ~ias R. BURY *Phil.* 8. 117; omnes libri communis ~ie debent reportari *Ord. Ebor.* II 247; **1412** cum sit in esse fieri universitatis nostre ~ia communis *StatOx* 216; **1418** lego ad communem ~iam universitatis Oxon' xl s. *Reg. Cant.* II 175; **1452** de bonis meis .. ordinatis communi ~ie Londonie (*Test.*) *MunAcOx* 652.

librarium [CL], **a** (case or chest for) collection of books. **b** room or building for collection of books.

a J. abbas .. instituit ut .. in principio quadragesime die qua ~ium defertur in capitulum, vivorum anime commendentur, et absolvantur anime defunctorum per quos ~ium hujus ecclesie fuerit aliqualiter emendatum THORNE 2008; item in ~io habetur alius textus evangeliorum (*Catal. Librorum*) ELMH. *Cant.* 98; **1491** hunc librum procuravit frater J. P. monachus sancti Augustini Cant', et est liber de ~io dicti monasterii C. E. Woodruff *Catalogue of the Manuscripts of Christ Church Canterbury*, 1911 p. 32. **b** **1419** de xxvj li. xiij s. iiij d. de elemosina domini T. H. ad cooperturam novi ~ii cum plumbo *Fabr. York* 36; **1441** lego ad fabricam illius capelle et ~ii super eandem omnes expensas necessarias pro eisdem perficiendis (*Test.*) *Reg. Cant.* II 580.

librariuncula [*dim. of* libraria], small library, study.

1501 j cathedra in ~a sua. in cubiculo vero nulla (*Invent.*) *Cant. Coll. Ox.* 37.

1 librarius [CL]

1 (as adj.) of or for books.

arca ~ia ALDH. *Aen.* 89 (*tit.*) (v. dirus b).

2 (as sb. m.): **a** copyist, scribe, secretary; **b** learned man, scholar, author; **c** bookseller; **d** librarian.

a ne per ~iorum .. antiquitatem vel negligentiam confuse vitiose lex ille duraret THEOD. *Pen. pref.*; ut .. dictator simul notarius et ~ius existerem BEDE *Luke* 304C; episcopus .. habuit quidem secum in comitatu suo virum ~ium, Wigfrithum nomine, qui cum inter alios episcopi ministros equitabat, alii eorum coram illo de virtutibus Guthlaci .. mirari coeperunt FELIX *Guthl.* 46 p. 142; ~ius .. vulgo scriptor dicitur (NECKAM *Sac.*) *Med. Sci.* 361; sciat notarius vel ~ius [*gl.*: librorum reparator] ubi scribere debeat .. delta, ubi eta NECKAM *Ut.* 117. **b** dum alii plurimi Anglorum ~ii coram ingeniositatis fluenta inter flores rethoricae per virecta litteraturae pure, liquide lucideque rivantur FELIX *Guthl. prol.* p. 62; quod multi doctores atque ~ii scribere temptaverunt NEN. *HB* 143; ex ejus etiam scola excellentes ~ii .. processerunt ORD. VIT. III 3 p. 48; nulla, ut reor, unquam sophistis in bellicis rebus gloriosior materia prodiit, quam nostris nunc Dominus poetis atque ~iis tradidit *Ib.* IX 1 p. 458; audierunt quendam ~ium versus aquilonem longinquam terram habitantem, vera multis prophetantem *Lib. Landav.* 7. **c** ~ius vel bibliopola ÆLF. *Gl.* 146 (v. 2 Fenestella); stationariorum ac ~iorum noticiam .. comparavimus R. BURY *Phil.* 8. 140; **1417** ~io, xx s. *Ac. Durh.* 460. **d** **1259** noveritis me .. accepisse a priore .. Dunelmensis ecclesie per manum domini I. de N., tunc ~ii, quemdam librum legis *Ann. Durh. app.* 92; **s1272** W. de G. ~ius Dunelmensis *Ib.* 40; hiis presentibus: domino abbate de Evesham, fratre Willielmo de Hekelinges, ~io monasterii .. et toto conventu *Mir. Montf.* 95.

2 librarius [CL = *that weighs a pound*], that balances.

a ballan' [v. l. *balans*] .. statera .. libra, lanx, trutina [*sic*], ~ius participium *CathA.*

librata v. 1 liberare 9a, 2 librare 7–8.

libratim, with due reflection, careful consideration.

nec .. ea, quae scripsi, sine subtilissima indubiorum testium sanctione ~im scribenda quibusdam dare praesumpsi FELIX *Guthl. prol.* p. 64.

libratio [CL]

1 levelling, directing, wielding (of power).

cum nec racio nec auctoritas eleccionem hujusmodi [sc. papalem] introduxit, videtur quod pape talis eleccio et potestatis sue ~io [v. l. liberacio] sint contrarie racioni WYCL. *Chr. & Antichr.* 676.

2 (act of) weighing, measuring.

cum pars statere ad diabolum se inclinaret .. mox ille cum satellitibus suis, qui huic ~oni assistebant, animam miseram .. precipitabant in foveam COGGESH. *Visio* 14.

3 considering, pondering, deliberating.

prudencia .. circumspectio: malorum diversorum liberacio vel ~o GROS. *Templ.* 2. 4; **12..** ad vestre ~onis equitatem respicientes *SelCCant* 40; **1437** his omnibus intenta meditacione et diligenti ~one pensatis BEKYNTON II 5; **s1459** (v. defensatrix 2).

librator [LL < CL = *surveyor*], one who weighs or considers (in quot., w. ref. to God).

almi / librator celi GARL. *Myst. Eccl.* 67.

libratorium [ML], counting-house, weighing-station.

a cowntynge place, ~ium *CathA.*

librealis v. libralis. **librella** v. librilla.

librellum, lily.

a lylly, lilium, ~um *CathA*

libricola, cultivator of books, book-lover.

nulla libris erit apta manus ferrugine tincta, / nec nummata queunt corda vacare libris. / nummipete cum libricolis nequeunt simul esse J. SAL. *Enth. Pol.* 384B [= R. BURY *Phil.* 15. 194].

librilis [CL *as sb. n.*], (weapon) capable of being projected (by catapult or sim.), projectile. *Cf. librilla.*

missilia, saxa, ~es sudes, item lancee desuper feriunt W. POIT. I 33.

librilla [LL v. l. < CL librile]

1 instrument for measuring weight, balance, pair of scales.

babul or bable .. pundyr ~a *PP.*

2 (mil.): **a** sling (for hurling missiles). **b** gun (*cf. vibrella*).

a hec †babrilla [? l. librilla], A. *a doughbabylle WW.* **b** ELMH. *Metr. Hen. V* 271 (v. 2 ballare); **1448** [*paid the maker of the pellet powder*] pulveris ~arum [*for the old gounnys*] (*Corporation of Rye*) *HMC Rep.* V 490b; **1466** (v. artillaria); **1471** pro cariagio librellarum vocat' *gunnes* et aliarum ordinacionum *Ac. Bridge House* f. 182v; metati sunt tres partes castelli cum ~is, A. *gonnys culueryns*, et aliis ordinacionibus artellerie W. WORC. *Itin.* 190; fuit occisus apud obcidium castri de Harlaugh per ~am *Ib.* 204.

3 scourge.

hec ~a .. i. baculus cum corrigia plumbeata ad librandum contra canes OSB. GLOUC. *Deriv.* 309.

librillare [ML], to sling, hurl.

babbyn or waveryn .. liprillare *PP.*

libripens [CL], one who holds the balance (in quot., w. ref. to God at the Last Judgment).

957 quibus dicet aequissimus ~ens in die judicii "ite maledicti in ignem alternum" *CS* 1347.

librosus, bookish, studious.

bookish, studiosus, ~us LEVINS *Manip.* 144.

libum [CL], loaf, cake, wastel.

hec pia ~a, hec bona vota, sed propter conscientiam peccatorum trepida, o domina .. fer filio tuo W. MALM. *Mir. Mariae* 236; misi qui precaretur dominum Turstinum quod mihi duo ~a de vestris dominicis daret MAP *NC* V 6 f. 69v (*cf. ib.*: duo gastella regia); hoc ~um, *gastel Gl. AN Ox.* 274; **13..** pistor habeat panem azimum et panem furneum et panem triticeum, ordeaceum, sigilinum, avenatum. item habeat lacencia, ~ia, ~a, infungia, panem album, panem frument' [etc.] (*Nominale*) *Neues Archiv* IV 341; hoc ~um, A. *wastelle WW*; hoc †labum, *a wastelle Ib.*

liburna [CL], **~us, ~ius, ~is** [*by misinterp.*]

1 light sailing-vessel, ship.

fetida impuritatis sentina animarum ~as lugubriter summergente ALDH. *VirgP* 22; et tamen inmensas solus retinebo liburnas HWÆTBERHT *Aen.* 54 (*de echenai pisce*) 2; hec ~is .. i. navis gracilis, et ad currendum habilis; unde Horatius in Odis [*Epod.* I 1] 'ibis liburnis inter alta navium' OSB. GLOUC. *Deriv.* 309; liburnas pro navibus legi in Lucano, / hic liburnus asserit Grecismus pro rate / hec liburna, pueri, recte declinate *Qui majora cernitis* 184; ~a navis est negociatorum GARL. *Dict.* 137; Januenses cum suis dromonibus et ~is optato vento abyssum transvolant ELMH. *Hen. V Cont.* 110 (= *Ps.*-ELMH. *Hen. V* 37); s**1460** de .. ~iis (v. 1 hulcus).

2 chariot, cart (*cf.* scholia on Juvenal III 240).

hic ~us .. i. currus, unde Juvenalis [III 240] 'ingenti curret super ora liburno' OSB. GLOUC. *Deriv.* 326; aurigamque popolum Liburnum vocate, / et pro corru sepius hoc pronuntiate *Qui majora cernitis* 184.

lica, [? cf. λιθάς = *stone*, λιθία = *fine stone, jewellery*], kind of precious or semi-precious stone.

1267 aurum in ~is cum chamah' (*Pat* 85 m. 20*d.*) *CalPat* 140; sacrista .. indutus alba cum petra vitrea que vulgo lischa vocatur in loco mundo corporalia poliat *Obs. Barnwell* 70; **1396** petra una, que dicitur ~a *Meaux* III *app.* lxxx.

licare v. ligare. **licaricia** v. liquiritia.

licea [ME, OF *lice* < AS *liste*; Gmc. *lista*], barrier, list, fortification.

1215 mairemium .. ad muniendum et ad ~ias faciendas *Cl* 198a; **1219** cucurrerunt ad litias et fossata que inter nos et Sarracenos facta fuerant P. BLOIS *Ep.* 195. 479B; ac violenter ~ias dirumpentes, pedites Christianorum in fugam verterunt M. PAR. *Maj.* III 47; venit .. apud Damietam, inveniens exercitum Christianorum in tentoriis extra ~eas habitantem *Ib.* 69; **1236** concessimus eidem Bonafuso et sociis suis quod aliquibus placeis, atriis, litiis, clausura, intramurali et aliis communibus civitatis Burdegalie paduentiis uti possint liberaliter et quiete ad pannos faciendos, siccandos, extendendos, et alias modis necessariis preparandos (*Pat* 46 m. 11) *RL* II 11; quod fieri facias in castro nostro Wintoniensi .. quoddam hostium in exitu aule versus cameram nostram et ~ias ante introitum aule et barreras extra pontem castri predicti *Liberate* 13 m. 26 (*ced.*); in civitate Tholose .. vidi antemuralia, ~ias [*gl.*: *lices, fossys*, etc.] super fossata profunda, turres, propugnacula GARL. *Dict.* 130; currebant ad ~eas et fossata .. quod Saraceni in castra Christianorum irruere nullatenus ausi fuerant W. COVENTR. II 242.

licensiare v. licentiare.

licenter [CL], with permission, freely, without restriction.

nec excludantur cum stultis, sed regalem januam cum sapientibus virginibus ~er introeant EGB. *Pont.* 110; **1167** hoc autem ~er eloquar J. SAL. *Ep.* 212 (197); tanquam in publico dignitatem observans ~ius natura ludat in privato GIR. *TH* II 43; Origenes cum se propter amorem regni celestis castrasset, et ~er cum viris et mulieribus habitasset DICETO *Chr.* 69; [refectionarius] matutinis non nisi ~er deerit nec prime *Obed. Abingd.* 398.

licentia [CL]

1 freedom to do as one pleases.

tria sunt genera voluntatis in subditis. horum autem primum oboedientia, secundum ~ia, tertium dici potest inoboedientia *Simil. Anselmi* 89; ~ia plerumque plures fallere consuevit. oboedientia enim et inoboedientia contraria sunt, harum media est ~ia ALEX. CANT. *Dicta* 14 p. 162; legendi ~iam non habui per momentum P. BLOIS *Ep.* 37. 116B.

2 permission, leave, licence, authority; **b** (royal); **c** (eccl. or mon.); **d** (acad.).

priscae legis ~ia ALDH. *VirgP* 22; Brettones confitentur .. non se posse absque suorum consensu ac ~ia priscis abdicare moribus BEDE *HE* II 2 p. 82; accepta quasi a Ferreolo ~ia, ursus .. secessit GIR. *TH* II 28 p. 115; votum continentie quod emisit citra auctoritatem et ~iam viri sui [sc. mulieris] eam obligare non potuit P. BLOIS *Ep.* 19. 70A; nichil potest facere nisi per ~iam amoris [ME: *luues leave*] *AncrR* 162; **1419** pro maritagio orphane sine ~ia majoris *MGL* I 609. **b** †**704** (?8c) cum ~ia Ædelredi regis *CS* 111; qui exulem receperit sine ~ia regis *DB* I 1ra; **1185** G. B. desponsavit eam .. sine ~ia regis *RDomin* 23; **1223** abbas .. qui de ~ia domini regis Coloniam peregre profectus est *Pat* 372; **1363** et ideo vobis mandamus quod ipsos .. contra tenorem ~ie nostre .. non molestatis in aliquo seu gravetis *RScot* 871b. **c** penitentes .. non debent commonicare ante consummationem penitentiae; nos autem .. post annum vel menses sex ~iam damus THEOD. *Pen.* I 12. 4; **705** nec volo nec ausus sum agere nisi tuae ~iae voluntas adnuerit WEALDHERE *Ep.* 22; †**858** (12c) cum consensu et ~ia ejusdem aecclesiae congregationis *CS* 495; **1075** ne quis in concilio loquatur preter ~iam a metropolitano sumptam *Conc. Syn.* 615; s**1319** noluerunt concedere prelati, irrequisita ~ia sedis apostolice AD. MUR. *Chr.* 30; **1527** ex parte .. lisenciam concedencium *Cart. Cockersand* 1145. **d** a**1255** scolarium regimen nullus assumat nisi .. a cancelario ~iam saltem postulaverit reverenter et optinuerit *StatCantab* 199; **1350** de tempore quo debent ~ie fieri *StatOx* 29.

3 a (w. gd. or gdv.); **b** (acad., *~ia incipiendi*) licence to incept in university faculty; **c** (leg., *~ia concordandi*) licence to make agreement or concord. **d** (w. inf.); **e** (*est ~ia* & inf. = *licet*); **f** (w. *quod* or *ut*). **g** (*de ~ia*) by permission, licence, authority.

a coeperunt .. subjectis .. populis idola colendi liberam dare ~iam BEDE *HE* II 5 p. 91; **957** (14c) quatuor mansas cuicumque heredi ~iam tradendi habeat *CS* 995; petiit .. ~iam Romam eundi W. MALM. *GP* I 49 p. 86; Julianus .. dedit ~iam reedificandi templum Hierosolymis R. NIGER *Chr. I* 40; nuntii .. ad dominum regem eant petituri ab eo ~iam eligendi L. SOMERCOTE 28; s**1341** ex tunc prelatis et aliis data fuit ~ia recedendi AD. MUR. *Chr.* 120; **1483** habet licenciam faciendi ferri *ExchScot* IX (*app.*) 596. **b** **1312** cancellarius .. et procuratores .. super ~iam incipiendi et sententias legendi .. fratri Johanni .. concedendam congregati tra[c]tarunt *Collect. Ox.* II 241. **c** **1202** W. B. appellans et H. B. appellatus de verberacione ponunt se in misericordia pro habenda ~ia concordandi *SelPlCrown* 24; **1285** T. et A. .. dant dim. m. pro ~ia concordandi cum H. O. *DocCOx* 225; **1306** de Andrea K. pro ~ia concordandi cum Augustino de C. vj d. *Rec. Elton* 115. **d** **1467** concedimus [sc. Willelmo] .. plenam .. ~iam inter nos de cetero conventualiter conversari *Reg. Whet.* II 65. **e** non est ~ia de aliis peccatis judicium accipere, antequam ipsum malum .. ejecerit BONIF. *Pen.* 430; **1346** quum .. nulla sit ~ia denuo cuiquam quicquam loqui *Conc.* II 731. **f** abbatis ~iam poscebant ut aliam viam .. devertissent FELIX *Guthl.* 43 p. 132; s**1357** petita ~ia a rege David .. ut peregre apud S. Thomam de Canterbury profisceretur *Plusc.* IX 44; **1502** cum .. rex .. concesserit et ~iam dederit nobis .. quod .. *StatOx* 300. **g** de ~ia thesaurarii potest ire quo vult *LTR Mem* 11 m. 4; s**1270** (v. de 10a); **1323** si .. de ipsius prioris ~ia te transferre volueris .. *Pri. Cold.* 11; **1350** nullus legat nisi de ~ia cancellarii *StatOx* 20.

4 permission (to depart). **b** (*~ia viae*) way-leave, permission to cross land.

1266 cepisset ~iam suam [*from dinner party*] *CalIMisc* 315; s**1295** factoque tali responso, et accepta ~ia, reversi sunt cardinales in Franciam W. GUISB. 258; s**1307** comes Sabaudie .. una cum domino Othone de Grandissono ~iam perpetuam de Anglia receperunt AD. MUR. *Chr.* 11; accepta primo ~ia et valedicto ab hiis sanctis monachis [ME: *they tokyn here leve*] *Itin. Mand.* 44; s**1357** cum leticia ~iam valedicendo de sero petenti *Plusc.* IX 44. **b** **1420** et hospitali S. Leonardi pro ~ia vie ad pistrinam in Usegate in Ebor' ij s. *Ac. Durh.* 407 (cf. ib. 709 [**1428**]: elemosinario pro *waylefe*, vj s. viij d.).

5 immoderate or unruly behaviour, wilfulness, wantonness.

advertit .. quod uxor ejus, soluto pudicitie freno, per campos ~ie discurreret impudenter NECKAM *NR* II 176; R. BOCKING *Ric. Cic. prol.* (v. evagari 1b).

6 freedom in use of language, (poetic) licence.

R littera .. potest hanc [vocalem brevem] ~ia poetica facere longam BEDE *AM* 88; communes .. syllabae modis fiunt novem, quibus aut naturaliter longae poetica ~ia in breves aut naturaliter breves transferuntur in longas *Ib.* (cf. ib. 90: permissu poetico); 'facultas' .. nomine tam usu quam disciplinali ~ia transumpto ab eo quod ex aliquo est ad id ex quo ipsum est BALSH. *AD rec.* 2 43; est poetica ~ia quando in casu causa metri fit aliqua sillaba brevis vel longa cum alias non inveniatur ita .. volunt excusare omnes autores per ~iam poetrie BACON *Gram. Gk.* 98.

licentiabilis, subject to permission, dependent upon (external) licence.

omnis volicio Dei ad intra est immobilis et per consequens non est trahibilis, curvabilis, annullabilis .. ~is WYCL. *Dom. Div.* 149 (v. frustrabilis b).

licentialis [ML], licensed, permitted, authorized. **b** (*litterae ~es* or sim.) letter of licence, letter of authorization.

cellararius hostilario ad opus hospitum petenti panem et cervisiam ex consuetudine non debet renuere; identidem in monachorum ~i profectione, nec alicui, ingruente necessitate, dispensative petenti debet renui *Obed. Abingd.* 396. **b** **1350** concessit .. J. de M. .. literas ~es ad studendum *Reg. Roff. Ep.* 255b; **1362** littera ~is fratris B. .. quod possit monachari in ecclesia Cantuariensi *Lit. Cant.* II 432; virtute carte ~is *Mem. York* 239; **1408** quod nullus curatus admitteret aliquem .. religiosum ad predicandum in ecclesia sua .. nisi ostenderet literas ~es episcopi *Conc.* III 306; LYNDW. 47 i (v. dimissorius b).

licentialiter [ML], with permission.

1268 H. .. dabit domino xij d. eo quod ~iter pandoxabit usque proximam curiam (*CourtR Alrewas*) *Collect. Staff* (1910) 93; **1290** mandamus vobis quod .. terras quas .. ipsos ~iter ingressos fuisse inveneritis ipsos tenere pacifice permittatis *AncC* 48/41; si ad solacium fuerit ~iter *Cust. Cant.* 147; nisi .. monstrare poterit quod ~iter recessit de feodo in quo antea morabatur *MGL* I 252.

licentiare [ML]

1 to permit, allow, license, authorize: **a** (person); **b** (act or procedure); **c** (w. inf.); **d** (w. *ad* & sb. or gd.); **e** (w. gen. of gd.); **f** (w. *ut*); **g** (w. *licentia* as obj.).

a ut .. postquam per triduum extra chorum infirmantes et commorantes non meliorarentur, ~iati intrarent infirmariam *G. S. Alb.* I 79; **1265** soluti braciatrici Bannebirie ~iate .. v s. *Manners* 8; tallias accipiunt a forestariis, in signum quod fuerunt ~iati, ne impediantur *Feod. Durh.* 232; **1459** nulli alienigine .. hospitentur .. infra .. civitatem .. nisi solummodo in hospicio majoris et communitatis ad signum Tauri in Conyngstrete, nisi aliter licensientur per majorem *Mem. York* II 203. **b** hec adquisicio fuit ~iata a rege *Cart. Chester* 665 p. 367; s**1397** rex facit magnum convivium ~iando recessum parliamenti AD. USK 17. **c** *MonA* II 600b (v. eremitare); p**1292** ut ~iat talem accedere *Pri. Cold.* (*tit.*) 2; s**1351** ~iatus per regem .. loca sua .. visitare AVESB. 121b; ~iati fuerant templum reedificare *Eul. Hist.* I 58; jus .. nature ~iat habentes regnorum gubernacula rectificare abusus temporalium (WYCL.) *Ziz.* 255; s**1387** ~iavit rex Francie regem Anglie .. venire Boloniam WALS. *HA* II 170. **d** c**1187** notum vobis sit me concessisse et hac mea carta ~iasse abbatem et conventum de Kirkestede ad amovendum sedem abbathie sue *Danelaw* 123; **1231** unitati vestre reverende .. gratiarum actiones reddo eo quod .. ad peregre proficiscendum me ~iavit GROS. *Ep.* 3 p. 22; **1296** ad impendendum munus benedictionis venerabili .. viro .. vos ~iamus per presentes *Reg. Carlisle* I 77; **1306** ipse ~iavit extraneos mercatores ad secandam salmonem in foro *Rec. Leic.* I 250; c**1400** practisantibus non ~iatis ad practicam in facultate medicine *StatOx* 191; **1433** ne aliquem .. ad hoc lisencient *Cart. Cockersand* VII 1135; **1500** ~iavit eisdem H. et aliis ad capiendum easdem ij vaccas *Entries* 630b. **e** s**1320** per dominum papam ~iati sunt redeundi ad patriam *Ann. Paul.* 289; **1342** ad partes suas proprias redeundi ~iati fuerunt *RScot* 622b. **f** ~iavit conventum ut loqui possent in silentio causa eruditionis *G. S. Alb.* II 107; tercia ficticia est .. quod papa ~iat et statuit ut sic fiat WYCL. *Sim.* 62. **g** **1522** sibi licenciam in Domino nubendi alibi ~iamus *Offic. S. Andr.* 23.

2 (acad.) to license (to incept in university faculty); **b** (w. *in*); **c** (w. gen.); **d** (p. ppl. as adj.); **e** (as sb. m.) licentiate.

1253 (a1350) de theologis ~iandis ad incipiendum *StatOx* 49 (*tit.*); **1311** ~iant scolares ad bachallariatum *Collect. Ox.* II 219; **1312** in .. baculariis pro legendis sententiis ~iandis *Ib.* II 240; **1350** nullus legat nisi .. fuerit examinatus .. et cum ydoneus fuerit .. ~ietur *StatOx* 20. **b** ad theologiam totam intentionem transtulit mentis sue, in qua ~iatus ad magisterium .. TREVET *Ann.* 306; **1350** ad te ipsius Rossensis ecclesie archidiaconum, ~iatum in decretis *Mon. Hib. & Scot.* 274b; **1381** confirmavimus magistro N. de Wykeham in legibus ~iato .. advocacionem ecclesie de Abberbury *Rect. Adderbury* 89; **1464** Patricium .. abbatem monasterii de N. in sacra pagina ~iatum *Reg. Newbattle* 291; **1514** ~iandorum in jure canonico *StatOx* 331. **c** magister Aymerus Marcin, doctor [*v. l.* decretorum] ~iatus *Plusc.* XI 3; Johannes de B., juris ~iatus [1398] (*Successio Episc. Roff.*) *Anglia Sacra* I 379. **d** doctor ~iatus *Plusc.* XI 3 (v. 2c supra). **e** **1442** doctores, magistri, ~iati, bacallarii, et scolares BEKYNTON I 123; **1588** (v. disputatorius).

3 to give leave (to depart), dismiss. **b** to send on leave, grant furlough, to disband (army); (*~are ad propria*) to send home. **c** to dismiss, expel (from office, service, community, or sim.). **d** to remove or expel (from one's

land), dispossess. **e** to dissolve (parliament); *cf. departire* 2a.

quantocius ~iatus a rege discedens H. Bos. *Thom.* III 31 p. 294; **1221** ab abbate ac fratribus .. ~iatus, exinde .. recessit *Mon. Hib. & Scot.* 20b; **s1257** facto tallagio ~iati fuerunt omnes talliatores, dicto soluto non sigillato *Leg. Ant. Lond.* 33; cumque eum ~iasset, mox contra eum terribiliter excandescit .. statimque eum revocari fecit *Flor. Hist.* I 112; ~iato consanguineo suo Henrico de Alemannia, volente redire in Angliam Trevet *Ann.* 276; **1453** ~iatis sub verbis istis nunciis *Reg. Whet.* I 113. **b** **s1213** ~iato igitur plebeio exercitu et demisso M. Par. *Min.* II 133; G. archidiaconus Norwycensis .. dicens non esse tutum viris beneficiatis in obsequio regis excommunicati ulterius immorari; et .. ad propria non ~iatus recessit Oxnead *Chr.* 125; **s1271** dominus Henricus .. causa infirmitatis ~iatus a domino Edwardo rediit versus Angliam W. Newb. *Cont.* 560; **s1296** tunc ~iati sunt multi ex Anglicis, sc. vulnerati, debiles et imbecilles et .. in Angliam reversi sunt W. Guisb. 262; **s1264** rex omnes qui sibi adheserant ~iavit ad propria Wals. *YN* 155 (= Trevet *Ann.* 261); quidam honeste quia ~iati .. ad propria remearunt Ad. Usk 126. **c** neque quisquam suum servientem ~iet, donec mundus sit ab omni precedente querimonia (*Cons. Cnuti*) *GAS* 331 (cf. ib. (*Inst. Cnuti*): repellat; ib. (*Quad.*): dimittat); domine, capitulum .. nec fugat nec expellit te a se, nec ~iat H. Bos. *Thom.* IV 19 p. 398; **1245** quodsi in predictis officiis inveniantur desides aut protervi, per custodem .. corrigantur; alioquin ~ientur omnino *Ch. Sal.* 297; **1247** dictus I. de B. .. aliquando fuit de nostris set a nobis recessit secundum regulam ~iatus *Doc. Eng. Black Monks* I 30; conspirantes multi insurrexerunt contra eum; quos episcopus statim ~iari fecit sine spe redeundi *Hist. Roff.* 42v. **d** **s1234** rex abstulit quoddam manerium Gilleberto B. .. ablata restituere noluit; sed iratus ipsum ~iavit *Ann. Dunstable* 136 (cf. *BNB* II 665 [**1234**]: rex .. ~iavit eum de terra sua). **e** departitio parliamenti ita usitari debet. .. parliamentum nostrum ~iabimus *Mod. Ten. Parl.* 47.

licentiatio [ML], licence, authorization. **b** (acad.) licensing (in university faculty).

Wycl. *Civ. Dom.* III 333 (v. dispensarius 2); **s1422** literam sc. ~onis in pelle scriptam Amund. I 91; **1441** charta ~onis regie super donacione manerii de P. *Reg. Whet.* I 45. **b** **1312** solent omnium et singulorum magistrorum theologie ibi presentium ante ~onem vota requiri *Collect. Ox.* II 240; **1350** tempus ~onis bachilarii in jure civili *StatOx* 43; **1402** in die ~onis sue *Ib.* 191; **1431** noverint universi .. nos .. recepisse .. de Johanne Stephenus, licenciato in jure civili, quinquaginta solidos .. quia non incepit infra annum a tempore sue ~onis secundum exigenciam statutorum *EpAcOx* 66.

licentiatorius [ML], of licence, that licenses, granting permission, (*litterae ~iae*) letter that authorizes.

c1273 quatinus .. litteras dicti domini regis .. ~ias quantum in ipso est .. predicto magistro B. demandare velitis *AncC* 7/45; **a1441** litteras ~ias impetravimus *Reg. Whet.* II 401; **c1464** littera ~ia concessa Willelmo S. *Lit. Cant.* III 239 (*tit.*).

licentiatura [ML], licentiateship.

1543 honorem actumque ~e in dicto jure canonico *Form. S. Andr.* II 312.

licentiose [LL], freely, without restraint, lawlessly.

varios rerum eventus .. ~ius poeta .. prosequatur; nos brevitas lege artiori continet *Flor. Hist.* II 497; **1564** inhibemus nec alicui scholari .. permittatur servientem aliquem ~e sibi asciscere .. cui .. per .. ordinationes .. universitatis servientem habere .. non fuerit .. permissum *StatOx* 394.

licentiosus [CL], wayward, lawless.

Balsh. *AD rec. 2* 44 (v. abductivus); vagis et nimis ~is discursibus utentes Neckam *NR* II 186.

1 licēre [CL], **~escere** [v. 1d infra]

1 (3rd. pers. sg. or inf., w. cl. or inf. as subj.; also absol.) to be permitted or allowed, to be possible (freq. w. dat. of person): **a** (w. inf.); **b** (w. acc. & inf.); **c** (w. subj., also w. *ut*); **d** (absol.); **e** (dep. or pass. form); **f** (ellipt. for *scilicet*) one may understand, that is to say, or ? *f. l.*

a cujus operis .. usque hodie certissima vestigia cernere ~et Bede *HE* I 12 p. 26; pater tibi ero nec te permittam [v. l. dimittam] nisi mihi novacula .. detur et ad patrem tuum carnalem tibi dare ~etur [v. l. ~eat] Nen. *HB* 180; quod .. non alicui nisi ei .. vendere vel dare ~eret *DB* I 45vb; licet enim mediocribus esse poetis non ~eat .. mediocris tamen competit eis .. sufficientia Gir. *TH Intr.* p. 4; **1262** si dictus redditus .. non solvatur, bene licepit [*sic*] predicto M. .. predictum redditum distringere *Cart. Mont. S. Mich.* 35; absit .. credere quod ~eat episcopo vel diacono extra matrimonium cuiquam commiscere vel extunc de novo contrahere Wycl. *Ver.* II 263. **b** legitimum conjugium non ~et frangi sine consensu amborum Theod. *Pen.* II 12. 7; **705** ~et illis invitantibus nostrisque suplicantibus tui oris imperio obedire memet ipsum Wealdhere *Ep.* 23; non ~uerat pontificem sacrorum .. arma ferre Bede *HE* II 13 p. 113; **c** confessio Deo soli agatur ~ebit si necesse est Theod. *Pen.* I 12. 7; hinc licet ut credam quod libet L. Durh. *Dial.* I 200. **d** "domne magister, licet nobis ludere paulisper" .. "etiam ~et, quia festivitas est" Ælf. Bata 4. 9; ~escit, ~et. Plautus 'discedat ergo, si licescit' [cf. *Asin.* 603 = licessit *for* licuerit] Osb. Glouc. *Deriv.* 328. **e** Nen. *HB* 180 (v. a supra). **f** ?**1236** 'dedit Pater omne judicium Filio' licet 'quia Filius hominis est' Gros. *Ep.* 72* p. 217.

2 (w. n. pron., sb. or sb. cl. as subj.) to be permitted, allowed (also w. dat. of person): **a** (w. ref. to action); **b** (w. ref. to thing allowed for specified use).

a parva licere peto mihi, parva licere jubeto R. Cant. *Malch.* I 182; cui ex melancolie .. jure omnia ~ent Map *NC* IV 16 f. 58v; quicquid libet ~ere videtur Gir. *TH* III 24; predicta [sc. predicacio et confessionum audicio] non ~ent eisdem Conway *Def. Mend.* 1343. **b** Greci carnem morticinorum non dant porcis, pelles tamen vel coria ad calciamenta ~ent Theod. *Pen.* II 8. 7.

3 to be allowed by law, lawful (w. var. constructions as in 1–2 *supra*).

s1206 omnia ~ent vobis sed secundum jura civilia aliis judicibus non ~et de his que desunt advocatis supplere de facto, nisi tantum de jure *Chr. Evesham* 191; **1308** ballivus .. Simonem tamquam rebellem et inobedientem domino suo in hac parte etc. attachiavit per corpus suum quousque justificassset se etc. sicut ei bene licuit (*PlRCP* 170 r. 45) *Year Book* 13; **1587** bene ~ebit eis .. capere .. *housebote* .. *Pat* 1290 m. 40.

4 to allow (person), (pass., of person) to have permission, be allowed (in quots., w. inf., *cf.* 1a *supra*).

plenaque licemur / nobilitate dee summum contingere calcem Hanv. VIII 312; postmodum omnes ~entur potum haurire *Obed. Abingd.* 367.

5 (pr. ppl. *licens*): **a** unconstrained. **b** unrestrained, presumptuous.

a arbitrarii judicis absoluteque ~entis gratiam promeruere E. Thrip. *SS* II 13. **b** eis .. ~entiori vanitate mathematicorum referti sunt libri J. Sal. *Pol.* 418B.

6 (p. ppl. *licitus*) permitted, allowed, legitimate; **b** (as sb. n.) that which is permitted or allowed; **c** (*~itum est*, w. var. constructions or n. pl. as subj., also absol.) it is permissible, lawful.

non .. sine ~ita volentia viri Dei locum nidificandi sibi eligere presumebant Felix *Guthl.* 39; per ~itam quoque carnis copulam Osb. Clar. *V. Ed. Conf.* 13; **1555** ac per precentorem, thesaurarium .. et ~itos successores suos imperpetuum *Dign. Dec.* 137; **1595** concedimus .. gubernatoribus et magistro libere schole .. licenciam specialem liberamque et ~itam facultatem et auctoritatem .. habend', perquirend' et recipiend' .. *Pat* 1431 m. 19. **b** a ~itis quoque saniori potius electione abstinere, ad quod a Domino invitamur in monte J. Ford *Serm.* 100. 8; unde a ~itis nonnullis abstinuit, ut esset semper ab omnibus illicitis aliena *V. Ed. Rich P* 1775C; **1340** libitum refrenantes sub ~ito (*Lit. Regis*) Avesb. 88v. **c** responsum est non esse ~itum Christianam virginem pagano in conjugem dari Bede *HE* II 9 p. 97; fas erat, i. justum erat, ~itum, dignum, jus erat; fas est .. ~itum est *GlH* F 20–1; **1301** quod .. ~itum fuit eidem ut dicit et omnibus aliis de na[cione] *SelPlMan* 127; a papa pro causa heresis est ~itum appellare Ockham *Pol.* I 295; **1359** licitum sit predictis ballivo et viginti quatuor juratoribus sumptos suos rationabiles petere *Laws Romney Marsh* 73; **s1458** extunc ~itum sit .. comiti .. ad prosequendum execucionem dicte recognicionis *Reg. Whet.* I 305.

7 (3rd pers. sg. pres. ind. *licet* as conj.) although, even if: **a** (w. p. ppl., adj., or sb.); **b** (w. vb. ind.); **c** (w. vb. subj.). **d** whether (.. or).

a illustris vir .. ~et in medio barbarae gentis divinis cultibus mancipatus .. Aldh. *Met.* 2 p. 69; verum ille, frequenter ~et admonitus, spernebat verba salutis Bede *HE* V 13 p. 311; omne quod postulas a me impetrabis, ~et dimidium regni mei Nen. *HB* 37; in die, ~et pallidus, tamen quasi sanus .. ambulans Wulf. *Æthelwold* 30 [= Ælf. *Æthelwold* 20]; **s1239** ut honorem, ~et onerosum .. suscipere dignaretur M. Par. *Maj.* III 542; ideo est realis differencia, ~et modica T. Sutton *Quodl.* 117. **b** ~et .. uterque patriarcha .. supernae majestati gratissimus extiterat, ast tamen .. Aldh. *VirgP* 53; licet enim non omnis [Judeorum multitudo] affuit [v. l. omnes affuerint], omnis tamen assensum prebuit Petrus *Dial.* 134; officinas .. perfecit, ~et tunc fuit .. senio confectus *Chr. Rams.* 336; ~et aperte non reclamaverunt Graystanes 11; ~et cedere paratus fuerat Ad. Usk 30. **c** et licet exterius rutilent de corpore gemmae Aldh. *Aen.* 55. 4; neque confiderem liceat [AS: *þeah*] bene ambulasset dixit qui vidit strigas capite pregredientes *Prov. Durh.* 11; ~et servicium domini sui .. teneret in seculo, in celo tamen mente ac voluntate conversabatur W. Dan. *Ailred* 2 p. 2; causa inventionis cujus [pause], ut ubicunque inveniretur, penultimam notam designaret esse longam, ~et penultima brevis vel semibrevis foret Haudlo 160. 11. **d** si puellam Dei maculaverit, iij annos peniteat .., ~et pariat an non pariat filium ex ea Theod. *Pen.* I 14. 11.

8 (as prep. w. acc.) despite.

1383 qui quidem Willelmus licet aliquem statum per ipsum Johannem alicui factum nullam fecit attornacionem durante vita predicti Johannis *IMisc* 229/12.

9 (*clausula ~et* or sim., leg.) clause of *licet*.

a1400 confirmatio libertatum predictarum cum clausula ~et *MGL* I 163; **1413** et super hoc habito visu cartarum, concessionum et confirmacionum earundem cum clausula de ~et *Couch. Furness* I 221.

2 licēre, ~ēri [CL]

1 (act.): **a** to bargain, buy or sell. **b** to be on sale, (fig.) to be valued (at so much). **c** to offer for sale (also fig.).

a *bargainer*, ~ere, licitare *Gl. AN Ox.* f. 153v. **b** tanti aliis liceas, quanti tu te ipse licebis, / nec nisi res licitas, licet id liceat, liciteris Neckam *Poems* 126. **c** ~etur i. venum datur Osb. Glouc. *Deriv.* 315; quanti tu te ipse licebis Neckam *Poems* 126 (v. b supra); nullum de spiritualibus unquam / vel vendam vel emam; nec enim licet ista liceri H. Avr. *Hugh* 730.

2 (dep.) to make a bid for, offer to buy, (fig.) to value (at so much).

sunt alii qui sic sapientum scripta licentur, / ut nec centussem cuncta valere putent J. Sal. *Enth. Phil.* 1647.

3 licĕre [ML; cf. allicere, illicere]. to entice, allure, attract.

11.. licio -cis dicitur quod faciunt mulieres, unde hoc licium i. *luuiz WW Sup.* 90.

licescere v. 1 licere 1d. **licesca, licesta** v. lycisca. **licesterium** v. lectisternium 2a.

lichanos [CL < λιχανός = *forefinger*], (mus.) note of the string struck by the forefinger, second highest note of the tetrachord, note third from the bottom of the tetrachord.

parhypate hypaton, i. e. juxta principalem. ~os hypaton, i. e. indicis digiti principalis .. ~os meson, i. e. index illius tetrachordi Odington *Mus.* 81; paripate meson .. ypate meson .. licanos hipaton Will. 18; *Ib.* 20 (v. hypate).

lichen [CL < λειχήν], lichen, liverwort.

licena, que supra petram marinam nascitur, brionie cathaplasmus adhibita fluxum sanguinis abstinet, tumorem compescit *Alph.* 101; ~ines, i. impetigines *Ib.*; ~en *is called in Englise liverwurte* Turner *Herb Names* E 1.

lichenus, lichin- v. lychnus. **lichiasis** v. lithiasis. **lichitis** v. linozostis, lychnis. **lichnus** v. lychnus. **lichos** v. lithus. **lichospermatis** v. lithospermon.

liciatorium [LL]

1 weaver's beam, roller on to which cloth is wound as it is woven.

~ium, *hebelgerd GlC* L 178; **9..** ~ium, *webbeam*, .. ~ium, *hefelgyrd WW*; ~ium, *lorh* vel *webbeam* Ælf. *Sup.* 187; **10..** ~ium, *websceaft WW*; ~ium .. i. lignum, quo licium involvitur Osb. Glouc. *Deriv.* 305; primi hujus textrini operis hic telam succidimus, a donationibus benefactorum nostrorum cum competenti gestorum velatione in ~io calami secunde portionis fila compondituri *Chr. Rams.* 45; juxta ~ium orditur textor, duplicique ordine distincto stamini trama interjecta maritabitur Neckam *NR* II 171; *beem of webstour lome*, ~ium *PP*; *a beme of a webster*, jugum, ~ium *CathA*.

2 treadle.

~ium, A. *a tredel WW*.

3 thread (for weaving), warp (also fig.).

11.. ~ium *hefeld WW Sup.* 210; quibus compactis sedit animo in capite libri de capite Sancti Oswaldi que a domino Rievalensi didici in sermonis prohemio ponere, et mox in continenti de brachio illius incorruptionis primordii hujus ~io texere R. Cold. *Osw.* 45; ~ium, *thrumme or a warpe* (*Medulla*) *CathA*.

licidus v. liquidus.

licinitorium, implement for smoothing, sharpening, or cutting, sleekstone.

instrumenta mulieribus convenientia: .. calotricatorium, ~ium, quod monachi dicunt lucibriciunculum [*gl.*: ~ium, Gallice dicitur *liche*] GARL. *Dict.* 134; *slekeston*, lenitorium .. lucibriciunculum .. ~ium *PP*; †litatorium, A. *a slykston*, .. hoc lacinatorium, *a slekstone WW*; *a sleght stone* lamina, ~ium, lucibriciniculum *CathA*.

1 licinium [LL], lint.

~ium ex panno formatum GILB. IV 204v. 1; cum ~io intromisso *Ib.* VII 296. 1; petito ~ii filo, puerum cepit mensurare R. BOCKING *Ric. Cic.* II 1 p. 309C; item calx alba et lenis qua utuntur artifices sepe insuffletur et ~ium in albumine ovi intinctum in ea involvatur et immittatur GAD. 9. 2; distilletur in aurem vel intromitatur cum ~io *Ib.* 116v. 1; fiat unguentum, et utere cum ~io vel cum tenta quod idem est *Ib.* 118. 1.

2 licinium v. lychnus.

licinius, licinus v. lychnus. **licisc-, liciss-** v. lycisc-.

1 licitare, to permit, allow.

~are, licere, permittere OSB. GLOUC. *Deriv.* 329.

2 licitare v. licitari.

licitari [CL], **~are** [LL], to put a price on, value, put up for sale. **b** to offer or bid (money).

inde ~or, ~aris, i. venundare OSB. GLOUC. *Deriv.* 315; NECKAM *Poems* 126, *Gl. AN Ox.* f. 153v (v. 2 licere); [rex] contrahit in morem nostrum licitare [*gl.*: *bargayner, vendere, taxare*] cruorem GARL. *Mor. Scol.* 523; **1554** bona et mercimonia predicta omnia et singula vestra auctoritate .. apprecianda et ~anda sicque appreciata et ~ata publici vendicioni plus offerenti exponenda *SelPlAdm* 93. **b** multa deinde ~ata est pecunia R. NIGER *Chr. I* 102.

licitarium, spindle (*cf. liciatorium*).

SPELMAN *Asp.* 115 (v. 2 fusus 4).

licitatio [CL], offering of a price, bidding (at auction).

1166 certa ~one proposita cancellariam illam dignitatem multis marcharum milibus obtinuisse G. FOLIOT *Ep.* 170 p. 230; ~o, venditio OSB. GLOUC. *Deriv.* 327; ~one vincens libros de domo venditoris per violentiam asportavit P. BLOIS *Ep.* 71. 220A; [amicitia] virtus est et non questus; non pecunia conciliatur, sed gratia: non ~one pretiorum, sed concertatione mutue benevolentie gignitur et fovetur *Id. Opusc.* 878A; hoc utique genus hominum, qui ~one previa pretio vel permutatione negotiantur, Ysacarite agnominantur R. NIGER *Mil.* IV 30; o quam mirabilis hec licitacio / .. / o quam mirabilis Dei dignacio, / quem Judas asino vix equat precio WALT. WIMB. *Carm.* 468.

1 licitator [CL], one who bids at auction or buys and sells, merchant, retailer.

~or, mercator, institor, aucionator, mango OSB. GLOUC. *Deriv.* 327.

2 licitator [cf. CL lictor], official, attendant, henchman, executioner.

~or, persecutor, gladiator, apparitor, lictor, grassator, tortor .. cui multa facere licet OSB. GLOUC. *Deriv.* 329.

licite [CL]

1 rightly, justly, lawfully.

1179 quia in omnibus fere locis crimen usurarum invaluit, ut multi negotiis pretermissis, quasi ~e usuras exerceant (*Lit. Papae*) *G. Hen. II* 232; **s1198** falsa suggestione minus ~e per ordinis transgressores perquisita in dedecus .. ecclesie GERV. CANT. *Chr.* 555; adscriptitiorum ejus fundos adeant et eorum catalla ~e vendant *Dial. Scac.* II 14c; **1308** heredibus .. ~e procreatis (*Test.*) *MGL* I 684; **1312** Ricardus B., nativus domini, dat domino ij capones per annum .. ut ~e possit manere super libero tenemento *Rec. Elton* 193; licet quidam ~e, quidam vero illicite, uti noscantur OCKHAM *Pol.* III 8.

2 with permission, without let or hindrance, freely.

1230 concessimus quod ~e .. redire possit in Angliam *Pat* 400; **1254** ~e transeant per .. districtum .. Vasconie *RGasc* I (*sup.*) 3.

1 licium [CL]

1 length of yarn, thread, thrum, string.

ALDH. *Aen.* 33. 3 (v. filum 2a); *Id. VirgV* 1428 (v. edax b); nil dura sororum / licia, nil superi peccant J. EXON. *BT* I 136; [textor] cidulas habeat trabales .. ~ia [*gl.*: *hevelyredes, filys* A. *evedles*] tam teni[i]s quam fimbriis apte associentur NECKAM *Ut.* 106 (v. *Teaching Latin* I 184); **c1270** exitus lane: in ~iis faciendis j petra *Ac. Beaulieu* 221; licium, *throm WW*.

2 wick (of lamp).

1506 item servabit lampadem continue .. ardentem et lucentem oleo et ~io capituli *Reg. Aberd.* II 104.

2 licium v. lycium.

licius v. lituus, lucius. **licor** v. liquor. **licoricia, ~ium** v. liquiritia. **licos** v. lycos. **licosperm-** v. lithospermon. **licraponum** v. lysiponum.

1 licta [ME *lict, light*], (source of) light, lamp.

in tabula argentea ante majus altare accrevit duas ~as de emalo *Flor. Hist.* II 45.

2 licta v. lytta.

lictor [CL]

1 official or attendant (esp. royal), serjeant, bailiff.

†**949** (16c) quique rex confert alacriter larga lucra ~oribus ut deinceps accipiat caritatis charismata *CS* 882; cum .. carnifices trepidarent ne cives .. regios ~ores trucidarent .. ORD. VIT. IV 14 p. 267; **s1381** Johannes Leg, unus ex ~ibus regiis WALS. *HA* I 462; hic ~or, *a sargent WW*; *a typstaffe*, ~or LEVINS *Manip.* 9.

2 executioner, assassin, torturer; **b** (w. ref. to martyrdom of Thomas Becket); **c** (w. ref. to hell).

s754 tunc etiam versa vice pro amicis inimici et novi denique ~ores [vv. ll. litores, lectores] pro noviciis fidei cultoribus advenerant WILLIB. *Bonif.* 8 p. 49; ~oris *cwelres GlP* 327; aut innocentem ~or feriat, aut noxiis parcat GOSC. *Edith* 64; judex .. / dat assensum clamantum vocibus; / laniatur lictorum manibus / pectus pium J. HOWD. *Ph.* 137; **s1295** primo pelle bovis stratus, ascensis sex ~oribus equos, caudis ipsorum distractus per civitatem Londonie *Flor. Hist.* III 282; hic ~or, *a turmenter WW*; *an hangeman*, ~or, polictor *CathA*. **b** ecce ~ores perscrutato palatio ecclesie conglobati per claustra ruunt W. CANT. *V. Thom.* II 41; lictorum gladiis cervix [sc. S. Thome] oblata cruentis GERV. CIC. *Vers.* xlvii; ~ores .. hinc inde feriunt et referiunt H. BOS. *Thom.* VI 8; mutilaverant eum accusator ejus Fulco et ejusdem nominis regis officialis .. et cum iis ~ores alii duo BEN. PET. *Mir. Thom.* IV 2 p. 177. **c** semper lictores sunt ad tormenta recentes, / impia, seva cohors D. BEC. 293.

lictum v. 2 lutum. **licusta** v. locusta.

lidere [CL], to strike, knock against. **b** (*pede ~ente*) missing one's footing, tripping.

1254 venit cum quodam rastello et tetigit super flagellum .. et flagellum illud ~endo fregit *JustIt* 872 r. 36. **b 1302** sicut .. J. .. transivit pontem de Aston' .. pede ~ente cecidit in ripariam *SelCCoron* 60; pede ~ente cecidit in ripariam per quod se ipsum submersit *Ib.* 61.

lidiata [ME *lidiat, lidgate* < AS *hlidgeat*], 'lidgate', swing-gate.

c1160 a lithieta monachorum usque ad fossatum *E. Ch. Yorks* XI 158; **c1160** de ladhieta monachorum sicut via vadit usque Berclif *Ib.* 161 (cf. *Cart. Fount.* II 517; cf. ib. 540: *le lidtyate*); **1293** accopati de prostracione sepium et fossarum et lydiate abbatis *CourtR Hales* 224.

lidoria v. loedoria. **liegancia** v. ligantia. **liemarius, liemerus** v. 1 limarius.

1 lien [CL *as sb. m.*; ML *also as sb. n.*]

1 spleen.

camomilla .. / gingivis prodest lesis purgatque lienem NECKAM *DS* VII 111; †quidem [l. quidam] exponunt lien, i. splen *Alph.* 100; lien rarae sustantiae viscus, ventriculo adjacet ad sinistrum latus D. EDW. *Anat.* B 1.

2 part of gut, jejunum, small intestine.

hoc lien indeclinabile i. quedam pars intestinorum .. et inde lienosus .. i. ex lien habens infirmitatem OSB. GLOUC. *Deriv.* 301; lien est †quod [l. quoddam] intestinum quod vocatur jejunum, inde dicitur lienteria *Alph.* 100; lien, *flyxrop, long gutte WW*; *CathA* (v. decausa).

3 throat, gullet.

a strowpe, lien *CathA*.

2 lien [AN, ME *lien* < ligamen], (leg.) bond, lien.

1204 [burgenses de Lenna] quieti sint de theloneo, lestagio, passagio .. stallagio et de liene et de danegald' *RChart* 138b (*K's Lynn, Norf*).

lienosus [CL], suffering from or affected by a diseased spleen.

OSB. GLOUC. *Deriv.* 301 (v. 1 lien 2).

lienteria [CL], lientery, form of diarrhoea in which food is passed undigested.

post dysenterie languorem incurabilem incurrit ~ie dissolutionem R. COLD. *Godr.* 202; infirmitate gravi quam medici ~iam vocant totum fere annum laboravit J. FORD *Wulf.* 105; **s1186** tandem morti appropinquans in ~iam prolapsus interiit M. PAR. *Min.* I 436; **s1294** ex nostratibus .. lyenteria lacessitis, milleni homines .. spiritum exhalarunt *Flor. Hist.* III 91; videamus de ~ia: dicitur enim ~ia a lenitate intestinorum vel a lubricitate eorum .. ~ia est quando illud quod comeditur in eisdem fere qualitatibus in quibus fuerat assumptum cito egreditur GAD. 56. 1; ~ia est fluxus ventris quando qualis cibus recipitur talis emittitur, et dicitur lienteria a levitate interiorum i. intestinorum, ideo cibus cito labefacit a stomacho *SB* 27.

lientericus [CL], one who suffers from lientery.

filius .. nobilis .. dysentericus vel ~us, non enim .. de specie morbi ad plenum certiorati sumus W. CANT. *Mir. Thom.* V 36; trocisci ad dissintericos et ~os optimi GILB. V 221v. 1.

lienteriosus, of lientery.

si fluxus sit chilosus vel lubricus vel ~us de causa [? l. decausa] frigida GAD. 6. 2.

lienum, ~ium [AN, ME *lien*, OF *liien* < CL ligamen]

1 lead (of dog), leash.

1257 obviaverunt quibusdam malefactoribus in foresta .. qui duxerunt tres canes in ~o *SelPlForest* 99; **1286** pro ij ~iis emptis ad duos lutarios regis, xvj d. *KR Ac* 351/20 m. 3; **1287** pro ij chathenis et ij lyenis emptis ad duos limarios quos comes de Artoys presentavit domino regi Parisiis, xiiij s. *Ib.* 351/24 m. 5.

2 ? tie-beam.

1320 item in j carpentario locato per viij dies ad fac' mangeria in stabula dictorum equorum et ad parietem ejusdem domus cum spikis et liernis corig' *MinAc* 865/4 m. 3 (*Adderley, Salop*).

lifus [cf. CL libum], loaf (of bread).

hic ~us, *a lofe WW*; **c1495** quadraginta lifos sive panes *Vestry Bk, St John's Bristol*; **1543** J. R. vidua est communis pistor et facit liphum albatum *Draft Court Bk. Guildford* 80 (cf. *Guildford Borough Records, Surrey Rec. Soc.* XXIV 50).

liga, ~ia [ML; cf. ligamentum] *V. et.* 2 *ligua.*

1 band, bond, tie: **a** (for tying sheaves); **b** (made of metal).

a 1239 sumptor .. ab omnibus iconomis garbam de trium ~arum longitudine, sc. frumenti, hordei et avene, annuatim recipere debet *Conc.* I 665b. **b 1426** pro tigno et ~is ferriis ad quarterium quondam Ade G., proditoris demembrati, ponendum in loco fori dicti burgi *ExchScot* 418; **1433** [lego] unum maser *flat* cum singula ~a argenti deauratum *Test. Ebor.* II 48; **1461** per solucionem factam uni tigulerio .. et calce, .. fenistris, ostiis, ~is ferreis, scapulis [etc.] *ExchScot* 106.

2 (fig.): **a** tie, link, bond (between persons). **b** league, confederacy.

a statutum est quod clericus sit specialiter deputatus per regem non habens aliquam ~am vel domicilium cum camerario .. (*Iter Cam.*) *RegiamM* I 168; peccatur enim in Patrem (et per consequens in totam Trinitatem) quando ~a qua coleretur omnipotens Pater dissolvitur WYCL. *Apost.* 1. **b 1317** [auctoritate] dissolvendi omnes obligaciones, ~as, confederaciones .. inter quoscumque factas *Mon. Hib. & Scot.* 189b; barones .. cum rege Francorum per litteras suas ~ias fecerant TREVET *Ann.* 186; **1341** ~ias, pacta, et uniones nostras noverunt (*Lit. Imperatoris*) W. GUISB. *Cont.* 389; **1341** qualiter vestra consideracio circumspecta .. nobiscum contra .. Philippum vestra gratia ~am fecit (*Lit. Regis*) AVESB. f. 98a; **1343** ad tractandum et conveniendum cum nobili viro Willielmo de Douglas super ~a inter nos et ipsum W. ineunda .. concedimus .. potestatem *RScot* 640b; **s1386** rex Francie propter ~am cum rege Hispanie .. voluit .. in Angliam transfretare *Eul. Hist. Cont.* 358; **s1404** ~a inter fortes patrie et exules silve AD. USK 94; **1436** inter ceteros articulos in ~a inter dominum et patrem nostrum et hunc ducem et communitatem de Janua facta et conclusa *Cl* 286 m. 7; **1439** quantis .. expensis .. nuncii .. vestri, harum ~arum occasione, paucis ab ante diebus onerati extiterint BEKYNTON I 76; **s1323** renovata est confederacionis ~a inter reges Francie et Scocie *Plusc.* IX 21.

ligabilis [ML], that can be bound: **a** (mus., of note that can be bound to another) that can exhibit ligature. **b** (of artefact) that can be bound with another substance (in quots., of wheel bound with iron or of cart having such a wheel).

c (of abstr., in quot., of human act bound by law).

a sextus modus ligatur cum proprietate vel opposita proprietate et sine perfectione, sic: .. et †sit [l. sic] quotlibet fuerint, sunt ~es nisi pausa interveniat ODINGTON *Mus.* 139; denique viciosum est notas ~es non ligare, ligareque nonligabiles HAUDLO 140 [cf. HAUBOYS 330]. **b 1355** in ij paribus rotarum pro carrect' ~es [*sic* MS] et iij paribus rotarum pro curten' *MinAc* 899/10 m. 2; in altero pari rotarum ligabil' *Ib.* **c** potestas sua [sc. pape] data est sibi a Christo ut liget quod est ~e recte ab homine GASCOIGNE *Loci* 33.

ligacularius, 'pointer', maker of points or laces for fastening clothes.

in urbis exitu, egressu vel fine incolitant acicularii, ligacularii [*gl.*: *poynters*], tornatores .. cum aliis artificibus WHITTINGTON *Vulg.* 66.

ligaculum, rope, cable.

1564 item duo ~a sive cabulas dictas *cables SelPlAdm* II 129; **1568** P. Gibson contra .. duas ancoras et duo ~a in villa de R. *HCA Act Bk.* 13 f. 72; Hugo Martyn de R. contra .. apparatus, ornamenta et municiones utpote anchoras, cabulas, ~a, et rudentes navis vocat' *the Rose de Dantisca* [*Danzig*] *Ib.* 174v.

ligamen [CL]

1 tie, band, lace: **a** (for binding sheaf of corn); **b** (on article of clothing).

a c**1230** eliget sibi meliores spicas et pro ut ~en de spicis confectum poterit comprehendere faciet sibi garbam de melioribus spicis et eam habebit *Cust. Waltham* f. 202v; c**1280** debet eligere ~en suum de blado longiore in dicta terra *Crawley* 235. **b** forte ~ina vel fasciamenta femoralium circa crura solvuntur GOSC. *Transl. Mild.* 22 p. 187; s**1259** (v. coifa 1a); **1453** vj pectinibus cum ~inibus pro botis et aliis necessariis *Ac. Durh.* 190.

2 (anat.) ligament, tendon, muscle.

BART. ANGL. V 18 (v. furcula 3).

3 band that connects parts of artefact or reinforces structure; **b** brace or band on door or window. **c** tyre iron or barrel hoop. **d** strengthening band (in mill). **e** tie-beam. **f** binding (in wattle and daub wall). **g** handle.

1286 in ij bussellis carbonis maris .. ad facienda ~ina ad magnas campanas in turri Julii Cesaris *KR Ac* 462/11; **1296** in mercede U. Fabri pro xxviij petris ferri fabricandis ad ~ina gubernilis et buzonis ad *spurches Ac. Galley Newcastle* 178; **1319** custus carectarum: .. in iiij ~inibus ferr' factis pro ij jugis ligand' ob. *MinAc* 992/10 m. 2; **1368** cum ij ~inibus pro carucis faciendis *Ib.* 1039/14; **1526** pro .. j petra ferri pro ~inibus ferreis pro ponte de Rilly *Ac. Durh.* 108. **b 1296** in clx clavis viz. *spyking* cum duobus ~inibus ferri ad portam anteriorem *Ac. Galley Newcastle* 164; **1338** in viij ~inibus ferri emptis pro hostio coquine xvj d. (*MinAc*) *Surv. Durh. Hatf.* 204; **1344** (v. 1 gumphus 2); **1374** ~ina lignea (v. fenestrella); **1409** sunt defectus notorii in fenestris, tam in vitro quam in ~inibus ferreis *Fabr. York* 247; **1472** pro factura ~inum ferreorum pro fenestris vitriis tam in ecclesia cathedrali Ebor' quam in berefrido vj s. viij d. *Ib.* 78. **c 1290** (v. hurturium); **1302** in ~inibus ad easdem cum alio attiro ad easdem rotas de proprio ferro facto *Fabr. Exon.* 21; **1319** in xj ~inibus ferr' emptis pro rotis carectarum manerii ligand' una cum *wenileg' MinAc* 992/10 m. 2; **1328** idem computat .. in tribus magnis cacabis, septem magnis patellis, quatuor magnis ollis eneis, cum ligamine dictorum vasorum *ExchScot* 119; **1368** in j ~ine ferr' empto pro rota carect' inde ligand' iij d. *MinAc* 1039/14. **d 1211** (v. arbor 2a); **1305** in trab' sub molis de molendino ventrit' et iiij ~inibus ex parte venti de novo faciendis cum maeremio prostrando et scapulando *MinAc* (*Suff*) 991/27; **1320** in ij ~inibus ferr' emptis pro axe [sc. molendini] vij d. *KR Ac* 482/1 m. 5*d*; **1326** in xvj peciis ferri xvj virgis calibis pro fusilli ~ine ad axes et billa .. molendini inde faciend' *Doc. Leeds* 88. **e 1337** pro stipendiis iiij sarratorum .. sarrancium meremium in postibus, ~inibus ac plaunchuris, tam pro portis castri quam bretagio pele (*KR Ac* 19/40) *Cal. Scot.* III 367. **f** c**1435** et in virgis emptis pro *watlyng sprendelles* et ~inibus, x d. ob. (*Rec. St Michael's, Bishop Stortford*) *OED* s. v. *wattling*; **1532** [*3d. was paid for bindings*] ~inibus [*and 'splentes'* (i. e. *stakes*) *for a wall*] (*Ac. King's Hall, Cantab.*) *Building in Eng.* 189. **g** a**1445** ij patelle cum ~inibus ferreis; .. j *tankard* cum ~ine ferreo (*Invent.*) *Paston Let.* I 20.

4 bandage, winding-cloth.

soluto ~ine inventum est vulnus curatum W. CANT. *Mir. Thom.* III 15.

5 (mus.) ligature.

WILL. 23 (v. ligare 3c).

6 (her.) bend.

1399 arma de rubio cum ~ine blodio et una merinula aurea AD. USK 38.

7 bond (that restricts movement): **a** fetter, shackle (for person); **b** leash, tether (for animal); **c** (fig.).

a ALDH. *VirgP* 35 (v. enodare 1a); fortiter astrictus loris Wigorniam delatus est. ubi cum ~ina ejus solverentur, abjecit vestes *Mir. Wulfst.* 1. 15; tolle de medio cathene ligamen / ut liberati libertate fruantur J. HOWD. *Cant.* 13; PECKHAM *Paup.* 90 (v. fascia 1c); **1337** diabolum ligatum in quodam ~ine (v. diabolus 1d). **b 1212** S. de Bello Campo tenet Cotes de domino rege in capite per j brachettum cum ~ine *Fees* 152; **1243** pro uno bracheto et uno ~ine *Ib.* 1001; **1272** item de annuo redditu iij certa rosarum et j sagitta barbil' et j ~en ad brachettum *IPM* 42/6; **1372** predicti leporarii fregerunt dictum ~en et ceciderunt super unam damam (*TR Forest Proc.* 307) *SelPlForest* l; **1381** nullus eorum ponant equos in ~inibus noctanter infra blada *Hal. Durh.* 165. **c 961** (12c) licet .. verba sacerdotum .. indistrictis ~inibus stabilita sint *CS* 1071; diffusas cogitationes suas in se reversus rationis ~ine .. restrinxit ORD. VIT. IV 11 p. 250.

8 band, link, connection.

omnipotens Flamen, Patris Prolisque ligamen R. CANT. *Malch.* 147 (= *Id. Poems* 291. 1); ad presens vero loquimur de formatione que est naturali ~ine et experimentali cognicione, de qua dictum est in precedente quaestione R. MARSTON *QD* 427.

9 what confirms a bond, oath (of loyalty).

1306 facient regi Anglie homagium et fidelitatem et ~en, ut legio domino, contra omnes homines (*Lit. Regis*) OTTERB. 102; c**1382** forma ~inis pro tempore rumoris sive perturbacionis populi ..; A. B. et C. .. recognoverunt se .. *Mem. S. Edm.* III 143.

10 what is bound together, bundle, sheaf, file (of documents).

1199 (v. de 13d); **1201** non latuit breve in ~ine *CurR* II 14; **1283** viginti et octo rotulos in uno ~ine de placitis foreste in comitatu Suthampt' de itinere R. de C. (*Pat* 102 m. 4) *SelPlForest* l n. 4.

ligamenarius, lyam-hound (in quot., fig.). *V. et. limarius.*

capite eum, capite eum, bene enim loquitur iste vetulus ligaminarius [sc. Lanfrancus] *Vex. Will.* 187.

ligamentalis, composed of ligament, tendon, or muscle.

matrix .. interior ~is, i. e. ex ligamentis *Ps.*-RIC. *Anat.* 40 p. 22; habet virga virilis conpositionem ~em *Ib.* 40 p. 29.

ligamentum [CL]

1 bandage.

GAD. 123. 1 (v. binda 3).

2 (anat.) ligament, tendon, muscle. **b** root (of tooth).

acroteria, ~a articulorum, que etiam internodia dicimus OSB. GLOUC. *Deriv.* 55; hec siquidem ~a, cum superfluitatem habeant plurimam, contingit abrumpi *Quaest. Salern.* B 297; GILB. VI 280v. 1 (v. 1 hirnea a); RIC. MED. *Anat.* 218 (v. chorda 1); *Ps.*-RIC. *Anat.* 5 (v. alahacab); fistula ossium, ~orum et aliquorum membrorum insensibilium GAD. 126v. 2. **b** nomine dentis quandoque os ipsum simpliciter intelligitur, quandoque cum suis ~is GILB. III 159v. 1.

3 band that connects parts of artefact or reinforces structure, tie-beam or clamp.

1294 in grangia apud le Berwyk et emend' cum postibus et subpodiament' et ligament' de novo imponend', x d. *MinAc* 991/24; **1384** in stipendio fabri fabricantis ij ~a pro eisdem *sailwandes* ligandis *DL MinAc* 507/8228 m. 8; **1452** pro diversis ~is vocatis *dogges* ad ligand' trabes in domo cuneorum et *le coynynghous KR Ac* 294/7 r. 2.

4 bond (that restricts movement), tether, leash.

fractis eorum ~is et frenis, loris ac habenis FORDUN *Cont.* XIV 38.

5 (fig.) bond, link, connection.

800 si vero sentias .. tibi inpedimento esse pacificae servitutis, qua domino Deo deservire debeas, saecularem possessionem, melius est mox praecidere funem iniquitatis illius, quam vana spei ~a in longum protrahere tempus ALCUIN *Ep.* 209; **1265** racione ~i conjugalis inter vos et .. filium nostram celebrati *Cl* 102; **1279** quod .. vobis persuasum est vos a principio solutionis suo tempore non facte in excommunicationis sententiam minime incidisse, propter hoc quod inferiores collectores dilationem concedere videbantur, sed extunc cum per majores vobis innotuit ~um, .. sciatis .. esse frivolum et inane PECKHAM *Ep.* 51; predestinati licet ad tempus prevenitur fluente gracia, habent tamen radicalem graciam a qua non possunt excidere, et sic habentes duplicem graciam duplici vinculo sunt ligati. ~um tamen primum est insolubile WYCL. *Eccl.* 75.

ligana v. lisana.

ligantia, ligeantia [ML; cf. OF *liance, ligance, ligeance*]

1 duty or obligation by liege-man or vassal to his lord, allegiance: **a** (owed to the king); **b** (by foreign king); **c** (by place or region); **d** (owed to other lord or unspec.).

a s**1170** accipientes fidelitates et ~antias a comitibus *G. Hen. II* I 3; **1174** homines mei omnes qui me dereliquerunt reversi sunt .. in homagium et ~antiam meam *Act. Hen. II* II 21; **1190** reddimus .. Willelmo regi Scocie legantias hominum suorum (*Ch. Ric. I*) FORDUN *GA* 20 p. 273; **1296** resignamus totam terram Scocie .. una cum homagiis et lieganciis universis (*Lit. Regis*) BOWER XI 26; **1322** licet .. comes .. contra homagium, fidelitatem, et leogantiam suam .. male se gesserit TROKELOWE 115; **1352** licet ipse de ~eancia nostra existat (*Breve Regis*) *Reg. Heref.* 337; **1382** congregando sibi novem socios ignotos ad insurgendum contra legienciam suam *SessPCambs* 51; ut .. nostram fidem, fidelitatem, et veram ~entiam, quamdiu viveremus, servaremus *Misc. Scrope* 292; **1432** noscens te et tuos sub nostra legeancia constitutos *FormOx* 439; s**1399** legiancie, fidelitatis, subjeccionis, attendencie .. juramentum .. totaliter reddiderunt AD. USK 32; **1455** super fide et ~iantia quibus .. tenemur .. vobis *Reg. Whet.* I 184; **1588** proditores contra nos .. supremam dominam suam .. nec debitas ~eancias suas ponderantes *Pat* 1321 m. 4. **b** s**1292** cui [sc. Edwardo I] idem Johannes homagium et ~antiam pro regno Scotie fecit *Ann. Lond.* 100; in exigendo et recipiendo ab eodem [rege Scocie] .. fidelitatis et ~eancie juramentis [? l. juramenta] AVESB. 80. **c 1252** mos dedisse .. totam terram nostram Vasconie .. sine ullo retenemento, salva nobis ~antia ejusdem terre (*Pat*) *RL* II *app.* 388; **1254** ~iancia ipsius terre *RGasc* I 484; **1419** M. F., nata in Jeddeworth quando erat de ~eancia regis Anglie *Mem. York* II 115. **d** c**1160** hanc donationem .. feci predicto Johanni die qua ipse Johannes humagium et ~entiam apud Norhantona mihi fecit *Danelaw* 336; a**1165** nisi quod solam lijanciam ipsius R. et heredum ejus retineo michi et heredibus meis ita quod propter recognicionem lijancie eorum recipiemus ab eis .. *Cart. Wardon* 19*d.*; c**1173** me dedisse .. Willelmo de C. pro homagio suo et servicio et ~iantia x libratas terre *Danelaw* 361; si inter dominos suos capitales inimicitie oriantur, in propria persona semper stabit cum eo cui fecit ~eantiam BRACTON 79b; detestabile quippe est in monacho, ut sub quocunque honoris colore aut titulo potestatis habeat feuda, servos et ancillas, homagia et fidelitates atque ~antias P. BLOIS *Ep.* 102. 320A.

2 oath of allegiance: **a** (made to the king); **b** (by foreign king); **c** (unspec.).

a 1213 qui homagium nobis vel ~antiam fecerunt, quod .. sint apud Doveram .. ad defendendum caput nostrum (*Lit. Regis*) WEND. 66; s**1150** barones Anglie fecerunt ~antiam et fidelitatem Eustachio, filio regis Stephani M. PAR. *Maj.* II 186; si contingat guerram moveri inter reges, remaneat .. quilibet eorum cum eo cui fecerit ~eantiam BRACTON 427b; s**1209** liberi homines per totam Angliam regi ~antiam faciunt *Ann. Wav.* 262; s**1334** magnates Scocie qui homagia et legiantias suas ei [sc. Edwardo de Balliolo] fecerant *Meaux* II 372. **b 1174** heredes regis Scottorum et baronum et hominum suorum homagium et ~anciam facient heredibus domini regis *Anglo-Scot. Rel.* 2 (4); s**1175** rex Scottorum cum universis regni sui nobilibus .. regi Anglorum .. hominium cum ~iantia, i. e. sollemni cautione standi cum eo et pro eo contra omnes homines .. fecerunt W. NEWB. *HA* II 38; rex Scocie .. fecit etiam homagium et ~anciam, de omni terra sua, ut proprio domino TREVET *Ann.* 81. **c** unum eorum [sc. homagiorum] oportet esse precipuum et cum ~eancia factum GLANV. IX 1 (v. homagium 1a).

3 obligation made on oath, contract.

1227 parentes sui dederunt leganciam pro feminis maritandis *BNB* III 621; in fidei ligiencia jam injungo ut honor sine pudoris labedine observetur *Regina Rhet.* 179.

4 (*sub pena ~ie*) under pain of (loss of benefits of) allegiance.

1419 proclamatio de pace conservanda et de vigiliis faciendis sub pena ~eantie *MGL* I 644; **1460** quod esset commissio directa sub pena legiancie et pena mortis et privacione bonorum vicecomiti, domino W. C. [etc.] .. quod assistant .. *Paston Let.* 611.

ligarare ? *f. l.*

1375 quod nullus eorum permittant uxores eorum †ligarar' [*or* lignrar'; ? l. linguari] vel dedicere aliquibus de vic[initate] *Hal. Durh.* 131.

ligare [CL]

1 to bind, fasten: **a** (w. spec. material; also absol.); **b** (crop or wool in bundles or sheaves; by metonymy, field in which crop grows; also absol.); **c** (kindling or wood). **d** to bandage (part of body). **e** to bind (book).

a perpendiculum, modica petra de plumbo †qua licant [l. quam ligant] in filo quando aedificant parietes, *pundar*

Gl. Leid. 13. 40; c**1336** in cordis emptis pro providencia ~andi et trussandi, ij s. vj d. *Ac. Durh.* 532; **1343** coreo pro pellic' ligand' *Ib.* 169; **1374** in canabo empto pro aqueductu ligand' *Ib.* 578. **b** c**1230** qui vellera ~ant (v. ligator b); debent .. sarclare v acras et dimidiam frumenti .. et metere et ~are *Cust. Battle* 54; **1292** non ~avit bladum domini sicut vicini sui fecerunt *Rec. Elton* 30; **1292** adjuvabit fodere iiij *daywerkes* terre ad linum, seminare, rakiare, abstraere, rippliare, ~are, in aquam ponere, levare et siccare sine cibo *MinAc Essex* (*Wickham St. Pauls*); debent cc acras terre .. metere, colligere, ~are WHITTLESEY 195; **1326** quilibet *undersetle* metet dim. acram bladi in autumpno et ~abit et siccabit sine cibo *CBaron* 146; **1351** in expensis xl operariorum veniencium de precc ballivi ad metendum et ~andum bladum domini *Rec. Elton* 373. **c** *Ac. Beaulieu* 200 (v. fornilla a); **1314** S. de H. existens super carectam sarceratam [v. l. carcatam] de fagotis, et ~ando eam, cecidit pro mocione unius equi *Eyre Kent* I 154; **1431** Johanni S. locato .. ad ~andum fustulas predictas cum una cordula empta pro eodem opere *MS Devon RO Exon. Receiver's Ac.* m. 1*d*. **d** hic debet mittere chrisma in fronte ipsius hominis et dicere: "accipe signum sanctae crucis chrismate ..". postea hanc orationem recitare debet . . . modo ~andi sunt EGB. *Pont.* 7; clausos sive ~atos oculos habentes ANSELM (*Lib. Arb.* 4) I 214; furem .. ~atis .. oculis, a carnificibus retroactum, desiliuisse in preruptum, nec lesum W. MALM. *GP* I 19 p. 31; [brachium] penitus inutile jugiter a collo ~atum pendebat *Mir. Wulfst.* II 7; extrema debent ~ari GAD. 10. 1 (v. binda 3); medicus morbidum cancro vel coroso quovis morbo languentem sepius ~at FORTESCUE *NLN* I 25. **e** **800** ut jubeatis ~are et involvere et in modum unius corporis conponere has quaterniones ALCUIN *Ep.* 201; nam, quotiens potero, Laurentius esse studebo, / hoc donec ceptum fine ligetur opus L. DURH. *Hypog.* 66; c**1205** hiis testibus .. Michaele qui vendit libros, Johanne qui ~at libros *E. Ch. S. Paul.* 167; c**1266** libros .. ~are, et, quociens opus fuerit .. resarcire *Cust. West.* 36; **1295** antiphonarium .. ~atur in corio *Vis. S. Paul.* 324; c**1300** duo psalteria insufficiencia, male ~ata *Ch. Sal.* p. 370; **1414** (v. catenare c).

2 to bind, reinforce: **a** (artefact or implement); **b** (cart); **c** (wheel with iron tyre); **d** (barrel or vessel).

a **1274** pro j sacco empto ad harnesiam domine Alianore bene ~ato de coreo .. vj s. viij d. *Househ. Henr.* 403; **1310** (v. corium 2a); **1338** item v furce pro fimo ferro ~ate *Ac. Durh.* 200; **1374** in iij peciis ferri emptis pro trendella ~anda *Doc. Leeds* 112; **1388** cum ij tribulis factis, quarum una de ferro et altera ferro ~ata *Ac. Durh.* 266; **1464** j magna archa cum ferro ~ata; .. j longa cista ferro ~ata (*Invent.*) *Feod. Durh.* 191. **b** **1211** in bigis ~andis et ferro empto ad idem iij s. vj d. ob. *Crawley* 197; **1225** in karecca ~anda iiij d. ob. (*KR Ac*) *Househ. Ac.* 140; **1298** fabro pro una carecta ~anda vj d. *Rec. Elton* 65; **1350** in stabulo: .. iiij corde ad ~andum carectas *Ib.* 386. **c** **1257** in dictis rotis cum veteri ligatura ~atis *Crawley* 216; **1294** pro ferro et clavis et ligaturis cum stipendio fabri ad easdem rotas ~andas xx s. *Comp. Worc.* 20; **1325** carecte: .. in stipendio fabri pro j rota fracta ~anda ij d. *Rec. Elton* 274; **1344** [*iron for ? tyring*] †luand' (MS: ligand') [*the said wheels*] (*KR Ac* 492/10) *Building in Eng.* 352; **1399** in j pari rotarum leggando pro fimo extrahendo *Ac. Man. Wint.* (*Ropley, Hants*); **1454** ij longa plaustra cum rotis ferro ~atis *Ac. Durh.* 150. **d** **1203** pro vinis regis discarcandis .. et tonellis ~andis et collocandis in cellariis xxiij s. et v d. *Pipe* 145; **1244** (v. inoleare); c**1300** ij paria onoforiorum ferro ~atorum *FormMan* 21; **1310** ferro legato (v. barettus); **1370** in una ydria facta et ~ata ferro pro potu colligendo *Ac. Durh.* 209; **1373** in uno *tankard* ferro ~ato *Ib.* 180.

3 to fasten together, join, attach (also fig.). **b** to set (jewel). **c** (mus.) to join in ligature. **d** (phys. & alch.) to combine (elements or substances).

~a tecum indissolubilibus amoris vinculis desiderias cordis mei ELMER CANT. *Record.* 714D; nisi .. [campana] vinculo quolibet vel fragili ~etur GIR. *TH* II 33; **1212** furatus est ei j vaccam que ad eum ~ata fuit per quendam tierum *CurR* VI 215; **1220** et ceperunt eum et ~averunt pannos super eum et eum adduxerunt apud Sanctum Albanum *Ib.* IX 66; s**1251** circa eorum brachia, colla, digitos et corpora, et in pectoribus, torques, monilia, anulos .. vestes pretiosas cum thesauro impretiabili .. circa se ~averant M. PAR. *Maj.* V 240; **1461** omnia jocalia mea videlicet .. coupas argenti legatas cum cooperculis suis (*Test.*) *Cl* 313 m. 18 *d*. **b** quilibet [lapidum] .. ~atus in anulo BACON V 175 (v. 1 liberare 1d); **1385** sex superaltaria; viz. unum de jaspide lapide, argento ~ato, et deaurato, et unum de alabastro *MonA* VI 1365; **1387** filla xxiij perlarum .. et unum rubinum in tabulla, ~atum in auro *Foed.* VII 562; **1491** lapidem preciosum .. auro legatum vel non legatum *Ib.* XII 460. **c** figurarum quedam ~antur ad invicem, quedam non. figura ~ata est ubicumque fit multitudo punctorum simul junctorum per suos tractus GARL. *Mus. Mens.* II 7, 8; non plures longe quam due in una ligatura ~ari possunt HAUDLO 126; nota ~ata est que note precedenti vel subsequenti aliquo ligamine continuatur WILL. 23; notularum ~atarum *Mus. Mens.* (*Anon. VI*) 402 (v. 2 descendere 4b); notandum quod quedam componantur et quedam non, hoc est, quedam ~antur et quedam non WALS. *Mus. Mens.* 74. **d** s**764** nix ingens gelu ~ata BYRHT. *HR* 43 (cf. *ASChr.*); cum putrefactio omnium rerum natura ad invicem ~atarum sit solutio et separatio, et sic separentur partes ad invicem ~ate ut unaqueque pars separetur ab alia *Correct. Alch.* 15; is qui frenat et aurigat / celi raptum et qui ligat / elementa symbolis WALT. WIMB. *Virgo* 50; itaque prius dividas quod prius natura ~arat, Mercurium essentialem convertens in ventum RIPLEY *Axiom.* 113.

4 to tie up, hold fast (person to restrict movement); **b** to tether (animal); **c** (fig. or in allegorical context). **d** (*manus ~are*) to tie the hands (fig.).

~atis lacertis et conexis surarum cruribus ALDH. *VirgP* 34; cum [a diabolo arreptus] a nullo vel teneri vel ~ari potuisset BEDE *HE* III 11 p. 149; **1200** G. de G. appellat J. F. quod ipse hostia domus sue fregit et ipsum ~avit et ~atum duxit in Lincolniam *SelPlCrown* 38 (= *CurR* I 293: cepit eum et duxit eum vinctum); **1255** ceperunt quendam R. de W. .. et ipsum ~averunt ad unam quercum *SelPlForest* 32; manus eorum sub tibiis debent ~ari videlicent *knebent Cust. Fordwich* 30 p. 272. **b** rogavit .. fabrum sibi vincula ferrea facere, que claudi clave potuissent, sicuti ~untur [*sic*] pedes equorum BYRHT. *V. Ecgwini* 358; equum suum in agro ~averat W. CANT. *Mir. Thom.* VI 60; **1211** in j corda ad ~andum pullum episcopi in gardino ij d. ob. *Pipe Wint.* 115; *Cust. Bleadon* 206 (v. bovaria 2); vaccam .. dederat sacerdoti, que vacce sacerdotis ~ata, eam ad domum predicti viri duxit *Latin Stories* 108. **c** hos pro divina formidine sacerdotum ora simplicibus verbis ~ant (Gregory *Moral.* XXVII 21) BEDE *HE* II 1 p. 78; nomen ejus deleatur in eternum de libro viventium et ~etur eternarum penarum nodis in inferno, nisi in hac vita penitens emendet DOMINIC *V. Ecgwini* I 13; diabolus illas [sc. orationes] timet quia .. faciunt ei duo dampna—ipsum ~ant [ME: *bindeð*] et urunt *AncrR* 90; Jhesu, .. / .. / liga vulpes erroneas / que sic devastant vineas [cf. *Cant.* ii 15] (*In Lollardos*) *Pol. Poems* I 249. **d** episcopus a nodo quo manus nostre ~abantur nos absolvit W. MALM. *GR* II 174; **1332** quosdam homines in casibus reservatis .. priori .. absolvebat, ubi tamen debuit habuisse manus ~atas *Lit. Cant.* I 480.

5 to constrict, impede.

ergone tam facili Laurencius ille sonorus, / ille poeta potens, ore ligatus erit? L. DURH. *Dial.* I 52; qui sine doctrina quasi somnio carmina, doctos / forsitan ante viros ora ligata gero *Ib.* IV 150; ne sis [ecclesia seu anima] ulterius languore ligata J. HOWD. *Cant.* 332; nec est dubium, quin securius sit homini confessionem pandere liberam potestatem habenti, quam habenti potestatem ~atam RIC. ARMAGH *Def. Cur.* 1494 (*recte* 1294); homines tunc crediderunt quod Deus ~avit linguam ejus in sua necessitate, quia tunc ~avit linguas quasi omnium predicatorum propter paucos hereticos GASCOIGNE *Loci* 35.

6 (leg.) to bind, oblige, (w. dat.) to bind to (person, as apprentice). **b** (eccl., esp. in phr. *~are et solvere*) to bind (spiritually, w. ref. to *Matth.* xvi 19). **c** (absol., intr., or pr. ppl.) to be binding.

istud idem dico, doctor Rogere, tibi, quo / quamvis sis humilis, fies tocius humi lis, / ni facias recte, per regem lex ligat hec te M. CORNW. *Mansel* 23; **1275** ipse W. ejus predecessor numquam fuit, nec potuit .. in aliquo abbatem de K. .. ~are vel obligare *SelPlMan* 148; licet [papa] solutus sit legibus quibuscunque mere positivis a summis pontificibus institutis, quia nulla illarum ipsum ~are potest OCKHAM *Pol.* I 57; **1371** eidem ~atus ad commorandum cum eo tanquam ejus apprenticius (*PlRCP* 443 r. 72) *Enf. Stat. Lab.* 424*; **1415** nullum statutum aulare in Oxonia ~at nec obligat aliquem de aula si cancellarius contradicat *StatOx* 224. **b** ecclesia habet potestatem ~andi atque solvendi O. CANT. *Const.* I 947D; cause ergo pensande sunt, et tunc ~andi atque solvendi potestas exercenda BART. EXON. *Pen.* 24; hic [sc. presbiteri] episcopus .. potestatem ~andi atque solvendi tradit, quatinus ipsi ita vivant ut alios ~are atque solvere valeant GIR. *PI* I 19 p. 111; **1325** sententia excommunicationis .. est ~atus *Lit. Cant.* I 151; c**1342** in .. anathematis et excommunicacionum sententias incidisse et eisdem ~atos fuisse *FormOx* I 166. **c** **1307** judicium illud super veredicto jurate .. non est ita ~ans quam fuerit in brevi de recto *YearBk* 3; **1344** ordinaciones .. fundatoris .. tanquam nostras .. effectum suum habere volumus et ~are (*Stat. Cotterstock, Northants*) *Eng. Clergy* 280; **1376** statutis .. qualitercumque editis non ~antibus quovismodo tanquam inefficacibus atque nullis *StatOx* 168; **1417** si .. super consensu suo hujusmodi litteras .. archiepiscopo citra festum Purificacionis B. M. proximo futurum transmitterent, tunc primo et non ante ~aret ordinacio prenotata *Reg. Cant.* III 43.

7 (log.) to draw together, compose (argument).

ita nihil obest, si est in intellectu et non in prolatione. sententia quippe ~at syllogismum, non verba ANSELM (*Gram.* 4) I 149; quoniam has ferias his gymnasiis deputavimus, ~a quod potes; ego me pro facultate dissolvam ADEL. *QN* 47 (*unless ~a me is understood, and quot. referred to* 4c supra).

8 (p. ppl. *ligatus*): **a** (as adj.) reasoned, composed (and therefore obligatory). **b** (as sb. f.) note in ligature. **c** (as sb. m.) man bound by sin or statute.

a decretalis illa loquitur de obligatione ad ingressum perpetuo cum proposito stabili et ~ato nunquam ad seculum revertendi PECKHAM *Puer. Obl.* 424. **b** omnis ordinatio ~atarum debet fieri per eundem ordinem compositarum, id est per eandem ligaturam GARL. *Mus. Mens.* VI 3; iterato pone duas ~atas et frange ultimam per duas currentes *Mens. & Disc.* (*Anon. IV*) 37; et quidam possunt ponere ante inceptionem tenoris tres ~atas vel quatuor *Ib.* 88. **c** ut .. veniam peccatorum suorum a Deo peteret pro quibus ~atus vindictam sustinebat *V. Cuthb.* IV 5; ~atos absolvam, et absolutos suscipiam et quam eis delictum obcluserat, justificatis patrie portam celestis aperiam AILR. *Ed. Conf.* 753B; nec judicem terreat auctoritas ligatorum [? l. litigatorum] J. SAL. *Pol.* 570C.

ligaris, (leg.) binding.

1292 predicta inquisitio .. est quasi quoddam incusamentum, et non inquisitio ~is *RParl* I 77b.

1 ligata v. ligare.

2 ligata *f. l.*

c**1266** unam †ligatam [? l. bigatam] sive carritatam feni *Cust. Westm.* 51.

ligatia, [cf. ligare 1b], bundle, sheaf. *V. et. liatia.*

1213 tulit vj ~ias flecchericiorum (v. †flecchericium);

1 ligatio v. legatio.

2 ligatio [CL]

1 (action of) binding, fastening: **a** (bundle or sheaf); **b** (book).

a a**1295** concessimus .. quietanciam cariagii, messionis et ~onis *BBC* (*Tenby*) 122; **1389** in messione et ~one de Munkcroft vij s. xj d. *Ac. Obed. Abingd.* 54; **1420** pro ~one straminis in Wykemede, ij d. *Ac. Churchw. Bath* 27; **1449** percipientibus de domino pro messione, ~one, et †adimacione [l. adunacione] cujuslibet acre j garbam *Crawley* 488; **1467** (v. faenator). **b** **1303** pro ~one librorum in ecclesia iij s. v d. *Sacr. Ely* II 18; **1348** pro ~one unius gradal' de ecclesia predicta viij d. *KR Ac* 462/16 f. 4*d*; **1397** in illuminatione et ~one ejusdem [libri] xxx s. *Comp. Swith.* 85; s**1430** pro ~one librorum in choro seu exhibitione scholarium in schola AMUND. I 282; **1445** pro ~one dicti magni libri de novo facti ij s. *Ac. Chamb. Cant.* 140; **1506** in nova ~one ix librorum, missalium et antiphonarium in capella *Cant. Coll. Ox.* II 246.

2 (act of) binding, reinforcing: **a** (artefact or implement); **b** (wheel with iron tyre or cart containing such a wheel); **c** (barrel with hoop).

a **1278** (v. hanaperium 1a). **b** **1399** in ij rotis emptis pro j *barowe* cum ~one eorumdem cum ferro *Fabr. York* 15. **c** **1480** pro factura unius *costrell* pro ludis apud W. x d.; ~one ejusdem .. ij s. *Ac. Durh.* 248.

3 (act of) binding to restrict movement; **b** (as game). **c** (eccl., w. ref. to *Matth.* xvi 19, act of) spiritual binding.

narravit .. de sua ~one et solutione WULF. *Æthelwold* 33 [= ÆLF. *Æthelwold* 22]; maleficia malefici exercent, qui per incantationes demoniacas sive ~ones, vel alia hujusmodi sacrilegii genera, cooperatione demonum atque instinctu nefanda committunt ALB. LOND. *DG* 11. 12. **b** **1450** sic monemus, ut ab hujusmodi ~onibus et ludis inhonestis diebus hactenus usitatis, vocatis communiter *hoc-dayes*, ut predicitur, cessent LELAND *Collect.* 299. **c** 'quodcumque ligaveris' [*Matth.* xvi 19] etc.: apponendum est 'juste' quantum ad ligantem et quantum ad ligatum .. videmus ecclesiam in suis ~onibus et absolutionibus frequenter errantem P. BLOIS *Ep. Sup.* 62. 5.

4 that which binds: **a** hoop (of drive-shaft in mill). **b** (med.) bandage. **c** (mus.) ligature.

a **1312** in j ~one ad *drofbeam* molendini fuller' (*Ac. Bocking, Essex*) *DCCant.* **b** extremitates habentium vigilias ligentur cum ~one faciente dolorem a nodis facilis solutionis GAD. 5v. 2. **c** nota, quod differentia est dicendo cum litera et sine litera, quoniam sine litera fit ~o punctorum juxta duas vel tres vel quatuor etc. ligatas, in quantum plus poterit secundum quod melius competit etc., ut in postpositis, cum litera vero quandoque fit ~o, quandoque non *Mens. & Disc.* (*Anon. IV*) 48.

5 abutment or embankment (of weir).

1552 legac[ione] (v. attachiamentum 1a).

6 condition that ties, bond, (fig.), obligation: **a** (of servitude); **b** (of marriage); **c** (of treaty).

a **1253** jus ~onis quod me habere clamavi in J. filium T. de Malind, et in omnem sequelam de corpore suo exeuntem *Cart. Lindores* 84. **b** impedimentum est matrimonii precedens ~o T. CHOBHAM *Conf.* 178. **c** ruptis confederacionibus ac pacis et federis ~onibus *Plusc.* IX 28 (= FORDUN *Cont.* XIII 2: vinculis pacis et confederacionis).

7 linking, attachment (of soul to body).

si [substantia] non est pars corporis, vel est tale quid quod habet ~onem cum corporibus ut illa moveat, et dicitur esse anima; vel est tale quid quod non habet ~onem cum corporibus ut illa moveat, et dicitur esse intelligentia J. BLUND *An.* 32; anima cum est a corpore exuta nulli est conjuncta, nec habet ~onem cum corpore *Ib.* 366.

8 (astr.) conjunction (of planets).

cum ergo volueris ~onem planetarum, volve cum adjutorio Altissimi simplicissimi ~onem illarum potenciarum (seu virtutum) supracelestium sensibilium que operantur in istis corporibus compositis BACON V 161.

ligator [LL], one who binds, binder; **b** (of corn or wool); **c** (of books). **d** (w. ref. to *Matth.* xvi 19); **e** (as surname, representing Bookbinder, Cooper, Hooper, or sim.).

hic ~or, *a bynder WW*; *bynder*, autor, ~or *CathA.* **b** c**1230** Matill' vidua .. debet deferre vellera ad ipsos qui vellera ligant .. isti sunt reparatores et ~ores lane *Doc. Bec* 72; quilibet ~or habebit unam garbam qualem prepositus ei dare voluerit *Reg. Pri. Worc.* 103b; **1279** cum ligaverunt in autumpno, quilibet ~or eorum habebit j garbam ejusdem bladi *Hund.* II 852b; quod rastille quamplures .. semper sequantur ~ores et tassatores in autumpno *Cart. Glouc.* III 220. **c** Willelmus ~or librorum tenet unum mesuagium in parochia sancti Petri *Hund.* II 793b; **1290** modo H. ~or librorum tenet illam terram *AncD* A 1454; **1476** solut' eidem ~ori librorum pro filo blodio *DCCant.* D. E. 53; a**1520** utque libri omnes .. sumptibus ~oris librorum ligantur [*sic*] tegantur, et hamulis suis claudantur *Reg. S. Paul.* 223. **d** mediator adest hominumque Deique ligator GARL. *Myst. Eccl.* 130. **e** c**1220** totam partem meam illius terre que fuit Willelmi ~oris *Cart. Osney* I 195 (cf. ib. 285, 295: [**1268, 1286**] hiis testibus .. Stephano ~ore); **1225** dedit Ade ~ori j d. *Rec. Leic.* 34; **1279** idem hospitale [sc. Sancti Johannis] percipit de domo Stephani ~oris in parochia S. Petri orient' xxx s. *Hund.* II 803b.

ligatorie, by attachment.

nec sequitur ex istis quod mixtum solum ~ie vel aggregative sit unum, ut cumulus lapidum, domus vel populus WYCL. *Log.* III 81.

ligatorium, tie, bond: **a** (for sheaves); **b** (for clothing); **c** (tether for animal). **d** (naut.) rigging.

a **1222** W. .. parmentarius [tenet] dim. acram pro vj d. et sequitur precarias cervisie et facit ~ia ad precarias *Dom. S. Paul* (*Barling, Essex*) 65. **b** **1274** pro filo albo et nigro et ~io empto ad robas domini .., vij d. *Househ. Henr.* 411. **c** hoc ~ium, *a tedyre WW.* **d** **1382** quamlibet navem, bargeam sive batellum seu aliud vas quod per tempestatem et ventum fuerit dissolutum seu ruptis cordis et ~iis suis absque gubernaculo humano nataverit a ponte London' usque Gravesende *Cl* 222 m. 13.

ligatrix, that ties (f.).

divinis sociat quia crux humana ligatrix GARL. *Myst. Eccl.* 600.

ligatura [LL]

1 (act of) tying or binding: **a** (to fasten together or reinforce structure of artefact); **b** (to bind book); **c** (to restrict movement of person).

a **1300** in ~a unius paris rotarum cum ferro empto ad idem, xviij s. *FormMan* 32; **1378** in j pelle ovina pro ligatur' scaccarii burs' j li. de *kydsape*, et *paknedils*, viij d. *Ac. Durh.* 587; **1416** in vj duoden' et v uln' panni linei empt' pro ~a aqueductus xiij s. ij d. *Ib.* 611; a**1441** ut in tegulatione horrei et ~a unius domus ibidem AMUND. *app.* II 262; **1453** pro ~a et reparacione aqueductus manerii de E. ij s. ix d. *Ac. Durh.* 147. **b** **1330** in ~a j gradalis .. xij d. *Pri. Cold. app.* viii; libros fractos .. cum opus fuerit post primam ~am religare *Stat. Linc.* I 284; **1362** in ~a unius missalis et duorum gradiariorum ecclesie Sancti Oswaldi *Ac. Durh.* 126; **1393** (v. custodire 9); **1441** (v. firmaculum b); **1452** pro ~a et luminatura ejusdem libri (*Test.*) *MunAcOx* 648; **1460** pro ~a unius missalis *Cant. Coll. Ox.* II 181; **1473** pro ~a j libri vocati antiphonarii, emendacione defectuum ejusdem, coopertura ejusdem, custodibus et correo rubeo *Fabr. York* 82. **c** **1202** R. filius W. appellat L. filium R. et W. serrientem A. C. de roberia et ~a *SelPlCrown* 8.

2 bond that restricts movement; **b** (fig.).

ligaturis caro comprimitur J. HOWD. *Ph.* 109; item quendam falconem habebat in pertica, qui cum eum vidisset ~am fregit et extra aulam advolavit *G. Roman.* 363. **b** inextricabilis verae dilectionis ~a ALDH. *Met.* 5; ~ae desiderii coelestis fortissimae BEDE *Tab.* 474; corrigia calceamenti est ~a mysterii. Joannes itaque solvere corrigiam calceamenti ejus non valet quia incarnationis mysterium nec ipse investigare sufficit (Gregory *In Evang.* 7. 3) *Id. Luke* (iii 16) 356A; clausisti sane et alligasti te per obedientie jugum .. per timoris et reverentie ~am P. BLOIS *Ep.* 13. 40B.

3 band, clasp, cord, fastener, strap; **b** (on article of clothing or footwear); **c** (as bandage or winding-cloth).

1234 pro .. ~is gubernaculorum et cathenis eorum *Pipe* 78 m. 16*d.*; **1292** pro ~a ad tapetum ecclesie iiij s. iiij d. *Sacr. Ely* II 8; **1335** in j hanaperia facta pro discis argenteis domini prioris, cum ~a ejusdem *Ac. Durh.* 526; s**1423** vir .. ei obtulit .. litterarum fasciculum .. cumque abbas oblatam sibi fregisset litterarum ~am .. AMUND. I 176; **1451** et in reparacione sellarum cum frenis et ~is *Ac. Durh.* 189; **1493** J. F. insult' fecit contra pacem super J. M. cum j ~a *CourtR Ottery St. M.* **b** **742** filacteria et ~as et in brachiis et cruris [v. l. cruribus] ligatas BONIF. *Ep.* 50 p. 85; episcopus habet ~am in suis sandaliis .. ne forte cadant .. de pedibus ALCUIN *Suppos.* 1244B; **1290** in .. vestibus .. cindendis et consuendis una cum ~a, laqueis, serico ad robas *Ac. Swinfield* 184; **1325** xxvj pellic' ad dictos novicios unacum ~is lxx s. ix d. *Ac. Durh.* 165; **1401** pro factura vestimenti albi linthiaminis cum nigris ~is, *freyns*, et filo factis iiij s. *Ib.* 449; **1412** in ~a empta pro emendacione panni blodii cum armis domini Nevill viij d. *Ib.* 458. **c** s**1158** repositum est iterum corpus beati confessoris .. in eadem capsa in tribus ~is TORIGNI *Chr.* 199; solvantur ~e subito GAD. 5v 2; debet ~a incipere a loco vulnerato *Ib.* 123. 1.

4 band (usu. of metal or wood): **a** (as tyre iron on a wheel); **b** (as barrel hoop, or band on vessel). **c** (as brace, band, or hinge on door or window); **d** (as tie-beam).

a **1257** in dictis rotis cum veteri ~a ligatis cum clavis ad idem *Crawley* 216; in ij paribus rotarum emptis v s. vij d. in ~a ad idem empta xiij s. vij d. ob. *Ac. Beaulieu* 115; pro singulis novis ~is carectarum .. fabro singulas pitancias solet dare *Ib.* 275; **1294** pro ferro et clavis et ~is cum stipendio fabri ad .. rotas ligandas x s. *Comp. Worc.* I 20; c**1380** in duabus ~is ferreis pro rota molendini *Ac. Durh.* 181; **1357, 1368** (v. gropa 1). **b** **1306** in ~a ij patellarum erearum, xj d. *MinAc* 856/15 m. 2; **1363** in uno pari de *rebbours* de novo fact' cum ligatur' eorundem iiij s. vj d. *Ac. Durh.* 178; **1443** pro xiiij li. ferri empitis .. pro ~a unius patelli in coquina *Comp. Dom. Buck.* 19; **1446** pro ~is ligneis et emendacione dictorum vasorum, cum vino, xx d. *Ac. Durh.* 629. **c** **1325** in vj ~is ferri ad fenestras stabul' viij s. *Ib.* 167; **1344** in reparacione fenestre lardar' et muri juxta lardar' cum calce empta, ligatur' et barris ferreis emptis pro dicta fenestra *Ib.* 40; **1379** in factura unius *spere* de estlandbord' .. cum ~is ferreis et clavis *Ib.* 131; **1434** in meremio empto pro reparacione magnorum ostiorum grangie ibidem et in *barretres* et ~is pro eisdem, xvj d. *Fabr. York* 54; **1457** A. H. fabro de Ebor. pro fabricacione ij magnarum ~arum ferri oppositarum super j ostio infra vestibulum xiv d. *Ib.* 69; **1458** pro iij duodenis ~arum ferri cum *les crokes* pro eisdem *Ib.* 70. **d** **1254** coquinam familie in pariete et ~a .. emendari .. facias *Liberate* 30 m. 2.

5 written or drawn mark that connects: **a** (mus.) ligature. **b** interlace, interwoven tracery.

a GARL. *Mus. Mens.* VI 3 (v. ligare 8b); ~a est congeries figurarum in notis rectis et obliquis apte formata HAUDLO 389; ceteros libros [chori] corrigi .. in ~as atque stringentes ut omnis dissonantie materia ex nunc cesset *Ord. Exon.* I 22; ~a est conjunctio figurarum simplicium per tractus debitos ordinata TUNST. 258; duplex est ~a, recta et pendens. ~a recta est quando prima figura est inferior secunda vel quando ultima quadrata est inferior penultima. ~a pendens est quando prima figura est altior secunda vel ultima quadrata immediate altior penultima HOTHBY *Cant. Fig.* 331. **b** hic majestatis vultum videas divinitus impressum; hinc mysticas evangelistarum formas .. quas si superficialiter .. conspexeris, litura potius videbitur quam ~a GIR. *TH* II 38.

6 (alch.) binding principle.

cum volueris facere intentionem, solves in illa [natura] ~am; nam primus gradus sue preparationis est ut fiat Mercurius DASTIN *Ros.* 6.

7 what is bound, sheaf.

c**1230** cum .. cariatores .. soluti essent .. ad majorem ~am quam possent garbas facere et quantum bladi .. possent in ~is concludere et hoc modo factas quatuor percipere *Doc. Bec* 62.

8 binding (of a book; also fig.).

celum plicas volubile quasi librum, / secli volumen redigens ligatura J. HOWD. *Cant.* 178; anno domini mccccix fuit iste liber noviter reparatus in ~a asseribus coopertura et clausura (*Catal. Librorum*) *Collect. Francisc.* I 133.

9 amulet, charm.

a**805** ~as portant, quasi sanctum quid estimantes. sed melius est in corde sanctorum imitare exempla quam in sacculis portare ossa ALCUIN *Ep.* 290; ~as .. quas .. solent .. in collo portare *Ib.* 291; inania carmina aut superstitiose quedam ~e, que tota medicorum secta condempnat J. SAL. *Pol.* 415c; non habuit necesse decetero collo ~as suspendere W. CANT. *Mir. Thom.* II 6.

lige- v. et. ligi-. **ligeantia** v. ligantia.

ligeitas [ML], allegiance. *V. et. ligantia.*

1285 contra fedus suum et ~atem quam debuit domino regi *DocCOx* 204; si diffinitive queratur quid est ligium feudum sive ~as respondeo quod nichil aliud est quam suprema fidelitas sive supremum homagium contra omnes homines nullo excepto UPTON 36; sic ergo declarato quid est ligium et ~as .. queritur quid importat dictum verbum ligium de jure sive ~as *Ib.* 38; **1456** (v. homagium 3c).

†ligella *f. l.*

1273 in .. ij saccis albo coreo ad †ligellas [MS: flagella] et xx discis, iij lagenis lactis ad angnos ij s. vij d. *Ac. Stratton* 41.

ligentia v. ligantia.

lightenarius [ME *lighter*], cargo boat, lighter.

1475 in batellis sive aliis scaffis aut ~is aut aliis vasis quibuscumque *ChartR* 197 m. 16.

ligia v. liga.

ligiamentum, allegiance.

1199 homagia et legiamenta predicti feodi (*Ch. Reginae*) *Hist. Harcourt* IV 1377; **1301** facient domino regi Anglie homagium, fidelitatem et ligeamentum (*Lit. Regis*) RISH. 203; s**1327** iidem nuncii homagia et ~a domino Edwardo de Karnarvan .. refuderunt BAKER 106 [= MORE *Chr. Ed. II* 314: legeamenta]; s**1175** quod ipse [Willelmus I] et successores sui et homines Scotie facerent homagium, ~um et fidelitatem HIGD. VII 23 [= *Meaux* I 208: legiamentum].

ligiantia v. ligantia.

ligie, as a liege subject.

sciendum est quia omnes Judei .. sub tutela et defensione regis ~ie debent esse (*Leg. Ed.*) *GAS* 650.

1 ligium [cf. 1 licium], thrum, thread.

1275 (v. floccus 2); **1278** de .. millenario .. ~eorum *Pat* 98 m. 26; **1280** de quolibet millenario flocorum et ~eorum *Ib.* 99 m. 17; **1296** in vj rethibus ad piscandum emptis cum cordis, ~io et filio *MinAc* (*Devon*) 829/27 r. 2*d.*; **1297** in vj rethibus emptis ad piscandum ..; in lig' et filo ad eadem emptis *Ib.* r. 3*d.*

2 ligium, mortise.

a mortas, castratura, ~ium *CathA.*

3 ligium v. ligius 5.

ligius (leg-) [ML < OF *lige*]

1 liege (denoting obligation of a vassal to his sole or primary lord); (w. *homo, vassallus, subjectus*) liege-man, vassal, subject, one who owes feudal service: **a** (unspec.); **b** (to king); **c** (to earl or count); **d** (to pope); **e** (to bishop, abbot or sim.); **f** (w. king or prince as vassal).

a si homo de pluribus dominis et honoribus teneat .. ei plus debet et ejus residens per judicium erit, cujus homo ~ius erit (*Leg. Hen.* 55. 2) *GAS* 575; **1199** versus dominum suum cujus homo ~ius est *CurR RC* II 257; **1318** quod nullus replegiet hominem extra curiam alterius nisi sit homo suus legius aut terram de eo tenens (*Stat. Rob.* I) *APScot* I 109; dicitur autem homo ~ius, id est, homo ligatus domino suo, vel ~ius quasi legalitatem continens UPTON 43. **b** **1093** die crastina quo Anselmus archiepiscopus meus ~eus homo factus est *Regesta* 337; **1233** R. S. qui fuit ~ius homo regis homagium suum regi reddidit et a fide regis penitus recessit *Cl* 271; **1336** J. de I. obligat se et heredes suos esse ~ios homines et fideles .. domino regi *RScot* 464a; reges nedum habent capitale dominium super bona pseudoclerici, sed eciam super corpus, quia aliter non foret talis ejus homo legius, sed regna forent ex dotatione ecclesie nimis disrupta WYCL. *Ver.* III 66; s**1417** tam proceres .. quam cives, burgenses et villani, ut se homines ~eos regi offerent, jocundo confluxerunt applausu ELMH. *Hen. V Cont.* 115; s**1455** nos .. tanquam vestri ~ei homines *Reg. Whet.* I 184. **c** **1270** Mereducus .. liugius homo ejus [sc. comitis Glouc'] ab homagio suo recessit *Cl* 234. **d** **1239** apostolice sedi tenetur et ipsius ~ius vassallus existit (*Lit. Papae*) M. PAR. *Maj.* III 570. **e** a**1123** effectus est homo episcopi proprius sive ~ius *Cart. Bath* 52; a**1131** effectus est homo ~ius abbatis et ligiam fidelitatem fecit *Chr. Ramsey* 263 (v. et. 4b infra); **11..** preterea in omnibus que ad rectam justiciam pertinebunt erit ipse Edrichius sicut homo ~ius prebende de Asgreby (*DC Linc*) *Eng. Feudalism* 31; **1266** Colminus .. qui est homo ~ius dictorum .. magistri et fratrum *Inchaffray* 156. **f** **1174** W. rex Scottorum devenit homo ~ius domini regis contra omnem hominem de Scocia *Anglo-Scot. Rel.* 1; **1190** homo legius (v. homo 1c); s**1216** Ladowicus patri suo dixit, "domine, etsi ego homo vester ~ius sum de feodo quod mihi dedistis .." M. PAR. *Maj.* II 652; **1239** (v. 1d supra); s**1356** dominus Philippus frater .. regis Navarrie venit in Angliam ad regem et fecit .. homagium suusque ~eus homo devenit AVESB. 136b; s**1072** Willelmus .. regem Malcolmum [III] strenue subjugavit, qui ejus homo ~ius devenit KNIGHTON I 67; rex Francie Philippus in sanctam terram .. professus [v. l. profectus] est ..; cum quo rex Ricardus Anglie itinerare promisit quasi

homo suus legius *Plusc* VI 34 p. 36 (cf. Bower VIII 51: quasi hominem suum).

2 (as sb. m.) liege-man, vassal. **b** (w. king as lord) liege-man, subject.

nemo dominum suum judicet vel judicium proferat super eum cujus ~ius est, si etiam principis causa sit (*Leg. Hen.* 32. 2) *GAS* 564; (*Ib.* 43. 6) *Ib.* 569 (v. homagium 4); fides habeatur dominis omnibus .. et magis ei cujus ~eus est (*Ib.* 55. 3b) *Ib.* 575. **b** **1253** rex .. fidelibus et ~iis suis Anglie, salutem *RGasc* I 321; expiravit .. consueta devotio inter regem et suos legeos *G. S. Alb.* I 398; c**1379** quemlibet eorum [sc. Scotorum] taliter deviantem .. puniatis prout ~ei nostri Anglie forent in casu consimili puniendi *FormOx* 250; **1384** pro bono publico et utilitate magnatum et aliorum fidelium et ~eorum nostrorum (*Lit. Regis*) *MGL* I 467; [Henricus I] fecit omnes legios suos .. filie sue .. fidelitatis juramentum exhibere *Meaux* I 118; **1434** quia interfecit quemdam legium regis apud Leth *ExchScot* 571; **1460** per sacramentum ~iorum proborum, et hominum de baliva tua (*Breve Regis*) *Reg. Whet.* I 362; **1551** sicut ceteri ~ei predicti regni Hibernie serviunt et obediunt servire et obedire debent *ActPCIr* 34.

3 (*dominus ~ius*) liege lord, one to whom feudal service is owed: **a** (unspec.); **b** (w. ref. to king); **c** (w. ref. to duke, earl, or count); **d** (w. ref. to pope).

a dominus ejus qui vulgo ligius dicitur, hic est, cui soli ratione dominii sic tenetur ut contra ipsum nichil alii debeat, rege dumtaxat excepto *Dial. Scac.* II 4C; relevium vavassoris qui ad ~ium dominum suum pertinet (*Leis Will.*) *GAS* 507. **b** **1164** regi sicut legio domino (v. homagium 2c); **1174** quamdiu fideliter ei [sc. regi] servierit sicut ~io domino suo *G. Hen. II* I 77; **1296** excellentissimo et ~io domino suo Edwardo [I] .. devoti cives .. Londiniarum salutem *MGL* II 74; s**1292** contra ~ium dominum suum regem Anglie Rish. 269; episcopi .. terre Scotie .. facerent regi Anglie fidelitatem sicut legio domino suo *Meaux* I 205. **c** interim principes Andegavenses, Cenomanenses, et Thuronenses adheserunt Arthuro comiti Britonum, tanquam domino suo ligio et heredi *Feudal Man.* 84; **1401** audiens nobilem et potentem virum, dominum suum legeum, ducem Mediolanensem diversis guerris .. inquietari *Foed.* VIII 236. **d** s**1162** quem [sc. papam] .. Willelmus .. tanquam ~ium dominum suum receperat honorifice Diceto *YH* I 307.

4 (w. abstr. sb.) liege: **a** (w. *homagium* or *hominium*); **b** (w. *fidelitas*); **c** (w. *feodum*).

a ~ium hominium et fidelitatem .. sibi fecit Boso *V. Pont.* 395; s**1213** et homagium ~ium in presentia domini pape, si coram eo esse poterimus, eidem faciemus Wend. II 75; **1309** cum homagio litgio dicto domino regi .. faciendo *RGasc* IV 260; s**1339** declaravit .. illud homagium fore ~ium Ad. Mur. *Chr.* 101; **1583** proviso semper quod idem C. homagium ~eum nobis fac' *Pat* 1236 m. 17. **b** a**1131** (v. 1e supra); **1174** ~iam fidelitatem fecerunt domino regi *Anglo-Scot. Rel.* 2; Boso *V. Pont.* 395 (v. 4a supra); **1437** occasione .. perseverantis jugiter pure fidei ac fidelitatis ~ee Bekynton I 6. **c** Upton 36 (v. feodum 6d).

5 (as sb. n.) feudal bond or obligation, allegiance.

Upton 38 (v. ligeitas); super hoc legii et fidelitatis juramentum *Plusc.* VIII 12.

6 (leg.) unrestricted, independent, free: **a** (w. *potestas*); **b** (w. *viduitas*); **c** (? w. *voluntas*).

a p**1180** in viduitate mea in ~ia potestate mea *Ch. Westm.* 384; **1262** feoffavit W. de E. in ~ia et plena potestate sua de manerio de W. *Cl* 81; **1265** Walterus .. archiepiscopus .. in ~ia potestate sua concessit .. capitulo .. mansum *Cl* 17; **1266** in ~ia potestate et viduitate mea *Cl* 354. **b** **1265** noverit universitas vestra me remisisse .. in plena potestate et ~ia viduitate mea .. *Cart. Beauchamp* 81; **1271** in legia viduitate mea et libera potestate *Cart. Chester* 623a p. 349; **1285** Isabella .. in ~ia viduitate sua remisit quietum clameum ipsi Henrico *DocCOx* 224; **1292** in legia viduitate sua post mortem predicti Willelmi *PQW* 383a. **c** nos Agnes .. in ~ea voluntate [? l. viduitate] nostra *Reg. Malm.* II 148.

7 ? whole, entire.

1157 omnia ligna preter ~ias arbores *Act. Hen. II* I 141.

8 (of person) lawful, loyal.

s**1308** perpendentes postea ligii homines terre quod, eis contemptis, rex alienigenam et ignobilem magnatibus preposuit universis Trokelowe 66; **1352** venire facies .. tot et tales probos et legios homines de balliva tua .. per quos rei veritas .. melius sciri poterit *Mem. Ripon* I 239 (cf. ib.: per sacramentum proborum et legalium hominum); licet monachi aut fratres .. occidant tenentes dominorum, legeos homines regni nostri Wycl. *Compl.* 91; subactis .. hostibus vel legiis civibus valde misericors et mitis fuit Fordun *Chr.* III 32; **1441** per quatuor probos et ~eos homines de civitate .. premunire faciatis prefatum W. *Lit. Cant.* III 173.

ligmentus v. ligneolus. **ligmus** v. lygmus. **ligna** v. lingua.

lignagium, right to take wood.

inde pensandum de eo cui hoc licuit, an qui lesus est herbagium vel ~ium [v. l. linagium] vel causam aliquam in nemus habeat unde jure debeat premoneri (*Leg. Hen.* 90. 2a) *GAS* 605; c**1159** propter quod rectitudinem de ~io .. jam dictus abbas ei concessit *Act. Hen. II* I 280; a**1190** xv quarcate lignorum de consuetudine illa que vocatur leingnagium *Ib.* II 313; c**1190** (v. gabulare); ego I. abbas Abbendonie concessi .. conventui nostro omnes consuetudines quas habuit .. viz. .. in hospitibus suscipiendis, in ~io, et in operibus ecclesie *Chr. Abingd.* II 212; **1203** nos .. confirmasse Laurentio de D. carbonagium et ~ium quod habuimus in civitate R. *RChart* 106a.

lignamen [LL = *work in wood*], timber.

1179 quorundam animos occupat seva cupiditas, ut .. Sarracenis arma, ferrum et ~ina deferant galearum (*Conc. Lat.* III) W. Newb. *HA* III 3 p. 212 (cf. M. Par. *Maj.* III 286 [**1234**]).

lignamentum [ML], timber.

~a pro edificiis construendis non habent S. Sim. *Itin.* 43.

lignari [LL], to gather wood for fuel.

domnus abbas Faritius [ob. **1117**] hanc instituit consuetudinem ~andi, prout melius sibi visum, tum ut facilius per officinas curie ignis haberetur, tum ut rustici villarum id levius paterentur *Cust. Abingd.* 321.

lignarius [CL]

1 of or relating to wood: **a** (w. *servus*) slave who cuts wood (*cf. Jos.* ix 21); **b** (w. *artifex* or *faber*) carpenter or joiner. **c** (as sb. m.) carpenter.

a Gabaonitas in servos ~ios et aquarios recepit M. Par. *Maj.* I 13. **b** frustra laboraverunt artifices ~ii, quia quicquid in die edificabatur in nocte penitus evertebatur Gosc. *Edith* 290; fabris ~iis et aliis operariis W. Fitzst. *Thom.* 10; s**1366** artifex ~ius (v. carpentarius 2); **1501** fabro lignario ad reparandum hostia *Cant. Coll. Ox.* II 232. **c** ~ius [*gl.*: *treowwyrhta*] dicit: "quis vestrum non utitur arte mea, cum domos, et diversa vasa, et naves, omnibus fabrico?" Ælf. *Coll.* 100; ~ius, *treowwyrhta Id. Gram.* 301; *CathA* (v. lignifaber).

2 woodman.

~ius securim et asciam preparat Ælf. *Ep.* 2. 150; **1130** W. filius W. r. c. de censu Nove Foreste .. . et idem W. r. c. de ~iis de Eilling'. .. et in perdonis per breve regis episcopo Sar' xxx lignar'. Willelmo de P. viij lignar', Roberto taleatori j lignar' *Pipe* 17.

3 (mon.) official or obedientary who supplies fuel.

vina que obedientarii debent dare .. per annum: .. in die palmarum, lingnarius *Cust. Abingd.* 315; **13..** duo ~ii in coquina. uterque eorum accipiet quatuordecim de panibus villarum .. . unus ~ius in aula. ipse commedet in aula *Cart. Rams.* III 238; **1356** compotus fratris P. de W., ~ii Abendon' *Ac. Obed. Abingd.* 5; **1423** exoneravit fratrem R. H. ab .. officiis coquinarii, ~ii .. et aliis et in eisdem officiis .. alios monachos preficiebat (*Vis. Abingd.*) *Reg. Cant.* III 512; **1441** de x li. pro consuetudinibus lingnarii *Ac. Obed. Abingd.* 117.

4 (as sb. n.): **a** timber, wood (for fuel). **b** woodhouse, woodyard.

a ~ium, *uuidubinde GlC Int.* 199; **866** et ~ia †exabuntia [l. ex abundantia] ad ignem *CS* 513; c**1400** habere liberum ingressum et exitum cum karris .. et congregare ~ium suum ubi voluerint (*Wetherall, Cumb*) *MonA* III 598. **b** c**1187** hec quadriga ad ripam Secane ligna deferet et extra ~ia *Act. Hen. II* II 294; quatuor famuli de ~io comedent in aula sicut alii *Chr. Abingd.* II 241; **1301** in quodam muro facto circa carbon' in lignar', iiij s. iiij d. *Ac. Durh.* 503; *a woodhouse*, ~ium Levins *Manip.* 225.

ligneitas [ML], quality or essence of wood, woodenness.

proponatur lignum, quod .. secundum phisicam compositionem constat ex materia et forma substantiali. subtrahe ergo ~atem ita quod intellegatur remanere materia Neckam *SS* III 9. 11; visum est Aristotilem vocare ibi partes substantiarum formas vel naturas que significantur hujusmodi nominibus, 'humanitas', '~as' *Ib.* III 79. 1; *Ps.*-Gros. *Summa* 333 (v. lapideitas b).

ligneolus [CL], made of wood, wooden. **b** (as sb. f.) little piece of wood (in quots., fragment of the Cross). **c** (as sb. n.) little beam.

1550 episcopus construxit unum †ligmentum [l. ligneolum] solium sive cubularium in nova curia Kilkeniae (*Catal. Episc. Ossory*) W. Carrigan *History of the Diocese of Ossory* 282. **b** **1383** due capse .. cum sacris ligniolis inclusis *Ac. Durh.* 432; ligniole sacre *Ib.* 438. **c** signum illum [? l. illud] supra ~um clavis ferreis groscescentibus et longioribus longe altius in chori aquilonalis pariete depependerat [*sic*] R. Cold. *Cuthb.* 89; ~um ipsum vetustas annosa interioribus medullis jam corruperat *Ib.*

ligneus [CL]

1 of or relating to wood, wooden: **a** (of building, model, or other structure); **b** (of artefact or implement); **c** (*opus ~eum*) carpentry, woodwork.

a ~eo in locello sepulta Bede *HE* IV 19 p. 244; *DB* I 320vb (v. ecclesia 5a); *Chr. Battle* f. 9 (v. castellum 2a); persone ejusdem ecclesie concubina tumbe sancte Osane sororis regis Osredi ~ee .. insedit Gir. *IK* I 2 p. 24; celum movetur ab oriente in occidentem super duos polos, quorum unus est punctus austri, et alter septentrionis, sicut vides in hac sphera ~ea Fishacre *Sent. Prol.* 83; **1242** de denariis ad [*sic*] quodam castro lingneo faciendo *Cl* 6 (cf. ib.: castri ~ei = *RGasc* I 172); **1295** feretrum S. Laurentii portatile lingneum *Vis. S. Paul.* 313; ut introducerent equum ~eum qui plenus erat militibus Grecis armatis Trevet *Troades* 7; **1368** pro quodam granario ~eo, et pro quadam porcione petarum .. xxxiij s. iiij d. *ExchScot* 306. **b** c**1148** (v. 2 ballum); **1215** mandamus vobis quod emi faciatis viij balistas lingneas *Cl* 184b; non enim dicimus arcum lignum sed ~eam, nec idolum cuprum sed cupreum, dico proprie, quia illud ex quo fit omne artificiatum est substantia, et omnis forma artificialis est accidens Siccav. *PN* 144; **1295** duo candelabra stangnea, et unum ferreum et tria lingnea *Vis. S. Paul.* 330; **1317** inveniet vasa enea .. et vasa ~ia sentellas et platellas *Reg. Aberbr.* I 301; **1320** in clavis ~eis emptis pro rota [sc. molendini] j d. *KR Ac* 482/1 m. 5d; **1359** in scriniis ~iis *Lit. Cant.* II 380; **1399** in eodem cum planchiis lingneis cooperiendo *Comp. Swith.* 423. **c** **1351** carpentario manerii pro opere ~eo carucarum manerii faciendo ex convencione ij busellos [frumenti] *Rec. Elton* 377.

2 **a** (*carbo ~eus*) wood charcoal. **b** (*casia ~ea*) bark of the cassia tree (*Cinnamomum Cassia*), an inferior kind of cinnamon.

a **1286**, **1504** (v. carbo 1d); **1334** in ij celdr' carbonum ~eorum *Ac. Durh.* 31; **1336** ducenta quarteria carbonum maritimorum et centum quarteria carbonum ~eorum *Cl* 157 m. 12; **1453** pro vj quarteriis carbonis ~ei emptis . . . et solutum pro cccclxij quar. carbonis silvestris . . . et solutum pro factura et cariagio x duodenarum et xj quar. hujus carbonis de bosco proprio domini *Ac. H. Buckingham* 23; **1486** pro factura carbonum ~eorum *ExchScot* 434. **b** Gilb. I 35v. 1 (v. cozumber); *Ib.* IV 197, Bart. Angl. XVII 27, *SB* 14, *Alph.* 35 (v. 2 casia a).

3 edged with wood.

1269 habuerunt ibidem unum stangnum lingneum et unum molendinum *IMisc* 16/8.

lignicifer v. ligniscissor.

lignicismus [LL *gl.* ligniscissimus *or* ~ivus], tool for cutting wood, bill-hook.

~us, ferrum unde virge et frutices inciduntur Osb. Glouc. *Deriv.* 329; refugium lignicisoris est conducere hominem ad ultimum locum quo ierit pro lignis et quantum potest cum ~o jactare *Leg. Wall.* B 196.

lignicisor v. ligniscissor.

ligniculum, stick, twig.

illius nemoris viridia virgulta de quo ipse supradicta ~a deportaverat *Offic. Kentig.* xcviii; et elevato quocumque ~o est in illo beata Trinitas Wycl. *Conf.* 510; jussit colligari maximas ac plurimas ~orum strues *Ps.*-Elmh. *Hen. V* 103; s**1427** in signum expletionis processionis ~um in forma crucis super solum posuerunt *Chr. S. Alb.* 14; **14..** scissor ligniculi (*Vers. Exch.*) *EHR* XXXVI 61; ~um [*gl. stycke*] Stanbr. *Vulg.* 10; palumbes .. ex pauculis ~is transversim positis tenuissimum nidum construit Turner *Av.* D iv.

lignifaber [LL], carpenter.

se in multis artibus ~ri opificem asseruit *Eul. Hist.* I 163; *a wryghte*, architector .. carpentarius, lignarius, ~er *CathA*; **1499** item uni linifabro emendando orientali caput ejusdem orrei x d. (*Pri. Felixstowe*) *MonA* IV 564.

lignifabrilis, of carpentry.

rex .. turrim ligneam .. ~i subtilissimo artificio construxit *Ps.*-Elmh. *Hen. V* 125 p. 326.

lignifacere v. liquefacere.

ligninus, wooden.

1421 J. N. pro factura vasorum ligninorum, xv s. x d. *Ac. Durh.* 58.

ligniola v. ligneolus. **lignipedium, lignipedum** v. lignipodium.

lignipes

1 that has a wooden foot, (in quot., as sb. m.) wooden-footed or wooden-legged man.

lignipedes, mancos furtum facit, exoculatos D. Bec. 1785.

2 wooden shoe, patten.

1294 verberavit R. .. cum uno lignipede *CourtR Ramsey* 213; *a patan*, calopodium, ~es, lignipedum *CathA*.

lignipeta, striker of wood (in quot., of woodpecker).

[galgulus sive huholus] ~a est: †maceriem [l. materiem] contundit, et vocem grandem emittit TURNER *Av.* E 4v.

lignipodium, wooden shoe, patten, or stilt.

1288 verberavit et vulneravit J. .. in tribus locis capitis cum uno ~io *CourtR Ramsey* 196; nullus ibit super pavementum cum lignepodiis punctatis super pena xl d. (*CourtR Ramsey*) *EHR* XLV 209; lignipedium, A. *a stylte WW*; lignipedum *CathA* (v. lignipes 2).

ligniscissor, wood-cutter.

hospitium ejus [sc. heredis] debet esse in aula regia; cum eo debent hospitari pueri, i. e. *makwuieit* et †lignicifer [l. lignicisor] qui ignem custodiat ac preparet et hostia claudat *Leg. Wall.* B 194; refugium lignicisoris *Ib.* 196 (v. lignicismus); in stipendio ligniscissor', xxvj s. viij d. *Val. Eccl.* IV 371 (*Llandaff*).

lignitis v. lychnitis. **lignomagium** v. lignumagium.

lignulum [ML], stick, twig.

Sareptae paupercula / duo legens lignula [cf. *III Reg.* xvii 10] / his crucis oracula / fert legis sub nebula *Anal. Hymn.* LI 79 p. 85; de ~is, que pridie ibi ad focum parandum .. colligebatur [*sic*] .., struellam .. fecit *V. Kentig.* 8; verumptamen cum ~a legentis [cf. *III Reg. ib.*] in olei lechitus indefectu spem solidavit et ydrie cum farinula .. E. THRIP. *SS* X 5.

1 lignum [CL]

1 wood (as living organism), tree (also fig.); **b** (w. ref. to *Gen.* ii 9 *etc.*). **c** (collect.) wood, forest.

fauni nascuntur de vermibus natis inter ~um et corticem et postremo procedunt ad terram *Lib. Monstr.* I 4*; ~um quod ad humorem mittit radices P. BLOIS *Ep.* 126. 377D; **1257** duo de malefactoribus .. ceperunt R. de W. ubi stetit ad ~um suum *SelPlForest* 99 (cf. ib. [**1246**]: ad fusta sua stantes); dico quod ~um non est composita pars, set simplex et omogenea, ut caro in animalibus BACON XI 219; **1434** (v. dolatio). **b** vetitum ligni malum ALDH. *VirgV* 2498; de ~is paradisi concessis BEDE *Gen.* 32; ~um vetite arboris *Eccl. & Synag.* 108 (v. exitus 2b); de Christi amore tanquam de ~o vite fructus salutis et paradisi delicias colligebat P. BLOIS *Ep.* 102. 317D; alioquin non diceret Deus infra de omni ~o paradisi commedet, excepto ~o scientie boni et mali GROS. *Hexaem.* XI 3. 1. **c** terra .. fructifera .. in terris et ~is *VSH* I 3 (v. fructifer b); mulier illa .. linum suum abscondit in ~o propinquo *NLA* II 286.

2 (used for fuel): **a** firewood; **b** dist. as dead, dry, sappy, living, or green.

a 1085 ut .. de silva accipiant ~a solummodo ad opus episcopi quantum sibi necesse erit ad comburendum et ad mansiones restaurandas (*Ch.*) *EHR* XLIV 372 (v. et. 4 infra); egressa est ut ~a colligeret ad aquam caleficiendam *Mir. Wulfst.* 1. 8; studuit .. verus sacerdos ~a cotidie subicere sacro igni *Canon. G. Sempr.* 45v; **12..** etc. (v. focalis 2); materiam ignis, sc. ~a vel paleas, dicimus corrumpi [ardendo] T. SUTTON *Gen. & Corrupt.* 99; ignis approximatus ligno calefacit eum [v. l. illud] OCKHAM *Quodl.* 116. **b 1113** do etiam quietudinem in foresta Romana, id est viride ~um de liberatione captum ad opus sancti faciendum *Regesta app.* 326; **a1128** reddunt .. ad Nativitatem pro mortuo ~o xv sceppas avene *Chr. Peterb. app.* 165; **1156** ad opus ignium suorum liceat monachis capere omne genus ~orum .. viride et siccum *Act. Hen. II* I 121; ad ignem ~orum viridium DICETO *YH* I 294 (v. deliciose a); sicut pingue ~um mediante quadam potencia est combustibile T. SUTTON *Quodl.* 403.

3 a (as material or fabric). **b** (w. quasi-adjectival force) of wood, wooden. **c** (*vermiculus ~i*) woodworm.

a 966 ~i scandens gabulum genus redemit humanum *CS* 1190. **b** discus erat lignum R. CANT. *Malch.* II 150 (v. discus 1); **1532** empcio vasorum ~orum *Househ. Bk. Durh.* 70. **c** BEDE *Kings* 721 (v. exesse 1b).

4 (piece of) timber, beam, plank, post (for use in construction).

THEOD. *Pen.* II 1. 3 (v. ecclesia 5a); ~um xij pedum in longitudine ad fundamentum alicujus domunculi petivit *V. Cuthb.* III 4; ecclesia .. quam .. de ~o .. construxit BEDE *HE* II 14 p. 114; **1085** (v. 2a supra); habet episcopus quicquid de ea [sc. silva] exit in venatione et melle et ~is ad salinas *DB* I 173ra; **1294** pro lignis vocatis *scamnes* (*Ac. Galley Southampt.*) *KR Ac* 5/2 m. 1; **1306** omnia ~a de doleis vinorum (v. gaugetum a); **1320** in uno lingno empto pro le *flayl* iiij d. *Rec. Leic.* I 338; **1332** per unam peciam meremii empt' pro lynia dicti hostii longitudine xj pedes *KR Ac* 469/13 m. 7; **1462** pro expensis factis super tronam, viz. in uno magno ~o vocato *the standart Exch. Scot.* 152; **1463** pro cariagio tignorum et aliorum ~orum *Ib.* 189; **15..** lignis undulatis (v. contabulatio).

5 wooden post: **a** (as ship's mast); **b** (as ship's ram); **c** (as gallows).

a s1254 illud prelongum ~um quod malus appellatur M. PAR. *Maj.* V 446. **b s1190** (v. calcar 2b). **c** lignum, quod paraverat Aman Mardocheo, / mane miser tollerat suspensus in eo *Carm. Lew.* 139 p. 5.

6 wood (of the cross of Christ or other). **b** (transf.) cross (of Christ or other). **c** (*~um Domini*, or *Dominicum*) True Cross. **d** (*Inventio ~i*) feast of the Invention of the Cross, 3 May; *v. et. crux* 3d. **e** (*~um paschale*) Easter Cross.

Christus per lignum crucis aufert mundi noxam ALDH. *Met.* 10 p. 85; Helena .. Hierosolymis ~um Dominice crucis invenit R. NIGER *Chr. I* 34; **1295** crux de platis argenteis .. continens partem lingni crucis *Vis. S. Paul.* 312; crux parvula ex lingno crucis S. Andree *Ib.* 312; ~um crucis [ME: *þe treo of þe rode*] *AncrR* 154. **b** dum pius in patulum dignatur scandere lignum ALDH. *VirgV* 1318; adoro te, Christe, pendentem in ~o pro salute fidelium *Found. Waltham* 12; lignum nos reparavit GARL. *Tri. Eccl.* 113; lignum mortis subigitur, / dum ligno vite figitur / fructus obediencie [sc. Jhesus] J. HOWD. *Cyth.* 75. 4–5; amplexu se muniunt salutaris ligni *Carm. Lew.* 44; corpus saucium ~o suspenditur, per transversum ~i manus expanduntur (*V. S. Albani*) *NLA* I 29; Christus non recolitur mortuus per lignum (*Pestilentia*) *Pol. Poems* I 279; **1535** qui pro nobis pependit in ~o FERR. *Kinloss* 83. **c** spinea corona, clamis, flagellum, .. ~um Domini, clavi, lancea, .. lintheamen et sudarium sepulture ejus *Descr. Constant.* 245; **s1147** sacerdos quidam sacrosanctam ~i Dominici tenens in manibus particulam OSB. BAWDSEY clxxi; **c1220** (v. crux 6a); **1315** crux .. parva de auro cum ~o Dominico et dupplici patibulo *Invent. Ch. Ch.* 69; **1403** unum crucem de auro cum reliquiis de ~o Dominico *Test. Ep. Wint. ap.* R. Lowth *The Life of William of Wykeham* London, 1758, p. 389. **d** nonis in quinis gaudet inventio ligni *Kal. M. A.* I 405. **e 1421** lego ad faciendum sepulcrum et ~um paschale in ecclesia predicta unam marcam *Reg. Cant.* II 229.

7 a (pastoral) staff; **b** (as token of seisin). **c** shaft (of arrow). **d** beam (of loom).

a cum sedes suavis et dulce ~um gratis et sine labore omnia desiderabilia conferant J. SAL. *Pol.* 684B; o lignum dignum, lignum super omnia ligna / te cupiunt certe qui propter te monachantur NIG. *Poems* 400; lignum dulce tenens sic dulcis pondera ligni / penset, ut et mores sint tanto pondere digni *Ib.* **b 11..** illas [terras] .. quas reddidimus coram alimotto per ~um et baculum in manibus domini nostri (*Ch.*) *Danelaw* lxxxix n. **c** ~o sagitte quantum extra corpus exstabat effracto W. MALM. *GR* IV 333 p. 378. **d** mulier quedam pauper ~a sua telaria, in quibus texebantur tele, incidit et vitulum occisum coxit . . . mane facto vitulum vivum .. et ~a telaria restaurata invenit *NLA* I 159.

8 a wooden base of cart-saddle (*cf. arbor* 2b). **b** stocks.

a 1315 in j ~o ad j sellam carectariam empto, iij d. *Ac. Man. Wint. Michelmersh*; **1377** in j ~o [*corr. from* arbore] pro sella carectaria empt', iiij d. *Ib. Whitchurch*; propter saltum super sellam ascendendo ante sedem vel post sedem in ~o GAD. 29v. 2. **b** vestigiaque ejus / ligno mersa cavo vinclisque tenacibus artant WULF. *Swith.* II 546; si de pace et imprisonamento .. vel in vinculis vel sine vel in ferro vel in ~o vel utroque *Fleta* 49.

9 (fig.) ship, fleet.

populus namque in ~o et ferreis tunicis superveniet (*gl.* Willelmus Bastardus cum navigio armato) (*Proph. Merlini*) M. PAR. *Maj.* I 201; **s1387** Franci et Hispani in uno *balynger* et una lyna sulcantes maria circa ora maritima Anglie *Chr. Westm.* 180 (cf. WALS. *HA* II 135 [**s1385**]: due grandes galeye et aliud genus ratis quod vocatur *lyne*).

10 (bot.): **a** (*~um aloes*) lignaloes. **b** (*~um balsalmi*) balsam wood. **c** (*~um crucis*) mistletoe. **d** (*~um hederae*) ivy-tree.

a lignial' liquir' cina' [etc.] GILB. IV 201. 1; res consumentes supradictum humorem in humida complexione sunt multe, sicut .. pulveres specierum calidarum, ut gariofilus, ~um aloes, macis et galanga BACON IX 127; GAD. 23. 1 (v. hepaticus 4); *Ib.* 68v. 1 (v. 1 dia 1); in quo .. fluvio [sc. Nili] inveniuntur lapides preciosi multi et de ~o aloes quod de paradiso venit et est medicinale pro pluribus *Itin. Mand.* 36; **1415** ~um amarum aloes j li. xx d. *Invent. Med.* 3; ~um aloes, ~um amarum idem *Alph.* 103; ~um aloes i. ~um amarum *SB* 28. **b** *SB* 44 (v. balsamus). **c** ~um crucis, i. viscus quercinus *SB* 27. **d** *SB* 38 (v. cissos).

2 lignum v. 1 linum.

lignumagium, (right to take) timber. *V. et. lignagium.*

?**c1173** per visum forestarii de consuetudine et usagio habebunt libere lignomagium ad edificia que voluerint sibi competentia facienda *Act. Hen. II* II 332; nos grossum debemus lignomagium invenire totum et ad faciendas domos eorumdem *Ib.*

ligo [CL]

1 implement for cutting, digging, or weeding, mattock, hoe; **b** (fig.).

~o *becca*, vel palus, vel fustis ÆLF. *Gl.* 106 (v. et. 3a infra); quod [sc. vas] ~one quo fodiebat nescius effregit W. CANT. *Mir. Thom.* VI 127; terra ~onibus effossa GIR. *GE* II 10 p. 214; hic ~o, *picois Gl. AN Glasg.* f. 20va; **1299** in j lingone faciendo et reparando ij d. *Cuxham* 303; **1557** lixonibus vocatis *hedgingbilles Pat* 910 m. 12. **b** radicem infructuosae mentis ~one bis acutae invectionis .. incutiens BEDE *Luke* 504; vitiorum frutices, que in ecclesia Dei excreverant, ~one justitie succidit et extirpavit ALEX. CANT. *Mir.* 28 (II) p. 215.

2 crowbar, pick-axe.

alii cum vangis et ~onibus suffossionem parietis machinantur ABBO *Edm.* 15; **s1323** cum .. ligna, lapides, plumbum et cetera .. removere et separare multitudo famulorum conaretur, quidam ausu temerario summitatem ascendit murorum cum ~one *G. S. Alb.* II 129; viscera murorum ~onum furore dilacerant *Ps.*-ELMH. *Hen. V* 92 p. 269.

3 stake, pale. **b** 'mattock', part of spindle attached to millstone.

ÆLF. *Gl.* 106 (v. 1a supra). **b 1344** in ~one et fusillo molendini .. reparand' (*Ac. Adisham*) *DCCant.*

4 (*~o igneus*) fire-shovel.

1553 de .. novem ~onibus igneis, Anglice *nyne fyer sholves Pat* 852 m. 29.

ligola v. ligula.

ligonizare [LL], to hoe, work with a pick.

to pykke .. ~are *CathA*; et [ortum] .. bene parare relevare ~are fodere et .. colere *Form. S. Andr.* II 302.

ligorius [OF *licorne*], unicorn.

quedam [animalia] fortia et audacia ut leo, ursus, draco, canis, ligorius M. SCOT *Phys.* 21.

1 ligua [cf. leuga = *league, measure of distance*] league, measure of land.

a1190 usque ad supradictum nemus de Salebi sc. ~am unam nemoris *Danelaw* 97.

2 ligua [cf. liga = *league, confederacy*], league, confederacy.

nuper in ea exitiali conjuratione Galliae, quae ~a dicta est, et initio anni 1585 *Jus Feudale* 259 (recte 258).

†liguans, *f. l.*

1242 sacerdotes vero non habeant capas manicatas sive rugatas sine manicis sed rotundas nec sotulares nec manicas †liguantes [? l. linguatas *or* laqueatas] *Conc. Scot.* II 54.

ligula [CL; cf. ML *liga*]

1 buckle or strap for fastening belt.

pallium coccineum et legulam [*gl.*: fibulam, *oferfenc, dalc*] auri sibi usurpans ALDH. *VirgP* 55 (= *Jos.* vii 21: Vet. Lat. ligulam, Vulg. regulam); legulam, *gyrdilshringe GlC* L 122; **1330** (v. bracalis 2a).

2 strip of cloth or leather, strap, lace, point (of hose). **b** garter. **c** hatband.

legulam ÆLF. BATA 5. 1 (v. et 3b); ~a, fascia cum qua aliquid ligatur, ut fimbria OSB. GLOUC. *Deriv.* 326; **c1315** flagellum .. de ligul' factum *Invent. Ch. Ch.* 86; **1344** quod ipse Robertus non venderet duodenam ligolarum multonum minus quam pro duobus denariis et obolo *PlRCP* A 4 m. 7v; **1393** vobis mandamus quod ipsos R. et J. dicta dolia vini, pannos, caligas, sellas, ~as et alia mercimonia .. tam per terram quam per mare .. ducere permittatis *RScot* 120b; **1394** [pro] vj duodenis legularum (*KR Ac Cust* 149/27) *Bronnen* I 457; **1449** allocate .. pro pannis laneis, lineis, ~is, harnesiis, et aliis diversis mercimoniis *ExchScot* 339; hec legula, A. *a lanyr WW*; nec denarium unum pro .. caligis .. usque ad minimam earum ~am solverunt FORTESCUE *LLA* 35; [ostium] vix geminata quadam trahebatur ~a que sc. de vetustissima bursella muliebri olim abrupta atque inter ipsas patulas asserum juncturas transposita dependebat *Mir. Hen. VI* II 55; **1564** pro uno magno *grosse* de ~is de *reban* melior' *Ac. LChamb.* 57 f. 12v (cf. *Misc. LChamb.* 33 p. 89: *the best riben points*). **b** hec ~a, A. *garter WW*; *a gartere*, ~a, subligare, versus: subligar est ligula caligas qua subligat alte *CathA*. **c 1592** unam ~am galliri A. *a hatt band CourtR Griff and Coton* (*Warw RO CR 136/C 1381*).

3 (metal) band.

1346 pro .. ij ~is ferreis pro le *topcastel* et ij ~is ferreis pro ij *cranes KR Ac* 25/7 m. 1.

4 bundle, file (of documents).

1202 in ~a finitorum *AssizeR Northants* 380; **1204** milites quorum nomina sunt in ~a brevium *CurR* III 134; **1276** predicto inquisiciones .. invenientur in ~a recordorum de anno quarto (*CoramR* 24 r. 19*d*.) *Law Merch.* 18; continetur in cedula .. in ~a posita *State Tri. Ed.* I 43; **1349** et versus prefatum J. B. fit ulterius execucio in ~a brevium per brevia retornabilia ad eundem diem (*KR Mem* 126) *EHR* XLIV 442; **1384** quatuor ~as brevium in dicto [Communi] Banco returnatorum, .. in quibus ~is brevia in eisdem existencia multum deteriorata, et pro majori parte putrefacta sunt circumquaque per ~as supradictas ita quod non possunt legi *Cl* 224 m. 15*d*.; **1418** in brevibus in ~a de tribus septimanis Pasche *Entries* 302.

ligulare [LL *p. ppl. only*], to bind, fasten, wrap. **b** (p. ppl. as sb. m.) man wrapped in cloth (in quot., cook).

laqueatus, ligatus, inplicitus .. ~atus, fasceatus Osb. Glouc. *Deriv.* 329; *to lanyere*, ~are *CathA*. **b** ~atus .. i. coquus, qui ita vocatur propter veteres pannos quos induit Osb. Glouc. *Deriv.* 310.

ligularium [cf. ligula], container for laces, straps, or sim.

~ium, scrinium ubi ligule reponuntur Osb. Glouc. *Deriv.* 329.

ligumen v. legumen.

ligur [cf. CL ligurrire], glutton.

Francorum fures aderant, ne nomina cures, / ac alii plures, Teutonici ligures W. Peterb. *Bell. Hisp.* 116; de Franco fure, Teutone vel ligure *Ib.* 121.

ligurire, liguritor v. ligurr-. **liguris, ligurium, ~ius, ligurnus** v. lyncurium.

ligurrigo, gluttony, extravagance, wastefulness.

hec ~o .. i. prodigalitas Osb. Glouc. *Deriv.* 319.

ligurrimen, (act of) licking.

Osb. Glouc. *Deriv.* 319 (v. ligurritio); ~en, linctio *Ib.* 327.

ligurrire, ligurire [CL]

1 to lick.

~rrio .. i. lingere Osb. Glouc. *Deriv.* 318.

2 to swallow, consume.

ut illos hic tangamus quibus nullus finis possessionum sufficit et thesaurorum, nisi victualia subsidia ~rriant ecclesiarum, nisi domum Dei lacerent .. Gosc. *Edith* 284; jentaculum ~riens W. Cant. *Mir. Thom.* III 3 p. 258; abscondit potum pincerna coquusque ligurrit / fercula, clavigero consulit alba Ceres Garl. *Epith.* II 111; ~rire *CathA* (v. gulare).

ligurritio [CL], gluttony.

a ligurrio, ligurritus, et ~io et hoc ligurrimen Osb. Glouc. *Deriv.* 319.

ligurritor [CL = *one who licks*], flatterer.

~ritores [v. l. ~rritores], seductores, adulatores, mendaces .. Dei gravamen habeant (*Quad.*) *GAS* 313.

ligurrus v. lyncurium.

ligusticum [CL], **~us,** lovage.

menstrua deducunt cholicisque ligustica prosunt Neckam *DS* VII 161; ~us multum nascitur in Ligurria provincia. nascitur etiam in monte vicino Alpibus, sed cives panacellum vocant quod radix illius alba est et odorata similis panaci, cui virtus una est cum panace, nascitur in locis altis et asperis *Alph.* 102.

ligustrare [cf. CL ligustrum], to whiten.

seviat aut estus, aut frigoris ira, caputque / alba ligustret hiems, nigra quod vaccinet [v. l. vacciniet] aestas Hanv. I 348 (cf. Vergil *Ecl.* II 18: alba ligustra cadunt, vaccinia nigra leguntur).

ligustrum [CL = *privet*], white-flowering plant of meadow or marsh. **b** cowslip. **c** primrose. **d** honeysuckle. **e** wild lily, bindweed.

integritas animae .. / flos est virgineus, qui nescit damna senectae / nec cadit in terram, ceu fronde ligustra fatescunt Aldh. *VirgV* 193; inter stagnosa paludis ligustra [vv. ll. lygustra, ligistra, ligustria; *gl*.: flores, *hopu*] Felix *Guthl.* 37 p. 118; ver quoque purpureis decorabit prata ligustris (*Vers.*) *V. Ed. Conf.* 41; versum est lilium in ~um Neckam *Sal.* 29; fructus et arbores, frutex et folia, / calca, vaccinia, ligustra, lilia Walt. Wimb. *Sim.* 158; virgo candens ut ligustrum *Ib. Virgo* 161; Gower *VC* 63 (v. deforis 3a); hoc glustrum, *flowrd of feld*, unde invenitur metrice de beata virgine: o mater glustri decor, candorque ligustri .. *WW*; lygistra, *hopu WW*. **b** ~um, tres *maners de liz*, .. A. *cowscloppe MS BL Sloane 405* f. 12r; glustrum, A. *cowslyppe WW*; hoc ~um, *a cowslowpe* .. *cowyslepe WW*; *a cowslope*, ~um, vaccinium *CathA*. **c** *primerose*, primula, calendula .. ~um *PP*; ~um, A. *a primerose WW*; hoc ~um, A. *primerolle WW*. **d** albescunt tecta ligustris H. Avr. *Poems* 127. 187; ~um, i *triffoil*, i. *hunisuccles WW*. **e** degenerans .. lilium in ~um J. Godard *Ep.* 234; ~um, .. G. *liz savage MS BL Sloane 405* f. 12r; ~um est quasi agreste lilium, i. flos minoris volubilis ascendens sepes, ~um i. corrigiola idem *SB* 28.

lij- v. lig-. **lilia** v. lilium.

liliare [LL *p. ppl. only*]

1 to make white as a lily (also fig.).

Hanv. I 283 (v. deliliare); illic illimes bysso candencius undas / liliat argentum, partimque argenteus auro / amnis inauratur *Ib.* IV 73; liliat ergo rosas nives caro casta colore Nig. *Poems* 401; intus et exterius sic castam liliat edem Garl. *Epith.* VI 487; quem alebas tenere, / cui lac dabas liliatum, / cum egeret ubere J. Howd. *Sal.* 36. 10; juvent me pueri, quos pudicicia / intacta liliat et nevi nescia, / qui nondum senciunt carnis incendia Walt. Wimb. *Palpo* 166; **1432** septem alie virgines lacteis ~iate vestitibus (J. Carpenter) *MGL* III 459 app.

2 to adorn with lilies.

ostensis e monumentis vetustiorum principum sceptris, coronis, foliis, vestibus ~iatis Spelman *Asp.* 37; ut liliaco Gallorum clypeo omnem conferat admirationem .. e coelis eum Francis obtigisse .. hallucinatur *Ib.* 138.

liliaris, of a lily.

liliaris albedo palluit J. Howd. *Ph.* 1072; vultus cur pallet flosculi liliaris? *Id. Cant.* 86. 2.

liliastrum, bindweed, woodbine (*Convolvulus*).

convolvulus Dioscoridae clematis altera est aliquibus ~um, Anglis autem *the comon bynde* aut *the lytell wynde* Turner *Herb.* A iv.

lilifagus v. elelisphacus.

liliger, lily-bearing, (in quot., as sb. f.) ? sceptre that bears a lily.

in clypeo Caroli [magni] aquila biceps cum liligera aurea palatini adjuncta Spelman *Asp.* 117.

liliolus, of a lily.

vultus ~o conspargere radio Byrht. *V. Osw.* 403; ~a nitore *Ib.* 409.

liliosus, of a lily.

Gosc. *Mir. Aug.* 537 (v. fenestrare 2b); nichil in ea [sc. carne] .. non lacteum aut potius ~um renitebat Ad. Eyns. *Hug.* V 20 p. 229.

lilium [CL], **~ia** [LL]

1 lily. **b** (*~ium agreste*) bindweed, woodbine (*Convolvulus*). **c** (*~ium aquaticum*) water lily. **d** (*~ium caeleste*) iris. **e** (*~ium convallium*) lily of the valley (*v. et.* 4a *infra*). **f** (*~ium montanum majus*) great mountain lily.

fecundis ut vernent lilia sulcis Aldh. *VirgV* 194; interpretatur .. Susanna ~ium Bede *Luke* 429 (v. femininus a); herba ~ium *pat is lilie Leechdoms* I 44; **1275** (v. enta); hoc ~ium, *lis Gl. AN Glasg.* f. 18rb; hoc ~ium, A. *lylle WW*. **b** ligustrum est quasi agreste ~ium, i. flos minoris volubilis ascendens sepes *SB* 28; ~ium agreste habet stipitem excelsum ad modum lilii fere, folia fissa aliquantulum, florem indum vergentem in rubedinem *Alph.* 98. **c** ~ium aquaticum, A. *edoche*, flos ejus nenufar *SB* 28; nenufar est flos ungule caballine aquatice, vel est ~ium quod crescit in aquis et habet folia lata supernatantia aquam *Ib.* 31; limphea aquatica, ~ium aquaticum; neniphar, ungula caballina aquatica *Alph.* 103. **d** ~ii celestis Gilb. VII 228v. 2; ~ium celeste, cujus radix dicitur yreos *SB* 28; recipe radicem ~ii celestis portantis florem purpureum vel radicem communis lilii Gad. 49. 1. **e** ~ium convallium Turner *Herb.* B 1 (v. ephemerus 3b). **f** ~ium montanum majus, *the great mountaine lily* (Gerarde *Herbal* I 93. 150) *OED*.

2 lily: **a** (as medicinal plant); **b** (in title of medical book).

a coque cortices ~iorum in aqua et cum bene cocti fuerint, fac emplastrum et appone renibus *Pop. Med.* 249. 105; *Alph.* 55 (v. elixemum); *Ib.* 98 (v. duritia 1b). **b** **1417** lego magistro Johanni Mayhu ~ium medicine *Reg. Cant.* II 216.

3 representation of lily.

1322 (v. 1 folium 6); **a1379** (v. 2 glaucus 3b); **1449** (v. 1 flos 2a); **1450** (v. florissare).

4 (partly fig.): **a** (w. ref. to *Cant.* ii 1 as type of BVM or of Christ); **b** (w. ref. to *Matth.* vi 28 or *Luc.* xii 27); **c** (as type of fragrance or whiteness, esp. w. ref. to virgin or confessor). **d** lily-white surface of a folio of a manuscript.

a sed et sponsa, que lilia convallium prealbescit, ipsa eadem dicit: nigra sum, sed formosa P. Blois *Ep.* 97. 304C; ave, qui cum convallium / sis singulare lilium, / perhenni vernans gloria J. Howd. *Cyth.* 93. 2; ave, que signaris / vellere, dum paris, / nupta lilio *Id. Sal.* 30. 3. **b** non videtur juxta mandatum Domini imitatus volatilia caeli et ~ia agri Bede *Retract.* 1020; candida florigeris lucet ceu lilia campis Alcuin *Carm.* 85. 4. 1. **c** incensum Domini incendatur in natale sanctorum pro reverentia diei, quia ipsi sicut ~ia dederunt odorem suavitatis Theod. *Pen.* II 1. 9; quasi candens ~ium pia castitate florescens Aldh. *VirgP* 57; hic rosa [? l. rose] martyrii, hec virginitatis ~io respondet; utrique nivea castra ducunt virginum Gosc. *Edith* 83; hinc candentia confessorum ~ia, ibi rubicundas martirum rosas interiori lumine contemplans Gir. *Æthelb.* 1; quomodo tunc solus es, cum .. discurris .. per amena et suave olentia ~ia virginum? Ad. Scot *QEC* 28. 851B; inter castitatis ~ia P. Blois *Ep.* 35 (v. 1 flos 8). **d** librorum ~ia non contingat illotus R. Bury *Phil.* 17. 225.

1 lima v. limma.

2 lima [CL], file; **b** (fig.); **c** (w. ref. to thought, speech, or artistic composition).

corpore sulcato .. / sum formata Aldh. *Aen.* 21 (~a *tit.*); ~a, *fiil GlC* L 251; Abbo *Edm.* 15 (v. fabrilis 1a); Walt. Angl. *Fab.* 48. 2, D. Bec. 452 (v. dens 4b); ~a pernecessaria in officina fabrorum Bald. Cant. *Tract.* 5. 447B; Gir. *GE* II 20 (v. fornax 1d); de plumbo fiunt manubria ~e surde quo sonus mortificatur M. Scot *Part.* 295; hec ~a, *lime Gl. AN Glasg.* f. 20ra. **b** Johannes [Baptista] .. asperrimae poenitudinis ~a Aldh. *VirgP* 23; manum humilem conscientie innocue corrodere non prevalet ~a pravitatis aliene R. Cold. *Osw. pref.* p. 327; siccitas capre causa est copie lactis quia siccitas est ~a caloris *Quaest. Salern.* B 126; ave, virgo, norma morum, / ave, lima viciorum, / ave serra sordium Walt. Wimb. *Virgo* 69. **c** hic quicquid .. elaboratat .. Aldelmi committebat arbitrio ut perfecti ingenii ~a eraderetur scabredo Scottica W. Malm. *GP* V 191; eloquium .. schematis hujus ~a .. expolitum Gir. *DK* I 12 p. 188; **a1200** epistulas meas .. ~a diligentior et exquisitior vigilantia correxisset P. Blois *Ep.* 1. 1B; [liber] sentiet castigatioris ~e judicium *Ib.* 19. 71B; ita quod verbum bis ad ~am veniat, priusquam semel ad linguam *Cust. Cant.* 129; [nummus] nichil prodest quamvis multo / rethorumque lima culto / floreat eloquio Walt. Wimb. *Van.* 44; si autem in aliquo defeceris, cum cote vel ~a potest rectificari Odington *Mus.* 85.

3 Lima, the Forest of Lyme (? also used as) border, boundary (cf. *PN* XLIV 2–6, E. Ekwall *Place-Names of Lancs* Manchester, 1922, 24–6).

1212 in baronia de P. sunt feoda v militum infra ~am et extra *Fees* I 210; **c1216** propter grave servicium quod [barones] in Cestreshyria faciunt, nullus eorum extra Lymam [v. l. ~am] servicium michi faciat *Cart. Chester* 105 (= *Pat* 120 m. 22, *inspeximus of* 1300); **1331** quod .. [nullus] vicinus occasione itinerationis de ~a ac aliqua occasione venationis se intromittat in aliquo de boscis eorundem monachorum *CalCh* IV 205.

4 lima [cf. CL linia, ML limarius], net.

rete, sagena, plaga, cum casse, sagenula, lima Garl. *Syn.* 599; *a nette*, .. versus: rethe, sagena, plaga, cum casse, sagenula, ~a *CathA*.

5 lima v. 1 luna.

limaca, ~ia [ML; cf. CL limax], slug, snail,

frumentum .. decoquatur in aqua cum ~iis Gad. 23. 2; si ~ie cum testis suis in croco simul misceantur cum eis *Id.* 28. 2; *a snayle*, limax, †limata, testudo *CathA*.

limalis [cf. CL lima], filed, sharpened.

arrepto ~i [*gl*.: i. e. acuto] bipenne tria virorum corpora letabundis ictibus humo sternens mori coegit Felix *Guthl.* 41 p. 128.

1 limare [CL]

1 to work (an object) with a file, to smooth or polish by filing (also in fig. context); **b** (p. ppl. as adj.) filed, smoothed, polished.

~at *swyrfþ GlP* 428; dum aer offenditur in scissura [sc. tintinabuli], ex partium inequalitate et asperitate fit sonus raucus; quod si ~etur scissura et ad equalitatem ducatur, fiet sonus clarus quoniam removetur causa raucedinis *Quaest. Salern.* Ba 1; **1266** in lino in parte sarclando, tractando, ~ando et attornando, vij s. iiij d. ob. *Pipe Wint.* 95; qui dentes acuit ut carpat crimina / offendit Cesarem et aule lumina; / ergo vel dencium limet acumina, / vel certa Cesaris abjuret limina Walt. Wimb. *Palpo* 47. **b** politum, ~atum *GlC* P 521; ~ati, mundati *Gl. Leid.* 15. 47; nec ledit acuto / exterretque manus caro limatissima rusco Hanv. II 64.

2 to sharpen (by filing; also p. ppl. as adj., and in fig. context).

672 Theodorus .. ~ato perniciter grammatico dente .. rebelles falanges discutit Aldh. *Ep.* 5 p. 493; gladius .. ~atus J. Ford *Serm.* 41. 4 (v. exacuere 1c); mucro limatus laniat J. Howd. *Cyth.* 24. 1.

3 (fig.) to improve, perfect, polish (also p. ppl. as adj.): **a** (person, or person's life); **b** (style, utterance, decision, or sim.; *cf.* 5a *infra*).

a tota acumine ~atorum in consiliis virorum inaniter .. certabatur W. MALM. *GP* I 49 p. 88; ut scriptor gestorum ejus esset ~atus lingua et probatus scientia *Id. Wulfst. prol.* p. 3; illimis [sc. Maria], limes vite, vitam michi limes [*gl.*: adaptes, adornes] / ad te sublimes et fructu ventris opimes GARL. *Mor. Scol.* 661. **b** quem .. audeo dicere non bene ~atam de hac re protulisse sententiam ROB. BRIDL. *Dial.* 32; ut literatis sensibus non tam ~atum eloquium quam lucida porrigatur evidentia rerum LUCIAN *Chester* 54; **1586** nullae sententiae mortis .. executioni traditae sunt, nisi prius probatissimorum patrum consilio et conscientia ~atae fuissent (*Chr.*) *Scot. Grey Friars* II 178.

4 to reduce to filings, rub or grind down to small pieces.

argentum ~etur cum lima donec fiat sicut terra GAD. 48. 2.

5 **a** to remove by filing (in quot., w. ref. to removal of imperfections from style). **b** (alch.) ? to remove (impurity) by sublimation.

a illa quibus [lector] vel sales libaret vel lingue rubiginem ~aret W. MALM. *GR* I 59 p. 63. **b** ex multa sublimacionis iteracione anima cum aqua ascendens depuratur et ejus grossities ad ima descendens in terram ~atur DASTIN *Ros.* 9.

2 limare, to squint.

to glee, ~are *CathA*.

1 limarius, ~erius [AN *limer*, OF *liemier* < CL ligamen], lyam-hound, bloodhound.

1130 W. filius Serlonis debet j *liemer* et iiij seus *Pipe* 3; **1135** ductor liemarii, j d., et liemarius ob. *RBExch* 813; **1195** de liberationibus iiij hominum .. et j bernarii et ij[orum] ~iorum *Pipe* 151; **1198** servicium aptandi unum ~erium *Fees* 4; **1202** debet xij canes de mota et j limerum *Pipe* 136; **1205** idem debet xij canes de mota et j limerium [v. l. liemerum] *Ib.* 84; **1215** cum .. xviij canibus de mota et uno ~ario *Cl* 188b; **1244** R. de A. tenet duas carucatas in A. per servicium aptandi unum canem lyemerium *Ib.* 1148; **1279** in cordis ad ~ia [apud Westm'], iij s. viij d. *KR Ac* 467/7/7 m. 4; **1298** heredes Roberti de Sidenham tenent tenementa sua de Draycote et Tatenhull' pro servicio inveniendi quidem [*sic*] venatorem cum uno limero *IPM* 81 m. 18; pro putura xliiij canum currencium, xiiij leporarum [? l. leporariorum], et unius lymarii commorantium infra ballivam suam *LTR Mem* 105 m. 147.

2 limarius [cf. 3 Lima], (by assoc. w. 1 bordarius) tenant of small-holding.

12.. de cottariis et ~iis (v. 1 enchia 2).

3 limarius [cf. 4 lima], maker of nets.

~ius, retiarius, plagiarius, linarius, cassarius OSB. GLOUC. *Deriv.* 327.

limas [ML], apron.

non dico ~ata [v. l. vestes coquorum, *gl.*: *vesture suylé, girunner*], sed aspergines, sparta, et cirmata NECKAM *Ut.* 101; *barym cloth, or naprym*, ~as, -tis *PP*; *a barmeclatha*, limus, ~as *CathA*; **1498** pro .. ij ~atibus et ij paribus cirothecarum pro cementariis *Fabr. York* 90.

limatio [LL], filing (of ironwork).

1355 Johanni del Thele fabro pro ~one ferrament' supportant' columpnas marmorias in gabula orientali capelle *KR Ac* 471/6 m. 19; **1381** ut nullus de eorum societate fabricaret quartronem calcarium minus quam pro xx d. nec caperet minus pro ~one eorundem quam ij s. *Pl. Mem. Lond.* A 24 m. 10.

limator [LL *gl.*], filer.

1295 summa de viij carpentariis et j ~ore, xxj s. iij d. ob. *KR Ac* 5/9; **1245** in mur[o] fac[iendo] xvij d. ob. in stipendio ~oris ij s. v d. (*Pipe Wint.*) *Hants RO* 11 M 59 B1/18 r. 4*d*.

limatorium [cf. 2 lima]

1 object used for filing or polishing.

a sleght stone, lamina, .. ~ium *CathA*.

2 filings.

~ium, A. *lytarge or lymayle WW*.

limatura [LL]

1 (act of) filing or polishing or object used for this; (fig.) correction.

quartum [sc. veritatis offendiculum] propter singularem stultitiam propriam ~am desiderat BACON *Maj.* III 3.

2 filings.

~am ferri ADEL. *CA* 5 (v. 1 gorgia 1c); ~a quidem nonnullis aurea prodest NECKAM *DS* VI 35; eris albi vel auricalci ~a subtilis GILB. II 77v. 2; ~e auri *Ib.* III 37. 1 (v. granum 5b); ~am eboris *Ib.* VI 261. 2 (v. fontinus); pro divitibus recipe ~am auri, et detur quolibet die GAD. 48. 1; de speciebus valent ad fecunditatem .. ~a eboris, piper longum KYMER 19; *Alph.* 64 (v. ferrugo 1).

limax [CL], slug, snail.

lumbricus et limax et tarda testudo palustris ALDH. *Aen.* 100 (*Creatura*) 37; ~ax, *snegl GlC* L 180; ~ax, *snægel* ÆLF. *Gram.* 310; tardior ~ace factus sum GOSC. *Lib. Conf.* 34; multipes de terra a multitudine pedum sic dictus et lymax ex limo et sanguisuga ex aqua .. P. CORNW. *Disp.* 150; ut patet in †limice [l. limace] cujus extremitates vulgus cornua vocat *Ps.*-RIC. *Anat.* 26; ~ax, i. limaca, *a snayle, foayle, snyle WW*.

limbare [LL *p. ppl. only*], to supply with a hem or fringe.

due [albe] sunt bene ~ate pallio sursum et subtus de aurifilo *Lib. Eli.* II 139 p. 223; **1245** [amictus] ~atur .. aurifrigiis *Invent. S. Paul.* 487; **1295** vestimentum R. archidiaconi Colcestrie de rubeo sameto plano sine breuderio, ~ato aurifrigio et virgulato *Vis. S. Paul.* 319; *to hem*, fimbriare, ~are; *an hemmer*, limbator et limbatrix *CathA*.

limbaria, shop in which ornamental borders, hems, or fringes are sold.

fui .. in tabernis, argentariis, ~iis. ubi non quaesivi? LIV. *Op.* f. 111b.

limbator, one who makes hems or fringes.

CathA (v. limbare).

limbatrix, one who makes hems or fringes (f.).

CathA (v. limbare).

limber [cf. CL limbus], ornamental border, hem, fringe, ribbon.

annulus et gemma, lymber, chirotheca, thiara GARL. *Syn.* 1587C; limbris, *enborlure* [*corr. to embordure*] (*Id. Accentarium*) *Teaching Latin* I 148.

limbernarius [ME *limbrennere*], lime-burner, one who calcines lime.

a1215 ego Simon ~ius de Cantuaria dedi .. unam acram terre mee apud Limfine *Cart. S. Greg. Cant.* 114 (cf. ib. 211 [**c1240**]: Alvredus *limburnere*).

1 limbus v. 1 lembus.

2 limbus [CL]

1 ornamental border, hem, fringe, ribbon.

lembum, *listan* vel *thres GlC* L 121; ~us *ðres, liset Ib.* 243; lymbus, clavus in veste regis *Ib.* 342; **c1080** ~os cortinarum (v. 1 arcio b); **1174** vj pennis cattinis et totidem ~is *Pipe* 8; dalmatie [*sic*] fines extremos ~us deauratus .. circumluit R. COLD. *Cuthb.* 42 p. 87; **1214** in manutergiis, corinphis, limpis, capellis de pilo, capellis de feutro .. *Cl* 143b; hic ~us, *urle Gl. An Glasg.* f. 21rb; **1445** (v. fanella); hic lumbus, *a burdyre WW*; hic ~us, A. *a rebant WW*.

2 edge, rim. **b** limb, graduated edge of astrolabe. **c** (her.) bordure.

~um, girum, circuitum *GlC* L 159; nec altaris ~um seu lignee trabis fulcimentum petiit R. COLD. *Godr.* 90 p. 100; vidit puellam .. corpore per ~os parietis gradientem *Id. Godr.* 125; **1245** (v. florare 2a); **1245** (v. gladiolatus); cujus inquam monete forma a veteri diversificabatur in tantum, quod crux duplicata ~um literatum pertransibat M. PAR. *Maj.* V 18; reparandis rugis ~os replicat foliorum [codicis] R. BURY *Phil.* 17. 220. **b** termeni arabici in instrumento astrolabii: .. lymbus, divisio circuli in 360 partes W. WORC. *Itin.* 240. **c** orarium dicitur ~us qui apponitur ore, id est, margini et extremitati alicujus vestimenti, causa ornatus SPELMAN *Asp.* 106.

3 edge, boundary, frontier.

omnia quae praesens tellus producit alendo / et maris haec facies limbo circumvenit amplo ALCUIN *Carm.* 70. 2. 2; **864** (11c) qui .. salsam ~am latentis ponti .. gubernat *CS* 509; villa .. in ipso maris ~o et littore posita R. COLD. *Cuthb.* 68 p. 138; quasi in ipso terre ~o GIR. *EH* I 4; Indiam expetiit, ut ultimo Orientis Occeani ~o imperii sui finem terminaret *Flor. Hist.* I 68; novum fecit episcopatum apud Carleolum, in ~o Anglie et Galwallie *Ib.* II 55.

4 Limbo, place on the border of Hell, abode of the righteous who lived before Christ and of unbaptized infants.

non tantum redemit illos qui tunc erant in Lymbo inferni, qui locus dicebatur sinus Abrahae BELETH *RDO* 96. 98; **p1200** quod si a purgatorio vel a ~o inferni [Lazarus] revocatus est .. P. BLOIS *Ep. Sup.* 39. 2; a Limbo / sanctos patres eruis WALT. WIMB. *Virgo* 108; sic iste Johannes .. preparavit regi viam ad Lumbum inferni B. COTTON *HA* 174; fuit ~us patrum ubi nulla anima modo recipitur post Christi passionem HOLCOT *Wisd.* 111; ad Limbum descendentis, / Inferni spolia, / de morte triumphantis / plena victoria LEDREDE *Carm.* 19. 21; [Johannes Baptista] in ~um positus Christum venturum prenunciat *Eul. Hist.* I 79; Christus extraxit patres de ~o *Ziz.* 92.

limen [CL]

1 transverse beam of a doorway: **a** lower beam, threshold, sill. **b** upper beam, lintel.

a ferrea .. fracturus limina valvae ALDH. *VirgP* 456 (v. Erebus); iste sanguine fuso in cruce ille in crucis modum medio ~ine et superliminari mediis asperso in postibus BEDE *Hom.* II 5. 130; in ~ine janue ORD. VIT. III 13 p. 138 (v. frigus 4a); intrare festinanti pes hesit in ~ine GIR. *IK* I 8 p. 76; **1212** femina .. in intrando domum suam cecidit mortua super ~en ostii sui *SelPlCr* 64; hoc ~en, *siul Gl. AN Glasg.* f. 20vb; ~en, *a thresfolde, thryswold, thriswald WW*. **b** **1420** in ij ~inibus de quarcu et ij soles de *esch* emt. pro ij sperys de novo faciendis in predicta domo *Mem. Ripon* III 144.

2 entrance. **b** (*~en ecclesiae*) threshold of a church, also by synecdoche the church. **c** (*~en Petri, ~ina apostolorum*) the church of Rome, papal curia. **d** (*~en sancti* or sim.) shrine of a saint.

tradidit his caeli per sudum scandere limen ALDH. *VirgV* praef. 8; longius adhuc a thalami ~inibus excubantes prima illa secretius secum ruminant elementa caritatis J. FORD *Serm.* 55. 9. **b** censura a sacris ecclesiae ~inibus .. introitum arcebat ALDH. *VirgP* 33; **798** juxta ~inibus aecclesiae disciplinatus et nutritus fui *CS* 283; eos vero, qui tales inveniuntur, ab aecclesiae ~ine per vim volumus abstrahi EGB. *Dial.* 410; **1075** te .. a ~inibus sanctae aecclesiae et consortio fidelium separavi LANFR. *Ep.* 41 (33A); **1150** si quis .. has donaciones diminuere .. presumpserit, sciat se a ~inibus sancte Dei ecclesie sequestratum *CartINorm* p. 340. **c** sedisti in urbe Roma et apostolorum et martirum ~ina circuisti ALDH. *VirgP* 25 p. 259; Romam venire ad videnda .. apostolorum ac martyrum Christi ~ina cogitavit BEDE *HE* V 9 p. 296; Rome principum apostolorum Petri et Pauli visitare proposuit ~ina *V. Neot. A* 6; Teodbaldus Dorubernensis archiepiscopus, Simon Wigornensis .. a papa jussi tendunt ad ~ina Petri J. WORC. 54; apostolorum ~ina petens et ad pedes pape se prosternens GIR. *SD* 16; **s1475** ~ina apostolorum Petri et Pauli .. visitare *Reg. Whet.* II 118. **d** **801** ad ~ina Sancti Martini ALCUIN *Ep.* 242; sanctorum ~ina per Angliam circuibat, semivivum circumferens cadaver, et a sanctis sanitatem mendicans *Mir. Wulfst.* I 32; licet valetudine confectus esset et senio defessus, ipsius ~ina adire decrevit *Mir. Fridesw.* 12; adierat .. plurima sanctorum ~ina *Ib.* 20; ut ~ina beati Jacobi apostoli .. visitemus *Reg. Paisley* 90.

3 boundary, border. **b** territory enclosed within boundary, place; **c** (fig.).

814 his ~ibus [vv. ll. limitibus] haec pars telluris circumgirari videtur *CS* 346; **1280** recommendatis eciam me penes dominum Norwicensem episcopum infra cujus ~ina peregrinor *AncC* 47/176. **b** ditati contemnunt limina Ditis ALDH. *Aen.* 67 (*Cribellus*) 6; debere pro eo in obsidem mitti cum decenti comitatu Dom. Ducem Gloucestrie et eas obviare debere utrinque in certo ~ine *G. Hen. V* 23 p. 160. **c** in ipso ~ine cum stylo meo tam tenui nunc sto et haesito H. BOS. *Thom.* III 5 p. 190.

4 enclosed space, (falc.) cage or mew.

1297 de putura et ~ina dicti falconis .. xvj s. iiij d. *Doc. Scot.* II 137.

5 threshold, verge: **a** (of temporal period or eternity). **b** (of abstr. condition).

a dum sani rursus redeunt ad lumina vitae / quamvis ante nigrae lustrassent limina mortis ALDH. *CE* 4. 1. 18; ad aeternae ~ina lucis .. ascendisse BEDE *HE* IV 21 p. 257; **p782** te in ~ine hujus vitae suspirare ALCUIN *Ep.* 55; hicque dies [13 June] finit donorum limina longa *Kal. M. A.* I 407; processu dierum Walthenus, vernantis juventutis ~en attingens, sperabatur .. J. FURNESS *Walth.* 18; a primo vite maturioris ~ine P. BLOIS *Ep.* 131. 389C. **b** in primo ~ine novellae religionis ALDH. *Met.* 2 p. 71; utraque modestiae ~en excedens PULL. *Sent.* 755B.

limena [cf. λιμήν, limen 2], harbour, or ? the Kentish place-name Lympne < *Portus Lemanis*.

1234 in pace faciant marchandisas suas a limna usque crucem de Wlmeresty (*DL Misc. Bk.* 5) *Eng. Justice* 132; a limina usque crucem de Wlmersty *Ib.* 134.

limenarcha [CL < λιμενάρχης], harbour-master.

c1128 rex .. convocavit hominum multitudinem in unum locum, sc. .. primicerios et duces et lumnareas exercitus episcopi *E. Ch. Scot.* 67, 330 (= *Reg. S. Andr.* f. 52a); **c1200** 'liminarcha': liminata marchis qui custodit limina imperii VAC. *Lib. Paup.* 211 gl. n. 5.

limerius v. 1 limarius.

limes [CL]

1 object used to mark boundary. **b** (fig., of person).

Kenulfestan adhuc dicitur lapis quem ipse pro ~ite contra Depingenses posuit ORD. VIT. IV 16 p.280; ut .. fixum .. lapidem ~item esse agnoscant NECKAM *NR* II 50; *Ib.* 141 (v. gibbus 4a). **b** dux Willelmus pater patrie et ~es ducatus et regni merito nominandus *Chr. Battle* f. 8v.

2 limit: **a** boundary (of a plot of land). **b** border (of a nation, frontier). **c** edge (of the world).

a **704** (v. designare 1b); **a737** notis limitibus haec terra ab aliis †litem [l. limitem] discernit agris *CS* 163; **955** his ~itibus haec telluris particula circum girari videtur *CS* 903; **c1135** ubicumque [decimaciones et obvenciones] sint infra metas et ~ites parochiarum predictarum villarum *Ch. Westm.* 17; **1280** ducet fima de barcario in campum australem ubi domino placuerit vel Drakenorye ita quod non ultra limict' virid' *Crawley* 233; **s1314** tota .. ecclesia continet infra ~ites suos iij acras terre et dim. .. *Ann. Paul.* 277; **1365** infra limistes ecclesie sancti Pauli London et infra palatium domini episcopi Londoniensis *PlRCP* A 10 m. 16. **b** Aquilonalibus Britannis amnem Waiam ~item posuerat W. MALM. *GR* II 134; **s1380** causa, que non infra regni ~ites orta est WALS. *HA* I 431; **1545** ~itum et marchiarum versus Angliam *Conc. Scot.* I cclviii. **c** Brittania insula in extremo ferme orbis ~ite circium occidentemque versus GILDAS *EB* 3; triquadrum discreto limite mundum ALDH. *VirgV* 1040.

3 space enclosed by a limit: **a** point. **b** precinct, bounded territory (also fig.). **c** division of a province of Austin Friars.

a tempora in arsi et thesi accentibus discernuntur, qui tribus locorum ~itibus clauduntur, i. e. ultimo, paenultimo, antepaenultimo ALDH. *PR* 112. **b** nulla frutescit / herba per innumeros telluris limite sulcos *Id. Aen.* 50 (*Myrifyllon*) 5; **a705** (v. 1 Francus b); Germania .. multis provinciarum ~itibus distincta W. MALM. *GR* I 5; **1315** confirmavi .. unam lymitem et omnia jura mea ejusdem lymitis que habui in campo vocato Stonyfeld *AncD* C 5050; **1346** infra ~ites sui sinus (v. dilatate); **1366** patet communis transitus omnium tam magnatum et peregrinorum quam aliorum ~ites S. Thome Cantuar' visitancium *Pat* 273 m. 13; **1552** prope ~ites ecclesiarum *Conc. Scot.* II 132. **c** **1377** diffinimus quod singuli ~ites provincie Anglie habeant liberam eleccionem de personis eorum promovendis pro locis ~itum suorum sicut fuerat antiquitus consuetum *Eng. Aust. Fri.* I 152; **c1387** isti sunt ~ites infra provinciam Anglie. primus est ~es Ossoniarum [l. Oxoniarum] qui continet octo conventus ..; secundus est ~es Cantabrigie ..; tercius ~es Eboraci ..; quartus est ~es Lincolnie *Ib.* II 224.

4 threshold. Cf. *limen* 1.

1212 interfecerunt super ~item domus .. filium suum *SelPlCrown* 76.

5 limit, verge: **a** (of temporal period or eternity); **b** (of act or abstr. condition).

a appropinquante sensim vitae ~ite GILDAS *EB* 31; quem ab ipso .. mortis ~ite revocans ad viam vitae .. reduxit BEDE *HE* V 6 p. 289; aetatis ipso limite [AS: *gemære*] / despexit aevi florida *AS Hymns* 74; blandescit aspectus ut limes aurore J. HOWD. *Cont.* 319; WYCL. *Civ. Dom.* I 45 (v. illicentiatus a). **b** paululo quasi ad respirandum silendi ~ite, sic cepit pollicitata persolvere grammatica OSB. GLOUC. *Deriv.* 75; dictandi ~item ingrediamur *Ib.* 265; extra modestie ~ites evagari P. BLOIS *Opusc.* 876C; inter vicia contraria medius ~es virtus est LUCIAN *Chester* 64.

6 lane, track, road. **b** list (for tilt or tournament).

Carm. Aldh. 2. 77 (v. decurrere 5a); angustus erat ~es transeuntibus, arctus trames itinerantibus W. MALM. *GR* IV 348; callis, semita, ~es OSB. GLOUC. *Deriv.* 147; jactus lapidis quo vulgus nostrum in Anglia se solet ad ~ites recreare *G. Hen. V* 4 p. 30. **b** †quidcumque [l. quiscumque] imposuerit michi ista secum eadem fore falsa infra ~ites pugnaturum his presens me attestor FAVENT 16; **s1380** ~ites .. quas listas vocant (v. fabrefacere).

7 (math.) column in decimal notation.

ordinas igitur numerorum sive ~ites a primis numeris, qui digiti vocantur et sunt ix, per decuplos in infinitum procedunt. sunt autem in unoquoque ~ite numerorum novem termini .. OCREATUS *Helceph* 132; ut sit primus ~es ab I usque ad X, secundus vero a X perprimorum per decuplos primorum digitorum usque ad C [etc.] *Ib.*; *Ib.* 133 (v. ducere 8f); si longo senii fastidia traxeris evo / Nestor et ad quarti numerus processerit annos / limitis, .. / .. sedes superest suprema sepulcrum HANV. VI 220; intra denarium ~item ALB. LOND. *DG* 10. 2.

8 course, line, contour.

~es, *the cap of an hylle WW*.

limeus [cf. 1 limus + -eus], muddy, slimy (fig.).

fruar eo [sc. Deo] / gignans chio [l. Huio], Patri pio, / Flatus rivo quando vivo / sarcem †turno [? l. trunco] Pauli culmo / uti video stirpem limeo / Altum celum qui creavit terras atque equora *Cerne* f. 66b p. 132 [cf. *Rom.* xi 24, *I Cor.* ix 27].

1 liminare [LL *as sb.* < CL liminaris], lintel, doorway.

neglecta via recta .. ~ia suffodit J. SAL. *Pol.* 784C; hoc ~e, *linter Gl. AN Glasg.* f. 20vb; dominum prediorum super ~ibus affixi proloquuntur tituli *V. Edm. Rich P* 1777B; **1310** Willelmo Gentilman et filio suo per xv dies pro reparacione liminar' bracine, vj s. viij d. .. emp' pro liminar' bracine et coquine et fenestr' scaccarii iij s. iiij d. *Ac. Durh.* 7.

2 liminare [ME *limnen, liminen* < luminare], to illuminate (a manuscript).

1433 lego portiforium meum antiqum [*sic*] solempne notatum et singulariter ~atum *Reg. Cant.* II 486; **1445** in ~ando bene et fideliter libros suos *MunAcOx* 551.

3 liminare v. limonaris.

1 liminium [LL *gl.* < CL postliminium], captivity, servitude.

post ~ium quod Adam contraxerat ad vitam istae perpetuae gloriae quam propriis meritis adquisierat .. BYRHT. *V. Ecgwini* 396.

2 liminium [cf. CL limen], entrance.

1458 commune stagni ~ium *Rec. Leic.* II 265.

limino v. luminio.

1 †limio, *f. l.*

invaserat .. parochianum .. febris pestilencialis . . . juxta veridica phisicorum dogmata, cerebrum letali †limione [? l. humore] sauciatum denunciant *Mir. Hen. VI* III 88.

2 limio v. luminio.

limita [cf. limes 3b], precinct (fig.), confine.

ave [Jhesu] quem pure puritas / caritatis ad limitas / carnis traxit virginee J. HOWD. *Cyth.* 54. 2.

limitanus, ~eus [LL]

1 of a border, boundary-.

1260 ad illas divisas inter ipsum mesuagium et terram meam circumjacentem .. ~as *Cart. Lindores* 91; regionem hosti obversam et imperii ~eam *Jus Feudale* I 20.

2 (as sb.) boundary-stone.

~us, lapis limites dirimens OSB. GLOUC. *Deriv.* 329.

limitare [CL]

1 to mark (boundary), to set up (boundary-mark). **b** to enclose (land) with boundaries. **c** to confine (sea).

ad metas .. erigendum, ~andum, et assignandum *Croyl. Cont. B* 484. **b** ~ati sunt veteres episcopatus sub metropolibus Londonum, Eboracum, et Caerlium R. NIGER *Chr. II* 117; per .. viridarium ejusdem foreste ~ate *Reg. S. Osm.* II 121; cujus regio / fine non est limitata J. HOWD. *Sal.* 41. 10; **c1298** et a rege singulis [sc. Scoticanis proceribus] limitantur mete (*Dunbar* 114) *Pol. Songs* 169; **c1328** ego eas [acras] mensurari feci et ~ari *Reg. Newbattle* 118; *MS BL Additional 24746* (v. haivare); **1512** terre .. boundate et ~ate *Scot. Grey Friars* II 246; **1523** (v. fovea 9). **c** medium pelagus, quod inter Neustriam Britanniamque ~atur AD. EYNS. *Hug.* II 8.

2 to mark out, designate, assign: **a** (person or office); **b** (artefact or construct).

a **1331** justiciarii .. ad placita ejusdem itineris apud Bedeford et non alibi tenenda ~entur *PQW* 73b; **1356** vicariam .. nondum ordinatam, †limitam [l. limitatam], vel taxatam *Reg. Heref.* 243; ipsi succedunt in ecclesia loco apostolorum ac discipulorum, quibus Cristus ~avit istud officium WYCL. *Ver. II* 138; **s1459** dicendum quotidie .. per fratres ~atos sive intabulatos pro celebracione earundem *Reg. Whet.* I 327; **1542** Johannes .. visitator .. auctoritate regia limitatus et deputatus *Deeds Balliol* 320. **b** Henricus rex Anglie cum rege Francie pro sponsalibus Katerine filie sue generosissime convenerat pertractare in campo spacioso et ad opus hujusmodi specialiter ~ato STRECCHE *Hen. V* 180; in .. armariolo .. pro custodia Psalteriorum ~ato *Reg. Whet.* I 430; **1424** scrutatores predicti ~abant venellam predictam esse apertam latitudinis unius ulne regie *Mem. York* II 109.

3 to limit, fix, define: **a** (time); **b** (terms of agreement or judicial decision); **c** (math. & phil., abstr.). **d** (p. ppl. as sb. n.).

a **1306** ~etur tempus, viz. annale *StatOx* 100; **1366** ante horam ~atam *CourtR Winchester*; **1389** tempore superius ~ato (v. exstringere); **1432** singulis annis certo die ~ando habeantur ibidem vigilie mortuorum *Reg. Cant.* II 489; **1457** ad comparendum .. ad tales diem et locum .. prout ~abitur et appunctuabitur per nos *Lit. Cant.* III 228; diem sextumdecimum mensis Januarii .. ad electionem .. abbatis .. prefiximus, statuimus, et ~avimus *Reg. Whet.* I 11. **b** quod .. donationes .. modestia ~aret P. BLOIS *Ep.* 20. 73C; **1224** ~ata portio garbarum *Ch. Sal.* 164; actionis que sub certis temporibus ~atur BRACTON f. 100b; in casibus ~atis a jure *Ziz.* 254; **1387** certi articuli ~ati per regem, super quibus Domini etc. in eodem parliamento procedere debeant *RParl* 233b. **c** sua potestas ~atur BACON III 234; nullum agens potentie finite et ~ate patens est ex nichilo producere *Id.* VIII 24; intellectus agens .. ~atur ad sensibilia DUNS *Ord.* I 50; virtus activa est .. ~ata T. SUTTON *Gen. & Corrupt.* 94; quando dicitur quod in omni motu est aliqua proporcio motoris ad mobile, falsum est nisi ~etur ad motores agentes OCKHAM *Quodl.* 778; WYCL. *Ente Praed.* 156 (v. experimentatio); sine numero ~ato *Id. Apost.* 42 (v. gregaliter). **d** DUNS *Ord.* IV 217 (v. 1 fundare 2a).

limitas, enclosing (of land) with boundaries, or *? f. l.*

1285 pactiones .. super limitatem [? l. limitationem] terrarum *RGasc* II 260.

limitate [ML], (phil.) in a limited sense.

OCKHAM *Summa* II 18 (v. exceptivus 1c); terminus singularis secunde intencionis contrahit terminum communem ad supponendum ~e pro denario singulariter dando, sicut et faciunt signa particularia WYCL. *Log.* II 65; meritum aput theologos sonat ~e ministerium creature racionalis *Id. Dom. Div.* 226.

limitatio [CL]

1 act of marking (boundaries), setting up (of boundary-stones). **b** act of enclosing (land with boundaries). **c** boundary.

†**1184** facta fuit perambulacio et certa finium ~o *Regesta Scot.* 253; **1438** de et super distinctione et ~one bundarum hujusmodi .. plenam tenore presenciam committimus potestatem *RScot* 306a; assignationi positioni et ~oni metarum *Entries* 84b. **b** **1246** sedes .. olim a tempore ~onis episcopatuum Ybernie in villa Darensi .. extitit constituta *Mon. Hib. & Scot.* 48. **c** **1269** quicquid preter predictas ~ones extra clausum canonicorum in predicta civitate nostra continetur *Ch. Sal.* 348.

2 act of designating, power to assign (person).

fides edocet quod nemo sequatur papam nisi de quanto ipse imitatur Jesum Cristum, nec papa obedienciam vel ~onem plurem appeteret WYCL. *Chr. & Antichr.* 692; **1422** predicte aule principalitatem ad dicti domini abbatis .. ~onem et ordinacionem .. legabit *Cart. Osney* I 178; **1435** unum scolarem ad ~onem predicti abbatis in grammatica instruet et informabit *Ib.* 218; ut .. alter eorum juraret cum manu duodena vicinorum, secundum ~onem ipsius et nostram, quod non debent etc. *MunAcOx* 632; **1501** vobis .. sub infrascripta .. ~one committimus vices nostras .. proviso tamen .. quod etc. *Eng. Clergy* 195; **1516** eorum quilibet cursorie disputet ad ~onem bedelli sue facultatis *StatOx* 333.

3 limiting, fixing, defining, or limited condition, defined state: **a** (w. ref. to time); **b** (w. ref. to expense); **c** (phil., w. ref. to abstr.).

a omnes actiones in mundo infra certa tempora habent ~onem BRACTON f. 52; **1279** fiat ~o in narracionibus .. de tempore regis Ricardi et de tempore subsequenti *PQW* 203a; haec dictio 'semel in anno' nihil addit preter dictam temporis ~onem CONWAY *Def. Mend.* 1417 (*recte* 1317). **b** **1433** ~onem expensarum *Deeds Balliol* 303; **1536** pro certa tamen et justa ~one salarii expensarum prelectoris *StatOx* 339. **c** BACON *Maj.* I 145 (v. exsistentia 3); ex defectu et ~one creature PECKHAM *QA* 174; MIDDLETON *Sent.* II 41a (v. extrinsecus 6a); aliquid est imperfectum secundum perfeccionem simpliciter, que non necessario habet imperfeccionem concomitantem, quia non includit in se ~onem, sicut 'hoc bonum', 'hoc verum', 'hoc ens' DUNS *Ord.* II 241; propter ~onem intellectus qui potest in tot visiones et non in plures OCKHAM *Quodl.* 80; per mensuram potest intelligi ~o gradus entitatis rei quo ad se ipsam non solum in faccione essenciali sed in denominacione qualibet positiva creature WYCL. *Trin.* 50; *Id. Log.* II 85 (v. factibilitas) **1389** (v. exstringere); mirabilis ~o sensus proposicionis mee *Ziz.* 38.

limitative [ML], by way of limitation, so as to restrict.

1531 verba .. tanquam ~e aut restrictive posita sumuntur *Conc.* III 745b.

limitativus, that limits, restrictive.

ille gradus non est principium accionis, sed ~us principiorum accionis DUNS *Metaph.* VII 15 p. 437; est .. peccatum causa ~a creature peccantis WYCL. *Mand. Div.* 33.

limitator [LL]

1 one who sets up boundary-stones or marks boundaries.

1289 damus .. per has patentes litteras .. nostro senescallo et ballivis ut .. inquisitoribus et ~oribus vel eorum subrogatis .. pareant et intendant que usurpata .. invenerint .. ad statum debitum revocent .. jurisdictiones .. per apparentes metas et terminos limitando .. dicti ~ores *RGasc* II 327.

2 mendicant friar licensed to beg, preach, or hear confessions within a limited territory.

1447 cuilibet ordini ~orum apud Everton iij s. iiij d. *Test. Ebor.* I 137; hoc .. statutum erat ordinatum contra Lollardos et ~ores illiteratos *Eul. Hist. Cont.* 412; **1526** fratres †limitatoris [l. limitatores] de Boston eadem vice viij d. (*Boston Borough Records* 4c/1/1/ f. 24v) *Malone Soc. Collections* VIII (1974) 4.

limkilna [ME *limkilne*], limekiln, kiln for calcining limestone.

c1255 sciatis me dedisse .. medietatem lymkilne mee *Deeds Newcastle* 90.

limma [LL < λεῖμμα], (mus.) lesser semitone in the ratio 243:256.

~ata, semitonia Osb. Glouc. *Deriv.* 328; Plato .. ipsam [animam] non posse constare credidit nisi limitum, qui utrimque multipharia sectione ab unitate profluxerant, dissidentiam emioliis, epitritis, et epogdois uniret, limatis et comatis habita ratione J. Sal. *Pol.* 401C; quis assignare presumet quare †luna [v. l. lima] potius dominetur in connexione anime et corporis quam diesis Neckam *NR* II 173 p. 299; lima *Id. DS* X 127 (v. diesis).

limnesia [LL < λιμνησία], **~ion** [λιμνήσιον], ? centaury or gentian.

limnision, -is, *centory MS Cambridge Univ. Libr. Dd 11. 45* f. 150r; limpnesiam *Alph.* 37 (v. centaurea).

limniscus v. lemniscus. **limnision** v. limnesia.

1 limo, ~on [ML < Ar. *līmū, līmūn* < ? Pers.], lemon.

cum succo ~onum Gilb. I 19. 1; aqua ~onum curat *Ib.* III 169. 1; *Ib.* VII 362. 2 (v. citrangulum); **1380** aqua ~onis (v. aqua 4a); **1437** assignavimus te ad ceram, ~onem, zinziberum, piper .. capiens' et providend' *Cl* 440 m. 32; *a limon*, ~on, -onis, hic Levins *Manip.* 164.

2 limo, ~on [ME, OF *limon* < AS *lim*], shaft of a cart.

asseres .. sub cratibus in area quadrige collocentur, ~onibus [*gl.*: *lymouns*] par columbaria cidularum .. erectis. ~ones .. baculi sunt quadrige, vel a limo vel a ligando dicti Neckam *Ut.* 109; desiderat hujus vehiculi compositio ~ones, cum sepe vel crate ex virgis contexta *Id. NR* II 168; in axibus et ~onibus emptis xiiij d. ob. *Ac. Beaulieu* 90; in xij paribus ~onum emptis vj s. vj d. *Ib.* 140; **1276** in ligno empto ad ~ones karrorum faciendos ij s. *Ac. Stratton* 189; **1304** carette. in lemon' ad j tumberellum cum le cope de novo faciend', iiij d. *MinAc* 997/15; **1378** in j pari lymonum ij s. iiij d. *Househ. Ac.* 87; **1385** quidam extranei latrones .. illos [denarios] in quadam coifa in una cappa ligata super unum †lymeum [l. lymonem] cujusdam carette sub domicilio cujusdam grangie ibidem nocte .. posuerunt *Cl* 225 m. 5d; ~o, A. *a rygwythe .. thyllys WW*.

limonaris [cf. 2 limo, OF *limoner*, ME *limener*], relating to the shaft of a cart, or a cart-shaft (in quot., ? as sb., horse for a cart-shaft).

c1380 cum j equo carectario †liminare (v. carruca 1).

limonarius [cf. 2 limo, OF *limoner*, ME *limener*], relating to the shaft of a cart, of a cart-shaft. **b** (as sb. m.) horse for a cart-shaft.

1213 j sella ad unum equum ~ium *Cl* 128b; **1215** unam sellam ~iam *Cl* 190a; **1242** pro astellis ~iis (v. astella b); **1316** pro .. uno capistro pro quodam dextrario morello lymonar' de curru regine *KR Ac* 99/21 m. 1. **b 1214** pro duabus sellis ad ~ios vj s. *Cl* 141a.

limonium [CL < λειμώνιον], a plant resembling beet.

loniomon [v. l. lomoinon] herba est tirsim habens lilio similem et folia bete similia, semen plurimum rubrum .., stiptice virtutis *Alph.* 105; **c1400** lemonicina, *lemeon, lemyg Archiv für celtische Lexicographie* I 41; **c1400** lemonicina, *lemoyn, lemye Études Celtiques* VII 54; **c1500** lamonicia, *lemsen, lasmyg MS Nat. Libr. Wales Peniarth 204* p. 52; ~ium *named of the herbaries* pyrola .. *it may be called in Englische wyntergreene* Turner *Herb Names* 48.

limositas [LL], muddiness, slimy condition, also concr., mud, slime (also fig.).

rivulus .. palustrique ~ate non nisi certa per loca .. transmeabilis Gir. *IK* I 6 p. 62; colorem subcinericeum illud animal contrahit accidentaliter ex ~ate et aqua *Quaest. Salern.* B 90; dentes diversas egritudines patiuntur .. perforationes .. ~ates .. Gilb. III 159v. 1; ratione ~atis quam secum trahit terram fecundavit Higd. I 16; ex ~ate corporalis materie oculos anime obumbrantis Bradw. *CD* 201B.

limosus [CL], muddy, slimy; **b** (fig.).

fossa vero intus per totum ~a, quasi sanie coagulata videbatur esse Alex. Cant. *Mir.* 36 (I) p. 232; nichil sensu percipimus, ~os tantum oculos arboris inutili decorticatione detinemus *Ep. ad amicum* I 2; liquidi et ~i seminis particulam Gir. *TH* I 32; in loco ~o et aquoso nascuntur anguille W. Cant. *Mir. Thom.* VI 149; circa extremam Aegypti partem esse paludem ~am Alb. Lond. *DG* 6. 3; terra autem dici posset eciam si adhuc ~a esset et germinacioni inepta Gros. *Hexaem.* IV 8. 1; **13..** piscarius, qui vendit pisces, habeat pisces marinos vel aque dulcis vel ~os sive platias et balenas sive tecesfocas .. (*Nominale*) *Neues Archiv IV* 340. **b** habet .. hoc carnis ignobilitas et ~e putretudinis indignitas Gosc. *Lib. Confort.* 91; ex ~a concupiscentia carnis Ailr. *Inst. Inclus.* 32 p. 674; peccata cleri antiquata ex ~a ypocrisi sunt stagnosa Wycl. *Ver.* III 99.

limpedium v. linipedium. **limph-** v. lymph-. **limphus** v. linipulus.

limpidare [LL]

1 to make clear.

~are, dilucidare, clarum facere Osb. Glouc. *Deriv.* 329.

2 to make bright or clean, scour, polish.

oblimat, ~at *GlC* O 84, 146; *Alph.* 91 (v. exhebenus); strucio linarii utuntur ad fumigium lane, quod fumigium ~at lanam *Ib.* 180; *to score* [v. l. *scoure*], ~iare [v. l. ~are] *CathA*.

3 (med.) to purge (also fig.).

per illum gradum humilitatis abstergendo presumpcionis putredinem, ~andoque livorem invidie Wycl. *Ver.* II 48; lethos .. succus ei melli mixtus et inunctus vulnera oculorum et argemecta et caligine ~at *Alph.* 105; livores ~at *Ib.* 197 (v. hydropiper).

limpide [ML], clearly, perspicuously, transparently: **a** (to the eye); **b** (to the ear or the intellect).

a chorus pulcherimarum puellarum virginum vestitu candido et cultu virgineo ~issime ornatarum *G. Hen. V* 15 p. 110; **1527** quo principem .. nullo .. in .. gerendis rebus .. successu carentem, ~e contemplamur *Conc.* III 709. **b** Joannes .. ~ius speculando cognovit Bede *Hom.* I 8. 39A; quia hoc ita est occultum, .. ab infirmis mentibus separatum, conemur de tam excellenti gloria aliquid elicere, et illud in plures partes ut ~ius clareat dividendo statuere Alex. Cant. *Dicta* 5 p. 129; quo enim in contemplationis otium altius se cesserunt, eo futura et preterita ~ius contemplantur Peckham *Paup.* 86; **1317** fides catholica ~ius et latius elucescet *FormOx* 26; sic ~ius inspiciam veritatem Ockham *Dial.* 560; ut fortuna ~ius explanarem Elmh. *Cant.* 141; **c1415** satis ~e .. declaratur quod .. *FormOx* 432.

limpiditas [LL], clarity, perspicuity, transparency: **a** (of object to sight, or of vision); **b** (of idea to the intellect).

a brenna .. ad loca cenosa fugit, aquarum ~atem quas a tergo habet perturbans Neckam *NR* I 33; ideo albedo terre transpareat ~atem aque *Correct. Alch.* 15 p. 400; octo vie eas racionabiliter convincendi, que sunt: .. ecclesie stabilitas, miraculorum ~as Duns *Ord.* I 61; gloriosus princeps .. volens experiencia cerciori, sui sudoris guttulis et aspectus proprii ~ate, notissima loca .. intueri .. *Ps.*-Elmh. *Hen. V* 67 p. 193; **1435** moveat vos pacifici studii instar aque immote ~as *EpAcOx* 126; *a clerenes*, .. ~as *CathA*. **b** hic indagare cum ~ate procuremus Gilb. II 100v. 1; nunquam enim ad ~atem cognoscendi naturalem, quam habuisset in statu innocencie, poterit in vita pervenire presenti R. Marston *QD* 321.

limpidus [CL]

1 limpid, clear, transparent: **a** (of fluid); **b** (of precious stone); **c** (of light or air).

a limpida per latum fluxerunt flumina mundum Aldh. *CE* 4. 10. 10; ~a manus perfundit limpha Gosc. *Edith* 272; fons aque ~issime ex arenis prosiluit Dominic *V. Ecgwini* I 10; vinum ~issimum conspicitur in saphirino cipho et bibitur *Simil. Anselmi* 15; aque stagni illius, que ~issime prius et clare fuerant, fetide fiunt et corrupte Gir. *TH* II 29; **c1211** aquam turbidam bibimus, que quidem, nisi turbata fuisset, ~issma foret *Id. Ep.* 6 p. 210. **b** berillus est limphaticus, / ut sol in aqua limpidus *Cives* 9. 2. **c** ego .. / signifer et Phoebi lustrat qui limpidus orbem Aldh. *Aen.* 81 (*Lucifer*) 2; *Id. CE* 3. 68 (v. diffundere 2a); elemento .. calidissimo et ~issimo, viz. aethere Alb. Lond. *DG* 3. 4.

2 bright; **b** (fig.).

gloria templi / limpida quae sacri signat vexilla triumphi Aldh. *CE* 1. 2; limpida sum, fateor, Titanis clarior orbe *Id. Aen.* 100 (*Creatura*) 53; limpida stelligeri scandentes culmina caeli *Id. VirgV* 2816. **b** regalis .. sapiencia, ~issimo lucis sue perpendens intuitu *Ps.*-Elmh. *Hen. V* 54 p. 137; **1404** quod dicta coqua specialiter fuisset contra vestre ~issime majestatis in expugnabilem vigorem .. armata *Foed.* VIII 354; senescallus intonuit hiis verbis: "~issime, gloriosissime imperator .." *Wager* f. 42b.

3 clearly perceived.

c690 (v. 2 disserere 1a); limpida discipulis dogmata disseruit Bede *HE* V 8 p. 295; **a753** quando ~a dicta Dei commoniter rimabamur (Lul) *Ep. Bonif.* 92 p. 211; ter centum memini ter senos atque gerontas / limpida collectim Niceae exempla tulisse Frith. 273; ~arum veritatum Ad. Marsh *Ep.* 57 (v. deiformis).

4 smooth, unblemished: **a** (of object or artefact); **b** (of part of human body or touch of it); **c** (of literary style).

a c798 spurcissimis errorum fascibus ~issima ecclesiasticae fidei pocula inficiunt Alcuin *Ep.* 139; hec est pera in qua David tres ~issimos lapides posuit P. Blois *Ep.* 23. 83C; tales silices marinos, et ~issimos lapides ad puniendos Saracenos *Itin. Ric.* III 7 p. 219; fabam tunicatam vix semicoctam non nisi de paraside fraxinea aut fictili depicta, vel lance tornatili ~iore ad oris hiatum presento J. Godard *Ep.* 222; pera David, de qua ~issimi lapides extrahuntur R. Bury *Phil.* I 29. **b** o quam ~a virginalis pudicitiae pupilla coruscat Aldh. *VirgP* 22; oscula dum supero defixit limpida sponso *Ib.* 2138; juvenis ~us vultu et loquella promtus Bede *HE* V 2 p. 284; ubi ~issimis oculis divina spectacula, ubi sanctissimis affectibus degustantur divina delectamenta Ad. Marsh *Ep.* 89. 208. **c** limpida dictanti metrorum carmina praesul Aldh. *Aen. praef.* 6; stilo ~issimo lucidus quia scripsit, delirus dictus est Map *NC* IV 5 f. 47.

limpnesia v. limnesia.

limpoldare [cf. ME *limpolding*, ? AS *lempheālt* = *limping*], to defeat (opponent in game of tables) in a certain manner (*v.* H. J. R. Murray *Medium Aevum* X (1941) 67).

tunc capies septimum suum hominem vagantem et tunc erit ~atus *Ludus Angl.* 163 (cf. ib.: hec victoria vocatur *lympolding*).

limpus v. 2 limbus.

1 limula [CL], little file, saw.

hec ~a, -e, diminut. Osb. Glouc. *Deriv.* 318; si vermis fecerat talem cavernulam, / si potes, dencium ostende limulam Walt. Wimb. *Carm.* 406.

2 limula v. lunula.

1 limus [CL], mud, mire, slime; **b** (as building material); **c** (as element from which creature is made); **d** (as type of degradation).

~us, humus *GlC* L 197; ~us, *laam Ib.* 239; W. Dan. *Sent.* 86 (v. infecundus c); ~us .. profundi non sustinens .. maris horrorem exinanitus est Map *NC* IV 12 f. 54v; si tibi [sc. jaspidi] nunc esset qui debuit esse repertor, / quem limus sepelit, viveret ante nitor Walt. Angl. *Fab.* 1. 6. **b 1336** computat in canevacio veteri empto in grosso ad ponend' super *hatches* dicte galee v s. et in pice et bitumine et lymo emptis ad eandem [Galeam] ad dictum canevacium cum eisdem ponendum et tylatandum *KR Ac* 19/31 m. 5; **1351** pro .. meremio, sclatis, latthis, clavis et lymo [*ed. transl.*: '*lime*'] *Rec. Elton* 371. **c** *Cerne* 137 (v. formator 1); nec jure de ~o perhiberetur factus homo, nisi ~us precesserit unde homo prodierit Pull. *Sent.* 717D; ex ~o suo varia animalium genera plasmata haberet Bern. *Comm. Aen.* 77; *Quaest. Salern.* B 3, 11 (v. eucraticus); Prometheus hominem de ~o terre formavit *Natura Deorum* 5; quid est considerata materia corporis homo nisi ~us? Neckam *NR* II 173 p. 294; Gros. *Hexaem.* VIII 18. 1 (v. 1 fictio 1). **d** Adam de limo factus fuit et sine limo Garl. *Myst. Eccl.* 178; in ventre coeunt lutum et deitas, / .. / altum et humile, limus sublimitas Walt. Wimb. *Carm.* 57; cum fixam te cernas [ecclesia seu anima] in limo profundi J. Howd. *Cant.* 343.

2 limus [CL], part of garment, farthingale.

verdingale, ~us, i. hemicyclum, -i Levins *Manip.* 17.

lina v. linea, linum.

1 linagium v. leinagium.

2 linagium v. lignagium.

3 linagium [cf. linea 9, OF, ME *lignage, linage*], lineage.

quod nullum dampnum eveniet alicui de cantredo .. vel per linagium .. vel .. de affinitate sua *CourtR Ruthin* 42.

linamentum v. lineamentum. **linara** v. linaria. **linare** v. lineare.

linaria, ~ium [ML]

1 flax, toad flax, wild flax.

~ia, i. *wilde flax SB* 28; linara, A. *wyldeflex MS BL Sloane 964* f. 72v; esula, quedam species est titimal[l]i. G. *yesele* versus: esula lactessit, linaria lac dare nescit *Alph.* 60; ~ia stipites et folia habet ad modum lini et florem croceum *Ib.* 99.

2 linseed. **b** ? linseed oil.

cum vino decoctionis ~ie GILB. III 45. 1; debet fieri opilatio .. cum eupatorio, capillis Veneris, ~ia majore et minore, spigranella GAD. 7. 2; cum solo succo ~ie curavi unum a noli me tangere *Id.* 121v. 2; hoc linerium, A. *lynsed WW*; *lyne sede*, ~ium *CathA.* **b** 1379 pro vij barellis lynere, xviij ulnis panni lati, iij wagis cepi (*CourtR Yarmouth*) *Bronnen* I 319.

3 field in which flax is grown.

c1159 acram et dimidiam terre cum ~ia et domo quam Hugo .. tenebat *Act. Hen. II* I 300; a1163 (1316) dimidiam terre cum ~ia et domo *CalCh* III 309; 1170 dedi .. dimidiam perticam ~ii ex una parte ville et dimidiam ex altera *Reg. Ant. Linc.* IV 37; c1183 sicut carta ipsius Willelmi determinat, masagium etiam Johannis cappellani juxta cimiterium, cum ~ia que jacet juxta idem masagium *Act. Ep. Cant.* II 64 p. 44; a1190 terram illam de Morhei que fuit ~ium uxoris mee, sicut fossa de novo facta comprehendit *Cart. Eynsham* I 113; c1230 debent .. lineriam domini parare, sc. terram fodere, seminare, linum sarclare, a terra extirpare, per manipulos colligere, in aquam ponere et ab ea extrahere *Doc. Bec* 96; c1280 jus et clamium .. in uno liniario .. jacet inter liniarium T. de Bardevile .. *Rec. Eton* XIX 30; 1401 mesuagium .. quod est juxta cimiterium, cum ~ia quae jacet juxta .. *MonA* VI 1001.

4 ? linen.

1485 pro verdegrece pro floribus circa ~a aule (*Ac. Eton*) *Arch. Hist. Camb.* I 414 n.

5 bird that eats linseed, linnet.

Gybertus Longolius ~iam, sive miliariam esse rubetram putabat, quod rubis crebro insideat TURNER *Av.* I 2.

linarius [LL]

1 worker or dealer in linen.

Alph. 180 (v. limpidare 2).

2 net-maker.

hic lanarius [MS: laniarius = Jan.] .. i. retiarius OSB. GLOUC. *Deriv.* 313; lanearius, retiarius, plagarius [MS: laniarius, retiarius] *Ib.* 326; *a nette maker*, cassiarius, lanearius [v. l. linearius], reciarius *CathA.*

linatorium v. linitorium. **linatura** v. lineatura.

linca, ~cus, ~sa, ~sus [ME *lince, lins*], linchpin, axle.

1296 in iiij gropis ad carect' emendandis et ij ~cis faciendis de vet' ferr' equorum et affrorum *Ac. Man. Wint.* (*Aldenham*); 1309 in liij lhuncis de proprio ferro faciendis *Ac. Man. Wint.* (*Alton*); 1309 in ij lynncis de proprio ferro faciendis *Ac. Man. Wint.* (*Overton*); 1311 [2 *linches*] linthis *Fabr. Exon.* 59; 1323 in j auricula et j ~ca emptis vj d. *MinAc Westm.* (*Pershore*) 22113; 1347 in j lynso empto, ob. *Ac. Man. Wint.* (*Chilbolton*); 1351 in uno *cruper* pro longa carecta cum linkis ferr' pro eadem faciendis, iij s. iiij d. *Ac. Durh.* 551; 1369 in ij hust' et ij lencis pro eadem carecta emptis, vj d. *Ac. Man. Wint.* (*Wootton*); 1383 in ij lyncis ferri emptis pro carecta *MinAc Essex* (*Abbess Roding*); 1396 in uno novo lenc' et uno hurter' ferreis emptis, iiij d. *Ac. Man. Wint.* (*Littleton*); 1414 in ij novis lyncis ferreis emptis ad carectam *Ac. Man. Wint.* (*Crondal*); 1486 [de] vij capistr' de corio cum anul' et linkis ferr' *Ac. Coll. Wint.*

lincare [ME *linken*], to bind, fasten together.

1567 falcabunt et ~abunt bis vel ter quolibet anno muros marittimos *Pat* 1039 m. 18.

linceamen v. linteamen.

lincellus, ~a, ~um [OF *lincel, lincele* < lintheolus], linen cloth.

1201 robavit ei .. ij ~os et ij chalones et j haubergellum et alia *SelPlCr* 43; 1201 robaverunt ei .. ij ~os *CurR* II 50; 1207 petit .. duo ~a de precio ij solidorum *Ib.* 101; 1232 in j ~o empto ad ventandum desuper bladum quod servientes curie trituraverunt *Pipe Wint.* 1232 r. 11; 1255 lectum .. viz. duos chalones et duos ~os *Cl* 47; 1389 duo par liniecele precii xij d. .. kerchives de seric' et drap' liniecele .. *JustIt* 797 m. 3.

linceus v. lynceus. **linchiamen** v. linteamen. **linchiasis** v. lithiasis. **linchus** v. 2 lincus, lychnus.

lincia [? cf. ME *lenge* = *length*], a length, measure.

1404 de centum petris ferri hispannis .. de qualibet ~ia stagni venal' j d., de quolibet fotmell' plumbi venal' unum obolum *ChartR* 174 m. 1.

linciamen v. linteamen.

linctio [LL]. act of licking.

ligurrio .. i. lingere .. inde .. ligurritus et ligurritio et hoc ligurrimen, -nis, i. ~o OSB. GLOUC. *Deriv.* 319.

1 lincus v. linca.

2 lincus [ME *link* < AS *hlinc*], ridge of land, unploughed strip or headland used as boundary.

c1280 ad incrementum totam terram apud orientalem partem usque ad primum linchum cum toto lincho illo integro *Cart. Carisb.* f. 62r; 1285 Alicia at Wyk' tenet iij acras terre et medietatem j linki jacentis inter curiam de Malling' et villam de Malling' (*Malling*) *Cust. Suss* LVII 111; 1337 cum .. lynchis (v. clivus c).

lindon- v. landonus.

linea [CL], **lina**

1 flax, seed of flax plant, linseed.

1224 abstulerunt ab eo .. iij bussellos de ~eis (*CurR*) *SelCWW* 52.

2 artefact spun from flax fibre: **a** thread. **b** fishing line. **c** cord, rope.

a ~ea, *waebtaeg GlC* L 248. **b** †974 piscator .. cum .. ~a (v. carinula a). **c** spartum ~ea *GlC* S 483; 1286 pro parvis ~eis .. emptis pro muris mensurandis et lineandis *KR Ac* 485/28 m. 3; 1302 in quadam ~ea pro fossa mensuranda, v d. *Ib.* 482/20 r. 20; 1325 habeantur eciam in eadem nave vij ancora de precio xxv li. et viij magne *cable[s]* unde tres fuerunt nove precio xl li. et similiter tres cabule vocate *haunsers*, viij ~e et ij *handropes PlRCP* A 1a m. 3.

3 cloth made from flax fibre, linen. **b** linen garment.

1249 in nova ~ea ad sacculos xij d. *DCCant* D. E. 1; lene sive ~ee due, quas sc. sudaria seu pannos rasure vocamus *Cust. Cant.* 401; 1467 dabunt pro qualibet ~ia gracili per ipsos habita .. sex pisces albos *Reg. Aberbr.* II 156; 15.. de centena ~ie albe ij d. ob. et de centena ~ie late mensure. et de centena ~ie stricte mensure j d. ob. *Gild Merch.* II 44. **b** tunica et ~ea stricta, i. e. camisia, totum corpus operiunt BEDE *Tab.* 466; oportet te, inquit, .. ecclesias numero octoginta nudis pedibus et absque ~eis circumire AILR. *Ed. Conf.* 764C; cepit .. esu carnium et ~eis abstinere W. NEWB. *HA* II 21 p. 151; capite more Walensico tenui pallio et virgeis ac variis ~eis discolorato desuper cohoperto GIR. *SD* 8; linea coccinea duplex retro pendet et ante GARL. *Myst. Eccl.* 437; equites .. Scotorum omnes ~eis super arma sua .. induti erant TREVET *Ann.* 409; cum ~ea qua indutus mortem perpessus fuerat *NLA* II 694.

4 line drawn on surface: **a** (geom.); **b** (on folio of manuscript); **c** (on mus. stave); **d** (on mus. note).

a axis, ~ea recta quae per mediam pilam spere tendit *Gl. Leid.* 44. 3; ~ea est longitudo sine latitudine ADEL. *Elem.* I def. 2; ~eas a centris usque ad circumferentias productas *Ib.* III 28; ~ee ergo ET portionem, que ipsaque DE ~ea brevior est, in rectum adiicio EC, et fiet ~ea TC equalis TG ~ee, unde quadratum ROB. ANGL. (I) *Alg.* 82; docuere [Parisius] infinitam esse ~eam et nullam ~eam esse infinitam, salva pace Aristotelis NECKAM *NR* II 173 p. 303; geometra ostendens ~eam visibilem non de illa sed de intelligibili ~ea demonstrat GROS. *Cess. Leg.* I 10. 5; et supponatus iste casus, quod A sit unum dividens cujus acuties sit superficies et non ~ea, et dividat AB, corpus pedalis quantitatis, gratia exempli, in una hora uniformiter KILVINGTON *Soph.* 53. **b** in iij ~eas per tabule medium e transverso in longitudine ductis THURKILL *Abac.* f. 56; *Orthog. Gall.* S 25 (v. linealiter c); BACON *Gram. Gk.* 51 (v. dasia); albedo .. non patitur a ~ea, quia albedo et ~ea sunt omnino diversa secundum genus T. SUTTON *Gen. & Corrupt.* 61; tunc .. ~ea secundum quod nigra potest pati ab albedine, quia album et nigrum sunt ejusdem generis *Ib.* **c** tractus respicit longitudinem secundum quantitatem omnium spatiorum et ~earum GARL. *Mus. Mens.* 8. 6; moderni autem non ponunt literas nisi unam in principio ~earum, sed puncta quasi rotunda vel quadrata cum tractu vel sine tractu quandoque *Mens. & Disc.* (*Anon. IV*) 62; hec ~ea dividatur equaliter in 9 passus vel partes equales, et supra primum versus sinistram ponatur Γ Grecum WILL. 16; dividere unum spacium per partes quinque, .. est valde difficile in strictis ~eis, sive spaciis etiam valde difficile *Mus. Mens.* (*Anon. VI*) 402; unde dictarum clavium semper una ~earum, linearis, alia spatialis; linearis pro eo quod ~ee applicatur, spatialis, pro eo quod spatium occupat ODINGTON 95; pausa longe perfecte occupat tria spacia et tangit quatuor ~eas, id est regulas WALS. *Mus. Mens.* 84. **d** de aliis duabus, que sunt [de]scendendo, et ultima stat ex altera parte ~ee cadentis vel jungentis et non jac[et] sub prima, sic perfeccionem ejus denotat *Mens. & Disc.* (*Anon. IV*) 42.

5 what is placed in or on a line or between lines: **a** line of script or verse. **b** file, one of parallel columns in math. or astr. table. **c** rank or file on gaming board.

a aenigmatum capitula primitus quaternis versiculorum ~eis degesta ALDH. *Met.* 6; carauma [i. e. χάραγμα], scripta ~ea *GlC* C 13; p792 solutisque sigillis, avidis oculorum obtutibus per singulas ~eas iter aperui ALCUIN *Ep.* 86; 940 ut nostra jam veraciter preferta suprascripta est in ~ea traditio quod in eternum manebit *CS* 761; WULF. *Æthelwold* 36 (v. exsufflare 2c); quis scripsit paginam hanc aut ~eam istam aut alphabetum hoc aut verba haec aut litteras has? ÆLF. BATA 4. 26 p. 49; OSB. GLOUC. *Deriv.* 263 etc. (v. gramma 3); 1198 respondet in proxima ~ea *Pipe* 78; si aliquid fuerit inter ~eas scriptum vel deletum RIC. ANGL. *Summa* 32 p. 55; 1268 per Johannem primum testem in ix ~ia sue depositionis *SelCCant* 315; *Orthog. Gall.* S 23 (v. dissyllabare); notatores quidam solebant in cantu ecclesiastico semper inter duas scripturas vel inter duas ~eas scripture vel supra unam ~eam scripture quatuor regulas regulare ejusdem coloris *Mens. & Disc.* (*Anon. IV*) 60. **b** quicquid in his computationum ~eis secundum regulas subscriptas inciderit, magis certum quam necessarium habeat ADEL. *Elk. pref.*; ELVEDEN *Cal.* 5 (v. dominus 9a); prima ~ea kalendarii incipientis primo anno domini millesimo ccc^mo octogesimo septimo docet ascendens mediae noctis *SB* 5; a sinistris descendendo ponitur ~ea numerorum graduum 30 signa WALLINGF. *Alb.* 388; ponatur regula in zodiaco super talem numerum qualis reperitur. in eadem area contra 10 gradus de gradibus qui sunt in ~ea numeri *Ib.* 390. **c** pedites igitur in una ~ea disponuntur NECKAM *NR* II 184 (v. dispositio 1a).

6 line (real or imagined); **b** (marking a boundary); **c** (geog. & astr.); **d** (abstr. or fig., esp. as marking a standard).

Carm. Aldh. 2. 156 (v. 2 eburneus b). **b** murum .. construebant .. recta ab oriente in occasum ~ea BEDE *HE* I 12 p. 27; 1469 cum ~iis suis et palis ligneis *Melrose* II 576. **c** planetarum .. volubilitas, quae .. diverso ~earum tramite moderantur ALDH. *Met.* 3 p. 73; ADEL. *QN* 71 (v. aequinoctialis a); W. DONC. *Aph. Phil.* 3. 37, SACROB. *Sph.* 88–9 (v. 1 eclipticus 2); inhabitantes .. sub ~ea equinoctiali pulsum habent mediocrem BART. ANGL. III 24; in ~ea meridionali BACON IV 431; hoc genus querendi ~eam meridionalem per solem optimum est quando sol est prope tropicos WALLINGF. *Rect.* 420; move ipsam terciam tibiam sub ~ea meridiana *Ib.* 424; sub aequatoris ~ea MORE *Ut.* 30. **d** si qui .. a fidei tramite exorbitarent, .. erroneos revocabat ad ~eam W. MALM. *GR* V 411; a1160 ex eum ex conscientia credimus in lesionem alterius transgredi ~eam equitatis (*Lit. Archiep.*) *Ep. J. Sal.* I 48; diameros, recta ~ea loquendi OSB. GLOUC. *Deriv.* 175; probacio, quia 'infinitum' concipitur a nobis per finitum, 'finitum' per ~eam, vel aliquod tale objectum, movens ad conceptum passionis. igitur conceptus infiniti est imperfectior conceptu ~ee DUNS *Ord.* III 35.

7 land between boundary lines, row, strip.

a1187 in longa ~ea ij acre terre *Cart. Beauchamp* 181; debent .. iij lyneas fimi spargere *Cust. Battle* 55.

8 line (of perception or movement) course, trace, trajectory.

domum [sc. ecclesiae] columnis variis .. suffultam, mirabilique longitudine et altitudine murorum ornatam, et ~earum variis anfractibus viarum, aliquando sursum, aliquando deorsum per cocleas circumductam EDDI 22; nullus gloriarum ejus [sc. Bede] sequax fuit, qui omisse monete ~eam persequeretur W. MALM. *GR* I 62; visu colloquio / contactu basio / frui virgo dederat; / set aberat / linea posterior / et melior / amoris P. BLOIS *Carm.* 10. 2a. 19; itineris ~eam obliquans NECKAM *NR* II 159 p. 265; descendi ad aliam radicem cognitionis rerum, et est per multiplicationem virtutum agentium per ~eas reflexas BACON *Tert.* 111; si aliquod grave cadat ab alto quantum a summo ceciderit, si posset ante casum ad terram, repelli a ~ea casus, non cadet gravius quam si cecidis set a loco in quo a ~ea casus est expulsum HOLCOT *Wisd.* 92.

9 line (of descent or heredity), lineage.

nec unquam ejusdem regalis sanguinis ~ea defecit, nec in successione regni claudicavit W. MALM. *HN* 451; hec iccirco tantisper de generosa ejus sanguinis ~ea dicta sufficiant OSB. CLAR. *V. Ed. Conf.* 2; a Woden ~ea cognationis tue tenditur usque ad Getam AILR. *Gen. Regum* 351; Hugonem .. et Oliverium fratrem ejus, quibus ~ea consanguinitatis conjunctus erat *Mir. Fridesw.* 12; per muliebrem ~eam reparatum est genus regium R. NIGER *Chr. II* 146; progressus ~ee humane generacionis GROS. *Cess. Leg.* III 2. 5; J. SEWARD 96n. (v. abnepos).

10 (point in a) succession, (place in a) series.

~ea singularium vadit de incompleto ad completum sicut ~ea universalium (BACON) *GLA* III 128; cessare licet compotum conditionis urbis Romane, et ~eam Dominice Incarnacionis exercere *Eul. Hist.* I 351.

linealis [ML], consisting of straight lines, lineal; **b** (of number); **c** (of order); **d** (of genealogical descent).

in rotunditate ~i R. COLD. *Osw.* 51 (v. galeare 2a). **b** BART. ANGL. XIX 123 (v. continere 3c). **c** in capella B. Virginis .. tumulati sunt illi tres domini, .. positique in ~i ordine, juxta statum, gradum, et honorem, dignitatis sue *Reg. Whet.* I 178. **d** 1402 procreacio ~is successio consanguineorum hinc inde *RScot* 162a; 1405 idemque nunc comes heres ~is in tallia predicta existit *Cl* 254 m. 15; 1439 Alexander Ledes consanguineus et heres linialis Ricardi filii domini Rogeri de la Northalle de Ledes

militis *Cl* 289 m. 8*d*; illa nobilis successio linialis *Plusc.* VI 15 *tit.*; [descensus] ~is et rectus est a patre ad filium, filios, filiam, filias *Reg. Brev.* 226.

linealiter [LL], lineally: **a** in a straight line (also fig.). **b** in line, by rows. **c** line by line. **d** by lineal descent.

a **1143** cursus .. tortuosus quia non linialiter currit *MonA* V 436; **1230** a magno lapide .. linialiter ad alium lapidem *Couch. Furness* II 535; sicut illa gutta est descendens ~iter J. BLUND *An.* 240; **1249** per tramites justitie ~iter procedatis (*Cl*) *Foed.* I 450; **1269** ab illa domo que se ~iter extendit versus orientem usque ad domum Hugonis Nugge *Ch. Sal.* 347; oportet quod anguli duo alii contrapositi a lateribus coni pyramidis brevioris sint minores duobus angulis contrapositis ~iter circa conum pyramidis longioris BACON *Maj.* 540; mulieres .. bene se curent ut ~iter aspiciant suos, peplo tegentes collum et pectus S. SIM. *Itin.* 36; **1354** pro quodam instrumento acuto cum ij grossis clavis empto pro dicto lathe pro bordis linialiter cyndendis et jungendis *KR Ac* 471/6 m. 18; **1424** sicut meremium suum hospitatum fuit ab antiquo linialiter a summo usque deorsum ad fundum *Mem. York* II 102. **b** in superiori ordine [littere] ~iter una comitiva militaris; in inferiori alia *Mir. Montf.* 105; ex parte ejus [sc. regis] dextra sedebunt .. seriatim alii episcopi, abbates et priores ~iter *Mod. Ten. Parl.* 379; lapides jacent †linionaliter usque ad R. *Cart. Sallay* 676; **1438** in processionibus .. cum secundum .. consuetudinem pergeret ~iter in ordine post ultimum canonicum *Eng. Clergy* 92. **c** **s1260** considerata .. causa facti ejusdem, prout veraciter didici, processum linialiter transcripsi *Flor. Hist.* II 444; item ad hoc quando littera equata ~iter scribatur, debes plicare vel eque cindere pergamenum pro superiori, et primam lineam per illam plicam eque dirigere *Orthog. Gall.* S 25. **d** GIR. *DK* I 3 (v. enarratio); Cnutoni regi fuit consanguineus, et ~iter descendendo propinquus *G. S. Alb.* I 41; sibi et heredibus suis ab ipso ~iter descendentibus *Eul. Hist.* III 150; de cujus parentela .. inveniet ~iter explanatum ELMH. *Cant.* 215; Matheus .. ostendit .. eundem Joseph de omnibus regibus illis linialiter descendisse FORTESCUE *NLN* II 11.

lineamen [ML], line.

frater ille desursum se erexit et .. directo dorsi ~ine residebat R. COLD. *Cuthb.* 89.

lineamentaliter, with lineaments in order, by design.

aliunde membratim excerptis, sed his ~iter [TREVISA: *in rule and in ordre*; ME: *liniamentally*] concorporatis, ita seriosis ludicra HIGD. I 9 p. 16.

lineamentaris, of a lineament.

~is enim compositio atque effigies humane nature non adeo exstabat et visibilis apparebat, ut discerni possit et distingui (R. MELUN *Summa*) *PL* CLXXXVI 1049B; nonne sanitas res est simplex et omni carens forma ~i, que tamen esculentis et poculentis superfluis corrumpitur? NECKAM *SS* IV v 2.

lineamentum [CL]

1 flaxen or linen wick.

de linamento vel candela ALDH. *Aen.* 52 (*Candela, tit. v. l.*).

2 line drawn on surface.

columellas, diversis linimentis *Gl. Leid.* 35. 257; liniamentis, signis *Ib.* 40. 21.

3 line drawn as boundary, or bounded territory.

957 ejusdem [Adam] .. protogenis .. per diversa quinque †tonarum [l. zonarum] liniamenta pullulante prosapia *CS* 995 (cf. *Chr. Abingd.* I 204, 239: zonarum].

4 lineament: **a** (of human body); **b** (of object or abstr.).

a liniamentis GILDAS *EB* 4 (v. extra 5a); solent .. artifices imaginum .. pulcherrima membrorum liniamenta fabrefactis cultibus decorare ALDH. *VirgP* 60; formetur usque ad perfecta liniamenta omnium membrorum BEDE *Hom.* II 1. 118; an nescis prophetas dixisse Deum caput, oculos, nares, manus, brachia et universa corporis liniamenta habere PETRUS *Dial.* 17; per singula corporis linementa GIR. *JS* sup. 146; Jupiter caliditate et humiditate inplendo tenuia, corroborat fetum, et tunc aptior redditur ad exitum, ~is completis totius corporis et corroboratis *Quaest. Salern.* B 194. **b** integritatis clamide qua angelicae puritatis liniamento velut domestica soliditate adsciscebatur ALDH. *VirgP* 29; Deus .. talibus non subjacet liniamentis [sc. quattuor elementis] PETRUS *Dial.* 14; argilla et cera .. facilius et fidelius effigiantur ad imprimentis arbitrium, si nulla prius in se susceperint ~a formarum P. BLOIS *Ep.* 101. 312B; magnum pietatis sacramentum juxta verbum Domini in cruce in cunctis partibus et ~is suis consummatum est J. FORD *Serm.* 98. 5; consideremus universum corpus materie et omnia linamenta corporis illius prosequamur VINSAUF *AV* II 3. 154.

5 lining (by assoc. w. 2 *linimentum*): **a** (med.) ointment. **b** coating.

a liniamenta BACON VII 71 (v. deforis 2a); liniamenta et ablutiones abstergentes BACON IX 72. **b** parietes cancelli sine ~o cementi *Vis. S. Paul.* 21.

lineare [CL], **linare**

1 to draw as a line.

supra G linea circulum AB contingens ~eetur ADEL. *Elem.* III 33; ~eeturque AD circulum ABG contingens *Ib.* III 35 p. 125.

2 to mark with lines.

scriptor .. plumbum habeat et linulam, quibus ~eatur [*gl.*: *seyt rulé*] pergamenum NECKAM *Ut.* 116; quaterni margines altrinsecus punctorio distinguantur proporcionaliter ut certius usu regule ~eetur quaternus errore sublato (NECKAM *Sac.*) *Med. Sci.* 361.

3 to arrange in a line.

1289 de fossatis, palis ~eatis, ponte levaticis, engeniis *RGasc* II 418a.

4 to measure.

jurabunt quod fideliter ~eabunt, tam in longitudine quam in latitudine *Leg. IV Burg.* 102; **1286** (v. linea 2c); **1460** ordinamus quod dicte ecclesie cimiterium .. debite ~ietur *Reg. Moray* 269; **1523** moram .. equaliter .. per lineam et mensuram dividendam et ~eandam *Form. S. Andr.* I 52.

5 to delineate.

naturam corpoream, quam deitas secundum figuram et pulchritudinem sui corpoream ~earet WYCL. *Ver.* I 181; deitas .. quod fuit corporaliter ~iata *Ib.* II 17.

6 to line: **a** (book, cloth, garment, or armour, orig. w. linen); **b** (artefact w. pitch, plaster, or paint, by assoc. w. *linire* 1c). **c** (*pecunia manum ~eare*) to line the hand with money (by assoc. w. *linire*).

a **1208** tunicas .. ~iandas (v. 2 armarius); **1235** chupas .. una .. ~eata (v. jupa); **1241** (v. estencellare); **1266** capellum .. ~eatum (v. 2 capella 1a); **1285** in canevac' empt' ad idem almarium ~eandum *Fabr. Exon.* 6; illa roba erit ~eata cum cindone *MGL* II 98; **1349** ad ~iandum j cotam (v. frunciare); **c1365** xviij par. botarum, quarum viiij ~eatis et viiij non ~eatis *Ac. Durh.* 175; **1378** ad cooperiendum vj libros .. et ~iandum cum satyn rubeo et garnisandum cum serico .. *KR Ac* 400/4 m. 9; **1378** ad xx viser' ordinat' et fact' pro rege et quibusdam militibus secum existentibus liniand' *Ib.* m. 10; pro factura xij parium ocrearum .. que ~ate fuerint *Mem. York* I 194; **1403** unum *coverlet* de *baudekyn* partitum de rubeo et nigro et ~iatum rubeo bokeram precii triginta solidorum *Cl* 252 m. 32; lego .. unum curtum collobrum nigrum ~atum *Test. Ebor.* II 50; pro xij paribus ocrearum lynatarum supra et lez *lachettes* non ~atis *Mem. York* I 194. **b** asseres .. et pice et cera picata exterius .. ~eantur [*gl.*: *seeynt hoynt, glués, sent englué*] NECKAM *Ut.* 114; **1230** precipimus tibi quod omnes defectus domorum nostrarum de Clarendon' .. emendari et reparari et magnam cameram nostram ibidem ~eari facias *Liberate* 9 m. 4; **1240** (v. dealbare 1a); **1241** in eadem capella fieri facias parietem ligneam et ~eatum qui separet †cacellamn [= *Cal.*: †cacellamum; l. cancellam] ejusdem capelle a corpore ejusdem *Liberate* 15 m. 16; **1301** in j batello reficiendo, emendando et ~iando, vj d. in pice et terro empt' ad eandem, j d. ob. *MinAc* 991/25. **c** presulis pecuniis liniantes manum *Pol. Poems* I 263.

linearis [CL]

1 made of flax or linen.

1295 ij d. in una corda ~i empta pro nave regulanda *KR Ac* 5/8 m. 3; v d. in ij minutis cordis ~ibus emptis ad bargeam *Ib.* m. 9.

2 linear: **a** consisting of straight lines. **b** (her.) drawn in outline, umbrated. **c** (mus.) written on a line of a stave. **d** (of gloss) written between lines, interlinear, or line by line. **e** that proceeds in a straight line; **f** (of genealogical descent).

a [gutta pluvia] est rotunda; ergo secundum visum non videtur ~is, quia si videretur esse ~is tunc aliqua ejus pars videretur esse ubi ipsa non est: apparet tamen quod ipsa sit ~is J. BLUND *An.* 240; linearis rerum creatio / circulatur et fit perfectio J. HOWD. *Ph.* 26; ~i dimensione GROS. 116 (v. determinabilis 1a); possumus autem opere liniari decenter coxam cum suis lateribus perlimare, et compositorum talis apparebit figura WALLINGF. *Rect.* I 408. **b** SPELMAN *Asp.* 102 (v. fatiscere 4). **c** ~is pro eo quod linee applicatur, spacialis pro eo quod spacium occupat ODINGTON *Mus.* 95. **d** glossam .. ~em *Ziz.* 458. **e** motus quoque simplicis prima divisio est in motum a medio et motum ad medium et motum medium horum, qui est motus ~is inventus in utroque dictorum motuum *Ps.-GROS. Gram.* 20. **f** de Chaim et Lamech .. ~i propagine Jubal descendens GIR. *SD* 140; ecce jus tuum avitum, quod te contingit jure ~i M. PAR. *Maj.* III 274.

linearitas [ML], linearity, quality of being linear.

perpenditur .. in motu stille cadentis a tecta ~as *Ps.-GROS. Summa* 492.

lineariter [LL], by lines.

subito spiritus discurrunt et evolant a corde ad modum scintillarum ab igne ~iter GILB. II 118. 2; radius est substantia lucis infinities punctualiter multiplicata, quod est eam ~iter generari sive diffundi *Ps.-GROS. Summa* 541.

lineatim [LL], by line: **a** in a line. **b** as in a straight line, directly. **c** line by line.

a a puncto incipiens ~imque ascendens ADEL. *ED* 28. **b** hoc ergo si ~im ad Egbirhtum provexero, de reliquis duobus, nausiam longitudinis evitans, aliqua subtexam, quae cum in primo libro debitum finem invenerint, secundus solos West-Saxones intuebitur W. MALM. *GR* I 15. **c** venabitur paginam ~im R. BURY *Phil.* 17. 221.

lineatio [CL]

1 act of marking with lines.

~o manus in ciromancia vel figura punctorum in geomancia WYCL. *Ver.* I 114.

2 act of measuring.

quod nullus clamor ad camerarium domini regis veniat pro defecto ~onis *Leg. IV Burg.* 102. 1; **1365** in ij gatis emptis pro ~one sumitatum domorum *DL MinAc* 242/3888 m. 2; nullam discrepanciam invenerunt in dicta liniacione inter novum gabellum et antiquum predictum *Melrose* II 576.

3 lining: **a** (of garment, orig. w. linen); **b** (of construction, w. plaster or paint, by assoc. w. *linitio*).

a **1452** pro liniatione togarum suarum *Test. Ebor.* III 149. **b** **1239** visores affidaverunt .. pro xxxvij li. .. positis in dealbacione, ~one, fenestris et aliis fenestris vitreis in camera regis de Lutegareshall' et dealbacione et ~one capellarum S. Katerine et S. Leonardi ibidem et lambruschacione et fenestris vitreis earundem *KR Mem* 18 m. 14.

4 drawn line, figure.

in ~onibusospherici corporis non refert secundum quam ~onem distinguatur longitudo, latitudo et spissitudo, quia dimensiones in corpore spherico sunt uniformes in figura et equales GROS. 85; ut patet in hac ~one BACON *Maj.* 514.

5 lineament.

per tres sequentes dies inchoantur interius ~ones et punctuationes aliorum membrorum *Ps.-RIC. Anat.* 40 p. 23; immutativa [virtus] que .. dat cuilibet membro ~onem, figurationem et compositionem GAD. 45. 1.

lineator [LL]

1 one who draws lines, measurer.

prepositus .. debet eligere ~ores .. et dicti ~ores jurabunt quod fideliter in longitudine quam in latitudine lineabunt. tam frontem quam †patrem [l. partem] ulteriorem tenementi *Leg. IV Burg.* 105; qui liniatores .. liniaverunt et mensuraverunt .. terram *Melrose* II 576.

2 one who lines a construct, plasterer, painter.

1507 pro manu j ~oris operantis pro spacio ij dierum et dim. *Ac. Churchw. Bath* 100.

lineatura, lining (of garment or artefact, orig. w. linen).

in cujus .. medietate cujusdam fili grossioris intorti ~am intexerat R. COLD. *Godr.* 153; **1220** pro uno capello de pavone et pro ~a ipsius capelli et pro laqueo ad capellum illum iiij s. pro uno capello de feutre et pro ~a ipsius capelle *Cl* 424b; **1240** liberate .. x li. viiij s. vj d. pro duabus casulis de samito .. et dimidio panno del Areste ad earum liniituram empto *Liberate* 15 m. 22; **1241** liniatura (v. frontellum a); **1343** preter linaturam capuceorum et amiciorum (*Stat.*) *MonA* VI 1373b; **1349** liniatura (v. frunciare); **1368** ij pallia quorum alternum cum linatura *Invent. Norw.* 51; **c1444** pro ceryng et liniatur' corporis carr' [regine] cum tela lini .. *KR Ac* 409/12 f. 37; **1452** liniaturis (v. foderatura).

linecorda [ME *linecorde*; cf. corda linea], cord or rope made of flax or linen.

1352 custus navis in ~is cum ij aliis cordis de canabe emptis vj s. viij d. *Comp. Worc.* 50.

linelaion [λίνον + ἔλαιον], linseed oil.

linelion, oleum quod fit de semine lini *Alph.* 99.

linellarius, of a form of feudal tenancy, or ? *f. l.* (*cf. TLL s. v. libellarius*).

ulterius quero quid de feudo ~io [? l. liuellario, i. e. libellario, '*recorded in a* libellus'], de quo tangit .. Azo in Summa C. locati. cito post principium dicit quod ibi contractus est quando vassallus locat ad xx annos. .. set si vere ponam contractum linellarium, hec emphitiosis accepta a primo vassallo vel primo emphitiota .. contractum explet UPTON 51–2.

linellus, a form of feudal tenancy or payment, or ? *f. l.* (*cf. TLL* VII 2. 1267. 70 *s. v. libellus*).

Cynus .. hoc tangit C. de Jure emphi[teutico] .. ubi dicit textus 'illud quod datur a vassallo perpetuo sub modica pensione dicitur ~us' [? l. liuellus, i. e. libellus] .. et ideo non dicitur proprie emphitiosis UPTON 52.

lineneus [ME *linen* + -eus], linen.

1553 solutum pro pascali ped' cum ~eis xj d. *Ac. Churchw. Glas.* 380.

linensis [CL linea + -ensis], of string, of thread.

tenuitque in manu sua glomerem ~em M. PAR. *Maj.* I 418.

lineola [CL], **linula**

1 little line, thread.

lineolis, *dredum Gl. Leid.* 35. 233; **c1380** in vestimentis de velveto blodio cum linulis et stellis aureis intextis (*MS BL Cotton Domitian A VIII* f. 141) *MonA* I 553a.

2 straightedge, ruler.

scriptor .. plumbum habeat et linulam [*gl.*: lineam, *riulor, reulur*] quibus lineatur pergamenum NECKAM *Ut.* 116.

linepinna v. linpinna.

linere [CL], to smear. **b** to anoint (also fig.). **c** to caulk, daub, paint. **d** to bemire, befoul.

ferens et spicula līta veneno ALDH. *VirgV* 2575; ~ebat, non liniebat dicendum, quia lino, linivit *GlC* L 158; **s1140** captivos melle litos flagrantissimo sole nudos sub divo exponebat W. MALM. *HN* 485 p. 43; adulatio venenum est melle litum vel mel venenatum NECKAM *NR* II 180; neque ut quidam gladium melle litum proferam *Chr. Battle* f. 66v. **b** in palatio eum praesentavit et regi Æthelstano, quem sacra unctione livit, magno affectu commendavit ADEL. BLANDIN. *Dunst.* 3; erexit altare, livit oleo H. LOS. *Serm.* 400; ex more sacrae unctionis oleo devotissime livit *V. Gund.* 41; tua deliberatio, Tulliano liquore lita G. MON. IX 17; nevos sepe līni calido de semine līni SERLO WILT. 2. 62. **c** ponatur tabula desuper id est mensa altaris, et ~atur calce EGB. *Pont.* 46; litis intus et extra parietibus AILR. *SS Hex* 191; stans super murum litum Deus apud Amos prophetam trullam cementarii ponit in terram AD. DORE *Pictor* 165. **d** sperma sepe litus locus est, quem nomino lītus SERLO WILT. 2. 61; sub mellis specie pocula felle linit NIG. *SS* 2524; erat lita editu boum VINSAUF *AV* II 3. 24 (v. 2 editus).

linerinum, southernwood (*Artemisia abrotanum*).

Alph. 1 (v. habrotonum).

linerium v. linaria.

linetta, linotta [OF *linette, linotte*, AS *linete*], bird that eats linseed, linnet.

lingettae TURNER *Av.* C 4 (v. grasmucus); miliaria, quam linotam nostrates appellant *Ib.* C 6.

1 linetus [cf. linea 1], of flax: **a** linseed. **b** linen.

a **1466** pro expensis .. circa purgacionem et custodiam bumbardorum et artillarie domini regis .. necnon oleo lingeti, plumbo rubeo, canubio, pice, et roseto *ExchScot* 422. **b** **1276** in panno laneto ad idem, j d. ob. in panno lineto empto ad idem, ij d. ob. *MinAc* 843/11.

2 linetus v. linire.

lineum v. linum.

lineus [CL], of flax or linen: **a** (of fishing line or cloth); **b** (of clothing or garment); **c** (of armour lined with linen); **d** (of worker or dealer in linen).

a linea squamigeris extendens vincula turmis ALDH. *CE* 4. 1. 8; statim panis calidus et caro involutus in panne ~ea [v. l. panno ~eo] diligenter deorsum cadens emissus est *V. Cuthb.* I 6; panno ligneo sanguinem diligentissime abstersit BEN. PET. *Mir. Thom.* I 17; nota quod pannus ~eus album habet colorem *Quaest. Salern.* B 180; **1274** detinet .. unum saccum †buen' [MS: lineum] et unum bussellum avene *Hund.* I 169a; **1292** in tela lingea, vj s. *KR Ac* 308/13 m. 4; fomentacio est membri positio in decoccione aliquarum herbarum aut cum spongia, vel pannum ~eum illa aqua infundatur et super membrum ponatur et saepe renovatur *SB* 21; *G. Hen. V* 15 (v. caelatura 2d); **1416** panni ~ii vocati *canvas Ac. Durh.* 611; **1457** sunt in scaccario ij uln. panni ~ei vocati *flemyshclathe Ib.* 635; **1460** pro panno ~io et laneo *ExchScot* 583; **1535** pro j uln' panni lenei pro butiro in die S. Cuthberti, vj d. *Ac. Durh.* 112. **b** ALDH. *CE* 4. 7. 12 etc. (v. laneus 1b); nolui quidem vivens ullo ~eo [vv. ll. linteo, lintheo, lyntheo] tegmine corpus meum tegere FELIX *Guthl.* 50 p. 156; **799** clericus .. adferens mihi cappam Romano more consutam, vestitum linium laniumque ALCUIN *Ep.* 184; tunc canduit intus ~ea palla miro nitore ac gemmantis planetae relucens tritura GOSC. *Lib. Mild.* 19 p. 87; lodix vestis ~ea que vellus dicitur OSB. GLOUC. *Deriv.* 328; **1345** liniarum (v. duplicare 6a); lectos plumales et ligneos, lintheamina, lodices, centones, cussinos lectorum coopertoria .. *Form. S. Andr.* I 202. **c** GIR. *EH* II 38 etc. (v. armatura c); **1313** arma ~ea et ferrea precii l s. *Reg. Carl.* II 93; armatus usque ad dentes multiplici armatura tam ~ea quam ferrea *Proc. A. Kyteler* 25. **d** **1192, 1260** (v. draparius 1b); **1327** etc. (v. armurarius b).

1 linga, lenga [ME *ling, leng*], ling (*Molva molva*).

1265 pro ij carettis cariantibus cviij morucas et leugas .. de Bristolle usque Walingeford *Manners* 5; **1275** de alia navi .. cepit .. senescallus .. ad opus suum proprium dimidium centum ~e precii xvj sol. *Hund.* I 493b; ~e: idem r. c. de xxxviij ~is receptis de subcellario, precium ~e ij d. ob. *Ac. Beaulieu* 281; **1300** pro m stocfish, dcx leng' et iv lastis allecis emptis .. apud Novum Castrum super Tynam *AcWardr* 143; **1306** in j ling' recenti empt', viij d. *MinAc* 856/15 m. 3; **1353** in iij lengys empt' iij s. viiij d. *Sacr. Ely* II 151; **1493** in lyngis iiij s. in fungiis iij s. iiij d. *Comp. Swith.* 308.

2 linga [ME *lingel* < lingula], strap (of sling or siege-engine).

1257 provideas nobis in balliva tua de centum bonis lengatoribus et eos cum lengis suis ad nos usque Cestr' venire facias *Liberate* 33 m. 3; **1300** pro uno corio equino empto .. ad lengas at alia necessaria inde facienda .. pro ingenio regis quod dicitur robinettus *AcWardr* 65; pro stipendio unius attillatoris facientis unam lengam apud Karlaverok pro eodem ingenio *Ib.* 267.

3 linga v. lingua.

lingator [cf. 2 linga], slinger, man who operates a sling or siege-engine.

1257 de .. lengatoribus (v. 2 linga); **1268** item xij ~ores [l. ~oribus] missis apud Croyl' ad festum S. Jacobi, iij s. *Ac. Wellingb.* 5; **1283** item lib' ~ori versus Theford' et Drayton' per duas vices, xx d. *Ib.* 32; **1290** item lengatoribus ad expensas suas versus Croyland, ij s. *Ib.* 48; **1316** mille homines pedites quorum ducenti sint ~ores *RScot* 156a; **1318** homines pedites quorum trescenti sint lengatores *Ib.* 185a.

lingere [CL], to lick (also fig. & absol.). **b** (*pulverem* or *terram ~ere*) to lick dust (as sign of abjection).

namque cruenta canes linxere fluenta tyranni ALDH. *VirgV* 2600; amor .. / .. / .. semper tua viscera lingat ALCUIN *Carm.* 11. 5; non est apta loqui, sed sordes lingere nata / lingua loquax, semper ad maledicta procax J. SAL. *Enth. Phil.* 1729; lingere contempnas digitos pinguedine tactos D. BEC. 1042; sicut vulneribus canis ~endo medetur, sic vulnera lupus lingua corrumpit GIR. *IK* I 7 p. 71; ~ere *lechir Gl. AN Glasg.* f. 18ra; qui novit lingere potentum ulcera, / meretur muricem, meretur munera WALT. WIMB. *Palpo* 134; [Saraceni] sicud canes .. comedunt, manus suas lingentes S. SIM. *Itin.* 55. **b** lingere terram *Mir. Nin.* 235 (v. 1 frigere 1b); vir, pavidusque ruens confestim linguere terram / incipit, et faciem perfundit fletibus omnem ÆTHELWULF *Abb.* 371; pedum illius pulverem ~e AILR. *Inst. Inclus.* 31 p. 672; qui terram cupitis, terram ~itis P. BLOIS *Serm.* 694B.

lingetta v. linetta. **lingeus** v. lineus. **lingn-** v. lign-.

lingo [cf. 2 linga], ? sling, siege-engine.

terrificoque sono lingonis astra quatit GARL. *Tri. Eccl.* 58.

lingua [CL]

1 tongue; **b** (as organ of taste); **c** (as organ of speech); **d** (as organ of sexual intercourse). **e** (*~a gutturis*) tongue of the throat, epiglottis.

non solum membrorum ceterorum sed et ~ae motu caruit BEDE *HE* IV 9 p. 223; ex[s]erta ~a, *naecad tunge GlC* E 499; **c1155** capita piscium qui dicuntur *crespeis* preter ~am *Regesta Scot.* 117; hec ~a, *longe Gl. AN Ox.* 27; propria figura ~e est ut sit mediocriter lata longa et spissa, acumen habens in suo principio *Ps.*-RIC. *Anat.* 29; hec ~a, A. *a tung, tonge*; est membrorum lingua, designat et hec igonis *WW*. **b** cum ergo simplicia adhibemus ~e, quia non sunt ei affinia ~a non sic attrahit ea ut passio fiat in ipsa, per quam immutata saporis habeat discretionem *Quaest. Salern.* C 31; *Ib.* P 3 (v. exasperatio 1); ~a a lingendo cibum est dicta BART. ANGL. V 21; ~a congruit in duo opera nature, gustum sc. et loquelam EDMUND *Serm.* p. 288. **c** fallaces parasitorum ~ae tuorum conclamant GILDAS *EB* 35; etiamsi ~a sileret BEDE *HE* V 12 p. 304; inclusa timens casum ~e .. ponat custodiam ori suo AILR. *Inst. Inclus.* 5; **c1212** nec ~am episcopus nec stilum .. cohibere potuit GIR. *Ep.* 5 p. 194; ~a .. est dicta .. quia per eam articularis sonus verba ligat BART. ANGL. V 21. **d** abscidit sibi ~am ne fornicaretur GIR. *GE* II 1 p. 172. **e** ~a gutturis BART. ANGL. V 24 (v. cataracta 3).

2 what is articulated by the tongue: **a** word, utterance. **b** defamatory word, slander.

a quatinus ex ~a et vita tuae sanctitatis et recte credendi et bene vivendi formam percipiant BEDE *HE* I 29 p. 64; nisi forte in glosematibus aut modernorum ~is doctorum J. SAL. *Met.* 876B; **c1213** nepos ille noster tam ~a fere quam litteratura carens GIR. *Ep.* 7 p. 254; plures interficit ~a [ME: *word*] quam gladius *AncrR* 18. **b** **959** ut Judeorum seditiosae ~ae fatetur loquacitas *CS* 1046; *Dial. Scac.* II 28B (v. detractorius); **c1200** concessi .. eis quod forisfacturam [*sic*] ~e in burgo sit eis quatuor denariorum *BBC* (*Ulverston*) II 381; sic Judei ~is crucifigentes Dominum, dicentes .. P. BLOIS *Ep.* 10. 32A; **1276** tradidit placita ~e de hundredo de Ock' Henrico Mile extorsari *Hund.* I 16a; **s1457** incidam in ~is hominum (v. defendere 5b).

3 mode of speech: **a** language; **b** (w. ref. to dialect). **c** (*~a materna* or *patria*) mother tongue, language as learned from mother or father; **d** (spec.).

a GILDAS *EB* 23 (v. cyula); [Harpyiae] quae hominum ~is loqui potuerunt *Lib. Monstr.* I 44; qui rustica dicuntur ~a Ostor- et Westerarche WILLIB. *Bonif.* 8 p. 49; Nemrod .. edificavit Babel, ubi ~arum schisma factum est, et confusio labiorum P. BLOIS *Ep.* 56. 170A; **1309** manifestum est quod omnes insulani sunt unius et ejusdem ~e *S. Jers.* XVIII 71. **b** Caelin rex Occidentalium Saxonum, qui ~a ipsorum Caeulin vocabatur BEDE *HE* II 5 p. 89; idiomata unius ~e ut Picardicum et Normannicum, Burgundicum, Parisiense et Gallicum una enim ~a est omnium scilicet Gallicana BACON *CSPhil.* 438. **c** ~a patria BEDE *HE* III 14 p. 157; patria ~a ABBO *Edm.* 12 (v. 1 designare 2a); materne ~e R. COLD. *Cuthb.* 112 (v. gravedo 5); non tamen intelligo ut quilibet sciat has ~as [sapientiales] sicut maternam in qua natus est, ut nos loquimur Anglicum, Gallicum, et Latinum BACON *CSPhil.* 433; **s1382** materna ~a (v. ephialtes 2). **d** nationes et provincias Brittaniae, quae in iiij ~as, id est Brettonum, Pictorum, Scottorum, et Anglorum, divisae sunt BEDE *HE* III 6 p. 138; Anglorum ~a hoc nomen ex duobus integris constare videtur, hoc est *guth* et *lac*, quod Romani sermonis nitore personat 'belli munus' FELIX *Guthl.* 10; est locus in ultimis Anglorum Brittanie partibus ad occidentem situs cui nomen ~a Saxonum est Ethelingaige *V. Neot. A* 12; Latinorum ~a nichil expressius sonat quam prefectura (*Leg. Ed.*) *GAS* 654; preter ~arum omnium precipueque, Latine sc. et Gallice, que pre ceteris apud nos prestant, impericiam GIR. *SD* 132; ad Grecas literas que ~a inter ceteras gentium clarior habetur GROS. *Hexaem. proem.* 10; lingua Cornubica designat treuga dolores *Pol. Poems* I 57; plebei de Cardikan .. ~a Walicana uti permissi AD. USK 71.

4 user of a mode of speech, speaker: **a** mouthpiece, spokesman. **b** (collect.) speakers of a language, nation, people. **c** (*dimidietas* or *medietas ~ae*) jury equally representative of two communities.

a **c1212** litteras .. manu quidem sua scriptas et studio magistri sui, qui os suum est et ~a, dictatas vestre discretioni pariter et dilectioni transmittere curavimus GIR. *Ep.* 5 p. 190; nuncius .. demonstrat sapienciam mittentis et ejus est oculus in hiis que non videt .. et ~a ejus in ejus absencia BACON V 147. **b** Christi ecclesia diffusa est per diversas nationes et ~as BEDE *HE* III 25 p. 184; colla premens plebium, tribuum, linguarum *Poem S. Thom.* 89; horrorem populis et ~is .. incusserunt *Flor. Hist.* III 195; **c1328** postea diresit gressus suos in Normandiam, et de Normandia ut in pluribus transeundo per ~am Occitanam, venit Avinionem (*Ep.*) *Chr. Ed. I & II* II cv; **1379** per aggressus hostium nostrorum [i. e. *Scots*], qui dictum regnum nostrum invadere et nos et ~am Anglicanam pro viribus destruere conantur *Pat* 304 m. 31*d*; misistis ad Audoenum Glendour .. ut veniat et destruat totam ~am Anglicanam *Eul. Hist. Cont.* III 393. **c** **1567** medietas ~e *est un inquest impannel sur ascun cause de que l'un moietie est des Denizens l'auter Aliens* W. RASTELL *Les Termes de la Ley* (1708) 429; **1585** (v. dimidietas b).

5 (in names of plants having tongue-shaped leaves): **a** (*~a agni* or *agnina*) lamb's tongue, plantain (*Plantago lanceolata, major*, or *media*). **b** (*~a anseris* or *anserina*) goose-tongue, stitchwort (*Stellaria holostea*), or mouse-eared hawkweed (*Hieracium pilosella*). **c** (*~a arietis*) goat's tongue, plantain (*Plantago major*). **d** (*~a avis*) bird's tongue, stitchwort (*Stellaria holostea*), or ash-key (*Fraxinus excelsior*). **e** (*~a bovis, bovina*, or *bubali*) ox-tongue, alkanet, bugloss (*Anchusa officinalis* or *arvensis*), or borage (*Borago officinalis*), or cowslip (*Primula veris*). **f** (*~a canis* or *canina*) hound's tongue (*Cynoglossum officinale*). **g** (*~a caprina*) goat's tongue, ? swine-cress (? *Coronopus squamatus*).

h (*~a cervi* or *cervina*) hart's tongue fern (*Phyllitis scolopendrium*). **i** (*~a hirci* or *hircina*) goat's tongue, swine-cress (*Coronopus squamatus*), or buck's horn plantain (*Plantago lanceolata*). **j** (*~a passeris* or *passerina*) sparrow's tongue, knotgrass (*Polygonum aviculare*). **k** (*~a serpentis* or *serpentina*) adder's tongue (*Ophioglossum vulgatum*). **l** (*~a silvana*) alkanet, bugloss (*Anchusa officinalis* or *arvensis*). **m** (*~a ursina*) cowslip (*Primula veris*).

a ~a agni, i. plantago *SB* 27; ~a agni *Alph.* 14 (v. arnoglossa); ~a agni -ina, *lombystonge MS BL Royal 12 E I* f. 94v. **b** ~a ancerina *MS BL Additional 27582* f. 17v; ~a anserina i. *mouser Herb. Harl. 3388* f. 82; **1516** de ~a anseris *goos byll or stychewort* (*Great Herbal* lxiii) *OED* s. v. stitchwort. **c** ~a arietis, i. arnoglossa *SB* 27; ~a arietis *Alph.* 14 (v. arnoglossa). **d** accipe .. ~am avis, i. *bridistunge* vel *stichewrt* .. deinde terantur omnia .. *Pop. Med.* 225; ~a avia, i. semen fraxini calidum et siccum est et est herba que ~e avis similis est *Ib.* 254; piscibus utatur .. decoctis cum ysopo, capillis vene[ris], ~a avis GAD. 55. 1; que facilitant anhelitum sicut in causa frigida sunt ysopus, capilli Veneris ~a avis, spigranella *Ib.* 55. 2; ~a avis apponenda est si sint consumpti et macri, quia est medicina summa ethicis *Ib.* 55. 2; ~a avis, herba quedam, et quandoque accipitur pro semine fraxini. ~a avis, i. *stichewort*, i. *pigle SB* 27; ~a avis, pigula idem florem habet album, G. *pigule*, A. *stichuurt Alph.* 103. **e** bugiglosa, i. bovis ~a, i. *brunewyrt Gl. Laud.* 219; erba rustica, i. rosa silvatica vel ~a bovis *Ib.* 584; erba verbena, i. ~a bovis *Ib.* 591; ~a bubula, i. brittanica *Ib.* 945; ~a bobule, ~a bubilla, *oxan tunge Gl. Durh.* 303; ~a bovis purgat choleram rubeamque nigramque NECKAM *DS* VII 205; ~a bovis i. *buglosse* GILB. II 82v. 1; buglossa, ~a bovis idem *SB* 13; ~a bovis *Alph.* 24 (v. buglossa); *lang-de-beffe*, .. ~a bovis *PP*. **f** †canes [l. canis] ~a, *ribbe GlC* C 28; baticel, i. ~a canina *Gl. Laud.* 189; brateca, i. ~a canina *Ib.* 211; bacca, i. canis ~a *Ib.* 239; cinoglossa, i. ribbe, ~a canina sive lapella *Ib.* 298; GAD. 118. 2 (v. cyniglossa a). **g** ~a caprina, *gootestung MS Cambridge Univ. Libr. Dd 11. 45* f. 107v. **h** scolopendria, i. ~a cervina *Gl. Laud.* 1309; trisafice, i. gladiolus vel ~a cervina *Ib.* 1493; aer cervinam linguam dilatat, at ignis / virtuti sese formula longa dedit NECKAM *DS* IV 812; contra tussim pocio: ~a cervina i. hertistong, .. *Pop. Med.* 237; contra fluxum sanguinis per menstrua: .. ~a cervina *Ib.* 238; c**1350** *hertistonge*, lyngua cervi (*Gl. Herb.*) *Arch.* XXX 409; herba splenion, i. ~a cervina, scolopendria idem *SB* 24; ~a cervi, i. scolopendra *MS BL Sloane 964* f. 72v; ~a cervina *Alph.* 80 (v. cervus 1c); cervina ~a que hemionitis est .. vulgus cervinam ~am vocat *hertes tonge* TURNER *Herb.* B ii. **i** ~a hircina *Alph.* 103 (v. hircinus 2d); ~a hircina, i. herba peralisis *MS BL Sloane 964* f. 72v. **j** centonica ut quidam volunt est ~a passerina *SB* 15; ~a passerina, i. poligonia vel centinodium *SB* 27; poligonia, i. ~a passerina. hec est illa herba quam yrundines portant pullis suis cum perforantur oculi eorum cum acu et sic recuperant visum; geniculata idem, proserpina idem *SB* 34; ~a passeris, i. centinodium, A. *speroutonge MS BL Sloane 964* f. 72v; ~a passeris, poligonia, proserpinata, centinodium idem A. *swynesgarce Alph.* 104. **k** *adders tong*, ~a serpentina LEVINS *Manip.* 167. **l** ~a silvana, *lang de bef* (*MS Cambridge Univ. Libr. Dd 11. 45*) *Plant Names* 163. **m** ~a ursina, herba peralisis, *cousloppe MS BL Arundel 42* f. 95va.

6 (in place-name).

1306 idem respondet de j ~a serpentis de redditu per annum [i. e. *of a field named 'Snakemedewelese'*] *MinAc* 840.13.

7 (applied to tongue-shaped artefact): **a** (clapper of a bell). **b** (? retort). **c** (tongue of balance or scales). **d** (pin of a brooch or part of a jewel). **e** (tail of forked banner). **f** (var.).

a *GlH* E 406, *WW* (v. examen 3a); trutina, ~a libre OSB. GLOUC. *Deriv.* 593; lingua sonora / lege nova resonat GARL. *Myst. Eccl.* 39; *a clapper*, ~a campanas LEVINS *Manip.* 72. **b** destilla acetum per ~as bis vel ter, donec sit clarum CUTCL. *CL* 190. **c** in omni ponderatione de stagno, quod ~a statere judicet inter pondus et stagnum, ita quod pro voluntate emptoris non trahatur ~a statere versus stagnum ultra judicium equitatis statere *BBExch* 369; ~a bilancis GARL. *Syn.* 1588B (v. bilanx a); lingua eorum assimilatur ~e statere, que statim ad minimum pondus facit nutum et se inclinat ad partem graviorem HOLCOT *Wisd.* 198. **d** **1251** de una ~a serpentina cum apparatu argent' ponderans xiiij d. *Pipe* 95 r. 8; **1265** de j brochia argenti cum ~a serpentina *Ib.* 113r. 2d; **1310** de ij berillis rotundis, ij ~is serpentum phaleratis argento *Ac. Exec. Ep. Exon.* 2; **1393** pro linga j ouche domini *Ac. H. Derby* 287; **1491** cappa .. cum †lignis [l. linguis] aureis cum berillo in pectore (*Invent.*) *Bannatyne Misc.* II 25; **1454** (v. 1 firmatio 3). **e** ~e vexilli ejus volitabant super capita Turcorum H. HUNT. *HA* VII 10. **f** p**1087** perdidimus .. unum molendinum et unam piscationem et prata et ~am ballene et dextram alam *CartINorm* p. 231.

8 (applied to tongue-like phenonenon, in quot., flame).

ignis .. rubra oceanum ~a delamberet GILDAS *EB* 24 (v. delambere).

linguagium, language, tongue. *V. et.* langagium.

conferens [beneficium] .. propter consanguinitatem .., favorem patrie vel ~ii .. PAUL. ANGL. *ASP* 1535 l. 20; non tota sacra scriptura est in omnem linguam et ~ium transferenda PALMER 426; proprietates lingue Latine .. non possunt servari in Greco ~io *Ib.* 427; ~ium, A. *langage WW*.

linguare, ~ari [ML < LL *p. ppl. only*]

1 to touch with the tongue, lick.

si .. per negligentiam de calice Domini aliquid stillaverit in terram, ~abitur ROB. FLAMB. 338.

2 to utter with the tongue, speak: **a** (trans.); **b** (intr., dep.).

a lingua enim dicitur quia per articulatos sonos verba ~at WALT. WIMB. *Elem.* 321. **b** lingua tumens felle semper linguatur inique D. BEC. 391.

3 (p. ppl.) equipped with a tongue, loquacious, talkative.

~atus, in lingua potens, loquax, .. verbosus, linguosus, linguax OSB. GLOUC. *Deriv.* 325; *CathA* (v. linguax).

linguaris, of the tongue.

tales [prosecutores] vocantur milites ~es, quia eorum precipuus honor est in custodia lingue UPTON 20.

linguarium, creeper, plant that clings to another.

~ium, *uude binde Gl. Durh.* 303.

linguax [CL], loquacious, talkative, (also as sb.) chatterbox.

OSB. GLOUC. *Deriv.* 325 (v. linguare 3); *a tunge*, .. glos ..; linguosus, linguatus, ~ax *CathA*; *a blab*, garrula; ~ax LEVINS *Manip.* 1.

lingula [LL]

1 (little) tongue. **b** epiglottis or windpipe.

lingua .. inde hec ~a OSB. GLOUC. *Deriv.* 306; puer .. currat et uterum / mucrone lingule lambat viniferum WALT. WIMB. *Carm.* 152; non est laus virginis in verbo mobili / .. / confecta lingula *Ib.* 205; hec ~a, *longette Gl. AN Ox.* 28; hec ~a, *a tung WW*. **b** *the gullet*, ~a, gula LEVINS *Manip.* 88; *the wyndlappe*, ~a *Ib.* 27.

2 strip of land.

1237 ~am terre que jacet in parte australi ante predictum mesuagium *ChartR* 30 m. 1 (cf. *CalCh* 232).

3 (applied to tongue-shaped artefact): **a** (clapper of bell); **b** (tongue of balance or scales); **c** (pin of a brooch, tongue of a buckle, or sim.); **d** (tail of forked banner, or strip or fringe of cloth); **e** (her., dependant point, lambeau); **f** (handle).

a **1533** de iij s. pro emendacione ~e ad novam campanam *Ac. Churchw. Bath* 111. **b** **1232** in ~a justicie *RL* I 549. **c** habenas et singulas et ~as [*gl.*: *hardiloun*], plusculam, pulvillam, trussulam sponte pretereo NECKAM *Ut.* 100; rex .. optulit majori altari monile nobilissimum, habens duas ~as et transtrum M. PAR. *Maj.* V 617. **d** ut vexilli Boamundi ~as in ora Turcorum volitare faceret ORD. VIT. IX 9. 527; discipulos signat dependens lingula duplex GARL. *Myst. Eccl.* 148; hec li[n]gula, *laniere Gl. AN Glasg.* f. 21ra. **e** UPTON 255 (v. differentia 4). **f** **1388** tabule osculatorie: .. tercia .. cum una ~a in tergo ejusdem (*Invent. Westm.*) *Arch.* LII 236.

4 (applied to tongue-like phenomenon, in quot., flame).

Spiritum de celis missum / igneis in lingulis PECKHAM *Poems* 8. 21.

lingulaca [CL]

1 talkative, gossiping, or blasphemous woman.

a lingua hec ~a .. mulier auguratrix OSB. GLOUC. *Deriv.* 306.

2 tongue-shaped fish.

~a, piscis lingue similis OSB. GLOUC. *Deriv.* 325.

1 lingulare [CL *p. ppl.*], to make with a tongue-shaped strip.

ut [clericus] non deferat vestes incisas aut ligulatas J. BURGH *PO* 10 B (v. 2 incidere 1c).

2 lingulare [cf. 2 linga], to sling.

~o, A. *to slynge WW*.

linguositas [LL], loquacity, talkativeness, verbosity.

ommutuit rebellis correptionis prophetante sibi Vulfilda penam ~atis GOSC. *Wulfh.* 8 *tit.*; lingue gladium exereret et quid ~as posset—simul et dolositas, suple —patenter ostenderet GIR. *SD* 114.

linguosus [CL], loquacious, talkative, verbose (also as sb. m.).

vir ~us non dirigetur super terram [*Psalm.* cxxxix 12] BEDE *Prov.* 987; ille animosa atque ~a indignatione verborum jacula retorsisset GOSC. *Wulfh.* 8; invidie genitus, mendax, linguosus, avarus D. BEC. 36; ~us erat et audax in loquendo GIR. *GE* II 36 p. 348; damnant linguosi papam, punguntque bilingues GARL. *Tri. Eccl.* 15; **1326** viri lingosi mendacia conquiescant *Reg. Roff. Ep.* I 373.

linia v. linea. **linia-** v. et. linea-. **liniamentum** v. lineamentum. **liniare** v. lineare, linire. **liniarium** v. linaria.

linidraparius [linum + draparius, cf. ME *linen draper*], one who makes or deals in linen.

a**1227** terra quam Benedictus ~ius tenet de me *E. Ch. S. Paul.* 61; **13..** mercata lane, draperius vel lyndraperius *Little RB Bristol* I 59.

liniecela v. lincellus.

linificare [ML], to work with flax or linen.

to make lyne, ~are, linum facere *CathA*.

linificator, ~atrix, one who works with flax or linen.

CathA (v. liniflex).

linificium [ML], working with flax or linen.

linum .. inde .. hoc ~ium OSB. GLOUC. *Deriv.* 322; Osiris .. inventor erat lanificii et ~ii *Natura Deorum* 23; *lyne warke*, ~ium *CathA*.

liniflex [ML], one who works with flax or linen.

linum .. inde .. ~ex OSB. GLOUC. *Deriv.* 322; *a lyne beter*, ~ex, linificator et -trix, qui vel que facit linum *CathA*.

1 linimentum v. lineamentum.

2 linimentum [LL], substance that is smeared on, (med.) ointment.

curationes in viis et ductibus cum ~is super frontem et tempora ex rebus vere infrigiditativis et stipticis GAD. 9. 1.

†linio, *f. l.*

namque gregem totam corrumpit morbida valans [i. e. balans] / sus †linione [? l. limone] sua fedat apros reliquos *Latin Stories* 176.

linipedium, ~pes [linum + pedium, pes], linen garment for the foot, sock or shoe.

~pes, A. *lynfet WW*; *scho, clowte*: .. limpedium, -ii *PP*; hoc linipidium, A. *cowrteby WW*; *a lyne soke*, ~pedium *CathA*.

linipellus v. linipulus. **linipes** v. linipedium. **linipolus** v. linipulus.

linipulus [linum + -pulus], bundle or hank of flax.

hec sunt instrumenta mulieribus convenientia: .. ~us [*gl.*: *brittel de lin, strike*, A. *bete, un serjon*] Garl. *Dict.* 134; *streke of flax*, ~us *PP*; ~us, A. *a streche of flaxe WW*; hic †limphus [l. linipulus], A. *topflax WW*; hic linipolus, *a stric of lyne WW*; *a lyne stryke*, ~us *CathA*; *a stryke of lyne*, linipellus *Ib.*

linire [CL], **~iare**

1 to smear, grease, rub. **b** (med. & liturg.) to anoint (also fig.). **c** to caulk, daub, paint. **d** to bemire, befoul.

haec mihi testes .. de adipe .. calciamenta sua ~iantes [v. l. ~ientes] Dei indicaverunt *V. Cuthb.* III 5; facies suas vitres quodam unguento ~iebant GIR. *DK* I 11; GILB. II 77v. 2 (v. deaurare 1a); cineres ejus [heretici] ibi invenerunt in loco uno, cum quibus discipuli ejus oculus suos ~ierunt STRECCHE *Hen. V* 149; **1443** ~ire campanas (v. 2 hotta). **b** ~iens unctione consecrata benedixerat *V. Cuthb.* IV 5; in figuram .. ejusdem veri regis .. materiali ~iebantur oleo BEDE *Hom.* I 16. 259; ~iente regi morbus medicatus a crusta mollescit et solvitur *V. Ed. Conf.* f. 54; cecus natus oculos lavit, ~itis prius oculis a Domino luto ex sputo ipsius facto SÆWULF 845; ~iavit .. doloriferos artus .. dum linire putabat dolorem per calorem, prope modum linguam flamme ~iatum lambere W. DAN. *Ep.* f. 63; domum quam sanguine tuo livisti peregrinus .. adibo W. CANT. *Mir. Thom.* IV 28; illos .. sacro crismate ~ivit [*gl.*: ~is, -is, i. ungere] J. FURNESS *Kentig.* 4 p. 169; si me laurus ista linierit / lingua licet elinguis fuerit / sapor erit J. HOWD. *Ph.* 576; cum locum guttatum ~isset *Mir. Montf.* 68 (v. guttare 3); ~iatur cum albumine ovi BACON IX 72.

c deinde ~iat eam cum calce que ante fuerat preparata *Pont. Bernham* 21a; **1313** in .. bitumine et cepo pro eadem [bargia] exterius ~ienda, vadiis .. eandem bargiam ~iencium *KR Ac* 375/8 f. 6d; ut pictores et tinctores vocant colores corpora quibus alia corpora sunt ~ita WYCL. *Apost.* 149. **d** robur diripitur; lux luto linitur J. HOWD. *Cant.* 99; sputo linita facie *Id. CA* 107 (v. diescere b); **s1392** vestimentum resina .. ~itum (v. diffigurare a).

2 to line (cloth or garment).

1250 (v. diasprus b); **1305** pro .. robis ~iendis: lxxxj li. Tur. parv. *RGasc* III cxcvii; **1317** sindone ~ita de carda crocea *Reg. Heref.* 42; mantellis de viridi panno ~etis cum rubeo sendallo *Ann. Paul.* I 353; **1344** capis nigris cum almuciis nigro furratis vel ~itis *Eng. Clergy* 287.

3 to soothe, cajole (person or animal, also absol.). **b** to soften, mitigate (condition).

sic līnit donec videat quod ledere possit / lingua viri picti D. BEC. 748; quis anxiatum vel in verbo linivit, / quisve genas absterserat irrorantes? J. HOWD. *Cant.* 84; leo laudibus linitus mitescit *Latin Stories* 161. **b** ne gravis forte videretur Petro praedicta a Domino passio crucis hanc suo confestim ~ire curavit exemplo ut cruciatum martyrii eo levius ferret BEDE *Hom.* I 9. 45; ira alterius tua ~iatur patientia ALCUIN *Moral.* 631B; dolorem juvenis ~ire conabatur BEN. PET. *Gesta* I 256; volens quod mens sit linita / delicatis moribus J. HOWD. *Sal.* 28. 10.

linitio [LL], act of smearing: **a** (med. & liturg.) application of ointment, anointing. **b** application of pitch, plaster, or paint.

a pabulum salis, narium ~o et in ecclesia introductio ROB. FLAMB. 86; aurium et narium ~o cum saliva *Conc. Scot.* II 31; in secundo nocturno primo ponitur 'Dominus illuminatio mea', cujus materia est utraque unctio vel ~o S. EASTON *Psalm.* 10; si una die assellet et altera die non, et tertia die assellet, dimittat ~onem BACON IX 95. **b** archam, id est animam, tuam .. bitumine caritatis .. linire debes .. nec cessandum est a ~one ejus propter probra .. vicinorum GIR. *GE* II 8 p. 203; **1403** item Johanni North pro ~one parietum *Ac. Durh.* 220.

linitor [LL *gl.*], plasterer, dauber, painter.

a dawber, .. *a dober*, ~or *CathA*.

linitorium, (place for storage of or working with a) bundle or hank of flax.

a bete of lyne, linatorium .. *a lyne bete*, ~ium .. *a lyne howse*, linatorium *CathA*.

linius v. lineus. **linochides, linochites** v. linozostis.

linodium [λινούδιον = *linen shirt*], seed pod of flax plant.

hooppe, seed †*or* [l. *of*] *flax*, sinodolum .. vel †linodolum [l. linodium] *PP*; ~ium, A. *a flaxhoppe WW*; *a lyne bolle*, ~ium *CathA*.

linosa [linea + -osus; cf. OF *linois*], bird that eats linseed, linnet or sim. *V. et. linetta, linotta.*

hec †lonefa, A. *a douek WW*; †linofa *PP*, ~a *CathA* (v. 2 curuca); *a lyne fynche*, ~a *CathA*.

linostemus [LL < λίνον *or* linum + -στημος]

1 (as adj.) made of linen and wool.

admiremur vestes .. linosticas [v. l. linostinas, *gl.*: *de lin et say, lin a steme*] BALSH. *Ut.* 52.

2 (~*a* as sb. f. or n.) (artefact made of) linsey woolsey.

hoc linostema, -tis, i. vestis ex lana OSB. GLOUC. *Deriv.* 322; linosina, A. *a curtyn WW*; hec linistema, A. *tarteryne WW*; *lynsy wolsye*, linistema vel ~a *CathA*.

linota v. linetta.

linozostis [CL < λινόζωστις], (bot.) mercury, smearwort (*Mercurialis perennis* or *annua, Chenopodium bonus-henricus*).

c1300 linochites mercurialis, idem G. *mercuri*, A. *smerewurth MS BL Additional 15236* f. 4v; linochites mercurial' .. *mercurial, smerwort Ib.* f. 178r; linochides, i. mercurialis *SB* 28; †laxonatis, mercurialis, lenochides, *calfu* idem *Alph.* 95; †lichitis, mercurialis idem *Ib.* 99; linozotis, linochides, respice in mercurialis *Ib.* 101; mercurialis, ~is, lenochides, *calfu* idem. G. *mercurie*, A. *scandany Ib.* 116; lenochides, A. *mercury WW*.

linozotis v. linozostis.

linpinna [ME *linpin*], linchpin.

1289 custus carectarum .. in lenepinis ferri, ij d. *MinAc* 840/6; **1309** custus carett' ..: in ij lynpinnis de novo emptis, j d. *Ib.* 997/18; **1312** carecte ..: in diversis clutis cum lenepynis et aliis que pertinent ad eandem *Ib.* 843/3; **1325** custus carucarum .. et carectarum .. in linepinnis emptis iiij d. *Ib.* 854/8; **1346** custus carectarum: .. in ij lynpinnis ferreis ij d. *Rec. Elton* 322.

linquere [CL]

1 to leave, quit (a place). **b** (w. body, world, or sim. as obj.) to die.

confracta linquens limina / portum petit basilicae (ALDH.) *Carm. Aldh.* 1. 146; **c705** examina apum .. earum auctore ~ente brumalia mansionum receptacula *Id. Ep.* 9 p. 501; pontum / liquerat et fulvis proram defixit harenis *Mir. Nin.* 34; natales statuit functa genitrice penates / linquere FRITH. 57; ista videns abii vitansque pericla Cumini / castellum liqui tunc pede, voce modo L. DURH. *Dial.* I 429. **b** linqueret egregius cum carnis vincula miles ALDH. *VirgV* 1501; mox pater egregius linquens mala gaudia mundi ALCUIN *WillV* 34. 33; linquens ergastula carnis *Id. SS Ebor* 678 (v. ergastulum 2c); tempore completo predictus corpora pastor / linquerat et requiem .. / ingreditur ÆTHELWULF *Abb.* 536; est moriens Domino praesens cum linquere seclum / cogitur .. *Ib.* 588.

2 to abandon (person).

peto .. ne me linquant lacerandum hostibus (LAIDCENN MAC BAÍTH *Lorica*) *Cerne* 85 l. 8; ergo ubi prostrati seminarunt talia dicta, / languescente die linquebant saucia membra / languentis pueri *Mir. Nin.* 308; me linquerat ÆTHELWULF *Abb.* 727 (v. degredi 2a); te linquente gregem mox lupus adveniet ORD. VIT. VII 12 p. 212; sero mihi notus, cito linquitur unicus ille NIG. *Paul.* f. 50 l. 619; liquit quoque Audomeram de qua habuit Clodoveum, Teodbertum, Merovetum et duxit Fridegundem R. NIGER *Chr. II* 139.

3 to desist from, relinquish. **b** (w. inf.) to cease to.

linquere gazas ALDH. *VirgV* 761 (v. deliciae 1a); ipse opere in medio moriens e carne recessit, / linquit et infectum quod vult existere factum *Epigr. Milredi* 812; GARL. *Tri. Eccl.* 133 (v. Falernus b); **1346** linquens dispendia litis (v. dispendium 2b); ferte diis thura linquens legalia jura *Vers. Worc.* 112. **b** neu propriam linquunt obtundere mentem ALDH. *VirgV* 2768; et color in vultu linquit habere genas GOWER *VC* I 1572.

4 to leave behind: **a** (in spec. condition); **b** (as present or bequest).

a celum intra menia clausum, / concives habuisse deos haut linquet inultum / Thesiphone J. EXON. *BT* II 28. **b** Egfridus .. / .. / imperii linquens Aldfrido regmina fratri ALCUIN *SS Ebor* 842; linquitur huic uni morientis munera, funus NIG. *Paul.* f. 50v l. 668.

5 to turn aside from. **b** (fig.) to err, sin; *v. et. delinquere.*

obliquo, sinuo, curvo, simul arcuo, linquo / omnibus his verbis sensus dedit usus eandem [*sic*] GARL. *Syn.* 210. 1581C. **b** †linquid [l. liquit], leccavit *GlC* L 191.

linsia [ME *linsi*], linen.

1189 misimus enim Willelmum pelliparium Londonias, propter pellicium grisium et pennam de lindeseie *Ep. Cant.* 322; **1194** j s. pro tribus penulis de lindesie et duabus robis de Stanford tinctis *Pipe* 221.

linta [ME *lint, linet*], lint.

1401 de qualibet centena linte, tele, canevacii, pannorum *Foed.* VIII 634.

linteamen [CL], linen cloth: **a** (as fabric, also gen.); **b** (as towel, napkin, or kerchief); **c** (as article of clothing); **d** (as sheet or bed-linen); **e** (as shroud, also fig.); **f** (as table-linen); **g** (liturg.); **h** (w. ref. to *Act.* x 11, xi 5).

a lintheamina [*gl.*: *linceus*] ex syndone vel ex bisso, vel saltem ex lino NECKAM *Ut.* 100; **1277** pro uno lintheamine viiij d. et pro tinctura ejusdem xiiij d. *Rec. Leic.* I 178; **1300** item ij lynthiamina pro v d. *Ib.* 369; duo lintheamenta super que bladum ventatur *FormMan* 22. **b** lavatis manibus et pedibus ~inibusque tergens *V. Cuthb.* II 2; *Descr. Constant.* 246 (v. fascia 1b); sit balneum .. et postea faciat se tergere cum linchiamine albo et mundo de lino BACON V 96; **1380** J. J. habet de bonis et mercandizis predictis duo linthiamina de canabo precii xij d. *IMisc* 222/7; facie tenui lintheamine serico velata *G. S. Alb.* III 422; **1424** linthiaminum (v. fimbriatio). **c** cappatus venire consuevit et camisiis et lintheaminibus *Chr. Evesham* 104; **1280** habuit ad partem suam de quadam, roberia unam supertunicam et decem sol' sterlingorum. et predictus J. habuit duo linthiamina *JustIt* 759 r. 8d; **1280** predictus W. habuit ad partem suam de quadam roberia unam supertunicam et x s. sterlingorum et predictus J. habuit duo linciamina precii iij s. *Ib.* 761 r. 8; sub istis apparatibus, spretis linthiaminibus, / stant, sedent, cubant, dormiunt, pergunt, pugnant, prosiliunt *Eul. Hist.* II 134; **1274** pro j lintheamine albo empto ad pedes domini xviij d. *Househ. Henr.* 409; **1415** cum ij blanketis et ij paria lutheaminum [? l. lintheaminum] pro capit' (*Test. Hen. Dom. Scrope*) *Foed.* IX 277. **d** **1249** lectum pulcrum .. cum pulcris lintheaminibus *Cl* 247; **1281** uxor Johannis le B. et uxor Johannis Castel attachientur respondere eo quod asportaverunt unum †hucheamen [l. lintheamen] et xvj d. de domo Johannis Castel *Hund. Highworth* 178; **1337** pro lectis hospitum sunt .. j lintheamen duplex et ij alia .. *Ac. Jarrow* 142; **1405** c paria de *blankettez* et c paria linthiaminum *Test. Ebor.* III 30; lintheamen, A. *a shete WW*. **e** ~ina .. quibus involutum erat corpus BEDE *HE* IV 19 p. 246; sanguis, vestimentum, .. lintheamen et sudarium sepulture ejus *Descr. Constant.* 245; lintheamen erit tinea, operimentum erunt vermes ALEX. BATH *Mor.* III 28 p. 142; **1286** de lintheamine unde involutum fuit corpus Domini *Reg. Heref.* 124. **f** in aula .. xij tepete cum totidem lintheaminibus *FormMan* 21; de canvace pro mappis et linthiaminibus cxx ulni *Meaux* III lxxviii. **g** EGB. *Pont.* 15 etc. (v. corporalis 4a); ostendat .. tantum linteamina posita quibus crux involuta erat *RegulC* 51; lintheamina pulchra quatuor quibus [altare] .. tegatur GIR. *GE* I 10 p. 34; reconcilientur ista lintheamina .., seu hec altaris ornamenta *Cust. Westm.* 59 (cf. *Cust. Cant.* 114: linceamina); hec linthyamina aliaque indumenta necnon et vasa sancti altaris *Miss. Westm.* 531; **1488** pro lotura albarum et aliorum lintheaminum in capella *Cant. Coll. Ox.* 219. **h** docetur Petrus in reptilium lintheamine J. SAL. *Pol.* 431D; docetur Petrus in ~ine reptilium plenitudinem gentium colligendam P. BLOIS *Ep.* 65. 194C.

linteamentum [LL *gl.*], linen cloth.

1375 A. .. furata fuit de R. de M. magistro suo .. unum par lintheamentorum et alia jocalia *Leet Norw.* 66; **1385** lego .. lectum .. cum j pari linthiamentorum *Reg. Heref.* 77; **1574** H. S. .. et W. L. .. domum mansionalem burglariter fregerunt ac .. quatuor lintheamenta vocata .. *foure napkyns* .. et unum lintheomentum vocatum *a dubble raile* .. ceperunt *Pat* 1112 m. 27.

linteatus [CL], covered with linen.

colligunt in scrinia ~a et palliata illa .. pignora GOSC. *Transl. Aug.* 18B.

lintellus [OF, ME *lintel* < limitaris], lintel.

1284 in una petra de Reigate empta ad lintell' camini in camera juxta capellam regis *KR Ac* 467/9 m. 3; **1290** ad j bord' empt' ad lintell' fenestre in nova camera *Ib.* 468/2 r. 10; **1369** pro vj grossis peciis petre de Bacton .. pro lintell' inde faciend' *Ib.* 479/30.

linteo [CL], one who works with or deals in flax or linen.

J. SAL. *Pol.* 593C (v. dulcarius); ~ones, qui lintea ad usum faciunt OSB. GLOUC. *Deriv.* 176.

linteolare, linen cloth, sheet.

1588 unum par lintiolar' A. vocatum *a payre of sheetes Pat* 1320 m. 2.

linteolum [CL], piece or strip of linen cloth.

adpendens ~um cum pulvere quem adtulerat in una posta parietis BEDE *HE* III 10 p. 147; ~o .. ebrio, madido of *bedrypedum clape, of gedrypydre clapweocan GlP* 245; sit stratura satis lecto, fultrum positum sit / desuper, et capiti pulvinar, lintheolique / mundi D. BEC. 1287; tunc Jesus precinget corpus lintheolo *Chester Plays* XV 144; *a schete*, linthiamen, lintheum, lintheolum *CathA*; ipsumque funus lintheolo jussit quamtocius insuendum *Mir. Hen. VI* IV 128.

linter [CL], small light boat; **b** (fig.).

ALDH. *VirgV* 2805 (v. emetiri 1a); ingreditur partas opulento remige lintres FRITH. 1125; scapha, lembus, ~er, carina, liburnus OSB. GLOUC. *Deriv.* 143; officium lintris corbis subit NECKAM *DS* III 911; modo sagittaria modo ~re .. ducatum Apulie .. pertransiit DICETO *YH* I 416; viris nobilibus ad hoc preelectis, quantum †latina [? l. lintrium] permisit sufficiencia, onerate .. Sequanam transcurrebant classicule *Ps.*-ELMH. *Hen. V* 63 p. 174. **b** salva incontaminati corporis ~re ALDH. *VirgP* 10; tu naucleri nostri linter, / tu catella sive spinter WALT. WIMB. *Virgo* 68.

linteum [CL], linen cloth: **a** (as fabric); **b** (as towel, napkin, or kerchief); **c** (as article of clothing); **d** (as sheet or bed-linen, also fig.); **e** (as shroud); **f** (liturg.); **g** (w. ref. to *Act.* x 11, xi 5); **h** (as sail, also fig.).

a hoc lintheum: *lincel Gl. An Glasg.* f. 21ra. **b** caput ~eo cooperint BEDE *HE* III 9; extergit altare ~eo EGB. *Pont.* 39; praecingant se ~eis abbas et prior .. et .. lavent pedes fratrum LANFR. *Const.* 110; lintheo tergere EADMER *V. Osw.* 33 (v. deosculari a); tunc lavabit pedes omnium singulatim et abstergit lintheo *Chester Plays* XV 160. **c** **1432** integrum vestimentum cum peraturis aureis de albo cerico cum lintheo Ja. Cameron *Reg. Glasg.* 333. **d** ecce subito lux emissa caelitus, veluti ~eum magnum, venit super omnes BEDE *HE* IV 7 p. 220; **1298** unum tapetum debile et ij debilia linthea quae appreciata sunt xx d. ob. *DocCOx* 154; **1432** lego .. unum coopertorium, ij lynthia *Reg. Heref.* 143; hoc linthium, *a tapytt WW*. **e** ad .. Guthlacum sarcofagum plumbeum ~eumque [v. l. lintheumque] in eo volutum transmisit FELIX *Guthl.* 48 p. 146; sumantque ~eum [AS: *þæt lin*] et extendant contra clerum *RegulC* 51; tumbam ejus luciferam votivum candidabat ~eum, pallio ad mensuram palme circumsutum GOSC. *Edith* 100; juxta locum Calvariae, ecclesia Sanctae Mariae in loco ubi corpus Dominicum, avulsum a cruce, antequam sepeliretur fuit aromatisatum, et ~eo sive sudario involutum SÆWULF 841; inmissa manu lintheum et ossa tangens *NLA* I 306; non datur corporis

funeri lintheus *Pol. Poems* II 117. **f** lintheum Gosc. *Mir. Iv.* lxxiii (v. defensorius 2a); **1223** in ea deferant corpus Dominicum ad aegrum, lintheo mundo superposito, et lucerna precedente *Ch. Sal.* 149; *an awtyr cloth*, linthium *CathA*; hoc ~ium, hoc †lurthium [l. linthium] *a nawtyrcloth WW*; **1521** xviij linthee pro altaribus *Cant. Coll. Ox.* 58. **g** ostenso namque lintheo cum reptilibus Gros. *Cess. Leg.* I 10. 15; Petrus orat et animalia dimittuntur in linthea *Vers. Cant.* 7 p. 20. **h** qui [sc. Notus] votum velumque replens herentia malo / linthea propellit L. Durh. *Dial.* III 118; sed modo cum luna boream sol monstrat ab alto, / qui tamen imbre carens linthea tensa vehit Garl. *Tri. Eccl.* 30.

linthe-, linthi- v. linte-. **linthiasis** v. lithiasis. **lintigo** v. lentigo.

linuatus, (rhet.) type of syzygy.

sinzigiae replicationes ..: pranulus, ~us, machaus, matrimus .. Aldh. *PR* 141 (142).

linula v. lineola, lunula.

linum [CL], **lineum, linus** [*as both second and fourth decl.*]

1 flax. **b** pod or seed of flax plant, linseed. **c** linseed oil.

viscera lino / seu certe gracili junco spoliata nitescunt Aldh. *Aen.* 52 (*Candela*) 2; **1086** totam decimam ~i et lane *Ch. Westm.* 462; W. Cant. *Mir. Thom.* II 46 (v. folliculus 3a); tu .. / vellus lanigeris redde pecudibus, / fucum conchiliis, linum cespetibus Walt. Wimb. *Carm.* 429; metet in autumpno unum selionem et adjuvabit serclare ~am domine *Hund.* II 510b; adjuvabit reparare ~am domine *Ib.*; **12..** semen ligni *Form. Man.* 47; **1308** in semine ~i empto ix d. *Rec. Elton* 138; **1340** pro ~o aquaticando (v. aquaticare b); **1369** super imposicione ~i in communi fossata *Doc. Bev.* 23; ~um, *flexe, fflax WW*; hoc ~um, A. *lyn WW*. **b** **1266** in uno corbilone empt' ad ~os custod' (*Pipe Wint.*) *Arch. Soc. Som.* CIV 95; olei de ~o, quo utuntur tinctores Gad. 40. 1. **c** admota lignorum materia cum pice et ~o et oleo Osb. Bawdsey clxxv.

2 artefact spun from flax fibre, fishing line.

qua ~um jacitur sine spe piscis reperitur *V. Anselmi Epit.* 21.

3 cloth made from flax fibre, linen. **b** linen garment.

in hoc [fonte] ~a lineaque tela .. imposita durissimum in lapidem congelantur Gir. *TH* II 7; invenerunt eam sedentem et manibus suis ~i texturam operantem H. Albus 107; **1298** in duabus mappis de proprio lyno faciendis xiiij d. *Rec. Elton* 66; quasi sagitta per ~um advolans, perforarunt *Flor. Hist.* III 319; **1514** pro xij ulnis grossioris ~i ad diversa precia, ij s. vj d. *Ac. Durh.* 160. **b** †odonis vitam, *mihes nostlun* [l. udonis vittam, *mihes nostlum* = '*fillet of fur, for bands of a shoe*']; odon, ~eum est in pede *Gl. Leid.* 37. 7–8; camisa, ~eum *Ib.* 39. 46; eucharistiam in ~eo conficiendam instituit et usum dalmatice repperit R. Niger *Chr. I* 32; **1288** dabit ei quolibet anno unum garmamentum et unum par ~eorum et unum par caligarum et sotularium *SelPlMan* 32; ecclesias .. nudis pedibus et absque ~eis circuire Ciren. II 274.

4 line drawn on surface.

hoc donum .. lituo eburneo, quem ~ibus auri praetexebat, super altare dato confirmavit W. Malm. *Glast.* 59.

linura, lining (of garment, orig. linen).

1280 W. .. captus pro monte P. B. .. quia lynura de nigro sindone que fuit de supertunica dicti P. inventa fuit in domo dicti W. *Gaol. Del.* 71 m. 18; **1323** in .. duabus robis, alia cum pellura et alia cum ~a *IPM* 82/7 m. 8; pro ~a ejusdem panni lanei de Frise de *blanket Ac. H. Derby* 280; **1419** dimidiam virgam de *velvet cremesyn* pro ~a [alias circa ~am] cujusdam *basenet KR Ac* 407/2/1; **1432** propter caristiam panni, pellure, et ~e *Foed.* X 523; **1466** pro una roba et ~a pro eadem *Ib.* XI 566; **1473** pro ~is dictorum vestimentorum, xij d. *Ac. Durh.* 412.

linx v. lynx. **lio** v. leo. **liona** v. leona. **lipania** v. lipara.

lipara, ~ea [CL; cf. Λιπάρα, Λιπαραῖος, λιπαρός]

1 kind of gem.

a lustris revocas mox, liparea, feras Neckam *DS* VI 298; lipparis [v. l. lipparea; Trevisa: lapparia] est gemma de Syrticis partibus veniens Bart. Angl. XVI 61.

2 liquid, oil. **b** plaster made with oil.

lapparia interpretatur liquidum, inde allumen lapparis, i. allumen liquidum, de Lappario insula ablatum *Alph.* 94. **b** Alexander exponit lapparia pro confectione de oleo et aqua coagitatis insimul *Ib.* 94; †lipania, i. confectis olei et aque *Ib.* 100.

3 (med.) suppurated choler.

Gilb. I 55 v. 1 (v. epiala); ex contrario fit in lipparia, que fit de colera putrefacta sub cute *Ib.* 55. 2; Gad. 12. 2 (v. empyema).

lipardarius, liparderius v. leopardarius. **lipardus** v. leopardus. **liparea** v. lipara.

liparide [cf. λιπαρός], brilliantly.

turgida est ut .. '~e venefranus induruit' P. Blois *AD* 49.

lipernella, kind of fish.

si aliquis [piscis] valeat, ibi sunt murenule parvule et ~e parve elixe Gad. 10v. 1.

lipochomia v. lipothymia.

lipothymia [LL < λειποθυμία], faint, swoon.

letaliter in capite percussus est .. deinde post breve spacium saucius de lipotosmia rediit Ord. Vit. VIII 13 p. 342; si fortis sit [flebotomiam] usque ad lippotomiam oportet ducere Gilb. IV 178. 1; duc ad lippothomiam i. sincopim deinde clisterizare post hoc *Ib.* 193. 1; patiens .. potest flebotomari .. usque ad lippotomiam, i. debilitatem quam dico in ramo non in radice Gad. 19. 2; †lipochomia *Alph.* 100 (v. dialippon, exsolutio 1a).

lipotosmia v. lipothymia.

lippa [LL *gl.*], inflammation or watering of the eye.

de ~a. Christiana .. dixit quod primo oculus ejus dexter cepit dolere et lippus fieri, deinde sinister .. *Canon. G. Sempr.* f. 145; ~a claudens oculos Gad. 107v. 1; ~a est superfluitas cibi oculorum *Ib.* 109v. 1.

lipparea, lipparis v. lipara.

lippata, *f. l.*

sulphur .. nascitur in moloida et lippata [cf. Diosc. V 123: γεννᾶται δὲ πλεῖστον ἐν Μήλῳ καὶ Λιπάρᾳ] *Alph.* 180.

lippescere [LL], to become inflamed or watery in the eye.

to blere, lippire, lippiscere, *to be blerid*, lippire, ~ere *CathA*.

lippido [LL], water of the eye, or inflammation or watering of the eye.

~o oculorum Osb. Glouc. *Deriv.* 187 (v. epiphora b).

lippidositas, inflammation or watering of the eye.

que competunt in putredine dentium conferunt in perforatione et ruptura et ossis excrescentia sine ~ate et oculorum mutatione Gilb. III 161. 1.

lippire [CL], to be inflamed or watery in the eye; **b** (fig.). **c** (pr. ppl. as sb.) person with inflamed or watery eye.

ex nativa caecitate ~ientibus oculis Gosc. *Aug. Min.* 749C; facta ejus etiam meracius ~ienti apparent oculo W. Malm. *GR* I 31; qui, oculos si habeat ~ientes, eos malit effodere quam curare J. Sal. *Pol.* 530b; oculusque lucerne / pervigil et lippit et lippum torquet ocellum Hanv. III 101; ~ientes oculi Fishacre *Sent. Prol.* 81 (v. fulgor b); fumus et pulvis .. ~ientibus oculis ophthalmiam superducunt R. Bury *Phil.* IV 63; ~o, A. *to watery with ye WW*. **b** ~ienti oculo cordis contemplari anhelans Eadmer *Excell. B. M.* 557C; languet studium, sollertia lippit Hanv. VI 31; de lippientibus mentis oculis viatoris R. Marston *QD* 266. **c** de ~iente *Canon. G. Sempr.* f. 154v.

lippiscere v. lippescere.

lippitudo [CL], inflammation or watering of the eye; **b** (fig.).

ditrochei .. ~o Aldh. *PR* 128; Rachelis pulchritudine sic delectantur ut Lie ~inem fastidio ducant [cf. *Gen.* xxix 17] Gir. *TH* III 28; melancolia enim non facit fluxum lacrimarum quia grossus humor est et potius facit ~inem *Quaest. Salern.* Ba 36; oculorum .. vene apparuerint nigre fusce aut pallide et habeant ~inem J. Mirfield *Brev.* 56; si [fluit materia] ad oculos, causat caliginem et ~inem Gad. 49v. 2; hec ~o, est infirmitas occulorum *WW*; *a blerednes*, leppitudo, apifora [i. e. epiphora] *CathA*. **b** rea peccatorum ~o investigare vel intueri nequit Ord. Vit. XII 26 p. 416; glaucus itaque animi ~inem, hoc est ignorantiam figurat W. Donc. *Aph. Phil.* 2. 11; ~o animi ignorantia natam Scyllam amat Alb. Lond. *DG* 11. 8.

lipposus [LL v. l.], having inflamed or watery eyes.

si .. senex, debilis, infirmus vel ~us fuerit *MGL* I 56; caveat patiens .. ab aspectu oculorum ~orum et patientium obtalmiam Gad. 109v. 2.

lippothomia, lippotomia v. lipothymia.

lippus [CL], (of an eye) inflamed or watery (also fig.). **b** (of a person, having inflamed or watery eyes). **c** (as sb. m., esp. in phr. *~is et tonsoribus*, w. ref. to Hor. *Sat.* I 7. 3) to the blear-eyed and to barbers, to everyone. **d** inflammation or watering of the eye.

Aldh. *VirgV* 939 (v. glaucoma 1); oculus .. rationis ~us est Bald. Cant. *Tract.* 407B; *Canon. G. Sempr.* f. 145 (v. lippa); oculi inspicientes oculos ~os incurrant labem consimilem J. Blund *An.* 114; ave, virgo, Dei theca, / per quam lusca, lippa, ceca / mens habet collirium Walt. Wimb. *Virgo* 8. **b** ~us, *suregode* Ælf. *Gram.* 304; ~os *siwenege GlP* 607; sed quidnam lippum pictura decora, quid egrum / cultior esca, rudem virgo faceta juvet? L. Durh. *Dial.* I 105; si fueris lippus, medicales consule curas D. Bec. 1182. **c** patet hoc ~is et tonsoribus Adel. *QN* 4 p. 9; ~is .. patet et tonsoribus horum omnium nichil .. extitisse T. Mon. *Will.* II 1 p. 62; de prima littera plura et preclara ~is et tonsoribus incognita enodavimus Osb. Glouc. *Deriv.* 61; **1188** jam liquet ~is etiam et tonsoribus *Ep. Cant.* 269; in foribus resident vulgata solutio lippis Neckam *DS* IV 452. **d** ~os vel lippes sunt lippitudines ut in Alexandro *Alph.* 104.

liprosus v. leprosus.

lipsanum [LL < λείψανον], **~ium,** remaining part, relic (of body; also fig.).

presulis hic redolent Ælfrici lypsana summi (Ælf. *Gl. pref.*) *WW* 104*n.*; visitatio omnium sanctorum patronorum ecclesie ~iis W. Cant. *Mir. Thom.* I 489; nec longius ab ara, Filii mei corpus continente, fratris .. aut sororis ~a deponite Ad. Eyns. *Hug.* V 1 p. 76; procedit ad sacrosanctum locellum .. martyris Edmundi concludentem ~um Ciren. I 364.

liptoriatus, lipturaturus v. litterare 3. **liptote, ~es** v. litotes.

liquabilis [CL], **~ebilis,** that can be made liquid, meltable, liquefiable.

continens est ~ebile et materia omnia ~ebilium est Bacon XIII 228; cordis conpositio ex duris et conpactis et non ~abilibus esse exigitur *Ps.*-Ric. *Anat.* 23; habebis humiditatem omnium corporum ~abilium et rem illam, que dissolvit omnia corpora et mercurium in lac per infinitum Ripley 127.

liquamen [CL]

1 liquid, fluid. **b** sauce made from dripping.

unus .. ex eis adipem cum pice et aliis ~inibus in sartagine ferventi torrens singula membra discerpta cum quodam instrumento respersit illo bullienti unguine Coggesh. *Visio* 21; ut aurifaber perfecto ~ine comprobat quartum *Ars notaria* 439. **b** garus, ~en *GlC* G 32; ~en vel garum, *fiscbryne* Ælf. *Gl.* 128. 39; sumpta modica ~inis illius gutta Ailr. *Spec. Car.* II 19. 57. 567D; herbe et succi in oleis et ~inibus Gilb. VII 315. 1; *rowne of a fysh*, ~en -is *PP*; *swete of fysh or odyre lyk*, ~en -is *PP*; hoc laquamen, A. *rownd WW*; *suet*, ~en, -inis Levins *Manip.* 87; *the dripping of rost*, ~en, -inis *Ib.* 136.

2 measure of tallow.

1594 unum ~en A. voc' *a trenne of melte taloure W. Sussex Quarter Session.*

liquare [CL]

1 to make liquid, to melt, dissolve.

~at *gindypp GlP* 162; ~ata *gemylte Ib.* 444; in silicem ut in ceram ~antem Osb. Clar. *V. Ed. Conf.* 29 p. 118; *decure* ~ari *Gl. AN Ox.* f. 154v; nec ~ari sinant plumbum, .. supra voltas memoratas *Stat. Linc.* II 356.

2 to make (liquid) clear, to strain, purify.

mixtura quam in calice miscet [sacerdos] ~ata sit et pura Ælf. *Ep.* 3. 33; **s1257** maxima caristia bladi extitit .. quia .. nec brasium potuit ~ari in potum competentem *Chr. Lanercost* 65.

3 (fig.) to refine, clarify (style or meaning of literary text).

quia vir sanctus non aliter docere potuit quam vixit, ~ebatur auditoribus suis sepe cum effectu et predicatio ejus .. efficax *Chr. Witham* 501; magistrorum sentencias iterata fornace ~antes R. Bury *Phil.* 158.

liquatio [LL]

1 act of making liquid, melting.

secundo aquam, quo ad opus ~onis dominari generaliter in metallis Wycl. *Log.* III 84; ~o, est cum quod in unum coaluerit, solvitur liquando ut possit fluere *LC* 248; ~o est fusio, aut deliquium *LC* 249.

2 temperature at which substance becomes liquid, melting-point.

cuprum est ejusdem duritiei cum argento et ejusdem ~onis Bacon *Min.* 379.

liquefacere [CL]

1 to make liquid, melt, dissolve: **a** (stone, metal, wax or sim.) with heat; **b** (food by digestion).

a ~factas scopulorum congeries ALDH. *VirgP* 41; congeries lapidum liquefactaque viscera montis *Id. VirgV* 1774; indagabant .. metallorum fusores pro .. testularum fragmentis, in quibus massas suas ~fecerant GOSC. *Mir. Aug.* 16; nunc attendamus quod manna induruit ad ignem et ~fiebat ad solem S. LANGTON *Serm.* I 18; ab ere campanarum ~facto et defluente et plumbo similiter ferventissimo deguttante *Croyl.* 97; Ethna quoque mons ignem eructavit qui terram et saxa ~fecit HON. *Spec. Eccl.* 862B; stagnum ~factum per ignem infunditur eri T. SUTTON *Gen. & Corrupt.* 110; **1338** j magna patella pro cera ~facienda *Ac. Durh.* 376; **1453** solutum pro ccc libris cepi ~facti *Ac. H. Buckingham* 24. **b** RIC. MED. *Anat.* 223 (v. digestio 1a); vitare debetis .. omne id quod †lignifaciendo [l. liquifaciendo], constringendo, vaporosos humores capitis in stillas dissolvit KYMER 3.

2 to make clear, to purify (also fig.).

AILR. *Ed. Conf.* 748C (v. gratia 4a); Deus .. est ignis exurens atque consumens, est autem et ~faciens et uniens J. FORD *Serm.* 7. 7; amoto .. lapide a monumento inventus est rubicundus pulvis carnis ~facte, qualis esse dicitur virginum defunctorum *Canon. G. Sempr.* f. 111v; sic mea sompniferis liquefiunt pectora curis GOWER *VC* I 1427.

liquefactibilis, that can be made liquid, meltable.

nubes minime liquefactibiles WALT. WIMB. *Carm.* 510; DUNS *Ord.* II 334 (v. coagulabilis).

liquefactio [ML]

1 act of making liquid, melting, dissolving, liquefaction.

si sit multum [calidus] et parum humidus .. ex pauco humiditate non potest fieri mollificatio et ~o *Quaest. Salern.* B 163; positus sal in oleo vel melle, non liquefit similiter .. quare liquide et subtiles partes olei subintrare non possunt, quarum interpositione inter partes et partes salis fieret separatio et ~o *Ib.* Ba 108; ~onem zuccari GILB. I 31v. 1; propter naturam aque, que subjectum est ~onis [v. l. que subest ~oni] in spiritu BACON *NM* 546; DUNS *Ord.* II 334 (v. coagulabilis); **1453** computat in perdicione et vastura super ~onem ejusdem [cepi] *Ac. H. Buckingham* 41; **1508** item cerefactori pro ~one x li. cere v d. (*Test. W. Ingram*) *DCCant. MS C. 11* f. 118a.

2 act of treating with liquid, lubrication.

1586 pro stuffur' et ~one de iiij de *les barehides* veter' *Ac. LChamb.* 9/77 f. 10 [= *stuffing and lycoring of iij old barehides* 5/36 p. 11].

3 act of making clear, purifying (fig.).

usque ad totius anime mee ~onem delectata sum J. FORD *Serm.* 89. 4.

liquefactivus [ML], that makes liquid, liquefying (also as sb. n.).

BART. ANGL. IV 1 (v. aperitivus b); distinguit corpora mineralia in quatuor species: in lapides, in ~a, in sulphura et sales *Correct. Alch.* 3; signa fluxus ~i sunt inflammacio corporis et caliditas ejus GAD. 57v. 1; ejus virtute ~a metalla in aquam liquefiunt RIPLEY 167.

liquere [CL]

1 to be in liquid or molten state.

ut .. ~entis elementi qualitatem .. in aliud genus converteret ALDH. *VirgP* 32; ~itur, labitur *GlC* L 193; ~itur, fluit *Ib.* 203; esse locum memorant quem mella liquentia rorant GREG. ELI. *Æthelwold* 6. 1; videres ceras ~entes supra lapidem .. diffluere R. COLD. *Cuthb.* 45 p. 92; pro fluo liquor SERLO WILT. 2. 65 (v. liquor 1).

2 (trans.) to make liquid, melt.

statim de deico sinu mel liquitur / et ad virgineum favum transmittitur WALT. WIMB. *Carm.* 16; **1371** in *charcole* empto pro cineribus [plumbi] ~endis v s. *Fabr. York* 7.

3 (pr. ppl. as adj., gram.) liquid (of consonant L, M, N, or R).

sunt et ~entes litterae quattuor, L, M, N, R BEDE *AM* 85.

4 to be clear, bright, limpid.

~entes, *hlutre GlC* L 171; cartula, percurrens colles camposque liquentes / disticon hoc cantet semper in ore suo ALCUIN *Carm.* 74. 25.

5 to be clear, apparent, evident.

Johannes .. virginitatis munus .. ~et servavisse ALDH. *VirgP* 29; ex hoc manifestius ~ebit quod .. *Ib.* 37; ~et, liquide patet *GlC* L 242; sicut ex consequentibus ~ebit W. MALM. *HN* 503 p. 64; ex hiis ~ere poteritis, quid de aliis sententiam *Leg. Ant. Lond.* 66; ~et dico quod warantus non potest intrare in warantum sine vocatore suo HENGHAM *Magna* 44; **c1280** per declaracionem dicte Johanne bene licuit quod dicta piscaria erat cujusdam Elie .. in feodo *Cart. Osney* IV 118; **1352** prout ~ere poterit per particulas *Ac. Durh.* 207.

liquericia v. liquiritia.

liquescentia [ML], flowing or melting away (fig.), becoming dissipated.

quando ergo muta et semivocalis sequntur vocalem naturaliter brevem producunt illam propter iij partes unius temporis et coreptam permittunt, cum non habeat duo tempora plene, et hec est racio ~ie *Ps.*-GROS. *Gram.* 25.

liquescere [CL]

1 to become liquid, melt, dissolve. **b** to flow or melt away (fig.), be dissipated; **c** (gram.).

ut cera ante larem ~it ALDH. *VirgP* 50; donec .. / .. montes collesque liquescant *Id. CE* 4. 11. 8; similes candele erimus que aliis lumen prebet et ipsa ~endo a lumine deficiet HON. *Spec. Eccl.* 861D; ~ant in lacrymas oculi P. BLOIS *Ep.* 137. 406B; donec post iteratam incineracionem velint super candentem laminam ~ere sicut cera RIPLEY 201. **b** liquescat igitur cor nostrum ferreum WALT. WIMB. *Sim.* 201; ubi tortoris anxii / liquescet cor cum viderit / agni plagas innoxii J. HOWD. *Cyth.* 90. 9; tota fortitudo diaboli ~it [ME: *malteð*] per graciam sancti sacramenti *AncrR* 99. **c** S quia maxime profertur in apercione numquam ~it, nisi quando est tercia consonancium post unam vocalem in eadem syllaba. et dicitur semivocalis ~ere quando non retinet totam moram sue prolacioni debitam *Ps.*-GROS. *Gram.* 25; de semivocalibus que ~unt. de hiis semivocalibus quedam dicuntur liquide quia ~unt et deficiunt a potestate soni debiti consonanti et hoc in metro BACON *Gram. Gk.* 34.

2 to become liquid, clear-toned, audible.

voces exaudias que luctu liquescunt J. HOWD. *Cant.* 242.

3 to become clear, apparent, evident.

1583 ut evidentius ~at quamnam .. *StatOx* 427.

liquidare [LL]

1 to make liquid or wet, to moisten.

to make moste, ~are et cetera ubi *to wete CathA*; *to wete*, humectare, lavare, dilavare, madefacere, madificare, humefacere, madidare, ~are *Ib.*

2 to make clear, apparent, evident.

816 (11c) [terra] his luculentissimis est ~ata confiniis: ab aquilone .. *CS* 357; **c1523** ut latius coram judice .. ~abitur *Form. S. Andr.* I 224.

3 to liquidate (asset), to convert (property owned or sum owed) into cash.

1518 dummodo debita .. prius ~ata fuerint *Form. S. Andr.* I 75; **1599** qualis et quanta per nos imposterum in exequucione sentencie nostre hujusmodi ~abitur .. in summa in execucione sentencie nostre ~anda *SelPlAdm* II 196; creditor petet eam [sententiam] ~ari, ut solemus in foro loqui *Jus Feudale* 327; pars rea est denuo vocanda .. ad dicendum causam quare sententia alias lata quoad valorum ~atum rerum adjudicatarum non debeat executioni mandari *Praxis* 366.

liquidatio [ML]

1 refinement, clarification (of text or idea).

1478 instrumenta et jura ad premissorum ~onem facientia perquisivit *Mon. Hib. & Scot.* 480; **a1540** ~onem hujusmodi per certos testes fidedignos per dictum magistrum J. commendatorium producendos in forma juris probari ac testes super hujusmodi ~one producendos recipi jurari admitti et examinari *Form. S. Andr.* I 361.

2 liquidation (of asset), conversion (of property owned or sum owed) into cash.

debet actor .., antequam petat executionem sententiae quoad sortem principalem, vocare reum ad videndum ~onem dictae sententiae et rerum adjudicatarum *Praxis* 365.

liquide, ~o [CL]

1 as a liquid, fluidly (fig.).

ingeniositatis fluenta inter flores rethoricae per virecta litteraturae pure, ~e, lucideque rivantur FELIX *Guthl. prol.* p. 62.

2 clearly, apparently, evidently.

omnes X scematum regulae ~o patuerunt ALDH. *Met.* 10 p. 85; **a705** obstrusa .. patefaciens ~issime propalarat (ÆTHELWALD) *Ep. Aldh.* 2 p. 495; liquet, ~e patet *GlC* L 242; ~o concluditur quod .. PETRUS *Dial.* 38; iste sunt epacte primi anni . . . exempli causa damus ut hoc ~ius constare vide[a]tur BYRHT. *Man.* 34; **s1213** que nobis et aliis ~o constabant GIR. *Ep.* 7 p. 242; unde ~e apparet SICCAV. *PN* 152; ex quibus ~e regio conceptui apparebat ELMH. *Cant.* 346.

liquiditas [CL], liquidity, fluidity.

valet inde calor fructus producere si forte abundet, sed nequaquam flores quia defuit ~as *Quaest. Salern.* B 61; in humore cristallino qui propter ~atem sui non potest retinere formam J. BLUND *An.* 100; cum .. multitudo et ~as sint cause quare cito fluat ad locum putrefactionis GILB. I 10v. 2; iste humor liquidus est ut ex ~ate lux et ymago rei ingredientis distensionem suscipiat *Ps.*-RIC. *Anat.* 26 p. 14; ex ~ate corporis humidi BACON *Maj.* II 6; si cera illa .. remaneret in eadem ~ate KNAPWELL *Not.* 198; vestri autem renes et genitalia operis Venerei immoderata frequencia aliquantulum debilitantur, quod ~as et paucitas vestri seminis denunciant KYMER 3 p. 553.

liquido v. liquide.

liquidus [CL]

1 liquid, fluid, molten. **b** full of liquid, watery.

cibus ille ~us in quo mus vel mustela inmersa moritur THEOD. *Pen.* I 7. 9; meracissimo ~i argenti metallo ALDH. *Met.* 2 p. 71; nebel, quidam putant modios iij in sextariis est ~e speciei *Gl. Leid.* 33. 19; humores .. seu ~i seu concreti GIR. *TH* I 6 p. 28; storax ~a quidem proprio nomine dicitur sigia *SB* 41; multe .. creature volunt esse beate, cum beatitudo non sit tale ~um ut intrudi poterit in invitum WYCL. *Dom. Div.* 230. **b** fontibus in liquidis mergentis membra madescunt ALDH. *Aen.* 57 (*Aquila*) 7; licidus, *huaet* [*for wæt*] *GlC* L 210; Noe .. / en natat in liquidis mundi cum civibus arca ALCUIN *Carm.* 115. 11; **815** haec .. tellus his siquidem †~issimam [? l. ~issimis] confinis circum cincta videtur, ab oriente Alhfleot ab australe publica strata, ab occidente Cynunges Mersc, ab aquilone Sualuæ *CS* 353; rana lares proprios, cenosas dico paludes, / †liquid [l. liquida], prata petens, associata feris NECKAM *Avianus* 467.

2 (of consonant L, M, N, or R) liquid.

inter ~as adnumeratur, tametsi non ita ut L et R BEDE *AM* 94; naturaliter productas syllabas penultimas propter mutam et ~am nulla necessitas metri corripit ABBO *QG* 4 (11); consonantes .. diversificantur primo in hoc quod quarumdam est clausio principium et apercio est finis, et tales dicuntur ~e a fine quia exeunt *Ps.*-GROS. *Gram.* 20; sunt ~e scilicet Λ, M, N, P BACON *Gram. Gk.* 6; patet ex alphabeto que sunt semivocales et que ~e et mute per literas nostras suprascriptas *Id. Gram. Heb.* 204.

3 bright, clear, limpid.

~um splendidum *GlC* L 182.

4 liquid, clear-toned.

sic liquidis vox arteriis emissa ferebat / se L. DURH. *Dial.* III 481.

5 clear, apparent, evident. **b** (*ad ~um*) to the point at which something becomes clear.

1235 puer visus est coram justiciariis et ~um est quod circumcisus erat *CurR* XV 1320. **b** expositis ad ~um .. regulis .. promulgentur exempla ALDH. *PR* 137.

6 (of asset, property owned, or sum owed) liquid, clear, converted into cash.

1234 ut respondeat et rationem reddat dominis suis .. et .. audita computatione restituat eis quod clarum sive ~um fuerit *CurR* XV 1181; **1237** omnia amerciamenta que exiguntur .. de propriis hominibus prioris .., que quidem ~a sunt et de quibus nulla contencio est ad scaccarium nostrum, habere faciatis eidem priori *KR Mem* 15 m. 23/1; **1239** interim videatur que de predictis debitis ~a sint *Ib.* 17 m. 4*d*; **1241** deberet .. versus eos [Judeos] aquietare omnia .. debita ~a que idem J. eis debuit *CurR* XVI 1831.

7 pure, unadulterated.

defecatum, ~am, purum, extersum *Gl. Leid.* 4. 110.

liquirica, ~ia v. liquiritia.

liquiritia [LL < CL glycyrrhiza < γλυκύρριζα], **~ium,** (root of) liquorice plant.

c1100 saccus liquirice ij d. (*Invent.*) *MonA* I 143; insula [Phoenix] .. liquiricium habet OSB. BAWDSEY cliii; taceo de .. cinnamomo et liquoritia et zituala NECKAM *NR* II 166 p. 274; fiat apozima de se[minibus] citroli, cucumeris, dragaganti, ~ie, se[minibus] citoniorum *Quaest. Salern.* L 2; si materia est in pectore, utatur ptisana .. ysopus .. ~iam dragagantum GILB. I 21v. 1; blanda liquiricia, sancte telluris alumpna, / aspera si fuerint guttura, sanat ea GARL. *Epith.* IV 281; **1253** pro viij li. liquir', ij s. *KR Ac* 349/10; **1273** pro j libra licoricie empta ad dequoquendum cum aqua domini iiij d. *Househ. Henr.* 412; sed istis conveniunt gariofili, vinum malorum granatorum, .. ~ie, et croci parum BACON IV 127; **c1300** glicia, glicopricia, liquericia idem G. licorise *MS BL Additional 15236* f. 4r; liquiricia glicoricia ide[m G.] licoris *Ib.* f. 4v; **1305** de M. L. pro xxxij libratis ferri et licoricie viij s. *EEC* 314 (*Sandwich*); de J. de B. pro xxxij libratis filacie licoricii *Ib.* 322; **1373** in dim. libra licaricie ij d. *Househ. Ac.* 498; liquoricia *SB* 23, liquiricia *Alph.* 76, 99 (v. glycyrrhiza); [valent ad fecunditatem] zinziber conditum, yringi conditi, galanga, †liquincia [l. liquiricia] KYMER 19 p. 558; hec liquirisia, *lycorys WW*; *lycoress*, licoricia, liquirecia *CathA*.

liquor [CL]

1 liquidity, fluidity.

sic distingue: lĭquor pro fluxu, pro fluo līquor SERLO WILT. 2. 65.

2 (concr.) liquid, fluid; **b** (dist. as fermented) liquor; **c** (as unguent); **d** (as ink, also fig.). **e** (~*or obscoenus*) semen, sperm.

surrex si ceciderit in ~orem tollatur inde THEOD. *Pen.* I 7. 8; ut .. lampadibus .. pinguis olei ~or defuisset ALDH. *VirgP* 32; in ea aqua .. omnis ~oris sibi esse suavitas *V. Cuthb.* III 3; cur aqua huic sacramento apponatur, ceteris ~oribus pretermissis et elementis PULL. *Sent.* 656B; nec in lacte nec in cervisia .. nec in alio ~ore conficitur GIR. *GE* I 8 p. 26; **1380** preciosi licoris fons *FormOx* 327. **b** inebriantis ~oris FELIX *Guthl.* 20 (v. delicatus 2b); ab omni sicerato ~ore abstinuerit *Ib.* 66; **1437** operaciones alicujus licoris cujuscumque de brasio in civitate predicta [London'] *Pat* 441 m. 1. **c** liciis olei ~ore delibutus ALDH. *VirgP* 36; de hoc ~ore liniantur GILB. II 77v. 2 (v. deaurare 1a); subtus tabernaculum ~ores benedicendas deferant *Miss. Heref.* 87. **d** penna, liquor faciant quod mea lingua nequit R. PARTES 226; AD. MARSH *Ep.* 191 (v. diurnus 1c). **e** qui voluntate obsceno ~ore maculatus fuerit dormiendo .. iij noctis horis stando vigilet GILDAS *Pen.* 22.

3 clarity.

deliberatio Tulliano ~ore lita G. MON. IX 17.

liquoritia, ~tium v. liquiritia.

liquorositas, liquidity, fluidity.

cum igitur in avibus sit prima digestio, illud ~atis quod in ea est per subductionem emittitur *Quaest. Salern.* B 265; queritur cur aqua pulvialis sit constipativa cum potius deberet esse laxativa vel expulsiva ex frigiditate et humiditate et sue substantie ~ate? *Ib.* P 81; tantum .. dissolvunt quantum consumunt ~ate GILB. III 161v. 1.

liquorosus, liquid, fluid.

certe sine istis ~is spiritibus (sc. aqua et oleo Mercurii) corpus alchemicum, hoc est neutrale vel adrop, non purgatur RIPLEY 132.

1 lira [CL]

1 balk, ridge between two furrows.

1455 quod J. G. appropriavit sibi ad terram suam liberam quatuor ~as de terra domini *CourtR* 179/67 m. 4; **1552** ordinatum est .. quod communes ~as vocat' *balks* sint in latitudine iij ped' et plus ubi fuerunt latiores (*CourtR*) *Kingsthorpiana* 31; **1587** communem ~am extendentem versus .. peciam terre .. vocate *le Berry feyld* cum aratro suo aratravit *SessPBeds*; **1593** decim seliones terre arabilis et tres ~as *Bedfords RO* C. 1357 (olim C. 88).

2 furrow, ditch.

quia stolidus et hebes eram velut asinus ad ~am, quasi surdo narravit fabulam ROB. BRIDL. *Dial.* 6; pollice tango lȳram, facio cum vomere lўram SERLO WILT. 2. 51; ~a, proprie sulcus aratri, vel cithara OSB. GLOUC. *Deriv.* 328; quasi bifurcando procedat in binas aures, ut ~a [*gl.*: *reoun*] sive sulcus latior efficiatur NECKAM *Ut.* 112; **1361** quattuor fossata sive sulcos aut ~as, quorum quodlibet sit de latitudine trium pedum et de longitudine viginti perticatarum *Pat* 263 m. 19; *ffor, of lond,* .. ~a *PP*; ~am, *vorow* .. hic sulcus, hec ~a, *a fforow WW*.

2 lira [ME *lire*], place-name Lierre, Brabant, applied to cloth made there.

1452 toga mea de viridi ~a (v. foderatura); **1464** in panno lineo empto pro pendiliis in superiori choro .. et pro ~a et factura ejusdem *Invent. Ch. Ch.* 120.

3 lira v. lyra.

lirima [λήρημα], foolishness, nonsense.

~a .. Grece desipientia est, unde dicuntur Origenis ~ata errores ejus in quibus ipse desipuit GROS. *Hexaem. proem.* 62.

liripipiare, to make (shoe) with an elongated pointed toe.

a1350 sotularibus ~iatis (v. 2 decidere 2a).

liripipium, liripipe, elongated point: **a** (of cap or hood); **b** (of shoe).

a per medium panni linei formati ad modum cornete capucii vel †kiripii [l. liripipii] quod idem est GAD. 134v. 2; habent .. ~ia usque talum longa modo fatuorum dilacerata *Eul. Hist.* III 230; dominarum cohors affuit .. in diverso et mirabili apparatu virili .. in tunicis partitis .. cum capuciis brevibus, et ~iis ad modum cordarum circa caput advolutis KNIGHTON II 57; **c1447** (v. hyhare); ~ium, A. *a typet* .. hoc leripipium, *a typitte WW*; **1487** (v. 1 cornetum 1); nisi ~ium consutum habeat et non contextum *StatOx* 297; **1505** pro .. leripopeo (v. 1 filtrum 2a). **b** hoc ~ium, *pigace Gl. AN Glasg.* f. 21rb; tulit .. ad vendendum sotulares ad laqueos cum ~iis GARL. *Dict.* 122; *pyk of a sho,* ~ium *PP*.

liristo [? cf. λεπὶς χαλκοῦ], calcined copper.

~o, i. flos eris usti *Alph.* 99.

lis [CL]

1 dispute at law, lawsuit.

1092 (v. 2 decidere 4); cardinales, judices, et commissarii prefati dictos citatos non comparentes neque hujusmodi diei termino in aliquo satisfacere curantes lice sufficienter expectatos reputaverunt *Canon. S. Osm.* 12; lis est infelix, nisi forma petatur agendi, / quam procul arceri, Justitiane, jubes J. SAL. *Enth. Phil.* 37; omnis lis dubia est dum de ea fieri potest appellatio, ut infra x dies .. minor movit litem curatori. curator dedit ei x ut discederet a lite VAC. *Lib. Paup.* 42; si per finem factum lis decidatur necnon HENGHAM *Magna introd.*; **1368** inter quos lis et contentio est de terris *Hal. Durh.* 69; CHAUNDLER *Laud.* 104 (v. dirimere 2); **1542** exhibuit procuratorium suum pro dictis Sadler et aliis ejus litis consortibus *HCA* 4/203.

2 disagreement, dispute, quarrel.

lis .. cruenta inter duo populosa .. praedia gerebatur ALDH. *VirgP* 38; **903** sine aliqua contentione et lite *CS* 894; non debet esse contentiosus, nec lites excitare, sed litigantes magis pacificare ÆLF. *Ep.* 2. 177; demum tamen lis ista quievit GIR. *TH* II 15; pro dape pugnetur, pro conjuge lis agitetur SERLO WILT. *app.* III B 11; **c1298** malo semel vincere quam sepe turbari: / bella valent melius quam longa lite gravari (*Dunbar* 196) *Pol. Songs* 175; Empedocles nullum motorem corporum ponit nisi amicitiam et litem T. SUTTON *Gen. & Corrupt.* 162; **1362** in omnibus causis, †latibus [l. litibus] et negociis *Cart. Mont. S. Mich.* 11 p. 12; licet non earum, sed solius Legis Nature, auctoritate hec lis poterit terminari FORTESCUE *NLN* II 49.

lisana [Aramaic], tongue.

gygram cephalem cum jaris et conas / patham liganam [vv. ll. lignam, linguam; ? l. lisanam, *gl.*: *tungan*] (LAIDCENN MAC BAÍTH *Lorica*) *Cerne* 86 (= *Nunnam.* 92); partes simphoniae quot sint et nomina dice / artis et eximiae lisina nunc indice prode *Altercatio* 83.

liscasda [LL], kind of insect, parasite.

ladasca *piae*, briensis, i. *hondwyrm GlC* L 93; **9..** ladasca, *pie WW*.

lischa v. lica.

lisciare [cf. lica], to cut.

to hew, abscindere, abscidere, ~iare, ex-, dolare *CathA*.

lisenc- v. licent-. **liser** v. siler.

lisera, ~ia [OF *lisiere* < licium], border, edge: **a** (of cloth); **b** (arch.).

a item omnes telas pannorum in latitudine per totum ulnarum fore duarum, infra oras vulgariter dictas ~ias *Itin. Ric.* VI 37 p. 448. **b** **1355** ad ~as pro tabulamento (v. 1 folium 6).

lisina v. lisana. **lisisca** v. lycisca.

lissis [OF *lice* < CL lycisca; cf. λυκίσκος], bitch, hound.

1285 pro putura iij bercelettorum et quatuor ~ium per idem tempus [sc. xiij dies] iij s. ix d. ob. *KR Ac* 351/20 m. 2.

lista [ML < ME, OF *liste* < AS *liste*]

1 border, hem, band, stripe.

dedit quatuor cappas, duas viz. principales cum ~is SWAFHAM 100; [casulam] cum ~a bruslatam *Flor. Hist.* II 44 (v. broudare); mappae cum ~is iij *Meaux* III lxxviii.

2 list, selvage, band that marks the edge of fabric or the end of a piece of cloth.

1215, 1218 (v. 2 haubergettus a); **1254** panno vermilione super quem consuerat unam ~am contra Gildam *Rec. Leic.* I 69; **1279** quod omnes panni de partibus transmarinis sint de xxvj ulnis in longitudine et sex quarteriis in latitudine inter ~as secundum antiquam assisam *RParl Ined.* 1; tunc taxet listas, pannus quia tendit aristas *Pol. Poems* I 192; ~a, A. *segge WW*.

3 strip, band on artefact: **a** (naut.); **b** (arch.).

a **1295** in iiij *traverseyns* et iiij *lystes* ix s. viij d. in scitacione predictarum lystarum et *traverseyns* ij s. (*Ac. Galley Ipswich*) *KR Ac* 5/7 m. 1; **1296** in uno ligno empto .. ad superiorem ~am xx d. *Ac. Galley Newcastle* 179; **1313** (v. 3 cokettus, girdingum). **b** **1252** duabus ~is (v. listare 3); **1277** in .. una lista in magna aula repingend' *Pipe* (*Chanc.*) 70 r. 6 m. 1.

4 stripe, band (of colour).

1282 Petrus C. de B. habet j equum *powis* cum una ~a et iij pedibus albis *Chanc. Misc.* 2/7 m. 8; **1288** pro equo favo cum una ~a nigra empta [*sic*] ad eandem carectam xvij li. *Rec. Wardr.* 1771; **1298** (v. falvus); **1312** (v. crinis 1d); **1312** (v. favellus); **1313** (v. doinus).

5 barrier enclosing an area: **a** (for duel, joust, or tournament); **b** (for fair). **c** (ditch, dike, or moat).

a **1290** militi existenti .. apud Wynton' ad custodiendas .. ~as factas ibidem pro torniamento *Chanc. Misc.* 4/5 f. 5v; breve regium directum vicecomitibus Londoniensibus pro ~is sive *barrers* faciendis *Reg. Pinchbeck* II 306; **s1380** limites .. quas ~as vocant (v. fabrefacere); **1442** (v. facere 2b); duellare volentes vel equis aut si voluerint pedibus ad ~as supradictas introducuntur UPTON 76. **b** **1287** preceptum est .. ballivis quod corpora omnium .. meretricium, ubicunque fuerint inventa infra metas et ~as nundinarum, capiantur et ducantur in curiam *Law Merch.* I 16. **c** hec ~ia, *a castylledyche WW*.

6 event that occurs within a list.

1401 gladium pro ~is (v. gladius 2a).

listagium v. lastagium.

listare [OF *listé p. ppl.*]

1 to make with a border or hem.

1252 pannum de samito ~atum ad dependendum in coro ecclesie Westmonasterii *Cl* 40; **1295** iv offertoria .. de rubeo serico ~ata aurifilo *Hist. S. Paul.* 324; **13..** sellarius .. habeat scuta ~ata flosculis (*Nominale*) *Neues Archiv* IV 342.

2 to make (cloth) with a band that marks the edge or a spec. length.

1237 quod quilibet pannus ~etur tribus listis in longitudine *Liberate* 29 m. 11; **1238** ematis etiam unum pannum de Aresta et faciatis inde circumquaque ~ari pannum illum factum de iiij baudekinis *Cl* 91; **1331** pecia panni ~ati tincti in villa predicta *PQW* 160a.

3 to build with a strip or band.

1252 eandem capellam lambruscari et ~ari *Liberate* 28 m. 15; facias etiam ~ari duabus listis dictam capellam *Ib.* m. 16.

4 to colour in stripes or bands: **a** (cloth); **b** (naut. & arch.).

a **1434** (v. diare). **b** **1286** in servicio unius pictoris de albantis et ~iantis cameram domini regis *KR Ac* 460/27 A 3; **1296** in tribus lagenis coloris nigri sc. *blecke* pro borchis galee ~andis *Ac. Galley Newcastle* 170.

listia v. lista. **listiare** v. listare.

lisura [OF *lisiere* < licium], selvage, band that marks the edge of fabric or the end of a piece of cloth.

1197 infra ~as (v. 1 feria 2a); **1276** assisa de russeto et de panno tincto. non tenentur secundum assisam domini regis, quia de duobus ulnis infra ~am *Hund.* I 126a; **13..** item habeat telas Angligenas latas, habentes latitudinem duarum ulnarum vel minus vel paulo plus etiam cum ~is (*Nominale*) *Neues Archiv* IV 340.

litania [LL < λιτανεία]

1 litany, form of supplicatory public prayer with fixed responses. **b** (~*ia major* or *magna*) greater litany, recited on St. Mark's Day, 25 April. **c** (~*ia minor* or ellipt.) minor litany, recited on Monday, Tuesday, and Wednesday before Ascension Day.

unde letaniis, quibus Dominum pro nostris implorامus excessibus atque innumeris peccatis quibus eum offendimus, sanctum Gregorium nobis in amminiculum vocamus *V. Greg.* 110; fletibus .. inter laetanias resonantibus BEDE *HA* 17; subsequatur letania [AS: *halig ben*] quam universi .. prostrati .. compleant *RegulC* 19; cantent .. septem psalmos et ~iam LANFR. *Const.* 87; si excellentie vestre visum fuerit, tam in letaniis quam in privatis orationibus locum habeat *Canon. G. Sempr.* f. 127; quotiens ~ias repeto GIR. *Symb.* I 213; letanie que sunt sanctorum invocationes BACON VI 117; **1432** preces cum ~ia *StatOx* 239. **b** **747** die septimo kalendarum Maiarum, juxta ritum Romanae ecclesiae, quae et laetania major apud eam vocatur .. *Clovesho* 16; quem accipiens, quaedam muliercula reduxit in orbem et sic permansit a theophania Domini usque ad letaniam majorem LANTFR. *Swith.* 26; **1293** vij psalmos cum letania majori decantabant *DCCant.* Reg. Q f. 16b; **1489** librum septem psalmorum cum magna latenia [*sic*] (*Test.*) *Cart. Boarstall app.* p. 289; in majoribus ~iis cruces nigrae vestibus induebantur SPELMAN *Asp.* 101. **c** in eodem anno post pascha in ambitu letanias cometa apparuit ÆTHELW. IV 3 p. 48.

2 book of litanies.

hec letenia, *a letenyboke WW*; hec †laturia, *a letenyboke WW*.

3 extended series, long list.

ut ignoratis poesibus ignoretur Hieronymus, Augustinus, Boetius, Lactantius, Sidonius, et plerique alii quorum ~iam prolixum capitulum non teneret R. BURY *Phil.* 13. 183.

litare [CL]

1 (intr.) to make a sacrifice.

scelerati .. non gentium diis perspicue ~ant GILDAS *EB* 38; negat se Neman ultra diis alienis ~aturum BEDE *Luke* 377; ut racione līstes, animi prius excute līstes SERLO WILT. 2. 64.

2 (trans.) to offer in sacrifice (also fig.).

Herculis in fano ni forsan tura litaret ALDH. *VirgV* 1188; meque meo numquam vobis mucrone litabo FRITH. 1104; decretum est omni anno eos [sc. Judeos] .. Christianum ubicunque terrarum Deo ~are altissimo T. MON. *Will.* II 11; [forestarii] adhuc .. ~ant .. carnes hominum et sanguinem bibunt MAP *NC* I 6 f. 8; dudum leta materno gaudio / nunc litaris letali gladio J. HOWD. *Ph.* 431; si favorabilem sensisti curiam, / victrici loculo litabis hostiam WALT. WIMB. *Sim.* 49.

litargia v. lethargia. **litargicus** v. lethargicus. **litargirum, litargium** v. lithargyrus.

litatio [LL], sacrifice: **a** (of person, w. ref. to *II Par.* xxiv 22, *Matth.* xxiii 35); **b** (of prayer or mass).

a Danielis in lacu missio, / Zacharie novi litatio J. HOWD. *Ph.* 489. **b** [cappae] quarum usus in mortuorum funeribus, et ~onibus FERR. *Kinloss* 76.

litativus [cf. lis], disputatious.

J. SAL. *Met.* 932C (v. ditativus).

litator [LL], one who sacrifices.

~or autem sacrificator est BEDE *Ep. Cath.* 108.

liter [ME, AN *liter*, OF *litiere* < lectaria], litter, straw.

1253 [pro] xxx fescellis literi (v. faissulus).

liter- v. et. litter-. **literg-** v. letharg-. **literia** v. 2 littera. **lites** v. Lethe, lis, litare. **liteus** v. lituus.

1 Litha [AS *Liða*], name of month corresponding to June and July.

Latine Junius, Saxonice ~a vocatur *Miss. R. Jum.* 14; Latine Julius, Saxonice ~a *Ib.* 15.

2 litha [ME *liþ* < AS *hliþ*], slope, hill-side.

12.. juxta lydam molendini *Cart. Dunstable* 255.

lithargyreus [ML], of litharge, of lead monoxide (also as sb. n.).

sicut in rebus litargirea et stangnea apparent esse argentea BACON XV 324.

lithargyrus, ~um [CL < λιθάργυρος], litharge, lead monoxide.

ut .. inoffense procedat casinam cognosscat et litargium [*gl.*: *pere de argent*] NECKAM *Ut.* 118; uncia una litargiri boni GILB. II 77. 2; cum pulvere litargiri *Ib.* VII 342. 2 (v. 2 dentale); **12..** litargirum, i. *escume de or WW*; cathima argenti est litargirum argenti, i. id quod petit superiorem partem quando funditur argentum *SB* 14; litargirum *SB* 28 (v. faex 2b); merdasengi, i. litargiri, secundum alios plumbum ustum ablutum *SB* 29; desiccentur [variole] cum litargirio plumbo usto et carice lignorum GAD. 41v. 2; lytarg' aur' vj li. xij d. *Invent. Med.* 20; litargirum nascitur ex arena molipdinis que combusta liquescit et sic refunditur, multi ex argento hoc faciunt et plumbo. virtus est ei staltica, i. frigida et stiptica *Alph.* 102.

lithiasis [LL < λιθίασις], (anat.) lithiasis, formation of stony concretion, esp. in bladder or urinary tract.

distinguuntur harene que ~im vel nephresim significant et harenis .. GILB. VI 269. 1; ~is est passio vesice, et proprie lapis ibidem GAD. 96v. 1; lichiasis interpretatur confirmacio lapidis et dicitur a lichos quod est lapis *Alph.* 100; linchiasis i. lapidacio *Ib.* 104.

lithobathrus [λιθο- + βάθρον], stone base.

lithobridus, i. lapis rotundus, batron enim rotundus est *Alph.* 100.

lithobridus v. lithobathrus.

lithocolla [CL < λιθόκολλα], adhesive, lime.

a lyme, ~a LEVINS *Manip.* 132.

lithodaemon [λιθο- + δαίμων]

1 demon stone, agate.

de eo [sc. antimonio] suffumigentur pueri et lipto summa etc. GILB. IV 188. 2; lithodemonum *Ib.* VII 357v. 2.

2 ? fennel flower.

lithodemonis, *geet MS Cambridge Univ. Libr. Dd 11. 45* f. 108ra.

lithosmon v. lithospermon.

lithospermon [CL < λιθοσπέρμον], plant with pebble-like seeds: **a** gromwell. **b** saxifrage, stone-crop, or sim.

a herba litosperimon *Leechdoms* I 66; lichospermatis, i. semen saxifragii *Alph.* 99; lithosmon, granum solis, milium solis idem G. et A. *gromel Ib.* 99. **b** licospermatis in saxifrage GILB. VI 273. 2; **c1300** licosperma vel lithosperma .. *saxifrage* idem G. *la semence MS BL Additional 15236* f. 4v; lithospe[r]mon *Alph.* 114 (v. heraclea); litespermon *sundcorn MS BL Sloane 420* f. 118v.

lithostrat- v. lithostrotus.

lithostrotus [CL < λιθόστρωτος], (as sb. m., f., or n.) tessellated pavement, mosaic formed of small stones.

hec lithostrata, -e, i. pictura arte elaborata, et hic lithostratus, -i, i. stratus vel cumulus lapidum OSB. GLOUC. *Deriv.* 300; porticum ingressi sumus .. non litostrata [*gl.*: *pavemen de per*] tesellis et crustis elaborata sed ostracum testaceum calcari videbam BALSH. *Ut.* 47.

lithotomus [CL < λιθοτόμος], stonecutter, quarryman.

1390 ad sustentacionem et constructionem fabrice ecclesie .. et pro stipendiis ~orum (*Test.*) *Bannatyne Misc.* II 108; hic littamus, A. *mason WW*; **1574** [Valentino Rawswarme] spagirico .. ~o [et] ophthalmiste *CalPat* 261.

Lithuanicus, Lithuanian.

[canes] Lituanicos CAIUS *Can.* 10 (v. Islandicus).

lithus [LL < λίθος], stone. **b** (*lithus triptus* < λίθος τριπτός) rubbed or pounded stone.

9.. lithos, lapis *GlC* (ed. J. H. Hessels p. 72 n. 2); lichos Grece, lapis Latine *Alph.* 99. **b** cura frigidarum specierum .. utantur etiam electuario duc[is] justino litontripon dyasene dyanise GILB. VI 255. 1; recipe electuaria ducis litontripon, nefrocatari, filonii, justini ana 3 5 GAD. 97. 2.

litia v. licea.

liticen [CL], trumpeter.

~ines, tubicines *GlC* A 347; ~en, qui cum lituo canit *Ib.* L 179; ~ines, cornicines *Ib.* L 209; ~en, *truð* ÆLF. *Gram.* 302; deerant .. liticenes [*gl.*: *cornurs*], quos lituo cantare dicit vindex Cesellius BALSH. *Ut.* 49.

liticinator, trumpeter.

eneatores, cornicines, cornicrepe, tibicines, ~ores, tubicines, lyricines OSB. GLOUC. *Deriv.* 192.

litigamen, litigation, dispute.

lis .. inde litigo, .. litigatio, et hoc ~en .. et hoc litigium .. et inde litigiosus, -a, -um, et litigiose adverb. OSB. GLOUC. *Deriv.* 322.

litigare [CL]

1 to go to law, to litigate.

vadatur, ~at *GlC* U 18; in quibus [sc. litteris] diem statuunt quo veniat instructus ad ~andum super re certa in loco quem prefixerunt RIC. ANGL. *Summa* 12; si quis ~antium predictum jusjurandum prestare noluerit *Ib.* 28 p. 39; **c1340** in causa ~ata *Lit. Cant.* II 219; **1384** nullus eorum ~ant nec implacitent aliis in alia curia nisi in curia dom. Prioris *Hal. Durh.* 184.

2 to quarrel, argue, dispute.

†altercator [l. altercatur], ~at *GlC* A 453; jurgat, ~at *Ib.* I 516; sic cum uxore vive, ne cum ea ~es, crimen obicias W. DONC. *Aph. Phil.* 10. 19; Rannulphus le Berker de Horsleg' et Robertus Leypinger de eadem, veniendo de taberna de Horsleg', ~averunt adinvicem, ita quod ~ando percussit idem Rannulphus praedictum Robertum quodam cutello in ventre, ita quod statim inde obiit *AssizeR Northumb* 95; **1267** duo fratres .. ~averunt inter se in domo patris eorum pro uno obolo ita quod ~ando exierunt de dicta domo *SelCCoron* 11; **1375** injunctum est omnibus mulieribus ville quod .. non ~ent nec maledicant aliquem *Hal. Durh.* 132; **1385** venit vi et armis .. apud Trembethou .. et ibidem ~abat usque in auroram crastini diei machinans Johannem .. occidere *CoramR* 497 r. 11; cum quadem die ~abant simul et irati fuerant *Latin Stories* 22; si aliqua mulier rixet vel ~et in vico vel alibi publice cum aliquo vel aliqua *Cust. Fordwich* 7.

litigatio [LL]

1 dispute at law, litigation.

supplices citra fossatum Sancti Edmundi ~ones sistunt experti multorum penam qui perseverandum putarunt W. MALM. *GR* II 213; R. Paganellus [tenet] .. in Welletuna iiij b[ovatas] litegationis .. et in Scitebroc dim. b[ovatas] ~onis *BBExch* II 422; **s1423** confusi convictique stabunt tales coram judice super sue materiam ~onis AMUND. I 177.

2 quarrel, argument, dispute.

cavilla .. i. contentio, rixa, ~o OSB. GLOUC. *Deriv.* 121; **1372** injunctum est omnibus tenentibus ville nequis eorum transgrediatur alteri in ~one per verba pro causa pugnandi *Hal. Durh.* 113.

litigator [CL]

1 one engaged in a lawsuit, litigant.

centum libre argenti ~ori persolute audacem calumpniam compescuere W. MALM. *GR* III 283; **1167** nec ~ori vel judici ad dicendum aliquid contra eum in potestate sua locus est oportunus J. SAL. *Ep.* 219 (219 p. 376); vidimus .. picatos legibus .. cuicumque ~ori quod desiderabat promittere R. NIGER *MR* 251; officium ejus, a quo appellatum est, hoc est ut .. tradat ~oribus gesta apud se habita RIC. ANGL. *Summa* 37 p. 85; **a1253** ~oribus autem in foro nostro .. liceat a judicio .. recedere *Conc. Syn.* 460.

2 one engaged in a quarrel, disputant.

carbo .. extinctus .. durat .. ad convincendum ~orem post quantalibet secula NECKAM *NR* II 50.

litigatorie, as a litigant, as in a lawsuit.

qui ~ie interrogat, prave disputat J. SAL. *Met.* 911A.

litigatorius [ML], of a litigant, of one engaged in a lawsuit.

sophisma est sillogismus ~ius J. SAL. *Met.* 913B; pugnantibus ~ie perturbationis discordiis insistere AD. MARSH *Ep.* 41.

litigatrix [LL], quarrelsome woman, scold.

hec visio ~icum mansuefecit mentem W. MALM. *GP* I 66; **1381** sunt communes ~ices *Hal. Durh.* 169; **1423** uxor Johannis Morys est communis ~ix, et portabit mortarium *CourtR Maldon, Essex bundle* 14. 1v; **1537** [*they present that J., wife of M. B. is a scold*] littagatrix (*CourtR Clitheroe*) *Lancs & Chesh Rec. Soc.* I 110.

litigialis, of a lawsuit, of litigation.

s1459 equa liberacione cause ~is (v. defensatrix 2).

litigiose [LL], as in a lawsuit or quarrel, litigiously.

OSB. GLOUC. *Deriv.* 322 (v. litigamen); **1301** cum .. nullam .. possessionem haberet .. aut si aliquam habuit non pacifice tenuit .. sed ~e et multipliciter impugnatam *Reg. Cant.* II 607; semper ~e ad modum meretricum procedens *Ziz.* 302.

litigiosus [CL]

1 of one who disputes at law, litigious; **b** (as sb. m.) litigious man.

~is hominibus multam contendendi materiam reliquerunt J. SAL. *Pol.* 664D. **b** qui lites agitare sitit sibi litigiosum / querat consimilem, cum quo lis possit arari D. BEC. 515; **c1304** proviso quod non possit nobis evictionis periculum seu ~i vicium imminere *RGasc* III 426b.

2 quarrelsome, argumentative, disputatious.

carisa, .. i. vetus lena et ~a OSB. GLOUC. *Deriv.* 98; hec est uxor hominis ~a, pessima caro nostra P. BLOIS *Ep.* 11. 34C; sunt dyscoli et .. ~i BACON *CSPhil.* 409 (v. dyscolus a); **12..** quod tabernarii et luctatores et ~i ville graviter .. redarguantur de eorum gestu *Cart. Glouc.* III 219.

3 (of property) subject to legal dispute.

1283 cum ecclesia de A. .. ~a existat PECKHAM *Ep.* 450; **1295** an ipsa ecclesia .. sit ~a aut pensionaria cui et in quantum *Reg. Cant.* I 54; **1310** dicta placea ~a *Cart. Chester* 344 p. 228; **1399** utrum .. vicaria sit pensionaria ut ~a *Melrose* II 517 p. 508; **1408** quod ecclesia illa sive beneficium illud non sit vicaria nec aliquod beneficium ~um *Cl* 257 m. 15d; **1444** decimas letegiosas *Ib.* 565 p. 574.

4 (of log. form or abstr.) captious.

abdicat et veterum coluber documenta virorum / scismate falsidico necnon et litigioso *Altercatio* 40; noxium .. verbum vocamus .. deceptorium, ~um, falsum AD. SCOT *QEC* 17. 829D; proponamus .. exemplum sed ~um NECKAM *SS* III xxiii 1; ~us syllogismus vocatur .. facit quod non deberet qui introducit propositionem vel conclusionem falsam ad faciendum habitum falsum KILWARDBY *OS* 510; hujusmodi .. experimentum sumitur per syllogismum ~um peccantem in materia *Ib.* 533; objecciones .. ~as BRADW. *CD* 788C (v. falsigraphus b).

litigium [CL], ~ia

1 dispute at law, litigation.

unde .. fora ~iis .. replentur GIR. *IK* I 3 p. 43; item mos est tineosis qui .. in primus sibi adversantibus tineam improperant ut sibi postmodum lege ~ii improperavi non possit GIR. *Invect.* I 13 p. 128; diem .. statuunt quo diffinitivum ~ii hujus calculum .. proferendum .. edicunt AD. EYNS. *Hug.* IV 5 p. 26; **1218** eodem Thoma singulis ~ii diebus sibi prefixis se contumaciter absentante *Reg. S. Thom. Dublin* 239; tam pro evitandis expensis inutilibus

quam ad illos confundendos emulos qui applaudere solent in †liturgiis [MS: litigiis] alienis AMUND. I 266.

2 quarrel, argument, dispute.

~io, contentioni, invidiae, ceterisque hujusmodi facinoribus sua colla .. subdentes BEDE *HE* I 14 p. 30; dum sic progredi non valerent, verbis inciperent litigare, de ~io ad pugnos et capillos venire, deinde ad arma ALEX. CANT. *Dicta* 16 p. 173; pars barbara regna lacessit / litigiis audax et citra prelia fortis J. EXON. *BT* I 325; ~ium, G. *tensun* GARL. *Unus* 165; et de hoc est ~ium inter magistros T. SUTTON *Quodl.* 166; post aliquod tempus inter mulierem et sacerdotem ~ium erat *Latin Stories* 60; Romani 448 annos alternatim faciebant ~iam [*sic*] cum Britannis W. WORC. *Itin.* 44.

litiscontestatio [CL; al. div.], (leg.) joinder of issue.

GIR. *Inv.* II 1 etc. (v. contestatio 1); ~onem et juramentum calumpnie et aliud quodcunque de jure requisitum ab eiis .. recipiendi *Form S. Andr.* I 387.

litispendium, (leg.) use before a court.

s1434 in vilipendendo ~ium et jurisdiccionis nostre .. contemptum AMUND. I 378.

litissa v. lycisca. **litium** v. lycium. **litontripon** v. lithus b.

litor [cf. litus, *p. ppl. of* linere], dauber, plasterer.

erat .. minister Ernmerus nomine ex illo cementariorum genere quos ~ores vocant W. MALM. *Wulfst.* II 16; ~or, A. *a dauber* .. hic ~er, A. *a dowker WW*; *labourers*: .. *dawbers* .. operarii ut fabri vel .. ~ores parietarii WHITTINGTON *Vulg.* 67.

litoreus [CL], of the seashore. **b** (as sb. n.) seashore.

in sabulis ~is R. COLD. *Cuthb.* 75; virgas namque sylvestres in aurum et ~ea saxa in gemmas commutavit HON. *Spec. Eccl.* 835A; ~ea saxa GIR. *TH* I 22 (v. demittere 1a); rex .. ad vallum Owini vis littorea tetendit *Ann. Cambr.* 46; in terra ~ea et petrosa *Fleta* 161 (v. impediosus). **b** quidam marinelli extranei .. se tenuissent in littorio maris infra metas terre ipsius P. *Soc. Jers.* XVIII 219; invenit in litorio maris xiiij pecias sepi et canes inde comedentes *Ib.* 274.

litotes [LL < λιτότης], (rhet.) litotes, understatement.

~es, duo negativa unum adfirmant *GlC* L 168; liptotes fit ubi minus dicitur et magis intelligitur GERV. MELKLEY *AV* 85; liptote est: minus dicit et plus significat S. LANGTON *Chron.* 180; similiter si eclipsi utitur et cum racione erit liptote, si minus intellecto dicit *Ps.*-GROS. *Gram.* 74.

litra v. 2 littera. **littamus** v. lithotomus.

1 littera, litera [CL]

1 letter of the alphabet: **a** (as written character); **b** (dist. by alphabet or language); **c** (dist. by case or size). **d** (w. *dominicalis*) dominical letter.

a littera tollatur: post haec sine prole manebo [sc. corbus > orbus] ALDH. *Aen.* 63 (*Corbus*) 10; nomen Angulorum [MS *corr.*: Anglorum], si una E ~era addetur, angelorum sonat *V. Greg.* 87; addidit episcopus nomina ~erarum: .. "dicito A" BEDE *HE* V 2 p. 284; per sincopam perdunt unam ~eram ABBO *QG* 3 (7); **c1080** antique peritie crebris instructus ammonitionibus ~erarum serie in primi presentibus et futuris utillimum fore *Ch. Westm.* 234; loca autem sunt perpetua atque fixa; ymagines vero nunc pinguntur ut ~ere, nunc delentur BRADW. *AM* 4; **1399** in .. j magno lecto empto rubeo cum ~eris IHC *Ac. Durh.* 136; **1448** de secunda ~era ipsius cognominis Newton .. fecit O et abrasit .. ~eras TON dicti cognominis *Eng. Clergy* 223. **b** Graecam ~eram discipulis Δ praeposui ALDH. *Met.* 10 p. 81; ~eras solutorias BEDE *HE* IV 20 p. 250 (v. 1 fabula 2a); notum sit omni ~erarum quae runae dicuntur scientiam habere volenti, quia in quattuor versus vel ordines dividuntur. primus ordo continet ~eras octo, secundus itidem octo, tertius similiter octo, quartus quattuor *Runica Manuscripta* 118; BEDE *Gen.* 116, *Runica Manuscripta* 350 (v. daleth); **1517** cum Gallicis ~eris *Ac. Durh.* 293. **c** quid quod ipsas codicum nostrorum facies hoc colore exhilarari cernimus .. ~erasque insigniores eo solere prescribi J. FORD *Serm.* 4. 4; dicit Sibyllam Erythream multa de Christo scripsisse ut patet in ejus versibus qui sic incipiunt: 'judicii signum tellus sudore madescet' etc. .. versuum ~ere capitales hunc sensum continent: Jesus Christus Dei Filius Salvator [i. e. ΙΧΘΥΣ] *Eul. Hist.* I 421; WALS. *HA* I 475 (v. azurum a). **d s1187** etc. (v. dominicalis 3b); sexta ~era alfabeti dominicali *Canon. G. Sempr.* 106.

2 **a** (as representing sound); **b** (as representing mus. note).

a longum est significatio productam ~eram vocalem indicans ALDH. *PR* 141; sunt .. Latinae ~erae omnes xx et j, e quibus quinque vocales appellantur, .. ceterae omnes consonantes BEDE *AM* 82; ~tera autem habet tria id est nomen, figuram, potestatem que est sonus BACON *Gram. Gk.* 4; *Id. CSPhil.* 507 (v. E 1b); anticipantur ~tere et sillibe [balbutientis] ne formentur perfecte T. SUTTON *Gen. & Corrupt.* 110. **b** totum hoc intelligitur in conductis vel motellis, quando sumuntur sine ~tera vel cum ~tera, si proprio modo figurantur GARL. *Mus. Mens.* 3. 18; omnis figura simplex sumitur secundum suum nomen, sive fuerit cum ~tera sive non *Ib.* 6. 4; diapason .. est semper ab aliqua ~era monocordi usque in octavam ~eram consimilem *Mens. & Disc.* (*Anon. IV*) 69; sciendum est quod quilibet modus acceptus sine ligabilis ~tera est, excepto illo qui procedit ex omnibus longis HAUBOYS 320; quoniam per predictas ~teras longam vel brevem non potest signari quod oporteret, quamquam cantus cum ~tera sibi aptet longas et breves sicut monstrat pars precedens, cantus sine ~tera his signis longas et breves non exprimeret ODINGTON *Mus.* 93; TUNST. 207b (v. F 2).

3 (as representing number).

HARCLAY *Adv.* 80 (v. E 1b); 'sVCCesV regIs, beneDICte pater, preCe Dona' [*gl.*: annus domini mccccxii per ~eras numerales] ELMH. *Metr. Hen. V* 47.

4 (pl., as elements of basic education).

697 pro ignorantia ~terarum signum sanctae crucis expressi *CS* 97; cum enim ~teris [v. l. ~eris] edoctus psalmorum canticum discere maluisset FELIX *Guthl.* 22; quod si ignarus ~terarum est, magister suus debet eam pro eo legere LANFR. *Const.* 171 p. 108; pueri ~teras erudierunt *Eul. Hist.* II 159 (v. erudire 2); post prima ~erarum elementa in schola ecclesie collegiate Beverlacensis hausta (*Reg. Roff.*) *Anglia Sacra* I 382.

5 script, handwriting; **b** (dist. by form, style, size, age, or language of text).

c744 sex prophete .. claris et absolutis ~teris scripti BONIF. *Ep.* 63 p. 131; ne vestra memoria laberentur, etiam ~teris digessi ABBO *QG* 2 (5); haec itaque legalia statuta vel decreta .. ~teris infixi *GAS* 257; quod habet lector in ~era LUCIAN *Chester* 60; **1311** de bona ~era et legibili scribant .. posiciones .. et alia instrumenta *Conc.* II 411; scriptor si oculos suos avertat a libro, turpem ~eram faciet; quia bona scriptura diligentissimam visionem requirit HOLCOT *Wisd.* 97. **b 1236** huic scripto sigilla nostra apposuimus ~era Ebraica signata *Starrs* I 46; **1245** item passionale de Scotica ~tera .. (*Stat. S. Paul.*) *Arch.* L 497; **s818** schedula, quoniam Anglicis et aureis ~teris fuerat exarata .. M. PAR. *Maj.* I 372; **1295** textus de antiqua ~era, ornatus tantum anterius laminis argenteis *Vis. S. Paul.* 313; **1368** comperimus in quodam libro antiquo tenores cartarum de ~era textuali antiqua integros (*Ch. S. Davids*) *CalPat* 106; **1373** etc. (v. curialis 5d); **1436** una parva biblia in minuta ~era in asseribus *Reg. Aberd.* II 127; **1452** unam partem biblie de veteri ~era existentem *MunAcOx* II 648; **1517** j pixis .. script' cum Gallicis ~eris *Ac. Durh.* 293.

6 piece of writing, text.

garrula Martini nunc prodat littera laudem ALDH. *VirgV* 677; hoc ex ~tera conjici non potest AD. SCOT *TT* 672; his premissis ad ~teram accedamus BERN. *Comm. Aen.* 32; quidam legunt hic 'puritas'. sed vera ~era est 'putas' S. LANGTON *Chron.* 64; hec autem, ut patet et per sequentia in ~tera, non possunt convenire nisi illi Deo et homini qui promissus est venturus de genere Abrahe GROS. *Cess. Leg.* II 3. 14; sicut recitat / evangeliste littera J. HOWD. *Cyth.* 115. 6 (w. ref. to *Luc.* xiv 23); quidam .. exponunt illam ~teram ad contrarium sensum T. SUTTON *Gen. & Corrupt.* 85; quia Jeremias [x 23] loquitur ibi ad ~eram de via hominis Babylonii, sc. Nabucodonosor regis Babylonis, .. sicut ~era precedens et sequens ostendit BRADW. *CD* 284A; 'scriptum est enim in libro Psalmorum, fiat commemoratio', aut secundum ~teram veriorem, 'fiat commoratio ejus deserta' [*Act.* i 20] *Ib.* 808A; concinebant in adventu regio suavi vocis modulacione et organis ~teram prosequentes hanc angelicam cantilenam *G. Hen. V* 15 p. 104.

7 letter, epistle: **a** (pl.); **b** (sg.).

a p675 ut .. epistulares ~terarum apices dirigerem ALDH. *Ep.* 4; **705** hoc tibi per ~teras intimare curavi ne inter plures devulgatum innotescat WEALDHERE *Ep.* 23; misit illi et ~teras scriptas in hunc modum BEDE *HE* V 21 p. 333; multum gratanter ~teras tuae devotae eruditionis legi CUTHB. *Ob. Baedae* clx; **p1069** harum ~terarum portitor iram vestram se dicit incurrisse LANFR. *Ep.* 42 (22); nostris nos invicem ~teris ANSELM (*Ep.* 69) III 189; **s1259** ~terarum .. titulum (v. abbreviare 1d); Edwardus .. omnibus ad quos presentes ~tere pervenerint salutem *State Tri. Ed. I* 84; **c1336** ~eras cujusdam mercatoris (v. deferre 2d); regina .. misit .. ~eras blandientes AD. MUR. *Chr.* 52. **b** nam tractari timida viva voce vellent et expediri, non ~tera D. LOND. *Ep.* 2; **1296** mittimus vobis presentibus interclusum transcriptum cujusdam lettere (*Var. Coll.* I) *DCCant.* 262; **1326** solut' cuidam garcioni deferenti unam leteram London' pro dicto negocio *Sacr. Ely* II 58; cum audisset omnes reclamare, et eciam quosdam de clericis suis ~teram illam reprobare, mutavit sigillum suum acsi sua non fuisset predicta citacio *NLA* II 675; **1419** invenitur ~tera .. regis Edwardi *MGL* I 15.

8 document, instrument: **a** (dist. by ppl. or adj.); **b** (dist. by sb.); **c** (dist. by prep. phr.). **d** charter, deed.

a ~tera testimonialis *Ch. Westm.* 238 *rub.*; **1166** etc. (v. absolutorius a); †**1171** (13c) ut hoc factum meum aliis certificaretur predicto M. has ~eras meas dedi patentes *Regesta Scot.* 119 p. 201; ~teras quoque patentes .. jussit signatas in omnibus episcoporum sedibus diligentissime custodiri J. SAL. *Anselm* 1034C; **1203** etc. ~teras clausas (v. claudere 3b); **1215** etc. (v. credentialis); **1219** ferens ~eras pendentes domini nostri regis *RL* I 50; AD. EYNS. *Hug.* IV 13 etc. (v. deprecatorius 1b); **1241** dimisit idem H. terram illam .. primo viro ipsius C. .. et ut intelligunt idem H. habuit ~teras regis apertas quod factum suum esset stabile *CurR* 1399; ~teras obligatorias super summa certa pecunie pro subsidio sedis apostolice *Flor. Hist.* II 333; **1266, 1312** (v. convocatorius); deferentes ~teras papales *Leg. Ant. Lond.* 157; **s1301** (v. declaratrix); **1318** commune sigillum et munimenta ejusdem prioratus sibi attrahendo obligaciones diversas et ~eras albas de eodem sigillo ad voluntatem suam consignando aliaque dampna .. et excessus perpetrando *Pat* 150 m. 5; **1323, s1482** (v. conventionalis a); **1368** etc. (v. cambitorius); **1379** suscepimus ipsum Oswaldum .. et famulos suos cum sex equis bullis et ~eris papalibus .. in protectionem *RScot* 14b; **s1454** (v. admissorius); **1456** etc. (v. exsecutorialis); **c1545**, *Praxis* 19 (v. denuntiatorius). **b** ~eram pacis vulgo remissionem vocant quae criminis admissi abolitionem continet (*Leg. Malcolmi*) *RegiamM* I 2ᵛ ann.; **1026** (12c) proscribimus .. omnes antiquiores testamentorum ~teras hujus praedii *CD* 743; **1262** dominus R. W. manucepit pro P. filio P. de xv s. sterlingorum reddendis regis .. pro ~era pacis quam rex eidem P. concessit pro morte A. P. *Cl* 176; non obstante quod idem G. ~teras securitatis .. regis Castelle portabat .. fuerat spoliatus et captus *RGasc* 427b; **1371** (v. excommunicatio 1c); ad dictum archiepiscopum .. cum ~tera presentacionis adierunt supplicantes, quatinus ipse vellet illum admittere THORNE 2027; **1415** profert hic in curia tres ~teras marchie sub sigillo senescalli ejusdem domini (*AssizeR Chepstow*) *March. S. Wales* 59; **1423** etc. (v. cambium b); **c1447** exhibuit ~teras ordinum, per quas compertum fuit .. Johannem .. fore ordinatum in subdiaconum *Eng. Clergy* 243; **1462, 1475** (v. 1 cokettus 1c). **c** P. BLOIS *Ep.* 199 etc. (v. credentia 1); **1200** magister S. de scriptorio domini regis habet ~teras simplices de protectione *RChart* 60b; **1217** habet ~teras de protectione patentes, sine termino *Pat* 46; **1225** (v. credentia 2b); **1266** ordinamus .. dominos .. per presentes quatenus ~eras in quatuor formis *Inchaffray* 169; **1269** Willelmo .. vel suo certo nuncio deferenti ~teras de soluto annuas viginti marcas .. persolvent *Cl* 92; **1447** ~eram domini regis .. ad excusandum nos (v. excusare 3a). **d 749** nisi auctoritate ~terarum et testamento cyrographorum aeternae memoriae inserta sint *CS* 178; **949** quicquid inter seculares in omnibus agendum est terris muniri apertis debetur literis, ut quod obliviscitur mentis memoria, presens semper custodiatur ~tera *CS* 885; †**1026** (12c) antiquiores testamentorum ~teras (v. damnare 4a); **1295** in pleno comitatu Essex' .. ~tera manerii de Westlee lecta fuit et exposita .. in Gallico et Anglico .. et quasi omnes liberi tenentes erant ibi *EE County Cart.* 173; **1295** in quadam ~era .. indentata *Cart. Mont. S. Mich.* 36; **1334** hiis ~eris indentatis *Ib.* 46; **1397** cartas seu ~eras (v. erenacia).

9 word, lemma.

stricte loquendo de virtute sermonis ~tera 'equus' non supponit confuse tantum .., quia in illa 'equus tibi promittitur' ~tera 'equus' est subjectum (*Ps.*-OCKHAM) *GLA* III 376 n. 885; dicitur tunc ~tera 'non' teneri negative, quando vis denotata per ipsam transit in verbum vel in totam composicionem (STRODE) *Ib.* IV 47 n. 180.

10 the written code of Mosaic Law, by extension the Old Testament, esp. as superseded by the grace of Christ.

praesertim antiquae cum narret littera legis / illustrem patres vitam duxisse priores ALDH. *VirgV* 244; **956** (v. gratia 5a); video eos [Judeos] solam legis superficiem attendere et ~teram non spiritualiter sed carnaliter exponere PETRUS *Dial.* 5; ut ~tera, circumcisio, et que hujusmodi sunt jam superstitiosa potius quam religiosa decernat J. FORD *Serm.* 110. 11; vox inducencium erepcionem filiorum Israel ad ~eram J. HOWD. *Cant.* p. 39 *tit.*

11 interpretation according to literal sense: **a** (as dist. from spirit or intention of law or utterance); **b** (as dist. from figurative sense of allegory, tropology, or anagogy).

a cum scita legis Mosaicae juxta ~teram servaret BEDE *HE* III 25 p. 185; de occisione ~terae et vivificatione spiritus superfluum mihi videtur super haec aliquid addere ANSELM (*Azym.*) II 230 (cf. *II Cor.* iii 6); non ut illa omnia ad ~teram faciamus OCKHAM *Pol.* I 49; nec .. ~era legum civilium et canonicorum in hoc casu est omnino servanda, sed oportet ad .. racionem naturalem, ac intencionem legislatoris .. recurrere *Id. Dial.* 530; mulier hec verba simpliciter est ad ~eram intelligens *Latin Stories* 43; WALS. *HA* II 300 (v. 2 Caelestinus). **b** latentemque in ~teris sensum perscrutantes allegorice ad sinagogae tipum retulerint ALDH. *Met.* 4; ad ~teram et ad mysticum sensum BEDE *Hom.* II 5. 132; cum in prophetis talia [sc. dicta obscura] invenimus, que secundum ~teram accipientes a rationis tramite exhorbitemus, ea allegorice interpretamur ut ad rectitudinis semitam reducamus [v. l. reducamur]. necessitas enim cogit nos hoc agere, quoniam aliter non potest ~tere ratio stare PETRUS *Dial.* 17; hec magis ad ~teram legenda est licet ad integumentum aliquantulum

spectet BERN. *Comm. Aen.* 45; mystice, non ad ~teram OCKHAM *Pol.* II 422; a**1332** Augustinus super Genesim ad ~teram, libri xij *Libr. Cant. Dov.* 13.

12 letters, learning; **b** (sg.); **c** (*litterae liberales*) liberal arts. **d** (*ad litteram ponere*) to educate, train as a clerk (*v. et. litteratura* 5b).

doctus .. vir studio ~terarum BEDE *HE* III 13 p. 152; **719** experientes proinde te ab infantia sacras ~teras didicisse *Ep. Bonif.* 12; quorum multi atque illustres viri divinis ac saecularibus ~teris nobiliter eruditi OSB. *V. Dunst.* 6; non enim desunt ~ere, sed principes literati GIR. *TH intr.* p. 4; quod theologia esset sine instructore addiscibilis .. et precipue viro in secularibus ~eris excercitato GROS. *Hexaem. proem.* 3; **1300** personis ~erarum studiis insistentibus *MunAcOx* I 78; Latinis ~teris et Grecis MORE *Ut.* 5 (v. evirescere). **b** justitiae .. solem .. / quem sacra per biblis descripsit littera lautos ALDH. *VirgV* 1032; dum polus rotabit sidera, dum ulla in mundo erit ~tera W. MALM. *Wulfst. prol.* p. 3; si ad ~eram jam spectes eruditissimus *Ib.* I 8 p. 14; tam in moribus quam in ~tera .. commendabilem AD. MARSH *Ep.* 9; ~era vacuus J. READING f. 154b. **c** cum ~teris liberabilibus imbuta omnes filosoforum sillogismos .. didicisset ALDH. *VirgP* 44; **717** te implorare procuro ut .. liberalium ~terarum scientiam et divini intellectus flagrantem spiritaliter ignem aquoso luto et humido terrene cupiditatis pulvere non extinguas BONIF. *Ep.* 9 p. 5; ~eris tam liberalibus quam grammaticis undecumque eruditissimum *Chr. Evesham* II 96; libri .. liberalium ~erarum tam utiles sunt scripture divine R. BURY *Phil.* XI 174. **d** **1348** fines fecerunt pro filiis suis ad ~eram ponendis et filiabus suis maritandis *Pat* 222 m. 6.

2 littera, litera, ~ia, ~ium, [AN, ME *littere, litere*, OF *litiere* < lectaria]

1 couch, as chair, litter, or bed.

1202 homines .. Walteri defendunt quod nullum harnesium ejecerunt si revera ~eram quam invenerunt ejecerunt ad querendum harnesium *AssizeR Northants* 70; post venit idem J. languidus et in ~era *PlCrGlouc* 86; **1253** empciones .. Richardo pro ~eria xviij d. *KR Ac* 467/1 m. 1 ; **1300** pro uno equo †fano [l. favo, sc. falvo] empto .. pro ~era regine *AcWardr* 78; **1307** et remanet integra ~era in bertona ad instaurum pro anno futuro *Crawley* 253; **1345** in harnasiis ~ere domini episcopi defuncti empt' pro longa carecta, v s. *Ac. Durh.* 544; extra civitatem ad castrum vocatum Ponserewe in una ~ura fecit se deportari *Hist. Roff.* 360; in ~era usque Londonias est deductus *G. S. Alb.* III 8; tandem circa principium mensis Julii .. equitavit versus Cherrynge suaviter in ~era BIRCHINGTON *Arch. Cant.* 46.

2 straw: **a** (as litter for animal); **b** (as covering for floor or bedding for person); **c** (as fuel); **d** (as building material).

a **1213** in expensis .. summetariorum de garderoba .. in feno, avena, forg[ia], literacionibus et ~eria *Misae* 237; a**1225** in ~terio iiij d. (*Chanc. Misc.* 3/46/17) *Househ. Ac.* 118; **1286** pro ~era empta ad canes predictos per viam in redeundo, vij d. *Rec. Wardr.* 2263; **1290** feno, avena et ~era pro equis .. *Doc. Scot.* I 134; **1300** concessimus etiam eidem Alano .. fenum ad unum equum, ~erium et boscum ad focum suum sufficientem *Chr. Battle* (ed. Brewer) app. 187; **1300** in feno, avena, ~tora, lumine, et aliis necessariis per ipsum factis et empt' pro expens' dictorum equorum *AcWardr* 62; **1303** pro feno et avena, ~era, ferura unius palefridi *KR Ac* 363/18 f. 8d; **1320** fenum et ~teram et boscum, pro mora sua, subministrent eisdem *Reg. Exon.* 401; **1415** expense per dietas. die dominica .. pro feno iiij s., pro litra viij d. *Analog. Cant. Pilg.* 2; **1487** firmarius inveniet senescalo .. fenum et ~turam *Crawley* 468; **1523** pro ~tura equorum in stabulo *Ac. Durh.* 256. **b** c**1179** (1378) per servicium inveniendi ~eriam ad lectum meum et stramen vel herbam ad ornandum hospicium meum (*Ch. Hen. II*) *Pat* 301 m. 27; **1220** quando mortuus fuit, ipse ejecit eum de lecto et cooperuit eum ~eria sua *CurR* VIII 381; **1235** per servitium inveniendi ~teriam in camera de Havering in quolibet adventu predecessorum nostrorum regum Anglie *Cl* 131; **1253** magistro Odoni pro ~erio ad loges, ij s. viij d. (*Fabr. Westm.*) *KR Ac* 467/1 m. 2; mattam aut ~eriam .. ab illo lecto amovere *Cust. Westm.* 148; a**1300** habent in villa de Rotheglen' .. focale et candelam et ~terium *Kelso* p. 468. **c** **1279** pro hiis dicti canonici reddunt per annum .. duo corrodia duorum canonicorum .. et 5000 turbarum ad comburendum, et iij carectatas ~ere *MonA* VI 88. **d** **1207** computate R. le L. id quod posuit in ~era et pulverilacione domorum *Cl* 95b; **1258** (v. argillosus); **1284** pro ~era empta ad plastrandum viij d. *KR Ac* 351/9 m. 12; **1374** habebit ~erum cum decima sicut in manu domini pro muris faciendis *Hal. Durh.* 124.

litteragium [cf. 2 littera], straw used as bedding.

1281 faciet deserviri focalem literagium fenum et herbam prefato domino abbati *Kelso* 343.

litteralis, literalis [LL]

1 concerned with letters or writing.

tirocinium rudimentorum in scholis egit ~teralibus et librorum mella .. avidis medullis indidit W. MALM. *GR* V *prol.*; grama .. ~teralis eo quod litteras docet J. SAL. *Met.* 840B (v. gramma 1).

2 used for writing.

pinxerunt soles .. in pellibus ~eralibus, ne res tam insolita a memoriis hominum laberetur M. PAR. *Maj.* III 242 n. 3.

3 written, in writing, conveyed by letter. **b** (*lingua litteralis*) written language (*i. e.* Latin).

801 pariter lusimus ~terali tessera ALCUIN *Ep.* 215; **1054** quicunque .. quiddam suarum facultatum cuilibet loco sanctorum pro anime sue remedio donaverit, exinde ~terale testamentum nobilium personarum corroborationibus assignatum faciat *CartINorm* p. 185; si saltem ~terali visitatione animos nostros pascamus ANSELM (*Ep. Anselm.* 259) IV 172; ~terali memorie, non satis vocibus credens, mandari jussit ADEL. *ED* 17; allocutionis jucunde juge desiderium .. presencia ~teralis sicut valet supplere curat AD. MARSH *Ep.* 37; **1336** informacione .. ~erali *Lit. Cant.* II 134; **1345** tam verbalis quam ~teralis relacio (v. fidedignus 1b). **b** **1284** in lingue ~eralis eloquio PECKHAM *Ep.* 589 p. 813.

4 of or concerned with letters, epistolary.

est dictamen ~teralis editio GARL. *PP* 98 (v. dictamen 1b).

5 of or concerned with literature, literary.

a**796** laeto legebam animo, intellegens in eis vestrae vitae prosperitatem et ~teralis exercitii studium, ex quo dictantis eloquentia claruit ALCUIN *Ep.* 34; filos ~teralis disciplinae *Chr. Rams.* lxi; ~erali eum scientia .. imbuendum OSB. *V. Elph.* 123; J. CORNW. *Merl. pref.* (v. exsculpere 1c); [nos] a teneris annis educavit ecclesia Walthamiensis liij annis et in gremio suo ~eralibus instruxit disciplinis *Found. Waltham* 11; ~teralis eruditionis appetitor GIR. *RG* II 2; s**1235** monachi Rofenses elegerunt magistrum Ricardum de Wendene, virum in literali [v. l. liberali] sciencia eruditum M. PAR. *Maj.* III 306; pecunia michi missa .. ad studium ~terale est expensa *Dictamen* 380; **1431** questiones .. ~erales (v. elongare 4e).

6 literal.

quod illi omnem veteris instrumenti scripturam in qua ~eralem possunt sensum invenire, ad literam semper accipiunt, nisi manifestum Christo perhibeat testimonium (BART. EXON.) P. CORNW. *Disp.* 148; objeccio .. quod mandatum de custodia sabati et consimilia essent solum litteraliter intelligenda, quia ~teralis sensus est per illa verba evidentissime significatus GROS. *Cess. Leg.* I 10. 1; virgo .. / cujus glosa facit nudum / quod velatum erat dudum / literali cortice WALT. WIMB. *Virgo* 3; preter sensum ~eralem potest vox significare tres alios sensus, sc. allegoricum, tropologicum et anagogicum BACON *CSTheol.* 51; DUNS *Ord.* I 98 (v. historicus 3a); secundum quosdam verus intellectus ~teralis multarum prophetiarum .. non potest sciri, nisi per revelationem novam OCKHAM *Dial.* 811; WYCL. *Ente* 109 (v. discentia); nunc autem solam ~teralem annotacionem tangens CAPGR. *Hen.* 14.

7 learned.

virum ~teralem, liberalem, et dapsilem *Reg. Whet.* I 5.

8 (as sb. n. pl.) secular matters.

objicientibus eidem aliquibus quod nequaquam in ~teralibus vexerit cathedraliter AD. MARSH *Ep.* 188.

litteraliter, literaliter [ML]

1 in writing, by letter.

quod .. personaliter nequeo, hoc ago ~teraliter, viz. .. solaminis officium transmitto AD. MARSH *Ep.* 102; ne compelleretur ~eraliter mittere pro eodem *Chr. Angl.* 114; **1411** quia nimis longum esset totum casum istum .. ~teraliter et singillatim exponere, clariorem exposicionem .. latori presencium viva voce relinquimus *FormOx* 189; **1461** nullius juris esse eundem ~eraliter affirmavit *Plusc.* VII 12; mittendo mandata sua ~teraliter WALS. *HA* I 322.

2 in Latin.

1282 non solum lingue Anglicane inscius est, verum etiam satis ~eraliter loqui nescit PECKHAM *Ep.* 266; **1284** vobisque loqui ~eraliter imperavit *Ib.* 589; s**1300** Magnam Chartam, diu concupitam, cum omnibus articulis, legi coram omnibus qui aderant jussit prius ~teraliter, deinde patria lingua *Ann. Ang. & Scot.* 405.

3 literally, according to the literal sense.

quomodo velut ~eraliter pariat et portet petra Petrum LUCIAN *Chester* 52; quid est autem quod dicitur 'omnibus modis', nisi quod adimplebitur et ~teraliter et spiritualiter? NECKAM *SS* II 50. 18; hec itaque particula 'omnes gemellis fetibus' ~teraliter sonat quod omnes oves de dictis gregibus pariunt gemellos fetus GROS. *Cess. Leg.* I 9. 6; *Ib.* I 10. 1 (v. litteralis 6); neque solum ~eraliter neque solum figurative intelligendus est *Id. Hexaem.* XI 5. 5 (v. figurative); sicut per Vetus Testamentum ~teraliter ecclesia antiquorum regebatur, sic nunc per sensum spiritualem Veteris Testamenti et per Novum habet regi Dei ecclesia BACON *Tert.* 82.

litterare, literare [LL < CL *p. ppl. only*]

1 (intr.) to form letters, write.

digitus penne ~terantis lituras sparsim in pagina effecerat R. COLD. *Cuthb.* 91.

2 (p. ppl.) decorated with letters, inscribed.

[firmaculum] nonum ~teratum cum uno saphiro et una jaspide *RChart* 134a; **1295** casula .. de sancto purpureo, aliquantum sanguineo, cum pectorali ~terato *Hist. S. Paul.* 323.

3 literate, educated.

~teratam ALDH. *PR* 131; **796** si ~teratus, si in lege Domini instructus *CS* 276; BYRHT. *V. Ecgwini* 352 (v. gnarus 1a); fuerat enim ~teratus ante scolarium modo HERM. ARCH. 37; **1177** cum rex vester bene litteras noverit, rex noster longe ~teratior est P. BLOIS *Ep.* 66. 198B; quadriga .. habet .. rotas quatuor, duas masculorum, clericorum et laicorum, et duas feminarum, ~teratarum et litteras nescientium *Canon. G. Sempr.* f. 54v; s**1235** magister Robertus .. Grosseteste, vir .. nimis ~eratus M. PAR. *Maj.* III 306; composui epistolam ad suasionem duorum †lipturaturorum [vv. ll. lipterateroru m, lipturatorum, literatorum; l. litteratorum] sapientum. et cum accidentia invadunt sapientem †liptoriatum [v. l. litteratum], amittit sapientiam suam BACON IX 77; legitur de quodam viro ~erato, quod mortuus inventus fuerit, sedens inter libros suos in cathedra HOLCOT *Wisd.* 171; *lettyrde*, ~teratus *CathA*.

4 (p. ppl. as sb.) learned person, clerk, secretary.

~teratus, qui se lectione assidua non exercet P. BLOIS *Ep.* 131. 386C; quidam miles dixit cuidam ~erato: "quale gaudium erit in Paradyso?" O. CHERITON *Fab.* 30; notum est omnibus Parisius ~eratis BACON *CSPhil.* 472; **1421** executores meos facio .. fratrem meum et Thomam .. ~eratum meum *Test. Ebor.* III 64; **1444** Willelmo Cleve clerico Thome Hewyk ~erato et Ricardo Gardener de Londonia *Cl* 294 m. 18*d*; **1465** in mei, W. P., notarii .. ac discretorum virorum B. H. et P. H., ~teratorum dicte .. diocesis, testium ad hoc vocatorum .. presencia *Reg. Whet.* II 29; **1496** hiis testibus: Galfrido L. de Dunelm', *litster*, .. Johanne Coke, ~erato *Sanct. Durh.* 65.

5 (p. ppl.) literary.

cum .. ~erate lucis dulcedinem dissimulationis tenebris tegere non valeres LUCIAN *Chester* 38; a**1213** benignus et justus ~terati laboris commendator GIR. *Ep.* 3 p. 172.

6 literal.

licebit unicuique Scripturam Sacram in sensu ~terato intelligere, nec tenetur aliquis de necessitate salutis alicui alteri sensui inherere *Reg. Whet.* I 286.

litterarius, literarius [CL]

1 concerned with reading and writing.

Æthelweard, omnibus junior, ludis ~erariae disciplinae .. sub diligenti magistrorum cura traditus est ASSER *Alf.* 75 p. 58.

2 written.

†**949** (10c) nomina ~teraria qualitate distingui videntur *CS* 880.

3 by means of letters, epistolary.

a**705** tam saecularium ~terariae verbositatis facundia editorum quam etiam spiritalium ecclesiastici dogmatis stilo elucubratorum .. voluminum (ÆTHELWALD) *Ep. Aldh.* 7 p. 495; **802** quia, sicut mihi suave fuit vestrae allocutionis conlatio, sic mihi jocundum est satis ~teraria salutatione saepius vestram appellare auctoritatem ALCUIN *Ep.* 254.

4 literary, concerned with the study of literature.

1517 ut tandem te conferre possis ad ocium illud ~terarum ad communem omnium studiosorum utilitatem *Ep. Erasm.* 508; studiorum ~terariorum BOECE 195v (v. gymnasium 2b); ~erarius labor .. suavissimum *StatOx* 343; **1549** (v. gradus 15); c**1549** (v. honor 4).

litterator, literator [CL]

1 schoolteacher, learned person.

~terator, i. multis litteris instructus OSB. GLOUC. *Deriv.* 297; Steph. Ridell ~erator *Reg. S. Osm.* I 380.

2 literalist, one who expounds the literal sense of a text.

virorum fide dignorum assertione veridica didici quosdam ~teratores ipsos seduxisse NECKAM *SS* I *prol.* 11; huic autem opinioni adherent ~teratores Hebrei, sinistre interpretantes illud †propheta [l. prophete]: 'qui fundasti terram super aquas' *Ib.* III 9. 1; Judei ~teratores dicunt aquam esse infimum elementum *Id. NR* II 49 p. 159.

litteratorie, literatorie [ML], in writing, by letter.

aulici .. regem concito exorant, quatinus uni eorum ipsam [sc. prebendam] ab episcopo conferri ~eratorie deprecetur AD. EYNS. *Hug.* III 9; **1228** mandatum est H. de N. sicut alias ei viva voce injunxit et ~eratorie signavit, quod .. *Cl* 54; **1262** placeat ipsos regem et reginam Navarre †litteratrie deprecari .. *Cl* 121; **1280** resignavit dictus magister Adam oretenus et ~teratorie pretendam *Reg. Heref.* II 63; s**1320** cives .. Abbeville .. ~teratorie scripserunt regi Francie se optasse magis subici dicioni regis Francie quam Anglie *Ann. Paul.* 289; **1413** sine licencia diocesani petita et ~teratorie obtenta *Cl* 263 m. 22*d*; epistolis ~eratorie datis et receptis *Plusc.* VI 39; **1546** procuratorem suum ~eratorie constitutum *Mem. Ripon* I 304.

litteratorius, literatorius [LL]

1 written, conveyed by letter. **b** (sb. f.) document, letter.

948 ~eratoriis apicibus (v. apex 3b); grande mihi prestat refrigerium ~teratoria confabulatio tua H. BOS. *Ep.* 35. 1467B; **1213** juratoriam et ~teratoriam cautionem *RChart* 193b; vobiscum vive vocis habere colloquium, vel saltem ~teratorium AD. MARSH *Ep.* 76. p. 189; rex Anglie securitatem ~eratoriam accepit a nobilibus *Ann. S. Edm.* 25; **1280** per ~teratorium warantum nostrum *Reg. Heref.* 252; **1338** certificacionem .. ~eratoriam *FormOx* 104; propter .. preces dominorum ~eratorias WYCL. *Sim.* 99; **1459** (v. Graecus 1b). **b 1255** Petrus de Aqua Alba captus Herefordensis malitiose fecit sibi ~eratorias falsas et obligavit in curia Romana fore omnes domos magnas religionis in Anglia, illis nescientibus nec consentientibus *Ann. Dunstable* III 199.

2 literary.

in omnibus disciplinis ~eratoriae artis eruditissimum ASSER *Alf.* 78; ~eratoria pallebat disciplina KETEL *J. Bev.* 281; inter monachas enutritae sunt. et tam ~eratoriam artem quam bonorum observantiam morum edidicerunt ORD. VIT. VIII 22 p. 399; Hiero .. ~teratorio insistens studio J. SAL. *Pol.* I 13; P. BLOIS *Ep.* 21. 76B (v. excanonicare).

litteratrie v. litteratorie.

litteratura, literatura [CL]

1 writing, script.

ALDH. *VirgP* 34 (v. Hierusalem 2e); in hujus ~teraturae continetur serie, quemadmodum rex inclitus Eadgar diligenter cepit perquirere .. quid ad remedium valeret incommoditati publice *GAS* 207; **1433** que quidam clausula in omnibus de ~teratura clara et uniformi adtunc extitit *Cl* 283 m. 4*d*; c**1517** (v. gradalis 3b).

2 piece of writing, text.

quae ~teratura plurimum concordat in sententia cum ea quae in libro ab eodem de mysteriis sive initiandis edito in haec verba reperitur LANFR. *Corp. & Sang.* 421A; **1351** per quod ~eratura recordorum et memorandorum ejusdem scaccarii, que pro indempnitate regis et populi sui imperpetuum durare debet, deficit et evanescit ad grave dampnum regis et populi sui *PlRExch* 77 r. 4*d*.

3 letter, epistle.

p**753** vestrae almitatis ~teraturam .. delatam *Ep. Bonif.* 129.

4 writings, literature; **b** (pl.).

vir et saeculari et divina ~teratura .. instructus BEDE *HE* IV 1 p. 202; plurimi Anglorum librarii .. inter flores rethoricae per virecta ~teraturae pure .. rivantur FELIX *Guthl. prol.* p. 62; in ~teratura sc. et artibus sufficienter instructi GIR. *GE* II 37 p. 349. **b** poetae ac philosophi .. in suis ~teraturis *Lib. Monstr.* II *pref.*

5 education, learning. **b** (*ad litteraturam ponere*) to educate, train as a clerk (*v. et.* 1 *littera* 12d).

a**799** dum saecularis ~teraturae libri et ecclesiasticae soliditatis sapientia .. apud vos inveniuntur ALCUIN *Ep.* 162; nec [monachos] nisi ad popularem ~teraturam passus est aspirare W. MALM. *GR* IV 341; GIR. *GE* II 36 (v. ebriositas); **1283** prior est insufficientis ~terature PECKHAM *Ep.* 474; asinus potest dici, qui presumit officium predicatoris assumere .. tamen ~teraturam nec graciam ad hoc habet *G. Roman.* 396; BIRCHINGTON *Arch. Cant.* 44 (v. examinare 5c); virum supereminentis ~terature WALS. *HA* I 136; **1549** in ~teratura, moribus, et discretione *Conc. Scot.* II 106. **b 1325** nec debet .. filium suum ad ~teraturam ponere .. sine licentia et voluntate priorissae *Ambrosden* I 575; **1330** nec debet ponere filium suum ad ~eraturam sine licencia domini *CourtR* 204/44 m. 1.

littercula v. litterula.

litteritium [cf. 2 littera], straw used as bedding.

Edburton .. manerium erat regium; et nonnullae hic terrae virgatae a rege donabantur ea lege ut possessor (observate delicatuli) literitium, id est stramen, si rex eo veniret, ad regis lectum inveniret CAMD. *Br.* 345.

litterola v. litterula.

litterula [LL]

1 letter of the alphabet, written character.

litterulas summa capitum hortans jungere primas TATWINE *Aen. concl.*; sex mihi [sc. VIRTUS] litterulae sunt ALCUIN *Carm.* 63. 2. 1; **925** hec cedula caraxatis ~erulis .. preordinata fuit *Ch. Burton* 2; **944** ut ea .. sertis ~terulis roborata confirmentur *CS* 791; **945** rectis ~terulis roborata *CS* 807; a lego hec littera .. et inde haec †littercula [MS: litterula] OSB. GLOUC. *Deriv.* 297.

2 little letter, note.

787 non tibi sit durum caritatis legere ~terulas ALCUIN *Ep.* 4; a**800** scio te rusticitatem meam pacienter ferre et familiaritatis ~terolas non abhorrescere *Ib.* 161 p. 260; has, rogo, litterulas placido percurrite sensu *Id. Carm.* 24. 9; ~erulas tibi crebris lacrimarum decursionibus oblitas primum notato nomine scripsi *Ep. ad amicum* 17 (135); **1166** profecto nec unas ad me ~terulas potuit impetrare J. SAL. *Ep.* 168 (167 p. 100); ~erulas has familiaris mei Judei manibus inseras DEVIZES f. 40r.

3 learning, education.

omni litterula privatus, scivit et ivit / ut laicus, sero vir Plato, mane rudis GARL. *Tri. Eccl.* 53.

littora v. 2 littera. **littoreus** v. litoreus.

†littorius, *f. l.*

11.. †littorius [l. bittorius], †*tweonre* [l. *wreone*] *WW Sup.* 168.

littura v. 2 littera, litura. **littus** v. litus.

lituare [LL], to sound forth.

excubie noctu vigilesque tubis resonantes, / turribus et pinnis lituantes D. BEC. 1878; quo immensis laudis et honoris preconiis, dignis quoque fame ~antis attolli titulis, idem comes illustrissimus multipliciter merebatur *Ps.*-ELMH. *Hen. V* 74.

1 litura v. 2 littera.

2 litura [CL]

1 (act of) smearing, daubing. **b** what is daubed, mortar, plaster.

~a de sanguine agni in utroque poste, cum tropologico intellectu AD. DORE *Pictor* 161; *a dobynge*, ~a, superduccio *CathA*. **b** turrem .. forti ~ae compage constructam erexit ALDH. *VirgP* 47; ~a, imbribus, et tempestate dejecta, nihil pristini retinuisse decoris *Hexham* 191; *mortere for plasterynge*, ~a *PP*; hec ~a, *a mortare WW*; **1508** pro gipso alias dicto ~a, A. *plaister Fabr. York* 94.

2 (act of) smearing (to delete), erasure, deletion. **b** what is smeared, smudge, blotch.

posce Patrem celi tibi pro scriptore fideli, / ut mereatur ibi cum sanctorum grege scribi, / nomina mansura quo non terit ulla litura (LAMBERT) R. CANT. *Poems* 4. 5; in litteris .. ob stili dissimilitudinem et ~as .. omnino suspectas (THEOB.) *Ep. J. Sal.* 57; *a doynge a-way* .. ~a *CathA* (v. deletio). **b** in monasterio de Bardney informibus exarata ~is et rudibus mutilata scripturis anxius deploravit R. COLD. *Osw.* 45 p. 372; litus .. unde hec ~a, -e i. feditas, non qualiscumque, sed maxime litterarum OSB. GLOUC. *Deriv.* 300; his vultus rutilos virtutum pingo figuris; / his facies fedas viciorum sculpo lituris GERV. CIC. *Vers.* xlvii; c**1176** Dominus tuus officii spiritualis intelligentiam convertit in litteram, aut, ut verius dicatur, in ~am P. BLOIS *Ep.* 5. 15B; quas [figuras] si superficialiter conspexeris .., ~a potius videbitur quam ligatura GIR. *TH* II 38; depinxi has litteras, imo lituras, ut sciatis que circa me sunt M. RIEVAULX (*Ep.*) 62; muneris oblati veniam largire lituris, / cum nil perfectum claudere possit homo GARL. *Epith.* I 41.

3 spot, stain; **b** (fig.).

s**1431** nec careat Veneris bene pinguibus ara lituris AMUND. I 299. **b** ipse affatim didicit et aliis postquam ad virile robur pervenit, sine fraudis ~a gratis intimavit ORD. VIT. III 9. 110; non in amicitia solida patet ulla litura [*gl.*: *blemure*] D. BEC. 813; quamvis diluvium carnales diluat actus / nondum diluitur tota litura vetus GARL. *Epith.* II 322; pingit virginitas albedine principis aulam / cui lugere genas nulla litura facit *Ib.* VI 486.

liturgia v. lethargia. **liturgium** v. litigium.

liturgus [LL < λειτουργός], servant, attendant.

nollem ego hujusce rei ~um esse LIV. *Hen. V* 141.

1 litus, littus [CL], sea coast. **b** shore of a lake. **c** bank of a river or moat. **d** cliff, headland. **e** (fig. & prov.).

ossa in ~oribus et in terrarum latebris ad indicium vastae quantitatis eorum saepe reperta leguntur *Lib. Monstr.* I 54; qui .. locus .. bis renudato ~tore contiguus terrae redditur BEDE *HE* III 3 p. 132; velut arena quae est in ~ore maris *Cerne* 123; marinis se fluctibus tradidit, contrarium ~tus in gente Flandritarum attingens OSB. *V. Dunst.* 27 p. 101; per omnia fere sua latera marinaque ~tora GIR. *TH* I 4; littus BART. ANGL. XV 61 (v. Frisia); totum ~tus usque in medietatem aque (*Bull. papae*) ELMH. *Cant.* 388. **b** in ~ore laci Gennesareth BEDE *Luke* 464. **c 812** rex Coenuulf has .. terrulas .. Æt grafon æa atque iterum Æt casing burnan ~oreque illo cum .. campis, salsuges, pascuis, silvis, pratibus, paludibus, ~oribus piscuosis .. *CS* 341; ~os, *rivage Teaching Latin* II 6; super fossati ~tora *Ps.*-ELMH. *Hen. V* 78 p. 224; illum campum .. jacentem et existentem ex parte occidentali castri de Painescastle .. ac unum alium campum .. jacentem et existentem in australi ~tore dicti castri *Pat* 1319 m. 9. **d** ~ora *næssun GlP* 863. **e** nec hoc idem, / si liceret, agerem. / set invitus / aro litus / atque lavo laterem P. BLOIS *Carm.* 12. 2. 17; ad ~us resurrectionis applicans ad Jesum J. FORD *Serm.* 37. 6; michi litus post maria, / portumque post naufragia, / te prestans atque premium J. HOWD. *Cyth.* 149. 10; sic leva seculi tranquillat equora / et tandem applicat ad mitre litora WALT. WIMB. *Palpo* 84; qui fundit ultra modum divicias suas veniet cito ad amara ~tora paupertatis BACON V 43 (= *Quadr. Reg. Spec.* 32: ~ora).

2 litus [cf. litura, liter], mortar, litter, rubble.

quod [sc. puteus] ad sumptus proprios ~ore impleatur *Fleta* I 38.

lituus, ~uum [CL]

1 trumpet (usu. to give signal in battle).

~us, *truðhorn oððe sarga* ÆLF. *Gram.* 302; dinoto enim a paleariis et veredariis suorum armorum modo sonoque ~orum notorum concepto, haud facile memoratu est quam innumerabilem tempore sub modico peditum pariter ac equitum comparaverit manum *V. Neot. A* 14; in aggrediendo prelia ~a acutiora animos stimulant et in remittendo tuba gravior eosdem resides facit ADEL. *ED* 26; donec .. ~um suum in signum .. sonaret G. MON. I 8; qui socios sopore depressos sonitu liciorum [v. l. lituorum] excitaverunt *Ib.* VIII 18; lituus citator edendi HANV. IX 421; excitatur ad clamores hominum et clangores ~orum monachus MAP *NC* IV 7 f. 51; lites liteos solvere sepe vides NECKAM *DS* VI 16 p. 463; hic ~us, *gredle Gl. AN Glasg.* f. 20rb; ~i et buccine perstrepentes in multiplici melodia *G. Hen. V* 15 p. 102; ~us, A. *a lylkynghorn WW*.

2 curved staff, crosier: **a** (of Roman augur); **b** (of Christian bishop).

a Picus augur fuit, habens picum avem, per quam futura noscebat, sicut pontificales indicant libri; unde et ~um statue ejus dat Virgilius ALB. LOND. *DG* 11. 11. **b** ~um proprium ebore decentissime formatum auroque decoratum super altare .. posuit W. MALM. *GR* II 149 p. 168 n. 5; hoc donum .. ~o eburneo, quem linibus auri preterebat, super altare dato confirmavit *Id. Glast.* 78.

3 (math.) spiral, curve.

areas .. ~o .. dividere J. SAL. *SS* 949C (v. embadum).

liuda v. leuda.

liura [OF *liure, lieure* < ligatura], ligature, binding, fetter.

1190 pro harnesio ad predictos equos et ~a ad besaces per Johannem de Peiters xiiij s. et vj d. *Pipe* 2.

livedo, livido [LL], dark blue or purple colour.

Saturni sideris ~ido corruet et fasce curva mortales perimet G. MON. VII 4 p. 397.

livellus [OF *livel*], level.

~o caementarius utitur cum utrum omnis ecclesiae fabrica circumcirca unius et aequalis altitudinis sit, ~o monstrante sine omni scrupulositate veraciter experitur ANSELM *Misc.* 317; **1238** quod terra sub archa pontis .. elevetur per ~um ita quod aqua de Kenet' cursum .. [habet in tres] partes *CurR* 117 m. 12r; **1306** equalem per ~um (*KR Ac* 486/18) *Building in Eng.* 203.

livens v. libens. **liventer** v. libenter. **liver** v. 1 liber. **liverare** v. liberare.

livere, ~escere [CL], **livire**

1 to be or become livid, black or dark blue; **b** (from cold); **c** (from a blow).

~et, nigrescit OSB. GLOUC. *Deriv.* 322; cum jam nimia macie confecta, vix sibi membra cohererent, oculis ~entibus, facie pallida Virginis gloriose patrocinium implorabat *Mir. Fridesw.* 51; queritur quare ungues quorundam in commestione ~escunt? *Quaest. Salern.* B 250; si .. facies ~eat GILB. IV 177v. 1 (v. cynanchicus); inventa sunt passim eorum corpora tumida pre fame et ~entia M. PAR. *Maj.* V 690; quando est de flegmate febris [urina] ascendit ad ruffedinem et est ~ens obumbrata GAD. 4. 1; *to be bla*, ~ire, ~escere *CathA*. **b** sanguis .. dum fit subtilis et dum suscipit actionem frigiditatis, condensatur et, ut predictum est, ~escit *Quaest. Salern.* B 325; calore enim cordis deficiente ungues nigrescunt et pallescunt [vel ~escunt] J. MIRFIELD *Brev.* 60. **c** gene vernantes fletibus involute / ictu cedencium avulse livescunt J. HOWD. *Cant.* 83; lava vulnus quo liveo *Id. Cyth.* 141. 10; dum rubescis flagellis saucium / et livescis ictu cedentium *Id. Ph.* 217.

2 to become pale.

~escentibus i. *empallisanz* a ~esco unde urina livida i. pallida dicitur *GlSid* f. 145rb.

3 (tr.) to make black and blue, bruise, wound.

ut .. alternis pugnis sese invicem pro aque invidia ledendo et ~iendo ferirent R. COLD. *Cuthb.* 29; liventi lancea J. HOWD. *Ph.* 332 (v. lividare 1).

4 to be or become envious or jealous.

tua .. eruditione non ~escam ALDH. *PR* 142 (v. eruditio 3); **1145** si ~enti oculo .. perstrinxit nos G. FOLIOT *Ep.* 46; livens, irascens .. petulans GARL. *Tri. Eccl.* 10 (v. efferre 4a); fulgor honestatis liventia corda sagittat / proximus, intacta vulnera mente gerit *Id. Epith.* IX 427; canem fovebat cariorem dominus, inde ~escebat .. asinus, quia par non esse valebat *Latin Stories* 146.

lividare [LL]

1 to bruise, make black or blue.

et rosa spinis regia lividatur J. HOWD. *Cant.* 87; sanguis effusus, latera lividata *Ib.* 328; proles matris vernantis laurea / lividatur liventi lancea *Id. Ph.* 332.

2 to darken, turn black.

ennercer .. ~are *Gl. AN Ox.* f. 154v.

livide, maliciously, spitefully.

uritur infestus humanae prolis amicus / commaculare bonum perquirens livide votum FRITH. 782.

lividitas [ML], colour in the range black, blue, grey, off-white.

color blavius ~atem excedens BART. ANGL. XIX 21 (v. Indicus 3a); nulla sanguinis corruptio vel ~as GILB. I 29. 2; *Ib.* 69. 2 (v. citrinitas a); stomaticus [? l. stomacicus] habet colorem faciei declinantem ad albedinem obscuram vel fuscam vel ad ~atem vel ad plumbeitatem GAD. 73. 2.

livido v. livedo.

lividus [CL]

1 livid: **a** black, purple, blue. **b** grey. **c** pale, off-white.

a ex cordis vero humore dissoluta frigiditas corrupta ad extremitates transmissa ~os reddit ungues *Quaest. Salern.* B 250; si vero pars terrea superet, fit ~us; si terrea et aquea, fit viridis; si aerea fit rubeus *Ib.* P 78; purpureus .. ~us, lazulus, fuscus, niger BACON XIV 77 (v. 3 color a); Cyaneae vero (id est ~ae) et purpureae in militiam notent ascriptum SPELMAN *Asp.* 114. **b** humi deponit illum [puerum], obriguerant enim omnia membra ejus; et erant ~a sicut plumbum *Mir. Wulfst.* II 12; ~um est equivocum. .. apud medicos vero ponitur ~um in plumbo BACON XIV 75; illorum [signorum malorum] .. que apparent aliquando in primis tribus diebus sunt hec: .. color ~us aut viridis aut niger et consimilia J. MIRFIELD *Brev.* 54. **c** nam et pilorum fluxu, .., colore ~o, .. lepre maculam signis evidentibus ostendebat *Mir. Fridesw.* 80; urina ~a, i. pallida dicitur etiam ~a cesaries, i. *bloie*, non quia alba ex toto sit sed modicam speciem candoris habet ad modum palloris *GlSid* f. 145; ~um est equivocum: uno modo significat albedinis incompletissimum BACON XIV 75; **1313** comitem cum lividus mortis texit color (*Bannockburn* 91) *Pol. Songs* 266; flavus sive ~us, albus, candidus BACON XIV 77 (v. 3 color a).

2 black and blue, blotchy, discoloured; **b** (from bruising or sim.); **c** (from poisoning).

~us, i. maculosus OSB. GLOUC. *Deriv.* 301. **b** ~a .. vibex ALDH. *VirgP* 58 (v. devovere 6a); **1177** licet tibias habeat frequenti percussione calcitrantium equorum enormiter vulneratas et ~as, nisi tamen equitet vel comedat, nunquam sedet P. BLOIS *Ep.* 66. 197C. **c** ~a, nigra *geættroddre GlP* 988.

3 envious, malicious (also as sb. m.).

libidis / .. genuinis *Carm. Aldh.* 2. 53 (v. glomerare 2d); conflabant enim sub ~o antro naevosi pectoris inopinatam in eum scabiem mendacii B. *V. Dunst.* 6; si quis igitur ~us hunc libellum denigrare affectaverit W. DONC. *Aph. Phil. prol.* 6; quod si hujus opusculi commenta quisquam dente ~o reprehenderet .. R. COLD. *Osw. pref.* p. 327; ~us .. i. invidiosus OSB. GLOUC. *Deriv.* 322; ~orum malitia ridiculosus censeri GIR. *TH intr.*

livigare v. 1 levigare. **livio** v. 2 illuvio. **livire** v. livere. **livitonare** v. lebitonarium.

Livonius, Latvian.

~ii .. sunt pagani BACON *Maj.* I 360.

livor [CL]

1 livid colour: **a** black, purple, blue. **b** grey. **c** milky colour, off-white.

a queritur quare ungues quorundam in commestione livescunt? .. solutio. hujus ~oris causa est humorum cruditas *Quaest. Salern.* B 250; violarum ~or ethereus J. HOWD. *Ph.* 1073; Maria .. tu viola livoris *Id. Viola* 110. **b** totamque dexteram partem plumbeus ~or obtexit ORD. VIT. VIII 6 p. 304. **c** naturali colore redeunte, pustularum ~ore recedente *Mir. Fridesw.* 80; ~or in urina duabus de causis fit *Quaest. Salern.* N 37.

2 bruise, wound; **b** (*~or palpebrarum*) black eye.

vix ~oribus plurimis laceratur .. divertit ab eis W. JUM. II 3; ~ores in scapulis protuberantes testabantur nichil eum vanum vidisse; nichil molle sensisse W. MALM. *Wulfst.* I 8 p. 15; o speciosi pedes, per quorum vulnera et ~ores passionem super omnia nobis necessariam per mortis angustias inducebant P. BLOIS *Ep. Sup.* 28. 14; acceptis disciplinis usque ad cruentationem et ~orem M. PAR. *Min.* II 218; flagellatione, cruore et ~ore et aliis variis ~oribus intextam *G. Roman.* 275; semen ejus .. ~ores limpidat *Alph.* 197. **b** ypopeya, i. ~or palpebrarum *Alph.* 197.

3 envy, malice, hatred (sts. personified); **b** (pl.).

†livorius [l. livoris] quippe succensi facibus quibus aestuant H. LOS. *Ep.* 59; morsu livoris laceratur vita prioris *V. Anselmi Epit.* 24; tantum ~oris et odii ex nimia potentia contraxerat W. MALM. *HN* 481 p. 39; **1192** ~or quo tendat, invidia quo feratur, proditorie factionis hodie patefecit immanitas P. BLOIS *Ep.* 89. 279A; **c1212** sin autem dixerit ~or et objecerit quod .. GIR. *Ep.* 5 p. 202; **c1280** livor [AN: *hayne*] generatur (*De temporibus* 2) *Pol. Songs* 133; **s1380** ducit in uxorem sororem regis .. paucorum gaudio, .. set ~ori et odio plurimorum *V. Ric. II* 18. **b** livores nutrit invidiamque fovet GOWER *VC* IV 1039; ~orum lautor BOWER XVI 38 (v. lotor 2).

livorius v. livor 3a.

livosus, darkened (partly fig.).

acies ~a obducitur, lingua torpescit CIREN. I 366.

livula v. lunula.

1 lixa [CL]

1 camp-follower, servant, supplier.

~arum coetibus ALDH. *VirgP* 13 (v. calo); calones et clientes et ~ae parati fuerunt BYRHT. *V. Ecgwini* 390; **10..** ~arum, *wæterberere oððe nedlungum WW*; si motus rerum prescire desideras, .. ~arum castrensium inquire sententias J. SAL. *Pol.* 502A; nonnulli sibi de sanguinis generositate gloriantur qui ~arum sordidorum filii sunt NECKAM *NR* II 175 p. 312; lixa magis tyrone placet GARL. *Epith.* I 149.

2 kitchen boy, scullion.

11.. ~a: *cuistrun Teaching Latin* I 21; habeat ~a aquam calidam NECKAM *Ut.* 97 (v. excaturizare b); ~e mapparum refectorii deferenti eas j [panis] ~e prioris j; ~e hostilarii j *Reg. Pri. Worc.* 121b; olens ab ollis ~a cinereus librorum lilia non contingat illotus R. BURY *Phil.* 17. 225; hic, hec ~a, *a kychyn page WW*; hic ~a, *a swyllere WW*; hic lixa, idem est quod lixo, A. *quystrone, quystron WW*; *kychyn knave*, ~a *PP*; non enim nobilis est, ymmo ~a in coquina domini sui *Plusc.* IX 43; verva circumagant .. ut ne calo aut ~a quidem artificiosus; quos hinc canes versatores .. nostrum vulgus nominat CAIUS *Can.* 9b.

2 lixa [cf. lixiva], lye, alkalized water.

lixapericio dicitur a ~a quod est aqua *Alph.* 104.

lixabundus [CL], long, extended. **b** (as sb. m.) one who strides.

~us .. i. productus, prolixus, oblongus OSB. GLOUC. *Deriv.* 326. **b** ~us .. i. ille qui latis incedit passibus OSB. GLOUC. *Deriv.* 318.

lixaculus, self-indulgent, luxurious.

~us, luxuriosus OSB. GLOUC. *Deriv.* 326.

lixamen, ~entum [cf. lixare], boiling, cooking.

coctio, quod etiam hoc ~en dicitur, et hoc ~entum OSB. GLOUC. *Deriv.* 312.

lixapericio v. lixopyritum.

lixare [cf. LL elixare], **~ere,** to boil.

si qui erant patinandi cibi, vino ~are *G. Steph.* 19; ~eo .. in aqua coquere OSB. GLOUC. *Deriv.* 312; ~o, ~as *PP*.

lixatura [ML], boiling, cooking.

~a, -e i. coctio OSB. GLOUC. *Deriv.* 312.

lixidromium [? cf. CL Lixus = *river in Mauretania* + δρόμιον = *race-course*], watercourse.

luxidromium, A. *a broke WW*.

lixio v. 2 lixo.

lixiva, ~ia, ~um, ~ium [CL], lye, alkalized water, detergent produced from wood ash.

in lexiva pedes lavare licet THEOD. *Pen.* II viii 8; manum calefactae aquae lexivae immersit EDDI 66; tunc lesciva in claustrum deferatur et qui vult caput lavet quisque sibi LANFR. *Const.* 158; recipe sulphurem vivum .. et extingue in ~io facto de calce viva et cineribus M. SCOT *Lumen* 268; benedicensque ipse aquam misit ei et jussit sibi ut inde eum ~a capud suum laveret (*Coem.* 41) *VSH* I 254; item aliud lexivium ex cinere sarmentorum et palea ordei et panno lineo mundo fiat capitellum GILB. II 79. 2; caput cum lexivia lavetur *Ib.* 84. 1; fiat lexivium super cineribus fraxinis ita forte sicut fieri poterit. isto lexivo facto et purificato capiatis calcem non extinctum *Pop. Med.* 242. 56; balneum fiat de ~io facto de cineribus vicium aquarum GAD. 40. 1; cum lexiva facta de aqua cinerum J. MIRFIELD *Brev.* 82; *Alph.* 30 (v. capitellum 3); †luxivium A. *lye WW*; *lee*, lexivum, ~ium *CathA*.

lixivarium v. lixivatorium.

lixivatorium [ML], washing-tub.

hec sunt instrumenta mulieribus .. lexivia in lexivatorio GARL. *Dict.* 134 [*gl.*: *buket Teaching Latin* II 139]; *a bokynstoke*, ~ium, boxinarium *CathA*; *a bowkynge*, lixivarium *Ib.*

1 lixo v. ligo.

2 lixo, ~io [cf. 1 lixa], water carrier.

lixo, -nis, i. portator aque OSB. GLOUC. *Deriv.* 312; ~iones, aquarum portitores *Ib.* 329.

lixopyritum [LL < ληξιπύρετος], medicine that allays fever.

lixapericio dicitur a lixa quod est aqua et pir quod est ignis *Alph.* 104.

lixus [cf. elixus], boiled.

sodden, ~us LEVINS *Manip.* 62.

lo v. le. **loadesmanagium** v. lodmannagium. **Loagria** v. Loegria.

†lobarunt, *f. l.*

1472 allocantur .. compoto xl s., quos .. prior et alii auditores pro suo †lobarunt [? l. labore recipiunt, *or sim.*] hoc anno *Comp. Swith.* 454.

lobe v. labes.

lobium [LL *pl.* < λόβιον], bean.

lubia i. fasiolus *Gl. Laud.* 933.

lobus [LL < λοβός], lobe: **a** (of liver); **b** (w. ref. to wattle of bird).

a jecur habet suas penulas quos Graeci λοβοὺς nominant D. EDW. *Anat.* B 1. **b** circa genas duos habet veluti ~os rubros et eos carneos TURNER *Av.* C 3.

loca v. ballote, locus, logia.

locabilis [? LL, ML]

1 (phil.) that can be determined in respect of place; **b** (as sb. n.).

BACON *Tert.* 165 (v. circumscriptibilis b); substantia sic considerata aut est locata aut ~is locatione circumscriptiva MIDDLETON *Sent.* II p. 41. **b** cum dicitur 'Deus est ubique', estne hoc ex comparatione loci ad rem localem [v. l. ~em] aut ex comparatione ~is ad locum? HALES *Qu.* 763; locus ex virtute propria non habet quod possit plura ~ia continere PECKHAM *QA* 130; terminus [sc. 'vacuum'] significat .. sibi omne locativum et omne ~e, et preter hoc significat .. quod locativum sit sine ~i WYCL. *Ente* 86 (cf. ib. 85: omne locativum et locale).

2 that can be hired or rented, for hire, to let.

1334 domus et selde ~es *IPM* 40 (8) m. 9 (cf. ib.: duas seldas que locantur mercatoribus tempore nundinarum); domum lapideam, .. ~em ad usum nautarum peregrinorum exstruxit FERR. *Kinloss* 78.

locabilitas [ML], (phil.) capacity of being determined in respect of place.

cum ~as sit passio communis corporum, habebit causam communem in omni corpore; sed subtilitas .. non est in omni corpore; ergo tale nihil facit ad ~atem PECKHAM *QA* 122.

locacitas v. localitas. **locaciter** v. localiter.

locagium [ML; cf. AN, OF *loage*], **a** hiring, renting, lease. **b** rent (paid or received). *Cf. louagium.*

a **1195** Rogero de I. xl li. pro ~io sue navis que portavit bladum regis in Pitav' *RScacNorm* I 185; **1209** in ~io unius carette ferentis hernesium de garderoba *Misae* 123; **1265** ~ium j domus per j noctem, vij d. *Manners* 63; **1327** respondet de xliiij s. vij d. de ~io tenementi et schoppe *Comp. Swith.* 254; **1553** pro viij acris terre .. quas Willelmus W. diu tenuit in ~io absque fine *Crawley* 519.

b 1291 rex percipit .. medietatem ~ii omnium domorum .. ab omnibus quicunque eas locaverant (*PlRCP*) *Law Merch.* II 51.

localis [CL]

1 pertaining to, or restricted to, a certain place; **b** (of regulation or sim.); **c** (of person exercising office in a locality).

apices .. formam .. lugubrem de ~i materia sortientes *Chr. Rams. app.* 397. **b 1227** exceptio specialis et ~is de clamio non apposito infra annum et diem *BNB* III 666; **1325** quidam dicunt quod [constitutio novella] jus speciale est et ~e, et dumtaxat se extendit ad episcopum et capitulum Dunolmensem *Lit. Cant.* I 164. **c 1284** decanos .. rurales vel officiales ~es nolumus [MS: ? volumus] a rectoribus .. procurari PECKHAM *Ep.* 561 p. 740; **1511** sigilla officii .. prioris provincialis nostri ordinis in provincia Anglie ac prioris ~is conventus nostri *FormA* 342.

2 (med., as sb. n.) medication applied to a specific part of the body.

~ia adhibeantur dolori de succo verbene GILB. II 95v. 2; detur tyriaca .. et tunc sequantur ~ia *Ib.* III 160. 1.

3 (as sb. n.) place, passage (in written work).

[Andreas] excitat nos ad ~ia dubia nostre translationis multotiens .. et transmittit nos ad Hebreum BACON *CSTheol.* 482.

4 (phil.) having location, existing in or confined to a definite place; **b** (as sb. n.).

de ~ibus sive temporalibus naturis ANSELM (*Mon.* 22) I 40; Deus .. in loco est, sed ~is non est; ~e quippe dicitur quod secundum partes loci circumscribitur ROB. BRIDL. *Dial.* 80; cum .. legimus spiritum incorporeum circumscriptum, non est hec circumscriptio ~is superficiei ambitio GROS. *Ep.* 1 p. 14; MAP *NC* I 1 f. 7 (v. erraticus 1a). **b** per temporale et ~e aliquid potest intelligi quod eternum est ANSELM (*Proc. Sp.* 9) II 204; nec [intellectus] loco indiget ut ~ia claudat J. SAL. *Pol.* 445D; WYCL. *Ente* 85 (v. locabilis 1b).

5 a pertaining to, or having regard to, place (in general), spatial. **b** (*motus ~is*) local motion, movement from place to place. **c** (gram., of word or part of speech) expressing location, local.

a ~is intercapedo LANFR. *Ep.* 10 (23); ANSELM (*Mon.* 22) I 40 (v. 2 distentio c); solemus .. localia verba .. attribuere rebus que nec loca sunt nec circumscriptione ~i continentur *Id.* (*Ib.* 23) I 41; cum .. nulla in celo ascensus vel descensus possit esse ~is mutatio PETRUS *Dial.* 11; dilectio et temporis tractu et ~i distantia convalescit P. BLOIS *Ep.* 34. 111A; de situ Hibernie ~ique ipsius cum majore Britannia proportione GIR. *TH intr.* p. 7; queritur de ~i presentia Creatoris, utrum sit ubique, et probatur quod sic GROS. *Quaest. Theol.* 205; motus localis nichil aliud est nisi renovatio ~is situs in eo quod localiter movetur continue KILWARDBY *Temp.* 11 (v. et. 5b infra). **b** partimur .. omnem motum ~em .. trina specie: animali, naturali, violento ALF. ANGL. *Cor* 9. 1; queritur quare fetus leonum .. nec ~em motum accipiat usque ad tertium diem *Quaest. Salern.* B 58; KILWARDBY *Temp.* 11 (v. 5a supra); philosophi .. non estimantes quod motus ~is possit esse sine vacuo BACON *Tert.* 149; per motum ~em atthomorum T. SUTTON *Gen. & Corrupt.* 77; motus ~is est coexistencia successiva .. alicujus continue existentis in loco [*some* MSS *om.* loco] diversis locis OCKHAM *Quodl.* 29. **c** alia [nomina sunt] ~ia, ut 'propinquus, longinquus' ALCUIN *Gram.* 860C; **c798** dicit .. Priscianus [*Inst. Gramm.* XIV 45] 'de' habere plures significationes .., ita dicens: 'de .. accipitur etiam pro κατά ~i ..' *Id. Ep.* 162 p. 261; *sume* [sc. adverbia] *synd* ~ia, *þæt synd stowlice, forðan ðe hi getacniað stowa*: 'huc .., illuc ..' ÆLF. *Gram.* 224; ANSELM I 41 (v. 5a supra); 'ibi,' 'hic' .. et cetera adverbia ~ia OCKHAM *Quodl.* 722.

6 (log. & rhet., of argument) based on a topic.

doctrinam .. ~ium argumentationum J. SAL. *Met.* 904C; argumentationes quedam habent vim .. ex loco cui innituntur, ut argumenta ~ia que habent locum a genere vel a specie T. CHOBHAM *Praed.* 298.

localitas [LL], (phil.) property of having location, of existing in space.

localis .., unde †locaciter adverb. et hec †locacitas, -tis [MS: localiter .. ~as] OSB. GLOUC. *Deriv.* 316; deitas est natura incircumscriptibilis, ita ut .. excludatur ~as cum temporalitate NECKAM *SS* I 18. 10; licet .. ~as que inest creature sit quasi quedam ymago immensitatis, sicut tempus eternitatis .. *Ib.* II 35. 21; ~as, continuitas, magnitudo, parvitas dimensionem *Ps.*-GROS. *Summa* 320; ~ati et immobilitati substanciarum spiritualium secundum locum BACON *Tert.* 189.

localiter [LL]

1 in respect of place, in a local or spatial sense: **a** (var.); **b** (*~iter movere* or *ferre*).

a divina .. substantia .. ~iter ascendere vel descendere non potest J. CORNW. *Eul.* 8; anima illius qui magis distat ~iter a celo empireo NECKAM *SS* III 27. 1; terra .. corpus immobile est, dico ~iter KILWARDBY *OS* 91; anima rationalis .. est ubique in corpore .. sed tamen non ~iter BACON *Tert.* 185; mutatur .. ~iter, quantitative aut qualitative quodlibet quod movetur (HEYTESBURY *Reg.*) *Sci. Mech.* 238. **b** anima .. non .. movetur ~iter preterquam secundum accidens ALF. ANGL. *Cor* 8. 8; GROS. 104 (v. formaliter 2a); KILWARDBY *Temp.* 11 (v. localis 5a); multa entia perfecta possunt alterari vel ~iter ferri [v. l. ferri secundum locum] que non possunt generari DUNS *Ord.* II 255; talis quantitas .. posset transmutari, ut moveri ~iter, rarefieri, condensari WYCL. *Act.* 118.

2 in a definite place, so as to have location.

qui temporaliter in civitate David homo .. apparuit, ipse ante omnia tempora non ~iter .. Deus verus .. natus est BEDE *Hom.* I 6. 338; celum Trinitatis, ubi sola Trinitas habitat non ~iter sed incircumscripte GERV. TILB. I 1 p. 884.

locamum v. lottare 1b. **locanos** v. 1 Laco.

locare [CL]

1 (w. thing or abstr. as obj.): **a** to put (in a certain position), to place, situate; **b** (building or sim.); **c** (body, in tomb or sim.); **d** (in fig. context or allegorical interpretation). **e** (pass. in perf. tenses) to be situated, located (in a certain place).

a lichinus .. / summa .. fulgescens arce locatur ALDH. *VirgV* 2169; lapides .. grandes et pretiosi qui in fundamento ~ati totum onus templi .. portant BEDE *Hom.* II 25. 437; arte poli geminos Junius ecce locat *Kal. M. A.* I 408; si .. lineam .. AB supra lineam DH ~averimus ADEL. *Elem.* I 4; in quibus .. locis Britannie Angli .. habitationem ~averunt, Beda non tacet W. MALM. *GR* I 5; supra quem lodicem alius adhuc pannus .. ~abatur, quo .. omnis reliquiarum inferius ~ata congeries velabatur R. COLD. *Cuthb.* 42 p. 89; spermate in matrice locato *Quaest. Salern.* B 24; **1449** parcellas armorum que nobis .. jure debentur regio in summo scuti ~ari statuimus (*Pat*) *Exc. Hist.* 48; **1459** pro ij celdris salis .. ~atis in castro de Invernys *ExchScot* 522. **b** in qua [urbe] tecta Deo jussit cito parva locari ALCUIN *SS Ebor* 197; in aquilonali parte lapideas domus .. egenis .. ~avit W. MALM. *GP* I 44 p. 72; Cestre munitionem condidit, et in reversione sua apud Estafort alteram ~avit ORD. VIT. IV 5 p. 199; si [lapides] eo modo quo ibidem positi sunt circa plateam ~abuntur, stabunt in eternum G. MON. VIII 10; **c1270** episcopus .. facit ~are placias cocis .. super solum .. prioris .. extra fossatas ferie *Reg. Wint. 1282–1304* 656. **c** arcam in qua incorrupta .. patris membra ~averunt BEDE *CuthbP* 43; suum non esse locandum / corpus in aede sacra Domini WULF. *Swith.* I 467; corpus .. presulis .. in scrinio .. reverenter ~avit ORD. VIT. V 4 p. 314; [Christum] tandem humatum / et petra locatum J. HOWD. *Sal.* 43. 5. **d** te in hortis habitare, id est in spiritalium cultura fructuum mansionem tibi ~are BEDE *Cant.* (viii 13) 1220; ad .. ecclesiae fundamina .. / .. credentum mente locanda WULF. *Brev.* 405. **e** collibus .. amoeno situ ~atis GILDAS *EB* 3; astrorum .. situs .. ante frontem aethralis tauri ~atus ALDH. *Met.* 3 p. 73; Brittania .. inter septentrionem et occidentem ~ata est BEDE *HE* I 1 p. 9; anima in cerebro ut in sede ~ata ADEL. *QN* 23 (v. fenestra 5b); W. DONC. *Aph. Phil.* 7. 4 (v. defigere 1c); porta .. rupe locata tumet L. DURH. *Dial.* I 336.

2 a to put in place, dispose, arrange (w. var. objects). **b** to build, erect (building, wall). **c** to store (provisions). **d** to establish, found (institution or sim.). **e** (*~are gratiam* or sim., w. *apud*) to store up favour (*etc.*, with a person). **f** (*venum ~are*) to put on sale.

a ut .. quod multipliciter dicitur in ipso principio sophistice ~etur BALSH. *AD* 85 p. 61; rex .., omnibus optime ~atis, in Angliam .. transfretavit ORD. VIT. IV 13 p. 263; ymaginem 'ba' sillabe tibi ~es eversum abbatem BRADW. *AM* 182 (cf. ib. 174–5: constituas .. ponas [etc.]). **b** [Romani] murum a mari ad mare .. firmo de lapide ~arunt [v. l. conlocarunt] BEDE *HE* I 12 p. 27; sacellum / .. / sarcofagi inque modum, bis bina fronte locatum WULF. *Swith.* I 256. **c 1369** pro allocacione unius domus .. pro victualibus ~andis *ExchScot* 348. **d** quae temere ~antur infirma sunt, quae autem ordinate firmiter manent BEDE *Cant.* 1104; Deus pater .. per ipsum [Filium] sanctam ecclesiam in fidei soliditate ~avit *Id. Prov.* 952; †**964** (12c) monasterium quod .. episcopus O. .. monachis .. ~avit *CS* 1135 p. 378. **e** cum apud suos invidiam pressisset industria et apud hostes pacem ~asset pecunia W. MALM. *GR* I 15 p. 17 (*sim.* ELMH. *Cant.* 282); ut ampliorem gratiam apud propinquos ~aret, filiam Offe .. in conjugium accepit W. MALM. *GR* I 43; **s1140** burgenses interim L. civitatis, qui vellent apud regem grandem ~are amicitiam .. *Id. HN* 487 p. 46. **f** sacri ecclesiarum honores .. venum ~ati [sc. sunt] *Id. GR* IV 314 p. 369.

3 (w. person as obj.) to place, establish, settle, station: **a** (var.); **b** (monk *etc.*, in monastery or sim.); **c** (soldier, guard); **d** (in heaven, paradise); **e** (fig.; also, in situation, relationship, or sim.).

a tandem locat hunc [sc. hospitem] mensamque reponit BEDE *CuthbV* 195 v. l. (*gl.* [=*GlM* 7. 9]: ~at, *gestepde*; *most* MSS, *and edd.*: tandem sistitque famemque repellit); cui preceperat .. papa ut Adrianum juxta se ~aret W. MALM. *GP* IV 186 p. 328; pastores in congruis locis ~abit (*Proph. Merl.*) ORD. VIT. XII 47 p. 492 (= G. MON. VII 3 p. 388); [hospites] pedibus lotis .. ad refectionem ~abantur, ~ati non nisi duo tantum .. reperiebantur J. FURNESS *Walth.* 58. **b** constructo statim monasterio .. Anglos ibidem ~avit BEDE *HE* IV 4 p. 213; in monasterio ~atam .. non multo post depulit stupri ream W. MALM. *GR* II 113; conventus in illis [monasteriis] .. sanctimonialium .. ~ati sunt ORD. VIT. IV 6 p. 205. **c** dux .. pedites sagittis armatos .. in fronte ~avit ORD. VIT. III 14 p. 147 (cf. ib.: constituit); fidis custodibus illic callide ~atis *Ib.* XII 14 p. 346; disposuit turmas suas: .. Venedotos in .. nemoribus ~avit G. MON. VIII 4; ~atis in Hibernia militibus suis per castella et loca munitiora R. NIGER *Chr. II* 174. **d** C[u]ð et Sigbertus .. / laudibus aetheriis caeli super astra locati *Epigr. Milredi* 811; animam meam .. in amoenitatem paradisi perducere ac ibi ~are in requiae beatorum spiritu[u]m *Cerne* 80; **941** (15c) [homo] paradisi .. sede perhenniter, si vellet, ~atus *CS* 769 p. 501; hunc ut in etherea locet arce, roga .. / .. Deum (*Vers.*) ORD. VIT. VII 3 p. 289; WALT. WIMB. *Palpo* 195 (v. deividus b). **e** a duce deseritur, Christi tamen ore locatur FRITH. 100; parvulus .. in fastigio regni ~atur W. MALM. *GP* V 259 p. 413; nos in roga imperatoris ~ati nichil aliud agere possumus quam quod ipse imperat ORD. VIT. IX 6 p. 496 (cf. Baldricus *PL* CLXVI 1076C); **c1298** [Johannes Warennie] elatos perdens, humiles in pace locavit (*Dunbar* 104) *Pol. Songs* 168.

4 to give (woman) in marriage (also w. supine *nuptum*).

quarum [sc. filiarum regis] secundam Othoni filio ille [imperator] ~avit W. MALM. *GR* II 126; quas ille quomodo nuptum ~averit jam sermo preoccupavit *Ib.* 135 p. 149; Ermenilda, Wulferio regi .. ~ata *Ib.* 214.

5 (phil.): **a** (act.) to cause (body *etc.*) to have location, determine in respect of place (in quots., pr. ppl. as sb. n. or adj.). **b** (pass.) to be determined in respect of place, (p. ppl.) having location (also as sb. n.).

a locus quandoque sumitur pro nomine ~antis et pro locato, quia .. locus est accidens, tamen ~ans est substantia BACON XIII 182; ubi est accidens rei locate; locus est accidens rei ~antis; et unum ~ans et unus locus possunt esse plurium rerum *Id. Tert.* 143. **b** triplex est proprietas ~ati: quod movetur ad locum, quod continetur in loco, et quod salvatur in loco HALES *Qu.* 762; aliud est locum implere, aliud a loco ipso alterum ~atum excludere PECKHAM *QA* 130; motus ferri ad magnetem est similis motui ~ati ad locum BACON III 204; *Id.* XIII 182, *Tert.* 143 (v. 5a supra); prius est aqua pars universi et magis est ei essentiale quam ~ari ab aliquo convenienti et circumscribi *Ib.* 165; non destruendo locum nec corpus ~atum, nec transferendo locum nec ~atum de loco ad locum OCKHAM *Quodl.* 722.

6 a to lease out, rent out (property *etc.*; also p. ppl. as sb. n.). **b** to farm out (revenue or sim.). **c** to hire out (person or labour). **d** to lend (to), make available for the use (of).

a ~ata colonis vinea BEDE *Luke* (xx 9) 575; si gramen regis .. ~atur *RegiamM* II f. 20v (v. fogagium); ex ~ato GLANV. X 3 (v. deponere 4c); **1232** r. c. .. de ij s. de pastura ~ata hoc anno *Crawley* 202; **c1269** N. marescallus locuit [? l. ~avit] domus [*sic*] unam cuidam extraneo *CBaron* 72; **1288** S. de B. fecit quoddam stallum contra seldam suam .. et illud ~at extraneis *Leet Norw.* 9; **1291** domus .. ~ata fuit .. ad iv m. et dim. (*PlRCP*) *Law Merch.* II 51; **1326** iij acre terre que .. valent per annum ad ~andum iij s. *BB St. Davids* 54; ~ati .. dominium WYCL. *Civ. Dom.* III 297 (v. locatorius); **1405** (1416) hospicium .., si ~aretur, valet quiete ultra omnia onera .. v m. .. *Reg. Heref.* 94; **1564** noveritis me .. dare, concedere, assedare, arrendare ~are et ad feudifirmam .. dimittere .. meas particatas .. *Scot. Grey Friars* II 5; **1567** [locum] mihi .. concessum, arendassum, locassum [*sic*]) .. *Ib.* 55. **b 1274** esperkerias .. ~atas tenere (v. espercaria b); **1426** (v. dislocare 3); **1458** ut fructus, redditus, proventus et obvenciones .. ecclesiarum .. ad firmam avendere, ~are sive dimittere .. valeatis *FormA* 590 p. 334. **c** conducunt mancipia ut carius ~ent VAC. *Lib. Paup.* 165 (v. ergolabus); **1269** cum operas suas ~asset in arte carpentarie [*sic*] *SelCCant* 279. **d** hospites ~ant lectisternia sua hospitibus et multa alia .., et ita hospites habent in eis jus utendi OCKHAM *Pol.* I 322.

7 a to (take on) hire, rent, lease (property). **b** to hire (vehicle, implement, animal). **c** to hire (person).

a quidam miles locat eam [terram] et reddit x s. *DB* I 304rb; **1182** pro ~anda domo (v. hospitium 2a); **c1241** si burgensis ~averit terram de aliquo libero homine *BBC* (*Newport, Pemb*) 235. **b** unaquaque integra masura reddebat .. iiij d. ad ~andos caballos *DB* I 179ra; si villanus alterius boves ~averit [AS: *hæfð .. ahyrod*] (*Quad.*) *GAS* 117 (v. habere 13c); **1245** (v. dischargiare a); **1292** (v. gravella); **1309, 1311** (v. 2 flota 5); **1348** in iij faldis ~atis .. tempore nundinarum .. pro equicio de B. ibidem

vendendo, v s. *Ac. Durh.* 546. **c** **1252** ~are solebant homines de eadem villa ad hauriendum predictam salsam *Cl* 148; **1295** in j pictore locato per xj septimanas xxxiij s. *KR Ac* 5/7 m. 1; ~atur .. mulier .. quinque argenteis ad .. scelus perpetrandum *Latin Stories* 86; **1437** (v. 1 domus 15b).

8 (in accountancy) to enter (sum) as credit or reduction of debit, (w. dat.) to credit, allow (sum to a person); **b** (w. writ by which debt is remitted as obj.).

1199 prior de C. finivit cum domino justic' per xx s. pro liij s. qui requirebantur ab eo de debito Aaron, et reddidit eos; super compotum vic[ecomitis] ~entur *MemR* 10; **1199** vic[ecomes] petit sibi ~ari xvj li. .. de liberacione vj militum [etc.] .., et si hec omnia ei ~arentur remaneret tamen in debito de v s. et iiij d.; .. vic[ecomes] reddidit de scutagio Hugonis de H. j m. .., set quia nescitur .. quot feoda habeat militum, non ~atur in rotulo donec inquiratur ad que debeat respondere *Ib.* 18; **1228** breve domini regis, per quod restant ~ande c m. Ricardo episcopo Salesbir', est in forulo marescalli *KR Mem* 9 m. 18; **1230** hec debent ei ~ari .. in soltis et expensis que fecit in curia Romana *LTR Mem* 11 m. 6*d*; **1230** habet de superplus xx m., qui ~antur ei in dorso rotuli *Pipe* 273; **1270** ita .. quod ille due marce computentur et ~entur infra predictos lx solidos *Deeds Balliol* 406 p. 219. **b** **1199** breve domini regis Johannis venit super scaccarium .., cujus hec sunt verba: '.. sciatis nos perdonasse Rogero .. cc li. quas pater suus debuit ad scaccarium nostrum ..'; ~etur illud breve *MemR* 8; **1199** mareschallus habet breve, et debet ~ari su[per compotum] vic[ecomitis] *Ib.*

9 (app.) to load (vehicle, animal, person, with goods).

1266 omnis carecta, si fuerit ~ata de bladis vel aliis mercandisis, carecta [*sic*] in exitu suo extra villam si fuerit discariata, dabit ij d.; item omnis equus ~atus de diversis mercandisis cariatus in suo introitu .. dabit ob. (*Cust. Southwark*) *MGL* II 279 (cf. ib.: si plaustrum ~atum sit cum mearemio .. si homo ~atus fuerit cum mercandisis [etc.].

10 to settle (place, with inhabitants).

quod ille locus nunquam sit ~atus cum aliis personis quam cum monachis *Reg. Pinchbeck* II 288.

locarium [CL = *rent paid for market-stall or sim.*], **a** index of place-names. **b** set of rules governing behaviour in various places.

a oratoria .. que nunc .. sunt destructa, secundum quod inferius in ~io luculentius apparebit S. SIM. *Itin.* 99. **b** alphabetum vite religiose, cujus tres sunt particule: .. in secunda sunt auctoritates ad dehortacionem deordinacionis in operibus assignatis in locis suis .., que potest dici ~ium J. WALEYS *V. Relig. prol.* f. 217 v. 2 (cf. diaetarium, itinerarium e); hec pars .. potest dici ~ium, in qua auctoritates sanctorum colliguntur quibus religiosus instruitur qualis esse debet in quolibet loco *Ib.* II *prol.* f. 241v. 1 (cf. ib. II 1 tit.: qualis esse debet religiosus in ecclesia; II 2 tit.: .. in capitulo, etc.).

locarius [CL = ? *one who buys up theatre seats*], ? representation of surname Stoke (*cf. MED stoke* n. (1)) or Stowe (*cf. MED stoue* n. (1) 5a).

12.. ego Walterus ~ius .. dedi .. ecclesie S. Petri Gloucestrie .. quatuor acras terre *Cart. Glouc.* I 192 (= ib. II 291).

locatenentes v. locus 21.

locaticius [LL], (as sb. m.) hired man.

12.. tam liberi quam villani, ~ii seu conducticii *Ch. Derb* 1629.

locatio [CL]

1 (act of) placing, place, position, location; **b** (app. w. ref. to session of manorial court at which 'placing of sheep', *i. e.* ? extent of pasturage, was determined).

omnes he .. figure secundum diversas posiciones, id est ~ones, diversa significant THURKILL *Abac.* f. 55v; ~one circumscriptiva MIDDLETON *Sent.* II p. 41 (v. locabilis 1a); BRADW. *CD* 144B (v. elementaris 1a); anima habens .. affecciones plus proporcionatas ~oni corporis in diversitate WYCL. *Act.* 76; Cristus loquitur [sc. *Luc.* xiv 8–9] de vocacione, de ~one et de cenacione spirituali, non corporali *Id. Blasph.* 6. **b** **1357** de J. R., A. H., et M. H., quia non venerunt ad ~onem ovium, de quolibet vj d. *Hal. Durh.* 19.

2 **a** (act of) hiring out, letting, lease. **b** (act of) taking on lease, renting. **c** rent, wage. **d** leased chattel, property, or sim.

a ~o, *behyring* ÆLF. *Gl.* 115. 21; c**1174** sigillum ecclesie fratribus abstulit, ut male factas alienationes et ~ones posset .. roborare *Ep. J. Sal.* 310 (322 p. 788); in rusticis prediis annua est utilitas .. et ideo annua est ~o VAC. *Lib. Paup.* 155; **1287** de .. ~one boum (v. locator a); cum .. ~o sit actus propinquus vendicioni, quia contractus quo venditur usus rei, servato ejus dominio .. WYCL. *Civ. Dom.* III 296; empciones, vendiciones, ~ones, conducciones et hujusmodi a lege nature originem sumpserunt FORTESCUE *NLN* I 20; **1559** (v. elaborator b). **b** ibi ij homines reddunt iiij s. de ~one terrae *DB* I 260rb. **c** super alias xxx mansiones habuit ~onem et praeter hoc .. *landgable* *DB* I 336ra; **1219** dies datus est eis de audiendo judicio suo [sc. civium] .. et similiter de mensuris unde capiunt ~onem *Eyre Yorks* 418; **1275** possunt locare domus suas .. tempore nundinarum .. et ~ones in pace percipere *Fines* 252/23/21; **1293** voluit elongasse bona sua et asportasse ~onem domus predicte Amicie *Law Merch.* I 66; **1318** Robertum [de Brus] .. privamus omnibus .. feodis, ~onibus, officiis .. *Conc.* II 479b; **1436** servientes armurariorum .. absque excessiva ~one capienda servire recusant *Cl* 286 m. 5. **d** ~o .. *gehyred feoh* ÆLF. *Gl.* 115. 21 (*sim. WW* [**10..**]).

locative, in respect of place, locally.

pena dampnatorum terminatur .. causative, ~e, et intensive: .. ~e, ut pena corporalis habet limites intra quos extenditur quoad situm WYCL. *Ver.* III 222.

locativus [ML], determining place (in quots., as sb. n.)

WYCL. *Ente* 85, 86 (v. locabilis 1b).

locator [CL], **a** one who lets or hires out (property, animal, *etc.*), lessor. **b** contractor. **c** (~*or operarum suarum*) one who works for payment, hired workman.

a **1287** decime persolvantur .. de .. locacione boum facta extra parochiam ~oris *Conc. Syn.* 1053; solvendo ~ori fructum cordis WYCL. *Civ. Dom.* III 297 (*w. ref. to Matth.* xxi 33; cf. ib.: tam .. magnificum ~orem). **b** cum opera locatur, licet non exhibeatur, cum per ~orem tamen non stet, merces omnimodo debetur VAC. *Lib. Paup.* 155. **c** singularum rerum venditores, singularum operarum suarum ~ores quotidiano mane per se sunt locis distincti W. FITZST. *prol.* 10 p. 5.

locatorius [LL *gl.* = *hired man or employer*], one who takes (property) on lease, lessee.

in finali judicio inventi fideles firmarii et ~ii sumamus tocius locati plenum dominium WYCL. *Civ. Dom.* III 297.

locatrix, one who disposes or arranges (f.).

ad fundam comes est Prudentia, recta locatrix GARL. *Epith.* IX 163.

locax v. 1 latex, loquax.

locca, ~us, ?**~um** [ME *lok*], lock, flock or tuft of wool, (pl.) locks, *i. e.* wool of inferior grade from belly and legs of sheep. *Cf.* 1 *lokettus.*

1232 r. c. .. de xiiij li. ix s. de vij ponderibus .. lane grosse et agnine, de iiij s. ij d. de lockis .. *Crawley* 202; s**1242** grossam lanam et laccos [MS *app.*: loccos] vendidimus in universo, pro novem marcis *Ann. Dunstable* 160; r. c. de xiij saccis .. bone lane, iiij petris medie lane, j sacca grosse lane, xxj petris grossarum lokarum .. *Ac. Beaulieu* 169; **1273** de vij^{xx}vij velleribus lane .., lij velleribus lane angnorum et iij libris de lokkis venditis *Ac. Stratton* 40; **1275** quatuor saccorum mediocris lane et ~orum electorum *Cl* 93 m. 18*d*; **1296** ~as electas (v. bursare 1); **1306** pro lokis et pellibus venditis per talliam *Doc. W. Abb. Westm.* 196.

locclaia, ~clata, ~clatis [ME *lok* + clata, ~is, AN, OF *claie*], hurdle used in construction of pen, enclosure. *Cf. cleta* 1a, 2 *loccum* 2.

1311 in xij locclatis faciendis de proprio, vj d. *Ac. Man. Hurstbourne, Hants*; **1318** in stipendio j carpentarii pro iv loclatis de novo faciendis *Ac. Man. Alton Priors, Wilts*; **1325** in xxiv grossis clatis de propriis virgis faciendis, viij d. ..; in xv locklat' de propriis virgis faciendis, v d. *Ac. Man. Chilbolton, Hants*; **1339** in lxij clat' ad faldam emptis, ix s. ob. ..; in viij lokclatibus emptis, viij d. *Ib.*; **1393** in lxxxviij clais et xiv locklais de virgis domini faciendis, viij s. vj d. *Ac. Man. Hurstbourne, Hants*; **1396** in x locclaiis emptis ad faldam ovium matricum domini, xv d. *Ac. Man. Silkstead, Hants.*

locculus [*dim. of* 2 loccus], small weir, dam, or lock.

1544 concedimus .. duo molendina .. ac eciam unum loculum vocatum *a locke* eisdem molendinis spectantem *Pat* 747 m. 37 (sim. *Pat* 804 m. 6 [**1547**]).

1 loccum, ~us v. locca.

2 loccum, ~us [ME *lok*]

1 barrier in river, or water retained by it, weir, dam.

1190 ~um nostrum firmabimus .. et omnes aquas que sunt inter ipsum ~um et .. molendinum stuppabimus .. ut aquam ducamus ad molendinum nostrum ..; et .. concedimus .. canonicis .. ~um veteris molendini .. ad habendam ibi piscariam *E. Ch. Waltham* 233 p. 152; **1230** quod [vicecomes] loquelam que est in comitatu suo [*Surrey*] .. de quodam lokto facto in Eyser [*Esher*] .. ponat in respectum *Cl* 342; **1281** occasione quarundam exclusarum, quas ~um homines vulgariter appellant, de novo levatarum .. et dampnorum .. proveniencium .. ex refluxu aque ab eodem ~o usque ad molendinum *Cl* 98 m. 3*d*; **1509** pro ripariis, gurgitibus, stangnis, pilis, lokkis, hebbyngweris aut mothis factis, edificatis, exaltatis .. (*Pat*) *Foed.* XIII 243b; **1547** (v. ebbingwera).

2 fold, pen, enclosure (for animals).

1267 in iiiij clatis ad lokiu[m] faciend' ad tascham, j d. (*Ac. Man. Chilbolton, Hants*) *MS Winchester Cath. Libr.*

locellus [CL], **~um** [LL]

1 small place, space: **a** (var.); **b** (w. ref. to monastery or sim.); **c** (occupied by writing or drawing).

a tandem semoto patrem trusere locello FRITH. 817 (cf. ib. 836: tenebroso .. in antro); †**1042** (12c) ad aecclesiam B. Mariae .. illo in ~o qui dicitur Abbendun *CD* 762; ut omnes pacis suae adversarii in uno ~o concluderentur *G. Steph.* 17 p. 38. **b** vix potuit fato pastorem efferre locello FRITH. 415 (sc. *from the monastery at Ripon*; cf. ib. 410: latebris .. in illis); nonne mihi ejus vocabulum innotuisti atque ~um? LANTFR. *Swith.* 1 (cf. ib. supra: nunc Wincelcumbe degit); ut sol pre stellis, fulget locus ille [sc. *Westminster Abbey*] locellis *V. Ed. Conf. Metr.* I 301. **c** Kambrie totius mappam .. arcto folio strictoque valde ~o et spatio brevissimo .. aperte declaravi GIR. *LS* 415.

2 **a** chest, casket, box. **b** (for human remains or sacred relics) coffin, sarcophagus, reliquary, shrine. **c** money-box, treasure-chest; **d** (transf.) treasure. **e** (in honeycomb) compartment, cell.

a qui percunctari persaepe dĕcreverat aegrum, / cerneret ān aliquo pugionem forte locello WULF. *Swith.* I 286 (cf. ib. 312: cistam; 314: kapsam; 354: arcam). **b** ligneo in ~o sepulta [sc. est] BEDE *HE* IV 17 p. 244; invenerunt .. ~um de marmore albo .. factum, operculo quoque similis lapidis .. tectum *Ib.* p. 245; ut venit virgo locellum / portans .., statim / discessere .. / daemones ALCUIN *SS Ebor* 421 (cf. ib. 409: sacro cum pulvere capsam); postquam relliquiae sancti .. patroni / translatae fuerant sacro positaeque locello .. WULF. *Swith.* I 1080; justum videri, ut magister majorem locum translationis, discipuli vero minorem ~um inventionis sua presentia honestarent GOSC. *V. Iv.* 90B; ~um in quo .. decubuit mira suavi [? l. suavis] odoris dulcedine .. perferbuit R. COLD. *Cuthb.* 40 p. 84; ut .. ossa .. in levi ~o reconderent M. PAR. *Maj.* I 307 (cf. BEDE *CuthbP* 42: in levi arca; *Id. HE* IV 28 (30) p. 276: in .. loculo); cor ejus fuit huc deportatum in ~o plumbeo *Lib. Mem. Bernewelle* 50; corpus ipsius [regis Henrici III] cum .. in ~o portabili deferretur ad tumulum .. CAPGR. *Hen.* 97. **c** si quod propriis deerat crumenis, a subjectorum vellet extorquere ~is [v. l. loculis] AD. EYNS. *Hug.* IV 7 p. 36; summam pecunie quam in tali ~o reperies *V. Edm. Rich C* 595; affer .. de ~o denarium *Mir. Hen. VI* IV 131 p. 242 (cf. ib.: loculum). **d** ut nemo abbatum .. sibi ~um .. thesaurizaret terrenum [cf. *Matth.* vi 19] *RegulC epil.* 69; prode / materiem .. repertorum patriumque locellum *Altercatio* 84. **e** construit hec [sc. apis] cellas, cunabula, tecta, capellas, / ceras, cancellos et amica lite locellos R. CANT. *Malch.* IV 79.

locha, ~ia [OF, ME *loche*], loach.

desunt .. minute, ~ie scilicet, capitones et verones GIR. *TH* I 9; **1337** in j *stike* et dimidio anguillarum vj d.; in ~is j d. (*Househ. Roll*) *Som Rec. Soc.* XXXIX 93; **1358** in ~is et parvis piscibus vij d. (*Ac. Univ. Oxon.*) *EHR* XXIV 742; **13..** piscator .. sive piscarius .. habeat .. ~ias, candones, verrones (*Nominale*) *Neues Archiv* IV 340.

loci v. loqui. **locio** v. lotio.

locitare [CL], to hire out.

~o, -as, verbum frequentativum, unde Terentius in Adelphis [949] '..' OSB. GLOUC. *Deriv.* 316; ~are, sepe locare *Ib.* 327.

locium v. lolium, lotium. **lock-** v. locc-.

loclana [cf. locca < ME *lok* + lana], lock-wool.

1248 r. c. .. de xiiij d. de xiiij libris locklane venditis *Rec. Crondal* 52 (cf. ib. 76: de lok lana).

loclata v. locclaia. **locmanagium** v. lodmannagium.

locoris [Ar. *lūkurīzā* < γλυκύρριζα], liquorice.

†hozorus [l. locoris], i. liquoricia *SB* 24.

locortes [LL, v. *TLL* s. v. locorten], mallow.

malva silvatica vel erratica, agrestis dicitur, moloceagria .., alii acopon .., Egyptii ~es .. *Gl. Laud.* 996.

locotenens v. locus 21a.

loculamentum [CL], receptacle.

LC 240a (v. 2 essentia 2b).

loculare [*back-formation from* loculatus], to put in a purse.

Gl. AN Ox. f. 153v (v. fovilare).

loculatus [CL = *divided into compartments*, LL = *entombed, buried*], shut up in a small room, closeted. **b** kept in a purse (in quot., as sb. n. pl.).

[avarus] sepe serat, reserat loculos loculis loculatus D. Bec. 2461. **b** devehit aura levis trita loculata crumena *Ib*. 2340.

loculent-, locullent- v. luculent-.

loculosus [CL = *divided into compartments*], pertaining to, or furnished with, purses (w. ref. to *Joh*. xii 6, xiii 29).

avaritia Judae ~a Gosc. *Edith* (II) 66.

1 loculus v. locculus.

2 loculus [CL], **~um** [LL]

1 a (small) place. **b** place of residence (also *~us mansionis*).

a pro ~o solius sepulture lx solidos ei .. adhibuerunt Ord. Vit. VII 16 p. 253; est ~us .. parvus locus *WW* (v. 6a infra). **b** volucres vero, quasi adepto propriae mansionis ~o, illic manere coeperunt Felix *Guthl*. 39 p. 122; nomen dignitatis obtinui .., collateralem et propinquum principali de B. castro ~um habens et domicilium Gir. *IK* I 3 p. 47.

2 a container, receptacle (var. unspec.; also fig.); **b** (w. ref. to womb of BVM). **c** box, chest, case. **d** bag, pouch; **e** (used as reliquary; *cf*. 5c *infra*). **f** (eccl.) burse.

a quia .. vellera prius quam in fila deducantur in ~is districta custodiantur Bede *Cant*. (vii 5) 1196; cordis infunde loculo / tibi placentem hostiam J. Howd. *Cyth*. 9. 2; in ~o meo hamum aureum habeo *G. Roman*. 413; **1329** (v. familia 7). **b** descensus Redemptoris / in ortum novi floris / fecundat loculum, / in quo signaculum / non reserat pudoris P. Blois *Carm*. 21. 3. 24. **c** ~o, vase ligneo *Gl. Leid*. 35. 49 (cf. luculum, vas ligneum *GlC* L 270); **1534** ix coclearia argentea que continentur in quodam ~io vocato *a spone case Wills Wells* 91. **d** mafortia, marsupium, bursa, moculus, ~us, crumena Osb. Glouc. *Deriv*. 366; Garl. *Syn*. 1583B (v. 1 forulus 5); **1341** lego Agneti de E. j zonam sericam .. et j ~um de serico *RR K's Lynn* 160; de .. j ~o de rubeo *velvet Ac. Churchw. Glast*. 95. **e** optimum sibi de serico precioso ~um comparavit, in quo predicta pingnera .. incluserat R. Cold. *Cuthb*. 47 p. 96; elevavit luculum quem manu portabat imponensque super os infirmi dixit .. *Mir. Margaretae* f. 32r. **f** diaconus corporalia complicet et in ~o reponat *Offic. Sal*. 92 p. 156.

3 (anat.) scrotum.

defluentibus corruptis humoribus occupata sunt pudenda, ut vix virge conus emineret, dependebatque lividi coloris ~us, instar urne W. Cant. *Mir. Thom*. II 20.

4 a (for money or valuables) money-bag, purse, chest, strong-box, treasury; **b** (w. ref. to *Joh*. xii 6, xiii 29). **c** (transf.) wealth, money.

a loculos nummi Aldh. *VirgV* 1093 (v. gratis 1a); **a975** (12c) quicquid ex lucro villarum superfuerit .., non ~is episcopi peculiaribus .. custodiatur *CS* 1159 p. 414; **10..** ~us *cyst oððe mederce WW*; ~a *V. Neot. A* 11 (v. locupletarius); ut .. Josephus auctor est, [Salomon] thesauros multos .. defodit in ~is, qui erant .. reconditi sub terra W. Malm. *GR* II 169 p. 198; [latro] ~os vel archas seu armaria effringere non audebat R. Cold. *Cuthb*. 82 p. 173; **1302** capta pro susspicione diversorum ~orum absisorum super Cornhulle *Gaol Del*. 38/3 m. 5*d*; **s1429** scissores ~orum capti et .. aures illorum a capitibus amputati *Chr. S. Alb*. 44; hic ~us, A. *purse WW*. **b** Judas .. ~os compilabat Gildas *EB* 107; [Judas] loculi gestator avarus Aldh. *VirgV* 2587 (cf. ib. 2589: marsuppia); decimus error est quod Christus habuit proprietatem in ~is Ockham *Err. Papae* 963 l. 21. **c** cum loculus risum dat coram judice nisum / perdunt obstantes, nisi large distribuentes Walt. Wimb. *Scel*. 72; omnis legista vivit quasi lege sub ista, / quo magis ex glosa loculi fit lex tenebrosa Gower *Carm*. 356. 62.

5 (for human remains, or relics; *cf*. 2e *supra*, 6a *infra*): **a** coffin, sarcophagus. **b** tomb, shrine. **c** casket, reliquary.

a lacertum / .. loculo gestant .. truncum Aldh. *VirgV* 999 (cf. id. *VirgP* 32 p. 273: in sarcofago); cogitabant aut aliud [*sic*] quaerere ~um aut ipsum corpus .. inflectendo breviare donec ipso ~o caperetur Bede *HE* IV 11 p. 227 (cf. ib. p. 226–7: sarcofagum); ut .. ossa .. in novo recondita ~o .. locarent *Ib*. 28 p. 276 (= *Id. CuthbP* 42: in levi arca; cf. M. Par. *Maj*. I 307: in levi locello); loculus juxta stabat, quo corpus humandum / mox fuerat Alcuin *SS Ebor* 1160; quia ~us deerat, .. sanctas reliquias tunica .. involverunt Ord. Vit. VII 12 p. 210. **b** dixit ".. locus .. sepulture michi preparetur .."; deinde .. ante aram .. spacium ~i designavit Ord. Vit. XII 35 p. 445; per mandatum .. pape .. translatus est in hunc ~um *Canon. G. Sempr*. f. 113v. **c** manus [Osuualdi] .. ~o inclusae argenteo in ecclesia .. servantur Bede *HE* III 6 p. 138; dextram .. argenti condens loculo sub culmine templi Alcuin *SS Ebor* 306; contigit .. ~um cum camisia sancti Ædmundi .. et alia sanctuaria .. sublata esse Brakelond f. 152; martyris reliquias de tumulo .. assumptas in ~o pretioso martyris usibus deputato sullimiter collocavit S. Langton *Serm*. 4. 38 (cf. ib.: capsam); **1430** lego .. ~um meum cum diversis reliquiis eidem ecclesie *Reg. Cant*. II 478.

6 a bier. **b** litter.

a ~um [*Luc*. vii 14], portatorium de tabulis *Gl. Leid*. 25. 4; instauramenta ecclesie sunt hec: lavacrum sive fons, mariolum ..; sunt etiam ibi ~us, feretrum [v. l. assit etiam .. ~us sive feretrum; *gl*.: *bere*] Neckam *Ut*. 119; hoc feretrum, hic ~us, hec libitina, *a ber WW*; est ~us bursa [cf. 2d supra], parvus locus [cf. 1a supra], et lubitina *WW*. **b** servientes .. infirmarie .. posuerunt eum in quodam ~o veteri in quo magister G[ilebertus] aliquando circumferri consueverat *Canon. G. Sempr*. f. 152 (cf. ib. f. 152v: in lectulo magistri G.); **s512** qui prius sine alterius adminiculo sese erigere nequiret, levi conamine resedit in ~o M. Par. *Maj*. I 232 (cf. G. Mon. VIII 23: in feretro).

locumtenens v. locus 21.

locumtenentia [ML; cf. locus 21], lieutenancy.

1393 vobis mandamus quod tunc sitis ibidem nostrum locum tenens in hac parte, ad id, quod vobis per viam ~ie in hujusmodi casu pertinet, faciendum (*Pat*) *Foed*. VII 746a; **1434** pro vadiis suis ~ie *ActPC* IV 198.

locuplare v. locupletare 1b.

locuplebilis [cf. LL *gl*. locupletabilis], rich, wealthy.

locuples, dives, qui et ~is dicitur Osb. Glouc. *Deriv*. 327.

locuplebilitas, prosperity, wealth.

1453 examinantes .. eos [sc. compotos] et parum vel nichil aut fertilitatis aut ~atis in ipsis reperientes *Reg. Whet*. I 107.

locuplebiliter [cf. LL locupletabiliter], richly, copiously.

locuples .. inde ~iter, i. ditanter et largiter, adv., unde Josephus in nono [*Antiq. Jud*. XI 111 *transl*. Cassiodorus]: 'Deo munifice et ~iter [Cassiod.: locupletabiliter] inmolabant' Osb. Glouc. *Deriv*. 316.

locuplecitas [ML *gl*., cf. Jan.], wealth, abundance.

1457 ipsius .. facultatum ~atem .. affectantes *Pat* 483 m. 9 (cf. *Foed*. XI 385).

locuples [CL], **~plex, ~pletus** [LL]

1 wealthy, rich: **a** (of person, person's life or circumstances; also as sb. m.); **b** (of estate, region, city, or sim.); **c** (in glossaries); **d** (w. dat.) generous (towards); **e** (w. *ad* & gdv.).

a vir quidam locuples Vuentanae sedis alumnus Wulf. *Swith*. I 494; ~etes proscribere Osb. *V. Dunst*. 25; quicunque egenus .. aliquas divitias invasit, nunquam ulterius ullius ~etis tulit convitium W. Malm. *GR* IV 370; si quivis pauperum inveniret thesaurum unde ~es fieret .. Alex. Cant. *Dicta* 20 p. 187 (cf. rec. prior.: dives); ~etior erat Diogenes vacuus omnia possidente Alexandro Gir. *GE* II 21 p. 273; hii qui tanta gravati erant inopia .. ita letam .. et quasi ~etam ducebant istam *Latin Stories* 8. **b** villam sane ~etissimam et mellitis pomis .. fecundam W. Malm. *GR* IV 377 p. 442; intraverunt .. quandam vallem opimam et ~etem Ord. Vit. IX 14 p. 585 (= Baldricus *PL* CLXVI 1133B); duas provincias famosas, Northfolchiam atque Suthfolchiam, utramque fertilem, utramque ~etem G. Font. *Inf. S. Edm*. 35; hec provincia .. ita fuit ~ex quod inter ejus lapides sapphire [v. l. saphiri] .. inveniebantur *Eul. Hist*. II 40. **c** ~es, *landspedig* Ælf. *Sup*. 171. 25; a 'loco' .. hic et hec ~es, -tis i. dives, et dicitur ~es quasi loco plenus Osb. Glouc. *Deriv*. 316; ~etum, *riche Teaching Latin* II 23. **d** pauperibus locuples et sacri nominis abbas / Willelmus (Hildebertus) Ord. Vit. XI 30 p. 270. **e** [Deus] quo in lucta fortior angelo, eo ad dandas benedictiones est ~etior J. Ford *Serm*. 47. 2.

2 (w. abl., gen., or *in* w. abl.) rich (in), abundant (in), well supplied (with): **a** (material possessions or resources); **b** (abstr.).

a vir quidam praeclarus .. / divitiis locuples Wulf. *Swith*. I 1453; civitas Eboraca .. est mercatorum gazis ~eta [*ed*.: locupletate] Byrht. *V. Osw*. 454; nullus eo fuit rex .. amplitudine terrarum .. ~etior Ord. Vit. XI 2 p. 163; Mesopotamia .. est .. regio .. in diviciis et metallis ~es valde *Eul. Hist*. II 19. **b** quanto erat crescendo sublimior, tanto acuitatis ingenio ~etior B. *V. Dunst*. 4 p. 10; mente captus redit sanus, boni sensus locuples (*Vers*.) W. Malm. *GP* II 86 p. 187; propagavit ex se Chartusia domum .. que .. ~ex pessimi propositi pruritus implere non destitit Map *NC* I 16. f. 13v.

3 a abundant, ample, considerable. **b** precious, valuable.

a ~es gazarum opulentia Aldh. *VirgP* 35 p. 277; juvenum foetura locuples Frith. 610; cenobialis basilica .. dedicata est, cui a rege .. ~es dos atque multarum copia gazarum data est Ord. Vit. V 2 p. 305. **b** **a803** quid scientiae divitiis ~etius ..? Alcuin *Ep*. 262 (v. exhaurire 4d); fruges animae .. locupletes Frith. 833; xenium .. ~etissimum sane et pulcherrimum, ratem auro rostratam W. Malm. *GR* II 188 p. 229.

locupletare [CL]

1 a (act.) to make wealthy, enrich (person or institution, also absol.); **b** (pass.) to become wealthy, grow rich.

a ~et eum tua .. dextera Egb. *Pont*. 102; **798** quatenus .. quem meritorum nulla facultas erigit, larga benedictionis tuae ubertas ad plebem suam regendam ~et (Kenulfus) W. Malm. *GR* I 88 p. 87; **951** (14c) Eadredus rex Anglorum quos vult honorifice larga manu ~at *CS* 890; Uticense coenobium .. pro viribus suis ~avit Ord. Vit. VIII 3 p. 281; munificare, ~are vel largiri vel firmare Osb. Glouc. *Deriv*. 367; tu [Deus] gratis ad eum [sc. Christum] clamantes attendis / et ipsius locupletas indigentes J. Howd. *Cant*. 29. **b** nolite, inquit, amare ~ari et gaudere in hoc saeculo Bede *Ep. Cath*. 34; Ricardus valde ~atus est et .. inter compares suos magnificatus est Ord. Vit. VI 4 p. 18; propter prolem vestram ~andam amplius et sublimandam Gir. *EH proem. ed. 2* p. 407; non .. licentiant leges ut cum jactura Gaii locupletur [l. ~etur] Titius *Reg. Whet. app*. II 409.

2 (w. instrumental abl.) to enrich (with), endow liberally (with): **a** (w. person as obj.); **b** (w. institution or building as obj.); **c** (w. var. objects).

a centenae frugis copia ubertim ~atus [cf. *Matth*. xiii 23] Aldh. *VirgP* 13 p. 243; ut in celesti patria se hac hereditate ~andum esse cognosceret Bede *Gen*. 155; **a984** quicunque .. monachos bonis quibuslibet ~ans ditare voluerit, Creator .. eos .. totius ubertate prosperitatis .. ditando ~et (Æthelwold) *Conc. Syn*. 126; clientes .. suos .. sullimavit, magnis honoribus ~avit Ord. Vit. VI 2 p. 3. **b** *Hist. Abb. Jarrow* 20 (v. extrinsecus 4); Crotoniate .. templum Junonis .. egregiis picturis ~are voluerunt W. Malm. *Polyh*. 38 (= Cicero *Inv*. II 1); basilicam omnimodis ornatibus .. affatim ~avit Ord. Vit. V 4 p. 314; tam terris quam beneficiis ecclesiasticis cepit locus hic ~ari Gir. *IK* I 3 p. 40. **c** coronam anni benignitatis [cf. *Psalm*. lxiv 12] .. divinae benedictionis ubertate ~atam Aldh. *Met*. 3 p. 71; post ~atas suis animantibus aquas [cf. *Gen*. i 21] Bede *Gen*. 27.

3 (p. ppl. as adj.): **a** wealthy, rich. **b** (of generosity) ample, abundant.

a cum .. ~atus nimis fieret, plus gaudebat bono opere quam bona possessione Ord. Vit. VI 9 p. 52; hic vir .. mediocriter ~atus, quia terrene substancie .. afficiebatur amore .. *Mir. Hen. VI* I 9 p. 32. **b** **946** Wulfric .. / .. /quem honorifice / idem rex locupletata / largitate laetificat / concedens ei terram .. *CS* 815.

4 to grow rich.

~o, -as i. ditescere, et inde ~atus, -a, -um, et hec locupletatio Osb. Glouc. *Deriv*. 316.

5 to accumulate (wealth).

pithonissam .. sumptuosas procerum opulentias .. cumulantem gazasque quaestuum diliciosas affatim ~antem [cf. *Act*. xvi 16] Aldh. *VirgP* 24.

locupletarius, containing an abundance.

didicerat .. ibi .. regni tuta totius esse sita thesaurorumque locula custodiri ~ia [v. l. loculos .. ~ios] *V. Neot. A* 11 p. 125.

locupletatim, richly, generously.

quae duo monasteria terrarum possessionibus et omnibus divitiis ~im ditavit Asser *Alf*. 98 (cf. *Ann. Neot*. 102 [**s900**]: locupletatum).

locupletatio [LL], a making or becoming wealthy or wealthier, enrichment.

930 (12c) hujus .. largifluae dapsilitatis ~o firma senatorum adstipulatione .. constat esse .. adimpleta *CS* 667 p. 346; Osb. Glouc. *Deriv*. 316 (v. locupletare 4); sola consumptio non sufficit ut obligetur, nisi sequatur ~o Vac. *Lib. Paup*. 110; **s1453** magis quam apponunt [mnam] ad mensam dominicam in commodum commune sive communitatis ~onem [cf. *Luc*. xix 23] *Reg. Whet*. I 109.

locupletius [CL *compar. adv*.; *positive* locupleter LL *gram*.], more amply, more abundantly.

quando abundantiam pluviarum scire desideraveris, planetas humidos abundantes testimoniis considerabis, et ~ius quam estimes occurret quod querebas Gros. 51 (*sim*. Bacon IX 198).

locupletus, locuplex v. locuples.

locus [CL, *pl.* ~i, ~a]

1 part of space having definite location, place; **b** (identified by proper name); **c** (transf., w. ref. to intellectual or spiritual place); **d** (in art of memory, w. ref. to place in which mental images are located).

ne [affectus] .. longa ~orum intercapidine refrigescant ALDH. *Met.* 4 p. 75; corpus ejus in ultimis est monasterii ~is humatum BEDE *HE* V 14 p. 314; vidi tenebris loca cuncta repleri ALCUIN *SS Ebor* 921; ~orum vel propinquitas .. vel longinquitas ANSELM (*Ep.* 13) III 118; **a1271** (15c) sic per rupem usque ad primum ~um de Southehou (*Ch. Warton, Lancs*) *EHR* XVII 294; **1313** ~us includitur per mare circumquaque preterquam in introitu ejusdem ~i *Eyre Kent* I 131; **1577** infra aliquos alios ~os, glebas, terras glebales, fundos, seu alios ~os quoscumque [*Dublin*] (*Pat*) *Gild Merch.* II 63. **b 704** (?8c) hanc donationem .. confirmavi in ~o Arcendale *CS* 111; est locus oceano dictus cognomine Farne ALCUIN *SS Ebor* 656; ad ~um qui Senlac antiquitus vocabatur convenerant ORD. VIT. III 14 p. 147. **c** due spirituales operationes possunt simul esse in uno loco sensibili, sed non in uno ~o intellectuali HALES *Sent.* I 369; angelus est in ~o spirituali secundum substantiam *Ib.* II 74. **d** ad artificialem memoriam duo necessaria requiruntur, sc ~a certa, ymagines quoque rerum; ~a autem sunt quasi tabule quibus inscribimus, ymagines quasi littere eis inscripte BRADW. *AM* 1–2; sit .. ~us primus quasi terra .. vacua, secundus quasi viridarium [etc.] *Ib.* 23.

2 (sg. only) place, space, extension (in general); **b** (gram., w. ref. to var. parts of speech expressing local relations).

plenaria causa septem habet circumstantias, personam, factum, tempus, ~um ..; in ~o [quaeritur] ubi factum sit ALCUIN *Rhet.* 6; figit et aspectum, dissociante loco, / quo fessus rapitur .. viator WULF. *Swith. pref.* 204; fortasse quodam modo est summa natura in ~o vel tempore quo non prohibetur sic esse simul tota in singulis locis [v. 1a supra] vel temporibus ANSELM (*Mon.* 22) I 39; ~us .. passio est superficiei ..; et ideo de ~o et tempore non debent esse scientie mathematice KILWARDBY *OS* 193; differentie ~i sunt sursum et deorsum BACON XIII 183; ~us est .. ultima pars corporis continentis OCKHAM *Quodl.* 24 (cf. Aristotle *Physics* 212a 4–5). **b** 'hic' [*Act.* viii 10] non adverbium ~i sed pronomen est BEDE *Retract.* 1016; 'foras' adverbium ad ~um .., et 'foris' in ~o OSB. GLOUC. *Deriv.* 217; *Ps.*-GROS. *Gram.* 59 (v. hac 1a).

3 place (variously described or defined); **b** (w. ref. to natural feature); **c** (w. ref. to suitability for spec. purpose).

eventum .. discriminis tuto in ~o exspectabat BEDE *HE* III 24 p. 178; amenus ~us, *luffendlic stede* ÆLF. *Gl.* 139. 36; sanctorum corpora .. ad peregrina ~a devehuntur ORD. VIT. III 1 p. 7; ex vicinis ~is *Ib.* VI 9 p. 80; superbia .. nos .. in vallem miserie et ~um lacrimarum dejecit T. CHOBHAM *Praed.* 239; si in ~is clausis non venirent radii solis .. accidentales GROS. 72; ~a terre habitabilia KILWARDBY *OS* 105; **1405** ~a decimabilia (v. decimabilis). **b** maritima ~a *V. Cuthb.* II 3; quod .. cantus avium ruralia magis ~a quam aulica reddat jocunda BEDE *Cant.* 1110; per paludis asperrima ~a ORD. VIT. IV 15 p. 271; turrim in eminenti ~o [*gl.*: *lu*] sitam NECKAM *Ut.* 104; in losis [v. l. locis] saxosis *Alph.* 85 (v. icerdatel); **1354** in singulis portubus .. ac in singulis villis in ~o sicco situatis *Cl* 192 m. 1*d*. **c** locum districtis usibus aptum ALCUIN *SS Ebor* 1096; plecto mihi retia, et pono ea in ~o apto [AS: *on stowe gehæppre*] ÆLF. *Coll.* 92; ut eam [turrim] in congruo ~o statueret G. MON. VI 17; refectorario .. ~us non erat in diversario, in quo pestis illa mortifera [sc. puella] valeret abscondi *Cust. Westm.* 134.

4 (described w. ref. to occurrence or sim.); **b** (w. ref. to battle ground; also in fig. context). **c** (*~us combustionis*, in optics) burning-point, focus.

sepulturae [v. 5c infra] et passionum ~a GILDAS *EB* 10; hodie monstratur in harenis ~us ubi pariter orabant BEDE *Acts* 986; ut [corpus] a ~o dormitionis nullatenus moveri potuisset ORD. VIT. III 4 p. 67. **b** ~us certaminis belligerantibus inaequalis erat ASSER *Alf.* 39; ~us .. belli pertranseuntibus evidenter patet ORD. VIT. III 14 p. 144; ex quo die .. coepistis servire Christo, ingressi estis ~um pugne AILR. *Serm.* 17. 2. 294. **c** omnes radii reflexi a superficie corporis concavi concurrunt ad punctum unum, et in illo puncto et circa est ~us combustionis GROS. 71.

5 (used for spec. purpose): **a** (var.); **b** (for habitation); **c** (for burial). **d** (*~us publicus*, *~us privatus*) public (private) place.

a ita ut .. in ~o joci .. triumphans aliquem secum ludificantem expectaret *V. Cuthb.* I 3; crustis glacierum, quas .. contriverat quo haberet ~um standi sive inmergendi in fluvio BEDE *HE* V 12 p. 310; auditorium, ~us legendi *GlC* A 960; **786** (? 12c) in aquilone parte venalis ~i *CS* 248; locum cinerum ÆTHELWULF *Abb.* 668; **1310** ~us communis ad explectandum (v. explectare); tenent .. j ~um sterquilinii *Feod. Durh.* 38; per medium ville tractus ad ~um supplicii *G. Hen. V* 2. **b** Saxonum gens .. in orientali parte insulae .. ~um manendi .. suscipit BEDE *HE* I 15 p. 31 (cf. ib.: ~um habitationis); ~um nidificandi sibi [sc. harundinibus] eligere FELIX *Guthl.* 39 p. 122; ?**a1150** dederunt ~um habitacionis Catenhale Deo et S. Marie et domino J. sacerdoti *Cart. Chester* 47 p. 94. **c** GILDAS *EB* 10 (v. 4a supra); si quis ecclesiam habeat ubi positionis ~us non sit (*Quad.*) *GAS* 294 (cf. *Inst. Cnuti*: cimiterium, AS: *legerstow*); occidatur et in ~o latronum sepeliatur (*Inst. Cnuti*) *GAS* 337 (cf. *Quad.*: cum dampnatis mittatur, AS: *on fulan lecge*); extra monasterium ubi ~us erat sepeliendi asportatur ORD. VIT. VI 9 p. 77. **d** licet cuilibet bono viro .. in privatis ~is predicare .. vicinis suis, quamvis non liceat eis in ecclesia vel in ~is publicis sacram scipturam exponere T. CHOBHAM *Praed.* 57–8; **c1245** (v. herigaldum); GOWER *VC* IV 753 (v. glossa 5).

6 (as general term): **a** inhabited place, town, manor, farm, estate, stead. **b** court of law. **c** (*~us mercati*) (app.) booth or other permanent installation in market.

a condidit ~um magnum super ripam fluminis, quod vocatur Renis NEN. *HB* 48 p. 192; **c1193** ut ~a wasti mei de Selechirche, ad que transtuli homines meos de E., sint de parochia ville mee de S. *Regesta Scot.* 367 p. 363; **1308** [commisimus] ~a de Herba Faveria et de Borne cum .. ballivis dictorum ~orum Arnaldo *RGasc* IV 146; **1460** per integras firmas decem et septem ~orum .. dictorum *forestarestedis* de warda de Tureda *ExchScot* VII 24; **1467** cum per ~a vestra, terras, castra, villas, .. et passagia ipsum transire contigerit *MunAcOx* 724. **b** in multis locis .. [episcopi] debent habere .. ~a judiciorum ferri aut aque (*Inst. Cnuti*) *GAS* 615; **1488** T. P. capitalis justiciarius de communi ~o [*Court of Common Pleas*] in Hibernia .., B. B., secundus justiciarius de capitali ~o [*Court of King's Bench*] in Hibernia *Pat* 568 m. 9; **1595** placitare et implacitari .. in quibuscumque placeis, ~is et curiis nostris *Ib.* 1431 m. 18. **c s1327** stallos et ~a mercati .. amovendo (*Chr. Abingd.*) *EHR* XXVI 731.

7 a religious house, monastery, convent (also w. *monasterialis*, *religiosus*, or other adj.). **b** (*~us sanctus*, *sacer*, or sim.) sacred place, sanctuary. **c** (*~a sanctorum*) places dedicated to, or shrines of, the saints.

a 672 ut .. monachi non migrent de ~o ad ~um, hoc est de monasterio ad monasterium, nisi per dimissionem proprii abbatis (*Conc. Hertford*) BEDE *HE* IV 5 p. 216; **a680** a(14c) monasterialem ~um .. construere *CS* 60; **966** ego Æðelgar primus huic ~o abbas ordinatus *CS* 1190 p. 464; diversis sui regiminis ~is [AS: *stowum*] *RegulC* 2; **c1075** ex .. antiqua regularium ~orum consuetudine *Conc. Syn.* 613; **1477** ad universa monasteria seu ~a religiosa (*DCCant.*) *HMC Rep.* IX *app.* I 117a; **c1530** ~a claustralia (v. canonicus 6a). **b** Romam venire ibique ad ~a sancta vitam finire BEDE *HE* IV 5 p. 214; ?**750** (?8c) sanctissimam .. virginis Mariae ~um deonestare *CS* 160; hostes .. aecclesias irreverenter irruperunt et .. sacra ~a contaminaverunt ORD. VIT. XIII 38 p. 116; ~orum .. alius sacer, alius sanctus, alius religiosus: sacrum dicimus ~um qui per manus episcopi Deo est dedicatus; sanctus est ~us qui servitoribus ecclesie statuitur ..; religiosus dicitur .. omnis ~us in quo sepelitur corpus hominis sive caput tantum BELETH *RDO* 159 col. 156; erunt placitata coram ballivo domini ad unum sanctum ~um .. que [*sic*] vocatur *le mothow Terr. Fleet* 83; **1342** ymago sancti ~i inhonestus et male depictus [*sic*] (*Vis. Totnes*) *EHR* XXVI 110. **c** †**604** (12c) inquirere qualiter per ~a sanctorum .. aliquid de portione terrae nostrae .. debeamus offerre *Ch. Roff.* 1; consilium .. ducendi eum [sc. furiosum] per ~a sanctorum W. MALM. *GP* V 261 p. 416; cum multa visitasset ~a sanctorum ut visum reciperet *Canon. S. Osm.* 45.

8 a (as element in place-name, freq. corresponding to vernacular stede, lieu, or sim.; esp. in name of religious foundation, *cf. Vis. Linc.* III 243 n. 1); **b** (in surname).

a 1169 canonici de Novo ~o *Pipe* 63 (*Newstead, Notts*: cf. *CalCh* III 316 [**c1170** (1316)]: Novo ~o in Sirwuda); **1178** ipsum locum Stanlawe [*Stanlow, Ches*], quem mutato nomine Benedictum ~um vocari volumus (*Couch. Whalley*) *Chetham Soc.* X 2; **1201** ecclesie sancte Trinitatis de Novo ~o in Lindeseya [*Newstead-on-Ancholme, Lincs*] et canonicis *RChart* 84b; **1242** ad opus monachorum de ~o S. Edwardi [*Netley, Hants*] *Pipe* 274; **s1216** [rex Johannes] construxit .. abbatiam Cisterciensis ordinis de Bello ~o [*Beaulieu, Hants*] M. PAR. *Maj.* II 668; **1285** abbatem de ~o Regali [*Rewley, Oxon*] juxta Oxoniam *Cart. Eynsham* I 308; **1287** prior .. dicit quod cella sua de Bello ~o [*Beadlow, Beds*] .. pertinet ad abbatiam de S. Albano *PQW* 8a (= *MonA* III 277a). **b 1354** Petro de ~o (v. lanceator); Johannis de ~o Frumenti [*Wheathampstead, Herts*] AMUND. II app. 270 (v. de 16c).

9 a place occupied by, or proper to, spec. thing or natural feature. **b** site, area (of or for building *etc.*). **c** (astr.) place, position (of heavenly body, or astr. event).

a aptum corpori virginis sarcofagum inventum est .. et ~us quoque capitis .. ad mensuram capitis illius aptissime figuratus apparuit BEDE *HE* IV 17 (19) p. 246; quedam pretiosissima de templo Salomonis extulit, sed postmodum .. vel eadem vel appretiata ~o restituit W. MALM. *GR* IV 370; †**974** (14c) sicut quondam S. Clementi agnus pede dextro ~um fontis [significavit] *CS* 1310 p. 637; vapores expellunt aquas maris a ~is suis GROS. 70; in plantis et inanimatis, que ad ~um suum naturali nutu moventur KILWARDBY *OS* 84. **b** ut [rex] donaret ibi ~um monasterio construendo .. Dei famulo BEDE *HE* III 24 p. 180; in ~o castri fuerunt xx mansiones ad omnes consuetudines *DB* I 203ra; †**1093** (12c) dederunt huic ecclesie .. ~um unius molendini ad pontem civitatis *Ch. Chester* 3 p. 4; **c1163** concessi eis .. ~um unum ad edificandum unam vaccariam .. et unam faldam *Regesta Scot.* 235 (= *Melrose* 3); **1324** ~um carceris (v. facere 17, facere lectum). **c** ipsorum siderum ~a quo fixa tenentur BEDE *Ep. Cath.* 82; signaque zodiaci distinguere partibus alti, / quis cui conveniat ordo, locus, numerus ALCUIN *Carm.* 74. 8; ~us conjunctionis ADEL. *Elk.* 35 (v. horoscopus 1a); verus ~us [lune] est terminus linee ducte a centro terre per centrum corporis ejus in firmamentum; .. linea recta ducta ab oculo videntis .. per centrum corporis lune .. terminatur alibi quam predicta linea, et ~us ubi terminatur vocatur ~us lune apparens GROS. 30; BACON *Maj.* I 381 (v. deteriorare 1b).

10 a place of birth, upbringing, residence, or sim. (also w. defining gen.). **b** place where office is held (also w. gen. indicating office). **c** (*~us naturalis*) natural place (of created being; *cf.* 12b *infra*).

a non tellure locus mihi, non in parte polorum est ALDH. *Aen.* 3 (*Nubes*) 2; ~um nativitatis et educationis ejus [sc. Bedae] W. MALM. *GR* I 54 p. 59; Boamundus, ~o Appulus, gente Normannus *Ib.* IV 349 p. 400. **b** episcopo rex ~um sedis episcopalis in insula Lindisfarnensi .. tribuit BEDE *HE* III 3 p. 132; sine certo episcopatus ~o ANSELM (*Ep.* 435) V 383; vij episcopus .. ordinavit, quorum nomina et ~os ibi [sc. *GR* II 129] qui volet leget W. MALM. *GP* I 13. **c** sicut dicitur aliquis ~us naturalis corporis in quo creatum est ipsum corpus .., sic dicetur celum empyreum ~us naturalis ipsius angeli HALES *Sent.* I 379.

11 a place allotted to person, seat. **b** (soldier's) post (in quot., in fig. context).

a intrabant ad prandendum, et episcopus .. residebat in suo ~o BEDE *HE* III 14 p. 156; decani .. est .. eis [sc. canonicis] stallum in choro et ~um in capitulo terminare *Stat. Lich.* 16; loco sedeas, tibi quem signaverit hospes *Stans Puer* 12; **1376** injunctum est omnibus tenentibus quod quilibet eorum operantur ad molendinum .., et quod quilibet eorum capiant ~um suum tempestive *Hal. Durh.* 138; **1410** ~um in capitulo dignitati cancellarie pertinentur *Stat. Linc.* II 181. **b** unusquisque suum ~um bene custodiat, vigilet .. ne hostis ingrediatur AILR. *Serm.* 17. 4. 295.

12 a place (in or on human body; also w. ref. to seat of emotions or sim.). **b** (*~us naturalis*) natural place (of limb, joint, when not dislocated; *cf.* 10c *supra*). **c** affected, diseased or injured part (freq. w. dependent gen. or adj. indicating disease *etc.*).

a inter ubera .. cordis esse ~um quis nesciat? BEDE *Cant.* 1097; pars quam ire oportuerat sedendi ~um occupabat [*in paralysed man*] GOSC. *Transl. Mild.* 24 p.@~191; ferreum uncum [Edmundo] .. in ~is posterioribus adegisse W. MALM. *GR* II 180 p. 217; in ~is juncturalibus *Ps.*-RIC. *Anat.* 9 (v. glandula a); ut tam cerebrum quam cor .. sit ~us operacionis sensus communis KILWARDBY *SP* f. 42va; patiens .. sedet super illas herbas usque ad ~um lumbarum *SB* 20. **b** donec [junctura] ad ~um redeat naturalem GAD. 128v. 2. **c** non sum deosculatus ~a vulnerum [Christi], fixuras calvorum ANSELM (*Or.* 2) III 8; GILB. IV 204. 2 (v. erysipelatus); post fricacionem ~i GAD. 131. 1 (v. fricatio 2); lilium .., cujus .. folia .. ad combusta proficiunt ~a *Alph.* 98; ~us epithimatur *SB* 19 (v. 1 epithema 1a).

13 a place (in or on object); **b** (w. ref. to (position or square on) board for chess or other game). **c** container, box. **d** space, room (within container).

a p**936** quod [volumen] rex .. / ornavit titulis gemmigerisque locis *CS* 710 (cf. *ASE* IX 96 n. 155); ~um [*on abacus*] .. ubi divisio sumit exordium THURKILL *Abac.* f. 59 (v. 2 frons 6b). **b** octavus [canon] .. Lucam .. quarto ~o habere videtur *Alea Evang.* 176; exeunt a ~is suis pedites [*pawns*] NECKAM *NR* II 184; est Adam de Strat[ton] in scaccario per *escheke mat*; / sumitur ille rocus, nec minor ille locus [? '*board*'] (*Vers.*) *State Tri. Ed. I* 98; cum aliquis homo venerit in paginam tꝑ, non potest amoveri de ~o usque tollatur *Ludus Angl.* 164. **c** residuum [sc. reliquiarum] dedit adulescenti, ut suo in ~o reponeret BEDE *HE* IV 30 (32) p. 230 (cf. ib.: sua in thexa; *unless referred to* 9a supra); **1398** ista virga xiij ~o [sc. *place in archive*], carta quarta et iij *Cart. Harrold* 251 p. 150 (cf. ib. p. 6). **d** KILWARDBY *SP* f. 32va (cf. longus 6d).

14 (sufficient) space, room, (w. dat.) room (for).

cum nullum ~um vacuum in eodem libello reperirem, in quo tale testimonium scribere possem, erat enim omnino .. refertus ASSER *Alf.* 88; ut .. propter inopiam ~i in presepio brutorum animalium poneretur [cf. *Luc.* ii 7] ANSELM (*Sacr.* 3) II 241; **1198** require compotum Gerwasii .. in dorso .. quia non erat ei hic ~us *Pipe* 172.

15 (in exprs. w. var. verbs) place (where one is): **a** (w. vb. of going away, withdrawing); **b** (w. vb. of remaining); **c** (w. vb. of removing, expelling). **d** (*~um mutare*) to change (one's own or another's) place.

a vide ne exeas inde nec de ~o movearis BEDE *HE* III 12 p. 151; ut [clerici] aut regulariter viverent aut ~o cederent W. MALM. *GR* II 149; cum .. nec adhuc elemosine portitor de ~o recessisset ORD. VIT. VI 9 p. 61. **b** obstipuit, haesitque loco FRITH. 500; noli .. quoquam ire, sed in ~o mane W. MALM. *GP* IV 145; impacientes more stare ~o nesciunt [cf. Vergil *Georg.* III 84] W. FITZST. *Thom. prol.* 14 p. 10. **c** [Aldhelmum] pretium libri percunctantem ~o cum ignominia deturbant W. MALM. *GP* V 224 p. 377; depulso .. R. abbate de ~o suo ORD. VIT. III 7 p. 95; *Ludus Angl.* 164 (v. 13b supra). **d** conversor i. ~u[m] muto *GlH* C 1752; mutavit malefida locum defectio regis [? i. e. *caused Wilfred to go to Ripon rather than York*] FRITH. 399.

16 (in var. phrases): **a** (*per ~a*) in various places, here and there, (*per ~a .. per ~a*) in some places .., in others. **b** (*de ~o in ~um*) from place to place. **c** (*in omni ~o, omnibus ~is*) everywhere, (*ab omni ~o*) from everywhere. **d** (*in medio ~o*) in the middle (of), half way (between). **e** (*in ~o*) on the spot, immediately. *Cf. ilico.*

a **672** (v. 17a infra); construebantur .. ecclesiae per ~a BEDE *HE* III 3 p. 132; silva per ~a pastilis, per ~a inutilis *DB* I 307vb; **1302** (v. fotmellum); **1324** (v. harundinarius). **b** **672** (v. 7a supra); quod [ferculum] .. de ~o ad ~um solent .. circumferri BEDE *Cant.* 1125; animalia .. de ~o ad ~um se ipsa moventia GIR. *TH* I 13 p. 40; [pestilentia] de ~o ad ~um progrediens AVESB. f. 119. **c** a .. omni ~o terrarum *Lib. Monstr.* I *pref.* (v. gyrus 3d); omnibus paene .. Lindissae provinciae ~is BEDE *HE* III 11 p. 148; utrum Deus in omni ~o sit .. an in nullo BALSH. *AD rec.* 2 133 p. 86. **d** **1308** in medio ~o grave capitis (v. 3 greva); **1315** in medio ~o pectoris inter mamillas *CoramR* 220 r. 106; **1320** in medio ~o inter ecclesiam et domum predicti J. (*CoramR*) *SelCKB* IV 93. **e** **1339** ne contra nos .. procederent, sed sui ortus prefocarentur in ~o (*Lit. Regis*) AD. MUR. *Chr.* 96.

17 a place, passage (in book, text, discourse). **b** (*suo ~o*, or sim.) in the appropriate place. **c** place, passage (in mus. composition). **d** position (within word). **e** (metr.) position in verse, (first, second, *etc.*) foot.

a quam .. libenter hoc in ~o, ac si .. in optato evectus portu, .. quiescerem GILDAS *EB* 65; **672** ex eodem libro x capitula, quae per ~a notaveram .., illis coram ostendi (*Conc. Hertford*) BEDE *HE* IV 5 p. 215; hoc in ~o nescientibus intimandum est, quod .. ASSER *Alf.* 39; hic ~us exigere videtur ut interitum Elfredi .. exponam W. MALM. *GR* II 136; in plerisque ~is sancte scripture ORD. VIT. VIII 26 p. 434; **1389** tercio [sc. ponitur] numeralis ~us probacionis [i. e. *the number of the leaf from which the probatory words are taken*], quarto dicciones probatorie (J. WHYTEFELD *Pref. Catal.*) *Libr. Cant. Dov.* 409. **b** antistes P., de quo in sequentibus suo ~o dicendum est BEDE *HE* V 18 p. 320; breviter de his suis ~is dicere poteris ANSELM (*CurD* I 1) II 49; mores ejus .. suis in ~is .. enodabo ORD. VIT. VIII 1 p. 268. **c** si multitudo brevium fuerit in aliquo ~o GARL. *Mus. Mens.* 1 p. 39; hoc .. patet in 'Alleluja posui adjutorium' in ~o post primam longam pausationem *Mens. & Disc.* (*Anon. IV*) 56. **d** acutus ~a habet tria, quomodo dicunt Graeci ALDH. *PR* 141 p. 200; omnia verba in eisdem ~is a vel e habentia ABBO *QG* 15 (33). **e** ponitur ~o primo dactilus ita: 'in cruce confixus ..' ALDH. *Met.* 10 p. 84; metrum dactylicum pentametrum .. recipit spondeum ~o primo et secundo, dactylum ~is omnibus BEDE *AM* 109 (= Mallius Theodorus *De metris* ed. Keil, p. 590); sapphico versu, cujus secundo ~o est spondeus ABBO *QG* 17 (38).

18 place, position (in order, sequence, ranking; freq. w. ordinal number); **b** (*primo ~o, secundo ~o, etc.*) on the first (second ..) occasion, (introducing matter for consideration) in the first (second ..) place.

merito Johannis epistolae tertio ~o sunt positae BEDE *Ep. Cath.* 9; Deusdedit cathedram ascendit sexto in ~o ..; deinde Theodorus .. septimum ~um gloriose exornavit BYRHT. *HR* 33; ea ex quibus constat totus homo, in quibus substantia principalem ~um tenet ANSELM (*Gram.* 12) I 156; [Antiochia] quarto per orbem ~o cunctis civitatibus prelata W. MALM. *GR* IV 359; patrem et matrem primo ~o esse diligendos T. CHOBHAM *Praed.* 224; **1299** cum [fines] .. in suo casu ultimum ~um et finalem teneant et perpetuum *StRealm* I 128. **b** secundo .. ~o, si primo negavit, confessio facta prodest RIC. ANGL. *Summa* 34 p. 70; quarto ~o fugiendum est peccatum quia .. T. CHOBHAM *Praed.* 99.

19 a office, post. **b** rank, status, standing, place in society. **c** high rank, state, dignity.

a c**1095** sedule quid Christo .. pro ~o, pro officio deberem cogitare cepi ANSELM (*Ep.* 198) IV 89; prelati qui in superiori ~o sunt .. debent cavere superbiam AILR. *Serm.* 17. 15. 297; **1407** quandocumque .. comes penes nos in exoneracionem ~i et hostagiorum suorum .. intraverit *RScot* 184a. **b** Egbirhtus .. amplo apud suos ~o natus et ingenue educatus a pueritia W. MALM. *GR* II 106 p. 105; [Leobinus] livore ictus quod [Liulfus] amplioris amicitie ~um apud pontificem .. haberet *Ib.* III 271; quatinus, ceteris prelatus, in palatio maximum optineret ~um ORD. VIT. VI 9 p. 51; **1203** maritare illam .. in ~o ubi non sit disparagiata *Pipe* 240; **1204** ut .. priores Dunelmensis ecclesie .. primum ~um et vocem post episcopum .. teneant *Feod. Durh.* 93. **c** **951** (14c) omnis gloria et ~us hujus mundi peribit *CS* 891 (*sim. CS* 992 [**957** 14c], etc.); s**1212** servatis dignitate et ~o (v. familiaritas 1b).

20 (w. gen. or poss. adj.): **a** (person's) position, office (as taken by successor or substitute; cf. 28a *infra*). **b** (*~o*) in (the) place (of), instead (of another person; *cf.* 23 *infra*). **c** (*~um tenere*) to take the place (of), represent (also w. dat.; *cf.* 21 *infra*). **d** (*~o* or *in ~o ponere*) to appoint as representative, agent or attorney (of another person).

a Nicolaum in ~o Stephani martyris statuunt GILDAS *EB* 67; potestatem alterum ordinandi in ~o ejus, qui transierat, sacerdotem BEDE *HE* II 18 p. 120; c**1101** mortuo archiepiscopo .. electus est in ~um ejus episcopus Herefordensis ANSELM (*Ep.* 214) IV 113; *GAS* 568 (v. habere 27b); implevit .. ~um defuncti Elphegi Livingus W. MALM. *GP* I 21; meditabatur quo ingenio .. monachum deponeret ut in ~um ipsius erumperet G. MON. VI 7 p. 362. **b** defuncto Felice .. episcopo .., Honorius ~o ejus ordinavit Thomam BEDE *HE* III 20 p. 169; modo sunt ibi totidem habentes similiter sacam et socam, S. ~o H. patris sui .., S. ~o U. patris sui .. *DB* I 336ra; c**1105** domnum O. .. volunt .. removere et vestram fraternitatem ~o ejus substituere ANSELM (*Ep.* 345) V 282; **1236** (v. capitagium 2); **1279** in homine allocato ad carucam ~o unius famuli essentis carectarii, xviij d. *Ac. Stratton* 223; **1463** ordinavimus .. archiepiscopum ad interessendum ~o nostro apud Westm[onasterium] .. et idem parliamentum .. tenendum *RParl* V 498b. **c** vos .. qui ~um Christi tenetis *V. Chris. Marky.* 21; s**1258** coram H. W., qui tunc illic ~um tenuit Randulfi de G. *Croyl. Cont. B* 454; quatinus, si que fuerint penes nos unde vobis vel vestris ~um tenere poterimus quoquo modo, nos reddere volueritis cerciores *FormOx* 326. **d** **1194** Petrus .. ponit ~o suo Nicholaum de W. versus R. del E. de placito debiti ad lucrandum vel perdendum *CurR RC* I 2; **1220** nos finem fecisse cum Reimundo D. posito ~o universitatis Burdegale *Pat* 229; **1281** equitati dissonum ut qui ballias seu loca nostra [v. 6a supra] tenent, quos ad justitiam exercendam .. ~o nostri ponimus, ad injurias faciendas presumant extendere manus suas *Pat* 101 m. 22; **1333** J. de D. .. ponit in ~o suo A. de W. .. ad reddendum compotum de officio vicecomitis *LTR Mem* 105 m. 59*d*.

21 (*~um tenens* (*gerens*); usu. as sb., and freq. written as one word; pl. usu. *~a tenentes*): **a** (one) who takes the place or exercises the office of another, representative, substitute. **b** (royal) viceregent, deputy, lieutenant; **c** (w. gen. of place governed). **d** deputy governor (in quot., of castle). **e** (mil. or naval) lieutenant.

a **12..** sine licencia .. archidiaconi .. vel ipsius ~umtenentis .. optenta *Ch. Westm.* 349; **1254** Ricardo de la R., ~umtenenti justiciarii Hibernie *RGasc* I 340b; **1369** inquisicio facta .. coram Petro .. ~um tenente .. custodis foreste domini regis *SelPlForest* xlix; **1390** J. .. admirallus flote regis .. et ejus ~umtenens *Mem. York* I f. 130 p. 225; **1481** capituli provincialis .. presidentibus, eorumve commissariis seu ~atenentibus *Reg. Whet.* II 241; **1565** coram cancellario vel ejus commissario et ~o tenenti [*sic*] *StatOx* 392. **b** **1255** si .. non revelaverit nobis vel ~um nostrum tenenti *RGasc* I *sup.* 38a; **1356** Roberto S. senescallo Scocie, ~umtenenti .. David regi[s] *Mon. Hib. & Scot.* 310a; **1393** quod .. sitis .. nostrum ~um tenens in hac parte (v. locumtenentia); **1407** Henricum .. principem Wallie .., regis Anglie .. ~umtenentem (*Indentura*) *Chr. S. Alb.* 23; **1415** constituimus vos ~um nostrum et vicem gerentem ad audiend' recorda .. coram .. justiciariis nostris *Pat* 398 m. 34*d*. (= *RParl* IV 64b); regi ejusve ~um tenenti vel specialiter deputato *G. Hen. V* 9 p. 56; **1527** ipso tunc nostro ~um tenenti et ejusdem burgi preposito existente *Ch. Edinburgh* 206. **c** s**1398** comes Marchie, ~umtenens Hibernie AD. USK 18; Scocie ~um tenentem generalem *Plusc.* IX 31. **d** Johannem Paston juniorem .. ~umtenentem J. P. militis fratris sui dicti castri ad salvo custodiendum ad usum fratris sui in sua absencia W. WORC. *Itin.* 190. **e** **1513** vos .. admirallum .. omnium .. navium, vice-capitaneorum, ~atenentium nostrorum marinariorum .. ordinamus (*Pat*) *Foed.* XIII 349a; *Ib.* 349b (v. baronulus); **1587** capitaneos, colonellos, vicecapitaneos, ~umtenentes et alios officiarios (*Pat*) *Foed.* XVI 14a.

22 (*~o, in ~o*) in the capacity (of), as the equivalent (of), as: **a** (w. gen. of person); **b** (w. gen. of thing or abstr.).

a a quo .. ~o filii susceptus est BEDE *HE* IV 13 p. 230; offerebat ut .. eum .. ipse ~o adoptivi semper haberet *Ib.* V 19 p. 324; ut missas celebranti suffraganei ~o serviret W. MALM. *GP* I 55 p. 103; 'adoptivus' .. ille qui nutritur in ~o filii OSB. GLOUC. *Deriv.* 395. **b** manus hostibus dabant, in aevum servituri, si tamen non continuo trucidarentur, quod altissimae gratiae stabat ~o GILDAS *EB* 25; digamma .. id est u ~o consonantis posita ALDH. *PR* 140 p. 198 (cf. BEDE *AM* 87: i vel u positis in ~o consonantium); hoc ipsum .. orationis ~o ducens, si infirmis fratribus opem suae exhortationis tribueret *Id. HE* IV 26 p. 273; lex: 'qui tyrannum occiderit, rem quam volet praemii ~o .. accipiet'; .. Thebe .. filium suum .. sibi in praemii ~o deposcit ALCUIN *Rhet.* 9 (cf. Cicero *De Invent.* II 144); sit ~o prohemii quid in hoc [libro] dicendum .. interserere BALSH. *AD rec.* 2 56; in isto lacu proiciunt .. lapides preciosos .. ~o oblationis [ME: *in stede of here offrynge*] *Itin. Mand.* 94.

23 (*~o, in ~o*) in place (of), instead (of) (thing or abstr.; *cf.* 20b *supra*).

c**761** (13c) si .. contigerit ut navis ista .. sit .. naufragio perdita, ut alia in ~o illius .. construatur *CS* 189; 'nove' .. non est in usu, sed in ~o ejus dicimus 'noviter' OSB. GLOUC. *Deriv.* 376; expositio .. thematis sepe ponitur ~o narrationis rethorice T. CHOBHAM *Praed.* 266; quidam boni organiste .. ponunt discordantias ~o concordantie *Mens. & Disc. Anon. IV*) 78; **1412** (v. dictio 3a).

24 a suitable occasion, opportunity, possibility, scope. **b** (w. defining gen. or *ad*) opportunity (of, to), scope (for).

a **1095** habeo voluntatem .. corrigendi .., cum ~us et opportunitas erit ANSELM (*Ep.* 192) IV 79; de qua [civitate], quia ~us se obtulit, pauca dicenda W. MALM. *GR* IV 353; currentibus per campum nullus offensioni datur ~us *Id. GP* IV 186 p. 326; hic timor [Domini] ante veniens ~um preparat charitati PULL. *Sent.* 815C; c**1212** si ~us adesset et occasio justa GIR. *Ep.* 5 p. 204; propter brevitatem temporis non est ~us dilacioni LYNDW. 81G. **b** in quibus [terris] .. ad exercendam militiam caelestem .. devotioni .. monachorum ~us facultasque suppeteret BEDE *HE* III 24 p. 178; cum praesentibus accusatoribus acciperet ~um se defendendi *Ib.* V 19 p. 327; non haberet ~um subveniendi ulla reconciliatio ANSELM (*Praesc.* III 9) II 277; de quibus .. in sequentibus amplior erit narrandi ~us W. MALM. *GR* I 92; cui [sc. Wilfrido] inter Christianos nullus ad latendum supererat ~us *Id. GP* III 102; [Christus] dat nobis ~um penitentie, et nos negligimus AILR. *Serm.* 23. 1. 322; nam fas non est inter nos / locus tristicie, / dum salus nobis oritur / fons vite, venie LEDREDE *Carm.* 58. 18 (~us tristicie *app. as virtual periphrasis for* tristicia).

25 (rhet., log.): **a** topic, source or form of arguments, argument of spec. type; **b** (in extended use). **c** 'status' of case, point at issue, matter in dispute (considered not w. ref. to facts of particular case, but as being of spec. type; *cf. OLD s. v. status* 4). **d** (*~us communis*) common topic or theme, commonplace.

a quattuor ex ~is benivolentia conparatur, ab nostra, ab adversariorum, ab judicum persona, a causa ALCUIN *Rhet.* 20 (= Cicero, *De Inventione* I 22); ne prolixitas aut frequens ejusdem ~i repetitio generet fastidium ANSELM (*Or. prol.*) III 3; c**1166** argumentorum .. ~os (v. b infra); si .. superbia maximum peccatum est, .. oportet per ~um a contrario quod humilitas maxima sit virtus T. CHOBHAM *Praed.* 239; locos loyce GARL. *Myst. Eccl.* 548 (v. b infra); ~i .. rhetorici certum factum et certam personam respiciunt ..; ~i autem dialectici potius aliquod commune considerant KILWARDBY *OS* 616; sepe arguitur per ~um a minori per illam regulam: si illud quod minus videtur inesse, inest, et illud quod magis OCKHAM *Pol.* II 828. **b** c**1166** qui argumentorum multiplices ~os et sedes credit et virtutum nullos, garrulus utique potest esse .., sed proculdubio non dialecticus .. est J. SAL. *Ep.* 181 (182); in aris / tolle locos loyce, fidei locus hic operatur GARL. *Myst. Eccl.* 548. **c** ~i controversiarum, quos rhetores status causarum appellant, id est, ubi quaestio consistit et primum non convenerit inter partes, sunt rationales aut legales ALCUIN *Rhet.* 7. **d** possunt .. communes ~i ad quamlibet partem inflecti pro facundia oratoris W. MALM. *GR* V 406; quoniam multos .. thesauros per somnia constat inventos fuisse, mihi quidem verisimile videtur .. somnus credi oportere. et non oportere ~um communem esse GIR. *IK* II 2 p. 111; NECKAM *DS* X 56 p. 497 (v. communis 2g).

26 a situation, state. **b** context (in discourse).

a perspiciens quo ~o rerum suarum fortuna staret W. MALM. *GP* I 60 p. 114; [mustela] injuriarum pro ~o dissimulatrix et ultrix GIR. *TH* I 27. **b** tropus est dictio ab eo ~o in quo propria est translata in eum ~um in quo propri[a] non est *Gl. Leid.* 28. 33 (cf. Cassiodorus *in Psalm.* iii 6).

27 place (in person's mind, feelings, *etc.*); *cf.* 28b *infra*). **b** (*~um invenire apud*, w. feeling,

circumstance or sim. as subj.) to find acceptance with, to be entertained or considered by (a person).

qui .. apertis in se sordibus ~um aut malignis praebent spiritibus BEDE *Cant.* 1163. **b** ?**961** nullum apud te ~um favor indiscretus inveniat (*Lit. Papae*) EADMER *HN* 326 (= *CS* 1069); c**1073** excusatio incognitae linguae .. nullum apud eos ~um invenire praevaluit LANFR. *Ep.* 1 (1).

28 (in var. senses as obj. of *dare, facere*; *cf.* 24 *supra*): **a** (*~um dare, facere*) to give place (to), make room (for a successor or replacement). **b** (*~um dare*) to give way (to), yield (to emotion, vice, or sim.).

a c**798** ut [spiritus] .. recedat dans ~um Deo ALCUIN *Ep.* 137 p. 214 (v. conjurare 4); dare ~um monachis WULF. *Æthelwold* 18 (v. dare 11b); Sigebertus .., post annum solio deturbatus, meliori ~um fecit W. MALM. *GR* I 41; ibi .. omnis invalitudo sanitati ~um fecit *Ib.* II 162 p. 184; dedit ~um improbitas religioni *Id. GP* III 101 p. 231. **b** quippe qui nulli unquam ignavie ~um dederit, quin sua et tutaretur et protenderet *Id. GR* I 17; dant locum manie WALT. WIMB. *Carm.* 529 (v. efferus).

29 (in var. senses as obj. of *habere, tenere, obtinere*; *cf.* esp. 18a, 19b, 20c, 21, 24b *supra*; also *habere* 27): **a** (*~um habere, tenere, obtinere*) to have force or applicability, be valid, hold good. **b** (*~um habere*) to take place, occur. **c** (*~um tenere* w. gd. or gdv.) to have the function (of), to serve the purpose (of). **d** (*~um habere*) to have a function, play a part (in).

a W. FITZST. *Thom.* 40, GIR. *GE* II 6, etc. (v. habere 27d); **1319** credens predictam proteccionem sibi ~um tenuisse *Cl* 136 m. 15; **1342** statutum .. predecessoris nostri .. ~um volumus obtinere *Conc.* II 693a; **1359** iste ordinaciones vel statuta ~um teneant *Doc. Bev.* 5. **b** (v. habere 27c). **c** **1272** eadem bargia ~um nobis tenere poterit ad meremium nostrum .. cariandum .. per Thamisiam *Cl* 460. **d** **1583** *that masters instruct their schollers in the falshood of these tenetts*: .. casus et fortuna ~um habent in rebus naturalibus et humanis (*General Assembly, Kirk of Scotland*) *EHR* XIV 258 n.

30 (exx. illustrating use of *~i, ~orum* as part. gen.): **a** (w. adv. or n. pron.); **b** (w. sb.).

a *CS* 22, BEDE *HE* II 7, etc. (v. 1 is 13b); devenit in illud ~i [v. l. illud in ~i] ubi .. BEDE *HE* III 9 p. 146; [coenobia] ubicumque ~orum [AS: *stowa*] decentissime restauravit *RegulC* 2; paganis .. depopulationi quoquo ~orum operam dantibus ABBO *Edm.* 12; ut .. observetis vosmet eleganter ubique ~orum [AS: *on ælcere stowe*] ÆLF. *Coll.* 103; Romam profectus .., ubi ~i .. W. MALM. *GR* IV 339; humatus est Tavistokie, quo ~i multa .. contulerat *Id. GP* II 94 p. 201; ibi locorum W. CANT. *Mir. Thom.* II 82 (v. ibi 1a). **b** squalida per saltus peterent ut rura [v. l. rara] locorum ALDH. *VirgV* 757; divitiae crescunt diversa in parte locorum ÆTHELWULF *Abb.* 491; abdita ~orum explorabant G. MON. I 8.

31 (exx. illustrating var. irregularities): **a** (w. f. adj. or pron.); **b** (sg. w. n. pron.); **c** (*~a* treated as sg.); **d** (foll. by *ubi* in place of rel. pron.).

a a**680** (14c) in ~o famosa E. *CS* 60; ?**750**, *Terr. Fleet* 83 (v. 7b supra); latebra, ~us occulta *GlC* L 82; **838** in illa famosa ~o quae appellatur C. T. *CS* 421 (= *Conc. HS* 617); **863** in illa ~o hubi nominatur M. *CS* 507; **1423** (v. daubatio). **b** ambulate .. ad ~um destinatum, quod vobis praeparatum est EGB. *Pont.* 45; **850** (13c) usque ad ~um quod appellatur H. *CS* 458 (cf. ib.: ~um qui); **904** (12c) in eodem ~o quod Saxonice dicitur æt Stoce *CS* 611; purgantes hoc ~um BYRHT. *V. Ecgwini* 395. **c** **843** altera .. molina in ~a qui dicitur N. .. et altera silva in ~a qui vocatur B. E. *CS* 442 p. 18; **854** (? 11c) in ~a q' dicitur H. H. *CS* 469. **d** **680** (12c) in ~o celeberrimo ubi nominatur Heðfeld *CS* 53 p. 86; **778** (? 10c) in ~um ubi a ruricolis dicitur *aet ðam holen stypbum CS* 225; **863** (v. a supra); **864** (11c) in ~o ubi solicoli nominant Eatum *CS* 509; ad ~a ubi Macri dicitur ORD. VIT. VII 12 p. 213.

32 *f. l.*

705 (12c) nichil quod non ad fatalem vitae terminum †loci [*Reg. Malm.* I 288: veloci; cf. *CS* 1214 (**968**, 14c) etc.] cursu protendatur (*Ch. Aldhelmi*) W. MALM. *GP* V 225 (= *CS* 114); BRACTON 200b, 431b (v. l., v. jocus 2c).

locusta [CL]

1 (insect): **a** locust, grasshopper; **b** (w. ref. to *Matth.* iii 4, *Marc.* i 6; *cf.* 3 *infra*); **c** (fig., applied to person). **d** (in gl., identified w. var. insects).

a venit ad eum ~a .., e cujus nomine statim quasi sibi diceret "sta in loco" agnovit *V. Greg.* 86 (*w. ref. to supposed etym.*; cf. J. SAL. *Pol.* 412D [v. gradi 2c]); potest .. in ~a anachoritarum concors unitas accipi, quae .. carnalium voluptatum germina consuevit absumere BEDE *Prov.* (xxx 27) 1026; chantari, vermes qui cantant nocte sicut ~e *Gl. Leid.* 38. 5; cunei ethnicorum .. superficiem terre sua multitudine veluti ~e cooperuerunt ORD. VIT. XI 25 p. 245 (cf. *Judith* ii 11); caseus .. lateat coopertus foliis propter insidias .. muscarum, cinifum, ~arum [*gl.*: *langutres* (etc., v. 1d infra)], brucorum NECKAM *Ut.* 110; heretici assimulantur ~e, que volare non potest in altum .. et deficientibus pennis .. concidet in sepe, in sentibus .. GASCOIGNE *Loci* 117. **b** hic [sc. Johannes baptista] erat in saltu silvestria pabula mellis / atque locustarum mandens corpuscula frugi ALDH. *VirgV* 400; ~arum celestem volatum et spiritalis mellis dulcedinem AILR. *Serm.* 14. 20. 293D; M. RIEVAULX (*Ep.*) 63 (v. 1 esse). **c** celebre est .. eum incumbere consilio ~arum, quarum potestas dumtaxat in linguis est et caudis earum [cf. *Apoc.* ix] J. SAL. *Ep.* 148 (177 p. 180). **d** scarabeus, genus ~ae *GlC* S 151; ~arum, *musches. vaspes. de taoun, brese. scarbot. dore* Anglice [etc.] NECKAM *Ut.* 110 *gl.* (cf. 1a supra); *Medulla* (v. 3a infra); *a brese*, atelabus, brucus vel ~a *CathA*.

2 (crustacean): **a** lobster (also *~a marina*). **b** (app. expl. in gl. as) wood-louse.

a ~a, *lopust GlC* L 262; carabus, i. ~a piscis *Gl. Laud.* 445; ~e marine GERV. TILB. III 73 (v. centria); si inveneris in berillo ~am marinam sculptam et sub pedibus ejus corniculam .. *Sculp. Lap.* 451; tria sunt genera ~arum, unum marinum quod est *lopestere Teaching Latin* I 52; nomina piscium: .. licusta [*gl.*: *crevys*], cancer, mullus .. STANBR. *Vulg.* 12. **b** ~as, i. *lotechestes Teaching Latin* I 51 (cf. *MED* s. v. *loccester*).

3 (plant, in usage arising from misinterpretation of *Matth.* iii 4, *Marc.* i 6; *cf.* 1b *supra* and *Reallexikon für Antike u. Christentum* XIV (Stuttgart, 1988) 1247–8): **a** 'honeysuckle', or sim. (some quots. may refer to red clover, *cf. OED s. v.* honeysuckle 1). **b** (pl.) edible twigs or sim.

a ~a, A. *a honysouke WW* 593. 23; hec ~a, A. *a sokylblome WW* 787. 21 (cf. *PP*: *sokelyng, herbe*: ~a); ~a, *a brese* [v. 1d supra] *and an honisoke Medulla* 38a–b (v. *MED* s. v. *honisouke* d); *hony suckle*, ~a .., periclimenum LEVINS *Manip.* 185. 11. **b** ~ae sunt ramorum in arboribus extremitates adhuc recentes atque tenerae, quibus divum Jo[hannem] usum esse pro cibo scribit Paracelsus *LC* 249b.

locutio [CL]

1 act or capacity of speaking, speech; **b** (transf. to mental or spiritual act).

a**626** licet .. divinitatis potentia humanae ~onis officiis explanari non valeat (*Lit. Papae*) BEDE *HE* II 10 p. 100; *Lib. Monstr.* I 7 (v. distinguere 2c); plerumque attollit se homo in opinione et voluntate et ~one et opere *Simil. Anselmi* 25; ut '~o' tum sermo tum loquentis actus appelletur BALSH. *AD rec. 2* 42 (v. et. 3a infra); impedimentum ~onis GILB. I 44. 1 (v. hieros 2e); est .. os universale vas organorum ~onis in homine, vociscitationis in brutis *Ps.*-RIC. *Anat.* 29. **b** mentis .. ~onem hoc intelligo, non cum voces rerum significative cogitantur, sed cum res ipse .. in mente conspiciuntur ANSELM (*Mon.* 10) I 24; ~o malorum angelorum est movere phantasmata incentiva vitiorum; ~o bonorum angelorum est admiratio in laude Creatoris; .. loqui animarum est offerre sua desideria HALES *Sent.* II 185.

2 manner of speaking or expression, diction, style (also w. ref. to written works).

ad predicandum indoctis verbum Dei clara idoneaque ~one vigebat ORD. VIT. V 4 p. 315; que si non secundum enunciacionem sufficienter distinximus, inventori primo, si non secundum ~onem convenienter, explicatori primo indulgendum est BALSH. *AD rec. 2* 103 (MSS: v. editionis apparatum); ne [*ed. adds*: quis] dimittat sensus interiores sentenciarum pro curiositate ~onis EDMUND *Spec. Relig. prol.* p. 28 (cf. *Spec. Eccl.*: propter curiosam loquelam exteriorem).

3 **a** that which is spoken, articulate sound, speech, utterance (in general; also transf. to written work). **b** (*~o prosa* or *communis*) prose. **c** (*figura ~onis*) figure of speech.

a quid curamus quid loquamur, nisi recta ~o [AS: *riht spræc*] sit et utilis ..? ÆLF. *Coll.* 89; **10**.. sermo vel ~o, *spræc WW*; vis .. prophetarum verba ordine loquutionis [v. l. locutionis] humane consueto accipere? PETRUS *Dial.* 82; elata ~o et superba operatio .. ei [sc. superbiae] famulantur ALEX. CANT. *Dicta* 18 p. 178; divina .. ~o gramaticorum regulis subjecta non est, et humane loquacitatis idioma sequi .. cogi non potest ORD. VIT. VIII 21 p. 393; BALSH. *AD rec. 2* 103 (v. 2 supra); imperiis ejus [sc. grammatice] se recta locutio subdit NECKAM *DS* X 41 p. 497. **b** Aristoteles .. enigmata prosae ~onis facundia fretus argumentatur ALDH. *Met.* 6; prosa, communis ~o *GlC* P 698. **c** quae figura ~onis Graece metonimia id est transnominatio vocatur BEDE *Hab.* 1244; schemata, figure ~onis OSB. GLOUC. *Deriv.* 557 (cf. ib.: schema, figura dictionis).

4 **a** (individual) articulate sound, expression, phrase, sentence, proposition (in speech or writing); **b** (descr. as common, frequent, *etc.*, w. ref. to saying, proverb, rumour, or sim.); **c** (descr. as literal, figurative, containing figure of speech, *etc.*). **d** (form of) expression.

a de schematibus sive tropis libellum, hoc est de figuris modisque ~onum, quibus scriptura sancta contexta est BEDE *HE* V 24 p. 360 (cf. 3c supra, 4c infra); **780** (11c) ut 'bonum operemur ad omnes', sicut affirmat apostolica ~o [*Gal.* vi 10] *CS* 847; a**1078** hoc ~onis genere .. dici potest quia Christus .. patiebatur et non patiebatur LANFR. *Ep.* 50 (46 p. 148; cf. ib.: hoc ~onis modo); ex usus ~onum notitia BALSH. *AD* 28 (v. 1 designare 2a); in his duabus ~onibus 'connubia sunt', 'nuptie sunt' NECKAM *SS* I 30. 4; ~o .. est vox que litteris articulatur BACON *Gram. Gk.* 29. **b** ~o consueta, qua nos patimur .. levius non esse sapientes quam insipientes dici ABBO *QG* 21 (46); dum de tali furto crebra ~o populos moveret ORD. VIT. VII 13 p. 219; sicut vulgus in cotidiana ~one perhibet, malum debet fieri ut pejus cesset *Ib.* XI 22 p. 235. **c** favus .. allegoricam ~onem figurate denuntiat BEDE *Prov.* (xxiv 13) 1009; antifrasin, contraria ~o *GlC* A 561; [Merlinus] que futura erant .. tipicis .. ~onibus memorie litterarum tradidit ORD. VIT. XII 47 p. 489; hic barbarismus, -mi, i. vitiosa ~o orationis in communi sermone OSB. GLOUC. *Deriv.* 69; impropríe ~ones sepe magis usitate sunt quem proprie NECKAM *SS* II 21. 9; cum dicitur Deus ignis aut lumen .., figurative sunt ~ones *Ib.* II 66. 3; Plato .. utebatur ~onibus methaforicis ad abscondendum suam doctrinam ab indignis T. SUTTON *Gen. & Corrupt.* 117. **d** a parte totum, quae .. tropica loquutio [v. l. locutio] .. scripturis sanctis usitatissima esse dinoscitur ALCUIN *Ep.* 143 p. 225; secunda .. ~o parabolica WYCL. *Ver.* I 66 (v. historizare 1).

5 oration, sermon, discourse, speech, address; **b** (transf. to written work).

o pueri, quomodo vobis placet ista ~o? [AS: *þeos spæc*] ÆLF. *Coll.* 100; episcopus .. prolixam ~onem de magnificentia defuncti principis eloquenter protelavit ORD. VIT. VII 16 p. 252; ubi prefata in lucem facunda ~one mater Grammatica †expromisset [MS: exprompsit] OSB. GLOUC. *Deriv.* 247; **1358** indocte in ~one mea dans intelligere quasi ii essent sophiste *MunAcOx* I 211. **b** ut [Petrus] errorem Pelagianum omni ~onis [sc. epistulae] suae parte damnaret BEDE *Ep. Cath.* 68; pulchrum .. initium ponit novae ~onis *Id. Prov.* (xxii 17) 1004; tenete .. finem fatuae meae allocutionis in memoriam .. nostre dilectionis; fatuam dico ~onem sed non sententiam ANSELM (*Ep.* 2) III 101; hic decalogus, -gi .. i. de decem preceptis ~o OSB. GLOUC. *Deriv.* 167.

6 **a** conversation, discussion, talk (also transf. to written communication); **b** (denotes formal interview, audience); **c** (mon., denotes conversation allowed by rule, or period allotted to such conversation). **d** (written) dialogue, colloquy.

a **601** ut .. nostra .. apud vos ~o latior excrescat (*Lit. Papae*) BEDE *HE* I 32 p. 69; **803** (11c) ego D. episcopus fui memorando pristinae [*sic*] ~onis .. H. episcopi et Wulfheardi circa terram illam *CS* 308; **897** (11c) accidit .. inter alias ~ones quid Æ. loquebatur .. ad U. *CS* 575; abbati qui ad eum [sc. Guthlacum] causa pie ~onis venerat ORD. VIT. IV 15 p. 273; **1343** major et aldermanni, habita inde ~one, preceptum est vicecomitibus quod .. *MGL* II 445. **b** nichil datur a papa, eciam introitus ad suam ~onem [v. l. locacionem], nisi ematur WYCL. *Chr. & Antichr.* 691. **c** **1234** communes ~ones, que in claustro aliquando fieri permittuntur, de scripturis sint (*Vis. Bury St. Edm.*) *EHR* XXVII 731; erunt due ~ones in claustro ante prandium (*Cust. Bury St. Edm.*) *HBS* XCIX 37 (cf. ib.: parleamenta); quando itur .. ad ~onem in claustrum *Obs. Barnwell* 94. **d** a**1332** ~o Latina glosata Anglice ad instruendos pueros *Libr. Cant. Dov.* 50.

7 (leg.) suit, claim, accusation.

si nobis pecunia surgat a [v. l. de] nostra communi ~one [AS: *æt urum gemænum spræce*] (*Quad.*) *GAS* 175; de tractatione [v. l. consuetudine] ~onum secundum quod sunt (*Leg. Hen.* 64 tit.) *GAS* 583 (cf. ib. *Leg. Hen.* 64. 1: omnis *tihla* ..).

8 **a** form of speech used by a specific group of people, dialect, idiom. **b** language (of nation *etc.*). **c** (*~o communis* or sim.) popular speech, common parlance.

a **942** (12c) insulam .. quam solicole consueverant rusticana ~one Suthereye appellare *CS* 774 p. 508. **b** transtulimus hunc codicem ex libris Latinorum .. in nostram consuetam sermocinationem ob aedificationem simplicium qui hanc norunt tantummodo ~onem ÆLF. *CH Praef. I* 1; [rex] Anglicam ~onem plerunque sategit ediscere ORD. VIT. IV 7 p. 215; Latialis ~onis dilectores OSB. GLOUC. *Deriv.* 493; barbarice ~onis ELMH. *Cant.* 338 (v. apocopare a). **c** usus .. communis ~onis hoc habet, ut et pati et multa alia dicat 'facere', que non sunt facere ANSELM (*Ver.* 5) I 182; pro eodem habeat publice ~onis usus BALSH. *AD* 97.

locutor [CL], one who speaks, speaker, talker. **b** Speaker of Commons (*cf. praelocutor, prolocutor*).

contionator i. ~or. *motere* vel *maþelere GlH* C 1715; non sis verbosus, nec verborum repetitor, / non percunctator, non improbus esto locutor D. Bec. 633; si constet proprie domine mechata libido, / mutescas; domino super hoc non esto locutor *Ib.* 1919. **b** **s1397** misit rex plebeis, ut ante recessum eorum de ~oribus parliamenti convenirent ..; die ergo Martis sequente dominus J. B. .. per plebeios ~or parliamenti conspectui regis presentatur *V. Ric. II* 132; **1555** loquutor (v. demiurgus).

locutorium [LL]

1 (w. ref. to person) instrument through which another speaks, 'mouthpiece'.

papa Gregorius .. vas et loquutorium Spiritus Sancti *Tract. Ebor.* 670.

2 (mon.) parlour (*cf.* D. Knowles, *Mon. Order in Eng.* (Cambridge, 1950) 454–5).

[abbas clericos extraneos] in ~ium adducat Lanfr. *Const.* 153; edificavit .. duo ~ia, unum ad orientem juxta capitulum, aliud ad occidentem sub capella abbatis *Abbat. Abingd.* 286; **1234** dum .. misse .. celebrantur, in ~io loquendi et alibi divertendi non concedantur (*Vis. Bury St. Edm.*) *EHR* XXVII 730; **1257** quod [custos foreste] faciat habere fratribus minoribus .. xij quercus ad meremium loqutorii sui *Cl* 75; omnes monachi .. porrigent osculum abbati in claustrali colloquio vel in loquitorio *Obed. Abingd.* 338; cum aliquo loqui in loquutorio *Ib.* 348; cum ad ~ium [ME: *to þe parlures þurl*] accedit religiosus .., prius inquirendum cum quo fari debeat *AncrR* 16; **s1429** Alexander cliens et famulus loqutorii *Chr. S. Alb.* 36; sepultus .. est in claustro ante introitum ~ii domus capitularis, juxta ostium dormitorii Flete *Westm.* 129; hoc ~ium, A. *parloure WW.*

locutorius [ML *in phr.* ~ia fenestra, cf. *DuC*], (leg., of sentence) interlocutory (*cf. interlocutorius*).

1294 prolatione ~iarum vel diffinitivarum sententiarum (*Bulla Papae*) B. Cotton *HA* 276.

locutrix, (as adj.) speaking, expressive, eloquent. **b** (as sb.) one who talks or speaks (f.).

plurima perstringat paucis expressa locutrix / emphasis Vinsauf *PN* 693 (v. emphasis b). **b** [conjunx tua] non sit causatrix, non sit picosa locutrix [v. l. loquatrix], / sit simplex, lepida D. Bec. 2255.

loda v. 1 lada.

lodarius [ME *lodere*]

1 one who loads, loader, carrier.

1288 subcelerarius unam clavem inde [sc. granarii braserie] habeat, et berthonarius vel ejus ~ius, si voluerit, aliam clavem *Cant. Cath. Pri.* 211; **a1377** in stipendio ~ii, iij s. *Ac. Obed. Abingd.* 41; **1381** in uncto empto pro .. carecta ~ii ungenda *DCCant. Bartoner* 58.

2 pack-horse (*cf. OED s. v.* loader 2).

1312 in prebenda palifrid' et ~ii x sum. (*Comp. Bertonarii*) *Arch. Cant.* LV 24; in ferratura palfridi et ~ii *Ib.* 25; **1378** in ij capistris emptis pro ~io *DCCant. Bartoner* 55; **1381** in .. emendacione harnasii pro ~io *Ib.* 58.

lodculus [*app.* ME *lode + dim. ending* -culus], ? small load.

c1250 ~us *MFG* (*Hatfield Broad Oak, Essex*).

lodecorda [ME *lode + corde* (cf. chorda)], rope for securing cart-load, cart-rope.

1317 in una lodcorda de xxxij tesiis empta, ij s. iij d. *MS DCExon 2612* m. 3 (cf. *Fabr. Exon.* 79); **1324** in j lodecord' ad carectam, j d. *Ac. Man. Wonston, Hants.*

lodemannus v. lodmannus. **lodemonagium** v. lodmannagium. **lodesina** v. lodmannus. **lodesmanagium** v. lodmannagium. **lodesmannus** v. lodmannus. **lodex, lodic-** v. lodix. **lodisingus** v. losenga. **lodismanus** v. lodmannus.

lodium [dub.], (arch.): **a** louver, smoke-hole (also w. ref. to adjustable device of boards or sim. covering smoke-hole. *Cf. Building in Eng.* 220–1). **b** gutter. *Cf. aulodium, lovarium.*

a [scriptor] habeat .. ~ium [*gl.*: *viket. lovere* (etc.)], cujus beneficio lux intrare possit Neckam *Ut.* 117; in aula mea hec architectari feci, .. lacunaria, tigna, ~ia, trabes .. Garl. *Dict.* 137 (cf. *gl.*: ~ia dicitur a lucem do, quia per ~ium intrat lux domum); **1292** R. de W. ascendebat usque ad ~ium ejusdem prisone et ibi exivit et in descendendo usque ad terram .. captus fuit (*JustIt*) *Doc. Scot.* I 359; in .. j ~io aule de novo facto *DL MinAc* 1/1 r. 4; **1335** pro ij ~iis novis et ij *corantz KR Ac* 469/18 m. 1; **1373** pro ij *loupebord'* de quercu emptis pro iij ~iis in dicta candelaria . . . eidem pro xiij peciis meremii vocatis *quarters* emptis pro stothis ad fenestras et ~ia *Ib.* 469/13; **1425** [carpentarii et tegularii] submiserunt se judicio majoris .. super factura novorum ~iorum que vocantur *draghtlovers* venalium *Mem. York* II 174; **1434** in iiij cordis canabi emptis pro diversis ~iis in diversis tenementis tractandis *Fabr. York* 55; *CathA* (v. 1 fumarium). **b** hic imbrex, hoc ~ium, *lover Gl. AN Glasg.* f. 20ra; *lovere off an hows*, ~ium .., umbrex *PP.*

lodix [CL], **~ex, ludix** [LL], **lodica, ~icius, ~icus,** sheet, blanket, rug (esp. as bed-covering), cover; **b** (fig.). **c** ? (wooden) cover. **d** (*ludix*, perh. w. play on *lud-*) prostitute (? as bed-covering and playmate).

~ix, *loða GlC* L 261; ~ix, *wæstling Ælf. Sup.* 187. 28; hic ~ix, -cis i. †vellus [MS: i. vestis linea que Gallice *velus* dicitur] Osb. Glouc. *Deriv.* 321 (cf. ib. 328); sub lodice sepultum / zoi chai sichen [i. e. ζωὴ καὶ ψυχή, cf. Juvenal *Sat.* VI 195] Hanv. VII 305; ~ex .. cujus operimenti integumento .. reliquiarum coetus .. fuerat obvolutus ..; idem ~ex lineus .. fuit R. Cold. *Cuthb.* 42 p. 88; sirmata et longa girophea et ~ice trabeales [vv. ll. ~ices (*or* ludices) teatrales; *gl.*: *launges. dras veliz. dras a puteyne. bele vesture*, etc.] Neckam *Ut.* 101; stragula, cento, toral, pulvinum, culcitra, lodex Garl. *Syn.* 1587C; de vestibus thori vel lecti: .. hec ~ex vel sagum, vestimenta quibus homines cooperiuntur *Gl. AN Ox.* 318; **1326** viij matraces, vij ~icii, j tapetum, iiij canaba .. pro lectis fratrum *Ac. Durh.* 114; **1427** lego .. meum lectum optimum, viz. unum coopertorium de *bukesyn*, .. j tapetum, ij ~ices, ij lintheamina .. *Mem. Ripon* I 329; **1579** unum ~icum lineum vocatum *a sheete* .. asportaverunt *Pat* 1176 m. 42. **b** baptismi .. tingitur undis, / quatenus exuvias spoliaret mente vetustas, / et nova de liquido sumatur gurgite lodex Aldh. *VirgV* 1181. **c** **1317** in iiij lodic' ligneis ad cementar' emptis, j d. *MS DCExon 2612* m. 3 (cf. *Fabr. Exon.* 79; *perh. to be understood as* ~icibus lineis *and referred to* a supra). **d** ludices, meretrices, lupercae Osb. Glouc. *Deriv.* 324.

lodmannagium, lodesmannagium [ME *lodmanage, lodesmanage*], (naut.) (charge for) pilotage, navigation.

1282 cum lodmanagio (v. 2 bonagium a); **1284** pro lodmannagio v navium .. x s. *KR Ac* 351/9 m. 8; **1296** pro tonnagio et locmanagio [*or* ? lotmanagio], *dennyng* [i. e. *dunnage*?], et jactando blad' de loco in locum *KR Ac* 6/2 (4) (= *RGasc* III cliv n. 3); **1297** in touwagio dictarum lanarum et in loadesmanagio *KR AcCust* 5/5 m. 7d (cf. *OED* s. v. *towage* 2); **1300** eisdem pro stonag', levag', lodmannag' .. et aliis minutis custibus appositis circa idem allec' tam apud Jernem' quam apud Hull', iiij li *AcWardr* 55; pro lodmannagio earundem navium per totum costeram Scocie et Hibernie *Ib.* 276; **1315** pro fretto diversarum navium unacum lodmannagio earundem .. victualia portancium *Doc. Ir.* 330; **1335** in lodemonagio H. B. et xiiij marinariorum lodemannorum existencium et euncium in xv navibus *KR Ac* 19/16 m. 5; **1346** lodmenag': .. idem Thomas computat solvisse cuidam marinario vocato *lodman* ducenti dictam navem ex Burseldon' usque Solente ij s. *Ib.* 25/7 m. 1; **1442** pro lodmannagio dictarum navium extra portum de Pole ad partes Normandie *War. Issue* 59/97; **1536** mercatores .. primagium et lodesmanagium eorum .. non solventes *HCA* 14/1 f. 326v (cf. *EHR* LXV 475).

lodmannus, lodesmannus [ME *lodman, lodesman*], (naut.) navigator, pilot (on voyage or in harbour).

1212 Johanni P. qui fuit †lodesina [? l. *lodesman*] marinellorum de Waterford usque Cestriam *Pipe Ir.* 14; **1282** lodmanno navis x s. iij d. *KR Ac* 4/3; in .. stipendio unius lodmanni conducentis navem illam extra portum Novi Castri usque mare *Pipe* 143 (*Resid. Northumb*); **1300** pro vadiis unius lodmanni conducti pro eadem navi guianda inter Kirkcudbrith et Karlaverok *AcWardr* 273; **1300** lodmannis (v. dennere); **1340** Hermanno C. lodemanno *TR Bk* 203 f. 107; **1394** navis illa .. per incuriam cujusdam lodesmanni per prefatos mercatores .. conducti super quandam sabulonem posita *Cl* 235 m. 24; curam alicujus navis .. ducendi de loco in locum ut lodismanus *BBAdm* I 230.

lodmenagium v. lodmannagium.

lodo [? cf. ME *lot* < AS *hlot* = '*allotted share*'], ? unit of land measurement.

c1286 vj acras .. terre de feodo S. Edmundi pertinentes ad lodones quas R. de B. et sui parcenarii tenent *Reg. Pinchbeck* II 40.

lodum, ~us v. 1 lada, ludus.

lodwara [ME *lode + war*], 'load-ware', (app.) loaded goods or merchandise.

1296 (v. 1 lada 3).

loe- v. et. le-.

loedoria [LL *f. sg.* < λοιδορία; in quots., also n. pl.], **a** insulting language, insult, abuse (freq. w. *scomma, cf.* Macrobius *Sat.* VII 3. 2–6). **b** reproof, rebuke.

a quicquid ad egerendam .. petulantium ledorie vel scommatum verbis aut motibus occurrerit intempestum (*Quad.*) *GAS* 531; est .., ut in libro Saturnaliorum Eustachius docet, ~ia que exprobrationem et directam contumeliam continet; scoma quidem morsus est figuratus .. J. Sal. *Pol.* 709A; **1167** ut ~ias et scomata, id est patentes morsus et figuratos, taceam *Id. Ep.* 220 (227 p. 396); [pueri] ledorias jaculantur et scommata W. Fitzst. *Thom. prol.* 9; dum vel sales vel ledoria nunc levi lingua, nunc mordaci .. emittunt Gir. *DK* II 14 p. 190; [Cicero] acriter et acerbe per sales et ledoria respondebant *Id. Invect.* I 13 p. 129; senecias esse .. sales acerrimos, qui dicuntur Grece lidorie, lidorin [λοιδορεῖν] enim Grece est maledictio Neckam *NR* II 32 (cf. ib.: lidoriam .. dicere deberemus (cf. ib.: lidoriam .. dicere deberemus [sc. non ledoriam a ledendo]); histrionis sales, gesticulationes, scomata, lidorie *Ib.* II 157 p. 255. **b** **c1168** evangelicam ~iam quam in Judeos Christus intorsit 'multa bona opera ..' [*Joh.* x 32] J. Sal. *Ep.* 251 (246 p. 494).

loedorice [*λοιδορικῶς, cf. *recorded form* λοιδόρως], insultingly, abusively.

[eos] boves Abrahe vel asinos Balaamitos .. derident, aut si quid scomatice magis aut ~e in eos dici potest J. Sal. *Met.* 832D.

loedorin [λοιδορεῖν], to insult, abuse (Gk. inf. used in quot. as sb.).

lidorin Neckam *NR* II 32 (v. loedoria a).

Loegria [W. *Lloegr*], England.

Locrinus, qui primogenitus [Bruti] fuerat, possedit partem insula que postea de nomine suo appellata est ~ia G. Mon. II 1 (*dist. from* Kambria *and* Albania); ut Belinus diadema insule cum ~ia atque Kambria nec non et Cornubia possideret *Ib.* III 1; ecclesie diversarum provinciarum, ~ie videlicet et Norhamhimbrie *Ib.* XI 10; inter universos .. Kambrie seu etiam ~ie fluvios Gir. *IK* II 3 p. 114; Loagrie Tameris divisor Cornubieque Neckam *DS* III 905 p. 416; Loegria [v. l. Logria] .. hodie vulgate vocabulo Anglia dicitur Higd. I 43; ~ia .. continet in se Cornubiam et Deiram *MGL* II 624.

loerem-, loeren- v. lorena. **loetus** v. laetus. **lof-, loff-** v. et. lov-.

lofirna [? ME *luf + iren*], (naut.) ? 'luff-iron', luff-hook (*cf. Sea Terms* II 63).

1311 extimavit ~am et alia apparamenta dicte navis ducentas libras morlanorum *RGasc* IV 562 p. 162a.

lofta, ~ium [ME *loft*], upper room, loft.

1299 custus domorum .. in ~io grangie emendando cum clavis ad idem emptis, ij d. *Ac. Man. Silkstead, Hants*; **1496** quoddam celare cum quadam camera sive ~a superedificata *AncD* A 4086.

loga v. logia. **logadion** v. hieros 2d. **logea, logeum** v. logia.

1 logga, ~um, ~us [ME *logge*; *quots. below may contain the vernacular word*], piece of wood, log.

1306 in ridis et ~is ad novam portam secandis, xij d. (*Ac. Middleton Essex*) *DCCant. BR/Middleton* 21; **1355** in .. c ~is (v. estrichborda).

2 logga v. logia.

loggare, ~iare [cf. logga]

1 (intr.) to cut logs.

1205 hachas ad ~iandum (v. 1 hachia a).

2 (tr.) to repair with wood.

1408 furrabit et ~abit instr[umenta] molendini (*Ac. Birdbrook, Essex*) *Essex RO* (*document not traced*; cf. *MFG*: ~o, *to repair or renew woodwork* [**1403**, *but perh. w. ref. to same quot. and with erroneous date*]).

loggea v. logia.

logia, ~ium, ~ius [ML; cf. AN, OF *loge*, ME *logge*]

1 lodge, hut, dwelling: **a** (var.); **b** (in park or forest, or for hunting); **c** (in pastures, or for use of shepherds, *etc.*); **d** (for use of fishermen). **e** (in surname).

a **c1158** ecclesiam ejusdem ville, fagetum, ~ias .. *Act. Hen. II* I 200; **1163** duas mansuras cum logis pertinentibus ad easdem mansuras *Reg. Ant. Linc.* I 206; **?1166** testibus .. W. de H., W. de M., apud ~ias de Duncliveshalch *Regesta Scot.* 79 (*expl. by ed. as 'hunting lodges'*, cf. c infra); **1221** W. le N. appellavit R. M. .. de combustione cujusdam ~ie sue *PlCrGlouc* 190 p. 48; **1275** F. rector ecclesie de Crowel Episcopi asportavit unum truncum ad faciendas locas ad eandem *Hund.* I 98b (*Shaftesbury, Dors*); **1288** pro carpentariis conductis ad faciendum ~ios regis *KR Ac* 352/14 m. 6; **1353** A. le W. appropriavit sibi unum gardinum super solum communitatis .. et fecit unam ~iam ibidem *MGL* II 454; **1389** (v. garita 1); **1437** cum omnibus feodis mansionibus et ~eis infra turrim nostram dicti orologii et extra *Cl* 288 m. 14; de meremio pro una ~ia .. inveniendo Flete *Westm.* 124. **b** villani .. faciunt ad magnas cazas coquinam et lardarium .., et adducunt totum corrodium episcopi a Wolsingham usque ad ~eas *Boldon Bk.* 29; **1188** S. de W. r. c. de j m. pro ~ia facta in foresta

Pipe 51; **1308** (1386) infra ~ias suas et clausuras ~iarum infra liberam chaceam [de Niderdale] *Pat* 321 m. 26; ad clausturam hujusmodi circa parcum predictum perfici et fossati ibidem ac saltus et lugeas fieri .. faciendum *Pat* 231 m. 18; **1377** particule compoti prioris de Mertone .. de expensis appositis circa reparacionem logge in parco de B. (*MinAc*) *Banstead* 353; **1567** dominus habet in dicto clauso .. unam pulcram ~eam ad locum tenentem suum inhabitandum *Surv. Pembroke* 194; **1575** officium custodie omnium et singulorum ~eorum, domorum .. *Pat* 1129 m. 6 (cf. ib. m. 7: domum mansionalem sive ~eam .. situatam in eodem parco). **c a1181** ~ias ad opus pastorum *Cart. Rievaulx* 68; caule eorum sequentur pecora sua cum ~iis suis que pertinent ad ipsas caulas *Melrose* 76; **1200** neque monachi neque comes .. habebunt domos .. vel ~ias vel faldas vel aliquas mansiones infra predictam pasturam *APScot* I 390b (= *Melrose* 101 p. 90 [**1208**]). **d 1279** super ripam aque de Tyne .. ubi nulle ville deberent esse nisi tantummodo ~e in quibus piscatores possunt hospitare *AssizeR Northumb* 364 (cf. *RParl* I 29a [**1290**]: *logges*); **1327** de reddit xvij ~iorum extraneorum piscatorum in Mosehole et Pensans *IPM* (*Ed. III*) 3/2 (13). **e c1275** feoffavit .. Richerum de B. de baronia de Levington, et Odardum de Logis de baronia de Stainton *Reg. Wetheral* 385 (cf. *MonA* III 584b).

2 hut or tent (as part of encampment).

s1215 audiens .. Lodowicus quod suis apud Lincolniam acciderat, combustis ~iis relinquens obsidionem Londoniam venit *Ann. Dunstable* 50; **1231** in placea ubi lhoge site erant tempore gwerre (*Middleton MSS*) *HMC* LXIX 62; **s1189** circa abbatiam castrametati sunt, †sicut gentes [v. l. figentes] tentoria sua et ~ias facientes *Croyl. Cont. B* 454 (cf. *Eng. Justice* 152, 156).

3 lodge (of masons, carpenters, or other workmen; cf. *Med. Mason* 56–62): **a** (var.); **b** (w. ref. to use as workshop or sim.); **c** (w. ref. to use as accommodation *etc.*).

a 1278 ~ias et mansiones cementariorum et aliorum operariorum *KR Ac* 485/22 m. 2 (cf. *Building in Eng.* 39); **1296** in furcis emptis ad unam ~eam *Ac. Galley Newcastle* 165; **1308** (1386) cum ~iis necessariis eidem forgie *Pat* 321 m. 26; **1310** in nova loggea cementar' cum petris .. coperiend' *Fabr. Exon.* 52; **1318** illud penticium quod est pro leggis cementariorum in astellaria *KR Ac* 469/1; **1331** portitoribus portantibus .. petras .. de navibus usque ~as infra portas clericorum *KR Ac* 469/12 m. 1; **1373** pro m de *rofnail* pro ~a cement[ariorum] sub magna aula lathanda *Ib.* 469/13 m. 4; **1409** quod in eodem ~io sint ad minus latomi duodecim *Fabr. York* 200; **1434** in factura j ~ii in quarera pro eisdem quarerariis pro instrumentis suis inserendis, ij s. x d. *Ib.* 55 (*perh. to be referred to* 4a infra); **1444** et infra loggeas carpentariorum [r. c. de] iiij carr' maeremii *KR Ac* 503/12 f. 1v. **b 1237** in v trussis ad ~am molendini fulerecii coperiendam vij d. ob. *KR Ac* 501/18 r. 2; **1281** (1307) quod .. possint facere duas parvas ~ias ad ferrum suum comburendum *ChartR* 93 m. 7; **1337** pro Johanne vitriario pro quodam ~io in quo operatur vitrum *KR Ac* 131/27 m. 6. **c c1352** cementarii, carpentarii et ceteri operarii .. sedeant ad jantaculum infra ~ium fabrice .. et tunc .. unus eorum [sc. magistrorum] pulsabit super ostium ~ii, et omnes statim accedent ad opera sua ..; .. post prandium .. dormire debent infra ~ium; .. in ~io ad potandum sedebunt *Fabr. York* 172 (cf. *Building in Eng.* 56–7).

4 **a** shed for storage. **b** shed for animals, sty, stable, or sim.

a 1225 quod .. facias .. super ea [ingenia] ibidem fieri unam bonam lojam, ut amplius non possint deteriorari *Cl* II 51a; **1434** (v. 3a supra); **1444** de .. j magna parcella maeremii .. cumulata infra quandam ~eam pro eadem factam *KR Ac* 503/12 f. 1v. **b 1352** J. de T. .. fecit duas ~ias pro porcis et bestiis super solum communitatis ibidem *MGL* II 454.

5 (market) stall.

campus .. si hodie tam spisse mercatorum ~iis impleatur quod nec homo inter ~ias stare possit DICETO *Chr.* 14.

logiagium [cf. logia], payment for right to erect or occupy a lodge or hut.

1318 cum .. usque castrum nostrum [de Baumburgh'] causa ibidem hospitandi fugam arripere compellantur, vos ab eisdem hominibus ~ium pro placeis in castro predicto in quibus ipsi logeas .. construxerunt .. exigitis *Cl* 136 m. 20; **1319** [tenentes castri de Bamburgh'] petunt quod quieti [sint] de ~io ab eis exacto per constabularium castri [etc.] (*RParl*) *DocExch* 45.

logiare [ML; cf. AN, OF *logier*, ME *loggen*], to encamp, reside.

1380 si .. gentes nostras inducere .. poteritis ad ~iandum et morandum secure in campis *Foed.* VII 259b.

logiarius [cf. logia], ? lodge-dweller, or ? lodge-keeper.

1308 (1386) non habebunt in logiis suis .. residentes firmarios preter pastores suos .., et .. omnes pastores et ~ii .. in predicta chacea [*Nidderdale, Yorks*] commorantes faciant sacramentum .. quod non forisfacient de feris nec avibus *Pat* 321 m. 26.

logica v. logicus 2.

logicabilis [cf. logicare], (app.) that can be conceived of or reasoned about, conceivable.

negaciones, futuriciones .., posse ~ia [v. l. logicalia] .. sunt res eterne .. et tamen sunt causate WYCL. *Ente* (*Sum.*) 39.

logicalis [ML]

1 a pertaining to or in accordance with logic, logical. **b** (of book) dealing with logic (*cf.* 2a–b *infra*).

a [Christus] similis est medio ~i quo cetera lucide declarantur PECKHAM *Serm.* 279 n. 1; per argumenta ~ia [v. l. logica] DUNS *Ord.* IV 12; terminis ~ibus W. ALNWICK *QD* 191 (v. exseitas); de assertionibus .. grammaticalibus, ~ibus et pure philosophicis OCKHAM *Dial.* 427 l. 1; nulla est definicio hominis ~is, quia logicus .. non habet hominem nec aliquam rem definire *Id. Quodl.* 540; hec [necessitas] correspondet antecedenti ~i in consequencia ~i BRADW. *CD* 724A; alie .. sunt obligaciones ~es, .. ut ponitur quod tu tenearis concedere hoc et omne sequens ex illo WYCL. *Log.* II 61; justa [i. e. juxta] ~em sentenciam terminorum (KYN.) *Ziz.* 58. **b** quintus liber [metaphysicorum Aristotelis] totus est ~is quia ibi distinguuntur vocabula BACON *CSTheol.* 37; **1340** nisi .. juret se legisse cursorie duos libros ~es ad minus, unum de veteri logica et alterum de nova *StatOx* 32; **c1407** quilibet magister .. lecturus librum aliquem ~em, naturalem, methaphisicalem vel moralem *Ib.* 192.

2 (as sb. n.): **a** book or treatise on logic; **b** (*parva ~ia*) the 'Little Logicals'. **c** (pl.) logic (as acad. discipline).

a ipse [Boethius] aliqua ~ia et pauca naturalia et aliquid de metaphysicalibus transtulit in Latinum BACON *Maj.* III 29; ~ia [sc. Aristotelis] fuerunt tarde recepta et lecta *Id. CSTheol.* 34; **13..** ~ia et philosophia [? l. philosophica] cum scriptis et commentis (*Catal. Librorum*) *N. & Q.* I 84; **c1395** notabilia super ~ia naturalia [? l. ~ia et naturalia] in j quaterno (*Catal. Librorum*) *FormOx* 243. **b** earum [regularum] quas .. in parvis ~ibus passim hic ediscunt pueri MORE *Ut.* 185; [enarravimus] parva ~ia Fabri Stapulensis cum nostris commentariis FERR. *Kinloss* 44. **c 1383** ut [scolares] sic per ~ia atque jura civilia primitus eruditi sacre theologie facilius percipere .. valeant incrementum (*Statuta*) *Lit. Cant.* II xxxii; **1589** cum scholaribus in grammaticalibus et ~ibus *StatOx* 441.

logicaliter [ML], according to logic, in a logical sense.

~iter illa dicuntur ejusdem speciei per accidens, que significantur univoce per aliquem terminum communem accidentalem vel de eis predicabilem PAUL. *ASP* 1550 l. 32.

logicare [ML]

1 (trans.) to ponder, reflect on.

tutius et melius et sanius est tibi soli / quod tua secreta logices, quam fictus amicus D. BEC. 716; est tibi dignus herus, ab eo non esto remotus, / officium ne forte tuum logicet quis iniquus *Ib.* 1244.

2 (intr.) to engage in reasoning, to reason.

oppositum posito logicans fuge more perito GARL. *Mor. Scol.* 45 (cf. *gl.*: mutans racionem. habens materiam logice [etc.]); membra catenavit animamque Deus logicantem *Ib.* 325 (cf. *gl.*: raciocinantem).

1 logice [LL], in accordance with or by means of logic, logically.

nec sequitur logice, si cadit, ergo timet GARL. *Tri. Eccl.* 61; de accidentibus est loqui quadrupliciter: uno modo loyice, .. et sic principia eorum sunt genus et differentia BACON VII 21 (*dist. from*: metaphysice .. methamatice [*sic*] .. naturaliter); licet Aristoteles dicat ~e quod substancie nihil est contrarium .. *Id. Maj.* II 422; hoc .. sive ~e sive rhetorice suadere conamur R. BURY *Phil.* 2. 30; istud neque philosophice neque ~e neque theologice potest dici BRADW. *CD* 753D; Augustinus secundum logicam suam sic loquitur, ergo Cristianus debet ~e loqui conformiter WYCL. *Ver.* I 35; predicta proposicio nec est per se ~e falsa nec ~e vera (KYN.) *Ziz.* 20.

2 logice v. logicus 2.

logicus [CL < λογικός]

1 (adj.) pertaining to or in accordance with logic, logical. **b** (of book) dealing with logic. **c** (*~a facultas*) faculty of logic (acad.).

Gregorius .. quattuor .. ~a expressit ratiocinatione libros WILLIB. *Bonif. praef.* p. 3; loica, rationales [i. e. rationalis] *GlC* L 254; logos sermo, inde ~us i. sermocinalis OSB. GLOUC. *Deriv.* 322; utrum enuntiabile sit aliquid quod sit, non tantum ~a sed et theologica est questio NECKAM *NR* II 173 p. 290; ~a compositio constat ex genere et differentiis T. CHOBHAM *Praed.* 183; logica qui probitate preit modo presul / eligitur, logica qui probitate preit GARL. *Tri. Eccl.* 39; res physicas vel ethicas vel ~as KILWARDBY *OS* 453; sunt quedam principia materie in esse loyico, et sic universalia sunt principia singularium in cognoscendo BACON VII 4; possibile ~um differi a possibili reali DUNS *Ord.* II 282; **a1350** quod .. magistri in artibus .. ~am teneantur facere disputacionem *StatOx* 39. **b** tercius liber [sc. metaphysicorum Aristotelis] est totus ~us sicut liber topicorum BACON *CSTheol.* 36. **c** ad me in ~a .. facultate .. magno Parisius cum ardore et laudis amore studentem GIR. *GE* II 37 p. 350.

2 (as sb. f. *~a*, also w, Gk. endings *~e*, gen. sg. *~es*): **a** logic (as branch of philosophy), system of logic, logical argumentation. **b** (*~a vetus, nova*) (system or text of) the Old (New) Logic. **c** (*~a docens, utens*) pure (applied) logic.

a ~am .., que armat eloquium, solo libavi auditu, physicam .. aliquanto pressius concepi W. MALM. *GR* II prol. p. 103; nosco tamen logicam: bene premeditando probabo / quod Socrates Socrates et quod homo sit homo *Babio* 135; est .. fructus ~es in se magnus, in aliis autem facultatibus, quarum ut clavis difficultates aperit, maximus GIR. *GE* II 37 p. 356; in aris / tolle locos loyce, fidei locus hic operatur GARL. *Myst. Eccl.* 548; **s1251** contra ~e regulam, que est investigatrix veritatis infallibilis M. PAR. *Maj.* V 211; ~a est sciencia de ratiocinatione docens modum investigandi veritatem ignotam circa thesim vel circa questionem philosophicam KILWARDBY *OS* 523; hec sciencia [sc. metaphysica] verificat principia aliarum .. per rationes necessarias, logyca autem ordinatur ad ea BACON XI 26; **1332** unam domum pro scolaribus in ~a imbuendis Oxonie fundaverat *Mon. Exon.* 306; wlt Anselmus quod passio Cristi est injusta quo ad Judeos ipsam causantes, et justa conclusio ad Deum ipsam causantem; istam tamen loycam non approbo secundum sensum WYCL. *Ente Praed.* 109. **b 1268** jurabunt .. quod omnes libros veteris ~e ad minus bis audierint, exceptis libris Boecii ..; de nova autem ~a librum priorum, topicorum, elencorum bis, librum autem posteriorum saltem una vice juvent se audivisse *StatOx* 26; **1281** una ~a vetus (v. Graecismus a); in veteri ~a determinatur de ejus [sc. syllogismi] partibus integralibus DUNS *Univ.* 70b; vetus ~a et nova in uno volumine (*Catal. Librorum*) *Chr. Rams. app.* 356; **c1400** Boycius super veterem logicum [*sic*] in j volumine; .. notule super veterem ~am in j volumine (*Catal. Librorum*) *FormOx* 243; **14..** in veteri arte liber universalium Porphyrii, liber predicamentorum Aristotelis, duo libri peri hermenias ejusdem [sc. audiendi sunt]; in nova ~a duo libri priorum .. (*Stat. Univ. Glasg.*) *EHR* XIV 251. **c** per ~am docentem intelligit Doctor illam partem ~e que docet demonstrare ex propriis principiis proprias conclusiones, que traditur maxime in libris posteriorum ..; per ~am vero utentem intelligit illam partem ~e que traditur in libris topicorum, que procedit ex principiis communibus .. in omni sciencia .. DUNS *Univ.* 62a.

3 (as sb. n.): **a** (pl.) logic. **b** (sg.) logical principle.

a quamvis in ~is non possit aliquid unum et idem secundum substanciam esse subjectum et predicatum, tamen in gramaticis bene potest BACON XV 128. **b** secundum illud vulgatissimum ~um, eo quod res est vel non est, est oracio vera vel falsa BRADW. *CD* 753D.

4 (as sb. m.) logician.

~i locum ab auctoritate probabilem, non necessarium, esse consenserunt ADEL. *QN* 6 p. 12; disputat ignave, qui scripta revolvit et artes; / nam veterum fautor [cf. Horace *Ep.* II 1. 23] logicus esse nequit J. SAL. *Enth. Phil.* 94; propositum celare suum lex est logicorum D. BEC. 719; grammatice et auctorum studio pretermisso volavit ad versutias ~orum P. BLOIS *Ep.* 101. 312C; grammaticos doceo certe nihil artis habere, / momenti †logices [l. logicos] nullius esse puto NECKAM *Poems* 115 l. 128; ~us non poterit exprimere suam logicam si monstrasset per vocabula lingue materne BACON *Tert.* 90; isto modo sunt doctores et ~i intelligendi quando dicunt quod .. WYCL. *Act.* 105; patet ~is [v. l. loicis] quod .. *Id. Chr. & Antichr.* 668.

logion [LL < λόγιον], pectoral or breastplate of Jewish High Priest (*v.* J. Hastings (ed.) *Dictionary of the Bible I* (Edinburgh, 1900) p. 319). *Cf. rationale.*

~ion, †pannis [l. pannus] exiguus *GlC* L 258 (cf. Eucherius *Instructiones* II p. 156); succedit .. soccus ephot et ~ion sui largitate R. NIGER *Mil.* II 34.

logisare v. logizare.

logista [CL = *an imperial official*, curator rei publicae, < λογιστής], **a** logician. **b** accountant.

a *a logicion*, ~a, logisticus participium *CathA*. **b** arithmeticus, non dico ~a, an non mirabitur numeros suos .. hic in nostro opere tamquam .. corporeos ostendi ..? (J. DEE) *Theatrum Chem.* II 183.

logisticus [LL < λογιστικός], logical, rational, (*~a cellula*) 'rational cell' (part of brain used in reasoning).

NECKAM *NR* I 7 p. 42 (v. cellula 2a); spiritus animalis .. transit ad medium ventriculum [cerebri], sc. ad cellulam ~am [TREVISA: *þe middel den þat hatte* logica], ad perficiendum intellectum BART. ANGL. III 22; cogitatio .. est in media cellula .. et loco rationis in brutis, et ideo vocatur ~a, id est rationalis, non quia utatur ratione, sed quia est ultima perfectio brutorum sicut ratio in homine BACON *Maj.* II 9.

logium, ~ius v. logia.

logizare [λογίζειν], to reason. *Cf. logicare.*

scripture sunt consona que longe melius logisant [? l. logisat; vv. ll. ~at, ~ant, legizant] quam Aristoteles WYCL. *Form.* 224.

logos, ~us [CL < λόγος], reason, utterance, word; **b** (in definition); **c** (*~os caeleste*; in quots., treated as neuter) astronomy. **d** (*~os teleios* [λόγος τέλειος]) title of work ascribed to Hermes Trismegistus (*cf. Real-Encycl. der klass. Altertumswissenschaft* VIII 1 (Stuttgart, 1912) 796–7; Nock and Festugière *Corpus Hermeticum* II (Paris, 1945) 276–7).

671 quomodo .. ipsius metricae artis clandistina instrumenta litteris, ~is [W. MALM. *GP* V 195: sillabis], pedibus, poeticis figuris .. conglomerentur ALDH. *Ep.* 1 p. 477; quot sunt rogi et quot logi, / quot metrorum numeri .. R. CANT. *Poems* 296. 7. **b** ~us, Graece ratio *GlC* L 257; ~us, verbum sive sermonis [*sic*] *Ib.* L 264; ~os sermo, inde logicus OSB. GLOUC. *Deriv.* 322; ibi [*in Greek*] ~os nunc sermonem, nunc rationem significat J. SAL. *Met.* 837C. **c** nature metas Lucas mathematicus Indis / et celeste logos enuclearet Abel GARL. *Tri. Eccl.* 26; dat celeste logos speculatio, dans ea fisim / et mathesim *Ib.* 100. **d** Augustinus .. in libro de quinque heresibus [v. Quodvultdeus, *CCSL* LX 265] dicit quod Hermes Mercurius scribit librum qui Logostelios vocatur J. SAL. *SS* 960D; Egyptiorum religio, quam liber Logostilios [v. l. logostalios] sic commendat egregie R. BURY *Phil.* 7. 110.

logotheta [LL < λογοθέτης], auditor, financial officer.

~a, *gemotman* ÆLF. *Gl.* 165. 35; **1177** ego Ricardus, sacri regii palatii logoteta (*Carta Willelmi regis Siciliae*) *G. Hen. II* I 172 (cf. GERV. CANT. *Chr.* 265, etc.); **1274** qui clerum complent sanctissime ecclesie magne Dei, viz. .. prothedicus, ~a, contricius .. (*Lit. praelatorum Graeciae*) *Flor. Hist.* III 38.

Loheringus v. Lotharingus.

lohoc [Ar. *laʿūq*], (med.) linctus, loloch.

lohoc, i. confectio que lambi dicitur *SB* 28.

loic- v. logic-.

1 loignia [cf. AN, OF *loigne, longe,* ME *loine, longe*], loin: **a** (of human); **b** (of animal, *sc.* as joint of meat).

a 1220 percussit .. Willelmus .. cum quadam hachia ad pikum in lonnia [v. l. luigna] *CurR* VIII 382 (= *SelPlCrown* 130). **b 1239** loyniis, **1242** loigniis (v. lardicia); **1288** loynam porci (v. 2 hasta).

2 loignia v. 1 longa.

loja v. logia. **loka** v. locca. **loklatis** v. locclaia.

loketta [cf. 2 loccum, *also* 2 lokettus], barrier or enclosure in pond *etc.*, (fish-)weir.

1310 due ~e capcionis salmon' *IPM* 19 (7).

lokettum v. 1, 2 lokettus.

1 lokettus, ? ~um [cf. ME *loket*], (pl.) locks (of wool; *cf. locca*).

1275 de x d. de ~is lane venditis *Ac. Stratton* 61 (*sim.* ib. 82 [**1277**; = ib. 201: de collecione lane]); **1296** de xx d. de ij petris ~orum vendit' *DL MinAc* 1/1 r. 4; **1298** de ~is et pelettis (*Comp. Pri. Bolton*) *OED* s. v. *pellet* sb. 2. 2; **1306** locketti: idem r. c. de xv petris lockettorum collectis post tonsionem bidencium *MinAc* 1079/17 r. 10; **1307** (v. frangere 6e); **1322** in conduccione iij mul[i]erum .. colligencium lokett' in aqua ne asportarentur *MinAc* 1146/11 r. 11.

2 lokettus, ~um [cf. OF *loquet,* ME *loket*], metal plate or bar, bolt, or sim.

1290 in minutis pro fratre Thoma et uno ~o, ij d., in ere viridi iij d. *Ac. Swinfield* 183 (*ed. explains as 'crook'*); **1292** pro galea et ense forbiendis .. per G. armatorem, cum serrura et ~o ad cameram ibidem armaturorum Johannis et suorum *Doc. Scot.* I 375; **1295** de .. vomeribus et ~is .. venditis (*Comp. Cantuar.*) *Pipe* 141 r. 28*d*.

lokium v. 2 loccum. **lokk-** v. locc-. **loklana** v. locklana. **loktum** v. 2 loccum. **lokum, ~us** v. locca. **Lolardus** v. Lollardus.

loliatus [cf. lolium, CL loliaceus], (of bread) made with or containing darnel.

apponitur clerico .. panis plumbeus, ~us et crudus P. BLOIS *Ep.* 14. 47C.

loliosus [cf. *Jan.*], full of, or consisting of, darnel (in quot., fig.; *cf. Matth.* xiii 24ff.).

servicio vicii mundus submittitur .. / .., / triticeam domini messem loliosa propago / subruit, et texit ebria lappa solum GARL. *Epith.* I 433 (cf. *GS* 365).

lolium [CL]

1 a darnel (*Lolium temulentum*), also corn cockle (*Agrostemma githago*) (freq. coll. sg.); **b** (in gl. or sim.); **c** (in comparison; *cf.* 2 *infra*). **d** (*~ium murinum*) wall barley (*Hordeum murinum*).

a sepe triticum degenerat in ~ium, sicut et ~ium in triticum nobilitatur NECKAM *NR* II 68; BART. ANGL. XVII 65 (v. lapathium 2); triticum convertitur in nigellam et ~ium BACON XI 251; ad .. inflacionem colli: stercus columbarum, sulphur .. ~ium coquantur simul et fiat emplastrum *Pop. Med.* 232. 90; lollium [v. l. ~ium] .. nascitur intra triticum, virtus est ei ut putredinem vulnerum detergere possit et cancros tollit *Alph.* 105. **b** zezania, ~ium *GlC Int.* 340; ~ium, *ate Ib.* L 255 (cf. *WW* [**10..**]: †locium, *ate*); zizania, *laser*; ~ium, *boþen* ÆLF. *Sup.* 179. 44; **10..** ~ium, *lasur WW*; [rusticus] habeat .. ligones quibus tirsos extirpet et incubas, urticas vel ervos, lollia [*gl.*: *nel, kokel,* etc.], carduos, avenas steriles NECKAM *Ut.* 111; ~ium .. est proprie herba que infatuat hominem, A. *darnel,* G. *rinereye* GARL. *Mor. Scol.* 238 *gl.* (cf. 2 infra); git, G. *get* i. lollium vel nigella alio nomine, A. *cockil Teaching Latin* II 33; hoc ~ium, *a popylle WW*; ~ium Graeci eram [i. e. αἶραν] vocant, nonnulli zizanion, Angli *darnell,* indocti quidam *cockell,* quum nihil illi cum *cocle* conveniat TURNER *Herb.* B2v. **c** pauca grana supernis recipienda mansionibus in comparatione ~iorum quae flammis sunt mancipanda perpetuis [cf. *Matth.* xiii 40] BEDE *Luke* 356; impiorum turpia facta inter venerabilia justorum, sicut zizania et ~ium in tritici segetibus, interseminantur ASSER *Alf.* 95; plures eis [sc. monachis] hipocrite .. permiscentur ut ~ium tritico ORD. VIT. VIII 26 p. 435; **1456** (v. depatrissare). **d** TURNER *Herb.* B4v. (v. hordeum 3).

2 (fig.) darnel, tares (*sc.* as type of something noxious mingled with the good; freq. w. ref. to *Matth.* xiii 24ff.; *cf.* 1c *supra*).

c744 semen verbi .. cum ~io superseminare et suffocare nituntur BONIF. *Ep.* 63 p. 129 (cf. *Ep. Bonif.* 64 p. 133: sterile ~ium interserendo); **c970** (12c) copiosa fidei seges paulatim pereunte gentilitatis ~io baptismatis lavacro irrigata *CS* 1146 p. 398; vir Dei .. vipereum pereuntis ~ii germen .. exstirpavit B. *V. Dunst.* 2 p. 6; ne degenerent propagines vinee in labruscam, frumenta in ~ium .. P. BLOIS *Ep.* 113. 341A; lolium rude sperno GARL. *Mor. Scol.* 238 (cf. *gl.*: ~ium, i. vitium); strenuus lollii persecutor *Ziz.* 3; **1376** quod vos .. lollium inter purum triticum per campos gloriosi studii vestri .. permittatis .. pullulare (*Bulla Papae*) *Ib.* 242; *Pol. Poems* I 232, ELMH. *Cant.* 209 (cf. lollardus c); **1423** (v. dumescere).

lolla, ~um, ~us [dub.], ? part of cart-harness.

1384 in j pari loll' empto, v s. j d.; in vetere loll' emendand', xij d. *MinAc* 875/4 (*Biggin, Hunts*); ?**1466** custus carectarum: in j pari loll' empto pro manerio de Bigg', vj s. viij d.; in iij paribus loll' emptis, xvj s. j d. (*MinAc* 885/35) *Econ. Condit.* 94 (*Wistow, Hunts*).

Lollarda [cf. Lollardus], a Lollard (f.).

Lollard, Lollardus -di masc., .. ~a -e fem. *PP*; **1446** diffamavit .. Olivam predicando de illo quod ipsa Oliva erat ~a *Eng. Clergy* 229.

Lollardia, ~dria [ME *Lollardie, Lollardrie*], doctrine or practices of the Lollards, holding of their beliefs, adherence to their sect, Lollardy, Lollardry.: **a** (sg.); **b** (pl.).

a 1401 nostra .. provincia variis et infructuosis doctrinis inficitur, ac novo damnabili ~ie nomine maculatur LYNDW. 300; **1417** qui pro suspeccione ~rie et sua adherencia Johanni Oldecastell' *chivaler* nuper captus erat *KR Ac* 571/34; **1429** docuerunt diversas opiniones heresis et ~rie ac male fidei contra fidem catholicam (*Gaol Del.* 207 m. 3) *Heresy Tri. Norw.* 217; **1431** (v. haeresis 3a). **b 1425** non tenebit nec sustentabit aliquas opiniones hereticas nec ~rias *Cl* 275 m. 6*d*.; **1431** de heresibus et ~iis convictus fuit et eo pretextu .. combustus *Cl* 282 m. 15; **1451** de omnimodis prodicionibus, insurreccionibus, rebellionibus, feloniis, transgressionibus, ~riis, conspiracionibus .. *Pat* 473 m. 15*d*; **1530** de quibuscunque congregacionibus .. illicitis .., confederacionibus, ~iis, misprisionibus .. R. R. Reid *King's Council in North* (London, 1921), 502.

Lollardicus, pertaining to or characteristic of the Lollards.

c1412 ~a pravitate (v. hereticus 1c).

Lollardinus, pertaining to or characteristic of the Lollards.

s1392 [archiepiscopus anachoritam] arguens de .. erroribus et opinionibus ~is .. citavit quod coram eo compareret KNIGHTON *Cont.* 312; **s1426** cum Lollardinam sectam, plus tigride sevam, / cernit (J. WHETHAMSTEDE *Vers.*) AMUND. I 229.

Lollardria v. Lollardia.

Lollardus [ME *Lollard*], Lollard: **a** (sb. m.); **b** (w. allusion or explicit ref. to supposed deriv. from *lolium*); **c** (as adj., or in apposition to sb.).

a c1381 hoc Lollardi renuunt / cum soli Deo instruunt / nostras culpas detergere (*In Lollardos* 29) *Pol. Poems* I 240; **s1382** a vulgo Wyclyff discipuli et Wyclyviani sive ~i vocati sunt KNIGHTON *Cont.* 184; **1387** filii Antichristi discipuli et Machumete sequaces .. nomine seu ritu ~orum confederati *Conc.* III 202a; **1392** quidam alii ~i .. renunciatis suis supersticiosis erroribus .. publicam penitenciam peregerunt KNIGHTON *Cont.* 312; **1395** ~os et alios pravitate heretica notorie suspectos *Cl* 237 m. 24; scismata Lollardi de novitate serunt GOWER *VP* 91; **c1401** [te esse] unum de secta Lolardorum qui non credunt veritatem eukaristie WYCHE *Ep.* 532; **s1387** cepit .. adherere Wiclefensibus, quos Lolardos quidam vocant *V. Ric. II* 80 (= WALS. *HA* II 157); Lollardorum gens perfida, fraude repleta *Vers. Hen. V* 153; **1428** se novisse .. dominum W. tanquam hereticum et ~um fuisse *Heresy Tri. Norw.* 41; ipsi sunt .. heretici et ~i contra fidem predictam *Entries* 263v. 1. **b c1381** Lollardi sunt zizania, / spine, vepres, ac lollia / que vastant hortum vinee (*In Lollardos* 4) *Pol. Poems* I 232; heretici .. moderni .. tam re quam nomine de tritico in lolium tam miserabiliter evanescunt, ut ~i a lolio sunt vocandi; possunt etiam [etc., v. lolligo 1a] ELMH. *Cant.* 209. **c s1382** istis novis populis ~is KNIGHTON *Cont.* 155; homines ~i de patria Prage .. ceperunt abbathiam de Rolieff W. WORC. *Itin.* 306.

lollidodium [dub.], cart-saddle. *Cf. dorsilollum,* and perh. *lolla.*

lolidodium, A. *a kartsadell WW*; *a carte sadille,* sella veredaria, lollidodium *CathA.*

lolligo [CL]

1 squid, cuttlefish; **b** (w. ref. to its inky secretion; also in fig. context).

theotis [i. e. τευθίς] i. loligo *Gl. Laud.* 1489; est et laureum pirum, eo quod sit minutum sicut ~ines qui sunt pisces parvi; unde Plautus [etc.; v. lolligunculus] OSB. GLOUC. *Deriv.* 197; [Lollardi] possunt etiam apte dici a ~ine pisce, qui coloris nigerrimi et saporis amarissimi habet strumam ELMH. *Cant.* 209 (cf. Lollardus b); loligo, *a codelynge WW.* **b** cum nec opera nec calamus aut sepiole aut nigre ~inis succus [cf. Horace *Sat.* I 4. 100] tibi constet inemptus J. SAL. *Pol.* 563C; palpones perfidi .. / abscondunt .. / .. / succum lolliginis sub melle labii WALT. WIMB. *Palpo* 60.

2 flying fish (on confusion w. 1 *supra v.* E. de Saint-Denis *Vocab. des animaux marins,* (Paris, 1947) 57–8).

luligo [vv. ll.: de liligine. de luligine id est pisce volante. lulligus, etc.] ALDH. *Aen.* 16 tit. (cf. ib. 16. 3: cum volucrum turma quoque scando per aethera pennis).

3 (variously expl. in gl.): **a** porpoise, dolphin (*cf.* 2 *supra*). **b** tench. **c** corn cockle (by conf. w. *lolium*). **d** ink (*cf.* 1b *supra*).

a 9.. loligines, i. *mereswin Catal. MSS AS* 153. **b** NECKAM *Ut. gl.* (v. 3d *infra*); nomina piscium: .. loligo, *tenche* STANBR. *Vulg.* 12. **c** NECKAM *Ut. gl.* (v. 3d *infra*). **d** clericus navis qui cornu et ~ine [*gl.*: *henke* (ink). *tenche* (v. 3b *supra*). herba, G. *neele* (v. 3c *supra*)] ibidem est necessarius [*sic*] NECKAM *Ut.* (v. *Teaching Latin* I 187, II 78, 85; *perh. interpolated*).

lolliguncula [CL], (small) cuttle-fish or squid.

loligines [cf. lolligo 1a] .. unde Plautus 'loligunculos [MS: loll-] minutos fabulare credas' OSB. GLOUC. *Deriv.* 197 (*quot. not found in extant Plautus, but cf. Casina* 493, *Rudens* 1325); unde Plautus in Cassia [cf. *Casina* 493]: 'emito nobis sepiolas et longunculas [MS: loiugunculas] et hordeias' *Ib.* 518.

lollium v. lolium.

loma [ME *lome*]

1 loom (for weaving).

1494 gardiani fraternitatis textorum .. queruntur de E. H. .., *wever,* .. in placito debiti super demanda xl s. quos eis debet .. pro debito et levacione ~arum suarum *Rec. Nottingham* III 26 (cf. ib. 505 [**1517**]: pro occupacione ~arum textoraliarium [*sic*]).

2 vessel, vat.

1512 unam novam ~am servisialem, iij *revettes,* iiij *goderdes,* et ij *pychers Ib.* 116 (cf. ib. 400 [**1545**]: *a loome of viij galunes*).

Lombardia, Lombardy; **b** (w. ref. to Lombard merchants or bankers).

R. NIGER *Mil.* III 81 (v. evidere 2c); **s1239** terram ecclesie occupando, videlicet in ~ia Ferrariam, Bonderiam, Pigonagam (*Lit. Papae*) M. PAR. *Maj.* III 571. **b 1279** quedam pars [pecunie decime] penes diversos mercatores societatum ~ie et Tuscie †custoditum [l. custoditur] (*Lit. Collectorum Decimae*) *EHR* XXXII 85; **1303** circa bonum statum .. mercatorum subscriptorum regnorum, terrarum, et provinciarum, viz. Alemannie .., Lumbardie, Tuscie .. (*FineR*) *EEC* 259.

Lombardicus, of Lombardy, Lombard.

gladium nostrum Lumbardicum .. exploraverat bonum et bene calibatum GIR. *SD* 96; O. CHERITON *Fab.* 28 (v. 1 cortina 2b).

Lombardus (Lum-) [OF *lombart, lumbart* < CL Langobardus].

1 (sb. m.): **a** member of Lombard nation, inhabitant of Lombardy, Lombard; **b** (spec.) Lombard merchant or banker. **c** (dist. from *Langobardus*) Lombard of northern Italy (*cf.* M. Zweifel *Langobardus-Lombardus* (Halle, 1921) 54–5).

a s1239 Lombardiam .. contra .. imperatorem .. subvertit, et ~os contra ipsum .. animavit M. PAR. *Maj.* III 560; magister Petrus ~us, qui sententiarum librum compilavit TREVET *Ann.* 47 (v. glossare 2a); **s1303** Benedictus papa undecimus, natione Lumbardus de civitate Trivisina AD. MUR. *Chr.* 6; **1517** vale .. Parrhisiis .. e collegio Lumbardorum LUPSET *Ep.* 2 p. 297 (cf. ib. 3 p. 298 [**1518**]: e Longobardorum collegio). **b 1281** confidebatur [i. e. confitebatur] se emisse lanam .. ad opus Lumbaldorum *Rec. Leic.* I 187; **1286** de quodam Lumbardo pro ij gurdis gingibris emptis (*KR Ac*) *Arch.* LXX 44; **1295** summa totius lane tam Lumbardorum quam quorumdam aliorum mercatorum .. ix^{c}xviij sacci .. pro septem societatibus de Lumbardis lanas suas .. deliberantibus .. sine custuma .. inde solvenda *EEC* 518–9 (*Boston, Lincs*); **s1427** Lumbardi debitam naturam vinorum dulcium inficientes AMUND. I 18; anno [**1456**] in quo Lumbardi confusi sunt .. eo quod ipsi Lumbardi dixerunt .. mercatores Anglie omnes esse falsos GASCOIGNE *Loci* 104. **c** multos ibi Lumbardos invenit et Langobardos et Alemannos ORD. VIT. IX 4 p. 482 (cf. Baldricus *PL* CLXVI 1071B).

2 (adj.) of Lombardy, Lombard. **b** (*pulvis ~us*) 'powder lombard', a kind of spice. *Cf. pulvis.*

idem dicunt Lumbardi medici BACON IX 190; **s1364** accusati sunt ~i mercatores a consciis suis de infidelitate .. in mercimoniis faciendis *Eul. Hist.* III 234. **b 1372** in .. nucibus muscatis, grano paradiseo, pulvere lumbardo, diversis coloribus pro coquina .. *ExchScot* 371.

†lombesina, *f. l.*

WW (v. bombycinus 2b).

lomentum [CL], bean-meal or other substance used in washing, (loosely) soap; **b** (fig.).

p675 nec manibus ~um aut latex cum manutergio exhibetur ALDH. *Ep.* 4 p. 484; hanc [petram, sc. nitrum] indigenae sumentes servant et .. pro ~o utuntur BEDE *Prov.* 1014; **10..** lumentum, *sape WW.* **b** justitiae fructuum ~o [v. l. lamento] sua opera purgare BEDE *Mark* 199.

lomoinon v. limonium.

lomonar, *s. dub.*

1310 item dictus Guillelmus Rufus acquisivit lomonar de loco vocato de Chastayng et est locus in quo molendinum constructum est *Reg. Gasc. A* 55.

lompnius v. lemnias. **lonchites** v. lonchitis.

lonchitis [CL < λογχῖτις], name of different plants having lance-shaped parts: **a** a kind of orchid, perh. tongue-orchid (*Serapias lingua*). **b** a kind of fern, spleenwort (*cf. OED s. v.* spleenwort 2–3).

a ~es folia porro habet similia sed laciora et rufa et multas virgas super radices spansas super terram, radix similis glauco, nascitur locis asperis et siccis, radix ejus .. bibita urinam provocat *Alph.* 105 (cf. Dioscorides Langobardus III 156). **b** et [v. l. est] etiam secundum genus ~is aspera habens folia sicut scolopendria sed asperiora, folia vulneribus imposita tumorem non admittunt, bibita .. splenem desiccant *Ib.* (cf. Dioscorides L. ib.).

lond- v. et. land-. **Londiniae, ~inum, ~oneae, ~onia, ~oniae** v. Lundonia. **Londonicus** v. Lundonicus. **Londoniensis** v. Lundoniensis. **Londonium, ~onum** v. Lundonia. **Londonus** v. Lundonius. **Londrensis** v. Lundrensis. **lonefa** v. linosa.

1 longa, ~ia, ~um [cf. OF *longe, loigne*, AN *luine*, ME *loine*], **a** thong, halter, tether, lunge. **b** (falc.) leash (pl. perh. also 'jesses').

a 1213 in viij loigniis ad capistra, iij d.; in j capistro de corio, ij d. *Misae* 268; **1215** ad summarium lecti nostri j bargiam et duas ~ias, et vj ~ias, ij capistra ad equos selle nostre *Cl* I 190a (cf. ib. 192a: lungias); **1290** in vj duodennis ~orum ad capistra emptis liberatis magistro T. marescallo ad liberandum garcionibus custodientibus equos *Househ. Eleanor* 68; **1320** in j capistro cum duplic' long' empto pro eodem [stalone] cum traynell', x d.; item in xviij long' emptis .. pro stalonibus .. cum duabus duodenis sclakl', ij s. x d. *KR Ac* 99/36 m. 6. **b** sicut et cornum [? l. tornum] et ~am adibeas ADEL. *CA* 9; **1235** cum .. loigniis et interloigniis (v. jactus 8); **1261** r. c. de .. una ~ia ad spervarium cum apparatu auri *LTR AcWardr* 1 r. 1 m. 2.

2 longa v. longus.

longabulum v. landgabulum.

longaevare [LL], to cause or allow (a person) to live long.

1426 vestre prelacie preeminens celsitudo, quam .. diuturna ~et per tempora .. Jesus Christus *EpAcOx* 23; **1461** paternitatem vestram reverendam .. diu ~et in prosperis [Christus] *Pri. Cold.* 188.

longaeve [ML], long, for a long time; **b** (w. ref. to long life; in quots., in wishes).

ut .. proximo affuturam ~i[u]s declinarent inopiam, .. populi multitudinem .. ab urbe .. inceperunt eicere *Ps.-*ELMH. *Hen. V* 67 p. 192; festum regale honorifice tenuit .. solemniter et ~e *Plusc.* VII 1 p. 56. **b** vestram reverendam paternitatem conservet Altissimus feliciter et ~e (*Lit. excusatoria*) *EHR* XLIII 77; apostolica celsitudo, quam ad universalis ecclesie regimen gloriosum ~e conservet in prosperis Cristus *FormOx* 212; **1437** vestra reverendissima paternitas .. quam feliciter et ~e conducat et dirigat pater omnium immortalis (*Lit. Regis*) BEKYNTON I 9; **1448** valeatis feliciter et ~e *CartINorm.* 219.

longaevitas [LL]

1 (as attribute of person): **a** long life, longevity. **b** old age.

a illi juniori .. speramus accessuram ~atem promissam GOSC. *Transl. Mild.* 30 p. 198; septima pars beatitudinis est ~as, miserie vero vite brevitas *Simil. Anselmi* 58; Mathusale ~as HON. *Eluc.* 1172C; longe trans omnem antiquorum patrum ~atem .. mille et quingentis annis vitam produxit GIR. *TH* III 2 p. 142; ~as sine fine EDMUND *Spec. Relig.* 87 (cf. *Spec. Eccl.* 87: longam vitam); propter ~atem Ade et filiorum ejus BACON *Maj.* I 193 (cf. ib.: cum .. fuit [etas humana] tante longitudinis). **b** adeo vel ~as vel .. abstinentia corpus attenuaverat W. MALM. *Wulfst.* III 22.

2 a long duration (of state of affairs). **b** (w. gen. *vitae*, or sim.) great length, or advanced stage (of life, *etc.*). **c** great length of time (also w. gen. *temporis*).

a ~as nostre captivitatis PETRUS *Dial.* 37; omnis .. diuturnitate simul et ~ate senescit et evanescit afflictio GIR. *Ep.* 4 p. 184. **b c800** Deus .. ~atem praesentis vitae non promisit ALCUIN *Ep.* 295 p. 454; **c801** [vestram prosperitatem] super .. vitae meae ~atem diligere me testor *Ib.* 211 p. 352; **a940** (14c) pro redemptione anime mee et pro ~ate dierum meorum *CS* 785 p. 527; et etatis ~as et morbi diuturnitas curationis spem omnino denegare videbantur *Mir. Fridesw.* 12; imperatores .. qui ultra prescriptum anni jubilei numerum vite ~atem perduxissent GIR. *GE* II 8 p. 205. **c** qua ~ate temporis falsa convincitur scriptura, quae dicit Eadburgem Athelberti .. esse filiam GOSC. *Lib. Mild.* tit. p. 68; **1268** temporis hujusmodi dies mali .. a primis ~ate discedunt *Conc. Syn.* 748; temporis longivitatem FORTESCUE *NLN pref.* p. 63.

longaevus [CL]

1 a (of person) long-lived (also w. ref. to eternal life, and in gl.). **b** (of abstr. or thing) of great duration, long-lasting (also w. ref. to the eternal). **c** (of life, time, or duration) long. **d** (*in ~um*) for a long time (unless interp. 'to a great age' and referred to 2 *infra*).

a princeps Karolus .. / orans ut tecum [sc. cum Christo] vivat longaevus in aevum ALCUIN *Carm.* 70. 2. 10; sint sani, sint longevi [*CS* 655: †longe in] / Salvatoris gratia (*Carta dirige gressus* 6) *ASE* IX 98; ~us, *langlife* ÆLF. *Gl.* 130. 34; [homines primitivi] ~i .. fuerunt ex bonitate virtutis naturalis GROS. *Cess. Leg.* I 7. 3. **b** [Ecgberctus] erat .. longaeva [v. l. longae] vitae perfectione eximius BEDE *HE* III 4 p. 134; **c801** quatenus ~a prosperitate feliciter vivas ALCUIN *Ep.* 211; **930** (13c) hujus .. peregrinationis maerore pressus, gaudio ~ae beatitudinis illectus .. ego Adelstanus .. *CS* 669 p. 349; jam post ~am peregrinationem .. migravit ad beatam urbem sanctorum Jerusalem GOSC. *Edith* 274; ob .. ~ioris glaciei seriem ÆLNOTH *Cnut* 10 (v. glacialis 1b); **a1213** scripta nostra hystorica .. ~iora .. in posterum erunt quam scripta plurima GIR. *Ep.* 3 p. 172; ad loca tendit / gentibus obsessa, longevo turbine pressa WYKES *Vers.* p. 132. **c** te Deus aeternus longaevo tempore sanum / protegat ALCUIN *Carm.* 15. 11; **957** tribuat illi Deus in hoc seculo vitam ~am et in futuro sempiternam *CS* 1347; **1290** conservet vos [sc. regem] ecclesie et populo suo Dominus per tempora prospera et ~a *Conc.* II 174b; **1327** valete in Christo, qui vos custodiat per dies prosperos et ~os *Lit. Cant.* I 223; FAVENT 1 (v. diurnitas 2). **d 1338** in votivis successibus vos conservet Altissimus in ~um *Lit. Cant.* II 188; **c1385** vestra sanctitas .., quam .. conservare dignetur Altissimus in ~um *Dip. Corr. Ric. II* p. 33.

2 a (of person) aged, old (also w. gen. *dierum*, and in gl.). **b** (of thing) old. **c** (of age, time of life) great, advanced.

a longaevos .. parentes / .. visere ALDH. *VirgV* 534; *GlC* L 282 (v. languere 7); **1092** ego [Wlstanus] ~us dierum, imbecillitatem mei corporis sentiens *Conc. Syn.* 637; [Wihtredus] ~us, quod beatissimum mortales putant, .. fato functus est W. MALM. *GR* I 15 p. 17; ~us, i. senex OSB. GLOUC. *Deriv.* 313; priscus et antiquus .. / decrepitus, vetulus .., senilis, / longevus fit in his .. GARL. *Syn.* 1588A. **b 1447** unum par precum ~arum *Test. Ebor.* II 125 (v. gaudeatus). **c** ~o aetatis senio decrepitus WILLIB. *Bonif.* 8 p. 44; **800** virum ~a gravem aetate ALCUIN *Ep.* 200 p. 331; virentis etatis viri perpauci, ~i vero temporis vix ullus GIR. *EH* II 31 p. 379.

longale [ML], pole of a cart.

temo, longale, trabale, furcale, forale (GARL. *Syn. gl.*) *DuC* IV 146 s. v. longale.

longanimis, ~us [LL], patient, long-suffering, forbearing, steadfast: **a** (of God or divine attribute); **b** (of person); **c** (of human attribute or activity); **d** (in gl. or sim.).

a mystice .. longitudo archae [cf. *Exod.* xxv 10] ~am Domini .. patientiam .. insinuat BEDE *Tab.* 401; beatus Yvo .. quem licet .. tam diu celaverit ~is Dominus, tandem majori gloria declaravit GOSC. *Mir. Iv.* lxiv; ~us expectator Dominus idemque malorum denique gravissimus ultor GIR. *Ep.* 4 p. 178; **s1191** quia Deus ~is est et misericors [cf. *Psalm.* cii 8] *G. Ric. I* 216 (= R. HOWD. III 143). **b** Stephanus .. fuit .. in omni militari congressione .. audax et fortis, discretus et ~is *G. Steph.* 2; **1188** ut [martyres], sicut fortes in fide, ita ~es in spe et perseverantes sint in caritate *Ep. Cant.* 211; mortem .. tyranni .. prestolari possunt ~es a Deo MAP *NC* I 25 f. 19; princeps debet esse ~us patientia et imperturbatus J. WALEYS *Commun.* I 3. 11; istos [sc. populum domesticum] rex '~is' et multum misericors' [*Psalm.* cii 8] in patientia tranquillavit J. LOND. *Commend. Ed. I* 20. **c** ut singuli quique .. ~em patientiae laborem tolerare studeant ALDH. *VirgP* 18 p. 247; in longitudine cortinarum [*Exod.* xxvi 2] ~a sanctae ecclesiae patientia .. exprimitur BEDE *Tab.* 426; quem .. suavior benevolentia et perseverantia ~ior .. commendabilem [sc. reddidit] AD. MARSH *Ep.* 8 p. 91; **s1459** sit .. misericordia principis larga, sit longa, sit ~is *Reg. Whet.* I 355. **d 10..** ~em *langsume WW*; ~is, unde longanimiter ..; .. supradicte compositiones .. inveniuntur .. esse et secunde [declinationis], dicitur enim .. ~us OSB. GLOUC. *Deriv.* 17.

longanimitas [LL]

1 patience, long-suffering, endurance; **b** (as divine attribute); **c** (defined). **d** persistence.

ad fidei ~atem BEDE *Hom.* II 25. 437; istius humilitatem, ipsius patientiam, alterius ~atem .. imitabatur FELIX *Guthl.* 23; **1149** hanc in vobis virtutem longuanimitatis admiror ARNULF *Ep.* 4; quid de ~ate spei et operis non habuit Noe? J. SAL. *Pol.* 493B; si .. pia ~ate, abdicato murmure mentis, instantem necessitatem certassent evincere *Itin. Ric.* IV 19 p. 275; **1318** paciencia nostre longuanimitatis .. abutentes *Mon. Hib. & Scot.* 200a; **s1356** (v. formidolositas); ~as, A. *longnesse of soule, or durynge WW.* **b c624** de ~ate clementiae caelestis certam adsumentes fiduciam (*Lit. Papae*) BEDE *HE* II 8 p. 96; **995** [Paulus] divinae ~atem patientiae .. extollens [*Rom.* ii 4] *Ch. Roff.* 31 p. 39; Deus .. propter .. ~atem sapientie non statim punit genus humanum, sed differt vindictam BACON *CSPhil.* 403. **c** longitudo [*Eph.* iii 18], quae et alias ~as dicitur, id est exspectatio promissionum Dei cum alacritate mentis LANFR. *Comment. Paul.* 295C; ~as [*Gal.* v 22] est perseverantia in exspectatione boni HALES *Sent.* III 312. **d** pulsantium ~ate devictus J. FORD *Serm.* 41. 8.

2 ? long duration, great length (of life; *cf. longanimiter* 2) or ? *f. l.*

de longanimitate [v. l. longevitate] vite antiquorum patrum *Eul. Hist.* I 28.

longanimiter [LL]

1 patiently, long-sufferingly, forbearingly, steadfastly.

ideo [Dominus] ~iter expectat ut plures salventur BEDE *Ep. Cath.* (*II Petr.* iii 15) 83; longitudo .. templi fidem sanctae ecclesiae designat per quam ~iter inter opera sua bona pravorum adversa tolerat *Id. Hom.* II 25. 437;

[monachus ignobiliter vivens] tolerabatur .. ab eis [sc. fratribus] ~iter ob necessitatem operum ipsius exteriorum *Id. HE* V 14 p. 314; Dei famulus .. injurias perferens ~iter pio pectore sufferebat FELIX *Guthl.* 38; obsecrans .. ne deficiatis [cf. *Eph.* iii 13] sed ~iter .. Dei consolationem exspectetis ANSELM (*Ep.* 382) V 325; martyriorum agonias .. in se ipsis tolerare ~iter AD. MARSH *Ep.* 246. 24 p. 464.

2 for a long time.

nec de hoc manerio ecclesia hec ~iter gaudere poterat *Chr. Evesham Cont. A* 294.

longanimus v. longanimis. **longanon** v. longao.

longao, ~aon, ~anon [CL longavo = *type of sausage*, LL = *rectum*], (anat.) rectum.

per zirbum et ~aonem [v. l. lang-; *gl.*: *buel*] feces descendunt ad anum GARL. *Dict.* 122; quandoque est pruritus circa ~aonem GILB. V f. 228v. 2; emorroyde sunt v vene circa pudibundum circulum cum ~aone terminantes *Ib.* f. 231. 1; RIC. MED. *Anat.* 224 (v. 1 anus b); *Ps.*-RIC. *Anat.* 35 p. 18 (v. extalis); cum ore ultimi intestini, quod ~aon vel extensum appellatur *Ib.* p. 19; ponitur .. matrix inter ~aonem et vesicam *Ib.* 40 p. 22; quod rectum et ~anon appellatur omnium intestinorum infimum est D. EDW. *Anat.* A 4.

longare [LL], to make long or longer, to lengthen, prolong: **a** (physical object); **b** (period of time); **c** (syllable, or word *sc.* by lengthening of syllable); **d** (mus. note).

a **1295** in fusillo ejusdem molendini ~ando (*Ac. Cliffe*) *DCCant*; suam curtam Burnellus inepte / caudam longari de novitate cupit GOWER *VC* I 202; *to make lange*, extendere, ~are, pro[longare], producere .. *CathA*. **b** estas longando luces et hiemps breviando GARL. *Mor. Scol.* 270. **c** si breve longari licet et longum breviari GARL. *Syn.* 1586B; que .. in -ates desinunt ~antur, ut Euphrātes, Mithridātes BACON *Tert.* 260 (cf. ib.: producitur; *opp.* breviatur); 'adamantinus, amethystinus ..', que omnia breviantur in penultima syllaba; nam omnes auctores breviant hec et nunquam ~ant *Id. CSPhil.* 461. **d** in omni cantu penultima nota semper ~ari debet TUNST. 254; ultima semibrevis .. in eodem modo potest ~ari WALS. *Mus. Mens.* 88.

longe [CL. N. B. *esp. w.* tam *or sim. and in compar.*, ~e *freq. expresses distance, extent* etc. *without the implication of great distance*]

1 (expr. distance traversed): **a** a long way, far, afar; **b** (fig. or in fig. context). **c** (w. indication of distance) to a distance (of), (compar.) farther (than).

a profugus ~e proficiscens exulat ALDH. *VirgP* 32 p. 274; s**882** exercitus suas naves per flumen .. sursum tanto ~e in Franciam pertraxit ASSER *Alf.* 63 (cf. *AS Chr.* MS A: *feor*); diu ac ~e navigantes *Ib.* 84; ibunt usque ad Pinnedennam, non ~ius *DB* I 1rb; ~e reducto capite debilitatoque rigore genuum .. concidit W. MALM. *GP* II 87 p. 190. **b** omnia fluxa fluunt saeclorum gaudia longe ALCUIN *Carm.* 76. 1. 11; ~e porrecto prudentie intuitu W. MALM. *GP* V 217 p. 363. **c** ~e quasi miliariis tribus recessit W. MALM. *GP* II 84 p. 185; ferrum altius excussum et ~ius xv pedibus projectum [sc. est] *Ib.* V 268 p. 426.

2 (expr. extent): **a** to a great length, a long way. **b** far and wide, far afield. **c** (*~e lateque*) far and wide. **d** (without local force) to a great extent or degree.

a †**972** (12c) quae omnia antiquitus ad .. monasterium multo latius et ~ius pertinuisse probantur *CS* 1280 p. 580; exstantes ~e tabulas GREG. *Mir. Rom.* 22 (v. exstare 1); **1236** (v. extendere 4c). **b** **814** (11c) [Deus] est spes omnium finium terre et in mari ~e [*Psalm.* lxiv 6] *CS* 350; perfruitur magno rex victor longe triumpho FRITH. 549; fama ~e personuit quod .. dux defunctus esset ORD. VIT. XIII 35 p. 103; civitas Londonie .. famam sui latius diffundit, opes et merces ~ius transmittit W. FITZST. *Thom. prol.* 2. **c** ita ut in proverbium et derisum ~e lateque efferretur, quod .. GILDAS *EB* 6; pestilentia ~e lateque grassante *Hist. Abb. Jarrow* 3; quibus .. diffamatis ~e lateque miraculis BEDE *HE* III 10 p. 147; corpora sanctorum longe lateque petivi WULF. *Swith.* I 1540; **10..** ~e lateque, *side and wide WW*; hoc divine comminationis terrore et qui aderant et qui ~e lateque audiebant exterriti DOMINIC *V. Ecgwini* I 19. **d** a**702** exortis quibusdam ecclesiasticarum causarum capitulis non sine examinatione ~ius innotescendis (*Lit. Papae*) W. MALM. *GR* I 58.

3 (expr. distance, separation): **a** at or to a (great) distance, far away, far (also attrib.); **b** (fig.). **c** (w. indication of distance) at a distance (of). **d** from a (great) distance, from afar (also fig.).

a in aliis ~e positis regionibus GILDAS *EB* 4; cum Pictis, quos ~ius jam bellando pepulerant BEDE *HE* I 15 p. 32; haut procul, non ~e *GlC* H 3; si prope vel longe peteret convivia forte WULF. *Swith.* I 225; amicus tam prope quam ~e [AS: *feor*] bonus est *Prov. Durh.* 2; qui de ~e itineribus [sc. revertitur *or sim.*; AS: *se þe wide siþað*] *Ib.* 46 (v. jactitare 5b); non ~e agebant excubias W. MALM. *GR* I 42 p. 42; in quibus est multus spiritus visibilis .. et clarus, hii bene vident ~e et prope *Quaest. Salern.* Ba 20; habere communiam in tota pastura de I. ~e et prope *Cart. Dieul.* 360. **b** ut veritatem rei enucleare possimus, ~ius aliquantulum nos exordiri oportet ANSELM (*Casus Diab.* 12) I 252; proavus .. quasi prope avum; abavus .. quasi ~e ab avo OSB. GLOUC. *Deriv.* 21. **c** lapidicina .. ad sex miliaria ~e est ORD. VIT. III 12 p. 128. **d** ne exempli postulatio ~e quesita diutius nos fatiget .. ADEL. *ED* 25; ne ~e exempla petantur, utrum piscem hunc mense appositum honestius est a capite an a cauda aggredi W. MALM. *GP* I 6 p. 13.

4 **a** (w. *ab, hinc*, or sim., or dat.) at a (great) distance (from), far (from); **b** (fig., or in fig. context). **c** (w. indication of distance) at a distance (of .. from), (compar.) farther (than .. from).

a regionibus ~e .. a Deo BEDE *Ep. Cath.* 34 (v. b infra); in villa regia non ~e ab urbe *Id. HE* III 17 p. 159; **790** heu, quare tu sic ~e es a nobis? utinam fias prope ALCUIN *Ep.* 8; ANSELM III 197 (v. 8a infra); **1093** quamvis divina dispositio valde ~e a reverentia vestra meam separet parvitatem *Id.* (*Ep.* 161) IV 32; [stagnum] erat .. haut ~e illinc G. MON. IX 7; ~e a monasterio expiravit *Eul. Hist.* I 417. **b** non videtis quam ~e a meritis ejus distetis GILDAS *EB* 108; c**693** procul .. a vobis ~eque talis absit .. temeritas (*Lit. Papae*) W. MALM. *GP* I 34; innumerabilia sunt [monstra marina] et eorum cognitio ~e ab humano genere *Lib. Monstr.* II *pref.*; non .. regionibus ~e est quisque a Deo [v. a supra] sed affectibus BEDE *Ep. Cath.* 34; nec ~e est a vero quod scripsi *Id. Retract.* 1012; heu miseris longe quis [i. e. quibus] sum mortalibus aegris BONIF. *Aen.* 127 (*Pax Christiana*); ~e a via veritatis aberrant GIR. *GE* II 2 p. 177; ?**1236** quem timorem ~issime a te cupio distare GROS. *Ep.* 20 p. 70; **1268** a carnalibus ~e fieri actibus *Conc. Syn.* 754. **c** ad aecclesiam .. quae ~e quasi spacio trium miliariorum erat a littore ORD. VIT. VII 12 p. 207; [castrum] non ~ius miliario uno ab aecclesia .. situm est *Ib.* p. 212.

5 **a** (w. adv. or prep.; *cf.* 4 *supra*) far (above, below, beyond, *etc.*; also in fig. context); **b** (w. ref. to position in book, text, or sim.). **c** (w. vb. of going beyond, exceeding) by a wide margin, far (*cf.* 6c *infra*).

a ~ius [v. l. ~e] extra orbem, hoc est in insula maris oceani, nati BEDE *Cant.* 1077; nocturno sole non ~e sub terris ad orientem .. redeunte *Id. HE* I 1 p. 11; illud quod per singularem altitudinem ~e est supra omnia ANSELM (*Mon.* 65) I 76. **b** ut '..' [Sedulius *Carm. Pasch.* I 170] et ~e inferius '..' [*Ib.* III 264] ALDH. *PR* 114 p. 157; non ~e supra investigare proposui quomodo .. ANSELM (*Orig. Pecc.* 17) II 158; in eodem .. libro ~e post medium KILWARDBY *SP* f. 37vb (cf. ib. 38ra: ~e post principium .. ~e ante finem). **c** actiones ejus .. puri hominis modum ~e transgressae BEDE *Prov.* 952.

6 (expr. degree of dissimilarity, superiority *etc.*) by a wide interval, greatly, (by) far: **a** (w. *alius, diversus, aliter*, or sim.); **b** (w. compar. or superl. adj. or adv.); **c** (w. vb. expr. superiority); **d** (w. *prae*).

a nonnulli .. secundum castitatis gradum acsi contemptibilem sibique ~e disparem arbitrantes ALDH. *VirgP* 13 p. 242; animalia .. ~e diversam Graece ac dissimilem habent aethimologiam BEDE *Ep. Cath.* 30; heu pro dolor, ~e aliter erat *Id. HE* III 14 p. 155; mihi longe aliter nunc altera vita sequenda est ALCUIN *SS Ebor* 897; ~e aliud quam speraverat expertus est W. MALM. *GP* III 104 p. 235; longe dissimiliter accidit Judeo *Carm. Lew.* 147. **b** erat .. vir iste .. ~e animo quam carne nobilior BEDE *HE* III 19 p. 164; **801** ~e .. sublimius (v. elevare 2b); vir omnium ante se ~e immanissimus W. MALM. *GR* II 110 p. 110; eruditione litterarum ~e inferior predecessore suo estimandus est ORD. VIT. XII 35 p. 447; spe .. quam re ~e abundantius exhilaratus GIR. *EH* I 2 p. 228; **1198** dixit patrem suum hec et ~e plura misisse *Pipe* 199. **c** licet .. palmeti dactilos .. ~e incomparabiliter praestare credamus [sc. malis punicis] ALDH. *VirgP* 9; ANSELM I 55 (v. distare 1c); quos [sc. antecessores suos] .. opum affluentia ~e preiret et premeret W. MALM. *GP* I 58 p. 112; PULL. *Sent.* 805B (v. hebere 3); GIR. *EH* I 46 p. 302 (v. gratiosus 3b). **d** GIR. *GE* II 27 p. 297 (v. effluere 2c).

7 (*a ~e, de ~e*; *cf.* 8e *infra*): **a** from a (great) distance, from afar (also in gl.). **b** at a (great) distance, far off. **c** (fig., var.). **d** (fig., w. ref. to act of speaker) from a distant point (in argument), without close enquiry, indirectly.

a insulam .. quam .. lucidioribus diebus de ~e aspicere solemus BEDE *HE* I 1 p. 12; **790** te salutamus a ~e ALCUIN *Ep.* 8; a longe adveniens WULF. *Swith. pref.* 203; **1104** de ~e .. venit ANSELM (*Ep.* 331) V 266; ~e componitur alonge, delonge, elonge, omnes in uno sensu OSB. GLOUC. *Deriv.* 313; forum venalium delonge venientium LUCIAN *Chester* 62; melius volo quod latres me a ~e quam coinquines me de prope O. CHERITON *Fab.* 44; arcus [*Psalm.* lxxv 4] est secreta temptatio quam [diabolus] emittit a ~e [ME: *of feor*] *AncrR* 92. **b** juxta disciplinam ministrorum de ~e consistens W. MALM. *GR* II 192; illos alonge precedebant *Lib. Landav.* 102; veniat aliquis ante fossam .. aut prope aut de ~e DICETO *Chr.* 14; hec [sc. Cantuariensis ecclesia] non est Romane ecclesie capella de ~e GERV. CANT. *Imag.* 79; stetit quidam vir sanctus a ~e [ME: *of feor*] et hoc totum aspexit *AncrR* 144. **c** jam a ~e prospicio quid ad majora me vocas, si respondere incepero ANSELM *Misc.* 342; quasi a ~e et ab alieno petita severitas W. MALM. *GP* I 66 p. 124. **d** a ~e incipe, ut eas [sc. argumentationes tuas] super firmum fundamentum constituas ANSELM (*CurD* I 25) II 96; c**1218** [sacerdos] peccata inquirat usitata singillatim, inusitata autem non nisi a ~e et per circumstantias *Conc. Syn.* 73; [detractores] prologum premittunt et a ~e inchoant [ME: *bisampleð longe abuten*] *AncrR* 24.

8 (in temporal senses): **a** (expr. duration) for a long time. **b** (expr. separation or remoteness) far off in time (also *~e esse* predicated of spec. time). **c** (*non ~e*) before long, soon. **d** (w. *ante, post*, or sim.) long (before, after; *cf.* 5b *supra*). **e** (*a ~e, de ~e*) from a distant time (*cf.* 7 *supra*). **f** (in prosody) with a long pronunciation.

a longius haec cernens, circumstetit undique terror ALCUIN *SS Ebor* 936; nolite .. / longius hunc hominem verbis agitare misellum WULF. *Swith.* I 550; quanto benigna vestra mansuetudo ~ius vel loco [v. 4a supra] vel tempore a me abest ANSELM (*Ep.* 75) III 197; non ~e morata divina ultio injuriam sancti .. vindicat W. MALM. *GP* V 224 p. 377; ne vos ~ius protraham ['*to cut a long story short*' (*Lit.*)] ORD. VIT. VI 10 p. 126; in ptisicis et ~e febriantibus febre mortali GAD. 57v. 1. **b** quae .. tempora .. ~e adhuc vidit esse atque a longe salutavit propheta BEDE *Hab.* 1238; interrogavit quam prope esset hora ..; respondebant "non ~e est" *Id. HE* IV 22 (24) p. 262; quanto fit ~ius a die nativitatis sue, tanto fit propior diei mortis sue ANSELM (*Ep.* 2) III 100; gestis tam ~e a nostra memoria remotis W. MALM. *GP* V *prol.* p. 331. **c** **686** si patri tuo non ~e de hoc saeculo recessuro oboedieris THEOD. *Ep.* **d** in eo se .. gaudere testatur qui ~e post nasciturus .. januam patriae caelestis aperiret BEDE *Hab.* 1252; c**761** (13c) sicut a regibus Merciorum .. ~e ante concessum est tributum *CS* 189; ~e .. ante cuncta temporum primordia LANTFR. *Swith. pref.*; ~e post diluvium GIR. *TH* II 16 (v. eluvio a); ~e ante diem *Id. EH* II 10 p. 326 (v. caducus 4b); **1233** ~e antequam desponsaret .. Isabellam habuit ipse terram illam *CurR* XV 754. **e** BEDE *Hab.* 1238 (v. b supra); de ~e porrecto prophetie oculo W. MALM. *GR* II 155. **f** 'regna', 'calumnia' longe [sc. resonant, pronuntiantur, *or sim.*] ALCUIN *Carm.* 118. 4.

9 *f. l.*

CS 655 (v. longaevus 1a).

longellus v. langellum. **longeuscule** v. longiuscule. **longev-** v. longaev-. **longia** v. 1 longa.

longibarbus, long-bearded.

virum sedentem super aratrum, ~um *Sculp. Lap.* 451.

longilaterus [LL numerus ~us = *number of the form* n(n + 1)], having a long side or long sides, (of geom. figure) having one side longer than another.

cum mundus nec quadratus nec ~us nec alterius figure quam spericus sit ADEL. *Astr.* 29.

longinque [CL], at a (great) distance, far away.

inerat causa in ipso cur a domesticis, a finitimis, a ~e sepositis diligeretur W. POIT. I 13.

longinquitas [CL]

1 great distance, remoteness: **a** (in space); **b** (in time).

a solem terra esse majorem, quamvis ob immensam ~atem modicus videatur BEDE *Temp.* 7 p. 194; **793** latitudo caritatis nulla dividitur ~ate ALCUIN *Ep.* 19 p. 53; nec temporum diuturnitas nec locorum ~as ANSELM (*Ep.* 22) III 129; W. MALM. *Wulfst.* II 1 p. 26 (v. impacatus); non valet longinquitas / quin ignitus ejus nitor / me succendat propius P. BLOIS *Carm.* 11. 27 (*opp.*: propinquitas). **b** ne sibi quisque blandiretur de ~ate futuri judicii BEDE *Ep. Cath.* 62.

2 **a** (in space) great extent, length. **b** (in time) long duration, length (in quots., w. gen. *temporis*).

a si ~as itineris magna interjacet, ut episcopi non facile valeant convenire BEDE *HE* I 27 p. 52; ex ~ate itineris fatigatos *Pass. Indracti* f. 102v; quod ~as fuge †comprehendendi [v. l. comprehendendi] illos difficultatem procurasset W. MALM. *GP* I 6 p. 14. **b** W. MALM. *GP* I 47 p. 78 (v. detepescere); vinculis .. que ex ~ate temporis carnes .. corroserant R. COLD. *Cuthb.* 49 p. 102.

longinquosus [cf. longinquus], distant, long, or of long duration.

longus .., unde longe .. et ~us, -a, -um Osb. Glouc. *Deriv.* 313; ~us, longinquus, quod et longiturnus dicitur *Ib.* 326.

longinquus [CL]

1 a distant, remote, far-off; **b** (of person; in quots. w. ref. to alienation from God or men). **c** (as sb. m.) one who lives far away, stranger. **d** (phil., of cause) remote, mediate.

a veni ad Christum ..; redi .. e ~is licet peccatorum recessibus ad piissimum patrem [cf. *Luc.* xv 13] Gildas *EB* 29; angeli cotidie de terra ~a, hoc est de superna patria, descendentes Bede *Prov.* 1015; exul Æthelbald in ~is [*gl.*: *fyr*] regionibus habitans Felix *Guthl.* 52 p. 164; amicum / quem longinqua negat terra videre oculis Alcuin *Carm.* 55. 1. 2; diametros umbrae spatii ~i Adel. *Elk.* 33 p. 26 (cf. ib.: si luna in spatio remoto fuerit; *opp.*: propinqui); ceteros [milites] notitie nostre fama tam ~a occuluit W. Malm. *GR* IV 384 p. 449; res ~as, utpote in Eois climatibus actas, indagando Ord. Vit. IX 18 p. 624; forenses .. ~asve sanctorum operationes *NLA prol.* I 8 (v. forensis 2d). **b** Domine, quid faciet iste tuus ~us exsul? Anselm (*Prosl.* 1) I 98; pro talibus .. carne propinquis et corde ~is ait propheta [*Jer.* ix 4] Gir. *SD* 30. **c** vicinis et ~is .. legatos .. destinant Ord. Vit. IV 13 p. 258; sciant omnes tam ~i quam propinqui, tam futuri quam presentes .. *Feod. Durh.* 112 n.; in ~os et advenas .. prodiga liberalitas Gir. *TH* III 48 p. 192. **d** sunt .. hujusmodi causae aliae proximae .., et sunt ~ae causae, quae non per se faciunt hoc quod dicuntur facere, nisi alia mediante causa Anselm *Misc.* 339; ferrum .. gladii proxima causa est .., et terra, ex qua ferrum fit, est ejus ~a causa faciens eum per aliud, id est per medium, quod est ferrum *Ib.*

2 distant (in time): **a** (of past time); **b** (of future time).

a tempora cur tantum luctu longinqua retexam, / et veterum miseros carmine plango dies? Alcuin *Carm.* 9. 59. **b** ?**1102** quamvis [dies constitutus] nobis nimis ~a .. sit Anselm (*Ep.* 238) IV 146.

3 long (in spatial extension); **b** (of journey or sim.). **c** (of genealogy; in quot., used in hypallage).

~issimo intervallo Adel. *QN* 75 (v. extenuare 1c). **b** ~e peregrinationis pertesi, adventum in posterum excusant W. Malm. *GR* I 3; utpote tam ~i itineris et tantorum periculorum inexperti *Canon. G. Sempr.* 108v. **c** tam ~a, tam remotissima generis enarratio Gir. *DK* I 3 (v. enarratio).

4 long (in duration), long-lasting, protracted.

diutinum, -um *GlC* D 241; **930** (12c) in ~am .. retributionem *CS* 667 p. 347; c**1213** laborem nostrum tam ~um ex toto frustravit Gir. *Ep.* 7 p. 252.

5 (as sb. n. after prep.): **a** (*de ~o, de ~is, ex ~o*) from a (great) distance, from afar. **b** (*in ~o*) at a (great) distance, far away.

a ossa .. de ~o venientibus pro miraculo ostenduntur *Lib. Monstr.* I 2; incipiebat occulte de ~o obsequi eum temptando *V. Cuthb.* II 3 p. 80; c**1075** ut [vestra sanctitas] me suis litteris de tam ~o .. salutare dignaretur Anselm (*Ep.* 71) III 191; vel e vicino cives vel e ~o agrestes W. Malm. *GP* V 272; s**1237** ex ~o nobiles convocaverat M. Par. *Maj.* III 410; ad .. ydolum veniunt peregrini de ~is [ME: *out of fer contreis*] *Itin. Mand.* 92. **b** minorem [filium] .. in ~o luxoriantem [cf. *Luc.* xv 13] Bede *Luke* 550; possessiones in ~o posite W. Malm. *GR* II 201 p. 246.

longistus, a kind of fish (unless *f. l.*).

Gad. 10v. 1 (v. darsus).

longitrosus [CL *as adv.*], (expl. as) distant, long.

~us [MS: longintrosus], longinquus Osb. Glouc. *Deriv.* 328.

longitude v. longitudo 3e.

longitudinalis [ML], longitudinal, (running) lengthwise.

necesse est, cum quelibet pars [corporis percussi] per situm sibi naturalem transeat, ejus diametrum ~em esse in termino sue diminutionis, et diametri transversales erunt in termino sue majorationis Gros. 3 (cf. Wycl. *Log.* III 44: triplex dynameter [*sic*] mundi, sc. ~is, latitudinalis et altitudinalis); filis ulterius procedentibus generantur nervi et vene ..; in omnibus igitur his sunt ~es et latitudinales et texentes, i. transversantes Gilb. II f. 115v. 2 (cf. *Ps.-Ric. Anat.* 37: fila ~ia [v. folliculus 2c]); super lineam ~em Wycl. *Log.* III 8 (v. dextralis 1a).

longitudinaliter, lengthways, longitudinally.

rectum .. est ~iter positum, cujus nullum medium obliquat ab extremis ejusdem Wycl. *Log.* III 45; clavi, quibus Cristianus affigitur isti cruci, sunt caritatis vincula a Trinitate prodeuncia, profundabiliter usque ad infimam creaturam, latitudinaliter secundum extensionem mundi .., sed ~iter secundum duracionem creaturarum a mundi principio in eternum *Id. Ver.* II 259 (cf. *Eph.* iii 18).

longitudo [CL]

1 (abstr.) longitudinal extension or magnitude, length; **b** (geom.); **c** (w. def. or indef. expr. of magnitude); **d** (fig.).

murus .. altior ~ine stantis hominis Bede *CuthbP* 17; Byrht. *V. Ecgwini* 382 (v. latitudo 1a); decurtatam trabem aliarum ~ini parem fecit W. Malm. *GP* V 216 p. 362; sunt .. in cruce quattuor quedam, videlicet latitudo et ~o, sublimitas et profundum; .. ~o in totius corporis extentione .. Ailr. *Serm.* 36. 7 (cf. *Eph.* iii 18; v. 7 infra); liquor vasi alicui infusus statim se expandit undique secundum ~inem et latitudinem vasis Kilwardby *SP* f. 32va (cf. longus 6d); detulit .. candelam sue ~inis et latitudinis *Mir. Montf.* 86. **b** linea est ~o sine latitudine Adel. *Elem.* I *def.* 2 p. 31 (*sim.* Kilwardby *SP* f. 20rb, *etc.*); superficies est quod ~inem et latitudinem tantum habet Adel. *Elem.* I *def.* 5 p. 31; due linee rationales communicantes in ~ine *Ib.* X 42; *Ib.* XI *def.* 1 (v. latitudo 1c); Bart. Angl. XIX 127 (v. figura 2b; Trevisa: *lengþe*); Odington *Mus.* 45 (v. figurare 3a). **c** lignum xij pedum in ~ine .. petivit *V. Cuthb.* III 4 (cf. Bede *CuthbP* 21: lignum .. ~inis duodecim pedum); ad vallem multae latitudinis ac profunditatis, infinitae autem ~inis *Id. HE* V 12 p. 304; **868** dabo .. aliquam partem terre juris mei .., ið est in longitudo vj virgis et in latitudo iij [*sic*] *CS* 519; ut unaquaeque candela duodecim uncias pollicis in se signatas in ~ine haberet Asser *Alf.* 104; *DB* I 278ra (v. latitudo 1a); quadrupedali ~ine W. Malm. *GP* V 222 p. 373; **1296** (v. 2 fundus 3a); de Wadebrygge [*Wadebridge, Cornw*], id est 18 *archys* ~inis W. Worc. *Itin.* 30. **d** que sit ~o, latitudo, sublimitas et profundum .. caritatis Christi J. Ford *Serm.* 26. 5 (cf. *Eph.* iii 18; v. 7 infra).

2 a length (as dist. from shortness), great length. **b** (w. ref. to written text) lengthiness, prolixity.

a idem eedem [proportiones faciunt] in fidibus ratione ~inis brevitatisque Adel. *ED* 27; ut Anglos peregrinos magis ad Sanctum David quam Romam pergere admoneret pro vie ~ine W. Malm. *GR* V 435; dicitur .. Sirius a tractu, id est ~ine signi, σύρω enim 'traho' interpretatur; est namque sidus maximum Alb. Lond. *DG* 9. 6. **b** a**799** nec mihi multitudo verborum et cartulae ~o obicienda est Alcuin *Ep.* 163 p. 265; a**1078** ut anticipando ~inis fastidium, ubi volueris, possis eas [sc. orationes] legendo incidere Anselm (*Ep.* 28) III 136 (cf. ib.: magnitudinem); de reliquis duobus [regnis], nausiam ~inis evitans, aliqua subtexam W. Malm. *GR* I 15 p. 19; **1236** Gros. *Ep.* 24 (v. derisorie).

3 (concr.): **a** longitudinal extent (of space or body), longitudinally extended space or body, length; **b** (of spec. magnitude); **c** (of spec. material); **d** whole length, full extent (of body *etc.*). **e** (*in ~ine(m), de ~ine*) in (respect of) length, lengthwise, (w. gen.) on the long side (of), along. **f** (*per ~inem*) lengthwise, (w. gen.) by or through the length (of), along.

a **796** (v. Favonius 1c); ex ore e[j]us procedebant duo radii quorum unus ~inem suam ultra Gallicana climata videbatur extendere G. Mon. VIII 14; [cortine] totam domus latitudinem per transversum ex ~inibus suis .. operient Ad. Scot *TT* 647B; cujus [brachii maris] quanto ~o protenditur, tanto latitudo arctoas minoratur ad partes, donec se .. oceano immisceat Gir. *TH* I 2; cum .. utriusque [sc. Britannie et Hibernie] ~o ab austro in boream extensa jaceat *Ib.*; [homo] invenit rationem mensurandi non solum jacentes ~ines sed etiam stantes Kilwardby *OS* 61. **b** c**945** (14c) precipiens .. ut nemo .. vel unius pedis ~inem de supradicto ruro [*sic*] .. auferat *CS* 817 p. 580; esto .. quod pertica sit ~o xx pedum precise Kilwardby *Temp.* 47. **c** ~ines telarum habent suas quantitates quibus mensurantur *Ib.* 22; preparetur .. aliqua ~o lignea que facile manu possit portari *Ib.* 48; **1588** pro iij virg' sive ~inibus de telo *Ac. LChamb.* 79 (cf. *Misc. LChamb.* 35 p. 75: *yards or lengths*). **d** serpens .. ~ine sua circuibit Lundoniam (*Proph. Merlini*) G. Mon. VII 4 p. 393. **e** c**705** in longitude [*sic*] Sture usque in Afene *CS* 123A (cf. *CS* 123: *ondlonges Sture*); viam .. que insulam in ~inem a Cornubico mari usque ad Catanensium litus secaret G. Mon. III 5; a**1237** de ~ine (v. extendere 4a); a**1022** (12c) ad hujus aquae medietatem in ~ine *CD* 733 (cf. *CS* 22 p. 35 [†**664** (13c)]); moram jacentem inter .. pratum et rivulum .. in ~ine ejusdem prati *FormA* 307. **f** **796** (12c) per unius sepis ~inem *CS* 282; c**1270** in cultura .. adjacente per ~inem forere predicte (v. forera a); per domus ~inem *Cust. Cant.* 195 (v. exhibere 4a); **13..** per totam ~inem .. falesii (v. faleisia a).

4 a (great) distance, remoteness; **b** (astr.; also *~o longior, ~o propior*, usu. denoting apogee and perigee respectively; *cf.* Wallingf. III 284).

a **796** verbis vestram .. dilectionem ob ~inem habitationis nostrae ammonere nequeo Alcuin *Ep.* 105. **b** Gros. 22 (v. aux a); dum [luna] est in ~ine longiori epicicli Wallingf. (*Alb.* I 6) I 266; orbis solaris in ejus ~ine media *Id.* (*Alb.* III 1) I 344.

5 a (geog.) longitude (cf. latitudo 2a). **b** (astr.) (celestial) longitude, right ascension (cf. latitudo 2b).

a loci tui ~inem ~ini terrae Arin, quae est xc graduum, detrahe Adel. *Elk.* 7 (MSS C, M); per eclipsim potest homo certissime scire ~inem civitatis ..; scitur .. distantia Toleti ab occidente, que dicitur ejus esse ~o Rob. Angl. (II) 15 p. 196; latitudo est ab equinoctiali et ~o ab oriente Bacon *Maj.* I 187; sic ~o Toleti est viginti novem graduum ab occidente *Ib.* 299; civitatum a Toleto ~ines et latitudines *Ib.* 300; ~o .. Alkanadar a medio terre est sex horarum Bradw. *CD* 138A. **b** stella cujus querimus ~inem et latitudinem secundum equinoxialem Wallingf. (*Quad.* IV 10) I 126.

6 (in temporal senses): **a** (long) duration, (great) length (of time, period); **b** (of life); **c** (of state of affairs); **d** (of mus. note, song or sim.; *cf. longus* 10). **e** (w. gen. *temporis, temporum*) long period (of time).

a quasi dies judicii tantam habeat ~inem quantam mille annorum spatium Bede *Ep. Cath.* 81; [Britannia] plurimae ~inis habet dies aestate .., plurimae item brevitatis noctes aestate .. habet *Id. HE* I 1 p. 11; ~o perennitatis J. Ford *Serm.* 13. 2; ejus [sc. astronomi] est determinare .. diversitatem noctis et diei in ~ine et brevitate Kilwardby *OS* 104; infinitum .. est multis modis: uno modo est per extensionem quantitativam, sive in longitudine spatii [v. 1a supra] sive in ~ine durationis Bacon *Tert.* 193. **b** hujus vitae ~inem vel illius .. dilationem Bede *Tab.* 496; ~inem dierum suorum et finem vitae suae sibi .. manifestavit Felix *Guthl.* 52 p. 166; **1459** durante .. vita vestra naturali, quam dierum ~ine peroptamus adimpleri *Reg. Whet.* I 327. **c** utique vexat me dilatio tua, utique torquet me exspectatio tui ~ine sua Anselm (*Ep.* 76) III 198. **d** quomodo per hujusmodi figuras denotetur ~o vel brevitas Garl. *Mus. Mens.* 2. 1; omnis figura simplex portans tractum magis a parte dextra .. significat ~inem; recta longa est illa quando longitudo [v. 1a supra] non transit latitudinem *Ib.* 2. 12; sunt .. alie longe, et significant ~inem temporum secundum majus et minus *Mens. & Disc.* (*Anon. IV*) 44; modus secundum ~inem rectarum longarum et rectarum brevium *Ib.* 76; mensura est habitudo quantitativa ~inem et brevitatem cujuslibet cantus mensurabilis manifestans (Franco) Hauboys 182. **e** in nullo ejus [sc. ecclesiae] fidem violare tanta temporum ~o praevaluit Bede *Prov.* 975; **1175** dilectio .. quam temporis ~o non abolet P. Blois *Ep.* 30. 101A.

7 (transf., w. ref. to *Eph.* iii 18) patience, long-suffering, perseverance (*cf.* 1a, 1d *supra*).

Lanfr. *Comment. Paul.* 295C (v. longanimitas 1c); caritas .. in longanimitate .. sufferentie ~inem patientie habet J. Ford *Serm.* 65. 3.

longiturnitas [LL], (long) duration.

quanto diuturnior aliquis peccator est, tanto nequior est; ergo ~ate temporis justius eam [sc. rem alienam] non possedit R. Melun *DP* 79; s**1189** [Godricus] eidem episcopo .. de statu suo futuro et vite sue ~ate querenti tale fertur dedisse responsum: ".. de vite vestre diuturnitate diffinire .. non meum [est]" M. Par. *Maj.* II 352 (cf. Wend. I 168: vite sue longevitate).

longiturnus [LL], **a** of long duration (also w. ref. to eternal life). **b** (of human constitution) associated with, or conducive to, long life.

a **939** (15c) augeat .. cunctiparens genitor in hoc presenti seculo vitam illius, et cum suis omnibus prospera feliciter ~e vite gaudia *CS* 744 p. 464 (sim. *CS* 786 [**943** (12c)]); **944** (10c) in hoc praesenti saeculo vitam illius prospera feliciter ~ae vitae gaudia teneat [*sic*] *CS* 791 (= *CS* 792 [**944** (10c)] etc.); **944** (13c) in hoc presenti seculo vita illius amplificetur feliciter ~eque vite gaudia teneat *CS* 797; longinquosus, longinquus, quod et ~us dicitur Osb. Glouc. *Deriv.* 326 (MS: .. longinquus, ~us). **b** ~a .. complexio J. Lond. *Commend. Ed. I* 4 (v. complexio 4c).

longiuscule [LL]

1 (expr. distance traversed, or extent): **a** to (quite) a distance, quite far. **b** far and wide. **c** (in gl.).

a c**990** velud fumus per inane ~e diffusus (*Ep. ad Sigericum*) *Mem. Dunst.* 399; cum ~e fugissent, reversi sunt W. Malm. *GR* IV 385; ~e versus altare, quod eminus situm erat, ipsum deducens Ad. Eyns. *Hug.* V 18 p. 215; ~e iturus ductoris manu indigebat *V. Har.* f. 24b. **b** virginis Agathae rumor ea tempestate ~e crebrescens Aldh. *VirgP* 41. **c** **10..** ~ae *feor, oððe wide WW*.

2 (expr. distance, separation): **a** at (quite) a distance, (quite) far away, quite far (from,

behind, *etc.*); **b** (in written text); **c** (fig., w. vb. of differing).

a collocavit se ~e ab eo et clanculo G. CRISPIN *Herl.* 132; ~e .. curia fuerat W. MALM. *GP* IV 165 p. 302; radius solis .. casule se subitiens ~e a terra suspensam per inane portavit *Ib.* V 218; audivi mox sonitum ~e retro me factum AD. EYNS. *Visio* 12; propter vicinitatem sui hospitii ~e non distantis *V. Edm. Rich P* 1805A. **b** siquidem illustris ille qui dicebat '..' [Vergil *Georg.* III 11–13], et ~e idem poeta et infra [v. l. poeta infra] prosequitur '..' [*Ib.* 292–3] ALDH. *PR* 142 (143) p. 202. **c** licet longeuscule alta [? l. a te] meritorum equalitate †distam [? l. distans] (LUL) *Ep. Bonif.* 140.

3 (in temporal sense) for quite a long time.

~e illo in desertis delitescente per tot temporum volumina ALDH. *VirgP* 38 p. 287 (*unless referred to* 2a supra); vir Dei .. illi avidissime audienti se ~e indulsit J. FORD *Wulf.* 92.

longiusculus [CL], rather long or protracted.

ut animum oblectaret suum, piscatorium conscendit navigium, et interim quidem ~o ludo in altum procedit W. MALM. *GR* II 228 p. 279.

longivitas v. longaevitas.

longo [*abl. sg. n. of* longus *as adv.*], (for) a long time, long.

~o [v. l. longe] post haec, et multis peragratis regionibus BEDE *Retract.* 1028; ?**1472** magis Londoniis ~o quam hic moram fecit *Cant. Coll. Ox.* III 111.

Longobardus v. Langobardus. **longua** v. longus 1a. **longuanimitas** v. longanimitas.

longule [CL], rather far (away), for quite a long time: **a** (in temporal sense); **b** (in gl.).

a aeria merear si longulĕ [*gl.*: longo tempore] vescier aura FRITH. 128. **b** longus componitur [MS: comparatur] longior, longissimus, unde longe, ~e [MS *omits*; *interpolation* ?], longius, longissime adverb' OSB. GLOUC. *Deriv.* 313.

longulus, rail (of fence).

the rayle of a pale, ~ius -i LEVINS *Manip.* 198.

1 longum v. 1 longa.

2 longum [CL; *n. sg. of* longus *as adv.*]

1 a long way, far.

ne .. a terra longius enavigantes ~um circumferamur inter tantas bellorum clades ASSER *Alf.* 21; mentis oculos ~um dirigit *Ib.* 76 p. 61; illius [sc. stolae] longum finalis linea fertur GARL. *Myst. Eccl.* 430.

2 for a long time, long.

sedi longum pastore vacanti FRITH. 434; nec Edricus successu tyrannidis ~um gloriatus est; sed citra biennium .. W. MALM. *GR* I 14.

3 longum v. longus.

longuncula v. lolliguncula.

longura, ? long gallery.

[Innocentius II] in palatio Lateranensi duas cameras a fundamento construxit et totam ~am sinino firmavit BOSO *V. Pont.* 384.

longus [CL]

1 having (great) linear extent, long: **a** (var.); **b** (of parts of human body; also in fig. context; *cf.* 4a *infra*); **c** (of journey, road, or sim.); **d** (of distance, extent); **e** (of series, succession).

a spicula .. longis exempta faretris ALDH. *VirgV* 2276; murus .. ingens, / qui .. sic visus longus et altus, / nullus ut extenso videretur terminus illi ALCUIN *SS Ebor* 960; omnis trianguli ~ius latus majori angulo oppositum est ADEL. *Elem.* I 18; in rotulo .. ~issimo omnium fratrum .. nomina scribuntur ORD. VIT. III 7 p. 100; mustela, mus †longua [MS: ~us] OSB. GLOUC. *Deriv.* 362; **1232** juxta ~am moram (v. furlonga 2); tradidit terram suam cum .. una ~a selione *Cart. Chester* 401 p. 254; nunc curtis, nunc ~is, nunc largis utuntur vestibus *Itin. Mand.* 76; **1465** iiij scale ~iores; item ij scale breviores *Ac. Durh.* 243. **b** naso ~o *Lib. Monstr.* I 20; penitentes .. ~as .. barbas gestabant ORD. VIT. VIII 10 p. 325; tanti regis validas manus et ~a brachia metuens *Ib.* IX 15 p. 598; sic episcopus quasi ~a manu bona aliena diripit P. BLOIS *Ep.* 25. 89B. **c** sacerdotes .. / Bacchantum ritu longis anfractibus errant ALDH. *VirgV* 1521; jussit eum Theodorus, ubicumque ~ius iter instaret, equitare BEDE *HE* IV 3 p. 206; propter ~ae viae periculosam difficultatem ANSELM (*Ep.* 110) III 243; sed te tenet diei brevitas, / iter lungum et tua gravitas HIL. RONCE. 6. 34; per ~a lutosaque itinera ORD. VIT. XII 32 p. 435. **d** c**597** ~o intervallo (v. disjungere 3a); ~a locorum intercapidine ALDH. *Metr.* 4 p. 75; sinus maris .. qui ab occidente in terras ~o spatio erumpit BEDE *HE* I 1 p. 13; **966** peregrini ordinati ~o terrarum spatio venientes *CS* 1190 p. 461; c**1101** ~um et periculosum intervallum maris et regnorum ANSELM (*Ep.* 214) IV 112. **e** ~a nepotum genealogia GOSC. *Transl. Aug.* 35C (v. genealogica 3a).

2 (in var. combinations; *v. et. carretta* 2a, *ferrum* 12b): **a** (*navis ~a*) warship. **b** (*plaustrum ~um*) long wagon. **c** (*piper ~um*) long pepper, (powder prepared from) fruit spikes of *Piper officinarum.* **d** (eccl., *venia ~a*) full prostration (*cf.* 2 *curtus* 1f).

a grex catularum .. tribus, ut lingua ejus exprimitur, cyulis, nostra ~is navibus .. evectus .. GILDAS *EB* 23 (cf. BEDE *HE* I 15 p. 30: Saxonum gens .. Brittaniam tribus ~is navibus advehitur; *sim.* W. MALM. *GR* I 5); dromo, ~a navis OSB. GLOUC. *Deriv.* 174; **1204** rex .. custodibus ~arum navium et portuum maris Anglie salutem *Pat* I 44a. **b** **1389** ij plaustra ~a, j carecta ~a .., j plaustrum fimale *Comp. Worc.* II 5; **1439** in j plaustro ~o, ij rotis .. *Ac. Durh.* 71; **1464** ij plaustra ~a cum rotis ferro ligatis (*Invent.*) *Feod. Durh.* 186. **c** piperis lon[gi] GILB. IV 174. 1; pulveres subscriptarum specierum .. viz. zinziberi .., pistacis, piperis ~i *Pop. Med.* 240; c**1305** de pipere ~o ciij lib. et dim. *KR Ac* 370/27 m. 3; est piper ~um et dicitur macropiper *Alph.* 145; piper ~um, A. *longpiper WW.* **d** dominicis diebus .. in quibus nec ~a nec curta venia in oratorio a fratribus sumi solet *Cust. Westm.* 208; doceantur facere inclinacionem, ~am veniam et curtam veniam *Cust. Cant.* 5; ut .. in parva vel ~a venia se prosterneret *G. S. Alb.* III 464.

3 (w. measurement) having a length (of ..), (..) long (*cf.* 6a, c *infra*).

[Brittania] per milia passuum DCCC in boream ~a latitudinis habet milia CC BEDE *HE* I 1 p. 9; tigna sex et viginti pedes ~a W. MALM. *GR* IV 324; sunt .. sete .. palmo et plus ~e *Ib.* V 409; virgam .. ~am amplius cubito *Alph.* 102; **1397** (v. fadmus).

4 having (great) vertical extension, tall: **a** (of person, or person's stature; also as sb. m.); **b** (of tree, plant).

a vir ~ae staturae BEDE *HE* II 16 p. 117; cur vix invenitur ~us sapiens ..? *Quaest. Salern.* P 33; colerici .. solent esse .. in corpore ~i BART. ANGL. IV 10. **b** nebulam ingentem veluti ~issimam quercum ORD. VIT. VIII 17 p. 372; feniculata, herba ~a, gracilis *SB* 21.

5 a (as surname); **b** (as element in surname); **c** (in place-name).

a isti sunt liberi homines R. Bigoti: .. Colemanus, et Godricus ~us .. *DB* (*Suff*) II 339b; **1188** Willelmus ~us *Pipe* 27 (*Surrey*); **1279** Margeria ~a *CourtR A. Stratton* 30; **1283** filius Willelmi ~i *Ib.* 162 (cf. ib. 163 [**1284**]: Willelmi *le long*). **b** Rogerus Lungus Ensis *DB* (*Norf*) II 198a; Willelmum cognomento Longam Spatam ORD. VIT. III 1 p. 7; **1189** Willelmo de ~o Campo [*W. de Longchamp*], cancellario nostro *Cart. Osney* IV 38; s**1214** Willielmum ~um Ensem [*Longespée*], fratrem regis Anglie *Ann. Cambr.* 70 (cf. M. PAR. *Maj.* III 3 [s**1216**]: comes Saresberiensis, W. scilicet ~a Spata); **1230** pro Thoma de ~a Villa *Pipe* 145; **1261** Willelmus de ~is Vallibus *Cl* 495. **c** a**1153** terram de ~o Campo que in oráilla foreste est de Roummare [*Forêt de Roumare, Seine-Maritime*] *Act. Hen. II* I 46; grangiam quandam .. ~um Vadum nomine [*Longuay, Haute-Marne*] *Mem. Fount.* I 52; illas duas acras .. que abutant super brueram et vocantur ~e Acre *Ch. Westm.* 472; **1258** persone ecclesie de ~o Ponte Deverell' [*Longbridge Deverill, Wilts*] *Cl* 231; **1260** infra forestam regis de ~a Foresta [*Long Forest, Salop*] *Cl* 75.

6 (as sb. n., in local senses): **a** linear extent, length (also as dependent gen. after measurement). **b** (*in ~um* (*~o*), *per ~um*, *de ~o*, *secundum ~um*) in (respect of) length, lengthwise, along (*cf.* e *infra*). **c** (*in ~um* (*~o*) w. measurement) in length. **d** (*in ~um et in latum*, or sim.) in (respect of), or in the direction of, length and breadth, ? the (whole) length and breadth. **e** (*in ~um*, *per ~um*, *a ~o*, w. gen., *de*, or acc.) along. **f** (*de ~o in ~um*, *~o ad ~um*) along (its) whole length, (w. gen.) along the whole length (of) (cf. OF: *de lonc en lonc*).

a hae ij villae habent j leugam lati et j ~i *DB* I 298rb; ecce crucis longum, latum, sublime, profundum GARL. *Tri. Eccl.* 46 (cf. *Eph.* iii 18); BACON *Tert.* 154 (v. dimensio b). **b** a**776** (? 11c) sic in ~um usque ad *thorn brycge CS* 219; iiij acras terre .. in sarto suo in ~um juxta divisam de A. *Danelaw* 80; s**1178** [luna] a cornu usque in cornu scilicet per ~um seminigra facta est GERV. CANT. *Chr.* 276; terram .. que se extendit in ~um a parva cruce .. usque ad antiquum rivulum *Dryburgh* 54 (cf. ib.: in latum); **1235** de ~o (v. 1 campus 5a); et sic directa in ~o ultra campum usque B. *Reg. Malm.* II 205; axis .. in ~um findebatur *Meaux* III 193; arma partita secundum ~um .., A. .. *armys party in lengthe* BAD. AUR. 179. **c** Brittannia insula .., octingentorum in ~o [vv. ll. ~um, longitudine(m)] milium, ducentorum in lato [vv. ll. latum, latitudine(m)] spatium GILDAS *EB* 3 (*sim.* G. MON. I 2, GIR. *TH* I 2: in ~um .. in latum); curtinae .. xxviij cubitis in ~um protenduntur ALDH. *Met.* 2 p. 64; est una leugata terrae in longo et dim' in lat' *DB* II 118b; *Danelaw* 121 (v. 2 latus 5d). **d** pontifex vadat de ipso altare spargendo per medium aecclesiae in ~um et in latum EGB. *Pont.* 38; liquor infusus vasi expandit se in ~um et in latum ita quod pars ejus continetur in parte loci et totus in toto KILWARDBY *SP* f. 32va (cf. longitudo 1a); *Mir. Montf.* 105 (v. 2 latus 5d). **e** **778** (? 10c) [*bounds*] in affricum vergens in ~um illius septi .. et sic in ~um illius spineti [etc.] *CS* 225; inde in ripam, et ita in ~um cursus aque usque ad fossatum W. MALM. *Glast.* 72; de Y. in ~um de Abbedisdich descendendo usque ad L. J. GLAST. 3; **13..** sic per ~um foveas quousque perveniatur ad H., ab illo loco per ~um paludis [etc.] *Lib. Hyda* 169 (= *CS* 1000; *transl. of AS bounds*: *andlang dices .. andlang mæres*; cf. ib. 172 [=*CS* 988] a ~o illorum decursuum .. per ~um illius fovee [AS: *andlang streames .. andlang dic*]). **f** **1230** stokingum quod extendit se in longitudine a campo .. versus austrum de ~o in ~um secus viam bigarum usque ad campum *CurR* XIV 1046; **1255** R. de W. fecit purpresturam .. in bosco de S. de ~o in ~um unius fossate *Hund.* I 32b (cf. ib.: de ~o in ~um unius haye); campum .. qui jacet ~o ad ~um juxta feodum de Gloucestre *Reg. S. Aug.* I 102.

7 (of speech, writing, or sim.) long, lengthy. **b** (as sb. m.) long verse (*i. e.* hexameter). **c** (as sb. n.) long writing (in quot., coined as opp. of *breve*). **d** (*~um facere*) to speak or write at length. **e** (*in ~um*) to a great length. **f** (*in ~um*, *ad ~um*) at length, in detail, in full.

671 ars .. profunda, quae ~a explanandarum rerum ratione indiget ALDH. *Ep.* 1 p. 477; praecepit eum sententias ~iores dicere BEDE *HE* V 2 p. 284; a**1078** utinam [orationes] ita sint ~ae ut .. compunctio .. contritionis .. in eis .. inveniatur ANSELM (*Ep.* 28) III 136; venia tam ~arum digressionum W. MALM. *GR* V *prol.* p. 466; ~is .. verborum ambagibus ORD. VIT. X 20 p. 125; litteras nunc ~iores habeatis GIR. *SD* 152. **b** hexametros .. apud Latinos primum fecisse Ennius traditur, eosque ~os vocant BONIF. *Met.* 111 (cf. Isid. *Etym.* I 39. 6). **c** **1236** per breve meum, quod .. non est breve sed ~um GROS. *Ep.* 24 (cf. ib.: derisorie vocas illud [sc. breve] ~um meum). **d** ne ~um faciam singillatim enumeratis provinciis W. MALM. *GR* II 165 p. 188. **e** collocutio nostra, quae in ~um processit, jam claudenda est BEDE *Cant.* 1220; quoniam in ~um protraximus sermonem AILR. *Serm.* 31. 32. **f** eam [sc. scripturam] transcribendo in ~um ANSELM (*Mon. prol.*) I 8; **1444** sicut .. harum [sc. literarum] lator vobis dicet plus ad ~um sive magis plane *Lit. Cant.* III 190; qui amplius de hac materia scire desiderant [v. l. desiderat], ad legendam .. principis .. transeat, ubi ad ~um reperiet *Plusc.* IX 26.

8 (*~um est*, *videtur*, or sim., usu. w. inf. or cl. as subj.) it is (seems *etc.*) too long, tedious (usu. w. ref. to narration, enumeration or sim.; also w. *nimis*).

ALDH. *Met.* 10 p. 95 (v. extremitas 1d); totum ponere et horrori et nimis ~um est BEDE *Cant.* 1069; nomina .. quorum .. scribi / longius est visum quam plectri postulet usus ALCUIN *SS Ebor* 1561; quae [sc. dona] hoc in loco percensere ~um est, ne fastidium legentibus procreent ASSER *Alf.* 81; omnia versifico longum exhantlare relatu FRITH. 767; ~um est nimis .. commemorare singula ANSELM (*Or.* 15) III 62; **1104** si nimis ~um non esset, exempla plura proferri possent *Id.* (*Ep.* 332) V 268; ~um est, si velim explicare omnia ejus certamina W. MALM. *GR* IV 382; P. CORNW. *Rev.* I 205 p. 201 (v. fastidiosus 2).

9 a (of time, period, life, *etc.*) long. **b** (of action, process, condition, or sim.) long, long-lasting, protracted. **c** (of person) long-lived (in quot., compar.). **d** (as sb. n.; *~um temporis*) long period of time. **e** (*in ~um* (*~o*)) for a long time, to a great length (of time).

a quia ~o tempore se abstinuerit THEOD. *Pen.* I 1. 4; mundi longa vetustas ALDH. *VirgV* 2875; ~a consumtus aetate BEDE *HE* V 23 p. 349; ~a vita ANSELM (*Mon.* 69) I 79; dicitur .. dies ~issima in climate septimo xvj horas habere BACON VI 46. **b** sopor et somnus jejunia longa tulerunt ALDH. *Aen.* 47 (*Hirundo*) 2; intimo ex corde ~a trahens suspiria BEDE *HE* II 1 p. 80; post ~os amplius quadraginta annorum labores HWÆTBERHT *Ep.*; taedet me tam ~ae vestrae dilationis ANSELM (*Ep.* 75) III 197; Anglos .. ~a pace ignaviores W. MALM. *GR* I 52; quam brevis est voluptas mundi et quam ~a pena eterna T. CHOBHAM *Praed.* 216. **c** **1278** ipse Willelmus ex ictu illo non fuit ~ior vita sua nec morti sue propinquior *ICrim* 18/30. **d** revertuntur .. Hiberni domos, post non ~um temporis reversuri GILDAS *EB* 21 (cf. BEDE *HE* I 14: post non ~um tempus). **e** rex .. tranquillitati ejus [sc. Normanniae] in ~um prospiciebat ORD. VIT. IV 3 p. 177; quod factum .. [Deus] non in ~um passus est inultum manere *Ib.* VI 9 p. 71; [Dominus] morulas ejus [sc. lucis] in longo protendit J. HOWD. *Cant.* 3.

10 (mus.): **a** (of note or rest, or time occupied by them) long, having long duration or the duration of a long (*v.* c *infra*). **b** (of manner of performance) long, extended. **c** (as sb. f.) a

long, note equal in duration to two breves in imperfect mode or three breves in perfect mode, or character representing such note.

a si multitudo brevium fuerit in aliquo loco, quanto brevis plus appropinquatur fini, tanto debet ~ior proferri GARL. *Mus. Mens.* 1. 31; cum pausatione ~a et brevi *Ib.* 5. 3; cum ~a pausatione duorum temporum *Mens. & Disc.* (*Anon. IV*) 25; omnia puncta imparia primi modi sunt ~a *Ib.* 74; mensurabilis musica est cantus ~is brevibusque temporibus mensuratus (Franco) HAUBOYS 182. **b** triplici .. more longe, semilonge breves et semibreves in voce proferuntur, sc. more ~o, [more] mediocri et more lascivo: more vero ~o semibreves, quotquot sunt, cum longis, semilongis et brevibus proferri et describi possunt HAUDLO 104 (cf. ed. p. 23); ~o et flebili modo W. SAY *Lib. Reg. Cap.* 59 (v. flebilis 2). **c** recta ~a appellatur illa que continet duas rectas breves tantum GARL. *Mus. Mens.* 1. 19; ~arum triplex est modus, quia quedam dicitur recta ~a, quedam duplex ~a, quedam plica ~a *Ib.* 2. 11; ~a simplex continet duo tempora *Mens. & Disc.* (*Anon. IV*) 23; ~a .. perfecta potest resolvi in tres breves ODINGTON 128; ~a novem perfeccionum novem ~as in valore debet habere et non plures HAUDLO 116; duplex ~a cum se ipsa deorsum ligari potest *Ib.* 138; *Fig.* 44, HAUBOYS 192, etc. (v. largus 6a); tarda nota vocatur ~a et omnes eo majores; velox nota vocatur brevis et omnes eo minores WILL. 23; ~a aliquando valet novem semibreves, aliquando octo .., aliquando quatuor HAUBOYS 226; figura simplicis ~e est corpus quadratum habens caudam .. in parte dextera TUNST. 256b; pausa ~e de modo imperfecto transit per duo spatia, et de modo perfecto per tria HOTHBY *Cant. Fig.* Ve 43.

11 (in prosody): **a** long, (as sb. f.) long syllable. **b** (*tempus ~um*, also *~a* as sb. f.) sign indicating long vowel.

a quo pacto ~ae et breves sillabae .. discriminentur ALDH. *Met.* 8; omnis syllaba aut brevis est .., aut ~a est et duo recipit tempora ..; ~ae duobus modis sunt, natura et positione BEDE *AM* 86; verba .. quaedam .. / .. faciunt morulas transacto in tempore longas ALCUIN *Carm.* 118. 18; dico, -as .., quod licet ~um sit in auctoritate, breviatur tamen in compositione OSB. GLOUC. *Deriv.* 158; BACON *Gram. Gk.* 5 (v. eta a); si .. pes ~am habeat in depositione et ~am in elevatione, vocatur spondeus ODINGTON 90. **b** sunt .. prosodiae x: acutus, gravis, circumflexus, ~a, brevis .. ALDH. *PR* 141 p. 199; tempora sunt duo, ~um et breve; ~um est significatio productam litteram vocalem [indicans] *Ib.* p. 200.

12 distant, remote, far away: **a** (in space); **b** (in relationship); **c** (of time).

a insulae [*dat. sg.*] .. velut ~iore terrarum secessu soli .. non proximae GILDAS *EB* 8; eo, quamlibet ~um esset, .. contendebat W. MALM. *GP* II 75 p. 162; in ~issimas Norwegie provintias *Ib.* V 259 p. 413; [stella] quanto ~ior, tanto minus lucet *Eul. Hist.* I 73. **b** si debeant duo germani fratres singulas sorores accipere, quae sunt ab illis ~a progenie generatae (*Libellus Resp.*) BEDE *HE* I 27 p. 50. **c** c**1228** quomodo predicta omnia sciret de tam ~o tempore (*Attest. Testium*) *Feod. Durh.* 255; s**1235** ~is retroactis temporibus (v. exlex 1); **1301** (v. feodalis 2b).

loniomon v. limonium. **lonnia** v. loignia.

†lonta, *f. l.*

hastam quippe jacit cum sollicitudine qua scit, / trans †lentas it [MS: lontas it, *but the hemistich is hypometric*], nec plura mala facit W. PETERB. *Bell. Hisp.* 119.

lontellum, *s. dub.*, app. object made of iron.

1289 magistro J. de L. pro j barra ferrea et j serrura ad hostium garderobe, ij s. vj d.; .. eidem pro ij ferramentis ad j ~um, xx d.; eidem pro cc clavis .. *KR Ac* 467/17 m. 3.

Loos [LL < Λῷος], (Macedonian) month of August. (*Cf. Speculum* IX 50–56).

vocatur .. apud eos [Grecos] .. Augustus, Loos BEDE *TR* 14; Gr[aece] Loos *Miss. R. Jum.* 16.

lopimum [LL *gl.* < λόπιμον], chestnut.

lupisma i. castanea *Gl. Laud.* 926.

loppa, ~i (pl.) [ME *loppe*], twigs and small branches trimmed from trees, brushes or sim., lops, loppings.

1333 de lopp' salicum et spinarum (v. croppa 2); cum ~is et cortice remanentibus de meremio capto pro edificiis *Surv. Denb.* 152; **1368** de ~is et escaetis arborum nichil accidit *MinAc Wistow* 76; **1443** vend' lopp' ix querc[uum] meremii *CourtR* 208/5 m. 5; **1545** de precio alicujus bosci sive subbosci, ~orum sive topporum arborum ibidem hoc anno .. nichil (*Ac. Bailiff* (*Notts* etc.) m. 5d.) *Rutland MSS.*

loppare [cf. ME *lopped*, E Mod. E *to lop*], **a** to trim (tree or sim., by cutting off twigs, branches, *etc.*); **b** to cut off (twigs, branches, from tree or sim.).

a **1397** pro xij quercubus .. prostrandis, shredandis, et ~andis *KR Ac* 479/23; **1400** (v. fagotare a); ~are et shredare arbores *Mod. Ten. Hund.* A iiii (v. b infra); **1539** debet ~are arbores superpendentes regiam viam *CourtR* 173/46 r. 6; **1539** ~are et cropare .. arbores (v. croppare 2); arbores .. fuerunt toppate et ~ate, Anglice *topped and lopped Entries* 490. 2. **b** eadem ligna fuerunt ~ata de arboribus in eadem foresta crescentibus *Mod. Ten. Hund.* A iiii. custodes foreste .. usi fuerunt loppare et shredare arbores .., et ligna sic ~ata et shredata ad usum suum .. asportare *Ib.*

loquacitas [CL]

1 a talkativeness, garrulity, loquacity, verbosity (freq. w. pejorative adj.); **b** (as attrib. of utterance); **c** (w. ref. to animal).

a verbosa garrulorum ~as ALDH. *VirgP* 59; videns .. aliquis quempiam .. verbis indulgentem, vanae ~atis eum mordaciter redarguit *Enc. Emmae prol.*; c**1105** ~atem fuge; plus enim proficit homo tacendo et audiendo .. quam scientiam suam verbositate .. ostentando ANSELM (*Ep.* 328) V 260; superfluum michi videtur orationem protelare, ut multa enodem ~ate quanta fuerit leticia plebi ORD. VIT. XII 24 p. 406; absit .. ut .. ~atem in .. ore tuo inordinatam assumas AD. SCOT *QEC* 17. 829C; illa logices ventosa ~as, qua tumescis P. BLOIS *Ep.* 9. 26B. **b** nuda garrulorum ~ate verborum ALDH. *Met.* 10 p. 84; qua .. ratione hanc juncturam dictionum .. ab illo vitio quod ~as nugatoria appellatur defendere possumus? R. MELUN *Sent.* II 43. **c** ranarum ~as est poetarum garrulitas HON. *Spec. Eccl.* 1048A.

2 eloquence.

reginam .., cujus probitates nullius .. rhetoris facunda evolvet ~as FOLC. *V. J. Bev. prol.* p. 241; nec pro ingeniosa ~ate sua eum aliquis precabatur ORD. VIT. VIII 17 p. 371.

3 (faculty of) articulate speech.

humane ~atis idioma ORD. VIT. VIII 21 p. 393 (v. locutio 3a).

loquaciter [CL], talkatively, loquaciously.

loquax .., unde ~iter, ~ius, ~issime adv. OSB. GLOUC. *Deriv.* 309.

loquaculus [CL], talkative, loquacious, eloquent; **b** (transf., w. ref. to writing).

loquax .. unde .. loquaquulus [MS: ~us] OSB. GLOUC. *Deriv.* 309; ~us, aliquantulum loquens, qui et dicaculus dicitur *Ib.* 326; non timet aliquem bursa causidicum, / quamvis loquaculum, quamvis rethoricum WALT. WIMB. *Sim.* 30. **b** quantus puerperam dolor exulcerat, / quamvis loquaculus stilus non reserat *Id. Carm.* 265.

loquax [CL]

1 talkative, garrulous, loquacious, verbose. **b** (of bird, or of running water) chattering.

a ne [principes] dicant nos .. ~aci .. temeritate .. eis .. terrores incutere GILDAS *EB* 37; mente sagax, non ore loquax ALCUIN *SS Ebor* 1404; non ~aci comedia cachinnantibus parasitis faveo ORD. VIT. VII 16 p. 254; si nimis ~ax [es] AILR. *Serm.* 31. 26 (*opp.* tacitus); ~ax [ME: *cakele*] Eva *AncrR* 28; lingua loquax GOWER *VC* IV 131 (v. gulosus 1a). **b** mea latior instat / lingua loquax reliquis avibus HWÆTBERHT *Aen.* 59 (*Psittacus*) 4; pica loquax GREG. ELI. *Æthelwold* 6. 10 (= *Lib. Eli.* app. 399, v. garrulitas 2a); rivus subter scatebris ~acibus fluens soporem invitabat W. MALM. *GR* II 154 p. 174.

2 a eloquent. **b** (of gesture) expressive.

a nec precor ut Phoebus linguam sermone loquacem / dedat ALDH. *VirgV* 26; *GlC* E 141 (v. elegans 2a); loquax .. Colmanus episcopus FRITH. 253; farius i. ~ax *GlH* F 156. **b** nutibus / locacibus / me capiunt ocelli P. BLOIS *Carm.* 2. 5. 53.

3 endowed with speech, articulate, talking.

sonat .. Lechlavar Britannica lingua lapis ~ax GIR. *EH* I 38 p. 287; arbores aves bestiasque ~aces W. BURLEY *Vit. Phil.* 94 (v. 1 fabula 3a).

loquela, ~ella [CL]

1 act or capacity of speaking, speech (also transf. w. ref. to written works): **a** (in general); **b** (w. ref. to ability to speak or quality of speech); **c** (w. gen. of language spoken, *cf.* 4b *infra*).

a nihil .. differt quid ~a humana prius in creaturarum ordine nominet quas divina potentia simul condidit cunctas BEDE *Gen.* 28; sicut visus in oculo, sic gustus et ~a [ME: *spellunge*] in ore *AncrR* 16; lingua congruit .. in gustum et ~am W. WORC. *Itin.* 250. **b** balbis .. rectitudinem ~ae largiendo ALDH. *VirgP* 34; balbos, qui scaevis verba loquelis / fantes corrumpunt *Id. VirgV* 1087; factus .. est juvenis limpidus vultu et ~a promtus BEDE *HE* V 3 p. 284 (cf. ALCUIN *SS Ebor* 1117); impediunt tardam retinacula muta loquelam; / vincimur, exiguis nec possumus edere verbis / talia signa Dei WULF. *Swith.* II 397; ~am amisit et omutuit et similis mortuo fuit ANSELM BURY *Mir. Virg.* 33 p. 52; castus corde corpore et ~a *Spec. Eccl.* 38. **c** Paracletus .. apostolorum praecordia .. defusarum septuaginta linguarum ~a ditavit ALDH. *Met.* 2 p. 67.

2 that which is spoken, utterance, speech, discourse (in general); **b** (transf. to communication by gesture).

~am tuam horum [sc. praeceptorum Dei] undique dulcedine .. communito BEDE *Prov.* 961; p**793** indisciplinate ~e non adsuescat os tuum ALCUIN *Ep.* 281 p. 440; audit et angelicae praedulcia jussa loquelae WULF. *Swith.* I 292; ea que nobis nota sunt significare possumus .. scriptura absenti, ~a presenti KILWARDBY *OS* 490. **b** potest .. quaedam manualis ~a .. figurari BEDE *TR* 1 p. 181; ~a digitorum ANSELM (*Ver.* 2) I 180.

3 a (individual) utterance, discourse, (pl.) things said, words; **b** (w. ref. to language spoken; *cf.* 4b *infra*). **c** word, phrase, expression, locution. **d** request, order. **e** (in gl.).

a sanctus apostolicae cecinit dum sermo loquelae / 'nescitis quod fana Dei sint ilia vestra?' [cf. *I Cor.* iii 16] ALDH. *VirgV* 149; humanas .. loquelas BEDE *CuthbV* 74 (v. 2 flatus 2b); pone tuis verbis vectes serrasque loquelis ALCUIN *Carm.* 62. 202; talem repetit nitido ore loquelam: / "desine jam fili .." WULF. *Swith.* II 983; jam vestram satis ~am expectavi; nunquid totum diem transigemus muti? ORD. VIT. XII 43 p. 469; **1267** malefactores cum gladiis sine ~a insultaverunt et ipsum percusserunt *SelCCoron* 6. **b** peregrinis .. loquelis ALDH. *CE* 4. 9. 6; vertens .. / .. Argolicas Italo sermone loquelas *Id. VirgV* 2147; quoadusque eorum [sc. Britannorum] .. ~as intelligere valuit FELIX *Guthl.* 34 p. 110. **c** ALCUIN *Gram.* 900D (v. loquelaris 2); accidit .. hujusmodi traductionem fieri diversis sibi invicem quedam mutuantibus ~is BALSH. *AD* 97; scribentis nomen si queras, ecce loquela / sub tribus implicita versibus inde latet GOWER *VC* I *prol.* 19. **d** ille meis nullomodo credere dictis / voluerit nec, sancte, tuis parere loquelis WULF. *Swith.* I 53; **1397** item j zona argentea .. et vj *stothes deaurat'* .. amotis de feretro .. ad ~am domini episcopi *Ac. Durh.* 445. **e** **10..** ~a, *spræc WW*; *GlH* E 81, OSB. GLOUC. *Deriv.* 198, *CathA* (v. effamen); ~e, *paroles Teaching Latin* II 25.

4 a form of speech used by spec. group of people, dialect. **b** language (of nation *etc.*).

a Petrus .. quod Galilaeus sit, ~a sua proditur [cf. *Matth.* xxvi 73 etc.] BEDE *Acts* 947 (cf. ib.: dicendi speciem .. distinctam); spiritus gratia .. distantiam proprietatum in una quaque lingua .. in eorum [sc. apostolorum] fecit ~is agnosci *Id. Retract.* 1000. **b** rex .. pertaesus barbarae ~ae subintroduxit .. alium suae linguae episcopum BEDE *HE* III 7 p. 140; tam longe a Romanorum ~a et natione segregati *Ib.* V 21 p. 333; **811** (v. 1 haga); inter eos quorum ~am non intelligebant .. commorati sunt ORD. VIT. X 20 p. 129; ~a gentis .. dicta fuit Brittannica G. MON. I 16; **1268** fecit .. starrum suum in ~a Ebraica, quod quidem starrum duplicatum est in ~a Latina *SelPlJews* 46.

5 manner of expression, style, diction (in quot., w. ref. to written work).

curiosam ~am *Spec. Eccl. prol.* p. 29 (v. locutio 2).

6 conversation, discussion, talk. **b** (*~a matutinalis*) morn speech, meeting of guild (*cf.* AS *morgenspraec*, ME *morwe-speche*; *Eng. Gilds* xxxiif.).

memento hujus temporis ac ~ae nostrae BEDE *HE* II 12 p. 109; vultis esse .. astuti in ~is [AS: *on spræcum*] ..? ÆLF. *Coll.* 101; consertis .. ~is W. MALM. *GP* I 23 p. 36; eloquentie .. in communi ~a torrens profluus, qui nec inter comedendum a divinis vacaret eloquiis *Ib.* 65 p. 122; **1196** de ~a versus dominum regem Francorum .., cum eo sermonem habeatis (*Lit. Regis*) DICETO *YH* II 139. **b** **1330** (1389) habebunt suam ~am matutinalem in crastinum Pasche *Guild Cert.* 41/154 (*Lincoln*).

7 (leg.): **a** statement (made in court). **b** suit, action, prosecution; **c** (w. ref. to class of actions).

a si quis negat in curia se dixisse quod ei imponitur .. nisi possit per duos intelligibiles homines de auditu convincere, recuperabit ad ~am suam [OF: *a sa parole*] (*Leis Will.* 24) *GAS* 511; **1220** pluries alienavit ~am suam *SelPlCrown* 128; **1268** quod non occasionentur propter miskenninga in suis ~is, viz. si bene non omnino narraverint (*Carta Regis*) *Leg. Ant. Lond.* 104; *miskennigh*, id est variatio ~e [TREVISA: *chaunginge of speche*] in curia HIGD. I 50 p. 94. **b** a**1178** quod si aliquod magnum forisfactum ibi emerserit, unde querela ad me .. perveniat, .. ~a inde coram me .. tractetur *Act. Hen. II* II 83; a**1195** si qua ~a orta fuerit inter forestarium et burgenses, terminetur in eodem burgo *BBC* (*Gateshead, Durh*) 53; **1199** pro habendo recordo ~e sue quam habet in curia regis versus R. .. de ammensuratione dotis *Pipe* 198; **1201** retraxit se de ~a quam moverat versus episcopum *CurR* II 15; **1205** dominus mandavit justiciariis quod ponant sine die ~am *CurR* III 274; abbas abstrahit sibi ~as et placita calumpnantium .. terras BRAKELOND f. 151v; cum in curia probatur hoc essonium .., remanebit ~a illa sine die *RegiamM* I 8. 14; c**1269** poterit ~a transferri ad comitatum .. et ibidem terminari et deduci *CBaron* 69; prosequi ~am

suam [vv. ll. tenere placitum, placitare] HENGHAM *Magna* 3 (v. 3 feriatio); **1321** ~e in curiis Londoniarum incepte et ibi pendentes *MGL* II 375; **1357** quod .. possideant omnes terras suas .. cum ~a corone et ceteris .. privilegiis *Melrose* 435 p. 400. **c 1231** exceptis quatuor ~is que ad coronam nostram pertinent, sc. de roboria, de murthere, de combustione, et femina efforciata *Reg. Newbattle* 222 p. 178.

8 (log.) category, predicament.

quid .. sit .. proprium bis quinque loquelis, / remis quae denis quicquid versatur in orbe / sub ditione sua retinent *Altercatio* 74.

9 (concr.) tongue (in quot., of bird).

~a avis Socrate [v. l. Socratis; i. e. *of hoopoe*] ad collum suspensa BACON IX 74 (cf. ib. p. 212).

loquelaliter, in speech, orally, by word of mouth.

Brennius ad acuendos suorum ~iter .. animos .. prede .. ubertates ostendit E. THRIP. *SS* III 39; preproperus et loquax, ~iterque levis, verbaliter et errabundus *Ib.* IV 26; id quod et trivialiter est tritum, satisque diovolaliter est in universitate wlgari ~iterve wlgatum *Ib.* XII 4; mea ~iter sic cepi laxare labia *Ib.* XIII 1.

loquelaris, ~ellaris [LL]

1 uttering words, articulate.

in voce ~ari BEDE *Cant.* 1171.

2 (*~is praepositio*) inseparable preposition, verbal prefix used only in combination.

accepta ~i praepositione 'a' corrumpitur, ut lateo .. delitesco [? l. dil-] ALDH. *PR* 115 p. 158; de ~ibus praepositionibus .. quae sunt am, co, con, di, dis, re, se BEDE *AM* 106; unde dicuntur quaedam praepositiones ~es? quia semper in compositione loquelis, id est dictionibus componuntur ALCUIN *Gram.* 900D (cf. ÆLF. *Gram.* 276: loquela *is spræc, and ~es synd gespræcelice, forðan ðe ðas six* praepositiones *ne beoð nahwar ana, ac beoð æfre to sumum oðrum worde gefegede*).

loqui [CL]

1 (intr.): **a** to utter articulate sounds, speak (also w. ref. to writing, as below esp. in sections 3, 4, 9–11); **b** (dist. from inarticulate sounds); **c** (dist. from silence); **d** (w. animal or inanimate object as subj.; *cf.* 13b *infra*). **e** (leg.) to speak in court, plead. **f** (*forma, modus, usus ~endi*) manner of speaking, usage, expression.

a o frater carissime, ~ere, interroga necessaria tibi *V. Cuthb.* IV 9; dramaticon [genus poematos] est .. in quo personae ~entes introducuntur BEDE *AM* 139 (cf. Diomedes *Ars Gramm.* ed. Keil p. 482); Gerbertum, qui vobis de ea .. quaestione .. melius potest praesens colloquendo quem ego vel ~endo vel scribendo satisfacere ANSELM (*Ep.* 85) III 210; apostolicum per Dei miraculum plane ~entem et videntem W. MALM. *GR* I 68 p. 72; infantia est illa etas in qua puer non potest adhuc ~i AILR. *Serm.* 20. 14. 311; **1332** murus super .. Willelmum cecidit .., set postea vixit per unam horam diei et ~ebatur *SelCCoron* 82; **1462** ~ente evangelista [*Matth.* xiv 19 etc.] .. satiavit Dominus quinque milia hominum *Lit. Cant.* III 238. **b** homines ~untur, rustici jubilant ALDH. *PR* 131 p. 180; *Itin. Mand.* 100 (v. grunnire 1c). **c** quid? loquar an sileam? FRITH. 481; **a1078** huic, sive ~ar sive taceam, semper scito cor meum simili affectu respondere ANSELM (*Ep.* 68) III 188; quisque silere quam ~i maluit ORD. VIT. V 1 p. 300. **d** muta .. rerum natura .. quasi ~i et sermocinari fingitur ALDH. *Met.* 7; verbis asinae contra naturam ~entis BEDE *Ep. Cath.* (*II Petr.* ii 16) 78; dominicam imaginem expresse locutam clericos .. confudisse W. MALM. *GP* II 161 p. 182; aquila locuta est dum murus edificaretur G. MON. II 9. **e a1135** puer non habens potestatem ~endi *BBC* (*Newcastle on Tyne*) 71. **f p1079** caecitas dicitur aliquid secundum formam ~endi, cum non sit aliquid secundum rem ANSELM (*Ep.* 97) III 227; 'facere' verbum aliquando usu ~endi pro omni verbo ponitur *Id. Misc.* 343; perplacet .. sophisticus iste ~endi modus OSB. GLOUC. *Deriv.* 61; ex quibus equivocatio, tria [sc. sunt]: usus ~endi communis, modus ~endi docentibus concessus .. BALSH. *AD* 42; iste terminus .. per communem modum ~endi potest exponi tribus modis KILVINGTON *Soph.* 12 p. 24.

2 a to speak together, hold conversation, converse (also w. *adinvicem, simul*). **b** (w. dat., *ad*, or *cum*) to speak (to or with a spec. person). **c** (leg.) to confer, take counsel (esp. in formula *inde ~endum est* or sim.; *cf.* 8, 12b *infra*).

a licentiam ~endi H. LOS. *Ep.* 48 (v. determinare 1b); que [ampulla] casu, dum ~erentur, pavimentum super marmoreum cecidit ORD. VIT. VII 12 p. 208; si viderit aliquos simul ~entes vel invicem significantes, semper putet .. de se esse AILR. *Serm.* 43. 27; cum vel ad invicem vel de invicem ~untur AD. SCOT *Serm.* 303A (v. deinvicem). **b** in monte cum Domino locutus GILDAS *EB* 69; si nossem quis esset qui ~eretur ad me BEDE *HE* V 6 p. 291; **897** (11c) accidit .. inter alias locutiones quod Æ. ~ebatur de illa terra .. ad U. *CS* 575; o monache qui mihi locutus es [AS: *þe me tospycst*] ÆLF. *Coll.* 99; scienti breviter ~or ANSELM (*Azym. prol.*) II 223; **1100** si quis baronum .. meorum filiam suam nuptum tradere voluerit .., mecum inde ~atur (*Carta Regis*) *GAS* 521 (= *SelCh* 118); **1220** nuncii domini regis .. cum domino comite Marchie loquturi *DipDoc* I 70. **c 1201** ~endum de .. vicecomite in cujus tempore ipse R. evasit de custodia sua *SelPlCrown* 5; **1203** ~endum est inde cum domino [rege] *Ib.* 31; **1267** salvo dominis curiarum jure suo de sectis illis perquirendis in forma juris, cum inde ~i voluerint *Leg. Ant. Lond. app.* 230; **1279** ~endum: .. homines de Waterneweton' reverserunt cursum aque .. unde ~endum est *Rec. Elton* 4; **1315** licencia inde ~endi petita et optenta *Year Bk.* XVII 162; **1451** dicit quod .. non est avisatus ad respondendum prefato Johanni .. et petit diem inde ~endi usque octavas Sanctae Trinitatis *Reg. Whet.* I 57.

3 to speak (about a spec. subject; further exx. under 2 *supra*): **a** (var.); **b** (in first person, in parenthetic final cl.; *cf.* 4f *infra*); **c** (w. book, writing or sim. as subj.).

a Cyprianus de virginibus ~ens, 'quid' inquit 'ornata ..?' ALDH. *VirgP* 56; somnium .. in filia ejus de qua ~imur expletum est BEDE *HE* IV 21 p. 256; meditetur .. inde mens mea, ~atur inde lingua mea ANSELM (*Prosl.* 26) I 121; **1093** de iis unde hactenus locutus sum nunc ista sufficiant *Id.* (*Ep.* 156) IV 22; athletas .. de quibus futurorum noticie pro divinorum admiratione operum scribendo ~or ORD. VIT. X 24 p. 143; **1201** R. in misericordia quia non ~itur de visu neque de auditu *SelPlCrown* 7 (cf. BRACTON f. 138: de quibus ~i debeat appellans ..: .. fieri debet mentio de anno .., ~i oportet et de visu et de auditu); **c1285** in Hibernia omnes fere locuntur .. de pluribus cambiis factis *KR Ac* 234/19 m. 2; de Noe loquuti calamo venimus in archam Noe COLET *Rom. Exp.* 250. **b** ut de .. mentis suae devotione .. breviter .. ~ar ASSER *Alf.* 74 p. 56; ut de voluntariis peccatis tantum nunc ~ar ANSELM (*Praesc.* III 8) II 275. **c** iste Leo, de quo epitaphium ~itur W. MALM. *GR* II 195; sumptuaria, lex que de sumptu ~itur OSB. GLOUC. *Deriv.* 562; isti reges de quibus ~itur evangelium AILR. *Serm.* 4. 5. 228; **p1236** per quamdam cartam que ~itur sub nomine meo .. de vj li. sterlingorum *Feod. Durh.* 204 n. 1; cum .. ~atur probatio de uno tempore BRACTON f. 90b; de tempore sic simpliciter considerato .. loquntur verba Aristotilis KILWARDBY *Temp.* 51; librum .. de triplici mundo .. ~entem [TREVISA: *and spak of þe þre worldes*] HIGD. VII 36 p. 236.

4 to speak (in a spec. manner or in spec. circumstances; further exx. under 2–3 *supra*): **a** (var.); **b** (w. abl. denoting words or sim.); **c** (w. *ita, sic, ut*); **d** (*ut ~untur*) as they say. **e** (*proprie ~endo*) properly speaking, (*communiter ~endo*) according to common usage. **f** (in first person, in parenthetic final cl.; *cf.* 3b *supra*); **g** (w. speech or writing as subj.).

a propheta ex sua persona ~itur dicens '..' GILDAS *EB* 48; ut in ipso carminis initio figurate se ~i manifestet BEDE *Cant.* 1085; ore loquens prompto taciturna silentia rupit ALCUIN *SS Ebor* 1110; ~ere [AS: *sprec*] nobis nostro more, non tam profunde ÆLF. *Coll.* 101; bene loquere [AS: *gyf þu well sprece*] sic bene facias *Prov. Durh.* 20; **1093** insipienter locutum me esse forsitan dicet aliquis ANSELM (*Ep.* 156) IV 22; **c1168** amicitia ~i non novit nisi facie revelata; ad amicum itaque ~ens in veritate, precor ut .. J. SAL. *Ep.* 264 (259); **1175** ex corde ~i (v. humiliare 2b); fallaciter ~itur [ME: *gabbeð*] *AncrR* 68 (v. exprobare d). **b** BEDE *HE* I, IV 21 (v. f infra); ipse qui his verbis ~itur ANSELM (*Mon.* 33) I 52; tali modo locutionis .. quali ~untur [v. l. utuntur] homines in locutione sua T. CHOBHAM *Praed.* 301 (= *Glossa Ordinaria in II Petr.* i 21). **c** noli .. ita ~i, vide ut sanum sapias BEDE *HE* V 13 p. 311; eo quod, ut ~ebatur, .. lectores boni in toto regno .. non erant ASSER *Alf.* 24; ANSELM II 270 (v. g infra); sicut in libro quem .. nuper edidi locutus sum W. MALM. *GR* I 50 p. 56; *Id. GP* V 270, KNAPWELL *Not.* 195 (v. f infra); sicut ~itur Aristoteles .., sic etiam ~itur auctor sex principiorum de actione, cum dicit quod .. T. SUTTON *Gen. & Corrupt.* 55. **d 1561** (v. haberdassarius). **e** proprie ~endo HALES *Sent.* I 204 (v. divisio 2a); post primam clausulam notarum, quod alii nominant proprie ~endo .. punctum *Mens. & Disc.* (*Anon. IV*) 56; communiter ~endo BACON XIV 104 (v. exspiratio b); proprie ~endo, generacio activa non plus est in Patre quam in Filio OCKHAM *Quodl.* 20. **f** omni pene juventutis suae tempore, ut verbis ipsius ~ar, .. doloribus cruciabatur BEDE *HE* II 1 p. 77 (cf. ib. IV 21 p. 256: ut verbis Domini ~ar); ut more navigantium ~ar ASSER *Alf.* 21; **1094** ut breviter ~ar ANSELM (*Ep.* 176) IV 58; sanitatem, ut sic ~ar, furatus est W. MALM. *GP* V 270 p. 430; non ymaginatur animal, ut communiter ~ar KILWARDBY *SP* f. 35vb; ut ita ~ar KNAPWELL *Not.* 195 (v. exhibilis); **s1381** Johannem Balle .. quarterizacioni, ut [MS: in] usu vulgari ~ar, .. adjudicavit WALS. *HA* II 32. **g** quando ita ~untur divina dicta ut libero arbitrio soli videantur salutem hominis attribuere ANSELM (*Praesc.* III 5) II 270.

5 to speak in, speak (a language): **a** (w. abl., sts. w. ref. to *Act.* ii or *I Cor.* xiv); **b** (w. adv.); **c** (w. acc.).

a gens .. quam linguis [v. l. linguas] omnium nationum ~i posse testantur *Lib. Monstr.* I 40; accepto Spiritu Sancto linguis ~ebantur omnibus BEDE *Prov.* 981; vir elinguis nulla quippe recte ~i lingua prevalens GIR. *SD* 74; ~itur .. linguis qui plures novit linguas .., item ~itur linguis qui dicit verba et non intelligit sensum verborum T. CHOBHAM *Praed.* 17. **b** hae .. provinciae .. Graece ~untur BEDE *Retract.* 1000; ut doceas nos ~i Latialiter recte [AS: *þæt þu tæce us sprecan*] ÆLF. *Coll.* 89; **c1105** semper .. Latine ~ere ANSELM (*Ep.* 328) V 260. **c** apostolos .. omnium gentium linguas intellegere ac ~i potuisse BEDE *Retract.* 1000; ~i Gallicum MAP *NC* V 6 f. 70v (v. 1 Gallicus 2b); **1432** ~endi .. Gallicanum ydioma (v. dictare 2a); **1484** non locuntur Latinum in scola sed Anglicum *Vis. Southwell* 49.

6 (w. var. prepositions): **a** (*~i contra, adversus, versus*) to speak against (a person; esp. in leg. context; *cf.* 9d *infra*). **b** (*~i super*) to lay a complaint against, to make an accusation about (leg.).

a ille insipiens contra quem sum locutus in meo opusculo ANSELM (*Resp. Ed.*) I 130; **c1195** ~i .. adversus .. monachos (v. incausare); **1208** sint sub plegiis predicti W. T. et R. standi recto si quis versus eos ~i voluerit *SelPlCrown* 57 (cf. *Cl* 16 [**1265**] ad standum recto, si quis versus eos inde ~i voluerit); **1220** ~itur ficte versus eum *SelPlCrown* 122. **b** qui permanet sine cravatione .., nemo super heredes ejus ~atur inde [AS: *þæt nan mann on his yrfenuman ne spece*] post mortem (*Quad.*) *GAS* 232; debet .. jurare, quod in recto puplico super illam terram ~atur [AS: *on þæt land sprece*], sicut pecunia sua [*his cattle*] super eam evenit *Ib.* 375; quodsi parentes mortui nolint illuc venire constituto termino, emendet unusquisque cxx s. qui super hoc ~ebatur (*Leg. Hen.* 74. 2b) *Ib.* 591.

7 (pres. ppl. as sb. m. or f.) person speaking, speaker; **b** (pl. denoting a school of Islamic philosophers. the *Mutakallimûn*; cf. SICCAV. *PN* introd. p. 23).

verba .. bene prolata juvant ~entem BEDE *Prov.* 1016; rapuit praesul verbum de voce loquentis ALCUIN *WillV* 20. 12; usus omnium ~entium ANSELM (*Gram.* 11) I 156; his dictis, lux cum ~ente disparuit AILR. *Ed. Conf.* 753C. **b** via qua processit Avicenna in probando primum principium est via ~entium, et sermo ejus semper invenitur quasi medius inter Peripateticos et ~entes SICCAV. *PN* 58 (= Averroes).

8 (gd., or f. pl. of gdv. as sb.) discussion, conference (leg.).

1302 quod nullum judicium sit redditum in curia hustengorum antequam major et aldermanni veniant de ~endo *MGL* I 403; de judiciis reddendis in hustengo post ~endas *Ib.* II 52.

9 (trans.; *cf.* 5c *supra*): **a** to speak, utter, say (word, speech, or sim.); **b** (w. writing or speech as subj.); **c** (w. indication of person addressed). **d** (w. *contra, versus*) to utter (word, charge or sim., against a person; *cf.* 6a *supra*).

a 601 haec nunc .. paucis locutus sum (*Lit. Papae*) BEDE *HE* I 32 p. 69; perfectam ~i sapientiam nullatenus valet [os humanum] BEDE *Prov.* 946; ut .. os tuum ne pravum ~atur aliquid *Ib.* 956; cynocephali .. omne verbum quod ~untur intermixtis corrumpunt latratibus *Lib. Monstr.* I 16; quid ~ar de frequentibus .. expeditionibus ..? ASSER *Alf.* 91 p. 76; de quibus alta loqui nec non caelestia fari / causa monet WULF. *Brev.* 167; "quid vultis ~i?" [AS: *sprecan*] "quid curamus quid ~amur [AS: *we sprecan*], nisi recta locutio sit?" ÆLF. *Coll.* 89; de Lanzone plura ~erer, nisi alias non contempnenda dixissem W. MALM. *GP* II 98; Salvator .. peccati expers dolum locutus non est ORD. VIT. I 3 p. 10; linguas figmenta loquentes GARL. *Tri. Eccl.* 111 (v. fermentare 2); sepe .. proponimus pauca ~i [ME: *for to speoke lutel*] et verba disposita *AncrR* 18; **s1376** incantamina sua ~ens (v. incantamen). **b** ALDH. *VirgV* 2105 (v. 11a infra); nostra testatur conscientia quod ~itur epistola ANSELM (*Ep.* 20) III 127; vides quod aperte ~i erubescit oratio W. MALM. *GR* IV 380. **c** testimonium .. quod de pravis antistitibus Salvator ad apostolos ~itur '..' [*Matth.* xv 14] GILDAS *EB* 95; de memoria .. Ceolfridi, qui locutus est nobis verbum Dei [cf. *Hebr.* xiii 7] *Hist. Abb. Jarrow* 1; tu / verba loqui vis nulla mihi ..? WULF. *Swith.* I 631; multum tibi ~i cupit os meum ANSELM (*Ep.* 117) III 254; hec ad Heliam .. heroes locuti sunt ORD. VIT. X 18 p. 102; quod ille frater audiat quicquid inter se locuntur *Cust. Cant.* 155. **d** est verum an frivolum quod ~imus contra te? ÆLF. BATA 4. 31 p. 61; nunquam .. contra regem .. asperum etiam verbum locutos W. MALM. *GR* II 197 p. 240; **1243** stabit recto de omnibus que rex versus eum ~i voluerit *RGasc* I 186b; **1265** ad respondendum nobis de eis que versus eos inde ~i voluerimus *Cl* 128.

10 a to declare, mention, speak of, signify (matter, topic, or sim.); **b** (w. writing or pen as subj.). **c** to express, give utterance to (emotion or belief).

a uti ne amplius ~eretur os nostrum opera hominum GILDAS *EB* 37 p. 48; quid .. beatam Eugeniam ~ar ..? ALDH. *VirgP* 44; dona superna loquar, miserae non proelia

Troiae (*Hymn.*) BEDE *HE* IV 18 p. 247; licet alta [*gl.*: i. misteria celorum] loquamur, non sonus auribus instat HWÆTBERHT *Aen.* 7 (*Littera*) 3; aut .. aliam separationem personarum Patris et Filii ~itur .., aut si illam dicit .. ANSELM (*Incarn.* 2) II 13; Egfridi necem cum .. fama ~eretur W. MALM. *GR* I 52; cogimur atra loqui que cernimus aut toleramus (*Vers.*) ORD. VIT. XI *prol.* p. 159; quod scimus ~imur, quod vidimus attestamur LUCIAN *Chester* 57; scelus hoc ista loquetur avis WALT. ANGL. *Fab.* 58. 10. **b** c**1168** (v. incommutabilis b); rebus ostenditur quod stilus ~itur LUCIAN *Chester* 59. **c** ut fidem tuam, quam lingua nostra ~itur [*gl.*: *gispreceð*], etiam moribus vita fateatur *Rit. Durh.* 48; quis ipso fideles in igne lustravit, / linguis loquentes gaudia novitatis? J. HOWD. *Cant.* 298.

11 (w. var. structures): **a** (dir. speech; freq. w. preparatory or resumptive n. pron., adv., *etc.*); **b** (acc. & inf., or acc. & object complement); **c** (indir. qu.).

a Esaiam .. de sacerdotibus hoc modo ~entem audite '..' GILDAS *EB* 78; scripturae dicta loquentis '..' ALDH. *VirgV* 2105; '.. in inferni claustra pertrahar'; sic ~ebatur miser desperans BEDE *HE* V 13 p. 312; ad Accan .. ita ~i exorsus est: '..' *Ib.* V 19 p. 329; in hec verba locutus est: '..' G. MON. IX 3; tandem facto silentio papa locutus est: '..' ORD. VIT. XII 21 p. 380. **b** ut multa illum .. desideranda vidisse, etiamsi lingua sileret, vita ~eretur BEDE *HE* V 12 p. 304; quid loquor innumeras .. salutes / innumeros sumpsisse greges? WULF. *Swith.* II 232; cur solum ~or, domina, beneficiis tuis plenum esse mundum? ANSELM (*Or.* 7) III 21; BACON XI 179 (v. dominari 1a). **c** ?**795** (10c) locutus sum cum eo [sc. archiepiscopo] quid .. Deo .. darem *CS* 265 p. 369; Haroldus, quem fama filium Cnutonis ex filia Elfelmi .. ~ebatur W. MALM. *GR* II 188 p. 227; auctor ~itur ad musam suam que sit causa .. presentis operis L. DURH. *Hypog.* 68 *tit.*; qui .. vir quante innocentie .. fuit .. gloriosissima sanitatum signa locuntur *Canon. G. Sempr.* f. 125.

12 (pass.): **a** (w. word, speech, or sim. as subj.) to be spoken, uttered, said. **b** (~*itur* in impers. use) there is discussion, discussion takes place (sts. in legal context). **c** (gdv.) that ought to be spoken or said (in quots., n. pl. as sb.).

a ut verba absentium quasi scripta videret cogitationesque praesentium velut locutas [vv. ll. locuta, audita(s)] cognosceret FELIX *Guthl.* 46; **1298** cum in dicta credencia nil fuisset de nova collecta facienda locutum *Reg. Cant.* I 291; s**1384** ad hec dux .. respondit, dicens illud nimis generaliter fuisse locutum *Chr. Westm.* 144. **b** A. obiit in comitatu Oxonie, et ideo ibi ~atur de murdro *PlCrGlouc* 41; **1225** sit in custodia usque ~atur cum domino rege *SelPlCrown* 119; **1227** nunquam locutum fuit coram vobis de Magna Landa *RL* I 492; s**1352** locutum fuit inter dictas partes et concordatum sub certa convencione AVESB. f. 122b. **c** qui reticenda tacent et sola loquenda loquuntur L. DURH. *Dial.* I 455; quam fideliter ~enda non tacuerit [Maria], hymnus ille .. clamat 'Magnificat ..' [*Luc.* i 46] AILR. *Serm.* 21. 27. 357.

13 (transf. and fig.): **a** to communicate (by signs or gestures). **b** to make sounds resembling human speech, (of bird) to chatter, warble. **c** to be expressive or significant. **d** to be influential, 'talk'. **e** (trans.) to display, signify, manifest.

a nutare dicitur pro signare, sicut facit quis cum ~itur cum digitis OSB. GLOUC. *Deriv.* 376; quando quis semper per nutus ~itur *Ib.* **b** turdula prompta loqui HANV. IX 428 (v. graculus b). **c** c**1214** in sacra .. scriptura res non verba ~untur GIR. *Ep.* 8 p. 280; posuit .. natura sedem verecundie in fronte, ut potius ~eretur frons quam os T. CHOBHAM *Praed.* 259; licet commendaticiis non indigeatur ubi meritorum ~itur evidentia AD. MARSH *Ep.* 10. **d** **12..** [Roma] ubi nummus loquitur et lex omnis tacet (*Contra Avaritiam* 36) *Pol. Songs* 16. **e** plus .. plerumque ~itur homo actu quam verbo *Simil. Anselmi* 129; a**1200** (v. 2 esse 14c); *Canon. G. Sempr.* f. 125 (v. 11c supra); terra .. commota, petra scissa .., quid aliud ~ebantur nisi incommutabilis mocionem et firmitudinis scissionem ..? GROS. *Cess. Leg.* III 6. 11.

loquitorium v. locutorium. **loqut-** v. locutorium, loqui. **loquut-** v. locutor, locutorium, loqui. **lor** v. lorum 1a.

1 lora, ~ea [CL], drink made by soaking pressed grape-skins in water.

potus .. tria genera [sc. apposita sunt], celia, mulsum, [vinum] succinatum, nam ~ea, passum, murina deerant BALSH. *Ut.* 48 (cf. *Teaching Latin* I 173).

2 lora [cf. le 1a + CL ora *or* AS *ora*], edge.

de ponte de Waldych' per loram bosci usque ad L. .. et per loram bosci usque ad W. *Cart. Glast.* I 177 (cf. J. Collinson, *Hist. of Somersetshire* III (1791) 56 n. [*Peramb. Selwood*, **1298**]: usque pontem de Waledich et abinde per ora [? l. oram] bosci de Selewode usque B.).

lorale [ML *gl.*], **a** rein, bridle; **b** bit, curb.

a ~ia equina [*gl.*: *brydels. loreins* vel *potreins* (etc.)] GARL. *Dict.* 123 (v. equinus 3a); lorimarii dicuntur a loris [v. l. *adds*: seu ~alibus] que faciunt *Ib. gl.*; hoc ~e, G. *lorein Id. Comm.* 348. **b** *a* †*mokan* [v. l. *molane*] *of a brydelle*, ~e, mordaculum, †salmares [l. saliv-] *CathA*.

loramentum [CL], **a** strap, thong, cord, rope; **b** (arch., w. ref. to var. bonding elements) beam, brace, structure of piles.

a ~um, ligamentum *Gl. Leid.* 12. 14; ~um vel tormentum, *wiððe* ÆLF. *Sup.* 183. 16 (cf. *WW* [**10..**]: lorumentum, *wiððe*); ~um i. fascis *Gl. Bodl.* 35; lorumentum, i. *hart Teaching Latin* I 21; quid illa cingula .. quid ~a ferrea, nisi equi sub pungente sessore similitudinem preferebant? R. BOCKING *Ric. Cic.* I *prol.* p. 284B. **b** *brace of a balk*, uncus .., ~um *PP*; *key, knyttyng of ij wallys or beys in an unstabyl grownde*, ~um .., caya .. *PP*; *CathA* (v. laquear 3a); *a brandryth to set* †*begynnyge* [v. l. *byggyng*] *on*, ~um *Ib.*

loranum, lorarium v. lorena.

lorarius [CL = *flogger, or harness-maker*], a kind of dog, leash-hound, bloodhound, limer (*cf. King's Serjeants* 275).

CAIUS *Can.* f. 3b, 11b (v. levinarius).

lorax v. lorica 1h. **lorea** v. 1 lora.

lorectare [LL *gl.*: -ett-], (of ram) to bleat.

leonum est fremere, rugire .., verris quiritare, arietum ~are, avium balare OSB. GLOUC. *Deriv.* 78 (*sim. CathA* 82).

lored- v. loridium. **lorein-, lorema** v. lorena. **loremarius, loremerarius** v. lorimarius.

lorena, ~um [AN, OF, ME *lorein, lorain*], **a** bridle, rein (also perh. w. ref. to other strap attached to horse's harness or saddle); **b** (app.) metal attachment on horse's harness, *etc.*

a **1165** pro sell' et lorr' ad opus marchise .., xij s. *Pipe* 40; **1167** pro vij sellis deauratis .. et vij paribus ~imorum deauratorum *Ib.* 2; **1179** ~einis *Ib.* 125; **1189** pro sellis et apparatu earum et ~engis ad opus regine *Ib.* 223; **1204** unum par ~anorum *Cl* I 31; **1207** j bonam sellam cum bonis ~ennis et aliis pertinenciis *Cl* 80a; **1208** j sellam tinctam et j par ~ariorum qualia decent novum hominem *Cl* 101b; **1213** ~enniis deauratis *Cl* 150b; **1221** unam sellam .. sine ~einis et aliam sellam cum ~einis *Cl* 460a; **1232** tres sellas cum pulcris loereniis *Cl* 43; **1235** ad involvend' loeremia ipsius *Chanc. Misc.* 3/B; **1242** in sellis, ~ensis, cingulis *Pipe* 127; de ~ema danda majori annuatim ad pascha *MGL* II 50 (cf. ib. 79: *un honeste .. lorein*); **1337** in ij ferris novis pro frenis cum ~enis emptis, vj s. vj d. *Comp. Swith.* 249; **13..** lorimarius habeat ~enas, sc. frena, cingula cum duplici coreo; item [etc., v. b infra] (*Nominale*) *Neues Archiv* IV 342. **b** item sunt ~ene in freno, in pectorali et strepis .., quedam de minutis clavis, quedam de clavis latis .., quedam cum campanellis vel anulis *Ib.*

loreng-, lorenn(i)-, lorens-, lorenum v. lorena. **Lorengia, Lorenna** v. Lotharingia. **lores** v. lorum.

loreus [CL], made of leather thongs.

cetra, scutum ~ium quo utuntur Affri et Hispani *GlC* C 274 (cf. Isid. *Etym.* XVIII 12. 5); cetras ~eas [v. l. laureas; *gl.*: *de quir*], peltas lunares .. BALSH. *Ut.* 49 (cf. *Teaching Latin* I 174).

loriala v. laureola.

lorica [CL]

1 corselet, cuirass, breast-plate, hauberk (but *v.* e *infra*): **a** (var.); **b** (w. specification of var. materials); **c** (consisting of chain armour); **d** (? w. ref. to tawing of leather ~*a*); **e** (dist. from 'hauberk'); **f** (w. ref. to tenure by knight's service [*cf. Eng. Feudalism* 14–15] or serjeanty); **g** (worn as penitential garment); **h** (*gl. var.*).

a ~a ALDH. *Aen.* 33 *tit.*; s**1008** rex precepit naves facere per totam Angliam .., de viij hidis galeam et ~am *AS Chr.* (cf. H. HUNT. *HA* VI 4 [s**1008**; v. 1 hida 1a]; miles .. ~a vestitur, ne in aliqua sui corporis parte vulneretur *Simil. Anselmi* 193 p. 98; sine ~a .. ad hostes descendit; quem cum viderent solo clipeo protectum .. ORD. VIT. VIII 3 p. 285; **1190** (v. freiare); per mediam coxam, cum panno ~e ac ocreali ferro utrimque vestitam GIR. *IK* I 4 p. 54; **1213** (v. loricarius); **1234** duo ~e, una spissa et alia clara *Cl* 424; GARL. *Epith.* IX 349 (305) (v. femoralis 2e); **1263** (v. coifa 2a); c**1372** (v. freiatio); **1391** pro singulo louric' [*ed.*: lource] .. empto ibidem, ij scot. *Ac. H. Derby* 74; **1573** (v. defensivus 1b). **b** bellatorem aurea ~a indutum ORD. VIT. IX 9 p. 531; nec .. corpus ferrea ~e tricatura tuetur GIR. *TH* III 10 p. 151; **1314** unam ~am ferream precii x li.; et unam *haubergoun* ferream precii c s. *Eyre Kent* I 113; c**1520** ~as pelliceas seu eciam ferreas (v. cadurcum 2). **c** ~a hamata BEDE *Sam.* 611 (v. hamare 2b); **10..** (v. h infra); opera .. justitiae sunt quasi annuli ~ae *Simil. Anselmi* 193 p. 101; loron Grece, corigia Latine, et inde dicitur hec ~a, -ce propter corigias habundantes, quia anuli intexti sunt ad modum corigiarum HALES *Exoticon* 308 (cf. *gl.* ib. 320: lorisa, G. *tabor*); ~a hamis ferreis conserta muniebantur LESLEY *RGScot* 56. **d** **1211** in ~is dealbandis (v. dealbare 3a); **1287** (v. dealbatio 3a); **1292** pro una ~a dealbanda, j s. *Sacr. Ely* II 10. **e** **1185** (v. haubercus a); **1185** (v. haubergellus a); **1224** (v. haubergo a); *Fleta* 36 (v. f infra); **1314** (v. b supra). **f** **1100** (v. deservire 3b); **1128** etc. feodum ~e (v. feodum 3d); s**1211** omnes remissi sunt, nisi qui jurati fuerant ad ~am vel loricellam vel perpunctum *Ann. Dunstable* 35 (cf. *Fleta* 36: quod ad hoc sint omnes liberi .. jurati, viz. ad quindecim libratas terre .., unam ~am, capellum ferreum, unum gladium, cultellum et equum; et ad decem libratas terre .., haubergettum ..); **1228** W. de C. .. tenuit de nobis in capite carucatam terre .. per servicium inveniendi nobis unum servientem cum una ~a .. in castro nostro Porecestr' *Cl* 29; **1230** (v. haubergellus a); exceptis illis militibus qui cum ~is serviunt *Cart. Colch.* I 25. **g** septennem .. penitentiam indixit ..: ~a ventrem, lancea brachia vestiret W. MALM. *GP* V 268 p. 425; gravem et frigidam ~am ferebat sub tunica, durum et triste cilicium sub ~a *V. Edm. Rich C* 591; cilicio et ~a [TREVISA: *an haubergeoun*] jugiter usa in carne contra carnem militavit HIGD. VII 35 p. 214. **h** torax: lurica manicas non habens .. sic dicitur *Gl. Leid.* 11. 4; ~a vel torax vel squama, *byrne* ÆLF. *Gl.* 142. 4; **10..** ~a anata [i. e. hamata], *hringedu byrne WW*; hec ~a, -ce G. *hauberg* GARL. *Comm.* 347; hec ~a, A. *hawbyrgon WW*; hec lorax, A. *haburione Ib.*

2 **a** breastplate (fig.; also more generally) defence, protection (freq. w. defining gen., esp. ~*a fidei*, ~*a justitiae* [*cf. I Thess.* v 8; *Eph.* vi 14]); **b** (God as ~*a*).

a inermes quosque ac virginitatis ~a spoliatos ALDH. *VirgP* 11; timidus dictator .. / .. / nec spinam lōrica noscit defendere prosae *Id. VirgV* 2852; **748** indutus ~am fidei et galeam salutis *Ep. Bonif.* 80 p. 174; tege ergo Deus forti [*Nunnam.*: Deus fortis] lurica humerus [*sic*] cum scapulis et brachia *Cerne* 86 (sim. *Nunnam.* 93); miles Christi .. ~am suam induat; ejus quippe ~a attestante scriptura dicitur justitia; .. ~am justitie inviolatam custodiat *Simil. Anselmi* 193 pp. 100–101; ~a fidei rumpitur cum in aliquo articulo fidei prevaricamus R. NIGER *Mil.* I 33. **b** esto lurica [AS *gl.*: *byrne*] tutissima erga membra erga mea viscera ..; tege ergo [etc.; v. a supra] (LAIDCENN MAC BAÍTH *Lorica*) *Cerne* 86 (*sim. Nunnam.* 93); sis ei contra acies inimicorum ~a *Rec. Coronation* 6.

3 prayer or charm uttered for protection (esp. against bodily ills; *cf. e. g. Dict. d'Archéol. Chrétienne* IX [Paris, 1929] 2511–16).

hanc luricam Loding cantavit ter in omne die *Cerne* 85 (cf. *Nunnam.* 90: hanc luricam Lodgen in anno periculoso constituit, et alii dicunt quod magna sit virtus ejus si ter in die can[tatur]).

loricalis, pertaining to, or characteristic of, a cuirass or hauberk.

~is hamatio R. NIGER *Mil.* I 15 (v. hamatio; cf. lorica 1c).

loricare [CL]

1 **a** to protect with a cuirass or hauberk; **b** (fig.).

a Agulanorum .. tria milia .., qui ferro undique ~ati erant ORD. VIT. IX 10 p. 544 (cf. Baldricus *PL* CLXVI 1107D). **b** cum Job patientia membris loricatis / scutum sibi pretulit bone voluntatis [cf. *Psalm.* v 13] *Poem S. Thom.* 74; duricia Psillum sic loricavit, ut atris / integer eludat pugnantes morsibus angues HANV. I 308; GARL. *Epith.* VIII 416 (v. inclipeare); vexilla procedant fulgore lustrata, / cetus accedant lumine loricati J. HOWD. *Cant.* 257.

2 (p. ppl.) armed with cuirass or hauberk: **a** (as adj.); **b** (as sb. m.).

a pedites ~atos in ordine secundo constituit ORD. VIT. III 14 p. 147; ~atum gigantem puer inermis prostraverat AILR. *Spec. Car.* III 12. 589; **1168** cum multitudine militum ~atorum et galeatorum J. SAL. *Ep.* 246 (279 p. 604); s**1250** visa est lorica ipsius a multis manifeste, qui abhorruerunt videntes archiepiscopum ~atum M. PAR. *Maj.* V 123; non oportet te in exercitu incidere nisi togatum vel ~atum BACON V 153; s**1173** comes Licestrie cum uxore eciam ~ata .. in Angliam transmittitur ad succursum regis Willelmi *Plusc.* VI 25. **b** **1075** in ipso castro remanserunt episcopus Gaufridus, W. de Warenna .. et trecenti ~ati cum eis LANFR. *Ep.* 35 (35); inveniebat duos ~atos in custodiam de Windesores *DB* I 151vb; dispositis presidiis ~atorum ubicunque videbatur opus esse, ne impediretur regis consecratio W. MALM. *GR* V 423; cum triginta militibus .. necnon et aliis sexaginta ~atis GIR. *EH* I 3 p. 230; ~ati .. et ceteri pedites *Proc. A. Kyteler* 6.

3 *f. l.*

sic sum habens fiduciam in Deo †loricati mei [? l. lorica mea et] in Domino Deo meo exercituum J. FORD *Wulf. prol.* p. 8.

loricarius [LL], maker of cuirasses or hauberks, armourer.

a**1136** sciatis me dedisse .. Roberto et Hamelino ~iis meis .. unam mansuram terre (*Ch. Hen. I*) *Norm. Inst.* 307; **1213** pro j sacco de lineo panno ad inponendum loricam domini regis et caligas ejus de ferro, xiiij d. ob. liberatos Eymerico ~io *Misae* 257; **1284** Gybelyno ~io regis super emendacione

et reparacione armorum regis, x li. *KR Ac* 351/9 m. 11; **1285** G. ~io super factura armorum regis, lxxiij s. .. *Rec. Wardr.* 87; **1303** pro emendacione ij loricarum principis, ut in filo ferr' empto pro eisdem, stipend[iis] loricar[iorum] .. *KR Ac* 363/18 f. 10d.

loricatio [CL]

1 (piece of) stucco work.

dum has hujus edis ~ones inspicerem dumque pavimentum marmoribus variatum considerarem E. Thrip. *Collect. Stories* 198.

2 (act of) putting on or wearing a corselet.

Bacon XV 232 (v. armatio a).

loricella [cf. loricula], small or light hauberk.

s1211 (v. lorica 1f); **1236** de .. xvij loricis, ij loricell' cum coifis, j coopertorio ferr' (*Pipe Wint.*) *Hants RO* 11M 59 B1/16 M. 3.

loricula [CL], **~us**

1 parapet, railings.

quibus .. tabulatis vel murio vel cancellis, cum ad tutelam viae ponuntur, vulgus luricularum nomen indidit Bede *Kings* 723; 'aedificavit tabulatum ..' [*III Reg.* vi 10]: luriculas significat quae in supremo domus tecto per circuitum erant factae ne quis ad altiora perveniens repente laberetur ad ima *Id. Templ.* 755.

2 light cuirass or hauberk.

1195 pro v ~is ad opus regis, xij li. xiiij s. *RScacNorm* I 211; W[illelmo] B., ~am suam cum coifa ferrea ..; item G., nepoti suo, loricam et coopertoria ferrea (*Test.*) *FormA* 423; **1261** invenerunt ix loricas ferreas putrefactas et v ~os omnino putrefactos *Liberate* 37 m. 11.

loridium, *s. dub.*

1103 apud Sobrintona dedit de suo dominio duas garbas decime sue, ad Noscedam [? *Nurstead, Kent*] duas garbas de suo loridio *Cart. Antiq.* II 155 (cf. *Cal. Doc. France* 120 p. 40 [*Cart. Fécamp Abbey*]: lored-).

lorimaria [AN, OF *lormerie*], produce of lorimer, small ironware, lormery.

de eo quod nullus reparare presumat aliqua vetusta opera ~ie ad revendendum *MGL* II 50 (cf. ib. 78: *viel lorein*).

lorimarius [OF *lormier, lorenier*, etc., AN *lorimer*, ME *lorimer, loriner*, etc.], lorimer, maker of bits and other metal fittings for harness, (also) spurrier, maker of var. small metal objects.

Rodbertus ~ius .. Hildebrand ~ius *DB* (*Norf*) II 117; **1157** pro lorreins ad opus regis W. lorreinario xl s. *Pipe* 175; **1167** (v. denarius 3c); Willelmus ~ius [v. l. *lorymer*] *Boldon Bk.* 8; **c1185** Fulconis lorimeri *Cart. Osney* I 81; **1187** per visum Willelmi loremerarii *Pipe* 63; **a1190** his testibus .. G. lorem[ario] .., B. lorem[ario] (*AncD*) *Danelaw* 556 p. 400; ~ii [v. l. lormarii; *gl.*: *lorimers*, v. et. lorale a] .. diliguntur .. propter calcaria argentata et aurata et propter pectoralia resonancia et frena bene fabricata Garl. *Dict.* 123; ordinaciones ~iorum *MGL* II 78 (cf. ib.: *les forgeours de la lormerie de Londres*); **1327** homines de mesteris fustariorum, pictorum et loremariorum cupri et ferri ejusdem civitatis *Lond. Ed. I & II* II 253; **13..** (v. hosarius 1a, lorena a); **1377** transierunt de domo in domum per totam viam lorymeriorum *SelCKB* VI 177 (*in Nottingham, as also Cl* 285 m. 7d. [**1435**]: in vico ~iorum); hic sunt artifices, ibi carnifices, ibi tector, / hic lorinarius, pannariusque simul R. Maidstone *Conc.* 285; concordia inter sellarios, fustarios, pictores et ~ios *MGL* I 736; ~ius, A. *a sporyare or a lormener WW*; hic ~ius, A. *gyrdylhare WW*; hic lorinarius, *a loryner WW*.

lorimerus v. lorimarius. **lorimum** v. lorena. **lorinarius** v. lorimarius.

loripedatio, (act of) limping.

shaylyng or sheylyng, loripedacio *PP* (cf. *MED* s. v. *shailing(e)*).

loripes [CL], lame, crippled (also as sb. m.); **b** (w. allusion to Juvenal *Sat.* II 23).

venere .. / infirmi .., / loripedes surdi, mutos comitantur et orbi Wulf. *Swith.* I 1474; quidam ~es tenet in elemosina de rege E. *DB* I 153ra; rectum gressum refert domum qui accessit loripes (*Vers.*) W. Malm. *GP* II 86 p. 187; captos amputatis pedibus ~edes effecit Ord. Vit. XII 39 p. 456; ne .. te .. claudum vel, quod magis metuo, ~edem faciat Map *NC* IV 3 f. 45v; parca .. / capit .. prepetes cum loripedibus Walt. Wimb. *Sim.* 117; ~es Grece [*sic*], *clop*, i. ille qui habet pedem ligneum *Teaching Latin* I 343. **b** nos Francos ebriosos putas, ac si ~es rectum derideat, Aethiops album J. Sal. *Ep.* 283 (270); nolo me rideat inservis morio, / immo loripedis sit rectus sannio [*sic ed.*; MS: loribsedis sit reserannio] Walt. Wimb. *Palpo* 178.

lorisa v. lorica 1c. **lorius** v. loreus. **lormarius, lorreinarius** v. lorimarius. **lorrenni-** v. lorena.

lorum [CL], *also f. pl.* **~es**

1 thong, strap: **a** (var.); **b** (used for binding person *etc.*; also in fig. context); **c** (used for whipping, flogging).

a balteum, ~um *GlC* B 37; lor [*sic*], funis *Gl. Leid.* 12. 37 (cf. *Sirach* xxxiii 27: ~um); **10..** ~a, *rapas WW*; cohum, ~um quo temo ligatur cum jugo Osb. Glouc. *Deriv.* 151; mamphur, ~um quod vertit lignum tornatile *Ib.* 366. **b** laxantur lora lacertis / omnipotente Deo restes solvente nefandos [*sic*] Aldh. *VirgV* 1193; te .. veniunt ~is constringere Abbo *Edm.* 8; latrunculos .. invisis ~is in ipsis conatibus irretivit W. Malm. *GR* II 213 p. 265; crudis .. ~is renitentem innexuerunt *Id. Wulfst.* II 5; **1146** amicum .., quem si foro ~o injusti pertraxeris, quomodo non .. condempnaberis ..? G. Foliot *Ep.* 57; si lapis iste astringatur ~is, cedatur flagris .., numquid .. sentiet .. dolorem? Ailr. *An.* III 15. **c** mastigia, ~a cum uncis ferreis *Gl. Leid.* 41. 17; J. Sal. *Pol.* 531A (v. duriuscule); [mali] sine cessatione ~is tunduntur Hon. *Eluc.* 1160B; Stephanum, Persam crudelissimum .. qui etiam ~is Augustam cedere ausus est R. Niger *Chr. I* 62; citius avertite / scuticorum [? l. scuticarum] lora Garl. *Poems* 7. 9 p. 555.

2 **a** rein, bridle; **b** (fig., or interpreted allegorically); **c** (*~um* (*~a*) *vertere, dirigere*, or sim.) to turn, direct (*etc.*) one's rein(s) (*sc.* so as to ride in a spec. direction). **d** tether.

a frenus duo ~a solet habere, quae miles in manu sua debet tenere, et sic equum suum regere *Simil. Anselmi* 193 p. 99; liris i. habena *Gl. Laud.* 932; cum miles ille ~is equum flecteret Gir. *IK* I 4 p. 54; puer .. equum per ~um tenuit J. Furness *Walth.* 77; ~um G. *rene* (Garl. *Unus gl.*) *Teaching Latin* II 164; **s1252** ~a retinere (v. equiferus b); hoc ~um, *a brydille WW*. **b** super leones .. et boves ~a dependunt [cf. *III Reg.* vii 29], quando sancti doctores .. judicium sui timent auctoris Bede *Templ.* 794; quid .. per duo ~a freni nisi duo membra abstinentiae debent intelligi? *Simil. Anselmi* 193 p. 99; frenum .. arripuit amens, et quo ~a flectant aut retrahant non curat, sed quibus impetitur calcaribus [sc. amoris] toto facit obedienciam cursu Map *NC* IV 11 f. 53. **c** versis in dexteram ~is versus Waterfordiam iter arripiunt Gir. *EH* I 28; **s1238** legatus .., flexo ~o, Londinias reversus est M. Par. *Maj.* III 484; **s1264** ad castrum Petri de S. .. ~es suas direxerunt *Ann. Lond.* 64; comitem .. ~um vertere et campum deserere .. coegerunt Strecche *Hen. V* 157. **d** [asinus] abrupto ~o effugiens in proximum lacum se projecit W. Malm. *GR* II 171.

3 (fig.; *cf.* 1b, 2b *supra*) bond, restraint.

lora senectae Frith. 297; **1176** ut discipline severitas refrenata ~o mansuetudinis temperetur P. Blois *Ep.* 100. 310C; cogitare cepi, quibusnam certe legis ~is fugax memoria teneretur P. Cornw. *Panth. prol.* 41; cum florem pudoris, / leti vinctum loris, / vides Filium J. Howd. *Sal.* 18. 5; exilii lora subiit .. exteriora Gower *CT* II 230.

lorumentum v. loramentum. **lorymerius** v. lorinarius.

losellus [ME *losel*], rogue, scoundrel.

1382 non sunt magistri theologie set magistri vanitatis, falsi, pravi, lurdici et ~i (Herford) *MS Bodl. Bodley 240* p. 850a.

losenga [AN, OF, ME *losenge*]

1 figure of rhomboid shape, lozenge: **a** (var.); **b** (her.); **c** (mus., in description of shape of written note).

a 1315 item alba .. consuta de diversis armis in ~is cum frectis purpureis *Invent. Ch. Ch.* 60 (cf. 1 frettura); duo [tapeta] minora de diversis coloribus, repleta lozengis cum floribus de *liz* Whittlesey 169; **1340** pro ij platis argenti .. aymellatis in fundo de armis Damory et losengis de armis Gloucestrie *TR Bk* 203 f. 30v; **1340** una cupa ingravata de alta sculptura aymellata de ~is et triangulis *Ib.* 402; **1385** item una capa rubea de panno adaurato cum avibus operatis in losingis (*Invent. Windsor*) *MonA* VI 1363b; lozingis *Ib.* 1366a (v. gobonatus); **1449** alius [discus signatur] cum quaterfoill' et j lozeng' in fundo disci *CalExch* II 206. **b** sunt et alii qui portant lodisingos, et sunt breviores quam fusuli ..; et sunt lodisingi quasi scaccaria angulatim versa. et hic portat de argento cum sex lodisingis de rubeo, Gallice, *il port d'argent sex losinges de goul* Bad. Aur. 135; ~e fiunt in armis beudatis ..; ~e semper stant recte, quarum anguli superiores recte respiciunt in caput scuti *Ib.* 200 (sim. Upton *Mil.* 251). **c** si major, sic formabitur [sc. semibrevis], ad modum losonge habens subtus se tractum in obliquum Haudlo 108; quandocunque punctus vel nota formatur ad modum losonge [v. l. ~e] sive ad modum grani ordeacei, semibrevis dicitur Hauboys 254; semibrevis perfecta est figura formata ad modum ~e, i. e. habens latera equalia Will. 26.

2 object of rhomboid shape, lozenge.

1419 de .. vj loseng' de pergameno continent' dim. granum, j alia pecia de papiro continent' viij grana *Ac. Foreign* 52A.

1 losinga v. losenga.

2 Losinga [*etym. dub., assoc. by some w.* Lotharingia; v. e. g. *Gentleman's Magazine* CCIX (1860) 530, 647–8, *Arch. Soc. Norf* VIII (1879) 282–9], **a** surname, esp. of Herbert, bishop of Thetford and Norwich (d. 1119), and his father Robert, abbot of Winchester (d. 1098); **b** (by assoc. w. AN, OF, ME *losenger, losengier*, understood as 'flatterer').

a surgit in ecclesia monstrum, genitore Losinga, / simonidum secta, canonum virtute resecta (*Vers. anon.*) W. Malm. *GR* IV 338; Herbertus .. Losengia Ord. Vit. X 2 p. 12; ab Hereberto Losenge .., H. .. cognomento ~a M. Par. *Maj.* II 35; Rodbertus abbas cognominatus Losenge (*Reg. New Minster, Winchester*) *Hants Rec. Soc.* (1892) 37. **b s1094** Hereberhtus, qui cognominabatur ~a, quod ei ars adulationis †nuper egerat .. Theodfordensis ecclesie factus est episcopus, patre suo Rotberto ejusdem cognominis in abbatiam Wintonie intruso Fl. Worc. II 33 (*sim.* W. Malm. *GR* IV 338 = *GP* II 74 p. 151: H. cognomento ~a, quod ei ars adulationis impegerat); Herbertus Losynga, id est adulator, episcopatum de Thedfordia emit a rege Brompton 991.

losonga v. losenga. **losus** v. locus 3b. **lota** v. lotta.

†lotaci, *f. l.*

sancta virgo leprosum mundavit et vestimenta †lotaci [MS: lota ei] restituit *Brev. Hyda* f. 209.

lotant', lotantus v. lottare 1b.

1 lotare [ML, *freqentative of* lavare], to wash (in quot., prob. sheep).

s1251 fecimus grangiam novam, et bercariam augmentavimus, et tres domos ad ~andum fecimus apud Craule *Ann. Dunstable* 183.

2 lotare v. lottare.

lotarium v. lotorium.

lotarius, launderer.

cocus infirmitorii et ~ius de sartrina simul .. vigilabunt *Croyl.* 103.

loteleria, ? wash-house.

1384 omnes liberi et nativi istius commoti solebant construere et sustinere .. pro principe unam aulam, unam cameram cum gardroba et unam capellam, et eciam unam ~iam et unam pistrinam *Surv. Denb.* 149.

loter v. lutra. **loterarius** v. luterarius. **Loteringus** v. Lotharingus. **loth-** v. et. lott-.

Lothariensis, Lotharingian, of Lorraine, (as sb. m.) Lorrainer.

duo sochemanni tenuerunt eam [terram], homines Alberti ~is erant *DB* I 129ra; **s1101** Godefridus rex Jerosolymorum, qui prepotens extiterat dux ~ium Fl. Worc. II 49.

Lotharingensis (-rig-), Lotharingian, of Lorraine, (as sb. m.) Lorrainer.

multitudinem Saxonum, Alemannorum, Lotharigensium aliarumque gentium coacervavit Ord. Vit. VII 4 p. 162.

Lotharingia, Lorraine.

c1229 Henrico .. regi Anglie H[enricus] dux ~ie .. salutem *RL* I 343; **1286** Henricus quondam dux de Lorenn' *PQW* 734a; multi .. in utraque Germania sunt populi et provincie utpote Boemia, Westfalia, Bavaria .., Franconia, ~ia [MSS: Lothoringia], Frisia, Selandia Higd. I 26 p. 254; **s1346** ceciderunt .. rex Boemie et dux Lorengie Ad. Mur. *app.* 247; littera .. missa duci Lotrice Brabantie et Lamburge *MGL* I 612.

Lotharingus, Lotharingian, of Lorraine: **a** (of person; also as sb. m.); **b** (of artefact).

a s1072 successit .. in episcopatum Dunholmensem Walcerus, genere ~us Fl. Worc. II 10 (cf. S. Durh. *Durh.* III 18: Walcherus de gente Hlothariorum); accepit sedem illam [sc. Herefordensem] Rotbertus ~us W. Malm. *GP* IV 164; aliquos ~orum et Longobardorum principes *Id. HN* 450; **c1187** Ricardum Loheringum *Cart. Osney* IV 430; Stephanus, natione Lotteringus Boso *V. Pont.* 356; tuta Lotoringos invadit Ybernia tenso / arcu Garl. *Tri. Eccl.* 61; Robertus, Loteringus genere B. Cotton *Arch.* 407. **b** gladio ~o W. Malm. *GR* IV 373 p. 433.

Lotharius [cf. AS *hloþ here*, Germ. < **hluda* **harja*]

1 (personal name) Lothair.

671 domino reverendissimo .. peculiari patrono Leutherio Aldhelmus .. salutem Aldh. *Ep.* 1 p. 475; **679** ego Hlotharius rex Cantuariorum *CS* 45 (cf. *CS* 44 [**678** (15c)]: Lotharius; Bede *HE* IV 15 p. 239: Hlothario rege; *Ib.* IV 24 p. 268: Hlotheri .. rex).

2 (after Emperor Lothair I, d. 855) Lotharingian, of Lorraine, (sb. m.) Lorrainer.

Hlothariorum S. Durh. *Durh.* III 18 (v. Lotharingus a).

lothos v. lotos. **lotiare** v. lottare.

lotiatorium [cf. lotium], urinal.

minsaterium, vas ad recipiendum urinam vel mictum, urinal, ~ium [MS Heref.: minsaterium, vas ad recipiendum minctum] Osb. Glouc. *Deriv.* 363.

lotio [CL, cf. lavatio]

1 act of washing: **a** (the body or its parts); **b** (animal, esp. sheep); **c** (clothing, cloth, or sim.); **d** (ore); **e** (fig., w. ref. to spiritual cleansing).

a in baptismo ~o [ME: *wesschunge*] exterior significat ablucionem anime interiorem *AncrR* 127; ut quociens ad studium a refeccione reditur, precedat omnino ~o leccionem R. Bury *Phil.* 17. 224; contra lingue .. adustionem fiat ~o frequenter cum aqua rosata Gad. 7v. 1; **s1436** post ~onem vulnerum *Plusc.* XI 9 p. 390; **1525** post primam ~onem manuum in omni missa *Reg. Aberbr.* II 442. **b 1334** in ~one et tonsione bidencium hostillarii *Ac. Durh.* 116; **1390** de c operibus ~onis provenientibus de l custumariis *Crawley* 290; **1430** operantur ad molendinum et ad ~onem ovium *Feod. Durh.* 34. **c** camisia ista .. nunquam .. ~one indiget *G. Roman.* 382; **1382** pro .. ~one lichine vj d. *Ac. Durh.* 593; **1390** cuidam lotrici .. pro ~one mapparum domini *Ac. H. Derby* 43; **1497** pro ~one vestimentorum manerii de W. *Ac. Durh.* 250; **1512** pro ~one et emendacione de *le courtingis Midlothian* 167. **d c1372** in ~one xviiij petrarum .. cinerum plumbi .. liij s. ij od. *Ac. Durh.* 577. **e** quem ut diluvium dulcoris emittit, / cujus locione squalentes emundat? J. Howd. *Cant.* 296.

2 water in which something has been washed.

~o manuum alicujus interfectoris detur [ad potandum] Gilb. VII f. 307. 1.

lotium [CL]

1 urine: **a** (human or unspec.); **b** (of animal).

a milites .. putentissimis illum perfundunt ~ii nidoribus .., sed fetentis ~ii lustramentum in flagrantem vertitur ambrosiam Aldh. *VirgP* 35 p. 279; ut nullum paries mingentem lotia nosset *Id. VirgV* 2532 (cf. *I Reg.* xxv 34); ~ium, *hlond GlC* L 256; quis .. libenter non videat .., cum prestigiatoris ~io perfusi ars deletur J. Sal. *Pol.* 406B; lesa quos claudit lotio vesica meatus Neckam *VM* 197; medicum qui .. / morbum in morbidi venatur locio Walt. Wimb. *Sim.* 197; ~ium suum quisquis biberit, percussum vipere sanat *Alph.* 104. **b** ~ium caprinum coctum .. dolores stomacicos curat; ~ium taurinum mirra addita dolores aurium mitigat; ~ium leporinum .. infantibus urinam provocat [etc.] *Alph.* 104; ~ium linchis [v. electrum 1b) .. ~ium asininum *Ib.* 105.

2 lye (urine or other liquid for use as detergent).

1434 carrakam .. mercatorum de Janna .. waido oleo et ~io et aliis mercandisis .. carcatam *Pat* 435 m. 10*d*; ~ium, A. *lye or pisse WW*; hoc ~ium, A. *ley and nettyng WW*; *lee*, lixivum, ~ium *CathA*.

3 washing (app. by conf. w. *lotio*).

~ium *hweal* [*for þweal*]; urina, *micga* Ælf. *Gl.* 162. 25.

4 *f. l.*

10.. (v. lolium 1b).

lotmanagium v. lodmanagium.

lotophagus [CL < λωτοφάγος], lotus-eater, (in quots., by assoc. w. *letum*, understood as) eater of the flesh of the dead: **a** (worm); **b** (person).

a letus [v. l. *in* MS: letum] componitur .. hic lothophagus [MS: loto-], -gi, i. vermis mortuorum corpora comedens, nam φαγεῖν dicitur comedere, unde Ovidius .. '..' [*Rem. Am.* 789] Osb. Glouc. *Deriv.* 299 (cf. ib. 323). **b 1243** quorum cadaveribus principes [Tattarorum] cum suis †cenofaris [? l. creofagis] aliisque lotofagis quasi pane vescentes nihil preter ossa vulturibus relinquebant (*Lit. Ivonis Narb.*) M. Par. *Maj.* IV 273.

lotor [CL, cf. lavator]

1 one who washes, washer: **a** (of clothes or sim., or unspec.); **b** (of ore); **c** (of coin, *sc.* so as to remove metal by sweating); **d** (of person).

a 12.. quatuor ~ores habent pro solidatis iiij li. de camerario *DCCant. MS* DE 120; **1440** [thesaurarius] inveniet unum ~orem seu lotricem ad lavand' albas, manutergia altarium, tuellos seu linthiamina *Stat. Linc.* II 303. **b 1325** Roberto le Wassher, ij s. ix d.; servientibus ~orum et lotricium [*sic*] nigrorum operum, xx d. *LTR Mem* 95 r. 128; **1566** xx homines metallicos, nempe fossores, fabros ferrarios, ~ores, excoctores .. *SP Dom. Eliz.* 40 no. 73. **c 1415** contrafactores misterie monete et cunagii multiplicatores et ~ores auri et argenti cum cunea nostra cunatorum et tonsores monete nostre .. non existentes *Mem. York* II 45 (*sim. Pat* 400 m. 21 [**1417**], *RParl* IV 504b [**1437**], etc.); iste rex Henricus [V] renovans totam monetam auream Anglie, que per tonsores et lotores tantum erat pejorata quod unum nobile vix valuit v solidos *Chr. Southern* 278. **d 1431** Willelmus D. ~or regis *Cl* 282 m. 22*d*; **1438** Willelmus Dulverton valettus ~or pro corpore nostro *Cl* 289 m. 22*d*.

2 one who washes away, removes by washing (w. obj. gen.; in quot., fig.).

hic [sc. tumulatur] pacis fautor et legum maximus autor, / livorum lautor, requietis strenuus altor (*Epitaph Regis Jacobi I*) Bower XVI 38.

3 ewer.

1420 j pelvim cum ~ore, unam ollam eneam .. (*Test.*) *Reg. Cant.* II 207.

Lotoringus v. Lotharingus.

lotorium [ML; cf. lavatorium]

1 place for washing, lavatory.

1235 in octo carratis plumbi emptis ad clocherium et ad ~ium nostrum apud Westm' *Liberate* (*Exch*) 1203 m. 2; **1244** aleam que se extendat a rotundo ~io in curia regis Westm' usque ad hostium *Cl* 272; **1259** de expensis factis circa .. ~ium curie reparandum *Ac. Build. Hen. III* 342; **c1337** in .. expensis factis circa emendacionem ~ii conventus in claustro *Ac. Durh.* 535.

2 vessel for washing, ewer, pitcher (perh. also w. ref. to wash-basin or finger bowl).

~ium, *lavur* (Garl. *Unus gl.*) *Teaching Latin* II 165; **1289** S. barbitonsori pro emendacione j ~ii et ij pelvium .. xxiij d. *Househ. Eleanor* 66; **1326** iiij pelves cum ij lotariis *Ac. Durh.* 114; **c1350** in aula debet dimittere .. unam pelvem cum ~io et unam mappam cum manutergio *Reg. Moray* 367; **1351** in ~io pendulo empto v s. v d. *Ac. Durh.* 120.

3 (eccl.) piscina.

c1320 vadat ad ~ium et abluat manus suas, et postea redeat ad altare *HBS* XXVII 5 (=*Miss. Sarum* 218 n. 8).

lotos, ~us [CL < λωτός]

1 kind of tree, or its wood, perh. *Celtis australis*.

lutus, genus ligni *GlC* L 309; lothos siciens pocula dulcis aque Garl. *Epith.* IV 162; lothos quam caligarii ros marinum vocant arbor est stiptica et mediocriter extenuatoria *Alph.* 106.

2 trefoil, clover, melilot, or similar plant.

lethos qui in pomeriis nascitur, quam multi trifolium dicunt; succus ei melli mixtus et inunctus vulnera oculorum .. limpidat *Alph.* 105 (= Dioscorides Longobardus IV 106); ~us urbana *called in Greeke* ~os emeros [ἥμερος] .. *is lyke cuckowes meate, but that it hath a yealow floure. It may be named .. gardine claver or gardine trifoly.* ~us sylvestris *is called in Greke* ~us agrios [ἄγριος] .., *of this kynde are the herbes .. Melilotes .. It maye be called .. wylde lote* Turner *Herb. Names* E ii.

lotrex v. 1 lotrix. **Lotrica** v. Lotharingia.

1 lotrix [ML; cf. lavatrix]

1 one (f.) who washes (clothes and sim., or unspec.), washerwoman, laundress (also in apposition to *mulier*): **a** (var.); **b** (as soldier's attendant, or camp-follower; *cf.* c *infra*); **c** (w. ref. to prostitute, sts. euphem.).

a [mappa] sordida contrita lotrici sit titulata D. Bec. 2558; **1175** pro uno palefrido ad opus H. ~icis reg[is] *Pipe* 16; terram quam Wlviva ~ix tenuit *Ch. Westm.* 448 (cf. ib. 447: terram .. Wlveve *la lavendere*); **1260** C. quondam ~ix garderobe nostre .., E. ~ici aule nostre *Cl* 241; **a1270** (v. fullo a); mulierem ~icem bone opinionis .. que sciat omnes pannos lineos fratrum .. debito modo consuere et lavare *Obs. Barnwell* 194; **1338** ~ici pro ablucione mapparum et manutergium *Sacr. Ely* II 80; **c1363** ~ix ecclesie *Pri. Cold.* 38; **1443** (v. furfur 1f); ~ix A. *a lavander*, hec lotrex, A. *a lavundare WW*; *CathA* (v. candidaria); **1542** (v. 2 deliberare 3e); **1584** duarum pauperum mulierum que erunt ~ices magistro .. schole *Pat* 1240 m. 28. **b s1188** statutum est .. quod nullus aliquam mulierem secum in peregrinatione ducet nisi ~icem peditem de qua nulla suspicio habeatur W. Newb. *HA* III 23 p. 274 (cf. *Itin. Ric.* IV 9 p. 248 [**s1191**]: ne qua mulier exiret a civitate cum exercitu .. nisi tantum pedites ~ices que non forent oneri nec occasio peccati); Saraceni cum tresdecim millibus armatorum exceptis ~icibus [Trevisa: *lavenderes*] lx milibus de Africa venientes Higd. VII 33 p. 190. **c s1097** decreverunt .. meretrices omnes, que se ~ices appellari fecerunt, ab exercitu sequestrari M. Par. *Min.* I 94 (cf. ib. 117 [**s1098**] eliminantur .. ~ices fatue); fac .. ornata in veste tua ~ix vel meretrix sit, que ingrediatur ad regem [Johannem] loco tui Knighton I 194 (cf. ib.: non .. habuisti [rex] uxorem meam sed loco sui horrendam meretricem et ~icem).

2 (female) washer (of ore).

1325 (v. lotor 1b).

3 (one) that cleanses spiritually (as f. sb. or adj.; in first quot., and app. in second, w. ref. to BVM).

mulierum gloria .. / .., / fulcimen fragilis nature, phisica morbi / mentalis, lotrix pectoris unda Dei Garl. *Epith.* I 324; peto humiliter 'amplius lava me ab iniquitate mea' [*Psalm.* l 4], o mundissima ~ix nostra et nitidissima, que ad hoc aquam gratie deitatis misisti in pelvim .. carnis tue ut nos a peccatis nostris in sanguine tuo lavares (*Medit.*) *PL* CLVIII 826B (*sts. falsely attrib. to Anselm*; cf. A. Wilmart *Auteurs spirituels* [Paris, 1932] 200–1).

2 lotrix v. lutrix.

lotrus v. lutra.

lotta, ~um, ~us [ME *lot*, OF, AN *lot*]

1 (person's) share, portion: **a** (w. ref. to goods received as customary payment); **b** (w. ref. to section of fence, dyke, or sim. to be built or maintained).

a c1158 abbas .. et conventus de unaquaque navi .. debent habere lothos allectium et makerellorum .., et si piscatores partiri voluerint de .. makerello plusquam unum centum, ballivi .. habebunt de residuo lothum suum *Act. Hen. II* I 227; **1322** de duodecimo disco mine nomine lot' domino regi pertinente *MinAc* (*Derb*) 1146/11 m. 12 (*sim.* ib. [v. discus 3d]; cf. *VCH Derb* II 325). **b 1518** presentant quod .. quedam ~a in cepe apud M. *fen* non adhuc est facta (*Court Bk. Gayton, Norf*) *MS BL Egerton 3002* f. 4 (cf. ib. f. 60b: *for not maykinge their lootes in C. dyke sufficiently*; f. 119: *for not ditchinge his lote in the Shottilldike*).

2 **a** measure (of wine). **b** portion (of land).

a 1282 quod .. capere possint de quolibet luto vini venalis .. unum obolum *RGasc* III 567a; **1289** quod .. habeant de quolibet ~o vini quod ibidem ad brocam vendetur unum obolum, de quolibet dolio vini quod in grosso vendetur sex denarios *Ib.* 581b. **b 1484** quinque lothas prati jacentes in Ronnemede *KR Misc. Bks.* 25 f. 239 (cf. *Cart. Chertsey* II 723).

3 **a** (usu. w. *scottum*) lot (and scot), local tax (*cf. Gild Merch.* I 53–9). **b** (*ad ~um et scottum, in ~o et scotto*, or sim.) 'at lot and scot', paying one's share of local taxes.

a 1138 manerium illud [*Buildwas, Salop*] .. quietum dico et liberum de scoto et ~o et geldo et deneg[eldo] et auxiliis .. et omni terreno servitio .. *Regesta* 132; **a1247** pro omnibus serviciis, consuetudinibus et demandis temporalibus et sectis et querelis scotis et lotis *Reg. S. Aug.* 454; **1275** abbas de B. tenet tenementum de R. quod solebat sequi in omnibus ~is et scottis cum hundredo ..; abbas [de F.] subtraxit .. sectam et ~os et scottos per xij annos ad dampnum regis per annum vj d. *Hund.* I 214b (*Kent*); **1292** que [tenementa] solebant esse gildabilia ad ~um et scottum comitatus et wapentach' *PQW* 380b (*Lancs*); **1364** (v. contribuere b); **1399** proviso semper quod .. nobis homagium ligeum faciat et ~o et scotto contribuat *Pat* 351 m. 25. **b 1190** quicunque .. ibi fuerit ad focum et locum et scottum et ~um per unum annum et unum diem *BBC* (*Cust. Northampton*) 104 n. 2; **1222** nisi sint .. ad ~um et ad scottum comuniter cum burgensibus nostris Waterford' ibidem residentibus *Cl* I 505b; **1256** quod singuli mercatores communicantes libertatibus suis et mercandisis sint ad ~um et scottum eorundem civium et ad auxilia prestanda *Gild Merch.* (*Norwich*) II 189; **1296** emit et vendit oleum .. nec est ad ~um et scottum *Leet Norw.* 48; **1319** quod .. sint in ~o et scotto et participes omnium onerum .. pro libertate ejusdem [civitatis] manutenenda, juxta sacramentum quod fecerunt quando ad libertatem illam admissi fuerunt *MGL* II 270; **1348** sint in gilda, ~o et scotto cum burgensibus .., in tallagiis, contribucionibus et aliis oneribus communibus totam communitatem ville predicte tangentibus *Gild Merch.* (*Hedon, Yorks*) II 108; **1370** dum .. sit in ~o et scotto, in vigiliis, contribucionibus .. *RScot* 937b; **1405** nisi fuerit burgensis in villa commorans per et parcenarius ad ~am et scottam et contribuens ad negocia communitatis *Doc. Bev.* 16.

lottabilis, (of land) assignable by lot (perh. w. ref. to drawing of lots for hay from pieces of common meadows; *cf.* J. Wright, *Eng. Dialect Dictionary*, s. v. *lot* 1).

1540 finalis concordia .. de iij acris prati ~is in Sywardyston [*Sewardstone, Essex*] *Fines* 12/67 no. 61.

lottare [cf. lotta]

1 (intr.) to pay lot, *i. e.* one's share of local taxes, (*~are et scottare*) to pay lot and scot: **a** (var.); **b** (in charters of Despenser Lords of Glamorgan, in phr. *~ans et scottans* or ? AN *lotant et escotant*, also in app. corrupt forms variously reported by edd.).

a **1200** quod nullus burgensis predicte ville [*Ipswich, Suff*] sit quietus de custuma in eadem villa de merchandisis suis .. nisi sit ~ans et scottans in communibus auxiliis .. ville *Gild Merch.* II 120 (cf. ib. 125 [**1274**]: ut sit ~ans et scottans secundum suum statum ad communia talliagia ville); **c1230** debet .. scottare et lotare ad omnia communia dona et auxilia (*Cust. Ogbourne St. George, Wilts*) *Doc. Bec* 30; **1275** tenentes .. qui solebant [*Hund.* I 216a *adds*: †locare] lottiare et scottiare ad villatam de Middletun' *HundR* (*Kent*) 1 m. 6 (cf. ib.: ~are et scotiare .. lotiare et scotiare); **1292** quod distringat .. abbatem .. ad ~andum *PQW* 117a (*Cumb*); **13..** combaro noster est et compar de nostra libertate et una nobiscum ~ans et scottans et in omnibus onera portans (*Cust. New Romney, Kent*) *Reg. Rough* 15; **1397** tenentes .. sunt de libertate .. portus et ~antes et scottantes in omnibus onera sua portantes cum hominibus de baronia *IMisc* 267/3; **1573** paratus .. ad scottandum et ~andum, si que taxat[iones] pro communi utilitate fuerint (*Cust. Quinque Portuum*) *Complete Collect. of State Trials ed.* T. B. Howell XVII (1813) 850. **b** **1340** nec aliquis teneat .. tabernam nec *corf* faciet in villa nostra [*Cardiff*] .. nisi fuerit cum .. burgensibus nostris *lotant et escotant* et infra guldam libertatis ipsorum receptus *Cardiff Records, ed.* J. H. Matthews, I (Cardiff, 1898) 21 (= *Cart. Glam.* 1242: lotant' et escotant'); **1346** (1424) nisi fuerit .. lotatum et scotatum *Cart. Glam.* 1515 (*Llantrisant*; = *Arch. J.* XXIX 352: locamum et scotamum); **1359** (1397) nisi fuerit ibidem residens, viz. *potwallinge*, et cum eis lotans et scotans *Ib.* 1420 (*Neath*); **1360** (1397) nisi fuerit .. lotatus et escotatus *Ib.* 1413 (*Kenfig*; *unless to be referred to* 2 infra; *but* cf. *Arch. Cambr.* 4th ser. II 180: lotantus et escotantus).

2 (tr.) to cause (person) to pay his share, to assess (person) for his share (in quot. pass., w. ref. to amercement).

1292 abbas .. ~atus fuit ad commune amerciamentum in itinere de foresta *PQW* 384a (*Lancs*).

3 to distribute (goods) by lot.

1405 que quidem bona .. sic capta postea inter solidatorios predictos sortita et ~ata extiterunt *Cl* 254 m. 19*d*.

Lotteringus v. Lotharingus. **lottiare** v. lottare. **lottum, ~us, lotum** v. lotta.

lotura [CL, cf. lavatura]

1 (act of) washing: **a** (clothes or sim.); **b** (body, or part of body); **c** (ore); **d** (coinage, in order to remove metal by sweating); **e** (in spiritual sense).

a aer cooperatur ~e dissolvendo viscositatem coloris *Quaest. Salern.* B 180; **1399** pro ~a linthiaminum (v. depurare 4); **1434** solutum pro ~a xvj *dosyn* pannorum lineorum xvj d. *Househ. Ac.* 447. **b** finito .. prandio in tempore ~e *Latin Stories* 65. **c** **a1307** in vadiis S. Trout supervidentis ~as mine .. et examinantis et eligentis eandem minam *KR Ac* 260/19 m. 3 (*unless to be referred to* 3 infra); ix d. de qualibet lada decimali [subtrahuntur] ad opus minerariorum nomine ~e ejusdem mine decimalis *Ib.*; **1322** in stipendiis iiij mulierum .. minam lavancium et mundancium per ~am aque *MinAc* 1146/11 m. 12. **d** **1452** de .. contrafactura, tonsura, ~a et alia falsitate monete nostre *ChartR* 190 m. 25; **1503** ~as et alias falsitates cujuscumque monete et cune *Pat* 592 m. 1. **e** nonne latus ejus lavando defluxit, / nitrum excedens quodlibet in lotura? J. Howd. *Cant.* 39; mendas horribiles lotura delebit, / que super nivem confitentes emundat *Ib.* 238.

2 **a** water in which something has been washed (freq. w. gen. of thing washed). **b** (*~a plumbi*, med.) lead lotion. **c** ? purgative potion. **d** liquid which washes clean (in quots., in spiritual sense w. ref. to Christ's blood; unless referred to 1e *supra*).

a presbitero memores primo prestare fluentem, / si sit conviva; digitos cum laverit ipse, / effundas manuum loturam D. Bec. 2589; **1200** post primam celebracionem .. digiti [presbiteri] .. laventur, reservata ~a in vase mundo .., que ~a sumatur post secundam celebracionem *Conc. Syn.* 1061; ut in eo [vase] dare valeat [sacerdos aegroto], post sumptam eucharistiam, suorum ~am digitorum *Conc.* I 638a; **s1065** ~a .. sanctissimi corporis in angulo oratorii .. effusa, multis postea hominibus .. profuit M. Par. *Maj.* I 532. **b** ~a plumbi: virtus est ei frigida et stiptica .., alta vulnera replens, reuma oculorum abstinens *Alph.* 105 (= Dioscorides Longobardus V 106; cf. *Alph.* 120: molipda ..: virtus est ei ut spume argenti aut scorie plumbi ~a [*sic*; cf. Dioscorides Longobardus V 110: .. aut score plumbi; ~a et conbustura ..]). **c** pro constipatione ventris detur ~a cassie fist[ule] et seri caprini Gilb. I f. 19v. 1. **d** lotura lavas lateris / scelus orbis notabile J. Howd. *Cyth.* 7. 11; lava [Jhesu] lotura sanguinis, / qui fluxit sacro latere, / nostri squalorem criminis *Ib.* 49. 8.

3 place for washing (ore; *cf. VCH Derb* II 329).

1322 in cariagio .. mine de diversis campis .. citra aquam de Ivynbrok' cariand' usque ~am de Bromyegg' *MinAc* (*Derb*) 1146/11 m. 12; in .. xvj lodis [mine] .. cariandis de predicta ~a de Bromyegg' versus bolas de Ladiclif' *Ib.*

4 (*~a aquae*) land washed by stream, water-meadow.

1298 una roda de lotur' aque (*Rolleston, Staffs*) *IPM* 81/18; **1336** J. B. .. tenuit .. j rodam de ~a aque *DL CourtR* 109/1613*d*; **1415** tenet .. unam parvam placeam terre de ~a aque de Dove *DL Misc. Bk.* 4 f. 119.

1 lotus v. lavare.

2 lotus v. lotos.

3 lotus v. lotta.

4 lotus, (act of) washing.

1252 recept' .. xij d. pro ~u bidencium *MinAc* 765/16 m. 3.

louagium [AN, OF *loage*], **a** (person's) hire, wage. **b** hiring, renting, lease. *Cf. locagium.*

a **1326** mandamus quod omnes marinarios predictos .. supervideatis quod ipsi armentur in forma predicta sub pena lowagium et portagium suum amittendi *Cl* 143 m. 3. **b** **1372** de denariis receptis de ~io herbagii et mensuracione terre infra eadem dominia .. ij s. iiij d. *Comp. W. Gunthorp* 17.

louna [E Mod. E *loon*], kind of sea-bird, diver, loon.

tria urinatricum genera vidi; horum primum totum nigrum est, et .. mergo .. non dissimile est; et hoc genus nautae nostrates ~am nominant, alii doukeram Turner *Av.* I 8v.

loupa, ~us [ME *loupe*], (arch.): **a** ? louver (*cf. Building in Eng.* 220). **b** loop-hole, embrasure. **c** loop, ring.

a **1277** in diversis cordis emptis ad diversas ~as *KR Ac* 467/6/5 m. 2; **1289** Elie le Cottler pro c clav' iiij d. et pro cord' ad lupas ij d. *Ib.* 467/20 m. 4. **b** **1377** ad bordas, claves et ferrum ad ~as et alia necessaria ad defensionem .. castri pertinentia .. providend' *Pat* 297 m. 27 (*understood in CalPat* 6 *as 'engines of war'*, cf. 2 lupus 5); **1387** super reparacione .. fenestrarum et ~arum diversarum infra dictum castrum [Cales'] *KR Ac* 183/12 f. 29; **1389** loupe, **1395** (*recte* **1394**) loupis (v. garita); **1390** quod .. garetta, brittagia, ~os et alias res .. reparaverit *Ac. Foreign* 25B *d*; **1400** in muris turellis, loupis, portis .. *Pat* 358 m. 22. **c** **9..** lupus, luppus *CathA* (v. harpax a); **1317** fabro .. pro duobus lupis ferreis faciendis pro sneckis in fine cordarum ad vernam *KR Ac* 468/20 ff. 9v, 13.

louparium [cf. loupa], louver.

1211 in corda ad luparium thalami, j d. *Pipe Wint.* 23.

loupus v. loupa. **louric-** v. lorica 1a.

1 lova [ME *love*]

1 (*in ~a et laga* [= ME *in love and laue*]) by amicable settlement and by legal action.

c1174 nisi fuerit in †luna [l. luva] et lagha burgensium Wellarum *BBC* (*Wells*) 212 (cf. deriv. ch., *BBC* II 287 [**1235**, *Chard*]: †lima).

2 'love-boon', boon-work performed for feudal superior.

1306 respondet .. de iiij s. x d. receptis de consuetudinibus ~arum arur' et herc' aretro *MinAc* 856/15 m. 1 (*Glos*); bratiat' pro ~is metencium apud Lowes Mere et precar' meticionis apud Hampton, Avenyng, et Lowesmere, iij bussellos brasii frumenti .. *Ib.* m. 2*d*; in expensis famulorum die ~e metencium, j [carcosium multonis] *Ib.* m. 3*d*; **1311** de consuetudinibus ~arum arature et herciacionis *Ib.* 856/17 m. 1 (*Glos*).

2 lova v. lovum.

lovare v. lovarium.

lovarium [AN *lover*, *luver*, OF *lovier*, cf. ME *lovere*]

1 (arch.) louver, smoke-hole (also w. ref. to shutter of louver). *Cf. lodium.*

1194 in operatione .. luvariorum et fenestrarum aule *Pipe* 80; **1201** pro uno wichetto et duobus luveriis ad gaiolam de Warew', xiiij s. *Ib.* 232; **1209** in .. domibus castelli cooperiendis et reparandis, sclatis emptis .., cordis ad ~ium *Pipe Wint.* 68; eidem [palmario] pro ij lordis ad luvarium *Ac. Build. Hen. III* 154; **1233** ad scindulas .. emendas ad alas aule regis ibidem [*Woodstock, Oxon*] cooperiendas et loveras emendendas *Liberate* 10 m. 10; **1245** in cordis ad loverias magne aule (*Pipe Wint.*) *Hants RO* 11 M 59 B1/18 r. 2; in ij bordis ad ij loveria warderobe *Ib.* r. 5; **1250** desunt sex lovere in dictis sex talamis cum toto plumbicinio *CalIMisc* 91; **1275** pro iiij planchis ad loveria facienda *KR Ac* 467/6/2 m. 11; **1291** in ferramentis hostiorum et lovar' ad idem [castrum], ix d. *Ac. Cornw.* 486; **1297** magistro carpentario .. facienti j ~ium in longo stabulo pro pullanis *Ib.* 133; **1313** in corda empta ad lovare [? *vernacular*] ij d. ob. *Comp. Swith.* 393; **1335** quelibet camera habebit unum caminum cont' v pedes infra mantellum .. et unum luvarium [*ed. explains*: '*chimney-flue*'] similiter (*DCEbor.*) *Building in Eng.* 430.

2 gutter.

Osb. Glouc. *Deriv.* 287, 290 (v. imbricium); lavorium *Ib.* 295 (v. impluvium 1); *Ib.* 430 (v. ib.); **1371** habet unam loverium fetosam super aquam domini regis *CourtR Winchester*.

?lovebedripa [ME *love* + *bedrip*], (day's service of) boon reaping (but perh. ME in quot.; *cf. MED s. v.* love (n. 1) 4a). *Cf. bederipa.*

1399 quorum [sc. virgatariorum et semivirgatariorum] quilibet inveniet j operarium ad j precariam vocatam lovebedrip' pro bladis domini metendis ligandis et adunandis per j diem (*Ac. Harmondsworth, Midx*) *MS Winchester Coll.* (cf. *Arch.* LVIII 355).

lovebona, ~um, lovebonda [ME *lovebone*], 'love-boon', boon-work performed for feudal superior (*cf. MED s. v. lovebone*).

1252 herciabit .. ad hybernagium et ad tremesum duobus diebus pro *lovebone*, et habebit pro tribus ~bonis unum panem et dim. *Cart. Rams.* I 324; **1279** fac' opera in autumpno, scilicet per iij homines ad ij precarias in autumpno et j hominem ad duas ~bondas precii viij d. *Hund.* II 475b (*Kent*); **1279** faciet unum ~bonum cum tota familia sua excepta uxore, et hoc ad prandium proprium *Ib.* 642a (*Hunts*); **1279** faciet unam ~bonam per j diem cum j homine ad prandium proprium, et non faciet ~bonam nisi faciat bedrepam *Ib.* 653a (*Hunts*).

lovera v. lovarium.

loverborda, ~um, ~us [ME *loverborde*], wooden shutter for louver.

1438 in mearemio empto pro *lovers* faciendis cum ij ~is emptis ij s. *Comp. Swith.* 444.

loveria, ~ium v. lovarium. **lovesticum** v. levisticus.

lovum, ~a [AN, OF *lof*, ME *lof, love*], (naut.) 'luff', ? sort of spar or boom, attached to windward tack of sail (*cf. Sea Terms* II 53–62). **b** (*per ~am*) to windward.

ligno quod porrectum in proram ex laterali transtro carine extenso rostro lambit mare ventumque admittit ex obliquo, quod naute ~um vocant W. Cant. *Mir. Thom.* II 30; **1188** in apparatu esnecce regis, sc. teldis et ~o et aliis necessariis *Pipe* 179; **1214** in emptione malorum et ~orum et virgarum .. ad galias r[egis] *Pipe* 168; **1296** ad quam [sc. navem] pertinent unum malum, velum, virga, lof', quatuor anchore, tres cabule, et alia minuta atilia *IMisc* 56/20 (5); **c1350** pro ij lignis pro loffis ex *bouspret* ij s. vj d. ob. (*MS BL Additional* 17364 p. 3) *Sea Terms* II 54. **b** **1378** naves .. attendentes in vento reverterunt per ~am in rescussum .. dicte navis *IMisc* 220/7 m. 4 (cf. ib. m. 3: se posuerunt super *le lof*; m. 5: querebant ventum super *le love*).

lowagium v. louagium. **loyc-, loyic-** v. logic-.

†loylum (app. corruption of word meaning 'good', 'sensible', or sim.).

turbam armatorum per loca suspecta [sc. duc] .., quod †loylum est in tali loco habere bonam sequelam Garl. *Mor. Scol.* 204 *gl.* (cf. Garl. ib.: duc ad cautelam, loca per suspecta, sequelam).

loyn- v. 1 loignia. **lozenga, lozinga** v. losenga. **luaculus** v. luciculus. **luantum** v. oenanthium. **luare** v. ligare. **lub-** v. et. lib-. **lubestica** v. levisticus. **lubia** v. lobium. **lubinus** v. lupinus. **lubitina** v. Libitina. **lubrescentia** v. lubricantia.

lubrica, *s. dub.*

lubrica, -ce, *aruwbale WW*.

lubricantia, slipperiness, inconstancy, unsteadiness.

presens vite lubrescencia *Regina Rhet.* 197.

lubricare [CL]

1 (trans.) to make slippery, lubricate; **b** (in absol. use).

viscosa humiditas meatus cerebri ~at per quos animalis spiritus debet fluere ad animales peragendas actiones

Quaest. Salern. P 10. **b** ~are, labilem facere Osb. Glouc. *Deriv.* 323; reuma fit v modis: ex calore dissolvente ..; aut ex humiditate ~ante .. Gilb. III f. 152. 1; sperma viri viscosum .. de facili quasi ~ando intrat Gad. 75. 1.

2 (intr.): **a** to slide, slip, glide. **b** (of structure) to collapse. **c** to slip (in moral sense), to behave immorally.

a labitur, ~at *GlC* L 78 (cf. ib. D 134: delabitur, ~at); ~o, G. *esclicer* (Garl. *Unus gl.*) *Teaching Latin* II 164; ignis innoxius per rubum lubricat [cf. *Exod.* iii 2] Walt. Wimb. *Carm.* 90; fluxus lubrificativus provenit quandocunque ex multitudine fleumatis, quandocunque ex mollicie stomachi, et propter has causas cibus ~at [v. l. †lubrificat] Bacon IX 109; mulier .. permisit se cadere in luto magno, simulans quod ~assent pedes ejus *Latin Stories* 15. **b** est .. valde mirandum .. quare non ~at sub tanto pondere cementi fundamentum [sc. phari Alexandrini] Greg. *Mir. Rom.* 30. **c** numquam .. erit pudicus nisi quem ~are pudet T. Chobham *Praed.* 259.

lubricatio [LL], **a** act of making, or condition of being, slippery or smooth, lubrication. **b** lubricating substance, oil or sim.

a signum .. sanguineum est humidum et fleumaticum magis quantum ad ~onem Bacon V 110 n.; ideo causa alius ~onis est humidum *Id.* XI 195. **b** [aqua vite] valet et surditati injecta aure [*sic*] tepida cum ~one *RB Ossory HMC* 255.

lubrice [LL]

1 so as to slip or slide (in quot., in fig. context).

jam mei pedes lubrice defluentes / te confirmentur, Domine, protegente J. Howd. *Cant.* 331.

2 a wickedly. **b** indecently, lewdly.

a c**1213** illo nepote nostro a nostro consilio tam ~e dilapso Gir. *Ep.* 7 p. 242. **b** s**1135** focarie canonicorum Londonie ~e tractantur apud turrim *Ann. Dunstable* 15 (cf. Diceto *Chr.* 249 [s**1137**]: non sine dedecore gravi pertracte sunt .. nec sine ludibrio corporis .. redierunt ad propria).

lubricitas [LL]

1 slipperiness.

calor, qui incisivus est, ex dissolutione earum [sc. partium vitreoli] et ~ate, agens in ipsas facit nigredinem *Quaest. Salern.* B 92; [sensus communis] non retinet eas [species] propter nimiam ~atem instrumenti sui, secundum quod vult Avicenna [libro] primo de anima Bacon *Maj.* II 5; si mulier habeat os matricis semper humidum .., sterilis est, quia matrix ratione ~atis non potest semen retinere Gad. 75v. 2.

2 a inconstancy, unsteadiness. **b** wickedness, immorality, lewdness.

a c**1211** verborum ~as et dupplicitas vel etiam multiplicitas Gir. *Ep.* 6 p. 216; **1261** eterne sanctio voluntatis .. humanum genus .. ab arbitrii ~ate legalibus cohibens institutis *Conc. Syn.* 669. **b** **1283** lingue ~as ad inconsiderata proclivis caritatis adversaria frequenter mala suscitat Peckham *Ep.* 453; **1284** in clericis .. puniendis pro ~atis vitio *Ib.* 581 p. 795 (cf. ib.: quicunque .. tenuisse repertus fuerit concubinam); **1377** quod temporalia ecclesie Anglicane .. de facili forent genti nostre occasio petulancie, ~atis, et avaricie (Wycl.) *Ziz.* 267; cum ~as carnis sit maxime contemplacioni contraria Wycl. *Ver.* I 179.

lubricosus [LL], slippery, (fig.) immoral, sinful.

serpens tortuosus est et ~us, et diabolus quos seduxerit tortuosos et ~os facit, tortuosos fraudulentia, ~os luxuria Hon. *Eluc.* 1119B.

lubriculus [*dim. of* 1 lubricus], lewd, lustful.

s**1208** [rex] nobilium regni sui filias .. concubitu polluit adulterino, erat enim carne ~us, equiparans vel excedens petulantiam Salomonis [cf. *III Reg.* xi 3] Wykes 53.

1 lubricus [CL]

1 a that offers no secure foothold, slippery (also fig.). **b** (of steps) slipping, sliding, insecure (also fig.). **c** that easily slips from the grasp, slippery. **d** (of liquid) oily, viscous. **e** (of stream) gliding. **f** (in gl.). **g** (as sb. n.) slippery place or conditions, slipperiness (also fig.).

a c**675** per ~a dumosi ruris diverticula, immo per discolos philosophorum anfractus iter carpere Aldh. *Ep.* 3; per devexa ac lubrica / clivosi ruris latera (*Id.*) *Carm. Aldh.* 1. 153; animas .. quae .. more bestiali in ~o hujus saeculi ceno miserabiliter involvuntur Wulf. *Æthelwold* 39; aquarum superficie in ~am testam frigore concreta Gir. *IK* I 2 p. 35; lutosam et ~am viam devitans, planam et mundam eligens J. Furness *Walth.* 76; ne .. per ~a viciorum abrupta precipites voluptatem sectando deficerent a salute *V. Edm. Rich C* 592. **b** dactilici exametri regulae .. ~is sillabarum gressibus vacillarent Aldh. *Met.* 6 p. 76; pedi labencium appone tutamen / ut lubrici gressus in firmo sistantur J. Howd. *Cant.* 13; gurges gregem tuum divisus ostentat, / dum lubricos gressus dat unda securos *Ib.* 207. **c** volunt plures collum constringere dextra / et pulchre digitis lūbricum comprendere corpus Aldh. *Aen.* 80 (*Calix vitreus*) 6; serpens .. ~o laterum sinuamine labens *Lib. Monstr.* III 8; velut anguis ~us de manu tenentis elapsus W. Malm. *GR* II 121 p. 129; nervi lingue ~i efficiuntur, unde fit loquele impedimentum *Quaest. Salern.* B 85; 'lubrici cirporum cirri' [Sidonius *Ep.* II 2. 18]: cirrus Romanice *loc*, ~i ex aqua *GlSid* f. 144va; lingua est ~a [ME: *slibbri*], natans in humido, et labitur a paucis verbis in multa *AncrR* 19. **d** ut .. anthletarum luctamina .. flagrante delibutus ~i liquoris nardo solerter exercere studeat Aldh. *VirgP* 2; hec .. viscosa sive ~a .. supernatant aliis liquoribus, ut patet de oleo T. Sutton *Gen. & Corrupt.* 109. **e** ecce mundi pompa ruit, / currit, transit, fugit, fluit, / sicut unda lubrica Walt. Wimb. *Van.* 127 (cf. 6a infra). **f** a labor [laberis] .. ~us, -a, -um i. labilis Osb. Glouc. *Deriv.* 300; ~us *sliper Teaching Latin* II 32. **g** aurora jam spargit polum, / terris dies illabitur; / lucis resultat spiculum, / discedat omne lubricum [*gl.*: *slipores* vel *fules*] *AS Hymns* 30; per juga Alpium, .. ubi pes anceps in ~o, preceps in arduo *Mir. Wulfst. prol.* p. 116; in lubrico labitur pes cordis incedens, / set et error pedum progressus effundit J. Howd. *Cant.* 148; humidum expellit superflua per naturam ~i Bacon XI 195.

2 (of tongue, speech, mental act) fluent, facile.

monachos .. volubili rotatu ~e lingue mutueque locutioni intendentes J. Furness *Walth.* 77; sermonis ~i profluvia Bacon I 4 (v. 2 decidere 2b); prosarum ~a adinventio *Id. Tert.* 297 (v. falsetum).

3 a dangerous, perilous, hazardous (freq. w. ref. to moral danger; some quots. perh. to be referred to 5b *infra*). **b** (as sb. n.) danger, peril, hazard (freq. w. gen. denoting source or nature of danger; some quots. perh. to be referred to 5c *infra*).

a lubrica fallentis conculcans gaudia saecli Aldh. *VirgV* 946; oscula .. lubrica *Ib.* 1155 (v. 1 despicere 2a); adulescentiae tempus propter incentiva carnis ~um est Bede *Ep. Cath.* 91; **956** (13c) quod .. propter istius telluris [sc. Thebarum] ~am divisionem .. bella inter homines minime cessaverint *CS* 949 p. 129; s**1192** pro regis ipsius ~e etatis erratibus castigandis Coggesh. *Chr.* f. 62b (cf. Wend. I 221). **b** in ~o [eram], quia imbecillis et fragilis ad lapsum peccati eram Anselm (*Medit.* 3) III 90; pronuntiavit .. Walterum abbatem fore, tertium ad ~a seculi revolvendum W. Malm. *GP* I 72 p. 137; **1178** etas provectior satis redimet ~um juventutis P. Blois *Ep.* 15. 56B; cum .. ~um pudoris incurrisset, utero tumescente, pariendi tempus instabat *Mir. Fridesw.* 38; ?p**1183** post vite modicum / .. / ruit in lubricum (*Planctus in mortem regis Henrici* 48) *EHR* V 316; cautela .. in vite presentis ~o gressum dirigit et a lapsu protegit tendencium ad patriam superne hereditatis Ad. Eyns. *Visio pref.* p. 286.

4 a (of human faculty) liable to error, fallible, weak. **b** (*~um linguae*) slip of the tongue.

a ~o *tydrum GlP* 932 (cf. Prudentius *Peristeph.* XIV 44: lumine ~o, *app. understood in gl. as referring to weakness of eye*); quisquis abundare cupit in sermone Latino, / atque reservare que mens cito lubrica fundit Garl. *Syn.* 1577A. **b** ponatur virum approbate opinionis aliquid dixisse intemperantius aut ~o lingue .. aut calore iracundie .. P. Blois *Ep.* 59. 176A.

5 morally unsteadfast or weak, immoral, wicked, (esp.) unchaste, lascivious, lustful (*cf.* 3 *supra*): **a** (of person or animal; also as sb. m.); **b** (of human faculty, character, action, or sim.). **c** (as sb. n.) (act of) wickedness, immorality. **d** (*~um carnis*) weakness or lustfulness of the flesh.

a in Proverbiis [vi 13] inconstantis et ~i passivus notatur obtutus Aldh. *PR* 140 p. 195; luxus erit lūbricis, carmina casta mihi (*Hymn.*) Bede *HE* IV 18 p. 247; homo ~us tanta vanitate et insolentia accepta incolumitate abusus est ut .. Gosc. *Aug. Maj.* 86A (cf. ib.: vitia levitatis et scurrilitatis, .. sua improbitate); s**1199** qui [sc. rex Ricardus] cum esset ~us valde et in amore mulierum excandescens, noluit reprimere delicias suas W. Guisb. 142; columbe sunt aves multum ~e et .. habent gemitum pro cantu, in signum quod omnes qui se libidini mancipant .. gement Holcot *Wisd.* 200; [papa Johannis XII] fortis erat venator et totus ~us; concubinas publice tenebat *Eul. Hist.* I 251; Antonius Aurelius .. adeo ~us et impudicus quod omne genus luxurie exercebat *Ib.* 328. **b** excitat illecebris mentem Venus impia crebris, / lubrica mens titubat, presens an femina nubat R. Cant. *Malch.* III 243; ~i mores perditorum hominum Anglie W. Malm. *GR* I 71; mundiciam carnis non ledere, ne impulsu etatis ~o fedarent corpus in voluptatum volutabro *Id. Wulfst.* III 8; ardore Sancti Spiritus / ignes subegit lubricos [Maria Magdalena] *Anal. Hymn.* LI 175. 2; caro lubrica mentem / glutinat, hanc Sathane retia multa trahunt Garl. *Tri. Eccl.* 120; quantumcumque .. [caro] sit ~a [ME: *wac*], ita tamen copulatur anime preciose .. quod possemus cito ipsam animam occidere cum carne *AncrR* 44. **c** nisi forte .. pie correctionis violentam injeceris manum, ut ~a castiges J. Ford *Serm.* 60. 3; qui .. catholicas scripturas .. combureret tanquam erroneas, aut aliquod circa eas ~um exerceret Ockham *Dial.* 674 l. 52. **d** cubitans aliquam [feminam] detinebat, quoad carnis tepescente ~o quieto .. discederet animo W. Malm. *GP* V 213 p. 358; clericum .. ~o carnis [Trevisa: *freeltee of flesche*] laborantem Higd. VI 21 p. 144.

6 (of fortune or worldly goods) inconstant, unstable, transitory; **b** (as sb. n.).

849 (11c) status .. saeculi praesentis ~us et instabilis *CS* 455; **956** (16c) ~i potentatus non immemor *CS* 967; spes fallax multos fallit, sors lubrica ludit Neckam *Avianus* 463; honor mundi transitivus / et revera fugitivus / est et certe lubricus Walt. Wimb. *Van.* 3; fallax est species, et decor lubricus *Id. Carm.* 334. **b** homo luteo tabernaculo circumdatus, incerto et ~o inherens J. Furness *Walth.* 120; post assumpta satis, miseros non pretereatis; / lubrica [*gl.*: transsitoria. fragmenta (? *for* fugientia)] spargatis, mansuraque possideatis Garl. *Mor. Scol.* 196.

7 a deceitful. **b** deceptive, vain.

a ~us, fallanx [i. e. fallax] *GlC* L 321; **8..** [os] ~um [cf. *Prov.* xxvi 28], *twisprece WW*. **b** saecla priora quidem, lūbrico fantasmate lusa, / excoluere suos vano terrore tirannos Frith. 10.

8 ? *f. l.*

habitum mutavit, tonso crine et barba, †~aque [? l. ludicraque] veste indutus .. figulum se finxit *G. Herw.* f. 333b.

2 lubricus v. lumbricus.

lubrificare [cf. lubricare; *perh. infl. by* lucrificare]

1 to make slippery, lubricate.

[humiditas] naturaliter est mundificativa; nam .. partes sordidas dividit et divisas ~ando [Trevisa: *by neisschinge*] removet et abstergit Bart. Angl. IV 4.

2 *f. l.*

Bacon IX 109 (v. lubricare 2a).

lubrificativus [cf. lubrificare], lubricative (in quot., of a form of flux or dysentery).

Bacon IX 109 (v. lubricare 2a).

luca v. leuga.

luca bos [CL], elephant.

in .. elephanto, quem Plautus poeta ludens lucabum [vv. ll. licem licabum, lucamlium, lucam bovem; cf. Plautus *Casina* 846] nominavit *Lib. Monstr.* II 6.

lucan v. lucar 2f.

lucanar [*variant of* 1 lacunar, cf. *TLL* VII 2. 859. 2–3; ? *senses infl. by* lucanus], (arch.): **a** louver, lantern; **b** section or light of window.

a [accipiter] super perticam .. ponendus, itemque apud ~ar, et in ipso ~ari usque ad clara[m] diem tenendus Adel. *CA* 9; hoc lodium, *a lovyre*; hoc lucaner -ris idem est *WW*. **b** hoc ~ar, *a day of a wyndow WW*.

lucancia v. lucanica.

lucanica [CL = *Lucanian sausage*], sort of sausage or haggis.

~a, *mearh GlC* L 294; date nobis panem triticum .., galmula, lucani[c]a, spumaticum .. *Early Schol. Coll.* 1. 5 p. 3; exta, lucanicas, omasum Walt. Wimb. *Sim.* 118 (v. exta c); ~a, *frankemyl WW* (cf. *PP*: *ffrawnche mowle, puddyng*, lucancia, -e; *CathA*: *a franchemole*, ~a).

lucanum v. lucanus.

lucanus [LL *as adj. and sb. n.*], **a** (sb. m.) light of day, or of morning; **b** (sb. n.) day-time, daybreak.

a a luceo hec lucerna, -e, unde .. hic ~us -ni, i. splendor matutinus Osb. Glouc. *Deriv.* 308. **b** optimates ante ~um convenerunt et aurora prima illucescente .. exploratores premiserunt Ord. Vit. IX 9 p. 526 (cf. Baldricus *PL* CLXVI 1096C: antelucani convenerunt); prima noctis vigilia .. apparuit quem invocaverat ..; iterum .. ante ~um rediit Ben. Pet. *Mir. Thom.* IV 2 p. 178; ante ~um diei quarte Devizes f. 35v.

lucar [CL = *tax on woodlands, spent on public entertainments*; LL *gl. in senses* 2a–b]

1 tax levied on (use of) woodland.

~ar, vectigal puplicum *GlC* L 306; hic lucus .. unde .. hoc ~ar, -aris, i. pecunia ex luco collecta Osb. Glouc. *Deriv.* 308; ~ar, G. *paunage Teaching Latin* II 31; ~ar, *forestage* G. *Ib.* I 387 (cf. *WW*: ~ar .. A. *a forestax* [i. e. *forest tax*?]); *CathA* (v. lucarius).

2 (variously expl.; *cf. TLL s. v.* 1 *lucar* 2, 2 *lucar*): **a** grove, park. **b** kind of song-bird, sts. identified w. 'woodwall' (? = golden oriole). **c** business, trade (? infl. by *lucrum*). **d** belfry, bell-tower (perh. by conf. between *campanarium* a and *campanaria* = land-tax [*cf. TLL* VII 2. 1691. 70]). **e** louver (*cf.* d *supra*, *lucanar* a). **f** temple.

a ~ar, A. *a park WW*. **b** ~ar, A. *wodefale Teaching Latin* I 142; *WW* (v. 2 lucia); *wode-wale, bryd* .., hoc ~ar, -ris *PP*. **c** ~ar, negotiatio *GlC* L 303. **d** cloccarium vel lucar, *bellhus* ÆLF. *Gram.* 314. **e** *a luvere*, fumarium, fumerale, ~ar, lodium *CathA*. **f** †lucan [l. ~ar], templum *GlC* L 295 (v. *ed.* ad loc.).

lucare, *s. dub.*, perh. *f. l.*

lucarius luci custos est, hic luce lucatur GARL. *Syn.* 1587B.

lucari v. lurchare.

lucarius [ML], forester, woodward, park-keeper.

GARL. *Syn.* 1587B (v. lucare); r. c. .. de c [s.] receptis de I. de K. ut possit esse ~ius domini quamdiu vixerit *FormMan* II 31; hic ~ius, hic viridarius, hic forestarius, A. *a forster WW* (*sim. CathA*); *woodward, or walkare in a wode for kepyng*, ~ius -ii *PP*; *a parcoure*, parcarius, ~ius qui custodit silvam *CathA*; *a wodde keper*, ~ius; lucar est precium luci, i. silve *Ib.*

Lucas [*Λουκᾶς*], (personal name) Luke (esp. the evangelist); **b** (in oath; in quots., used by King William II).

~as .. tertius evangelicae praedicationis historiografus ALDH. *VirgP* 24; beatus evangelista ~as BEDE *Luke* 307. **b** per sanctum vultum de ~a EADMER *HN* 45; per vultum de ~a *Ib.* 114 (= W. MALM. *GR* IV 320).

luccitari, [*app. by-form of* luctari], to struggle.

luccitor [*marginal gl.*: ecce quod a deponenti nascitur aliud deponens] et luctor, et ludificor (Nic. Breckendale *Deponentiale*) *MS Bodl. Digby 100* f. 120v (cf. *Teaching Latin* I 156: ~or, *luter*).

luccrarius v. lutrarius.

luceitas, luminosity.

etiam in extinctione ~as ignis frigiditati aeris .. lividitatem quasi celestem effingit *Ps.*-GROS. *Summa* 620.

lucellum [CL]

1 (small) gain, profit.

974 (12c) commonemur ut recidivis instantis .. vitae ~is ea que .. aeterna subsistunt .. indefessi lucremur *CS* 1302; ~i, parvi lucri *gestreunes GlP* 93; lucrum, -cri, inde hoc ~um, -li i. parvum lucrum OSB. GLOUC. *Deriv.* 321; nonne tibi .. honestius judicares rure paterno frui quam salarii ~o [*gl.*: *gayn de leygistre. petit ganez de ly chigistre*] addictum fuisse BALSH. *Ut.* 52; [avaritia] semper egena, semper ~is inhians NECKAM *Eccles.* f. 79a; cupiditate ~i .. illectus *Mir. J. Bev. C* 333.

2 (app.) effort, struggle.

†**854** (12c) commonemur ut terrena .. lucra largiflue dantes caelestia .. emolumenta jugi indefessoque adquiramus ~o *CS* 475 (= *CS* 476 [†**854**, 12c]); **956** (14c) hortamur [*pass.*] ut ea que eternaliter stabilia .. perseverant .. alacres incessabili adquiramus ~o *CS* 920.

1 lucellus, ~illus [cf. OF *lucel*], small luce or pike, pickerel. *V. et. luciolus.*

1303 de lupis et ~ellis aquaticis .. nichil hoc anno *MinAc* 1079/18 m. 4; c**1350** episcopus Roffensis .. magistrum Lucium vocatum S. et multos alios lucillos de vivario .. ibidem captos regi regine et archiepiscopo misit, multos reiecit .., tanta fuit habundantia lucillorum (*Reg. Roff.*) *MS BL Cotton Faustina B V* f. 43v; ~illus *PP* (v. dentriculus); ~illus, A. *a pyke WW*; nomina piscium: .. hic ~ellus, A. *pyckerylle WW*; *a luce*, lucius, ~ellus diminutivum, piscis est *CathA*; ~illus *Ib.* (v. luciolus).

2 lucellus v. lussellus.

lucens v. lucere 6.

lucenter [ML; cf. CL lucens *pr. ppl. of* lucere], **a** brightly, brilliantly (in quot., in fig. context). **b** lucidly, clearly.

a c**1340** vere caritatis lumine corda dilectorum ~er sunt incensa *FormOx* 283. **b** **1342** nuncios .. disponimus .. destinare, qui devocionem .. nostram .. ~ius, si placuerit, explicabunt (*Lit. Regis*) AD. MUR. *app.* 227.

lucentia, brilliance, luminosity, light (also fig.).

grandinis grana, nivea pulcritudo, / gelu, frigus, lucencia glacialis J. HOWD. *Cant.* 566; prasina, topazius, acathes honoris, / amatistus, lucencia berillina [*addressed to* BVM] *Ib.* 644; migret amor amens, ardentie / totum habens, nihil lucentie *Id. Ph.* 466.

luceolus v. luciolus.

lucere, ~escere [CL], (as element of compound vb. in tmesis, *v. interlucere* a).

1 to be or become bright, to emit light, to shine: **a** (var.); **b** (of light, flame, lamp, or sim.); **c** (of heavenly body); **d** (of day, dawn, or sim.); **e** (in fig. context).

a ALDH. *Aen.* 80. 4 (v. glacies a); serpentes .. quattuor .. per umbras nocturnas oculis in modum lucernae ~ent *Lib. Monstr.* III 2; candida florigeris lucet ceu lilia campis ALCUIN *Carm.* 85. 4. 1; ~escere, ~ere OSB. GLOUC. *Deriv.* 325; caro candet tenera, / virginale lucet pectus P. BLOIS *Carm.* 8. 28; gemma dicitur eo quod ~eat [TREVISA: *schyneþ*] instar gummi, ut dicit Isidorus [*Etym.* XVI 6. 2] BART. ANGL. XVI 48. **b** ut .. papirus in centro positus .. solito clarius ~esceret ALDH. *VirgP* 32 (cf. id. *VirgV* 915: latex lucens flammas pascebat edaces, / papirus .. radiabat); quo modo ardentem sive ~entem ventus juvat ignem ut amplius clarescat BEDE *Cant.* 1069; sex .. candelae per viginti quatuor horas die nocteque .. ardentes ~escebant ASSER *Alf.* 104; fulgore superno / ad cunas agii quondam qui luxit ab alto FRITH. 680; lux ~et vel ~ens est per seipsam ANSELM (*Mon.* 6) I 20; L. DURH. *Dial.* IV 181 (v. 2 flamma 2d). **c** bis senis cum sideribus / per Olimpum lucentibus (ALDH.) *Carm. Aldh.* 1. 88; Titan tremet torrentibus / taedis late lucentibus / .. / ad usque caeli marginem (ÆTHELWALD) *Ib.* 4. 28; **797** in hac ~enti luna Novembri mensis ALCUIN *Ep.* 126 p. 185; **949** ~entem .. globum lunae *CS* 877; s**677** cometa .. luxit omni die mane *AS Chr.*; a**1089** ubi sol ~et, candelam .. proferri minime oportet LANFR. *Ep.* 10 (23). **d** aurora in fulvis dum luxit lutea bigis ALDH. *VirgV* 1363; ~escente mane in prima sabbati ad sepulchrum pervenerunt BEDE *Hom.* II 7. 134 (cf. *Matth.* xxviii 1; ORD. VIT. IV 9 p. 239 [*Conc. Rotomag.*, **1072**]: in ejus noctis exordio que in prima sabbati ~escit); ~escente die LANFR. *Const.* 105. **e** dies salutis vultibus paenitentium ~et GILDAS *EB* 31; usquequo clarifici luxerunt lumina solis [i. e. *of Christ*] ALDH. *VirgV* 1689; qualibet [? l. qualis] Christi lucerna de hoc rege Eduino signorum ~escit floribus dico *V. Greg.* 91; a**796** ne minus flamma ~iscat illius [sc. caritatis], sed fulgeat in cartulis quae in corde .. incensa ardet ALCUIN *Ep.* 57; c**1213** Deo opitulante et sole sereniore ~ente GIR. *Ep.* 7 p. 246; lux illucet latroni libere / cum lux vera lucescit vespere J. HOWD. *Ph.* 753; omnis sciencia .. appetit quod .. sue .. scaturiginis emanacio ~eat evidenter R. BURY *Phil.* 11. 171.

2 (impers.): **a** (*~ere*) to be light. **b** (*~escere*) to become light.

a a ~eo hic lucus .. per contrarium, eo quod ibi minime ~eat OSB. GLOUC. *Deriv.* 308. **b** ita horam matutinarum temperant, ut ante laudes ~escat W. MALM. *GR* IV 336.

3 (fig.) to shine, to be brilliant, resplendent, conspicuous: **a** (of abstr., action, or sim.); **b** (of person, or person's life).

a evangelii veritate ~ente BEDE *Acts* 977; c**794** dilectio .. ~escit (v. flammula 1); timor Dei quem concepisti .. semper .. fervescat, donec tibi in securitatem mutatus aeternam ~escat ANSELM (*Ep.* 2) III 100; [eloquium Stephani] simplicitatis puritate nitet, benignitatis colore ~et *Id.* (*Or.* 13) III 53; quanta .. est lux illa, de qua micat omne verum quod rationali menti ~et *Id.* (*Prosl.* 14) I 112; nihil adeo gloriose ~et in principe sicut amare .. justitiam P. BLOIS *Ep.* 95. 302B. **b** quis .. sacerdotum hujus temporis .. ut lux clarissimae lucernae .. bonorum operum lampade ~eat? GILDAS *EB* 93; propter .. doctrinam qua [viri sancti] ~ere hominibus solent BEDE *Hab.* 1240; ut .. doctores sancti per varias mundi partes ~escerent, ut omnibus via patesceret salutis ALCUIN *Hag.* 657D; illius [sc. Domini] auxilio nobis quod lucēre tales / jam proceres meruere pii ÆTHELWULF *Abb.* 603; **1094** Hugoni frater Anselmus .. diu in hac vita ~ere et semper in futura gaudere ANSELM (*Ep.* 176) IV 57; venerabilis R[oberte] .., qui virtutis .. prerogativa super modernos et in posterum ~es J. CORNW. *Merl. pref.*; lucet .. vita GARL. *Hon. Vit.* 67 (v. gestus 1b).

4 to appear (in quot., as a vision; perh. w. implication of radiance).

[Editha] primo ~escit fratri suo Ethelredo regi .., dehinc .. principi Ordulpho .. visa est GOSC. *Edith* 266.

5 **a** (of fact, circumstance, or sim.) to be or become clear, evident (sts. w. implication of fame, glory); **b** (w. cl. as subj.). **c** (of verbal expression) to be clear, lucid.

a **956** (v. gramma 2); mulieris viro futura subjeccio .. divino ~ebat in verbo FORTESCUE *NLN* II 20; s**1466** orta est maxima fama .. de .. miraculis variis, ut plane inibi ~escunt in tabula HERRISON *Abbr. Chr.* 10. **b** cunctis .. perspicue ~et quod quem Deus defensat .. nemo deicere .. prevalet ORD. VIT. VII 5 p. 170; quam pie ipsa vixerit, in annalibus .. evidenter ~escit ELMH. *Cant.* VIII 31 p. 221. **c** nondum bene lucet / sed tamquam sub nube latet transsumptio verbi VINSAUF *PN* 851.

6 (pr. ppl. *~ens* as adj.) shining, radiant, bright, lustrous; **b** (fig., of person).

virginitas fulget lucens ut gemma coronae ALDH. *VirgV* 153; lex .. ~entis macule PETRUS *Dial.* 59 (= *Lev.* xiv 56); virum .. facie splendissima, .. oculis ~entibus AILR. *Gen. Regum* 353; qui lucentes vestes gerunt WALT. WIMB. *Van.* 81 (cf. ib.: de vestis claritate). **b** c**1340** preclare sapiencie gracia viro lucenti illustrato, amico suo predilecto domino W. de H. .. frater G. .. salutem *FormOx* 303.

lucerna [CL]

1 lamp, lantern; **b** (w. allusion to *Matth.* xxv 1–13; also in fig. context); **c** (defined in gl. or sim.).

lux clarissimae ~ae GILDAS *EB* 93 (v. lucere 3b); aerata .. lucerna ALDH. *VirgV* 212 (cf. ib. 209: lanterna, 213: lichinus); ut ~am, quae inibi accensa erat, extinguerent BEDE *HE* IV 8 p. 221; a**1162** ~am continuam, quam .. ante magnum altare semper ardere dignum duximus *Doc. Theob.* 43; **1342** altare non est dedicatum, ~a deficit, baptisterium inhonestum (*Vis. Totnes*) *EHR* XXVI 110; **1496** pro reparacione ~e pendentis ad hostium camere domini prioris *Ac. Durh.* 653. **b** tertia virgineis fulgescit vita lucernis ALDH. *VirgV* 97; sapientes quinque puellae, / aeterna in manibus portantes luce lucernas ALCUIN *Carm.* 103. 1. 5. **c** **10**.. ~a, *blæcern WW*; **10**.. lampas vel ~a vel laterna, *leohtfæt WW*; luminare, lumen, ~a OSB. GLOUC. *Deriv.* 323; ~a, *launterne Teaching Latin* II 19.

2 (fig.): **a** (var.); **b** (*~a* of human soul, mind, or sim.); **c** (denoting person; *cf.* e *infra*); **d** (denoting place); **e** (w. ref. to *Matth.* v 15 *etc.*).

a ~am prophetici sermonis BEDE *Ep. Cath.* 73; nullis tribulationum tenebris .. potest ~a devotionis ejus extingui *Id. Prov.* 1033; Christi ~a *V. Greg.* 91 (v. lucere 1e); quid? loquar an sileam? verbi da, Christe, lucernam FRITH. 481; summum bonum, quod ~a veritatis quesitum et inventum est ANSELM (*Mon.* 19) I 34; nec ulla ~a historie previa semitam dirigo W. MALM. *GP prol.* p. 4; ipsa [sancta scriptura] est lumen et ~a ad quam debemus .. aspicere [cf. *Psalm.* cxviii 105] AILR. *Serm.* 22. 9. 318; lucullentam .. multaque lucubratione plurimum elaboratam sapientie ~am .. palam exponunt GIR. *TH* III *praef.* p. 139; ut omnis actio bona fiat ~a fulgoris J. FORD *Serm.* 48. 9. **b** anime .. lucerna HANV. VII 469 (v. delanguidus); quatenus fecunda sensuum obscuritas multiplicem nobis ~am accendat J. FORD *Serm.* 25. 2; David regis eloquium, / cujus lucet sic testimonium / quod accendit lucernas mentium J. HOWD. *Ph.* 692. **c** a**1078** (v. lucifer 3a); florebant Anselmus Beccensis .. aliique plures in templo Dei lucentes ~e ORD. VIT. VIII 25 p. 430; quod beatus martyr .. ~a fuerit ardens et lucens [cf. *Joh.* v 35] S. LANGTON *Serm.* 4. 38; tu .. / .. abbatum rutilans, Henrice, lucerna H. AVR. *Guthl. proem.* 10; p**1322** gaude, Thoma, ducum decus, lucerna Lancastrie *Pol. Songs* 268; primam ~arum tuarum [i. e. fratrem tuum] .. mortis .. flatus extinxit *Ps.*-ELMH. *Hen. V* 115 p. 306. **d** omnium virtutum moralium atque theologicarum speculum et ~a [civitas Parisiensis] S. SIM. *Itin.* 7. **e** ALCUIN *WillV* 34. 53 (v. decere 2); **1070** [Deus] sapientie vestre ~am in eminenti constituit candelabro ANSELM (*Ep.* 1) III 97; dum quasi ~e super candelabrum lucerent ORD. VIT. VIII 18 p. 384; ut facti essetis ~a doctrine supra candelabrum Dunelmensis ecclesie R. COLD. *Osw. praef.* p. 329; s**1458** ~a regiminis .. mei avunculi .. que .. sub modio occultacionis delituit *Reg. Whet.* I 312.

3 (transf.): **a** (w. ref. to jewel); **b** (w. ref. to eye; *cf. Matth.* vi 22). **c** (ray or beam of) light.

a bratea .. auri .., / quamvis gemmarum constent ornata lucernis .. ALDH. *Aen.* 96 (*Elefans*) 12. **b** restaurata suis micuerunt ora lucernis WULF. *Swith.* II 704. **c** per ~am de celo super reliquias emissam W. MALM. *GR* I 49 p. 53; *Id. GP* III 101 p. 230 (v. dirigere 3f).

lucernalis, ~aris [LL]

1 (adj.) of or pertaining to lamps; **b** (eccl., *hora ~alis*) the hour of vespers.

ut decor ejus [sc. tabernaculi] .. noctu ~aribus [v. l. ~alibus] flammis illustretur BEDE *Tab.* 461D. **b** ~ali hora completa, .. castum petebat cubile (Baldred of Rievaulx) FORDUN *Chr.* V 43.

2 (as sb., prob. f.) 'candle-wort', mullein.

fromos [*i. e.* phlomos] vel ~aris vel insana vel lucubros, *candelwyrt* ÆLF. *Gl.* 137. 8 (cf. Isid. *Etym.* XVII 9. 73).

lucernaria v. lucernarius. **lucernaris** v. lucernalis. **lucernarium** v. lucernarius.

lucernarius [LL]

1 (sb. n.): **a** lamp, lantern; **b** candelabrum, candlestick.

a ~ium, *leohtfæt* ÆLF. *Gl.* 126. 27. **b** hec lucerna, -e, unde hoc ~ium, -rii, i. candelabrum OSB. GLOUC. *Deriv.* 308.

2 (adj., *sc. fenestra ~ia*, or sb. f.) lantern, louver (arch.).

per fenestram domus .. in culmine patentem, quam ~iam Angli nominant [? cf. E Mod. E *lucarne* < OF *lucarne*] GERV. TILB. 894.

3 time at which lamp is lit, dusk.

c1300 ad ~ium autem psalmus unus .. lectiones tres [dicantur] *MonA* VI 43.

lucernula [LL], small lamp (in quot., fig., of person).

a1401 lectorum latebras, Leylond, lucernula luces; / tu Titan tenebras tollis tutamine truces (Will. Foster) *OHS N. S.* XVI 170.

lucerta v. lacerta. **lucescere** v. lucere.

lucettus [*cf.* OF *lucet*], small luce or pike.

1250 quod dc ~os emi .. et d ex eis poni faciat in vivariis regis .. ad vivaria illa inde instauranda *Cl* 317; **1252** d ~os et duo milia rochiarum et perchiarum *Cl* 51; **1260** in cx ~is .. positis in servorio nostro infra parcum de Windesor' *Liberate* 36 m. 9.

lucetum [cf. 1 lucus 2 + -etum], grove, warren (also fig.).

in meis viridario et ~o, que attingere quisquam non poterit absque licencia Prisciana opulenciaque Latini *Regina Rhet.* 181; ~um, A. *wareyne WW*.

luceus v. lucius, 1–2 luteus.

lucheum, sort of metal artefact, or ? *f. l.*

1340 pro emendacione unius plate pro speciebus, unius patelle argentee, unius luchei argentei (*AcWardr*) *TR Bk* 203 p. 187.

1 Lucia [CL], (proper name) Lucia, Lucy (esp. w. ref. to St. Lucy, virgin and martyr); **b** (by metonymy) St. Lucy's Day, 13 Dec.

castissimae virginis ~iae praeconia ALDH. *VirgP* 42 (cf. id. *VirgV* 1783: virguncula quaedam / Lucia, quae Dominum dilexit sedula Christum). **b** BACON VI 115 (v. angaria c).

2 lucia [? cf. luscinia], kind of bird, perh. nightingale (but *cf. lucar* 2b).

nomina avium: .. hec lucar i. ~ia *WW*.

3 lucia v. lucius.

4 lucia v. 1 luteus 3.

lucibilis [LL], shining, brilliant.

non lucens sed lucibilis, Deus invisibilis (*Laetetur omne saeculum*) Spicilegium Liberianum ed. F. Liverani (Florence, 1863) 61; luceo ..; inde hic et hec ~is, et hoc -le OSB. GLOUC. *Deriv.* 307.

lucibriciniculum, ~ciunculum, ~cunculum, lucibriunculum v. lucibruciunculum.

lucibrucinare [cf. lucibruciunculum], to smooth with a sleekstone.

to sleght, ~are *CathA*.

lucibruciunculum [*spelling and etym. dub.; perh.* cf. AN *luche, lucher, 'sleekstone', and suffixes* -brum, -culum; ? *infl. by* lubricare], sleekstone.

~um [*gl.*: †*ylicston* (l. *slicston*)] GARL. *Dict.* 134, lucibriciunculum *PP*, lucibriciniculum *CathA* (v. licinitorium); hoc lucibriunculum, *lihe Gl. AN Glasg.* f. 20va; lucibricunculum, A. *a fforborystok WW*.

lucicomus [LL *gl.* 'comes lucis', cf. *TLL*], (in quot., app. in sense) streaming with light, shining.

1048 (13c) ~i nanciscuntur poli [*ed. conjectures*: gaudia] *Ch. Burton* 38.

luciculus [*dim. of* lucius], (small) luce or pike, pickerel.

1274 in xxvij ~is aquaticis emptis ad instaurandum vivarium, ij s. *Ac. Stratton* 53; nomina piscium: .. hic lucius, *a lewse*; hic luticulus, *a pyke WW*; nomina piscium aquarum recencium: .. hic †luaculus, *a pykrelle WW*.

lucidare [LL]

1 (tr.) to make clear, explain, declare; **b** (absol.).

quamvis .. aliqua sint mihi obscura, que forsitan postea .. ~abis OCKHAM *Dial.* 786 l. 44; terminos .. vetustate nimia caligantes descripcionibus congruis ~are curavimus R. BURY *Phil.* 12. 176; **1406** ad illam [sc. veritatem] ~andam defendendamque *Conc.* III 290a. **b** lucidus .., unde .. ~o, -as ..; et componitur elucido .., dilucido OSB. GLOUC. *Deriv.* 307; ~are, elucidare, declarare *Ib.* 325; *to schewe*, nunciare, .. exponere, elucidare, ~are, disserere .. *CathA*.

2 (intr.) to shine.

to schyne, lucere .., ~are, caristiare .. *CathA*.

lucidarium, ~ius [ML; cf. OF *lucidaire*, AN *lucydarie*], elucidary, elucidatory treatise (esp. w. ref. to the *Elucidarium* of Honorius; *cf. elucidarium*).

c1170 ~ius *Libr. Cant. Dov.* 11 (= *Ib.* 41 [**a1332**]); **1372** liber ~ii *Invent. York* 81; **1432** dedit unum lucidar' habens in prima linea secundi folii 'fecit ex igne' (*Invent.*) *Reg. Glasg.* 339.

lucide [CL]

1 a brightly, clearly (in quots., in fig. context and in gl.). **b** (fig.) splendidly, excellently.

a dum .. Anglorum librarii coram ingeniositatis fluenta .. pure, liquide, ~eque rivantur [v. l. rimantur; *gl.*: perquirunt] FELIX *Guthl. prol.* p. 62; regem cujus sceptrigera gloria tunc ~ius refulsit BYRHT. *V. Osw.* 436; polite, ornate, venuste .., radiose, luculenter, ~e, luminose, perspicaciter, splendide .. OSB. GLOUC. *Deriv.* 474. **b** vir trium peritissimus linguarum, Latine, Gallice, Anglice, et ~issime disertus in singulis MAP *NC* I 12 f. 11v.

2 (w. ref. to clarity of expression or understanding) clearly, lucidly, perspicuously, without ambiguity or doubt: **a** (var.); **b** (w. vb. of explaining or sim., or of appearing, being clear); **c** (w. vb. of knowing or perceiving).

a videtisne quam ~e in hac sanctissima virgine [Abisag] beatissimae Mariae virginitas commendatur ..? AILR. *Serm.* 20. 25. 313; non omnes articulos fidei ita ~e [ME: *clenly*] habent et tenent sicut nos *Itin. Mand.* 98. **b** ALDH. *Met.* 10 p. 84 (v. enodare 2a); aperte et ~e monstravit BEDE *Pleg.* 8; **810** sicut .. manifeste et ~e comprobatur (*Conc. Aclea*) *Conc. HS* 568 (= *CS* 445 p. 22); [Edmerus] omnia ita ~e exposuit ut ea quodammodo subjecisse oculis nostris videatur W. MALM. *GP* I 45; probitas viri per comparacionem ~ius apparet *V. Ed. II* 263; ut patet in exemplo sequenti ~e HAUBOYS 200. **c** pacem .., quam bonorum nutricem ~e videmus ORD. VIT. XII 21 p. 381; pars .. altera ~e scit, altera pulsa dubietate credit PULL. *Sent.* 825A.

luciditas [LL], brightness, radiance, lightness of colour; **b** (fig.).

colofonia subnigra est cum ~ate *Quaest. Salern.* B 94 (cf. ib.: ~ate albedinis); ~ate diei *Ib.* P 61 (*opp.*: nigredine aeris); esset in ethere per ~atem receptam summa solis imitatoria conformacio GROS. *Hexaem.* VIII 5. 3 (cf. ib.: ether .. recipiens lumen solis); iris non apparet nisi in certa dispositione aeris secundum majorem et minorem ~atem BACON *Maj.* II 189; ~as ignea que in viridi [sc. colore] est temperata visum delectat UPTON *Mil.* 113. **b** est .. thus gummi perspicui candoris ..; potest .. signari .. per thus votiva ~as humilitatis in Deum AD. MARSH *Ep.* 247. 12 p. 451.

lucidulus [ML], somewhat bright, (of person) somewhat illustrious.

lucidus .. unde .. ~us, -a, -um i. aliquantulum lucidus OSB. GLOUC. *Deriv.* 307; [homuncio] cespes vilissimus, modo lucidulus / per carnis gloriam, et cras cinisculus WALT. WIMB. *Carm.* 324.

lucidus [CL]

1 bright, shining, radiant, luminous: **a** (of heavenly body, lamp, or other source of light); **b** (of polished or reflective object); **c** (of light-coloured or translucent object); **d** (of person, angel, *etc.*); **e** (in fig. context); **f** (in gl.); **g** (as sb. n., also in fig. context).

a lucida stelligeri .. culmina caeli ALDH. *VirgV* 2 (= *Ib.* 1445); lucida perpetuae .. limina vitae *Ib.* 571; visa est omnibus .. columna ~issima silvam intrasse *V. Greg.* 82; laterna .. exterius ut interius tam ~a ardebat ASSER *Alf.* 104; lucida .. astra WULF. *Swith.* II 1044; oculus .. est corpus politum .. recipiens inmutationes a corpore ~o agente in ipsum J. BLUND *An.* 59. **b** numquam nigro atramento sed auro semper ~o scriberetur quia 'Deus lux est' [*I Joh.* i 5] BEDE *Tob.* 925; vas quoddam ex onichino .. ita ~um et politum ut vice speculi vultus intuentium emularetur W. MALM. *GR* II 135 p. 150; tanquam ex speculis quibusdam ~issimis GIR. *PI* I 17 p. 58; alabastrum genus est marmoris ~i *Alph.* 6. **c** lucida nigratis fuscans anfractibus arva ALDH. *Aen.* 59 (*Penna*) 5 (cf. ib. 3: per albentes .. campos; 4: candenti .. viae); oculorum substantia alia est ~issima, alia obscura *Quaest. Salern.* B 291; cutis tocius corporis segregata a carne quasi cornu ~um ~a apparebat *Mir. Wulfst.* I 18 p. 126; lucidus florum .. ornatus J. HOWD. *Cant.* 176; gipsus, .. cujus quedam species est ~a *Alph.* 76 (cf. *SB* 22). **d** heu .., quod tam ~i vultus homines tenebrarum auctor possidet! BEDE *HE* II 1 p. 80; ~us .. aspectu et clarus erat indumento *Ib.* V 12 p. 304; persona prefulgida apparuit, que vultu et habitu ~issimo astitit GOSC. *Transl. Mild.* 8; [Lucifer] cunctis angelis ~ior fuisse putatur AILR. *Serm.* 431A; J. FURNESS *Walth.* 70 (v. lucifluus 1c). **e** 'labia illius lilia' ~issima BEDE *Cant.* (v 13) 1170; sedes vacuata patrono / redditur .., / lucidus Euuroica resplenduit axis in aula [sc. Wilfridus] FRITH. 1041; prope [est] demon / occultus, mundum lucida larva tegit GARL. *Tri. Eccl.* 120; flos lilio lucidior / .. / quem virgo .. genuit J. HOWD. *Cyth.* 21. 1. **f** precluis, fulgidus, clarus, luculentus, splendidus, coruscus, perspicax, gemmeus, ~us, luminosus .. OSB. GLOUC. *Deriv.* 467; sudus, purus .. ~us .. *Ib.* 562. **g** ~um per se et proprie videtur J. BLUND *An.* 86; tenebra videtur, ergo non solum ~um videtur *Ib.* 133; post has umbras lucida largiaris J. HOWD. *Cant.* 237.

2 (of liquid or air) clear, bright, limpid, translucent.

[Britannia] fontibus ~is .. pernitidisque rivis .. irrigua GILDAS *EB* 3 (cf. G. MON. I 2); fontes ~os BEDE *HE* II 16 p. 118; potest .. aeris ~i [*gl.*: *lusable*] serenitas nubilosa densitate nebularum obvolvi BALSH. *Ut.* 45; in corpore perspicuo .. ut aere presentia luminis facit actu ~um, absentia vero tenebrosum BART. ANGL. XIX 7.

3 a (of day, time of day) light. **b** (as sb. n.) dawn. **c** (of place) bright, light, illuminated.

a [Britannia] ~as aestate noctes habet BEDE *HE* I 1 p. 10; quam [sc. insulam] saepe ~ioribus diebus de longe aspicere solemus *Ib.* p. 12; ~a .. spiritui tempora, nocturna quoque carni dedicantes GIR. *TH* III 27. **b** usque ad ~um diei Lune (*Quad.*) *GAS* 199 (v. dies 5c). **c** fenestra .., quae facit ~am domum esse ANSELM *Misc.* 350; luna .. navigantibus mare ~um reddidit ORD. VIT. XII 26 p. 414.

4 (fig.): **a** bright, splendid, excellent; **b** (in periphrasis denoting person); **c** (of person, in spiritual sense).

a lucida perpetuae .. munera vitae ALDH. *VirgV* 752 (cf. ib. 1226, BONIF. *Aen.* 174: lucida perpetuae .. praemia vitae); fructus quippe olivae ~um est opus misericordiae BEDE *Hom.* II 25. 435; **p1102** ut ~um exemplum omnibus regibus terrae .. praebeatis ANSELM (*Ep.* 324) V 255; lucida sanctorum juste magnalia cessant (*Vers.*) ORD. VIT. XI praef. p. 159; J. HOWD. *Cant.* 319 (v. jecur 3). **b** vestre ~e reverencie maternali *FormOx* 422 (OF [ib. 423]: *lusant*). **c** ventum est ad aquam salutis, [Albanus] .. intravit tenebrosus, exivit ~us, intravit niger, exivit albus W. NEWB. *Serm.* 883.

5 a clear to the perception or understanding, evident, manifest. **b** (of mental faculty, perception, or sim.) clear. **c** (of person) perspicacious (in quot., as sb. m.). **d** (*~um intervallum*) lucid interval, period of temporary sanity.

a testimonium .. quod non apocryphum ac dubium sed vera luce et ~a esset veritate perspicuum BEDE *Ep. Cath.* 129; perspicuum, clarum, ~um, manifestum *GlC* P 266; ~a .. evidentia rerum LUCIAN *Chester* 54 (v. 1 limare 3b); FORTESCUE *NLN* II 51 (v. haesitatio a). **b** caelestium gaudiorum ~a contemplatione BEDE *Cant.* 1222; [prophetae] ~issimo mentis intuitu cognoscebant archana *Id. Ep. Cath.* 74. **c** si forte quod pluribus tegebatur planum, fieret et quod latet languidos ~is, hoc est literas amantibus, eluceret LUCIAN *Chester* 40. **d** HALES *Qu.* 1499 (v. furiosus 1); **1318** deterioratus per malignos spiritus .. in bono statu deveniebat, ita quod .. in nova luna ~is gaudeat intervallis *Cl* 136 m. 25; **?1324** quando aliquis qui prius habuit memoriam et intellectum non fuerit compos mentis sue, sicut quidam sunt per ~a intervalla *StRealm* I 226.

6 a (of speech, writing, or matter) clearly expressed, eloquent. **b** possessing clarity of expression (in quots., of eloquence).

a lucida .. dogmata ALDH. *VirgV* 504 (v. divinus 3a); lucida digessit venerandus opuscula doctor *Ib.* 670; *GlH* E 206 (v. evigilare 3c); ad propositas inquisitiones subtili ~aque Grecis et Latinis responsione satisfecit ORD. VIT. X 3 p. 15; oportet .. ut sermo sit ~us [v. l. dilucidus], ut sit usitatus *Ps.*-GROS. *Gram.* 69; **1526** de eisdem [bonis etc.] .. plenam et ~am reddere computacionem (*Vis. Thame*) *EHR* III 715. **b** **799** ut [pueri] .. proferant quicquid vestri sensus ~issima dictaverit eloquentia ALCUIN *Ep.* 172; **a804** (v. exarare 3).

7 (*oculus ~us*) medical preparation for eyes made from dried juice of thorn or honeysuckle

(*cf. MED s. v.*; *v. et. lycium* b. In quots., also *oculus ~i*, and sb. *~um* or *~us*, prob. corrupt).

ex succo radicis et thyrsorum [rhamni] per decoctionem fit medicamen quod medici licium vocant, et in quibusdam aculeis ~um [v. l. ~us; ? l. oculus ~us; TREVISA: *some men clepeþ it* ~us] dicitur, quia oculos reddit claros BART. ANGL. XVII 138; oculus licii i. volubile majus, i. caprifolium; oculus ~us, i. licium *SB* 32; licium i. succus caprifolii, oculus ~i [? l. ~us] idem *Alph.* 99.

lucifer [CL]

1 (adj.): **a** light-bringing, luminous, radiant, brilliant (also in fig. context). **b** (w. ref. to spiritual illumination); **c** (of person).

a tempore luciferi solis HWÆTBERHT *Aen.* 20 (*Domus*) 3; aurea luciferi .. culmina caeli BONIF. *Aen.* 300 (*Luxoria*); celo demissa columpna ~era denseque noctis dirumpens pallia W. MALM. *GR* II 212 (= *Id. GP* IV 161); nam delictorum densitas, / ne penetret serenitas, / obstat soli lucifero J. HOWD. *Cyth.* 13. 6. **b** tumbam ejus ~eram votivum candidabat linteum GOSC. *Edith* 100; in nocte natalis Domini ~era, qua lux seculorum est orta *Ib.* 287; ~era translatio *Id. Transl. Mild.* 17. **c** benedicat terra nostra Dominum, qui tanquam solem ab oriente in occidentem .. tam ~erum nostro occidenti destinavit parentem *Id. V. Iv.* 84B.

2 (sb. m., in gl. also n.) the day star (usu. identified w. Venus rising before the sun); **b** (in comparisons); **c** (fig., applied to person, *cf.* 3a *infra*); **d** (applied to God or Christ).

flammiger / ductor dierum lucifer (ALDH.) *Carm. Aldh.* 1. 66; inter planetas .. notissima sunt sol, luna, ~er qui et vesper, quae non numquam in bono accipiuntur cum .. lucifer [est] Johannes baptista qui Dominum .. praecessit BEDE *Ep. Cath.* 128; ~er matutinus, aurore bajulus, lucis diurne prenuncius J. FURNESS *Kentig.* 43 p. 237; cujus [sc. herbe] grana si fuerint trita in ortu ~eri et Veneris, ita ut radii ipsorum tangant ipsa BACON *Tert. sup.* 12; ~erum, A. *the day sterre WW*; hic jubiter, *a daysterre*; hic diaspiter, hic ~er, idem sunt *WW*. **b** solis ceu lucifer ortum / precurrens tetras tenebrarum discutit umbras ALCUIN *SS Ebor* 140; Athelwodus velut ~er inter astra coruscans .. apparuit WULF. *Æthelwold* prol.; Letardus praecursor .. venturi Augustini apparuit, prevenit hunc ut ~er solem GOSC. *Transl. Aug.* 45B. **c** BEDE *Ep. Cath.* 128 (v. a supra); iste erit eximius doctor praesulque futurus, / splendescet nostro lucifer orbe novus ALCUIN *WillV* 34. 24. **d** [Patricius] filius .. lucis, in cujus corde indiciduus ~er jugiter lucebat J. FURNESS *Pat.* 57; **1378** ~i nescientis occasum, ut pie credimus, [*ed. adds*: lumine] illustrati (*Lit. cardinalium*) KNIGHTON II 128.

3 (sb. m.) one who brings light (in var. literal or fig. senses): **a** (of person; some quots. perh. to be referred to 2c *supra*); **b** (of God or Christ); **c** (in riddle, of eye).

a Anglorum lucifer, idem / presul Aðelwoldus WULF. *Swith. pref.* 69; **a1078** [Hilarium] Romanorum ~um, aecclesiarum lucernam LANFR. *Ep.* 50 (46 p. 144); puellam .. caecam .. Dei ~er [sc. Letardus] .. luce donavit GOSC. *Transl. Aug.* 45C; lucifer ecclesie, pastor et egregie (R. CANT. *Poems*) *Sat. Poets* II 259. **b** sedenti .. in tenebris exterioribus verus ~er cordi illius illuxit J. FURNESS *Kentig.* 24 p. 203 (*unless referred to* 2d *supra*). **c** unus sum genitus lucifer [v. l. ducifer] fratris sine fructu TATWINE *Aen.* 20 (*Luscus*) 1.

4 Lucifer the fallen angel (freq. equated with) the Devil, Satan.

~er .. de caelo projectus GILDAS *EB* 74 (v. erigere 8a); angelicus princeps et protus Lucifer aethrae ALDH. *VirgV* 2734; ~erum in malo [legimus] 'quomodo cecidisti de caelo, ~er' [*Is.* xiv 12], quod non solum de primo diaboli casu sed de membris quoque ejus .. intellegi potest BEDE *Ep. Cath.* 128; **c1169** primus filius superbie, ille ~er, aut potius tenebrifer P. BLOIS *Ep.* 90. 284B; **1253** post peccatum ~eri, quod idem erit in fine temporum ipsius filii perditionis Antichristi GROS. *Ep.* 128 p. 434; ~er .. factus est ex angelo diabolus terribilis *AncrR* 12; **1429** populus honorat diabolos qui ceciderent [*sic*] cum ~o de celo *Heresy Tri. Norw.* 49.

5 (personal name; in quot., refers to the schismatic bishop of Cagliari, *ob. c.* 370).

10.. liber ~eri; epigrammata Prosperi .. (*Catal. Librorum*) *EHR* XXXII 389.

luciferianus [LL], **~inus**

1 (*cf. lucifer* 4): **a** pertaining to or characteristic of Lucifer, diabolical, devilish, satanic. **b** (sb. m.) Luciferian heretic, devil-worshipper (*cf. Dict. de Théol. Catholique* IX (Paris, 1926) 1044).

a imago quedam divinitatis est princeps, et tirannus est adversarie fortitudinis et ~iane pravitatis imago J. SAL. *Pol.* 778A; **1377** ~ina presumpcio (WYCL.) *Ziz.* 249 (cf. NETTER *DAF* II f. 241: Witcleff .. luciferna [? l. ~ina], inquit, foret presumpcio); cautele diaboli quibus .. animi ypocritarum ad ~inam extollenciam protrahuntur WYCL. *Ver.* III 165; propter dominacionem ~inam [sc. pape] *Id. Sim.* 43; papa .. videtur .. candere ~ina superbia et cupiditate symoniaca *Id. Chr. & Antichr.* 690. **b** **s1236** erat .. civitas illa [Mediolanum] omnium hereticorum, Paterinorum, ~anorum, Publicanorum .. refugium et receptaculum M. PAR. *Maj.* III 375.

2 (sb. m.; *cf. lucifer* 5) Luciferian, person who holds doctrines of or ascribed to Bishop Lucifer (*cf. Dict. de Théol. Catholique* IX 1038).

neque cum corporibus seminantur [sc. anime], ut ~iani et Cyrillus et quidam Latinorum affirmant GROS. 244 (cf. Augustinus *De Haeresibus* 81).

lucificus [LL], creating or giving light.

lucifica nigris tunc nuntio regna figuris *Aen. Laur.* 12 (*Atramentum*) 4; lucificae dominae [sc. Cynthiae] .. membra R. CANT. *Malch.* IV 515.

lucifluus [LL]

1 streaming with light, radiant, brilliant, bright, shining: **a** (var.); **b** (of heavenly body, sky, day, or sim.); **c** (of person, or part of human body; *cf.* d *infra*); **d** (in fig. context).

a ex vitiis .. / .. quae caeli regna negabunt, / florida luciflua claudent et limina portae ALDH. *VirgV* 2451; filum ~i glomeris (*Visio Karoli Magni*) W. MALM. *GR* II 111 p. 113 (cf. ib.: filum glomeris micantis); accurrit .. populosa frequentia ad celebria tanti patris gaudia; nox ipsa ~a et dies candida DOMINIC *V. Ecgwini* I 21; de gloria sanctorum et mansionibus ~e patrie J. FURNESS *Pat.* 191; jacinctorum lascivia ~o liliorum maritata consorcio *Ps.*-ELMH. *Hen. V* 75 p. 218; *Ib.* 76 (v. fulgorare 1b). **b** ALDH. *Aen.* 6. 3 (v. decrescere 1b); ~a solis astra FELIX *Guthl.* 9; vitans luciflui suffundi lumine Phoebi HWÆTBERHT *Aen.* 58 (*Noctua*) 2; aurea luciflui .. sidera caeli *Aen. Laur.* 3 (*Aqua*) 2; ~um .. coeli lumen BYRHT. *V. Ecgwini* 391; in cujus [lucis, i. e. diei] ortu ~o *Ps.*-ELMH. *Hen. V* 76 p. 219. **c** videbat quasi exercitum virorum candidatorum ~as sicut sol facies habentium OSB. *Mir. Dunst.* 20; an vobis .. ~a virgo Mildretha modo in tanto nitoris jubare non est visa ..? GOSC. *Transl. Mild.* 30 p. 199; inter viros illos ~os quidam ceteris multo lucidior videbatur J. FURNESS *Walth.* 70. **d** qui [sc. Petrus et Paulus] finibus orbis / luciflua promunt fuscis mea lumina saeclis BONIF. *Aen.* 48 (*Fides Catholica*); inclyta gens subito est exornata ~is luminaribus [*w. ref. to abbots*] BYRHT. *V. Osw.* 435; hujus .. corpus .. Thorneiam advexit et obscurioribus sanctis ~um jubar invexit W. MALM. *GP* IV 186 p. 329; lampas esto luciflua [Christe], / qui sponsus es mirabilis J. HOWD. *Cyth.* 14. 11; hec unica menda totalem ejus [civitatis] decorem obnubilat, ~am claritatem eclipsat *Ps.*-ELMH. *Hen. V* 64 p. 178.

2 (fig.) splendid, grand; **b** (of person).

aurea lucifluae [v. l. luciferae] .. limina vitae BEDE *CuthbV* 822; gratiae fideique ~ae praedicator *Id. Sam.* 557; ut .. has [delicias impurissimas] .. optimas et quasi ~as judicent *Id. Ep. Cath.* 78; luciflua .. venturae praemia vitae BONIF. *Aen.* 338 (*Vana Gloria*); **1433** ex sue munifice celsitudinis ~a largitate *EpAcOx* 100. **b** [Cuthbertus] largus, libens, lucifluus / laudabatur in meritis *AS Hymns* 69 (*gl. Archiv* CXCIX [1963] 21: *leohtflowend*).

luciformis [ML], having the form of light, bright.

inexstinguibilem .. ~em et illuminativam proprietatem [*of Seraphim*] GROS. *Ps.-Dion.* 839 (Gk. φωτοειδῆ καὶ φωτιστικὴν ἰδιότητα. *Cf.* BART. ANGL. II 8 p. 28: seraphin .. habens ~em et illuminativam proprietatem [TREVISA: *haþ liknes of liȝt and propirte to ȝeve liȝt*]); ~em et celestem claritatem GROS. *Ps.-Dion.* 1022 (Gk. φωτοειδῆ); [nubes] aptior est superius ad colores nobiliores et ~iores [*ed. 1504*: luci conformiores], et inferius minus PECKHAM *Persp.* III 20.

lucifuga [CL]

1 (sb. m.) one who avoids daylight.

~a, qui tenebras diligit *GlC* L 280.

2 (sb. f.): **a** bat. **b** ? earwig.

a caput asini ~is, id est vespertilionibus, denudatum invenerunt *Natura Deorum* 18. 8; nomina avium ferorum [*sic*]: .. hic vespertilio, hec ~a, *a bake WW*. **b** blatea, ~a, *wicga GlH* B 468 (? l. blatea ~a *without punctuation and refer quot. to* lucifugus a; cf. Virgil *Georg.* IV 243: ~is .. blattis).

lucifugus [CL], **a** avoiding daylight; **b** (of night) devoid of light, dark.

a *GlH* B 468 (*if correctly referred here*; v. lucifuga 2b); temptat temere / talpa lucifuga [v. l. lucifaga] de luce scribere (i. e. *the poet writes of the* BVM) WALT. WIMB. *Carm.* 191. **b** adveniente ~e noctis silencio *Mir. Hen. VI* II 32.

lucii herba v. herba 3. **luciliosus** v. lusciliosus. **lucillus** v. 1 lucellus.

1 Lucina (luc-) [CL], **a** Lucina, goddess of childbirth; **b** (from identification of this goddess with Diana) the moon.

a Juno .. dicitur ~a, quasi lucem natis prebens BERN. *Comm. Aen.* 4. **b** supernus aer, .. quem aureus sol et vaga ~a perornant, dividentes mundum quadratum communi lege BYRHT. *V. Ecgwini* 349; non .. ut discurrens vaga ~a vagus vel nutabundus extiterat *Ib.* 354.

2 lucina [cf. LL *gl.* lucinius], gore, gusset. *V. et. lacinia.*

nomina vestimentorum: .. hec ~a, *a gore WW*.

3 lucina v. lucinus.

4 lucina, lucinia v. luscinia.

lucinium v. lychnus.

lucinus, ~a [cf. lucius], luce, pike.

1404 iiij quartalia sturionis pro xviij m., item v ~as pro ij~m. *Lit. Cant.* III 82; ~us, A. *a luce*; lucillus, A. *a pyke WW*.

luciolus [LL *gl.*], **~eolus,** small luce or pike, pickerel. *V. et.* 1 *lucellus.*

irretiuntur grandes lupi aquatici et ~eoli, percide, rocee .. *Lib. Eli.* II 105 p. 181; *a pykerelle*, lucillus, ~iolus *CathA*.

lucipeda v. lucipeta.

lucipeta [cf. LL lucipetus (v. *TLL*)], one that approaches light.

[culex] lucipeda est [TREVISA: *drawip towarde liȝt*], quia lumen libenter videt, unde .. in ignem irruens se .. comburere sepe solet BART. ANGL. XII 12.

lucipotens, able to tolerate light.

donec vigorosior aliquando et ~ens oculus in ipsam veritatem sine umbris intendere poterit COLET *Eccl. Hier.* 233 (cf. ib.: tenella acies, que meram .. veritatis .. lucem .. ferre non potuit).

lucire, to thicken, or *f. l.*

lucire [? l. farcire], densare, spissare OSB. GLOUC. *Deriv.* 329 (cf. *GlC* F 369: furcit [i. e. farcit], densat).

lucisator [LL], one who sows or creates light.

~or *leohtsawend GlP* 113 (cf. Prudentius *Cath.* III 1).

lucisca v. lycisca. **luciscere** v. lucere. **luciscus** v. lyciscus.

†lucissime, *f. l.*

in eo lectionis .. divine lampas hoc †lucissime [? l. lucidissime] agendum dilucidavit *V. Greg.* 104.

lucium v. lycium.

lucius [LL], **~eus**

1 kind of freshwater fish, luce, pike; **b** (in gl. or sim.). **c** (her.) representation of luce, lucy.

"quales pisces capis?" "anguillas et ~ios [AS: *hacodas*] .., et qualescumque in amne natant" ÆLF. *Coll.* 94; in cujus vastis gurgitibus .. admirande magnitudinis ~ei, qui ab incolis *hakedes* nuncupantur, persepe extrahuntur *Chr. Rams.* 8; ~ius, qui et lupus aquaticus dicitur, in aquis tyrannidem exercens, popularium piscium populator est NECKAM *NR* II 32; **1237** xxx lusceos, xl bremas et ccc rocheas *Cl* 415; **1240** faciatis .. luscios .. saliri *Liberate* 15 m. 20; ~ius trium pedum longitudinis aut amplius R. BOCKING *Ric. Cic.* I 77; **1250** quod in vivario regis de F. faciat habere R. .. l bremias, c †~ias [*Cl* 64 m. 25: ~ios] et ccc perchas *Cl* 372; **1254** in cariagio .. xxiiij liciorum .. quas [*sic*] .. capi fecit in vivariis et maris *Liberate* 30 m. 4; unum ~eum trium pedum pro *demi-marc*, et duorum pedum pro ij s. *MGL* II 119; **13..** piscarius .. habeat .. lupos aquaticos sive ~eos, murenas .. (*Nominale*) *Neues Archiv* IV 340; **14..** (v. abbita). **b** ~ius, *hæcid GlC* L 292 (cf. ÆLF. *Gram.* 308: ~eus, *hacod*); hic dentix .. i. piscis qui multos habet dentes, qui aliter dicitur ~ius OSB. GLOUC. *Deriv.* 161; hic ~ius, hic lupus aquaticus *luz Gl. AN Glasg.* f. 20vc; *WW* (v. dentrix); *CathA* (v. 1 lucellus). **c** **1384** cum armis de Lucy, que de *goules* cum tribus ~iis argenteis consistunt *Pat* 317 m. 16; ~ios vidi certos nobiles in armis portare, qui eodem nomine vocabantur UPTON 208.

2 (*~ius marinus*) sea-luce, (identified in quot. as) ling.

leenger, fysch, ~ius marinus *PP*.

lucivagus [cf. lucus, vagari], wandering in groves, or ? *f. l.*

[vespertilio] visus carens lumine pennis spoliatur, / et quasi lucivagus [? l. lucifugus; cf. lucifuga 2a] exul de nocte vagatur *Latin Stories app.* 154.

lucividus [lux, videre], seeing light.

10.. ~a, *leohtsceawigend WW*.

lucrabilis [cf. CL lucrificabilis], that can yield profit.

1130 et in terra ~i que capta est infra parcum de Alwestam lxxij s. numero *Pipe* 77; **a1150** sciatis me dedisse .. tres acras ~es in manerio meo de Colum *Cart. Colne* f. 31; **c1177** (v. furlonga 2); monachus cocus tenet .. infra parcam et extra xix acras et dim. de terra ~i et de terra non ~i x acras *Boldon Bk.* 24; ?**1220** totam terram et brueriam que est de feodo meo ab oriente de L., sc. terram ~em quam homines Philippi de K. tenuerunt *Ch. Chester* 293; **c1250** in terra ~i, in pratis, in pascuis *Reg. S. Aug.* 441 (cf. *ib.*: terra arabili); **a1260** quinque acris terre ~ibus *Reg. Wint.* 751.

lucramen, profit.

lucror, -ris, unde lucrator, lucratus, lucratio, et hoc ~en, -nis Osb. Glouc. *Deriv.* 321.

lucrari [CL], **~are** [LL], **~ire**

1 to gain, earn; **b** (absol.); **c** (refl.).

757 quatinus .. aeterna paradisi praemia .. ~ire valeamus *CS* 183; jam late per populos auxit lucranda talenta *Mir. Nin.* 71; illius ad Vuentam sibi commoda quaeque lucrari Wulf. *Swith.* II 89; molendinum reddens annonam quantum potest ~ari *DB* I 170vb; plus lingua quam lancea ~atus Ord. Vit. XII 5 (v. dextra 2a); plus ~abor per mendacium J. Sheppey *Fab.* 30 (v. econtra 2c); **a1250** pistor potest ~ari .. iiij d. (v. garcio 2e); petiit ut posset esse fortunatus in arte mercatoria ad ~andum divitias *Itin. Mand.* 80; ut ipse ~aretur .. pecunias Gascoigne *Loci* 128. **b** sic insatiabilis ~atur ambitio Ord. Vit. IX 17 p. 621; ad ~andum T. Mon. *Will.* I 6 (v. falsus 1). **c** hiis se mendaciis .. / plus quovis curie lucratur ludio Walt. Wimb. *Palpo* 142.

2 to win, acquire by capture: **a** (goods, land, or place); **b** (game).

a **1195** non possunt terram illam perdere vel ~ari, quia terra illa est dos ipsius Aldit *CurR PR* 71; **s1224** capta est .. ballia .. in qua nostri ~ati sunt equos .. boves et bacones et porcos vivos *Ann. Dunstable* 87; Arthurum eructant fore venturum et regnum Britannicum a Saxonibus fabulantur ~aturum *Eul. Hist.* II 385; clerum de decima spiritualium habenda ad ~andas ipsas terras transmarinas requirebat *Meaux* I 340; **1410** Nicholao de L. et .. sociis ejus, ~antibus et destruentibus castrum de Jedworth, infra annum hujus compoti *ExchScot* 115; misit dominum ducem in Normannium ad castellum .. ut illud obsideret et ~aretur Strecche *Hen. V* 179. **b** si ultimo fuerit ~atus ludum *Ludus Angl.* 164; et tunc ~abitur ludum ut supra in proxima impertia *Ib.* 165.

3 to win over, gain, convert.

716 nos omnes suo magisterio ~atus est Deo Bonif. *Ep.* 10 p. 12; **p792** multam Deo ~ari [v. l. ~are] plebem Alcuin *Ep.* 290; illum .. post omnia haec ad summos gradus perventurum, multa hominum millia Deo ~aturum Osb. *V. Dunst.* 17; ingentem diabolo jacturam de ~andis Deo animabus faceret W. Malm. *GP* I 19 p. 29; animarum .. quas Deo ~atus est Ric. Hex. *Hist. Hex.* I 3 (v. efficaciter b); ~or: *garrir Teaching Latin* I 155; in ~andis animabus Ad. Marsh *Ep.* 60.

4 to get: **a** to obtain. **b** to attain.

a sibi praeceptorem lucratus Frith. 152; ~amur *we begytaþ GlP* 97; **1217** veniatis cum toto navigio vestro, tam nuper ~ato quam alio *Pat* 89; **1291** ciphum ~atus fuit ad quemdam ludum (v. fascinum 2). **b** Justinam .. / aurea virgineo lucrantem regna pudore Aldh. *VirgV* 1843; infra paucos menses cum pilis talibus ludam cum Francigenis .. quod jocum perdent in eventu et pro ludo luctum ~abuntur Strecche *Hen. V* 150.

5 (leg., usu. w. ref. to appointment of attorney) to win (a case).

aut pro se sufficientem responsalem mittat ad ~andum vel perdendum .. loco suo Glanv. I 12; per assisam ipsam oportebit eum perdere vel ~ari *Ib.* II 6; **1196** R. ponit loco suo W. .. versus T. .. de assisa ecclesie de H. ad ~andum et perdendum *CurR* 15; **1221** quod W. Wygorniensis episcopus attornavit loco suo Willelmum de M. ad ~andum vel perdendum in loquela que est coram .. justiciariis inter ipsum episcopum et W. Marescallum comitem Pembroc' *CurR* X 146; **1265** P. ponit loco suo W. ad ~andum vel perdendum .. in loquela *Cl* 117; **1412** ad ~andum vel perdendum in omnibus placitis et querelis *Couch. Furness* 483.

6 to cultivate, render fertile, make profitable.

1130 Restaldus debet .. in defectu terre que non erat ~ata *Pipe* 2; **1160** concedimus .. pasturam .. ad quingentas oves per majus centum et ad [xl animalia campe]stria et ad animalia que terram [~abu]ntur *Danelaw* 151; **1167** pro x acris essartis ~atis in W. *Pipe* 8; pro landa arsa et postea ~ata *Ib.* 134; **1169** R. .. r. c. pro x acris de essarto ~atis in Wicham *Ib.* 79; permitte ~ari terram monachorum Abbendone .. illam sc. que non noceat foreste mee *Chr. Abingd.* II 83; **1286** [*land ploughed in the wood*] ~atam de bosco *CourtR Wakefield* III 175.

7 to get, collect; **b** to bring in (crop). **c** to extract (coal, stone, or mineral).

1274 ~averunt quam plures papiliones *Leg. Ant. Lond.* 132; **c1357** in reparacione stagni molend' abbathie cum mos et lyng ~atis pro eadem, iiij s. viij d. ob. *Ac. Durh.* 559; in bruera ~ata pro dictis domibus cooperiendis, et pro muris del *malthous* ij s. iij d. *Ib.* 560; pro iij par' molarum ~and' .. xiij s. iiij d. *Ib.*; **1368** molera ~ata infra campum (v. impignorare 3). **b** nec aliquam horam vel missam debet omittere nisi pro necessitate manifesta ut quando bladum est admissurus vel ~aturus [sc. granatarius] *Cust. Westm.* 96; **1464** pro .. stipendio ~ancium hujusmodi grana .. *ExchScot* 259; **1532** pro diversis ~antibus fenum *Househ. Bk. Durh.* 56; **1537** petit alloc' de diversis pratis .. ~atis et inductis ad usum domus .. ij li. xj s. iiij d. *Ac. Durh.* 706. **c** **1288** de minera ~ata in hujusmodi opere *IMisc* 47/1; **1419** super concavacionem unius putei pro carbonibus ~andis et hauriendis, vj s. viij d. *Ac. Durh.* 615; **1435** in vadis J. W. adquirentis. ~antis et frangentis petras in quarera *Fabr. York* 55; **1451** de exitibus carbonum terrestrium apud Coydrath ~atorum *Cl* 301 m. 5; **1464** non ~antur carbones ibidem nisi ad usum monasterii Dunelm *Feod. Durh.* 191; **1578** *wayleve* et *strayleve* ad easdem mineras pro carbone ibidem ~ando et exhauriendo *Pat* 1027 m. 15; **1581** omnes carbones lapides ferrum et plumbum .. de in et super mineris quarr' aut puteis premissorum crescent' aut provenient' fodiend' aut ~and' *Ib.* 1205 m. 8.

lucrarius v. lutrarius.

lucratio [LL]

1 gain, capture.

dum nostri proximi essent ~oni dicte carace *G. Hen. V* 24 p. 164.

2 obtaining, procuring of materials for construction or manufacture.

1377 in ~one xvj scopularum, xvj d. *Ac. Durh.* 587; **1389** A. J. pro ~one xx *gang* de *rungstoures* pro carectis, xviij d. *Ib.* 596; **1402** pro ~one del *hekstaures* pro *le Holme Ib.* 300; **1405** pro ~one de *brusshe* in *Ferycliff*, x d. *Ib.* 605; **a1419** circa ~onem aqueductus minere predicte .. *Ib.* 708; **1437** pro ~one j aqueductus ad eandem mineram *Ib.* 712.

3 collecting: **a** bringing in, harvest (of field or crop). **b** extracting (of coal or stone).

a **1380** expense facte .. pro falcacione et ~one feni *ExchScot* 35; **1439** pro .. ~one feni *Ac. Durh.* 72; **1449** pro falcacione et ~one prati regis juxta Edinburgh .. v li. *ExchScot* 346; **1485** custibus ~onis feni ad xx s. x d. *Househ. Ac.* II 557; **1499** (v. famulus 1a); **1532** expensae autumpnales cum ~one granorum *Househ. Bk. Durh.* 76. **b** **1409** in ~one dictarum liij petre minere ferri *EHR* XIV 518; **1420** in ~one lapidum (v. fenestra 1d); **1425** et pro ~one lapidum pro manerio regis apud Lithw. *ExchScot* 391; **1434** pro meliore adquisicione et ~one petrarum .. xiij li. *Fabr. York* 52; **1449** pro ~one lapidum in quarrera *Ac. Durh.* 237.

lucrative, as motivated by desire for wealth.

cupide .. et ~e Gir. *Spec.* III 12 (v. dispensative 2).

lucrativus [CL]

1 profitable.

quomodo ad tam questuosam negotiationem, ad tam ~as nundinas, cupiditas obdormit humana? P. Blois *Ep. Sup.* 41. 2; terrena quantum ad ~as scientias Fishacre *Sent. Prol.* 79; juris positivi ~a peritia dispensandis terrenis accommoda R. Bury *Phil.* 11. 168; sub isto colore tam ardenter intenditur scienciis ~is Wycl. *Ver.* II 143.

2 (w. gen.) productive (of).

assidua librorum revolutio, ~a scientie, pariter inserit peritiam et promptitudinem in mente Vinsauf *AV* 2. 59; per actus strenuos, laudis et honoris multiplicis ~os *Ps.-Elmh. Hen. V* 98.

3 motivated by desire for wealth.

~i munerum .. diligunt .. pecuniam Holcot *Wisd.* 11.

lucrator [LL]

1 one who gains.

lucror .. unde ~or Osb. Glouc. *Deriv.* 321; qui nimirum ante suum ~orem occubuit, si unum uterque carnificem pertulit W. Newb. *Serm.* 901.

2 one who wins (souls).

animarum perditarum se ostendat diligentem et benivolum ~orem *Mir. Hen. VI* I 1 p. 16.

lucrefacere v. lucrifacere.

lucrifacere [CL]

1 to gain, earn (freq. w. dat. of advantage, esp. *sibi*); **b** (w. ref. to *Phil.* iii 8).

unusquisque pene alterius dampna sibi ~ere satagebat R. Cold. *Cuthb.* 64; ipsum equo dejecit et dextrarium lucrifecit W. Fitzst. *Thom.* 23; ut ex incommodo suo proficeret et in damno corporee sanitatis sanitatem animi ~eret W. Cant. *Mir. Thom.* IV 41; **s1258** Alemannorum potentum gratiam incomparabilem sibi rex lucrifecisset, si armipotens extitisset in viribus M. Par. *Maj.* V 695. **b** omnia carnalia arbitratur ut stercora ut Christum ~iat Ailr. *Serm.* 18. 161; **a1169** haec omnia contempsisti ut stercora ut solum ~ias Christum J. Sal. *Ep.* 170 (206); penas quas perpessi sunt nullius momenti estimaverunt ut Cristum sibi ~erent Alex. Bath *Mor.* IV 41 p. 165; gradus hujus scale facilis ascendes, si omnia reliqueris ut Christum ~ias M. Rievaulx (*Ep.*) 64.

2 to win over (usu. to the Christian faith, often w. ref. to *I Cor.* ix 22, or to a more virtuous Christian life), to provide spiritual benefit.

si qui non credunt verbo per mulierum conversationem sine verbo lucrifiant Bede *Ep. Cath.* 2. 3; omnia omnibus factus est, ut omnes ~eret Deo Hugeb. *Wynn.* 6; **966** quosque nostri regminis gubernamine degentes ~erem *CS* 1190 p. 458; ut omnes ~eres Anselm (*Or.* 10) III 33; ~ere proximum J. Exon. *Ep.* 2 (v. lucrosus); ad sectam suam plures ac plures ~erent sic inaniter deceptos Knighton *Cont.* 184; **1407** si per aliam viam non [*one MS adds* possit] sacrosancta ecclesia mater tua te ac regnum tuum ~ere (*Lit. Papae*) *Chr. S. Alb.* 19.

3 (intr.) to make a profit, gain advantage.

unde et in multis sibi ~iens, in brevi multa congessit *Mir. Wulfst.* II 16 p. 168; correptor ex caritativo opere lucrefacit communitati cujus est pars Wycl. *Civ. Dom.* I 434.

lucrifactio

1 gain, profit.

quicquid potuit convenienter tibi accedere ex ~one filii tui tibi accessit J. Godard *Ap.* 248; **1301** nobiscum in vinea Domini ad ~onem ipsos .. novimus .. laborare *Reg. Carl.* I 286.

2 gaining, winning (of souls), spiritual benefit.

s1235 assignati sunt autem predicatores a domino Papa, in opus crucis et animarum oberrantium ~onem per orbem universum M. Par. *Maj.* III 312; **1281** speramus quod per sanctam industriam tuam fructuosa fiet ad honorem Altissimi ~o animarum *Reg. Ebor.* 14; ordo correctionis ad ~onem, id est ad correctionem fratris peccantis ordinatur Knapwell *Quare* 260; **1414** per tuam prudenciam et solicitudinem fieri poterit non modica ~o animarum *Reg. Cant.* III 293.

lucrifer [CL], that brings profit, lucrative.

quam quia sibi ~am sentiebant, consimilem emunctionem .. iterabant M. Par. *Abbr.* 256.

lucriferre, to bring profit, gain, win over.

curiales seculares ad mensam admisit, ut eas [*sic*] Deo ~et *Meaux* I 439.

lucrificare [CL]

1 to gain, win.

est auro melius lucrificare Deum Alcuin *Carm.* 9. 132; **805** obsecro .. omnes pontifices nostros successores ut omne bonum quod in illa terra ~etur fratres sibi singulariter ad mensam suam habeant *CS* 319; **805** ut omne bonum quod in illa terra ~atum fuerit *CS* 320.

2 to win over, convert, benefit spiritually (sts. w. ref. to *I Cor.* ix 22).

quo cunctos lucrificaret *V. Neot. A* 4; **1308** quorum animas Illi [sc. Deo] .. ~are multipliciter delectamur *Reg. Carl.* II 55; censuit Divus Petrus, ut uxores fidem professae .. ~arent sine verbo maritos per castam conversationem Gardiner *VO* 96.

3 to benefit, profit (trans.).

ostendere cognatis suis debebat ad eos ~andos non hoc se didicisse Wycl. *Ver.* III 177.

lucriger, that brings profit, profitable.

navita si fueris .. / discas .. / .. / lucrigeras merces, linguas populorum D. Bec. 1771.

lucrinus v. lutrinus. **lucrire** v. lucrari.

lucritas, gain, advantage.

comperta igitur per fidelem relationem ipsius .. ~ate *Reg. S. Osm.* II 6.

lucrose [LL], profitably.

lucrosus .. et inde ~e adverb. Osb. Glouc. *Deriv.* 321.

lucrosus [CL]

1 lucrative, profitable.

quaestiosus: ~us *GlC* Q 32; **1148** transactio ne ~a nimis foret nobis et onerosa Rogero, vij ei marcas argenti dedimus G. FOLIOT *Ep.* 300; questuosus, questibus plenus, vel ~us OSB. GLOUC. *Deriv.* 492; excommunicato non debet esse ~a sua nequitia ROB. FLAMB. *Pen.* 152; est hec via subtilis et ~a valde RIPLEY 198; per illum modum habebis opus ~um *Ib.* 208.

2 beneficial.

vobis erit ~um lucrifacere proximum J. EXON. *Ep.* 2 p. 222; quod nunc reputas honorabile et ~um, in tue fame dispendium et periculum anime convertetur P. BLOIS *Ep.* 13. 42C.

3 (w. gen.) productive (of).

quod non solum est damnosum bonorum sed insuper est ~um tormentorum ANSELM (*Medit.* 2) III 80.

lucrubrum v. lucubrum.

lucrum [CL]

1 material gain, profit.

clerici impudici .. ebrii, turpis ~i cupidi GILDAS *EB* 109; spe lucri veniunt, quaerentes divite terra / divitias, sedem sibimet, lucrumque laremque ALCUIN *SS Ebor* 37; **a1089** qui .. propter terrena ~a se amant LANFR. *Ep.* 10 (23); **1275** precise cepit se ad defaltam predicti Radulphi ad ~um et dampnum totius placiti *SelCKB* 18; **1375** (v. forestallaria); **1438** (v. frunitor); **1549** ~i causa (v. exercitium 3e).

2 non-material profit or benefit. **b** that which benefits others morally or spiritually.

pontificemque petens baptismi lucra capessat ALDH. *VirgV* 1900; de terrenis dampnis fiunt caelestia ~a GOSC. *Transl. Mild.* 5 p. 161; ~is spiritualibus potius inhiet J. FORD *Serm.* 113. 8. **b** totus erga animarum ~a vacabat BEDE *HE* II 1 p. 77; ?**949** largiflue Christicolis mellifiue solicolis ~a confert *CS* 876; ?**955** Jhesum Christum totius ~i largitorem laudat *CS* 911; sollicitudinem ejus in ~is animarum conquirendis sepius expertus est J. FORD *Serm.* 100. 1; juxta quod magis ad animarum ~um crediderint singulis expedire *Cust. Cant.* 37.

3 (feud.) income: **a** from land let at money rent; **b** from confiscations, fines, *etc*.

a ibi .. pro ~o terrae xij solidi *DB* I 41va; de ~o terrae dominicae xxj solidi *Ib.* 59ra. **b** **1150** concedo et .. octavam partem de omnibus placitis et ~is meis de Fif .. *E. Ch. Scot.* 209; **c1155** decimam omnium placitorum et ~orum meorum de S. *Regesta Scot.* 135; **c1200** de decimis et canis et placitis et ~is et omnes alias rectitudines *Reg. Glasg.* 63; **1264** per ~a vicecomitis, preter decimam Episcopi Aberdonensis que est xxxvij s. ix d. et ob., xvij l. xij d. ob. *ExchScot* I clxxix; **1290** decimam etiam omnium ~orum ipsius que ei proveniunt de ~is predicti regis *Mon. Hib. & Scot.* 153; **1315** decimam partem omnium ~orum escaetarum et finium (v. finis 22b).

4 interest (on a loan). **b** (by metonymy) loan.

foenus usura vel ~um *Gl. Leid.* 1. 54; fenus, i. ~um, usura *GlH* F 264; **1182** pro omni libra quaqua septimana dabo ei unum denarium de ~o *Cart. Osney* I 335; **1201** quamdiu illas [marcas] tenuero dabo illi pro libra duos denarios de ~o, et pro catallorum ~o invadiam illi totam terram meam de P. *Starrs* I 24; **1201** si .. fuerit dissensio .. Judeus probabit catallum suum et Christianus ~um *SelPlJews* 1; **1234** de sex marcis de sorte et tribus marcis et quatuor solidis de ~o *Cl* 429; **c1265** cum ~o quod .. Judeus debebatur de debitis predictis *Cl* 170; debeo Aaron Judeo Ebor' sex libras esterlingorum .. et si tunc non reddido dabo ei pro qualibet libra qualibet septimana ij d. de ~o, quamdiu istud debitum per gratum ejus tenuero et ideo invadiavi ei omnes terras meas, redditus et catella mea donec dictum catallum et ~um persolvero *Feod. Durh.* 205. **b** commodum, ~um .. *laen GlH* C 1181.

5 bribe.

qui dona vel ~a receperint *Fleta* 29 (v. donum 1b); qui dona vel ~a ceperunt pro officiis suis exequendis *Eyre Kent* I 38; regis facta legis, si te regis ordine legis / suffer damna gregis, qui tria lucra tegis *Pol. Poems* I 38.

lucrus v. lutra.

lucta [CL]

1 **a** (act or sport of) wrestling. **b** wrestling match or contest; **c** (w. ref. to *Gen.* xxxii 24–32).

a †palismate, locus ~ae *GlC* P 140 (cf. OSB. GLOUC. *Deriv.* 482: palisma .., locus ~e, quod et .. gymnasium dicitur); juvenes ludentes exercentur arcu, cursu, saltu, ~a, jactu lapidum .. W. FITZST. *Thom. prol.* 16; BACON *Gram. Gk.* 74 (v. gymnasium 1a); HOLCOT *Wisd.* 83 (v. farcire d). **b** [Wlstanus] in certamen animatur; duravit hec ~a non parvo noctis tempore W. MALM. *Wulfst.* I 4 p. 10; rixas belligeras, meretrices sperne, tabernas, / et bellatrices luctas vanasque choreas D. BEC. 50; ex toto [lecto] nos .. expellere nitebatur; et dum in hac quasi ~a aliquandiu versaremur .. GIR. *SD* 8 (cf. ib.: contentio); **1217** tornamentis ~is et aliis [spectaculis] ubi sanguinis effusio poterit formidari *Conc.* I 548a; si ad ~am vel ad tabernam vel aliam congregationem et ubicumque inventus fuerit mortuus BRACTON f. 121b (cf. *Fleta* 36: †luctum); nec interesse ~is, pugnis, vel duellis hominum animalium vel avium *Cust. Cant.* 154. **c** laboriosa ejus .. ~a AD. SCOT *Serm.* 144A; angelus a Jacob superatus in ~a benedicit †si [l. ei] recedendo AD. DORE *Pictor* 162; o felix ~a! o desiderabilis pugna! P. BLOIS *Serm.* 52. 715A; matutina ~a leso nervo cum angelo completa M. PAR. *Maj.* I 8.

2 (transf. and fig.) struggle: **a** (physical); **b** (armed); **c** (spiritual); **d** (verbal).

a erat acerba et miserabilis ~a, cum nec evomere nec introrsus trahere .. aculeum valeret GOSC. *Mir. Iv.* lxii; in omni contra languorem ~a PULL. *Sent.* 915D; cum in lucta [v. l. luctu] leti me videris [*addressed to* BVM] J. HOWD. *Ph.* 1076. **b** quas sibi ad ~am sufficere credebant adunaverunt phalanges *Enc. Emmae* II 5; fertur .. juvenis [Aedmund] .. Cnutoni .. singularem pugnam obtulisse, sed rex sapiens dicitur sic respondisse: "ego tempus ~ae prestolabor congruae .." *Ib.* II 8 (cf. ib.: duellum). **c** perpetuis .. lucta beat perfecta coronis BEDE *CuthbV* 687; divina pietas aecclesiam suam .. missis ad eam fortibus agonithetis ad ~am corroborat ORD. VIT. VIII 26 p. 434; contra spirituales nequitias periculosa nimis ~a est AILR. *Serm.* 417B; ~a assidua et continua resistendi membrorum legi NIC. S. ALB. *Concept.* 113; sic, karissime sorores, in ~a [ME: *wreastlunge*] temptacionum assurgit lucrum *AncrR* 87. **d** gloriosa ~a est ubi qui vincit et qui vincitur victor est *V. Birini* 17 (i. e. *B.'s conversion of Cynegils*; cf. ib.: pugna .. conflictus .. luctamen); vocatus .. ad causam, immo potius ad ~am, .. Domini palestrita accessit H. BOS. *Thom.* III 33 p. 296; Johannes Kynyngham .. diutinam cum Wycclyff per annos ~am peregit [MS: peragit] et manuale certamen *Ziz.* 3.

luctabundus [ML *gl.*], (engaged in) wrestling.

luctor, -aris, inde luctator .. et hec lucta, -e, et ~us OSB. GLOUC. *Deriv.* 322.

luctamen [CL], **~mentum** [LL]

1 (act or sport of) wrestling, wrestling match.

strenua anthletarum ~ina ALDH. *VirgP* 2; dum .. solito ~ini .. puerorum turba insisteret BEDE *CuthbP* 1; ~en inter se competere, quod experiri vellet cujus esset roboris W. MALM. *Wulfst.* I 4 p. 10; ~ina et alia ludicria .. puerilia *Lib. Mem. Bernewelle* 41.

2 (transf. and fig.) struggle: **a** (var.); **b** (armed); **c** (spiritual); **d** (verbal).

a sumpti multo luctamine fasces FRITH. 408; ad ejusdem professionis [sc. monachorum] ~en (*V. Ebrulfi*) ORD. VIT. VI 9 p. 64 (cf. *Acta SS. Ben.* I 357: luctam); [Segnicies] difficiles aditus et, quo luctamine prono / nitendum est, odit HANV. I 21; leti luctamine [sc. Christi] J. HOWD. *Cyth.* 31. 7. **b** post longa ~ina Marcia *Ps.*-ELMH. *Hen. V* 37 p. 95. **c** qui .. carnis viriliter ~en vincunt BEDE *Cant.* 1136; temptationum ~ina devincere *Id. Sam.* 587; domant carnem, roborant luctamine mentem / electi Domini WULF. *Brev.* 488; in ~inibus hujus seculi nullum sine certamine coronari *V. Edm. Rich B* 615; vide [Jhesu] quanto luctamine, / quam turbido certamine, / concurrimus in stadio J. HOWD. *Cyth.* 46. 4; nec meruisti secundum viros virtutum habere contra diabolum ~enta *NLA* I 432. **d** quam bonum ~en est, ubi etsi dissideatur in principio, in fine tamen concordia est *V. Birini* 17 (cf. lucta 2d); multo .. ~ine diu conatus votum exequi, defraudatum se dolet MAP *NC* I 18 f. 14.

luctari, ~are [CL]

1 to wrestle.

Jacob .. cum angelo ~ans et claudus pariter est factus et benedictus [cf. *Gen.* xxxii 24–32] BEDE *Tob.* 926; scammatum, locus ubi anthletae ~antur *GlC* S 114 (cf. OSB. GLOUC. *Deriv.* 557: scamata, sedes ~antium); Corineus .. succinxit se et abjectis armis ipsum provocat ad ~andum G. MON. I 16; **1221** P. .. cecidit super cnipulum Johannis .. sicut ~avit cum eodem J. *PlCrGlouc* 107; **1252** sicut deberent ~ari adinvicem et .. ceperunt se simul per zonas *IMisc* 6/18; **s1309** populus duxit coream .. et ~averunt .. in medio Thamisie *Ann. Lond.* 158.

2 **a** to struggle (physically), grapple. **b** (against death or disease); **c** (w. natural phenomenon as subj.) to contend (in quot., w. ref. to beating of waves).

a cum .. martires .. mucronibus mactarentur et .. ecclesiarum anthletae velut in scammate palestrarum ~arentur ALDH. *VirgP* 34; diu .. ~atus, quod nec anulum ejicere nec digitum [statuae] valeret frangere, tacite discessit W. MALM. *GR* II 205 p. 256; **1311** se vidisse .. qualiter [fratres] simul facto capitulo ~ati sunt (*Attestationes Templar.*) *Ann. Lond.* 192 (*in depositions de* .. sodomia). **b** soror ejus .. cum morte ~ans W. MALM. *GR* V 419 p. 417; dum .. contra .. tuum ~aris morbum, ipso certamine beatus es PULL. *Sent.* 915D. **c** luctantes litore limphas ALDH. *CE* 4. 5. 7.

3 (fig.) to struggle, strive, contend (with or against an adversary, obstacle, difficulty, or sim.): **a** (var.); **b** (against temptation, the Devil, or sim.); **c** (w. contending thoughts or feelings as subj.).

a ineluctabile, contra quod nemo ~are potest *GlC* I 176; **c820** contra .. tyrannorum bachationes ~are et laborare (*Professio Ceolberhti*) *Conc. HS* 592; scriptor cum difficultate materie ~abatur W. MALM. *GR* II 132. **b** peritus adversus libidinem ceteraque turpia cotidie ~atur ut ea deiciat, ut Hercules Antheum W. DONC. *Aph. Phil.* 11. 7; ~ari contra carnem tuam AILR. *Serm.* 22. 6. 317; [cor] non ~avit, appetitui pravo non restitit MAP *NC* V 7 f. 71v; ut [homo] .. ~etur [ME: *to wrastle*] fortiter contra insultus diaboli *AncrR* 20. **c** [sensus mei] in quadam ac si angusta timoris porticu ~abantur GILDAS *EB* 1; **1093** intra me ~abantur timor Dei et timor oneris quod subire cogebar, et dilectio ANSELM (*Ep.* 159) IV 26; quod ~arentur in ejus animo Anselmi religio et munerum oblatio W. MALM. *GP* I 54 p. 101.

4 **a** to exert oneself, strive. **b** to make one's way with effort, to struggle (in spec. direction; in quot., w. trees as subj.). **c** (w. *ut* or inf.) to strive (to).

a luctor et obluctor; si longo tempore lucter, / non tamen hac lucta plenius ista sequar GARL. *Epith.* VI 575. **b** [arbores] enodi proceritate ~antur ad sidera W. MALM. *GP* IV 186 p. 326. **c** ~abatur valide ut cogitationem alias averteret *Ib.* IV 137; ~abatur excellere .. animus *Ib.* IV 177 p. 313; [amator sapientiae] ~atur evincere quod .. prosit MAP *NC* III 3 f. 41.

luctatio [CL], wrestling, wrestling match.

~o, *wraxlung* ÆLF. *Gl.* 150. 8; hunc Brutus vivum reservari preceperat, volens videre ~onem ipsius et Corinei G. MON. I 16; non ibis ad tabernam, ad ~ones vel ad coreas, nec ad alios ludos vanos *Spec. Eccl.* 44; **1437** (v. clamare 2a).

luctator [CL], wrestler; **b** (w. ref. to *Gen.* xxxii 24–32); **c** (denoting the Devil).

nequaquam formidolosorum more ~orum palestram certaminis horruerunt ALDH. *VirgP* 51; **10..** ~orum *wræstliendra*; †fluctatur [l. ~or], *wræstlere WW*; OSB. GLOUC. *Deriv.* 249, 261 (v. gymnacista); **1303** quidam ~ores: Johanni de H. et socio suo clericis luctantibus coram principe *KR Ac* 363/18 f. 21d.; quasi diceret [diabolus] ".. volo sicut ~or [ME: *wrestlere*] .. proicere eum .." *AncrR* 80; **c1375** B. W., ~ori .. iij s. iiij d. *Ac. Durh.* 129; **1437** communis ~or (v. clamare 2a). **b** non est hoc infirme anime et feminee .., sed ~oris cujusdam et supplantatoris, denique non est Rachelis sed Jacob G. HOYLAND *Ascet.* 287A; primum .. sis Jacob et post Israel, id est primum ~or .. et postea videns Deum GIR. *GE* II 9 p. 211; dat Rebecca luctatorem, / Rachel Joseph provisorem / in Egypti finibus GARL. *Poems* 4. 4a. **c** deponite sarcinas ambitiose supellectilis, ne vos ~or occultus inveniat oneratum P. BLOIS *Ep.* 44. 130B (cf. ib.: inimicus .. ad luctam vos exspectat extremam).

luctatoria (? **~ium**) [cf. LL *gl.* luctator[i]um, v. *TLL*], wrestling place.

palestra, ~ia [? l. ~ium] *GlC* P 91.

luctatrix [ML], skilled in wrestling (f.).

Anglia luctatrix, equitatrix Gallia GARL. *Tri. Eccl.* 43.

luctatus [CL], wrestling; **b** trick or ruse in wrestling (in quot., fig., w. ref. to the wiles of the Devil).

sive .. saltu, sive cursu, sive ~u, seu quolibet alio membrorum sinuamine se exercerent BEDE *CuthbP* 1; luctor, -aris, inde luctator, ~us, luctatio .. OSB. GLOUC. *Deriv.* 321. **b** qui in lege Domini .. non meditatur nec insidiis seu ~ibus Sathane reluctando resistere conatur ORD. VIT. V 1 p. 299.

lucterinus v. lutrinus.

luctificus [CL]

1 causing grief, dire, grim.

Ditis opacas / luctifici flevit quisquis adire domos GARL. *Epith.* III 496.

2 afflicted by grief, sorrowful.

circumdat pausantem ~a ecclesiae familia, quae .. horrendos lacrymando questus insonuit OSB. *V. Dunst.* 43 p. 123.

luctifluus, lugubrious.

alter [draco] luctiflua ridet sub nominis umbra J. CORNW. *Merl.* 43 (cf. G. MON. VII 3 p. 387 [*Proph. Merl.*]: alter .. sub umbra nominis redibit).

luctisonus [CL], sounding sad or mournful: **a** (of voice, utterance); **b** (by metonymy, of place).

a **1126** pro absentia tua dolentes multa pignora sui animi ~is vocibus demonstrant *Ep. Anselm. Bur.* 96. **b** rem vice contenti .. accipe .. / .. / .. 'silentia claustra, / luctisonus carcer ..' VINSAUF *PN* 1006.

luctuare [ML (cf. *TLL*)], to weep, lament.

lugeo, .. inde .. ~o, -as i. flere, et inde verbalia OSB. GLOUC. *Deriv.* 320 (cf. ib. 328).

luctuarius v. ructuarius.

luctuatio [cf. luctuare], (med.) discharge of watery fluid (from eyes), running.

fit .. corriza cum fluxu oris et narium .., et hanelant cum .. ~one oculorum et constrictione narium GILB. III f. 151. 2.

luctuose [CL], mournfully.

R. COLD. *Godr.* 182 (v. frendule); odi .. bubonem et aves ceteras que lutose hiemis gravitatem ~e preululant MAP *NC* IV 3 f. 44v.

luctuositas [ML], mournfulness.

'sacerdotes ejus gementes' [*Thren.* i 4]: ecce, causa est ulterior ~atis PECKHAM *Exp. Thren.* I 17.

luctuosus [CL]

1 causing sorrow, grievous, deplorable, lamentable; **b** (w. sb. denoting sorrow, grief); **c** (in gl.).

viam .. per quam .. [Deus] in mundum veniens tam ~e perditioni subveniret EADMER *Excell. B. M.* 574B; gratissimus fuit hic obitus [Aldhelmi] celestibus .., ~us mortalibus W. MALM. *GP* V 223; multis ~a mors ingeritur ORD. VIT. X 5 p. 20; ~um est quando justitia stat OSB. GLOUC. *Deriv.* 281; premisso .. lugubri quodam planctu et quasi comico carmine a ~is deinde ad leta vergente GIR. *PI pref.* p. lvii; **1313** earum [monialium] ~is oppressionibus et variis turbacionibus *Reg. Durh.* I 353. **b** ut confundatur [mens mea] turbine ~i doloris et tristitiae ANSELM (*Med.* 2) IV 82. **c** funebre[m], ~um *GlC* F 394; *GlH* F 174 (v. 1 feralis a); ~us, flebilis, ejulabundus, lugubris, plorabundus OSB. GLOUC. *Deriv.* 328.

2 a (of person) sorrowing, grieving. **b** (of action, utterance, voice, *etc.*) expressing sorrow, sorrowful, mournful. **c** (in gl.).

a Editha .. de manu ~i patris libat angelici panis alimenta vivifica GOSC. *Edith* 91. **b** produc, .. peccator, ~am paenitentiam ANSELM (*Med.* 2) III 81; ~us ululatus .. cessare precepit, funebresque exequias palam fieri prohibuit W. MALM. *GP* I 7 p. 15; ad hanc vocem tam ~am, pre tam grandi miseria ejulantem *V. Fridesw. B* 16; tragedia, carmen ~um, quia incipit a letitia et finit in tristitia OSB. GLOUC. *Deriv.* 593. **c** ~us, A. *ful of mornynge WW*.

3 characterized by sorrow or mourning, sad, wretched.

et in sordibus ~is, ut Augustinus ait [*De Sermone Domini* II 12. 41], potest esse jactantia W. MALM. *GP* II 87 p. 189 (cf. id. *GR* II 218, ROB. BRIDL. *Dial.* 127); **1183** rex ille .. licet in morbo nati lugeret graviter et ~os deduceret dies [cf. *II Reg.* xii 16] .. P. BLOIS *Ep.* 167. 462A.

luctura, (app.) wrestling match.

13.. prohibentes sub pena excommunicacionis .. ne .. aliqui choreas ducere seu ~am facere .. presumant *Conc. Scot.* II 73.

luctus [CL]

1 expression of sorrow, lamentation, mourning (esp. for the dead; freq. dist. w. difficulty from 2a *infra*).

lacrimosis ~uum singultibus ALDH. *VirgP* 10; **716** non sine maximo nostro dolore, gemitu, ~u ac prosecutione lacrimarum a nobis abiit HWÆTBERHT *Ep.*; solvitur in tenerum confestim contio luctum FRITH. 287; recenti adhuc regalis funeris ~u Haroldus .. arripuit diadema W. MALM. *GR* II 228 p. 280; cum vidua intra tempus ~us matrimonium [MS B *adds*: contrahit] VAC. *Lib. Paup.* 16; qui .. inter ~us cantum ultroneus effert .., fatuus esse videtur GIR. *TH* III 12 p. 156; est ~us affectionis, quam exhibuit David super Absalon P. BLOIS *Serm.* 695D.

2 a (feeling of) sorrow, grief (*cf.* 1 *supra*). **b** feeling of offence, anger.

a tantum gaudii ac suavitatis .. tua .. conversio quantum nunc maeroris ac ~us [v. l. tristicie] ministravit ad .. vomitum nefanda reversio [cf. *Prov.* xxvi 11] GILDAS *EB* 34; omnia tristifico mutantur gaudia luctu ALCUIN *Carm.* 11. 11; obvolvere [*imp. pass.*] .. horridis tenebris inconsolabilis ~us ANSELM (*Medit.* 2) III 81; principum mors .., unde ~us Christianis et letitia paganis ingens exorta est ORD. VIT. XI 25 p. 243; semper extrema gaudii ~us occupat GIR. *GE* II 3 p. 178; inducitur Heccuba respondens non esse de ~ibus distinguendum, quia omnes sunt ~us sui TREVET *Troades* (v. 1060) 75. **b** cum tribus hominibus litem tu suscitare nolito: / .. / contra subjectum pudor esset pandere luctum *Dietarium* 57 (cf. ME ib. 58: *with þi suget to stryve, it is but schame*).

3 cause or occasion of sorrow, grievance, injury.

Mirreis .. nimium lugentibus ~umque suum ulcisci non valentibus ORD. VIT. VII 12 p.213; ne .. multa multis inde damna pernicies et ~us publice gignerentur *Ib.* VIII 23 p. 412.

4 *f. l.*

Fleta 36 (v. lucta 1b).

lucubra [LL *gl.*]. *Cf. lucubrum.*

1 a small lamp, cresset. **b** (by metonymy) nocturnal or diligent study, diligence in study, lucubration.

a lugubre [vv. ll. ligubre, ~e, lucrubra; *gl.*: *escorces. cresils. petit lumeres*, etc.] sive cruciboli BALSH. *Ut.* 53 (v. lacunar 3b); qualiter .. reguli, tanquam ad ~am avicule, ad vestrum statim imperium convolaverint GIR. *TH* III 48 p. 190; ad levandum noctis hiemalis ad ~am tedium *Id. GE* II 37 p. 356; ~a, *crescet* (GARL. *Mor. Scol. gl.*) *Teaching Latin* I 146; ~a, *crusil* (GARL. *Unus gl.*) *Ib.* II 172. **b** c**1210** ~is et laboribus nostris presentibus placere non possumus GIR. *Ep.* 2 p. 166; laborem .. et ~am .. in studio fugere evidens inercie signum est et ignavie magne *Id. SD* 58.

2 glimmer.

CathA (v. lucubrum 2).

lucubrare [CL]

1 a to work or study by lamplight at night, or diligently. **b** to stay awake, keep watch at night; **c** (for religious observance).

a in tam tristi pallore ~antium W. MALM. *GR* III 292; studio vestro .. sex septimanis pauloninus ~avi *Id. Wulfst.* III epil. p. 67; Seneca, ne iners .. reppereiretur, se testatur longe plus olei ad ~andum quam vini ad potandum expendisse GIR. *SD* 58; neque Gabriel te / digna musa, digno celte / lucubrando pingeret WALT. WIMB. *Virgo* 139. **b** ~antes, vigilantes *GlC* L 286; OSB. GLOUC. *Deriv.* 308 (v. lucubrum 1a); pernoctare, vigilare, ~are .. *Ib.* 467; cum .. ad igniculum quem sibi .. congesserat uno .. comitatus puerulo ~asset GIR. *TH* II 19 p. 101. **c** noctibus .. ~abat ipse sibi pernox in gratiarum actione et psalmorum cantu W. MALM. *GR* I 61 p. 65; dum .. celestibus .. ~aret excubiis *Ib.* II 221; cui noctium principio ante sanctorum reliquias ~are solito *Id. GP* II 75 p. 163.

2 to shine faintly, glimmer.

~o, *to wake* [cf. 1b supra] *or to glemere Medulla* (v. *MED* s. v. *glimeren* b); *to glymer*, sublucere, ~are *CathA*.

lucubratio [CL], **a** nocturnal or diligent study. **b** (act of) staying awake at night, vigil.

a cum in nocte hiemali multe ~onis [*gl.*: lucernae] pervigilio .. usque ad conticinium ferme nictassem OSB. GLOUC. *Deriv.* 1; ~onibus GIR. *TH intr.* p. 5 (v. elaborare 1a); *Id. TH* III *praef.* p. 139 (v. lucerna 2a); expugnationis Hybernice .. historiam .. biennali ~one complevi *Id. IK praef.* p. 155; **1433** in attenuacione spirituum et lugubracione noccium continuatis laboribus *EpAcOx* 107. **b** OSB. GLOUC. *Deriv.* 325 (v. lucubratiuncula c).

lucubratiuncula [CL], **a** (short) nocturnal or diligent study. **b** (short) work composed in nocturnal or diligent study. **c** staying awake at night, (short) vigil.

a a**705** domino .. mellifluis .. ornato ~is Aldhelmo (CELLANUS) *Ep. Aldh.* 3 (9) p. 498; a**797** uterque [libellus] .. propter occupationes diurnas furtivis noctium ~is [v. l. lug-] dictatus est ALCUIN *WillP prol.* (= *Ep.* 120); tirones scholastici soliditatem doctrine .. tam paucis ~is non attingunt R. BURY *Phil.* 9. 154. **b** ut ha[n]c acceptes ~am, ne quantulicumque fructu laboris excidam W. MALM. *Wulfst.* III 20; ~ae et commentarii nostro marte editi FERR. *Kinloss* 45. **c** ~a, unius noctis vigilantia *Gl. Leid.* 21. 2; ~a, parva lucubratio i. vigilia OSB. GLOUC. *Deriv.* 325.

lucubratorium [CL = ? *sort of lamp* (v. *TLL*); cf. CL *adj.* lucubratorius], place of lucubration, study.

1500 pro cubiculo cujus lugubratoria sunt super januam *Cant. Coll. Ox.* II 229 (cf. ib.: ~ia).

lucubratum [*etym. dub.*], ? a sort of food, or ? *f. l.*

†**921** (14c) ut omni anno .. decem pauperes in pane et lucubrato pulmentoque saginato .. pascat *Lib. Hyda* 106 (= *CS* 635).

lucubrax [dub.], part of the month in which the moon wanes.

~ax, *wonynge of monythe WW*.

lucubre [*from misinterp. of Plautus*; cf. Jan.], (defined as) in the morning, or vigilantly.

lucubro .. unde .. ~e i. mane vel vigilanter, unde Plautus in Cistellaria [45]: 'si hec non nubat lucubre fame familia pereat' OSB. GLOUC. *Deriv.* 308 (cf. ib. 325; *edd. of Plautus*: lugubri).

lucubris v. lugubris.

lucubros [LL], 'candle-wort', mullein.

ÆLF. *Gl.* 137. 9 (v. lucernalis 2).

lucubrum [LL]. *Cf. lucubra.*

1 a small lamp, cresset. **b** (defined as) 'lighting of light' (perh. concr., denoting single lamp or candle in candelabrum or sim.).

a a luceo hoc ~um, -bri, i. modicum lumen, unde lucubro, -as i. vigilare OSB. GLOUC. *Deriv.* 308; lucrubra BALSH. *Ut.* 53 *v. l.* (v. lucubra 1a); abbate ad matutinas in choro presente, ~um ostendetur priori, si obdormierit *Obed. Abingd.* 350; lugubrum, A. *crusel Teaching Latin* II 32; *a cressett*, batillus, crucibulum, lucrubrum *CathA*; *a crosser*, crucibulum, ~um *Ib.* **b** ~um, *leohtes leohting* ÆLF. *Gl.* 154. 16.

2 glimmer.

~um, *a gnast or a glemerynge Medulla* (v. *MED* s. v. *glimeringe*); *a glymerynge*, lucubra, ~um *CathA*.

luculentare [cf. Jan.], to make clear.

depalare, ~are, aperire OSB. GLOUC. *Deriv.* 180.

luculente, ~ter [CL]

1 a splendidly, finely, excellently. **b** (w. ref. to speech or writing) splendidly, eloquently (some quots. perh. to be referred to 2a *infra*).

a ~issime, splend[id]issime *Gl. Leid.* 35. 163; **961** cosmi .. conditor .. hominem .. paradisiace jocunditatis amenitate .. ~issime constituit *CS* 1066; pontificis .. reliquiae .. miraculis .. inenarrabilibus ~er adornatae [sunt] LANTFR. *Swith. praef.*; verba .. ~issime [AS *gl.* p. 367: *hluttorlice*] caraxata *RegulC* 4 (v. exhortatorius b); s**1137** rex Stephanus .. omnia que incepit ~er perfecit R. NIGER *Chr. II* 181; polite, ornate, venuste .., radiose, ~er, lucide, luminose .. OSB. GLOUC. *Deriv.* 474. **b** librarii .. qui melius ~iusve conponere valuerunt FELIX *Guthl. prol.* p. 62; Beda .., inter cetera que edidit luculenter [*sic*], bona hec .. perspicue composuit de mensibus BYRHT. *Man.* 40; ~er .. enarrabat conflictus ORD. VIT. VI 2 p. 4; dum visionem referret sermone ~er elimato OSB. CLAR. *V. Ed. Conf.* 22; omnes suas fictas raciones ~er [v. l. loculenter] brevi sermone extinxit *Plusc.* VIII *epil.* p. 218.

2 clearly: **a** (w. vb. of declaring, explaining or sim., and in gl.; *cf.* 1b *supra*); **b** (w. vb. expr. logical consequence); **c** (w. vb. of perceiving or sim.).

a regulam .. adhibitis documentorum lanternis ~e illustrasti ALDH. *PR* 140 p. 199; [Anselmus] sensa illius sermonis .. ~er digessit W. MALM. *GP* I 53; exposita .. ~er oratione dominica ROB. BRIDL. *Dial.* 95; dilucide, clare, aperte, perspicue, ~er, limpide OSB. GLOUC. *Deriv.* 180; ut .. quam brevius et ~ius poterimus explicemus GIR. *TH* III *praef.* p. 138; sicut sequens historia ~er declarabit M. PAR. *Min.* II 205. **b** ex quibus sequitur ~er, quod .. OCKHAM *Dial.* 616 l. 27. **c** ut [precentor] ~er hinc inde circumquaque respiciat, ne aliqui .. cantare dissimulent *Cust. Westm.* 33; **1378** omnia ista scribentur in registro .. ubi .. ~er legi poterunt et videri *FormA* 268; omnis ordinacio eorum ~er potuit ab intuentibus considerari *Chr. Kirkstall* 137.

luculentia [LL]. *Cf. luculentus* 4.

1 splendour, glory, brilliance, clarity (also fig.).

erat autem in .. Guthlaco divinae gratiae ~ia [*gl.*: claritas. lucis copia; v. l. efficacia] in tantum, ut quicquid praedicaret velut ex angelico ore expressum videretur FELIX *Guthl.* 46 p. 144 (cf. ORD. VIT. IV 15 p. 275); ~ia, splendor, claritas, claritudo, jubar, radiamen, coruscamen OSB. GLOUC. *Deriv.* 325; cum viri veteres .. nullatenus .. in convenienciE ~ia sibi convenire potuissent E. THRIP. *SS* VIII 2; in ardentissimis flagrantibus sanctitatum ~iis AD. MARSH *Ep.* 180 p. 325; *a clerenes*, claredo, claritas .. ~ia .. *CathA*.

2 (w. ref. to style): **a** splendour, brilliance, (also pl.) brilliant locution. **b** clarity, lucidity (unless quot. is referred to a *supra*).

a conatur ~ia sermonis efficere id quod non valet gratia Sancti Spiritus munere supplere (? BEDE *Prov. frg.*) *PL* XCI 1053A; hee .. verbalitatis .. in ~ia tam commendabiles argucie E. THRIP. *SS* XI 12; tuarum .. subtiles .. per ~ias

sermocinacionum *Ib.* XII 4. **b** ut .. petitionum articuli, sub ea que fieri poterit expressionis ~ia, .. vestre pietati porrigantur AD. MARSH *Ep.* 16 p. 100.

luculentus [CL]

1 splendid, fine, excellent: **a** (var., and in gl.); **b** (w. ref. to appearance; some quots. could be referred to 3a *infra*); **c** (of intellectual faculty); **d** (of person; also as sb. m.).

a 10.. a cibis ~ioribus, *fram swettrum mettum WW*; odisti mundum, lūculenta negotia mundi G. WINT. *Epigr. Hist.* 13; si [Christus] vitam ex nostro statu terminandam, ex priore ~am sumpsit PULL. *Sent.* 795B; **†937** (12c) ego Æþelstan totius loculentae Brittanie rex *CS* 713; ~us, clarus, splendidus, decorus, venustus, coruscus OSB. GLOUC. *Deriv.* 325. **b 966** angelica .. creatura .. divinitus formata ~o resplenduit vultu (ÆTHELWOLD *Ch.*) *Conc. Syn.* 121; **981** (11c) quorum nomina .. ~issimis caraxantur apicibus *CD* 631; luculentum vestimentum / radix est et fundamentum / floride facundie WALT. WIMB. *Van.* 85 (*opp.* ib.: turpis toga). **c** plerique modernorum .. ~o pollentes ingenio STUDLEY 1; cum [doctores] dictamine ~e racionis proprie .. ad hoc sentiendum inducantur R. MARSTON *QD* 420. **d** spiraculo ineffabili dum forent large afflati ter quaterni ~issimi proceres BYRHT. *Man.* 244; accepit sapienciam et subtilitatem, ut sciret loqui inter locullentos [v. l. ~os] ROLLE *IA* 240.

2 (of writing, speech, style, or sim.) splendid, eloquent.

ut .. enigmatum problemata ~ae urbanitatis versibus patefacias ALDH. *Met.* 10 p. 96; quodam ~o competentis facundiae calamo B. *V. Dunst.* 1; ut Beda ~o describit sermone BYRHT. *HR* 1; sermo .. sane ~us et efficax W. MALM. *GR* IV 346; libellum .. facundo sermone ~um ORD. VIT. IV 6 p. 211; Gildas in tractatu suo ~o G. MON. VI 13 p. 372; ~a oratione lucri stimulus ad equitatem reformatur ALB. LOND. *DG* 8. 21.

3 a bright, radiant (also in fig. context; *cf.* 1b *supra*); **b** (of explanation, argument, or sim.) clear, lucid. **c** evident, obvious.

a 672 Britannia .. ceu solis flammigeri et ~o lunae specimine potiatur, id est Theodoro .. et .. Hadriano ALDH. *Ep.* 5 p. 492; ~us [*gl.*: splendidus, clarus. *hluttor*] limpidissimi solis splendor *Id. VirgP* 9; crisolitus auri colorem et stellas ~as habet *Gl. Leid.* 41. 13; ~am .. sapientie lucernam GIR. *TH* III *praef.* (v. lucerna 2a). **b** ~um exemplar ALDH. *PR* 122 (v. evidere 2b); rem hactenus ignoratam brevi sed ~a .. demonstrasti ratione PETRUS *Dial.* 13; ave .. / .., / cujus luculentum / proles argumentum / dat fiducie J. HOWD. *Sal.* 29. 4 (unless to be referred to 1a *supra*). **c 816** (11c) his ~issimis est liquidata confiniis [sc. terra ?] *CS* 357.

4 (as sb. n. in gl.) splendour, beauty (perh. corrupt form of gl. on *luculentiam*, Orosius *Hist. adv. Paganos* V 15. 2).

~um, *torhtnis GlC* L 284 (*sim. WW* [**10..**]).

luculum v. 2 loculus.

1 luculus v. 2 loculus 2c.

2 luculus [CL], small grove.

OSB. GLOUC. *Deriv.* 308 (v. 1 lucus 2b); ~us, parvus lucus *Ib.* 325.

lucumo [CL *as Etruscan personal name*, LL], an Etruscan king (*cf.* Servius *Aen.* II 278).

~ones, reges *GlC* L 299.

lucunar v. lacunar.

1 lucus [CL]

1 sacred grove.

post idolatriae ~i .. succisionem silvae [cf. *Jud.* vi 25] GILDAS *EB* 70; **c738** (v. divinus 2); **10..** ~um, *hearga WW*; perque suos lucos equitabat virgo [Cynthia] caducos R. CANT. *Malch.* IV 502; a littore ~os Trivie, id est ab incohatione poetici studii artes eloquentie subire debet BERN. *Comm. Aen.* 38.

2 a wood, woodland, grove, copse; **b** (in gl.); **c** (transf., w. ref. to dark or overgrown place).

a inter nubilosos remotioris heremi ~os FELIX *Guthl.* 27; nemoroso .. luco FRITH. 982; in hoc manerio fuit TRE ~us *DB* I 64vb; ventus .. arborum .. multitudine prostrata ~os illustravit ORD. VIT. XIII 18 p. 48; **c1150** quartam partem de G. tam de ~o quam de plano *Cart. Chester* 8 p. 56; R. NIGER *Chr. II* 167 (v. foresta 2a). **b** ~us, locus nemorosus *GlC* L 324; nemus vel ~us, *bearu* ÆLF. *Gl.* 137. 24; a luceo hic ~us, -ci, i. densum nemus, per antiphrasim .. eo quod ibi minime luceat, unde hic luculus, -li diminutivum OSB. GLOUC. *Deriv.* 308; ~o, *de boys Teaching Latin* II 7; hic nemus [*sic*] .. hic ~us, hec feresta, *a forest WW*; ~i i. silve *CathA* (v. lucarius). **c** alacri vultu lucum remeavit in ipsum, / nec puduit tetras iterum curare cavernas [i. e. *Wilfrid returned to prison*] FRITH. 877; GARL. *Epith.* VI 191 (v. 1 fucus 2a; *w. ref. to eyebrows*).

3 *f. l.*

†~us [l. laicus], popularis *GlC* L 308; p[a]egnius, †~us [*Lindsay*: jocus; ? l. locus] lusorius *Ib.* P 332.

2 lucus [AN, OF *lis*, cf. ME *flourdeluce*], ? (representation of) lily, fleur-de-lis.

1364 unum vestimentum integrum de *baudekyn* cum j *orpheray* in dorso de nigro panno serico pulverizato cum rosis et lucis deauratis *Fabr. York* 291.

ludarius [LL]

1 (mus. & dramatic) player.

1476 de xvj d. ~iis in domo majoris tempore natalis Domini *REED* (*Devon*) 34. 30.

2 game of dice.

~ius, G. *hasard* (GARL. *Unus*) *Teaching Latin* II 164; ~ius, *hasardrie* (*Ib.*) *Ib.* 172.

3 deceptive place.

~ius, locus deceptorius ubi aliquis deceptus cito labitur OSB. GLOUC. *Deriv.* 329.

4 *f. l.*

†ludarius [? l. lucar, -is], *steor GlC* L 298; **9..** †ludares, *steor WW*.

ludator, (mus. & dramatic) player.

c1475 de x d. solutis ~oribus in vigilia natalis Domini *REED* (*Devon*) 34. 15; **1540** W. D. unus ~orum nostrorum super instrumenta musica (*Pat*) *Foed.* XIV 703.

ludera, ? *f. l.*

ludere [? l. dodere *or dodere* = '*dodder*'] semen, i. cuscute seminis lini, i. podagra lini *Alph.* 106.

ludere [CL], **~are**

1 (w. person or animal as subj.) to play, sport; **b** (sexually); **c** (pr. ppl. as sb.) player, competitor.

Ysmael ~it cum Ysaac impie tanquam persequens eum AD. DORE *Pictor* 164; ludam; lude, placet; sic ludam tempore viso / ut ludo placeam WALT. ANGL. *Fab.* 17. 9; cum Deus permittit nos temptari, ~it [ME: *pleieð*] cum nobis sicut mater cum caro filiolo *AncrR* 84. **b** cum formosa domina ludere *Ps.*-MAP 70 (v. frui 2c). **c** ~entibus me miscui et simul cursa equi contendere coepi BEDE *HE* V 6 p. 290; **1275** in foro de Wakfeud, ubi plures erant ~entes jactantes lapidem *CourtR Wakefield* I 68.

2 (w. ref. to sport): **a** (athletics); **b** (mil. & naval); **c** (hunting w. birds); **d** (skating).

a in festa tota estate juvenes ~entes exercentur arcu, cursu, saltu, lucta, jactu lapidum, amentatus missilibus ultra metam expediendis, parmis duellionum W. FITZST. *Thom. prol.* 16. **b** dum .. militiam ~endo exercerent ALEX. CANT. *Mir.* 29 (II) p. 217; in feriis paschalibus ~unt quasi prelia navalia W. FITZST. *Thom. prol.* 15; spectari duos armis septos et equis impositos .. contendere, cum pro suo modo sine militari exercitio, tamen virtute vesana coram filio regis .. sine ludo ~erent LUCIAN *Chester* 62. **c** plurimi civium delectantur, ~entes in avibus celi, nisis, accipitribus et hujusmodi, et in canibus militantibus in sylvis W. FITZST. *prol.* 18; **s1191** juvenis .. spiritum habens in avibus celi ludere, nisum suum docuit cercellas affectare propensius DICETO *YH* II 102. **d** W. FITZST. *Thom. prol.* 17 (v. glacies a).

3 a (w. *cum* and abl.) to play with (an object). **b** (w. prep. and acc.) to play at (a game).

a 1225 M. .. lusit cum quodam lapide in Givele (*Yeovil*) *SelPlCrown* I 119; et tunc ~unt cum tribus taxillis vel cum duobus, supposito semper pro tertio taxillo *Ludus Angl.* 161. **b 1188** quod nullus ~at ad aleas vel ad decios (*Ordinationes*) *G. Hen. II* II 32; cum uxore sua in scaccis ~entem MAP *NC* IV 15 f. 56v; **1280** ~ens ad pilum *CalIMisc* I 2241; ~entes ad tesseras TREVET *Ann.* 107; **1382** quod constabularii ville non permittant aliquem ~ere ad pilam sub pena xl s. *Hal. Durh.* 175; **1442** ~endo .. ad .. taxillas *MunAcOx* 530; **1576** luserunt .. apud globos (v. globus 2b).

4 (absol.) to gamble (w. dice or sim.). **b** to risk, hazard.

s1190 reges pro beneplacito suo ~ent, et in hospitio .. possunt servientes eorum ~ere .. usque ad xx solidos *G. Ric. I* 130; **1303** pro denariis .. mutuatis .. principi ad ~endum cum .. comite xl s. *KR Ac* 363/18 f. 13. **b** per vada, per fluvios, per castra, per arma, per urbes / et lusi variam per maris alta viam L. DURH. *Dial.* III 54.

5 (mus. & dramatic) to play, perform: **a** (absol. & intr.); **b** (w. melody or song or poem as obj.); **c** (w. cogn. acc.). **d** (fig.) to play a part.

a tinnitus licentius ~unt GIR. *TH* III 11 (v. gracilis 3b); abstrahatur .. superbus .. de sedili suo et veniat in medium et ~at coram nobis COGGESH. *Visio* 20; **1260** mandatum est .. quod mittant aliquem batellum .. cum vexillis ornatum et cum juvenibus et trumpis munitum qui in aqua Thamisie subtus Westmonasterium ~ere possint ad nostram .. recreacionem *Cl* 211; **1362** in uno viro ~enti in uno *loyt Ac. Durh.* 127; **s1391** clerici Londonienses fecerunt ludum satis curiosum .. in quo tam Vetus quam Novum Testamentum in ocularitér ~endo monstrabant *Chr. Westm.* 204; **1405** clerico ~enti super organo, precepto capituli, vj s. viij d. *Fabr. York* 133. **b** ludebam variis carmina sepe modis L. DURH. *Dial.* I 40; nec possum ludere leta dolens *Ib.* I 76; [vox canentis] que varias imitata tubas quecunque volebat / cantum diverso lusit amena sono *Ib.* III 468; hactenus ipse meis musis studiosus adhesi / et lusi vario carmina sepe stylo; / lusit et exactum calamo spatiante libellum / mens mea *Id. Hypog.* 65; hic mimi ludent melodiam *Beunans Meriasek* 11. **c 1399** loca ubi ludus Corporis Christi erit lusus *Mem. York* I 51; **1417** quod loca ad ~endum ludum predictum [sc. Corporis Christi] mutentur *Ib.* II 64. **d** pagina nostra brevi lusit tenuique susurro M. RIEVAULX (*Vers.*) 2; hunc Deus adeo / viventem oleo / largiter perfudit, / quod jam in mortuo / cursu mirifluo / olei fons ludit *Miss. Ebor.* II 49.

6 to play, amuse oneself, rest from customary labour. **b** (pr. ppl. as sb.) person on holiday. **c** to idle, play the fool.

ÆTHELW. I 1 (v. historiographare); ludo, sed illudo tali mea tedia ludo R. PARTES 223; **1327** sociis ~entibus apud Beurepair xij s. *Ac. Durh.* 15; **1334** item sociis ~entibus apud Witton xx s. *Ib.* 22; [abbas Johannes, ob. **1401**] concessit ut ~entes in quadragesima ante prandium, ~erent post prandium apud Sanctum Germanum, sicut in quadragesima consueverunt *G. S. Alb.* III 472 (cf. ib.: ut liceret conventui spatiari .. in Adventu). **b 1343** priori et ~entibus apud Beaurepaire *Ac. Durh.* 170. **c s1191** (v. demergere 1b).

7 to jest, joke, play a trick. **b** (w. *cum* or *de*) to play with, trifle with; **c** (pass. as impers.). **d** (trans.) to tease, mock.

Indorum rex .. ad regem Romae Anastasium duos pardulos misit in camelo et elephanto quem Plautus poeta ~ens lucabum nominavit *Lib. Monstr.* II 6; **s1066** Taillefer .. ensibus jactatis ~ens coram gente Anglorum H. HUNT. VI 30; prodigiosa nature ~entis opera GIR. *TH intr.* p. 7; feliciter si vis ludere, luda [? l. lude] pari / ludus non extat nisi ludere sponte scienti WALT. ANGL. *Fab.* 11. 10–11; **p1298** ludit in humanis divina potencia rebus [Ovid *Pont.* IV 3. 49] (*Dunbar* 164) *Pol. Songs* 172; fortuna sub variis ludet speciebus (*Ib.* 226) *Ib.* 177. **b** sanctus .. flagellum quoddam arripuit atque ad demonem cum anima ~entem properavit ipsumque .. verberavit COGGESH. *Visio* 18; ut ~ere cum catulo commode possit GIR. *SD* 114; **1235** malo modo luserant cum predicto P. per quod provocatus fuit ad dandum ictum illum *AssizeR Durh* 80; moratus poterit morosos carpere, / et linci liceat de talpa ludere WALT. WIMB. *Palpo* 182. **c** tucius cum catulo ~itur quam cum cane vetusto GIR. *SD* 134 (cf. ib. 106, 114). **d** non potes .. me fallendo ~ere [v. l. illudere] WULF. *Æthelwold* 35; vesania preceps / exitiale scelus ludere dulce putat L. DURH. *Dial.* II 344; et nostrum lugere novo modulamine ludunt / turbe / .. / voce, manu, calamis nos ludit, plaudit, inurit L. DURH. *Dial.* II 445, 447; pater ejus .. eum ~endo et applaudendo suum episcopum vocare consuevit GIR. *RG* I 1.

8 (of shoulder) to shrug (as in compulsive laughter).

AILR. *Spec. Car.* II 67. 571 (v. histrionicus); oculi surgunt in obliquum cum arcuatis superciliis, tumidis verbis imperiose intonat, ~unt humeri, vix ferre brachia prefastu valentes COGGESH. *Visio* 20.

ludia [CL], actress, brothel-keeper.

~ia, joculatrix, que et lena dicitur OSB. GLOUC. *Deriv.* 324.

ludiber [cf. CL ludicer], playful.

~ri famine .. ab illis sciscitabantur FELIX *Guthl.* 44 (cf. ib. 40: ludibundo verborum famine).

ludibilis [ML], playful, sporting.

ludicrus .. i. ludo plenus, unde ludicrosus .. i. ~is OSB. GLOUC. *Deriv.* 303; *playabylle*, ludibundus, ludicris, ludicer, ~is *CathA*.

ludibiliter, playfully.

ludibundus .. i. ludo plenus, et hic et hec ludibilis .. unde ~iter OSB. GLOUC. *Deriv.* 303.

ludibricus, worthy of contempt or ridicule, ridiculous.

per suam contemptibilem et ~am coronam spineam H. BOS. *LM* 1346C.

ludibriose [LL], derisively.

s1460 ipsos .. multum ~e intractavere *Reg. Whet.* I 382.

ludibriosus [CL], mocking, derisive.

laudisque scientia dampnum / ludibriosa dolet HANV. III 338; ~um spectaculum COGGESH. *Visio* 20; ~is adversariorum verbis provocatus *Meaux* II 101.

ludibrium [CL]

1 plaything, trifle, amusement, jest.

ALDH. *Aen.* 15. 2 (v. detrimentum 2a); quam lascivae obscenitatis ~ia carnisque incentiva illecebrosis stimulis agitabant *Id. VirgP* 44; inter varia vite istius ~ia GIR. *PI pref.* 1 p. lvii; hec fantasmatum ~ia AD. DORE *Pictor* 142 (v. gravitas 7a).

2 spectacle, stunt, trick.

P. BLOIS *Serm.* 653B (v. facere 10a); COGGESH. *Visio* 22 (v. exprobrare b); histriones, sc. qui ~ia sui corporis exercent, vel ursos ducunt vel simias ROB. FLAMB. *Pen.* 172; ?**1312** (v. ludus 4d).

3 object of scorn or derision, laughing-stock.

W. MALM. *GR* III 233 (v. grunnire 2b); factus es fabula in clero et in plebe ~ium P. BLOIS *Ep.* 86. 262D; Dominus crucifigitur in cruce factus. ~ium turbe Deus est ejectus ab urbe *Vers. Cant.* 21; *Eul. Hist.* I 366 (v. hastile a).

4 scorn, derision, insult, mockery. **b** sexual abuse, violation.

680 (v. deinde 1b); **s1141** [comes Gloecestre] ita conscientiam alte nobilitatis spirabat ne se fortune ~io subiceret W. MALM. *HN* 500 p. 61; senes aut neci aut ~iis exposuerunt *G. Steph.* 9; sceptra plena ludibrio, / vini mirrati mixtio / torquent amantem tenere J. HOWD. *Cyth.* 18. 7; tam male damnatus ludubrioque datus CAPGR. *Hen.* 35. **b** matronalem seu virginalem pudicitiam ludibrio tradendam mandat ABBO *Edm.* 5; ancillas .. prius ~io lecti habitas, jamque pregnantes W. MALM. *Wulfst.* II 20; **s1012** quod uxores virorum nobilium et filias vi opprimere et ubique ~io tradere presumpserunt M. PAR. *Maj.* I 486.

ludibunde [ML], as if playing, in jest.

[pusio Judaicus] in ecclesiam cum equevo Christiano forte et ~e ingressus W. MALM. *GR* III 286.

ludibundus [CL], playful, light-hearted, witty.

ALDH. *Met.* 6 (v. apex 3d); vir Dei .. ~o [v. l. blando] verborum famine illum consolari coepit FELIX *Guthl.* 40 p. 126; **939** in illo loco cui ruricolae appellativo non ~isque vocabulis nomen indiderunt *æt Meapham CS* 741; ~us *glæd GlP* 638; ~os animos adolescentium gravitatus afflavit aura W. MALM. *Wulfst.* I 1 p. 6; auctor turbarum, Helias quidam, capitur; cui ante se adducto rex [sc. Will. II] ~us 'habeo te, magister!' dixit *Id. GR* IV 320 p. 373.

ludicer, ~cra, ~crum, ~crus [CL]

1 of a game, for a sport. **b** of entertainment, dramatic, theatrical. **c** (of word, circumstance, behaviour) playful, not serious, trivial.

~cra .. fusilia *Canon. G. Sempr.* 65 (v. fusillus 5c). **b** caput .. / quod regina ferox [sc. Herodias] per natam fraude poposcit / scenica virgineo monstrantem ludicra saltu ALDH. *VirgV* 449; **747** ~crarum artium receptacula (v. citharista a); non sunt apud eos ~cra spectacula, nec equina certamina, nec ludi circenses aut theatrales GROS. *Hexaem. proem.* 33. **c s1139** non enim jam ~cra erant verba, set de vita et sanguine pene certabatur [cf. Vergil *Aen.* XII 764–5] W. MALM. *HN* 477 p. 34; seriam esse rem et non ~cram GIR. *GE* II 34 p. 330; quod ex nature vicio, non juvente lubrico vel etiam ~cro prescripta provenerint enormia cuncta ex hoc clarescere potest, quod .. *Id. SD* 138; ~crus OSB. GLOUC. *Deriv.* 324 (v. ludicrosus); *playabylle*, .. ~cer *CathA*.

2 (as sb. n.): **a** amusement, diversion, game. **b** toy, trinket. **c** entertainment, show, spectacle. **d** joke, jest. **e** insult, reproach.

a ad ~cra et ineptas saecularium hominum fabulas .. strenuos et intentos GILDAS *EB* 66; ex hoc nascuntur monstro turpissima verba / necnon scurrilitas et scaevo ludicra gestu ALDH. *VirgV* 2549; R. CANT. *Malch.* I 39 (v. denobilitari); [Deus] utque pilam numerosa manus sibi certans / ludicra, sepe rapit, sepe jocando jacit L. DURH. *Dial.* IV 224; en dum nature considero ludicra, ludos / ejus maturos seria jure voco NECKAM *DS* IV 252; **s1401** immiscebat se sepius effrenatis lusibus et levioribus ~cris FORDUN *Cont.* XV 12. **b** aurea promittens starent ut ludicra mundi BONIF. *Aen.* 57; ~cra sicut anulos, monilia etc. *GlSid* f. 144 (v. exponere 6a); hec mea ludicra do regi tenero WALT. WIMB. *Palpo* 155. **c** omnino choreis et aliis ~cris seu spectaculis se subtraxit *V. Edm. Rich P* 1778B; **1562** soluti .. pro expensis ~crorum *REED (Cambridge)* 213. **d** mitte mihi versus et ~cra, que feci Turonis P. BLOIS *Ep.* 12. 39B; [spiritus immundus] conviciantibus ei, quod plerique †ludrico faciebant .. gesta, que minus ab aliis vel audiri vel sciri voluerunt, probam improperabat GIR. *IK* I 12 p. 93; ecce verbum .. nec ~cro tamen set serio prolatum *Id. SD* 26; magister discipulum, quasi ~cro, .. nequam et versutum .. vocitare solebat *Ib.* 84. **e** infelix [puella] .. / magna cachinnantum pateretur ludicra vocum ALDH. *VirgV* 1922; ~crum, .., *bysmor GlP* 78; sepe scriptis, sepe viva voce te monui et rogavi quatenus a ~cris et scurrilibus abstineres P. BLOIS *Ep.* 76. 231B.

ludicola, devotee of game, practitioner of sport.

~as Veneris fuscato decipit ore [sc. meretrix] *Latin Stories* 188.

ludicris, playful, sporting. **b** (as sb. n.) game.

playabylle .. ~is *CathA*. **b** luctamina et alia ~ia exercebant puerilia *Lib. Mem. Bernewelle* 41.

ludicrosus [ML], playful.

ludibundus, ludo plenus, quod et ~us dicitur et ludicrus OSB. GLOUC. *Deriv.* 324.

ludicrus v. ludicer.

ludiculus, little play, little pageant.

1521 pro emendacione hostium ~o vocat' *pagant doore REED (York)* 226.

ludificamen, mockery, derision.

sanna, derisio, ludificatio, delusio, ~en OSB. GLOUC. *Deriv.* 563.

ludificari, ~are [CL]

1 to play.

ut .. in loco joci .. aliquem secum ~antem expectaret *V. Cuthb.* I 3.

2 to make fun of, mock.

ALDH. *VirgP* 50 (v. debacchari a); ne in aliquo sensus humanos ~asse videretur misit manus ad scripturas BEDE *Luke* (xxiv 44) 631D; **1173** ne vota ecclesie ~ari permittatis ARNULF *Ep.* 95; ~are *gaber Gl. AN Glasg.* f. 18ra; Judeus audiens ridet, ludificat WALT. WIMB. *Carm.* 90; **1370** alius hujusmodi serviens ad clavam ipsum in ceppis ibidem poni per quinque septimanas ~ari et torqueri fecit *Pl. Mem. Lond.* A 15 m. 4.

3 to deceive the senses (by hallucination).

autumans .. quod a Christi tirunculis magica praestigiae necromantia ~aretur ALDH. *VirgP* 50; in prima mea ammonitione vel secunda comminatione, cum apparitione tam evidenti, satis poteras edocari te nullo fantasmate ~ari GOSC. *Transl. Mild.* 21 p. 183; ea ~antium demonum et humane perfidie illudentium fallacia est J. SAL. *Pol.* 408A; queritur utrum demon possit ~are sensum hominis *Quaest. Ox.* 111; [diabolus] facit hominem quasi fascinatum, et ~atum HOLCOT *Wisd.* 182.

4 to put on (a play), perform.

1483 decreverunt quod illud ludum .. habere voluerunt ac ~atum et ostensum in processione (*Chap. Linc.*) *Malone Soc. Collections* VIII 37.

ludificatio [CL]

1 mockery, derision.

OSB. GLOUC. *Deriv.* 563 (v. ludificamen).

2 deception (of sense), delusion, hallucination.

Apollinem quem suspenderat a responsis et ~onibus animarum, ad sacerdotis instantiam relaxavit P. BLOIS *Ep.* 164. 460B; ridiculis .. et ~onibus apti, .. fantasmata facimus MAP *NC* IV 6 f. 48; questio est utrum Satan, quando transfigurat se in angelum lucis, fallat sensus hominum, ita quod fiat ~o sensuum in assumpcione corporis *Quaest. Ox.* 107; Machometus vituperavit miracula facta per Deum .. vocans ea ~ones demonum GASCOIGNE *Loci* 141.

ludificator [ML], deluder, mocker.

narius, subsannator, derisor, delusor, injuriator, injurius, ~or OSB. GLOUC. *Deriv.* 384.

ludificus [ML], relating to a festival, festal. **b** relating to a public performance or play, theatrical.

plebs quoque Junoni celebrem confluxerat Argos / ludificum ductura diem J. EXON. *BT* III 208. **b** illa vulpes docta et astuta variis artibus ludendi erat et spectaculum ~um regi et suis comitibus prestabat *Vita IV S. Brigitae* II 93.

ludifluus, playful.

ROLLE *IA* 174 (v. hyperlyricus b); omnia intima sua letantur ~is illustra esse splendoribus *Ib.* 253.

ludimagister [CL; al. div.], schoolmaster.

presbyteros ordinavit fore ~ros .. scholarum *Hist. Durh.* 6; **1555** pedagogum sive ~rum *Dign. Dec.* 137; **1560** (v. examinator 4).

ludiolus, a little play.

a play, .. ludus, ludicrum, ~us, sales *CathA*.

ludipilus [ML *gl.*], ball-player.

pilicrepus .. i. ille qui ludit cum pila, quod etiam hic ~us .. dicitur, eo quod ludat cum pila OSB. GLOUC. *Deriv.* 417.

luditor, player, actor.

1564 solutis ~oribus domini de Warwike (*Ac. Chamb. Grimsby*) *Malone Soc. Collections* VIII 14.

ludius [CL], performer (at court), jester, fool.

OSB. GLOUC. *Deriv.* 276 (v. histrio a); ~ius, *jugelur* GARL. *Comm.* p. 231; hiis se mendaciis, hoc ministerio / plus quovis curie lucratur ludio WALT. WIMB. *Palpo* 142; juvent me pueri precum suffragio, / orent post ludulos pro suo ludio *Ib.* 164.

ludivagus [LL], playful, frivolous.

c747 ~a sermonum voce BONIF. *Ep.* 75; ?**9..** ludivaga, *wandriendu* [*glossing the element* -vaga] *WW*.

ludix v. lodix d.

Ludovicus, (w. *grossus*) Louis groat (French coin).

1362 v grossos Ludowycos (v. grossus 10d).

1 ludricus v. ludicer 2d.

2 †**ludricus,** *f. l.*

s1236 Henricus rex Anglie exegit tricesimam omnium mobilium et immobilium de omnibus exceptis †ludricis et equis *Ann. Tewk.* 102 [cf. *Cl* 545 (**1237**): exceptis .. palefridis, summariis, dextrariis, runcinis].

ludtrus v. lutra. **ludubrium** v. ludibrium.

ludulus [ML], little game.

hic ludus, unde hic ~us .. diminut' OSB. GLOUC. *Deriv.* 303; WALT. WIMB. *Palpo* 156 (v. 1 donare 3c); ibi sunt omnium luctus, hic luduli / ubi credencium ludunt pisciculi *Id. Carm.* 179; fuerant antea fortasse pari voto jocantes ~isque intenti *Mir. Hen. VI* III 116.

ludus [CL]

1 game, sport. **b** pleasure, enjoyment, amusement. **c** (mon.) rest from work, recreation, holiday.

ceterum oculis insipientium videtur talis exire de fonte qualis intravit totumque ~us esse quod agitur BEDE *Hom.* II 18. 198; **c1239** (v. aries 2c); **1246** Thomas .. non moriebatur occasione ictus quem A. W. ei dederat .. cum, lodo [*sic* MS] precedente, rixarentur adinvicem *Cl* 425. **b** ~us *glædnys GlP* 690; pro ~o subiit letalis terror, pro gaudio plangor GOSC. *Transl. Mild.* 11; ludo consenti, si ludus sit tibi menti; / ludus ut intratur, ludo favor exhibeatur WALT. WIMB. *App.* 2. 19; nuge autem sunt truse, verba viz. ad nihilum apta vel saltem narrationes ludicre que nihil valent nisi ad ~um HOLCOT *Wisd.* 182; homines dicunt quod ~us [MS: lupus] vadit in ventrem, et ego dico quod in mentem KNIGHTON I 217 (= HIGD. VII 35 p. 234: ~us; cf. *V. Edm. Rich P* 1815D). **c 1391** in speciebus emptis pro ~is, viij li. de *raysins of curans*, ij s. viij d. *Ac. Durh.* 597; **c1430** ~us prioris apud Beurepare *Ib.* 60; **1464** expense in ~is specialibus domini prioris, x s. (*Invent.*) *Feod. Durh.* 211; **1515** custodient communes ~os monachorum apud dictum manerium prout usitatum fuit *Cart. Glouc.* III 293; **1532** soluti eidem in speciebus, in ~o Pasche *Househ. Bk. Durh.* 226.

2 (spec. game or sport): **a** racing; **b** wrestling; **c** dice or board-game (chess, draughts, or sim.); **d** (*~us partitus* or sim.) game of chance or risk, jeopardy, (gen.) gambling. **e** (*~us pilae*) ball-game; **f** sword play, martial exercise, jousting, or sim. **g** (fig., *~us Veneris*) sport of Venus, sexual intercourse.

a per ~um vero equestrem vel pedestrem quo equorum vel hominum comprehenditur velocitas accipe prudentiam qua rerum mutabilium cursus et instabilita dinoscitur BERN. *Comm. Aen.* 26. **b 1266** ludus erat in willa .., et quoddam certamen incepit .. de quodam juvene prostrato et W. F. dixit quod prostratus fuit et W. C. dixit quod non *IMisc* 13/22. **c** ~um tesserarum et alee legitur Attalus .. invenisse P. BLOIS *Ep.* 74. 228C; ex quo de ~o Troum inventioni obnoxio paucis egi, de scaccorum ~o, qui se Ulyxis subtilitati debere fertur a nonnullis, scibere non erit molestum NECKAM *NR* II 184 p. 324; **1329** (v. familia 7); multi sunt ~i ad tabulas, quorum primus est longus ~us, et est ~us Anglicorum, et est communis, et est talis nature *Ludus Angl.* 161; est et alius ~us qui vocatur ~us Lumbardorum *Ib.* 164. **d** GIR. *GE* II 37 (v. assisa 2e); nunc vero pretermissis ~is illis magnis et assisis nimium morosis .. et tediosis, ad ~os partitos .. conversi sunt *Ib.*; duorum optionem nunc tibi do et tanquam ~um partitum tibi constituo *Id. JS* VII p. 359; **1210** in ~o domini regis qui partitus est cum J. B. .. contra W. filium G. *Misae* 155; in ~o domini regis ad tabulas, quando partitus est cum Briano de Insula *Ib.* 158. **e** tota miseria mundi comperata minori pene inferni non est nisi ~us pile [ME: *nis bute aploȝe*] *AncrR* 62; **s1392** adolescentes .. gaudent .. ~is pile et alee WALS. *HA* II *app.* 406; jocos .. exercere ut talorum et pilarum ~os non .. delectabantur FORTESCUE *LLA* 48. **f** Martiis ille ~is addictus, hic seriis GIR. *TH* III 51; **s1252** milites ut exercitio militari peritiam suam et strenuitatem experirentur, constituerunt non ut in hastiludio quod vulgariter torneamentum dicitur, sed potius in illo ~o militari qui mensa rotunda dicitur, vires suas attemptarent. .. et secundum quod constitutum est in illo ~o martio .. quidam milites Anglici strenue nimis et delectabiliter .. jocabantur M. PAR.

Maj. V 318; **s1279** illustris miles Rogerus de Mortuomari apud Kelingworthe [*Kenilworth*] ~um militarem, quem vocavit Rotundam Tabulam, centum militum ac totidem dominarum constituit TREVET *Ann.* 300 (cf. *Ann. Osney* 281: famosissimum celebravit convivium); **1320** contumelia fuit inter Willelmum .. et Robertum .. ad quendam ~um ludatum in villa de Ledes circa horam meridiem, que quidem contumelia pacificata fuit per vicinos circumstantes. porrexerunt ad ecclesiam ad audiendum vesperas, portantes gladios et bokerellos cum eis *SelCKB* IV 92. **g** si .. Veneris ~um cum juvene perficias *Latin Stories* 79.

3 hunting. **b** (transf.) quarry hunted, game, also the right to hunt game. **c** pillage, killing.

748 detestabile est et iniquum opus clericum in ~is inveniri aut cum acceptoribus vel venationibus degere vitam *Ep. Bonif.* 83; adversitas omnis procul fuit, adeo ut venatui et avium ~o .. secure vacaret W. POIT. II 29. **b** cumque die quadam ~um querens venisset cum canibus suis venandi gracia in boscis suis de Okebrok' .. *Chr. Dale* 4; **1349** totus boscus vocatus le Westwode cum bosco de Herdewogh' .. simul cum toto ~o et warenn' in eisdem boscis existent' *IPM* 106/4. **c** pirate .. cedunt, laniant, fugant et vastant omnia, nec Christi familiam .. secus habuere quam ~um et spolia GOSC. *Transl. Mild.* 3; **s1006** illi [sc. Daci] classem alio dirigentes ~um solitum exercebant H. HUNT. *HA* VI 3.

4 public entertainment, show, play, revel. **b** (sts. w. *circensis*) public games. **c** mumming. **d** (sts. w. *scaenicus*, *theatralis*, or sim.) stage-play, drama. **e** liturgical or miracle play. **f** guild or mystery play.

nocturnis puerorum ~is, qui in eadem festivitate juxta ritum antiquorum sollemniter celebrantur GOSC. *Edith* 301; **c1242** inhibemus ne in cimiteriis vel atriis ecclesiarum ~i vel lucte fiant nec mulieres ibidem coreas, luxuriosa carmina canendo, lascive ducere presumant (*Stat. Norw.*) *Conc. Syn.* 353; **1365** Petrus amittit libertatem suam etc.; postea idem Petrus venit et speciali rogatu .. ville petit libertatem suam et ponit se in graciam communitatis, et datus est eidem dies .. de plen' pascen' sua, et dat ~um tauri sui incontinenter etc. *Gild Merch.* (*Guildford*) II 97; **1476** per solucionem factam Patricio J. de mandato domini regis pro suis ~is tempore natalis et carnis privii *ExchScot* 333; **1488** in donis datis cocis domini Henrici regis septimi, xlvj s. viij d. et cantoribus ad ~um suum, xx d. *Ac. Durh.* 650; **1532** pro biberio dato sociis post ~um baccalaureorum in magna aula (*Ac. Coll. Magdalen*) *Med. Stage* II 249. **b** olympias dicitur spatium quattuor annorum, quod inventum temporibus Ozie sacerdotis exigebat ut, hoc spatio peracto, solverent ~os Jovi Olympico ABBO *QG* 20 (43); J. SAL. *Pol.* 494A (v. circensis b); apparet ~orum scenicorum et circensium et amphitheatri inspecciones demoniorum auctorum hujusmodi spectaculorum esse quasdam veneraciones GROS. *DM* I 9 (v. et. 4d infra); **s1404** (v. epulae a). **c** **s1377** conduxerunt lusores Londoniam ad inducendum regi pretextum [? l. pretextu] gaudii et letitie .. ~um nuncupatum Anglice *mummynge Med. Stage* I 395; **s1400** ut in nocte diei Epiphanie quendam ~um, Anglice *a mommynge*, regi facerent (*Latin Brut*) *Eng. Hist. Lit. 15c.* 312. **d** W. FITZST. *Thom. prol.* 13 (v. 4e infra); nox dominica .. in qua ~is nostris theatralibus vacare nos oportet COGGESH. *Visio* 18; **1240** prohibemus .. clericis ne intersint ~is inhonestis vel correis .. nec sustineant ~os fieri de rege et regina *Conc. Syn.* 313; ~orum scenicorum GROS. *DM* I 9 (v. 4b supra); ?**1312** vicarii, capellani et ceteri ministri .. spectaculis publicis, ludibriis et coreis, mimo teatricalibus ~is inter laicos frequentius se immiscent *Mem. Ripon* II 68; **1367** ne quisquam choreas luctas vel alios ~os inhonestos in ecclesiis vel cimiteriis exercere presumat .. cum hujusmodi ~os teatrales et ludibriorum spectacula per que ecclesie coinquinantur (*Const. Archiep. Dublin*) *Archivium Hibernicum* XI 106; **1420** extunc solvere voluerunt singulis annis piscenariis de Usegate vj s. viij d. pro ~o pagine Noe predicte *Mem. York* I 166; **1584** non licere vicecancellario veniam histrionibus concedere ut suos ~os theatricos habeant infra precinctum universitatis *StatOx* 434. **e** Londonia pro spectaculis theatralibus, pro ludis scenicis, ~os habet sanctiores, representationes miraculorum que sancti confessores operati sunt W. FITZST. *Thom. prol.* 13; **a1254** faciunt .. clerici ~os quos vocant miracula et alios ~os quos vocant inductionem Maii sive autumpni et laici scotales (*Mand. Linc.*) *Conc. Syn.* 480; [mulieres Saracene] cum .. femoralibus et earum ceteris ornamentis similes totaliter ficticiis demonibus, qui in ~is clericorum solent haberi, totaliter efficiuntur S. SIM. *Itin.* 36; legit .. apud Dunstapliam [**a1119**] .., ubi quemdam ~um de Sancta Katerina, quem miracula vulgariter appellamus, fecit *G. S. Alb.* I 73. **f** **1389** postquam quidam ~us de utilitate oracionis Dominice compositus, in quo ~o quam plura vicia et peccata reprobantur et virtutes commendantur, in civitate Ebor' lusus fuit, talem et tantum saporem habuit ut quam plures dixerunt: 'utinam iste ~us in civitate ista gubernaretur in salutem animarum et consolacionem civium et vicinorum.' (*Guild. Cert.*) *Chanc. Misc.* 46/454 (cf. *English Gilds EETS* XL p. 137); tenentur equitare seu ire cum ipsis lusoribus quousque dictus ~us totaliter finiatur *Ib.*; **1390** quod quilibet artifices .. habeant suos ~os et pagentes paratos .. qualibet die in festo Corporis Christi *Doc. Bev.* 33; **1399** (v. ludere 5c); **1478** ~um sive lusus Corporis Christi *Mem. York* II 239; **1482** pro potacione *le playeres* in recordacione ~orum diversis vicibus iiij d. et pro ij *busels* frumenti ad idem ~um, ij s. .. et Ricardo Tanner pro pelles ad idem ~um, xx d. *Ac. Churchw. Bath* 83.

5 witticism, joke.

1236 in magno gabulo ejusdem camere juxta hostium depingi ~um illum .. *Cl* 271; **1390** (v. garrulatio).

6 place of instruction or training, school (in quot., of dancing).

1553 suspiciosas domos, tabernas, diversoria, aleatoria, ~os saltatorios ac locos alios quoscumque *Pat* 863 m. 13.

luecula [LL *gl.*], little spot.

hec lues .. i. macula, unde hec ~a .. diminut. et luidus, vel lividus i. maculosus OSB. GLOUC. *Deriv.* 301; *a spotte*, contagium, macula, labes .. lues, ~a *CathA.*

lueicius [dub.], (of land held by sokeman in East Anglia. *Cf. Econ. HR 2nd Ser.* X p. 204).

c1160 terras lueicias (v. landsettus); **c1180** totam terram illam .. quam E. P. tenuit in Ludham et preterea terram luiciam quam E. N. tenuit in eadem villa *Reg. S. Ben. Holme* 115; ad tenendam terram suam luitiam in feudum et hereditatem *MS BL Harley Ch.* 46 *E* 31.

luere [CL]

1 (w. *poenas* or sim.) to suffer (punishment or sim.). **b** (absol.) to suffer punishment; **c** (pass.).

o quam dura necis graviter tormenta luebant ALDH. *VirgV* 1872; †**c695** (11c) sciat se sub tremendo examine poenas debitas luturum *CS* 76; **717** aeterna luituri supplicia BONIF. *Ep.* 9; aeternam luere vindictam BEDE *Hom.* II 3. 124; **a1158** cum Juda proditore Dei infernales luat †penes [l. penas] *Ch. Westm.* 257; quotiens [equus] venatoris spe delusi iracundiam luit NECKAM *NR* II 158 p. 259. **b** comminatus est quod si amplius faceret lueret *Latin Stories* 34. **c** carius insignem mortem necis volo ferre, / quam cruce perpetua cum muliere lui *Latin Stories* 184.

2 to atone for, expiate, pay for (offence or sin committed).

†**693** (v. 1 committere 2e); peccata vindicta repetita luere ANSELM (*Ep.* 53) III 167; Perseus .. Andromeden .. vidit ligatam rupe .. non propter suam culpam, sed quia maternam luebat linguam *Natura Deorum* 50; serius aut citius scelerum luet impius actus D. BEC. 2272; pauper peccans increpatur / et flagellis castigatur, / pauper luit omnia WALT. WIMB. *Van.* 12.

3 to discharge (debt), redeem (pledge). **b** to redeem (fig., w. abstr. obj.).

Gl. AN Ox. f. 153r (v. evadiare); **c1306** pignora in cista excistencia luantur, et, si .. non luantur, .. vendicioni exponantur *StatOx* 100; **1435** quod veniant ad luendum .. cautiones sive vadia citra festum [etc.] *MunAcOx* 511. **b** o, carus dominus viduatus lumine claro, / confiteor, jacet tenebrosis saucius umbris, / morte luet meritum, nec me sententia fallit *Mir. Nin.* 128; qui pupugerunt et studuerunt dicere vera, / ense ruerunt, vera luerunt morte severa WALT. WIMB. *Scel.* 123.

4 *f. l.*

†luere [? l. ludere], luxuriare *CathA.*

lues [CL]

1 contagion, infection, plague. **b** canker, ulcer.

pestifera lues GILDAS *EB* 22 (v. 1 feraliter); pestilentiae lues BEDE *HE* III 27 (v. desaevire 1b); utique nunquam recte nocet mali vicinia, nisi cum sui lue inficit vicina PULL. *Sent.* 725C; anno primo Edwardi tertii erat magna lues animalium et hominum *Feudal Man.* 150; **s1415** in predicta obsidione tanta lues nostrates afflixit, et specialiter fluxus ventris ac sanguinis *Chr. Northern* 285. **b** ceperat cum ipsa fere infancia morbosa quedam lues intra ejus fauces excrescere *Mir. Hen. VI* III 117.

2 destructive force, scourge, disaster.

si truculenta gypsae crudelitas, quae letiferam miserandis civibus luem inferebat ALDH. *VirgP* 52; omnis se lues hereseos cujusque insulae .. infudit BEDE *HE* I 8 p. 22; gravissima Sarracenorum lues Gallias misera caede vastabat *Ib.* V 23 p. 349; pro simoniaca lue .. condemnatus ORD. VIT. X 19 p. 177; hyemali tempore facta inundacione pluviali, periclitabatur cella ab aquis monachi timentes impetum luei, miserunt quosdam .. ad Sanctum Colmanum . . . sanctus .. ait eis 'portate baculum meum vobiscum et signate cellam vestram bono spacio cuspite ejus contra flumina, et .. lues vobis postea non nocebit (*Col. E.* 21) *VSH* I 267.

3 putrid or filthy liquid, corrupt discharge.

oleum sic promit amurcam, / vina luem *Babio* 208; vulnus et †exeli [MS: exesi] vulneris atra lues NIG. *Mir. BVM* 1634; GILB. II 82v (v. 2 favus 2); vir generosus erit sola virtute coruscus, / inguine non vili spermaticaque lue GARL. *Tri. Eccl.* 35.

luf [λοῦφα, cf. Dioscorides II 167, Liddell-Scott-Jones *Greek-Eng. Lexicon* s.v. ἄρον IV], serpentary, shakeweed.

luf, i. herba serpentaria *SB* 28.

lugea v. logia.

lugēre [CL], **~escere**

1 (intr.) to mourn, grieve; **b** (w. *pro* or *super*); **c** (pr. ppl.) grieving, sorrowing.

ante passionem et post resurrectionem dominicam propter ipsius Domini praesentiam ~ere ac jejunare nequiverant BEDE *Hom.* II 16. 188; luximus cum illo et flevimus CUTHB. *Ob. Baedae* clxi; dum sic lugebas, missas celebrare solebas (*Vers.*) *V. Gund.* 49; a ~eo ~esco OSB. GLOUC. *Deriv.* 320; **c1250** melius silentio ~emus quam explicamus eloquio AD. MARSH *Ep.* 48; nudati lugent rurales, qui sibi plangunt / currus abstractos, farra, boves, et equos GARL. *Tri. Eccl.* 35. **b** tu debes ~ere pro dilatione patrie, et quanto perfectior es, tanto magis debes lugere et desiderare patriam S. LANGTON *Quaest.* 147; J. HOWD. *Cyth.* 62. 12 (v. lictor 2a); hi quoque qui illam diligunt, et qui super eam lugebant, monebantur .. *V. Edm. Rich P* 1825D. **c** OSB. *V. Dunst.* 45 (v. 2 dissecare 1c).

2 (trans.) to grieve for, mourn (person). **b** to bemoan, lament (fact or event). **c** (refl.) to be sorry for oneself, lament one's lot.

GILDAS *EB* 1 (v. dum 5a); **796** noli ~ere eum, quem revocare non poteris ALCUIN *Ep.* 105; quare illum tamquam furatum nobis et latenter ab hac luce subtractum ~eamus *Ep. ad amicum* 9; longe majori dolore mortuos ~ens quam vivos amore demulcens GIR. *EH* I 46; dum luget innocencia / reos qui linguas acuunt J. HOWD. *Cyth.* 58. 8; quociens vidit tumulum luxit filium suum Hectorem TREVET *Troades* 36. **b** sic luxit sponsa pudorem ALDH. *VirgV* 2128; vires nostras ubique per te fractas ~emus FELIX *Guthl.* 33 p. 108; indignissimum est professioni Christiane infima dampna infimo sensu pueriliter ~ere GOSC. *Transl. Mild.* 18 p. 177; domos supra domos reversas quod posteri tui in futurum ~ebunt G. MON. XI 9; ~ens .. rex diu tam immane infortunium .. *V. II Off.* f. 8b; illos decipere nituntur, qui presens exsilium ~ent AD. SCOT *QEC* 5. 811A. **c** rex Offa cum de commisso facinore certitudinem comperisset, sese ~ens .. per tres dies cibum .. non gustavit *V. II Off.* f. 20a; non se luget sed proprios invasores J. HOWD. *Cant.* 275.

lugereschia v. bugerescha. **lugescere** v. lugere.

lugga [ME *lugge*], unit of land measurement, equiv. to square pole or perch.

1567 unam parokam prati continentem x ~as *Surv. Pembr.* 165 (*Wilts*).

luguber v. lugubris.

lugubrare [ML], to make sorry.

to make sary, calamitare, contristare, ~are *CathA.*

1 lugubratio v. lucubratio.

2 lugubratio, mourning.

tandem vero post diuturnas ~onum ignorantie nebulas lumen patuit querenti et scientie janua aperta est pulsanti P. CORNW. *Panth. prol.* 41; iste enim virginales martyres cum superioribus virginibus velut plebs siderea una commemoratione sine certa ~one et nomine recoluntur (*S. Hildelithae*) *NLA* II 34.

lugubratorium v. lucubratorium.

lugubre [cf. CL lugubriter], mournfully, sorrowfully.

pedibusque volutus et alis / lugubre sparsis veniam reditumque precatur [corvus] BEDE *CuthbV* 585A.

lugubris [CL], **~ber**

1 of mourning or sorrow. **b** (of sound *etc.*) mournful, doleful. **c** (of person) mourning, sorrowing (also as sb.).

†**664** (13c) maneat aeternaliter retrusus inter flammivomas aestuantis gehennae incorrupciones lucubre sibi solium vendicans inter .. proditores Christi *CS* 22 p. 39; quamvis .. ~res vestes propter recentem obitum ducis Bituricensis .. vestirent LIV. *Hen. V* 12a. **b** ymnum Deo nunc debeo, sed canto carmen lugubre ALCUIN *CR* 909; ~res threnos ORD. VIT. XI 8 (v. derelinquere 3b); inter ~res funerum planctus GIR. *TH* III 12; ~er ille planctus *Id. EH* II 30; de raucis quippe faucibus tristem habet et ~rem sonum J. FORD *Serm.* 61 2; imago crucifixi ad quam voce ~ri .. ita exorsus est: .. *Found. Waltham* 12; planctusque piorum lugubris inanitur J. HOWD. *Cant.* 323. **c** **a985** [*those who attack monks*] eterno ~res punientur cruciatu (ÆTHELWOLD *Ch.*) *Conc. Syn.* 126; jactabundus heros ~rem matrem superbis promissionibus compescuit ORD. VIT. IX 10 p. 545; virgo dolencium adjutrix rapida, / lava quos crimina deterrent horrida / et transfer lugubres ad regna lucida, / in quibus cantica resultant aulida WALT. WIMB. *Carm.* 78.

2 (of event, circumstance, or sim.) that causes sorrow or grief, sad, bitter.

~re praebuit spectaculum ALDH. *VirgP* 42; parem ~ris infortunii moestitiam .. in mei miseri comperi congessisse miseriam B. *Ep.* 386; **s1179** ~res .. exequias (v. excipere 4f); **s1210** consiliarii .. omnes ~ri fine terminarunt M. PAR. *Maj.* II 531; o quam lugubris, o quam feralis et omni / pejor felle fuit gentibus ille cibus GARL. *Epith.* III 235.

3 *f. l.*

non solum Anglos et Gallos .. sed †lugubres [*sic* MS; ? l. Ligures] et Romanos et gentes omnium nacionum conscias habuit *V. Edm. Rich C* p. 608.

lugubriter [CL], mournfully, sorrowfully. **b** regrettably.

ALDH. *VirgP* 50 (v. excipere 3b); ille frater, qui ibi stat tam ~iter? [*gl.*: *wependlice*] ÆLF. BATA 4. 7; **s1238** imperator Romanorum Fretherícus .. dolens mortem ejus, planxit ~iter M. PAR. *Maj.* III 486. **b a705** aestivi .. temporis cursu quo immensis feralium passim congressionum expeditionibus haec miserrima patria ~iter invidia vastatrice deformatur *Ep. Aldh.* 2 (7); idolorum cultura ~iter renovata WILLIB. *Bonif.* 4 p. 16.

luia [*abbrev. form of* alleluia], hallelujah, hymn of praise.

en age gaudia, Malche, perennia luiaque psalle. / alpha Deus finisque meus: die luia vel alle R. CANT. *Malch.* V 338.

luicius v. lueicius.

luidus [ML], spotted, marked.

OSB. GLOUC. *Deriv.* 301 (v. luecula).

luigna v. 1 loignia. **luitidus** v. luridus.

luitio [CL], redemption (of pledge), payment (of debt).

1283 quandocunque dicta C. luere voluerit a nobis .. castrum de L. quod tenemus, de pecunia que in dicta ~one deberet nobis persolvi, quingentas libras .. remittatis *RGasc* II 175.

luitius v. lueicius. **luligo, lulligus** v. lolligo. **lumba** v. 2 lumbus. **lumbacinium** v. bombycinus.

lumbago [CL], lumbago.

hec ~o .. i. lumborum debilitas OSB. GLOUC. *Deriv.* 320; ~o, i. *gute Teaching Latin* II 26.

lumbale v. lumbaris. **lumbar** v. lumbaris. **Lumbard-** v. Lombard-. **lumbare** v. lumbaris. **lumbaria** v. lumbaris, lumbarium.

lumbaris [LL], **lumbar**

1 (as adj.) of the loins.

J. HOWD. *Cant.* 618 (v. capparis).

2 (as sb. n.) loincloth, 'breechgirdle', belt.

V. Cuthb. II 3 (v. fluctuare 1a); hoc ~ar .. i. cingulum circa lumbos, quod etiam hoc ~are .. dicitur OSB. GLOUC. *Deriv.* 320; femoralibus opus est, ubi pudibunda lateant nature; et opus est ~aribus [*gl.*: *braeles*] NECKAM *Ut.* 99; preter hec instita matronalis, ~are [v. l. ~arie, *gl. brayel, vesture, curtepy*] sive lumbatorium, renale sive ventrale *Ib.* 101; **s1234** anelacio tamen a ~ali dependente M. PAR. *Maj.* III 294; gestans anelacium ad ~are *Ib.* 295; **1274** attachiaverunt quendam felonem et ab eo ceperunt iij paria sotular' et j par calligarum et j par braccarum et j ~ar' *Hund.* I 149; **1289** (v. coactura); *Cust. Cant.* 401 (v. bracile).

lumbarium [CL], **~ia,** loin-cloth, 'breechgirdle', belt.

armillausas, ~ia [*gl.*: *wardecors, braylers*], limos, et tumbraceos BALSH. *Ut.* 90; ~ie NECKAM *Ut.* 101 (v. lumbaris 2); *brael*, ~ia GARL. *Comm.* 227; custos pelliparie liberat .. conversis pernaria, ~ia, et auricularia *Ac. Beaulieu* 225; **1314** item *colers et lees*, xviij d. .. ij paria calcarium, pretii viij d. .. ~ium, pretii xviij d. *Reg. Durh.* 677.

lumbatorium [LL *gl.*], loin-cloth, 'breechgirdle', belt.

instita matronalis, lumbare sive ~ium [*gl.*: *vesture de ray*] NECKAM *Ut.* 101; *a breke belt*, brachiale, braccale, braccarium, lumbare, ~ium *CathA.*

lumbia v. 2 lumbus.

lumbifractus [cf. lumbifragium], broken-loined, injured in the groin.

~us, *brokyn in the [l]endys* (*Medulla*) *CathA*; *broken lendyde*, ~us *Ib.*

lumbifragium [CL], breaking of the loins, groin injury.

hoc ~ium .. i. fractio lumborum OSB. GLOUC. *Deriv.* 320.

lumbo, loin-cloth, 'breechgirdle', belt.

~ones, cingula circa lumbos, que et lumbaria dicuntur et tenasia OSB. GLOUC. *Deriv.* 324.

lumbosus, great-buttocked.

great buttocked, ~us LEVINS *Manip.* 213.

lumbricosus [LL], afflicted by worms (in quot., as sb. m.).

~i patiuntur dolorem et puncturam GILB. IV 201v. 1.

lumbricus [CL]

1 a earthworm. **b** intestinal worm. **c** tadpole.

a ~us et limax et tarda testudo palustris ALDH. *Aen.* 100 (*Creatura*) 37; ~us, *angeltwicce* ÆLF. *Gram.* 309; **10..** lubricus, *angeltwicca WW*; **11..** lubricus, *ongeltwæcche WW*; salamandra .. / forma lumbricis assimulanda fere NECKAM *DS* II 54; turdus per transennam ~um [v. l. lubricum] petit *Id. NR* II 26; in potu de ~is terrestribus exiccatis curant ictericos solidant nervosque solutos GAD. 7. 2; ~i .. dati cum potu pulverizati *Ib.* **b** sexta multitudo ascaridum et ~orum [TREVISA: *wormes*] mortuorum et inviscatorum, in hoc intestino exire non valens BART. ANGL. VII 48 p. 331; si ex ~is tortura sequitur et dolor et abominatio *Ib.* p. 332; labulla .. genus est titimalli majoris .. cujus lac .. desiccatum a sole .. universos expellit ~os *Alph.* 88; hic ~us, est vermis ventri *WW.* **c** hic ~us, A. *a tadpolle WW.*

2 (*~us* or *semen ~orum*) plant with anthelmintic properties, hog's fennel, sulphurweed, wormseed (*Peucedanum officinale*).

~us, *wormsede MS Cambridge Univ. Libr. Dd 11. 45* f. 108ra; **1480** garbelatorem omnium specierum, viz. anisi, cimini, seminis ~orum *Pat* 545 m. 8.

lumbulus [CL], loin.

lumbulos, *lendebrede GlC* L 335.

1 lumbus v. 2 limbus.

2 lumbus [CL], the flesh of man or animal surrounding the hip, loins. **b** hip. **c** thighs. **d** (as the seat of sexual desire).

eadem [sc. laeva] ~os apprehendes, pollice ad inguina verso BEDE *TR* 1 p. 180; **9..** ~ia, *lendena WW*; NECKAM *DS* VI 31 (v. habrotonum); patiens sedet in decoccione aliquarum herbarum et sedet super illas herbas usque ad locum ~arum [*sic*] vel circiter *SB* 20; ~i sunt carnes ille musculose que spine adherent et etiam renibus a dextra et a sinistra *SB* 28; hic ~us, *a bott WW.* **b** puella quedam .. a cunabulis ita ~orum dolore laboraverat ut .. gradiendi potestate privaretur *Mir. Fridesw.* 20; ?**9..** ~i, *hupbanan WW*; hic ~us, A. *a hepe*, .. *hype WW.* **c** hic ~us, A. *thees WW.* **d** cum in ~is fortasse cum hoc fuit vaticinatum adhuc patris sui Aelli fuit predestinatum vas misericordie Deo Eduinus .. sibi designat sancte misterium Trinitatis *V. Greg.* 87; equus diaboli, ut dictum est, corpus hominis est; lumbi hominis luxuriosi lumbi diaboli sunt, hos lumbos, qui posteriora sunt hominis, ligat diabolus fune luxurie ALEX. BATH *Mor.* III 12 p. 149.

lumen [CL]

1 light (generated by the sun); **b** (phil., light as generated substance or quality). **c** light (emitted by artefact).

ALDH. *CE* 3. 68 (v. diffundere 2a); rutilans illuminat aëra lumen / solis L. DURH. *Dial.* IV 405; ~en solis incidens super speculum GROS. *Cess. Leg.* II 1. 5. **b** ~en est qualitas a corpore lucido in corpore diafano derelicta, que [? l. qua] sensata visu apprehenduntur GILB. III 127. 1; luce solis generatur ~en in aere J. BLUND *An.* 125; *Ib.* 123, 129; GROS. *Hexaem.* II 4. 2, *Ps.*-GROS. *Summa* 538 (v. lux 1d); ~en, quia medium est inter pure incorporalia et corporalia .. habet .. naturam replendi [locum] dimensive et replendi spiritualiter HALES *Qu.* 766; ~en requirit subjectum dimensionatum in quo existat, sicut et albedo SICCAV. *PN* 116; DUNS *Sent.* II 13. 1. 5 (v. hemisphaerice). **c** area flammigeris venerans altaria donis / porticibus cunctis †ardebant lumina clara [MSS: ardebat lumine claro] ÆTHELWULF *Abb.* 764.

2 daylight. **b** (transf.) day.

diei ~ina FELIX *Guthl.* 53 (v. furvus c); quod .. radii lucis omnem diurni ~inis viderentur superare splendorem BEDE *HE* IV 7 p. 220; **a1381** (v. hora 7a). **b** quarto etiam ~ine [v. l. die] paschalis festi FELIX *Guthl.* 50 p. 152.

3 light (as dist. from darkness, esp. fig.).

qui de tenebris vos vocavit in illud tam admirabile ~en suum GILDAS *EB* 107; qui in tenebris et umbra mortis positos ad ~en scientie perducit (*Lit. Papae*) W. MALM. *GR* I 58; qui perturbationem tenebris involvuntur clarum sapientie ~en jam non valent intueri ORD. VIT. VIII 15 p. 358.

4 the light (of the world, of the living), life.

namque cadaveribus reddebat lumina functis ALDH. *VirgV* 858; corpus sacratissimum, quod diu in terre pulvere jacuerat Offa .. erexit in ~en W. MALM. *GP* IV 179; perditos homines .. pertraherent ad ~en vite de profunditate vitiorum ORD. VIT. II 2 p. 226; lumen nescit frontale speculum / dum mors claudit Amoris oculum J. HOWD. *Ph.* 196.

5 body that emits light, star, luminary.

caelorum lumina ALDH. *Aen.* 53. 5 (v. gaza c); novum lumen .. / natum regem edocuit / et magos antecessit LEDREDE *Carm.* 39. 5.

6 artefact that emits light. **b** (eccl., also fig.); **c** (*~ens fraternale*) light used at the funeral of guild or fraternity member. **d** (*~en defunctorum, elemosinarum, mortuorum*, or sim.) 'alms-light', 'dead-light', light maintained for the souls of the dead.

papirus in medio radiabat lumine centro ALDH. *VirgV* 916; **1286** eidem Thome pro putura et ~ine girfalconis sui per diem ij d. *Rec. Wardr.* 2076; **1300** ut in feno, avena, littora, ~ine et aliis necessariis per ipsum factis et emptis pro expensis dictorum equorum *AcWardr* 62; **1445** solverunt in sustentacionem pagine Corporis Christi et ~inis artificiorum de *cutlers, bladsmythes*, et *shetheres Mem. York* I 136 (cf. ib.: ad dictam paginam et luminem [*sic ed.*]). **b** ad corpus vivificum prepotentis Mildrethe corpus moribundum deponunt, ~enque cum precibus et fletibus offerunt GOSC. *Transl. Mild.* 28; **c1127** de quaque carruca ejusdem ville j d. cere ad ~ina ecclesie de Burch *Chr. Peterb.* 163; **a1190** ex dono R. de H. .. x s. usualis monete ad ~en ejusdem ecclesie *Act. Hen. II* II 369; **c1284** reddendo inde annuatim .. ~ini ecclesie beate Marie Magdalene ij d. ad Pascha *Deeds Balliol* 5; **1364** domino priori .. ad ~en ecclesie beati Petri de Rostynot *ExchScot* 155; **1444** liceat eis [sc. veris peregrinis] .. modo et forma quibus peregrini facere consueverunt sanctorum ~ina antiqua et consueta visitare *Cl* 294 m. 6d. **c 1414, 1425** (v. fraternalis 2). **d 1425** ~en omnium animarum (v. fraternalis 2); **1531** ~ini animarum duas oves matrices *Wills Wells* 81; ~inibus defunctorum *Ib.* 32; **1533** ~i pro defunctis *Ib.* 81; **1534** ~i elemosinarum xx d. .. mortui ~inis *Ib.* 33; **1535** ~i in predicta ecclesia vocato ~en mortuorum vj d. *Ib.* 195.

7 reflected light, brightness, shine (in quot., of countenance).

tale vultus angelici [sc. Cudbercti] ~en BEDE *HE* IV 27 p. 269.

8 (arch.) light (of window).

1453 J. P. vitriatori regis pro vitro et vitriaccione unius fenestre de duobus ~inibus in capella Beate Marie de le Pewe (*DL Ac. Var.* 5/8) *JRL Bull.* XL p. 423.

9 eye. **b** power (of seeing), sight.

laetis ~inibus omnes Christi tirones quasi post hiemalem ac prolixam noctem temperiem .. excipiunt GIR. *EB* 12; paulisper ~ina devertens, a sinistra stantes duos satellites lugentes .. conspicit FELIX *Guthl.* 33 p. 108; ~ina *eagan GlS* 212; ergo quid egisti vaga sidera sepe vaganti / lumine perlustrans L. DURH. *Dial.* IV 124; tot habet facies et tot volumina, / .. quot Argus lumina WALT. WIMB. *Palpo* 82. **b** adempto visendi ~ine FELIX *Guthl.* 53 p. 168; oculorum ~ine donatus OSB. CLAR. *V. Ed. Conf.* 14; ~en .. amissum recepit W. MALM. *GP* V 278; 'ego' inquit 'caecus natus ad sanctissimi viri corpus ~en recepi' AILR. *Gen. Regum* 357; **1256** qui privatus est ~ine suo in servicio regis *Cl* 26.

10 brilliance, excellence, renown, glory. **b** (of person) one who is brilliant or outstanding, leading light, luminary.

licet flammivomo tuae sapientiae ~ini scintilla ingenioli mei nil addere possit ALCUIN *Rhet.* 1; laetitia tua non mutabitur, ~en tuum non deficiet ANSELM (*Or.* 13) III 54; abbas debet excellere in ~ine sanctitatis LUCIAN *Chester* 71; tertia visio fit in ~ine glorie consummate et perfecte LUTTERELL *Vis. Beat.* 93v. **b** hic Petrus et Paulus, tenebrosi lumina mundi ALDH. *CE* 1. 3; multa per innumeras micuere lumina terras, / late per populos Domini pia gratia fluxit *Mir. Nin.* 9; quid enim non auderet qui ~ina Britannie, Edwinum et Oswaldum, .. Sigebertum, Egricum, Annam, .. temeritate nefaria extinxit? W. MALM. *GR* I 74; **s1110** ecclesie lumen, decus et defensio cleri ORD. VIT. XI 40 p. 300 (*Vers.*).

11 (of the mind) intelligence, insight.

ut qui interiore mentis ~ine ad ipsum [Deum] non respiciunt, hi exterioris et corporee lucis beneficio .. doleant destituti GIR. *TH* III 35; hinc candentia confessorum lilia, ibi rubicundas martirum rosas interiori ~ine contemplans *Id. Æthelb.* 1; ad terre fructus, celestis / munera regis, / gratanter mentis lumina flecto mee NECKAM *DS* VIII 2; obtenebratur ~en intelligencie GROS. *DM* VI 11; DUNS *Ord.* I 1 (v. doctrina b); non poterit pertingere ~ine naturali intellectus humanus *Plusc. pref.*

12 (fig.) illumination, enlightenment: **a** (mental or spiritual); **b** (of faith or truth); **c** (divine); **d** (*~en ~inum*, *~en de ~ine*, *pater ~inum*, or sim., w. ref. to God or Christ).

a ALDH. *Aen.* 89. 5 (v. dirus b); *Id. VirgP* 23 (v. eous 2a); erat in ipso nitor spiritalis ~inis radescens FELIX *Guthl.* 15; **736** spiritali ~ine (v. exul a); quod nobilis ocii ~en tantis tenebris obnubilat et obfuscat GIR. *Ep.* 4 p. 186; charitas .. lumen cordis est P. BLOIS *Opusc.* 895D; radios ~inis spiritualis DOCKING 110 (v. glorificare 3a). **b** ~en veritatis BEDE *Hab.* 1242 (v. 1 figere 10a); **986** ut .. nemo .. Christiani vigente ~inis potestate, hoc .. decretum .. audeat violare *Reg. Malm.* I 320; dubitationis errore sublato, jam veritatis ~en aspicio PETRUS *Dial.* 28; in ~ine fidei LUTTERELL *Vis. Beat.* 92v; ~en fidei WYCL. *Trial.* 55 (v. globus 6). **c** divino ~ine verbi ALCUIN *SS Ebor* 144; HERM. ARCH. 1 (v. dubitative); ad divini ~inis intuitum GIR. *TH* I 13 (v. dirigere 3d); ~ine divine cognitionis BART. ANGL. II 4; (v. 2 flamen 4); ~ine Christi COLET *Rom. Enarr.* 206 (v. decernere 6). **d** [sacra genetrix] quae verum genuit Lumen de Lumine Patris ALDH. *CE* 2. 5; non potuit habere nisi a Patre ~inum ANSELM (*CurD* I 10) II 64; ab immutabili ~ine omnium regnatore ROB. BRIDL. *Dial.* 17 (v. fugax 1); Pater ~inum AD. SCOT *Serm.* 146A (v. dare 8c); lumen de lumine VINSAUF *PN* 1441 (v. 2 flamen 3a); Altissimus, ~en ~inum R. BURY *Phil.* 1. 17; **1477** ~inum Pater (v. distributor b).

lumentum v. lomentum. **lumilio** v. luminio. **lumina** v. lamina 1c.

1 luminare [CL], **-ar**

1 lamp, candle. **b** light (of lamp, candle, or sim.), lighting, brightness. **c** (fig.).

surgentes fratres in nocturnalibus suis, et infantes, et juvenes, cum ~ibus suis, veniant in ecclesiam LANFR. *Const.* 87; majestas Domini in templo apparuit quae omnia omnium ~ia extinxit OSB. *V. Dunst.* 4; preferuntur et faces, lampades et ~ia accenduntur J. SAL. *Pol.* 749C; **c1536** pro cereis et ~ibus emendis *StatOx* 340. **b** atque candelas et candelarum ~ia plurimum diligeret T. MON. *Will.* I 2; Maria stella maris, / fax summi luminaris J. HOWD. *Viola* 2; his vicinus est ignis Grecus et multa comburentia. preterea possunt fieri ~ia perpetua et balnea ardentia sine fine BACON *NM* 536; solvent .. xiij d. ad ~e unius lampadis in infirmitorio pauperum de N. *Reg. Newbattle* 174. **c** ALDH. *VirgP* 22 (v. diffuse a).

2 (eccl.) lamp or candle for lighting church, honouring the dead and saints' shrines, or for liturgical use. **b** (*scotum ad ~ia*) 'light-shot', provision of church lights.

vasa sancta et ~ia .. quae ad ornatum domus Dei pertinent studiossime paravit BEDE *HE* V 20 p. 331; pauca per ecclesiam ~ia accensa EGB. *Pont.* 129; **1206** ad inveniendum ~e de cera ad omnes missas *Cart. Sallay* 187; **1240** ad ~ia circa corpus ejus vj s. viij d. (*Test.*) *FormA* 424; **1298** reditus assignatos ad luminar .. altarium *Conc.* II 248; **1329** Hugoni clerico de Perth, facienti ~e pro funere regis, capienti pro petra cere duos denarios, xxxv s. iij d. *ExchScot* 151; **1419** ad .. ~ia, aut alia divina servitia aut pietatis opera, .. invenienda *MGL* I 450. **b** (*Inst. Cnuti*) *GAS* 295 (v. luminaris).

3 heavenly body, star, luminary; **b** (sts. dist. as *~e majus* or *minus*) sun or moon; **c** (fig.).

ut quasi coeli ~ia ad effugandas totius erroris nebulas et peccatorum tenebras viderentur OSB. *V. Dunst.* 92; ad ~ia aspicientes, iter suum directe dirigunt usque ad destinatum locum conferentes situm loci quo tendunt in terra ad situs et vias ~ium in celo GROS. *Hexaem.* V 7. 1; migrante te, [Jesu] celestia commigrant luminaria J. HOWD. *Cyth.* 25. 2; cum in supremo culmine illius consedissem, et claris ~ibus que .. Deus in firmamento collocavit toto oculorum aspectu .. inhiarem CIREN. I 282. **b** limpidissimis solis et lunae ~ibus ALDH. *VirgP* 53; ~e majus in inchoationem diei, et ~e minus in inchoationem noctis [*Gen.* i 16] BEDE *HE* V 21 p. 339; cum enim sint duo ~ia magna, sol et luna GROS. *Flux.* 460; si ambo ~ia [sc. sol et luna] in cholericis signis sese receperint, medicina tunc data alicui parum movebit BACON IX app. 200; ~e majus, sc. solem .. ~e minus sc. .. lunam OCKHAM *Pol.* I 252; [Deus] fecit .. duo magna ~ia, sc. solem et lunam *Eul. Hist.* I 8. **c** he sunt duo ~ia magna in firmamento celi posita .. ~e majus est lex divina que preest diei spiritualis vite nostre qua Deum contemplamur .. et ~e minus lex nature est, que preest nocti tenebrose hujus temporalis conversationis nostre FORTESCUE *NLN* I 42.

4 harbour-light, lighthouse.

12.. ad ~e sancte Marie et sancti Cuthberti J. Raine *Antiquities of North Durham* app. no. 715; **1261** ad sustentacionem cujusdam ~is quod habent in portu suo ad indempnitatem et salvacionem nautarum noctanter applicantium *Pat* 76 m. 17.

5 division of a window, light, pane.

trabem ante altare S. Petri cum cruce et imaginibus reparavit et exaltavit ad majus ~e vestiarii *Chr. Evesham Cont. A* 271; fecit unam fenestram vj ~ium *Hist. Durh.* 2; **1416** in factura ij ~ium fenestrarum vitrearum in Galilea *Ac. Durh.* 406; **1424** (v. geticium); **1438** quod .. ~ia et fenestras in et supra dictos muros regis palacii regis [Westm'] facere possint *Pat* 442 m. 9; in qualibet fenestra iiij ~ia vitreata W. WORC. *Itin.* 226.

6 (fig., of person) one who stands out as an example, shining light, luminary.

693 quo usi munere pietatis Dei ut quaedam astrorum caelestium splendifera ~ia mundi totius per ambitum renitentes .. inter numerum electorum meruerunt ascribi (*Lit. Papae*) EADMER *HN* 316; maxima illa ecclesiae ~ia BEDE *Hom.* II 22. 219; **793** domo Dei [sc. ecclesia S. Cuthberti], in qua tanta ~ia totius Brittanniae requiescunt ALCUIN *Ep.* 16; commemorat seriem regum .. quos ille non immerito ~ia vocat Anglie W. MALM. *GP* I 2; per nos in oculis laicorum mirabiles velut magna mundi ~ia, dignitates ecclesie secundum sortes varias possidetis R. BURY *Phil.* 4. 50; **1439** gaudentes .. tale ~e ex regno nostro assumi posse quod .. plagas occiduas .. et orientales suis radiis valeat illustrare BEKYNTON I 43.

2 luminare [CL]

1 to light up, illuminate.

1345 pro lxxij lib. candel' Parys' .. ad ~and' operacionem et facturam dictorum garniamentorum (*KR Ac* 390/5) *Arch.* XXXI 7; populi portant .. *shevys de redde segge* ad ~andam aulam W. WORC. *Itin.* 290.

2 to illuminate (manuscript, coat of arms or sim.), limn.

1303 pro leopardis de armis dicti principis purfilandis et ~andis *KR Ac* 363/18 f. 11*d*; **1346** idem Robertus ~abit omnes psalmos de grossis literis aureis positis in coloribus, et omnes grossas literas de ympnario et collectario ~abit de auro et vermilione . . . et omnes litere in principiis versuum erunt ~ate de azuro et vermilione bonis *Fabr. York* 166; **a1451** lego .. urnum .. primarium ~atum cum auro *Test. Ebor.* II 144.

luminaris [ML], of light. **b** (*census ~is*) 'light-shot', provision of church lights.

radios ~es GROS. *Flux.* 461 (v. horizon a). **b** et census ~is ter in anno (*Cons. Cnuti*) *GAS* 295 (cf. (*Inst. Cnuti*) *Ib.*: scotum ad luminaria quod Angli vocant *lihtgescot*; cf. (*Quad.*) *Ib.* 294: fiat ter in anno simbolum luminis).

luminarium [LL], **~ia**, light; **b** (eccl.).

ex tanta ~iorum copia perterriti GIR. *PI* III 19 p. 312. **b** **797** (v. concinnatio); **1200** decem libratas terre concessimus ad inveniend' bonum et competens ~ium ante corpus predicti martiris gloriosi *RChart* 38b; **c1205** ad ~ium administrandum *Ch. Westm.* 450; **1226** concessi .. ecclesie S. Michaelis ij lib. cere ad ~ium *Cart. Mont. S. Mich.* 16; **1254** de ~iis in ecclesia Sarum *Ch. Sal.* 322; **1268** domus .. ecclesie nostre .. ad opus et usum ~ie et fabrice et refectionis ornamentorum .. domos nostros, pensiones seu redditus *Test. Ep. Heref.* 2; in ~iis pro predictis ecclesiis *Reg. Rough* 295; **1420** item [lego] ~io Sancte Brucis ecclesie predicte ij s. iiij d.; item utrique ~io Beate Marie et Sancti Johannis Baptiste ipsius ecclesie iij s. iiij d. *Reg. Cant.* II 207.

luminarius [ML]

1 (*herba ~ia*) great mullein (*Verbascum thapsus*).

13.. oculus Christi, herba ~ia, *moleyn'*, *feltwort* idem *Herb. Harl. 3388* f. 80v; herba ~ia, tapsus barbastus idem *SB* 23; flosmus, filtrum, tapsus barbatus major, herba ~ia, pantiflagos idem, A. *feltwort* vel *cattestayl Alph.* 68.

2 (as sb. m.) illuminator (of manuscripts), limner; **b** (as surname).

1327 familia et servientes .. clericorum, percamenarii, ~ii .. et alii homines .. de robis *MunCOx* 55; **1356** clamat .. cancellarius .. taxare et assidere ministros dicte universitatis .. ac stationarios, pergamentarios, ~ios et scriptores *MunAcOx* 174. **b** ego H. F. .. concessi .. dimidietatem trium virgarum terre .. quam partem habui contra Johannem ~ium *AncD* A 8025.

luminatio [LL]

1 illumination, light.

hec interior ~o [ME: *ȝeouen of licht*] seu illustracio sic illustrat animam ut .. *AncrR* 26.

2 illumination (of manuscript).

1346 idem Robertus luminabit omnes psalmos de grossis literis aureis positis in coloribus . . . et pro ~one predicta dabit v s. vj d. *Fabr. York* 166.

luminator [LL = *giver of light*], illuminator (of manuscripts), limner; **b** (as surname).

1290 quod .. nullus gaudeat libertatibus .. universitatis .. nisi clerici et eorum .. servientes, pergamenarii ~ores, scriptores .. *MunAcOx* 52. **b** **1260** Elyas ~or [reddit] iiij d. *Cust. Glast.* 191; **1260, 1266** domus Absalon proxima angularis; R. ~or habet ad vitam *Cart. Osney* III 105, 108.

luminatura, illumination, adornment (of manuscript or sim.).

1452 pro ligatura et ~a ejusdem libri (*Test.*) *MunAcOx* II 648.

lumineus, of or pertaining to light.

hoc lumen ..; inde ~eus, -a, -um, et luminosus OSB. GLOUC. *Deriv.* 299.

luminio, lumino, lumio [AN, OF *limegnon*, *luminon*, *lumillon*], wick.

c1219 in ij li. cere ix d. ob. in lumini' j ob. *Househ. Ac.* 119; **1264** in limione ad candelam, vj d. *KR Ac* 3/3 r. 2; **1265** luminon' pro alba candela v d. ~a de Walingeforde, xx d. *MS BL Additional 8877* m. 2 (cf. *Manners* 16); **1290** candelario regis pro mdcc li. luminon' emptis ad candelas *Chanc. Misc.* (*AcWardr*) 4/5 f. 6; **1295** Johanni Candelario .. pro luminone emendo *Prests* 99; **1300** pro portagio dicte cere ad domos candelar', luminione empto pro eadem cera, clavis minutis ad eosdem cereos attachiandos *AcWardr* 46; **c1308** in cera, lumilion' et oleo empt' pro capella *LTR Ac* 19 r. 40; in cera, luminione, oleo pro capella *Ib.* r. 41; **1314** in .. mmcccxix li. candele paris' et mdccclxx li. lumionis emptis hoc anno (*DL MinAc* 1/1/3 m. 20) *EHR* XLII 198; **1322** ad limionem et alia que pro officio candelarie hospicii nostri necessaria fuerint pro denariis nostris emendis et providend' *Pat* 155 m. 1; ille qui facit cereos in ecclesia et ceram conventus .. xij d. ad limionem contra purificacionem *Cust. Cant.* 374; in liminone empta pro cereis et candelis faciendis xiij s. vj d. *Comp. Swith.* 231.

lumino v. luminio.

luminose, ~iter [ML], brightly, brilliantly; **b** (fig.).

1171 lucerna hec .. flatu transitorio percussa est ut ~ius splendeat P. BLOIS *Ep.* 27. 93C. **b** quanto autem se corporalibus subtrahebat, tanto ~ius se spiritualibus indidit theoriis AILR. *Ed. Conf.* 760B; qui tua regis opera gloriose, / nos tuum opus erige preminenter, / et dape vultus sacies affluenter, / patrie donans gaudia luminose J. HOWD. *Cant.* 311.

luminositas [ML], quality of being luminous, brightness, brilliance, luminosity; **b** (fig.).

GIR. *TH* II 3 (v. debere 2); non intelligendum est de parvitate quantitatis, sed de parvitate ~atis GROS. 77; licet ergo quantum ad ~atem sive ad numerositatem luminis, quodlibet punctum intra operam luminosam equaliter habet de lumine, tamen quoad fortitudinem luminum in virtute operandi secundum impressionem centrum recipit maxime de lumine DOCKING 117; est enim [hic spiritus] corpus subtile .. et in oculo maxime est diaphaneitatis et ~atis *Ps.*-GROS. *Summa* 495. **b** quod rationale per naturam fiet ibi intellectuale per gratiam. ibi enim imaginatio convertetur in rationem, et ratio in intellectum .. et quod modo facit resolutio spirituum, faciet ipsa ~as omnium interiorum organorum PECKHAM *QA* 119.

luminosus [CL]

1 full of light, brilliant, dazzling; **b** (*corpus ~um*, celestial body that emits light). **c** (of a person, his perception or speech).

ecce sol justitie illuxit tibi, et radium sue illustrationis tibi ~um aperuit *V. Birini* 7; sicut stelle multiplicant de die radios suos, nec tamen videntur, quia aliud ~ius efficacius movet visum DUNS *Ord.* III 214. **b** si corpus ~um et corpus tenebrosum sunt equalia, corpus ~um proicit umbram equidistantium laterum, et dicitur illa umbra chilindreidos J. BLUND *An.* 137; umbra est objectio alicujus solidi contra ~um corpus *Quaest. Salern.* P 62; sol cum sit corpus ~um .. *Ib.* B 117; omne corpus ~um a quolibet sui puncto undique circa se lumen dirigit GROS. *Hexaem.* III 16. 6; ad primum dicendum quod corpora celestia et sunt corpora et ~a sunt KILWARDBY *OS* 97; ideo dicitur lux facere illud corpus ~um, quia est formaliter perficiens illud corpus DUNS *Ord.* III 259. **c** quantum habet nox illa tedii, quantum angoris et quantum certaminis, cum vix possit tenebras illas illustrare etiam ~um sed in abscondito lucens conscientie testimonium J. FORD *Serm.* 4. 6; ceterum intelligentie ~ior quidem est oculus qui animam Deum contemplantem in eandem potest transformare imaginem *Ib.* 48. 9; qui lucentes vestes gerunt / luminosa verba serunt WALT. WIMB. *Van.* 81; preferens me principibus luminosis J. HOWD. *Cant.* 44.

2 (as sb. n.): **a** luminousness, brightness, brilliance. **b** celestial body that emits light.

a PECKHAM *Persp.* I 6 (v. hemisphaeraliter); juxta diversitatem situs et superficiei speculi necesse est alius ejusdem ~i idolum apparere et sic credo cum sole non stellam aliquam apparere *Ib.* II 24. **b** ~a, ut ignis et stelle FISHACRE *Quaest.* 50 (v. diaphanus a); BACON V 10 (v. draco 5c).

lumio v. luminio.

lumpa [cf. MLow Germ. *lumpen*, MDutch *lompe*], kind of fish, lump (*Cyclopterus lumpus*).

tergum fusca, rubens ventrem, deformis hiatu / oris, lumpa cutis asperitate riget NECKAM *DS* III 618.

1 luna [CL]

1 moon. **b** (*rusticus in ~a*) the man in the moon. **c** (*~am vendere vel dare*) to sell or give the moon, to promise what cannot be delivered. **d** (as mythological figure).

pallida nec lunae spernuntur lumina ALDH. *VirgV* 214; more ~ae crescebat vel decrescebat GOSC. *Transl. Mild.* 4; **s1107** due ~e vise sunt in celo *Ann. Exon.* 9; ~a planeta est et dicitur aquea respectu aliorum propter vicinitatem aque, unde trahit sibi qualitates *Quaest. Salern.* N 3. **b** nonne novisti quid vulgus vocet rusticum in ~a portantem spinas? unde quidam vulgariter loquens ait: 'rusticus in luna qua sarcina deprimit una, / monstrat per spinas nulli prodesse rapinas NECKAM *NR* I 14. **c s1254** si sic non feceris, ut prelibatum est, idem est sic dicere ac si quis diceret, 'vendo vel do tibi ~am, ascende et apprehende eam' M. PAR. *Maj.* V 457. **d** Proserpina ipsa est ~a, que et Diana vocatur. ~a fingitur Endimionem adamasse pastorem eo quod hic primus cursum lune deprehendit WALS. *AD* 14.

2 the moon as an influence: **a** on movement of water; **b** on disease.

a ~a per humoris ministerium cunctis incrementum corporibus suggerit BEDE *TR* 8 p. 196; ~a .. tumescit et .. equora .. exasperari incipiunt et moveri GIR. *TH* II 3; GARL. *Tri. Eccl.* 32 (v. contumere); lune redundat uterus in pregnante J. HOWD. *Cant.* 310. **b** ~a potius impediret istum morbum BACON IX 190; ROB. ANGL. (II) 161 (v. caducus b).

3 the moon's monthly cycle. **b** (*~a nova, ~a vetus*) new moon, old moon. **c** (*~a prima, ~a secunda, etc.*) the first, second, *etc.* day of the new moon. **d** (*~a currente per j, ij, etc.*) w. ref. to the golden number in the lunar cycle of nineteen years. **e** (*saltus ~ae*) the subtraction of a day from a lunation at the end of a lunar cycle. *Cf. lunaris* 1d.

797 nam causa hujus praesentis cartulae lunaris saltus effecta est, qui in hac lucenti ~a Novembri mensis anno circuli decennovenalis novissimo .. inspici poterit ALCUIN *Ep.* 126; si quis .. vult Novembri mensis ~am triginta dies habere .. *Ib.*; aspice ~am Februarii *Kal. M. A.* II 423 (v. exstinguere 1c); nota quod in prima quadra ~e omne humidum augmentatur, in secunda diminuitur, in tertia crescit, in quarta decrescit ROB. ANGL. (II) 161. **b** ~a nova et ritus impietatis GROS. *DM* I 8; luna vetus veteres, juvenes nova luna requirit (*Vers.*) GAD. 80 2. **c** si quis contempserit Nicenae Concilium et fecerit Pascha cum Judaeis xiiij ~a, exterminabitur ab omni aecclesia THEOD. *Pen.* I 5. 3; quintam decimam ~am BEDE *TR* 17 (v. diameter 2a); ille sic in pascha dominico quartam decimam ~am conputavit *Id. HE* III 25 p. 187; **1332** in die ordinacionis S. Gregorii, iij nonas Septembris, ~a sexta *ChartR* 119 m. 18. **d s1071** anno regni regis Willelmi primi quinto, litera Dominicalis B., Lamfrancus Cadomensis abbas, archiepiscopus Cantuarie .. consecratur, ~a currente per viij *Ann. Berm.* 424; **s1428** episcopus Wyntonie .. recipiebatur tam a clero undique quam a populo cum summa reverentia, ~a currente per iv *Ib.* 486. **e** de saltu ~ae. saltum ~ae locus et hora citior incensionis ejus per xviiij annos efficit BEDE *Temp.* 12; de saltu lune GARL. *Tri. Eccl.* 89 (v. epacta 1).

4 (*dies ~ae*) Monday. **b** labour service for lord performed on Monday. **c** tenement of cottar who owes Monday-work (cf. *lundinarium*).

dies ~is *DB* I 263, diei ~ae *GAS* 199, etc. (v. 1 dies 5c). **b c1182** ille [debet] dies ~e a principio autumpni usque in finem *RB Worc.* 85. **c 1299** Robertus .. tenet ij virgatas et dimidiam, et unum diem ~e de dominico *RB Worc.* 406; **1306** *Mondaylondes*: .. [tenentes] invenient j hominem ad operandum quolibet die ~e operabili a festo S. Michaelis usque ad festum Pentecoste[s] ad voluntatem domini sine cibo *Ext. Hadleigh* 244.

5 crescent-shaped ornament.

a cressent a bowte þe nek, torques, torquis, ~a, lunula *CathA*; *an ornament* .. ornamenta mulierum per versus sequentes patent ..; †limula [l. lunula], †lima [l. luna] perichelides sunt, torques in auris / flammea *Ib.*

6 (alch.) silver (as metal or coin). **b** (*~ae sputum*) mercury.

~a est frigida et humida in quarto gradu, id est argentum M. SCOT *Alch.* 152; maxime in alkimia invenitur ad convertendum .. mercurium in ~a, martem in ~a *Ib.* 155; *Id. Lumen* 243 (v. filius 8b); quidam mundi sapientes / vim argenti cognoscentes / lunam illud nominant WALT. WIMB. *Van.* 48; cum cluit loculus lune vibratibus *Id. Sim.* 56; cum sit dictum quod sulphur philosophorum rubeum existat in sole per majorem digestionem, et sulphur album in ~a per minorem digestionem *Correct. Alch.* 12; planete sunt metalla ..: nam plumbum dicitur Saturnus, argentum ~a BACON *Tert.* 83; at mulier illa sole amicta et sub pedibus ejus ~a DASTIN *Ros.* 22 p. 324. **b** quando enim crudum est, vocatur argentum †virum [l. vivum], aqua permanens, plumbum, sputum ~e, stannum .. DASTIN *Ros.* 4.

2 luna v. 2 lova.

lunacia v. lunarius, lunatia.

lunare [CL], to make into the shape of a crescent moon, to curve, arch. **b** (p. ppl.) crescent-shaped, curved, arched.

arcuare, curvare, quod etiam ~are dicitur OSB. GLOUC. *Deriv.* 43; orbiculum tollit communis fibula crurum / surarumque, genu, nec, quem internodia lunant, / angulus incurvi corrugat poplitis arcum HANV. II 56; nunc stat et obsequiis genuum cessantibus arcum / lunat et accedit humeris *Ib.* 84; ecce supercilium monachi lunatur in altum *Ib.* V 312. **b** quendam hominem .. ~atas habuisse plantas duorum non amplius digitorum comperimus *Lib. Monstr.* I 25 (cf. Augustinus *Civ. Dei*) XVI 8); armenti princeps lunatum robur [i. e. *the strength of his horns*] in ornos / asperat objectas J. EXON. *BT* I 300; arcu lunato .. / .. doctor Achillis adest NECKAM *DS* I 457; mors .. / .. / non lunatas, non corruscas / spatas pavet plusquam muscas / vel minutos culices WALT. WIMB. *Van.* 140.

lunaris [CL]

1 of or relating to the moon, lunar. **b** (*mensis ~is*) lunar month. **c** (*annus ~is*) lunar year (of twelve lunar months; also ellipt. as sb. m.). **d** (*saltus ~is*) subtraction of one day from a lunation at the end of its cycle. **e** (*cyclus ~is*) lunar or Metonic cycle of nineteen years (also ellipt.). **f** lasting one month, temporary. **g** (*morbus ~is*) monthly infirmity, menstruation.

juxta ~em Ebreorum calculationem ALDH. *Met.* 2 p. 69; BEDE *TR* 18 p. 216 (v. cursus 3a); GIR. *TH* II 3 (v. defectus 1e); in revolucione temporis ~is BACON *Tert.* 224; eclipsis ~aris WALLINGF. (*Alb.*) I 290 (v. declivis 1b). **b** BRADW. *CD* 470C (v. lunatio a). **c** BEDE *TR* 36, BRACTON 359, BRADW. *CD* 107D (v. annus b); communis, ad differentiam embolismalis, qui similiter dicitur annus ~is, sed tamen superat communem ~em una lunatione, continente xxx dies S. LANGTON *Gl. Hist. Schol.* 48; BART. ANGL. IX 4 (v. embolismalis a); illa ebdomas que constat ex annis ~ibus non dicitur simpliciter ebdomas, sed ebdomas abbreviata, sicut annus ~is annus est abbreviatus GROS. *Cess. Leg.* II 7. 4. **d** BEDE *TR* 43 (v. exundantia); **797** causa hujus praesentis cartulae ~is saltus effecta est ALCUIN *Ep.* 126; **798** (v. 1 distinctus). **e** BEDE *TR* 56 (v. cyclus 3c); **779** BACON *Tert.* 214 (v. decemnovennalis); *Id.* VI 123 (v. exemplare 2b). **f** est homo mentis inops qui dedignatum amicos, / qui pro balliva lunari se probat hostem, / desipit, errat homo, quia, cum balliva peribit, / solus erit, nudus, cunctis orbatus amicis D. BEC. 1652. **g** inficitur speculum, si femina morbo / lunari languens intueatur idem NECKAM *DS* IX 398.

2 of silver (*cf.* 1 *luna* 6).

haec medicina ipsum Mercurium coagulabit et in naturam solarem et ~em convertet DASTIN *Ros.* 20; observa igitur doctrinam meam, o artista, ut metas manipulos solares et ~es, et de operibus manuum tuarum comedas RIPLEY 193.

3 of a customary tenant who performs labour service for a lord on Monday; (also as sb. m.) tenant who performs Monday-work. **b** (*dies ~is*) Monday-work.

c1182 sunt ibi xij virgate de villenagio et ix *cotmen* et vij ~es .. ~es j diem [? l. die] faciunt opus manuum sicut ceteri *RB Worc.* 367; iij homines ~es *Ib.* 407. **b c1182** dies ~es. Frewyn debet j diem, Alveric j, Chelm j [etc.] *RB Worc.* 85.

lunariter [ML], in the manner of the moon, temporarily, changeably.

~iter mobiles more vulgi NETTER *DAF* I 180.

lunarius [ML]

1 lunar; **b** (of a species of dog) that bays at the moon (by misr. of *limarius*).

1234 cujus anni circulus ~ius fuit nonodecimus *Rec. Leic.* I 60. **b** est et ~ium [genus], quod nihil aliud quam excubias agit, quam insomnes noctes totas protrahit baubando ad lunam CAIUS *Can.* 8.

2 of Monday: **a** (*nox ~ia*) Monday night. **b** (as sb. m.) customary tenant owing Monday-work.

a s1249 contigit nocte ~ia proxima ante festum S. Andree .. quod J. M. .. furatus fuit xxxj d. a bursa W. W. *Ann. Tewk. app.* 515. **b c1182** idem facient cotmen et †binarii [? l. lunarii] *RB Worc.* 367.

3 (as sb. f., bot.) var. plants bearing crescent-shaped leaves or white flowers.

~ia major, asterion; ~ia minor *lunary MS BL Sloane* 3545 f. 7v; ~ia *purgeþ þe colre þe whyche hatz a bleu flour MS Cambridge Univ. Libr. Dd* 11. 45 f. 150v; linaria major, *vasterion.* linaria minor, *moneherbe MS BL Royal* 12 *E I* f. 95; †lunacia [l. lunaria], respice in merula *Alph.* 104; merula, †limacia [l. lunaria] idem *Ib.* 113; ~ia *is of two kyndes, the one is called in Latine* ~ia major . . . *It maye be called in English great lunari. Some cal it Shalut. The other kinde is called in Latin* ~ia minor, *which may be called in Englishe litle lunary or maye grapes* TURNER *Herb Names* H 3.

4 (alch.) silver (*cf.* 1 *luna* 6).

quando est ad ~iam perductum, destilla ~iam a calcibus et iterum repone RIPLEY 337.

lunatia, lunacy.

1585 ad inquirendum de lunacia Elizabeth Hebes, vidue *Pat* 1303 m. 9*d*.

lunaticus [CL]

1 of or relating to the moon, lunar.

lunaticis .. diebus *Kal. M. A.* I 397 (v. discurrere 1e).

2 influenced by the phases of the moon (esp. to mental disorder; also as sb. m.). **b** not in control of one's senses, mad, lunatic (also as sb. m.).

hinc est quod ~i dicuntur qui singulis mensibus pro lune augmento cerebro excrescente languescunt GIR. *TH* II 3 p. 79; item experimento scimus quod luna inter omnes substantias celestes maximam significationem habet super humida et frigida. unde dicuntur quidam ~i quia in defectu lune patiuntur diminutionem cerebri, cum cerebrum sit substantia frigida et humida GROS. *Flux.* 461; fetus .. quem concepisti nullum hactenus habuit incrementum. est enim proles ~a, cursum quippe lune sequitur in crescendo eandemque cum illa disposicionem habet *Mir. Hen. VI* V 151. **b** numquid ~us es, aut similiter amens? MAP *NC* IV 16 f. 58v; **1224** ipse fuit ~us et impotens sui *BNB* III 4; in maniacis et melancolicis et ~is GILB. III 140 1; **1306** Johannes mercator est plegius Thome filii sui, qui est in parte ~us, quod decetero se bene habebit inter vicinos suos *Rec. Elton* 115; **1313** quidam ~us percussit seipsum cum cultello suo .. et obiit ratione plage sue *Eyre Kent* I 81; *CathA* (v. astrosus); **1509** ex diversis infirmitatibus aut egretudinibus sibi contingentibus ~us et freneticus devenit *Cl* 375 m. 15*d*.

3 suffering from falling-sickness, epileptic (in quot., w. ref. to *Matth.* xvii 15).

isti sunt ~i qui offeruntur Domino ad curandum, modo cadentes in aquam sollicitudinum, modo in ignem cupiditatis P. BLOIS *Ep.* 16. 60B.

lunatio [ML], the period between one new moon and the next, lunation, lunar cycle. **b** mid-point in the lunar cycle, full moon.

September habet dies xxx et regulares v, qui sunt simul xxxv. dimitte xxx, quorum ita est ejus ~o; reliquos v da Octobri BYRHT. *Man.* 32; curavi ut his quibus defectus solis et lune non est visus .. certior faciliorque ad naturalem cujusque ~onis originem pateat aditus (WALCHER) *EHR* XXX 57; ccxxxv .. est numerus ~onum unius circuli decem novelis GROS. *Cess. Leg.* II 7. 8; posito igitur quod tempus equalis ~onis sit viginti novem dies, et triginta unum minuta et quinquaginta secunda BACON *Tert.* 284; plenilunium est medium omnis ~onis KILWARDBY *Jejun.* 167; **a1332** tabula ejusdem [sc. Bede] et expositio super tabulam de ~onibus *Libr. Cant. Dov.* 40; menstrua fluunt qualibet ~one semel GAD. 80. 2; apparet defectus ~onum et mensium lunarium in calendario Latinorum BRADW. *CD* 470C. **b** diligenter attendas mensem, mensisque ~onem, et horam diei, in qua sacrificabatur agnus P. BLOIS *Perf. Jud.* 846A; per ~ones homines in lupos mutari GERV. TILB. I 15 (v. gerulfus).

lunatus v. lunare b.

1 lunda v. binda.

2 lunda v. lundum.

Lundercensis, of London.

?1226 viro honesto ballivo ~i salutem *RL* I 305.

lundinarius [cf. OF *lundi*]

1 (as sb. m.) customary tenant performing Monday-work.

12.. operaciones ~iorum per annum *RB Heref.* 27; **1284** item sunt ibidem undecim lundenarii, qui operabuntur quilibet die Lune per annum exceptis tribus; et valet opus cujuslibet xvj *d. ob. IPM* 40/2 m. 1 (cf. *Cal. IPM* III 283 [**1297**]: *Moninday man*); **1286** (v. dies 5c); **1299** ~ii: J. S. tenet j mesuagium cum curtilagio . . . et debet .. operari qualibet septimana die Lune ..; J. F. .. debet per omnia sicut predictus [etc.] *RB Worc.* 310; **1306** Schurdington' .. de firmis bondorum et ~iorum *MinAc* (*Glos.*) 1144/1 m. 23.

2 (as sb. n.) cottar land subject to Monday-work (cf. *Villainage in Eng.* 256).

1266 W. N. tenet unum ~ium terre *Cart. Glouc.* III 44; **1267** Matilda tenet unum ~ium sicut patet inferius inter consuetudinarios *Ib.* 89; **1284** de redditu gallinarum ad Natale, xlv. summa ovorum ad Pascha, m et iiij c. data de virgatis, xx. de dimidia virgata, x. de ~io, v. *Reg. Malm.* I 143; unum ~ium cum pertinentiis, quod jacet contra domum Radulfi *Ib.* 42.

Lundonia, ~iae (Lond-), Londiniae, Londonium, ~onum, Londinum [cf. CL Londinium, LL Lundinium; ? < *Londinos (*personal name*), cf. OIr. *lonn, lond,* 'fierce'; cf. R. Forsberg *Contrib. to Dict. of Old Eng. Place-Names* (Uppsala, 1950) 176ff.], London: **a** (n. forms); **b** (f. sg. forms); **c** (f. pl. forms).

a limitati sunt veteres episcopatus sub metropolibus Londonum, Eboracum, et Caerlium R. NIGER *Chr. II* 117; Londinum .. regiravi GIR. *Symb.* I 22 p. 263; **s1321** convocatis vicinis ex Estsexia et Londino MORE *Chr. Ed. II* 302; velut proditor .. Londonium adductus BLAKMAN *Hen. VI* 19. **b** †**677** (16c) juxta ~iam *CS* 87; ad ~iam civitatem EDDI 43 p. 86; orientalium Saxonum ..; quorum metropolis ~ia civitas est BEDE *HE* II 3 p. 85; **935** (12c) ego Theodred ~ie urbis episcopus *CS* 707 p. 413; in ~ia *DB* I 3orb; ~ia civitas nobilis W. MALM. *GP* II 73 p. 140; **1130** Londonia et Middelsexa *Pipe* 143; Londonia et modernis temporibus reges illustres .. peperit W. FITZST. *prol.* 19 (= *MGL* II 15: ~ia); c**1206** apud Fontem Clericorum extra Londoniam *Ch. Sal.* 72; **1229** apud London' *CurR* XIII 1361 (= *BNB* II 260 aput Londoniam); archipresbyter Sancti Pauli Londonie ELMH. *Cant.* 312. **c** omnem *burgware* infra Londonias *GAS* 486; in occidentali parte Londoniarum AILR. *Ed. Conf.* 753A; menia .. ~iarum R. COLD. *Godr.* 25 (v. Lundonicus a); ignis in furore successus Londoniis .. maximam partem civitatis .. devoravit *Ann. S. Edm.* 23; **s1324** multae de evasione cujusdam extra turrim Londonearum BLANEFORD 145 (*tit.*); Londonias [v. l. Lonodon'] vere Scoti vovere venire (*Battle of Nevile's Cross*) *Pol. Poems* I 49; c**1381** ex arce que fertur Lundoniarum (*Mors Simonis*) *Ib.* I 227; tibi, Londonie, rumor amoenus adest R. MAIDSTONE *Conc.* 283; ad parliamentum Londinis (SWYND.) *Ziz.* 340; Londonias civitatem adire *Mir. Hen. VI* I 9 p. 33.

Lundonicus, of London; **b** (as sb. m.) Londoner.

~ae metropolis ierarcha GOSC. *Wulfh. prol.* (v. hierarcha 1a); †**969** (?12c) cujuscumque Londonice urbis episcopi (*Bulla Papae*) *CS* 1264 p. 550; **a** ~a civitate usque ad Romam et de Roma ad menia prope Lundoniarum R. COLD. *Godr.* 25. **b** Londonici .. miserunt .. xxv homines armorum AVESB. f. 125b.

Lundoniensis

1 of London; **b** (w. ref. to weights and measures).

~is ecclesiae presbyterum BEDE *HE praef.* p. 6; ?**733** (13c) in ~i portu *CS* 149; **803** ego Osmund ~is civitatis episcopus (*Clovesho*) *Conc. HS* 547 (= *CS* 312 p. 437); †**a940** (12c) Adelstanus Lundoniensis episcopus *CS* 737; quidam .. vir ~is LANTFR. *Swith.* 11; **1072** pro eo quod nec ego Londoniensis episcopus essem nec de ~i aecclesia esset quaestio instituta LANFR. *Ep.* 3 (4); hoc manerium .. est de episcopatu ~i *DB* 133va; in arce ~i ORD. VIT. X 19 p. 108; **1291** decano et capitulo Londoniensi S. Pauli (*Lit. Regis*) AVESB. f. 80b; **1396** his testibus .. R. Londoniensis *Mem. York* I 162; Londinensis MORE *Ut.* 115. **b** **1215** sit .. una mensura bladi, sc. quarterium ~e *Magna Carta* 35 (cf. *StRealm* I 204 [*Assisa de ponderibus et mensuris*]: libram London' .. bussellum London' .. quarterium London' [etc.]; *IPM* 31 (3) m. 1 [**1282**]: quarterium Lond').

2 (as sb. m.) inhabitant of London, Londoner.

Mellitum .. ~es episcopum recipere noluerunt BEDE *HE* II 6 p. 93; soli Londonienses .. portas occluserunt W. MALM. *GR* II 177 p. 208; Wicciorum et ~ium episcopus *Id. GP* I 18 p. 26; ~es, tunc Trinovantes dicti, .. Cesarem .. repulerunt W. FITZST. *Thom. prol.* 18; **1326** Londonienses .. Dispensarios odio habentes .. AVESB. f. 77b.

Lundonius, ~onus (Lon-), a of London; **b** (as sb. m.) Londoner.

a Anglia me genuit, Londonis [vv. ll. Londonie, Londanis] civibus ortus / .. huc veni NIG. *SS* 755. **b** ~ii .. sese in obsequium ducis tradiderunt ORD. VIT. III 14 p. 155.

Lundrensis (Lond-), a (adj.) of London (in quot., of liquid measure). **b** (as sb. m.) London farthing.

a a**1198** dedit .. canonicis j sextarium vini ~em *AncD* A 1878. **b** **1280** [magister monete] faciet ferlingos per Angliam qui nunc sunt rotundi et ~es vocantur ..; et sciendum quod quelibet libra continebit quatuor viginti Londrenses .. *RBExch* 986.

---

lundum, ~a [ME, OF *launde,* ON *lund*], 'laund', untilled ground, open space among woods. *V. et. landa.*

a**1162** cum terris et ~is et omnibus ad ipsum burgum pertinentibus *Act. Hen. II* I 277; in Essessa maneriolum de P. cum bosco et ~is sibi adjacentibus *Ib.* 263 (cf. *Act. Ep. Cant.* 64 [c**1183**]); a**1254** concessi .. totum ~um meum .. in villa Lud' .. excepta parte ille terre ejusdem ~i quem A. filius J. tenet *Reg. Ant. Linc.* V 195.

lunella, crescent-moon.

est forma epatis ad modum ~e novelle depressis cornibus inferius GILB. VI 240. 1.

lunellus v. luvellus.

lunetta, crescent-shaped motif or ornament.

capa .. de obscuro panno breudata rosis et ~is *Invent. S. Paul.* 479.

lungia v. 1 longa. **lungus** v. longus.

lunificus, that makes silver; (as sb. n.) silver-making elixir.

quousque .. argentum vivum mutet in ~um et solificum verum, secundum quod elixir fuerit preparatum DASTIN *Ros.* 20; in complemento solifico et ~o certo *Ib.* 22.

lunis v. 1 luna 4.

lunivagus, of the movement of the moon.

Julius aequivocat artis tempore cancrum. / qui magis elucet ter denis atque diebus. / lunivacis giris ter denis rite coruscat *Kal. M. A.* I 409.

lunula [CL], crescent-shaped ornament, brooch, clasp, or sim. **b** (her.) crescent.

ALDH. *VirgV* 1163 (v. 2 glaucus 2); ~as i. armillas *Gl. Bodl.* 45; colli .. et pectoris et humerorum [ornamenta], torques, bulle .. ~e [*gl.: fermayles. taschez. layners*; vv. ll. linule, limule, ?livule] BALSH. *Ut.* 53 (cf. *Teaching Latin* I 175); **1247** phaleras equorum cum ~is minutim pendentibus *Cap. Aug.* 31; **1265** pro lunullis ad equos, j d. *Manners* 6. **b** secundo fratri ~am—crescentem vocant, Graeci δεχόμενον—assignant SPELMAN *Asp.* 140.

1 lupa v. loupa.

2 lupa [CL]

1 she-wolf; **b** (fig.).

hic altellus .. i. Romulus, eo quod a ~a mirabiliter sit altus OSB. GLOUC. *Deriv.* 10; ~am conspicit sub specie ferina gemitus .. humanos emittentes GIR. *TH* II 19 p. 102; ~a, A. *a femel wulfe WW.* **b** AncrR 36 (v. 2 lupus 1b).

2 prostitute.

OSB. GLOUC. *Deriv.* 264 (v. Gorgo 1b); meretrices ab obscenitatis et odoris ac rapacitatis similitudine ~as vocamus, unde et lupanaria dicimus ALB. LOND. *DG* 11. 11.

lupanaliter, in the manner of a prostitute.

velut in vestibulo veniunt ~iterve velut prostituta E. THRIP. *SS* IV 9.

lupanar [CL]

1 brothel, stew.

ALDH. *VirgP* 42 (v. detestabilis); c**1160** (v. custos 2e); inedia .. que .. in ~ar cogit a thalamis MAP *NC* I 25 f. 19v; ALB. LOND. *DG* 11. 11 (v. 2 lupa 2); lupinar GARL. *Syn.* 587D (v. gynaeceum c); quando domini .. vadunt ad torneamenta .. currunt ad tabernam vel .. ad ~ar H. HARTLEPOOL 200; hoc lupaner, *a horehowse WW.*

2 (by assoc. w. sense 1 as 'stew') pond.

1598 idem tenet unum pratum vocat' Chatley meade cum uno lupnar' (*Surv. Cobham*) *Surrey RO (Kingston)* 26101/1/29/3.

lupanare, ~ari, to frequent brothels, whore.

asperasque minas ~anti multitudini adjecit ORD. VIT. IX 10 p. 547; ~ari, *bordeler Gl. AN Glasg.* f. 18ra.

lupanaris [CL], of a brothel.

pestes illas que vestram sunt comitate dignitatem, .. ignominiis opprobrii ~is .. vestre domus opinionem .. maculantes infamia AD. MARSH *Ep.* 49 p. 156; **s1376** in contubernio ~i *Chr. Angl.* 84.

lupanarius, of a brothel. **b** (as sb. m.) pimp, whoremonger.

1541 domum lapanariam (v. lupanis). **b** a**1230** non scolares sed ~ios et histrionum pares *FormOx* 348.

---

lupanatrix, prostitute.

1310 plures roberie, murdra et alie transgressiones diverse perpetrantur, manutenentur et nequiter sustentantur per receptatores et receptatrices [et] publicas ~ices in diversis hospiciis et locis aliis in civitate [London'] *Cl* 128.

lupanis [cf. lupanar], brothel.

1541 Brianus Holtman custodit un' ~em sive domum lapanariam *Augm. Bk* 134 f. 40d.

lupardus [ME *lupard, var. of leopard*], ? leopard-skin.

duodena de ~is (*Sandwich tolls*) *DCCant. Reg. H.* f. 162v; ?**1303** pellis de sabelino iiij d., pellis de martrino iiij d., duodena allute ij d., duodena de *baseyn* j d. .. duodena de ~o j d. (*KR AcCust* 157/12) *EEC* 162 (? *Ipswich*).

luparium v. louparium.

luparius [LL]

1 (as sb. m.) wolf-hunter.

~ii [sc. habent] xx d. in die [etc.] *Domus Reg.* 135 (v. canis 2a); **1155** in lib' ~iorum, c s. *Pipe* 54; **1157** Ricardo et Baldewino ~iis regis, v s. et vj d. *Ib.* 153.

2 (*canis ~ius*) wolf-hound (in quots., w. ref. to serjeanty in Wilts; cf. *King's Serjeants* 296; *v. et. luporarius*).

1250 serjantia Michaelis de Middleton' .., pro qua debuit custodire canes ~ios, alienata est in parte *Fees* 1228; **1275** per antiquam serjantiam pro custodiendo ij canes ~ios *Hund.* II 259.

lupatus, ~um [CL *n. pl. as sb.* = *bit jagged like a wolf's teeth*], halter, bridle, frontlet for barded horse. **b** (fig.) curb.

quem [sc. cornipedem] .. aureis comunt ~is ALDH. *VirgP* 2; non ego pompisonis adii pretiosa lupatis / moenia FRITH. 1175; ~um, genus asperorum frenorum OSB. GLOUC. *Deriv.* 327; decentis ~i fulgor ipsum [sc. palefridum] juvat NECKAM *NR* II 158 p. 260; ~um [*gl.: chaufreyn*] *Id. Ut.* 100 (v. 1 camus a); hoc ~ium, *canfrein Gl. AN Glasg.* f. 21va; *a bridylle,* .. luputum est frenum acutissimum *CathA.* **b** quippe animo ad perpetuam festinanti interitum nulla ~orum retinacula immittere libidinum queunt continentie modum *V. Neot. A* 14.

lupellus [ML]

1 wolf-cub. **b** (as personal name; cf. *luvellus*).

hic lupillus .. i parvus lupus OSB. GLOUC. *Deriv.* 316. **b** filii quoque ejus, Rodbertus et Guillelmus cognomento ~us .. ORD. VIT. V 20 p. 470; **1169** Emme sorori ~i *Pipe* 20; per visum ~i et Hoppeschort *Ib.* 158.

2 pickerel.

loligo clepa canis lupus atque lupillus STANBR. *Vulg.* 12; *a pickrel,* ~us LEVINS *Manip.* 56.

luperca [CL = *wife of the god Lupercus*], courtesan, prostitute.

OSB. GLOUC. *Deriv.* 324 (v. lodix d).

Lupercalia [CL], Roman festival Lupercalia.

9.. ~ia, *gelegergield WW;* **10..** ~ibus, *pæm gildendum.* luperci vocantur illi sacerdotes qui ministrant deo qui vocatur Pan *Ib.*

Lupercus [CL], priest involved in the Lupercalia (also fig.). **b** official, minister, servant.

10.. (v. Lupercalia); OSB. GLOUC. *Deriv.* 240 (v. 1 flamen a); parce philargyrie, livide Luperce, / ritum idolatrie parcius exerce W. COMBE 192. **b** ~i, *penas GlP* 378.

lupiculus [cf. lupus], small pike, pickerel.

1358 in j apro, xxvij porcis .. et l ~is receptis de servientibus et grangium per tall' *Sacr. Ely* II 182.

lupina [cf. lupus], (med.) stye.

veruca .. est caro dura inspissata ..; ~e sunt tales molles, et sunt communiter in palpebris GAD. 29. 2.

lupinare, to behave like a wolf, be wolfish.

disce pati socios .. / non tonet ira nocens in eos, nec seva lupinet [*gl.: a lupo*] D. BEC. 1130.

lupinaris [CL lupinum + -aris], of a lupin seed.

eminentia ejus est parve quantitatis lupinaris, i. ad modum lupini GAD. 29v. 1.

lupinatus, made from hops; (*potus ~us*) beer.

bere, potus ~us LEVINS *Manip.* 84.

lupinus [CL]

1 of a wolf; **b** (fig., w. ref. to Satan); **c** (as sb. m., in quot. fig.). **d** (leg., *caput ~um gerere*) to bear a wolf's head, to be an outlaw.

si qua portio gregis ab ejus custodia resiliens, denti ~o malit quam virgae pastorali subjici BEDE *Sam.* 632A; formam humanam .. exuentes induunt ~am GIR. *TH* II 19 p. 102; ex malitia ~i aspectus *Quaest. Salern.* B 284; cum pelle ~a [ME: *wulfene fel*] *AncrR* 37. **b** **799** ne ~is morsibus pastorum pastor pateat ALCUIN *Ep.* 179; **c944** ne aliquis .. ~is pateat morsibus lacerandus O. CANT. *Const.* 71; traditus a Domino lacerandus dente ~o *V. Anselmi Epit.* 26; quod si facimus diligenciam nostram possemus faciliter oves nostras defendere a ~is spoliacionibus WYCL. *Blasph.* 187. **c** **c820** contra sevis [*sic*] lubinorum ac tyrannorum bachationes luctare (*Professio Ceolberhti*) *CS* 376 (= *Conc. HS* 592: ~orum). **d** *GAS* 631 etc. (v. caput 5d); extunc gerunt caput ~um ita quod sine judiciali inquisitione pereunt BRACTON 125b.

2 characteristic of a wolf, wolf-like (also fig.).

hujus ~e discordie malum inter me et fratrem .. abolere festinetis ORD. VIT. III 7 p. 98; at ille ~o more obliquantibus oculis predam insidians *Ep. ad amicum* 18; H. BOS. *Thom.* III 2 (v. dissipator b); aviditate ~a vorantes J. GODARD *Ep.* 221; ~am et leoninam ferocitatem quoad venie contemptum .. subtiliter investigat *G. Roman.* 290.

3 (mus.) harsh, discordant.

s1426 AMUND. I 208 (v. distonatio).

4 (bot.): **a** (*faba ~a*) ? henbane (*Hyoscyamus niger*). **b** (as sb. f.) deadly nightshade (*Atropa bella donna*). **c** (as sb. m.) lupine (*Lupinus*). **d** hop.

a ~us, faba Egiptiaca idem G. *lupins MS BL Additional 15236* f. 4v; *Alph.* 61, 111 (v. faba 2b). **b** ~a, *gret morele MS BL Sloane 2479* f. 98v; ~a, A. *gret morel MS BL Additional 18752* f. 105r. **c** herba ~um montanum *Leechdoms* I 44; ~us NECKAM *DS* VIII 19 (v. 2 lens 1b); ~us, G. *vesce Teaching Latin* II 15; *SB* 10 (v. altamus); bulbus scudius, i. flos ~i *Alph.* 25; ~us *Ib.* 61, 106 (v. faba 2a). **d** [pro] uno pokett' ~orum *Port Bk* (*Exeter*) 925/7 f. 4 (cf. ib. f. 3v: pro uno pokett' *hopps*).

lupire [CL], (of kite) to cry.

est proprietas aquilarum clangere .. vulturum pulpare .. milvorum ~ire OSB. GLOUC. *Deriv.* 78; milvius erius lupus est, hunc rite lupire / dicitur NECKAM *DS* II 649.

lupis v. 2 lupus 2. **lupisma** v. lopimum.

luporarius, (*canis ~ius*) wolf-hound (Wilts). *Cf. luparius.*

serjantia Johannis [Michaelis] de Middelton' in Middelton', pro qua debuit custodire canes ~ios domini regis, alienata est in parte *Fees* 1179.

lupularium, hop-yard.

an hopyard, ~ium LEVINS *Manip.* 210.

lupulatus, brewed with hops; (*potus, cervisia ~us*) beer.

1612 (v. cervisia 2); **1615** potus ~us fortis (*Pl. Marshalsea, PRO E 37/29*) *Law Merch.* cxv.

lupulentus, brewed with hops; (*potus ~us*) beer.

1554 porcionem his duplicis potus ~i, viz. *a bruing of double double bere SelPlAdm* II 89.

lupuletum, a hop-yard. **b** beer.

a *an hopyarde*, ~um LEVINS *Manip.* 30. **b** *beere* .. limpiletum *PP*; *beer*, quidam potus est et dicitur lepiletum secundum quosdam *CathA*.

lupulinus, brewed with hops; (*potus ~us*) beer.

1574 navem seu hoyam Embdanam .. pannis laneis, potu ~o ac aliis .. rebus onustam *Pat* 1115 m. 38.

lupulus [ML]

1 wolf-cub (also fig.).

nimis caro vendidit nobis ~um suum ANSELM (*Ep.* 271) IV 186; lupus exclamat: ".. / .. / congruus obses erit lupulus meus .." WALT. ANGL. *App.* 8 p. 377; lupus esuriens protulit hec lupulo *Ib.* p. 379.

2 (bot.): **a** sorrel. **b** hop.

a detur ygia etc. .. mixtis cum apozimate lilifagi, vel longe melius ~i que acedula vocatur GILB. IV 188. 1; ~us .., i. e. acedula optimus [*sic*], equipolet benedicte *Ib.* VI 272. 1; ~us, *swredok MS BL Sloane 405* f. 12r. **b** ~us multum assimilatur rubo ferenti mora set spinis caret ~i, *lebleve Alph.* 106; TURNER *Herb.* B ii v. (v. 2 lupus 4d); LEVINS *Manip.* 169 (v. 2 humulus a).

1 lupus v. loupa.

2 lupus [CL]

1 wolf; **b** (fig.); **c** (prov.). **d** wolf-skin (as tribute). **e** (as personal name).

animalia que a ~is seu canibus lacerantur non sunt comedenda THEOD. *Pen.* II 11. 1; Scylla .. ~orum uterum et caudas delphinum habuit *Lib. Monstr.* I 14; ecce ~us ad eos accedens qui et statim in hujusmodi verba prorupit GIR. *TH* II 19 p. 101; **1285** debent ire per mediam foresti ad ponend' pegas ad ~os capiend' *DL Forest Proc.* 1/5 m. 14*d* (cf. *Sports & Pastimes* 13); ibi [in Anglia] ~i non sunt, ursi nec leones FORTESCUE *LLA* 29. **b** lupus .. infernalis ALCUIN *Carm.* 49. 20 (v. 2 guttur d); dixit, et adventanti regi innocenti et simplici viro dolo plenus occurrit. salutat ~us agnum, Deo agno mox immolandum *Pass. Æthelb.* 7; dominum .. suum et Christinam, ~um viz. et agnum in una domo simul dereliquerunt *V. Chris. Marky.* 5; isti sunt heretici, qui in vestimentis ovium veniunt. isti sunt ~i quos mercenarius fugit [cf. *Joh.* x 12] P. BLOIS *Ep.* 113. 341B; probandi sunt spiritus neophitorum .. ne pellem ovinam ~us .. induat *Canon. G. Sempr.* 48; femina irata est lupa, homo ~us [ME: *wumman wrað is wulfene, mon is wulf*] *AncrR* 36. **c** non lupus a sompno turbetur dum requiescit D. BEC. 503; inter canem et ~um **1265**, BACON XV 176, etc. (v. canis 3). **d** Cadewalle rex Wallie reddebat Edgaro regi pro tributo annuo iij^{c} ~os; quarto vero anno nullus est inventus R. NIGER *Chr. II* 138. **e** haec Lupus, alte pater, stolido de pectore Clarus / carmina conposuit ÆTHELWULF *Abb.* 796; ~us Barensis presbiter ORD. VIT. VII 12 p. 208; **s1171** defuncto rege ~o, qui paganus erat, occupaverunt terram ipsius, sc. Murciam et Valenciam *G. Hen. II* 23; **1230** Robertus ~us debet respondere de exitibus episcopatus Cestr' *Pipe* 296.

2 pike, luce (also w. *aquaticus, fluviatilis*, or sim.). **b** wolf-fish, sea-wolf, sea-dace.

10.. lypus, *bærs WW*; perchis bona sit piperata lupisque D. BEC. 2651; **11..** cancer *þe crabbe*, sardina, *hering*, ~us, *bars WW Sup.* 213; at lupus, equoree turbe populator avarus, / predo piscanti preda fit artis ope; / in mensa lupus est mansueto mitior agno NECKAM *DS* III 493, 495; **1250** mittat regi l de grossioribus et melioribus ~is aquaticis in galatia aut alio modo *Cl* 330; **1293** W. habuit piscem suum sc. ~os aquaticos in coquina sua *Law Merch.* I 61; **1345** in xij ~is aquaticis xlix s. vj d. *Rec. Leic.* II 67; hic lupis, *a pyke WW*; ~i fluviatilis (LELAND) *MonA* III 471a (v. denticulus a); *a luce, fish* ~us fluvialis LEVINS *Manip.* 182. **b** quidam pisces sint, qui ex una parte habeant formam piscis et ex alia formam animalis quadrupedis, ut porcus piscis, canis piscis, ~us piscis BELETH *RDO* 80. 86.

3 skin-disease, ulcer, 'lupus'.

W. CANT. *Mir. Thom.* II 20 (v. cancer 3); **1170** GILB. IV 202v. 2 (v. esthiomenus); cum predictis pulveribus mortificatur cancer et ~us GILB. IV 206. 1; **s1249** semet .. Fretherícus [II] percussus est morbo, qui dicitur ~us vel sacer ignis M. PAR. *Maj.* V 78; BACON IX 151 (v. cancer 3); apostema .. in tibiis et cruribus dicitur esse ~us GAD. 121v. 1; *a welpe*, ~us i. morbus et piscis, licos Grece, lupa lupilus *CathA*.

4 (bot.) **a** sorrel. **b** (*herba ~i*) ? aconite, wolf's bane. **c** (*~i pecten*) wild teasel. **d** hop.

a ~us, acedula, *surel MS BL Arundel 42* f. 95v. **b** GAD. IIIv. 2 (v. adilis). **c** ~i pecten, *tasyll MS Cambridge Univ. Libr. Dd 11. 45* f. 107v; virga pastoris, ~i pecten idem, assimulatur cardoni fullonum A. *wildetesel Alph.* 191. **d** ~us salictarius, officinis dicitur lupulus, Anglice *hoppes* TURNER *Herb.* B ii v.

5 (*~us belli* or *guerrae*) military engine used in siege warfare.

1306 de *groyns* de ferro j cum ram' pro ~o guerre *KR Ac* 369/11 f. 87v; **s1304** jussit rex arietem fabricari .. et ~um guerre. verum aries indecens et incompositus parum aut nihil profuit, ~us autem belli minus sumptuosus nocuit plus obsessis *Flor. Hist.* III 119.

6 (*~us cervinus*) lynx (cf. Pliny *Nat.* XI 202: lupis cervariis).

lapis lyncis fit de urina ~i cervini *Alph.* 219.

lura [CL], mouth of a flask or leather container. **b** ? bladder.

~a, os utris vel cullei OSB. GLOUC. *Deriv.* 324; hec ~a, *a mowth of a flaget* .. ~a sit os utris, et collum luridus inde *WW*; *mowth of a botel*, ~a *PP*; *a mowthe of a flakett*, ~a *CathA*. **b** faba .. / desiccat flegma, stomachum luramque relidit D. BEC. 2705.

lurardus, manorial official responsible for mowing (Suff).

ad istud pertinet tenementum falcacio claustri, sed cum falce ~i (*Reg. Bury S. Edm.*) *Villainage in Eng.* 319; isti habent biscum panem: .. grangiator, bedellus, lurard[us] (*Reg. Album Bury S. Edm.*) *Ib.* 322.

lurcare, lurchare, ~ari [CL], to eat greedily, devour.

gula quae dulcis lurcatur fercula victus ALDH. *VirgV* 2490; praedam ~are non audens *Id. VirgP* 36 (v. 2 gurgulio); lurcor [MS: †lucor], *freceo GlC* L 274 (cf. *WW* [**10..**] †lucor, *freced*); ~are, avide vorare OSB. GLOUC. *Deriv.* 324; lurcire NECKAM *NR* I 30 *gl.* (v. lurcisca).

lurcire v. lurcare.

lurcisca, (falc.) lure.

volucres rapaces, a magistris illius professionis edocte, ~a revocantur [*gl.*: lurcire est avide cibos consumere] NECKAM *NR* I 30; lurtisca, [*gl.*: *lure*] *Id. Sac.* 363; ~a, A. *a luyre WW*.

lurciscere, to lure.

~o, A. *to luyre WW*.

lurco [CL], **~on,** glutton.

lurcones rabidi quem carpunt rictibus oris ALDH. *Aen.* 79 (*Taxus*) 7; lurcon GODEMAN 22 (v. exilis 1a); ~ones quoque dicuntur avidi voratores OSB. GLOUC. *Deriv.* 40; BOECE 90v (v. deliciose a).

lurconis, gluttonous, greedy (also fig.).

lurconum more Cyclopum ALDH. *Aen.* 100 (*Creatura*) 33; **a690** ~onum conglobatio lectorum *Id. Ep.* 5; quum ~onibus desideriis affatim famuli sudarent, et ad locelli advenirent desideratam visionem, invenierunt quod haud crediderunt BYRHT. *V. Ecgwini* 395.

lurconius, gluttonous, greedy.

a gluton, ambro .. lurco, ~ius participium *CathA*.

lurcus [cf. lurco], glutton (as gen. term of abuse), predator.

FRITH. 14 (v. dissaepire 1b).

lurdaus, lurdenus v. lardinus.

lurdicus [? OF *lourdois*; cf. lurdus], ? fool, dolt.

1382 (v. losellus).

lurdus [LL < λορδός], stooped, limping.

~us, *lemphalt GlC* L 296; ?**9..** ~us, *lemphealt WW*.

lurica v. lorica. **luricula** v. loricula.

luridatio [cf. luridus 4], (act of) breaking wind, farting.

fyystyng, ~o *PP*.

luride, in a ghastly fashion.

improbe, damnande, trux, luride mortificande R. CANT. *Malch.* p. 161 l. 370.

luridus [CL]

1 pale, wan, sallow. **b** yellow, off-white.

lurida .. membra ALDH. *VirgV* 701 (v. debilis 1); ~o [*gl.*: i. e. contaminato vel sordido] vultu FELIX *Guthl.* 31 p. 102; horrida eorum [sc. demonum] visio et facies ~a ac torrida R. COLD. *Cuthb.* 114. **b** **a1414** lapidem .. ~um sive subalbum (*Invent.*) AMUND. II app. 333.

2 ghastly, terrible.

~a fana ALDH. *CE* 4. 4. 7 (v. daemon 2c); lurida sancto medicante infamia cessit *Mir. Nin.* 153; divitias tribuit .. / .. monachis, quos lurida inedia pressit ÆTHELWULF *Abb.* 407; ~a capitis foeditate FOLC. *V. J. Bev.* 4 (v. horrere 1a); easdem [facies] tam ~as habebant et perlucidas, ut vix in eorum vultus, presertim sole repercusso, hostes aciem intendere prevaluissent GIR. *DK* I 11.

3 variegated, speckled.

liridus, i. diversi coloris, A. *pykeled WW*; gallina lirida scon, A. *pykeled hen show WW*.

4 foul, fetid, stinking. **b** (as sb. f.) foul smell, stink, fart.

lutosus .. fedus, fetulentus .. fetidus †luitidus [? l. luridus], sordidus OSB. GLOUC. *Deriv.* 324. **b** *fyyste, stynk*, ~a *PP*; *a fiste*, lirida *CathA*; hec lirida, *a fyse WW*.

lurire [cf. lupire], (of kite) to cry.

milvi jugiunt vel jugilant vel ~iunt ALDH. *PR* 131 p. 180.

lurleg-, lurlig- v. legga. **lurthium** v. linteum.

lusare, to play.

to play, jocari, joculari, ludere, .. ~are, lusitare *CathA*.

lusator, player, actor.

1517 pro custodia ornamentorum ~orum ibidem hoc anno *REED* (*Devon*) 20. 7 (cf. ib. 21. 5: lusitor); **1558** regard' lusiator[ibus] domini Stafford' *Hist. Shrewsb.* I 330.

luscare [CL luscus], to blind (an eye, fig.), to turn a blind (eye) (in order to avoid witnessing an indiscretion).

versus prandentem tecum tua lumina sepe / luscentur; dominus dorsum non cernat edentis D. Bec. 996.

lusceus v. lucius.

lusciliosus [*misr.* of CL luscitiosus; cf. Jan.], a suffering from night-blindness; **b** (understood as syn. of luscus) partially sighted.

a lusticiosus .. i. vespere nihil videns, quod etiam luciliosus dicitur Osb. Glouc. *Deriv.* 308. **b** luciliosus, ex parte nihil videns, quod et luscus dicitur *Ib.* 325.

luscinia (luc-) [CL], a nightingale. **b** goldfinch.

a luscinia Aldh. *Aen.* 68. 7 (v. acalanthis); luscinia, *naetegale* GlC L 331; †fungalis [? l. fringillus], luscinia, *nightegale* GlH F 1038; nomina avium: .. lucinia vel philomela, *nightegale* Ælf. *Gl.* 131. 18; lucina [MS: lucinia], quedam modica avis in luce canens Osb. Glouc. *Deriv.* 326; lucinium amo Map NC IV 3 f. 44v (v. concentus b); bubo tenebras, lucinia lucem / appetit Neckam *DS* II 901 p. 393. **b** inter alias carnes assunt perdices vel phasiani, galli silvestres, anates, turtures, columbe, coturnices et turdi, passeres, alaude, sturni, licinie [*gl.*: hec lucina, G. *chadenerole*] et ficedule et maurisci Garl. *Comm.* 223; a quo [sc. aucupe] capiuntur .. sitacus, philomela et lucinia [vv. ll. lucina, liricina; *gl.*: chardenerole, A. *goldfinch*] *Id. Dict.* 135; hec lucinia, hic carduelis, *a goldfynche* WW.

luscitio [CL], (night-)blindness.

lusticio Osb. Glouc. *Deriv.* 308 (v. luscus 1a).

luscitiosus [CL], night-blind.

lusticiosus .. i. vespere nihil videns, quod etiam luciliosus dicitur Osb. Glouc. *Deriv.* 308.

luscius v. luceus.

luscus [CL]

1 blind in one eye, one-eyed; **b** (fig., of needle).

Aldh. *VirgV* 1319 (v. detrimentum 2a); ~us vel monoptalmus, *anegede* Ælf. *Gram.* 304; **9** .. luxcus, *anije* WW; hic lusticio .. i. oculorum vitium, et ~us .. ex parte nihil videns Osb. Glouc. *Deriv.* 308; ave virgo gloriosa, / .. / tu lusco lux, tu claudo pes Walt. Wimb. *Virgo* 76; puero ~o precipiatur ut sintillas intueatur Gad. 111v. 2. **b** conditor invalido et finxit me corpore luscam Tatwine *Aen.* 11. 2.

2 squinting (as app. guide to character), louche.

c**1460** oculis luscus et denigrato colore, in facie fuscus *Paston Let.* 610 II p. 211.

3 (w. ref. to the mind) ignorant.

glaucus interpretatur 'luscus'. glaucus itaque animi lippitudinem, hoc est ignorantiam figurat. omnis enim ignorans ~us et a rationis limite devius esse perhibetur W. Donc. *Aph. Phil.* 7. 11; ave virgo, Dei theca, / per quam lusca, lippa, ceca / mens habet collirium Walt. Wimb. *Virgo* 8.

lusiator v. lusator.

lusio [CL]

1 play, show, entertainment.

?**1440** queruntur versus Thomam .. de placito detencionis uni[us] libri de ~onibus precio ij s. iiij d. REED (*Heref & Worc*) 112. 23; **1512** sol' J. T. pro ~one in interludio octavis Epiphanie, vj d. (*Ac. Magd. Coll. Ox.*) *Med. Stage* II 249.

2 (act of) playing (mus. instrument).

ad te in .. organorum tactu et ~one imbuendum *Form. S. Andr.* I 263.

3 delusion, hallucination.

non in priori ~onis effigie sed in canina .. specie B. V. *Dunst.* 16.

lusitare [CL], to play.

heri nos ~avimus ad invicem Latialibus rematibus Ælf. *Bata* 5. 11; jocari, ludere, †~ari [MS: ~are], joculari Osb. Glouc. *Deriv.* 288; nil ergo temere cano Catonibus / sed tantum parvulis balbucientibus / qui turbi lusitant in vertiginibus Walt. Wimb. *Palpo* 180; tu nos in lectulo doloris visita / et cum lugentibus parumper lusita *Id. Carm.* 72; CathA (v. lusare).

lusitor v. lusator.

lusor [CL]

1 one who plays (a game), player. **b** partner (in game), companion, playmate. **c** (w. gen. or prep. & acc. specifying game played).

Neckam *NR* II 183 (v. filius 2b); necesse est autem ut lusor bonus aliter illam [sc. pilam] collusori longo, aliter brevi mittat [Seneca *de Beneficiis* II 17] W. Burley *Vit. Phil.* 108. **b** ille juvenis fuit filius unius simplicis militis et quasi fatuus .. quem sic episcopi promoverunt, ut placerent cuidam magno domino mundano cum quo ille juvenis in statu puerili fuit ~or Gascoigne *Loci* 14. **c** talorum lusor, pacis turbo, joculator D. Bec. 48; **1375** A. de H. *goldsmyth* R. F. et T. T. simul pugnaverunt in domo Barestaf et sunt communes ~es ad talos *Leet Norw.* 66; ~or scaccarum J. Sheppey *Fab.* 443; **1475** (v. communis 10b).

2 actor, player, entertainer. **b** (~or *sophisticalis*) trickster.

vigilias appellabant dies festa proxime precedentes, ad quas conveniebant juvenes et puelle, cantores et ~es Beleth *RDO* 11. 23A; **1507** present' prand' .. ij le *mynstrelles*, vj *trumpettes*, iiij ~ores domini de Wrisell .. (*Househ. Bk. Duke of Buckingham*) *Arch.* XXV 31; **1533** pro iiij ~oribus domini comitis de Darby .. vij s. vj d. *Househ. Bk. Durh.* 143. **b 1432** quod nullus cujuscunque status fuerit seu condicionis de cetero infra dominia predicta utatur jocis ludendi ad talos sive merelles in decepcionem liberorum tenencium .. . et quod quociensque aliquis talis ~or sophisticalis inventus fuerit in dominiis .. predictis, sic ludens contra proclamacionem predictam .. (*AssizeR Newport*) *March. S. Wales* 82.

3 player of mus. instrument (in quots., of organ).

in absentia organorum ~oris *Form. S. Andr.* I 263; **1515** erit in cantu et discantu admodum peritus in organisque ~or satis instructus *Midlothian* 283; **1572** [T. B. admissus fuit] ad officium Magistri Choristarum et ~or ad organa (*Chap. Linc.*) *DCLinc.* A/3/7 f. 72v.

lusorie [CL], frivolously, not seriously.

[hec] non sine causa, leviter ac ~ie contigisse Lucian *Chester* 65.

lusorius [CL]

1 of a play, theatrical. **b** (as sb. n.) pageant, spectacle. **c** playground, stage, theatre.

1510 solutum uni adducenti tunicam ~iam (*Ac. Coll. Magdalen*) *Malone Soc. Collections* V 47. **b** a *pajande*, ~ium CathA. **c** ludo .. inde hic lusor .. et hoc ~ium .. i. locus ubi luditur Osb. Glouc. *Deriv.* 303.

2 frivolous, or ? deceptive.

hanc visionem non fuisse ~iam predicta viri arrogantia et ejusdem arrogantie visa declarat pena Gosc. *Edith* 284.

3 ineffectual.

suos servos quos ille ~ia pollicitatione fugitivos abduxerat, solo jussu revocare Pull. *Sent.* 712A.

lussellus [AN *lussel*, OF *luissel*], skein, hank (of yarn or sim.).

1225 in xvj lucellis fili *Cl* 65a; c**1250** lucellus de filo canabi j qd. *DCCant. Reg. H.* f. 162 (*Sandwich*); **1255** detinet .. tres ulnas lynee tele et v lussell' fili *CourtR Ramsey* 6; **1275**, **1278** de qualibet duodena ~orum fili ad cordas *Pat* 94 m. 17, 98 m. 26; **1284** pro vj cordis grossis continentibus c et viij lucellos, prec' lucelli xxij d. *KR Ac* 467/9 m. 6; pro iiij cordis grossis continentibus xxxvj ~os fili, prec' ~i xvj d. *Ib.* m. 9 (cf. *Building in Eng.* 327); c**1300** de quolibet lusshello canabi *Reg. S. Aug.* 138; ?**1303** lucellus de filo canabi *EEC* 160.

lussus [cf. AN *luche*], ? spade, or ? sleekstone.

1284 in ~is emptis ad opus cementariorum, xiij d. *KR Ac* 467/9 m. 2.

lustleg- v. legga.

lustralis [CL]

1 of or for purification, holy.

Beleth *RDO* 2. 16 (v. aqua 2b).

2 that can be encompassed or gone round, (also as sb. n.) circuit, path, track, course.

stans intra portem ~ium apertam, cervum, arboreis cornibus ferocissimum, jocundo nomine inclamitabat Gosc. *Edith* (II) 67; hic et hec ~is et hoc ~e, i. quod facile potest circumdari Osb. Glouc. *Deriv.* 313.

3 of a watchman or lookout, for observation.

Ps.-Elmh. *Hen.* V 54 (v. deaedificare); in puteis vinetorum ~ibus latitabant *Ib.* 79 p. 229; ~es sedes armatis *Ib.* 97 p. 279.

lustramen [CL = *purificatory offering*]

1 purification, cleansing.

a *clensynge*, colacio .. lustracio, ~en, lustrum CathA.

2 act of going round, circuit. **b** path, track, course.

~en, circuitio Osb. Glouc. *Deriv.* 326; **b** [cervus] pedetentim per ecclesie ~ina circumivit R. Cold. *Cuthb.* 87 p. 184; progressus anterioris silve ~ina, que secus urbis menia in limite primo sunt posita *Id. Godr.* 50; circumiens sepis sue diversa ~ina *Ib.* 139.

3 radiance, light.

qui tali dignatus erat lustramine sanctum / mirificare suum Wulf. *Swith.* I 1035; usque diem quem Phoebus agit lustramine terno *Ib.* II 351; hac, inquam, lucente die lustramine claro, / gloria sit cunctis, honor et memoria sanctis *Id. Brev.* 53.

lustramentum [LL = *rinsing*]

1 purification, cleansing.

execranda sacellorum ~a et inepta pontificum flaminia funditus evacuavit Aldh. *VirgP* 23 p. 255.

2 what is cleared away, filth, excrement, foul stench.

~um, fetor, oletum, putor, fetulentia Osb. Glouc. *Deriv.* 329.

lustrare [CL]

1 to cleanse, purify (also fig.). **b** (p. ppl.) holy, sacred.

donec ipsa salubris lavacri latice ~atur Aldh. *VirgP* 35 p. 278; ipsas .. domus totius diversorii jubebat ~ari a presbitero cum aqua benedicta W. Malm. *Wulfst.* III 5; corda confirmas [Jhesu] fortiter, / mentes lustrans sinceriter / et mundans efficaciter / tocius mali scrupulis J. Howd. *Cyth.* 87. 7. **b** [Dunstanus] pallium principale sub presulatus privilegio .. suscepit: rursumque locellis sanctorum ~atis .. remeavit B. V. *Dunst.* 28.

2 to roam, traverse, move through or round; **b** (intr.). **c** (of news) to spread round.

Aldh. *VirgV* 765 (v. 1 finis 5e); Gallie et Italie sed et insularum partibus ~atis *Hist. Abb. Jarrow* 5; de locis sanctis quae se ~asse juvenem meminit loqui et iterare delectabile habebat Bede *Hom.* I 13. 228; si consideremus solem sub aliqua parte caeli, cum semper caelum ~ando ad eandem partem festinat Anselm (*Praesc.* 4) II 253; cum loca sanctorum diu per Angliam ~asset Gir. *TH* I 31; septenni navigatione mare ~averat *Ib.* II 43. **b** sponte tamen nullus me usquam lustrare videbit Tatwine *Aen.* 8. 2. **c** inclyti fama viri Brittaniae fines ~avit universos Bede *HE* III 13 p. 152.

3 to traverse with the eyes, scan. **b** to survey, explore, search out.

dum patulis lustrent textum sub fronte fenestris Aldh. *VirgV* 2869. **b** *Eccl. & Synag.* 57 (v. explorator 1a); cumque in sylva densissima caput sanctissimum ~ando pergerent *NLA* I 327.

4 to illuminate, brighten (also fig.). **b** (intr.) to shine.

signifer et Phoebi, lustrat qui limpidus orbem Aldh. *Aen.* 81 (*Lucifer*) 2; circuitu solis totum orbem ~antis Bede *TR* 5 p. 186; candida set cum arva lustramur milibus atris Hwætberht *Aen.* 32 (*De membrano*) 3; terra nisi luce ~ata videri non potest Gros. *Quaest. Theol.* 207; sanctorum nos splendoribus / lustres et ornes moribus J. Howd. *Cyth.* 144. 8. **b** Paulus .. notus / omnibus et regnis, qua lustrant lumina Phoebi, / .. fuit Aldh. *VirgV* 775.

lustratio [CL]

1 purification, cleansing.

paganorum decepta gentilitas ad sedandam furoris vesaniam fanatice ~onis spurcalia turificabat Aldh. *VirgP* 25 p. 258; secundum [mensem] dicavit Februs, i. e. Plutoni, qui ~onum potens credebatur lustrarique eo mense civitatem necesse erat Bede *TR* 12 p. 207; sanctificavimus omnem do[mum] quomodo? oleo sancto vel aqua ~onis, non determinatur hic S. Langton *Chron.* 189; lustri Troici referens sollempne sacrum, id est sollempne sacrificium lustri Troici quod fiebat ad ~onem Troie Trevet *Troades* 56.

2 act of traversing.

id ipsum .. agere didicit, non utique in ~onem terrestri imperii quinquennem sed in perennem regni caelestis memoriam Bede *TR* 12 p. 208.

lustrator [CL], one who roams or wanders, wanderer.

exanimati capitis vocem expressam, omnes ad te ~ores invitantis W. Malm. *GR* II 213.

lustricus [CL], day of purification for new-born child.

nonus dies nascentium ~us dicitur OSB. GLOUC. *Deriv.* 313; quem infantem ~o laverat fonte BOECE 132.

lustro [CL], frequenter of a place of ill repute.

errabundus, erratilis, vagus, ~ones, qui vagi sunt et instabiles OSB. GLOUC. *Deriv.* 193; ~ones, *virunners* GARL. *Comm.* 231; *a bribur*, circumforanus, ~o, sicefanta *CathA.*

1 lustrum [CL]

1 marsh, bog (fig.).

799 si nova surgerent tecta in palustribus perfidiae ~is ALCUIN *Ep.* 181.

2 den, lair (of wild beast), cave; **b** (fig.).

et vaga venatrix rimabor lustra ferarum ALDH. *Aen.* 65. 6; ecclesiam gemino qui rexit episcopus anno, / et priscis properavit ovans se reddere lustris BEDE *CuthbV* 587A; ubi quondam psallentium chori, ibi ~a et latibula ferarum visa sunt, stercoribus et immunditiis omnia plena ALCUIN *Vedast.* 421; a meridiana plaga muro monasterii harum [sc. ferarum] adherebat atrium, et hic lato ambitu sua ~a suumque possederant suburbanum GOSC. *Edith* (II) 65; a lustris revocas mox, liparea, feras NECKAM *DS* VI 298. **b** in ventris .. lustro WALT. WIMB. *Carm.* 22 (v. denticulus a).

3 (gen.) countryside, land.

WULF. *Æthelwold* 11 (v. gyrare 4).

2 lustrum [CL]

1 ceremony of purification.

TREVET *Troades* 56 (v. lustratio 1).

2 period of time (esp. of five years).

et quater annorum complevit tempora dena, / hoc est octeni spatiosa volumina lustri ALDH. *VirgV* 2480; lustrum dicebatur spatium quinque annorum, quo lustrabatur urbs et ab omnibus gentibus solvebatur tributum ABBO *QG* 20 (43); lumine corporeo fruitur quinquennis .. / .. et eo gaudens videt omnia lustro WULF. *Swith.* I 1483; ~a .. recurrebant perplurima et Olympiades veniebant non pauci, antequam ad intelligibilem pervenissem aetatem BYRHT. *V. Ecgwini* 362; per multa annorum ~a GOSC. *Transl. Mild. prol.*; ~um, quinque annorum spatium OSB. GLOUC. *Deriv.* 326.

3 book of rent or tax, (*~um Angliae*) Domesday Book.

CAMD. *Br.* 121 (v. censualis 2e).

4 light, eye.

vir super illustres rex Boemie generosus, / providus, annosus cadit ad Cressi sine lustris (*In Franciam*) *Pol. Poems* I 36.

lusus [CL]

1 game, sport, pastime; **b** (spec.). **c** (*~us avium*) hawking.

nec membra nostra quae jam Domino consecrata sunt ~ibus atque ineptis dare motibus decet BEDE *Hom.* II 23. 239; eum [sc. equum] .. quasi ~ibus ad seria preparat proxima MAP *NC* III 2 f. 37v; cumque parvuli hujusmodi ~ui sepius indulgerent J. FURNESS *Walth.* 12; hoc opus pueris novellis, rudibus, / legendum offero cum vacant lusibus WALT. WIMB. *Palpo* 157; simplicibus puerorum se sepe immiscuit ~ibus *Brev. Ebor.* II 223. **b** vadit .. omnis juventus urbis ad ~um pile celebrem W. FITZST. *prol.* 13; episcopi .. in cenobiis cum suis ludant subditis ita ut etiam sese ad ~um pile demittant BELETH *RDO* 120. 123; **a1260** super ~u alee vel taxillorum (*Stat. Lond.*) *Conc. Syn.* 632; sunt et in ~u tabularum que cautele sunt proprie, quorum primum est ex ludo Anglicorum *Ludus Angl.* 165; isti concedunt literas indulgenciarum .. aliquando pro ~u ad pilam si vincantur GASCOIGNE *Loci* 123. **c** dictum est ei a ductore suo quod sic paciebatur miles, quia in avium ~ibus delectabatur *Spec. Laic.* 72.

2 public games, show (in quot., 2nd decl.).

1591 frequentare ~os (v. gubernaculum 2e).

3 leisure, idleness.

GOWER *VC* I 124 (v. gyrovagari 2a).

4 jest, joke.

V. Begae f. 123ra (v. 1 fabula 2b); et sibi ficticiis lusibus nugatur P. BLOIS *Carm.* 5. 6. 4.

1 luta [OF *leut, luth*, Ar. *(a)l-'ūd* = *(the) wood*], stringed instrument, lute.

s1438 imagines duorum angelorum unam cum organis, alteram cum ~a AMUND. II 190.

2 luta, *f. l.*

illa compuncta et ad pedes ejus †prono luta [l. provoluta] dixit .. BRINTON *Serm.* 41 p. 181.

lutare [CL], **~eare,** to cover with mud, clay, or sim., to daub. **b** (alch.) to coat (vessel) with lute. **c** to anoint, smear.

1316 pro viij carettatis lutei ad ponend' et lutand' super plat[is] combl[ie] sub plumbo *KR Ac* 468/20 f. 11; **1359** pro omnibus muris .. de novo ~eandis *TR Bk* 278 f. 176d. **b** accipiantur .. ex eis [culaxis] iiij vel vj secundum quod poteris invenire, quia sub terra morantur, et pones eas in testa terrea et ~a ipsam luto sapiencie ita quod fumus non exeat aliquo modo. pone eam in furno bene calido M. SCOT *Lumen* 247; ponantur in olla cooperta et fortiter ~ata GAD. 97. 2; dicta olla, cujus[cum]que materie sit, debet esse ~ata intus et extra, ad hoc ut melius teneat calorem CUTCL. *LL* 10; tu debes ~are portarum [v. l. parietum] juncturas cum luto sapiencie *Ib.*; pone receptorium cum aqua separatim, et ~atum fortiter in aqua tepida donec Mercurius in lactis speciem dissolvatur. .. pone ambas soluciones simul in unum recipientem et ~etur formiter RIPLEY 203. **c** lutatus .. i. inunctus OSB. GLOUC. *Deriv.* 302.

1 lutarius [CL = *living on mud*], plasterer, dauber.

c1417 cuidam ~io ibidem .. vj s. *Ac. Durh.* 226; **1477** Johanni W., ~io, pro feodo suo de anno compoti, xvj li. *ExchScot* 427.

2 lutarius v. lutrarius.

lutea v. 1 luteus. **luteare** v. lutare. **luteola** v. luteolus.

luteollus [cf. CL luteus + olla], earthenware pot.

pone ipsum [mercurium] in ~o in quo artifices infundunt argentum M. SCOT *Lumen* 251; suprapone carbones accensos in ~o *Ib.*

luteolus [CL], yellowish. **b** (as sb. f.) siskin.

~us, luto similis OSB. GLOUC. *Deriv.* 324. **b** χλωρίς, ~a; A. *a siskin* .. ~a lutea superius descripta multo minor est et colore ad viriditatem magis tendente TURNER *Av.* F 4.

luteosus [cf. lutosus], muddy.

gemens et flens viam ~am et asperiorem eligebat *Meaux* I 204.

1 luter v. later.

2 luter [LL < λουτήρ], vessel for washing, basin, laver. **b** bottle.

~eres bis quinos in quibus hostiae lavarentur BEDE *Kings* 728B; AD. DORE *Pictor* 156 (v. fusilis 2a); hoc potest referri ad Cherubim qui depicti erant in basibus ~erum, ubi etiam rote erant S. LANGTON *Chron.* 141; **1222** ~res de quibus denarios facere debueram non vendidi *RL* I 192; tu vas mellis, lactis uter, / .. fons et luter / purgativus sordium WALT. WIMB. *Virgo* 65; *bolle, vessel* .. ~er *PP*; *a lavyr*, lavacrum, ~er, de luo dicitur *CathA.* **b** *EHR* XXX 453 (v. cyathus a).

3 luter v. lutra.

luter- v. et. lutr-.

luterium, coverlet, rug.

exuens se ~io melate [v. l. melote sive cilicio], in quo ille orare solebat, ipsum circumdedit FELIX *Guthl.* 45 p. 140; Guthlacus ~io melotine, in quo solebat orare, ipsum circumdedit ORD. VIT. IV 15 p. 274; de diversis bonis et catallis, viz. de .. v cortinis vocatis *curteins for a bed*, una alia cortina vocata *a curtein for a window*, iiij paribus lutor' vocatorum *sheets*, uno pulvinario et duobus tegmentis pulvinarior' vocatis *a pillow* .. *Entries* 208a.

luterius, lute-player.

1483 in regardis uni ~io in festo S. Johannis ij d. *REED* (*Cambridge*) 61.

luterus v. 2 luteus 3.

lutescere, to become muddy, turn to mud.

thesaurus desiderabilis sapientie et scientie .. cujus comparatione argentum ~it R. BURY *Phil.* I 14.

luteum v. 1 + 2 luteus.

1 lūteus [CL]

1 reddish- or orange-yellow, golden, saffron. **b** bright red, scarlet.

aurora .. lutea ALDH. *VirgV* 1363 (v. dum 2a); **10..** ~ea, *þæt giolureade WW*; viola martia ~ea, *yellow violets* (GERARDE *Herbal* 70v) *OED* s. v. *violet*. **b** majorem, reliquos seniores bis duodenos / lūcea, non lūtea, vestis adornat ibi ELMH. *Metr. Hen. V* 596 (cf. *G. Hen. V* 15 p. 102: major .. et xxiiij seniores in scarleto); ~eus, A. *skarlet WW*; *scarlett* .. coccinus, coccineus, ~eus et scarleticus *CathA* (cf. 1 lutum).

2 (as sb. m. or f.) yellowhammer.

χλωρεύς, ~eus sive ~ea; A., *a yellowham* .. avicula, quam ~eum esse credo, passere paulo major est TURNER *Av.* F 4; *Ib.* (v. luteolus b); *a yelambre*, ~eus vel ~ea *OED* s. v. *yellowhammer* 1.

3 (as sb. f. or n.) dyer's rocket, weld (*Reseda luteola*).

luppulus hic valet et †latea [? l. lutea] sed non ita communiter inveniuntur sicut alia GAD. 59. 1; lucia herba est unde tinguntur panni crocei, i. *welde Herb. Harl.* 3388 f. 81v.

2 lŭteus [CL]

1 made of mud or clay, (of pot) earthenware (also fig.); **b** (fig., connoting lack of firmness or resolve). **c** (as sb. n.) mud, clay (*v. et. lutum*).

num .. dominator ille Dominus et universitatis figulus servis infimis ~eisque testis se totum exposuit ..? GIR. *TH* I 13 p. 44; patellas ferreas vel saltem luceas cum ignitis carbonibus *Cust. Westm.* 50; **1274** pro ollis ~eis ad dequoquendas herbas *Househ. Henr.* 410; **1296** in c crestis ~eis emptis .. iij s. *KR Ac* 497/21; **1314** in ij patellis et ij ollis ~eis emptis ad dayeriam pro lacte iiij d. *Rec. Elton* 215; **1449** gabali ~ei (v. 2 gabulum a). **b** cor meum .. ad resistendum vero instantibus molle et ~eum ANSELM (*Or.* 15) III 62. **c** emplastrum apostolicon quod a lute[o] inductum et superpositum optime facit nimium dolorem cervicis [etc.] GILB. VII 359v. 1; **1533** pro factura unius muri .. et puellis portantibus ~eum ad idem opus *Househ. Bk. Durh.* 181.

2 of or relating to the earth (as dist. from heaven). **b** (w. ref. to the mortality of the body) earthly, of clay.

diabolo servivimus in tenebra peccatorum, cum ~ea opera in terrenis desideriis agebamus WYCL. *Ver.* I 26. **b** ~eum carnis fornacem BEDE *HA* 14 (v. fornax 1h); quid nos ~eas habitantes domos de fide illius magnitudine vel potentia judicare vel discernere praesumimus? ALCUIN *Dogm.* 212C; Anselmus ~ei corporis nodos evadens W. MALM. *GP* I 67 p. 125; [Jhesu] via, viam enuclea / domo detento lutea J. HOWD. *Cyth.* 47. 7; **1252** nulla sit precelsior dignitas .. quam hominem ex ~ea plasmatum materia Dei filium nuncupari *Mon. Hib. & Scot.* 54; [mors] frontem mutatura / lacteam in luteam WALT. WIMB. *Van.* 126.

3 full of mud, muddy.

s1125 [annus] estivis etiam mensibus pluvius et ~eus W. MALM. *GP* V 278; per ~eam paludem atque inter aquarum gurgites .. sequi inermem *G. Herw.* 330b; ut .. preciosa margarita a ~ea gleba sub qua obruitur effodiatur *Canon. G. Sempr.* 119v; **c1267** sensit diebus proximis Anglorum inclitum regnum inimici hujus [sc. diaboli] insultum latentem insidiis et ob falsam virtutis et pacis ymaginem molitur quasi de luteis [MS: luteris] latibulis erumpentem (*Ep. Card. Ottoboni*) *EHR* XV 110.

4 (as sb. n.) glebe-land.

ecclesia de Caresbrok valebat priori lx m. cum capella de novo Burgo que estimatur valere xvj s. in natali Domini et in pascha in medietate offerendarum quam prior recipit, capella de Nordwoude xxx m. terre et redditus x m. .. que omnia simul conjuncta ~ea estimabuntur valere lxx m. excepta vicaria *Cart. Carisb.* f. 91v.

lutheamen v. linteamen.

Lutheranus, ~ianus, pertaining to Martin Luther, Lutheran. **b** (as sb. m.) adherent of Martin Luther.

1521 pro ~iana peste atque heresi extinguenda nonnulla hic sunt acta (*Ep. Card. Wolsey*) *Mon. Hib. & Scot.* 534; **1521** adversus ~ianam heresim illam videlicet qua sacramenta ferme quasi omnia pessumire temere conatur *Ep. Erasm.* IV 1246; **1526** ~ane factionis ministri, quos summa excecavit malitia *Conc.* III 706; **1543** ~anis et aliis nephandis heresibus *Conc. Scot.* I cclii. **b** **1523** ex his intellexi tibi cum ~ianis male convenire *Ep. Erasm.* V 1367; **1531** res ~anorum invalescunt, et pro catholicis indies fiunt deteriores *SP Hen. VIII* 68 f. 18d; **1559** haereticae pravitatis ~anarum et Calvinianarum et nefandarum aliarum haeresium *Conc. Scot.* II 141; ~anos JEWEL *Apol.* C 3v (v. frater 4).

Lutherismus, Lutheranism.

1534 ad communem Christianorum hostem ~um repellendum (*Lit. Regis Scot.*) *Ep. Erasm.* XI 2950.

lutice v. scutice. **luticulus** v. luciculus. **lutineus** v. lutrinus. **lutor** v. lutra. **lutoricus** v. lutricius. **lutorium** v. luterium. **lutorius** v. lutrarius.

lutose, in mud, in a filthy manner.

hoc lutum .. inde lutosus .. et ~e adv. OSB. GLOUC. *Deriv.* 302.

lutositas [ML], muddiness.

s1415 non voluere Franci propter loci ~atem procul in campum procedere *Chr. S. Alb.* 94 (= WALS. *YN* 464).

lutosus [CL]

1 covered with mud, muddy; **b** (of season); **c** (*anguilla ~a*) mud-eel. **d** (fig.) unclear, murky.

in ~a provintia substitit ibique vitam suam .. exegit W. MALM. *GP* IV 181 p. 319; due vacce fuerunt cuidam patrifamilias, que tempore hiemali in quodam prato ~o de nocte demorate NIG. *Ep.* 18; ~am et lubricam viam devitans J. FURNESS *Walth.* 76; descendens ab equo, terram capit ille lutosam H. AVR. *Hugh* 799. **b** ~e hiemis gravitatem MAP *NC* IV 3 f. 44v (v. luctuose). **c** flumina .. fecunda sunt .. salmonibus, et turtris anguillisque ~is GIR. *TH* I 9. **d** VINSAUF *PN* 810 (v. emundare 1d).

2 dirty, filthy; **b** (of thought, action, or sim.) morally tainted, vile, sordid.

virgo de ~o ornamenti sui squalore querimoniam replicat GOSC. *Transl. Mild.* 21 p. 183; per visionem .. tristis apparuit, hec locutus est, sed ~um os et labia pulverulenta .. ostendit ALEX. CANT. *Mir.* 33 p. 224; hec sunt abhominationes Egiptiorum, mentium sc. carnalitate obtenebratarum, nuditas pedum ~orum, fetor vestis attrite PECKHAM *Paup.* 90. **b** hinc ab avaritia [reus] raptatur, et inde lutosam / ventris in ingluviem luxuriemque ruit L. DURH. *Dial.* IV 235; ideo stercoribus sordet, quoniam vita avari sordida et ~a esse putatur W. DONC. *Aph. Phil.* 13. 10; obscena voluptas nonnisi in ~is mentibus versatur ALB. LOND. *DG* 10. 4; *ramage, coragyows* .. ~us *PP*.

lutra [CL], **luter, lutraea, lutrus, lutrius**

1 otter; **b** (3rd decl.).

duo de profundo maris quadrupedia quae vulgo ~reae vocantur BEDE *CuthbP* 10; ~raos, *otr GlC* L 291; **764** de pellibus ~rarum (v. 1 gunna 1); capio utique cervos et cervas .. et ~rios et ferunculos ÆLF. BATA 6 p. 80; ~rius *Ib.* p. 81; ~ria, *otor* ÆLF. *Gl.* 116; **11..** ludtrus: *oter WW Sup.* 210; **1172** pro v pellibus de ~reis, xiij li. *Pipe* 86; ~ream unam inclusam intra sua retiacula repperit R. COLD. *Godr.* 339; [bestia] in prima parte melota, in secunda ~er, in tercia vulpes apparuit GIR. *Invent.* 13; **1212** quamdiu negocium facere possint in balliva tua de lutr' capiendis, et ex quo ~ros capere non possint *Cl* 120b; **12..** quod .. T. habeat potestatem fugandi ad leporem, wulpem, murelegum .. ~rum *IMisc* 20/14; primo vero die, quo huc intravi, ~er marinus portavit mihi unum piscem (*Bren.* 62) *VSH* I 132; **1289** quod .. capiatis .. de qualibet pelle lotrorum [MS: lotorum] j ob., de x pellibus vulpium, j d. .. *RGasc* II 405a; **1286** ~ros (v. lutrarius a); **1290** Johanni le Oterhunte .. eunti usque Wodestok' ad capiend' ibidem lutor' *Chanc. Misc.* (*AcWardr*) 4/4 f. 52; **1311** de qualibet pelle lentri [? l. leutri], quolibet salmone, quolibet bacone *Reg. Gasc. A* I 96; *an otyr* .. ~er, lutricius *CathA*. **b** ~erium .. satis copia est *Lib. Eli.* II 105 (v. ermina a).

2 otter-skin; **b** (3rd decl.).

1206 xl s. pro j fumera de biss' et iij s. et iiij d. pro ~ro *Cl* 64a; **1207** pro ij nappis et iiij tuall' quas emit ad opus .. regine et vij s. pro dimid' lutr' *Cl* 82b; ?**1219** in lucro ad capam domini .. xviij d. *Househ. Ac.* I 125; **1220** vj s. pro una pecia ~ri *Cl* 412b; **1230** et in ~ra ad eandem robam iiij s. per idem breve *Pipe* 201; **1291** de quolibet timber de ~ris, iiij d. *CoramR* 129 r. 15d. **b** **1244** de pannis laneis, samittis et aliis regi mittendis a partibus transmarinis .. x furruras de minuto vario, xij ~res bene nigros, c pannos de Alesta *Cl* 175.

lutraria, (office of) otter-hunter.

1221 de permissione officii ~ie .. Radulfus Lutrarius et Radulfus de Glastonia lutrarii nostri sunt *Pat* 317.

lutrarius [cf. LL lutra], of or relating to otters: **a** (*canis ~ius*) otter-hound; **b** (as sb. m.) otter-hunter; **c** (as surname).

a **1212** mandamus tibi quod necessaria invenias R. Lutrario et G. socio suo cum duobus hominibus et duobus equis et xij canibus lutrar' *Cl* 120b (v. et. c infra); **1286** Johanni le Hund, custodi canum lutorior' eunti apud Wyndesor' ad capiendum lutor', .. viij s. ij d. *KR Ac* 351/20 m. 3; **1290** Johanni le Oterhunte pro putura viij canum suorum luter' existencium apud parcum de Wyndesore ad capiend' lutros *Chanc. Misc.* (*AcWardr*) 4/4 f. 54; **1333** canibus luterar' (v. b infra). **b** **1160** in custamento ~iorum v s. *Pipe* 8; **1179** Rogero Follo ~io xvj s. in Ailisberia *Pipe* 73; **1221** Adulfus Lutrarius et Radulfus de Glastonia ~ii nostri sunt *Pat* 317 (v. et. c infra); **1276** feodum quod vocatur feodum loterarii (*Aylesbury*) *Hund.* I 47b; **1327** Simoni de Depyng et Ricardo atte Brok' ~iis domini regis pro vadiis suis et putura xij canum currencium et duorum leporariorum *LTR Mem* 103 r. 210; **1333** iiij li. vj d. quos dicit se soluisse N. le V. et W. le H. luterar' regis commorantibus infra ballivam suam cum xiiij canibus luterar' *Ib.* 105 r. 169; **1334** unusquisque liber tenens habens domum, qui tenentes sub se non habuerit, solvet pro luccrarii cum canibus et pro pastu *pennackew* et *wassion' bagheyn* per annum j d. ob. *Surv. Denb.* 46; pro pastu stalonis et garcionis, lucrarii cum canibus *Ib.* 187. **c** **1212** Rogero ~io (v. a supra); **1221** (v. b supra); **1232** rex retinuit Simonem ~ium .. ad capiend' lutr' predicta vivaria destruentes *Pat* 43 m. 9; **1235** inspeximus cartam Radulphi Luterarii de Aylesber' *ChartR* 28 m. 7.

lutratio, office of otter-hunter. (*Cf. King's Serjeants* 299).

c1179 (1378) quod ipse Rogerus et heredes sui post eum terram et ~onem habeant (*Ch. Hen. II*) *Pat* 301 m. 27.

lutricius, of or relating to an otter: **a** (*canis ~ius*) otter-hound; **b** (as sb. m.) otter.

a **1290** Johanni le Oterhunte pro putura viij canum lutoric' *Chanc. Misc.* (*AcWardr*) 4/4 f. 57d; **1290** Johanni le Oterhunte pro putura viij canum suorum lutericiorum (*KR Ac* 352/26 m. 4) *SelPlForest* 145. **b** mesta propinatrix humecto tegmine martrix / lutricium mediis ludere cernit aquis GARL. *Epith.* III 514; **c1284** pelles ~iorum (*ExchIrMem*) *EHR* XVIII 510; **1422** officium custodiendi canes suos pro ~iis *Pat* 354 m. 15; lutericius, *an oter WW*; hic lutrissius, *a otere WW*; hic ~ius, *a notyre WW*; **1464** de custumis .. pellium lanutarum .. agnorum, vulpium, lotriciorum *ExchScot* 296.

lutrinus, of an otter. **b** (as sb. m.) otter.

s1190 portabat .. ignem Grecum in pelle ~a *Itin. Ric.* I 55; **1243** mandatum est Petro C. quod faciat habere Engelardo de C. .. quandam pellem ~am ad urluram *Cl* 143; **1291** quadraginta naves cum mercandisis carcatas viz. lanis coreis .. pellibus ~eis *CoramR* 129 r. 15d; **12..** de pelle ~a j d. *Doc. Ir.* 128; **1303** qualibet pellis †lucrina [l. lutrina] debet ob. *EEC* 166 (= *Doc. Scot.* II 459); **1333** est ibidem quidam redditus j pell' lotrin' *IPM* 36/20. **b** lucterinus, A. *an otyr WW*.

lutrissius v. lutricius. **lutrius** v. lutra.

lutrix [*f. of* luter; cf. lutra], otter.

1325 de firma venatorum lutericium idem r. c. de xxvj s. viij d. de putura venator' luter' *Pipe* 55; **1495** pro duabus pellibus lotricium .., ij s. *L. & P. Ric. III-Hen. VII* II 302.

lutronphilon [λύτρον φίλων], (bot.) friends' ransom, or ? *f. l.*

letrofilon [v. l. litrofilon, ? l. leptofilon] i. liberans †amicus [l. amicos] *Alph.* 101.

lutrus v. lutra.

lutstringus [ME *lute* + *streng, string*], lute string.

1471 pro .. j ulna j quarta rubei cerici pro tustea et ~is deliberatis domino regi *ExchScot* 121.

lutulenter, vilely.

ante meus venter fluat hydropi lutulenter R. CANT. *Malch.* III 183.

lutulentus [CL]

1 covered with mud, muddy. **b** (as sb. m.) mud-covered person.

inter altaria jurando demorantes et haec eadem ac si ~a paulo post saxa despicientes GILDAS *EB* 27; **c675** palustres pontias ~asque limphas siticulose potare ALDH. *Ep.* 3; [eum] projecerunt in ~a palustrium loca B. *V. Dunst.* 6; vestes .. que per ~um pavimentum sordescebant GOSC. *Transl. Mild.* 21 p. 185; pars illa sepulcri .. cenosa, lutulenta ac aliquantulum humecta parebat R. COLD. *Cuthb.* 40. **b** si sordidus ac fetore plenus .. alicui occurreret dicens cum eo se velle consiliari, non deberet ille subsistere sed ~um ne eo coinquinaretur fugere ALEX. CANT. *Dicta* 17 p. 177.

2 made of earth or clay (in quots., w. ref. to the body).

796 ex hac ~a habitatione corpusculi ALCUIN *Ep.* 114 p. 169; [anima] testeo et ~o corporis amicta carcere ADEL. *ED* 10.

3 impure, vile, filthy: **a** (w. ref. to style of language); **b** (w. ref. to morality).

a abdicat et veterum coluber documenta virorum / scismate falsidico necnon et litigioso, / sinthecam verbisque suam comit lutulentam *Altercatio* 41. **b** omnis impiorum multitudo ~is, sordidis, ac terrenis operibus diabolo servit BEDE *Gen.* 128; blanditur menti lutulenta libido faventi R. CANT. *Malch.* III 478; cum evidentissimum sit, ~am invidiam nullos nisi bonos impugnare posse OSB. GLOUC. *Deriv.* 83.

1 lutum [CL = *kind of plant yielding yellow dye, weld, or its dye*], **~us,** scarlet colour.

scarlet, colowre ~us, -i *PP*; ~us, A. *skarlet WW*; *scarlett*, ~um, coccus, coccinum, scarletum; coccinus .. *CathA* (v. 1 luteus 1b).

2 lutum [CL]

1 mud, dirt; **b** (fig., w. ref. to sin or earthly passion); **c** (w. ref. to worthlessness).

ecce quos antea pisces in ~o fecis [*Psalm.* xxix 3] .. videram WULF. *Æthelwold* 39; sicut in longo peregrinationis itinere nunc est pulvis, nunc ~um P. BLOIS *Ep.* 170. 466A; lacu quem transierat corpus reperit ~o sordidum MAP *NC* V 6 f. 67; **1313** verberaverunt et projecerunt J. .. in ~o *Leet Norw.* 57; [*Sir John Oldcastle*] terrea possessa cunctis damnavit habenda, / hec tamen ipse suis vi rapuisse studens / murmurat, obstat, avet, latrans, foedans sacra rodens, / ore, manu, mente, lite, licto [v. l. luto], studio ELMH. *Metr. Hen. V* 1223. **b** **c717** ut .. liberalium litterarum scientiam et divini intellectus flagrantem spiritaliter ignem aquoso ~o et humido terrene cupiditatis pulvere non extinguas BONIF. *Ep.* 9 p. 5; accensus invidia diabolus eum in ~um peccati .. deiceret ANSELM (*CurD* I 19) II 85; quemlibet fructum corporis diaboli in ~o carnalitatis insertum crescit irregulariter in natura WYCL. *Ver.* I 315. **c** sericas vestes et queque preciosa ornamenta .. virgini obtulit, que omnia tanquam ~um respexit *V. Chris. Marky.* 7; sputis exuberans plus luto vilescit / flos quo celestis regia serenatur J. HOWD. *Cant.* 89; quecunque prius didicerat theologie collata ~um et laterem reputavit *V. Edm. Rich C* 600; quicquid terrestre habetur preciosum / comparacione sciencie non est nisi lutum RIPLEY 3.

2 earth, clay: **a** (for building; *~i appositor*) dauber, plasterer; **b** (for ceramics); **c** (as element from which man is made). **d** land containing clay; right to extract clay from land.

a **1212** dealbatores et ~i appositores et torchiatores *MGL* II 86 (cf. *Building in Eng.* 68); **1326** in servicio portancium et cariancium ~um et sabulonem pro parietibus aule *ExchScot* 56; **1362** in solutis pro x pottis de ~o rubio *Ac. Chamb. Winchester*; **1514** in expensis factis circa novam edificationem .. in singulis artificibus et laborariis cum calce, ~o, sabulo .. et aliis expensis xxix li. vj s. ob. *Ac. Durh.* 664; **1565** lapide, †luco [l. luto], et calce *Scot. Grey Friars* II 48. **b** WALT. WIMB. *Sim.* 117 (v. exocreare); tu catella sive spinter / luto jungens figulum *Id. Virgo* 68; **1295** (v. figularius); **1374** (v. figulator). **c** *Croyl. Cont. A* 125 (v. glomus 1a); luto restituit quod lutum peperit WALT. WIMB. *Sim.* 142; NETTER *DAF* I 52b (v. fabricatura b). **d** **1358** J. O. .. venit .. et cepit unam rodam ~i per visum vicinorum ei assignatam per certas metas redd' pro eadem xx s. vj d. *Hal. Durh.* 20; **1537** de firma ~i ibidem hoc anno [nil] tamen reddere solebat per annum vj s. viij d. *Ac. Durh.* 668.

3 (med.) plaster.

deinde de duobus predictis fiat ~um et in faciendo ~um dicat continue et repetat carmen subscriptum adminus ter nomine Sancte Trinitatis: 'expuit Jhesu in terram et fecit lutum ex [s]puto et linivit ~um super oculos ceci et dixit: ..' [cf. *Joh.* ix 6] *Pop. Med.* 242. 55.

4 (alch.) lute. **b** (*~um philosophorum*) bitumen. **c** (*~um sapientiae*) chalk.

nam hoc ~um si bene fiat non permittit spiritus exhalare RIPLEY 307. **b** bitumen vero sit illud quod in libris philosophorum ~um appellatur ROB. ANGL. (I) *Alch.* 518a. **c** recipe ~um sapiencie, sc. cretam CUTCL. *LL* 10.

5 human waste, faeces.

GARL. *Epith.* III 382 (v. 1 excutere d).

lutus v. lotos, lotus, 1 lutum. **luva** v. 2 lova. **luvarium** v. lovarium.

luvellus [OF *love*], wolf-cub (in quots., as personal name or surname; *cf. lupellus*).

1169 in .. liberatione ~i et Hoppescort *Pipe* 150; quidam miles Lunellus [l. Luvellus] Lemensis nomine Willelmus, dapifer comitis Warennie *Mem. S. Edm.* I 370.

luvereticus, luverettus, luvericius, (w. *canis* or ellipt.) wolf-hound (*Wilts*). *Cf. King's Serjeants* pp. 296–7.

Willelmus Michel ut custodiat duos canes luverettos, et recipiat iij d. et ob. per diem *Fees* 342; **1206** in liberacionibus Odonis et Ricardi custodiencium luvereticos nostros *Cl* 68b; **1207** in liberationibus Odoni et Ricardo custodiis canum luvericiorum *Pipe* 209.

luverium v. lovarium. **luvestica** v. levisticus.

luvies [CL illuvies], dirt, filth.

litura, foeditas .. lutulentia ~ies, luvio, putor, labes OSB. GLOUC. *Deriv.* 323.

luvio [cf. CL illuvies], filth.

hec ~io .. i. feditas OSB. GLOUC. *Deriv.* 302; *Ib.* 323 (v. luvies); *a filthe*, caria .. livio, ~io, lues *CathA*.

lux [CL]

1 light; **b** (of sun or moon); **c** (from heaven). **d** (phil.) light as a substance or innate quality (as dist. from attribute; cf. *lumen* 1b). **e** (*auctor* or *dominus lucis*) God or Christ.

itinerarium Petri .. luce clarius elimavit ALDH. *VirgP* 25 p. 257; BEDE *HE* V 14 p. 314 (v. dividere 7d); lucem exteriorem BALSH. *AD rec. 2* 175 (v. contiguus a); multis visum est lucem nihil aliud esse quam aerem lucidum NECKAM *NR* I 17 p. 57; nec lux signans ignem evacuat fumum, licet fumus precesserit lucem et presignaverit ignem GROS. *Cess. Leg.* I 2. 3. **b** per lunaris .. lucis sive solaris augmentum PETRUS *Dial.* 105; **s1140** eclipsis solis, dum caudam luna draconis occupat, est facta, caput ipso luce premente FL. WORC. *Cont. A* 124; in illis partibus quas nunc illustrat solis diurna lux ANDR. S. VICT. *Hept.* 10; sol oriens .. et colorem [v. l. calorem] in solido et lucem creat in aere ALF. ANGL. *Cor* 11. 3; quod [sc. *the Crucifixion*] cum videt, lux solaris / marcet in meridie J. HOWD. *Sal.* 5. 8. **c** BEDE *Hom.* I 4. 17 (v. 1 emicare 2); lux emisse caelitus *Id. HE* IV 7 p. 220; lux supercelestis *Latin Stories* 102; BACON *Gram. Gk.* 58 (v. grandisonus a). **d** lucem appellat commentator [viz. Avicenna] perfectionem translucentis; lumen vero appellat passionem generatam in translucente, ut in aere J. BLUND *An.* 123; lumen est passio generata ex luce, lux vero est qualitas innata, nec potens est relinquere suum subjectum, ut ignem non potest relinquere lux; unde subjectum lucis non potest privari luce *Ib.* 129; dies et nox fiebant in illo primo triduo non circuicione et motu illius lucis corporalis circa terram, sed emissione luminis et splendoris ab illa luce fiebat dies, et contraccione ejusdem luminis et splendoris fiebat nox GROS. *Hexaem.* II 4. 2; *Ib.* II 10. 1 (v. generativitas 2); quantum .. interest inter lumen et lucem, id est substantiam lucis et lucem dimensionatam ac visibilem *Ps.*-GROS. *Summa* 538; BACON XIV 117 (v. dimensionabilis). **e** auctorem lucis tenebroso corde negantes ALDH. *CE* 4. 8. 6; *Id. VirgV* 2587 (v. 1 gestator a); *hafað us alyfed* lucis auctor / *þæt we motun her* merueri, / *goddædum begietan* gaudia in celo (*Phoenix*) *ASPR* III 112.

2 light of day, esp. early morning, dawn, daybreak. **b** (*lux media*) midday. **c** day (of the week or month), (*lux Domini*) Sunday.

dicunt bestias esse nocturnas, et non tam bestias quam dira prodigia, quod nequaquam in luce sed in umbris cernuntur nocturnis *Lib. Monstr.* II 20; FELIX *Guthl.* 26 (v. crastinus 1a); quod si luce diei [AS *gl.*: *leohte doeges*], ut oportet, finitum fuerit, incipiant primam absque tintinnabuli signo *RegulC* 19; si [cantilene] matutine ante lucem fuerint finite, fratres qui voluerint ad suam redeant requiem ÆLF. *Regul. Man.* 185; LANFR. *Const.* 90 (v. clarescere a); lete inter eos agitur dies ille. sequenti luce .. EADMER *HN* 13; de luce lucis operibus indulgent GIR. *TH* III 27. **b** a luce media ad solicidium *Planct. Univ. Ox.* 76 (v. edia a). **c** mox perit elusor luce secunda ALCUIN *WillV* 15. 8; divinitas .. stauro fixa, luce tertia, morte victa, resurrectura LANTFR. *Swith. pref.*; confecto quinte lucis itinere, nocte in villa subsedit Seriberie GOSC. *Edith* 267; finita illa luce solenni, obtenebrescere cepit in advena lux presumpte fidei *V. Kenelm. B* 83ra (v. et. 8c infra); luce .. Domini GARL. *Myst. Eccl.* 199 (v. gloria 4b); circa extremam Marcii lucem *Mir. Hen. VI* I 18 p. 49; si cadit in lucem Domini *Brev. Sal.* I (v. decas a).

3 (fig.) light (of public awareness or knowledge). **b** (*in lucem prodire* or sim.) to come to light, into the open. **c** (*in lucem ferre* or sim.) to bring to light, reveal, publish. **d** (*lucem educere*) to shed light (on).

dum se probandi formidat exercitium, occulta manet lux tota meritorum GIR. *TH Intr.* p. 5; **c1211** ea, que nunc tenebris obvolvuntur et occultantur, nubibus et nebulis procul expulsis, lucis beneficio serenioris cunctis aperta clarescent *Id. Ep.* 6 p. 218; Reginaldus .. edidit et scripsit libros in Anglico .. unde contra libros suos Anglicanos, si mali reperti fuerint, cum venerint in lucem et in noticiam, Deus inspiret corda doctorum GASCOIGNE *Loci* 30. **b** NIG. *Ep.* 17 (v. dissimulatio 1). **c** cum .. corpus sacrae virginis .. aperto sepulchro esset prolatum in lucem BEDE *HE* IV 19 p. 245; divinus ille oculus .. tulit in lucem insontes W. MALM. *GR* II 209; reddit .. latentia luci J. EXON. *BT* I 311 (v. extenebrare); sacerdotes .. suo scrutinio errorum fundamenta in lucem eliciunt R. NIGER *Mil.* III 75; opusculum hoc .. ut tuum amplectere et in lucem .. provehe ALF. ANGL. *Cor prol.* 4; **1335** in lucem .. veritas deducatur (v. 1 effectus 3). **d** ipse [M. Walterus] .., de tenebrosis et confusis Prisciani tractatibus educens lucem, .. apostatam reformavit P. BLOIS *Ep.* 175. 470B.

4 the light of the world (perceived by mortals): **a** earthly life. **b** (*lux prima*) birth; **c** (*lux ultima*) death.

a de hac luce migravit BEDE *HE* III 20 p. 169; luce finita WULF. *Swith.* I 180 (v. finire 3c); dum adhuc luce hac frueretur *Chr. Evesham* 23; evocantur .. homines .. de matris utero in lucem ALB. LOND. *DG* 6. 23; **1415** ab hac luce subtracti (v. dare 15b). **b** J. EXON. *BT* II 466 (v. efferre 2d). **c** WALT. WIMB. *Sim.* 118 (v. exta c).

5 (usu. w. *aeterna* or sim.) the light of eternity: **a** (w. ref. to eternal life); **b** (w. ref. to divine knowledge or truth).

a ad aeternae limina lucis .. ascendisse BEDE *HE* IV 23 p. 257; ALCUIN *WillV* 28. 5 (v. frui 2d); lucem tuam Ovino da Deus et requiem *AS Inscr.* 43; BART. ANGL. II 2 (v. 2 descendere 3a); pro quibus orat ecclesia, ut lucem vivendi Deus eis concedat in futurum OCKHAM *Dial.* 762. **b** si dicas quod lux increata cum intellectu et objecto causet istam veritatem sinceram, hec est opinio communis, que ponit lucem eternam sicut causam remotam causare omnem certam veritatem DUNS *Ord.* III 159; sic .. possumus dici videre in luce eterna, hoc est in objecto secundario intellectus divini, quod est veritas et lux eterna *Ib.* 160; *Ib.* 161 (v. eatenus 1a).

6 brilliance, radiance, brightness.

Bartholomaeus cum inmenso caelestis lucis splendore FELIX *Guthl.* 32; lumina mundi / tanti fulgoris luce carere putant NECKAM *DS* V 23; BAD. AUR. 155 (v. 2 glaucus 3a).

7 vision: **a** (in subj. sense) act of seeing, sight. **b** (in obj. sense) what is seen, apparition.

a ubi lucem de fonte luminis hausit FELIX *Guthl.* 53 p. 170; oculorum luce privatus BEDE *HE* II 2 p. 82; si Jhesus ex sputo mea lumina tangere vellet / et per aquas Syloe lux aquilina rediret .. [cf. *Joh.* ix 6–7] M. RIEVAULX (*Vers.*) 45. 2. **b** his dictis, lux cum loquente disparuit AILR. *Ed. Conf.* 753B.

8 illumination (of the mind), enlightenment. **b** spiritual enlightenment (of the soul), goodness, righteousness. **c** the light of truth, faith, charity, or sim. **d** (*filii lucis*) sons of light, those who are spiritually enlightened.

nec quicquam putet hic pudendum / lux tue mentis R. CANT. *Poems* 267; aderit tamen .. lux mentium, ut et integra non vacillet veritas et instituta conservetur brevitas W. MALM. *GP prol.*; ALB. LOND. *DG proem.* (v. 2 flagellum 3b); inter philosophos lucis non debeam computari OCKHAM *I. & P.* 1; **1536** optarim .. ut tuis literis nonnihil †luci [l. lucis] infundas isti nostrae caligini FERR. *Kinloss* 10. **b** cum caeleste adjutorium angelicae lucis adventasse persensisset FELIX *Guthl.* 29 p. 96; **722** apostolis .. ad lucem gentium destinatio (*Lit. Greg. II*) *Ep. Bonif.* 20; per inluminationem unius hominis corporalem in plurimorum corde fidelium spiritalis gratiam lucis accenderet BEDE *HE* II 2 p. 82; ne se transfiguret Sathanas in angelum lucis [*II Cor.* xi 14] *Canon. G. Sempr.* 48; lucem anime sue .. amisit HOLCOT *Wisd.* 80 (v. fuscare 2c); Manicheus .. asseruit duo fore principia, unum boni et lucis, alterum mali et tenebrarum *Eul. Hist.* I 334. **c** de .. luce caritatis BEDE *Tab.* 473 (v. degustare b); lux .. fidei *V. Kenelm. B* 83ra (v. 2c supra); perceptis hic erroribus sub lucis [veritatis] enigmate GARL. *Mor. Scol. prol.* p. 186. **d** NECKAM *NR* I 2 (v. gehennalis a); qui sunt filii lucis et qui filii tenebrarum, qui supercelestem habent puritatem et qui carnalem habent fluiditatem GROS. *Hexaem.* III 14. 13; **s1226** cerei .. inter pluviarum effusiones et ventorum turbines non extinguebantur; ut .. ostenderent comitem de peccatis suis tam amare penitentem ad lucis filios pertinere *Flor. Hist.* II 185 (= M. PAR. *Maj.* III 104); R. BURY *Phil.* 11. 168 (v. filius 7a).

9 title or form of address, applied to: **a** God or Christ; **b** illustrious person.

a Deus lux lucis et fons luminis *Nunnam.* 76; Christus lux est mundi GROS. *Cess. Leg.* III 3. 3; BART. ANGL. I 2 (v. copiosus a); globos, lux prima, lucidos illustrasti J. HOWD. *Cant.* 55; ave, lux aurore, / cujus novo more / natus angitur *Id. Sal.* 12. 1; prout de luce tractantem lux omnium, Dominus, dignabitur illustrare PECKHAM *Persp. proem.* **b** Petrus in orbe caput, magne lux aurea Rome WULF. *Brev.* 362; hic vivens lux urbis (*Epitaph*) ORD. VIT. X 1 p. 2; lux patrie, dux justicie, legisque patronus / cesus in ecclesia militis ense cadit (*Pol. Poem on S. Thomas the Martyr*) *EHR* V 324.

10 (arch.) light (of window).

in qualibet parte chori sunt vj magne alte fenestre vitreate .. et in qualibet luce sunt in qualibet panella v luces, id est parve fenestre sunt in qualibet magna fenestra W. WORC. *Itin.* 298.

11 (bot., *lux herbarum*) feverfew.

Herb. Harl. 3388 76v (v. febrifuga).

luxidromium v. lixidromium.

luxivagus, that seeks luxury.

nec vos luxivagus raptet per inania mundus ALCUIN *Carm.* 59. 26.

luxivium v. lixiva. **luxor-** v. luxur-.

luxosus, extravagant, sumptuous.

~us .. i. luxu plenus OSB. GLOUC. *Deriv.* 319.

luxuratio, wantonness, lechery.

nunc furit en Judex, si luxuracio simplex / fiat, et incestum nescit habere reum GOWER *VC* III 209.

luxuria, ~ies [CL]

1 lack of moral restraint, wantonness, licentiousness. **b** (spec.) sexual licence, lust; **c** (as a mortal sin).

~iae dissolventis sordidiora genera (*Quad. Dedic.*) *GAS* 529; luxuries fatuis sua dona refundit GOWER *VP* 159 (v. econtra 2c); omni tempore vite sue magicis deserviens, ~iis operam dedit *Eul. Hist.* I 363; **1472** vorago ~ie (v. demonachus). **b** ~ia .. crevit .. ita ut competenter eodem tempore diceretur: 'omnino talis auditur fornicatio qualis nec inter gentes' GILDAS *EB* 21; **747** luxoriae (v. fornicare a); inquisitus si fuerit aliquis de furto, ~ia, adulterio vel quacumque alia re, et noluerit confiteri magistro .. ista erit ratio (*Jud. Dei*) *GAS* 420; hinc ab avaritia raptatur, et inde lutosam / ventris in ingluviem luxuriemque ruit L. DURH. *Dial.* IV 236; Juppiter omnimode vacavit ~ie *Natura Deorum* 19; **1290** J. de M. adhuc continuat ~iam cum S. le H. .. et .. multociens perdit catalla domini in adulterio cum predicta S. *SelPlMan* 98; plures viri, per actum libidinosum ~ie, habuerunt membra sua corrupta et penitus destructa GASCOIGNE *Loci* 136. **c** luxoria ait BONIF. *Aen.* 294–300 (*acrostic*); **a1237** sextum peccatum est ~ia, que dividitur in fornicacionem et adulterium et coitum contra natura *Conc. Syn.* 219; septem mortalia peccata, que sunt superbia, invidia, ira, accidia, avaricia, gula, ~ia R. WESHAM *Inst.* 150; ~ia, tercium peccatum mortale (J. BRIDL.) *Pol. Poems* I 174.

2 luxury, extravagance.

quicquid autem monacho de rebus saecularibus superabundat, ad ~ias et divitias debet referri GILDAS *Ep.* 4; in fetore ~iae vitam finivit WULF. *Æthelwold* 8.

luxurialis, wanton, licentious.

modo terroribus increpat, modo supplitiis aggravat, unius temptationis ictu subicitur, ~i motulo vulnus accipitur *Ep. ad amicum* 150.

luxuriare, ~ari [CL]

1 to flourish abundantly, grow thick or rank; **b** (fig.). **c** (pr. ppl. as sb. n. pl.) abundant growth.

~iante foliorum viriditate ALDH. *VirgP* 21 p. 251; omnis humus ~iabit G. MON. VII 3; gens .. comis et barbis ~iantibus .. incultissima GIR. *TH* III 10 p. 153; [agricola] animo consternatur si planta .. in degenerem foliorum ~iat ubertatem P. BLOIS *Ep.* 81. 250A. **b** G. HOYLAND *Ascet.* 277A (v. frutex 1b). **c** ~iantia resecare J. FORD *Serm.* 59. 10 (v. 1 formare 2c).

2 (of animal) to play, sport, frisk.

quid vero querunt animalia nisi manducare, bibere, ~iare, atque dormire? ÆLF. BATA 4. 31 p. 64.

3 to act immoderately, indulge, revel; **b** (w. ref. to sexual licence).

diem nativitatis luxoriando celebrare BEDE *Mark* 189D; effrenes semper et ~iantes in commodis animos inter prospera temperare GIR. *EH* I 14; non est aliud votum protrahere quam ~iari in Christo P. BLOIS *Ep.* 11. 35B; vicecomitum .. officiales .. ~iantur in lacrymis viduarum *Ib.* 95. 298C; ne effrenata libertate ~ient GIR. *GE* II 8 p. 199; de actu ~iandi et quantumcunque voluptuose vivendi WYCL. *Ver.* II 55. **b** **c1245** (v. detrudere 2).

luxuriator, wanton or licentious person.

de pena hominis inventi communis ~oris vel pronobi *MGL* I 454.

luxuries v. luxuria.

luxuriose, immoderately, without restraint. **b** (w. ref. to sexual morality) wantonly, licentiously.

nostra ~e consumunt AILR. *Gen. Regum* 354. **b** ?**1244** ~e cum meretricibus vivunt GROS. *Ep.* 108 p. 319; figuram habemus expressam .. de filio prodigo, qui cum .. paternam suam porcionem petivisset, et illam in regione longinqua vivendo ~e expendisset cum meretricibus .. occurrit ei pater HOLCOT *Wisd.* 95.

luxuriosus [CL]

1 luxuriant, fertile.

quando autem accidit nature juvamentum extrinsecum, sicut quando tritica nimis cito aucta sunt propter luxum alimenti vel semen ~um, non dicimus hoc esse a casu .. SICCAV. *PN* 203.

2 wanton, unrestrained, immoderate. **b** prodigal (w. ref. to *Luc.* xv). **c** licentious (sexually), lecherous, (also as sb. m.) lecher.

quis eorum mori exoptans mundo et vivere Christo ~os gentium convivas laudantes deos suos .. prostravit GILDAS *EB* 71; sunt immundi et ~i altaris ministri HON. *Eluc.* 1129A (v. egestio 2b); porci, quia sunt humidi, cum calor in eis accenditur, quia ibi est humiditatis nutrimentum et multum et diu exardescunt. unde cum provocantur, et

feroces et audaces sunt, eadem causa mulieres ~e plus quam viri *Quaest. Salern.* C 30; [homo est] indomitus sicut taurus, mutus ut piscis, racionabilis ut angelus, ~us ut porcus BACON V 143. **b** filius ~us .. penitens ad patrem rediit BEDE *Luke* 437B. **c** ut sanctas viragines propriis exutas cicladibus .. ~is obtutibus contemplaretur ALDH. *VirgP* 50; **802** non sint ~i, non ebrietati servientes, non contemptuosi ALCUIN *Ep.* 250; Chilpericus .. fuit ~us in matronas R. NIGER *Chr. II* 131; A. MEAUX *Susanna* 43 (v. excaecare 2b); ~us [ME: *lecheur*] in curia diaboli fedat se ipsum *AncrR* 77; non sunt superbi, avari, iracundi, gulosi vel ~i *Itin. Mand.* p. 112.

3 sumptuous, extravagant.

c**717** in stallantium varietate gemmarum vel in ~orum ciborum .. diversitate BONIF. *Ep.* 9.

1 luxus [CL], sprained, dislocated.

morionem .. ~o [*gl.*: *aloché, par le lochure*] genu frustra surgere conantem BALSH. *Ut.* 47; *oute of lyth*, dislocatus, ~us *CathA*.

2 luxus [CL]

1 rankness, excessive growth. **b** richness, abundance.

ipse .. medicans sibi quotidiana saliva ~um ejus [sc. pustule] reprimere nitebatur W. CANT. *Mir. Thom.* 83. **b** SICCAV. *PN* 203 (v. luxuriosus 1).

2 luxury, indulgence. **b** (w. ref. to sexual gratification) licentiousness.

ut ista concultate mentis robur enervarent, et ita demum ad seculi ~um deducerent *V. Chris. Marky.* 8; invalescente ~u rerum ac libidine GIR. *EH praef.*; qui ergo .. fluxum tam diutinum ac ~um tam noxium reprimere voluerit ac cohibere *Id. SD* 102; homo, si corporis voluptate fedatur obediendo ~ui ventris in inferioribus ejus partibus GROS. *Hexaem.* VII 14. 5; o quam veridicis et credibilibus / mortis predicitur adventus vatibus, / et tamen miseri laxamur luxibus WALT. WIMB. *Sim.* 154. **b** nectentem retia luxus ALDH. *VirgV* 2556 (v. domina 1a); luxus erit lūbricis, carmina casta mihi (*Hymn.*) BEDE *HE* IV 18 p. 247.

3 sumptuousness, opulence, lavishness.

dilicias, epulas regum luxusque ciborum, / jus simul et pulpas battutas condo culinae ALDH. *Aen.* 40 (*Piper*) 3; W. MALM. *GP* III 27 (v. decolorare b); auctus est enim ~us vestium in immensum R. NIGER *Chr. I* 96; AD. EYNS. *Hug.* V 14 (v. dapsilitas).

ly v. le.

1 lya v. Lia.

2 lya [ME *lei*], lye, alkalized water.

1284 pro j barillo empto ad lyas imponendas .. pro municione castri ejusdem .. pro v lagenis lyarum pro municione ejusdem castri, v d. *KR Ac* 351/9 m. 5.

Lyaeus [CL < Λυαῖος], name of the god Bacchus. **b** (transf.) wine.

rursum nonne deus vitis deus ergo Lieus? NECKAM *Poems* 4. 26; (? *Id. Vers.*) *EHR* XXX 453 (v. cyathus a); **1431** Lieo (v. dapifer e). **b** quosve cibos, quas mellis opes, nostrique lyei / quantam materiam terra ministrat ei [sc. Dunelmo]? L. DURH. *Dial.* II 189; cum panem cumque lyeum / .. mutaverat GARL. *Myst. Eccl.* 412; lyeum WALT. WIMB. *Virgo* 52 (v. hydria); c**1298** mille viris prebere potest pincerna lyeum (*Dunbar* 28) *Pol. Songs* 163; monachus vitare lieum / debet GOWER *VC* IV 61.

lycanthropus [λυκάνθρωπος], werewolf.

ne furiosus lycanthropus [AS: *werewulf*] gregem discerpat (*Leges Eccl. Cnuti*) *Conc.* I 305.

lychnis [CL < λυχνίς]

1 lychnis, red campion. **b** ? ribwort.

lichitis *Alph.* 102 (v. genicularis). **b** herba lychamis Stephanice, *that is laece wyrt Leechdoms* I 50; lychanis Stephanice, *lece uyrt Gl. Durh.* 303.

2 red gem.

dicuntur a fronte esse gemme tres, ~is, astrites, et ceraunus, que ejus faciem a cognitione concupiscentium impenetrabilibus radiorum fulgoribus occuluit ALB. LOND. *DG* 8. 7.

lychnitis [CL < λυχνῖτις], plant used in making wicks.

est alterum genus flosmis quod lignitis dicitur at triallis, folia habens iij aut iiij aut plurima, pinguia et aspera et grossa, quibus multi in lucerna utuntur *Alph.* 69.

lychnus [CL < λύχνος]

1 lamp, torch, candle; **b** (fig.).

aut furvas lichinus illustrans luce latebras ALDH. *VirgV* 213; lichinus modii non cluditur umbris *Ib.* 2168 (cf. *Matth.* v 15); qui sicuti furvas / pallenti lichino depellit rite tenebras FRITH. 107; nec quanta si pupilla oculi aut lucerna ~i mundum illuminanti solis claritati comparetur H. BOS. *LM* 1351C; lychina, candela, cicindilia OSB. GLOUC. *Deriv.* 329; dum pectore victo / lingua fluat, crescant lichni, vestigia nutent J. EXON. *BT* II 92; **1426** et pro duabus petris de stupis ad lechinas cereorum domini nostri regis, viij s. *ExchScot* 413; **1549** item mergulum cum lechino seu lampade enneo (*Invent.*) *Reg. Aberd.* II 189; *a linke, torche*, lichnus, -i, hic LEVINS *Manip.* 138. **b** multifidos varium lichinos qui sparsit in orbem / ut cunctum nova lux fidei .. / .. repleret BEDE *CuthbV* 8; nam Deus omnipotens, lychinos qui sparserat orbi, / multa suis late concessit lumina seclis *Mir. Nin.* 15; illud spirituale lumen servat, et quasi lichenum suae mentis incensum tenet COLET *Rom. Enarr.* 206.

2 wick (of lamp or candle); **b** (used for measuring a person's body to make a votive candle of equal size). **c** snuff of a candle, candle-end.

quasi emungebantur lucinia candelabri ut reparata melius lucerent BEDE *Tab.* 420; c**790** superni solis radiis nostri cordis lichinos mirabiliter inluminavit ALCUIN *Ep.* 60; flamma lichinum usque ad mappulam altaris absumpsit ORD. VIT. VI 9 p. 74; hinc suscitat ignes, / excitat hinc lichinos, lumen ubique locat L. DURH. *Dial.* II 462; linchus, candele, sepum, candelābra, cera D. BEC. 2221; lichnis *Ib.* 2399 (v. exspoliare 2d); candelam extinxit, cujus spissior erat cera et ~us exilior BEN. PET. *Mir. Thom.* III 1; lanterne, cerei, licini[i]s [vv. ll. lichinis, lichiniis, *gl.*: *de mecchez, liminuns*] preustis scincenduli flammantes BALSH. *Ut.* 53; vidi sepius luce extincta candele, Vulcano tamen adherente licinio, iterum leni flatu lucem rediisse NECKAM *NR* I 16 p. 61; fumus licinii extincti GILB. I 46. 2; oleum inlitum licino BACON VIII 260; lychinium linum seu filum lucerne quod flammat *Id. Gram. Gk.* 63; **1329** computat in .. filo, ligatura, tonsione pannorum, lichino empto, candelis, serviciis diversorum operancium *ExchScot* 141; licinum, lichinum idem, G. *lynnoun*, A. *mecche* vel *wyk Alph.* 99; *weyke*, cicendulum, lichinius, lichinium, licinium *CathA*. **b** pater igitur filiam lichno metiens, et lichno ceram imprimens, ad beatae Virginis feretrum candelam optulit *Mir. Fridesw.* 8; petiit .. ut mensuraretur cum quodam lichno ad magistrum Gilebertum, et candela facta portata est simul cum candela sua in monasterium *Canon. G. Sempr.* 149v; set et lichino se per omnia membra circumcingens mensus est, candelam inde facturus ante tumbam ejusdem confessoris accendendam *Mir. Wulfst.* I 44 p. 144. **c** lichinus, ~a, ~um A. *gnast of candela WW*; lichinum, *the knast of a candyl* (*Medulla*) *CathA* 53 n. 1; *a snytynge of a candella*, licinus, licinum *CathA*.

3 thread for sewing shoes (cf. licium).

alutarii .. consuunt calciamenta cum subula et licino et seta porcina [*gl.* licinium dicitur a licio quod est *fil linolles*] GARL. *Dict.* 125.

lycia v. lycium. **lycimachia** v. lysimachia.

lycisca [CL], bitch of a hound or greyhound; **b** (as term of abuse applied to a woman).

cum melle et lacte litisse et felle leporis GILB. III 136. 2; accepi jecoris sanguinis leporis lactis licisse *Ib.* 137. 2; lycos est lupus in ~a que generatur ex lupo et cane et lyciscus similiter BACON *Gram. Gk.* 63; **1373** injunctum est omnibus tenentibus ville quod nullus eorum teneant [*sic*] lisiscas post festum S. Petri ad vincula *Hal. Durh.* 118; **1392** leporarios, liciscas et alios canes pro venacione .. tenent *Pat* 334 m. 17*d*; **1395** nullus eorum [sc. tenentium] teneant [*sic*] lesestas infra villam nec permittant canes suos venire infra le *hopp* (*Hal. Durh.*) *DCDurh.*; *bycche, hounde*, licista *PP*; **1450** ordinatum est quod nullus tenens .. tenebit licescam incastrat[am] (*CourtR Blunham*) *Beds RO* L 26/54 r. 13; lucisca *WW* (v. lyciscus); hec licesta, A. *byche WW*; lacesca, A. *a byche WW*; **1476** intravit per magnum pascum domine et cum canibus suis et j lecisca que quidem lecisca cucurrit et occidit j feram *CourtR* 154/71 m. 3*d* (*Stratfield Mortimer, Berks*); **1495** liciscas leporarios seu alios canes pro venatione *Entries* 405b; **1532** canes odorinsecos ad venandum vocatos *runnyng houndes* et unam ~am vocatam *a grey biche KR Mem* 311 (*Recorda Trin.*) r. 47; **1541** quod nullus artifex, laborator, aut aliquis laicus homo qui terras aut tenementa ad valorem xl s. per annum non habuerit leporarios, lesistas seu alios canes pro venacione teneat *KB ContrR* 174 (*Mich.*) r. 37*d*. **b** lacissam istam que catulis suis domum meam polluit R. COLD. *Cuthb.* 26 p. 59; lacissam illam, que ecclesie mee limina .. fedavit, .. expelle *Ib.* 74 p. 153.

lyciscus [CL = *wolf-dog*], hunting-dog, hound.

BACON *Gram. Gk.* 63 (v. lycisca); liciscus, *a howne*; animal genitum inter canem et lupum (*Medulla*) *CathA* 230 n. 4; hic luciscus est canis genitus inter canem et vulpem; hec lucisca est canicula similiter nata *WW*; *a mastis*, liciscus *CathA*; ~um nullum istic in Anglia habemus nativum, ut ne lupum quidem CAIUS *Can.* 9b.

lycium [CL < λύκιον], **~ia,** juice or sap of a thorn-bush (esp. box thorn or buckthorn) used as medicine. **b** (also w. *oculus*) honeysuckle or its juice.

[rampnus] est utilis medicine. nam ex succo radicis et tirsorum per decoctionem fit medicamen quod medici licium vocant et in quibusdam aculeis lucidus dicitur quia oculos reddit claros BART. ANGL. XVII 137; cum succo olei licii GILB. II 121. 1; licie *Ib.* III 133. 1 (v. collyrium); litio dissoluto in vino *Ib.* III 156v. 2; succus solutri sint cocti. licio vel aloe *Ib.* IV 178v. 1; licium fit de succo caprifolii *SB* 28; licio *Alph.* 9 (v. 3 cyprinus); licium eligendus est intus colore rufo et de foris nigro, quod divisum brunnum non habet, stipticum est et coloris rufi et crocei. aparet cum gustu amaro sicut est indicum quod melius est, caliginem de oculis detergit *Ib.* 101; oculus licii, i. volubile majus, i. caprifolium; oculus lucidus, i. licium *SB* 32. **b** licium, caprifolium .. *wodebynde MS Cambridge Univ. Libr. Dd 11. 45* f. 150v; oculus lucii *Alph.* 29 (v. caprifolium); licium, i. succus caprifolii, oculus lucidi idem *Ib.* 99.

lycoctonum, wolf's bane.

the other kynde [*of aconitum*] *is called* lycoctonum, *and in Englishe it maye be called wolfesbayne* TURNER *Herb Names* A 5.

lycos, ~us [λύκος]

1 wolf.

manda [l. mandra; *gl.*: opilio] vetat mandrum [*gl.*: ovem] †licos [? l. licon, i. e. λύκων; *gl.*: lupi] intrare meandrum [*gl.*: *dysatt*] / clausit Alexandrum magnum parvum poliandrum *WW*.

2 kind of fish. Cf. 2 lupus 2.

murena, piscis, qui et fluta et lycus dicitur OSB. GLOUC. *Deriv.* 362.

1 lyda v. 2 litha.

2 lyda, dray, dung-cart.

1279 ubi ipse et antecessores sui solebant habere quandam viam in tempore aperto cum lyda [*gl.*: *j dreye*] sua ad cariandum fima sua *JustIt* 1242 r. 17*d*.

lydiata v. lidiata.

Lydius [CL], Lydian, a mode in ancient music.

OSB. GLOUC. *Deriv.* 631 (v. hyperlydius); secundum quod quamque gentem delectat, modis suis nomina imparuerunt: ut Lydii, ut modum suum vocant ~ium ..; Lydii dicti a Lido Tureni fratre ..; secundum predicta duo genera, sc. diatonicum et chromaticum, quindecim dicunt esse modos .. sc. hypodorius .., phrygius, eolius, ~ius .. ODINGTON *Mus.* 87.

lyemerius v. 1 limarius. **lyen-** v. lien-. **lygistra** v. ligustrum.

lygmus [λυγμός], sobbing.

tetanus, epaticus, nictalmus, atrophia, ligmus *Gloss. Poems* 104.

lym- v. et. lim-. **lymeum** v. 2 limo.

lympha [CL]

1 (s. or pl.) water; **b** (of spring or stream); **c** (of lake or sea).

profundus putei latex aut gelida cisternae limpha ALDH. *VirgP* 9; qui lympham potare solens lacti sociatam *Altercatio* 21; donec dicatur famulis: "manibus date limpham" D. BEC. 1393; quod Nymphas Neptuno dedicant, ipsa nominis etymologia causa est. nymphe enim quasi lymphe, id est aque dicte sunt ALB. LOND. *DG* 5. 3; frater P., conversus noster, ~am subministret abluentibus AD. EYNS. *Hug.* V 16; hec limpha, A. *water WW*. **b** ad locum thermarum ubi calida ~a .. ebullit B. *V. Dunst.* 34; fons similis inconstantie ~as habens GIR. *TH* II 7 p. 85; regina inferni turbata profanum testem Phlegethontide ~a aspersum mutavit in bubonem avem *Natura Deorum* 57. **c** luctantes litore limphas / .. relinquit ALDH. *CE* 4. 5. 7.

2 (eccl.) holy water. **b** water of baptism. **c** (fig., w. ref. to *Joh.* xix 34–5) water as sign of truth.

sacrati fontis limphis spiritalibus .. abluit parentum delicta FELIX *Guthl.* 11; c**738** splendida virginitatis castimonia florentis praeditae ~aque superni laticis melliflua caelitus inrigate nobili .. virgini BONIF. *Ep.* 98; cui gustanti sanctorum limfam .. prior rediit vigor GOSC. *Wulsin* 22. **b** lympham [*gl.*: *wæter*] petit baptismatis *AS Hymns* 48; o crux Judaicam feritatem deseruisti, / .. / et domitos Christo fidei lymphis genuisti R. CANT. *Poems* 290. 3. **c** limpha dat hystoriam vinum notat allegoriam *Vers. Cant.* 4 p. 16.

lymphalis, of water.

J. HOWD. *Phil.* 55 (v. 2 hydria 1b).

lymphare [CL], ~ari [LL]

1 to be in a frenzy, rave: **a** (act.); **b** (dep.). **c** (p. ppl.) frenzied.

a en qui me sensu graviter limphante sequuntur FRITH. 1172; ne modo diffugias .. / aut virides saltus quos jam limphando colebas *V. Merl.* 1447. **b** ~or, ~aris, i. furere; unde lymphator, lymphatus, lymphatio OSB. GLOUC. *Deriv.* 322. **c** excitus populus ab igne .. praeceps ad omnia limphato gressu discurrit OSB. *V. Elph.* 129; OSB. GLOUC. *Deriv.* 174 (v. 1 delirus b).

2 to add water to, to dilute (wine). **b** to water (cloth). **c** (intr.) to provide or dispense water. **d** (p. ppl. as sb. n. pl.) baptism.

vinum ~atum *Quaest. Salern.* B 328; si .. urina est parum cocta, tunc potes dare vinum multum limphatum GILB. I 46. 2; ex ea ~etur vinum *Ib.* 195v. 2; non loquitur de intinctione, que est per mutationem coloris, quemadmodum cum vinum rubeum ~atur totum apparet rubeum OCKHAM *Pol.* III 240; vinum subtile nec antiquum nec novum nec vinum linfatum aliqualiter GAD. 11. 1; vinum .. limphetur cum aqua decocta zuccarata *Ib.* 47v. 1; **1417** item uno lavacro cooperto in swagis deaurato, sculpto in cooperculo cum ymagine sancti Johannis Baptiste ad limphandum vinum *Reg. Cant.* IV 180. **b 1358** (1371) habeat .. sex ulnas panni ~ati et tonsi cum furrura de secta armigerorum nostrorum *Pat* 284 m. 24. **c** nulla manus discis presumat fundere limpham; / si desint pelves, calices limphare laborent D. BEC. 2553. **d** nec veritas sermoni abfuit, quod tam cito mente mutata plebs ante limphata credidit. nam et ibidem cum ad baptismum deesset aqua, ad jussum pontificis .. fons erupit W. MALM. *GP* II 84.

lympharium, laver.

a lavatory, lavatorium, sacrarium, limpharium *CathA.*

lymphatice, in a frenzy, frantically.

quod si .. michi resistitur tanquam ociose affecto et limphatice loquenti ac supervacua canenti LUCIAN *Chester* 68; ast mater, ut moris est continenti, velut furiis ex inpriviso foret exagitata, limphatice discurrendo clamorem quod potest extollit ad superiora E. THRIP. *SS* X 6.

lymphaticus [CL]

1 frenzied, frantic, mad. **b** suffering from hydrophobia or rabies, rabid. **c** (*morbus ~us*) hydrophobia, rabies.

devotae fraternitatis vincula limphatico ritu rumpente ALDH. *Met.* 2; quasi limphaticus vel freniticus *Id. VirgP* 50 p. 306; lympha, i. aqua, inde limphaticus, i. lunaticus *Alph.* 103; limphaticus, .. *hafande the fransey WW.* **b** ipsi ~us canis ex insperato irruens mortiferum vulnus infligit PULL. *Sent.* 869D; [betonica] limphatici sanat morsum canis NECKAM *DS* VII 25. **c** solebat enim in modum furentis et pacientis morbum limphaticum vaticinare TREVET *Troades* 7.

2 of water, watery, moist. **b** suffering from or caused by dropsy. **c** (as sb. m.) person suffering from dropsy.

laticosus, aquosus, .. aquaticus, lymphosus, ~us OSB. GLOUC. *Deriv.* 324; ut ipsis ville partibus quibus limphatice defensionis defuere suffragia .. exhiberat auxilia *Ps.*-ELMH. *Hen.* V 82; wate, aquosus, aquaticus, .. limphaticus.. madefactus, madidus, madulus *CathA.* **b** crescebat in dies moles ~a et ad instar dolioli tumescebat alvus egroti *Mir. Cuthb. Farne* 5. **c** nec est omittendum quod circa limphaticum .. egerit .. ita illum ab humore superfluo allevavit (*Wenefred* 31) *VSB* 302.

3 clear, limpid.

berillus est limphaticus, / ut sol in aqua limpidus *Cives* 9. 1.

lymphatio [CL], frenzy.

dementatio, insania, ~io, stomachatio OSB. GLOUC. *Deriv.* 177.

lymphator, madman.

OSB. GLOUC. *Deriv.* 322 (v. lymphare 1b).

lymphatorium, vessel that contains water: **a** ewer. **b** bucket from which holy water is sprinkled.

a 1434 limphatorium deauratum pro aqua (*Test. Ep. Lond.*) *Reg. Cant.* II 540. **b 1448** item j ~ium cum ysopo pro aqua benedicta de argento (*Invent. All Souls*) *Arch. J.* LI 122.

lymphea v. lympheus, nymphea.

lympheus, of or like water, watery.

naturas limpheas hodie mutavit in saporiferas haustus per potestates *Trop. Wint.* 106.

lymphosus, watery, moist.

OSB. GLOUC. *Deriv.* 324 (v. lymphaticus 2a).

lymus v. 1 limus. **lyna** v. 1 lignum 9. **lynca** v. linca.

lynceus [CL], resembling Lynceus (the Argonaut), keen-sighted.

huic oculi lincei necessarii essent ne erraret *Dial. Scac.* I 5 D; in propriam carnem memor esto linceus esse, / ut videas quod queque caro quasi flos fit D. BEC. 272; cum .. ~eo acumine conspiciant GIR. *TH* I 16; festinas linceis obtutibus educere festucam de nostro opusculo M. RIEVAULX (*Ep.*) 74; invisa linceo visu conspiciens WALT. WIMB. *Palpo* 69; sacros libros oculis ~eis penetrando perviderat R. BURY *Phil.* 10. 159; linceo .. i. e. videnti acute sicut linx T. SUTTON *Gen. & Corrupt.* 107.

lyncurium [CL < λυγκούριον], ~ius, ligyrium, ~ius [LL < λιγύριον], kind of precious stone supposedly derived from the urine of the lynx, ligure.

ligurius R. NIGER *Mil.* II 9 (v. electrum 1b); urinam lyncis converti dicunt in duritiam pretiosi lapidis qui ligurius appellatur .. lyngurium Grece dicitur NECKAM *NR* II 138 p. 219; lyncurius lapis est in colore electro similis dictus ut dicit Isidorus [*Etym.* XII 2. 20] a lynce bestia ex cujus urina inter arenulas generatur BART. ANGL. XVI 60; urina ejus [sc. lyncis] convertitur in gemmam preciosam que lyncurium appellatur *Ib.* XVIII 67; vis achatis, lucens ligurius J. HOWD. *Ph.* 1079; [Italia] gignit .. gemmas, ut ligurium, gagatem, margaritas .. *Eul. Hist.* II 69; ligurrus vel ligurnus lapis est bene dictus *Alph.* 100; locium linchis quod multi ligurium vocant, mox ut minxerit lapis fit quem multi †electorum vocant, dolorem stomachi compescit *Ib.* 105; linx .. cujus urina convertitur in gemmam preciosam que liguris appellatur UPTON 165.

lynera v. linaria. **lingua** v. lingua. **lyngurium** v. lyncurium. **lynia** v. 1 lignum 4. **lynpinna** v. linpinna. **lynsus** v. linca. **lynth-** v. lint-. **lynum** v. 1 linum.

lynx [CL < λύγξ]

1 lynx. **b** (fig.) keen-sighted person.

~ces bestiae maculosis corporibus sunt *Lib. Monstr.* II 5; leones, leopardos, ~ces, camelos, quorum fetus Anglia est inops .. a regibus alienis expostulans W. MALM. *GR* V 409; ~ces penetrabiles GIR. *TH* I 36; linx est quoddam animal habens visum acutissimum T. SUTTON *Gen. & Corrupt.* 107; est in arce Londinensi animal carnivorum .. *luzarne* nostri vocant, leunciam ne an lyncem ex vocum symphonia dicturi ambiguum est CAIUS *Anim.* f. 6. **b** circa res proprias sis linx D. BEC. 2187.

2 (*lapis lyncis*) a precious stone resembling amber (*cf. lyncurium*).

ponantur 3 ij lapidis lincis vel lapidis qui reperitur in felle tauri GILB. III 156. 2; lapis lincis; dicunt quidam quod fit de urina lincis tempore petulancie, que induratur in lapidem *SB* 27 (cf. *Alph.* 90).

lyra [CL < λύρα]

1 lyre, harp; **b** (Gk. gen.); **c** (fig.). **d** harp-string.

[pantheras] quae Lucanus poeta ad ~am Orphei cum ceteris animantibus et bestiis a deserto Thraciae .. cecinit *Lib. Monstr.* II 7; organa, nabla, lira, tympana, musae GOSC. *Edith* (II) 270; longe inferiore ~a calamoque fragili GIR. *TH* III *intr.*; cimbala clara sonant, sompnifereque lire H. AVR. *Poems* 27. 166; suspenderat .. liram in clavo parieti infixo .. per se in sonum erupit sine officio digitorum cithara *Chr. Wallingf.* 44; si te juvat saccus satur, / quicquid dicas acceptatur / tanquam lire consonum WALT. WIMB. *Van.* 45; lira, *a harpe WW.* **b** quidnam decentius est .. speculari circa Dei altarium .. simias tibicines et onos liras Boetii [*Cons. Phil.* I 4: ὄνος λύρας AD. DORE *Pictor* 142. **c** [Domine] lira salutis largiens armoniam J. HOWD. *Cant.* 251; lira [sc. Christus] luget ne lugeas [ecclesia seu anima] indefesse *Ib.* 342. **d** hec lira, A. *harpestring WW.*

2 song, music.

Juno liram volucrum languescere sentit J. EXON. *BT* I 251; in hac igitur opera et opere tali quid aliud nisi .. deliracio quedam in lira declaratur ..? GIR. *SD* 140; lira pro luctu [donabitur], pallium pro merore J. HOWD. *Cant.* 235.

3 (astr.) Lyra, northern constellation.

qua statione Venus, qua Jupiter ardet amenus, / qua Lyra, qua miseros recreans Cyllenius heros R. CANT. *Malch.* V 28; pendet ab Herculeis humeris Lyra Mercurialis, / astra quibus fulsit vir fera monstra domans NECKAM *DS* I 363.

4 cloth of Lire or Liere in Brabant.

1391 (v. blodius a); **1452** toga .. de viridi lira (*Test.*) *MunAcOx* 647.

5 (as title of book) the postils of Nicholas de Lyra.

1384 in subsidium libro scribendo qui dicitur ~a *Ac. Durh.* 425.

lyrare, to harp, play the harp.

to harpe, ~are, citharizare LEVINS *Manip.* 33.

lyrice, in a style resembling lyric poetry, lyrically.

dives nunquam barbarizat, / cujus bursa citharizat / et allegat lyrice WALT. WIMB. *Van.* 77.

lyricen [cf. CL lyra + -cen], lyre-player, harpist.

fidicen, cum chorda canens, qui et ~en et citharista dicitur OSB. GLOUC. *Deriv.* 240; post cenam liricines et tibicines audire jocundabamur BALSH. *Ut.* 49; lyricen philomena rubeto HANV. IX 424; hic liricen, qui canit in lira *WW*; hic et hec lerecen, *a herper WW.*

lyricina, lyre-player, harpist, singer.

lyrista, citharista, que et ~a dicitur OSB. GLOUC. *Deriv.* 328; hoc lyricen .. i. cum lyra canens; inde hec ~a .. i cantatrix *Ib.* 321; hec lericina, *a herper WW.*

lyricus [CL], of a lyre, (of poet or poem) lyric. **b** pleasing to the ear, dulcet, lyrical.

apud poetas ~os et satiricos ALDH. *Met.* 9 p. 78; ALCUIN *SS Ebor* 745 (v. fibra 4c); lyrico .. carmine *Mir. Nin.* 12 (v. 2 flamen 3); sicque die rursum psalmos complevit eosdem, / ut vicibus geminis lyricas consumeret escas ÆTHELWULF *Abb.* 559; citharae jubilos lirico modulamine mixtos *V. Ed. Conf.* 38; est liricum carmen cum precisi versus integris subjecti sunt, ut est apud oratium [*Epodes* II 1–2]: 'beatus ille qui procul negociis,' deinde sequitur precisus versus: 'ut prisca gens mortalium' GROS. *Hexaem. proem.* 96; Simonides poeta liricus *Ib.* **b** ~us .. i. dulcis et suavis OSB. GLOUC. *Deriv.* 321.

lyrifa, hedge-sparrow.

gallus silvester, lirifa [*gl.: pynok*], nisus, regulusque *WW.*

lyris, kind of gem.

liris, Asianus lapis idem *Alph.* 101.

lyristes [CL < λυριστής], ~a, lyre-player, harpist.

~a OSB. GLOUC. *Deriv.* 328 (v. lyricina); ~es, lyricen, citharista, citharoedus *Ib.*

lyristria [LL], lyre-player, harpist (f.).

fidicina, ~ia, citharistria, chordacistria OSB. GLOUC. *Deriv.* 240.

Lysiacus [CL], like the orator Lysias (in quot., as sb. m.).

facinus dissimulat Heli filiorum, / vile struit alchimus super mitraforum, / fraus usurpat Jasonis decus indecorum, / Menelaus Jasonem reddit inhonorum, / sed et hunc lisiacus W. COMBE 192.

lysimachia [CL < λυσιμάχιον], ~ium, ~ion, loosestrife, purple (*Lythrum Salicaria*) or yellow (*Lysimachia vulgaris*).

lisimacion hastas habet majores et tenues et fructuosas circa quarum nodos folia minuta habet, salicis similia, gustu stiptica, florem purpureum aut aurosum, nascitur [in] locis humectis, fluxum matricis abstinet *Alph.* 101; ~ia is of two sortes .. some cal it lycimachiam luteam .. it may be called in Englishe yealow lousstrife or herbe wylowe TURNER *Herb Names* E 2v; lycimachia purpurea .. maye be called in Englishe red loostryfe, or purple losestryfe *Ib.*

lysiponum [CL < λυσιπόνιον], sort of ointment or salve.

†licraponum, i. deponens dolorem *Alph.* 101.

lysta v. lista. **lystagium** v. lastagium.

lysuria [? cf. λύσις + οὖρον], form of fever.

est .. [febris] in qua sentit nimium calorem infirmus et tepiditatem in exterioribus .. et hec febris vocatur ~a GILB. I 56. 2.

lytta [CL], worm-like tendon in a dog's tongue, supposed to cause rabies.

dicit autem Plinius .. quod sub lingua canis jacet aliquando vermiculus qui Grece dicitur ~a qui facit canes rabidos quo extracto cessat morbus BART. ANGL. XVIII 26 (= UPTON 157: licta).

DICTIONARY OF
MEDIEVAL LATIN
FROM BRITISH SOURCES

Volume I   A–L

PREPARED BY

R. E. LATHAM

AND

D. R. HOWLETT

With the assistance of

J. BLUNDELL,

S. J. O'CONNOR,

A. H. POWELL,

R. SHARPE,

P. R. STANIFORTH

and C. WHITE

UNDER THE DIRECTION OF A COMMITTEE
APPOINTED BY THE BRITISH ACADEMY

Published for THE BRITISH ACADEMY
by OXFORD UNIVERSITY PRESS

Oxford University Press, Walton Street, Oxford OX2 6DP

Oxford New York
Athens Auckland Bangkok Bombay
Calcutta Cape Town Dar es Salaam Delhi
Florence Hong Kong Istanbul Karachi
Kuala Lumpur Madras Madrid Melbourne
Mexico City Nairobi Paris Singapore
Taipei Tokyo Toronto

and associated companies in
Berlin Ibadan

Volume I (A–L) published in five fascicules

A–B (Fascicule I) © The British Academy, 1975
0-19-725948-0
C (Fascicule II) © The British Academy, 1981
0-19-725968-5
D–E (Fascicule III) © The British Academy, 1986
0-19-726023-3
F–G–H (Fascicule IV) © The British Academy, 1989
0-19-726082-9
I–J–K–L (Fascicule V) © The British Academy, 1997
0-19-726148-5

All rights reserved. No part of this publication may be reproduced,
stored in a retrieval system, or transmitted, in any form or by any means,
without the prior permission of the British Academy.

CONTENTS

A Note on Editorial Method iv

Abbreviations and Signs viii

Bibliography (1986) xi

Supplementary Bibliography (1997) lxiii

DICTIONARY OF MEDIEVAL LATIN FROM BRITISH SOURCES: A–L 1

A NOTE ON EDITORIAL METHOD

Scope of the work

This dictionary is designed to present a comprehensive picture of the Latin language current in Britain from the sixth century to the sixteenth. The earliest literary source listed in the bibliography is Gildas *De Excidio Britanniae* (*c*550); the latest is Camden's *Britannia* (1586), included mainly for its antiquarian interest. Sources later than 1550 are normally excluded, though some use has been made of Latin records in the Medieval tradition as late as the seventeenth century (*cf. accomputare, adurere 3 b, archipresbyter c*). In view of the project launched by the Royal Irish Academy for a Dictionary of Insular Celtic Latin, most Irish sources prior to 1200, together with certain Welsh sources, have been excluded. Some Anglo-Irish sources of later date have been included, together with such documents as the Norman Rolls and Gascon Rolls, regarded as records (mostly preserved in England) of the administration of estates held by an English ruler. The scope of the work embraces letters from abroad contained in such series as Rymer's *Foedera* and Theiner's *Monumenta Hiberniae et Scotiae*, besides the writings of Britons resident overseas, from Boniface to Duns, and of foreigners resident in Britain, from Theodore of Tarsus to Polydore Vergil. John Beleth figures on the strength of his appearance, on somewhat tenuous grounds, in the *Dictionary of National Biography*; William of Poitiers and Guy of Amiens because their writings are directly concerned with English affairs; an *Anatomia* of uncertain provenance ('Pseudo-Galen') because it was at one time mistakenly attributed to Ricardus Anglicus (cited here as Ricardus Medicus); one work of a ninth-century Irishman (Eriugena *Periphyseon*) in recognition of its significance in the general development of ML during a period poorly represented by English sources.

Within such widely drawn limits it has obviously been impracticable to cover the ground exhaustively. Users of the Dictionary will soon discover that some of the authors named in the bibliography have been drawn upon much less extensively than their work deserves and that some important names are missing. But it is hoped that no significant class or period of writing has been wholly disregarded.

The field has been appreciably narrowed by the exclusion of vernacular words (English, Anglo-Norman, Welsh, or Gaelic) that appear undisguisedly in Latin writings, though examples of these may be cited to supplement the evidence of Latinized forms (*cf. e.g. Atrebatensis, bordmannus*). Where such vernacular words occur in quotations, they are commonly printed here in italics. Names of persons, historical or mythical, have been excluded unless they carry some special connotation (*Apella, Bellona*). So have names of places, apart from one or two countries presenting points of special interest (*Anglia, Britannia*). But national appellatives (*Angligena, Basculus*) have been included, together with some derivatives of proper names (*Albigensis, Benedictinus*).

General Principles

The material dealt with falls roughly into three categories, which have been accorded somewhat different treatment:

(*a*) The use by British authors of CL words in approximately their basic classical meanings (*e.g. accipere, auctor, bonus*) is illustrated by two or three examples of each, drawn in the main from a narrow range of sources (mostly Aldhelm, Bede, Domesday Book, and a selection of twelfth-century writings); here no attempt has been made to distinguish and exemplify every shade of the semantic spectrum, but the examples chosen, wherever possible, have been such as to illustrate the use of the word in an original Medieval context, in preference to mere echoes of earlier writers.

(*b*) Words and usages that belong to the post-classical development of Latin as a whole are dealt with more fully; but, since this category consists in large part of the technical terms of Christian thought (*angelus, anima, benedicere*) and church organization (*abbas, apostolicus, beneficium*) and of various arts and sciences (*alchimia, ars, braciare*), whose evolution cannot be adequately documented from British sources alone, its presentation is inevitably sketchy.

(*c*) The fullest treatment is reserved for what is distinctively British, either because of its links with Anglo-Saxon, Anglo-Norman, or some other vernacular (*acra, amobragium, betagius, boscus, botha*), or

because it reflects the growth of institutions with specifically British features, sometimes distinguishable as English, Scots, Welsh, or Anglo-Irish (*advocare, assisa, baillivus, baro, brevis, burgus,* and their derivatives).

The layout of the entries is based on the same general plan as the *Oxford Latin Dictionary* with certain modifications. Since the sources quoted are generally far less accessible than those of CL and the interpretations of words are less well established, resting in many cases simply on inference from the contexts under reference, it has often seemed advisable to quote at greater length than would be requisite in a CL Dictionary. Sometimes, by the use of cross-references, one quotation has been made to do duty for several different words.

Space has been saved by the omission of most particulars relating to grammar. Unless otherwise indicated, it may be assumed that CL words retain their classical inflexions and that new formations follow regular CL models. There are no specific entries for suffixes, as new (post-classical) ones scarcely occur; an exception is *-agium* (OF *-age* < *-aticum*), which is sometimes added to a Latin stem (*e.g. capitagium* = OF *chevage* < *capaticum*). New prefixes are likewise rare, except that certain Latin adverbs (*foris, infra, subtus*) are sometimes joined to a following verb, and Greek prefixes may be added to Latin words (*anticardinalis, archisacerdos*).

Etymology

Derivation, where it is self-evident, is not normally indicated. Against words of non-Latin origin the presumed source (Greek, Old French, Middle English, etc.) is shown in square brackets; but as a general rule there is no discussion of etymological problems, except in cases where the ML examples appear to afford independent evidence (*e.g. averus, bederna, berefellarius, billa, binghaia*).

This restriction does not apply to those words of Arabic provenance that have made such a mark on the scientific and technical vocabulary of ML. The etymologies assigned to most of these in the first fascicule (A–B) have been supplied, many of them on the basis of original research, by the generous co-operation of Dr. J. D. Latham, which it is hoped will continue to be available. They are set out by him with more detailed explanation in *Journal of Semitic Studies* (Manchester U.P.) xvii (1972), 30–64, where he also discusses the bewildering processes of corruption involved in transliteration and translation through the distorting media of various Semitic, Romance, and sometimes other dialects.

Grouping under Key-words

Key-words that are CL or Greek in form, or directly derived from a classical origin, are spelt according to standard CL practice (*abundare, acmasticus, aetas, harena*) even though this spelling may be seldom or never found in Medieval manuscripts. It has been thought better, however, to write J and V rather than I and U where their Medieval value was probably that of consonants. Vowel quantity is not indicated, except to distinguish homonyms (*ānus, ănus*), and to show the conjugation of a verb (*appendĕre, appendēre; assīdĕre, assĭdēre*). Where the key-word is followed by an alternative spelling in round brackets, *e.g. abundare (hab-),* this indicates that the second spelling is commonly found in our sources. For words of non-classical origin, the spelling selected for the key-word is normally one that shows its relation to the presumed vernacular original and to other cognate words in ML (*bacinus, billettare, bracium*). Variant spellings are not separately indicated at the beginning of an entry; but examples of all significant variants are included in the illustrative quotations and indicated where necessary by cross-references. Variants have not necessarily been noted if they result from normal features of ML spelling (*acomodus, apocrifus, asingnacio, authumpnus, equevus*).

Variants, however diverse, that appear to represent the same vernacular original have normally been grouped under one key-word (*affrus, averus; albergagia, herbergagium; bahudum, barura*). Forms that differ merely in gender without apparent semantic significance (*e.g. bala, balum, balus*) have not been treated as distinct words, since they would often be indistinguishable in oblique cases and in the suspended forms common in manuscripts. Where possible, forms that can be regarded as directly derived from a Latin source are distinguished from those obviously derived through a vernacular intermediary (*aurifragium, aurifrixium* etc., as against *orfresium* < OF *orfreis,* ultimately from the same source, probably *aurum Phrygium*). The distinction, however, is often somewhat arbitrary, and where the recorded forms present a continuous series (*e.g. advocare, avocare, advoare, avoare*) it may be more satisfactory to abandon it. Thus *arura* (< OF *areure* < *aratura*) has been grouped with *aratura* (thus linking it with *aratrum* etc.); but in a closely parallel case *armura* has been separated from *armatura* in order to emphasize its connexion with such derivative words as *armurarius.*

Words that are identical in form but presumably different in origin are treated separately and distinguished by preceding numbers. But in cases of uncertain or composite derivation (*cf. abscissio, actionarius*) some inconsistency in practice may be inescapable.

Form and content of quotations

In quotations the spelling is that of the original (or a near-contemporary) manuscript, so far as this is readily ascertainable. In passages cited from texts such as those in the Rolls Series, the classicized forms employed by the editors have been brought more nearly into line with other texts by adopting a spelling more consistent with Medieval usage (thus it is assumed that between about 1100 and 1500 the diphthongs *ae* and *oe* are likely to have been written *e* and that in the course of the thirteenth century intervocalic -ti- was normally replaced by -ci-). In the interests of clarity some degree of standardization has also been applied to such matters as punctuation, the use of capitals, and the form of numerals. Except in cases of serious doubt, contracted and suspended forms have usually been expanded.

The context of a quotation is sometimes elucidated by the insertion of a word or two in square brackets. The omission of one or more words, other than mere connecting words or the like, is indicated by a pair of dots.

Quotations from sources to which a single date is assigned in the bibliography are normally undated. Others usually bear a precise date (**1250**) or an approximate one (*a*[*nte*], *c*[*irca*], or *p*[*ost*] **1250,** or **12 . .** indicating an undetermined date in the thirteenth century). To quotations from pre-Conquest charters and other documents purporting to be of much earlier date than that of the earliest extant manuscript, it has sometimes been thought helpful to assign a double date, e.g. †**947** (14c) [i.e. fourteenth century], where the obelus indicates a doubt (or denial) of the authenticity of the ostensible date. In some cases the date forms an essential part of the reference (see paragraph six of the Introductory Note to the Bibliography).

The date prefixed to certain entries, especially from chronicles, takes a form such as *s*[*ub*] **1250,** denoting the date assigned to the incident under reference; this may enable readers to identify the incident, if it is one of historical importance, and also help them to trace a passage reproduced, with or without variations, by successive chroniclers. In annals compiled over a long period, this date may correspond to the date of the writing. Where the chronicler wrote long after the event (as shown in the Bibliography), the phrase quoted may either originate with him or be derived from an unidentified source (not necessarily a British one). Incidents that cannot be dated precisely may be dated approximately, e.g. by mention of a ruler.

Quotations included in a single subsection have usually been arranged in chronological order. But this practice may be varied for special reasons, e.g. to emphasize a similarity or contrast between particular quotations.

The quotations have been selected with a view to illustrating the range of occurrence of the reference-word not only in time but, where appropriate, over different districts and different types of source (technical, documentary, literary) as well as different forms and different grammatical and semantic contexts. In the case of a non-classical word or usage, the first quotation given usually represents its earliest recorded occurrence in our source material. But no special point has been made (as in the *Revised Word-List*) of noting in every case the latest recorded occurrence.

The reference-word is commonly quoted in an abbreviated form consisting of a tilde (∼) followed by the termination. This practice is not, however, adopted unless the tilde would replace at least three letters (thus *acus* does not appear as ∼*us*). In passages of verse the reference-word is always written in full to facilitate scanning, and in special instances the scansion is also shown (brăvĭum < βρᾰβεῖον).

Treatment of phrases

A special problem is posed by the importance in ML of set phrases, some of them functioning as quasi-compounds, composed wholly or in part of CL words but quite new in effect. The adjective *altus*, for instance, underwent no general change of meaning between Classical and Medieval times; its interest for the student of ML lies in the set phrases in which it is combined with such nouns as *dies, filum, justitia, manus, missa, proditio*, and *via*. These phrases are here exemplified *s.v. altus*, but most of them are more fully treated under the noun concerned. On the other hand, a phrase such as *molendinum blaereticum* receives fuller treatment under the adjective, which is not used in any other context; but for *molendinum ad bladum* the student should turn first to *molendinum*, though he will find the phrase noted and exemplified (not necessarily by the same quotations) under *bladum* and under *ad*.

Classification and Interpretation

The classification of the various uses of a particular word rests in part on fairly objective criteria, e.g. whether a verb (*accipere, arripere, allocare, attornare*) is used transitively or intransitively and whether its object, or its subject, is a person or a thing; in part on much more subjective ones. The uses of the preposition *ad*, for instance, might have been classified in countless different ways, and even within the chosen system of classification certain phrases whose meaning is not in doubt might reasonably have been assigned to two or three alternative positions. Where there is any doubt about the precise meaning, the subjective element becomes proportionately greater. In quotations drawn from texts so varied and for the most part so imperfectly explored as those of British Medieval Latin, such doubt is a factor that cannot be overlooked. Where practicable, the objective criteria have been preferred. But in dealing with difficult passages it has often been necessary to choose one explanation out of several possible ones, or to explain away the difficulty by conjectural emendation. Even where explanation is kept to a minimum, the mere process of selecting, classifying, and grouping quotations is a more arbitrary one than the reader may realize.

As a matter of practical convenience quotations are grouped in numbered sections, which may be divided into lettered subsections. In order to save space, the number 1 is omitted, except in those rare instances (e.g. the prepositions *a* and *ad*) in which some general information is given before the first section. Where the first subsection of a particular section covers a usage that can be regarded as primary or general, the letter **a** is also omitted; where all the subsections are treated as on the same level, **a** is prefixed (like **b**, **c** etc.) to the relevant definition and also to the first of the corresponding quotations.

It has seldom been possible to set out the different meanings or usages of a particular word in sections and subsections with any confidence that this classification represents an actual process of historical evolution. Wherever possible, CL usage has been taken as the foundation. But the superstructure is designed primarily to provide a coherent framework within which a place can be found for any semantic and grammatical distinctions clearly recognizable in the material to hand. In some cases, rather than create a new subsection, the editor has found it convenient to clarify the meaning of a word in a special context by appending his own translation in square brackets (instances will be found under the preposition *a, ab*). Other minor differences in meaning, shown by a contemporary gloss or an *Anglice* or implied by the context, have been left to speak for themselves, in the belief that quotation can be more informative than exposition or commentary and is much less likely to mislead.

(1975)

ABBREVIATIONS AND SIGNS

THIS list covers abbreviations used in the bibliography, as well as in the text of the dictionary, omitting some abbreviations in normal English use, such as the shortened forms of the names of counties. The books of the Bible are cited in the form familiar to English readers (*Kings, Chron.*, etc.), though the reference is normally to the Vulgate text (including the Vulgate numeration of the Psalms).

A.	*Anglice*
a	*ante*
AS	Anglo-Saxon
abbr.	abbreviated, -iation
abl.	ablative
absol.	absolute(ly)
abstr.	abstract(ion)
acad.	academic
acc.	according to, accusative
act.	active(ly)
ad.	adaptation of
add.	addenda, addition
adj.	adjective
adv.	adverb
agr.	agriculture, -ural
al. div.	*alias divisim*
alch.	alchemy, -ical
anal.	analogy
anat.	anatomy, -ical
ap.	*apud*
app.	apparently, appendix
appl.	applied (to)
approx.	approximate(ly)
Ar.	Arabic
arch.	architecture, -ural
assoc.	associated, -iation
astr.	astrology, -ical, -onomy, -ical
attrib.	attributed, -ive(ly)
B.	*Beat(us)*
BM	British Museum
BVM	*Beata Virgo Maria*
Beitr.	Beiträge
bibl.	biblical
bk.	book
bot.	botany, -ical
bus.	*bussell(us)*
Byz.	Byzantine
c (before a figure)	*circa*
c (after a figure)	century
C.I.	Channel Islands
CL	Classical Latin (to *c*200 A.D.)
cap. (capp.)	*capitulum(-a)*, chapter(s)
cf.	*confer*, compare
ch.	charter
chr.	chronicle
cl.	clause
col.	column
collect.	collective(ly)
com.	*comitat(us)*
comp.	compound, -position
compar.	comparative
compl.	complement
conf.	confused, -ion
conj.	conjugation, -junction
cont.	containing, continuation, -uator, -ued

contin.	continuous (of pagination)
contr.	contracted, -ion
corr.	corrected
d.	*dorso, denari(us)*
dat.	dative
decl.	declension, declined
def.	definite, -ition
dep.	deponent
deriv.	derivation, -ative
diff.	difference, -ent(ly)
dim.	*dimidi(us)*
dim.	diminutive
dir.	direct
dist.	distinguished
doc.	document
dub.	*dubi(us)*
dub.	dubious
eccl.	ecclesiastical
ed., edd.	edited by, edition(s), editor(s)
ellipt.	elliptical(ly)
emph.	emphasis, -atic
Eng.	England, English
ep.	*episcop(us), epistol(a)*
epil.	epilogue
epith.	epithet
erron.	erroneous(ly)
esp.	especially
etym.	etymology
euphem.	euphemism, -istic(ally)
ex., exx.	example(s)
exc.	except
excl.	excluding, -sive(ly)
expl.	explained, explanatory
expr.	expressed, -ing, -ion
extr.	extract(s)
f.	feminine, folio
f.l.	*falsa lectio*
facet.	facetious(ly)
falc.	falconry
feud.	feudal(ly)
foll.	followed, -ing
Fr.	France, French
frag.	fragment
freq.	frequent(ly)
Frk.	Frankish (or sim.)
fut.	future
G.	*Gallice*
Gael.	Gaelic
Gall.	Gallic (Gaulish)
Gasc.	Gascon, -ony (or sim)
gd., gdv.	gerund, -ive
gen.	genitive
geog.	geography, -ical

geom.	geometry, -ical	*obi(it),*	*(-erunt)*
Germ.	German, -anic, -any	obj.	object(ive)
Gesch.	Geschichte	occ.	occasional(ly)
Gk.	Greek	opp.	opposed, -ite
gl.	gloss, -ary, -ed	orig.	origin, -al(ly)
gram.	grammar, -atical		
		p	*post*
Heb.	Hebrew	p., pp.	page(s)
her.	heraldic, -ry	p. ppl.	past participle
		pag.	pagination
i.	*id est*	pass.	passive(ly)
ib.	*ibidem*	perf.	perfect
id.	*idem*	perh.	perhaps
imp.	imperative	Pers.	Persian
imperf.	imperfect	pers.	person(al)
impers.	impersonal	Pg.	Portuguese
impl.	implied, -cation, -ying	phil.	philosophy, -ical
inanim.	inanimate	phr.	phrase
incl.	including, -usive(ly)	phys.	physics, -ical (science)
ind.	indicative	pl.	plural
indir.	indirect	poss.	possessive
inf.	infinitive	ppl.	participle, -icipial
infl.	influence(d)	pps.	papers
inscr.	inscription(s)	pr. ppl.	present participle
interj.	interjection	prec.	preceded, -ing
interl.	interlineated, -tion	pred.	predicate, -ive(ly)
interp.	interpreted, -ation	pref.	preface
interr.	interrogative	prep.	preparation, preposition
intr.	intransitive(ly), introduction	pres.	present
Ir.	Ireland, Irish	prob.	probable, -ly
iron.	ironical(ly), irony	proc.	proceeding(s)
irreg.	irregular(ly)	prog.	progress
		prol.	prologue
l., ll.	*lĕge, lectio, -ones*	pron.	pronoun, -nominal
LL	Late Latin (*c*200–*c*600 A.D.)	Prov.	Provençal
leg.	legal(ly)	prov.	proverb, -ial(ly)
li.	*libr(a)*	pub.	publication(s), published
lit.	*litera*		
lit.	literal(ly)	qu.	question
log.	logic(al)	*quad.*	*quadr(ans)*
Lomb.	Lombard	*quar.*	*quarteri(um)* (or sim.)
m.	*marc(a)* (= 13*s*. 4*d*.)	r.	rotulet
m.	masculine, membrane	*r.c.*	*reddit(-unt) compotum*
ME	Middle English	RO	Record Office
ML	Medieval Latin (*c*600 A.D.–)	rec.	recension, record
MS(S)	manuscript(s)	ref.	reference
man.	manor(ial)	refl.	reflexive
math.	mathematics, -ical	reg.	register
Med.	Medieval	rel.	relative
med.	medical(ly)	rep.	report
metr.	metrical	repr.	representing, reprinted
mil.	military, -ily	rhet.	rhetorical(ly)
misc.	miscellaneous	Rom.	Romance
misinterp.	misinterpreted, -ation	*rub.*	*rubrica*
misr.	misread, -ing		
mon.	monastic	*S.*	*Sanct(us)*
mun.	municipal, muniment(s)	*s.*	*solid(us)*
mus.	music, -ical	s	*sub (data)*
myth.	mythology, -ical	S.	Series
		s. act. (pass.)	*sensu activo (passivo)*
n.	neuter, note	*s. dub.*	*sensu dubio*
n.d.	no date	*s.v.*	*sub verbo*
n. marg.	note in margin	sb.	substantive
NS	New Series	*sc.*	*scilicet*
naut.	nautical(ly)	Sc., Scot.	Scotland, Scottish
neg.	negative(ly)	*sched.*	*schedul(a)*
nom.	nominative	sect.	section
		sep.,	separate
OF	Old French	sg.	singular
ON	Old Norse	sim.	(something) similar
ob.	*obol(us)*	Soc.	Society

Sp.	Spanish	transl.	translated, -ating, -ation
spec.	species, -ial, -ifically	Turk.	Turkish
sts.	sometimes		
sub. cl.	subordinate clause	unspec.	unspecified
subj.	subject(ive), -junctive	usu.	usually
subst.	substitute, -ion		
sup.	supplement	*v.*	*verso, vide*
superl.	superlative	*v. et.*	*vide etiam*
syll.	syllable(s)	*v.l.*	*varia lectio*
syn.	synonym(ous)	var.	variant, various
Syr.	Syriac	vb.	verb
		vers.	*vers(us)*
TRE	*tempore regis Edwardi* (*ob.* 1066)	*vic.*	*vicecom(es)*
tech.	technical(ly)	*viz.*	*videlicet*
temp.	*tempore*	voc.	vocative
test.	*testamentum, test(ibus)*	vol.	volume
theol.	theology, -ical(ly)	vulg.	vulgar(ly)
tit.	*titulus*		
topog.	topography, -ical(ly)	W.	Wales, Welsh
trans.	transitive	w.	with
transf.	transference, -red	wr.	written

A query (?) indicates doubt, usually as to the meaning or date assigned to a word.

An obelisk (†) indicates a suspicion (sometimes amounting to certainty) that the form of a particular word is due to a misprint, a misreading, or a scribal error, or that a date is erroneous.

Square brackets [ ] are used to indicate explanatory insertions, usually by the editor of the Dictionary.

The signs < and > are used in etymologies to mean respectively 'derived from' and 'developing into'.

The signs ℨ and ℥ in medical texts represent respectively *drachma* and *uncia*.

(1975)

BIBLIOGRAPHY

This bibliography is intended to include all sources used in the Dictionary, except a few that have been cited so rarely that it has seemed simpler to make the citations bibliographically adequate in themselves. Its arrangement is in alphabetical order of short-titles by which a work is cited in the Dictionary and to which it is meant as a key. It is hoped that use will make readers familiar with the means by which short-titles have been allocated, and that it may therefore become a useful bibliographical handbook. To this end an attempt has been made to include all British Latin authors whose work is in print besides some whose work is not. But a truly comprehensive listing is not practical in this arrangement, nor could one contemplate listing the huge archival resources, printed and unprinted, in public and private collections all over the country. But a very large sample of records, especially public and monastic, has been quarried in print and in manuscripts, so that the language of such documents is amply represented. With respect to literary, technical or other works, 'it is hoped' (as R.E. Latham wrote in Fascicule I, p. ix) 'that no significant class or period of writing has been wholly disregarded.' Since the bibliography first appeared in Fascicule I (1975), it has increased in size by more than a third, the majority of the additions being named authors or additional work by authors.

The revision has also included the addition of new editions of works already cited. This has entailed some duplication in the bibliography, where two or more editions may now be listed. The word 'also' indicates a further edition not used by the Dictionary; the words 'superseded by' indicate that a new edition is cited. Where possible, citation is by the same means as previously: thus Ordericus Vitalis is now cited from the edition by Mrs Chibnall using book and chapter as the main reference, supplemented by the page number of the old edition which is given in the margin of the new edition. The letters of John of Salisbury are cited by a double system: J. SAL. *Ep.* 143 (209 p. 324) indicates the letter numbered 143 in Giles's edition reprinted in *Patrologia Latina*, now numbered 209 in the edition of Millor and Brooke to which the page-number refers. It would be foolish to persist in using defective editions when better ones have become available, but conversion may impose an unwelcome complication in references. It will help the editors and users of the Dictionary if scholars preparing new editions of texts bear in mind the need of a stable means of citation or a convenient means of conversion.

Means of citation in use in the Dictionary vary considerably, though the most convenient and practical is in general adopted. In most cases, passages from published prose works are cited by reference to the pages of the edition specified in the bibliography. In some cases, however, if this edition indicates the foliation of a principal manuscript or the pagination of a widely-available work (e.g. *Patrologia Latina*), it has been judged preferable to take this as the basis of reference. Alternatively, where works are divided into books and chapters or editorially numbered sections, these will generally serve for more than one edition and are preferred. Likewise in collections of numbered documents the number will often give a more precise reference. In both these cases, it may be desirable to add the page-number. Passages of verse are cited where possible by line or stanza, but in case of lengthy verse texts without line-numbers, reference will be by page or folio. In citations direct from manuscript, again the most practical system is adopted, be this folio and column, membrane, rotulet or whatever. Where any doubt may arise the method of reference is indicated in square brackets at the end of the entry in the bibliography.

Citations from glossaries such as *WW*, in which words are listed or indexed alphabetically, usually omit any page-reference.

Citations from sources of diverse content (e.g. Rymer's *Foedera, Archaeologia*, English Historical Review) usually include some indication of the nature of the document cited; letters or other documents included in chronicles are distinguished where practicable from the actual writing of the chronicles.

Dates of sources are generally noted in the bibliography. In the case of chronicles, a citation is usually accompanied by a *sub anno* date (s**1215**) to facilitate reference between different chroniclers' accounts of the same event. In the case of documents, a date is given with each quotation. In some cases this date forms an essential part of the reference: thus '**1263** assumatis omnibus particulis solucionis *Cl* 295' refers to p. 295 of the published volume of Close Rolls covering the years 1261–4; '**1423** eisdem viciis .. assuetus, .. que quidem assuetatio ex ipsa iteracione decernatur *Reg. Cant.* III 518' refers to the

published Register of Henry Chicheley, archbishop of Canterbury 1414–43, Vol. III p. 518. In some cases two dates are given: **1139** (1381) indicates a document of the former date quoted from an inspeximus of the latter; **939** (13c) marks a charter preserved in a later cartulary or transcript.

The quotation-slips were made by many hands over many years and the editing of the Dictionary is similarly a long-term project, its staff liable to change over the years: it is almost inevitable, therefore, that a few works may have been cited indifferently, e.g. by page or number. It is hoped that these are scarce enough not to tax the patience of the reader zealous enough to trace the sources quoted.

Abbat. Abingd. *De abbatibus Abbendoniae* [Abingdon, Berks] (12c.), in *Chr. Abingd.* II app. II 268–95.

ABBO Abbo of Fleury, of Ramsey [*ob.* 1004]: **Edm.** *Vita S. Eadmundi* [*ob.* 870], ed. M. Winterbottom, Three Lives of English Saints, Toronto Med. Latin Texts (1972) 67–87 [by cap.]; also in *Mem. S. Edm.* I 1–25. **QG** *Quaestiones grammaticales*, ed. A. Mai, *Classici Auctores e Vaticanis Codicibus Editi* V (1833) 329–49 [by sect.]; superseded by ed. A. Guerreau-Jalabert, (Paris, 1982) [by sect. of Mai & sect. of Jalabert (in brackets)]; **prol.** verse prologue, in *Chr. Rams.* xxvii–xxviii [by line].

Abbotsford Club publications (Edinburgh, 1883–66).

Abbr. Orig. *Rotulorum originalium in curia scaccarii abbreviatio* (Hen. III–Ed. III), 2 vols. RC (1805, 1810).

Abbr. Plac. *Placitorum abbreviatio* (Ric. I–Ed. III), RC (1811).

Ac. A. Bicknor The enrolled account of Alexander Bicknor, Treasurer of Ireland, 1308–14 (PRO E. 372/171), *Anal. Hib.* XXX (1982) 15–46.

Ac. Almon. Peterb. The book of William Morton [*ob.* a1471], Almoner of Peterborough monastery 1448–67, Northants Rec. Soc. XVI (1954).

A. CARPENTER Destruct. Vit. Alexander Carpenter (*alias* Fabricius) [*fl.* 1430]: *Destructio* (or *destructorium*) *vitiorum* (Cologne, 1480, etc.) [by part & cap.].

Ac. Bailiff Percy Percy Bailiff's rolls of the fifteenth century, Surtees Soc. CXXXIV (1921).

Ac. Beaulieu Account-book of Beaulieu Abbey [Hants] and manor of Faringdon [Berks] (c1270), ed. S. F. Hockey, Camd. 4th S. XVI (1975).

Ac. Bridge House Accounts and rental of the Bridge House properties (1404–), MS Guildhall RO, London.

Ac. Bridge Masters Bridge Masters' Account rolls (1381–1405), MS London Guildhall RO.

Ac. Build. Hen. III Building Accounts of King Henry III, ed. H. M. Colvin (Oxford, 1971).

Ac. Chamb. Cant. Chamberlains' Accounts of the city of Canterbury (1393–1536), HMC Rep. IX App. I (1883) 131–77.

Ac. Chamb. Chesh Accounts of the Chamberlains of the county of Chester 1301–60, Lancs & Chesh Rec. Soc. LIX (1910); *v. et.* Pipe Chesh.

Ac. Chamb. Winchester Chamberlains' Accounts of the city of Winchester (1378–), MS Winchester City Archives, Hants RO.

Ac. Chamb. York York City Chamberlains' Account rolls 1396–1500, Surtees Soc. CXCII (1980).

Ac. Churchw. Bath Churchwardens' Accounts of the church of St. Michael without the North Gate, Bath, 1349–1575, ed. C. B. Pearson, Arch. Soc. Som, supplements to vols. XXIII–XXVI (1877–80) [contin. pag.].

Ac. Churchw. Glast. Churchwardens' Accounts of St. John's Glastonbury (1366–1574), Som & Dors N. & Q. IV (1894–5) 89–96, 137–44, 185–92, 235–40, 281–88, 329–36, 379–84; (1584–1610), *ib.* V (1896–7) 45–8, 93–6.

Ac. Churchw. Sal. Churchwardens' Accounts of St. Edmund and St. Thomas, Salisbury (1443–1702), Wilts Rec. Soc. I (1896).

Ac. Churchw. Som Churchwardens' Accounts of Somerset parishes 1349–1560, Som Rec. Soc. IV (1890).

Ac. Coll. Wint. Account rolls, MS Winchester College.

Ac. Cornw Ministers' Accounts of the Earldom of Cornwall, 1296–7, Camd. 3rd S. LXVI, LXVIII (1942, 1945) [contin. pag.].

Ac. Dom. Ep. Wint. Household roll (1393) of William of Wykeham, Bishop of Winchester [1366–1404], MS Winchester College.

Ac. Durh. Extracts from the Account rolls of the Abbey of Durham (1278–1580), Surtees Soc. XCIX, C, CIII (–284, –576, –989) (1898–1901).

Ac. Ep. Bath. Household roll (1337–8) of Ralph of Shrewsbury, Bishop of Bath and Wells [*ob.* 1363], Som Rec. Soc. XXXIX (1924) 72–174.

Ac. Esch. v. LTR.

Ac. Exec. Ep. Exon. Accounts of the Executors of Thomas, Bishop of Exeter (1310), Camd. Soc. NS X (1874) 1–45.

Ac. Exec. Ep. Lond. Account of the Executors of Richard, Bishop of London (1303), Camd. Soc. NS X (1874) 47–116.

Ac. Exec. W. Merton Accounts of the Executors of Walter de Merton (1277–8), in *Rolls Merton* 90–169.

Ac. Foreign Exchequer Rolls of Foreign Accounts (Pipe Office) (1368–), MS PRO (E. 364) [letters represent consec. rotulet nos.]: E. 364/1, in *Ac. Foreign Hen. III* 1–73; E. 364/21, Med. Stud. XLII (1980) 261–87; E. 364/27, *ib.* 288–307.

Ac. Foreign Hen. III Foreign Accounts, Henry III (1219–34), Pipe R. Soc. NS XLIV (1974–5) [1982].

Ac. Galley Newcastle The 'Newcastle' Galley A.D. 1296, *Arch. Aeliana* 4th S. II (1926) 161–193.

ACHARD Achard of St. Victor (*alias* of Bridlington), Bishop of Avranches [*ob.* c1171]: **Discret.** *De discretione animae et spiritus et mentis*, in Grabmann Studies 252–62; **Serm.** *Sermones*, ed. J. Chatillon, Textes philosophiques du moyen âge XVII (1970) [by no. & sect.]; **Trin.** *De Trinitate* (extr.), RTAM XXI (1954) 299–306; also cited from J. CORNW. *Eul.*.

Ac. Havener Cornw Haveners' Accounts (1517–), Duchy of Cornwall, MS PRO (E. 306).

Ac. H. Derby Expeditions made by Henry, Earl of Derby 1390–1 and 1392–3, accounts kept by his treasurer, Camd. Soc. NS LII (1894).

Ac. Jarrow Inventories and account rolls of the Benedictine house of Jarrow and Monkwearmouth (1303–1537), Surtees Soc. XXIX (Durham, 1854) 1–136.

Ac. LChamb. Lord Chamberlain's department, Accounts (1483–), MS PRO (L.C. 9); English version from L.C. 5.

Ac. Lenton Lenton Priory (Notts), estate accounts (1296–8), Thoroton Soc. XIX (1959).

Ac. Linlithgow Account of work done at the Peel of Linlithgow (c1302), in *Ac. Palaces Scot.* lxiii–lxviii.

Ac. Man. Cant. Manorial Accounts, Christchurch, Canterbury, MS Canterbury Cathedral Library; *v. et.* DCCant.

Ac. Man. Coll. Wint. Manorial Accounts, MS Winchester College.

Ac. Man. Westm. Manorial Accounts, MS Westminster Abbey.

Ac. Man. Wint. Manorial Accounts, MS Winchester Cathedral Library.

Ac. Mayor Winchester Accounts of the Mayor of Winchester (1354–), MS Winchester City RO.

Ac. Obed. Abingd. Accounts of the Obedientiars of Abingdon Abbey (1322–1532), Camd. Soc. NS LI (1892).

Ac. Palaces Scot. Accounts of the Masters of Works for building royal palaces Scotland, I (1529–1615), Scot. RO (1957); *v. et.* Ac. Linlithgow.

Ac. Sheriffs Sheriffs' Accounts (Hen. III–), MS PRO (E. 199).

Ac. Shorwell v. FormMan Shorwell.

Ac. Stratton Accounts and surveys (1271–89) of the Wiltshire lands of Adam de Stratton [*fl.* 1265–90], Wilts Rec. Soc. XIV (1959); *v. et. CourtR A. Stratton.*

Ac. Swinfield Household expenses (1289–90) of Richard de Swinfield, Bishop of Hereford [1283–1317], Camd. Soc. LIX, LXII (1854–5).

Acta SS. Ben. *Acta sanctorum ordinis S. Benedicti*, ed. J. Mabillon and Th. Ruinart, 9 vols. (Paris, 1668–1701).

Acta SS. Boll. *Acta sanctorum quotquot toto orbe coluntur*, ed. J. Bollandus *et al.* (Antwerp, etc., 1643–).

Acta Univ. Andr. *Acta facultatis artium universitatis S. Andree* (1413–1588), ed. A. I. Dunlop, SHS 3rd S. LIV, LV (1954) [contin. pag.].

Acta Wulf. et Ruff. v. V. Wulf. et Ruff.

Act. Cant. *Acta Stephani Langton* (1207–28), Cant. & York Soc. L (1950).

Act. Ep. English Episcopal *Acta*, I (1980–) [by date, diocese, & no.].

Act. Hen. II Recueil des actes de Henri II concernant les provinces françaises (1138–89), ed. L. Delisle and E. Berger, Acad. des Inscriptions, etc., Chartes et Diplômes III, intro. & 3 vols. (1909–27) [by p.].

ActPC Proceedings and ordinances of the Privy Council of England (1386–1542), 7 vols. RC (1834–7).

ActPCIr Acts of the Privy Council in Ireland (1556–71), HMC Rep. XV app. III (1897) 1–256.

Ac. Trin. Dublin Account roll of the Priory of the Holy Trinity, Dublin (1337–46), ed. J. Mills, Royal Soc. of Antiquaries of Ireland, extra vol. (1891).

AcWardr Wardrobe accounts: 1300 *Liber quotidianus contrarotulatoris garderobae* (1299–1300), Soc. of Antiquaries of London (1787) [by p.]; 1310–11, MS BL Cotton Nero C VIII; also used with *Chanc. Misc.*, *KRAc*, *TRBk*.

Ac. Wearmouth (1321–1534), in *Ac. Jarrow* 139–232.

Ac. Wellingb. Wellingborough manorial Accounts, 1258–1323, from account rolls of Crowland Abbey, Northants Rec. Soc. VIII (1936).

Ac. W. Wales v. MinAc. W. Wales.

AD. BUCKF. Adam of Buckfield [*fl.* 1243]: **An.** *In I de Anima* (extr.), Revue néoscolastique de philosophie XLII (1939) 433–8; **Metaph.** *Sententia super secundum Metaphysicae*, in *Med. Thinkers* 101–44.

AD. BURLEY Quaest. Adam Burley [*fl.* 1318–28]: Four questions by Adam Burley on the *liber sex principiorum*, Med. Stud. XXXIII (1970) 63–90 [by sect.].

AD. DORE Pictor Adam of Dore [*fl.* 1200] [attrib.]: *Pictor in Carmine*, Arch. XCIV (1951) 151–66.

AD. EASTON Def. Adam of Easton, Cardinal [*ob.* 1397]: *Defensorium* (extr.), EHR LI (1936) 675–80.

ADEL. Adelard of Bath [*fl.* 1120]: **Abac.** *Regulae abaci*, Bullettino di bibliografia e di storia delle scienze matematiche e fisiche XIV (1881) 91–134; **Alch.** *Libri ysagogarum Alchorismi in artem astronomicam* Abhandlungen zur Geschichte der Mathematik VIII (1898) 3–27 [I–III only]; superseded by ed. A. Allard, *Corpus Scriptorum Latinorum Paravianum*; **Astr.** *De opere astrolapsus* (c1142–6) (extr.), in *Med. Sci.* (1927) 21, 25, 28–9; **CA** *De cura accipitrum*, Allard Pierson Stichting, Afdeling voor mod. lit. wetenschap (1937); **ED** *De eodem et diverso* (c1109), BGPM IV i (1903) 3–34; **Elk.** *Ezich Elkauresmi per Athelardum Bathoniensem ex arabico sumptus*, Danske Videnskabernes Selskabs Skrifter, Historisk og Filoso-

fisk Afdeling VII iii (Copenhagen, 1914) 1–231 [by cap.]; **Euclid** *Translatio Euclidis* (extr.), Abhandlungen zur Geschichte der Mathematik II (1880) 143–66; **MC** *Mappae clavicula*, Arch. XXXII (1847) 187–244 [by cap.]; checked against American Philosophical Soc. Trans. LXIV iv (1974) 1–128; **QN** *Quaestiones naturales*, BGPM XXXI i (1934) 1–91 [by cap.].

ADEL. BLANDIN. Dunst. Adelard of Blandinium [*fl.* a1011]: *Epistola de vita S. Dunstani*, in *Mem. Dunst.* 53–68 [by cap.].

AD. EYNS. Adam of Eynsham [*ob.* p1233]: **Hug.** *Magna vita S. Hugonis* [Bishop of Lincoln, *ob.* 1200], ed. D. H. Farmer and D. L. Douie, 2 vols., Med. Texts (1961–2) [by bk. & cap.]; **Visio** *Visio monachi de Egnesham* [Eynsham] (c1197), OHS LI (1908) 285–371 [by cap]; also in *Anal. Boll.* XXII (1903).

AD. MARSH Ep. Adam Marsh (de Marisco) [*ob.* 1257]: *Epistolae* (mainly c1250), in *Mon. Francisc.* I 77–489 [by no.].

Admin. Ir. H. G. Richardson and G. O. Sayles: The Administration of Ireland, 1172–1377, IMC (Dublin, 1963).

AD. MUR. Adam Murimouth [*ob.* 1347]: **Chr.** Chronicle (*Continuatio Chronicarum*) (1303–47), RS XCIII (1889) 1–219; **app.** appendix, text of MS BL Cotton Nero D x (1340–4), *ib.* 220–53; **Cont. A** *Continuatio* (1337–77), ed. T. Hog, Eng. Hist. Soc. (1846) 171–227; **Cont. B** *Continuatio continuationis* (1377–80), *ib.* 228–43.

AD. SCOT Adam Scot (*alias* of Dryburgh) [*fl.* 1180]: **OP** *De ordine canonicorum Ordinis Praemonstratensis*, PL CXCVIII (1855) 439–610; **QEC** *De quadripartito exercitio cellae*, PL CLIII 799–884; **Serm.** *Sermones*, PL CXCVIII 97–440; **Sol.** *Soliloquiorum de instructione animae libri duo*, *ib.* 843–72; **TGC** *De triplici genere contemplationis*, *ib.* 795–842; **TT** *De tripartito tabernaculo*, *ib.* 609–792; **Vir. Relig.** *Sermones ad viros religiosos*, ed. F. Petit (Tongerloo, 1934) [by no. & sect.]; **Vita** *De vita et conversatione magistri Adae Cartusiensis, v. Chr. Witham.*

AD. USK Adam of Usk [*ob.* 1430]: *Chronicon* (1377–1421), ed. E. M. Thompson, 2nd ed. (1904).

AD. WODEHAM Adam Wodeham, O.F.M. [*ob.* 1358]: **Cont.** *De divisione et compositione continui contra Chatton*, Franciscan Studies XXVI (1966) 267–88 [*cf.* W. CHATTON *Cont.*]; **Lect. B** *Lectura secunda super I Sententiarum* (extr.): prol. q.3 *Traditio* XXXVIII (1983) 235–52; d. 1 q. 1, Franciscan studies XXXVII (1977) 72–102; d. 23 q. 1, CIMA XXXV (1980) 38–55 [complete edn. by Franciscan Institute in prep.]; **Sent. Abbr.** *Super quattuor libros Sententiarum* [abbreviated by Henry Totting of Oyta] (Paris, 1512).

ÆLF. Ælfric, Abbot of Eynsham [*ob.* c1025]: **Æthelwold** *Vita S. Æthelwoldi*, ed. M. Winterbottom, Three Lives of English Saints, Toronto Med. Latin Texts (1972) 17–29; also in *Chr. Abingd.* II app. 1, 253–66; **CH I pref.** Catholic Homilies, First S., preface, ed. B. Thorpe, The Homilies of the Anglo-Saxon Church (London, 1846) I 1–3; **CH II pref.** Catholic Homilies, Second S., preface, EETS Sup. S. V (1979) 1–2; **Coll.** Colloquy, ed. G. N. Garmonsway (1939) [by col. of *WW*]; **EC** *De ecclesiastica consuetudine*, ed. B. Fehr, Die Hirtenbriefe Ælfrics (Hamburg, 1914) 234–49 [by cap.]; **Ep.** *Epistolae*: *Ep.* 2, *ib.* 35–57; *Ep.* 2a, 222–7; *Ep.* 3, 58–67 [by sect.]; **Gl.** Glossary or vocabulary [attrib.], in *WW* 104–67; **Gram.** Grammar and Glossary, ed. J. Zupitza, Ælfrics Grammatik und Glossar (Berlin, 1880); **Lives pref.** Lives of Saints, preface, EETS LXXVI (1881) 2–4; **Regul. Mon.** *Regulae Monasticae*, ed. M. Bateson in *Comp. Swith.* 174–98; **Sup.** Supplement to Glossary, in *WW* 168–91; **Swith.** *Historia translationis et miraculorum S. Swithuni*, Acta SS. Boll. July I (1712) 328–30; superseded by Winchester Studies IV ii [by cap.].

ÆLF. BATA Ælfric Bata [*fl.* 1005]: Colloquies, in *Early*

Schol. Coll., no. 4, 27–66; no. 5 *Colloquia difficilia*, 67–74; no. 6 *Ælfrici colloquium ab A. B. auctum*, 75–101 [by no. & sect.].

ÆLNOTH Cnut Ælnoth [*fl.* 1085–1109]: *Historia ortus, vitae, et passionis S. Canuti*, *Acta SS. Boll.* July III (1723) 127–42 [by sect.]; also ed. M. C. Gertz, *Vitae SS. Danorum* (Copenhagen, 1908) 77–136.

Aen. Laur. *Aenigmata Laureshamensia* (or *Anglica*), *CCSL* CXXXIII (1968) 345–58 [by no. & line].

ÆTHELW. Æthelweard [*ob. c*998]: Chronicle (Creation – 975), ed. A. Campbell, Med. Texts (1962) [by date, bk., & cap.].

ÆTHELWALD, Bishop of Lindisfarne [*ob.* 740], *v. Cerne.*

ÆTHELWALD [*fl. a*700], *v. Carm. Aldh.*

ÆTHELWOLD Æthelwold, Bishop of Winchester [*ob.* 984]: **Ep.** *Epistola*, in *Mem. Dunst.* 361–2; *v. et. Bened. Æthelwoldi*, charters in *CS* 1046–7, 1138, 1147, 1149–59, 1190, *Conc. Syn.* I 121–33, and *RegulC*; *cf. ÆLF. Æthelwold*, WULF. *Æthelwold.*

ÆTHELWULF Abb. Æthelwulf [*fl.* 810]: *Carmen de abbatibus cellae suae*, ed. A. Campbell (Oxford, 1967) [by line].

AFH *Archivum Franciscanum Historicum* I– (Quaracchi, 1908–).

AFP *Archivum Fratrum Praedicatorum* I– (Rome, 1931–).

AGNELLUS Hen. Thomas Agnellus, Archdeacon of Wells [*fl.* 1180]: *Sermo de morte et sepultura Henrici regis junioris* (*c* 1183), in COGGESH. 263–73.

Agnus Castus *Agnus Castus*, a Middle English Herbal [15c.], ed. G. Brodin (Uppsala, 1950) [by f.].

AHDLMA Archives d'histoire doctrinale et littéraire du moyen age, I– (Paris, 1926–).

Aids Inquisitions and Assessments relating to feudal Aids, etc. (1284–1431), 6 vols. HMSO (1899–1920).

AILR. Ailred (*alias* Æthelred) of Rievaulx [*ob.* 1166]: **An.** *Dialogus de anima*, Med. & R. Stud. sup. I (1952) 65–157 [by f.]; superseded by *CC cont. med.* I (1971) 683–754 [by bk. & cap.]; **Comp. Spec. Car.** *Compendium speculi caritatis*, *CC cont. med.* I 171–240 [by bk., cap., & col. of *PL* CXCV]; **Dilect. Dei** *Sermo de dilectione Dei*, *ib.* 241–4 [by cap.]; **Ed. Conf.** *Vita S. Edwardi regis*, *PL* CXCV (1855) 739–90 [*cf. V. Ed. Conf. metr.*]; **Gen. Regum** *De genealogia regum Anglorum*, in *Hist. Angl. Script.* X 347–70; **Inst. Inclus.** *De institutione inclusarum*, *CC cont. med.* I 635–82 [by cap.]; **Jes.** *De Jesu puero duodenni* [sermon on *Luke* ii 42], *PL* CLXXXIV (1854) 849–70; superseded by *CC cont. med.* I 245–78 [by bk. & cap.]; **Nin.** *Vita S. Niniani*, ed. A. P. Forbes, Lives of St. Ninian and St. Kentigern, Historians of Scotland V (Edinburgh, 1874) 137–57 [by cap.]; **OP** *Oratio pastoralis*, *CC cont. med.* I 755–63 [by cap.]; **Sanct.** *De sanctimoniali de Wattun*, *PL* CXCV 789–96; **Serm.** *Sermones*, *PL* CXCV 209–500; **Spec. Car.** *Speculum caritatis*, *ib.* 501–620; superseded by *CC cont med.* I 2–161 [by bk., cap., & col. of *PL* CXCV]; **Spir. Amicit.** *De spiritali amicitia*, *CC cont. med.* I 279–350 [by bk., cap., & col. of *PL* CXCV]; **Spir. Amicit. Abbr.** *Abbreviationes de spiritali amicitia*, *ib.* 351–63 [by bk. & cap.]; **SS Hex** *De sanctis ecclesiae Haugustaldensis* (634–1154), Surtees Soc. XLIV (1864) 173–203 [by cap.]; **Stand.** *Relatio de standardo*, in *Chr. Steph.* III 181–99 [by f.].

ALB. LOND. DG Alberic of London [*fl.* 1200]: *De diis gentium et illorum allegoriis, Scriptores rerum mythicarum latini tres Romae nuper reperti* (Zelle, 1834) 152–256 [by cap. & sect.].

ALCH. Alchfrith [*fl. c*770]: **Ep.** *Epistola Alchfriði anachoritae ad Higlacum lectorem et presbiterum*, ed. W. Levison, England and the Continent in the eighth century (Oxford, 1946) app. IX 297–300; **Or.** *Orationes*, in *Cerne* 143–5, 155–6.

ALCUIN Alcuin (Albinus) [735–804]: **ad Beatum** Alcuin to Beatus of Liébana, ed. W. Levison, England and the Continent in the Eighth Century (Oxford, 1946), app. XI 318–23; **Carm.** *Carmina*, in *PLAC* I (1881) 220–351 [by no. & line]; **CR** *Carmina rhythmica*, *ib.* IV (1923) 903–10; **Didasc.** *Opera didascalica: Disputatio Pippini regis et nobilissimi juvenis cum Albino*, *PL* CI 975–80; *De cursu et saltu lunae ac bissexto* [attrib.; an editorial conflation], *ib.* 981–1002 [*v. et. Gram., Orth., Rhet.*]; **Dogm.** *Opera dogmatica: De fide sanctae et individuae Trinitatis*, *PL* CI 9–58 (*pref. = Ep.* 257); *De Trinitate ad Fredegesium quaestiones XXVIII*, *ib.* 57–64 (*pref. = Ep.* 289); *Libellus de processione spiritus sancti*, *ib.* 63–84 (*pref. = Ep.* app. 3); *Contra haeresim Felicis*, *ib.* 85–120 [*v. et. Haer.*]; *Adversus Felicem*, *ib.* 119–230 (*pref. = Ep.* 23, 202, 203); *Adversus Elipandum*, *ib.* 231–300 (*pref. = Ep.* 200, 201, 166); *Alcuinus filiae in Christo*, *ib.* 299–304 (= *Ep.* 204); **Dub.** *Opera dubia: Confessio fidei*, *PL* CI 1027–98; *Disputatio puerorum*, *ib.* 1097–1144; *Propositiones ad acuendos juvenes*, *ib.* 1145–60; *Varia*, *ib.* 1161–70; **Ep.** *Epistolae*, ed. E. Duemmler, *MGH Ep. Carol. Aevi* II (1895) 1–481 [by no.; letters to Alcuin cited as *Ep. Alcuin.*]; **Exeg.** *Opera exegetica: In Genesim*, *PL* C 516–66 (*pref. = Ep.* 80); *Super Geneseos i 26*, *ib.* 565–8; *Brevis expositio decalogi*, *ib.* 567–70; *Enchiridion* or *Expositio in Psalmos poenitentiales*, *ib.* 569–640 (*pref. = Ep.* 243); *In Canticum*, *ib.* 641–64; *In Ecclesiasten*, *ib.* 667–720 (*pref. = Ep.* 251); *Interpretationes nominum Hebraicorum*, *ib.* 725–34; *In Joannis evangelium*, *ib.* 737–1008 (*pref. = Ep.* 214, 196, 213); *Explanatio in tres S. Pauli epistolas*, *ib.* 1009–84; *Expositio Apocalypsis*, *ib.* 1087–1156; **Gram.** *Grammatica*, *PL* CI 849–902; **Haer.** *Contra haeresim Felicis*, Studi e teste CCLXXXV (1980) 55–99 [by sect.]; **Hag.** *Opera hagiographica: De vita S. Martini*, *PL* CI 657–64; *Vita S. Richarii*, *ib.* 681–94 (*pref. = Ep.* 306) [*v.et Vedast., WillP, WillV*]; **Liturg.** *Opera liturgica: Liber sacramentorum*, *PL*, CI 445–66; *De Psalmorum usu*, *ib.* 465–508; *Officia per ferias*, *ib.* 509–612 (*pref. = Ep.* 304); *De baptismi caerimoniis*, *ib.* 611–14 (= *Ep.* 134; *cf. Ep.* 137 p.214); **Moral.** *Opera moralia: De virtutibus et vitiis*, *PL* CI 613–38 (*pref. = Ep.* 305); *De animae ratione*, *ib.* 639–50 (= *Ep.* 309); *De confessione peccatorum*, *ib.* 649–56 (= *Ep.* 131); **Orth.** *Orthographia*, ed. H. Keil, *Grammatici Latini* VII (1878) 295–312 [by p. of ed. Putschius 2327–50]; also ed. A. Marsili (Pisa, 1952); **Rhet.** *De rhetorica*, ed. C. Halm, *Rhetores Latini minores* (1863) 525–50 [by sect.]; **SS Ebor** *Versus de pontificibus et sanctis Eboracensis ecclesiae*, in *PLAC* I 169–206 [by line]; also ed. P. Godman, Med. Texts (1984); **Suppos.** *Opera supposita: De divinis officiis*, *PL* CI 1173–1286; *Homiliae*, *ib.* 1300–1308 (etc.); *Libellus sacrarum precum*, *ib.* 1383–1406; **Vedast.** *Vita S. Vedasti episcopi Atrebatensis* [*ob.* 539], *MGH Script. rer. Merov.* III (Hanover, 1896) 414–27; **WillP** *Vita S. Willibrordi* (prose), ed. B. Krusch and W. Levison, *MGH Script. rer. Merov.* VII (Hanover & Leipzig, 1920) [by cap.]; **WillV** *Vita S. Willibrordi* (verse), in *PLAC* I (1881) 207–20 [by sect. & line].

ALDH. Aldhelm, Bishop of Sherborne [*ob.* 709]: **Aen.** *Aenigmata*, *MGH Auct. Antiq.* XV (1919) 97–149 [by no. & line]; **CE** *Carmina ecclesiastica*, *ib.* 3–32 [by no. & line; *v. et. Carm. Aldh.*]; **Ep.** *Epistulae*, *ib.* 475–503 [by no.; letters to Aldhelm cited as *Ep. Aldh.*]; **Met.** *De metris etc.*, *ib.* 59–96 [by cap.]; **PR** *De pedum regulis*, *ib.* 150–204 [by cap.]; **VirgP** *De virginitate* (prose), *ib.* 226–323 [by cap.]; glosses in *GlN* sect. 1–18, and ed. L. Goossens, The Old English Glosses of MS Brussels, Royal Library 1650 (Brussels, 1974); **VirgV** *De virginitate* (verse), *ib.* 350–471 [by line].

ALDR. Margin. Aldred, Provost of St Cuthbert's, Chester-le-Street [*fl.* 970]: *Marginalia*, ed. W. J. P. Boyd (Exeter, 1975) [by no.]; *v. et. John, Luke, Mark, Matthew, Rit. Durh.*

Alea Evang. *Alea Evangelii* (10c.), ed. J. A. Robinson, The Times of Saint Dunstan (Oxford, 1923) 173–7.

ALEXANDER OF HALES *v.* HALES.

ALEX. BATH Mor. Alexander of Bath, Dean of Wells [*c*1190–1210]: *Moralia super Evangelia* (extr.), ed. E. J. Dobson, Moralities on the Gospels, a new source of Ancrene Wisse (Oxford, 1975) [by bk., cap., & p.].

ALEX. CANT. Alexander of Canterbury [12c.]: **Dicta** *Liber ex dictis beati Anselmi*, in *Mem. Anselm* 108–95; **Mir.** *Miracula, ib.* 196–270 [by no., version, & p.]; **V. Anselmi** *Brevis vita Anselmi* (extr.), in EADMER *HN* cxx–cxxvii; superseded by ALEX. CANT. *Dicta, Mir.*

ALF. ANGL. Alfredus Anglicus (of Shareshull) [*fl.* 1200]: **Cor** *De motu cordis*, BGPM XXIII i–ii (1923) 1–96 [by cap.]; **Met.** *In meteora* (extr.), in Grabmann Studies 463–71; **Min.** *Mineralia* or *De congelatione et conglutinatione lapidum* [transl. of Avicenna], in *Theatrum Chem.* IV 883–7; also ed. E. J. Holmyard and D. C. Mandeville (1927), 45–55; **Plant.** *De plantis* [transl. of Nicholas of Damascus *via* Arabic], ed. E. H. F. Meyer (Leipzig, 1841).

ALMA *Archivum Latinitatis medii aevi* (Bulletin du Cange), I– (Brussels, 1924–).

Alph. *Alphita*, a medico-botanical glossary (14c.), ed. J. L. G. Mowat, *Anecd. Oxon.* I ii (1887); Eng. recension of *Alphita*, ed. S. de Renzi, *Collect. Salern.* III (1854) 272–322.

Altercatio *Altercatio magistri et discipuli* (*a*994), ASE I (1972) 108–120 [by line].

Ambrosden Parochial antiquities attempted in the history of Ambrosden [Oxon], ed. White Kennett, 2 vols. (Oxford, 1818).

A. MEAUX Susanna Alan de Melsa [*fl.* 1210]: Poem on Susanna, Studi Medievali, NS III (1950) 41–50.

AMUND. John Amundesham [*fl.* 1440]: *Annales monasterii S. Albani* (1421–40), 2 vols. *Chr. Mon. S. Alb.* V.

Anal. Boll. *Analecta Bollandiana*, I– (Brussels, 1882–).

Anal. Cist. *Analecta Sacri Ordinis Cisterciensis*, I– (Rome, 1945–).

Anal. Etheldr. v. RIC. ELY.

Anal. Hib. *Analecta Hibernica*, incl. reports of IMC, I– (Dublin, 1930–).

Anal. Hymn. *Analecta hymnica medii aevi*, ed. G. M. Dreves and C. Blume, 55 vols. (Leipzig, 1886–1922) [by vol. & no.].

Analog. Cant. Pilg. Analogues of Chaucer's Canterbury Pilgrimage (15c. docs.), ed. F. J. Furnivall and R. E. G. Kirk, Chaucer Soc. NS XXXVI (1903).

AncC Ancient Correspondence (Hen. II–), MS PRO (S.C. 1).

AncCh Ancient Charters royal and private prior to A.D. 1200, Pipe R. Soc. X (1888) [by no.].

AncD Ancient Deeds (12c.–), MS PRO (var.).

AncExt Ancient Extents (John–Hen. VI), MS PRO (E. 142).

AncIndict Ancient Indictments (Ed. I–), MS PRO (K.B. 9).

AncPet Ancient Petitions (Hen. III–), MS PRO (S.C. 8).

AncrR The Latin text of the Ancrene Riwle (early 14c. transl. from Eng., attrib. S. GAUNT), EETS CCXVI (1944); Eng. text cited from EETS CCXLIX and CCLXVII.

AND Anglo-Norman Dictionary, ed. L. W. Stone and W. Rothwell, I– (London, 1977–).

ANDRÉ Hen. VII Bernard André of Toulouse [*ob. p*1520]: *De vita atque gestis Henrici Septimi historia*, in *Mem. Hen. VII* 1–130: *Vita* (1497) 1–75; *Annales* (1504–8) 77–130.

ANDR. S. VICT. Andrew of St. Victor, Abbot of Wigmore [*fl.* 1150]: **Comm.** *Commentarii* (extr.), ed. B. Smalley, The Study of the Bible in the Middle Ages (Oxford, 1941) 86–144, 271–89; **Eccles.** *Commentarius in Ecclesiasten*, ed. G. Calandra (Palermo, 1948).

Anecd. Oxon. *Anecdota Oxoniensia*. Texts, documents, & extracts chiefly from MSS in Bodl., Mediaeval & Modern S., I–XV (Oxford, 1882–1929).

Anecd. Poet. *Anecdota quaedam poetica*, Surtees Soc. LXX (1878) 72–89 [by no. & line].

Anglia *Anglia*, Zeitschrift für englische Philologie, I– (Halle, 1878–).

Anglia Sacra *Anglia sacra, sive collectio historiarum de archiepiscopis et episcopis Angliae* (–1540), ed. H. Wharton, 2 vols. (1691).

Anglo-Scot. Rel. Anglo-Scottish Relations, 1174–1328, ed. E. L. G. Stones, Med. Texts (1965).

Ann. Ang. & Scot. *Annales Angliae et Scotiae* (1292–1300), in *Chr. Mon. S. Alb.* II 371–408.

Ann. Berm. *Annales monasterii de Bermundeseia* [Bermondsey, Surrey] (1042–1432), in *Ann. Mon.* III 423–87.

Ann. Burton *Annales de Burton* [Staffs] (1004–1263), in *Ann. Mon.* I 183–500.

Ann. Cambr. *Annales Cambriae* (444–1288), RS XX (1860).

Ann. Cestr. *Annales Cestrenses* or Chronicle of the Abbey of St. Werburgh at Chester (Creation–1297), Lancs & Chesh Rec. Soc. XIV (1887).

Ann. Dunstable *Annales prioratus de Dunstaplia* [Beds] (Incarnation–1297), in *Ann. Mon.* III 1–420; also ed. T. Hearne, *Chronicon seu annales prioratus de Dunstaple*, 2 vols. (Oxford, 1733) [–1241 attrib. R. DE MORINS].

Ann. Durh. Durham annals (1207–86), Surtees Soc. CLV (1940); docs. (13c.), *ib.* 85–202.

Ann. Ed. I *Annales Regis Edwardi Primi* (3 frags., 1285–1307), in *Chr. Mon. S. Alb.* II 435–99.

Ann. Hen. IV *Annales Henrici Quarti, Regis Angliae* (1399–1406), in *Chr. Mon. S. Alb.* III 280–420.

Ann. Lond. *Annales Londonienses* (1195–1311), in *Chr. Ed. I & II* I 3–251.

Ann. Margan *Annales de Margan* [Margam, Glam] (1066–1232), in *Ann. Mon.* I 1–40.

Ann. Midi *Annales du Midi*, I– (Toulouse, 1899–).

Ann. Mon. *Annales Monastici*, RS XXXVI, 5 vols. (1864–9); *v. Ann. Berm., Ann. Burton, Ann. Dunstable, Ann. Margan, Ann. Osney, Ann. Tewk., Ann. Wav., Ann. Wint., Ann. Worc.*, WYKES.

Ann. Osney *Annales monasterii de Oseneia* [Oxon] (1016–1347), in *Ann. Mon.* IV 3–352 [first text]; *v. et.* WYKES.

Ann. Paul. *Annales Paulini* [St. Paul's, London] (1307–41), in *Chr. Ed. I & II* I 253–370.

Ann. Ric. II *Annales Ricardi Secundi, Regis Angliae* (1392–9), in *Chr. Mon. S. Alb.* III 153–280.

Ann. Scot. *Annales regni Scotiae* (1291–2), in *Chr. Mon. S. Alb.* II 233–368.

Ann. S. Edm. *Annales S. Edmundi* [Bury St. Edmunds] (1032–1212), in *Mem. S. Edm.* II 1–25 complemented by *ANQuellen* 107–55.

Ann. Tewk. *Annales monasterii de Theokesberia* [Tewkesbury, Glos] (1066–1263), in *Ann. Mon.* I 41–180.

Ann. Wav. *Annales monasterii de Waverleia* [Waverley, Surr] (Incarnation–1291), in *Ann. Mon.* II 127–411.

Ann. Wint. *Annales monasterii de Wintonia* [Winchester] (519–1277), in *Ann. Mon.* II 3–125.

Ann. Worc. *Annales prioratus de Wigornia* [Worcester] (Incarnation–1377), in *Ann. Mon.* IV 365–564.

ANQuellen F. Liebermann: Ungedruckte Anglo-Normanische Geschichtsquellen (Strasbourg, 1879).

ANSELM Anselm, Archb. of Canterbury [*ob.* 1109], *Opera omnia*, ed. F. S. Schmitt, 6 vols. (Seckau, Rome, Edinburgh, 1938–61) [by vol. & p.]: **Azym.** *Epistola de sacrificio azimi et fermentati*, II 221–32; **Casus Diab.** *De casu diaboli*, I 227–76; **CurD** *Cur Deus homo*, II 37–133; **Ep.** *Epistolae*, III 93–294, IV, V [letters to Anselm cited as *Ep. Anselm*.]; **Gram.** *De grammatico*, I 141–68; **Incarn.** *Epistola de incarnatione Verbi*: **A** I 277–90, **B** II 1–35; **Lib. Arb.** *De libertate arbitrii*, I 201–26; **Medit.** *Meditationes*, III 76–91; **Misc.** *Miscellanea Anselmiana*, in *Mem. Anselm* 295–360; **Mon.** *Monologion*, I 1–87; **Or.**

Orationes, III 1–75; **Orig. Pecc.** *De conceptu virginali et de originali peccato*, II 135–73; **Praesc.** *De concordia praescientiae* [2 recensions] II 243–88; **Proc. Sp.** *De processione spiritus sancti*, II 175–219; **Prosl.** *Proslogion*, I 89–122; **Resp. Ed.** *Ad proslogion responsio editoris*, I 130–9; **Resp. Insip.** *Ad proslogion responsio Gaunilonis pro insipiente*, I 125–9; **Sacr.** *Epistola de sacramentis ecclesiae*, II 239–42; **Ver.** *De veritate*, I 169–99; [*v. et. Simil. Anselmi*; *cf.* ALEX. CANT., EADMER *Beat.*, *V. & Mir. Anselmi*].

ANSELM BURY Mir. Virg. Anselm, Abbot of Bury St. Edmunds [1121–48]: *Miracula S. Virginis Mariae*, Univ. of Wisconsin Stud. in Social Science & History XII (1927) 15–61 [by cap.; letter to Anselm cited as *Ep. Anselm. Bur.*].

Antiq. Antiquity, a quarterly journal of archaeology, I– (Cambridge, 1927–).

Antiq. Cant. W. Somner: Antiquities of Canterbury, 2nd ed. (1703).

Antiq. J. Society of Antiquaries of London, Journal, I– (1921–).

Antiq. Salop R. W. Eyton: Antiquities of Shropshire, 12 vols. (1854).

Antiq. Warw. W. Dugdale: Antiquities of Warwickshire (Coventry, 1765).

APScot Acts of the Parliaments of Scotland (1124–1567), 2 vols. RC (1844, 1814) [pag. not contin.]; *v. et. Iter Cam., Iter Cam. Artic., Leg. IV Burg., Quon. Attach., RegiamM, Stat. Gild. Berw.*

Arch. Aeliana, Society of Antiquaries of Newcastle-upon-Tyne, I– (1822–).

Arch. *Archaeologia*, Society of Antiquaries of London, I– (1775–).

Arch. Bridgw. Bridgwater borough Archives, 1200–1485, 5 vols. Som Rec. Soc. XLVIII, LIII, LVIII, LX, LXX (1933–71) [by no.].

Arch. Cambr. *Archaeologia Cambrensis*, Cambrian Archaeological Association, seven series, I– (London & Cardiff, 1846–); **Orig. Docs.** Original documents, I (1877) [issued with 4th ser. I–VIII (1870–77), contin. pag. i-ccclviii]; II [issued with 4th ser. IX, X, XIV, (1878–83), contin. pag. i-lxxii, incomplete]; III [issued 1912–15].

Arch. Cant. *Archaeologia Cantiana*, Kent Archaeological Society, transactions, I– (1858–).

Archd. Buck. The courts of the Archdeaconry of Buckingham, 1483–1523, Bucks Rec. Soc. XIX (1975) [by no.].

Arch. Gironde, Archives historiques du département de la Gironde, I–XLIX (Paris & Bordeaux, 1859–1914).

Arch. Hist. Camb. R. Willis & J. W. Clark: Architectural History of the University of Cambridge, 4 vols. (Cambridge, 1886).

Archiv für Gesch. der Medizin Archiv für Geschichte der Medizin, ed. K. Sudhoff, I– (Leipzig, 1908–).

Arch. J. Archaeological Journal, Royal Archaeological Institute of Great Britain and Ireland, I– (1844–).

Arch. Mun. Bordeaux Archives municipales de Bordeaux, I– (1867–).

Arch. Ox. Mediaeval Archives of the University of Oxford (*c*1179–*c*1571), OHS LXX, LXXIII (1917, 1919).

Arch. Soc. Derb Derbyshire Archaeological Society, Journal, I– (1879–); Rec. S., I– (1965–).

Arch. Soc. Essex Essex Archaeological Society, transactions, I– (Colchester, 1858–); occasional publications, I– (Colchester, 1946–).

Arch. Soc. Norf Norfolk Archaeology, I– (Norwich, 1846–).

Arch. Soc. Salop Shropshire Archaeological Society, transactions, I– (Shrewsbury, 1878–).

Arch. Soc. Som Somersetshire Archaeological Society, proceedings, I– (Taunton, 1851–).

Arch. Soc. Suss v. Collect. Suss.

Arch. Soc. Yorks Yorkshire Archaeological Association: J. Journal, I– (Leeds, 1870–); **Rec. S.** Record Series I– (Leeds, 1885–).

Ars notaria Treatise on conveyancing (extr.) [attrib. Simon O., Filius Columbae, *fl.* 1400], JRL Bull. XXIII (1939), 438–44; *v. et. Dictamen.*

Arthur & Gorlagon (13c.), ed. G. L. Kittredge, Harvard Studies in Philology and Literature VIII (1903) 150–62 [by cap.].

Artic. Cam. v. Iter Cam. Artic.

ASC Anglo-Saxon Charters, I– (British Academy, 1973–).

ASCHAM Ep. Roger Ascham [1515–68]: *Epistolarum libri IV* (1703).

AS Chr. Anglo-Saxon Chronicle; cited by date alone as source for Latin chroniclers; *Annales Domitiani Latini*, MS BL Cotton Domitian A VIII (wr. *p*1058), cited from Med. Stud. IX (1947) 243–72.

AS Church M. Deanesly: Sidelights on the Anglo-Saxon Church (1962).

ASD An Anglo-Saxon Dictionary, ed. J. Bosworth and T. N. Toller (Oxford, 1898); **Add.** Enlarged addenda and corrigenda, ed. A. Campbell (Oxford, 1972); **Sup.** Supplement, ed. Toller (Oxford, 1921).

ASE Anglo-Saxon England, I– (Cambridge, 1972–).

ASHENDEN AM John Ashenden (*alias* Eastwood), Fellow of Merton [*fl.* 1338–57]: *Summa astrologiae judicialis de accidentibus mundi* (Venice, 1489) [by f.].

AS Hymns The Latin Hymns of the Anglo-Saxon Church, with an Interlinear Anglo-Saxon Gloss (11c.), Surtees Soc. XXIII (1851).

AS Inscr. E. Okasha: Hand-list of Anglo-Saxon non-runic Inscriptions (Cambridge, 1971) [by no.].

ASPR The Anglo-Saxon Poetic Records, ed. G. P. Krapp and E. V. K. Dobbie, 6 vols. (New York, 1931–42).

ASSER Alf. Asser, Bishop of Sherborne [*ob.* *c*909]: *De rebus gestis Ælfredi* (Oxford, 1904) [by cap.]; *v. et. Chr. S. Neoti.*

AssessR Cornw Duchy of Cornwall Assession Rolls (1300–), MS PRO (E. 306).

Assize Clar. The Assize of Clarendon (1166), in R. HOWD. II 248–52 [by sect.]; also in *SelCh.* 170–3.

AssizeR Durh The Assize Rolls for Co. Durham (1235–6, 1242), Surtees Soc. CXXVII (1916) 1–105.

AssizeR Lincs The earliest Lincolnshire Assize rolls (1202–9), Lincs Rec. Soc. XXII (1926).

AssizeR Northants The earliest Northamptonshire Assize Rolls (1202–1203), Northants Rec. Soc. V (1930).

AssizeR Northumb Three early Assize Rolls for the county of Northumberland (1256, 1269, 1279), Surtees Soc. LXXXVIII (1891).

ASTON John Aston (*alias* Ashton) [*fl.* 1382], *v. Ziz.*.

A. TEWK. Alan, Prior of Tewkesbury [*ob.* 1202]: **Ep.** *Epistolae*: 1–9, 10(11)–14(15), ed. J. A. Giles, Caxton Soc. (1846), 33–58; also *PL* CXC 1475–88; 10, 16–50, ed. M. A. Harris, *Studia Monastica* XVIII (1976) 77–108, 299–351 [by no.]; **Prol. Thom.** Prologue to J. SAL. *Thom.*, in *Becket Mat.* II 299–301; **Add. Thom.** Additions to J. SAL. *Thom.*, *ib.* 323–52 [by cap.].

Auct. Brit. *Auctores Britannici Medii Aevi*, I– (British Academy, 1969–).

Augm. Bk. Exchequer, Augmentation Office, Miscellaneous Books (12c.-), MS PRO (E. 315).

AVESB. Robert of Avesbury [*ob.* *a*1360]: *De gestis mirabilibus Regis Edwardi Tertii*, RS XCIII (1889) 279–471 [by f.].

AYLWARD Thomas Aylward [*ob.* 1413]: Life of William of Wykeham, ed. G. H. Moberley (1887) 287–91 [ed. 1893 315–20]; *cf.* HEETE *Wykeham.*

B. *Auctor B.* [*fl.* 1000]: **Ep.** *Epistola B. ad Æthelgarum archiepiscopum* (*a*990), in *Mem. Dunst.* 385–8; **V. Dunst.** *Vita S. Dunstani* [*ob.* 988] auctore B., in *Mem. Dunst.* 3–52 [by cap.].

Babio *De Babione* (? *c*1180), ed. E. Faral (Paris, 1948) [by line].

BACON Roger Bacon [*ob.* 1294], *Opera hactenus inedita*, ed. R. Steele *et al.*, 16 vols. (1905–40) [by vol. & p.]: I *Metaphysica de vitiis contractis in studio theologiae*; II–IV *Communia naturalia*; V *Secretum secretorum*; VI 2–198 *Compotus;* 199–211 *Kalendarium*; 212–67 *Compotus v.* GROS. *Comp.*; VII *Quaestiones supra undecimum primae philosophiae Aristotelis*; VIII *Quaestiones supra libros IV Physicorum Aristotelis*; IX 1–83 *De retardatione accidentium senectutis* [attrib.], 84–9 *Summaria expositio epistolae predictae*; 90–5 *De universali regimine senum*; 96–7 *De balneis senum*; 98–102 *De compositione medicinarum*; 103–19 *Antidotarius*; 120–43 *De conservatione juventutis*; 144–9 *De graduatione medicinarum*; 150–79 *De erroribus medicorum*; 181–6 *Liber sex scientiarum* (extr.); 186–208 *De diebus creticis*; X *Quaestiones supra libros primae philosophiae Aristotelis*; XI 1–170 *Quaestiones alterae supra libros primae philosophiae Aristotelis*; 171–252 *Quaestiones supra De plantis*; 253–312 *Metaphysica vetus Aristotelis*; XII 1–158 *Quaestiones supra librum de causis*; 159–87 *Liber de causis*; XIII *Quaestiones supra libros octo Physicorum Aristotelis*; XIV 1–134 *Liber de sensu et sensato*; 135–208 *Summa de sophismatibus et distinctionibus*; XV 1–190 *Summa grammatica*; 191–359 *Summulae dialectices*; XVI *Communia mathematica*; other works cited individually: **CSPhil.** *Compendium studii philosophiae, Fr. Rogeri Bacon Opera inedita*, RS XV (1859) 393–519; **CSTheol.** *Compendium studii theologiae*, ed. H. Rashdall, Brit. Soc. Franciscan Studies III (Aberdeen, 1911); **Gram. Gk.** The Greek Grammar of Roger Bacon and a fragment of his Hebrew Grammar (Cambridge, 1902) 3–196; **Gram. Heb.** Hebrew Grammar, *ib.* 202–8; **Maj.** *Opus majus* (1267), ed. J. H. Bridges, 3 vols. (Oxford, 1897–1900), *corrigenda* in vol. III; **Min.** *Opus minus* (1267), RS XV 313–89; **Mor. Phil.** *Moralis philosophia*, ed. E. Massa (Zürich, 1953) [part VII of *Maj.*; supersedes ed. of 1897–1900 II 223–404 and III 144–151]; **MS** *De multiplicatione specierum*, w. *Maj.* II 407–552; superseded by ed. D. C. Lindberg, Roger Bacon's Philosophy of Nature (Oxford, 1983, 1–269; **NM** *De nullitate magiae*, RS XV 523–51; **Persp.** *Perspectiva* (Frankfurt, 1614); **SC** *De speculis comburentibus*, *ib.* 168–204; superseded by ed. D. C. Lindberg, Roger Bacon's Philosophy of Nature (Oxford, 1983), 272–341; **Sign.** *De signis*, Traditio XXXIV (1978) 75–136; **Tert.** *Opus tertium* (1267), RS XV 3–310; **sup.** [additional portions of *Tert.*], Brit. Soc. Franciscan Studies IV (1912).

BACONTHORPE John Baconthorpe [*ob.* 1346]: **Post. Matth.** *Postilla super Matthaeum* (extr.), *Carmelus* II (1955) 260–74; **Quaest. Sent.** *Quaestiones in IV libros Sententiarum* (Cremona, 1618), I, II 1–582; **Quodl.** *Quodlibetorum libri IV*, *ib.* II 583–779; **Sent.** *Opus super IV sententiarum libris* (Paris, 1484).

BAD. AUR. Johannes de Bado Aureo (of Guildford) [*fl.* 1400]: *Tractatus de armis* [2 versions], ed. E. J. Jones, Mediaeval Heraldry (Cardiff, 1943) 95–212.

Baga Secr. *Baga de secretis* (1477–), MS PRO (K.B. 8).

BAKER Geoffrey le Baker (*alias* Walter of Swinbroke) [*fl.* 1350]: *Chronicon* (1303–56), ed. E. M. Thompson (Oxford, 1889) [by f.]; *cf.* MORE *Chr. Ed. II*.

BALD. CANT. Baldwin, Archb. of Canterbury [*ob.* 1190]: **Commend. Fid.** *De commendatione fidei*, PL CCIV (1855) 571–640; **Sacr. Alt.** *De sacramento altaris, ib.* 641–774; **Tract.** *Tractatus, ib.* 403–572 [by no. & col.].

BALE Index John Bale [*ob.* 1563]: *Index Britanniae Scriptorum*, ed. R. L. Poole and M. Bateson, *Anecd. Oxon.* IX (1902).

BALSH. Adam of Balsham (*alias* de Parvo Ponte) [*ob.* 1181]: **AD** *Ars disserendi* (*Dialectica Alexandri*) (1132), ed. L. Minio-Paluello, Twelfth century logic, texts and studies I (Rome, 1956) 1–68 [by cap.]; **AD rec. 2** [second

recension, possibly by NECKAM], *ib.* footnotes and 69–111 [by cap.]; **Ut.** *De utensilibus*, in *N. & E.* XXXIV (1891) 33–59 [*vv. ll.* checked with variants in A. Scheler, Jahrb. für rom. Lit. VIII (1867) 75–93].

Bannatyne Club publications, 133 vols. (Edinburgh, 1823–67).

Bannatyne Misc. Miscellany of original papers relating to the history of Scotland, 3 vols. Bannatyne Club (1827–55).

Banstead History of Banstead in Surrey (selected docs. 1086–), ed. H. C. M. Lambert, 2 vols. (Oxford, 1912, 1931).

Baronial Reform E. F. Jacob: Studies in the period of Baronial Reform (Oxford, 1925).

BART. ANGL. Bartholomaeus Anglicus (*alias* de Glanville) [*fl.* 1230–50]: *De proprietatibus rerum* (Cologne, 1472) [by bk. & cap.]; bks. III–IV also ed. R. J. Long, Toronto Med. Latin Texts (1979).

BART. EXON. Pen. Bartholomew of Exeter [*ob.* 1184]: *Liber poenitentialis*, ed. A. Morey, Bartholomew of Exeter (Cambridge, 1937) 175–300 [by cap.].

BATES An. John Bates, Carmelite [*ob.* 1429]: *Quaestiones de Anima* (extr.), *Carmelus* XXIV (1977) 112–26.

BBAdm *Monumenta juridica* or the Black Book of the Admiralty (14c.–15c.), 4 vols. RS LV (1871–6).

BBC British Borough Charters (1042–1660), ed. A. Ballard, J. Tait, and M. Weinbaum, 3 vols. (Cambridge, 1913–43): I 1042–1216; II 1216–1307; III 1307–1660 [by date & p.].

BB Christ Church The Black Book of Christ Church Cathedral, Dublin (compiled 1340), extr. facsimile in RC Rep. (Ireland) I (1810–15) 308–9; MS Christ Church Cathedral Library, Dublin.

BBExch *Liber niger Scaccarii* or the Little Black Book of the Exchequer (*temp.* Hen. III), MS PRO E. 164/12, ed. T. Hearne, 2nd ed. 2 vols. (1771); *v. et. Domus Reg.*, KYMER, W. WORC. *Anecd.*

BBHouseh *Liber niger domus Regis Angliae, etc.*, ed. A. R. Myers, The Household of Edward IV (1959) 76–197.

BB Lismore The Black Book of Lismore, frags. ed. J. Ware, Antiquities of Ireland (1704–5).

BB S. Aug. v. Reg. S. Aug.

BB St. Davids The Black Book of St. Davids: an extent of lands etc. in 1326, Cymmrodorion Rec. S. V (1902); (extr.) also in *Tribal System* app. C, 97–100.

BB Wint. The Black Book of Winchester [Corporation] (15c.–16c.), ed. W. H. B. Bird (Winchester, 1925).

B. COTTON Bartholomew Cotton [*ob. c*1298]: **Arch.** *Liber de archiepiscopis et episcopis Angliae* (582–1228), RS XVI (1859) 345–418; **HA** *Historia Anglicana* (449–1298), *ib.* 1–344;

BEAUFEU Cervisia Robert Beaufeu (*alias* de Bello Foco or de Bello Fago), canon of Salisbury [*fl.* 1190]: *Versus de commendatione cervisiae*, Rev. Ben. L (1938) 139–40 [by no. & line; *cf.* P. BLOIS *Cervisia, Vinum*].

Becket Mat. Materials for the history of Thomas Becket, Archb. of Canterbury, 7 vols. RS LXVII (1875–85); *v.* A. TEWK. *Thom.*, BECKET *Ep.*, BEN. PET., *Ep. Becket*, GRIM, H. BOS. *Thom.*, J. SAL. *Thom.*, *V. Thom. A & B*, W. CANT., W. FITZST.

BECKET Thomas Becket, Archb. of Canterbury [1162–70]: **Ep.** *Epistolae*, in *Becket Mat.* V–VII [by no.; letters to Becket cited as *Ep. Becket*]; **Sim.** Satire against the Simoniacs [attrib.], in *Poésies Pop.* 175–7.

Becket to Langton C. R. Cheney: From Becket to Langton (Manchester, 1956).

Bec M. Morgan: The English lands of the Abbey of Bec (Oxford, 1946).

BEDE Bede the Venerable [673–735]: **Acts** *In Acta* (*p*709), PL XCII 937–996; **AM** *De arte metrica*, ed. H. Keil, *Grammatici Latini* VII (1878) 227–60 [by p. of ed. Putschius 2349–2383]; superseded by *CCSL* CXXIIIA

(1975) 81–141 [by p.]; **Apoc.** *In Apocalypsin* (*a*716), *PL* XCII 129–206; **Cant.** *In Cantica canticorum libri VI* (*a*731), *CCSL* CXIXB (1983) 167–375 [by col. of *PL* XCI]; **Chr.** *Chronica Maiora*, *CCSL* CXXIIIB (1977) 463–544; **CuthbP** Prose Life of St. Cuthbert (*c*721), ed. B. Colgrave, Two Lives of St. Cuthbert (1940) 141–306 [by cap.]; **CuthbV** Metrical Life of St. Cuthbert, ed. W. Jaager (Leipzig, 1935) [by line]; also *PL* XCIV 575–90; **Egb.** *Epistola ad Ecgbertum episcopum* (734), ed. C. Plummer, *Baedae Opera Historica*, I 405–23 [by cap.]; **Ezra** *In Ezram et Neemiam*, *CCSL* CXIXA (1969) 235–392 [by col. of *PL* XCI; Bks. I and II are commentaries on Ezra, Bk. III on Nehemiah (sometimes known as 2 Ezra)]; **Gen.** *Libri quatuor in principium Genesis* (*p*721), *ib.* CXVIIIA (1967) [by col. of *PL* XCI 9–190]; **HA** *Historia abbatum* [Benedict, Ceolfrid, Eosterwin, Sigfrid, Hwætberht] (*p*716), ed. C. Plummer, *Baedae Opera Historica*, I 364–87 [by cap.]; **Hab.** *In canticum Abacuc*, *CCSL* CXIXB (1983) 381–409 [by col. of *PL* XCI]; **HE** *Historia ecclesiastica gentis Anglorum* (731), ed. C. Plummer, *Baedae Opera Historica* 2 vols. (Oxford, 1896) I 5–360 [by bk. & cap.]; also ed. B. Colgrave and R. A. B. Mynors, Med. Texts (Oxford, 1969); **HE Cont.** ed. Plummer, I 361–3; **Hom.** Homilies, *CCSL* CXXII (1955) 1–143; [this contains all the genuine homilies of Bede; cited by bk. & no. of *CCSL*, & col. of *PL* XCIV]; **Hymn.** *Liber hymnorum, etc.*, *CCSL* CXXII (1955) 405–73 [by no. & line or stanza; *cf.* *Ps.-*BEDE *Hymn.*]; **Kings** *In Regum librum XXX quaestiones*, *CCSL* CXIX (1962) 289–322 [by col. of *PL* XCI]; **Luke** *In Lucae evangelium expositio*, *CCSL* CXX (1960) 1–425 [by col. of *PL* XCI]; **Mark** *In Marci evangelium expositio*, *CCSL* CXX (1960) 427–648 [by col. of *PL* XCI]; **Mart.** Martyrology (prose) [attrib.], *PL* XCIV 797–1148; **Nom. Loc.** *Nomina locorum ex beati Hieronimi presbiteri et Flavi Josephi collecta opusculis*, *CCSL* CXIX (1962) 273–87; **Orth.** *De orthographia*, ed. H. Keil, *Grammatici Latini* VII 261–94 [by p. of ed. Putschius 2775–2804]; superseded by *CCSL* CXXIIIA (1975) 7–57 [by p.]; **Pleg.** *Epistola ad Pleguinam* (708), ed. C. W. Jones, *Bedae Opera de Temporibus*, Med. Acad. of America XLI (1943), 307–15 [by cap.]; **Prov.** *In Proverbia*, *CCSL* CXIXB (1983) 23–163 [by col. of *PL* XCI]; **Retract.** *Liber retractationis in Actus Apostolorum PL* XCII 995–1032; **Sam.** *In primam partem Samuhelis libri IIII*, *CCSL* CXIX (1962) 1–272 [by col. of *PL* XCI]; **ST** *De schematibus et tropis*, ed. C. Halm, *Rhetores Latini minores* (1863) 607–18 [by p.]; superseded by *CCSL* CXXIIIA (1975) 142–171 [by p.]; **Tab.** *De tabernaculo* (*a*729), *CCSL* CXIXA (1969) 1–139 [by col. of *PL* XCI]; **Temp.** *De temporibus* (703), ed. C. W. Jones, *Bedae Opera de Temporibus* 293–303 [by cap.]; **Templ.** *De templo*, *CCSL* CXIXA (1969) 141–234 [by col. of *PL* XCI]; **Tob.** *In Tobiam*, *CCSL* CXIXB (1983) 3–19 [by col. of *PL* XCI]; **TR** *De temporum ratione*, ed. C. W. Jones, *Bedae Opera de Temporibus*, Med. Acad. of America XLI (1943) 175–291 [by cap.]; also *CCSL* CXXIIIB 263–460; **Wict.** *Epistola ad Wicthedum* (708), *Opera de Temporibus* 317–25 [by cap.].

Beds Hist. Rec. Soc. Bedfordshire Historical Record Society, publications, I– (Apsley Guise, Bedford, 1913–).

BEKINSAU John Bekinsau [*ob.* 1559]: *De supremo et absoluto regis imperio*, in *Monarchia* I 735–56.

BEKYNTON Thomas Bekynton, king's secretary [*ob.* 1465]: Official [diplomatic] correspondence, 2 vols. RS LVI (1872); **App. 285** Dialogue in praise of William of Wykeham (incl. Life of Bekynton) [attrib. CHAUNDLER], *ib.* II 321–6.

BELETH RDO John Beleth [*fl.* 1182]: *Rationale divinorum officiorum* (*a*1190), *PL* CCII (1855) 13–166 [by cap. & col.]; superseded by *CC cont. med.* XLI, XLIA (1976) [by cap. & col. of *PL*].

Bened. Æthelwoldi The Benedictional of Saint Æthelwold, ed. G. F. Warner and H. A. Wilson (Oxford, 1910).

Bened. Rob. Benedictional of Archbishop Robert (10c.), HBS XXIV (1903).

BENET Chr. John Benet, vicar of Harlington [*ob.* *c*1471]: Chronicle (1400–1462), Camd. Misc. XXIV, Camd. 4th S. (1972) 175–232.

BEN. GLOUC. Dubr. Benedict of Gloucester [*fl.* 1150]: *Vita S. Dubricii*, in *Anglia Sacra* II 654–61.

BEN. PET. Benedict of Peterborough [*ob.* 1193]: **Gesta** *v.* *G. Hen. II, G. Ric. I*; **Mir. Thom.** *Miracula S. Thomae Cantuariensis*, in *Becket Mat.* II 21–281 [by bk. & cap.]; **Pass. Thom.** *Passio S. Thomae Cantuariensis*, *ib.* II 1–19 [by frag.].

Best. Bestiary from MS Ii. iv. 26 in the University Library, Cambridge (12c.), ed. M. R. James, Roxb. Club (1928) [by serial no. (*cf.* pp. 28–34) & f.].

Beunans Meriasek Beunans Meriasek (1504), ed. W. Stokes (1872) [Latin stage directions cited by p. of MS in marg.].

BEVER *v.* J. LOND.

BGPM Beiträge zur Geschichte der Philosophie des Mittelalters, I–XLII (Münster, 1891–1970); NS I– (Münster, 1970–).

Bibl. Chem. *Bibliotheca chemica curiosa*, ed. J.-J. Manget, 2 vols. (Geneva, 1702).

Bibl. Vet. Pat. *Maxima bibliotheca veterum patrum et antiquorum scriptorum ecclesiasticorum* (–1600), ed. M. de la Bigne, 27 vols. (Lyon, 1677).

BILLINGHAM Richard Billingham, Fellow of Merton [*fl.* 1344–61]: **Sens.** *De sensu composito et diviso* (extr.), ed. A. Maierù, A Giuseppe Ermini (Spoleto, 1970) 387–93; **Spec.** *Speculum puerorum* (or *De probationibus terminorum* or *Terminus est in quem*), ed. L. M. de Rijk, Some 14c. tracts on the *Probationes Terminorum*, *Artistarium* III (1982) 45–186 [five recensions].

BIRCHINGTON Arch. Cant. Stephen Birchington [*fl.* 1382] [attrib.]: *Vitae archiepiscoporum Cantuariensium* (597–1369), in *Anglia Sacra* I 1–48.

BISSET Proc. Baldred Bisset (*alias* Bissait), Rector of Kinghorn [*fl.* 1300]: *Processus contra figmenta regis Angliae*, ed. T. Hearn, *Scotichronicon*, 5 vols. (Oxford, 1722), III 883–905.

BL British Library; supersedes BM, British Museum.

BLAKMAN Hen. VI John Blakman [*ob.* *p*1457]: *De virtutibus et miraculis Henrici VI*, ed. M. R. James (Cambridge, 1919).

BLANEFORD Henry de Blaneford [*fl.* 1330]: Chronicle (1323–4), in *Chr. Mon. S. Alb.* III 129–52.

BLUND *v.* J. BLUND.

BM Ch. Facsimiles of royal and other Charters in the British Museum, I (1070–98) (1903) [no more pub.].

BNB Bracton's Note Book, extracts from *CurR*, *temp.* Hen. III, made for Henry de Bracton [*ob.* 1268], ed. F. W. Maitland, 3 vols. (1887) [by p.]; *v. et.* BRACTON.

Bodl. Bodleian Library, Oxford.

BOECE Hector Boece (Boethius) [*ob.* 1536]: *Scotorum historiae a prima gentis origine libri XIX* (–*c*1436) (Paris, 1526) [by f.].

Boldon Bk. Boldon Buke, survey of possessions of see of Durham (1183), Surtees Soc. XXV (1852) [by p.].

BONIF. Boniface (*alias* Winfreth) [*ob.* 755]: **AG** *Ars* [*grammaticalis*], ed. A. Mai, *Classici auctores e codicibus Vaticanis editi* VII (1835) 475–548; superseded by *CCSL* CXXXIIIB (1980) 1–99 [by p. of Mai]; **Aen.** *Aenigmata* (*Virt. et Vit.*), *CCSL* CXXXIII (1968) 273–343 [by line]; also ed. E. Duemmler, in *PLAC* I; **Carm.** *Carmina*, in *PLAC* I (1881) 16–20 [by no. & line]; **Ep.** *Epistolae*, ed. M. Tangl, Briefe des heiligen Bonifatius und Lullus, *MGH Ep. selectae* I (1916) [by no.; letters to Boniface and others cited as *Ep. Bonif.*]; **Met.** *De caesuris et metris*, ed. T. Gaisford, *Scriptores Latini rei metricae* (1837) 577–85; superseded by *CCSL* CXXXIIIB (1980) 109–113.

Borough Cust. Borough Customs, 2 vols. Selden Soc. XVIII, XXI (1904, 1906).

BOSO Boso, monk of St. Albans [*ob.* 1181]: **V. Pont.** *Vitae Romanorum Pontificum*, ed. L. Duchesne, Le *Liber Pontificalis* (Paris, 1892) II 351–446.

BOWER, Walter, Abbot of Inchcolm [*ob.* 1449], *v.* FORDUN *Cont.*

BRACTON Henry de Bracton (*alias* Bratton) [*ob.* 1268] [attrib.]: *De legibus et consuetudinibus Angliae* (*c*1258), ed. G. E. Woodbine, 4 vols. (New Haven, Conn., 1915–42) [by f.]; *v. et. BNB.*

BRADW. Thomas Bradwardine, Archb. of Canterbury [1290–1349]: **AM** *Ars memorativa* [attrib.], ed. B. Politus, *Quaestio de modalibus* (Venice, 1505); **AS** *Arithmetica speculativa* (Paris, 1495, etc.); **CD** *De causa Dei contra Pelagium libri III* (1344), ed. H. Savile (1618); **Conseq.** *Textus consequentiarum* [attrib.], CIMA XLII (1982) 92–150; **Cont.** *De continuo* (extr.), in *Sci. Mech.* 232–4; **Fut.** *De futuris contingentibus*, Recherches augustiniennes XIV (1979) 281–336 [by sect.]; also in Grabmann *Studies* (extr.), 1169–80; **GS** *Geometria speculativa* (Paris, 1511, etc.); **Inc.** *De incipit et desinit*, CIMA XLII (1982) 47–83; **Insol.** *Insolubilia*, AHDLMA XXXVII (1970) 285–306 [by sect.]; **Log.** *Opus artis logicae* [attrib.], CIMA XLII (1982) 152–64; **Prop.** *De proportione velocitatum in motibus* (1328), ed. H. Lamar Crosby (Madison, Wisc., 1955); **Sermo** *Sermo epinicius* [attrib.], AHDLMA XXV (1958) 295–329.

BRAKELOND Jocelin of Brakelond [*ob. p*1214]: *Cronica de rebus gestis Samsonis abbatis monasterii S. Edmundi* [Suff] (1173–1202), ed. H. E. Butler, Med. Texts (1949) [by f.].

BRAMIS Wald. John Bramis (*alias* Bromis), monk of Thetford [14c.]: *Historia regis Waldei* [transl. from French], ed. R. Imelmann, Bonner Studien zur englischen Philologie IV (1912) [by bk & cap.].

Brev. Aberd. *Breviarium Aberdonense* (1509–10), 2 vols. Bannatyne Club (1854).

Brev. Ebor. *Breviarium ad usum insignis Ecclesiae Eboracensis* (printed from ed. 1493), Surtees Soc. LXXI, LXXV (1880, 1883).

Brev. Hyda The monastic Breviary of Hyde Abbey, Winchester, HBS LIX, LXXI, LXXVI, LXXVIII, LXXX (1932–42) [by f.].

Brev. Sal. The Salisbury Breviary, or great breviary, text of the 1531 ed., ed. F. Procter and C. Wordsworth, 3 vols. (Cambridge, 1882, 1879, 1886).

BRINKLEY Richard Brinkley, O.F.M. [late 14c.]: **Summa** *Summa Logicae* (extr.), Franciscan Studies XL (1980) 79–101 [by part & cap.].

BRINTON Serm. Thomas Brinton (*alias* Brunton), Bishop of Rochester [1373–89]: Sermons, Camd. 3rd S. LXXXV, LXXXVI (1954) [by no. & p.].

Brokage Bk. Southampt. The Brokage Books of Southampton: 1439–40 Southampton Rec. Soc. XL (1941); 1443–4, Southampton Rec. S. IV, VI (1960, 1961).

BROMPTON John Brompton [*fl.* 1436] [attrib.]: *Chronicon* (588–1198), in *Hist. Angl. Script.* X 728–1284 [by col.].

BROMYARD Summa John of Bromyard [*fl.* 1390]: *Summa praedicantium*, 2 vols. (Venice, 1586).

Bronnen Bronnen tot de Geschiedenis van den Handel met Engeland Schotland en Ierland (1150–1585), ed. H. J. Smit, 4 vols. Commissie van advies voor's Rijks Geschiedkundige LXV, LXVI, LXXXVI, XCI (The Hague, 1928–50).

BRUNTON *v.* BRINTON.

Brutus *Brutus* Eine metrische Paraphrase der *Historia Regum Britannie* für den Durhames Bischof Hugo de Puiset (1190), Mittellateinisches Jahrbuch XI (1976) 204–23 [by line].

BR Will. I *Brevis relatio de origine Willelmi Conquestoris*

(*a*1135), ed. J. A. Giles, *Scriptores rerum gestarum Willelmi Conquestoris*, Caxton Soc. (1845) 1–26.

BRYGG Itin. Thomas Brygg [14c.]: *Itinerarium in Terram Sanctam domini Thomae de Swynburne* (1392–3), Archives de l'orient latin II (Paris, 1884) 378–88.

Bucks Rec. Soc. Buckinghamshire Archaeological Society, Records Branch, publications, I–VI (1937–45); Buckinghamshire Record Society, publications, VII– (1947–).

Building in Eng. L. F. Salzman: Building in England down to 1540, a documentary history (Oxford, 1952). *Bull. DuC v. ALMA.*

BURLEY *v.* AD. BURLEY, W. BURLEY.

Bury St. Edm. M. D. Lobel: The borough of Bury St. Edmund's (Oxford, 1935), app. I, docs. (*c*1190–1479) 171–95.

BUTLER William Butler [*fl.* 1410]: *Determinatio*, ed. M. Deanesly, *The Lollard Bible* (Cambridge, 1920) 399–418.

BYRHT. Byrhtferth of Ramsey [*fl.* 1000]: **HR** *Historia regum* (616–888), capp. 1–35, 40–50, 53–80, in S. DURH. II 3–91 [by cap.] (*cf.* M. Lapidge, Byrhtferth of Ramsey and the early sections of the *Historia Regum* attributed to Symeon of Durham, ASE X (1981) 97–122; **Man.** Manual, EETS CLXXVII (1929) 2–246; epilogue also *Speculum* III (1928) 516–19; cf. H. Henel, Byrhtferth's Preface: the Epilogue of his Manual?, *Speculum* XVIII (1943) 288–302; **V. Ecgwini** *Vita S. Ecgwini*, ed. J. A. Giles, *Vita quorundum Anglo-Saxonum* (sic), Caxton Soc. (1854) 349–96; **V. Osw.** *Vita S. Oswaldi Archiepiscopi Eboracensis* [*ob.* 992] (wr. *c*1000), in *Hist. Church York* I 399–475.

CAIUS John Caius (*alias* Keyes) [1510–73]: **Anim.** *De rariorum animalium historia libellus* (1570), ed. E. S. Roberts, The Works of John Caius (Cambridge, 1912) [by f.]; **Can.** *De canibus Britannicis libellus* (1570), *ib.* *Cal. Bart. v. Cart. Bart.*

Cal. ChancR Var. Calendar of various Chancery Rolls (1277–1326), HMSO (1912).

CalCh Calendar of Charter Rolls (1226–1516), 6 vols. HMSO (1903–27); *v. et. ChartR, RChart.*

CalCl Calendar of the Close Rolls (1272–), HMSO (1900–); *v. et. Cl.*

Cal. CourtR Chester Calendar of County Court, City Court, and Eyre Rolls of Chester, 1259–97, w. inquest of military service, 1288, Chetham Soc. NS LXXXIV (1925).

Cal. Deeds Ormond Calendar of Ormond deeds (1170–1603), 6 vols. IMC (Dublin, 1932–43).

Cal. Doc. France Documents preserved in France, illustrative of the history of Great Britain and Ireland (918–1206), ed. J. H. Round, HMSO (1899) [by no.].

CalExch The antient kalendars and inventories of the Treasury of H. M. Exchequer, 3 vols. RC (1836).

CalFineR Calendar of Fine Rolls (1272–1509), 22 vols. HMSO (1911–63); *v. et. FineR.*

CalIMisc Calendar of Inquisitions Miscellaneous (1219–), HMSO (1916–) [by no.].

Cal. IPM Calendar of inquisitions *post mortem etc.*: 1st S., vol. I– (Hen. III–) (1904–); 2nd S., vol. I– (Hen. VII–) (1898–) [by no.].

Cal. Ir. Calendar of documents relating to Ireland (1171–1307), 5 vols. HMSO (1875–86).

Cal. Just. Ir. Calendar of the Justiciary Rolls of Ireland, 3 vols. (Dublin, 1905–56): I (1295–1303), II (1305–7), III (1308–13).

Cal. LBLond. Calendar of Letter Books preserved at the Guildhall [London], ed. R. R. Sharpe, A–L (Ed. I–Hen. VII), 11 vols. (1899–1912).

Cal. Liberate Calendar of Liberate Rolls (1226–72), 6 vols. HMSO (1916–64) [vol. VI by no.; others by p.].

Cal. Mayor's CourtR Lond. Calendar of early Mayor's Court Rolls at the Guildhall, London (1298–1307), ed. A. H. Thomas (1924).

CalMem Calendar of Memoranda rolls (Exch) (Michaelmas 1326–Michaelmas 1327), HMSO (1968).

CalPat Calendar of Patent Rolls (1232–), III– HMSO (1906–); *v. et. Pat.*

Cal. Pl. Mem. Lond. Calendar of Plea and Memoranda Rolls of the City of London (1323–1482), ed. A. H. Thomas, 7 vols. (1926–1961).

Cal. RCoron Lond. Calendar of Coroners' Rolls of the City of London (1300–78), ed. R. R. Sharpe (1913).

Cal. RecogR Chester Calendar of Recognizance Rolls of Chester (13c.–1830), PRO Deputy Keeper's Reps. 36, 37, 39, app. II, sep. pub. (1875–8).

Cal. Scot. Calendar of documents relating to Scotland (1108–1509), 4 vols. Scot. RO (1881–8).

Cal. Scot. Mary Calendar of State Papers relating to Scotland and Mary, Queen of Scots (1547–1603), 13 vols. in 14, Scot. RO (1898–1969).

Cal. SPScot Calendar of State Papers relating to Scotland (1509–1603), Scot. S., 2 vols (1858).

Camb. Antiq. Soc. Cambridge Antiquarian Society, publications, 4° S., 2 vols. (1840–9); New 4° S. I– (1908–); 8° S. I– (1859–).

CAMD. Br. William Camden [1551–1623]: *Britannia* (1586) [by p. of ed. 1600].

Camd. Misc. The Camden Miscellany, I– , Camd. Soc. XXXIX (1847) *et alia*.

Camd. Soc. Camden Society, publications: I–CV (1808–70); NS New Series, I–LXII (1871–99); Camd. 3rd S. I–XCIV (1900–63); Camd. 4th S. I– (1964–); 3rd and 4th S. pub. by RHS.

CAMPSALL Richard of Campsall, fellow of Balliol and Merton Colleges [*ob. a*1360]: **Anal. Pri.** *Quaestiones super librum Priorum Analyticorum*, ed. E. A. Synan, The Works of Richard of Campsall, 2 vols. (Toronto, 1968–82), I 37–306 [by sect.]; **Log.** *Logica Campsale Anglici* [formerly attrib.], *ib.* II 76–420 [by sect.]; **Mat.** *Utrum materia possit esse sine forma*, *ib.* II 24–31; **Not.** *Notabilia de contingentia et praescientia Dei*, *ib.* II 38–43 [by no.]; **Univ.** *Contra ponentes naturam*, *ib.* II 14–17.

Canon. Edm. Rich *Quadrilogus*, docs. in support of the canonization of Edmund Rich (wr. 1241–2), ed. C. H. Lawrence, Lives of Edmund Rich (1960) 187–202.

Canon. G. Sempr. Un procès de canonisation (1201–2); le livre de Saint Gilbert de Sempringham [*ob.* 1189], ed. R. Foreville, (Lille, 1943) [by f.].

CANON Phys. John Canon (*alias* Canonicus) [*fl.* 1320]: *Quaestiones super octo libris Physicorum Aristotelis* (Padua, 1475); (extr.), *Opusc. & Text.* XVIII (1937) 57–63.

Canon. S. Osm. *Registrum in causa canonizationis beatae memoriae Osmundi* [*ob.* 1099] (wr. 1424–56), ed. A.R. Malden, The Canonization of St Osmund, Wilts Rec. Soc. (Salisbury, 1901), 1–90; other docs., *ib.* 93–246.

Cant. Cath. Pri. R. A. L. Smith: Canterbury Cathedral Priory (597–1540) (Cambridge, 1943).

Cant. Coll. Ox. Canterbury College, Oxford, ed. W. A. Pantin OHS VI, VII, VIII (1947–50) [I–II contin. pag.; III sep.].

Cantica Die monastischen Cantica im Mittelalter und ihre altenglischen Interlinear-versionen (10c.), ed. M. Korhammer (Munich, 1976) 254–351 [by no. & stanza].

CANTLOW Orig. Cantab. Nicholas Cantlow [*ob.* 1441]: *Historiola de antiquitate et origine Universitatis Cantabrigiensis*, ed. T. Hearne, in T. SPROTT *Chr.* 253–80.

Cant. & York Soc. Canterbury and York Society, publications, I– (London, 1909–).

Cap. Aug. Chapters of the Augustinian Canons, Cant. & York Soc. XXIX and OHS LXXIV (1922).

CAPGR. John Capgrave [1393–1464]: **Acts** *In Actus Apostolorum* (extr.), *v. Hen.* app. III; **Dunst.** *Vita et miracula Dunstani*, in *Mem. Dunst.* 325–53 [by cap.; *v. et. NLA*]; **Gen.** *In Genesim* (extr.), *v. Hen.* app. IV; **Hen.** *Liber de illustribus Henricis*, RS VII (1858) w. app. of extr. from

other works; **Symb.** *Commentarius super Symbola* (extr.), *v. Hen.* app. II.

Capt. Seis. Cornw *Captio seisinae Ducatus Cornubiae* (1337), MS PRO (E. 120); ed. P. L. Hull, Devon & Cornw Rec. Soc. NS XVII (1971).

CAREW Sent. Richard Carew [14c.]: *Commentarius in Sententias* (extr.), *AFH* LXXIII (1980) 497–513.

Carm. Aldh. *Carmina rhythmica* 1–5, *Aldhelmi Opera*, *MGH Auct. Antiq.* XV (1919) 523–37 (1 attrib. ALDH., 2–5 by Æthelwald) [by no. & line].

Carmelus *Carmelus: Commentarii ab Instituto Carmelitano editi* I– (Rome, 1954–).

Carm. Lew. *Carmen de bello Lewensi* [*c*1265], ed. C. L. Kingsford, The Song of Lewes (Oxford, 1890) 1–31.

Cart. Aberd. *Cartularium ecclesiae S. Nicholai Aberdonensis* (1328–), 2 vols. New Spalding Club (Aberdeen, 1888–92).

Cart. Antiq. *Cartae antiquae* (Ric. I–Ed. II), I (rolls 1–10), Pipe R. Soc. NS XVII (1939); II (rolls 11–20), *ib.* XXXIII (1960) [by p.]; rolls 21–46, MS PRO (C. 52).

Cart. Bart. Cartulary of St. Bartholomew's Hospital [London] (12c.–), calendar, ed. N. J. M. Kerling (1973).

Cart. Bath Two Chartularies of the Priory of St. Peter at Bath (9c.–) [specified as A or B], Som Rec. Soc. VII (1893) [by no.].

Cart. Beauchamp The Beauchamp Cartulary Charters 1100–1268, Pipe R. Soc. LXXXI (1980), [by no.].

Cart. Beaulieu Cartulary of the Abbey of Beaulieu [Hants] (13c.–), MS BL Loans 29/330, ed. S. F. Hockey, Southampton Rec. S. XVII (1974) [by f.].

Cart. Beauly Historical notices and charters of the Priory of Beauly, Ross-shire (13c.–), RHS Trans. IV (1876) 1–74; *v. et. Ch. Beauly*.

Cart. Bilsington Cartulary and Terrier of the Priory of Bilsington [Kent], ed. N. Neilson, Rec. Soc. & Econ. VII (1928): cartulary (mainly 13c.) 65–147; terrier (1567) 148–218.

Cart. Blyth Cartulary of Blyth Priory [Notts] (11c.–), Thoroton Soc. Rec. S. XXVII, XXVIII and HMC JP XVII (1973) [by no.].

Cart. Boarstall Boarstall [Bucks] Cartulary (1170–1498), OHS LXXXVIII (1930) [by no.].

Cart. Bonport Cartulaire de l'abbaye royale de Notre-Dame de Bonport [Norm.] (1190–1467), ed. J. Andrieux (Evreux, 1862).

Cart. Boxgrove Chartulary of Boxgrove Priory (13c.–), Sussex Rec. Soc. LIX (1960) [transl. only].

Cart. Brecon *Cartularium prioratus de Brecon* (12c.–), *Arch. Cambr.* 4th S. XIII (1882) 275–308; XIV (1883) 18–49, 137–68, 221–36, 274–311.

Cart. Brinkburn Cartulary of Brinkburn Priory [Northumb] (14c.), Surtees Soc. XC (1893).

Cart. Burton Abstract of Chartulary of Burton Abbey (1004–1437), Collect. Staffs V i (1884).

Cart. Bushmead Cartulary of Bushmead Priory (13c.), Beds Rec. Soc. XXII (1945) [by no.].

Cart. Canons Ashby Cartulary of the Priory of Canons Ashby [Northants] (late 13c.), MS BL Egerton 3033.

Cart. Carisb. Cartulary of Carisbrooke [I. of W.] (1114–), MS BL Egerton 3667.

Cart. Chertsey Chertsey Abbey Cartularies, 2 vols. in 3, Surrey Rec. Soc. XII (1915–63) [by vol. & no.; calendar only].

Cart. Chester Chartulary of the Abbey of St. Werburgh, Chester (10c.-early 14c.) w. addit. docs., Chetham Soc. NS LXXIX, LXXXII (1920–3) [contin. pag.].

Cart. Chich. Cartulary of the High Church of Chichester (12c.–17c.) [calendar], Sussex Rec. Soc. XLVI (1946) [by no.].

Cart. Ciren. Cartulary of Cirencester Abbey [Glos] (12c.–15c.), ed. C. D. Ross and M. Devine, 3 vols. (1964–77) [by no.].

Cart. Clerkenwell Cartulary of St. Mary's Priory, Clerkenwell [London], Camd. 3rd S. LXXVII (1949).

Cart. Cockersand Chartulary of Cockersand Abbey [Lancs] (12c.–16c.), 3 vols. in 7, Chetham Soc. NS XXXVIII–XL, XLIII, LVI, LVII, LXIV (1898–1909).

Cart. Colch. *Cartularium monasterii de Colecestria* [Essex] (11c.–13c.), 2 vols. Roxb. Club (1897).

Cart. Coldstream Chartulary of the Cistercian Priory of Coldstream [Berw] (12c.–16c.), Grampian Club (London, 1879).

Cart. Colne *Cartularium Prioratus de Colne* (12c.), Arch. Soc. Essex, occ. pub. I (1946) [by f.].

Cart. Dale Cartulary of Dale Abbey (13c.–), Arch. Soc. Derb, Rec. S. II and HMC JP XI (1967).

Cart. Darley Cartulary of Darley Abbey (late 12c.–13c.), ed. R. R. Darlington, 2 vols. (1945).

Cart. Dieul. Chartulary of Dieulacres Abbey (12c.–13c.), Collect. Staffs NS IX (1906) 291–362; **add.** *ib.* 363–6.

Cart. Dublin Chartularies of St. Mary's Abbey, Dublin, etc. (12c.–15c.), 2 vols. RS LXXX (1884).

Cart. Dunstable Digest of the Cartulary of Dunstable (late 12c.–17c.), Beds Hist. Rec. Soc. X (1926).

Carte Nativ. *Carte Nativorum*, a Peterborough Abbey cartulary (14c.), Northants Rec. Soc. XX (1960) [by no.].

Cart. Eye Cartulary of Eye Priory [Suff] (13c.), MS Essex RO D/DBy Q 19.

Cart. Eynsham Eynsham Cartulary (1005–1539), OHS XLIX, LI (1907–8); *v. et.* AD. EYNS. *Visio.*

Cart. Fount. Abstracts from charters contained in Chartulary of Fountains Abbey [Yorks] (12c.–15c.), ed. W. T. Lancaster, 2 vols. (1915) [English summary].

Cart. Glam. *Cartae et alia munimenta quae ad Dominium de Glamorgancia pertinent* (†5c. [11c.]–18c.), ed. G. T. Clark, 6 vols. (Cardiff, 1910) (–224, –712, –1176, –1632, –2096, Index) [some docs. cited from fuller text in first ed. 1885–93].

Cart. Glast. Great Chartulary of Glastonbury (12c.–16c.), Som Rec. Soc. LIX, LXII, LXIV (1947–56).

Cart. Glouc. *Historia et Cartularium Monasterii S. Petri Gloucestriae* (12c.–14c.), 3 vols. RS XXXIII (1863–7); *v. et. Hist. Glouc.*

Cart. God's House Southampt. Cartulary of God's House, Southampton (12c.–15c.), Southampton Rec. S. XIX, XX (1976) [by no.].

Cart. Godstow Cartulary of Godstow Abbey [Oxon] (15c.), MS PRO KR Misc. Bks. E. 164/20 [by f.].

Cart. Guisburn *Cartularium prioratus de Gyseburne* [Yorks], Surtees Soc. LXXXVI, LXXXIX (1889–94) [by no.].

Cart. Harrold Records of Harrold Priory, incl. Cartulary (12c.–16c.), Beds Hist. Rec. Soc. XVII (1935).

Cart. Healaugh Chartulary of the Augustinian priory of St John of the Park of Healaugh (12c.–16c.), Arch. Soc. Yorks, Rec. S. XCII (1936) [by f.].

Cart. Heming Heming, monk of Worcester [*fl.* 1096]: *Chartularium ecclesiae Wigorniensis* (8c.–11c.), ed. T. Hearne, 2 vols. (1723); *v. et. Cart. Worc.*

Cart. Holyrood *Liber Cartarum S. Crucis, munimenta ecclesie S. Crucis de Edwinesburg* (12c.–16c.) (extr.), Bannatyne Club LXX (1840).

Cart. Hosp. S. John Cartulary of the Hospital of St. John, Oxford (13c.–), OHS LXVI, LXVIII, LXIX (1914–16).

CartINorm. Cartulaire de Jersey et des autres Îles normandes (11c.–14c.), 6 pts. Soc. jers. (1918–24) [contin. pag.].

Cart. Lennox *Cartularium comitatus de Levenax* [Stirlingshire] (13c.), Maitland Club (1833).

Cart. Lewes Chartulary of the Priory of St. Pancras of Lewes (*c*1089–), compiled 1444, Sussex Rec. Soc. XXXVIII, XL (Lewes, 1932–4) [by f.; mainly transl.].

Cart. Lindores Chartulary of the Abbey of Lindores [Fife] (12c.–15c.), SHS XLII (1903) [by no.].

Cart. Missenden, Cartulary of Missenden Abbey (12c.–14c.), Bucks Rec. Soc. II, X, XII (1938–62) [by no.].

Cart. Mont. S. Mich. Cartulary of St. Michael's Mount (Hatfield House MS no. 315), ed. P. L. Hull, Devon & Cornwall Rec. Soc., N.S. 5 (1962) [by no.].

Cart. Newent Cartulary of Newent [Glos] (13c.), MS BL Add. 15668 ff. 50–68 [by f.].

Cart. Newm. *Chartularium Abbathiae de Novo Monasterio* [Northumb] (12c.–15c.), Surtees Soc. LXVI (1878).

Cart. Newnham Cartulary of Newnham Priory (12c.–15c.), Beds Hist. Rec. Soc. XLIII pts. 1 and 2 (1963–4).

Cart. Osney Cartulary of Oseney Abbey (12c.–16c.), OHS LXXXIX–XCI, XCVII, XCVIII, CI (1929–36).

Cart. Percy The Percy Chartulary, Surtees Soc. CXVII (1911) [by no.].

Cart. Pontefr. Chartulary of Pontefract (12c.–13c.), Arch. Soc. Yorks, Rec. S. XXV, XXX (1899, 1902).

Cart. Rams. *Cartularium monasterii de Rameseia* [Hunts] (11c.–14c.), 3 vols. RS LXXIX (1884–93).

Cart. Rievaulx *Cartularium Abbathiae de Rievalle* [Yorks] (12c.–16c.), Surtees Soc. LXXXIII (1889).

Cart. Rufford Rufford [Notts] Cartulary (12c.), MS BL Loans 41 ff. 1–16.

Cart. Sallay Chartulary of Sallay in Craven (12c.–14c.), Arch. Soc. Yorks, Rec. S. LXXXVII, XC (1933–4) [by no.].

Cart. Sandford Sandford Cartulary (12c.–13c.), Oxfordshire Rec. Soc. XIX, XXII (1938–41) [by no.].

Cart. S. Denys Southampt. Cartulary of the Priory of St. Denys, Portswood, Southampton (1157–), compiled *p*1342, MS BL Add. 15314; Southampton Rec. S. XXIV, XXV (1981).

Cart. S. Fridesw. Cartulary of the Monastery of St. Frideswide at Oxford (11c.–16c.), OHS XXVIII, XXXI (1895–9).

Cart. S. Greg. Cant. Cartulary of the Priory of St. Gregory, Canterbury (late 11c.–13c.), Camd. 3rd S. LXXXVIII (1956) [by no.].

Cart. Shrews. Cartulary of Shrewbury Abbey (11c.–), ed. U. Rees, 2 vols. (Aberystwyth, 1975).

Cart. S. Neots Cartulary of the Priory of St. Neots [Hunts] (12c.–15c.), MS BL Cotton Faustina A IV.

Cart. Staff. The Staffordshire Chartulary (1072–1237), Collect. Staffs II pt. 1 (1881) 178–276.

Cart. S. Thom. Hosp. Chartulary of the Hospital of St. Thomas Martyr, Southwark (1213–1525), calendar, ed. F. G. Parsons, private pub. (1932).

Cart. Stoke by Clare Cartulary of Stoke by Clare [Suff] (*p*1250), MS BL Cotton App. XXI.

Cart. Tutbury Cartulary of Tutbury Priory (12c.–15c.), Collect. Staffs 4th S. IV and HMC JP II (1962) [by no.].

Cart. Tynemouth Tynemouth Cartulary (7c.–16c.), ed. W. S. Gibson, History of the monastery at Tynemouth, 2 vols. (1846–7), app. i–clxvii.

Cart. Wardon Cartulary of Old Wardon (12c.–15c.), Beds Hist. Rec. Soc. XIII (1930) [by f.].

Cart. Whitby *Cartularium Abbathiae de Whiteby* [Yorks] (11c.–16c.), Surtees Soc. LXIX, LXXII (1879, 1881).

Cart. Winchcombe v. Reg. Winchcombe.

Cart. Worc. Cartulary of Worcester Cathedral Priory, Register I (*c*1240), Pipe R. Soc. NS XXXVIII (1968) [by no.]; *v. et. Cart. Heming.*

Cart. York Cartulary of the treasurer of York Minster and related documents (12c.–), compiled 15c., Borthwick Texts and Calendars: Records of the Northern Province V (1978).

Catal. Durh. Catalogues of the Library of Durham Cathedral from the Conquest to the Dissolution, Surtees Soc. VII (1838).

Catal. MSS AS N. R. Ker: Catalogue of Manuscripts Containing Anglo-Saxon (Oxford, 1957) [by p.].

CatAncD A descriptive Catalogue of Ancient Deeds in the Public Record Office (1213–1564), 6 vols. HMSO (1899–1915); *v. et. AncD.*

CathA *Catholicon Anglicum*, an English–Latin wordbook (1483) Camd. Soc. NS XXX (1882).

Cath. Rec. Soc. Catholic Record Society, publications, I– (1905–).

CBaron The Court Baron, w. select pleas from the Bishop of Ely's Court of Littleport (1285, 1316–27), Selden Soc. IV (1891).

CC cont. med. *Corpus Christianorum, continuatio mediaevalis*, I– (Turnhout, 1971–).

CCSL *Corpus Christianorum, series latina*, I– (Turnhout, 1954–).

CD *Codex diplomaticus aevi Saxonici* (604–1061), ed. J. M. Kemble, 6 vols. Eng. Hist. Soc. (1839–48) [by no.; used where not superseded by *CS*].

CEOLFRITH, Ceolfrith, Abbot of Wearmouth and Jarrow [*ob.* 716], letters quoted in BEDE *HE* V 21 and *Hist. Abb. Jarrow.*

Cerne The Prayer Book of Aedeluald the Bishop [*sc.* of Lindisfarne, 721–40], Commonly called the Book of Cerne, ed. A. B. Kuypers (Cambridge, 1902).

Chain Bk. Dublin The Dublin Chain Book (1309), in *Doc. Ir.* 230–9.

Chanc. Files Chancery Files, MS PRO (C. 266)

Chanc. Forest Proc. Chancery Forest Proceedings (Hen. VIII–Chas. I), MS PRO (C. 99).

Chanc. Misc. *Miscellanea* of the Chancery (Hen. I–18c.), MS PRO (C. 47); *v. et. DipDocC.*

Chanc. MiscR Chancery Miscellaneous Rolls (   ), MS PRO (C. 49).

Chanc. Orders Orders of the High Court of Chancery (1388–1743), ed. G. W. Sanders, I i (1845).

Chanc. Proc. Chancery Proceedings (Eliz. I–Commonwealth), MS PRO (C. 2 & 3); *v. et. E. Chanc. Proc.*

ChancR v. Cal. ChancR Var.

Chap. Beverley v. Mem. Beverley.

Chap. Ely v. Ord. Ely.

Chap. Linc. Chapter acts of the Cathedral Church of Lincoln (1520–59), Linc. Rec. Soc, XII, XIII, XV (1915–20); also Act Bks. (1305–1520), MS DC Linc.

ChartR Charter Rolls (1199–1517), MS PRO (C. 53); *v. et. RChart, CalCh.*

CHAUNCY Passio Maurice Chauncy [*ob.* 1581]: *Passio sanctorum patrum Carthusianorum Anglie* (1550), ed. G. W. S. Curtis (London, 1935).

CHAUNDLER Thomas Chaundler [*c1418–1490*]: **Apol.** *Liber apologeticus de omni statu humanae naturae* (*c1460*), ed. D. E.-C. Shoukri (London & New York, 1974) [by f.]; **Laud.** *Libellus de laudibus duarum civitatum et sedium episcopalium Welliae scilicet et Bathoniae* (*c1460*), Arch. Soc. Som XIX pt. 2 (1874) 99–122; *v. et. BEKYNTON App. 285.*

Ch. Beauly Charters of the Priory of Beauly [Ross-shire] (13c.–16c.), ed. E. C. Batten, Grampian Club (1877); *v. et. Cart. Beauly.*

Ch. Burton Charters of Burton Abbey, ed. P. H. Sawyer, ASC II (1979) [by no.].

Ch. Coupar Angus Charters of the Abbey of Coupar Angus (1166–1608), SHS 3rd S. XL, XLI (1947).

Ch. Crispin Selected charters (1071–1122), ed. J. A. Robinson, Gilbert Crispin (1911) 125–57; *v. et. G. CRISPIN.*

Ch. & Cust. Caen Charters and Custumals of the abbey of Holy Trinity, Caen, ed. M. Chibnall, Rec. Soc. & Econ. NS V (1982).

Ch. Danelaw v. Danelaw.

Ch. Derb A descriptive catalogue of Derbyshire Charters (*c1130*–1550), ed. I. H. Jeayes (London, 1906) [by no.].

Ch. DL W. Hardy: Charters of the Duchy of Lancaster (London, 1845).

Ch. Durh. Durham episcopal charters (1071–1152), Surtees Soc. CLXXIX (1968) [by no.].

Ch. Edinburgh Charters relating to the City of Edinburgh, 1143–1540, ed. J. D. Marwick (Edinburgh, 1871).

CHESTERFIELD Thomas Chesterfield, canon of Lichfield [*ob. c1452*]: *Historia de episcopis Coventrensibus et Lichfeldensibus* (–1347), in *Anglia Sacra* I 423–43.

Chester Plays The Chester Mystery Cycle, edd. R. M. Lumianskey and D. Mills, EETS Sup. S. III (1974) [by no. & l.].

Chetham Soc. Chetham Society. Remains historical and literary connected with the Palatine Counties of Lancaster and Chester, I–CXIV (Manchester, 1844–93); NS I–CX (1883–1947); 3rd S. I– (1949–).

Ch. Eton Charters relating to Eton College (1442–59), in *Stat. King's Cantab.* 387–476.

Ch. Gilb. Transcripts of Charters relating to Gilbertine houses (*c1150–c1258*), Linc. Rec. Soc. XVIII (1922).

Ch. Glouc. Earldom of Gloucester Charters to 1217, ed. R. B. Patterson (Oxford, 1973).

Ch. Heref. Charters of the Earldom of Hereford (1095–1201), Camd. Misc. XXII, Camd. 4th S. I (1964) 1–75.

Ch. Hib. *Chartae, privilegia, et immunitates* (1171–1395), Irish RC (1889).

Ch. Luffield Luffield Priory Charters (12c.–15c.), Bucks Rec. Soc. XV, XVIII (1968–75) [by no.].

Ch. Mowbray Charters of the Honour of Mowbray, 1107–91, ed. D. E. Greenway, Rec. Soc. & Econ. NS I (1972) [by no.].

CHONNOE *v.* CONWAY.

Chr. Abingd. (1218–1304) Chronicle of the monastery of Abingdon, ed. J. O. Halliwell, Berks Ashmolean Soc. (Reading, 1844).

Chr. Abingd. *Chronicon monasterii de Abingdon* (12c.), 2 vols. RS II (1858); *v. et. Abbat. Abingd., Chr. Abingd. (1218–1304), Cust. Abingd., Obed. Abingd.*

Chr. Angl. *Chronicon Angliae* (1328–88), *auctore monacho quodam S. Albani* [prob. WALS.], RS LXIV (1874).

Chr. Angl. Peterb. *Chronicon Angliae Petriburgense* (654–1368), ed. J. A. Giles Caxton Soc. (1845); supersedes *Hist. Angl. Script.* i 1–137; *cf.* Chr. Peterb.

Chr. Barnwell v. W. COVENTRY.

Chr. Battle *Chronicon monasterii de Bello* [Battle, Sussex] 1066–1176, ed. J. S. Brewer, *Anglia Christiana* Soc. (1846); superseded by ed. E. Searle, Med. Texts (1980) [by f.].

Chr. Battle (1258–65) Fragment d'une chronique rédigée à l'abbaye de Battle sur la guerre des barons, in *V. Montf.* 373–80.

Chr. Bury *Chronica Buriensis* The Chronicle of Bury St. Edmund's (1212–1301), ed. A. Gransden, Med. Texts (1964) [by f.]: (1212–65) 1–33, *v.* TAXTER *Chr. Bury*; **Cont. A** (1266–96) 33–136 [supersedes FL. WORC. *Cont. C*]; **Cont. B** (1296–1301) 136–63.

Chr. Cant. *Chronicon anonymi Cantuariensis* (1436–67), in J. READING 187–227.

Chr. Clun. Notes on an English Cluniac Chronicle (St. Andrew's Priory, Northampton, –1339) (extr.), EHR XLIV (1929) 94–104.

Chr. Dale Chronicle of the Abbey of St. Mary de Parco Stanley *alias* Dale (mid. 12c.–13c.), attrib. T. de Musca [*ob. p1235*], Arch. Soc. Derb LXXXVII (1968) 18–38 [by cap.]; (extr.) also in *MonA* VI (1846) 892–5.

Chr. Dunstable v. Ann. Dunstable.

Chr. Ebor. Metr. *Chronicon Metricum Ecclesiae Eboracensis:* **A** (*c1390*), in *Hist. Church York* II 446–9; **B** (? *c1370*), *ib.* 469–87.

Ch. & Rec. Heref. Charters and Records of Hereford Cathedral (*c840*–1421), ed. W. W. Capes (Hereford, 1908).

Chr. Ed. I & II Chronicles of the reigns of Edward I and Edward II, 2 vols. RS LXXVI (1882–3); *v. Ann. Lond.,*

Ann. Paul., G. Ed. II Bridl., G. Ed. III Bridl., J. LOND. *Commend. Ed. I,* MORE *Chr. Ed. II, V. Ed. II.*

Chr. Evesham *Chronicon abbatiae de Evesham* [Worcs], RS XXIX (1863): (c700–1214) [attrib. T. MARLB.], based on DOMINIC *V. Ecgwini* I pp. 1–27, *Translatio S. Ecgwini* pp. 27–38, DOMINIC *V. Ecgwini* II pp. 39–67; continued as *V. Ecgwini* III (–c1200), pp. 69–108, and *Chr.* (1200–1214), pp. 109–257; **Cont. A** Continuation (1214–1418), 257–310; **Cont. B.** (1418–1539), 338–40.

Chr. Hen. II & Ric. I Chronicles of the reigns of Henry II and Richard I, 2 vols. RS XLIX (1867); *v.* G. *Hen. II,* G. *Ric. I.*

Chr. Hen. VI & Ed. IV Brief notes of occurrences under Hen. VI and Ed. IV, Three fifteenth-century chronicles, Camd. Soc. NS XXVIII (1880) 148–63.

Chr. Holyrood *Chronicon Coenobii Sanctae Crucis Edinburgensis* (40 B.C.–1163), Bannatyne Club (1828).

Chr. Kirkstall The Kirkstall Chronicle (1355–1400), JRL Bull. XV (1931) 121–37.

Chr. Louth *Chronicon abbatiae de Parco Lude* [Louth Park, Lincs], w. app. of docs. (1066–1404), ed. E. Venables, Lincs Rec. Soc. I (1891).

Chr. Man *Chronica regum Manniae et Insularum* (1000–1374), ed. P. A. Munch and J. Goss, Manx Society XXII (text and transl.), XXIII (docs.) (Douglas, 1874).

Chr. Melrose *Chronica de Mailros* (731–1270), Bannatyne Club (1835).

Chr. Mon. S. Alb. *Chronica monasterii S. Albani,* 7 vols. in 12, RS XXVIII (1863–70): I WALS. *HA,* 2 vols.; II *Ann. Angl. & Scot., Ann. Ed. I, Ann. Scot.,* RISH.; III *Ann. Hen IV, Ann. Ric. II,* BLANEFORD, *Op. Chr.,* TROKELOWE; IV G. S. *Alb.* w. appendices, 3 vols.; V AMUND., *Chr. S. Alb. (1422–31),* w. appendices, 2 vols.; VI *Reg. Whet.,* 2 vols.; VII *Ps.-*RISH., WALS. *YN.*

Chr. Northern A Northern Chronicle (extr. 1399–1430), in *Eng. Hist. Lit. 15c.* 279–91.

Ch. Roff. Charters of Rochester, ed. A. Campbell, ASC I (1973) [by no.].

Chr. Peterb. *Chronicon Petroburgense* (1122–1289), Camd. Soc. XLVII (1849) 1–155; **app.** *Liber niger monasterii S. Petri de Burgo* (1125–8), *ib.* 157–83; *cf. Chr. Angl. Peterb.*

Chr. Pont. Ebor. *Chronica Pontificum Ecclesiae Eboracensis* (601–1519), in *Hist. Church York* II: **A** Anon. (601–1140, wr. a1150) 312–87; **B** *v.* T. STUBBS *Chr.;* **C** Anon. (1374–1519), 422–45.

Chr. Rams. *Chronicon Abbatiae Rameseiensis* [Hunts] (10c.–c1200), RS LXXXIII (1886); *v. et.* GOSC. *Mir. Iv.*

Chr. S. Alb. The St. Albans Chronicle (1406–20) [attrib. WALS.], ed. V. H. Galbraith (1937); supersedes WALS. *HA* pt. 2, 272–336; 1422–31 *Chronicon rerum gestarum in monasterio S. Albani a quodam auctore ignoto compilatum,* in *Chr. Mon. S. Alb.* V pt. 1 1–69.

Chr. S. Edm. The St. Edmundsbury Chronicle 1296–1301, EHR LVIII (1943) 51–78.

Chr. S. Neoti *Chronicon fani S. Neoti sive annales* (44–914), ed. W. H. Stevenson, Asser's Life of King Alfred (Oxford, 1904) 117–45; superseded by ed. D. N. Dumville, The Anglo-Saxon Chronicle: a collaborative edition, XVII (Woodbridge, 1985).

Chr. Southern A Southern Chronicle (earliest times–1422) (prob. wr. c1426) [possibly used up to 1400 by compiler of *Eul. Hist. Cont.*] (extr. 1399–1422), in *Eng. Hist. Lit. 15c.* 275–8.

Chr. Sprotti v. T. SPROTT *Chr.*

Chr. Steph. Chronicles of the reign of Stephen, Henry II and Richard I, 4 vols. RS LXXXII (1884–9); *v.* AILR. *Stand.,* DEVIZES, G. *Steph.,* H. HUNT. *Ep. ad Warinum,* RIC. HEX. *Stand.,* STEPH. ROUEN, TORIGNY, W. NEWB.

Chr. St. Mary's Chronicle of St. Mary's Abbey [York] (1112–1323), Surtees Soc. CXLVIII (1934) 1–80; *v. et. Cust. St. Mary's,* STEPH. WHITBY.

Ch. Rufford Rufford Charters (12c.–13c.), Thoroton Soc.

Rec. S. XXIX, XXX, XXXII, XXXIV (1972–81) [by no.].

Chr. Wallingf. The Chronicle attributed to John of Wallingford (449–1035) (wr. a1258), Camd. Misc. XXI, Camd. 3rd S. XC (1958).

Chr. Westm. Chronicle (1381–94) [formerly attrib. J. MALVERN] (wr. late 14c. by a monk of Westminster), in HIGD. IX 1–283 [by p.]; superseded by ed. B. F. Harvey, Med. Texts (1981) [by p. of MS].

Chr. Witham Witham Charterhouse Chronicle, a fragment (13c.) *De vita et conversatione Magistri Adae Cartusiensis* [prob. AD. SCOT] *secundum quod habetur in Cronica Domus de Witham,* JRL Bull. XVI (1932) 482–506.

Ch. Sal. Charters and documents illustrating the history of the cathedral, city, and diocese of Salisbury (1109–1300), RS XCVII (1891).

Ch. Stirling Charters and documents relating to the Royal Burgh of Stirling (1124–1705), ed. R. Renwick (Glasgow, 1884).

Ch. Str. Marc. Five Strata Marcella Charters, National Library of Wales Journal V (1947) 50–4.

CIMA Cahiers de l'Institut du moyen âge grec et latin, I– (Copenhagen, 1969–).

CIREN. Richard of Cirencester [*ob.* 1401]: *Speculum historiale* (447–1066), 2 vols. RS XXX (1863–9).

Cîteaux Cîteaux: *Commentarii Cistercienses,* I– (Westmalle, 1950–).

CLAPWELL, Richard, *v.* KNAPWELL.

Clovesho Various councils and synods held at Clovesho [unidentified] (716–825), in *Conc. HS* III (1871) and *CS.*

Cl *Rotuli litterarum clausarum* or Close Rolls: 1204–27, 2 vols. RC (1833, 1844) [by p. & col.]; 1227–72, 14 vols. HMSO (1902–38) [by p.]; 1272– , MS PRO (C. 54) [by roll & m.; *v. et. CalCl*]; **Frag.** Close Roll fragments 1215–16, Pipe Roll Soc. NS XXXI 127–44; **sup.** Close Rolls supplementary: 1244–66, HMSO (1975); later rolls, MS PRO (C. 55).

COGGESH. Ralph de Coggeshall, abbot of Barnwell [*fl.* 1207–24]: **Chr.** *Chronicon Anglicanum* (1066–1224), RS LXVI (1875) 1–208 [by f.], references to COGGESH. only are to *Chr.;* **Visio** *Visio Thurkilli,* ed. P. G. Schmidt (Leipzig, 1978).

COLET John Colet, Dean of St. Paul's [*ob.* 1519]: **Corp. Myst.** *De compositione sancti corporis Christi mystici,* in *Ep.* 183–95; **Cel. Hier.** The Celestial Hierarchy (wr. ? 1498), ed. J. H. Lupton, Two treatises on the hierarchies of Dionysius (1869) 163–96; **Eccl. Hier.** The Ecclesiastical Hierarchy, *ib.* 197–272; **Ep.** *Epistolae,* ed. J. H. Lupton, Letters to Radulphus (1876) 165–82 [*v. et. Ep. Erasmi*]; **In 1 Cor.** *Enarratio in primam epistolam S. Pauli ad Corinthios* (wr. ? a1499), ed. J. H. Lupton (1874); **In 1 Pet.** *Enarratio in primam B. Petri epistolam* [attrib.], in *Ep.* 283–303; **Rom. Enarr.** *Enarratio in epistolam B. Pauli ad Romanos* (wr. ? 1498–9), ed. J. H. Lupton (1873); **Rom. Exp.** *Epistolae B. Pauli ad Romanos expositio,* in *Ep.* 197–281; **Sacr. Eccl.** *De sacramentis ecclesiae* (wr. ? 1499), ed. J. H. Lupton (1867); **Stat.** Statutes, in *Reg. S. Paul.* 217–36, 237–49; **Stat. Cantar.** *Excerpta ex libro statutorum ea quae concernunt capellanos ad cantarias suas admittendos,* ed. W. S. Simpson, *Arch.* LII (1890) 161–7.

Collect. Aen. *Collectiones aenigmatum Merovingicae aetatis,* CCSL CXXXIII, 2 vols. (1968); *v. Aen. Laur.,* BONIF. *Aen.,* HWÆTBERHT *Aen.,* TATWINE *Aen. & Ars.*

Collect. Ox. *Collectanea,* 4 vols. OHS V, XVI, XXXII, XLVII (1885–1905).

Collect. Salern. *Collectio Salernitana,* 5 vols. (Naples, 1852–9); *v. et. Alph.*

Collect. Staffs Collections for a history of Staffordshire, William Salt Archaeological Society, since 1936 known as Staffs Rec. Soc., I– (1880–).

Collect. Stories A Collection of Stories and Sketches: *Petronius Redivivus* (12c.), ed. M. L. Colker, *Analecta*

Dublinensia, Med. Acad. of America LXXXII (Cambridge, Mass., 1975) 195–235.

Collect. Suss Sussex archaeological collections, Arch. Soc. Suss, I– (1853–).

Collect. W. Worc. William of Worcester's collections respecting the wars of the English in France and Normandy (1427–50), ed. Letters and papers illustrative of the wars of the English in France, RS XXII (1864) II 519–72.

Commend. Ed. I v. J. LOND.

Comm. Lond. J. H. Round: The Commune of London and other studies (1899).

Comm. Sph. Commentary on the Sphere of Sacrobosco [attrib. M. SCOT], in SACROB. *Sph.* 247–342.

Comp. Dom. Buck. *Compota domestica familiarum de Bukingham et d'Angoulême,* 1443, 1452, 1463; *annexae expensae cujusdam comitis* 1273, Abbotsford Club (1836).

Compilatio *Compilatio de gestis Britonum et Anglorum* [concluding portion (1422–7)], Camd. Soc. NS XXVIII (1880) 164–85.

Comp. Swith. Compotus rolls of the obedientiaries of St. Swithun's Priory, Winchester (14c.–16c.), Hants Rec. Soc. (1892); *v. et.* ÆLF. *Regul. Mon.*

Comp. Worc. I Early compotus rolls of the Priory of Worcester (1278–1352), Worcs Hist. Soc. (1908); II Compotus rolls of the Priory of Worcester (14c. and 15c.), *ib.* (1910).

Conc. *Concilia Magnae Britanniae et Hiberniae* (446–1717), ed. D. Wilkins, 4 vols. (1737) [superseded in part by *Conc. HS* & *Conc. Syn.*].

Conc. HS Councils and ecclesiastical documents relating to Great Britain and Ireland (200–1295), ed. A. W. Haddan and W. Stubbs, 3 vols. (Oxford, 1869–78); *v. et. Clovesho,* EGB. *Dial., Pen.,* THEOD. *Pen.*

Concl. Loll. XII Twelve Conclusions of the Lollards (1396), EHR XXII (1907) 292–304 [by no.]; other versions in R. DYMMOK pp. 30, 53, 71 *etc.,* Ziz. 360–69.

Concl. Loll. XXXVII Thirty-seven Conclusions of the Lollards (*c*1383), EHR XXVI (1911) 741–9 [by no.].

Conc. Scot. *Concilia Scotiae, Ecclesiae Scoticae statuta* (1225–1559), ed. J. Robertson, 2 vols. Bannatyne Club (1866).

Conc. Syn. Councils and Synods: I (871–1204) ed. D. Whitelock, M. Brett, and C. N. L. Brooke (Oxford, 1981), 2 pts (–562, –1151); II (1205–1313) ed. F. M. Powicke and C. R. Cheney (Oxford, 1964), 2 pts. (–723, –1393) [by date & p.].

Const. Clar. The Constitutions of Clarendon (1164), in GERV. CANT. I 178–80 [by cap.]; also in *SelCh* 163–7.

Consuet. Monach. v. RegulC.

Contra Relig. Simul. *Tractatus B. Gregorii Pape contra religionis simulatores* (12c. or 13c.), ed. M. L. Colker, *Analecta Dublinensia,* Med. Acad. of America LXXXII (Cambridge, Mass., 1975) 17–51.

CONWAY Def. Mend. Roger Conway (*alias* Chonnoe) [*ob.* 1360]: *Defensio religionis mendicantium* (*c*1357), in *Monarchia* II 1410–1344 (*recte* 1310–1328, 1333–1344) [by p. as printed & *recte*].

CONYNGTON Richard Conyngton, O.F.M. [*ob.* 1330]: **Paup.** *Tractatus de paupertate fratrum minorum* AFH XXIII (1930) 70–105, 340–60; **QO** *Quaestiones ordinariae* (extr.), *ib.* XXIX (1937) 430–38; **Quodl.** *Quodlibeta* I q. 1, Franciscan Studies XXVI (1966) 53–9; **Resp.** *Responsiones ad rationes papales, ib.* XXIV (1931) 355–69.

Cop. Pri. S. Andr. *Copiale Prioratus Sanctiandree,* the letter-book of James Haldenstone, Prior 1418–43, w. app. of docs. 1378–1450, ed. J. H. Baxter (St. Andrews, 1930).

CoramR *Coram Rege* Rolls (1272–1702), MS PRO (K.B. 27); roll 151 (Trinity 1297), British Record Society Index Library XIX (1898).

Corp. Gloss. Lat. *Corpus Glossariorum Latinorum,* I–V,

ed. G. Goetz (Leipzig, 1923, 1888–94); VI and VII *Thesaurus glossarum emendatarum,* ed. Goetz (Leipzig, 1899–1901).

Corp. Script. Mus. *Corpus Scriptorum de Musica,* I– (Rome, 1950–).

Correct. Alch. *Correctorium alchemiae* (? *a*1200) [attrib. RIC. MED.], in *Theatrum Chem.* II 385–406 [by cap.].

COTTON *v.* B. COTTON, J. COTTON.

Couch. Furness Coucher Book of Furness Abbey [Lancs], 2 vols. in 6, Chetham Soc. NS IX, XI, XIV (=I, –260, –536, –706), LXXIV, LXXVI, LXXVIII (=II, –288, –583, –880) (1886–1919); *v. et.* R. ESK.

Couch. Kirkstall Coucher Book of the Cistercian Abbey of Kirkstall, [Yorks] (late 12c.–14c.), Thoresby Soc. VIII (1904) [by no.].

Couch. Selby Coucher Book of Selby (late 12c.–13c.), Arch. Soc. Yorks, Rec. S. X, XIII (1891–3).

Council in North R. R. Reid: The King's Council in the North (1921).

Courtauld Institute *v.* Warburg Institute.

CourtR A. Stratton Court Rolls of the Wiltshire Manors of Adam de Stratton [*fl.* 1265–90], Wilts Rec. Soc. XXIV (1970); *v. et. Ac. Stratton.*

CourtR Banstead Court Rolls of the manor of Banstead, MS Surrey RO; *v. et. Banstead.*

CourtR Carshalton Court Rolls of the manor of Carshalton (Ed. III–Hen. VII), Surrey Rec. Soc. II (1916).

CourtR Castle Combe Court Rolls of the manor of Castle Combe [Wilts] (extr., 1460–1700), in *Hist. Castle Combe* 233–337.

CourtR Chalgrave Court Roll of Chalgrave Manor (1278–1313), Beds Rec. Soc. XXVIII (1950).

CourtR Chester v. Cal. CourtR Chester.

CourtR Court Rolls, various (13c.–), MS PRO (S.C. 2).

CourtR Hales Court Rolls of the manor of Hales (1270–1307), 3 pts. in 2 vols. Worcs Hist. Soc. (1910–33).

CourtR Ingoldmells Court Rolls of the manor of Ingoldmells [Lincs] (1291–1569), ed. W. O. Massingberd (1902).

CourtR Lancs Some Court Rolls of the manors of Thomas, Earl of Lancaster (1323–4), Lancs & Chesh Rec. Soc. XLI (1901).

CourtR Lygh Court Rolls of the manor of Lygh [Abbotsleigh, Som] (1461–1507), MS Bristol University.

CourtR Nursling Court Roll of the manor of Nursling [Hants] (1413), MS mun. Herriard Park [Hants].

CourtR Ottery St. M. Court Rolls of Ottery St. Mary [Devon] (15c.), MS Exeter City Library.

CourtR Ramsey Court Rolls of the Abbey of Ramsey [Hunts] and of the Honor of Clare [Suff] (1255–1384), ed. W. O. Ault (New Haven, Conn., 1928).

CourtR Ruthin Court Rolls of the Lordship of Ruthin [Denb] (1294–6), Cymmrodorion Rec. S. II (1893).

CourtR Tempsford Court Roll of the manor of Tempsford [Beds] (1604), MS Bedford RO D.D. BS 1276.

CourtR Tooting Beck Court Rolls of Tooting Beck manor (1246–1422), ed. G. L. Gomme, London County Council (1909).

CourtR Wakefield Court Rolls of the manor of Wakefield (1274–1331), Arch. Soc. Yorks, Rec. S. XXIX, XXXVI, LVII, LXXVIII, CIX (1901–45).

CourtR Wimbledon Extracts from the Court Rolls of the Manor of Wimbledon (1461–1864), for use of Wimbledon Common Committee, ed. P. H. Lawrence, 3 vols. (1866–9) [by date, vol. & p.].

CourtR Winchester Winchester Court Rolls (1269–19c.), MS Winchester City Archives.

COWTON Sent. Robert Cowton, O.F.M. [*fl.* 1300]: *Commentarius in Sententias* (extr.): *prologi,* qq. 2, 5, 6, 7, BGPM XLII iii (1970) 257–321; q. 4, Franciscan Studies XXXI (1971) 8–40; I dd. 38, 39, ed. H. Schwamm, Robert Cowton O.F.M. (Innsbruck, 1931) 5–23; III q. 1, ed. V. Nadalin, *Roberti de Cowton Quaestio Disputata*

(Rome, 1961) 31–58; III d. 3, ed. B. Hechich, *Bibliotheca Immaculatae Conceptionis* VII (Rome, 1958) 72–116; III d. 23, BGPM XLII iii (1970) 322–30; III d. 33, *Studia Anselmiana* III–IV (1935) 70–112; III d. 36, RTAM XXII (1955) 273–86 [by bk., dist., q. & p.].

CRATHORN Univ. Magister Crathorn, O.P. (*alias* William Crowthorn) [14c.]: *Quaestio de universalibus* (extr.), *Opusc. & Text.* XVIII (1937) 9–44.

Crawley N. S. B. and E. C. Gras: The economic and social history of an English village [Crawley, Hants] (909–1928), (Cambridge, Mass., 1930); *v. et. Pipe Wint.*

CRICKLADE Robert of Cricklade, Prior of St. Frideswide's [*fl.* 1157–88]: **Conn.** *De connubio patriarchae Jacob*, MS Bodl. Laud misc. 725; (extr.) RHS Trans. 4th S. XIX (1936) 31–2, and in *Collect. Ox.* II 161–2; **Ep.** Letter to Benedict of Peterborough, *v.* BEN. PET. *Mir. Thom.* II 52; **Plin.** *Defloratio Naturalis Historiae Plinii*, ed. K. Rück, Sitzungsberichte der Bayerischen Akademie der Wissenschaften, Phil.-hist. Kl. 1902, 265–85 [prefaces only cited]; **Spec. Fid.** *Speculum Fidei*, MS Corpus Christi Camb. 380; (extr.) RHS Trans. 4th S. XIX (1936) 37–8 [by bk. & cap.].

CROMPE Henry Crompe (*alias* Crump) [*fl.* 1380], *v. Ziz.*

Croyl. Pseudo-Ingulf [14c.]: *Historia monasterii Croyland* [Crowland, Lincs] (616–1089), ed. J. Fell and W. Fulman, *Rerum Anglicarum Scriptorum Veterum* (Oxford, 1684) I 1–107; **Cont. A** *Continuatio* (*temp.* Will. II–1117) [wrongly attrib. P. BLOIS], *ib.* 108–32; **Cont. B** (1149–1470), *ib.* 451–546; **Cont. C** (1459–86), *ib.* 549–78; **Cont. D** (Oct. 1485–Apr. 1486), *ib.* 581–93.

CS *Cartularium Saxonicum* (604–975), ed. W. de G. Birch, 3 vols. (1885–99) [by no.; checked in light of P. H. Sawyer, Anglo-Saxon Charters (1968)].

Cumb & Westmor Antiq. Soc. Cumberland and Westmorland Antiquarian and Archaeological Society, transactions, I– (Kendal, 1886–).

CurR *Curia Regis* Rolls (1194–1272), HMSO I– (1922–), in prog. [I–X by p.; XI– by no.]; later rolls, MS PRO (K.B. 26) [by r.]; **CurR PR** 1194–5 Pipe R. Soc. XIV (1891), 1196–8 *ib.* XXXI 69–118 (1955); **CurR RC** (1194–1200), 2 vols. RC (1835).

Cust. Abingd. *De consuetudinibus Abbendoniae* (*c*1190), in *Chr. Abingd.* II app. III 296–334.

Cust. Battle Custumals of Battle Abbey [Suss] 1283–1312, Camd. Soc. NS XLI (1887).

Cust. Bened. Customary of the Benedictine Monasteries of St. Augustine, Canterbury, and St. Peter, Westminster, HBS XXIII, XXVIII, (1902–4); *v. et. Cust. Cant., Cust. Cant. Abbr., Cust. Westm.*

Cust. Bleadon Custumal of Bleadon [Som] (13c.), ed. E. Smirke, Archaeological Institute of Great Britain & Ireland, Memoirs of Wiltshire and Salisbury (1851) 182–210.

Cust. Bury St. E. v. Kal. Samson.

Cust. Cant. Customary of St. Augustine's, Canterbury (*c*1330–40), in *Cust. Bened.* I 1–433; **Abbr.** Earlier customary (? *c*1245), *ib.* II 249–318; *v. et. Cust. Westm.*

Cust. Eton Old customs of Eton College (prob. *temp.* Mary), in *Stat. King's Cantab.* 626–33.

Cust. Eynsham Customary of the abbey of Eynsham [Oxon], ed. A. Gransden, *Corpus consuetudinum monasticorum* II (Siegburg, 1963) [by marginal no.].

Cust. Fordwich *Custumale villae de Fordewico* [Fordwich, Kent] (15c.), ed. C. E. Woodruff, History of the town and port of Fordwich (Canterbury, 1895) 233–81 [by cap.].

Cust. Glast. *Rentalia et Custumalia abbatum monasterii B. Mariae Glastoniae* (1235–61), Som Rec. Soc. V (1891).

Cust. Heacham Custumal of Heacham [Norf] (13c.), MS Norfolk RO L'Estrange papers, Q. 33.

Cust. Kent Manors Custumal of the Archbishop's manors in Kent (1285), MS DCCant. E. 24. 1–91.

Cust. Loventon, Cust. Malling v. Cust. Suss.

Cust. Norm. *Statuta et consuetudines Normannie* (*a*1200), ed. E.-J. Tardif (Rouen, 1881) [by cap. & sect.].

Cust. Norw. Customary of the cathedral priory church of Norwich (*c*1280–), HBS LXXXII (London, 1948).

Cust. Rents N. Neilson: Customary Rents (12c.–15c.) (Oxford, 1910).

Cust. Roff. *Custumale Roffense* (compiled ? *a*1320 by John de Westerham), ed. J. Thorpe (1788).

Cust. S. Malling, Cust. Slyndon v. Cust. Suss.

Cust. St. Mary's Custumal of St. Mary's Abbey [York], with extracts from the Ordinal (*c*1300), Surtees Soc. CXLVIII (1934) 80–109, 109–23; *v. et. Chr. St. Mary's.*

Cust. Suss Sussex Custumals (13c.–14c), Sussex Rec. Soc. XXXL, LVII, LX (1925, 1959, 1962) [transl. only; quotations from MS]; II incl. custumals (1285) of Loventon, 16–21; Malling, 111–20; S. Malling, 30–47; Slyndon, 1–10; Tangmere, 11–16; Terring, 21–30 [by date, place, vol. & p.].

Cust. Swith. Consuetudinary of the house of St. Swithin in Winchester (14c.), ed. G. W. Kitchen, Winchester Cathedral Records I (1886).

Cust. Tangmere v. Cust. Suss.

Cust. Taunton Medieval Customs of the manors of Taunton and Bradford on Tone (13c.), Som Rec. Soc. LXVI (1962).

Cust. Terring v. Cust. Suss.

Cust. Waltham Custumal of Waltham Abbey [Essex] (*c*1230), MS BL Cotton Tiberius C IX [by f.].

Cust. Westm. Customary of St. Peter's, Westminster (*c*1266), in *Cust. Bened.* II 1–247; *v. et. Cust. Cant., Cust. Cant. Abbr.*

Cust. York v. Ord. Ebor.

CUTCL. John de Rupescissa (*alias* Cutliffe or Rochetaillade) [*fl.* 1350]: **CL** *De confectione veri lapidis philosophorum*, in *Theatrum Chem.* III 189–97; also in *Bibl. Chem.* II 80–3; **LL** *Liber lucis*, in *Theatrum Chem.* III 284–98 [by cap.] also in *Bibl. Chem.* II 84–7; **Proph.** *Prophetia*, in *Fasc. Rerum Expet.* II 494–6; **QE** *De consideratione quintae essentiae omnium rerum* (Basel, 1561); **VM** *Vade mecum in tribulatione*, in *Fasc. Rerum Expet.* II 496–508.

CUTHB. Cuthbert, Abbot of Wearmouth and Jarrow [*ob. p*764]: **Ep.** *Epistolae*, *v. Ep. Bonif.*; **Ob. Baedae** *De obitu Baedae*, ed. C. Plummer, *Baedae Opera Historica*, I clx–clxiv; **vv. ll.** The manuscripts of Cædmon's Hymn and Bede's Death Song, ed. E. V. K. Dobbie (New York, 1937), *Medium Ævum* VIII (1939) 41–4, and BEDE *HE*, Med. Texts (1969) 580–86.

Cuthb. Hib. *Libellus de ortu S. Cuthberti de historiis Hiberniensium exceptus* (*c*1186) [attrib. R. COLD.], Surtees Soc. VIII (1838) 63–87 [by cap.].

Cuxham Manorial records of Cuxham [Oxon] (*c*1200–1448), Oxfordshire Rec. Soc. L and HMC JP XXIII (1976); bailiff's account 1316–17, in *Hist. Agric.* II 617–30.

Cymmrodorion Rec. S. Honourable Society of Cymmrodorion, Record S., I–XIII (1892–1936).

Cymmrodor Y Cymmrodor, Cymmrodorion Soc. of London, publications, I– (1877–).

Danelaw Documents illustrative of the social and economic history of the Danelaw, ed. F. M. Stenton, Rec. Soc. & Econ. V (1920).

DAN. WINT. Daniel, Bishop of Winchester [*ob.* 745], *v. Ep. Bonif.*

DASTIN John Dastin [*fl.* 1320]: **Ros.** *Rosarium, secretissimum philosophorum arcanum comprehendens*, in *Bibl. Chem.* II 309–24 [by cap.]; **Visio** *Visio super artem alchemicam*, *ib.* 324–6.

Davenports T. P. Highet: The early history of the Davenports of Davenport, Chetham Soc. 3rd S. IX (1960).

DB Domesday Book (1086), ed. A. Farley, 2 vols. (1783) [by f.]; **Add.** *Additamenta*, 2 vols. (1816); *v. et. Dom. Exon., Inq. Ely, Lib. Wint.*

D. BEC. Daniel of Beccles [*fl.* ? 1180]: *Urbanus magnus*, ed. J. G. Smyly (Dublin, 1939).

DB Exon. v. Dom. Exon.

DCCant. Muniments of Dean and Chapter of Canterbury, incl. some listed in HMC Rep. IX app. 1 (1883) 72–129, and Var. Coll. I (1901) 205–81; *v. et. Ac. Man. Cant., Doc. G. Chart.*

DCChich. Muniments of Dean and Chapter of Chichester, incl. some listed in HMC Var. Coll. I (1901) 187–204.

DCDurh. Muniments of the Dean and Chapter of Durham, incl. miscellaneous charters, MS Durham.

DCEbor. Muniments of the Dean and Chapter of York, incl. *Registrum antiquum de actis capitularibus* (1335–42), MS York Reg. K.

DCLichf. Muniments of the Dean and Chapter of Lichfield, incl. testimony (1252), Arch. Soc. Derb V (1883) 150–6.

DCLinc. v. Chap. Linc.

DCornw MS records in Duchy of Cornwall R.O. (London).

DCSal. Muniments of Dean and Chapter of Salisbury, incl. some listed in HMC Var. Coll. I (1901) 338–88.

DC S. Paul. Muniments of Dean and Chapter of St. Paul's, incl. some listed in HMC Rep. IX app. 1 (1883) 1–72.

DCWestm. Muniments of Dean and Chapter of Westminster Abbey, MS.

DCWint. Muniments of the Dean and Chapter of Winchester, MS.

D. EDW. Anat. David Edwardes [*ob. c*1542]: *In anatomicen introductio* (1532) [by sign.].

Deeds Balliol The Oxford Deeds of Balliol College (13c.–), OHS LXIV (1913).

Deeds Mon. & Ep. Ir. Irish Monastic and Episcopal Deeds, ed. N. B. White, IMC Ormond Deeds Series (Dublin, 1936).

Deeds Newcastle Early Deeds relating to Newcastle-upon-Tyne, Surtees Soc. CXXXVII (1924).

Deeds Wards Deeds and Evidences, Court of Wards (12c.–), MS PRO (Wards 2).

DEE Monas John Dee [*ob.* 1608]: *Monas Hieroglyphica* (1564), in *Theatrum Chem.* II 178–215.

De lib. arb. *Carmen de libero arbitrio* (*c*975), ed. M. Lapidge, ASE I (1972) 126–36 [by line].

DENE, W. v. Hist. Roff.

Deorum Imag. *De deorum imaginibus* (14c.), in *Mythographi Latini*, ed. T. Muncker, 2 vols. (Amsterdam, 1681), II 301–30 [by cap.].

Descr. Constant. Une description de Constantinople (*c*1100), Revue des études byzantines XXXIV (1976) 245–63.

DEVIZES Richard of Devizes [*fl.* 1190]: *Chronicon de tempore regis Richardi I*, ed. J. T. Appleby, Med. Texts (1963) [by f.; N.B. some rearrangement of ff. in this ed.]; also in *Chr. Steph.* III 381–454.

Dial. Scac. *De necessariis observantiis scaccarii dialogus* (*c*1178) [attrib. Richard Fitzneal (*ob.* 1198), ed. C. Johnson, Med. Texts (1950) [by bk. & cap., incl. serial letters given in ed. A. Hughes *et al.* (Oxford, 1902)].

DICETO Ralph de Diceto, Dean of St. Paul's [*ob.* 1202], *Radulphi de Diceto opera historica*, 2 vols. RS LXVIII (1876): **Abbr. Norm.** *Abbreviatio de gestis Normannorum*, II 241–67 [mainly abbr. from W. JUM.]; **Chr.** *Abbreviationes chronicorum* (Creation–1147), *ib.* I 3–263; **Opusc.** II 175–241, 267–85; **YH** *Ymagines historiarum* (1148–79), *ib.* I 267–440, II 3–174.

Dictamen Treatise on Dictamen, a medieval treatise on letter-writing, with examples, from the Rylands Latin MS. 394 [attrib. Simon O., Filius Columbae, *fl.* 1400], JRL Bull. XIII (1929), 333–82; *v. et. Ars notaria.*

Dieta *Dieta*, verses on Diet (15c.), EETS XXXII ii (1868) 56–7.

Dietarium *Dietarium*, verses on Diet (*c*1460), EETS XXXII i (1868) 55–9.

Dieul. Chronicle of Dieulacres Abbey [Staffs] (1381–1403) (wr. *a*1413), JRL Bull. XIV (1930) 164–81 [by f.].

Digby Plays The Digby Plays (1480–90), EETS Extra S. LXX (1869); superseded by EETS CCLXXXIII (1982).

Dign. Dec. *Dignitas decani ecclesiae cathedralis S. Patricii* (*c*1190–16c.), ed. N. B. White, IMC (1957) [by no.].

Dign. Peer Reports from the Lords Committees touching the dignity of a Peer of the Realm, 5 vols. 3rd ed. (1829) [vols. III–V contain app. of docs.].

Dip. Corr. Ric. II Diplomatic correspondence of Richard II, Camd. 3rd S. XLVIII (1933).

DipDocC Diplomatic Documents, Chancery *Miscellanea* bundles 27–32 (Hen. III–Hen. VII), MS PRO (C. 47); *v. et.* Chanc. Misc.

DipDoc Diplomatic documents preserved in the Public Record Office (1101–), HMSO vol. I– (1964–).

DipDocE Diplomatic Documents of the Exchequer (Hen. I–), MS PRO (E. 30).

Dist. Mon. *Distinctiones monasticae et morales* (*c*1220), MS Paris, Bibliothèque Mazarine 3475; (extr.), ed. A. Wilmart, *Mémorial Lagrange* (Paris, 1940), 307–46 [by no.], and J. B. Pitra, *Spicilegium Solesmense* II–III (Paris, 1855), *passim* [by vol. & p.; see List of sections, III 452–3].

Ditchley Pps. Ditchley Papers, MS County Hall, Oxford.

D. LOND. Ep. Master David of London, ? prebend of Brownswood [*fl.* 1175]: *Epistolae*, ed. F. Liverani, *Spicilegium Liberianum* I (Florence, 1863), 603–28 [by no.].

DL Records of the Duchy of Lancaster, MS PRO: **Ac. Var.** Accounts various (Ed. I–) (D.L. 28); **Cart. Misc.** *Cartae Miscellaneae* (Hen. I–) (D.L. 36); **ChancR** Chancery Rolls (Ed. III–Hen. VII) (D.L. 37); **Couch.** Coucher Book (D.L. 42/1 and 2), incl. extr. in N. Riding Records NS II–VI (1895–7); **CourtR** Court Rolls (Ed. I–) (D.L. 30); **DeedsL** Deeds Series L (12c.–) (D.L. 25); **Forest Proc.** Forest Proceedings (Hen. III–) (D.L. 39); **MinAc** Ministers' Accounts (Ed. I–) (D.L. 29); **Misc. Bk.** Miscellaneous Books (John–) (D.L. 42); **Rent. & Surv.** Rentals and Surveys (Hen. III–) (D.L. 43).

D. MORLEY Daniel of Morley (*alias* Merlai) [*fl.* 1170–1200]: *De naturis inferiorum et superiorum libri II*, ed. K. Sudhoff, Archiv. für die Gesch. der Naturwissenschaften und Technik VIII (1917) 6–40; *vv. ll., ib.* IX 50–1; superseded by MLJ XIV (1979) 204–55.

Doc. Bec Select Documents of the English lands of the Abbey of Bec [Norm.], Camd. 3rd S. LXXIII (1951).

Doc. Bev. Beverley Town Documents, Selden Soc. XIV (1900).

Doc. Bury Feudal Documents of the Abbey of Bury St. Edmunds (11c.–12c.), ed. D. C. Douglas, Rec. Soc. & Econ. VIII (1932) [by no.].

Doc. Bury Sup. Twelfth-century documents from Bury St Edmunds Abbey, EHR XCII (1977) 806–19.

DocCantab Documents relating to the University and Colleges of Cambridge, 3 vols. (1852).

Doc. Coll. Wint. Winchester College muniments; *v. et. Ac. Dom. Ep. Wint., Ac. Man. Coll. Wint.*

DocCOx Oxford City Documents (1268–1665), OHS XVIII (1891).

Doc. Eng. Black Monks Documents illustrating the activities of the English Black Monks, 1215–1540, Camd. 3rd S. XLV, XLVII, LIV (1931–7).

Doc. Eng. Mint The *De Moneta* of Nicholas Oresme and English Mint Documents, ed. C. Johnson, Med. Texts (1956) 50–106.

DocExch Documents illustrative of English history in the 13th and 14th centuries, selected from the records of the Queen's Remembrancer of the Exchequer, ed. H. Cole, RC (1844).

Doc. Francisc. Franciscan papers, lists and Documents, ed. A. G. Little, (Manchester, 1943); *v.* DOCKING, MELTON.

Doc. Francisc. Ir. Materials for the history of the Franciscan province of Ireland, ed. E. B. Fitzmaurice and A. G. Little (Manchester, 1920).

Doc. G. Chart Documents concerning land transfers (1570–1630), MS (copies) DCCant. Parish Reg. I [Great Chart, Kent].

Doc. Gros. Robert Grosseteste at the papal curia, Lyons 1250. Edition of the documents, *Collectanea Franciscana* XLI (1971) 350–93.

Doc. Interdict. Interdict Documents (1207–13), ed. P. M. Barnes and W. R. Powell, Pipe R. Soc. NS XXXIV (1960).

Doc. Ir. Historic and municipal Documents of Ireland 1172–1320, RS LIII (1870); *v. et.* Chain Bk. Dublin.

Doc. Kingswood Documents relating to the abbey of Kingswood [Wilts] (1240–1442), HMC Rep. V (1876) app. 335–8.

DOCKING Thomas Docking [*ob. p*1269]: extr. from biblical commentaries, in *Doc. Francisc.* 98–121.

Doc. Leeds Documents relating to the manors and borough of Leeds, 1066–1400, Thoresby Soc. XLV (1957).

Doc. Robertsbr. Documents relating to Robertsbridge Abbey, Sussex (1160–1537), HMC Rep. LXXVII, De-Lisle and Dudley MSS I (1925) 33–171.

Doc. Scot. Documents illustrative of the history of Scotland (1286–1306), ed. J. Stevenson. 2 vols. Scot. RO (Edinburgh, 1870).

Doc. S. Paul. Documents illustrating the history of St. Paul's Cathedral (1262–1798), Camd. Soc. NS XXVI (1880).

Doc. Theob. Documents relating to Theobald Archbishop of Canterbury 1139–61, ed. A. Saltman, Theobald Archbishop of Canterbury (London, 1956), 233–549 [by no. & letter].

Doctus dicetur *Doctus dicetur*, verses on table manners (15c.), EETS XXXII pt. ii (1868) 26–9.

Doc. T. Waleys T. Kaeppeli: Le Procès contre Thomas Waleys O.P. Étude et documents (Rome, 1936), 93–247; *v. et.* T. WALEYS.

Doc. W. Abb. Westm. Documents illustrating the rule of Walter de Wenlok, abbot of Westminster, 1283–1307, Camd. 4th S. II (1965).

Dom. Cant. Domesday *Monachorum* of Christ Church, Canterbury (12c.), ed. D. C. Douglas, RHS (1944) 75–110.

Dom. Chesh Cheshire Domesday roll (*temp.* Ric. I–1289), calendar and fragments, ed. G. Ormerod, A memoir on the Cheshire Domesday roll (1851).

DOMERH. Glast. Adam de Domerham [*ob.* 1291]: *Historia de rebus gestis Glastoniensibus* (1126–1291), ed. T. Hearne (Oxford, 1727) pt. ii; *cf.* W. MALM. *Glast.*

Dom. Exon. Exeter Domesday (1086), in *DB Add.* I 1–493 [by f.].

DOMINIC Dominic, Prior of Evesham [*fl.* 1125]: **Mir. Virg.** *Miracula S. et perpetuae Virginis Mariae*, MS Balliol Coll. Ox. 240 ff. 137–48 [by f.]; **V. Ecgwini** *Vita S. Ecgwini* [*ob.* ? 717], ed. M. Lapidge, Book I, *Anal. Boll.* XCVI (1978) 77–98; Book II, in *Chr. Evesham* 39–67 corrected by *Anal. Boll.* XCVI (1978) 104 [by bk. & cap.; *cf.* T. MARLB.].

Dom. S. Aug. An eleventh-century inquisition of St. Augustine's Canterbury (compiled 13c.), ed. A. Ballard, Rec. Soc. & Econ. IV pt. 2 (1920) [by p.].

Dom. S. Paul. The Domesday of St. Paul's (1181, 1222 etc.), Camd. Soc. LXIX (1858).

Domus Reg. *Constitutio domus Regis* [*c*1136], in *Dial. Scac.* (1950) 129–35; also in *BBExch* 341–59.

Drama K. Young: The Drama of the medieval Church, 2 vols. (Oxford, 1933, repr. 1967).

Dryburgh *Liber S. Mariae de Dryburgh* [Berwickshire] (1153–17c.), Bannatyne Club (1847).

DuC Du Cange: *Glossarium mediae et infimae Latinitatis,* condito a Carolo Dufresne, domino du Cange, rev. ed. 8 vols. (Paris, 1840–50).

Dugdale Soc. Dugdale Society, publications [on the history of Warwickshire], I– (1921–).

DUMBELER John Dumbeler [14c.]: *Practica vera alkimica e libris magistri Ortholani* (1386), in *Theatrum Chem.* IV 912–34.

DUMBLETON Summa John Dumbleton, fellow of Merton [*ob. c*1349]: *Summa logicae et naturalis philosophiae* (extr.), in *Sci. Mech.* 317–25.

DUNS John Duns Scotus [*ob. c*1308]: **Gram.** *De modis significandi sive grammatica speculativa* [attrib.], *Opera Omnia* (Paris, 1891–5) I 1–50; **Metaph.** *Quaestiones super libros Metaphysicorum Aristotelis I–XII, ib.* VII [by bk., q. & p.]; **Ord.** *Ordinatio,* ed. Scotist Commission, *Opera Omnia* (Rome, 1950–), I– ; **Praedic.** *In librum praedicamentorum quaestiones* (or *Super praedicamenta*), *Opera Omnia* (Paris, 1891–5) I 437–538; **Prim. Princ.** *De primo rerum omnium principio, ib.* IV 722–99; also ed. M. F. Garcia, (Quaracchi, 1910) 625–702; **PW** Philosophical writings (extr.), ed. A. Wolter (Edinburgh, 1962); **Sent.** *Quaestiones in primum et secundum librum Sententiarum, Opera Omnia* (Paris, 1891–5) VIII–XIII [by bk., dist., q., & sect.]; partly superseded by *Ord.*; **Sent. cont.** *Quaestiones in tertium et quartum librum Sententiarum, ib.* XIV–XXI; **Univ.** *In universam logicam quaestiones* (or *Super universalia Porphyrii quaestiones acutissimae*), *ib.* I 51–435.

DUNST. Dunstan, Archb. of Canterbury [*ob.* 988]: **Classbk.** St. Dunstan's classbook from Glastonbury, ed. R. W. Hunt, *Umbrae Codicum Occidentalium* IV (Amsterdam, 1961); **Vers.** Poem, ed. M. Lapidge, ASE IV (1975) 108–9 [by line]; *v. et.* charter in *CS* 880.

EADMER Eadmer, monk of Canterbury [*ob. c*1124]: **Beat.** *De beatitudine coelestis patriae, PL* CLIX 587–606; superseded by *Mem. Anselm* 273–91 [by cap.]; **Breg.** *Vita S. Bregwini* [*ob.* 765], *Acta SS. Boll.* Aug. V (1754) 831–5; **Conc. B. M.** *De conceptione S. Mariae, PL* CLIX, 301–318; also ed. H. Thurston and T. Slater (Freiburg, 1904); **Ep. ad Glast.** *Epistola ad Glastonienses, PL* CLIX 799–808; **Ep. ad mon. Wig.** *Epistola ad monachos Wigornienses, ib.* 807–808; **Excell. B. M.** *De excellentia virginis Mariae, ib.* 557–80; **Gabr.** *Consideratio de beatissimo Gabriele archangelo,* Revue des sciences religieuses XV (1935) 371–9; **Greg.** *De ordinatione beati Gregorii Anglorum apostoli, ib.* 207–19; **HN** *Historia novorum in Anglia* (960–1122), RS LXXXI (1884) [by p. of MS (in margin)]; **Mir. Anselmi** *Descriptio miraculorum Anselmi,* in *V. Anselmi* 152–71; **Mir. Dunst.** *Quaedam de miraculis quae idem pater [Dunstanus] fecit,* in *Mem. Dunst.* 223–49 [by cap.]; **Mir. Osw.** *Miracula S. Oswaldi,* in *Hist. Church York* II 41–59 [by cap.]; **Miser.** *Scriptum Eadmeri peccatoris ad commovendam super se misericordiam beati Petri janitoris regni caelestis,* Revue des sciences religieuses XV (1935) 192–206; **Odo** *Vita S. Odonis* [attrib.], *Acta SS. Boll.* July II (1721) 67–73 [by cap.]; also in *Anglia Sacra* II 78–87; **Pet.** *Vita beati Petri primi abbatis* [*ob.* ? 607], Revue des sciences religieuses XV (1935) 354–61; **Rel. Audoeni** *De reliquiis S. Audoeni, ib.* 362–70; also (extr.) in GERV. CANT. I 7–9; **Sanct.** *Sententia de memoria sanctorum quos veneraris,* Revue des sciences religieuses XV (1935) 190–91; **V. Anselmi** *Vita Anselmi,* ed. R. W. Southern, Med. Texts (1962) 1–151 [by bk. & cap.]; *v. et. Simil. Anselmi*; **V. Dunst.** *Vita S. Dunstani Archiepiscopi Cantuariensis,* in *Mem. Dunst.* 162–222 [by cap.]; **Virt.** *De quattuor virtutibus quae fuerunt in Beata Maria, PL* CLIX 579–86; **V. Osw.** *Vita S. Oswaldi Eboracensis archiepiscopi,* in *Hist. Church York* II 1–40 [by cap.]; **Wilf.** *Vita Wilfridi Episcopi Eboracensis, ib.* I 161–226 [by cap.]; **Wilf. Brev.** *Breviloquium vitae S. Wilfridi* [attrib.], *ib.* I 227–37.

Early Arith. The Earliest Arithmetics in English, ed. R. Steele, EETS Extra S. CXVIII (1922 for 1916).

Early Schol. Coll. Early Scholastic Colloquies, ed. W. H. Stevenson, *Anecd. Oxon.* XV (1929) [by no. & sect.; *v. et.* Ælf. Bata].

Early Sci. Ox. R. T. Gunter: Early Science in Oxford, OHS LXXVII, LXXVIII (1923); *v. Nav. Ven., Turquet,* Wallingf.

Easton *v.* Ad. Easton, S. Easton

Eastwood *v.* Ashenden.

Eccl. Doc. v. Episc. Som.

ECCLESTON Adv. Min. Thomas Eccleston [*fl.* 1250]: *De adventu fratrum minorum in Angliam,* ed. A. G. Little, Collection d'études sur l'histoire religieuse du moyen-âge VII (Paris, 1909); supersedes *Mon. Francisc.* II 3–28; also ed. A. G. Little (Manchester, 1951).

Eccl. & Synag. *Altercatio ecclesiae contra synagogam et synagogae contra ecclesiam* (10c.), Revue du moyen âge latin X (1954) 53–123.

E. Chanc. Proc. Early Chancery Proceedings (1377–1558), MS PRO (C. 1).

E. Ch. Chesh Facsimiles of Early Cheshire Charters (*c*1146–*c*1237), Lancs & Chesh Rec. Soc. (1957) [by no.].

E. Ch. Northants Facsimiles of Early Charters from Northamptonshire collections, Northants Rec. Soc. IV (1930) [by no.].

E. Ch. Ox. Facsimiles of Early Charters in Oxford muniment rooms (*c*1097–1251), ed. H. E. Salter (1929) [by no.].

E. Ch. Scot. Early Scottish Charters prior to 1153, ed. A. C. Lawrie (Glasgow, 1905) [by no.].

E. Ch. S. Paul. Early Charters of the Cathedral Church of St. Paul, London (9c.–13c.), Camd. 3rd S. LVIII (1939) [by p.].

E. Ch. Wessex Early Charters of Wessex (7c.–11c.), ed. H. P. R. Finberg (Leicester, 1964).

E. Ch. Yorks Early Yorkshire Charters, 13 vols.: I–III, ed. W. Farrer (Edinburgh, 1914–16); IV–XII & Index, ed. C. T. Clay, Arch. Soc. Yorks, Rec. Soc., Extra S. (1935–65) [by vol. & no.].

Econ. Condit. N. Neilson: Economic Condition of the manors of Ramsey Abbey [Hunts] (1898); *v. et. MinAc Wistow.*

Econ. HR Economic History Review, I– (1927–).

EDDI Eddi (*alias* Stephanus) [*ob.* 731]: Life of Bishop Wilfrid (*a*720), ed. B. Colgrave (Cambridge, 1927) [by cap.]; also ed. W. Levison, *MGH Script. rer. Merov.* VI (Hanover, 1913) 169–263.

EDMUND Edmund Rich, Archb. of Canterbury [*ob.* 1240]: **BVM** *Psalterium beatae Mariae virginis, Anal. Hymn.* XXXV (1900) 137–52 [by quinq. & stanza]; **Or.** *Oratio,* ed. W. Wallace, Life of St. Edmund of Canterbury (1893) 586–8; **Serm.** *Sermo,* in M. Par. *Edm.* 55; also ed. Wallace, 584–6; **Spec. Relig.** *Speculum religiosorum,* ed. H. P. Forshaw, *Auct. Brit.* III (1973) 30–110 [by sect.].

Educ. Ch. A. F. Leach: Educational Charters and documents, 598–1909 (Cambridge, 1911).

ED. UPTON Edward Upton, Principal of St Edmund Hall [*fl.* 1340–1400]: **Term.** *Terminus est in quem* (1390), ed. L. M. de Rijk, Some 14c. tracts on *Probationes Terminorum, Artistarium* III (1982) 189–208.

EEC N. S. B. Gras: The Early English Customs system (13c.–16c.) (Cambridge, Mass., 1918).

EE County Court W. A. Morris: The Early English County Court (13c.–14c.) (Berkeley, Calif., 1926).

EE Text given by agreement of Epinal glossary (8c.) and first Erfurt glossary (? 8c.). Cf. *Corpus Glossariorum Latinorum* V (Leipzig, 1894) 337–401, and W. M. Lindsay, The Corpus, Epinal, Erfurt and Leyden glossaries, Philol. Soc. VIII (1921).

EETS Early English Text Society, publications, I– (1864–).

E. FAVERSHAM Eustace of Faversham [*ob. p*1244]: Life of Edmund Rich, Archb. of Canterbury [*ob.* 1240], ed.

C. H. Lawrence, St. Edmund of Abingdon (Oxford, 1960) 203–21.

EGB. Ecgberht, Archb. of York [*ob.* 766]: **Dial.** Dialogue, in *Conc. HS* III 403–13; **Pen.** Penitential, *ib.* 416–31 [by cap. & sect.]; **Pont.** *Pontificale Ecgberhti* (8c.–10c.), Surtees Soc. XXVII (1853).

EHR English Historical Review, I– (1886–).

ELMER CANT. Elmer (*alias* Æthelmer), Prior of Canterbury [*ob.* 1137]: **Ep.** *Epistolae,* ed. R. Anstruther, in H. Los. *Ep.* 213–33; superseded by ed. J. Leclercq, *Studia Anselmiana* XXXI (1953) 62–109 [by no. & sect.]; **Exc.** *Excitatio mentis in inquisicionem Dei,* ed. Leclercq, ibid. 110–114 [by sect.]; **Quer.** *Querimonia de absentia vultus Dei, PL* CLVIII 809–14 [by col.]; **Record.** *Recordationes beneficiorum Dei, ib.* 709–22 [by col.]; **Serm.** *Sermo,* ed. Leclercq, *Studia Anselmiana* XXXI (1953) 114–17 [by sect.].

ELMH. Thomas Elmham, Treasurer of St. Augustine's, Canterbury [*ob. c*1427]: **Cant.** *Historia monasterii S. Augustini Cantuariensis,* RS VIII (1858); **Hen. V** *Henrici V, Angliae Regis, gesta* (1413–16) [attrib.], ed. B. Williams, Eng. Hist. Soc. (1850) 1–108; superseded by *G. Hen. V*; **Hen. V Cont.** Continuation, *ib.* 109–63 (1417–22) [anon.], [abbr. of *Ps.*-Elmh. *Hen. V* 90–338]; **Metr. Hen. V** *Liber metricus de Henrico V,* in *M. Hen. V* 77–166 [by line].

ELVEDEN Cal. Walter de Elveden, fellow of Gonville Hall [*fl.* 1360]: Calendar (1387) (extr.), in *SB* 5–7.

Enc. Emmae *Encomium Emmae Reginae* [*ob.* 1052] (wr. 1040–2), Camd. 3rd S. LXXII (1949) [by bk. & cap.].

Enf. Stat. Lab. B. H. Putnam: The Enforcement of the Statute of Labourers 1349–59 (New York, 1908).

Eng. Abbots to Cîteaux Letters from the English Abbots to the Chapter at Cîteaux, 1442–1521, Camd. 4th S. IV (1967).

Eng. Aust. Fri. F. Roth: English Austin Friars, 1249–1538, 2 vols. (New York, 1966).

Eng. Carols The Early English Carols, ed. R. L. Greene, 2nd ed. (Oxford, 1977) [by no.].

Eng. Clergy A. H. Thompson: The English Clergy in the later middle ages (Oxford, 1947).

Eng. Dip. Admin. G. P. Cuttino: English Diplomatic Administration, 2nd ed. (Oxford, 1971).

Eng. Feudalism F. M. Stenton: The first century of English Feudalism 1066–1166 (Oxford, 1932).

Eng. Field Syst. H. L. Gray: English Field Systems, Harvard Hist. Studies XII (Cambridge, Mass., 1915).

Eng. Friars B. Smalley: English Friars and antiquity in the early 14th century (Oxford, 1960).

Eng. Fur Trade E. M. Veale: The English Fur Trade in the later middle ages (1966).

Eng. Gilds The original ordinances of more than one hundred early English Gilds, EETS XL (1870).

Eng. Hist. Lit. 15c. C. L. Kingsford: English Historical Literature in the 15th century (Oxford, 1913).

Eng. in Manorial Docs. English in Manorial Documents of the thirteenth and fourteenth centuries, Mod. Philol. XXXIV (1936–7) 37–61.

Eng. Justice D. M. Stenton: English Justice 1066–1215 (Philadelphia, 1964).

Eng. Pol. Tracts Four English Political Tracts of the later middle ages, Camd. 4th S. XVIII (1977).

Eng. Roy. Chap. J. H. Denton: English Royal Free Chapels (1100–1300) (Manchester, 1970).

Eng. Roy. Writs Facsimiles of English Royal Writs (1044–1100), presented to V. H. Galbraith, ed. T. A. M. Bishop and P. Chaplais (1957) [by no.].

Eng. Sec. Cath. K. Edwards: The English Secular Cathedrals in the middle ages, rev. ed. (Manchester, 1967).

Eng. Weights Select tracts relating to English Weights and Measures (1100–1742), Camd. Misc. XV, Camd. 3rd S. XLI (1929).

Enr. Chester Palatinate of Chester, Enrolments (1307–), MS PRO (Chester 2).

Entries William Rastell [*ob.* 1565]: Collection of Entries etc. [by p. of ed. 1670, which contains additions to ed. 1564].

EpAcOx *Epistolae academicae Oxonienses* (*Registrum* F) (1421–1509), OHS XXXV, XXXVI (1898) [by p.].

Ep. ad amicum *Epistolae ad amicum* (12c.), ed. M. L. Colker, *Analecta Dublinensia*, Med. Acad. of America LXXXII (Cambridge, Mass., 1975) 91–163 [by no.].

Ep. Alcuin. v. ALCUIN *Ep.*

Ep. Aldh. v. ALDH. *Ep.*

Ep. Alex. III *Variorum epistolae ad Alexandrum III, PL* CC 1359–1466.

Ep. Anselm. v. ANSELM *Ep.*

Ep. Anselm. Bur. A twelfth-century letter from Bury St. Edmunds Abbey, Rev. Ben. LXXXII (1972) 96–7; *v. et.* ANSELM BURY.

Ep. B. ad Archiep. v. B. *Ep.*

Ep. Becket v. BECKET *Ep.*

Ep. Bonif. v. BONIF. *Ep.*

Ep. Cant. *Epistolae Cantuarienses* (1185–1211), in *Mem. Ric. I,* II 1–561 [by no.].

Ep. Erasm. *Opus epistolarum Des. Erasmi Roterdami,* letters to Erasmus (1484–1536), ed. P. S. & H. M. Allen 12 vols. (1906–58) [by vol. & no.].

Ep. G. Foliot v. G. FOLIOT *Ep.*

Ep. Glasg. Letter in praise of Jocelin, bishop of Glasgow [*ob.* 1199], by R. of Melrose, ed. A. P. Forbes, St. Ninian and St. Kentigern (Edinburgh, 1874) 308–12.

Epigr. Milredi Epigrams from a codex of Milred Bishop of Worcester (745–775), ed. M. Lapidge, EHR XC (1975) 798–820.

Epigr. Misc. *Epigrammata miscellanea* (12c.), in *Sat. Poets* II 156–62.

Epinal Gl. v. EE.

Ep. Innoc. III Selected Letters of Pope Innocent III (1198–1216) concerning England, ed. C. R. Cheney and W. H. Semple, Med. Texts (1953) [by no.].

Episc. Som. *Historiola de primordiis Episcopatus Somersetensis,* (–1175) (wr. *temp.* Hen. II), Camd. Soc. VIII (1840) 9–28; **doc.** ecclesiastical documents (11c.–16c.), *ib.* 43–91.

Ep. J. Exon. v. J. EXON *Ep.*

Ep. J. Sal. v. J. SAL. *Ep.*

Ep. Lanfr. v. LANFR. *Ep.*

Ep. Peckham v. PECKHAM *Ep.* [by no.]; *cf. Reg. Cant.*

Erf. 2 & 3 The second and third Erfurt glossaries as quoted in W. M. Lindsay, The Corpus, Epinal, Erfurt and Leiden glossaries, Philol. Soc. VIII (1921); *v. et.* EE.

ERIUG. Per. John Scotus (*alias* Eriugena) [*fl.* 850]: *Periphyseon, de divisione naturae libri V,* ed. I. P. Sheldon-Williams *et al., Scriptores Latini Hiberniae* VII, IX, XI (Dublin, 1968–) [by col. of *PL* CXXII].

EschF Escheators' Files (Hen. III–Ric. III), MS PRO (E. 153).

E. Schools Yorks Early Yorkshire Schools, Arch. Soc. Yorks, Rec. S. XXVII, XXXIII (1899, 1903).

Estate Bk. H. de Bray Estate Book of Henry de Bray (c1289–1340), Camd. 3rd S. XXVII (1916).

Estates Crowland F. M. Page: The Estates of Crowland Abbey [Lincs] (c1258–1528) (Cambridge, 1934).

Eul. Hist. *Eulogium (historiarum sive temporis), chronicon ab orbe condito usque ad 1366, a monacho quodam Malmesburiensi exaratum,* 3 vols. RS IX (1858–63); **Annot.** *Id.* Annotations incorporated in parts of text, II and III; **Chr. Brev.** *Chronicon brevius* (–1364), III 243–313; **Cont.** *Continuatio eulogii* (1361–1413), III 333–421.

EUSEBIUS *v.* HWÆTBERHT.

Exc. Hist. S. Bentley: *Excerpta historica* (13c.–16c.) (1831).

ExchScot *Rotuli Scaccarii Regum Scotorum,* The Exchequer Rolls of Scotland (1264–1579), 23 vols. Scot. RO (Edinburgh, 1878–1908) [by date & p.].

ExcRFin *Excerpta e rotulis finium* (1216–72), 2 vols. RC (1835–6); *v. et. FineR.*

Exp. Hymn. *Expositio Hymnorum* (11c.), ed. H. Gneuss, Hymnar und Hymnen im englischen Mittelalter (Tübingen, 1968) 265–413 [by no. & stanza].

Expug. Terrae Sanctae *De expugnatione Terrae Sanctae per Saladinum libellus* (1186–8), in COGGESH. *Chr.* 209–62 [by f.].

Ext. Alien Pri. Extents of Alien Priories (1293–1483), MS PRO (E. 106).

Ext. Guern. The Extentes of Guernsey 1248 and 1331, ed. H. de Sausmarez, Soc. guernesiaise (1934).

Ext. Hadleigh *Extenta manerii de Hadleghe* (1305), Suffolk Institute of Archaeology Proc. III (1863), app. A 229–52.

Extr. Chr. Scot. *Extracta e variis cronicis Scocie,* ed. W. B. D. D. Turnbull, Abbotsford Club (1842).

ExtrR Extract Rolls or *extracta donationum* (1229–1352), MS PRO (C. 59).

Eyre Berks The roll and writ file of the Berkshire Eyre of 1248, Selden Soc. XC (1973) [by no.].

Eyre Chester Pleas before Justices in Eyre in counties of Chester and Flint (1306–1500), MS PRO (Chester 17).

Eyre Kent The Eyre of Kent, 1313–14, Selden Soc. XXIV, XXVII, XXIX (= Year Bk. Ed. II, nos. V, VII, VIII) (1909–13).

Eyre Lincs Rolls of Justices in Eyre for Lincolnshire (1218–19), Selden Soc. LIII (1934) 1–440;

Eyre Lond. The Eyre of London (1321), 2 vols. Selden Soc. LXXXV, LXXXVI (= Year Bk. Ed. II, no. XXVI, pts. 1 and 2) (1968–9).

Eyre Salop Roll of the Shropshire Eyre (1256), Selden Soc. XCVI (1981).

Eyre Worcs Rolls of Justices in Eyre for Worcestershire (1221), Selden Soc. LIII (1934) 441–665.

Eyre Yorks Rolls of Justices in Eyre for Yorkshire (1218–19), Selden Soc. LVI (1937).

Fabr. Exon. Accounts of the Fabric of Exeter Cathedral 1279–1353, Devon & Cornw Rec. Soc. NS XXIV (1981).

FABRICIUS *v.* A. CARPENTER.

Fabr. Westm. v. Ac. Build. Hen. III.

Fabr. York Fabric Rolls of York Minster (14c.–17c.), Surtees Soc. XXXV (1859) 1–120; app. of docs. (12c.–18c.), *ib.* 121–334.

Fasc. Rerum Expet. *Fasciculus Rerum Expetendarum,* ed. E. Brown, 2 vols. (1690).

Fasti Sal. *Fasti ecclesiae Sarisburiensis* (634–19c.), ed. W. H. Rich Jones (1879).

FAVENT Thomas Favent [*fl.* 1390]: *Historia de modo et forma mirabilis Parliamenti apud Westmonasterium* (1386–8), Camd. Misc. XIV, Camd. 3rd. S. XXXVII (1926).

Fees *Liber feodorum,* Book of Fees (1198–1293), 3 vols. (–636,–1483, index) HMSO (1920–31).

FELIX Guthl. Felix of Crowland [*fl.* 730]: Life of St. Guthlac [*ob.* 716] (prob. wr. 730–40), ed. B. Colgrave (Cambridge, 1956) [by cap.].

Feod. Durh. *Feodarium Prioratus Dunelmensis* (15c.), w. other docs. (11c.–16c.), Surtees Soc. LVIII (1871).

FERR. Kinloss Johannes Ferrerius of Riva (Piedmont) [*ob. p*1574]: *Historia Abbatum de Kynlos* [Moray] (1150–1537), ed. W. D. Wilson, Bannatyne Club (1839).

Feudal Eng. J. H. Round: Feudal England, historical studies on the 11th and 12th centuries (1895).

Feudal Man. Feudal Manuals of English History, ed. T. Wright (London, 1872) 88–124 (14c.), 125–153 (15c.).

Fig. *Tractatus de figuris sive de notis* (c1350), ed. G. Reaney, *Corp. Script. Mus.* XII (1966) 40–51.

Finc. The Priory of Finchale [Durh], charters, inventories, account rolls etc., Surtees Soc. VI (1837).

FineR Chancery Fine Rolls (1204–1641), MS PRO (C. 60); *v. et. CalFineR, ExcRFin, RFin*].

Fines Feet of Fines (Hen. II–), MS PRO (C.P. 25).

Fines Northumb & Durh Feet of fines for Northumberland & Durham 1196–1272, Newcastle upon Tyne Rec. S. X (1931) [by no.].

Fines P. Hen. II, Ric. I Feet of Fines (1182–99): 1182–96 Pipe R. Soc. XVII (1894); 1196–7 ibid. XX (1896); 1197–8 ibid. XXIII (1898); 1198–9 ibid. XXIV (1900) [by no.].

Fines P. Lincs Feet of Fines for Co. Lincoln (1196–1216), Pipe R. Soc. NS XXIX (1954) [by no.].

Fines P. Norf Feet of Fines for Norfolk (1198–1202), Pipe R. Soc. NS XXVII (1950).

Fines P. Norf & Suff Feet of Fines for Norfolk (1201–15) and for Suffolk (1199–1214), Pipe R. Soc. NS XXXII (1958) [by no.].

Fines P. Ric I v. Fines P. Hen. II.

Fines RC *Fines siue pedes finium siue finales concordiae in curia Domini Regis* (1195–1214), RC (1835, 1844): I Beds, Berks, Bucks, Cambs, Cornw; II Cumb, Derbs, Devon, Dorset.

Fines Suss Abstract of feet of Fines relating to Sussex, 1190–1249, Sussex Rec. Soc. II (1903); 1249–1307, *ib.* VII (1908) [by no. (contin.)].

Fines Warw Warwickshire Feet of Fines (abstr.), Dugdale Soc. XI, XV, XVIII (1932–43): I (1195–1284), II (1284–1345), III (1345–1509) [by date & no.].

Fines Yorks *Pedes finium Ebor.* (1199–1214), Surtees Soc. XCIV (1897).

Firma Burgi T. Madox: *Firma Burgi* (1726).

FISHACRE Richard Fishacre [*ob.* 1248]: **Quaest.** *Quaestio de ascensione Christi*, Med. Stud. XL (1978) 43–55; **Sent. Prol.** *Commentarium in libros Sententiarum, Prologus, ib.* XXXIV (1972) 79–98; **Serm.** *Sermones* (as listed by Schneyer): 1, *AFP* LII (1982) 83–7.

FITZRALPH *v.* RIC. ARMAGH.

FITZTHEDMAR Arnold Fitzthedmar, alderman of London [1201–*c*1274], *v. Leg. Ant. Lond.*

Fleta *Fleta seu commentarius juris Anglicani* (*c*1290), ed. J. Selden (1647); superseded by Selden Soc. LXXII (1955), LXXXIX (1972), in prog. [all bks. cited by p. of ed. 1647].

FLETE Westm. John Flete [*ob.* 1469]: History of Westminster Abbey (to 1386), ed. J. A. Robinson (Cambridge, 1909).

Flor. Hist. *Flores historiarum* (Creation–1327) [attrib. 'Matthew of Westminster'; to 1249 probably by M. PAR.], 3 vols. RS XCV (1890).

FL. WORC. Florence of Worcester [*ob.* 1118]: Chronicle (450–1117), ed. B. Thorpe, 2 vols. Eng. Hist. Soc. (1848–9) I, II 1–70; **Cont. A** (1118–41), *ib.* II 71–136 *v.* J. WORC.; **Cont. B** (1152–1265), *ib.* II 136–96 *v.* TAXTER *Chr. Bury; cf.* B. COTTON 136–40; **Cont. C** (1266–95), *ib.* II 196–279 *v. Chr. Bury Cont. A.*

F. MALM. V. Aldh. Faricius of Malmesbury [*ob.* 1117]: *Vita Aldhelmi,* PL LXXXIX (1863) 63–84.

Foed. T. Rymer: *Foedera, conventiones, literae et acta publica ab anno 1101 usque ad nostra tempora,* 20 vols. (1704–35) [addit. entries (1066–1383) from RC ed., 4 vols. in 7 (1816–69)].

FOLC. Folcard [*fl.* 1066]: **Carm.** *Carmen de S. Vigore,* ed. L. d'Achery *et al., Spicilegium* (Paris, 1723) II 342; **V. Bertini** *Vita S. Bertini* [*ob.* 698], *Acta SS. Boll.* Sept. II (1748) 604–13 [by cap.]; **V. Bot.** *Vita S. Botulfi* [*ob.* 680], *Acta SS. Boll.* June III (1701) 402–3 [by cap.], *vv. ll.* from *Acta SS. Ben.* III 4–7; **V. Bot. Pref.** Preface, ed. T. D. Hardy, Descriptive Catalogue, RS XXVI (1862–71) I 373–4; **V. J. Bev.** *Vita S. Johannis episcopi Eboracensis* (St. John of Beverley) [*ob.* 721] (wr. *a*1070), in *Hist. Church York* I 239–60 [by cap.].

FORDUN John Fordun [*ob. c*1385]: **Chr.** *Chronica gentis Scotorum* (*alias Scotichronicon*), I–V (Creation–1153), ed. W. F. Skene, Historians of Scotland I (Edinburgh, 1871), 1–253 [by bk. & cap.]; **GA** *Gesta annalia* (1153–1385), *ib.* 254–353 [by cap.]; **Cont.** *Scotichronicon, cum supplemento et continuatione Walteri Boweri* (Creation–1447), ed. W. Goodall, 2 vols. (1759) [VI–XVI (1153–1447) by bk. & cap.].

Forest Bk. Sherwood The Sherwood Forest Book (*TRBk* 76), Thoroton Soc. Rec. S. XXIII (1965).

FormA T. Madox: *Formulare Anglicanum,* or a collection of ancient charters and instruments (1066–1547) (1702).

Form. Hist. Doc. H. Hall: Formula book of official Historical Documents, 2 vols. (Cambridge, 1908–9): I Diplomatic docs.; II Ministerial and judicial records.

FormMan Legal and Manorial Formularies, edited in memory of J. P. Gilson (Oxford, 1933): I text of MS BL Add. 41201 (*c*1300), 1–24; II text of PRO Wards 2, box 56, 197/5 (*c*1300), 25–49.

FormMan Shorwell Specimen accounts of the Manor of Shorwell, I. of W. (*c*1258), MS Caius Coll. Camb. 205 pp. 367–91.

FormOx Formularies which bear on the history of Oxford *c*1204–1420, OHS NS IV, V (–255, –491) (1942).

Form. S. Andr. The St. Andrews *Formulare* (1514–46), Stair Soc. VII, IX (1942–4).

FORTESCUE John Fortescue [*c*1394–1476]: **Def. Lanc.** *Defensio juris domus Lancastriae,* Works I (1869) 503–10 [by cap.]; **LLA** *De laudibus legum Angliae,* ed. S. B. Chrimes (Cambridge, 1942) [by cap.]; **NLN** *De natura legis naturae,* Works I (1869) 63–184 [by bk. & cap.]; **Tit. Edw.** *De titulo Edwardi comitis Marchiae, ib.* 63*–74* [by cap.].

Found. Holyrood *Historia miraculosae fundationis monasterii Sanctae Crucis prope Edinburgh* (1128), Bannatyne Misc. II, Bannatyne Club (1836) 9–31 (incl. app.).

Found. Waltham The Foundation of Waltham Abbey [Essex], *De inventione Sanctae Crucis* (wr. *a*1200), ed. W. Stubbs (1861) [by cap.].

Frag. Rit. Dunst. *Fragmenta ritualia de Dunstano* (11c.), in *Mem. Dunst.* 440–57.

Franciscan Studies Franciscan Studies I– (St Bonaventure, N.Y., 1941–).

Franziskanische Studien Franziskanische Studien I– (Münster, 1914–).

FREE John Free (*alias* Phreas) [*ob.* 1465]: **Ep.** *Epistolae,* Journal of Comparative Literature I (1903) 47–65; **LC** *De laude calvitii* [transl. of Synesius], *Erasmi Moriae Encomium* (Basel, 1519) 40–63.

Free Peasantry F. M. Stenton: The Free Peasantry of the Northern Danelaw, w. app. of charters (12–13c.), Bull. Soc. Royale des Lettres (Lund, 1926) 74–185.

FRIDUG. Fridugisus [*fl.* 800]: *De substantia nihili et tenebrarum,* ed. C. Gennaro (Padua, 1963).

FRITH. Frithegod of Canterbury [*fl.* 950]: *Breviloquium vitae beati Wilfridi,* ed. A. Campbell (Zurich, 1950), 1–62 [by line; for emendations *v. ALMA* XXV (1955) 71–98].

GAD. John of Gaddesden [*ob. a*1350]: *Rosa medicinae* or *Rosa Anglica* (Venice, 1502) [by f. & col.].

G. AMIENS Hast. Guy, Bishop of Amiens [*ob.* 1075]: *Carmen de Hastingae proelio* (*c*1068), ed. C. Morton and H. Muntz, Med. Texts (1972) [by line].

Gaol Del. Cambs A Cambridgeshire Gaol Delivery Roll 1332–1334, ed. E. G. Kimball, Cambr. Antiq. Rec. Soc., IV (1978).

Gaol Del. Gaol Delivery Rolls (1271–1476), MS PRO (J.I. 3).

Gaol File Wales Gaol Files, writs (1513–), MS formerly PRO Wales 4, now Aberystwyth, National Library of Wales.

GARDINER Stephen Gardiner, Bishop of Winchester [*ob.* 1555]: **Bucher** Answer to Bucher (1541), ed. P. Janelle, Obedience to Church and State, three political tracts (Cambridge, 1930) 174–211; **CC** *Confutatio Cavillationum* (1552) (Louvain, 1554); **Legat.** Address to the Legates (1529), ed. Janelle, 1–9; **Reg.** *Registrum, v. Reg. Wint.;* **Si sedes** Tract on Fisher's execution (1535), ed.

Janelle 22–65; **VO** *De vera obedientia oratio* (1535), *ib.* 67–171; supersedes *Monarchia* I 716–32.

GARL. John of Garland [*ob. p*1258]: **Aeq.** *Fragmentum ex libro de aequivocis* [attrib.], *PL* CL (1854) 1589–90; **Dict.** *Dictionarius* (*a*1230), ed. T. Wright, Vocabularies.. 10c.–15c. (1857) I 120–38 [readings checked against A. Scheler, Jahrb. rom. Lit. VI (1865) 142–62, 287–321, 370–9; glosses printed in *Cultura Neolatina* XXXIX (1979) 11–20]; **Epith.** *Epithalamium* (begun *c*1230), MS BL Cotton Claudius A x [by bk., line & f.; some refs. checked w. MS Bodl. Digby 65]; superseded by ed. A. Saiani, Biblioteca di *Quadrivium* III, V, VIII, X (Bologna, 1965–) [by bk. & line]; **GS** *Georgica spiritualia* (*c*1220) (extr.), Mélanger Paul Fabre (Paris, 1902) 274–8 and *Speculum* VIII (1933) 358–77; **Hon. Vit.** *Exempla honestae vitae* (1258), ed. E. Habel, Romanische Forschungen XXIX i (1911) 131–54 [by line]; **IO** *Integumenta Ovidii*, ed. F. Ghisalberti (Milan, 1933) [by line]; **Mor. Scol.** *Morale scolarium* (1241), ed. L. J. Paetow, Two medieval satires on the university of Paris (Berkeley, Calif., 1927), 185–260 [by line]; **Mus.** *De musica mensurabili positio, Introductio musicae, De musica mensurabili*, in *Script. Mus.* I (1864) 97–117, 157–75, 175–82; superseded by GARL. *Mus. Mens.*; **Mus. Mens.** *De musica mensurabili*, ed. E. Reimer, Beihefte zum Archiv für Musikwissenschaft X–XI (Wiesbaden, 1972) [by cap.]; **Myst. Eccl.** *De mysteriis ecclesiae* (1245), ed. F. W. Ott, *Codices Bibliothecae Academicae Gissensis* (Giessen, 1842) 131–48 [by line]; **add.** additional (alternative) lines to above, *ib.* 148–51 [by p.]; **Poems** Poems, *Anal. Hymn.* L (1907) 546–57 [by no. (1–9) & stanza]; **PP** *Parisiana Poetria*, ed. T. Lawlor (New Haven, Conn., 1974); **SM** *Stella Maris* or *Miracula B. Mariae Virginis* (1248–9), ed. E. F. Wilson, (Cambridge, Mass., 1946) [by line]; **Syn.** *Opus synonymorum* [attrib.], *PL* CL (1854) 1578–90; **Tri. Eccl.** *De triumphis ecclesiae*, ed. T. Wright, Roxb. Club (1856) [by p.]; **Unum** *Unum Omnium*, MS Bodl. Rawl. G. 96 pp. 1–90; *cf.* Revue de linguistique romaine XLIII (1979) 164–77.

GASCOIGNE Loci Thomas Gascoigne [*ob.* 1458]: *Loci e libro veritatum*, passages selected from Gascoigne's Theological Dictionary, illustrating the condition of Church and State, 1403–58, ed. J. E. T. Rogers (Oxford, 1881).

GAS Gesetze der Angelsachsen, ed. F. Liebermann, 3 vols. (Halle, 1903); I multicolumned text [by p., title in brackets]: **Cons. Cnuti** *Consiliatio Cnuti* (1130–5); **Duellum** *Benedictio scuti et baculi ad Duellum* (1067–1130); **Inst. Cnuti** *Instituta Cnuti* (*c*1110); **Jud. Dei** *Judicium Dei rituale* (*c*850–*c*1210); **Leg. Ed.** *Leges Edwardi Confessoris* (1130–5); **Leg. Hen.** *Leges Henrici primi* (1114–18), also ed. L. J. Downer (Oxford, 1972); **Leg. Will.** *Legum Willelmi articuli Londoniis retractati* (*c*1210); **Leis Will.** *Leis Willelme* [OF and Lat.] (*c*1200); **Lib. Lond.** *Libertas Londoniensis* (*c*1133–*c*1154); **Ps.-Cnut** Pseudo-Cnut *Constitutiones de foresta* (? *c*1184); **Quad.** *Quadripartitus* (*c*1114), incl. *Argumentum* and *Rectitudines singularum personarum*.

Gavelkind W. Somner: A Treatise of Gavelkind (1660).

G. BURTON Modw. Geoffrey, Abbot of Burton [*ob.* 1151]: *Vita S. Modvennae virginis*, MS BL Royal 15 B IV ff. 76–88.

G. COLD. Geoffrey of Coldingham [*fl.* 1214]: **Durh.** *Liber Gaufridi sacristae de Coldingham de statu ecclesiae Dunelmensis* (1152–1214), in *Hist. Durh. Script.*, Surtees Soc. IX (1839) 3–31 [by cap.]; **Godr.** *Vita S. Godrici* [*ob.* 1170], *Acta SS. Boll.* May V (1685) 70–85 [by cap.; *cf.* R. COLD. *Godr.*]; *v. et. V. Bart. Farn.*

G. CORNW. Guy Warw. 'Girardus Cornubiensis': *Historia Guidonis de Warwyke* [attrib.] (? 14c.), in *Ann. Dunstable*, ed. T. Hearne, II 825–30.

G. CRISPIN Gilbert Crispin, Abbot of Westminster [*ob.* 1117]: **Disp.** *Disputatio Christiani cum gentili de fide Christi*, Med. & R. Stud. III (1954) 58–77; **Ep.** Correspondence, ed. J. A. Robinson, Gilbert Crispin (1911), 77–84 [by no.]; **Ep. sup.** La lettre de Gilbert Crispin sur la vie monastique (*c*1110), *Studia Anselmiana* XXXI (1953) 120–23; also Med. & R. Stud. III (1954) 99–104; **Herl.** *Vita domini Herluini abbatis Beccensis* [*ob.* 1078], ed. Robinson, 85–110; **Jud. & Chr.** *Disputatio Judaei et Christiani*, ed. B. Blumenkrantz (Utrecht, 1956); **Pecc.** *Probatio de illa peccatrice que unxit pedes Domini*, Med. & R. Stud. III (1954) 105–112; **Serm.** *Sermo in ramis palmarum*, *ib.* 112–15; **Simon.** *De simoniacis*, ed. Robinson, 111–24.

G. Durh. *Gesta Dunelmensia* (1300), Camd. Misc. XIII, Camd. 3rd S. XXXIV (1924).

G. Ed. II Bridl. *Gesta Edwardi de Carnarvon auctore canonico Bridlingtoniensi*, in *Chr. Ed. I & II* II 25–92.

G. Ed. III Bridl. *Gesta regis Edwardi tertii auctore canonico Bridlingtoniensi* (to 1339, w. brief additions to 1377), in *Chr. Ed. I & II* II 93–151; *v. et. G. Ed. II Bridl.*

GERV. CANT. Gervase of Canterbury [*ob. c*1210]: **AP** *Actus pontificum Cantuariensis ecclesiae* (582–1205), Historical Works of Gervase of Canterbury, 2 vols. RS LXXIII (1879–80), II 325–414; **Chr.** *Chronica Gervasii* or Greater Chronicle (1135–99), *ib.* I 84–594; **Combust.** *De combustione et reparatione Cantuariensis ecclesiae*, *ib.* I 3–29; **GR** *Gesta Regum* or Lesser Chronicle [deriv. from G. MON., W. MALM. etc.], II 3–106; **cont.** continuations (1208–1328), *ib.* II 106–324; **Imag.** *Imaginationes*, speeches concerning dispute between Archb. of Canterbury and Abbot of St. Augustine's, *ib.* I 29–83; **MM** *Mappa Mundi*, *ib.* II 414–49.

GERV. CIC. Gervase of Chichester [*fl.* 1170]: **Hom.** Homilies on martyrdom of Thomas Becket (incomplete), MS BL Royal 3 B x ff. 113– , frag. in GERV. CANT. II app. I xlviii–ix; **Mal.** Commentary on Malachi, MS BL Royal 3 B x ff. 2–112v; **Vers.** Verses prefacing *Mal.* in GERV. CANT. II app. I xlvii–viii.

GERV. LOUTH Gervase, Abbot of Louth Park [*fl.* 1139–47], *v. Mem. Gerv. Louth.*

GERV. MELKLEY Gervase of Melkley (*alias* de Saltu Lacteo) [*fl.* 1210]: **AV** *Ars versificatoria*, MS Balliol Coll. Ox. 273 ff. 153–76; extr. ed. E. Faral, Les Arts poétiques du xii⁰ siècle (Paris, 1924) 328–30; superseded by ed. H. J. Gräbener, (Münster, 1965); **Vers.** verses (extr.), ed. Faral, 36, and in GERV. CANT. I xxxvii.

GERV. TILB. Gervase of Tilbury [*fl.* 1210]: *Otia imperialia* (1211), *Scriptores rerum Brunsvicensium* I (1707) 881–1004, some readings supplied from *ib.* II (1710) 751–84 [by bk. & cap.]; (extr.) II 10, 16–17, 20 also in COGGESH. 419–49 [Med. Texts edition in prep.].

Gesch. Stahlhofes v. Steelyard.

G. EVERSLEY Geoffrey of Eversley (*alias* Gaufridus Anglicus) [*ob.* 1283]: *Ars scribendi epistolas*, MS Perugia, Biblioteca communale 338 ff. 1–67 [by f.].

G. FOLIOT Ep. Gilbert Foliot, Bishop of Hereford and London [*ob.* 1178]: Letters and charters, ed. A. Morey and C. N. L. Brooke (Cambridge, 1967) [by no.; letters to G. Foliot cited as *Ep. G. Foliot*].

G. FONT. Inf. S. Edm. Geoffrey de Fontibus [12c.]: *Liber de infantia S. Eadmundi*, in *Mem. S. Edm.* I 93–103; superseded by *Anal. Boll.* XCV (1977) 34–42 [by sect.].

G. Hen. II *Gesta regis Henrici secundi* [wrongly attrib. BEN. PET.], in *Chr. Hen. II & Ric. I* I 1–361, II 1–71.

G. Hen. V *Gesta Henrici V* (1413–16) (wr. 1416–17), ed. F. Taylor and J. S. Roskell, Med. Texts (1975) [by cap.; some refs. in Fasc. I are to ELMH. *Hen. V*].

G. Herw. *Gesta Herwardi incliti exulis et militis* [*fl.* 1070] (wr. *c*1150), Lestorie des Engles RS XCI (1888) I 339–404 [by f.].

Ghost Stories Ghost stories (*c*1400), by a monk of Byland [Yorks], ed. M. R. James, *EHR* XXXVII (1922) 413–22; two more ghost stories, ed. H. E. D. Blakiston, ibid. XXXVIII (1923) 85–7.

G. HOYLAND Gilbert of Hoyland (*alias* of Swineshead) [*ob.* 1172]: **Ascet.** *Tractatus ascetici, PL* CLXXXIV (1854) 251–90; **Ep.** *Epistolae, ib.* 289–98; **Serm.** *Sermones in Cantica, ib.* 11–252.

GILB. Gilbertus Anglicus [*ob. c*1250]: *Compendium medicinae* (Lyon, 1510) [by bk., f., & col.].

GILDAS Gildas [*fl.* 540]: **EB** *De excidio et conquestu Britanniae* (? *a*549), *MGH Auct. Antiq.* XIII (Berlin, 1894) 25–85 [by cap.]; **Ep.** *Epistulae ad Vinnianum fragmenta, ib.* 86–8 [by sect.]; **Pen.** *Praefatio Gildae de poenitentia, ib.* 89–90 [by sect.]; *vv. ll.* from L. Bieler, The Irish Penitentials (Dublin, 1963) 60–64.

Gild Camb. Cambridge Gild records (14c.), ed. M. Bateson, Camb. Antiq. Soc., 8° S., XXXIX (1903).

Gild Merch. C. Gross: The Gild Merchant (1066–17c.), 2 vols. (Oxford, 1890).

GIR. Giraldus Cambrensis [*ob. c*1223], *Giraldi Cambrensis Opera*, 8 vols. RS XXI (1861–91): **Ad. S. Langton** *Epistola ad Stephanum Langton* (*c*1215), I 401–7; **Æthelb.** *Vita regis et martyris Æthelberti* [King of East Anglia, *ob.* 794], EHR XXXII (1917) 222–36 [by cap.]; **Catal. Brevior** *Catalogus brevior librorum suorum*, I 421–3; **DK** *Descriptio Kambriae* (1194), VI 153–227 [by bk. & cap.]; **David** *Vita S. Davidis* [*ob.* ? *a*600], III 377–404; **EH** *Expugnatio Hibernica* (*c*1188), V 205–411 [by bk. & cap.]; also ed. A. B. Scott & F. X. Martin (Dublin, 1978); **Ep.** *Epistulae*, ed. R. B. C. Huygens, *Speculum Duorum* (Cardiff, 1974) 156–282 [by no. & p.]; **Galf.** *De vita Galfridi* (*c*1195), RS IV 355–431 [by bk. & cap.]; **GE** *Gemma Ecclesiastica* (*c*1197), II 3–364 [by dist., cap. & p.]; **Gir. Men.** *De Giraldo archidiacono Menevensi*, I 397–9; **Hug.** *Vita S. Hugonis*, VII 81–147 [by dist. & cap.]; **IK** *Itinerarium Kambriae* (*c*1191), VI 2–152 [by bk. & cap.]; **Invect.** *De invectionibus* (*c*1203), Y Cymmrodor XXX (1920) 77–237 [by bk. & cap.]; **JS** *De Jure et Statu Menevensis Ecclesiae* (*c*1218), RS III 99–373 [by dist. & p.]; **sup.** passages omitted from Rolls edition, *Medium Ævum* IV (1935) 144–52; **LS** *Epistola ad capitulum Herefordense de libris a se scriptis*, RS I 409–19; **PI** *De Principis Instructione* (*c*1217), VIII 5–329 [by dist. & cap.]; **RG** *De rebus a se gestis* (*c*1205), I 3–122 [by bk. & cap.]; **Rem.** *Vita S. Remigii* [2nd version *c*1214; incl. lives of various bishops of Lincoln, 1094–1200, and other later–12c. bishops], VII 3–80 [by cap.]; **Retr.** *Retractationes*, I 425–7; **SD** *Speculum Duorum*, ed. Y. Lefèvre, *Speculum Duorum* (Cardiff, 1974) 2–152; **Spec.** *Speculum Ecclesiae* (*c*1220), RS IV 3–354 [by dist. & cap.]; pref. ed. R. W. Hunt, *Viator* VIII (1977) 189–213; **Symb.** *Symbolum Electorum*, RS I 197–395 [by bk.]: I *Epistulae* 201–335 [by no. & p.]; II *Metra* 337–87 (including so-called *Juvenilia*) [by no. & p.; nos. 28–31, 33 not cited]; III *Orationes*, IV *Praefationes* [not cited]; **TH** *Topographia Hibernica* (*a*1188), V 1–204 [by bk. & cap.]; also 1st recension, ed. J. J. O'Meara, RIA Proc. LII (1949) C, 113–78.

GLA Carl Prantl: Geschichte der Logik in Abendlande, 4 vols. in 3 (Leipzig, 1867–70).

Gl. AN Glasg. The Glasgow Latin – French Glossary (13c.), *Medium Aevum* XXV (1957) 156–63 [by f.]; supplemented by P. Meyer, Documents manuscrits de l'ancienne littérature de la France conservés dans les bibliothèques de la Grande Bretagne (Paris, 1871) 123–6 [also in Archives des missions scientifiques et littéraires NS IV (1867) 156–9], and Jahrb. rom. Lit. VII (1866) 37–8.

Gl. AN Ox. The Anglo-Norman Vocabularies in MS Oxford, Bodleian Library, Douce 88 (13c.) [*vv. ll.* from St. John's College, Oxford, MS 178], *Medium Ævum* XLIX (1978) 7–24 [by no.].

GLANV. Ranulf Glanvill [*ob.* 1190]: *De legibus et consuetudinibus Regni Angliae* (*c*1185) [attrib.], ed. G. D. G. Hall, Med. Texts (1965) [by bk. & cap.]; also ed. G. E. Woodbine (New Haven, Conn., 1932).

Gl. Arch. H. Spelman: *Glossarium archaiologicum* (1664).

GlC An eighth-century Latin – Anglo-Saxon Glossary (Cambridge, Corpus Christi College MS 144), ed. W. M. Lindsay (Cambridge, 1921); *cf.* Philol. Soc. VIII (1921); *Interpretatio nominum Hebraicorum et Graecorum* cited from ed. J. H. Hessels (Cambridge, 1890); *v. et.* EE, Erf. 2 & 3, and *Gl. Leid.*

Gl. Castelnou The fourteenth-century medico-botanical glossary of Raimon de Castelnou, Leeds Philos. & Lit. Soc. XV vi (1974) 135–225.

GlD Old English Glosses, mostly dry point, Journal of English and Germanic Philology LX (1961) 441–50.

Gl. Durh. The Durham Glossary of the names of worts (11c.), in *Leechdoms* III 297–305.

GlH The Harley Latin – Old English Glossary (BL MS Harley 3376; 10c.), ed. R. T. Oliphant (The Hague, 1966), checked with MS [by letter & no.].

Gl. Leid. A late 8th-century Latin – Anglo-Saxon glossary preserved in Leiden University, ed. J. H. Hessels (Cambridge, 1906).

GlM Old English Glosses (A Collection), ed. H. D. Meritt (New York & London, 1945) [by sect. & no.].

Gl. Nautique Nouveau glossaire nautique d'Augustin Jal; révision de l'édition publiée en 1848, I– (Paris, 1970–).

GlN Old English Glosses chiefly unpublished, ed. A. S. Napier (Oxford, 1900) [by sect. & no.].

Gl. Nomin. A Nominalistic Glossary, a harvest of medieval theology, ed. H. A. Oberman (Cambridge, Mass., 1963) 459–76.

Gloss. Poems Glossarial Poems of medical terminology from Canterbury (10c.), ASE IV (1975) 103–4.

GlP The Old English Prudentius Glosses at Boulogne-sur-Mer (11c.), ed. H. D. Meritt (Stanford, Calif., 1959) [by no.].

GlS Anglo-Saxon Scratched Glosses in Corpus Christi College, Cambridge, Manuscript, ed. *Otium et Negotium*, Studies in Onomatology and Library Science presented to Olof von Feilitzen (Stockholm, 1973) 210–214.

GlSid The vernacular entries in the *Glossae in Sidonium* (*c*1200), Zeitschrift für französische Sprache und Literatur LXXXIX (1979) 135–50.

G. MON. Geoffrey of Monmouth [*ob.* 1154]: *Historia regum Britanniae* (1136), ed. A. Griscom (1929) [by bk. & cap.]; *v. et. V. Merl.*

G. NOTT. Geoffrey, Archdeacon of Nottingham [*fl.* 1140]: **Thurst.** Verses on Thurstan, Archb. of York [quoted in *V. Thurst.*], in *Hist. Church York* II 268–9 [by line]; **Visio** Vision of Thurstan, *ib.* 267–8 [by line].

GODEMAN Verses on the Benedictional of St. Æthelwold (10c.), ed. M. Lapidge, ASE IV (1975) 105–6 [by line].

GOSC. Goscelin, monk of Canterbury [*ob.* ? *c*1108]: **Æthelb.** *Vita S. Æthelburgae virginis, Studia Monastica* VII (1965) 398–417 [by cap.]; **Aug. Maj.** *Vita S. Augustini, historia major* (? *c*1094), *PL* LXXX (1850) 41–94; **Aug. Min.** *Historia minor, PL* CL (1854) 743–63; **Edith** *Vita S. Edithae* [*ob.* 984] (*c*1080), *Anal. Boll.* LVI (1938) 34–101, *Translatio ejusdem, ib.* 265–307; **Ed. Mart.** *Passio S. Eadwardi regis et martyris* [*ob.* 978] (*c*1080) [attrib.], ed. C. E. Fell, Edward King and Martyr (Leeds, 1971); **Hild.** *Lectiones de S. Hildelitha, Studia Monastica* VII (1965) 455–8 [by cap.]; **Just.** *Vita S. Justi archiepiscopi Cantuariensis* [*ob.* 627], *Acta SS. Boll.* Nov. IV (1925) 535–7 [by sect.]; **Lib. Confort.** *Liber confortatorius* (*c*1081), *Studia Anselmiana* XXXVII (1955) 26–117; **Lib. Mild.** *Libellus contra inanes S. Mildrethae usurpatores*, Med. Stud. XXXIX (1977) 68–96 [by cap.]; **Mellitus** *De adventu B. Melliti in Britanniam* (extr.), in FLETE *Westm.* 38–40; **Milb.** *Vita S. Milburgae* [attrib.] (extr.), ed. H. P. R. Finberg, Early charters of the West Midlands (Leicester, 1961) 201–204; **Mir. Aug.** *Libellus de miraculis S. Augustini* (*c*1094), *Acta SS. Ben.* I (1668) 535–59; **Mir. Iv.** *Miracula S. Ivonis*, in *Chr. Rams.* app. II lix–lxxxiv; **Transl. Æthelb.** *Translatio SS. Æthelbur-*

gae, Hildelithae, ac Wulfildae, Studia Monastica VII (1965) 435–54 [by f.]; **Transl. Aug.** *Historia translationis S. Augustini* (*p*1099), *PL* CLV (1880) 13–46; **V. Iv.** *Vita S. Ivonis episcopi* (*c*1090), *ib.* 81–90; **V. Mild.** *Vita S. Mildrethae* [*ob. c*740] (*c*1090), ed. D. W. Rollason, The Mildrith Legend (Leicester, 1982) 108–43 [by cap.]; **Werb.** *Vita S. Werburgae* [*ob. c*700] (11c.) [attrib.], *ib.* 93–110; also EETS LXXXVIII (1887) xix–xxvi; **Wulfh.** *Vita S. Wulfhildae* [*ob. c*1000] (*p*1086), *Anal. Boll.* XXXII (1913) 10–26 [by cap.]; superseded by *Studia Monastica* VII (1965) 418–34 [by cap.]; **Wulsin** Life of St. Wulsin of Sherborne (*c*1070), Rev. Ben. LXIX (1959) 68–85 [by cap.].

GOWER John Gower [*ob.* 1408], Complete works, ed. G. C. Macaulay: **Carm.** *Carmina varia*, IV (1902) 343–5 and 355–68 [by p. & line]; **CT** *Chronica tripartita* (*p*1399), 314–43 [by part & line]; **VC** *Vox clamantis* (begun 1381, finished *a*1399), 3–313 [by part & line]; **VP** *Carmen super vitiorum pestilentia* (1396–7), 346–54 [by line].

Grabmann Studies Aus der Geisteswelt des Mittelalters. Studien und Texte Martin Grabmann gewidmet, edd. A. Lang, J. Lechner, & M. Schmaus, BGPM Suppl. III (1935).

Grampian Club publications (London, 1869–80; Edinburgh, 1882–91).

GRAYSTANES Robert de Graystanes [*fl.* 1330]: *Historia de statu Ecclesiae Dunelmensis* (1214–1336), in *Hist. Durh. Script.* 33–123 [by cap.].

Great RB Bristol Great Red Book of Bristol (13c.–16c.), Bristol Rec. Soc. II, IV, VIII, XVI, XVIII (1931–1953).

GREG. Mir. Rom. Gregory (Magister Gregorius) [*ob. p*1200]: *De mirabilibus Urbis Romae*, ed. M. R. James, EHR XXXII (1917) 531–54, also ed. G. M. Rushforth, Journal of Roman Studies IX (1919) 14–48; superseded by ed. R. B. C. Huygens (Leiden, 1970) [by cap.].

Grey Friars Lond. C. L. Kingsford: The Grey Friars of London, British Soc. Franciscan Studies VI (1915).

Grey Friars Ox. A. G. Little: The Grey Friars in Oxford, OHS XX (1892).

G. Ric. I *Gesta Ricardi* (*c*1157–99) [wrongly attrib. BEN. PET.], in *Chr. Hen. II & Ric. I* II 71–252.

GRIM Edward (or Everardus) Grim [*fl.* 1170–85]: **Pass.** *Passio S. Thomae*, in *Thes. Nov. Anecd.* III 1737–46; **Thom.** *Vita S. Thomae* (*c*1175), in *Becket Mat.* II 353–450 [by cap.]; **app.** appendix, *ib.* 451–8.

G. Roman. *Gesta Romanorum* (*c*1340), ed. H. Oesterley (Berlin, 1872).

GROS. Robert Grosseteste, Bishop of Lincoln [1235–53], Die philosophische Werke [incl. some works of doubtful attribution], ed. L. Baur, BGPM IX (1912) 1–274 [by p.]: 1–7 *De artibus liberalibus* (*a*1209); 7–10 *De generatione sonorum* (*a*1209); 10–32 *De sphaera* (*a*1220); 32–6 *De generatione stellarum* (*a*1225); 36–41 *De cometis* (*c*1222) [= shorter text of *Com.*]; 41–51 *De impressionibus aëris seu de prognosticatione* (*a*1220); 51–9 *De luce seu de inchoatione formarum* (*c*1225); 59–65 *De lineis, angulis et figuris seu de fractionibus et reflexionibus radiorum* (*c*1230); 65–72 *De natura locorum*; 72–8 *De iride* (*c*1230); 78–9 *De colore* (*c*1230); 79–84 *De calore solis* (*c*1230); 84–7 *De differentiis localibus*; 87–9 *De impressionibus elementorum*; 90–92 *De motu corporali et luce*; 92–100 *De motu supercaelestium*; 101–106 *De finitate motus et temporis*; 106–111 *De unica forma omnium* [= *Ep.* 1 pp. 1–7]; 112–119 *De intelligentiis* [= *Ep.* 1 pp. 8–17]; 120–26 *De statu causarum*; 126–9 *De potentia et actu*; 130–43 *De veritate*; 143–5 *De veritate propositionis*; 145–7 *De scientia Dei* [= *Quaest. Theol.* I]; 147–50 *De ordine emendandi causatorum a Deo* (or *De aeternitate filii in divinis*); 150–241 *De libero arbitrio*; 241–74 *De anima* [attrib.]; other works as follows: **Anal. Post.** *Commentarius in Posteriorum analyticorum libros*, ed. P. Rossi (Florence, 1981); **Cess. Leg.** *De cessatione legalium* [part 1 only] (London, 1658); (extr. from part 2), Franciscan Studies XVI (1956) 3–18 [complete edn. for

Auct. Brit. in prep.]; **Cista** *Ordinatio de pecunia deposita in cista*, in *StatOx* 74–6; **Com.** *De cometis, Isis* XIX (1933) 19–25; **Comp.** *Compotus factus ad correctionem communis Kalendarii nostri*, in BACON VI 212–67; **Const.** *Constitutiones* (= *Ep.* 52*), in *Conc. Syn.* II 265–78; **Deus est** '*Deus est*' (*De confessione* II), Franciscan Studies XXX (1970) 239–93; **Dicta** MS Lincoln Cathedral 188 and 303 [by cap.]; (extr.) in *Fasc. Rerum Expet.* II 258–305 [by no. & p.]; no. 60, Franciscan Studies XXIV (1964) 153–8; **DM** *De decem mandatis*, ed. R. C. Dales, *Auct. Brit.* [in prep.]; **Dot.** *De dotibus*, Med. Stud. XLIV (1982) 83–109 [by cap.]; **Ep.** *Epistolae* (*a*1210–53), RS XXV (1861) [by no.] [*Ep.* 1 = pp. 106–19 in Baur's ed.]; **Eth. Nic.** *Aritotelis Ethica Nicomachea* [transl.], ed. R. A. Gauthier, *Aristoteles Latinus* XXVI/1–3 iii–iv (Leiden, 1972–3); **Flux.** *De fluxu et refluxu maris* (*c*1227), *Isis* LVII (1966) 459–68; **Gram.** Grammar, v. *Ps.*-GROS. *Gram.*; **Hexaem.** *Hexaemeron*, ed. R.C. Dales and S. Gieben, *Auct. Brit.* VI (1982) [by bk. & cap.]; **Kal.** *Kalendarium* (*c*1220), Arkiv för Matematik, Astronomi och Fysik II ii (1916) 15–41; **Oper. Sol.** *De operationibus solis*, RTAM XLI (1974) 62–91; **Phys.** *Commentarius in VIII libros Physicorum Aristotelis*, ed. R. C. Dales, (Boulder, Col., 1963); **Phys. Sum.** *Summa Physicorum*, ed. J.E. Bolzan and C. Lértora Mendoza (Buenos Aires, 1972); **Post. Mark** *Postillae super evangelium Marci* (extr.), ed. H. Glunz, History of the Vulgate in England (Cambridge, 1933), 356–9; **Ps.-Andr.** *Pseudo*-Andronicus περὶ παθῶν [transl.], ed. Glibert-Thirry (Leiden, 1977); **Ps.-Dion.** *Pseudo*-Dionysius, *De divinis nominibus, De mystica theologia, De caelesti hierarchia, De ecclesiastica hierarchia* [all transl.], ed. P. Chevallier, *Dionysiaca*, 2 vols. (Paris & Bruges, 1937–50) [text R]; **Ps.-Dion. MT** *Pseudo-Dionysii de mystica theologia* [transl. & comm.], ed. U. Gamba (Milan, 1942); **Quaest. Theol.** *Quaestiones theologicae* [attrib.], ed. D. A. Callus, in Powicke Studies 194–209; **Reg.** *Registrum*, v. *Reg. Linc.*; **Sang.** *De sanguine Christi*, in M. PAR. *Maj.* VI 138–44; **Summa** v. *Ps.*-GROS. *Summa*; **Templ.** *Templum Dei*, ed. J. Goering and F.A.C. Mantello, Toronto Med. Latin Texts (1984) [by cap. & sect.]; **Test. Patr.** *Testamenta XII patriarcharum* [transl.], *Patrologia Graeca* II 1025–1150.

Growth Eng. Ind. W. Cunningham: The Growth of English Industry and commerce during the early and middle ages (Cambridge, 1896).

G. S. Alb. *Gesta abbatum monasterii S. Albani* [Herts] (793–1396), in *Chr. Mon. S. Alb.* IV, 3 vols. (1867–9): I 1–324 (793–1255) [mainly by M. PAR]; I 325–II 109 (1248–1308) [anon.]; II 111–III 372 (1308–96) [by WALS.]; III 373–535 (1349–1401) [anon.].

G. SOUTHWICK Conf. Guy, Prior of Southwick [*ob. c*1217]: *De virtute confessionis* (*a*1198), RTAM VII (1935) 340–52.

G. STANFORD Cant. Gilbert of Stanford, Cistercian [12c.]: *Super Canticum canticorum* (extr.), *Studia Anselmiana* XX (1948) 205–30.

G. Steph. *Gesta Stephani* (1135–54) [attrib. Robert of Lewes, Bishop of Bath 1136–66], ed. K. R. Potter and R. H. C. Davis, Med. Texts (1955; rev. ed. 1976) [by cap.]; also in *Chr. Steph.* III 3–136.

Gt. Cause Ed. I Edward I and the throne of Scotland 1290–1296, an edition of the record sources for the Great Cause (Oxford, 1978), vol. II.

Guild Cert. Chancery Guild Certificates (1388–9), MS PRO (C. 47/38–46); *cf.* (extr.) in *Eng. Gilds.*

GUISBOROUGH v. W. GUISB.

G. Walth. *Gesta Waldevi comitis* [*ob.* 1076] (wr. ? 12c.), ed. F. Michel, Chroniques Anglo-Normandes, 3 vols. (Rouen, 1836–40), II 99–142.

G. WINT. Godfrey of Winchester [*ob.* 1107]: **Epigr.** *Epigrammata*, in *Sat. Poets* II 103–47 [by no.]; superseded by ed. H. Gerhard, Der *Liber Proverbiorum* des

Godefrid von Winchester (Würzburg, 1974) [by no.]; **Epigr. Hist.** *Epigrammata historica*, in *Sat. Poets* II 148–55 [by no.].

HADRIAN IV Pope Hadrian IV (*alias* Nicholas Breakspear of St. Albans) [*ob.* 1159]: *Epistolae et privilegia, PL* CLXXXVIII 1361–1640 [by no.].

H. ALBUS Hugh Albus (*alias* Candidus), monk of Peterborough [*ob.* a1175]: Chronicle (656–1155), ed. W. T. Mellows (Oxford, 1949); supersedes *Hist. Angl. Script.* II 1–94.

Hal. Durh. *Halmota Prioratus Dunelmensis*, from Halmote Court or Manor Rolls (1296–1384) (extr.), Surtees Soc. LXXXII (1889) [vol. II not pub.].

HALES Alexander of Hales [*ob.* 1245]: **An.** *Expositio super tertium de Anima* [attrib.] (Oxford, 1481); **Fat.** *Quaestio de fato*, Franziskanische Studien XIX (1932) 23–39; **Qu.** *Quaestiones disputatae 'antequam esset frater'* [sometimes wrongly referred to as *Summa Abendonensis*], *Bibliotheca Franciscana scholastica medii aevi* XIX–XXI (Quaracchi, 1960); **Sent.** *Glossa in quatuor libros Sententiarum Petri Lombardi, ib.* XII–XV (1951–7); **Summa** *Summa theologica* [a compilation based on writings of HALES and others], 5 vols. (1924–48).

HAM. S. ALB. Hamelin of St. Albans [*fl.* 1100]: *Liber de monachatu* (extr.), in *Thes. Nov. Anecd.* V 1453–6.

Hants Rec. Soc. Hampshire Record Society, publications, I– (Winchester, 1889–).

HANV. John de Hanville (*alias* Hauville, or de Alta Villa) [*fl.* 1184]: *Architrenius*, in *Sat. Poets* I 240–392 [by bk. & p.]; superseded from Fasc. III by ed. P. G. Schmidt (Munich, 1974) [by bk. & line].

HARCLAY Henry of Harclay, Chancellor of Oxford [*ob.* 1317]: **Adv.** *Quaestio de secundo adventu Christi*, ed. F. Pelster, Archivio italiano per la storia della pietà I (1951) 53–82; **Aetern.** *Quaestio utrum mundus potuit fuisse ab aeterno*, AHDLMA L (1983) 231–55; **Forma** Disputed question on the plurality of Forms, Essays in honour of Anton Charles Pegis (Toronto, 1974) 129–59; **Idea** Questions on the Divine Ideas, Med. Stud. XXIII (1961) 166–93; **Immort.** Questions on Immortality, *ib.* XIX (1957) 89–107; **Praedest.** Questions on Predestination, Franciscan Studies XL (1980) 195–223; **Thom.** *Sermo de laudibus S. Thomae Cantuariensis* (extr.), in *Anglia Sacra* II 524n., repr. in GIR. *JS* I pp. 125–6n.]; **Trin.** *Utrum Pater, Filius, et Spiritus Sanctus sint unum principium respectu creaturae vel tria* (MS Vat. Burgh. 171 ff. 17v–20v), Franciscan Studies XLI (1981) 281–335 [by sect.]; **Univers.** *Utrum universale significet aliquam rem extra animam, aliam a singulari vel supposito* (MS Vat. Burgh. 171 ff. 7vb–12rb), Franciscan Studies XXXI (1971) 186–234 [by sect.]; **Univoc.** Question on the Univocity of Being (extr.), Med. Stud. XVI (1954) 1–18.

HAUBOYS John Hauboys (*alias* Hanboys) [*fl.* p1350]: *Summa super musicam continuam et discretam*, in *Script. Mus.* I 403–48.

HAUDLO Robert de Haudlo (*alias* Handlo) [*fl.* 1326]: *Regulae*, in *Script. Mus.* I 383–403.

H. AVR. Henry of Avranches [*ob.* 1260]: **CG** *Commoda grammaticae* (? 1219) (extr.), ed. J. P. Heironimus and J. C. Russell, (Colorado Springs, 1929) 10–26 [by f. & line]; **prol. & epil.** prologue and epilogue, in Poems (Cambridge, Mass., 1935) 58–9; **Guthl.** *Vita S. Guthlaci* [*ob.* 714], MS Cambridge University Library Dd. 11. 78 [by f. & line]; **Hugh** Metrical Life of St. Hugh, Bishop of Lincoln [*ob.* 1200] (*c*1220) [attrib.], ed. J. F. Dimock (Lincoln, 1860); **Poems** The shorter Latin poems relating to England, ed. J. C. Russell and J.P. Heironimus (Cambridge, Mass., 1935) [complete poems by no. & line; extr. by no. & p.; *v. et.* M. CORNW.].

H. BOS. Herbert of Bosham [*ob.* c1185]: **CE** *Causa exsilii B. Thomae, PL* CXC (1893) 1413–16; **Ep.** *Epistolae, ib.* 1415–74 [by no. & col.; *v. et. Ep. Becket*]; **Gl. Pref.** *Praefationes in Glossam Magnam*, ed. H. Glunz, History

of the Vulgate in England (Cambridge, 1933), 342–50; **Hom.** *Homilia in festo S. Thomae, PL* CXC 1403–14; **LM** *Liber melorum, ib.* 1293–1404; **Psalt.** Commentary on *Psalterium juxta Hebraeos* (extr.), RTAM XVIII (1951) 29–65; **Thom.** *Vitae S. Thomae*, in *Becket Mat.* III 155–534 [by bk. & cap.; this version differs somewhat from *PL* CXC 1073–1292].

HBS Henry Bradshaw Society, publications, I– (1891–).

HCA High Court of Admiralty, records, MS PRO: **Act Bk.** Instance and Prize courts, Acts (1524–) (H.C.A. 3); **Crim.** Oyer and terminer records, criminal (1535–) (H.C.A. 1); **Libel** Libels, etc. (1519–) (H.C.A. 24); **Warrant Bk.** Warrant books (1541–) (H.C.A. 38).

H. CANDIDUS *v.* H. ALBUS.

H. CANTOR Hugh the Chanter (*alias* Sottovagina), Precentor of York [*ob.* c1139]: History of the Church of York (1066–1127), ed. C. Johnson, Med. Texts (1961) [by f.]; **Cont.** Additions (–1153), in *Hist. Church York* II 220–27; **Vers.** *Versus*, in *Sat. Poets* II 219–29 [by p.].

H. DE BURGO Henry de Burgo, Prior of Lancercost [*ob.* 1315], Verses, *v. Lanercost*.

HEETE Robert Heete [*ob.* c1432]: **Catal. Coll. Wint.** *Libri B. Mariae prope Winton'* (*temp.* Hen. V, Hen. VI), Arch. J. XV (1858) 62–74; **Wykeham** Life of William of Wykeham [1324–1404], ed. G. G. Moberly, Life of William of Wykeham (1887) 293–308, 2nd ed. (1893) app. E, 321–36; *cf.* AYLWARD.

HENGHAM Ralph de Hengham, Chief Justice [*ob.* 1311]: **Judic. Esson.** *Judicium Essoniorum*, ed. G. E. Woodbine, Four 13th-century law tracts (New Haven, Conn., 1910) 116–42; **Magna** *Summa Magna* (a1275), *Radulphi de Hengham Summae*, ed. W. H. Dunham, (Cambridge, 1932) 1–50 [by cap.]; **Parva** *Summa Parva* (p1285), *ib.* 51–71 [by cap.].

Heresy Tri. Norw. Heresy Trials in the diocese of Norwich, 1428–31, Camd. 4th S. XX (1977).

HERFORD Nicholas Herford, Fellow of Queen's College [*fl.* 1390], *v. Ziz.*

HERM. ARCH. Herman of Bury St Edmunds, archdeacon [*ob.* c1095]: *Liber de miraculis S. Eadmundi* [*ob.* 870], in *Mem. S. Edm.* I 26–92 [by cap.]; also ed. F. Liebermann, in *ANQuellen* 202–81; *v. et.* SAMSON.

HERRISON Abbr. Chr. John Herrison [*fl.* 1460]: *Abbreviata chronica* (1377–1469), Camb. Antiq. Soc., 4° S., II (1840).

Hexham The Priory of Hexham, Surtees Soc. XLIV, XLVI (1863–4); *v. et.* AILR. *SS Hex*, J. HEX., RIC. HEX.

HEYTESBURY William Heytesbury, fellow of Merton [*ob.* c1372]: **Prob.** *Probationes conclusionum* (Venice, 1494) f. 188v.–203v.; also (extr.) in *Sci. Mech.* 287–9; **Reg.** *Regulae solvendi sophismatum* (Venice, 1494) f. 9v.–52; also (extr.) in *Sci. Mech.* 238–42, 277–83.

H. FAVERSHAM Haymo of Faversham [*ob.* 1243]: *Ordines*, ed. S. J. P. van Dijk, Sources of the Modern Roman Liturgy, 2 vols. (Leiden, 1963), II.

H. HARTLEPOOL Hugh of Hartlepool [*ob.* c1302]: Sermon (1291), in *Theol. Ox.* 192–204.

H. HUNT. Henry, Archdeacon of Huntingdon [*ob.* ? 1155]: **CM** *Epistola ad Walterum de contemptu mundi*, RS LXXIV (1879) 297–320 [by cap.]; **Ep. ad Warinum** *Epistola ad Warinum de regibus Britonum*, in TORIGNI 65–75; **HA** *Historia Anglorum* I–VIII (55 B.C.–A.D. 1154), RS LXXIV (1879) 1–292 [by bk. & cap.]; **HA IX** *De miraculis* (extr.), *ib.* xxv–xxx; **HA X** *De summitatibus, v. supra CM, Ep. ad Warinum* [remainder not printed]; **HA XI** *Epigrammata*, in *Sat. Poets* II 163–74 [by p.].

HIGD. Ralph Higden [*ob.* 1364]: *Polychronicon* (Creation–1352), 9 vols. RS XLI (1865–86) [by bk. & cap.]; **Cont. A** Continuation (–1381) [attrib. J. MALVERN], *ib.* VIII 355–428; **Cont. B** (1381–94), *v.* Chr. Westm.

HIL. RONCE. Hilarius of Ronceray [*fl.* c1125]: *Versus et ludi*, ed. J. B. Fuller (New York, 1929).

Hist. Abb. Jarrow *Historia abbatum, auctore anonymo* (*c*716), ed. C. Plummer, *Baedae Opera Historica* (Oxford, 1896) I 388–404 [by cap.]; *v. et.* HWÆTBERHT *Ep.*

Hist. Agric. J. E. Thorold Rogers: A History of Agriculture and Prices in England (1259–1793), 7 vols. (Oxford, 1866–92) [by vol. & p.].

Hist. Angl. Script. *Historiae Anglicanae scriptores varii,* ed. J. Sparke, 2 parts (1723); *v. Chr. Angl. Peterb.,* H. ALBUS, SWAFHAM, WHITTLESEY.

Hist. Angl. Script. X *Historiae Anglicanae Scriptores X,* ed. R. Twysden (1652); *v.* AILR. *Gen. Reg.,* BROMPTON, THORNE.

Hist. Arthuri *Vera historia de morte Arthuri* (13c.), ed. M. Lapidge, Arthurian Studies I (1981) 84–92.

Hist. Bart. N. Moore: The History of St. Bartholomew's Hospital, 2 vols. (1918).

Hist. Brit. Iron & Steel Ind. H. R. Schubert: History of the British Iron and Steel Industry (*c*450 B.C.-A.D. 1775) (1957).

Hist. Castle Combe G. P. Scrope: History of Castle Combe (1852).

Hist. Cath. Cant. J. Dart: The History and antiquities of the Cathedral Church of Canterbury (1726).

Hist. Chess H. J. R. Murray: A History of Chess (Oxford, 1913).

Hist. Chester G. Ormerod: The History of the County Palatine and City of Chester, 2nd ed. (1882).

Hist. Ch. Peterb. S. Gunton: The History of the Church of Peterborough (1686).

Hist. Church York Historians of the Church of York and its Archbishops, 3 vols. RS LXXI (1879–94); *v.* BYRHT. *V. Osw., Chr. Ebor. Metr., Chr. Pont. Ebor.,* EADMER *V. & Mir. Osw., Wilf., Wilf. Brev.,* FOLC. *V. J. Bev.,* G. NOTT., H. CANTOR *Cont.,* H. PONTEFR., KETEL *J. Bev., Mir. J. Bev., Mir. Will., Misc. Scrope,* S. DURH. *Ep. Hug.,* SENATUS *Osw.,* T. STUBBS *Chr., V. Thurst., V. Will.*

Hist. Cuthb. *Historia de S. Cuthberto* [*ob.* 687] (10c.), in S. DURH. I 196–214.

Hist. Durh. Script. *Historiae Dunelmensis scriptores tres,* Surtees Soc. IX (1839), appendix of documents [sep. pag.; by p.]; *v. et.* G. COLD., GRAYSTANES, *Hist. Durh.*

Hist. Durh. William de Chambre [*fl. ?* 1356] *et al.*: *Continuatio historiae Dunelmensis* (1336–1571), in *Hist. Durh. Script.* 127–56 [by cap.].

Hist. Eng. Bar H. Cohen: History of the English Bar (–1450) (1929).

Hist. Eng. Coron. P. E. Schramm: History of the English Coronation, transl. L. G. W. Legg (Oxford, 1937).

Hist. Exch. T. Madox: History of the Exchequer (1066–1327) (1711).

Hist. Fordwich v. Cust. Fordwich.

Hist. Francisc. Eng. A. G. Little: Studies in English Franciscan History (Manchester, 1917).

Hist. Glouc. *Historia monasterii S. Petri Gloucestriae* (681–1390), in *Cart. Glouc.* I 3–125.

Hist. Imbank. W. Dugdale: The History of Imbanking and drainage (1772).

Hist. Llanthony History of Llanthony (12c), *Studia Celtica* XII/XIII (1977–8) 126–31 (*cf. MonA* VI 128–34).

Hist. Meriadoci *Historia Meriadoci* (*c*1250), ed. J. D. Bruce, Modern Language Association of America XV (1900) 339–97; checked against revised ed., *Hesperia* Ergänzungsreihe II (Göttingen, 1913).

Hist. Merton Texts concerning Gilbert, founder of Merton Priory, *Studia Monastica* XII (1970) 248–70 [by f.].

Hist. Newc. J. Brand: History and antiquities of Newcastle upon Tyne, 2 vols. (1789).

Hist. Northumberland J. Hodgson: History of Northumberland, 3 vols. in 7 (Newcastle, 1820–58).

Hist. Roff. *Historia Roffensis* (1314–50) [attrib. William Dene], with supporting docs. [by f. of MS BL Cotton Faustina B v; some refs. may be to pp. of *Anglia Sacra* I 356–77].

Hist. Shrewsb. H. Owen and J. B. Blakeway: A History of Shrewsbury, 2 vols. (1825).

Hist. S. Paul. W. Dugdale: The History of St. Paul's Cathedral in London, ed. H. Ellis (1818).

Hist. Staffs S. Shaw: The History and Antiquities of Staffordshire, 2 vols. (1798, 1801).

Hist. Tynemouth v. Cart. Tynemouth.

Hist. Wells *Historia major* (704–1408) *et minor* (704–1367) *Wellenses,* ed. J. A. Robinson, *Collectanea* I, Som Rec. Soc. XXXIX (1924) 48–71.

H. KIRKSTALL Hugh, monk of Kirkstall [*fl.* 1200] *v.* SERLO GRAM.

H. LEXINGTON *v. Reg. Linc.*

H. LOS. Herbert de Losinga, Bishop of Norwich [*ob.* 1119]: **Ep.** *Epistolae,* ed. R. Anstruther (Brussels, 1846) 1–107 [by no.]; *cf.* collation in Goulburn and Symons I 418–23; **Serm.** Sermons, ed. E. H. Goulburn and H. Symons, Life, Letters, and Sermons (1878) II 2–430.

HMC Historical Manuscripts Commission: **JP** Joint Publications Series (with county record societies), I– (1962–). **Rep.** Reports, I– (1874–).

HMSO His [Her] Majesty's Stationery Office.

H. NEWCASTLE Hugh of Newcastle [*fl.* 1320]: **Sent.** *Commentarius in primum Sententiarum* (extr.), Franziskanische Studien XX (1933) 193–222; **Vict.** *De victoria Christi contra Antichristum* (wr. 1319), (Nuremberg, 1471); (extr.) *N. & E.* XXXV (1896) 232–8.

HOLCOT Robert Holcot [*ob.* 1349]: **Comm.** Commentaries (extr.), in *Eng. Friars* 321–37, 358–9, 366–8; **Ecclus.** *In librum Ecclesiastici* [i–vii] *Jesu filii Sirach expositio* (Venice, 1509); **Mor.** *Moralitates,* w. *Wisd.* (Basel, 1586), 709–48; **Quodl.** *Quodlibeta* (1332), MS BL Royal 10 C VI: *Utrum theologia sit scientia* (*Quodl.* I q. 1), Med. Stud. XX (1958) 128–53; *Utrum Deus posset scire plura quam scit* (*Quodl.* I q. 6), Speculum XXXIX (1964) 59–64; **Sermo** *Sermo Finalis,* Med. Stud. XI (1949) 220–4; **Wisd.** *Super Sapientiam Salomonis* (Basel, 1586).

Holy Rood-Tree Latin Versions [12c.], ed. A. S. Napier, History of the Holy Rood-Tree, EETS CIII (1894) 41–62.

HON. Honorius 'Augustodunensis' [12c.]: **Eluc.** *Elucidarium sive dialogus de summa totius Christianae theologiae, PL* CLXXII 1109–76; **GA** *Gemma animae, ib.* 541–738; **Inev.** *Inevitabile sive dialogus de libero arbitrio, ib.* 1192–1222; **Sig.** *Sigillum beatae Mariae, ib.* 495–518; **Spec. Eccl.** *Speculum ecclesiae, ib.* 807–1108.

HOPEMAN Heb. Thomas Hopeman, O.P. [14c.]: Commentary on Hebrews (extr.), *AFP* XXV (1955) 334–44 [by f.].

HORN Mir. Just. Andrew Horn [*ob.* 1328]: Latin verses prefatory to Le Mireur à justices (*c*1290), Selden Soc. VII (1895) 1.

Hosp. in Eng. The Knights Hospitallers in England, report to Grand Master (1338), Camden Soc. LXV (1857).

HOTHBY John Hothby [*ob.* 1487]: **Cant. Fig.** *De cantu figurato,* in *Script. Mus.* III 330–2; **Contrap.** *Regulae super contrapunctum* (version Fa), *ib.* 333–4; superseded by *Johannes Hothby de arte contrapuncti,* ed. G. Reaney, *Corp. Script. Mus.* XXVI (1977) 101–3; another text (version Fl), *ib.* 63–9 [by version & p.]; **Prop.** *Regulae super proportionem,* in *Script. Mus.* III 328–30.

Househ. Bk. Durh. Household Book (bursar's accounts) of the monastery of Durham 1530–4, Surtees Soc. XVIII (1844).

Househ. Eleanor Court and Household of Eleanor of Castille in 1290, ed. J. C. Parsons (Toronto, 1977).

Househ. Isabella The Household Book of Queen Isabella of England (1311–12), MS BL Cotton Nero C VIII ff. 121–52, ed. F. D. Blackley and G. Hermansen (Edmonton, Alberta, 1971).

HOWDEN v. J. HOWD., R. HOWD.

H. PONTEFR. Hugh, monk of Pontefract [*fl.* 1140]: Verses on Thurstan, Archb. of York [quoted in *V. Thurst.*], in *Hist. Church York* II 261–5 [by line].

H. READING (I) Hugh, Abbot of Reading [*ob.* 1164]: **Adjut.** *Vita S. Adjutoris, PL* CXCII (1855) 1345–52; **Dial.** *Dialogorum libri VII, ib.* 1141–1248 [by bk. & col.]; **Ep.** *Epistolae, ib.* 1131–8 [by no. & col.]; **Fid. Cath.** *Super fide catholica, ib.* 1323–46; **Haeret.** *Contra haereticos, ib.* 1255–98 [by bk. & col.]; **Hexaem.** *Tractatus in hexaemeron, ib.* 1247–56; **Mem.** *Tractatus de memoria, ib.* 1299–1324.

H. READING (II) Cel. Hugh, Abbot of Reading [*ob.* 1207]: Epistle to Celestine III (*c*1197), in Wilkinson Essays 29–31.

H. SALTREY H. of Saltrey [Hunts] [*fl.* 1150]: *Purgatorium S. Patricii*, ed. J. Colgan, *Triadis Thaumaturgae Acta* (Louvain, 1647) 273–80 [by sect.]; *cf.* M. PAR. *Maj.* II 192–203.

H. SOTTOVAGINA v. H. CANTOR.

H. SULLY Lib. Henry de Sully (de Soliaco), Abbot of Glastonbury [*ob.* 1195]: *Liber*, an inquisition of the manors of Glastonbury Abbey of the year 1189, ed. J. E. Jackson, Roxb. Club (1882).

HUBERT Gros. Frater Hubertus [13c.]: *De vita beati Roberti quondam Lincolniensis episcopi* [*ob.* 1253], *Med. & Hum.* NS I (1970) 246–51 [by line].

HUGEB. Hugeburg (Hygeburh) [*fl. c*778]: **Will.** *Vita Willibaldi episcopi Eichstetensis* [? 700–86], *MGH Scriptores* XV (Hanover, 1887) 86–106 [by cap]; **Wynn.** *Vita Wynnebaldi abbatis Heidenheimensis* [*ob.* 761], *ib.* 106–17 [by cap.].

Hug. Soc. Huguenot Society of London, publications, I– (Lymington, 1887–).

Hund. Highworth The Rolls of Highworth Hundred (1257–87), Wilts Arch. Soc., Rec. Branch, XXI, XXII (Devizes, 1966–8).

Hund. & HundR H. M. Cam: The Hundred and the Hundred Rolls (1930).

HundR Hundred Rolls (Hen. III – Edw. I), MS PRO (S.C. 5); *v. et.* Hund.

Hund. *Rotuli hundredorum* (Hen. III–Ed. I), 2 vols. RC (1812–18); *v. et.* HundR.

Hunt Essays Medieval Learning & Literature: essays presented to Richard William Hunt (Oxford, 1976).

Husb. Walter of Henley: Husbandry, ed. D. Oschinsky (Oxford, 1971) [AN and ME; cited as source of passages in *Fleta*; *cf.* Senesch.].

HWÆTBERHT Hwætberht (*alias* Eusebius), Abbot of Wearmouth and Jarrow [*ob. c*744]: **Aen.** *Aenigmata, CCSL* CXXXIII (1968) 209–71 [by no. & line]; **Ep.** *Epistola*, in *Hist. Abb. Jarrow* 30.

H. WILE An. Henry of Wile [Wylye, Wilts] [*ob.* 1329]: *Commentarius de Anima*, MS Magdalen Coll. Ox. 63; (extr.), Franciscan Studies XXVIII (1968) 231–48.

H. WODSTONE Henry of Wodstone, O.F.M. [*ob. c*1290]: *Contra Judaeos*, ed. A. G. Little, British Society for Franciscan Studies X (1922) 153–4.

Hymn. Cant. The Canterbury Hymnal, ed. G. R. Wieland, Toronto Med. Latin Texts (1982).

IAQD Inquisitions *ad quod damnum* (Hen. III–Ric. III), MS PRO (C. 143).

ICrim Criminal Inquisitions (Hen. III–Hen. VI), MS PRO (C. 144).

IHR Bull. Institute of Historical Research, Bulletin, I– (London, 1925–).

Illust. Scot. Illustrations of Scottish history, 12th to 16th century, ed. J. Stevenson, Maitland Club (1834).

IMC Irish Manuscripts Commission, publications, I– (Dublin, 1931–).

IMisc Miscellaneous Inquistions (1218–1485), MS PRO (C. 145).

Incept. Ox. Four graduation speeches from Oxford ma-

nuscripts (*c*1270– 1310), Med. Stud. XLIV (1982) 138–80.

Inchaffray Charters relating to the Abbey of Inchaffray, Perth, SHS 1st S. LVI (1908) [by p.].

Indict. (Assizes) Indictments, S. E. Circuit (1559–), MS PRO (Assizes 35).

Inq. Cantab. *Inquisitio comitatus Cantabrigiensis* (1086), ed. N. E. S. A. Hamilton (1876); *v. et.* Inq. Ely.

Inq. Ely *Inquisitio Eliensis* (1086), in *DB Add.* I 495–528 [by f.]; also ed. N. E. S. A. Hamilton, in *Inq. Cantab.* 97–195 [differs from DB text].

Inq. Glast. Inquisition of the manors of Glastonbury abbey (1189), ed. J. E. Jackson, Roxb. Club (1882).

Inq. Non. *Nonarum inquisitiones in Curia Scaccarii* (*temp.* Ed. III), ed. G. Vanderzee, RC (1807).

Instr. Nov. *Instructio noviciorum secundum consuetudinem ecclesiae Cantuariensis* (? 13c.), in LANFR. *Const.* 133–49 [by f.].

Inst. Sempr. *Institutiones B. Gilberti ordinis de Sempringham* (*c*1148), pp. *xxix–*lix, in *MonA* VI, between pp. 946 and 947; [roman pag. in ed. 1846 differs from that in ed. 1817–30].

Invent. Ch. Ch. Inventories of Christchurch Canterbury (1294–18c.), ed. J. W. Legg and W. H. St. J. Hope (1902).

Invent. Exch. Inventories of goods and chattels: 1207–8, Pipe R. Soc. NS XXXI 119–25; later rolls (John–), MS PRO (E. 154).

Invent. Med. The inventory of John Hexham, a fifteenth-century apothecary (1415), Medical History IX (1965) 79 [by no.].

Invent. Norw. Archdeaconry of Norwich, Inventory of church goods (1368), Norf Rec. Soc. XIX, 2 vols. (1947–8).

Invent. S. Paul. Inventories of St. Paul's Cathedral, London: 1245 *Arch.* L (1887) 464–500; 1402 *ib.* 500–518; 1445 *ib.* 518–24.

Invent. York *Inventarium omnium librorum pertinentium ad domum fratrum Heremitarum Sancti Augustini* (1372), N. & Q., 1st S., I (1850) 83–4; also ed. M. R. James, *Fasciculus Joanni Willis Clark dicatus* (Cambridge, 1909), 19–83.

IPM Inquisitions *post mortem*, MS PRO: Hen. III (C. 132); Ed. I (C. 133); Ed. II (C. 134); Ed. III (C. 135); Ric. II (C. 136); Hen. IV (C. 137); Hen. V (C. 138); Hen. VI (C. 139); Ed. IV (C. 140); Ric. III (C. 141); Hen. VII, Hen. VIII etc., (C. 142).

IRELAND Imm. Conc. John Ireland, Rector of Hawick [*fl.* 1480]: *De immaculata conceptione virginis Mariae* (extr.), ed. M. Esposito, EHR XXXIV (1919) 68–71 [by f.].

Isis Isis, I– (Brussels & Cambridge, Mass., 1913–).

IS. STELLA Isaac of Stella [*c*1110–*c*1167]: **An.** *De anima*, PL CXC 1875–90; **Can.** *De canone missae, ib.* 1889–96; **Serm.** *Sermones*, ed. A. Hoste, Sources chrétiennes CXXX, CCVII (1967–74) [by no., sect., & col.]; **sup. Collect.** OCR XLIII (1981) 34–55.

IssueR Issue Rolls of the Exchequer of Receipt (1240–1480), MS PRO (E. 403).

Iter Cam. *Modus procedendi in itinere camerarii infra regnum Scocie*, in *APScot* I app. IV, 329–38 [by cap.].

Iter Cam. Artic. *De articulis inquirendis in itinere camerarii*, in *APScot* I app. III, 316–18 [by cap.].

Itin. Mand. *Itinerarium Johannis Maundeville de mirabilibus mundi* [transl. *c*1400] (extr.), EETS CCLIII (1963).

Itin. Ric. *Itinerarium peregrinorum et gesta regis Ricardi* (*c*1200) [attrib. Ricardus de Templo, prior of Holy Trinity, London], in *Mem. Ric.* I, I 3–450 [by bk. and cap.; anon. source of Bk. I, ed. H. E. Mayer, *MGH* Schriften XVIII (Stuttgart, 1962)].

J. ACTON Comment. John of Acton (*alias* Ayton) [*ob.* 1350]: *Commentaria in constitutiones legatinas D. Othonis*

et D. Othoboni, pub. w. LYNDW. (Oxford, 1679) [sep. pag.].

Jahrb. rom. Lit. Jahrbuch für romanische und englische Literatur, I– (Berlin, 1859–).

Jan. Joannes Balbus Januensis: *Catholicon* (1286) (Mainz: J. Gutenberg, 1460; facs. 1971).

J. BATH John of Bath, ? monk of Dore [*fl.* 1200]: Notes on OSB. GLOUC. *Deriv.*, MS Hereford Cathedral Library P. V. 5 (extr.), *Med. & R. Stud.* IV (1958) 277–81.

J. BLUND An. John Blund [*ob.* 1248]: *Tractatus de anima* (*c*1200), ed. D. A. Callus and R. W. Hunt, *Auct. Brit.* II (1970) [by sect.].

J. BRIDL. St. John of Bridlington [*ob.* 1379], prophecies falsely attrib., v. *Pol. Poems* I 132–215; *V. J. Bridl.* v. *NLA* II 64–78.

J. BURGH PO John de Burgh [*ob.* 1386]: *Pupilla oculi* (Strasbourg, 1514) [by bk. & cap.].

J. BURY Glad. Sal. John of Bury [*fl.* 1420–70]: *Gladius Salomonis* (*c*1460) (extr.), in PECOCK *Repressor* II 566–613.

J. CARPENTER John Carpenter, Common Clerk of London [*ob.* *c*1441], v. MGL.

J. CORNW. John of Cornwall (*alias* de Sancto Germano) [*fl.* 1170]: **Canon.** *Libellus de canone mystici libaminis* [attrib.], *PL* CLXXVII (1854) 455–70; **Eul.** *Eulogium ad Alexandrum III Papam* (*c*1178), *PL* CXCIX (1855) 1043–86; superseded by *Med. Stud.* XIII (1951) 256–300 [by cap.]; **Merl.** *Prophetia Merlini* (*c*1156), ed. C. J. Greith, *Spicilegium Vaticanum* (Frauenfeld, 1838) 92–106, checked against ed. M. J. Curley, *Speculum* LVII (1982) 217–49; also in *Études celtiques* XIV (1974) 35–41; **Verb.** *Apologia de Verbo incarnato* [attrib.], *PL* CLXXVII (1854) 295–316; superseded by Franciscan Studies XVI (1956) 110–43.

J. COTTON John Cotton [12c.]: *Tractatus de musica*, *PL* CL (1854) 1391–1430; superseded by *Johannis Affligemensis De musica cum tonario*, in *Corp. Script. Mus.* I (1950).

JEWEL Apol. John Jewel [1522–71]: *Apologia ecclesiae Anglicanae* (1562) [by sign.]; also ed. J. Ayre, Parker Society (1848).

Jews Norw. V. D. Lipman: Jews of Medieval Norwich, Jewish Hist. Soc. (1967).

J. EXON. Joseph of Exeter [*fl.* 1190]: **Antioch.** *Antiocheis*, ed. L. Gompf, Joseph Iscanus Werke und Briefe (Leiden & Cologne, 1970) 212 [by line]; **BT** *De Bello Trojano*, *ib.* 77–211 [by bk. & line]; also ed. A. J. Valpy, Delphin Classics (1825); **Ep.** *Epistolae*, ed. Gompf, 220–8 [by no. & line; letter addressed to John cited as *Ep. J. Exon.*]; **Martin** *De Beato Martino*, *ib.* 218–9 [by line]; **Virg.** *De laudibus Virginitatis*, *ib.* 213–7 [by line].

J. FORD John of Ford [*ob.* *c*1200]: **Serm.** *Super extremam partem Cantici canticorum sermones CXX*, CC cont. med. XVII, XVIII (1970) [by no. & sect.]; **app.** *Sermo in dominica in Ramis palmorum*, *ib.* [by sect.]; **Wulf.** *Vita B. Wulfrici* [*ob.* 1154], Som Rec. Soc. XLVII (1932) [by cap.].

J. FURNESS Jocelin (*alias* Jordan) of Furness [*fl.* 1200]: **Helen** *Vita S. Helenae*, MS Corpus Christi Coll. Camb. 252 ff. 166v.–183v.; **Kentig.** *Vita S. Kentigerni*, ed. A. P. Forbes, Lives of St. Ninian and St. Kentigern, Historians of Scotland V (Edinburgh, 1874) 159–242 [by cap.; cf. *V. Kentig.*]; **Pat.** *Vita S. Patricii* (*c*1185), *Acta SS. Boll. Mar.* II (1668) 540–80 [by cap.]; **Walth.** *Vita S. Walthevi* [*ob.* 1159] (wr. *a*1215) [attrib.], *Acta SS. Boll. Aug.* I (1733) 248–76 [by cap.]; cf. WALTH. *Ep.*

J. GLAST. John of Glastonbury [*fl.* 1400]: *Historia de rebus Glastoniensibus* (foundation –1342), ed. T. Hearne, 2 vols. (Oxford, 1726) [contin. pag. w. app.]; superseded by ed. J. P. Carley, 2 vols. (Oxford, 1978) [by cap.]; cf. DOMERH. *Glast.*, W. MALM. *Glast.*, WYCH.

J. GODARD John Godard, Abbot of Newenham [*ob.* *p*1248]: **Ap.** *Apostropha in Virginem gloriosam*, *Anal.*

Cisterc. X (1954) 246–67; **Ep.** *Epistola ad sororem*, *ib.* 220–45.

J. HERD Hist. IV Regum John Herd [*ob.* 1588]: *Historia Quatuor Regum Angliae* (Ed. IV, Ed. V, Ric. III, Hen. VII), Roxb. Club (1868).

J. HEX. HR Cont. John of Hexham [*fl.* 1180]: Continuation (1130–53) of S. DURH. *HR*, in S. DURH. II 284–332.

J. HOLLAND John of Holland [*fl.* 1370]: **Mot.** *De Motu* (extr.), in *Sci. Mech.* 248–50, 268–9n.

J. HOWD. John of Howden [*ob.* 1275]: **CA** *Canticum amoris*, Surtees Soc. CLIV (1939) 206–40 [by stanza]; **Cant.** *Quinquaginta cantica*, *ib.* 8–117 [by stanza]; **Cyth.** *Cythara*, *ib.* 118–75 [by stanza & line]; **Gaudia** *Quindecim gaudia*, *ib.* 1–7 [by stanza & line]; **O Mira** *O mira creatura*, *ib.* 241–2 [by stanza]; **Ph.** *Philomena*, Hymnologische Beiträge IV (Leipzig, 1930) [by stanza]; **Sal.** *Quinquaginta salutationes*, Surtees Soc. CLIV 176–93 [by stanza & line]; **Viola** *Viola*, *ib.* 194–202 [by line].

J. KELSO Ep. John, Abbot of Kelso [*fl.* 1170]: Letter to Adam of Dryburgh, *PL* CXCVIII (1855) 623–8; v. et. AD. SCOT *TT*.

J. LOND. John of London (*alias* John Bever) [*ob.* *c*1311]: **Brutus** *Tractatus de Bruto abbreviato* [prose & verse compilation based on G. MON.] (extr.), Mod. Philol. XXXIV (1937) 121–31; **Commend. Ed. I** *Commendatio lamentabilis in transitu magni Regis Edwardi* (1307), in *Chr. Ed. I & II* II 1–21.

J. MALVERN John of Malvern [*ob.* 1414], v. *Chr. Westm.*, HIGD. *Cont. A.*

J. MASON Ep. John Mason [*c*1270–1350]: A formulary of letters from St. Augustine's, Canterbury (1307–50), ed. W. A. Pantin, in Wilkinson Essays 192–219.

J. MIRFIELD John Mirfield [*fl.* 1390]: **Brev.** *Breviarium Bartholomei* (extr.), ed. P. H. S. Hartley and H. R. Aldridge, Johannes de Mirfeld of St Bartholomew's Smithfield, his life and works (Cambridge, 1936) 46–94; **Flor.** *Florarium Bartholomei* (extr.), *ib.* 114–62; **SB** *Sinonoma Bartholomei* [attrib.], v. *SB*.

J. NORFOLK John Norfolk, fellow of All Souls [*ob.* 1467]: *In artem progressionis summula*, in *Rara Math.* 94–106.

John The Gospel according to Saint John, ed. W. W. Skeat (Cambridge, 1878), cited from the Lindisfarne Gospels, wr. *c*697, glossed 970 [by cap. & verse].

JOHN DE ALTA VILLA v. HANV.

JOHN DE S. GERMANO v. J. CORNW.

JOHN DUNS SCOTUS v. DUNS.

JOHN LUTTERELL v. LUTTERELL.

JOHN PECKHAM (*alias* PECHAM or PATCHAM) v. PECKHAM.

JOHN SCOTUS ERIUGENA v. ERIUG.

JOHN WYCLIF v. WYCL.

JO. READING Sent. John of Reading, O.F.M. [*fl.* *c*1320]: *In Sententias* I d. 3 q. 3, Franciscan Studies XXIX (1969) 77–156; **prol.** q. 2, *ib.* XXVI (1966) 40–51.

JOSEPH CANT. Joseph, monk of Christ Church, Canterbury [*ob.* *p*1114]: Pilgrimage to Constantinople and Jerusalem (*c*1090), EHR XXV (1910) 293–5.

J. OXFORD John of Oxford, monk of Luffield [*fl.* 1268–84]: *De placitis et curiis tenendis* (*c*1270) (extr.), in *CBaron* 68–78.

J. READING John of Reading [*ob.* *c*1369]: *Chronica*, ed. J. Tait (Manchester, 1914) [by f.].

JRL Bull. Bulletin of the John Rylands University Library of Manchester, I– (Manchester, 1903–).

J. RODINGTON John of Rodington, O.F.M. [*ob.* 1348]: **Consc.** *Quodlibet de conscientia* (extr.), in Grabmann Studies I 125–68; **Sent.** *In primum Sententiarum* (Milan, 1506).

J. ROUS Hist. Reg. Angl. John Rous (*alias* Ross) [*ob.* 1491]: *Historia Regum Angliae* (–1485), ed. T. Hearne, 2nd ed. (Oxford, 1745).

J. SAL. John of Salisbury [*ob.* 1180]: **Anselm** Life of St. Anselm [abridged from EADMER *V. & Mir. Anselmi*], *PL*

CXCIX (1855) 1009–40; **Enth. Phil.** *Entheticus de dogmate philosophorum*, ed. C. Petersen (Hamburg, 1843); superseded from Fasc. IV by *Traditio* XXXI (1975) 137–93 [by line]; **Enth. Pol.** *Entheticus in Policraticum*, in *Pol.* (ed. 1909) 1–11; **Ep.** *Epistolae*, *PL* CXCIX (1855) 1–378; superseded by ed. W. J. Millor, H. E. Butler, and C. N. L. Brooke, Med. Texts, 2 vols. (1955–79) [by no. of *PL* & no. of Med. Texts (in brackets); letters to John cited as *Ep. J. Sal.*]; **Hist. Pont.** *Historiae pontificalis quae supersunt* (1148–52), ed. R. L. Poole (Oxford, 1927); superseded by ed. M. Chibnall, Med. Texts (1956) [by cap.]; **Memb.** *Carmen de membris conspirantibus* [attrib.], *PL* CXCIX (1855) 1005–8; **Met.** *Metalogicon* (1159), ed. C. C. J. Webb (Oxford, 1929) [by col. of *PL* CXCIX]; **Pol.** *Policraticus* (1159), ed. C. C. J. Webb, 2 vols. (Oxford, 1909) [by col. of *PL*]; **SS** *De septem septenis* [attrib.], *PL* CXCIX 945–964; **Thom.** *Vita S. Thomae*, in *Becket Mat.* II 302–22 [by cap.; *v. et.* A. TEWK. *Prol. Thom.*].

J. SCAWBY John of Scawby (Schalby) [*c*1324]: *Vita episcoporum Lincolniensium*, in GIR. VII 193–216.

J. SEWARD John Seward [1364–1345]: Miscellaneous writings, Med. & Ren. Stud. I (1941–3) 85–104.

J. SHEPPEY Fab. John of Sheppey [*ob.* 1360]: *Fabulae*, ed. L. Hervieux, Les Fabulistes latins IV (Paris, 1896) 417–50 [by no.].

J. SHIRWOOD Arithm. John Shirwood, Bishop of Durham [*ob.* 1494]: *Liber de arithmomachia* (Rome, 1482).

J. ST. GILES John of St. Giles [*fl.* 1230]: **Exp.** *Experimenta*, MS Bodl. 786 ff. 170–71v; **Serm.** *Sermones*, ed. M. M. Davy, Les Sermons universitaires parisiens de 1230–31, Études de philosophie médiévale XV (Paris, 1931), 271–98.

J. TILB. AN John of Tilbury [*fl.* 1170]: *Epistola de arte notaria* (extr.), ed. V. Rose, Hermes VIII (1874) 310–26.

J. TYNEMOUTH John of Tynemouth, monk of St. Albans [*ob. c*1348]: **Hist. Aur.** *Historia Aurea* (extr.), EHR XLIII (1928) 208–15; **Sanct.** *Sanctilogium Angliae, Walliae, Scotiae, et Hiberniae v. NLA.*

Judas Story The Latin Judas Story (? 12c.), EETS CIII (1894) 68–70.

Jus Feudale Sir Thomas Craig [*ob.* 1608]: *Jus Feudale* (1603) [by p. of ed. 1655].

JustIt Assize Rolls etc. (1201–1482), MS PRO (J.I. 1).

J. WALDEBY Ave John Waldeby, O.S.A. [*c*1315–*c*1372]: *Tractatus in salutationem angelicam*, ed. M. J. Morrin, Studia Augustiniana Historica II (Rome, 1975) 81–153.

J. WALEYS John Waleys (*Wallensis*) [*ob. c*1285], *Opera* (Lyon, 1511): **Brev. Sap.** *Breviloquium de sapientia sanctorum*, ff. 195–200v. [by cap.]; **Brev. Virt.** *Breviloquium de quatuor virtutibus cardinalibus*, ff. 200v.–16 [by cap.]; **Commun.** *Communiloquium* or *Summa collationum ad omne genus hominum*, ff. 1–139v. [by bk., dist., & cap.]; **Compend.** *Floriloquium sive compendiloquium de vita et dictis illustrium philosophorum*, ff. 140–94 [by bk., dist., & cap.]; **Schak.** *Comparatio mundi ad ludum schakarum*, *Speculum* VI (1931) 463–5 (addition to *Commun.* I 10. 7); **V. Relig.** *Ordinarium* or *Alphabetum vitae religiosae, Opera* ff. 217–55 [by cap.].

J. WALLINGF. *v.* Chr. Wallingf.

J. WHYTEFELD *Pref. Catal.* John Whytefeld [14c.]: Catalogue of the library of St. Martin's Dover (1389), *v. Libr. Cant. Dov.* 407–9, 434.

J. WORC. John, monk of Worcester [*fl.* 1140]: Chronicle (1118–40), ed. J. R. H. Weaver, Anecd. Oxon. XIII (1908); supersedes FL. WORC. II 71–136.

J. YONGE Vis. Purg. Pat. James Yonge [*fl.* 1425]: *Memoriale super visitatione Laurentii Ratholdi ad Purgatorium S. Patricii* (*c*1411), *Anal. Boll.* XXVII (1908) 43–60 [by cap.].

Kal. M. A. *Medii Aevi Kalendarium*, ed. R. T. Hampson (1841) vol. I: I (10c.) 397–420; II (11c.) 422–33; III (11c.) 435–46; IV (14c.) 449–60.

Kal. Met. Un témoin Anglo-Saxon du calendrier d'York (*c*800), Rev. Ben. XLVI (1934) 65–8.

Kal. Samson The Kalendar of Abbot Samson [*ob.* 1212] of Bury St. Edmunds [Suff], Camd. 3rd S. LXXXIV (1954): *Liber de consuetudinibus monasterii S. Edmundi* (*c*1186–91), 1–72 [by f.]; charters (1182–1211), 73–170 [by no.].

KB ContrR King's Bench Controlment Rolls (1329–), MS PRO (K.B. 29).

Kelso *Liber S. Mariae de Calchou*, 2 vols. Bannatyne Club (1846) [by no.].

KETEL J. Bev. William Ketel [*fl.* 1150]: Miracles of St. John of Beverley, in *Hist. Church York* I 261–91.

KILLINGWORTH Alg. John Killingworth [*ob.* 1445]: *Algorismus* (extr.), EHR XXIX (1914) 707–17.

KILMINGTON Richard Kilmington [*ob. a*1362]: **Soph.** *Sophismata* (extr.), ed. C. Wilson, William Heytesbury (Madison, Wisc., 1956) 163–8 [by no.].

KILWARDBY Robert Kilwardby, Archbishop of Canterbury [*ob.* 1279]: **ad Petrum** *Epistola ad Petrum de Confleto* (1277), ed. F. Ehrle, Archiv für Literatur- und Kirchengeschichte des Mittelalters V (1889), 603–35, repr. in F. Ehrle, Gesammelte Aufsätze zu englischen Scholastik (Rome, 1970), 18–44 [by p.]; cf. BGPM XX v (1922) 36–69; **Don.** *In Donati Artem majorem III*, ed. L. Schmücker (Brixen, 1984); **Ep.** *Epistolae, w. Jejun.* 177–85; **Injunc.** Injunctions for Merton College (1276), ed. H. W. Garrod (Oxford, 1929); **Jejun.** *Sermo in capite jejunii* (MS Trin. Coll. Camb. B. 15. 38 ff. 208v–212v), ed. E. M. F. Sommer-Seckendorff, Studies in the life of Robert Kilwardby, O.P. (Rome, 1937) 163–76; **Nec. Inc.** *De necessitate incarnationis* (extr.), RTAM VIII (1936) 98–100; **NR** *De natura relationis*, ed. L. Schmücker (Lenggries, 1980) [by cap.]; **NT** *De natura theologiae* (= *Prologus in Sententias*), ed. F. Stegmüller, *Opusc. & Text.* XVII (1935); **OS** *De ortu scientiarum*, ed. A. G. Judy, *Auct. Brit.* IV (1976) [by sect.]; **Pass.** *Sermo in dominica in Passione* (MS Trin. Coll. Camb. B. 15. 38 ff. 212v–215v), AFP LII (1982) 101–113; **Prisc.** *Super Priscianum Majorem* [attrib.], CIMA XV (1975); **Quomodo Deus** *Quomodo Deus sit homini philosopho cognitus* (extr.), in *N. & E. (Hauréau)* V 116–30; **Resp.** *Responsio de XLIII quaestionibus*, *Archivum Fratrum Praedicatorum* XLVII (1977) 10–50; **Sent.** *Quaestiones in III Sententiarum*, ed. E. Gössmann, Texte aus der mittelalterliche Geisteswelt X (Munich, 1982); **SF** *De Spiritu fantastico*, MS Balliol Coll. Ox. 3 [by f.]; **SP** *De spiritu phantastico*, MS Balliol Coll. Ox. 3; ed. P. O. Lewry, *Auct. Brit.* [by f.]; **Summa** [attrib.], *v. Ps.*-GROS; **Temp.** *De tempore* (extr.), in Grabmann Studies 855–61; superseded by ed. P. O. Lewry, *Auct. Brit.* [by sect.].

King's Serjeants J. H. Round: The King's Serjeants and Officers of State, with their Coronation Services (1911).

Kingsthorpiana A calendar of documents in the church chest of Kingsthorpe [Northants] (*c*1350–1705), ed. J. H. Glover (1883).

King's Works History of the King's Works, ed. H. M. Colvin, I– HMSO (1963–).

KNAPWELL Richard Knapwell (*alias* Clapwell) [*fl.* 1286]: **Form.** *Quaestio disputata de unitate formae*, ed. F. E. Kelley, Bibliothèque thomiste XLIV (1982); **Not.** *Notabilia super primum Sententiarum usque ad distinctionem XIX*, AHDLMA III (1928) 185–200; **Quare** *Correctorium corruptorii 'Quare'*, Bibliothèque thomiste IX (Kain, 1927); **Quodl.** *Quodlibet* (extr.), Zeitschr. kath. Theol. LII (Innsbruck, 1928) 473–91.

KNIGHTON Henry Knighton [*c*1366]: *Chronicon* (939–1366), 2 vols. RS XCII (1889–95) I, II 1–123; **Cont.** [anon.] (1377–95), II 124–322.

KR Records of the Exchequer, King's Remembrancer, MS PRO: **Ac** Accounts, Various (Hen. II–) (E. 101); **AcCust** Customs Accounts (Ed. I–) (E. 122); **Eccl.** Ecclesiastical documents (John–) (E. 135); **Ext. & Inq.**

Extents and Inquisitions (Hen. III–) (E. 143); **Forest Proc.** Forest Proceedings (Hen. III–) (E. 146); **Invent.** *v.* Invent. Exch.; **Mem** Memoranda Rolls (1216–) (E. 159); **Mem. PR** Memoranda Roll 1230-1, Pipe R. Soc. NS XI (1933); **Misc.** *Miscellanea* (Hen. II–) (E. 163); **Misc. Bks.** Miscellaneous Books, 1st S. (Hen. III–) (E. 164); **Spec. Comm.** Special Commissions (Eliz. I–) (E. 178); **Writs** (Hen. III–) (E. 202).

KYKELEY Kykeley, O.F.M. [*fl. c*1300]: *Quaestio de cooperatione divina, Bohoslovia* X (Lviv, 1932) 194-228.

KYMER Gilbert Kymer, Dean of Salisbury [*ob.* 1463]: *Diaetarium de sanitatis custodia* (1424) (extr.), in *BBExch* 550-9 [by cap.].

KYN. John Kynyngham (*alias* Cunningham) [*ob.* 1399], *v.* Ziz.

Lancs & Chesh Rec. Soc. Lancashire and Cheshire Record Society, publications, I– (1879–).

Land-ch. J. Earle: A handbook to the Land-charters and other Saxonic documents (Oxford, 1888).

Lanercost *Chronicon de Lanercost* [Cumb] (1201-1346), 2 vols. Bannatyne Club (1839).

LANFR. Lanfranc, Archb. of Canterbury [*ob.* 1089]: **Annot. Cassian.** *Annotatiunculae in Cassiani collationes*, PL CL (1854) 443-4; **Cel. Conf.** *De celanda confessione libellus*, *ib.* 625-32; **Comment. Paul.** *Commentaria in epistolas S. Pauli*, *ib.* 101-406 [partly checked w. ed. L. d'Achery (1648) which more clearly distinguishes Lanfranc's from earlier notes]; **Const.** Monastic constitutions, ed. M. D. Knowles, Med. Texts (1951) 1-132 [by p. of Giles's ed. (in marg.)]; reprinted w. extra notes as *Corpus consuetudinum monasticarum* III (Siegburg, 1967); *v. et.* Instr. Nov.; **Corp. & Sang.** *De corpore et sanguine Domini*, PL CL 407-42; **Ep.** *Epistolae, ib.* 516-51 [by no.]; superseded by ed. H. Clover and M. Gibson, Med. Texts (1979) [by no. of *PL* & no. of Med. Texts (in brackets); letters to Lanfranc cited as *Ep. Lanfr.*]; **Sermo** *Sermo sive sententiae*, PL CL 637-40.

Langley R. L. Storey: Thomas Langley and the bishopric of Durham 1406-1437 (1961); **app.** Report of inquisition by royal commissioners (1433), MS PRO (C. 49 roll 23), in *Langley* app. B 245-62.

LANGTON, *v.* J. LANGTON, S. LANGTON.

LANTFR. Lantfred [*fl.* 980]: **Ep.** *Epistola Lantfrithi ad Wintonienses*, in *Mem. Dunst.* 369-70; **Mir. et Transl. Swith A** *Historia translationis et miraculorum S. Swithuni* (extr.), *Acta SS. Boll.* July I (1719) 331-7, complemented by **B** *S. Swithuni Wintoniensis episcopi translatio et miracula*, *Anal. Boll.* IV (1885) 377-410, and **pref. Swith.** *ib.* 372-7; all superseded by LANTFR. *Swith.*; **Swith.** *Translatio et miracula S. Swithuni*, ed. M. Lapidge, Winchester Studies IV pt. ii [by cap.].

LATHBURY Lam. John Lathbury, O.F.M. [*fl.* 1350]: *Liber moralium super Threnis Jeremiae* (Oxford, 1482).

Latin Stories A selection of Latin Stories of the 13th and 14th centuries, ed. T. Wright (1842).

LAVENHAM Richard Lavenham, Carmelite [*ob.* ? *p*1399]: **Log.** *Summulae logicales*, Franciscan Studies XL (1980) 377-409 [= cc. 1-9, 12], supplemented by Med. Stud. XXXV (1973) 44-59 [= cc. 10, 11] [by cap. & p.]; **Oblig.** *Obligationes*, Revista critica di storia della filosofia XXXIII (1978) 226-41 [by sect.]; **Scire** *Scire*, Med. Stud. XLVI (1984) 13-30 [by sect.]; *v. et.* Ziz.

Law & Cust. Sea Documents relating to the Law and Custom of the Sea (1205-1767), 2 vols. Navy Rec. Soc. XLIX, L (1915-15).

Law Merch. Select cases concerning the Law Merchant A.D. 1270-1638, 3 vols. Selden Soc. XXIII, XLVI, XLIX (1908-32).

Laws Romney Marsh The Charter or Laws and Customs of Romney Marsh, ed. H. de Bathe (London, 1686): documents (13c.-14c.), 1-55; charter (1360), 55-75.

LBLond. Letter Books of the City of London, MS Corpo-

ration of London RO; extr. in *MGL* I 534-739 [by f.]; *v. et. Cal. LB Lond.*

LC *Lexicon Chymicum* (1652), ed. W. Johnson, in *Bibl. Chem.* I 217-90 [cited only to elucidate other passages].

L. DURH. Laurence, Prior of Durham [*ob.* 1154]: **Brig.** *Vita S. Brigidae, Acta SS. Boll.* Feb. I (1658) 172-85 [by cap.]; also *Vitae SS. Hiberniae e codice Salmanticensi* (Brussels, 1965) 1-37; **Cons.** *Consolatio de morte amici*, ed. U. Kindermann (Breslau, 1969); **Dial.** *Dialogi*, Surtees Soc. LXX (1880) 1-61 [by bk. & line]; **Ep.** Letter to Ailred (pref. to *Brig.*), *Sacris Erudiri* XI (1960) 263-5; **Hypog.** *Hypognosticon* (extr.), Surtees Soc. LXX (1880) 62-71.

LEDREDE Richard de Ledrede, Bishop of Ossory [*ob. c*1361]: **Carm.** *Carmina* (extr.), HMC Rep. X app. v 242-53 [*cf. RBOssory HMC*]; also ed. E. Colledge (Toronto, 1974) and R. L. Greene (Oxford, 1974); superseded by Latin Hymns of Richard Ledrede, ed. T. Stemmler (Mannheim, 1975) [by no. & line]; **Kyteler** *v.* Proc. A. Kyteler.

Leechdoms Leechdoms, wortcunning and starcraft of early England, ed. O. Cockayne, 3 vols. RS XXXV (1864-6).

Leeds Philos. & Lit. Soc. Leeds Philosophical and Literary Society, Lit. & Hist. Sect., proceedings, I– (Leeds, 1925–).

LEEKE Laurence Leeke, Prior of Norwich [*ob.* 1357]: *Historiola de vita et morte Willelmi Bateman Norwicensis episcopi* [*ob.* 1355], ed. F. Peck. *Desiderata Curiosa* (1735) II, Bk. VII item 1 [by sect.].

Leet Coventry The Coventry Leet Book (1420-1555), 4 vols., EETS CXXXIV, CXXXV, CXXXVIII, CXLVI (1907-13).

Leet Norw. Leet jurisdiction in the city of Norwich, Selden Soc. V (1891).

Leg. Ant. Lond. *De antiquis legibus liber*, London Chronicle (1178-1274) of Arnold Fitzthedmar [*ob.* ? 1274], w. app., Camd. Soc. XXXIV (1846).

Leg. Baronum v. Quon. Attach.

Leg. Hen. v. GAS.

Leg. IV Burg. *Leges et consuetudines quatuor burgorum, Berewic, Rokisburg, Edinburg, et Strivelin* (*c*1270), in *APScot* I 15-44 [by cap.].

Leg. Wall. *Liber legum Howell Da*, ed. H. D. Emanuel, The Latin texts of the Welsh Laws (Cardiff, 1967): 109-58 Redaction A (*a*1200); 193-259 Redaction B (*c*1250); 276-90 Redaction C (*p*1258); 316-97 Redaction D (*c*1280); 434-509 Redaction E (14c.) [by letter & p.].

LESLEY RGScot John Lesley (*alias* Leslie), Bishop of Ross [*ob.* 1596]: *De origine, moribus, et rebus gestis Scotorum* (Rome, 1578).

Let. Ch. Ch. Letters relating to the Priory of Christ Church Canterbury (14c.-16c.), Camd. Soc. NS XIX (1877).

Let. R. Joseph The Letter Book of Robert Joseph (1530-33), OHS NS XIX (1957) [by no.].

LEVINS Manip. Peter Levins [16c.]: *Manipulus Vocabulorum* (1579), EETS XXVII (1867).

Lib. Ant. Linc. *Liber antiquus de ordinationibus vicariarum tempore Hugonis Wells Linc. Ep., 1209-35* (Lincoln, 1888).

Lib. Cust. Northampt. *Liber Custumarum*, the book of the ancient usages of Northampton to 1448, ed. C. A. Markham (Northampton, 1895).

Lib. Eli. *Liber Eliensis* (499-1171), Camd. 3rd S. XCII (1962) [by bk. & cap.]; *v. et.* RIC. ELY, T. ELY.

Liberate Liberate Rolls, Chancery (1200-1436), MS PRO (C. 62) [*v. et. Cal. Liberate*]; **(Exch)** Liberate Rolls, Exchequer, MS PRO (1219-1306) (E. 403); **RC** *Rotuli de Liberate* (1200-4) etc., RC (1844).

Lib. Evesham *Officium ecclesiasticum abbatum secundum usum Eveshamensis monasterii* (1282-1316), HBS VI (1893).

Lib. Exempl. *Liber exemplorum ad usum praedicantium*

(13c.), ed. A. G. Little Brit. Soc. Franciscan Studies I (Aberdeen, 1908).

Lib. Hyda *Liber monasterii de Hyda* [Hants] (455–1023), RS XLV (1866).

Lib. Kilken. *Liber primus Kilkenniensis* (1231–1586), IMC (Dublin, 1931).

Lib. Landav. *Liber Landavensis*, ed. J. Rhys and J. G. Evans, The Text of the Book of Llan Dâv (Oxford, 1893).

Lib. Mem. Bernewelle *Liber memorandorum ecclesie de Bernewelle* [Cambs] (1092–1296) (wr. 1295–6, w. later addit. to 1304), ed. J. W. Clark (Cambridge, 1907); *v. et. Obs. Barnwell.*

Lib. Monstr. *Liber Monstrorum* (*c*700), ed. F. Porsia (Bari, 1976).

Lib. Prot. *Liber protocollorum* S. [*i. e.* Cuthbert Simon] *notarii publici et scribae capituli Glasguensis* (1499–1513), 2 vols. Grampian Club (Glasgow, 1875); *v. et. Rent. Glasg.*

Libr. Cant. Dov. The ancient Libraries of Canterbury and Dover, three catalogues, ed. M. R. James (Cambridge, 1903).

Lib. Regal. *Liber regalis seu ordo consecrandi regem, etc.* (14c.), Roxb. Club (1870); also in *Rec. Coronation* 81–112 [by f.].

Lib. Wint. *Liber Wintoniae*, ff. 1–12b (*c*1110) and ff. 13b–33 (1148), in *DB Add.* I 529–62 [by f.].

LINACRE Emend. Lat. Thomas Linacre [*ob.* 1524]: *De emendata structura Latini sermonis* (1524) [by f.; some refs. to ed. Leipzig, 1591].

Linc. Chapter Acts v. Chap. Linc.

Linc. Rec. Soc. Lincoln Record Society, publications, I– (1911–).

Lit. Cant. *Literae Cantuarienses* (14c.–16c.), 3 vols. RS LXXXV (1887–9).

Little RB Bristol The Little Red Book of Bristol (1331–1574), ed. F. B. Bickley, 2 vols. (Bristol, 1900).

Lit. Wall. *Litterae Walliae* (1217–92), preserved in *Liber A* [*TR Bk.* 274] in the PRO, ed. J. G. Edwards (Cardiff, 1940) [by no.].

Lives Ed. Conf. Lives of Edward the Confessor, RS III (1858); *v. V. Ed. Conf., V. Ed. Conf. Metr.*

LIV. Hen. V Titus Livius de Frulovisiis [15c.]: *Vita Henrici V regis Angliae* (*p*1437), ed. T. Hearne (Oxford, 1716) [by f.].

Lond. Ed. I & II M. Weinbaum: London unter Edward I und Edward II, 2 vols. (Stuttgart, 1933).

Loseley MSS Manuscripts of W. M. Molyneux of Loseley Park [Surrey], HMC Rep. VII (1877) 596–681.

L. & P. Hen. VIII Letters and Papers illustrative of the reign of Henry VIII, 21 vols. & 2 vols. addenda, HMSO (1884–1932).

L. & P. Ric. III–Hen. VII Letters and Papers illustrative of the reigns of Richard III and Henry VII, 2 vols. RS XXIV (1861–3).

L. SOMERCOTE Lawrence of Somercote, canon of Chichester [13c.]: *Tractatus sive summa de formis electionum episcoporum faciendarum* (1254), ed. A. von Wretschko (Weimar, 1907); also in *Stat. Linc.* II cxxv–cxlii.

LTR Records of the Exchequer, Lord Treasurers's Remembrancer and Pipe Office, MS PRO: **Ac** Accounts Miscellaneous (Ed. II–)(E. 358); **AcCust** Customs Accounts (Ed. I–Eliz. I) (E. 356); **AcDecl** Declared Accounts, Pipe Office (1500–) (E. 351); **AcEsch** Escheators' Accounts (1323–) (E. 357); **AcWardr** Wardrobe and Household Accounts (1257–1548) (E. 361); **Enr Estr** Enrolled Estreats (Ed. VI–) (E. 362); **Mem** Memoranda Rolls (1216–) (E. 368); **Mem PR** Memoranda Rolls 1199–1200 and 1207–8, Pipe R. Soc. NS XXXI (1943) and XXXI (1957); **MiscR** Miscellaneous Rolls (Hen. II–) (E. 370).

LUCIAN Chester Lucian, monk of St. Werburgh's, Chester [*fl.* 1200]: *Liber Luciani de laude Cestriae* (*c*1195), Lancs & Chesh Rec. Soc. LXIV (1912) 1–78.

Ludus Angl. *Ludus Anglicorum* (14c.), ed. D. W. Fiske, Chess in Iceland (Florence, 1905), 162–5.

Ludus Coventriae *Ludus Coventriae* or the plaie called *Corpus Christi*, ed. K. Block, EETS Extra S. CXX (1922 for 1917, repr. 1960) [by f.].

Luke The Gospel according to Saint Luke, ed. W. W. Skeat (Cambridge, 1874), cited from the Lindisfarne Gospels, wr. *c*697, glossed 970 [by cap. & verse].

LUPSET Ep. Thomas Lupset [*ob.* 1530]: Letters, ed. J. Archer Gee, Life and Works of Thomas Lupset (New Haven, Conn., 1928) 295–321.

LUTTERELL John Lutterell [*ob.* 1335]: **Occam** *Libellus contra doctrinam Guilelmi Occam*, ed. F. Hoffmann, Erfurter theologische Studien VI (Leipzig, 1959) 3–102 [by sect.]; **Visio Beat.** *Epistula de visione beatifica, ib.* 103–19 [by f.].

LYNDW. William Lyndwood [*ob.* 1446]: *Provinciale* (Oxford, 1679) [by p. & serial letter]; *v. et.* J. ACTON.

Magna Carta *Magna Carta* (1215), in *SelCh* 292–302 [by cap.]; (1216), *ib.* 336–9 [by cap.].

MAIDSTONE Clement Maidstone (*alias* Maydeston) [*ob.* *c*1456]: Tracts, HBS VII (1894) 1–237.

Maitland Club publications, I–LXXV (Glasgow, 1829–59).

MAJOR John Major (*alias* Mair) [*ob.* 1550]: *Historia Majoris Britanniae* (Paris, 1521; new ed. Edinburgh 1740) [by bk. & cap.].

MALACHY Ven. Malachias Hibernicus, Franciscan, Archb.-elect of Tuam [*fl.* 1280]: *Tractatus de veneno* (Paris, 1518); also (extr.) ed. M. Esposito, EHR XXXIII (1918) 359–61 [by f.].

MALDON Ps. Thomas Maldon, O. Carm. [*ob.* 1404]: *Lectura in Psalmum cxviii*, MS Balliol Coll. Ox. 80 ff. 190–232; (extr.), *Carmelus* XXIX (1982) 193–235 [by f.].

M. ALNWICK Martin of Alnwick (*alias* Martinus Anglicus), O.F.M. [*ob.* 1336]: **Prop.** *De veritate et falsitate propositionis*, ed. L. M. de Rijk, Some 14c. tracts on the *Probationes Terminorum, Artistarium* III (1982) 7–33.

Mandeville J. H. Round: Geoffrey de Mandeville, a study of the anarchy (1892).

Man. Ebor. *Manuale et processionale ad usum insignis Ecclesie Eboracensis* (14c.), Surtees Soc. LXIII (1875) 1–207.

Manners Manners and household expenses of England in the 13th and 15th centuries, Roxb. Club LVII (1841): Household roll of Eleanor, Countess of Leicester (1265), 3–115; Accounts of the executors of Eleanor, Queen Consort, (1291), 116–45.

Man. Sal. *Manuale ad usum percelebris ecclesiae Sarum* (prob. mainly 15c.; printed Rouen, 1543), ed. A. J. Collins, HBS XCI (1960); also ed. W. G. Henderson in abbreviated form, *Man. Ebor.* app. 1*–112*.

MAP NC Walter Map [*ob.* *c*1210]: *De nugis curialium*, ed. M. R. James, *Anecd. Oxon.* XIV (1914); superseded by Med. Texts (1983) [by bk., cap., & f.]; *cf. Ps.-*MAP.

March. S. Wales The Marcher lordships of S. Wales (1415–1536), select docs., ed. T. B. Pugh (Cardiff, 1963).

Mark The Gospel according to Saint Mark, ed. W. W. Skeat (Cambridge, 1871), cited from the Lindisfarne Gospels, wr. *c*697, glossed 970 [by cap. & verse].

Mart. Hist. H. Quentin: Les Martyrologes historiques du moyen âge (Paris, 1908).

Matth. The Gospel according to Saint Matthew ed. W. W. Skeat (Cambridge, 1887), cited from the Lindisfarne Gospels, wr. *c*697, glossed 970 [by cap. & verse].

Mayor's CourtR Lond. Mayor's Court Rolls (1298–1307), MS Corp. of London RO: *v. et. Cal. Mayor's CourtR Lond.*

M. CORNW. Michael of Cornwall [*fl.* 1250]: **Hen.** *Versus magistri Michaelis Cornubiensis contra magistrum Henricum Abrincensem* (*c*1254), ed. A. Hilke, Festgabe zum 60. Geburtstage von Hermann Degering (Leipzig, 1926) 125–154 [by line]; **Mansel** *De crure J. Mansel curando*

(1243), ed. J.P. Heironimus and J.C. Russel, The Shorter Latin poems of Henry of Avranches relating to England (Cambridge, Mass., 1935), app. A p. 157 [by line; *cf.* H. AVR. *Poems*]; **Montfort** Lament on death of Simon de Montfort (*c*1265) [attrib.], ed. J. O. Halliwell, Camd. Soc. XV (1840) 139–46 [by p.].

M. CRISPIN Lanfr. Milo Crispin [*ob. c*1150]: *Vita B. Lanfranci, PL* CL (1854) 19–58.

Meaux *Chronica monasterii de Melsa* [Yorks] (1150–1406), 3 vols. RS XLIII (1866–8).

MED Middle English Dictionary, ed. H. Kurath, S. M. Kuhn, and R. E. Lewis, vol. I– (Ann Arbor, Mich., & Oxford, 1956–).

Med. Admin. Hist. T. F. Tout: Chapters in the Administrative History of Medieval England, etc., 6 vols. (Manchester, 1920–33).

Med. Bor. Snowd. E. A. Lewis: The Mediaeval Boroughs of Snowdonia, Univ. Wales Hist. Stud. I (1912).

Med. Cult. C. H. Haskins: Studies in Mediaeval Culture (Oxford, 1929).

Med. E. Anglia D. C. Douglas: The social structure of Medieval East Anglia (Oxford, 1927).

Med. Eng. Sheriff W. A. Morris: The Medieval English Sheriff to 1300 (Manchester, 1927).

Med. Fenland H. C. Darby: The Medieval Fenland (Cambridge, 1940).

Med. & Hum. *Medievalia et Humanistica*, I–XVII (Boulder, Colorado, 1943–1966); NS I– (Cambridge, 1970–).

Medit. Farne *Meditationes* (*c*1350), by a solitary of Farne, ed. D.H. Farmer, *Studia Anselmiana* XLI (1957) 158–245 [by f.]; (extr.) also ed. W. A. Pantin, EHR LIX (1944) 162–86.

Medium Ævum Soc. of Med. Languages & Lit., journal, I– (Oxford, 1932–).

Med. Mason D. Knoop and G. P. Jones: The Medieval Mason (Manchester, 1933).

Med. & R. Stud. Mediaeval and Renaissance Studies, I– Warburg Inst. (1941–).

Med. Sci. C. H. Haskins: Studies in the history of Mediaeval Science (Cambridge, Mass., 1924).

Med. Stage E. K. Chambers: The Medieval Stage, 2 vols. (Oxford, 1903).

Med. Stud. Mediaeval Studies, Pontifical Inst. of Med. Stud., Toronto, I– (New York & Toronto, 1939–).

Med. Texts [Nelson's] Medieval Texts (Edinburgh, 1949–65) [incl. earlier volumes called Medieval Classics]; continued as Oxford Medieval Texts (Oxford, 1967–).

Med. Thinkers Nine Mediaeval thinkers, ed. J. R. O'Donnell (Toronto, 1955).

Medulla *Medulla Grammatice* (Latin – Latin-English Dictionary), MS Stonyhurst A. 1. 10 (*s.* xv^{in}) [by f.; mostly cited from *MED*].

Melrose *Liber Sancte Marie de Melros* [Roxb] (1124–1625), 2 vols. Bannatyne Club (1837) [by no.].

MELTON William Melton [*fl.* 1420–30]: *Sermo in die Parasceues* (1431), in *Doc. Francisc.* 247–56.

Mem. Anselm Memorials of St Anselm, ed. R. W. Southern and F. S. Schmitt, Auct. Brit. I (1969).

Mem. Beverley Memorials of Beverley Minster [Yorks] (1286–1347), 2 vols. Surtees Soc. XCVIII, CVIII (1897, 1903).

Mem. Dunst. Memorials of Saint Dunstan, Archb. of Canterbury [*ob.* 988], RS LXIII (1874); *v.* ADEL. BLANDIN. *Dunst.*, B. *V. Dunst.*, CAPGR. *Dunst.*, EADMER *V. & Mir. Dunst.*, *Frag. Rit. Dunst.*, OSB. *V. & Mir. Dunst.*, W. MALM. *Dunst.*

Mem. Fount. Memorials of the abbey of St. Mary of Fountains [Yorks], docs. (12c.–16c.), 3 vols. Surtees Soc. XLII, LXVII, CXXX (1863–1918); *v. et.* SERLO. GRAM. *Mon. Font.*, SWYNTON *Mem.*

Mem. Gerv. Louth Memorials of Gervase, Abbot of Louth Park [*fl.* 1139–47], *Anal. Cist.* VII (1951) 38–45:

Lamentatio Gervasii, a memoir of Gervase, *Epistola Gervasii de absolutione.*

Mem. Hen. VII Memorials of King Henry VII, RS X (1858); *v.* ANDRÉ *Hen. VII.*

Mem. Hen. V Memorials of Henry V, RS XI (1858); *v.* ELMH. *Metr. Hen. V*, REDMAN, *Vers. Hen. V.*

Mem. Ir. Memoranda Rolls of Ireland (extr., 1312–16), in *Doc. Ir.* 312–58; MS PRO Dublin.

Mem. Parl. *Memoranda de Parliamento* (1305), RS XCVIII (1893) [by no.].

Mem. Pri. East. Henry of Eastry, Prior of Christ Church, Canterbury [*ob.* 1331]: *Memoriale*, MS BL Cotton Galba E IV ff. 1–186.

Mem. Ric. I Chronicles and Memorials of the reign of Richard I, 2 vols. RS XXXVIII (1864–5); *v. Ep. Cant., Itin. Ric.*

Mem. Ripon Memorials of the church of Ripon [Yorks], 4 vols. Surtees Soc. LXXIV, LXXVIII, LXXXI, CXV (1882–1908) [by vol. & p.].

MemR Memoranda Rolls: 1199, Pipe R. Soc. XXI (1943); 1231–3, HMSO (in prep.); *v. et. CalMem, KRMem, LTRMem.*

Mem. S. Edm. Memorials of St. Edmund's Abbey [Suff], 3 vols. RS XCVI (1890–6); *v. et.* ABBO *Edm.*, *Ann. S. Edm.*, G. FONT., HERM. ARCH., SAMSON.

Mem. York York Memorandum Book, 3 vols. Surtees Soc. CXX, CXXV, CLXXXVI (1912–73).

Mens. & Disc. (Anon. IV) *Anonymi IV de Mensuris et Discantu* (13c.), in *Script. Mus.* I (1864) 327–65; superseded by ed. F. Reckow, Der Musiktraktat des Anonymus 4, 2 vols. (Wiesbaden, 1967) I 22–89.

METHLEY Tract. Richard Methley (*alias* Richard Furth), Carthusian [*fl. c*1480]: Spiritual treatises (MS Trinity Coll. Camb. O. 2. 56), *Scola amoris languidi, Dormitorium dilecti dilecti, Refectorium salutis*, facs. ed. J. Hogg, *Analecta Carthusiana* LXIV ii (1978) [by f.].

MFG Medieval Farming Glosssary of Latin and English words taken mainly from Essex records (1200–1600), ed. J. L. Fisher (London, 1968).

MGH *Monumenta Germaniae Historica* (Hanover, etc., 1826–).

MGL *Munimenta Gildhallae Londoniensis*, 3 vols. in 4, RS XII (1859–62).

MIDDLETON Richard Middleton (*alias* de Mediavilla) [*c*1249–*a*1308]: **Form.** *De gradu formarum*, ed. R. Zavalloni, Philosophes médiévaux II (1951), 35–169; **QD** *Quaestio disputata de privilegio Martini IV*, ed. F. M. Delorme (Quaracchi, 1925) 1–78; **Quodl.** *Quodlibeta* (Brescia, 1591) [w. *Sent.*; sep. pag.]; **Sent.** *Quaestiones in Sententias*, 4 vols. (Brescia, 1591) [by bk. & p.]; **Serm.** Three sermons, ed. E. Hocedez, *Spicilegium Sacrum Lovaniense* VII (1925) 490–509; **Unit.** *Quaestio de unitate formae*, ed. Zavalloni, 173–80.

Midlothian *Registrum Domus de Soltre* [Haddington], *necnon Ecclesiae Collegiatae S. Trinitatis prope Edinburgh, etc.* (1153–1612), Bannatyne Club (1861).

MILEMETE Nob. Walter de Milemete: *De nobilitatibus regum* (*c*1327), ed. M. R. James, Roxb. Club (1913).

MILTON Sacr. William of Milton (*alias* Meliton) [*ob.* 1261]: *De Sacramentis, Bibliotheca Franciscana scholastica medii aevi* XXII, XXIII (–502, –1158) (Quaracchi, 1961).

MinAc Essex Ministers' Accounts, MS Essex RO; *v. et.* MFG.

MinAc Ministers' and receivers' Accounts (S. I Hen. III–Ric. III; S. II Hen. VII–Chas. II) MS PRO (S.C. 6).

MinAc Westm., Wint. (etc.) *v. Ac. Man. Westm. etc.*

MinAc Wistow Ministers' Accounts for Wistow [Hunts], in *Econ. Condit.* app. [sep. pag.].

MinAc W. Wales Ministers' Accounts for West Wales 1277–1306, pt. 1, ed. M. Rhys, Cymmrodorion Rec. S. XIII (1936).

Mir. Audoeni *Miracula S. Audoeni, Acta SS. Boll.* Aug. IV (1739) 825–40; *v. et. V. & Transl. Audoeni.*

Mir. Crisp. *Miraculum quo B. Maria subvenit Willelmo Crispino seniori* (a1100), *PL* CL (1854) 735–44.

Mir. Cuthb. *Capitula de miraculis et translationibus S. Cuthberti* (a1130), capp. 1–7 in S. Durh. I 229–61, capp. 8–21, *ib.* II 333–62 [by cap.].

Mir. Cuthb. Farne Miracles of St. Cuthbert at Farne (wr. *c*1200), in *Anal. Boll.* 70 (1952) 9–19 [by sect.].

Mir. Fridesw. *Miracula S. Frideswidae* [*ob.* ? 735], [attrib. Philip, prior 1175–91], *Acta SS. Boll.* Oct. VIII (Brussels, 1853) 568–89 [by cap.].

Mir. Furs. *Miracula S. Fursei abbatis Latiniacensis* [*ob.* 650], *Acta SS. Ben.* II 309–14; *v. et. V. Furs.*

Mir. Hen. VI *Henrici VI Angliae regis miracula postuma* (*c*1500), ed. P. Grosjean, *Subsidia Hagiographica* XXII (Brussels, 1935) [by bk. & cap.].

Mir. J. Bev. Miracles of St. John of Beverley, in *Hist. Church York* I: **A** (*c*1175) 293–320; **B** (12c. or 13c.) 321–5; **C** (*c*1275) 327–47.

MIRK Man. John Mirk, Prior of Lilleshall, Salop [*fl.* 1400]: *Manuale sacerdotis*, MS BL Harl. 5306 ff. 1–61v.

Mir. Montf. The Miracles of Simon de Montfort (*c*1280), ed. J. O. Halliwell, Camd. Soc. XV (1840) 67–110; *v. et.* M. Cornw. *Montfort.*

Mir. Nin. *Miracula Nyniae Episcopi*, in *PLAC* IV ii–iii (1923) 943–62 [by line].

Mir. Odulphi v. T. Marlb. *Odulph.*

Mir. Will. *Miracula quaedam S. Willelmi* [*ob.* 1154] (? *c*1285), in *Hist. Church York* II 531–43; *v. et. V. Will.*

Mir. Wist. v. T. Marlb. *Wistan.*

Mir. Wulfst. Miracles of St. Wulfstan [*ob.* 1095] (*c*1240), Camd. 3rd S. XL (1928) 115–88.

Misae *Rotuli Misae*: 1209–10, in *Liberate RC* 109–71; 1212–13, in *DocExch* 231–69.

Misc. Bannatyne v. Bannatyne Misc.

Misc. Chester Miscellanea (1311–), MS PRO (Chester 38).

Misc. LChamb. Lord Chamberlain's department, Miscellanea (1516–), MS PRO (L.C. 5).

Misc. Scrope Miscellanea relating to Archb. Scrope (1399–1405), in *Hist. Church York* II 292–311.

Misc. Wells Dean Cosyn and Wells Cathedral Miscellanea, Som. Rec. Soc. LVI (1941).

Miss. Ebor. *Missale ad usum insignis Ecclesie Eboracensis* (12c.–15c.), Surtees Soc. LIX–LX (1874).

Miss. Heref. *Missale ad usum percelebris ecclesiae Herfordensis* (14c.), ed. W. G. Henderson (Leeds, 1874).

Miss. Leofric The Leofric Missal (11c.), ed. F. E. Warren (Oxford, 1883).

Miss. R. Jum. The Missal (1013–17) of Robert of Jumièges [Archb. of Canterbury, 1051–2], HBS XI (1896).

Miss. Rosslyn The Rosslyn Missal (late 13c.), HBS XV (1899).

Miss. Sarum The Sarum Missal (? early 14c.), ed. J. Wickham Legg (Oxford, 1916).

Miss. Westm. *Missale ad usum ecclesie Westmonasteriensis* (1362–86), HBS I, V, XII (1891–7).

M. KIRKHAM Salom. Maurice, Prior of Kirkham [*fl.* 1170]: Against the Salomites (extr.), Journal of Theological Studies XXXV (1934) 287–97.

MLJ *Mittellateinisches Jahrbuch* I– (Cologne, 1966–).

MLLM *Mediae Latinitatis lexicon minus*, ed. J. F. Niermeyer and C. van de Kieft (Leyden, 1954–76).

MLW *Mittellateinisches Wörterbuch*, I– (Munich, 1967–).

Mod. Comp. Brevia *Modus componendi brevia* (p1285), ed. G. F. Woodbine, Four 13th-century Law Tracts, (New Haven, Conn., 1910) 143–62.

Mod. Philol. Modern Philology, I– (Chicago, 1903–).

Mod. Ten. CBaron *Modus tenendi curiam baronum cum visu franci plegii* (1510), ed. C. Greenwood (1915).

Mod. Ten. Parl. *Modus tenendi parliamentum* (14c.), ed. T. D. Hardy, RC (1846); also ed. M. V. Clarke, Medieval representation and consent (1936) 373–92.

Monarchia *Monarchia S. Romani Imperii*, ed. M. Goldast, 3 vols. (Hanover & Frankfurt, 1611–14); *v.* Conway *Def. Mend.*, Ockham *Dial., Disp. & Err. Pap.*, Paul. Angl. *ASP*, Ric. Armagh *Def. Cur.* [many irregularities in pagination; note especially that from p. 1335 (*recte* 1235 *bis*) to p. 1428 (*recte* 1328) most page numbers are wrong by 100].

MonA W. Dugdale: *Monasticon Anglicanum*, ed. J. Caley *et al.*, 6 vols. in 8 (1817–30); also 3 vols. (1661–82) and 6 vols. in 8 (1846); *v. et. Inst. Sempr.*.

MonExon *Monasticon Dioecesis Exoniensis*, ed. G. Oliver (Exeter, 1846).

Mon. Francisc. *Monumenta Franciscana*, 2 vols. RS IV (1858–82) [partly superseded by Eccleston *Adv. Min.* (1909)]; *v. et.* Ad. Marsh.

Mon. Hib. & Scot. *Vetera monumenta Hibernorum et Scotorum historiam illustrantia* (1216–1547) [mainly papal letters], ed. A. Theiner (Rome, 1864).

Mon. Rit. *Monumenta ritualia Ecclesiae Anglicanae, etc.*, ed. W. Maskell, 3 vols. (Oxford, 1882).

Mon. Tithes G. Constable: Monastic Tithes from their origins to the 12th century (Cambridge, 1964).

MORE Chr. Ed. II Thomas de la More [*fl.* 1327–47] [attrib.]: *Vita et Mors Edwardii II*, in *Chr. Ed. I & II*, II 297–319 [copied w. minor variations from Baker].

MORE Ut. Thomas More [*ob.* 1535]: *Utopia* (1518), ed. J. H. Lupton (Oxford, 1895).

MOROW Thomas Morow, Abbot of Paisley [15c.]: Appeal to Council of Basel (1424), *Monumenta Conciliorum Generalium seculi decimi quinti*, 4 vols. (Vienna, Basel, 1857–1935), I 53–60.

Morton, William *v. Ac. Almon. Peterb.*

M. PAR. Matthew Paris [*ob. c*1259]: **Abbr.** *Abbreviatio Chronicorum Angliae* (1000–1255), in M. Par. *Min.* III 159–348; **Edm.** Life of Edmund Rich, Archb. of Canterbury [*ob.* 1240], ed. W. Wallace, Life of St. Edmund of Canterbury (1893) 543–88 [here attrib. E. Faversham]; superseded by C. H. Lawrence, Life of St. Edmund of Abingdon (Oxford, 1960) 222–89; **Flor.** *v. Flor. Hist.*; **Gesta** *v. G. S. Alb.*; **Maj.** *Chronica majora* (Creation–1259), 7 vols. RS LVII (1872–83); **Min.** *Historia Anglorum sive historia minor* (1066–1253), 3 vols. RS XLIV (1866–9).

M. RIEVAULX Matthew, precentor of Rievaulx (*alias* Nicolaus Rievallensis) [*fl.* 1210]: Miscellany of verse, sermons and letters, Rev. Ben. LII (1940) 15–84 [by no. of calendar, pp. 30–48]: 20–22, ed. E. Faral, Les Arts poétiques (Paris, 1924) 24–6 [*cf.* Vinsauf *Interdict.*]; 63 and 65, *Studia Anselmiana* XXXVII (1955) 175–9; **app.** additional verses, Rev. Ben. LII (1940) 48–51 [by no.].

M. SCOT Michael Scot [*ob. c*1235]: **Alch.** *De arte alchimiae* [attrib.] (extr.), in *Med. Cult.* 149–56; **An.** *De anima* **Intr.** *Liber Introductorius*, MS Escorial f. III 8 ff. 32v–53v; also (extr.), in *Med. Sci.* cap. xiii; **Lumen** *Lumen luminum*, ed. J. Wood Brown, Enquiry into the Life and Legend of Michael Scot (Edinburgh, 1897) 240–68; **Mot.** *De motibus celorum* [transl. from al-Biṭrūjī], ed. F. Carmody (Berkeley, Calif., 1952); **Part.** *Liber Particularis* (extr.), in *Med. Sci.* cap. xiii; **Phys.** *Liber Physiognomiae* (Pavia, 1515) [by cap.]; **Sol** *Quaestio curiosa de natura solis et lunae* (p1235) [attrib.], in *Theatrum Chem.* V 713–22; **Sphera** *v. Comm. Sph.*

MSS Ir. Facsimiles of national manuscripts of Ireland, 5 vols. (1874–84).

MunAcOx *Munimenta academica* or Documents illustrative of life and studies at Oxford (1214–1549), 2 vols. RS L (1868).

MunCOx *Munimenta civitatis Oxoniae* (1285–1545), OHS LXXI (1920).

Mun. K's Lynn King's Lynn Muniments, MS Norfolk RO.

Mun. Merton Merton [College] Muniments (with facsimiles) (c1154–1519), ed. P. S. Allen and H. W. Garrod (Oxford, 1928).

Mun. Univ. Glasg. *Munimenta almae universitatis Glasguensis* (1453–1727), ed. C. Innes, Maitland Club (1854).

Musca *v. Chr. Dale.*

Mus. Mens. (Anon. VI), *De musica mensurabili* (1391), in *Script. Mus.* III (1869) 398–403.

MYLN Dunkeld Alexander Myln [*ob.* c1548]: *Vitae Dunkeldensis ecclesiae Episcoporum* (1127–1515), Bannatyne Club (1823); **app.** compotus rolls (1513–16) in reissue, Bannatyne Club (1831).

Natura Deorum *Liber de Natura Deorum* (12c), Med. Stud. XXXIV (1972) 2–72 [by cap.].

Nav. Ven. *Navicula de Venetiis* (a1400), in *Early Sci. Ox.* II 375–9 (*cf. ib.* 38–41).

N. DUNSTABLE Nicholas of Dunstable [*fl.* 1225]: **Chr.** The Chronicle of the election of Hugh, Abbot of Bury St. Edmunds and later Bishop of Ely [attrib.], in *Mem. S. Edm.* II 29–130; also ed. R. M. Thomson, Med. Texts (Oxford, 1974); **Rel.** *De pace Veneta Relatio* [attrib.], *Speculum* L (1975) 29–32 [by f.].

NEB New English Bible (Oxford & Cambridge, 1961–70).

NECKAM Alexander Neckam (*melius* Nequam) [*ob.* 1217]: **AD** *Ars disserendi* [attrib.], *v.* BALSH. *AD rec. 2*; **Avianus** *Novus Avianus*, ed. L. Hervieux, Les Fabulistes latins III (Paris, 1894) 462–7; **Corrog.** *Corrogationes Promethei*, MS Bodley 550 [by f.]; also (extr.) in *N. & E.* XXXV (1897) 641–82, and *Med. Sci.* 363–4; **DS** *De laudibus divinae sapientiae*, RS XXXIV (1863) 355–503 [by bk. & line]; **Eccles.** *Commentarium in Ecclesiastem III 1–11*, MS Magdalen Coll. Ox. 139; **Fab.** *Fabulae* or *Novus Aesopus*, ed. L. Hervieux, Les Fabulistes latins II (1894) 392–416 [by no. & line]; **NR** *De naturis rerum*, RS XXXIV (1863) 1–354 [by bk. & cap.]; **Poems** Poems [attrib.], ed. M. Esposito, EHR XXX (1915) 450–71; complemented by MLJ II (1965) 111–29; **Sac.** *Sacerdos ad altare* [attrib.], MS Caius Coll. Camb. 385; (extr.) in *Med. Sci.* 361–76; **Sal.** *De prevaricatione Salamonis et ejus penitentia*, Med. & R. Stud. IV (1958) 29–31; **SS** *Speculum speculationum*, ed. R. M. Thomson, *Auct. Brit.* [in prep.]; **Ut.** *De nominibus utensilium*, ed. T. Wright, Vocabularies I (1857) 96–119 [by p.]; *vv. ll.* from ed. A. Scheler, Jahrb. rom. Lit. VII (1866) 58–74, 155–73; glosses printed in Revue de linguistique romane XLIII (1979) 239–62; **VM** *De vita monachorum* [attrib.], in *Sat. Poets* II 175–200.

NEN. HB 'Nennius' [attrib.]: *Historia Brittonum* (early 9c.) *cum additamentis Nennii, MGH Auct. Antiq.* XIII (1898) 143–219.

N. & E. Notices et extraits des MSS de la Bibliothèque Nationale, I– (1787–); **(Hauréau)** Notices et extraits de quelques manuscrits latins de la Bibliothèque Nationale, ed. B. Hauréau, 6 vols. (Paris, 1890–3).

NETTER DAF Thomas Netter of Walden [*ob.* 1430]: *Doctrinale antiquitatum fidei Ecclesiae Catholicae* (1426–7), 3 vols. (Venice, 1571) [Vol. I by p., II and III by f.]; *v. et. Ziz..*

New Spalding Club (formerly Spalding Club), publications, (Aberdeen, 1877–).

N. FAKENHAM Nicholas of Fakenham, O.F.M. [*ob.* c1407]: **Concl.** *Conclusiones*, Two *questiones* on the Great Schism, AFH LXX (1977) 121–7; **Determ.** *Determinatio de schismate facta Oxoniae* (1395), AFH I (1908) 582–600, *ib.* II (1909) 79–91.

NGML *Novum Glossarium Mediae Latinitatis* (800–1200), ed. F. Blatt *et al.*, L–O (Copenhagen, 1957–) [in prog.].

NIC. S. ALB. Nicholas, monk of St. Albans [*fl.* 1180]: **Concept.** *De celebranda conceptione beatae Mariae contra beatum Bernardum*, Rev. Ben. LXIV (1954) 92–117; **Ep.** *Epistola ad Petrum Cellensem*, PL CCII 622–8.

NIG. Nigel Wireker [*fl.* 1190]: **Cur.** *Tractatus contra curiales et officiales clericos*, in *Sat. Poets* I 146–53 (verse), 153–230 (prose); also ed. A. Boutemy, Nigellus de Longchamp dit Wireker I (Paris, 1959), 144–210; **Ely** *Versus ad Episcopum Eliensem* [William Longchamp, *ob.* 1197], *ib.* 231–9; **Ep.** *Epistola ad Willelmum, Medium Ævum* XXXIX (1970) 17–20; **Eust.** *Vita metrica S. Eustacii*, Zeitschrift für deutsches Alterthum 24 (1880) 242–54 [by line]; **Laur.** *Passio S. Laurencii*, MS BL Cotton Vespasian D XIX ff. 28–45 [by f. & col.]; **Mir. BVM** *Miracula S. Virginis Mariae*, *ib.* ff. 5–24 [by f. & col.]; **Paul.** *Vita Pauli primi heremitae*, *ib.* ff. 45v.–52; ed. L. M. Kaiser, Classical Folia XIV (1969) 63–81 [by f. & line]; **Poems** Unprinted poems, Cotton Vespasian D XIX ff. 1–53 (incl. *Laur., Mir. BVM,* and *Paul.*); (extr.), *Speculum* VII (1932), 398–423; **SS** *Speculum stultorum*, ed. J. H. Mozley and R. R. Raymo (Berkeley, Calif., 1960) [by line]; also in *Sat. Poets* I 3–145.

NLA *Nova Legenda Angliae*, collected by J. Tynemouth [*ob.* c1348], w. additions by Capgr. [*ob.* 1464] *et al.*, ed. C. Horstman, 2 vols. (Oxford, 1901); **prol.** prologue, prob. wr. for ed. 1516; *v. et. V. Erkenwaldi.*

N. OCKHAM QD Nicholas of Ockham, O.F.M. [1242–1320]: *Quaestiones disputatae de dilectione Dei*, ed. C. S. Alarcón, *Spicilegium Bonaventurianum* XXI (Grottaferrata, 1981).

Non-Cycle Plays Non-Cycle Plays and Fragments, ed. N. Davis, EETS Sup. S. I (1970) [by no. & line].

Norf. Arch. v. Arch. Soc. Norf.

Norm. Inst. C. H. Haskins: Norman Institutions (Cambridge, Mass., 1918), w. app. of docs. 241–343.

Northants Rec. Soc. Northamptonshire Record Society, publications, I– (1924–).

North Durh. J. Raine: History and Antiquities of North Durham (1830–52); **app.** appendix of documents [by no.].

Norw. Cath. Pri. Norwich Cathedral Priory in the fourteenth century, JRL Bull. XX (1936) 105–30.

Nott. Med. Stud. Nottingham Mediaeval Studies, I– (Cambridge, 1957–).

N. & Q. Notes and Queries, I– (1849–).

N. Riding Rec. Soc. North Riding Record Society, publications, I– (London, 1884–).

Nunnam. The Book of Nunnaminster. An Ancient manuscript of the Eighth or Ninth Century, ed. W. de G. Birch, Hants Rec. Soc. (1889).

Oak Bk. Southampt. The Oak Book of Southampton (c1300), 3 vols. Southampton Rec. Soc. (1910–11).

O. BATTLE Odo of Canterbury, abbot of Battle [*ob.* 1200]: **Ep.** *Epistolae*: 1–4 (a1175) in *Ep. Alex.* III 1396–8, 1464–6; 5 (1187) in *Ep. Cant.* 28; 6, ed. J. Mabillon, *Vetera Analecta* (Paris, 1675), I 349–59 (cf. *Studia Anselmiana* XXXI 128 n. 3); 7 (a1200) in *Becket Mat.* II xlix [by no.]; **Kings** *Tractatus in libros Regum*, ed. C. de Clercq (Ventimiglia, 1980); **Serm.** *Sermones*, ed. C. de Clercq (Brussels, 1983).

Obed. Abingd. *De obedientiariis abbatiae Abbendonensis* [Abingdon, Berks] (late 13c.), in *Chr. Abingd.* II app. IV 336–417.

ObitR Durh. The Obituary Roll of William Ebchester and John Burnby, priors of Durham, etc. (1233–15c.), Surtees Soc. XXXI (1856).

Obs. Barnwell The Observances in use at the Augustinian Priory at Barnwell [Cambs] (1295–6), ed. J. W. Clark (Cambridge, 1897); *v. et. Lib. Mem. Bernewelle.*

Obsess. Durh. *De obsessione Dunelmi* (c1090), in S. Durh. I 215–20 [by cap.].

O. CANT. Odo, Archb. of Canterbury [*ob.* 959]: **Const.** *Constitutiones*, PL CXXXIII 945–50 [by no.]; superseded by *Conc. Syn.* I 69–74; **Ep.** *Epistola*, *ib.* 949–52; superseded by *Conc. Syn.* I 65–7; **Pref. Frith.** *Praefatio Frithegodi*, in Frith. 1–3 [by line].

O. CHERITON Odo of Cheriton [*ob.* 1247]: **Cant.** *Expositiones super Cantica canticorum* [attrib.] (extr.), AHDLMA XXXII (1956) 61–9; **Fab.** *Fabulae,* ed. L. Hervieux, Les Fabulistes latins IV (Paris, 1896) 171–255 [by no.]; **add.** additional fables: **A** first series, MS BL Harl. 219, *ib.* 361–86; **B** second series, MSS BL Harl. 219 and Bodl. Douce 169, *ib.* 387–404 [by no.]; **Par.** *Parabolae, ib.* 265–343 [by no.].

OCKHAM William of Ockham [*ob.* 1349]: **Brev.** *Breviloquium de potestate Papae* (1341–2), ed. L. Baudry, Études de philosophie médiévale XXIV (Paris, 1937); **Dial.** *Dialogus* (1332–?), in *Monarchia* II 392–957 (*recte* 394–957); **Disp.** *Disputatio super potestate praelatis ecclesiae atque principibus terrarum commissa, ib.* I 13–18; **Dub.** *Opera dubia et spuria: Tractatus minor logicae, Elementarium logicae, Tractatus de praedicamentis, Tractatus de relatione, Centiloquium theologicum, Tractatus de principiis theologiae,* ed. E. Buytaert *et al., Guillelmi de Ockham Opera Philosophica* VII (St. Bonaventure, N.Y., in prep.); **Elench.** *Expositio super libros Elenchorum Aristotelis,* ed. F. del Punta, *Guillelmi de Ockham Opera Philosophica* III (St. Bonaventure, N.Y., 1979); **Err. Papae** *Compendium errorum Johannis papae XXII* (1338), in *Monarchia* II 957–76; **Expos. Aurea** *Expositio aurea,* ed. E. A. Moody *et. al., Guillelmi de Ockham Opera Philosophica* II (St. Bonaventure, N.Y., 1978); also ed. M. de Benevento (Bologna, 1496; facsimile, Farnborough 1964) [by signature]; **I. & P.** *De imperatorum et pontificum potestate* (1346–7), ed. C. K. Brampton (Oxford, 1927); **I. & P. Sup.** supplementary text, ed. W. Mulder, *Archivum Franciscanum Historicum* XVI 469–92, XVII 72–97 (Quaracchi, 1923–4); **Misc. Phil.** *Brevis summa libri Physicorum, Summula philosophiae naturalis* and *Quaestiones super librum Physicorum Aristotelis,* ed. S. F. Brown, *Guillelmi de Ockham Opera Philosophica* VI (St Bonaventure, N. Y., 1984); **Phys.** *Expositio in libros Physicorum,* ed. V. Richter et al., *Guillelmi de Ockham Opera Philosophica* IV, V (St Bonaventure, N. Y., 1984); **Pol.** *Opera politica,* ed. J. G. Sikes *et al.,* 3 vols. (Manchester, 1940–56); vol. I ed. 2 (1974) [some refs. in Fasc. II are to both eds., refs. from Fasc. III onwards are to ed. 2]: I 1–221 *Octo quaestiones de potestate Papae* (*c*1340); 223–71 *An Princeps, pro suo succursu scilicet guerrae, possit recipere bona ecclesiarum, etiam invito Papa* (*c*1338); 273–86 *Consultatio de causa matrimoniali* (*c*1342); I 287–II 858 *Opus nonaginta dierum* (*c*1332); III 1–17 *Epistola ad Fratres Minores* (1334) [also ed. C. K. Brampton (Oxford, 1929)]; 19–156 *Tractatus contra Joannem* [*XXII*] (1335); 157–322 *Tractatus contra Benedictum* [*XII*] (1337–8); **Qu.** *Quaestiones variae,* ed. G. J. Etzkorn *et al., Guillelmi de Ockham Opera Theologica* VIII (St. Bonaventure, N.Y., 1983); **Quodl.** *Quodlibeta VII,* ed. J. C. Wey, *Guillelmi de Ockham Opera Theologica* IX (St. Bonaventure, N.Y., 1981); **Sacr. Alt.** *De sacramento altaris* (? 1323), ed. T. Bruce Birch (Burlington, Iowa, 1930); **Sent.** *Quaestiones in quatuor libros Sententiarum* (*c*1320), ed. G. Gál, S. F. Brown *et al., Guillelmi de Ockham Opera Theologica* I–VII (St. Bonaventure, N.Y., 1967–) [by vol. & p.]; **Summa** *Summa logicae* (Oxford, 1675); superseded by ed. P. Boehner *et al. Guillelmi de Ockham Opera Philosophica* I (St. Bonaventure, N.Y., 1974) [by bk. & cap.].

OCREATUS Helceph N. Ocreatus [*fl.* 1150]: *Prologus in Helceph ad Adelardum Batensem,* fragm. in Abhandlungen zur Gesch. der Mathematik III (Leipzig, 1880) 129–39.

ODINGTON Walter Odington of Evesham [*fl.* 1320]: *De speculatione musicae,* in *Script. Mus.* I 182–250; superseded by *Walteri Odington Summa de speculatione musicae,* in *Corp. Script. Mus.* XIV (1970) 42–146.

OED A New English Dictionary on historical principles, ed. J. A. H. Murray, H. Bradley, W. A. Craigie (Oxford, 1888–1928) [later known as Oxford English Dictionary].

Offic. Evesham *Officium ecclesiasticum abbatum secundum usum Eveshamensis monasterii* (1282–1316), HBS VI (1893).

Offic. Kentig. Office of St. Kentigern (13c.), ed. A. P. Forbes, St. Ninian and St. Kentigern (Edinburgh, 1874) xciv–c.

Offic. R. Rolle *Officium de S. Ricardo heremita et legenda de vita ejus,* EETS XX (1866, rev. ed. 1920), xix–xlv.

Offic. Sal. *De officiis ecclesiasticis tractatus* (*p*1215), in *Reg. S. Osm.* I 1–185 [by cap.].

Offic. S. Andr. *Liber officialis* [*curie consistorialis*] *S. Andree* (1513–88), Abbotsford Club (1845).

OHS Oxford Historical Society, publications, I–CI(1885–1936); NS I– (1939–).

Op. Chr. *Opus Chronicorum* (1259–95), in *Chr. Mon. S. Alb.* III 3–59.

Opusc. & Text. *Opuscula et textus historiam ecclesiae eiusque vitam atque doctrinam illustrantia, series scholastica,* ed. M. Grabmann and F. Pelster, I–XXI (Münster, 1926–56).

Ord. Cartus. *Ordinarium Cartusiense* (*c*1500), tracts on the Mass, HBS XXVII (1904) 97–110.

Ord. Ebor. Ordinal and customary of St. Mary's Abbey, York (*c*1400), HBS LXXIII, LXXV, LXXVI (1934, 1936, 1937).

Ord. Ely Ely chapter Ordinances and visitation records (1241–1515), Camd. Misc. XVII, Camd. 3rd S. LXIV (1940) 1–3, 24–8, 36–43; v. et. Vis. Ely.

Ord. Exon. *Ordinale Exoniense* (*c*1337), HBS XXXVI, XXXVIII (1909).

ORD. VIT. Ordericus Vitalis [*ob. c*1143]: *Historia ecclesiastica* (–1141), ed. A. Le Prévost, 5 vols. (Paris, 1838–55); superseded by Med. Texts, ed. M. Chibnall, 6 vols. (1969–80) [by bk., cap., & p. of ed. Le Prévost].

Or. Eli. *Orationes Elienses,* prayers from Ely (14c.), *Studia Monastica* I (1959) 390–92.

Orthog. Gall. *Orthographica Gallica* (13c.), ed. J. Stürzinger, Altfranzösische Bibliothek VIII (Heilbronn, 1884) 1–27 [*cf. Medium Ævum* VI (1937) 193–209]; also ed. Selden Soc. XXVII (1912) xliv–xlvii.

Ort. Walw. *De ortu Walwanii* (*alias* Gwalchmai), ed. J. D. Bruce, Modern Language Association of America XIII (1898) 390–432, checked against revised ed., *Hesperia* Ergänzungsreihe II (Göttingen, 1913).

OSB. Osbern of Canterbury [*fl.* 1090]: **Ep.** *Epistolae, v. Ep. Anselm.* IV 6–10, 13–14; **Mir. Dunst.** *Liber Miraculorum,* in *Mem. Dunst.* 129–61 [by cap.]; **Mus.** *De vocum consonantiis ac de re musica* [attrib.], ed. J. Smits van Waesberghe, *Divitiae Musicae Artis* series A Xa (Amsterdam, 1979); **Transl. Elph.** *Historia de translatione corporis S. Elphegi,* in *Anglia Sacra* II 143–7; **V. Dunst.** *Vita S. Dunstani,* in *Mem. Dunst.* 69–128 [by cap.]; **V. Elph.** *Vita S. Elphegi* (*alias* Ælfheah), *archiepiscopi Cantuariensis* [*ob.* 1012], in *Anglia Sacra* II 122–42; also *PL* CXLIX 375–94.

OSB. BAWDSEY Osbert of Bawdsey [*fl.* 1149]: *De expugnatione Lyxbonensi* (1147) [attrib.], in *Mem. Ric. I,* I cxlii–clxxxii; checked w. MS facs. in Conquista de Lisboa em 1147, ed. R. de Azevedo (Coimbra, 1962); also ed. C. H. David (New York, 1936).

OSB. CLAR. Osbert of Clare [*ob. c*1136]: **Anna** *Sermo et versus in honorem S. Annae,* Annales de Bretagne XXXVII (1925–6) 13–33 [by f.]; **Ep.** *Epistolae,* ed. E. W. Williamson (Oxford, 1929) [by no.]; **Mir. Edm.** *Liber miraculis S. Eadmundi, v.* SAMSON; **V. Ed. Conf.** *Vita S. Edwardi Confessoris,* Anal. Boll. XLI (1922) 64–131 [by cap.].

OSB. GLOUC. Osbern of Gloucester [*fl.* 1150–75]: **Deriv.** *Liber Derivationum, Classici auctores e Vaticanis codicibus editi,* VIII, ed. A. Mai (1836); **pref.** Med. & R. Stud. IV (1958) 275–7.

OSW. Vers. Oswald of Ramsey [*fl.* 1000]: On composing verse, ed. M. Lapidge, ASE IV (1975) 106–7 [by line].

OTTERB. Thomas Otterbourne [*fl.* 1400]: *Chronica Regum Angliae* (-1420), ed. T. Hearne, *Duo rerum Anglicarum scriptores veteres* I (1732) 1-283.

OXNEAD John of Oxnead [*ob.* c1293]: **Chr.** *Chronica* (-1292), RS XIII (1859) [corrected ed.]; **Chr. Min.** *Chronica minora* (-1294, cont. to 1503), *ib.* 412-39; **S. Ben. Holme** Early history of the Abbey of St. Benet Holme [*alias* Hulme (Norf)], *ib. app.* 1 289-300.

PALMER Thomas Palmer [*fl.* 1415]: *De translatione sacrae scripturae*, ed. M. Deanesly, The Lollard Bible (Cambridge, 1920) 418-37.

Parl. Ir. Parliaments and councils of mediaeval Ireland, ed. H. G. Richardson and G. O. Sayles, I (1290-1420) IMC (Dublin, 1947).

Parl. Writs Parliamentary Writs and writs of military summons etc. (1272-1327), 2 vols. in 4, RC (1827-34).

Pass. Æthelb. *Passio S. Æthelberti martyris* [King of East Anglia, *ob.* 794] (wr. ? c1100), EHR XXXII (1917) 236-44 [by cap.].

Pass. Indracti *Passio S. Indracti* (wr. ? 11c.), ed. M. Lapidge, Ireland in Early Mediaeval Europe, edd. D. Whitelock *et al.* (Cambridge, 1982), 199-204 [by f. of MS Digby 112].

Paston Let. The Paston letters, 1422-1509, ed. J. Gairdner, 3 vols. (1895) [by no.], also ed. *Id.*, 6 vols. (1904); superseded by Paston Letters and papers of the fifteenth century, ed. N. Davis, 3 vols. (Oxford, 1971-) [by no.].

Pat. Hib. Hen. V *Transcripta omnium litterarum patentium .. sub testimonio loca-tenentium Hiberniae temp. R. Hen. V*, in *RSelecti* 39-80.

PAT. HIB. Soph. Patricius de Hibernia [*fl.* 1280]: *Sophisma 'Homo est animal'*, CIMA XXIV (1978) 16-34.

Pat *Rotuli litterarum patentium* or Patent Rolls: 1201-16 RC (1835); 1216-32, Patent Rolls, 2 vols. HMSO (1901, 1903); 1232- MS PRO (C. 66) [by roll & m.]; *v. et. CalPat, Pat Sup.*

Pat Sup. Patent Rolls Supplementary (1275-), MS PRO (C. 67).

PAUL. ANGL. ASP Paulus (*alias* Thomas) Anglicus, canonist [*fl.* 1400]: *Aureum speculum Papae*, in *Monarchia* II 1527-58.

P. BLOIS Peter of Blois [*ob.* 1212]: **Caro & spir.** *Cantilena de lucta carnis et spiritus*, PL CCVII (1855) 1127-30; **Cervisia** *Responsio contra cervisiam*, *ib.* 1155-8 [*v. et.* BEAUFEU *Cervisia*]; **Contra Clericos** *Contra clericos voluptati deditos*, *ib.* 1129-36; **Dict.** *De arte dictandi* [abridgement of work by Bernard of Meung], *ib.* 1127-8; **Ep.** *Epistolae*, *ib.* 1-560 [by no.]; **Euch.** *Tractatus de eucharistiae mysteriis*, *ib.* 1135-54; **Guthl.** *Vita S. Guthlaci* [*ob.* 716], in *NLA* II 698-719; **Opusc.** *Opuscula* [incl. some of doubtful authenticity], *ib.* 777-1126; **Perf. Jud.** *Contra perfidiam Judaeorum*, *ib.* 825-70; **Poems** Poems, *ib.* 1127-58; **Serm.** *Sermones*, *ib.* 559-776; **Sil.** *De silentio servando*, *ib.* 1125-8; **Vinum** *Versus de commendatione vini*, *ib.* 1155-6.

P. BRADLAY Peter Bradlay, fellow of Balliol [*fl.* 1305]: **Anal. Pri.** A Question by Peter Bradlay on the Prior Analytics, Med. Stud. XXX (1968) 3-21 [by sect.]; **Cat.** Master Peter Bradlay on the Categories, *ib.* XXIX (1967) 275-327 [by sect.].

P. BRIDL. Philip of Bridlington, O.F.M. [*fl.* 1300], *v. Quaest. Ox.* 344-7.

P. CORNW. Peter of Cornwall [*ob.* 1221]: **Disp.** *Liber disputationum contra Symonem Judaeum* (extr.), in Powicke Studies 143-56; **Panth. prol.** *Prologus in primam partem Pantheologi*, RHS Trans. 4th S. XIX (1936) 38-42; **Rev.** *Liber Revelationum* (c1200), MS Lambeth Palace Library 51 [by bk. & cap.]; (extr.) I 183-4, 200-203, 205, II 891-4, ed. C.J. Holdsworth, Cîteaux XIII (1962) 193-204; (extr.) I 5, Anal. Boll. XCVII (1979) 410-16.

Peasants' Rising The Peasants' Rising and the Lollards, docs. 1381-99, ed. E. Powell and G.M. Trevelyan (1899).

PECKHAM John Peckham (*alias* Pecham or Patcham), Archb. of Canterbury [*ob.* 1292]: **Aetern.** *Quaestio disputata utrum mundus potuit ab aeterno creari, Patristica & Mediaevalia* I (Buenos Aires, 1975) 85-101; **An.** *Tractatus de anima*, ed. G. Melani, Biblioteca di Studi Francescani I (Florence, 1948); **Bibl.** *Divinarum sententiarum Librorum Biblie* Paris, 1513); **Cant. Paup.** *Canticum pauperis pro dilecto, Bibliotheca Franciscana ascetica medii aevi* IV (2nd ed., Quaracchi, 1949) 133-205; **Def. Mend.** *Defensio fratrum mendicantium*, Brit. Soc. Franciscan Studies II (Aberdeen, 1910) 148-97 [by line]; **Ep.** *Registrum epistolarum fratris Johannis Peckham*, 3 vols. RS LXXVII (1882-5) [by no.]; **Exp. Thren.** *Expositio Threnorum* (or *In Lamentationes Jeremiae*), S. Bonaventurae Opera Omnia VII (Quaracchi, 1895) 607-51 [by bk. & cap.]; **Kilw.** *Tractatus contra fratrem Robertum Kilwardby*, ed. F. Tocco, La Quistione della povertà nel secolo xiv (Naples, 1910), 219-75, cited from reprint, Brit. Soc. Franciscan Studies II (1910) 121-147 [*cf.* KILWARDBY]; **Paup.** *Tractatus pauperis*, prol. & cc. 1-6, ed. A. van den Wyngaert (Paris, 1925); cc. 7-9. ed. F. Delorme, Studi Francescani 3rd S. IV (1932) 47-62, 164-93; c. 10, ed. A. G. Little, Brit. Soc. Franciscan Studies II (Aberdeen, 1910), 27-55; cc. 11-14, ed. F. M. Delorme, *Collectanea Franciscana* XIV (1944) 90-117; c. 15, ed. F. M. Delorme, *Richardi de Mediavilla quaestio disputata de privilegio Martini papae* IV (Quaracchi, 1925) 79-88; c. 16, ed. Little, (as above) 63-87 [by cap. & p.]; **Persp.** *Perspectiva communis*, ed. L. Gavricus (Venice, 1504) [by bk. & cap.]; also ed. D. C. Lindberg, John Pecham and the science of optics (Madison, Wisc., 1970); **Phil.** *Philomena* (= *Poems* 9), Anal. Hymn. L (1907) 602-16; **Poems** Miscellaneous poems, in Anal. Hymn. L (1907) 597-600 [by no. (1-8) & stanza]; **Puer. Obl.** *Quaestio de pueris oblatis*, Archivum Franciscanum Historicum VIII (Quaracchi, 1915) 414-49; **QA** *Quaestiones tractantes de anima* (c1270), BGPM XIX v-vi [Münster, 1918]; **QD** *Quaestio disputata, De humanae cognitionis ratione anecdota quaedam S. Bonaventurae et discipulorum* (Quaracchi, 1883) 179-82; **QR** *Quodlibet Romanum*, ed. F. M. Delorme, Spicilegium Pontificii Athenaei Antoniani I (Rome, 1938); **Reg.** *Registrum*, *v.* Reg. Cant.; **Serm.** *Sermones* (extr.), in Powicke Studies 269-82; **Trin.** *De trinitate* (London, 1510).

PECOCK Reginald Pecock, Bishop of Chichester [*ob.* c1460]: **Abbr.** *Abbreviatio* (1447), *Repressor*, RS XIX (1860) II 615-19; **Collect.** *Collectanea*, ed. J. Foxe, *Commentarii rerum in ecclesiis gestarum* (Strasburg, 1554) ff. 199v.-223v.

Peramb. Dartmoor S. Rowe: A Perambulation of the forest of Dartmoor and the Venville precincts, 3rd ed. (1896).

PETRUS Petrus Alfonsi, physician to Henry I [1067-c1120]: **DC** *Disciplina clericalis*, ed. A. Hilka and W. Söderhjelm (Heidelberg, 1911); also PL CLVIII (1854) 671-706; **Dial.** *Dialogus Christiani cum Judaeo*, PL CLVII (1854) 535-672, checked against ed. K.P. Mieth (Berlin, 1982); **Drac.** *De dracone*, *v.* WALCHER *Drac.*; **Peripat.** Letter to the Peripatetics of France, Sefarad III (1943) 97-105.

P. HIB. Petrus de Hibernia [*fl.* 1240-60]: **Determ.** *Determinatio utrum membra essent facta propter operationes vel operationes facta propter membra*, ed. C. Baeumker, Sitzungsberichte der Bayerischen Academie der Wissenschaften, phil.-hist. Kl. 1920, Heft 8; **Periherm.** *Glosulae in librum Aristotelis peri Hermeneias*, CIMA XLIII (1982) 13-44.

Pickering The honor and forest of Pickering [Yorks], ed. R. B. Turton, N. Riding Rec. Soc. I-IV (1894-7).

Pipe Chesh Cheshire in the Pipe Rolls (1158-1301), Lancs & Chesh Rec. Soc. XCII (1938); **app.** Account of

Chamberlain of Chester (1301), *ib.* 187–220; *v. et. Ac. Chamb. Chesh.*

Pipe Cloyne *Rotulus Pipae Clonensis* (1364–1403) w. other docs., ed. R. Caulfield (Cork, 1859).

Pipe Ir. The Irish Pipe Roll of 14 John, 1211–12, Ulster J. of Arch. 3rd S. IV Sup. (Belfast, 1941).

Pipe Pipe Rolls or Great Rolls of the Exchequer: 1130, 1155–8, 2 vols. RC (1833, 1844, repr. in facsimile HMSO, 1929–30); 1158– Pipe R. Soc., I– (1884–) [by p.]; 1242, ed. H. C. Cameron, Yale Historical Publications (New Haven, Conn., 1918) [by p.]; later Rolls, MS PRO (E. 372); **(Chanc.)** Chancellor's Roll (E. 352) [duplicate of Pipe; cited as *v. l.* or to supply deficiency].

Pipe R. Soc. Pipe Roll Society for the publication of the Great Rolls of the Exchequer, publications, I– (1884–).

Pipe Wint. Pipe Rolls of the Bishopric of Winchester (1208–1454): 1208–9 ed. H. Hall (1903); 1210–11 ed. N. R. Holt (Manchester, 1964); later rolls, MS PRO Eccl. 2; *v. et. Crawley.*

PLAC *Poetae Latini aevi Carolini,* ed. E. Duemmler *et al.,* 4 vols. *MGH* (Berlin, 1881–1923).

Planct. Univ. Ox. *Planctus Universitatis Oxoniensis contra laicos* (1354), in *Collect. Ox.* III (1896) 170–9 [by line].

Pl. Anglo-Norm. *Placita Anglo-Normannica* (Will. I–Ric. I), ed. M. M. Bigelow (1879).

Plant. & Tudor Chester R. H. Morris: Chester in the Plantagenet and Tudor reigns (Chester, 1895).

PlCrGlouc Pleas of the Crown for the county of Gloucester (1221), ed. F. W. Maitland (1884).

Pl. K. or J. Pleas before the King or his Justices (1198–1202), Selden Soc. LXVII, LXVIII, LXXXIII, LXXXIV (1932–67) [by no.].

Pl. Mem. Lond. Plea and Memoranda Rolls of the City of London (1323–1484), MS Guildhall RO; *v. et. Cal. Pl. Mem. Lond.*

PL *Patrologiae cursus completus. Series Latina,* ed. J.-P. Migne, 221 vols. (Paris, 1844–64); **Sup.** *Supplementum,* ed. A. Hamman, 4 vols. (Paris, 1958–71).

PlRChester Plea Rolls, Palatinate of Chester (1259–), MS PRO (Chester 29).

PlRCP Plea Rolls (*Placita de Banco*), Court of Common Pleas (1272–), MS PRO (C.P. 40).

PlRExch Plea Rolls, Exchequer of Pleas (1235–), MS PRO (E. 13).

PlRJews Jewish Plea Rolls (1219–87), MS PRO (E. 9); *v. et. SelPlJews.*

PlRMarshalsea Plea Rolls, *Aula Regis* or Marshalsea Court (Ed. II–), MS PRO (E. 37).

Plusc. *Liber Pluscardensis* VI 15–XI (1141–1445), ed. F. J. H. Skene, Historians of Scotland VII (Edinburgh, 1877) [by bk. & cap; earlier portion omitted by ed. as adding nothing material to Fordun].

PN English Place-names, arr. by county, series published by the English Place-name Soc. I– (Cambridge, 1924–); **Elements** English place-name elements, ed. A. H. Smith, XXV, XXVI (1956); **Intro.** Introduction to the survey of English place-names, ed. A. Mawer and F. M. Stenton, I (1924).

Poem Edm. Rich Un poème en l'honneur de Saint Edmond de Cantorbéry, *Anal. Boll.* XXXII (1913) 5–9.

Poem S. Greg. Poem on St. Gregory [*ob.* 604] (10c. MS), in *Poésies pop.* 237–8;

Poem S. Thom. Poem on St. Thomas Becket [*ob.* 1170] (*a*1200), in *Poésies pop.* 70–93.

Poésies pop. Poésies populaires latines du moyen âge, ed. E. du Méril (Paris, 1847).

Pol. Poems Political poems and songs (1327–1483), 2 vols. RS XIV (1859–61); *v. et.* J. Bridl., R. Maidstone, W. Peterb.

Pol. Songs Political songs of England (John-Ed. II), Camd. Soc. VI (1839).

Pont. Bernham The Pontifical Offices used by David de Bernham, Bishop of S. Andrews, ed. C. Wordsworth (Edinburgh, 1885).

Pont. Ebor. *Liber pontificalis Archiepiscopi Eboracensis* (12c.), Surtees Soc. LXI (1875).

Pont. Exon. *Liber pontificalis Episcopi Exoniensis* [Edmund Lacy, *ob.* 1455] ed. R. Barnes (Exeter, 1847).

Pont. Sal. Pontifical of Salisbury (13c.–15c.) (extr.), in *Mon. Rit.* I 3–272, II 154–365.

Poole Essays Essays in history presented to R. L. Poole, ed. H. W. C. Davis (Oxford, 1927).

Port Bk. Port Books (1565–1798), MS PRO (E. 190).

Port Bk. Southampt. Port Books of Southampton: 1427–30 Southampton Rec. Soc. (1913); 1435–6 Southampton Rec. S. VII (1963); 1439–40, *Ib.* V (1961); 1469–81, Southampton Rec. Soc. XXXVII, XXXVIII (1937–8).

Powicke Studies Studies in medieval history presented to F. M. Powicke, ed. R. W. Hunt, W. A. Pantin, and R. W. Southern (Oxford, 1948).

PP *Promptorium parvulorum sive clericorum dictionarius Anglo-Latinus princeps, auctore fratre Galfrido Grammatico dicto* (1440), ed. A. L. Mayhew, EETS Extra S. CII (1908).

PQW *Placita de Quo Warranto* (Ed. I–Ed. III), RC (1818).

Praest. *Rotuli de Praestito*: 1205–6, in *DocExch* 270–6; 1210–11, in *Liberate RC* 173–253; 1212–16, in Pipe R. Soc. NS XXXVII (1964).

Praxis F. Clarke: *Praxis in curiis ecclesiasticis* (1596), 2nd ed. (1684) [by cap.].

Prejudice & Promise C. L. Kingsford: Prejudice and promise in 15th-century England (Oxford, 1925).

Prests Books of Prests of the King's wardrobe for 1294–5, presented to J. G. Edwards, ed. E. B. Fryde (Oxford, 1962).

Pri. Cold. Correspondence etc. of the Priory of Coldingham [Berwick] (1261–15c.), Surtees Soc. XII (1841).

Proc. A. Kyteler Narrative of the Proceedings against Dame Alice Kyteler 1324, by R. de Ledrede, Bishop of Ossory [*ob.* 1360], Camd. Soc. XXIV (1843); *v. et.* Ledrede.

Process. Sal. Ceremonies and Processions of the Cathedral Church of Salisbury (*c*1445), ed. C. Wordsworth (Cambridge, 1901).

Proc. J. P. Proceedings before Justices of the Peace in the 14th and 15th centuries, ed. B. H. Putnam (London, 1938).

Proc. PC v. Act. PC.

Proc. v. Crown L. Ehrlich: Proceedings against the Crown (1216–1377) (Oxford, 1921).

PRO Public Record Office, Chancery Lane, London.

Prov. Durh. Durham Proverbs (11c.), *Speculum* LVI (1981) 291–5 [by no.].

Psalt. B Glosses in the Blickling Psalter (Roman, 8c.), EETS LXXIII (1880) 253–63.

Psalt. Sal. The Salisbury Psalter (Gallican, *c*975, glosses *c*1100), EETS CCXLII (1959 for 1955–6) [by psalm & verse].

Psalt. Vesp. The Vespasian Psalter (Roman, 8c., glosses 9c.), ed. S. M. Kuhn (Ann Arbor, Mich., 1965) [by psalm & verse].

Ps.-ANSELM Medit. Pseudo-Anselm: *Meditationes*, PL CLVIII 709–820 [assigned where possible to authors; *v.* Revue d'ascétique et mystique VIII (1927) 272–82].

Ps.-BEDE Hymn. *Hymni* [included among Bede's in PL but not authentic], PL XCIV 605–21, 627–8, 633–4 [by col.].

Ps.-Gosc. Pseudo-Goscelin: *Milb. v.* Gosc. *Milb.*; *Swith. v. Ælf. Swith.*; *Werb. v.* Gosc. *Werb.*

Ps.-GROS. *Pseudo*-Grosseteste: **Gram.** *Tractatus de Grammatica* (13c.), ed. K. Reichel, Veröffentl. des Grab-

mann-Instituts XXVIII (Munich, 1976); **Summa** *Summa theologica* (*c*1270), in BGPM IX (1912) 275–643 [possibly by KILWARDBY].

Ps.-INGULF *v. Croyl.*

Ps.-MAP Latin poems commonly attributed to Walter Mapes (12c.-), Camd. Soc. XVI (1841); *cf.* MAP; *v. et.* WALT. WIMB.

Ps.-OCKHAM *Pseudo*-Ockham: **Princ. Theol.** *Tractatus de principiis theologiae* (*a*1550) [made up chiefly of extracts from OCKHAM], ed. L. Baudry, Études de philosophie médiévale XXIII (Paris, 1936).

PS Privy Seal Warrants, MS PRO (C. 81) [cited as providing OF equivalent of letters patent etc.].

PS Rec. Council and Privy Seal Records (Ed. III–Eliz. I), MS PRO (E. 28).

Ps.-RIC. Anat. *Pseudo*-Galen: *Anatomia vivorum* [wrongly attrib. RIC. MED.], ed. R. Töply (Vienna, 1902) [by cap.].

Ps.-RISH. *Chronicon de duobus bellis* (1264–5) [attrib. RISH.], in *Chr. Mon. S. Alb.* VII 491–565.

P. SUTTON Peter of Sutton, O.F.M. [*fl.* 1310]: **QD** *Quaestiones disputatae* [attrib.], Franciscan Studies XXIV (1964) 103–43; **Quodl.** *Quodlibeta* [attrib.], *ib.* XXIII (1963) 72–139; **Univoc.** *Quaestio de univocatione entis Dei et creaturarum*, *Collectanea Franciscana* III (1933) 8–25.

Pub. Works Public Works in medieval law, Selden Soc. XXXII, XL (1915, 1923).

PULL. Robert Pullen (*alias* Pullus) [*ob. c*1147]: **CM** *Sermo de omnibus humanae vitae necessariis* or *de contemptu mundi*, *Gregorianum* XXXI (1950) 199–223; **Sent.** *Sententiarum theologicarum libri VIII* (*c*1133), *PL* CLXXXVI (1854) 639–1010.

PURVEY John Purvey [*ob. ? p*1427], *v. Ziz.*

P. VERG. Polydore Vergil [*ob.* 1555]: *Anglicae historiae libri XXVII* (–1538) (Basle, 1556) [by bk. & p.]; **Camd. Bks.** XXIV (XXVI) and XXV (XXVII), ed. D. Hay, Camd. 3rd S. LXXIV (1950) [supersedes ed. 1556 for these 2 bks.]; **Praef.** Preface to GILDAS *EB* (prob. Antwerp, 1525); **Vat. Extr.** from *Anglica Historia*, Vatican MSS I and II, ed D. Hay, Polydore Vergil (Oxford, 1952) 199–207.

Quadr. Reg. Spec. *De quadripartita regis specie* (*a*1400), possibly by John Thorpe, Treasurer of Ireland 1393–4, Camd. 4th S. XVIII (1977) 22–39.

Quaest. Ox. *Quaestiones disputatae*, in *Theol. Ox.* 104–32 (*a*1290), 287–362 (*c*1301).

Quaest. Salern. The Prose Salernitan Questions, an anonymous collection dealing with science and medicine written by an Englishman *c*1200 with an appendix of ten related collections, *Auct. Brit.* V (1979) [by collection & no.].

Qui majora cernitis Poem (*c*1225) addressed to John of Garland, ed. D. Guerri, Studi Literari e Linguistici dedicati al Pio Rajna (Milan, 1911).

Quon. Attach. *Quoniam attachiamenta, sive leges Baronum* (? 14c.), ed. J. Skene, in *RegiamM* I 105–31; also Stair Soc. XI (1947) 305–81 [by cap.; preferred to text in *APScot* I app. II 283–95].

Rara Math. *Rara Mathematica*, ed. J. O. Halliwell (1839).

R. BASEVORN Robert de Basevorn [*fl.* 1320]: **Praedic.** *Forma praedicandi*, ed. T. M. Charland, *Artes Praedicandi*, Publications de l'Institut d'études médiévales d'Ottawa VIII (1936) 233–323 [by cap.].

R. BATTLE Ralph, Prior of Rochester and Abbot of Battle [*c*1040–1124]: **Octo** *De octo a monachis observandis*, *Studia monastica* XI (1969) 26–9.

RBExch The Red Book of the Exchequer (12c.–16c.), 3 vols. (–445, –806, –1081) RS XCIX (1896).

RB Heref. The Red Book of the Hereford bishopric estates (13c.), Camd. Misc. XV, Camd. 3rd S. XLI (1929).

RB Kildare The Red Book of the Earls of Kildare (1185–1519), ed. G. Mac Niocaill, IMC (Dublin, 1964).

R. BOCKING Ric. Cic. Ralph Bocking [*ob.* 1270]: Life of

St. Richard of Wych, Bishop of Chichester [*ob.* 1253], *Acta SS. Boll.* Apr. I (1675) 282–318 [by bk. & cap.].

RB Ormond The Red Book of Ormond (*c*1197–*c*1547), ed. N. B. White, IMC (Dublin, 1932).

RB Ossory The Red Book of Ossory (14c.–16c.) (extr.), ed. W. Carrigan, History of the Diocese of Ossory (Dublin, 1905) IV 363–93; **HMC** The Red Book of the diocese of Ossory, summarized w. extr., HMC Rep. X app. V (1885) 219–56, *cf. ib.* app. VII, VIII; *v. et.* LEDREDE.

R. BROMWICH Sent. Richard of Bromwich, O.S.B. [*fl.* 1300]: Commentary on the Sentences (extr.), RTAM V (1933) 206–17.

R. BURY Richard of Bury (*alias* d'Aungerville), Bishop of Durham [1281–1345]: **Ep.** *Liber Epistolaris*, ed. N. Denholm-Young, Roxb. Club (1950); (extr.) also in *FormOx* I 1–79; **Phil.** *Philobiblon*, ed. E. C. Thomas (1888) [by cap. & sect.]; also ed. A. Altamura (Naples, 1954); **Reg.** *Registrum*, *v. Reg. Durh.*

RB Worc. The Red Book of Worcester, surveys of Bishops' Manors (chiefly 12c.–13c.), ed. M. Hollings, 4 parts, Worcs. Hist. Soc. (1934–50).

R. CANT. Reginald of Canterbury [*fl.* 1112]: **Malch.** *Vita S. Malchi*, ed. L. R. Lind (Urbana, Ill., 1942) [by bk. & line]; **Poems** Poems, ed. F. Liebermann, Neues Archiv XX (1888) 521–56 [by no. & line]; further poems in *Sat. Poets* II 259–67 [by p.], and *Anal. Hymn.* L (1907) 370–87 [by no. (287–98) & stanza].

RChart *Rotuli chartarum* 1199–1216, RC (1837); *v. et. ChartR, CalCh.*

R. COLD. Reginald of Coldingham [*ob. c*1173]: **Cuthb.** *Libellus de admirandis B. Cuthberti* [*ob.* 687] *virtutibus*, Surtees Soc. I (1835) [by cap.]; **Godr.** *De vita et miraculis S. Godrici, heremitae de Finchale* [*ob.* 1170], Surtees Soc. XX (1847) [by sect.]; **Osw.** *Vita S. Oswaldi regis et martyris* [*ob.* 642] (wr. 1165), in *S. Durh.* I app. III 326–85 [by cap.; incomplete].

RCoron Coroners' Rolls (Hen. III–Hen. VI), MS PRO (J.I. 2).

RCoron Lond. Coroners' Rolls, MS Corporation of London RO, calendared (1913).

R. COURÇON Robert de Courçon [*ob.* 1219]: **Summa** *Summa* (extr.), in *N. & E.* XXXI (1884) 261–74; **cap.** *capitula*, Med. Stud. IX (1947) 83–107; **Us.** *De usura* (extr.), ed. G. Lefèvre (Lille, 1902).

RC Record Commission publications (1802–52); **Rep.** Reports and proceedings, various, I–IX (1719–1839).

R. DE MONTE *v. TORIGNI.*

R. DE MORINS *v. Ann. Dunstable, RIC. ANGL.*

R. D'ESCURES Ralph d'Escures, Archb. of Canterbury [*ob.* 1122]: **Ep.** *Epistola de causis ecclesiae Eboracensis*, in *Hist. Church York* II 228–51; **Serm.** *Sermo*, PL CLVIII 644–9.

R. DE TEMPLO *v. Itin. Ric.*

RDomin *Rotuli de dominabus* (1185), Pipe R. Soc. XXXV (1913).

R. DYMMOK Roger Dymmok [*ob. ? c*1418]: *Liber contra XII errores et hereses Lollardorum* (? 1395), Wycl. Soc. (1923).

Rec. Aberdeen Early records of the burgh of Aberdeen (1317–1407), ed. W. C. Dickinson, SHS 3rd S. LXIX (1957).

Rec. Barts. Records of St. Bartholomew's, Smithfield [London] (12c.-), ed. E. A. Webb (Oxford, 1921); *v. et.* J. MIRFIELD.

Rec. Burford Manuscripts of the extinct corporation of Burford, Oxfordshire (1350-), HMC Var. Coll. I (1901) 29–64.

Rec. Caern. The Record of Caernarvon (1258–16c.), ed. H. Ellis, RC (1838).

Rec. Coronation English Coronation Records (9c.-), ed. L. G. W. Legg (1901); *v. et. Lib. Regal.*

Rec. Crondal Records relating to the hundred and manors

of Crondal [Hants] (c880–17c.), pt. 1 Historical and manorial, Hants Rec. Soc. (1891).

Rec. Edinb. Extracts from the Records of the Burgh of Edinburgh, 1403–1571, 3 vols. Scottish Burgh Rec. Soc. (1869–75).

Receipt Exch A. Steel: The Receipt of the Exchequer, 1377–1485 (Cambridge, 1954).

ReceiptR Enrolments and registers of receipts, Receipt Rolls, MS PRO (E. 401).

Rec. Elton Elton [Hunts & Northants] manorial Records 1279–1351, Roxb. Club (1946).

Rec. Eton Calendar of Eton College Records (12c.-), ed. N. Blakiston, I- (1939-) [TS copy at PRO; by vol. & no.].

Rec. Gild Camb. Cambridge Gild Records (14c.), Cambridge Antiq. Soc. 8° S. XXXIX (1903).

Rec. Leic. Records of the Borough of Leicester (1103–1835), ed. M. Bateson et al., I–VI (London, 1899–1901; Cambridge, 1905–23, Leicester, 1965–7); NS I–II (1196–1930) (Leicester, 1927–33).

Rec. Lewes Records of the Rape of Lewes (1265–15c.), Sussex Rec. Soc. XLIV (Lewes, 1939).

Rec. Lincoln's Inn Records of Lincoln's Inn (1420-), ed. W. P. Baildon et al., 7 vols. (1896–1968).

Rec. Lostwithiel Records of the Corporation of Lostwithiel [Cornw] (1190-), HMC Var. Coll. I (1901) 327–37.

Rec. Merton Records of Merton Priory [Surrey] (1114–1539), ed. A. Heales (1898).

Rec. Norw. Records of the City of Norwich (1086-), ed. W. Hudson and J. C. Tingey, 2 vols. (Norwich, 1906–10).

Rec. Nott. Records of the borough of Nottingham (1155-), ed. J. Raine et al., 9 vols. (London & Nottingham, 1882–1956).

RecogR Chester v. Enr. Chester.

Rec. Prescot Selection from Prescot court leet and other Records (1447–1600), Lancs & Chesh Rec. Soc. LXXXIX (1937).

Rec. Reading Records of the Borough of Reading (1431–1654), ed. J. M. Guilding, 4 vols. (London, 1892–6).

Rec. Scot. Documents and Records illustrating the history of Scotland (1236–1306), ed. F. Palgrave, RC (1837).

Rec. Soc. & Econ. Records of the social and economic history of England and Wales, 9 vols. British Academy (1914–35); new series, I- British Academy (1972-).

Rec. Stan. Records relating to the Stannaries of Cornwall (c1197-), ed. E. Smirke, The Case of Vice against Thomas, (1843), appendix [sep. pag.].

Rect. Adderbury Adderbury rectoria (14c.–15c.), Oxfordshire Rec. Soc. VIII (1926).

Rec. Templars Records of the Templars in England: inquest (1185) 1–135, charters etc. 137–236, Rec. Soc. & Econ. IX (1935).

RecusantR Exchequer, Recusant Rolls (1592-), MS PRO (E. 376, E. 377); (extr.) Cath. Rec. Soc. XVIII, LVII, LXI.

Rec. Wardr. Records of the Wardrobe and Household, 1285–6, ed. B. F. & C. R. Byerley, HMSO (1977) [by no.].

REDMAN Hen. V Robert Redman [ob. 1540]: *Henrici quinti illustrissimi Anglorum regis historia* (1413–22) (wr. a1540), in *Mem. Hen. V* 1–59.

Reg. Aberbr. *Registrum Abbatiae de Aberbrothoc* [Arbroath, Angus] (1178–1536), 2 vols. Bannatyne Club (1846–56).

Reg. Aberd. *Registrum episcopatus Aberdonensis* (12c.-), 2 vols. Spalding Club XIII, XIV (1845).

Reg. All Saints Dublin *Registrum ecclesiae Omnium Sanctorum juxta Dublin* (12c.–15c.), ed. R. Butler (Dublin, 1845).

Reg. Ant. Linc. *Registrum antiquissimum* of the Cathedral Church of Lincoln (1061-), Linc. Rec. Soc. XXVII, XXVIII, XXIX, XXXII, XXXIV, XLI, XLVI, LI, LXII, LXVII, LXVIII (1931–73).

Reg. Armagh Registers of the Archbishops of Armagh: 1418–39 John Swayne, w. some earlier and later entries, HMSO (Belfast, 1935); 1443–56 John Mey, HMSO (Belfast, 1972).

Reg. Bath Registers of the Bishops of Bath and Wells: 1407–24 Nicholas Bubwith, Som Rec. Soc. XXIX, XXX (1914); 1425–43 John Stafford, ib. XXXI, XXXII (1915, 1916) [by date, vol., & p.].

Reg. Black Pr. Register of Edward the Black Prince (1346–8, 1351–65), 4 vols. HMSO (1930–3).

Reg. Brechin *Registrum Episcopatus Brechinensis* [Brechin, Angus] (1165-), 2 vols. Bannatyne Club (1856).

Reg. Brev. *Registrum brevium tam originalium quam judicialium* (mainly 15c.), 4th ed. (1687): **Orig.** pt. 1 (*Originalia*) 1–321 [by f.]; **Jud.** pt. 2 (*Judicialia*) 1–85 [by f.].

Reg. Burgh Aberd. Extracts from the council register of the Burgh of Aberdeen (1398–1625), 2 vols. Spalding Club XII, XIX (Aberdeen, 1844–8).

Reg. Butley The Register or chronicle of Butley Priory, Suffolk (1510–35), ed. A. G. Dickens (Winchester, 1951).

Reg. Cant. Registers of the Archbishops of Canterbury, Cant. & York Soc. (1928-): 1207–28 Stephen Langton, L (1950), v. Act. Cant. [v. et. S. LANGTON]; 1279–92 John Peckham, LXIV, LXV (1968–9) [v. et. PECKHAM]; 1294–1313 Robert Winchelsea, LI, LII (1956) [v. et. WINCHELSEA]; 1366–8 Simon de Langham, LIII (1956); 1414–43 Henry Chichele, XLII, XLV–XLVII (1937–47); 1454–86 Thomas Bourchier, LIV (1957); 1559–75 Matthew Parker, XXXV, XXXVI, XXXIX (1928–33) [by date, vol., & p.].

Reg. Carl. Registers of the Bishops of Carlisle, Cant. & York Soc. (1913-): 1292–1324 John de Halton, XII, XIII (1913) [by date, vol., & p.].

Reg. Clogher Fragments of a lost register of the diocese of Clogher (wr. 1525), Arch. Soc. Louth IV (Dundalk, 1920) 226–7.

Reg. Coll. Exon. *Registrum Collegii Exoniensis* [Oxford] (1314-), OHS XXVII (1894).

Reg. Congreg. Registers of Congregation, University of Oxford: 1448–63 Register Aa, OHS NS XXII (1970); others MS University Archives.

Reg. Dunferm. *Liber cartarum abbatiae de Dunfermelyn* [Fife] (12c.-), Bannatyne Club (1842) [by no.].

Reg. Durh. *Registrum Palatinum Dunelmense*: 1311–16 Richard de Kellawe, 4 vols. RS LXII (1873–8); 1333–45 Richard d'Aungerville of Bury (extr.), Surtees Soc. CXIX (1910) 10–64 [v. et. R. BURY]; 1406–37 Thomas Langley, ib. CLXIV, CLXVI, CLXIX, CLXX, CLXXVII, CLXXXII (1956–70) [v. et. Langley]; 1494–1501 Richard Fox, ib. CXLVII (1932); 1530–59 Cuthbert Tunstall, ib. CLXI (1952) 1–131; 1561–76 James Pilkington, ib. 140–82 [by date, vol., & p.].

Reg. Ebor. Registers of the Archbishops of York: 1215–55 Walter Gray, Surtees Soc. LVI (1872) [1215–24 are missing]; 1266–79 Walter Giffard, ib. CIX (1904); 1279–85 William Wickwane, ib. CXIV (1907); 1286–96 John le Romeyn, ib. CXXIII, ib. CXXVIII 1–203 (1913, 1916); 1296–9 Henry of Newark, ib. CXXVIII 205–35; 1300–4 Thomas of Corbridge, ib. CXXXVIII, ib. CXLI (1925, 1928); 1305–6 John of Cracumbe, vicar-general, ib. CXLV (1931) 1–2; 1306–15 William Greenfield, ib. CXLV 3–288, CXLIX, CLI, CLII, CLV (1931–8) [by date, vol., & p.]; 1317–40 William Melton, Cant. & York Soc. LXX, LXXI (1977–8).

Regesta PR *Regesta Pontificum Romanorum* (1198–1304), ed. A. Potthast, 2 vols. (Berlin, 1874–5) [by no.].

Regesta *Regesta Regum Anglo-Normannorum*, ed. H. W. C. Davis et al., 4 vols. (Oxford, 1913–69): I (1066–1100);

II (1100–35); III (1135–54); IV (facsimiles, 1135–54) [by date & no. (or p. of appendix)].

Regesta Scot. *Regesta Regum Scottorum*, ed. G. W. S. Barrow, 2 vols. (Edinburgh, 1960–71): I (1153–65, w. earlier docs. not incl. in *E. Ch. Scot.*); II (1165–1214) [by no.].

Reg. Ewell Register or memorial of Ewell [Surrey] (wr. 1408) w. notes on priors of Merton, ed. C. Deeds (1913) 1–135, w. undated custumal 135–8 and other 15c. docs.

Reg. Exon. Registers of the Bishops of Exeter, ed. F. C. Hingeston-Randolph, 10 vols. (1889–1915): 1138–55 Robert Chichester, I (1889) 2; 1194–1206 Henry Marshall, I 2; 1214–23 Simon de Apulia, I 2–4; 1224–44 William Briwere, I 5–7; 1245–57 Richard Blondy, I 7 [these five are frags.]; 1258–80 Walter Bronescombe, I 8–305; 1280–91 Peter Quivil, I 309–95; 1292–1307 Thomas de Bytton, *ib.* 399–437; 1307–26 Walter de Stapeldon, II (1892); 1327 James de Berkeley, III (1894) 1–33; 1327–69 John de Grandisson, III 37–603, IV, V (1894–9); 1370–94 Thomas de Brantynham, VI, VII, (1901–6); 1395–1419 Edmund Stafford, VIII (1886); 1420–55 Edmund Lacy [*v. et. Reg. Heref.*], IX, X (1909–15) [this last vol. superseded and cont. by Devon & Cornw Rec. Soc. pubs. NS VII, X, XIII, XVI, XVIII (1963–72), = Cant. & York Soc. LX–LXIII, LXVI (1963–72)].

Reg. Gasc. A *Gascon Register A* (1318–19), ed. G. P. Cuttino, 3 vols. (London, 1975–6).

Reg. Glasg. *Registrum Episcopatus Glasguensis* (12c.-), 2 vols. Bannatyne Club (1843).

Reg. Godstow The English Register of Godstow nunnery, near Oxford [mainly Eng. transl. (c1450) of Latin docs.], EETS CXXIX, CXXX, CXLII (1911); *v. et. Vis. Godstow.*

Reg. Heref. Registers of the Bishops of Hereford, Cant. & York Soc.: 1275–82 Thomas de Cantilupo, II (1907); 1283–1317 Richard de Swinfield, VI (1909); 1317–27 Adam de Orleton, V (1908); 1327–44 Thomas de Charlton, IX (1913); 1344–61 John de Trillek, VIII (1912); 1361–70 Lewis de Charltone, XIV (1914); 1370–5 William de Courtenay, XV (1914); 1375–89 John Gilbert, XVIII (1915); 1389–1404 John Trefnant, XX (1916); 1404–16 Robert Mascall, XXI (1917); 1417–20 Edmund Lacy, XXII (1918) 1–128 [*v. et. Reg. Exon.*]; 1420–2 Thomas Poltone, *ib.* [sep. pag.] 1–25; 1422–48 Thomas Spofford, XXIII (1919); 1449–50 Richard Beauchamp, XXV (1919) 1–17; 1451–3 Reginald Boulers, *ib.* [sep. pag.] 1–26; 1453–74 John Stanbury, *ib.* [sep. pag.] 1–203; 1474–92 Thomas Myllyng, XXVI (1920); 1504–16 Richard Mayew, XXVII (1921); 1516–35 Charles Bothe, XXVIII (1921) 1–360; 1535–8 Edward Foxe (extr.), *ib.* 361–80; 1538–9 Hugh Coren (extr.), *ib.* 381–2; 1539 Edmund Boner (extr.), *ib.* 383–5 [all by date, vol., & p.]; index vol. 1275–1535 (Hereford, 1925).

Reg. Holm Cultram Register and records of Holm Cultram [Cumb] (12c.-), Cumb & Westmor Antiq. Soc., Rec. S. VII (1929).

Reg. Hosp. S. John Register of the Hospital of St. John the Baptist, Dublin (c1190–16c.), ed. E. St. J. Brooks, IMC (1936) [by no.].

RegiamM *Regiam Majestatem* (14c.), ed. J. Skene, 2 vols. (Edinburgh, 1609), I ff. 8–104v. [by bk. & cap.; other texts cited by vol. & f.]; also in Stair Soc. XI (1947) 280–304 [by bk. & cap.; preferred to text in *APScot* I app. I 231–77].

Regim. Princ. *Tractatus de regimine principum ad regem Henricum VI* (1436–7), Camd. 4th S. XVIII (1977) 40–173.

Reg. Kilmainham *Registrum de Kilmainham*: Register of the chapter acts of the Hospital of St. John of Jerusalem in Ireland (1326–39), ed. C. McNeill, IMC (1932).

Reg. Linc. Rolls and Registers of the Bishops of Lincoln, Lincoln Rec. Soc.: 1209–35 Hugh de Welles, III, VI, IX (1912–14); 1235–53 Robert Grosseteste, XI (1914) 1–507 [*v. et.* GROS.]; 1254–8 Henry de Lexington, *ib.* 509–14; 1258–79 Richard Gravesend, XX (1925) [all the above vols. also Cant. & York Soc. I (1909), III (1907), IV (1908), X (1913), XXXI (1925)]; 1280–99 Oliver Sutton, XXXIX, XLIII, XLVIII, LII, LX, LXIV– (1948–); 1405–19 Philip Repingdon, LVII, LVIII (1963) [by date, vol., & p.; some MS refs. by f.].

Reg. Lond. Registers of the Bishops of London, Cant. & York Soc.: 1304–13 Ralph Baldock, VII (1911) 1–168 and 174–6; 1313–16 Gilbert Segrace, *ib.* 169–73; 1317–18 Richard Newport, *ib.* 177–94; 1318–38 Stephen de Gravesend, *ib.* 195–320; 1362–75 Simon de Sudbury, XXXIV, XXXVIII (1927, 1938) [by date, vol., & p.].

Reg. Magdalen A Register of members of St. Mary Magdalen College, Oxford, 1st S. 8 vols. (1853–85); 2nd S. 8 vols. (15c.-) (1894–1915).

Reg. Malm. *Registrum Malmesburiense* (c685–14c.), 2 vols. RS LXXII (1879–80).

Reg. Merton *Registrum annalium Collegi Mertonensis* [Oxford] 1483–1603, OHS LXXVI, NS XXIII, XXIV (1921–76).

Reg. Moray *Registrum episcopatus Moraviensis* (1160–), Bannatyne Club (1837).

Reg. Newbattle *Registrum S. Marie de Neubotle* [Midloth] (1140–), Bannatyne Club (1849) [by no.].

Reg. North. Historical papers and letters from the Northern Registers (1265–1413), RS LXI (1873).

Reg. Paisley *Registrum monasterii de Passelet* [Renf] (1163–1529), Maitland Club (1832).

Reg. Pinchbeck Walter Pinchbeck [*fl. c*1333]: Pinchbeck Register of the Abbey of Bury St. Edmunds (1286–7), ed. Lord F. Harvey, 2 vols. (Brighton, 1925) [by f.].

Reg. Plympton Register of Plympton Priory [Devon] (10c.–13c.), MS Bodl. James 23 (18c) 151–70 [by p. of MS].

Reg. Pri. Worc. *Registrum Prioratus B. Mariae Wigorniensis* (1235–c1285), Camd. Soc. XCI (1865).

Reg. Richm. *Registrum Honoris de Richmond* [Yorks] etc. (1087–), app. w. sep. pag., ed. R. Gale (1722).

Reg. Roff. Cap. Capitular Register of Rochester Cathedral (1142–8), MS BL Cotton Domitian A x.

Reg. Roff. Ep. Registers of the Bishops of Rochester, Cant. & York Soc.: 1319–52 Hamo de Hethe [*alias* Hythe] (incl. 12c. and 13c. charters), XLVIII, XLIX (1948) [by f.].

Reg. Roff. *Registrum Roffense*, records of the Diocese and Cathedral Church of Rochester (600–17c.), ed. J. Thorpe (1769).

Reg. Rough Register of Daniel Rough, common clerk of Romney, 1353–80, Arch. Soc. Kent, Kent Recs. XVI (1945).

Reg. Sal. Registers of the Bishops of Salisbury, Cant. & York Soc.: 1297–1315 Symon de Gandavo, XL, XLI (1934) [*v. et.* S. GAUNT]; 1315–30 Roger Martival, LV, LVI, LVII, LVIII, LIX (1959–72) [by date, vol., & p.].

Reg. S. Andr. *Liber cartarum Prioratus S. Andree* [Fife] (12c.–15c.), Bannatyne Club (1841) [by f.].

Reg. S. Aug. Register of St. Augustine's Abbey, Canterbury, ed. G. J. Turner and H. E. Salter, 2 vols. Rec. Soc. & Econ. II, III (1915–24).

Reg. S. Bees Register of the Priory of St. Bees [Cumb] (early 12c.), Surtees Soc. CXXVI (1915).

Reg. S. Ben. Holme Register of the Abbey of St. Benet of Holme [*alias* Hulme] 1020–1210, Rec. Soc. Norf II, III (1932).

Reg. S. Osm. *Vetus registrum Sarisberiense alias dictum registrum S. Osmundi Episcopi* (10c.–13c.), 2 vols. RS LXXVIII (1883–4); *v. et. Offic. Sal.*

Reg. S. Paul. *Registrum statutorum et consuetudinum Ecclesiae Cathedralis S. Pauli Londinensis* (674–19c.), ed. W. Sparrow Simpson (1873).

Reg. S. Thom. Dublin Register of the Abbey of St. Thomas, Dublin (12c.-), RS XCIV (1889) [by no.].

Reg. **Stoneleigh** Leger Book or Register of Stoneleigh Abbey [Warw] (12c.-14c.), Dugdale Soc. XXIV (1960).

Reg. **Temp.** *Registrum temporalium* (14c.), MS Kent RO (DRcR3 Rochester).

Reg. **Tristernagh** Register of the Priory at Tristernagh [Westmeath] (13c.), ed. M. V. Clarke, IMC (Dublin, 1941).

RegulC *Regularis concordia Anglicae nationis monachorum sanctimonialiumque* (c970) [attrib. Æthelwold] (ob. 984)], ed. T. Symons, Med. Texts (1953) [by sect.]; AS cited from *De consuetudine monachorum* (Lat. & AS), *Anglia* XIII (1891) 365-454.

Regul. **Recl.** *Regulae reclusorum*, ed. L. Oliger, *Antonianum* III (1928) 151-90, 299-320: I *Ordo anachoritalis vitae* (13c.), 170-83; II *Regula eremitarum* (14c.), 299-312; III *Regula eremitarum Oxoniensis* (14c.), 312-30 [by no. & sect.]; v. et. ROB. PRESB.

Reg. **Wetherhal** Register of the priory of Wetherhal [Cumb], Cumb & Westmor Antiq. Soc. (1897).

Reg. **Whet.** *Registrum Johannis Whethamstede* [Abbot of St. Albans] (1420-40, 1451-65), in *Chr. Mon. S. Alb.* VI 2 vols. (1872-3).

Reg. **Winchcombe** *Landboc sive registrum monasterii de Winchelcumba* [Glos] (798-1422), ed. D. Royce, 2 vols. (Exeter, 1892-1903).

Reg. **Wint.** Registers of the Bishops of Winchester, Cant. & York Soc. and Hants Rec. Soc.: 1282-1304 John de Pontissara, XIX, XXX (1915-24) [also pub. Surrey Rec. Soc. I, VI (1916-24)]; 1305-16 Henry Woodlock, XLIII, XLIV (1940-1); 1316-19 John de Sandale, Hants Rec. Soc. (1897) 3-264; 1320-3 Rigaud de Asserio, *ib.* 387-606; 1346-66 William Edington, MS Hants RO [by vol. & f.]; 1367-1404 William de Wykeham, 2 vols. Hants Rec. Soc. (1896-9); 1520-30 Thomas Wolsey, Cant. & York Soc. XXXII (1926); 1531-2, 1553-5 Stephen Gardiner, *ib.* XXXVII (1930) 1-91 [v. et. GARDINER]; 1551-3 John Poynet, *ib.* 93-103; 1556-9 John Whyte, *ib.* XVI (1914) [by date, vol., & p.].

Reign of Hen. VII A. F. Pollard: The Reign of Henry VII, 3 vols. (1913-14).

Reliq. Antiq. *Reliquiae Antiquae*, scraps from ancient MSS, ed. T. Wright and J. O. Halliwell, 2 vols. (1841-3).

Remonstr. Ir. Remonstrance of Domnall O Neill, king of Ulster, and others to Pope John XXII (1318), ed. T. Hearne, *Scotichronicon*, 5 vols. (Oxford, 1722) III 908-26; also in FORDUN *Cont.* II 259-67.

Rent. Glasg. Rental book of the diocese of Glasgow (1509-70) [bound w. *Lib. prot.*], 2 vols. Grampian Club (1875).

Rent. Glouc. Rental of all the houses in Gloucester (1455), ed. R. Cole (Gloucester, 1890).

Rent. Ottery St. M. Rental of Ottery St. Mary [Devon] (? 14c.), MS BL Add. 28838.

Rent. Pri. Nuneaton Nuneaton Priory Rental, MS BL Add. 49466.

Rent. S. Andr. *Rentale S. Andreae*, Chamberlain and Granitar accounts of the Archbishopric (1538-46), SHS, 2nd S. IV (1913).

RentSurv. Rentals and Surveys (Hen. III-), MS PRO: **P** Portfolios (S.C. 12); **R** Rolls (S.C. 11).

Rep. PR Ir. Reports respecting the Public Records of Ireland (1810-25), 3 vols. RC (1815-29).

R. ESK Richard of Esk, monk of Furness [15c.]: Metrical preface, in *Couch. Furness* I 21-3; superseded by Cumb & Westmor Antiq. Soc. NS LIII (1954) 98-109 [by line].

Responsio *Responsio discipuli* (a994), *ASE* I (1972) 122-6 [by line].

Rev. Ben. Revue bénédictine, I- (1884-).

Rev. Downside Downside Review, I- (1880-).

RFin Fine Rolls, ed. T. D. Hardy, *Rotuli de Oblatis et Finibus* (1199-1216), RC (1835) 197-605; *v. et.* CalFinR, ExcRFin, FineR, ROblat.

RGasc Roles Gascons: 1242-1307, 3 vols. in 4 (Paris,

1885-1906) [by p.]; IV (1307-17), HMSO (1962) [by no.]; later rolls, MS PRO (C. 61).

R. HOWD. Roger Howden (*alias* Hovedene) [*ob.* ? 1201]: *Chronica* (732-1201), 4 vols. RS LI (1868-71).

RHS Royal Historical Society; **Trans.** Transactions, I- (1873-).

RHYG. Rhygyfarch [*ob.* 1099]: **David** *Vita S. Davidis* [6c.], ed. J. W. James (Cardiff, 1967), 1-28 [first text; by cap.]; **Vesp.** additional text in MS BL Cotton Vespasian A XIV (c1200), ibid. [second text; by cap.].

RIA Proc. Proceedings of the Royal Irish Academy, I- (Dublin, 1841-), section C.

RIC. ANGL. Ricardus Anglicus [? Richard de Morins, Prior of Dunstable (*ob.* 1242)]: **Summa** *Summa de ordine judiciario* (c1196), ed. L. Wahrmund, Quellen zur Gesch. des römisch-kanonischen Processes im Mittelalter, II iii (Innsbruck, 1915) [by cap.]; **Summa Brevis** *Summa brevis super decreta* (extr.), *Traditio* VII (1949-51) 353-5; **Summa Quaest.** *Summa quaestionum* (extr.), *ib.* 355-8.

RIC. ARMAGH Richard Fitzralph, Archb. of Armagh [*ob.* 1360]: **AP** Autobiographical prayer (= *Summa contra Armenos* XIX 35), ed. L. L. Hammerich, The beginning of the strife between Richard Fitzralph and the Mendicants (Copenhagen, 1938) 18-22; **Def. Cur.** *Defensio curatorum*, in *Monarchia* II 1391-1410 (*recte* 1291-1310) [by p. as printed & *recte*]; **Paup. Salv.** *De pauperie salvatoris* I-IV, in WYCL. *Dom. Div.* 129-476 [by bk. & p.; rest unprinted]; **Sent.** Commentary on the Sentences (extr.), JRL Bull. XLV (1963) 390-422; also in G. Leff, Richard Fitzralph, Commentator of the Sentences (Manchester, 1963); **Serm.** *Sermones* (extr.), ed. Hammerich 30-42; **Summa** *Summa contra Armenos* (Paris, 1512); **Unusq.** The proposition *Unusquisque*, ed. Hammerich 53-84.

RIC. CORNW. Richard Rufus of Cornwall, O.F.M. [*fl.* 1235-59]: **Quaest.** *Quaestio utrum Christus in triduo mortis fuerit homo* (*Sent.* III d. 22), RTAM XVI (1949) 275-80; **Opin.** *Opiniones notatae in libros Sententiarum*, Franciscan Studies XXXV (1975) 149-93 [by bk. & no.]; **Sent.** *Commentarius in Sententias* (extr.): I d. 2, Franziskanische Studien XXXVIII (1956) 187-202; II d. 17, Revue néoscolastique de philosophie XLII (1939) 439-45.

RIC. ELY Etheldr. Richard, Prior of Ely [*ob.* c1194]: *Analecta S. Etheldredae*, *Acta SS. Boll.* June IV 577-82; *v. et. Lib. Eli.*, T. ELY.

RICHARD KNAPWELL (*alias* CLAPWELL), v. KNAPWELL.

RIC. HEX. Richard, Prior of Hexham [*ob.* p1154]: **Hist.** *Hex.* History of the church of Hexham (c674-c1114), Surtees Soc. XLIV (1864) 1-62 [by bk. & cap.]; **Stand.** *De gestis Regis Stephani et de bello standardii* [sic] (1135-8), in *Chr. Steph.* III 139-78 [by f.]; also in Surtees Soc. XLIV 63-106.

RIC. MED. Ricardus Medicus (*alias* Anglicus) [*ob.* 1252]: **Anat.** *Anatomia* (= *Micrologus* III) (a1200), ed. K. Sudhoff, Archiv für Gesch. der Medizin XIX (Leipzig, 1927) 209-39 [*cf.* Ps.-RIC. *Anat.*]; **Correct.** v. Correct. *Alch.*; **Pract.** *Practica* (= *Micrologus* IV), ed. H. Hellriegel (Leipzig, 1934); **Signa** *Signa pronostica infirmitatum* (= *Micrologus* V), earlier part ed. H. E. Beusing, Leben und Werks des Ricardus Anglicus (Leipzig, 1922).

RIC. SWYN. Richard Swynesshed, fellow of Merton (*alias* the Calculator) [*ob.* p1354]: **Calc.** *Calculationes* (c1350) (Padua, 1477, etc.); also (extr.) in *Sci. Mech.* 298-304; **Mot.** *De motu* [attrib.], in *Sci. Mech.* 245-6.

RIDEWALL John Ridewall, O.F.M. [*fl.* 1340]: **Apoc.** *Lectura in Apocalypsim* (c1330) (extr.), in *Eng. Friars* app. I 312-14; **CivD** Commentary on *De Civitate Dei* (c1334) (extr.), *Medium Ævum* XXV (1957) 140-53; **Fulg.** *Fulgentius metaforalis*, ed. H. Liebeschütz (Leipzig, 1926).

RINGSTEAD Prov. Thomas Ringstead [*ob.* 1366]: *In*

Proverbia Salomonis (Paris, 1515, under name of HOLCOT or T. WALEYS).

RIPLEY George Ripley [*ob.* 1490]: *Opera omnia chemica* (Cassell, 1649): 1–100 *Liber XII portarum*; 101–122 *Liber de mercurio et lapide philosophorum*; 123–78 *Medulla philosophiae chemicae*; 179–224 *Philorcium alchymistarum*; 226–94 *Clavis aureae portae* [transl. from Eng.; not cited]; 295–313 *Pupilla alchemiae*; 314–22 *Terra terrae philosophicae*; 323–36 *Concordantia Raymondi Lullii et Guidonis philosophi Graeci*; 337–65 *Viaticum seu Varia practica*; 366–420 *Accurtationes et practicae Raymundinae*; 421–6 *Cantilena*; 427–39 *Epistola ad regem Edwardum quartum* [transl. from Eng.; not cited]; **Axiom.** *Axiomata philosophica*, in *Theatrum Chem.* II 109–118 [summary of *Liber XII portarum*].

RISH. William of Rishanger [*ob.* p1312]: *Chronica* (1259–1307), in *Chr. Mon. S. Alb.* II 1–230.

Rit. Durh. *Rituale ecclesiae Dunelmensis* (10c., gl. 970 or 981), Surtees Soc. X (1839); superseded by Surtees Soc. CXL (1927).

Rit. Gilb. Gilbertine Rite (a1265), HBS LIX, LX (1921–2).

R. LEWES *v.* **G. Steph.**

RL Royal Letters 1216–72, 2 vols. RS XXVII (1862–6); 1399–1413, 2 vols. RS XVIII (1860–64, rev. ed. 1965).

R. MAIDSTONE Richard of Maydistone [*ob.* 1396]: **Conc.** *De concordia inter regem Ricardum II et civitatem Londoniensem* (1393), in *Pol. Poems* I 282–300; **PP** *Protectorium pauperis* (c1380), *Carmelus* V (1958) 132–80 [by f.].

R. MARSTON Roger Marston, O.F.M. [*ob.* c1300]: **QD** *Quaestiones disputatae*, *Bibliotheca Franciscana scholastica medii aevi* VII (Quaracchi, 1932): 1–148 *De emanatione aeterna quaestiones VII*; 149–200 *De statu naturae lapsae quaestiones II*; 201–454 *De anima quaestiones X*.

R. MELROSE *v.* **Ep. Glasg.**

R. MELUN Robert of Melun, Bishop of Hereford [*ob.* 1167]: **DP** *Quaestiones de divina pagina*, ed. R. M. Martin, *Spicilegium Sacrum Lovaniense* XIII (1932) [by sect.]; **Paul.** *Quaestiones theologicae de epistolis Pauli, ib.* XVIII (1938); **Sent.** *Sententiae, ib.* XXI (1947), XXV (1952) [by vol. & p.]; **Summa** *Summa theologiae* or *Sententiarum* (extr.), *PL* CLXXXVI 1011–62; superseded by *Sent.*.

R. MERTON Rainald of Merton [12c.]: *Epistola de vita venerabilis Guidonis Meritonensis ecclesiae canonici* (wr. a1151), *Med. Stud.* XXXI (1969) 255–61 [by f.].

RMS Scot *Registrum magni sigilli regum Scotorum* (1306–1668), 11 vols. Scot. RO (1882–1914, vol. I, 2nd ed. 1912) [by date & no.].

R. NIGER Ralph Niger [*ob.* a1200]: **Chr. I** Chronicle [incl. cont.] (Creation–1199), ed. R. Anstruther, Caxton Soc. (1851) 1–104; **Chr. II** (Incarnation–1162, w. cont. to 1178), *ib.* 105–91; **Mil.** *De re militari et triplici via peregrinationis Jerosolimitane*, ed. L. Schmugge (Berlin, 1977) [by bk. & cap.]; **MR** *Moralia regum* (a1189), cap. 19, *Med. & R. Stud.* I (1943) 249–52; **Vers.** Verses, in GERV. TILB. II 3.

RNorm *Rotuli Normanniae* 1200–5, 1417–18, RC (1835); 1203 fragm. of Norman Roll of 5 John, Pipe R. Soc. NS XXI (1943) 87–8.

ROB. ANGL. (I) Robertus Anglicus (*alias* of Chester, Ketene, etc.), translator from Arabic [*fl.* 1140]: **Alch.** *Liber de compositione alchemiae* [attrib.], in *Bibl. Chem.* I 509–19 [recension 3]; also ed. L. Stavenhagen, A Testament of Alchemy (Hannover, N.H., 1974) [recension 1]; **Alg.** *Liber restaurationis et oppositionis numeri* [transl. of the Algebra of Al-Khowirasmi (c825)], ed. L. C. Karpinski (Ann Arbor, Mich., 1915); **add.** *addita quaedam pro declaratione Algebrae, ib.* 128–56. **Chr. Mend.** *Chronica mendosa et ridiculosa Saracenorum* (Basle, 1550); **Jud.** *Judicia Alkindi* (extr.), EHR XXX (1915) 63; **Koran** Latin version of the Koran, bound w. *Chr. Mend.*

ROB. ANGL. (II) Robertus Anglicus [*fl.* 1270]: Commentary on the Sphere of Sacrobosco, in SACROB. *Sph.* 143–198.

ROB. BACON Psalt. Robert Bacon [*ob.* 1248]: *Tractatus super psalterium* (extr.), in RHS Trans. 4th S. XXX (1948) 1–19.

ROB. BRIDL. Dial. Robert of Bridlington [*fl.* 1150]: The Bridlington Dialogue, Exposition of the Rule of St. Augustine for the life of the clergy, [ed. R. P. Lawson] (London, 1960).

ROBERT GROSSETESTE *v.* GROS.

ROBERT KILWARDBY *v.* KILWARDBY.

ROBERT PULLEN *v.* PULL.

ROBERTSON Rolloc George Robertson: *Vita et mors Ricardi Rolloc* (1599), Bannatyne Club (1826).

ROB. FLAMB. Pen. Robert of Flamborough, canon of S. Victor [*fl.* 1220]: *Liber Poenitentialis* (c1208–15), ed. J. J. F. Frith (Toronto, 1971) [by sect.].

ROblat *Oblata* Rolls, ed. T. D. Hardy, *Rotuli de Oblatis et Finibus* (1199–1216), RC (1835) 1–196; *v. et.* **RFin.**

ROB. PRESB. Robertus presbyter [? 12c.]: *Admonitiones praesertim de eucharistia*, in *Regul. Recl.* 183–90.

ROBYNS Com. John Robyns [*ob.* 1558]: *De Cometis* (extr.), in *Rara Math.* 48–54.

ROG. FORD Roger of Ford [*fl.* 1170]: **LP** *Lac Parvulorum* [attrib. Roger of Byland], *Anal. Cist.* VII (1951) 224–31 [on authorship, *v. Studia Monastica* XXII (1980) 83–8]; **Maria** *Orbis opes pereant*, verses on the Virgin, *Collectanea Ordinis Cisterciensium Reformatorum* VI (1939) 48–54.

ROG. NOTT. Roger Nottingham, O.F.M. [*fl.* 1343]: **Insol.** *Insolubilia*, Med. Stud. XXVI (1964) 260–70 [by sect.]; **Intr. Sent.** *Introitus ad Sententias, ib.* XXV 270–9 [by sect.].

ROG. SWYN. Roger Swyneshed [*fl.* 1330]: **Insol.** *Insolubilia*, AHDLMA XLVI (1979) 180–220 [by sect.]; **Oblig.** *Obligationes, ib.* XLIV (1977) 249–85.

ROLLE Richard Rolle of Hampole [*ob.* 1349]: **AM** *Contra amatores mundi*, ed. P. F. Theiner (Berkeley, Calif., & Los Angeles, 1968); **Apoc.** *Tractatus super Apocalypsim*, ed. N. Marzac (Paris, 1968); **IA** *Incendium amoris*, ed. M. Deanesly (Manchester, 1915); **Judic.** *Judica me Deus*, ed. J. P. Daly, Elizabethan and Renaissance Studies XCII:14 (Salzburg, 1984); **MA** *Melos Amoris*, ed. E. J. F. Arnould (Oxford, 1957).

Rolls Merton The early Rolls of Merton College, Oxford (1274–1300), w. app. of charters, OHS, NS XVIII (1964); *v. et. Ac. Exec. W. Merton.*

Romania *Romania* I– (Paris, 1872–).

RomR Roman Rolls (1306–58), MS PRO (C. 70).

R. ORFORD Robert of Orford (*alias* de Tortocollo) [*fl.* 1290]: **Reprob.** *Reprobationes dictorum a fratre Aegidio in primum Sententiarum*, Bibliothèque thomiste XXXVIII (1968); **Sciendum** *Correctorium corruptorii 'Sciendum'* [attrib.], *ib.* XXXI (1956).

Rot. Gros. et Lex. v. Reg. Linc.

Roxb. Club Roxburghe Club, publications (1814–).

Royal Writs Royal Writs in England from the Conquest to Glanvill, Selden Soc. LXXVII (1959).

RParl Ir. Parliaments and councils of mediaeval Ireland (1296–1421), ed. H. G. Richardson and G. O. Sayles, I– IMC (Dublin, 1947–).

RParl *Rotuli Parliamentorum* (1278–1552), 7 vols. (1767–83; index I–VI 1832); other rolls MS PRO (C. 65); **Exch** Exchequer S. MS PRO (S.C. 9), nos. 3, 4, 14, 21, and 22 printed in *DocExch* 55–82, 129–38, 1–54, no. 8 in *RParl Ined.* 30–45, no. 12 in *Mem. Parl.* 1–188, 232–314; **Ined.** *Rotuli parliamentorum Anglie hactenus inediti* (1279–1373), Camd. 3rd. S. LI (1935).

R. PARTES Robert Partes [*ob.* 1172]: Poems, *Speculum* XII (1937) 215–50 [by p.].

RR K's Lynn Red Registers of King's Lynn [Norf]

(*c*1307–*c*1395), ed. H. Ingleby, 2 vols. (King's Lynn, 1919–22).

RScacNorm *Magni rotuli scaccarii Normanniae* (1180–1201), ed. T. Stapleton, 2 vols. Soc. of Antiquaries of London (1840–44).

RScot *Rotuli Scotiae*, 2 vols. RC (1814–19): I (1291–1377), II (1377–1509) [by date, p., & col.].

RSelecti *Rotuli selecti ad res Anglicas et Hibernicas spectantes* (1205–1431), ed. T. Hunter, RC (1834); *v. et. Pat. Hib. Hen. V.*

R. SHREWSB. Robert, Prior of Shrewsbury [*ob.* 1168]: *Vita et translatio S. Wenefredae* (wr. *c*1140), *Acta SS. Boll.* Nov. I (1887) 708–31 [by cap.].

RS Rolls Series. *Rerum Britannicarum Medii Aevi Scriptores* or Chronicles and Memorials of Great Britain and Ireland during the Middle Ages, I–XCIX, (1858–97).

RTAM Recherches de théologie ancienne et médiévale, I– (Louvain, 1929–).

RUDBORNE Thomas Rudborne [*fl.* 1460]: *Historia major de fundatione et successione ecclesiae Wintoniensis* (164–1138), in *Anglia Sacra* I 177–286.

Runica Manuscripta R. Derolez: *Runica Manuscripta*, the English tradition (Bruges, 1954).

Rutland MSS Accounts of the estates of the Duke of Rutland (16c.), MS Belvoir Castle.

RWL Revised Medieval Latin Word-List from British and Irish Sources, ed. R. E. Latham (1965, reissued w. sup. 1981).

SACKVILLE *v.* SICCAV.

Sacr. Ely Sacrist Rolls of Ely (1291–1360), ed. F. R. Chapman, 2 vols. (Cambridge, 1907).

Sacr. Lichf. Sacrist's Roll of Lichfield [Staffs] Cathedral (1345), Arch. Soc. Derb IV (1882) 107–17.

SACROB. John de Sacro Bosco (*alias* of Holywood) [*fl.* 1230]: **AN** *Tractatus de arte numerandi*, in *Rara Math.* 1–26 [by cap.]; **Sph.** *De Sphaera*, ed. L. Thorndike, The Sphere of Sacrobosco (Chicago, 1949) 76–117; *cf. Comm. Sph.*, ROB ANGL II.

SÆWULF Sæwulf, monk of Malmesbury [*fl.* 1100]: *Relatio de peregrinatione ad Hierosolymam* (1103), ed. M. P. d'Avezac, Recueil de voyages et de mémoires IV, Société de géographie (Paris, 1839), 833–54.

Salter Essays Oxford Essays in medieval history presented to H. E. Salter (Oxford, 1934).

SAMSON Mir. Edm. Samson, Abbot of Bury St. Edmund's [Suff] [*ob.* 1212]: *Liber de miraculis S. Eadmundi* [attrib.; parts by OSB. CLAR.], in *Mem. S. Edm.* I 107–208 [by bk. & cap.]; *v. et. Kal. Samson.*

Sanct. Bev. *Sanctuarium Beverlacense* (*c*1478–1539), Surtees Soc. V (1837) 112–211 [by no.].

Sanct. Durh. *Sanctuarium Dunelmense* (1464–1524), Surtees Soc. V (1837) 1–90 [by no.].

Sat. Poets Anglo-Latin Satirical Poets and epigrammatists of the 12th century, 2 vols. RS LIX (1872); *v. Epigr. Misc.*, G. WINT., HANV., H. CANTOR *Vers.*, H. HUNT. *HA* XI, NECKAM *VM*, NIG., R. CANT. *Poems*, SERLO BAY.

SAUTRY William Sautry (*alias* Sawtrey), Priest of St. Margaret's, Lynn [*ob.* 1401], *v. Ziz.*

SB *Sinonoma Bartholomei*, a medico-botanical glossary (14c.) [attrib. J. MIRFIELD], ed. J. L. G. Mowat, *Anecd. Oxon.* I (1882); *cf.* ELVEDEN.

Sci. Mech. M. Clagett: The Science of Mechanics in the Middle Ages (Madison, Wisc., 1959), *v.* BRADW. *Cont.*, *Prop.*, DUMBLETON, HEYTESBURY, J. HOLLAND, RIC. SWYN. *Calc.*

Scone *Liber Ecclesiae de Scon*, ed. W. Smythe, Maitland Club (1843) [by no.].

Scot. Grey Friars The Scottish Grey Friars, ed. W. M. Bryce, 2 vols. (Edinburgh, 1909).

Scot. RO Scottish Office, General Register House, Edinburgh 2.

Scot. Saints Lives of the Scottish Saints, ed. J. Pinkerton, revised W. M. Metcalfe, 2 vols. (Paisley, 1889).

Script. Mus. *Scriptorum de musica medii aevi novam seriem a Gervertina alteram collegit nuncque primum edidit* E. Coussemaker, 4 vols. (1864–76); *v.* GARL. *Mus.*, HAUBOYS, HAUDLO, HOTHBY, *Mens. & Disc. (Anon. IV)*, *Mus. Mens. (Anon. VI)*, ODINGTON, TUNST.

Scrope v. Grosvenor The Scrope and Grosvenor controversy (1385–90), ed. N. H. Nicolas, 2 vols. (1832).

Sculp. Lap. *De Sculpturis Lapidum* (13c.), *Arch.* XXX (1844) 449–53.

S. DURH. Simeon of Durham [*ob.* *c*1130], *Symeonis Dunelmensis Opera*, 2 vols. RS (1882–5): **Durh.** *Historia ecclesiae Dunelmensis* (635–1096), I 3–135 [by bk. & cap.]; **Durh. Cont. A** (1096–1144), I 135–60; **Durh. Cont. B** (1141–54), I 161–9; **Ep. Hug.** *Epistola ad Hugonem decanum Ebor. de archiepiscopis Ebor.* (? *a*1110), I 222–8 [by cap.]; **HR** *Historia Regum* (888–1129) [attrib.], *ib.* II 91–283 [by cap.; *v. et.* BYRHT. *HR*]; **HR Cont.** *v.* J. HEX.

Seals Sir Christopher Hatton's book of Seals (12c.–13c.), ed. L. C. Lloyd and D. M. Stenton, Northants Rec. Soc. XV (1950) [by no.].

S. EASTON Stephen of Easton, Abbot of Fountains [*ob.* 1252]: **ET** *Exercitium triplex*, ed. A. Wilmart, Revue d'ascétique et de mystique XI (1930) 361–74; **Medit.** *Meditationes de gaudiis B. V. M.*, *ib.* X (1929) 391–414; **Psalm.** *De informatione mentis circa psalmodiam diei et noctis*, Cîteaux XXIII (1972) 259–88 [by sect.]; **SN** *Speculum novitii, Collectanea Ordinis Cisterciencis Reformatorum* VIII (1946) 45–68.

Sea Terms Middle English Sea Terms, ed. B. Sandahl, I– (Upsala, 1951–).

SECHEVILLE *v.* SICCAV.

Seignorial Admin. N. Denholm-Young: Seignorial Adminstration in England (Oxford, 1937).

SelBEyre Select Bills in Eyre (1292–1333), Selden Soc. XXX (1914).

SelCCant Select Cases from the ecclesiastical courts of the province of Canterbury *c*1200–1301, Selden Soc. XCV (1981).

SelCChanc Select Cases in Chancery (1346–1471), Selden Soc. X (1896).

SelCCoron Select Cases from the Coroners' rolls (1265–1413), Selden Soc. IX (1895).

SelCCouncil Select Cases before the King's Council (1243–1482), Selden Soc. XXXV (1919).

SelCExchCh Select Cases in the Exchequer Chamber before all the Justices of England (1377–1461), Selden Soc. LI (1933).

SelCExchPl Select Cases in the Exchequer of Pleas (Hen. III–Ed. I), Selden Soc. XLVIII (1932).

SelCh Select Charters and other illustrations of English constitutional history to the reign of Ed. I, ed. W. Stubbs, 9th ed. (1913).

SelCivPl Select Civil Pleas I (1200–3), Selden Soc. III (1890) [no more pub.].

SelCKB Select Cases in the Court of King's Bench (Ed. I–Ed. III), 7 vols. Selden Soc. LV, LVII, LVIII, LXXIV, LXXVI, LXXXII, LXXXVIII (1936–71).

SelCReq Select Cases in the Court of Requests (1497–1569), Selden Soc. XII (1898).

SelCWW Select Cases of procedure Without Writ under Hen. III, Selden Soc. LX (1941).

Selden Soc. Selden Society, publications [of legal records], I– (1888–).

SelPlAdm Select Pleas in the Court of Admiralty, 2 vols. Selden Soc. VI, XI (1892–7).

SelPlCrown Select Pleas of the Crown I (1200–1225), Selden Soc. I (1887) [no more pub.].

SelPlForest Select Pleas of the Forest (1209–1334), Selden Soc. XIII (1901).

SelPlJews Select Pleas, Starrs, and other records from the Rolls of the Exchequer of the Jews (1220–84), Selden Soc. XV (1902).

SelPlMan Select Pleas in Manorial and other seignorial

courts, I (Hen. III–Ed. I), Selden Soc. II (1889) [no more pub.].

SelPlStarCh Select Pleas of the Court of Star Chamber (1477–1544), 2 vols. Selden Soc. XVI, XXV (1903–11).

SENATUS Senatus, Prior of Worcester [*ob.* 1207]: **Ep.** *Epistolae*, MS Bodl. 633 [by no. & f.]; (extr.), RTAM XIX (1952), 206–7, 218–20; **Ep. Conc.** *Epistola de Concordia* (= *Ep.* 2), ed. C. H. Turner, Early Worcester Manuscripts (Oxford, 1916), xlv–li; **Ep. Ox.** Letters relating to Oxford (*Epp.* 4, 6 extr.), in *Collect. Ox.* II 180–82; **Osw.** *Vita S. Oswaldi archeipiscopi* [*ob.* 992], in *Hist. Church York* II 60–97; **Wulfst.** *Vita S. Wulfstani* [*ob.* 1095] (abbr. from W. MALM. *Wulfst.*) [attrib.], Camd. 3rd S. XL (1928) 68–108 [cf. W. MALM. *Wulfst. Abbr.*].

Senesch. The Seneschaucy, printed w. *Husb.* (1971) [cited as source of passages in *Fleta*].

SERLO BAY. Serlo of Bayeux (*alias* Parisiacensis) [*ob.* c1122]: Verses, in *Sat. Poets* II 208–12, 233–58.

SERLO GRAM. Serlo Grammaticus [*ob.* c1207]: **Bell. Stand.** *De bello inter regem Scotie et barones Anglie* (1138) [attrib.], in SERLO WILT. 7–9; **Mon. Font.** *Narratio de fundatione Fontanis Monasterii* (c1207) [dictated by Serlo to Hugh of Kirkstall], in *Mem. Fount.* I 1–129.

SERLO WILT. Serlo of Wilton [*ob.* c1180]: Poems ed. J. Öberg, *Studia Latina Stockholmiensia* XIV (1965) [by no. & line].

Serm. Beauchamp Sermon on the anniversary of the death of Thomas Beauchamp, Earl of Warwick (*p* 1401), *Traditio* XXXIV (1978) 385–401 collated w. MS Bodl. Laud misc. 709 ff. 72–80v. [by f.].

SessPBeds Sessions of the Peace for Bedfordshire 1355–59, 1363–64, HMC JP XVI (1969).

SessPCambs Some Sessions of the Peace in Cambridgeshire (1340, 1380–3), ed. M. M. Taylor, Camb. Antiq. Soc. 8° S. LV (1942).

SessPEssex Essex Sessions of the Peace (1351, 1377–9), ed. E. C. Furber, Arch. Soc. Essex, occ. pub. III (1953).

SessPLincs Some Sessions of the Peace in Lincolnshire (1360–96), 3 vols. Linc. Rec. Soc. XXX, XLIX, LVI (1936–62).

SessPNorthants Rolls of Northamptonshire Sessions of the Peace (1314–16, 1320), ed. M. Gollancz, Northants Rec. Soc. XI (1940).

Sess. Pps. H. of C. Sessional Papers printed by order of the House of Commons, I– (1693–).

SessPSalop The Shropshire Peace Roll, 1400–14 (Shrewsbury, 1959).

SessPWarw Rolls of the Warwickshire and Coventry Sessions of the Peace (1377–97), ed. E. G. Kimball, Dugdale Soc. XVI (1939).

S. FAVERSHAM Simon of Faversham [chancellor of Oxford 1304–6]: **An.** *Quaestiones super tertium de Anima*, AHDLMA IX (1934) 309–68; **Elench.** *Quaestiones super librum Elenchorum*, ed. S. Ebbesen *et al.* (Toronto, 1984); **Porph.** *Questiones libri Porphyrii*, Archivio di filosofia I (1931) 16–29; **Praed.** *Quaestiones super libros praedicamentorum*, Memorie della Reale Accademia dei Lincei 6th S. III iv (Rome, 1930); **Soph.** *Sophisma Universale est Intentio*, Med. Stud. XXXI (1969) 3–14; *vv. ll. ib.* XXXIII (1971) 360–4.

S. FOUGÈRES Vitalis Stephen of Fougères [*ob.* 1178]: Life of St. Vitalis of Savigny, *Anal. Boll.* I (1882) 355–90.

S. GAUNT Simon of Ghent, Chancellor of Oxford, Bishop of Salisbury [*ob.* 1315]: **AncrR** Latin translation of *Ancrene Riwle* [attrib.], *v. AncrR*; **Reg.** *Registrum, v. Reg. Sal.*; **Serm.** University Sermon on Ash Wednesday (1293), in *Theol. Ox.* 205–15.

SHIRWOOD William Shirwood (*alias* Shyreswood), Treasurer of Lincoln [*fl.* 1260]: **Insol.** *Insolubilia* [attrib.], AHDLMA XXXVII (1970) 248–61 [by sect.]; **Log.** *Introductiones in logicam*, *Traditio* XXXIX (1983) 222–91; also ed. M. Grabmann, Sitzungsberichte der Bayerischen Akad. der Wissenschaften, Phil.-hist. Abt. (1937), Heft 10; **Syncat.** *Syncategoremata*, Med. Stud. III (1940) 48–93; *v. et. GLA.*

SHR Scottish Historical Review I– (Glasgow, Edinburgh, Aberdeen, 1903–28, 1943–).

SHS Scottish History Society, publications, I– (Edinburgh, 1887–).

SICCAV. John de Siccavilla (*alias* Sackville or de Sècheville) [*ob.* c1295]: **PN** *De principiis naturae*, ed. R. M. Giguère, Univ. Montreal, Institut d'etudes médiévales XIV (Montreal & Paris, 1956).

SIGAR Visio Orm Sigar, Priest of Newbald [*ob.* c1130]: *Vita et visio et finis simplicis Orm* (c1126), *Anal. Boll.* LXXV (1957) 76–82 [by sect.].

SILGRAVE Henry of Silgrave (*alias* Sulgrave) [*ob.* a1292]: *Chronicon* (449–1274), ed. C. Hook, Caxton Soc. (1849).

SIM. HENTON Simon of Henton (*alias* Hinton) [*fl.* 1250]: **Exc.** *Exceptiones a Summa*, ed. P. A. Walz, *Angelicum* XIII (1936) 290–368; **Post. Mor.** *Postillae morales in prophetas minores*, MS New Coll. Ox. 45; **Summa** *Summa*, *J. Gersonii Opera Omnia* (Antwerp, 1706), I 233–422.

Simil. Anselmi *Liber de S. Anselmi similitudinibus*, PL CLIX (1865) 605–708 [by col.]; superseded by *Mem. Anselm* 39–104 [by sect.].

Simon. Haer. *De Simoniaca haeresi carmen* (? c1091), MGH Libelli de lite III (Hanover, 1897), 615–17.

S. Jers. Société jersiaise: I (1876) Extente de l'Île de Jersey (1331), PRO (E. 101/89/15); II (1877) 1–13, Extente des Îles de Jersey etc. (1274), PRO (C. 47/10/5/1); 14–48, Inquisitions dans les Îles de Jersey et Guernesey (1274), PRO (C. 47/10/1–3); XVIII (1903) Rolls of the Assizes held in the Channel Islands, etc. (1309), PRO (J. I. 1/1160–61).

SKELTON John Skelton [*ob.* 1529]: Poetical works, 2 vols. (1843).

S. Langton F. M. Powicke: Stephen Langton (Oxford, 1928).

S. LANGTON Stephen Langton, Archb. of Canterbury [*ob.* 1228]: **Acta** *v. Act. Cant.*; **BVM** *Psalterium beatae Mariae virginis*, *Anal. Hymn.* XXXV (1900) 153–71 [by quadr. & stanza]; **Chron.** Commentary on the book of Chronicles, ed. A. Saltman (Ramat Gan, 1978); **Gl. Hist. Schol.** *Glossa in Historiam scholasticam* (extr.), AHDLMA VI (1931) 39–51; **Quaest.** *Quaestiones* (extr.), Franciscan Studies XIV (1954) 362–73 and New Scholasticism IV (1930) 131–58; cited also from MS St John's Coll. Camb. 57 ff. 171–346; **Ruth** *Glossa in Ruth*, AHDLMA VI (1931) 86–126; **Sent.** *Commentarius in Sententias*, BGPM XXXVII i (1952) 1–153; **Serm.** *Sermones*: 1–4 (= Schneyer nos. 192, 169, 375 & *s.n.*) Selected Sermons of Stephen Langton, Toronto Med. Latin Texts (1980) [by no. & sect.]; 5 (= Schneyer no. 177), *Manuscripta* XX (1976) 101–4; 6–8 (= Schneyer nos. 304, 27, 22), *Traditio* XXXVI (1980) 243–8, 250–8, 260–8 [by no. & sect.]; **Summa** *Summa magistri Stephani Langton de hiis quae dicuntur de Deo*, MS St John's Coll. Camb. 57 ff. 147–70.

S. MEPHAM Spec. Simon Mepham, Archb. of Canterbury [*d.* 1333]: *Speculum regis Edwardi III* (c1332) [attrib. Simon Islip], ed. J. Moisant (Paris, 1891), 127–69 [by sect.].

SOMERSET Quer. John Somerset, physician [*ob.* c1455]: *Querimonia* (c1451), in *Ps.*-ELMH. *Hen. V* 347–50.

Som Rec. Soc. Somerset Record Society, publications, I– (1887–).

Southampton Rec. Soc. Southampton Record Society, publications, I– (Southampton, 1905–); Southampton Records S., I– (Southampton, 1951–).

Spalding Club publications (Aberdeen, 1839–71) [cont. as New Spalding Club].

SP Dom. Eliz. State Papers Domestic, Eliz. I, MS PRO (S.P. 12–13), calendared in 7 vols. (1856–71).

Spec. Alch. *Speculum Alchemiae* (? 13c.) [attrib. BACON], in *Theatrum Chem.* II 377–85.

Spec. Eccl. *Speculum ecclesiae* [transl. from AN version of EDMUND *Spec. Relig.*], ed. H. P. Forshaw, Edmund of Abingdon, *Speculum religiosorum* and *Speculum ecclesiae*, *Auct. Brit.* III (1973) 31–111 [by sect.]; also in *Bibl. Vet. Pat.* XXV (1677) 316–27.

Spec. Incl. *Speculum inclusorum* (14c.), ed. L. Oliger, *Lateranum* IV i (1938) [by cap. & sect.].

Spec. Laic. *Speculum laicorum* (c1290), ed. J. T. Welter (Paris, 1914) [by cap.].

Speculum *Speculum*, a journal of Mediaeval Studies, I– (Boston, Mass., 1926–).

SPELMAN Asp. Sir Henry Spelman [*ob.* 1641]: *Aspilogia* (wr. c1595) (London, 1654).

SP Hen. VIII State Papers, foreign and domestic, Henry VIII, MS PRO (S. P. 1).

SP Ir. State Papers Ireland (1509–1603), MS PRO (S.P. 60–3), calendared in 11 vols. (1860–1912).

Spons. Mariae The Spousells of the Princess Mary (1508), Camd. Misc. IX, Camd. NS LIII (1893).

Sports & Pastimes J. Strutt: Sports and Pastimes of the people of England, 7th ed. (1903).

S. SIM. Itin. Simon Simeon [*fl.* 1325]: *Itinerarium ab Hybernia ad Terram Sanctam* (c1322–23), ed. M. Esposito, *Scriptores Latini Hiberniae* IV (Dublin, 1960) [by cap.].

Staffs Rec. Soc. v. Collect. Staffs.

Stair Soc. Stair Society, publications, I– (Edinburgh, 1936–).

STANBR. Vulg. John Stanbridge [*ob.* 1510]: *Vulgaria*, EETS CLXXXVII (1932) 1–30.

STANIHURST Hib. Richard Stanihurst of Dublin [*ob.* 1618]: *De rebus in Hibernia gestis* (Antwerp, 1584).

Stans Puer *Stans puer ad mensam*, verses on behaviour of page at table [attrib. GROS.], EETS XXXII pt. 2 (1868) 30–3; checked against recensions, *Vivarium* V (1967) 56–82.

Staple Bk. Bristol Staple Court Books of Bristol (1509–1601), Bristol Rec. Soc. V (1934).

Starrs Starrs and Jewish charters (1182–1280) preserved in the British Museum, w. illustrative docs. etc., ed. I. Abrahams *et al.*, 3 vols. Jewish Hist. Soc. (1930–2).

StatCantab The original Statutes of Cambridge University, ed. M. B. Hackett (Cambridge, 1970).

StatCCOx Statutes of Corpus Christi College, Oxford, in *Stat. Coll. Ox.* II.

Stat. Coll. Ox. Statutes of the Colleges of Oxford, 3 vols. (1853) [by coll., vol., & p.]; *v. et.* StatCCOx.

Stat. Durh. The Statutes of the cathedral church of Durham, Surtees Soc. CXLIII (1929).

Stat. Ebor. *De consuetudinibus et ordinationibus antiquitus usitatis et observatis* (13c.–14c.), in *Stat. Linc.* II 91–135.

Stat. Eton Eton College Statutes (1444–5), in *Stat. King's Cantab.* 477–625.

State Tri. Ed. I State Trials of the reign of Ed. I, 1289–93, Camd. 3rd S. IX (1906).

Stat. Gild. Berw. *Statuta gildae apud Berwicum facta* (c1250–94), in *APScot* I app. II, 89*–96*.

Stat. Heref. *Consuetudines et statuta ecclesiae Herfordensis* (c1280), in *Stat. Linc.* II 36–85; later additions, *ib.* 86–9.

StatIr Early Statutes of Ireland (1204–1482), ed. H. F. Berry *et al.*, 4 vols. PRO Ireland (Dublin, 1907–39).

Stat. King's Cantab. The ancient laws of the fifteenth century for King's College, Cambridge (1443–1674), ed. J. Heywood and T. Wright (1850) 1–298; app. docs. (1444–85); *v. et.* Ch. Eton, Cust. Eton, Stat. Eton, Vis. Eton.

Stat. Lich. Statutes of Lichfield cathedral (c1190), in *Stat. Linc.* II 11–25; select Lichfield statutes (12c.–16c.), *ib.* 26–35.

Stat. Linc. Statutes of Lincoln Cathedral, ed. H. Bradshaw

and C. Wordsworth, 2 vols. in 3 (Cambridge, 1892–7); *cf. Stat. Ebor., Stat. Heref., Stat. Lich.*

Stat. Man J. F. Gill: Statutes of the Isle of Man (1883).

Stat. Mich. Cantab. The Statutes of Michael House under the seal of Harvey de Stanton (1324), ed. J. B. Mullinger The University of Cambridge to 1535 (Cambridge, 1873) app. D 640–45.

Stat. Ottery St. M. *Ordinatio et statuta beatae Mariae de Otery*, ed. J. N. Dalton, The Collegiate Church of Ottery St. Mary (Cambridge, 1917): *Tabula*, 81–5; *Ordinacio primaria* (1338), 85–115; fragments of register, 127–31; *Statuta collegii* (1339), 133–259; other documents (14c.–16c.), 260–302.

StatOx *Statuta antiqua Universitatis Oxoniensis*, ed. S. Gibson (Oxford, 1931).

Stat. Sal. Statutes and customs of the cathedral church of Salisbury, ed. C. Wordswoth and D. Macleane (1915).

Stat. Wells *Ordinale et statuta ecclesiae cathedralis S. Andreae Wellensis* (c1150), ed. H. E. Reynolds, Wells Cathedral (Leeds, 1881) 1–113.

Staura Civ. *Staura civitatum* (a1401), *Anglia* LXXXV (1967) 128–9 [by line].

Steelyard J. M. Lappenberg: Urkundliche Geschichte des Hansischen Stahlhofes zu London, 2 pts. in 1 vol.; app. of docs. w. sep. pag. 1–218 (Hamburg, 1851).

Stenton Misc. A medieval Miscellany for D. M. Stenton, ed. P. M. Barnes and C. F. Slade, Pipe R. Soc. NS XXXVI (1962).

STEPH. HARD. Stephen Harding, Abbot of Cîteaux [*ob.* 1134]: **Bibl.** *Censura de aliquot locis Bibliorum*, *PL* CLXVI 1373–6; **Carit.** *Carta Caritatis*, *ib.* 1377–84; **Ep.** *Epistolae*, *PL* CLXXXII 149–52, 157–8; **sup.** additional letter, *Collectanea Ordinis Cisterciensium Reformatorum* III (1936–7) 66–9; **Exord.** *Exordium ordinis Cisterciensium*, *PL* CLXVI 1501–10; **Serm.** *Sermo in obitu praedecessoris sui*, *ib.* 1375–6.

STEPH. ROUEN Stephen of Rouen [*ob.* c1170]: *Draco Normannicus* (1118–69), in *Chr. Steph.* II 585–757 [by bk. & line]; **addit.** *additamenta* 758–62; **app.** appendix of miscellaneous verse 765–79.

STEPH. WHITBY Stephen of Whitby, Abbot of St. Mary's, York [*ob.* 1112]: *De fundatione abbatiae S. Mariae Virginis Eboraci*, in *MonA* III 544–6.

Stewards' Bk. Southampt. The Stewards' Books of Southampton (1428–39), Southampt. Rec. Soc. XXXV, XXXIX (1935–9).

STOKES Peter Stokes, Carmelite [*ob.* 1339], *v. Ziz.*

STONE Chr. John Stone, monk of Christ Church, Canterbury [*ob.* c1480]: Chronicle (1415–71), Camb. Antiq. Soc. 8° S. XXXIV (1902) 1–152.

Stonor Pps. The Stonor Letters and Papers (1290–1483), 2 vols. Camd. 3rd S. XXIX, XXX (1919); **Sup.** Camd. Misc. XIII, *ib.* XXXIV (1924).

STRATFORD John Stratford, Archbishop of Canterbury [*ob.* 1348]: **Const.** Constitutions, *v. Conc.* II; **Serm.** Sermons (extr.): nos. 15, 22, 28, 29, EHR VIII (1893) 85–91; no. 22, Journal of Ecclesiastical History XXXIV (1983) 432–7; also contains list of sermons [by no. & p.].

StRealm Statutes of the Realm (1236–1713), 11 vols. in 12, RC (1810–28).

STRECCHE Hen. V John Strecche [*fl.* 15c.]: Chronicle of the reign of Hen. V, ed. F. Taylor, JRL Bull. XVI (1932) 146–87.

Stud. 14 Cent. M. V. Clarke: Fourteenth-century Studies (Oxford, 1937).

Studia Monastica *Studia Monastica* I– (Barcelona, 1959–).

STUDLEY Richard Studley: *Vita S. Roberti heremitae* [of Knaresborough, *ob.* c1235], *Anal. Boll.* LVII (1939) 365–74 [by cap.]; *cf. V. Rob. Knaresb.*

Suff Hund. E. Powell: A Suffolk Hundred [Blackbourne] in 1283 (Cambridge, 1910).

SULCARD Sulcard of Westminster [*fl.* c1080]: *De con-*

structione Westmonasterii, *Traditio* XX (1964) 80–91 [by f.].

SULGRAVE *v.* SILGRAVE.

Summa Abend. v. HALES.

Superst. Pharis. *De superstitione pharisaeorum* [*p*1360], Med. Stud. XXX (1968) 109–114 [by line].

Surrey Rec. Soc. Surrey Record Society, publications, I– (London & Guildford, 1916–).

Surtees Soc. Surtees Society, publications [concerning Northumbria *sensu latiore*], I– (Durham, 1835–).

Surv. Denb. Survey of the Honour of Denbigh, 1334, ed. P. Vinogradoff and F. Morgan, Rec. Soc. & Econ. I (1914); (extr.) also in *Tribal System* app. B, 49–96.

Surv. Devon T. Risdon [*ob.* 1640]: The chorographical description, or Survey of the County of Devon [printed from 17c. MS], rev. ed. (1811).

Surv. Durh. Hatf. Bishop Hatfield's Survey, a record of the possessions of the See of Durham (1345–81), Surtees Soc. XXXII (1857).

Surv. Linc. The Lincolnshire Domesday and the Lindsey survey (1115–18), Linc. Rec. Soc. (1924) 237–60.

Surv. Pembr. Survey of the lands of William, earl of Pembroke and Montgomery (1566–73) [w. earlier docs.], ed. C. R. Stratton, 2 vols. Roxb. Club (1909).

Surv. Wye A Survey of the manor of Wye [Kent] (*c*1450), ed. H. E. Muhlfeld (New York, 1933).

Sussex Rec. Soc. Sussex Record Society, publications, I– (Lewes, 1901–).

SWAFHAM Robert Swafham: *Historia coenobii Burgensis* [Peterborough] (1117–1245), in *Hist. Angl. Script.* 97–122; **app.** chronological summary of H. ALBUS, in H. ALBUS *app.* 133–9; *cf.* WHITTLESEY.

SWINESHEAD, R. *v.* RIC. SWYN., ROG. SWYN.

SWYNTON Mem. Thomas Swynton, Abbot of Fountains [resigned 1478]: Memorandum book (1446–58), in *Mem. Fount.* III 93–255.

Tap. Bayeux The Bayeux Tapestry (*a*1080), ed. D. C. Douglas, English Historical Documents II (1953) [by panel].

TATWINE Tatwine, Archb. of Canterbury [*ob.* 734]: **Aen.** *Aenigmata*, *CCSL* CXXXIII (1968) 143–208; **Ars** *Ars* [*de partibus orationis*], *ib.* 1–141 [by sect.].

TAXTER Chr. Bury John Taxter (*alias* Tayster): *Chronica Buriensis* (–1265), in *Chr. Bury* 1–33 [supersedes FL. WORC. *Cont. B*].

T. BUCKINGHAM Thomas of Buckingham, Fellow of Merton, Chancellor of Exeter [*ob. c*1356]: **QT** *Quaestiones theologicae* (extr.), ed. M. D. Chenu, *Studia Mediaevalia in honorem R. J. Martin* (Bruges, 1948) 234–41; **Sent.** *Quaestiones super libros Sententiarum* [published as Johannes Bokinham] (Paris, 1505) [by sign.].

T. CHOBHAM Thomas Chobham [*fl.* 1230]: **Conf.** *Summa confessorum*, *Analecta Mediaevalia Namurcensia* XXV (Louvain & Paris, 1968).

T. CLAXTON Thomas of Claxton, O.P. [*fl.* 1400]: **Analog.** *Quaestio de analogia entis*, ed. M. Grabmann, *Acta pontificiae academiae Romanae S. Thomae Aquinatis* NS VIII (1943) 125–53; **Esse** *Quaestio de distinctione essentiae et esse realis*, *ib.* 99–125.

T. ELY Etheldr. Thomas of Ely [*ob.* 1175]: **Acta** *Acta S. Etheldredae*, *Acta SS. Boll.* June IV (1707) 497–538; **Prol.** Prologue, *ib.* 493–4; **Transl.** Second translation of St. Etheldreda [*ob.* 679], *Lib. Eli.* II capp. 143–4; **Mir.** Miracles of St. Etheldreda, *ib.* III capp. 27–138 (*passim*); also *Acta SS. Boll.* June IV (1707) 538–76; *v. et.* RIC. ELY.

Terr. Fleet A Terrier of Fleet, Lincs (1316) w. other docs., ed. N. Neilson, Rec. Soc. & Econ. IV pt. 1 (1920).

Test. Ebor. *Testamenta Eboracensia* (*c*1300–1550), Surtees Soc. IV, XXX, XLV, LIII, LXXIX, CVI (1836–1902).

Test. Ep. Heref. The will of Peter de Aqua Blanca, Bishop of Hereford (1268), Camd. Misc. XIV, Camd. 3rd S. XXXVII (1926).

Test. Karl. *Testamenta Karleolensia* (1353–86), Cumb & Westmor Antiq. Soc., Extra S. IX (1893).

Texte aus der mittelalterlichen Geisteswelt Veröffentlichungen der Kommission für die Herausgabe ungedruckter Texte aus der mittelalterlichen Geisteswelt, Bayerische Akademie der Wissenschaften, I– (Munich, 1968–).

Text. Roff. *Textus Roffensis* [attrib. Ernulf, Bishop of Rochester (*ob.* 1124)], ed. P. H. Sawyer, Early Eng. MSS in facsimile VII, XI (Copenhagen, 1957–62) [*cf. Arch. Cant.* XXIII (1898) 94–112] [by folio; refs. to pp. are to T. Hearne's ed. 1720].

T. FRACKENHAM Thomas of Frackenham (*alias* Frakaham), Canon of Lessness [12c.]: **Spec. Hum.** *Speculum humilitatis*, *Studia monastica* I (1959) 129–36; **Spir. Amicit.** *Speculum spiritalis amicitiae* [based on AILR. *Spir. Amicit.* and *Spec. Car.*], *ib.* III (1961) 297–323.

Theatrum Chem. *Theatrum Chemicum*, ed. L. Zetzner, 6 vols. (Strasbourg, 1659–61).

THEOB. Theobald, archbishop of Canterbury [*ob.* 1161], *v. Ep. J. Sal.*; *cf. Doc. Theob.*

THEOD. Theodore of Tarsus, Archb. of Canterbury [*ob.* 690]: **Ep.** Letter to Æthelred, K. of Mercia (686), in EDDI 42; also in W. MALM. *GP* III and *Conc. HS* 171–2; **Pen.** *Paenitentiale*, in *Conc. HS* III 173–213 [by bk., cap., & sect.]; also ed. P. W. Finsterwalder, Die *Canones Theodori Cantuariensis* und ihre Ueberlieferungsformen (Weimar, 1929).

Theol. Ox. A. G. Little and F. Pelster: Oxford Theology and Theologians *c*1282–1302, OHS XCVI (1934).

Thes. Nov. Anecd. *Thesaurus novus anecdotorum*, ed. E. Martène and U. Durand, 5 vols. (Paris, 1717).

Thingoe J. Gage: The history and antiquities of Suffolk, Thingoe hundred (1838).

THOMAS ANGLICUS *v.* PAUL. ANGL.

THOMAS BRADWARDINE *v.* BRADW.

THOMAS DOCKING *v.* DOCKING.

Thoresby Soc. Thoresby Society, publications, I– (Leeds, 1891–).

THORNE William Thorne [*fl.* 1397]: *Chronica de rebus gestis abbatum S. Augustini Cantuariae* (578–1397), in *Hist. Angl. Script.* X 1753–2296.

Thoroton Soc. Thoroton Society, Record S. [mainly concerning Notts], I– (Nottingham, 1903–).

THURKILL Thurkill *compotista* [*fl.* 1115]: **Abac.** *Regunculae super abacum*, ed. E. Narducci, Bullettino di bibliografia e di storia delle scienze matematiche et fisiche XV (1882) 135–54 [by f.]; **Li.** *Epistola de libris*, *ib.* 127–8.

T. MARLB. Thomas of Marlborough, Abbot of Evesham [*ob.* 1236]: **Acta Prob.** *Acta proborum virorum* [based on lost work of DOMINIC], in *Chr. Evesham* 320–25; **Chr.** Chronicle (or *V. Ecgwini* III) (*c*700–1214), *v. Chr. Evesham* 69–257; **Ecgwine** *Vita S. Ecgwini* [*ob.* ? 717] [based on DOMINIC *V. Ecgwini*], *v. Chr. Evesham* 1–67; **Odulph** *Vita et miracula S. Odulphi* [canon of Utrecht, *ob. c*830] [based on lost work of DOMINIC], in *Chr. Evesham* 313–20; also *Acta SS. Boll.* June II (1742) 592–5; **Wistan** *Vita et miracula S. Wistani* [*ob.* 850] [attrib.], in *Chr. Evesham* 325–37.

T. MON. Will. Thomas of Monmouth [*ob. p*1172]: Life and miracles of St. William of Norwich [*ob.* 1144], ed. A. Jessopp and M. R. James (Cambridge, 1896) [by bk. & cap.].

Tonale Sal. *Tonale*, ed. W. H. Frere, The Use of Sarum, 2 vols. (Cambridge 1898–1901) II app. i–lxxix.

TORIGNI Robert de Torigni (*alias* de Monte) [*ob.* 1186]: **Access. Sig.** *Accessiones ad Sigebertum*, in *Chr. Steph.* IV 3–60; **Chr.** *Chronica* (1100–86), *ib.* 61–315; **Cont. Bec.** *Continuatio Beccensis* (1157–60), *ib.* 317–27; *v. et.* W. JUM. *Cont.*

TORKESEY John Torkesey: *Trianguli et scuti declaratio de proportionibus musicae mensurabilis*, ed. A. Gilles and G. Reaney, *Corp. Script. Mus.* XII (1966) 58–63.

Tout Essays Essays in medieval history presented to T. F. Tout, ed. A. G. Little and F. Pelster (Manchester, 1925).

Tout Papers T. F. Tout: Collected Papers, 3 vols. (Manchester, 1932–4).

Tract. Ebor. *Tractatus Eboracenses* [attrib. Gerard, Archb. of York (*ob.* 1108)], ed. H. Böhmer, *MGH Libelli de lite* III (Hanover, 1897) 645–87.

Tract. Ed. II *Tractatus pacis*, Edward II, the Lords Ordainers etc. (1312–13), Camd. Misc. XV, Camd. 3rd S. XLI (1929).

Tract. Peterb. & Ramsey Tract relating to Peterborough and Ramsey Abbeys (14c.), ed. T. Hearne, in T. SPROTT *Chr.* (Oxford, 1719) 171–220; also in *MonA* II 571–9.

Traditio I– (New York, 1943–).

Transl. Audoeni *Variae translationes sacri corporis S. Audoeni*, Acta SS. Boll. Aug. IV (1739) 820–4; *v. et. V. & Mir. Audoeni.*

Transl. Ecgwini v. Chr. Evesham.

Transl. Edm. Rich *Historia translationis B. Edmundi* (*a*1254), in *Thes. Nov. Anecd.* III 1859–74.

Treat. J.P. Early Treatises on the practice of the Justices of the Peace in the 15c. and 16c., ed. B. H. Putnam (Oxford, 1924).

TreatyR Treaty Rolls (1234–), I– HMSO (1955–), [by vol. & no.]; later rolls, MS PRO (C. 76).

TREVET Nicholas Trevet (*alias* Trivet) [*ob.* 1328]: **Agam.** *Nicolai Treveti expositio L. Annaei Senecae Agamemnonis*, ed. P. Meloni (Cagliari, 1961); **Ann.** *Annales sex regum Angliae* 1136–1306, ed. T. Hog, Eng. Hist. Soc. (1845); **Herc. Fur.** *Nicolai Treveti expositio Herculis Furentis*, ed. V. Ussani (Rome, 1959); **Herc. Oet.** *Nicolai Treveti expositio L. Annaei Senecae Herculis Oetaei*, ed. P. Meloni (Rome, 1962); **Quaest.** *Quaestiones* (extr.), BGPM Suppl. II (1923) 52–62; **Thyestes** Il commento di Nicola Trevet al Tieste di Seneca, ed. E. Franceschini (Milan, 1938); **Troades** Commento alle *Troades* di Seneca, ed. M. Palma, Temi e Testi XXII (Rome, 1977).

Tribal System F. Seebohm: The Tribal System in Wales (1895), app. of docs. [sep. pag.]: 3–48 *v. Doc. Aberffraw*; 49–96 *cf. Surv. Denb.*; 97–100 *cf. BB St. Davids*; 101–105 *IPM* 5 Ed. I, MS PRO C. 133/78; 106 Indenture (1355).

Tri. W. Langton Records of the trial of Walter Langeton, bishop of Coventry and Lichfield 1307–12, Camd. 4th S. VI (1969).

TROKELOWE John of Trokelowe [*ob. p*1330]: *Annales* (1307–24), in *Chr. Mon. S. Alb.* III 61–127.

Trop. Wint. The Winchester Troper (from MSS 10c. and 11c.), HBS VIII (1894).

TR Records of the Exchequer, Treasury of the Receipt, MS PRO: **Bk** Receipt Books (Ed. I–) (E. 36); **Forest Proc.** Forest Proceedings (John–) (E. 32). **Scot. Doc.** Scottish documents (Hen. III–) (E. 39).

TRYVYTLAM Laus Ox. Richard Tryvytlam [*fl.* 1370]: *De laude universitatis Oxoniae*, in *Collect. Ox.* III 195–209 [by line].

T. SPROTT Chr. Thomas Sprott (*alias* Spott) [*fl.* ? 1270]: *Chronica* (wr. *c*1300) [attrib.], ed. T. Hearne (Oxford, 1719) 3–164 .

T. STUBBS Chr. Thomas Stubbs [*ob.* ? *p*1380]: *Continuatio chronicae de vitis Archiepiscoporum Eboracensium* (1147–1373), in *Hist. Church York* II 388–421; *cf. Chr. Pont. Ebor.*

T. SUTTON Thomas of Sutton (*alias* Anglicus), O. P. [*fl.* 1300]: **Duns** *Contra quodlibet Johannis Duns Scoti*, ed. J. Schneider, Texte aus der mittelalterlichen Geisteswelt VII (Munich, 1978); **Esse** *Tractatus de esse et essentia*, Studia Mediewistyczne XI (1970) 233–59; **Gen. & Corrupt.** *Expositionis in libros Aristotelis de Generatione et corruptione continuatio*, ed. F. E. Kelley, Texte aus der mittelalterlichen Geisteswelt VI (Munich, 1976); **Plur. Form.** *Contra pluralitatem formarum*, ed. P. Mandonnet, *S. Thomae Aquinatis Opuscula omnia* (Paris, 1927) V

308–46; **Prod.** *De productione formae substantialis*, AHDLMA XLVI (1979) 142–75; **Quaest.** *Quaestiones de reali distinctione inter essentiam et esse*, ed. F. Pelster, *Opusc. & Text.* V (1929); **QO** *Quaestiones ordinariae*, ed. J. Schneider, Texte aus der mittelalterlichen Geisteswelt III (Munich, 1977); **Quodl.** *Quodlibeta*, ed. M. Schmaus, Texte aus der mittelalterlichen Geisteswelt II (Munich, 1969); in fasc. I–II, some refs. to Revue néoscolastique de philosophie XXXVI, XXXVII (Louvain, 1934).

TUNST. Simon Tunsted [*ob.* 1369] [attrib.]: *Quattuor principalia musicae*, in *Script. Mus.* IV 201–98.

TURGOT Turgot, Bishop of St. Andrews [*ob.* 1115]: **Bede** *Venerabilis Bedae vita* [attrib., actually from S. DURH. Durh.], PL XC 53–68; **Marg.** *Vita S. Margaretae Scotorum reginae*, Surtees Soc. LI (1867) 234–54.

TURNER William Turner [*ob.* 1568]: **Av.** *Avium brevis historia* (Cologne, 1544) [by sign.]; also ed. A. H. Evans (Cambridge, 1903); **Herb.** *Libellus de re herbaria* (1538) [by sign.]; facsimile, ed. W. T. Stearn, Ray Soc. (1965), 41–60; **Herb Names** The names of Herbes in Greek, Latin, Englishe (1548) [by sign.]; Ray Soc. (1965), 79–142; some refs. in Fasc. I–II from *OED.*

Turquet *De Turketo* (*a*1350), in *Early Sci. Ox.* II 370–5.

T. WALEYS Thomas Waleys (*alias* Wallensis) [*ob.* 1350]: **CivD** Commentary on Augustine *de Civitate Dei* (printed 1468, etc.); **I&M** *De instantibus et momentis* (1333), in *Doc. T. Waleys* 157–83; **Praedic.** *De modo componendi sermones cum documentis*, ed. T. M. Charland, *Artes Praedicandi*, Publications de l'Institut d'études médiévales d'Ottawa VII (1936) 327–403; **Serm. Avin.** *Sermo Thomae Waleys Avinionii* (1333), in *Doc. T. Waleys* 93–108.

T. YORK Thomas of York [*ob.* ? *c*1260]: **Sap.** *Sapientiale* (extr. and cap. heading), ed. P. E. Longpré, Fr. Thomas d'York, O.F.M., La première somme métaphysique du XIIIe siècle, *Archivum Franciscanum Historicum* XIX (Quaracchi, 1926) 875–930 [by bk. & cap.]; **Serm.** *Sermo de passione Jesus Christi*, Franciscan Studies XXIV (1964) 210–22.

Tyss. John Tyssington, O.F.M. [*ob. c*1395], *v. Ziz.*

UHTRED Uhtred of Boldon [*ob.* 1396]: **Contra querelas** *Contra querelas fratrum* (extr.), British Academy Proceedings XXXVII 332–42; **Inst.** *De prima institutione monachorum*, in *MonA* I xix–xxii; **Medit.** *Meditacio devota*, Studia Anselmiana XLIII (1959) 195–206; **Mon. V.** (extr.), Two treatises on the monastic life, in Powicke Studies 363–85.

UPTON Nicholas Upton [*ob.* 1457]: *De studio militari*, ed. E. Bysshe (1654); **app.** appendix of notes and documents [sep. pag.]; *v. et.* ED. UPTON.

VAC. Vacarius [*ob. c*1200]: **Assumpt.** *Tractatus de assumpto homine*, Med. Stud. XXI (1959) 162–75 [by sect.]; **Err.** *Liber contra multiplices errores*, Studi e testi CXV (1945) 475–583; **Lib. paup.** *Liber pauperum*, ed. F. de Zulueta, Selden Soc. XLIV (1927); **Mat.** *De matrimonio*, ed. F. W. Maitland, Law Quarterly Review L and LI (1897) 133–43 and 270–87 [by sect.].

Val. Eccl. *Valor ecclesiasticus* (1535), 6 vols. RC (1810–24).

Val. Norw. The Valuation of Norwich 1254, w. other docs. (1217–919), ed. W. E. Lunt (Oxford, 1926).

V. Anselmi Epit. An anonymous verse epitome of the life of St. Anselm [*p*1163], *Anal. Boll.* XCII (1974) 117–24 [by line].

V. Audoeni *Vita S. Audoeni* [*ob.* 684], Acta SS. Boll. Aug. IV (1739) 805–10; another Life *ib.* 810–19; another Life, *Anal. Boll.* V (1886) 67–146; *v. et. Mir. & Transl. Audoeni.*

V. Bart. Farn. *Vita Bartholomaei Farnensis* [*ob.* 1193] [attrib. G. COLD.], in S. DURH. I (1882) 295–325.

V. Begae *Vita S. Begae* (wr. 12c.), in *Reg. S. Bees* 497–520.

V. Bertell. *Vita S. Bertellini*, Acta SS. Boll. Sept. III (1750) 449–53 [by sect.].

V. Brig. *Vita IV S. Brigidae* (wr. *c*1200), ed. J. Colgan,

Trias Thaumaturga (Louvain, 1647) 546–63 [by bk. & cap.]; also in *Acta SS. Boll.* Feb. I (1658) 155–71.

VCH Victoria History of the Counties of England, ed. H. A. Doubleday, W. Page *et al.* (1900–).

V. Cuthb. *Vita S. Cuthberti* [*ob.* 688] (wr. *a*705), by a monk of Lindisfarne, ed. B. Colgrave, Two Lives of St. Cuthbert (Cambridge, 1940) 59–139 [by bk. & cap.].

V. Dunst. B. v. B. *V. Dunst.*

V. Ecgwini v. BYRHT. *V. Ecgwini, Chr. Evesham,* DOMINIC *V. Ecgwini,* T. MARLB. *Ecgwine.*

V. Ed. Conf. Metr. Metrical Lives of Edward the Confessor: I abridgement of AILR. *Ed. Conf.* (wr. *c*1450), in *Lives Ed. Conf.* 359–77; II (extr.) MS Caius Coll. Camb. 153, *ib.* 379–83 [both by line].

V. Ed. Conf. *Vita Aedwardi regis* [*ob.* 1066] *S. Bertini monacho ascripta* (wr. *c*1067) [attrib. GOSC.], ed. F. Barlow, Med. Texts (1962) [by f.]; also in *Lives Ed. Conf.* 389–435.

V. Ed. II *Vita Edwardi Secundi* [*ob.* 1327] (wr. ? *c*1326), Med. Texts (1957) [by marginal pp. from *Chr. Ed. I & II* II 155–289]; *v. et.* BAKER.

V. Edm. Rich Life of St. Edmund Rich, Archb. of Canterbury [*ob.* 1240]: **B** Anon. B, ed. W. Wallace, Life of St. Edmund of Canterbury (1893) 614–24; **C** Anon. C, *ib.* 589–612; **P** Anon. (Pontigny), in *Thes. Nov. Anecd.* III 1775–1826; *v. et. Canon Edm. Rich.,* EDMUND, E. FAVERSHAM, M. PAR. *Edm., Poem Edm. Rich.*

V. Erkenwaldi *De sancto Erkenwaldo episcopo et confessore* [*ob.* 693], in *NLA* I 391–408; also *Acta SS. Boll.* Apr. III (1675) 781–7.

Vers. Cant. Verses in windows formerly in the Choir of Canterbury Cathedral, Camb. Antiq. Soc. 8° S. XXXVIII 13–26.

Vers. Hen. V *Versus rhythmici de Henrico V* (? by a contemporary), in *Mem. Hen. V* 63–74 [by line]; *cf. pref.* xxviii–xl.

Vers. Peterb. Verses in paintings formerly in the Choir of Peterborough Cathedral, Camb. Antiq. Soc. 4° S. IX 180–1.

Vers. Peterb. Psalter Verses of the Peterborough Psalter in Brussels, Journal of the British Archaeological Association XXXIII (1970) 45–49.

Vers. S. Alb. Cloister Verses in windows formerly in the Cloister of St. Albans Abbey, Camb. Antiq. Soc. 8° S. VII 64–9.

Vers. S. Alb. Libr. Verses in windows formerly in the Library of St. Albans Abbey. Camb. Antiq. Soc. 8° S. VIII 219–20.

Vers. Worc. Verses in paintings formerly at Worcester priory, Camb. Antiq. Soc. 4° S. X 99–104, 112–15.

Vex. Will. *De injusta vexatione Willelmi* [*de S. Carilevo*] *episcopi* [*Dunelm.*] (? *p*1125), in S. DURH. I 170–95 [*cf.* EHR LXVI (1951) 32–41].

V. Furs. *Vita S. Fursei abbatis Latiniacensis* [*ob.* 650], *Acta SS. Ben.* II 300–309; *v. et. Mir. Furs.*

V. Greg. *Vita S. Gregorii* [*ob.* 604], by a monk of Whitby (*c*710) (extr.), ed. C. Plummer, *Baedae Opera Historica* II 389–91, and EHR III (1888) 305–10; superseded by ed. B. Colgrave (Lawrence, Kansas, 1968), 72–138 [by p. of MS].

V. G. Sempr. *Vita S. Gilberti de Sempringham* [*ob.* 1189] (wr. *c*1202), MS BL Cotton Cleopatra B I ff. 33–89v. [by f.; complements *Canon. G. Sempr.*]; extr. pp. *v–*xxix, in *MonA* VI, between pp. 946 and 947; *cf. Inst. Sempr.*

V. Gund. *Vita Gundulfi* [*ob.* 1108] (wr. *c*1120), The Life of Gundulf, Bishop of Rochester, ed. R. M. Thomson, Toronto Med. Latin Texts (1977) 1–71 [by cap.].

V. Har. *Vita Haroldi* [*ob.* 1066] (wr. *a*1216), ed. W. de G. Birch (1885) [by cap. & f.].

V. Hug. Metr. v. H. AVR. *Hugh.*

V. II Off. *Vitae duorum Offarum sive Offanorum Merciorum regum* [attrib. M. PAR.], ed. W. Wats (1639); *vv. ll.* from

R. W. Chambers, Beowulf, an introduction to the study of the poem (ed. 3, Cambridge, 1963) 217–43.

Villainage in Eng. P. Vinogradoff: Villainage in England, essays in English medieval history (Oxford, 1892).

VINSAUF Geoffrey de Vinsauf [*ob. p*1200]: **AV** *Documentum de modo et arte dictandi et versificandi,* ed. E. Faral, Les Arts poétiques du XIIe et du XIIIe siècle (Paris, 1924) 265–320 [by bk. & sect.]; **CR** *Summa de coloribus rhetoricis, ib.* 321–7; **Interdict.** [attrib.] Poèmes sur l'interdit de l'Angleterre, *ib.* 24–6, *v.* M. RIEVAULX (*Vers.*) 20–22; **PN** *Poetria nova, ib.* 197–262 [by line]; also ed. E. Gallo (The Hague, 1971) [corrects error in Faral's line-numbering at 520–4].

Vis. Derry *Acta* of Archb. Colton [*ob.* 1404] in his metropolitan Visitation of the Diocese of Derry, 1397, w. a rental of the See estates at the time, ed. W. Reeves (Dublin, 1850).

Vis. Ebor. Documents relating to diocesan and provincial visitations (1407–52), Surtees Soc. CXXVII (1916) 131–302.

Vis. Ely Ely Visitation recs., in *Ord. Ely* 4–23, 29–33, 44–67.

Vis. Eton Visitation of Eton College (1561), in *Stat. King's Cantab.* 634–8.

Vis. Godstow Visitation of Godstow nunnery by William, Bishop of Lincoln (1432), in *Reg. Godstow* EETS CXXIX lxxxi–lxxxvii.

Visio S. Thom. *Visio cujusdam de morte sancti Thome martiris* (wr. *c*1175), Mittellateinisches Jahrbuch IX (1974) 165–8 [by stanza].

Vis. Linc. 1420–49 Visitation of religious houses in the diocese of Lincoln, 3 vols. Linc. Rec. Soc. VII, XIV, XXI (1914–23) (=Cant. & York Soc. XVII, XXIV, XXXIII); 1517–31, Linc. Rec. Soc. XXXIII, XXXV, XXXVII (1940–7).

Vis. Norw. Visitations of the diocese of Norwich 1492–1532, Camd. Soc. NS XLIII (1888).

Vis. Southwell Visitations and memorials of Southwell [Notts] Minster (1469–1553), Camd. Soc. NS XLVIII (1891).

Vis. S. Paul. *c*1250 Visitations of churches belonging to St. Paul's Cathedral, Camd. Misc. IX, Camd. Soc. NS LIII (1895); 1295 *Visitatio facta in thesaura* (sic) *S. Pauli,* in *Hist. S. Paul.* 310–35 [also in *MonA,* ed. 1673, III 308–31].

Vis. Wells Visitation of religious houses and hospitals by Bishop's Vicar-general (Bath and Wells) (1526), Som Rec. Soc. XXXIX (1924) 207–25.

Vivarium *Vivarium,* journal for mediaeval philosophy and the intellectual life of the middle ages I– (Assen, 1963–).

V. Kenelmi Lives of St. Kenelm of Winchcombe [*ob.* 821]: **A** (early 10c.), MS Corpus Christi Coll. Camb. 367 ff. 45–8, ed. R. von Antropoff, Die Entwicklung der Kenelm-Legenda (Bonn, 1965), app. xxxiii–iv [by cap.]; **B** (*c*1074), MS Bodl. Douce 368 ff. 80–83v, *etc., ib.* ii–xxiv [by f.].

V. Kentig. *Vita S. Kentegerni* (wr. *a*1164), ed. A. P. Forbes, Lives of St. Ninian and St. Kentigern, Historians of Scotland V (Edinburgh, 1874) 243–52 [by cap.]; also in *Reg. Glasg.* I app. II lxxviii–lxxxvi.

V. Merl. *Vita Merlini* [attrib. G. MON.] (wr. *c*1150), ed. J. J. Parry (Urbana, Ill., 1925) [by line]; also ed. B. Clarke (Cardiff, 1973).

V. Montf. C. Bémont: Simon de Montfort .. sa vie (1208–65) (Paris, 1884); **app.** appendix of docs. 263–380; *v. et. Chr. Battle 1258–65.*

V. Neot. *Vitae S. Neoti* [*ob.* ? *c*875]: **A** (wr. *c*1100), ed. J. Whitaker (1809); superseded by ed. M. Lapidge (Cambridge, 1985) 111–42; **B** (wr. 12c.) *Acta SS. Boll.* July VII (1731) 319–29.

V. Odonis v. EADMER *Odo.*

V. Odulphi v. T. MARLB. *Odulph.*

V. Osw. v. BYRHT. *V. Osw.*

V. Ric. II *Historia vitae et regni Ricardi II monacho quodam de Evesham consignata* (c1404), ed. T. Hearne (Oxford, 1729).

V. Rob. Knaresb. *Vita S. Roberti juxta Knaresburgum* [*ob.* c1235] (wr.? 13c.), *Anal. Boll.* LVII (1939) 375–400 [by cap.]; *cf.* STUDLEY.

V. Rob. Newm. *Vita S. Roberti* [Abbot of Newminster, Northumb, *ob.* 1159] (wr.? 12c.), *Anal. Boll.* LVI (1938) 343–60 [by cap.].

VSB *Vitae Sanctorum Britanniae et Genealogiae* (11c.–12.), ed. A.W. Wade-Evans (Cardiff, 1944).

VSH *Vitae Sanctorum Hiberniae* (12c.–14c.), ed. C. Plummer, 2 vols. (Oxford, 1910).

V. Swith. *Vita S. Swithuni*, ed. M. Lapidge, *Winchester Studies* IV pt. ii (forthcoming) [by cap.]; also *Anal. Boll.* VII (1888) 374–80.

V. Thom. Lives of St. Thomas of Canterbury [*ob.* 1170]: **A** [attrib. Roger of Pontigny], in *Becket Mat.* IV 1–79 [by cap.]; **B** (wr. ? a1175), *ib.* 80–144 [by cap.].

V. Thurst. *Vita Thurstani archiepiscopi* [*ob.* 1140], in *Hist. Church York* II 259–69; v. et G. NOTT., H. PONTEFR.

V. Walth. v. J. FURNESS *Walth*.

V. Wenefr. *Vita S. Wenefredae* [7c.] (wr. ? 12c.), *Acta SS. Boll.* Nov. I (1887) 702–8 [by sect.]; also in *VSB* 288–308; *cf.* R. SHREWSB.

V. Will. *Vita S. Willelmi* [*ob.* 1154], in *Hist. Church York* II 270–91; v. et. *Mir. Will.*

V. Wist. v. T. MARLB. *Wistan*.

V. Wulf. et Ruff. *Acta SS. Wulfhadi et Ruffini martyrum*, *Acta SS. Boll.* July V (1727) 575–82 [by sect.]; also in *MonA* VI 226–30 and WHITTLESEY app. pp. 140–59.

Wager The Wager story (15c.), *Romania* LXXXVIII (1967) 408–16 [by f.].

WALCHER Walcher, Prior of Malvern [*ob.* 1135]: **Drac.** *De dracone* (1120), [based on PETRUS], *Sefarad* III (1943) 87–97; also (extr.), in *Med. Sci.* 116–17; **Exp.** *De experientia scriptoris* (p1092) (extr.), in *Med. Sci.* 114–15.

WALEYS v. J. WALEYS, T. WALEYS.

WALLINGF. Richard of Wallingford, Abbot of St. Albans [*ob.* 1336], Richard of Wallingford, ed. J. D. North, 3 vols. (Oxford, 1976): **Alb.** *Tractatus Albionis*, (1327) 1976), I 245–401; supersedes *Early Sci. Ox.* 349–70; **EPT** *Exafrenon pronosticacionum temporis*, I 179–243; **Eccl.** Ecclesiastical writings, I 527–54; **Horol.** *Tractatus horologii astronomici*, I 441–526; **Maud.** Canons to the tables of John Maudith and a related treatise, (extr.), I 3–19; **Or.** *Orationes*, in *G. S. Alb.* II 294–9; **Quad.** *Quadripartitum*, ed. North, I 21–169; supersedes *Isis* V (1923) 99–115, 359–63; **Rect.** *Tractatus rectanguli*, I 403–31; supersedes *Early Sci. Ox.* 337–48; **Sect.** *Tractatus de sectore*, I 170–8.

W. ALNWICK William of Alnwick, O.F.M. [*ob.* 1333]: **Aetern.** *Quaestio utrum asserere mundum fuisse ab aeterno fuerit de intentione Aristotelis* (*Determ.* q. 10), ed. F. A. Prezioso, L'Eternità aristotelica (Padua, 1962) 27–70; **An.** *Quaestiones de Anima*, *Studia mediewistyczne* VII (1966) 6–76; **Determ.** *Determinationes* (extr.), *Bibliotheca Franciscana scholastica medii aevi* X (Quaracchi, 1937), xxii–xlvi [v. et. *Aetern*.]; **QD** *Quaestiones disputatae*, *ib.*: 1–175 *De esse intelligibili quaestiones* VI; 179–605 *Quaestiones X de quodlibet*; **Sent.** *Commentarius in I Sententiarum*, prol. q. 2, *Franciscan Studies* XXVII (1967) 63–107.

WALS. Thomas Walsingham, monk of St. Albans [*ob.* c1422]: **AD** *De archana* (sic) *deorum*, ed. R. A. Van Kluyve (Durham, N. Carolina, 1968); **HA** *Historia Anglicana* (1272–1422), in *Chr. Mon. S.Alb.* I, 2 vols. (1863) [v. et. *Chr. S. Alb.* 1406–20]; **YN** *Ypodigma Neustriae* (–1419), *ib.* VII (1876); v. et. *Chr. Angl.*, *G. S. Alb.*

WALT. ANGL. Walterus Anglicus [*fl.* c1200]: **Fab.** *Fabulae*, ed. K. McKenzie and W. A. Oldfather, Univ. of

Illinois Studies in language and literature V (1919) 49–214 [by no. & line]; also ed. L. Hervieux, Les Fabulistes latins II (1894) 317–91; **FabP.** prose version, ed. Hervieux, 383–91 [by no. & line].

WALT. EVESHAM v. ODINGTON.

WALTH. Ep. Waltheof, Abbot of Melrose [*ob.* 1159]: *Epistola de visione* (1159), *Studia Anselmiana* XLIII (1958) 96–100; *cf.* J. FURNESS *Walth*..

WALT. WIMB. Walter of Wimborne [*fl.* 1265]: **App.** Appendices, The Poems of Walter of Wimborne, ed. A. G. Rigg (Toronto, 1978) 281–314 [by no. & stanza]; **Carm.** *Marie Carmina*, *ib.* 188–277 [by stanza]; **Elem.** *Tractatus moralis super quatuor elementa* (extr.), *ib.* 316–25 [by p.]; MS Univ. Libr. Camb. Ii 2. 27 [by f.]; **Palpo** *De palpone*, *ib.* 38–70 [by stanza]; **Scel.** *De mundi scelere*, *ib.* 105–10 [by line]; **Sim.** *De symonia et avaritia*, *ib.* 113–43 [by stanza]; **Van.** *De mundi vanitate*, *ib.* 73–102 [by stanza]; **Virgo** *Ave Virgo Mater Christi*, *ib.* 146–83 [by stanza].

Warburg Institute Journal I–IV (1937–41); subsequently known as Journal of the Warburg and Courtauld Institutes V– (1942–).

War. Issue Exchequer of Receipt, Writs and Warrants for Issues, MS PRO (E. 404).

War. PS v. *PS*.

W. BERNHAM Ep. W. de Bernham, vicar of Inchture [*fl.* 1255]: Letters from Paris and Oxford, in *FormOx* 472–91 [by no.].

W. BURLEY Walter Burley [*ob.* c1345]: **Anal. Post.** *Expositio super libros Analyticorum Posteriorum* (Venice, 1497); **Conseq.** *De consequentiis*, Franciscan Studies XL (1980) 113–63; **Def.** *De definitione*, Med. Stud. XXVII (1965) 337–40; **Ente** *De Ente*, Manuscripta VII (1963) 105–8; **Form.** *De formis*, ed. F. J. Down Scott, Texte aus der mittelalterlichen Geisteswelt (Munich, 1970) 262–84 [by sect.]; **Insol.** *Insolubilia*, AHDLMA XXXVII (1970) 262–84 [by sect.]; **Periherm.** Treatises on Aristotle's *Liber Perihermeneias*: **B** *Commentarius medius*, Franciscan Studies XXXIII (1973) 45–134; **D** *Questiones*, Franciscan Studies XXXIV (1974) 202–95; **Pol.** Commentary on the Politics [of Aristotle] (extr.), in Wilkinson Essays 278–81; **Potent.** *De potentiis animae*, Med. Stud. XXXIII (1971) 88–113 [by sect.]; **Prop. Hypoth.** *De propositionibus hypotheticis*, part one, Franciscan Studies XXIII (1963) 14–67; **Pur. Log. Brev.** *De puritate artis logicae tractatus brevior*, ed. P. Boehner, Franciscan Institute Publications, Text S. XI (1955), 199–260; **Pur. Log. Long.** *De puritate artis logicae tractatus longior*, *ib.* 1–197; **Rel.** *De relativis*, Franciscan Studies XXII (1962) 159–71; **Suppos.** *De suppositionibus*, Franciscan Studies XXXII (1972) 31–64; **TP** *De toto et parte*, AHDLMA XXXIII (1966) 299–303; **Vit. Phil.** *Liber de vitis et moribus philosophorum et poetarum*, ed. H. Knust (Tübingen, 1886).

W. CANT. William of Canterbury [*fl.* 1170]: **Mir. Thom.** *Miracula S. Thomae*, in *Becket Mat.* I 137–546 [by bk. & cap.]; **V. Thom.** *Vita et passio S. Thomae*, *ib.* 1–136 [by bk. & cap.].

W. CHATTON Walter of Chatton, O.F.M. [*ob.* ? 1343]: **Cont.** *Quaestio de continuo*, Franciscan Studies XXVI (1966) 234–66; **Paup.** *De paupertate evangelica*, AFH XXV (1932) 36–58, 210–40; **Sent.** *Commentarium in Sententias*: **prol.** *prologus*, q. 2, in *Med. Thinkers* 235–69; I d. 3 q. 2, Franciscan Studies XXXI (1971) 90–126 [*cf.* *ib.* XXVII (1967) 199–212]; I d. 17 q. 1, *ib.* XXXVII (1977) 38–54, 55–65 [by bk., dist., q., & p.].

W. CHESTER Vers. Anselm. William, monk of Chester [*fl.* 1100]: Verses on Anselm, Archb. of Chester [*ob.* 1109], Rev. Ben. XCV (1985) 271–9 [by no. & line].

W. COMBE William, Cantor of Combe [*fl.* ? c1200]: Hymns to St Thomas of Canterbury, ed. J. A. Giles, *Anecdota Baedae*, Caxton Society VII (1851), 191–6, checked against MS. Bodl. 509 f. 12–14v.

W. COVENTR. *Memoriale fratris Walteri de Coventria* [attrib.] (*p*1293), 2 vols. RS LVIII (1872–3): I and II 1–195 (–1201) are derived from known chroniclers; II 196–279 (1202–25) [anon.], based on anon. chron. of Barnwell (*c*1227).

W. DAN. Walter Daniel [*fl.* 1170]: **Ailred** *Vita Ailredi Abbatis Rievall'* [*ob.* 1167] (wr. *c*1170), ed. F. M. Powicke, Med. Texts (1950) [by cap.]; **Ep.** *Epistola ad Mauricium* (*c*1170), *ib.* 66–81 [by f.]; **Sent.** *Centum sententiae, Sacris Erudiri* XI (1960) 287–374 [by no.]; (extr.), JRL Bull. VI (1922) 323–7; **Serm.** *Sermones, Sacris Erudiri* XI (1960) 374–83; (extr.), ed. Powicke, JRL Bull. 330–31 and Med. Texts (1950) xxiv–v [by f.].

W. DE CHAMBRE *v. Hist. Durh.*

W. DE MARA William de Mara, O.F.M. [*fl.* 1270]: **Decl.** *Declarationes seu examinationes de variis sententiis S. Thomae Aquinatis,* ed. F. Pelster, *Opusc. & Text.* XXI (1956) [by sect.].

W. DE MONTIBUS *v. W. LEIC.*

W. DONC. Aph. Phil. William of Doncaster [*fl.* ? early 12c]: *Explicatio aphorismatum philosophicorum,* Studien und Texte zur Geistesgeschichte des Mittelalters XI (Leiden & Cologne, 1976) [by no. & sect.].

W. DROGHEDA SA William of Drogheda, canonist [*ob.* 1245]: *Summa Aurea continens modum advocandi* [*etc.*] (*c*1239), ed. L. Wahrmund, Quellen zur Gesch. des römisch-kanonischen Processes im Mittelalter, II ii (Innsbruck, 1914) [by cap.].

WEALDHERE Ep. The letter from Bishop Wealdhere of London to Archbishop Brihtwold of Canterbury: the earliest original 'letter close' extant in the West (704–5), ed. P. Chaplais, Medieval Scribes, manuscripts & Libraries, Essays presented to N. R. Ker (London, 1978), 22–3 [supersedes *CS* 115].

WelshR Welsh Rolls (1276–95), MS PRO (C. 77).

WEND. Roger of Wendover [*ob.* 1236]: *Flores Historiarum* (1154–1235), 3 vols. RS LXXXIV (1886–9) [earlier portion (447–1153), incl. in ed. H. O. Coxe, 4 vols. Eng. Hist. Soc. 1841–4, is cited only in so far as it is incorporated in M. PAR. *Maj.* I and II].

WESSINGTON Resp. John Wessington (*alias* Washington), Prior of Durham [*ob.* 1446]: *Responsiones contra priorem studentium* (1422), in *Collect. Ox.* III 27–33.

West Coker M. Nathan: Annals of West Coker (Cambridge, 1957).

WEY Itin. William Wey (*alias* Way) [*ob.* 1476]: Itineraries .. to Jerusalem, 1458 and 1462; to St. James of Compostella, 1456, Roxb. Club (1857).

W. FITZST. Thom. William Fitzstephen [*ob.* 1190]: *Vita S. Thomae,* in *Becket Mat.* III 13–154 [by cap.]; **prol.** *prologus (Descriptio Londoniae), ib.* 1–13 [by cap.].

W. FLEETE William of Fleet, O.S.A. [*fl. c*1368–80]: **Cath.** Writings on St Catherine of Siena, ed. R. Fawtier, Mélanges d'archéologie et d'histoire XXXIV (1914) 40–93; **Ep.** *Epistolae, Analecta Augustiniana* XVIII (1941) 308–24 [by no.].

W. GLASG. William of Glasgow [12c.]: *Carmen de morte Sumerledi* (*c*1164), in S. DURH. II 386–8 [by line].

W. GUISB. Walter of Guisborough [alias of Hemingford or Hemingburgh) [*ob.* ? *c*1315]: Chronicle (1048–1315), Camd. 3rd S. LXXXIX (1957); **Cont.** *De gestis Regis Edwardi Tertii et caeteris eventibus* (1327–46), ed. H. C. Hamilton, *Chronicon Domini Walteri de Hemingburgh,* Soc. of Antiquaries of London (1849), II 297–426.

WHITTINGTON Vulg. Robert Whittington: *Vulgaria* (1520), EETS CLXXXVII (1932) 31–128.

WHITTLESEY Walter of Whittlesey [*ob.* ? *c*1321]: *Historia coenobii Burgensis* [Peterborough] (1246–1321), in *Hist. Angl. Script.* 125–216; **app.** additions to H. ALBUS, in H. ALBUS *app.* 140–73; **Cont.** *Continuatio* (1321–38), in *Hist. Angl. Script.* 217–37; *cf.* SWAFHAM.

Wilkinson Essays Essays in medieval history presented to

B. Wilkinson, ed. T. A. Sandquist and M. R. Powicke (Toronto, 1969).

WILL. ANGL. Willelmus Anglicus [*fl.* 1230]: **Astr.** *Opus astrolabii* [transl. of Al Zarkali] (extr.), ed. L. Sédillot, Mémoires sur les instruments astronomiques des arabes (Paris, 1841) 185–90; corrected and supplemented by *N. & E.* XXXV (1896) 633–40.

WILL. GLASG. Sum. William of Glasgow [*fl.* 1160]: *Carmen de Morte Sumerledi,* in S. DURH. II 386–8.

WILLIAM OF OCCAM *v.* OCKHAM.

WILLIB. Bonif. Willibald, Bishop of Eichstatt [*ob.* 786]: *Vita S. Bonifatii,* ed. W. Levison, *MGH* (Hanover, 1905) [by cap.].

Wills Dublin Register of wills and inventories in the diocese of Dublin (1457–83), R. Soc. Antiq. of Ireland, extra vol. (1898).

Wills Durh. Wills and inventories illustrative of the northern counties of England (11c.–), taken mainly from Durham Registry, Surtees Soc. II, XXXVIII, CXII, CXLII, (1835, 1860, 1906, 1929).

Wills N. Country North country Wills of York, Nottingham, Northumberland, Cumberland, Westmorland, *etc.* (1383–1604), Surtees Soc. CXVI, CXXI (1908–12).

Wills Richm. Wills and inventories from the registry of the Archdeaconry of Richmond, *etc.* (1442–1579), Surtees Soc. XXVI (1853).

Wills Wells Wells Wills (1528–36), ed. F. W. Weaver (1890).

WILL. William, perhaps Prior of Dover [14c.]: *Breviarium regulare musicae,* ed. G. Reaney *Corp. Script. Mus.* XII (1966), 15–31.

WILTON Thomas Wilton, Chancellor of St. Paul's [*fl.* 1288–1322]: **Act.** *Actus inaugurales, AFH* XXIV (1931) 7–11; **QD** *Quaestiones disputatae* (extr.), Studia mediewistyczne V (1964) 75–116.

Wilts Rec. Soc. Wilts Record Society, 3 vols. (1896–1902); also Wiltshire Record Society, publications, XXIII– (1967–); formerly Wiltshire Archaeological and Natural History Society, Records Branch, I–XXII (1939–66).

WINCHELSEA Robert Winchelsea, Archb. of Canterbury [*ob.* 1313]: **Quaest.** Two *Quaestiones,* in *Theol. Ox.* 137–45; **Reg.** *Registrum, v. Reg. Cant..*

Windsor Castle W. H. St. John Hope: Windsor Castle, an architectural history (1086–), 2 vols. (1913).

WINFRETH *v.* BONIF.

W. JUM. William of Jumièges [*ob.* ? 1087]: *Gesta Normannorum ducum* I–VII (–1087), ed. A. Duchesne, *Historiae Normannorum scriptores antiqui* (Paris, 1619) 215–92 [by bk. & cap.]; **Cont.** Continuation (–1137), by TORIGNI, VIII, 292–317 [by bk. & cap.] [this ed. cont. many interpolations by ORD. VIT. and TORIGNI, subsequently excised by J. Marx in his ed. (Rouen & Paris, 1914)]; also *PL* CXLIX 779–914.

W. LEIC. Sim. William of Leicester (*alias* de Montibus) [*ob.* 1213]: *Similitudinarius,* MS Lincs RO Ancaster 16/1; MS Peterhouse Camb. 255.

W. MACCLESFIELD Quaest. William of Macclesfield [*ob.* 1303]: *Correctorium corruptorii 'Quaestione'* [attrib.], *Studia Anselmiana* XXXV (Rome, 1954) [by f.].

W. MALM. William of Malmesbury [*ob. c*1143]: **Amal.** *Abbreviatio Amalarii,* RTAM XLVIII (1981) 128–71 [by bk. & cap.]; **Dunst.** *Vita S. Dunstani,* in *Mem. Dunst.* 251–324 [by bk. & cap.]; **Glast.** *De antiquitate Glastoniensis Ecclesiae* (–1126), ed. T. Hearne, in DOMERH. *Glast.* (1727) pt. i; superseded by ed. J. Scott (Woodbridge, 1981) [by cap.]; **GP** *De gestis pontificum Anglorum* (*p*1125), RS LII (1870) [by bk. & cap.]; **GR** *De gestis regum Anglorum* (*c*1125), 2 vols. RS XC (1887–9) [by bk. & cap.]; **Greg.** *Deflorationes ex libris beati Gregorii papae* (extr.), *Studia Monastica* IV (1962) 309–11; **HN** *Historia novella* (1125–42), ed. K. R. Potter, Med. Texts (1955) [by cap.]; **Lam.** Commentary on Lamentations (extr.),

Studia Monastica IV (1962) 283–307; **Mir. Mariae** *De laudibus et miraculis S. Mariae*, ed. J. M. Canal, *Claretianum* VIII (1968) 111–236; **Polyh.** *Polyhistor*, ed. H. T. Ouelette (Binghamton, N. Y., 1982); **Wulfst.** *Vita Wulfstani* [*ob.* 1095], Camd. 3rd S. XL (1928) 1–67; **Wulfst. Abbr.** Abbreviated version, *v.* SENATUS *Wulfst.* [*v. et. Mir. Wulfst.*].

W. MERLE Temp. William Merle (*alias* Morley) [*ob.* 1347]: *Considerationes temperiei pro septem annis* (1337–44), MS Bodl. Digby 176 ff. 4–8v.; facs. ed. G. J. Symons (1891) [by f.].

W. NEWB. William of Newburgh [*ob. c*1200]: **Cant.** *Explanatio sacri epithalamii in matrem sponsi*, ed. J. C. Gorman, (Fribourg, 1960); **HA** *Historia rerum Anglicarum* (1066–1198), in *Chr. Steph.* I 1–408, II 409–500 [by bk. & cap.]; **Cont.** *Continuatio* (1199–1298), *ib.* II 501–83 [by p.]; **Serm.** *Sermones*, ed. T. Hearne (Oxford, 1719), III 819–902.

W. PAGULA William de Pagula [? Paull, Yorks], Vicar of Winkfield [*fl.* 1314–32]: **Ep.** *Epistola ad regem Edwardum III* (*c*1331), ed. J. Moisant (Paris, 1891) 83–123 [by sect.; on authorship, *v.* RHS Trans. V (1955) 107–8].

W. PETERB. Bell. Hisp. Walter of Peterborough [*fl.* 1370]: *De victoria belli in Hispania per principem Edwardum* (1367), in *Pol. Poems* I 97–122.

W. POIT. William of Poitiers, Dean of Lisieux [*ob. p*1087]: *Gesta Willelmi ducis Normannorum et Regis Anglorum* (*c*1075), ed. R. Foreville (Paris, 1952) [by bk. & cap.].

W. RAMSEY Cant. William of Ramsey [*fl.* 1200]: *Distinctio super cantica*, MS Prague 431; *Sacris Erudiri* X (1958) 335–52 [by f.].

W. RYMYNGTON William of Rymyngton, Prior of Sawley and Chancellor of Oxford [*fl.* 1372]: **Concl.** *XLV Conclusiones*, MS Bodl. 158 ff. 199–217; **Dial.** *Dialogus inter catholicam veritatem et haereticam pravitatem*, *ib.* ff. 188–97; **Medit.** *Meditationes* or *Stimulus peccatoris*, Cîteaux XVI (1965) 278–304; **Serm.** Two sermons to the northern clergy (1372–3), *ib.* XIX (1968) 46–67.

W. S. ALB. V. Alb. & Amphib. William of St. Albans [*fl.* 1178]: *Vitae SS. Albani et Amphibali*, *Acta SS. Boll.* June IV (1707) 149–59 [by cap.]; shorter version in M. PAR. *Maj.* I 149–54;

W. SAY Lib. Reg. Cap. William Say, Dean of the Chapel Royal: *Liber regiae capellae* (1449), HBS XCII (1961).

W. THETFORD Ep. William of Thetford, O.P. [*fl. c*1240]: Letters, Journal of Ecclesiastical History V (1954) 201–4.

WULF. Wulfstan of Winchester [*fl.* 1000]: **Æthelwold** Life of St. Æthelwold [*ob.* 984], ed. M. Winterbottom, Three Lives of English Saints, Toronto Med. Latin Texts (1972) 33–63 [by cap.]; also *Acta SS. Ben.* V 608–24; **Poems** Poems, *Anal. Hymn.* XLVIII 9–18, LI 164–6 [attrib.], *PL* CXXXVII 105; **Swith.** *Narratio metrica de S. Swithuno* [*ob.* 862] (wr. *c*993), ed. A. Campbell (Zürich, 1951) [by bk. & line].

WW Anglo-Saxon and Old English Vocabularies, ed. T. Wright and R. P. Wülcker, 2 vols. (1884) [mainly 10c. (? 11c.) or 15c.; undated entries are 15c.; for refs. *v.* vol. II (Index); cols. 1–54 superseded by *GlC*, cols. 192–257 by *GlH*; *v. et.* ÆLF. *Coll.* and ÆLF. *Gl.*]; earlier ed. T. Wright, 2 vols. (1857, 1873) [*v. et.* GARL. *Dict.*, NECKAM *Ut.*].

W. WARE Sent. William of Ware, O.F.M. [*fl.* 1300]: *Quaestiones super libros Sententiarum* (extr.): q. 19, BGPM Suppl. I (1913), 311–18.

W. WATERFORD Wycl. William of Waterford, O.F.M. [*ob.* 1397]: *Contra XVIII articulos Johannis Wiclef*, in *Fasc. Rerum Expet.* I 280–95.

W. WOODFORD William of Woodford, O.F.M. [*ob. p*1411]: **Def. Mend.** *Defensorium fratrum mendicantium contra Richardum Armachanum* (*c*1396) (extr.), Franciscan Studies XXXV (1975) 98–106; **Wycl.** *De causis condemnationis articulorum XVIII damnatorum Johannis Wyclif* (1396), in *Fasc. Rerum Expect.* I 191–265.

W. WORC. William of Worcester (*alias* Botonier) [*ob. c*1482]: **Anecd.** *Anecdota*, in *BBExch* II 522–41; **Ann.** *Annales rerum Anglicarum* (1324–1468; anon. cont. –1491), Letters and papers illustrative of the wars of the English, RS XXII (1864) II 743–93; **Collect.** *v.* Collect. *W. Worc.*; **Itin.** Itineraries, ed. J. H. Harvey, Med. Texts (1969).

WW Sup. The Old English Vocabularies in MS Oxford Bodley 730 (12c.), English Studies LXII (1981) 202–7 [by no.].

W. WYCUMBE V. Rob. Betun. William of Wycumbe, Prior of Lanthony [*fl.* 1150]: Life of Robert de Bethune [*ob.* 1148], Bishop of Hereford, in *Anglia Sacra* II 295–321 [by cap.].

WYCHE Richard Wyche [*fl.* 1400]: **Ep.** *Epistola*, EHR V (1890) 531–44; *v. et. Ziz.*

WYCH William Wych [*fl. a*1500]: *Liber monasterii B. Mariae Glastoniae quem Willelmus Wych monachus scribi fecit* (1342–1493), in J. GLAST. I 272–83.

WYCL. John Wycliffe [*ob.* 1384], Works of John Wyclif, Wyclif Soc. (1883–1924): **Act.** *De actibus animae*, w. *Misc. Phil.* I 1–127; **Apost.** *Tractatus de apostasia* (1889); **Blasph.** *Tractatus de blasphemia* (1893); **Chr. & Antichr.** *De Christo et Antichristo* (1383–4), w. *Pol.* II 653–92; **Civ. Dom.** *De civili dominio* (1375–6), 4 vols. (1885–1904); **Compl.** The Latin text of Wycliffe's *Complaint* (1382), *Speculum* VII (1932), 87–94; **Compos. Hom.** *De compositione hominis* (*c*1360) (1884); **Concl.** *De Eucharistia Conclusiones* XV (1381), in *Ziz.* 105–6; **Conf.** *De Eucharistia confessio* or *Tractatus minor de Eucharistia* (1381), in *Ziz.* 115–32; further text in *Speculum* VIII (1933) 503–10; **Decl.** *Declarationes Johannis Wickliff*, in WALS. *HA* I 357–63; **Dial.** *Dialogus sive Speculum ecclesie militantis* (1886); **Dom. Div.** *De dominio divino* (*a*1377) (1890); **Eccl.** *De ecclesia* (1378) (1886); **Ente** *Summa de ente*, MS Trin. Coll. Camb. B. 16. 2: I 3, I 4, II 1, II 3, II 6 (part), ed. M. H. Dziewicki, Wyclif Soc. (1909); **(Spec.)** A lost chapter of Wyclif's *Summa de Ente* (*a*1367), *Speculum* IV (1929) 339–46; **(Sum.)** I 1, I 2, ed. S. H. Thomson (Cambridge, 1930); also cited from *Wycl. & Ox.*; *v. et.* WYCL *Trin., Univ.*; **Ente Praed.** *De ente praedicamentali* (*p*1360) (1891); **Euch.** *De Eucharistia tractatus major* w. *Tractatus de Eucharistia et poenitentia sive de confessione* (1379) (1892); **Form.** *De materia et forma* (? 1365), w. *Misc. Phil.* I 163–242; **Incarn.** *Tractatus de benedicta Incarnacione* (1371) (1886); **Innoc.** *Tractatus de statu innocencie* (*c*1375–6), w. *Mand. Div.* (1922) 475–524; **Log.** *Tractatus de logica* (? 1361), 3 vols. (1893–9); **Mand. Div.** *Tractatus de mandatis divinis* (1375–6) (1922); **prol.** Prologue, *Speculum* VIII (1933) 201–2; **Min.** *Opera minora* (1913); **Misc. Phil.** *Miscellanea philosophica*, 2 vols. (1902–5) [*v. et.* WYCL. *Act., Form., Univ.*; other works of dubious authorship]; **Offic. Reg.** *Tractatus de officio regis* (1887); **Op. Evang.** *Opus evangelicum*, 4 vols. in 2 (1895–6); **Peccatum** *Differentia inter peccatum mortale et veniale*, w. *Mand. Div.* (1922), 527–33; **Pol.** Polemical works in Latin, 2 vols. (1883); **Potest. Pape** *De potestate Papae* (1379) (1907); **Quaest. Log.** *Quaestiones XIII logicae et philosophicae* (1360–2), w. *Ente Praed.* 221–306; **Serm.** *Sermones*, 4 vols. (1887–90); **Sim.** *De Simonia* (1379–80) (1898); **Trial.** *Trialogus cum supplemento Trialogi* (1382), ed. G. Lechler (Oxford, 1869); **Trin.** *Tractatus de trinitate* (= *Summa de ente* II 4), ed. A. du P. Breck (Boulder, Col., 1962); **Univ.** *Tractatus de universalibus* (= *Summa de ente* I 5 [6]), MS Prague University Library VIII G 23 ff. 1–84 [vv. ll. from MS IV H 9]; now ed. I. J. Mueller (Oxford, 1985); cf. *De universalibus*, in *Misc. Phil.* II 1–188 which is by Stanislav of Znojmo; **Ver.** *De veritate sacrae scripturae* (1378–9), 3 vols. (1905–7); **Versut.** *De versutiis anti-Christi*, EHR XLVII (1932) 95–103.

Wycl. & Ox. J. A. Robson: Wyclif and the Oxford schools,

the relation of the *Summa de Ente* to scholastic debates at medieval Oxford (Cambridge, 1961).

Wycl. Soc. The Wyclif Society [founded 1882, dissolved 1925], publications (1883–1924); *cf.* Note on Wyclif Soc. in Poole Essays 98–114.

WYKES Thomas Wykes (*alias* de Wyca) [*c*1222–91]: *Chronicon* (1066–1289) [attrib.], in *Ann. Mon.* IV 6–319 [second text; *v. et. Ann. Osney*]; **Vers.** Verses in praise of the young Edward (*c*1272), in *Pol. Songs* 132.

WYNTERTON Thomas Winterton [fl. 1390], *v. Ziz.*

Year Bk. Year Books (20–22 Ed. I, 30–35 Ed. I, 11–20 Ed. III), 20 vols. RS XXXI (1863–1900); Year Books of Ed. II etc., Selden Soc., Year Book S. I– (1903–).

York Plays The York Plays, ed. R. Beadle (1982) [by f.].

Ziz. *Fasciculi Zizaniorum Magistri Johannis Wyclif cum tritico* [attrib. NETTER], RS V (1858), incl. statements by or proc. against: ASTON, John (1382); CROMPE (Henry Crumpe) (1384, 1392); HERFORD (Nicholas Hereford) w. Philip Repyngdon (1382); KYN. (John Cunningham) (*c*1363); LANGTON, John (*c*1390); LAVENHAM, Richard (*c*1380); PURVEY, John (1401); SAUTRY, William (1399); STOKES, Peter (*ob.* 1399); SWYND. (William Swynderby) (1382); TYSS. (John Tyssyngton) (1382); WYCHE, Richard (*c*1401; *cf.* EHR V 531–44); WYNTERTON, Thomas (*c*1390); besides WYCL. *et al.*

SUPPLEMENTARY BIBLIOGRAPHY

Abbotsford Club: for 1883 read 1833.

Ac. Bristol Castle Accounts of the Constables of Bristol Castle (1221–84), Bristol Rec. Soc. XXIV (1982).

Ac. Cust. Hull Customs Accounts of Hull 1453–1490, Arch. Soc. Yorks Rec. S. CXLIV (1984).

Ac. Galley Lyme Building of the Lyme Galley 1294–96 (*KR Ac* 5/21), Dors Nat. Hist. & Arch. Soc. Proc. CVIII (1981), 41–4.

Ac. Galley Newcastle add: = *KR Ac* 5/20.

Ac. H. Buckingham Account of the Great Household of Humphrey, 1st Duke of Buckingham (1452–3), Camd. Misc. XXVIII, Camd. 4th S. XXIX (1984) 11–55; *v. et. Comp. Dom. Buck.*

Ac. Obed. Peterb. Account rolls of the Obedientiaries of Peterborough (1329–1535), Northants Rec. Soc. XXXIII (1983).

AcWardr add: *TR Bk* 203 published as The Wardrobe Book of William de Norwell, 12 July 1338–27 May 1340, ed. M. Lyon, B. Lyon, and H. S. Lucas (Brussels, 1983).

ADEL. Elem. The First Latin Translation of Euclid's Elements Commonly Ascribed to Adelard of Bath, Books I–VIII and Books X. 36–XV. 2, ed. H. L. L. Busard, Studies & Texts LXIV (Toronto, 1983) [by bk. & proposition].

AD. EYNS. Hug. add: corr. rept. 1985.

AD. WODEHAM Indivis. *Tractatus de indivisibilibus* (*c*1324), ed. R. Wood, Synthese Historical Library XXXI (Dordrecht, 1988); **Lect. B** superseded by *Adam de Wodeham Lectura Secunda in Primum Librum Sententiarum*, ed. R. Wood & G. Gál, 3 vols. (St. Bonaventure NY, 1990) [by dist. & quaest.].

ÆLF. Æthelwold superseded by Wulfstan of Winchester The Life of St. Æthelwold, ed. M. Lapidge & M. Winterbottom, Med. Texts (1991), app. A 71–80 [by sect.]; **Gram.**: for AN gl. see *Teaching Latin* I 101–18.

AILR. Ed. Conf. add: (wr. 1163); **Serm.** *Aelredi Rievallensis Sermones I–XLVI*, ed. G. Raciti, *CC cont. med.* IIA (1989) [by no., sect., & col. of *PL*].

ANDR. S. VICT. Dan. *Expositio super Danielem*, ed. M. Zier, *CC cont. med.* LIIIF (1990); **Ezech.** *Expositio in Ezechielem*, ed. M. A. Signer, *CC cont. med.* LIIIE (1991); **Hept.** *Expositio super Heptateuchum*, ed. C. Lohr & R. Berndt, *CC cont. med.* LIII (1986); **Sal.** *Expositiones Historicas in Libros Salomonis*, ed. R. Berndt, *CC cont. med.* LIIIB (1991).

Ann. Exon. Annals (17 B. C. – A. D. 1333, w. addition of app. contemporary narrative of Peasants' Revolt, 1381), in *Cart. S. Nich. Exon.* ff. 5–22.

Ann. Lond.: for 1311 read 1330.

Ann. Worc.: for 365 read 355.

ARNULF Ep. Arnulf of Lisieux [*ob.* 1182], *Epistolae* (1166–81), ed. F. Barlow, Camd. 3rd S. LXI (1939) [by date & no.].

BACON CSTheol. add: (1292).

BALD. CANT. Commend. Fid. superseded by *Sermones de Commendatione Fidei*, ed. D. N. Bell, *CC cont. med.* XCIX (1991) [by col. of *PL*].

BALSH. Ut. also with text in *Teaching Latin* I 171–6; gl. *Ib.* II 37–62.

BART. ANGL. from fasc. V cited from ed. (Frankfurt, 1601) w. ME from John Trevisa's translation, ed. M. C. Seymour, 3 vols. (Oxford, 1975).

BEDE Ep. Cath. *In Epistolas Septem Catholicas, CCSL* CXXI 181–342 [by col. of *PL* XCIII]; **Nom. Act.** *Nomina Regionum atque Locorum de Actibus Apostolorum, CCSL* CXXI 167–78 [by col. of *PL* XCII].

BERN. Comm. Aen. Bernard (?) of Cerne and Chartres *Commentum quod dicitur Bernardi Silvestris super sex libros Eneidos Virgilii* (12c.), ed. J. W. & E. F. Jones (Lincoln NE & London, 1977).

BISSET dossier dated to 1301 (*GtCause Ed. I* II 395); also ed. in Goodall's *Scotichron.* II 192–218 (v. FORDUN *Cont.*), and in W. F. Skene: *Chronicles of the Picts, Chronicles of the Scots* (Edinburgh, 1867) 232–84.

BLAKMAN: read [*ob. p*21 May 1471].

BONIF. Carm.: for 16–20 read 16–23; **Pen.** *Poenitentiale S. Bonifacii*, ed. A. J. Binterim, Die vorzüglichsten Denkwürdigkeiten der Christ-Katholische Kirche (Mainz, 1829) V iii 430–6.

BOWER Walter Bower *Scotichronicon* XVI books in IX vols. gen. ed. D. E. R. Watt (Aberdeen, 1987–), supersedes FORDUN *Cont.*

BRADW. AM superseded by ed. M. Carruthers in *JML* II (1992) 35–41 [by line].

Brev. Hyda The Monastic Breviary of Hyde Abbey, Winchester, I (HBS LXIX), II (LXX), III (LXXVI), IV (LXXVIII), V (LXXI), VI (LXXX).

BURGINDA An Unpublished Seventh- or Eighth-Century Anglo-Latin Letter in Boulogne-sur-Mer MS 74 (82), ed. P. Sims-Williams, *Medium Ævum* XLVIII (1979) 10.

Cal. PlRJews Calendar of the Plea Rolls of the Exchequer of the Jews, ed. J. M. Rigg, H. Jenkinson, & H. G. Richardson, 4 vols., Jewish Historical Society of England (1905–72) [I–III by p., IV by no.].

Canon. G. Sempr. The Book of St. Gilbert (of Sempringham, Lincs) [*ob.* 1189] (wr. 1201–2), ed. R. Foreville & G. Keir, Med. Texts (1987) [by f.]; replaces extr. of *V. G. Sempr.* and *Canon. G. Sempr.*, ed. R. Foreville, Un procès de Canonisation: le Livre de Saint Gilbert de Sempringham (Lille, 1943) [by f.].

Cant. Coll. Ox. add: IV, OHS NS XXX (1985).

CAPGR. Exod. *In Exodum*, MS Bodley Duke Humfrey b. 1; **pref.** *praefatio*, Bodleian Library Record XI (1982–5) 20–25.

Cart. Blythburgh Blythburgh Priory Cartulary (12c.–13c.), 2 vols. Suffolk Charters II, III (1980–81) [by no.].

Cart. Buckfast Fragment of the Cartulary of Buckfast Abbey [Devon] (12c.–1314), in *Reg. Exon. 1327–69* V 1563–1610 [by no.].

Cart. Burscough Cartulary of Burscough Priory [Lancs] (*c*1189–1394), Chetham Soc. 3rd S. XVIII (1970) [by no.].

Cart. Carisb. The Cartulary of Carisbrooke Priory, ed. S. F. Hockey, Isle of Wight RO (1981) [by no.].

Cart. Chester: from fasc. V [by no.].

Cart. Clerkenwell: for LXXVII read LXXI.

Cart. Daventry Cartulary of Daventry Priory (12c.–14c.), Northants Rec. Soc. XXXV (1988) [by no.].

Cart. Glast.: for LXII read LXIII.

Cart. Holyrood: for LXX read LXXIV.

Cart. Hosp. Essex Cartulary of the Knights of St. John of Jerusalem in England, MS BL Cotton Nero E VI (comp. 1442): *Secunda Camera* [Essex] (12c.–15c.), ff. 289–467v, ed. M. Gervers, Rec. Soc. & Econ. NS VI (1982) [by no.].

Cart. Leiston Leiston Cartulary, Suffolk Charters I (1979) [by no.].

Cart. Loders Cartulaire de Loders [Dors] (12c.–*c*1310), ed. L. Guilloreau (Évreux, 1908).

Cart. Reading Reading Abbey [Berks] Cartularies (12c.–

14c.), Camd. 4th S. XXXI, XXXIII (1986–7) [by no.].

Cart. Shrewsb.: for Shrewbury read Shrewsbury.

Cart. Sibton Sibton Abbey Cartularies and Charters (1150–), 4 vols. Suffolk Charters VII–X (1985–8) [by no.].

Cart. S. Nich. Exon. Cartulary of St. Nicholas' Priory, Exeter [Devon] (mainly 12c.–13c. charters, w. 14c. additions), MS BL Cotton Vitellius D IX ff. 24–182; *v. et. Ann. Exon.*

Cart. Stoke by Clare Cartulary of Stoke by Clare, 3 vols. Suffolk Charters IV–VI (1982–4) [by contin. no.].

Cart. Thame Thame Cartulary (12c.–13c.), Oxon Rec. Soc. XXV, XXVI (1947–8).

Cerne add: **app.** appendix of prayers from MS BL Royal 2 A XX ff. 1–51b pp. 201–25 (8c.).

Chap. Ripon Acts of the Chapter of Ripon (1452–1506), Surtees Soc. LXIV (1875).

Ch. Chester Charters of the Anglo-Norman Earls of Chester *c*1071–1237, ed. G. Barraclough, Lancs & Chesh Rec. Soc. CXXVI (1988) [by no.].

Ch. Crosraguel Charters of the Abbey of Crosraguel, ed. F. C. Hunter Blair, Ayrshire & Galloway Archaeological Association, 2 vols. (Edinburgh, 1886).

Ch. Goring Charters relating to Goring, Streatley, and the neighbourhood (1181–1546), Oxon Rec. Soc. XIII, XIV (1931–32).

Ch. Longeville Newington Longeville Charters (12c.–15c.), Oxon Rec. Soc. III (1921).

Ch. Minster-in-Thanet Charters of St. Augustine's Abbey Canterbury and Minster-in-Thanet, ed. S. E. Kelly, ASC IV (1995) 137–82 [by no.].

Ch. Norw. Cath. Charters of Norwich Cathedral Priory (12c.–14c.), 2 vols. Pipe R. Soc. NS XL, XLVI (1974–85) [by vol. & no.].

Chr. Steph.: for TORIGNY read TORIGNI.

Ch. S. Aug. Charters of St. Augustine's Abbey Canterbury and Minster-in-Thanet, ed. S. E. Kelly, ASC IV (1995) 1–136 [by no.].

Ch. Sherborne Charters of Sherborne, ed. M. A. O'Donovan, ASC III (1988) [by no.].

Ch. Westm. Westminster Abbey Charters 1066–*c*1214, London Rec. Soc. XXV (1988) [by no.].

Cives Cives celestis patrie (10c.), ed. P. Kitson, *ASE* XII (1983) 115–20 [by stanza].

CJC *Corpus Juris Canonici*, ed. E. Friedberg, 2 vols. (Leipzig, 1879); *v. Const. Clem., Decr. Grat., Decr. Greg., ExtraC, ExtraJ.*

Collect. Stories v. E. THRIP.

Comm. Cant. Biblical Commentaries from the Canterbury School of Theodore and Hadrian, ed. B. Bischoff & M. Lapidge (Cambridge, 1994) (wr. *p*670): I *Commentarius Primus in Pentateuchum* 298–384, II *Commentarius Augmentatus in Genesim, Exodum et Evangelia* 386–94, III *Commentarius in Evangelia Secundus* 396–422 [by no.].

Compilatio: for 1422–7 read 1422–71.

Comp. W. Gunthorp Compte de William Gunthorp Trésorier de Calais, 1371–1372, ed. E. Perroy, Mémoires de la Commission Départementale des Monuments Historiques du Pas-de-Calais X 1 (Arras, 1959).

Conc. HS add: References are to vol. III unless otherwise specified.

ConfirmR Confirmation Rolls (1483–1626), MS PRO (C. 56).

Const. Clem. *Clementis Papae V Constitutiones* (*c*1313), in *CJC* II 1129–1200 [by bk., tit., & cap.].

Consuet. Sal. *Consuetudinarius* (early 13c.), ed. W. H. Frere, The Use of Sarum, 2 vols. (Cambridge, 1898–1901) I 1–256 (left hand column; cf. *Cust. Sal.*).

CRATHORN Cont. *Questio de continuo* (extr.), in AD. WODEHAM *Indivis.* 309–17.

CSEL *Corpus Scriptorum Ecclesiasticorum Latinorum*

(Wien. Akad. 1866–).

Cust. Sal. *Custumarium* (? 13c.), ed. W. H. Frere, The Use of Sarum, 2 vols. (Cambridge 1898–1901) I 1–251 (right hand column; cf. *Consuet. Sal.*).

Cust. Suss.: for XXXL read XXXI.

Decr. Grat. *Decretum Gratiani* (*c*1140), in *CJC* I: **A** *Pars Prima*, 1–356 [by dist. & cap.]; **B** *Pars Secunda*, 357–1292 [by case, qu., & cap.]; **C** *Pars Tertia*, 1293–1424 [by dist. & cap.].

Decr. Greg. *Decretalium D. Gregorii Papae IX Compilatio* (1234), in *CJC* II 1–928 [by bk., tit., & cap.]; **B** *Liber Sextus decretalium D. Bonifacii Papae VIII* (*c*1298), *ib.* 933–1124 [by bk., tit., & cap.].

Dist. *Distigium* [attrib. Cornutus Antiquus, *c*1200–20], text & comm. in *Teaching Latin* I 328–48 [by no. & p.].

DL add: **DeedsLL** Deeds Series LL (12c.–) (D. L. 26); **DeedsLS** Deeds Series LS (12c.–) (D. L. 27).

D. MORLEY after 204–55 add: [by sect.].

Doc. Crisis Eng. Documents illustrating the Crisis of 1297–8 in England, Camd. 4th S. XXIV (1980) [by no.].

Doc. Lords Isles Acts of the Lords of the Isles 1336–1493, SHS 4th S. XXII (1986) [by no.].

Doc. Wreyland Wreyland Documents, ed. C. Torr (Cambridge, 1910).

DUNS Prim. Princ. add: cited from ed. Garcia (1910).

EADMER Ep. ad. Glast. also in *Mem. Dunst.* 412–22; **Vers. Dunst.** *Versus Eadmeri de S. Dunstano*, in *Mem. Dunst.* 424–5.

EDMUND Or. another prayer, to St. John, in M. PAR. *Maj.* VI 127–8.

ELMH. Metr. Hen. V for *M. Hen. V* read *Mem. Hen. V*. **Ep. S. Lexington** v. S. LEXINGTON *Ep.*

ERNULF Ep. Ernulf, Bishop of Rochester [*c*1040–1124]: *Epistolae*: 1 *De incestis conjugiis* (1089 x 1098), ed. L. D'Achéry, *Spicilegium sive collectio veterum aliquot scriptorum* 2nd edn., 3 vols. (Paris, 1723), III 464–70; 2 *De corpore et sanguine Domini* (*c*1095), *ib.* 470–74; 3 (*a*1104) in *Ep. Anselm.* V 233–5 (*Ep.* 310); *v. et. Text. Roff.*

E. THRIP. Elias of Thriplow (*alias* Helias Tripolauensis) [13c.]: **Collect. Stories** A Collection of Stories and Sketches: *Petronius Redivivus*, ed. M. L. Colker, *Analecta Dublinensia*, Med. Acad. of America LXXXII (Cambridge, Mass., 1975) 195–235; **SS** *Serium Senectutis*, ed. R. Hillas (Binghamton, N.Y., 1995) [by bk. & sect.].

Eul. Hist. Cont. add: I 284–95.

ExtraC *Extravagantes Communes* (1295–1478), in *CJC* II 1237–1312 [by bk., tit., & cap.].

ExtraJ *Constitutiones XX Joannis Papae XXII* (1316–24), in *CJC* II 1205–36 [by tit. & cap.].

Eyre Hunts Roll of the Huntingdonshire Eyre (1286), ed. A. R. & E. B. DeWindt, Royal Justice and the Medieval English Countryside, Studies & Texts LVII (Toronto, 1981), 123–459; **app.** 460–87 Ramsey Abbey Banlieu Court Roll (1287); 488–523 Huntingdonshire Assizes (1287–8).

Eyre Northants The Eyre of Northamptonshire (1329–30), 2 vols. Selden Soc. XCVII, XCVIII (1983).

Eyre Surrey The Surrey Eyre (1235), 2 vols. Surrey Rec. Soc. XXXI, XXXII (1979–83).

Fines Ox The Feet of Fines for Oxfordshire, 1195–1291, ed. H. E. Salter, Oxf Rec. Soc. XII (1930) [by no.].

FISHACRE Serm. add: 2, *AFP* LIV (1984) 122–41.

FLEMING Robert Fleming, dean of Lincoln [*ob.* 1483], *Lucubratiunculae Tiburtinae*, ed. V. Pacifici, *Un carme biografico di Sisto IV del 1477* (Tivoli, 1923) [and corr. readings, *Humanistica Lovaniensia* 34A (1985) 76–82].

FL. WORC. from fasc. VI text checked with The Chronicle of John of Worcester, ed. R. R. Darlington & P. McGurk, Med. Texts (1995–), but cited as FL. WORC.

FORDUN Cont. superseded by BOWER.

Found. Waltham superseded by The Waltham Chronicle, ed. L. Watkiss & M. Chibnall, Med. Texts (1994) [by cap.].

FOXTON John of Foxton *Liber Cosmographie* (1408), ed. J. Friedman, Brill's Studies in Intellectual History X (Leiden, 1988).

Gaol Del. Oxon Gaol Deliveries (1389–98) [J. I. 1/180], Oxon Rec. Soc. LIII (1983) 90–154.

GARL. Accent. *Accentarium* (1246–9) extr. in *Teaching Latin* I 143–5, gl. 146–50; **Aeq.** extr. in *Teaching Latin* I 138–40, gl. *Ib.* 140–3; **Comm.** *Commentarius* (1246) in *Teaching Latin* I 207–26, gl. *Ib.* 227–31 [by line]; **Dict.** add: checked also against *Teaching Latin* I 196–203, gl. *Ib.* 125–56; **Epith.** *Epithalamium Beate Virginis Marie*, ed. A. Saiani (Florence, 1995) [by bk. & line]; **Mor. Scol.** for AN gl. see *Teaching Latin* I 150–1; **Mus. Mens.** add: **app.** P [attrib.] Die nichtauthentischen Kapitel in P (I–II, XIV–XVI) 92–7; **Syn.** for AN gl. see *Teaching Latin* I 136–8; **Unus** for *Unum* read *Unus* and add: gl. *Teaching Latin* II 159–73.

G. COLD. add: alias Geoffrey of Durham: **Godr.** (wr. *a*1196).

G. CRISPIN The Works of Gilbert Crispin, ed. A. S. Abulafia & G. R. Evans, *Auct. Brit.* VIII (1986) [by individ. short-title & sect.].

GERV. PREM. Gervase, Abbot of Prémontré and Bishop of Sées [*ob.* 1228]: **Ep.** *Epistolae* (1209–*c*1220), ed. C. L. Hugo, *Sacrae antiquitatis monumenta historica, dogmatica, diplomatica* (Étival, 1725) I 1–124 [by no.]; **Ep. sup.** additional letters, ed. C. R. Cheney, Medieval Texts and Studies, (Oxford, 1973) 266–76.

GIR. PI. for 5–329 read lvii–lxvii and 5–329.

GLA. for in Abendlande read im Abendlande.

Gl. AN Glasg. superseded by *Teaching Latin* I 401–19 [by f.].

Gl. AN Ox. superseded by *Teaching Latin* I 420–32 [by no.; pp. 429–32 by f.].

Gl. Bodl. Il glossario del ms. Oxford, Bodleian Library, Bodley 163 (11c.), ed. P. Lendinara, *Romanobarbarica* X (1988–9) 506–16 [by no.].

Gl. Laud. The Laud Herbal Glossary, ed. J. R. Slacke (Amsterdam, 1974) [by no.].

GIS: for in Corpus read in a Corpus.

GIT The Latin and Old English Glosses in the *Ars Tatuini* (8c.) *ASE* VI (1977) 78–9.

Gl. Westm. The Trilingual Vocabulary in MS Westminster Abbey 34/11 (14c.), ed. T. Hunt, *N & Q* CCXXVI (1981) 14–5.

GOSC. Edith: for *ejusdam* read *ejusdem*; **Transl. Aug.** some chapters are quoted from *Acta SS. Boll.* May, VI 375–443 (1688), *e. g.* I 46 from p. 416; **Transl. Mild.** *Translatio S. Mildrethae virginis* (*c*1091), Med. Stud. XLVIII (1986) 154–210 [by cap.]; **Werb.** for *Ib.* read PL.

GREG. ELI. Gregorius Eliensis [*ob. p*1116]: **Æthelthryth** Gregory of Ely's Verse Life and Miracles of St. Æthelthryth, ed. P. A. Thompson & E. Stevens, *Anal. Boll.* CVI (1988) 333–90; **Æthelwold** Poems on St. Æthelwold, Wulfstan of Winchester The Life of St. Æthelwold, ed. M. Lapidge & M. Winterbottom, Med. Texts (1991), app. B 84–6 [by no. & line].

GROS. Cess. Leg. *De cessatione legalium*, ed. R. C. Dales & E. B. King, *Auct. Brit.* VII (1986) [by bk. & cap.]; **Damasc. Elem.** *Joannis Damasceni Elementarium* [transl. & notes], *PG* XCV; **DM** *De decem mandatis*, ed. R. C. Dales & E. B. King, *Auct. Brit.* X (1987).

HALES Exoticon in *Teaching Latin* I 304–19, 320–2.

HAUBOYS superseded from Fasc. V by ed. P. M. Lefferts Robertus de Handlo *Regule* The Rules and Johannes Hanboys *Summa* The Summa (Lincoln NE & London, 1991) 180–344.

HAUDLO superseded from Fasc. V by ed. P. M. Lefferts Robertus de Handlo *Regule* The Rules and Johannes Hanboys *Summa* The Summa (Lincoln NE & London, 1991) 80–178.

H. AVR. CG for AN gl. see *Teaching Latin* I 121–3; **Guthl. proem.** The Proem of Henry of Avranches' *Vita Sancti Guthlaci*, ed. N. Adkin, *Anal. Boll.* CVIII (1900) 350–1 [by line]; **Pass. Crisp.** The Metrical *Passio Sanctorum Crispini et Crispiniani* of Henry of Avranches, ed. M. I. Allen, *Anal. Boll.* CVIII (1990) 372–81 [by line].

Herb. Herbals and herbal glossaries: **Harl. 3388** *Synonyma Herbarum* (14c. w. 16c. additions), MS BL Harl. 3388 ff. 75–86v.

HIGD. ME cited from TREVISA or Harl. 2261 printed *Ib.*

HILTON Walter Hilton, O. S. A. [*ob.* 1396]: Walter Hilton's Latin Writings, ed. J. P. H. Clark & C. Taylor, 2 vols., *Analecta Cartusiana* CXXIV (Salzburg, 1987) [contin. pag.]: 73–102 *De imagine peccati* (*c*1382); 119–72 *Epistole de utilitate et prerogativis religionis* (*c*1385); 179–214 *De adoratione imaginum* (*c*1387); 221–43 *Epistola de lectione, intentione, oratione, meditatione et aliis*; 249–98 *Epistola ad quemdam seculo renuntiare volentem*; 301–4 *Firmissime crede*.

Hist. Meriadoci add: also ed. M. L. Day (NY, 1988) [attrib. TORIGNI]; *v. et. Ort. Walw.*

H. LOS. for Symons read Symonds.

Hosp. Scot. The knights of St. John of Jerusalem in Scotland, documents (1215–16c.), SHS 4th S. XIX (1983).

HOTHBY Cant. Fig. *De cantu figurato* (version Fa), ed. G. Reaney, *Corp. Script. Mus.* XXXI (1983) 27–31; another text (version Ve), *ib.* 39–44 [by version & p.]; **Cant. Mens.** *Regulae cantus mensurati* (version Fl), *ib.* 19–24, (version L), *ib.* 51–9 [by version & p.].

Househ. Ac. Household Accounts from Medieval England, ed. C. M. Woolgar, Rec. Soc. & Econ. NS XVII–XVIII (1992–3) [by vol. & p.].

Househ. Henry The Wardrobe and Household of Henry, Son of Edward I (1273–4, *KR Ac* 350/18), ed. H. Johnstone *JRL Bull.* VII (1923) 384–420 (text 400–20).

H. SALTREY T. Atkinson Jenkins 'The *Espurgatoire Saint Patriz* of Marie de France, with a text of the Latin original', *University of Chicago Decennial Publications* 1st. S. VII (1903) 235–327 [also sep. pag. 1–95]; prints a text from MS BL Royal 13 B VIII at pp. 310–27 (=78–95).

Hund. Warw. The Warwickshire Hundred Rolls of 1279–80, Stoneleigh and Kineton Hundreds, ed. T. John, Rec. Soc. & Econ. NS XIX (1992).

IMisc for Inquisitions read Inquisitions.

J. BRIDL.: for 132 read 123.

J. BRIGG. AD John of Briggis, portionist of Merton College, Oxford [*fl.* 1380–1407] *Compilatio de Arte Dictandi*, in Medieval Rhetorics of Prose Composition, ed. M. Camargo (Binghamton NY, 1995) 93–9.

J. COTTON [cited only in Fasc. I–II].

J. HOWD. Pract. *Practica Chilindri* or The Working of the Cylinder, ed. E. Brock, Chaucer Soc. 2nd S. IX (1868) 64–80.

JML *Journal of Medieval Latin* I– (1991).

J. SAL. Enth. Phil. *Entheticus de dogmate philosophorum*, ed. J. van Laarhoven, 3 vols., Studien und Texte zur Geistesgeschichte des Mittelalters XVII (1987), I 105–227; **Enth. Pol.** *Entheticus in Policraticum*, *ib.* 231–49 [by line]; **Met.** also ed. J. B. Hall, *CC cont. med.* XCVIII (1991); **Pol.** bks I–IV also ed. K. S. B. Keats-Rohan, *CC cont. med.* CXVIII (1993).

J. SEWARD: for 1345 read 1435; for Ren. read R.

J. WORC.: for supersedes read partly supersedes.

Kal. M. A. add: partly superseded by The Metrical Calendar of Hampson, ed. P. McGurk, *Anal. Boll.* CIV

(1986), 90–125 [by line].

KILMINGTON read **KILVINGTON** and add: **Soph.** superseded by The Sophismata of Richard of Kilvington, ed. N. & B. E. Kretzman, *Auct. Brit.* XII (1990) [by no. & sect.].

KILWARDBY Sent. I (II, III, IV) *Quaestiones in librum primum (secundum, tertium, quartum) Sententiarum* ed. J. Schneider *et al.*, Texte aus der mittelalterlichen Geisteswelt XIII, XVI, X and XII, XVII (Munich, 1986; 1992; 1982 and 1985; 1993).

KNIGHTON from Fasc. VI text checked against Knighton's Chronicle 1337–1396, ed. G. H. Martin, Med. Texts (1995).

LAVENHAM Inst. *De natura instantium, De primo instanti*, CIMA XLIX (1985) 7–23.

Leg. Angl. Lond. *Leges Anglorum Londoniis collectae (c1210)*, ed. F. Liebermann (Halle, 1894).

LIV. add: **Op.** *Opera hactenus inedita T. Livii de Frulovisiis*, ed. C. W. Previté-Orton (Cambridge, 1932).

LTR add: **Ac. Cust.** Customs Accounts (Ed. I–) (E. 356).

Macro Plays The Macro Plays, ed. M. Eccles, EETS OS 262 (1969).

Manners for 3–115 read 3–85; for 116–45 read 95–145.

Medit. Anselm. A Durham Book of Devotions [comprising *Meditationes* and *Orationes* by ANSELM, *q. v.*, or attrib. to him, together w. other material from MS London, Soc. of Antiquaries 7, (12c. Durham)], ed. T. H. Bestul, Toronto Med. Latin Texts XVIII (1987) [by f.].

Merarium (early 13c.), in *Teaching Latin* I 350–67, gl. 367–8.

MILEMETE Nob. add: 1–156.

Mir. Marg. *Miracula S. Margaritae Scotorum reginae* (wr. *c*1265), Madrid, Biblioteca del Palacio real, MS II 2097 (15c.) ff. 26–41v.

Mir. Tecle *Miracula S. Tecle* (13c.), Bulletin of the Board of Celtic Studies XXXVII (1900) 169–73 [by sect.].

Mir. Wulfst. add: [by bk. & sect.].

MLC Medieval Library Catalogues (London, 1990–) [by vol. & p.].

Mod. Ten. Hund. *Modus tenendi unum hundredum sive curiam de recordo* (1467), printed by J. Rastell (? 1530) [by sign.].

Mod. Ten. Parl. *Modus tenendi parliamentum* (*c*1320), ed. N. Pronay & J. Taylor, Parliamentary texts of the later Middle Ages (Oxford, 1980).

Monarchia: for most page numbers read of vol. II most page numbers.

M. SCOT: delete **An.** *de anima*; **Intr.** *Liber Introductorius*, part of proem quoted from MS Escorial f. III 8, ff. 32v–53v; also (extr.) in *Med. Sci.* cap. xiii; **Proph.** *Futura praesagia Lombardiae Tusciae Romagnolae et aliarum partium*, ed. P. Morpurgo, *Pluteus* I (1983) 155–67.

NECKAM Corrog. for AN gl. see *Teaching Latin* I 236–50; **Sac.** complete text & sel. comm. in *Teaching Latin* I 258–72, gl. 273; **SS** *Speculum Speculationum*, ed. R. M. Thomson, *Auct. Brit.* XI (1988) [by bk., cap., & sect.]; **Ut. vv. ll.** also from text in *Teaching Latin* I 181–9, gl. *Ib.* II 65–122.

NIG. Mir. BVM *Miracula S. Virginis Mariae*, ed. J. Ziolkowski, Toronto Med. Latin Texts XVII (1986).

N. LYNN Kal. Nicholas of Lynn, O. Carm. [14c.]: *Kalendarium* (1386), ed. S. Eisner, Chaucer Library (1980).

Offic. Kentig. Office of St. Kentigern: **A** (13c.), ed. A. P. Forbes, St. Ninian and St. Kentigern (Edinburgh, 1874) xciv–c; **B** (1510), *Reg. Glasg.* I app. iii p. lxxxvii–xcviii.

Offic. Sal. superseded by *Consuet. Sal.*

Ord. Ebor.: for LXXVI read LXXXIV; for (1934, 1936, 1937) read (1936 for 1934, 1937 for 1936, 1951 for 1949–50).

Orthog. Gall. superseded by ed. R. C. Johnston, Anglo-Norman Text Society Plain Texts Series V (1987) [by version S (short) or L (long) & no.].

Ort. Walw. add: also ed. M. L. Day (NY & London, 1984) [attrib. TORIGNI]; *v. et. Hist. Meriadoci.*

OSB. CLAR. add: (wr. 1138–9).

OSB. GLOUC. Deriv. add: MS denotes MS Hereford Cathedral P. 5. v.

P. BLOIS add: **AD** *Libellus de Arte Dictandi Rhetorice*, in Medieval Rhetorics of Prose Composition, ed. M. Camargo (Binghamton NY, 1995) 45–74; **Carm.** The Arundel Lyrics, ed. C. J. McDonough, The Oxford Poems of Hugh Primas and the Arundel Lyrics, Toronto Med. Latin Texts XV (1984) 73–119 [by no. & stanza or line]; **Ep. Sup.** The Later Letters of Peter of Blois, ed. E. Revell, *Auct. Brit.* XIII (1993) [by no. & sect.].

P. CORNW. (II) Omnis homo Peter of Cornwall [late 13c.]: *Sophisma omnis homo est* (*c*1270) [attrib.], CIMA LV (1987) 139–54.

PECKHAM Num. Myst. *De numeris mysticis*, AFH LXXVIII (1985) 3–28, 333–83.

PETRUS Dial. add: cited by p. of Mieth's edition.

Pickering for *Rec. Soc.* read *Rec. Soc. NS* and add: cf. *DL Couch.*

Pipe: before 1242 add 1189–90, RC (1844); for H. C. Cameron read H. L. Cannon.

Pipe Wint. for PRO Eccl. 2 read Hants RO.

Plant Names Tony Hunt: Plant Names of Medieval England (Cambridge, 1989).

Pop. Med. Tony Hunt: Popular Medicine in Thirteenth-Century England, Introduction and Texts (Cambridge, 1990).

PQW add: *PQW* 822a–840b = *S. Jers.* XVIII 11–94.

Prov. Windsor Latin and Middle English Proverbs in a manuscript at St. George's Chapel, Windsor, Med. Stud. XLV (1983) 343–84 [by no.].

Ps.-CAMPSALL Log. *Logica Campsale Anglici* (1324 x 1334), ed. E. A. Synan, The Works of Richard of Campsall, vol. II, Studies & Texts LVIII (Toronto, 1982), 49–444.

P. WALTHAM Remed. Peter of Waltham, Archdeacon of London [*ob. c*1196]: *Remediarium Conversorum* [abridged from Gregory's *Moralia in Job*], ed. J. Gildea (Villanova PA, 1984).

Quid sit Deus *Quid sit Deus*, MLJ XVIII (1983) 197–225 [by sect., stanza, & line].

Qui majora cernitis: add 181–90 [by line].

R. BOCKING for bk. & cap. read bk. & sect.

R. CANT.: for XX read XIII.

R. CLIVE Qu. Richard of Clive [13c.]: *Quaestiones super Metaphysica* (? *c*1273), (extr.) CIMA LV (1987) 155–7.

Rec. Coventry The Early Records of Medieval Coventry, Rec. Soc. & Econ. NS XI (1986) [by no.].

ReceiptR add: in prog. (1241–2) Pipe R. Soc. LXXXVII (1992 for 1987–8).

Rec. Holkham Lordship and Landscape in Norfolk 1250–1350, The Early Records of Holkham, ed. W. Hassall & J. Beauroy, Rec. Soc. & Econ. NS XX (1993) [by date, no. of doc., & p.].

Rec. Wardr. add: 1285–6, 1286–9, ed. B. F. & C. R. Byerley, HMSO (1977, 1986).

REED Records of Early English Drama (Toronto & Manchester, 1979–) [by town or county & p.].

Regina Rhet. *Regina sedens Rhetorica* [attrib. Simon O.], in Medieval Rhetorics of Prose Composition, ed. M. Camargo (Binghamton NY, 1995) 176–207 [partly supersedes *FormOx* 357–450].

Reg. Wint.: after Pontissara add Cant. & York Soc.; after Woodlock add *ib.*

RISH. add: **app.** *appendix*, 411–33.

R. NIGER Ezra *Remediarium Esdrae*, MS Lincoln Cath. 27, (extr.) f. 113 in *Mil.* pp. 75–7 [by f.]; **Regum** *Liber*

Regum, MS Lincoln Cath. 26, (extr.) ff. 112–3 in *Mil.* 77–80; **Phil.** *Philippicus*, MS Lincoln Cath. 15, (extr.) f. 59 in *Mil.* pp. 80–2.

ROG. FORD Maria superseded by ed. A. G. Rigg, *Cîteaux* (1989) 200–14 [by line].

ROLLE Ego Dormio Latin translation of Richard of Rolle's *Ego Dormio*, Med. Stud. XLIII (1981) 218–49; **Mort.** *Expositio super novem lectiones mortuorum*, ed. M. R. Moyes, Elizabethan & Renaissance Studies XCII: 12 (Salzburg, 1988).

R. WESHAM Inst. Roger of Wesham, Bishop of Coventry and Lichfield [*ob.* 1257]: *Instituta*, ed. C. R. Cheney, Eng. Synodalia of the Thirteenth Century (Oxford, 1968) 149–52.

Sanct. Bev. for 112–211 [by no.] read 97–108 [by p.], 112–211 [by no.].

S. DURH. after RS add: LXXV.

SelCTresp Select Cases of Trespass from the King's Courts 1307–99, 2 vols., Selden Soc. C, CIII (1984–7) [contin. pag.].

SessPLincoln Records of Some Sessions of the Peace in the City of Lincoln 1351–1354 and the Borough of Stamford 1351, ed. E. G. Kimball, Linc Rec. Soc. LXV (1971) 1–49.

SessPOxon Oxfordshire Sessions of the Peace (1387, 1397–8), Oxon Rec. Soc. LIII (1983) 60–89.

SessPStamford Records of Some Sessions of the Peace in the City of Lincoln 1351–1354 and the Borough of Stamford 1351, ed. E. G. Kimball, Linc Rec. Soc. LXV (1971) 53–6.

S. FAVERSHAM Anal. Pri. *Quaestiones super Analytica priora*, (extr.) q. I 5, 7–9, CIMA LIII (1986) 139–49; q. I 56, *ib.* LV (1987) 158–60.

Simil. Anselmi *Liber de humanis moribus per similitudines*, in *Mem. Anselm.* 39–93 [by cap.]; **app.** *appendix, ib.* 94–104; later expanded text, *Liber de S. Anselmi similitudinibus*, PL CLIX 605–708 [sourced where possible, see *Mem. Anselm.* 12–13; otherwise by col.].

S. LANGTON Quaest. *Quaestiones*, (extr.) CIMA XLIX (1985) 165–98; **Summa** *Summa*, (extr.) *ib.* 37–164 [by f. of MS Cambridge, St. John's Coll. 57].

S. LEXINGTON Ep. Stephen of Lexington, Abbot of Stanley, later of Savigny and Clairvaux [*ob.* 1260]: *Epistolae*: i–cxiii (1228–9), *Anal. Cist.* II (1946) 1–118 [by no.]; 1–163 (1230–39), *ib.* VIII (1952) 181–378 [by no.]; [letters to Stephen cited as *Ep. S. Lexington*].

Spalding Club: for Spalding read Spalding.

Stat. Lich. read **Stat. Lichf.**

Stat. Sal.: for Wordswoth read Wordsworth.

SWAFHAM: for 97 read I 97.

Tait Essays Historical essays in honour of James Tait, ed. J. G. Edwards *et al.* (Manchester, 1933).

T. ANGLICUS v. PAUL. ANGL., T. SUTTON.

TATWINE: for 143 read 165.

T. CHOBHAM Praed. *Thomas de Chobham Summa de Arte Praedicandi*, ed. F. Morenzoni, *CC cont. med.* LXXXII (1988); **Serm.** *Sermones*, ed. F. Morenzoni, *CC cont. med.* LXXXIIA (1993) [by no. & f.].

Teaching Latin Tony Hunt: Teaching and Learning Latin in Thirteenth-Century England, 3 vols. (Cambridge, 1991).

THEOD. Ep. read in EDDI 43; also in W. MALM. *GP* III 103, ConcHS 171–2, CS 68; **Laterc.** The *Laterculus Malalianus* and the School of Archbishop Theodore, ed. J. Stevenson (Cambridge, 1995) 120–60 [by cap.].

T. MERKE Form. Thomas Merke, monk of Westminster, doctor of theology Oxford [*c*1395, *ob.* 1409], *Formula moderni et usitati dictaminis*, in Medieval Rhetorics of Prose Composition, ed. M. Camargo (Binghamton NY, 1995) 122–41.

TORIGNI add: *v. et. Hist. Meriadoci, Ort. Walw.*

Tout Papers Collected papers of T. F. Tout, ed. F. M. Powicke, 3 vols. (Manchester, 1932–4).

TREVISA John Trevisa [1326–1412], translator, cited for ME translations of BART. ANGL. and HIGD.

T. SAMPSON MD Thomas Sampson *Modus Dictandi* (wr. 1396) in Medieval Rhetorics of Prose Composition, ed. M. Camargo (Binghamton NY, 1995) 154–64.

TUCKE John Tucke [1482–*c*1550] John Tucke's Notebook, ed. R. Woodley, John Tucke, A Case Study in Early Tudor Music Theory (Oxford, 1993) 68–109 [by sect.].

T. YORK Sap. Lib. II c. 4, *AHDLMA* I (1926–7), 273–93.

Val. Norw. for 919 read 91).

V. Birini *Vita S. Birini* [*ob. c*650] (wr. *c*1070), ed. R. C. Love in Three Eleventh-Century Anglo-Latin Saints' Lives, Med. Texts (1996) 1–46 [by sect.].

V. Chris. Marky. Life of Christina of Markyate [*ob. p*1156] (wr. *a*1166), ed. C. H. Talbot, Med. Texts (1959) [by sect.]; checked against textual notes in rev. edn. (1987), and by M. Winterbottom, *Anal. Boll.* CV (1987) 281–7.

V. Ed. Conf. add: ed. 2 (1992).

V. Fridesw. *Vita S. Fritheswithe Virginis* [*ob.* 735] (wr. 12c.), ed. J. Blair, *Oxoniensia* LII (1988) **A** 96–101, **B** 103–16.

V. G. Sempr. add: superseded by *Canon. G. Sempr.*

V. Kenelmi *Vita et Miracula S. Kenelmi* ed. R. C. Love in Three Eleventh-Century Anglo-Latin Saints' Lives, Med. Texts (1996) 49–89 [by sect.].

V. Oswin. *Vita S. Oswini regis Deirorum* [*ob.* 651] (wr. 12c.), Surtees Soc. VII (1838) 1–59.

V. Ric. II add: from Fasc. VI checked against text in ed. G. B. Stow (Philadelphia PA, 1977).

V. Rumwoldi *Vita S. Rumwoldi*, ed. R. C. Love in Three Eleventh-Century Anglo-Latin Saints' Lives, Med. Texts (1996) 91–115 [by sect.].

VSHSalm. *Vitae Sanctorum Hiberniae e codice olim Salmanticensi nunc Bruxellensi*, ed. W. W. Heist, *Subsidia Hagiographica* XXV (Brussels, 1965).

WALS. Mus. Mens. *Regulae de musica mensurabili*, ed. G. Reaney, *Corp. Script. Mus.* XXXI (1983) 74–98.

WALT. ANGL. Fab. for 317–91 read 316–82.

W. BURLEY Pol. for 278 read 275.

W. COMBE: for Bodl. read Bodl. Bodley.

W. DURH. Quaest. William of Durham [13c.]: *Quaestio de unitate ecclesiae* (*a*1229), Med. Stud. XLIV (1982) 79–82.

WHITTLESEY: for 125 read II 125.

W. JUM. superseded by The *Gesta Normannorum Ducum* of William of Jumièges, Orderic Vitalis, and Robert of Torigni, ed. E. M. C. Van Houts, Med. Texts, 2 vols. (1992–5).

W. NEWB. Serm.: after *Sermones* add in *Guillelmi Neubrigensis Historia*.

W. ROTHWELL Sent. Abbr. William of Rothwell, O. P. [late 13c.]: Sentences abbreviation (*p*1270), (extr.) RTAM LI (1984) 69–135.

W. RUSSELL Univ. William Russell, O. F. M. [15c.]: *Compendium super quinque universalia*, CIMA XLIII (1983) 43–60.

WULF. Æthelwold superseded by Wulfstan of Winchester The Life of St. Æthelwold, ed. M. Lapidge & M. Winterbottom, Med. Texts (1991) 1–69 [by cap.]; **Brev.** *Breviloquium de omnibus Sanctis*, ed. F. Dolbeau, *Anal. Boll.* CVI (1988) 63–87 [by line].

W. WOODFORD Dom. Civ. *De dominio civili clericorum* (1376), AFH LXVI (1973) 49–109; **Mat. Relig.** *Quattuor determinationes in materia de religione* (1389–90), ed. M. D. Dobson, unpub. B. Litt. thesis (Oxford, 1932); **Resp.** *Responsiones contra Wiclevum et Lollardos* (1395), Franciscan Studies XLIII (1983) 121–87.

WYKES Vers. read *Pol. Songs* 128–32.

2007.05.14B   132.00 (92.40)